Hopt
Handelsgesetzbuch

Beck'sche Kurz-Kommentare

Band 9

Handelsgesetzbuch

mit GmbH & Co., Handelsklauseln, Bank- und
Kapitalmarktrecht, Transportrecht (ohne Seerecht)

Bearbeitet von

Dr. Dr. Dr. h. c. mult. Klaus J. Hopt
em. Professor an der Universität Hamburg
em. Direktor am Max-Planck-Institut für ausländisches und
internationales Privatrecht, Hamburg
vormals Richter am Oberlandesgericht Stuttgart

Dr. Christoph Kumpan, LL. M.
o. Professor an der Bucerius Law School, Hamburg
Direktor des Instituts für Unternehmens- und Kapitalmarktrecht
Direktor des Notarrechtlichen Zentrums Familienunternehmen
Direktor des Center for Interdisciplinary Research on Energy, Climate and
Sustainability

Dr. Patrick C. Leyens, LL. M.
o. Professor an der Universität Bremen
ehrenamtl. Professor an der Erasmus University Rotterdam

Dr. Hanno Merkt, LL. M.
o. Professor an der Universität Freiburg
Direktor des Instituts für ausländisches und internationales Privatrecht
Richter am Oberlandesgericht Karlsruhe

Dr. Markus Roth
o. Professor an der Philipps-Universität Marburg
Direktor des Instituts für Handels-, Wirtschafts- und Arbeitsrecht

42., neubearbeitete Auflage 2023

C.H.BECK

Zitiervorschlag entsprechend der Beck'schen Redaktionsrichtlinie:
Hopt/Bearbeiter
Zitierbeispiele für verschiedene Werkabschnitte:
… HGB § 316 Rn. 1
… HGB Anh § 177a Rn. 52
… HGB Einl vor § 238 Rn. 25
… **(7)** Bankgeschäfte Rn. A6

www.beck.de

ISBN 978 3 406 79289 2

© 2023 Verlag C. H. Beck oHG
Wilhelmstraße 9, 80801 München
Satz, Druck, Bindung und Umschlagsatz: Druckerei C. H. Beck, Nördlingen
(Adresse wie Verlag)

chbeck.de/nachhaltig

Gedruckt auf säurefreiem, alterungsbeständigem Papier
(hergestellt aus chlorfrei gebleichtem Zellstoff)

Vorwort zur 42. Auflage

I.

Mit der 42. Auflage erscheint dieser Kommentar zum zweiten Mal in der neuen einjährigen Folge. Damit tragen Autoren und Verlag der raschen Entwicklung im Handels- und Wirtschaftsrecht Rechnung. Die Reaktionen aus der Leserschaft sind durchgängig sehr positiv und bestärken uns in der Steigerung der Aktualität. Unverändert tragen drei im Verlag C.H.Beck erscheinende, eng aufeinander bezogene Werke Rechnung: **Handelsgesetzbuch** (Beck'sche Kurz-Kommentare, Band 9), 42. Aufl. 2023 (Kurzzitat nunmehr: Hopt/Bearbeiter HGB), **Handelsvertreterrecht** (Beck'sche Kurz-Kommentare, Band 9a), 6. Aufl. 2019 (Kurzzitat: Hopt HVR) und **Vertrags- und Formularbuch zum Handels-, Gesellschafts- und Bankrecht**, 5. Aufl. 2022 (nunmehr mit Merkt als Mitherausgeber, Kurzzitat: Hopt/Merkt/VertrFormB Form.). Alle drei Werke sind so konzipiert, dass sie das Handelsrecht zwar mit unterschiedlichen Schwerpunkten, aber doch zusammengehörend behandeln:

- Der **Kommentar zum HGB** enthält das HGB und die handelsrechtlichen Nebengesetze und unter diesen Gesetzestexten ausgewählte, besonders wichtige Klauselwerke wie AGB-Banken und andere bankrechtliche AGB, AAB-WP, Incoterms und ADSp, jeweils mit Rechtsprechung und Kommentierung.
- Der **Kommentar zum Handelsvertreterrecht** enthält außer der Kommentierung einen umfangreichen Materialienteil mit Anleitungen zur Errechnung des Ausgleichsanspruchs nach § 89b, Musterverträge für Handelsvertreter synoptisch in elf und für Vertragshändler in drei Sprachen (deutsch, englisch und französisch), Unterlagen zum europäischen Kartellrecht für Handelsvertreter und Vertragshändler und schließlich zwei umfangreiche Verzeichnisse der Rechtsprechung und der Literatur zum Handelsvertreter- und Vertragshändlerrecht. Im Rechtsprechungsverzeichnis finden sich vor allem auch viele Parallelfundstellen, was das Auffinden von Entscheidungen aus wichtigen Spezialsammlungen (zB HVR der CDH) erleichtert. Vgl. die ausführliche Besprechung durch Emde NJW 2017, 44 sowie die von Hübsch WM 2016, 1156.
- Das **Vertrags- und Formularbuch** erschließt die in den beiden Kommentarbänden behandelten Handelsrechtsgebiete durch zahlreiche neue, mit Anmerkungen versehene Vertragsmuster und macht die wesentlichen, vor allem für das Gesellschafts- und Bankrecht unerlässlichen Formulare verfügbar. Dabei geht die Reichweite des Vertrags- und Formularbuchs deutlich weiter und umfasst außer dem Personengesellschaftsrecht auch das gesamte Kapitalgesellschaftsrecht, also insbesondere die GmbH und die Aktiengesellschaft, mit insgesamt mehr als 400 Vertragsmustern und Formularen.

Die **Parallelführung** der drei Bände geht mit zahlreichen Querverweisungen einher. Das ermöglicht eine gewisse, für einen „Kurz-Kommentar" geradezu lebenswichtige stoffliche Entlastung jedes der drei Bände und führt doch insgesamt zu einem wesentlichen Zugewinn an Information.

II.

Im vorliegenden **Kommentar zum Handelsgesetzbuch** haben sich zum **HGB** wiederum eine Reihe von Änderungen ergeben.

Eingearbeitet bzw. gegenüber der Vorauflage vertieft wurden **Gesetzesänderungen** unter anderem durch das Gesetz zur Modernisierung des Personengesell-

Vorwort zur 42. Auflage

schaftsrechts **(MoPeG)** vom **10.8.2021,** ebenso durch das Gesetz über die unternehmerischen Sorgfaltspflichten zur Vermeidung von Menschenrechtsverletzungen in Lieferketten **(Lieferkettensorgfaltspflichtengesetz)** vom 16.7.2021 (→ **(2)** LkSG).

Im **Handelsrecht** ist in der **Einleitung** die Darstellung der stetig an Bedeutung gewinnenden Rechtsvereinheitlichung durch den Unionsgesetzgeber und des IPR überarbeitet und erweitert sowie die 10. GWB-Novelle (GWB-DigG) eingearbeitet worden. Ebenfalls in der **Einleitung** haben im **Unternehmensrecht** die Auswirkungen der Corona-Pandemie Berücksichtigung gefunden, insbesondere bei Unternehmenskauf und -bewertung.

Im **ersten Buch** ist zunächst das **Handelsregisterrecht** (§§ 8 ff.) einschließlich der registerrechtlichen Behandlung von **Zweigniederlassungen** (§§ 13 ff.) zu nennen, das durch die Umsetzung der Digitalisierungsrichtlinie durch das **DiRUG** und **DiREG** mit denen die EU-weite Registervernetzung sowie die Implementierung von Online-Verfahren in Registersachen verwirklicht werden sollen, weitreichende Änderungen, insbesondere auch im Bekanntmachungswesen, erfährt. Die mit Wirkung zum **1.8.2022** eintretenden Änderungen von DiRUG und DiREG sind in den betroffenen Normen bereits aufgenommen und die Reform erläutert. Auch das **Firmenrecht** (§§ 17 ff.) ist immer wieder Gegenstand von Diskussionen in Judikatur und Literatur, wobei in dieser Auflage wiederum die Rolle des Insolvenzverwalters zu überarbeiten war, ebenso wie die Möglichkeit der Firmierung als gUG. Gleiches gilt für die Haftung bei Firmenfortführung (§§ 25 ff.). Insgesamt betroffen ist das erste Buch von der mit dem MoPeG angestrebten Reform des Personengesellschaftsrechts. Einzelne Reformmaßnahmen sind an den entsprechenden Stellen wiederzufinden.

Die dem **Recht des Handlungsgehilfen** (§§ 59 ff.) zugrundeliegende Unterscheidung von Arbeitern und Angestellten wird von der Rechtsprechung nur noch in Ausnahmefällen anerkannt. Die Kommentierung trägt dem Rechnung, dies auch durch Darstellung des alle Arbeitnehmer eines Kaufmanns betreffenden (Individual)Arbeitsrechts. Das Zeugnis (§ 109 GewO) wird weiterhin mitkommentiert, auch hier wurde das Schrifttum nachgetragen.

Das **Recht der Handelsvertreter** (§§ 84–92c) ist – gegenüber der 6. Auflage des ausgegliederten Kommentars zum Handelsvertreterrecht 2019 – systematisch erweitert, etwa zum Konzernverbund, zur Haftung und zum Wettbewerbsverbot des Unternehmers und gegenüber der 41. Aufl. mit Schwerpunkt auf der Rechtsprechung und unter Berücksichtigung der Neuauflagen der großen Kommentierungen erläutert worden. Nicht zu übersehen ist vor allem der wachsende Einfluss des europäischen Rechts mit einer zunehmenden Rechtsprechung des Europäischen Gerichtshofs (zusammengestellt in → HGB § 84 Rn. 3). Das Handelsvertreterrecht, seit 2011 beim **VII. Zivilsenat**, ist ein ungemein lebendiges Recht. Wiederum hat es neue höchstrichterliche und instanzgerichtliche Entscheidungen gegeben, vor allem zu den Nachrichts- und Informationspflichten des Handelsvertreters (§ 86 II), zur Zurverfügungstellung von Unterlagen durch den Unternehmer (§ 86a I) sowie zur Provision (§ 87 ff.) und dabei wie immer zu Abrechnung und Buchauszug. Das gilt auch für den Ausgleichsanspruch nach § 89b, hier mit Rechtsprechung des Europäischen Gerichtshofs. Praktisch wichtig sind die Auswirkungen des europäischen Kartellrechts (→ HGB § 86 Rn. 38 f., ua Vertikal- bzw. SchirmGVO nebst Leitlinien der Kommission für vertikale Beschränkungen, jeweils mit Sonderregeln für den KfzSektor). Die Vertikal- bzw. Schirm-VO ist am 1.6.2022 in Kraft getreten; es ist damit zu rechnen, dass sie zusammen mit den Leitlinien fortgeführt, aber geändert wird. Die EU-Kommission arbeitet daran.

Beim **Maklerrecht** wird auch die zum (allgemeinen) Maklerrecht ergangene Rechtsprechung berücksichtigt.

Das **zweite Buch, Gesellschaftsrecht** (§§ 105 ff.) ist mit dem Gesetz zur **Modernisierung des Personengesellschaftsrechts (MoPeG)** Gegenstand ei-

Vorwort zur 42. Auflage

ner **grundlegenden Reform,** die allerdings im Kern die **Gesellschaft bürgerlichen Rechts (GbR)** betrifft. Das **MoPeG** vom 10.8.2021 **tritt zum 1.1.2024 in Kraft** und ist in den Vorbemerkungen → HGB vor § 105 voll berücksichtigt, die §§ 105 ff. sind nach dem bis Ende 2023 weiterhin geltenden Recht kommentiert.

Mit dem MoPeG wird im Kern (§ 705 BGB-MoPeG) die Rechtsfähigkeit der Gesellschaft bürgerlichen Rechts gesetzlich geregelt. Ermöglicht wird weiter die Eintragung in ein Register, § 707 BGB-MoPeG. Das **HGB** selbst **wird** mit Inkrafttreten des **MoPeG** zum 1.1.2024 **für Freiberuflergesellschaften geöffnet,** auf berufsrechtlicher Grundlage ist das nach dem Gesetz zur Neuregelung des Berufsrechts vom 7.7.2021 bereits seit August 2022 möglich. Das MoPeG entwickelt insbesondere das Recht der Kommanditgesellschaft fort und enthält hier insbesondere Regelungen für die GmbH & Co KG. Das Recht der Offenen Handelsgesellschaft wird gesetzestechnisch neu gefasst, so dass ab 2024 eine neue Paragraphenreihenfolge und verstärkt Verweisungen auf das Recht der GbR zu beachten sind Die neuen Regeln sind im Anhang zu § 105 bereits abgedruckt und werden kurz eingeordnet, auch mit Blick auf vor Inkrafttreten des MoPeG bestehenden Handlungsbedarf.

Im geltenden deutschen Recht der Personenhandelsgesellschaft liegt der Schwerpunkt der Rechtsentwicklung weiter auf den Publikumsgesellschaften und der GmbH & Co KG. Weiter an Bedeutung gewonnen hat auch die Partnerschaftsgesellschaft. Die Kommentierung trägt dem durch die Kommentierung der Partnerschaftsgesellschaft im Anhang zu § 160 und insbesondere durch eine **vertiefte Kommentierung der GmbH & Co KG** im Anhang A nach § 177a Rechnung. Separat kommentiert werden auch die **Publikumsgesellschaft** im Anhang B nach § 177a sowie die durch das KAGB neu eingeführte **Investmentkommanditgesellschaft** im Anhang C nach § 177a.

Maßgeblich für die **Fortentwicklung des geltenden Personengesellschaftsrechts** ist die **Rechtsprechung des II. Zivilsenats** des Bundesgerichtshofs. Aktuelle Entscheidungen des II. Zivilsenats sind zur Kommanditgesellschaft, aber auch zum Recht der Offenen Handelsgesellschaft ergangen. Rechtstatsächlich nimmt die Bedeutung der GmbH & Co KG weiter zu, die praktische Leitbildfunktion spiegelt sich für das Recht der Personengesellschaft in der Spruchpraxis des Bundesgerichtshofs. Die Kommentierung berücksichtigt dies auch im allgemeinen Personengesellschaftsrecht.

Die Aktualisierung der Kommentierung des **Dritten Buchs** (Bilanzrecht) ist in dieser Auflage geprägt durch die weitere Einarbeitung des Gesetzes zur Stärkung der Finanzmarktintegrität **(FISG).** Im Nachgang zum Fall Wirecard hat der Gesetzgeber reagiert und die Bilanzkontrolle insbesondere durch die Ersetzung des zweistufigen durch ein einstufiges System grundlegend reformiert. Die Unabhängigkeit der Abschlussprüfer wurde gestärkt, deren Haftung verschärft und das System der Corporate Governance der Aktiengesellschaft angepasst. Einen weiteren Schwerpunkt der Überarbeitung stellte die Einarbeitung der Reformen dar, die durch das **DiRUG** vorgenommen wurden. Hier wurde insbesondere das System der Offenlegung des Jahresabschlusses nach § 325 ff. HGB reformiert. In dieser Auflage wurden außerdem weitere Probleme behandelt, die mit der Einführung der **Nachhaltigkeitsberichterstattung** (nichtfinanzielle Berichterstattung) und namentlich der **CSR-RL,** dem **CSRUG** und der Anwendung der daraus folgenden Berichtspflichten in der Berichts- und Prüfungspraxis verbunden sind.

Im **Vierten Buch** waren besonders rechtsprechungsintensiv die **allgemeinen Aufklärungs- und Beratungspflichten.** Diese sind **ausführlich in → HGB § 347** Rn. 8–22, 23–40 behandelt, unter anderem zur Dritthaftung, zur Aufklärungsbedürftigkeit, zur Vollständigkeit und Klarheit, zu den Interessenkonflikten, Innenprovisionen und Rückvergütungen (kick-backs, → HGB § 347 Rn. 30a),

Vorwort zur 42. Auflage

sowie zu Kausalität, Schaden und Mitverschulden, Beweislast, Freizeichnung und Verjährung. Die bisher dort zu findende Kommentierung der Sorgfaltspflichten in der Lieferkette wurde erheblich erweitert und findet sich ab dieser Auflage bei den Nebengesetzen (→ **(2)** LkSG).

Der **Handelskauf,** dort vor allem zur Rügepflicht nach § 377 HGG, und die **Kommission,** beides in der Praxis besonders wichtig, sind auch im Hinblick auf die größeren HGB-Kommentare ausführlich erläutert. Bereits berücksichtigt sind die zum 1.1.2022 in Kraft tretenden Neuregelungen des Gewährleistungsrechts in Umsetzung der **Warenkaufrichtlinie** und der **Richtlinie über Digitale Inhalte und Dienste.** Der aktuelle Stand der Diskussion zum Umgang mit den Rechtsfragen der **Corona-Pandemie,** also COVID-19-Pandemie-Gesetz, Verzug, Unmöglichkeit und Wegfall der Geschäftsgrundlage, wird mit weiterführenden Literaturhinweisen bei den Handelsgeschäften erläutert (→ HGB Einl. v. § 343 Rn. 18–21, → HGB Einl. v. § 373 Rn. 52–54).

Im **Transportrecht** war erneut umfangreiche neue Rechtsprechung und Literatur einzuarbeiten. Die mit den Vorauflagen begonnene Einarbeitung des BeckOK sowie von Mankowski, Commercial Law wurde weitergeführt und nochmals vertieft. Ferner wurde in dieser Auflage die Kommentierung der CMR und ADSp ausgebaut und es wurden erneut neue Literatur und Rechtsprechung eingearbeitet. Bei den CMR wurde die Einbeziehung **ausländischer Rechtsprechung** aus Österreich und der Schweiz fortgeführt und erweitert.

III.

Bei den **handelsrechtlichen Nebengesetzen** gab es wie jedes Mal wesentliche Änderungen. Neu ist die Kommentierung des zum 1.1.2023 in Kraft tretenden **(2) LkSG** mit ausführlicher Behandlung insbesondere von Anwendungsbereich, Sorgfaltspflichten und Haftung sowie einzelnen Hinweisen auf die anstehenden unionsrechtlichen Verschärfungen. Gleich von drei Reformen betroffen (FISG, G zur Modernisierung des notariellen Berufsrechts und zur Änd. weiterer Vorschriften, G zur Neuregelung des Berufsrechts der anwaltlichen und steuerberatenden Berufsausübungsgesellschaften sowie zur Änd. weiterer Vorschriften im Bereich der rechtsberatenden Berufe) war die **(2a) WPO.** Wegen der vielfältigen dogmatischen und praktischen Relevanz auch für das Handels-, Handelsklausel- und Bankrecht wird wie stets der Text der in das BGB integrierten **AGB-Vorschriften** unter **(5) §§ 305–310 BGB** verfügbar gemacht. Diese werden an zahlreichen Stellen des Kommentars berücksichtigt. Insbesondere ist weiter daran gearbeitet worden, die verschiedenen unter den Nebengesetzen abgedruckten Klauselwerke durchgängig auf AGB-Besonderheiten zu überprüfen; Konsequenzen ergeben sich ua für **(2b)** AAB-WP, **(6)** Incoterms, **(8)** AGB-Banken mit Sonderbedingungen für den Wertpapierhandel, **(8a)** AGB-Sparkassen, **(9)** AGB-Anderkonten, **(11)** ERA, **(12)** ERI und **(18)** ADSp.

Die **novellierten (6) Incoterms 2020,** die, soweit vereinbart, ab 1.1.2020 gelten, sind vollständig abgedruckt und seit der 40. Aufl. ganz neu kommentiert. Die Incoterms sind nicht nur für den internationalen Handel eine Standardquelle, sondern ausdrücklich auch für den inländischen Verkehr gedacht und geeignet. Sie sind AGB, **(5)** §§ 305–310 BGB sind demnach zu beachten.

Für die Kommentierungsarbeit zu den handelsrechtlichen Nebengesetzen ergaben sich die meisten Änderungen wie schon in den bisherigen Auflagen bei **(7) Bankgeschäfte.** Das Bankvertragsrecht hat sich inzwischen zu einem **Kernbereich des Privat- und Handelsrechts** ausgeweitet. Die **Rechtsprechung** dazu, **zumal des XI. Zivilsenats des BGH,** ist Legion, wie ua die WM mit jährlich bei 2.400 Seiten zeigen, und kann nur noch exemplarisch ohne jeden Anspruch auf Vollständigkeit aufgenommen werden. Das gilt um so mehr, als ganze Teile des Bankvertragsrechts wie das Recht des Zahlungsverkehrs in das

Vorwort zur 42. Auflage

BGB übernommen wurden (leider nur stückweise mit einer für den Benutzer ausgesprochen mühseligen Zersplitterung). Der Service des Kommentars liegt deshalb noch mehr als bisher in der **Auswahl des Wesentlichen, der Zusammenschau und den Querbezügen.** Das **Bankvertragsrecht** war erneut ein Schwerpunkt der Kommentierungsarbeit zu den Nebengesetzen, auch weil mittlerweile eine ganze Reihe großer Kommentierungen vorliegt. Berücksichtigt wurden dabei vor allem die Kommentierungen zur **EU-Zahlungsdiensterichtlinie II** und ihre Umsetzung im **Zahlungsdiensterichtlinie-II-UmsetzungsG** (ZDRL-II-UG) **vom 17.7.2017** mit ganz erheblichen Änderungen des gesamten Zahlungsverkehrsrechts. Für das 3. Kapitel über den **Zahlungsverkehr** ist für die Kommentierung ein anderer Ansatz als der in den meisten BGB-Kommentaren gewählt, also nicht allein §§ 675c–676c BGB Vorschrift für Vorschrift, sondern wie in der Praxis üblich nach den verschiedenen Zahlungsarten, also Überweisung, Lastschrift, Scheck, Girokarte, Kreditkarte, automatisierte Zahlungssysteme. Die dogmatische Rückbindung an die Diskussion der Vorschriften im BGB wird durch viele Verweisungen auf die ausführlichen Kommentierungen in den Großkommentaren, aber auch von Sprau in Grüneberg und Casper im Baumbach/Hefermehl/Casper, dort Recht des Zahlungsverkehrs, und anderes bankrechtliches Schrifttum gewährleistet. Zu erwähnen sind ferner Änderungen im KWG, zum Geldwäschegesetz, zur Wissenszurechnung (Dieselurteile), zum Konto, zum Datenschutz, zu den Negativzinsen, zu den Zinsanpassungsklauseln bei Prämiensparverträgen (ua Allgemeinverfügung der BaFin), zum Kartengeschäft, zur AGB-Kontrolle über Nebenleistungsentgelte und zum Sanierungskredit.

Die **(8) AGB-Banken** wurden im Januar und Juli 2018 geändert und mit Mitteilung vom 31.8.2021 an die Mitgliedsbanken an das umstürzende Urteil des BGH vom 27.4.2021 angepasst. Die höchstrichterrechtliche Rechtsprechung macht immer wieder solche Änderungen notwendig, bemerkenswert zuletzt dieses Urteil des BGH zur Unwirksamkeit der Zustimmungsfiktion bei AGB-Änderungen im Verkehr mit Verbrauchern. Das neue Zahlungsdienstleistungsrecht zum 13.1.2018 ist in **(8)** AGB-Banken berücksichtigt. Dasselbe Urteil des BGH hat auch zur sogenannten Streichfassung der **(9)** AGB-Sparkassen vom April 2021 geführt.

Aufgenommen sind auch der Anhang zu den ERA 600 (Akkreditive) für die Vorlage elektronischer Dokumente, Version 2.0. vom 1.7.2019, **el.ERA** bzw. **eUCP, (11a)** ERA, sowie der Anhang zu den ERI 522 (Inkassi) für die Vorlage elektronischer Dokumente, Version 1.1 ebenfalls vom 1.7.2019, **el.ERI** bzw. **eURC,** Anhang zu **(12a) ERI.**

Die im Zeitraum seit Fertigstellung der letzten Auflage ergangene Rechtsprechung und neu erschienene Literatur zu den hier kommentierten kapitalmarktrechtlichen Vorschriften in **(13)** DepotG, **(14)** BörsG, **(15)** Prospekthaftung und **(16)** Insiderhandelsverbot und Ad-hoc-Publizität wurden auf den aktuellen Stand gebracht. Hier gab es insbesondere bei der Prospekthaftung bedeutende Entscheidungen des BGH, die zum Teil nicht unerhebliche Veränderungen mit sich gebracht haben. Das gilt vor allem für den Anwendungsbereich der Prospekthaftung im weiteren Sinne. Vor dem Hintergrund der Entwicklung im Prospekthaftungsrecht haben sich die Autoren entschlossen, das Prospekthaftungsrecht künftig an einer Stelle, in **(15) Prospekthaftung,** zu konzentrieren. In einem ersten Schritt wurde die Behandlung der bürgerlichrechtlichen Prospekthaftung hierhin verlagert und im Rahmen einer neuen Einleitung u. a. das Verhältnis der Rechtskomplexe zueinander dargelegt. Künftig sollen auch die prospekthaftungsrechtlichen Ausführungen in Anh. § 177a HGB an diese Stelle überführt werden.

Erneut aktualisiert wurde schließlich auch die Kommentierung der **(17)** CMR und der **(18)** ADSp.

Vorwort zur 42. Auflage

IV.

Diese Neuauflage ist hinsichtlich Rechtsprechung und Literatur auf dem Stand vom **1.7.2022**; spätere Entwicklungen, vor allem Gesetzesänderungen, die zum Teil erst später in Kraft treten, konnten noch bis Herbst 2022 aufgenommen werden, der Gesetzesstand bis zum **15.9.2022**. Für die zahlreichen Anregungen aus der Praxis bedanken wir uns besonders. Sie sind, wie für die Betreffenden leicht ersichtlich, berücksichtigt. Zum Handelsvertreterrecht gilt unser besonderer Dank der Centralvereinigung Deutscher Wirtschaftsverbände für Handelsvermittlung und Vertrieb (CDH) und dort vor allem Herrn Rechtsanwalt Eckhard Döpfer, Mitglied der Hauptgeschäftsführung und Leiter der Abteilung Recht, Berlin. Zum Recht der Bankbedingungen hat Herr Wulf Hartmann, Direktor Geschäftsbereich Recht beim Bundesverband deutscher Banken eV, Berlin, dankenswerterweise die neuesten Texte zur Verfügung gestellt und Hintergrundinformationen zu den Änderungen gegeben. In gleicher Weise danken wir Herrn Dr. Abbas Samhat, Rechtsanwalt, Deutscher Sparkassen- und Giroverband eV, Berlin, und Frau Dr. Birgit Seydel, Rechtsanwältin ebd. Geholfen haben am Max-Planck-Institut in Hamburg der wiss. Assistent Nils Rüstmann, im Sekretariat Britta Arp, am Lehrstuhl Hanno Merkt in Freiburg die wiss. Mitarbeiter Dr. Markus Baschnagel, Fernando Sempere Culler, Tim Henrik Lorenz und Dr. Samuel Wunderlich, im Sekretariat Petra Bühler-Scherer, am Lehrstuhl von Markus Roth in Marburg die wiss. Mitarbeiter Anne-Marie Gerstner, Jan Krabsch und Julian Krüger sowie die stud. Mitarbeiter Monique Robus, Leila Osmanovic, Jiyan Sakin und Ömer Faruk Aynur, am Lehrstuhl Christoph Kumpan in Hamburg die stud. Mitarbeiter Simon Bekele und Otto Maximilian Roth, in der Arbeitsgruppe von Patrick C. Leyens in Bremen die wiss. Mitarbeiter Julius Goetsch und Valentin Hubert. Das Sachregister hat erneut Frau Dr. Martina Schulz, Rechtsanwältin, bearbeitet. Im Verlag C.H. Beck haben Matthias Hoffmann und Martina Schöner die Drucklegung begleitet. Für ihre rasche und umsichtige Arbeit gebührt unseren Mitarbeitern und den Mitarbeitern des Verlags ganz besonderer Dank.

Hamburg, Bremen, Freiburg i.Br. und Marburg
Oktober 2022
Klaus J. Hopt, Christoph Kumpan, Patrick C. Leyens, Hanno Merkt, Markus Roth

Inhaltsverzeichnis

Verzeichnis der abgedruckten Bestimmungen XVII
Benutzungshinweise XIX
Abkürzungsverzeichnis (einschließlich einzelner juristischer Werke) ... XXI

1. Teil. Handelsgesetzbuch

Erstes Buch. Handelsstand .... §§ 1–104a   1
Einleitung vor § 1   1
Erster Abschnitt. Kaufleute .... §§ 1–7   53
Zweiter Abschnitt. Handelsregister;
Unternehmensregister .... §§ 8–16   92
Dritter Abschnitt. Handelsfirma .... §§ 17–37a 165
Vierter Abschnitt. Handelsbücher (aufgehoben) 267
Fünfter Abschnitt. Prokura und Handlungsvollmacht .... §§ 48–58 267
Einleitung vor § 48: Anscheins- und Duldungsvollmacht,
Handeln für Firma, Eigenhaftung des Vertreters 267
Sechster Abschnitt. Handlungsgehilfen und
Handlungslehrlinge .... §§ 59–83 294
Siebenter Abschnitt. Handelsvertreter .... §§ 84–92c 414
Achter Abschnitt. Handelsmakler .... §§ 93–104 607
Neunter Abschnitt. Bußgeldvorschriften .... § 104a 639

**Zweites Buch. Handelsgesellschaften und
stille Gesellschaft** .... §§ 105–236 640
Einleitung vor § 105 640
Erster Abschnitt. Offene Handelsgesellschaft .... §§ 105–160 669
Erster Titel. Errichtung der Gesellschaft .... §§ 105–108 669
Anhang nach § 105: Vorschriften des Personengesell-
schaftsrechts nach Inkrafttreten des MoPeG am
1.1.2024 706
A. BGB-MoPeG §§ 705–739 (Überblick mit einzelnen
Erläuterungen) 706
B. HGB-MoPeG §§ 105–179, 223, 224 (Überblick mit
einzelnen Erläuterungen) 713
Zweiter Titel. Rechtsverhältnis der Gesellschafter
untereinander .... §§ 109–122 715
Dritter Titel. Rechtsverhältnis der Gesellschafter zu
Dritten .... §§ 123–130b 720
Vierter Titel. Auflösung der Gesellschaft und
Ausscheiden von Gesellschaftern .... §§ 131–144 722
Fünfter Titel. Liquidation der Gesellschaft .... §§ 145–158 726
Sechster Titel. Verjährung. Zeitliche Begrenzung der
Haftung .... §§ 159, 160 727
Anhang nach § 160: Partnerschaftsgesellschaft (PartG) 960
Zweiter Abschnitt. Kommanditgesellschaft .... §§ 161–177a 964

Inhaltsverzeichnis

Anhang nach § 177a: GmbH & Co;
Publikumsgesellschaft (mit Prospekthaftung) 1015
A. GmbH & Co KG 1018
B. Publikumsgesellschaft (mit Prospekthaftung) 1051
C. KAGB und Investmentkommanditgesellschaft 1076
Dritter Abschnitt. Stille Gesellschaft .... §§ 230–237 1081

Drittes Buch. Handelsbücher .... §§ 238–342e 1102
Einleitung vor § 238 1102
Erster Abschnitt. Vorschriften für alle Kaufleute .... §§ 238–263 1135
Erster Unterabschnitt. Buchführung Inventar .... §§ 238–241a 1135
Zweiter Unterabschnitt. Eröffnungsbilanz. Jahresabschluß ... §§ 242–256a 1150
  Erster Titel. Allgemeine Vorschriften .... §§ 242–245 1150
  Zweiter Titel. Ansatzvorschriften .... §§ 246–251 1161
  Dritter Titel. Bewertungsvorschriften .... §§ 252–256a 1201
Dritter Unterabschnitt. Aufbewahrung und Vorlage .... §§ 257–261 1252
Vierter Unterabschnitt. Landesrecht .... §§ 262 (aufgeh), 263 1255

Zweiter Abschnitt. Ergänzende Vorschriften für Kapital-
gesellschaften (Aktiengesellschaften, Kommanditgesell-
schaften auf Aktien und Gesellschaften mit beschränkter
Haftung) sowie bestimmte Personenhandelsgesellschaften ... §§ 264–335b 1256
Erster Unterabschnitt. Jahresabschluß der Kapitalgesellschaft
und Lagebericht .... §§ 264–289f 1256
  Erster Titel. Allgemeine Vorschriften .... §§ 264, 265 1256
  Zweiter Titel. Bilanz .... §§ 266–274a 1276
  Dritter Titel. Gewinn- und Verlustrechnung .... §§ 275–278 1305
  Vierter Titel. (aufgehoben) .... §§ 279–283 1315
  Fünfter Titel. Anhang .... §§ 284–288 1315
  Sechster Titel. Lagebericht .... §§ 289–289f 1336
Zweiter Unterabschnitt. Konzernabschluß und Konzern-
lagebericht .... §§ 290–315e 1366
  Erster Titel. Anwendungsbereich .... §§ 290–293 1366
  Zweiter Titel. Konsolidierungskreis .... §§ 294–296 1380
  Dritter Titel. Inhalt und Form des Konzernabschlusses ... §§ 297–299 1382
  Vierter Titel. Vollkonsolidierung .... §§ 300–307 1387
  Fünfter Titel. Bewertungsvorschriften .... §§ 308–309 1397
  Sechster Titel. Anteilmäßige Konsolidierung .... § 310 1401
  Siebenter Titel. Assoziierte Unternehmen .... §§ 311, 312 1402
  Achter Titel. Konzernanhang .... §§ 313, 314 1406
  Neunter Titel. Konzernlagebericht .... §§ 315–315d 1419
  Zehnter Titel. Konzernabschluss nach internationalen
  Rechnungslegungsstandards .... § 315e 1429
Dritter Unterabschnitt. Prüfung .... §§ 316–324a 1432
Einleitung vor § 316 1432
Vierter Unterabschnitt. Offenlegung. Prüfung durch den
Betreiber des Bundesanzeigers .... §§ 325–329 1527
Fünfter Unterabschnitt. Verordnungsermächtigung für
Formblätter und andere Vorschriften .... § 330 1543
Sechster Unterabschnitt. Straf- und Bußgeldvorschriften.
Ordnungsgelder .... §§ 331–335c 1546
  Erster Titel. Straf- und Bußgeldvorschriften .... §§ 331–334 1546
  Zweiter Titel. Ordnungsgelder .... §§ 335–335a 1556
  Dritter Titel. Gemeinsame Vorschriften für Straf-, Buß-
  geld- und Ordnungsgeldverfahren .... §§ 335b, 335c 1564

Inhaltsverzeichnis

Dritter Abschnitt. Ergänzende Vorschriften für eingetragene Genossenschaften	§§ 336–339	1565
Vierter Abschnitt. Ergänzende Vorschriften für Unternehmen bestimmter Geschäftszweige	§§ 340–341y	1568
Erster Unterabschnitt. Ergänzende Vorschriften für Kreditinstitute und Finanzdienstleistungsinstitute	§§ 340–340o	1568
Erster Titel. Anwendungsbereich	§ 340	1568
Zweiter Titel. Jahresabschluß, Lagebericht, Zwischenabschluß	§§ 340a–340d	1571
Dritter Titel. Bewertungsvorschriften	§§ 340e–340g	1577
Vierter Titel. Währungsumrechnung	§ 340h	1582
Fünfter Titel. Konzernabschluß, Konzernlagebericht, Konzernzwischenabschluß	§§ 340i, 340j	1582
Sechster Titel. Prüfung	§ 340k	1585
Siebenter Titel. Offenlegung	§ 340l	1588
Achter Titel. Straf- und Bußgeldvorschriften, Ordnungsgelder	§§ 340m–340o	1590
Zweiter Unterabschnitt. Ergänzende Vorschriften für Versicherungsunternehmen und Pensionsfonds	§§ 341–341p	1596
Erster Titel. Anwendungsbereich	§ 341a	1596
Zweiter Titel. Jahresabschluß, Lagebericht	§ 341a	1597
Dritter Titel. Bewertungsvorschriften	§§ 341b–341d	1598
Vierter Titel. Versicherungstechnische Rückstellungen	§§ 341e–341h	1599
Fünfter Titel. Konzernabschluß, Konzernlagebericht	§§ 341i, 341j	1601
Sechster Titel. Prüfung	§ 341k	1603
Siebenter Titel. Offenlegung	§ 341l	1603
Achter Titel. Straf- und Bußgeldvorschriften, Ordnungsgelder	§§ 341m–341p	1604
Dritter Unterabschnitt. Ergänzende Vorschriften für bestimmte Unternehmen des Rohstoffsektors	§§ 341q–341y	1609
Erster Titel. Anwendungsbereich; Begriffsbestimmungen	§§ 341q, 341r	1609
Zweiter Titel. Zahlungsbericht, Konzernzahlungsbericht und Offenlegung	§§ 341s–341w	1611
Dritter Titel. Bußgeldvorschriften, Ordnungsgelder	§§ 341x, 341y	1615
Fünfter Abschnitt. Privates Rechnungslegungsgremium; Rechnungslegungsbeirat	§§ 342, 342a	1616
Sechster Abschnitt. Prüfstelle für Rechnungslegung *(aufgehoben)*	§§ 342b–342e	1618
Viertes Buch. Handelsgeschäfte	§§ 343–475h	1619
Einleitung vor § 343		1619
Erster Abschnitt. Allgemeine Vorschriften	§§ 343–372	1626
Zweiter Abschnitt. Handelskauf	§§ 373–382	1740
Einleitung vor § 373		1740
Dritter Abschnitt. Kommissionsgeschäft	§§ 383–406	1809
Vierter Abschnitt. Frachtgeschäft	§§ 407–452d	1852
Erster Unterabschnitt: Allgemeine Vorschriften	§§ 407–450	1852
Zweiter Unterabschnitt. Beförderung zum Umzugsgut	§§ 451–451h	1947
Dritter Unterabschnitt. Beförderung mit verschiedenartigen Beförderungsmitteln	§§ 452–452d	1954
Fünfter Abschnitt. Speditionsgeschäft	§§ 453–466	1961
Sechster Abschnitt. Lagergeschäft	§§ 467–457h	1976
Fünftes Buch. Seehandel (Überblick)	§§ 476–619	1994

Inhaltsverzeichnis

2. Teil. Handelsrechtliche Nebengesetze
Einleitung 1995

I. Einführungsgesetz 1999
   (1) Einführungsgesetz zum Handelsgesetzbuche (EGHGB) Art. 50–89 .. 1999
   Einleitung 1999
   (2) Gesetz über die unternehmerischen Sorgfaltspflichten zur
   Vermeidung von Menschenrechtsverletzungen in Lieferketten
   (Lieferkettensorgfaltspflichtengesetz – LkSG) 2031

II. Handelsbücher und Bilanzen 2072
   (2a) Gesetz über eine Berufsordnung der Wirtschaftsprüfer
   (Wirtschaftsprüferordnung): Erster Teil: Allgemeine Vorschriften
   (§§ 1–3), Zweiter Teil: Voraussetzungen für die Berufsausübung
   (§ 27), Dritter Teil: Rechte und Pflichten der Wirtschaftsprüfer
   (§§ 43–56) 2072
   Einleitung zu (2a) 2072
   (2b) Allgemeine Auftragsbedingungen für Wirtschaftsprüfer und
   Wirtschaftsprüfungsgesellschaften (AAB-WP) 2096
   Einleitung zu (2b) 2096

III. Handelsregister 2104
   (3) Gesetz über das Verfahren in Familiensachen und in den
   Angelegenheiten der freiwilligen Gerichtsbarkeit (FamFG):
   §§ 374–377, 380, 388–389, 392–395 2104
   Einleitung 2104
   (4) Verordnung über die Einrichtung und Führung des Handelsregisters
   (Handelsregisterverordnung – HRV) 2112
   Einleitung 2112

IV. AGB und (nicht branchengebundene) Vertragsklauseln 2133
   (5) §§ 305–310 BGB Abschnitt 2. Gestaltung rechtsgeschäftlicher
   Schuldverhältnisse durch Allgemeine Geschäftsbedingungen 2133
   Einleitung 2133
   (6) Incoterms® 2020 und andere Handelskaufklauseln 2143
   A. Einleitung 2145
   B. Incoterms® 2020 2163

V. Bankgeschäfte (mit Börsen- und Kapitalmarktrecht) 2300
   (7) Bankgeschäfte 2300
   (8) Allgemeine Geschäftsbedingungen der Banken (AGB-Banken) 2551
   Einleitung 2551
   (8a) Sonderbedingungen für Wertpapiergeschäfte (AGB-WPGeschäfte) ... 2608
   Einleitung 2608
   (9) Allgemeine Geschäftsbedingungen der Sparkassen (AGB-Spark) 2626
   Einleitung 2626

Inhaltsverzeichnis

(10) Bedingungen für Anderkonten und Anderdepots (AGB-
Anderkonten) 2647
Einleitung 2647
(10a) Bedingungen für Anderkonten und Anderdepots von
Rechtsanwälten und Gesellschaften von Rechtsanwälten 2651
(10b) Bedingungen für Anderkonten und Anderdepots von Notaren ... 2656
(10c) Bedingungen für Anderkonten und Anderdepots von Angehörigen
der öffentlich bestellten wirtschaftsprüfenden und wirtschafts- und
steuerberatenden Berufe 2657
(10d) Bedingungen für Anderkonten und Anderdepots von
Patentanwälten und Gesellschaften von Patentanwälten 2659
(11) Einheitliche Richtlinien und Gebräuche für Dokumenten-
Akkreditive (ERA) 2660
(11a) Uniform Customs and Practice for Documentary Credits for
Electronic Presentation (eUCP) Version 2.0 2716
Einleitung 2716
(12) Einheitliche Richtlinien für Inkassi (ERI) 2726
Einleitung 2726
(12a) URC 522 ICC Uniform Rules for Collections, Supplement for
Electronic Presentation (eURC) Version 1.0 2740
(13) Gesetz über die Verwahrung und Anschaffung von Wertpapieren
(Depotgesetz – DepotG) 2746
Einleitung 2746
(14) Börsengesetz (BörsG) 2783
Einleitung 2783
(15) Prospekthaftung 2913
Einleitung 2913
(15a) §§ 8–16 Wertpapierprospektgesetz (WpPG): (Börsen-)
Prospekthaftung 2920
Einleitung 2920
(15b) §§ 20–22 Vermögensanlagegesetz (VermAnlG): (Verkaufs-)
Prospekthaftung 2943
Einleitung 2943
(16) Insiderhandelsverbot und Ad-hoc-Publizität 2950
(16a) Art. 7–11, 14, 17 Marktmissbrauchsverordnung (MAR) 2952
Vorbemerkung 2952
(16b) §§ 26, 27, 97, 98 Gesetz über den Wertpapierhandel
(Wertpapierhandelsgesetz – WpHG) 2994
Vorbemerkung 2994

VI. Transport (Fracht-, Speditions-, Lager- und andere
Transportgeschäfte) 3002
(17) Übereinkommen über den Beförderungsvertrag im internationalen
Straßengüterverkehr (CMR) 3002
Einleitung 3002
(18) Allgemeine Deutsche Spediteur-Bedingungen (ADSp) 3052
Einleitung 3052

Sachverzeichnis 3073

Verzeichnis der abgedruckten Bestimmungen

ADSp (Allgemeine Deutsche Spediteurbedingung): vollständig *Nebengesetze (18)*
Allgemeine Auftragsbedingungen für Wirtschaftsprüfer und Wirtschaftsprüfungsgesellschaften (AAB-WP): vollständig *Nebengesetze (2b)*
Allgemeine Geschäftsbedingungen der Banken (AGB-Banken): *Nebengesetze (8)*; Sonderbedingungen für Wertpapiergeschäfte: *Nebengesetze (8a);*
Allgemeine Geschäftsbedingungen der Sparkassen (AGB-Spark): *Nebengesetze (9)*
Bedingungen für Anderkonten und Anderdepots (AGB-Anderk): von Rechtsanwälten und Gesellschaften von Rechtsanwälten: *Nebengesetze (10a);* von Notaren: *Nebengesetze (10b);* von Angehörigen der öffentlich bestellten wirtschaftprüfenden umd wirtschafts- und steuerberatenden Berufe: *Nebengesetze (10c);* von Patentanwälten und Gesellschaften von Patentanwälten: *Nebengesetze (10d)*
Sonderbedingungen für Wertpapiergeschäfte (AGB-WPGeschäfte): *Nebengesetze (8a);*
BGB: §§ 305–310 BGB *Nebengesetze (5)*
BörsG: vollständig *Nebengesetze (14)*
BörsO der Hanseatischen Wertpapierbörse Hamburg: § 30 I bei *(14)* BörsG § 24 Rn. 10b
CMR (Übereinkommen über den Beförderungsantrag im internationalen Straßengüterverkehr): **Art. 1–41** *Nebengesetze (17)*
DepotG: vollständig *Nebengesetze (13)*
ERA 600 (Einheitliche Richtlinien und Gebräuche für Dokumenten-Akkreditive Revision 2007): mit Uniform Customs and Practice for Documentary Credits for Electronic Presentation, Version 2.0 **(eUCP):** vollständig *Nebengesetze (11)* und *(11a)*
EGHGB: Art. 52–88 *Nebengesetze (1)*
FamFG: §§ 374–377, 380, 388–389, 392–395 (Buch 5 Verfahren in Registersachen, unternehmensrechtliche Verfahren) *Nebengesetze (3)*
HGB: vollständig (außer Seerecht)
HRV (Handelsregisterverordnung): vollständig (ohne Anlagen) *Nebengesetze (4)*
Incoterms 2020: vollständig *Nebengesetze (6)*
ERI (Einheitliche Richtlinien für Inkassi) mit URC 522 ICC Uniform Rules for Collections, Supplement for Electronic Presentation, Version 1.0 **(eURC):** vollständig *Nebengesetze (12)* und *(12a)*
KAGB: § 306 *Nebengesetze (15e)* bei *Nebengesetze (7) Rn. A4*
KWG: § 1 I–III bei *Nebengesetze (7) Rn. A4*
LkSG: vollständig *Nebengesetze (2)*
MAR (Marktmissbrauchsverordnung): Art. 7–11, 14, 17 *Nebengesetze (16a)*
PartGG: vollständig Anhang nach § 160
VermAnlG: §§ 20–22 *Nebengesetze (15b)*
WG: Art. 13, 14 bei § 365 Rn 1; **Art. 16 I** bei § 365 Rn 2; **Art. 16 II** bei § 365 Rn 3; **Art. 40 III** bei § 365 Rn 4
WpHG: §§ 26, 27, 97, 98 *Nebengesetze (16b)*
WPO: §§ 1–3, 27, 43–56 *Nebengesetze (2a)*
WpPG: §§ 9–16 *Nebengesetze (15a)*
ZAG: § 1 bei *Nebengesetze (7) Rn. C7*

Benutzungshinweise

1. **Paragraphenzeichen (§)** ohne Zusatz eines Gesetzes oder einer Verordnung verweisen grundsätzlich auf solche des HGB, in einem kommentierten Nebengesetz (zB BörsG) auf dieses, oder auf ein anderes Nebengesetz, wenn sich eine Anmerkung speziell mit einem bestimmten Gesetz befasst. Sonst sind Paragraphen mit der Paragraphennummer und der Gesetzesabkürzung bezeichnet (zB § 242 BGB).
2. **Römische Zahlen** hinter einer Paragraphenzahl oder hinter einer arabischen Ziffer und zugleich vor einer Gesetzesabkürzung bedeuten den jeweiligen numerierten Absatz des betreffenden Paragraphen.
3. **Arabische Zahlen** in Klammern (fett) vor einer Gesetzesabkürzung bedeuten die Nummer des im Kommentar abgedruckten Nebengesetzes (zB **(14)** BörsG); hinter einer solchen Gesetzesabkürzung bedeuten sie den jeweiligen Paragraphen dieses Gesetzes, hinter einer römischen Zahl den numerierten Satz des betreffenden Absatzes (zB **(1)** EGHGB § 54 I 1).
4. **Alleinstehende Zahlen** in der Kommentierung (römische wie arabische) bedeuten den Absatz (römische Zahl oder arabische Zahl nach Abs) und den Satz (arabische Zahl) des jeweiligen Paragraphen, auch in Kombination (zB II 2 oder Abs 1).
5. **Ortsnamen** sind zT abgekürzt (zB Stgt) und im Abkürzungsverzeichnis aufgeschlüsselt.
6. **Eigennamen** ohne Zusatz sind die von Autoren, deren Werk oder Abhandlung als Belegstelle benutzt wird; dieses ist entweder dem Abkürzungsverzeichnis zu entnehmen oder dem Schrifttumsverzeichnis, das der betreffenden Einleitung, Einführung, Vorbemerkung oder Anmerkung vorangestellt ist.
7. **Zahlen bei Eigennamen** ohne S. (Seite) oder § (eines Lehrbuchs) bezeichnen grundsätzlich die Anmerkung oder Randnummer für denselben Paragraphen der anderen Kommentare, auf die sich diese Verweisung bezieht.
8. **Abkürzungen** von Gesetzen, Verordnungen, Gebietskörperschaften, Ortsnamen, Zeitschriften, Entscheidungssammlungen und von Wörtern der Fach- und Umgangssprache sind im Abkürzungsverzeichnis aufgeführt. Ausnahmsweise sind Abkürzungen für in bestimmten Anmerkungskomplexen laufend vorkommende Begriffe bei der Anmerkungsüberschrift bezeichnet.
9. **Darstellungen,** die in die Zusammenhänge des betreffenden Rechtsgebiets oder Gesetzesabschnitts einführen, sind in strikter Auswahl und nur beispielhaft enthalten in Einleitungen (vor einem Buch des HGB und vor einem Nebengesetz oder vor dem Abschnitt eines Buches oder eines Nebengesetzes sowie vor Paragraphen-Komplexen innerhalb eines Titels). Bezugnahmen darauf erfolgen innerhalb der Kommentierung durch die Bezeichnung der Stelle als „Einleitung vor" oder „Einleitung" (zB Einl. § 1; Einl. FamFG).
10. **Zitierweise. Zitiert** wird **nach Randnummern** (zB § 347 Rn. 23 und Anh. § 177a Rn. 22).
11. **Belegstellen** aus Rechtsprechung und Schrifttum sind regelmäßig mit derjenigen Seitenzahl angegeben, auf der der Abdruck der Entscheidung oder der Abhandlung beginnt (Gesamtverweisung); ggf. ist diejenige Seitenzahl, die den Beleg aufweist, in Klammern hinzugefügt (Einzelverweisung).
12. **Belegstellenauswahl.** Vorrang hat die jüngere vor der älteren bei gleichem Inhalt, sonst die inhalts- und belegstellenreichere vor der inhalts- und belegstellenärmeren. In der Regel hat die amtliche Sammlung (RG, BGH) Vor-

Benutzungshinweise

rang vor jeder Zeitschrift. Bei mehrfacher Veröffentlichung einer Entscheidung haben Zeitschriften den Rang nach der Dichte ihrer Verbreitung, was zu verschiedenen Teilen des Kommentars (zB HGB, Bilanzrecht, Transportrecht, Bankrecht) unterschiedlich sein kann; davon ist nur abgewichen, wenn in einer weiter verbreiteten Zeitschrift nur der Leitsatz oder Gründe nur in erheblich kleinerem Umfang abgedruckt sind, außerdem wenn vor Abschluss der Neuauflage die Entscheidung in einer weiter verbreiteten Zeitschrift noch nicht veröffentlicht war.

13. **Verweisungen** innerhalb der Kommentierung erfolgen grundsätzlich **nach Randnummern,** also innerhalb eines Paragraphen durch bloße Angabe derselben („→ Rn. 3"), sonst durch Angabe des Paragraphen mit der in Bezug genommenen Randnummer (zB → § 15 Rn. 18) oder durch Hinweis auf eine grundrissartige Darstellung mit der entsprechenden Randnummer (zB → Einl. v. § 1 Rn. 42; → Anh. § 177a Rn. 52 ff.; → **(7)** Bankgeschäfte Rn. A6).

14. **Abweichende Ansichten** (aA) sind stets nur beispielhaft angegeben. Dagegen sind sie nach Möglichkeit vermerkt, wenn die Kommentierung von der Rechtsprechung eines obersten Bundesgerichts abweicht. Fehlende Angaben über aA bedeuten also nicht, dass die dargestellte oder vertretene Ansicht unbestritten sei.

15. **Angeführtes Schrifttum** ist enthalten im Abkürzungsverzeichnis (insbesondere Erläuterungswerke), ferner zu Beginn der Bücher des HGB und von Abschnitten, Titeln oder Nebengesetzen.

16. **Nebengesetze und Vorschriften,** die ganz oder teilweise abgedruckt sind, enthält eine Liste hinter dem Inhaltsverzeichnis. Die Überschriften zu den einzelnen Paragraphen oder Artikeln sind ohne Klammern amtlich, in eckigen Klammern nicht amtlich.

Abkürzungsverzeichnis

einschließlich einzelner juristischer Werke

aA	anderer Ansicht
AAA	American Arbitration Association; American Accounting Association; Triple-A credit ranking
AAB-WP	Allgemeine Auftragsbedingungen für Wirtschaftsprüfer und Wirtschaftsprüfungsgesellschaften (zit. AAB-WP oder AGB-WP)
AAG	Gesetz über den Ausgleich von Arbeitgeberaufwendungen und zur Änderung weiterer Gesetze (Aufwendungsausgleichsgesetz – AAG) v. 22.12.2005, BGBl. I 3686, BGBl. III FNA 800-19-4
ABA	American Bar Association
AbfG	s. KrW/AbfG
ABGB	Allgemeines Bürgerliches Gesetzbuch (Österreich)
abgedr.	abgedruckt
Abk.	Abkommen
ABl.	Amtsblatt
abl.	ablehnen(d)
ABl.	Amtsblatt der Europäischen Gemeinschaften, jetzt der Europäischen Union (Reihe, Nr., Seite)
Abs.	Absatz
ABS	asset-backed securities
AbschirmSanG	Gesetz zur Abschirmung von Risiken und zur Planung der Sanierung und Abwicklung von Kreditinstituten und Finanzgruppen v. 7.8.2013, BGBl. 2013 I 3090, auch Trennbankengesetz genannt
Abschlussprüfungs-VO	Verordnung (EU) Nr. 537/2014 des Europäischen Parlaments und des Rates v. 16.4.2014 über spezifische Anforderungen an die Abschlussprüfung bei Unternehmen von öffentlichem Interesse und zur Aufhebung des Beschlusses 2005/909/EG der Kommission, ABl. 2014 L 158, 77
Abschn.	Abschnitt
Abt.	Abteilung
abw.	abweichend
AbwMechG	Gesetz zur Anpassung des nationalen Bankenabwicklungsrechts an den Einheitlichen Abwicklungsmechanismus und die europäischen Vorgaben zur Bankenabgabe (Abwicklungsmechanismusgesetz – AbwMechG) v. 2.11.2015, BGBl. I 1864
ACQP	Acquis Principles (Principles of Existing EC Contract Law)
AcP	Archiv für die civilistische Praxis (Bd., Jahr, Seite)
ADHGB	Allgemeines Deutsches Handelsgesetzbuch
ADR	alternative dispute resolution; American depository receipt(s)
ADS	Adler/Düring/Schmaltz, Rechnungslegung und Prüfung der Unternehmen
ADS (AGB)	Allgemeine Deutsche Seeversicherungsbedingungen – ADS, Besondere Bestimmungen für die Güterversicherung
ADSp	Allgemeine Deutsche Spediteurbedingungen
aE	am Ende
AEUV	Vertrag über die Arbeitsweise der Europäischen Union (AEUV) in der seit dem 1.12.2009 geltenden Fassung, ABl. 2008 C 115, 1, ber. ABl. 2009 C 290, 1; auf Englisch: TFEU
aF	alte Fassung
AfA	Absetzung für Abnutzung
AFB	Association Française des Banques
AFG	Arbeitsförderungsgesetz (AFG) v. 25.6.1969, BGBl. I 582, aufgehoben, s. jetzt SGB III Arbeitsförderung
AfP	Archiv für Presserecht (Jahr und Seite)
AG	Amtsgericht; Aktiengesellschaft; Die Aktiengesellschaft, Zeitschrift für das gesamte Aktienwesen, für deutsches, europäisches und inter-

Abkürzungsverzeichnis

	nationales Unternehmens- und Kapitalmarktrecht, mit Sonderteil AG-Report (Jahr und Seite, R mit Seite: AG Report)
AGB	Allgemeine Geschäftsbedingungen
AGB-AKV	Geschäftsbedingungen der Deutscher Auslandskassenverein AG, heute: Deutsche Börse Clearing AG
AGB-Anderkonten	Bedingungen für Anderkonten und Anderdepots (von Rechtsanwälten und Gesellschaften von Rechtsanwälten, Notaren, Patentanwälten und Gesellschaften von Patentanwälten, Angehörigen der öffentlich bestellten wirtschaftsprüfenden und wirtschafts- und steuerberatenden Berufe)
AGB-Banken	AGB der (privaten) Banken
AGB/BSK	AGB der Bundesfachgruppe Schwertransporte und Kranarbeiten
AGB-DBBk	AGB der Deutschen Bundesbank
AGBG	Gesetz zur Regelung des Rechts der Allgemeinen Geschäftsbedingungen (AGB-Gesetz) v. 9.12.1976, BGBl. I 3317, aufgehoben durch SMG
AGB-KV	Geschäftsbedingungen der Deutschen Kassenvereine (Wertpapiersammelbanken)
AGB-Spark	AGB der Sparkassen und Girozentralen
AGB-WP	s. AAB-WP
AGB-WPGeschäfte	Sonderbedingungen für Wertpapiergeschäfte (Banken), Bedingungen für Wertpapiergeschäfte (Sparkassen)
AGG	Allgemeines Gleichbehandlungsgesetz (AGG) v. 14.8.2006, BGBl. I 1897, BGBl. III FNA 402-40
AGNB	Allgemeine Beförderungsbedingungen für den gewerblichen Güternahverkehr mit Kfz
AG R	s. AG
AgrarR	Agrarrecht, Zeitschrift für das gesamte Recht der Landwirtschaft, der Agrarmärkte und des ländlichen Raumes (seit 1971 Jahr und Seite)
AHB	Allgemeine Haftpflichtversicherungs-Bedingungen
AHK	Alliierte Hohe Kommission
AHKG	Gesetz der Alliierten Hohen Kommission für Deutschland
AIA	Automatischer Informationsaustausch
AIBD	Association of International Bond Dealers
AICPA	American Institute of Certified Public Accountants
AIF	Alternative Investment Fund, alternativer Investmentfonds
AIFM	Alternative Investment Fund Manager
AIFM-RL	Richtlinie 2011/61/EU über die Verwalter alternativer Investmentfonds und zur Änderung der Richtlinien 2003/41/EG und 2009/65/EG und der Verordnungen (EG) Nr. 1060/2009 und (EU) Nr. 1095/2010 v. 8.6.2011 ABl. 2011 L 174, 1
AIFM-UmsG	Gesetz zur Umsetzung der Richtlinie 2011/61/EU über die Verwalter alternativer Investmentfonds (AIFM-Umsetzungsgesetz – AIFM-UmsG) v. 4.7.2013, BGBl. I 1981
AIN	Accounting Interpretation
AIZ	Allgemeine Immobilienzeitung (Jahr und Seite)
AJPT	Auditing: A Journal of Practice and Theory (Bd., Jahr und Seite)
AK	Arbeitskreis
AKB	Allgemeine Bedingungen für die Kraftfahrtversicherung
AKBR	Arbeitskreis Bilanzrecht Hochschullehrer Rechtswissenschaft
AkfDR	Akademie für Deutsches Recht
AKEIÜ	Arbeitskreis Externe und Interne Überwachung der Unternehmung der Schmalenbach-Gesellschaft für Betriebswirtschaft eV
AKEU	Arbeitskreis Externe Unternehmensrechnung der Schmalenbach-Gesellschaft für Betriebswirtschaft eV
AK HLRWiss	Arbeitskreis Bilanzrecht der Hochschullehrer Rechtswissenschaft
AktG	Aktiengesetz v. 6.9.1965, BGBl. I 1089, BGBl. III FNA 4121-1
AktienRNovelle 2016	Gesetz zur Änderung des AktG (Aktienrechtsnovelle 2016) v. 22.12.2015, BGBl. I 2565
AKV	Deutscher Auslandskassenverein AG
ALB	Allgemeine Lagerbedingungen

Abkürzungsverzeichnis

ALB Cargo	Allgemeine Leistungsbedingungen (ALB) der Deutschen Bahn AG (DB Cargo)
allg.	allgemein
allgM	allgemeine Meinung
ALM	arbitration, litigation, mediation
ALR	Allgemeines Landrecht für die Preußischen Staaten
Alt.	Alternative
AltEinkG	Gesetz zur Neuordnung der einkommensteuerrechtlichen Behandlung von Altersvorsorgeaufwendungen und Altersbezügen (Alterseinkünftegesetz – AltEinkG) v. 5.7.2004, BGBl. I 1427
aM	anderer Meinung
am	amerikanisch
amMR	amerikanische Militärregierung
AmtlBegr	Amtliche Begründung
amZ	amerikanische Zone
Anatomy	Kraakman et al, eds, The Anatomy of Corporate Law, 3d ed, Oxford 2017
ÄndG	Gesetz zur Änderung (von)
ÄndRL	Richtlinie zur Änderung (von)
AnfG	Gesetz über die Anfechtung von Rechtshandlungen eines Schuldners außerhalb des Insolvenzverfahrens (Anfechtungsgesetz – AnfG) v. 5.10.1994, BGBl. I 2911, BGBl. III FNA 311-14-2
Anh.	Anhang
ANK	Anschaffungsnebenkosten
Anl.	Anlage
AnlEntG	Anlegerentschädigungsgesetz (s. EAEG, so umbenannt durch DGSG-Umsetzungsgesetz)
Anm.	Anmerkung
AnsFuG	Gesetz zur Stärkung des Anlegerschutzes und Verbesserung der Funktionsfähigkeit des Kapitalmarkts v. 8.4.2011, BGBl. I 538
AnSVG	Gesetz zur Verbesserung des Anlegerschutzes (Anlegerschutzverbesserungsgesetz – AnSVG) v. 28.10.2004, BGBl. I 2630
AO	Abgabenordnung idF v. 1.10.2002, BGBl. I 3866, BGBl. III FNA 610-1-3
ao	außerordentlich
AP	Nachschlagewerk des Bundesarbeitsgerichts (bis 1954 Zeitschrift: Arbeitsrechtliche Praxis) (Gesetzesstelle, Entscheidungsnummer; Nr. ohne Gesetzesstelle bezieht sich auf den kommentierten Paragraphen)
APA	asset purchase agreement
APAG	Gesetz zur Fortentwicklung der Berufsaufsicht über Abschlussprüfer in der Wirtschaftsprüferordnung (Abschlussprüferaufsichtsgesetz – APAG) v. 27.12.2004, BGBl. I 3846
APAK	Abschlussprüferaufsichtskommission
APAReG	Gesetz zur Umsetzung der aufsichts- und berufsrechtlichen Regelungen der Richtlinie 2014/56/EU sowie zur Ausführung der entsprechenden Vorgaben der Verordnung (EU) Nr. 537/2014 im Hinblick auf die Abschlussprüfung bei Unternehmen von öffentlichem Interesse (Abschlussprüferaufsichtsreformgesetz – APAReG) v. 31.3.2016, BGBl. I 518
APB	Accounting Principles Board; Accounting Principles Board Opinion No.
ApG	Gesetz über das Apothekenwesen idF v. 15.10.1980, BGBl. I 1993
APV	Adjusted Present Value
AR	Der Aufsichtsrat (Zeitschrift)
ARB	Allgemeine Versicherungsbedingungen für die Rechtsschutzversicherung
ARBull	Accounting Research Bulletin
ArbNErfG	Gesetz über Arbeitnehmererfindungen v. 25.7.1957, BGBl. I 756, BGBl. III FNA 422-1
ArbG	Arbeitsgericht

Abkürzungsverzeichnis

ArbGG	Arbeitsgerichtsgesetz idF v. 2.7.1979, BGBl. I 853, ber. 1036, BGBl. III FNA 320-1
ArbInt	Arbitration International (Bd., Jahr, Seite)
ArbPlSchG	Gesetz über den Schutz des Arbeitsplatzes bei Einberufung zum Wehrdienst (Arbeitsplatzschutzgesetz – ArbPlSchG) idF v. 16.7.2009, BGBl. I 2055, BGBl. III FNA 53-2
ArbR	Arbeitsrecht Aktuell (Jahr und Seite)
1. ArbRBerG	Gesetz zur Änderung des Kündigungsrechts und anderer arbeitsrechtlicher Vorschriften (Erstes Arbeitsrechtsbereinigungsgesetz) v. 14.8.1969, BGBl. I 1106
ArbR-Blattei	Arbeitsrecht-Blattei
ArbRSamml	Arbeitsrechts-Sammlung (früher Bensheimer Sammlung), Entscheidungen des Reichsarbeitsgerichts- und des Reichsehrengerichtshofs, der Landesarbeitsgerichte, Arbeitsgerichte und Ehrengerichte (Bd. und Seite)
ArbSchG	Gesetz über die Durchführung von Maßnahmen des Arbeitsschutzes zur Verbesserung der Sicherheit und des Gesundheitsschutzes der Beschäftigten bei der Arbeit (Arbeitsschutzgesetz – ArbSchG) v. 7.8.1996, BGBl. I 1246, BGBl. III FNA 805-3
ArbZG	Arbeitszeitgesetz (ArbZG) v. 6.6.1994, BGBl. I 1170, BGBl. III FNA 8050-21
AReG	Gesetz zur Umsetzung der prüfungsbezogenen Regelungen der Richtlinie 2014/56/EU sowie zur Ausführung der entsprechenden Vorgaben der Verordnung (EU) Nr. 537/2014 im Hinblick auf die Abschlussprüfung bei Unternehmen von öffentlichem Interesse v. 10.5.2016, BGBl. I 1142
ARGE	Arbeitsgemeinschaft
arg. e	argumentum ex, Grund in
2. ARRL	Richtlinie (EU) 2017/828 des Europäischen Parlaments und des Rates vom 17.5.2017 zur Änderung der Richtlinie 2007/36/EG im Hinblick auf die Förderung der langfristigen Mitwirkung der Aktionäre; ABl. 2017 L 132, 1
ARS	Accounting Series Release
Art	Artikel
ART-Produkte	alternative risk transfer-Produkte
ARUG	Gesetz zur Umsetzung der Aktionärsrechterichtlinie (ARUG) v. 30.7.2009, BGBl. I 2479
ARUG II	Gesetz zur Umsetzung der zweiten Aktionärsrechterichtlinie v. 12.12.2019, BGBl. I S. 2637
ASB	Accounting Standards Board
ASC	Accounting Standards Committee
ASCPA	American Society of Certified Public Accountants
ASEC	Accounting Standards Executive Committee
AT	Allgemeiner Teil
ATS	alternative trading system(s)
Aufl.	Auflage
AÜG	Gesetz zur Regelung der gewerbsmäßigen Arbeitnehmerüberlassung (Arbeitnehmerüberlassungsgesetz – AÜG) idF 3.2.1995, BGBl. I 158, BGBl. III FNA 810-31
Augsbg	Augsburg
AuR	Arbeit und Recht (Jahr und Seite)
ausf.	ausführlich
AuslInvestmG	Auslandsinvestment-Gesetz idF v. 9.9.1998, BGBl. I 2820, aufgehoben durch InvG 2003
AVB	Allgemeine Versicherungsbedingungen
AVermV	Verordnung über Arbeitsvermittlung durch private Arbeitsvermittler (Arbeitsvermittlerverordnung – AVermV) v. 11.3.1994, BGBl. I 563, FNA 810-1-50, aufgehoben
AVG	Angestelltenversicherungsgesetz idF v. 28.5.1924, RGBl. I 563, aufgehoben

Abkürzungsverzeichnis

AVmG	Gesetz zur Reform der gesetzlichen Rentenversicherung und zur Förderung eines kapitalgedeckten Altersvorsorgevermögens (Altersvermögensgesetz) v. 26.6.2001, BGBl. I 1310
AWD	Außenwirtschaftsdienst des Betriebs-Berater (seit 1975 RIW) (Jahr und Seite)
AWG	Gesetz zur Modernisierung des Außenwirtschaftsrechts v. 6.6.2013, BGBl. I 1482
AWR	Archiv für Wettbewerbsrecht (Jahr und Seite)
AWV	Außenwirtschaftsverordnung (AWV) v. 2.8.2013, BGBl. I 2865; Arbeitsgemeinschaft für wirtschaftliche Verwaltung
Az.	Aktenzeichen
AZO	Arbeitszeitordnung v. 30.4.1938, RGBl. I 446, aufgehoben
B-	Bundes-
BaFin	Bundesanstalt für Finanzdienstleistungsaufsicht, durch FinDAG ab 1.5.2002, vorher BAKred, BAV, BAWe
BAG	Bundesarbeitsgericht
BAGE	Entscheidungen des Bundesarbeitsgerichts (Bd. und Seite)
BAKred	Bundesaufsichtsamt für das Kreditwesen, seit 2002 BaFin
b2b	business to business, Verkehr zwischen Unternehmen
b2c	business to consumer(s), Verkehr mit Verbrauchern
Bad-Banks-Gesetz	s. FinanzmarktStabFortentwG
Bandasch	s. GK(HGB)
Bank	Die Bank, Zeitschrift für Bankpolitik und Bankpraxis (bis 1976: Bank-Betrieb)
BankA	Bank-Archiv, Zeitschrift für Bank- und Börsenwesen (Jahr und Seite)
Bank-Betrieb	Bank-Betrieb (ab 1977 Die Bank) (Jahr und Seite)
BankBiRiLiG	Gesetz zur Durchführung der Richtlinie des Rates der Europäischen Gemeinschaften über den Jahresabschluss und den konsolidierten Abschluss von Banken und anderen Finanzinstituten (Bankbilanzrichtlinie-Gesetz) v. 30.11.1990, BGBl. I 2570
BankenRLUms(etz)G 2006	Gesetz zur Umsetzung der neu gefassten Bankenrichtlinie und der neu gefassten Kapitaladäquanzrichtlinie v. 17.11.2006, BGBl. I 2606 (7. KWG-Novelle)
BankenRLUms(etz)G 2010	Gesetz zur Umsetzung der geänderten Bankenrichtlinie und der geänderten Kapitaladäquanzrichtlinie v. 19.11.2010, BGBl. I 1592
BankrechtsHdb/(Bearbeiter)	Schimansky, Bunte, Lwowski, Hrsg., Bankrechts-Handbuch, 2 Bde., 5. Aufl. 2017
BankrechtsKomm	Langenbucher/Bliesener/Spindler, Hrsg., Bankrechts-Kommentar, 3. Aufl. 2020, zit.: BankrechtsKommLBS/Bearbeiter
Bankrechtstag (Jahr)	Dokumentationsbände zu den Bankrechtstagen, erschienen in der (auch andere Bände umfassenden) Schriftenreihe der Bankrechtlichen Vereinigung (Schr. BrV) (Jahr und Seite)
Bank Workout	Restrukturierung durch Bank
BAnz.	Bundesanzeiger
BArbBl.	Bundesarbeitsblatt (Jahr und Nr.)
BARefG	Berufsaufsichtsreformgesetz – BARefG (7. WPO-Novelle) v. 3.9.2007, BGBl. I 2178
BasiskontoUmsetzG	s. ZKG
Baumb/Hefermehl/Casper	Wechselgesetz, Scheckgesetz, Recht des Zahlungsverkehrs, 24. Aufl. 2020
Baumb/Hefermehl/Köhler/Bornkamm	s. jetzt Köhler/Bornkamm
Baumb/Hopt	Baumbach, Hopt, Handelsgesetzbuch mit GmbH & Co, Handelsklauseln, Bank- und Börsenrecht, Transportrecht (ohne Seerecht), 40. Aufl., München 2021, bearbeitet von Hopt, Kumpan, Merkt und M. Roth

Abkürzungsverzeichnis

Baumb/Hueck	Baumbach, Hueck, GmbH-Gesetz, Beurskens, Fastrich, Haas, Noack, 22. Aufl. 2019
Baumb/Lauerbach/Hartmann/Anders/Gehle	Zivilprozessordnung mit GVG und anderen Nebengesetzen, 79. Aufl. 2021
BauspG	Gesetz über Bausparkassen idF v. 15.2.1991, BGBl. I 454, BGBl. III FNA 7691-2
BausparkV	Verordnung zum Gesetz über Bausparkassen (Bausparkassen-Verordnung – BausparkV) v. 29.12.2015, BGBl. I 2576, BGBl. III FNA 7691-2-1-3
BAV	Bundesaufsichtsamt für das Versicherungswesen (vor 1973: Versicherungs- und Bausparwesen), durch FinDAG seit 1.5.2002 BaFin
BAWe	Bundesaufsichtsamt für den Wertpapierhandel, durch FinDAG seit 1.5.2002 BaFin
BW	Baden-Württemberg
Bay	Bayern, Bayerisch(es) …
BayObLG	Bayerisches Oberstes Landesgericht, auch Entscheidungen des Bayerischen Obersten Landesgerichts in Zivilsachen (Bd. und Seite); Gericht aufgelöst mWv 1.7.2006, wiederbegründet 15.9.2018
BB	Betriebs-Berater (Jahr und Seite)
BBA	British Bankers Association
BBahnG	Bundesbahngesetz (BBahnG) idF 27.12.1993, BGBl. I 2378, BGBl. III FNA 931-1
BBAN	(nationale) Basis-Kontonummer (s. auch IBAN)
BBankG	Gesetz über die Deutsche Bundesbank idF v. 22.10.1992, BGBl. I 1782, BGBl. III FNA 7620-1
Bbg	Brandenburg
BBiG	Berufsbildungsgesetz v. 23.3.2005, BGBl. I 931, BGBl. III FNA 806-22
BBK	Buchführung, Bilanzierung, Kostenrechnung (Zeitschrift)
BBP	Betriebswirtschaft im Blickpunkt (Zeitschrift)
BB-Sp	BB-Special (Jahr und Seite)
BC	Zeitschrift für Bilanzierung, Rechnungswesen und Controlling (Jahr und Seite); Basis for Conclusion
BCBS	Basel Committee on Banking Supervision
Bd., Bde.	Band, Bände
BdB	Bundesverband deutscher Banken eV
BDI	Bundesverband der Deutschen Industrie
BdL	Bank deutscher Länder
BDSG	Bundesdatenschutzgesetz (BDSG) idF v. 30.6.2017 BGBl. I 2997, BGBl. III FNA 204-3
beA	besonderes elektronisches Anwaltspostfach
BeckBilKomm	Beck'scher Bilanz-Kommentar
BeckOGK (zB BGB, HGB)	Beck-Online-Großkommentar
BeckOK HGB/(Bearbeiter)	Häublein/Hoffmann-Theinert, Beck'scher Online-Kommentar HGB
BeckRS	Beck-Rechtsprechung (Jahr und Nr.), abrufbar unter www.beck-online.de
BegleitG	Begleitgesetz zur Umsetzung von EG-Richtlinien zur Harmonisierung bank- und wertpapieraufsichtsrechtlicher Vorschriften v. 22.10.1997, BGBl. I 2567
Begr., begr.	Begründung, begründet
Beil.	Beilage
Bek.	Bekanntmachung
Bem.	Bemerkung
ber.	berichtigt
BerBG	s. BbiG
bes.	besonders, besondere(r, s)

Abkürzungsverzeichnis

BeschleunG	Gesetz zur Beschleunigung fälliger Zahlungen v. 30.3.2000, BGBl. I 330
BeteiligungsRLUmsetzG	Gesetz zur Umsetzung der Beteiligungsrichtlinie v. 12.3.2009, BGBl. I 470
Betr (DB)	Der Betrieb (Jahr und Seite)
betr.	betreffend, betrifft
BetrAVG	Gesetz zur Verbesserung der betrieblichen Altersversorgung (Betriebsrentengesetz) v. 19.12.1974, BGBl. I 3610, BGBl. III FNA 800-22-1
BetrVG	Betriebsverfassungsgesetz idF v. 25.9.2001, BGBl. I 2518, BGBl. III FNA 801-7
BeurkG	Beurkundungsgesetz v. 28.8.1969, BGBl. I 1513, BGBl. III FNA 303-13
BewG	Bewertungsgesetz (BewG) idF v. 1.2.1991, BGBl. I 230, BGBl III FNA 610-7
BezG	Bezirksgericht
BFH	Bundesfinanzhof
BFHE	Sammlung der Entscheidungen und Gutachten des Bundesfinanzhofs (Bd. und Seite)
BFH/NV	Sammlung amtlich nicht veröffentlichter Entscheidungen des Bundesfinanzhofs (Zeitschrift)
BfJ	Bundesamt für Justiz
BfJG	Gesetz zur Errichtung und zur Regelung der Aufgaben des Bundesamts für Justiz v. 17.12.2006, BGBl. I 3171
BFuP	Betriebswirtschaftliche Forschung und Praxis (Jahr und Seite)
BG	Berufsgenossenschaft
BGer	Bundesgericht (Schweiz)
BgA	Betrieb gewerblicher Art
BGB	Bürgerliches Gesetzbuch v. 18.8.1896, RGBl. 195, idF v. 2.1.2002, BGBl. I 42, BGBl. III FNA 400-2
BGBGes, GbR	Gesellschaft des bürgerlichen Rechts
BGBl. I, II	Bundesgesetzblatt, mit Ziffer I (oder ohne Ziffer) = Teil I; mit Ziffer II = Teil II (Jahr und Seite)
BGBl. III	Bereinigte Sammlung des Bundesrechts, abgeschlossen am 31.12.1968, in Nachweisform fortgeführt durch FNA
BGH	Bundesgerichtshof
BGHFS	Geiß ua, Hrsg., Festschrift aus Anlass des fünfzigjährigen Bestehens von Bundesgerichtshof, Bundesanwaltschaft und Rechtsanwaltschaft beim Bundesgerichtshof, 2000
BGHFSWissII	Heldrich/Hopt, Hrsg., 50 Jahre Bundesgerichtshof, Festgabe aus der Wissenschaft, Bd. II, Hdl- und Wirtschaftsrecht, Europäisches und Internationales Recht, 2000
BGHR	Systematische Sammlung der Entscheidungen des Bundesgerichtshofes (LBl.)
BGHRep	BGH-Report (Jahr und Seite)
BGHSt	Bundesgerichtshof, auch Entscheidungen des Bundesgerichtshofes in Strafsachen (Bd. und Seite), ab 1957
BGHVGrS	Bundesgerichtshof, Vereinigter Großer Senat
BGHWarn	Die Rechtsprechung des Bundesgerichtshofs in Zivilsachen, begr. von Warneyer (Jahr und Nr.)
BGHZ	Entscheidungen des Bundesgerichtshofes in Zivilsachen (Bd. und Seite), ab 1951
BIC	Business Identifier Code, Identifikator für Zahlungskonten, Internationale Bankleitzahl (IBAN)
Bielef	Bielefeld
Bilanz-RL	RL 2013/34/EU über den Jahresabschluss, den konsolidierten Abschluss und damit verbundene Berichte von Unternehmen bestimmter Rechtsformen
BilKoG	Gesetz zur Kontrolle von Unternehmensabschlüssen (Bilanzkontrollgesetz – BilKoG) v. 15.12.2004, BGBl. I 3408

Abkürzungsverzeichnis

BilMoG	Gesetz zur Modernisierung des Bilanzrechts (Bilanzrechtsmodernisierungsgesetz – BilMoG) v. 25.5.2009, BGBl. I 1102
BilReG	Gesetz zur Einführung internationaler Rechnungslegungsstandards und zur Sicherung der Qualität der Abschlussprüfung (Bilanzrechtsreformgesetz – BilReG) v. 4.12.2004, BGBl. I 3166
BilRUG	Gesetz zur Umsetzung der Richtlinie 2013/34/EU des Europäischen Parlaments und des Rates vom 26.6.2013 über den Jahresabschluss, den konsolidierten Abschluss und damit verbundene Berichte von Unternehmen bestimmter Rechtsformen und zur Änderung der Richtlinie 2006/43/EG des Europäischen Parlaments und des Rates und zur Aufhebung der Richtlinien 78/660/EWG und 83/349/EWG des Rates (Bilanzrichtlinie-Umsetzungsgesetz – BilRUG), v. 17.7.2015, BGBl. I 1245
BinSchG	Gesetz betr. die privatrechtlichen Verhältnisse der Binnenschifffahrt (Binnenschifffahrtsgesetz – BinSchG) idF v. 15.6.1898, RGBl. 868, BGBl. III FNA 4103-1
BinSchVG	Gesetz über den gewerblichen Binnenschiffsverkehr idF v. 8.1.1969, BGBl. I 65, außer Kraft mWv 1.1.1995 durch G v. 13.8.1993, BGBl. I 1489
BIP	Bruttoinlandsprodukt
BiRiLiG	Gesetz zur Durchführung der Vierten, Siebenten und Achten Richtlinie des Rates der Europäischen Gemeinschaften zur Koordinierung des Gesellschaftsrechts (Bilanzrichtlinien-Gesetz – BiRiLiG) v. 19.12.1985, BGBl. I 2355
BIT	Bilateral Investment Treaty
BJIBFL	Butterworths Journal of International Banking and Finance Law
BKartA	Bundeskartellamt
BKR	Zeitschrift für Bank- und Kapitalmarktrecht (Jahr und Seite)
Bln.	Berlin
BMAS	Bundesministerium für Arbeit und Soziales
BMF	Bundesministerium der Finanzen
BMJ	Bundesministerium der Justiz und für Verbraucherschutz (seit dem 17.12.2013)/davor Bundesministerium der Justiz
BMV	Bundesministerium für Verkehr
BMWi	Bundesministerium für Wirtschaft und Energie (jetzt BMWK)
BMWK	Bundesministerium für Wirtschaft und Klimaschutz
b/n	brutto für netto
BNotO	Bundesnotarordnung v. 24.2.1961, BGBl. I 1998, BGBl. III FNA 303-1
BoHdR	Hofbauer, Kupsch, Bonner Handbuch der Rechnungslegung, Bonn (LBl.)
BörsG	Börsengesetz (BörsG) v. 16.7.2007, BGBl. I 1330, BGBl. III FNA 4110-8
BörsO	Börsenordnung
BörsZulG	Gesetz zur Einführung eines neuen Marktabschnitts an den Wertpapierbörsen und zur Durchführung der Richtlinien des Rates der Europäischen Gemeinschaften v. 5.3.1979, v. 17.3.1980 und v. 15.2.1982 zur Koordinierung börsenrechtlicher Vorschriften (Börsenzulassungs-Gesetz) v. 16.12.1986, BGBl. I 2478
BörsZulV	Verordnung über die Zulassung von Wertpapieren zum amtlichen Markt an einer Wertpapierbörse (Börsenzulassungs-Verordnung – BörsZulV) idF v. 9.9.1998, BGBl. I 2832, BGBl. III FNA 4110-1-1
BPatG	Bundespatentgericht
BPO (ICC)	Bank Payment Obligation (International Chamber of Commerce)
br	britisch
BR, BR	Bundesrat
BRAO	Bundesrechtsanwaltsordnung v. 1.8.1959, BGBl. I 565, BGBl. III FNA 308-8
BRD	Bundesrepublik Deutschland
BR-Drs.	Bundesrats-Drucksache
BReg	Bundesregierung
Brem	Bremen

Abkürzungsverzeichnis

BRIC (Länder)	Brasilien, Rußland, Indien, China
BRIS	Business Register Interconnection System
BRITE	Business Register Interoperability Throughout Europe
brMR	britische Militärregierung
BRRD	Bank Recovery and Resolution Directive
BRRD-UmsetzG	Gesetz zur Umsetzung der Richtlinie 2014/59/EU des Europäischen Parlaments und des Rates vom 15.5.2014 zur Festlegung eines Rahmens für die Sanierung und Abwicklung von Kreditinstituten und Wertpapierfirmen und zur Änderung der Richtlinie 82/891/EG des Rates, der Richtlinien 2001/24/EG, 2002/47/EG, 2004/25/EG, 2005/56/EG, 2007/36/EG, 2011/35/EU, 2012/30/EU und 2013/36/EU sowie der Verordnungen (EU) Nr. 1093/2010 und (EU) Nr. 648/2012 des Europäischen Parlaments und des Rates (BRRD-Umsetzungsgesetz) v. 10.12.2014, BGBl. I 2091
BrV	Bankrechtliche Vereinigung – Wissenschaftliche Gesellschaft für Bankrecht eV, Frankfurt a. M.; s. auch Bankrechtstag
BRZ	Zeitschrift für Bilanzierung und Rechnungswesen (Jahr und Seite)
brZ	britische Zone
BS	Bereinigte Sammlung
BS WP/vBP	Berufssatzung für Wirtschaftsprüfer und vereidigte Buchprüfer (Berufssatzung)
BSchuWG	Gesetz zur Regelung des Schuldenwesens des Bundes (Bundesschuldenwesengesetz – BSchuWG) v. 12.7.2006, BGBl. I 1466, BGBl. III FNA 650-8
BSE	Belegloser Scheckeinzug
BSL	Bundesverband Spedition und Lagerei eV, Bonn
BSozG (BSG)	Bundessozialgericht
Bsp. (Bspe)	Beispiel(e)
BStBl.	Bundessteuerblatt (Bd., Jahr, Seite)
BT	Bundestag
BT-Drs.	Bundestags-Drucksache
Btx	Bildschirmtext
BuB/(Bearbeiter)	Bankrecht und Bankpraxis (früher: Bankgeschäftliches Formularbuch), Köln 1978 ff. (LBl.)
Buchführungs-RL	Richtlinien zur Organisation der Buchführung (im Rahmen eines einheitlichen Rechnungswesens) v. 11.11.1937, MinBlfWi 239
Buchst.	Buchstabe
Bunte	Bunte, Hrsg., Kartellrecht, Kommentar, Bd. 1 Deutsches Kartellrecht, Bd. 2 Europäisches Kartellrecht, 14. Aufl. 2021
Bülow/Böckstiegel	s. jetzt Geimer/Schütze
BUrlG	Mindesturlaubsgesetz für Arbeitnehmer (Bundesurlaubsgesetz) v. 8.1.1963, BGBl. I 2
Bürokratieabbau- und TransparenzG	Gesetz zum Bürokratieabbau und zur Förderung der Transparenz bei Genossenschaften v. 17.7.2017 BGBl. I 2434
BürokratieEntlG	Gesetz zur Entlastung insbesondere der mittelständischen Wirtschaft von Bürokratie (Bürokratieentlastungsgesetz) v. 28.7.2015, BGBl. I 1400
BuW	Betrieb und Wirtschaft (Jahr und Seite)
BVerfG	Bundesverfassungsgericht, auch
BVerfGE	Entscheidungen des Bundesverfassungsgerichts (Bd. und Seite)
BVerwG	Bundesverwaltungsgericht
BVerwGE	Entscheidungen des Bundesverwaltungsgerichts (Bd. und Seite)
BVFG	Gesetz über die Angelegenheiten der Vertriebenen und Flüchtlinge (Bundesvertriebenengesetz – BVFG) idF v. 10.8.2007, BGBl. I 1902, BGBl. III FNA 240-1
BVI	Bundesverband deutscher Investmentgesellschaften
BWNotZ	Zeitschrift für das Notariat in Baden-Württemberg (Jahr und Seite)
BZ	Bunte/Zahrte, AGB-Banken, AGB-Sparkassen, Sonderbedingungen, 5. Aufl. 2019
BZentralReg, BZR	Bundeszentralregister

Abkürzungsverzeichnis

BZRG	Gesetz über das Zentralregister und das Erziehungsregister (Bundeszentralregistergesetz – BZRG) idF der Bek. v. 21.9.1984, BGBl. I S. 1229, ber. 1985 I S. 195), FNA 312-7
bzw.	beziehungsweise
ca.	circa
CAC	collective action clauses; französischer Wertpapierindex (CAC 40)
CAD	Capital Adequacy Directive
CaffeeHdlVerein	Verein der am Caffeehandel beteiligten Firmen
Canaris	Canaris, Bankvertragsrecht, 1. Teil, 3. Aufl. Berlin 1988, im Übrigen 2. Bearbeitung, Berlin 1981, Sonderausgabe aus Staub, Handelsgesetzbuch, Großkommentar (zit. Canaris, Zahlen = jeweilige Rn.); s. auch GroßKo/(Canaris) und Staub/(Canaris)
Canaris, HdlRecht	Canaris, Handelsrecht, 24. Aufl. 2006 (zit. Canaris § mit Rn.)
Canaris, Vertrauenshaftung	Canaris, Die Vertrauenshaftung im deutschen Privatrecht, München 1971
CAPM	capital asset pricing method
CB	Compliance Berater (Zeitschrift)
cc	Code civil
c2c	consumer(s) to consumer(s)
CCO	chief compliance officer
CCP	central counterparty
CCZ	Corporate Compliance Zeitschrift, Zeitschrift zur Haftungsvermeidung im Unternehmen (Jahr und Seite)
CD	certificate of deposit
CDH	Centralvereinigung Deutscher Wirtschaftsverbände für Handelsvermittlung und Vertrieb (CDH)
CDO	collateral(ized) debt obligation(s)
CDO2	CDO squared, Weiterverbriefung der im Rahmen eines CDO emittierten Wertpapiere
CDS	credit default swap
CEAOB	Committee of European Auditing Oversight Bodies
CEBS	Committee of European Banking Supervisors
CEIOPS	Committee of European Insurance and Occupational Pensions Supervisors
CEO	chief executive officer
CESL (GEK)	Common European Sales Law (Gemeinsames Europäisches Kaufrecht)
CESR	Committee of European Securities Regulators
CFD	contract for difference
CF	Corporate Finance (früher: CFL) (Jahr und Seite)
CFL	Corporate Finance Law (seit 2014 Corporate Finance, CF) (Jahr und Seite)
CFO	chief financial officer
CFR	Cost and Freight/Kosten und Fracht; Common Frame of Reference (s. auch DCRF)
CFTC	Commodity Futures Trading Commission (USA)
Charl	Berlin-Charlottenburg
CIA	Certified Internal Auditor
cic	culpa in contrahendo
CIF	Cost, Insurance, Freight/Kosten, Versicherung, Fracht
CIM	Einheitliche Rechtsvorschriften für den Vertrag über die internationale Eisenbahnbeförderung von Gütern (Anh. B zu COTIF)
CIP	Carriage and Insurance Paid To/Frachtfrei versichert
CISG	Convention on Contracts for the International Sale of Goods v. 11.4.1980, BGBl. 1989 II 588, ber. 1990 II 1699, s. auch UN-ÜbkIntWarenkauf
CIV	Einheitliche Rechtsvorschriften für den Vertrag über die internationale Eisenbahnbeförderung (Anh. A zu COTIF)
CLN	credit linked note
CLO	collateralized loan obligation(s)

Abkürzungsverzeichnis

CMLJ	Capital Markets Law Journal
CMLRev	Common Market Law Review (Bd., Jahr, Seite)
CMR	Übereinkommen über den Beförderungsvertrag im internationalen Straßengüterverkehr v. 19.5.1956, BGBl. 1961 II 1119, 1962 II 12
CMU	Capital Markets Union
CoCo-Bonds	contingent convertible bonds
COMI	centre of main interests (EuInsVO)
CON	Statement of Financial Accounting Concept(s)
CorpFinL	s. CFL
COTIF	Übereinkommen über den internationalen Eisenbahnverkehr v. 9.5.1980, BGBl. 1985 II 130, 666
COVInsAG	COVID-19-Insolvenzaussetzungsgesetz v, 27.3.2020, BGBl. I 569
COVuR	COVID-19 und Recht (Jahr und Seite)
CPA	Certified Public Accountant
cpd	Konto pro Diverse
CP	commercial paper
CPMA	Consumer Protection and Markets Authority (UK)
CPSIPS	Core Principles for Systemically Important Payment Systems
CPSS	Committee on Payment and Settlement Systems
CPT	Carriage Paid To/Frachtfrei
CR	Computer und Recht (Jahr und Seite)
CRA(s)	credit rating agency(ies)
CRD IV	Capital Requirements Directive IV
CRD IV-Ums(etzungs)G	Gesetz zur Umsetzung der Richtlinie 2013/36/EU über den Zugang zur Tätigkeit von Kreditinstituten und die Beaufsichtigung von Kreditinstituten und Wertpapierfirmen und zur Anpassung des Aufsichtsrechts an die Verordnung (EU) Nr. 575/2013 über Aufsichtsanforderungen an Kreditinstitute und Wertpapierfirmen (CRD IV-Umsetzungsgesetz) v. 28.8.2013, BGBl. I 3395
CRR	Capital Requirements Regulation
CSD	Central Securities Depository
CSR	Corporate Social Responsibility, nunmehr: ESG
CSR-RL	Richtlinie 2014/95/EU v. 22.10.2014 zur Änderung der Bilanzrichtlinie 2013 im Hinblick auf die Angaben nicht finanzieller und die Diversität betreffender Informationen durch bestimmte große Unternehmen und Gruppen, ABl. 2014 L 330, 1
CSR-RUG	Gesetz zur Stärkung der nichtfinanziellen Berichterstattung der Unternehmen in ihren Lage- und Konzernlageberichten (CSR-Richtlinie-Umsetzungsgesetz) v. 11.4.2017, BGBl. I 802
CTO	combined transport operator
CUP	Cambridge University Press
CVA	Credit Value Adjustment
DA	Dokumenten-Akkreditiv
DAF	Delivered At Frontier/Geliefert Grenze
DAI	Deutsches Aktieninstitut eV, Deutsches Anwaltsinstitut
DAJV	Deutsch-Amerikanische Juristen-Vereinigung eV
DAO	dezentrale autonome Organisation
DAP	Delivered at Place/Geliefert benannter Ort
DApps	dezentrale Finanzanwendungen
Darmst	Darmstadt
DAT	Delivered at Terminal/Geliefert Terminal
DAV	Deutscher Anwaltverein; Handelsrechtsausschuss des Deutschen Anwaltvereins
DAX	Deutscher Aktienindex
DB (Betr)	Der Betrieb (Jahr und Seite)
DB (DBB)	Deutsche Bahn AG, Deutsche Bundesbahn
DBA	Doppelbesteuerungsabkommen
DBBk	Deutsche Bundesbank; Monatsberichte der Deutschen Bundesbank (Monat, Jahr, Seite)
DBBkG	s. BBankG

Abkürzungsverzeichnis

DBGrG	Gesetz über die Gründung einer Deutsche Bahn Aktiengesellschaft (Deutsche Bahn Gründungsgesetz – DBGrG) v. 27.12.1993, BGBl. I 2386, BGBl. III FNA 931-5
DBk	Deutsche Bank
DBP	Deutsche Bundespost (jetzt: Deutsche Post AG)
DBW	Die Betriebswirtschaft (Jahr und Seite), bis 2016
DCF	discounted cash flow
DCFR	Draft Common Frame of Reference
DCGK	Deutscher Corporate Governance Kodex
DDP	Delivered Duty Paid/Geliefert verzollt
DDR	Deutsche Demokratische Republik
DeFi	Decentralised Finance
DDU	Delivered Duty Unpaid/Geliefert unverzollt
Denkschrift	Denkschrift zu dem Entwurf eines Handelsgesetzbuchs v. 1896
DepotG	Gesetz über die Verwahrung und Anschaffung von Wertpapieren (Depotgesetz – DepotG) v. 4.2.1937 (RBGl I 171) idF v. 11.1.1995, BGBl. I 34, BGBl. III FNA 4130-1
DEQ	Delivered Ex Quay/Geliefert ab Kai
DES	Delivered Ex Ship/Geliefert ab Schiff
DesignG	Gesetz über den rechtlichen Schutz von Design (Designgesetz – DesignG) v. 24.2.2014, BGBl. I 122
DFÜ	Datenfernübertragung
DGB	Deutscher Gewerkschaftsbund
dgl.	dergleichen
DGSD-UmsetzungsG	Gesetz zur Umsetzung der Richtlinie 2014/49/EU des Europäischen Parlaments und des Rates vom 16.4.2014 über Einlagensicherungssysteme (DGSD-Umsetzungsgesetz) v. 28.5.2015, BGBl. I 786
DGWR	Deutsches Gemein- und Wirtschaftsrecht (Jahr und Seite)
dh	das heißt
Die AG	s. AG
Die Bank	s. Bank
Die Spark	s. Spark
dies	dieselben
DigitalisierungsRL	Richtline (EU) 2019/1151 des Europäischen Parlaments und des Rates vom 20. Juni 2019 zur Änderung der Richtlinie (EU) 2017/1132 im Hinblick auf den Einsatz digitaler Werkzeuge und Verfahren im Gesellschaftsrecht
DIHK	Deutscher Industrie- und Handelskammertag
DIHT	Deutscher Industrie- und Handelstag (jetzt DIHK)
DIN	Deutsches Institut für Normung eV
DiREG	Gesetz zur Ergänzung der Regelungen zur Umsetzung der DigitalisierungsRL und zur Änderung weiterer Vorschriften v. 15.7.2022, BGBl. I 1146
DiRUG	Gesetz zur Umsetzung der Digitalisierungsrichtlinie – DiRUG v. 5.7.2021, BGBl. I 3338
DIS	Deutsche Institution für Schiedsgerichtsbarkeit eV
DiskE	Diskussionsentwurf
Diss.	Dissertation
DJ	Deutsche Justiz, Rechtspflege und Rechtspolitik, Amtliches Blatt der Deutschen Rechtspflege (Jahr und Seite)
DJT	Deutscher Juristentag
DJTGA	Gutachten für den Deutschen Juristentag
DJZ	Deutsche Juristen-Zeitung (Jahr und Spalte)
DKV	Deutscher Kassenverein
DLT	Distributed Ledger Technology
DM	Deutsche Mark
DMBilG	Gesetz über die Eröffnungsbilanz in Deutscher Mark und die Kapitalneufestsetzung (D-Markbilanzgesetz – DMBilG) idF 28.7.1994, BGBl. I 1842, BGBl. III FNA 4140-1
DNK	Deutscher Nachhaltigkeitskodex
DNotZ	Deutsche Notar-Zeitschrift (Jahr und Seite)
DNS	deferred net settlement

Abkürzungsverzeichnis

D&O-Versicherung	directors' & officers' liability insurance
DOCDEX	Documentary Instruments Dispute Resolution Expertise (Rules for Docdex)
DÖV	Die Öffentliche Verwaltung (Jahr und Seite)
DPR	Deutsche Prüfstelle für Rechnungslegung eV
DR (DRW)	Deutsches Recht (ab 1.4.1939 Wochenausgabe, vereinigt mit JW) (Jahr und Seite)
DRL, DurchfRL	Durchführungsrichtlinie
DrittelbG	Gesetz über die Drittelbeteiligung der Arbeitnehmer im Aufsichtsrat (Drittelbeteiligungsgesetz − DrittelbG) v. 18.5.2004, BGBl. I 974, BGBl. III FNA 801-14
DRS	Deutscher Rechnungslegungs Standard
DRSC	Deutsches Rechnungslegungs Standards Committee eV (wie GASC)
Drucks	Drucksache
DRZ	Deutsche Rechts-Zeitschrift (ab 1951 übergeleitet in JZ) (Jahr und Seite)
DSAnpUG-EU	Gesetz zur Anpassung des Datenschutzrechts an die Verordnung (EU) 2016/679 und zur Umsetzung der Richtlinie (EU) 2016/680 (Datenschutz-Anpassungs- und -Umsetzungsgesetz EU − DSAnpUG-EU) v. 30.6.2017, BGBl. I 2097
DSGV	Deutscher Sparkassen- und Giroverband eV
DS-GVO, DSGVO	Verordnung (EU) 2016/679 des Europäischen Parlaments und des Rates v. 27.4.2016 zum Schutz natürlicher Personen bei der Verarbeitung personenbezogener Daten, zum freien Datenverkehr und zur Aufhebung der Richtlinie 95/46/EG (Datenschutz-Grundverordnung) ABl. 2016 L 119, 1; ABl. 2016 L 314, 72
DSR	Deutscher Standardisierungsrat
DStRE	Deutsches Steuerrecht − Entscheidungsdienst
DStR	Deutsches Steuerrecht (Jahr und Seite)
DStZ	Deutsche Steuer-Zeitung (Jahr und Seite)
DSWR	Datumverarbeitung in Steuer, Wirtschaft und Recht (Jahr und Seite)
DTA	Datenträgeraustausch
DTB	DTB Deutsche Terminbörse
dtsch	deutsch
DtZ	Deutsch-Deutsche Rechts-Zeitschrift (Jahr und Seite)
Düringer/Hachenburg	Düringer, Hachenburg, Das Handelsgesetzbuch, Mannheim, 3. Aufl. 1930–1935
DVBl	Deutsches Verwaltungsblatt (Jahr und Seite)
DvD	delivery versus delivery
DVFA	Deutsche Vereinigung für Finanzanalyse und Anlageberatung eV
DVFA/SG-Methode	von der DVFA und der Schmalenbach-Gesellschaft − Deutsche Gesellschaft für Betriebswirtschaft eV entwickelte Methode zur Ermittlung des Ergebnisses je Aktien einer Unternehmung
DVO	Durchführungsverordnung
DvP	delivery versus payment
DVZ	Deutsche Verkehrs-Zeitung (Jahr, Nr. und Seite)
DZWiR	Deutsche Zeitschrift für Wirtschafts- und Insolvenzrecht (1990–1998 Deutsche Zeitschrift für Wirtschaftsrecht DZWir) (Jahr und Seite)
E	Entwurf
EAD	exposure at default/Forderungshöhe bei Ausfall (Basel II)
EAEG	Einlagensicherungs- und Anlegerentschädigungsgesetz (EAEG) v. 16.7.1998, BGBl. I 1842, BGBl. III FNA 7610-13, durch DGSE-UmsetzungsG umbenannt in AnlEntG
EAEGÄndG	Gesetz zur Änderung des Einlagesicherungs- und Anlegerentschädigungsgesetzes und anderer Gesetze v. 25.6.2009 BGBl. I 1528
EAR	European Accounting Review (Jahr und Seite)
EBA	Europäische Bankenaufsichtsbehörde, European Banking Authority
EBAnz	elektronischer Bundesanzeiger

Abkürzungsverzeichnis

EBC	European Banking Committee
EBE/BGH	Eildienst: Bundesgerichtliche Entscheidungen (online)
Ebenroth/(Bearbeiter)	Ebenroth, Boujong, Joost, Handelsgesetzbuch, hrsg. von Ebenroth, Boujong, Joost, 2. Aufl., Bd. 2, 2009, hrsg. von Joost, Strohn, 3. Aufl., Bd. 1, 2014, Bd. 2, 2015
EBIC	European Banking Industry Committee
EBIT	earnings before interest and taxes
EBITA	earnings before interest, taxes and amortization
EBITDA	earnings before interest, taxes, depreciation and amortization
EBJS/(Bearbeiter)	Ebenroth/Boujong/Joost/Strohn, Handelsgesetzbuch, Bde. 1 und 2, 4. Aufl. 2020
EBOR	European Business Organization Law Review (Bd., Jahr, Seite)
EBR	Initiative für das Europäische Unternehmensregister
ec	eurocheque
ECB	European Central Bank
E.C.C.	European Contract for Coffee
ECE	United Nations Economic Commission for Europe, Wirtschaftskommission der Vereinten Nationen für Europa
ECFR	European Company and Financial Law Review (Jahr und Seite)
ECGI	European Corporate Governance Institute, Brüssel
ECLE	European Company Law Experts (seit 2011)
ECLI	European Case Law Identifier
ECLR	European Review of Contract Law (Jahr und Seite)
ECN	electronic communications network(s)
ECOFIN	Econcomic and Financial Affairs Council
ecolex	Fachzeitschrift für Wirtschaftsrecht (Wien, Jahr und Seite)
ECOSOC	s. (UN)ECOSOC
ed, eds	edition, editor(s)
ED	Exposure Draft
EDI	electronic data interchange
EDIS	Europäisches Einlagenversicherungssystem, European Deposit Insurance System
E-DRS	Entwurf eines Deutschen Rechnungslegungsstandards
EDV	Elektronische Datenverarbeitung
EdW	Entschädigungseinrichtung der Wertpapierhandelsunternehmen
EEA	European Economic Area
EFG	Entscheidungen der Finanzgerichte (Jahr und Seite)
EFRAG	European Financial Reporting Advisory Group, Europäische Beratungsgruppe für Rechnungslegung
EFSF	European Financial Stability Facility
EFZG	Gesetz über die Zahlung des Arbeitsentgelts an Feiertagen und im Krankheitsfall (Entgeltfortzahlungsgesetz, Art. 56 SGB XI) v. 26.5.1994, BGBl. I 1014, BGBl. III FNA 800-19-3
EG	Einführungsgesetz, auch Europäische Gemeinschaft(en), (iVm Artikeln) auch Vertrag zur Gründung der Europäischen Gemeinschaft in der nach dem 1.5.1999 bis zum 1.12.2009 geltenden Fassung (vorher EGV, Zitierweise des EuGH NJW 2000, 52, nachher s. EUV)
eG	eingetragene Genossenschaft
EGAktG	Einführungsgesetz zum Aktiengesetz v. 6.9.1965, BGBl. I 1185, BGBl. III FNA 4121-2
EGAO	Einführungsgesetz zur Abgabenordnung (AO 1977) v. 14.12.1976, BGBl. I 3341 (3370), BGBl. III FNA 610-1-4
EGBGB	Einführungsgesetz zum Bürgerlichen Gesetzbuch v. 18.8.1896, RGBl. 604, BGBl. III FNA 400-1
eGbR	eingetragene GbR
EGHGB	Einführungsgesetz zum Handelsgesetzbuch v. 10.5.1897, RGBl. 437, BGBl. III FNA 4101-1
EGKomm	Kommission der Europäischen Gemeinschaften
EGKS	Europäische Gemeinschaft für Kohle und Stahl
EGMR	Europäischer Gerichtshof für Menschenrechte

Abkürzungsverzeichnis

EGV	Vertrag zur Gründung der Europäischen Gemeinschaft, (iVm Artikeln) in der vor dem 1.5.1999 geltenden Fassung (nachher EG)
EHUG	Gesetz über elektronische Handelsregister und Genossenschaftsregister sowie das Unternehmensregister (EHUG) v. 10.11.2006, BGBl. I 2553
Ehrenbergs HdB	Handbuch des gesamten Handelsrechts mit Einschluss des Wechsel-, Scheck-, See- und Binnenschifffahrtsrechts, des Versicherungsrechts sowie des Post- und Telegraphenrechts, hrsg. von Ehrenberg, Leipzig 1913 ff.
EIC	European Insurance Committee
eIDAS-Durchführungsgesetz	Gesetz zur Durchführung der Verordnung (EU) Nr. 910/2014 des Europäischen Parlaments und des Rates vom 23.7.2014 über elektronische Identifizierung und Vertrauensdienste für elektronische Transaktionen im Binnenmarkt und zur Aufhebung der Richtlinie 99/93/EG (eIDAS-Durchführungsgesetz) v. 18.7.2017 BGBl. I 2745
eIDAS-VO	Verordnung (EU) Nr. 910/2014 des Europäischen Parlaments und des Rates vom 23. Juli 2014 über elektronische Identifizierung und Vertrauensdienste für elektronische Transaktionen im Binnenmarkt und zur Aufhebung der Richtlinie 1999/93/EG, ABl. 2014 L 257, 73
Einf.	Einführung
EinhEurAkte	Einheitliche Europäische Akte (Gesetz v. 28.2.1986, BGBl. II 1102)
Einl.	Einleitung
EinlagensicherungsRL	Richtlinie 2014/49/EU des Europäischen Parlaments und des Rates v. 16.4.2014 über Einlagensicherungssysteme, ABl. 2014 L 173, 149
EinlagensicherungsVO	Vorschlag einer Verordnung zur Änderung der Verordnung (EU) 806/2014 im Hinblick auf die Errichtung eines europäischen Einlagenversicherungssystem (European Deposit Insurance System) v. 24.11.2015 COM (105) 586 final
EinSiG	Einlagensicherungsgesetz v. 28.5.2015, BGBl. I 786
EIOPA	European Insurance and Occupational Pensions Authority, Europäische Aufsichtsbehörde für das Versicherungswesen und die betriebliche Altersversorgung, Frankfurt
Eisenb	Eisenbahn
EisenbE	Eisenbahn- und verkehrsrechtliche Entscheidungen und Abhandlungen (Bd. und Seite)
EJCCL	European Journal of Commercial Contract Law (Jahr und Seite)
EJT	Europäischer Juristentag
EKAG	Einheitliches Gesetz über den Abschluss von internationalen Kaufverträgen über bewegliche Sachen v. 17.7.1973, BGBl. I 868, außer Kraft 1.1.1991 BGBl. I 2895
EKG	Einheitliches Gesetz über den internationalen Kauf beweglicher Sachen v. 17.7.1973, BGBl. I 856, außer Kraft 1.1.1991 BGBl. I 2894
EKK	Europäischer Kaffee-Kontrakt, Hrsg. Committee of European Coffee Associations
el.ERA	Anhang zu dem ERA 600 für die Vorlage elektronischer Dokumente (el.ERA), jetzt nur mehr eUCP
el.ERI	Anhang zu dem ERI 522 für die Vorlage elektronischer Dokumente, nur auf englisch als eURC
ELTIF(s)	European long term investment fund(s)
ELV	Elektronisches Lastschriftverfahren
EMA	European Master Agreement
Emde	Vertriebsrecht, Kommentar, §§ 84–92c HGB, Handelsvertreterrecht, Vertragshändlerrecht, Franchiserecht, 3. Aufl. 2014 (1. Aufl. in GroßKoHGB 5. Aufl. Bd. 2, §§ 48–104, 2008)
EMIR	European Market Infrastructure Regulation, s. EMIR-VO
EMIR-AG	Ausführungsgesetz zur Verordnung (EU) Nr. 648/2012 über OTC-Derivate, zentrale Gegenparteien und Transaktionsregister (EMIR-Ausführungsgesetz – EMIR-AG) v. 13.2.2013 BGBl. I 174

Abkürzungsverzeichnis

EMIR-VO	Verordnung (EU) Nr. 648/2012 des Europäischen Parlaments und des Rates über OTC-Derivate, zentrale Gegenparteien und Transaktionsregister (European Market Infrastructure Regulation) v. 4.7.2012 ABl. 2012 L 201, 1
Emittentenleitfaden	Emittentenleitfaden der BaFin April 2009
EMRK	Europäische Konvention zum Schutz der Menschenrechte und Grundfreiheiten
engl	englisch
EneuOG	Gesetz zur Neuordnung des Eisenbahnwesens (Eisenbahnneuordnungsgesetz – EneuOG) v. 27.12.1993, BGBl. I 2378, ber. 1994 I 2439, iVm Artikel 15 II G v. 14.9.1994, BGBl. I 2325, BGBl. III FNA 930-8
Ensthaler	s. GK(HGB)
entspr.	entsprechend, entspricht
Entw	Entwurf
EPC	European Payments Council
EPIF	European Payment Institutions Federation
EPSAS	European Public Sector Accounting Standards
ERA (früher auch ERG)	Einheitliche Richtlinien und Gebräuche für Dokumenten-Akkreditive (ICC)
ErbStG	Erbschaftsteuer- und Schenkungsteuergesetz (ErbStG) idF der Bek. v. 27.2.1997, BGBl. I 378, BGBl. III FNA 611-8-2-2
ERCL	European Review of Contract Law (Jahr und Seite)
ERG(ar)	Einheitliche Richtlinien für auf Anfordern zahlbare Garantien (ICC)
ErgBd	Ergänzungsband (zu)
ErgG	Ergänzungsgesetz (zu)
E & O-Versicherung	errors & omissions liability insurance
ER/CIM	s. CIM
ER/CIV	s. CIV
ERI	Einheitliche Richtlinien für Inkassi (ICC)
ERJuKoG	Gesetz über elektronische Register und Justizkosten für Telekommunikation (ERJuKoG) v. 10.12.2001, BGBl. I 3422, BGBl. III FNA 4100-1/4
Erl.	Erlass
ERR	Einheitliche Richtlinien für Rembourse zwischen Banken unter Dokumenten-Akkreditiven (ICC), engl URR
ERVGBG	Gesetz zur Einführung des elektronischen Rechtsverkehrs und der elektronischen Akte im Grundbuchverfahren sowie zur Änderung weiterer grundbuch-, register- und kostenrechtlicher Vorschriften v. 11.8.2009, BGBl. I 2713
ERVV	E-Rechtsverkehrsverordnung (Landesrechte)
ErwGrd	Erwägungsgrund
ESAEG	s. EAEG
ESC	European Securities Committee
ESCB	European System of Central Banks
ESEF-UG	Gesetz zur weiteren Umsetzung der Transparenzrichtlinie-Änderungsrichtlinie im Hinblick auf ein einheitliches elektronisches Format für Jahresfinanzberichte v. 12.8.2020 BGBl. I 1874
ESFS	European System of Financial Supervision
ESG (sustainability)	Environmental Social Governance (Nachhaltigkeits-Kriterien), vgl. CSR
ESM	European Stability Mechanism
ESMA	Europäische Wertpapier- und Marktaufsichtsbehörde, European Securities and Markets Authority, Paris
ESME	European Commissions' European Securities Markets Expert Group
EStG	Einkommensteuergesetz (EStG 2002) idF v. 8.10.2009, BGBl. I 3366, 3862, BGBl. III FNA 611-1
EStR	Einkommensteuer-Richtlinien
ESUG	Gesetz zur weiteren Erleichterung der Sanierung von Unternehmen (ESUG) v. 7.12.2011, BGBl. I 2582

Abkürzungsverzeichnis

ETA	estimated time of arrival
ETH	Ether (Kryptowährung)
ETR	Europäisches Transportrecht (European Transport Law) (Jahr und Seite)
EU	Europäische Union, (iVm Artikeln) auch Vertrag über die Europäische Union (Maastrichter Vertrag) v. 7.2.1992, BGBl. II 1251 in der nach dem 1.5.1999 geltenden Fassung (Zitierweise des EuGH NJW 2000, 52)
EuG	Gericht der Europäischen Union
EuGFVO	Verordnung (EG) Nr. 861/2007 zur Einführung eines europäischen Verfahrens für geringfügige Forderungen v. 11.7.2007, ABl. 2007 L 199, 1
EuGH	Gerichtshof der Europäischen Union, auch Entscheidungen des Gerichtshofes der Europäischen Union (Jahr, früher Bd., und Seite); auf Englisch: Court of Justice
EuGVVO	Verordnung (EU) Nr. 1215/2012 des Europäischen Parlaments und des Rates über die gerichtliche Zuständigkeit und die Anerkennung und Vollstreckung von Entscheidungen in Zivil- und Handelssachen v. 12.12.2012, ABl. L 351, 1, ber. ABl. 2016 L 264, 43
EuGVÜ	(Europäisches) Übereinkommen über die gerichtliche Zuständigkeit und die Vollstreckung gerichtlicher Entscheidungen in Zivil- und Handelssachen v. 27.9.1968, BGBl. 1972 II 773 (845); 1983 II 803; 1986 II 1020, s jetzt EuGVVO
EuInsVO	Verordnung (EG) Nr. 1346/2000 des Rates über Insolvenzverfahren v. 29.5.2000, ABl. 2000 L 160, 1
EUKomm	Europäische Kommission
EU-LeerVkAG	Gesetz zur Ausführung der Verordnung (EU) Nr. 236/2012 des Europäischen Parlaments und des Rates vom 14.3.2012 über Leerverkäufe und bestimmte Aspekte von Credit Default Swaps (EU-Leerverkaufs-Ausführungsgesetz) v. 6.11.2012, BGBl. I 2286
2. EU Prosp. VO AnpG	Gesetz zur weiteren Ausführung der EU-Prospektverordnung und zur Änderung von Finanzmarktgesetzen, v. 8.7.2019, BGBl. I 1002
EuMVVO	Verordnung zur Einführung eines Europäischen Mahnverfahrens
Eur., eur.	Europa, europäisch
EuR	Europarecht (Jahr und Seite)
EU-RatingVOAusführG	Ausführungsgesetz zur Verordnung (EG) Nr. 1060/2009 v. 16.9.2009 über Ratingagenturen (Ausführungsgesetz zur EU-Ratingverordnung) v. 14.6.2010 BGBl. I 786
EUREDIA	Revue européenne de droit bancaire et financier/European Banking and Financial Law Journal (Brüssel, Jahr und Seite)
EUREX	European Exchange, deutsch-schweizerische Terminbörse
EU-RL	Europäische Richtlinie
EURIBOR	Euro interbank offered rate
EuroBilG	Gesetz zur Anpassung bilanzrechtlicher Bestimmungen an die Einführung des Euro, zur Erleichterung der Publizität für Zweigniederlassungen ausländischer Unternehmen sowie zur Einführung einer Qualitätskontrolle für genossenschaftliche Prüfungsverbände (Euro-Bilanzgesetz – EuroBilG) v. 10.12.2001, BGBl. I 3414, BGBl. III FNA 4100-1/3
EuroEG	Gesetz zur Einführung des Euro (Euro-Einführungsgesetz – EuroEG) v. 9.6.1998, BGBl. I 1242, BGBl. III FNA 7601-15/1
4. EuroEG	Gesetz zur Einführung des Euro im Sozial- und Arbeitsrecht sowie zur Änderung anderer Vorschriften v. 21.12.2000, BGBl. I 1983, BGBl. III FNA 860-1/2
EU-UK-TCA	Handels- und Kooperationsabkommen zwischen der Europäischen Union und der Europäischen Atomgemeinschaft einerseits und dem Vereinigten Königreich Großbritannien und Nordirland andererseits, ABl. 2020 L 444, 14

Abkürzungsverzeichnis

EUV	Vertrag über die Europäische Union in der seit dem 1.12.2009 geltenden Fassung des Vertrags von Lissabon, ABl. 2008 C 115, 1, ber. ABl. 2009 C 290, 1 (vorher EG)
EuZA	Europäische Zeitschrift für Arbeitsrecht (Jahr und Seite)
EuVTVO	Verordnung (EG) Nr. 805/2004 des EU-Parlaments und des Rats vom 21.4.2004 zur Einführung eines Europäischen Vollstreckungstitels für unbestrittene Forderungen (EuVTVO), ABl. 2004 L 143, 15
EuZVO	Europäische Zustellungsverordnung
EuZW	Europäische Zeitschrift für Wirtschaftsrecht (Jahr und Seite)
eV	eingetragener Verein
E. v.	Eingang vorbehalten
EVA	economic value added
EVO	Eisenbahn-Verkehrsordnung (EVO) idF v. 20.4.1999, BGBl. I 782, BGBl. III FNA 934-1
EVSt	Einfuhr- und Vorratsstelle
EVÜ	Übereinkommen über das auf vertragliche Schuldverhältnisse anzuwendende Recht v. 19. Juni 1980, ABl. L 226 1; BGBl. 1986 II 809
EVV	Vertrag über eine Verfassung für Europa, ABl. 2004 C 310, 1
EWG	Europäische Wirtschaftsgemeinschaft (jetzt EU)
EWGV	Vertrag zur Gründung der Europäischen Wirtschaftsgemeinschaft v. 25.3.1957, BGBl. II 755 (766) (später EGV, jetzt AEUV)
EWiR	Entscheidungen zum Wirtschaftsrecht (Aktuelle Rechtsprechung mit Kurzkommentaren für die Praxis, RWS)
EWIV	Europäische wirtschaftliche Interessenvereinigung
EWIVAG	Gesetz zur Ausführung der EWG-Verordnung über die Europäische wirtschaftliche Interessenvereinigung (EWIV-Ausführungsgesetz) v. 14.4.1988, BGBl. I 514, BGBl. III FNA 4101-8
EWR	Europäischer Wirtschaftsraum
EWRG	Gesetz zur Ausführung des Abkommens v. 2.5.1992 über den Europäischen Wirtschaftsraum v. 27.4.1993, BGBl. I 512, BGBl. III FNA 171-1
EWS	Europäisches Wirtschafts & Steuerrecht (Jahr und Seite)
EWSA	Europäischer Wirtschafts- und Sozialausschuss
EXQ	Ex Quay/Ab Kai
EXW	Ex Works/Ab Werk
EzA	Entscheidungssammlung zum Arbeitsrecht (Gesetzesstelle, Entscheidungsnummer; Nr. ohne Gesetzesstelle bezieht sich auf den kommentierten Paragraphen)
EZB	Europäische Zentralbank, Frankfurt
EZÜ	Elektronischer Zahlungsverkehr für Individualüberweisungen
f., ff.	folgende
F:	Framework (IFRS)
F & A	Fragen und Antworten
FactÜ	UNIDROIT Übereinkommen über Internationales Factoring (Ottawa 1988), in Kraft 1.5.1995
FamFG	Gesetz über das Verfahren in Familiensachen und in den Angelegenheiten der freiwilligen Gerichtsbarkeit v. 17.12.2008, BGBl. I 2586, BGBl. III FNA 315-24
FamRZ	Zeitschrift für das gesamte Familienrecht, Ehe und Familie im privaten und öffentlichen Recht (Jahr und Seite)
FAQ	Frequently asked questions (Europäische Kommission, ESMA ua)
FAS	Financial Accounting Standard(s); Free Alongside Ship/Frei Längsseite Schiff
FASB	Financial Accounting Standards Board (USA)
FAZ	Frankfurter Allgemeine Zeitung
Fbg	Freiburg
FBL	Negotiable FIATA Combined Transport Bill of Lading, übertragbares Durchkonnossement für den kombinierten Transport

Abkürzungsverzeichnis

FCA	Free Carrier/Frei Frachtführer; früher: Financial Conduct Authority (UK), nunmehr PRA, CPMA
FCL (Container)	Full Container Load
FCR	Forwarders Certificate of Receipt, Spediteur-Übernahmebescheinigung
FCT	Forwarders Certificate of Transport
F&E	Forschung und Entwicklung
FEE	Fédération des experts comptables européens
FER	Fachempfehlungen zur Rechnungslegung (Schweiz)
FernabsFDLG	Gesetz zur Änderung der Vorschriften über Fernabsatzverträge bei Finanzdienstleistungen v. 2.12.2004, BGBl. I 3102
FESCO	Forum of European Securities Commissions
FESE	Federation of European Stock Exchanges
FG	Finanzgericht
FGG-RG	Gesetz zur Reform des Verfahrens in Familiensachen und in den Angelegenheiten der freiwilligen Gerichtsbarkeit (FGG-Reformgesetz – FGG-RG) v. 17.12.2008, BGBl. I 2586
FGPrax	Praxis der Freiwilligen Gerichtsbarkeit, Vereinigt mit OLGZ (Jahr und Seite)
FIATA	Fédération Internationale des Associations des Transitaires et Assimilés (International Federation of Freight Forwarders Associations, internationaler Spediteurverband)
FIDIC	Fédération Internationale des Ingénieurs-Conseils, Internationale Vereinigung Beratender Ingenieure
fifo	first in-first out-Verfahren
FIIB	Finanzinstrumente-Informationsblatt
1. FiMaNoG	Erstes Gesetz zur Novellierung von Finanzmarktvorschriften auf Grund europäischer Rechtsakte (Erstes Finanzmarktnovellierungsgesetz – 1. FiMaNoG) v. 30.6.2016 BGBl. I 1514
2. FiMaNoG	Zweites Gesetz zur Novellierung von Finanzmarktvorschriften auf Grund europäischer Rechtsakte (Zweites Finanzmarktnovellierungsgesetz – 2. FiMaNoG) v. 23.6.2017, BGBl. I 1693
FIN	Statement of Financial Accounting Standards
FinAnV	Verordnung über die Analyse von Finanzinstrumenten (Finanzanalyseverordnung – FinAnV) v. 17.12.2004, BGBl. I 3522, BGBl. III FNA 4110-4-11
FinAnlVerm- u. VermAnlG	Gesetz zur Novellierung des Finanzanlagenvermittler- und Vermögensanlagenrechts v. 6.12.2011, BGBl. I 2481
Finanzaufsichtsrecht-ErgänzG	Gesetz zur Ergänzung des Finanzdienstleistungsaufsichtsrechts im Bereich der Maßnahmen bei Gefahren für die Stabilität des Finanzsystems und zur Änderung der Umsetzung der Wohnimmobilienkreditrichtlinie (Finanzaufsichtsrechtergänzungsgesetz) v. 6.6.2017 BGBl. I 1495
FinanzdienstleistungsaufsichtsG	s. FinDAG
Finanzkonglomerate-Aufsichtsgesetz	s. FKAG
2. FinanzmarktfördG	Gesetz über den Wertpapierhandel und zur Änderung börsenrechtlicher und wertpapierrechtlicher Vorschriften (Zweites Finanzmarktförderungsgesetz) v. 26.7.1994, BGBl. I 1749, BGBl. III FNA 4110-4/1
3. FinanzmarktfördG	Gesetz zur weiteren Fortentwicklung des Finanzplatzes Deutschland (Drittes Finanzmarktförderungsgesetz) v. 24.3.1998, BGBl. I 529, BGBl. III FNA 4110-1/2
4. FinanzmarktfördG	Gesetz zur weiteren Fortentwicklung des Finanzplatzes Deutschland (Viertes Finanzmarktförderungsgesetz) v. 21.6.2002, BGBl. I 2010, BGBl. III FNA 4110-8/1
FinanzmarktGes-AnpassG	Gesetz zur Anpassung von Gesetzen auf dem Gebiet des Finanzmarktes v. 15.7.2014, BGBl. I 934

Abkürzungsverzeichnis

FinanzmärkteRL (MiFID)	Richtlinie 2004/39/EG des Europäischen Parlaments und des Rates v. 21.4.2004 über Märkte für Finanzinstrumente, zur Änderung der Richtlinien 85/611/EWG und 93/6/EWG des Rates und der Richtlinie 2000/12/EG des Europäischen Parlaments und des Rates und zur Aufhebung der Richtlinie 93/22/EWG des Rates, ABl. 2004 L 145, 1
FinanzmärkteRL II (MiFiD II)	Richtlinie 2014/65/EU des Europäischen Parlaments und des Rates v. 15.5.2014 über Märkte für Finanzinstrumente sowie zur Änderung der Richtlinien 2002/92/EG und 2011/61/EU, ABl. 2014 L 173, 349
FinanzmärkteVO (MiFiVO)	Verordnung (EU) Nr. 600/2014 des Europäischen Parlaments und des Rates v. 15.5.2014 über Märkte für Finanzinstrumente und zur Änderung der Verordnung (EU) Nr. 648/2012, ABl. 2014 L 173, 84
FinanzmarktRLUmsetzG	Gesetz zur Umsetzung der Richtlinie über Märkte für Finanzinstrumente und der Durchführungsrichtlinie der Kommission (Finanzmarktrichtlinie-Umsetzungsgesetz) v. 16.7.2007, BGBl. I 1330, BGBl. III FNA 4110-10
FinanzmarktVersAufsichtsG	Gesetz zur Stärkung der Finanzmarkt- und der Versicherungsaufsicht v. 19.7.2009, BGBl. I 2305
FinDAG	Gesetz über die Bundesanstalt für Finanzdienstleistungsaufsicht (Finanzdienstleistungsaufsichtsgesetz – FinDAG) v. 22.4.2002, BGBl. I 1310, BGBl. III FNA 7610-15
FinKonglomRLG	Gesetz zur Umsetzung der Richtlnie 2002/87/EG des Europäischen Parlaments und des Rates vom 16.12.2002 (Finanzkonglomerate-richtlinie-Umsetzungsgesetz) v. 21.12.2004, BGBl. I 3610
FM	Finanzministerium
FinSichRLG	Gesetz zur Umsetzung der Richtlinie 2002/47/EG vom 6.6.2002 über Finanzsicherheiten und zur Änderung des Hypothekenbankgesetzes und anderer Gesetze v. 5.4.2004, BGBl. I 502
FinStabG	RefE 28.3.2012
FinVermV	Verordnung über die Finanzanlagenvermittlung (Finanzanlagenvermittlungsverordnung – FinVermV) v. 2.5.2012, BGBl. I 1006
FIO	free in and out
FIOST	free in and out stowed and trimmed
FISG	Gesetz zur Stärkung der Finanzmarktintegrität (Finanzmarktintegritätsstärkungsgesetz) v. 3.6.2021, BGBl. I 1534
FIW	Forschungsinstitut für Wirtschaftsverfassung und Wettbewerb eV
FKAG	Gesetz zur zusätzlichen Aufsicht über beaufsichtigte Unternehmen eines Finanzkonglomerats v. 27.6.2013, BGBl. I 1862
Fleckner/Hopt	Fleckner, Hopt, Hrsg., Comparative Corporate Governance, Oxford 2013
FLF	Finanzierung, Leasing, Factoring (Jahr und Seite)
Flohr/Wauschkuhn	Flohr, Wauschkuhn, Vertriebsrecht, München 2014
FMSA	Bundesanstalt für Finanzmarktstabilisierung
FMStErgG	Gesetz zur weiteren Stabilisierung des Finanzmarktes (Finanzmarktstabilisierungsergänzungsgesetz – FMStErgG) v. 7.4.2009, BGBl. I 725
FMStFG	Finanzmarktstabilisierungsfondsgesetz v. 17.10.2008, BGBl. I 1982
FMStG	Gesetz zur Umsetzung eines Maßnahmenpakets zur Stabilisierung des Finanzmarktes (Finanzmarktstabilisierungsgesetz – FMStG) v. 17.10.2008 BGBl. I 1981
FMStGFortentwG	Gesetz zur Fortentwicklung der Finanzmarktstabilisierung v. 17.7.2009, BGBl. I 1980
FMVAStärkG	Gesetz zur Stärkung der Finanzmarkt- und der Versicherungsaufsicht v. 29.7.2009, BGBl. I 2305

Abkürzungsverzeichnis

FN	Fachnachrichten, Institut der Wirtschaftsprüfer in Deutschland eV (Jahr und Seite)
Fn.	Fußnote
FNA	Fundstellennachweis A (Bundesrecht) s. BGBl. III
FOB	Free On Board/Frei an Bord
FOC	factory outlet center
FOR	Free on Rail
Form.	Formular
FormVAnpG	Gesetz zur Anpassung der Formvorschriften des Privatrechts und anderer Vorschriften an den modernen Rechtsgeschäftsverkehr v. 13.7.2001, BGBl. I 1542, BGBl. III 400-2/8
FOT	Free on Truck
fpa	free from particular average
FR	Finanz-Rundschau (Jahr und Seite)
FRC	Free Carrier/Frei Frachtführer; Financial Reporting Council (UK)
FRN	floating rate note
FRS	Financial Reporting Standard(s)
FRSSE	Financial Reporting Standard(s) for Smaller Entities (UK)
FRUG	s. FinanzmarktRLUmsetzG
frz.	französisch
frzMR	französische Militärregierung
frzZ	französische Zone
FS (Name)	Festschrift (Festgabe) für (Name)
FSAP	Financial Services Action Plan, Aktionsplan für Finanzdienstleistungen
FSB	Financial Stability Board
FSF	Financial Stability Forum
FTC	Federal Trade Commission (USA)
FTD	Financial Times Deutschland, eingestellt
FüPoG II	Gesetz zur Ergänzung und Änderung der Regelungen für die gleichberechtigte Teilhabe von Frauen an Führungspositionen in der Privatwirtschaft und im öffentlichen Dienst v. 7.8.2021, BGBl. I 3311
G	Gesetz, Gericht (in Zusammensetzungen)
GA	Gutachten
GAAP	Generally Accepted Accounting Principles (USA), s. US GAAP
GAAS	Generally Accepted Auditing Standards
GASC	German Accounting Standards Committee (wie DRSC)
GATS	General Agreement on Trade in Services
GATT	General Agreement on Tariffs and Trade
GBl.	Gesetzblatt
GBO	Grundbuchordnung idF v. 26.5.1994, BGBl. I 1114, BGBl. III FNA 315-11
GbR (BGBGes)	Gesellschaft bürgerlichen Rechts
GBV	Grundbuchverfügung
GCCG	German Code of Corporate Governance, s. DCGK
GDP	gross domestic product
GDV	Gesamtverband der Deutschen Versicherungswirtschaft eV
GebrM	Gebrauchsmuster
GebrMG	Gebrauchsmustergesetz idF v. 28.8.1986, BGBl. I 1455, BGBl. III FNA 421-1
GS	Gedächtnisschrift für (Name)
Geimer/Schütze	Geimer, Schütze, Der internationale Rechtsverkehr in Zivil- und Handelssachen (LBl.)
GEK (CESL)	Gemeinsames Europäisches Kaufrecht (Common European Sales Law)
GeldwäscheG	s. GwG
GeldwäscheRL-IV-UmsetzG	Gesetz zur Umsetzung der Vierten EU-Geldwäscherichtlinie, zur Ausführung der EU-Geldtransferverordnung und zur Neuorganisation der Zentralstelle für Finanztransaktionsuntersuchungen v. 23.6.2017, BGBl. I 1822

Abkürzungsverzeichnis

gem.	gemäß
GemO	Gemeindeordnung
GenG	Gesetz betreffend die Erwerbs- und Wirtschaftsgenossenschaften (Genossenschaftsgesetz – GenG) idF v. 16.10.2006, BGBl. I 2230, BGBl. III FNA 4125-1
GenReg	Genossenschaftsregister
Ges.	Gesellschaft(en)
GES	Zeitschrift für Gesellschaftsrecht und angrenzendes Steuerrecht (Wien, Jahr und Seite)
GeschäftsgeheimnisseRL, GeschGehRL	Richtlinie (EU) 2016/943 v. 8.6.2016 über den Schutz vertraulichen Know-hows und vertraulicher Geschäftsinformationen (Geschäftsgeheimnisse) vor rechtswidrigem Erwerb sowie rechtswidriger Nutzung und Offenlegung, ABl. 2016 L 157, 1
GeschGehG	Gesetz zum Schutz von Geschäftsgeheimnissen v. 18.4.2019, BGBl. I 466
GeschmMG	s. jetzt DesignG
GesKR	Schweizerische Zeitschrift für Gesellschafts- und Kapitalmarktrecht sowie Umstrukturierungen (Jahr und Seite)
Geßler	s. Schlegelberger
GesRRL	RL 2017/1132/EU des Europäischen Parlaments und des Rates vom 14.6.2017 über bestimmte Aspekte des Gesellschaftsrechts (Kodifizierter Text), ABl. 2017 L 169, 46
GesRZ	Der Gesellschafter (Wien, Jahr und Seite)
GewA	Gewerbearchiv, Zeitschrift für Gewerbe- und Wirtschaftsverwaltungsrecht (Jahr und Seite)
GewO	Gewerbeordnung idF v. 22.2.1999, BGBl. I 202, BGBl. III FNA 7100-1
GewStG	Gewerbesteuergesetz idF 2002 15.10.2002, BGBl. I 4167, BGBl. III FNA 611-5
GewStR	Gewerbesteuer-Richtlinien
GFG	Gesetz über den Güterfernverkehr mit Kraftfahrzeugen v. 26.6.1935, RGBl. I 778, aufgehoben
Gfter	Gesellschafter
GG	Grundgesetz für die Bundesrepublik Deutschland v. 23.5.1949, BGBl. I 1, BGBl. III FNA 100-1
g. g. A.	geschützte geografische Angabe (EU-Gütezeichen)
ggf.	gegebenenfalls
GI	Gerling Informationen für wirtschaftsprüfende, rechts- und steuerberatende Berufe (Jahr und Seite)
GKG	Gerichtskostengesetz idF v. 15.12.1975, BGBl. I 3047, BGBl. III FNA 360-1
GK(HGB)/(Bearbeiter)	Gemeinschaftskommentar zum Handelsgesetzbuch mit UN-Kaufrecht, hrsg. von Ensthaler (vormals Bandasch), 8. Aufl. 2015
glA	gleicher Ansicht
GleichberG	Gesetz über die Gleichberechtigung von Mann und Frau auf dem Gebiet des bürgerlichen Rechts v. 18.6.1957, BGBl. I 609, BGBl. III FNA 400-3
GleichberTeilhabeG	Gesetz für die gleichberechtigte Teilhabe von Frauen und Männern an Führungspositionen in der Privatwirtschaft und im öffentlichen Dienst v. 24.4.2015, BGBl. I 642
GmbH	Gesellschaft mit beschränkter Haftung
GmbHG	Gesetz betr. die Gesellschaften mit beschränkter Haftung v. 20.4.1892, RGBl. 477, idF v. 20.5.1898, RGBl. 846, BGBl. III FNA 4123-1
GmbHGÄndG	Gesetz zur Änderung des GmbHG und anderer handelsrechtlicher Vorschriften v. 4.7.1980, BGBl. I 836, BGBl. III FNA 4123-2
GmbHGfter	Gesellschafter der GmbH
GmbHR	GmbH-Rundschau, Gesellschafts- und Steuerrecht der GmbH und GmbH & Co (Jahr und Seite)
GMP-Modell	guaranteed maximum price-Modell

Abkürzungsverzeichnis

GmS-OGB	Gemeinsamer Senat der obersten Gerichtshöfe des Bundes
GNotKG	Gesetz über Kosten der freiwilligen Gerichtsbarkeit für Gerichte und Notare (Gerichts- und Notarkostengesetz) v. 23.7.2013, BGBl. I 2586, FNA 361-6
GNT	Güternahverkehrstarif
GoA	Grundsätze ordnungsmäßiger Durchführung von Abschlussprüfungen; Geschäftsführung ohne Auftrag
GoB	Grundsätze ordnungsmäßiger Buchführung
Gött	Göttingen
GoU	Grundsätze ordnungsmäßiger Unternehmensbewertung
GPR	Zeitschrift für Gemeinschaftsprivatrecht (Jahr und Seite)
grdl.	grundlegend
Grigoleit/(Bearbeiter)	Grigoleit, Hrsg., Aktiengesetz, 2. Aufl. 2020
GRI	Global Reporting Initiative
GroßKo(HGB)/ (Bearbeiter)	Handelsgesetzbuch, Großkommentar, begr. von Staub, 3. Aufl. von Brüggemann, Canaris, Fischer, Helm, Koller, Ratz, Schilling, Ulmer, Würdinger/Röhricht, 5 Bde., 1967 ff.; 4. Aufl. und 5. Aufl. s. Staub
GroßKo(AktG)/ (Bearbeiter)	Aktiengesetz, Großkommentar, begr. von Gadow, Heinichen, 3. Aufl. von Barz, Brönner, Klug, Mellerowicz, Meyer-Landrut, Schilling, Wiedemann, Würdinger, 4 Bde., 1970 ff.; 4. Aufl. Hrsg. Hopt, Wiedemann, 1992 ff.; 5. Aufl. Hrsg. Hirte, Mülbert, M. Roth, 2015 ff.
GroßKo(GmbHG)/ Bearbeiter	Großkommentar zum GmbHG, 3 Bde., Tübingen, Hrsg. Ulmer, Habersack, Löbbe, Bd. 1, 2. Aufl. 2013, Bd. 2, 2. Aufl. 2014, Hrsg. Ulmer, Habersack, Winter, Hrsg., Bd. 3, 2008, ErgänzungsBd MoMiG 2010, 3. Aufl. 2019 ff., Hrsg. Habersack, Casper, Löbbe
GrS	Großer Senat
Gruch	Beiträge zur Erläuterung des Deutschen Rechts, begr. von Gruchot (Bd. und Seite)
Grüneberg/ (Bearbeiter)	Grüneberg, Bürgerliches Gesetzbuch, bearbeitet von Grüneberg ua, 81. Aufl. 2022 (darin insbes. §§ 675c–676h BGB, bearb. v. Sprau)
GRUR	Gewerblicher Rechtsschutz und Urheberrecht (Jahr und Seite)
GRURInt	Gewerblicher Rechtsschutz und Urheberrecht, Internationaler Teil (bis 1967 Auslands- und Internationaler Teil; Jahr und Seite)
GRUR-RR	GRUR-Rechtsprechungsreport (Jahr und Seite)
GrZS	Großer Senat in Zivilsachen
GS	Gedächtnisschrift für (Name)
GStB	Gestaltende Steuerberatung (Zeitschrift)
Guadalajara-Abkommen	Zusatzabkommen zum Warschauer Abkommen zur Vereinheitlichung von Regeln über die von einem anderen als dem vertraglichen Luftfrachtführer ausgeführte Beförderung im internationalen Luftverkehr v. 18.9.1961, BGBl. 1963 II 1159; 1964 II 1371
GU	Generalunternehmer
GÜ	Generalübernehmer
GüKG	Güterkraftverkehrsgesetz (GüKG) v. 22.6.1998, BGBl. I 1485, BGBl. III FNA 9241-34
GüKUMB (früher GüKUMT)	Beförderungsbedingungen (früher: Güterkraftverkehrstarif) für den Umzugsverkehr und für die Beförderung von Handelsmöbeln in besonders für die Möbelbeförderung eingerichteten Fahrzeugen im Güterfernverkehr und Güternahverkehr v. 3.8.1983 (Banz. 1983 Nr. 151); außer Kraft mWv 1.7.1998 durch G v. 25.6.1998, BGBl. I 1588
GuV	Gewinn und Verlustrechnung
GVBl.	Gesetz- und Verordnungsblatt
GVG	Gerichtsverfassungsgesetz idF v. 9.5.1975, BGBl. I 1077, BGBl. III FNA 300-2

Abkürzungsverzeichnis

GVO	Gruppenfreistellungsverordnung (EU)
GWB	Gesetz gegen Wettbewerbsbeschränkungen idF v. 26.6.2013, BGBl. I 1750, BGBl. III FNA 703-5
GwG	Gesetz über das Aufspüren von Gewinnen aus schweren Straftaten (Geldwäschegesetz – GwG) v. 23.6.2017, BGBl. I 1822, BGBl. III FNA 7613-1
GWR	Gesellschafts- und Wirtschaftsrecht (Jahr und Seite)
GZS	GZS Gesellschaft für Zahlungssysteme mbH, Frankfurt
hA	herrschende Ansicht
Hach/(Bearbeiter)	Hachenburg, GmbH-Gesetz, Großkommentar, hrsg. von Ulmer, 3 Bde., 8. Aufl. 1992 ff., siehe GroßKoGmbHG
Hahn/Mugdan	Hahn, Mugdan, Materialien zum Handelsgesetzbuch, Berlin 1897
Hs.	Halbsatz
Ha/Mü/Schl	Habersack, Mülbert, Schlitt, Hrsg., Unternehmensfinanzierung am Kapitalmarkt, 4. Aufl. 2020
Ha/Mü/Schl HdB	Habersack, Mülbert, Schlitt, Hrsg., Handbuch der Kapitalmarktinformation, 3. Aufl. 2020
HanlBG	Gesetz zur Förderung und Regulierung einer Honorarberatung über Finanzinstrumente (Honoraranlageberatungsgesetz) v. 15.7.2013, BGBl. I 2390
Hann	Hannover
HansRGZ	Hanseatische Rechts- und Gerichtszeitschrift (zuvor unter anderen Titeln) (Jahr und Spalte)
Häublein/Hoffmann-Theinert/(Bearbeiter)	s BeckOK HGB
HauptNl	Hauptniederlassung
HausTWG (HwiG)	Gesetz über den Widerruf von Haustürgeschäften und ähnlichen Geschäften v. 16.1.1986, BGBl. I 122, aufgehoben durch SMG
Hmb	Hamburg
Hmb. frdsch Arbitr	Hamburger freundschaftliche Arbitrage
HdB	Handbuch
Hdl	Handel(s), Handlung(s)
Hdlbg	Heidelberg
HdlbgKo/(Bearbeiter)	Glanegger, Kirnberger, Kusterer, Ruß, Selder, Stuhlfelner, HGB, Handelsrecht, Bilanzrecht, Steuerrecht, 7. Aufl. 2007
HdlGehilfe	Handlungsgehilfe
HdlKlassenG	s. HKG
HdlReg	Handelsregister
HdlRegGebührenVO	Handelsregistergebührenverordnung
HdlVertreter, HV	Handelsvertreter
HdlVollmacht	Handlungsvollmacht
HdWB	Handwörterbuch
HdWB Eur. PrivR/ (Bearbeiter)	Basedow, Hopt, Zimmermann, Hrsg., Handwörterbuch des Europäischen Vertragsrechts, 2 Bde., Tübingen 2009
HdwK	Handwerkskammer
HdwO	Gesetz zur Ordnung des Handwerks (Handwerksordnung) idF v. 24.9.1998, BGBl. I 3074, 2006 I 2095, BGBl. III FNA 7110-1
Heilbr	Heilbronn
Heidel/Schall/ (Bearbeiter)	Heidel, Schall, HGB, Handkommentar, 3. Aufl. 2020
Henssler/(Bearbeiter)	Henssler, Strohn, Gesellschaftsrecht (BGB, HGB ua), 5. Aufl. 2021
Hess., hess.	Hessen, hessisch
Heymann/(Bearbeiter)	Heymann, Handelsgesetzbuch (ohne Seerecht), Komm. hrsg. von Horn, 4 Bde., Berlin 1989 f., 2. Aufl. Bd. 1, 1995, Bd. 2, 1996, Bd. 3, 1999, Bd. 4, 2005, 3. Aufl. Bd. 1, 2019, Bd. 2 und 3, 2020, Bd. 4, 2024
HEZ	Höchstrichterliche Entscheidungen, Sammlung von Entscheidungen der Oberlandesgerichte und der Obersten Gerichte in Zivilsachen (Bd. und Seite)

# Abkürzungsverzeichnis

HFHandelG	Gesetz zur Vermeidung von Gefahren und Missbräuchen im Hochfrequenzhandel (Hochfrequenzhandelsgesetz) v. 7.5.2013, BGBl. I 1162
HFR	Höchstrichterliche Finanzrechtsprechung (Jahr und Seite)
HGB	Handelsgesetzbuch v. 10.5.1897, RGBl. 219, BGBl. III FNA 4100-1
HGBÄndG	Gesetz zur Änderung des Handelsgesetzbuchs v. 4.10.2013, BGBl. I 3746
HGBGroßKo	s. GroßKo (3. Aufl.), Staub (4. und 5. Aufl.)
HGrG	Haushaltsgrundsätzegesetz
HK	Handelskammer
HKG	Handelsklassengesetz idF v. 23.11.1972, BGBl. I 2201, BGBl. III FNA 7849-2
HK Hmb. IV, V	Handelskammer Hamburg, Rechtsprechung kaufmännischer Schiedsgerichte, Baden-Baden Bd. 5, 1995, Bd. 6, 1998; bis Bd. IV St/Ul, St/Ul/Ti
hL	herrschende Lehre
HL	heavy lifts (Transport)
HLEG	High Level Expert Group
hM	herrschende Meinung
HoldhMSchr	Monatsschrift für Handelsrecht und Bankwesen, Steuer- und Stempelfragen, begr. von Holdheim (Jahr und Seite)
Hommelhoff/Hopt/ v. Werder	Hommelhoff, Hopt, von Werder, Hrsg., Handbuch Corporate Governance, 2. Aufl. 2009
HonoraranlageberatungsG	Gesetz zur Förderung und Regulierung einer Honorarberatung über Finanzinstrumente (Honoraranlageberatungsgesetz) v. 15.7.2013, BGBl. I 2390
Hopt	Hopt, Europäisches Übernahmerecht, Tübingen 2013
Hopt, HVR	Hopt, Handelsvertreterrecht, 6. Aufl., München 2019
Hopt, Kapitalanlegerschutz	Hopt, Der Kapitalanlegerschutz im Recht der Banken, Gesellschafts-, bank- und börsenrechtliche Anforderungen an das Beratungs- und Verwaltungsverhalten der Kreditinstitute, München 1975
Hopt/Binder/Böcking	Hopt, Binder, Böcking, Hrsg., Handbuch Corporate Governance von Banken und Versicherungen, 2. Aufl., München 2020
Hopt/Hehl	Hopt, Hehl, Vollrath, Gesellschaftsrecht, 4. Aufl. 1996
Hopt/Merkt VertrFormB	Hopt/Merkt, Hrsg. Vertrags- und Formularbuch zum Handels-, Gesellschafts- und Bankrecht, 5. Aufl., München 2022
Hopt/Mössle/Schmitt	Hopt, Mössle, R. Schmitt, Handelsrecht, München 2. Aufl. 1999
Hopt/Mülbert	Kreditrecht, Berlin 1989, Sonderausgabe aus Staudinger, BGB, 12. Aufl. 1988 (§§ 607–610), 1989 (Vorb. Bankkreditrecht; zit. nur nach Randziffern)
Hopt/Roth	Hopt/Roth in GroßKoAktG, 5. Aufl., Berlin 2015, § 93 AktG; 2019, §§ 25–116 AktG
Hopt/Rudolph/Baum	Hopt, Rudolph, Baum, Hrsg., Börsenreform, Stuttgart 1997
Hopt/Seibt	Hopt/Seibt, Hrsg., Schuldverschreibungsrecht – Kommentar, Handbuch, Vertragsmuster, Köln 2017
Hopt/Steffek	Hopt, Steffek, Hrsg., Mediation, Tübingen 2008
Hopt/Voigt	Hopt, Voigt, Hrsg., Prospekt- und Kapitalmarktinformationshaftung, Tübingen 2005
Hopt/Wymeersch	Hopt, Wymeersch, Hrsg., Capital Markets and Company Law, Oxford 2003
v. Hoyningen-Huene	Die kaufmännischen Hilfspersonen, Systematischer Kommentar der §§ 59–104 HGB (aus: MüKoHGB, Bd. 1) München 1996, inzwischen MüKoHGB, Bd. 1, 4. Aufl. 2016, nunmehr MüKoHGB/Strobl, 5. Aufl. 2021
HRefG	Gesetz zur Neuregelung des Kaufmanns- und Firmenrechts und zur Änderung anderer handels- und gesellschaftsrechtlicher Vorschriften

Abkürzungsverzeichnis

	(Handelsrechtsreformgesetz – HrefG) v. 22.6.1998, BGBl. I 1474, BGBl. III FNA 400-2/4
HregGebNeuOG	Gesetz zur Neuordnung der Gebühren in Handels-, Partnerschafts- und Genossenschaftsregistersachen (Handelsregistergebühren-Neuordnungsgesetz – HregGebNeuOG) v. 3.7.2004 BGBl. I 1410
HRR	Höchstrichterliche Rechtsprechung (Jahr und Nr.)
Hrsg., hrsg.	Herausgeber, herausgegeben
HRV	Verordnung über die Einrichtung und Führung des Handelsregisters (Handelsregisterverordnung – HRV) v. 12.8.1937, RMBl 515, DJ 1251, BGBl. III FNA 315-20
Hüffer/Koch	Hüffer, Koch, Aktiengesetz, München 15. Aufl. 2021
HV	Handelsvertreter; Hauptversammlung
HVHM	s. HV-Journal
HV-Journal	HV-Journal (früher Der Handelsvertreter und Handelsmakler; offizielles Organ der CDH) (Jahr und Seite)
HVR	Handelsvertreterrecht, Entscheidungen und Gutachten, hrsg. v. Forschungsverband für den Handelsvertreter- und Handelsmaklerberuf (Datum und Nr.)
HWF	Handwörterbuch des Bank- und Finanzwesens
HWR	Handwörterbuch des Rechnungswesens
HWRev	Handwörterbuch der Revision
HWRP	Handwörterbuch der Rechnungslegung und Prüfung
HWiG (HausTWG)	Gesetz über den Widerruf von Haustürgeschäften und ähnlichen Geschäften v. 16.1.1986, BGBl. I 122, aufgehoben
HypBG	Hypothekenbankgesetz idF v. 9.9.1998, BGBl. I 2674, BGBl. III FNA 7628-1, aufgehoben durch PfandBG
IAA	International Accounting Association
IAASB	International Auditing and Assurance Standards Board
IAG	International Auditing Guideline
IAPS(s)	International Auditing Practices Statement(s)
IAS(s)	International Accounting Standard(s), ab 1.4.2001 IFRS
IASB	International Accounting Standards Board, früher IASC
IASC	International Accounting Standards Committee, ab 1.4.2001 IASB
IAS-VO	Verordnung (EG) Nr. 1606/2002 des Europäischen Parlaments und des Rates v. 19.7.2002 betreffend die Anwendung internationaler Rechnungslegungsstandards, ABl. 2002 L 243, 1
IBA	International Bar Association
IBAN	International Bank Account Number, Internationale Bankkontonummer (s. auch BBAN)
IBRD	International Bank for Reconstruction and Development
ICAAP	Internal Capital Adequacy Assessment Process
ICC, IntHK	International Chamber of Commerce, Internationale Handelskammer Paris; auch Institute Cargo Clauses
ICCA	International Council for Commercial Arbitration
ICGN	International Corporate Governance Network
ICLEG	Informal Company Law Expert Group (Europäische Kommission)
ICMA	International Capital Markets Association
ICO	Initial Coin Offering
ICOM	International Currency Options Market
ICSD	International Central Securities Depository
ICSID	International Centre for Settlement of Investment Disputes
idF	in der Fassung
idR	in der Regel
IDR	Journal of International Dispute Resolution (Jahr und Seite)
IDW	Institut der Wirtschaftsprüfer in Deutschland eV
IDW AcP	IDW Accounting Principles
IDW AcPS	IDW Accounting Practice Statements
IDW-AKW	Stellungnahmen des Arbeitskreises Weltbilanz des IDW
IDW AuPS	IDW Auditing Practice Statements
IDW AuS	IDW Auditing Standards
IDW-BFA	Stellungnahmen des Bankenfachausschusses des IDW

Abkürzungsverzeichnis

IDW E(PS ua)	IDW Entwurf (Prüfungstandards usw)
IDW-FAMA	Stellungnahmen des Fachausschusses für moderne Abrechnungssysteme des IDW
IDW-FAR	Verlautbarungen des Fachausschusses Recht des IDW
IDW-FG	Fachgutachten des IDW
IDW-HFA	Stellungnahmen des Hauptfachausschusses des IDW
IDW-KFA	Stellungnahmen des Fachausschusses für kommunales Prüfungswesen des IDW
IDW-KHFA	Stellungnahmen des Krankenhausfachausschusses des IDW
IDW-NA	Stellungnahmen zu Fragen des neuen Aktienrechts (Hauptfachausschuss bzw. Sonderausschuss Neues Aktienrecht des IDW)
IDW PH	IDW Prüfungshinweise
IDW PS	IDW Prüfungstandards
IDW QS	IDW Qualitätssicherungsstandards
IDW RH	IDW Rechnungslegungshinweise
IDW RH BFA (usw)	wie IDW RS BFA (usw)
IDW RS	IDW Stellungnahmen zur Rechnungslegung
IDW RS BFA	IDW Stellungnahmen zur Rechnungslegung des Bankenfachausschusses
IDW RS FAIT	IDW Stellungnahmen zur Rechnungslegung des Fachausschusses für Informationstechnologie
IDW RS FAR	IDW Stellungnahmen zur Rechnungslegung des Fachausschusses Recht
IDW RS HFA	IDW Stellungnahmen zur Rechnungslegung des Hauptfachausschusses
IDW RS KHFA	IDW Stellungnahmen zur Rechnungslegung des Krankenhausfachausschusses
IDW RS ÖFA	IDW Stellungnahmen zur Rechnungslegung des Fachausschusses für öffentlichen Unternehmen und Verwaltungen
IDW RS VFA	IDW Stellungnahmen zur Rechnungslegung des Versicherungsfachausschusses
IDW RS WFA	IDW Stellungnahmen zur Rechnungslegung des Wohnungswirtschaftlichen Fachausschusses
IDW S	IDW Standards
IDW-SABI	Stellungnahmen des Sonderausschusses Bilanzrichtlinien-Gesetz des IDW
IDW-VFA	Stellungnahmen des Versicherungsfachausschusses des IDW
IDW-VO	Gemeinsame Stellungnahmen der Wirtschaftsprüferkammer und des IDW
IDW-WFA	Stellungnahmen des wohnungswirtschaftlichen Fachausschusses des IDW
iErg	im Ergebnis
ieS	im engeren Sinne
IFA	International Forfaiting Association; Investitionsförderungsabkommen
IFAC	International Federation of Accountants, Internationaler Wirtschaftsprüferverband
IFCAI	International Federation of Commercial Arbitration Institutions
IFEMA	International Foreign Exchange Master Agreement
IFRIC	International Financial Reporting Interpretations Committee
IFRS	International Financial Reporting Standard(s)
IFRS-SME	International Financial Reporting Standard(s) for Small and Medium-sized Entities
IFRS-ÜbernahmeVO	Verordnung (EG) Nr. 1725/2003 der Europäischen Kommission v. 29.9.2003 betreffend die Übernahme bestimmter internationaler Rechnungslegungsstandards in Übereinstimmung mit der Verordung (EG) Nr. 1606/2002 des Europäischen Parlaments und des Rates, ABl. 2003 L 261, 1
IG	Implementation Guidance
IGA	Intergovernmental Agreement
IGC	Implementation Guidance Committee
IGC Q&A	Implementation Guidance Committee – Questions and Answers

Abkürzungsverzeichnis

IHK	Industrie- und Handelskammer
IHR	Internationales Handelsrecht, Zeitschrift für das Recht des internationalen Warenkaufs und –vertriebs (Jahr und Seite)
IIC	International Review of Industrial Property and Copyright Law (Jahr und Seite)
IKR	Industriekontenrahmen
iL	in Liquidation
IIMG	Inter Institutional Monitoring Group
im allg.	im Allgemeinen
Immenga/Mestmäcker	Immenga-Mestmäcker, Wettbewerbsrecht, München 2. Aufl. 2015, Bd. 1 Europäisches Wettbewerbsrecht, Bd. 2 GWB
ImmoKWPLV	Immobiliar-Kreditwürdigkeitsprüfungsleitlinien-Verordnung v. 24.4.2018, BGBl. I 529
Incoterms®	International Commercial Terms (der ICC)
iHv	in Höhe von
Insiderhandels-RL	Insiderhandels-Richtlinien
InsiderVerfO	Verfahrensordnung für die bei den Wertpapierbörsen auf der Grundlage der Insiderhandels-Richtlinien und der Händler- und Beraterregeln zu bildenden Prüfungskommissionen
InsO	Insolvenzordnung (InsO) v. 5.10.1994, BGBl. I 2866, BGBl. III FNA 311-13
InstAnlG	Gesetz zur Verbesserung der Rahmenbedingungen für institutionelle Anleger v. 16.12.1986, BGBl. I 2485
insbes.	insbesondere/s
iS(d)	im Sinne des/der
InstitutsVergV	Verordnung über die aufsichtsrechtlichen Anforderungen an Vergütungssysteme von Instituten (Institutsvergütungsverordnung – InstitutsVergV) v. 16.12.2013, BGBl. I 4270 BGBl. III FNA 7610-2-43
IntBestG	Gesetz zu dem Übereinkommen v. 17.12.1997 über die Bekämpfung der Bestechung ausländischer Amtsträger im internationalen Geschäftsverkehr (Gesetz zur Bekämpfung internationaler Bestechung – IntBestG) v. 10.9.1998, BGBl. II 2327, BGBl. III FNA 450-28
IntGesRecht	internationales Gesellschaftsrecht
IntHK (ICC)	Internationale Handelskammer Paris
InvAG	Investmentaktiengesellschaft
InvÄndG	Gesetz zur Änderung des Investmentgesetzes und zur Anpassung anderer Vorschriften (Investmentänderungsgesetz) v. 21.12.2007, BGBl. I 3089
InvG	Investmentgesetz (InvG) v. 15.12.2003, BGBl. I 2676, BGBl. III FNA 7612-2, aufgehoben durch AIFM-UmsG
InvModG	Gesetz zur Modernisierung des Investmentwesens und zur Besteuerung von Investmentvermögen (Investmentmodernisierungsgesetz) v. 15.12.2003, BGBl. I 2676
InvVerOV	Verordnung zur Konkretisierung der Verhaltensregeln und Organisationsregeln nach dem Investmentgesetz (Investment-Verhaltens- und Organisationsverordnung – InvVerOV) v. 28.6.2011, BGBl. I 1288, FNA 7612-2-6
IOSCO	International Organization of Securities Commissions
IP	intellectual property
IPO	initial public offering, Börseneinführung
IPR	internationales Privatrecht
IPRax	Praxis des Internationalen Privat- und Verfahrensrechts (Jahr und Seite)
IPRG	Gesetz zur Neuregelung des Internationalen Privatrechts v. 25.7.1986, BGBl. I 1142
IPRGesVJPG	Gesetz zum Internationalen Privatrecht der Gesellschaften, Vereine und juristischen Personen, RefE 7.1.2008, BMJ
IPSAS	International Public Sector Accounting Standards
IPSASB	International Public Sector Accounting Standards Board

Abkürzungsverzeichnis

IRB-Ansatz	internal rating based/Interne Messung des Kreditrisikos (Risikogewichtung) (Basel II)
IRZ	Zeitschrift für Internationale Rechnungslegung (Jahr und Seite)
ISA	International Standard(s) on Auditing
ISBB	International Standard Setting Body
ISBP	International Standard Banking Practice for the Examination of Documentary Credits (ICC Banking Commission)
ISD I, II	Investment Services Directive (I), aufgehoben; Investment Services Directive II, s. Märkte für FinanzinstrumenteRL
ISDA	International Swaps and Derivatives Association, früher: International Swap Dealers Association
ISDA MA	ISDA Master Agreement
ISDS	Investor-State Dispute Settlement (clause)
ISIN	International Securities Identification Number
ISLA	International Securities Lending Association
ISMA	International Securities Markets Association
ISS	Institutional Shareholder Service
IstR	Internationales Steuerrecht (Jahr und Seite)
iS(v)	im Sinne (von)
IT	information technology, Informationstechnologie
it	italienisch
IUA	International Underwriting Association of London
iVm	in Verbindung mit
IWF	Internationaler Währungsfonds
IWRZ	Zeitschrift für Internationales Wirtschaftsrecht (Jahr und Seite)
iwS	im weiteren Sinne
iZw	im Zweifel
JA	Juristische Arbeitsblätter (Jahr und Seite)
JACF	Journal of Applied Corporate Finance (Jahr und Seite)
JarbSchG	Gesetz zum Schutze der arbeitenden Jugend (Jugendarbeitsschutzgesetz) idF v. 12.4.1976, BGBl. II 965, BGBl. III FNA 8051-10
JbJZW	Jahrbuch Junger Zivilrechtswissenschaftler (Jahr und Seite)
JBE	Journal of Business Economics (bis 2012 ZfB) (Jahr und Seite)
JBl.	Juristische Blätter, Wien (Jahr und Seite)
JFG	Jahrbuch für Entscheidungen in Angelegenheiten der freiwilligen Gerichtsbarkeit und des Grundbuchrechts (Bd. und Seite)
JIEA	Joint Import/Export Agency
JMBl.	Justizministerialblatt
JkomG	Gesetz über die Verwendung elektronischer Kommunikationsformen in der Justiz (Justizkommunikationsgesetz – JkomG) v. 22.3.2005, BGBl. I 837, ber. 2022
JLE	Journal of Law & Economics (Jahr und Seite)
JO	Journal Officiel (Jahr und Seite)
JoAR	Journal of Accounting Research (Jahr und Seite)
JR	Juristische Rundschau (Jahr und Seite)
1. JuMoG	Erstes Gesetz zur Modernisierung der Justiz (1. Justizmodernisierungsgesetz) v. 24.8.2004, BGBl. I 2198
2. JuMoG	Zweites Gesetz zur Modernisierung der Justiz (2. Justizmodernisierungsgesetz) v. 22.12.2006 BGBl. I 3416
jur.	juristisch
Jura	Jura, Juristische Ausbildung (Jahr und Seite)
juris	elektronische Datenbank (www.juris.de), Juristisches Informationssystem für die BRD juris GmbH
jurisPR	juris PraxisReport
jurisPR-BKR	juris PraxisReport Bank- und Kapitalmarktrecht
JuS	Juristische Schulung (Jahr und Seite)
JVKostG	Justizverwaltungskostengesetz
JW	Juristische Wochenschrift (Jahr und Seite)
JZ	Juristen-Zeitung (früher Deutsche Rechts-Zeitschrift und Süddeutsche Juristen-Zeitung) (Jahr und Seite)

Abkürzungsverzeichnis

KAG	Kapitalanlagegesellschaft
KAGB	Kapitalanlagegesetzbuch v. 4.7.2013, BGBl. I 1981 BGBl. III FNA 7612-3
KAGG	Gesetz über Kapitalanlagegesellschaften (KAGG) idF v. 9.9.1998, BGBl. I 2726, BGBl. III FNA 4120-4, aufgehoben durch InvG 2003
KAM	key audit matters
Kap.	Kapitel
KapAEG	Gesetz zur Verbesserung der Wettbewerbsfähigkeit deutscher Konzerne an Kapitalmärkten und zur Erleichterung der Aufnahme von Gesellschafterdarlehen (Kapitalaufnahmeerleichterungsgesetz – KapAEG) v. 20.4.1998, BGBl. I 707, BGBl. III FNA 4100-1/1
KapCoRiLiG	Gesetz zur Durchführung der Richtlinie des Rates der Europäischen Union zur Änderung der Bilanz- und der Konzernbilanzrichtlinie hinsichtlich ihres Anwendungsbereichs (90/605/EWG), zur Verbesserung der Offenlegung von Jahresabschlüssen und zur Änderung anderer handelsrechtlicher Bestimmungen (Kapitalgesellschaften- und Co-Richtlinie-Gesetz – KapCoRiLiG) v. 24.2.2000, BGBl. I 154
KapErhG	Gesetz über die Kapitalerhöhung aus Gesellschaftsmitteln und über die Verschmelzung von Gesellschaften mit beschränkter Haftung v. 23.12.1959, BGBl. I 789, BGBl. III 4120-2, außer Kraft mWv 1.1.1995 durch G v. 28.10.1994, BGBl. I 3210
KapInHG	Gesetz zur Verbesserung der Haftung für falsche Kapitalmarktinformationen (Kapitalmarktinformationshaftungsgesetz – KapInHaG), interner BMFEntwurf
KapMuG	Gesetz über Musterverfahren in kapitalmarktrechtlichen Streitigkeiten (Kapitalanleger-Musterverfahrensgesetz – KapMuG), v. 19.10.2012, BGBl. I 2182, BGBl. III FNA 310-24
KAPOVAZ	kapazitätsorientierte variable Arbeitszeit
Kdt(Einlage)	Kommandit(Einlage)
Kdtist	Kommanditist
KfH	Kammer für Handelssachen
KfiH	Kammer für internationale Handelssachen
KfiHG	Gesetz zur Einführung von Kammern für internationale Handelssachen, Entwurf, BT-Drs. 18/1287 (30.4.2014)
Kflte	Kaufleute
Kfm.	Kaufmann(s)
kfm.	kaufmännisch
KfW	Kreditanstalt für Wiederaufbau
Kfz	Kraftfahrzeug
KG	Kammergericht Berlin; Kommanditgesellschaft
KGaA	Kommanditgesellschaft auf Aktien
KGJ	Jahrbuch für Entscheidungen des Kammergerichts (Abteilung A) (Bd. und Seite)
KID	Key Information Document,
KIID	Key Investor Information Document, wesentliche Anlegerinformationen
KISS	key investor information sheet
KKRD/(Bearbeiter)	Koller, Kindler, Roth, Drüen, Handelsgesetzbuch, Kommentar, 9. Aufl. 2019
KleinanlegerschutzG	Kleinanlegerschutzgesetz v. 3.7.2015, BGBl. I 1114
KleinstKapGG	s. MicroBilG
KMU	kleinere und mittlere Unternehmen
KMP	kleinere und mittlere Prüfungsgesellschaften
KNA	Kosten-Nutzen-Analyse
KO	Konkursordnung idF v. 20.5.1898, RGBl. 612, BGBl. III FNA 311-4, s. jetzt InsO
Köhler/Bornkamm	Köhler, Bornkamm, Gesetz gegen den unlauteren Wettbewerb (UWG), 39. Aufl. 2021
KöKo/(Bearbeiter)	Kölner Kommentar zum Aktiengesetz, hrsg. von Zöllner, Noack, 3. Aufl. 2004 ff.

Abkürzungsverzeichnis

Koller	Koller, Transportrecht, 10. Aufl. 2020
Koller/(Bearbeiter)	Koller, Kindler, Roth, Drüen, Handelsgesetzbuch, Kommentar, 9. Aufl. 2019
KOM	Kommission der Europäischen Gemeinschaften (Dokumente)
Komm.	Kommentar; Kommission
KontopfandSchG	Gesetz zur Reform des Kontopfändungsschutzes v. 7.7.2009 BGBl. I 1707
KonTraG	Gesetz zur Kontrolle und Transparenz im Unternehmensbereich (KonTraG) v. 27.4.1998, BGBl. I 786
Konzern	Der Konzern (1–4/2003 Der Konzern in Recht und Wirtschaft) (Jahr und Seite)
KonzerninsolvenzG	Gesetz zur Erleichterung der Bewältigung von Konzerninsolvenzen v. 13.4.2017, BGBl. I 866
KoR	Zeitschrift für kapitalmarktorientierte Rechnungslegung (Jahr und Seite)
KPI	key performance indicator
KR	Kontrollrat
KredReorgG	Kreditinstitute-Reorganisationsgesetz – KredReorgG v. 9.12.2010, BGBl. I 1900
KRG	Kontrollratsgesetz
krit.	kritisch
KSchG	Kündigungsschutzgesetz v. 25.8.1969, BGBl. I 1317, BGBl. III FNA 800-2
KSt	Körperschaftsteuer
KStG	Körperschaftsteuergesetz 2002 (KStG 2002) idF v. 15.10.2002, BGBl. I 4144, BGBl. III FNA 611-4-4
KStR	Körperschaftsteuer-Richtlinien
KSzW	Kölner Schrift zum Wirtschaftsrecht (Jahr und Seite)
KTS (KuT)	Zeitschrift für Insolvenzrecht (Konkurs, Treuhand, Sanierung) (Jahr und Seite)
Kümpel/Wittig	Kümpel, Wittig, Hrsg., Bank- und Kapitalmarktrecht, 4. Aufl. 2011
Kümpel/M/F/S/ (Bearbeiter)	Kümpel/Mülbert/Früh/Seyfried, Hrsg., Bank- und Kapitalmarktrecht, 5. Aufl. 2019
KuMaKV	Verordnung zur Konkretisierung des Verbotes der Kurs- und Marktpreismanipulation (Kursmanipulation-KonkretisierungsVO – KuMaKV) v. 18.11.2003, BGBl. I 2300, BGBl. III FNA 4110-4-7
KündFG	Gesetz zur Vereinheitlichung der Kündigungsfristen von Arbeitern und Angestellten (Kündigungsfristengesetz – KündFG) v. 7.10.1993, BGBl. I 1668
Küstner/Thume I, II, III	Küstner/Thume Handbuch des gesamten Vertriebsrechts, Bd. 1: Das Recht des Handelsvertreters (ohne Ausgleichsrecht), Frankfurt 5. Aufl. 2016; Bd. 2: Der Ausgleichsanspruch des Handelsvertreters, 9. Aufl. 2014; Bd. 3: Besondere Vertriebsformen, 4. Aufl. 2015
KVG	Kapitalverwaltungsgesellschaft (nach KAGB)
KVO	Kraftverkehrsordnung für den Güterfernverkehr mit Kraftfahrzeugen (KVO) idF v. 23.12.1958, BAnz Nr. 249 31.12.1958, aufgehoben
KVStG	Kapitalverkehrssteuergesetz (KVStG 1972) idF v. 17.11.1972, BGBl. I 2129, aufgehoben
KWG	Gesetz über das Kreditwesen idF v. 9.9.1998, BGBl. I 2776, BGBl. III FNA 7610-1
7. KWG-Novelle	s. BankenRLUmsetzG
L–	Landes-
LAG	Landesarbeitsgericht
Landmann/Rohmer	von Landmann, Rohmer, Gewerbeordnung und ergänzende Vorschriften, neubearbeitet von Marcks ua, 2 Ordner, München (LBl.)
lat	lateinisch
LBl.	Loseblatt
LBO	leveraged buy-out

Abkürzungsverzeichnis

LBS/(Bearbeiter)	Langenbucher, Bliesener, Spindler, Hrsg., Bankrechts-Kommentar, 3. Aufl. 2020
LCIA	London Court of International Arbitration
LCL (Container)	Less than a Container Load
LEI	legal entity identifier
Lettl	Handelsrecht, 4. Aufl. 2018
lfd.	laufend
LFZG	Gesetz über die Fortzahlung des Arbeitsentgelts im Krankheitsfalle (Lohnfortzahlungsgesetz) v. 27.7.1969, BGBl. I 946, aufgehoben, s. jetzt EFZG
LG	Landgericht
LGD	loss given default/Verlustquote bei Ausfall (Basel II)
LIBOR	London interbank offered rate
lifo	last in-first out-Verfahren
lilo	lease in lease out
Limbg	Limburg
Lit.	Literatur
lit.	litera, Buchstabe
LkSG	Gesetz über die unternehmerischen Sorgfaltspflichten zur Vermeidung von Menschenrechtsverletzungen in Lieferketten (Lieferkettensorgfaltspflichtengesetz) v. 16.7.2021, BGBl. I 2959
LLC	limited liability corporation (USA)
LM	Nachschlagewerk des Bundesgerichtshofes in Zivilsachen, begründet von Lindenmaier und Möhring, neu hrsg. von Nirk ua (Gesetzesstelle, Entscheidungsnummer; Nr. ohne Gesetzesstelle bezieht sich auf den kommentierten Paragraphen)
LMA	Lloyd's Market Association; Loan Market Association
LMK	Lindenmaier/Möhring, Kommentierte BGH-Rechtsprechung
LOI	letter of intent
LöschG	Gesetz über die Auflösung und Löschung von Gesellschaften und Genossenschaften v. 9.10.1934 (außer Kraft)
Ls.	Leitsatz
LSA	Abkommen über den Lastschriftverkehr, außer Kraft; auch: (Land) Sachsen-Anhalt
LSE	London Stock Exchange; Less Complex Entities
LSÜbernahmeangebote	Leitsätze für öffentliche Kauf- und Umtauschangebote bzw. Aufforderungen zur Abgabe derartiger Angebote im amtlich notierten oder im geregelten Freiverkehr gehandelter Aktien bzw. Erwerbsrechte
lt.	laut
ltd	private limited company
Lüb	Lübeck
LuftVG	Luftverkehrsgesetz idF v. 27.3.1999, BGBl. I 550, BGBl. III FNA 96-1
LugÜ I	Lugano Übereinkommen über die gerichtliche Zuständigkeit und die Vollstreckung gerichtlicher Entscheidungen in Zivil- und Handelssachen v. 16.9.1988, BGBl. 1994 II 2658, ersetzt durch LugÜ II
LugÜ II	Lugano Übereinkommen über die gerichtliche Zuständigkeit und die Anerkennung und Vollstreckung von Entscheidungen in Zivil- und Handelssachen v. 30.10.2007, BGBl. 2009 I 2862
Lu/Ho/(Bearbeiter)	Lutter, Hommelhoff, GmbH-Gesetz, Kommentar, bearbeitet von Bayer, Hommelhoff, Kleindiek, Lutter, 20. Aufl. 2020
Lünebg	Lüneburg
LVPS	large-value payment system
LZ	Leipziger Zeitschrift für Deutsches Recht (Jahr und Spalte)
LZBk	Landeszentralbank, nunmehr Abrechnungsstelle der Deutschen Bundesbank
M	maturity/effektive Restlaufzeit der Forderungen (Basel II)
MA	Der Markenartikel (Jahr und Seite); Master Agreement
M&A	mergers and acquisitions

Abkürzungsverzeichnis

MaBV	Makler- und Bauträgerverordnung idF v. 7.11.1990, BGBl. I 2479, BGBl. III FNA 7104-6
MAC	material adverse change
MaComp	Mindestanforderungen an die Compliance-Funktion (BaFin)
MAD	Market Abuse Directive, s. MarktmissbrauchsRL
MAE	material adverse event
MaH	Mindestanforderungen an das Betreiben von Handelsgeschäften (BAKred/BaFin)
MAIR	Mindestanforderungen an die Ausgestaltung der Internen Revision (BAKred/BaFin)
MaK	Mindestanforderungen an das Kreditgeschäft (BAKred/BaFin)
MaKonV	Verordnung zur Konkretisierung des Verbots der Marktmanipulation (Marktmanipulations-Konkretisierungsverordnung – MaKonV) v. 1.3.2005, BGBl. I 515, BGBl. III FNA 4110-4-12
MaMoG	Markenrechtsmodernisierungsgesetz – MaMoG v. 11.12.2018 BGBl. I 2357
mÄnd	mit Änderung(en)
mAnm.	mit Anmerkung (von)
Mannh	Mannheim
MAR	s. MarktmissbrauchsVO
MaRisk (BA, VA)	Mindestanforderungen an das Risikomanagement (Bankaufsicht, Versicherungsaufsicht) (BaFin)
MarkenG	Gesetz über den Schutz von Marken und sonstigen Kennzeichen (Markengesetz – MarkenG) v. 25.10.1994, BGBl. I 3082, ber. 1995 I 156, BGBl. III FNA 423-5-2
MarktangV	Verordnung über die erforderlichen Angaben und vorzulegenden Unterlagen bei einem Erlaubnisantrag nach § 37i des Wertpapierhandelsgesetzes und einer Anzeige nach § 37m des Wertpapierhandelsgesetzes (Marktzugangsangabenverordnung – MarktangV) v. 30.9.2004, BGBl. I 2576, BGBl. III FNA 4110-4-8
MarktmissbrauchsRL	Richtlinie 2014/57/EU des Europäischen Parlaments und des Rates v. 16.4.2014 über strafrechtliche Sanktionen bei Marktmanipulation (Marktmissbrauchsrichtlinie), ABl. 2014 L 173, 179, auch MAD genannt
MarktmissbrauchsVO	Verordnung (EU) Nr. 596/2014 des Europäischen Parlaments und des Rates v. 16.4.2014 über Marktmissbrauch (Marktmissbrauchsverordnung) und zur Aufhebung der Richtlinie 2003/6/EG des Europäischen Parlaments und des Rates und der Richtlinien 2003/124/EG, 2003/125/EG und 2004/72/EG der Kommission, ABl. 2014 L 173, 1, ber. ABl. 2016 L 287, 320 und ABl. 2016 L 348, 83, auch Market Abuse Regulation (MAR) genannt
Martinek/Semler/Flohr/(Bearbeiter)	Martinek, Semler, Flohr, Hrsg., Handbuch des Vertriebsrechts, 4. Aufl. 2016
mark-to-market	Bewertung anhand des letzten Marktkurses
MauracherE PersGesR	Mauracher Entwurf für ein Gesetz zur Modernisierung des Personengesellschaftsrechts (MoPeG) = Gesetzentwurf der Expertenkommission zur Modernisierung des Personengesellschaftsrechts
maW	mit anderen Worten
max.	höchstens
MBI	management buy-in
MBO	management buy-out
MBS	mortgage-backed security
MD&A	management's discussion and analysis (of financial condition and results of operations)
MDAX	Midcap Dax
MDR	Monatsschrift für Deutsches Recht (Jahr und Seite)
Merkt, Unternehmenspublizität	Merkt, Unternehmenspublizität – Offenlegung von Unternehmensdaten als Korrelat der Marktteilnahme, Tübingen 2001
Merkt/Göthel, Int. Unternehmenskauf	Merkt, Göthel, Internationaler Unternehmenskauf, 3. Aufl. 2011

Abkürzungsverzeichnis

mglw	möglicherweise
MHbeG	Minderjährigenhaftungsbeschränkungsgesetz v. 25.8.1998 BGBl. I 2487, BGBl. III FNA 400-2/7
MiCA	Markets in Crypto-Assets
MicroBilG	Gesetz zur Umsetzung der Richtlinie 2012/6/EU des Europäischen Parlaments und des Rates v. 14.3.2012 zur Änderung der Richtlinie 78/660/EWG des Rates über den Jahresabschluss von Gesellschaften bestimmter Rechtsformen hinsichtlich Kleinstbetrieben (Kleinstkapitalgesellschaften-Bilanzrechtsänderungsgesetz – MicroBilG) v. 20.12.2012 BGBl. I 2751
MiFID	Markets in Financial Instruments Directive 2004, s. FinanzmärkteRL
MiFiD II	Markets in Financial Instruments Directive 2014, s. FinanzmärkteRL II
MiFID-DVO	Verordnung (EG) Nr. 1287/2006 der Kommission v. 10.8.2006 zur Durchführung der Richtlinie 2004/39/EG des Europäischen Parlaments und des Rates betreffend die Aufzeichnungspflichten für Wertpapierfirmen, die Meldung von Geschäften, die Markttransparenz, die Zulassung von Finanzinstrumenten zum Handel und bestimmte Begriffe im Sinne dieser Richtlinie, ABl. 2006 L 241, 1
MiFIR	Markets in Financial Instruments Regulation, DurchführungsVO Nr. 1287/2006 der Kommission v. 10.8.2006 ABl. L 241, 1
MiFIR II	s. FinanzmärkteVO
MinBlfWi	Ministerialblatt für Wirtschaft
Mio.	Million(en)
MitbestErgG	Gesetz zur Ergänzung des Gesetzes über die Mitbestimmung der Arbeitnehmer in den Aufsichtsräten und Vorständen der Unternehmen des Bergbaus und der Eisen und Stahl erzeugenden Industrie v. 7.8.1956, BGBl. I 707 – Mitbestimmungsergänzungsgesetz –, BGBl. III FNA 801-3
MitbestG	Gesetz über die Mitbestimmung der Arbeitnehmer v. 4.5.1976, BGBl. I 1153, BGBl. III FNA 801-8
Mitt.	Mitteilung(en)
MittBdL	Mitteilungen der Bank deutscher Länder
MittDBBk	Mitteilungen der Deutschen Bundesbank
MittMarkenvbd.	Mitteilungen des Markenverbands
MittRhNotK	Mitteilungen. Rheinische Notar-Kammer, 1961–1976; dann: Mitteilungen der Rheinischen Notar-Kammer
m. krit. Anm.	mit kritischer Anmerkung (von)
MoMiG	Gesetz zur Modernisierung des GmbH-Rechts und zur Bekämpfung von Missbräuchen v. 23.10.2008, BGBl. I 2026
MontanMitbestG	Gesetz über die Mitbestimmung der Arbeitnehmer in den Aufsichtsräten und Vorständen der Unternehmen des Bergbaus und der Eisen und Stahl erzeugenden Industrie v. 21.5.1951, BGBl. I 347 – Montan-Mitbestimmungsgesetz –, BGBl. III FNA 801-2
MoPeG	Gesetz zur Modernisierung des Personengesellschaftsrechts (Personengesellschaftsrechtsmodernisierungsgesetz – MoPeG) v. 10.8.2021, BGBl. I 3436, s. auch Mauracher Entwurf
MoRaKG	Gesetz zur Modernisierung der Rahmenbedingungen für Kapitalbeteiligungen (MoRaKG) v. 12.8.2008, BGBl. I 1672
MoU	memorandum of understanding
MPF	Merkt/Probst/Fink (Hrsg.), Rechnungslegung nach HGB und IFRS – Themensystematischer Kommentar mit synoptischen Darstellungen, 2017
MR	Militärregierung
Mrd.	Milliarde(n)
MRG	Militärregierungsgesetz
MTF	multilaterales Handelssystem, multilateral trading facility
MTN	medium term note
MTO	Multimodal Transport Operator/Gesamtbeförderer

Abkürzungsverzeichnis

M(ü)HdBGesR, 1, 2/ (Bearbeiter)	Münchener Handbuch des Gesellschaftsrechts, 8 Bde., Bd. 1, 2, 5. Aufl. 2016 ff.
MüKoBGB/ (Bearbeiter)	Münchener Kommentar zum Bürgerlichen Gesetzbuch, hrsg. von Säcker, Rixecker, 12 Bde., 7. Aufl. 2015 ff., 8. Aufl. 2018 ff.
MüKoBGB/Ulmer/ Schäfer	Gesellschaft bürgerlichen Rechts und Partnerschaftsgesellschaft, Systematischer Kommentar (§§ 705–740 BGB, PartGG, Sonderausgabe aus MüKoBGB), 6. Aufl. 2013
MüKoHGB/ (Bearbeiter)	Münchener Kommentar zum Handelsgesetzbuch, hrsg. von K. Schmidt, 7 Bde., 2. Aufl. 2005 ff., 3. Aufl. 2010 ff., 4. Aufl., Bd. 1 und 2, 2016, Bd. 5, 2018, Bd. 6, 2019, Bd. 7, 2020, 5. Aufl. 2021 ff.
MVHdb/(Bearbeiter)	Münchener Vertragshandbuch, Bd. 1 Gesellschaftsrecht, 8. Aufl. 2018, Bd. 2 Wirtschaftsrecht I, 8. Aufl. 2020, Bd. 3 Wirtschaftsrecht II, 7. Aufl. 2015, Bd. 4 Wirtschaftsrecht III, 8. Aufl. 20128, Bd. 5 Bürgerliches Recht I, 8. Aufl. 2020, Bd. 6 Bürgerliches Recht II, 8. Aufl. 2020
MuSchG	Gesetz zum Schutz der erwerbstätigen Mutter (Mutterschutzgesetz – MuSchG) idF v. 20.6.2002, BGBl. I 2318, BGBl. III FNA 8052-1
MusterwiderrufsInfoG	Gesetz zur Einführung einer Musterwiderrufsinformation für Verbraucherdarlehensverträge, zur Änderung der Vorschriften über das Widerrufsrecht bei Verbraucherdarlehensverträgen und zur Änderung des Darlehensvermittlungsrechts v. 24.7.2010 BGBl. I 977
Mutterunt	Mutterunternehmen
MuW	Markenschutz und Wettbewerb (Jahr und Seite)
MV	Mecklenburg-Vorpommern
mwN	mit weiteren Nachweisen
MWSt	Mehrwertsteuer
mWv	mit Wirkung vom
m. zust. Anm.	mit zustimmender Anmerkung
NachhBG	Gesetz zur zeitlichen Begrenzung der Nachhaftung von Gesellschaftern (Nachhaftungsbegrenzungsgesetz – NachhBG) v. 18.3.1994 BGBl. I 560
Nachw.	Nachweis
NASD	National Association of Securities Dealers (USA)
NASDAQ	National Association of Securities Dealers Automated Quotations (USA)
NaStraG	Gesetz zur Namensaktie und zur Erleichterung der Stimmrechtsausübung (Namensaktiengesetz – NaStraG) v. 18.1.2001, BGBl. I 123
NCSs	National Competent Authorities
Nds.	Niedersachsen
Neust	Neustadt a. d. Weinstraße
nF	neue Fassung, neue Folge
NFI	Nichtfinanzielle Berichterstattung
NFPI	Non-Financial Performance Indicators
NIF	note issuance facility
NJ	Neue Justiz (Jahr und Seite)
NJOZ	Neue Juristische Online Zeitschrift (Jahr und Seite)
NJW	Neue Juristische Wochenschrift (Jahr und Seite)
NJW-RR	NJW-Rechtsprechungs-Report Zivilrecht (Jahr und Seite)
NJW-Sp	NJW-Spezial (Jahr und Seite)
NOPAT	net operating profit after taxes
NotBZ	Zeitschrift für die notarielle Beratungs- und Beurkundungspraxis (Jahr und Seite)
Nov.	Novelle
NPL	non-performing loan(s)
NPO	Nonprofit-Organisation

Abkürzungsverzeichnis

npoR	Zeitschrift für das Recht der Non Profit Organisationen (Jahr und Seite)
Nr.	Nummer, Nummern
nrkr	nicht rechtskräftig
NRW	Nordrhein-Westfalen
NSIN	National Securities Identification Number
NVOCC	None Vessel Operating Common Carrier(s)
NVwZ-RR	Neue Zeitschrift für Verwaltungsrecht, Rechtsprechung-Report Verwaltungsrecht
NWB	Neue Wirtschaftsbriefe
NYSE	New York Stock Exchange
NZA	Neue Zeitschrift für Arbeits- und Sozialrecht (Jahr und Seite); seit 1992: Neue Zeitschrift für Arbeitsrecht
NZA-RR	Neue Zeitschrift für Arbeitsrecht, Rechtsprechungs-Report Arbeitsrecht
NZI	Neue Zeitschrift für das Recht der Insolvenz und Sanierung (Jahr und Seite)
NZG	Neue Zeitschrift für Gesellschaftsrecht (Jahr und Seite)
NZKart	Neue Zeitschrift für Kartellrecht (Jahr und Seite)
NZM	Neue Zeitschrift für Miet- und Wohnungsrecht (Jahr und Seite)
O	Ordnung
o.	oben
ö	österreichisch
oä	oder ähnlich(es)
ÖBA	(österreichisches) Bank-Archiv (Jahr und Seite)
ODC	over dimensioned cargo
ODR	online dispute regulation
OECD	Organization for Economic, Cooperation and Development, Organisation für wirtschaftliche Zusammenarbeit und Entwicklung
Oetker/(Bearbeiter)	Oetker, Hrsg., Kommentar zum Handelsgesetzbuch (HGB), 7. Aufl. 2021
OFIF	Organisation intergouvernementale pour les transports internationaux ferroviaires, Organisation für den internationalen Eisenbahnverkehr
OGAW	Organismus für gemeinsame Anlagen in Wertpapieren
OGH	Oberster Gerichtshof für die britische Zone (1948–1950); Österreich: Oberster Gerichtshof
OGHZ	Entscheidungen des Obersten Gerichtshofs für die britische Zone (Bd. und Seite)
OHG	offene Handelsgesellschaft
oJ	ohne Jahr
ÖJZ	Österreichische Juristen-Zeitung
OLG	Oberlandesgericht (mit Ortsnamen)
OLGE	Die Rechtsprechung der Oberlandesgerichte auf dem Gebiet des Zivilrechts (Bd. und Seite), ab 1900 (auch OLGRspr.)
OLGR(ep)	OLG-Report (Jahr und Seite, getrennt für jedes OLG)
OLGRspr.	Die Rechtsprechung der Oberlandesgerichte auf dem Gebiet des Zivilrechts (Bd. und Seite), ab 1900
OLGZ	Entscheidungen der Oberlandesgerichte in Zivilsachen einschließlich der freiwilligen Gerichtsbarkeit (Jahr und Seite), ab 1965, seit 1994 vereinigt mit FGPrax
OLSch	Orderlagerschein
OLSchVO	Verordnung über Orderlagerscheine v. 16.12.1931, RGBl. I 763, außer Kraft mWv 1.7.1998 durch G v. 25.6.1998, BGBl. I 1588
OR	Schweizerisches Obligationenrecht
OTC	over the counter
OTF	organisiertes Handelssystem
OUP	Oxford University Press
oV	ohne Verfasser
OVG	Oberverwaltungsgericht
Owi	Ordnungswidrigkeit

Abkürzungsverzeichnis

OwiG	Gesetz über Ordnungswidrigkeiten idF v. 19.2.1987, BGBl. I 602, BGBl. III FNA 454-1
ÖZW	Österreichische Zeitschrift für Wirtschaftsrecht
p. a.	pro Jahr
PalSMG/(Bearbeiter)	Gesetz zur Modernisierung des Schuldrechts, Ergänzungsband zu Palandt, BGB, München. 61. Aufl. 2002
PAngV	Preisangabenverordnung (PAngV) v. 12.11.2021, BGBl. I 4921, BGBl. III FNA 720-17-3
PaPkG	Preisangaben- und Preisklauselgesetz v. 9.6.1998, BGBl. I 1242, BGBl. III FNA 720-17
PartG	Partnerschaftsgesellschaft
PartG mbB	Partnerschaftsgesellschaft mit beschränkter Berufshaftung
PartGG	Gesetz über Partnerschaftsgesellschaften Angehöriger Freier Berufe (Partnerschaftsgesellschaftsgesetz – PartGG) v. 25.7.1994 BGBl. I 1744, BGBl. III FNA 4127-1
PartReg	Partnerschaftsregister
PartRV	Partnerschaftsregisterverordnung v. 16.6.1995, BGBl. I 808, BGBl. III FNA 315-1-1
ParÜb	s. PVÜ
PatG	Patentgesetz idF v. 16.12.1980, BGBl. 1981 I 1, BGBl. III FNA 420-1
PCAOB	Public Company Accounting Oversight Board (USA)
PD	probability of default/Ausfallwahrscheinlichkeit (Basel II)
PECL	Principles of European Contract Law
PersBefG	Gesetz über die Beförderungen von Personen zu Lande (Personenbeförderungsgesetz) idF v. 8.8.1990, BGBl. I 1690, BGBl. III FNA 9240-1
PersonenGes.	Personengesellschaft(en)
PfandBRFortentwG	Gesetz zur Fortentwicklung des Pfandbriefrechts v. 20.3.2009 BGBl. I 607
PfandBG	Pfandbriefgesetz (PfandBG) v. 22.5.2005, BGBl. I 1373, BGBl. III FNA 7628-8
PflegeVG	Gesetz zur sozialen Absicherung des Risikos der Pflegebedürftigkeit (Pflege-Versicherungsgesetz – PflegeVG) v. 26.5.1994, BGBl. I 1014, BGBl. III FNA 860-11-1
PflVersG	Gesetz über die Pflichtversicherung für Kraftfahrzeughalter (Pflichtversicherungsgesetz) v. 5.4.1965, BGBl. I 213, BGBl. III FNA 925-1
phG	persönlich haftender Gesellschafter
P & I	Protection and Indemnity (Versicherung des Verfrachters)
PIB	Produkt-Informationsblatt
PICC	Principles of International Commercial Contracts (Unidroit)
PIE	Unternehmen des öffentlichen Interesses, public interest entities
PIN	persönliche Geheimzahl, personal identification number
PIOB	Public Interest Oversight Board
PIR	Praxis der internationalen Rechnungslegung (Jahr und Seite)
Pkh	Prozesskostenhilfe
P-Konto	Pfändungsschutzkonto
plc	private limited company, public limited company
POC	percentage of completion
POS	point of sale
PostG	Gesetz über das Postwesen (PostG) idF v. 3.7.1989, BGBl. I 1449
PostStruktG	Gesetz zur Neustrukturierung des Post- und Fernmeldewesens und der Deutschen Bundespost (Poststrukturgesetz – PostStruktG) v. 8.6.1989 BGBl. I 1026
PostV	Postdienstverordnung (PostV) v. 24.6.1991, BGBl. I 1372
PostVerfG	Gesetz über die Unternehmensverfassung der Deutschen Bundespost (Postverfassungsgesetz – PostVerfG) v. 8.6.1989, BGBl. I 1026
PPP	public-private partnership
PRA	Prudential Regulation Authority (UK)
PRIIP	packaged retail and insurance-based investment product

Abkürzungsverzeichnis

PrJMBl.	Justizministerialblatt für die preußische Gesetzgebung und Rechtspflege (Jahr und Seite)
PRIMA	Place of the Relevant Intermediary Approach
PrKG	Gesetz über das Verbot der Verwendung von Preisklauseln bei der Bestimmung von Geldschulden (Preisklauselgesetz) v. 7.9.2007, BGBl. I 2246, BGBl. III FNA 720-18
PrKV	Preisklauselverordnung v. 23.9.1998, BGBl. I 3043, BGBl. III FNA 720-17-2
ProspRLUms(etz)G	Gesetz zur Umsetzung der Richtlinie 2003/71/EG des Europäischen Parlaments und des Rates vom 4.11.2003 betreffend den Prospekt, der beim öffentlichen Angebot von Wertpapieren oder bei deren Zulassung zum Handel zu veröffentlichen ist, und zur Änderung der Richtlinie 2001/34/EG (Prospektrichtlinie-Umsetzungsgesetz) v. 22.6.2005, BGBl. I 1698, BGBl. III FNA 4110-9
ProspRLUms(etz)G 2012	Gesetz zur Umsetzung der Richtlinie 2010/73/EU und zur Änderung des Börsengesetzes v. 26.6.2012, BGBl. I 1375
PrüfbV	Verordnung über die Prüfung der Jahresabschlüsse der Kreditinstitute und Finanzdienstleistungsinstitute sowie die darüber zu erstellenden Berichte (Prüfungsberichtsverordnung – PrüfbV) vom 23.11.2009, BGBl. I 3793, BGBl. III FNA 7610-2-37
PS	payment system
PSA	Public Securities Association, New York
PSD	Payment Services Directive, Richtlinie über Zahlungsdienste, s. ZahlungsdiensteRL (I)
PSD2	Second Payment Services Directive, s. ZahlungsdiensteRL II
PSI	pre-shipment inspection
PublG	Gesetz über die Rechnungslegung von bestimmten Unternehmen und Konzernen (Publizitätsgesetz – PublG) v. 15.8.1969, BGBl. I 1189, ber. 1970 I 1113, BGBl. III FNA 4120-7
PUCM	prospected unit credit method
PuLV	Preis- und Leistungsverzeichnis (Kreditinstitute)
PvP	payment versus payment
PVÜ	Pariser Verbandsübereinkunft zum Schutze des Gewerblichen Eigentums idF v. 14.7.1967, BGBl. 1970 II 391
Q&A	questions and answers
QJE	Quarterly Journal of Economics (Jahr, Seite)
R	Recht
RabelsZ	Rabels Zeitschrift für ausländisches und internationales Privatrecht (Bd., Jahr, Seite)
RabattG	Gesetz über Preisnachlässe (Rabattgesetz) v. 25.11.1933, RGBl. I 1011, BGBl. III FNA 435-1, aufgehoben
RABl	Reichsarbeitsblatt, ohne Ziffer = Teil I (Jahr und Seite)
R&D	research and development
RAG	Reichsarbeitsgericht
RAGE	Entscheidungen des Reichsarbeitsgerichtes (Bd. und Seite)
Ranz.	Deutscher Reichsanzeiger
RatingG	Gesetz zur Verringerung der Abhängigkeit von Ratings v. 10.12.2014, BGBl. I 2085
RatingVO	Verordnung (EU) Nr. 462/2013 des Europäischen Parlaments und des Rates v. 21.5.2013 zur Änderung der Verordnung (EG) Nr. 1060/2009 über Ratingagenturen, ABl. L 146, 1
RberG	Rechtsberatungsgesetz (RberG) v. 13.12.1935, RGBl. I 1478, BGBl. III FNA 303-12, aufgehoben durch Rechtsdienstleistungsgesetz (RDG)
RdA	Recht der Arbeit (Jahr und Seite)
RdE	Recht der Energiewirtschaft (Jahr und Seite)
RdF	Recht der Finanzinstrumente
RDG	Rechtsdienstleistungsgesetz v. 12.12.2007, BGBl. I 2841, BGBl. III FNA 303-20

Abkürzungsverzeichnis

RdL	Recht der Landwirtschaft (Jahr und Seite)
RDM	Ring Deutscher Makler
Rn.	Randnummer
Rdsch	Rundschau
RdSchr.	Rundschreiben
RdTW	Recht der Transportwirtschaft (Jahr und Seite)
RdW	Recht der Wirtschaft, Wien (Jahr und Seite)
Real Estate	Immobilien
RCCP	recommendations for central counterparties
RechKredV	Verordnung über die Rechnungslegung der Kreditinstitute und Finanzdienstleistungsinstitute (Kreditinstituts-Rechnungslegungsverordnung – RechKredV) idF v. 11.12.1998 BGBl. I 3658, BGBl. III FNA 4142-1
Recht	Das Recht (seit 1935 Beilage zu Deutsche Justiz) (Jahr und Nr. der Entscheidung, bei Aufsätzen Jahr und Seite)
RefE	Referentenentwurf
Reg	Regierung
RegBegr.	Regierungsbegründung
RegE	Regierungsentwurf
RegVBG	Gesetz zur Vereinfachung und Beschleunigung registerrechtlicher und anderer Verfahren (Registerverfahrenbeschleunigungsgesetz – RegVBG) v. 20.12.1993, BGBl. I 2182, BGBl. III FNA 315-21-1
RegVerknüpfUmsetzG	Gesetz zur Umsetzung der Richtlinie 2012/17/EU in Bezug auf die Verknüpfung von Zentral-, Handels- und Gesellschaftsregistern in der EU v. 22.12.2014, BGBl. I 2409
REIT	real estate investment trust(s)
REIT-G	Gesetz über deutsche Immobilien-Aktiengesellschaften mit börsennotierten Anteilen (REIT-Gesetz) v. 28.5.2007, BGBl. I 914, BGBl. III FNA 4121-5
Reithmann/Martiny	Reithmann, Martiny, Internationales Vertragsrecht, 9. Aufl. 2021
Repo	repurchase agreement
reps	representations and warranties
RFH	Reichsfinanzhof
RFHE	Entscheidungen des Reichsfinanzhofs (Bd. und Seite)
RG	Reichsgericht
Rgbg	Regensburg
RGBl.	Reichsgesetzblatt, ohne Ziffer = Teil I; mit II = Teil II (Jahr und Seite)
RGSt	Entscheidungen des Reichsgerichts in Strafsachen (Bd. und Seite)
RGZ	Entscheidungen des Reichsgerichts in Zivilsachen (Bd. und Seite)
RhPf	Rheinland-Pfalz
RICo	Ordnung für die internationale Eisenbahnbeförderung von Containern (Anh. III zu CIM, Anlage 2 (BGBl. II Anlagenband) zu VO v. 18.4.1985, BGBl. II 666)
RID	Ordnung für die internationale Eisenbahnbeförderung gefährlicher Güter (Anl. I zu CIM, Anlage 2 (BGBl. II Anlagenband) zu VO v. 18.4.1985, BGBl. II 666)
RIEx	Ordnung für die internationale Eisenbahnbeförderung von Expreßgut (Anl. IV zu CIM, BGBl. II 303)
RIP	Ordnung für die internationale Eisenbahnbeförderung von Privatwagen (Anh. II zu CIM, Anlage 2 (BGBl. II Anlagenband) zu VO v. 18.4.1985, BGBl. II 666)
RisikobegrenzG	Gesetz zur Begrenzung der mit Finanzinvestitionen verbundenen Risiken (Risikobegrenzungsgesetz) v. 12.8.2008, BGBl. I 1666
Riv soc.	Rivista delle società (Jahr und Seite)
RIW	Recht der Internationalen Wirtschaft, Betriebs-Berater International (früher: Außenwirtschaftsdienst des Betriebs-Berater, AWD) (Jahr und Seite)
RJA	Reichsjustiz-Amt (Hg.), Entscheidungen in Angelegenheiten der freiwilligen Gerichtsbarkeit und des Grundbuchrechts (Bd. und Seite)

Abkürzungsverzeichnis

rkr	rechtskräftig
RKT	Reichskraftwagentarif
RKW	Rationalisierungs-Kuratorium der deutschen Wirtschaft eV
RL	Richtlinie
RM	Reichsmark
RMVerk	Reichsverkehrsminister(ium)
RMWi	Reichsminister(ium) für Wirtschaft
Rn.	Randnummer, Randziffer
Rö/(Bearbeiter)	Röhricht, Graf von Westphalen, Haas, Hrsg., Handelsgesetzbuch, Kommentar, 5. Aufl. 2019
ROCE	return on capital employed
ROHG	Reichs-Oberhandelsgericht
ROHGE	Entscheidungen des Reichs-Oberhandelsgerichts (Bd. und Seite)
ROI	return on investment
Rom I-VO	VO (EG) Nr. 593/2008 des Europäischen Parlaments und des Rates v. 17.6.2008 über das auf vertragliche Schuldverhältnisse anzuwendende Recht (Rom I), ABl. 2008 L 177, 6, in Kraft 17.12.2009
Rom II-VO	VO (EG) Nr. 864/2007 des Europäischen Parlaments und des Rates v. 11.7.2007 über das auf außervertragliche Schuldverhältnisse anzuwendende Recht (Rom II), ABl. 2007 L 199, 40, in Kraft 11.1.2009
Ro-Ro (Verkehr)	Roll on/Roll off (Verkehr)
ROW	Recht in Ost und West (Jahr und Seite)
Rpfleger	Der Deutsche Rechtspfleger (Jahr und Seite)
RPflG	Rechtspflegergesetz v. 14.4.2013, BGBl. I 778, BGBl. III FNA 302-2
RPS	Recht und Praxis der Schiedsgerichtsbarkeit (BB Beil. Nr., Jahr und Seite)
Rrat	Reichsrat
Rreg	Reichsregierung
r+s	Recht und Schaden (Zeitschrift)
Rspr.	Rechtsprechung
RsprÄnd	Rechtsprechungsänderung
RsprÜbersicht	Rechtsprechungsübersicht
RstruktFG	Gesetz zur Errichtung eines Restrukturierungsfonds für Kreditinstitute (Restrukturierungsfondsgesetz – RstruktFG) v. 9.12.2010, BGBl. I 1900, BGBl. III FNA 660-8
RstruktG	Gesetz zur Restrukturierung und geordneten Abwicklung von Kreditinstituten, zur Errichtung eines Restrukturierungsfonds für Kreditinstitute und zur Verlängerung der Verjährungsfrist der aktienrechtlichen Organhaftung (Restrukturierungsgesetz) v. 9.12.2010, BGBl. I 1900
RTDF	Revue Trimestrielle de Droit Financier/Corporate Finance and Capital Markets Law Review (Jahr und Seite)
RUF	revolving underwriting facility
RverkBl	Reichsverkehrsblatt
rvgl	rechtsvergleichend
RSSS	recommendations for securities settlement systems
RTGS	real-time gross settlement
RTS	regulatory technical standard (delegated implementing Acts)
RVO	Rechtsverordnung; auch: Reichsversicherungsordnung idF v. 15.12.1924, RGBl. I 779, BGBl. III FNA 820-1, aufgehoben, s. jetzt SGB
RVS	Rollfuhrversicherungsschein
RWS	Kommunikationsforum Recht Wirtschaft Steuern, Köln
Rn.	s. Rn.
S.	Satz, Seite
s.	siehe
Saarl.	Saarland
SAC	Standards Advisory Council
SAE	Sammlung arbeitsrechtlicher Entscheidungen (Jahr und Seite)

Abkürzungsverzeichnis

Saenger/(Bearbeiter)	Saenger, Aderhold, Lenkaitis, Speckmann, Praxishandbuch des Handels- und Gesellschaftsrechts, 2. Aufl. 2011
SAFE	Framework of Standards to Secure and Facilitate Global Trade
SAG	Gesetz zur Sanierung und Abwicklung von Instituten und Finanzgruppen (Sanierungs- und Abwicklungsgesetz – SAG) v. 10.12.2014, BGBl. I 2091 BGBl. III FNA 660-10
SanInsFoG	Gesetz zur Fortentwicklung des Sanierungs- und Insolvenzrechts (Sanierungs- und Insolvenzrechtsfortentwicklungsgesetz)
SanInsKG	Gesetz zur vorübergehenden Anpassung sanierungs- und insolvenzrechtlicher Vorschriften zur Abmilderung von Krisenfolgen
SanLiquRLG	Gesetz zur Umsetzung aufsichtsrechtlicher Bestimmungen zur Sanierung und Liquidation von Versicherungsunternehmen und Kreditinstituten v. 10.12.2003, BGBl. I 2478
SAR	stock appreciation right(s)
SBPT	share based payment transaction
sbr	Schmalenbach Business Review (Bd., Jahr und Seite)
2. Schadensersatz-ÄndG	Zweites Gesetz zur Änderung schadensersatzrechtlicher Vorschriften v. 19.7.2002, BGBl. I 2674
ScheckG	Scheckgesetz v. 14.8.1933, RGBl. I 597, BGBl. III FNA 4132-1
SchiedsG	Schiedsgericht
SchiedsVfG	Gesetz zur Neuregelung des Schiedsverfahrensrechts (Schiedsverfahrens-Neuregelungsgesetz – SchiedsVfG) v. 22.12.1997, BGBl. I 3224, BGBl. III FNA 310-4/3
SchiedsVZ	Zeitschrift für Schiedsverfahren (Jahr und Seite)
SchiffsBG	Gesetz über die Schiffspfandbriefbanken (Schiffsbankgesetz) idF v. 8.5.1963, BGBl. I 301, BGBl. III FNA 7628-2, aufgehoben durch PfandBG
Schimansky ua	s. BankrechtsHdb
Schlegelb/(Bearbeiter)	Schlegelberger, Handelsgesetzbuch, Kommentar von Geßler, Hefermehl, Hildebrandt, Schröder, 6 Bde., 5. Aufl. 1973 ff.
SchlH	Schleswig-Holstein
K. Schmidt	K. Schmidt, Handelsrecht, Unternehmensrecht I, 6. Aufl. 2014
K. Schmidt (GesR)	K. Schmidt, Gesellschaftsrecht, 4. Aufl. 2002 (GesR nur außerhalb §§ 105 ff. angegeben)
Schr.	Schreiben
Schr. BrV	Schriftenreihe der Bankrechtlichen Vereinigung (Band, Jahr und Seite)
SchuldRK	Schuldrechtskommission
Schwark/Zimmer/(Bearbeiter)	Kapitalmarktrechts-Kommentar, 5. Aufl. 2020
SchVFalschberG	Gesetz zur Neuregelung der Rechtsverhältnisse bei Schuldverschreibungen aus Gesamtemission und zur verbesserten Durchsetzbarkeit von Ansprüchen von Anlagen aus Falschberatung v. 31.7.2009 BGBl. I 2512
SchVG	Schuldverschreibungsgesetz v. 4.12.1899, RGBl. 1899, 691, BGBl. III 4134-1; Gesetz über Schuldverschreibungen aus Gesamtemissionen (Schuldverschreibungsgesetz – SchVG) v. 31.7.2009 BGBl. I 2512
SchwBG	Schwerbehindertengesetz, aufgehoben, s. jetzt SGB IX Rehabilitation und Teilhabe behinderter Menschen
schweiz	schweizerisch, Schweizer
SchweizAG	Die Schweizerische Aktiengesellschaft (Jahr und Seite)
SchweizJZ	Schweizerische Juristen-Zeitung (Jahr und Seite)
SCT	SEPA Credit Transfer
SD	Staff Draft (Vorstufe zu Entwürfen internationaler Rechnungslegungsstandards)
SDAX	Small-Cap-DAX
SDD	SEPA Direct Debit
SDG-VO	Verordnung (EU) 2018/1724 des Europäischen Parlaments und des Rates vom 2. Oktober 2018 über die Einrichtung eines einheitlichen digitalen Zugangstors zu Informationen, Verfahren, Hilfs- und

Abkürzungsverzeichnis

	Problemlösungsdiensten und zur Änderung der Verordnung (EU) Nr. 1024/2012, ABl. 2018 L 295, 1
SDRM	Sovereign Debt Resolution Mechanism (Staateninsolvenzverfahren, Vorschlag)
SE	Societas Europaea, Europäische (Aktien)Gesellschaft
SEAG	Gesetz zur Ausführung der Verordnung (EG) Nr. 2157/2001 des Rates vom 8.10.2001 über das Statut der Europäischen Gesellschaft (SE) (SE-Ausführungsgesetz – SEAG) v. 22.12.2004, BGBl. I 3675, BGBl. III FNA 4121-4
SEBG	Gesetz über die Beteiligung der Arbeitnehmer in einer Europäischen Gesellschaft (SE-Beteiligungsgesetz – SEBG) v. 22.12.2004, BGBl. I 3686, BGBl. III FNA 801-15
SEC	U. S. Securities and Exchange Commission
sec	section
SEEG	Gesetz zur Einführung der Europäischen Gesellschaft (SEEG) v. 22.12.2004, BGBl. I 3675
Seehandelsrechtsreformgesetz	s. SHRG
2. SeerechtsÄndG	Gesetz zur Änderung des Handelsgesetzbuchs und anderer Gesetze (Zweites Seerechtsänderungsgesetz) v. 25.7.1986, BGBl. I 1120, BGBl. III FNA 4101-5
SEPA	Single Euro Payment Area, Einheitlicher Europäischer Zahlungsraum, s. PSD
SEPA-VO, SEPA-MigrationsVO	Verordnung (EU) Nr. 260/2012 des Europäischen Parlaments und des Rates zur Festlegung der technischen Vorschriften und Geschäftsanforderungen für Überweisungen und Lastschriften in Euro und zur Änderung der Verordnung (EG) Nr. 924/2009 v. 14.3.2012, ABl. L 94, 22
SEPA-Begleitgesetz	Gesetz zur Begleitung der Verordnung (EU) Nr. 260/2012 zur Festlegung der technischen Vorschriften und der Geschäftsanforderungen für Überweisungen und Lastschriften in Euro und zur Änderung der Verordnung (EG) Nr. 924/2009 (SEPA-Begleitgesetz) v. 3.4.2013, BGBl. 2013 I 610
SE-RL, SERL	Richtlinie 2001/86/EG des Rates zur Ergänzung des Statuts der Europäischen Gesellschaft v. 8.10.2001 hinsichtlich der Beteiligung der Arbeitnehmer, ABl. 2001 L 294, 22
SeuffA	Seufferts Archiv für Entscheidungen der obersten Gerichte in den deutschen Staaten (Bd. und Nr.)
SEVO	Verordnung (EG) Nr. 2157/2001 des Rates über das Statut der Europäischen Gesellschaft (SE), ABl. 2001 L 294, 1
SFAC	Statement of Financial Accounting Concepts
SFAS	Statement of Financial Accounting Standards
SGB III	Sozialgesetzbuch (SGB) Drittes Buch (III) – Arbeitsförderung – v. 24.3.1997, BGBl. I 594, BGBl. III FNA 860-3
SGB VII	Sozialgesetzbuch (SGB) Siebtes Buch (VII) – Unfallversicherung – v. 7.8.1996, BGBl. I 1254, BGBl. III FNA 860-7
SGB IX	Sozialgesetzbuch (SGB) Neuntes Buch (IX) – Rehabilitation und Teilhabe behinderter Menschen v. 19.6.2001, BGBl. I 1046, BGBl. III FNA 860-9
SGB X	Sozialgesetzbuch (SGB) Zehntes Buch (X) Sozialverwaltungsverfahren und Sozialdatenschutz idF v. 18.1.2001, BGBl. I 130, BGBl. III FNA 860-10-1
SHRG	Gesetz zur Reform des Seehandelsrechts v. 20.4.2013, BGBl. I 831
SIB	systemically important bank
SIC	Standing Interpretations Committee
SIC-D	Draft Standing Interpretations Committee
SIFI(s)	systemically important financial institution(s)
SIFMA	Securities Industry and Financial Markets Association
SIV	structured investment vehicle
SJZ	Süddeutsche Juristen-Zeitung (ab 1951 übergeleitet in JZ) (Jahr und Seite, ab 1947 Spalte)

Abkürzungsverzeichnis

SJZ/RSJ	Schweizerische Juristen-Zeitung/Revue Suisse de Jurisprudence (Jahr und Seite)
SMG	Gesetz zur Modernisierung des Schuldrechts v. 26.11.2001, BGBl. I 3138, BGBl. III FNA 400-2/10
sog.	sogenannt
SOLAS	Safety of Life on Sea Convention
Solvency II Directive	Richtlinie 2009/138/EG des Europäischen Parlaments und des Rates vom 25.11.2009 betreffend die Aufnahme und Ausübung der Versicherungs- und der Rückversicherungstätigkeit (Solvabilität II) ABl. L 335, 1
Sonderbeil.	Sonderbeilage
Sorgfaltspflichten-RL-E (EU)	EU-Kommission, Vorschlag für eine Richtlinie des Europäischen Parlaments und des Rates über die Sorgfaltspflichten von Unternehmen im Hinblick auf Nachhaltigkeit und zur Änderung der Richtlinie (EU) 2019/1937, 23.2.2022 COM(2022) 71 final
SortenschutzG	Sortenschutzgesetz idF v. 19.12.1997, BGBl. I 3164, BGBl. III FNA 7822-7
SOX	Sarbanes-Oxley Act (USA)
SozG	Sozialgericht
SozVers	Sozialversicherung
Sp. (li., re.)	(linke, rechte) Spalte
SPA	share purchase agreement
SPAC	special purpose acquisition company
Spark	Die Sparkasse, Zeitschrift des Deutschen Sparkassen- und Giroverbandes (Jahr und Seite)
SPE	Societas Privata Europaea, special purpose entity
Spediteur	Der Spediteur, Mitteilungsblatt des BSL (Jahr und Seite)
Sp-Police	Speditions-Police
SpruchG	Gesetz über das gesellschaftsrechtliche Spruchverfahren (Spruchverfahrensgesetz – SpruchG) v. 12.6.2003, BGBl. I 838, BGBl. III FNA 315-23
SpV	Speditionsversicherung
SPV	special purpose vehicle
SRB	Single Resolution Board
SRF	Single Resolution Fund
SRM	Single Resolution Mechanism, Einheitlicher Europäischer Bankenabwicklungsmechanismus
SRO	self-regulatory organization
SRP	Supervisory Review Process, bankaufsichtsrechtliches Überprüfungsverfahren
SSAP	Statement of Standard Accounting Practice
SSB	standard-setting body
SsD	Standards staatlicher Doppik
SSM	Single Supervisory Mechanism, Einheitlicher Europäischer Bankenaufsichtsmechanismus (unter dem Dach der Europäischen Zentralbank)
SSS	securities settlement system
St	(nach BGH und OLG) in Strafsachen
StAnpG	Steueranpassungsgesetz v. 16.10.1934, RGBl. I 925, außer Kraft mWv 1.1.1977 durch G v. 14.12.1976, BGBl. I 3341
Staub/(Bearbeiter)	Handelsgesetzbuch, Großkommentar, 3. Aufl. s. GroßKo(HGB); 4. Aufl., hrsg. von Canaris, Schilling, Ulmer, Berlin 1983 ff.; 5. Aufl. hrsg. von Canaris, Habersack, Schäfer Bd. 1 (§§ 1–47b) 2009, Bd. 2 (§§ 48–104) 2008, Bd. 3 (§§ 105–160) 2009, Bd. 4 (§§ 161–236) 2015, Bd. 5 (§§ 238–289a) 2014, Bd. 6 (§§ 290–315a; Anhang IFRS) 2011, Bd. 7/1 (§§ 316–330) 2010, Bd. 7/2 (§§ 331–342e) 2012, Bd. 8 (§§ 343–362) 2018, Bd. 9 (§§ 373–376, 383–406) 2013, Bd. 10/1 (Bankvertragsrecht I: Organisation und Kreditwesen, Bank-Kunden-Verhältnis) 2016, Bd. 10/2 (Bankvertragsrecht II: Commercial Banking: Zahlungs- und Kreditgeschäft) 2015, Bd. 11/1 (Bankvertragsrecht: Investmentban-

Abkürzungsverzeichnis

	king I) 2017, Bd. 12/1 (§§ 425–435, 443–450) 2014, Bd. 14 (CMR) 2017
Staud/(Bearbeiter)	Staudinger, Kommentar zum Bürgerlichen Gesetzbuch mit Einführungsgesetz und Nebengesetzen, 12. Aufl. 1978 ff., 13. Aufl. 1993 ff., inzwischen nur Einzelbde mit Jahr
Staud/Hopt/Mülbert	s. Hopt/Mülbert
StB	Der Steuerberater (Jahr und Seite)
StBerG	Steuerberatungsgesetz idF v. 4.11.1975, BGBl. I 2735, BGBl. III FNA 610-10
Stbg	Die Steuerberatung (Jahr und Seite)
StBP	Die steuerliche Betriebsprüfung (Jahr und Seite)
SteuK	Steuerrecht kurzgefasst (Zeitschrift)
StGB	Strafgesetzbuch idF v. 13.11.1998, BGBl. I 3322, BGBl. III FNA 450-2
stGes	stille Gesellschaft
str.	streitig
stRspr	(in) ständige(r) Rechtsprechung
StuB	Steuern und Bilanzen (Jahr und Seite)
StückAG	Gesetz über die Zulassung von Stückaktien (Stückaktiengesetz – StückAG) v. 25.3.1998, BGBl. I 590
StuW	Steuer und Wirtschaft (Jahr und Seite)
Suppl	Supplement
SVS/RVS	Speditions- und Rollfuhrversicherungsschein
SWB	sea waybill
S. W. I. F. T.	Society for Worldwide Interbank Financial Telecommunication
SZR	Sonderziehungsrecht (Rechnungseinheit des IWF)
SZW	Schweizerische Zeitschrift für Wirtschaftsrecht (früher SchweizAG, seit 2007 für Wirtschafts- und Finanzmarktrecht) (Jahr und Seite)
TAN	Transaktionsnummer
TecDAX	Deutscher Aktienindex für Technologiewerte
TEUR	Tausend Euro
TFEU	s. AEUV
THC	Terminal handling charges
Thomas/Putzo	Thomas, Putzo, Reichold, Hüßtege, Seiler, Zivilprozessordnung, 42. Aufl. 2021
Thür.	Thüringen
TLF	transferable loan facilities
Tochterunt.	Tochterunternehmen
TOD	Takeover Bids Directive
TR	trade repository
Transparenz RLÄndRL-Ums(etz)G	Gesetz zur Umsetzung der Transparenzrichtlinie-Änderungsrichtlinie v. 20.11.2015, BGBl. I 2029
TransPuG	Gesetz zur weiteren Reform des Aktien- und Bilanzrechts, zu Transparenz und Publizität (Transparenz- und Publizitätsgesetz) v. 19.7.2002, BGBl. I 2681
TranspR	Transportrecht (Jahr und Seite)
Trennbankengesetz	s. AbschirmSanG
TRG	Gesetz zur Neuregelung des Fracht-, Speditions- und Lagerrechts (Transportrechtsreformgesetz – TRG) v. 25.6.1998, BGBl. I 1588, BGBl. III FNA 4100-1/2
TRIPS	Agreement on Trade-Related Aspects of Intellectual Property Rights (der WTO)
TSR	total shareholder return
Tüb	Tübingen
TUG	Gesetz zur Umsetzung der Richtlinie 2004/109/EG des Europäischen Parlaments und des Rates vom 15.12.2004 zur Harmonisierung der Transparenzanforderungen in Bezug auf Informationen über Emittenten, deren Wertpapiere zum Handel auf einem geregelten Markt zugelassen sind, und zur Änderung der Richtlinie 2001/

Abkürzungsverzeichnis

	34/EG (Transparenzrichtlinie-Umsetzungsgesetz – TUG) v. 5.1.2007, BGBl. I 10
TV	Tarifvertrag, Testamentsvollstrecker
TVG	Tarifvertragsgesetz idF v. 25.8.1969, BGBl. I 1323, BGBl. III FNA 802-1
Tz.	Textziffer
TzBfG	Gesetz über Teilzeitarbeit und befristete Arbeitsverträge (Teilzeit- und Befristungsgesetz – TzBfG) v. 21.12.2000, BGBl. I 1966, BGBl. III FNA 800-26
u.	und
ua	unter anderem, und andere
uAbs.	Unterabsatz
uä	und ähnliche
uam	und anderes mehr
UBG	Unternehmensbeteiligungsgesellschaft
UBGG	Gesetz über Unternehmensbeteiligungsgesellschaften (UBGG) idF v. 9.9.1998, BGBl. I 2765, BGBl. III FNA 4126-1
Überbl.	Überblick
ÜbernahmeRLUmsG	Gesetz zur Umsetzung der Richtlinie 2004/25/EG des Europäischen Parlaments und des Rates vom 21.4.2004 betreffend Übernahmeangebote (Übernahmerichtlinie-Umsetzungsgesetz) v. 8.7.2006 BGBl. I 1426
Überschr	Überschrift
Ubg	Die Unternehmensbesteuerung (Jahr und Seite)
UBH	Ulmer, Brandner, Hensen, AGB-Recht, 12. Aufl. 2016
Übk.	Übereinkommen
UCC	Uniform Commercial Code
UCITS	Undertakings for Collective Investment in Transferable Securities (Directive)
UCP	Uniform Customs and Practice for Documentary Credits (s. ERA)
ÜG	Überweisungsgesetz (ÜG) v. 21.7.1999 BGBl. I 1642
UG (haftungsbeschränkt)	Unternehmergesellschaft (haftungsbeschränkt)
(ö)UGB	Unternehmensgesetzbuch
UK	United Kingdom
UKlaG	Gesetz über Unterlassungsklagen bei Verbraucherrechts- und anderen Verstößen (Unterlassungsklagengesetz – UKlaG) idF v. 27.8.2002 BGBl. I 3422, ber. 4346, BGBl. III FNA 402-37
UKuR	Ukraine-Krieg und Recht (Zeitschrift)
üL	überwiegende Lehre
Ulmer, Groß-KoGmbHG	s. GroßKoGmbHG
Ulmer/Schäfer	s. MüKoBGB/Ulmer/Schäfer
üM	überwiegende Meinung
UMAG	Gesetz zur Unternehmensintegrität und Modernisierung des Anfechtungsrechts (UMAG), v. 22.9.2005, BGBl. I 2802, BGBl. III FNA 4121-1
Ums(etzungs)G Bank- und WPAufsicht	Gesetz zur Umsetzung von EG-Richtlinien zur Harmonisierung bank- und wertpapieraufsichtsrechtlicher Vorschriften v. 22.10.1997, BGBl. I 2518
UmsG zur 2. E-Geld-RL	Gesetz zur Umsetzung der zweiten E-Geld-Richtlinie v. 1.3.2011 BGBl. I 288
UmstG	Drittes Gesetz zur Neuordnung des Geldwesens (Umstellungsgesetz), in Kraft 27.6.1948, WiGBl. Beil. 5 S. 13, BGBl. III FNA 7601-0
UmwG	Umwandlungsgesetz idF v. 28.10.1994, BGBl. I 3210, ber. 1995 I 428, BGBl. III FNA 4120-9-2
2. UmwÄndG	2. Umwandlungsänderungsgesetz v. 18.4.2007 BGBl. 542
UN	United Nations, Vereinte Nationen

Abkürzungsverzeichnis

UNCITRAL	United Nations Commission on International Trade Law, Kommission der Vereinten Nationen für internationales Handelsrecht
UNCTAD	United Nations Conference on Trade and Development, Konferenz der Vereinten Nationen für Handel und Entwicklung
(UN)ECOSOC	United Nations Economic and Social Council, Wirtschafts- und Sozialrat der Vereinten Nationen
UNICE	Union des Confédérations de l'Industrie et des Employeurs' d'Europe/Union of Industrial and Employers' Confederations of Europe
UNIDROIT	International Institute for the Unification of Private Law, Internationales Institut für die Vereinheitlichung des Privatrechts (Rom)
UNO	United Nations Organization
UNÜbkIntWarenkauf	Übereinkommen der Vereinten Nationen über Verträge über den internationalen Warenkauf v. 11.4.1980, BGBl. 1989 II 588, ber. 1990 II 1699, s. auch CISG
unstr.	unstreitig
Unt.	Unternehmen, Unternehmer
UntReg	Unternehmensregister
unv	unverändert(e Auflage)
unzutr.	unzutreffend
u./o.	und/oder
uö	und öfters
URC	Uniform Rules for Collections (s. ERI)
URDG	Uniform Rules for Demand Guarantees
URF	Uniform Rules for Forfaiting
UrhG	Gesetz über Urheberrecht und verwandte Schutzrechte (Urheberrechtsgesetz) v. 9.9.1965, BGBl. I 1273, BGBl. III FNA 440-1
URR	Uniform Rules for Bankto-Bank Reimbursements (ICC), deutsch ERR
US GAAP	United States Generally Accepted Accounting Principles
UStG	Umsatzsteuergesetz 1999 (UStG 1999) idF v. 9.6.1999, BGBl. I 1270, BGBl. III FNA 611-10-14
UStR	Umsatzsteuer-Richtlinien
usw	und so weiter
uU	unter Umständen
uüV	unter üblichem Vorbehalt
UWG	Gesetz gegen den unlauteren Wettbewerb (UWG) v. 3.3.2010 BGBl. I 255, BGBl. III FNA 43-7
v.	vor, von
VAG	Gesetz über die Beaufsichtigung der Versicherungsunternehmen (Versicherungsaufsichtsgesetz – VAG) idF v. 17.12.1992, BGBl. 1993 I 2, BGBl. III FNA 7631-1 nF in Gesetz zur Modernisierung der Finanzaufsicht über Versicherungen v. 1.4.2015 s. VersFinanzAufsModG
VAR	value-at-risk (erwarteter Verlust, der mit vorgegebener Wahrscheinlichkeit über einen bestimmten Zeitraum nicht überschritten wird)
VAT	value added tax
vAw	von Amts wegen
VBGL	Vertragsbedingungen für den Güterkraftverkehrs- und Logistikunternehmer
VC	venture capital
VDMA	Verband Deutscher Maschinen- und Anlagebau eV
VDW	Verein Deutscher Werkzeugmaschinenfabriken eV
VerbrGüKRL	Richtlinie 1999/44/EG des Europäischen Parlaments und des Rates v. 25.5.1999 zu bestimmten Aspekten des Verbrauchsgüterkaufs und der Garantien für Verbrauchsgüter, ABl. L 171, 12
VerbrInfoG	Gesetz zur Verbesserung der gesundheitsbezogenen Verbraucherinformation (Verbraucherinformationsgesetz) v. 17.10.2012 BGBl. I 2167
VerbrKrG	Verbraucherkreditgesetz v. 17.12.1990 BGBl. I 2840, BGBl. III FNA 402-6, aufgehoben

Abkürzungsverzeichnis

VerbrKrRL	Richtlinie 2008/48/EG des Europäischen Parlaments und des Rates vom 23.4.2008 über Verbraucherkreditverträge und zur Aufhebung der Richtlinie 87/102/EWG des Rates, ABl. 2008 L 133, 66
VerbrKrRLUms(etz)G	Gesetz zur Umsetzung der Verbraucherkreditrichtlinie, des zivilrechtlichen Teils der Zahlungsdiensterichtlinie sowie zur Neuordnung der Vorschriften über das Widerrufs- und Rückgaberecht, 29.7.2009 BGBl. 2355
VerbrRechteRL	Richtlinie 2011/83/EU über die Rechte der Verbraucher, zur Abänderung der Richtlinie 93/13/EWG des Rates und der Richtlinie 1999/44/EG des Europäischen Parlaments und des Rates sowie zur Aufhebung der Richtlinie 85/577/EWG des Rates und der Richtlinie 97/7/EG des Europäischen Parlaments und des Rates v. 25.10.2011, ABl. L 304, 64
VerbrRechteRL Ums(etz)G	Gesetz zur Umsetzung der Verbraucherrechterichtlinie und zur Änderung des Gesetzes zur Regelung der Wohnungsvermittlung v. 20.9.2013, BGBl. I 3642
VerglO	Vergleichsordnung v. 26.2.1935, RGBl. I 321, BGBl. III FNA 311-1, aufgehoben
VergütSystemAnfG	Gesetz über die aufsichtsrechtlichen Anforderungen an die Vergütungssysteme von Instituten und Versicherungsunternehmen v. 21.7.2010 BGBl. I 950
VerjährungsanpassG	Gesetz zur Anpassung von Verjährungsvorschriften an das Gesetz zur Modernisierung des Schuldrechts v. 9.12.2004, BGBl. I 3214
VerkProspG	Wertpapier-Verkaufsprospektgesetz (VerkaufsprospektG) idF v. 9.9.1998, BGBl. I 2701, BGBl. III FNA 4110-3, aufgehoben
VerkProspVO	Verordnung über Wertpapier-Verkaufsprospekte (Verkaufsprospekt-Verordnung) idF v. 9.9.1998, BGBl. I 2853, BGBl. III FNA 4110-3-1
VerkBl	Verkehrsblatt, Amtsblatt des BMV (Jahr und Seite)
VerlG	Gesetz über das Verlagsrecht v. 19.6.1901, RGBl. 217, BGBl. III FNA 441-1
VermAnlG	Gesetz über Vermögensanlagen (Vermögensanlagengesetz – VermAnlG) v. 6.12.2011, BGBl. I 2481, BGBl. III FNA 4110-11
VermVerkProspV	Verordnung über Vermögensanlagen-Verkaufsprospekte (Vermögensanlagen-Verkaufsprospektverordnung – VermVerkProspV) v. 16.12.2004, BGBl. I 3464, BGBl. III FNA 4110-3-4
Vers	Versicherung
VersFinanzAufsModG	Gesetz zur Modernisierung der Finanzaufsicht über Versicherungen v. 1.4.2015, BGBl. I 434, gültig ab 1.1.2016 (darin VAG-Novelle)
VersKapAG	Gesetz zur Änderung von Vorschriften über die Bewertung der Kapitalanlagen von Versicherungsunternehmen und zur Aufhebung des Diskontsatz-Überleitungs-Gesetzes (Versicherungskapitalanlagen-Bewertungsgesetz – VersKapAG) v. 26.3.2002, BGBl. I 1219
VersN	Der Versicherungsnehmer, Zeitschrift für die versicherungsnehmende Wirtschaft und den Straßenverkehr (Jahr und Seite)
VersPr	Versicherungspraxis (Jahr und Seite)
VersR	Versicherungsrecht, Juristische Rundschau für die Individualversicherung (Jahr und Seite)
VersRiLiG	Gesetz zur Durchführung der Richtlinie des Rates der Europäischen Gemeinschaften über den Jahresabschluss und den konsolidierten Abschluss von Versicherungsunternehmen (Versicherungsbilanzrichtlinie-Gesetz – VersRiLiG) v. 24.6.1994, BGBl. I 1377
VersVermG	Gesetz zur Neuregelung des Versicherungsvermittlerrechts v. 19.12.2006, BGBl. I 3232
VersVermV	Verordnung über die Versicherungsvermittlung und -beratung (Versicherungsvermittlungsverordnung – (VersVermV) v. 15.5.2007, BGBl. I 733, BGBl. III FNA 7100-1-9
VersVertreter	Versicherungsvertreter
VersW	Versicherungswirtschaft, Halbmonatsschrift der deutschen Individualversicherung (Jahr und Seite)
VerWiGeb	Vereinigtes Wirtschaftsgebiet

Abkürzungsverzeichnis

VerwVerWiGeb	Verwaltung des VerWiGeb
VG	Verwaltungsgericht
VGH	Verwaltungsgerichtshof
vgl.	vergleiche
VGM	Verified Gross Mass (bestätigte Bruttomasse)
VGR	Gesellschaftsrechtliche Vereinigung (VGR); Schriftenreihe der VGR, Jahrestagung (Jahr und Seite)
VGrS	Vereinigter Großer Senat
VIB	Vermögensanlagen-Informationsblatt
VIZ	Zeitschrift für Vermögens- und Immobilienrecht (Jahr und Seite)
VO	Verordnung(en)
VMEBF	Vereinigung zur Mitwirkung an der Entwicklung des Bilanzrechts für Familiengesellschaften
VOB	Vergabe- und Vertragsordnung für Bauleistungen, vormals Verdingungsordnung für Bauleistungen
VOL	Verdingungsordnung für Leistungen, ausgenommen Bauleistungen
vol, vols	volume(s), Band/Bände
Voraufl.	Vorauflage
Vorb.	Vorbemerkung
VorsRi	Vorsitzender Richter
VorstAG	Gesetz zur Angemessenheit der Vorstandsvergütung (VorstAG) v. 31.7.2009 BGBl. I 2509
VorstOG	Gesetz über die Offenlegung von Vorstandsvergütungen (Vorstandsvergütungs-Offenlegungsgesetz – VorstOG) v. 3.8.2005, BGBl. I 2267
VSBG	Verbraucherstreitbeilegungsgesetz (VSBG) v. 19.2.2016 BGBl. I 254, ber. 1039
VuR	Verbraucher und Recht (Jahr und Seite)
VVaG	Versicherungsverein auf Gegenseitigkeit
VVG	Gesetz über den Versicherungsvertrag (Versicherungsvertragsgesetz – VVG) v. 23.11.2007, BGBl. I 2631, BGBl. III FNA 7632-2
VW	Versicherungswirtschaft (Jahr und Seite)
VwGO	Verwaltungsgerichtsordnung idF v. 19.3.1991, BGBl. I 686, BGBl. III FNA 340-1
WA	Warschauer Abkommen zur Vereinheitlichung von Regeln über die Beförderung im internationalen Luftverkehr idF Protokoll Den Haag v. 28.9.1955, BGBl. 1958 II 291 (312); 1964 II 1295
Warn	Die Rechtsprechung des Reichsgerichts auf dem Gebiete des Zivilrechts, hrsg. von Warneyer (Jahr und Nr. bis 1942/43); Die Rechtsprechung des Bundesgerichtshofes in Zivilsachen (Jahr und Nr., ab 1959/1960)
WBG	Gesetz zur Bereinigung des Wertpapierwesens (Wertpapierbereinigungsgesetz) v. 19.8.1949, WiGBl. 295, BGBl. III FNA 4139-1
WD	Wissenschaftliche Dienste des Deutschen Bundestages
WertpapierhandelsRL	Richtlinie des BAWe zur Konkretisierung der §§ 31 und 32 WpHG für das Kommissions-, Festpreis- und Vermittlungsgeschäft der Kreditinstitute v. 26.5.1997, BAnz. 1997, 6586
Westermann	Westermann ua, Handbuch der Personengesellschaften, Köln (LBl.)
WG	Wechselgesetz v. 21.6.1933, RGBl. I 399, BGBl. III FNA 4133-1
W&I (-Versicherung)	warranty and indemnity insurance
WiB	Wirtschaftsrechtliche Beratung, Zeitschrift für Wirtschaftsanwälte und Unternehmensjuristen (Jahr, Seite)
Wicke	Gesetz betreffend die Gesellschaften mit beschränkter Haftung (GmbHG), München 3. Aufl. 2016
Wiedemann I, II	Wiedemann, Gesellschaftsrecht, Bd. I, Grundlagen, München 1980, Bd. II, Recht der Personengesellschaften, München 2004
WiGBl.	Gesetzblatt der Verwaltung des Vereinigten Wirtschaftsgebietes (Jahr und Seite)
1. WiKG	Erstes Gesetz zur Bekämpfung der Wirtschaftskriminalität (1. WiKG) v. 29.7.1976, BGBl. I 2034, BGBl. III FNA 453-18-1-1
WiR	Wirtschaftsrecht (Jahr und Seite)

Abkürzungsverzeichnis

WiStG	Gesetz zur weiteren Vereinfachung des Wirtschaftsstrafrechts (Wirtschaftsstrafgesetz) idF v. 3.6.1975, BGBl. I 1313, BGBl. III FNA 453-9
wistra	Zeitschrift für Wirtschafts- und Steuerstrafrecht (Jahr und Seite)
WKBG	Gesetz zur Förderung von Wagniskapitalbeteiligungen (Wagniskapitalbeteiligungsgesetz – WKBG) v. 12.8.2008, BGBl. I 1672
WKN	Wertpapier-Kenn-Nummer
WM	Zeitschrift für Wirtschafts- und Bankrecht, Wertpapier-Mitteilungen, Teil IV (Jahr und Seite)
WohnimmobKrRL-UmsetzG	Gesetz zur Umsetzung der Wohnimmobilienkreditrichtlinie und zur Änderung handelsrechtlicher Vorschriften v. 11.3.2016, BGBl. I 396
WLP/(Bearbeiter)	Wolf, Lindacher, Pfeiffer, AGB-Recht, 7. Aufl. 2020
WP	Wertpapier, auch: Das Wertpapier (Jahr und Seite); Wirtschaftsprüfer
WpAV	Verordnung zur Konkretisierung von Anzeige-, Mitteilungs- und Veröffentlichungspflichten sowie der Pflicht zur Führung von Insiderverzeichnissen nach dem Wertpapierhandelsgesetz (Wertpapierhandelsanzeige- und Insiderverzeichnisverordnung – WpAV) v. 13.12.2004, BGBl. I 3376, BGBl. III FNA 4110-4-9
WPDGVorbeugG	Gesetz zur Vorbeugung gegen missbräuchliche Wertpapier- und Derivategeschäfte v. 21.7.2010 BGBl. I 945
WPDienstleistungsRL	Richtlinie des Rates der Europäischen Gemeinschaften v. 10.5.1993 (93/22/EWG) über Wertpapierdienstleistungen (Wertpapierdienstleistungsrichtlinie), ABl. 1993 L 141, 27, aufgehoben, s. ISD I
WpDVerOV	Verordnung zur Konkretisierung der Verhaltensregeln und Organisationsanforderungen für Wertpapierdienstleistungsunternehmen (Wertpapierdienstleistungs-Verhaltens- und Organisationsverordnung – WpDVerOV) 17.10.2017, BGBl. I 3566, BGBl. III FNA 4110-4-21
WPg	Die Wirtschaftsprüfung (Jahr und Seite)
WPg-SH	WPg-Sonderheft
WP-HdB	Wirtschaftsprüfer-Handbuch: IDW WP Handbuch, Düsseldorf, Bd. I 14. Aufl. 2012, Band II 14. Aufl. 2014; WP Handbuch, Wirtschaftsprüfung & Rechnungslegung,17. Aufl. 2020
WpHG	Gesetz über den Wertpapierhandel (Wertpapierhandelsgesetz – WpHG) idF v. 9.9.1998, BGBl. I 2708, BGBl. III FNA 4110-4
WpHMV	Verordnung über die Meldepflichten beim Handel mit Wertpapieren und Derivaten (Wertpapierhandel-Meldeverordnung – WpHMV) v. 21.12.1995, BGBl. I 2094, BGBl. III FNA 4110-4-2
WpHVerhaltensRL	Richtlinie gemäß § 35 Abs. 6 WpHG zur Konkretisierung der §§ 31 und 32 WpHG für das Kommissionsgeschäft, den Eigenhandel für andere und das Vermittlungsgeschäft der Wertpapierdienstleistungsunternehmen v. 23.8.2001 (sog. WohlverhaltensRL), von der BaFin aufgehoben am 23.10.2017
WPK	Wirtschaftsprüferkammer
WPK-Mitt.	Wirtschaftsprüferkammer-Mitteilungen
WPO	Gesetz über eine Berufsordnung der Wirtschaftsprüfer (Wirtschaftsprüferordnung), idF v. 5.11.1975, BGBl. I 2803, BGBl. III FNA 702-1
WPOÄG	Gesetz zur Änderung von Vorschriften über die Tätigkeit der Wirtschaftsprüfer (Wirtschaftsprüferordnungs-Änderungsgesetz – WPO-ÄG) v. 19.12.2000, BGBl. I 1769, BGBl. III FNA 702-1/1
WpPG	Gesetz über die Erstellung, Billigung und Veröffentlichung des Prospekts, der beim öffentlichen Angebot von Wertpapieren oder bei der Zulassung von Wertpapieren zum Handel an einem organisierten Markt zu veröffentlichen ist (Wertpapierprospektgesetz – WpPG) v. 22.6.2005, BGBl. I 1698, BGBl. III FNA 4110-9
WPRefG	Gesetz zur Reform des Zulassungs- und Prüfungsverfahrens des Wirtschaftsprüfungsexamens (Wirtschaftsprüfungsexamens-Reformgesetz – WPRefG) v. 1.12.2003 BGBl. I 2446

Abkürzungsverzeichnis

WpÜG	Wertpapiererwerbs- und Übernahmegesetz (WpÜG) v. 20.12.2001, BGBl. I 3822, BGBl. III FNA 4110-7
WpÜG-AngebotsVO	Verordnung über den Inhalt der Angebotsunterlage, die Gegenleistung bei Übernahmeangeboten und Pflichtangeboten und die Befreiung von der Verpflichtung zur Veröffentlichung und zur Abgabe eines Angebots (WpÜG-Angebotsverordnung) v. 27.12.2001, BGBl. I 4263, BGBl. III FNA 4110-7-3
WR	Wertpapierrechnung
WReg.	Wettbewerbsregister
WRegG	Gesetz zur Einrichtung und zum Betrieb eines Registers zum Schutz des Wettbewerbs um öffentliche Aufträge und Konzessionen (Wettbewerbsregistergesetz – WRegG) v. 18.7.2017, BGBl. I 2739
WR-Gutschrift	Gutschrift in Wertpapierrechnung
WRP	Wettbewerb in Recht und Praxis (Jahr und Seite)
WTO	World Trade Organisation, Welthandelsorganisation (GATT)
WuB	Entscheidungssammlung zum Wirtschafts- und Bankrecht (WM)
WuW	Wirtschaft und Wettbewerb (Jahr und Seite)
WuW/E	Wirtschaft und Wettbewerb, Entscheidungssammlung zum Kartellrecht
WVB	Waren-Vereins-Bedingungen
WV Hmb. Börse	Waren-Verein der Hamburger Börse eV
ZAG	Gesetz über die Beaufsichtigung von Zahlungsdiensten (Zahlungsdiensteaufsichtsgesetz – ZAG) v. 17.7.2017, BGBl. I 2446, BGBl. III FNA 7610-16, idF ZDUG
ZahlungsBeschlG	Gesetz zur Beschleunigung fälliger Zahlungen v. 30.3.2000, BGBl. I 330
ZahlungsdiensteRL (I)	Richtlinie 2007/64/EG des Europäischen Parlaments und des Rates über Zahlungsdienste im Binnenmarkt, zur Änderung der Richtlinien 97/7/EG, 2002/65/EG und 2006/46/EG sowie zur Aufhebung der Richtlinie 97/5/EG v. 13.11.2007, ABl. 2007 L 319, 1, aufgehoben durch ZahlungsdiensteRL II
ZahlungsdiensteRL II	Richtlinie (EU) 2015/2366 des Europäischen Parlaments und des Rates über Zahlungsdienste im Binnenmarkt, zur Änderung der Richtlinien 2002/65/EG, 2009/110/EG und 2013/36/EU und der Verordnung (EU) Nr. 1093/2010 sowie zur Aufhebung der Richtlinie 2007/64/EG (Zweite Zahlungsdiensterichtlinie) vom 25.11.2015, ABl. 2015 L 337, 35
ZahlungsdiensteUmsG	Gesetz zur Umsetzung der aufsichtsrechtlichen Vorschriften der Zahlungsdiensterichtlinie (Zahlungsdiensteumsetzungsgesetz) v. 25.6.2009, BGBl. I 1506, BGBl. III FNA 7610-16, aufgehoben durch ZDRL-II-UG
ZahlungsdiensteRL-II-UmsG	s. ZDRL-II-UG
ZahlungskontenG	s. ZKG
ZahlungskontenRL	Richtlinie 2014/92/EU des Europäischen Parlaments und des Rates v. 23.7.2014 über die Vergleichbarkeit von Zahlungskontoentgelten, den Wechsel von Zahlungskonten sowie den Zugang zu Zahlungskonten mit grundlegenden Funktionen, ABl. L 257, 214
ZahlungsverzugsG	Gesetz zur Bekämpfung von Zahlungsverzug im Geschäftsverkehr und zur Änderung des Erneuerbare-Energien-Gesetzes v. 22.7.2014 BGBl. I 1218, BGBl. III FNA 400-2, 402-37, 400-1, 754-27
ZAIP	s. RabelsZ
ZAkDR	Zeitschrift der Akademie für Deutsches Recht (Jahr und Seite)
zB	zum Beispiel
ZBB	Zeitschrift für Bankrecht und Bankwirtschaft (Jahr und Seite)
ZBH	Zentralblatt für Handelsrecht (Jahr und Seite)
ZBk	Zentralbank
ZCG	Zeitschrift für Corporate Governance (Jahr und Seite)
ZDR	s ZahlungsdiensteRL (I), (II)
ZDRL-II-UG	Gesetz zur Umsetzung der Zweiten Zahlungsdiensterichtlinie v. 17.7.2017, BGBl. I 2446

Abkürzungsverzeichnis

Zehnte ZustAnpVO	Zehnte Zuständigkeitsanpassungsverordnung v. 31.8.2015, BGBl. I 1474
Z.Erb	Zeitschrift für die Steuer- und Erbrechtspraxis (Jahr und Seite)
ZEuP	Zeitschrift für Europäisches Privatrecht (Jahr und Seite)
ZEV	Zeitschrift für Erbrecht und Vermögensnachfolge (Jahr und Seite)
ZfA	Zeitschrift für Arbeitsrecht (Jahr und Seite)
ZfB	Zeitschrift für Betriebswirtschaft (Jahr und Seite), ab 2013 Journal of Business Economics (JBE)
ZfbF	Schmalenbachs Zeitschrift für betriebswirtschaftliche Forschung (Jahr und Seite)
ZfBR	Zeitschrift für deutsches und internationales Baurecht (Jahr und Seite)
ZfgK	Zeitschrift für das gesamte Kreditwesen (Jahr und Seite)
ZfPW	Zeitschrift für die gesamte Privatrechtswissenschaft (Jahr und Seite)
ZfIR	Zeitschrift für Immobilienrecht (Jahr und Seite)
ZfRV	Zeitschrift für Rechtsvergleichung, Wien (Jahr und Seite)
ZfV	Zeitschrift für Versicherungswesen (Jahr und Seite)
ZGB	Zivilgesetzbuch (in Verbindung mit dem jeweils erlassenden Staat)
Z.GesKW	s. ZfgK
ZGR	Zeitschrift für Unternehmens- und Gesellschaftsrecht (Jahr und Seite)
ZGS	Zeitschrift für das gesamte Schuldrecht (Jahr und Seite)
ZHR	Zeitschrift für das gesamte Handelsrecht und Wirtschaftsrecht (früher Zeitschrift für das gesamte Handelsrecht und Konkursrecht) (Bd., Jahr, Seite)
ZInsO	Zeitschrift für das gesamte Insolvenzrecht (Jahr und Seite)
ZIP	Zeitschrift für Wirtschaftsrecht (1–7/1980 Insolvenzrecht – Zeitschrift für die gesamte Insolvenzpraxis, dann bis 12/1982 Zeitschrift für Wirtschaftsrecht und Insolvenzpraxis) (Jahr und Seite)
zit.	zitiert
ZKA	Zentraler Kreditausschuss (der Spitzenverbände der Kreditwirtschaft)
ZKG	Gesetz zur Umsetzung der Richtlinie über die Vergleichbarkeit von Zahlungskontoentgelten, den Wechsel von Zahlungskonten sowie den Zugang zu Zahlungskonten mit grundlegenden Funktionen (Zahlungskontengesetz – ZKG) v. 11.4.2016, BGBl. I 720
ZKW	s. ZfgK
ZNotP	Zeitschrift für die NotarPraxis (Jahr und Seite)
ZPO	Zivilprozessordnung idF v. 5.12.2005, BGBl. I 3202, ber. 2006 I 431, 2007 I 1781, BGBl. III FNA 310-4
Zöller	Zöller, Zivilprozessordnung, 33. Aufl. Köln 2020
ZRP	Zeitschrift für Rechtspolitik (Jahr und Seite)
ZS	Zivilsenat
ZSR	Zeitschrift für Schweizerisches Recht (Jahr, Bd., Seite)
ZStV	Zeitschrift für Stiftungs- und Vereinswesen (Jahr und Seite)
zT	zum Teil
ZugabeVO	Verordnung des Reichspräsidenten zum Schutze der Wirtschaft, Erster Teil: Zugabewesen (Zugabeverordnung) v. 9.3.1932, RGBl. I 121, BGBl. III FNA 434-1, aufgehoben
zust.	zustimmend
ZuständErgG	Gesetz zur Ergänzung von Zuständigkeiten auf den Gebieten des Bürgerlichen Rechts, des Handelsrechts und des Strafrechts (Zuständigkeitsergänzungsgesetz) v. 7.8.1952, BGBl. I 407, BGBl. III FNA 310-1
zutr.	zutreffend
ZVersWiss	Zeitschrift für die gesamte Versicherungswissenschaft (Jahr und Seite)
ZVertriebsR	Zeitschrift für Vertriebsrecht (Jahr und Seite)
ZVG	Gesetz über die Zwangsversteigerung und die Zwangsverwaltung (Zwangsversteigerungsgesetz) idF v. 20.5.1898, RGBl. 713, BGBl. III FNA 310-14
ZVglRWiss	Zeitschrift für Vergleichende Rechtswissenschaft (wechselnde Titel) (Bd., Jahr, Seite)

Abkürzungsverzeichnis

ZVI	Zeitschrift für Verbraucher- und Privat-Insolvenzrecht (Jahr und Seite)
ZWeR	Zeitschrift für Wettbewerbsrecht (Jahr und Seite)
ZWH	Zeitschrift für Wirtschaftsstrafrecht und Haftung im Unternehmen (Jahr und Seite)
ZwNl	Zweigniederlassung
zzt.	zurzeit
zzgl.	zuzüglich
ZZP	Zeitschrift für Zivilprozess (Bd. und Seite)
ZZPInt	Zeitschrift für Zivilprozess International (Bd. und Seite)

1. Teil. Handelsgesetzbuch

Vom 10. Mai 1897 (RGBl. 219/BGBl. III FNA 4100-1)

zuletzt geändert durch Art. 1 G zur Ergänzung der Regelungen zur Umsetzung der DigitalisierungsRL und zur Änderung weiterer Vorschriften vom 15.7.2022 (BGBl. I 1146)[1]

(Änderungen → Einl. v. § 1 Rn. 11–20)

Erstes Buch. Handelsstand

Einleitung vor § 1

Schrifttum

a) Kommentare: *Ebenroth/Boujong/Joost/Strohn/(Bearbeiter)* 4. Aufl Bd 1 2020, 4. Aufl Bd 2 2020. – *Ensthaler/(Bearbeiter)* Großkommentar HGB 8. Aufl 2015. – *Häublein/Hoffmann-Theinert/(Bearbeiter)* 2017, auch *dieselben,* BeckOK (HGB) 35. Ed. Stand: 2022. – *Heidel/Schall/(Bearbeiter)* 3. Aufl Bd 1–3 2019. – *Glanegger/Stuhlfelner/Cordes/(Bearbeiter)* Handelsgesetzbuch 8. Aufl 2020. – *Heymann/(Bearbeiter)* 3. Aufl 2019 3. Aufl Bd 4 2022. – *Koller/Kindler/Roth/Drüen/(Bearbeiter)* 9. Aufl 2019. – *MüKo(HGB)/(Bearbeiter)* 7 Bde 4. Aufl 2016 ff, 5. Aufl Bd 1 (§§ 1–104a) 2021, 5. Aufl. Bd 3 (§§ 230–237) 2022, 5. Aufl Bd 5 (§§ 343–406, CISG) 2021. – *Oetker/(Bearbeiter)* 7. Aufl 2021. – *v Rechenberg/Ludwig/(Bearbeiter)* Kölner Hdb Hdl- u GesR, 4. Aufl 2017. – *Röhricht/Graf v Westphalen/Haas/(Bearbeiter)* 5. Aufl 2019. – *Saenger/Aderhold/Lenkaitis/Speckmann/(Bearbeiter)* PraxisHdb Hdl- u GesR, 2. Aufl 2011. – *Schlegelberger/(Bearbeiter)* 5. Aufl 1973 ff. – *Staub/(Bearbeiter)* GroßKoHGB 5. Aufl 2008 ff. – *Wachter/(Bearbeiter)* Praxis des Hdl- u. GesR, 5. Aufl 2020.

b) Lehr- und Studienbücher: *Bayer/Lieder* 2. Aufl 2021 (Rep). – *Bitter/Schumacher* 3. Aufl 2018. – *Brox/Henssler* 23. Aufl 2020 (Grundriss). – *Bülow/Artz* 7. Aufl 2015. – *Canaris* 24. Aufl 2006. – *Fezer* 6. Aufl 2013. – *Fischinger* 2. Aufl. 2019. – *Fleischer/Wedemann* 9. Aufl 2015 (PdW). – *Hadding/Hennrichs* 3. Aufl 2003 (HGB-Klausur). – *Hübner* 5. Aufl 2004. – *Jung* 12. Aufl 2019 (Lernbuch). – *Kindler* 9. Aufl 2019 (Grundkurs Hdl/GesRecht). – *Klunzinger* 16. Aufl 2012. – *Lettl* 5. Aufl 2021, Fälle 5. Aufl. 2021. – *Maties/Wank* 5. Aufl 2020. – *Oetker* 8. Aufl. 2019. – *K. Schmidt* 6. Aufl 2014. – *Steinbeck* 5. Aufl 2021. – *Teichmann* 3. Aufl 2013. – *Schöne* I 10. Aufl 2018, II 9. Aufl. 2019. – *Weller/Prütting* 10. Aufl 2020. – *Wörlen/Kokemoor/Lohrer* 14. Aufl 2021.

c) Einzeldarstellungen und Sonstiges: *Canaris,* Vertrauenshaftung, 1971. – *Pfeiffer,* Hdb der HdlGeschäfte, 1999. – *Raisch,* Geschichtliche Voraussetzungen, dogmatische Grundlagen und Sinnwandlung des Handelsrechts, 1965. – *Schaefer,* HRefG, 1999. – *K. Schmidt,* Das HGB und die Gegenwartsaufgaben des HdlRechts, 1983. – *R. Schmitt,* Die Rechtsstellung der Kleingewerbetreibenden nach dem HRefG, 2003 (zit R. Schmitt HRefG). – *Reymann,* Sonderprivatrecht der Hdl- und Verbraucherverträge, 2009.

Muster: *Hopt/Merkt,* Vertrags- und Formularbuch zum Hdl-, Ges-, Bank- und Kapitalmarktrecht, 5. Aufl 2022 mit weit über 400 Vertragsmustern, Vertragsbausteinen und Formularen.

RsprÜbersichten: BGHFSWissII/*Horn* 2000, 3; *Straatmann/Ulmer* (Schiedsspruchsammlung) Bd 1 1975, Bd 2 1982; *Straatmann/Ulmer/Timmermann* Bd 3 1984, Bd 4 1988; *HK Hbg* Bd 5 1994, Bd 6 1998, keine weiteren Bde.

---

[1] Änderungen durch Art. 51 G zur Modernisierung des Personengesellschaftsrechts (Personengesellschaftsrechtsmodernisierungsgesetz – MoPeG) v. 10.8.2021, BGBl. I 3436, **mWv 1.1.2024** sind in der vorliegenden Auflage noch nicht berücksichtigt.

Übersicht

	Rn
I. Handelsrecht	1–47
1) Gegenstand und Charakteristika	1–7
A. Sonderprivatrecht der Kaufleute:	1
B. Kodifikation und Verhältnis zum BGB:	2, 3
C. Charakteristika des Handelsrechts:	4–7
2) Geschichte (mit Änderungen des HGB)	8–20
A. Vor dem ADHGB:	8
B. ADHGB:	9
C. HGB mit EGHGB:	10
D. Änderungen des HGB:	11–20
3) Rechtsquellen	21–28
A. Gesetzesrecht:	21
B. Gewohnheitsrecht und Richterrecht:	22
C. Handelsbrauch:	23
D. AGB:	24
E. Empfehlungen der IntHK und anderer Gremien, Rolle der IHK:	25–28
4) Rechtsangleichung, internationales und ausländisches Handelsrecht	29–46
A. Rechtsangleichung	29, 30
B. Internationales Handelsrecht (IPR):	31–35
C. Ausländisches Handelsrecht:	36–46
5) Handelsrecht der ehemaligen DDR und in den neuen Bundesländern	47
II. Unternehmensrecht	48–91
1) Das Unternehmen	48–58
A. Unternehmensbegriff:	48–50
B. Unternehmensgegenstand und -wert:	51–54
C. Entstehen, Verlegung und Erlöschen des Unternehmens:	55–57
D. Unternehmensträger:	58
2) Das Unternehmen als Gegenstand des Rechtsverkehrs	59–76
A. Unternehmensübertragung:	59, 60
B. Unternehmenskauf:	61–68
C. Sonstige Unternehmensverträge:	69–72
D. Vererbung:	73
E. Rückgewähr, Zwangsvollstreckung, Insolvenzverfahren:	74–76
3) Der Rechtsschutz des Unternehmens	77–91
A. Überblick (Anspruchsgrundlagen):	77
B. Eigentumsschutz nach Art. 14 GG:	78–83
C. Deliktsrechtlicher Schutz nach § 823 I BGB:	84, 85
D. Recht am Gewerbebetrieb, Fallgruppen:	86–91
III. Wettbewerbs- und Wirtschaftsrecht	92–101
1) Wettbewerb und staatliche Rahmenregelung der Wirtschaft	92–97
A. Funktion des Wettbewerbs:	92
B. Staatliche Rahmenregelung:	93–97
2) Kartellrecht (GWB, AEUV)	98–100
A. GWB:	98
B. Europäisches Kartellrecht:	99
C. Ausländisches Kartellrecht:	100
3) Wettbewerbsrecht im engeren Sinn	101
IV. Anrufung und Eingreifen von Gerichten in Handelssachen	102–123
1) Freiwillige Gerichtsbarkeit in Handelssachen	102, 103
A. Überblick:	102
B. Die Rolle des Rechtspflegers:	103
2) Streitige Gerichtsbarkeit in Handelssachen	104–108
A. Begriff der Handelssachen nach GVG:	104
B. Kammer für Handelssachen im Zivilprozess:	105

```
                                                    Rn
C. Gerichtsstand: ........................................ 106, 107
D. Internationale Zuständigkeit und Vollstreckung: ....... 108
3) Schiedsgerichtsbarkeit in Handelssachen ................. 109–123
   A. Schiedsvereinbarung: ................................ 110–116
   B. Schiedsgutachtervertrag: ............................ 117–119
   C. Internationale Schiedsgerichtsbarkeit: .............. 120–123
```

I. Handelsrecht

1) Gegenstand und Charakteristika

A. Sonderprivatrecht der Kaufleute: HdlRecht kann Sonderrecht für bestimmte am HdlVerkehr teilnehmende Personen oder für bestimmte wirtschaftliche Geschäfte und Tätigkeiten sein. Das HdlRecht des deutschen HGB stellt entscheidend auf die Person ab (subjektives System). Es ist das Recht des HdlStandes (Überschrift Buch I), also der Kflte. Das HdlRecht des HGB regelt die HdlGeschäfte der Kflte und ist deshalb Teil des Privatrechts. Daran ändern einzelne öffentlichrechtliche Vorschriften im HGB nichts, zB betr. HdlReg (§§ 8 ff.), HdlFirma (§§ 17 ff.), Buchführung (§§ 238 ff.). **Lit.** Reymann 2009; Neuner ZHR 157 (1993), 243, Reymann JbJZW 2008, 311. **1**

B. Kodifikation und Verhältnis zum BGB: a) HdlRecht als Sonderrecht kann gesetzgebungstechnisch ein eigenes Gesetz (Handelsgesetzbuch) oder aber Teil des allgemeinen bürgerlichen Rechts sein. Das HdlRecht des dtsch HGB ist eine gesonderte Kodifikation neben dem BGB. Darin folgen Deutschland und viele andere Länder dem Bsp. des französischen Code de Commerce von 1807, in jüngerer Zeit zB die USA mit dem Uniform Commercial Code (auch → Rn. 36). Andere Länder haben auf eine gesonderte Kodifikation des HdlRechts verzichtet (zB schweizerisches Obligationenrecht 1881, schweizerisches ZGB 1907) oder ihr HGB wieder beseitigt (italienischer Codice Civile 1940/42). **Lit.** Raisch, Abgrenzung des HdlRechts vom Bürgerlichen Recht als Kodifikationsproblem im 19. Jahrhundert, 1962; F. Bydlinski, Handels- oder Unternehmensrecht als Sonderprivatrecht, 1990; Kramer FS Ostheim, 1990, 299; Heinemann FS Fikentscher, 1998, 349. **2**

b) Das deutsche HGB **geht** als Sonderrecht (lex specialis) dem BGB **vor, (1)** EGHGB Art. 2 I. Es ist **aber** in aller Regel nicht für sich allein anwendbar, sondern ändert und **ergänzt nur das allgemeine bürgerliche Recht,** zB das der Vollmacht (§§ 48 ff. HGB), der Ges. (§§ 105 ff. HGB), des Kaufs (§§ 373 ff. HGB), des Werkvertrags (§§ 383 ff., 407 ff., 453 ff. HGB), der Verwahrung (§§ 467 ff. HGB). Nur ausnahmsweise sagt dies das HGB ausdrücklich (zB in § 105 III). Bei der Lösung konkreter Rechtsfälle führt dies zu einer Verzahnung von HGB und BGB, die durch die zahlreichen hdlrechtlichen Nebengesetze außerhalb des HGB, s. Teil 2 **(1)–(18),** noch zusätzlich kompliziert wird. Das HdlRecht ist kraft seiner Praxisnähe für neue Entwicklungen häufig offener als das BGB und wirkt dann als Schrittmacher des Zivilrechts, Wahl FS Hefermehl, 1976, 1. **Lit.** Raisch JuS 1967, 533; Müller-Freienfels FS von Caemmerer, 1978, 583; Herber ZHR 144 (1980), 47. **3**

C. Charakteristika des Handelsrechts: a) Selbstverantwortlichkeit ist für den Kfm. und das HdlRecht wesentlich. Als Unternehmer, der sich im Wettbewerb (→ Rn. 92 ff.) behaupten oder aus dem Markt ausscheiden muss, muss der Kfm. seine Geschäfte frei gestalten können. Vertragsrecht einschließlich AGB, HdlBrauch und HdlGewohnheitsrecht spielen deshalb im HdlRecht eine große Rolle (→ Rn. 21–28). Zwingendes Recht tritt im HGB (außer für das kfmPersonal und die HdlVertreter) zurück, der Kfm. muss die Risiken und Chancen im **4**

HdlVerkehr selbst abschätzen; s. zB §§ 348–350; 362; 91a, §§ 29 II, 38 I ZPO. Vgl. auch **(5)** § 310 I 1 BGB (Unternehmer iSv § 14 BGB); § 138 BGB bei überhöhten Darlehenszinsen, → **(7)** Bankgeschäfte Rn. G10.

5   **b) Einfachheit und Schnelligkeit** sind für den HdlVerkehr u.a auch zur Senkung von Transaktionskosten entscheidend. Das HdlRecht verzichtet deshalb auf unnötige Formalitäten (zB § 350) und zwingt den Kfm. zur raschen Äußerung und Disposition (zB §§ 362, 373 II, 376, 377, 391; kfm. Bestätigungsschreiben, → § 346 Rn. 16–29). HGB, international einheitliche Vertragsklauseln (s. **(6)** Incoterms) und HdlBräuche typisieren die Erklärungen und Vertragsschlüsse im HdlVerkehr. Das HGB fördert Typisierung und (vereinfachende) Formalisierung. Bsp.: Unbeschränkbarkeit bestimmter Vertretungsmachten (§§ 50 I, 126 II, 151), Orderpapiere (§§ 363–365), Schutz des guten Glaubens an die Verfügungsmacht (§ 366).

6   **c) Publizität und Vertrauensschutz.** Selbstverantwortliche Entscheidung, Einfachheit und Schnelligkeit setzen voraus, dass sich der Kfm. zuverlässig über seine Vertragspartner informieren und sich auf ihr (äußeres) Verhalten im HdlVerkehr verlassen kann. Die hdlregisterrechtliche Publizität (§§ 8 ff., 15) und die Rechtsscheinhaftung spielen deshalb im HdlRecht eine zentrale Rolle, bes. → § 5 Rn. 9 ff., → § 15 Rn. 1 ff. Sie sind zunehmend europarechtlich determiniert (→ § 15). Verkehrsschutz wird auch durch §§ 366, 49 I, 50 gewährleistet.

7   **d) Praxisnähe, Entgeltlichkeit und Internationalität.** HdlRecht ist weitgehend aus der kfm. Praxis heraus gewachsen. Das spiegelt sich in den Rechtsquellen (→ Rn. 21–28) und der großen Bedeutung der Schiedsgerichtsbarkeit (→ Rn. 110–112) wider. HdlRecht ist, auch wenn seiner Rechtsnatur nach nationales Recht, immer auch auf den internationalen Verkehr ausgerichtet. HdlInteressen machen nicht Halt an Grenzen. Das HdlRecht ist nicht nur offen für Einflüsse von außen, sondern besonders auch für eine pragmatische internationale Rechtsvereinheitlichung. Das allgemeine deutsche HdlRecht von 1861 ging der staatlichen Einheit um ein Jahrzehnt und dem einheitlichen BGB um nahezu ein halbes Jahrhundert voraus (→ Rn. 9). Heute spielt die europäische Rechtsangleichung im Rahmen der EU eine erhebliche Rolle. Dazu und zum internationalen und ausländischen HdlRecht → Rn. 29–46.

2) Geschichte (mit Änderungen des HGB)

8   A. **Vor dem ADHGB:** Die Wurzeln des modernen HdlRechts gehen in das 16. und 17. Jahrhundert zurück. Hervorzuheben ist zunächst die alte Stände- und Zunftordnung (vgl. zB ALR von 1794 Teil II Titel 8 „Vom Bürgerstande", darin das HdlRecht in Abschn. 7–15), die über den vorrangig subjektiv anknüpfenden frz. Code de Commerce von 1807 und den spanischen Codigo di Comercio von 1829 mit dem ersten HdlReg auch auf das HGB gewirkt hat. Viele HdlRechtsinstitute gehen auf italienisches (vgl. „conto", „saldo", „procura") und deutsches Stadtrecht (ua aus den Hansestädten) zurück. Schließlich dienten die Kodifikationen (bes. der französische Code de Commerce, ALR) über die Grenzen hinaus als Beispiele. Neues kodifiziertes HdlRecht zB betr. Aktien- und GesRecht, Agentur, Fracht- und Lagerrecht stammt aus dem 19. Jahrhundert. **Lit.** Raisch, 1965; Scherner/Willoweit, Vom Gewerbe zum Unternehmen, 1982; Scherner, 1993; Conradi, 1993; Lehmann ZHR 52 (2002), 1; Müller-Freienfels FS von Caemmerer, 1978, 583; Scherner FS Zivilrechtslehrer 1934/1935, 1999, 533.

9   B. **ADHGB:** Das Allgemeine Deutsche Handelsgesetzbuch wurde, nachdem zuvor 1848–1850 die Allgemeine Deutsche Wechselordnung eingeführt worden war, auf Beschluss der Bundesversammlung des Deutschen Bundes vom 18.12.1856 in Konferenzen der deutschen Staaten entworfen (sog. Nürnberger Protokolle 1857–1861) und auf Empfehlung der Bundesversammlung vom

31.5.1861 von den meisten deutschen Staaten je für sich erlassen. Durch Bundesgesetz 5.6.1869 wurde es G des Norddeutschen Bundes, Schubert ZHR 144 (1980), 484; durch Reichsgesetz 16./22.4.1871 RGBl. 63 (87) wurde es Reichsgesetz. Einschneidende Änderungen des ADHGB brachten die Aktienrechtsnovellen 1870 und 1884. Garant der Einheitlichkeit war ab 1869/1871 das ROHG, an seiner Stelle ab 1879 das RG. Das ADHGB machte 1896/97 dem HGB Platz (vgl. Art. 3 EGHGB). Dabei ging manches in das BGB über, am Rest änderte das HGB nicht sehr viel. Rspr. und Lehre zum ADHGB waren deshalb weitgehend zur Auslegung des HGB verwendbar. **Lit.** K. Schmidt ZHR 161 (1997), 2; Fleckner in Bayer/Habersack, Aktienrecht im Wandel, Bd. I, 2007, S. 1037 (Entstehung).

C. **HGB mit EGHGB:** Das **HGB** 10.5.1897 RGBl. 219 trat nach Art. 1 I EGHGB **zugleich mit dem BGB** 18.8.1896 RGBl. 195 **in Kraft,** und zwar am **1.1.1900** (Art. 1 EGBGB 18.8.1896 RGBl. 604). Buch I Abschn. 6 betr. HdlGehilfen und HdlLehrlinge (außer § 65 betr. Provision) trat nach Art. 1 II EGHGB schon zwei Jahre früher in Kraft. Eine VO nach Art. 1 III EGHGB erging nicht. Vorausgegangen waren 1896 ein erster und 1897 ein zweiter geänderter **Entwurf** des Reichsjustizamts zum HGB (veröffentlicht, jeder mit einer **Denkschrift**). Eingeführt wurde das HGB durch das **Einführungsgesetz zum HGB** 10.5.1897 RGBl. 437, **(1)** EGHGB. Dazu Schubert/Schmiedel/ Krampe, Quellen zum HGB, 1897, 2 Bde., 1986; Fleckner (→ Rn. 9) S. 1054 (Entstehung).

D. **Änderungen des HGB: a) Änderungen bis 2000** s. Voraufl. Rn. 11–15.

b) Änderungen seit 2000 ua: KapCoRiLiG 24.2.2000 BGBl. 154 (§§ 8a, 264, 264a–c, 266, 267, 285, 286, 287, 292a, 293, 313, 314, 318, 319, 325, 335, 335a, 335b, 336, 337, 339, 340a, 340k, 340l, 340n, 340o, 341o); BeschleunG 30.3.2000 BGBl. 330 (§ 352 I 1); FernabsG 27.6.2000 BGBl. 897, ber. 1139 (§§ 414 IV, 449 I 1, 451a II, 451b II 1, III 1, 451g S. 1, 451h I, 455 III, 466 I, 468 II 1, IV, 472 I 2, 475h); WPOÄG 19.12.2000 BGBl. 1769 (§§ 319 II 2, III Nr. 7, 323 I 1 Hs. 2, 340k III 4); 4. EuroEG 21.12.2000 BGBl. 1983 (§§ 74a II 1, 2, 75b); NaStraG 18.1.2001 BGBl. 123 (§§ 13 VI, 13a IV, V; 13b IV, 13c II 3, 14 S. 2, 15 IV 2, 103 II, 162 II, 175 S. 2); AVmG 26.6.2001 BGBl. 1310 (§ 330 V, 3. Buch Überschr 4. Abschn. 2. Unterabschn., §§ 341 IV; 341m S. 1, 341n I, IV 1, 2, 341o Nr. 1, 341p); FormVAnpG 13.7.2001 BGBl. 1542 (§§ 73 S. 3, 100 I 3, 350, 410 I, 438 IV, 455 I 2, 468 I 1); 7. ZuständAnpVO 29.10.2001 BGBl. 2785 (§§ 92a I 1, 292 I 1, 292a III 1, 330 I 1, 342a II Nr. 1, 412 IV); SMG 26.11.2001 BGBl. 3138 (§§ 26 I 1, 3, II, 27 II 2, 139 III 2, 159 IV, 160 I 1, 3, II, 375 II 1, 378, 381 II, 382, 417 I); EuroBilG 10.12.2001 BGBl. 3414 (§§ 267 I Nr. 1, 2, II Nr. 1, 2, 293 I 1 Nr. 1, 2, 313 II Nr. 4 S. 2, 319 II 2, 323 II 1 2, 325a I 3, 4, 5, 329 II 1, III, 334 III, 340k III, 340l II 3, 4, IV, 340n III, 341n III); ERJuKoG 10.12.2001 BGBl. 3422 (§§ 9 I, 9a I–IV, V–X, 33 II 1–3, IV, 34 I, 106 II Nr. 4, 107, 125 IV, 148 I 1, 150 I, 162 I 2); VersKapAG 26.3.2002 BGBl. 1219 (§§ 341b II 1, 2, 3); 4. FinanzmarktfördG 21.6.2002 BGBl. 2010 (§§ 317 IV, 319 III Nr. 6, 323 II 2, 340 IV 2, 340b VI); 2. SchadensersatzÄndG 19.7.2002 BGBl. 2674 (§§ 451c, 451e); TransPuG 19.7.2002 BGBl. 2681 (§§ 285 Nr. 9 Buchst. a, 16, 286 III 3, 4, 291 III, 297 I 2, 298 I, 299 I, 301 I 4, 5, 304 II, III, 308 III, 313 III 3, 314 I Nr. 5, 6 Buchst. a, 8, II, 316 II 2, 317 IV, 321 I 3, II, 325 I 1, III 1, 2, 3, 4, 341 IV 2, 341j II); 3. GewOÄndG 24.8.2002 BGBl. 3412 (§ 73 aufgehoben); 8. ZuständAnpVO 25.11.2003 BGBl. 2304 (§§ 92a I 1, 292 I 1, 292a III 1, 330 I 1, 342a II Nr. 1); WPRefG 1.12.2003 BGBl. 2446 (§ 323 V); G 6.4.2004 BGBl. 550 (§ 431 IV 2, 3); 1. JuMoG 24.8.2004 BGBl. 2198 (§§ 9a I, 106 II Nr. 3); BilReG 4.12.2004 BGBl. 3166 (§§ 257 I Nr. 1, III 1, V, 264b Nr. 2, 267 I Nr. 1 u. 2, II Nr. 1 u. 2, 271 II, 285 S. 1 Nr. 17–19, S. 2–6, 286 II, III 1, IV, 287 S. 1, 288, 289 I, II

Nr. 2, III, 291 II 1 Nr. 1 u. 2, 2, III Nr. 1, 292a, 293 I 1 Nr. 1 u. 2, 294 I, III 1, 295, 297 I, 298 III 3, 313 II Nr. 1 S. 2, 314 I Nr. 9–11, II, 315 I, II Nr. 2, Zehnter Titel (§ 315a), 315a, 317 II 1, 2, 318 III, 319, 319a, 321 II 3, III 2, 321a, 322, 324a, 325 IIa, IIb, III 2, IIIa, V, 327 Nr. 2, 328 I 1, Nr. 1 S. 1–3, II 1, 3, 331 Nr. 1a, Nr. 3, 332 I, 333 I, 334 II, 336 II 1, 338 III 1, 339 III, 340a I, II 1, 2, 340i II, IV, 340j I, 340k II 3, III 2, 4, 340l V, 340n I Nr. 1 lit. d, II, 341a II 1, 2, 341i IV, 341j I, III, 341l IV, 341n I, Nr. 1 lit. d, II, IV 1); VerjährungsanpassG 9.12.2004 BGBl. 3214 (§§ 61 II, 88, 113 III); BilKoG 15.12.2004 BGBl. 3408 (§§ 333 I, 342b–342e); VorstOG 3.8.2005 BGBl. 2267 (§§ 285 S. 1 Nr. 9 Buchst. a, 286 IV, V, 289 II Nr. 5, 314 I Nr. 6 Buchst. a, II 2, 315 II Nr. 4, 334 III, 340n III, 341n III); G 19.4.2006 BGBl. 866 (§§ 315a I, 325 IIa 3); ÜbernahmeRiUmsetzungsG 8.7.2006 BGBl. 1426 (§§ 334 I Nr. 3 u. 4, 340n I Nr. 3 u. 4, 341n I Nr. 3 u. 4, 289 IV, 315 IV); EurGenG 14.8.2006 BGBl. 1911 (§§ 337 I 1, 2, 6, II Nr. 2, 338 I, 339 I 2); 9. ZuständigkeitsanpassungsVO 31.10.2006 BGBl. 2407 (§§ 92a I 1, 292 I 1, 342a II Nr. 1, 412 IV); EHUG 10.11.2006 BGBl. 2553 (Überschr 1. Buch 2. Abschn., §§ 8, 8, 8a, 8b, 9, 9a, 10, 11, 12, 13, 13a, 13b, 13c, 13d I, III, 13f, 13g, 14 S. 1, 15 IV, 29, 33 III, 35, 37a I, 53 II, III, 108 I, II, 125a I 1, 148 III, 264 III Nr. 3–5, 264b Nr. 2–4, 287 S. 3, 290 I, 313 IV 3, Überschr 3. Buch 2. Abschn. 4. Unterabschn., 325, 325a I, 327, 327a, 328, 329, 330 I, III, 334 IV, V, 335, 335a, 335b, 339, 340, 340l, 340n IV, 340o, 341a, 341i III 1, 314l, 341n, 341o, 341p, 367); BankenRiUmsetzG 17.11.2006 BGBl. 2606 (§§ 340a III, 340i IV); TUG 5.1.2007 BGBl. 10 (§§ 8b II Nr. 9, III 3–5, 1. Buch 9. Abschn., §§ 104a, 264 II 3, 289 I 5, 297 II 4, 315 I 6, 315a I, 325 IIa 3, 327a, 331 Nr. 3, 3a, 340a III, 340i IV, 342b II 1, 4; FinanzmarktRiUmsetzG 16.7.2007 BGBl. 1330 (323 II 2, 340 IV 2, 342b II 2); 2. BundesrechtsbereinigungsG 23.11.2007 BGBl. 2614 (§ 367 I 3); 2. PflVersGÄndG 10.12.2007 BGBl. 2833 (§ 335 IIa); InvestmentÄndG 21.12.2007 BGBl. 3089 (§§ 264 II 3, 297 II 4); RisikobegrenzungsG 12.8.2008 BGBl. I 1666 (§ 354a II); MoMiG 23.10.2008 BGBl. I 2026 (§§ 13 I 1, II, 13d II, III, 13e II 2, 3, 4, 5 Nr. 4, III 1, 2, III a, IV, 13f II 2, III, V, 13g II 2, III, V, 15a, 29, 31 I, 106 II Nr. 2, 107, 129a, 130a I, II, III, IV, 130b, 172a, 177a S. 1); FGG-RG 17.12.2008 BGBl. I 2586 (§§ 8a II 1, 131 II 1 Nr. 2, 318 III 8, IV 4, V 3, 4, 324 II 1, 4–10, III 3, 4, 335 II 1, IV, V 1, 3, 4; FamFG 17.12.2007 BGBl. I 2586, geänd. 2009, 1102 (§§ 8a II 1, 131 II 1 Nr. 2, 318 III 8, IV 4, V 3, 4, 324 II 1, 4–6, 7–10, III 3, 4, 335 II 1, IV, V 1, 5, 6).

13 c) Wesentliche Änderungen im **Bilanzrecht** durch **BilMoG** 25.5.2009 BGBl. I 1102 (§§ 172 IV 3, 241a, 242 IV, 246 I, II 2, 3, III, 247 III, 248, 249 I 3, II, III, 250 I 2, III 1, 252 I 2 Nr. 6, 253, 254, 255 II, II a, IV, 256 S. 1, 256a, 264 I 1, 264c IV 3, 264d, 265 III 2, 266 II, III, 267 I Nr. 1, 2, II Nr. 1, 2, III 2, 268 II 1, VIII, 269, 270 I 2, 272 I, I a, I b, IV, 273, 274, 274a Nr. 5, 275 II Nr. 7, 277 III 1, IV 3, V, 279–283, 285 S. 1 Nr. 2, 3, 3a, 5, 13, 16–29, S. 2–6, 286 II, III 1, III 3, IV, V 1, 287, 288, 289 II Nr. 5 S. 1, 2, IV Nr. 1, 3, 9, S. 2, V, 289a, 290 I, II, V, 291 III Nr. 1, 2, 292 II 1, 2, 3, 293 I Nr. 1, 2, IV 2, V, 294 II 2, 297 III 2, 298 I, 300 I 2, 301 I 2, 3, 4, II, III 1, 3, IV, 302, 306, 307 I 2, 308a, 309 I, 310 II, 312 I–III, 313 III 3, IV, 314 I Nr. 2, 2a, 8–21, 315 II Nr. 4, 5, IV Nr. 1, 3, 8, 9, S. 2, 315a I, 317 II 2, III 2, 3, V, VI, 318 III 1, VIII, 319a I 1, Nr. 4, S. 4, II 2, 319b, 320 IV, 321 IV a, 324, 325 II a 3, IV 1, 325a I 1, 327 Nr. 1 S. 2, Nr. 2, 330 II 4, 334 I Nr. 1, 2, 3, III, 335 V 2, 3, 8, 11, 12, V a, 336 II 1, 338 III 1, 338 III 1, 340a II 1, 2, 340c I 1, 340e I 3, III, IV, 340f I 2, 3, II, 340h, 340k II a, V, 340l I 1, II 1, 2, 3, 4, IV Nr. 2 S. 1, Nr. 3, 340n I Nr. 1, 2, 3, II, 341a I 1, II 1, 2, 5, 341b I 3, II 1, 2, IV, 341e I 3, 341j I 3, 341k IV, 341l I 1, III Nr. 2, 341n I Nr. 1, 2, 3, II, 342 I 1 Nr. 2, 3, 4, S. 2).

14 d) Weitere **Änderungen seit 2009**: ZahlungsdiensteUmsetzG 25.6.2009 BGBl. I 1506 (§§ 330 II 1, 340 V, 340k IV); ARUG 30.7.2009 BGBl. I 2479

(§§ 274a Nr. 5, 285 Nr. 10, 23, 314 I Nr. 15); VorstAG 31.7.2009 BGBl. I 2509 (§§ 285 Nr. 9 Buchst. a S. 6, 7, 286 V 1, 289 II Nr. 5 S. 2, 314 I Nr. 6 Buchst. a S. 6, 7, II, 315 II Nr. 4 S. 2); SchVFalschberG 31.7.2009 BGBl. I 2512 (§ 89b I 1 Nr. 1, 2, 3); G zur Umsetzung der geänd. BankenRL und der geänd. KapitaladäquanzRL 19.11.2010 BGBl. I 1592 (§ 341c I, III); JahressteuerG 2010 8.12.2010 BGBl. I 1768 (§ 341 II 2); G zur Umsetzung der Zweiten E-Geld-RL 1.3.2011 BGBl. I 288 (§ 330 II 2, Überschr 3. Buch, 2. Abschn., 6. Unterabschn., §§ 340 V 1, 2, 340k IV, Überschr 3. Buch, 4. Abschn., 1. Unterabschn., 8. Titel, § 340m, Überschr 3. Buch, 4. Abschn., 2. Unterabschn., 8. Titel, §§ 340n I 1, 340o S. 1 Nr. 1); Finanzanlagenvermittler- und VermögensanlagenrechtsNovG 6.12.2011 BGBl. I 2481 (§ 8b II Nr. 7); G zur Optimierung der Geldwäscheprävention 22.12.2011 BGBl. I 2959 (§§ 330 II 1, 340 V 1); G zur Änderung von Vorschriften über Verkündung und Bekanntmachungen sowie der ZPO 22.12.2011 BGBl. I 3044 (§§ 8b II Nr. 5, 7, 8, III 1 Nr. 1, 264 III Nr. 4 lit. a, b, 264b Nr. 3 lit. a, b, 3. Buch 2. Abschn. 4. Unterabschn. Überschr, 325 I 1, II, VI, 327 Nr. 1, 2, 328 II 4, IV, 329 Überschr, I 1–3, II 1, 339 I 1, 341l I 2, II, 342b I 5, 367 I 1, 2; UmsetzG RL 2012/6/EU (MicroBilG) 20.12.2012 BGBl. I 2751 (§§ 8b II Nr. 4, III Nr. 1, 9 VI 3, 253 I 5, 6, 264 I 5, II 3, 4, 5, III Einleit Nr. 2, 3, 264c IV, 266 I 4, 267a, 275 V, 276 S. 3, 290 II Nr. 4b S. 2, 325a I 1, III, 326 Überschr., II, 328 III 1, V, 334 I Nr. 1 lit. b, d, Nr. 5, 335 VI 1, 336 II 3;

e) Änderungen im **Transportrecht** brachte Gesetz zur Reform des Seehandels 2013, 20.4.2013, BGBl. I 831 (366 III, 368 II, 397, 408 Überschr, I 1 Nr. 9, III, 411 S. 1, 412 Überschr, 413 I, 414 I 2, 416 S. 1, 2, 3, 4, 417 I, II, III, IV, V, 418 VI 2, 419 I 1, 2, III 2, 420 II, III, IV, V, 421 III, 431 I, II, 434 II 2, 3, 437 I 1, II, 438 I 1, 2, 439 III 1, IV, 440, 441 Überschr, I, IV, 442, 443 I, IV, 444, 445–449, 450, 451c, 451h II 2, 3, 4, 452 S. 2, 455 II 2, 464, 465 I, 466, 468 III 2, 475b Überschr, I, 475c Überschr, IV, 475d, 475e I, II, III, IV, 475f, 475g, 475h, 5. Buch Seehandel 476 ff.). **15**

f) **Änderungen seit 2013:** Gesetz zur Übertragung von Aufgaben im Bereich der freiwilligen Gerichtsbarkeit auf Notare 26.6.2013 BGBl. 1800 (§ 12 I 3, 4); AIFM-UmsG 4.7.2013, BGBl. I 1981 (§§ 8b II Nr. 8, 285 Nr. 26, 290 II Nr. 4 S. 2, 314 I Nr. 18, 341b II); CRD IV-Umsetzungsgesetz 28.8.2013, BGBl. I 3395 (§§ 340 IV 2, 340a III 1, 340c III, 340i IV 1); HGBÄndG 4.10.2013 BGBl. I 3746 (§ 264 II 3, V, 335 III 4, 5, Va, VI S. 1, 335a, 335b S. 2, 3, 340o S. 1 und 2, 341o S. 1 und 2); G zur Anpassung von Gesetzen auf dem Gebiet des Finanzmarktes 15.7.2014 BGBl. I 934 (§ 340e); RegVerknüpfUmsetzG 22.12.2014 BGBl. I 2409 (§§ 9b, 13e VI); VersFinanzAufsModG 1.4.2015 BGBl. I 434 (§§ 330 IV 1, V, 341 IV 1, 341d, 341e I 2, 341m S. 2, 341n I, 341o Nr. 2); GleichberTeilhabeG 24.4.2015 BGBl. I 642 (§§ 289a I, III, IV, 336 II 1); KleinanlegerschutzG 3.7.2015 BGBl. I 1114 (§ 335 I 4). **16**

g) Weitere umfassende Änderungen im **Bilanzrecht** durch **BilRUG** 17.7.2015 BGBl. I 1245 (§§ 8b II Nr. 4, 241a S. 1, 253 I 6, III 2, V 1, 255 I 3, 264, 264b, 264d, 265 V 2, 266 I 2, 267 I, II, IV, IVa, 267a I, III, 268 I, II, V 1, VII, 271 I 3, II, 272 V, 274a, 275, II, III, 276, 277 I, III 1, IV, 278, 284 I, II, III, 285, 286 II, III, 288, 289, 290 III, 291 II 1, III, 292, 293 I 1, II, IV, V, 294 I, 296 I Nr. 2, 297 Ia, 298 I, II, 301 II 3, 4, III 2, 307 I, II, 309 II, 310, 312 III, V, 313 I, II, III, IV, 314 I, II 2, III, 315, 315a I, II, 317 II, 322 I, VI, VII, 324 I 2, 325 I–Ib, IIa, III, IV, VI, 326 II, 327a, 328 I, II, III, 331, 334 I, 335b, 336 II, 337 IV, 338 IV, 339 II, 340, 340a II, 340e, 340i II, 340l II, II, IV, 340n, 341 II 2, 341a II, IV, 341b I 3, 341j I 2, 341l III, 341n I, 341o, 341q–341y, 342b); BürokratieEntlG 28.7.2015 BGBl. I 1400 (§ 241a); Zehnte ZuständigkAnpVO 31.8.2015 BGBl. I 1474 (§§ 8a II 1, 8b I, 9a I 1, II 1, III 1, 92a I 1, 253 II 5, 317 VI, 330 I 1, 335 IIa 2, 342 I 1, 342a I 1, II Nr. 1, III 1, V, IX, 342b I 3, 5, II 5, **17**

342d S. 2, 5, 408 III 2, 412 IV, 443 III 2, 475c IV 2, 516 III, 526 IV 2); TransparenzRiÄndRiUmsetzG 20.11.2015 BGBl. I 2029 (§§ 8b II Nr. 9, III 3, 285 Nr. 27, 292 I 1 Nr. 1 lit. d, III 3, 312 III 3, 314 I Nr. 19, 327a, 328 III 1, 335 I 4, Ia–Id, 341r Nr. 3 lit. b, 341w I, 342b II 1, 2, 4, IIa, 342d S. 3); AktienRNovelle 2016 22.12.2015 BGBl. I 2565 (§§ 13f II 3, 108 S. 2, 130a II 1, 272 I); WohnimmobilienkreditRiUmsetzG 11.3.2016 BGBl. I 396 (§ 253 II 1, VI).

18 **h)** Grundlegende Änderungen bei der **Abschlussprüfung** durch **APAReG** 31.3.2016 BGBl. I 518 (§§ 292 III 3, 319 I 3, 340k, 340l II 3, 342b VIII 2); AReG 10.5.2016 BGBl. I 1142 (§§ 317 IIIa, IVa, V, VI, 318 Ia, Ib, III 1, 319 II, 319a I, Ia, III, 320 V, 321 I, V, 322 I, Ia, IV 3, VIa, VII 1, 324 I, II, III, 330 IV 1, 333a, 334 II, IIa, 335b, 335c, 339 I 2, 340 I 1, 340k I, III, IV, V 1, 340m I–III, 340n II, IIa, IV, V, 341k I, IV 1, 341m I–III, 341n II, IIa, IV, V, 341p, 342b II, VIII 2). Weitere Änderungen 2016 durch Erstes FinanzmarktnovellierungsG 30.6.2016 BGBl. I 1514 (§ 8b); 1. FiMaNoG 30.6.2016 BGBl. I 1514 (§ 8b); Zweites G zur Änderung der Haftungsbeschränkung in der Binnenschifffahrt 5.7.2016 BGBl. I 1578 § 536.

19 **i)** Erneut grundlegende Änderungen im **Bilanzrecht** durch **CSR-Ri-UmsetzungsG** 11.4.2017 BGBl. I 802 (§§ 264 III 1 Nr. 3 Buchst. a, 285 Nr. 20, 289 I 5, II 1, IV, V, 289a–289e, 289f II Nr. 5 Buchst. b, Nr. 6, V, 291 II 1 Nr. 2, 292 I Nr. 1 Buchst. b, 294 III, 314 I Nr. 12, 315 I, II, III, IV, V, 315a–d, 315e, 317 II 4–6, 320 I 1, III 1, 325 I 1, IIa, IIb, III, 331, 334 I Nr. 3, 4, III, IIIa, IIIb, Überschrift nach 334, 335 I 1, Ia 1 Nr. 2, Ib 2, nach 335a Überschrift, 336 II 1, 340a Ia, Ib, 340i II 3, 4, 5, V, VI, 340n I Nr. 3, 4, III–IIIb, 341a I 1a, 1b, 341j I 4, IV, V, 341n I Nr. 3, 4, III–IIIb, 342 I 1 Nr. 4).

20 **j) Änderungen seit 2017:** G zur Erleichterung der Bewältigung von Konzerninsolvenzen 13.4.2017 BGBl. I 866 (§ 8b); 2. FiMaNoG 23.6.2017 BGBl. I 1693 (§§ 8b II Nr. 9, III 3, 5, 264 II 3, 264d, 289a I 1, 291 III Nr. 1, 297 II 4, 315e II, 324 I 2 Nr. 2, 342b Nr. 9); G zur Einführung der elektronischen Akte in der Justiz und zur weiteren Förderung des elektronischen Rechtsverkehrs 5.7.2017 BGBl. I 2208 (§§ 335, 335a); Bürokratieabbau- und TransparenzG 17.7.2017 BGBl. I 2434 (§ 339 III); ZDRL-II-UG 17.7.2017 BGBl. I 2446 (§§ 330 II 1, 340 V 1, 341n Nr. 1, 2, 3); G zur Änderung des BundesversorgungsG und anderer Vorschriften 17.7.2017 BGBl. I 2541 (§§ 10a, 320 V 2); eIDAS-DurchführungsG 18.7.2017 BGBl. I 2745 (§ 9); G zur Ausübung von Optionen der EU-ProspektVO und zur Anpassung weiterer Finanzmarktgesetze 10.7.2018 BGBl. I 1102 (§§ 289f, 315e); G zur Einführung einer Karte für Unionsbürger und Angehörige des Europäischen Wirtschaftsraums mit Funktion zum elektronischen Identitätsnachweis sowie zur Änd. des PersonalausweisG und weiterer Vorschriften 21.6.2019 BGBl. I 846 (§ 335); G zur weiteren Ausführung der EU-ProspektVO und zur Änd. von Finanzmarktgesetzen 8.7.2019 BGBl. I 1002 (§ 324); G zur Umsetzung der zweiten AktionärsrechteRL 12.12.2019 BGBl. I 2637 (§§ 285, 286, 289a, 289f, 291, 292, 314, 315a, 324, 325, 325a, 329, 340i, 341j, 341s). Elfte ZuständigkeitsanpassungsVO 19.6.2020 BGBl. I 1328 (§§ 408, 443, 475c, 516, 526). G zur weiteren Umsetzung der TransparenzRL-ÄnderungsRL im Hinblick auf ein einheitliches elektronisches Format für Jahresfinanzberichte 12.8.2020 BGBl. I 1874 (§§ 264, 289, 297, 315, 316, 317, 320, 322, 325, 328, 334, 335a, 336, 339, 340l, 340n, 341n, 341w, 342b); Sanierungs- und InsolvenzrechtsfortentwicklungsG 22.12.2020 BGBl. I 3265 (§§ 130a, 177); G zur Umsetzung der RL (EU) 2019/2034 über die Beaufsichtigung von Wertpapierinstituten 12.5.21 BGBl. I 990 (§§ 330, 335, 340, 340m, 340n, 340o); FondsstandortG 3.6.2021 BGBl. I 1498 (§§ 285, 290, 314); FinanzmarktintegritätsstärkungsG 3.6.2021 BGBl. I 1534 (§§ 264, 264b, 316a, 317, 318, 319a, 319b, 321, 322, 323, 324, 331, 331a, 332, 333, 334, 335c, 340a, 340k, 340m, 340n,

341a, 341k, 341m, 341n, 342b–e); G zur Ausführung des HNS-Übereinkommens 2010 und zur Änd. des ÖlschadenG, der Schifffahrtsrechtlichen VerteilungsO, des SeeaufgabenG und des HGB 16.7.2021 BGBl. I 3079 (§§ 611, 616, 627); FüPoG II 7.8.2021 BGBl. I 3311 (§§ 289f, 334, 340a, 340n, 341n); DiRUG 5.7.2021 BGBl. I 3338 (§§ 8b, 9, 9a, 9b, 9c, 10, 10a, 12, 13a, 13e, 13f, 13g, 15, 32, 162, 175, 264, 325, 325a, 326, 327, 328, 329, 339, 340l, 340m, 340n, 340o, 341l, 341w); MoPeG[1] 10.8.2021 BGBl. I 3436 (§§ 8b, 30, 105–152, 161, 162, 164, 166–168, 169, 170, 171, 172, 174, 175, 176, 177a, 178, 179, 233, 234, 264c); G zur Ergänzung der Regelungen zur Umsetzung der DigitalisierungsRL und zur Änd. weiterer Vorschriften 15.7.2022 BGBl. I 1146 (§ 12).

3) Rechtsquellen

A. **Gesetzesrecht:** Das ReichsHdlRecht samt Änderungen nach 8.5.1945 **21** sowie sonstiges HdlRecht, das bei Errichtung der BRD einheitlich in mindestens einer Besatzungszone galt, ist Bundesrecht (Art. 125, 74 Nr. 11 GG). HdlRecht fällt unter die konkurrierende Gesetzgebung des Bundes (Art. 72, 74 Nr. 11 GG). LandesHdlRecht vgl. **(1)** EGHGB Art. 15, 18. Früher bedeutsam von Relevanz, heute jedoch nur noch von untergeordneter Bedeutung sind Rechtsverordnungen, Rö/Röhricht Einl. Rn. 85.

B. **Gewohnheitsrecht und Richterrecht:** Gewohnheitsrecht entsteht im **22** HdlRecht wie sonst durch längere gleichmäßige Übung und Bildung der allgemeinen Überzeugung von seiner Rechtmäßigkeit. Es kann auch Gesetze entkräften, RGZ 135, 345. BundesHdlRecht kann nur durch Bundesgewohnheitsrecht (in der ganzen BRD geübt und für Recht gehalten) geändert werden. LandesHdlGewohnheitsrecht ist im gleichen Umfang möglich wie LandesHdl-Gesetze, → Rn. 21. Gewohnheitsrecht entwickelt sich nicht selten aus Richterrecht. Abgrenzung Raisch ZHR 150 (1986), 117. Dieses letztere spielt in den verschiedenen Bereichen des HdlRechts eine durchaus unterschiedliche Rolle; teilweise, zB im Firmenrecht, im Recht der HdlGehilfen (bzw. Arbeitsrecht) und HdlVertreter, im PersonenGesRecht und besonders im Recht der Bankgeschäfte, ist sie groß, teilweise ist sie eher gering.

C. **Handelsbrauch:** HdlBrauch (s. § 346) und Verkehrssitte haben im **23** HdlVerkehr eine größere Bedeutung als im Übrigen Privatrechtsverkehr. Das liegt an der Rolle der Selbstverantwortlichkeit im HdlRecht und am Bedürfnis nach Einfachheit, Schnelligkeit und Verlässlichkeit (→ Rn. 4–5). Besonders wichtig sind HdlBräuche im internationalen HdlVerkehr (→ Rn. 25–28). Handelsbräuche sind rein tatsächliche (in Abgrenzung zur Rechtsnorm), über eine Mindestdauer regelmäßig einverständlich und einheitlich geübte Verhaltensweisen und -erwartungen, denen eine einheitliche Auffassung der beteiligten Kreise zugrunde liegt, Rö/Röhricht Einl. Rn. 89.

D. **AGB:** AGB sind als selbst in die Hand genommene, typisierende Gestaltung **24** der HdlGeschäfte ein zentrales Phänomen des HdlVerkehrs. Sie sind keine Rechtsnormen, sondern Vertragsklauseln, die der einverständlichen Einbeziehung in den Vertrag durch beide Parteien bedürfen, zB **(8)** AGB-Banken, **(9)** AGB-Spark, **(10)** AGB-Anderkonten; so heute auch **(18)** ADSp. Da der einzelne Verbraucher die ihm gestellten AGB idR weder aushandeln kann noch in ihrer rechtlichen Relevanz voll ermißt, sind zwingende Normen und eine richterliche Inhaltskontrolle zu seinem Schutz nötig, s. **(5)** §§ 305–310 BGB. Gegenüber Kfltn bzw. Unternehmern entfällt diese Notwendigkeit zwar nicht ganz, ist aber angesichts ihrer selbstverantwortlichen berufsmäßigen Teilnahme am HdlVerkehr weniger stark, s. **(5)** §§ 310 I iVm 14 BGB.

---

[1] Änderungen mWv 1.1.2024. In der vorliegenden Auflage daher noch nicht berücksichtigt.

25 E. **Empfehlungen der IntHK und anderer Gremien, Rolle der IHK:
a)** Maßgeblichen Einfluss auf die HdlPraxis nimmt die 1919 gegründete **Internationale Handelskammer (International Chamber of Commerce, ICC)**, Paris, ua durch Empfehlung einheitlicher HdlKlauseln, Richtlinien und Gebräuche, zB **(6)** Incoterms, **(11)** ERA, **(12)** ERI, s. dort. Information über die nationalen HdlKammern gibt IntHK, HdB der HdlKammern der Welt (IntHK-Publikation Nr. 366, Sprache engl, frz.).

26 **b)** Auswirkung auf die HdlPraxis entfalten auf internationaler Ebene ebenfalls **UN, WTO** und **IWF**. Die Sonderorganisationen der UN-Generalversammlung **United Nations Commission on International Trade Law (UNCITRAL)** und **United Nations Conference on Trade and Development (UNCTAD)** fördern respektive die internationale Rechtsvereinheitlichung und die Formulierung von Verhaltenskodizes. Das in die WTO eingegliederte **Allgemeine Zoll- und Handelsabkommen (General Agreement on Tariffs and Trade, GATT)** bindet mit Blick auf die Schaffung eines Weltwirtschaftssystems die Mitgliedstaaten an dessen Verhaltenskodizes. Dem **Übereinkommen über den Internationalen Währungsfonds (IWF)** wiederum kommt für den internationalen Devisenverkehr maßgebliche Bedeutung zu, etwa Art. VIII Abschn. 2 lit. b IWF. Lit. MüKoHGB/K.Schmidt Vor § 1 Rn. 52 ff.

26a **c)** Die **deutschen Industrie- und Handelskammern** (in Hmb. und Bremen nur „HdlKammer") sind Organe des HdlStands mit öffentlichen Aufgaben, s. G zur vorläufigen Regelung des Rechts der IHK 18.12.1956 BGBl. 920, ua ÄndG 21.12.1992 BGBl. 2133, Jahn BB 1993, 2388. ÄndG 23.7.1998 BGBl. 1887 (Aufgabenübertragung, Beiträge). Sie sind jetzt sämtlich Körperschaften des öffentlichen Rechts (§ 3 I) mit Zwangsmitgliedschaft grundsätzlich aller, die im Bezirk eine gewerbliche Niederlassung, Betriebsstätte oder Verkaufsstelle unterhalten (§ 2, verfassungsgemäß BVerwG NJW 1998, 3510) und unterstehen der Aufsicht der durch Landesrecht zu bestimmenden Landesbehörden (§§ 11 I, 12 I Nr. 3), idR des Landeswirtschaftsministers. Im Rahmen dieses Bundesgesetzes können Landesgesetze die IHK ordnen, so NRW G 23.7.1957 GVBl. 187, Bln. G 17.10.1957 GVBl. 1636, Hessen G 6.11.1957 GVBl. 147, BW G 27.1.1958 GBl. 77; s. von Gierke ZHR 120 (1957), 77. (Pflicht-)Mitgliedschaft und Beiträge nach §§ 2 I, 3 II, III IHKG sind verhältnismäßig, Gruppenwahl nach § 5 III IHKG bedenkenfrei, aber Interessenpluralität und Minderheitenschutz nach § 1 I IHKG, BVerfG NJW 2017, 2744, Kirchberg NJW 2017, 2723. Die Kammern haben nach § 1 das Gesamtinteresse der ihnen zugehörigen Gewerbetreibenden ihres Bezirks wahrzunehmen und dabei die verschiedenen wirtschaftlichen Interessen der Mitglieder ausgleichend zu berücksichtigen, nicht aber sozialpolitische und arbeitsrechtliche Interessen. Bei Kompetenzüberschreitung Abwehrrecht der Mitglieder nach Art. 2 I GG, kein Austrittsrecht aus der Kammer, aber uU aus dem Dachverband (DIHK), BVerwG ZIP 2016, 1289. Auskünfte der IHK s. Kroitzsch BB 1984, 309. Wegfall der Beitragspflicht mit faktischer Sitzverlegung, VG Aachen NJW 2005, 169. IHK und HdlReg → § 8 Rn. 3; Mitteilung des HdlRegInhalts an die IHK nach **(4)** HRV § 37. Beteiligung am Verfahren in Registersachen (§ 380 I Nr. 1 FamFG), praktisch selten, Ries NZG 2009, 655. Einholung von Gutachten der IHK in zweifelhaften Fällen vor Eintragungen s. **(4)** HRV § 23. IHK und Handwerkskammern haben Auskunftsrechte gegenüber ihren Mitgliedern (diese stärkere als jene), sie müssen sie mit eigenen Mitteln durchsetzen, das Registergericht darf ein Mitglied der IHK nicht zur Auskunft an diese anhalten, BayObLGZ 1967, 385. Auch → § 8 Rn. 12 (Löschungsantrag der IHK), → § 18 Rn. 10 ff., 15 (Irreführungsverbot). **Lit.** Junge/Jahn/Wernicke, IHKG, 8. Aufl. 2020; Basedow BB 1977, 366.

d) Seit G 31.3.1953 waren auch Handwerker Kflte nach § 2 aF (→ § 1 Rn. 26) **27** und neben den IHK die **Handwerkskammern** mit gewissen Aufgaben im Bereich des HdlRechts betraut (s. § 380 FamFG). Seit G 13.5.1976 können auch Land- und Forstwirte Kfm. sein (s. § 3); entspr. Aufgaben haben die **Landwirtschaftskammern** und andere Organe des land- und forstwirtschaftlichen Berufsstands. Mitteilung des HdlRegInhalts an die Handwerks- und Landwirtschaftskammern nach **(4)** HRV § 37. Beteiligung am Verfahren in Registersachen (§ 380 I Nr. 2, 3 FamFG). Zu den Landwirtschaftskammer Hofmann NJW 1976, 1299.

e) Nicht bindende Empfehlungen stammen auch von anderen Gremien, zB **28** den **Spitzenverbänden der deutschen Wirtschaft,** wie die **früheren** Insiderhandels-Richtlinien und Händler- und Beraterregeln (heute **(16a)** MAR Art. 7 ff.) und der frühere Übernahmekodex (heute WpÜG).

4) Rechtsangleichung, internationales und ausländisches Handelsrecht

A. Rechtsangleichung. a) Das Streben nach **Rechtsangleichung** im Inte- **29** resse des HdlVerkehrs ist alt, Bsp.: ADHGB, → Rn. 9. Vorstufen der Rechtsangleichung durch Angleichung der HdlPraxis sind zB die **(6)** Incoterms, **(11)** ERA, **(12)** ERI. Anfänge eines Welthandelsrechts finden sich in großen **Übereinkommen** bes. auf dem Gebiet des Verkehrs, zB Internationales Übk. über den Eisenbahn-Frachtverkehr (CIM) 1890/1961 und über den Eisenbahn-Personen- und Gepäckverkehr (CIV); über den Beförderungsvertrag im internationalen Straßen- und Güterverkehr, s. **(17)** CMR; über die Beförderung im internationalen Luftverkehr (Warschauer Abkommen); wichtig ferner Genfer Wechsel- und Scheckrechtsvereinheitlichung. Zu Grundregeln der internationalen HdlVerträge: UNIDROIT Prinzipien, abgedr in ZEuP 1997, 890.

b) Von wachsender auch praktischer Bedeutung ist die **Rechtsharmonisie-** **30** **rung in der EU.** Zahlreiche EG/EU-RL zur Koordinierung des Ges-, Hdl-, Bank- und Börsenrechts, Verbraucher- und Arbeitsrechts sind bereits verbindlich. Die Anpassung des deutschen HdlRechts ist zT schon erfolgt (→ Rn. 11 ff.), teils steht sie noch bevor (zB RL 2019/1151 des Europäischen Parlaments und des Rates vom 20.6.2019 zur Änderung der RL (EU) 2017/1132 im im Hinblick auf den Einsatz digitaler Werkzeuge und Verfahren im Gesellschaftsrecht („Digitalisierungsrichtlinie")). Heute kann man von einem **europäischen Handelsrecht** sprechen, s. Grundmann ZHR 163 (1999), 635, dessen Fundament die Grundfreiheiten des AEUV (Warenverkehrs-, Arbeitnehmer-, Niederlassungs-, Dienstleistungs-, Kapitalverkehrsfreiheit) bilden. Für ein europäisches HGB Magnus FS Drobnig, 1998, 57; Lehmann ZHR 181 (2017), 9; für einen Europäischen Handelsgerichtshof Pfeiffer ZEuP 2016, 795. Kernbestandteile des Europäischen Handelsrechts sind:
– **Registerrecht** (RL 68/151/EWG); RL 89/653/EWEG; RL 2003/58/EG; RL 2009/101/EG; RL 2012/17/EU; RL 2017/1132/EU; RL 2019/1151/EU;
– **Handelsvertreterrecht** (RL 86/653/EWG);
– **Bilanzrecht** und **Abschlussprüfungsrecht** (RL 78/660/EWG; 83/349/EWG; RL 84/253/EWG; RL 86/635/EWG; RL 90/604/EWG; RL 90/605/EWG; RL 91; 674/EWG; VO (EG) Nr. 1606/2002; RL 2013/34/EU; RL 2014/56/EU; RL 2014/95/EU; VO (EU) Nr. 537/2014;
– **Recht des Geschäftsverkehrs** (RL 2000/31/EU; RL 2011/7/EU).

Bei **Nichtumsetzung** von Richtlinien droht Haftung des Mitgliedstaates gegenüber seinen Bürgern auf Schadensersatz, EuGH EuZW 1991, 758; 1996, 183 – Francovich I, II; EuGH EuZW 1996, 654 – MP Travel Line; ua, Fischer EuZW 1992, 41; auch **unmittelbare Anwendung** der RL bei Umsetzungsdefizit sowie inhaltlicher Bestimmtheit und Unbedingtheit möglich. Europa-

Merkt

rechtskonforme Auslegung des deutschen Rechts nach Umsetzung wirft schwierige Probleme auf (s. zB zur HV-RL → § 84 Rn. 3, → § 86 Rn. 22). Praktisch und prozessual wichtig ist vor allem, dass für Zweifelsfragen bei der **Auslegung** der Richtlinien ausschließlich der **EuGH** im Vorlageverfahren nach Art. 267 AEUV (234 aF, 177 aF EG) zuständig ist (→ § 84 Rn. 3; zur unionsrechtskonformen Auslegung nationalen Rechts EuGH BeckRS 2020, 4197 Rn. 121 ff.); bei Verkennung der Vorlagepflicht Vorenthaltung des „gesetzlichen Richters", BVerfG ZIP 2001, 350. Nach der Rspr. des EuGH Vorlagerecht auch bei überschießender Umsetzung (zB Bilanzrecht, AGBRecht), Grund: einheitliche Auslegung, str., aber jedenfalls keine Vorlagepflicht, Grund: insoweit keine Kompetenz der EU, str., Lutter GS Heinze, 2005, 571. **Europäisches GesRecht** → Einl. V. § 105 Rn. 34 ff. Textsammlung Hopt/Wymeersch, 4. Aufl. 2007 (engl); Grundmann, Europäisches Schuldvertragsrecht (Recht der Unternehmensgeschäfte) 1999; Dauses, HdB des EU-Wirtschaftsrechts (LBl.). **Lit.** Grabitz/Hilf/Nettesheim (LBl.).; Franzen, 1999; Magnus FS Drobnig, 1998, 57 (europäisches HGB); Grundmann ZHR 163 (1999), 635; Gsell AcP 214 (2014), 99; Lehmann ZHR 181 (2017), 9 (europäisches HGB).

31 B. **Internationales Handelsrecht (IPR):** Das internationale Handelsrecht als Bestand **handelsrechtlicher Kollisionsnormen,** die darüber entscheiden, welches materielle Handelsrecht bei Sachverhalten mit Auslandsberührung zur Anwendung gelangt, ist in Deutschland nicht gesondert gesetzlich geregelt. Wegen der Normzweckvielfalt, dazu Ebenroth/Kindler Vor §§ 1–7 Rn. 77, gibt es auch keine einheitliche handelsrechtliche Anknüpfung. Vielmehr finden zum Teil allgemeine Kollisionsregeln, zum Teil spezielle Kollisionsnormen für handelsrechtliche Einzelfragen Anwendung. **Lit.** Ebenroth/Kindler Vor §§ 1–7 Rn. 74 ff.; MüKoBGB/Kindler IntGesR Rn. 156 ff.; Heymann/Horn Einl. Rn. 4 ff.

32 Die **Kaufmannseigenschaft** beurteilt sich richtigerweise nach dem **Wirkungsstatut** (Hauptstatut, lex causae) des jeweiligen Rechtsgeschäfts, so hA, etwa Ebenroth/Kindler Vor §§ 1–7 Rn. 74 ff.; Oetker/Oetker Einl. Rn. 76 jeweils mit Überblick über Streitstand. Grund: Vermeidung der Abspaltung von Teilfragen und Gefahr von Wertungswidersprüchen. Bei ausl. Handelsteilnehmer entscheidet die Vergleichbarkeit der ausl. Teilnehmerperson mit einem Einzelkfm. Nach deutschem HGB (sog. Substitution), Ebenroth/Kindler Vor §§ 1–7 Rn. 115 oder das **Personalstatut der HdlGes.** S. das internationale GesRecht (→ Einl. V. § 105 Rn. 29).

33 Das **Handelsgeschäft** unterliegt nach Art. 3 Rom I-VO dem Vertragsstatut, also dem gewählten Recht. Mangels Rechtswahl greifen die Anknüpfungskriterien der Art. 4 ff. Rom I-VO, als Auffangtatbestand das Recht des Staates, zu dem der Vertrag die engste Verbindung aufweist, Art. 4 IV Rom I-VO. Verbraucherverträge unterfallen idR dem Recht des Staates, in dem der Verbraucher seinen gewöhnlichen Aufenthalt hat, Art. 6 I Rom I-VO. Grenzen ziehen zwingende Vorschriften, Art. 21 Rom I-VO. Für den Handelskauf → Einl. V. § 373 Rn. 45; für internationale Transportverträge (→ § 407 Rn. 11; für das Auslandsgeschäft der Banken (→ **(7)** Bankgeschäfte Rn. N1 ff.).

34 Auf **Vollmacht** ist nach **(1)** EGBGB Art. 8 I 1 primär das vom Kfm. als Vollmachtgeber gewählte Recht anwendbar, wenn die Rechtswahl dem Dritten und dem Bevollmächtigten bekannt ist. Fehlt Rechtswahl, ist gewöhnlicher Aufenthalt des Bevollmächtigten im Zeitpunkt der Vollmachtausübung maßgeblich, **(1)** EGHGB Art. 8 II; gilt auch für **Rechtsscheinsvollmacht,** Palandt/Thorn Art. 8 EGBGB Rn. 6; → Einl. V. § 48 Rn. 13; zum alten Recht BGH NJW 2007, 1529 Rn. 9 wonach sich Rechtsscheinsvollmacht nach dem Recht am Ort, an dem der Rechtsschein entstanden ist und sich auswirkt, beurteilt. Für **Prokura** gilt nach hL das Recht der Niederlassung des Kaufmanns bzw. das Gesellschaftsstatut, Koller/Roth Vor § 1 Rn. 23. Für gesetzliche und insbesondere **organschaftliche Vertretungsmacht** gilt Gesellschaftsstatut (→ Einl. V. § 48 Rn. 14, → Einl. V. § 105 Rn. 29).

Rechnungslegung und **Abschlussprüfung** unterliegen dem Recht am Ort 35 der Niederlassung des Kaufmanns (→ Einl. V. § 238 Rn. 47).

C. **Ausländisches Handelsrecht: Belgien:** Code de commerce (1807) von 36 Frankreich übernommen 1831, zahlreiche Änderungen. Lehrbücher: L. Frédéricq, Traité de droit commercial, 10 Bde. Und 1 Registerbd, 1946–1955, Kurzfassung 1 Bd. 1970 mit Ergänzungen 1973, 1976, Handboek van Belgisch Handelsrecht, 4 Bde., 2. Aufl. 1976–1981; Jassogne, Droit Commercial, 5 Bde., 1990–2014, Bd. 1 1990, Bd. 2 1992, Bd. 3 1998, Bd. 4.1, 4.2 2. Aufl. 2014, Bd. 5 2003; van Ryn/Heenen, 4 Bde., 1954–1965 (Registerbd. 1966), völlig neu ab Bd. 1 1976, Bd. 3 1981, Bd. 4 1988; van Crombugghe/Arendt, 1992 (Belgien und Luxemburg, engl); van Bael/Bellis Business law guide to Belgium, 2. Aufl. 2003 (engl); Handels- en Economisch Recht, Commentaar met overzicht van rechtspraak en rechtsleer, 7 Bde., LBl. Zeitschriften: Revue pratique des sociétés; Revue de droit commercial belge; Droit bancaire et financier. **Frankreich:** Code de commerce 1807, zahlreiche Änderungen. Lehrbücher: Ripert/Roblot, Bd. 1, 17. Aufl. 1998, Bd. 1 HlbBd 1 18. Aufl. 2001, Bd. 1 HlbBd 2 18. Aufl. 2002, Bd. 2 17. Aufl. 2004; Hamel/Lagarde/Jauffret, 2 Bde., 2. Aufl. 1980; Guyon, Droit des affaires, Bd. 1, 12. Aufl. 2003, Bd. 2 9. Aufl. 2003; Jauffret, 23. Aufl. 1997; Blaise, 4. Aufl. 2007; Didier/Didier, Bd. 1, 2005; Jeantin/Le Cannu, 7. Aufl. 2006; Mestre/Pancrazi, 27. Aufl. 2006; Pédamon, 2. Aufl. 2000; Cozian/Viandier/Deboissy, 23. Aufl. 2010 (GesR); Le Cannu/Dondero, 3. Aufl. 2009 (GesR); Gavalda/Parléani/Lecourt, 7. Aufl. 2015 (GesR, EU); Mestre/Putman/Vidal, 1995 (Grands arrêts du droit des affaires); Ferid/Sonnenberger, 4 Bde., 2. Aufl. 1986–1994 (deutsch); Sonnenberger/Dammann, 3. Aufl. 2007 (deutsch). Kommentarähnlich: JurisClasseur commercial; Encyclopédie juridique Dalloz, Répertoire de droit commercial, 6 Bde.; Lamy 2009. Zeitschriften: Revue trimestrielle de droit commercial et de droit économique; Revue de jurisprudence commerciale; Revue Lamy de droit des affaires; Revue de jurisprudence de droit des affaires; La semaine juridique, Entreprise et affaires, LexisNexis JurisClasseur; Revue des sociétés; Bull Joly sociétés; Bull Joly bourse; Journal des sociétés civiles et commerciales; Revue Lamy de droit des affaires.

Großbritannien: Richterrecht und Einzelgesetze. Goode/McKendrick, 37 Commercial Law, 4. Aufl. 2009; Sealy/Hooley, Commercial Law, 4. Aufl. 2009; Gower/Davies (Davies/Worthington), Principles of Modern Company Law, 9. Aufl. 2012; Davies, Introduction to Company Law, 2. Aufl. 2010; Morse, Partnership Law, 7. Aufl. 2010; Schall, Companies Act Komm. 2014; Triebel/Illmer/Ringe/Vogenauer/Ziegler, Englisches Handels- und Wirtschaftsrecht, 3. Aufl. 2012 (deutsch). Zeitschriften: Journal of Business Law; European Business Law Review; Company Financial and Insolvency Law Review; Journal of Corporate Law Studies.

Italien: Codice civile 1942 inkorporierte den früheren Codice di commercio. 38 Lehrbücher: Angelici, 2002; Campobasso, 3 Bde., Bd. 1 7. Aufl. 2013, Bd. 2 8. Aufl. 2012, Bd. 3 5. Aufl. 2013; Cottino, 2. Aufl. 2011; Ferrara/Corsi, 15. Aufl. 2011; Ferri, 14. Aufl. 2014; Jaeger/Denozza/Toffoletto, 7. Aufl. 2010; Libonati, 2005; Kindler, 2. Aufl. 2014 (deutsch). Komm.: Scialoja/Branca/Galgano, Codice civile, Buch IV und V (zahlreiche Bände in verschiedenen Aufl.). Zeitschriften: Rivista della società; Rivista di diritto commerciale; Giurisprudenza commerciale; Rivista del fallimento e delle società commerciali; Rivista di diritto industriale; Banca, borsa e titoli di credito.

Luxemburg: van Crombugghe/Arendt 1992 (Belgien und Luxemburg, 39 engl).

Merkt 13

40 Niederlande: Wetboek van Koophandel 1838, zahlreiche Änderungen. Lehrbücher: De Groot/Stein, Grondtrekken van het handelsrecht, 9. Aufl. 2002; C. Asser's Handleiding tot de beoefening van het Nederlands burgerlijk recht, Bde. 2.1–2.3 Rechtspersonenrecht 2009–2015; Bulten/Leijten/Lennarts, Ondernemingsrecht, 7. Aufl. 2014 (Praxiskommentar); Grundmann-van de Kroll, Koersen door de wet op het financieel toezicht, 2012; Busch, Toezicht financiele markten, 3 Bde. 2014; Warendorf/Thomas, Company and Business Legislation of the Netherlands, 2 Bde. (LBl., niederl und engl); Hoyng/Roelvink/Schlingmann 1992 (engl); Gotzen, 2. Aufl. 2000 (deutsch). Zeitschriften: Sociaal-Economisch Wetgeving.

41 Österreich: UGB 2005, Dehn/Krejci, 2. Aufl. 2007; Harrer/Mader, 2005; Rieser, 2006; Harrer, 2010 (PersG als Unternehmensträger); G. H. Roth RdW 2003, 610; K. Schmidt JBl. 2004, 31; Krejci ZHR 170 (2006), 113; G. H. Roth ZIP 2006, 1749. Lehrbücher: Hämmerle/Wünsch, Bd. 1, 4. Aufl. 1990, Bd. 2, 4. Aufl. 1993; Holzhammer, 8. Aufl. 1998; Krejci, Gesellschaftsrecht, 2005, Unternehmensrecht, 5. Aufl. 2013; Torggler, 2013 (GesR). Komm.: Jabornegg/Artmann, Bd. 1, 2. Aufl. 2010, Bd. 2, 2. Aufl. 2012; Straube, Bd. 1, 4. Aufl. 2009, Bd. 2 (Rechnungslegung), 3. Aufl. 2011; Kalss/Nowotny/Schauer, öGes-Recht 2008; Apathy/Iro/Koziol, öBankvertragsrecht VI, 2. Aufl. 2007 (Kapitalmarkt). HdlVertreterrecht HvertrG 1993, Nocker IHR 2007, 45. Zeitschriften: ÖJZ, ÖZW, Juristische Blätter, Recht der Wirtschaft, Bank-Archiv.

42 Schweiz: Obligationenrecht (OR) 1881, Revisionen 1911 und 1936 und zahlreiche Änderungen. Lehr- und Handbücher: Gutzwiller ua, Schweizerisches Privatrecht, zahlreiche EinzelBde; Guhl/Koller/Schnyder/Druey, 9. Aufl. 2000; Meier-Hayoz/Forstmoser, Schweiz Gesellschaftsrecht, 11 Aufl. 2012; Böckli, 4. Aufl. 2009 (AG). Komm.: Berner Komm., Zürcher Komm. (beides Groß-Komm zu ZGB/OR); Honsell/Vogt/Wiegand, OR, Bd. 1 5. Aufl. 2011; Honsell/Vogt/Watter, OR, Bd. 2, 4. Aufl. 2012; Honsell/Vogt/Geiser, ZGB, Bd. 1, 5. Aufl. 2014, Bd. 2, 4. Aufl. 2011; Vogt/Watter, Börsengesetz, Finanzmarktaufsichtsgesetz, 2. Aufl. 2011; Honsell/Vogt/Watter, Wertpapierrecht, 2012. Zeitschriften: ZSR, SchweizJZ, SZW (früher SchweizAG).

43 Skandinavien: Kein besonderes HdlRecht, aber Einzelgesetze zB über Kauf, über HdlReg, Firma und Prokura, über Kommission, HdlAgentur und HdlReisende und über Gesellschaften ua jeweils in Dänemark, Norwegen und Schweden; Lau Hansen, Nordic Company Law, 2. Aufl. 2007; Wahlgreen, 2003 (GesR); Lekvall, The Nordic Corporate Governance Model, 2014.

44 Spanien: Codigo de comercio von 1885 mit zahlreichen Änderungen. Uria, Bd. 1, 1999, Bd. 2, 2000; Sánchez Calero/Sánchez-Calero Guilarte, Instituciones de Derecho Mercantil, 2 Bde., 36. Aufl. 2013, Principios de Derecho Mercantil, 19. Aufl. 2014; Cremades, Business Law in Spain, 2. Aufl. 1992 (engl); Löber/Peuster/Reichmann, Bd. 1, 1984, Bd. 2, 1991 (deutsch/spanisch); Fischer/Fischer, 3. Aufl. 2005 (deutsch). Zeitschrift: Revista de Derecho Mercantil, de Derecho de Sociedades; Revista de Derecho Bancario y Bursatil.

45 USA: Richterrecht und einzelstaatliche Gesetze (statutes) weitgehend nach dem Muster des Uniform Commercial Code (UCC) seit 1954. White/Summers(/Hillman) 4 Bde., Bd. 1 White/Summers/Hillman, 6. Aufl. 2012, Bd. 2; White/Summers, 5. Aufl. 2000, Bd. 3; White/Summers/Hillman, 6. Aufl. 2014, Bd. 4; White/Summers, 6. Aufl. 2009; Allen/Kraakman/Subramanian, Commentaries and cases on the law of business organization, 4. Aufl. 2012; Clarkson/Miller/Cross, Business Law, 12. Aufl. 2012; Goldman/Sigismond, Business Law, 9. Aufl. 2014; Mann/Roberts, Essentials of business law and the legal environment, 12. Aufl. 2015. Auf Deutsch: Assmann/Bungert, Handbuch des US-amerikanischen Handels-, Gesellschafts- und Wirtschaftsrechts, 2001; Elsing/van Alstine, US-amerikanisches Handels- und Wirtschaftsrecht, 2. Aufl. 1999; Merkt, US-amerikanisches Gesellschaftsrecht, 3. Aufl. 2013. Zeitschriften: spezialisiert The Business Lawyer, sowie die Zeitschriften der Universitäten.

Weitere Länder: Bundesstelle für Außenhandelsinformation, Köln, Schriftenreihe „Ausländisches Wirtschafts- und Steuerrecht", zB Rechtsfragen im Auslandsgeschäft. 46

5) Handelsrecht der ehemaligen DDR und in den neuen Bundesländern
s. 30. Und 39. Aufl. Einl. V. § 1 Rn. 20 f. 47

II. Unternehmensrecht

1) Das Unternehmen

A. **Unternehmensbegriff: a)** Trotz der Wichtigkeit des Unternehmens in Wirtschaft und Recht gibt es keinen einheitlichen Rechtsbegriff des Unternehmens. Vielmehr ist der Begriff Unternehmen je nach dem Willen und Zweck des Gesetzes und der Norm zu bestimmen, die ihn verwenden. Das kann zu unterschiedlichen, aber jeweils funktional richtigen Abgrenzungen führen, BGHZ 31, 109. Zum hdlrechtlichen Unternehmensbegriff K. Schmidt § 3 I. 48

b) Der Unternehmensbegriff ist ua Grundbegriff des **Konzernrechts** (Recht der „verbundenen Unternehmen", AktG Buch 3, §§ 291 ff.); Rspr. BGHZ 69, 334 – VEBA/Gelsenberg: BRD; 135, 113 – VW; 148, 123; GroßKoAktG/Windbichler § 15 Rn. 10; auch → § 105 Rn. 100 ff. Der Unternehmensbegriff ist auch im **MitbestG** (s. § 1 I) und im **PublG** („Rechnungslegung von bestimmten Unternehmen und Konzernen") grundlegend (→ Einl. V. § 238 Rn. 31). Auch im **Wettbewerbsrecht** ist der Unternehmensbegriff zentral. Rspr.: BGHZ 31, 109; 36, 103; 67, 84 (Laborärzte); 74, 365 (WAZ: für Fusionskontrolle bei zwei paritätisch beteiligten Großaktionären mit maßgeblichen Beteiligungen an mehreren Unternehmen, die zu marktstrategischen Planungen und Entscheidungen führen); 121, 146; BGH NJW 1980, 1046 (öffentliche Hand); K. Schmidt ZGR 1980, 277. 49

c) Eine **handelsrechtliche** Begriffsbildung geschieht am besten induktiv. Einigkeit besteht darüber, dass zwar der Kfm. Unternehmer und sein HdlGewerbe (§§ 1 ff.) bzw. HdlGeschäft (vgl. §§ 22 ff.) Unternehmen ist, aber der Unternehmensbegriff darüber hinausgeht. So müssen sonstige Gewerbebetriebe (zur Abgrenzung → § 1 Rn. 11 ff.), insbesondere Kleingewerbetreibende, ebenso einbezogen werden wie andere wirtschaftliche Tätigkeiten, die herkömmlich nicht als Gewerbe, sondern als freier Beruf angesehen werden (→ § 1 Rn. 19), str. Die neuere Gesetzgebung (§§ 13, 14 BGB idF FernAbsG 2000, zuvor schon ua in § 414 IV aF (30. Aufl.) und in verschiedenen Verbraucherschutzgesetzen) erfasst als Unternehmer im Gegensatz zum Verbraucher jede gewerbliche oder selbstständige berufliche Tätigkeit. Eine mehr **pragmatische,** an den Bedürfnissen des Rechtsverkehrs ausgerichtete Begriffsbildung setzt an den einzelnen **Funktionen** des Unternehmens an und begnügt sich mit Bereichslösungen, zB Unternehmen als Gegenstand des Rechtsverkehrs (→ Rn. 59–76), Rechtsschutz des Unternehmens (→ Rn. 77–91), Unternehmensnachfolge (→ §§ 22 ff., s. dort), so vor allem Rspr. und Praxis. Eine mehr **theoretische** Begriffsbildung kann unterschiedliche Aspekte des Unternehmens herausheben oder kombinieren: so hat jedes Unternehmen einen materiellen und immateriellen Mittel umfassenden **Gegenstand,** dem im Verkehr ein bestimmter (Unternehmens-)**Wert** beigemessen wird (→ Rn. 51–54). Jedes Unternehmen hat nicht nur eine Organisation, sondern ist eine **organisierte Einheit** am Markt und im Verkehr; das wird ua bei **Entstehen, Verlegung** und **Erlöschen** des Unternehmens deutlich (→ Rn. 55–57). Schließlich hat jedes Unternehmen einen **Rechtsträger** (zB Kfm., HdlGes, 50 freiberuflich Tätiger), sofern es nicht von der Rechtsordnung selbst als Rechtssubjekt anerkannt wird (→ Rn. 58). Eine konsequente, teils über das geltende Recht hinausreichende Sicht des HdlRechts als Unternehmensrecht bietet K. Schmidt, HdlRecht, krit. Zöllner ZGR 1983, 82. Argumentationssammlung s. Unternehmensrechtskommission 1980; dazu Kübler ua ZGR 1981, 377–509.

51 **B. Unternehmensgegenstand und -wert: a)** Das Unternehmen umfasst die zum Zweck seiner Tätigkeit gewidmeten **Sachen** und **Rechte** (Forderungen, Beteiligungen, Vertragsrechte, gewerbliche Schutzrechte, die Firma und andere geschützte Kennzeichnungen, öffentliche Gewerberechte usw) sowie **sonstige wirtschaftliche Werte** wie Erfahrungen, Know-how, Unternehmensgeheimnisse, BGHZ 16, 175; 64, 329, Geschäftsbeziehungen, Kundenstamm, Personal, den geschäftlichen Ruf und Kredit, Goodwill ua, BGH NJW 1970, 557, OLG Karlsruhe WM 1989, 1229. Geschäftsgeheimnis und EU, Harte-Bavendamm FS Köhler, 2014, 235; EU-Richtlinie 8.6.2016 Abl. L 157, 1; Hauck NJW 2016, 2218. Zum Know-how **Lit.** Pfister, 1974; Stumpf, 1977; Druey, 1977 (Geschäftsgeheimnis); Tiedemann FS von Caemmerer, 1978, 643.

52 **b)** Jedes Unternehmen hat im Verkehr einen bestimmten, uU auch negativen **Wert.** Die richtige Bewertung ist nicht nur eine wirtschaftliche, sondern uU auch rechtliche Frage, etwa im Bilanzrecht (§§ 252 ff.), bei Eintritt und Ausscheiden von Gftern (ua Abfindung, → § 131 Rn. 48), bei Zugewinn- und Pflichtteilsberechnung, im Insolvenzverfahren, Entschädigung nach BEG, BGH BB 1962, 155, Schulden regelung nach BVFG, BGH DB 1956, 1232. Die Bewertung ist abhängig von dem jeweiligen Gesetzeszweck; so sieht eine Insolvenzbilanz (Zerschlagungswert des Unternehmens) anders aus als eine Jahresbilanz, und diese wiederum anders als eine Abfindungsbilanz. Ausschlaggebend ist also der Bewertungszweck. Maßgeblich für die Unternehmensbewertung in der Wirtschaftsprüferpraxis ist **IDW Standard: Grundsätze zur Durchführung von Unternehmensbewertungen IDW S 1 idF 2008,** IDW-FN 2008, 271, F & A (Basiszinssatz) IDW-FN 2013, 363; 2014, 293 (Länderrisiken, Basiszinssatz), zu IDW S 1 BGH NJW 2003, 3272; OLG Karlsruhe ZIP 2013, 1470; OLG Stuttgart NZG 2013, 897 und 1179; AG 2014, 208 (291); krit. Puszkajler ZIP 2010, 2279; neuere Fassungen sind ohne Verstoß gegen Rechtssicherheit und Vertrauensschutz auch auf Altfälle anwendbar, auch das Stichtagsprinzip steht nicht entgegen soweit die Neufassung nicht Reaktion auf nach dem Stichtag eingetretene, insbesondere steuerrechtliche Veränderungen ist, BGH WM 2016, 157 – Stinnes mAnm Mock WM 2016, 1261; Fleischer AG 2016, 185; Schüppen ZIP 2016, 393; auch Grundsätze zur Bewertung immaterieller Vermögenswerte IDW S 5 Stand 23.5.2011, IDW-FN 2011, 467; anders DVFA Best-Practice-Empfehlungen Unternehmensbewertung 2012 mit einer Bewertung aggregiert nach drei Verfahren (Kapitalwertverfahren/DCF, Multiple-basierte Verfahren und Aktienkursanalyse) und dargestellt in Wertpapierbandbreiten. Der **objektive Wert eines Gesellschaftsanteils** ergibt sich als quotaler Wert auf Basis des objektiven Gesamtwerts des Unternehmens; anders der subjektive Wert des Anteils (Anteilsquote, Einfluss des Anteilseigners, erwartete Synergieeffekte), IDW S 1 Tz. 13, str., → § 131 Rn. 49.

53 **c)** Für die Unternehmensbewertung gibt es verschiedene **Methoden:** In der **Betriebswirtschaftslehre** werden heute nur noch die **zukunftsbezogenen** Methoden anerkannt, **Unternehmenswert als Zukunftserfolgswert,** so auch IDW S 1 Tz. 7. Herkömmlich herrscht unter diesen die Ertragswertmethode vor, daneben sind mittlerweile das Discounted Cash Flow-Verfahren (DCF), das Dividendendiskontierungsmodell und die Residualgewinnmethode getreten. IDW S 1 Tz. 7 legt das Ertragswertverfahren (Tz. 111 ff.) und das DCF-Verfahren (Tz. 134 ff.) zugrunde. Im Prinzip müssten alle vier Methoden zum selben Ergebnis kommen, näher Coenenberg/Schultze DBW 2002, 597 (selbst mit

Bevorzugung der Letzteren). Bei der **Ertragswertmethode** drückt der Unternehmenswert den Wert des fortgeführten Unternehmens, bezogen auf eine Alternativinvestition am Kapitalmarkt, aus (Bewertung künftiger finanzieller Überschüsse, Zukunftserfolgswert), nicht betriebsnotwendiges Vermögen wird gesondert bewertet, IDW S 1 Tz. 24 ff., 67 ff. Ertragssteuern des Unternehmens und der Unternehmenseigner sind zu berücksichtigen, IDW S 1 Tz. 32 ff., dabei ist zu beachten, dass diese bei Kapitalgesellschaften und bei Einzelunternehmen und Personengesellschaften unterschiedlich sind, IDW S 1 Tz. 39, 40. Die finanziellen Überschüsse sind auf den Bewertungsstichtag mit dem Kapitalisierungszinssatz abzuzinsen (Grund: Vergleichbarkeit mit Anlagealternativen), IDW S 1 Tz. 123 ff. Die **Schwierigkeiten** liegen ua im Prognoseproblem, zB in der Bemessung des Kapitalisierungszinssatzes (Basiszinssatz entsprechend Alternativinvestitionen; Zuschläge für Unternehmerrisiko und geringe Fungibilität; Bewertung bei Corona-Pandemie erfordert komplexe Berücksichtigung zB des zukünftigen Kundenverhaltens, Änderung der Lieferketten, IDW, FAUB v. 25.3.2020, 2 f., str., Abzüge für Geldentwertung, sehr str.) und in der Zugrundelegung des vorhandenen oder eines veränderten Unternehmenskonzeptes. Zu letzterem berücksichtigt die Wurzeltheorie nur die zum Stichtag bereits eingeleiteten Maßnahmen, dh durch Umsetzungsbeschlüsse der Geschäftsführung bzw. eines Aufsichtsorgans und dokumentierte Planungen bereits konkretisierte, IDW S 1 Tz. 43 f., 58 f. Besonderheiten gelten bei der Bewertung wachstumsstarker bzw. ertragsschwacher Unternehmen sowie kleiner und mittlerer Unternehmen, IDW S 1 Tz. 156 ff. Zu den Grundsätzen ordnungsmäßiger Unternehmensbewertung gehören Bewertung der wirtschaftlichen Unternehmenseinheit, der nachhaltig entziehbaren Einnahmenüberschüsse, der zukunftsbezogenen Bewertung ua, nicht aber (bilanzielle) Vorsichtsprinzip (anders für die HdlBilanz → § 252 Rn. 10), IDW S 1 Tz. 72 f. Gleichwertig mit der Ertragswertmethode sind die **DCF-Methoden (discounted cash flow,** gewogene Kapitalkosten nach dem WACC-Ansatz, angepasster Barwert nach dem APV-Ansatz), IDW S 1 Tz. 134 ff., WP-HdB 2014 II 53. In der Praxis finden sich zT auch noch **andere Methoden,** zB die Mittelwertmethode, die einen Unternehmensgesamtwert zwischen Ertragswert und Substanzwert (Reproduktionswert) annimmt, so auch das Stuttgarter Verfahren (Vermögensteuer), Moxter DB 1976, 1585. Der **Liquidationswert** (Verkaufs- oder Zerschlagungswert, zu unterscheiden von Substanzwert bei Fortführung) ist allenfalls **Wertuntergrenze,** IDW S 1 Tz. 150 f., etwa bei völlig unrentablen Unternehmen, aber sonst für die Bewertung des fortgeführten Unternehmens nicht maßgeblich (aber → Rn. 54); bei Vorliegen eines rechtlichen oder tatsächlichen Zwangs zur Unternehmensfortführung bleibt es beim Fortführungswert. Der **Substanzwert,** also der Gebrauchswert der betrieblichen Substanz, hat bei der Unternehmenswertermittlung **keine eigene Bedeutung,** IDW S 1 Tz. 6, 180 ff. Der **Börsenkurs(wert)** als aktueller Verkehrswert betrifft Anteile, nicht das Gesamtunternehmen und ist von Marktzufälligkeiten abhängig (Volatilität ua, Stichtagsproblem), kann aber Orientierung bei Ertragswertermittlung abgeben, IDW S 1 Tz. 14 ff., und rechtlich den Mindestwert des Anteils darstellen (→ Rn. 54). Der am Markt für Unternehmenskontrolle (Übernahmen) erzielbare **Marktwert** liegt häufig weit über dem Ertragswert. Zur Bewertung bei Unternehmenserwerben und Werthaltigkeitsprüfungen nach IFRS WP-HdB 2014 II 194. Zu **CAPM** (capital asset pricing model, auch **Tax-CAPM)** IDW S 1, OLG Düsseldorf WM 2009, 2220; OLG Stuttgart AG 2010, 513; OLG Karlsruhe ZIP 2013, 1471; OLG Frankfurt a. M. AG 2014, 822; OLG Stuttgart AG 2014, 294; Reuter AG 2007, 1; Hüttemann WPg 2007, 820 und → Rn. 54.

d) Rechtlich ist keine dieser Methoden verbindlich, diese sind keine Rechtsnormen und ihnen auch nicht ähnlich, BGH WM 2016, 157 Rn. 45, vielmehr können die mit der Bewertung betrauten Fachleute das ihnen im Einzelfall geeignete Verfahren **wählen;** das Ergebnis ist für den Richter im wesentlichen Tatfrage, str., BGHZ 68, 165; NJW 1982, 2441; 1993, 2101; 2014, 294 Rn. 34; WM 2016, 157 Rn. 34, mit der Folge einer hinzunehmenden Bandbreite von Werten, BayObLG AG 2005, 41; OLG Frankfurt a. M. ZIP 2010, 1947; Abgrenzung von Tatsachen- und Rechtsfragen ist str., Kuhner WPg 2007, 825, Hüttemann WPg 2007, 812, wobei zu bedenken ist, dass es keinen „wahren Wert an sich" gibt. Die Rspr. nimmt ein **breites richterliches Schätzungsermessen** für sich in Anspruch (§ 287 II ZPO), BGHZ 147, 116; BayObLG AG 2006, 41; OLG Stuttgart AG 2013, 724; Katzenstein AG 2018, 739 (Spruchverfahren). Für inhaltliche Auseinandersetzung um in der Betriebswirtschaftslehre umstrittene Fragen besteht grundsätzlich weder Bedürfnis noch Raum, OLG Stuttgart AG 2015, 580. Zu ermitteln ist (je nach Bewertungszweck) der wirkliche Wert des lebenden Unternehmens einschließlich der stillen Reserven und des good will, wie er sich idR aus dem Preis für Verkauf des Unternehmens als Einheit ergibt, also der (zukunftsorientierte) **Ertragswert;** BGHZ 116, 370; 138, 140; 140, 36; 156, 61; BGH NJW 2018, 61 (Besonderheiten beim Zugewinnausgleich); BerechnungsBspe OLG Düsseldorf AG 2003, 329 – Siemens/SNI Verschmelzung m. krit. Anm. Martens 593, OLG Stuttgart ZIP 2007, 534 – DaimlerChrysler, OLG Stuttgart AG 2011, 207 (IDW S 1, CAPM, → Rn. 53), 795 (Tax-CAPM); OLG Frankfurt a. M. AG 2011, 717 (Betafaktor), 828 (CAPM); OLG Düsseldorf WM 2016, 1645 (Betafaktor); OLG Düsseldorf AG 2019, 92 (IDW S 1, Nachsteuerbewertung). Das bilanzrechtliche Vorsichtsprinzip (§ 252 I Nr. 4) gilt nicht. Zum Ertragswert kommt ein Risikozuschlag bei beherrschten Ges. hinzu, OLG Frankfurt a. M. AG 2015, 205 Rn. 42 ff. (Vorlagebeschluss, Barabfindung bei Ausschluss von Minderheitsaktionären nach § 327b AktG). Dabei hat die **unternehmenseigene Planung** grundsätzlich Vorrang, aber Plausibilitätsprüfung, OLG Hamm WM 2016, 1687; OLG München AG 2019, 357. Maßgebend sind, auch für die Schätzung des Zukunftsertrags, die Verhältnisse am **(Bewertungs)stichtag;** die Entwicklung in der Bewertungszeit ist zu berücksichtigen, nicht solche mit Ursprung nach dem Stichtag; BGH NJW 1973, 511; OLG München AG 2019, 357; WP-HdB 2014 II A 51 ff. Künftige Erfolgschancen müssen im Regelfall am Stichtag bereits im Ansatz geschaffen sein **(Wurzeltheorie),** BGHZ 138, 140; 140, 35; BGH WM 2016, 157 Rn. 40, und vorhersehbar gewesen sein, BGH WM 2016, 157 Rn. 42; OLG Frankfurt a. M. ZIP 2012, 128; OLG Stuttgart AG 2014, 295; OLG München AG 2015, 508; OLG Frankfurt a. M. AG 2016, 551; OLG Düsseldorf AG 2016, 861; OLG München AG 2019, 357. Statt **stand alone-Bewertung,** üL, BGHZ 138, 136 (140); BayObLG DB 1995, 2590; OLG Frankfurt a. M. AG 2014, 822; differenzierend WP-HdB 2014 II A 89 ff. (Synergieeffekte, Konzern), 136 ff. (nicht betriebsnotwendiges Vermögen), sollten trotz Schwierigkeiten **Synergie- bzw. Verbundeffekte** berücksichtigt werden, Fleischer ZGR 1997, 368 (zu §§ 305, 320b AktG), 2001, 27, jedenfalls wenn sie sich im Börsenkurs niedergeschlagen haben, BGHZ 147, 120; allgemeiner für alternative Fortführungsmöglichkeiten Hüttemann ZHR 162 (1998), 586, aber problematisch. Zur Ertragswertbestimmung Rückblick auf idR fünf Jahre, BGH BB 1975, 1083 (Pflichtteilsberechnung), mit Ausklammern der besten und schlechtesten dieser fünf, so OLG Hamm BB 1976, 626 (Zugewinnermittlung), Ertragsprognose, OLG Frankfurt a. M. AG 2012, 417. Zentral wichtig ist der **Kapitalisierungszinssatz** (bezogen auf die von einem hypothetischen Unternehmenserwerber erzielbaren Rendite). Er folgt aus einem **Basiszinssatz** (langfristige Rendite öffentlicher Anleihen, → Rn. 53) und einer **Risikoprämie** (Marktrisiko und unternehmensspezifischer Betafaktor, dh Rendite der AG im Vergleich zum Marktportfolio, dazu OLG Karlsruhe AG 2013, 880; OLG Stuttgart AG 2014, 212; OLG Karlsruhe AG 2016, 220). Die Rspr., zB OLG Frankfurt a. M. AG 2012, 513; OLG Düsseldorf AG 2012, 797, akzeptiert Marktrisikoprämien von 4–5 % (vor Est) und 5–6 % (nach Est), OLG Stuttgart AG 2014, 212; OLG München AG 2015, 508 Rn. 81, 6 % am oberen Ende, OLG Stuttgart AG 2014, 293; OLG Düsseldorf WM 2016, 1641 (4,5 %), 1690 (5 % am unteren Ende); OLG Düsseldorf AG 2019, 95 (5,5 %); OLG München AG 2019, 357. **Wachstumsabschlag** zwischen 0,5-2 %, OLG Düsseldorf WM 2016, 1691; OLG München AG 2019, 357. Kapitalisierungssätze idR zwischen 5–15 %, Hennrichs ZGR 1999, 851; Kapitalisierungszinssatz-, Risikoprämien- und Inflations-/Wachstumsabschlagsvarianten, Nachsteuerbetrachtung s. OLG Stuttgart ZIP 2007, 534; OLG München ZIP 2009, 2339; OLG Düsseldorf AG 2016, 329. Basiszins, Risikozuschlag, persönliche Steuern und Wachstumsabschlag mit Rspr., Hachmeister/Wiese WPg 2009, 54. **Untergrenze** auch bei der Ertragswertbewertung ist nach **Verfassungsrecht** entgegen früherer hL u. Rspr. idR der **Börsenkurs**, außer wenn er ausnahmsweise (zB bei Marktenge) nicht den Verkehrswert der Aktie widerspiegelt, ohne Paketzuschläge und Kontrollprämien, BverfG ZIP 1999, 1436 – DAT/Altana (zu § 305 AktG, zust. Röhricht [II ZS] ZIP 1999, 1439) mAnm Wilken ZIP 1999, 1443; BverfG AG 2000, 40; NJW 2007, 828; ZIP 2011, 170 (KuKa); BerechnungsBsp OLG Düsseldorf AG 2003, 329 (Verschmelzung); OLG Düsseldorf AG 2004, 324 (Umwandlung in KG); OLG Frankfurt a. M. AG 2015, 205 (Vorlagebeschluss, Barabfindung bei Ausschluss von Minderheitsaktionären nach § 327b AktG), auch alleinige **marktorientierte Bewertung** am Börsenkurs ist rechtlich zulässig und kann etwa bei Aufnahme in bedeutenden Marktindex und in hoch liquidem Markt sogar vorzugswürdig sein, OLG Frankfurt a. M. ZIP 2010, 1947 mAnm Puszkajler 2275; Stilz ZGR 2001, 883 und FS Goette, 2011, 529; W. Müller FS Röhricht, 2005, 1015; Decher ZHR 171 (2007), 142; Tonner FS K. Schmidt, 2009, 1589. Einzelheiten str., Hüffer FS Hadding, 2004, 461; Brandi/Wilhelm NZG 2009, 1408; Bungert/Wettich FS Hoffmann-Becking, 2013, 157. Art. 14 GG verlangt wirtschaftlich volle Entschädigung, BverfG NJW 2001, 279 (Moto Meter, Schutz der Minderheitsaktionäre bei übertragender Auflösung). Stichtagsproblem bzw. Referenzzeitraum sehr str., BGHZ 147, 108 – DAT/Altana; BGH ZIP 2010, 1487 – Stollwerck (Tag der Bekanntmachung der Strukturmaßnahme, § 327b I AktG, Änderung von DAT/Altana BGHZ 147, 108) mAnm Decher ZIP 2010, 1673; Bücker NZG 2010, 967; Bungert/Wettich BB 2010, 2227, ZIP 2012, 449, Zeeck/Reichard AG 2010, 699, Wasmann ZGR 2011, 83; vgl. BverfG NJW 2007, 828: uU Zeitpunkt entspr. § 5 I WpÜG-AngebotsVO, üL, OLG Stuttgart ZIP 2007, 530, eventuell Glättung von Kursschwankungen durch Durchschnittskurs über relevanten Zeitraum. Bewertung allein nach Substanzwert ist auch bei unrentablem Unternehmen idR nicht marktgerecht, BGH NJW 1982, 2441. Bewertung ausnahmsweise nach **Liquidationswert** s. BGH NJW 1982, 2498, WM 2006, 776, aber außer bei unmittelbarem Bevorstehen der Liquidation ungeeignet, BGHZ 138, 386, aber idR (nach früherer Ansicht stets, BayObLG BB 1995, 1760, offen BGH WM 2006, 777) als Untergrenze, OLG Düsseldorf AG 2004, 327 (zu §§ 304, 305 AktG), WP-HdB 2014 II A 195, str. (→ Rn. 53), Grund: keine irrationale Unternehmerentscheidung zu Lasten anderer, Kasperzak/Bastini WPg 2015, 285. Liquidationswert aber für das nicht betriebsnotwendige Vermögen, zB Gaststättengrundstück im Eigentum einer Brauerei, BayObLG DB 1995, 2590. Übersicht: Kasperzak/Bastini WPg 2015, 285. Die Mittelwertmethode (→ Rn. 53) kommt ohne besonderen Ansatz des Goodwill aus, BGH BB 1982, 71. Berücksichtigung der besonderen Tüchtigkeit des Geschäftsführers, BGH NJW-RR 1987, 21. Berücksichtigung des Vermögenswerts einer freiberuflichen Praxis, BGH NJW 2008, 1221 (Zugewinnausgleich) mAnm. Münch 1201, auch des Goodwill, BGH NJW 2011, 999. Bei Veräußerung ein Jahr nach Bewertungsstichtag ist Anlehnung an Verkaufserlös abzüglich Veräußerungskosten zulässig, BGH NJW 1982, 2498. Anspruch auf Vorlegung von Geschäftsunterlagen zwecks Geschäftsbewertung → § 166 Rn. 4 (betr. Kdtist),

Einl v § 1 55–57

BGH BB 1975, 1083 (zu § 2314 BGB), OLG Hamm BB 1983, 860 (zu § 1379 BGB, Anwaltssozietät). **RsprÜbersichten:** Piltz, 3. Aufl. 1994; Lausterer, 1997; Luttermann NZG 2007, 611 (international); Reuter AG 2007, 1 (CAPM); Wüstemann BB 2007, 2223 (Basiszinssatz, Risikozuschlag); 2008, 1499; 2009, 1518; 2010, 1715; 2011, 1707; Ruthardt/Popp AG 2019, 196; allgemein BilanzRspr Moxter, 6. Aufl. 2007. **Lit.** Adolff, 2007; Ballwieser/Hachmeister, 4. Aufl. 2013; Barthel (LBl.); Braunhofer, 1995 (im Familien- und Erbrecht); Drukarczyk/Schüler, 6. Aufl. 2009; Fleischer/Hüttemann, 2. Aufl. 2019; Großfeld/Egger/Tönnes, 8. Aufl. 2016 (im GesRecht); Karrer, 2003 (Abfindung im Konzern-, Übernahme- und Ausschlussrecht); Klöhn, 2009; Peemöller, 5. Aufl. 2012; WP-HdB 2014 II A; Hüttemann ZHR 162 (1998), 563; Hennrichs ZGR 1999, 837; ZHR 164 (2000), 453; Hülsmann ZIP 2001, 450; Hüttemann ZGR 2001, 454; Piltz ZGR 2001, 185; Stilz ZGR 2001, 875 (BverfG/BGH); Coenenberg/Schultze DBW 2002, 597; Janssen NJW 2003, 3387 (Anwaltskanzleien); Bruski BB-Sp 7/2005, 19 (Kaufpreisanpassungsklausel); Hüffer ZHR 172 (2008), 572; Kögel NJW 2007, 556 (Besonderheiten bei Zugewinn); Reuter AG 2007, 881 (internationale Bezüge); Hüttemann WPg 2007, 812; Wüstemann BB 2007, 2223 (Basiszinssatz, Risikozuschlag); Großfeld/Merkelbach NZG 2008, 241 (einschlägige Datenbanken); Stilz FS Goette, 2011, 529; Fleischer ZIP 2012, 1633 (geschlossene KapitalGes); Fleischer/Bong NZG 2013, 881 (Angemessenheitskontrolle bei Verschmelzung); Reichert FS Stilz, 2014, 479 (BverfG); Schäfer/Wüstemann ZIP 2014, 1757 (bei Sanierung mit Insolvenzplan); Sigle FS Stilz, 2014, 617 (FamilienGes); Popp/Ruthardt AG 2015, 857 (Stichtagsprinzip); Fleischer AG 2016, 185 (Anwendung neuer Bewertungsstandards); Ihlau/Kohl WPg 2017, 397 (S. 13, Familien- und Erbrecht). Vgl. ferner zur **Abfindung ausscheidender Gesellschafter** (nebst Abfindungs- und Bewertungsklauseln, → § 131 Rn. 48) und außenstehender Aktionäre (§§ 304, 305 AktG), Groß-KoAktG/Hasselbach/Hirte, zum Pflichtangebot (§ 31 WpÜG) sowie zum Bilanzrecht (→ Einl. V. § 238). **RsprÜbersichten:** Piltz, 3. Aufl. 1994; Hachmeister ua WPg 2011, 829; 2013, 762; 2014, 894; Meinert DB 2011, 2397 (2455); Wüstemann BB 2013, 1643; 2014, 1707; Ruthardt/Hachmeister WM 2014, 725 (OLG); 2016, 687 (OLG, LG).

55 **C. Entstehen, Verlegung und Erlöschen des Unternehmens: a)** Das Unternehmen **entsteht** durch Errichtung als organisierte Einheit und Auftreten nach außen. Es kann aber schon zuvor in der Gründungsphase („werdendes" Unternehmen) einen Wert haben, Gegenstand des Rechtsverkehrs sein und Rechtsschutz genießen. Das Unternehmen besteht als organisierte Einheit am Markt rechtlich auch dann, wenn es nicht genehmigt oder sogar verboten ist (vgl. § 7). Nur kann es dann behördlich geschlossen werden. Auch ist im Einzelnen genau zu prüfen, ob Rechtsgeschäfte im und über das Unternehmen wirksam sind (zB §§ 134, 138 BGB), inwieweit das Unternehmen Rechtsschutz genießt und welche Pflichten es während seines Bestehens hat (vgl. → § 1 Rn. 51 f.).

56 **b)** Die **Verlegung** des Unternehmens erfolgt bei EinzelKflten und PersonenGes durch tatsächliche Verlegung der HauptNl (zur Sitzverlegung durch Änderung des Vertragssitzes de lege ferenda → § 13 Rn. 1; die Anmeldung nach § 13c ist insoweit nur deklaratorisch. Bei juristischen Personen (des HdlRechts) bedarf es dagegen zur Sitzverlegung einer Satzungsänderung, die erst mit der Eintragung in das HdlReg wirksam wird (§§ 5, 179, 181 III AktG, §§ 4a, 53, 54 III GmbHG).

57 **c)** Das Unternehmen **erlischt** mit seiner endgültigen Auflösung als organisierte Einheit (vgl. → § 1 Rn. 52). Es erlischt **noch nicht** durch Auflösung (vgl. § 156, Ges. iL); Eröffnung des Insolvenzverfahrens (vgl. → § 144, § 27 InsO); Verpachtung, → § 22 Rn. 25; vorübergehende Stilllegung, BGHZ 21, 69, BayObLG WM 1984, 53; Beendigung des Ausverkaufs wegen Geschäftsaufgabe,

OLG Saarbrücken NJW-RR 1986, 464. Das durch rechtswidrigen Zwang stillgelegte Unternehmen **ruht,** solange der Zwang dauert, danach, solange Wille und Möglichkeit der Erneuerung bestehen; BGHZ 6, 137 (für Fortbestehen einer Marke). Der Prioritätsverlust, den ein Unternehmenskennzeichen bei nicht nur vorübergehender Unterbrechung der Unternehmenstätigkeit erleidet, kann ausnahmsweise überbrückt werden, wenn er auf staatlichen Zwangsmaßnahmen beruht, BGHZ 150, 82 (Hotel Adlon). Eintragung des Erlöschens der Firma im HdlReg s. § 31 II. Umwandlung des Unternehmens → Einl. V. § 105 Rn. 19 ff.

D. **Unternehmensträger:** Nach deutschem HdlRecht hat jedes Unternehmen 58 einen Unternehmensträger. Dieser, nicht das Unternehmen selbst, ist Subjekt der das Unternehmen betr. Rechte und Pflichten. Unternehmensträger kann zunächst jeder Kfm. Sein, sein Unternehmen ist das HdlGeschäft (§§ 1 ff.). Unternehmensträger sind die OHG, KG (nicht deren einzelne Gfter, → § 124 Rn. 1, → § 161 Rn. 2); die AG, GmbH, eG, sofern sie ein Unternehmen betreiben (Kflte sind sie davon unabhängig kraft Rechtsform, → § 6 Rn. 4); Gebietskörperschaften für rechtlich unselbstständige erwerbswirtschaftliche Unternehmen (→ § 1 Rn. 27). Unternehmensträger können auch NichtKflte sein, zB freiberuflich Tätige (str. zum „Gewerbe" → § 1 Rn. 19–20); die Vor-AG und Vor-GmbH (→ § 105 Rn. 28, → Anh. § 177a Rn. 15); zur GbR → § 105 Rn. 3, Erbengemeinschaft → § 1 Rn. 37. **Nicht** Unternehmensträger ist die stGes (→ § 230 Rn. 2); der Konzern als solcher (vielmehr die verschiedenen rechtlich selbstständigen verbundenen Unternehmen, § 18 AktG).

2) Das Unternehmen als Gegenstand des Rechtsverkehrs

A. **Unternehmensübertragung: a)** Eine Verfügung über das Unternehmen 59 als Ganzes, wie in anderen Ländern zB Übertragung oder Verpfändung des Unternehmens durch Eintragung in einem Register, ist grundsätzlich nicht möglich, BGH NJW 1968, 393. Vielmehr ist beim Unternehmenskauf und anderen das Unternehmen als Ganzes betreffenden Verpflichtungen (→ Rn. 61–76) über die den Unternehmensgegenstand bildenden Sachen, Rechte und sonstigen wirtschaftlichen Werte **einzeln zu verfügen** (sachenrechtlicher Bestimmtheitsgrundsatz); bei Unternehmensveräußerung also zB über Grundstücke (§§ 873, 925 BGB), bewegliche Sachen (§§ 929 ff. BGB), Forderungen und andere Rechte wie Patente (§§ 398 ff., 413 BGB). Die Firma (§ 22) kann (nur) mit dem Unternehmen übertragen werden; zu einem Geschäftsbetrieb gehörende Marken sind iZw stillschweigend mitübertragen (§ 27 II MarkenG). Rechte aus gegenseitigen Verträgen sind idR zwar nicht einzeln, wohl aber mit dem ganzen HdlGeschäft ohne Zustimmung des Vertragsgegners übertragbar (§§ 133, 157 BGB); wenn nicht, ist der Veräußerer des HdlGeschäfts verpflichtet, die Zustimmung herbeizuführen. Außer den einzelnen Verfügungen ist die **tatsächliche Einweisung** des Erwerbers in das Unternehmen samt Know-how, Goodwill, Unternehmensgeheimnissen usw nötig, zB durch Übergabe der Kundenkartei, Mitteilung der Erfahrungen und Geheimnisse, Einführung bei Kundschaft, Personal, Geschäftsfreunden, Behörden.

b) Aufgrund besonderer Rechtsvorschriften geht **ausnahmsweise** das Unter- 60 nehmen **als Ganzes** über (Gesamtrechtsnachfolge bzw. Universalsukzession), zB bei Erbgang (§ 1922 BGB), oder bei Umwandlung kraft Gesetzes, Bsp.: vorletzter Gfter der OHG oder KG fällt weg), oder aufgrund Rechtsgeschäfts nach UmwG (Verschmelzung, Spaltung, Vermögensübertragung). Beim Formwechsel bleibt die Identität des Rechtsträgers erhalten, es findet also schon kein Vermögensübergang statt. Zur Umwandlung → Einl. V. § 105 Rn. 19 ff.

B. **Unternehmenskauf: a)** Das Unternehmen statt der einzelnen Wirtschafts- 61 güter (Abgrenzung nach wirtschaftliche Gesamtbetrachtung) kann jedoch **als Ganzes** („sonstiger Gegenstand" iSv § 453 I BGB) **verkauft** werden (§ 433

Merkt

BGB), BGHZ 65, 251, NJW 2002, 1043; der Verkäufer verpflichtet sich dabei, die dazu notwendigen einzelnen Verfügungen vorzunehmen. Entsprechendes gilt für andere Verträge wie zB Schenkung, Geschäftseinbringung auf Grund Ges-Vertrags, Pacht (→ Rn. 70). Dabei bieten sich der Kauf der Anteile **(share deal)** oder Kauf der Wirtschaftsgüter des Unternehmens **(asset deal)** an, auch nach SMG uU erhebliche rechtliche Unterschiede (Mängelhaftung → Rn. 64, Steuerrecht, IPR). Besondere **Formvorschriften** bestehen nicht, zu beachten sind aber zB **§ 311b I BGB**, wenn zum HdlGeschäft ein Grundstück gehört und die Übertragung von Unternehmen und Grundstück ein einheitliches Geschäft darstellt, BGH BB 1979, 598; § 518 **BGB** bei Schenkung eines HdlGeschäfts; § **311b III BGB** bei Verkauf ihres HdlGeschäfts durch eine juristische Person (asset deal, aber zT umwandlungsrechtliche Sondervorschriften) oder durch OHG und KG, OLG Hamm NZG 2010, 1189, aA RG JW 1910, 242 (aber dogmatisch überholt) und sogar AußenGbR, da eigene Rechtsfähigkeit (→ Einl. V. § 105 Rn. 14), Staudinger/Wufka 2001 § 311 Rn. 7, nicht dagegen Verkauf eines Sondervermögens, zB Unternehmens, durch den Inhaber, RG Gruch 63, 88, Warn 17 Nr. 49; Übersichten: Hermanns ZIP 2006, 2296, Morshäuser WM 2007, 337, Müller NZG 2007, 201, Eickelberg NJW 2011, 2476, Fortun/Neveling BB 2011, 2568; Vorvertrag, BGH WM 1989, 1769.

62 Für den Unternehmenskauf, aber auch bei anderen Anlässen, WP-HdB 2014 II 312, ist heute von größter praktischer Bedeutung die **due diligence**-Untersuchung des Unternehmenskäufers vor Erwerb des Unternehmens. Sie dürfte, zumindest für internationale und wohl auch DAX-Unternehmen, berechtigte Verkehrssitte sein, Böttcher ZGS 2007, 20, str. Sie ist nicht selten mit einem **letter of intent** verbunden (→ Einl. V. § 343 Rn. 4) und wirft zahlreiche kauf-, gesellschafts- und übernahmerechtliche Probleme auf. Am verbreitetsten ist die financial due diligence, gefolgt von der legal, tax und commercial due diligence, WP-HdB 2014 II 311. Beim Unternehmenskauf ist due diligence heute idR geboten, ihr Umfang ist eine Frage des unternehmerischen Ermessens (business judgment), GroßKo/Hopt/Roth § 93 Rn. 212, zur Verschwiegenheit dabei GroßKo/Hopt/Roth § 93 Rn. 304. Die finanzielle Angemessenheit des Transaktionspreises wird häufig durch eine **fairness opinion** gewürdigt (nicht ermittelt, Ermittlung nach IDW S 1, → Rn. 52), IDW S 8, WP-HdB 2014 II E 417 ff. (→ § 317 Rn. 1, → § 347 Rn. 21, 29). Diese ist auch im Rahmen der Stellungnahmen der Organe nach § 27 WpÜG wichtig. **Lit.** WP-HdB 2014 II D 309 ff. (Due Diligence), 377 ff. (Legal Due Diligence), Lutter, Letter of Intent, 3. Aufl. 1998; Angersbach, 2002; Böttcher, 2004; Hirte, 2005; Liekefett, 2005; Beisel/Andreas, 2. Aufl. 2010; W. Koch, 2011; Heussen, 2. Aufl. 2014. – Merkt BB 1995, 1041; WIB 1996, 145; Fleischer/Körber BB 2001, 841; Hopt ZGR 2002, 356; Körber NZG 2002, 263; Müller NJW 2004, 2196; Böttcher NZG 2005, 49; Westermann u. Hemeling ZHR 169 (2005), 248 (274); Böttcher NZG 2007, 481; Habersack/Schürnbrand FS Canaris, I, 2007, 359 (Auktion); Romerio/Gerhard SZW 2007, 1; Hilgard BB 2013, 963 (Kenntnis des Käufers von Garantieverletzung); Hofer BB 2013, 972 (negativer Kaufpreis); Weißhaupt WM 2013, 782 (Wissenszurechnung, sandbagging); Hoenig/Klingen NZG 2013, 1046 (Wissenszurechnung, best knowledge warranties); C. Goette DB 2014, 1776. **Muster:** Hopt/Merkt VertrFormB/Fabritius/Kogge, Form I. K.7 (Letter of Intent). **Lit. Zum Unternehmenskauf:** MüKoHGB/Thiessen, 4. Aufl., Bd. 1, 2016, Anh. § 25; Oetker/Vossler Anh. §§ 25–28; Beisel/Klumpp, 7. Aufl. 2016; Beisel/Andreas, Beck'sches Mandatshandbuch Due Diligence, 3. Aufl. 2017; Denkhaus/Ziegenhain, 3. Aufl. 2016 (Krise und Insolvenz); Drygala/Wächter, 2015 (Bilanzgarantien), 2016 (Kaufpreisanpassung, Earnout); Göthel, 4. Aufl. 2015 (grenzüberschreitende M&A); Hettler/Stratz/Hörtnagl, 2. Aufl. 2013; Hölters, 8. Aufl. 2015; Holzapfel/Pöllath, 15. Aufl. 2017; Kiem, 2. Aufl. 2018 (Preisregelung); King, 2010 (Bilanzgarantie); Knott, 5. Aufl. 2017; Merkt/Göthel,

3. Aufl. 2011 (international); Meyer-Sparenberg/Jäckle, Beck'sches M&A-HdB, 2017; Picot, 4. Aufl. 2013; Reithmann/Martiny/Göthel Rn. 6.2490 (share deal), 6.2530 (asset deal) (jeweils Vertragsstatut); Schöne/Uhlendorf, 2015; Seibt/Sieberg, Beck'sches Formularbuch M&A, 3. Aufl. 2018; Wächter, 3. Aufl. 2017 (M&A Litigation); Windhöfel/Ziegenhagen, 2. Aufl. 2011 (Unternehmenskauf in Krise und Insolvenz). – St. Lorenz FS Heldrich, 2005, 305 (SMG); Schröcker ZGR 2005, 63 (SMG); Hüffer ZHR 172 (2008), 572 (aktienrechtliche Probleme); Henssler FS Hopt, I, 2010, 113 (Informationspflicht); Morshäuser/Falkner NZG 2010, 881 (Unternehmenskauf aus der Insolvenz); Mellert BB 2011, 1667 (Schaden); Hasselbach/Ebbinghaus DB 2012, 216 (cic-Haftung); Schwarz BB 2012, 136 (Compliance-due diligence, international); Schiffer/Bruß BB 2012, 847 (due diligence und Vertraulichkeitsklauseln); Hilgard BB 2012, 852 (856) (Verjährung); Krämer/Kiesewetter BB 2012, 1679 (due diligence); Kränzlin/Otte/Fassbach BB 2013, 2314 (Warranty & Indemnity Insurance); Land BB 2013, 2697 (international); Bernhard NJW 2013, 2785 (Wettbewerbsverbote); Wied RIW 2013, 769 (best efforts-Klausel); Wittuhn, Kästle NZG 2014, 131 und 288 (AGB-Kontrolle); Hoenig/Sprado NZG 2014, 688 (best efforts-Klausel); Hennrichs NZG 2014, 1001 (Bilanzgarantie); Louven/Mehrbrey NZG 2014, 1321 (Hauptstreitigkeiten); Weißhaupt BB 2013, 2947 (Kaufpreisklauseln, Jahresabschlussgarantien); Koppmann BB 2014, 1673 (Aufklärungspflicht); von Falkenhausen NZG 2015, 1209 (post-M&A due diligence); Hippeli/Diesing AG 2015, 185 (business combination agreements bei M&A); Kirchner/Gießen BB 2015, 515 (AGB-Kontrolle abl.); Hohaus/Kaufhold BB 2015, 709 (Managementgarantien); Maier-Reimer/Niemeyer NJW 2015, 1713 (keine AGB); Wegen FS Haarmann, 2015, 231 (IPR); Maier-Reimer/Schilling KsZW 2016, 4 (Bilanzgarantie); Kiesewetter/Hoffmann BB 2016, 1798 (Umweltrisiken); Schiffer/Mayer BB 2016, 2627 (Sorgfaltspflichten Verkäufer, Käufer); Schindler KsZW 2016, 62 (Aufklärungspflicht); Schütt NJW 2016, 980 (Freistellungsanspruch); Wächter BB 2016, 711 (Bilanzgarantie); Wendt/Kreiling KsZW 2016, 67 (Wissenszurechnung), Göthel/Fornoff DB 2017, 530 (Bilanzgarantie); J. Vetter RabelsZ 82 (2018), 267 (Kautelarpraxis M&A); Klausch/Menzel BB 2020, 1610 (Datenschutz); Risse NZG 2020, 856 (Wissenszurechnung). **RsprÜbersichten:** Klein-Blenkers NZG 2006, 245; Hübsch WM Sonderbeil. 1/2006, 7. **Muster:** Hopt/Merkt VertrFormB/Fabritius/Kogge, Form I.K.1–25, vor allem Form I.K.1 (Due Diligence Checkliste für GmbH), Form I.K.2 (Mandatsvereinbarung zwischen Verkäufer und Berater), Form I.K.3 (Vertraulichkeitsvereinbarung zwischen Verkäufer und Käufer), Form I.K.5 (Disclaimer Information Memorandum/Unternehmensexposé), Form I.K.7 (Letter of Intent), Form I.K.8–18 (Anteilskauf bei GmbH, AG, OHG, GmbH & Co KG mit Registeranmeldungen), Form I.K.19 (Unternehmenskauf durch Erwerb von Einzelwirtschaftsgütern/Asset Deal), Form I.K.20–23 (Übernahmeangebot).

b) Der Unternehmenskauf kann **unzulässig** sein. Zu berücksichtigen sind heute in erster Linie die kartellrechtlichen Schranken (**Zusammenschlusskontrolle** nach §§ 35 ff. GWB und EU-Recht, → Rn. 98–101); **Muster:** Hopt/Merkt VertrFormB/Fabritius/Kogge, Form I.K.24–25 (Kartellrechtliche Anmeldungen bei BkartA und EUKomm). Die frühere Rspr., wonach der Verkauf einer Arzt-, Anwalts- und sonstigen **freiberuflichen Praxis** als Verkauf eines „Erwerbsgeschäfts" nicht möglich und sittenwidrig sein sollte, ist heute überholt, BGHZ 16, 74; 43, 47; NJW 1973, 100. Überlassung von Patientenkartei und Behandlungsunterlagen ohne Einwilligung der betroffenen Patienten ist aber unzulässig, BGHZ 116, 268, ebenso von Mandantenunterlagen, BGHZ 148, 97, NJW 1995, 2026, str. Ein **Wettbewerbsverbot** für den Veräußerer zugunsten des Erwerbers folgt auch ohne bes. Abrede als Nebenpflicht des Kaufvertrags, RGZ 117, 180, BGH NJW 1955, 337, und kann entspr. Auch vertraglich

Einl v § 1 64

vereinbart werden. Grenzen aus § 138 BGB, BGH NJW 1986, 2944 (Rechtsanwaltspraxis); für „überschießende", objektiv nicht nötige Wettbewerbsverbote Grenzen aus § 1 GWB, auch Austauschverträge dienen bei Außenwirkung der Wettbewerbsvereinbarung „zu einem gemeinsamen Zweck" iSv § 1 GWB, BGH NJW 1982, 2000; 1994, 385 (dort höchstens 2 Jahre), Ulmer NJW 1982, 1975; des Rückgriffs auf § 138 BGB bedarf es nicht, aA BGH NJW 1979, 1605. Zeitlich und uU räumlich kann bloße Teilnichtigkeit (§ 139 BGB) anzunehmen sein, str., offen BGH NJW 1997, 3089 (Tierarztpraxis, iErg abl.), auch Störung der Geschäftsgrundlage, BGH WM 2006, 828 (Anteilsverkauf). **Lit.** Hirte ZHR 154 (1990), 413 (Wettbewerbsverbote), Müller/Thiede EuZW 2017, 246.

64 c) Die **Mängelhaftung beim Unternehmenskauf** richtet sich, obwohl das (gesamte) Unternehmen keine „Sache" ist, nach Sachmängelrecht: Unternehmen ist „sonstiger Gegenstand" iSv **§ 453 I Alt. 2 BGB** (vgl. BT-Drs. 14/6040, 242), entsprechende Anwendung der §§ 434 ff. BGB, insoweit dann keine Ansprüche nach §§ 280, 311 II BGB aus Verschulden bei Vertragsverhandlungen (außer bei Vorsatz, BGH NJW 1992, 2565), BGHZ 60, 319; 138, 204 (zu §§ 459 ff. aF BGB), ebenso nach Kaufrecht idF SMG, Huber AcP 202 (2002), 228 (aber → Rn. 68). Auch der **Kauf aller** oder nahezu aller **Gesellschaftsanteile** (M&A, share deal) ist Unternehmenskauf, der einzelner GesAnteile (einfacher Anteilskauf) dagegen Rechtskauf (§ 453 I BGB, → § 105 Rn. 73), so zum Zukauf von 50 % der Anteile, BGH NJW 2019, 145. Zu den Unterschieden Müller WM 2017, 990, str. **Mängel des Unternehmens** sind zunächst solche des Unternehmens insgesamt, zB RGZ 138, 356 (Baupolizeiwidrigkeit des Gastwirtbetriebs), JW 1937, 461 (gesetzliche Beschränkung des Betriebs), BGH NJW 1959, 1585 (Arztpraxis mit Belegbetten bei unzulässigem Operationsverhältnissen), BGH BB 1970, 819 (Überschuldung), OLG Karlsruhe BB 1974, 1604 (zerrüttete Steuerberaterpraxis). **Mängel einzelner Sachen und Rechte** reichen nicht aus, OLG Köln ZIP 2009, 2065, str., anders, wenn sie auf das Unternehmen durchschlagen, dann begründen sie einen Sachmangel des Unternehmens iSv § 434 I BGB, so wenn sie dessen wirtschaftliche Grundlage erschüttern, BGH NJW 1970, 821, bzw. wenn sie seine Marktstellung gefährden, Hommelhoff 38. So ist zB der Rechtsmangel, dass sämtliche Warenautomaten eines Betriebsvermögens sicherungsübereignet sind, ein Sachmangel des Unternehmens, BGH NJW 1969, 184 m. krit. Anm. Schlosser JZ 1969, 337 (für Rechtsmängelhaftung). Auch Quantitätsmängel des GesVermögens können einen Qualitätsmangel des Unternehmens darstellen, zB fehlendes Inventar, RGZ 98, 292, BGH NJW 1979, 33, Nichtauffindbarkeit des mitverkauften Leergutes, BGH WM 1974, 312, Mängel mitverkaufter Rechte wie Kundenforderungen, Baukonten, Versicherungsansprüche, Firmen-, Kennzeichnungs-, Schutz-, Nutzungsrechte, Geschäftsgeheimnisse usw., BGH NJW 1970, 557, WM 1974, 312. Reicht der Mangel einzelner Sachen und Rechte für einen Unternehmensmangel nicht aus, dann ist auch **keine Einzelgewährleistung** möglich, sondern nur uU Ansprüche nach §§ 280, 311 II BGB aus Verschulden bei Vertragsverhandlungen, → Rn. 68, ganz ablehnend KG ZIP 2009, 2065; dagegen soll für **Rechtsmängel** der Verkäufer (unbeschadet §§ 434 ff. wegen Unternehmensmangels) zusätzlich für Bestand und Übertragbarkeit haften, BGH NJW 1970, 557, WM 1975, 1166 (Bestand und Übertragbarkeit der Mietrechte an den Geschäftsräumen), bedenklich. Untersuchungs- und Rügepflicht nach **§ 377** greift **nicht,** str. (→ § 377 Rn. 2). Von der Mängelhaftung sind sog. MAC-Klauseln (material adverse change) zu unterscheiden, die dem Käufer ein Rücktrittsrecht geben, wenn zwischen Signing und Closing eine wesentliche nachteilige Änderung (zB Umsatzeinbruch) des Unternehmens eintritt (Louven/Mehrbrey NZG 2014, 1328). Abhängig von der konkreten Klauselgestaltung kann die Corona-Pandemie daher uU ein vertragl. Rücktrittsrecht begründen.

Umsätze und Gewinne galten vor dem SMG nicht als Beschaffenheitsmerkmale des Unternehmens: unrichtige Angaben des Verkäufers begründeten deshalb keinen Fehler iSv § 459 I BGB, BGH NJW 1970, 653 m. krit. Anm. Putzo WM 1988, 1700. Es lag auch keine **zusicherungsfähige Eigenschaft** iSv § 459 II aF BGB vor, wenn sich die Angaben nicht über einen längeren, mehrjährigen Zeitraum erstreckten und deshalb keinen verlässlichen Anhalt für die Bewertung der Ertragsfähigkeit und damit des Werts des Unternehmens gaben, BGH NJW 1977, 1536 (1538); 1979, 33; 1995, 1547. Als zusicherungsfähig galt die **Ertragsfähigkeit** des Unternehmens als Grundlage für zukünftige Umsätze und Erträge, BGH NJW 1995, 1548 ("Ertragsvorschau"). Garantie für "angemessene Rückstellungen" bei GmbH-Anteilskauf, BGH NJW-RR 2004, 33. Im Übrigen kamen bei **unrichtigen Bilanzen und Abschlussangaben** statt Gewährleistungsrecht Ansprüche aus Verschulden bei Vertragsverhandlungen in Betracht (→ Rn. 68). **Garantien** → § 349 Rn. 15. Harte **Bilanzgarantie** bei Zusicherung, dass der Jahresabschluss die Vermögens-, Finanz- und Ertragslage zutreffend darstellt, kein Bilanzauffüllungsanspruch, aber uU reduzierter Kaufpreis (§ 249 BGB), OLG Frankfurt a. M. WM 2016, 1691 mAnm Wächter BB 2016, 711, Göthel/Fornoff DB 2017, 530, Kleissler NZG 2017, 531, Korch WM 2018, 700.

Es bleibt abzuwarten, ob die Rspr. nach dem SMG den Begriff der (primär von der Vereinbarung der Parteien abhängigen) Beschaffenheit (§ 434 nF BGB, dazu §§ 442, 443 nF BGB Beschaffenheits- und Haltbarkeitsgarantien; die "zugesicherte Eigenschaft" gibt es daneben nicht mehr, s. jetzt § 276 I 1 BGB) ebenso eng wie nach § 459 aF BGB versteht. Die Begründung des SMG BT-Drs. 14/6040, 242 wirbt (ohne bindende Wirkung für die Rspr.) für die Ausweitung der Sachmängelhaftung unter Zurückdrängung von Ansprüchen nach §§ 280, 311 II BGB aus Verschulden bei Vertragsverhandlungen, zust. Gaul ZHR 166 (2002), 46, krit. Huber AcP 202 (2002), 231, Weitnauer NJW 2002, 2513. Die verschuldensabhängige Informationshaftung ist sachgerechter, St. Lorenz FS Heldrich, 2005, 326. Wird der Anwendungsbereich der Sachmängelhaftung ausgedehnt, führt dies zu einer Haftungsverschärfung, da der Verkäufer bei einem unbehebbaren Unternehmensmangel der fahrlässige Unkenntnis Schadensersatz statt der Leistung schuldet (§§ 437 Nr. 3 iVm 311a II BGB; nach § 463 aF BGB nur bei Zusicherung oder Arglist); Minderung ist (anders als Rücktritt) auch bei unerheblichen Mängeln möglich (§§ 437 Nr. 2, 441 I 2, 323 V 2 BGB; anders § 459 I 2 aF BGB). Nacherfüllung spielt praktisch keine Rolle; Rücktritt ist nicht generell ausgeschlossen, Schröcker ZGR 2005, 83, str. Die Kautelarpraxis (zu Mustern → Rn. 62) regelt, nicht zuletzt wegen der Unwägbarkeiten der gesetzlichen Regelung, die Mängelhaftung idR umfassend und abschließend individualvertraglich, insbesondere durch Garantielisten mit eigenständiger (gegenüber dem Gesetz modifizierter) Rechtsfolgenanordnung und summenmäßiger Beschränkung. Daran sollte sich durch das SMG nichts ändern; § 444 BGB („soweit" idF FernabsFDLG 2.12.1904 BGBl. 3102; da nur klarstellend, keine Übergangsvorschrift) steht solchen auf der Voraussetzungs- und der Rechtsfolgenseite nur beschränkt erteilten Garantien nicht entgegen (→ § 349 Rn. 15, 20), Bericht Rechtsausschuss BT-Drs. 15/3483, 22, Seibt NZG 2004, 801, Felke/Jordans NJW 2005, 711.

Soweit danach Sachmängelhaftung einschlägig ist, scheidet Irrtumsanfechtung aus; aber bei Bilanzfälschung oder arglistiger Täuschung über die wirtschaftliche Situation uU **Anfechtung** wegen arglistiger Täuschung (§ 123 BGB), BGHZ 80, 2409, BGH NZG 2021, 423. **Freistellungspflicht** des Verkäufers zum Übergangsstichtag (closing), OLG Koblenz WM 1991, 2075. Für Ansprüche nach §§ 434, 437 BGB wegen Unternehmensmängeln gilt konsequent (→ Rn. 64) die **zweijährige Verjährung** des § 438 I Nr. 3 BGB (auch wenn zu dem Unternehmen ein Bauwerk gehört), KG ZIP 2009, 2065, zu § 477 aF BGB

(Verjährung bei beweglichen Sachen 6 Monate, bei Grundstücken 1 Jahr) RGZ 138, 357, BGH BB 1974, 1604, Hommelhoff BB 1976, 156. Für eine Differenzierung nach dem einzelnen Substanzstück (entspr. § 477 aF BGB) Huber ZGR 1972, 419. Nacherfüllung (in der Form der **Mangelbeseitigung**) nach §§ 437 Nr. 1, 439 BGB scheidet beim Unternehmenskauf in aller Regel aus; nachholbar ist aber etwa eine unterbliebene oder unzulängliche Erklärung oder tatsächliche Einweisung. Rückabwicklung nach §§ 812 ff. BGB, BGH NJW 2006, 2847 (Steuerberaterpraxis). **Lit.** Nach dem SMG Gaul ZHR 166 (2002), 35, Gronstedt/Jörgens ZIP 2002, 52, Dauner-Lieb/Thiessen ZIP 2002, 108, Huber AcP 202 (2002), 179, Knott NZG 2002, 249, Wolf/Kaiser DB 2002, 411, Hermanns ZIP 2002, 696, Wunderlich WM 2002, 981, Weitnauer NJW 2002, 2511, Kindl WM 2003, 409, Barnert WM 2003, 430, Fischer DStR 2004, 276, Hilgard ZIP 2005, 1813 (Schadensberechnung bei Garantie), Rasner WM 2006, 1425 (Wissenszurechnung), Redeker NJW 2012, 2471, Meyer ZPM 2012, 2040 (Wissenszurechnung).

68 **d)** Bei fahrlässig falschen Angaben über für den Kaufentschluss erhebliche Umstände, die kein Beschaffenheitsmerkmal darstellen (bisher also insbesondere bei Bilanzdaten), haftet der Verkäufer dem Käufer nach §§ 280, 311 II, 241 II BGB aus **Verschulden bei Vertragsverhandlungen** (culpa in contrahendo). Vorteile für Käufer gegenüber Sachmängelhaftung: dreijährige Regelverjährung nach §§ 195, 199 BGB, Nachteile: anders als Minderung und Rücktritt verschuldensabhängig, nur Ersatz des Vertrauensschadens), aA KG ZIP 2009, 2065, Grund: §§ 434 ff. BGB nach SMG zwar lex specialis, aber das führt zu Schutzlücken. Nach Gefahrübergang hat Sachmängelhaftung der §§ 434 ff. BGB grundsätzlich Vorrang, außer wenn der Verkäufer arglistig oder vorsätzlich gehandelt hat, BGHZ 180, 205 = NJW 2009, 2120 Rn. 19; 2010, 858 Rn. 20; 2013, 1671 Rn. 22, OLG Düsseldorf AG 2017, 124; OLG München NZG 2021, 423. Beim Unternehmenskauf ist trotz SMG (RegE BT-Drs. 14/6040, 242 mwN) weiterhin culpa in contrahendo möglich, BGH NJW 2019, 145 Rn. 37 mAnm Nassall. Nach Rspr. bei Unternehmenskauf sogar gesteigerte Aufklärungspflicht, BGH NZG 2001, 751, NJW 2002, 1042; OLG München NZG 2021, 423, krit. Henssler FS Hopt, 2010, 133, Relevanz der due diligence (→ Rn. 61); Verschulden bei Vertragsverhandlungen zB bei irrtümlich unrichtigen Bilanzen, BGHZ 69, 53, auch wenn ein Dritter sie erstellte (§ 278 BGB); bei Bilanzfälschung (uU auch § 123, → Rn. 61) BGH NJW 1980, 2409, OLG Düsseldorf AG 2017, 124 (Geschäftsführer als Erfüllungsgehilfen); bei Täuschung über den Businessplan (nicht schon Managementpräsentation), fehlendem Umsatzwillen, nicht ohne Weiteres bei Unzuverlässigkeit eines wichtigen Mitarbeiters, BGH NJW 1991, 1223. Der Schadensersatz umfasst bei Rückgängigmachung auch die Aufwendungen des Käufers, bei Aufrechterhaltung des Kaufs auch den Betrag, um den der Käufer wegen der Fehlinformation zu teuer gekauft hat, BGHZ 69, 58; NJW 1977, 1539; OLG Düsseldorf AG 2017, 124; dies auch ohne Nachweis, dass der Verkäufer einen niedrigeren Kaufpreis akzeptiert hätte, BGH NJW 1980, 2410 (§ 287 ZPO), fraglich. Bei Garantie Naturalherstellung, soweit möglich, OLG München BeckRS 2011, 07200, bei Bilanzgarantie „Bilanzauffüllung", Wächter NJW 2013, 1270. RsprÜbersicht: Hiddemann ZGR 1982, 435; **Lit.** → Rn. 61; Georgieff/Weber, Fairness Opinions (DAI Heft 52) 2012, Franken/Schulte (IDW) 2014; Aufsatzreihe (verschiedene Autoren) ZGR 1982, 350–518; Willemsen AcP 182 (1982), 515 u. Mössle BB 1983, 2146 (nur Sachmängelhaftung entspr.), J. Baur BB 1979, 381 (nur Verschulden bei Vertragsverhandlungen), Canaris ZGR 1982, 395 u. Müller ZHR 147 (1983), 501 (Anpassung wegen Störung der Geschäftsgrundlage), Hommelhoff ZHR 150 (1986), 254 (kautelarisch); Stängel/Scholderer NJW 1994, 158 (Aufklärungspflichten); Henssler FS Hopt, 2010, 113 (Informationspflichtverletzung); Fleischer FS Hopt, 2010, 2753; ZIP 2011, 201 (fairness opinion, s. auch IDW S 8, → § 317 Rn. 1); Decher FS Winter, 2011, 99 (fairness opinion); Kossmann NZG 2011, 52 (fairness opinion); Mellert BB 2011, 1667 (Schaden); Wächter NJW 2013, 1270 (Bilanzgarantie); Schiffer/Mayer BB 2016, 2627 (Sorgfaltspflichten Verkäufer, Käufer).

C. Sonstige Unternehmensverträge: a) Unternehmensverträge iSd **69** HdlRechts sind außer Unternehmenskauf zB Unternehmenspacht, Unternehmensnießbrauch, Sicherungsabrede als Grundgeschäft zu einer Sicherungsübertragung des Unternehmens. Sie sind von den Unternehmensverträgen iSd Konzernrechts (§§ 291, 292 AktG), dem es um rechtliche Bindung von Herrschafts- und Leitungsmacht geht (vgl. §§ 15 ff. AktG, → § 105 Rn. 100 ff.), zu unterscheiden.

b) Die **Unternehmenspacht** (im Gegensatz zur Pacht einzelner Räume oder **70** Einrichtungen; im Gegensatz auch zum **Betriebsführungsvertrag,** §§ 675 I, 611 ff. BGB, BGHZ 36, 292; BGH NJW 1982, 877 und 1817) kommt in der Praxis besonders bei Betriebsaufspaltung (→ § 1 Rn. 18) vor. Sie umfasst das Unternehmen als Ganzes mit Firma, Kundenstamm, Know-how, vgl. BGH NJW 1953, 1391. Entspr. Anwendbar sind §§ 581 ff. BGB. Der Pächter erhält Besitz am Anlagevermögen (zB Fabrikhalle, Maschinen, § 581 I 1 BGB; für Ersatzstücke § 582 II 1 BGB), Eigentum am Umlaufvermögen (zB Warenlager, ausstehende Kundenforderungen) und ist in das Unternehmen tatsächlich einzuweisen (→ Rn. 59–60). Der Pächter betreibt selbst das Unternehmen iSv § 1 (→ § 1 Rn. 30), deshalb Anmeldung im HdlReg (→ § 31 Rn. 3). Firmenfortführung und Nachfolgezusatz → § 22 Rn. 25. Herabsinken der Verpächter-OHG zu GbR → § 105 Rn. 8. Der Goodwill steht bei Pachtende dem Verpächter ohne Vergütung an den Pächter zu, BGH NJW 1986, 2306, auch wenn Verpächter zugleich stiller Gfter war. **Muster:** Hopt/Merkt VertrFormB/Scholz, Form II. I.3 (Betriebspachtvertrag). **Lit.** Klein-Blenkers, 2008.

c) Der **Unternehmensnießbrauch** ist ein dingliches Recht am Unterneh- **71** men als Ganzem entspr. §§ 1030–1084 BGB (§§ 1085 ff. BGB nur, wenn das Unternehmen das gesamte Vermögen des Nießbrauchbestellers ausmacht). Der Unternehmensnießbrauch kann bloßer Ertragsnießbrauch oder Nießbrauch mit eigener Unternehmerrolle des Nießbrauchers sein. Bei bloßem Quotennießbrauch wird der Nießbraucher nicht Unternehmensträger, BayObLGZ 1973, 168. Dingliche Bestellung des Unternehmensnießbrauchs vgl. → Rn. 59–60, Besitz bzw. Eigentum am Anlage- und Umlaufvermögen entspr. Bei Unternehmenspacht. Verfügungsrecht des Nießbrauchers auch über Anlagevermögen (entspr. § 1048 BGB), BGH NJW 1975, 210 Ls. Firmenfortführung und Nachfolgezusatz → § 22 Rn. 25. Die praktisch wichtigen Probleme der Kostentragung für Investitionen und des Anrechts auf den Wertzuwachs des Unternehmens sind bei der Vertragsgestaltung besonders zu beachten. **Lit.** Bökelmann 1971; Janssen/Nickel 1998; Staud/Frank Anh. §§ 1068, 1069; Grunsky BB 1972, 585.

d) Eine Verpfändung des Unternehmens als Ganzem ist nicht möglich, auch **72** keine **Sicherungsübereignung** durch bloße Einigung, BGH NJW 1968, 392. Doch ist die **Unternehmensübertragung zur Sicherheit** (mit der Abrede der Rückübertragung nach Erfüllung des Sicherheitszwecks) möglich; dinglicher Vollzug → Rn. 59–60.

D. Vererbung: Das Unternehmen ist als Ganzes vererblich (Gesamtrechts- **73** nachfolge § 1922 BGB). Der Erbe tritt kraft Ges. in alle Rechte und Pflichten ein und hat ein Recht auf tatsächliche Einweisung in das Unternehmen (→ Rn. 59–60). Ein Vermächtnis des Unternehmens als Ganzen wird durch Übertragung unter Lebenden vollzogen (vgl. → Rn. 60). Nachfolgerbestimmung

s. Westermann FS Möhring, 1965, 183, durch vom Erblasser hierzu berufene Dritte (§ 2065 II BGB), Klunzinger BB 1970, 1197.

74 E. **Rückgewähr, Zwangsvollstreckung, Insolvenzverfahren: a)** Das Unternehmen als Ganzes kann Gegenstand eines schuldrechtlichen **Rückgewähr**anspruchs sein; zB bei der Sicherungsübertragung auf Grund der Sicherungsabrede (→ Rn. 72); auch nach §§ 812 ff. bei Unwirksamkeit des Unternehmensverkaufs oder -vertrags (→ Rn. 61–76), Ballerstedt FS Schilling, 1973, 289. Herausgabe von Nutzungen (§ 818 I, § 987 I BGB) einschließlich des Unternehmensgewinns, außer wenn dieser ausschließlich auf den persönlichen Leistungen und Fähigkeiten des Pächters beruht, BGHZ 63, 368 = NJW 1975, 638; BGH NJW 1978, 1578. Die Rückübertragung erfolgt wie die Übertragung durch Einzelverfügungen und tatsächliche Einweisung (→ Rn. 59).

75 **b)** Das Unternehmen als Ganzes ist nicht Gegenstand der **Zwangsvollstreckung** gegen den Inhaber, es kann nicht als Ganzes gepfändet werden (vgl. → Rn. 72). Ein Urteil auf **Herausgabe** des Unternehmens als Ganzes ist zwar möglich, aber nur nach § 888 ZPO (Beugestrafen) zu vollstrecken, nicht durch Einzelvollstreckung auf Herausgabe der Einzelnen zum Unternehmen gehörenden Sachen (§§ 883 ff. ZPO), soweit diese nicht ausdrücklich genannt sind. Das Urteil ersetzt auch nicht nach §§ 894 ff. ZPO die Übertragungserklärung des Schuldners für zum Unternehmen gehörende, im Urteil aber nicht ausdrücklich bezeichnete Rechte.

76 **c)** In **Insolvenz** geht rechtlich der Unternehmensträger (→ Rn. 58), nicht das Unternehmen als solches, K. Schmidt § 4 III 3. Die **Anfechtung** nach §§ 129 ff. InsO und AnfG ist nur betr. Die Einzelnen zum Unternehmen gehörenden, beschlagsfähigen Sachen und Rechte möglich. Dazu Noack MDR 1967, 639; DB 1974, 1369. Veräußerung des Unternehmens durch den Insolvenzverwalter → § 17 Rn. 47, → § 25 Rn. 4, 16.
Corona-Pandemie: Mit Blick auf die Insolvenz sind bis 31.12.2021 die Bestimmungen des COVInsAG, insbesondere hinsichtlich der Insolvenzantragspflicht, zu berücksichtigen.

3) Der Rechtsschutz des Unternehmens

77 A. **Überblick (Anspruchsgrundlagen):** Das Unternehmen wird von der Rechtsordnung vielfältig geschützt. Gegen Eingriffe des Staats besteht Grundrechtsschutz, auch europäisch, Hilf/Hörmann NJW 2003, 1, wichtig vor allem **Eigentumsschutz nach Art. 14 GG** (→ Rn. 78–83). **Gewerblichen Rechtsschutz** gewähren das PatG, MarkenG und DesignG (→ § 17 Rn. 10). **Firma, Namen und Kennzeichnungen** werden durch §§ 30, 37 HGB, §§ 12, 823 I BGB und das MarkenG geschützt (→ § 17 Rn. 32 ff.). Der Unternehmensträger hat ua **Abwehransprüche** nach §§ 862, 1004 BGB; **Herausgabeansprüche** nach §§ 861, 985 ff. BGB samt Neben- und Folgeansprüchen; deliktsrechtliche **Schadensersatzansprüche** vor allem nach § 823 I BGB (Recht am Gewerbebetrieb und Persönlichkeitsrecht des Unternehmensträgers, → Rn. 84–91), ferner nach § 823 II BGB bei Verletzung eines Schutzgesetzes, § 824 BGB bei Kredit- und sonstigen geschäftsschädigenden Tatsachenäußerungen, § 826 BGB bei (mindestens bedingt) vorsätzlich sittenwidriger Schädigung.

78 B. **Eigentumsschutz nach Art. 14 GG: a)** Das **Unternehmen** ist **als Eigentum** iSv **Art. 14 GG** im Rahmen der gesetzlichen Inhalts- und Schrankenbestimmung (Art. 14 I 2) gegen enteignende Eingriffe durch Art. 14 III (Erfordernis gesetzlicher Grundlage, Gebot der Entschädigung) geschützt. Entspr. Besteht Entschädigungspflicht bei rechtswidrigem enteignungsgleichen Eingriff in eine in die Eigentumsgarantie einbezogene Rechtsposition (Aufopferungsgedanke), zB den eingerichteten und ausgeübten Gewerbebetrieb (→ Rn. 84–91), stRspr BGHZ 78, 44; 90, 29; 111, 349. Das Unternehmen ist nicht nur in seinem Bestand an sich geschützt, sondern in seiner gesamten Erscheinungsform, also seinem Tätigkeitskreis samt Kundenstamm und allem, was insgesamt den wirtschaftlichen Wert des konkreten Betriebs ausmacht, BGHZ 40, 364; 55, 263. In die danach geschützte Substanz des Unternehmens greift bloße Anforderung an die Produktgestaltung (außer bei Erdrosselung) nicht ein, BGHZ 111, 356. RsprÜbersichten: Schwager/Krohn WM 1991, 33 (BGH), Dörr NJW 1988, 1049 (BverfG). **Lit.** Waschull 1999.

b) Einzelfälle zu entschädigender Eingriffe: Eingriff durch rechtswidrigen **79 Fluglotsenstreik** (hoheitliches Handeln) gegenüber Charterflugunternehmen, BGHZ 76, 387; uU ein absolutes innerörtliches Werbefahrverbot unter Verstoß gegen Art. 12 I GG für darauf eingerichtete Unternehmen, BGHZ 78, 41. Eingriff in die (Betriebs-)**Grundstücksnutzung,** zB Bausperre (jenseits vorübergehender Gebietsaufschließungssperre, die nach Art. 14 I 2 hinzunehmen ist), BGHZ 30, 338 (347, 356); 73, 161; auch nur faktische Bausperre (wiederholte Baugesuchablehnung). Bei Nichtidentität von Grundeigentümer und Betriebsinhaber wird für Betriebsschaden nur der Letztere entschädigt, BGH NJW 1972, 1666. Eingriff in den notwendigen **Kontakt nach außen,** Zugang und Werbemöglichkeit für Geschäft, Gastwirtschaft usw zB durch Straßenarbeiten, U-Bahn-Bau, Untertunnelung, BGHZ 57, 361, NJW 1975, 1880 (1967), BB 1976, 669, WM 1980, 1179, anders bei Wasserstraßen (bloßer Gemeingebrauch) BGHZ 86, 160; aber keine Garantie unveränderter Verbindungen innerhalb des öffentlichen Wegenetzes, BGHZ 55, 264 (Soldatengaststätte), NJW 1967, 1752 (neue Straße), 1973, 161 (Aufeinanderfolge rechtmäßiger und rechtswidriger Bausperren), 1983, 1663 (Tankstelle). Höhere Opfergrenze bei schlichter Straßenmodernisierung als bei Schaffung eines neuen Verkehrswegs, BGHZ 57, 365, BB 1976, 669. Eingriff durch Verhinderung des **Wiederaufbaus,** BGH NJW 1972, 1666, oder einer notwendigen **Erneuerung,** BGHZ 34, 190, MDR 1972, 849. Eingriff ist **nicht** die Verhinderung einer **Erweiterung** (Bestands-, kein Erwerbsschutz), BGHZ 98, 351. Kein Schutz für Betrieb **im Werden** (im Planungs- oder Vorbereitungsstadium), BGHZ 30, 356, BB 1969, 895; bereits erfolgte Eröffnung ist aber nicht nötig. Ebensowenig Schutz **nach Stilllegung** aus anderen Gründen, BGH WM 1973, 1216.

c) Grenzen des Schutzes setzt die **Pflichtigkeit** gegenüber dem Gemeinwohl **80** (Art. 14 I 2, II GG), ua Grundsätze der Substanzerhaltung und der Verhältnismäßigkeit; Situationsgebundenheit von Grundstücken, BGHZ 87, 71. Daher muss zB der Müllabfuhrunternehmer die Einführung öffentlicher Abfuhr hinnehmen, BGHZ 40, 364, BverwG NJW 1982, 63; ebenso Einführung des Anschluss- und Benutzungszwangs für Fernheizwerk (außer uU bei Eingriff in privatrechtliche Bezugsverträge), BGHZ 77, 182; Verbot der Lichtreklame im historischen Stadtkern, BverwG NJW 1980, 209; Geldleistungspflichten (außer bei Erdrosselungswirkung), BGHZ 83, 195 (Bardepot); Untersagung des Kiesabbaus im Grundwasser, BGHZ 84, 227 (230), und wegen Landschaftsschutzes, BGHZ 77, 351. Rechtmäßig verhängte und aufrechterhaltene Veränderungssperren sind höchstens bis zu vier Jahre lang entschädigungslos zu dulden, BGHZ 73, 173; 78, 152.

d) Rechtsfolge ist nicht Schadensersatz, sondern nur **Entschädigung** für **81** Verlust an (Vermögens-)**Substanz** einschließlich Goodwill, BGHZ 136, 186; BGH NJW 1975, 1967, str., und der durch Umbau und Erweiterung während des Eingriffs neugeschaffenen Werte, BGH BB 1976, 670.

e) Minderung der Entschädigung uU entspr. § 254 BGB wegen mangelnden **82** Hinweises auf außergewöhnliche Schadensgefahr oder wegen Unterlassung von schadensmindernden Maßnahmen, zB Gebrauch von Rechtsmitteln, BGHZ 90, 17; BGH NJW 1971, 1696; 1983, 1664.

83 f) Schutz auch **ausländischer** juristischer Personen des Privatrechts (trotz Art. 19 III GG „einfach-rechtlich" keine Differenzierung bei Grundstückseigentum nach Nationalität), BGHZ 76, 375 (387).

84 **C. Deliktsrechtlicher Schutz nach § 823 I BGB: a)** Das **Recht am „eingerichteten und ausgeübten Gewerbebetrieb"** (also am Unternehmen, un terschieden von den ihm zugehörenden einzelnen Sachen und Rechten) ist als **sonstiges Recht** iSv § 823 I BGB nicht nur gegen Angriffe auf seinen Bestand (so noch RG), sondern gegen jeden unberechtigten Eingriff in seine Tätigkeit und Entfaltung geschützt, auch gegen Schwächung der wirtschaftlichen Tätigkeit durch unrichtige Informationen oder Wertungen, BGH NJW 2015, 773 (letzterenfalls wegen Meinungsfreiheit aber nur bei Schmähkritik, → Rn. 87). Dabei handelt es sich um einen **„offenen" Haftungstatbestand;** der Interessenschutz des Unternehmens ist in Inhalt und Umfang von Fall zu Fall durch **Interessenabwägung** zu ermitteln, stRspr, BGHZ 80, 27; 138, 318; 166, 109 (Kirch); NJW 2015, 773; 2018, 2877 Rn. 19. Der Schutz nach § 823 I BGB setzt voraus, dass der Eingriff **betriebsbezogen,** also gegen den Betrieb als solchen und nicht nur gegen vom Gewerbebetrieb ohne Weiteres ablösbare Rechte oder Rechtsgüter gerichtet ist (sog. Unmittelbarkeitserfordernis). Daran fehlt es zB bei Entziehung unentbehrlichen Personals durch Verletzung, BGHZ 7, 36; bei Beschädigung einzelner Betriebsmittel, außer wenn das den Betrieb zum Erliegen bringt oder in seiner Substanz ernstlich beeinträchtigt, BGH NJW 1983, 813 (Produkthaftung), vgl. BverfG NJW 1992, 36; bei Stromentzug durch Kabelunterbrechung bei Bauarbeiten auf Nachbargrundstück, BGHZ 29, 74; 41, 127; 66, 393, NJW 1977, 2208; aber uU Haftung nach § 823 I BGB aus Eigentumsverletzung bei Sachschaden (zB Eierverderb im Brutapparat) und nach § 823 II BGB iVm Schutzgesetz für Betriebsunterbrechungsschaden. Zusammenfassend Hager JZ 1979, 53. Das Recht steht dem Inhaber des Gewerbebetriebs, nicht auch dem geschäftsführenden AlleinGfter zu (vgl. → § 1 Rn. 50), BGHZ 166, 107 (Kirch). § 823 I BGB betr. Gewerbebetrieb ist aber nur Auffangtatbestand **(Subsidiarität)** für den Fall, dass eine Lücke im Rechtsschutz geschlossen werden muss, stRspr BGHZ 59, 34; 69, 138; daran fehlt es zB, wenn das Eigentum verletzt ist, BGHZ 55, 153 (eingeklemmtes Motorschiff) oder § 824 BGB wegen unrichtiger Tatsachenbehauptung eingreift, BGHZ 59, 76 (unrichtige Anzeige), NJW 1966, 2010 (Fernsehkritik an Teppichkehrmaschine), NJW 1978, 210 (Pressebehauptung, alkoholhaltige Zahncreme wirke im verkehrspolizeilichen Alkoholtest), oder wenn die Verletzung des Unternehmens im Wettbewerb erfolgt, insoweit gilt nur Wettbewerbsrecht, insbesondere §§ 3 ff. UWG (→ Rn. 92–101), BGHZ 36, 252; 43, 361. **Rechtsfolgen** sind Schadensersatz (§§ 249 ff. BGB), uU auch durch berichtigende Werbung, BGHZ 70, 39, NJW 1979, 2197 und Unterlassungsanspruch (§§ 823 I, 1004 BGB). **Lit.** Buchner 1971, Sack 2007; Buchner DB 1979, 1069.

85 **b)** Vom Recht am Gewerbebetrieb ist das ebenfalls nach § 823 I BGB geschützte **Persönlichkeitsrecht** des Unternehmens als juristische Person bzw. **des Unternehmensträgers** (ebenfalls „offener Haftungstatbestand", BGH WM 2017, 1599, → Rn. 84), zu unterscheiden, auch wenn es praktisch in der Rspr. oft austauschbar erscheint und die Reichweite etwa gegenüber **Pressekritik** (→ Rn. 87) ähnlich abgesteckt wird, also Interessenabwägung zwischen Informationsinteresse der Öffentlichkeit (Art. 5 GG) und dem Persönlichkeitsrecht (entspr. → Rn. 84), BVerfG NJW 2017, 1376 (1377) Rn. 16 – Kachelmann. Dabei Unterscheidung zwischen Tatsachenbehauptung und Werturteil (→ Rn. 87), wahre Tatsachenbehauptungen sind idR hinzunehmen, BGH NJW 2014, 2029 Rn. 23 (Internet); BGH NJW 2015, 776 Rn. 15, ZIP 2018, 2224

Rn. 38. Grenzen bei Verdachtsberichterstattung, BGH NJW 2015, 778, bei absolut geschützter Intimsphäre BGH NJW 2014, 2029 Rn. 17, bei Prangerwirkung, BGH NJW 2015, 776 Rn. 18. Als Grundsatz gilt, dass der im Wirtschaftsleben selbstständig Tätige sich damit der Öffentlichkeit und ihrer Kritik stellt und sein Persönlichkeitsrecht dabei weniger weit reicht als in der Privatsphäre, BGHZ 36, 80 (Presseäußerung über Teilnahme eines Bankiers am Waffenhandel), schon weil nicht auf Art. 1 I GG gestützt, BGH NJW 1986, 2951, OLG Hamburg NJW 2009, 1510 (Film). Erheblicher Freiraum für Kritik, BverfG NJW 1982, 2655 (Bezeichnung der Kreditmittler als Kreditshaie), BGH NJW 1994, 124 u. BverfG NJW 1999, 2358 (Bild des Vorstandsvorsitzenden, FCKW); für Satire, BGHZ 84, 237 (Horten bezahle Politiker); 156, 206 (Fotomontage Telekom); OLG Karlsruhe NJW 1982, 647 (Waffenproduzent); für Scherz, BGHZ 98, 94 (BMW); BGH NJW 1994, 1281; OLG München NJW 2004, 230 u. BverfG NJW 1994, 1784 (rechtswidriger Eingriff, wenn Wissenschaftler offengelegten Jahresabschluss unter Unternehmensnennung ohne Zustimmung zum Gegenstand von Fortbildungsseminaren macht), krit. Hager ZHR 158 (1994), 675, BGHZ 166, 84 (Kirch, Abgrenzung hier wie zu → Rn. 87), NJW 2008, 2111 u. BverfG NJW 2010, 3501 (Gen-Milch), BGH NJW 2009, 756 (eigene Erkrankung), 2009, 3580 (unsaubere Geschäfte), BverfG NJW 2013, 3021 (Winkeladvokatur), NJW 2016, 3362 (Bewertungsportal); NJW 2017, 482 (rhetorische und offene Fragen). Persönlichkeitsrechtsverletzung durch ihn unnötig genau identifizierende, lächerlich machende Schilderung eines auf Geschäftsmann verübten Raubüberfalls, OLG Köln NJW 1973, 850, durch unbefugte Werbung mit Namen des Unternehmers (Bereicherungsausgleich nach § 812 I 1 BGB), BGHZ 81, 75, durch tendenziöse Pressemitteilungen, OLG Düsseldorf NJW 2005, 1791 (Amtshaftung für Staatsanwalt, Mannesmann), durch manipulierte Photos, BGH NJW 2006, 603, durch unerbetene Werbung in privates, elektronisches Postfach, BGH WM 2016, 1349. Abwägung bei nicht erweislicher Tatsachenbehauptung, Nachforschungspflichten, bei Presse höher als bei Privatpersonen, BverfG NJW 2016, 3360; Gesundheitszustand, BGH VersR 2017, 365 (Schumacher). Abwägung mit Recht auf informationelle Selbstbestimmung, BGH WM 2014, 718. **Heimliche Tonbandaufnahmen** von Geschäftsbesprechungen sind unzulässig, Löschung § 1004 BGB, BGH NJW 1988, 1016. **Mithören von Telefongesprächen** ohne Einwilligung des Gesprächspartners ist auch im Geschäftsverkehr rechtswidrig, BverfG NJW 2002, 3623; BGH NJW 2003, 1727. Vermögenswerte Bestandteile des postmortalen Persönlichkeitsrechts, BGHZ 169, 193. **Bewertungen im Internet** → (7) Bankgeschäfte Rn. A53; Prüfpflichten des Betreibers einer Internet-Suchmaschine BGH WM 2018, 824; Franz WRP 2016, 1201. Bei Ausräumung des Verdachts nach zulässiger Berichterstattung kein Anspruch auf Richtigstellung der ursprünglichen Berichterstattung, nur Nachtrag (Folgenbeseitigung, § 1004 BGB), BGH NJW 2015, 778.

D. Recht am Gewerbebetrieb, Fallgruppen: a) Unberechtigte geschäftsschädigende Äußerungen

öffentlich oder gegenüber Einzelnen (auch Freiberufler, zB Sporttrainer, BGH NJW 2012, 2579) fallen unter § 823 I BGB (außer solchen zu Wettbewerbszwecken, dann UWG, und Tatsachenäußerungen, dann § 824 BGB, → Rn. 84). ZB Anprangerung in einer „Liste langsamer Zahler", BGHZ 8, 142; Anschwärzung bei der Kundschaft, sofern sie über eine im Kern berechtigte Kritik, die auch scharf ausgedrückt werden darf, hinausgeht, OLG Karlsruhe BB 1959, 1006 (HdlVertreter, Mitteilung des Abbruchs der Verbindung wegen „sehr unangenehmer Erfahrungen"), BGH BB 1967, 8 (Makler, Vorwurf des Betrugs und Wuchers); Verbreitung der Tatsache einer unbegründeten Klageerhebung oder Insolvenzantragsstellung (vgl. → Rn. 90), BGHZ 36, 23; Verbreitung nicht genehmigter Filmaufnahmen über Betriebsinterna, BGH NJW 2018, 2877 (Bio-Hühnerstall, auch Persönlichkeitsrechtsverletzung, aber

→ Rn. 87). Unzulässige Äußerungen eines Haftpflichtversicherers über Autovermieter gegenüber Ersatzwagenmieter, BGH NJW 1999, 279. Geschäftsschädigende Äußerungen über das Privatleben, offen BGHZ 24, 205. Vergleichende Werbung (§ 6 I UWG) ist grundsätzlich zulässig, Ausnahme s. § 6 II, III UWG. Zulässig auch unaufgeforderte Übersendung einer vorbeugenden Unterwerfungserklärung, BGH NJW 2013, 2760; Drohung mit Pressebericht, der seinerseits nicht rechtswidrig ist (→ Rn. 87), BGH NJW 2005, 2766. Schädigende Äußerungen über Unternehmen, Schaub JZ 2007, 548.

87 Eine besondere Funktion hat die **Kritik in Presse,** Rundfunk, Fernsehen, Film, Theater **(Art. 5 GG),** stRspr BGHZ 80, 25 („Bild", aber teilweise aufgehoben, BverfG NJW 1984, 1741); BGH NJW 2005, 2766 – Trabrennbahn; BGH NJW 2009, 1872 – Fraport/Manila; Funktion der Presse als „Wachhund der Öffentlichkeit", BGH NJW 2018, 2877 Rn. 21; BverfG WM 2018, 1167 (rechtmäßige Verdachtsmitteilung, nur ausnahmsweise nachträgliche Mitteilung). Zu unterscheiden ist zwischen **Tatsachenbehauptung** (nur hier: **Wahrheitsbeweis** möglich) und **Werturteil** (nur hier: Grenze der **Schmähkritik,** näher unten), BverfG NJW 2003, 1109; 2005, 2770, Rechtsfrage, voll nachprüfbar, BGH NJW 2015, 773. Der Schutzbereich des Art. 5 GG erstreckt sich aber auch auf Tatsachen, soweit sie Dritten zur Meinungsbildung dienen können, sowie auf Vermengung von Tatsachen und Meinungen, wenn insgesamt durch das Meinen geprägt, BGH NJW 2009, 1873 und 3580. Sorgfaltspflichten bei Fremdberichterstattung (Presseschau), BverfG WM 2009, 1706. Sachliche Meinungsäußerungen in einer die Öffentlichkeit wesentlich berührenden Frage sowie wahre Tatsachenbehauptungen sind grundsätzlich zulässig, BGHZ 166, 86 (Kirch). Der Freiraum für Kritik reicht sehr weit. Sie darf auch in einer allgemeineren Betrachtung einzelne Erzeugnisse beispielhaft nennen oder im Bild zeigen, BGH NJW 1987, 2746, ohne Anprangerung, BGH NJW 1963, 484; ungenehmigte Berichterstattung über Betriebsinterna, BGHZ 138, 311; Nennung getilgter Vorstrafen, BverfG WM 2007, 1001. Bei Wertungen ist auch polemische oder gar ausfällige Kritik zulässig, **Grenze** liegt erst bei der sog. **Schmähkritik,** bei der statt Auseinandersetzung in der Sache Diffamierung im Vordergrund steht, BverfG NJW 2003, 1109; 2009, 749 (ohne Weiteres: Dummschwätzer); BverfG NJW 2009, 3016 (ebenso: durchgeknallt), Begriff wohl enger als in der Rspr. des BGH, wonach Schutz gegen grobe Form (Schmähkritik) besteht, BGHZ 3, 271 – Constanze; 45, 296 – Höllenfeuer, Begriff der Schmähkritik ist aber eng auszulegen, Herabsetzung im Vordergrund, nicht bloß polemische und überspitzte Kritik, BGH NJW 2009, 1874; 2016, 2870; 2017, 1460; NJW 2019, 2600; bei Produktkritik nicht schon bei scharfer und möglicherweise überzogener Form, BGH NJW 2015, 775 Rn. 19 (Unsinn, Betrug); gegen Formalbeleidigungen und die Menschenwürde antastende Äußerungen, mit denen verspottet, verhöhnt, erniedrigt oder Leid verharmlost wird, insoweit auch BverfG NJW 2003, 1303 – Benetton, obschon im konkreten Fall ein zweites Mal gegen BGH, zuletzt NJW 2002, 1193. Verwendung des Vorwurfs „Betrug" ist nicht ohne Weiteres Schmähkritik, BGH NJW 2002, 1192; auch ohne Schmähkritik wettbewerbswidrige Herabsetzung möglich (§ 4 Nr. 1 UWG), BGH NJW 2016, 3373 Rn. 51, 32. Rechtswidrige Tatsachenbehauptungen im **Internet:** Unterlassungsanspruch nach § 1004 BGB, auch Löschung, BGH ZIP 2015, 1785; Anspruch auch gegen Diensteanbieter, BGH NJW 2012, 148; 2013, 2348, aber kein Auskunftsanspruch über Nutzerdaten, BGH NJW 2014, 2651 (Ärztebewertungsportal) mAnm Peifer NJW 2015, 3067; Prüfungspflichten des Providers, BGH NJW 2016, 2106 (Ärztebewertungsportal); Portalbetreiber, der Äußerungen nach außen erkennbar selbständig prüft, macht sich bei Belassen die Nutzerbewertung zu eigen, BGH NJW 2017, 2029 mAnm Lampmann; BGH GRUR 2018, 636 (Ärzteportal) mAnm Franz; zu Online-Bewertungsportalen Paal NJW 2016, 2081. **Veröffentlichung rechtswidrig beschaffter oder erlangter Informa-**

tionen ist ebenfalls von der Meinungsfreiheit erfasst, bei Berichterstattung unter Verwertung rechtswidrig erlangter Informationen kommt es maßgeblich auf den Zweck der Äußerung und die mit dem Zweck verfolgten Mittel an, BGH NJW 2018, 2877 (ungenehmigte Filmaufnahmen aus Bio-Hühnerstall) mAnm Gostomzyk. Bei **Warentest** zum Zweck der Verbraucheraufklärung, der idR Meinungsäußerung ist (dann kein Schutz nach § 824 I BGB, BGH NJW 2015, 773, uU aber auch einmal Tatsachenbehauptung iSv § 824 BGB), besteht nach Art. 5 GG ein Freiraum, der erst dort endet, wo es entweder an Neutralität, Objektivität und Sachkunde der Untersucher fehlt oder nicht mehr vertretbare („diskutable") Schlüsse aus den Testuntersuchungen gezogen werden, BGHZ 65, 335; NJW 1986, 981; 1987, 2222 mAnm Vieweg 2726; OLG München NJW 1994, 1964 (Gastrokritik); Assmann/Kübler ZHR 142 (1978), 413, Günther NJW 2013, 3275 (Gastronomiekritik), Franz WRP 2015, 1425 (vergleichender Warentest), Franz WRP 2016, 1195 (Bewertungsportale, entspr. WarentestRspr). Bonitätsbeurteilung in **Wirtschaftsauskünften** ist, wenn auf zutreffender Tatsachengrundlage beruhend, zulässige Meinungsäußerung, BGH NJW 2011, 2204; Bank- und Kreditauskünfte → **(7)** Bankgeschäfte Rn. A14. Zulässige Kritik durch **Verbraucher**vereinigungen, vgl. LG Köln BB 1963, 832; durch ADAC, zu eng OLG Düsseldorf BB 1982, 62 („Sicherheitsrisiko") m. krit. Anm. Lachmann; durch einzelnen (Kfz-)Abnehmer, LG Kempten BB 1973, 163; durch Bürgerinitiative an DB, BGHZ 90, 113; durch Antiwerbung mit Zigarettenreklame, BGHZ 91, 117; nicht kommerzielles Informationsanliegen mit Verbraucherbezug, BGH NJW 2015, 775 Rn. 23; Haftung des Presseinformanten s. BGH DB 1973, 1399. Bei **Handwerksinnung** Differenzierung zwischen Äußerung als Körperschaft des öffentlichen Rechts und bei Wahrnehmung der berufsständischen und wirtschaftlichen Interessen ihrer Mitglieder, letzterenfalls Lockerung des Sachlichkeitsgebots, BGH WM 2018, 835. **Boykott**aufruf durch Presseorgan im Wettbewerb und mit über die freie geistige Auseinandersetzung hinausgehenden Mitteln ist durch Art. 5 GG nicht mehr gedeckt, BVerfG NJW 1983, 1181 (Fachhändler), BGH NJW 1985, 60 (62) und 1620; OLG Frankfurt a. M. WM 2016, 352, s. § 21 I GWB, aber Aufforderung zur Kontenkündigung durch Verbraucherverband bei systematischer Täuschung, BGH WM 2014, 1532, durch Tierschutzverein trotz gleichzeitigem Spendenaufruf, BGH NJW 2016, 1584. PresseRspr bei Sajuntz NJW 2014, 25 und 595.

Auch unabhängig von Art. 5 GG kann Kritik durch **Wahrnehmung berechtigter Interessen** (vgl. § 193 StGB) gerechtfertigt sein, zB Namensnennung in internem Rundschreiben, BGH NJW 1993, 525 (Kettenmafia), Großbank hat keinen privaten Freiraum, darf aber ohne überzogene Recherchierungspflicht umgehend intern warnen; zum Schutz des allgemeinen soliden Geschäftsverkehrs, BGH DB 1970, 822 (Warnung vor Akkreditivauszahlung an Liechtensteiner Firma). **Lit.** Sack, Recht am Gewerbebetrieb, 2007; Franz, Der Digitale Pranger, 2018; Kübler, Schricker AcP 172 (1972), 177 (203), Brinkmann NJW 1987, 2721.

b) Unberechtigte Abmahnung (Schutzrechtsverwarnungen): Nach herkömmlicher stRspr greift § 823 I BGB Platz bei fahrlässig rechtswidriger Geltendmachung eines Verbotsrechts, zB Patente oder andere gewerbliche Schutzrechte, einerlei ob durch Verwarnung („ernsthaftes und endgültiges Unterlassungsbegehren") oder Klage bei Gericht; Rechtswidrigkeit der Berühmung folgt schon aus der späteren, rückwirkenden Löschung des Rechts, stRspr seit RGZ 58, 24, BGHZ 164, 1 (GrS); 165, 311; 171, 13 (Zulieferung); auch Anwaltshaftung (Garantenpflicht) gegenüber dem unberechtigt Verwarnten, BGH NJW 2016, 2110 m. krit. Anm. Vohwinkel/Huff. Schutzrechtsverwarnung greift nur außergerichtlich, kein Recht auf Unterlassung klagweiser Klärung, BGH NJW 2006, 1432. Verschulden fehlt, wenn der Verwarner sich die Überzeugung vom

Bestand seines Rechts durch gewissenhafte Prüfung bildete; Verwarnung aus einem durch schlichte Anmeldung erlangten Recht verlangt mehr an eigener Nachprüfung als die aus einem geprüften Recht (erteiltes Patent, bekanntgemachte Patentanmeldung); falsche Würdigung des Stands der Technik ist strenger zu beurteilen als die der Erfindungshöhe, BGHZ 38, 206; 62, 36; NJW 1976, 2162. Der Schadensersatz umfasst außer den Beratungs-, Prüfungs- und Vertretungskosten auch Schäden aus Anhalten der Produktion oder des Vertriebs. Schadensersatz auch für Abnehmerverwarnung, BGHZ 165, 311. Verjährung nach §§ 195, 199 BGB. Daran wollte der BGH (I. ZS) für das Kennzeichenrecht nicht mehr festhalten, stattdessen nur Ansprüche aus §§ 3, 9 UWG und § 826 BGB; BGH NJW 2004, 3322, der GrS ist dem nicht gefolgt, keine Ausdehnung des rein prozessualen Privilegs (krit. → Rn. 89 f.) auf die Schutzrechtsverwarnung, aber uU Mitverschulden des Verwarnten, BGHZ 164, 1 (GrS), nunmehr BGH NJW 2006, 1432 (I ZS). Seit UWG 2004 umfassender Schutz durch §§ 3 ua UWG, § 823 I BGB nur noch subsidiär, nach Sack NJW 2009, 1642 nur noch UWG, Müller ZIP 2016, 1368 gegen BGH ZIP 2016, 944 (Anwaltshaftung aus § 823 I BGB). **Lit.** Blaurock, 1970; Horn, 1971; Sack, 2006; Ullmann GRUR 2001, 1027; Meier-Beck GRUR 2005, 535; Sack BB 2005, 2368; WRP 2005, 253; Wagner/Thole NJW 2005, 3740.

90 **c) Unberechtigte Klagen, Insolvenzanträge:** Auch ohne Schutzrechtsverwarnung kann unberechtigte Schädigung durch gerichtliche Verfahren nach §§ 823 I, 826 BGB schadensersatzpflichtig machen, der Schutz des Prozessgegners erfolgt aber idR durch das gerichtliche Verfahren selbst; jedenfalls dürfen die deliktischen Sorgfaltspflichten des Verfahrensbetreibenden nicht übergezogen werden, denn er hat ein Recht auf Irrtum, das allerdings wertend zu begrenzen ist, BGHZ 74, 17 (Strafanzeige); 95, 19 mAnm Häsemeyer NJW 1986, 1028; BGHZ 118, 201; 154, 269; 164, 6 (GrS), NJW 2004, 446; zu eng BGHZ 36, 18 (unberechtigter Insolvenzantrag), dagegen üL, Widerspruch zur AbmahnungsRspr (→ Rn. 89). Dasselbe gilt für die Verteidigung, BGH NJW 2004, 446, und teilweise außergerichtlich, zB für unbegründeten Rücktritt, zwar pflichtwidrig, kein „Recht auf Irrtum", aber für Haftung Plausibilitätskontrolle, BGH NJW 2009, 1262. Vgl. auch BverfG NJW 1987, 1929 (Strafanzeige). Bei Abgabe der eidesstattlichen Versicherung (§ 807 ZPO) durch Betriebsinhaber fehlt es aber an der Betriebsbezogenheit, BGHZ 74, 18, im Ergebnis also kein Schutz des Unternehmens nach § 823 I BGB. Ebenso bei vertragswidriger vorzeitiger Hotelpachtkündigung durch Verpächter, OLG Hamm BB 1978, 1589. Bei Schädigung nicht verfahrensbeteiligter Dritter greifen §§ 823 ff. BGB uneingeschränkt ein, BGHZ 118, 201 (Zwangsvollstreckung in schuldnerfremde Gegenstände). Unwahre Äußerungen in gerichtlichen oder behördlichen Verfahren s. BGH NJW 1998, 1399. Haftung des gerichtlichen Sachverständigen (§ 839a BGB) → § 347 Rn. 20. **Lit.** Hopt 1968; Häsemeyer 1979; Kaiser FS Canaris, I, 2007, 531 (Rechtsanmaßung).

91 **d) Andere Fälle** des Unternehmensschutzes nach § 823 I BGB sind **Demonstration und Blockade,** zB der Auslieferung von Zeitungen, BGHZ 59, 30; NJW 1972, 1572; BAG NJW 1989, 61, der Straßenbahn, vgl. BGH NJW 1969, 1773 (Strafsache); das Grundrecht der Versammlungsfreiheit (Art. 8 GG) rechtfertigt keine Gewaltanwendung, BGHZ 137, 89. Dazu Ballerstedt JZ 1973, 105; Löhr/Löhr BB 1974, 1140. Rechtswidriger **Streik,** BAG NJW 1964, 883 (887); 1978, 2114; BGHZ 69, 128 u. 76, 395 (Fluglotsen). **Physische Behinderung des Zugangs** durch Bauarbeiten des Nachbarn, BGHZ 62, 361; für Absperrung bei Brandbekämpfung s. BGH NJW 1977, 2264 (Klage gegen Brandgrundstücksinhaber abgewiesen); nicht fahrlässig zeitweilige Sperrung des einzigen wasserseitigen Zugangs zu Umschlagunternehmen, BGHZ 86, 156. **Aufruf zu Masseneinspruch** im Planfeststellungsverfahren nur bei subjektiver Un-

redlichkeit, zB Falschinformation, BGHZ 90, 126. **Geheimnisverrat** durch entlassenen Angestellten → § 59 Rn. 50. **Verwässerung** der Werbekraft einer bekannten Marke → § 17 Rn. 31. Entfernung der Fabriknummernschilder durch Händler bei Rasenmäher, BGH BB 1978, 1746. Zusendung einer **Email** mit Werbung ohne wirksame Einwilligung, BGH NJW 2017, 2119 mAnm Möller; schon bei einmaliger Zusendung, BGH NJW 2009, 2958. **Nicht** schon Einmischung des ausgeschiedenen Gründers in Geschäftsführung des Unternehmens, BGH NJW 1980, 881. RsprÜbersicht: Löwisch/Meier-Rudolph JuS 1982, 237 (BGH, BAG).

III. Wettbewerbs- und Wirtschaftsrecht

1) Wettbewerb und staatliche Rahmenregelung der Wirtschaft

A. **Funktion des Wettbewerbs:** Der Wettbewerb ist die Haupttriebkraft der Wirtschaft. Der Wettbewerb hat wirtschaftspolitische Funktionen (Steuerungs-, Verteilungs-, Antriebs- und Leistungsfunktion) und gesellschaftspolitische Funktionen (Bindung von Wirtschaftsmacht, Erhaltung der Wettbewerbsfreiheit und einer freiheitlichen Wirtschafts- und letztlich Staatsordnung). Dem entspricht, dass private ebenso wie öffentliche Unternehmen dem Wettbewerb unterworfen sind. **92**

B. **Staatliche Rahmenregelung:** Der Wettbewerb ist ein jeglicher Staatsplanung überlegener Selbststeuerungsmechanismus (Wettbewerb als Entdeckungsverfahren). Der Staat beschränkt sich deshalb am besten auf eine bloße Rahmenregelung der Wirtschaft. **93**

a) Diese hat zum einen die Aufgabe, die **Freiheit des Wettbewerbs** zu erhalten, auch dort, wo sich einzelne Teilnehmer am Markt durch Kartelle und andere Wettbewerbsbeschränkungen ihm entziehen wollen oder die Marktstrukturen sich zB durch Fusionen so entwickeln, dass einzelne Unternehmen marktbeherrschend werden (Wettbewerb als staatliche Veranstaltung). Diese Aufgabe erfüllt vor allem das Kartellrecht (→ Rn. 98–100). Die Privatautonomie ist jedoch häufig faktisch eingeschränkt, wo die Parteien wirtschaftlich oder in Bezug auf Einsicht und Erfahrung nicht gleichrangig sind (zu Fremdbestimmung durch Übergewicht eines Vertragsteils und strukturell ungleicher Verhandlungsstärke s. BverfG NJW 1990, 1469; 1994, 36, → **(7) Bankgeschäfte** Rn. G10); hier bestehen dann **zwingendes Recht** oder (zum Schutz des einen Teils) halbzwingende Vorschriften, oder es erfolgt eine (auch von Verfassungs wegen gebotene) Inhaltskontrolle nach §§ 138, 242 BGB und insbesondere **(5)** §§ 305–310 BGB, oder die (umfangreiche) Rspr. begegnet dem Wissensvorsprung einer Seite durch die Statuierung von Aufklärungspflichten (→ § 347 Rn. 23–40).

b) Der Staat setzt zum anderen den allgemeinen gesetzlichen **Rahmen,** in den sich jedes Wirtschaften einzufügen hat (zB §§ 138, 826 BGB, gewerberechtliche Bestimmungen). Das Wettbewerbsrecht ieS, vor allem das UWG, will vor **unlauterem Wettbewerb** schützen (→ Rn. 101). **94**

c) Der Staat weist bestimmte Rechtspositionen zu, vor allem **gewerbliche Schutzrechte** und ähnliche Ausschließlichkeitsrechte wie Patente, Marken, Urheberrechte, Verlagsrecht; auch Namen, Firma und andere geschäftliche Bezeichnungen (vgl. → § 17 Rn. 10 ff., 32 ff.). Diese Ausschließlichkeitsrechte haben unterschiedliche Funktionen (Kennzeichnung, Honorierung von Leistung, Leistungsanreiz im Allgemeininteresse). **Lit.** Berlit, 10. Aufl. 2015; Götting, 10. Aufl. 2014; **Lit.** Zum **Markenrecht** → § 17 Rn. 11. **95**

d) In **bestimmten Branchen** verspricht sich der Staat überhaupt vom Wettbewerb weniger und ordnet dann nach eigenen Effizienz- und Schutzgesicht- **96**

punkten. Das ist meist nicht überzeugend und gibt zu Deregulierung Anlass, zB im Post- und Bahnbereich, bisher noch nicht bei den Börsen. Berechtigt sind wegen branchenspezifischer Gefahren staatliche Konzession und Überwachung von Banken und Versicherungen.

97 e) Das Kartellrecht, das allgemeine Wirtschaftsrecht mit hoheitlichen Funktionen, das besondere Steuerungsrecht für einzelne Wirtschaftszweige und (str.) das Wettbewerbsrecht ieS bilden das **Wirtschaftsrecht,** eine theoretisch umstrittene Kategorie. Dazu Fikentscher, 2 Bde. 1983; Kilian, 4. Aufl. 2010 (europäisch); Rittner/Dreher, 3. Aufl. 2008.

2) Kartellrecht (GWB, AEUV)

98 A. **GWB:** Das GWB idF 26.6.2013 BGBl. 1750, 3245 (Änderung durch 10. GWB-Novelle = Gesetz zur Änderung des G gegen Wettbewerbsbeschränkungen für ein fokussiertes, proaktives und digitales Wettbewerbsrecht 4.0 und anderer Bestimmungen (GWB-Digitalisierungsgesetz) 18.1.2021 BGBl. I 2). Die 7. Kartellrechtsnovelle 18.12.2007 BGBl. 2966 hatte das GWB weitgehend an das europäische Kartellrecht (→ Rn. 99) angepasst (Systemwechsel), volle Angleichung von § 1 an Art. 101 I AEUV (Art. 81 I aF EG, ohne Zwischenstaatenklausel), der Freistellungsnorm des § 2 I GWB an Art. 101 III AEUV (Art. 81 III aF EG) und der Einführung der dynamischen Verweisung des § 2 II auf die jeweils gültigen EU-GruppenfreistellungsVO mit der Konsequenz voller Orientierung der Anwendung und Auslegung am EU-Recht, Bechtold NJW 2007, 3761. Die Neufassung von 2013 hatte weitere Neuerungen, ua zum Zusammenschlusskontrollrecht, gebracht. Mit der 9. GWB-Novelle 1.6.2017 (BGBl. I 1416) wurde die RL 2014/104/EU zu Schadensersatzklagen 26.11.2014 umgesetzt zu Kartellschadensersatz und Vorteilsabschöpfung (§§ 33 ff.), Verbraucherschutz, Sanktionen und Verfahren und Ministererlaubnis (§ 42, Ausschuss für Wirtschaft und Energie) und mit Änderungen zur Marktbeherrschung und Zusammenschlusskontrolle verknüpft. **Lit. Zur 9. GWB-Novelle:** Kersting/Podszun, 2017; Bischke/Brack NZG 2016, 1297; Gronemeyer/Slobodenjuk DB 2017, 1010. Die umfangreiche 10. GWB-Novelle ergänzt einerseits die Umsetzung der RL 2014/104/EU mit dem Ziel, Kartellgeschädigten die Durchsetzbarkeit von Schadensersatzansprüchen zu erleichtern (vgl. BT-Drs. 19/23492, 57). Gem. § 33a II 4 nF streitet nunmehr eine widerlegliche Vermutung der **Betroffenheit** für unmittelbare Lieferanten oder Abnehmer eines Kartells. Diese ist entsprechend auch auf mittelbare Abnehmer anwendbar, § 33c III 2 nF. Zusätzlich wurden die Auskunfts- und Akteneinsichtsrechte neu geregelt, § 56 III–VI nF. Andererseits setzt die Reform die Vorgaben der RL 2019/1/EU zur Stärkung der Wettbewerbsbehörden der Mitgliedstaaten (sog. „ECN+"-RL) um zur: **Behördenzusammenarbeit** insbesondere im Bereich der Amtshilfe (§§ 50a–f nF), Ausweitung der **Ermittlungsbefugnisse** der Kartellbehörden (insbes. §§ 54–80 nF) sowie der **Sanktionen** für Kartellrechtsverstöße (§§ 81–81g nF), Ausgestaltung des **Kronzeugenprogramms** (§§ 81h–n nF), Anpassung der Vorschriften zum gerichtlichen **Bußgeldverfahrens** (§§ 82–86 nF). Schwerpunktmäßig führt die 10. GWB-Novelle die mit der 9. GWB-Novelle begonnene Anpassung an die Digitalisierung der Wirtschaft fort, wobei insbesondere große Digitalkonzerne in den Fokus genommen werden. Kernbestandteile im Bereich der Missbrauchsaufsicht sind daher ua die Aufnahme des Konzepts der sog. **Intermediationsmacht** (s. BT-Drs. 19/23492, 79) in § 18 IIIb nF mit Blick auf die Marktbeherrschungsprüfung von Vermittlern bzw. Intermediären (typischerweise mehrseitige digitale Plattformen wie zB Vergleichsportale), die Neufassung der **essential facilities doctrine** in § 19 II Nr. 4 nF und die Einführung neuer Befugnisse des BkartA in § 19a nF, durch die eine effektivere Kontrolle von Digitalkonzernen mit überragender marktübergreifender Bedeutung ermöglicht werden soll. Der

Abhängigkeit selbst von großen Unternemen von digitalen Plattformen wird durch Erweiterung des Schutzbereichs in § 20 I nF Rechnung getragen und mit § 20 Ia nF ein kartellrechtlicher Anspruch auf Zugang zu wettbewerbsrelevanten Daten neu geschaffen. Mit § 20 IIIa nF wird ein zusätzlicher Eingriffstatbestand eingeführt, mit dem den Kartellbehörden ein frühzeitiges Eingreifen gegen sog. **"Tipping"**-Prozesse (Kippen eines durch starke positive Netzwerkeffekte geprägten Marktes mit mehreren Anbietern hin zu einem monopolistischen/hochkonzentreirten Markt, s. BT-Drs. 19/23492, 82 f.) ermöglicht werden soll, die sich dann einstellen können, wenn Wettbewerber bei der eigenständigen Erzielung von Netzwerkeffekten behindert werden. Daneben bilden die Beschleunigung bzw. Effektivierung von Verwaltungsverfahren (ua Erleichterung der Anordnung einstweiliger Maßnahmen, § 32a I 1 nF; Möglichkeit der **mündlichen Anhörung**, § 56 I 3 nF; Regulierung des sog. **Vorsitzendenschreibens** in § 32c II nF) einschließlich der Überarbeitung der Vorschriften zur formellen Fusionskontrolle (ua Anhebung der **Inlandsumsatzschwellen**, §§ 35 I Nr. 2, 36 I 2 Nr. 2 nF und Erleichterung **elektronischer Anmeldung** von Zusammenschlussvorhaben, § 39 I 2 nF) weitere Schwerpunkte der Reform. Weitere Änderungen betreffen das WregG mit Blick auf die Inbetriebnahme des sich im Aufbau befindlichen **Wettbewerbsregisters. Lit. Zur 10. GWB-Novelle:** Karbaum/Schulz NZKart 2022, 187; Eufinger GWR 2021, 26; Kahlenberg/ Rahlmeyer/Giese BB 2021, 579; Lettl WM 2020, 2353 (RegE); Wallenberg ZRP 2020, 238 (RegE). Das GWB wendet sich gegen wettbewerbsbeschränkende Vereinbarungen, Beschlüsse und abgestimmte Verhaltensweisen (§§ 1 ff.), Marktbeherrschung, sonstiges wettbewerbsbeschränkendes Verhalten (§§ 18 ff., ua Diskriminierung § 19) samt Zusammenschlusskontrolle (§§ 35–43a) und stellt bestimmte Anforderungen an private Wettbewerbsregeln (§§ 24 ff.). Das GWB gilt nur eingeschränkt in den sog. Ausnahmebereichen, vor allem Landwirtschaft und Preisbindung bei Zeitungen und Zeitschriften (§§ 28, 30). Das GWB wird vom BKartA, aber auch von anderen Bundes- und Landesbehörden und von den Gerichten angewandt. Außer der Untersagung des verbotenen Verhaltens sind zivilrechtliche Ansprüche einschließlich Schadensersatz und Vorteilsabschöpfung sowie Kronzeugenregelung möglich (§§ 33–34a, 81h ff. nF), diese sind abschließend, BGH WM 2006, 1601. Geldbuße bis 1 Mio. Euro bzw. 10 % des Umsatzes (§ 81c I 1 nF). Der Durchsetzung durch Private kommt ua durch den Charakter verschiedener Vorschriften des GWB als Schutzgesetze mit der Folge von Beseitigungs- und Unterlassungsanspruch und Schadensersatzpflicht (§§ 33, 33a GWB) eine besondere Rolle zu. **Lit.** Immenga/Mestmäcker, Bd. 2, GWB, 5. Aufl. 2014; Bechtold/Bosch, 9. Aufl. 2018, Frankfurter Komm. (LBl.); Bornkamm/ Montag/Säcker (MüKo), Bd. 2, 2. Aufl. 2015; Langen/Bunte, Bde. 1 und 2, 13. Aufl. 2018; Loewenheim/Meessen/Riesenkampff, 4. Aufl. 2020. Lehr- und Handbücher: Emmerich/Lange, 14. Aufl. 2018; Lettl, 4. Aufl. 2017; G. Wiedemann, 4. Aufl. 2016. Entscheidungssammlung WuW/E, (Zwei-)Jahresberichte des BKartA, Haupt- und Sondergutachten der Monopolkomm. **RsprÜbersicht:** Meixner WM 2017, 1233; 2017, 1281; 2018, 1721; Weitbrecht/Mühle EuZW 2017, 165; 2017, 1574; 2018, 181; Bosch NJW 2017, 1714; 2018, 1731; 2019, 1724. **Muster:** Hopt/Merkt VertrFormB/Fabritius/Kogge, Form I. K.24 (Anmeldung eines Zusammenschlussvorhabens beim BKartA).

B. **Europäisches Kartellrecht:** Neben dem GWB gilt in der BRD unmittelbar europäisches Kartellrecht, vor allem Art. 101–106 AEUV (Art. 81–86 aF, 85–90 aF EG) (Kartellverbot in Art. 101, Verbot missbräuchlicher Ausnutzung marktbeherrschender Stellung in Art. 102, Voraussetzung ist die Eignung zur Beeinträchtigung des zwischenstaatlichen Handels), Hirsbrunner EuZW 1998, 69. Praktisch wichtig sind die EU-GruppenfreistellungsVOen (→ § 86 Rn. 38). Das europäische Kartellrecht geht dem nationalen vor. Es wird von der EUKomm und von den nationalen Behörden und Gerichten angewandt. Für die Durchsetzung des europäischen Kartellrechts ist nach der 10. GWB-Novelle nur noch das BKartA zuständig, § 50 I GWB nF, nachdem die Bedeutung der obersten Landesbehörden in diesem Zusammenhang (Durchsetzungsbefugnis durch die 7. GWB-Novelle begründet) gering geblieben ist (vgl. BT-Drs. 19/23492, 102). Die EUKomm verhängt enorm hohe Bußgelder, allein im Lkw-Kartell insgesamt 2,9 Mrd. Euro, zum Sanktionsrecht Bosch NJW 2017, 1719. **Lit.** Immenga/Mestmäcker, Bd. 1, 5. Aufl. 2015; Bechtold/Bosch/Brinker, 3. Aufl. 2014; Bornkamm/Montag/Säcker, Bd. 1, 2. Aufl. 2015 (MüKo Eur. u. dtsch. Wettbewerbsrecht); Langen/Bunte, Bd. 2, 12. Aufl. 2014; Loewenheim/Meessen/Riesenkampff, 4. Aufl. 2020; Schwarze/Weitbrecht, 2004, u. Klees, 2005 (EUKartellverfahrensrecht); Lampert, 2005 (EUKartellVO); verschiedene Komm. zum AEUV und zum GWB. Lehrbuch: Behrens, 2016; Mestmäcker/Schweitzer, 3. Aufl. 2014. Auch in Komm. und Lehrbüchern zum GWB, → Rn. 98. **RsprÜbersicht:** Bosch NJW 2017, 1714; 2018, 1731; 2019, 1724; Meixner WM 2018, 1769; Thiede/Müller EuZW 2019, 628 (Fusionskontrolle). **Muster:** Hopt/Merkt VertrFormB/Fabritius/Kogge, Form I. K.25 (Anmeldung eines Zusammenschlusses bei der EUKomm).

100 C. **Ausländisches Kartellrecht:** Ein solches wirkt territorial, also wenn ein deutsches Unternehmen zB in den USA tätig wird. Es kann aber auch extraterritoriale Wirkungen haben, zB wenn das deutsche Unternehmen durch wettbewerbsbeschränkende Absprachen oder Zusammenschlüsse außerhalb der USA Wirkungen auf den US-Markt herbeiführt, die mit dem US-Kartellrecht unvereinbar sind.

3) Wettbewerbsrecht im engeren Sinn

101 Kartellrecht und Wettbewerbsrecht ieS haben das gemeinsame Ziel, den Wettbewerb in seinen Funktionen (→ Rn. 92) zu erhalten, sie sind also nicht Gegensätze, sondern Teil der Gesamtordnung des Wettbewerbs. Das **UWG** idF 3.3.2010 BGBl. I 254 hat das UWG v. 1909 abgelöst, nach Vollharmonisierung der Verhältnisse zwischen Unternehmern und Verbrauchern durch EU-RL 11.5.2005 UWG-Novelle 22.12.2008 BGBl. 2949, Hoeren BB 2008, 1182; UWG-Novelle 2015, dazu Köhler NJW 2016, 593. Leitgedanken des UWG sind ua Liberalisierung und Europäisierung (→ § 18 Rn. 11, 12). Es schützt den lauteren Wettbewerb zugunsten der Mitbewerber, der Verbraucher und der sonstigen Marktteilnehmer sowie das Interesse der Allgemeinheit am unverfälschten Wettbewerb (§ 1). Sonstige Allgemeininteressen sind nicht Schutzgegenstand. Hauptbedeutung hat wie bisher die Generalklausel: Unlautere geschäftliche Handlungen sind unzulässig (§ 3 I mit der Verbrauchergeneralklausel des § 3 II nF 2015, Spürbarkeitsklausel 2015 weggefallen); die im Anhang zum UWG aufgeführten geschäftlichen Handlungen gegenüber Verbrauchern sind stets unzulässig (§ 3 III mit langer Enumeration im Anhang seit 2008, sog. schwarze Liste). Rechtsbruchstatbestand in § 3a nF 2015. Beispiele für unlautere geschäftliche Handlungen gibt zweck mehr Transparenz § 4 (nicht abschließend), wichtig vor allem: unangemessene unsachliche Beeinflussung, Marktverhaltensrechtsbruch (§ 3a), Verstöße gegen den Mitbewerberschutz ua durch gezielte Mitbewerberbehinderung (§ 4) und aggressive geschäftliche Handlungen (§ 4a). Verbot irreführender geschäftlicher Handlungen nach § 5 samt Irreführung durch Unterlassen (§ 5a, praktisch besonders wichtig, zur Auslegung Köhler NJW 2016, 596) dient dem Schutz der sonstigen Marktteilnehmer, Verbot unzumutbarer Belästigungen nach § 7. Die Konkretisierung des § 3 (in der früheren Rspr. zB Kundenfang, Behinderung, Ausbeutung, Rechtsbruch, Marktstörung) ist seit 2008 im Anhang zum UWG und im Beispielskatalgog des § 4 enthalten und erfolgt im Übrigen wie bisher durch die Rspr. in einer Vielzahl von Urteilen.

Außer Beseitigung und Unterlassung (§ 8) und Schadensersatz (§ 9) auch Gewinnabschöpfung (§ 10, nur bei Vorsatztat, Abführung an Bundeshaushalt, zuständig BfJ, BfJG 2006), auch durch Verbandsklage (§ 8 III Nr. 2–4). **RsprÜbersichten:** Klute NJW 2015, 2466; 2016, 3344; Lettl BB 2015, 2371; 2016, 2243; Klute NJW 2017, 1648; Möller NJW 2018, 1579 und 3351; 2019, 1645. **Lit.** Emmerich, 10. Aufl. 2016; Fezer/Büscher/Obergfell, 3. Aufl. 2016; Glöckner, 2006 (EU); Götting/Nordemann, 3. Aufl. 2016; Harte-Bavendamm/Henning-Bodewig, 4. Aufl. 2016; Heermann/Schlingloff, MüKoUWG, 2. Aufl. 2014; (Hefermehl/)Köhler/Bornkamm/Feddersen, 37. Aufl. 2019; Lettl, 3. Aufl. 2016; Teplitzky/Pfeifer/Leistner, 3 Bde., 2. Aufl. 2013 (GroßKo); Lettl, 3. Aufl. 2016; Ohly/Sosnitza, 7. Aufl. 2016.

IV. Anrufung und Eingreifen von Gerichten in Handelssachen

1) Freiwillige Gerichtsbarkeit in Handelssachen

A. **Überblick:** Die freiwillige Gerichtsbarkeit spielt in HdlSachen eine maßgebliche Rolle ua in Angelegenheiten des **Handelsregisters** (§§ 8 ff.), der **Firma** (§§ 17 ff.), in **Gesellschaftssachen** (zB §§ 146 II, 147, 157 II, 166 III, 233 III, 318 III–V). Zuständigkeit und Verfahren in HdlRegSachen sind in FamFG Buch 5 (§§ 374 ff.), speziell das HdlReg in **(4)** HRV geregelt.

B. **Die Rolle des Rechtspflegers:** Das RPflG 14.4.2013 BGBl. 778 ber. 2014, 46, überträgt die HdlReg-, GenReg- und PartRegSachen sowie unternehmensrechtliche Verfahren nach den **(3)** FamFG §§ 374 und 375 dem Rechtspfleger (§ 3 Nr. 2d RPflG nF). Ausgenommen und dem Richter vorbehalten sind bestimmte Hdl- und Registersachen ua betr. AG, KGaA, GmbH, VVaG und AuslandsGes mit ZwNl, nämlich erste Eintragung, Eintragung von Satzungsänderungen, die nicht nur die Fassung betreffen, Löschungen im HdlReg nach §§ 394, 395, 397 und 398 FamFG ua sowie die meisten unternehmensrechtlichen Verfahren nach § 375 FamRG (§ 17 Nr. 1 und 2 RPflG). Für die grundsätzlich dem Rechtspfleger übertragenen Sachen sind vor allem §§ 4–9 RPflG zu beachten betr. Umfang der Übertragung, Vorlage an den Richter, Bestimmung der Zuständigkeit durch den Richter, Gültigkeit von Geschäften und Weisungsfreiheit des Rechtspflegers: zu Rechtsbehelfen s. § 11 RPflG.

2) Streitige Gerichtsbarkeit in Handelssachen

A. **Begriff der Handelssachen nach GVG:** Der Begriff der HdlSachen iSv GVG ist erheblich weiter als Streitigkeiten aus HdlGeschäften iSv §§ 343 ff. HGB (§ 95 I Nr. 1 und Nr. 2–6, II GVG). Außerdem sind auch bürgerliche Rechtsstreitigkeiten, die die Anwendung der GWB, der Art. 101 oder 102 AEUV (Art. 81 oder 82 aF EG) oder Art. 53 oder 54 des EWRAbk betreffen, HdlSachen iSv §§ 93–114 GVG (§ 87 S. 2 GWB).

B. **Kammer für Handelssachen im Zivilprozess:** Im Zivilprozess in HdlSachen sind nicht wie in anderen Ländern besondere HdlGerichte eingerichtet, sondern nur bei den Landgerichten (in erster Instanz und in zweiter nach den Amtsgerichten) besondere KfH, seit November 2020 in Baden-Württemberg auch der „Commercial Court" mit Sitz in Stuttgart und Mannheim, bei dem es sich zwar auch um Kammern der jeweiligen Landgerichte handelt, die Richter jedoch über besondere Expertise verfügen und die Gerichtsverfahren auf Englisch geführt werden können (hierzu Graf von Westphalen IWRZ 2022, 96). Damit sollen Praxisnähe und kfm. Verständnis eingebracht werden; in kfm. Dingen und über das Bestehen von HdlBräuchen kann die KfH auf Grund eigener Sachkunde entscheiden (§ 114 GVG). Bildung, Zuständigkeit, Verfahren der KfH regelt das GVG Titel 7 (§§ 93–114). Die KfH ist nur für Rechtsstreitigkeiten gegen einge-

tragene Kflte zuständig, was zwar die Gerichte entlastet, aber die Funktion der
KfH für die Fortentwicklung des HdlRechts schwächt. Die Verletzung der
Zuständigkeit (KfH oder Zivilkammer, keine Frage der sachlichen Zuständigkeit)
begründet kein Rechtsmittel (außer bei Entzug des gesetzlichen Richters,
Art. 101 I 2 GG, §§ 16 S. 2, 21e GVG, objektive Willkür); bloßer Verfahrens-
irrtum genügt nicht. §§ 280, 281 ZPO sind im Verhältnis KfH und Zivilkammer
unanwendbar, allgM. Die KfH entscheidet in Besetzung mit einem Berufsrichter
als Vorsitzenden und zwei ehrenamtlichen Richtern („HdlRichter"), § 105
GVG. Die ehrenamtlichen Richter (§§ 107–113 GVG) werden aus dem Kreise
der in das HdlReg eingetragenen Kflte, gesetzlichen Vertreter juristischer Personen oder Prokuristen auf Vorschlag der IHK jeweils auf vier Jahre bestellt.
Befangenheit und Ablehnung s. KG NJW 1963, 451; OLG Nürnberg NJW
1967, 1864. Verhandlung des Rechtsstreits vor der KfH **nur auf** unwiderruflichen **Antrag** (Ausnahme § 104 GVG; Spezialvorschriften, zB § 246 III 2 AktG,
OLG München WM 2007, 2036) des Klägers in der Klageschrift (§ 96 I GVG)
oder des Beklagten vor Verhandlung zur Sache (§ 98 I GVG; in Berufungsschrift,
nicht erst Berufungsbegründung, hL, E. Schneider NJW 1997, 992), sonst
kommt die Sache vor die Zivilkammer oder bleibt endgültig dort (§§ 96–102
GVG). Ausdrücklicher Verweisungsantrag, hL, Grund: Wortlaut, zeitliche Begrenzung (§§ 98 I, 101 GVG), aA van der Hövel NJW 2001, 345. Beim Mahnverfahren genügt Antrag in der Klagebegründung (vgl. § 697 ZPO), OLG
Düsseldorf NJW-RR 1988, 1471, str. Der Beklagte muss bei Klageerhebung
(Rechtshängigkeit) Kfm. Sein, Schriever NJW 1978, 1472, str. Zuständigkeit der
KfH bei mehrfacher Klagebegründung s. Brandi/Dohrn NJW 1981, 2453, bei
gemischter Klagehäufung und hdlrechtlicher Widerklage Gaul JZ 1984, 57. Die
Zuständigkeit der KfH ist der Parteivereinbarung (§ 38 ZPO) entzogen, BGHZ
55, 317, aber durch Stellen oder Unterlassen von Anträgen beeinflussbar
(§§ 96–99 GVG). Negativer Kompetenzkonflikt entspr. § 36 I Nr. 6 ZPO,
BGHZ 71, 271; OLG München ZIP 2010, 547; NZG 2012, 346. Diskussion um
eine große KfH (3 Berufsrichter/2 Laienrichter, Grund: Telekom-Prozess), Hess
JZ 2011, 66, und eine **Kammer für internationale Handelssachen** (KfiH)
mit Englisch als möglicher Gerichtssprache, BT-Drs. 17/2163 (KfiHG), erneut BR-
Drs. 93/14, erneut BT-Drs. 19/30745; dazu Hoffmann, 2011; Triebel ZHR 176
(2012), 673; Remmert ZIP 2010, 1579, 70. DJT 2014 Abt. Prozessrecht GA
Callies und Beschluss 4: „Den Ländern wird die Einführung von Kammern für
internationale Handelssachen mit Gerichtssprache Englisch ermöglicht". Rechtsvergleichend zu spezialisierten Gerichten Fleischer RabelsZ 81 (2017), 497, im
Gesellschaftsrecht Fleischer/Bong/Cools RabelsZ 81 (2017), 608. **Reform,**
Podszun/Rohner NJW 2019, 131; für Matching nach Spezialkenntnissen, Flei-
scher/Danninger ZIP 2017, 205; für ein europäisches Handelsgericht Rühl JZ
2018, 1073.

106 C. **Gerichtsstand: a)** Unter den Gerichtsstandsvorschriften der §§ 12–37
ZPO sind für Kflte besonders bedeutsam: der allgemeine Gerichtsstand juristischer Personen (§ 17 ZPO, → § 106 Rn. 8) und die besonderen Gerichtsstände
der Niederlassung, der Mitgliedschaft und vor allem des Erfüllungsorts (§§ 21, 22,
29 ZPO). Seit 2005 (KapMuG, bis 13.10.2010) ausschließlicher Gerichtsstand bei
falschen, irreführenden oder unterlassenen öffentlichen Kapitalmarktinformationen (§ 32b ZPO), → § 347 Rn. 40.

107 **b) Gerichtsstandsvereinbarung** in Inlandssachen (ausdrücklich oder stillschweigend) ist heute nur unter Kfltn, juristischen Personen des öffentlichen
Rechts und öffentlichrechtlichen Sondervermögen zugelassen und wirksam
(§ 38 I ZPO, entspr. Bei Gerichtsstandswahl durch Vereinbarung des Erfüllungsorts § 29 II ZPO). § 38 ist zwingend (Prorogationsverbot; aber § 39 ZPO bei
rügeloser Verhandlung). Kfm. S. §§ 1, 5, 6 und nach Eintragung gemäß §§ 2, 3

Einleitung vor § 1   **108   Einl v § 1**

HGB; nicht auch phG von OHG und KG (→ § 105 Rn. 20), str., aA, Häuser JZ 1980, 760. RechtsscheinKfm → § 5 Rn. 14–17. Wirkung von Gerichtsstandsvereinbarung zwischen Ges. und Dritten für Gfter → § 128 Rn. 41. Prorogationsfähigkeit der Kflte ist nicht auf HdlGeschäfte (§ 343 HGB) beschränkt, aA Diederichsen BB 1974, 379. Kontrolle von AGB s. **(5)** § 307 BGB; unter Kflten (nichtkaufmännische Unternehmer sind nach § 38 ZPO nicht prorogationsbefugt) sind Gerichtstandsklauseln nach ZPO idR zulässig, außer wenn berechtigtes Interesse des Kfm. Fehlt, OLG Karlsruhe NJW 1996, 2041; OLG Frankfurt a. M. NJW-RR 1999, 604; OLG Schleswig NJW 2006, 3361; Schneider BB 2011, 2440, einschränkend nur wenn Kfm. Berechtigtes Interesse darlegt, Ul/Br/He/H. Schmidt (21) Gerichtsstandsklauseln Rn. 4, aA für Privatgeschäfte des Kfm. Schiller NJW 1979, 637; allgemein formulierte Gerichtsstandsklauseln bleiben gegenüber Kflten wirksam, Ul/Br/He/H. Schmidt (21) Gerichtsstandsklauseln Rn. 5, str. Bei Anschein einer wirksamen Gerichtsstandsklausel greift **(5)** § 307 BGB, BGHZ 101, 271 (Briefbögen mit Gerichtsstand). Gerichtsstandsklausel bei CISG → Einl. V. § 373 Rn. 49. Vorrang von Art. 25 Brüssel Ia-VO → Rn. 108; auch → **(17)** CMR Art. 31 Rn. 1. **AGB-Kontrolle** von Gerichtsstandsklauseln nach **(5)** BGB §§ 305 ff., Ul/Br/He/H. Schmidt (21) Gerichtsstandsklauseln Rn. 1 ff.; Gerichtsstandsklauseln in Verbraucherverträgen, EuGH EuZW 2011, 27 (→ **(5)** §§ 305–310 BGB Einl. Rn. 5).

D. **Internationale Zuständigkeit und Vollstreckung:** Von großer Bedeu- **108** tung ist seit 2014 die VO (EU) Nr. 1215/2012 des Rates über die gerichtliche Zuständigkeit und die Anerkennung und Vollstreckung von Entscheidungen in Zivil- und HdlSachen 12.12.2012 in Kraft 9.1.2013 (Art. 81), Abl. 2012 L 351, 1 (EuGVVO nF oder **Brüssel Ia-VO**), Kommissionsvorschlag (EuGVVO-E) 14.12.2010, Hess IPRax 2011, 126, zT sehr str. Zuvor EuGVVO oder Brüssel I-VO (Text NJW Beil. 11/2002, Baumb/Lauterbach SchlussAnh, Thomas/Putzo), die an die Stelle des EuGVÜbk oder Brüsseler Übk. Getreten war (s. 30. Aufl.). Brüssel Ia-VO anwendbar ab 10.1.2015 (zT 10.1.2014), dazu von Hein RIW 2013, 97; Pohl IPRax 2013, 109; Alio NJW 2014, 2395; Domej RabelsZ 78 (2014), 508; Grohmann ZIP 2015, 16; Reinmüller IHR 2015, 1; Stadler/Klöpfer ZeuP 2015, 732; Dostal EuZW 2018, 944 und 983 (Vertriebsverträge). Die Brüssel Ia-VO geht im Rahmen ihres Anwendungsbereichs nationalem Recht vor (Anwendungsvorrang). Die verbindliche Letztauslegung der EuGVVO ist Sache des EuGH. Vorlage durch die nationalen Gerichte nach Art. 267 I b AEUV (Art. 234 I b aF EG). Zuständigkeit auch bei **deliktischen Ansprüchen** zwischen Vertragspartnern nach Art. 7 Nr. 1 lit. aBrüssel Ia-VO, falls Vertragsverstoß, EuGH EuZW 2014, 383 mAnm. Sujecki; Steinrötter RIW 2015, 407; auch bei langjähriger Geschäftsbeziehung, falls stillschweigende vertragliche Beziehung nachgewiesen, Indizien, EuGH NJW 2016, 3087 Rn. 26 mAnm Landbrecht EuZW 2016, 750; Klöpfer/Wendelstein JZ 2017, 96. Anerkennungs- und VollstreckungsausführungsG (AVAG) 19.2.2001 BGBl. 288. **Erfüllungsort bei Versendungskauf** unter Art. 7 Nr. 1 lit. B Brüssel Ia-VO, EuGH NJW 2010, 1059; 2011, 3018; BGH ZIP 2010, 1874; maßgeblich ist mangels vertraglicher Bestimmung der Ort der tatsächlichen Erfüllung durch den Handelsvertreter, sonst sein Wohnsitz, EuGH NJW 2010, 1189 mAnm. Rauscher NJW 2010, 2251; Leible EuZW 2010, 380, zu Handelsvertretervertrag auch KG 23.4.2009, HVR 1285. Gerichtsstand des Erfüllungsorts, Art. 7 Nr. 1 lit. B Brüssel Ia-VO, auch für **Dienstleistungen,** BGH NJW 2019, 76, Bankkreditverträge sind Dienstleistung, BGH NJW 2012, 1817, hL, anders früher BGHZ 165, 253. Lieferort iSv Art. 5 Nr. 1 lit. B EuGVVO ist bei FOB der Verschiffungshafen (→ **(6)** Incoterms FOB Nr. 9 Rn. 1), BGH NJW 2009, 2606. Anti-suit injunctions sind gemeinschaftsrechtswidrig, EuGH NJW 2009, 1655 mAnm Balthasar/Richers RIW 2009, 351, aber EuGVVO aF wie nF ist auf Schiedsverfahren (anti-suit injunctions) nicht anwendbar, EuGH RIW 2015, 427 mAnm. Wiegandt. Art. 7 Nr. 3 Brüssel Ia-VO **Deliktszuständigkeit** (Rspr. → § 347 Rn. 18), EuGH ZIP 2015, 1456 – Kalassa (Prospekthaftung des Emittenten, Belegenheitsort des Bankkontos), aA für Marktortanknüpfung üL, Freitag WM 2015, 1165; ferner schon Thole ZBB 2011, 399; Weller WM 2013, 1681 (Kapitalanlage); Gerichtsstandsklausel in Emissionsprospekt, EuGH ZIP 2016, 1747; BGH WM 2017, 323 (Finanzdienstleistung, iErg abl.). **Verbrauchergerichtsstand** nach Art. 17–19 Brüssel Ia-VO, BGH WM 2012, 36; NJW 2012, 1817; RIW 2016, 372 (Makler); Wilke EuZW 2015, 13 (EuGH). **Sitz einer EU-Inlands-Gesellschaft** nach Art. 63 Brüssel Ia-VO ist Satzungssitz im Herkunftsstaat (insoweit Gründungstheorie), BGHZ 190, 242 mAnm Weller ZGR 2012, 606, Sitz der Hauptverwaltung oder Sitz der Hauptniederlassung. Art. 25 Brüssel Ia-VO **(Gerichtsstandsvereinbarungen)** gilt anders als § 38 I ZPO (→ Rn. 107) auch für Nicht-Kflte. Art. 25 ist eng auszulegen, BGH NJW 2006, 1672; OLG Koblenz IHR 2015, 154. Gerichtsstandsvereinbarung ist auch durch Schweigen auf ein kfm. Bestätigungsschreiben (→ § 346 Rn. 16) möglich, falls insoweit **internationaler HdlBrauch** besteht, EuGH NJW 1997, 1431 (zu Art. 17 I EuGVÜbk) mAnm Holl RIW 1997, 418 und Kubis IPRax 1999, 10; Kropholler/von Hein Art. 23 Rn. 61. Gerichtsstandsvereinbarung unter Kflten (HdlBrauch, Art. 25 I 3 lit. C Brüssel Ia-VO), BGH NJW 2018, 76. Zulässige Gerichtsstandsklausel in **AGB**, EuGH EuZW 2016, 635. Gerichtsstandsklausel des Herstellers mit Abnehmer wirkt nicht ohne weiteres gegenüber dessen Abnehmer, EuGH EuZW 2013, 316 mAnm. Moebus. Gerichtsstandsklausel (AG/Aktionäre) in öffentlich zugänglicher Satzung der Ges. genügt, EuGH NJW 1992, 1671. Bei Gerichtsstandsklausel in Konnossementbedingungen Zustimmung, wenn der Dritte Rechte aus dem Konnossement geltend macht, BGH NJW 2007, 2036. Vereinbarung des Erfüllungsorts und damit der Zuständigkeit nach Art. 7 Nr. 1 lit. B Brüssel Ia-VO ist ohne Form des Art. 25 Brüssel Ia-VO möglich, BGH NJW 1985, 560 (zu ADSp), also unter Kflten formlos nach § 29 II ZPO (vgl. → Rn. 107), zur AGB-Problematik Kropholler/von Hein Art. 5 Rn. 35, jedenfalls nur wenn AGB-Text bereits vorliegt oder zugleich übersandt wird (so zu UN-Kaufrecht BGHZ 149, 117), nicht bloßer Internetabruf, so OLG Celle RIW 2010, 164 mAnm. Jungemeyer, str.; HV → § 92c Rn. 12. Asymmetrische Gerichtsstandsvereinbarung, Abendroth WM 2017, 1786. Gerichtsstand der unerlaubten Handlung bei Kapitalanlagedelikten (Art. 7 Nr. 3 Brüssel Ia-VO), BGH WM 2010, 1590 und 2214; ZIP 2010, 2004; OLG Frankfurt a. M. ZIP 2010, 2217; Wagner/Gess NJW 2009, 3481. Gerichtsstand bei Verbraucherverträgen via Internet, EuGH NJW 2011, 505 mAnm Clausnitzer EuZW 2011, 104; BGH WM 2014, 1400; Vorrang der EuGVVO vor **Lugano Übk**. Über die gerichtliche Zuständigkeit und die Vollstreckung gerichtlicher Entscheidungen in Zivil- und HdlSachen 16.9.1988 BGBl. 1994 II 2658 (inzwischen LugÜ II 30.10.2007 Abl. L 339, 3, in Kraft 1.1.2010 BGBl. 2009 I 2862, dazu BGH RIW 2015, 307 Organhaftung, ZIP 2015, 879 § 826 BGB wegen Ausgabe wertloser Aktien) gemäß Art. 54b I LugÜ. **(17)** CMR Art. 31 I (freie Gerichtsstandsvereinbarung, aber vereinbarte internationale Zuständigkeit darf nicht ausschließlich sein) geht § 38 I ZPO vor und als besonderes Übereinkommen iSv Art. 71 Brüssel Ia-VO auch dieser, EuGH NJW 2010, 1736, für Form des Art. 23 EuGVVO, soweit diese anwendbar ist, Kropholler/von Hein Art. 71 Rn. 14, vgl. EuGH NJW 2005, 44. Verbrauchergerichtsstand nach Art. 13 I Nr. 3 LugÜ I bei culpa in contrahendo (Vermögensverwaltung), BGH NJW 2011, 2809; WM 2012, 646 (Vermögensverwaltungsvertrag). Ferner europäische Zustellung, **EuZVO** vom 13.11.2007, europäisches Mahnverfahren, **EuMVVO** vom 12.12.2006 und europäisches Verfahren für geringfügige Forderungen, **EuGFVO** vom 11.7.2007, Europäischer Vollstreckungstitel für unbestrittene Forderungen, **EuVTVO** vom 21.4.2004. **Haager Übereinkommen** vom

Einleitung vor § 1 109, 110 **Einl v § 1**

30.6.2005 über Gerichtsstandsvereinbarungen, Wagner RabelsZ 73 (2009), 100, in Kraft ab 1.10.2015, Antomo NJW 2015, 2919. **Lit.** MüKoZPO, Bd. 3 (Int. Und Eur. Zivilprozessrecht), 5. Aufl. 2017; Kropholler/von Hein, Europäisches Zivilprozessrecht, 10. Aufl. 2014, rev Ausg 2017; Geimer, Internationales Zivilprozessrecht, 7. Aufl. 2015; Geimer/Schütze, Europäisches Zivilverfahrensrecht, 4. Aufl. 2019; Geimer/Schütze, Internationaler Rechtsverkehr in Zivil- und HdlSachen (LBl.); Junker, 4. Aufl. 2019; Rauscher, Europäisches Zivilprozess- und Kollisionsrecht, 5 Bde., 4. Aufl. 2015; Schack, 7. Aufl. 2017; Schlosser/Hess, EU-Zivilprozessrecht, 4. Aufl. 2015; J. Weber, 2011 (Gläubigerschutz und EuGVVO); Riebold, 2014 (Europäische Kontopfändung). Auch in Komm. Und Lehrbüchern zum IPR und zur ZPO. Quellensammlung: Bülow/Böckstiegel/Geimer/Schütze (LBl.). **RsprÜbersicht:** Schnichels/Lenzing/Stein EuZW 2018, 877; Wittwer/Fussenegger ZeuP 2013, 812; 2015, 582; Lenaerts/Stapper RabelsZ 78 (2014), 252 (EuGH zur EuGVVO).

3) Schiedsgerichtsbarkeit in Handelssachen

Lit.:

Berger 1998. – *Böckstiegel* 1996 (Ges-/Erbrecht). – *Böckstiegel ua* 2007 (Arbitration in Germany). – *von Bodungen ua* 2008 (Taktik). – *Kreindler/Schäfer/Wolff* 2006. – *Lachmann* 3. Aufl 2008. – *Nedden/Herzberg,* ICC-SchO, DIS-SchO, 2014. – *Salger/Trittmann* 2019. – *Schütze* 6. Aufl 2016. – *Schütze,* Institutionelle Schiedsgerichtsbarkeit 3. Aufl 2017. – *Schütze,* Institutional Arbitration 2013. – *Schwab/Walter* 7. Aufl 2005. – *Torggler/Wong/Mohs/Schäfer* 2. Aufl 2017. – *Zilles* 2000 (GesRecht). – *Lüke/Blenske,* Die Schiedsfähigkeit von Beschluß-mängelstreitigkeiten, ZGR 1998, 253. – *K. Schmidt,* Neues Schiedsverfahrensrecht und Gesellschaftsrechtspraxis, ZHR 162 (1998), 265. – *Trittmann,* Die Auswirkungen des Schiedsverfahrens-Neuregelungsgesetzes auf gesellschaftsrechtliche Streitigkeiten, ZGR 1999, 340. – *Habersack,* PersonenGes und ihre Mitglieder in der Schiedsgerichtspraxis, SchiedsVZ 2003, 241. – *Korte,* Die Hbg freundschaftliche Arbitrage, SchiedsVZ 2004, 240. – *K. Schmidt,* Kartellrecht im Schiedsverfahren, BB 2006, 1397. – *Berger,* Schiedsgerichtsbarkeit im Bank- und Kapitalmarktrecht, FS Nobbe 2009, 473. – *Nacimiento/Bähr,* Insolvenz in nationalen und internationalen Schiedsverfahren, NJW 2010, 414/NJOZ 2009, 4752. – *Westermann* FS Hopt 2010, 2975 (Stolpersteine). – *Berger,* Schiedsgerichtsbarkeit und Bankgeschäfte, WM 2012, 1701. – *Leuering* NJW 2014, 657 (Organhaftung). – *Kreindler* ZvlgRWiss 2015, 431, FS Elsing 2015, 277 (Beweisführung, international). – *Sachs/Niedermaier* ZvglRWiss 2015, 449 (document production orders). – *Schäfer* NJW 2015, 3398 (Schiedsrichter und Mandant). – *Habersack/Wassbäch* AG 2016, 2 (Organhandeln). – *Schumacher* NZG 2016, 969 (Organhaftung, D&O). – *Wegen/Asbrand* RIW 2016, 557 (Rechtswahl nichtstaatlichen Rechts). – *Wolff* SchiedsVZ 2016, 293 (Reform). – *Westermann* ZGR 2017, 38 (KapitalGes). **RsprÜbersichten:** *Straatmann/Ulmer* (Schiedsspruchsammlung) Bd 1 1975, Bd 2 1982; *Straatmann/Ulmer/Timmermann* Bd 3 1984, Bd 4 1988; *HK Hbg* Bd 5 1994, Bd 6 1998, keine weiteren Bde, Datenbank; DIS-Datenbank; periodisch: BB Beil 7/2002; *Kröll* NJW 2011, 1265; 2013, 3135; 2015, 833; 2016, 849; 2017, 864; 2018, 836; 2019, 135; 2019, 188. Ab 2003 SchiedsVZ.

Muster: *Hopt/Merkt,* Vertrags- und Formularbuch zum Hdl-, Ges- und Bankrecht, 5. Aufl. 2021, Form II.M-Q (23 Mustertexte).

A. **Schiedsvereinbarung:** Schiedsvereinbarung kann selbstständig (**Schiedsabrede,** idR über bereits entstandene Streitigkeit) oder Klausel in einem Hauptvertrag (**Schiedsklausel,** idR über künftige Streitigkeit) sein (Legaldefinition § 1029 ZPO; früher unscharf Schiedsvertrag). Schiedsvereinbarungen sind im HdlVerkehr sehr verbreitet. Dafür gibt es gute Gründe, zB freie Schiedsrichterwahl, Sachkunde, Schnelligkeit, Diskretion und Flexibilität des Verfahrens; iErg nicht teurer als normales Verfahren durch den Instanzenzug. Gerichtsstandsklausel (Sitz des Vertragspartners) muss nicht nur das staatliche Gericht meinen, BGH WM 2007, 698. Das schiedsrichterliche Verfahren regeln **§§ 1025 ff. ZPO** nF SchiedsVfG 22.12.1997 BGBl. 3224; weitgehend entspr. UNICTRAL-Modellgesetz über die internationale HdlSchiedsgerichtsbarkeit (→ Rn. 122), Kommission zur Neuordnung des 10. Buchs der ZPO, BMJ 1994; Weigand WiB 1997,

1273; Habscheid JZ 1998, 445; Lörcher DB 1998, 245. §§ 1025 ff. ZPO gelten **einheitlich für nationale und internationale, Zivil- und Handelsschiedsgerichtsverfahren.** Grundsätzlich jeder vermögensrechtliche Anspruch kann Gegenstand einer Schiedsvereinbarung sein, zB auch solcher aus § 89b HGB oder aus un erlaubter Handlung, BGHZ 162, 17; nicht vermögensrechtliche Ansprüche nur insoweit, als sich die Parteien darüber vergleichen können; diese objektive Schiedsfähigkeit (§ 1030 ZPO) findet ihre Grenze nicht schon bei zwingendem Recht, sondern erst dort, wo sich der Staat im Interesse besonders schützenswerter Rechtsgüter ein Entscheidungsmonopol vorbehalten hat, BGHZ 132, 283; 160, 127 (nicht bei GmbHStammkapital). Vermögensrechtliche Ansprüche können auch aus öffentlichrechtlichem Vertrag resultieren. Schiedsfähig sind danach auch gesellschaftsrechtliche Auskunfts- und Informations-, Ausgleichs- und Abfindungsansprüche, Managerhaftung, Umbeck SchiedsVZ 2009, 143, **Beschlussmängelstreitigkeiten** bei GmbH, BGH NJW 2009, 1962 (Schiedsfähigkeit II) mAnm. Duve/Keller (unter Aufgabe von BGHZ 132, 278, allerdings nur unter strengen, nach § 138 BGB zu prüfenden Gleichwertigkeitsbedingungen: Zustimmung aller Gfter zur Schiedsabrede, Beteiligungsmöglichkeit jedes Gfters an Schiedsverfahren (zumindest als Nebenintervenient) und Auswahl der Schiedsrichter ausser bei Auswahl durch neutrale Stelle, Konzentration bei dem Schiedsgericht), hL, Habersack JZ 2009, 797; Nietsch ZIP 2009, 2268; K. Schmidt VGR 2009, 97; Borris NZG 2010, 481 (AG); Riegger/Wilske ZGR 2010, 733; Bryant/Dehne KSzW 2013, 152; Gentzsch/Hauser/Kapoor SchiedsVZ 2019, 64, s. auch DIS-ERGeS unten. Diese Mindestanforderungen bei GmbH gelten jedenfalls im Grundsatz auch für Beschlussmängelstreitigkeiten bei PersonenGes wie KG, BGH ZIP 2017, 1024 – Schiedsfähigkeit III; Borris NZG 2017, 761; Nolting ZIP 2017, 1641; Habersack FS Graf-Schlicker, 2018, 37; Heinrich ZIP 2018, 411; K. Schmidt NZG 2018, 121. Treupflicht zur Anpassung bei unwirksamer Schiedsklausel, K. Schmidt BB 2001, 1862; Reichert/Harbarth NZG 2003, 381, hL, offen BGH NJW 2009, 1966 (im konkreten Fall abl.); Erfahrungen Niemeyer/Häger BB 2014, 1737. Einfache Feststellungsklagen (§ 256 ZPO, nicht § 248 AktG) fallen nicht darunter, BGH NJW 2015, 3234. Schiedsklauseln im GesVertrag → Rn. 113. Auch **Kartellsachen** sind schiedsfähig (anders § 91 GWB aF), Grenze ordre public (§ 1059 II Nr. 2b ZPO), Zimmer, 1991; K. Schmidt BB 2006, 1397. Auch im Kapitalmarkt- und Finanzrecht, Wiebecke SchiedsVZ 2008, 34; Berger FS Nobbe, 2009, 473, str. Vereins- und Verbandsgerichte sind idR keine Schiedsgerichte iSv §§ 1025 ff. ZPO, BGHZ 159, 207. Das Problem der **Mehrparteienschiedsverfahren** ist im SchiedsVfG nicht geregelt (jedoch ICC-SchiedsGO 2017 Art. 7, 8, 12(6)–(8), auch Art. 10 Verbindung von Schiedsverfahren, Gottwald FS Coester-Waltjen, 2015, 395), Mehrheitsprinzip, OLG Frankfurt a. M. SchiedsVZ 2006, 222, vgl. auch BGH NJW 1996, 1755, für Bestimmung beider Schiedsrichter vom Gericht (§ 1034 II ZPO), KG NJW 2008, 2719, Übersicht Sessler Liber Amicorum D. Weber, 2016, 527. Dritten muss eine angemessene Verfahrensteilnahme möglich sein, idR streitgenössische Nebenintervention. Mitwirkung auch aller auf derselben Seite Beteiligten an der Schiedsrichterbestellung ist str.: Einigungszwang durch notwendige Streitgenossenschaft analog § 62 ZPO, Ebenroth/Bohne BB 1996, 1397; ähnlich Bender DB 1998, 1901, ist zweifelhaft; am besten ist eine entspr. Schiedsvereinbarung, sonst bleibt, um sicher zu gehen, nur Zustimmung aller Beteiligten oder Drittbestimmung des Schiedsgerichts, Lüke/Blenske ZGR 1998, 252. Schiedsabrede und § 25 → § 25 Rn. 10. Die Schiedsvereinbarung kann nach § 314 BGB aus wichtigem Grund gekündigt werden, BGHZ 77, 65; BGH NJW 1986, 2765.

111 Soweit die §§ 1025 ff. ZPO anwendbar sind (→ Rn. 120) und kein zwingendes Recht enthalten, können die Parteien das Verfahren einer (nationalen oder internationalen, institutionellen oder anderen privaten) **Schiedsgerichtsord-**

nung unterstellen. Bekannt sind national die Schiedsgerichtsordnung der **Deutschen Institution für Schiedsgerichtsbarkeit eV** 1.7.1998 (**DIS,** DIS-SchO), Möller RIW 1988, 605, Reform 1.3.2018, Elsing/Shchavelev IPRax 2018, 461; Besch/Kreuzeder RIW 2018, 256; Pörnbacher/Lederer BB 2018, 707. Ergänzende Regeln für beschleunigte Verfahren 25.4.2008, SchiedsVZ 2008, 111 mAnm. Berger SchiedsVZ 2008, 105, nunmehr integriert in DIS-SchO. International bedeutsam ist vor allem die Schiedsgerichtsordnung der **ICC** 1.3.2017 (→ Rn. 121). **Lit.** Nedden/Herzberg, ICC-SchO, DIS-SchO, 2014 und Schrifttum → Rn. 110.

a) Die Schiedsvereinbarung bedarf der **Form des § 1031 ZPO,** deshalb keine   112
Schiedsvereinbarung durch HdlBrauch (anders nach § 1027 II ZPO aF), BGH ZIP 2017, 1570. Eine notarielle Beurkundung ist neben § 1031 ZPO nicht notwendig, außer wenn es Teil eines formbedürftigen Hauptgeschäfts ist (letzterenfalls ohne Beurkundung der institutionellen Schiedsordnung, zB DIS-SGO), BGH NJW 2014, 3652; OLG München DnotZ 2014, 2011 mAnm Kindler NZG 2014, 961, also zB nicht, wenn das Schiedsgericht auch über die Wirksamkeit des Hauptvertrags entscheiden soll, vgl. BGHZ 69, 260 (zu heute § 311b I BGB); Lüttmann/Breyer ZZP 119 (2006), 475. Wenn allerdings ein **Verbraucher** beteiligt ist, sind **schriftliche oder elektronische Form und,** außer bei notarieller Beurkundung, **besondere Urkunde bzw. besonderes elektronisches Dokument** nötig (§ 1031 V ZPO, §§ 126, 126a BGB; Legaldefinition des Verbrauchers § 13 BGB, nicht Existenzgründer, BGHZ 162, 253; BGH WM 2007, 2392, aber Vorstände und Geschäftsführer, BGHZ 165, 47 zum VerbrKrG), auch ausländische Broker mit inländischem Verbraucher, BGH WM 2010, 2025 (2032); 2011, 548, keine Einrede des Verbrauchers, sondern zwingend, BGH NJW 2011, 2976; für Vorstände und Geschäftsführer teleologische Reduktion der AGB-Kontrolle (§ 310 IV BGB), europarechtskonform, Herresthal ZIP 2014, 345; Bauer/Arnold/Kramer AG 2014, 677; aA von Westphalen ZIP 2013, 2184. Wenn das streitgegenständliche Geschäft für beide Parteien ihrer **gewerblichen oder selbstständigen beruflichen Tätigkeit** zuzuordnen ist (KfmEigenschaft und beiderseitiges HdlGeschäft sind nicht mehr notwendig), genügt eine **einfachere Nachweisform:** von den Parteien unterzeichnetes Schriftstück oder zwischen ihnen gewechselte Schreiben, Telegramme ua; Schweigen auf ein Schriftstück, inbesondere kfm. Bestätigungsschreiben (→ § 346 Rn. 16) mit Schiedsklausel; förmliche Bezugnahme auf Schriftstück mit Schiedsklausel (Schiedsklausel in AGB) oder Begebung eines Konnossements (näher § 1031 I–IV ZPO). Form des Hauptvertrags, zB § 311b I BGB, muss nicht zusätzlich gewahrt werden, BGHZ 69, 260. Formmangel wird durch Einlassung auf Verhandlung zur Hauptsache geheilt (§ 1031 VI ZPO); entspr. Auch für andere (nicht fortbestehende) Mängel, nicht aA nur bei konkludenter Neuabschluss, vgl. BGHZ 88, 318; nur letzterer bei Fehlen einer Schiedsvereinbarung überhaupt. **Lit.** Lüttmann/Breyer ZZP 119 (2006), 475; Haarmann FS Hopt, 2010, 2777. **AGB**-Schiedsvereinbarung ist auch mit Verbrauchern möglich, BGHZ 162, 17, aA nach **(5)** § 307 BGB nur in Ausnahmefällen Ul/Be/He/H. Schmidt BGB § 310 Rn. 708 wegen Versperrung des ordentlichen Rechtswegs. AGB-Schiedsklausel unterliegt auch unter Kflten (Unternehmern) der Inhaltskontrolle nach **(5)** § 307 BGB, BGHZ 115, 324, aber **(5)** § 310 I 1 BGB, KG 13.6.2016, 20 SchH 1/16 zit. NJW 2017, 864; nicht für Ges., **(5)** § 310 IV 1 BGB, aber § 242 BGB (PublikumsGes. → Anh. § 177 Rn. 68). Unternehmer-, nicht Verbraucherhandeln bereits bei der Existenzgründung dienendem Geschäft, BGHZ 162, 17. AGB-Schiedsvereinbarung ist danach unwirksam nicht schon bei Übergewicht der einen Seite (dagegen hilft fristgebundener Antrag nach § 1034 II ZPO, → Rn. 114), jedoch bei Gefahr, dass das Schiedsgericht von den Schutzgarantien der **(5)** §§ 305–310 BGB abweicht, BGHZ 115, 324; krit. Schumann

NJW 1992, 2065. **Alternativklausel** zwischen staatlicher und Schiedsgerichtsbarkeit ist unwirksam, außer bei Zusatz über Pflicht zur vorprozessualen Wahl durch den beklagten Verwender, BGH NJW 1999, 282, für Wirksamkeit bei genau definierten engen Voraussetzungen OLG Bremen SchiedsVZ 2007, 51. Wirksam ist dagegen Option der Nichtanerkennung des Schiedsspruchs und Weg zum staatlichen Gericht, BGHZ 171, 245. **Auslegung** von Schiedsklauseln ist nur eingeschränkt revisibel, nämlich ob die für die Auslegung erheblichen Umstände umfassend gewürdigt worden sind, BGHZ 165, 379; BGH ZIP 2009, 1540. **Rechtsnachfolger** sind gebunden, auch Insolvenzverwalter, da weder gegenseitiger Vertrag (§ 103 InsO) noch Auftrag (§ 114 InsO), BGH ZIP 2009, 627 Rn. 11; 2013, 1539; Wagner KTS 2010, 41. **Bürgen,** Schuldübernehmer, Garanten und andere akzessorisch Haftende sind, da selbständig haftend, nicht gebunden, hL, BGHZ 68, 359. **Muster:** Hopt/Merkt VertrFormB/Trittmann/ Schmaltz/Pfitzner, Form II. M.1 (DIS-Schiedsklausel), Form II. M.2 (DIS-Ges-Rechts-Schiedsklausel), Form II. M.3 (ICC-Schiedsklausel).

113 **b) Schiedsklauseln im Gesellschaftsvertrag:** Die Schiedsvereinbarung unter Gftern einer **OHG** oder **KG** betr. Streitigkeiten aus dem GesVerhältnis bedarf der Form für Verbraucher nach § 1031 V ZPO, außer wenn schon ihr Abschluss zusammen mit dem GesVertrag oder später einer gewerblichen oder selbstständigen beruflichen Tätigkeit des Gfters zugerechnet werden kann (→ Rn. 112); ähnlich zum früheren Recht (kein HdlGeschäft der Gfter nach § 1027 II ZPO), BGHZ 45, 285 für Kdtist (→ § 161 Rn. 5), für OHG → § 105 Rn. 21 (davon streng zu unterscheiden ist die Erstreckung einer formlos wirksamen Schiedsvereinbarung zwischen Ges. und Dritten auch auf Gfter, → § 128 Rn. 40). Erst recht gilt dies in der **stillen Gesellschaft,** außer wenn der Stille selbst Gewerbetreibender bzw. Freiberufler ist und als solcher handelt. § 1066 ZPO, nach dem die Satzung von Vereinen, AG und GmbH für Streitigkeiten aus dem Mitgliedschaftsverhältnis ihrer Mitglieder wirksam ohne Schiedsvereinbarung iSv §§ 1025 ff. ZPO (aber Kleinmann BB 1970, 1076: Form dennoch zu empfehlen) ein Schiedsgericht anordnen können soll (so zu § 1048 ZPO aF BGHZ 48, 43), gilt nicht für OHG und KG, auch nicht GmbH & Co und Publikums-KG, BGH NJW 1980, 1049; Schütze BB 1992, 1877; Ebbing NZG 1998, 282, üL, aA K. Schmidt ZHR 162 (1998), 277; Habersack SchiedsVZ 2003, 241; jedenfalls für GesVerträge, die Mehrheitsbeschlüsse zulassen. **PublikumsKG** § 1031 V ZPO, aber nicht für Streit unter Gründungsgftern, Rüppell BB 2014, 1091. Die Gfter-Schiedsvereinbarung ist für Gesamt- und Sonderrechtsnachfolger in GesAnteil verbindlich ohne gesonderten Beitritt und Form des § 1031 ZPO, BGHZ 68, 350; 71, 162; BGH NJW 1979, 2567; 1998, 371; NZG 2002, 955 (Grundgedanke des § 401 BGB); Ebbing NZG 1998, 282; aA K. Schmidt ZHR 162 (1998), 279; Habersack SchiedsVZ 2003, 241; ebenso bei Eintritt auf Grund Nachfolgeklausel, BGH NJW 1980, 1797. Grundsätzlich weite Auslegung der Schiedsvereinbarung für alle Streitigkeiten aus dem (Haupt)Vertrag einschließlich dessen Gültigkeit; § 139 BGB ist auf das Verhältnis Hauptvertrag und Schiedsvereinbarung unanwendbar, BGHZ 53, 315; BGH NJW 1991, 2216. Anwendbarkeit der Gfter-Schiedsvereinbarung auf Streit unter Gfter-Erben, wer Gfter wurde, BGH WM 1971, 309. Verweisung im GesVertrag auf eine Schiedsvereinbarung (die nicht geschlossen wurde oder unauffindbar ist) ist nicht in einen Vorvertrag auf Abschluss einer Schiedsvereinbarung umzudeuten, dazu bedürfte es mindestens der Bestimmung der Zusammensetzung des Schiedsgerichts, BGH BB 1973, 957. **Beschlussmängelstreitigkeiten** bei GmbH und PersonenGes. → Rn. 110. **Lit.** Westermann FS Fischer, 1979, 853; Roth FS Nagel, 1987, 318; de Lousanoff, Westermann u. D. Weber (Schiedsklauselgestaltung) in Böckstiegel 1996, S. 7, 31 u. 49; K. Schmidt ZHR 162 (1998), 265; BB 2001, 1857; Ebbing NZG 1998, 281; Habersack SchiedsVZ 2003, 241; Westermann FS Goette, 2011, 601.

c) **Schiedsgericht und Schiedsverfahren:** Die Parteien können das Verfahren zur **Bestellung der Schiedsrichter** selbst regeln (§ 1035 I ZPO, Schiedsvereinbarung). Die Schiedsrichter werden tätig auf Grund des zwischen den Parteien und ihnen abgeschlossenen **Schiedsrichtervertrags**, BGHZ 42, 315; 98, 34; **Lit.** Real 1983. Sie üben Rechtsprechung aus, BGHZ 51, 258; 98, 36. Sie müssen deshalb **unparteilich** und **unabhängig** sein, OLG Frankfurt a. M. SchiedsVZ 2017, 150 (nicht Vertragsbeirat), und auch so erscheinen (bei Umständen, die berechtigte Zweifel wecken können, **Ablehnung**, §§ 1036 II, 1037 ZPO), Mankowski SchiedsVZ 2004, 304; Schütze FS Hopt, 2010, 2933. Dabei kommt es primär auf die Beziehungen der Schiedsrichter zu den Parteien und idR nicht zu deren Prozessbevollmächtigten an, Anlehnung an §§ 41, 42 ZPO, KG 12.8.2010, zit bei Kröll NJW 2011, 1267. Benachteiligendes Übergewicht bei der Zusammensetzung des Schiedsgerichts s. § 1034 II ZPO, Schiedsvereinbarung bleibt erhalten, BGH WM 2007, 959. Mehrparteienschiedsverfahren → Rn. 110. Eine Schiedsvereinbarung, dass im Streit zwischen Mitgliedern und Nichtmitgliedern eines Vereins nur Vereinsmitglieder als Schiedsrichter bestellt werden können, ist ungültig, BGHZ 51, 261; ebenso die Klausel, dass eine Partei allein alle Schiedsrichter bestellt, falls die Gegenpartei ihr Bestellungsrecht nicht ausübt, oder dass in diesem Falle der von einer Seite bestellte Schiedsrichter allein entscheidet, BGHZ 54, 395. Geringere Anforderungen an die Unabhängigkeit gelten für Schiedsverträge nach Streitfallentstehung; ein Organmitglied einer Partei kann hier je nach seinem faktischen Verhältnis zu dieser Schiedsrichter sein, BGH BB 1975, 1553; dazu Schlosser JZ 1976, 245; Kornblum BB 1977, 675 (krit.). Die Schiedsrichter können ihre **Vergütung** nicht selbst festsetzen, auch nicht mittelbar über Streitwertfestsetzung, BGHZ 94, 92; deshalb vorherige, klare Vereinbarung mit den Parteien, zB Mustervereinbarung des Deutschen Anwaltsvereins. **Vorschuss** idR je hälftig (§ 426 I BGB), auch wenn eine Partei „arm" ist, BGHZ 55, 344, dazu Breetzke DB 1971, 465 und 2050; doch dann uU Kündigung der Schiedsvereinbarung aus wichtigem Grund, BGHZ 77, 65 (→ Rn. 110). Vorschuss kann unter den Schiedsparteien eingeklagt werden. Das Schiedsrichteramt **endet,** wenn der Schiedsrichter von ihm, auch grundlos, zurücktritt (vgl. §§ 1038, 1039 ZPO); eine Verletzung des Schiedsrichtervertrags liegt darin nicht, wenn der Schiedsrichter rechtlich oder tatsächlich (zB Krankheit, Übernahme eines öffentlichen Amtes oder ähnliche berufliche Veränderung, die sich mit der Fortführung nicht vereinbaren lässt) außerstande ist, seine Aufgaben zu erfüllen (Kündigung aus wichtigem Grund). **Muster:** Hopt/Merkt VertrFormB/Trittmann/Schmaltz/Pfitzner, Form II. N.1 (Schiedsrichtervertrag, Vergütungsvereinbarung), Form II. O.4–5 (Ablehnung eines Schiedsrichters).

Das Schiedsverfahren beginnt mit der Erhebung der **Schiedsklage** (§§ 1044, 1046 ZPO; Art. 4 ICC-SchiedsGO 2017). Falls nicht schon geschehen, fordert die Schiedsklägerin die Schiedsbeklagte zur Benennung eines Schiedsrichters auf; meist ist ein Dreierschiedsgericht vereinbart (sonst § 1034 I 2 ZPO: 3; ICC-SchiedsGO 2017 Art. 12(2): 1). Das (Schieds)**Verfahren** läuft ab nach den Regeln der gewählten Schiedsgerichtsordnung und/oder dem Schiedsverfahrensrecht der §§ 1025 ff. ZPO bzw. eines anwendbaren ausländischen Prozessrechts (→ Rn. 110, 120 ff.). Das Schiedsgericht kann über die eigene Zuständigkeit und im Zusammenhang hiermit über das Bestehen oder die Gültigkeit der Schiedsvereinbarung entscheiden; dabei gilt eine Schiedsklausel als unabhängig von den übrigen Vertragsbestimmungen (§ 1040 ZPO; aber → Rn. 116 zur Frage der Kompetenz-Kompetenz). Nach der ICC-SchiedsGO 2017 Art. 23 wird zunächst der Schiedsauftrag (terms of reference) erstellt, **Lit.** Sandrock RIW 1987, 649; Nicklisch RIW 1988, 763. Das Schiedsgericht kann in den Grenzen des zwingenden Rechts (insbesondere Gleichbehandlung und rechtliches Gehör) mangels Parteiabrede sein Verfahren nach freiem Ermessen selbst bestimmen (§ 1042 ZPO). Es kann auf Antrag einstweiligen Rechtsschutz gewähren (§ 1041 ZPO),

Schütze BB 1998, 1659. Es ist an die Beweismittel und das Beweisverfahren der ZPO nicht gebunden, hat aber selbst keine Zwangsgewalt zur Durchsetzung der Beweiserhebung (aber gerichtliche Unterstützung durch das zuständige Amtsgericht, §§ 1050, 1062 IV ZPO). Das Schiedsgericht kann Berater zuziehen, Grenzen str., BGHZ 110, 107, zu unterscheiden vom Sachverständigen nach § 1049 ZPO, zu diesem Lotz SchiedsVZ 2011, 203. Über die mündliche Verhandlung wird Protokoll geführt, Ausgestaltung flexibel. Keine Vorlage an EuGH, EuGH EuZW 2014, 301 m. krit. Anm. Jukic; Schäfer BB 2014, 723. Am Ende des Schiedsverfahrens steht häufig ein **Schiedsvergleich** (§ 1053 ZPO) oder aber ein **Schiedsspruch** (§§ 1051 ff. ZPO). Zustandekommen des Schiedsspruchs, Schütze SchiedsVZ 2008, 10; sehr str. ist dissenting vote, Westermann SchiedsVZ 2009, 102. Persönliche, eigenhändige Unterschrift, keine Vertretung in der Unterschriftsleistung, OLG München WM 2014, 1152. Streitwertfestsetzung nach § 1057 ZPO ist kein Richten in eigener Sache, aber ist nur zwischen den Parteien, nicht gegenüber den Schiedsrichtern verbindlich, BGH NJW 2012, 1811, anders nach altem Recht BGH WM 1977, 319; BGHZ 94, 95. Niederlegung des Schiedsspruchs ist nicht mehr vorgesehen. Insolvenz und Schiedsverfahren, BGH ZIP 2009, 627; Heidbrink/von der Groeben ZIP 2006, 265; Ehricke ZIP 2006, 1847. **Muster:** Hopt/Merkt VertrFormB/Trittmann/ Schmaltz/Pfitzner, Form II. O.1 (Einleitung eines Schiedsverfahrens nach ZPO mit Aufforderung zur Benennung eines Schiedsrichters), Form II. O.2 (Antrag an das Gericht zur Benennung eines Schiedsrichters nach ZPO bzw. DIS), Form II. O.3 (ICC-Schiedsklage), Form II. P.1 (Verfahrenskonferenz nach DIS-Schieds-GO) Form II. P.2 (Verfahrensleitende Verfügung nach DIS), Form II. P.3 (Schiedsauftrag/Terms of Reference, ICC), Form II. P.4 (Zeugenerklärung/Witness Statement), Form II. P.5 (Protokoll), Form II. P.6 (Antrag an das zuständige Gericht auf (eidliche) Vernehmung eines Zeugen nach ZPO), Form II. P.7 (einstweiliger Rechtsschutz nach ZPO bzw. DIS-SchiedsGO), Form II. P.8 (Antrag auf Anordnung von Eilmaßnahmen, ICC), Form II. P.9 (Schiedsspruch nach ZPO bzw. DIS-SchiedsGO), Form II. P.10 (ICC-Schiedsspruch).

116   d) Gegen einen Schiedsspruch kann nur Antrag auf **gerichtliche Aufhebung** in den engen Grenzen des § 1059 ZPO gestellt werden. § 1059 II ZPO zählt die Aufhebungsgründe abschließend auf. Mangelnde objektive Schiedsfähigkeit und Widerspruch gegen die öffentliche Ordnung (ordre public) sind von Amts wegen zu berücksichtigen (§ 1059 II Nr. 2 ZPO), aber keine Inhaltskontrolle des Schiedsspruchs; zB Verletzung des rechtlichen Gehörs, Art. 103 I GG, BGHZ 96, 47, Verstoß gegen EUKartellrecht, EuGH EuZW 1999, 565, gegen EU-RL über missbräuchliche Klauseln in Verbraucherverträgen (→ **(5)** BGB Einl. V. § 305 Rn. 5), EuGH EuZW 2009, 852 mAnm. Heinig EuZW 2009, 885, nicht schon gegen jedes zwingende Recht, BGH WM 2009, 573, nur wenn „offensichtlich" (obwohl in § 1059 II Nr. 2 lit. B nF nicht mehr enthalten) unvereinbar mit wesentlichen Grundsätzen des deutschen Rechts, BGH NJW 2014, 1597. Aufhebungsgrund nach § 1059 II Nr. 1 lit. A–d ZPO sind die Ungültigkeit der Schiedsvereinbarung in subjektiver oder objektiver Hinsicht, eine verfahrensfehlerhafte Behinderung des Antragstellers, Überschreitung der Schiedsvereinbarung mit der Folge der Unzuständigkeit des Schiedsgerichts und sonst unzulässiges Verfahren, zB Mitwirkung eines erfolgreich abgelehnten Schiedsrichters auch bei einstimmigem Schiedsspruch (§ 1059 II Nr. 1 lit. D ZPO), BGH ZIP 2015, 1363. Fehlende Nebentätigkeitsgenehmigung eines aktiven Berufsrichters (§ 40 I 1 DriG) ist kein Aufhebungsgrund nach § 1059 II Nr. 1 lit. D ZPO, BGH WM 2016, 1244. Endschiedsspruch lässt Rechtsschutzbedürfnis für Antrag auf gerichtliche Entscheidung gegen den die Zuständigkeit bejahenden Zwischenentscheid nicht entfallen, BGH NJW 2017, 488 (RsprÄnd). Die Kompetenz zur Entscheidung über die „Kosten des Verfahrens" umfasst die Streitwertfestsetzung, KG SchiedsVZ 2011, 110. Das Gericht (**OLG,** § 1062 ZPO, Beschlussverfahren) prüft insoweit die Wirksamkeit der Schiedsvereinbarung ohne Bindung an das Schiedsgericht; eine **Kompetenz-Kompetenz-Klausel** wie früher (BGHZ 68, 356; BGH NJW 1991, 2215) ist also nicht mehr wirksam, BGHZ 162, 9; OLG München SchiedsVZ 2013, 234, Folge ist aber nicht Gesamtunwirksamkeit (§ 139 BGB), BGH NJW 2014, 3652. Aber Unabhängigkeit der Schiedsabrede von den übrigen Vertragsbedingungen (§ 1040 I 2 ZPO), BGH NJW 2017, 488 Rn. 17. Für den Aufhebungsantrag gilt eine **Dreimonatsfrist** (§ 1059 III ZPO). Der Schiedsspruch wirkt unter den Parteien wie ein rechtskräftiges Urteil, aus ihm kann (nach Vollstreckbarerklärung) vollstreckt werden (§§ 1060, 1062 ff. ZPO). **Muster:** Hopt/Trittmann/Pfitzner/Schmaltz, 4. Aufl. 2013, Form II. Q.1 (Antrag auf Zulassung der Vollziehung einer vorläufigen oder sichernden Maßnahme), Form II. Q.2–3 (Antrag auf Vollstreckbarerklärung eines in-/ausländischen Schiedsspruchs), Form II. Q.4 (Klage auf Aufhebung eines inländischen Schiedsspruchs).

B. **Schiedsgutachtervertrag: a)** Der Schiedsgutachtervertrag zwischen den **117** Parteien, aufgrund dessen dann ein Vertrag mit dem Schiedsgutachter geschlossen wird, ist materiellrechtlicher Vertrag (§§ 317–319 BGB), stRspr, üL, nach aA: §§ 1025 ff. ZPO zT entspr. Anwendbar. Er ist von **Schiedsvereinbarung** (§§ 1025 ff. ZPO, Prozessvertrag, → Rn. 110) streng zu **unterscheiden.** Während die Schiedsvereinbarung auf Entscheidung des Rechtsstreits durch das Schiedsgericht anstelle des ordentlichen Gerichts zielt, beschränkt sich der Schiedsgutachtervertrag auf Ordnung der Rechtsverhältnisse der Parteien durch Überlassung der Leistungsbestimmung an einen Dritten (§ 317 I BGB), ohne die ordentliche Gericht von der Nachprüfung gewisser Fehler auszuschließen (§ 319 BGB); BGHZ 6, 338; 9, 145; 48, 28; BGH WM 1981, 1057; NJW 1982, 1879; 1991, 2761; 2001, 3775; 2013, 1452; OLG München NJW 2016, 1964 mAnm. Lotz. Nur der Schiedsspruch, nicht das Schiedsgutachten entscheidet prozessual rechtskräftig und ist Vollstreckungstitel (→ Rn. 116). Der Schiedsgutachtervertrag ist für jedermann formfrei, BGH NJW 1975, 1556. Zitiert der Vertrag § 319 BGB, ist Schieds gutachten, nicht Schiedsgericht gewollt, BGHZ 48, 28. Im Zweifel Schiedsgutachten als weniger einschneidend (§§ 133, 157 BGB), BGH BB 1982, 1078; OLG München NJW 2016, 1964 Rn. 15. Soll das Gutachten unter bestimmten Voraussetzungen bestimmte Folgen festlegen (Bsp.: bei grundlegender Änderung der Verhältnisse Anpassung des Pachtzinses), kann die Auslegung ergeben, dass der Gutachter auch die Vorfrage entscheiden soll, ob eine solche Änderung vorliegt; auch eine solche Rechtsfrage kann in die Entscheidung eines Schiedsgutachters gestellt werden; BGHZ 48, 29; BGH NJW 1975, 1556. Eine als Schiedsvereinbarung unwirksame Abrede kann uU als Schiedsgutachterabrede gültig sein, BGH BB 1960, 753. Ein nachprüfendes Gericht darf nicht offen lassen, ob ein Schiedsgutachtervertrag oder eine Schiedsvereinbarung vorliegt, BGHZ 48, 27. Rspr.-Übersicht: Raeschke-Kessler BB Beil. 17/1993, 19. **Lit.** Rauscher, 1969; Greger/Stubbe, 2007; von Bernuth ZIP 1998, 2081; Walter GS Heinze, 2005, 291 (Schiedsgutachten, Unternehmensbewertung); Habersack/Tröger DB 2009, 44 (Preis bei Unternehmenskauf); Kantenwein FS Spiegelberger, 2009, 750 (Klauseln); Elsing ZverglRWiss 2015, 568 (Bindungswirkung); Kohl/Schröder WPg 2016, 1376 (Schiedsgutachter zu Unternehmenswert).

b) Häufig werden Schiedsgutachtervertrag **im weiteren und im engeren, 118** eigentlichen **Sinn** unterschieden, BGH NJW 1991, 2761; WM 2013, 1452. Beim ersteren ergänzt der Schiedsgutachter den Vertrag rechtsgestaltend unmittelbar iSv § 317 BGB. Beim letzteren liefert er nur Tatsachen oder Rechtselemente zur Durchführung eines fertigen, nicht iSv § 317 BGB ergänzungsbedürftigen Vertrags; Bsp.: Gebraucht-Kfz-Kauf zum „DAT-Schätzpreis abzüglich", zu ermitteln ist der wirkliche Marktwert. Die Unterscheidung spielt nur eine untergeordnete Rolle, weil auf das Schiedsgutachten ieS §§ 317–319 BGB nicht unmittelbar, aber entspr. Angewandt werden, BGH WM 2013, 1455, also eine „offenbare Unrichtigkeit" eines Schiedsgutachtens ieS ebenso wie die „offenbare Unbilligkeit" nach § 319 I BGB zur Unverbindlichkeit führt, → Rn. 119. Der Schiedsguterachtervertrag schiebt die Fälligkeit der Forderung auf (Regelung der Leistungszeit nach § 271 BGB, relevant für Zinslauf), BGH WM 2013, 1452. Bei unangemessener Verzögerung der Benennung direkt Zahlungsklage, BGH WM 2011, 1374, arg. E § 319 I 2 BGB. **AGB** über obligatorisches Schiedsgutachten kann je nach Geschäft und Auswirkungen wegen Verkürzung des staatlichen Rechtsschutzes gegen **(5)** § 307 BGB verstoßen, BGHZ 115, 329 (bejahend für Fertighauskauf); auch bei besonderer Nähe des Dritten und des Verwenders (Zusammenarbeit, erst recht Abhängigkeitsverhältnis), BGHZ 81, 236; BGH NJW 1983, 1855, auch bei Anschein der Endgültigkeit ohne Rechtsweg, BGHZ 101, 318.

119   c) Schiedsgutachter haben iZw nach **billigem Ermessen** zu entscheiden (§ 317 I BGB). Die offenbar unbillige Entscheidung ist unverbindlich und durch gerichtliches Urteil zu ersetzen (§ 319 I 1, 2 BGB; abdingbar, s. § 319 II BGB, BGH BB 1972, 515), BGH WM 2013, 1452. Sie ist offenbar unbillig, wenn sich dem sachkundigen und unbefangenen Beobachter, sei es nach eingehender Prüfung, Fehler aufdrängen, die das Gesamtergebnis verfälschen, BGH WM 1986, 1384; NJW 1991, 2761; 2001, 3776; 2013, 1297, so zB bei Mißachtung der Aufgabe (Mietzinsanpassung, nicht -neufestsetzung) und einseitiger Interessenbeachtung, BGHZ 62, 316, oder wenn die Bestimmungsfaktoren des Gutachtens nicht hinreichend nachprüfbar sind, BGH NJW 1975, 1557; WM 1977, 413. Grundsätzlich ist gleich, wie ein Schiedsgutachter zu seinem Ergebnis kommt, BGH NJW 1977, 801, doch muss er ein von den Parteien vorgeschriebenes Verfahren einhalten, BGH BB 1963, 281. Bei Schiedsgutachten ieS (→ Rn. 118) ist die Schätzung entspr. § 319 I BGB auch bei offenbarer Unrichtigkeit, zB Nicht- oder Falschanwendung zwingenden Rechts, unverbindlich, BGHZ 43, 376; BGH WM 1986, 1384, auch bei so lückenhaften Ausführungen, dass das Ergebnis nicht mehr fachmännisch überprüfbar ist, BGH WM 1988, 276; NJW 2001, 3775. Mehrere Gutachter sollen nach § 317 II BGB iZw nur einstimmig entscheiden können, Bestellung eines Dreierkollegiums bedeutet aber wohl idR Zulassung der Mehrheitsentscheidung. Bei verschiedenen Summenbestimmungen (zB Kaufpreis, Abfindung) gilt nach § 317 II BGB iZw der Durchschnitt; zu große Abweichung lässt uU beide Bestimmungen offenbar unbillig erscheinen, dann bestimmt das Gericht (§ 319 I BGB), BGH LM BGB § 317 Nr. 9 (60000–162400–90000). Bei offenbarer Unbilligkeit der Mehrheitsentscheidung muss der überstimmte Schiedsgutachter die Vertragsparteien auf seine Bedenken hinweisen, BGHZ 22, 345; er gibt also zweckmäßig sein Minderheitsvotum zu den Akten. Für Schiedsgutachter besteht keine Vorschrift über **Ablehnung** wie bei Schiedsrichter und Sachverständigen (§§ 1036, 1037; 406 iVm 41, 42 ZPO), doch kann Ablehnung gemäß diesen Vorschriften vereinbart sein, BGH NJW 1972, 827, so wenn er während der Begutachtung als von der Gegenpartei benannter Schiedsrichter tätig wird; Entscheidung darüber im ordentlichen Prozess, OLG München BB 1976, 1047; bei Befangenheit des Schiedsgutachters uU auch Kündigung des Schiedsgutachtervertrags aus wichtigem Grund, BGH DB 1980, 967. Entfällt der zunächst bestimmte Gutachter und mißlingt den für diesen Fall vorgesehene Einigung auf einen Ersatzgutachter, entscheidet entspr. § 319 I 2 Hs. 2 BGB das Gericht, BGHZ 57, 47. **Ansprüche** gegen den Schiedsgutachter aus **Fehlern des Gutachtens** bestehen nur bei offenbarer Unrichtigkeit, sonst ist das Schiedsgutachten verbindlich (s. oben), andernfalls unverbindlich (§ 319 I 1 BGB), Schadenersatzanspruch aus Werkvertrag (trotz Möglichkeit gerichtlicher Neubestimmung nach § 319 I 2 BGB), anspruchsberechtigt ist unmittelbar (nicht erst zugunsten Dritter) auch die nicht am Schiedsgutachtenvertrag beteiligte Partei, zB Rückzahlung des Honorars, BGH NJW 2013, 1296. Institutionell DIS-Schiedsgutachtensordnung (DIS-SchGO), auch DIS-Gutachtensordnung (DIS-GO).

C. Internationale Schiedsgerichtsbarkeit: a) Maßgeblich ist der **Ort des** **120** **schiedsrichterlichen Verfahrens** iSv § 1043 I ZPO. Die Wahl des geeigneten Orts und des anwendbaren Rechts ist besonders wichtig. Liegt der Ort in Deutschland, gelten §§ 1025 ff., ohne dass die Parteien die Wahl eines fremden Verfahrensrechts haben (§ 1025 I ZPO, striktes Territorialitätsprinzip für inländische Verfahren; anders vor 1998: Verfahrenstheorie, s. BGHZ 96, 40). Je nachdem ist der Schiedsspruch ein inländischer oder ausländischer (→ Rn. 123). Näher Kronke RIW 1998, 257; Winkler/Weinand BB 1998, 597. **Dokumentenvorlage,** Krapfl 2007. **Zwingendes Recht** in der internationalen Schiedsgerichtsbarkeit, Horn SchiedsVZ 2008, 209.

b) Unter den ständigen internationalen Schiedsgerichten ist der Schieds- **121** gerichtshof bei der **Internationalen Handelskammer (International Chamber of Commerce, ICC) Paris** besonders bekannt; Schiedsgerichtsordnung idF 2016 mit Wirkung ab 1.3.2017 mit Kostentabelle Anh. III (ICC-SchiedsGO 2017, ICC-Publikation, offizielle deutsche Übersetzung), Eilschiedsrichterverfahrensordnung Anh. V, Verfahrensordnung zum beschleunigten Verfahren Anh. VI sowie Musterschiedsklauseln (ICC-Publikation Nr. 880D/E); laufend: International Court of Arbitration Bulletin, Independence of Arbitrators 2007 (ICC-Publikation Nr. 690, Sprache englisch); **zur nF 2012** Fry/Greenberg/Mazza, The Secretariat's Guide to ICC Arbitration 2012 (ICC-Publikation Nr. 729), Pörnbacher/Baur BB 2011, 2627; Sessler/Voser SchiedsVZ 2012, 120. Collections of ICC Arbitral Awards, 4 vols 1974–2000, Decisions on ICC Arbitration Procedure (2003–2004), 2011 (ICC-Publikation Nr. 728, Sprache englisch). **Lit.** Webster/Bühler, Handbook of ICC Arbitration, 3d ed 2014; Craig/Park/Paulsson, 3d ed 2000; Derains/Schwartz, 2nd ed 2005 (IntHK-Publikation Nr. 961); Nedden/Herzberg, ICC-Scho/Dis-Scho Praxiskommentar, 2017; Verbist/Schäfer/Imhoos, 2d ed 2016 (englisch). Ferner ADR-Regeln 2001 und Leitfaden für ICC ADR (IntHK-Publikation Nr. 809). Die IntHK stellt auch eine Internationale Zentralstelle für technische Gutachten (ICC-Publikation Nr. 307) zur Verfügung. Regeln für Gutachterverfahren (seit 1.1.2003) 2005 (ICC-Publikation Nr. 649). Document Production 2006 (ICC-Publikation Nr. 676, Sprache englisch). Mediations-Regeln mit Mediationsklauseln 2014. Expert Rules (Proposal, Appointment, Administration) 2015. **Muster:** Hopt/Merkt VertrFormB/ Trittmann/Schmaltz/Pfitzner, Form II. M.3 (ICC-Schiedsklausel), Form II. O.3 (ICC-Schiedsklage), Form II. O.4 (Ablehnung eines Schiedsrichters nach der ICC-SchiedsGO), Form II. P.3 (ICC Terms of Reference), Form II. P.10 (ICC-Schiedsspruch).

Weitere Schiedsregeln s. zB **UNCITRAL-Schiedsordnung** 25.6.2010, **Lit. 122** Pörnbacher/Loos/Baur BB 2011, 711, zur Fassung 1976 Rauh, 1983; van Hof, 1991 (engl); von Hoffmann RIW 1976, 1; Böckstiegel RIW 1982, 796; **UNCITRAL-Modellgesetz** 21.6.1985, von UN empfohlen 11.12.1985 (vgl. → Rn. 110), **Lit.** Calavros, 1987; Binder, 3d ed 2010; Böckstiegel RIW 1984, 670; Schiedsgerichtsordnung der **ECE** 20.1.1966; **ICSID** (International Center for the Settlement of Investment Disputes der Weltbank), OLG Frankfurt a. M. SchiedsVZ 2013, 126; Schlechtriem IPRax 1986, 69; Semler SchiedsVZ 2003, 97; **London Court of International Arbitration (LCIA),** The LCIA Rules 2014, **Lit.** Wade/Clifford/Clanchy, 2015; Böckstiegel, 1987; Vorpeil WM 2015, 1647; **Netherlands Arbitration Institute (NAI),** NAI Arbitration Rules 1.1.2015; **Stockholm Chamber of Commerce,** Rules of the Arbitration Institute 1.1.2010; Internationale Schiedsordnung der **Schweizerischen Han-**

Einl v § 1 123   1. Buch. Handelsstand

delskammern (Swiss Rules), 1.6.2012, Pörnbacher/Duncker BB 2012, 2453; **Wiener Internationales Schiedsgericht (VIAC)**, Schieds- und Schlichtungsordnung (Wiener Regeln) 8.5.2013, Baier/Hahnkamper SchiedsVZ 2013, 141; seit 1985 **Offizielle Deutsch-Französische IHK** (COFACI), BB Beil. 14/1985; **American Arbitration Association (AAA)**, Commercial Arbitration Rules 1.6.2014. Ferner **International Bar Association (IBA)**, IBA Rules on the Taking of Evidence in International Commercial Arbitration, 29.5.2010, dazu Kläsener/Dolgorukow SchiedsVZ 2010, 302, IBA Guidelines on Conflicts of Interest in International Arbitration, 22.5.2004. Spezielle Schiedsverfahren sehen auch **CETA** und das **EU-VK-Handelsabkommen TCA**, zu deren EU-Rechtskonformität bzw. Verfassungsmäßigkeit etwa Brauneck EuZW 2021, 291; Broß Hans Böckler Stiftung Report 2015, Nr. 4. **Lit.** Born, International Commercial Arbitration, 2d ed 2014; Berger, 1992 (engl 1993); Böckstiegel, 2001 (Beweiserhebung); Beulker, 2005 (Eingriffsnormen); Craig/Park/Paulsson, 3d ed 2000 (ICC, engl); Gal, 2009 (Haftung); Reisman/Craig/Park/Paulsson, 2. Aufl. 2015; Schütze, Institutionelle Schiedsgerichtsbarkeit, 2. Aufl. 2011; Schütze, Institutional Arbitration, 2013; Wirth, Zürich 2006 (Best Practices in International Arbitration); Kronke RIW 1998, 257; Weigand NJW 1998, 2081; Winkler/Weinand BB 1998, 597; Moller NZG 1999, 143; 2000, 57; Kreindler RIW 2002, 249 (ICC); Kaufmann-Kohler/Bärtsch SchiedsVZ 2004, 13 (discovery); Wilske/Markert SchiedsVZ 2011, 57; 2012, 58; 2013, 96; Wilske/Market/Bräuninger SchiedsVZ 2019, 101.

123   **c) Internationale Anerkennung und Vollstreckung:** Die internationale Anerkennung und Vollstreckung ausländischer Schiedssprüche (→ Rn. 120) richtet sich gemäß § 1061 I 1 ZPO (Erkenntnisverfahren eigener Art, kein Zwangsvollstreckungsverfahren, BGH NJW 2013, 3184) nach dem von allen bedeutenden Staaten ratifizierten **New Yorker (UN)Übereinkommen** über die Anerkennung und Vollstreckung ausländischer Schiedssprüche 10.6.1958 BGBl. 1961 II 121; 1962 II 102, dazu BGHZ 98, 71; OLG Koblenz WM 2013, 1327; Glossner FS Stödter, 1979, 47; Reformwünsche, Gottwald FS Coester-Waltjen, 2015, 392. § 1061 I 1 ZPO iVm UNÜbk ist auf alle ausländischen Schiedssprüche anwendbar, hL, aA Moller NZG 1999, 144: nur solche aus Vertragsstaaten. Anerkennungs- und Vollstreckungslücken entstehen wegen des im Vergleich zu § 1031 ZPO strengeren Schriftlichkeitserfordernisses von Art. II UNÜbk (Vertrag oder Austausch von Schriftstücken), OLG Stuttgart IHR 2016, 236, ua bei Schiedsklauseln in GesVerträgen, auf Grund Schweigens auf kfm. Bestätigungsschreiben, Moller NZG 1999, 145. Das New Yorker Übk. wird inhaltlich ergänzt durch das **Genfer Europäische Übereinkommen** über die internationale HdlSchiedsgerichtsbarkeit 21.4.1961 BGBl. 1964 II 425; 1965 II 107; dazu Baumb/Lauterbach, BGHZ 77, 32; BGH NJW 1983, 1267; OLG Frankfurt a. M. WM 1986, 341; Moller NZR 2000, 57. Ferner zahlreiche **bilaterale Verträge**, s. Bülow/Böckstiegel/Geimer/Schütze (LBl.). Zur Wirkung des nationalen ordre public auf internationale Schiedsgerichtsbarkeit BGHZ 71, 131. **Lit. zur Anerkennung:** Geimer, 1995; Kronke ua, 2010 (Komm. zur New York Convention, engl); Wolff, 2012 (engl).

Erster Abschnitt. Kaufleute

[Istkaufmann]

1 (1) **Kaufmann im Sinne dieses Gesetzbuchs ist, wer ein Handelsgewerbe betreibt.**

(2) **Handelsgewerbe ist jeder Gewerbebetrieb, es sei denn, daß das Unternehmen nach Art oder Umfang einen in kaufmännischer Weise eingerichteten Geschäftsbetrieb nicht erfordert.**

Übersicht

	Rn
1) Systematik der §§ 1 ff., Istkaufmann (I)	1–10
A. Vor dem HRefG 1998:	1–4
B. Nach dem HRefG 1998:	5–8
C. Istkaufmann (Musskaufmann, I):	9
D. Kaufmannsähnliche Personen, analoge Anwendung des HGB auf Unternehmer und bestimmte Nichtunternehmer:	10
2) Gewerbe	11–21
A. Begriff im und außerhalb des HGB:	11, 12
B. Planmäßige, auf Dauer angelegte Tätigkeit:	13
C. Selbstständigkeit:	14
D. Gewinnerzielungsabsicht; wirtschaftliche Tätigkeit am Markt:	15–18
E. Freie Berufe, Wissenschaft und Kunst:	19–20a
F. Irrelevanz von Zulässigkeit, Wirksamkeit, Klagbarkeit:	21
3) Handelsgewerbe (II)	22–29
A. Erforderlichkeit kaufmännischer Einrichtungen:	22–24
B. Vermutung (II Hs. 2):	25
C. Geltung für alle Handwerker:	26
D. Keine Ausnahme für juristische Personen des öffentlichen Rechts:	27
E. Gemischte Betriebe, mehrere Unternehmen:	28, 29
4) Betreiben des Handelsgewerbes (I Hs. 2)	30–50
A. Betreibender (Unternehmensträger):	30, 31
B. Minderjährige und Betreute:	32–35
C. Erbe:	36–39
D. Testamentsvollstrecker, Insolvenzverwalter:	40–47
E. Gütergemeinschaft:	48
F. Gesellschaften und Gesellschafter:	49, 50
5) Beginn und Ende der Kaufmannseigenschaft	51, 52
A. Beginn:	51
B. Ende:	52
6) Die Rechtsstellung der Kleingewerbetreibenden	53, 54
A. Nach HGB:	53
B. Außerhalb des HGB:	54
7) Internationaler Verkehr	55

1) Systematik der §§ 1 ff., Istkaufmann (I)

A. **Vor dem HRefG 1998: a) Muß-, Soll- und Kannkaufmann:** Kfm. ist **1** seit jeher, wer ein HdlGewerbe betreibt (§ 1 I). Nach § 1 II aF galten eine Reihe von Geschäftsarten ex lege als Handelsgewerbe (sog. Grundhandelsgeschäfte), wer sie betrieb, war MußKfm. Die Abgrenzungen der §§ 1–4 aF zwischen Muß-, Soll-, Kann- und MinderKfm. muten heutzutage zT merkwürdig an, zB die Kasuistik zu § 1 II Nr. 1 aF mit der Unterscheidung zwischen Waren- und Lohnhandwerkern, Paradebeispiel waren die Unterscheidungen bei Bauunternehmer, Bauhandwerker und Baustoffhändler, BGHZ 59, 182; 73, 220 (→ 29. Aufl.

Merkt

1994, § 1 Rn. 25). Besonders unbefriedigend war dies für den modernen Dienstleistungssektor ebenso wie für die gesamte Urproduktion (Bergbau). Bestimmte Korrekturen wurden zwar schon de lege lata vorgeschlagen, etwa durch Entwicklung eines Unternehmensprivatrechts (K. Schmidt § 2 III–V) oder eines Berufsrechts (Hopt AcP 183 (1983), 608); für Verweisung an den Gesetzgeber Zöllner ZGR 1983, 85 und Bydlinski, 1990; für Verfassungswidrigkeit der §§ 1 ff. Neuner ZHR 157 (1993), 243. Die gesetzgeberische Reform der §§ 1 ff. war aber überfällig, K. Schmidt DB 1994, 515.

2 **b) Minderkaufmann:** Unbefriedigend war auch die Behandlung, weniger die Abgrenzung (vgl. → Rn. 22) des MinderKfm (§ 4 aF, → 29. Aufl. 1994, § 4 Rn. 4). Der MinderKfm war zwar zwingend Kfm., konnte aber, auch wenn er das wollte, keine Firma führen (nur bürgerlicher Name und andere Kennzeichnungen), nicht in das HdlReg eingetragen werden, keine Prokura erteilen und keine OHG gründen. Sehr misslich und mit Rechtsunsicherheiten verbunden war auch, dass bei Herabsinken des HdlGewerbes zum Kleinbetrieb mangels Eintragung die OHG (KG) von Rechts wegen zur GbR wurde und sich löschen lassen musste, RGZ 155, 80. Ferner galten die Abweichungen vom bürgerlichen Recht gemäß §§ 348–350 betr. Vertragsstrafe, Bürgschaft, Schuldversprechen und Schuldanerkenntnis nicht für MinderKflte (§ 351 aF; ebenso Buchführungspflichten sowie prozessuale und andere Schutzvorschriften außerhalb des HGB wie ua §§ 29 II, 38 I ZPO).

3 **c) Reform durch das HRefG:** Das HRefG vom 22.6.1998 BGBl. 1474 hat neben einer Firmenrechtsreform (§§ 17 ff.) und einigen anderen Änderungen ua zum Handelsvertreterrecht (→ § 84 Rn. 4) und zum GesRecht (Liste der geänderten Vorschriften → 39. Aufl. 2020, Einl. v. § 1 Rn. 15) vor allem eine **grundlegende Neuregelung des Kaufmannsrechts** gebracht. Der KfmBegriff bleibt der zentrale Anknüpfungspunkt für das HdlRecht als das Sonderprivatrecht der Kflte (→ Einl. v. § 1 Rn. 1). Der bisherige Muß- und SollKfm wurden zu einem einheitlichen Tatbestand unter Beibehaltung des Gewerbebegriffs zusammengefasst. **Kaufmann** ist ohne Rücksicht auf die Branche grundsätzlich **jeder Gewerbetreibende außer den Kleingewerbetreibenden**, aber auch **diese** können sich nunmehr eintragen lassen und damit **freiwillig** Kfm. werden (wenn sie nicht schon FormKfm sind). Damit ist auch die Figur des MinderKfm unnötig geworden. Für die Abgrenzung zwischen Kfm. und Kleingewerbetreibendem wird unter Absage an feste Schwellenwerte wie bisher auf das Gesamtbild abgestellt. Mit der Aufgabe des Katalogs der Grundhandelsgewerbe ist jedoch ein Verlust an Rechtssicherheit verbunden, der nur teilweise dadurch aufgewogen wird, dass bei Eintragung jeder Gewerbetreibende Kfm. und die GbR und VermögensverwaltungsGes OHG sind und dass eine Vermutung für das Vorliegen eines HdlGewerbes spricht, Kaiser JZ 1999, 495. Die Fortdauer als OHG in diesen Fällen dient zugleich der Unternehmenskontinuität. Überholte Privilegierungen der öffentlichen Hand (Befreiung von Eintragungszwang, § 36 aF) wurden gegen Protest zu Recht abgeschafft. Mit alledem gehen eine Vereinfachung des HdlRegRechts und eine Entlastung der Registergerichte einher.

4 **d) Weitergehende Reformüberlegungen:** Die Reform durch das **HRefG** ist **nur beschränkt.** Manchen weitergehenden Reformwünschen, zB Umformung des HGB in ein allgemeines Unternehmensrecht (K. Schmidt § 2 III–V; DB 1994, 515; BB 2005, 840, gegen ein Außenprivatrecht der Unternehmen Canaris § 1 Rn. 24, 30 ff., aber Tendenzen zur Auflösung des HGB) und umfassende Einbeziehung der freien Berufe, ist bewusst eine Absage erteilt worden, RegE (wie RefE) ZIP 1996, 1402; das ergibt sich auch aus § 1 I 2 PartG, wonach die PartG kein HdlGewerbe ausübt. Allerdings liegt in der Einbeziehung gewisser nichtkaufmännischer Unternehmen in das HGB (§§ 84 IV, 93 III, 383 II, 407 III 2, 453 III 2, 467 III 2) ein Schritt weg vom reinen KfmRecht, damit sollte aber nur die Abschaffung des MinderKfm aufgefangen werden, RegE ZIP 1997, 945. Umgekehrt sind viele bisherige MinderKflte aus dem HGB herausgefallen, krit. R. Schmitt HRefG S. 13 ff., 52 ff., 175 ff. Diese Entscheidung des Gesetzgebers ist zu respektieren und statt genereller Analogien zum HGB zB durch Berufsrecht aufzufangen (→ Rn. 10). In anderen Gesetzen aus dem HGB wird dagegen neuerdings, insbesondere in Umsetzung verbraucherschützender EU-Richtlinien, statt auf Kfm. (so noch §§ 29 II, 38 I ZPO, § 95 I Nr. 1 GVG, § 53 I 1 Nr. 1 aF BörsG) eher auf Unternehmer und Verbraucher (gewerbliche oder selbstständige berufliche Tätigkeit, also einschließlich Kleingewerbetreibenden, Landwirten, Freiberuflern) abgestellt. **Legaldefinitionen** von **Verbraucher** und **Unternehmer** in §§ 13 (seit 13.6.2014 „überwiegend", VerbrRechteUmsetzG 20.9.2013), 14 BGB mit Geltung insbesondere für 491–506 HGB (näher → § 414 Rn. 7), im BGB für §§ 241a, 286 III 1 Hs. 2, 288 II, 310 I, III, 312–312f, 355–359, 474–479, 481–487, 489 I Nr. 2 (anders noch § 609a I Nr. 2 aF), 655a–e, 661a BGB, und in anderen Gesetzen, ua für § 1031 V ZPO; andere Begriffsbildung zB in § 304 InsO (grundsätzlich keine Verbraucherinsolvenz bei selbstständiger wirtschaftlicher Tätigkeit). Dazu R. Schmitt HRefG S. 125 ff., 158 ff. Zum MoPeG-E (→ § 1 Rn. 20a).

Lit. (HRefG): RefE ZIP 1996, 1401 (1445, 1485), RegE BT-Drs. 13/8444, zT in ZIP 1997, 942 (997); Rechtsausschuss BT-Drs. 13/10332; Bund-Länder-Arbeitsgruppe ZIP 1994, 1407; Schumacher, 1998; Dreher ua (Bayer-Stiftung), 1999; Ring, 1999; Schaefer, 1999; Siems, 2003; Niederleithinger ZIP 1995, 597; K. Schmidt ZIP 1997, 909; NJW 1998, 2161; ZHR 163 (1999), 87; R. Schmitt WiB 1997, 1113; P. Bydlinski ZIP 1998, 1169; Jung ZIP 1998, 677 (Firma); von Olshausen JZ 1998, 717; Priester DNotZ 1998, 691; Schön DB 1998, 1169; Schaefer DB 1998, 1269; Stumpf BB 1998, 2380 (HdlReg); Zimmer ZIP 1998, 2050; Kaiser JZ 1999, 495; Lieb NJW 1999, 35; Pfeiffer NJW 1999, 169 (AG-BRecht); K. Schmidt JZ 2003, 585 (5 Jahre HRefG).

B. Nach dem HRefG 1998: a) Ist- oder Musskaufmann, Handelsgewerbe (§ 1 I, II): Nach wie vor ist Kfm., wer ein HdlGewerbe betreibt (§ 1 I). Was ein HdlGewerbe ist, definiert § 1 II nicht mehr als einen Katalog von GrundHdl-Gewerben, sondern einheitlich danach, ob das Unternehmen nach Art oder Umfang nicht einen in kfm. Weise eingerichteten Geschäftsbetrieb nicht erfordert. Die widerlegbare Vermutung geht auf Vorliegen eines HdlGewerbes. Nicht unter § 1 fallen danach die Kleingewerbetreibenden (aber Eintragungsoption, → Rn. 6). Eine Differenzierung unter Kflten zwischen Voll- und MinderKfm (§§ 1, 4 aF) gibt es nicht mehr.

b) Kannkaufmann (§§ 2, 3 II, III): Ein nicht unter § 1 fallender gewerblicher Unternehmer **(Kleingewerbetreibender)** hat nach § 2 die Option, seine Firma im HdlReg eintragen zu lassen und dadurch Kfm. zu werden. Die Eintragung ist hier also konstitutiv. **Land- und Forstwirte** sind nach § 3 I keine Kflte, haben aber ebenfalls die Möglichkeit, durch Eintragung Kfm. zu werden (§ 3 II), auch beschränkt auf ein im Nebengewerbe betriebenes Unternehmen (§ 3 III).

c) Kaufmann kraft Eintragung (§ 5): Nach § 5 wird ein Gewerbetreibender (nicht auch ein sonstiger Unternehmer) wie bisher kraft Eintragung zum Kfm. Die übliche Reservierung des Begriffs Kfm. kraft Eintragung für Kflte nach § 5 ist praktisch, aber unscharf: Kfm. kraft Eintragung ist der Sache nach auch der KannKfm nach §§ 2, 3 II, III, wenn er seine Firma hat eintragen lassen. Ebenso sind die GbR sowie die reine VermögensverwaltungsGes, wenn die Firma eingetragen ist, OHG bzw. KG kraft Eintragung (§§ 105 II, 161 II).

d) Handelsgesellschaften, Formkaufmann (§ 6 I, II): Unverändert ist auch § 6. Für **Handelsgesellschaften** gilt nach **§ 6 I** KfmRecht. HdlGes sind

§ 1 9, 10   1. Buch. Handelsstand

OHG, KG, EWIV, GmbH, AG, KGaA (→ § 6 Rn. 1). Letztere entstehen durch Eintragung; ob sie ein Gewerbe betreiben, ist irrelevant, so GmbH (§ 13 III GmbHG), AG, KGaA (§§ 3, 278 III AktG). Ein Verein, dem das Gesetz die Eigenschaft eines Kfm. beilegt, ist **Formkaufmann** nach **§ 6 II;** FormKfm sind GmbH, AG, KGaA, eG, EWIV (→ § 6 Rn. 6), einerlei ob sie ein HdlGewerbe betreiben.

9 C. **Istkaufmann (Musskaufmann, I):** Kfm. iSd HGB ist, wer ein HdlGewerbe betreibt. Voraussetzung ist danach, dass der Unternehmer überhaupt ein Gewerbe (→ Rn. 11 ff.), und zwar ein HdlGewerbe (→ Rn. 22 ff.) betreibt (→ Rn. 30 ff.). Betreibt er ein solches, ist er ohne weiteres Kfm., insbesondere ohne Eintragung im HdlReg (Istkaufmann). Die **Eintragung** im HdlReg ist insoweit nur **deklaratorisch** (nur registerrechtliche Anmeldungspflicht, § 29). Betreibt er kein HdlGewerbe, kann er Kfm. durch (dann konstitutive) Eintragung werden, sei es durch freie Wahl (Kannkaufmann, §§ 2, 3) oder auch ungewollt (Kfm. kraft, wenngleich unrichtiger, Eintragung, § 5). Kraft Gesetzes ist Kfm. bzw. ist KfmRecht anwendbar auf den FormKfm (§ 6 II) und auf HdlGes (§ 6 I). Kein Kfm. iSd HGB ist der RechtsscheinKfm, vielmehr werden auch auf den Unternehmer die allgemeinen Grundsätze der Rechtsscheinhaftung angewandt, die andere Voraussetzungen und Rechtsfolgen haben (→ § 5 Rn. 9).

10 D. **Kaufmannsähnliche Personen, analoge Anwendung des HGB auf Unternehmer und bestimmte Nichtunternehmer: a) Unternehmer** (genauer Unternehmensträger, → Einl. v. § 1 Rn. 58) sind, auch wenn sie einem Kfm. ähnlich tätig werden, als solche weder Kflte noch sind ohne weiteres HGBVorschriften auf sie anwendbar. Relevant ist das besonders für Freiberufler (→ Rn. 19, dort auch zur PartG) und die nicht eingetragenen Kleingewerbetreibenden, deren Zahl durch den Wegfall des MinderKfm (§ 4 aF) stark angewachsen ist. Für sie gelten, abgesehen von Vorschriften des HGB, die ausdrücklich auch für Kleingewerbetreibende Anwendung finden (§§ 84 IV, 93 III, 383 II, 407 III 2, 453 III 2, 467 III 2, s. dortige Kommentierungen) und von der Rechtsscheinhaftung (→ § 5 Rn. 9), das allgemeine Unternehmensrecht (→ Einl. v. § 1 Rn. 48–91) und, nur soweit im Einzelfall eine Analogie möglich ist, einzelne Vorschriften des HGB, stRspr Solche Einzelanalogie ist nicht ausgeschlossen, RegE ZIP 1997, 946 (zu § 56), R. Schmitt HRefG S. 185 ff., str. Bspe: HdlBrauch (→ § 346 Rn. 3), kfm. und berufliches Bestätigungsschreiben (→ § 346 Rn. 16 ff.) sowie (jeweils str.) bei §§ 25, 28, 56, 73 ff., 75h, 142, 355 ff., 362, 366, 377, 379 I ua, dagegen nach (noch) hL nicht bei §§ 5, 8 ff., 17 ff., 48 ff., 54, 348–350, 352, 353, 354a, 369, 373 ff. Derartige Analogien, aber auch eigenständige, den jeweiligen Anforderungen des (selbstständigen) Berufsverkehrs angepasste Anforderungen lassen sich ua mit einem außerhalb des HGB angesiedelten eigenständigen Berufsrecht begründen, Hopt AcP 183 (1983), 608, str. Eine noch weitergehende, generellere Unterstellung der Unternehmer unter das HGB ist mit dem Gesetzgeber des SMG dagegen abzulehnen, hL, Canaris § 1 Rn. 24, 43; Zöllner ZGR 1983, 82; Neuner ZHR 157 (1993), 269; Henssler ZHR 161 (1997), 13; Beurskens JZ 2017, 92; krit. K. Schmidt DB 1994, 515; MüKoHGB/ K. Schmidt Rn. 4.

b) Die Analogiefrage wird neuerdings auch für bestimmte **Nichtunternehmer,** nämlich **Geschäftsleiter** (→ Rn. 31) und **Gesellschafter** (→ Rn. 50) gestellt, zB für §§ 349, 350, 367 I, MüKoHGBHGB/K. Schmidt Rn. 96, ablehnend zB für § 350 auch bei AlleinGfter und -geschäftsführer einer (Einpersonen) GmbH BGHZ 121, 224, sehr str. Hier gilt es mit allgemeinen Analogien zum HGB noch vorsichtiger zu sein als bei Unternehmern, weil hier die rechtliche Selbstständigkeit fehlt, auch Berufshaftung deckt das nicht ab. Rechtsmissbrauch kann durch § 242 begegnet werden, BGH 12.5.1986, NJW-RR 1987, 43. Andererseits sind jedenfalls Vorschriften, die den Nichtunternehmer nicht selbst belasten und nur dem Rechtsverkehr dienen, nicht von vornherein analogieunfähig.

2) Gewerbe

A. Begriff im und außerhalb des HGB: a) Gewerbebegriff außerhalb **11** **des HGB:** Ein einheitlicher Gewerbebegriff im Recht existiert nicht und wäre auch kaum zu erreichen, RegE (entspr. RefE) ZIP 1996, 1406, BGHZ 33, 327. Vielmehr bestimmt der Zweck der verschiedenen Gesetze und Rechtsnormen im öffentlichen und Steuerrecht, was dort jeweils als Gewerbe anzusehen ist, vgl. § 1 GewO, § 15 EStG, § 2 GewStG; auch KWG, PatG, UWG, ZPO, StGB. So ist zB im Steuerrecht anerkannt, dass ein Gewerbe nur bei Vorliegen einer Gewinnerzielungsabsicht gegeben ist. Das ist als Grundlage der Besteuerung tatsächlich unverzichtbar. Das Steuerrecht unterscheidet auch Einkünfte aus Gewerbebetrieb und aus Land- und Forstwirtschaft. Im Handelsrecht, das ganz andere Zwecke und Charakteristika hat (→ Einl. v. § 1 Rn. 1–7), ua Einfachheit und Schnelligkeit im Rechtsverkehr, ist eigenständig und anders abzugrenzen. **Lit.** MüKoHGB/K. Schmidt Rn. 22; Hopt/Mössle/Schmitt Schema 1; Schwennicke WM 2010, 542 (KWG).

b) Gewerbebegriff im HGB: Das HGB kennt keine gesetzliche Definition, **12** obschon es ohne Vorliegen eines (Handels)Gewerbes nicht anwendbar ist. Nach stRspr und Lehre lässt sich der hdlrechtliche Gewerbebegriff bei manchen Streitigkeiten definieren als (1) erkennbar planmäßige, auf Dauer angelegte, (2) selbstständige, (3) auf Gewinnerzielung ausgerichtete oder jedenfalls wirtschaftliche Tätigkeit am Markt (4) unter Ausschluss freiberuflicher, wissenschaftlicher und künstlerischer Tätigkeit. Ob (5) Zulässigkeit der Tätigkeit und Wirksamkeit und Klagbarkeit der Verträge begriffswesentlich sind, ist streitig, aber abzulehnen. Auch Land- und Forstwirte betreiben ein Gewerbe (→ § 3 Rn. 3), früher str. Die Rechtsprechung zu § 196 I Nr. 1, II aF BGB (vor SMG, betr. kurze Verjährung von Ansprüchen für Gewerbebetriebe), dessen Gewerbebegriff dem handelsrechtlichen am nächsten stand, ist weiterhin einschlägig (ausführlich → 30. Aufl. 2000 Einl. v. § 343 Rn. 18).

B. Planmäßige, auf Dauer angelegte Tätigkeit: Plan- und (nach der Rspr.) **13** berufsmäßige Ausübung setzt voraus, dass eine wirtschaftliche Tätigkeit **für Dritte erkennbar auf eine gewisse Dauer** angelegt ist. Die Absicht des Handelnden muss sich auf eine Vielzahl von Geschäften als Ganzes richten, RGZ 74, 150; KG OLGE 12, 413, und ein solcher Wille muss auch gegenüber Dritten hervortreten, es darf nicht nur eine Mehrzahl einzelner Gelegenheitsgeschäfte erkennbar sein, RGZ 66, 51; OLG Dresden OLGE 36, 249. Unschädlich sind Unterbrechungen (zB Saisonbetrieb), RGZ 130, 235, begrenzte Dauer (nur während Wochenmarkt oder Messe), Betrieb als Nebentätigkeit, OLG Frankfurt a. M. NJW-RR 1991, 246, und gelegentliche Versteigerung von Haushaltsgegenständen auf ebay, Heidel/Schall/J. Keßler § 1 Rn. 17. Berufsmäßige Geschäftstätigkeit kann auch Nebentätigkeit sein; daran fehlt es bei Vermögensanlage, zB Vermietung von zur Kapitalanlage erworbenen Appartements, BGHZ 74, 276; Berufsmäßigkeit bedingt planmäßige, auf Dauer angelegte Tätigkeit, aber nicht umgekehrt, also entgegen der bisherigen Rspr., BGHZ 63, 33; 74, 276, kein unverzichtbares Kriterium, ähnlich Rö/Röhricht § 1 Rn. 24, 72; K. Schmidt § 9 II Rn. 20. **Vermögensverwaltungsgesellschaft** kann Kfm. werden, auch wenn sie kein Gewerbe betreibt (§ 105 II nF, → § 2 Rn. 2, → § 105 Rn. 13). **Nicht:** Einzelne Veräußerungen, zB Hausstandsauflösung bei Umzug, Vermögensumschichtung, Verkauf des jeweiligen Jahreswagens durch Werksangehörige, gelegentliche Basars für Schule oder Verein, jährliche Clubreisen.

C. Selbstständigkeit: Gewerbe iSv § 1 ist nur eine selbstständige Tätigkeit, **14** Legaldefinition in § 84 I 2, Hopt DB 1998, 863 (Gewerbebegriff unter § 1 ist aber, anders als § 84 I 2, II, nicht europarechtlich präformiert). Entscheidend ist auch hier die persönliche Freiheit, und zwar die rechtliche, ohne Bedeutung sind Abhängigkeit iSv Konzernrecht, GWB oder auch existentielle, wirtschaftliche Abhängigkeit. Es kommt auf das Gesamtbild der vertraglichen Gestaltung und tatsächlichen Handhabung an (alle Einzelheiten → § 84 Rn. 35–39). Einerlei ist, ob der Handelnde Geschäfte im eigenen oder fremden Namen schließt, zB HdlVertreter (§ 84 I), HdlMakler (für beide § 1 I Nr. 7 aF), abw. KG HRR 1931 Nr. 1240 für Hausverwalter. **Nicht:** Arbeitnehmer, zB unselbstständige „Handelsvertreter" (§ 84 II) und sonstige, auch leitende Angestellte, Beamte; Abgrenzung kann sehr schwierig sein (Scheinselbständige, → § 84 Rn. 35).

15 D. **Gewinnerzielungsabsicht; wirtschaftliche Tätigkeit am Markt: a)** Als Gewerbebetrieb iSv § 1 (ebenso wie iSv § 196 I Nr. 1, II aF BGB, → Rn. 12) soll nach herkömmlicher Ansicht nur eine berufsmäßige Tätigkeit in der **Absicht dauernder Gewinnerzielung** sein, stRspr, BGHZ 33, 325; 36, 276; 49, 260; 53, 223; 57, 199; 66, 49; 83, 386; 95, 157, offen BGHZ 155, 246; 167, 45 (jedenfalls nicht beim Verbrauchsgüterkauf, § 474 BGB) zweifelnd OLG München NJW 1988, 1036, früher hL. Diese Gewinnabsicht sei für Wirtschaftsunternehmen von Privaten zu vermuten, für solche der öffentlichen Hand im Einzelfall festzustellen (→ Rn. 27). Auf die Absicht kommt es an, nicht auf die tatsächliche Gewinnerzielung.

16 **b)** Aber Differenzierung des Gewinnbegriffs in der modernen Betriebswirtschaftslehre, strategische Verlagerung des Gewinnanfalls zwischen konzernangehörigen Unternehmen und Vermehrung und Differenzierung der öffentlichrechtlichen Unternehmen (→ Rn. 27) sprechen gegen ein Tatbestandsmerkmal Gewinnabsicht. Nicht nur bei Sparkassen, Immobilien- und AbschreibungsGes (→ Rn. 27, → § 105 Rn. 2), sondern allgemein ist stattdessen objektiviert auf **Verkehrsanschauung, Führung nach betriebswirtschaftlichen Grundsätzen** und **Tätigkeit am Markt im Wettbewerb mit Privatunternehmen** (also unter Ausschluss bloßen Verbrauchs) abzustellen, Hopt ZGR 1987, 145; Henssler ZHR 161 (1997), 22; Hüttemann FS W.-H. Roth, 2015, 241; ähnlich K. Schmidt § 9 II Rn. 27, 37: anbietende, **entgeltliche** Tätigkeit an einem Markt auch ohne Gewinnerzielungsabsicht, Canaris § 2 Rn. 14; Rö/Röhricht § 1 Rn. 50; Koller/Roth § 1 Rn. 10; BeckOK HGB/Schwartze Rn. 20, inzwischen hL; sehr weitgehend OLG Dresden DB 2003, 713 m. krit. Anm. K. Schmidt DB 2003, 703; OLG Bbg NZG 2020, 423; LG Bonn BeckRS 2021, 4814; vgl. auch BGHZ 95, 159. Rspr. zT zu § 196 aF BGB (Verjährung), zT zu § 1 I aF VerbrKrG ist für die Auslegung von § 1 weiter verwendbar, Rö/Röhricht Rn. 21, 23. Dabei ist entgeltlich weit im Sinne einer Gegenleistung zu verstehen (Bspe → Rn. 17), Koller/Roth Rn. 10. Non Profit-Organisationen sind je nach Tätigkeit Kflte, Hüttemann FS Roth, 2015, 250.

17 **c) Kasuistik:** Errichtung und Veräußerung von Eigenheimen durch ein Wohnungsbauunternehmen, BGH BB 1973, 499. Auch Unternehmen, die ihren Gewinn abführen (vgl. § 291 AktG); Vermietung und Verpachtung, soweit nicht bloße Vermögensverwaltung (s. unten), Leasing (vgl. → **(7)** Bankgeschäfte Rn. P1). Auch ein Verein, der entgeltlich Waren in größerem Umfang an seine Mitglieder (nur an diese, sonst unstr.) vertreibt (vgl. §§ 21, 22 BGB), zB Buch-, Schallplattenclub, Automobilclub, kann uU ein Gewerbe betreiben (mindestens entspr. Anwendung einzelner handelsrechtlicher Vorschriften), zutr. K. Schmidt § 9 II Rn. 31 („innerer Markt"), iErg abl. RG JW 1928, 238; offen Rö/Röhricht § 1 Rn. 33, str. Entgeltlich sind zB auch (nicht altruistisch finanzierte) online-Plattformen, Koller/Roth Rn. 10. **Nicht:** Rein karitative Einrichtungen, etwa bloße Sammeltätigkeit, aber sehr wohl idR Führung eines Krankenhauses, OLG Düsseldorf NJW-RR 2003, 1120. Keine Entgeltlichkeit bei Spenden oder Mitgliederbeiträgen, aber uU bei Zuschüssen, auch nicht bei bloß symbolischen

Entgelten, zT weitergehend Hüttemann FS Roth, 2015, 241. Wer am Markt ausschließlich nachfragt, etwa **Verbraucher,** auch Großabnehmer. **Kapitalanleger,** die für sich selbst an der Börse spekulieren, vgl. BGHZ 104, 208 (zu **(14)** BörsG § 53 II Nr. 1 aF), oder ihr eigenes Vermögen verwalten; bloße **Vermögensverwaltung** ist kein Gewerbe, BGHZ 74, 273 (zu § 196 I Nr. 1, II aF BGB); BGHZ 119, 256; 149, 80 (zu § 1 aF VerbrKrG); BGH NJW 1963, 1397, unabhängig von der Höhe der verwalteten Werte, aber uU anders infolge Umfangs, Komplexität und Anzahl der mit der Vermögensverwaltung verbundenen Geschäfte (wenn zB Büro oder Organisation notwendig wird), BGHZ 149, 87, beachte aber → § 1 Rn. 20a; vgl. auf Umfang der Marktteilnahme abstellend Schulze-Osterloh FS Baumann, 1999, 325. Abgrenzungsprobleme → Rn. 18, → § 105 Rn. 13, Hopt ZGR 1987, 159, Schön DB 1998, 1169: Ges., die über die Verwaltung von Immobilien und Finanzkapital hinaus Leistungen erbringen oder ihre Vermögenswerte laufend umschichten (Risikostruktur); Rö/Röhricht § 1 Rn. 37 ff., 43: organisatorischer Gesamtaufwand und Differenzierung zwischen Eigen- und Fremdvermögensverwaltung; dazu zu beachten § 105 II (dort → § 105 Rn. 13), der auch auf Einzelpersonen, die ihr Vermögen einem Gewerbe vergleichbar verwalten, anwendbar ist, str. (→ § 105 Rn. 13), iErg entscheidet das Gesamtbild, BGHZ 149, 87; zutr. Rö/Röhricht § 1 Rn. 42. **Wohnungsvermietung** und Grundstücksverwaltung sind idR nur Kapitalanlage, nicht berufsmäßige Erwerbsquelle, BGHZ 63, 33; 74, 273 (Erwerb dreier Eigentumswohnungen zur möblierten Vermietung im Rahmen eines von anderen geführten Hotelbetriebs); BGH NJW 1968, 1962 (Errichtung mehrerer Miethäuser); OLG Frankfurt a. M. DB 1982, 895; aA wenn Vermietung dauernde Erwerbsquelle darstellt, HdlbgKo/Ruß Rn. 32. GbR zum Erwerb und Halten eines Familienheims durch Ehegatten, BGH NJW 1982, 170. **Steuerrechtliche** Abgrenzung ist fiskalisch geprägt und vom Zweck des HGB her nicht ausschlaggebend (vgl. → Rn. 19), aber informativ, Dreiobjektgrenze als Indiz für Gewerbe, Einzelfallbetrachtung, BFH BB 2002, 660; Bloehs BB 2002, 1068.

Auch **Holdinggesellschaft** mit bloßer Anteilsverwaltung und **Besitzgesellschaft (Betriebsaufspaltung)** in Besitz- und Betriebsunternehmen, nicht zu verwechseln mit Spaltung nach UmwG, → Einl. v. § 105 Rn. 24) können nach den genannten Kriterien (→ Rn. 12) anders als nur vermögensverwaltende Privatleute jedenfalls ein Gewerbe betreiben, str., je nachdem sogar ein HdlGewerbe (→ Rn. 23), OLG München NJW 1988, 1036; BAG BB 1987, 2235; GroßKo/ Hüffer § 17 Rn. 20; Hopt ZGR 1987, 171; Binz, GmbH & Co, 1992, § 18 Rn. 18; aA BGH WM 1990, 586; OLG Hamm NJW 1994, 392; GroßKo/ Ulmer § 105 Rn. 26; MüKoHGB/K. Schmidt Rn. 28; DB 1990, 94; Rö/Röhricht § 1 Rn. 45; HdlbgKo/Ruß Rn. 32. Denn wenn das Geschäft kfm. ist, ist kfm. Einrichtung häufig auch für das Besitzunternehmen erforderlich, namentlich bei unternehmerischem Einfluss auf die BetriebsGes, jedenfalls aber bei Erbringung zusätzlicher Leistungen oder laufender Vermögensumschichtung (→ Rn. 17). Die Streitfrage hat durch die Anerkennung der GbR als selbstständiger Rechtsträger (→ Einl. v. § 105 Rn. 14) erheblich an Bedeutung verloren, weil eine Ges., die „nur eigenes Vermögen verwaltet", nunmehr bei Eintragung in das HdlReg OHG ist (§ 105 II 1 Alt. 2 nF) und deshalb die Betriebsaufspaltung (bei Eintragung) nicht mehr zum automatischen Herabsinken der (Besitz). auf eine GbR führen muss (vgl. OLG München NJW 1988, 1036, → 29. Aufl. 1994 § 105 Rn. 8). § 105 II 1 nF entscheidet die Streitfrage aber nicht selbst, vielmehr greift nach wie vor § 1 vorrangig ein, wenn seine Voraussetzungen (HdlGewerbe) erfüllt sind, zutr. Schön DB 1998, 1174. Sofern dabei für die konkrete Holding-Ges oder die BesitzGes nach der Verkehrsanschauung eine kfm. Einrichtung erforderlich ist, ist sie OHG auch ohne Eintragung; sonst kann sie OHG werden und bleiben, wenn sie sich eintragen lässt, str. (→ § 105 Rn. 13). Unabhängig davon drohen bei Betriebsaufspaltung Komplikationen aus Konzernrecht

(→ § 105 Rn. 100) und den Regeln für eigenkapitalersetzende Darlehen (§ 172a aF, InsO). Zur Unternehmenspacht → Einl. v. § 1 Rn. 70, → § 22 Rn. 25, → § 25 Rn. 4, → § 59 Rn. 17–21. **Lit.** Brandmüller (LBl.), Wittich, 2002; Carlé, 2003; Söffing, 3. Aufl. 2005; Kaligin, 10. Aufl. 2017; Dehmer, 4. Aufl. 2018. **Muster:** Hopt/Merkt VertrFormB/Kraft/Link, Form III.H.10 (Betriebsaufspaltung).

19 E. **Freie Berufe, Wissenschaft und Kunst: a)** Freie Berufe, Wissenschaft und Kunst (letztere zT auch als freie Berufe iwS angesehen) betreiben nach ihrem **historisch gewachsenen Berufsbild** und der **Verkehrsanschauung** kein Gewerbe, das ist rechtspolitisch fragwürdig geworden, aber de lege lata hinzunehmen, Henssler ZHR 161 (1997), 24; NZG 2011, 1121; krit. K. Schmidt DB 1994, 515; der rechtspolitische Bedarf ist durch das PartGG nicht entfallen, aA RegE HRefG S. 34. Das Recht am Gewerbebetrieb hat die Rspr. auch Freiberuflern zuerkannt, BGH NJW 2012, 2579 (→ Einl. v. § 1 Rn. 86). Zur Sonderstellung der freien Berufe BVerfG ZIP 2008, 1168; Unzulässigkeit der Rechtsanwalts-GmbH & Co KG, BVerfG ZIP 2012, 367. Der weite Katalog in § 1 II PartGG ist für das HGB nicht maßgeblich, hL, OLG Zweibrücken NZG 2013, 106; wird eine PartGes gebildet oder entsteht kraft Rechtsformwechsels einer PersGes eine PartGes (OLG Hamm ZIP 2019, 661), ist sie allerdings von Gesetzes wegen keine HdlGes (§ 1 I 2 PartGG: kein HdlGewerbe, § 4 Eintragung in den PartnerschaftsReg), was einzelne Analogien zum HGB nicht ausschließen soll, MüKoHGB/K. Schmidt Rn. 36 („negativer FormKfm"). Zu Problemen bei gewerblicher Nebentätigkeit einer PartGes, Eitelbuß, DStR 2018, 1568. **Beispiele:** Rechtsanwälte (§ 2 II BRAO, BGHZ 72, 287; BGH NJW 2011, 3036), Patentanwälte (§ 2 II PatentanwaltsO), Notare (§ 2 S. 3 BNotO), Wirtschaftsprüfer (s. **(4c)** WPO § 1 II), BGHZ 94, 69, KG ZIP 2013, 2156, anders wenn auch Treuhandtätigkeit, BGH NJW 2015, 61 m. krit. Anm. K. Schmidt ZIP 2014, 2226; Henssler/Markworth NZG 2015, 1 (auch → Rn. 28, → § 105 Rn. 3), und ebenso Steuerberater (§ 32 II StBerG), BGHZ 72, 324; BGH NJW 2015, 61 (Treuhand: wie bei Wirtschaftsprüfer), Einschränkung bei Umwandlung, KG ZIP 2013, 2156, Architekten (BGH WM 1979, 559), Ärzte (§ 1 II BÄO, BGHZ 33, 325; 86, 320; OLG Nürnberg NJW 1973, 1414), Zahnärzte (§ 1 IV ZahnheilkundeG), Tierärzte, öffentlich bestellte Vermessungsingenieure (BGHZ 97, 245), Wissenschaftler, Künstler, Artisten, „freie" Lehrer, aA Koller/ Roth Rn. 14, Dolmetscher und wie Schriftsteller tätige Übersetzer (aber → Rn. 20). Maßgeblich für die Zuordnung ist die Verkehrsanschauung. Die Herausnahme der freien Berufe aus dem HGB ist nicht nur rechtspolitisch fragwürdig geworden, sondern gilt auch schon de lege lata nur beschränkt: zum einen **nur für den Kernbereich des freien Berufs,** nicht zB für ärztliche Privatklinik oder für kommerziell betriebene Kunst (→ Rn. 20), zum anderen ist auch für freie Berufe die entsprechende Anwendung einzelner handelsrechtlicher Vorschriften möglich, Hopt ZGR 1987, 177. Angehörige freier Berufe sind heute (noch) nicht Kaufleute (wohl aber uU Unternehmer, → Einl. v. § 1 Rn. 48 ff.), werden nicht nach § 2, fallen bei versehentlicher Eintragung ins Handelsregister auch nicht unter § 5, str., können nicht OHG, KG, GmbH & Co bilden (→ § 105 Rn. 3), nur GbR, EWIV (s. Anh. A nach § 160), Partnerschaft (s. Anh. B nach § 160 und (soweit ihre Standesvorschriften es gestatten) GmbH, KGaA und AG. Für medizinische Versorgungszentren § 95 SGB V ab 2004, Klose BB 2003, 2702. Sozietätsverbote → § 105 Rn. 83. **Steuerrechtliche** Abgrenzung, zB sehr weit § 18 I EStG, ist fiskalisch geprägt und vom Zweck des HGB her nicht ausschlaggebend (vgl. → Rn. 17).

b) Nicht Freiberufler sind Apotheker, BGH NJW 1983, 2086; WM 2017, 2023 Rn. 13 (Besonderheiten aus Apothekenrecht s. Schiedermair FS Laufke, 1971, 253; betr. OHG, KG → § 105 Rn. 2, stGes → § 230 Rn. 5); Heilpraktiker,

1. Abschnitt. Kaufleute 20–21 § 1

LG Tübingen NJW 1983, 2093 (zu § 196 I Nr. 1 aF BGB), Krankengymnasten, Masseure; Treuhänder, KG HRR 1932 Nr. 249; Werbeberater, Systemanalytiker, Softwareentwickler, str., Maier NJW 1986, 1909; Auktionator, LG Aurich BB 1975/Beil. 12, 3, Fahrlehrer, Kunstgewerbler. Normale Ingenieure, OLG Zweibrücken NZG 2013, 106, str., anders für öffentlich bestellte Vermessungsingenieure, BGHZ 97, 245.

c) Gewerbebetriebe von Freiberuflern, Wissenschaftlern und Künstlern: Freiberufler, Wissenschaftler und Künstler betreiben heute ihre Tätigkeit häufig so, dass nach außen ein gewerbliches Unternehmen unter Zurücktreten der geistigen oder wissenschaftlichen Betätigung vorliegt, etwa bei Anstalten, größeren Betrieben, Beschäftigung eines ganzen Stabs von Mitarbeitern, Zusammenschluss und gemeinschaftlicher Tätigkeit mit Nichtfreiberuflern, Betrieben von Universitätsangehörigen zur Verwertung wissenschaftlicher Forschung. Darüber entscheidet Verkehrsanschauung K. Schmidt § 9 II Rn. 23. Freiberuflergesellschaften → § 105 Rn. 3. Bei **gemischten Betrieben,** teils freiberuflich, teils kommerziell-gewerblich, zB ärztliche Praxis nebst Kurbetrieb, kommt es, wenn sie nicht eigene Unternehmen (→ Rn. 29) oder sonst trennbar (hängt von jeweiliger Gestaltung ab, zB private Arztpraxis mit Belegbetten im Krankenhaus) sind, auf das Gesamtbild an (→ Rn. 28), BGH NJW 2011, 3037; MüKoHGB/K. Schmidt Rn. 35 mit Bsp; Heidel/Schall/J. Keßler Rn. 24 mit Bsp. Je nachdem sind dann auch Freiberufler nach dem Zweck des HGB (→ Einl. v. § 1 Rn. 4–7) Gewerbetreibende iSv § 1. **Beispiele** für Gewerbebetriebe von Freiberuflern und anderen: Altersheim, Sanatorium, RGZ 109, 75; Privatklinik, aber nicht schon apparativ großzügig ausgestattete ärztliche Gemeinschaftspraxis, OLG Düsseldorf NJW 1988, 1519; sonstige größere Heilanstalten; Hausverwaltung, Erschließungstätigkeit oder technisches Büro durch Architekten, BGHZ 33, 335; BGH WM 1979, 559; Marktwaren- und Serienproduktion durch Künstler, BGHZ 33, 336; gewerbliche Dolmetscher und Übersetzer, Theater, Zirkusunternehmen, juristisches Repetitorium, Privatschule, Tanzschule, Verleger einer wissenschaftlichen Zeitschrift, Seminarveranstalter, Werbefachleute; ihr Unternehmen ist idR Gewerbe, daher können sie Kflte nach § 2 werden (wenn nicht schon § 1 II) und dann auch OHG, KG bilden, soweit keine Standesvorschriften entgegenstehen. **Lit.** Rittner, 1962; Steindorff, 1980; Michalski, 1989 (Gesellschafts- und Kartellrecht); Taupitz, 1991.

d) Durch das MoPeG wird das Personenhandelsgesellschaftsrecht für Freiberufler **und vermögensverwaltende Gesellschaften** behutsam geöffnet werden, § 107 I HGB nF, BGBl. 2021 I 3436, 3458, s. auch BT-Drs. 19/27635, 50 f. Methodisch verbleibt es bei der Ausklammerung von Freiberuflern **und vermögensverwaltenden Gesellschaften** aus dem Gewerbebegriff. Stattdessen soll es diesen durch eine Erweiterung des geltenden § 105 II (§ 107 HGB nF, BGBl. 2021 I 3436, 3458) freigestellt werden, weiterhin in der bisherigen Rechtsform (GbR, neue Rechtsform der eGbR, PartG) zu firmieren oder konstitutiv durch Eintragung zur Personenhandelsgesellschaft (OHG, KG) zu werden, vorausgesetzt, dass das anwendbare Berufsrecht die Eintragung zulässt (§ 107 I 2 HGB nF, BGBl. 2021 I 3436, 3458). Hierdurch wird ein erhebliches Maß an Flexibilität für Freiberufler geschaffen, indem diese zB den Bilanzierungspflichten durch Wahl einer eGbR entgehen können. Insbesondere wird durch die Rechtsform der GmbH & Co. KG auch die Möglichkeit einer Haftungsbeschränkung geschaffen, die zT weitergehend als bei PartGmbB wäre (zB bezöge sich die Haftungsbeschränkung nicht nur auf Schäden aus fehlerhafter Berufsausübung). 20a

F. Irrelevanz von Zulässigkeit, Wirksamkeit, Klagbarkeit: a) Auch ein **gesetz-** oder **sittenwidriger** Betrieb (zB Wucher, Hehlerei; bestandskräftige Untersagung der Gewerbetätigkeit → § 7 Rn. 6) ist Gewerbe, hL, Canaris § 2 21

Rn. 13; K. Schmidt § 9 II Rn. 35; Rö/Röhricht § 1 Rn. 57, str.; den Betreibenden treffen im HdlVerkehr grundsätzlich auch (wie nach der SteuerRspr Steuerpflichten) die Pflichten und dann auch die Rechte eines Gewerbetreibenden und Kfm. Nach aA gilt das jedenfalls nach Rechtsscheingrundsätzen (→ § 5 Rn. 9). Ob die von dem Betreibenden getätigten Rechtsgeschäfte privatrechtlich wirksam sind, ist eine andere, unter dem jeweiligen Verbotsgesetz zu entscheidende Frage (vgl. → § 7 Rn. 2). Steht fest, dass das Gewerbe insgesamt gesetz- oder sittenwidrig ist (zB Drogenhandel, Schmuggel), ist es aber nicht in das HdlReg einzutragen, sondern zu unterbinden (anders bei bloßem Fehlen öffentlichrechtlicher Erlaubnisse, → § 7 Rn. 3).

b) Nach OLG Frankfurt a. M. NJW 1955, 716; BayObLG NJW 1972, 1327 können Ehevermittler nicht Kflte werden; sie haben kein Gewerbe oder brauchen nicht „nach Art und Umfang einen in kfm Weise eingerichteten Geschäftsbetrieb" (§ 2 aF), weil ihre Geschäfte **unklagbar** sind (§ 656 BGB); das überzeugt nicht, zutr. Gilles JZ 1972, 383; John JR 1977, 563.

3) Handelsgewerbe (II)

22   A. **Erforderlichkeit kaufmännischer Einrichtungen: a)** HdlGewerbe ist nach II jedes Gewerbe, es sei denn, dass das Unternehmen nach Art oder Umfang einen in kfm. Weise eingerichteten Geschäftsbetrieb nicht erfordert. II (Vermutung, → Rn. 25) knüpft damit an die §§ 2 S. 1, 4 I aF an. Die **Rechtsprechung zu §§ 2 S. 1, 4 I aF** (gleiche Abgrenzung bei beiden) dazu hat also für II weiterhin Bedeutung, RegE ZIP 1997, 949. Bei eingetragenen Unternehmen kommt es materiellrechtlich auf II nicht an (→ Rn. 9), aber im Löschungsverfahren (§ 31 II). Verhältnis von II zu §§ 2–6 MüKoHGB/K. Schmidt Rn. 14 ff. II gilt **nicht für Land- und Forstwirtschaft** (§ 3 I, dort → § 3 Rn. 2). **Lit.** Kögel DB 1998, 1802; Kort DB 2019, 771.

23   **b)** Der Gewerbebetrieb muss nach Art und (nicht: oder; also kumulativ, → Rn. 25) Umfang **kaufmännische Einrichtung erfordern** (nicht: haben, unstr., aber dies gibt uU tatsächlichen Hinweis auf Erforderlichkeit). Kfm. Einrichtung bedeutet vor allem: kfm. Buchführung und Bilanzierung, kfm. Bezeichnung (Firma, §§ 17 ff.), kfm. Ordnung der Vertretung (§§ 48 ff.) und kfm. Haftung; die Rechtsfolgen bestimmen den Anwendungsbereich. Die Erforderlichkeit beurteilt sich qualitativ (nach Art) und quantitativ nach Umfang) unter typologischer Betrachtungsweise. Keine Schwellenwerte wie in § 267 (wären auch viel zu hoch) und in § 141 AO (rein fiskalisch). Wesentliche (oft zusammenhängende, aber nicht notwendig kumulative) Kriterien sind ua (1) **Art der Geschäftstätigkeit:** zB Vielfalt der Erzeugnisse und Leistungen und der Geschäftsbeziehungen, Inanspruchnahme und Gewährung von Kredit, Teilnahme am Wechselverkehr, aA Kort DB 2019, 773, aktiv wie passiv am Frachtverkehr, lokale oder weiträumigere, namentlich internationale Tätigkeit, umfangreiche Werbung, größere Lagerhaltung. Liste von weiteren in der Rspr. zu findenden Kriterien wie ständige personelle Besetzung der Betriebsräume, Teilnahme am unbaren Zahlungsverkehr, steuerliche und kfm. Buchführung, Kfm. Kenntnisse und Personal, Werbung ua bei Kort DB 2019, 772, keine Rolle spielen die Branche und die Namens- bzw. Firmenbezeichnung, Kort DB 2019, 772. (2) **Umfang der Geschäftstätigkeit:** zB Umsatzvolumen (nicht ohne weiteres Bilanzgewinn), BGH NJW 1982, 577 (aus Höhe der Pachtzahlung der Diskothek geschlossen), Anlage- und Umlaufvermögen, Betriebskapital, Ertrag; Zahl und Funktion der Beschäftigten, auch Aushilfskräfte, OLG Dresden NJW-RR 2002, 33, Schichtbetrieb; **Größe und Organisation:** zB Größe des Geschäftslokals, Zahl und Organisation der Betriebsstätten, überregionale Tätigkeit, OLG Dresden NJW-RR 2002, 33, Auslandsfilialen; Zahl der Geschäftspartner. Größe von Büro und Lagerräumen ist angesichts moderner Informationstechnologie nicht

entscheidend, OLG Dresden NJW-RR 2002, 33. Vorsicht ist speziell bei Heranziehung des Kriteriums **Umsatz** geboten, auch wenn Umsatz ein wichtiges Kriterium ist. Denn auch Unternehmen mit größerem Umsatz können uU ohne kfm. Einrichtungen auskommen, umgekehrt können trotz geringeren Umsatzes andere Kriterien für die Erforderlichkeit kfm. Einrichtungen den Ausschlag geben, zB erhebliche Kapazität für Spitzenzeiten (Großaufträge), OLG Dresden NJW-RR 2002, 33 (Bühnenpräsentation). Die diesbezügliche Rspr. ist fast durchweg älter (zu § 4 aF) und uneinheitlich (→ Rn. 24), und die Zahlenwerte wären auf heutige Verhältnisse hochzurechnen. Rö/Röhricht § 1 Rn. 111 ff. will Klassen bilden: unter 100.000/über 500.000 Euro und dazwischen. Die Festlegung absoluter Größen wird jedenfalls zu Recht ganz überwiegend als willkürlich abgelehnt. Maßgebend ist stets das **Gesamtbild,** hL, stRspr, BGH BB 1960, 917; OLG Stuttgart OLGZ 1974, 132; OLG Frankfurt a. M. BB 1983, 335; OLG Celle BB 1983, 659; BayObLG NJW 1985, 983; OLG Dresden NJW-RR 2002, 33; Greitemann FS Möhring, 1965, 43; Kort DB 2019, 771. Gemischte Betriebe (→ Rn. 28), zB Handwerk und Handel, brauchen kfm. Einrichtung noch mehr als einfache, OLG Celle BB 1983, 658. Bei **Saisonbetrieben** kommt es auf die Saison, nicht auf das ganze Jahr an, Rö/Röhricht § 1 Rn. 118. Nach gleichen Kriterien beurteilt sich nach (nicht nur vorübergehender) Schrumpfung des eingetragenen Betriebs der **Wegfall** der Erforderlichkeit kfm. Einrichtung, OLG Karlsruhe BB 1964, 571. Maßgeblich für die Beurteilung ist der **Zeitpunkt** der Aufnahme des HdlGewerbes, also der ersten Geschäfte (einschließlich Vorbereitungsgeschäfte, → Rn. 51), Rö/Röhricht § 1 Rn. 139; bloße Zukunftserwartungen auf entsprechend großen Betrieb genügen nicht, BGHZ 10, 96; anders, wenn nach der Anlage des Unternehmens kfm. Einrichtung klar und alsbald erforderlich sein wird, vgl. für OHG BGHZ 32, 311; BayObLG NJW 1985, 983 (→ Rn. 51, → § 105 Rn. 4). Bedeutung der Unklagbarkeit der Geschäfte (Ehevermittler) → Rn. 21. Betriebsaufspaltung → Rn. 18. Erforderlichkeit einer kfm. Einrichtung nach § 1 I 1 KWG (→ **(7)** Bankgeschäfte Rn. A4), OVG Berlin NJW 1967, 1052 (regelmäßige Avalkreditgewährung); öffentlichrechtliche Kreditinstitute → Rn. 27.

Beispiele für Erforderlichkeit kfm. Einrichtungen (→ Rn. 23, umfassende **24** Nachweise bei Rö/Röhricht § 1 Rn. 111 ff., Beträge in Euro die Hälfte): Damenoberbekleidungsgeschäft mit Umsatz von DM 230.000, Anlagevermögen von DM 6.000 und Warenbestand von DM 102.000, OLG Koblenz BB 1988, 2408; HdlVertreter und Grundstücksmakler nach Verkehrsauffassung ab DM 200.000, OLG Frankfurt a. M. BB 1983, 335; trotz geringen Umsatzes (Bsp. 170.000 DM) Notwendigkeit komplizierter Abrechnungen, OLG Hamm DB 1969, 386 (Optiker). **Nicht:** Bundeswehr-Kantine mit 500.000 DM Jahresumsatz, OLG Celle BB 1963, 324; Süßwaren-Großhandel, ca. 180.000 DM Umsatz mit ca. 80 festen bar zahlenden Kunden, OLG Karlsruhe BB 1963, 324; ländliche Zimmerei, 5 Fachkräfte, über 500.000 DM Umsatz, Steuerbuchführung, OLG Celle MDR 1974, 235. Weitere Bspe für Abgrenzung, HdlVertreter, KG JW 1936, 1684; Werkkantine, OLG München HRR 1938, 1345; KG BB 1959, 1007; Viehhandel, KG HRR 1937, 857; Juwelier KGJ 49, 94.

B. **Vermutung (II Hs. 2): a)** Jeder Gewerbebetrieb ist HdlGewerbe, es sei **25** denn, dass das Unternehmen nach Art oder Umfang einen kfm. eingerichteten Geschäftsbetrieb nicht erfordert. Damit statuiert II Hs. 2 im Interesse des Geschäftsverkehrs und aufgrund der Sachnähe des betroffenen Unternehmers eine widerlegliche Vermutung. Bei fehlender Eintragung trägt der Unternehmer, der zB der kfm. Rügeobliegenheit (§ 377) entgehen will, die **Darlegungs- und Beweislast** dafür, dass kein HdlGewerbe, sondern nur ein Kleingewerbe vorliegt, die Vermutung des II 2 widerlegt er nicht schon durch mangelnde Firmierung, vgl. MüKoHGB/K. Schmidt Rn. 76, im umgekehrten Fall, in dem er Kfm. zu

§ 1 26, 27   1. Buch. Handelsstand

sein behauptet, ist den entsprechenden Beweis zu führen Sache des anderen Teils (aber § 15 I hilft), RegE ZIP 1997, 949 (→ § 377 Rn. 55). Nach dem klaren Wortlaut genügt Widerlegung der Erforderlichkeit kfm. Einrichtung entweder nach der Art oder nach dem Umfang (→ Rn. 23). Die Vermutung gilt wegen des Amtsermittlungsgrundsatzes (§ 26 FamFG) nicht in der selben Weise im **Registerverfahren:** Der Registerrichter braucht im Registerzwangs- und Löschungsverfahren erst einzuschreiten, wenn er Anhaltspunkte hat, dass der Betrieb die Grenze von II über- bzw. unterschreitet (→ § 2 Rn. 7, 8); bei Nichterweislichkeit trotz Amtsermittlung greift aber auch im Registerverfahren die materielle Beweislastverteilung nach II Hs. 2, MüKoHGB/K. Schmidt Rn. 76, aA R. Schmitt HRefG S. 65 ff.; vgl. auch Kort DB 2019, 771.

b) Im Übrigen bleibt es bei den **allgemeinen Grundsätzen** für die Beweislast. Das Vorliegen eines Gewerbes wird nicht vermutet. Die Darlegungs- und Beweislast hat insoweit grundsätzlich, wer sich darauf beruft. Beruft sich der nicht eingetragene Unternehmer darauf, Kfm. zu sein, greift **§ 15 I** zugunsten des (unwissenden) Dritten (→ § 15 Rn. 6), RegE ZIP 1997, 949; MüKoHGB/K. Schmidt Rn. 77; Oetker/Körber Rn. 61; Rö/Röhricht § 1 Rn. 121; krit. Lieb NJW 1999, 36; Kaiser JZ 1999, 501; aA Häublein/Hoffmann-Theinert/Schwartze Rn. 31.

26   C. **Geltung für alle Handwerker: a)** § 1 II gilt **für alle Handwerker.** Jeder Handwerker ist Gewerbetreibender, bei Erforderlichkeit kfm. Einrichtung ist er auch ohne Eintragung IstKfm. Betreibt er dagegen nur ein Kleingewerbe, hat er als KannKfm die Eintragungsoption nach § 2.

b) Ob ein Gewerbebetrieb Handwerksbetrieb ist, spielt danach für das HGB keine Rolle mehr. Zum **Begriff Handwerk** nach öffentlichem Recht (GewO, HdwO) und HdlRecht → 29. Aufl. 1994 § 1 Rn. 34.

27   D. **Keine Ausnahme für juristische Personen des öffentlichen Rechts:** Bund, Länder, Gemeinden sowie selbstständige juristische Personen des öffentlichen Rechts (Körperschaften, Anstalten, Stiftungen) werden wie natürliche Personen und juristische Personen des Privatrechts (zu diesen gehören auch Unternehmen der öffentlichen Hand in der Rechtsform der AG oder GmbH) durch Betrieb eines HdlGewerbes oder Eintragung **Kaufleute** nach §§ 1–5. Die frühere Sonderstellung (ua keine Pflicht zur Eintragung in das HdlReg nach § 36 aF) ist weitgehend beseitigt (aber noch Landesrecht betr. Rechnungsführung nach § 263). Der Wegfall von § 36 besagt nichts über die schon nach altem Recht streitige Frage, ob diese Personen ein Gewerbe betreiben und damit überhaupt unter das HGB fallen. Öffentliche Körperschaften können jedenfalls zugleich in Erfüllung ihrer öffentlichrechtlichen gemeinnützigen Aufgaben handeln und Gewinn anstreben (→ Rn. 15), was allerdings im Einzelfall zu prüfen ist, BGHZ 36, 276; 49, 260; 53, 223; 57, 199; 83, 387; 95, 157; 114, 258; OLG München NZG 2013, 346 (iErg abl.). Dafür genügt Absicht der Erzielung eines, wenngleich bescheidenen, wirtschaftlichen Erfolgs oder auch bloßer marktüblicher Verzinsung des investierten Kapitals oder, noch moderner, Führung nach betriebswirtschaftlichen Grundsätzen und Tätigkeit am Markt im Wettbewerb mit Privatunternehmen (→ Rn. 16). Eine Rolle spielen dabei nach der Rspr. Verkehrsanschauung, Auftreten nach außen, Stehen in regem Wettbewerb mit Privaten, BGHZ 95, 159. Die **DBBk** und die **öffentlichrechtlichen Sparkassen** sind danach Kfm. (schon § 1 II Nr. 4 aF iVm § 1 I KWG). Auch die **DBB** war danach schon vor ihrer Privatisierung Kfm. (§ 1 II Nr. 5 aF), BGHZ 95, 155 (zu § 196 aF BGB), seit 1994 als Deutsche Bahn AG FormKfm; anders herkömmlich die **DBP** (§ 452 S. 2 aF), nur entspr. Anwendung einzelner HGBNormen, zB § 362 (dort → § 362 Rn. 3), § 366 (dort → § 366 Rn. 4), Bestätigungsschreiben (→ § 346 Rn. 18); aber seit 1995 (PostUmwG) sind alle drei Nachfolgeunterneh-

men als AG FormKflte. Auch **öffentlichrechtliche Versicherungsunternehmen** betreiben Gewerbe, str., aber Sonderregeln für VVaG (→ § 6 Rn. 1). Öffentlichrechtliche **Fernseh- und Rundfunkanstalten** betreiben bei Programmausstrahlung kein Gewerbe, BVerfG NJW 1971, 1739; BGHZ 57, 191, anders ihr Werbesendungsbereich, offen BGHZ 57, 201. Die Einfuhr- und Vorratsstellen für Getreide ua sind nicht Kflte, BGHZ 36, 276.

E. **Gemischte Betriebe, mehrere Unternehmen: a) Gemischte Betriebe:** 28
Nach § 1 II aF war bei gemischten Betrieben entscheidend, ob die Geschäfte, die das Gesamtbild des Unternehmens prägen (Schwerpunkt des Betriebs), ein GrundHdlGewerbe darstellen, BGH NJW 1999, 2967; 2011, 3037; 2015, 61, üL, zB nicht Getränkeverkauf in Kinobetrieb (bloßes Nebengeschäft), BGH NJW 1983, 1907, aber Hotel mit Restaurant, auch bei bloßer Vollpension; dann war auch ein gemischter Gewerbebetrieb insgesamt HdlGewerbe. Unter § 1 II nF ist eine (gegenüber dem Schwerpunktkriterium wohl flexiblere) Gesamtbetrachtung des Unternehmens vorzunehmen. Ist danach für einen wesentlichen Teilbetrieb kfm. Einrichtung erforderich, liegt HdlGewerbe für den Gesamtbetrieb vor, sonst nur, wenn trennbar, für den Teilbetrieb, für den kfm. Einrichtung erforderlich ist. Die infolge Mischung kompliziertere Organisation macht bei gemischten Betrieben eher kfm. Einrichtung erforderlich als bei reinen (→ Rn. 23). Gemischte Betriebe der Land- oder Forstwirtschaft → § 3 Rn. 5.

b) Mehrere Unternehmen: Betreibt der Unternehmer nicht ein einziges, 29 wenn auch gemischtes Unternehmen, sondern mehrere selbständige Unternehmen (vgl. → § 17 Rn. 8), kann er ohne weiteres IstKfm in dem einen sein (HdlGewerbe, II) und NichtKfm in dem anderen (Kleingewerbe), entspr. Haupt- und Nebengewerbe bei Land- oder Forstwirtschaft (→ § 3 Rn. 11). Kennzeichen selbständiger Unternehmen ist die organisatorische Trennung, räumliche Trennung ist nicht notwendig, die Grenzen sind fließend. Bsp.: Weinbauer betreibt auch Weinkommissionsgeschäft, RGZ 130, 234 (Nebengewerbe, → § 3 Rn. 10). HdlGes sind stets ungeteilt Kfm. und führen nur eine einzige Firma (→ § 17 Rn. 9) und § 344 ist für sie gegenstandslos (→ § 344 Rn. 1). Nebengewerbe der Land- oder Forstwirtschaft → § 3 Rn. 10.

4) Betreiben des Handelsgewerbes (I Hs. 2)

A. **Betreibender (Unternehmensträger):** Entscheidend ist, wer das Unter- 30 nehmen betreibt (Unternehmensträger) → Einl. v. § 1 Rn. 58), nur er kann Kfm. sein, MüKoHGB/K. Schmidt Rn. 37, und er ist Kfm. nur für das **betriebene Handelsgewerbe,** also **nicht** für seinen **Privatbereich** (§ 344 I).

a) Kaufmann ist die natürliche oder juristische Person (auch OHG, KG, s. § 124), **in deren Namen** das Handelsgewerbe betrieben wird, d. h. der berechtigt und verpflichtet wird. Unerheblich ist, ob die natürliche Person minderjährig oder geschäftsunfähig ist (→ Rn. 32), ob die juristische Person privat- oder öffentlichrechtlich ist (→ Rn. 27) oder erst VorGes (→ § 6 Rn. 3, 6), ob das Unternehmen das eigene ist oder einem anderen gehört und ob es für eigene oder fremde Rechnung geführt wird; mehrere Unternehmen → Rn. 29. **Beispiele: Pächter** (zur Unternehmenspacht → Einl. v. § 1 Rn. 70), OLG Köln NJW 1963, 541; BayObLGZ 1978, 6; **Nießbraucher** (zum Unternehmensnießbrauch → Einl. v. § 1 Rn. 71), wenn mit dem Nießbrauch die verantwortliche Leitung des Unternehmens, nach außen erkennbar übertragen ist, nicht im Falle bloßen Ertragsnießbrauchs (uU nur Quotenertrags-)Nießbrauchs (zB wenn A bei Geschäftsübertragung auf B sich als Nießbrauch einen Teil des Ertrags vorbehält), BayObLG BB 1973, 956 (bei Mit-Unternehmensführungsrecht dieses Übertragenden: OHG), KG OLGZ 1965, 317; **Treuhänder kraft Vertrags** (→ § 105 Rn. 31, → **(10)** AGB-Anderkonten Einl. Rn. 1); KG JW 1939, 293; OLG Hamm DNotZ 1964, 421, so je nachdem der Testamentsvollstrecker (→ Rn. 42), solche Gestaltung denkbar, aber

§ 1 31, 32   1. Buch. Handelsstand

selten, auch beim gesetzlichen Vertreter von Minderjährigen (→ Rn. 35); nach Ende des Treuhandverhältnisses Anspruch des Treuhänders gegen Treugeber auf Übernahme des Geschäfts und Befreiung von den Verbindlichkeiten; Erfordernisse der Übernahme- und Freistellungsklage, einer Feststellungsklage, BGH WM 1977, 363; der lediglich vorgeschobene Unternehmensinhaber **(Strohmann),** Rö/Röhricht § 1 Rn. 79, entscheidend ist Auftreten nach außen, Wassner ZGR 1973, 427; aA KG JW 1939, 293, früher hL; da bloßer ScheinKfm; wird aber trotz Verschleierung erkennbar der Hintermann nach außen tätig, ist dieser Kfm. und der Strohmann haftet kraft Rechtsschein (→ § 5 Rn. 9) und § 15 III; **Vertragshändler** (→ Einl. v. § 373 Rn. 35); **Franchisenehmer** (→ Einl. v. § 373 Rn. 43), OLG Schleswig NJW-RR 1987, 220; **Handelsvertreter** s. § 84 I 2, II, IV; **Kommissionsagent** → § 84 Rn. 19; **Betriebsgesellschaft,** je nachdem auch **Besitzgesellschaft, str.,** → Rn. 18; **Holdinggesellschaft** und **Konzernmutter,** je nachdem ob die Verwaltung bzw. Leitung als solche ein Gewerbe (Unternehmen) darstellt, str., → Rn. 18.

31   **b) Nicht: gesetzlicher Vertreter** eines Minderjährigen, der das Handelsgeschäft in dessen Namen führt (Kfm. ist nur der Vertretene, → Rn. 30); **rechtsgeschäftliche und Organvertreter** einer AG, KGaA, GmbH, eG, des (ein HdlGewerbe betreibenden) Vereins, zB Vorstand einer AG oder Geschäftsführer einer GmbH, BGHZ 104, 98; 133, 78; BGH NJW 1996, 1468, unstr.; **leitende Angestellte** (→ Rn. 14), auch mit Prokura (§ 48) oder HdlVollmacht (§ 54), auch wenn der Inhaber sich um das Geschäft überhaupt nicht kümmert oder dazu auf Dauer außerstande ist; **Konzern** als solcher, da keine eigene Rechtsperson, nur ggf. die einzelne KonzernGes; der **wirtschaftliche Inhaber,** der hinter dem Strohmann steht, ohne nach außen zu erscheinen (→ Rn. 30), der als **Gesellschafter** die meisten oder bei EinpersonenGmbH alle Anteile hält (Gfter → Rn. 50) oder von dem der rechtliche Inhaber abhängig ist, zB Kreditgeber (der wirtschaftliche Inhaber kann aber unabhängig davon selbst Kfm. sein, zB Konzernmutter, kreditgebende Bank); Insolvenzverwalter → Rn. 47. Zur Frage der analogen Anwendung von Vorschriften des HGB auf Nichtunternehmer wie Geschäftsleiter → Rn. 10.

32   B. **Minderjährige und Betreute: a)** Auch Minderjährige unter und über 7 Jahre (§§ 1, 2, 104 ff. BGB) und Betreute (§§ 1896, 1902 BGB) können ein HdlGewerbe betreiben und somit Kflte sein, **in ihrem Namen** handelt der **gesetzliche Vertreter** (→ Rn. 30). Dieser soll im Namen des Kindes (Mündels) ein neues „Erwerbsgeschäft" nicht ohne Genehmigung des Familiengerichts beginnen (§§ 1645, 1823 BGB); das Registergericht darf aber die Eintragung in das HdlReg nicht vom Nachweis dieser Genehmigung abhängig machen (vgl. → § 7 Rn. 6), KG OLGZ 1, 288; Oetker/Körber Rn. 66; Rö/Röhricht § 1 Rn. 87 (gegen Vorauff.). Wird das HdlGeschäft ohne die erforderliche Genehmigung eröffnet (erworben), so sind doch die im Geschäftsbetrieb eingegangenen Verbindlichkeiten wirksam, OLG Hamburg OLGE 30, 150; Oetker/Körber Rn. 67. §§ 1645, 1823 BGB analog, wenn der gesetzliche Vertreter ein vom Minderjährigen ererbtes HdlGeschäft fortführt, K. Schmidt BB 1986, 1244. Nur mit Genehmigung des Familiengerichts darf der gesetzliche Vertreter dagegen namens des Kindes (Mündels) ein Erwerbsgeschäft entgeltlich erwerben oder veräußern (§§ 1822 Nr. 3, 1643 I BGB), diese Genehmigung muss dem Registergericht vor Eintragung vorliegen, Ebenroth/Kindler Rn. 64. Die Genehmigung der Eröffnung, des Erwerbs befreit nicht vom Erfordernis der Genehmigung gewisser Einzelgeschäfte, die in dem HdlGeschäft vorgenommen werden sollen; diese Genehmigung kann aber für gewisse Geschäftsarten uU allgemein erteilt werden (§§ 1822 Nr. 4, 5, 8–13, 1825, 1643 I, III BGB). Auch → § 105 Rn. 26, → § 230 Rn. 8.

b) Beschränkt geschäftsfähige Minderjährige (über 7 Jahre, § 106 BGB) 33
können ein HdlGeschäft **selbst,** dh in eigener Person, betreiben, wenn der
gesetzliche Vertreter (§§ 1629, 1773, 1793 BGB) mit Genehmigung des Familiengerichts sie dazu ermächtigt (§ 112 BGB). Betreibt der Minderjährige das
Erwerbsgeschäft ohne die erforderliche Genehmigung, ist er nicht Kfm., vgl.
BayObLGZ 1972, 108; aA K. Schmidt § 4 II Rn. 4: nur Unwirksamkeit der
Geschäfte; HdlbgKo/Ruß Rn. 6: sogar Eintragung ist möglich; die KfmEigenschaft ist zwar unabhängig von der Wirksamkeit der eingegangenen Geschäfte
(→ Rn. 21), aber Minderjährigenschutz geht vor. Erforderlich bleibt auf jeden
Fall die besondere, uU allgemein erteilbare (§ 1825 BGB) Genehmigung des
Familiengerichts für solche Rechtsgeschäfte, zu denen der gesetzliche Vertreter
ihrer bedarf (§§ 112 I 2, 1643, 1821 f. BGB). Minderjährige als Gesellschafter
→ § 105 Rn. 26, → § 230 Rn. 8. Als HdlVertreter → § 84 Rn. 7.

c) Haftungsbeschränkungen Minderjähriger (§ 1629a BGB): Nach 34
§ 1629a BGB (MHbeG 25.8.1998, BGBl. 2487) haften ab 1.1.1999 Minderjährige für Verbindlichkeiten, die die Eltern oder sonstige Personen (vor allem
MitGfter, Prokuristen, Testamentsvollstrecker) im Rahmen ihrer Vertretungsmacht mit Wirkung für das Kind begründet haben, oder die auf Grund eines
während der Minderjährigkeit erfolgten Erwerbs von Todes wegen entstanden
sind, beschränkt auf den Bestand des bei Eintritt der Volljährigkeit vorhandenen
Vermögens (§§ 1990, 1991 BGB); entspr. für die Fälle der §§ 107, 108, 111
BGB. Anders für den Fall des § 112 BGB (→ Rn. 33; fraglich, für Verfassungswidrigkeit Muscheler WM 1998, 2282) und für Verbindlichkeiten aus allein der
Befriedigung ihrer persönlichen Bedürfnisse dienenden Rechtsgeschäften
(§ 1629a II BGB), zB Schulbedarf, die die jeweilige Altersgruppe typische Geschäfte wie Kauf eines Fahrrads, Kleinkraftrads oder Computers, Bekleidung,
Arztkosten, nicht Luxusanschaffungen des reichen Minderjährigen. Zwei widerlegliche Vermutungen enthält § 1629a IV BGB; § 723 I 3 Nr. 2 BGB (für OHG
→ § 133 Rn. 7) gibt dem Minderjährigen bei Volljährigwerden **besonderes
Kündigungsrecht.** Zum Zwecke des Verkehrsschutzes ist nach **(4)** HRV § 24 I
bei Eintragung natürlicher Personen in das HdlReg das **Geburtsdatum** miteinzutragen; ebenso bei Anmeldung eines OHGGfters oder Komplementärs
(§§ 106 II Nr. 1, 162 I); diesbezüglicher Gutglaubensschutz nach § 15 I HGB ist
str. (dort → § 15 Rn. 6), jedenfalls nicht nach § 15 III (dort → § 15 Rn. 19). Bei
Missbrauch durch Eltern § 1664 BGB (pfändbar), idR kein Missbrauch der Vertretungsmacht (vgl. → § 50 Rn. 4), str. **Lit.** Behnke NJW 1998, 3078; Muscheler
WM 1998, 2271; Habersack FamRZ 1999, 1; Grunewald ZIP 1999, 597.

d) Gesetzliche Vertreter können ein HdlGeschäft als Treuhänder für Rech- 35
nung des (unter oder über 7 Jahre alten) Minderjährigen (Mündels) **im eigenen
Namen** führen (→ Rn. 31, 42). Den zugrundeliegenden Treuhandvertrag hat für
das Kind (Mündel) ein Pfleger zu schließen (§§ 181, 1629 II, 1795 II, 1909 BGB)
mit Genehmigung des Familiengerichts (§§ 1822 Nr. 3, 1915 I BGB). Kfm. ist
dann der gesetzliche Vertreter, nicht der Minderjährige.

C. Erbe: a) Der Erbe (auch Vorerbe) wird Kfm., wenn er das geerbte HdlGe- 36
schäft fortführt. Über seine Firma → § 22 Rn. 2. Zur Haftung → § 27 Rn. 1.
Der Erblasser-Kfm. kann die Bestimmung des Erben-Nachfolgers nicht einem
Dritten überlassen (§ 2065 II BGB), doch genügt Bezeichnung eines Personenkreises (zB Abkömmlinge), aus denen ein Dritter nach festgelegten sachlichen
Gesichtspunkten (zB Eignung, Ausbildung) ihn auswählen soll, BGH BB 1965,
1052. Andere (uU freiere) Gestaltungsmöglichkeiten durch Vermächtnis, Auflage
(§§ 2151, 2193 BGB) s. Westermann FS Möhring, 1965, 183. **Nachlassverwalter** (§§ 1975, 1985 BGB) → Rn. 47 (Insolvenzverwalter).

37 **b) Eine Erbengemeinschaft** (§§ 2032 ff. BGB) kann das geerbte HdlGeschäft fortführen, also ohne Auseinandersetzung (§ 2042 BGB) und ohne zeitliche Grenze (→ Rn. 38). Die Erbengemeinschaft ist (anders als die GbR, → Einl. v. § 105 Rn. 14, und nach BGHZ 163, 154 V ZS, krit. Bork ZIP 2005, 1205, die Gemeinschaft der Wohnungseigentümer) nicht rechtsfähig, BGH (VIII ZS) ZIP 2006, 2125. Die Erben sind gesamthänderisch (nämlich als Erbengemeinschaft) Inhaber des HdlGeschäfts und Kflte, vgl. BGH NJW 1985, 136, und als solche („in Miterbengemeinschaft") in das HdlReg einzutragen (§ 31 I); übernimmt ein Miterbe das Unternehmen als Treuhänder für die anderen, ist nur er Kfm. (→ Rn. 30); für Erbengemeinschaft selbst als unternehmenstragende Gesamthand MüKoHGB/K. Schmidt Rn. 52. Zur Firma bei Erbengemeinschaft vgl. → § 22 Rn. 2. Zur Haftung für Geschäftsschulden des Erblassers und für Nachlasserbenschulden → § 27 Rn. 1. Für neue Geschäftsschulden haften die Erben persönlich unbeschränkt als Gesamtschuldner (§§ 427, 431 BGB). Jeder einzelne Miterbe kann vorzeitig ausscheiden (Teilauseinandersetzung) oder seinen Erbteil an einen Dritten veräußern (§ 2033 BGB). Der Dritte kann aber nicht die Erbengemeinschaft als solche fortsetzen, vgl. KG DB 1998, 2591. Eine Erbengemeinschaft kann (als solche) kein neues HdlGeschäft beginnen oder ein von Dritten erworbenes fortführen, auch nicht nach erfolgter Auseinandersetzung das alte, KG JW 1935, 3642; 1938, 3117. Ausgliederung des von der Erbengemeinschaft betriebenen Unternehmens ist möglich, auch Erbengemeinschaft ist EinzelKfm iSv § 152 UmwG, K. Schmidt FS Kropff, 1997, 267, sehr str.

38 Auch längere Fortführung des Geschäfts durch die Erbengemeinschaft ist zulässig, bedeutet **nicht** ohne weiteres **Abschluss eines Gesellschaftsvertrags** (OHG), BGHZ 17, 302; 92, 264; BeckOK HGB/Schwartze Rn. 4, (Grund: Interesse der Erben an uU nur vorübergehender Geschäftsfortführung; Aufwand und Kosten für GesGründung zB bei Grundvermögen), aA R. Fischer ZHR 144 (1980), 1 (Grund: Frist des § 27 II; auch nicht die Annahme einer neuen Firma (vgl. → § 22 Rn. 2) oder Zufügung eines Nachfolgezusatzes zur alten, BGH NJW 1951, 312, aber Prokuraerteilung kann uU Indiz sein (→ § 48 Rn. 1). Entsprechende Anwendung von OHG Regeln ist möglich, so im Innenverhältnis, BGHZ 17, 302, zB keine Mehrarbeitsvergütung des einen Erben bei Ausfall des anderen; zT auch im Außenverhältnis, so für Vertretungsmacht jedes Miterben (analog §§ 125, 126) K. Schmidt NJW 1985, 2789, jedenfalls entsprechende (uU stillschweigende) Vollmacht (→ § 27 Rn. 3). Zum Übergang in eine OHG (KG) → § 105 Rn. 26, 52. **Lit.** M. Wolf AcP 181 (1981), 480; K. Schmidt NJW 1985, 2785.

39 **c) Beteiligung von Minderjährigen:** Auch insoweit gilt nunmehr **§ 1629a BGB** (→ Rn. 34). Bereits vorher hafteten us mangels Genehmigung des Familiengerichts (§§ 1645, 1823 BGB entspr.) nur beschränkt in Höhe des ererbten Vermögens, BVerfG NJW 1986, 1859 (gegen BGHZ 92, 259 = NJW 1985, 36); K. Schmidt BB 1986, 1238; Hüffer ZGR 1986, 603; str.; eine Aussetzung war nicht statthaft, aA BGH WM 1987, 27.

40 **D. Testamentsvollstrecker, Insolvenzverwalter: a) Testamentsvollstrecker** (§§ 2197 ff. BGB, Testamentsvollstreckung bei Anteilen an OHG, KG → § 139 Rn. 21, 24): Der zur Verwaltung eines im Nachlass befindlichen HdlGeschäfts berufene Testamentsvollstrecker kann (mangels Anordnung des Erblassers nach seiner Wahl) im Ergebnis das HdlGeschäft des Erblassers auf verschiedenen Wegen fortführen, die Einzelheiten sind aber dogmatisch sehr streitig und praktisch zT ganz unbefriedigend; RGZ 132, 138; BGHZ 12, 102; 24, 106; 35, 13; NJW 1975, 54. **Lit.** Muscheler, 1994; Lorz, 1995; Dauner-Lieb, 1998; Windel, 1998; Bartsch, 2010; John BB 1980, 757 (Vollrechtstreuhand); Brandner FS Stimpel, 1985, 991 (gegen echte Testamentsvollstreckerlösung);

Schiemann FS Medicus, 1999, 513; Weidlich ZEV 1994, 205 und NJW 2011, 641.

(1) **Vollmachtslösung:** Der Testamentsvollstrecker führt das HdlGeschäft **im** 41 **Namen des Erben** und mit dessen persönlicher Haftung (trotz § 2206 BGB, KG JW 1937, 2599, für die alten Schulden ausschliessbar nach §§ 25 II, 27 I). Kfm. ist hier nur der Erbe, nur er wird im HdlReg eingetragen, nach aA zusätzlich Testamentsvollstreckervermerk. Der Testamentsvollstrecker benötigt Vollmacht des Erben (nicht ersetzbar durch ZusatzTVZeugnis des Nachlassgerichts nach § 2368 BGB); ob der Erblasser den Erben durch Auflage zu ihrer Erteilung zwingen kann und ob der Testamentsvollstrecker die Erteilung nach § 2208 II BGB einklagen kann, ist streitig, BGHZ 12, 103; BayObLG BB 1969, 974; vgl. BGH WM 1969, 493. Der Erbe muss bei dieser Lösung die persönliche Haftung als testamentarische Bedingung oder Auflage akzeptieren, wenn er die Erbschaft nicht ausschlägt (§ 1944 BGB; oder das Unternehmen auf eine GmbH übertragen wird, → Rn. 45). Diese Lösung ist sehr unbefriedigend, da es keine (den Erben) verdrängende Vollmacht gibt (Grund: § 137 BGB) und eine Generalvollmacht (an den Testamentsvollstrecker) nicht unwiderruflich sein kann.

(2) **Treuhandlösung:** Der Testamentsvollstrecker führt das HdlGeschäft **im** 42 **eigenen Namen** mit seiner persönlichen Haftung (für die alten Schulden ausschliessbar nach §§ 25 II, 27 I) als Treuhänder des Erben für dessen Rechnung, RGZ 132, 142; BGHZ 12, 102; BGH NJW 1975, 54; Rö/Röhricht § 1 Rn. 78. Kfm. ist hier der Testamentsvollstrecker, er wird ins Testamentsvollstreckervermerk in das HdlReg eingetragen, RGZ 132, 143. Er hat gegen den Erben Anspruch auf Vorschuss und Aufwendungsersatz aus dem Nachlass (§§ 2218, 669, 670 BGB). Der Testamentsvollstrecker kann die Übertragung des (zunächst dem Erben zugefallenen) HdlGeschäfts (nicht dinglich des Anlage- und Umlaufvermögens wie bei der Vollrechtstreuhand, aA John BB 1980, 760) auf sich als Treuhänder vom Erben fordern und einklagen, BGHZ 24, 112. Bei der Verwaltungs- bzw. Ermächtigungstreuhand bleibt der Erbe Inhaber der HdlGeschäfts. Mehrere TV betreiben jedenfalls bei nur vorübergehender treuhänderischer Inhaberschaft keine OHG (→ Rn. 38), sie werden nicht Eigentümer des Betriebsvermögens, BGH NJW 1975, 55. Vgl. auch → § 22 Rn. 6. Der Erbe muss bei der Treuhandlösung die mittelbare persönliche Haftung als testamentarische Bedingung oder Auflage akzeptieren, wenn er die Erbschaft nicht ausschlägt (§ 1944 BGB; oder das Unternehmen auf eine GmbH übertragen wird, → Rn. 45). Auch diese Lösung ist unbefriedigend, der Testamentsvollstrecker wird sie wegen seiner persönlichen Haftung idR ablehnen. Bei Rechtsanwälten, Steuerberatern, Notaren und Wirtschaftsprüfern gibt es bei der Vollrechtstreuhand auch berufsrechtliche Probleme.

(3) **Weisungs- und Freigabelösung:** Bei der Ersteren hat der TV nur im 43 Innenverhältnis ein Weisungsrecht an den Erben (§ 2208 II BGB), der Erbe führt jedoch im Außenverhältnis das HdlGeschäft selbstständig. Weisungen, in deren Folge der Erbe mit seinem Privatvermögen haftet, sind jedoch wegen § 2206 BGB problematisch. Noch weiter geht die Freigabelösung. Der TV kann das HdlGeschäft aus seiner Verwaltung dem Erben freigeben; das ist auch gegen Anordnung des Erblassers wirksam, doch hat TV bei irrtümlicher Freigabe Recht auf Wiederherstellung seiner Verwaltung (§ 812 BGB), BGHZ 12, 105; 24, 109. Diese Lösung ist ebenfalls unbefriedigend, wenn damit die Intentionen des Erblassers verfehlt werden.

(4) **Echte Testamentsvollstreckerlösung:** Überzeugender ist die sog. erb- 44 rechtliche Lösung, Baur FS Dölle, I, 1963, 249; Muscheler WM 1998, 2277; Schiemann FS Medicus, 1999, 526; Winkler FS Schippel, 1996, 519; Weidlich NJW 2011, 641; Canaris § 9 Rn. 37; LG Konstanz NJW-RR 1990, 716; aA de lege lata Rö/Röhricht § 1 Rn. 82. Der Erbe bleibt Geschäftsinhaber, er ist Kfm. und im HdlReg einzutragen. Er kann seine Haftung auf den Nachlass beschrän-

ken (§§ 1967, 2206, 1975 ff. BGB), für Altschulden jedoch nur, sofern § 27 nicht eingreift. Die Firmenfortführung bleibt seiner Entscheidung überlassen (§§ 25, 27). Die Geschäftsführung obliegt dem Testamentsvollstrecker unter Ausschluss des Erben (§§ 2209 S. 2, 2207 BGB), aber für diesen und unabhängig davon, ob die Eingehung der Verbindlichkeit zur ordnungsmäßigen Verwaltung erforderlich ist. Die Testamentsvollstreckung ist im HdlReg zu vermerken (aber nicht in der GfterListe nach § 40 GmbHG, BGH ZIP 2015, 732); im Geschäftsverkehr bringt der Testamentsvollstrecker, um seine persönliche Haftung zu vermeiden, seine Stellung zum Ausdruck. Diese erbrechtliche Lösung überwindet dogmatisch das Axiom der Unerlässlichkeit voller persönlicher Inhaberhaftung, schützt aber dabei den Verkehr nicht weniger als die Treuhandlösung, bei der die Gläubiger zwar einen unbeschränkt haftenden Schuldner, nicht aber das HdlGeschäft als Haftungssubstrat haben.

45 **(5) Übertragung des Unternehmens auf GmbH oder GmbH & Co KG:** Wegen der dogmatischen und praktischen Schwierigkeiten, HdlRecht und Erbrecht miteinander zu vereinbaren, wird zT eine derartige Dauertestamentsvollstreckung überhaupt abgelehnt (oder allenfalls ganz vorübergehend zugelassen) und der Erblasser (zu Lebzeiten oder durch letztwillige GesGründungsklausel) bzw. der Testamentsvollstrecker (Pflicht unter § 2219 BGB) auf die Übertragung des Unternehmens zB auf eine GmbH oder GmbH & Co KG mit Testamentsvollstreckung bezüglich der Verwaltungsrechte verwiesen, Heymann/Förster Rn. 81; MüKoHGB/Thiessen § 27 Rn. 20. Ob der TV eine solche Übertragung auch bei Anordnung des Erblassers noch nach Ablauf der Dreimonatsfrist des § 27 II ohne Zustimmung des Erben vornehmen kann, ist streitig, Weidlich NJW 2011, 643.

46 **Minderjährige** haften auch für den Fall der Testamentsvollstreckung nur beschränkt nach **§ 1629a BGB** (→ Rn. 34).

47 **b)** Der **Insolvenzverwalter** führt das HdlGeschäft des Gemeinschuldners im eigenen Namen kraft Amtes mit Wirkung für und gegen die Insolvenzmasse fort (Amtstheorie), BGH NJW 1987, 1940, hL, aA K. Schmidt § 4 IV Rn. 67 (Vertretertheorie), iErg wenig Unterschiede. Ebenso in der Nachlassinsolvenz (§ 1975 BGB); entspr. Nachlassverwalter (§§ 1975, 1985 BGB). Der Insolvenzverwalter ist danach nicht selbst Kfm., vielmehr bleibt der Schuldner während des Insolvenzverfahrens Kfm., also keine Gerichtsstandsvereinbarung durch Insolvenzverwalter (§ 38 I ZPO), OLG Zweibrücken ZIP 2018, 2376, dazu Froehner GWR 2019, 34; aA Wexler-Uhlich/Wagner ZIP 2015, 1215. Die vom Insolvenzverwalter kraft Amtes (oder als Vertreter) abgeschlossenen Geschäfte sind demnach nach Maßgabe der §§ 343 ff. HdlGeschäfte. Dasselbe gilt für einen gerichtl. bestellten Liquidator einer Personenhandelsgesellschaft und bei Nachlassverwaltern, Rö/Röhricht Rn. 83.

48 E. **Gütergemeinschaft:** Ehegatten in Gütergemeinschaft (§§ 1415 ff. BGB) können auch ein Unternehmen in Gütergemeinschaft (ohne Bildung von Vorbehaltsgut) führen. Das Geschäft gehört zum Gesamtgut, auch wenn es im Namen nur eines Gatten geführt wird, BGHZ 65, 80. Bei gemeinsamer Führung sind beide als Inhaber und Kflte einzutragen, bei Führung nur durch einen ist nur dieser Kfm. und allein einzutragen, BayObLG DB 1978, 933; BB 1991, 1731. Auch bei gemeinsamer Führung sind nur die beiden, nicht die Gütergemeinschaft als solche (nur Sondervermögen) Unternehmensträger, OLG Nürnberg DStR 2017, 1717; K. Schmidt § 4 II Rn. 31. Firmierung → § 19 Rn. 6. Auch der Ehegatte, der nicht oder nicht allein verwaltet, kann mit Einwilligung des anderen Ehegatten selbstständig ein Erwerbsgeschäft betreiben (§§ 1431, 1456 BGB). Die Ehegatten können, müssen aber nicht eine OHG bilden (→ § 105 Rn. 25). Sondervorschrift zum Güterrechtsregister in **(1)** EGHGB Art. 4.

1. Abschnitt. Kaufleute 49–52 § 1

F. Gesellschaften und Gesellschafter: a) Unternehmensträger sind auch die 49 **Handelsgesellschaften** (→ § 6 Rn. 1), und nach neuerer Ansicht auch **Gesamthandspersonengesellschaften** als solche, K. Schmidt § 4 II Rn. 16: auch GbR (→ Einl. v. § 105 Rn. 14), str., aber nur als nicht eingetragene Kleingewerbetreibende, da die GbR mit Eintragung zwingend OHG wird (§§ 1 II, 105 II); wirtschaftlicher Verein (§ 21 BGB), Idealverein mit Nebenzweckprivileg (§ 22 BGB), auch der nicht rechtsfähige Verein (§ 54 BGB), MüKoHGB/K. Schmidt Rn. 46, im Einzelnen str. (→ § 33 Rn. 1); auch Vorgesellschaft (→ § 6 Rn. 6). KfmEigenschaft der Gfter von OHG und phG von KG → Rn. 50. **Nicht:** Stille Ges., auch atypische (→ § 230 Rn. 3), Grund: bloße InnenGes; Konzern (→ Rn. 31).

b) Nicht Kflte sind die **Gesellschafter** als solche, zB stille Gfter (→ Rn. 49, 50 der Inhaber bzw. „der andere" iSv § 230 kann Kfm. sein), GmbH-Gfter, BGHZ 133, 78; 165, 22; 165, 47; 166, 107; BGH WM 1991, 536, phG der KGaA, Aktionäre, Genossen der eG, Mitglied eines (ein HdlGewerbe betreibenden) Vereins, Kdtisten (→ § 161 Rn. 5), für Gfter von OHG und phG von KG str. (→ § 105 Rn. 19). So auch bei EinpersonenGmbH, zB AlleinGfter und Geschäftsführer einer EinpersonenGmbH, BGHZ 121, 228; WM 1986, 939 (aber in engen Grenzen Durchgriff, → Anh. § 177a Rn. 51b); str.: Persönlich haftende Gesellschafter (Oetker/Körber Rn. 90), im Ergebnis aufgrund der inzwischen anerkannten weitgehenden rechtl. Verselbstständigung von OHG u. KG abzulehnen (MüKo-HGB/K. Schmidt Rn. 67). Organvertreter, Angestellte → Rn. 31. Zur Frage der analogen Anwendung von Vorschriften des HGB → Rn. 10.

5) Beginn und Ende der Kaufmannseigenschaft

A. Beginn: Die KfmEigenschaft beginnt nach § 1 I mit dem Beginn des 51 Betreibens des HdlGewerbes (anders §§ 2, 3: Eintragung im HdlReg). Planung einschließlich Gründung einer HdlGes durch GesVertrag ist noch kein Beginn. Das Betreiben beginnt jedoch mit Vorbereitungsgeschäften im Außenverhältnis oder einer entsprechenden Mitteilung an Dritte, dass das HdlGewerbe bestehe (wie § 123 II, dort → § 123 Rn. 10, 11), zB Miete von Geschäftsräumen, Einstellung von Personal, Eröffnung eines Bankkontos, Abschluss eines Unternehmenskaufvertrags, BGH NJW 1996, 3217. Das Vorbereitungsgeschäft selbst braucht noch nicht kfm. zu sein. Ist das Unternehmen auf kfm. Betrieb angelegt, genügt das nach der Rspr. (→ Rn. 23, → § 105 Rn. 4), es ist dann kfm. schon von der ersten Vorbereitung an, bevor der kfm. Betrieb besteht, BGHZ 10, 96; ebenso „Saison"-Kfm. (Nordsee-Hotel), AG Wyk BB 1958, 891. Der später im HdlReg eingetragene Zeitpunkt des Beginns ist unmaßgeblich. Bei Unternehmenskauf oder –pacht beginnt die KfmEigenschaft mit Geschäftsübergabe, wenn das Unternehmen zumindest auf kfm. Betriebsweise zugeschnitten ist, Rö/Röhricht Rn. 140.

B. Ende: Ist der Kfm. nicht im HdlReg eingetragen, erlischt die KfmEigen- 52 schaft nach § 1 I, II: durch Betriebsaufgabe (also völlige Einstellung des Betriebs) oder Umstellung auf eine Tätigkeit, die kein Gewerbe bildet (freiberuflich oder bloße Vermögensverwaltung) oder keine kfm. Einrichtung mehr erfordert. Ist die Firma im HdlReg eingetragen, endet die KfmEigenschaft ebenfalls mit Ende der Gewerbetätigkeit (→ § 5 Rn. 5) oder in den Fällen der §§ 2, 3 mit Löschung, nicht schon mit dem Herabsinken auf ein Kleingewerbe. **Nicht:** bloß vorübergehende Stilllegung, BGHZ 32, 312; OLG Karlsruhe BB 1954, 74; BayObLG WM 1984, 52; Liquidation des Unternehmens (§ 145), mangels Löschung bleibt OHG bzw. KG eine solche bis zum Ende der Liquidation, auch wenn sie den GesBetrieb einstellen oder veräußert (Sinn von §§ 157, 157 I); Eröffnung des Insolvenzverfahrens, abw. RG JW 1902, 186.

Merkt

§ 2

6) Die Rechtsstellung der Kleingewerbetreibenden

53 **A. Nach HGB:** Unternehmer, deren Gewerbebetrieb nach Art und (→ Rn. 23) Umfang eine kfm. Einrichtung nicht erfordert **(Kleingewerbetreibende)** und die nicht im HdlReg eingetragen sind (II, §§ 2 ff.; Vermutung nach II → Rn. 25), unterfallen außer nach besonderen Vorschriften (§§ 84 IV, 93 III, 383 II, 407 III 2, 453 III 2, 467 III 2, s. dortige Kommentierungen) nicht dem HGB, sondern werden wie „normale BGB-Bürger" (RegE) behandelt. Sie sind Unternehmer iSv § 14 BGB, sodass Vorschriften, die an das Vorliegen eines Gewerbes (§§ 140 ff. AO) oder die Unternehmereigenschaft (§§ 310 I, 312 ff. BGB) anknüpfen, uneingeschränkt anwendbar sind (Oetker/Körber Rn. 33). Gleiches gilt für Unternehmer, die überhaupt keinen Gewerbebetrieb führen (zB Freiberufler, VermögensverwaltungsGes). Praktisch wichtige Folgen sind, wenn nicht Rechtsscheinhaftung eingreift (→ § 5 Rn. 9):

a) Keine Firma: Sie sind weder berechtigt noch verpflichtet, eine kfm. Firma anzunehmen, können aber ihren Namen oder eine andere Bezeichnung als Geschäftsbezeichnung führen, auch firmenähnlich, str. (→ § 17 Rn. 15), aber ohne KfmZusatz, sonst ist gemäß § 37 I gegen sie vorzugehen. Sie müssen ihr Geschäft (außer bei Sondervorschriften, zB § 2 PartGG) unter ihrem bürgerlichen **Namen** führen, möglicherweise unter einem auch sonst geführten Decknamen, KG JW 1934, 984; ihren Namen schützt § 12 BGB.

b) Keine handelsrechtlichen Vollmachten: Sie können weder Prokura noch Handlungsvollmacht (§§ 48, 54, letzteres str.) erteilen. Tun sie es trotzdem, so ist sie nichtig, aber idR in weitgehende Vollmacht umzudeuten (§ 140 BGB).

c) Keine Führung von Handelsbüchern: Sie brauchen keine HdlBücher zu führen, darum auch kein Inventar und keine Bilanz aufzustellen und keine Briefabschriften aufzubewahren (§§ 238 ff.). Sie machen sich bei Zahlungseinstellung oder Insolvenz nicht wegen Unterlassung der Buchführung strafbar (→ § 238 Rn. 18; aber § 283 I Nr. 8 StGB); aber **steuerrechtlich** → Rn. 54.

d) Analoge Anwendung des HGB auf Kleingewerbetreibende und andere Unternehmer → Rn. 10.

54 **B. Außerhalb des HGB:** Vorschriften außerhalb des HdlRechts stellen teils auf die KfmEigenschaft nach HGB ab (zB § 38 I ZPO, Gerichtsstandsvereinbarungen, → Einl. v. § 1 Rn. 107). Teils sind sie unabhängig davon auf alle Gewerbetreibende anwendbar, so zB die steuerrechtliche Buchführungspflicht (§§ 140 ff. AO, → § 238 Rn. 5) oder nach neuerer Abgrenzung auf alle gewerblichen oder selbständigen beruflichen Tätigkeiten (§§ 13, 14 BGB, zB für § 1031 I, V formlose Schiedsvereinbarung, → Einl. v. § 1 Rn. 112, weitere Bspe → Rn. 3). Zahlreiche Sondervorschriften gibt es für Freiberufler, zB PartGG.

7) Internationaler Verkehr

55 Die KfmEigenschaft richtet sich nach dem Ort der gewerblichen Niederlassung (Unternehmenssitz), üL, nach aA ist das Vertragsstatut dafür maßgeblich, ob handelsrechtliche Sondervorschriften anwendbar sind (→ Einl. v. § 1 Rn. 31), Reithmann/Martiny/Martiny Rn. 3.135; Ebenroth/Kindler vor § 1 Rn. 106 (Wirkungsstatut) oder es wird nach Sachnormen differenziert, van Venrooy 1985. Die KfmEigenschaft ausländischer Gebilde (Substitution) bestimmt sich nach dem ausgelegten, anwendbaren Sachrecht, Ebenroth/Kindler vor § 1 Rn. 115.

[Kannkaufmann]

2 [1]Ein gewerbliches Unternehmen, dessen Gewerbebetrieb nicht schon nach § 1 Abs. 2 Handelsgewerbe ist, gilt als Handelsgewerbe im Sinne dieses Gesetzbuchs, wenn die Firma des Unternehmens in das Handelsregister eingetragen ist. ²Der Unternehmer ist berechtigt, aber nicht verpflichtet, die Eintragung nach den für die Eintragung kaufmännischer Firmen geltenden Vorschriften herbeizuführen. ³Ist die Eintragung erfolgt, so findet eine Löschung der Firma auch auf Antrag des Unternehmers statt, sofern nicht die Voraussetzung des § 1 Abs. 2 eingetreten ist.

Übersicht

	Rn
1) Normzweck, Anwendungsbereich	1, 2
A. Normzweck:	1
B. Anwendungsbereich:	2
2) Kaufmann nach Eintragung (Satz 1)	3
3) Kannkaufmann (Satz 2)	4–8
A. Eintragungsoption:	4–6
B. Prüfung durch das Registergericht:	7, 8
4) Löschung der Firma auf Antrag (Satz 3)	9, 10
A. Kaufmann:	9
B. OHG:	10
5) Rechtsnachfolger	11
6) Die Rechtsstellung der Kleingewerbetreibenden im Übrigen (Verweisung)	12

1) Normzweck, Anwendungsbereich

A. **Normzweck:** Nach § 2 können sich Kleingewerbetreibende freiwillig in 1
das HdlReg eintragen lassen und sind dann Kflte; sie können sich auch wieder löschen lassen und verlieren dann den KfmStatus. Eine Eintragungspflicht wie für den früheren SollKfm (nach § 2 S. 2 aF, wenn der Gewerbebetrieb eine kfm. Einrichtung erforderte), gibt es nicht mehr; in diesem Fall ist der Unternehmer IstKfm nach § 1 II nF. Die diffizile Kasuistik unter § 2 aF (s. 29. Aufl.) ist damit entfallen, ebenso die Erstreckung der Verpflichtungen aus §§ 238–283 über HdlBücher auf SollKflte schon vom Zeitpunkt des Entstehens der Anmeldepflicht an (§ 262 aF, Vorwirkung). Die Buchführungspflicht gilt nach § 238 I 1 nF nur noch für Kflte. **Lit.** R. Schmitt HRefG 2003.

B. **Anwendungsbereich:** § 2 ist beschränkt auf Kleingewerbetreibende (dh 2
§ 2 und 1 II schließen sich aus, für HdlGeschäft nach § 1 II spricht Vermutung, → § 1 Rn. 25; Rechtslage nach Eintragung → Rn. 3). Voraussetzung für § 2 ist, dass ein Gewerbe vorliegt (Gewerbebegriff → § 1 Rn. 11), aber kein HdlGewerbe (mangelnde Erforderlichkeit kfm. Einrichtungen unter § 1 II → § 1 Rn. 22), sonst greift schon § 1 II (Auswirkung im Registerverfahren, str., → Rn. 6–8). Unternehmen, die kein Gewerbe betreiben, fallen nicht unter § 2; auch § 5 findet keine Anwendung (→ § 5 Rn. 5). Auch land- und forstwirtschaftliche Kleinunternehmen fallen unter § 2; § 3 gilt nur für vollgewerbliche Betriebe der Land- und Forstwirtschaft (→ § 3 Rn. 2). § 2 gewinnt erhebliche praktische Bedeutung im GesRecht über **§ 105 II;** § 105 II 1 entspricht § 2 I (und gilt neben diesem, § 123 II), § 105 II 2 verweist auf § 2 II, III. Über §§ 105 II, 161 II können GbR und VermögensverwaltungsGes KG werden und bleiben und damit die mit der KG verbundene (für die GbR umstrittene) Haftungsbeschränkung erreichen (→ § 105 Rn. 13).

2) Kaufmann nach Eintragung (Satz 1)

Jeder nicht unter § 1 II fallende Gewerbebetrieb (→ Rn. 2) gilt als HdlGewer- 3
be, wenn die Firma des Unternehmens im HdlReg eingetragen ist (Satz 1), ohne Untergrenze, auch Einpersonen- und Kleinstbetriebe. Der Eingetragene ist damit Kfm., nicht bloßer FiktivKfm („gilt"; für § 5 str., dort → § 5 Rn. 1); anderer Wortlaut von § 105 I („ist") ist hier oder dort Redaktionsversehen. Die **Eintragung** ist unter § 2 (anders als unter § 1, dort → § 1 Rn. 9) **konstitutiv.**

Maßgeblicher Zeitpunkt: Eintragung, nicht Anmeldung oder Bekanntmachung (mangels Bekanntmachung aber § 15 I, dort → § 15 Rn. 5), auch keine Rückwirkung. Die Eintragung nach I erfolgt auf freiwilligen Antrag nach Satz 2, der aber idR (Auslegung durch das Registergericht) in der Anmeldung liegt (→ Rn. 4); fehlt der Antrag nach Satz 2, greift nicht Satz 1, sondern § 5 ein (auch → Rn. 4), Lieb NJW 1999, 36; Koller/Roth Rn. 3; aA K. Schmidt ZHR 163 (1999), 96. Registerverfahren → Rn. 7. Mit **Löschung** verliert der eingetragene Kleingewerbetreibende den KfmStatus, einerlei ob er Löschungsantrag nach Satz 3 (→ Rn. 9) gestellt hat oder nicht, str., Rö/Röhricht Rn. 25; die letzterenfalls zu Unrecht erfolgte Löschung hat das Registergericht aber von Amts wegen zu löschen, **(3)** FamFG § 395, dh die Eintragung wiederherzustellen. Der Gelöschte hat nicht die Pflicht, seinerseits Wiedereintragung zu betreiben. Der Eingetragene verliert seine KfmEigenschaft auch mit **Betriebsaufgabe** oder Umstellung auf freiberufliche Tätigkeit (→ § 1 Rn. 52), da Gewerbe Voraussetzung für § 2 wie § 5 ist (→ Rn. 2), das HdlReg wird unrichtig.

3) Kannkaufmann (Satz 2)

4 A. **Eintragungsoption: a)** Der gewerbliche Unternehmer, dessen Gewerbebetrieb nicht schon unter § 1 II fällt **(Kleingewerbetreibende),** ist nach Satz 2 berechtigt, aber nicht verpflichtet, die Eintragung nach den für die Eintragung von kfm. Firmen geltenden Vorschriften herbeizuführen (Eintragungsoption, Satz 2, Pflicht nach § 29 gilt nur für denjenigen, der bereits Kfm. ist). Der Antrag erfolgt durch Anmeldung der von den Gewerbetreibenden gewählten Firma. Der Antrag ist freiwillig und als echte handelsrechtliche Wahl eine **Willenserklärung,** nicht nur eine registerrechtliche Erklärung **(Doppeltatbestand),** Lieb NJW 1999, 36; Koller/Roth Rn. 3; Rö/Röhricht Rn. 10; Häublein/Hoffmann-Theinert/Schwartze Rn. 11; aA K. Schmidt ZHR 163 (1999), 92; vermittelnd R. Schmitt HRefG S. 81 f., 84. Der Antrag liegt aber idR in der Anmeldung und braucht nicht zu spezifizieren, ob Eintragung nach § 1 II oder Satz 1 gewollt ist, str. (→ Rn. 7). Antragsbefugt sind der für den KfmStatus optierende „Unternehmer" (Satz 2) bzw. die für die Ges. handelnden Organe oder Gfter. Land- und Forstwirte → Rn. 2. Der Antrag kann bis zur Eintragung zurückgenommen werden. Wird ohne Antrag eingetragen, Rechtswirkung nicht nach Satz 1, sondern nur nach § 5, str. (→ Rn. 3), ebenso bei Antrag trotz fehlender KfmEigenschaft, Canaris § 3 Rn. 49; aA MüKoHGB/K. Schmidt § 2 Rn. 24; Schulze-Osterloh ZIP 2007, 2390; Herabsinken auf Kleingewerbe → Rn. 6.

5 **b)** Die Eintragungsoption steht auch der **kleingewerblichen GbR** und der reinen **Vemögensverwaltungsgesellschaft** offen (§§ 105 II Alt. 1 und 2, 161 II, → § 105 Rn. 14). § 105 II 2 verweist auf § 2 S. 2. Insoweit kommt es nicht mehr darauf an, ob letztere ein Gewerbe betreibt (→ § 1 Rn. 13).

6 **c) Herabsinken auf Kleingewerbe:** Wenn der nicht eingetragene IstKfm infolge Verkleinerung oder sonstiger Veränderung des fortgeführten Gewerbebetriebs (Betriebsaufgabe → Rn. 3) die Voraussetzungen des §§ 1 II, 105 I nicht mehr erfüllt, entfällt die KfmEigenschaft, und die Firma erlischt. Streitig ist, was im Falle zwischenzeitlicher Eintragung im HdlReg gilt. Der Eingetragene hat nach §§ 2, 105 II jedenfalls iErg das Recht, Kfm. (OHG, KG) und im HdlReg zu bleiben. Diese freie Wahl übt er durch materiellrechtlichen Antrag nach Satz 2 aus (→ Rn. 4). Mangels eines solchen ist bei entsprechenden Anhaltspunkten für das Herabsinken auf ein Kleingewerbe Löschungsverfahren durch das Registergericht einzuleiten, der Antrag kann aber auch dann noch gestellt werden und auch im Widerspruch gegen die Löschung durch das Registergericht liegen (§§ 31 II, 14 iVm **(3)** FamFG §§ 395 III, 393 III), RegE ZIP 1997, 949, Lieb NJW 1999, 36, Rö/Röhricht Rn. 13; vermittelnd den Antrag im bloßen Unterlassen eines

Löschungsantrags zu sehen, ist fiktiv, so aber R. Schmitt WiB 1997, 1117. Nach aA deckt die ursprüngliche, nur deklaratorisch wirkende Anmeldung nach § 29 (iVm §§ 1 II, 105 I) ohne weiteren Antrag den Verbleib im HdlReg, K. Schmidt ZHR 163 (1999), 93; das führt zwar zu einer weiteren Entlastung der Registergerichte, nimmt aber dem Kleingewerbetreibenden sein freies Wahlrecht und verweist ihn auf die Löschungsoption nach Satz 3. Solange der Unternehmer eingetragen ist, bleibt er jedenfalls auch ohne Antrag nach Satz 2 Kfm., und zwar nunmehr nach § 5, str. (→ Rn. 3).

B. Prüfung durch das Registergericht: a) Antragsverfahren: Das Registergericht kann in der Anmeldung durch den Unternehmer idR den Antrag nach Satz 2 sehen, es prüft also, ob Gewerbe bzw. bei Ges. Gewerbe oder Vermögensverwaltung vorliegt und ggf. die Firma zulässig ist, ohne besondere Anhaltspunkte jedoch nicht Art und Umfang des Unternehmens und Erforderlichkeit einer kfm. Einrichtung (§ 1 II), str., aA in jedem Fall Prüfung, ob bloße Anmeldung nach § 29 oder Antrag nach Satz 2 vorliegt (rein materiellrechtliche Theorie), so wohl Lieb NJW 1999, 36, umgekehrt aA nur Prüfung der Eintragungsfähigkeit, einerlei ob Anhaltspunkte für Nichtvorliegen von § 1 II gegeben sind und der Anmeldende sich darüber und über seine Optionsmöglichkeit nicht im Klaren ist (rein verfahrensrechtliche Theorie), MüKoHGB/K. Schmidt Rn. 11, 13. Erste Ansicht hat als Konsequenz, dass die Rechtsfolge des § 2 S. 1 nicht eintritt, wenn der Kleingewerbetreibende zu (Un)Recht aufgrund §§ 1 II, 29 von einer Eintragungspflicht ausgeht (str., aA MüKo-HGB/K. Schmidt Rn. 11; K. Schmidt, ZHR 163 (1999) 93 ff.). Auf jeden Fall, also auch bei rein verfahrensrechtlichem Verständnis, hat das Registergericht nicht nur Hinweisrecht, sondern Hinweispflicht, wenn der Anmeldende ersichtlich im Irrtum ist, aA offenbar MüKoHGB/K. Schmidt Rn. 12; Heidel/Schall/J. Keßler Rn. 7, aber keine Nachfragepflicht, auf welchen KfmTatbestand die Anmeldung gestützt ist, R. Schmitt HRefG S. 86; aA Canaris § 3 Rn. 23; Koller/Roth Rn. 3, dann uU Zwischenverfügung. **Muster:** Hopt/Merkt VertrFormB/Voigt Form I.A.1 (Anmeldung des Unternehmens eines EinzelKfm). 7

b) Registerzwangs- und Löschungsverfahren: Das Registergericht muss auch nach der rein verfahrensrechtlichen Theorie (→ Rn. 7) dann das Vorliegen eines HdlGewerbes nach § 1 II von Amts wegen (s. § 26 FamFG) prüfen, wenn es die Eintragung erzwingen will (Registerzwangsverfahren, §§ 29, 106 I iVm §§ 1 II, 105 I, 14) oder wenn gelöscht werden soll (Löschungsverfahren, §§ 2 S. 3 Hs. 2, 3 II, III; auch → Rn. 6). Die Vermutung des § 1 II ist insoweit nicht anwendbar, RegE ZIP 1997, 949, außer bei Nichterweislichkeit trotz Amtsermittlung (→ § 1 Rn. 25). 8

4) Löschung der Firma auf Antrag (Satz 3)

A. Kaufmann: Ist die Eintragung erfolgt (Satz 1, idR Satz 2, → Rn. 3), wird die Firma auf Antrag des eingetragenen Unternehmers (Kfm.) wieder gelöscht. Voraussetzung ist, dass er nicht inzwischen IstKfm nach § 1 II geworden ist (sonst wäre nach § 29 sofort wieder anzumelden). Der Kleingewerbetreibende, der nur kraft Eintragung zum Kfm. geworden ist, hat also nicht nur eine Eintragungsoption nach Satz 2, sondern nach Satz 3 auch eine **Löschungsoption,** zB wenn er sich den Anforderungen des HGB nicht mehr gewachsen fühlt (freier Rückzug aus dem KfmStatus; anders § 3 II letzter Hs., Löschung nur nach allgemeinen Vorschriften). Löschungsantrag ist wie Eintragungsantrag **Willenserklärung,** nicht nur registerrechtliche Erklärung (→ Rn. 4). Maßgeblicher Zeitpunkt: Eintragung (→ Rn. 3). Die Löschung wirkt ex nunc, vorher als Kfm. begründete Rechte und Pflichten bleiben unberührt; gutgläubige Dritte werden gem. § 15 I, II 2 geschützt (Oetker/Körber Rn. 28). **Löschung ohne Antrag** → Rn. 3. 9

§ 3

1. Buch. Handelsstand

Muster: Hopt/Merkt VertrFormB/Voigt Form I. A.3 (Anmeldung des Erlöschens der Firma).

10 B. **OHG:** Auch die Löschungsoption (Eintragungsoption → Rn. 4) steht der eingetragenen **kleingewerblichen GbR** und der **Vermögensverwaltungsgesellschaft** offen (§§ 105 II Alt. 1 und 2, 161 II, → § 105 Rn. 14). § 105 II 2 verweist auch auf § 2 S. 3.

5) Rechtsnachfolger

11 Wer das kleingewerbliche Unternehmen von dem nach **Satz 1** Eingetragenen mit Firma erwirbt, wird ohne weiteres Kfm. statt seines Vorgängers. Erwirbt er ohne Firma, wird er Kfm. erst mit Eintragung seiner eigenen Firma, der Vorgänger verliert seine KfmEigenschaft mit seinem Ausscheiden, das HdlRegister, das noch den Vorgänger ausweist, ist unrichtig (Konsequenz: § 15 I), Rö/Röhricht Rn. 26, str.; Grund: § 2 knüpft an die Eintragung der Firma, nicht des Unternehmens als solchem an. Ist der Vorgänger noch nicht eingetragen, hat nunmehr der Rechtsnachfolger die Eintragungsoption nach **Satz 2**, andernfalls hat er wie der Vorgänger die Löschungsoption nach **Satz 3**.

6) Die Rechtsstellung der Kleingewerbetreibenden im Übrigen (Verweisung)

12 § 2 behandelt nur die Rechtsstellung des Kleingewerbetreibenden nach Eintragung, dann Kfm., sowie seine Eintragungsoption, dagegen nicht seine Rechtsstellung im Übrigen. Diese ist eine allgemeinere, nicht nur Kleingewerbetreibende, sondern auch Freiberufler und Nichtgewerbetreibende betreffende Frage, bei der zwischen Normen des HGB und solchen außerhalb desselben zu unterscheiden (→ § 1 Rn. 53–54) und die analoge Anwendung des HGB auf Unternehmer zu prüfen ist (→ § 1 Rn. 10). Bestimmte Vorschriften des HGB gelten ausdrücklich auch für Kleingewerbetreibende; diese knüpfen an bestimmte Tätigkeiten an und scheiden daher häufig tatbestandlich aus, zB bei nicht eingetragenen kleingewerbetreibenden Land- und Forstwirten: §§ 84 IV, 93 III, 383 II, 407 III 2, 453 III 2, 467 III 2 (s. jeweils dortige Kommentierungen), Grund: Beibehaltung von Schutzvorschriften auch nach Wegfall des MinderKfm. (§ 4 aF), zur Neuregelung und ihren Defiziten R. Schmitt HRefG S. 113–124, 273 ff.

[Land- und Forstwirtschaft; Kannkaufmann]

3 (1) **Auf den Betrieb der Land- und Forstwirtschaft finden die Vorschriften des § 1 keine Anwendung.**

(2) **Für ein land- oder forstwirtschaftliches Unternehmen, das nach Art und Umfang einen in kaufmännischer Weise eingerichteten Geschäftsbetrieb erfordert, gilt § 2 mit der Maßgabe, daß nach Eintragung in das Handelsregister eine Löschung der Firma nur nach den allgemeinen Vorschriften stattfindet, welche für die Löschung kaufmännischer Firmen gelten.**

(3) **Ist mit dem Betrieb der Land- oder Forstwirtschaft ein Unternehmen verbunden, das nur ein Nebengewerbe des land- oder forstwirtschaftlichen Unternehmens darstellt, so finden auf das im Nebengewerbe betriebene Unternehmen die Vorschriften der Absätze 1 und 2 entsprechende Anwendung.**

Übersicht

	Rn
1) Normzweck, Anwendungsbereich	1, 2
A. Normzweck:	1
B. Anwendungsbereich:	2

1. Abschnitt. Kaufleute 1–3 § 3

	Rn
2) Keine Anwendung von § 1 auf Land- und Forstwirtschaft (I)	3–5
A. Inhalt von I:	3
B. Land- und Forstwirtschaft:	4
C. Gemischte Betriebe:	5
3) Kannkaufmann (II)	6–9
A. Kaufmann nach Eintragung (II iVm § 2 S. 1):	6
B. Kannkaufmann (II iVm § 2 S. 2):	7
C. Löschung der Firma:	8
D. Rechtsnachfolger:	9
4) Nebengewerbe (III)	10–12
A. Nebengewerbe:	10
B. Selbstständige Anwendung von I und II:	11
C. Rechtsnachfolger:	12
5) Die Rechtsstellung der nicht eingetragenen Land- und Forstwirte im Übrigen (Verweisung)	13

1) Normzweck, Anwendungsbereich

A. Normzweck: § 3 hat historisch den Normzweck, die Land- und Forstwirte **1** vor den Anforderungen des KfmRechts zu bewahren. Dieses Privileg hatte seinen Preis: § 3 hat mit dazu beigetragen, dass sich die Land- und Forstwirtschaft (zu) spät auf moderne Geschäftsanforderungen eingestellt hat. Ursprünglich war Land- und Forstwirtschaft ganz vom HdlRecht ausgenommen. Erst § 3 idF G über die KfmEigenschaft von Land- und Forstwirten (und den Ausgleichsanspruch des HdlVertreters) 13.5.1976 BGBl. 1197 eröffnete Eintragungsoption und damit über §§ 105 II, 161 II den Zugang zu den PersonenHdlGes und zu der mit der GmbH & Co KG verbundenen Haftungsbeschränkung; dazu Raisch BB 1969, 1361; FS Ballerstedt, 1975, 443; Hofmann NJW 1976, 1297 und 1830; Storm AgrarR 1976, 188; von Olshausen ZHR 141 (1977), 93. Von der Option wurde allerdings nur wenig Gebrauch gemacht. § 3 II hat § 3 an § 1 II ohne Änderung im Übrigen angepasst.

B. Anwendungsbereich: Sieht man wie zutr. schon nach früherem Recht, **2** auch land- und forstwirtschaftliche Betriebe als Gewerbe an (→ Rn. 3), fallen sie ohne weiteres **auch unter § 2**. Land- und Forstwirte haben deshalb wie alle anderen Kleingewerbetreibenden die **dortigen Eintragungs- und Löschungsoptionen**. Das folgt aus Wortlaut und Sinn des § 3. § 3 I schließt ausdrücklich nur § 1, nicht auch § 2 aus, und § 3 insgesamt will Land- und Forstwirte besser, aber nicht schlechter stellen als andere Gewerbetreibende. § 3 behält auch bei dieser Auslegung seinen Sinn: § 3 I, III regeln andere Fragen, § 3 II betrifft nur den Fall, dass das Unternehmen eine kfm. Einrichtung erfordert, also vollgewerbliche Land- und Forstwirtschaftsunternehmen, für kleingewerbliche bleibt es allein bei § 2, str., zutr. K. Schmidt ZHR 163 (1999), 91; Bydlinski ZIP 1998, 1173; aA wohl von Olshausen JZ 1998, 717, unklar RegE S. 34. Streit lediglich für Löschung (→ Rn. 8) relevant, da es für die Eintragung unerheblich ist, ob sie nach § 2 oder § 3 geschieht.

2) Keine Anwendung von § 1 auf Land- und Forstwirtschaft (I)

A. Inhalt von I: I nimmt Land- und Forstwirte (die nicht schon FormKflte **3** sind, → § 6 Rn. 6) ausdrücklich von § 1 aus (genauer: von § 1 II); nicht auch von § 2 (→ Rn. 2). Auch Land- und Forstwirte betreiben ein Gewerbe iSv § 1 II (in § 3 II nF nunmehr klargestellt, früher str., vgl. BGHZ 33, 321 zu § 196 aF BGB, heute hL, aA Hofmann NJW 1976, 1298), anders zT außerhalb des HGB (→ § 1 Rn. 11). Sie betreiben aber kein HdlGewerbe, auch wenn sie ein Unternehmen betreiben, das eine kfm. Einrichtung erfordert, und sind deshalb nicht IstKflte. Sie sind deshalb nicht anmeldepflichtig nach § 29, haben jedoch nach II die Möglichkeit, Kfm. zu werden.

§ 3 4–8

4   B. **Land- und Forstwirtschaft: a) Landwirtschaft** besteht in der Ausnutzung des Bodens mit dem Ziel der Erzeugung und Verwertung pflanzlicher oder tierischer Rohstoffe, KG OLGE 3, 402, einerlei wem der Boden gehört, zB Landpacht. Sie umfasst zB Anbau von Getreide, Gemüse, Obst, Wein, Tabak, Hopfen ua. Auch HdlGärtnereien und Baumschulen betreiben Landwirtschaft, OLG Düsseldorf NJW-RR 1993, 1126, einerlei ob in Freilandkultur oder überwiegend bodenunabhängig in Gewächshäusern und Behältnissen, vgl. BGHZ 134, 149 (zu HöfeO), aber nur sofern sie durch Eigenbau und Verkauf eigener Produkte geprägt sind (gemischte Betriebe → Rn. 5, Nebengewerbe → Rn. 10), nach aA fällt Zierpflanzenbau im Gegensatz zum Nutzpflanzenbau unter §§ 1, 2. Unter § 3 fallen ferner Viehzucht, Erzeugung und Weiterverarbeitung tierischer Produkte wie Fleisch, Milch, Eier in eigener Bodenausnutzung, auch in Pacht, auch mit Zukäufen, aber nicht nur mit solchen; Imkerei. **Nicht:** Molkereien, da hauptsächlich gekauftes Futter und fremde Erzeugnisse verarbeitend; große Geflügelfarm auf kleinstem Boden, da Bodennutzung nicht im Vordergrund steht; Fischerei, Fisch-, Hunde-, Vogelzucht, hL mangels Bodennutzung; Urproduktion wie Kies-, Torf- oder Mineraliengewinnung, da keine pflanzlichen oder tierischen Rohstoffe.

b) Forstwirtschaft ist wirtschaftliche Nutzung von Wäldern durch planmäßiges Auf- und Abforsten. Sie zielt idR auf Holzgewinnung; Baumschulen gehören dazu.

c) Betreiben: einerlei ob als Eigentümer, Pächter, Nießbraucher, näher → § 1 Rn. 30.

5   C. **Gemischte Betriebe:** Umfasst dasselbe Unternehmen (demgegenüber mehrere Unternehmen bei Nebengewerbe, → Rn. 10) mehrere Betriebe teils land- und forstwirtschaftlicher, teils anderer Art, zB HdlGärtnereien, die fremde Pflanzen einkaufen, züchten und verkaufen (→ Rn. 4), kommt es darauf an, was dem Unternehmen das Gepräge gibt (Gesamtbetrachtung, → § 1 Rn. 28). Bei überwiegendem Eigenanbau, einschließlich branchenüblichen Zukaufs, OLG Hamm RdL 1965, 204, wird idR § 3 vorliegen; bei überwiegendem Handel mit fremden Erzeugnissen §§ 1 II, 2, aber keine rein quantitative Betrachtungsweise.

3) Kannkaufmann (II)

6   A. **Kaufmann nach Eintragung (II iVm § 2 S. 1):** Für land- und forstwirtschaftliche Unternehmen, die nach Art und Umfang einen in kfm. Weise eingerichteten Geschäftsbetrieb erfordern, gilt § 2 mit bestimmter Maßgabe. Ist danach ein solches Unternehmen im HdlReg eingetragen, gilt es als HdlGewerbe, der Land- bzw. Forstwirt ist dann Kfm. (II iVm § 2 S. 1). Die **Eintragung** ist also auch unter § 3 II **konstitutiv**.

7   B. **Kannkaufmann (II iVm § 2 S. 2):** Der Land- oder Forstwirt mit einem eine kfm. Einrichtung erfordernden Unternehmen ist berechtigt, aber nicht verpflichtet, die Eintragung im HdlReg zu beantragen (**Eintragungsoption,** II iVm § 2 S. 2). Der Antrag ist freiwillig und als echte handelsrechtliche Wahl eine **Willenserklärung,** nicht nur eine registerrechtliche Erklärung, Lieb NJW 1999, 36 (zu § 2); Koller/Roth Rn. 3; Rö/Röhricht Rn. 28; aA MüKoHGB/K. Schmidt Rn. 13, sehr str. (→ § 2 Rn. 4). Antragsbefugnis und Rücknahme des Antrags → § 2 Rn. 4. Herabsinken auf Kleingewerbe wie nach § 2, dort str. (→ § 2 Rn. 6). Prüfung durch das Registergericht → § 2 Rn. 7–8; auch im Antragsverfahren prüft das Registergericht bei entsprechenden Anhaltspunkten, ob eine Eintragung nach § 1 II, 2 oder 3 erfolgt, Lieb NJW 1999, 36; aA K. Schmidt ZHR 163 (1999), 2163.

8   C. **Löschung der Firma: a) Bei Erforderlichkeit kaufmännischer Einrichtung (II am Ende):** Ist der Land- oder Forstwirt mit einem eine kfm.

Einrichtung erfordernden Unternehmen einmal eingetragen, gelten für die Löschung die allgemeinen Vorschriften. Eine allgemeine Löschungsoption wie unter § 2 S. 3, nunmehr doch wieder die Ausgangslage nach I zu wählen, hat er also unter § 3 II aE nicht. Er kann demnach Löschung nur verlangen, wenn sein land- oder forstwirtschaftliches Unternehmen im Zeitpunkt des Antrags keine kfm. Einrichtung mehr erfordert, also zB zum Kleingewerbe herabgesunken ist (ebenso wie der vormalige IstKfm nach § 1 II; vgl. auch → § 2 Rn. 6) oder bei Unzulässigkeit der Eintragung (§ 395 FamFG). Ist hingegen im Zeitpunkt der Löschung eine kfm. Einrichtung erforderlich, scheidet Löschung aus, außer wenn der Betrieb aufgegeben wird (II iVm § 2 S. 3 aE). Mit Ausübung der Eintragungsoption verliert der Land- oder Forstwirt also den Schutz von I (Bindungszeitpunkt: Eintragung) und wird wie jeder andere Kfm. behandelt.

b) Bei Kleingewerbe greift auch bei Land- und Forstwirtschaft unmittelbar § 2 S. 3 (→ Rn. 2). Damit stellen sich dieselben Streitfragen hinsichtlich der Einleitung des Löschungsverfahrens von Amts wegen und der Notwendigkeit eines materiellrechtlichen Antrags nach § 2 S. 2 wie dort (→ § 2 Rn. 6–8), bejahend Lieb NJW 1999, 36; Rö/Röhricht Rn. 31 ff.; aA K. Schmidt ZHR 163 (1999), 93. Eine zu Unrecht erfolgte Löschung nimmt die Eigenschaft als Kfm., das Registergericht hat sie aber von Amts wegen wieder einzutragen (→ § 2 Rn. 3).

D. **Rechtsnachfolger:** Der Rechtsnachfolger (Erwerber, Pächter, Nießbraucher, Erbe ua) ist grundsätzlich an die Wahl seines Vorgängers, sich eintragen zu lassen, gebunden, aA früher hL. Er übernimmt den land- oder forstwirtschaftlichen Betrieb, den er (zusammen mit der alten Firma) fortführt, in der Rechtslage, wie ihn sein Vorgänger geführt hat: er hat also im Falle der Eintragung das Privileg des I und II verloren und nur noch wie sein Vorgänger ggf. die Löschungsoption nach § 2 (→ Rn. 2, 8). Haupt- und Nebenbetrieb können getrennte Schicksale haben (→ Rn. 11). Entscheidet der Rechtsnachfolger aber in angemessener Frist, die Firma nicht fortzuführen, hat er die Rechte unter § 3 wie jeder Land- und Forstwirt, der für einen Betrieb neu anfängt, GroßKo/Brüggemann Rn. 26; Rö/Röhricht Rn. 34; Koller/Roth Rn. 7; aA, da die Wahl unternehmensbezogen sei, MüKoHGB/K. Schmidt Rn. 28, anders nach dieser Meinung nur, wenn der Rechtsnachfolger den Betrieb mit einem eigenen, nicht eingetragenen Land- oder Forstwirtschaftsbetrieb zusammenlegt oder wenn zwei Landwirte mit und ohne Rechtswahl sich zusammenschließen, K. Schmidt § 10 VI Rn. 102. Versteht man § 3 seinem Normzweck de lege lata nach als Privileg, ist diese unternehmensrechtliche Korrektur jedoch normzweckwidrig.

4) Nebengewerbe (III)

A. **Nebengewerbe:** Nebengewerbe ist (1) ein **selbstständiges** (im Unterschied zum Mischbetrieb keine Trennbarkeit) Unternehmen neben dem land- und forstwirtschaftlichen Unternehmen (also mehrere Unternehmen, → § 1 Rn. 29), (2) beide Unternehmen müssen so miteinander verbunden sein, dass das Nebengewerbe von dem Hauptgewerbe abhängig ist, und (3) Haupt- und Nebenbetrieb müssen von demselben Unternehmer geführt werden (Einheit der Inhaberschaft), ähnlich MüKoHGB/K. Schmidt Rn. 33; GroßKo/Brüggemann Rn. 10. Entscheidend ist die Verkehrsanschauung. Selbstständigkeit setzt idR eigene Betriebsstätte mit eigenem Personal voraus, nicht bloßen Hilfsbetrieb; daran, insbesondere an der eigenen Organisation, fehlt es beim bloß gemischten Betrieb (nur ein Unternehmen mit gemischtem Betrieb, → Rn. 5, → § 1 Rn. 28). Abhängigkeit des Nebenbetriebs kann auch vorliegen, wenn dieser umsatzstärker als der Hauptbetrieb ist, oder nur dieser, nicht der Hauptbetrieb kfm. Einrichtung bedarf (§§ 1 II, 3 I). Einheit der Inhaberschaft personell, nicht nach Rechtsverhältnis, zB Landwirt führt Hauptbetrieb als Pächter, Nebenbetrieb als Eigentümer. Führen mehrere Landwirte den Hauptbetrieb als PersonenGes, brauchen nicht alle Gfter auch am Nebenbetrieb beteiligt zu sein. Bei Personen-Ges genügt Identität der Gfter, zB 2 Ges. aus Vater und Sohn, K. Schmidt § 10 VI Rn. 97. Keine Einheit, wenn Hauptbetrieb durch juristische Person, zB GmbH, der andere Betrieb durch einen ihrer Gfter geführt wird. In dem Nebenbetrieb werden idR Erzeugnisse des Hauptbetriebs verarbeitet oder solche und andere, KGJ 22 A 88. Bspe: Molkerei, Wurst- und Fleischherstellung, Brauerei, BayObLGZ 2004, 345; vgl. BGH WM 1966, 195, Brennerei, BAG DB 1995, 2071, Gerberei, Mühle, Sägewerk. Der Nebenbetrieb kann auch sonstwie mit dem land- oder forstwirtschaftlichen Unternehmen verbunden sein, etwa durch Ausbeutung des Bodens. Bspe: Kies-, Sandgrube, Steinbruch, Ziegelei, Sägewerk, Zementherstellung. **Nicht:** Gastwirtschaften, bloße gemischte Betriebe wie Verkaufsstellen auf dem Bauernhof, Kleinverkauf auf dem Wochenmarkt, bloße Hilfsbetriebe zur Unterstützung des Hauptbetriebs; mangels Abhängigkeit Weinkommissionsgeschäft eines Weinbauern, RGZ 130, 234 (→ § 1 Rn. 29), Photovoltaikanlage auf dem Dach eines landwirtschaftlichen Betriebs, sofern der gewonnene Strom in das öffentliche Netz eingespeist wird, VG Karlsruhe 2.3.2017 – 10 K 4888/16.

11 B. **Selbstständige Anwendung von I und II:** Das Nebengewerbe des land- und forstwirtschaftlichen Unternehmens wird nach III im Hinblick auf I und II wie ein selbstständiges behandelt. Ist es also seinerseits ein land- oder forstwirtschaftliches, dann ist § 1 HGB unanwendbar, auch wenn es für sich nach Art und Umfang eine kfm. Einrichtung erfordert (III iVm I). Andererseits ist der Unternehmer insoweit KannKfm, er hat also jeweils völlig selbstständige Eintragungs- und Löschungsoptionen für das Nebengewerbe und für das Hauptgewerbe (III iVm II). Das gilt konsequent nicht nur, wenn der Land- oder Forstwirt es für das land- oder forstwirtschaftliche Hauptunternehmen bei I belassen hat, sondern auch, wenn er insoweit für Eintragung optiert hat.

12 C. **Rechtsnachfolger:** Die Grundsätze zu II gelten auch für III (→ Rn. 9). Wird der Nebenbetrieb allein veräußert oder führt Rechtsnachfolger den Hauptbetrieb nicht fort, entfällt III, die KfmEigenschaft des Erwerbers bestimmt sich allein nach §§ 1, 2 II. Werden Haupt- und Nebenbetrieb zusammen erworben, ist der Rechtsnachfolger grundsätzlich an die für den Nebenbetrieb ausgeübte Wahl des Vorgängers gebunden, anders auch hier, wenn er die Firma nicht fortführt, str. (→ Rn. 9).

5) Die Rechtsstellung der nicht eingetragenen Land- und Forstwirte im Übrigen (Verweisung)

13 § 3 behandelt die Rechtsstellung des Land- oder Forstwirts nur in bestimmter Hinsicht, nämlich Ausnahme von § 1 II (I), Rechtsstellung des Land- oder Forstwirts nach Eintragung sowie Eintragungsoption (II iVm § 2) und selbstständige Behandlung von Haupt- und Nebengewerbe (III), dagegen nicht seine Rechtsstellung im Übrigen. Zu dieser letzteren → § 2 Rn. 12 mwN. Nicht eingetragene Land- und Forstwirte unterliegen als NichtKflte grds. dem BGB. Zu erwägen ist eine vorsichtige analoge Anwendung handelsrechtlicher Bestimmungen für deren marktbezogene Tätigkeit (→ § 1 Rn. 10). Um das Privileg des § 3 nicht auszuhöhlen ist Zurückhaltung geboten (Oetker/Körber Rn. 37, aA Staub/Oetker Rn. 42). Behandlung als Kaufmann nur nach §§ 5 u. 15 II 2 (Ebenroth/Kindler Rn. 39); nach Löschung auch Anwendung der Grundsätze über den Scheinkaufmann (MüKoHGB/K. Schmidt Rn. 29).

1. Abschnitt. Kaufleute 1, 2 § 5

4 *(aufgehoben)*

[Kaufmann kraft Eintragung]

5 Ist eine Firma im Handelsregister eingetragen, so kann gegenüber demjenigen, welcher sich auf die Eintragung beruft, nicht geltend gemacht werden, daß das unter der Firma betriebene Gewerbe kein Handelsgewerbe sei.

Übersicht

	Rn
1) Kaufmann kraft Eintragung (§ 5)	1–8
A. Normzweck, Anwendungsbereich:	1, 2
B. Voraussetzungen:	3
C. Rechtsfolgen der Eintragung:	4, 5
D. Wirkung für und gegen alle:	6
E. Beginn und Ende der Kaufmannseigenschaft nach § 5:	7
F. Andere Rechtsgrundlagen:	8
2) Rechtsscheinkaufmann (Rechtsscheinhaftung)	9–18
A. Die Lehre von der Rechtsscheinhaftung:	9
B. Rechtsscheingrundlage:	10
C. Zurechenbarkeit des Rechtsscheins:	11
D. Schutzbedürftigkeit:	12
E. Kausalität des Rechtsscheins:	13
F. Wirkung des Rechtsscheins:	14–16
G. Beginn und Ende der Rechtsscheinwirkung:	17
H. Haftung wie ein Kaufmann aus anderen Rechtsgrundlagen:	18

1) Kaufmann kraft Eintragung (§ 5)

A. Normzweck, Anwendungsbereich: a) Normzweck: Das HdlReg ge- **1** nießt **öffentlichen Glauben,** allerdings ohne rechtliche Richtigkeitsvermutung und mit beschränkter Wirkung (→ § 15 Rn. 1). Für besonders wichtige Eintragungen, welche eine Person (oder Ges.) in das Register aufnehmen und dadurch als Kfm. (HdlGes) ausweisen, genügt das dem Gesetzgeber nicht. § 5 1998 schützt diese Eintragungen besonders nachdrücklich gegen Anzweiflung: Im HdlReg **eingetragene Gewerbetreibende** gelten **unwiderlegbar** als **Kaufleute** iSv § 1 I, II. Der Streit, ob sie mit Eintragung nach § 5 Kflte iSd HGB sind (andere Behandlung im Strafverfahren bleibt auch dann möglich, str., → Rn. 6), Mü-KoHGB/K. Schmidt Rn. 10, oder bloße FiktivKflte, so Canaris § 3 Rn. 52, ist ohne große Bedeutung, praktische Folgen sollten davon nicht abhängig gemacht werden. Missverständlich ist jedenfalls Bezeichnung als „ScheinKfm", BGHZ 32, 307; der Kfm. kraft Rechtsschein fällt nicht unter § 5, → Rn. 9. Normzweck des § 5 ist nicht Schutz gutgläubiger Dritter, sondern objektive Rechtssicherheit, BGH NJW 1982, 45 und damit Verkehrsschutz; § 5 ist also **keine Rechtsscheinvorschrift,** hL. Auch mit § 15 hat § 5 nichts zu tun (aber → Rn. 8). Im Rahmen des § 5 wirkt die (vom Registergericht nach Prüfung, → § 8 Rn. 7–9, verfügte) unrichtige Eintragung wie eine (konstitutive, KfmEigenschaft begründende) richtige (zB nach §§ 2, 3 II). Das Registergericht selbst ist nicht gebunden, es kann und muss (auf Antrag oder von Amts wegen) die Eintragung löschen (s. **(3)** FamFG § 395), wenn es sie als unrichtig erkennt, zB bei einem zum Kleingewerbe herabgesunkenen Unternehmen, LG Nürnberg DB 1977, 252, s. dazu aber die Streitfragen unter §§ 2, 3 (→ § 2 Rn. 6 ff., → § 3 Rn. 8).

b) Anwendungsbereich: § 5 steht hinter §§ 1–4 und greift dann ein, wenn **2** der Unternehmer nicht schon nach diesen Vorschriften Kfm. ist. Infolge von §§ 2

§ 5 3, 4   1. Buch. Handelsstand

I, 3, 105 II nF ist seine Bedeutung geringer geworden, aber keineswegs nur noch ganz gering, Hopt/Mössle/Schmitt Rn. 149; Lieb NJW 1999, 36; R. Schmitt HRefG S. 95; Rö/Röhricht Rn. 11; Canaris § 3 Rn. 49 („zentrale Rolle"); aA MüKoHGB/K. Schmidt Rn. 6; K. Schmidt ZHR 163 (1999), 96; JZ 2003, 588. Bei Eintragung eines Kfm. nach **§ 1 II** ohne Anmeldung nach § 29 ist das materiellrechtlich richtig, also kein Fall von § 5 und keine Amtslöschung. Ist der Kleingewerbetreibende nach §§ 2, 3 eingetragen, greift bereits **§ 2 S. 1.** Der Anwendungsbereich von § 5 ist größer oder kleiner je nachdem, ob § 2 S. 1 bei Eintragung im HdlReg ohne oder ohne wirksamen Antrag nach § 2 S. 2 nicht anwendbar ist, oder doch, sehr str., → § 2 Rn. 3 ff., → § 3 Rn. 6 ff. Entsprechendes gilt für **§ 3,** also Unanwendbarkeit von § 2 I. Wird Land- oder Forstwirt versehentlich ohne Antrag eingetragen, gilt § 5, hL, zurückhaltend Canaris § 3 Rn. 54. § 5 bedeutet nichts für diejenigen Ges. (GmbH, AG, KGaA, eG, EWIV), die eben durch die Eintragung im HdlReg bzw. GenReg auch ohne ein HdlGewerbe entstehen und FormKflte iSv **§ 6** sind (→ § 6 Rn. 6) oder werden (§ 13 III GmbHG, §§ 3 I, 278 III AktG, § 17 II GenG, § 1 Hs. 2 EWIVAG). § 5 geht **§ 15** und der allgemeinen Rechtsscheinhaftung (→ Rn. 9) vor.

Auf jeden Fall erfasst § 5 nur solche Unternehmen, die einen **Gewerbebetrieb** betreiben (→ Rn. 5). Das schließt unter § 5 eine generelle **Analogie** auf Nichtgewerbetreibende wie Kleingewerbetreibende und Freiberufler aus, stRspr, hL, (der Sache nach) BGHZ 33, 313; Canaris § 3 Rn. 56; Koller/Roth Rn. 9, auch wenn dies rechtspolitisch wünschenswert sein mag. Vorsichtige einzelne Analogien bleiben möglich (→ § 1 Rn. 10).

3 B. **Voraussetzungen: a) Eintragung** (nicht auch Bekanntmachung, aber § 15 I, dort → § 15 Rn. 5) einer Firma im HdlReg (§§ 17 ff.), also Eintragung von EinzelKfm, OHG oder KG. Allein Tatsache der Eintragung ist entscheidend, nicht dass jemand zu Unrecht eingetragen ist, zB auf Antrag eines Dritten oder sonst versehentlich durch das Registergericht, (auch → Rn. 2). Ob die eingetragene Firma zulässig ist, spielt keine Rolle.

b) Gewerbebetrieb der Person oder Ges. (näher → Rn. 6). Freier Beruf (→ § 1 Rn. 19) genügt nach dem eindeutigen Wortlaut nicht, BGHZ 32, 313, hL, Rö/Röhricht Rn. 13; Heymann/Förster Rn. 6; aA § 5 korrigierend: jedes Unternehmen, MüKoHGB/K. Schmidt Rn. 23 f.; K. Schmidt ZHR 163 (1999), 97; Analogiefrage → Rn. 2. Auch Land- und Forstwirte betreiben ein Gewerbe (→ § 3 Rn. 3).

c) Keine weiteren Voraussetzungen, insbesondere nicht die besonderen Voraussetzungen der Rechtsscheinhaftung wie Zurechenbarkeit, Schutzbedürftigkeit und Kausalität (→ Rn. 9 ff.). Auch Gutgläubigkeit ist nicht Voraussetzung, Kenntnis von Fehleintragung schadet nicht (→ Rn. 1, 6), hL, BGH NJW 1982, 45, mißverständlich noch BGHZ 22, 239; Grenze: Rechtsmissbrauch, §§ 242, 138, 826 BGB. **Personenidentität** des Eingetragenen und des wirklichen Betreibers ist kein eigenes Tatbestandsmerkmal in § 5 (anders § 3 III: Einheit der Inhaberschaft, dort → § 3 Rn. 10), vielmehr fehlt es dann am Betreiben des Gewerbebetriebs (→ Rn. 5), vgl. Oetker/Körber Rn. 15.

4 C. **Rechtsfolgen der Eintragung:** § 5 betrifft die objektive Rechtslage, ist also (bei entsprechendem Vortrag im Zivilprozess) **von Amts wegen** zu berücksichtigen, also keine Einwendung im technischen Sinn, Wortlaut („geltend machen") ist insoweit missverständlich. ProzGer sieht jedoch nicht von Amts wegen das HdlReg ein, sondern Eintragung muss nach allgemeinen Regeln in den Prozess eingeführt werden (Oetker/Körber Rn. 16).

a) Ausgeschlossene „Einwendungen": Der nach § 5 eingetragene Gewerbebetreibende (auch wenn geschäftsunfähig, → Rn. 5) kann nicht einwenden, das Gewerbe verlange keine kfm. Einrichtung und sei somit **kein Handelsgewerbe**

1. Abschnitt. Kaufleute 5–7 § 5

(§ 1 II), er sei ohne seine Anmeldung (§§ 29, 106) oder ohne Antrag nach §§ 2 S. 2, 3 II, III, 105 II 2, 161 eingetragen worden, kurz: er sei nicht oder nicht mehr Kaufmann, OHG oder VermögensverwaltungsGes iSv § 105 II, letzteres str., Schön DB 1998, 1175.

b) Nicht ausgeschlossene „Einwendungen": Alle sonstigen Einwendungen (untechnisch, → Rn. 4) werden von § 5 nicht ausgeschlossen, zB dem Eingetragenen mangele es an der Geschäftsfähigkeit und das Geschäft sei deshalb nichtig, aber die spezielle Wirkung von § 5 (→ Rn. 4) greift auch gegenüber Minderjährigen und Geschäftsunfähigen ein (aber ohne Ersetzung der notwendigen Zustimmung), Koller/Roth Rn. 8, str. (ebenso wie bei § 15 I, → § 15 Rn. 6; anders bei Rechtsschein, → § 5 Rn. 11, → § 15 Rn. 19; auch → § 1 Rn. 30); das betreffende Rechtsgeschäft sei unwirksam; der nach § 5 Eingetragene **betreibe** überhaupt **kein Gewerbe** (nicht oder nicht mehr oder noch nicht) und sei deshalb nicht Kfm., OHG oder KG, BGHZ 32, 313; BAG ZIP 1987, 1447 (→ § 105 Rn. 2 ff.); Tersteegen NZG 2010, 653; aA K. Schmidt ZHR 163 (1999), 97 (→ Rn. 2). Abgrenzung des Gewerbebegriffs wie in § 1 II (→ § 1 Rn. 11); irgendeine Veranstaltung, die auf einen Gewerbebetrieb schließen lässt, genügt für § 5 nicht, str. Vermögensverwaltung → Rn. 4. Am Gewerbe fehlt es auch, wenn die eingetragene Gesellschaft nicht oder nicht mehr besteht oder wenn es sich um bloße Scheingesellschaft handelt (→ § 105 Rn. 98). Am Betreiben eines Gewerbes fehlt es, wenn der Eingetragene es nicht oder nicht mehr selbst betreibt (→ § 1 Rn. 30), OLG Düsseldorf NJW-RR 1995, 93; zB Treugeber, Erbe, wenn Testamentsvollstrecker Treuhandlösung wählt (→ § 1 Rn. 42), aber → Rn. 2. 5

D. Wirkung für und gegen alle: a) § 5 gilt (anders als die Vorschriften zum Schutz Dritter, zB § 15, → Rn. 8) **für und gegen alle,** BGH NJW 1982, 45, zB auch zugunsten des Eingetragenen gegen Dritte, zugunsten eines Gfters gegen seine MitGfter; ohne Rücksicht auf Gut- und Bösgläubigkeit (→ Rn. 3); ohne dass sich der Dritte besonders darauf „beruft" (→ Rn. 4, insoweit missverständlich), str. 6

b) § 5 gilt **im Geschäftsverkehr** und insoweit **auch im Prozess.** § 5 gilt aber auch für Haftung aus **unerlaubter Handlung** (für EinzelKfm kaum bedeutend, aber im Falle einer Ges. hängt davon § 31 BGB ab, falls nicht auch auf GbR angewandt, → § 124 Rn. 25), Geschäftsführung ohne Auftrag und **ungerechtfertigter Bereicherung** dann, wenn sie im Geschäftsverkehr erfolgt sind (zB unlauterer Wettbewerb, Bereicherung durch Zuvielleistung), sonst nicht üL nicht (zB bei Kfz-Unfall, Irrläuferzahlung); ähnlich Abgrenzung bei § 15 (dort → § 15 Rn. 8). Gegen Erstreckung auf reinen Unrechtsverkehr (ohne rechtsgeschäftliche Beziehung) Rö/Röhricht Rn. 31, üL, weitergehend K. Schmidt § 10 III Rn. 41; Hopt/Mössle/Schmitt Rn. 158, Grund: keine Rechtsscheinvorschrift.

c) § 5 gilt **nicht im öffentlichen Recht.** §§ 238 ff. gelten für den zu Unrecht nach § 5 Eingetragenen nicht (→ § 238 Rn. 8), üL, aA GroßKo/Hüffer § 238 Rn. 8. **Registergericht** prüft von Amts wegen, § 5 hindert es also nicht zu berichtigen (→ Rn. 1). § 5 gilt auch nicht im Straf- und Ordnungswidrigkeitenrecht (zB bei Prüfung der Anwendbarkeit von §§ 283 ff. StGB) und im Steuerrecht, auch nicht für IHK-Umlage, Rö/Röhricht Rn. 40, str. Andere Rechtsgrundlagen als § 5 → Rn. 8.

d) § 5 ist **nicht zwingend,** alle Beteiligten können sich vertraglich darauf einigen, dass der Eingetragene nicht als Kfm. zu behandeln ist.

E. Beginn und Ende der Kaufmannseigenschaft nach § 5: § 5 gilt für alle Rechtsverhältnisse, die (nach üL im Geschäftsverkehr, → Rn. 6) begründet werden, **während die unrichtige Eintragung besteht,** nicht für vorher begründe- 7

§ 5 8–10   1. Buch. Handelsstand

te (Bsp.: Geschäft mit X, der sich als Kfm. aufführt, aber erst später in das HdlReg eingetragen wird), nicht für später begründete (Bsp.: NichtKfm X war zu Unrecht vorher im Register eingetragen, im Zeitpunkt des Geschäftsschlusses aber gelöscht). Eintragung und Löschung wirken also ex nunc.

8   F. **Andere Rechtsgrundlagen:** Wo § 5 versagt (Vorrang, → Rn. 2), können die Regeln über den **Rechtsschein** (→ Rn. 9) und über die **Publizität des Handelsregisters** (→ § 15 Rn. 16) gutgläubige Dritte schützen (Bsp.: X, der kein Gewerbe betreibt, veranlasst seine Eintragung in das HdlReg: er haftet gutgläubigen Dritten wie ein Kfm.). § 15 I bei fehlender Bekanntmachung → Rn. 3.

2) Rechtsscheinkaufmann (Rechtsscheinhaftung)

9   A. **Die Lehre von der Rechtsscheinhaftung:** Die Eigenschaft als Kfm. oder das Bestehen einer HdlGes kann auch anders vorgetäuscht werden als durch (unrichtige) Eintragung im HdlReg, zB durch Äußerungen kfm. Art an die Öffentlichkeit (zB Anzeigen unter Bezeichnung als Kfm., Firmenführung), durch Eröffnen und Unterhalten eines kfm. Geschäftsbetriebes, durch entsprechende Äußerungen gegenüber einzelnen, BGHZ 17, 14. Die Rspr. hat für solche Fälle ursprünglich den Satz aufgestellt: Der ScheinKfm muss gegenüber gutgläubigen Dritten den Schein als echt gelten, sich also als Kfm. behandeln lassen (zB Gültigkeit der mündlichen Bürgschaftserklärung nach § 350, OLG Hamburg JW 1927, 1109); enger Limbach ZHR 134 (1970), 289. Dieser Satz ist aber so nicht richtig; er ist teils zu eng, teils zu weit. An die Stelle der Rspr. des RG zum ScheinKfm und der Lehre von der „Erklärung an die Öffentlichkeit" ist heute die Lehre von der **Rechtsscheinhaftung** getreten. Diese ist Teil der Vertrauenshaftung und hat heute eine erhebliche Bedeutung im gesamten Hdl- und Privatrecht (vgl. → Rn. 10), hL, wird aber für das bürgerliche Recht zT bestritten bzw. eingeschränkt, zB Flume § 49.4: bei Anscheinsvollmacht nur Haftung auf das negative Interesse (aber §§ 170 ff. BGB; → Einl. v. § 48 Rn. 6). Verwandte speziellere Normen, die der allgemeinen Rechtsscheinhaftung vorgehen, sind zB Publizität des HdlReg (§ 15), fehlerhafte Ges. (→ § 105 Rn. 75), nicht eingetragene KG (§ 176); keine Rechtsscheinvorschrift ist § 5 (→ Rn. 1). Scheinkfm kann daher nur sein, wer nichtgewerblich tätig ist (zB Freiberufler), in den Fällen der §§ 2, 3 nicht eingetragen ist und §§ 5, 15 nicht vorliegen. Tatbestandsvoraussetzungen der Rechtsscheinhaftung sind

a) Rechtsscheingrundlage, → Rn. 10,

b) Zurechenbarkeit des Rechtsscheins, → Rn. 11,

c) Schutzbedürftigkeit des auf den Rechtsschein vertrauenden Dritten, → Rn. 12,

d) Kausalität des Rechtsscheins für ein geschäftliches Verhalten des Dritten, → Rn. 13. **Lit.** Canaris, Vertrauenshaftung, 1971 (grundlegend); Canaris § 6; Altmeppen, 1994 (Disponibilität); von Olshausen FS Raisch, 1995, 147 (ScheinKfm); Herresthal JZ 2006, 700.

10   B. **Rechtsscheingrundlage:** Notwendig ist eine Rechtsscheingrundlage (auch Rechtsscheinbasis, -tatbestand uä). Diese kann ein objektiver Vertrauenstatbestand unterschiedlichster Art sein, ausdrücklich oder konkludent, in Worten oder Taten, aber bei der Annahme von Rechtsscheintatbeständen ist Zurückhaltung geboten, Rö/Röhricht Anh. § 5 Rn. 5. Vertrauensschutz gegen den Registerinhalt, zB bei ständiger Geschäftsverbindung, → § 15 Rn. 15. Bspe: Duldungs- und Anscheinsvollmacht (→ Einl. v. § 48 Rn. 5, → § 54 Rn. 3); Auftreten eines NichtKfm, zB Kleingewerbetreibender oder Freiberufler (→ § 1 Rn. 20, 53), als Kfm., zB indem man sich selbst so bezeichnet, etwa mit Briefkopf „e. K." wie nach § 19 I (aber uU fehlt es am Sichverlassenkönnen, → Rn. 12),

1. Abschnitt. Kaufleute   11   § 5

Rö/Röhricht Anh. § 5 Rn. 11, MüKoHGB/K. Schmidt Anh. § 5 Rn. 18, sowie umgekehrt Auftreten eines Kfm. als NichtKfm, uU bei Nichtführung von „e. K.", R. Schmitt HRefG S. 214; Ebenroth/Kindler Rn. 89; Koller/Roth § 15 Rn. 47; aA Canaris § 6 Rn. 19; Oetker/Körber Rn. 63; durch Erteilung einer „Prokura"; durch unzulässige, irreführende Firmenführung (§§ 17 ff.), aber nicht bei bloß firmenähnlichen Bezeichnungen, die jedenfalls heute auch NichtKflten offen stehen; durch sonstiges Erwecken des Anscheins eines HdlGewerbes, was nicht ohne weiteres in einem Geschäftsbetrieb mit einer nicht notwendigen kfm. Einrichtung liegt, str., Canaris § 6 Rn. 16, vgl. Rö/Röhricht Anh. 5 Rn. 9; Auftreten als Mitinhaber eines Unternehmens, BGH NJW 2012, 3368; Auftreten im Internet als Rechtsnachfolger eines Unternehmens, BGH ZIP 2011, 484; Auftreten als Mitglied einer Scheinsozietät (GbR), BGH WM 2008, 1136; NJW 2012, 3369; OLG Hamm NZG 2011, 137 (auch → § 105 Rn. 98); Auftreten als Gfter nach Ausscheiden, BGH ZIP 2012, 369; Auftreten von Gftern einer GbR unter der Firma einer KG, BGHZ 61, 59; BGH NJW 1980, 784; Fortführung einer KG als GbR → § 105 Rn. 6, 7; Formwechsel einer GmbH in GbR, BGH ZIP 2017, 14, Scheinsozius, Deckenbrock/Meyer ZIP 2014, 701; Auftreten als Vertreter für eine Gfter von tatsächlich nicht existierender oder nicht unbeschränkt haftender Ges., BGH NJW 1991, 2627; 1996, 2645, nach aA § 179 BGB analog. Vertreterhandeln des GmbHGeschäftsführers ohne Zeichnung mit GmbHZusatz (zT schon vor § 19 V aF), BGHZ 64, 11; 91, 148; NJW 1981, 2569; 1991, 2627 mAnm. Canaris; BGH NJW 2007, 1529; OLG Saarbrücken NJW-Spezial 2009, 16, außer bei telefonischen oder mündlichen Abschlüssen, die im Verkehr ohne solche Zusätze erfolgen, BGH NJW 1981, 2570; 1996, 2645, für Ausnahme auch für Internetverkehr Beurskens NJW 2017, 1265; GmbH-Zusatz bei UnternehmerGes, BGH NJW 2012, 2871 m. abl. Anm. Altmeppen NJW 2012, 2833, aber beschränkt auf Differenz zwischen Stammkapitalziffer der UG und Mindeststammkapital der GmbH, üL, offen BGH NJW 2012, 2871; ebenso allgemeiner bei Vertreterhandeln ohne vorgeschriebene Zusätze der GesForm, Rö/Röhricht Anh. § 5 Rn. 23, Rechtsscheinhaftung entspr. § 179 BGB (Weglassung des Formzusatzes nach § 4 GmbHG) begründet keine Organmithaftung, BGH NJW 1996, 2645; 2007, 1529 mAnm. Kindler NJW 2007, 1785; krit. Altmeppen ZIP 2007, 889; Schanze NZG 2007, 533, so auch für AuslandsGes (nach BGH nicht GesStatut; EU-Niederlassungsfreiheit → Einl. v. § 105 Rn. 29). Unterlassung der Anmeldung durch Kfm. nach §§ 1 II, 29 trug bisher nur § 15 I; aber § 19 II und I haben § 19 V aF verallgemeinert, das spricht zB bei Weglassung des „e. K." in der Firma des EinzelKfm für Rechtsscheinhaftung als ScheinNichtKfm (s. o.), vgl. → § 15 Rn. 15. **Nicht** oder nur bei Hinzutreten weiterer Umstände: aufwändige Briefköpfe mit mehreren Telefonnummern oder Geschäftskonten, Eintragung in Branchenverzeichnis, Teilnahme am Wechselverkehr, Grund: steht auch NichtKflten offen. **IPR:** BGH WM 2012, 1631 (Rechtsscheinhaftung für GesOrgane). **Lit.** Beurskens NZG 2016, 681 (fehlende oder unzutreffende Rechtsformangaben).

C. **Zurechenbarkeit des Rechtsscheins:** Der Rechtsschein muss zurechenbar sein. Zurechenbarkeit bedeutet Einstehenmüssen für einen gesetzten Rechtsschein. Zurechenbar ist der Rechtsschein dem, der ihn (durch Tun oder pflichtwidriges Unterlassen) gesetzt hat. Ein Verschulden ist, anders als bei der Schadensersatzhaftung, nicht erforderlich (Veranlasserprinzip), vielmehr genügt, dass es objektiv (nicht notwendig für den Handelnden) vorhersehbar war, dass ein bestimmtes Handeln im Verkehr den Rechtsschein erwecken würde; BGH NJW 1962, 2196 (Vollmacht). Bei Unterlassen kommt es darauf an, ob zurechenbar gegen den Rechtsschein hätte vorgegangen werden müssen, BGHZ 5, 116 (Vollmacht); 17, 19; NJW 1956, 1673; MDR 1976, 752; WM 2010, 1219; ZIP 2017, 14 Rn. 16; OLG Hamm NZG 2011, 139. Das Verhalten

11

§ 5 12, 13

von Mitarbeitern ohne Vertretungsmacht ist nicht ohne weiteres zurechenbar, aber bei Kennen und Dulden oder Mangel zumutbarer Organisation; vgl. zur Duldungs- und Anscheinsvollmacht → Einl. v. § 48 Rn. 5, → § 54 Rn. 3. Die Zurechenbarkeit wird durch einen Irrtum des Handelnden nicht berührt; das den Rechtsschein begründende Verhalten wird nicht nur willensunabhängig zugerechnet, sondern ist im Interesse des Geschäftsverkehrs (jedenfalls im HdlRecht) **nicht wegen Irrtums anfechtbar,** zB wenn der NichtKfm glaubte, er sei wirklich Kfm. Der Rechtsschein kann also nicht rückwirkend beseitigt werden, hL, Rö/Röhricht Anh. § 5 Rn. 30, allgemeiner Canaris § 14 Rn. 25 (für Vollmachten zu Rechtsgeschäften mit unbestimmter Personenvielzahl, dann selbst bei arglistiger Täuschung), aA Koller/Roth § 15 Rn. 61: Anfechtung nach § 123 BGB, nicht nach §§ 119 ff. BGB. Anfechtung scheidet aber nur soweit aus, als der Rechtsscheintatbestand reicht, Anfechtung aus anderen, ebenfalls vorliegenden Gründen bleibt unberührt (zB → § 346 Rn. 33, → § 366 Rn. 6). Dagegen schließen **Geschäftsunfähigkeit** und beschränkte Geschäftsfähigkeit die Rechtsscheinhaftung aus, BGH NJW 1977, 623 (Vollmacht); OLG Stuttgart MDR 1956, 673; aA K. Schmidt § 10 VIII Rn. 136 (ebenso hier → § 15 Rn. 19; anders → Rn. 5, → § 15 Rn. 6), der Schutz des Geschäftsunfähigen ist wie auch sonst stärker als der Schutz des gutgläubigen Verkehrs (vgl. auch für die fehlerhafte Ges. → § 105 Rn. 84). Das Rechtsscheinverhalten des gesetzlichen Vertreters wird aber zugerechnet. Davon zu unterscheiden ist Geschäftsunfähigwerden des Vertreters und Zurechnung (arg. § 165 BGB) an den (geschäftsfähigen) Vertretenen, BGHZ 115, 81 mit problematischer Differenzierung, krit. Lutter/Gehling JZ 1992, 155, wie BGH auch Koller/Roth § 15 Rn. 53. Bei Vorliegen des § 112 BGB kommt Zurechnung in Betracht (→ § 1 Rn. 33; Ebenroth/Kindler Rn. 67).

12   D. **Schutzbedürftigkeit:** Voraussetzung ist weiter die Schutzbedürftigkeit des auf den Rechtsschein vertrauenden Dritten. Diese setzt dessen **Gutgläubigkeit** voraus. Darauf beschränkt handelt es sich um ein subjektives Tatbestandsmerkmal. Dem Dritten schadet entweder nur Kenntnis der wahren, den Rechtsschein abgebenden Umstände (zB § 15, dort → § 15 Rn. 7) oder wie idR auch fahrlässige Unkenntnis, BGH NJW 1958, 2062; WM 1976, 74; NJW 1982, 1513 (Vollmacht), vgl. auch OLG Saarbrücken NZG 2009, 22 („bewusst und bekannt sein musste"). Der Streit, ob nur grobe, so K. Schmidt § 10 VIII Rn. 38, oder (so zutreffend) schon leichte Fahrlässigkeit Bösgläubigkeit darstellen kann, ist eher theoretisch. Entscheidend ist, dass der Dritte idR keine Nachforschungspflicht oder -obliegenheit hat, BGH NJW 1987, 3126; WM 1992, 1392; anders bei entsprechendem Umfang und Bedeutung des Geschäfts, BGH Warn 1970, 51, bei Anlass zu Zweifeln, OLG Hamm NJW-RR 1995, 419, je nachdem auch wenn der Vertrauenstatbestand länger zurückliegt und Änderungen nahe liegen, Canaris § 6 Rn. 71; auch Aufwand und Zeit für Nachforschung spielen eine Rolle. Mangels Nachforschungspflicht schadet auch nicht Unterlassen der HdlRegEinsicht, auch wenn das HdlReg den Sachverhalt richtig wiedergibt, zB bei Änderungen im Rahmen einer seit längerem bestehenden Geschäftsverbindung (vgl. → § 15 Rn. 15), Rö/Röhricht Anh. § 5 Rn. 32. Der Dritte kann also außer in Evidenzfällen im Verkehrsinteresse den Schein für Sein nehmen. Die **Beweislast** liegt wie auch in anderen Fällen des Gutglaubensschutzes idR bei dem, der den guten Glauben bestreitet, Canaris § 6 Rn. 72: Vermutung.

13   E. **Kausalität des Rechtsscheins:** Der Dritte muss den Rechtsschein **kennen und sich** bei seinem geschäftlichen Verhalten **auf den Rechtsschein verlassen haben,** BGH BB 1976, 902; WM 1981, 172 (Vollmacht); BGH LM BGB § 167 Nr. 13 gegen Nr. 10; OLG Düsseldorf NZG 2009, 315; vgl. jetzt aber zu § 311 II Nr. 1 BGB (frühere culpa in contrahendo), BGHZ 190, 94. Der Rechtsschein muss zurzeit des geschäftlichen Verhaltens des Dritten noch bestanden haben; zB Vertragsschluss mit dem Scheinbevollmächtigten, BGH NJW 1962, 1003. Der Dritte muss idR die Tatsachen kennen, aus denen sich der Rechtsschein ergibt, BGH NJW 1956, 460; es genügt, wenn ihm andere die allgemeine Überzeugung entspr. dem Rechtsschein mitteilen, BGH NJW 1962, 1003 (Vollmacht); klare Vorstellungen über die Rechtslage sind unnötig, BGHZ 61, 64. Die Kenntnis von dem Rechtsschein und die Ursächlichkeit des Rechtsscheins für sein Verhalten sind vom Dritten zu beweisen, wenn der Rechtsschein nicht durch öffentliche Kundgebung, sondern durch das Verhalten gegenüber dem Getäuschten geschaffen wurde; BGHZ 17, 18; 22, 238, str., aA Beweislast bei dem, der die Kausalität bestreitet, Canaris § 6 Rn. 77. Jedoch dürfen die Anforderungen an den Beweis nicht überspannt werden, BGH WM 1960, 1329, uU gilt tatsächliche Vermutung, BGHZ 17, 19. Kenntnis und Kausalität können aber von Rechts wegen **typisiert** sein, so im Interesse des Verkehrsschutzes bei bestimmten „starken" Rechtsscheintatbeständen, dann grundsätzlich Umkehr der **Beweislast**, str. So genügt etwa für § 15 I, III die Tatsache der Eintragung im HdlReg; nicht notwendig ist, dass der Dritte das HdlReg eingesehen und in Kenntnis der Eintragung gehandelt hat (→ § 15 Rn. 9, 21). Der Gegenbeweis der Nichtursächlichkeit sollte trotzdem möglich bleiben, ist aber tatsächlich kaum zu führen. Ebenso liegt bei Rechtsscheinhaftung wegen unterlassenen Hinweises auf die Haftungsbeschränkung (Rechtsformzusatz bei GmbH, heute allgemeiner § 19 II) der schwierige Nachweis der Kausalität grundsätzlich bei dem, der den Rechtsschein gesetzt hat, BGHZ 64, 19; NJW 1981, 2569.

F. **Wirkung des Rechtsscheins: a) Gleichstellung von Rechtsschein und** 14 **Wirklichkeit:** Die Rechtsscheinhaftung bewirkt, dass sich derjenige, der den Rechtsschein zurechenbar gesetzt hat, dem gutgläubigen Dritten gegenüber, der sich bei seinem geschäftlichen Verhalten auf den Rechtsschein verlassen hat, nicht auf die wahre Rechtslage berufen kann. Die Wirkung des Rechtsscheins richtet sich in ihrem Umfang positiv nach dem Vertrauenstatbestand, der Dritte ist also nicht auf den bloßen Vertrauensschaden (negatives Interesse) beschränkt, zT str. (Anscheinsvollmacht → Rn. 9), also je nach Haftung auch Haftung auf Vertragserfüllung, BGH NJW 2012, 3368, auf Schadloshaltung bei Fehldisposition (Kosten für Rechtsstreit gegen ScheinGfter), BGH ZIP 2017, 14 Rn. 17 f. Die Wirkung geht aber auch nicht weiter als bei Zutreffen des Rechtsscheins, BGH NJW 2012, 3370. Die Wirkung kann auch auf gesamtschuldnerische Haftung gehen, sie ist keine subsidiäre Haftung für den wirklichen Unternehmensträger (zB bei Weglassung des GmbHZusatzes), BGH NJW 1990, 2679; 1991, 2628; 1998, 2897; 2012, 2872. Der RechtsscheinKfm muss sich wie ein Kfm. nach HGB behandeln lassen, zB Prokura (§ 48), HdlVollmacht (§ 54), HdlGeschäfte einschließlich zB §§ 348–350, 352, 353, 354a, 369, 373 ff., 377, also auch bezüglich der Vorschriften, die nach (bisher) hL nicht auf kaufmannsähnliche Personen angewandt werden können (→ § 1 Rn. 10), erst recht alle anderen analogiefähigen Vorschriften des HGB (→ § 1 Rn. 10). Insoweit verdrängt HGB iSd Verkehrsschutzes auch zwingende Schutzvorschriften (zB §§ 343, 766 BGB, §§ 29 II, 38 I ZPO) zulasten des Scheinkfm (→ Rn. 16; → § 348 Rn. 6), str. Bei Scheinsozietät Haftung nur für anwaltstypische Tätigkeit, nicht bei PC-Kauf, BGH WM 2008, 1136.

b) Wahlrecht des Dritten: Der Rechtsschein wirkt **nur für, nicht gegen** 15 **den gutgläubig Vertrauenden**, str. Die ältere Formulierung (Staub): „Wer als Kfm auftritt, gilt als Kfm", ist aufgegeben. Der Dritte darf den entlarvten RechtsscheinKfm als NichtKfm behandeln, der er ist; der RechtsscheinKfm darf nicht auf Anwendung von KfmRecht bestehen, weil der Dritte mit ihm als Kfm. kontrahiert habe, RGZ 89, 163; BGHZ 17, 16; 36, 278; WM 1990, 638 (zu § 15 III, dort → § 15 Rn. 22). – Vertragsauslegung kann aber im Einzelfall, etwa wenn zwar beide Teile von KfmEigenschaft ausgingen, aber auf jeden Fall die ihnen bekannten Rechtsfolgen herbeiführen wollten, etwas anderes ergeben. Bei der Wahl kann der Dritte sich nicht teils Rechtsscheinsfolgen, teils Rechtsfolgen der wahren Rechtslage herauspicken, vielmehr muss er sich für das eine oder das andere entscheiden, Rö/Röhricht Anh. § 5 Rn. 42. Entscheidet er sich für Rechtsschein, hat der RechtsscheinKfm die Rechte eines Kfm. bzw. haftet als Kdtist nur beschränkt; ihm diese Rechte generell zu versagen, wenn er den Rechtsschein vorsätzlich herbeigeführt hat, so GroßKo/Brüggemann Anh. § 5 Rn. 44 (Verwirkung), geht zu weit, doch kann bei Arglist Verschulden bei Vertragsverhandlungen oder Delikt vorliegen. Das Wahlrecht kann auch konkludent ausgeübt werden, einmal ausgeübt (in Kenntnis der wahren Rechtslage) ist die Wahl bindend. Das Wahlrecht des Dritten **entfällt** typisiert in bestimmten Rechtsscheinsfällen, die idR von besonderer Verkehrserheblichkeit sind, zB bei Anscheinsvollmacht jedenfalls im Hdl- und Berufsverkehr (→ Einl. v. § 48 Rn. 6), Bestätigungsschreiben (→ § 346 Rn. 16), Schweigen des Kfm. auf Anträge (→ § 362 Rn. 5).

16 **c) Grenzen der Rechtswirkung:** (1) Der Rechtsschein wirkt nicht zu Lasten von **Geschäftsunfähigen** (→ Rn. 11) oder Minderjährigen, HdlbgKo/Ruß Rn. 11. Dazu 826 BGB (→ Rn. 18). (2) Im Übrigen setzt sich **zwingendes Recht** nicht immer gegen die Rechtsscheinhaftung durch, aA (außer bei Rechtsmissbrauch oder Verschulden bei Vertragsverhandlungen), GroßKo/Brüggemann Anh. § 5 Rn. 45; aber auch nicht umgekehrt, dass die Rechtsscheinwirkung immer den Vorrang hat, K. Schmidt § 10 VIII Rn. 141. Allgemein (Eintragungsoption für Kleingewerbetreibende) ergibt sich für letzteres (speziellere Schutzfrage) nichts, aA Koller/Roth § 15 Rn. 59. Vielmehr kommt es wie auch sonst auf Sinn und Zweck der jeweiligen zwingenden Schutznorm an, Rö/Röhricht Anh. 5 Rn. 44. (5) AGBG § 24 aF galt auch zu Lasten des RechtsscheinKfm, üL. Klage gegen ScheinOHG (Parteifähigkeit einer solchen GbR) ist möglich, Canaris Vertrauenshaftung S. 170; Canaris § 6 III 3a; aA BGHZ 61, 69. Gerichtsstandsvereinbarung eines RechtsscheinKfm nach § 38 ZPO wird für wirksam gehalten, OLG Frankfurt a. M. BB 1974, 1367; zögernd K. Schmidt § 10 VIII Rn. 141, fraglich. §§ 238 ff. gelten für den RechtsscheinKfm nicht (→ § 238 Rn. 7), wohl hL. (3) Der Rechtsschein wirkt nur soweit, wie das Vertrauen reicht (Kausalität, → Rn. 13), das führt zu einer Begrenzung auf den **Geschäftsverkehr,** vgl. → § 15 Rn. 8, 22, bloßer Unrechtsverkehr genügt nicht, hier auch K. Schmidt § 10 VIII Rn. 145 (aber für § 5 → Rn. 6). (4) Der Rechtsschein wirkt nicht zu Lasten **unbeteiligter Dritter,** hL, zB außenstehende Dritte, die über § 366 ihr Eigentum oder Pfandrecht verlieren würden, aA Koller/Roth § 15 Rn. 60 (→ § 366 Rn. 4), da der Dritte sein Recht auch bei Auftreten des ScheinKfm als Eigentümer nach §§ 932 ff. BGB verloren hätte.

17 G. **Beginn und Ende der Rechtsscheinwirkung: a)** Die Rechtsscheinwirkung beginnt, sobald der gutgläubige Dritte sich darauf gutgläubig verlässt (→ Rn. 13).

b) Die Wirkung des Rechtsscheins **endet** nicht schon mit dem Wegfall der Rechtsscheingrundlage, sondern erst mit ex nunc-Wirkung, wenn der Dritte davon oder von Tatsachen erfährt, die den Schein zerstört, oder wenn soviel Zeit verstrichen ist, dass Dritten die erneute Prüfung der wahren Lage zuzumuten ist, BGHZ 17, 15; Rö/Röhricht Anh. § 5 Rn. 49. Zuvor begründete Rechtswirkungen bleiben unberührt.

18 H. **Haftung wie ein Kaufmann aus anderen Rechtsgrundlagen:** Neben der Haftung aus Verursachung des Scheins der KfmEigenschaft kommt Haftung aus anderen Anspruchsgrundlagen, besonders **§ 826 BGB** in Betracht, wenn der ScheinKfm die KfmEigenschaft vorsätzlich zum Schaden Dritter vorspiegelte, zB

1. Abschnitt. Kaufleute 1–5 § 6

damit man sich mit seiner mündlichen Bürgschaft zufriedengebe, die nicht gültig ist, wenn er nicht Kfm. ist (§ 350).

[Handelsgesellschaften; Formkaufmann]

6 (1) **Die in betreff der Kaufleute gegebenen Vorschriften finden auch auf die Handelsgesellschaften Anwendung.**

(2) **Die Rechte und Pflichten eines Vereins, dem das Gesetz ohne Rücksicht auf den Gegenstand des Unternehmens die Eigenschaft eines Kaufmanns beilegt, bleiben unberührt, auch wenn die Voraussetzungen des § 1 Abs. 2 nicht vorliegen.**

1) Handelsgesellschaften als Kaufleute (I)

A. **Normzweck, Voraussetzungen: a)** I macht das KfmRecht (des HGB) 1 ohne weiteres auf HdlGes anwendbar (Vereinfachung für den HdlVerkehr, § 1 II braucht nicht mehr geprüft zu werden, → Einl. v. § 1 Rn. 5). I hat über §§ 105 II nF, 161 II (bei Eintragung OHG bzw. KG auch ohne Betreiben eines HdlGewerbes) an Bedeutung gewonnen. **Handelsgesellschaften** (PersonenHdlGes und KapitalGes, → Rn. 2, 3) sind **OHG, KG** sowie GmbH & Co; **GmbH, AG, SE, KGaA,** deutsche **EWIV** (§§ 105, 161 II; § 13 III GmbHG, §§ 3 I, 278 III AktG, Art. 9 I c ii SEVO iVm § 3 SEEG, § 3 AktG, § 1 Hs. 2 EWIVAG, → Einl. v. § 105 Rn. 8; aber § 3 II EWIVAG). **Nicht** HdlGes sind GbR, Verein, Stiftung, stGes, eG (aber FormKfm, → Rn. 6), PartG (ausdrücklich § 1 I 2 PartGG, obwohl weitgehend OHGRecht anwendbar ist), öffentliche Körperschaften; Zweckverbände, OLG Brandenburg BeckRS 2020, 539; VVaG, dieser unterliegt aber, auch wenn seine Gewerbetätigkeit zu Unrecht (→ § 1 Rn. 27) mangels Gewinnerzielungsabsicht verneint wird, KGJ 24 A 212, nach § 16 VAG den §§ 8–104, 238–335, 343–475h HGB, Ausnahme „kleinere Vereine", § 53 VAG, ferner §§ 341 ff.; nach § 7 VAG besteht in den meisten Versicherungszweigen Rechtsformzwang, → Einl. v. § 105 Rn. 5). Gesamthandspersonengesellschaften, die nicht unter I fallen (→ § 1 Rn. 49), können aber wie andere Unternehmer direkt unter §§ 1 ff. fallen (→ Rn. 4).

b) Personenhandelsgesellschaften: OHG, KG, GmbH & Co KG sind 2 HdlGes grundsätzlich nur, weil und wenn sie ein HdlGewerbe betreiben (§§ 105 I, 161 II) oder im HdlReg eingetragen sind (§§ 105 II nF, 161 II; FormKfm → Rn. 6), sonst liegt nur GbR vor. HdlGes kraft Eintragung und kraft Geschäftsbeginn s. § 123 I, II; Eintritt in das Geschäft eines EinzelKfm s. § 28. Bei der **GmbH & Co** muss die KG (Unternehmensträgerin) selbst, nicht nur die GmbH das HdlGewerbe betreiben, BayOLG NJW 1985, 982, str. (→ Anh. § 177a Rn. 1); ist die Unternehmensträgerin nicht Kfm. nach §§ 1 ff., kann GmbH & Co GbR vorliegen.

c) Kapitalgesellschaften: Sie entstehen durch Eintragung und sind dann 3 auch FormKflte (anders VorGes, → Rn. 6); ob sie ein HdlGewerbe oder überhaupt ein Gewerbe betreiben, ist irrelevant, OLG Frankfurt a. M. NZG 2019, 347 Rn. 15, zB RechtsanwaltsGes (GmbH), § 59c BRAO. VorGes können HdlGes nach §§ 1 ff. sein (→ § 105 Rn. 12, → Anh. § 177 Rn. 15). – Auch ausländische KapitalGes, OLG Düsseldorf NJW-RR 1995, 1184.

B. **Rechtsfolgen: a)** Das KfmRecht des **HGB** gilt nach I für die HdlGes ohne 4 weitere Prüfung. Alle von einer HdlGes vorgenommenen Geschäfte sind HdlGeschäfte (§ 343 I; § 344 gilt insoweit nicht, dort → § 344 Rn. 1). Soweit § 6 nicht vorliegt, können unmittelbar §§ 1 ff. vorliegen.

b) KfmRecht **außerhalb des HGB** gilt für die HdlGes nicht ohne weiteres, I 5 betrifft nur das HGB. Für § 196 I Nr. 1, II aF BGB (kurze Verjährung von

Merkt 89

§ 7 1–3

Ansprüchen für „Gewerbebetriebe") stand eine GmbH, die kein Gewerbe betreibt, nach § 13 III GmbHG Gewerbetreibenden gleich, BGHZ 49, 263; 66, 50 – Olympia-GmbH München.

2) Formkaufmann (II)

6 II stellt (überflüssigerweise, anders aF wegen MinderKfm, R. Schmitt WiB 1997, 1115) klar, dass ein **Verein**, dem das Gesetz ohne Rücksicht auf den Gegenstand des Unternehmens die Eigenschaft eines Kfm. beilegt, dies bleibt, auch wenn § 1 II nicht vorliegt. II besagt nichts darüber, wer Formkaufmann ist, dies tun die einschlägigen Gesetze. **Formkaufmann** iSv II sind: **GmbH, AG, KGaA, eG,** deutsche **EWIV** (§ 13 III GmbHG, §§ 3 I, 278 III AktG, § 17 II GenG, § 1 Hs. 2 EWIVAG, vgl. → Einl. v. § 105 Rn. 8–9). Für die EWIV MüKoHGB/K. Schmidt Rn. 15. Die FormKfmEigenschaft setzt Eintragung im HdlReg bzw. GenReg voraus, hL (nicht jede HdlGes ist FormKfm). VorGmbH und andere VorGes sind also nicht FormKfm, aber uU Kfm. und HdlGes nach §§ 1 ff. (→ Rn. 3).

7 **Nicht:** VVaG (→ Rn. 1). **Personenhandelsgesellschaften** (→ Rn. 3) sind nicht Vereine, also auch nicht FormKfm iSv II, so OHG, KG, auch GmbH & Co KG, weil KG Unternehmensträger ist, nicht die KomplementärGmbH, aA iErg MüKoHGB/K. Schmidt Rn. 18, str. (auch → Rn. 2). Das ist so, auch wenn sie kraft Betreibens eines HdlGewerbes HdlGes sind (§§ 105 I, 161), dann gilt aber I (→ Rn. 2). Ebenso bei Eintragung nach § 5 oder schon nach §§ 105 II, 161 II (iVm §§ 2, 3 oder als VermögensverwaltungsGes); nach manchen dann auch FormKfm, K. Schmidt NJW 1998, 2166.

[Kaufmannseigenschaft und öffentliches Recht]

7 Durch die Vorschriften des öffentlichen Rechtes, nach welchen die Befugnis zum Gewerbebetrieb ausgeschlossen oder von gewissen Voraussetzungen abhängig gemacht ist, wird die Anwendung der die Kaufleute betreffenden Vorschriften dieses Gesetzbuchs nicht berührt.

1) Normzweck, Anwendungsbereich

1 A. **Öffentlichrechtliche Zulassungsvoraussetzungen und HGB:** § 7 erleichtert, ebenso wie §§ 5, 6, den HdlVerkehr durch Trennung des HdlRechts von öffentlichrechtlichen Vorschriften und schafft dadurch Rechtssicherheit, BGH WM 2017, 2023 Rn. 8; OLG Frankfurt a. M. NZG 2019, 346 (→ Einl. v. § 1 Rn. 5; Beschränkung der Prüfung durch das Registergericht, → Rn. 3). Die Anwendbarkeit von HdlRecht und die Eintragung in das HdlReg sind danach nicht von der öffentlichrechtlichen Zulässigkeit des Gewerbebetriebs abhängig. Vorschriften der in § 7 bezeichneten Art sind ua enthalten in: GewO (zB §§ 30, 34b, 35, 55; auch § 34c mit MABV, → § 93 Rn. 3); GaststG; HdwO (→ § 1 Rn. 26); WaffenG.

2 B. **Zivilrechtliche Unwirksamkeit:** § 7 berührt nicht die Frage der zivilrechtlichen Wirksamkeit von Verträgen, zB Nichtigkeit wegen Verstoßes gegen ein gesetzliches Verbot (§ 134 BGB, dazu betr. GesVerträge → § 105 Rn. 83). Die Unwirksamkeit hindert nicht das Vorliegen eines Gewerbes (→ § 1 Rn. 21). Steht dagegen fest, dass das Gewerbe insgesamt gesetz- oder sittenwidrig ist (zB Drogenhandel, Schmuggel), ist es aber nicht in das HdlReg einzutragen, sondern zu unterbinden (→ § 1 Rn. 21).

2) Prüfung durch die Registergerichte

3 A. **Grundsatz: a)** Das HdlReg sagt über die **öffentlichrechtliche** Zulässigkeit des Unternehmens nichts aus. Die Registergerichte haben insoweit grund-

sätzlich weder eine Prüfungspflicht noch ein Prüfungsrecht, dies ist vielmehr Sache der zuständigen Behörden, zB Gewerbeaufsicht, BaFin (früher BAKred, BAWe, BAV), BGH WM 2017, 2023 Rn. 15. Die öffentlichrechtliche Unzulässigkeit des Gewerbes, zB fehlende öffentlichrechtliche Erlaubnis, hindert seine Eintragung in das HdlReg nicht und trägt keine Amtslöschung (→ § 8 Rn. 12) ihretwegen, BGH WM 2017, 2023 Rn. 9; KG NJW 1958, 1828; OLG Celle BB 1972, 145; OLG Braunschweig Rpfleger 1977, 363; OLG Frankfurt a. M. BB 1984, 13. Bsp.: Versteigerererlaubnis iSv § 34b I GewO, BayObLGZ 1978, 47, BeckOK HGB/Schwartze Rn. 5 mit weiteren Bsp. Dieser Grundsatz gilt insbesondere auch für PersonenHdlGes, zB GmbH & Co KG, BayObLGZ 1978, 47. Die Prüfungskompetenz des RegGerichts ist auch für sämtliche mit der Ausübung dieser kfm. Tätigkeit zusammenhängenden Folgeeintragungen eingeschränkt, BGH NZG 2017, 1226 Rn. 10, zB Sitzverlegung, LG Augsburg NZG 2009, 195.

b) Erst Recht haben die Registergerichte kein Prüfungsrecht hinsichtlich **privatrechtlicher** Beschränkungen, zB Verstoß gegen handelsrechtliche Wettbewerbsverbote (zB → § 86 Rn. 26), ganz hL.

B. **Ausnahmen: a)** Soweit Vorschriften die **Eintragung** bestimmter Tatsachen in das HdlReg **von der Vorlage öffentlichrechtlicher Urkunden abhängig** machen, zB Genehmigungsurkunden, haben die Registergerichte eine Prüfungspflicht, MüKoHGB/Krafka Rn. 4, auch Ausschluss von Geschäftsführer- oder Vorstandstätigkeit (§ 6 II GmbHG, § 76 III 2 Nr. 2 AktG), OLG Frankfurt a. M. NZG 2019, 346. Das gilt nach MoMiG nicht mehr für AG, KGaA, GmbH (§§ 37 IV Nr. 5 aF AktG, 8 I Nr. 6 aF GmbHG); auch nicht für eG und juristische Personen des § 33, vgl. Rö/Röhricht Rn. 5 ff.; aber gilt für Kreditinstitute § 43 I KWG (→ **(7)** Bankgeschäfte Rn. A5); VVaG; BauspG, InvG. Eintragung in die Handwerksrolle stand staatlicher Genehmigung nach § 8 I Nr. 6 aF GmbH gleich, BGHZ 102, 209; Ulmer GmbHG § 8 Rn. 20; aA Winkler ZGR 1989, 107. Von der durch die DigitalisierungsRL eröffneten Möglichkeit, eine online-Gründung für AG, KGaA und GmbH (einschließlich UG haftungsbeschränkt) zu ermöglichen, hat der Gesetzgeber im DiRUG nur für die GmbH einschließlich UG (haftungsbeschränkt) Gebrauch gemacht (§ 2 III GmbHG-E) und die Opt-out-Option in Art. 13g II GesRRL nF in Anspruch genommen. Zur Beschleunigung des Gründungsverfahrens dürfen die Mitgliedstaaten gem. § 13g V GesRRL nF die Eintragung nur noch dann an die Bedingung des Erhalts einer Lizenz oder Genehmigung knüpfen, wenn dies für die in nationalen Rechtsvorschriften festgelegte Kontrolle unverzichtbar ist. Dies dürfte den o. g. § 43 KWG betreffen, wobei die Unverzichtbarkeit der Kontrolle hier wohl zu bejahen ist, hierzu: Lieder NZG 2018, 1086; J. Schmidt DK 2018, 230. Dasselbe gilt für die Online-Eintragung von Zweigniederlassungen, Art. 28a V GesR RL nF

b) Auch ohne besondere Vorschrift soll ganz ausnahmsweise eine Eintragung ausscheiden, wenn ohne Prüfung feststeht, dass der Gewerbetätigkeit ein **evidentes und unbehebbares rechtliches Hindernis** entgegensteht, BayObLGZ 1982, 158 (aber für Eintragung in Handwerksrolle, → Rn. 5); OLG Düsseldorf BB 1985, 1933 (ebenso); K. Schmidt § 9 II Rn. 35, zB bei bestandskräftiger Untersagung jeglicher Gewerbetätigkeit, aA OLG Frankfurt a. M. BB 1984, 14 (Löschung in Handwerksrolle). Aber das führt zu Unsicherheiten im Geschäftsverkehr, durch die Hintertür doch wieder zur Prüfung durch die Registergerichte und dazu, dass dem Dritten rechtskräftige öffentlichrechtliche Erlaubnisse entgegengehalten werden können, BGH WM 2017, 2023 Rn. 24; OLG Frankfurt a. M. OLGZ 1983, 418; MüKoHGB/Krafka Rn. 6; Oetker/Körber Rn. 11; Rö/Röhricht Rn. 4; ob das auch für die fehlende familiengerichtliche Genehmigung gilt, ist wegen des besonderen Minderjährigenschutzes str. (→ § 1 Rn. 32). Keinesfalls reichen bloße Zweifel an der gewerberechtlichen Zulässigkeit, OLG Hamm BB 1985, 1415.

Zweiter Abschnitt. Handelsregister; Unternehmensregister

Schrifttum

Außer dem allgemeinen Schrifttum (s Einl vor § 1) *Christ/Müller-Helle* 2007 (Veröffentlichungspflichten nach EHUG). – *Drischler,* HRV, 5. Aufl 1983. – *Fleischhauer/ Wochner,* HdlRegisterrecht, 4. Aufl 2019. – *Gustavus,* HdlReg-Anmeldungen, 10. Aufl 2020. – *Gustavus/Ries,* Hdl-, Ges- und Registerrecht, 6. Aufl 2020. – *Krafka,* Registerrecht, 11. Aufl 2019. – *Kramm* 1998 (rechtsvergleichend). – *Lamsa,* Firma der AuslandsGes, 2011. – *Melchior/ Schulte,* HRV, 2003. – *Merkt* 2001 (allgemeine Unternehmenspublizität). – MüKoHGB (HGB)/*Krafka* 5. Aufl 2021. – *Müther,* Das HdlRegister in der Praxis, 2. Aufl 2008. – *Reichelt* 2001 (eur HdlReg). – *Ries,* Praxis- und Formularbuch zum Registerrecht, 4. Aufl 2020. – *H. Schmidt/Sikora/Tiedtke* 7. Aufl 2013. – *Schmidt-Kessel/Leutner/Müther,* HdlRegisterrecht, 2010. – *Ulbert* 1997 (GmbH). – *E. Voigt* 2010 (ZwNl). – *Hager* Jura 1992, 57. – *Frenz* ZNotP 1998, 178. – *Stumpf* BB 1998, 2380. – *Winkler* FS Wiedemann 2002, 1369. – *Holzborn/Israel* NJW 2003, 3014 (rvgl). – *Bormann/Apfelbaum* ZIP 2007, 946 (rvgl USA, UK). – *Müller/ Rizzi* REPRAX 2018, 179 (Handelsregistersperre CH) – Zur HdlRegReform (EHUG) *Seibert/Decker* DB 2006, 2446; *Dauner-Lieb/Linke* DB 2006, 706, 767; *Deilmann* BB 2006, 2347; *Meyding/Bödeker* BB 2006, 1009 (RegE, rvgl); *Liebscher/Scharff* NJW 2006, 3745; *Noack* NZG 2006, 801; *Spindler* WM 2006, 109; *Willer/Krafka* DNotZ 2006, 885; *Schlotter* BB 2007, 1; *Mödl/Schmidt* ZIP 2008, 2332 (Erfahrung); *Koch/Rudzio* ZZP 122 (2009) 38 (Beweiskraft des HdlReg). – Zum EUHdlRegRecht *Noack* 2007; *Schmidt-Kessel* GPR 2006, 6; *Jeep/Wiedemann* NJW 2007, 2439 (Praxis); *Kort* AG 2007, 801; *Schlotter/Reiser* BB 2008, 118 (Praxis); *Kilian* FGPrax 2012, 185; *Ries* ZIP 2014, 866 (europ Registerplattform); *Bock,* GmbHR 2018, 281; *J. Schmidt* FS Bergmann 2018, 637; *Schulte* GmbHR 2020, 139. –Zum Registerrecht nach FamFG *Krafka, Ries* NZG 2009, 650, 654. Zur Publizität des HdlReg s bei § 15. – International s § 13d Rn 1. – Weitere Angaben s Einl vor **(3)** FamFG § 374. – **Muster:** *Hopt/Merkt,* Vertrags- und Formularbuch zum Hdl-, Ges- und Bankrecht, 5. Aufl. 2021, Teil I. A.–C. (mit 12 Formularen); *Böttcher/Ries,* 4. Aufl 2019. **RsprÜbersichten:** *Munzig* FGPrax 2006, 47; 2011, 159, 211, 265, Heinemann FGPRax 2015, 1, 49. **Reform:** Gesetz zur Modernisierung des Personengesellschaftsrechts (Personengesellschaftsrechtsmodernisierungsgesetz – MoPeG) vom 10.8.2021 (BGBl. I 3436) – Gesetz zur Umsetzung der DigitalisierungsRL (DiRUG) vom 5.7.2021 (BGBl. I 3338).

Handelsregister

8 (1) **Das Handelsregister wird von den Gerichten elektronisch geführt.**

(2) **Andere Datensammlungen dürfen nicht unter Verwendung oder Beifügung der Bezeichnung „Handelsregister" in den Verkehr gebracht werden.**

Übersicht

	Rn
1) Übersicht	1–2d
A. Zweck:	1
B. Gesetzliche Grundlagen:	2
C. Handelsregisterreform 2006	2a
D. Europäisches System der Registervernetzung (BRIS)	2b
E. Reform des Personengesellschaftsrechts	2c
F. Digitalisierungsrichtline 2019/1151/EU	2d
2) Einrichtung und Führung des Handelsregisters (I)	3, 4
A. Führung durch das Registergericht:	3
B. Einrichtung des Handelsregisters und Umfang der elektronischen Registerführung:	4

	Rn
3) Einzutragende Tatsachen	5
A. Eintragungspflichtige Tatsachen:	5
B. Nicht eintragungsfähige Tatsachen:	
C. Eintragungsfähige, aber nicht eintragungspflichtige Tatsachen:	
4) Anmeldung, Prüfung, Eintragung	6–10
A. Anmeldung:	6
B. Prüfung durch das Registergericht:	7–9
C. Eintragung:	10
5) Wirkung der Eintragungen	11
6) Beseitigung unrichtiger Eintragungen	12–15
A. Löschungsverfahren:	12
B. Nachträgliche Unrichtigkeit:	13, 14
C. Kein Anspruch auf Tätigwerden:	15
7) Schutz des Begriffs „Handelsregister" (II)	16–18
8) Internationaler Verkehr	19

1) Übersicht

A. **Zweck:** Das HdlReg ist eine traditionsreiche Einrichtung besonders des **1** deutschen Handels, die ua aus Mitgliederlisten der KfmVereinigungen (Gilderollen) hervorgegangen ist. Ein idR elektronisches HdlReg gibt es aber auch in vielen anderen europäischen Ländern, Nachweise (www.) Meyding/Bödeker BB 2006, 1009. Das HdlReg dient der Offenbarung der Zugehörigkeit oder Nichtzugehörigkeit gewerblicher Unternehmen zum HdlStand, und der wichtigsten Rechtsverhältnisse der Unternehmen des HdlStands. Es ist also ein vorzügliches Mittel der **Publizität von Unternehmen** und zielt auf **Verkehrsschutz,** BGHZ 87, 62. Wegen dieser Informations- und Publizitätsfunktion müssen die einzutragenden Tatsachen zuverlässig, vollständig und lückenlos beurkundet werden, BGH ZIP 2015, 1064 Rn. 18. Beweiswert des HdlReg → § 9 Rn. 7 ff.

B. **Gesetzliche Grundlagen:** Gesetzlich geregelt ist: **2**

a) Einrichtung und Führung des Registers, HGB Buch I Abschn. 2 (§§ 8–16), **(3)** FamFG Buch 1 und 5 (§§ 374 ff.), **(4)** HRV;

b) was in das HdlReg **eingetragen werden soll oder darf** und **wer** die Eintragung **herbeizuführen** hat: viele Einzelvorschriften, im HGB besonders §§ 2, 3 II, 13–13h, 25 II, 28 II, 29, 31–34, 53, für OHG und KG s. §§ 106–108.

c) die **Bedeutung der Eintragungen** (und der Nichteintragung von Tatsachen) im Register: §§ 15, 11 II, ferner viele Einzelvorschriften, im HGB besonders §§ 2, 3 II, 5, 25 II, 28 II, für OHG und KG s. §§ 106–108.

C. **Handelsregisterreform 2006.** Das HdlRegRecht ist durch das **EHUG 2a** 10.11.2006 BGBl. 2553 grundlegend reformiert worden, §§ 8–12 sind neu formuliert und gegliedert und haben amtliche Überschriften. Das EHUG trägt der europarechtlich vorgeschriebenen Elektronisierung des HdlReg (für Ges.; EU-RL 15.7.2003 zur Änderung der 1. EG-RL (PublizitätsRL), → Einl. v. § 105 Rn. 36, u. TransparenzRL 15.12.2004) Rechnung (auch → Rn. 4). Danach müssen ab 1.1.2007 alle offenlegungspflichtigen Daten über ein Unternehmen über „eine Akte" zentral elektronisch abrufbar und ein amtlich bestelltes System für die zentrale Speicherung vorgeschriebener Informationen vorhanden sein. Beim **Handelsregister** erfolgen Einreichung, Speicherung, Bekanntmachung und Abruf grundsätzlich nur noch **elektronisch, und** ein **zentrales Unternehmensregister** eröffnet den elektronischen Zugriff auf alle HdlRegDaten und viele sonstigen Unternehmensdaten aus öffentlichen Registern und Datenbanken, zB BaFin („big bang", Seibert/Decker DB 2006, 2446). Die Folgen sind bessere und kostengünstigere Transparenz im Rechtsverkehr, weniger Bürokratie und raschere Unternehmensgründung (wichtig für GmbH im Standortwettbewerb

Merkt

mit plc, → Einl. v. § 105 Rn. 29), Seibert/Decker DB 2006, 2449. Das EHUG belässt die Registerführung den Amtsgerichten (keine Übertragung auf die IHK, → Rn. 3), verlangt Umstellung auf elektronische Form (§ 8 nF) und elektronische Einreichung der Unterlagen zum HdlReg (§ 12 nF) und führt ein „Unternehmensregister" ein, das vom BMJ bzw. einem beauftragten Dritten elektronisch geführt wird (§ 8b).

2b D. **Europäisches System der Registervernetzung (BRIS).** Eine weitere substanzielle Reform fand im Zuge der Schaffung eines EU-weiten **Systems der Registervernetzung** statt, Richtlinie 13.6.2012 ABl. 2012 L 156, 1, Umsetzung in §§ 9b, 13e VI Oetker/Preuß Rn. 14; Kilian FGPrax 2012, 185; Ries ZIP 2013, 866, UmsetzungsG BGBl. 2014 I 2409, Terbrack DStR 2015, 236. Spezielle Vorschriften über Offenlegung und Vernetzung von Zentral-, Handels- und Gesellschaftsregistern gelten für Kapitalgesellschaften, Art. 13–43 EU-Richtlinie 14.6.2017 L 129, 46. Danach jedoch weder Schaffung einer zentralen Registerdatenbank noch Harmonisierung der nationalen Zentral-, Hdl- und Ges-Register, sondern nur einheitliche Kennung der Ges. und ihrer ZwNl und kostenloser Informationsaustausch. Das System der Registervernetzung besteht aus den Registern der Mitgliedstaaten, der zentralen Europäischen Plattform und dem Portal (Europäisches Justizportal) als elektronischem, europäischen Zugangspunkt. Aber vieles fehlt noch, ua weitere Informationen im HdlReg, namentlich über Konzernangehörigkeit, Schneider EuZW 2011, 651, und eine einheitliche Terminologie für alle elektronischen Register, zB Vereinsregister (§ 55a BGB). Ein Business Register Interconnection System **(BRIS)** gibt Bürgern, Unternehmen und Behörden Zugriff auf die Unternehmensinformationen in den jeweiligen nationalen Unternehmensregistern, Kumpan/Pauschinger EuZW 2017, 331. **Lit.** Seibert/Decker DB 2006, 2446; Liebscher/Scharff NJW 2006, 3745; Meyding/Bödeker BB 2006, 1009 (RegE); Noack NZG 2006, 801; Ries Rpfleger 2006, 233; Willer/Krafka DNotZ 2006, 885; zum EUHdlRegRecht Schmidt-Kessel GPR 2006, 6; zur Reformgeschichte: Stober, 1998; Noack, Infobase für Unternehmensdaten, 2003; Ulmer ZRP 2000, 47; Seibert BB 2001, 2494; Gernoth, Kögel, Ries BB 2004, 837 (844, 2145); Meyding/Bödeker BB 2006, 1009.

2c E. **Reform des Personengesellschaftsrechts.** Dem aus dem MauracherE und MoPeG-E (BT-Drs. 19/27635) hervorgegangenen MoPeG (BGBl. 2021 I 3436, 3458) zufolge, Inkrafttreten nach Art. 137 am **1.1.2024**, wird ein Gesellschaftsregister für die neue (fakultative) Rechtsform der „eGbR" geschaffen werden, um auch für die GbR (Subjekt)Publizität herzustellen. Das Gesellschaftsregister soll organisatorisch bei den Amtsgerichten angesiedelt sein. Die Eintragung soll nicht auf Verlangen der Gesellschaft rückgängig gemacht werden können, soll jedoch freiwillig- und auch keine Voraussetzung für die Erlangung der Rechtsfähigkeit sein. Jedoch sollen aus Gründen der Transparenz verschiedene Rechtsvorgänge (Erwerb von Grundstücksrechten, Umwandlung) nur noch der eGbR offenstehen. Auf die eGbR finden die registerrechtlichen Vorschriften umfassend Anwendung finden (§ 707b BGB nF BGBl. 2021 I 3436, 3439). Folglich sind Eintragungen und Bekanntmachungen des Gesellschaftsregisters im Unternehmensregister gem. § 8b II nF zugänglich zu machen (BGBl. 2021 I 3436, 3457), wodurch dem Rechtsverkehr eine Einsicht gem. § 9 ermöglicht wird. Durch die hierdurch vermittelte Publizität werden § 899a BGB, § 47 II GBO obsolet (§ 740c BGB nF, BGBl. 2021 I 3436, 3447, 3453). De lege ferenda ist aus Gründen der Verfahrenseffizienz überlegenswert, die verschiedenen Register, wie zB in Frankreich, Niederlande, zu einem allgemeinen Gesellschaftsregister auszubauen, Thesenpapier MauracherE, 4.

2d F. **Digitalisierungsrichtline 2019/1151/EU.** Das am 1.8.2022 in Kraft getretene DiRUG (Art. 31 DiRUG BGBl. 2021 I 3338, 3369), setzt die Vorgaben der im EU Company Law Package enthaltenen DigitalisierungsRL um, die ihrerseits die bereits in deutsches Recht überführten Vorgaben der GesR RL ergänzt und diese entsprechend ändert. Ziel der DigitalisierungsRL ist die Erleichterung von Gesellschaftsgründungen sowie der Eintragung von ZwNI durch den verstärkten Einsatz **digitaler Werkzeuge** (ErwGrd 2 DigitalisierungsRL), und insbesondere mit Blick auf Kleinstunt. und KMU, den Kosten-, Zeit- und Verwaltungsaufwand dieser Verfahren zu reduzieren (ErwGrd 8 DigitalisierungsRL). Hierzu sieht das DiRUG (erweitert durch DiREG) einerseits die Möglichkeit der **Online-Gründung** von Ges vor (→ § 12 Rn. 1 f.). Entsprechend wird die gesetzliche Grundlage für **notarielle Online-Verfahren** mit Blick auf die **Beurkundung von Willenserklärungen mittels Videokommunikation** geschaffen; ebenso für die **öffentliche Beglaubigung qualifizierter elektronischer Signaturen** (ua § 12 I 2 HGB BGBl. 2021 I 3338, 3341, vgl. auch BT-Drs. 19/28177, 11 f.), wodurch die Eintragung von ZwNI und die Einreichung von Urkunden vollständig online ermöglicht werden soll. Notarinnen, Notaren und Registergerichten kommt damit auch weiterhin eine zentrale Rolle zu (BT-Drs. 19/28177, 60). Die erforderlichen Online-Videokommunikationssysteme sind nach DiRUG von der Bundesnotarkammer zu betreiben. Des Weiteren findet eine **grundlegende Änderung des Bekanntmachungswesens** für Hdl-, Gen-, Part- und VereinsReg. statt. Künftig wird die bisherige Bekanntmachung einzutragender Informationen in einem Amtsblatt durch deren öffentliche Zugänglichmachung im entsprechenden Register ersetzt (§ 10 I HGB nF, BGBl. 2021 I 3338, 3341). Damit wird ein Auseinanderfallen von einzutragender Tatsache und Bekanntmachung praktisch unmöglich, und daher die positive Publizitätswirkung des HdlReg nach § 15 III HGB nF (vgl. BT-Drs. 19/28177, 13) auf unrichtig eingetragene Tatsachen ausgedehnt. Vereinfacht wird durch DiRUG auch das System der **Offenlegung von Rechnungslegungsunterlagen.** Die in diesem Zusammenhang zuvor bestehende Doppelpublizität (Bekanntmachung im BAnz. und Einstellung im UntReg) soll dadurch aufgehoben werden, dass Unterlagen der Rechnungslegung nur noch an das UntReg zu übermitteln und dort abrufbar sind. Entsprechend umfangreich fallen die Änderungen in § 8b HGB nF (BGBl 2021 I 3338 f., vgl. auch BT-Drs. 19/28177, 7 ff.) aus. Betreffend die **Verbesserung grenzüberschreitenden Informationsaustauschs** sind im HdlReg. auch Informationen zu ZwNI im EWR-Raum von KapGes mit Inlandssitz einzutragen (ua §§ 9b II 3 Nr. 5, 6; 13a HGB nF BGBl. 2021 I 3338 ff., vgl. auch BT-Drs. 19/28177, 9 f., 12). Die diesbezüglich in § 15 V HGB nF (BGBl. 2021 I 3338, 3342, vgl. auch BT-Drs. 19/28177, 13) vorgesehene Einschränkung der Publizitätswirkung des HdlReg. dürfte unionsrechtswidrig sein. Ferner Informationsaustausch über BRIS durch die das UntReg. führende Stelle **zu disqualifizierten Geschäftsführern** im EWR-Raum (§ 9c HGB nF, BGBl. 2021 I 3338, 3340, vgl. auch BT-Drs. 19/28177, 10 f.). Schließlich sieht DiRUG einen weitestgehend **kostenlosen Abruf von Daten** aus Hdl-, Gen-, Part-, und VereinsReg. vor, was mit Blick auf den Einsatz der Register und ihrer Publizität positiv zu bewerten ist. Kosten sollen künftig über Erhebung einer zu den bisherigen Gebühren hinzukommenden Bereitstellungsgebühr für Eintragung bzw. Einreichung gedeckt werden. **Lit.** Lieder NZG 2020, 81 (DigitalisierungsRL, GesRRL); Linke NZG 2021, 309 (RegE); Kanier GmbHR 2021, 169 (RefE); Schmidt NZG 2021, 92, ZIP 2021, 112 (RefE); Hoffmann/Scholz AG 2021, 227 (RegE); Heckschen/Knaier NZG 2021, 1093; Kienzle DNotZ 2021, 590 (Videobeurkundung); Lieder DNotZ 2021, 830 (Handelsregisterpublizität); Omlor/Blöcher DStR 2021, 2352 (Beurkundungs- und Notariatsrecht); Stelmaszczyk/Kienzle GmbHR 2021, 849 (Online-Gründung GmbH); Hördt/Hornung EWS 2022 (Online-Gründung), 12; Krafka RDi 2022, 86; Lieder ZRP 2022, 102 (DiREG-E); Pofahl/Mann NZG 2022, 241; Wicke GmbHR 2022, 516 (DiREG-E); Heckschen/Knaier NZG 2022, 885 (DiREG).

2) Einrichtung und Führung des Handelsregisters (I)

3 **A. Führung durch das Registergericht:** § 8 neu durch EHUG 2006. Die Führung des HdlReg, ehemals in der Hand der Organisationen des HdlStandes, ist wegen der großen Bedeutung des Registers für den sicheren Ablauf des HdlVerkehrs den **Gerichten** aufgetragen **(I)**. Die **IHK,** Handwerkskammern, Landwirtschaftskammern helfen nur, s. **(3)** FamFG § 380, das Registergericht ist nicht an Stellungnahmen der IHK gebunden, OLG Zweibrücken FGPrax 2011, 197. Absage an Übertragung auf IHK durch EHUG (gegen BR-Drs. 865/05 mit BR-Drs. 325/03, vgl. → Rn. 2), auch nicht als „Vorprüfstelle" (für Öffnungsklausel Stellungnahme BR), Seibert DB 2006, 2446; vollinhaltliche Mitteilung der Registereintragungen an die IHK **(4)** HRV § 37 nF. **Lit.** Frey BB 1965, 1208 (IHK). Nach **(3)** FamFG § 23a iVm §§ 374 ff. (mit Konzentration ab 2002 und weitergehend ab 2007, dort → **(3)** FamFG § 376 Rn. 1) führen die **Amtsgerichte** das HdlReg, bei ihnen weitgehend die **Rechtspfleger** (→ Einl. v. § 1 Rn. 103). Dasselbe gilt nach dem MoPeG auch für das Gesellschaftsregister, BT-Drs. 19/27635, 13 f. Das hat sich nach RegE EHUG bewährt, obschon die Zuständigkeit damit bei den Ländern liegt und es anders als in vielen EU Mitgliedstaaten (→ Rn. 1) kein bundesweites GesamtHdlReg gibt. Die Vorgabe der EU-PublizitätsRL (→ Rn. 2a) nach der „einen Akte" (dort Art. 3 I) ist aber mittelbar dadurch erfüllt, dass alle Daten über das Unternehmensregister (→ § 8b Rn. 1) abrufbar sind („virtuelles" GesamtHdlReg, so RegE). Trotzdem ist die Konzentration bei wenigen Amtsgerichten wünschenswert, sogar nur ein Register pro Bundesland wäre genügend. Örtliche Zuständigkeit mit Hinweis auf Liste der gemeinsamen Registerbezirke s. Keidel ua, Registerrecht Anh. II. HdlReg der **Zweigniederlassung** s. §§ 13 ff.

4 **B. Einrichtung des Handelsregisters und Umfang der elektronischen Registerführung:** Jeder EinzelKfm, jede juristische Person und jede HdlGes wird unter einer in derselben Abteilung fortlaufenden Nummer **(Registerblatt)** in das HdlReg eingetragen, **(4)** HRV § 13. Registerblätter werden nur noch elektronisch angelegt, **(4)** HRV § 7, Umschreibung der Registerblätter in Papierform, **(4)** HRV § 51. Eintragungen erfolgen nur noch elektronisch und werden vom Eintragenden elektronisch signiert, **(4)** HRV § 28. Außerdem gibt es einen elektronischen **Registerordner** (früher Sonderband der Papierregister) mit den zum HdlReg eingereichten und nach § 9 I unbeschränkt einsehbaren Dokumenten zu dem Unternehmen, **(4)** HRV § 9, zB GesVerträge, GfterListen (zB nach § 40 GmbHG, Mayer ZIP 2009, 1037), Hauptversammlungsprotokolle. Umschreibung der Papierdokumente im Sonderband nur auf Antrag auf Übertragung, **(1)** EGHGB Art. 61 III, oder Antrag auf elektronische Übermittlung, jeweils bis zu 10 Jahre zurück (§ 9 II). Für jedes Registerblatt gibt es **Registerakten** (früher Hauptband des Papierregisters), die ebenfalls elektronisch geführt werden können, aber nicht müssen (näher **(4)** HRV § 8), OLG Frankfurt a. M. ZIP 2013, 1228. Das HdlReg besteht aus **zwei Abteilungen: Abteilung A** für die Einzelkfte und die hdlrechtlichen PersonenGes, besonders OHG, KG, EWIV; **Abteilung B** für die KapitalGes, bes. GmbH, AG (s. **(4)** HRV § 3), näher zum Inhalt der Eintragungen in Abteilung A und B **(4)** HRV §§ 43, 44 nF EHUG. Einrichtung des Registers, Zuständigkeiten und Verfahren in Registersachen s. **(3)** FamFG Buch 1 und 5 (§§ 374 ff.) und **(4)** HRV, Vorschriften für das elektronische geführte HdlReg **(4)** HRV §§ 47 ff. (über Einrichtung, Anlegung, Abruf, Ersatzregister und -maßnahmen). **Kosten** s. bezüglich freiwillige Gerichtsbarkeit GNotKG (früher KostO), EuGH ZIP 1998, 206 – Fantask mAnm. Gustavus ZIP 1998, 502; dazu BayObLG NJW 1999, 652; OLG Köln EuZW 1999, 221; BB 2000, 370; Sprockhoff NZG 1999, 747; Thimme NZG 2000, 1540; Wolf ZIP 2000, 949; HdlRegGebührenVO; Kosten der Einsichtnahme → § 9 Rn. 3; bezüglich Gerichtskosten GKG.

2. Abschnitt. Handelsregister; Unternehmensregister 5 § 8

3) Einzutragende Tatsachen

A. **Eintragungspflichtige Tatsachen: Eintragungspflichtig** ist, **was ge- 5 setzlich** ausdrücklich **angeordnet** ist, RGZ 132, 140, und was ohne ausdrückliche gesetzliche Vorschrift Sinn und Zweck des HdlReg einzutragen fordern, KG DR 1943, 982. Maßgeblich dafür sind der Zweck des HdlReg, die eingetragenen Rechtsverhältnisse zutreffend wiederzugeben, und die Sicherheit des Rechtsverkehrs. Eintragungspflichtig sind zB Gestattung des Selbstkontrahierens bei GmbH bzw. GmbH & Co (→ Anh. § 177a Rn. 39), OLG Stuttgart BB 2007, 2428; OLG Düsseldorf GmbHR 1995, 51; MüKoHGB/Krafka Rn. 41, auch → § 106 Rn. 13; TV, zB an GesAnteilen (→ § 139 Rn. 21, 24), str.; Verwaltung durch Treuhandanstalt, OLG Naumburg ZIP 1993, 1500, nicht aber privatrechtliche Treuhand; die Bestellung eines Geschäftsleiters der deutschen ZwNl einer ausländischen Bank nach § 53 II Nr. 1 KWG, BayObLG NJW 1973, 2162; LG Frankfurt a. M. WM 1979, 957, ebenso für Hauptbevollmächtigten der dtsch ZwNl eines ausländischen VersUnternehmens nach § 106 III VAG; unbeschränkte Generalvollmacht analog § 53, Canaris § 4 Rn. 11, Schroeder/Oppermann JZ 2007, 176, aA wegen Abgrenzungsschwierigkeiten OLG Hamburg NZG 2009, 957, hL, MüKoHGB/Krafka Rn. 55b, offen OLG Frankfurt a. M. ZIP 2015, 1071. Einzutragen sind **Änderungen** der eingetragenen Tatsachen, auch Änderung von Personalien, wenn das Register sonst unklar würde, MüKoHGB/Krafka Rn. 40 f., abw. KGJ 29 A 213; Richtigstellung bei Umwandlung einer GbR in OHG, OLG Zweibrücken ZIP 2012, 2254. Eintragungspflichten werden **auch von der Rechtsprechung begründet,** zB Haftungsbeschränkungsvermerk (heute § 19 II), BGHZ 62, 226; 65, 105; BGH BB 1977, 1221; Wiedemann ZGR 1975, 354; Wiedereintragung der KG bei Nachtragsliquidation, sofern zur vollständigen Abwicklung erforderlich, KG NZG 2020, 199 Rn. 11; Testamentsvollstreckung bezüglich Kommanditanteil, jedenfalls bei Dauervollstreckung (§ 2209 BGB), BGH ZIP 2012, 623; aA MüKoHGB/Krafka Rn. 55a; der Testamentsvollstrecker der Treuhandlösung (→ § 1 Rn. 42); nicht in GfterListe, BGH ZIP 2015, 732, str. Fortentwicklung zu **Konzernregister** ist richtig, zB zwingende konstitutive Eintragung auch bei Unternehmensverträgen der GmbH (Abschluss und Aufhebung, → § 106 Rn. 13), BGHZ 105, 324; 116, 43; BGH NJW 1992, 1452; OLG Zweibrücken NZG 2015, 319 (iErg abl.), str., nicht ihre Nichtigkeit, OLG Hamm ZIP 2010, 229; zu eng Kort AG 1988, 369; Flume DB 1989, 665; str. für PersonenGes → § 105 Rn. 105. Die Zulässigkeit bedingter und befristeter HdlRegEintragungen ist umstritten, Scheel DB 2004, 2355. Zu den einzutragenden Tatsachen auch → § 15 Rn. 5.

B. **Nicht eintragungsfähige Tatsachen:** Nicht eintragungsfähig sind zB die gesetzliche Vertretung von Minderjährigen; der Nacherbenvermerk, MüKoHGB/Krafka Rn. 55; die Erteilung einer HdlVollmacht, KG RJA 9, 159; der Gegenstand des Unternehmens einer OHG oder KG JW 1934, 1730; Verfügungsbeschränkungen des Einzelkfm, KG RJA 9, 159; Erlöschen der Geschäftsfähigkeit, BGHZ 53, 215; 115, 81; Stellvertreterzusatz bei stellvertretendem GmbHGeschäftsführer, BGH NJW 1998, 1071, str.; Sprecherfunktion bei mehreren GmbHGeschäftsführern, OLG München ZIP 2012, 672; negative Abfindungsversicherung (→ § 162 Rn. 8); Teilgewinnabführungsvertrag einer GmbH mit stillen Gftern, KG ZIP 2014, 968 mAnm K. Schmidt NZG 2014, 881. Güterrechtliche Tatsachen gehören ins Güterrechtsregister, nicht ins HdlReg, aA Heidel/Schall Rn. 19. Vormerkungen und Widersprüche gibt es im Registerrecht nicht. Die Eintragung nicht eintragungsfähiger Tatsachen ist grundsätzlich ohne Rechtswirkung.

C. **Eintragungsfähige, aber nicht eintragungspflichtige Tatsachen:** Diese Unterscheidung ist eingebürgert, obwohl nicht ganz unproblematisch (Eintragungspflicht fehlt an sich auch bei konstitutiven Eintragungen, sie werden nur nicht wirksam ohne Eintragung). Eintragungsfähig, aber nicht eintragungspflichtig sind nur wenige Tatsachen, OLG Düsseldorf ZIP 2010, 228, so teils auf Grund Gesetz (zB §§ 2 S. 2, 3 II, 25 II, 28 II), teils weil für ihre Eintragung ein erhebliches Bedürfnis des Rechtsverkehrs besteht, wobei Zurückhaltung geboten ist, BGH NJW 1998, 1071; ZIP 2012, 623; OLG Hamm ZIP 2010, 230; OLG Oldenburg NZG 2015, 643 Rn. 7, also im Einzelfall ihre Bedeutung gegenüber der Gefahr der Überfrachtung des HdlReg überwiegt, zB Nießbrauch an Kommanditanteil OLG Stuttgart NZG 2013, 432; OLG Oldenburg NZG 2015, 643 (→ § 105 Rn. 44), dagegen OLG München NZG 2016, 1064; OLG Köln NZG 2020, 64, hierzu auch Wertenbruch NZG 2020, 641; nicht Befugnis der Gfter-Versammlung etwa zur Gestattung des Selbstkontrahierens, aber s. o.), OLG Frankfurt a. M. BB 1984, 238, nicht ausländische ZwNl im HdlReg des inländischen Unternehmens, auch europarechtlich nicht geboten, OLG Düsserldorf ZIP 2010, 227.

4) Anmeldung, Prüfung, Eintragung

6   A. **Anmeldung:** Die Eintragung erfolgt idR nur auf Anmeldung, Ausnahmen: von Amts wegen § 32 (Insolvenzverfahren), § 87 V 2 VAG (Widerruf der Erlaubnis zum Geschäftsbetrieb auf Anzeige der Aufsichtsbehörde). Anmeldung und Antrag ist im HdlRegVerfahren grundsätzlich synonym, OLG Frankfurt a. M. NZG 2015, 710, aber → § 12 Rn. 1. Wer anzumelden hat, ist in den Gesetzen bei Anordnung einer Anmeldung mitgesagt, vgl. → Rn. 2, sonst ist es derjenige, in dessen Angelegenheiten die Eintragung erfolgen soll, bei Vereinigungen der gesetzliche Vertreter. Keine Anmeldung der Amtsniederlegung des GmbHAlleingeschäftsführers durch diesen selbst, OLG Frankfurt a. M. ZIP 2006, 1769; OLG Bamberg ZIP 2012, 2058, nach aA jedenfalls im unmittelbaren zeitlichen Zusammenhang. Für Anmeldungen durch Vertreter Unanwendbarkeit des § 181 BGB, BayObLG DB 1977, 1085. Erzwingung § 14. Veranlassung einer Anmeldung (zB Firmenänderung) durch Zurückweisung an sich ordnungsmäßigen anderen → § 14 Rn. 1. Form der Anmeldungen s. § 12. Auslegung → § 12 Rn. 1.

7   B. **Prüfung durch das Registergericht: a) Formell:** Das Registergericht prüft die **förmlichen Voraussetzungen** der Eintragung, zB Zuständigkeit des angegangenen Gerichts, Form nach § 12, Eintragungsfähigkeit (→ Rn. 5), Vorliegen aller der Anmeldung beizufügenden Unterlagen.

8   **b) Materiell:** Das Registergericht ist auch berechtigt und verpflichtet, die materiellrechtlichen Voraussetzungen der Eintragung zu prüfen. Grundlage, str.: allgemeine rechtsstaatliche Pflicht, § 26 FamFG (Amtsermittlung), Schlegelb/Hildebrandt/Steckhan Rn. 22, oder Gesetzmäßigkeit der Verwaltung (aber Registergericht ist keine Verwaltung), GroßKo/Hüffer Rn. 54. Der Prüfungsumfang hängt nicht davon ab, ob konstitutive und deklaratorische Tatsachen vorliegen, denn Prüfung ist die Feststellung der Eintragungsvoraussetzungen, MüKoHGB/Krafka Rn. 59. Genauere Prüfung dann, wenn nach Plausibilitätsprüfung Zweifel am Vorliegen dieser Voraussetzungen bestehen, MüKoHGB/Krafka Rn. 64. Das Registergericht hat bei begründeten Bedenken die **Richtigkeit** der ihm mitgeteilten, glaubhaft zu machenden **Tatsachen** (zB Abschluss eines GesVertrages, Erteilung einer Prokura) nachzuprüfen, RGZ 127, 156; 140, 181; BGH ZIP 2011, 1562; BayObLG DB 1973, 1340; 1977, 1085; 1981, 2219; KG FGPrax 2012, 122; OLG Düsseldorf NZG 2015, 1161 (Vollbeendigung). Das Gericht prüft weiter (weiter nicht abschließend, nur um unrichtige Eintragungen möglichst zu vermeiden) **rechtlich,** ob die ihm mitgeteilten (erforderlichenfalls nachgeprüften) Tatsachen die **begehrte Eintragung rechtfertigen,** zB ob ein abgeschlossener Unternehmensvertrag wirksam zustandegekommen ist, BGHZ 105, 330, ebenso für GesVertrag und Satzung und deren Änderungen, BayObLG

WM 1983, 248; OLG Hamburg WM 1984, 1155; aber keine Pflicht, verwickelte Rechtsverhältnisse oder zweifelhafte Rechtsfragen zu klären, RGZ 127, 158; BGH ZIP 2011, 1652. Umfang der Ermittlungen grundsätzlich im Ermessen des Gerichts, BGH ZIP 2011, 1563. Weitere Bspe: OLG Oldenburg BB 1957, 416 (trotz Zweifel an der Gültigkeit des GesVertrags zweier Handwerker ist einzutragen, wenn zwar der eine nicht in die Handwerksrolle eingetragen ist, aber im Unternehmen jahrelang unbeanstandet geblieben war), BayObLG DB 1981, 2230 (unwirksame Amtsniederlegung des alleinigen GmbHGfter-Geschäftsführers); BayObLG BB 1983, 83 (Grenzen der Kontrolle); OLG Hamburg WM 1984, 1154 (Satzungsänderung); BayObLGZ 1994, 358 (AnwaltsGmbH); KG ZIP 2006, 2085 (Befreiung von § 181 BGB); OLG Hamm NZG 2011, 461 (§ 10 I 2 GmbHG); KG ZIP 2012, 2208 (Satzungsänderung); KG ZIP 2016, 1772 (Bestellung und Abberufung von GmbHGeschäftsführer); OLG Nürnberg NZG 2015, 886 (Befreiung von § 181 BGB). Vom Gericht zu prüfen ist auch, ob die begehrte Verlautbarung (nicht nur unmittelbar den Gegenstand der Verlautbarung) betreffende Vorschriften zum Schutze der **Öffentlichkeit** verletzt, zB ob eine zur Eintragung anstehende Firma das Publikum zu täuschen geeignet ist (§ 18 II, aber § 18 II 2). Prüfung bei Anmeldung von ZwNl → § 13 Rn. 13. **Lit.** K. Ullrich, 2006 (Inhaltskontrolle von Satzungen, § 9c II GmbHG); Säcker FS Stimpel, 1985, 867 (Inhaltskontrolle von Satzungen); Stumpf BB 1998, 2380.

Nicht vom Gericht zu prüfen ist, ob die Eintragung öffentlichrechtlich zulässig ist (→ § 7 Rn. 3–6); ob ein Beschluss der GmbH nur anfechtbar ist (anders bei OHG, → § 119 Rn. 31), OLG Frankfurt a. M. ZIP 2009, 1931; OLG Stuttgart NZG 2011, 1301; ob sie Rechte Dritter verletzt, deren Wahrung ist diesen selbst vorbehalten (→ § 17 Rn. 27, → § 37 Rn. 11); ob Zustimmung der GfterVersammlung oder des Aufsichtsrats zur Prokuraerteilung (§ 46 Nr. 7 GmbHG, § 111 IV 2 AktG) vorliegt, BGHZ 62, 169. Keine Prüfung auf Rechtsformmissbrauch, BayObLG DB 1977, 1085; der Klarheit eines GmbHGesVertrags, anders wenn Außenstehende irregeführt werden können, OLG Köln BB 1981, 1596; BayObLG BB 1985, 546; 1993, 88, str.; ob GfterListe nach § 40 GmbHG zutreffend ist, aber Prüfung der formalen Anforderungen, offensichtliche Unrichtigkeit aber nur, wenn Nichtgleichwertigkeit eines ausländischen Notars ohne weiteres feststeht (nicht bei Schweiz) BGH NJW 2014, 2026 Rn. 8, 23; KG NJW-RR 2016, 1320, Einzelheiten str., Wachter NZG 2009, 1002; keine Zweckmäßigkeitskontrolle, Koller/Roth Rn. 23c.

C. **Eintragung:** Entscheidung über die Eintragung s. **(4)** HRV § 25, und zwar **unverzüglich** (ohne schuldhaftes Zögern, § 121 BGB; bis EHUG innerhalb eines Monats), bei fehlerfreien Anmeldungen wenige Tage, uU sogar Stunden, so Seibert/Decker DB 2006, 2449, Folgen für den Standortwettbewerb → § 8 Rn. 2a; informelle Vorabstimmung mit dem HdlReg, Schulz NJW 2016, 1483. Nur teilweise Ablehnung der Eintragung ist idR nicht möglich, BayObLG WM 1987, 502, aber Zwischenverfügung unter Fristsetzung nach **(4)** HRV § 26 S. 2, wenn der Mangel behebbar ist; eine „Zwischenverfügung" zwecks Gelegenheit zur Rücknahme der Anmeldung ist keine beschwerdefähige Entscheidung, BayObLG NJW-RR 1988, 869. Eintragung trotz **fehlender Voreintragung** (Amtsbeendigung eines GmbHGeschäftsführers), aber keine Eintragung der Bestellung nach Erlöschen, KG BB 2012, 800. Fehlt eine erforderliche Voreintragung (Wirkung → § 15 Rn. 11), können beide Eintragungen verbunden werden, zB „Die dem P erteilte, bisher nicht eingetragene Prokura ist erloschen". Unzulässig ist Ablehnung einer vorgeschriebenen Eintragung, weil nicht zugleich eine andere gebotene Änderung erfolgt (Bsp. Gfterwechsel, Firmenänderung, → § 143 Rn. 2). Es gibt **keine Beschwerde** (Erinnerung) gegen Eintragung im HdlReg, es sei denn die Publizitätswirkung wird nicht berührt, BGHZ 104, 61; BayObLG WM 1988, 1263, auch nicht gegen Ablehnung einer Eintragungsänderung bzw. -ergänzung, OLG Köln ZIP 2004, 505; aber Umdeutung in Anregung zu Amtslöschungsverfahren (→ Rn. 12), BayObLG WM 1985, 480; OLG Köln ZIP 2004, 505.

5) Wirkung der Eintragungen

11 Überwiegend sollen die Eintragungen nur Vorgänge bezeugen, die außerhalb des Registers vollendet sind; sie sind dann nur **rechtsbekundend (deklaratorisch)** mit Wirkung gemäß § 15 (→ § 15 Rn. 5). Manche Akte bedürfen zur rechtlichen Vollendung der Eintragung, dann wirkt die Eintragung **rechtsbegründend (konstitutiv)**, Bsp.: Eintragungen gemäß §§ 2, 3 II bezeugen nicht KfmEigenschaft, sondern machen erst zum Kfm.; Eintragung einer AG oder GmbH bezeugt nicht ihre Entstehung, sondern lässt sie erst („als solche") entstehen (§ 41 I 1 AktG, § 11 I GmbHG, aus der VorAG, VorGmbH, → Anh. § 177a Rn. 15); Umwandlungsmaßnahmen werden durch Eintragung in HdlsReG wirksam (§§ 20, 131, 202). Manchen rechtsbezeugenden Eintragungen ist erhöhte Bedeutung beigelegt, so dass sie in gewisser Hinsicht ähnlich rechtsbegründend wirken, Bsp.: § 5 (Kfm. durch Eintragung), §§ 25 II, 28 II (Wirksamkeit des Haftungsausschlusses gegen Dritte), § 123 I (Wirksamkeit der OHG gegen Dritte), §§ 174, 176 (Herabsetzung der KdtEinlage, Beschränkung der Haftung des Kdtisten). **Auslegung** von Eintragungen: objektiviert, unter Rückgriff auf die Eintragungsgrundlagen (Beschlüsse und HdlRegAnmeldungen), soweit für jedermann erkennbar, weniger streng für Anmeldungen, Heinze AG 2011, 408; zur Auslegung von Verfahrenshandlungen → § 12 Rn. 1. Lit. K. Schmidt JuS 1977, 210. Beweiswirkung von Registereintragungen str., Oetker/Preuß Rn. 57.

6) Beseitigung unrichtiger Eintragungen

12 A. **Löschungsverfahren:** Löschung erfolgt durch Eintragung unter neuer laufender Nr. (§§ 16 I, 14 I HRV). Die nunmehr gelöschten Eintragungen bleiben gerötet (§ 16 I 2 HRV) erkennbar. Nach → **(3)** FamFG § 395 (mit § 393 III–V FamFG) kann das Registergericht eine unzulässige Eintragung von Amts wegen oder auf Antrag der berufsständischen Organe (→ **(3)** FamFG § 380, etwa der IHK) mit deklaratorischer Wirkung, OLG Hamm ZIP 2010, 231 (Unternehmensvertrag), **löschen.** Löschung rechtsbekundender (vgl. → Rn. 11) Eintragungen nur, wenn sie sachlich unrichtig sind, nicht wegen Mängeln des Eintragungsverfahrens, OLG Hamm BB 1971, 1122 (Ausscheiden von Gftern, unrichtige Angabe des Grunds des Ausscheidens ist unerheblich), KG WM 1986, 1247; nicht unter § 7 (→ § 7 Rn. 3). Gegen unzulässig eingetragene **Firma** ist sowohl das Löschungsverfahren nach **(3)** FamFG § 392 als auch das Firmenmissbrauchsverfahren nach § 37 I HGB (dort → § 37 Rn. 5) möglich (Konkurrenz → § 37 Rn. 8). Das Registergericht hat ein (gebundenes) Ermessen, ob es überhaupt und in welchem Verfahren es einschreitet (vgl. → § 37 Rn. 6, 8), OLG Hamm ZIP 2010, 231, str., vgl. BayObLG DB 1980, 71. Löschung nach → **(3)** FamFG § 395 nur des unzulässigen Zusatzes, nicht der ganzen Firma (→ § 18 Rn. 8, anders im Verfahren nach § 37 I, II, dort → § 37 Rn. 5, 13), BGH GRUR 1981, 64, aA frühere Rspr. Löschung kann ausnahmsweise unterbleiben, wenn zB Gefahr der Publikumstäuschung (§ 18 II) gegenüber Nachteilen für Inhaber geringfügig ist, OLG Hamm BB 1954, 784; 1969, 1196; OLG Frankfurt a. M. WM 1979, 1049; wenn den Partnern des Unternehmensvertrags (bei Eintragung im HdlReg und schwebendem Anfechtungsprozess) schwere wirtschaftliche Schäden entstünden, OLG Zweibrücken ZIP 1989, 241. Löschung nach Amtsermittlung (vgl. → Rn. 7–9) bei völlig zweifels- und bedenkenfreier Sach- und Rechtslage, OLG Zweibrücken ZIP 1989, 241; OLG Hamm ZIP 2010, 231; OLG München NZG 2013, 188, andernfalls Klärung durch die Parteien im

Prozess, OLG Hamm BB 1971, 1122. Amtslöschung der erloschenen Firma § 31 II 2. Für (nichtige) AG, KGaA, GmbH s. auch § 397 FamFG.

B. **Nachträgliche Unrichtigkeit:** (3) FamFG § 395 ist auch anwendbar auf nachträglich unzulässig gewordene Eintragungen, so schon für FGG § 142 RGZ 169, 151; OLG Stuttgart BB 1982, 1195; OLG Hamm ZIP 2010, 231, zB bei zivilgerichtlichem Tätigkeitsverbot für Geschäftsführer (GmbH), BayObLG BB 1989, 1009; auch wenn sich nur die Rechtsauffassung (nach der die Eintragung erlaubt war) wandelt, BGHZ 65, 105; BayObLG DB 1980, 71 (aber pflichtgemäßes Ermessen des Registergerichts), OLG Frankfurt a. M. DB 1980, 1211 (auch bei 110 Jahre alter Firma), früher str. Zur Bedeutung des Zeitablaufs → § 18 Rn. 18.

Ergänzung oder Berichtigung des durch **neue Tatsachen** unvollständig oder unrichtig gewordenen Registers erfolgt durch Eintragung dieser neuen Tatsachen, idR auf Anmeldung, die das Gericht erzwingen kann, ausnahmsweise von Amts wegen → Rn. 6.

C. **Kein Anspruch auf Tätigwerden:** Die Amtspflicht des Registergerichts einzuschreiten (zu löschen) besteht idR **nur im öffentlichen Interesse;** Private haben keinen Schadensersatzanspruch, BGHZ 84, 285; ebenso beim Firmenmissbrauchsverfahren (→ § 37 Rn. 6). Anders bei Falscheintragung, dann Amtshaftung (→ § 15 Rn. 23).

7) Schutz des Begriffs „Handelsregister" (II)

II nF EHUG 2006 schützt den Begriff „Handelsregister", verhindert Verwechslungen bei Internetrecherchen mit anderen privaten Registern und Datensammlungen (zB Firmenverzeichnissen) und behält die strikte Richtigkeitsgewähr und den Gutglaubensschutz nach § 15 dem amtlichen HdlReg vor. Andere Datensammlungen dürfen nach II weder unter Verwendung noch unter Beifügung der Bezeichnung „Handelsregister" in den Verkehr gebracht werden. Diesbezügliche Zusätze, einerlei ob vor- oder nachgestellt, sind also verboten. Inkrafttreten von II nF ist nicht hinausgeschoben (gegen RegE Art. 13 II).

II ergänzt § 5 UWG, dessen Schutz gegen irreführende geschäftliche Handlungen nicht ausreichen würde (→ Einl. v. § 1 Rn. 101). Ein Verstoß gegen II ist zudem unlauter iSv §§ 3, 4 Nr. 11 UWG, da II auch dazu bestimmt ist, im Interesse der Marktteilnehmer das Marktverhalten zu regeln. Durchsetzung des Verbots nach §§ 8, 9, 12 ff. UWG bei den ordentlichen Gerichten.

Entsprechenden Schutz genießen das „Genossenschaftsregister" (§ 10 III nF GenG) und das „Partnerschaftsregister" (Verweisung auf II in § 5 II nF PartGG), nicht aber das „Unternehmensregister" (→ § 8b Rn. 8). Grund: letzteres genießt keinen Gutglaubensschutz nach § 15, Schutz nach § 5 UWG genügt (RegE), vgl. LG Deggendorf WRP 2000, 659 (Deutsches Unternehmensregister Ltd.). Im Übrigen gibt es bereits „Unternehmensregister" bei statistischen Ämtern (auf Grund EWG-VO 22.7.1993 ABl. L 196, 1).

8) Internationaler Verkehr

Sonderregeln für ZwNl ausländischer Unternehmen (Sitz der HauptNl im Ausland) finden sich in §§ 13d–13g. Zum Einfluss der Niederlassungsfreiheit des AEUV (EGV aF) dort und → Einl. v. § 105 Rn. 29.

Zum Firmenrecht im internationalen Verkehr → § 17 Rn. 48–50. Beweis auch durch ausländische HdlRegAuszüge, zB Schweiz, OLG München NZG 2016, 150. Internationale HdlRegPraxis, Holzborn/Israel NJW 2003, 3014 (rvgl). **Lit.** Reichelt, 2001 (eur. HdlReg).

§ 8a 1–3

Eintragungen in das Handelsregister; Verordnungsermächtigung

8a (1) Eine Eintragung in das Handelsregister wird wirksam, sobald sie in den für die Handelsregistereintragungen bestimmten Datenspeicher aufgenommen ist und auf Dauer inhaltlich unverändert in lesbarer Form wiedergegeben werden kann.

(2) ¹Die Landesregierungen werden ermächtigt, durch Rechtsverordnung nähere Bestimmungen über die elektronische Führung des Handelsregisters, die elektronische Anmeldung, die elektronische Einreichung von Dokumenten sowie deren Aufbewahrung zu treffen, soweit nicht durch das Bundesministerium der Justiz und für Verbraucherschutz nach § 387 Abs. 2 des Gesetzes über das Verfahren in Familiensachen und in den Angelegenheiten der freiwilligen Gerichtsbarkeit entsprechende Vorschriften erlassen werden. ²Dabei können sie auch Einzelheiten der Datenübermittlung regeln sowie die Form zu übermittelnder elektronischer Dokumente festlegen, um die Eignung für die Bearbeitung durch das Gericht sicherzustellen. ³Die Landesregierungen können die Ermächtigung durch Rechtsverordnung auf die Landesjustizverwaltungen übertragen.

1) Wirksamwerden der Eintragungen in das Handelsregister (I)

1   A. **Eintragungen in das Handelsregister:** § 8a neu durch EHUG 2006, I entspricht II aF. Dass das HdlReg von den Gerichten elektronisch geführt wird, ergibt sich bereits aus § 8 I. Diesbezügliche Ermächtigungen der Landesregierungen zur elektronischen Führung (§ 8a I 1 aF) erübrigen sich damit. Die in § 8a I 2 Nr. 1–3 aF enthaltenen Vorgaben für die elektronische Führung sind der Sache nach in **(4)** HRV § 47 I Nr. 1–3 nF enthalten. Danach muss gewährleistet sein, dass 1) die Grundsätze einer ordnungsgemäßen Datenverarbeitung eingehalten werden (insbesondere Vorkehrungen gegen Datenverlust, Tagesaktualität ua), 2) die vorzunehmenden Eintragungen alsbald in einen Datenspeicher aufgenommen und auf Dauer inhaltlich unverändert in lesbarer Form wiedergegeben werden können, und 3) die nach Anlage zu § 126 I 2 Nr. 3 GBO erforderlichen Maßnahmen (verschiedene Kontrollmaßnahmen zum Schutz von personenbezogenen Daten wie Zugangs-, Benutzer-, Speicherkontrolle ua) getroffen werden. Die Dokumente sind in inhaltlich unveränderbarer Form zu speichern, **(4)** HRV § 47 I 2 nF. Anmeldungen zur Eintragung und Einreichungen sind elektronisch einzureichen (statt bloßer diesbezüglicher Ermächtigungen wie nach § 8a III, IV aF), näher § 12.

2   B. **Wirksamwerden der Eintragung (I):** Für den Benutzer muss der Zeitpunkt des Wirksamwerdens der Eintragung klar sein, zumal da das Gesetz an die Eintragung Publizitätsfolgen knüpft (vgl. §§ 15, 11 II)) oder bei konsitutiver Eintragung materiellrechtliche Wirkungen zeigt. Nach I ist maßgebend nicht schon die Aufnahme in den dafür bestimmten Datenspeicher, also nicht bereits die Speicherung im Entwurfsstadium im HdlReg, sondern erst der Zeitpunkt, in dem die Eintragung gespeichert und dauerhaft inhaltlich unverändert in lesbarer Form wiedergegeben werden kann. Diese Abrufbarkeit ist für die Publizitätswirkung des HdlReg das Entscheidende. Dieser Zeitpunkt muss automatisch festgehalten werden und damit ohne Weiteres feststellbar sein. Gleichwohl führt fehlende Datumsangabe nicht zur Unwirksamkeit der Eintragung, BeckOK/Müther Rn. 3.

2) Verordnungsermächtigung (II)

3   Nähere Bestimmungen zur elektronischen HdlRegFührung, Anmeldung und Dokumenteneinreichung und -aufbewahrung sowie zur Datenübermittlung und zu den Dateiformaten der zu übermittelnden Dokumente (zB Word, PDF ua)

2. Abschnitt. Handelsregister; Unternehmensregister § 8b

treffen die Landesregierungen (II 1, 2) bzw. die Landesjustizverwaltungen (II 3), vorbehaltlich einer bundeseinheitlichen Regelung nach § 387 II FamFG: nämlich **(4) HRV §§ 47 ff.** Die Länder haben sich auf die Einführung einheitlicher Standards für das Datenformat der zum jeweiligen HdlReg einzureichenden Dokumente verständigt.

Unternehmensregister

8b (1) **Das Unternehmensregister wird vorbehaltlich einer Regelung nach § 9a Abs. 1 vom Bundesministerium der Justiz und für Verbraucherschutz elektronisch geführt.**

(2) **Über die Internetseite des Unternehmensregisters sind zugänglich:**
1. **Eintragungen im Handelsregister und zum Handelsregister eingereichte Dokumente;**
2. **Eintragungen im Genossenschaftsregister und zum Genossenschaftsregister eingereichte Dokumente;**
3. **Eintragungen im Partnerschaftsregister und zum Partnerschaftsregister eingereichte Dokumente;**
4. **Unterlagen der Rechnungslegung und Unternehmensberichte,** die nach diesem Gesetz, dem Publizitätsgesetz, dem Eisenbahnregulierungsgesetz, dem Energiewirtschaftsgesetz, dem Entgelttransparenzgesetz, dem Kapitalanlagegesetzbuch, dem Telekommunikationsgesetz, dem Vermögensanlagegesetz oder dem Wertpapierhandelsgesetz offengelegt wurden, mit Ausnahme der zur dauerhaften Hinterlegung eingestellten Unterlagen;
5. **gesellschaftsrechtliche Bekanntmachungen im Bundesanzeiger;**
6. **im Aktionärsforum veröffentlichte Eintragungen nach § 127a des Aktiengesetzes;**
7. **Veröffentlichungen von Unternehmen nach dem Wertpapierhandelsgesetz oder dem Vermögensanlagegesetz im Bundesanzeiger,** von Bietern, Gesellschaften, Vorständen und Aufsichtsräten nach dem Wertpapiererwerbs- und Übernahmegesetz im Bundesanzeiger sowie Veröffentlichungen nach der Börsenzulassungs-Verordnung im Bundesanzeiger;
8. **Bekanntmachungen und Veröffentlichungen von Kapitalverwaltungsgesellschaften und extern verwalteten Investmentgesellschaften nach dem Kapitalanlagegesetzbuch,** dem Investmentgesetz und dem Investmentsteuergesetz im Bundesanzeiger;
9. **Veröffentlichungen und sonstige der Öffentlichkeit zur Verfügung gestellte Informationen nach den §§ 5, 26 Absatz 1 und 2, § 40 Absatz 1, den §§ 41, 46 Absatz 2, den §§ 50, 51 Absatz 2, und § 127 des Wertpapierhandelsgesetzes,** sofern die Veröffentlichung nicht bereits über Nummer 7 in das Unternehmensregister eingestellt wird,
10. **Mitteilungen über kapitalmarktrechtliche Veröffentlichungen an die Bundesanstalt für Finanzdienstleistungsaufsicht,** sofern die Veröffentlichung selbst nicht bereits über Nummer 7 oder Nummer 9 in das Unternehmensregister eingestellt wird;
11. **Bekanntmachungen der Insolvenzgerichte nach § 9 der Insolvenzordnung,** ausgenommen Verfahren nach dem Zehnten Teil der Insolvenzordnung;
12. **Registerbekanntmachungen aus dem Handels-, Genossenschafts- und Partnerschaftsregister;**
13. **Bekanntmachungen der Bundesanstalt für Finanzdienstleistungsaufsicht nach § 107 Absatz 1 Satz 6, § 109 Absatz 2 Satz 1 und 5, Absatz 3 Satz 2 des Wertpapierhandelsgesetzes und nach § 31 Absatz 4 des Vermögensanlagegesetzes.**

Merkt

(3) ¹ Zur Einstellung in das Unternehmensregister sind dem Unternehmensregister zu übermitteln:
1. die Daten nach Absatz 2 Nummer 5 bis 8 durch den Betreiber des Bundesanzeigers,
2. die Daten nach Absatz 2 Nummer 4, 9 und 10 sowie diejenigen Unterlagen, die dauerhaft hinterlegt werden sollen, durch den jeweils Offenlegungs- oder Veröffentlichungspflichtigen oder den von ihm mit der Veranlassung der Offenlegung oder Veröffentlichung beauftragten Dritten,
3. die Daten nach Absatz 2 Nummer 13 durch die Bundesanstalt für Finanzdienstleistungsaufsicht.

² Die Landesjustizverwaltungen übermitteln die Daten nach Absatz 2 Nr. 1 bis 3, 11 und 12 zum Unternehmensregister, soweit die Übermittlung für die Eröffnung eines Zugangs zu den Originaldaten über die Internetseite des Unternehmensregisters erforderlich ist. ³ Die das Unternehmensregister führende Stelle stellt dem Betreiber des Bundesanzeigers die nach Satz 2 von den Landesjustizverwaltungen übermittelten Daten zur Verfügung, soweit dies für die Erfüllung der Aufgabe der Zuordnung von Einreichungen beim Betreiber des Bundesanzeigers nach Absatz 2 Nummer 5 bis 8 erforderlich ist. ⁴ Die Daten dürfen vom Betreiber des Bundesanzeigers nur für diese Zwecke verwendet werden. ⁵ Die Bundesanstalt für Finanzdienstleistungsaufsicht überwacht die Übermittlung der Veröffentlichungen und der sonstigen der Öffentlichkeit zur Verfügung gestellten Informationen nach den §§ 5, 26 Absatz 1 und 2, § 40 Absatz 1, den §§ 41, 46 Absatz 2, den §§ 50, 51 Absatz 2, § 114 Absatz 1 bis § 116 Absatz 2, den §§ 117, 118 Absatz 4 und § 127 des Wertpapierhandelsgesetzes an das Unternehmensregister zur Einstellung und kann Anordnungen treffen, die zu ihrer Durchsetzung geeignet und erforderlich sind. ⁶ Die Bundesanstalt kann die gebotene Übermittlung der in Satz 3 genannten Veröffentlichungen, der Öffentlichkeit zur Verfügung gestellten Informationen und Mitteilung auf Kosten des Pflichtigen vornehmen, wenn die Übermittlungspflicht nicht, nicht richtig, nicht vollständig oder nicht in der vorgeschriebenen Weise erfüllt wird. ⁷ Für die Überwachungstätigkeit der Bundesanstalt gelten § 6 Absatz 3 Satz 1 und 3, Absatz 15 und 16, die §§ 13, 18 und 21 des Wertpapierhandelsgesetzes entsprechend.

(4) ¹ Die Führung des Unternehmensregisters schließt die Erteilung von Ausdrucken sowie die Beglaubigung entsprechend § 9 Abs. 3 und 4 hinsichtlich der im Unternehmensregister eingestellten Unterlagen der Rechnungslegung *und Unternehmensberichte* im Sinn des Absatzes 2 Nr. 4 ein.

(5) Die Führung des Unternehmensregisters schließt auch den Informationsaustausch nach § 9c ein.

1) Elektronisch geführtes Unternehmensregister (I)

1 § 8b neu durch EHUG 2006, II Nr. 9, III 3–5 idF TUG 2007, II Nr. 7 mWv 1.6.2012 durch G 6.12.2011, II Nr. 5, 7, 8, III 1 Nr. 1 mWv 1.4.2012 durch G 22.12.2011, II Nr. 4, III 1 Nr. 1 idF MicroBilG 20.12.2012 mit Übergangsvorschrift (1) EGBGB Art. 70; zahlreiche Änderungen zu II und III, 2012, 2013, 2015, 2016 und 2. FiMaNoG 23.6.2017 BGBl. I 1693/1817; **Reform:** durch DiRUG 2022 (→ § 8 Rn. 2d) mit Übergangsvorschrift in (1) EGHGB Art. 88. § 8b bringt das zentrale elektronische Unternehmensregister, wie es viele Länder schon längst kennen, und erfüllt damit die europarechtlichen Anforderungen der PublizitätsRL (Art. 3 I, II: „eine Akte", → § 8 Rn. 2a, 3) und der Transparenz-RL (Art. 21 II: amtlich bestelltes System „für die zentrale Speicherung vorgeschriebener Informationen", → § 8 Rn. 2a). Das Unternehmensregister hat keine originäre Bekanntmachungsfunktion wie das HdlReg, sondern fungiert als zentrale Zugangsstelle zum einen als Portal zu den Registerdaten der Länder, zum andern zu den im Unternehmensregister selbst gespeicherten Daten, insbesondere unternehmensbezogenen und kapitalmarktrechtlichen (näher II, → Rn. 2 ff.). Die Nutzung wird erheblich einfacher, schneller und trotz anfallender Gebühren kostengünstiger als bei der herkömmlichen, auf viele Stellen verstreuten Papierform („one stop shop"). Die von den verschiedensten Gesetzen (→ Rn. 2 ff., Aufzählung nicht abschließend) bezweckte Publizität wird damit insbesondere auch im grenzüberschreitenden Verkehr deutlich verbessert. Das Unternehmensregister wird vom BMJV, das Herausgeber des Bundesanzeigers ist, elektronisch geführt, dieses kann jedoch die Führung an eine juristische Person des Privatrechts als beliehenen Unternehmer übertragen (§ 9a I). Finanzierung s. Seibert/Decker DB 2006, 2450; Noack NZG 2006, 805. Zur EU-weiten Verknüpfung von Unternehmensregistern → § 8 Rn. 2a. Übersichten: Noack, 2007; Liebscher/Scharff NJW 2006, 3745; Seibert/Decker DB 2006, 2449; *J. Schmidt* FS Bergmann, 2018, 637 (Entwicklung EU).

2) Über das Unternehmensregister zugängliche Informationen (II)

A. **Informationen:** II enthält eine Aufzählung des Mindestinhalts der über die Internetseite des Unternehmensregisters (www.unternehmensregister.de) zugänglichen Informationen. Diese Aufzählung ist nicht abschließend. Das Unternehmensregister ist offen für weitere unternehmensrelevante Daten. § 8b begründet keine Anmeldungs- oder gar Genehmigungserfordernisse. Zwecks Entgelterhebung können aber die notwendigen Nutzerdaten erfasst werden (Protokollierung der Abrufe, **(4)** HRV § 53). Datenabruf aus dem HdlReg ist danach kostenpflichtig, auch bei indirektem Zugriff darauf über das Unternehmensregister, Datenabruf nur aus dem Unternehmensregister dagegen nicht; zu Kosten und Finanzierung Noack NZG 2006, 805.

B. **Zugänglichkeit:** Die Informationen sind über das Unternehmensregister kostenlos „zugänglich", dh sie brauchen in ihm selbst enthalten zu sein, vielmehr genügt unmittelbare Zugriffsmöglichkeit auf andere Register über das mit diesen direkt vernetzte Unternehmensregister, Staub/Koch Rn. 24, Verweis auf nicht vernetzte Register wäre EU-rechtswidrig. Das ist nicht nur einfacher und kostengünstiger als doppelte Datenhaltung (Gebühren fallen unmittelbar bei den Ländern an), sondern vermeidet beim HdlReg, GenReg und PartReg (II Nr. 1–3) sowie bei öffentlichen Bekanntmachungen nach § 9 InsO (II Nr. 11) die Datenspiegelung im Unternehmensregister und dadurch mögliche Widersprüche zwischen den Original- und den gespiegelten Daten, was gravierende Folgen für die Registerpublizität (§ 15) haben könnte. Das Unternehmensregister selbst hat keine Publizitätswirkung nach § 15, kann jedoch mittelbar Publizitätswirkung entfalten, MüKoHGB/Krafka Rn. 3. Lieferung der Indexdaten durch die Registergerichte → Rn. 6.

C. **Die zugänglichen Informationen im Einzelnen (II Nr. 1–11):** II enthält derzeit 11 Gruppen von über das Unternehmensregister zugänglichen Informationen. Die Aufzählung ist abschließend MüKoHGB/Krafka Rn. 8.

Nr. 1–3 betreffen die Eintragungen im **Handels-, Genossenschafts- und Partnerschaftsregister** und zu diesen Registern eingereichte Dokumente. Der Zugriff auf diese Informationen kann danach entweder direkt bei diesen elektronischen Registern der Länder oder zentral, aber indirekt (nur „zugänglich", → Rn. 3) über das Portal des Unternehmensregisters erfolgen. § 8b II soll nach dem MoPeG konsequent auch auf das Gesellschaftsregister erweitert werden (→ § 8 Rn. 2c). Der Zugang zu den bislang üblichen separaten Bekanntmachungen entfällt infolge der durch DiRUG eingefügten Änderungen im Bekanntmachungswesen (→ § 8 Rn. 2d). Der Zugang zu den neu geschaffenen Registerbekanntmachungen nach § 10 HGB nF wird durch Nr. 12 sichergestellt.

§ 8b 4

Nr. 4 idF DiRUG 2022 führt gebündelt auf, welche Rechnungslegungsunterlagen und rechnungslegungsbezogene Unternehmensberichte über das Unternehmensregister frei zugänglich sein müssen (BT-Drs. 19/28177, 85). Erfasst vornehmlich Unterlagen der **Rechnungslegung** nach HGB, PublG und KAGB und auch EnWG, TKG, ERegG etwa nach §§ 325 und 339 (Offenlegung des Jahresabschlusses ua), §§ 264 III 1 Nr. 5, 246b Nr. 4, 291 I 1, 292 I Nr. 4 oder § 6b IV EnWG, § 7 II TKG, § 7 I 1 ERegG. Zusätzlich werden über den Begriff der der Unternehmensberichte andere rechnungslegungsbezogene Unterlagen erfasst, für die sich im Gesetz mitunter abweichende Bezeichnungen finden, insbesondere Finanzberichte nach WpHG (§§ 114, 115 WpHG), Zahlungs- und Konzernzahlungsberichte (§§ 341s, 241v; § 116 WpHG) oder Berichte nach VermAnlG, KAGB oder EntgTranspG (zB § 23 I VermAnlG, §§ 45 I, 123 II, 160 I KAGB oder § 22 IV EntgTranspG). Hierzu zählen auch die in der nF nicht mehr erwähnten Unterlagen nach § 341w. Die Unterlagen sind direkt an das UntReg. zu übermitteln; auf die Bekanntmachung im BAnz. wird verzichtet (→ § 8 Rn. 2d).

Nr. 5 spricht von **gesellschaftsrechtlichen Bekanntmachungen** im BAnz., diese müssen über das Unternehmensregister abrufbar sein. Das sind nicht nur solche von PersGes und KapitalGes (zB § 25 AktG, § 12 GmbHG), sondern auch von Genossenschaften. Bspe: Satzung (§§ 37 IV Nr. 1, 181 I AktG), Vorstandsmitglieder und Liste der Aufsichtsratsmitglieder (§§ 81, 106 AktG), Einberufungen und Niederschriften der Hauptversammlung (121 III, 25, 130 V AktG), Unternehmensvertrag (§ 294 I AktG).

Nr. 6 erfasst im **Aktionärsforum** veröffentlichte Eintragungen (§ 127a AktG). Solche können von Aktionären, Aktionärsvereinigungen oder auch der Ges. selbst (§ 127a IV AktG) stammen. Der Unternehmensbezug liegt darin, dass sich diese Eintragungen auf die bestimmte Ges. beziehen.

Nr. 7 betrifft **Kapitalmarktrecht,** und zwar Veröffentlichungen von Unternehmen, Bietern, Ges., Vorständen und Aufsichtsräten ua nach **(16)** WpHG, VermAnlG 2011, § 27 III ua WpÜG. Ob diese Veröffentlichungen dort vorgeschrieben oder als freiwillige vorgesehen sind, spielt für Nr. 7 keine Rolle. Bspe: Jahres- und Halbjahresfinanzberichte, Zahlungsberichte, Konzernabschlüsse, **(16)** WpHG §§ 114–118.

Nr. 8 betrifft den **Investmentsektor** und erfasst Bekanntmachungen und Veröffentlichungen inländischer KAGG und InvGes nach KAGB, InvG und InvSteuerG. Für KAGG sind dies §§ 37 II, 38 I, 43 V, 45 I, II InvG, für InvAG ebenso (Verweisung darauf in § 99 III InvG) und zusätzlich § 101 IV; 103 III, 111 I InvG.

Nr. 9 idF TUG 2007, Transparenz-RLÄndRiUmsetzG 2015, G 30.6.2016 BGBl. I 1514 **ergänzt Nr. 4 und 7** und erfasst, soweit nicht schon dort geschehen, die Veröffentlichungen nach zahlreichen Vorschriften des **(16)** WpHG §§ 5, 26 I, II, 40 I, 41, 46 II, 50, 51 II, 114 I bis 116 II, §§ 117, 118 IV, 127 ua. Soweit es sich dabei um „vorgeschriebene Informationen" iSv Transparenz-RL (Art. 9 ff., 15, → § 8 Rn. 2a) handelt, müssen diese durch Medien veröffentlicht werden, „bei denen vernünftigerweise davon ausgegangen werden kann, dass sie die Informationen tatsächlich an die Öffentlichkeit in der gesamten Gemeinschaft verbreiten" (Art. 21 der RL). Das Unternehmen wird sich dafür idR eines Informationsdienstleisters bzw. Service Providers bedienen (→ Rn. 5). Die im Unternehmensregister verfügbaren kapitalmarktrechtlichen Informationen sind durch das TUG 2007 erheblich erweitert worden. IdF DiRUG 2022 entfällt der Verweis auf **(16)** WpHG §§ 114 I, 116 II, 117, 118 IV, da diese von der nF der Nr. 4 bereits erfasst sind.

Nr. 10 ergänzt Nr. 7 und 9 betreff Mitteilungen über kapitalmarktrechtliche Veröffentlichungen an die BaFin, zB nach **(16)** WpHG.

2. Abschnitt. Handelsregister; Unternehmensregister   5–7   § 8b

Nr. 11 erfasst Bekanntmachungen der **Insolvenzgerichte** nach § 9 InsO. Da es sich um ein Unternehmensregister handelt, sind Verfahren nach InsO Teil 9 (Verbraucherinsolvenzverfahren und sonstige Kleinverfahren, §§ 304 ff. InsO) davon ausgenommen. Lieferung der Indexdaten → Rn. 6.
Nr. 12 eingefügt durch DiRUG 2022. Gewährleistet den Zugang zu den durch DiRUG eingeführten Registerbekanntmachungen nach § 10 III für das HdlsReg, GenReg (s. § 5 II PartGG) und PartReg (s. § 156 GenG).
Nr. 13 eingefügt durch DiRUG 2022, vollzieht die durch DiRUG eingefügten Änderungen in (16) WpHG § 107 I 6 und § 31 IV VermAnlG nach. Die dort genannten Daten werden von der BaFin dem UntReg übermittelt.

3) Zur Eintragung zu übermittelnde Daten (III)

Die **Daten nach II Nr. 5–8** sind, wie es vor DiRUG bereits der Fall war, 5 durch den Betreiber des BAnz. zur Einstellung in das Unternehmensregister zu übermitteln **(III 1 Nr. 1).** Durch **III Nr. 2 nF** (DiRUG) neu geregelt ist die **Übermittlung von Daten nach II Nr. 4, 9 und 10** sowie der zur dauerhaften Hinterlegung übermittelten JA (→ § 325 IIb Nr. 3 Rn. 8) und Bilanzen (→ § 326 II 1 Rn. 2, → § 339). Diese sind durch den jeweils Offenlegungspflichtigen oder den von ihm mit der Veranlassung der Veröffentlichung beauftragten Dritten, sog. Service Provider, zur Einstellung in das UntReg der UntReg führenden Stelle zu übermitteln. Daten nach **II Nr. 13** werden nur noch durch die BaFin übermittelt **(III 1 Nr. 3),** insoweit entfällt die doppelte Meldepflicht. Krit zur doppelten Meldepflicht an BaFin und Unternehmensregister Noack NZG 2006, 804.

Die **Daten nach II Nr. 1–3, 11 und 12** sind von den Landesjustizverwaltun- 6 gen zum Unternehmensregister zu übermitteln, soweit dies für die Eröffnung eines Zugangs zu den Originaldaten erforderlich ist **(III 2)**. Zu übermitteln sind insoweit also nicht die Originaldaten selbst, sondern nur die sog. **Indexdaten** des HdlReg, GenReg und PartReg und der Insolvenzbekanntmachungen (→ Rn. 3 zur „Zugänglichkeit"). Indexdaten sind ua Registernummer, Firma, Sitz des Unternehmens. Keine Aufzählung im Gesetz selbst, sondern durch RVO nach § 9a II 1, Grund: Flexibilität. Sie ermöglichen den zentralen Zugang mit Suchfunktion in den Originaldatenbanken der Länder. Für die Zuordnung der Einreichungen nach **II Nr. 5–8** zu den einzelnen Unternehmen werden diese Daten, alleine zu diesem Zweck, dem BAnz zur Verfügung gestellt **(III 3, 4 nF)**. Nach der Umstellung des Systems zur Offenlegung von Rechnungslegungsunterlagen (Übermittlung an das UntReg) verbleibt Betreiber des BAnz keine weitere Verwendung der Daten (vgl. BT-Drs. 19/28177, 86). Überwachung der Übermittlung durch die BaFin **(III 5–7** idF 2. FiMaNoG 23.6.2017, BGBl. I 1817).

4) Führung des Unternehmensregisters (IV, V)

IV betrifft die **Unterlagen der Rechnungslegung** und rechnungslegungs- 7 bezogene Unternehmensberichte nach II Nr. 4 und erfasst die Erteilung von **Ausdrucken** sowie die **Beglaubigung** entspr. § 9 III, IV betr. solcher Rechnungslegungsunterlagen **(IV 1)**. Das Unternehmensregister braucht also die Daten, die zur Eröffnung eines unmittelbaren Zugangs zu den Originaldaten nach II Nr. 4 notwendig sind, nicht von sich aus und ohne konkreten Anlass an die Gerichte zu liefern („pushen"), wie der BR das gefordert hatte. Diese Unterlagen können die Gerichte selbst ohne vorherige Registrierung und kostenfrei elektronisch abrufen. Die **elektronische Übermittlung** von HdlReg eingereichten Schriftstücken nach § 9 II ist nach Ablauf der 10-Jahresfrist nicht mehr möglich. Entspr. Lässt DiRUG **IV 2 aF** entfallen. Nach V nF schließt die Führung des Unternehmensregisters den Informationsaustausch nach § 9c ausdrücklich mit ein und setzt damit Art. 13i GesRRL um. Insoweit finden damit

Merkt   107

§ 9 1. Buch. Handelsstand

auch die Regelungen in § 9a zur Führung des UntReg damit Anwendung (BT-Drs. 19/28177, 87).

5) Schutz des Begriffs „Unternehmensregister"

8 Eine Vorschrift zum Schutz des Begriffs „Unternehmensregister" (wie nach § 8 II nF EHUG 2006, dort → § 8 Rn. 16) für das HdlReg) ist zwar vom BR vorschlagen worden, aber nicht Gesetz geworden. Denn zum einen werden, wie europarechtlich vorgegeben, bei den statistischen Ämtern „Unternehmensregister" geführt, zum anderen gibt es beim Unternehmensregister nach § 8b keinen besonderen öffentlichen Glauben. Es genügt Schutz nach § 5 UWG und bei Vervielfältigung nach § 87b UrhG (Datenbankhersteller), vgl. BGHZ 164, 37.

Einsichtnahme in das Handelsregister und das Unternehmensregister

9 (1) [1]Die Einsichtnahme in das Handelsregister sowie in die zum Handelsregister eingereichten Dokumente ist jedem zu Informationszwecken durch einzelne Abrufe gestattet. [2]Die Landesjustizverwaltungen bestimmen das elektronische Informations- und Kommunikationssystem, über das die Daten aus den Handelsregistern abrufbar sind, und sind für die Abwicklung des elektronischen Abrufverfahrens zuständig. [3]Die Landesregierung kann die Zuständigkeit durch Rechtsverordnung abweichend regeln; sie kann diese Ermächtigung durch Rechtsverordnung auf die Landesjustizverwaltung übertragen. [4]Die Länder können ein länderübergreifendes, zentrales elektronisches Informations- und Kommunikationssystem bestimmen. [5]Sie können auch eine Übertragung der Abwicklungsaufgaben auf die zuständige Stelle eines anderen Landes sowie mit dem Betreiber des Unternehmensregisters eine Übertragung der Abwicklungsaufgaben auf das Unternehmensregister vereinbaren.

(2) Sind Dokumente nur in Papierform vorhanden, kann die elektronische Übermittlung nur für solche Schriftstücke verlangt werden, die weniger als zehn Jahre vor dem Zeitpunkt der Antragstellung zum Handelsregister eingereicht wurden.

(3) [1]Die Übereinstimmung der übermittelten Daten mit dem Inhalt des Handelsregisters und den zum Handelsregister eingereichten Dokumenten wird auf Antrag durch das Gericht beglaubigt. [2]Dafür hat eine Authentifizierung durch einen Vertrauensdienst nach der Verordnung (EU) Nr. 910/2014 des Europäischen Parlaments und des Rates vom 23. Juli 2014 über elektronische Identifizierung und Vertrauensdienste für elektronische Transaktionen im Binnenmarkt und zur Aufhebung der Richtlinie 1999/93/EG (ABl. L 257 vom 28.8.2014, S. 73; L 23 vom 29.1.2015, S. 19; L 155 vom 14.6.2016, S. 44) zu erfolgen.

(4) [1]Von den Eintragungen und den eingereichten Dokumenten kann ein Ausdruck verlangt werden. [2]Von den zum Handelsregister eingereichten Schriftstücken, die nur in Papierform vorliegen, kann eine Abschrift gefordert werden. [3]Die Abschrift ist von der Geschäftsstelle zu beglaubigen und der Ausdruck als amtlicher Ausdruck zu fertigen, wenn nicht auf die Beglaubigung verzichtet wird.

(5) Das Gericht hat auf Verlangen eine Bescheinigung darüber zu erteilen, dass bezüglich des Gegenstandes einer Eintragung weitere Eintragungen nicht vorhanden sind oder dass eine bestimmte Eintragung nicht erfolgt ist.

(6) [1]Für die Einsichtnahme in das Unternehmensregister gilt Absatz 1 Satz 1 entsprechend. [2]Anträge nach den Absätzen 2 bis 5 können auch über das Unternehmensregister an das Gericht vermittelt werden. [3]Die Einsicht-

nahme in die beim Unternehmensregister zur dauerhaften Hinterlegung eingestellten Daten erfolgt nur auf Antrag durch Übermittlung einer Kopie.

Übersicht

	Rn
1) Einsichtnahme in das Handelsregister (I–V)	1–11
A. Öffentlichkeit des Handelsregisters (I 1):	1–3
B. Elektronisches Abrufverfahren (I 2–5):	4
C. Elektronische Rückerfassung von Dokumenten in Papierform (II):	5, 6
D. Beglaubigungen, Ausdrucke, Abschriften, Bescheinigungen (III–V):	7–10
E. Auskunft, Versendung:	11
2) Einsichtnahme in das Unternehmensregister (VI)	12, 13
A. Einsichtnahme (VI 1 mit I 1, VI 3):	12
B. Vermittlung der Anträge nach II–V (VI 2):	13
3) Beweiswert des Handelsregisters	14

1) Einsichtnahme in das Handelsregister (I–V)

A. Öffentlichkeit des Handelsregisters (I 1): a) § 9 neu durch EHUG 2006 **1** (I 1 weitgehend wie I aF), VI 3 neu MicroBilG 20.12.2012 mit Übergangsvorschrift **(1)** EGBGB Art. 70, III 2 idF eIDAS-DurchführungsG 18.7.2017, III 2 und VI 3 neu DiRUG 5.7.2021 mit Übergangsvorschrift in **(1)** EGHGB Art. 88. § 9 regelt die Öffentlichkeit des HdlReg und in VI die des Unternehmensregisters. Die Einsichtnahme in das HdlReg (elektronisches HdlReg und bisheriges Papierregister) sowie in die (elektronisch oder in Papierform) zum HdlReg eingereichten Dokumente, zB Gesellschafts- und andere Verträge, früher Firmenzeichnung, auch Niederschriften des Registergerichts über vor ihm abgegebene Erklärungen, RJA 2, 70 (nicht Schriftstücke des inneren Dienstes oder Vorgänge über Ordnungsstrafverfahren nach § 14) ist jedem zu Informationszwecken gestattet **(I 1)**. Das gilt ohne besondere Voraussetzungen wie etwa ein berechtigtes Interesse (europarechtlich vorgebenes Jedermann-Recht, RegE zu § 9a aF, abw. von § 13 II FamFG).

b) Verwendungszweck: Freie Einsichtnahme ist **nur zu Informationszwe- 2 cken** gestattet (insoweit keine Änderung durch EHUG, RegE). I 1 umreißt den Verwendungszweck positivrechtlich; dieser Zweck ist aber dem EU-Recht folgend sehr weit gefasst (RegE ERJuKoG), nach aA trotzdem europarechtswidrig, Hirte NJW 2003, 1091. Eigener und Drittinformationszweck, zB bei Einsicht von Rechtsanwälten, Wirtschaftsprüfern oder Auskunfteien, stehen gleich (RegE; Rechtsausschuss ERJuKoG). Kommerzielles Nutzungsinteresse schließt Informationszweck nicht aus, schadet also nicht.

c) Einsichtnahme: I 1 regelt die Einsichtnahme grundsätzlich ohne Unter- **3** scheidung zwischen der herkömmlichen Papiereinsicht und der elektronischen Online-Einsicht. Letztere ist in I 2–5 geregelt (→ Rn. 4), erstere bleibt, soweit noch Papierform, weiterhin möglich. Das Einsichtsrecht umfasst wegen der Öffentlichkeit des HdlReg auch eigenes Abschreiben, auch mittels technischer Reproduktion, OLG Dresden NJW 1997, 667. Einsicht schließt auch Durchsicht ein, auch gleichzeitig über mehrere Firmen, OLG Köln WM 1991, 1613 (Auszugsverlangen). Auch Gesamteinsicht ist gestattet, auch zu kommerziellen Zwecken. § 9 gibt aber kein Recht auf kommerzielle Mikroverfilmung des gesamten Bestands zwecks Konkurrenz zum HdlReg, vielmehr Ermessen der Justizverwaltung (nicht der Urkundsbeamten des HdlRegGerichts) nach §§ 23 ff. EGGVG, BGHZ 108, 32, str. (zu eng wegen Publizitätsfunktion des HdlReg; vgl. Kollhosser NJW 1988, 2409, und nach Elektronifizierung weitgehend funktionslos); s. auch OLG Karlsruhe NJW 1991, 182 (Verfahrensfehler). Grenze für Einsichtnahme ist wie stets Rechtsmissbrauch (§ 242 BGB), vgl. OLG Köln WM 1991, 1614 (rechtswidriger Zweck). Die Bestimmung des § 9a III aF, wonach ein Missbrauch von der Online-Einsicht ausschließt, ist als selbstverständlich entfallen (RegE § 9a). Bspe für Missbrauch (RegE, Rechtsausschuss ERJuKoG): Komplettabruf der gesamten Registerdaten (nach Elektronifizierung kaum mehr zu verhindern) oder zur Sabotage des Registerbetriebs, massenhafte Zugriffe zwecks Lahmlegung oder Infektion mit Viren, Einschleusung von Programmen. Ort und Zeit der Einsicht **(4)** HRV § 10 nF; Einsicht in das elektronische Registerblatt über Datensichtgerät oder Ausdruck, **(4)** HRV § 10 II nF. Für nicht unter § 9 I fallende Schriftstücke (Registerakte im Gegensatz zum Registerordner mit den einsehbaren Dokumenten, **(4)** HRV §§ 8, 9, MüKoHGB/Krafka Rn. 7; neben Registerordner geführte weitere Ordner, KG NJW-RR 2019, 1516, gilt § 13 II, III FamFG (Einsicht der Gerichtsakten und Erteilung ua einer Abschrift bei glaubhaft gemachtem berechtigtem Interesse, KG NJW-RR 2019, 1516 mAnm Fuchs GWR 2019, 442, berechtigtes Interesse der Presse, OLG Hamm NZG 2013, 822 Ls., wie bei Grundbuch (BGH NJW-RR 2011, 1651). Gebühren: Einsichtnahme auf der Geschäftsstelle der Registergerichts soll weiterhin kostenfrei sein (die frühere § 90 KostO findet allerdings im GNotKG keine Entsprechung), im Übrigen Gebühren nach JVKostG (früher JVKostO) bzw. HRegGebVO, Nedden-Boeger FGPrax 2007, 1. **Lit. vor EHUG** Kassau, 1998; Noack BB 2001, 1263; Seibert BB 2001, 2494; nach EHUG Seibert/Decker DB 2006, 2448. Pflicht zur Einsichtnahme besteht nicht; Unterlassen der Einsicht schadet bei einer kaufmännisch gebotenen Registerüberprüfung nur in engen Grenzen nicht, MüKOHGB/Krafka Rn. 2.

4 B. **Elektronisches Abrufverfahren (I 2–5):** I 2–5 regeln das elektronische Abrufverfahren. Zuständig sind die Landesjustizverwaltungen, sie bestimmen das elektronische Informations- und Kommunikationssystem für den Datenabruf und sind für die Abwicklung des elektronischen Abrufverfahrens zuständig **(I 2)**. Abweichende Regelung der Zuständigkeit und Übertragung der Ermächtigung ist möglich **(I 3)**. Bei der Ausführung ist Datenschutzrecht zu beachten, das Vorhalten von rein personenbezogenen Suchfunktionen (Vorname/Nachname) ist unzulässig (§§ 14 II Nr. 5, 28 I Nr. 3 BDSG), vgl. DAV NZG 2005, 587, krit. Noack NZG 2006, 803. Da die länderweite Zersplitterung des HdlReg aufwändig ist, können die Länder ein länderübergreifendes, zentrales elektronisches Informations- und Kommunikationssystem bestimmen **(I 4)** und die Übertragung der Abwicklungsaufgaben auf die zuständige Stelle eines anderen Landes bzw. mit Zustimmung des Betreibers des Unternehmensregisters auf das Unternehmensregister vereinbaren **(I 5)**. Ein solches **gemeinsames zentrales Registerportal,** das NRW für die Länder betreibt und die Hdl-, Gen- und PartReg und zT Vereinsregister erfasst, gibt es seit 2007 unter der Adresse **www.handelsregister.de** (vgl. www.handelsregisterbekanntmachungen.de, → § 10 Rn. 1). Indirekt ist der zentrale Zugang zum HdlReg über das Unternehmensregister möglich (§ 8b II Nr. 1, dort → § 8 Rn. 3, 4). Zur Sicherung der ordnungsgemäßen Datenverarbeitung und für die Kostenabrechnung erfolgt Protokollierung der Abrufe, **(4)** HRV § 53. **Lit.** Noack NZG 2006, 804, Mödl/Schmidt ZIP 2008, 2335.

5 C. **Elektronische Rückerfassung von Dokumenten in Papierform (II):** Wenn Dokumente nur in Papierform vorhanden sind wie vielfach bei Altdokumenten, kann grundsätzlich elektronische Übermittlung verlangt werden. Wird ein solcher Antrag gestellt, sind die Dokumente (auf Kosten des Antragstellers, HdlRegGebührenVO) elektronisch zu erfassen, dazu **(1)** EGHGB Art. 61 III. Übermittlung bedeutet sowohl die elektronische Einsichtnahme in das Dokument auf dem Bildschirm des Benutzers als auch seine Übersendung, uU in beglaubigter Form (RegE).

Eine **Ausnahme** von der elektronischen Rückerfassung gilt für Dokumente, 6
die **zehn Jahre** und länger vor dem Zeitpunkt der Antragstellung zum HdlReg
eingereicht wurden (zulässig nach Art. 3 III UAbs. II 3 der PublizitätsRL, → § 8
Rn. 2a). Solche Altdokumente können weiterhin bei Gericht eingesehen werden
(nebst Fertigung von Kopien in Papierform).

D. **Beglaubigungen, Ausdrucke, Abschriften, Bescheinigungen (III–V):** 7
a) Beglaubigung (III): Die Richtigkeit der Kopien in elektronischer Form wird
grundsätzlich nicht beglaubigt, außer wenn vom Antragsteller ausdrücklich verlangt (Art. 3 III UAbs. IV 2 der PublizitätsRL, → § 8 Rn. 2a). III setzt das derart
um, dass die Übereinstimmung der übermittelten Daten mit dem Inhalt des
HdlReg und den zum HdlReg eingereichten Dokumenten **nur auf Antrag**
durch das Gericht beglaubigt wird **(III 1).** Die Beglaubigung bezieht sich aber
nicht auf die Richtigkeit des Inhalts des HdlReg bzw. der zum HdlReg eingereichten Dokumente (RegE). Die Authentifizierung erfolgt seit DiRUG 2022 in
Umsetzung von Art. 16a IV GesRRL durch Vertrauensdienst nach eIDAS-VO
(III 2). In dem qualifizierten Zertifikat sollte angegeben werden, dass der Signierende zur Beglaubigung nach III autorisiert ist und die Signatur zum Zweck
der Beglaubigung eingesetzt wird (RegE).

b) Ausdruck, Abschrift (IV): Von den Eintragungen und den eingereichten 8
Dokumenten kann ein **Ausdruck** verlangt werden **(IV 1).** Glaubhaftmachung
eines berechtigten Interesses ist dafür nicht notwendig. Liegen die zum HdlReg
eingereichten Schriftstücke nur in Papierform vor, kann eine **Abschrift** gefordert
werden **(IV 2);** Antrag auf Übertragung in ein elektronisches Dokument
→ Rn. 5. Der Einsehende darf auch selbst abschreiben (→ Rn. 3). Die Abschrift
ist von der Geschäftsstelle zu beglaubigen und der Ausdruck als **amtlicher Ausdruck** zu fertigen, wenn nicht auf die Beglaubigung verzichtet wird, also noch
erst auf Verlangen **(IV 3).** Zur Erstellung von (einfachen und beglaubigten)
Abschriften **(4)** HRV § 30, von Ausdrucken **(4)** HRV § 30a. Der Beweiswert von
Abschriften und Bescheinigungen (→ Rn. 7 ff.) ist voll nur für den Zeitpunkt
ihrer Ausstellung; er nimmt ab mit dem Zeitablauf. Für nicht unter II fallende
Schriftstücke → Rn. 1.

c) (Negative) Bescheinigung (V): Verlangt werden kann im Hinblick auf 9
die negative Publizität des HdlRegs auch, dass das Gericht eine Negativbescheinigung (Negativattest) darüber erteilt, dass bezüglich des Gegenstandes einer Eintragung weitere (jede ändernde, ergänzende, einschränkende usw) Eintragungen
nicht vorhanden sind oder dass eine bestimmte Eintragung nicht erfolgt ist.
Bescheinigungen und Zeugnisse können auch in elektronischer Form (§ 126a
BGB) übermittelt werden, **(4)** HRV § 31 S. 2. Beweiswert → Rn. 7 ff.

d) Ein (positives) Zeugnis über die Eintragung konnte nach III aF darüber 10
verlangt werden, wer der Inhaber einer in das HdlReg eingetragenen Firma eines
EinzelKfm ist, sowie über die Befugnis zur Vertretung eines EinzelKfm oder einer
HdlGes (ebenso RegE V). Damit konnte Behörden gegenüber die diesbezügliche
Nachweis erbracht werden. Zum Streit, welchen Beweiswert dieses Zeugnis hatte
und ähnliche Sondervorschriften noch haben, → Rn. 14. Eines solchen Positivzeugnisses gegenüber Behörden bedarf es beim elektronischen HdlReg nicht
mehr, die Behörde kann diese Tatsachen selbst durch Einsicht in das HdlReg
klären (BR und BReg, anders noch RegE).

E. **Auskunft, Versendung:** Auskunft an Private ist nicht vorgesehen, sie 11
können einsehen, **(4)** HRV § 10. Das EHUG hat daran nichts geändert (Stellungnahme BR Nr. 10, zust. BReg). Auskunft an Behörden im Rahmen einer
besonderer Vorschrift oder vorgeschriebener Rechts- oder Amtshilfe. Grundsätzlich keine
Versendung der unersetzlichen Registerakten außer zB an Instanzgerichte,
großzügiger OLG Dresden NJW 1997, 667.

2) Einsichtnahme in das Unternehmensregister (VI)

12 **A. Einsichtnahme (VI 1 mit I 1, VI 3):** Für die Einsichtnahme in das Unternehmensregister gilt I 1 entsprechend. Danach hat jeder das Recht auf Einsichtnahme (→ Rn. 1, 3) zu Informationszwecken (→ Rn. 2). Das gilt gleichermaßen, ob die Daten im Unternehmensregister selbst gespiegelt sind (zB Rechnungslegungsunterlagen nach § 8b II Nr. 4) oder dieses nur als Portal (zB HdlReg, § 8b II Nr. 1–3) fungiert. VI ermöglicht damit, dass die Dokumente der „eine(n) Akte" aus „dem Register" elektronisch oder als Papierkopie erhältlich sind (Art. 3 I der PublizitätsRL; → § 8 Rn. 2a, 3, RegE). VI betrifft Einsichtnahme in die Bilanz bestimmter KleinstkapitalgGes (§ 267a iVm § 326 II). **VI 3** stellt seit DiRUG klar, dass die Einsichtnahme in **zur dauerhaften Einstellung übermittelten Rechnungslegungsunterlagen** (→ § 8b Rn. 2 ff.) nur auf Antrag durch Übermittlung einer Kopie erfolgt.

13 **B. Vermittlung der Anträge nach II–V (VI 2):** Die Anträge, die nach II–V bei Einsichtnahme in das HdlReg gestellt werden können, können auch über das Unternehmensregister an das Gericht vermittelt werden (europarechtliche Vorgabe, RegE). Sonst wäre der indirekte zentrale Zugang zum HdlReg (→ Rn. 4) weitgehend wertlos. Zu beachten ist, dass VI 2 nur Anträge bezüglich der Einsichtnahme in das HdlReg betrifft. Entsprechende Anträge auf Beglaubigungen, Ausdrucke und Bescheinigungen allein aus dem Unternehmensregister sind nicht vorgesehen (anders RegE VII 3 für Rechnungslegungsunterlagen nach § 8b II Nr. 4). VI 2 gilt kraft Verweisung auf § 9 auch für Daten des GenReg und PartReg (§ 156 GenG, § 5 II PartG).

3) Beweiswert des Handelsregisters

14 Die Register werden von den Gerichten nach genauen gesetzlichen Vorschriften geführt. Die Gerichte prüfen zwar die Anmeldungen, aber nicht umfassend. Eine rechtliche Vermutung der Richtigkeit der Eintragungen im HdlReg wird deshalb dadurch (anders als § 891 BGB) nicht begründet; doch liefert die Eintragung einen **Beweis des ersten Anscheins** (keine Beweislastumkehr), hL, Canaris § 4 Rn. 14; Koch ZZP 122 (2009), 37. Der Anscheinsbeweis kann erschüttert werden. Schutz des Vertrauens Dritter auf Richtigkeit des (bekanntgemachten) Registerinhalts und Wirkung dieses gegen Dritte s. § 15.

Gegenüber Behörden gibt es Sonderregelungen ua in § 32 GBO, § 69 BGB, § 26 I GenG über ein sogenanntes **Registerzeugnis** über die Vertretungsberechtigung bei HdlGes (zum früheren § 9 III → Rn. 10). Welche Beweiskraft der Eintragung bzw. einem solchen Registerzeugnis zukommt (Beweislastumkehr, Vermutung, Beweis des ersten Anscheins), ist str., MüKoHGB/Krafka Rn. 20. Zum Teil wird für ein (positives und negatives) Registerzeugnis auch hier ein bloßer Beweis des ersten Anscheins angenommen, üL, zum Teil wird dem Negativzeugnis eine besondere Beweiswirkung für die inhaltliche Richtigkeit des Bezeugten abgesprochen, Koch ZZP 122 (2009), 51. Nach Streichung des § 9 III aF erbringt gegenüber Behörden nicht nur das (positive) Zeugnis des Registergerichts, sondern schon die bloße Registereintragung den vollen Beweis für den bezeugten Umstand. Die Behörde muss sich die Einsicht grundsätzlich selbst verschaffen (→ Rn. 10) und kann nur bei Zweifeln an der Richtigkeit weitere Nachweise verlangen. Das soll entgegen § 32 GBO („Fremdkörper") in Analogie zu § 34 GBO auch für das Grundbuchrecht gelten, Koch ZZP 122 (2009), 37, str. Zur begrenzten Aussagekraft des HldRegAuszugs OLG München ZIP 2014, 2446 (Grundbuch); KG NZG 2015, 70 (Grundbuch).

2. Abschnitt. Handelsregister; Unternehmensregister 1 **§ 9a**

Übertragung der Führung des Unternehmensregisters; Verordnungsermächtigung

9a (1) ¹Das Bundesministerium der Justiz und für Verbraucherschutz wird ermächtigt, durch Rechtsverordnung mit Zustimmung des Bundesrates einer juristischen Person des Privatrechts die Aufgaben nach § 8b Abs. 1 zu übertragen. ²Der Beliehene erlangt die Stellung einer Justizbehörde des Bundes. ³Zur Erstellung von Beglaubigungen führt der Beliehene ein Dienstsiegel; nähere Einzelheiten hierzu können in der Rechtsverordnung nach Satz 1 geregelt werden. ⁴Die Dauer der Beleihung ist zu befristen; sie soll fünf Jahre nicht unterschreiten; Kündigungsrechte aus wichtigem Grund sind vorzusehen. ⁵Eine juristische Person des Privatrechts darf nur beliehen werden, wenn sie grundlegende Erfahrungen mit der Veröffentlichung von kapitalmarktrechtlichen Informationen und gerichtlichen Mitteilungen, insbesondere Handelsregisterdaten, hat und ihr eine ausreichende technische und finanzielle Ausstattung zur Verfügung steht, die die Gewähr für den langfristigen und sicheren Betrieb des Unternehmensregisters bietet.

(2) ¹Das Bundesministerium der Justiz und für Verbraucherschutz wird ermächtigt, durch Rechtsverordnung mit Zustimmung des Bundesrates Einzelheiten der Datenübermittlung zwischen den Behörden der Länder und dem Unternehmensregister einschließlich Vorgaben über Datenformate zu regeln. ²Abweichungen von den Verfahrensregelungen durch Landesrecht sind ausgeschlossen.

(3) ¹Das Bundesministerium der Justiz und für Verbraucherschutz wird ermächtigt, durch Rechtsverordnung ohne Zustimmung des Bundesrates die technischen Einzelheiten zu Aufbau und Führung des Unternehmensregisters, die technischen Einzelheiten zur Anmeldung und Identifikation von Nutzern des Unternehmensregisters, Einzelheiten der Datenübermittlung einschließlich Vorgaben über Datenformate, die nicht unter Absatz 2 fallen, Einzelheiten der Prüfung der übermittelten Daten, Löschungsfristen für die im Unternehmensregister gespeicherten Daten, Überwachungsrechte der Bundesanstalt für Finanzdienstleistungsaufsicht gegenüber dem Unternehmensregister hinsichtlich der Übermittlung, Einstellung, Verwaltung, Verarbeitung und des Abrufs kapitalmarktrechtlicher Daten einschließlich der Zusammenarbeit mit amtlich bestellten Speicherungssystemen anderer Mitgliedstaaten der Europäischen Union oder anderer Vertragsstaaten des Abkommens über den Europäischen Wirtschaftsraum im Rahmen des Aufbaus eines europaweiten Netzwerks zwischen den Speicherungssystemen, die Zulässigkeit sowie Art und Umfang von Auskunftsdienstleistungen mit den im Unternehmensregister gespeicherten Daten, die über die mit der Führung des Unternehmensregisters verbundenen Aufgaben nach diesem Gesetz hinausgehen, zu regeln. ²Soweit Regelungen getroffen werden, die kapitalmarktrechtliche Daten berühren, ist die Rechtsverordnung nach Satz 1 im Einvernehmen mit dem Bundesministerium der Finanzen zu erlassen. ³Die Rechtsverordnung nach Satz 1 hat dem schutzwürdigen Interesse der Unternehmen am Ausschluss einer zweckändernden Verwendung der im Register gespeicherten Daten angemessen Rechnung zu tragen.

1) Übertragung der Führung des Unternehmensregisters (I)

§ 9a idF EHUG 2006; I 1, II 1, III 1 idF Zehnte ZuständigkeitsanpassungsVO **1** 31.8.2015; klarstellende Modifikationen hinsichtlich Reichweite der Verordnungsermächtigung durch DiRUG (BT-Drs. 19/28177, 8; → § 8 Rn. 2d). Das BMJV wird zur Übertragung der Führung des Unternehmensregisters (Aufgaben nach § 8b I) an eine juristische Person des Privatrechts ermächtigt **(I 1)**. Der

Merkt 113

§ 9b

Beliehene erlangt die Stellung einer Justizbehörde des Bundes **(I 2)**. Der Staat kann sich bei der Erfüllung öffentlicher Aufgaben auch Privater bedienen und ihnen dazu hoheitliche Befugnisse zur Wahrnehmung im eigenen Namen übertragen (BVerwG NVwZ-RR 1991, 330, BReg Nr. 14), was zB auch im AutobahnmautG v. 5.4.2002 BGBl. 1234 geschehen ist. Weitere Einzelheiten dazu in **I 3–4**. Weitgehende Anforderungen an das Profil des zu Beleihenden in **I 5**, in Frage kommt danach praktisch nur der BAnz. Diese Übertragung an die **Bundesanzeiger VerlagsGes mbH** (Beliehene) ist mit Wirkung zum 1.1.2007 erfolgt, VO 15.12.2006 (BGBl. 2007 I 3202), verlängert bis 2026 durch VO 14.1.2015 (BGBl. I 16).

2) Verordnungsermächtigungen (II, III)

2   Der zentrale elektronische Zugriff über das Unternehmensregister auf die Originaldaten der Länder ist ohne Einheitlichkeit der Datenzulieferung durch die Länderbehörden nicht gewährleistet. II und III enthalten deshalb Verordnungsermächtigungen an das BMJV über Einzelheiten der Datenübermittlung zwischen den Behörden der Länder und dem Unternehmensregister (keine Abweichungen von den Verfahrensregelungen durch Landesrecht, II 2) und zu den technischen und organisatorischen Einzelheiten zu Aufbau und Führung des Unternehmensregisters ua (ausführliche Aufzählung in III 1). Darunter fallen auch Regelungen über Zulässigkeit sowie Art und Umfang von Auskunftsdienstleistungen (sog. Push- und Mehrwertdienste) des Betreibers mit den im Unternehmensregister selbst (nicht zB im HdlReg, insoweit Sache und uU Vereinbarung der Länder mit dem Betreiber) gespeicherten Daten, die über die mit der Führung des Unternehmensregisters verbundenen gesetzlichen Aufgaben hinausgehen (RegE) und in Umsetzung von Art. 13j IV iVm 13g III lit. b und Art. 28b II iVm 28a III lit. b GesRRL seit DiRUG 2022 auch die technischen Einzelheiten der Anmeldung und Identifikation von Nutzern des Unternehmensregisters (vgl. auch § 4 URV nF) sowie die Einzelheiten der Prüfung nach § 329 (vgl. auch § 12 URV nF; BT-Drs. 19/28177, 87). Nach Europarecht (→ § 8 Rn. 2a) dürfen dabei Dritte, auch bei Interesse an eigener Vermarktung, nicht ausgeschlossen werden. Dem schutzwürdigen Interesse der Unternehmen am Ausschluss einer zweckändernden Verwendung der im Register gespeicherten Daten ist angemessen Rechnung zu tragen (III 3). Das entspricht dem Grundrecht auf informationelle Selbstbestimmung (§ 14 II Nr. 5, 28 I Nr. 3 BDSG) und betrifft zB den Fall, dass der Betreiber des Unternehmensregisters im Register enthaltene Unternehmensdaten in einer Weise nutzen will, die über die gesetzlich vorgeschriebenen Aufgaben hinausgeht (RegE).

3   Das BMJ hat die Verordnung über das Unternehmensregister **(UnternehmensRegVO)** 26.2.2007 BGBl. I 217 mit späteren Änderungen erlassen.

Europäisches System der Registervernetzung

9b (1) ¹**Die Eintragungen im Handelsregister und die zum Handelsregister eingereichten Dokumente sowie die Unterlagen der Rechnungslegung nach § 325 sind, soweit sie Kapitalgesellschaften betreffen oder Zweigniederlassungen von Kapitalgesellschaften, die dem Recht eines anderen Mitgliedstaates der Europäischen Union oder eines anderen Vertragsstaates des Abkommens über den Europäischen Wirtschaftsraum unterliegen, auch über das Europäische Justizportal zugänglich.** ²**Hierzu übermitteln die Landesjustizverwaltungen die Daten des Handelsregisters und die das Unternehmensregister führende Stelle übermittelt die Daten der Rechnungslegungsunterlagen jeweils an die zentrale Europäische Plattform nach Artikel 22 Absatz 1 der Richtlinie (EU) 2017/1132 des Europäischen Parlaments und des Rates vom 14. Juni 2017 über bestimmte Aspekte des Gesellschaftsrechts (ABl. L 169**

§ 9b

vom 30.6.2017, S. 46), die zuletzt durch die Richtlinie (EU) 2019/2121 (ABl. L 321 vom 12.12.2019, S. 1; L 20 vom 24.1.2020, S. 24) geändert worden ist, soweit die Übermittlung für die Eröffnung eines Zugangs zu den Originaldaten über den Suchdienst auf der Internetseite des Europäischen Justizportals erforderlich ist.

(2) ¹Das Registergericht, bei dem das Registerblatt einer Kapitalgesellschaft oder Zweigniederlassung einer Kapitalgesellschaft im Sinne des Absatzes 1 Satz 1 geführt wird, nimmt am Informationsaustausch zwischen den Registern über die zentrale Europäische Plattform teil. ²Den Kapitalgesellschaften und Zweigniederlassungen von Kapitalgesellschaften im Sinne des Absatzes 1 Satz 1 ist zu diesem Zweck eine einheitliche europäische Kennung zuzuordnen. ³Das Registergericht übermittelt nach Maßgabe der folgenden Absätze an die zentrale Europäische Plattform die Information über

1. die Eintragung der Eröffnung, Einstellung oder Aufhebung eines Insolvenzverfahrens über das Vermögen der Gesellschaft,
2. die Eintragung der Auflösung der Gesellschaft und die Eintragung über den Schluss der Liquidation oder Abwicklung oder über die Fortsetzung der Gesellschaft,
3. die Löschung der Gesellschaft sowie
4. das Wirksamwerden einer Verschmelzung nach § 122a des Umwandlungsgesetzes.
5. die Eintragung der Errichtung einer Zweigniederlassung und die Eintragung der Aufhebung der Zweigniederlassung sowie
6. die Änderung folgender Daten der Gesellschaft oder der Zweigniederlassung:
   a) der Firma der Gesellschaft oder der Zweigniederlassung,
   b) des Sitzes der Gesellschaft oder der Geschäftsanschrift der Zweigniederlassung,
   c) der Rechtsform der Gesellschaft,
   d) der Eintragungsnummer der Gesellschaft oder der Zweigniederlassung,
   e) der Personen, die als gesetzlich vorgesehenes Gesellschaftsorgan oder als Mitglieder eines solchen Organs befugt sind, die Gesellschaft gerichtlich und außergerichtlich zu vertreten, oder die an der Verwaltung, Beaufsichtigung oder Kontrolle der Gesellschaft teilnehmen.

⁴Die Informationsübermittlung erfolgt nach Maßgabe der Bestimmungen der Durchführungsverordnung (EU) 2020/2244 der Kommission vom 17. Dezember 2020 mit Durchführungsbestimmungen zur Richtlinie (EU) 2017/1132 des Europäischen Parlaments und des Rates in Bezug auf technische Spezifikationen und Verfahren für das System der Registervernetzung und zur Aufhebung der Durchführungsverordnung (EU) 2015/884 der Kommission (ABl. L 439 vom 29.12.2020, S. 1).

(3) ¹Die Landesjustizverwaltungen bestimmen das elektronische Informations- und Kommunikationssystem, über das die Daten aus dem Handelsregister zugänglich gemacht (Absatz 1) und im Rahmen des Informationsaustauschs zwischen den Registern übermittelt und empfangen werden (Absatz 2), und sie sind, vorbehaltlich der Zuständigkeit der das Unternehmensregister führenden Stelle nach Absatz 1 Satz 2, für die Abwicklung des Datenverkehrs nach den Absätzen 1 und 2 zuständig. ²§ 9 Absatz 1 Satz 3 bis 5 gilt entsprechend.

(4) ¹Die das Unternehmensregister führende Stelle übermittelt nach den Vorgaben der Durchführungsverordnung (EU) 2020/2244 eine Änderung der Unterlagen der Rechnungslegung, die eine Kapitalgesellschaft mit Sitz im Inland offengelegt hat (§ 325 Absatz 1b Satz 1), unverzüglich an die zentrale

§ 9b 1–3   1. Buch. Handelsstand

Europäische Plattform, wenn die Kapitalgesellschaft eine Zweigniederlassung errichtet hat, die dem Recht eines anderen Mitgliedstaates der Europäischen Union oder eines anderen Vertragsstaates des Abkommens über den Europäischen Wirtschaftsraum unterliegt. Empfängt die das Unternehmensregister führende Stelle über das Europäische System der Registervernetzung Daten zu einer Änderung der Unterlagen der Rechnungslegung einer Kapitalgesellschaft, die dem Recht eines anderen Mitgliedstaates der Europäischen Union oder eines anderen Vertragsstaates des Abkommens über den Europäischen Wirtschaftsraum unterliegt und die eine inländische Zweigniederlassung errichtet hat, so bestätigt die registerführende Stelle den Eingang der Daten über das Europäische System der Registervernetzung.

1) Zugang zum Europäischen Justizportal (I)

1   § 9b neu durch RegVerknüpfUmsetzG 2014; Anpassungen durch DiRUG, insbes. hinsichtlich Eintragung und Aufhebung von inländischen ZwNI von KapitalGes. mit Sitz im Ausland und anderer Informationen und Urkunden zu diesen (BGBl. 2021 I 3338, 3339 f., vgl. auch BT-Drs. 19/28177, 8 f.; → § 8 Rn. 2d). Die damit umgesetzten EU-Richtlinien RL 2012/17/EU sowie die diese aufhebende und ersetzende RL (EU) 2017/1132 (GesRRL) dienen der Verbesserung des grenzüberschreitenden Zugangs zu Unternehmensinformationen über das Europäische System der Registervernetzung. Das System dient der Vernetzung der Zentral-, Handels- und Gesellschaftsregister in der EU und besteht aus den Registern der Mitgliedstaaten, der zentralen Europäischen Plattform und dem Europäischen Justizportal. Um die Interoperabilität zu erreichen, erhalten alle KapitalGes eine einheitliche europäische Kennung. Ein Mindestsatz von Unternehmensinformationen (Firma, Rechtsform, Sitz und Registernummer der Ges.) soll über einen Suchservice in allen Amtssprachen kostenlos abgerufen werden können. Vorgesehen sind zwei Stufen. § 9b regelt in der ersten Stufe die Grundlagen für die Beteiligung der BRD. Die zweite Stufe folgt, wenn die EU-Kommission die Durchführungsrechtsakte erlässt.

2   **I 1** sieht neben dem **gemeinsamen Registerportal der Länder** (§ 9 I 4) und dem **Unternehmensregister** (§ 8b) die Beteiligung der BRD an dem **Europäischen Justizportal** (https://e-justice.europa.eu) vor. Alle drei dienen dem zuverlässigen Zugang zu den wichtigsten nationalen Unternehmensdaten, das Europäische Justizportal allerdings **beschränkt auf Kapitalgesellschaften bzw. Zweigniederlassungen von solchen** (aus EU und EWR; beachte aber → Rn. 4), aber mit mehrsprachigem Zugang. Der Benutzer wird je nach seinen Bedürfnissen unter den dreien **auswählen,** schon bisher zB bei Rechtspflegemaßnahmen das Registerportal oder etwa für Kapitalmarktinformationen das Unternehmensregister, nunmehr das Europäische Justizportal, dort für Eintragungen in das HdlReg sowie den zum HdlReg eingereichten Dokumenten sowie den Rechnungslegungsunterlagen nach § 325. Über das Europäische Justizportal werden aber nur alle (und nicht mehr) Rechnungslegungsdaten betreffend KapitalGes und ZwNl zugänglich sein, die auch im Unternehmensregister enthalten sind. Zur Information über die Publizitätswirkung von Eintragungen und eingereichten Dokumenten schon bisher §§ 15, 11 II.

3   Zuständig für den Zugang sind die nationalen Landesjustizverwaltungen **(I 2).** Diese sind schon bisher für die Organisation der Einsichtnahme in das HdlReg zuständig (§ 9 I); für die Lieferung der Rechnungslegungsunterlagen ist unmittelbar der beliehene Unternehmer nach § 9a I 1 zuständig (nach DiRUG geschlechtsneutral: die das UntReg führende Stelle). Es geht nicht um eine europäische Paralleldatenbank neben den Registern der Mitgliedstaaten, sondern um den Zugang zu den nationalen Originaldatenbanken, der mittels Indexdaten ermöglicht werden soll (vgl. § 8b III 2, dort → § 8b Rn. 6).

2) Informationsaustausch zwischen den Registern über die zentrale Europäische Plattform (II–IV)

Die **Registergerichte** nehmen am Informationsaustausch zwischen den Registern über die zentrale Europäische Plattform teil, und zwar jeweils das Registergericht, bei dem das Registerblatt einer KapitalGes oder ZwNl einer KapitalGes iSv I 1 geführt wird **(II 1)**. Die inländischen KapitalGes und die ZwNl von KapitalGes aus EU/EWG erhalten eine **einheitliche europäische Kennung (II 2)**. Diese Kennung dient ausschließlich der Registervernetzung und ersetzt nicht die Registernummer gemäß **(4)** HRV § 13. Einzelheiten zu Struktur, Zuordnung und Verwendung dieser Kennung s. IV Nr. 1. Die in der Digitalisierungs-RL vorgesehene Mitgliedstaatenoption, auch Daten von PersGes über das BRIS zugänglich zu machen, Art. 18 III lit. a GesR-RL nF hat der Gesetzgeber weder im DiRUG noch im MoPeG aufgegriffen. **Lit.** fordert ein Gebrauchmachen hiervon, J. Schmidt DK 2018, 233. Dem ist aufgrund der dadurch bewirkten Transparenz und dem gesteigerten Vertrauen in den Binnenmarkt beizupflichten.

II 3 bestimmt, **welche Informationen** das Registergericht an die zentrale Europäische Plattform **übermittelt**, nämlich **Nr. 1:** Eintragung der Eröffnung, Einstellung oder Aufhebung eines Insolvenzverfahrens über das Vermögen der Ges. (§§ 6 I, 32 I 1, 2 Nr. 1, und 4); **Nr. 2:** Eintragung der Auflösung der Ges. (§ 65 GmbHG, §§ 263, 289 AktG) und die Eintragung über den Schluss der Liquidation oder Abwicklung (§ 74 I 1 GmbHG, §§ 273 I 1, 274 ggf. iVm § 278 III AktG) oder über die Fortsetzung der Ges.; **Nr. 3:** die Löschung der Ges. (s. **(3)** FamFG §§ 394–397, § 74 I 2 GmbHG, § 273 I 2 ggf. iVm 278 III AktG); und **Nr. 4:** das Wirksamwerden einer Verschmelzung nach § 122a UmwG (dies in Ergänzung von § 122l III UmwG). Die abschließende Aufzählung erfolgt erst durch die RVO nach IV (IV Nr. 2). **Nr. 5, 6** neu durch DiRUG 2022: Dienen der Umsetzung von Art. 28a VII 1, 28c Satz 1, 30a UAbs. 1 lit. a–e 1. Alt. GesRRL. Danach werden Registergerichte verpflichtet, in Bezug auf die in I 1 genannten KapitalGes. Informationen über die Eintragung der Errichtung und Aufhebung einer Zweigniederlassung sowie über die Änderung von bestimmten Urkunden und Informationen einer Gesellschaft oder einer Zweigniederlassung über das Europäische System der Registervernetzung zu übermitteln (s. auch → Rn. 1 f.). **II 4** behält die Details zur Informationsübermittlung den Bestimmungen der DVO (EU) 2020/2244 vor.

Welches der geeignetste Weg zur Teilnahme am Europäischen System der Registervernetzung ist, können die Länder selbst wählen **(III 1)**. Das kann über das Registerportal geschehen oder mittels einer Vereinbarung mit der das Unternehmensregister führenden Stelle **(III 2**, § 9 I 3–5, → Rn. 3).

Bisherige Ermächtigung in **IV aF** wird nach DiRUG aus systematischen Gründen in **(3)** FamFG § 387 VI überführt und mit der Verordnungsermächtigung für die **(4)** HRV zusammengefasst. Dadurch soll es künftig möglich sein, in der HRV auch Regelungen in Bezug auf das Europäische System der Registervernetzung zu treffen (BT-Drs. 19/28177, 27, 139). **IV 1 nF** setzt Art. 30a UAbs. 1 lit. e iVm Art. 14 lit. f GesRRL um. Danach besteht Übermittlungspflicht der das UntReg führenden Stelle an die zentrale europ. Plattform bei offengelegten Änderungen der Rechnungslegungsunterlagen einer inländ. KapitalGes. mit EU/EWR-ZwNI. Übermittlung dieser Daten erfolgt an Reg. der ZwNI (Art. 30a UAbs. 1 lit. e iVm Art. 14 lit. f GesRRL). Entsprechend erforderlich ist Empfangsbestätigung der Daten nach **IV 2 nF** durch das UntReg als Reg. der ZwNI (Umsetzung von Art. 30a UAbs. 2 Hs. 1 GesRRL).

§ 9c

Informationsaustausch über disqualifizierte Personen über das Europäische System der Registervernetzung

9c (1) ¹Die das Unternehmensregister führende Stelle ist die zuständige Stelle für die Beantwortung eines über die zentrale Europäische Plattform gemäß § 9b Absatz 1 Satz 2 eingehenden Ersuchens eines anderen Mitgliedstaates der Europäischen Union oder eines anderen Vertragsstaates des Abkommens über den Europäischen Wirtschaftsraum nach Artikel 13i der Richtlinie (EU) 2017/1132 um Informationen, die relevant sind für die Disqualifikation einer Person

1. als Geschäftsführer einer Gesellschaft mit beschränkter Haftung gemäß § 6 Absatz 2 Satz 2 Nummer 2 und 3 des Gesetzes über die Gesellschaften mit beschränkter Haftung oder,
2. als Mitglied des Vorstands einer Aktiengesellschaft gemäß § 76 Absatz 3 Satz 2 Nummer 2 und 3 des Aktiengesetzes.

²Auf Anfrage eines Registergerichts führt die zuständige Stelle ein Ersuchen nach Artikel 13i der Richtlinie (EU) 2017/1132 gegenüber anderen Mitgliedstaaten der Europäischen Union oder anderen Vertragsstaaten des Abkommens über den Europäischen Wirtschaftsraum durch und leitet die erhaltenen Antworten an das anfragende Registergericht weiter.

(2) ¹Die zuständige Stelle erhält zum Zweck der Beantwortung eines Ersuchens die für die Beantwortung erforderliche Auskunft aus dem Bundeszentralregister nach § 57a Absatz 4 des Bundeszentralregistergesetzes und aus dem Gewerbezentralregister nach § 150c Absatz 3 der Gewerbeordnung.

(3) Die Beantwortung und die Durchführung eines Ersuchens erfolgen gemäß den Bestimmungen der Durchführungsverordnung (EU) 2020/2244[1] sowie einer nach Absatz 6 erlassenen Verordnung.

(4) Die Beantwortung eines Ersuchens ist beschränkt auf die Angabe gemäß Artikel 13i Absatz 4 Satz 1 der Richtlinie (EU) 2017/1132,
1. ob die betroffene Person disqualifiziert ist,
   a) gemäß § 6 Absatz 2 Satz 2 Nummer 2 und 3 des Gesetzes über die Gesellschaften mit beschränkter Haftung als Geschäftsführer einer Gesellschaft mit beschränkter Haftung oder
   b) gemäß § 76 Absatz 3 Satz 2 Nummer 2 und 3 des Aktiengesetzes als Mitglied des Vorstands einer Aktiengesellschaft oder
2. ob entsprechende Informationen im Bundeszentralregister oder Gewerbezentralregister enthalten sind.

²Weitergehende Informationen über eine Disqualifikation der betroffenen Person werden durch die das Unternehmensregister führende Stelle über die zentrale Europäische Plattform nicht übermittelt.

(5) ¹Die zuständige Stelle darf die von einem ersuchenden Mitgliedstaat, von einem Registergericht oder nach Absatz 2 übermittelten personenbezogenen Daten der betroffenen Personen für die Zwecke der Beantwortung und der Durchführung eines Ersuchens verarbeiten.

²Die personenbezogenen Daten der betroffenen Personen sind von der zuständigen Stelle unverzüglich zu löschen, sobald und soweit diese nicht mehr für die Beantwortung oder die Durchführung des Ersuchens erforderlich sind.

---

[1] Die VO (EU) 2020/2244 ist durch VO (EU) 2021/1042 mWv 15.7.2021 aufgehoben worden.

2. Abschnitt. Handelsregister; Unternehmensregister 1–3 § 9c

(6) **Durch Rechtsverordnung nach § 9a Absatz 3 können auch die erforderlichen Bestimmungen in Bezug auf die Beantwortung und die Durchführung der Ersuchen durch die zuständige Stelle getroffen werden, einschließlich der Bestimmungen über**
1. **Inhalt, Frist, Form und Umfang der Beantwortung der Ersuchen,**
2. **die technischen Einzelheiten zum Empfang, zur Verarbeitung und zur Weitergabe der erforderlichen Daten für die Beantwortung und die Durchführung der Ersuchen,**
3. **die technischen Vorgaben zur Speicherung, Löschung, Berichtigung und Verarbeitung von Daten über die betroffenen Personen durch die zuständige Stelle,**
4. **die Prüfung der vom Bundeszentralregister oder vom Gewerbezentralregister erhaltenen Daten im Hinblick auf die Erfüllung der Voraussetzungen einer Disqualifikation gemäß § 6 Absatz 2 Satz 2 Nummer 2 und 3 des Gesetzes über die Gesellschaften mit beschränkter Haftung oder gemäß § 76 Absatz 3 Satz 2 Nummer 2 und 3 des Aktiengesetzes,**
5. **die Voraussetzungen, Formalien, Fristen und Inhalte der Durchführung der Ersuchen.**

1) Vorgaben der GesRRL

§ 9c neu eingefügt durch DiRUG 2022 in Umsetzung von Art. 13i GesRRL, **1** Übergangsrecht in **(1)** EGHGB Art 88. Art. 13i GesRRL verpflichtet die Mitgliedstaaten zur Errichtung eines Systems zum grenzüberschreitenden Informationsaustausch über disqualifizierte Geschäftsführer (= organschaftliche Vertreter von Kapitalgesellschaften, Art. 13i I 3 GesRRL). Ebenso haben die Mitgliedstaaten sicherzustellen, dass sie in der Lage sind, auf Ersuchen von Informationen aus anderen Mitgliedstaaten in der Weise zu antworten, dass sie über das Europäische System der Registervernetzung entsprechende Informationen unverzüglich bereitstellen können (Art. 13i III, IV 1 GesRRL). Die Ausgestaltung der Disqualifikationstatbestände und Prüfungssysteme bleibt allerdings Angelegenheit der Mitgliedstaaten. Angesichts der Vielgestalt der in den Mitgliedstaaten eingesetzten Verfahren (Spannweite von vollautomatischer bis „händischer" Prüfung) ist eine Harmonisierung auf diesem Gebiet daher nicht zu erwarten (BT-Drs. 19/28177, 89).

Die Prüfung von Bestellungshindernissen ist in der Bundesrepublik Deutschland **2** kaum automatisiert und fußt im Wesentlichen auf den bei der Anmeldung abgegebenen, strafbewehrten Versicherungserklärungen der GF oder Vorst. Eine Prüfung durch die Registergerichte von Amts wegen findet nur statt, wenn konkrete Anhaltspunkte die Unrichtigkeit dieser Erklärungen vermuten lassen. In diesem Fall eröffnet der Amtsermittlungsgrundsatz nach § 26 FamFG unbeschränkte Auskünfte aus BZRG und Auskunft aus dem Gewerbezentralregister, die alleine Informationen über Bestellungshindernisse nach § 6 II 2 Nr. 2, 3 GmbHG und § 76 III 2 Nr. 2, 3 AktG. Ob diese Strukturen ausreichend sind, um die Ersuchen aus den anderen Mitgliedstaaten zu bedienen, wird sich *in praxi* zeigen. Daher werden mit dem Ziel, eine nahtlose Einbettung in die Regelungssystematik zum UntReg. zu ermöglichen, die Richtlinienvorgaben gebündelt in § 9c umgesetzt (BT-Drs. 19/28177, 89).

2) Zuständigkeit (I)

A. **Eingehende Ersuchen (I 1):** Zuständige Behörde (→ § 9a Rn. 1) für die **3** Beantwortung von in Deutschland **eingehender Ersuchen** anderer EU/EWR-Staaten nach Art. 13i GesRRL ist die das UntReg. führende Stelle. Grund hierfür ist die erforderliche, beim UntReg. ohnehin vorhandene Anbindung an Europäisches System der Registervernetzung (vgl. § 9b I 2, BT-Drs. 19/28177, 90).

Merkt

Nach §§ 9a I, 8b Teil des Aufgabenkreises des Beliehenen, also der Bundesanzeiger VerlagsGes mbH (→ § 9a Rn. 1).

4 B. **Ausgehende Ersuchen (I 2):** I 2 ermöglicht deutschen Registergerichten entsprechende Ersuchen **über** die das UntReg. führende Stelle an andere EU/EWR-Staaten zu richten (Umsetzung von Art. 13i I 2 GesRRL). Zuständigkeit nach I 2 nur für **Durchführung** der Ersuchen, Befugnis zu Ersuchen der Registergerichte folgt aus §§ 26, 29 FamFG. Inhaltliche Begrenzung der nachfragbaren Informationen findet nach deutschem Recht nicht statt, sondern richtet sich nach Recht des ersuchten Staates. Registergerichten können daher jenseits des „Ob" der Disqualifikation auch weitere Informationen, etwa über deren Gründe erfragen. Anders (Begrenzung auf „Ob" einer Disqualifikation) bei Beantwortung eingehender Ersuchen (→ Rn. 7). Im Ganzen hierzu BT-Drs. 19/28177, 90.

3) Auskunft aus BZRG und Gewerbezentralregister (II)

5 A. **Auskunft aus BZRG und Gewerbezentralregister:** Verschafft UntRegfS zur Beantwortung von Ersuchen notwendige Informationen und eröffnet hierzu Anwendungsbereich von § 57a IV BZRG und § 150c III GewO; Ersuchen nach Art. 13i GesRRL dient nichtstrafrechtlichen Zwecken. Keine unbeschränkte Auskunft sondern Beschränkung auf für die Disqualifikation von GF relevanten Informationen (Art. 13i IV 1 GesRRL). **Filterfunktion der das UntRegfS** (BT-Drs. 19/28177, 91): UntRegfS prüft Registerauskünfte auf Eintragungen nach § 6 II Nr. 2, 3 GmbHG oder § 76 III 2 Nr. 2, 3 AktG, nicht hingegen auf nicht originär gesellschaftsrechtl., sondern sich aus allg. zivilrechtl. Regelungen ergebenden Bestellungshindernisse (zB Geschäftsfähigkeit) nach § 6 II 1, 2 Nr. 1 GmbHG oder § 76 III 1, III 1 Nr. 1 AktG (→ Rn. 7, 8; Art. 1 iVm Anh. Nr. 16.1 VO (EU) 2021/1042).

6 B. **Beurteilung des Vorliegens einer Disqualifikation:** Vorzunehmen durch UntRegfS als sachnähere Behörde (BT-Drs. 1/28177, 91 mit Verw. auf BT-Drs. 17/5224, 27). Beurteilung ist für jedes Ersuchen separat und individuell, auf Grundlage jeweils separater Registerauskünfte durchzuführen; dauerhafte Speicherung von Betroffenendaten im Hinblick auf etwaige weitere Ersuchen ist nicht zulässig. Entsprechendes gilt für Ersuchen der Registergerichte an andere Mitgliedstaaten (→ Rn. 4).

4) Inhaltliche Anforderungen an die Beantwortung von Ersuchen und Reichweite der Beantwortung (III, IV)

7 III verweist hins. inhaltl. Anforderungen an Beantwortung von Ersuchen auf VO (EU) 2020/2244 aufgeh. mWv 15.7.2021 durch VO (EU) 2021/1042, insoweit Vorschriften letzterer VO maßgeblich. Nach **IV** ist in Umsetzung von Art. 13i IV 1 GesRRL die Beantwortung von Ersuchen auf das „Ob" einer Disqualifikation nach § 6 II 2 Nr. 2, 3 GmbHG und § 76 III 2 Nr. 2, 3 AktG **(IV 1 Nr. 1)** bzw. das Vorliegen von dahingehenden registerbekannten Informationen **(IV 1 Nr. 2)** beschränkt. Von der Option in Art. 13i IV 2 GesRRL, weitere Informationen über das Europäische System der Registervernetzung auszutauschen, hat der deutsche Gesetzgeber ausdrücklich keinen Gebrauch gemacht **(IV 2,** BT-Drs. 19/28177, 91). Berufs- oder Gewerbeverbot nach § 6 II 2 Nr. 2 GmbHG bzw. § 76 III 2 Nr. 2 AktG fällt unter IV 1 Nr. 2, da Beurteilung der Disqualifikation nur bei ganz oder teilweiser Übereinstimmung von Verbot mit Unternehmensgegenstand vorliegt, Letzterer jedoch im Rahmen des grenzüberschreitenden Informationsaustausches nicht übermittelt wird (vgl. Anh. Nr. 16.3 VO (EU) 2021/1042).

5) Datenschutz (V)

Ums. von Art. 13i VII UAbs. 1, 2 GesRRL. Verweis auf DS-GVO aufgrund unmittelbarer Anwendbarkeit entbehrlich. Befugnis zur Datenverarbeitung nach **V 1** betrifft die im Rahmen von Ersuchen nach VO (EU) 2021/1042 übermittelten sowie die zur Beantwortung durch die UntRegfS bei inländ. Registergerichten und nach II bei BZRG und Gewerbezentralregister eingeholte Daten. Unverzügliche Löschpflicht nach **V 2** (Ums. Art. 13i VII UAbs. 2 GesRRL) betrifft personenbezogene Daten, zwingt jedoch nicht zu sofortiger Löschung nach Beantwortung eines Ersuchens nach I 1, da DurchführungsVO Nachfragen zulässt (Anh. Nr. 16.2.1.2. aE, 16.2.2. ff. VO (EU) 2021/1042). Löschung jedenfalls verpflichtet, wenn Vorgang insgesamt abgeschlossen und mit Nachfragen nicht mehr zu rechnen ist. Löschpflicht tritt früher ein bei Teilen des Datenbestandes, die für den Vorgang nicht mehr notwendig sind. Insb. Informationen aus BZRG und Gewerbezentralregister, die für die Feststellung einer Disqualifikation aufgrund eines Bestellungshindernisses nicht relevant sind, sind unverzüglich nach der Beurteilung durch die UntRegfS zu löschen. Entsprechendes gilt für die Durchführung eines Ersuchens durch UntRegfS im Auftrag von Registergerichten (zum Ganzen BT-Drs. 19/28177, 92).

6) Verordnungsermächtigung (VI)

Durch Anknüpfung an Ermächtigung nach § 9a III können nach **VI** ergangene Regelungen in URV aufgenommen werden.

Bekanntmachung der Eintragungen; Registerbekanntmachungen

10 (1) ¹Die Eintragungen in das Handelsregister sowie Registerbekanntmachungen nach Absatz 3 werden durch ihre erstmalige Abrufbarkeit über das nach § 9 Absatz 1 bestimmte elektronische Informations- und Kommunikationssystem bekannt gemacht. ²§ 9 Absatz 1 Satz 4 und 5 gilt entsprechend.

(2) Die Eintragungen in das Handelsregister und die eingereichten Dokumente, die gemäß § 9 der unbeschränkten Einsichtnahme unterliegen, sind unverzüglich nach der Eintragung in das Handelsregister zum Abruf über das nach § 9 Absatz 1 bestimmte elektronische Informations- und Kommunikationssystem bereitzustellen.

(3) Das Registergericht kann in den gesetzlich bestimmten Fällen in dem nach § 9 Absatz 1 bestimmten elektronischen Informations- und Kommunikationssystem sonstige oder zusätzliche Tatsachen bekannt machen (Registerbekanntmachungen).

(4) ¹Eine Eintragung gilt mit dem Ablauf des Tages der Eintragung und eine Registerbekanntmachung gilt mit dem Ablauf des Tages der Registerbekanntmachung als bekannt gemacht. ²Dies gilt nicht, wenn der Nachweis erbracht wird, dass der Abruf der Eintragung oder der Registerbekanntmachung

1. bereits zu einem früheren Zeitpunkt möglich war oder
2. erstmalig erst zu einem späteren Zeitpunkt möglich war.

1) Vorgaben der GesRRL und Umsetzungskonzept

§ 10 neu gefasst durch DiRUG 2022 setzt die neuen Regelungen zur Offenlegung in Art. 16 GesRRL um. Offenlegung erfolgt danach bereits durch Zugänglichmachung der Urkunden und Informationen im Register; die (elektronische) Bekanntmachung in einem Amtsblatt (Art. 16 V GesRRL aF) ist nur noch als zusätzliche Veröffentlichung zulässig (Art. 16 III 1 GesRRL). Damit wird grundsätzliche Anpassung des Bekanntmachungssystems erforderlich, insbesondere aufgrund der Verknüpfung von (zusätzlicher) Bekanntmachung und Publizitätswirkung nach § 15 (BT-Drs. 19/28177, 93; → § 15 Rn. 13 ff.).

2 § 10 nF lässt die gesetzliche Trennung zwischen dem Informations- und Kommunikationssystem nach § 10 aF und dem System für Abrufe nach § 9 aF entfallen. Einzige Informationsschnittstelle ist nur noch das nach § 9 I bestimmte Informations- und Kommunikationssystem, auch für sonstige oder zusätzliche Tatsachen ohne oder neben einer Eintragung (→ Rn. 3). Das für die Bekanntmachungen alter Prägung zusätzlich betriebene Bekanntmachungsportal (www.handelsregisterbekanntmachungen.de) wird abgeschafft. Damit entfällt die bereits vor DiRUG stark kritisierte doppelte Veröffentlichung(spflicht), hierzu etwa Lieder NZG 2020, 87; J. Schmidt FS Hopt 2020, 1099; dies. DK 2018, 232; Tebben FS Hopt 2020, 1239; Bayer/J. Schmidt BB 2019, 1924; Bock DNotZ 2018, 643. Gleichwohl wird am **Bekanntmachungsbegriff** festgehalten, jedoch ist hierunter gleich nicht mehr die zusätzliche Veröffentlichung über das Bekanntmachungsportal, sondern die **Bereitstellung der Eintragung zum erstmaligen Abruf** über das nach § 9 I bestimmte Portal zu verstehen (→ Rn. 3). Pflicht des Kfm. Zur Prüfung des über ihn Veröffentlichten → § 15 Rn. 16–23.

2) Bekanntmachung, Abrufbarkeit (I, II)

3 I beschreibt den Grundfall der Bekanntmachung von Eintragungen und Registerbekanntmachungen (III, → Rn. 4). Die Bekanntmachung wird nach I durch die **erstmalige Abrufbarkeit** der Eintragung oder Registerbekanntmachung über das nach § 9 I bestimmte elektronische Informations- und Kommunikationssystem bewirkt, gegenwärtig das **Gemeinsame Registerportal der Länder.** Verweis auf § 9 I verdeutlicht Entbehrlichkeit zusätzlichen Bekanntmachungsportals (BT-Drs. 19/28177, 94). Erstmalige Abrufbarkeit für Publizitätswirkung nach § 15 maßgeblich (→ § 15 Rn. 14, 18), nicht jedoch für Wirksamkeit der Eintragung nach § 8a I (→ § 8a Rn. 1 f.).

II Statuiert der zentralen Bedeutung der Abrufbarkeit entsprechend Verpflichtung zur unverzüglichen Bereitstellung von Eintragungen und der Einsichtnahme unterliegender Dokumente. Normadressaten sind Registergerichte und Landesjustizverwaltungen (BT-Drs. 19/28177, 94).

3) Registerbekanntmachungen (III)

4 III legaldefiniert Begriff der Registerbekanntmachungen in Abgrenzung zu sonstigen gesellschafts- oder handelsrechtlichen Bekanntmachungen, zB im BAnz. oder in anderen Medien (BT-Drs. 19/28177, 94). Im Wesentlichen deckungsgleich mit bisherigen Bekanntmachungen, die zusätzlich zu oder unabhängig von einer Eintragung vorgenommen wurden. ZB: Gläubigeraufrufe nach § 22 I 3 UmwG, § 225 I 2, § 233 II 2, § 303 I 2, § 321 I 2 AktG, § 58d II 4 GmbHG oder sonstige Hinweise etwa nach § 106 AktG, § 52 GmbHG, § 4 EWIVAG, § 5 SEAG oder den §§ 61, 111, 122d UmwG. Für die Bekanntmachung gilt I 1 entsprechend, also durch erstmalige Abrufbarkeit über das Gemeinsame Registerportal der Länder.

4) Zeitpunkt der Bekanntmachung (IV)

5 Da Eintragung des genauen Zeitpunkts der erstmaligen Abrufbarkeit einer Eintragung im Handelsregister technisch nicht durchführbar ist, wird Bekanntmachung mit Ablauf des Tages der Eintragung widerleglich vermutet **(IV 1);** für Registerbekanntmachungen (III) gilt entsprechend der Ablauf des Tages der Registerbekanntmachung. Widerleglichkeit der Vermutung ergibt sich aus Vorgabe in Art. 16 V UAbs. 1 GesRRL, wonach erst nach Offenlegung Urkunden und Informationen Dritten entgegengehalten werden dürfen. **Datum** der Eintragung bzw. Registerbekanntmachung ergibt sich aus dem Handelsregister (vgl. **(4) HRV §§ 27 IV, 33 V**). Erleichtern würde die Bestimmung des Bekanntmachungszeitpunkts separate Aufzeichnung des Zeitpunkts erstmaliger Abrufbarkeit im Registerordner des jeweiligen Registerblatts gem. **(4) HRV § 27 V nF.** Hier bleibt abzuwarten, ob und welche Landesjustizverwaltung von der Möglichkeit in **(4) HRV § 27 V nF** Gebrauch machen wird.

IV 2 Nr. 1, 2 eröffnet Betroffenen Nachweis früherer oder späterer Bekanntmachung (hierzu insg.: BT-Drs. 19/28177, 95). **Nr. 1:** Bei früherer Bekanntmachung ist Nachweis der Abrufbarkeit vor 24 Uhr des Tages der Eintragung/Registerbekanntmachung entscheidend (zB durch entsprechenden Handelsregisterausdruck), nicht Nachweis des genauen Zeitpunkts erstmaliger Abrufbarkeit. Eintragung/Registerbekanntmachung gilt dann zu diesem Zeitpunkt als bekannt gemacht. Nachweis noch früherer Bekanntmachung bleibt möglich. **Nr. 2:** Nachweis späterer Bekanntmachung erfordert Beleg über Unmöglichkeit des Abrufs am Tag der Eintragung/Registerbekanntmachung; Handelsregisterausdruck, auch kurz vor 24 Uhr, daher nicht ausreichend. Nachweis denkbar durch Beleg technischer Unerreichbarkeit des Informations- und Kommunikationssystems nach § 9 I oder bei Aufzeichnung des genauen Zeitpunkts der erstmaligen Abrufbarkeit nach **(4) HRV § 27 V nF.** 6

Anwendung der Verordnung (EU) 2016/679

10a (1) [1]**Das Auskunftsrecht nach Artikel 15 Absatz 1 und das Recht auf Erhalt einer Kopie nach Artikel 15 Absatz 3 der Verordnung (EU) 2016/679 des Europäischen Parlaments und des Rates vom 27. April 2016 zum Schutz natürlicher Personen bei der Verarbeitung personenbezogener Daten, zum freien Datenverkehr und zur Aufhebung der Richtlinie 95/46/EG (Datenschutz-Grundverordnung) (ABl. L 119 vom 4.5.2016, S. 1; L 314 vom 22.11.2016, S. 72) wird dadurch erfüllt, dass die betroffene Person Einsicht in das Handelsregister und in die zum Handelsregister eingereichten Dokumente nehmen kann.** [2]**Eine Information der betroffenen Person über konkrete Empfänger, gegenüber denen die im Register, in Registerbekanntmachungen oder in zum Register einzureichenden Dokumenten enthaltenen personenbezogenen Daten offengelegt werden, erfolgt nicht.**

(2) **Hinsichtlich der im Handelsregister, in Registerbekanntmachungen oder in zum Handelsregister einzureichenden Dokumenten enthaltenen personenbezogenen Daten kann das Recht auf Berichtigung nach Artikel 16 der Verordnung (EU) 2016/679 nur unter den Voraussetzungen ausgeübt werden, die in den §§ 393 bis 395 und §§ 397 bis 399 des Gesetzes über das Verfahren in Familiensachen und in den Angelegenheiten der Freiwilligen Gerichtsbarkeit sowie der Rechtsverordnung nach § 387 Absatz 2 des Gesetzes über das Verfahren in Familiensachen und in den Angelegenheiten der Freiwilligen Gerichtsbarkeit für eine Löschung oder Berichtigung vorgesehen sind.**

(3) **Das Widerspruchsrecht gemäß Artikel 21 der Verordnung (EU) 2016/679 findet in Bezug auf die im Handelsregister, in Registerbekanntmachungen oder in zum Handelsregister einzureichenden Dokumenten enthaltenen personenbezogenen Daten keine Anwendung.**

§ 10a idF DiRUG v. 5.7.2021 (BGBl. I 3338), mit Anpassungen an die durch 1 DiRUG eingeführten Änderungen des registerrechtlichen Bekanntmachungswesens (→ § 10), betrifft die Anwendung der Datenschutz-Grundverordnung (DSGVO, → **(7)** Bankgeschäfte Rn. A53;. Die in § 10a geregelten Beschränkungen sind nach Art. 23 DSGVO zulässig, sie dienen der Funktionsfähigkeit und

§ 11 1

Verlässlichkeit des öffentlichen HdlReg und damit der Sicherheit und Leichtigkeit des Rechtsverkehrs.

2 I regelt das Auskunftsrecht nach Art. 15 I und das Recht auf Erhalt einer Kopie nach Art. 15 III der DSGVO durch Recht auf Einsicht in das HdlReg und die zum HdlReg eingereichten Dokumente. Da diese Einsicht für Jedermann jederzeit kostenlos und ohne Registrierung möglich ist, wird auch keine Information über konkrete Empfänger einer Offenlegung gegeben, das wäre mangels Registrierung auch gar nicht möglich.

3 Das Berichtigungsrecht nach Art. 16 DSGVO wird durch die bestehenden Löschungs- und Berichtigungsansprüche erfüllt, also nur unter den Voraussetzungen von **(3)** FamFG §§ 393–395, 397–399 (II). Eine gänzliche Löschung oder eine Berichtigung, die implizit zur Löschung der zu berichtigenden Eintragung führen würde, ist wegen der materiellrechtlichen Publizitätswirkung ausgeschlossen. Berichtigungsverfahren von Amts wegen s. **(4)** HRV § 17.

4 Das Widerspruchsrecht nach Art. 21 DSGVO ist in Bezug auf die im HdlReg, in Rgisterbekanntmachungen und in zum HdlReg einzureichenden Dokumenten enthaltenen personenbezogenen Daten nicht anwendbar (III). Denn erfolgte Eintragungen müssen wegen des materiellrechtlichen Publizitätsprinzips erhalten bleiben und Eintragungen dürfen nicht über einen längeren Zeitraum nicht einsehbar sein. Ebenso sind Eintragungen nach § 383 III FamFG nicht mit der Beschwerde anfechtbar.

Offenlegung in der Amtssprache eines Mitgliedstaats der Europäischen Union

11 (1) ¹**Die zum Handelsregister einzureichenden Dokumente sowie der Inhalt einer Eintragung können zusätzlich in jeder Amtssprache eines Mitgliedstaats der Europäischen Union übermittelt werden.** ²**Auf die Übersetzungen ist in geeigneter Weise hinzuweisen.** ³**§ 9 ist entsprechend anwendbar.**

(2) **Im Fall der Abweichung der Originalfassung von einer eingereichten Übersetzung kann letztere einem Dritten nicht entgegengehalten werden; dieser kann sich jedoch auf die eingereichte Übersetzung berufen, es sei denn, der Eingetragene weist nach, dass dem Dritten die Originalfassung bekannt war.**

1) Freiwillige Offenlegung in anderen Amtssprachen (I)

1 § 11 neu durch EHUG 2006. § 11 aF hatte noch Pflicht zur Veröffentlichung außer im BAnz. auch in einem anderen Blatt vorgeschrieben, was nach Einführung des elektronischen HdlReg seinen Sinn verloren hat. § 11 nF ermöglicht in Umsetzung von Art. 3a II PublizitätsRL (→ § 8 Rn. 2a) und über diesen hinaus (Rechtsträger, Gegenstand der Offenlegung) zusätzlich zur obligatorischen Offenlegung die freiwillige Offenlegung in der Amtssprache eines jeden Mitgliedstaates der EU **(I Satz 1),** nicht auch eines Drittstaats (von Art. 3a III PublizitätsRL wurde kein Gebrauch gemacht). Die freiwillige Offenlegung in Form einer Übersetzung des eingereichten Originals steht **jedem Kaufmann** und jeder PersonenGes offen, nicht nur KapitalGes (weiter als PublizitätsRL). **Gegenstand** der freiwilligen Offenlegung sind die zum HdlReg einzureichenden Dokumente sowie der (gesamte) Inhalt der Eintragung (→ § 8 Rn. 5; ebenfalls weiter als PublizitätsRL). Nach RegE entspricht das den „Urkunden und Angaben" iSd PublizitätsRL. Denn für den Registerinhalt sind nicht die einzureichenden Angaben maßgeblich, sondern der vom Registerrichter verfügte Text der Registereintragung. Allein dieser ist rechtlich verbindlich und Grundlage für die Rechtsfolgen des § 15. Gegenstand des § 11 sind auch die Rechnungslegungsunterlagen, die beim Betreiber des BAnz. einzureichen sind (§ 325 VI nF). Die von dem

Unternehmen eingereichten und neben den deutschen Text gestellten **Übersetzungen** des Inhalts der Eintragung werden **nicht von Amts wegen geprüft.** Übermittlung der Übersetzung an das HdlReg genügt, I 1 verlangt **keine Beglaubigung der Übersetzung** (von der Option der PublizitätsRL dahingehend wurde kein Gebrauch gemacht). Einschaltung eines beeidigten Übersetzers (§ 143 III ZPO) wäre zu teuer. Anreiz für richtige Übersetzung bieten die Publizitätsfolgen nach II (→ Rn. 5). Ein Zwang zur Übersetzung auch von **Änderungen** eingereichter deutscher und übersetzter Urkunden besteht nicht, aber auch insoweit drohen Publizitätsfolgen nach II, außer wenn zB aus den Datumsangaben klar wird, dass sich die Übersetzung auf das ursprüngliche, noch nicht geänderte Original bezieht. Wird später eine aktualisierte Fassung des Dokuments eingereicht, so wird mit der Eintragung kenntlich gemacht, das die ursprüngliche Übersetzung nicht mehr dem aktualisierten Stand entspricht, **(4)** HRV § 15.

Die Übersetzungen werden nicht nach § 10 bekannt gemacht. Auf Übersetzungen ist aber in geeigneter Weise **hinzuweisen (I Satz 2),** zB durch Flaggensymbol, RegBegr BT-Drs. 16/960, 45. Mit einem solchen Hinweis wird der Zugang Dritter zu der offen gelegten Übersetzung konform mit Art. 3 II PublizitätsRL (RegE) erleichtert. Wie dieser Hinweis geschieht, ist nicht vorgeschrieben. Möglich sind aber zB eine Schaltfläche auf dem Bildschirm mit einem Flaggensymbol oder der Landesname in der jeweiligen Landessprache (RegE). Bloßer Hinweis genügt, nicht notwendig ist, dass das Registergericht das gesamte Angebot des Registerinhalts in übersetzter Fassung anbietet (RegE). Zugänglichmachung der jeweils freiwillig eingereichten Übersetzungen genügt. **2**

Einsichtnahme in das HdlREg bezüglich solch freiwilliger Offenlegungen ist entsprechend § 9, also ebenso wie bei Originaldokumenten online möglich **(I Satz 3). 3**

§ 11 sieht nur Offenlegung vor und anders als § 10 **nicht zusätzlich Bekanntmachung** (Art. 3a verweist auf Art. 3 II UAbs. 1 ohne 3 IV PublizitätsRL), Konformität mit EURecht ist str., Paefgen ZIP 2008, 1658. **4**

2) Publizitätswirkung (II)

II regelt die Publizitätswirkung bei solchen freiwilligen Offenlegungen in enger Anlehnung an den Wortlaut von Art. 3 IV Publizitäts-RL. II bezieht sich auf eine Diskrepanz zwischen Original und Übersetzung, nicht wie § 15 zwischen Eintragung und Bekanntmachung, und erweitert insoweit den Drittschutz, im Übrigen ist aber Rspr. und Lehre zu § 15 zur Publizitätswirkung auch von II relevant, zB zur Beschränkung auf den Geschäfts- und Prozessverkehr mit der Ges. (→ § 15 Rn. 8), zB nicht bei gutgläubigem Erwerb eines GmbHAnteils im Vertrauen auf falsche Übersetzung, nur § 16 III nF GmbHG. II Hs. 2 soll sich nicht auf das verbandsrechtliche Verhältnis zwischen Ges. und Gfter beziehen (kein Dritter), Paefgen ZIP 2008, 1660. Eine **Übersetzung** kann im Fall ihrer Abweichung von der deutschen Fassung **einem Dritten nicht entgegengehalten** werden **(II Halbsatz 1),** maßgeblich ist danach grundsätzlich die deutsche Fassung. Dritter ist jeder, der nicht dem „Lager" des Rechtsträgers zugerechnet werden kann (zB Aktionär), MüKoHGB/Krafka Rn. 10. Der (deutsche oder ausländische) **Dritte** kann sich jedoch **auf die eingereichte** (von der Originalfassung abweichende) **Übersetzung berufen, außer wenn** der Eingetragene nachweist, dass dem Dritten die (deutsche) Originalfassung **bekannt** war **(II Halbsatz 2).** Für letzteres reicht nicht aus, dass dem Dritten die bloße Existenz der Originalfassung bekannt war, vielmehr muss ihm, da er sich nach II im Rechtsverkehr auf die Übersetzung verlassen können soll, der Inhalt der Originalfassung bekannt gewesen sein, Heidel/Schall Rn. 11; Koller/Roth Rn. 3, also der Unterschied zwischen der Übersetzung und der Originalfassung bekannt gewesen sein (aus Wortlaut nicht ersichtlich), dafür ist aber Kenntnis der

Merkt

deutschen Sprache nicht erforderlich (zB Information über Anwalt), aA wohl MüKoHGB/Krafka Rn. 11: auch Verständnis der Originalfassung in sprachlicher und inhaltlicher Hinsicht, str. Bei mehreren Übersetzungen kann sich der Dritte auf jede davon berufen. Rücknahme der (freiwillig eingereichten) Übersetzung ist möglich, Erfordernis der gleichen Sprache dabei ist str., Paefgen ZIP 2008, 1658. Bei überholten Übersetzungen Hinweis nach **(4)** HRV § 15 (→ Rn. 1), dann keine Berufung mehr auf die alte. **Lit.** Paefgen ZIP 2008, 1658.

Anmeldungen zur Eintragung und Einreichungen

12 (1) ¹Anmeldungen zur Eintragung in das Handelsregister sind elektronisch in öffentlich beglaubigter Form einzureichen. ²Die öffentliche Beglaubigung mittels Videokommunikation gemäß § 40a des Beurkundungsgesetzes ist zulässig. ³Die gleiche Form ist für eine Vollmacht zur Anmeldung erforderlich. ⁴Anstelle der Vollmacht kann die Bescheinigung eines Notars nach § 21 Absatz 3 der Bundesnotarordnung eingereicht werden. ⁵Rechtsnachfolger eines Beteiligten haben die Rechtsnachfolge soweit tunlich durch öffentliche Urkunden nachzuweisen.

(2) ¹Dokumente sind elektronisch in einem maschinenlesbaren und durchsuchbaren Datenformat einzureichen. ²Ist eine Urschrift oder eine einfache Abschrift einzureichen oder ist für das Dokument die Schriftform bestimmt, genügt die Übermittlung einer elektronischen Aufzeichnung; ist ein notariell beurkundetes Dokument oder eine öffentlich beglaubigte Abschrift einzureichen, so ist mit einem einfachen elektronischen Zeugnis (§ 39a des Beurkundungsgesetzes) versehenes Dokument zu übermitteln.

1) Einreichung von Anmeldungen zur Eintragung (I 1, 2)

1 A. **Anmeldung.** § 12 neu durch EHUG 2006, I 1 entspricht I aF, I 2 und 3 wie II 1 und 2 aF, II ganz neu. I 3 neu G 26.6.2013 BGBl. I 1800, I 3 aF wird I 4, I 2 neu, II 1 modifiziert durch DiRUG 2022 zur Anpassung an neue Online-Verfahren und elektronische Dokumentenstandards (→ § 8 Rn. 2d), I 2 neu durch DiREG 2022 zur Erweiterung des Anwendungsbereichs der Online-Verfahren (→ Rn. 2). Sachl. **Anwendungsbereich:** Nach § 707b BGB nF (MoPeG, BGBl. 2021 I 3436, 3439, vgl. auch BT-Drs. 19/27635, 14 f.) soll § 12 zukünftig auch auf die eGbR Anwendung finden. **Anmeldung** ist kein Rechtsgeschäft, sondern **verfahrensrechtliche Erklärung** gegenüber dem Gericht (§ 25 FamFG), wegen der auch materiellrechtlichen Bedeutung (zB nach §§ 2, 3 II; Gründung von KapitalGes.) mit Doppelnatur, str., MüKoHGB/Krafka Rn. 5; keine Art Garantieerklärung gegenüber dem Registergericht, BGHZ 116, 198; aA BayObLG DB 1982, 1262. Anmeldung iSv § 12 sind die Anmeldungen, die gesetzlich vorgesehen und als solche bezeichnet sind, zB §§ 106, 107, OLG Frankfurt a. M. NZG 2015, 710 (zur Berichtigung nach **(4)** HRV § 17), aber → § 8 Rn. 6; nicht bloße Anmeldung ohne Eintragung, zB **(4)** HRV § 24 IV, MüKoHGB/Krafka Rn. 1a. § 12 verlangt **keine Zeichnung der Unterschrift** (Namen, früher auch Firma, → § 29 Rn. 1 f.) mehr (→ § 14 Rn. 1), OLG Düsseldorf ZIP 2020, 1616. Anmeldungen zum HdlReg sind nach I 1 vom Anmeldepflichtigen (→ § 8 Rn. 2) oder seinem Vertreter (→ Rn. 3) **elektronisch** vorzunehmen dort einreichung einer **öffentlich beglaubigten** schriftlichen **Erklärung,** § 129 BGB, §§ 39 ff. BeurkG (oder einer notariellen Urkunde über die Erklärung, § 129 II BGB; Prozessvergleich s. § 127a BGB), qualifizierte Signatur durch Patentanwalt nicht ausreichend, OLG Frankfurt a. M. ZIP 2018, 686. Das (umstrittene) Erfordernis der Mitwirkung der Notare wurde durch EHUG beibehalten und entfällt auch nach DiRUG nicht (BT-Drs. 19/28177, 2). **I 2 nF**

(Einrichtung von Online-Verfahren durch DiRUG, → Rn. 2) knüpft an § 40a I 2 BeurkG nF und lässt in eingegrenztem Rahmen auch eine mit qualifizierter elektr. Signatur versehene Anmeldung, die im Wege der audiovisuellen Fernkommunikation vom Notar anerkannt wurde, genügen (vgl. BT-Drs. 19/28177, 93 f.). Die öffentliche Beglaubigung bezieht sich auf die Echtheit der Unterschrift, nicht den Erklärungsinhalt. Die Beglaubigung kann auch als einfaches elektronisches Zeugnis erfolgen (§ 39a BeurkG idF JKomG 2005, dazu Gassen/Wegerhoff ZNotP 2005, 413; Malzer DNotZ 2006, 9; Praxishinweise bei Jeep/Wiedemann NJW 2007, 2440). Die Landesregierungen konnten bis 31.12.2009 auch papierschriftliche Anmeldung zulassen, **(1)** EGHGB Art. 61 I. Die früher in I auch zugelassene Form der Anmeldung „persönlich bei dem Gerichte" wurde durch BeurkG 1969 ab 1970 gestrichen. Der Vorbehalt anderer nach Landesrecht beglaubigungsfähiger Personen oder Stellen in 3 BeurkG ist ohne praktische Bedeutung. Anmeldungen, die nicht zu einer Eintragung führen, bedürfen der Form nicht, KG JW 1938, 2281. Für I genügt auch Einreichung einer nach § 42 BeurkG beglaubigten Abschrift (Kopie) der öffentlich beglaubigten Anmeldeerklärung, BayObLG DB 1975, 1162; OLG Karlsruhe NZG 2015, 242, aber ohne praktische Bedeutung. Bei späterer Änderung der beglaubigten Erklärung Prüfungsrecht des Registergerichts, MüKoHGB/Krafka Rn. 13a. Einreichung von Dokumenten s. II → Rn. 6. Anmeldung der Firma → § 29 Rn. 1 f. **Auslegung** elektronisch übermittelter Dokumente wie schriftliche, Widersprüchlichkeiten, OLG Nürnberg WM 2015, 1822; Auslegung von Verfahrenshandlungen, zB Anmeldung, OLG Düsseldorf ZIP 2017, 1111; KG NZG 2018, 1263; ZIP 2018, 2070; 2019, 220, iZw so, dass sie Erfolg haben, BayObLG NJW-RR 2000, 990; OLG Nürnberg WM 2015, 1825; ausdrückliche Erklärung und bestimmter Wortlaut nicht notwendig, OLG Düsseldorf ZIP 2017, 1111, aber Anmeldung muss klar und eindeutig sein, KG NZG 2018, 1263; ZIP 2018, 2070; 2019, 220. Ausländische Beurkundung oder Beglaubigung nur, wenn funktional gleichwertig, BGHZ 80, 76; BGH NJW 2014, 2026; KG NJW-RR 2019, 99 bestätigend für schweizer Notar; MüKoHGB/Krafka Rn. 13b mit Ländern. **Muster:** Hopt/Merkt VertrFormB/Voigt, Form I. A.1 (Anmeldung des Unternehmens eine EinzelKfm), Form I. A.2 (Anmeldung eines GfterEintritts), Form I. A.3 (Anmeldung des Erlöschens der Firma), Form I. B.1–4 (Anmeldungen betreff HauptNl und ZwNl, plc – Ltd.), Form I. C.1–5 (Anmeldungen zu Firmenänderung, Veräußerung, Vererbung, Übertragung). **Lit.** Gassen/Wegerhoff, 2006 (elektronische Beglaubigung und elektronische HdlRegAnmeldung); Winkler FS Wiedemann, 2002, 1369.

B. Online-Beglaubigungsverfahren (I 2). Der durch DiRUG neu eingefügte I 2 setzt die EU-Vorgaben an die Errichtung von Online-Verfahren zur Einreichung von Urkunden und Informationen über Ges. und ZwNI (Art. 13j, 28a GesRRL), der Eintragung von ZwNI (Art. 28b GesRRL) und der Eintragung der Geschäftsfähigkeit von eK (Art. 6 I iVm Anh. II SDG-VO) um. **Anwendungsbereich** umfasst sowohl Anmeldung zur erstmaligen Eintragung sowie Eintragung von Änderungen und Einreichung von Urkunden und Informationen. Verfahren bestimmt sich nach § 40a BeurkG nF. Danach findet Anmeldung zum HdlsReg im Online-Verfahren durch Beglaubigung einer qualifizierten elektronischen Signatur mittels Videokommunikation statt. Hinsichtlich der für das Online-Verfahren zugelassenen **Rechtsträger** hat der deutsche Gesetzgeber mit DiRUG zunächst nur die Mindestvorgaben der GesRRL (Art. 13 iVm Anh. II GesRRL, für ZwNI Art. 28a-c, 29 I GesRRL) umgesetzt, mit DiREG ebenfalls mWv 1.8.22 jedoch auf **alle Rechtsträger** erweitert und das Verfahren auch auf Anmeldungen im Part-, Gen- und VereinsReg erstreckt. Unerheblich ist, wer bei dem jeweiligen Rechtsträger konkret zur Anmeldung verpflichtet ist. GesRRL sieht diesbezgl. keine Unterschei-

2

§ 12 3, 4   1. Buch. Handelsstand

dung vor. Anwendbarkeit des Online-Verfahrens für eK: Art. 6 I iVm Anh. II SDG-VO.

3 **C. Unbedingtheit, Widerruflichkeit:** Wie Prozesshandlungen duldet die Anmeldung **keine Bedingung** oder **Befristung** und ist nicht wegen **Willensmangels** anfechtbar. Sie ist bis zur Eintragung frei **widerruflich,** KG OLGE 43, 205; von zwei Vorstandsmitgliedern mit Einzelvertretung darf der eine die Anmeldung des andern widerrufen, KG HRR 1939, 312. Widerruf nach Eintragung ist eine neue Anmeldung. „Anfechtung" kann jedoch als Widerruf auszulegen sein. Die Anmeldung muss sich auf Geschehenes beziehen. Bevorstehendes genügt nicht, weil das Registergericht nicht prüfen kann, ob die erwartete Tatsache eintritt. Gemeinsam gestellte Eintragungsanträge sollen iZw nur insgesamt vollzogen oder abgelehnt werden, BayObLG Rpfleger 1988, 472.

2) Vertretung bei Anmeldung (I 3, 4, 5)

4 A. **Vollmacht:** I 3 regelt die Form der Vollmacht bei Anmeldung. Die Zulässigkeit der Vollmacht zur Anmeldung folgt aus §§ 10, 378 FamFG. Statt Vollmacht ist seit 1.9.2013 auch Einreichung einer Notarbescheinigung über rechtsgeschäftliche Vertretungsmacht nach § 21 III BNotO möglich **(I 4),** OLG Düsseldorf FGPrax 2016, 216. Vollmacht zur Anmeldung, auch post- oder transmortale Vollmacht, OLG München WM 2018, 382; ZIP 2018, 636 (aber Ausnahme unten), ist ohne Weiteres möglich, Spezialvollmacht also unnötig, KG ZIP 2014, 270; OLG Düsseldorf NZG 2014, 1066; OLG Karlsruhe ZIP 2014, 1392 Ls. Aber Ausnahme, wenn der Anmelder für die Richtigkeit zivil- oder strafrechtlich persönlich verantwortlich ist (AG, GmbH), BGHZ 116, 199; BayObLG BB 1986, 1532; OLG Schleswig NZG 2010, 958, str., Ausnahme auch zB § 78 Alt. 2 GmbHG, Grundlagengeschäfte für Prokura → § 49 Rn. 2, Eintritt eines neuen Kdtisten im Wege der Gesamtrechtsnachfolge, OLG München WM 2018, 382; ZIP 2018, 636; aA Wachter, EWiR 2018, 331. Solche Höchstpersönlichkeit folgt aber nicht ohne Weiteres daraus, dass alle bzw. sämtliche Mitglieder eines Organs anmelden müssen, str., offen BGHZ 116, 196. Die Vollmacht muss eindeutig ergeben, dass sie auch Anmeldungen zum HdlReg umfasst, Auslegung über den Wortlaut hinaus ist unzulässig, OLG Schleswig NZG 2010, 958; OLG Düsseldorf NZG 2014, 1066, Ebenroth/Schaub Rn. 65; aA Wachter, EWiR 2018, 332 Generalvollmacht berechtigt zur Anmeldung. Anforderungen an Auslegung einer HdlRegVollmacht, bei Unklarheit engere Fassung, OLG Frankfurt a. M. FGPrax 2010, 305; OLG Düsseldorf NZG 2013, 540; DB 2014, 886. Zur Prüfung des Bestehens der Vollmacht, OLG München NZG 2016, 1189. Vollmacht bedarf nach I 2, abw. von § 167 BGB, wie die Anmeldung selbst der **Form** nach I, doch genügt wie dort (→ Rn. 1) Vorlage einer beglaubigten Abschrift der unterschriftsbeglaubigten Vollmacht, OLG Karlsruhe NZG 2015, 242. Bei bedingter Vollmacht ist diese Form grundsätzlich auch für den Nachweis des Bedingungseintritts erforderlich, OLG Schleswig NZG 2010, 957. Generalvollmacht genügt, auch ohne Hinweis auf HdlRegisteranmeldungen, OLG Frankfurt a. M. ZIP 2013, 2058, str. Prokura genügt, soweit nicht das „eigene" HdlGeschäft betroffen ist (→ § 49 Rn. 2), zB Anmeldung für vertretene Ges. als Kdtist einer anderen Ges., BGHZ 116, 190, nicht Anmeldung des Ausscheidens eines Geschäftsführers der eigenen GmbH, OLG Düsseldorf ZIP 2012, 969. Gesetzliche Vollmacht des beurkundenden oder beglaubigenden Notars: **(3)** FamFG § 378 (kein eigenes Antragsrecht des Notars); der Notar kann aber auch als bloßer Erklärungsbote tätig werden und muss deshalb klarstellen, ob er tätig wird, MüKoHGB/Krafka Rn. 39. Vollmacht zur Anmeldung des Eintritts von Gftern → § 108 Rn. 3; von KdtAnteilsübertragungen → § 162 Rn. 8. Bei Vollmachtserteilung schon vor erheblicher Zeit kann das Registergericht Vorlage einer aktuellen Beglaubigung verlangen (Amtsermittlungsgrundsatz), OLG Karls-

ruhe NZG 2015, 242. Liegen dem Registergericht unwiderrufliche Dauervollmachten in gehöriger Form vor, bedarf es bei späteren Anmeldungen des Vollmachtnachweises nur, wenn Anhaltspunkte für Widerruf der Vollmacht aus wichtigem Grund vorliegen, BayObLG DB 1975, 1162. Unschädlich ist bei Vollmacht für eine KG Wegfall der Vertretungsmacht des Gfters, der sie erteilte, BayObLG DB 1974, 1521; unschädlich ist bei Vollmacht für eine GmbH die nachträgliche personelle Veränderung der Vertretungsorgane, OLG Düsseldorf, NZG 2018, 381; ZIP 2018, 381 mAnm Klingen/Rossbroich EWiR 2018, 492. Möglich ist postmortale Vollmacht, wirksam auch für Eintritt von Erbeserben, OLG Hamburg MDR 1974, 1022. Registervollmachten bei Ges. s. Gustavus GmbHR 1978, 219. Übersicht: Munzig FGPrax 2011, 159.

B. **Gesetzliche Vertreter:** Diese müssen sich regelmäßig durch Registerauszug oder Notarbescheinigung nach § 21 I BNotO ausweisen, OLG Schleswig NJW-RR 2012, 1063; Vollmachtskette nach § 21 I, III, BGH NZG 2017, 101. Bescheinigung der Befugnis im Beglaubigungsvermerk genügt nicht, weil keine Bescheinigung einer bloßen Tatsache. Eine etwa notwendige vormundschaftsgerichtliche Genehmigung des der Anmeldung zugrundeliegenden Rechtsgeschäfts oder Vorgangs hat der Vertreter nachzuweisen, KG JFG 3, 206. Eltern weisen Befugnis durch Vorlage der Geburtsurkunde nach. Der aus § 112 BGB ermächtigte Minderjährige meldet selber an. Für HdlGes (→ § 6 Rn. 1; **organschaftliche Vertreter**) gelten Sonderregeln (OHG, KG s. §§ 106–108); es gilt nicht I 2, vielmehr ist organschaftliche Vertretungsmacht aus dem elektronischen HdlReg selbst zu ersehen (→ § 9 Rn. 10), die Praxis arbeitete bis zum EHUG mit beglaubigtem HdlRegAuszug (§ 9 II aF, vgl. nunmehr § 9 IV), MüKoHGB/Krafka Rn. 45.

3) Nachweis der Rechtsnachfolge (I 5)

Das FamFG lässt grundsätzlich volle Freiheit in der Form der (von Amts wegen zu veranstaltenden, § 26 FamFG, → § 8 Rn. 7) Ermittlungen. § 12 I 5 (4 aF, → Rn. 1) HGB schränkt dies ein: Eine für die Eintragung erhebliche (Einzeloder Gesamt-)**Rechtsnachfolge** ist „soweit tunlich" durch **öffentliche Urkunden** (§ 415 ZPO) nachzuweisen, um die Anmeldung durch unberechtigte Personen auszuschließen. Öffentliche Urkunden können auch in elektronischer Form präsentiert werden (öffentliche elektronische Dokumente, § 371a II ZPO idF 2005), OLG Stuttgart FGPrax 2009, 129. Der Nachweis ist untunlich, wenn sich die Rechtsnachfolge aus dem elektronischen HdlReg bzw. den Akten des Registergerichts selbst oder aus bei demselben Gericht geführten Nachlassakten ergibt; dann genügt Bezugnahme, BayObLG WM 1983, 1092; OLG Hamm Rpfleger 1986, 140; KG NZG 2000, 1168. Das Gericht darf sich nach pflichtgemäßem Ermessen mit anderen Nachweisen begnügen, KG NZG 2000, 1168, so wenn sie einwandfrei ausreichen und öffentliche Urkunden schwer zu beschaffen wären. Bei gesetzlicher Erbfolge und testamentarischer auf Grund Handtestaments ist idR Erbschein (§ 2353 BGB) erforderlich, OLG Köln NZG 2005, 37, offen jedoch ob bei Sondererbfolge quotenloser Erbschein ausreichen ist, dazu DNotI-Report 2020, 4; OLG Bremen ZIP 2014, 1484, auch bei Anmeldung mit Generalvollmacht des verstorbenen Kdtisten über den Tod hinaus, KG NJW-RR 2003, 255, Zeit- und Kostenaufwand machen das nicht untunlich, KG NZG 2000, 1168; OLG Düsseldorf NZG 2017, 1355 mAnm Wachter, EWiR 2018, 172; OLG München, ZEV 2018, 469; KG NZG 2018, 1150; ZIP 2019, 763. Beglaubigte Abschrift des Erbscheins genügt nach KGJ 26 A 92 nicht. Für Nachweis durch Erbschein sollte jedoch grundsätzlich die Übermittlung eines zur Abbildung des Erbscheins hergestellten, beglaubigten elektronischen Dokuments genügen, falls Beglaubigungsvermerk zeitnah zur anschließenden Übermittlung zum HdlReg erstellt wurde, Grund: eine (nicht eingezogene oder für kraftlos erklärte) Ausfertigung des Erbscheins lag dem Beglaubigenden vor (so RegE EHUG). Dagegen wird eine öffentlich beurkundete Verfügung von Todes wegen mit Eröffnungsprotokoll idR genügen, OLG Hamburg NJW 1966, 986; OLG Bremen ZIP 2014, 1484 (Rechtsnachfolge als Kdtist); KG NZG 2018, 1150; ZIP 2019, 763; OLG Düsseldorf NZG 2020, 222 (Einsetzung unselbstständiger Stiftung als Erbin), Registergericht legt solche letztwillige Verfügung aus, KG FGPrax 2007, 91; nicht aber wenn mehrere Verfügungen von Todes wegen vorhanden oder die Erben nicht mit Namensangabe bestimmt sind oder sonst Auslegungszweifel verbleiben, das ist Sache des Nachlassgerichts, KG FGPrax 2007, 91, OLG Düsseldorf NZG 2017, 1355 Rn. 18; KG NZG 2018, 1150; ZIP 2019, 763. Bei Pflichtteilsklausel kann vor einem Notar abgegebene eidesstattliche Versicherung des Schlusserben ausreichen, OLG Bremen ZIP 2014, 1484.

4) Einreichung von Dokumenten (II)

7 II betrifft die Einreichung von Dokumenten (I die von Anmeldungen, zB Gfterlisten nach § 40, GmbHG, Mayer ZIP 2009, 1038), das sind solche, die zusammen mit der Anmeldung, aber unabhängig von dieser eingereicht werden müssen, OLG Frankfurt a. M. ZIP 2013, 1226. Für weiten Begriff der Dokumente MüKoHGB/Krafka Rn. 53. Da das HdlReg elektronisch geführt wird, waren bereits für das HdlReg bestimmte Dokumente **elektronisch einzureichen** (vgl. schon bisher § 8a I 3 aF idF EHUG). Seit DiRUG 2022 sind **alle** künftigen Einreichungen **elektronisch** und zusätzlich in **maschinenlesbarem und durchsuchbarem Format** einzureichen (zT überschießende Ums. v. Art. 16 VI GesRRL, BT-Drs. 19/28177, 96). Ferner können die Landesregierungen genaue Datenvorgaben für die elektronische Einreichung vorgeben (§ 8a II 1, 2), zB für bayERVV OLG Nürnberg ZIP 2015, 374, entscheidend ist Maschinenlesbarkeit und Durchsuchbarkeit (XML stets ausreichend, aber auch durchsuchbare PDF, selbst bei Erstellung durch Texterkennungs-Scan (OCR), BT-Drs. 19/28177, 96). Nicht für die Maschinenlesbarkeit bestimmte Dokumentpartien (zB Unterschriften, bildliche Darstellungen) müssen nicht maschinenlesbar bzw. durchsuchbar gemacht werden (vgl. ErwGr 27 GesRRL). Unterscheiden sich Bilddateien eines Scans und der durch Texterkennung gewonnene Text sind erstere maßgeblich. II gilt über § 325 VI nF auch für die Rechnungslegungsunterlagen, die bei der UntRegfS zur Einstellung in das UntReg zu übermitteln sind (→ § 325 Rn. 4). Für Rücknahme einer HdlRegAnmeldung durch Notar genügt Papierform, OLG Frankfurt a. M. ZIP 2013, 1226. Auslegung wie bei schriftlichen Erklärungen, OLG Nürnberg ZIP 2015, 374 (→ Rn. 1).

8 Ist eine Urschrift oder eine einfache Abschrift einzureichen (zB § 199 Hs. 2 UmwG; § 67 II Alt. 1 GmbHG), genügt die Übermittlung einer einfachen elektronischen Aufzeichnung (Einscannen des Originaldokuments; keine elektronische Signatur, kein Formerfordernis), OLG Düsseldorf NZG 2012, 958; OLG Düsseldorf NZG 2019, 820 mAnm Wachter, GmbHR 2019, 892; dasselbe gilt, wenn für das Dokument die Schriftform bestimmt ist (bzw. es in unterzeichneter Form einzureichen ist, zB §§ 130 V Hs. 2, 188 III Nr. 1 AktG; §§ 8 I Nr. 3, 40 I 1 GmbHG) **(II 2 Halbsatz 1).** Ein mit einer qualifizierten elektronischen Signatur versehenes elektronisches Dokument ist also nicht notwendig, OLG Jena ZIP 2010, 1393 für GfterListe nach § 40 GmbHG, krit. Noack NZG 2006, 802; OLG Düsseldorf NZG 2019, 820 für GfterBeschluss, krit. Cziupka EWiR 2019, 685; den Unternehmen steht es aber frei (II 2 Hs. 1: „genügt"), ein solches einzureichen (Grund: weitergehende Sicherung der Authentizität). Abschrift von Satzungsänderungsbeschluss ohne Originalunterschrift genügt (Verein, § 71 I 2 BGB), KG NJW-RR 2016, 44. Ist zwingend ein notariell beurkundetes Dokument oder eine öffentlich beglaubigte Abschrift einzureichen (zB § 130 V Hs. 1, § 199 Hs. 1 UmwG), so ist ein mit einem einfachen elektronischen Zeugnis (§ 39a BeurkG, → Rn. 1) versehenes Dokument zu einzureichen **(II 2 Halbsatz 2),** OLG Jena

2. Abschnitt. Handelsregister; Unternehmensregister § 13

ZIP 2010, 1393 für Notarbescheinigung nach § 40 II 2 GmbHG, ohne urkundlichen Nachweis der Bestellung des Notarvertreters, OLG Hamm NZG 2011, 77. Möglich ist auch eine „elektronische Leseabschrift", OLG Düsseldorf NZG 2012, 958; OLG Nürnberg NZG 2018, 312; ZIP 2018, 372 (Korrekturen, iErg anders); MüKoHGB/Krafka Rn. 56, 17. Mit der Generalklausel des II 2 soll die zeitlich gestreckte Umstellung der vielen verstreuten Einreichungsvorschriften auf elektronische Einreichung ermöglicht werden (RegE EHUG).

5) Internationaler Verkehr

Die Rechtsfähigkeit und die Vertretung ausländischer HdlGesellschaften bestimmt sich nach ihrem Personalstatut (Gesellschaftsstatut). Das Registerverfahren, etwa Form der Anmeldung zum HdlRegister und Vollmacht dazu, folgt deutschem Recht als lex fori. Eine der deutschen Beurkundung gleichwertige Auslandsbeurkundung ist grds. formwahrend (Substitution), idR unproblematisch für Identität des Unterzeichnenden. HdlRegisteranmeldungen mit Auslandsbezug s. Ebenroth/Schaub Anh. § 12. 9

Zweigniederlassungen von Unternehmen mit Sitz im Inland

13 (1) ¹**Die Errichtung einer Zweigniederlassung ist von einem Einzelkaufmann oder einer juristischen Person beim Gericht der Hauptniederlassung, von einer Handelsgesellschaft beim Gericht des Sitzes der Gesellschaft, unter Angabe des Ortes und der inländischen Geschäftsanschrift der Zweigniederlassung und des Zusatzes, falls der Firma der Zweigniederlassung ein solcher beigefügt wird, zur Eintragung anzumelden.** ² **In gleicher Weise sind spätere Änderungen der die Zweigniederlassung betreffenden einzutragenden Tatsachen anzumelden.**

(2) **Das zuständige Gericht trägt die Zweigniederlassung auf dem Registerblatt der Hauptniederlassung oder des Sitzes unter Angabe des Ortes sowie der inländischen Geschäftsanschrift der Zweigniederlassung und des Zusatzes, falls der Firma der Zweigniederlassung ein solcher beigefügt ist, ein, es sei denn, die Zweigniederlassung ist offensichtlich nicht errichtet worden.**

(3) **Die Absätze 1 und 2 gelten entsprechend für die Aufhebung der Zweigniederlassung.**

Übersicht

	Rn
1) Das Recht der Zweigniederlassung (§§ 13–13h)	1, 2
A. Niederlassung, Hauptniederlassung:	1
B. Zweigniederlassung:	2
2) Begriff der Zweigniederlassung	3–5
A. Begriff:	3, 4
B. Rechtsnatur und Konsequenzen:	
C. Betriebsstätte:	5
3) Die rechtliche Behandlung der Zweigniederlassung im Einzelnen	6–9
A. Errichtung, Verlegung, Umwandlung und Auflösung:	6
B. Firma:	7
C. Buchführung:	8
D. Vertretungsmacht:	9
4) Zweigniederlassungen von Unternehmen mit Sitz im Inland im Registerrecht (§ 13 I–III)	10–15
A. Anmeldung (I 1):	10, 11
B. Anmeldung späterer Änderungen (I 2):	12
C. Prüfung und Eintragung (II):	13, 14
D. Aufhebung (III):	15

Merkt

§ 13 1–3   1. Buch. Handelsstand

1) Das Recht der Zweigniederlassung (§§ 13–13h)

1 **A. Niederlassung, Hauptniederlassung:** Das HGB verlangt, dass jeder Kfm. eine **Niederlassung** (§ 13h „Hauptniederlassung", § 29 „Handelsniederlassung") hat, wo ihn mindestens Mitteilungen erreichen können. An sie knüpfen sich mannigfache Zuständigkeiten (vgl. zB § 29 HGB, § 21 ZPO). Für HdlGes verlangt das HGB einen **Sitz** (→ § 106 Rn. 8). Grundsätzlich hat **jedes Handelsgeschäft nur eine Hauptniederlassung** (tatsächlicher Verwaltungssitz, aber vgl. → § 106 Rn. 8). Das MoPeG wendet sich de lege ferenda hiervon ab und ermöglicht für eGbR und PersonenHdlsGes die Wahl eines vom Ort des Verwaltungssitzes abweichenden Vertragssitzes, BT-Drs. 19/27635, 13, 49, der zukünftig die Zuständigkeit des HdlRegs begründet. Dieses Sitzwahlrecht hat ua auch erhebliche Auswirkungen auf die grenzüberschreitende Mobilität von PersGes, indem isolierte grenzüberschreitende Formwechsel und rechtsformwahrende Sitzverlegungen in EU/EWR Länder ermöglicht werden (letzteres nach hM jedoch nur in Länder, die der Grüdungstheorie folgen → Einl. v. § 105 Rn. 29; *Stiegler* ZGR 2017, 327). Ein Kfm. hat mehrere Hauptniederlassungen also nur für mehrere HdlGeschäfte (zB eine Bank und eine Fabrik), die dann im Firmen- und Registerrecht gesondert zu behandeln sind. Unter gleichen Voraussetzungen wie den im Grundsatz nicht möglichen Doppelsitz von HdlGes muss man aber ebenfalls nur ganz ausnahmsweise auch die **doppelte Hauptniederlassung** (→ § 106 Rn. 9) ein und desselben EinzelKfms anerkennen. Bei KapGes ist Ort der Hauptniederlassung der Satzungssitz, MüKoHGB/Krafka Rn. 28.

2 **B. Zweigniederlassung:** Die ZwNl regeln **§§ 13–13h** idF EHUG 2006 (zuvor nF G zur Durchführung der 11. EG-RL 22.7.1993 BGBl. 1282), Übergangsvorschriften zu §§ 13–13c in **(1)** EGHGB Art. 61 VI (**Überschriften** zu §§ 13–13h sind ebenso wie im Dritten Buch **amtlich,** sonst im HGB herkömmlich nichtamtlich). §§ 13a–13c aF aufgehoben, §§ 13d, 13f, 13g geändert durch EHUG. §§ 13–13h regeln die Materie zusammenfassend im HGB statt wie früher zusätzlich in §§ 42–44 AktG aF, § 12 GmbHG aF; für Genossenschaften verbleibt es bei dem GenG (§ 14 idF EHUG 2006). § 13 I 1, II idF MoMiG 2008. Die Systematik der §§ 13–13h (Vorschriften für alle, Sondervorschriften für Kapital-Ges) entspricht dem Dritten Buch (§§ 238 ff., 264 ff.). Klar getrennt wird zwischen ZwNl von **Unternehmen mit Sitz im Inland (§§ 13, 13h)** und von Unternehmen **im Ausland §§ 13d–13g** (gleich ob EU oder nicht). § 13 regelt die ZwNl von Unternehmen mit Sitz im Inland (zur Vereinfachung der EHUG und zu den einzelnen Tatbestandsmerkmalen → Rn. 10–13). Beide Normgruppen sind selbstständig, hL. Nur §§ 13d–13g (von EHUG im Wesentlichen unberührt) transformieren die 11. EG-RL (mittelbar auch § 13d) und sind damit, soweit sie nicht über diese hinausgehen, auch in der Auslegung EU-rechtlich gebunden (→ Einl. v. § 105 Rn. 36). §§ 13d–13g sind fremdenrechtliche Sachnormen, kein Kollisionsrecht, MüKoHGB/Krafka § 13d Rn. 2. **Sondervorschriften** nach § 2 DM-BilG aF für ZwNl in der BRD oder West-Berlin von Unternehmen in der ehemaligen DDR s. 28. Aufl. **Lit. zu §§ 13–13h** umfassend nach MoMiG E. Voigt, 2009, Diss. Hmb.; zu EHUG: Seibert/Decker DB 2006, 2446; Liebscher/Scharff NJW 2006, 3745; Noack NZG 2006, 801; zu aF 1993: Kindler NJW 1993, 3301; Seibert DB 1993, 1705.

2) Begriff der Zweigniederlassung

3 **A. Begriff: Zweigniederlassung** (vom Gesetzgeber bewusst nicht definiert, aber für §§ 13d–13g europarechtlich geprägt, → Rn. 2) ist ein räumlich getrennter Teil des Unternehmens eines Kfm. (einer HdlGes, vgl. §§ 106, 107; nach hL nur Kfm., nach aA auch GbR, Freiberufler, dann aber keine Eintragung), der als organisatorische Einheit selbständig am Rechtsverkehr teilnimmt, OLG München ZIP 2016, 469, und in der er und/oder seine Leute teils abhängig von der

HauptNl (bzw. dem Sitz der HdlGes), teils unabhängig von ihr wirken. Die Zweigniederlassung kann ihrerseits wiederum eine Zweigniederlassung errichten, Ebenroth/Pentz Rn. 37. **Merkmale** der ZwNl sind (GroßKo/Hüffer Vor § 13 aF Rn. 10, E. Voigt § 3):

a) Räumliche Selbstständigkeit gegenüber der HauptNl: Ein Kfm. kann zwar eine ZwNl in der Gemeinde der HauptNl haben, KG JW 1929, 671, aber nicht in denselben Räumen, OLG Düsseldorf NZG 2009, 314.

b) Nachordnung gegenüber der Hauptniederlassung: Die ZwNl muss den Unternehmenszielen des Kfm. dienen. Sie kann aber durchaus größer und wichtiger als die HauptNl sein.

c) Selbstständige Teilnahme am Rechtsverkehr: Die ZwNl müsste bei Trennung von HauptNl als solche weitergeführt werden können, BayObLG DB 1979, 1936. Sie muss sachlich die gleichen, aber nicht notwendig alle gleichartigen Geschäfte erledigen wie die HauptNl, also namentlich nicht bloße Hilfs- oder Ausführungsgeschäfte. **Nicht** ZwNl sind danach zB: Empfangs- oder Aushändigungsstellen, RGZ 44, 362; reine Verkaufsstellen, OLG Hamburg OLGRspr. 27, 299; Warenlager oder Speicher; Kassen; Eisenbahnhöfe, RGZ 2, 391; Ingenieurbüros, BayObLG OLGE 30, 389; Versicherungsagenturen, außer wo die Leiter Angestellte und zum selbstständigen Abschluss befugt sind. Unwesentlich ist, ob und wie viele Geschäftsschlüsse an der ZwNl tatsächlich stattfinden und wo sich der Inhaber aufhält; die Übernahme einer Komplementärstellung in deutscher KG durch ausländische Ges. (→ § 13d Rn. 1). Die ZwNl eines Kfm. muss nicht selbst nach Art und Umfang ihres Betriebs kfm. (vgl. §§ 1 II, 2) sein. Dazu gehört auch Errichtung für eine gewisse Dauer, Geschäftsbetrieb für die Dauer einer Messe ist keine ZwNl. Dass die ZwNl dann tatsächlich nur sehr kurz besteht, schadet aber nicht.

d) Personelle Mindestorganisation: Die ZwNl muss einen Leiter mit Befugnis zu selbstständigem Handeln in nicht ganz unwesentlichen Angelegenheiten haben, KGJ 40, 65. Er wird häufig HdlVollmacht (§ 54) haben, muss aber kein Prokurist sein (Filialprokura § 50 III). Dass der Leiter der ZwNl dem Direktionsrecht der HauptNl untersteht, muss der Selbstständigkeit (oben c) nicht entgegenstehen.

e) Sachliche Mindestorganisation: äußere Einrichtung ähnlich einer HauptNl, also ua Geschäftslokal (schon oben a), ausreichende Betriebsmittel, nach üL weitergehend auch Zuweisung eines gesonderten Teils des Geschäftsvermögens sowie ein Bankkonto und weitgehend gesonderte Buchführung. Angesichts moderner Innenzentralisierung der Unternehmen ist das Merkmal gesonderter Buch- und Kontenführung zu streichen, MüKoHGB/Krafka Rn. 13, vgl. BGH NJW 1972, 1860, jedenfalls reicht gesonderte Buchführung bei HauptNl aus, BayObLG BB 1980, 335, dazu Döllerer BB 1981, 25.

B. **Rechtsnatur und Konsequenzen:** Die ZwNl, auch eines Ausländers (RGZ 108, 267), ist **nicht selbstständige juristische Person,** BGHZ 4, 65; OLG München GmbHR 2006, 601; ZIP 2016, 469, hat keine besonderen gesetzlichen Vertreter (Ausnahme § 53 II Nr. 1 KWG, § 106 III 1 VAG), kein rechtlich selbstständiges Vermögen, keine rechtlich von denen des Inhabers gesonderten Verbindlichkeiten. Im Prozess ist sie nicht Partei, sondern der Inhaber des Unternehmens, BPatG BeckRS 2019, 28933. Jedoch kann der Inhaber einen Rechtsstreit, der sich auf den Geschäftsbetrieb der ZwNl bezieht, unter deren Firma führen, OGHZ 2, 145; BPatG BeckRS 2019, 28933. Dort kann ihm eine die ZwNl berührende Klage zugestellt werden, BGHZ 4, 65. Für Klagen, die sich auf die Tätigkeit der Zweigniederlassung beziehen, begründet § 21 ZPO einen besonderen Gerichtsstand am Ort der Zweigniederlassung, Ebenroth/Pentz Rn. 64. Da die ZwNl nicht rechtsfähig ist, ist sie auch nicht grundbuchfähig, aber der Rechtsträger kann unter der Firma der ZwNl im Grundbuch eingetragen werden. Umschreibung eines im Grundbuch eingetragenen Rechts von HauptNl auf ZwNl oder umgekehrt ist bloße Berichtigung des Grundbuchs, vgl. KG JW 1937, 1743. Die ZwNl ist nicht selbstständig insolvenzfähig. Sondervorschriften für die Firmierung → Rn. 7.

5 C. **Betriebsstätte:** Weiter als der Begriff der ZwNl ist der im Steuerrecht bedeutsame Begriff der Betriebstätte, § 12 AO (1977).

3) Die rechtliche Behandlung der Zweigniederlassung im Einzelnen

6 A. **Errichtung, Verlegung, Umwandlung und Auflösung:** Alle diese Vorgänge sind rein tatsächliche, die nachfolgende Eintragung ist nur deklaratorisch, MüKoHGB/Krafka Rn. 16. Errichtung ist Organisationsakt, auch ohne Entscheidung durch die Geschäftsführung, Ebenroth/Pentz Rn. 31. Sie ist kein Grundlagengeschäft und bedarf keiner Grundlage im GesVertrag, BayObLGZ 1992, 60. Verlegung ist Umzug, Beibehaltung des Kundenstamms ist nicht begriffsnotwendig, Ebenroth/Pentz Rn. 60, str. Zweigniederlassung kann in Hauptniederlassung unter Voraussetzungen der §§ 13 I, II, 13h umgewandelt werden, BeckOK HGB/Müther Rn. 20. Umwandlungen des Unternehmensträgers nach UmwG lassen das Bestehen der Zweigniederlassung unberührt, Ebenroth/Pentz Rn. 61.

7 B. **Firma:** Die ZwNl hat, da rechtlich unselbstständig, idR keine eigene Firma, ihre Firma ist (von Anfang an wie bei späterer Änderung) die der HauptNl, diese kann sie ohne Zusatz führen, BayObLG BB 1992, 944; OLG Düsseldorf ZIP 2017, 879; § 30 steht nicht entgegen. Im Betrieb der ZwNl kann aber (im Falle § 30 III: muss bzw. entsprechender Zusatz, bloße Bezeichnung „Zweigniederlassung" genügt nicht) eine Firma geführt werden, die von der des ganzen Unternehmens abweicht (§§ 50 III, 126 III); doch muss entweder der Firmenkern der Firmen der HauptNl und der ZwNl einheitlich sein oder die Firma der ZwNl muss bei selbstständigem Firmenkern die Zugehörigkeit zur HauptNl durch einen entsprechenden Zusatz klarstellen (vgl. → § 17 Rn. 8 f.), RGZ 113, 213; 114, 320; BayObLG BB 1992, 944,, str., BeckOK HGH/Müther Rn. 11; OLG München ZIP 2013, 884 (Grundbuch, Antragsauslegung), also nur Zusätze zur Firma der HauptNl. Mehrere ZwNl dürfen also unter der letzteren Voraussetzung unterschiedliche Firmen führen. Die von der Hauptfirma abweichende Firma der ZwNl muss in den GesVertrag (Satzung) aufgenommen werden, BayObLG BB 1992, 944; Ebenroth/Pentz Rn. 28, str. Ein übernommenes Unternehmen kann als ZwNl unter der alten Firma weitergeführt werden, RGZ 113, 213; BGH WM 1957, 1154; MüKoHGB/Heidinger § 23 Rn. 10, aber ohne irreführende Rechtsformzusätze des alten Unternehmens. Eine zweite (von der Ersten abweichende) Firma ist in der ZwNl ebenso wenig zulässig wie in der HauptNl (derselben HdlGes oder eG, desselben Unternehmens des Einzelkfm); → § 17 Rn. 8–9). Die ZwNl kann mit ihrer Firma veräußert und zum selbstständigen Unternehmen werden (→ § 22 Rn. 5); der Filialzusatz ist dann zu streichen, die Unterscheidbarkeit von der alten HauptNl ist durch Zusatz klarzustellen, RGZ 77, 64. **Lit.** Kögel Rpfleger 1993, 8. Besonderheiten bei Firma der ZwNl ausländischer Unternehmen (→ § 13d Rn. 3).

8 C. **Buchführung:** Eine Buchführungspflicht speziell der ZwNl besteht nicht (aber des Kfm., → § 238 Rn. 10), eine Betriebsstätte ohne gesonderte Buchführung ist jedoch idR nicht ZwNl (→ Rn. 5). Buchungen zwischen ZwNl oder zwischen HauptNl und ZwNl bekunden nicht echte Forderungen und Verpflichtungen, sondern sind nur Posten der innerbetrieblichen Erfolgsrechnung, OLG Hamburg NJW 1949, 467; Ulmer SJZ 1949, 757.

D. **Vertretungsmacht:** Die Vertretungsmacht der vertretenden Gfter in OHG, KG, ebenso eines Prokuristen kann (mit Wirkung gegen Dritte) auf eine besonders firmierende (→ Rn. 7) ZwNl beschränkt (oder umgekehrt von ihr ausgenommen) werden (§§ 126 III, 50 III). Ebenso HdlVollm (§ 54) und andere Vollmachten. Anders die Vertretungsmacht der Vorstandsmitglieder der AG und eG, Geschäftsführer der GmbH (§ 82 AktG, § 27 GenG, § 37 GmbHG). Sondervorschrift § 47 II WPO für Wirtschaftsprüfungsgesellschaften.

4) Zweigniederlassungen von Unternehmen mit Sitz im Inland im Registerrecht (§ 13 I–III)

A. **Anmeldung (I 1):** § 13 neu durch EHUG 2006 mit wesentlicher Vereinfachung, I 1, II idF MoMiG 2008 (inländische Geschäftsanschrift). **Sachl. Anwendungsbereich:** Nach dem MoPeG sollen die §§ 13, 13d zukünftig auch auf die (Außen-)GbR Anwendung finden (§ 707b BGB nF, BGBl. 2021 I 3436, 3439). Jedoch soll die Anmeldung nicht zwingend, sondern fakultativ sein. Anderenfalls würden u. U. an den Betrieb einer Zweigniederlassung höhere Anforderungen als an den Geschäftsbetrieb der Gesellschaft selbst gestellt, BT-Drs. 19/27635, 135. DiRUG sieht die **Online-Registrierung** von ZwNl vor (→ § 7 Rn. 5, → § 8 Rn. 2d). Jede ZwNl entsteht mit Errichtung, dh wenn alle organisatorischen Maßnahmen getroffen sind, also schon vor Eröffnung des Geschäftsbetriebs, Ebenroth/Pentz Rn. 35, str., und unabhängig von einer Eintragung. Die erfolgte Errichtung ist zur Eintragung in das HdlReg **anzumelden** (I 1). **Anmeldepflichtige Personen** sind der EinzelKfm; für OHG, KG die vertretenden Gfter (anders für ausländische ZwNl, → § 13d Rn. 5); für AG und KGaA der Vorstand bzw. phG; für GmbH der Geschäftsführer; bei anderen juristischen Personen das Vertretungsorgan; ausländische KapitalGes → § 13e Rn. 2. Anmeldung durch Vertreter ist zulässig (§ 378 I FamFG), zB Prokurist (→ § 49 Rn. 1, 2; aber HdlBevollmächtigte → § 54 Rn. 10). Anzumelden ist **beim Registergericht der Hauptniederlassung** bzw. bei HdlGes des Sitzes unter Angabe des Ortes der ZwNl (politische Gemeinde), der inländischen Geschäftsanschrift (seit MoMiG 2008, Grund: Zustellungserleichterung für Gläubiger; anders § 5 II PartGG, → Anh. § 160 Rn. 6; Übergangsrecht GmbH OLG München ZIP 2009, 366 mAnm Steffek EWiR 2009, 199; Wicke NZG 2009, 296) und des Zusatzes, falls der Firma der ZwNl ein solcher beigefügt wird (nach hL Firma auch sonst, str.) **(I 1).** Eingetragen wird also nur noch beim Gericht der (inländischen) HauptNl, nicht mehr wie früher beim Gericht der ZwNl, das vom Gericht der HauptNl über die Anmeldung der ZwNl dort zu unterrichten war. Dass die führende Eintragung nunmehr beim Gericht der HauptNl erfolgt, reicht aus, weil ja alle Daten über HauptNl und ZwNl zentral abgerufen werden können. Damit verbunden sind Vorteile der Vereinfachung, Beschleunigung und Verringerung von Fehlerquellen. HauptNl und ZweigNl können gleichzeitig angemeldet werden.

Das **Handelsregister der Zweigniederlassung** hat also durch das elektronische HdlReg ganz erheblich an Bedeutung verloren, behält aber eine eingeschränkte Bedeutung für die ZwNl ausländischer Unternehmen, deren HauptNl bzw. Sitz nicht im deutschen HdlReg eingetragen ist (→ § 13d Rn. 1, 2). Aufgabe des HdlReg der ZwNl sind ausschließlich Auskünfte über die dort eingetragenen bzw. einzutragenden Rechtsverhältnisse der ZwNl, nicht auch des Hauptsitzes oder anderer ZwNl, BGHZ 104, 61, str. (→ § 50 Rn. 2); nur insoweit, also seit dem EHUG 2006 eingeschränkt, greift die Publizität des HdlReg der ZwNl (§ 15 IV nF, dort → § 15 Rn. 24). ZwNl von deutschen Unternehmen im Ausland können nicht im deutschen HdlReg eingetragen werden, die Anmeldung ist an die zuständige ausländische Behörde zu richten, OLG Düsseldorf ZIP 2010, 2284. **Muster:** Hopt/Merkt VertrFormB/Voigt, Form I. B.1 (Anmeldung der Errichtung einer ZwNl).

§ 13a

12   B. **Anmeldung späterer Änderungen (I 2):** In gleicher Weise wie ursprünglich einzutragende Tatsachen unter I 1 sind spätere Änderungen der die ZwNl betreffenden einzutragenden Tatsachen anzumelden, zB Änderungen bezüglich des Orts oder des Zusatzes der ZwNl. Das Registergericht der HauptNl bleibt also Adressat der laufenden Eintragungen, das HdlReg dort bleibt das führende HdlReg.

13   C. **Prüfung und Eintragung (II): a) Prüfung:** Das Registergericht der HauptNl (des Sitzes) prüft die Anmeldung (→ § 8 Rn. 6) in formeller und materieller Hinsicht (→ § 8 Rn. 7 ff., schon bei der Anmeldung der HauptNl zB KfmEigenschaft des ganzen Unternehmens, richtige Bildung der Firma, Gültigkeit eines GesVertrags, vgl. → § 2 Rn. 7). Seit EHUG 2006 erstreckt sich die Prüfung durch das Registergericht der HauptNl auch auf die die ZwNl betreffenden Fragen. Da des Registergericht der HauptNl aber die tatsächlichen Verhältnisse am Ort der ZwNl nicht ohne Weiteres überprüfen kann, findet diese Prüfung nach II nur noch reduziert statt, nämlich keine firmenrechtliche Prüfung nach § 30 mehr (dann eben Unterlassungsklage, § 37 II) und Absehen von der Eintragung nur noch, wenn die ZwNl „offensichtlich" nicht errichtet worden ist (für weitergehende Prüfungspflicht noch RegE). Das Registergericht der ZwNl kann das Registergericht der HauptNl auf Bedenken hinweisen, BayObLG DB 1995, 1456; OLG Karlsruhe Rpfleger 1997, 482. Es kann auch dort das Amtslöschungsverfahren anregen (→ § 8 Rn. 12).

14   **b) Eintragung:** Ergibt die Prüfung keine Beanstandungen (Bsp.: die ZwNl ist offensichtlich nicht errichtet worden, II 2 aE), so trägt das zuständige Gericht die ZwNl in Spalte 2b des Registerblatts der HauptNl bzw. des Sitzes unter Angabe des Ortes sowie der inländischen Geschäftsanschrift der ZwNl und des Zusatzes, falls der Firma der ZwNl ein solcher beigefügt ist, ein (vgl. **(4)** HRV §§ 40 Nr. 2b, 43 Nr. 2b nF). Veröffentlichung §§ 10, 11.

15   D. **Aufhebung (III):** III idF EHUG wie V aF. Für die Aufhebung der ZwNl gelten entspr. die Vorschriften über die Errichtung, also I und II. Die Aufhebung einer ZwNl wird im gleichen Verfahren registriert wie ihre Errichtung, vgl. auch **(4)** HRV §§ 40 Nr. 2b, 43 Nr. 2b. Da sie beim Registergericht der HauptNl anzumelden ist, ist dieses (nicht das Gericht der ZwNl) zuständig zur Erzwingung der Anmeldung gemäß § 14, KG DJ 39, 1288. **Verlegung** der Zweigniederlassung → Rn. 6, → § 13h Rn. 1. **Muster:** Hopt/Merkt VertrFormB/Voigt, Form I. B.3 (Anmeldung zur Verlegung der HauptNl an einen anderen Ort).

Europäische Zweigniederlassungen von Kapitalgesellschaften mit Sitz im Inland

13a (1) **In Bezug auf Zweigniederlassungen, die dem Recht eines anderen Mitgliedstaates der Europäischen Union oder eines anderen Vertragsstaates des Abkommens über den Europäischen Wirtschaftsraum unterliegen und die von einer Kapitalgesellschaft mit Sitz im Inland errichtet wurden, gelten die folgenden Vorschriften.**

(2) **Die Landesjustizverwaltungen stellen sicher, dass die Daten der Zweigniederlassungen, die im Rahmen des Europäischen Systems der Registervernetzung gemäß § 9b empfangen werden, an dasjenige Registergericht weitergeleitet werden, das für die Gesellschaft zuständig ist.**

(3) **Das zuständige Registergericht bestätigt den Eingang der Daten über das Europäische System der Registervernetzung gemäß § 9b und trägt unverzüglich von Amts wegen die folgenden gemäß Absatz 2 erhaltenen Daten zu der Zweigniederlassung oder deren Änderung in das Registerblatt der Gesellschaft ein:**

2. Abschnitt. Handelsregister; Unternehmensregister § 13d

1. **Errichtung, Aufhebung oder Löschung der Zweigniederlassung,**
2. **Firma der Zweigniederlassung,**
3. **Geschäftsanschrift der Zweigniederlassung einschließlich des Staates,**
4. **Eintragungsnummer und einheitliche europäische Kennung der Zweigniederlassung.**

§ 13a neu durch DiRUG v. 5.7.2021 (BGBl. I 3338) stellt die zentrale Norm für die Umsetzung der Vorgaben der Digitalisierungs-RL zum Informationsaustausch über ZwNl im EU-/EWR-Raum von **KapitalGes.** mit Sitz im Inland **(I)** dar (Art. 19 II lit. h, 28a VII 2, 28c 2 GesR-RL nF). Erstmals findet damit eine registerrechtliche Behandlung von zuvor registerlich nicht erfassten ausländischen ZwNl statt (Art. 19 II lit. h GesR-RL), und zwar durch die **Eintragung von Informationen über EU-/EWR-ZwNl bei der jeweiligen Kapitalgesellschaft im Handelsregister.** Anmeldung und Eintragung der ZwNl richtet sich weiterhin nach jeweiligem nationalen Recht. Informationen zu europäischen ZwNl erhalten die nationalen Registergerichte daher ausschließlich durch Weiterleitung der über das Europäische System der Registervernetzung übermittelten Informationen durch die UntRegfS. Diese haben die Landesjustizverwaltungen zu gewährleisten, **II** (Spiegelbildregelung zu § 13 VII, → § 13e Rn. 5). Um die Übermittlungskette bis zu den Registergerichten sicherzustellen werden diese wiederum dazu verpflichtet, Dateneingänge über das Europäische System der Registervernetzung zu bestätigen und müssen die Informationen **unverzüglich** im Register verzeichnen und bei Mitteilung über Änderungen aktualisieren, **III** (Art. 28a VII 2, 28c 2 GesR-RL). Da Integrität der so erhaltenen Daten über ESR gewährleistet ist, erübrigt sich diesbezgl. gesondertes Anmelde- und Eintragungsverf. Eine inhaltliche Prüfung der erhaltenen Daten durch die nationalen Registergerichte findet daher bis auf eine rein formelle Prüfung bei fehlenden oder offensichtlich unrichtigen oder widersprüchlichen Daten nicht statt, stattdessen Übernahme der erhaltenen Daten von Amts wegen. Daraus folgt die unionsrechtlich nicht unproblematische Einschränkung der Registerpublizität hinsichtlich solcher Daten durch § 15 V HGB nF (BGBl. 2021 I 3338, 3342). Zur erstmaligen Erfassung der bereits bestehenden ZwNl führt die EU-Kommission einen Aktualisierungsprozess der nationalen Register über das Europäische System der Registervernetzung durch. Zum Ganzen BT-Drs. 19/28177, 94 f.

13b–13c *(aufgehoben)*

§§ 13a–13c aufgehoben durch EHUG 2006, § 13a neu durch DiRUG 2022.

Sitz oder Hauptniederlassung im Ausland

13d (1) **Befindet sich die Hauptniederlassung eines Einzelkaufmanns oder einer juristischen Person oder der Sitz einer Handelsgesellschaft im Ausland, so haben alle eine inländische Zweigniederlassung betreffenden Anmeldungen, Einreichungen und Eintragungen bei dem Gericht zu erfolgen, in dessen Bezirk die Zweigniederlassung besteht.**

(2) **Die Eintragung der Errichtung der Zweigniederlassung hat auch den Ort und die inländische Geschäftsanschrift der Zweigniederlassung zu enthalten; ist der Firma der Zweigniederlassung ein Zusatz beigefügt, so ist auch dieser einzutragen.**

(3) **Im übrigen gelten für die Anmeldungen, Einreichungen, Eintragungen, Bekanntmachungen und Änderungen einzutragender Tatsachen, die die**

§ 13d 1

Zweigniederlassung eines Einzelkaufmanns, einer Handelsgesellschaft oder einer juristischen Person mit Ausnahme von Aktiengesellschaften, Kommanditgesellschaften auf Aktien und Gesellschaften mit beschränkter Haftung betreffen, die Vorschriften für Hauptniederlassungen oder Niederlassungen am Sitz der Gesellschaft sinngemäß, soweit nicht das ausländische Recht Abweichungen nötig macht.

1) Zweigniederlassungen ausländischer Unternehmen (§§ 13d–13e)

1 § 13d nF 1993 (EURL, → § 13 Rn. 2), idF EHUG 2006 (bloße Streichung von „Zeichnungen", vgl. → § 14 Rn. 1), II, III idF MoMiG 2008. § 13d ist die **Grundnorm** für das Recht der **Zweigniederlassungen von Unternehmen mit Sitz oder Hauptniederlassung im Ausland**, kurz, aber ungenau: ausländischer Unternehmen. Dieses Recht, also §§ 13d–13e, ist von der HdlRegisterreform des EHUG 2006 weitestgehend unberührt geblieben (RegE 13). § 13d ist fremdenrechtliche Sachnorm, kein Kollisionsrecht (→ § 13 Rn. 2). Sitz (der juristischen Person) und HauptNl (des EinzelKfm) sind gleichbedeutend, Begriff des Sitzes → § 13 Rn. 1, → § 106 Rn. 8 für OHG. Wenn eine ausländische Ges. mit Satzungssitz in der EU ihren Verwaltungssitz in das Inland verlegt oder von Beginn hat (→ Einl. v. § 105 Rn. 29), selbst wenn die Geschäftsaktivitäten ausschließlich im Inland entfaltet werden (keine ScheinHdlGes wie nach früherer hL, → Einl. v. § 105 Rn. 29), sind §§ 13d ff. ebenfalls anzuwenden, also Eintragung als eine ZwNl einer normalen AuslandsGes (insoweit gilt also Satzungssitz), RegE MoMiG 2008, KG NZG 2004, 49; OLG Zweibrücken RIW 2003, 542; OLG Frankfurt a. M. ZIP 2008, 1286 (Limited als Komplementärin, → Anh. § 177a Rn. 11; Limited & Still → § 230 Rn. 5); Riegger ZGR 2004, 513; Leible/Hoffmann EuZW 2003, 679. Infolge des **Brexit** und mangels spezifischer gesellschaftsrechtlicher Regelungen im EU-UK-TCA bestimmt sich das Gesellschaftsstatut von UK-Ges. mit Verwaltungssitz im Inland nach deutschem Recht (sog. Sitztheorie). UK-(Kapital)Ges. ohne maßgebliche Tätigkeit in UK haben damit seit dem 1.1.2021 ihre Rechtsfähigkeit verloren und können sich nicht mehr auf die Niederlassungsfreiheit gem. Art. 49, 54 AEUV berufen, BGH BB 2021, 715 mit abw. Anm Otte-Gräbener BB 2021, 717, die im Fortgelten der Gründungstheorie auf Art. SERVIN.1.2(k), 2.3 I und.2.4 I, II EU-UK-TCA stützt. Darüber hilft auch eine Eintragung nach §§ 13d ff. nicht hinweg, diese bezieht sich alleine auf die ZwNl und nicht auf die Gesellschaft als solche, Mayer/Manz BB 2021, 451. (Erst-)Registereintragung der ausländischen Ges. idR bereits im Land der Gründung, in BRD kein notwendiger ZwNl Zusatz bei plc, Wachter BB 2005, 1289; Wernicke BB 2006, 843, nach aA Eintragung als HauptNl wie inländische Ges. gemäß § 33, aber europarechtswidrig (→ § 33 Rn. 1). Eintragung der ZwNl unabhängig von Gewerbeuntersagung, OLG Oldenburg GmbHR 2002, 29; Mankowski BB 2006, 1173; aA Thüringen BB 2006, 1181 (auch → § 13g Rn. 1). Gleiches gilt bei Gesellschaften aus dem EWR-Raum (Art. 31, 34 EWR-Abkommen) oder Drittstaaten, mit denen Deutschland ein völkerrechtliches Abkommen geschlossen hat, zB Deutsch-Amerikanischer Freundschaftsvertrag, BeckOK HGB/Müther Rn. 15. ZwNl des ausländischen Unternehmens kann unter ihrer Firma als Kdtistin im HdlReg eingetragen werden, kein Rechtsschein, ZwNl sei selbst Rechtsinhaberin, OLG Bremen ZIP 2013, 268. Ausländische juristische Person (Limited) einer deutschen GmbH & Co ist nicht selbst als ZwNl registerpflichtig, OLG Frankfurt a. M. ZIP 2008, 1286, aA Wachter GmbHR 2006, 80, Grund: sie als solche noch keine selbstständige Organisationseinheit (zum Begriff der ZwNl → § 13 Rn. 3; zur Zulässigkeit einer ausländischen juristischen Person als Komplementär → Anh. § 177a Rn. 11). Verschmelzung einer GmbH auf eine plc ist nicht erstmalig konstitutiv im deutschen HdlReg für ZwNl (plc) einzutragen, OLG München BB 2006, 1185.

§ 13d ent spricht § 13 für Unternehmen mit Sitz im Inland. § 13d wird ergänzt durch § 13e für KapitalGes, § 13e wiederum durch §§ 13f, 13g für AG und GmbH. Ergänzendes Bilanzrecht in §§ 289 II Nr. 4, 325a, 335 S. 1 Nr. 7. Übergangsrecht → § 13 Rn. 2. § 13d ist europarechtlich nicht zu beanstanden, die Regelungsunterschiede gegenüber der ZwNl deutscher Unternehmen sind nicht diskriminierend und dienen wie bei den deutschen dem Verkehrsschutz, Staub/Koch Rn. 5, Koller/Roth Rn. 8. Wünschenswert wäre eine einheitliche europäische Registerbescheinigung mit öffentlichem Glauben, Wachter ZNotP 2005, 145. Zur **Limited** außerdem → § 13e Rn. 1. **Lit.** Rinne, 1998; zu §§ 13d–13h umfassend nach MoMiG E. Voigt, 2009, Diss. Hmb.; Wachter in Süß/Wachter, HdB des int. GmHRechts, 2. Aufl. 2011, § 2; Kindler NJW 1993, 3301; Seibert DB 1993, 1705; Wachter GmbHR 2003, 1254 u. MDR 2004, 611; Riegger ZGR 2004, 510; Herchen RIW 2005, 529 (plc); Kloße-Mokross DStR 2005, 971 (1013) u. Wachter ZNotP 2005, 122 (private limited company); Mankowski BB 2006, 1173; Mankowski/Knöfel in Hirte/Bücker, Grenzüberschreitende Ges., 2. Aufl. 2006, § 13; Erb WM 2007, 1012 (EHUG § 340l).

2) Zuständigkeit des Gerichts der deutschen Zweigniederlassung (§ 13d I)

Deutsches Registerrecht als deutsches öffentliches Recht und spezieller der 2 freiwilligen Gerichtsbarkeit gilt auch **für ausländische Unternehmen** mit Niederlassung in Deutschland (lex fori, Recht des Registerorts), BGH NJW 2007, 2329; OLG München NZG 2011, 157; OLG Hamm ZIP 2011, 867. Der Grundgedanke des § 13d geht dahin, dass bei HauptNl (Sitz) im Ausland die Anforderungen des deutschen Registerrechts **vollständig beim Gericht der deutschen Zweigniederlassung** erfüllt werden **(I).** Das ist eine Ausnahme zu der durch das EHUG 2006 erfolgten Konzentration der Eintragung auf das nunmehr führende HdlReg des HauptNl (→ § 13 Rn. 10, 11), Grund: die deutsche ZwNl des ausländischen Unternehmens ist wie eine inländische HauptNl zu behandeln (→ Rn. 5), ausländische ZwNl können nicht eingetragen werden, OLG Düsseldorf FGPrax 2010, 85. Das deutsche Registergericht (der ZwNl) **prüft** alle Voraussetzungen der Eintragung (§ 26 FamFG), auch die nach ausländischem Recht zu beurteilenden (Bsp.: wirksame Gründung einer Ges. im Ausland, wirksame Bestellung der Organe), mit freier Würdigung der Beweismittel, grundsätzlich ohne Bindung an ausländische Entscheidungen, gerichtliche Registereintragungen usw, BayObLG WM 1985, 1205; NJW 1999, 656; Riegger ZGR 2004, 514. Diese Prüfung reicht weiter als bei inländischen ZwNl (→ § 13 Rn. 13), da das ausländische Unternehmen im Inland bisher registerrechtlich nicht geprüft worden ist, es fehlt ein Hauptregister (aber § 13e V). Bei Ges. aus EU und EWR ist aber das Herkunftslandprinzip zu beachten, Rehberg in Eidenmüller, Ausländische KapitalGes 2004, E. Voigt § 10. Auch nicht vergleichbare Bestimmungen des ausländischen Rechts sind eintragungsfähig (Grenze: ordre public, aber → § 17 Rn. 49), BayObLGZ 1985, 352, hL, aA OLG Frankfurt a. M. IPRspr 1976 Nr. 18. Bei zweiter ZwNl Eintragung beim Gericht dort, OLG Schleswig ZIP 2007, 2357, vgl. Optionsrecht für KapitalGes nach § 13e V.

Deutsches Registerrecht ist aber auf ausländische Unternehmen uU nur entspr. 3 auf Grund rechtsvergleichender Qualifikation anwendbar, zB darüber, wie einzutragen ist, wer anzumelden hat, KG NZG 2004, 49. Das ausländische HdlRecht kennt andere Formen (zB Ges.-, Vollmachtsformen), andere rechtserhebliche (zur Eintragung in Betracht kommende) Vorgänge, andere (zur Bestimmung der Anmeldepflicht bedeutsame) Funktionen. Ob das ausländische Unternehmen ein EinzelKfm ist (→ § 13 Rn. 3), bestimmt sich nach dem Wirkungsstatut, hL, str., und zwar (ohne europarechtliche Vorgaben, von Zweigniederlassungs-RL nicht erfasst) durch Qualifikation im Wege der **Substitution** nach §§ 1 ff. Ob es eine juristische Person oder eine HdlGes ist, ist

§ 13d 4, 5

unzweifelhaft für die AG, KGaA und GmbH (§§ 13f, 13g; insoweit schon durch die EU-RL vorgegeben, Zweigniederlassungs-RL, PublizitätsRL, → § 13 Rn. 2, → Einl. v. § 105 Rn. 36) und ergibt sich im Übrigen wiederum durch Substitution. Die ausländische Bezeichnung ist nur Anhaltspunkt, maßgeb lich ist die Funktionsäquivalenz, MüKoHGB/Krafka Rn. 9, 10a mit Auflistung der vergleichbaren ausländischen PersonenGesFormen. Anerkennung der im Ausland erlangten Rechtsfähigkeit der Ges. (Problem der Sitz- oder Gründungstheorie und EuGH Rspr, → Einl. v. § 105 Rn. 29, → § 106 Rn. 8).

3) Firma der deutschen Zweigniederlassung (II)

4   Die Eintragung muss auch den Ort und die inländische Geschäftsanschrift (Grund: Zustellungserleichterung für Gläubiger, kein Verstoß gegen Zweigniederlassungs-RL) der ZwNl sowie einen eventuellen Firmenzusatz der ZwNl enthalten (II). Die Firma der Zweigniederlassung (→ § 13 Rn. 7) richtet sich ebenso wie bei der Firmenbildung allgemein (→ § 17 Rn. 48, 49) wegen der Niederlassungsfreiheit grundsätzlich nach dem Gesellschaftsstatut, KG IPRspr 1934 Nr. 13, 29; Ebenroth/Pentz Rn. 21; E. Voigt § 10 IV; Koller/Roth § 17 Rn. 26, sehr str., aA Ort der ZwNl, bisher üL, KG NJW-RR 2004, 977; OLG München NZG 2007, 824; OLG Frankfurt a. M. DB 2008, 1488; LG Aachen ZIP 2007, 1011; Ebenroth/Reuschle § 17 Anh. Rn. 6 (aber auch → § 17 Rn. 48), aber Grenze Irreführungsverbot (näher → § 17 Rn. 49). Jedoch braucht kein auf die ZwNl als solche hinweisender Zusatz gebildet werden (→ § 13 Rn. 7), OLG Düsseldorf ZIP 2017, 879. Trotz § 18 I (insbesondere Gattungsbezeichnungen) kann Eintragung der Firma der inländischen ZwNl nach AEUV (EGV aF) geboten sein, OLG München ZIP 2007, 1949 (Planung für Küche und Bad Ltd.), OLG Frankfurt a. M. FGPrax 2008, 166, anders zu § 18 I OLG München NZG 2011, 157 (zutr. zu § 18 II, → § 17 Rn. 49), zu weitgehend aber LG Aach ZIP 2007, 1011 (Auskunft Ltd.), näher E. Voigt § 10 IV 2; Wachter GmbHR 2007, 980. Zum Rechtsformenzusatz → § 17 Rn. 49. Auch bei ZwNl ausländischer Ges. keine registergerichtliche Prüfung des § 30 mehr (→ § 13 Rn. 13). Keine Eintragung der ausländischen KapitalGes als phG einer KG als inländische ZwNl in das HdlReg (→ § 105 Rn. 28).

4) Behandlung wie inländische Hauptniederlassung (III)

5   Im Übrigen ist die ZwNl **wie eine inländische Hauptniederlassung** zu behandeln, BayObLG WM 1985, 1204; 1986, 1558; NJW 1999, 654, Grund: ZwNl setzt HauptNl (Sitz) im Inland voraus, deshalb anders im Falle von § 13e V. Die inländische ZwNl des ausländischen Unternehmens entsteht mit Geschäftsaufnahme. Für ihre Anmeldungen, Einreichungen, Eintragungen, Bekanntmachungen und Änderungen einzutragender Tatsachen (nF 2008, → Rn. 1) gelten grundsätzlich die Vorschriften für inländische HauptNl **(III)**. Für AG, KGaA und GmbH gelten nicht III, sondern § 13d I, II, §§ 13e–13g. Besondere gesetzliche Vertreter wie Hauptbevollmächtigte nach § 106 III VAG und Geschäftsleiter nach § 53 II Nr. 1 KWG sind in Abteilung B Spalte 4b einzutragen (so **(4)** HRV § 43 Nr. 4 S. 3). Die persönliche Anmeldepflicht (→ § 13 Rn. 10) ist für AG und GmbH in § 13e II 1 geregelt; bei PersonenGes muss die Anmeldung durch alle Gfter erfolgen (anders für inländische ZwNl, → § 13 Rn. 10, zur Differenzierung → § 13 Rn. 2), üL, Grund: §§ 13d III, 108, 161 II, nach aA nur durch die vertretungsberechtigten Gfter, MüKoHGB/Krafka Rn. 26 (vgl. → § 13e Rn. 2); im übrigen trifft sie die Personen, die nach ausländischem Recht den deutschen Anmeldepflichtigen gleichstehen, nicht über den Wortlaut hinaus auch die im Inland befindlichen verantwortlichen Leiter der ZwNl, str. (vgl. aber § 13e II 5 Nr. 3, III). Anmeldung durch Stellvertreter → § 13 Rn. 10. Zu den Anmeldungsunterlagen BayObLG WM 1986, 1557. Erlöschen oder Änderungen bei der ausländischen Hauptniederlassung s. MüKoHGB/Krafka

Rn. 26a. **Muster:** Hopt/Merkt VertrFormB/Voigt, Form I. B.2 (Anmeldung der Errichtung einer ZwNl eines ausländischen Unternehmens, plc; ltd).

Die Behandlung der ZwNl wie eine inländische Hauptniederlassung gilt nur, 6 soweit nicht das **ausländische Recht Abweichungen nötig macht** (III letzter Hs.). Das Registergericht darf zB nicht in die Entstehungsvoraussetzungen und Struktur der ausländischen Ges. eingreifen, BayObLG WM 1986, 1557; OLG Düsseldorf NJW-RR 1992, 1391.

Zweigniederlassungen von Kapitalgesellschaften mit Sitz im Ausland

§ 13e (1) Für Zweigniederlassungen von Aktiengesellschaften und Gesellschaften mit beschränkter Haftung mit Sitz im Ausland gelten ergänzend zu § 13d die folgenden Vorschriften.

(2) ¹Die Errichtung einer Zweigniederlassung einer Aktiengesellschaft ist durch den Vorstand, die Errichtung einer Zweigniederlassung einer Gesellschaft mit beschränkter Haftung ist durch die Geschäftsführer zur Eintragung in das Handelsregister anzumelden. ²Bei der Anmeldung ist das Bestehen der Gesellschaft als solcher nachzuweisen. ³Die Anmeldung hat auch eine inländische Geschäftsanschrift und den Gegenstand der Zweigniederlassung zu enthalten. ⁴Daneben kann eine Person, die für Willenserklärungen und Zustellungen an die Gesellschaft empfangsberechtigt ist, mit einer inländischen Anschrift zur Eintragung in das Handelsregister angemeldet werden; Dritten gegenüber gilt die Empfangsberechtigung als fortbestehend, bis sie im Handelsregister gelöscht und die Löschung bekannt gemacht worden ist, es sei denn, dass die fehlende Empfangsberechtigung dem Dritten bekannt war. ⁵In der Anmeldung sind ferner anzugeben

1. das Register, bei dem die Gesellschaft geführt wird, und die Nummer des Registereintrags, sofern das Recht des Staates, in dem die Gesellschaft ihren Sitz hat, eine Registereintragung vorsieht;
2. die Rechtsform der Gesellschaft;
3. die Personen, die befugt sind, als ständige Vertreter für die Tätigkeit der Zweigniederlassung die Gesellschaft gerichtlich und außergerichtlich zu vertreten, unter Angabe ihrer Befugnisse;
4. wenn die Gesellschaft nicht dem Recht eines Mitgliedstaates der Europäischen Union oder eines anderen Vertragsstaates des Abkommens über den Europäischen Wirtschaftsraum unterliegt, das Recht des Staates, dem die Gesellschaft unterliegt.

(3) ¹Die in Absatz 2 Satz 5 Nr. 3 genannten Personen haben jede Änderung dieser Personen oder der Vertretungsbefugnis einer dieser Personen zur Eintragung in das Handelsregister anzumelden.

²Wenn die Gesellschaft nicht dem Recht eines Mitgliedstaates der Europäischen Union oder eines anderen Vertragsstaates des Abkommens über den Europäischen Wirtschaftsraum unterliegt, gelten für die gesetzlichen Vertreter der Gesellschaft in Bezug auf die Zweigniederlassung § 76 Absatz 3 Satz 2 bis 4 des Aktiengesetzes sowie § 6 Absatz 2 Satz 2 bis 4 des Gesetzes betreffend die Gesellschaften mit beschränkter Haftung entsprechend.

(3a) ¹An die in Absatz 2 Satz 5 Nr. 3 genannten Personen als Vertreter der Gesellschaft können unter der im Handelsregister eingetragenen inländischen Geschäftsanschrift der Zweigniederlassung Willenserklärungen abgegeben und Schriftstücke zugestellt werden. ²Unabhängig hiervon können die Abgabe und die Zustellung auch unter der eingetragenen Anschrift der empfangsberechtigten Person nach Absatz 2 Satz 4 erfolgen.

§ 13e 1

(4) Die in Absatz 2 Satz 5 Nr. 3 genannten Personen oder, wenn solche nicht angemeldet sind, die gesetzlichen Vertreter der Gesellschaft haben die Eröffnung oder die Ablehnung der Eröffnung eines Insolvenzverfahrens oder ähnlichen Verfahrens über das Vermögen der Gesellschaft zur Eintragung in das Handelsregister anzumelden.

(5) ¹Errichtet eine Gesellschaft mehrere Zweigniederlassungen im Inland, so brauchen die Satzung oder der Gesellschaftsvertrag sowie deren Änderungen nach Wahl der Gesellschaft nur zum Handelsregister einer dieser Zweigniederlassungen eingereicht zu werden. ²In diesem Fall haben die nach Absatz 2 Satz 1 Anmeldepflichtigen zur Eintragung in den Handelsregistern der übrigen Zweigniederlassungen anzumelden, welches Register die Gesellschaft gewählt hat und unter welcher Nummer die Zweigniederlassung eingetragen ist.

(6) Die Landesjustizverwaltungen stellen sicher, dass die Daten einer Kapitalgesellschaft mit Sitz im Ausland, die im Rahmen des Europäischen Systems der Registervernetzung (§ 9b) empfangen werden, an das Registergericht weitergeleitet werden, das für eine inländische Zweigniederlassung dieser Gesellschaft zuständig ist.

(7) ¹Das zuständige Registergericht bestätigt den Eingang der Daten über das Europäische System der Registervernetzung. ²Sofern zum Zeitpunkt des Dateneingangs bei dem Registergericht keine Anmeldung in Bezug auf die mitgeteilten Tatsachen vorliegt, fordert es die Gesellschaft zur unverzüglichen Anmeldung der geänderten Tatsachen auf.

1) Ergänzungsregelung für ausländische Kapitalgesellschaften (I)

1 § 13e nF 1993 (EURL, → § 13 Rn. 2) ohne Änderung durch EHUG 2006, II 2, 3, 4, 5, III 1, 2, IIIa, IV idF MoMiG 2008. VI nF RegVerknüpfUmsetzG 22.12.2014 (→ § 9b Rn. 1), III 2, erfährt Änderungen, VII neu angefügt durch DiRUG (BGBl. 2021 I 3338, 3342). § 13e ergänzt § 13d für **Kapitalgesellschaften** (einschließlich KGaA, trotz amtlicher Überschrift nicht auch bergrechtliche Gewerkschaft) mit Sitz im Ausland (I), Übergangsvorschrift zu II 4, V **(1)** EGHGB Art. 34. Zusätzliche rechtsformspezifische Regeln für AG, KGaA und GmbH enthalten §§ 13f, 13g. §§ 13e–13g zusammen entsprechen §§ 13a, 13b für AG und GmbH mit Sitz im Inland, verlangen aber zusätzliche Angaben, die für den HdlVerkehr wichtig sind. Auflistung der vergleichbaren ausländischen GmbH, AG und KGaA bei MüKoHGB/Krafka Rn. 5ff. §§ 13e, 13g waren nach der Centros-Rspr. des EuGH (→ Einl. v. § 105 Rn. 29) besonders bedeutsam für die in Deutschland tätige englische **private limited company** (**ltd, plc,** → § 13 Rn. 1), die einer deutschen GmbH gleichgestellt ist, zB auch bezüglich § 64 S. 1 GmbHG, BGH NJW 2016, 2660 (daneben die public limited company, sec. 4 Companies Act, wie die Aktiengesellschaft, für sie gilt die 2. bzw. Kapitalrichtlinie), OLG Frankfurt a. M. WM 2018, 1408; ZIP 2018, 686 (Anmeldungsvoraussetzungen) mAnm Just/Müller EWiR 2018, 269. Nach dem Brexit ist, sofern ein ausländisches Rechtskleid beibehalten wurde, die irische **private company limited by shares** (ebenfalls **ltd**) hervorzuheben. § 13e **I** erfasst AG und GmbH; aber auch KGaA, Kindler NJW 1993, 3303, aA RegE. Ob die ausländische Ges. eine entspr. Rechtsform hat, ergibt sich aus der 1. und für die GmbH auch der 12. EG-RL (→ Einl. v. § 105 Rn. 36), bei Drittstaaten im Wege der Substitution (→ § 13d Rn. 3), RegE, Kindler NJW 1993, 3303. Voraussetzung ist die Bildung einer ZwNl, nicht schon bei Übernahme einer Komplementärstellung (→ § 13 Rn. 3, → § 13d Rn. 1). Die Eintragung ist rein deklaratorisch, KG NZG 2004, 50; MüKoHGB/Krafka Rn. 16a. Gelöschte plc, BGH ZIP 2017, 421 (493); OLG Brandenburg ZIP 2016, 1871. **Lit.** Wachter MDR

2004, 611 (englische plc); Klose-Mokross DStR 2005, 971; Otte BB 2012, 1311 (plc).

2) Anmeldung (II)

Anzumelden haben der Vorstand der AG (**II 1**, nicht wie nach § 44 I 1 AktG 2 aF alle Vorstandsmitglieder) bzw. die Geschäftsführer der GmbH. Das ist sowohl Organ- als auch persönliche Pflicht, Folge: eigenes Beschwerderecht, KG NZG 2004, 50. Anmeldung durch Vertreter → § 13 Rn. 10, aber nicht durch den ständigen Vertreter nach § 13e II S. 5 Nr. 3, Grund: Vertretungsmacht nur für die ZwNl, Ebenroth/Pentz Rn. 20. Nachweis der Vertretungsmacht bei plc (→ Rn. 1), Otte gegen KG BB 2012, 1311, auch OLG Karlsruhe NZG 2012, 553; OLG Schleswig NJW-RR 2012, 1063; OLG Nürnberg ZIP 2015, 1630; OLG Düsseldorf BB 2015, 590 (§ 32 GBO). **II 2–5** verlangen ua Angaben über das Bestehen der Ges. als solcher (II 2; seit MoMiG nicht mehr: staatliche Genehmigung, vgl. noch OLG Celle ZIP 2007, 71, es war str., ob europarechtswidrig); das Register, bei dem die Ges. geführt wird (Heimatregister, vgl. Liste in EuZW 1992, 528); das Recht des Staates (außer EU und EWR), dem die Ges. unterliegt. Prüfung, ob ZwNl tatsächlich errichtet worden ist, OLG Karlsruhe NZG 2012, 553. Eintragung der ZwNl mit einer inländischen Geschäftsanschrift (seit MoMiG, → § 13d Rn. 4) und ihrem eigenen Unternehmensgegenstand (II 3), OLG Hamm ZIP 2005, 1871 (1947); OLG Frankfurt a. M. ZIP 2006, 333, und ohne Vorlage des Gründungsbeschlusses, OLG Düsseldorf ZIP 2006, 806. **II 3** verlangt Angabe des Gegenstandes der ZwNl; daneben zwar nicht auf Grund von II 3, aber zB § 13f II 2 iVm § 23 III Nr. 2 AktG, § 13g III iVm §§ 10 I GmbHG, auch Gegenstand der HauptNl bzw. des Unternehmens, GroßKo/Koch Rn. 23, aA früher hL, OLG Hamm ZIP 2005, 1871; OLG Düsseldorf NZG 2006, 317; OLG Frankfurt a. M. GmbHR 2006, 259; Wachter GmbHR 2005, 101, trotz § 13g III nF 2008 iVm § 10 GmbHG, da die Zweigniederlassungs-RL vorgehe, aber letzteres ist nicht mehr zutreffend, EuGH NJW 2006, 3961 Rn. 33.

3) Empfangsvertreter, ständige Vertreter (II 4, 5 Nr. 3, III, IIIa, IV)

II 4 nF 2008 sieht eine (da Zustellungsrecht, europarechtskonforme) Option 3 für die Ges. vor, einen zusätzlichen **(Empfangs)Vertreter** für Willenserklärungen und Zustellungen an die Ges. neben den Vertretern der Ges. eintragen zu lassen, zB einen Gfter, Steuerberater oder Notar. Da dies keine eintragungspflichtige, sondern nur eintragungsfähige Tatsache ist, sieht II 4 Halbsatz 2 Registerpublizität entspr. § 15 vor (damit Anreiz zu laufender Aktualisierung), was aber nur bei Vollmachtsbeendigung im Innenverhältnis hilft. Bei Nichtzustellbarkeit § 15a HGB und § 185 Nr. 2 ZPO nF (MoMiG).

II 5 Nr. 3 sieht die Anmeldung und die Eintragung eines **ständigen Vertreters** mit der Folge von IIIa vor (Option, aber wegen Zustellungserleichterungen nach § 15a HGB und § 185 Nr. 2 ZPO ernst zu nehmende Obliegenheit zur Erreichbarkeit im Inland, → § 15a Rn. 2), OLG München ZIP 2008, 552, aber Pflicht zur Bestellung nach § 53 II Nr. 1 KWG ua. II 5 Nr. 3 erfasst nur gewillkürte Vertreter, nicht gesetzliche Vertreter als solche, KG ZIP 2013, 974, hL. Also keine Doppeleintragung des allein vertretungsbefugten Organmitglieds, OLG Karlsruhe NZG 2012, 553; anders, wenn der gesetzliche Vertreter an sich keine Einzelvertretungsmacht hat, eine solche aber rechtsgeschäftlich für die ZwNl, Ebenroth/Pentz Rn. 31. Der ständige Vertreter ist mit organschaftlichen Befugnissen ausgestattet, OLG Bremen ZIP 2013, 268, str., offen OLG Frankfurt a. M. ZIP 2015, 1071. Vertretungsmacht wie nach II 5 Nr. 3 haben Prokuristen, nicht aber normale HdlBevollmächtigte (außer bei ständiger genereller Vertretungsmacht und Prozessführungsbefugnis nach § 54 II, mit der EU-RL vereinbar, hL, aA auch bei nicht umfassender Vertretungsmacht, vgl. → § 54 Rn. 10); ihre

Befugnisse sind anzugeben, zB alleinige oder nur gemeinsame Vertretung. Doppeleintragung als ständiger Vertreter und Prokurist ist zulässig, Wachter ZNotP 2005, 135, Kühn/Krafka NZG 2011, 210, Heidel/Schall Rn. 19, str., Grund: § 49 II. Keine Eintragung der Befreiung vom Verbot des Selbstkontrahierens bei deutscher ZwNl einer englischen plc (→ § 13g Rn. 3). Gem. § 15 III 2 gelten die Inhabilitätsvorschriften der §§ 76 III 2 AktG, 6 II 2–3 GmbHG für den gesetzlichen Vertreter entsprechend. Diese werden durch Art. 13i GesR-RL n. F. z. T. harmonisiert, Bayer/J. Schmidt BB 2019, 1924.

III 1 betrifft vor allem Änderungen bei HdlBevollmächtigten, für Prokuristen gilt schon § 53 III. Nachweis der Änderung ist nicht nötig, aber ein neu bestellter (einziger) ständiger Vertreter muss Anmeldeberechtigung nachweisen, OLG München ZIP 2011, 1816. An Regelung wird auch nach DiRUG festgehalten (vgl. VII, → Rn. 5). **III 2 idF MoMiG** verwies für die gesetzlichen Vertreter aller Ges. in Bezug auf die ZwNl auf die Inhabilitätsvorschriften nach § 76 III 2, 3 AktG und § 6 II 2, 3 GmbHG (→ § 13g Rn. 1, → § 13f Rn. 1). Nach **III 2 nF** (DiRUG) wird für ZwNl von EU-/EWR-Ges. auf diesbezgl. Erfordernisse verzichtet, da der Informationsaustausch über disqualifizierte Personen (in Umsetzung von Art. 13i GesR-RL nF) künftig über das Europäische System der Registervernetzung nach Maßgabe von § 9c HGB nF (BGBl. 2021 I 3338, 3340 f., s. auch BT-Drs. 19/28177, 10) stattfindet. Hierdurch wird die Umgehung der Bestellungshindernisse der § 76 III 2, 3 AktG und § 6 II 2, 3 GmbHG über die Gründung von KapitalGes. im Ausland mit ZwNl im Inland verhindert. Debatte zu Europarechtskonformität ist damit obsolet, hierzu etwa Wachter GmbHR 2006, 798, Bauer/Großerichter NZG 2008, 256, Belgorodski/Friske WM 2011, 251. Zur Rechtslage davor (→ § 13g Rn. 1). Die Erfüllung der Voraussetzungen der § 76 III 2, 3 AktG und § 6 II 2, 3 GmbHG wird iRd § 13e folglich auf KapitalGes. aus Drittstaaten beschränkt. Diese Bestellungshindernisse betreffen nur die ZwNl, nicht auch die Organstellung in der ausländischen Ges. und erst recht nicht Geschäftsführungsmitglieder der Ges., die nicht als ständige Vertreter iSv II Satz 5 Nr. III fungieren sollen. Früher geführte

IIIa (neu durch MoMiG) ermöglicht es Gläubigern, an die ständigen Vertreter (II 5 Nr. 3) unter der inländischen Geschäftsanschrift Willenserklärungen abzugeben und Schriftstücke zuzustellen, und zwar neben II 4 und natürlich den gesetzlichen Vertretern.

IV sorgt für Information des Registergerichts über Insolvenz- und ähnliche Verfahren (ausländisches Sitzrecht).

4) Mehrere Zweigniederlassungen im Inland (V)

4 Bei mehreren ZwNl (→ § 13d Rn. 2) kann (Option) die KapitalGes ein führendes Register (oder HauptReg, aber missverständlich) auswählen (**V**, § 325a I 2), ohne zeitliche Grenze, str.; dann Amtshilfe.

5) Weiterleitung im Europäischen System der Registervernetzung, Empfangsbestätigung (VI, VII)

5 Im Rahmen des Europäischen Systems der Registervernetzung (§ 9b) werden Daten von KapitalGes ausgetauscht. VI ergänzt § 9b II für den Fall des Eingangs relevanter Daten ausländischer Registerbehörden. VI sorgt dafür, dass die Landesjustizverwaltungen, bei denen solche Daten über eine KapitalGes mit Sitz im Ausland eingehen (vgl. § 9b III 1), diese Daten unmittelbar an das für eine inländische ZwNl dieser Ges. zuständige Registergericht weiterleiten. Das Registergericht prüft dann in eigener Zuständigkeit, was zu geschehen hat (Durchsetzung einer Anmeldepflicht nach § 14 oder zB Amtverfahren auf Löschung nach **(3)** FamFG § 395). Zum Ausbau des BRIS durch Digitalisierungs-RL und DiRUG (→ § 13a Rn. 1). Neuer **VII** (Ums. Art. 30a UAbs. 2 GesR-RL) dient der Aufrechterhaltung eines aktuellen Datenbestands (vgl. BT-Drs. 19/28177,

96). Demnach haben die zuständigen Registergerichte bei Eingang einer Änderungsmitteilung den Empfang zu bestätigen und für eine unverzügliche Aktualisierung des Datenbestands zu sorgen. Unmittelbare Übernahme der Daten ist jedoch nicht erforderlich (anders §§ 9c, 12, Ums. Art. 28a VII, 28c GesR-RL); Aufforderung des jeweiligen Registergerichts an die Ges., entsprechende Anmeldung unverzüglich vorzunehmen reicht aus (insoweit Beibehaltung §§ 13e III 1, 13f IV, 13g IV möglich, BT-Drs. 19/28177, 98).

Zweigniederlassungen von Aktiengesellschaften mit Sitz im Ausland

13f (1) **Für Zweigniederlassungen von Aktiengesellschaften mit Sitz im Ausland gelten ergänzend die folgenden Vorschriften.**

(2) ¹**Der Anmeldung ist die Satzung in öffentlich beglaubigter Abschrift und, sofern die Satzung nicht in deutscher Sprache erstellt ist, eine beglaubigte Übersetzung in deutscher Sprache beizufügen.** ²**Die Vorschriften des § 37 Abs. 2 und 3 des Aktiengesetzes finden Anwendung.** ³**§ 37 Absatz 2 des Aktiengesetzes ist nicht anzuwenden auf Aktiengesellschaften, die dem Recht eines Mitgliedstaates der Europäischen Union oder eines anderen Vertragsstaates des Abkommens über den Europäischen Wirtschaftsraum unterliegen.** ⁴**Soweit nicht das ausländische Recht eine Abweichung nötig macht, sind in die Anmeldung die in § 23 Abs. 3 und 4 des Aktiengesetzes vorgesehenen Bestimmungen und Bestimmungen der Satzung über die Zusammensetzung des Vorstandes aufzunehmen; erfolgt die Anmeldung in den ersten zwei Jahren nach der Eintragung der Gesellschaft in das Handelsregister ihres Sitzes, sind auch die Angaben über Festsetzungen nach den § 26 und 27 des Aktiengesetzes und der Ausgabebetrag der Aktien sowie Name und Wohnort der Gründer aufzunehmen.** ⁵**Der Anmeldung ist die für den Sitz der Gesellschaft ergangene gerichtliche Bekanntmachung beizufügen.**

(3) **Die Eintragung der Errichtung der Zweigniederlassung hat auch die Angaben nach § 39 des Aktiengesetzes sowie die Angaben nach § 13e Abs. 2 Satz 3 bis 5 zu enthalten.**

(4) ¹**Änderungen der Satzung der ausländischen Gesellschaft sind durch den Vorstand zur Eintragung in das Handelsregister anzumelden.** ²**Für die Anmeldung gelten die Vorschriften des § 181 Abs. 1 und 2 des Aktiengesetzes sinngemäß, soweit nicht das ausländische Recht Abweichungen nötig macht.**

(5) ¹**Im übrigen gelten die Vorschriften der §§ 81, 263 Satz 1, § 266 Abs. 1 und 2, § 273 Abs. 1 Satz 1 des Aktiengesetzes sinngemäß, soweit nicht das ausländische Recht Abweichungen nötig macht.** ²**§ 81 Absatz 3 des Aktiengesetzes ist nicht anzuwenden auf Aktiengesellschaften, die dem Recht eines Mitgliedstaates der Europäischen Union oder eines anderen Vertragsstaates des Abkommens über den Europäischen Wirtschaftsraum unterliegen.**

(6) **Für die Aufhebung einer Zweigniederlassung gelten die Vorschriften über ihre Errichtung sinngemäß.**

(7) **Die Vorschriften über Zweigniederlassungen von Aktiengesellschaften mit Sitz im Ausland gelten sinngemäß für Zweigniederlassungen von Kommanditgesellschaften auf Aktien mit Sitz im Ausland, soweit sich aus den Vorschriften der §§ 278 bis 290 des Aktiengesetzes oder aus dem Fehlen eines Vorstands nichts anderes ergibt.**

1) § 13f (EURL, → § 13 Rn. 2), II idF EHUG 2006, IV aF aufgehoben, V–VIII aF nunmehr IV–VII mit Änd. in VI aF durch EHUG 2006; II 2, III, V idF MoMiG 2008, II 3 idF AktienRNovelle 2016, II und Verfahren nach DiRUG: Neue II 3 und V 2 Folgeänderungen der Anpassung von § 13e III 2.

§ 13g
1. Buch. Handelsstand

§ 13f ergänzt § 13e (KapitalGes) **speziell für AG** mit Sitz im Ausland (→ § 13 Rn. 1, 3). §§ 13d–13f ersetzen § 44 AktG aF. Nach **II 1** ist eine beglaubigte Übersetzung der Satzung in deutscher Sprache beizufügen. § 37 II AktG ist nicht anwendbar, früher str. **II 2** verweist auf § 37 II (Bestellungshindernisse) und III AktG (Angaben in der Anmeldung; die früheren § 37 IV, V AktG über Zeichnung der Vorstandsmitglieder sind durch das EHUG entfallen). **II 3** nimmt EU-/EWR-AG vom Verweis auf § 37 II AktG aus (Folgeänderung zur Änderung in § 13e III 2, früherer Streit zu Europarechtskonformität damit hinfällig, näher → § 13e Rn. 3). **II 4** verlangt Aufnahme von Satzungsbestimmungen über die Zusammensetzung des Vorstands (§§ 23 III, IV, AktG) und, wenn die Anmeldung in den ersten zwei Jahren nach Eintragung der Ges. in des HdlReg ihres Sitzes erfolgt, auch Angaben nach §§ 26, 27 AktG, über den Ausgabebetrag der Aktien sowie Namen und Wohnort der Gründer (II 4 Hs. 2 nF statt des durch EHUG aufgehobenen § 40 aF AktG). Mit letzterem soll dem Bedürfnis des Rechtsverkehrs nach Grundinformationen über die ausländische AG bei Eintragungen in den ersten beiden Jahren nach Gründung Rechnung getragen werden. **III** verlangt für die Eintragung der Errichtung der ZwNl auch die der Angaben nach § 39 AktG (zwingender Inhalt der Eintragung) und der Angaben nach § 13e II 3–5 (seit MoMiG, Zustellung). Änderungen der Satzung s. IV nF, ohne Verweisung auf § 181 III AktG (ausländisches Recht maßgeblich). **V 1** verweist auf §§ 81, 263 S. 1, 266 I, II, 273 I 1 AktG (seit MoMiG, Anmeldung von Änderung des Vorstands und der Vertretungsbefugnis seiner Mitglieder, der Auflösung, der Abwickler und ihrer Vertretungsbefugnis und des Schlusses der Abwicklung), **V 2** nimmt EU-/EWR-AG vom Verweis auf § 81 III AktG (Bestellungshindernisse) aus (Folgeänderung zur Änderung in § 13e III 2, früherer Streit zu Europarechtskonformität damit hinfällig, näher → § 13e Rn. 3). § 13f gilt entspr. für die **KGaA (VII;** § 278 III AktG verweist nur auf AktG).

Zweigniederlassungen von Gesellschaften mit beschränkter Haftung mit Sitz im Ausland

13g
(1) **Für Zweigniederlassungen von Gesellschaften mit beschränkter Haftung mit Sitz im Ausland gelten ergänzend die folgenden Vorschriften.**

(2) ¹Der Anmeldung ist der Gesellschaftsvertrag in öffentlich beglaubigter Abschrift und, sofern der Gesellschaftsvertrag nicht in deutscher Sprache erstellt ist, eine beglaubigte Übersetzung in deutscher Sprache beizufügen. ²Die Vorschriften des § 8 Abs. 1 Nr. 2 und Abs. 3 und 4 des Gesetzes betreffend die Gesellschaften mit beschränkter Haftung sind anzuwenden. ³§ 8 Absatz 3 des Gesetzes betreffend die Gesellschaften mit beschränkter Haftung ist nicht anzuwenden auf Gesellschaften, die dem Recht eines Mitgliedstaates der Europäischen Union oder eines anderen Vertragsstaates des Abkommens über den Europäischen Wirtschaftsraum unterliegen. ⁴Wird die Errichtung der Zweigniederlassung in den ersten zwei Jahren nach der Eintragung der Gesellschaft in das Handelsregister ihres Sitzes angemeldet, so sind in die Anmeldung auch die nach § 5 Abs. 4 des Gesetzes betreffend die Gesellschaften mit beschränkter Haftung getroffenen Festsetzungen aufzunehmen, soweit nicht das ausländische Recht Abweichungen nötig macht.

(3) **Die Eintragung der Errichtung der Zweigniederlassung hat auch die Angaben nach § 10 des Gesetzes betreffend die Gesellschaften mit beschränkter Haftung sowie die Angaben nach § 13e Abs. 2 Satz 3 bis 5 zu enthalten.**

(4) ¹**Änderungen des Gesellschaftsvertrages der ausländischen Gesellschaft sind durch die Geschäftsführer zur Eintragung in das Handelsregister anzumelden.** ²Für die Anmeldung gelten die Vorschriften des § 54 Abs. 1 und 2

2. Abschnitt. Handelsregister; Unternehmensregister 1–3 § 13g

des Gesetzes betreffend die Gesellschaften mit beschränkter Haftung sinngemäß, soweit nicht das ausländische Recht Abweichungen nötig macht.

(5) **Im übrigen gelten die Vorschriften der §§ 39, 65 Abs. 1 Satz 1, § 67 Abs. 1 und 2, § 74 Abs. 1 Satz 1 des Gesetzes betreffend die Gesellschaften mit beschränkter Haftung sinngemäß, soweit nicht das ausländische Recht Abweichungen nötig macht.** ²§ 39 Absatz 3 des Gesetzes betreffend die Gesellschaften mit beschränkter Haftung ist nicht anzuwenden auf Gesellschaften, die dem Recht eines Mitgliedstaates der Europäischen Union oder eines anderen Vertragsstaates des Abkommens über den Europäischen Wirtschaftsraum unterliegen.

(6) **Für die Aufhebung einer Zweigniederlassung gelten die Vorschriften über ihre Errichtung sinngemäß.**

§ 13g nF 1993 (→ § 13 Rn. 2) idF EHUG 2006, IV aF (mit § 10 III aF GmbHG) aufgehoben, V–VII aF werden IV–VI; II 2, II, 5 idF MoMiG 2008 (wie bei § 13e, dort → § 13e Rn. 1), II und Verfahren nach DiRUG: Änderungen in der Folge der Anpassung von § 13e III 2. § 13g ergänzt § 13e (KapitalGes) **speziell für GmbH** mit Sitz im Ausland (→ § 13e Rn. 1, 2). § 13g gilt nach **Brexit** auch für UK-Ltd., BGH ZIP 2021, 566, diesbezüglicher Vorlagebeschluss an EuGH BGH WM 2019, 1210; ZIP 2019, 1277 zu I, II 2, III mit §§ 8 III, 10 GmbHG nach UK-EU-Austritt aufgehoben, dazu Otte-Gräbener NZG 2019, 934; Stelmaszcyk, EuZW 2019, 819; Stiegler GmbHR 2019, 869; Otte-Gräbener BB 2021, 717. 1

Nach **II 1** ist eine beglaubigte Übersetzung des GesVertrags in deutscher Sprache beizufügen, KG NZG 2012, 353; OLG Frankfurt a. M. WM 2018, 1408; ZIP 2018, 686 mAnm Just/Müller EWiR 2018, 269, Ls. Übersetzung nach Landesrecht durch einen ermächtigten Übersetzer, OLG Hamm NZG 2008, 949. Nicht Satzung in beglaubigter Übersetzung, wenn keine Abweichung der Mustersatzung (UK), OLG Frankfurt a. M. WM 2018, 1408; ZIP 2018, 686. Ges-Vertrag in der beim (UK) Companies House archivierten Form in öffentlich beglaubigter Abschrift, OLG Hamm ZIP 2011, 867. Mangelnde Unterschriften, OLG Hamm FGPrax 2006, 276. 2

Zu **II 2** iVm § 8 I Nr. 2 GmbHG (Legitimation des Geschäftsführers) KG NZG 2004, 49 (englische plc); OLG Hamm FGPrax 2006, 276; OLG Celle ZIP 2007, 71 (plc); OLG Karlsruhe NZG 2012, 553 (plc); abstrakte Angabe (Einzel-, Gesamtvertretung), bei Abweichungen (zB einer der drei Geschäftsführer hat Alleinvertretungsmacht) Angabe, Ebenroth/Pentz Rn. 8, str., ob europarechtskonform (→ § 13e Rn. 3). Eintragung einer auf die ZwNl einer plc beschränkten Einzelvertretungsmacht eines im übrigen gesamtvertretungsberechtigten director, OLG Frankfurt a. M. ZIP 2015, 1068. Keine Eintragung der Befreiung vom Verbot des Selbstkontrahierens für plc unter englischem Recht, OLG München ZIP 2005, 1826; NJW-RR 2006, 1042; OLG Celle NJW-RR 2006, 324; OLG Düsseldorf ZIP 2006, 806; OLG Hamm ZIP 2010, 1947, auch bei Aufnahme in die articles of association, OLG Frankfurt a. M. FGPrax 2008, 165, hL, str., differenzierend E. Voigt § 11 (aber → § 106 Rn. 12), Grund: im englischen Recht ist dies Teil der Treuepflicht. Seit MoMiG auch Abgabe einer Erklärung über Fehlen von Bestellungshindernissen, auf § 8 III 1 GmbH ist jetzt verwiesen (nur für ZwNl, nicht auch für die ausländische Ges., näher → § 13e Rn. 3; auch → § 13d Rn. 1). Die Versicherung nach § 8 III 1 GmbHG muss jedes einzelne Hindernis aufführen, OLG München ZIP 2009, 1321; OLG Karlsruhe NZG 2010, 557, hL, aber nicht jeden (in- und ausländischen) Straftatbestand (§ 6 II 2 Nr. 3, II 3 GmbHG), BGH ZIP 2010, 1337 mAnm. Wachter; OLG Hamm NJW-RR 2011, 833, str. Wiedergabe des Gesetzestextes soll nicht genügen, Gericht müsse prüfen können, OLG Schleswig NZG 2015, 232, nach Ergehen 3

Merkt 147

von BGHZ ZIP 2010, 1337 aber fraglich, dementsprechend aA OLG Stuttgart GmbHR 2013, 91 m. zust. Anm. Oppenländer; Wachter ZIP 2010, 1341. Die Versicherung ist von allen Geschäftsleitern, nicht nur denen der ZwNl abzugeben, E. Voigt § 11, str. Keine Eintragung der ZwNl einer Limited (→ § 13e Rn. 1) bei gegen den Geschäftsführer (director) verhängtem Gewerbeverbot (§ 6 II 2, 3 GmbHG), offen, ob Missbrauch, jedenfalls kein Verstoß gegen Niederlassungsfreiheit (Vier-Kriterien-Test, → Einl. v. § 105 Rn. 29), BGH NJW 2007, 2328 (noch zur aF) m. zust. Anm. Eidenmüller/Rehberg NJW 2008, 28; krit. Bauer/Großerichter NZG 2008, 253. **II 3** nimmt EU-/EWR-GmbH vom Anwendungsbereich von II 2 ausdrücklich aus; Versicherung nach § 8 III GmbHG für diese Ges. damit nicht erforderlich (Folgeänderung zur Änderung in § 13e III 2, früherer Streit zu Europarechtskonformität folglich hinfällig, näher → § 13e Rn. 3).

4   **III** iVm § 10 GmbHG schreibt Angaben über den gesetzlichen Vertreter vor, die nicht schon nach § 13e II 5 Nr. 3 ersichtlich sind, wichtig für den Nachweis der Vertretungsmacht des director einer englischen Ltd. mit ZwNl in Deutschland, KG ZIP 2013, 973, zu Letzterem vgl. auch OLG Nürnberg ZIP 2014, 2033 (Grundbuch). Anmeldung des einzutragenden Stammkapitals erforderlich, OLG Frankfurt a. M. WM 2018, 1408; ZIP 2018, 686.

5   Änderungen des GesVertrags s. **IV,** GesVertrag auch in deutscher Sprache (§§ 184 ff. GVG, früher § 8 FGG, vgl. II 1), str., Anmeldung mit Bescheinigung eines (in- oder ausländischen) Notars (§ 54 I 1 GmbHG), Wachter ZNotP 2005, 143.

6   **V** verweist auf §§ 39, 65 I 1, 67 I, II, 74 I 1 GmbHG (seit MoMiG, Anmeldung von Änderungen in den Personen der Geschäftsführer und ihrer Vertretungsbefugnis, der Auflösung, der Liquidatoren und ihrer Vertretungsbefugnis und des Schlusses der Liquidation). Erschwernis zielt auf Scheinauslandsgesellschaften. Abhilfe durch Belehrung auch durch ausländischen Notar oder Konsularbeamten (vgl. § 8 III 2 GmbHG), Erklärungstext des Registergerichts, KG ZIP 2012, 1609. **V 2** nimmt EU-/EWR-GmbH vom Anwendungsbereich von V 1 aus (Folgeänderung zur Änderung in § 13e III 2, früherer Streit zu Europarechtskonformität hinfällig, näher → § 13e Rn. 3).

7   Die Aufhebung der ZwNl ist wie die Errichtung zu behandeln **(VI).** Verlegung der ZwNl ist möglich, zu behandeln analog § 13h, nicht nur nach VI im Wege der Aufhebung und Neuerrichtung, hL, Kloße-Mokross DStR 2005, 1017; E. Voigt § 12; vgl. OLG Stuttgart NJW 1964, 112, str.

Verlegung des Sitzes einer Hauptniederlassung im Inland

§ 13h

(1) **Wird die Hauptniederlassung eines Einzelkaufmanns oder einer juristischen Person oder der Sitz einer Handelsgesellschaft im Inland verlegt, so ist die Verlegung beim Gericht der bisherigen Hauptniederlassung oder des bisherigen Sitzes anzumelden.**

(2) ¹**Wird die Hauptniederlassung oder der Sitz aus dem Bezirk des Gerichts der bisherigen Hauptniederlassung oder des bisherigen Sitzes verlegt, so hat dieses unverzüglich von Amts wegen die Verlegung dem Gericht der neuen Hauptniederlassung oder des neuen Sitzes mitzuteilen.** ²**Der Mitteilung sind die Eintragungen für die bisherige Hauptniederlassung oder den bisherigen Sitz sowie die bei dem bisher zuständigen Gericht aufbewahrten Urkunden beizufügen.** ³**Das Gericht der neuen Hauptniederlassung oder des neuen Sitzes hat zu prüfen, ob die Hauptniederlassung oder der Sitz ordnungsgemäß verlegt und § 30 beachtet ist.** ⁴**Ist dies der Fall, so hat es die Verlegung einzutragen und dabei die ihm mitgeteilten Eintragungen ohne weitere Nachprüfung in sein Handelsregister zu übernehmen.** ⁵**Die Eintragung ist dem**

Gericht der bisherigen Hauptniederlassung oder des bisherigen Sitzes mitzuteilen. ⁶Dieses hat die erforderlichen Eintragungen von Amts wegen vorzunehmen.

(3) ¹Wird die Hauptniederlassung oder der Sitz an einen anderen Ort innerhalb des Bezirks des Gerichts der bisherigen Hauptniederlassung oder des bisherigen Sitzes verlegt, so hat das Gericht zu prüfen, ob die Hauptniederlassung oder der Sitz ordnungsgemäß verlegt und § 30 beachtet ist. ²Ist dies der Fall, so hat es die Verlegung einzutragen.

1) Sitzverlegung im Inland

§ 13h nF 1993 (→ § 13 Rn. 2), früher § 13c aF. § 13h gilt auch für die GmbH; 1 nach OLG Oldenburg NJW-RR 1992, 1533 nicht für den Verein. Für AG, KGaA s. §§ 45, 278 III AktG. Die **Verlegung der Hauptniederlassung** (des **Sitzes**) eines Unternehmens ist im HdlReg zu verlautbaren (§§ 31 I, 34 I, 107). § 13h handelt nur von der **Registrierung der Verlegung,** nicht von dieser selbst (nur bei einer juristischen Person ist die Registrierung Voraussetzung der wirksamen Verlegung), unzulässig unter Zeitbestimmung, Heinze NZG 2019, 847. § 13h gilt auch für die (vom Wortlaut in I nicht erfasste) Sitzverlegung einer juristischen Person, die Kfm., aber nicht HdlGes ist (so die frühere Gewerkschaft preußischen Bergrechts) OLG Kassel BB 1950, 105. Sitzverlegung im Inland ist die Sitzverlegung innerhalb Deutschlands auch für eine juristische Person des Landesrechts (soweit sie rechtlich möglich ist wie jedenfalls für eine juristische Person des pr Rechts in dessen Geltungsbereich), OLG Kassel BB 1950, 105. § 13h unterscheidet Verlegung innerhalb des Gerichtsbezirkes (I, III), aus diesem heraus (I, II). Sitzverlegung ins Ausland MüKoHGB/Krafka Rn. 12 ff. und → Einl. v. § 105 Rn. 29.

2) Anmeldung, Prüfung und Eintragung (I–III)

A. **Altes Registergericht:** Anmeldung hat beim bisherigen Registergericht zu 2 erfolgen (I). Im Fall von II, also bei Herausverlegung aus dem bisherigen Gerichtsbezirk, prüft es nur förmliche Richtigkeit der Anmeldung. Prokuristen können nicht anmelden (§ 49 I), Groschuff JW 1937, 2429. Dann erfolgt Mitteilung **(II 1, 2),** auch gelöschter Eintragungen und Aktenabgabe. Nach Mitteilung gemäß **II 5** erfolgt keine sachliche Prüfung mehr, zB nicht mehr Amtslöschung nach **(3)** FamFG § 395 durch das bisherige Gericht, OLG Kassel BB 1950, 105; Heinze NZG 2019, 847. Eintragung einer Veränderung ist ohne Eintragung im ausländischen Register zulässig, wenn sie dort nur rechtsbezeugend ist, KG DR 1940, 2007. Anmeldezwang (§ 14); kein Zwang bei AG, KGaA, GmbH (§ 407 II 1 AktG, § 79 II GmbHG). Bekanntgabe → Rn. 3. **Muster:** Hopt/Merkt VertrFormB/Voigt, Form I. B.3 (Anmeldung zur Verlegung einer (Haupt-)Nl an einen anderen Ort).

B. **Neues Registergericht:** Das Registergericht der neuen Hauptniederlas- 3 sung (des neuen Sitzes) prüft nur gemäß II 3, also alle formellen und materiellen Voraussetzungen der Sitzverlegung, aber nicht Erfüllung sonstiger öffentlichrechtlicher Pflichten, zB Gewerbeummeldung, OLG München ZIP 2011, 20. Das Gericht prüft selbstständig, ohne an die Rechtsauffassung des abgebenden Gerichts gebunden zu sein, kann aber nicht deshalb die Übernahme des Verfahrens verweigern, OLG Frankfurt a. M. FGPrax 2008, 164. Dann erfolgt Übernahme der Eintragungen ohne weitere Nachprüfung (II 4). So auch bei Bedenken, weil die Firma den alten Sitzort-Namen enthält oder sonst offensichtlich fehlerhaft ist; möglich ist aber die Amtslöschung nach **(3)** FamFG § 395 durch das neue Gericht (vgl. → Rn. 2), OLG Oldenburg BB 1977, 12; OLG München ZIP 2011, 21. Bekanntmachung durch das alte und das neue Gericht. Kosten der

§ 14 1, 2

Eintragung erwachsen nur beim Gericht des neuen Sitzes (Vorb. 1 II und Vorb. 2 II GebührenVz zur HRegGebV).

3) Ergänzung der Zuständigkeiten

4   Bei Sitzverlegung aus Gebieten, in denen deutsche Gerichtsbarkeit nicht mehr ausgeübt wird, tritt nach Maßgabe des **ZuständErgG** das Gericht des neuen an Stelle desjenigen des alten Sitzes. Sitzverlegung aus der früheren DDR s. 28. Aufl.

[Festsetzung von Zwangsgeld]

14 ¹Wer seiner Pflicht zur Anmeldung oder zur Einreichung von Dokumenten zum Handelsregister nicht nachkommt, ist hierzu von dem Registergericht durch Festsetzung von Zwangsgeld anzuhalten. ²Das einzelne Zwangsgeld darf den Betrag von fünftausend Euro nicht übersteigen.

1) Zwang zur Anmeldung

1   A. **Registerzwang:** § 14 idF EHUG 2006. Dem Registerzwang unterliegt die Pflicht zur Anmeldung und zur Einreichung von Dokumenten zum HdlReg **(Satz 1).** Die Pflicht zur Zeichnung der Unterschrift ist mit EHUG 2006 entfallen, Grund: Unterschriftsproben haben im elektronischen HdlReg keine Platz, eingescannte Unterschriftsproben wären nicht fälschungssicher, elektronische Signatur drängt eigenhändige Namensunterschrift im Geschäftsverkehr zurück (RegE). Anmeldungen zum HdlReg (zB → § 8 Rn. 6), Einreichung von Dokumenten zB § 37 IV AktG, § 8 I GmbHG (AG–, GmbH-Gründung). Eintragungsfähige, aber nicht eintragungspflichtige und erst recht nicht eintragungsfähige Tatsachen (→ § 8 Rn. 5) unterliegen nicht dem Registerzwang, Bsp.: BayObLG NJW 1986, 140. Das Zwangsmittel sind **Beugestrafen,** die die Richtigkeit des Handelsregisters gewährleisten sollen, MüKoHGB/Krafka Rn. 1. Entspr. Zwang zur Unterbindung unzulässigen Firmengebrauchs (§ 37 I). Zwang nach § 14 zu einer Anmeldung und Amtslöschung einer unrichtig gewordenen Eintragung (s. **(3)** FamFG § 393 und → § 8 Rn. 12), können nebeneinander in Betracht kommen, unterschiedliche Zwecke, Zwang nach § 14 idR als erstes, so ausdrücklich § 31 II 2 bei Erlöschen einer eingetragenen Firma, Verhältnismäßigkeitsgrundsatz, Amtslöschung ist schwerwiegender, OLG Düsseldorf ZIP 2019, 711; NZG 2019, 546. § 14 setzt (im Gegensatz zu **(3)** FamFG § 393) nicht eine klare Rechtslage voraus, die Rechtslage kann im Instanzenzug geklärt werden, LG Limburg BB 1963, 324. **Unzulässig** ist dagegen **Zurückweisung** (Beanstandung) einer an sich ordnungsmäßigen Anmeldung, um eine andere rechtlich vorgeschriebene Anmeldung zu erzwingen (→ § 143 Rn. 2), BGH NJW 1977, 1879; OLG Hamm BB 1977, 967; BayObLG WM 1988, 710 (Anmeldung eines Gfterwechsels ohne Berichtigung der Firma, → § 24 Rn. 5–10, → § 31 Rn. 2–3), stattdessen Vorgehen nach § 37, **(3)** FamFG § 392 und uU § 395. Spezialvorschriften; die aufgrund anderweiter Durchsetzungsinstrumente § 14 ausschließen sind zB § 79 II GmbHG, § 407 II 1 AktG.

2   B. **Adressaten des Registerzwangs:** Adressat ist, wer seiner (öffentlich-rechtlichen; nicht: organschaftlichen) Pflicht zur Anmeldung oder Einreichung von Dokumenten nicht nachkommt, OLG Köln NZG 2013, 1431. Natürliche Personen, auch Notar bei § 40 II GmbHG, OLG Köln NZG 2013, 1431, str., ebenso wie juristische Personen. Letztere melden bei konstitutiven Eintragungen selbst an, vertreten durch ihre Organe, BGHZ 105, 328. Bei sonstigen Eintragungen sind die gesetzlichen Vertreter persönlich anmelde(einreichungs)pflichtig, str., offen BGHZ 105, 328. Auch Zwangsgeldandrohung und -festsetzung gemäß § 14 richten sich gegen sie persönlich, nicht gegen die juristische Person, Bay-

ObLG NJW-RR 1986, 1480, hL, auch wenn juristische Person zB bei GmbH & Co anmeldepflichtig ist, MüKoHGB/Krafka Rn. 8a, str. Ebenso für andere HdlGes, deren Abwickler die juristische Person ist (vgl. zB § 265 II 3 AktG), KG HRR 1933, 1441. Solange ein gesetzlicher Vertreter fehlt, ist § 14 unanwendbar; uU kann ein Vertreter vom Gericht bestellt werden (zB § 85 AktG). § 14 gilt nicht gegen rechtsgeschäftliche Vertreter wie Prokuristen, BayObLG BB 1982, 1076. Anmeldepflicht für **OHG, KG** s. §§ 106–108; für § 14 gilt dasselbe wie bei juristischen Personen. In der Insolvenz ist der Insolvenzverwalter anmeldepflichtig, BGH NJW 1981, 822, und ist Adressat des Registerzwangs.

2) Verfahren

A. **Verfahren:** Das Verfahren regeln (3) FamFG §§ 388–392. Sobald das Gericht den sein Einschreiten erfordernden Sachverhalt glaubhaft erfährt, hat es zur Durchsetzung der Anmeldepflicht einzuschreiten, BGH BB 1977, 1221. Es hat durch zuzustellende einleitende Verfügung das bezifferte (KG OLG 12, 412) Zwangsgeld (s. (3) FamFG §§ 35, 388 f. FamFG) unter Setzung einer angemessenen Frist zur Erfüllung der Pflicht oder Rechtfertigung der Unterlassung und unter Hinweis auf die Zulässigkeit des Einspruchs anzudrohen; dabei ist die Pflicht genau zu bezeichnen, KGJ 49, 138; BayObLGZ 19 67, 463, Androhung auch in Form einer Verfügung, OLG Köln NZG 2013, 1431. Aufforderung, Androhung und Fristsetzung sind unentbehrlich, KG ZIP 2016, 2121; ohne sie kann selbst bei Rechtskraft der Androhung kein Zwangsgeld festgesetzt werden, KGJ 37 A 183. Wird weder erfüllt noch Einspruch erhoben, setzt das Registergericht durch Beschluss das angedrohte Zwangsgeld fest, wiederholt zugleich die frühere Verfügung unter Androhung eines erneuten Zwangsgeldes und so immer fort, (3) FamFG § 389. Verspätete Erfüllung vor Beitreibung schließt Fortsetzung des Verfahrens aus (wie bei § 888 ZPO), KGJ 40, 83, str. Teilweise Erfüllung hindert Fortsetzung des Verfahrens wegen des Rests nicht.

B. **Rechtsbehelfe: a) Gegen die einleitende Verfügung** findet keine Beschwerde (keine Endentscheidung, § 58 FamFG), sondern ein **Einspruch** statt, (3) FamFG § 390. Er ist schriftlich oder zu Protokoll jedes Amtsgerichts zu erheben. Falsche Bezeichnung des Rechtsbehelfs schadet nicht. Einspruchsfrist ist die in der Verfügung gesetzte Frist; maßgeblich ist der Eingang beim Registergericht. Verspäteter Einspruch muss unbeachtet bleiben, vgl. KGJ 49, 140. Dem Einspruch ist stattzugeben, wenn er offenbar begründet ist; andernfalls ist zu einem Termin zu laden. Erscheint der Geladene nicht, kann das Gericht nach Lage der Sache entscheiden, (3) FamFG § 390 II. Ist der Einspruch begründet, ist aufzuheben; ist er unbegründet, ist zu verwerfen, das Zwangsgeld oder ein geringeres festzusetzen, und erneut nach (3) FamFG § 388 zu verfahren, (3) FamFG § 389. Auf Einspruch gegen die wiederholte Verfügung kann das Gericht das Zwangsgeld aufheben oder ermäßigen, (3) FamFG § 389 VI. Bekanntmachung der Entscheidung bei Verhandlung durch Verkündung, sonst durch Zustellung. Ein gesetzlicher Vertreter trägt die Kosten des Verfahrens persönlich, weil sie Kosten eines gegen ihn gerichteten Zwangsverfahrens sind. Die Kosten der Eintragung trägt der Vertretene, KGJ 34 B 9. Der Festsetzungsbeschluss legt zugleich die Kosten auf, (3) FamFG § 389 II.

b) Gegen Festsetzungs- oder Verwerfungsbeschluss findet die **sofortige Beschwerde** statt, (3) FamFG § 391. Soll erzwungen werden, was nicht erzwungen werden darf, so ist einfache Beschwerde gegeben, KGJ 42, 167.

C. **Vollstreckung:** Die Vollstreckung richtet sich nach JBeitrO (Schönfelder Nr. 122) 11.3.1937 RGBl. I 298 iVm LandesR. Erfüllung der Pflicht hindert die Vollstreckung; der rechtskräftige Festsetzungsbeschluss ist aufzuheben (§ 48 FamFG), BayObLG DB 1979, 1981.

§ 15

[Publizität des Handelsregisters]

15 (1) Solange eine in das Handelsregister einzutragende Tatsache nicht eingetragen und bekanntgemacht ist, kann sie von demjenigen, in dessen Angelegenheiten sie einzutragen war, einem Dritten nicht entgegengesetzt werden, es sei denn, daß sie diesem bekannt war.

(2) ¹Ist die Tatsache eingetragen und bekanntgemacht worden, so muß ein Dritter sie gegen sich gelten lassen. ²Dies gilt nicht bei Rechtshandlungen, die innerhalb von fünfzehn Tagen nach der Bekanntmachung vorgenommen werden, sofern der Dritte beweist, daß er die Tatsache weder kannte noch kennen mußte.

(3) Ist eine einzutragende und bekannt gemachte Tatsache unrichtig eingetragen, so kann sich ein Dritter demjenigen gegenüber, in dessen Angelegenheit die Tatsache einzutragen war, auf die eingetragene Tatsache berufen, es sei denn, dass er die Unrichtigkeit kannte.

(4) Für den Geschäftsverkehr mit einer in das Handelsregister eingetragenen Zweigniederlassung eines Unternehmens mit Sitz oder Hauptniederlassung im Ausland ist im Sinne dieser Vorschriften die Eintragung und Bekanntmachung durch das Gericht der Zweigniederlassung entscheidend.

(5) Die Absätze 1 bis 3 sind nicht anzuwenden im Hinblick auf die im Registerblatt einer Kapitalgesellschaft eingetragenen Informationen über eine Zweigniederlassung der Gesellschaft im Ausland.

Schrifttum

Außer dem allgemeinen Schrifttum (s Einl vor § 1 und Einl vor § 8) *Canaris*, Vertrauenshaftung 151. – *Gammelin*, Rechtsscheinhaftung des Kaufmanns und Regreßansprüche gegen den Staat bei fehlerhaftem Publikationsakt der Presse, 1973. – *Merkt* 2001 (allgemeine Unternehmenspublizität). – *Fehrenbacher* 2004 (Registerpublizität und Haftung im Zivilrecht). – *K. Schmidt* JuS 1977, 209; 1991, 1002. – *Hofmann* JA 1980, 264. – *Schilken* AcP 187 (1987) 1. – *von Olshausen* AcP 189 (1989) 223. – *Dreher* DB 1991, 533. – *Noack* FS Ulmer 2003, 1252 (elektronisches HdlReg und § 15). – *Oetker* GedS Sonnenschein 2003, 635 (Primärtatsachen). Diss: *Forsthoff* Hdlbg 1972, *Mossler* Münst 1974, *Deschler* Tüb 1977, *Wiese* Münst 1978. – Speziell zu § 15 III: *von Olshausen* BB 1970, 137, NJW 1971, 966. – *Beuthien* NJW 1970, 2283, FS Reinhardt 1972, 199. – *Bürck* AcP 171 (1971) 328. – *Beyerle* BB 1971, 1482. – *Steckhan* DNotZ 1971, 211, NJW 1971, 1594. – *Sandberger* JA 1973, 215. – *John* ZHR 140 (1976) 236. – *Paefgen* ZIP 2008, 1653 (nach EHUG). – Speziell zur Digitalisierung, Digitalisierungs-RL, DiRUG: *Lieder* NZG 2020, 81; *Tebben* FS Hopt 2020, 1237; Bayer/J. Schmidt BB 2019, 1922; J. Schmidt DK 2018, 229; Noack DB 2018, 1326.

Übersicht

	Rn
1) Öffentlicher Glaube des Handelsregisters	1–3
A. Normzweck:	1
B. Überblick:	2
C. Verhältnis zur Rechtsscheinhaftung und anderen Rechtsnormen:	3
2) Schutz Dritter gegen Folgen nicht eingetragener und bekanntgemachter Tatsachen (I)	4–12
A. Negative Publizität des Handelsregisters (I):	4
B. Einzutragende Tatsachen:	5
C. Rechtsfolge der Nichteintragung bzw. Nichtbekanntmachung:	6
D. Ausnahme bei Kenntnis des Dritten:	7
E. Reichweite der Publizität:	8, 9
F. Maßgeblicher Zeitpunkt:	10
G. Fehlen der Voreintragung:	11
H. Insolvenzverfahren:	12

2. Abschnitt. Handelsregister; Unternehmensregister 1, 2 § 15

Rn
3) Wirkung eingetragener und bekanntgemachter Tatsachen gegen Dritte (II) 13–15
   A. Wirkung eingetragener und bekanntgemachter Tatsachen gegen Dritte (II 1): 13
   B. Schonfrist (II 2): 14
   C. Besonderer Vertrauensschutz gegen Registerinhalt: 15
4) Schutz Dritter im Vertrauen auf unrichtige Eintragungen und Bekanntmachungen (Rechtsscheinhaftung; III) 16–23
   A. Schutz Dritter: 16
   B. Rechtsscheinhaftung: 17
   C. Positive Publizität des Handelsregisters (III): 18–22
   D. Staatshaftung bei Eintragungsfehlern: 23
5) Zweigniederlassung eines ausländischen Unternehmens (IV) .. 24, 25
6) Einschränkung der Publizitätswirkung (V) 26

1) Öffentlicher Glaube des Handelsregisters

A. **Normzweck:** Das HdlReg genießt öffentlichen Glauben, ähnlich (nicht **1** gleich) dem des Grundbuchs (vgl. ua §§ 891, 892 BGB), Beweiswert der Eintragungen im HdlReg str. (→ § 9 Rn. 10). § 15 dient der Sicherheit und Leichtigkeit des Rechtsverkehrs durch eine dreifach gestaffelte Publizitätswirkung des HdlReg. **Sachl. Anwendungsbereich:** Nach MoPeG soll § 15 zukünftig auch auf das Gesellschaftsregister mit der Maßgabe Anwendung finden, dass das Fehlen der Kaufmannseigenschaft nicht am öffentlichen Glauben des Gesellschaftsregisters teilnimmt, § 707a BGB nF, BGBl. 2021 I 3436, 3438 f. Letzteres liegt darin begründet, dass die GbR sich außerhalb des UmwG identitätswahrend in eine OHG umwandelt, wenn die Zweckrichtung auf den Betrieb eines Handelsgewerbes geändert wird. § 15 insgesamt regelt die Wirkung von Registerinhalt und -bekanntmachung für und gegen Dritte. Dritte müssen richtig eingetragene und bekanntgemachte Tatsachen gegen sich gelten lassen (grundsätzlich **kein Vertrauen gegen das Handelsregister,** Ausnahme → Rn. 15), brauchen mit Tatsachen, die trotz Eintragungspflicht nicht eingetragen und bekanntgemacht worden sind, nicht zu rechnen **(Vertrauen auf das Schweigen des Handelsregisters, negative Publizität)** und können sich ausnahmsweise sogar voll auf die Richtigkeit der Eintragungen und Bekanntmachungen verlassen **(positive Publizität,** guter Glauben des HdlReg, insoweit entfernt ähnlich dem Grundbuch). Diese Normzwecke sind in § 15 zeitlich bruchlos verwirklicht, was sich aus der Gesetzesgeschichte, insbesondere dem Einfluss des Europarechts ergibt. II wurde neugefasst, III eingeschoben (III aF wurde IV), mit Wirkung vom 1.9.1969 durch G 15.8.1969 BGBl. 1146 zur Durchführung der 1. EG-RL (→ Einl. v. § 105 Rn. 36), berührt nur GesRegisterrecht, das deutsche G änderte jedoch §§ 9 II, 15 allgemein und ging auch sonst wesentlich über das von der EU Gebotene hinaus; vgl. → Rn. 16–25 und zur europarechtskonformen Auslegung → Einl. v. § 1 Rn. 30. Tatbestandlich knüpfen § 15 I–IV jeweils an Eintragung und Bekanntmachung an.

B. **Überblick:** II regelt den **Normalfall,** dass eine richtige Eintragung und **2** Bekanntmachung vorliegt; damit ist der Rechtsverkehr informiert (Ausnahme: kurze Schonfrist und besonderer Vertrauensschutz gegen den Registerinhalt, → Rn. 13–15). **I** regelt den Fall des Unterbleibens von Eintragung und Bekanntmachung; der Rechtsverkehr ist dann nicht informiert und wird insoweit geschützt (Ausnahme: positive Kenntnis von der einzutragenden Tatsache); der Rechtsverkehr kann sich auf das Schweigen des HdlRegisters verlassen (sog. **negative Publizität,** → Rn. 4–12). Auf die Richtigkeit des HdlRegisterinhalts kann sich der Rechtsverkehr dagegen grundsätzlich nicht verlassen, nach **III** ausnahmsweise aber doch **(positive Publizität,** → Rn. 18–23). **IV** idF EHUG 2006 betrifft ZwNl (→ Rn. 24–25).

Merkt

3 C. Verhältnis zur Rechtsscheinhaftung und anderen Rechtsnormen:
§ 15 ist eine entstehungsgeschichtlich bedingt komplexe Norm schon, was das Verhältnis von I–IV angeht, aber auch im Verhältnis zur Rechtsscheinhaftung und zu anderen Rechtsnormen. II hat mit Rechtsscheinhaftung nichts zu tun, sondern schließt umgekehrt grundsätzlich, aber nicht immer Rechtsschein gegen das HdlReg aus (→ Rn. 1). I gehört zwar zur Rechtsscheinhaftung, beschränkt sich aber auf das Unterbleiben der HdlRegEintragung und ist gegenüber den allgemeinen Grundsätzen der Rechtsscheinhaftung vielfältig besonders geregelt. III ist ein echter Fall der Rechtsscheinhaftung, die allgemeinen Grundsätze der Rechtsscheinhaftung sind also bis auf einige Besonderheiten anwendbar. Die Rechtsscheinhaftung (→ § 5 Rn. 9–17) geht weit über das HdlReg hinaus, § 15 geht grundsätzlich vor, außer bei besonderen Vertrauenstatbeständen (→ Rn. 15). § 5 hat entgegen früherer Ansicht („ScheinKfm") mit § 15 und der Rechtsscheinhaftung nichts zu tun. Wer im HdlRegister eingetragen ist, wird, wenn er nicht ohnehin Kfm. ist, nach § 5 schon allein deswegen zum Kfm. (→ § 5 Rn. 1). § 15 kann eingreifen, wo § 5 versagt (dort → § 5 Rn. 8). Eine Sondervorschrift für freiwilllige Offenlegung in der Amtssprache eines Mitgliedstaates der EU enthält **§ 11 II** (seit EHUG, → § 11 Rn. 5).

2) Schutz Dritter gegen Folgen nicht eingetragener und bekanntgemachter Tatsachen (I)

4 A. Negative Publizität des Handelsregisters (I): § 15 I handelt von der Wirkung von Tatsachen, die im HdlReg einzutragen sind (→ Rn. 5), im maßgebenden Zeitpunkt (→ Rn. 10) aber entweder noch nicht eingetragen oder zwar eingetragen, aber noch nicht bekanntgemacht sind (Bsp.: Erlöschen einer Prokura, Auflösung einer Ges., Ausscheiden eines Gfters, Entziehung der Vertretungsmacht eines Gfters, Abberufung eines Geschäftsführers, Geschäftsübergang). Zur Wirkung der einzutragenden Tatsache gegen Dritte (die sie nicht ohnehin kennen, → Rn. 7) ist ihre **Eintragung und** ihre **Bekanntmachung** (die das Gericht unverzüglich zu veranlassen hat: § 1, **(4)** HRV §§ 32–34, ausnahmsweise Aussetzung § 21 I FamFG, Ermessen, OLG Karlsruhe NZG 2016, 946) erforderlich. I (auch II, → Rn. 13) handelt also von der Wirkung des Schweigens des HdlReg (bzw. der Bekanntmachung), nicht von der Wirkung unrichtiger Eintragung; nur auf das Schweigen kann sich der Rechtsverkehr verlassen, nicht auf Eintragung und Bekanntmachung (negative Publizität; anders III, → Rn. 16). Die von RGZ 125, 229 aufgestellte unhaltbare Gleichung: Falscheintragung = Nichteintragung des Richtigen (Eintragung von NichtGftern als Gfter gleich „Nichteintragung des wahren GfterBestandes") wurde von RGZ 142, 105 aufgegeben. Für diese Fälle gelten III und uU Rechtsscheinhaftung (→ § 5 Rn. 9–17).

5 B. Einzutragende Tatsachen: Die in das HdlReg einzutragenden Tatsachen nennt das Gesetz anderwärts (**eintragungspflichtige Tatsachen**, s. im HGB besonders §§ 2, 3, 13–13h, 29, 31–34, 53; Übersicht für OHG und KG bei → § 106 Rn. 2). § 15 gilt für deklaratorische ebenso wie für konstitutive Eintragungen (→ § 8 Rn. 11), OLG Bremen ZIP 2015, 2419, auch für erst durch die Rspr. entwickelte Eintragungspflichten von da ab, BGHZ 116, 45 (→ § 8 Rn. 5), str.; nach dem Wortlaut von § 15 nicht für nur eintragungsfähige Tatsachen (→ § 8 Rn. 5), auch nicht analog, BGH ZIP 2017, 14 Rn. 13; krit. Liebscher ZGR 2017, 405, zB §§ 25 II, 28 II, aber Sondervorschriften und allgemeine Rechtsscheinhaftung (sowie → Rn. 17, → § 5 Rn. 9 ff.), BGH ZIP 2017, 14 Rn. 13. Im Falle **deklaratorischer Eintragungen** (Hauptfall) macht § 15 I die Wirkung der einzutragenden Tatsachen von Eintragung und Bekanntmachung abhängig. Eine Unterscheidung zwischen Primärtatsachen (zB KfmEigenschaft, Prokuraerteilung oder GfterEintritt), und Sekundärtatsachen (zB Löschung auf Antrag nach §§ 2 S. 3, 3 II, III, Widerruf der Prokura, Ausscheiden eines Gfters), ist im Gesetz nicht vorgesehen und auch kaum konsequent zu praktizieren, wohl hL, K. Schmidt § 14 III Rn. 26; MüKoHGB/Krebs Rn. 33; aA Lieb NJW 1999, 36. Auf jeden Fall fällt auch die nur deklaratorische Eintragung der KfmEigenschaft (§§ 1 II, 29) unter § 15 I, Grund: der Rechtsverkehr muss sich auf das Bestehen der gesetzlichen Normallage verlassen können (→ § 1 Rn. 25), RegE HRefG ZIP 1997, 949; MüKoHGB/Krebs Rn. 33; Koller/Roth Rn. 5; R. Schmitt HRefG S. 63 f. Im Falle **konstitutiver Eintragungen** kommt vor Eintragung keine Wirkung gegen Dritte in Betracht, aber § 15 I schützt den Geschäftsverkehr, solange die Bekanntmachung noch nicht erfolgt ist (Bsp., → § 2 Rn. 3: Eintragung als Kfm. nach §§ 2 oder 3, vor Bekanntmachung Darlehen an Dritten, der von der Eintragung nicht weiß: Zins nach BGB, nicht HGB). § 15 gilt analog bei Eintragung ohne Bekanntmachung nach § 5, obwohl dort an sich keine „einzutragende" Tatsache vorliegt. Zu beachten sind **Sondervorschriften**. So ist § 15 unanwendbar in den Fällen §§ 25 II, 28 II (Haftungsausschluss bei Geschäftsübernahme mit Firma und bei Teilhaberbeitritt); hier ist zur Wirkung gegen Dritte entweder Eintragung mit Bekanntmachung oder Mitteilung in bestimmter Weise erforderlich, anders erlangte Kenntnis (vgl. § 15 I aE) ist unerheblich (→ § 25 Rn. 14). § 15 ist auch unanwendbar, soweit § 139 IV entgegensteht (dort → § 139 Rn. 45). § 15 I greift zT Platz im Falle § 174 (Herabsetzung einer KdtEinlage): vor Eintragung in keinem Falle Wirkung gegen Dritte, nach Eintragung vor Bekanntmachung (die ohne Angaben zu den Kdtisten erfolgt, §§ 175 S. 2, 162 II) gemäß § 15 I bei (irgendwie erlangter) Kenntnis des Dritten.

C. Rechtsfolge der Nichteintragung bzw. Nichtbekanntmachung: a) Bei dem Anmeldepflichtigen: Der, „in dessen Angelegenheiten die Tatsache einzutragen war", dh wer durch sie irgendwie entlastet, von Haftung befreit oder von der Bindung an die Vertretungsmacht eines anderen gelöst wird, **kann sie** ohne Eintragung und Bekanntmachung **Dritten nicht entgegenhalten,** zB der Geschäftsinhaber das Erlöschen der Prokura, der ehemalige Gfter die Auflösung der Ges. oder sein Ausscheiden, der Gfter das Erlöschen der Vertretungsmacht des MitGfters, der ehemalige Geschäftsinhaber die Abgabe des Geschäfts. Die negative Formulierung stellt klar, dass sich der Anmeldepflichtige nicht seinerseits auf das Vorliegen von I berufen kann (anders als der Dritte). I gilt auch für den Einzel- und Gesamtrechtsnachfolger dessen, in dessen Angelegenheiten einzutragen war, BGHZ 55, 267; Anwendung des I gegen Erben mangels Eintragung des Ausscheidens des Erblassers durch Tod (→ § 176 Rn. 10, 12). Auf Zurechenbarkeit bzw. Veranlassung kommt es unter I nicht an **(reines Rechtsscheinsprinzip)**, Grund: Vorrang des Verkehrsschutzes, Organisationsrisiko des Unternehmers (anders unter III, → Rn. 19). I greift demnach auch bei Verzögerungen durch das Registergericht ein (dann aber → Rn. 23). I gilt auch zu Lasten von **Geschäftsunfähigen**, BGHZ 115, 80 (wie in § 5, dort → § 5 Rn. 6; anders in III, → Rn. 19), MüKoHGB/Krebs Rn. 41; aA Behnke NJW 1998, 3081 zu § 1629a BGB (→ § 1 Rn. 34). Bei Geschäftsunfähig werden (deren Erlöschen ist nicht eintragungspflichtig), aber Rechtsscheinsvollmacht (→ Rn. 17, → Einl. v. § 48 Rn. 5 f.), BGHZ 115, 81; K. Schmidt JuS 1991, 1005. Unerheblich ist der Registerinhalt betr. andere Tatsachen, Bsp.: Ausscheiden des einen phG X mit Gesamtvertretungsmacht aus KG ist nicht eingetragen, verbliebener phG Y schließt für Ges. allein ab: früherer phG X haftet (Gläubiger kann sich bezüglich Alleinvertretungsmacht des Y auf die wahre Rechtslage stützen, also keine Gesamtvertretungsmacht mehr, betr. Zugehörigkeit des X zur Ges. auf das Register), BGHZ 65, 309; aA Tiedtke DB 1979, 245.

b) Bei dem Dritten (Wahlrecht, Meistbegünstigung): Der Dritte braucht sich die (noch oder gar) nicht eingetragene bzw. bekanntgemachte Tatsache nicht entgegenhalten zu lassen, kann sich also auf I berufen (anders als der Anmeldepflichtige). Er kann aber auch jederzeit auf den Schutz des I verzichten und sich stattdessen **auf die wirkliche Rechtslage berufen,** wenn ihm das günstiger erscheint, BGHZ 55, 273; 65, 310; WM 1990, 639; unionsrechtlich verankert in Art. 16 V UAbs. 3 GesR-RL, sehr str., vgl. auch → Rn. 22. Das ist jedenfalls dann richtig, wenn verschiedene Tatsachen nicht eingetragen bzw. nicht bekanntgemacht sind, also kein Zwang zur „Wahl" zwischen der wahren Rechtslage in toto oder dem gesamten Registerinhalt, BGHZ 65, 311. Das gilt aber auch bezüglich derselben Tatsache in unterschiedlichen rechtlichen Zusammenhängen, zB Inanspruchnahme als Gfter mangels Eintragung des Ausscheidens (§ 15 I), zugleich Berufung auf die Alleinvertretungsmacht des nach Ausscheiden allein Verbliebenen (wahre Rechtslage), BGHZ 65, 310; MüKoHGB/Krebs Rn. 54; Koller/Roth Rn. 16; Heymann/Sonnenschein/Weitermeyer Rn. 13; Rö/Ries Rn. 21, Grund: Vertrauen kann teils auf Schweigen des HdlReg, teils auf anderen Informationen beruhen, aA gegen diese sog. **Rosinentheorie** John ZHR 140 (1976), 254; K. Schmidt § 14 III Rn. 56; Canaris § 5 Rn. 26, Grund: widersprüchlich, kein schutzwürdiges Vertrauen. **Lit.** Altmeppen, 1993; von Olshausen AcP 189 (1989), 223.

7 D. **Ausnahme bei Kenntnis des Dritten:** Nur positive **Kenntnis des Dritten,** die ihm der Gegner beweisen muss („es sei denn, dass"), lässt die Tatsache auch ohne Eintragung und Bekanntmachung gegen ihn wirken, RGZ 70, 273. Dagegen genügt **nicht Kennenmüssen** (einfache und grobe Fahrlässigkeit), weil der Dritte nicht zu Nachforschungen verpflichtet sein soll. Ebensowenig genügt Kenntnis von Tatsachen, aus denen sich die interessierende Tatsache ergibt, zB GesAuflösung oder Abberufung des GmbHGeschäftsführers (aber uU Missbrauch der Vertretungsmacht, → § 50 Rn. 4), OLG Oldenburg ZIP 2011, 175; aber uU prima-facie-Beweis für Kenntnis dieser Tatsache, jedoch nicht unbedingt, RGZ 144, 199 (zu § 131 Nr. 4 aF). Gfter und Organmitglieder sind als solche nicht Dritte, anders bei Drittgeschäft (→ § 128 Rn. 52), dann sind sie schutzbedürftig wie Dritte, Staub/Koch Rn. 56, Koller/Roth Rn. 12 (vgl. → § 126 Rn. 6), aA Röhricht/Ries Rn. 15. Ist der Dritte beim Vorgang, aus dem er Rechte herleitet, zB Vertrag, vertreten, so gilt **§ 166 I BGB:** hat nicht er selbst (der Dritte), sondern der **Vertreter** Kenntnis von der nicht eingetragenen Tatsache, wirkt sie gegen den Dritten; so jedenfalls, wenn der Vertreter mit eigenem Entscheidungsspielraum handelt, OLG Hamburg MDR 1972, 238 (HdlBevollmächtigter, § 54). Entspr. Anwendung des § 166 I BGB bei Kenntnis des (an der Verhandlung beteiligten) Vermittlungs-(Hdl-)Vertreters, ebenso des (auch an der Verhandlung nicht beteiligten) Bezirksvertreters, OLG Frankfurt a.M. DB 1976, 94. Ebenso uU bei Abschluss durch den Dritten selbst (oder einen nicht wissenden anderen Vertreter) auf Veranlassung des wissenden (über die Geschäftsverbindung entscheidenden) Angestellten (Sachbearbeiters), vgl. OLG Hamburg MDR 1972, 238. Zur Wissenszurechnung → § 125 Rn. 4, → **(7)** Bankgeschäfte Rn. A16.

8 E. **Reichweite der Publizität:** Nach I soll der Dritte sich bei seinem geschäftlichen Verhalten auf das HdlReg verlassen können. Freies Handeln des Dritten ist also vorausgesetzt. Dies und der Wortlaut des IV 1 (der in dieser Hinsicht gleich weit reichen muss wie I) ergeben, dass I vor allem **im Geschäftsverkehr** gilt. Er schützt also insbesondere Ansprüche aus Rechtsgeschäften, auch aus Verschulden bei Vertragsverhandlungen (§ 311 I, II BGB); aber nicht Rechte aus Prozesshandlungen (zB Anerkenntnis, Verzicht, Vergleich); auch Pfändungsverfügung des Finanzamts und darüber hinaus allgemeiner den sog. **Prozessverkehr**, zB Vollstreckungsmaßnahme, BGH NJW 1979, 42, prozessuale Zustellung, RGZ 127, 99, nicht: Prozessfähigkeit, OLG Hamm NJW-RR 1998, 470; Hülsmann GmbHR 2019, 1093, offen BGH ZIP 2010, 2445; BGH NZG 2019, 861. Auch Ansprüche aus Bereicherung (Leistungskondiktion), unerlaubter Handlung und Geschäftsführung ohne Auftrag, die innerhalb des Geschäfts vorfielen, zB Täuschung beim Vertragsschluss, Überzahlung in laufender Rechnung, unlauterer Wettbewerb, Verstoß gegen Unterlassungsverpflichtung, OLG Stuttgart WRP 1987, 201, str. (vgl. → § 5 Rn. 6). **Nicht** geschützt sind dagegen Ansprüche aus Vorgängen ohne Zusammenhang mit dem Geschäftsverkehr (zT Unrechtsverkehr genannt, aber zu eng), zB aus Verkehrsunfall, RGZ 93, 238, Irrläufer-Zahlung (soweit nicht Leistungskondiktion, str.), Entstehung von Steuerschulden der KG (Ausscheiden des Gfters war noch nicht eingetragen), BFH NJW 1978, 1944; mangels Schutzzwecks: Verflechtung von Makler- und KäuferGes nach § 652 BGB, BGH NJW 2009, 1809.

Kausalität des Registerinhalts für das Verhalten des Dritten ist wie bei III und anders als bei der Rechtsscheinhaftung (→ Rn. 21, → § 5 Rn. 13) **nicht notwendig** (starker, durch das HdlReg typisierter Rechtsschein). **Einerlei** ist also, **ob der Dritte** in das HdlReg, in dem noch nichts eingetragen war, oder in die Bekanntmachungsblätter nach § 10, in denen noch nichts veröffentlicht war, **Einsicht genommen** hat, BGHZ 65, 311; WM 2004, 287. Keine bloße Vermutung, sondern unwiderleglich, **kein Gegenbeweis**, hL, aA Canaris § 5 Rn. 17. Dem Dritten kann also nicht entgegnet werden, er hätte die Tatsache auch bei Eintragung und Bekanntmachung nicht erfahren. Selbst völlige Unkenntnis des Zusammenhangs ist unerheblich, OLG Frankfurt a. M. BB 1972, 333 (vgl. dagegen → § 176 Rn. 4). Jedoch muss der Dritte sich bei seinem geschäftlichen Verhalten auf die unrichtige Eintragung bzw. Bekanntmachung wenigstens möglicherweise verlassen haben können, BGH WM 2004, 287. I gilt also nur im Geschäftsverkehr (→ Rn. 8).

F. **Maßgeblicher Zeitpunkt:** Maßgebend ist der **Zeitpunkt des Vorgangs** (Vertragsschluss usw), aus dem der Dritte Rechte herleitet. Es kommt darauf an, was in diesem Zeitpunkt eingetragen und bekanntgemacht oder dem Dritten bekannt ist. Gleichgültig ist (entgegen dem Wortlaut von I), ob Eintragung und Bekanntmachung vor dem späteren Zeitpunkt erfolgen, in dem man dem Dritten die Tatsache „entgegensetzt" (also zB vor dem Prozess oder dessen Entscheidung).

G. **Fehlen der Voreintragung: a) Grundsatz:** § 15 I gilt **auch, wenn** die gebotene **Voreintragung** (der Tatsache, deren Veränderung einzutragen war) **fehlt**, BGHZ 55, 272; 116, 44; OLG Köln ZIP 2015, 1831, stRspr, hL, Grund: Wortlaut, anderweitig erlangte Kenntnis von einzutragender Tatsache, aA OLG Oldenburg BB 1987, 1622 (wohl irrtümlich); GroßKo/Hüffer Rn. 20; John ZHR 140 (1976), 239: nur Rechtsscheinhaftung. Mit der Eintragung der Abberufung des nicht voreingetragenen GmbHGeschäftsführers wird nicht zugleich verlautbart, dass er zuvor Geschäftsführer war, OLG Köln ZIP 2015, 1831. Sind Eintritt und Ausscheiden eines Gfters aus Ges. nicht eingetragen, kann sich Gfter einem Dritten gegenüber nicht auf sein Ausscheiden berufen, es sei denn dieser kenne es, stRspr BGH NJW 1983, 2259; Bsp.: ist eintragungspflichtiges HdlGeschäft (§§ 1, 29) nicht eingetragen und Geschäftsübertragung auch nicht, dann ist diese gegenüber Schuldner X unwirksam, er konnte also wirksam gegen Altinhaber aufrechnen, OLG Stuttgart NJW 1973, 806; ähnlich bei: Verpachtung, Pächter haftet für vom Verpächter nach Geschäftsübergabe vor Eintragung (des Geschäfts und der Verpachtung) noch eingegangene Verbindlichkeiten, OLG Frankfurt a. M. OLGZ 1973, 24.

b) Ausnahmefälle: Dies ist aber in Ausnahmefällen **einzuschränken,** zB wenn die voreinzutragende Tatsache intern geblieben ist und die einzutragende Tatsache in kurzem Abstand folgt, zutr. K. Schmidt § 14 III Rn. 36; aA MüKoHGB/Krebs Rn. 36. Dann Beweislast beim Anmeldepflichtigen, Canaris § 5 Rn. 12; aA John ZHR 140 (1976), 242 (für außerregisterliche Tatbestände).

12 H. **Insolvenzverfahren:** Die Eröffnung des Insolvenzverfahrens und weitere wesentliche Entwicklungen wie Aufhebung des Eröffnungsbeschlusses, Einstellung und Aufhebung des Verfahrens ua werden zwar im HdlReg von Amts wegen auf Mitteilung des Insolvenzgerichtes eingetragen (§ 32 I), aber der Öffentlichkeit teilt sie das Insolvenzgericht selbst mit, nicht das HdlRegGericht, der Verkehrsschutz des § 15 ist unanwendbar (§ 32 II 2).

3) Wirkung eingetragener und bekanntgemachter Tatsachen gegen Dritte (II)

13 A. **Wirkung eingetragener und bekanntgemachter Tatsachen gegen Dritte (II 1):** § 15 II schließt tatbestandlich an I an und handelt von der Wirkung einzutragender Tatsachen im Geschäftsverkehr (→ Rn. 8) gegen Dritte **nach Eintragung und Bekanntmachung.** Beides ist nach dem Gesetzeswortlaut notwendig, Canaris § 5 Rn. 11, str. MüKoHGB/Krebs Rn. 28. Voraussetzung ist wie in I eine in das HdlReg einzutragende Tatsache (→ Rn. 4–5, maßgeblicher Zeitpunkt → Rn. 10); Ausdehnung auf eintragungsfähige Tatsachen de lege ferenda, Tebben FS Hopt 2020, 1251; auch II ist unanwendbar in den Fällen §§ 25 II, 28 II (→ Rn. 5). **II 1:** die Tatsache wirkt jetzt gegen Dritte, sofern sie wahr ist, BGH NZG 2019, 861; OLG Brandenburg BeckRS 2019, 17988; sie wird gerade dazu veröffentlicht. Unrichtige Tatsachen müssen Dritte nicht gegen sich gelten lassen, Ebenroth/Gehrlein Rn. 17 II entspricht auch im Übrigen I, so hinsichtlich der negativen Formulierung: der Anmeldepflichtige kann die Tatsache dem Dritten entgegenhalten, muss das aber nicht, vielmehr kann er sich wie dieser auf die wirkliche Rechtslage berufen (→ Rn. 6), str. MüKoHGB/ Krebs Rn. 67. Bei Prokura sollen §§ 171 II, 172 II BGB lex specialis zu II 1 sein, Canaris § 5 Rn. 39, aA zutr. MüKoHGB/Krebs Rn. 79.

14 B. **Schonfrist (II 2):** II 2 lässt die Wirkung nach II 1 nicht sofort eintreten, sondern gibt dem Dritten noch binnen kurzer **Schonfrist von 15 Tagen nach Bekanntmachung** (§ 10 II) den Einwand unverschuldeter Unkenntnis (aF: ohne zeitliche Beschränkung) und legt ihnen dafür aber die Beweislast auf. Durch DiRUG reformiertes Bekanntmachungswesen (→ § 8 Rn. 2d, → § 10) verschiebt Anknüpfungspunkt der Frist auf erstmalige Abrufbarkeit nach § 9 I. II 2 greift als Ausnahme zu II 1 nicht bei §§ 25 II, 28 II (→ Rn. 13). In II 2 schadet anders als in I (→ Rn. 7) nicht nur Kenntnis, sondern auch Kennenmüssen (leichte Fahrlässigkeit). Der Haftungsmaßstab folgt aus § 276 II BGB, für Kflte § 347. Ein Kfm. handelt danach grundsätzlich fahrlässig, wenn er sich über das HdlReg nicht unterrichtet, BGH NJW 1972, 1419; BB 1976, 1480, für Kflte spielt II also von Extremfällen abgesehen keine Rolle; II noch weiter einschränkend MüKoHGB/Krebs Rn. 73: Informationslast für jedermann, also auch die Privatleute bzw. Verbraucher, umgekehrt restriktiver Canaris § 5 Rn. 32 f.: selbst für Kflte idR nicht bei Alltagsgeschäften, ebenso Paefgen ZIP 2008, 1655 trotz elektronischer Informationsmöglichkeit nach EHUG. Einer solchen Differenzierung nach Umständen (Person des Dritten, Bedeutung der Geschäfte) steht jedoch EU-Recht entgegen, Oetker/Preuß Rn. 44, MüKoHGB/Krebs Rn. 73, Koller/Roth Rn. 22, str. (sonst Vorlage an EuGH, → Einl. v. § 1 Rn. 30; Zweifel an Richtlinienkonformität des Verschuldensprinzips als Ganzes Tebben FS Hopt 2020, 1245.

15 C. **Besonderer Vertrauensschutz gegen Registerinhalt:** Ein Vertrauensschutz gegen den Registerinhalt über II 2 hinaus besteht nicht ohne Weiteres und allgemein aus Rechtsscheinhaftung (→ § 5 Rn. 9–16), BGH BB 1970, 684; 1972, 1159; doch kann ein spezieller Vertrauensschutz gegenüber dem Registerinhalt vorrangig sein, BGHZ 62, 223, zB wenn Berufung auf eine Eintragung und § 15 II missbräuchlich wäre bzw. wenn aus den besonderen Vertragsbeziehungen der Parteien (zB ständige Geschäftsverbindung, → Einl. v. § 343 Rn. 3) die

Pflicht folgt, den Gegner **auf eine Rechts- und Registereintragsänderung** besonders **hinzuweisen,** richtiger ist auch insoweit Rechtscheinhaftung (besonderer Vertrauenstatbestand entgegen Registerinhalt), Canaris § 5 Rn. 38. Bspe: Umwandlung von OHG in GmbH & Co und Berufung auf Haftungsbeschränkung gegenüber ständigem Geschäftspartner, BGH NJW 1972, 1418 mAnm Stimpel ZGR 1973, 89; BGH BB 1976, 1480; 1978, 1026; NJW 1980, 45; WM 1981, 238; Umwandlung einer KG in GbR mit Folgen für Vertretungsmacht, BGH NJW 1987, 3124. Persönliche Rechtsscheinhaftung des GmbH-Geschäftsführers ohne Benutzung des GmbHGesFormzusatzes (→ § 19 Rn. 30, → § 5 Rn. 10). Das gilt allgemeiner für **Weglassung des Haftungsbeschränkungszusatzes** nach § 19 II (dort → § 19 Rn. 30). Ob dies allgemein auch für die **Weglassung des Rechtsformzusatzes** nach § 19 I gilt, ist fraglich (Schein-NichtKfm nach Übergangsfrist, → § 5 Rn. 10). § 4 GmbHG ist ein gegenüber § 15 II spezieller Vertrauenstatbestand BGH NJW 1981, 2569; 1990, 2678; 2012, 2871 (→ § 5 Rn. 10). Vgl. auch → Rn. 18, → § 5 Rn. 9–17, → Einl. v. § 48 Rn. 5–6 (Duldungs- und Anscheinsvollmacht), → § 48 Rn. 1, → § 105 Rn. 75 (fehlerhafte Ges.). **Lit.** Koch AcP 207 (2007), 768.

4) Schutz Dritter im Vertrauen auf unrichtige Eintragungen und Bekanntmachungen (Rechtsscheinhaftung; III)

A. **Schutz Dritter:** Eine rechtliche Vermutung der Richtigkeit des im **16** HdlReg Verlautbarten gibt es nicht. Grundsätzlich kann sich der Rechtsverkehr auf Eintragung und Bekanntmachung nicht verlassen (→ Rn. 2, 4). Ausnahmsweise werden Dritte aber doch im **Vertrauen auf den unrichtigen Registerinhalt** durch Rechtsscheinhaftung (→ Rn. 17) und seit 1969 durch III (sog. **positive Publizität** des HdlReg, → Rn. 18) geschützt (Bsp.: Dritter schließt mit eingetragenem Prokuristen ab, Geschäftsinhaber beweist Ungültigkeit der Prokuraerteilung; wirkt das Geschäft trotzdem gegen ihn?). Unrichtige Eintragung als Kfm. nach § 5 → Rn. 3. Verhältnis zur Rspr. über fehlerhafte Ges. → § 105 Rn. 75; Bürck AcP 171 (1971), 328.

B. **Rechtsscheinhaftung:** Der Rechtsscheinhaftung (→ § 5 Rn. 9–17), die **17** ursprünglich die einzige Grundlage eines Vertrauensschutzes bei unrichtigem Registerinhalt war, vgl. BGHZ 12, 105; 17, 13; 22, 238, kommt neben III nur noch begrenzte Auffangfunktion zu (Bsp.: bei Veranlassung eines Rechtsscheins ohne Antragstellung, → Rn. 19; Veranlassung eines Rechtsscheins im HdlReg der HauptNl vor entspr. Änderungen im HdlReg der ZwNl, soweit dieses nach IV 2 maßgeblich ist).

C. **Positive Publizität des Handelsregisters (III):** III (eingefügt durch G **18** 15.8.1969, das weit über die Vorgaben der EU-RL hinausging, → Rn. 1) enthält erstmals eine positive Publizität des HdlReg, deren Reichweite sehr str. ist, s. Schrifttum (→ vor Rn. 1). III gilt wie I nur für **eintragungspflichtige Tatsachen** (→ Rn. 5), hL, OLG Bremen ZIP 2015, 2419, aA analog auch für eintragungsfähige Tatsachen MüKoHGB/Krebs Rn. 87: Lage anders als in I; aA Ausdehnung auf eintragungsfähige Tatsachen nur de lege ferenda, Tebben FS Hopt 2020, 1251. Wird die unrichtige Bekanntmachung richtiggestellt, entfällt III: II 1 und 2 (Schonfrist) sind anwendbar. Auslegung des III in Anlehnung an die Grundsätze der Rechtsscheinhaftung (→ Rn. 17, → § 5 Rn. 9–16), aber doch mit einigen Ausnahmen, Gründe für diese: EU-RL, Normzweck, HdlReg und Nähe zu I (→ Rn. 20, 21). Nach § 10 I nF (DiRUG) fallen Bekanntmachung und erstmalige Abrufbarkeit in dem nach § 9 I bestimmten Informations- und Kommunikationssystem zusammen. Dementsprechend kommt es nach § 15 III nF auf die Bekanntmachung nicht mehr an, krit. Linke NZG 2021, 309, s. hierzu auch → § 8 Rn. 2d. Für eine modifizierte Beibehaltung des § 15 III anstelle der ansonsten greifenden allg. Rechtsscheinhaftung: Lieder, NZG 2020, 87; J. Schmidt FS Hopt 2020, 1100; Tebben FS Hopt 2020, 1253.

a) Rechtsscheingrundlage ist die (gegenüber der wahren Sach- und Rechtslage) **unrichtige Bekanntmachung;** also auch wenn sowohl Eintragung als auch Bekanntmachung unrichtig sind, auch bei unterschiedlicher Unrichtigkeit, auch wenn die Eintragung fehlt. III gilt über Wortlaut hinaus analog auch für den umgekehrten Fall: Bekanntmachung ist richtig oder fehlt, aber Eintragung ist unrichtig, str., Staub/Koch Rn. 105, Koller/Roth Rn. 28 aE; Paefgen ZIP 2008, 1657, aA RegE, Canaris § 5 Rn. 45; Heymann/Sonnenschein/Weitemeyer Rn. 29, üL, Grund: Wertungswiderspruch, zumal bei elektronischer Informationsmöglichkeit nach EHUG, Rechtsscheinhaftung ist kein voller Ersatz (→ Rn. 20, 21). Die nachträgliche Unrichtigkeit der Bekanntmachung ist nicht von § 15 III erfasst, ggf. aber Anwendung von § 15 I, BeckOK/Müther Rn. 35.

19 **b) Zurechenbarkeit:** Von Zurechenbarkeit (nicht Verschulden) ist in III zwar keine Rede, aber diese Begrenzung ist wegen des hohen Risikos nötig (positive Publizität des HdlReg: uU unbegrenzte Haftung; bei Grundbuch (§ 892 BGB): allenfalls Verlust des Grundstücksrechts); bei § 2366 BGB allenfalls Verlust einzelner Gegenstände. Es gilt in III also anders als in I (→ Rn. 6) das **Veranlassungsprinzip,** nicht das reine Rechtsscheinprinzip, hL, OLG Brandenburg ZIP 2012, 2103; Canaris § 5 Rn. 51; Liebscher ZGR 2017, 403; anders K. Schmidt § 14 IV Rn. 86 ff.; de lege ferenda für eine Abschaffung des Veranlassungsprinzips Tebben FS Hopt 2020, 1248; umgekehrt für eine Kodifizierung des Veranlassungsprinzips: Lieder NZG 2020, 89; dies ist, obwohl dort nicht zum Ausdruck gekommen, mit der EU-Ri vereinbar. Eine Tatsache ist iSv III nur „in dessen Angelegenheiten" einzutragen (vgl. I, → Rn. 6), der einen **Eintragungsantrag** (auch einen richtigen) **gestellt** und dadurch das Tätigwerden des Registergerichts veranlasst hat. Diese Einschränkung gilt allgemein, auch für Kflte, aA Schlegelb/Steckhan Rn. 26. Ohne Antrag des Betroffenen bzw. seiner Leute scheidet III aus, doch kann bei Unterlassen des Einschreitens gegen unrichtige Eintragung Rechtsscheinhaftung eingreifen. Der Schutz des **Geschäftsunfähigen** und des beschränkt Geschäftsfähigen geht auch hier vor (vgl. → § 5 Rn. 11; anders I, der auch zu Lasten des Geschäftsunfähigen wirkt, → Rn. 6, aber eben nur betr. negative Publizität). aA MüKoHGB/Krebs Rn. 92 wegen Gleichlauf von I und III, K. Schmidt § 14 IV Rn. 95. Bsp.: Eintragung einer Prokura auf Antrag des minderjährigen Geschäftsinhabers trotz fehlender Genehmigung des Vormundschaftsgerichts (§§ 1822 Nr. 11, 1831, 1643 BGB, vgl. RGZ 127, 158).

20 **c) Schutzbedürftigkeit:** Nur **Kenntnis** von der wahren Tatsache schadet, auch der grob fahrlässige Dritte ist also gutgläubig iSv III (s. letzter Hs. wie I, vgl. → Rn. 7). Die positive HdlRegPublizität reicht hier weiter als die normale Rechtsscheinhaftung (→ Rn. 18, → § 5 Rn. 12). Beweislast wie bei I beim Gegner (Wortlaut von III).

21 **d) Kausalität:** Kausalität des Registerinhalts ist für das Verhalten des Dritten wie bei I und anders als bei der Rechtsscheinhaftung (→ Rn. 9, 18, → § 5 Rn. 13) **nicht notwendig** (starker, durch das HdlReg typisierter Rechtsschein). Der Dritte muss weder das HdlReg eingesehen noch von der Bekanntmachung erfahren haben (wie I, → Rn. 9). Der Schein des HdlReg erzeugt eine entspr. Haltung des Geschäftsverkehrs gegenüber dem Betroffenen, die wiederum den Dritten beeinflusst haben kann; diese (mittelbare, mögliche) Kausalität genügt. Der Gegenbeweis der Nichtursächlichkeit, der ohnehin ohne praktische Relevanz wäre, kann abgeschnitten werden (→ Rn. 9), hL, aA Canaris § 5 Rn. 49. Der Dritte muss sich bei seinem geschäftlichen Verhalten auf die unrichtige

Bekanntmachung und der Eintragung wenigstens möglicherweise verlassen haben können. III gilt also **nur im Geschäftsverkehr** (→ Rn. 22).

e) Wirkung und Grenzen: Derjenige, der den Rechtsschein zurechenbar 22 gesetzt hat, kann sich dem gutgläubigen Dritten gegenüber nicht auf die wahre Rechtslage berufen (vgl. → § 5 Rn. 14). Der Rechtsschein wirkt aber nur für, nicht gegen den gutgläubig Vertrauenden, BGH WM 1990, 638 (→ Rn. 6, → § 5 Rn. 15). III gilt also nur im **Geschäftsverkehr** einschließlich des Prozessverkehrs, nicht außerhalb wie zB bei Eingriffskondiktion (wie I, → Rn. 8; vgl. → § 5 Rn. 6). **Maßgeblicher Zeitpunkt:** III gilt nicht, wenn der Vorgang, aus dem der Dritte Rechte herleitet, vor Eintragung und/oder Bekanntmachung lag (wie I, → Rn. 10), anders zB bei einem zuvor hingegebenen Darlehen, das der Dritte dem Betroffenen auch nachher belässt (geschäftliches Verhalten ist hier Unterlassung der Kündigung). Wie bei I hat der Dritte ein **Wahlrecht,** ob er sich auf III beruft oder es bei der wahren Rechtslage belassen will, BGH WM 1990, 638, str. (näher → Rn. 6).

D. Staatshaftung bei Eintragungsfehlern: Versehentliche Falscheintragung 23 durch Gericht kann Staatshaftung (Art. 34 GG, § 839 BGB) auslösen, vgl. RGZ 131, 14 (Nichteintragung des Haftungsausschlusses bei Geschäftsübernahme), BayObLG BB 1989, 1009; entspr. Publikationsfehler. Anders bei Nichtlöschung → § 8 Rn. 15, → § 37 Rn. 6. **Lit.** Gammelin, 1973.

5) Zweigniederlassung eines ausländischen Unternehmens (IV)

IV idF EHUG 2006, IV 2 aF aufgehoben. Die Eintragungen im HdlReg der 24 HauptNl (Sitz) und in dem der ZwNl und die entspr. Bekanntmachungen brauchen inhaltlich und zeitlich nicht übereinzustimmen (vgl. §§ 13–13g). Das gilt auch nach dem EHUG, das das HdlReg der HauptNl zum führenden gemacht hat (→ § 13 Rn. 10). Eine eingeschränkte Eintragung und Bekanntmachung durch das Registergericht am Ort der ZwNl erfolgt auch noch nach dem EHUG. Die Publizitätsvorschrift des IV hat deshalb weiterhin Bedeutung, aber sie ist nunmehr auf die ZwNl ausländischen Unternehmens, deren HauptNl bzw. Sitz nicht im deutschen HdlReg eingetragen ist, eingeschränkt (→ § 13 Rn. 11). **Im Geschäftsverkehr mit der Zweigniederlassung** eines Unternehmens mit Sitz oder HauptNl im Ausland sind nach **IV** die Eintragungen in **deren Register** und die Bekanntmachungen aus diesem gemäß I, II maßgebend. Für ZwNl von Unternehmen mit HauptNl bzw. Sitz im Inland sind seit dem EHUG die Eintragung und Bekanntmachung durch das Gericht der HauptNl bzw. des Sitzes maßgebend.

Im Geschäftsverkehr mit einem EinzelKfm mit **doppelter** HauptNl (→ § 13 25 Rn. 1) muss es iSv I, II, III auf das Register derjenigen HauptNl ankommen, zu der das streitige Rechtsverhältnis die engere Beziehung hat. Entspr. bei HdlGes mit Doppelsitz (vgl. → § 106 Rn. 9).

6) Einschränkung der Publizitätswirkung (V)

V, neu durch DiRUG 2022, setzt Publizitätswirkung nach I–III für über BRIS 26 erhaltene und im Register eingetragene Informationen zu EU-/EWR-ZwNl von KapitalGes aus. Einschränkung ist laut RegBegr durch Vorgaben der GesR-RL zur direkten Übernahme der übermittelten Informationen (Art. 19 II lit. h, 28a VII 2, 28c 2 GesR-RL) und dadurch ausbleibenden Prüfung durch das Registergericht gerechtfertigt; außerdem sei diese Regelung richtlinienkonform, insoweit als Angaben zu ausl. ZwNl nicht die Publizitätswirkung nach Art. 16 V GesR-RL zukomme; hierzu fehle dem diesbezüglichen Verweis in Art. 29 I GesR-RL auf die Offenlegung dieser Informationen nach Art. 16 GesR-RL die Verbindung mit Art. 14 GesR-RL (Aufzählung der offenzulegenden Unterlagen), auf den wiederum Art. 16 V GesR-RL Bezug nimmt (BT-Drs. 19/28177,

Merkt

100). Diese Leseart ist mitnichten zwingend und liegt auch nicht nahe. Vielmehr dürfte dieses Vorgehen nicht nur aufgrund der damit verbundenen Entwertung der Prüfungen durch EU-/EWR-Register (von denen im Vorfeld der dortigen Eintragungen auszugehen ist) unionsrechtswidrig sein. Der unionsseitig betriebene Legislativaufwand zur Gewährleistung umfassenden Informationsaustauschs dürfte überdies nicht darauf gerichtet sein, im Hinblick auf Übermittlungen von EU-/EWR-Registern zu ausl. ZwNI lediglich unverbindliche Daten mit reinem informativcharakter bereitzustellen (effet utile).

Öffentliche Zustellung

15a [1] **Ist bei einer juristischen Person, die zur Anmeldung einer inländischen Geschäftsanschrift zum Handelsregister verpflichtet ist, der Zugang einer Willenserklärung nicht unter der eingetragenen Anschrift oder einer im Handelsregister eingetragenen Anschrift einer für Zustellungen empfangsberechtigten Person oder einer ohne Ermittlungen bekannten anderen inländischen Anschrift möglich, kann die Zustellung nach den für die öffentliche Zustellung geltenden Vorschriften der Zivilprozessordnung erfolgen.** [2] **Zuständig ist das Amtsgericht, in dessen Bezirk sich die eingetragene inländische Geschäftsanschrift der Gesellschaft befindet.** [3] **§ 132 des Bürgerlichen Gesetzbuchs bleibt unberührt.**

1) Anwendungsbereich

1   § 15a idF MoMiG 2008. § 15a erleichtert die Zustellung einer Willenserklärung bei einer juristischen Person des HdlRechts, die zur Anmeldung einer inländischen Geschäftsanschrift zum HdlReg verpflichtet ist (vgl. §§ 13 I 1, II, 13d II, 13e II 3, 13f III, 13g III) und ist somit das Parallelstück zu § 185 Nr. 2 ZPOfür die zivilprozessuale Zustellung von Schriftstücken (neu durch MoMiG für die sog. Missbrauchs- und Bestattungsfälle, bei denen (Ersatz-)Zustellung mangels Zustellungsadressaten bzw. Geschäftsraums nach §§ 178, 180, 181 ZPO nicht möglich ist). Zu § 185 Nr. 2 ZPO erweiternd LG Zwickau WM 2010, 2098. § 15a betrifft nur juristische Personen, zB GmbH, AG, auch als phG einer GmbH & Co, auch SE, auch ZwNI von KapitalGes iSv § 13e. **Nicht** betroffen sind PersonenGes wie OHG und KG, auch wenn sie zur Eintragung einer Geschäftsadresse im HdlReg verpflichtet sind, Grund: erleichterte Zustellungsmöglichkeit wäre zu großes Risiko für den persönlich und unbeschränkt haftenden Gfter (RegE); auch nicht eG, da nicht in HdlReg einzutragen, Grund: zwar juristische Person und Kfm. und Eintragung in GenReg, aber bisher kein Missstand durch Wohnsitzverlagerung ins Ausland (RegE).

2) Öffentliche Zustellung (Satz 1)

2   Eine öffentliche Zustellung kommt nur in Frage, wenn der Zugang der Willenserklärung (zB Mahnung, Fristsetzung, Anfechtung, Kündigung) auf drei anderen Wegen, die auch parallel beschritten werden können, nicht möglich ist: unter der eingetragenen Anschrift oder unter einer im HdlReg eingetragenen Anschrift einer für Zustellungen empfangsberechtigten Person (Option nach §§ 13e II 4, 13f III, 13g III HGB, § 10 II 2 GmbHG, § 39 I 2 AktG) oder unter einer ohne Ermittlungen (dem Gericht oder dem Antragsteller) bekannten anderen inländi schen Anschrift. Erst dann kann die öffentliche Zustellung nach Maßgabe der ZPO erfolgen (zu § 185 Nr. 2 ZPO → Rn. 1). Weiterer Voraussetzungen bedarf es allerdings nicht, öffentliche Zustellung nach Satz 1 ist auch dann möglich, wenn ein ausländischer Wohnsitz eines Geschäftsführers oder einer sonstigen empfangsbereiten Person positiv bekannt ist (RegE). Eine Zustellung im Ausland braucht also nicht versucht zu werden, § 185 Nr. 2 steht selbstständig neben § 185 Nr. 3 ZPO (mit engeren Voraussetzungen). Ohne Ermittlung

2. Abschnitt. Handelsregister; Unternehmensregister 1, 2 § 16

bekannt bedeutet, dass die Anschrift in allen Bestandteilen bekannt ist, also ohne weitere Ermittlungsaktivitäten zB beim Einwohnermeldeamt oder auch nur im Telefonbuch (RegE); Kenntnis, dass der Geschäftsführer im Inland in einer bestimmten Stadt und Straße wohnt, reicht nicht aus, wenn weitere Erkundigungen notwendig sind.

3) Zuständigkeit, Zugehen (Sätze 2 und 3)

Zuständig ist das Amtsgericht, in dessen Bezirk sich die eingetragene Geschäfts- 3 anschrift der Ges. befindet (Satz 2). § 15a bezieht sich nur auf juristische Personen (→ Rn. 1), der allgemeinere § 132 BGB über den Ersatz des Zugehens durch Zustellung bleibt unberührt (Satz 3).

[Entscheidung des Prozessgerichts]

16 (1) ¹**Ist durch eine rechtskräftige oder vollstreckbare Entscheidung des Prozeßgerichts die Verpflichtung zur Mitwirkung bei einer Anmeldung zum Handelsregister oder ein Rechtsverhältnis, bezüglich dessen eine Eintragung zu erfolgen hat, gegen einen von mehreren bei der Vornahme der Anmeldung Beteiligten festgestellt, so genügt zur Eintragung die Anmeldung der übrigen Beteiligten.** ²**Wird die Entscheidung, auf Grund deren die Eintragung erfolgt ist, aufgehoben, so ist dies auf Antrag eines der Beteiligten in das Handelsregister einzutragen.**

(2) **Ist durch eine rechtskräftige oder vollstreckbare Entscheidung des Prozeßgerichts die Vornahme einer Eintragung für unzulässig erklärt, so darf die Eintragung nicht gegen den Widerspruch desjenigen erfolgen, welcher die Entscheidung erwirkt hat.**

1) Reichweite der gegenseitigen Bindung des Registergerichts und der Prozessgerichte

A. **Bindung des Registergerichts: Bindend** für das Registergericht **sind** 1 **rechtskräftige Gestaltungsurteile** staatlicher Gerichte (zB §§ 117, 127, 133, 140), auch einstweilige Verfügung (zB nach §§ 117, 127), BayObLG ZIP 1986, 94, aA KG Berlin GmbHR 2016, 216 mit krit. Anm. Otto GmbHR 2016, 219; krit. auch Lieder/Becker GmbHR 2019, 505; Bayer/Selentin GmbHR 2020, 1, und rechtskräftige Urteile auf Abgabe einer Willenserklärung (§ 894 ZPO). **Verurteilende** oder **feststellende** Prozessentscheidungen (außer Statusurteilen nach § 640h ZPO) sind dagegen über §§ 325 ff. ZPO (subjektive Rechtskraftwirkung) hinaus **nicht schlechthin** bindend, BayObLG WM 1984, 810, str., selbst dann, wenn das Registergericht nach (3) FamFG § 381 das Verfahren bis zur Prozessentscheidung aussetzte oder diese gar durch Fristsetzung herbeiführte (so dass zB das Registergericht neues, nach der Prozessentscheidung bekanntgewordenes Material, das Wiederaufnahme des Prozesses rechtfertigt, vor Wiederaufnahme und neuer Prozessentscheidung berücksichtigen kann); so kann das Registergericht im Interesse eines Dritten, der nicht Prozesspartei war, oder unter Berücksichtigung eines öffentlichen Interesses zu einem entgegengesetzten Ergebnis kommen; OLG Stuttgart OLGRspr. 70, 419; Schlegelb/Hildebrandt Rn. 5; Rö/ Ries Rn. 4.

B. **Bindung des Prozessgerichts:** Konstitutive Wirkung von Eintragungen 2 in das HdlReg (→ § 8 Rn. 11) bindet auch das Prozessgericht (Bsp.: Wirksamkeit der OHG, KG gegenüber Dritten nach § 23 I; Erlangung der Rechtsfähigkeit durch AG, KGaA, GmbH, eG; Eintragungswirkung nach § 5). Das ist ihre Hauptbedeutung. Andere in Prozessen bedeutsame Wirkungen von Registereintragungen folgen aus § 15 und dem darüber hinausreichenden öffentlichen Glauben des Registers (→ § 15 Rn. 1–3, 16–23). An die Beurteilung irgendwelcher

Merkt

Rechtsverhältnisse durch das Registergericht (samt Instanzen) ist das Prozessgericht nicht gebunden. Bsp.: Feststellung der Nichtigkeit eines GesVertrags trotz ihrer Eintragung auch nach Prüfung der Bedenken durch das Registergericht (vgl. → § 8 Rn. 8); Verbot der Führung einer Firma trotz Zulassung und Eintragung durch das Registergericht, auch aus schon von diesem geprüften Gründen (→ § 17 Rn. 27).

2) Ersetzung der Anmeldung (I)

3 A. **Prozessentscheidung bei mehreren Anmeldepflichtigen (I 1):** I betrifft den Fall, dass mehrere die Eintragung bewirken müssen (zB §§ 108, 125 IV, 143 I, II, 144 II, 148 I, 157 I, 161 II, 162, 175 ua) und erweitert den Anwendungsbereich von § 894 ZPO. Ist nur einer zur Eintragung verpflichtet und dazu rechtskräftig verurteilt (Bsp.: Verurteilung des Kfm. X auf Klage des Y zur Anmeldung der Erteilung einer Prokura an Y), ersetzt das rechtskräftige (nur ein solches) Urteil die Anmeldung (§ 894), obschon die Anmeldung keine Willenserklärung ist, → § 12 Rn. 1). Haben hingegen mehrere eine Anmeldung auszuführen und ist nur einer verurteilt, genügt nach I die Anmeldung der übrigen: Die vollstreckbare Prozessentscheidung, welche die Verpflichtung zur Mitwirkung bei der Anmeldung über das Rechtsverhältnis, bezüglich dessen die Eintragung erfolgen soll, feststellt, ersetzt die Mitwirkung dessen, gegen den sie ergangen ist. Entscheidungen des Prozessgerichts iSv I sind nicht nur rechtskräftige, sondern auch vorläufig vollstreckbare Verurteilungen, auch einstweilige Verfügungen, BayObLG ZIP 1986, 94 (Notgeschäftsführer nach § 29 BGB), auch Feststellungs- und Gestaltungsurteile, bei rechtskräftiger Vollstreckbarkeitserklärung auch Schiedssprüche, BayObLG WM 1984, 809; nicht: vollstreckbare Urkunden und Prozessvergleiche, KGJ 34 A 121. Löschung einer Firma verlangt jedoch als endgültige Entscheidung mit nicht zu beseitigenden Folgen ein Endurteil, RG LZ 1908, 595. Dasselbe gilt für alle ähnlichen Entscheidungen, wie die Auflösung einer Ges.; das Registergericht prüft selbstständig die Eintragungsfähigkeit, nicht aber die Richtigkeit der Entscheidung, KGJ 53, 91. I gilt nur für Anmeldungen, nicht für die vor EHUG 2006 verlangten Zeichnungen (→ § 12 Rn. 1) und die Einreichung von Dokumenten (vgl. § 14), Vollstreckung bei diesen nach § 888 ZPO. Prüfungskompetenz des Registergerichts, MüKoHGB/Krafka Rn. 7.

4 B. **Aufhebung der Prozessentscheidung (I 2):** Ist die Eintragung erfolgt und wird später die Prozessentscheidung aufgehoben, ist das auf Antrag eines Beteiligten ohne weitere Prüfung im HdlReg zu vermerken, und zwar in derselben Spalte wie die vorherige Eintragung (s. (4) HRV § 18 S. 2). Der Rechtsverkehr wird damit gewarnt. Eine Löschung erfolgt nur unter deren Voraussetzungen. Bei nur einer anmeldungspflichtigen Person ist § 16 unanwendbar; stattdessen Vorgehen mittels § 14, MüKoHGB/Krafka Rn. 1.

3) Unzulässigkeit einer Eintragung (II)

5 A. **Voraussetzungen:** II iVm §§ 935 ff. ZPO gibt zum Schutze vor den Publizitätswirkungen der Eintragung vorbeugenden Rechtsschutz im Registerverfahren, BVerfG WM 2004, 2354; OLG München WM 2006, 2180. Voraussetzung ist eine rechtskräftige oder vorläufig vollstreckbare, eine Eintragung (oder Aufnahme Bayer/Selentin GmbHR 2020, 1) für unzulässig erklärende Prozessentscheidung (Bsp.: Verbot, eine bestimmte Firma eintragen zu lassen; Verbot, eine Gesellschafterliste in den Registerordner aufzunehmen). Auch einstweilige Verfügung (→ Rn. 1, 3). Eine Entscheidung, die nur ein entsprechendes Rechtsverhältnis feststellt, reicht unter II anders als unter I nicht aus. Wer die Entscheidung erwirkt hat, zB nach § 37 II, muss der Eintragung widersprechen, auch konkludent um die Rechtsfolgen des § 16 II auszulösen.

B. Rechtsfolge: Die Eintragung darf gegen den Widerspruch nicht erfolgen. **6** Widerspruch nach der Eintragung gibt kein Recht auf Löschung, der Widerspruchsberechtigte muss aus dem Urteil (wenn es soweit reicht, Bsp.: Verbot, die Firma irgendwie zu führen) auf Stellung des Löschungsantrags durch den Verpflichteten vollstrecken; uU hilft ihm I 1. § 16 ist nicht (entspr.) anwendbar bei Abweisung einer Klage auf Unzulässigerklärung einer Eintragung, sie gibt dem Beklagten kein Recht auf die Eintragung gegenüber dem Registergericht. Bindung des Registergerichts durch eine die Eintragung verbietende einstweilige Verfügung des Prozessgerichts (Verhältnis § 16 II zu **(3)** FamFG § 381), s. Baur ZGR 1972, 421.

Dritter Abschnitt. Handelsfirma

Schrifttum

Bokelmann, Recht der Firmen- und Geschäftsbezeichnungen, 5. Aufl 2000 – *Wessel/ Zwernemann/Kögel,* Die Firmengründung, 7. Aufl 2001 – *Schünemann,* Die Firma im internationalen Rechtsverkehr, 2016 – *J. W. Flume* DB 2008, 2011 – *Bartels* AcP 209 (2009) 309. International s § 17 Rn 48 ff. – **Muster:** *Hopt/Merkt,* Vertrags- und Formularbuch zum Hdl-, Ges- und Bankrecht, 5. Aufl 2021, Teil I.C (mit 5 Formularen). **RsprÜbersichten:** *Heinemann* FGPrax 2015, 1, 49.

[Begriff]

17 (1) **Die Firma eines Kaufmanns ist der Name, unter dem er seine Geschäfte betreibt und die Unterschrift abgibt.**

(2) **Ein Kaufmann kann unter seiner Firma klagen und verklagt werden.**

Übersicht

	Rn
1) Überblick, Begriff der Firma	1–9
A. Überblick über das Firmenrecht vor und nach dem HRefG 1998:	1–3
B. Begriff und Rechtsnatur der Firma (I):	4, 5
C. Arten der Firma:	6
D. Firmenrechtsgrundsätze:	7
E. Mehrere Firmen, Firmeneinheit:	8, 9
2) Geschäftsbezeichnungen; Nichtkaufleute	10–15
A. Marken, geschäftliche Bezeichnungen und Bezeichnungen mit Namensfunktion:	10–12
B. Nichtkaufleute:	13
C. Kein Verbot firmenähnlicher Geschäftsbezeichnungen:	14, 15
3) Entstehung, Gebrauch, Änderung, Erlöschen und Übertragung der Firma	16–25
A. Entstehung:	16
B. Gebrauch:	17–21
C. Änderung:	22
D. Erlöschen:	23
E. Übertragung:	24, 25
4) Registerverfahren; Firmenschutz	26–44
A. Registerverfahren:	26, 27
B. Firmenverletzungsformen:	28–31
C. Firmenschutz:	32–34
D. Schutzvoraussetzungen:	35–37
E. Formen des Schutzes der Firma:	38–43
F. Räumlicher und sachlicher Schutzbereich:	44

§ 17 1–3
1. Buch. Handelsstand

Rn

5) Verfahrensrecht 45–47
  A. Zivilprozess (II): 45
  B. Zwangsvollstreckung: 46
  C. Insolvenzverfahren: 47
6) Europäisches Firmenrecht, internationaler Verkehr 48–50
  A. Anwendbares Recht: 48
  B. Die Firma der ausländischen Gesellschaft im Inland: 49
  C. Beteiligung an einer inländischen Gesellschaft: 50

1) Überblick, Begriff der Firma

1   A. **Überblick über das Firmenrecht vor und nach dem HRefG 1998: a) Überblick über §§ 17 ff.**: Buch I Abschn. 3 (§§ 17–37a, s. Überschrift) handelt von der Firma des Kfm., regelt aber auch einige die Firma nicht oder nur am Rande berührende Fragen. § 17 definiert die Firma, § 18 enthält die allgemeinen Anforderungen an eine Firma (Kennzeichnungseignung, Unterscheidungskraft und insbesondere Irreführungsverbot), § 19 bestimmt, wie die Firma der EinzelKflte, OHG und KG zu bilden ist. § 20 betr. AG, KGaA ist ersetzt durch §§ 4, 279 AktG. §§ 21, 22, 24 handeln von der Bedeutung der Namensänderung des Inhabers und des Übergangs oder anderer Änderungen der Inhaberschaft für die Firma. § 23 untersagt die separate Veräußerung des HdlGeschäfts und seiner Firma. §§ 25–28 handeln (zT auf Fortführung oder Änderung der Firma abhebend) von der Haftung für Geschäftsverbindlichkeiten bei Änderung der Inhaberschaft. §§ 29, 31–35 regeln Eintragungen (nicht nur die Firma) in das HdlReg und Hinterlegung von Unterschriften bei Gericht, § 30 schreibt Unterscheidbarkeit der Firmen am gleichen Ort vor, § 37 regelt die Maßnahmen gegen unzulässigen Firmengebrauch und § 37a betrifft die Angaben auf Geschäftsbriefen.

2   **b) Firmenrecht vor dem HRefG:** Das Firmenrecht war bis 1998 fast 100 Jahre im Wesentlichen unverändert geblieben und anerkanntermaßen veraltet. Das galt vor allem für die Firmenbildung und das Irreführungsverbot. So durften EinzelKflte und PersonenGes nur eine Personen-, keine Sach- oder gar Phantasiefirma führen (§§ 18 I, 19 I, II aF), und KapitalGes konnten (bzw. sollten) zwar eine Sachfirma führen, aber keine Phantasiefirma (§ 4 I 1 AktG aF, § 4 I 1 GmbHG aF). Außerdem galt ein strenges Täuschungsverbot, auch was die Eintragung in das HdlReg anging. Ersteres führte zu Notlösungen wie Aufnahme von Zusätzen in die Firma außerhalb des Firmenkerns, Umgehungen und Ausweichen auf andere geschäftliche Bezeichnungen wie Firmenschlagworte und Marken. Inkonsequent war auch die unterschiedliche Strenge der Regeln über die Firmenneubildung und die Firmenfortführung. Letzteres hatte eine unübersichtliche, überstrenge Kasuistik an Rechtsprechung und eine Versteinerung des Firmenrechts zur Folge. Daran hatte, so RegE, auch die Gutachtertätigkeit der IHKn einen erheblichen Anteil.

3   **c) Firmenrecht nach dem HRefG:** Das HRefG 1998 hat neben der Modernisierung des KfmBegriffs als zweites zentrales Anliegen die Liberalisierung des Firmenrechts. Die Firmenbildung richtet sich nunmehr an den drei wesentlichen Funktionen der Firma aus: Unterscheidungskraft und Kennzeichnungswirkung, Ersichtlichkeit der GesVerhältnisse und Offenlegung der Haftungsverhältnisse (§§ 18 I, 19 nF). Auch EinzelKflte und PersonenGes haben die Wahl zwischen Personen-, Sach- und, sofern unterscheidungskräftig, auch **Phantasiefirma,** OLG München ZIP 2012, 2393 (EinzelKfm), wie umgekehrt KapitalGes statt nur Sachfirmen oder Namensfirmen auch Phantasiefirmen bilden können (→ Rn. 6, Ausnahmen kraft Gesetzes zB KWG, InvG, Berufsrecht ua wie bisher, → § 18 Rn. 28). Soweit bei einer Phantasiefirma Irreführungs- oder (über den örtlichen Bereich des § 30 hinaus) Verwechslungsgefahr besteht, genügen lt.

3. Abschnitt. Handelsfirma   4, 5   § 17

RegE das firmenrechtliche Täuschungsverbot und das wettbewerbsrechtliche Instrumentarium, vor allem Unterlassungsklage nach § 8 UWG und Schutz von geschäftlichen Bezeichnungen (§ 15 iVm § 5 MarkenG). Dass die Abgrenzung zwischen der Firma des EinzelKfm von anderen geschäftlichen Kennzeichen wie Geschäfts- oder Etablissementsbezeichnungen schwieriger wird, hat der Gesetzgeber in Kauf genommen. Zwecks Erhalts der Informationsfunktion der Firma ist als grundlegende Neuerung für alle Ges. und EinzelKflte zwingend ein Rechtsformenzusatz vorgeschrieben (§ 19 nF). Das firmenrechtliche Irreführungsverbot schon beim Eintragungsverfahren ist nicht ersatzlos gestrichen, sondern nur entschärft worden (§ 18 II nF: wesentliche Irreführung), um keine Schutzlücken entstehen zu lassen. Denn Abwehrklagen nach UWG werden in der Praxis in erster Linie von Konkurrenten und gewerblichen Schutzverbänden, nur selten aber von Verbraucherverbänden erhoben (RegE). Auch das registergerichtliche Firmenmissbrauchsverfahren (§ 37 I HGB iVm **(3)** FamFG § 392) ist in der Praxis eher selten. Flankierend wirkt das auf alle Ges. und EinzelKflte erstreckte Gebot von Pflichtangaben auf Geschäftsbriefen (§ 24 nF).

B. **Begriff und Rechtsnatur der Firma (I): a) Begriff:** Die Firma ist der 4
Name, unter dem der Kfm. seine Geschäfte (HdlGeschäft, Unternehmen, → Einl. v. § 1 Rn. 48–91) betreibt („und die Unterschrift abgibt", das ist aber Teil des Betreibens). Die frühere Einschränkung auf Geschäfte „im Handel" ist angesichts des umfassenden KfmBegriffs des § 1 II nF gestrichen. Die Firma ist also der **Geschäftsname des Kaufmanns** (früher ohne wesentlichen Unterschied: HdlName). Die Firma ist nach HGB nicht Name des Unternehmens „an sich", sondern Name seines Inhabers (sein Name schlechthin oder der Name, unter dem er das Unternehmen betreibt). Diese Definition unterstellt als Normalfall, dass der Kfm. noch keinen anderen Namen hat; so der **Einzelkaufmann**, der außer dem HdlNamen einen bürgerlichen führt; auch eine ein HdlGeschäft betreibende (privat- und öffentlichrechtliche) juristische Person (vgl. §§ 33–35; anders HdlGes und eG), die ggf. neben der Firma eine andere Bezeichnung trägt, zB wenn ein eV ein HdlGeschäft erwirbt und gemäß § 22 mit der alten Firma fortführt, KG HRR 1932, 253. **Handelsgesellschaften** und eG haben keinen anderen als den HdlNamen: die Firma ist ihr Name schlechthin. Die Firma der ZwNl (→ § 13 Rn. 7) ist ein in deren Betrieb geführter zweiter Geschäftsname. HdlNamensrecht s. Tilmann GRUR 1981, 621. Im **Konzern** gibt es keine Konzernfirma; zur Firmierung der Konzernunternehmen Schneider BB 1989, 1985.

b) Rechtsnatur: Firma ist aufgrund ihrer namensrechtlichen Natur ein abso- 5
lutes, subjektives Recht des Unternehmensträgers, BeckOK HGB/Bömeke Rn. 2. Sie hat Doppelnatur (Mischrecht), nicht allein als Persönlichkeitsrecht wie das Namensrecht, so frühere Rspr., sondern auch als Immaterialgüterrecht (Vermögensrecht), das zum Unternehmen des Schuldners gehört (und damit im Falle der Insolvenz zur Insolvenzmasse, → Rn. 47), BGHZ 85, 223, heute hL im HdlRecht, konsequent Canaris § 10 Rn. 9: zweites selbstständiges Kennzeichnungs- und Namensrecht neben dem allgemeinen Namensrecht, nicht nur beschränktes dingliches Namensrecht, nach aA rein vermögensrechtlich, zum gewerblichen Rechtschutz sogar rein immaterielles Gut, deshalb für Reform J. W. Flume DB 2008, 2011. Der Firma als Persönlichkeitsrecht des Kfm. (Personenfirma, → § 19 Rn. 6, 13, 21) entspricht die Notwendigkeit der Einwilligung zur Übertragung (→ § 24 Rn. 11, auch → § 22 Rn. 8 aE, außerhalb von §§ 22 I, 24 II etwa im Insolvenzverfahren str., → Rn. 47). Das Firmenrecht unterscheidet sich vom Namensrecht ua nach Entstehung, Vererbung und Erlöschen. **Lit.** Köhler FS Fikentscher, 1998, 494 (Namensrecht und Firmenrecht); Bartels AcP 209 (2009), 309.

6 C. **Arten der Firma: a) Personenfirma:** Sie wird nach dem Namen des Kfm. oder einer anderen Person gebildet (→ § 19 Rn. 6, 13, 21).

b) Sachfirma: Sie kann heute von jedem Kfm. gewählt werden (→ § 19 Rn. 8, 9, 18, 23).

c) Phantasiefirma: Sie steht ebenso wie die Sachfirma in den Grenzen des Firmenrechts, namentlich des Irreführungsverbots, jedem Kfm. offen, OLG München ZIP 2012, 2393 (→ § 19 Rn. 8, 10, 18, 23).

d) Weitere Einteilungen sind ursprüngliche und abgeleitete Firmen (Unterscheidung wichtig wegen Firmenbeständigkeit, → Rn. 7 sowie §§ 22 ff.), einfache und zusammengesetzte Firmen (Firmenkern und Firmenzusätze → § 18 Rn. 8) ua

7 D. **Firmenrechtsgrundsätze: a) Firmenwahrheit:** Der praktisch wichtigste Firmengrundsatz ist die Firmenwahrheit bzw. das Irreführungsverbot (§ 18 II), BGHZ 53, 66 (→ § 18 Rn. 9 ff.). Es gilt für die Firmen aller Unternehmensformen, bei Neubildung ebenso wie bei nachträglicher Veränderung, und umfasst die gesamte Firma, also Firmenkern und Firmenzusätze.

b) Firmenbeständigkeit: Praktisch ebenfalls sehr wichtig ist der Grundsatz der Firmenbeständigkeit oder Firmenkontinuität. Eine einmal angenommene Firma darf auch bei Veränderungen des Namens und des Inhabers weitergeführt werden, sofern sie nicht irreführt (§§ 21, 22, 24, → § 22 Rn. 1).

c) Firmeneinheit: Der Kfm. kann in ein und demselben HdlGeschäft nur eine Firma haben, erst recht haben HdlGes nur eine einzige Firma (→ Rn. 8).

d) Firmenausschließlichkeit: Alle Firmen an demselben Ort müssen sich voneinander deutlich unterscheiden (§ 30).

e) Firmenöffentlichkeit: Die Firma wird nicht nur im Geschäftsverkehr geführt, sondern muss auch im HdlReg eingetragen werden (§§ 29, 31, 33, 34, 106 ff.; §§ 7 f. GmbHG; §§ 36 ff. AktG ua).

8 E. **Mehrere Firmen, Firmeneinheit: a) Einzelkaufmann** und juristische Person dürfen in mehreren (auch räumlich vereinigten, aber organisatorisch getrennten) HdlGeschäften (→ § 1 Rn. 29) **mehrere** verschiedene **Firmen** führen, KG JW 1936, 1680; BayObLG NJW-RR 2001, 1688; nach RGZ 116, 284, sollen sie dazu sogar verpflichtet sein, zust. Heymann/Emmerich Rn. 24, aber nicht überzeugend. Sie dürfen das **aber nicht** (abgesehen von der Unterscheidung verschiedener Niederlassungen, → § 13 Rn. 7) **in ein und demselben Handelsgeschäft (Grundsatz der Firmeneinheit),** BGH NJW 1991, 2023; Koller/Roth Rn. 12, üL, aA für verschiedene Sparten Canaris § 11 Rn. 35 wegen Art. 12, 14 GG. Auch nicht nach Übernahme eines HdlGeschäfts (mit Firma, § 22) und Vereinigung desselben mit einem schon geführten; die Werbekraft der übernommenen Firma kann idR durch Kennzeichnungen anderer Art (→ Rn. 12) hinreichend genutzt werden, üL, abw. OLG Düsseldorf NJW 1954, 151; Nipperdey FS Hueck, 1959, 195; Schlichting ZHR 134 (1970), 322. Geschäftsbezeichnung neben Firma → Rn. 11. Zur Verbindung beider Firmen → § 22 Rn. 19.

9 **b) Handelsgesellschaften** (OHG, KG, AG, KGaA, GmbH) und eG können, selbst wenn sie klar getrennt mehrere HdlGeschäfte betreiben, stets **nur eine einzige Firma** führen, der zugleich ihr Name schlechthin ist (→ Rn. 4 mit Abweichung bei ZwNl), so wie natürliche Personen nur einen bürgerlichen Namen haben (sie können jedoch verschiedene HdlGeschäfte und Abteilungen desselben HdlGeschäftes durch andere Kennzeichnungen unterscheiden, OLG Saarbrücken ZIP 2018, 1353; NZG 2018, 349, → Rn. 11 f.), hL, BGHZ 67, 166; OLG Stuttgart BB 1983, 1688. Neben dieser formalen Begründung stehen, ernster zu nehmen, die Gefahren für den Geschäftsverkehr infolge Unklarheit der Haftungsverhältnisse. Das für HdlGes Gesagte gilt auch nach einer Geschäftsübernahme, BGHZ 67, 166; BayObLG BB 1992, 944, hL. Zu Ausnahmefällen K. Schmidt § 12 II Rn. 80. Insgesamt ist der Grundsatz der Firmeneinheit, als Ausprägung der Firmenwahrheit (→ § 18 Rn. 9) verstanden und auf diesen Kern zurückgeführt, auch gegen neuere Kritik beizubehalten. **Lit.** Kraft, 1966; Wamser, 1997; Knopp ZHR 125 (1963), 161; Esch BB 1968, 235; John FS Duden, 1977, 173.

2) Geschäftsbezeichnungen; Nichtkaufleute

A. Marken, geschäftliche Bezeichnungen und Bezeichnungen mit Namensfunktion: Von der Firma sind andere Bezeichnungen zu unterscheiden (§ 1 Nr. 1–3 MarkenG, früher WZG; § 12 BGB): 10

a) Marken: Die Marke kennzeichnet das Produkt des Unternehmens, nicht dieses selbst, OLG Saarbrücken ZIP 2018, 1353; NZG 2018, 349. Als Marken schützbar sind alle Zeichen, insbesondere Wörter einschließlich Personennamen, Abbildungen, Buchstaben, Zahlen ua, die geeignet sind, Waren oder Dienstleistungen eines Unternehmens von denen anderer Unternehmen zu unterscheiden (§ 3 I MarkenG). Der Markenschutz entsteht durch Eintragung als Marke in das vom Deutschen Patent- und Markenamt geführte Register, durch Benutzung eines Zeichens im geschäftlichen Verkehr, soweit die Zeichen innerhalb beteiligter Verkehrskreise als Marke Verkehrsgeltung erworben hat, und durch notorische Bekanntheit einer Marke nach der Pariser Verbandsübereinkunft (§ 4 Nr. 1–3 MarkenG). Der Eintragung stehen die absoluten Schutzhindernisse entgegen, insbesondere mangelnde Unterscheidungskraft, bloße Produktbeschreibung oder für die Produkte üblich gewordene Bezeichnung (§ 8 I, II Nr. 1–3); anders bei Verkehrsdurchsetzung (§ 8 III MarkenG), BGH WM 2016, 1918, die anders als unter dem WZG auch bei reinen Buchstabenzeichen denkbar ist, BGH NJW 1998, 1402 (iErg abl.). Die Marke ist anders als früher isoliert übertragbar (§ 27 MarkenG). Sie ist als ausschließliches Recht geschützt (§ 14 MarkenG), aber Schranken des Schutzes (§§ 20 ff. MarkenG), BGH WM 2009, 2026 – DAX. Rein firmenmäßiger Gebrauch eines Zeichens ist keine rechtsverletzende Benutzung iSv § 14 II Nr. 2, BGH BB 2011, 2818 Ls. **Geographische Herkunftsangaben** geben dagegen kein ausschließliches Recht, sondern nur einen Irreführungsschutz (§§ 1 Nr. 3, 126 ff. MarkenG), Abgrenzung zur Marke BGHZ 139, 59 – Flämiger. **Lit.** Berlit, 11. Aufl. 2019; Rohnke NJW 2005, 1624; Eichelberger EuZW 2010, 731 (EuGH).

b) Geschäftliche Bezeichnungen: Als geschäftliche Bezeichnungen werden Unternehmenskennzeichen und Werktitel geschützt (§ 5 I MarkenG). **Unternehmenskennzeichen** sind Zeichen, die im geschäftlichen Verkehr als Name, als Firma oder als besondere Bezeichnung eines Geschäftsbetriebs oder eines Unternehmens benutzt werden. Der **besonderen Bezeichnung eines Geschäftsbetriebs** stehen solche **Geschäftsabzeichen** und sonstige zur Unterscheidung des Geschäftsbetriebs von anderen Geschäftsbetrieben bestimmte Zeichen gleich, die innerhalb beteiligter Verkehrskreise als Kennzeichen des Geschäftsbetriebs gelten (§ 5 II 1, 2 MarkenG), Bspe: Fernsprechnummer, BGHZ 8, 387; Telegrammadressen, BGH NJW 1956, 1713; Telexkennung, BGH NJW-RR 1986, 524; OLG Hamburg BB 1983, 397; **Domainnamen,** BGHZ 149, 191; 155, 273; 171, 104; BGH NJW 2008, 3716; 2009, 1756; 2009, 2382; 2009, 2384; WM 2009, 1340 (ahd); BGH NJW 2012, 2279; RIW 2013, 248 (international); zur umstrittenen Unterscheidungskraft dabei → § 18 Rn. 6. Auch aus Familiennamen gebildete Geschäftsbezeichnungen sind nach § 5 MarkenG geschützt, die Häufigkeit des Namens berührt nur die Kennzeichnungskraft (bei Allerweltsnamen nur schwach) und damit den Schutzumfang, BGH WM 2008, 11

2079 – Hansen gegen BGHZ 130, 278; BGH WM 1979, 924, str. (zur Priorität bei Gleichnamigen → § 19 Rn. 7). Solche **Geschäftsbezeichnungen** kann jeder Kfm. **neben der Firma** führen (aber → Rn. 14–15). Sie weisen nicht auf den Inhaber des Unternehmens, sondern auf das Geschäft oder den Betrieb hin. Die geschäftliche Bezeichnung ist nach § 15 MarkenG als ausschließliches Recht geschützt. Der Schutz des MarkenG schließt Schutz nach anderen Rechtsvorschriften, zB § 12 BGB (→ Rn. 12), nicht aus (§ 2 MarkenG); anders für den Schutz bekannter Marken und Unternehmenskennzeichnungen (früher § 1 aF UWG, § 823 I BGB), BGH NJW 1998, 3781 – Mac Dog. Seit der MRL 2008 zunehmende Rspr. des EuGH, Überarbeitung des Systems der Gemeinschaftsmarke EuZW 2014, 204, Markenrechtsangleichung durch EU-Richtlinie 16.12.2015 und Markenrechtsmodernisierungsgesetz (MaMoG) 11.12.2018 BGBl. I 2357. Firmenrechtlichen Schutz gem. § 37 genießen Geschäftsbezeichnungen nicht, BeckOK HGB/Bömeke Rn. 35. **Lit.** Berlit, 11. Aufl. 2019; Fezer, 5. Aufl. 2019; Fezer, Markenpraxis, 3. Aufl. 2016; Ingerl/Rohnke, 3. Aufl. 2010; Kur/von Bomhard/Albrecht, 2. Aufl. 2018; von Schultz, 3. Aufl. 2012.

12 **c) Bezeichnungen** eines Erwerbsgeschäfts (nicht nur Firma) haben ohne amtliche Registrierung bei beständigem Gebrauch und kennzeichnender Kraft **Namensfunktion** und genießen damit Schutz nach **§ 12 BGB,** BGH NJW 1991, 2023. Bspe für Unternehmensbezeichnungen (Etablissementsbezeichnungen): Gaststätte (Zum Goldenen Schwan), Kino, Theater (Schillertheater), Vergnügungsstätten, BayObLGZ 1960, 251, Apotheke, RG JW 1929, 1226 – Weißer Hirsch; RGZ 171, 32 – Am Rauchfang; BGHZ 24, 243 – Tabu I; BGH GRUR 1957, 548 – Tabu II; BGH NJW 1970, 1365, DB 1976, 2056 – Parkhotel; auch Hinweise auf andere geschäftliche Einrichtungen zB Buchgemeinschaft, BGHZ 21, 69 – Dtsch Hausbücherei; Detektivbüro, OLG Bamberg DB 1973, 1989, Fahrschule, OLG Karlsruhe DB 1991, 272 – Merkur. Keine Kennzeichnungskraft haben bloße Gattungsbegriffe, zB BGHZ 21, 73 – Hausbücherei; BGH NJW-RR 1992, 1454 – Volksbank. Unter § 12 BGB fallen auch **namensartige Kennzeichen** wie Abkürzungen, Schlagworte, Firmenbestandteile ua, Bspe: BGHZ 11, 217 – KfA; BGHZ 24, 240 – tabu; BGHZ 43, 252; BGH WM 1988, 429 u. OLG Frankfurt a. M. BB 1991, 21 – Commerz (auch → Rn. 29); Büscher FS Bornkamm, 2014, 543 (Firmenschlagwort). Schutzfähig sind diese namensartigen Kennzeichen aber nur, wenn sie Namensfunktion haben oder diese durch Anerkennung im Verkehr erlangt haben, BGHZ 15, 109 – Koma. Reine Sach- oder Tätigkeitsbezeichnungen genießen keinen Schutz ohne Verkehrsgeltung der Bezeichnung, BGH BB 1976, 58 – Management-Seminare Heidelberg; OLG Hamm BB 1979, 183 – Chemotechnik.

13 B. **Nichtkaufleute:** Nur Kflte, HdlGes, eG haben eine Firma iSd HGB, dagegen nicht NichtKflte wie Kleingewerbetreibende, Freiberufler, stille Ges., GbR ua (außer im Fall von § 5; bei unzulässigem Auftreten unter Firma Rechtsscheinhaftung, → § 5 Rn. 9–17). Nach MoPeG soll auch die eingetragene GbR gem. § 707b Nr. 1 BGB nF iVm § 18 eine Firma haben. Auf die nicht eingetragene GbR ist die Anwendung des Firmensrechts weiterhin nicht geboten, BT-Drs. 19/27635, 133. Auch Kleingewerbetreibende, Freiberufler, unternehmenstragende GbR ua haben aber **Recht auf eine Geschäftsbezeichnung,** schon bisher als Sach- und Phantasiegeschäftsbezeichnung (Sach- und Phantasiefirmen waren dem EinzelKfm nach aF untersagt), aber jedenfalls heute auch mit einheitlichem, schlagkräftigem Namen (Personengeschäftsbezeichnung), auch mit Inhaberzusatz, dazu R. Schmitt HRefG S. 196 ff. Diese Geschäftsbezeichnung kann jedenfalls nach dem HRefG auch firmenähnlich sein (→ Rn. 15), Begriff „Minderfirma" sollte deshalb entfallen, str. NichtKflte unterliegen in Führung und Schutz ihres (bürgerlichen, Vereins- usw) Namens oder anderer Kennzeichnungen ihres Unternehmens (→ Rn. 10–12) zT gleichen, zT anderen Regeln. Insbesondere gilt auch für sie das Irreführungsverbot, OLG Bremen NJW 1991, 2024 (Franchisenehmer). Schutz der Firma (→ Rn. 32 ff.) und anderer Namen richtet sich gleichermaßen nach §§ 12, 823 I BGB. **Lit.** Droste DB 1967, 539.

C. Kein Verbot firmenähnlicher Geschäftsbezeichnungen: a) Vor dem HRefG: Die Geschäftsbezeichnung des NichtKfm durfte aber nach der bisher hM und Rspr. nicht firmenähnlich sein, krit. Heymann/Emmerich § 4 Rn. 12 und § 37 Rn. 10; Bokelmann NJW 1987, 1683; aA schon bisher K. Schmidt DB 1987, 1181 und 1674. Bspe: BayObLG DB 1988, 2559 – Anton A, Inhaber B, Dachdeckergeschäft; OLG Hamm BB 1990, 1154 – B Schuhe; BayObLGZ 1960, 345 – Kaufhaus Franken; „&" statt „und" zwischen zwei Namen, KGJ 31 A 143, DIHT BB 1957, 835, str.; „& Co", „& Cie"; „Gebrüder A", „Geschwister B", auch abgekürzt, DIHT BB 1957, 835, abw. für den Einzelfall, zB wenn Zusatz auf Handwerk hinweist, OLG Oldenburg BB 1959, 251; OLG Hamm BB 1960, 959; LG Berlin BB 1985, 1691 – GbR; besondere Hinweise auf Größe und Bedeutung (→ § 18 Rn. 30). **Lit.** Roth ZGR 1992, 632; Frey DB 1993, 2169.

b) Nach dem HRefG: Infolge der Liberalisierung des Firmenrechts haben auch NichtKflte heute deutlich mehr Spielraum für ihre Geschäftsbezeichnung (→ Rn. 13). Denn der neue KfmZusatz für EinzelKflte und Rechtsform- bzw. GesFormzusatz für PersonenHdlGes nach § 19 I Nr. 1–3, die für all diese zwingend vorgeschrieben und umgekehrt NichtKflten untersagt sind, erlauben die Unterscheidung von Kftlen und NichtKflten auch ohne Unterscheidbarkeit der Firma und der Geschäftsbezeichnung im Übrigen. Außerdem sind nunmehr auch für EinzelKflte Sach- und Phantasiefirmen zulässig. Ein Verbot firmenähnlicher Geschäftsbezeichnungen gibt es deshalb heute nicht (mehr) mit Ausnahme des Rechtsformzusatzes nach § 19, MüKoHGB/Heidinger Rn. 40; MüKoHGB/Krebs § 37 Rn. 8; K. Schmidt § 12 I Rn. 29; zurückhaltender RegE HRefG S. 55: Entschärfung des Verbots. Das bedeutet, dass auch NichtKflte geschäftsbeschreibende Zusätze, Inhaber- und Nachfolgervermerke (→ § 18 Rn. 21), „& Co", „Gebrüder" ua (→ Rn. 14) benutzen dürfen. Aber das Registergericht kann auch gegen NichtKfm wegen unzulässigen Gebrauchs einer Firma nach § 37 I immer dann einschreiten, wenn diese zu Unrecht einen Kfm.- oder GesFormzusatz (vgl. § 19 I Nr. 1–3, zB eK, OHG) enthält oder sonst irreführt (→ § 37 Rn. 2), Canaris § 11 Rn. 49, nach aA hinsichtlich Irreführung nur noch Einschreiten nach § 37 II. Weitergehend RegE HRefG S. 55: wenn eine an sich zulässige Geschäftsbezeichnung zB im rechtsgeschäftlichen Verkehr wie eine Firma gebraucht wird.

3) Entstehung, Gebrauch, Änderung, Erlöschen und Übertragung der Firma

A. Entstehung: Jeder Kfm. ist verpflichtet, eine Firma anzunehmen; EinzelKflte, OHG, KG; AG, KGaA, GmbH, eG, eV in Satzung, GesVertrag, Statut (§§ 23 III, 278 III AktG, § 3 I GmbHG, § 6 GenG, § 57 I BGB). Die GbR ist auch nach dem MoPeG nicht zur Eintragung verpflichtet (§ 707 I BGB nF „können"), sodass keine Verpflichtung besteht eine Firma aufzunehmen. Die Firma des **Einzelkaufmanns** (der juristischen Person, §§ 33–35) entsteht originär durch Annahme und Gebrauch der Firma, BGHZ 10, 204; 21, 88; die Eintragung im HdlReg hat nur deklaratorische Bedeutung. Wird der Unternehmer erst durch Eintragung Kfm., entsteht die Firma mit Eintragung, vorher aber Führung als Geschäftsbezeichnung des NichtKfm (→ Rn. 13). Auch bei der GbR soll nach dem MoPeG die Firma mit Eintragung entstehen, vgl. § 707b Nr. 1 BGB nF, BGBl. 2021 I 3436, 3439. Die Firma kann nach der Definition von I nicht ohne das HdlGeschäft (weder vor dessen Beginn noch nach dessen Ende) bestehen; Sonderfälle (Nachkriegszeit, Zwangsstilllegung) BGHZ 21, 69;

§ 17 17–19   1. Buch. Handelsstand

BGH GRUR 1957, 428; BB 1962, 536. Die Firma einer **Handelsgesellschaft** und eG (als ihr Name schlechthin, → Rn. 4) besteht, sobald und solange diese besteht, die der OHG, KG zB nach Eintragung der Ges. vor Geschäftsbeginn, § 123, nach Erlöschen oder Veräußerung des HdlGeschäfts, solange nicht auch die Ges. endet (vgl. → § 22 Rn. 23, → § 131 Rn. 3), unbeschadet der Voraussetzungen ihres Schutzes (vgl. → Rn. 32 ff.), für welche die Betriebseinstellung uU bedeutsam ist, BGH BB 1961, 697. Der Kfm. ist weiter verpflichtet, die angenommene Firma durch Eintragung ins HdlReg (Genossenschaftsregister) und Veröffentlichung **verlautbaren** zu lassen (§§ 29, 31, 33 f., 106 f. HGB, §§ 36 ff., 278 III AktG, §§ 7 ff. GmbHG, §§ 10 ff. GenG). Das **Registergericht** hat die Kflte zur Anmeldung ihrer Firma anzuhalten, § 14 S. 1, **(3)** FamFG § 388. Wird eine unzulässige Firma angemeldet, kann das Gericht Frist zur Behebung des Hindernisses setzen, **(4)** HRV § 26 S. 2; dann muss es den Antrag ablehnen. Es darf nicht stattdessen „Anmeldung unter den §§ 18, 19 HGB entsprechenden Firma" aufgeben (mit Zwangsgeldandrohung nach § 14), BayObLG NJW 1973, 372.

17   B. **Gebrauch: a) Handelsgesellschaften:** HdlGes und eG, deren Firma ihr Name schlechthin ist (→ Rn. 4), können (ebenso wie NichtKflte mit ihrem bürgerlichen Namen) gerichtlich und außergerichtlich nur mit ihrer Firma angesprochen werden (richtig: „die X-KG", nicht „die Firma X-KG"). Für OHG, KG auch → § 124 Rn. 42.

18   **b) Einzelkaufleute,** die eine von ihrem bürgerlichen Namen abweichende Firma führen, können außergerichtlich und gerichtlich (II) in Angelegenheiten ihres HdlGeschäfts **unter der Firma oder dem bürgerlichen Namen** auftreten, zB Wechsel zeichnen, und angesprochen werden. Auch zur Zwangsvollstreckung genügt Bezeichnung des Schuldners im Titel mit der Firma (→ Rn. 46). Im Geschäftsverkehr üblich und vorzugswürdig ist Verwendung der Firma, mit oder ohne Nennung des Inhabers. Im Einzelfall besteht sogar eine **Firmenführungspflicht,** zB Anmeldung zum HdlReg, Angabe auf Geschäftsbriefen, OLG Stuttgart WRP 1960, 322 und §§ 37a, 125a, Eintragung in Zeitungsbekanntmachungen oder Telefonbüchern, BayObLGZ 1960, 348, aber grundsätzlich nicht bei Werbung, BGH NJW 1991, 2023 (→ § 37 Rn. 3); „firmenmäßig" darf der Kfm. allerdings keine andere Bezeichnung als die eingetragene gebrauchen (→ Rn. 19). Gebrauch der Firma lässt Handeln im HdlGeschäft, Gebrauch des bürgerlichen Namens Handeln außerhalb dessen vermuten, ausschlaggebend ist das aber nicht (→ § 344 Rn. 3). Bei Geschäften, die nicht eindeutig auf Kfm als Privatperson bzw als Unternehmensträger deuten, kann Verwendung des Namens insoweit entscheidende Bedeutung zukommen, Ebenroth/Reuschle Rn. 21. Die Anmeldung zum HdlReg gehört nicht zum Betrieb des Hdlgewerbes, sodass der EinzelKfm diese nicht seinem bürgerlichen Namen zeichnen muss, BeckOK HGB/Bömeke Rn. 42. Im **Grundbuch** ist der Kfm. als Eigentümer stets mit dem bürgerlichen Namen einzutragen (auch wenn das Grundstück dem HdlGeschäft gewidmet ist), § 15 Grundbuchverfügung 8.8.1935 RMBl. 637, BayObLG DB 1981, 686. **Marken** können „für den Inhaber einer Firma auf seinen bürgerlichen Namen", oder „für die Firma selbst" angemeldet und eingetragen werden, Anmeldebestimmungen 16.10.1954 § 2 BAnz. 1954 Nr. 217. Möglichkeit des Eintritts unter der Firma als Kdtist in eine KG, BayObLG BB 1973, 397; Eintragung → § 162 Rn. 4.

19   **c) Firmenmäßiger Gebrauch:** Die Annahme einer Firma verpflichtet den Kfm., sie **so** zu gebrauchen, **wie** sie im HdlReg **eingetragen** ist, **und keine andere Bezeichnung** firmenmäßig zu verwenden, BayObLG BB 1992, 943 (→ § 37 Rn. 3). Die inhaltlich richtige (dh den öffentlichrechtlichen Vorschriften entsprechende und nicht Rechte Dritter verletzende s. § 37 II) Firma darf zur Kennzeichnung des Unternehmens **„firmenmäßig"** gebraucht werden, nicht immer auch **„schlagwortartig"** (optisch oder akustisch besonders zur Werbung herausgestellt), denn wenn nicht jene, so kann diese Art des Gebrauchs die Rechte von Wettbewerbern verletzen, BGHZ 4, 104. Unter diesem Gesichtspunkt ist wesentlich, in welcher Weise und mit welchen Begleitumständen die Firma oder ein in ihr enthaltener Name gebraucht wird, RGZ 171, 38; BGHZ 14, 161; BGH GRUR 1951, 411. Zum Begriff des firmenmäßigen Gebrauchs von Kennzeichnungen → § 37 Rn. 3.

d) Zeichnung: Über die Art der Zeichnung der Firma im Geschäftsverkehr **20** fehlt eine Vorschrift. Vgl. betr. Gfter → § 125 Rn. 11; dagegen betr. Prokurist § 51. Rechtlich entscheidend ist nur, dass das Handeln für die Firma klar wird (→ Einl. v. § 48 Rn. 8). Zeichnung mit Firmenstempel durch nicht Vertretungsberechtigten ist uU fälschliche Anfertigung einer Urkunde iSv § 267 StGB, BGH DB 1962, 365 (Kdtist ohne HdlVollmacht). **Mitunterschrift** im Rahmen kfm. Übung, die nicht zur wirksamen Vertretung erforderlich ist, bedeutet idR nicht persönliche Mitverpflichtung, BGH DB 1970, 1435 (X neben Alleininhaber). Mitunterschrift eines Nicht-phG bei KG-Stempel auf Wechselvorderseite ist nicht Bürgschaft iSv Art. 31 III WG, BGH BB 1974, 14. Abgesetzte Mitunterschrift ist Fall des Art. 31 III WG, OLG Frankfurt a. M. BB 1975, 1364. **Wechselunterschrift** unter dem Stempel einer Personenfirma verpflichtet idR den Inhaber der Firma, nicht den Unterzeichner, auch wenn unklar ist, ob Unterzeichner Inhaber oder Vertreter ist (kein Fall des § 164 II BGB), BGHZ 62, 216; 64, 14; 73, 218; BGH DB 1976, 143, s. auch WM 1975, 1090. Vgl. bei **Handeln für die Firma** (Unternehmen) → Einl. v. § 48 Rn. 8. Erfordernis der Zeichnung der Unterschrift beim HdlReg ist mit EHUG 2006 weggefallen (→ § 14 Rn. 1).

e) Gewerberecht: Gewerbetreibende mussten früher § 15a I GewO aF (2009 **21** aufgehoben, BGBl. 2009 I 550) beachten, wonach Gewerbetreibenden mit offener Verkaufsstelle, Gaststätte oder sonstiger offener Betriebsstätte ihren Familiennamen mit mindestens einem ausgeschriebenen Vornamen und, wenn für sie eine Firma im HdlReg eingetragen ist, auch dieser an der Außenseite oder am Eingang ihres Geschäfts anbringen mussten. Seit Aufhebung der §§ 15a, 15b GewO gilt die auf § 6c GewO beruhende VO über Informationspflichten für Dienstleistungserbringung (DL-InfoV) mit ähnlichen und zT weitergehenden Informationspflichten, Ebenroth/Reuschle Rn. 19. § 2 DL-InfoV nennt die stets zur Verfügung zu stellenden Informationen, die ein Dienstleistungserbringer einem Dienstleistungsempfänger vor Abschluss des schriftlichen Vertrages, oder sofern kein schriftlicher Vertrag geschlossen wird, vor Erbringung der Dienstleitung zur Verfügung stellen muss. II regelt, wie der Dienstleiter die Informationen zur Verfügung stellen muss. Bei Verletzung Geldbuße (OWi, § 146 II Nr. 1 GewO).

C. Änderung: Die Änderung der Firma ist (vorbehaltlich besonderer abwei- **22** chender Verpflichtung) jederzeit erlaubt; dem Kfm. selbst nach Belieben; dem gesetzlichen Vertreter, Bevollmächtigten, Insolvenzverwalter (→ Rn. 47), Testamentsvollstrecker usw (vgl. → § 1 Rn. 40), soweit ihr Amt bzw. Auftrag es erlauben. Die Änderung der Firma ist wie die Aufgabe der alten Firma (→ Rn. 23) als Bildung einer neuen Firma anzusehen, BayObLG WM 1984, 1535 (GmbH); anwendbar sind deshalb die Regeln über neugebildete Firmen (→ § 18 Rn. 2), nicht über fortgeführte (§§ 21 ff.). Fortgeführte Firmen müssen grundsätzlich unverändert fortgeführt werden, BGHZ 44, 179 – Frankona (→ § 24 Rn. 4). Für die Bildung der geänderten Firma gilt Gleiches wie für die der ursprünglich neu gebildeten Firma. Änderung der Firma im Insolvenzverfahren → Rn. 47.

D. Erlöschen: Die Firma erlischt nicht durch Tod (§ 1922 BGB, → § 22 **23** Rn. 1) und auch nicht ohne Weiteres durch Löschung (falls vom Kfm. noch geführt), vgl. BGH NJW 1992, 911 (zu § 25), aber

§ 17 24–27   1. Buch. Handelsstand

a) durch (endgültige) **Aufgabe der Firma,** auch von Teilen derselben, da die Firma ein Ganzes darstellt, OLG Stuttgart Rpfleger 1971, 152; BayObLG WM 1984, 1535; der Kfm. muss dann, wenn er das HdlGeschäft weiterführt, eine neue Firma annehmen;

b) durch endgültige **Geschäftsaufgabe,** nicht bloß bei vorübergehender Stilllegung (→ § 1 Rn. 52), BayObLGZ 1971, 165; WM 1984, 52; Rpfleger 1990, 56; BB 2000, 1212, oder Fortführung für neues HdlGeschäft. Benutzung der Firma durch Dritten als Repräsentanten des Inhabers genügt, BGH BB 1994, 1238. Wird das HdlGeschäft mit Einwillung zur Firmenfortführung **verpachtet** und führt der Pächter die Firma zunächst nicht fort, bleibt das Firmenrecht des Verpächters latent bestehen, der Pächter und nach Pachtende der Verpächter können wieder darauf zurückgreifen, KG OLGE 27, 301; Heymann/Emmerich Rn. 21. Da registerrechtlich eine ruhende Firma jedoch unbekannt ist, ist auch bei vorübergehender Nichtfortführung eingetragener Firma gleichwohl Löschung nach § 31 II 1 zu beantragen. Hiervon getrennt zu betrachten, ist der ruhende Gewerbebetrieb unter steuerrechtlichen Gesichtspunkten. Die vom Pächter gewählte Firma erlischt bei Pachtende, außer wenn er umgehend ein anderes HdlGeschäft pachtet oder in sonstiger Weise aufnimmt und dafür die Firma benutzt, KG RJA 11, 38.

c) durch Herabsinken des HdlGewerbes auf einen **nichtkaufmännischen Gewerbebetrieb** (str.) oder durch Änderung des HdlGewerbes in ein freiberufliches Unternehmen, Koller/Roth Rn. 16. Bei der PersonenHdlGes ist zu beachten, dass nicht schon die Auflösung, sondern erst das Ende der Auseinandersetzung zur Beendigung und damit zum Erlöschen der Firma führt. Ist die Firma eingetragen, greift § 5 mit der Folge, dass die Firma bis zur Löschung weiterbesteht, GroßKo/Hüffer § 31 Rn. 17; aA RGZ 155, 75, üL. Da § 5 das Registergericht selbst aber nicht bindet, ist ggf. zu löschen (→ § 5 Rn. 1). Bei FormKflten erlischt die Firma erst mit Liquidation und Löschung im HdlReg, BeckOK HGB/Bömeke Rn. 31.

24 E. **Übertragung: a) Unter Lebenden:** Die Übertragung der Firma (**Veräußerung, Nießbrauch, Pacht** oä) ist nur zusammen mit dem HdlGeschäft möglich (§ 23). Möglich ist aber bloße **Benutzungserlaubnis** vom Inhaber A an B, der zB in neuem Unternehmen einen von A aufgegebenen Geschäftszweig weiterführt; nimmt später A den Geschäftszweig auch wieder auf, kann er verpflichtet sein, seine Firma zur Vermeidung von Verwechslung zu ändern, BGH LM UWG § 16 Nr. 5. Übertragung im **Insolvenzverfahren** → Rn. 47.

25 **b) Von Todes wegen:** Fortführung der Firma des EinzelKfm durch seine **Erben** → § 22 Rn. 2.

4) Registerverfahren; Firmenschutz

26 A. **Registerverfahren: a) Erzwingung der Anmeldung:** Das Registergericht hat die Kflte zur Anmeldung ihrer Firma anzuhalten (§ 14 S. 1 iVm §§ 29, 31 ua, (3) FamFG § 388). Wird eine unzulässige Firma angemeldet, kann das Gericht Frist zur Behebung des Hindernisses setzen, **(4)** HRV § 26 S. 2; dann muss es den Antrag ablehnen. Es darf nicht stattdessen „Anmeldung einer den §§ 18, 19 HGB entspr Firma" aufgeben (mit Zwangsgeldandrohung nach § 14), BayObLG NJW 1973, 372.

27 **b) Firmenführungskontrolle:** Die **Prüfung** der richtigen Bildung und Führung einer Firma obliegt dem **Registergericht** vor ihrer Eintragung und bei Anlass auch später (§ 37 I), KG NJW 1955, 1927. Dieselben Einwendungen kann, unabhängig von der Prüfung und Stellungnahme des Registergerichts, die das Prozessgericht nicht präjudiziert (→ § 16 Rn. 3), jeder Wettbewerber durch Klage nach § 37 II erheben. Das Registergericht prüft dagegen **nicht** die auf

3. Abschnitt. Handelsfirma 28–32 § 17

spezielle Beziehungen zu einzelnen Wettbewerbern beruhenden wettbewerbsrechtlichen Einwendungen gegen eine Firma (zB §§ 5 II, 15 MarkenG), diese sind durch zivilrechtliche Unterlassungsklage geltend zu machen und kein Eintragungshindernis, OLG Karlsruhe NJW 1951, 280; OLG Hamm FGPrax 2007, 140, selbst rechtskräftiges Urteil, OLG München ZIP 2013, 1324; offen OLG Hamm NJW-RR 2011, 769, str., aber Anspruch auf Unterlassung umfasst auch Anspruch auf Löschung (→ § 37 Rn. 13); innerhalb desselben Orts muss das Registergericht allerdings gemäß § 30 Verwechslungen verhindern, → § 30 Rn. 1. Ebensowenig hat das Registergericht vertragliche Beschränkungen des Rechts zur Firmenführung zu beachten (häufig zB nach Trennung von Gftern, die neue Unternehmen gründen). Diese Fragen können nur die Parteien in der streitigen Gerichtsbarkeit austragen. Das Registergericht prüft auch die Eignung zur Irreführung, insoweit aber nur, wenn die Irreführung wesentlich ist (→ § 18 Rn. 13) und nur soweit ersichtlich (§ 18 II 2, dort → § 18 Rn. 20). Ist eine unzulässige Firma eingetragen, kommt das Amtslöschungsverfahren nach § 395 FamFG in Betracht, MüKo HGB/Heidinger Vorb § 17 Rn. 31.

B. Firmenverletzungsformen: Firmenverletzungsformen, gegen welche die Firma geschützt wird, sind: **28**

a) Bestreiten des Rechts zur Führung der Firma, so nach § 12 BGB (→ Rn. 33);

b) Gebrauch von gleichen oder ähnlichen Worten durch einen anderen **29** als Name, Firma, Marke oder sonstige geschäftliche Bezeichnung derart, dass Gefahr besteht, dass ein nicht unbeachtlicher Teil des Publikums entweder das Unternehmen dieses anderen mit dem der (Schutz begehrenden) Firmeninhabers verwechselt (**Verwechslungsgefahr,** → Rn. 30), so nach § 12 BGB, § 15 MarkenG, **oder** zu Unrecht jedenfalls organisatorische oder wirtschaftliche Beziehungen zwischen den beiden Unternehmen annimmt (**erweiterte Verwechslungsgefahr);** BGH BB 1989, 1844 – Commerz; BGH NJW 1993, 459 (wegen Branchenferne iErg abl.); bei solcher Verwechslungsgefahr Schutz auch gegen **Wiedergabe** des Inhalts der zu schützenden Firma **in anderer Form** als durch Worte, zB bildlich, RG GRUR 1931, 274; RGZ 171, 154 (beide zu Salamander); BGH LM UWG § 16 Nr. 21 – Fahrschule karo-as.

Verwechslungsgefahr (→ Rn. 29) besteht trotz Gleichheit eines Wortteils **30** und ähnlichem Klang des anderen nicht, wenn das eine eine schutzunfähige Beschaffenheitsangabe ist, das andere eine Silbe von verschiedenen Schriftbild und bekanntem verschiedenen Sinn, BGH LM UWG § 16 Nr. 16 – Synochem/Firmochem. Keine Verwechslungsgefahr zwischen „Capital-Service" für Kapitalanlagevermittlungsfirma und Titel „Capital" eines Wirtschaftsmagazins, BGH DB 1980, 536. Für eine Bezeichnung, die an sich nicht genügend Unterscheidungskraft (→ § 18 Rn. 5) hat, um Firmenschutz zu genießen, kann infolge ihrer Verkehrsgeltung Verwechslungsgefahr mit einer ähnlichen bestehen, BGHZ 21, 73 – Deutsche Hausbücherei/Stuttgarter Hausbücherei. Ausschluss der Verwechslungsgefahr uU durch Zusatz, zB Angabe der Warenherkunft, speziell (infolge beiderseitigen Warenaustauschs) innerhalb der EU, BGH BB 1977, 1217. **Lit.** Kroitzsch GRUR 1968, 173.

c) Schutz bekannter, nicht notwendigerweise berühmter **Unternehmens- 31 kennzeichnungen** (gegen Rufausbeutung, Rufschädigung, **Verwässerung,** auch soweit keine Verwechslungsgefahr besteht). Rechtsgrundlage des Schutzes bekannter Marken heute nur noch MarkenG ua §§ 9 I Nr. 3, 14 II Nr. 3, 15 III, BGHZ 138, 349; auch → Rn. 44. **Markenverunglimpfung,** BGHZ 125, 91. **Lit.** Kohl, 1975.

C. Firmenschutz: Das Recht an einer bestimmten Firma genießt Schutz: **32**

§ 17 33–37

a) **nach HGB:** gegen Annahme einer nicht deutlich abweichenden Firma durch einen anderen Kfm. am gleichen Ort nach § 30; in diesem und in anderen Fällen verletzender Firmenführung eines anderen durch Maßnahmen des Registergerichts nach § 37 I und durch Klagrecht nach § 37 II. **Lit.** Knaak, 1986.

33 b) **nach BGB:** als ein „sonstiges Recht" nach § 823 I BGB und als Name (→ Rn. 4) nach § 12 BGB (Namensrecht), auch wenn die Firma keinen bürgerlichen Namen enthält, auch wenn sie nicht von einer natürlichen Person geführt wird, BGHZ 11, 215; 14, 159; BGH BB 1960, 801 (auch → Rn. 31); auch Firmenzusätze (→ § 18 Rn. 8). **Lit.** Hefermehl FS Hueck, 1959, 519; Siebert BB 1959, 641; Krüger-Nieland FS Fischer, 1979, 339. Krit Fabricius JR 1972, 15.

34 c) **nach MarkenG:** gegen Verletzung von Unternehmenskennzeichen durch andere im geschäftlichen Verkehr durch **§§ 5, 15 MarkenG;** § 15 IV gibt iVm VI, § 14 VII MarkenG den Unterlassungsanspruch gegen den Inhaber eines geschäftlichen Betriebs, in dem die verletzende Handlung erfolgte, auch wenn die Handlung von einem Angestellten oder Beauftragten vorgenommen wurde. Bsp.: „KKB Kundenkreditbank" gegen „LKB" (in Alleinstellung), BGH WM 1973, 1410, Firmenbestandteil „NetCom", BGH NJW 1997, 1928. Schutz auch gegen zeichenmäßige Benutzung durch andere außer durch § 12 BGB auch durch **§§ 5, 15 MarkenG** (früher §§ 24, 28 WZG) mit einer (in § 12 BGB nicht gegebenen) Strafvorschrift (§ 143 MarkenG) und (für Importwaren) Androhung der Beschlagnahme und Einziehung durch die Zollbehörde (§§ 146 ff. MarkenG). Markenparfümverkäufe, BGHZ 166, 253. Schutz auch von Firmenzusätzen (→ § 18 Rn. 8). Kollisionen von Firma und geschäftlicher Bezeichnung s. Riehle ZHR 128 (1966), 1; Körner WRP 1975, 706. Adwords-Werbung, BGH NJW 2011, 3032 – Banabay II mAnm. Röhl NJW 2011, 3005.

35 D. **Schutzvoraussetzungen: a) Korrekte Firmenbildung:** s. §§ 18, 19.

b) **Befugte Firmenführung:** Der Schutz der Firma, von Amts wegen durch das Registergericht (§§ 30, 37 I, → Rn. 27) oder im ordentlichen Prozess auf Grund von Schutzansprüchen des Inhabers (§ 37 II HGB, §§ 12, 823 I BGB, § 15 MarkenG, → Rn. 32 ff.), **setzt voraus,** dass die Firma **befugt geführt** wird. Das gilt auch für die anderen Schutzvorschriften. Der wegen Verletzung der Firma Belangte kann: (1) Unzulässigkeit nach (formalem) Firmenrecht oder als täuschend (→ § 18 Rn. 9) einwenden, (2) ein älteres eigenes ausschließendes (absolutes) Kennzeichnungsrecht (Namens-, Firmen-, Markenrecht usw, → Rn. 10 ff.), welches der Kläger durch seine Firmenführung verletzt, entgegenhalten oder (3) ein (relatives) Verbotsrecht gegenüber diesem, zB aus Vertrag (häufig bei Geschäftsteilung, -übertragung). Er kann dem Kläger nicht solche (absoluten oder relativen) Rechte Dritter entgegenhalten, BGHZ 10, 204 – Dunn; BGHZ 24, 240 – Tabu.

36 c) **Keine Verwirkung:** Der Inhaber der Firma verwirkt die Schutzrechte gegen einen Verletzer, wenn (1) er dessen Verhalten derart hingehen lässt, dass der Verletzer annehmen darf, der Berechtigte dulde die verletzende Bezeichnung, und (2) infolgedessen der Verletzer im Vertrauen darauf durch längere redliche ungestörte Benutzung einen „schutzwürdigen Besitzstand" an seiner Bezeichnung, wenn auch noch nicht seinerseits ein gegen Dritte wirkendes Schutzrecht, erlangt hat, BGHZ 21, 78 – Hausbücherei; BGH BB 1958, 59 – Gleichnamige (→ § 19 Rn. 7); BGH NJW 1986, 58; OLG Frankfurt a. M. BB 1970, 1320 (vgl. → § 377 Rn. 46). Verwirkung des Unterlassungsanspruchs nach § 37 II → § 37 Rn. 12. Verwirkung von Schadensersatzansprüchen auch ohne schutzwürdigen Besitzstand, BGH NJW 1988, 2470.

37 Von der Verwirkung ist die **Erwirkung** durch langjährigen, unbeanstandeten Gebrauch in guten Glauben zu unterscheiden, die dann auch zur Eintragung der an sich unzulässigen Firma berechtigen würde; wegen der Interessen Dritter und

der Allgemeinheit ist aber ein durch fortlaufenden Verstoß gegen Firmenrecht gewonnener Besitzstand idR nicht schutzwürdig, BGH WM 1993, 1248 – Datatel (zu § 37); BGH NJW-RR 1994, 1255 – Schwarzwaldsprudel (auch nicht nach 40 Jahren), näher → § 18 Rn. 18, → § 37 Rn. 12.

E. Formen des Schutzes der Firma: a) Durch das Registergericht: von 38 vornherein **Ablehnung der Eintragung** nicht deutlich verschiedener Firmen für andere am gleichen Orte, § 30: von Amts wegen; sodann auch **Unterbindung** verletzender Firmenführung durch andere durch Zwangsmaßnahmen des Registergerichts, § 37 I: von Amts wegen.

b) Durch das Prozessgericht: Verurteilung des Verletzers oder dessen, der 39 zu verletzen droht, zur **Unterlassung** der Verletzung, § 37 II HGB, § 12 BGB, § 15 MarkenG. Wenn nur Teil der unzulässigen Bezeichnung verletzt, genügt idR das Verbot der Bezeichnung wie geführt und des verletzenden Teils als Schlagwort oder marken- bzw. geschäftsbezeichnungsmäßig; ein weiterreichendes Verbot ist möglich bei offenbar missbräuchlicher Benutzung oder bewusster Anlehnung an die Firma des Verletzten, wenn sie eine innere Einstellung des Verletzers verrät, die eine einwandfreie Benutzung auch in Zukunft nicht erwarten lässt. Entsprechend Verurteilung des Verletzers zur **Beseitigung** verletzender Anstalten, § 12 BGB, zB des Eintrags einer das Firmenrecht des Berechtigten verletzenden Firma im HdlReg.

Verurteilung des Verletzers (bei Verschulden) zum **Schadensersatz**, § 823 I 40 BGB, § 15 MarkenG. Für diesen stehen (wie für Immaterialgüter- und gewerbliche Schutzrechte, Urheberrecht, zB § 97 I 2 UrhG) **drei Berechnungsarten** zur Wahl des Geschädigten: (1) Ersatz des konkret entstandenen Schadens samt entgangenem Gewinn (§§ 249, 252 BGB), (2) angemessene Lizenzgebühr, auch wenn Lizenz nicht branchenüblich ist (Lizenzanalogie), (3) Berechnung nach dem Verletzergewinn, auch wenn die Verletzung nicht bewusst (iSv § 687 II BGB) war, BGHZ 60, 206; 145, 371; 169, 340 (Foto); BGHZ 173, 374 (Schutzrecht); BGH NJW 2007, 1525; 2009, 3722 (UrhG). Zur Feststellung der Schadensersatzpflicht genügt schlichte (nicht „hohe") Wahrscheinlichkeit eines Schadens, die bei Firmenrechtsverletzung (falls nach Dauer und Intensität überhaupt „Verletzung") idR anzunehmen ist, auch bei Unternehmen, das noch im Aufbau ist, BGH BB 1974, 813. Zur Schadensberechnung bei Lizenzanalogie BGHZ 119, 20; 122, 266; kein Abzug fixer Gemeinkosten, Schätzung nach § 287 ZPO, BGHZ 145, 366; BGH NJW 2007, 1524 mAnm. Loschelder NJW 2007, 1503. Berechnung des Verletzer(gesamt)gewinns bei Verletzerkette, BGH NJW 2009, 3722 mAnm. Arnold/Slopek NJW 2009, 3694. **Lit.** Assmann BB 1985, 16; Hofmann AcP 213 (2013), 469 (Gewinnherausgabe bei Vertragsverletzungen); Fezer FS Bornkamm, 2014, 335 (Unrechtserlösabschöpfung); Witz FS Bornkamm, 2014, 513 (Grenzen des Geheimnisschutzes).

Verurteilung zur **Herausgabe** des durch die (auch unverschuldete) Verletzung 41 Erlangten nach **§ 812 BGB**, RGZ 121, 259; BGHZ 15, 348; BGH BB 1982, 267. Lizenzgebühr als Ersparnisbereicherung, BGHZ 81, 81; 99, 244 (Marke). Herausgabe des Verletzergewinns, §§ 687 II, 681, 667 BGB, → Rn. 40; bei der Verletzung gewerblicher Schutzrechte nicht im Rahmen des § 818 II BGB, BGHZ 82, 299, str.

Zur Klärung des Umfangs der Ersatz- oder Herausgabepflicht (bei 42 → Rn. 40–41): Verurteilung des Verletzers zu **Auskunft** und **Rechnungslegung** über Umfang und Folgen des verletzenden Tuns, § 259 BGB, BGHZ 5, 123 (zum Urheberrecht); BGHZ 166, 233 (§ 19 MarkenG). **Lit.** Pietzner GRUR 1972, 151.

c) Sonstiges: Beschlagnahme und Einziehung von Waren durch die Zoll- 43 behörde, §§ 146 ff. MarkenG. **Strafverfolgung,** § 143 MarkenG.

44 F. **Räumlicher und sachlicher Schutzbereich:** Der Schutz der Firma reicht **räumlich** (abgesehen vom begrenzten Schutz gemäß § 30) und **sachlich** soweit wie das Bedürfnis nach Verhütung von Verletzungen. Der Schutz gegen Verwechslung (→ Rn. 29 f.) reicht idR über das ganze **Inland,** RGZ 171, 30. Der Schutz gilt nur im begrenzten Wirtschaftsgebiet, wenn das Unternehmen nach Zweck, Art, Inhaberwillen nur auf eine so begrenzte Tätigkeit gerichtet ist; dann nur Verbot der Benutzung eines verwechslungsfähigen Schlagworts in diesem Raum (nicht Löschung der es enthaltenden anderen Firma); OLG Frankfurt a. M. BB 1970, 1320 − Aufina/Allfina (Finanzierungsfirma, Raum Frankfurt a. M.-Wiesbaden), so idR bei Gaststättenunternehmen, anders wenn es darauf angelegt und im Begriff ist, Gaststätten unter der Firma an vielen Orten zu betreiben, BGHZ 24, 243; BGH WM 1993, 1607. Der Schutz erstreckt sich idR nicht auf **fremde Geschäftszweige,** BGHZ 15, 111 (Koma: Lebensmittel, Füllhalter); BGH NJW 1956, 1713 (Meisterbrand: Spirituosen, Herde). Ausnahmsweise wird auch außerhalb derselben Schutz gewährt (→ Rn. 31).

5) Verfahrensrecht

45 A. **Zivilprozess (II):** Der Kfm. kann (muss aber nicht, HdlGes → Rn. 4) in den seine Geschäfte betreffenden Angelegenheiten (GroßKo/Hüffer Rn. 45, dafür spricht Vermutung unabhängig von § 344) unter seiner Firma klagen und verklagt werden; Kläger bzw. Beklagter ist der Kfm., nicht die Firma als solche (Name, → Rn. 5). Im Prozess ist es also zulässig, den Kfm. nur mit der (vom bürgerlichen Namen abweichenden) Firma zu bezeichnen, ohne sich darum zu kümmern, um welche Person es sich tatsächlich handelt, BGH NJW 1990, 908; Schuler NJW 1957, 1537; Noack DB 1974, 1369. Nennt eine Klage nur die Firma, nicht den Inhaber, ist Kläger, wer bei Klageerhebung tatsächlich Inhaber des unter der Firma betriebenen HdlGeschäfts ist, RGZ 157, 375; OLG Köln NJW-RR 1996, 292; entsprechend für den Beklagten, RGZ 86, 65; 159, 350; OLG Frankfurt a. M. BB 1985, 1219; auch bei Verklagung unter GesFirma, wenn das HdlGeschäft tatsächlich von EinzelKfm. geführt wird, OLG Köln BB 1977, 510. Die Verwendung einer unrichtigen Firma und die spätere Änderung der Firma sind unschädlich. Prozess- und Urteilswirkungen treffen den klagenden bzw. beklagten Inhaber, nicht das HdlGeschäft „an sich" oder dessen jeweiligen Inhaber, Inhaberwechsel berührt den Prozess nicht, anders nur bei zivilprozessualer Parteiänderung (Parteiwechsel, Parteierweiterung). Veräußert der Kläger die Firma mit der Streitsache während des Prozesses, so berührt das den Prozess nicht (§ 265 ZPO); aber es ist Leistung an den Rechtsnachfolger zu verlangen, auch wo dieser ganz dieselbe Firma führt. Bei Erbfall während des Prozesses Unterbrechung oder Aussetzung (§§ 239, 246 ZPO). II gilt auch für **ausländische Firmen,** OLG Hamburg OLGE 3, 274 (zu diesen → Rn. 49).

46 B. **Zwangsvollstreckung:** II gilt auch für die Zwangsvollstreckung (§ 750 ZPO), BayObLG NJW 1956, 1800. Verurteilung unter der Firma erlaubt Vollstreckung in das Privatvermögen, Verurteilung unter bürgerlichem Namen Vollstreckung in das Geschäftsvermögen; den Inhaber der Firma müssen Gerichtsvollzieher und Vollstreckungsgericht notfalls im HdlReg feststellen. Unrichtige Bezeichnung des Beklagten im Urteil ist uU (auch wenn vom Kläger verursacht) zu berichtigen, zB „A und B handelnd unter Firma B & Co" statt „Firma B & Co KG", OLG Köln NJW 1964, 2424. Wer während des Prozesses Rechtsnachfolger geworden ist und die Firma weiterführt, unterliegt der Zwangsvollstreckung nicht, wenn nicht das Urteil gegen ihn lautet. Ebenso kann der Rechtsnachfolger des Obsiegenden nur vollstrecken, wenn der Titel auf ihn lautet. Bei Veräußerung oder Erbfall nach Rechtskraft Umschreibung der Vollstreckungsklausel (§§ 727, 325 I ZPO). Die Firma selbst ist, da nicht selbstständig übertragbar

(§ 23), nicht pfändbar, BGHZ 85, 223; aber auch das HdlGeschäft ist als Rechts- und Sachgesamtheit nicht selbstständig pfändbar, BGHZ 32, 105.

C. **Insolvenzverfahren: a) Massezugehörigkeit:** Die Firma gehört wegen 47 ihres Vermögenswertes zur Masse (→ Rn. 5), heute hL, BGHZ 85, 221; aA RGZ 158, 231 wegen Persönlichkeitsrecht. Während des Insolvenzverfahrens führt der Insolvenzverwalter das HdlGeschäft unter der bisherigen Firma weiter und nimmt den Firmenschutz wahr. Der Gemeinschuldner darf die Firma dem Insolvenzverwalter nicht durch Löschung entziehen, BayObLG JW 1933, 179. Der Insolvenzverwalter darf während des Insolvenzverfahrens nicht das Erlöschen der Firma zur Eintragung im HdlReg anmelden, da die Vollbeendigung des Geschäfts erst nach Abschluss des Insolvenzverfahrens feststellbar ist, BayObLG MDR 1979, 674. Änderung der Firma (→ Rn. 22) im Insolvenzverfahren durch die Gfter ist nicht ohne Zustimmung des Insolvenzverwalters möglich, auch bei GmbH, OLG Karlsruhe NJW 1993, 1931; KG ZIP 2017, 1564; Eintragung der Ersatzfirma durch den Insolvenzverwalter bedarf der Satzungsänderung der Ges. (vgl. § 3 I Nr. 1 GmbHG, § 23 III Nr. 1 AktG), OLG München NZG 2016, 837 mAnm Linardatos ZIP 2017, 901; BGH AG 2020, 225 (AG) mAnm. Noack, NZG 2020, 257 (kein Erfordernis der Sätzungsänderung jedoch bei Umfirmie- rung im Insolvenzplan oder bei Bestellung für beide Insolvenzmassen in der Doppelinsolvenz), zuständig Insolvenzverwalter kraft Amtes (→ § 22 Rn. 24), OLG Hamm ZIP 2018, 596; MüKoHGB/Heidinger Rn. 89; Staub/Burgard Rn. 70; Linardatos ZIP 2017, 910, aA KG ZIP 2017 (GfterVersammlung), 1564 (AG); BGH AG 2020, 225 (AG) mAnm. Noack NZG 2020, 257, Gfter können zustimmungspflichtig sein (Treuepflicht), Leuering NJW 2016, 3265, aber Ver- wertung würde blockiert; aA keine Satzungsänderung erforderlich da (zumindest) Annexkompetenz des Insolvenzverwalters aus § 80 I InsO für Eintragung Ersatz- firma, OLG Hamm ZIP 2018, 596 (GmbH); Cziupka/Kraack AG 2018, 526. Bei einzelkaufmännischen Unt. dürfte Insolenzverwalter zur Umfirmierung befugt sein, BGHZ 224, 72 mAnm. Andersson-Lindströhm DB 2020, 1666. Anmeldung nach § 31 dort → § 31 Rn. 5.

b) Veräußerung: Im Insolvenzverfahren ist die Firma (samt dem Unterneh- men, § 23) **nur mit Zustimmung des Namensträgers** (Gemeinschuldner oder Gfter), dessen Namen sie enthält, übertragbar (**§ 22;** auch abgeleitete Firma bei gleichem Familiennamen), BGHZ 32, 108; OLG Düsseldorf BB 1982, 695; OLG Koblenz NJW 1992, 2101 (KG); Wertenbruch ZIP 2002, 1935 (anders für GmbH und GmbH & Co, → § 24 Rn. 12), aber fraglich, ob die Rspr. künftig nicht doch umschwenkt, neuere Lehre ist zu Recht aA, zB MüKoHGB/Heidin- ger § 22 Rn. 86, K. Schmidt § 12 I Rn. 52, 54 auch für die typische Personen- Ges und den EinzelKfm, Oetker/Schlinghoff Rn. 32, → § 22 Rn. 23; Köhler FS Fikentscher, 1998, 509. Zustimmungserfordernis gilt auch nur für Firma des EinzelKfm und der PersonenGes, BGHZ 85, 224. Keine Zustimmung ist not- wendig bei Firma ohne Namen des Gemeinschuldners (oder eines Gfters), zB abgeleiteten Firmen und Sach- und Phantasiefirmen. **Einwilligung eines aus- scheidenden Gesellschafters** ist nach **§ 24 II** iZw (bloße Auslegungsregel), → § 24 Rn. 11, Canaris § 10 Rn. 44 ff., str.) notwendig (anders bei GmbH, GmbH & Co, → § 24 Rn. 12). Firmierung der Ges. nach Veräußerung des HdlGeschäfts mit Firma → § 22 Rn. 24. **Lit.** Neuwinger, 2006; Wertenbruch ZIP 2002, 1931.

6) Europäisches Firmenrecht, internationaler Verkehr

A. **Anwendbares Recht: a) Firmierung:** Die Firma als HdlName, also wie 48 die Firma zu bilden ist, bestimmte sich früher nach dem Recht des Unterneh- menssitzes, für alle Kflte ebenso wie für alle HdlGes, vgl. BGH NJW 1971, 1523; Staud/Großfeld IntGesR Rn. 319. Der Name der juristischen Person bestimmt sich zwar nach wie vor nach dem Gesellschaftsstatut (→ Einl. v. § 105 Rn. 29), das gilt auch für die Firma, BayObLG IPRax 1986, 39; Leible/Hoffmann EuZW 2003, 680; Eidenmüller/Rehm ZGR 2004, 183; BeckOK HGB/Bömeke Rn. 55; Ebenroth/Reuschle § 17 Anh. 4; Heidel/Schall/Lamsa Rn. 45; MüKoHGB/Heidinger Vor § 17 Rn. 32, 34; nach aA Inlandsrecht, Borges ZIP 2004, 736; MüKoHGB/Kindler IntGesR Rn. 148; seit der EuGH-Rspr. (→ Einl. v. § 105 Rn. 29) ist das Gesellschaftsstatut aber jedenfalls in EU/EWR nicht mehr der Unternehmenssitz, sondern das **Gründungsstatut,** MüKoHGB/Heidinger Vor § 17 Rn. 60. Aus der ausländischen Firma ergibt sich idR die Auslandseigenschaft, mehr kann das inländische Recht gegenüber AuslandsGes aus EU/EWR grundsätzlich nicht fordern (→ Einl. v. § 105 Rn. 29, vgl. § 13e II 4 Nr. 4 iVm 11. EG-RL), so auch Ebenroth/Reuschle § 17 Anh. Rn. 14 ff., Bsp.: Ltd. genügt ohne Angabe von England oa; MüKoHGB/Heidinger Vor § 17 Rn. 46, innerhalb der EU wohl auch, wenn der ausländische Rechtsformzusatz mit einem deutschen nach § 19 I verwechselt werden kann, MüKoHGB/Heidinger Vor § 17 Rn. 47. Danach kann etwa auch von der österreichischen GmbH kein Herkunftszusatz verlangt werden, sehr str., MüKoHGB/Heidinger Vor § 17 Rn. 47; Rehberg Rn. 54 f., 66 (Diskriminierung; aA Leible/Hoffmann EuZW 2003, 681. Zu AuslandsGes aus der EU auch → § 18 Rn. 36, → § 19 Rn. 42, auch → § 37a Rn. 9. Zu ZwNl → § 13d Rn. 3 und allgemein → § 13 Rn. 7. Wie die Firma zu gebrauchen ist, bestimmt sich nach dem Recht am **Ort des Gebrauchs** (vgl. § 30 III). − **Lit.** zum internationalen Firmenrecht Lamsa, Die Firma der AuslandsGes, 2011; MüKoHGB/Heidinger Vor § 17 Rn. 32 ff.; Mankowski/Knöfel in Hirte/Bücker, Grenzüberschreitende Ges., 2. Aufl. 2006, § 13; Rehberg in Eidenmüller, Ausländische KapitalGes im dtsch Recht 2004 § 5; Schünemann, Die Firma internationalen Rechtsverkehr, 2016.

b) Firmenschutz: Der Schutz der Firma als Immaterialgüterrecht bestimmt sich unabhängig vom Sitz des Unternehmensträgers nach dem **Recht des Schutzlandes,** OLG Stuttgart RIW 1991, 955, von deutschen Kflten (HdlGes) im Ausland also nach ausländischem Recht. Im Anwendungsbereich der Pariser Verbandsübereinkunft gilt der Grundsatz der Inländerbehandlung (Art. 2 I, 8 PVÜ), unabhängig vom Schutz im Heimatstaat, BGH NJW 1995, 2985. Das Schutzlandprinzip gilt auch nach Art. 8 I Rom II-VO (in Kraft ab 11.1.2009) innerhalb der EU für außervertragliche Schuldverhältnisse. Ein deutscher Kfm. kann nach Vertrag oder nach deutschen Rechtsgrundsätzen verpflichtet sein, ein ausländisches Verbotsrecht im Ausland gegen einen anderen deutschen Kfm. nicht zu gebrauchen, BGHZ 14, 293 − Farina (in Belgien). **Lit.** zum (Hdl) Namensschutz im IPR Baur AcP 167 (1967), 535; Kraßer GRUR 1971, 490; Graf WRP 1969, 209 (Kennzeichen); K. Schmidt in Lutter, Eur. AuslandsGes, 2005, S. 26; Rehberg in Eidenmüller, Ausl. KapitalGes im dtsch Recht, 2004, § 5 Rn. 23; Mankowski in Hirte/Bücker, Grenzüberschreitende Ges., 2005, § 12; Leible/Hoffmann EuZW 2003, 680.

49 **B. Die Firma der ausländischen Gesellschaft im Inland: a) Firmierung:** Eine ausländische Gesellschaft kann ihre nach dem anwendbaren ausländischen Recht zulässige Firma grundsätzlich auch dann im Inland führen, wenn die Firma hier anders gebildet werden müsste bzw. unzulässig wäre, das gilt insbesondere für ausländische Ges. aus der EU, Ausnahme für ScheinauslandsGes ist in der EU nicht mehr zulässig (→ Einl. v. § 105 Rn. 29), str. (→ Rn. 48). Grenzen folgen über Art. 6 EGBGB (ordre public) ua aus dem Grundsatz der Firmenunterscheidbarkeit und dem Irreführungsverbot (§ 18 II HGB, § 5 UWG), OLG Stuttgart WRP 1991, 526; OLG Hamm WRP 1992, 355; OLG München ZIP 2007, 1949; NZG 2011, 157; LG Aachen ZIP 2007, 1011; Kögel DB 2004, 1763. Aber der deutsche ordre public ist in EU/EWR gegenüber der Niederlassungsfreiheit der Art. 49, 54 AEUV (Art. 43, 48 aF EGV) nachrangig, insoweit nur Vier-Kriterien-Test (→ Einl. v. § 105 Rn. 29), das Gründungsrecht setzt sich danach fast völlig durch, Ebenroth/Reuschle § 17 Anh. Rn. 15. Keinesfalls kann Herkunftslandzusatz gefordert werden, Grund Zweigniederlassungs-RL (→ § 13 Rn. 2, → Einl. v. § 105 Rn. 36) ist abschließend. Auch eine im Ausland eingetragene Firma muss aber im Inland grundsätzlich so geführt werden, dass sie nicht irreführt (§ 18 II), vgl. LG Hagen NJW 1973, 2162 (Vortäuschung einer Mehrländergruppe durch Liechtensteiner Firma in 4 Sprachen); OLG München NZG 2011, 157 (Zahnarztpraxis bei bloßem Dienstleistungsbetrieb für solche), aber betr. § 18 I → § 13d Rn. 4. Kennzeichnung der Haftungsbeschränkung (§ 19 II) ist auch bei der inländischen ZwNl der ausländischen Ges. unerlässlich. Wie bei deutschen Firmen wird man auch den Rechtsformzusatz nach § 19 I verlangen müssen, E. Voigt § 10 IV; Altmeppen ZIP 2007, 889, str., wohl aA MüKoHGB/Heidinger vor § 17 Rn. 63. Der ausländische Zusatz „Ltd" reicht dafür aber aus, MüKoHGB/Heidinger Vor § 17 Rn. 46, fremdsprachige Ausdrücke sind zu belassen, Übersetzung oder gar Erläuterung kann nicht gefordert werden, Ebenroth/Reuschle § 17 Anh. Rn. 24a, fremde Schriftzeichen und Zahlen sind in die hierzulande übliche From zu übertragen,. Auch Unterscheidbarkeit nach § 30 bleibt zu beachten (aber ohne registergerichtliche Prüfung, → § 13 Rn. 13). Haftung des für die Ges. auftretenden Vertreters → § 5 Rn. 10. ZwNl der ausländischen Firma im Inland → § 13d Rn. 4. **Lit.** Lamsa, Die Firma der AuslandsGes, 2011. Das Verfahren der Firmenanmeldung bestimmt sich aufgrund der öffentlich- rechtlichen Natur nach deutschem Registerrecht als lex fori, MüKo HGB/Heidinger Vorbem § 17 Rn. 38.

b) Firmenschutz: Die (nach inländischem Recht befugt geführte) Firma von Ausländern (Kflten, HdlGes usw) wird in der BRD wie die von Inländern geschützt, BGH NJW 1995, 2986 – Torres, so im (weit reichenden) Anwendungsbereich des Pariser Unionsvertrags (PVÜ) nach dessen Art. 2 I, 8 (Schutzlandprinzip, Territorialitätsgrundsatz); RGZ 109, 213 – Kwatta; RGZ 132, 378. Außerhalb des Pariser Unionsvertrags gilt § 12 BGB ebenfalls ohne Weiteres, RGZ 117, 215 – Eskimo Pie; BGH NJW 1971, 1523 – SWOPS; dagegen Fabricius JR 1972, 15. Die Voraussetzungen des Schutzes, zB schutzwürdiges Interesse (§ 12 BGB), Verwechslungsgefahr (§ 15 II MarkenG, vgl. aber auch § 15 III MarkenG), Unterscheidungskraft der Firma (→ § 18 Rn. 5), müssen aber im inländischen Verkehr, nicht nur im Ausland, gegeben sein. Die Firma muss im Inland so in Gebrauch genommen sein, dass auf Beginn dauernder wirtschaftlicher Betätigung im Inland zu schließen ist, BGHZ 75, 176; BGH NJW 1997, 2953. Ingebrauchnahme auch durch Wareneinkäufe, keine Beschränkung des Firmenschutzes auf Bestellbereich, BGHZ 75, 172 – Concordia I; BGH NJW 1983, 2382 – Concordia II (firmenrechtliche Priorität trotz Umwandlung).

C. Beteiligung an einer inländischen Gesellschaft: a) Firmierung: Ausländische Firmen können sich ohne Weiteres an deutschen Firmen beteiligen. Für die Firmierung gilt deutsches Recht mit der Folge, dass die ausländische Firma bei Wahl einer Personenfirma grundsätzlich unverändert in die Firma der deutschen Ges. übernommen werden muss (Firmenidentität); anders bei Wahl einer Sach- oder Phantasiefirma, der Rechtsformzusatz nach § 19 I Nr. 1–3 ist in jedem Fall hinzuzufügen, aA differenzierend MüKoHGB/Heidinger § 19 Rn. 33. Haftet keine natürliche Person, muss die Firma eine auf die Haftungsbeschränkung hinweisende Bezeichnung, zB „& Co. KG", enthalten (§ 19 II, → § 19 Rn. 24), zB „X Ltd & Co KG", BayObLG NJW 1986, 3029. Dabei ist sicherzustellen, dass die ungewöhnliche Firmierung in solchen Fällen den Verkehr nicht täuscht (§ 18 II), Heymann/Emmerich § 19 Rn. 31.

b) Firmenschutz: Firmenschutz bei korrekter und befugter Firmenführung (→ Rn. 35, 48). Schutz der ausländischen Firma → Rn. 49. **Lit.** Beitzen DB 1972, 2051 (GmbH).

[Firma des Kaufmanns]

§ 18

(1) Die Firma muß zur Kennzeichnung des Kaufmanns geeignet sein und Unterscheidungskraft besitzen.

(2) ¹Die Firma darf keine Angaben enthalten, die geeignet sind, über geschäftliche Verhältnisse, die für die angesprochenen Verkehrskreise wesentlich sind, irrezuführen. ²Im Verfahren vor dem Registergericht wird die Eignung zur Irreführung nur berücksichtigt, wenn sie ersichtlich ist.

Übersicht

	Rn
1) Normzweck, Anwendungsbereich	1–3
A. Normzweck:	1
B. Anwendungsbereich:	2
C. Sondervorschriften:	3
2) Eignung zur Kennzeichnung und Unterscheidungskraft (I)	4–8
A. Eignung zur Kennzeichnung:	4
B. Unterscheidungskraft:	5–7
C. Firmenkern und Firmenzusätze:	8
3) Irreführungsverbot (II 1)	9–18
A. Firmenwahrheit:	9–12
B. Eignung zur Irreführung über wesentliche geschäftliche Verhältnisse:	13–15
C. Firmenwahrheit bei fortgeführten Firmen:	16
D. Firmenwahrheit bei frei gewordenen Firmen:	17
E. Für die Firmenwahrheit maßgeblicher Zeitpunkt:	18
4) Registerverfahren (II 2)	19, 20
5) Einzelfälle: Hinweise auf Rechtsverhältnisse	21, 22
A. Inhaber- und Nachfolgevermerk:	21
B. Hinweise auf Gesellschaftsform:	22
6) Geographische und historische Hinweise	23–27
A. Gebiets- und Stadtangaben:	23
B. Art der Beziehung:	24
C. „Deutsch":	25
D. „Europäisch":	26
E. Historische Hinweise:	27
7) Hinweise auf Art des Betriebs	28–35
A. Hinweise auf geschützte Bezeichnungen:	28
B. Hinweise auf Marktstufe:	29
C. Hinweise auf Größe und Bedeutung:	30
D. Hinweise auf Vereinigung:	31
E. Hinweise auf Spezialisierung und Branchen:	32, 33
F. Hinweise auf Amtsstellung:	34
G. Hinweise auf Titel und Berufsqualifikationen:	35
8) Europäisches Firmenrecht, internationaler Verkehr	36

1) Normzweck, Anwendungsbereich

1   A. **Normzweck:** § 18 ist wie das Firmenrecht insgesamt Teil der Unternehmenspublizität, die dem Schutz des Geschäftsverkehrs bzw. der Marktteilnehmer dient. I regelt die Grundanforderungen an die Firma des Kfm., nämlich Eignung zur Kennzeichnung und Unterscheidungskraft. Damit nimmt I Begriffe aus dem Immaterialgüterrecht auf (vgl. § 15 MarkenG), auch wenn I eine Norm des Firmenordnungsrechts bleibt. I dient dem Schutz der Namens- und Publizitätsfunktion der Firma, BeckOK HGB/Bömeke Rn. 2. Die Anforderungen an

Kennzeichnungeignung und Unterscheidbarkeit sollen die Identifizierung des Unternehmensträgers ermöglichen und Verwechslungsgefahr vorbeugen, dient damit Verkehrsschutz, Staub/Burgard Rn. 4. **II** enthält das firmenrechtliche Irreführungsverbot, und zwar nicht mehr wie nach dem Wortlaut der aF nur für Zusätze, sondern (wie zutr. schon unter aF) allgemein und umfassend für sämtliche Firmenbestandteile einschließlich der Firma als ganzes. Das Irreführungsverbot dient dem Interesse des Publikums und des Geschäftsverkehrs vor Irreführung, RGZ 75, 372; BGHZ 46, 11 (zu § 30). II schränkt das Irreführungsverbot gegenüber der aF zweifach ein, materiellrechtlich durch die Wesentlichkeitsschwelle (II 1, → Rn. 13) und verfahrensrechtlich durch das Erfordernis der Ersichtlichkeit (II 2, → Rn. 20). Die Möglichkeiten der Firmenbildung sollen durch das Irreführungsverbot nicht über Gebühr eingeschränkt und das Registerverfahren durch die Firmenprüfung nicht unangemessen verzögert werden (RegE HRefG), OLG Frankfurt a. M. NJW-RR 2015, 727 (728) Rn. 30.

B. **Anwendungsbereich: I** mit seinen Erfordernissen der Eignung zur Kennzeichnung und der Unterscheidungskraft, also Erfüllung der Namensfunktion im geschäftlichen Verkehr, gilt nicht nur für die Firma des Einzelkaufmanns, sondern allgemeiner **für alle Firmen** nach HGB (EinzelKfm, OHG, KG, § 19; auch juristische Personen nach § 33) wie auch außerhalb des HGB (GmbH, AG, KGaA, eG). Durch Verweis in § 2 II PartGG auch bei Namensbildung der PartnerschaftsGes. Das folgt für HdlGes schon aus § 6 I gilt für die **neugebildete Firma** im Gegensatz zur fortgeführten Firma (§§ 21 ff.). Nach MoPeG soll dies künftig auch für die eingetragene GbR gelten (§ 707b Rn. 1 BGB nF). Der neugebildeten Firma steht die geänderte gleich (→ § 17 Rn. 22). **II** enthält ein umfassendes firmenrechtliches **Irreführungsverbot** (Grundsatz der Firmenwahrheit, → Rn. 9) und gilt deshalb ebenfalls umfassend, also nicht nur für die im HGB (EinzelKfm, OHG, KG, juristische Personen nach § 33), sondern auch die außerhalb des HGB geregelten Firmen, und zwar jedenfalls nach II nF direkt, nach aA analog oder jedenfalls gewohnheitsrechtlich, GroßKo/Hüffer Rn. 4.

C. **Sondervorschriften: Rechtsform:** s. außer § 19 I 1–3 (Kfm., OHG, KG) vor allem § 4 GmbHG (GmbH), §§ 4, 279 AktG (AG, KGaA), § 3 GenG (eG); § 2 PartGG (PartG), nach § 2 I 3 PartGG dürfen die Namen anderer Personen als der Partner nicht in den Namen der PartG aufgenommen werden (ähnlich § 19 IV aF; auch → Rn. 22). **Unterscheidung der Firmen an demselben Ort:** s. § 30. **Vor 1900 eingetragene Firmen** s. (1) EHGHB Art. 22, BGHZ 30, 291; BayObLGZ 1960, 352, zB Deutsche Bank (ohne AG). **Änderungen der Inhaberschaft** s. §§ 21–24. **Sondervorschriften für bestimmte Berufe:** BRAO, PatAnwO ua. Werbeverbote für freie Berufe, zB Steuerberater, BGHZ 103, 355; BGH NJW 1988, 262. **Aufrechterhaltung** in der Kriegszeit bewilligten Ausnahmen s. § 2 II, III Handelsrechtliches BereinigungsG (→ Einl. v. § 1 Rn. 12); Gestattung von Ausnahmen vom Firmenrecht für bis Ende 1951 in das Bundesgebiet verlegte (Personen-)Unternehmen s. § 3 I desselben Gesetzes; danach können entgegen § 30 uU nicht deutlich unterschiedene Firmen am gleichen Ort zulässig sein.

2) Eignung zur Kennzeichnung und Unterscheidungskraft (I)

A. **Eignung zur Kennzeichnung:** Die Eignung zur Kennzeichnung ist die Erste, selbstverständliche Funktion der Firma (auch **Namensfunktion** genannt). Eignung zur Kennzeichnung bedeutet, dass die Firma als Name individualisiert werden kann. Die Grenzen zum Kriterium der Unterscheidungskraft (→ Rn. 5) sind fließend, zB bei Gattungsbezeichnungen (→ Rn. 5 f.). Fehlt es bereits an der Eignung zur Kennzeichnung oder an der Unterscheidungskraft nach I, kommt es auf die Frage der Irreführung nach II nicht mehr an. Die Firma muss wie andere Namen aus **Worten** bestehen, auch mit anderen Zeichen als Buchstaben (Anfüh-

§ 18 5

rungszeichen, Punkt, Klammern, kfm. und mathematisches Undzeichen), auch mit **Zahlen,** KG MDR 2013, 920, einerlei ob in Buchstaben oder Ziffern, auch das Zeichen @, Canaris § 10 Rn. 14; aA BayObLG NJW 2001, 2337; OLG Braunschweig WRP 2001, 287 – Met@box; zutr. krit. Mankowski EWiR § 18 HGB 1/2001, 275; auch nicht (selbst nicht sprechbare) **Bildzeichen,** BGHZ 14, 159; BGH MDR 2009, 273; KG BB 2000, 1958, auch wenn für sie ein aussprechbares Wort besteht (zB Herz, Kleeblatt), oder **Sonderzeichen** (zB „//"), BGH NZG 2022, 971. Schriftart und Schriftbild sind frei wählbar; nicht aber im HdlReg, KG BB 2000, 1958, vgl. **(4)** HRV § 12; das Registergericht ist nicht an die exakte Schreibweise in der Anmeldung gebunden (pflichtgemäßes Ermessen), OLG München GmbHR 2010, 1155; FGPrax 2011, 193 (hochgestellte Zahl im Firmennamen). Die Firma kann (und muss zT) ua folgende Angaben enthalten: Eigennamen (so bei Personenfirma), Gegenstand des Unternehmens, Rechtsform (GesZusatz, § 19 I, §§ 4, 279 AktG, §§ 4, 5a I GmbHG), Inhaberwechsel (Nachfolgezusatz, → Rn. 21, vgl. §§ 22, 25 I 1), Haftungsbeschränkung (GmbH & Co, § 19 II), sonstige **Zusätze** (→ Rn. 8). **Sachfirma** braucht anders als früher (35. Aufl.) nicht mehr unbedingt für Dritte den Unternehmensgegenstand erkennbar zu machen, da die Grenze zur Phanta siefirma fließend ist, OLG Stuttgart NZG 2012, 551 (auch → Rn. 20). Es genügt jede Firma, die nach dem äußeren Erscheinungsbild auf irgendeinen Unternehmensgegenstand/Tätigkeitsbereich Bezug nimmt, MüKoHGB/Heidinger Rn. 23 ff., sie darf nur nicht irreführend sein (→ Rn. 13). Auch **Phantasieworte** (Phantasiefirma → § 17 Rn. 3, 6) sind zur Individualisierung geeignet und insoweit zulässig, OLG Frankfurt a. M. BB 1973, 1230 – Orgware; BayObLG NJW-RR 2000, 111 – Meditec; ebenso grundsätzlich dem allgemeinen Publikum nichts sagende **Abkürzungen,** KG DR 1942, 1698 – ZUB, str., auch um zB im Branchenverzeichnis an den Anfang des Alphabets zu kommen; anders bei Täuschungsgefahr, zB LG Trier BB 1961, 561 (SB = Selbstbedienung?); BayOBLG BB 1980, 1120 Ls. (Schein eines Familiennamens); OLG Frankfurt a. M. BB 1982, 1322 – Darius. Auch **Buchstabenfolgen** sind wie nach §§ 3 I, 8 II Nr. 2 MarkenG möglich, Canaris § 10 Rn. 15; Lutter/Welp ZIP 1999, 1078; Bspe Schoene GWR 2009, 137, auch reine Buchstabenfolgen ohne Wortcharakter und ohne Verkehrsgeltung, BGH WM 2009, 235 – HM & A; KG ZIP 2013, 1769; ZIP 2006, 1586; OLG Frankfurt a. M. NJW 2002, 2400, zB A-Blöcke; entscheidend ist, dass die Firma als Name erkannt wird, BGH WM 2009, 236. Aber nur artikulierbare Zeichen (nicht unbedingt als Wort), also nicht solche aus nichtlateinischen Buchstaben oder reine Bildzeichen, BGH WM 2009, 236. Unverständliche Abkürzung kann auch gegen § 4 GmbHG verstoßen (bei Sachfirma muss Gegenstand der Firma erkennbar sein (Rn. 13), OLG Stuttgart BB 1974, 756 mit Bsp. Eine ungewöhnliche, von Haus aus individuell kennzeichnende Sachbezeichnung, die später Gattungsbezeichnung wurde, kann doch (individuelle) Kennzeichnungskraft behalten, BGH DB 1977, 2093 (Wach- und SchließGes). **Eigenname** muss nicht als solcher erkennbar sein (auch → § 19 Rn. 6), BayObLG NJW 1973, 1886 – Mesirca; Barfuß BB 1975, 67; anders noch BayObLG NJW 1972, 2185 – Celdis mAnm Latinak NJW 1973, 1215; s. auch LG Wuppertal BB 1973, 722 – Rebeta. **Lit.** Sternberg, 1975 (GesZusatz).

5 B. **Unterscheidungskraft: a) Grundsatz:** Neben der Eignung zur Kennzeichnung und zT sich damit überschneidend (→ Rn. 4) ist die Unterscheidungskraft eine wesentliche Funktion der Firma im Geschäftsverkehr. Unterscheidungskraft heißt, dass die Firma geeignet ist, bei Lesern und Hörern die Assoziation mit einem ganz bestimmten Unternehmen unter vielen anderen zu wecken. Der Begriff Unterscheidungskraft in I und der nach §§ 3, 15 MarkenG dürften sich künftig annähern, Roth in Bayer-Stiftung S. 36; Steinbeck FS Horn, 2006, 589. Von der abstrakten Unterscheidungskraft des § 18 ist das konkrete Unter-

3. Abschnitt. Handelsfirma 6, 7 § 18

scheidbarkeitserfordernis nach § 30 abzugrenzen, wonach eine Firma mit einer bereits im HdlReg eingetragenen anderen Firma am gleichen Ort nicht konkret verwechslungsfähig sein darf, MüKo HGB/Heidinger Rn. 25. Die Unterscheidungskraft der Personenfirma liegt zwar im Regelfall auf der Hand, ist aber nicht immer gegeben, so bei Gleichnamigen (→ § 19 Rn. 7). Die Unterscheidungskraft der Phantasiefirma kann größer sein als die einer Sachfirma. Auch **einzelne Worte** (Wortgruppen) der Firma können, als **Schlagwort** allein gebraucht, vom Publikum als Bezeichnung des Unternehmens verstanden werden und Unterscheidungskraft bzw. Namensfunktion haben (und genießen dann Namens- bzw. Markenschutz), RGZ 109, 214 – Kwatta; RGZ 115, 407 – Salamander; BGHZ 4, 169 – DUZ; BGHZ 11, 216 – KfA; BGHZ 14, 159 – Farina; BGHZ 24, 240 – Tabu; BGHZ 74, 2 – RBB; BGH WM 1985, 516 – Gefa. Weitere Bspe aus DIHT 1998: Computerland, Datacolor, Interglas, Interprint, Rhein-Chemie. Die Unterscheidungskraft einer mit anderen Firmen identischen Firma wird **nicht schon** allein durch einen **unterschiedlichen Gesellschaftszusatz** begründet, hL, aA wohl Kögel Rpfleger 1998, 320. Lit. Kögel Rpfleger 1998, 317.

b) Keine Unterscheidungskraft: bei verbreiteten Familiennamen (Müller, 6 Maier, Schmidt usw; Gleichnamige → § 19 Rn. 7), aA Steinbeck FS Horn, 2006, 596, aber zB mit Vornamen (K. Schmidt) oder anderer unterscheidender Verbindung, etwa Ortsbezeichnung; bei **reinen Sach- und Gattungsbezeichnungen,** insbesondere rein beschreibenden Angaben, die Art und Gegenstand des Unternehmens anzeigen, nicht aber ein bestimmtes Unternehmen kennzeichnen, RGZ 172, 130 – Fettchemie; BGHZ 11, 218 – Kaufstätten für Alle; BGH NJW 1987, 438 – Video-Rent; BGH GRUR 1991, 556 – Leasing-Partner; OLG Hamm NJW 1961, 2018 – Transportbeton; OLG Hamm DB 1977, 2179 – Industrie- und Baubedarf; OLG Stuttgart DB 1981, 2428 – Informatik; OLG Oldenburg BB 1990, 443 – Baumaschinen Consulting GmbH; OLG München NJW-RR 2007, 1677 – Planung für Küche und Bad; OLG München NZG 2011, 157 – Zahnarztpraxis; Real Estate International Investment, MüKoHGB/Heidinger Rn. 33, str.; bei geographischen Angaben, vgl. BGH NJW-RR 1994, 1255 – Schwarzwald-Sprudel; bei Bestimmungsangaben oder solchen nahekommenden Worten, BGHZ 21, 73 – Hausbücherei; bei Qualitätsbehauptung, OLG Hamburg BB 1976, 249 – Creativ-Werbe-Service; BayObLG NJW-RR 2003, 1544 – Profi-Handwerker GmbH. Weitere Bspe aus DIHT 1998: Altamoda, Managementseminare, Sicherheit + Technik; öOGH: Gasthaus, Transportbeton, Informatik, Card, Casino, Sun Services, karriere, MüKoHGB/Heidinger vor § 17 Rn. 84a. Bei **Domain** (→ § 17 Rn. 11) Unterscheidung nach Top-Level- und Second-Level-Domain str., zB brillenshop.de, Outlets.de, com, www, streng OLG Frankfurt a. M. GmbHR 2011, 202; Rö/Ries Rn. 18; Seifert Rpfleger 2001, 395; zutr. großzügiger OLG Dresden Rpfleger 2011, 277; MüKoHGB/Heidinger Rn. 33a. Besondere Probleme bei **europäischen Auslandsgesellschaften,** MüKoHGB/Heidinger Vor § 17 Rn. 61 mit Rspr. Eine von Haus aus unterscheidungskräftige **Bezeichnung** kann später als Gattungsbegriff verstanden werden und doch ihre Namensfunktion für den Erstverwender behalten, BGH MDR 1977, 291 (Wach- und Schließgesellschaft).

c) Ausnahmsweise doch Unterscheidungskraft: Gattungsbezeichnun- 7 **gen** ohne Unterscheidungskraft können diese durch **individualisierende Zusätze** erhalten (→ Rn. 8). BayObLG BB 1997, 1707 – DAS BAD GmbH ... alles aus einer Hand; OLG Frankfurt a. M. ZIP 2006, 333 – perspectives consulting; nach KG FGPRax 2008, 35 – Autodienst-Berlin Limited; zutr. krit. Kanzleiter DNotZ 2008, 392. Auch ohne solche kann eine Gattungsbezeichnung, **in abweichendem Sinne gebraucht,** doch unterscheidungskräftig sein, BGHZ 21, 89 – Spiegel; BGHZ 24, 241 – Tabu; BGH LM UWG § 16 Nr. 21 – Fahrschule karo-as; BGH GRUR 1985, 461 – Gefa/Gewa. „Chepromin" ist trotz Anklang an Sachbegriff (Chemie) unterscheidungskräftig, BGH MDR 1975, 120; ebenso „Multicolor" (auch im Druckgewerbe), OLG Frankfurt a. M. WRP 1982, 420. Ein Gattungsbegriff, eine Bestimmungs-, Qualitäts-, geographische Angabe kann aber, allein oder in bestimmter Verbindung, **Verkehrsgeltung als Bezeichnung** eines bestimmten Unternehmens erlangen, BGHZ 11, 217 – Kaufhaus für alle, KfA; BGHZ 74, 1 – RBB; BGH NJW 1987, 438 (für Video-Rent abl.); dieses kann dann einem anderen zwar nicht die Verwendung des Worts zur Kennzeichnung der Art seines Betriebs, wohl aber die Verwendung in der Firma verbieten, RGZ 163, 234 – Hydraulik; BGH LM UWG § 16 Nr. 8 – Rohrbogenwerk; BGH GRUR 1955, 95 – Dtsch Buchgemeinschaft; OLG Hamburg BB 1976, 249 – Creativ; OLG Hamm BB 1982, 210 – Germania für international tätiges Anlageberatungsunternehmen; OLG Karlsruhe WRP 1982, 528 – Europa-Sekretärin; BGH NJW 2006, 3282 – Lotto als Marke (iErg abl.) und es darf dann diese Bezeichnung ohne Verstoß gegen das Irreführungsverbot verwenden, auch wenn sie im Wortsinn nicht zutrifft, BGH LM UWG § 3 Nr. 21 – Erste Kulmbacher. Aber an die Verkehrsgeltung sind **strenge Anforderungen** zu stellen, wenn ein **Freihaltebedürfnis** der Allgemeinheit besteht, BGHZ 30, 357; BGH NJW-RR 1994, 1255; der Schutz des Begriffs „Volksbank" für einen Wettbewerber wäre ein dem freien Wettbewerb zuwiderlaufendes Kennzeichnungsmonopol, BGH WM 1992, 1393. Geht in den genannten Fällen die Verkehrsgeltung wieder verloren, verliert die Firma auch ihre Namensfunktion und Unterscheidungskraft, das tritt aber nicht schon bei vorübergehender Nichtbenutzung der Bezeichnung ein, BGHZ 21, 66 – Hausbücherei. Geographische Angaben können bei typischer Verwendung einmalig am jeweiligen Ort unterscheidungskräftig sein, BGH DB 1976, 2056 – Parkhotel (UWG).

8   C. **Firmenkern und Firmenzusätze:** Die **Teile** der Firma, besonders **Kern** (Sprachgebrauch) und **Zusatz** (vgl. §§ 18 II, 19 I, II), sind grundsätzlich gleichwertig. Firmenkern und Firmenzusatz bilden eine rechtliche Einheit. Manche Zusätze sind zwingend, zB Kfm.- bzw. Rechtsformzusatz (→ Rn. 3), Zusätze zwecks Unterscheidbarkeit am gleichen Ort (§ 30 II, III) und Unterscheidungszusätze gleichlautender Firmen, BGHZ 14, 266 – Farina. Die meisten Zusätze sind freiwillig. Die Reihenfolge der Zusätze ist beliebig, sofern nicht irreführend, BayObLG BB 1992, 943; der Zusatz kann auch vor dem Kern stehen, OLG Köln NJW 1953, 345; 1963, 541 – Hansa-Theater Alex. G.; OLG Schleswig NZG 2012, 34 (irreführend aber „J. e. K. Group", auch → Rn. 31). Auch fremdsprachliche Firmenbestandteile sind zulässig, jedenfalls wenn der deutsche Öffentlichkeit sie versteht, OLG Frankfurt a. M. DB 1979, 2172 – food. Bei Zusammensetzungen entscheidet der Gesamteindruck, nicht eine zergliedernde Betrachtung, BGH BB 1973, 59 (Mehrwert). Mehrdeutigkeit geht zu Lasten des die Firma Führenden, OLG Celle BB 1971, 1299. Fortlassen eines Zusatzes ist Änderung der Firma (→ § 17 Rn. 22). Dem Erfordernis handschriftlicher Zeichnung der Firma (zB auf Wechseln; → Rn. 20) kann aber genügen, dass nur der Namensteil handgeschrieben und die Sachbezeichnung gestempelt ist, RGZ 47, 166 – Papierfabrik X Moritz Auerbach & Co. Zusätze können wichtig für die Unterscheidbarkeit von Firmen sein, OLG Hamm NJW 1966, 2172 vor allem zwischen GmbH und GmbH & Co und besonders am gleichen Ort (→ § 19 Rn. 34, 36). Der zulässige Zusatz genießt als Teil der Firma Firmenschutz nach HGB (→ § 17 Rn. 32) und kann als Firmenbestandteil auch selbstständig Schutz entsprechend § 12 BGB und §§ 5, 15 MarkenG erlangen, BGHZ 11, 214; BGH GRUR 1970, 479 – Treppchen (→ § 17 Rn. 33 f.). Ist ein **Zusatz unzulässig**, ist nur er allein, **nicht die ganze Firma zu löschen** (vgl. auch § 43 II KWG idF FGG-RG), denn der unzulässige Zusatz kann in einer anders zusammengesetzten Firma zulässig sein, BGH GRUR 1981, 64 – sitex (→ § 37 Rn. 13); ein Unterlassungsanspruch richtet sich dagegen idR nicht nur gegen den unzulässigen Zusatz, sondern gegen die gesamte Firma (→ § 37 Rn. 13), BGH GRUR 1981, 64 – sitex; von Gamm FS Stimpel, 1985, 1012; aA frühere Rspr. BGHZ 65, 106; KG NJW 1955, 1927. Auch die Führung eines an sich zulässigen Firmenzusatzes kann uU für Vertrieb einzelner Erzeugnisse des Unternehmens untersagt oder nur mit einem die Täuschung ausschließenden Hinweis gestattet werden, OLG Nürnberg BB 1962, 660 – Springquelle (bei Leitungswasserlimonade).

3) Irreführungsverbot (II 1)

A. **Firmenwahrheit: a) Firmenrechtliches Irreführungsverbot:** Firmenrechtlich unzulässig sind alle Angaben, die geeignet sind, über geschäftliche Verhältnisse, die für die angesprochenen Verkehrskreise wesentlich sind, irrezuführen **(II 1).** Diese Formulierung ist § 3 aF UWG nachgebildet (RegE). II enthält ein allgemeines und umfassendes Verbot, durch die Firma bzw. ihre Teile das Publikum oder andere Interessierte über Art, Umfang oder sonstige Verhältnisse des HdlGeschäfts irrezuführen **(Grundsatz der Firmenwahrheit),** BGHZ 44, 287; 53, 69; 65, 92; 68, 14; 68, 273; 80, 355. Dieses Verbot erfasst den Firmenkern, die Firmenzusätze und die Firma in ihrer Gesamtheit, schon nach aF BayObLG BB 1982, 1572. Zweck des II ist Schutz der Geschäftspartner und der Mitbewerber des Unternehmens und des lauteren Wettbewerbs im Firmenrecht, BayObLG BB 1982, 1573. Auf Täuschungsabsicht kommt es nicht an, BayObLG BB 1997, 1707. II 1 betrifft die ursprüngliche **Bildung** ebenso wie die laufende **Führung der Firma.** Er wird **bei Firmenfortführung** durch den **Grundsatz der Firmenbeständigkeit** begrenzt, setzt aber diesem seinerseits Grenzen (→ § 22 Rn. 1). Jedes Firmenführungsrecht, wie immer erworben und wie lange ausgeübt, endet, wenn die Verhältnisse des Inhabers in Widerspruch zum Inhalt der Firma treten und das Publikum dadurch über die Verhältnisse des Inhabers irregeführt werden kann, BGHZ 10, 201 (deutsche DunnAuskunftei nach Trennung von der weltbekannten Dunn-USA). **II gilt für alle Firmen** und Firmeninhaber innerhalb und außerhalb des HGB (→ Rn. 2), zB GmbH, BGHZ 65, 92, sogar für NichtKflte (→ § 17 Rn. 13). Einfluss des Zeitablaufs, vor allem langer Gebrauch, → Rn. 18. Internationales Recht → § 17 Rn. 48 ff. **Kasuistik** (zu **§ 18 II HGB, § 5 UWG, zT § 15 II MarkenG,** früher § 4 WZG) → Rn. 21–35; Phantasiefirmen → § 17 Rn. 3, 6. Firmen, die zwar nicht gegen das Irreführungsverbot, aber gegen die öffentliche Ordnung oder **gegen die guten Sitten** verstoßen, sind **analog § 8 II Nr. 5 MarkenG** und entsprechenden Vorschriften im PatG, GebrMG, DesignG (zuvor GeschmMG) von der Eintragung ausgeschlossen, Jung ZIP 1998, 683. Firmen die gegen Strafnormen verstoßen, übermäßig vulgär sind oder aus anderen Gründen das „Anstandsgefühl aller billig und gerecht Denkender" verstoßen sind unzulässig. RsprÜbersichten: Wittmann BB Beil. 10/1969, 9/1971. **Lit.** Haberkorn, 1970; Heinrich, 1982; Weber, 1984; Hofmann JuS 1972, 233; Lindacher BB 1977, 1676; Kögel BB 1993, 1741.

b) **Wettbewerbs- und markenrechtliches Irreführungsverbot bezüglich Firma:** Die Führung einer Firma ist in einer auf Wettbewerb angelegten Wirtschaft (→ Einl. v. § 1 Rn. 92–101) eine Wettbewerbshandlung und unterliegt als solche dem Gebot lauteren Wettbewerbs, BGHZ 10, 201; BGH BB 1973, 60. Der Grundsatz der Firmenwahrheit wird deshalb auch in verschiedenen Vorschriften außerhalb des HGB mitumfasst: **§ 5 UWG** enthält ein entsprechendes Verbot irreführender geschäftlicher Handlungen. § 5 UWG ist auch auf Firmenführung anwendbar, BGHZ 10, 201 – Dunn-Europa (zu § 3 aF UWG); BGHZ 44, 19 – L'Oréal de Paris; BGH BB 1968, 972 – Hamburger Volksbank; BGH BB 1973, 59 (Mehrwert); BGH WM 1973, 693 – Bayerische Bank. Entsprechend ist die Benutzung von zur Verwechslung mit geschützten Bezeichnungen geeigneten geschäftlichen Bezeichnungen, insbesondere Unternehmenskennzeichen

(§ 5 II MarkenG) und ähnlichen Zeichen verboten (§ 15 II MarkenG, früher § 4 II Nr. 4 WZG). Lit. Heinrich, 1982; Weber, 1984.

11 Bedeutung für § 18: Die Rspr. zu § 5 UWG, zum früheren § 4 II Nr. 4 WZG und zu § 15 II MarkenG kann unter Beachtung der verschiedenen Zwecke der drei Gesetze für § 18 II herangezogen werden und umgekehrt, BGHZ 53, 239 („Euro" in Firma); BGH DB 1972, 282 („Euro" in geschäftlicher Bezeichnung; → Rn. 26). Dabei ist zu beachten, dass § 5 UWG 2004 (anders als der frühere § 3 UWG) an dem europarechtlich vorgegebenen, liberaleren Maßstab des informierten, aufmerksamen und verständigen Durchschnittsverbrauchers (→ Rn. 12) orientiert ist, Köhler NJW 2004, 2124.

12 c) Einflüsse des Europarechts: Das europäische Recht ist hinsichtlich der Zulässigkeit von Firmen erheblich großzügiger bzw. stellt deutlich höhere Anforderungen an die Irreführungsgefahr als ursprünglich das deutsche Wettbewerbsrecht. So kommt es auf die Irreführung einer „erheblichen Zahl von Verbrauchern" an, EuGH EuZW 1993, 544 = WRP 1993, 233 – Nissan; Adressat ist der „verständige Verbraucher", von dem ein bestimmtes Wissen erwartet werden kann, EuGH EuZW 1995, 611 (+ 10 %), bzw. „ein durchschnittlich informierter, aufmerksamer und verständiger Durchschnittsverbraucher", EuGH EuZW 1998, 526 – 6-Korn – 10 frische Eier. Das UWG 2004 hat dem Rechnung getragen, für das Firmenrecht ist die Schwelle dadurch höher gesetzt, dass es die Eignung zur Irreführung über für die angesprochenen Verkehrskreise wesentliche geschäftliche Verhältnisse verlangt (II 1, → Rn. 13). Lit. Möller EWS 1993, 22 (EU-Mitgliedstaaten); Bokelmann DB 1990, 1021; ZGR 1994, 325; GmbHR 1998, 61; Fezer ZHR 161 (1997), 52.

13 B. Eignung zur Irreführung über wesentliche geschäftliche Verhältnisse: a) Eignung zur Irreführung, Wesentlichkeitsschwelle: Es kommt auf die objektive Eignung zur Irreführung an, nicht darauf, ob es tatsächlich zur Irreführung gekommen oder diese sogar beabsichtigt worden ist, BGHZ 22, 90; BayObLG BB 1979, 184; objektiv ungeeignet idR bei Verwendung eines fiktiven oder unbekannten Namens, OLG Düsseldorf ZIP 2017, 423. Die Irreführung muss sich auf **geschäftliche Verhältnisse** beziehen, nicht auf rein private, die für den Geschäftsverkehr unwesentlich sind. Der Begriff ist weit auszulegen, darunter fallen zB Angaben über die Waren und Dienstleistungen wie auch den Geschäftsbetrieb selbst. Auch Übertreibungen können dem Irreführungsverbot unterfallen, MüKo HGB/Heidinger Rn. 39. Mit der Formulierung **„für die angesprochenen Verkehrskreise wesentlich"** ist II 1 nF bewusst von II aF und der dazu ergangenen, in Schrifttum und Praxis als zu streng (zu geringe Irreführungsquoten, zT 10 %) und zu schematisch geltenden Rspr. abgesetzt worden (RegE HRefG), OLG Frankfurt a. M. NJW-RR 2015, 727 Rn. 29. Sowohl für die Frage der Irrtumseignung als auch für Wesentlichkeit ist auf das neue Kriterium der „angesprochenen Verkehrskreise" zurückzugreifen, MüKo HGB/Heidinger Rn. 53. Angaben nur von geringer wettbewerblicher Relevanz oder für die wirtschaftliche Entscheidung der angesprochenen Verkehrskreise nur von nebensächlicher Bedeutung sind unter II 1 nicht (mehr) als irreführend zu qualifizieren. Es kommt auch nicht allein auf das Verständnis eines „nicht unerheblichen Teils" der angesprochenen Verkehrskreise an, sondern objektiviert auf die **Sicht des durchschnittlichen Angehörigen des betroffenen Personenkreises** bei verständiger Würdigung, RegE, Köhler JZ 1989, 264. So verstanden, ist II mit Europarecht vereinbar (→ Rn. 12). Zu den durch die Firma angesprochenen Verkehrskreisen gehören zB Kundschaft, Lieferanten, Banken; auch (aber nicht allein maßgeblich) die Kflte des Geschäftszweigs, BayObLG NJW-RR 1988, 617; 2000, 111. Dabei ist nach Kundenkreisen, zB Industrie, Großhandel, EinzelHdl, Endverbraucher und auch nach regionalen Anschauungen zu unterscheiden, Koller/Roth Rn. 7. Bei dieser Auffächerung ist aber darauf zu achten, dass nicht auf diese Weise die alten, europarechtswidrigen Maßstäbe beibehalten werden. Lit. Kögel BB 1997, 799; 1998, 1647.

b) Verhältnis von II 2 zu § 5 UWG: Das UWG 2004 hat die Spannung 14 zwischen II 2 und dem strengeren § 3 aF UWG, nunmehr § 5 UWG (→ Rn. 11), im Wesentlichen aufgelöst. Konsequenz ist nicht unbedingt völliger Gleichlauf. Vielmehr brauchen die Prüfungsmaßstäbe schon wegen des unterschiedlichen Schutzzwecks des HdlReg und des Wettbewerbsrechts nicht notwendig identisch zu sein. Das könnte dazu führen, dass eine nach Firmenrecht unbeanstandet gebliebene Firma später nach UWG beanstandet wird und die Firmenführung unterlassen werden muss, BayObLG NJW 2000, 1648 (zu § 3 aF UWG). Eine Bestandssicherung der vom Registergericht unbeanstandet gelassenen Firma ist aber vom Gesetzgeber bewusst nicht eingeführt worden, zumal es in einem Zivilverfahren nach UWG auch um konkrete Verwendungsformen der Firma und besondere Einzelfallkonstellationen zwischen dem Firmeninhaber und einem bestimmten Wettbewerber geht. II 1 ist danach nicht lex specialis zu § 5 UWG, denn das könnte zu einer ungerechtfertigten Sonderbehandlung der Firma unter den Angaben über geschäftliche Verhältnisse nach § 5 UWG führen. Vielmehr verbleibt es bei der **„Feinsteuerung" durch UWG**. Zur Zweigleisigkeit des Verfahrens auch → Rn. 20.

c) Ermittlung: Über die maßgebende Verkehrsauffassung ist erforderlichen- 15 falls **Beweis** zu erheben, zB durch demoskopische Gutachten eines Meinungsforschungsinstituts, Umfragen geeigneter Stellen (IHK, DIHT ua, s. **(3)** FamFG § 380) oder Auskunft eines Fach- oder Berufsverbands, BGH NJW 1997, 2817. Das gilt uneingeschränkt nur im Prozess (§ 37 II HGB; §§ 8 ff. UWG, § 15 I MarkenG); die Amtsermittlung im Registerverfahren (§ 26 FamFG) ist hingegen durch II 2 nF eingeschränkt (→ Rn. 20). Aber selbst im Prozess ist die Beweiserhebung durch Verkehrsbefragung infolge der veränderten Standards (→ Rn. 13) iErg weniger häufig notwendig, Koller/Roth Rn. 9; weitergehend Lutter/Welp ZIP 1999, 1079: nur normativ, wohl auch Canaris § 11 Rn. 8. Der Richter darf die Täuschungsgefahr auch selbstständig feststellen, wenn er sie an sich selbst erfährt, BGHZ 53, 341 – Euro-Spirituosen, insbesondere wenn er selbst zu den angesprochenen Verkehrskreisen gehört, BGH BB 1973, 813 – Bayerische Bank; BayObLG NJW 1988, 2481, aber uU auch ohne dazu zu gehören, BGHZ 156, 250. Andererseits darf er sie, wenn das IHK-Gutachten sie möglich erscheinen lässt, nicht ohne weitere Ermittlung im Registerverfahren verneinen, BayObLG NJW-RR 1986, 839. Bei Beanstandung einer Firma wegen eines bestimmten in ihr enthaltenen Wortes, Ausdrucks, Zusatzes idR nicht Löschung der Firma insgesamt, wie sie gebildet war, sondern nur des Wortes usw, → Rn. 8. Anforderungen an ein demoskopisches Gutachten, BGH WM 2016, 1918 (MarkenG).

C. Firmenwahrheit bei fortgeführten Firmen: Bei fortgeführten Firmen 16 gelten § 22 sowie §§ 21, 24, **(1)** EGHGB Art. 22, in denen der **Grundsatz der Firmenbeständigkeit** zum Ausdruck kommt (→ § 22 Rn. 1). Dieser Grundsatz durchbricht in seinem Geltungsbereich den Grundsatz der Firmenwahrheit (→ Rn. 9) und tritt zT mit diesem in klaren Widerspruch, zB wenn § 22 I ausdrücklich die Fortführung einer Personenfirma ohne Nachfolgerzusatz erlaubt. Der Verkehr weiß dann nicht, ob der in der Firma enthaltene Name den bisherigen oder den derzeitigen Inhaber ausweist. Der Grundsatz der Firmenbeständigkeit gilt aber nicht absolut, sondern stößt seinerseits an die Grenzen des Irreführungsverbots, BGHZ 44, 120; 44, 287; 53, 66; 68, 14; 68, 273. Bspe: § 19 II, Rechtsformzusätze, benennende Inhaber- und Nachfolgerzusätze, je nachdem auch Dr.-Titel nur des alten Inhabers (→ Rn. 35, → § 24 Rn. 3).

D. Firmenwahrheit bei frei gewordenen Firmen: Wenn der Kfm. eine 17 Firma endgültig aufgibt, erlischt diese (→ § 17 Rn. 23) und wird dadurch an sich frei für andere Kflte. § 30 kann dann, da die alte Firma erloschen ist, nicht mehr eingreifen. Im Einzelfall kann trotzdem eine Irreführung über die Identität des Unternehmens bzw. den Inhaber mach § 18 II vorliegen, so insbesondere, wenn die frei gewordene Firma umgehend von einem anderen weitergeführt wird, OLG Hamburg OLGRspr. 87, 191; MüKoHGB/Heidinger Rn. 41. Der redliche Verkehr kann so darüber getäuscht werden, dass sich unter dem bisherigen Namen ein neues Rechtsgebilde verbirgt, MüKo HGB/Heidinger Rn. 41.Das gilt auch, wenn aus der frei gewordenen Firma nur ein Zusatz übernommen wird, OLG Hamm Rpfleger 1967, 414 – Heia-Polstermöbel.

18 **E. Für die Firmenwahrheit maßgeblicher Zeitpunkt: a) Grundsatz:** Maßgeblich für die Zulässigkeit der Firmenbildung und -führung ist im **Zeitablauf** grundsätzlich die jeweilige Gegenwart. Zukunftserwartungen fallen höchstens (dahingestellt von OLG Celle BB 1971, 1299) bei zuverlässigen Anhaltspunkten für ihre Erfüllung in naher Zeit ins Gewicht, KG HRR 1935, 29; AG Cloppenburg BB 1963, 327.

b) Nachträglich zulässig gewordene Firma: Eine anfangs irreführende Firma kann, wenn die Irreführung später wegfällt, zB auf Grund Änderung des zunächst unrichtig angegebenen Tätigkeitsbereichs, zulässig werden. Ein Recht auf eine nach dem Gesetz **unzulässige** Firma wird auch nicht durch **langen Gebrauch**, Gewöhnung des Verkehrs an sie und die Entwicklung der Firma zu einem wertvollen Besitzstand erlangt, falls damit eine wirtschaftlich bedeutsame Täuschung des allgemeinen Geschäftsverkehrs verbunden ist (Anschein einer Firma nach **(1)** EGHGB Art. 22, BGHZ 30, 293). Auch bei langem Gebrauch einer firmenrechtlich unzulässig gebildeten, nicht täuschenden Firma entsteht (jedenfalls bei endgültiger Ablehnung ihrer Eintragung im HdlReg) kein schutzwürdiger Besitzstand, BGHZ 44, 118; aA AG Hamburg ZIP 1982, 1067 – Finanz m. krit. Anm. Dürr. Es gibt also idR **keine Erwirkung** (→ § 17 Rn. 37).

c) Nachträglich unwahr gewordene Firma: Umgekehrt kann eine anfangs **zulässige** Firma (Firmenzusatz) **später täuschend** und damit unzulässig werden (→ § 8 Rn. 13), RGZ 162, 123; 169, 150; BGHZ 10, 201. Dazu kann es auf Grund Sitzverlegung, BayObLG BB 1993, 459, Änderung des Geschäftsbetriebs, zB neue Branche, oder Herabsinken auf nur noch lokale Bedeutung kommen, OLG Stuttgart BB 1982, 1194 mAnm. Wessel („Baden-Württembergische Eigenheim-GmbH"), uU bei Aufgabe der Produktion und nur noch Hdl, BayObLG NJW 1998, 2480. Entscheidend für die Irreführung ist die tatsächliche Tätigkeit, nicht die Satzung, OLG Frankfurt a. M. OLGRspr. 80, 294; BayObLG BB 1989, 728, str. Das Registergericht kann gegen die nachträglich unwahr gewordene Firma nach § 37 I iVm **(3)** FamFG § 392 und nach **(3)** FamFG § 395 einschreiten, nicht dagegen nach § 31 oder **(3)** FamFG § 399, Heymann/Emmerich Rn. 18; BayObLGZ 1979, 209, im Einzelnen str. Bei später geänderter Verkehrsanschauung oder richterlicher Rechtsfortbildung führen diese Grundsätze zu Härten. Eine Analogie zu **(1)** EGHGB Art. 22 I, die für all diese Fälle zur Beibehaltung der nunmehr täuschend gewordenen Firma führt, kann nicht anerkannt werden, aA MüKoHGB/Krebs § 37 Rn. 28 (ohne Einzelfallwertung); wohl auch MüKoHGB/Heidinger Rn. 44, flexibler ist eine Berücksichtigung dieses Umstandes im Registerverfahren durch Ermessen des Registergerichts, → § 37 Rn. 6. Dabei kann dann ein langer Gebrauch der ursprünglich zulässigen Firma für die weitere Zulassung ins Gewicht fallen, OLG Stuttgart BB 1961, 500 – Institut mit wesentlicher Verkleinerung des Geschäfts durch Kriegsfolgen, vgl. → Rn. 30); OLG Zweibrücken OLGRspr. 72, 395. **Lit.** Pöpel, 1995.

4) Registerverfahren (II 2)

19 Die Beachtung des Irreführungsverbots nach II 1 ist vom Registergericht zunächst im Eintragungsverfahren (§§ 29, 31 I) zu kontrollieren (§ 26 FamFG,

→ § 8 Rn. 7, **(4) HRV § 23**); sodann kommen ein Verfahren von Amts wegen gegen Gebrauch einer unzulässig gebildeten Firma (Missbrauchsverfahren, § 37 I) und gegen eingetragene Firma auch ein Amtslöschungsverfahren nach **(3) FamFG § 395** in Betracht. Davon zu unterscheiden und von II 2 nicht betroffen ist das Vorgehen durch Dritte (§ 37 II; UWG, → Rn. 14). Unterstützung der Registergerichte durch die IHK in Firmensachen s. **(3) FamFG § 380** (→ § 8 Rn. 12). Dazu (unverbindliche) Leitsätze des DIHT zur Beachtung durch die IHK (häufige Änderungen).

Im Verfahren vor dem Registergericht wird die **Eignung der Irreführung** 20 aber **nur berücksichtigt, wenn sie ersichtlich ist (II 2)**. Diese verfahrensbezogene Einschränkung der Überprüfung tritt neben die materiellrechtliche Einschränkung der Wesentlichkeit der Irreführung für die angesprochenen Verkehrskreise (→ Rn. 13). Sie entspricht § 37 III MarkenG (§ 4 I Nr. 4 WZG aF) und führt zu einer im Markenrecht bereits bewährten **Zweigleisigkeit des Verfahrens.** II 2 konkretisiert den Grundsatz der Amtsermittlung (§ 26 FamFG) dahin, dass das Registerverfahren auf ein „**Grobraster**" bei der Prüfung der Eignung zur Irreführung beschränkt, OLG Stuttgart NZG 2012, 551. Ersichtlich irreführende Firmenbestandteile sind solche, bei denen die Täuschungseignung nicht allzu fern liegt und ohne umfangreiche Beweisaufnahme (→ Rn. 15) bejaht werden kann, OLG Hamm FGPrax 2007, 141; OLG Dresden NZG 2010, 1237; OLG Schleswig NZG 2012, 34. Hat das Registergericht Zweifel an der Irreführungseignung, so soll es den Zweifeln nachgehen und ggf Richtigkeitsnachweise vom Anmeldenden verlangen bzw ein Gutachten der IHK gem. § 380 FamFG einholen. Verbleiben hiernach noch immer Zweifel an der Irtumseignung, ist die Firma trotzdem einzutragen, BeckOK HGB/Bömeke Rn. 64. Diese verfahrensbezogene Einschränkung kann insbesondere Folgen haben für Firmenzusätze, deren Irreführung nicht ohne weitere Ermittlungen ersichtlich wird, wie geographische Hinweise, zB Gebiets- und Stadtangaben, Europa, International (→ Rn. 23 ff.) und für Hinweise auf Marktstufe und auf Größe und Bedeutung, zB Fabrik, Werk, Großmarkt, Center, Haus, Zentrale (→ Rn. 29 ff.). Ist allerdings die Irreführung (ggf. durch zu weitgehende Ermittlungen der ersten Instanz) festgestellt, ist diese damit auch in der Beschwerdeinstanz ersichtlich; insoweit kann in der Beschwerdeinstanz kein zusätzlicher Streit über die richtige Auslegung dieses Tatbestandsmerkmals geführt werden (RegE HRefG S. 54). II 2 erfasst nur das Verfahren vor dem Registergericht, also das Firmenmissbrauchsverfahren (§ 37 I) und das Amtslöschungsverfahren (nach **(3) FamFG § 395**), nicht dagegen die zivilrechtlichen Unterlassungsklagen Dritter (§ 37 II; § 8 UWG). Erst dann kommt es zur wettbewerbsrechtlichen Feinsteuerung (→ Rn. 14). **Lit.** Fezer ZHR 161 (1997), 62; R. Schmitt WiB 1997, 1120; Wolf DZWir 1997, 397; Frenz ZNotP 1998, 178; Schaefer DB 1998, 1273. Komm. zu § 37 MarkenG.

5) Einzelfälle: Hinweise auf Rechtsverhältnisse

A. **Inhaber- und Nachfolgevermerk:** Wahrheitsgemäße Hinweise auf 21 Rechtsverhältnisse des Unternehmens sind zulässig, zB **Inhabervermerk,** wenn der Name des Inhabers nicht ohnehin in der Firma erscheint, etwa „Hans A, Inhaber Max B". Angabe der Vornamen im Inhabervermerk ist nicht mehr erforderlich; es genügt, dass ein vollständiger Familienname in der Firma enthalten ist (→ § 19 Rn. 6). Der Familienname kann auch in der ursprünglichen Firma in der Form des Inhabervermerks geführt werden (→ § 19 Rn. 6), OLG Köln NJW 1953, 346. Zulässig ist auch ein einer Geschäftsbezeichnung nachgestellter Inhabervermerk, sofern nicht irreführend, zB „Hansa Theater, Inhaber Alexander Gut", OLG Köln NJW 1953, 345; KG OLG 65, 317; auch „Reisebüro Klaus, Inhaber Klaus Gor", BayObLG Rpfleger 1981, 150; wohl auch „Reisebüro Sch., Inhaberin E-St-R", sofern nicht konkret der Eindruck einer Nach-

§ 18 22, 23   1. Buch. Handelsstand

folge nach §§ 21 ff. erweckt wird (vorangestellter Inhabervermerk, E-St-R Mädchenname der Inhaberin), OLG Celle BB 1990, 302; MüKoHGB/Heidinger Rn. 67, str. (→ § 21 Rn. 3). Inhabervermerk des Pächters auch als erster Inhaber des HdlGeschäfts (→ § 19 Rn. 6). Auch die Angabe des früheren Inhabers ist zulässig **(Nachfolgevermerk)**, zB „Max B, Hans A Nachfolger" oder „Max B, vormals Hans A". Dieser Vermerk setzt Identität des Unternehmens voraus, nicht nur Übernahme des Geschäftslokals oder von Teilen des Unternehmens. Fehlen die Voraussetzungen der Fortführung der Firma (vgl. §§ 22, 23), so darf nicht der Eindruck der Fortführung des Unternehmens erweckt werden, KG JW 1938, 1172; OLG Köln NJW 1963, 541. Der Nachfolgevermerk soll unzulässig sein, wenn der Vorgänger mangels KfmEigenschaft keine Firma, sondern nur Geschäftsbezeichnung führte, OLG Frankfurt a. M. NJW 1969, 330; OLG Hamm MDR 1968, 501, aber nach Preisgabe des Verbots firmenähnlicher Geschäftsbezeichnungen (→ Rn. 15) wohl nicht mehr haltbar. Nachfolgevermerk kann sogar zwingend sein, um Täuschungsgefahr zu vermeiden (→ § 19 Rn. 7, → § 22 Rn. 15 ff.).

22   B. **Hinweise auf Gesellschaftsform:** Hinweise auf die Gesellschaftsform sind für OHG, KG, GmbH & Co in § 19 vorgeschrieben; für GmbH § 4 GmbHG; für UG § 5a GmbHG; GmbH & Co bei UG als alleinigem phG führt irre, KG FGPrax 2010, 42 (Mindestkapital); Bezeichnung „Holding" bei UG als Firmenbestandteil auch zulässig, wenn im Eintragungszeitpunkt noch keine Holdingstruktur vorliegt, OLG Frankfurt a. M. NZG 2019, 1232; GbR & Co KG, MüKoHGB/Heidinger Rn. 182a; und Co GmbH, MüKoHGB/Heidinger Rn. 182a; für AG und KGaA §§ 4, 279 AktG; für PartG §§ 2, 11 PartGG („und Partner", „Partnerschaft", auch → Rn. 28); BGHZ 135, 257 mAnm Hülsmann NJW 1998, 35; OLG Karlsruhe NJW 1998, 1160; BayObLG NJW-RR 2003, 685; OLG München ZIP 2007, 770 (GV-Partner aber nicht verwechslungsfähig, str.); OLG Düsseldorf ZIP 2010, 282; Weber/Jacob ZGR 1998, 142, KG ZIP 2018, 1975; NZG 2018, 1235 (Bezeichnung „Partners" in GmbH-Firma unzulässig), aA OLG Hamburg ZIP 2019, 1286 mAnm Pestke, Stbg 2019, 461, dazu krit. Brock EWiR 2019, 393. Unzulässig sind Zusätze, die auf Ges. deuten (→ Rn. 17), und **Phantasieworte** (→ § 17 Rn. 14), die nach einer GesForm klingen, BGHZ 22, 89 – INDROHAG ... GmbH (wegen des „AG"); KG NJW 1965, 255 – Delbag; LG Hannover BB 1976, 59 – Gesag ... OHG; BayObLG DB 1978, 1269 – Trebag ... GmbH u. DB 1982, 2129 – BAG Bau-Anlagen GmbH; auch -agg, VAG; uU auch V. A. G., str. Zusatz „mbH" oder „mit beschränkter Haftung" ist GmbH vorbehalten, etwaige Haftungsbeschränkung bei anderen Gften ist anders kundzutun, hL, BayObLG NJW 1999, 297, GbR mbH ist unzulässig, BGHZ 142, 315. **Hinweise auf Gesellschafter** → § 19 Rn. 14–16, 22, 33 ff. Hinweise auf **geschützte Bezeichnungen** zB Bank → Rn. 28.

6) Geographische und historische Hinweise

23   A. **Gebiets- und Stadtangaben:** Gebiets- und Stadtangaben wurden herkömmlich idR **nur** für **führende Unternehmen** des Gebiets, Orts und Geschäftszweigs als zulässig angesehen, BGH BB 1964, 240; 1968, 972; 1989, 2349; BayObLG WM 1983, 1431 – Westdeutsch; BayObLG NJW-RR 1986, 839 – Münchner; OLG Hamm WM 1991, 1953; auch für Kleinbetrieb in mittelgroßer Stadt, solange er der Einzige seiner Branche am Ort ist, OLG Düsseldorf BB 1981, 72. Kfm. Unternehmen mit maßgebender, mindestens besonderer Bedeutung in dem Gebiet (Ort), eventuell bei neuartiger Tätigkeit im Verhältnis zu Unternehmen verwandter Wirtschaftszweige, so DIHT BB 1967, 1100; sehr weitgehend MüKoHGB/Heidinger Rn. 151 f. Keine Rolle spielt, ob die Ortsangabe attributiv oder substantivisch erfolgt, OLG München FGPrax 2010, 206.

Die folgenden Judikate sind also mit diesen Vorbehalten zu lesen, immer vorausgesetzt, dass ein realer Bezug zu dem Ort bzw. Wirtschaftsgebiet des Orts besteht, OLG Hamm NZG 2013, 997: **Vorangestellt** bzw. adjektivisch, zB „Münchener Import-Export", galt die Angabe idR als anspruchsvoller als nachgestellt, immer noch OLG Jena NZG 2011, 1191, zB „Import-Export München", nicht mehr OLG Hamm NZG 2013, 997. „Hamburger Kaffeelager" ist unzulässig bei einfachem Genussmittelgeschäft, RGZ 156, 22; dagegen bei „Import-Export in München" reine Ortsangabe. „Fahrschule Berlin" zulässig für eine der zehn größten von 258 Berliner Fahrschulen. Unzulässig „Berliner WohnungsbauGes" mit 14% Marktanteil, KG NJW 1969, 1539, ebenso „Berliner" mit weiter Branchenbezeichnung, wenn nur in schmalem Sektor tätig und führend, KG DB 1970, 246. Stadtteilsangabe nur für das Einzige entspr. Unternehmen im Stadtteil, OLG Stuttgart BB 1964, 1145 – Gablenberger Fahrschule. **Nachgestellt** wird ein solcher Zusatz zunächst dahin verstanden, dass sich an diesem Ort der Sitz der Ges. befindet, BayObLG BB 1993, 458, ist das nicht der Fall, ist das irreführend. Auch ein nachgestellter Zusatz kann aber eine doppelte Bedeutung haben, nämlich auf besondere Stellung und herausgehobene Bedeutung in diesem Ort hinweisen, BayObLG BB 1993, 458. Die (irreführende) Wirkung hängt also heute mehr denn je von den **Umständen des Einzelfalls** ab und ist deshalb jeweils näher zu ermitteln, BGH Rpfleger 1990, 76 – Treuhand Bad S.; OLG Köln NJW-RR 1988, 224 – Oberbergisch"; OLG Jena NZG 2011, 1191. Herausgehobene Bedeutung kann sich insbesondere auch aus Verbindung mit anderen Attributen ergeben, BayObLG DB 1990, 876, zB „Haus" → Rn. 30. Nicht jeder geographische Zusatz kann als Alleinstellungsbehauptung angesehen werden, zB Zusatz **„Süd"** im süddeutschen Raum, OLG Stuttgart OLGZ 1975, 116; BayObLG BB 1979, 184; „Siebdruck Süd" zulässig, OLG Stuttgart OLGZ 1975, 117; offen für **„West"** OLG Hamm BB 1984, 1891; anders für **„Nord"** OLG Oldenburg BB 12/1975, 8. **„Nord-Süd"** kann als Hinweis auf die ganze BRD verstanden werden, OLG Celle BB 1971, 1299. Möglich ist reiner Herkunftshinweis, zB „Schwarzwald H. Bauernspezialitäten", BGH WM 1982, 585; dagegen ist „Bayerische Bank" unzulässig für eine von zwei führenden bayerischen Regionalbanken, BGH BB 1973, 813; „Oberhessische" Bank s. BGH DB 1975, 2178. Nennt die Firma zwei Produkte, muss das Unternehmen in Bezug auf jedes herausragend sein, OLG Saarbrücken OLGZ 1976, 33. „Kölsch" Bier, in Euskirchen gebraut, uU zulässig wegen „traditioneller Gegebenheit", jedenfalls bis weil von Brauereiverband für zulässig erklärt, BGH BB 1970, 859. UU Behebung einer Irreführungsgefahr durch entlokalisierenden Zusatz, BGH BB 1971, 283 – Plym-Gin. Aussage unklar, daher Täuschungsgefahr zweifelhaft bei Gebrauch eines Begriffs, der nicht auch einen bestimmten Wirtschaftsraum kennzeichnet, OLG Frankfurt a. M. OLGZ 1973, 279 – Main-Car. Sonderrecht für **„Solingen"** (G 15.7.1938 RGBl. 953), dazu LG Wuppertal DB 1977, 1088; LG Wuppertal WRP 1987, 646 (zum UWG); OLG Düsseldorf DB 1978, 631; Bosse DB 1977, 1082; Weides WRP 1977, 141. Unzulässiger Hinweis auf bekannte **Straße,** OLG Hamm BB 1958, 603 – Kö. **Stadtbäckerei,** fraglich, vgl. BayObLG NJW-RR 1987, 1520. **Lit.** Tilmann, 1976.

B. **Art der Beziehung:** „Hamburger Kaffeelager" unzulässig, wenn der Unternehmer nur einer von vielen (außerhalb Hamburgs sitzenden) Abnehmern einer einzigen Hamburger Kaffeegroßhandlung ist, RGZ 156, 16. Unzulässig „Berliner Apotheke" an westdeutscher „Berliner Straße", OLG Hamm BB 1964, 1144. „Amerikanische Dampfbügelei" verlangt Beziehungen zu Amerika nach Person oder Betrieb, abw. KG JW 1927, 130. Zu „Nordsee" s. OLG Köln OLGZ 1966, 468 = BB 1966, 1247. „Grenzland" verlangt Grenzbeziehung, nicht besondere Größe, OLG Oldenburg BB 1968, 310. „Regio" (Südbaden) verlangt Grenzbeziehung und gewisse Bedeutung. „HM Rechtsanwälte Wirtschaftsberater

Steuerberater" nur bei Zusammenschluss, nicht bei bloßer Kooperation, BGH ZIP 2014, 793 (zu UWG).

25 C. **„Deutsch":** Das setzt idR Unternehmen voraus, das nach seiner wirtschaftlichen Bedeutung auf den deutschen Markt als ganzen zugeschnitten ist, BGHZ 53, 343 (§ 3 aF UWG); OLG München NJW-RR 1988, 812 (Deutsche Kreditkarte); OLG Düsseldorf NJW-RR 1993, 297. Auf die wirtschaftliche Bedeutung kommt es an, ua Kapital, Größe, Organisation, Ausstattung und Umsatz, nicht auf die persönlichen Verhältnisse des Inhabers oder Management. Wegen der internationalen Wirtschaftsverflechtung dient der Zusatz heute aber auch zur Kennzeichnung deutscher Töchter ausländischer Unternehmen ebenso wie im Ausland tätiger Töchter deutscher Unternehmen; das Publikum verbindet deshalb mit „deutsch" nicht mehr ein für die deutsche Wirtschaft beispielhaftes oder besonders wichtiges Unternehmen, BGH WM 1982, 560. Vgl. auch BGH NJW 1998, 3349 – FAZ (§ 3 aF UWG) **„Allgemeine deutsche"** ist schwächer als „deutsch" in Alleinstellung und für größte (reine) deutsche SteuerberatungsGes zulässig, BGH WM 1982, 561. Bei „Germania" finden die gleichen Grundsätze Anwendung, MüKo HGB/Heidinger Rn. 155. **National:** grundsätzlich wie „deutsch", GroßKo/Hüffer Rn. 60. **„Nord-Süd"** kann als Hinweis auf die ganze BRD verstanden werden, → Rn. 23.

26 D. **„Europäisch":** Für diesen oder ähnliche Zusätze muss das Unternehmen nach Größe und Marktstellung entsprechend den Anforderungen des europäischen Marktes beschaffen sein, aber europäisches Niederlassungsnetz ist unnötig, BGHZ 53, 339 – Euro-Spirituosen; BGH DB 1972, 282 – WZ; BGH NJW 1997, 2817; OLG Stuttgart WRP 1991, 527; OLG OLG Hamm WRP 1991, 498. „Europa" auch möglich bei besonderer Beziehung zur EU oder als Hinweis auf Erfolge europäischer Zusammenarbeit, DIHT BB 1967, 1100. S. auch OLG Köln BB 1966, 1247; OLG Oldenburg BB 1968, 312; OLG Hamm BB 1973, 1042 – EUROP-AIR (Assoziation ua mit SWISSAIR); LG München WRP 1976, 797 – EURO frisch Markt. Die Rspr. zu „Euro" uä wird zT als zu restriktiv empfunden (RegE HRefG). Tatsächlich ist „Euro" heute bei Firmierungen und Geschäftsbezeichnungen (nicht nur Warenzeichen) sehr verbreitet und in seiner Bedeutung verblasst, vgl. OLG Hamm Rpfleger 1992, 203; OLG Koblenz NJW-RR 1993, 228. Weniger anspruchsvoll bereits BGH NJW 1997, 2817: genügend in überschaubarem Markt schon verhältnismäßig kleines Unternehmen, europaweiter Versand auch ohne Auslandsniederlassung; OLG Frankfurt a. M. NZG 2011, 1234 (europäischer Fachverband). Zu berücksichtigen sind Geschäftsgegenstand, jeweiliger Markt und Vertriebsart. Dem Euro-Zusatz sind nach hM Fantasiebezeichnungen, die den Euro-Bestandteil enthalten, gleichzusetzten, MüKo HGB/Heidinger Rn. 160. **„International"** oder „inter" weist auf nicht unbedeutende (eigene) Auslandsaktivität sowie entspr. Größe und internationale Bedeutung hin, BayObLG NJW 1973, 371 – interhandel; OLG Stuttgart NJW-RR 1987, 101 – Intermedia. Internationale Geschäfte, Anschluss an internationale Vermittlernetze und internationales Gehabe reichen allein nicht. Anders, wenn nur die Tätigkeit (zutreffend) beschrieben wird, zB „Internationale Spedition". **„EG"/„EU"** weist auf besondere Stellung oder Geschäftsbeziehungen innerhalb der EG/EU hin, OLG Hamm WM 1991, 1953. **„Kontinent"**, ebenso **„Conti":** BGH BB 1979, 1212. **„Welt":** BB 1966, 1246.

27 E. **Historische Hinweise:** „Alt-Schöneberg" (Apotheke) nicht irreführend, weil kein definierbares Alt-Schöneberg mehr besteht (anderswo gilt anderes), so AG Bln-Charlottenburg BB 1968, 312. „Königlich bayerische Bierbrauerei" nur bei entsprechendem Alter und Beziehung zum früheren Königshaus, BayObLG MDR 1981, 321. „Manufaktur" → Rn. 33. Bei Verein unzutreffende Jahreszahl im Vereinsnamen, OLG Brandenburg NJW-RR 2011, 621.

3. Abschnitt. Handelsfirma   28, 29   § 18

7) Hinweise auf Art des Betriebs

A. Hinweise auf geschützte Bezeichnungen: Speziell geschützt, daher außerhalb der gesetzlichen Zulassung unverwendbar, sind ua die Bezeichnung „Bank", „Bankier", „Sparkasse" ua (§§ 39 ff. KWG, § 43 KWG Registervorschriften, → **(7)** Bankgeschäfte Rn. A5), OLG Frankfurt a. M. WM 1982, 603 (abschließende Aufzählung); „**Kapitalanlagegesellschaft**", „**Investmentvermögen**", „**Investmentfonds**", „**Investmentgesellschaft**", (§ 3 InvG), BayObLG BB 1983, 1494; WM 1984, 1569, zulässig dagegen „Investment Consult" BayObLG NJW-RR 1999, 1639; **Honoraranlageberater** uä (s. **(16b)** WpHG § 94 (§ 36d aF) idF HonoraranlageberatungsG 15.7.2013, außer wenn Anschein der Erbringung von WPDienstleistungen ausgeschlossen ist; „**und Partner**" uä → Rn. 22); „**Unternehmensbeteiligungsgesellschaft**" (§ 20 UBGG); **Architekt, Arzt, Rechtsanwalt, Wirtschaftsprüfer; Steuerberater, Steuerbevollmächtigter**, BGHZ 79, 396; 103, 356, Lohnsteuerhilfe(verein), OLG Frankfurt a. M. BB 1979, 1117, usw. „**Buchführung**" kann auch auf die für Steuerzwecke erforderlichen Abschlussarbeiten hinweisen, dann ohne Befugnis zur Steuerberatung unzulässig, OLG Düsseldorf BB 1983, 399. Nicht, wenn Anschein solcher Tätigkeit ausgeschlossen ist, zB „Bank" bei Verlagen oder Zeitschriften (§ 41 KWG).

B. Hinweise auf Marktstufe: „**Fabrik**", „**Fabrikation**" (schwächer als „Fabrik"), „**Industrie**" sind zulässig für industriellen (nicht handwerklichen, vgl. → § 1 Rn. 26), kfm. Herstellungs-(nicht Handels-, idR auch nicht nur Montage) Betrieb, OLG Hamm BB 1954, 977; OLG Celle BB 1966, 1244. „**Werk**" (stärker als „Fabrik") idR für großindustriellen Betrieb, OLG Frankfurt a. M. BB 1965, 803; OLG Hamm BB 1968, 311 also zB maschinelle Anlagen, Großtransportanlagen, größere Arbeitszahl, speziell eingerichtete Räume; aber auch ohne Großbetrieb, falls das Unternehmen den Durchschnitt seiner Branche größenmäßig übertragt, OLG Stuttgart BB 1981, 1670; OLG Jena NZG 2011, 1191 (Fahrzeugwerk); anders kraft Übung in der Holz-, Erden-, Stein-Industrie (zB „Sägewerk", „Marmorwerk", wohl auch „Hammerwerk"), RG GRUR 1937, 718; KG JFG 3, 176; OLG Celle BB 1952, 125; OLG Karlsruhe BB 1957, 165; OLG Stuttgart BB 1981, 1670; LG Mannheim BB 1962, 387; AG Cloppenburg BB 1963, 327; nicht „Halbmetallwerk", LG Aachen BB 1964, 1144. Mehrere kleine Betriebsstätten sind nicht ein „Werk", LG Aachen BB 1964, 1144. Zulässig Mehrzahl „Werke" für mehrere selbstständig arbeitende, zentral geleitete Werke, OLG Oldenburg BB 1962, 387. Zulässig werden jene Bezeichnungen wohl auch, wenn durch Mitnennen der Erzeugnisse Täuschung ausgeschlossen ist, OLG Frankfurt a. M. BB 1959, 467 („Fabrikation feiner Fleisch- und Wurstwaren Wilhelm X" für ins Handelsregister einzutragenden Metzger), OLG Oldenburg BB 1958, 929 („Motorinstandsetzungswerk"). Zugehörigkeit zum Handwerk iS HdwO (vgl. → § 1 Rn. 26) schließt nicht notwendig die Bezeichnung „Werk", „Fabrikation" uä aus, vgl. OLG Karlsruhe BB 1959, 900; „Versicherungs-Dienst für das deutsche Handwerk" nur bei entsprechendem Betriebsvermögen und Verkehrsgeltung, OLG Düsseldorf NJW-RR 1993, 297; „Elektrizitätsgesellschaft" weist auf Stromerzeugung hin, OLG Hamm BB 1959, 900. „**Chemie**", „Basis-Chemie" können auch kleine Betriebe verwenden, Neust WRP 1962, 410. „**Hersteller**", nicht wenn (mehr als geringfügiger) Vertrieb fremder Produktion, RG GRUR 1940, 585; BGH GRUR 1957, 349. „**Herstellung und Vertrieb**" verlangt meistens gleichgewichtige Eigenherstellung, BGH DB 1976, 143. Zusatz (zu GmbHFirma) über die Vertriebstätigkeit (Herstellung oder Vertrieb) ist nur bei Täuschungsgefahr nötig, BGH NJW 1982, 2446. „**Großhandel**"/„**Großhandlung**": weist nicht auf den Geschäftsumfang, sondern auf die Handelsstufe hin, KG JW 1930, 1409, aA Koller/Roth Rn. 12 f.: zulässig auch im Einzelhandel, setzt kein besonders großes Warenlager voraus und

§ 18   30

kann auch bei nur kleinem Großhandels-Anteil am Umsatz (zuletzt 4,2 %) gebraucht werden, wenn zugleich auf den Einzelhandel hingewiesen wird, OLG Hamm NJW 1963, 863. (Schuh-)"Großhandlung" ist zulässig trotz kleinem (6 %) Direkt-Einzelhandel und trotz bedeutendem Verkauf an eine Einkaufsgenossenschaft und Weiterverkauf für diese an ihre Mitglieder, OLG Karlsruhe BB 1964, 574. Vgl. BGH BB 1968, 685 (§ 3 aF UWG, nicht Firma): GroßHdlGeschäft mit Einzel-, insbesondere Versandhandel darf sich gegenüber FacheinzelHdl und Letztverbrauchern nicht nur GroßHdlUnternehmen nennen, BGH BB 1974, 150 (§ 6a II aF UWG). **"Großmarkt"** war bisher unzulässig für Einzelhandelsunternehmung, verblasst aber; "Markt" weist dagegen nicht auf Vertriebsform hin, → Rn. 30.

30   C. **Hinweise auf Größe und Bedeutung:** **"Börse"** verlangt gewisse Größe und idR Käufer- und Verkäufermehrheit, mindestens Erfassung eines wesentlichen Teils des Marktes am Ort, OLG Darmstadt, OLG Frankfurt a. M., OLG Zweibrücken BB 1966, 1245; 1968, 311 – Auto-Börse, Schmuck-Börse; OLG Frankfurt a. M. Rpfleger 1981, 306 – internationale Flugbörse; seit einiger Zeit verliert der Begriff aber seine ursprüngliche Bedeutung ("Krawatten-Börse", "Schuh-Börse"), Bokelmann GmbHR 1983, 238. Ursprüngliche Bedeutung nur noch in klassischen Bereichen der Börse (Devisenbörse, Wertpapierbörse, Mineralölbörse), MüKo HGB/Heidinger Rn. 135. **"Center"** bezeichnete ursprünglich Unternehmen mit Vorzugsstellung am Platze, sei es an Kapital und Umsatz, sei es mehr durch Breite des Angebots und Kundendienst (Rspr. s. 27. Aufl.), hat aber inzwischen seine Bedeutung nahezu völlig verloren. Keinen Hinweis auf ein seine Mitbewerber überragendes kapital- oder umsatzstarkes Unternehmen beinhalten zB Garten-, Möbel-, Teppich-, Fitness-, (Tank-)Service-, Buchcenter; das ist aber für jede Branche besonders festzustellen, BGH NJW 1987, 63, offen zB für Küchencenter. "HdlZentrum" für EinzelHdlUnternehmen verlangt Angebot im Wesentlichen aller Waren des täglichen Bedarfs, OLG Düsseldorf WRP 1982, 224; zwischen Center (Bedeutungswandel) und Zentrum (noch nicht so) unterscheidend OLG Frankfurt a. M. NJW-RR 2015, 727 Rn. 32 (s. unten Zentrum). "Rechenzentrum" ist dagegen bloße Branchenbezeichnung ohne Größe oder Bedeutung. **"DM":** unzulässig. **"Erste"** ist idR doppeldeutig (beste oder älteste; Klarstellung, zB "Älteste", ist empfehlenswert), bei ersterer Bedeutung kann die Firma auch später noch täuschend werden; vgl. BGH LM UWG § 3 Nr. 21 – Erste Kulmbacher. **"Haus"** ist jedenfalls herkömmlich je nach Wortverbindung **entweder a)** nur Wortteil ohne Aussage über Größe und Bedeutung, zB Gasthaus, Leihhaus, **oder b)** Behauptung überdurchschnittlicher **Größe** oder Bedeutung im Geschäftszweige am Ort, zB Möbelhaus BGH WM 1980, 41; WRP 1982, 410, Kaufhaus, Kunstauktionshaus, Einrichtunghaus; Werbehaus und erst recht "Das Werbehaus", LG Berlin BB 1964, 572; für Autohaus OLG Frankfurt a. M. BB 1966, 1242, vgl. auch BayObLG NJW-RR 1988, 617; Kombination von "Haus" und Ortsname ("Bürohaus X-Stadt") nur für das führende Unternehmen am Platz (→ Rn. 23), aber nicht schon wenn ohne Konkurrenten das Einzige dort, sondern nur bei herausragender Stellung im Kundeneinzugsgebiet (brancheninterner, notfalls -externer Vergleich), BayObLG BB 1990, 2357; **oder c)** nur Anzeige der **Spezialisierung** auf die genannte Gattung ohne Behauptung besonderer Größe oder Bedeutung, so heute regelmäßig ua für Artikel des täglichen Bedarfs und Breitenkonsums, zB Schuh-, Blumen-, Zigarren-, Reformhaus; OLG Celle BB 1963, 325 – Süßwarenhaus; OLG Karlsruhe BB 1963, 746 – Fernseh-Haus; KG BB 1963, 1396 – Tonbild- und Elektrohaus; OLG Oldenburg BB 1968, 310 – Haarhaus Grenzland; OLG Hamm BB 1969, 1195 – Textilhaus; teils abw. ältere, strengere Rspr. Der DIHT verlangt (außer für Blumen-, Zigarren-, Reform-, Kräuterhaus) ein (voll)kfm. Geschäft mit idR überortsdurchschnittlicher Sortimentsbreite, Ver-

3. Abschnitt. Handelsfirma 31 § 18

kaufsfläche, Umsatzgröße, idR auch fachlich besonders geschultes Verkaufspersonal (außer bei Selbstbedienung) und je nach Brancheneigenart überdurchschnittliche Aufmachung, dagegen nicht örtlich führende Stellung, BGH GRUR 1969, 415 = BB 1969, 418 – Kaffeerösterei. Auch im Fall c) muss der Betrieb (voll)kfm. sein, OLG Oldenburg BB 1953, 716; OLG Hamm BB 1954, 784; KG BB 1963, 1396. Huthaus, und Haus der Hüte (stärker), Einrichtungshaus, Kaufhaus, s. LG Siegen, Wuppertal, Siepen, IHK München BB 1960, 158. Mehrheit von Filialen fällt nicht ins Gewicht, wenn sie dem Publikum am einzelnen Platz nicht erkennbar ist, LG Göttingen BB 1961, 501. „Autohaus" weist nur auf Spezialisierung hin, str., aber zweifelhaft bei bloßem oder überwiegendem Gebrauchtwagenhandel, bei beinahe ausschließlichem Werkdienstwagenverkauf, BayObLG NJW-RR 1988, 617. „Tankhaus" nicht ohne Aufenthalts- und Ruheräume, OLG Celle BB 1962, 386, fraglich geworden. Die Bedeutung von „Haus" verblasst mehr und mehr. „Hof": je nach Branche verschieden, „Weinhof" (meist Herkunftsbezeichnung), wie „Weingut" → Rn. 23, 33, anders in Nichtweingebiet; „Autohof", zulässig auch bei größerer Tank- und Raststelle. „Holding": bezeichnet eine Strukturmaßnahme, daher als Größenangabe nicht geeignet, OLG Frankfurt a. M. NZG 2019, 1234 mAnm Wachter EWiR 2020, 9. „Klinik" erfordert eine gewisse personelle und apparative Ausstattung, OLG Stuttgart WRP 1991, 528 (§ 3 aF UWG), auch → Rn. 33. „Kontor": im Binnenland idR nur bei größerem Betrieb, anders bei anderer Tradition uU in Hafen- und Hansestädten. „Markt" bedeutet übliches EinzelHdlGeschäft mit gewisser Größe und Angebotsvielfalt, BGH WM 1983, 1319; Selbstbedienung ist nicht notwendig; herkömmlich nur für Waren, für Dienstleistungen bei entsprechender Auswahl aber nicht schlechthin ausgeschlossen, zB „Friseurmarkt" bei sehr großem Friseurladen und breiter Frisierartikelauswahl, str. „Supermarkt": heute als Einzelhandelsbetrieb, mit einem großem Food- und zusätzlichem Nonfood-Angebot und großer Verkaufsfläche und mit überwiegender Selbstbedienung. „Verbrauchermarkt": Einzelhandelsbetrieb mit sehr großem (Food- und Non-food-)Angebot und sehr großer Verkaufsfläche mit großer Kundenparkplatzfläche. „Großmarkt" war bisher nur zulässig für Einzelhandelsunternehmung, verblasst aber (→ Rn. 29). „Marktführer": bei Presse iZw verkaufte Auflage, nicht Reichweite, BGHZ 156, 250. „Palast": größerer Betrieb, OLG Stuttgart JW 1933, 1473. „Preis": „Preiswert", uU nur zulässiger Hinweis auf Billigware; „Minipreis", nicht eintragungsfähig, da von jeweiliger Kalkulation abhängig. „Supermarkt", „Verbrauchermarkt" s. Markt. **Werbesprüche** stets wegen Zulässigkeit von Phantasiefirmen nicht so unzulässig, Einzelfallbetrachtung erforderlich. „Zentrale", „Zentrum", immer noch besondere Größe und Bedeutung, OLG Frankfurt a. M. NJW-RR 2015, 727 Rn. 32 ff. – Optik Sehzentrum, anders für Center, s. oben.

D. **Hinweise auf Vereinigung**: „Gruppe", „Pool", „Ring", „Team", 31 „Union", „Verband", „Verbund", „Vereinigte" wiesen ursprünglich auf bedeutendere Vereinigung rechtlich selbstständiger Mitglieder hin. Heute ist die Bedeutung einer besonderen Kapitalkraft und gewissen Größe fast durchweg verblasst, MüKoHGB/Heidinger Rn. 167; OLG Frankfurt a. M. NZG 2011, 1234 (europäischer Fachverband); OLG Schleswig NZG 2012, 34. Übrig geblieben ist aber die Bedeutung eines Hinweises auf eine Vereinigung. „Gruppe": irreführend „J e. K. Group" für EinzelKfm, OLG Schleswig NZG 2012, 34; OLG Jena ZIP 2014, 375 (auch → Rn. 8), aber zulässig für EinzelKfm als Konzernspitze, Staub/Burgard Rn. 76, uU auch bei Zusammenschluss mehrerer natürlicher Personen, zB Arbeitsgruppe, Forschungsgruppe als Firmenbestandteil, OLG Jena ZIP 2014, 375. „Sozietät": Zusammenschluss von Freiberuflern (→ Rn. 35) in Form einer Ges. oder Gemeinschaft, vor allem von Rechtsanwälten, Notaren uä, auch ohne Ges., wenn gleiche Vorteile für den Rechtsverkehr,

Merkt 197

BGH ZIP 2012, 1960 (zu § 43b BRAO, RsprÄnd); mindestens zwei, aber nicht unbedingt mehrere Berufsangehörige in Ges. oder Gemeinschaft, wohl nicht nur einer mit nur angestellten Berufsangehörigen. "**& Kollegen**": mindestens zwei weitere Kollegen, vgl. BGH NJW 2007, 3349 (Anwaltskanzleibriefkopf); BVerfG NJW 2008, 502; "**Team**" verlangt mindestens zwei an der Tätigkeit Beteiligte, nicht notwendig als Gfter; bloße Kapitalgeberstellung des einen reicht uU nicht aus. "**Union**": Herkömmlich idR kapitalkräftige Verschmelzung oder sonstige rechtsfähige Verbindung mehrerer Unternehmen (zB Stahl-Union, Textil-Union); so auch wenn vorangestellt (zB Union-Textil), anders ua bei Etablissementsbezeichnungen (zB Union-Theater), DIHT BB 1967, 1100, aber zwischenzeitlich verblasst. "**Verband**", "**Verbund**" ist, wenn nicht schon lang geführt und darum nicht mehr irreführend, idR für einzelne Unternehmen unzulässig. "**Vereinigte**" ist mangels wirklicher Zusammenfassung von Unternehmen der bezeichneten Art unzulässig, RGZ 166, 242.

32   E. **Hinweise auf Spezialisierung und Branchen:** Die bisherige Rspr. nahm im Hinblick auf die Unzulässigkeit von Sachfirmen für EinzelKflte und PersonenhdlGes Hinweise auf Spezialisierung und Branchen recht genau. Die diesbezüglichen Firmenzusätze durften nicht über die Geschäftstätigkeit des Kfm. hinausreichen. "**Fachgeschäft**", "**Spezialgeschäft**" verlangt nach wie vor besondere Leistung im Fach, OLG Stuttgart BB 1974, 196 – Küchenspezialgeschäft, nicht bloße Spezialisierung, sondern breit gefächertes Angebot und fachkundige Beratung, OLG Koblenz WRP 1982, 45 – Hörgeräte-Fachgeschäft (§ 3 aF UWG). Zudem wird von Kundschaft Möglichkeit von Sonderanfertigungen und Montagen erwartet, MüKo HGB/Heidinger Rn. 139. Verbindung des Namens mit **Warenbezeichnung** (Leder-Schulze) bezeichnet ein auf die Ware wirklich spezialisiertes Unternehmen, Gutachtenausschuss für Wettbewerbsfragen BB 1953, 156; OLG Karlsruhe BB 1966, 1249 – Möbel-Meier, aber ohne besondere Qualität des Angebots und ohne besondere günstige Verwendungsmöglichkeit, BGH BB 1967, 182 (zu § 3 aF UWG, "Spezialsalz") "Fachdrogerie", aber auch nur Drogerie unzulässig für Gemischtwarengeschäft mit einigem drogistischem Sortiment, LG Aachen BB 1968, 439.

33   **Kasuistik:** "**Agentur**" setzt Tätigkeit für fremde Rechnung voraus, bloßer Verkauf auf eigene Rechnung (zB beim Streckengeschäft, → Einl. v. § 373 Rn. 27) genügt nicht. "**Anlageberatung**" setzt Tätigkeit im Kundeninteresse (→ § 347 Rn. 23) und gewisse Breite der Beratungspalette voraus, also täuschend bei bloßem Absatzinteresse oder nicht offengelegter Beschränkung auf eine Anlagenart, zB bloße Versicherungsvermittlung. "**Bank**" → Rn. 28. "**bau**" ist für Baustoffhandel unzulässig, OLG Hamm DB 1974, 868. Tätigkeit auch nur in einem Teilbereich der Baubranche genügt, KG FGPrax 2010, 42. "**Bauhaus**" weist auf das berühmte Bauhaus von Gropius (Architektur, Design, bildende Künste) hin. "**Börsenmakler**", "**Broker**": "introducing broker" nur bei Zulassung zum Börsenhandel in Deutschland oder den USA, OLG Düsseldorf NJW-RR 1992, 171. "**Buchführung**" → Rn. 28. "**Diskont**" (Discount)-Haus, -Geschäft uä setzt deutlich niedrigeren Preis als im konkurrierenden Einzelhandel sei grundsätzlich allen Artikeln, nicht nur im Gesamtniveau voraus, BGH BB 1971, 144. "**Fern-Lotto**" ist unzulässig, wo nur Lose vertrieben werden, KG NJW 1955, 1927. "**Finanzierung**" uä unzulässig bei bloßer Finanzierungsvermittlung, OLG Frankfurt a. M. AG 1980, 82; LG Düsseldorf BB 1979, 905; AG Rotenburg, AG Hamburg BB 1977, 462 und 1116; LG Nürnberg-Fürth Rpfleger 1996, 252, sowie bei untergeordnetem, genehmigungsfreiem Kreditgeschäft, AG Wuppertal BB 1979, 391; Begriff verliert aber zunehmend an Kontur. "**Bau und Finanz**" unzulässig bei bloßer Grundstücks- und Kapitalvermittlung, AG Oldenburg BB 1968, 312; Übersicht Dürr ZIP 1982, 1067. "**Invest**" → Rn. 28. "**Kanzlei**" → Rn. 17. "**Klinik**", BGH GRUR 1996, 803;

auch → Rn. 30. **"Kredit"**, **"City Credit"**, **"prokredit"** ist bei bloßer Darlehensvermittlung irreführend, OLG Düsseldorf BB 1979, 1788; OLG Köln BB 1980, 652; ebenso "Kredit-Dienst, Institut für Geldbeschaffung", LG Düsseldorf BB 1980, 697, aber zweifelhaft. **"Laden"** in "Kinderladen" ist zu allgemein, wo nur Kleidung, nicht anderer Kinderbedarf angeboten wird, AG Oldenburg BB 1964, 1144. **"Lager"** (ähnlich **"Hof"**, **"Magazin"**, **"Speicher"**) behauptet überdurchschnittliche Lagerhaltung, die ua billigeren Verkauf ab Lager erwarten lässt, und war herkömmlich grundsätzlich Großhandel und Fabriken vorbehalten, dem Einzelhandel versagt, RGZ 156, 20; Neust BB 1963, 326; LG Oldenburg BB 1964, 1143; DIHT BB 1968, 439, anders bei bloßen Werbeanzeigen, dann selbst bei "Großlager", OLG Hamburg WRP 1968, 119 (§ 3 aF UWG); Hinweis auf Großhandel hat sich indessen heute weitgehend verflüchtigt, zB "Weinlager" zulässig auch für Endverbraucher. Vgl. auch BGH DB 1973, 2509 ("Lager" in verschiedenen Werbeangaben). **"Lohnsteuerhilfe"** → Rn. 28. **"Manufaktur"** bedeutet herkömmlich Produktionsstätte mit Herstellung wesentlich durch Menschenhand, KG GRUR 1976, 640, doch verflüchtigt sich dies zunehmend, vgl. BayObLG Rpfleger 1984, 103; 1985, 677; "Porzellan- und Glasmanufaktur" nur bei Tradition und eigener Herstellung, nicht bloßer Bearbeitung, BayObLG Rpfleger 1985, 240. **"Marketing"**: bloße Verkaufsförderung ohne präzise Bedeutung. **"Mehrwert"** soll für viele bedeuten: billiger als jede Konkurrenz, vgl. BGH BB 1973, 60; heute so nicht mehr. **"Selbstbedienung"**, BGH NJW 1970, 1545; vgl. auch BGH BB 1973, 60. **"Seminar"** → Rn. 35. **"Stadt-"** mit Unternehmen, zB Stadtbrauerei, kann auf (frühere) Trägerschaft der Stadt oder besonderer Verbindung zu ihr oder doch auf alteingesessenes Unternehmen hinweisen, entscheidend ist aber die zu ermittelnde Verkehrsanschauung, BayObLG NJW-RR 1987, 1520 – Stadtbäckerei. **"Steuerbüro"**: BGH BB 2013, 577 Ls. (Anwaltskanzleibezeichnung); **"Studio"**, heute abgegriffen ohne besonderen Gehalt, OLG Stuttgart NJW-RR 1987, 739 für Ladengeschäft, aA noch BayObLG NJW 1972, 166 für Modestudio. **"Unternehmensberatung"** deutet auf umfassende betriebswirtschaftliche Beratung hin. **"Vermögensberatung"** s. "Anlageberatung". **"Versicherung"** unzulässig bei bloßer Versicherungsvermittlung (wie Finanz, s. oben), MüKoHGB/Heidinger Rn. 142. **"Weingut"** (→ Rn. 30 "Hof") nur bei eigenem Anbau und Ausbau mit eigenen Kellern, Zukauf ist problematisch; **"Weinkellerei"** setzte bisher Weinausbau, -abfüllung und -handel voraus, nicht mehr haltbar. **"Wert-"**: soll Angebot besonders wertvoller Artikel bedeuten, OLG Hamm NJW 1968, 2381 (Wertfoto), heute verblasst. **"Wirtschaftsberatung"** wie Unternehmensberatung.

F. **Hinweise auf Amtsstellung**: **"Stelle"** weist auf amtliche Aufgaben hin, jedenfalls in Verbindung mit öffentlich bewirtschafteten Gütern, KG DR 1942, 731, erst recht **"Polizei"**, OLG Frankfurt a. M. WM 1983, 1372, anders "Polizeisport", OLG Hamm Rpfleger 1981, 404; auch **Provinzial**-Molkerei, KGJ 22, A 100, ähnlich "Schädlingsbekämpfungsdienst Sachsen-Anhalt W.J.", KG DR 1942, 1501. **"Kammer"**: "Europäische Handelskammer Gesellschaft", OLG Hamm WRP 1991, 497; 1992, 354 (zu § 3 aF UWG). **"Kirchlich"** verweist auf persönliche oder organisatorische Verbindung zu einer Kirche, LG Bremen BB 1961, 501 (Kunstverlag); Namensschutz für "katholisch", BGHZ 124, 173. **"Stadt"** kann auf städtische Stelle, zB Stadtbücherei, oder besondere Tradition hinweisen, zB Stadtbäckerei. **"Stiftung"** ist zulässig in "X-Stiftung GmbH", weil hier die Rechtsform klar ist, OLG Stuttgart BB 1964, 1145; entspr. für OHG und KG, nicht für EinzelKfm. **"Unfallversorgung"** deutscher Ärzte- und Zahnärzte-VersicherungsvermittlungsGmbH" ist unzulässig, ua weil eigenes Versicherungsunternehmen angedeutet ist, trotz Hinweis auf Vermittlung und trotz Unzulässigkeit von Versicherungsunternehmen als GmbH (§ 7 VAG), BGH BB 1968, 314.

35 G. **Hinweise auf Titel und Berufsqualifikationen:** geschützte Bezeichnungen → Rn. 28. Phantasie-„**Adels**"-Name (oder von ausgestorbener Familie) ist zulässig bei Vermeidung des (falschen) Scheins echter Tradition und des Scheins früherer Inhaberschaft eines Trägers des Namen (Sektkellerei) „Graf S", Inhaberin X, gegründet 1957), Neust MDR 1963, 138. „**Akademie**" (zB für praktische Betriebswirtschaft) deutet auf Besucher- oder Mitgliederförderung als Selbstzweck, nicht Mittel der Gewinnerzielung, auch bei Zusatz „GmbH", OLG Bremen BB 1971, 1258 (dahingestellt, ob auch Hinweis auf öffentliche Aufsicht, die bei anerkannter Privatschule gegeben ist). „**Anstalt**" ist doppeldeutig, uU (schwacher) Schein öffentlicher Aufsicht; in diesem Fall ist auf Gewerbe hinweisender Zusatz nötig, zB Beerdigungsinstitut, im Einzelfall genügt auch Inhaberbezeichnung, so besonders wenn öffentliche wissenschaftliche Anstalt am Ort ist. „**Dipl-Ing**" in Geschäftsbezeichnung eines Ingenieurbüros, BGH BB 1965, 761; wie „Dr", BGH NJW 1991, 753; „diplomiert", vgl. BGH MDR 2014, 607; „**Dr**" setzt promovierten Inhaber oder UnternehmensGfter voraus, promovierter Geschäftsführer oder den betreffenden Unternehmenszweig überwachender leitender Angestellter kann im Einzelfall genügen, str., nicht aber nur promovierter Kdtist; kann ohne Fakultätsangabe täuschend sein, wenn wissenschaftliche Ausbildung auf dem Geschäftsfachgebiet angezeigt wird und solche fehlt, BGHZ 53, 67; BGH NJW 1991, 752; so auch für GmbH, BGH WM 1992, 504 (promovierter Strohmann), für diese großzügiger Riegger DB 1984, 441; je nachdem auch nach Ausscheiden und Einwilligung des Promovierten, wenn kein anderer Promovierter in der PartGes eine maßgebliche Stellung einnimmt, BGH ZIP 2018, 1393 mAnm Hirtz EWiR 2018, 487; 2018, 1439, dazu krit. Römermann EWiR 2018, 581; Juretzek DStR 1942; 2018, 1494 mAnm Kleefas EWiR 2018, 709 (Partnerschaft von Rechtsanwälten, Steuerberatern, Wirtschaftsprüfern) Ausscheiden des promovierten Namensgebers; → § 24 Rn. 3), anders bei Nachfolgezusatz (→ Rn. 21), OLG Köln FGPrax 2008, 125; ausführlich Hönn ZHR 153 (1989), 386. Dazu → § 22 Rn. 15 (Fortführung). „**Ingenieur-Büro**" (ohne Dipl) verlangt entsprechendes Personal, OLG Frankfurt a. M. DB 1972, 1014; unzulässig bei überwiegend gewerblicher Tätigkeit, OLG Stuttgart BB 1973, 909. „Ingenieurgesellschaft" verlangt nicht GfterStellung mehrerer Ingenieure, OLG Hamm Rpfleger 1997, 312. „**Institut**" impliziert häufig wissenschaftliche Arbeitsweise und öffentliche Grundlage, wenigstens Aufsicht, zT aber auch ohne diese Implikation, zB Heirats-, Beerdigungsinstitut, BGH NJW-RR 1987, 735, auch Finanzierungs-, Schönheitsinstitut. Unzulässig zB „Verkehrs-Institut" für Fahrschule, BayObLG BB 1968, 313, „Regioplan-Institut für Strukturanalyse", LG Berlin BB 1968, 313; „Institut für physikalische Therapie" bei zwei Masseuren und medizinischen Bademeistern, OLG Düsseldorf WRP 1977, 796 (§ 3 aF UWG); sogar Institut bei einfachem Facharzt, OLG Düsseldorf WRP 1976, 319 (§ 3 aF UWG); Institut ohne Tätigkeitsbezeichnung bei privatem Verein, KG FGPrax 2012, 32. Rechtsformzusatz „GmbH" beseitigt Täuschungsgefahr nicht, BayObLG BB 1985, 2269 gegen frühere Rspr. Besonders leicht irreführend an Hochschulort, AG Mannheim BB 1962, 388, etwa „Institut für steuerwissenschaftliche Information" bei Verein mit Sitz in Universitätsstadt, BayObLG NJW-RR 1990, 1125. „**Kanzlei**" weist auf Rechtsanwälte hin; „Rechtsanwalts- und Steuerkanzlei" nicht bei Partnerschaft mit mehreren Kanzleien an verschiedenen Orten, OLG Brandenburg NZG 2016, 862 wegen § 27 BRAO. „**Kolleg**" für rein private Heilpraktikerausbildungsstätte täuscht, BGH WRP 1983, 489. „**Meister**" wohl ähnlich wie „Dr" zu behandeln, abw. KG JW 1936, 1684. „**Professor**": auch wenn im Ausland erworben, nicht ohne Weiteres irreführend, BGHZ 118, 53. „**Revisionsgesellschaft**" nicht, wenn kein Wirtschaftsprüfer beteiligt oder beschäftigt ist, OLG Düsseldorf BB 1976, 1192, unzulässig für SteuerberatungsGes, OLG Frankfurt a. M. NJW 1980, 1758; DB 1981, 1186. „**Seminar**" weist auf

3. Abschnitt. Handelsfirma § 19

Wissenschaft (Bereich oder Methoden) hin, also täuschend mangels solchen Bezugs und ohne Klarstellung der gewerblichen Tätigkeit. **„Sozietät"** nur bei freiberuflicher Tätigkeit (zur Notwendigkeit mehrerer → Rn. 31). **„Technik"**: gehobenes technisches Wissen bei Planung und Ausführung der Arbeiten; höhere Qualifikation als die eines „Büromaschinenmechanikers", LG Oldenburg BB 1976, 153; OLG Frankfurt a. M. BB 1981, 1669; DIHT-LS 1981, 2090. **„Treuhand"** weist auf Besorgung fremder Vermögensangelegenheiten im eigenen Namen und entsprechende Qualifikation hin, BGH WM 2016, 400; OLG Frankfurt a. M. OLGRspr. 80, 294; BayObLG BB 1989, 727; täuschend bei Tätigkeit auch für eigene Rechnung; täuschend bei Tätigkeit nur in erlaubnisfreien Bereichen, also ohne klassische Treuhandtätigkeit (Vermögensverwaltung, Beratung), anders bei klarstellendem Zusatz, zB Immobilientreuhand bei An- und Verkauf von Grundstücken für Auftraggeber. Nicht bei reinen Hdl-, Vertreter- und Kundendiensttätigkeiten, DIHT-LS BB 1981, 2090. **„Uni"** nur bei rechtlicher, betrieblicher oder enger örtlicher Beziehung zu Universität. **„Unternehmensberatung"** → Rn. 33. **Lit.** Riegger DB 1984, 441 (Dr); Hönn ZHR 153 (1989), 386.

8) Europäisches Firmenrecht, internationaler Verkehr

Das Irreführungsgebot des II gilt auch im europäischen und internationalen 36 Verkehr (→ § 17 Rn. 48). Auch die Firmierung von ausländischen Ges. darf nicht irreführen. Die Anforderungen des I an die Eignung zur Kennzeichnung und Unterscheidungskraft gelten dagegen nicht ohne Weiteres auch für ausländische Ges. Denn die Firma bestimmt sich herkömmlich nach dem Recht des Unternehmenssitzes, str., für AuslandsGes aus EU/EWR nach europäischem Recht nach dem Gründungsstatut. Näher → § 17 Rn. 48, 49.

[Bezeichnung der Firma bei Einzelkaufleuten, einer OHG oder KG]

19 (1) **Die Firma muß, auch wenn sie nach den §§ 21, 22, 24 oder nach anderen gesetzlichen Vorschriften fortgeführt wird, enthalten:**
1. **bei Einzelkaufleuten die Bezeichnung „eingetragener Kaufmann", „eingetragene Kauffrau" oder eine allgemein verständliche Abkürzung dieser Bezeichnung, insbesondere „e. K.", „e. Kfm." oder „e. Kfr.";**
2. **bei einer offenen Handelsgesellschaft die Bezeichnung „offene Handelsgesellschaft" oder eine allgemein verständliche Abkürzung dieser Bezeichnung;**
3. **bei einer Kommanditgesellschaft die Bezeichnung „Kommanditgesellschaft" oder eine allgemein verständliche Abkürzung dieser Bezeichnung.**

(2) **Wenn in einer offenen Handelsgesellschaft oder Kommanditgesellschaft keine natürliche Person persönlich haftet, muß die Firma, auch wenn sie nach den §§ 21, 22, 24 oder nach anderen gesetzlichen Vorschriften fortgeführt wird, eine Bezeichnung enthalten, welche die Haftungsbeschränkung kennzeichnet.**

Übersicht

	Rn
1) Normzweck, Anwendungsbereich	1–3
A. Normzweck:	1
B. Anwendungsbereich:	2
C. Übergangsrecht:	3
2) Die Firma des Kaufmanns (I Nr. 1)	4–10
A. Zwingender Kaufmanns- bzw. Rechtsformzusatz:	4, 5
B. Personenfirma, Gleichnamige:	6, 7
C. Sachfirma, Phantasiefirma:	8–10

§ 19 1–4

1. Buch. Handelsstand

	Rn
3) Die Firma der OHG (I Nr. 2)	11–18
A. Zwingender Rechts- bzw. Gesellschaftsformzusatz:	11, 12
B. Personenfirma, Namenshergabe:	13–17
C. Sachfirma, Phantasiefirma:	18
4) Die Firma der KG (I Nr. 3)	19–23
A. Zwingender Rechts- bzw. Gesellschaftsformzusatz:	19, 20
B. Personenfirma:	21, 22
C. Sachfirma, Phantasiefirma:	23
5) Die Firma der GmbH & Co (I Nr. 3, II)	24–36
A. Kennzeichnung der Haftungsbeschränkung (II):	24–30
B. Die Firma der GmbH (§ 4 GmbHG):	31
C. Die Firma der KG in der GmbH & Co (I Nr. 3):	32–35
D. GmbH und KG am gleichen Ort (§ 30):	36
6) Die Firma bei Umwandlung	37–41
A. Umwandlung kraft Gesetzes (BGB, HGB):	37
B. Umwandlung kraft Rechtsgeschäfts nach UmwG:	38–41
7) Europäisches Firmenrecht, internationaler Verkehr	42

1) Normzweck, Anwendungsbereich

1 A. **Normzweck:** § 19. § 19 ist wie das Firmenrecht insgesamt Teil der Unternehmenspublizität, die dem Schutz des Geschäftsverkehrs bzw. der Marktteilnehmer dient (→ § 18 Rn. 1). I–III nF verpflichten EinzelKflte und PersonenGes, auf ihre KfmEigenschaft bzw. ihre konkrete Rechtsform hinzuweisen. Das ist Korrelat dazu, dass nunmehr neben der Personenfirma auch für EinzelKflte und PersonenHdlGes Sach- und Phantasiefirma sowie Mischformen zulässig sind. IV verpflichtet wie V aF zur Kennzeichnung der Haftungsbeschränkung bei der GmbH & Co. Geschützt wird dadurch das Interesse des Rechtsverkehrs an der Ersichtlichkeit der KfmEigenschaft und der Ges.- und Haftungsverhältnisse bei PersonenGes (Transparenzgrundsatz, Informationsfunktion der Firma), BGH ZIP 2013, 2329 Rn. 13 (zu § 5a III Nr. 2 UWG, Angabe der Rechtsform).

2 B. **Anwendungsbereich:** I regelt die bei EinzelKflten und PersonenHdlGes notwendigen Kfm.- bzw. Rechtsformzusätze. Für KapitalGes sind diese in den jeweiligen Sondergesetzen enthalten (→ § 18 Rn. 22). I ist entspr. anwendbar auf die das HdlGeschäft fortführende Erbengemeinschaft (→ § 1 Rn. 37), sowie auf Stiftungen, Vereine, Gebietskörperschaften ua als Unternehmensträger (nicht, wenn sie nur Allein- oder MehrheitsGfter sind), K. Schmidt § 12 III Rn. 101 Fn. 172 (Firmierung → Rn. 5). II schreibt für die OHG oder KG, bei der keine natürliche Person persönlich haftet (GmbH & Co und ähnliche GesFormen), einen die Haftungsbeschränkung kennzeichnenden Zusatz vor. I und II regeln damit die **Firmen nach HGB** und gelten anders als § 18 I und II (→ § 18 Rn. 2) nicht allgemeiner für alle Firmen auch außerhalb des HGB.

3 C. **Übergangsrecht:** Für bereits eingetragene und zulässige Firmen von EinzelKflten und PersonenHdlGes gilt als Übergangsvorschrift **(1)** EGHGB Art. 38 I, II (s. dort), ähnlich **(2b)** GmbHG § 5a für UG, krit. MüKoHGB/Heidinger Rn. 37. Firmen von vor 1900 s. **(1)** EGHGB Art. 22 I.

2) Die Firma des Kaufmanns (I Nr. 1)

4 A. **Zwingender Kaufmanns- bzw. Rechtsformzusatz: a) Grundsatz:** Der (Einzel)Kfm. muss die Bezeichnung „eingetragener Kaufmann", „eingetragene Kauffrau" oder eine allgemein verständliche Abkürzung dieser Bezeichnung, insbesondere **„e. K."**, „e. Kfm." oder „e. Kfr." enthalten (**zwingender Kaufmannszusatz, I Nr. 1;** entspr. zwingender Rechtsformzusatz für PersonenHdlGes, I Nr. 2, 3, entspr. für unternehmenstragende Erbengemeinschaft). Das gilt in jedem Fall, also bei Personenfirma ebenso wie bei Sach-, Phantasie- oder Mischfirma; aber noch nicht, wenn der Kfm. zwar angemeldet hat, aber noch nicht eingetragen ist, Zimmer ZIP 1998, 2050, dann „Einzelkaufmann", „einzutragender Kaufmann" oä, nach aA zwingender Hinweis erforderlich, dass Eintragung nocht erfolgt ist, Häublein/Hoffmann-Theinert/Bömeke Rn. 5, nach aA „e. K." sogar, wenn er noch nicht angemeldet hat, dann aber §§ 29, 14, Heidel/Schall/Lamsa Rn. 3; auch KapitalGes müssen vor Eintragung „i. Gr." (in Gründung) firmieren. Mit dem obligatorischen Hinweis auf die KfmEigenschaft wird eine klare praktische Grenzziehung zwischen den Firmen von EinzelKflten und den (heute auch firmenähnlichen) Geschäftsbezeichnungen von NichtKflten gewonnen, die als solche keine kfm. Firma führen dürfen (→ § 17 Rn. 12, 13 ff.).

b) Ausformungen: Die in I Nr. 1 aufgeführten **Abkürzungen** „e. K.", „e. Kfm." oder „e. Kfr." sind bloße Beispiele. Andere Abkürzungen sind zulässig, aber nur wenn sie allgemein verständlich sind. Auch Mischformen sind zulässig, zB Zusatz teils ausgeschrieben, teils abgekürzt. Die **Kauffrau** kann statt „eingetragene Kauffrau" auch „eingetragener Kaufmann" firmieren, einerlei ob im konkreten Fall, zB Branche, Diskriminierung objektiv zu befürchten ist oder subjektiv von ihr befürchtet wird. Sie braucht nicht auf die geschlechtsneutrale Firmierung „e. K." auszuweichen. Umgekehrt dürfte „eingetragene Kauffrau" bei einen männlichen Kfm. irreführend sein. Der Begriff „Handelsfrau" (so Art. 6–9 ADHGB) ist, da nicht mehr gebräuchlich, bewusst nicht gewählt und dürfte auch in der Form „eingetragene Handelsfrau" nicht genügen. Der Hinweis auf **„eingetragen"** ist aus dem Vereins- und Genossenschaftsrecht geläufig (§ 65 BGB eV). „Registriert" steht „eingetragen" nicht gleich, unzulässig sind auch „reg." oder „r.", aA wohl Fezer ZHR 161 (1997), 61. „E. K." oä auch für eingetragene Vereine ua (→ Rn. 2), dann zB „e. V. e. K.", Roth in Bayer-Stiftung S. 41.

B. Personenfirma, Gleichnamige: a) Personenfirma: Wird eine Personenfirma gewählt, so muss diese auch den **Familiennamen** des Kfm. enthalten, und zwar so, wie er im Personenstandsregister steht, KGJ 35 A 152, also auch Doppelnamen, KG OLG 41, 192, Adelstitel (Art. 109 WRV). Veränderung, Abkürzung oder andere Schreibweise ist zulässig, da auch Fantasiefirmen zulässig sind (anders noch Voraufl.), MüKo HGB/Heidinger § 18 Rn. 60, Röhricht/v. Westphalen/Haas/Ries Rn. 5. Familien- und Geburtsnamen dürfen nicht als (nicht eingetragene) Doppelnamen geführt werden. Von der Eintragung abweichende eingedeutschte Schreibweise ist nicht per se unzulässig, Einzelfallbetrachtung erforderlich, großzügiger MüKoHGB/Heidinger § 18 Rn. 62. Geringfügige Schreibabweichungen, zB Umlaute in internationaler Schreibweise, sind zulässig. Ausländische Namen in anderen Schriften sind lateinisch umzuschreiben. Ob der Familienname verständlich oder auch nur als solcher erkenntlich ist, spielt keine Rolle, BayObLG BB 1973, 1369 – Mesirca (→ § 18 Rn. 4). Adjektivische Form des Namens ist zulässig, wenn er klar bleibt, „Herbert Meyersche Importenhandlung", vgl. RGZ 119, 201. Auch Setzung in Klammern ist zulässig, GroßKo/Hüffer Rn. 6; aA KG RJA 9, 91; Heymann/Emmerich § 18 Rn. 10, da täuschender Zusatz. Ein bestimmter Ort in der Firma ist für den Familiennamen nicht vorgeschrieben, OLG Celle BB 1990, 302. Der Familienname kann auch in der ursprünglichen Firma in der Form eines Inhabervermerks (→ § 18 Rn. 21) geführt werden, da Firmenkern und Firmenzusatz grundsätzlich gleichwertig sind (→ § 18 Rn. 8), BayObLGZ 1988, 347, aA früher üL, aber solcher Inhabervermerk darf nicht Nachfolge vortäuschen, Nachfolgervermerk → § 18 Rn. 21. Bei Wahl einer Personenfirma, also Führung des Familiennamens in der Firma, braucht **nicht der Vorname** und erst recht nicht der ausgeschriebene Vorname geführt zu werden. Doch können ein oder mehrere Vornamen in die Firma aufgenommen werden, auch in gegenüber Register abgekürzter Form, aA nach I aF „Joh.", BayObLG JW 1928, 2639, „Ed." statt „Eduard", BGHZ 30, 291; das gilt aber nur, sofern nicht irreführend, also nicht „Heinz" statt wie im Register „Heinrich", BayObLG NJW 1980, 127, oder im Register nicht ent-

§ 19 7

haltener Rufname. Das Irreführungsverbot kann auch der Aufnahme von anderen Vornamen entgegenstehen; wer als Hans A bekannt ist, darf nicht den zweiten Vornamen Fritz in die Firma nehmen, unter dem ein anderer A bekannt ist, KG DR 1940, 456. **Akademische Grade** können, müssen aber nicht in die Firma aufgenommen werden. **Pseudonyme** und **Künstlernamen** sind heute zulässig, Jung ZIP 1998, 682; aA BayObLG NJW 1954, 1934, sehr str., Grund: uU bessere Identifizierung als Familiennamen, Namensschutz, auch Phantasiename möglich. Gleiches gilt für **Decknamen** und sonst gewählten Personennamen OLG Jena NZG 2010, 1354 (GmbH), MüKoHGB/Heidinger § 17 Rn. 24 und § 18 Rn. 70; Jung ZIP 1998, 683, sofern nicht Irrtum über eine bestimmte andere Person erregt wird, Grund: auch Phantasienamen sind zulässig, (→ Rn. 10), aA KG HRR 1939, 93 und früher hL: nur als Zusatz. **Pächter** als Inhaber vgl. → § 1 Rn. 30, → § 22 Rn. 25. Pächterzusatz ist nicht nur bei abgeleiteter, sondern auch bei neu eintragener Firma zulässig, X-Apotheke Pächter H, LG Nürnberg-Fürth BB 1977, 1671. Bei **Ehegatten** ist der nach § 1355 BGB gewählte Name maßgeblich. Der Ehegatte kann seinen jetzigen Namen führen und auf seinen früheren Namen hinweisen, auch wenn dieser nicht gemeinsamer Familienname geworden ist, zB „Anna Müller geb. Schulze", OLG Karlsruhe NJW 1951, 280; OLG Stuttgart NJW 1951, 280. Er kann ihn aber auch als **Begleitname** führen, zB „Anna Müller-Schulze", aber nur bei amtlicher Annahme (§ 1355 BGB). Der Ehegatte darf nicht allein den (nicht zum gemeinsamen Familiennamen gewordenen) **früheren Namen** („Mädchenname", Name aus früherer Ehe, auch bei Mann) führen, Ausnahme § 21. Der überlebende Ehegatte darf als Vornamen seinen eigenen verwenden, zB „Witwe Anna X & Co", aber nicht den des Verstorbenen „Witwe Hans X & Co" für eine KG der Erben des Hans X. Früherer Name als Inhabervermerk → § 18 Rn. 21. Bei **ehelicher Gütergemeinschaft** ist bei gemeinsamer Führung und Eintragung (→ § 1 Rn. 48) Zusatz „in Gütergemeinschaft" zulässig, aber (trotz möglicher Verwechslung mit OHG) nicht zwingend (Privatsache; vgl. § 1560 BGB); ebenso „Eheleute" vor Namen in der Firma, BayObLG BB 1991, 1731.

7   **b) Gleichnamige:** Kflte gleichen oder ähnlichen Namens sind an der lauteren Verwendung ihres Namens nicht gehindert (für Marken → § 17 Rn. 11). Die Namensgleichheit darf jedoch nicht besonders hervorgehoben werden. Vielmehr ist umgekehrt die Verwechslungsgefahr (auch für Kflte an verschiedenen Orten, also über § 30 II hinaus) soweit wie möglich durch unterschiedliche Gestaltung der Firma, insbesondere durch verschiedene **Zusätze** zum Namen, auszuräumen. Diese Pflicht trifft uU beide Seiten, BGHZ 14, 161 – Farina; BGH NJW 1986, 58; BB 1990, 948, für zwei Konzernschwestern auch nach Ausscheiden aus dem Konzernverbund, OLG Düsseldorf NZG 2008, 195, grundsätzlich aber die jüngeren Wettbewerber (**Prioritätsprinzip** unter Berücksichtigung realer künftiger Ausdehnungsmöglichkeiten), BGH NJW 1951, 520 – Luppy; BGH NJW-RR 1988, 95; ZIP 2016, 1890 – Domainnamen; vgl. auch BGHZ 150, 82 – Hotel Adlon (Markenrecht, → Einl. v. § 1 Rn. 57). Die Pflicht zur klarstellenden Zusätzen ist am ehesten dem zumutbar, der eine irgendwie geartete Änderung der bestehenden Kennzeichen vornimmt, BGHZ 130, 149, stRspr, Prioritätsschädlich sind erst Änderungen, die die Unterscheidungskraft und Identität der Gesamtbezeichnung berühren, BGHZ 130, 138. Kollisionen auf Grund Wiedervereinigung sind nicht nach Priorität, sondern durch umfassende Interessenabwägung wie unter Gleichnamigen zu lösen, BGHZ 130, 134. Wer die Firma derart unterscheidend bilden muss, hat idR einen Spielraum für das Wie. Bei redlicher Namensführung auf beiden Seiten ist ein Rest von Verwechslungsgefahr hinzunehmen, BGHZ 4, 103 – Farina; OLG Köln NJW 1984, 1358 – Farina. Ein einmal angenommener und geführter Zusatz darf uU nicht gestrichen und durch Beifügung eines Bildzeichens ersetzt oder sonst geändert werden, BGHZ 14, 161;

3. Abschnitt. Handelsfirma   8–10   § 19

BGH WM 1987, 272. Bei sehr einprägsamen Nachnamen kann Unterscheidung durch alltägliche Vornamen ungenügend und außerdem ein unterscheidender Zusatz geboten sein, BGH NJW 1951, 520 – Luppy. Nicht genügt idR Unterscheidung durch andere GesForm und deren Bezeichnung („u. Co. KG"), BGH NJW 1966, 1813 mAnm. Jansen. **Verwirkung** (§ 242 BGB) des Unterlassungsanspruchs ist möglich, im Einzelnen str., aber idR keine Erwirkung (→ § 17 Rn. 36–37, → § 37 Rn. 12). **Ausnahmsweise** ist die Führung des eigenen Namens in der Firma **verboten**, so wenn der Kfm. missbräuchlich dessen Werbekraft ausnutzen will, die andere schufen, BGHZ 4, 102 – Farina; bei „berühmtem" Namen (→ § 17 Rn. 32) uU auch in anderem Geschäftszweig, BGH BB 1966, 7 – Kupferberg, Sekt/Holz. **Lit.** Knaak, 1979; Plaß WRP 2000, 40, aA BeckOK HGB/Bömeke § 18 Rn. 40.

C. **Sachfirma, Phantasiefirma: a) Gemeinsame Anforderungen:** Sachfirmen, Phantasiefirmen sowie Mischfirmen zwischen Personen-, Sach- und Phantasiefirmen sind auch für EinzelKflte zulässig. Auch Sach-, Phantasie- und Mischfirmen müssen aber zur Kennzeichnung geeignet sein und Unterscheidungskraft haben (→ § 18 Rn. 4 ff.) und dadurch die Namensfunktion (→ § 17 Rn. 4 f.) im geschäftlichen Verkehr erfüllen. Daran fehlt es bei Sachfirmen, die nur den Unternehmensgegenstand bezeichnen (→ Rn. 9). Die Abgrenzung der Firma eines EinzelKfm von anderen geschäftlichen Kennzeichen, zB Geschäftsbezeichnungen von NichtKflten (→ § 17 Rn. 13–15) ist infolge der Zulassung von Sach- und Phantasiefirmen schwieriger, aber wegen des auch für Sach-, Phantasie- und Mischfirmen zwingenden KfmZusatzes (→ Rn. 4) hinnehmbar. **8**

b) **Sachfirma:** Eine Sachfirma kann auch von EinzelKflten geführt werden. Das früher für KapitalGes vorschriebene Entlehnungsgebot (aus dem Gegenstand des Unternehmens zu entnehmen, § 4 I 1 GmbHG aF, § 4 I 1 AktG aF) ist aufgehoben, aA Bokelmann, GmbHR 1998, 59; Kögel BB 1998, 1646. Es kommt nur noch darauf an, dass die Sachfirma der tatsächlich ausgeübten Geschäftstätigkeit entspricht, also nicht irreführt, Rö/Ries Rn. 17; Ebenroth/Reuschle § 18 Rn. 16. Zur Unterscheidungskraft (§ 18 I bei Sachfirmen MüKoHGB/Heidinger § 18 Rn. 28 ff. Reine Branchen- bzw. Gattungsbezeichnungen (→ § 18 Rn. 6), zB Bau, Gaststätte, Gebäudereinigung, Getränkehandel, Transport, sind auch unter I nF unzulässig, Grund: mangelnde Unterscheidungskraft, Freihaltebedürfnis, Irreführungsgefahr, MüKoHGB/Heidinger § 18 Rn. 28, 73; OLG Düsseldorf BB Beil. 9/1971, 15 – Stapler-Vermietung; OLG Hamm DB 1977, 2179 – Industrie und Baubedarf; BayObLG BB 1997, 1707; aA Jung ZIP 1998, 682: verzichtbar wie bei Phantasiefirma. Bei breiter oder verschiedener Geschäftstätigkeit genügt eine zusammenfassende, schlagwortartige, umschreibende Angabe, MüKoHGB/Heidinger § 17 Rn. 29. Noch nicht zulässig „interhandel", BayObLGZ 1972, 388, fraglich. Unterscheidungskraft erlangen Gattungsbezeichnungen aber zB durch individualisierende Zusätze (→ § 18 Rn. 7), BGH WM 1979, 922; OLG Oldenburg BB 1990, 443, auch durch Gebiets- und Stadtangaben (→ § 18 Rn. 23). **9**

c) **Phantasiefirma:** Sie kann ohne Entnahme aus dem Unternehmensgegenstand frei gebildet werden, also auch als Firmenkern, und muss vor bisher als Firmenzusatz. Sofern unterscheidungskräftig (→ § 18 Rn. 6), können Phantasieworte, Abkürzungen, Branchenanleihen ua (Bspe → § 18 Rn. 4) zur Bildung der Phantasiefirma herangezogen werden. Auch vom Kfm. bisher verwandte Geschäfts- und Etablissementsbezeichnungen (→ § 17 Rn. 12) können insoweit als Firma gewählt werden. Bspe: „Museum"-Gaststätte, „Falkenhof"-Hotel, „Adler"-Apotheke; „Bauhelf", vgl. Neust NJW 1962, 2208 (abl., da keine Sachfirma), „Fluidtechnik" OLG Stuttgart BB 1974, 756 (iErg schon als Sachfirma angesehen), „ParKoToi" (Parfümerie-, Kosmetik- und Toilettenartikel), vgl. OLG Stuttgart BB 1974, 756; Escro, BGH WM 2016, 400 Rn. 16. Auch Buch- **10**

Merkt   205

stabenkombinationen sind zulässig, anders nach der Rspr. Vor dem HRefG, wenn im Verkehr ohne Sinn und nicht als Name verstanden, OLG Celle DB 1999, 40 (bloße Buchstabenfolge), jetzt nicht mehr haltbar, MüKoHGB/Heidinger § 18 Rn. 18 ff., 32, kritische Bspe: „o. K. e. K.", „fifty-one GmbH", „no name KG", „1 + KG", „.i. GmbH". Jedenfalls können an sich nicht unterscheidungs kräftige Phantasiegebilde wie Gattungsbezeichnungen Unterscheidungskraft durch individualisierende Zusätze, durch abweichenden Gebrauch und vor allem durch Verkehrsgeltung als Bezeichnung gewinnen (→ § 18 Rn. 7).

3) Die Firma der OHG (I Nr. 2)

11 A. **Zwingender Rechts- bzw. Gesellschaftsformzusatz: a) Grundsatz:** Die Firma einer OHG muss die Bezeichnung „offene Handelsgesellschaft" oder eine allgemein verständliche Abkürzung dieser Bezeichnung enthalten **(zwingender Rechts- bzw. Gesellschaftsformzusatz, I Nr. 2).** Es genügt nicht ein nur das GesVerhältnis allgemeiner andeutender Zusatz („& Co"), notwendig ist vielmehr die Angabe der konkreten Rechtsform wie schon seit jeher bei KapitalGes. Der Rechts- bzw. GesFormzusatz ist auch dann vorgeschrieben, wenn wie bei Namensfirmen das GesVerhältnis bereits aus der Firma selbst erkennbar ist (RegE HRefG).

12 b) **Ausformungen:** Statt „offene Handelsgesellschaft" genügen auch **allgemein verständliche Abkürzungen** (bisher nicht ganz unstr.), ohne dass verbindliche Abkürzungen oder deren Schreibweisen vorgeschrieben sind. Allgemein üblich sind zB „OHG" oder „oHG". Es genügen aber auch, da allgemein verständlich, obschon selten gebraucht, „OH" oder „oH", RegE HRefG, OLG Hamm BB 1965, 806; MüKoHGB/Heidinger § 18 Rn. 13; aA GroßKo/Hüffer Rn. 22. Auch Mischformen sind zulässig, zB „offene HG". Eine OHG aus A und B kann eine Personenfirma wählen und zB firmieren „A & B OHG", „A & Co OHG", „A & Gesellschafter OHG", „Gesellschaft A OHG", ggf. „Gebrüder A OHG". Firma einer Dreipersonen-OHG aus A, B, C: zB „A, B, C OHG", „A & Co OHG"; auch „A, B & Co OHG", vgl. BGH BB 1975, 1454 (zu § 4 GmbHG); auch „A & B OHG", App BB 1988, 777, aA unter I Fall 1 aF, weil ein Gfter fehlte, KG HRR 1930, 34. „Und Partner" ist der PartG vorbehalten (→ § 18 Rn. 22).

13 B. **Personenfirma, Namenshergabe: a) Personenfirma:** Die Personenfirma einer OHG muss den Familiennamen mindestens eines pG enthalten, Vorname ist nicht mehr erforderlich, aber zulässig (näher → Rn. 6). Eine Personenfirma ohne Personenbezug gibt es auch nach I Nr. 2 nicht, stattdessen kann eine Sach- oder Phantasiefirma gebildet werden (→ Rn. 18), aA MüKoHGB/Heidinger Vor § 17 Rn. 15 und § 17 Rn. 25: entscheidend nur noch Eignung zur Irreführung (→ Rn. 16).

14 b) **Kaufmann als Namensgeber:** Dem Familiennamen steht beim Kfm. die Firma gleich (Name des Kfm., § 17 I). Das gilt auch bei Erstgründung (sonst §§ 21 ff.), wenn es sich um eine fortgeführte Firma mit einem anderen als dem Familiennamen des Kfm. handelt, üL, aA KG HRR 1939, 93; BayObLG NJW 1954, 1933. Schwierigkeiten treten auf, wenn die Firma des Kfm. in der OHG verwandt nicht mehr zutreffende Angaben enthält. Streichung der irreführenden Teile wurde früher nur in engen Grenzen für zulässig angesehen, zB Weglassung von Ortsangabe, Grund: Name muss unverändert übernommen werden (→ Rn. 6), sonst droht Irreführung eben durch Änderung, MüKoHGB/Heidinger § 18 Rn. 83, 88.

15 c) **Handelsgesellschaft als Namensgeber:** Noch größere Schwierigkeiten als beim EinzelKfm ergeben sich bei HdlGes als Namensgeber der OHG. Wie dort gilt, dass die Firma der HdlGes auch bei Erstgründung (sonst §§ 21 ff.) zur

Bildung der Personenfirma verwandt werden darf, einerlei ob es sich um eine Personen-, Sach-, Phantasie- oder Mischfirma handelt, str. (wie → Rn. 14). Die Firma der HdlGes als phG ist nach herkömmlicher Meinung grundsätzlich **unverändert zu übernehmen**, OLG Celle NJW 1976, 2022, zB „S. Glasstahlbetonbau Carl H. OHG und Co. KG", Neust NJW 1964, 1376. Das gilt **auch** für ihren **Rechtsformzusatz**, zB GmbH, BGHZ 62, 226; 65, 105; 71, 354; OLG Hamm BB 1994, 670; das gilt unabhängig davon, ob es sich um einen Fall von II (OHG oder KG ohne natürliche Person als haftender Gfter) handelt oder nicht, KG Rpfleger 1989, 25; GroßKo/Hüffer Rn. 65; liberaler MüKoHGB/Heidinger § 18 Rn. 85 ff.: Verwendung der veränderten oder verkürzten Firma einer Gfterin der OHG in deren Firma, außer bei Täuchungseignung (§ 18 II). Das Erfordernis der unveränderten Übernahme gilt nicht, wenn die so gebildete Firma zur Irreführung geeignet und damit unzulässig ist. Ein Rechtsformzusatz zur namensgebenden HdlGeS darf nicht verwendet werden, wenn er durch Doppelung der Rechtsformzusätze täuscht, MüKo HGB/Heidinger § 18 Rn. 89. Das ist, da im Verkehr allgemein bekannt, nicht der Fall zB bei GmbH & Co KG, GmbH & Co OHG, aber zB bei X-AG GmbH. Wie beim namensgebenden EinzelKfm wirft auch bei der namensgebenden HdlGes Schwierigkeiten auf, wenn die Firma der HdlGes in der OHG verwandt nicht mehr zutreffende Angaben enthält (→ Rn. 14), vgl. BayObLG NJW 1973, 372 (KG), zB Gebiets- und Stadtangaben, Sachbestandteile oder Größenmerkmale (→ § 18 Rn. 23 ff.). Streichung der irreführenden Teile wurde früher nicht für zulässig erachtet (→ Rn. 14), Grund: Name muss unverändert übernommen werden (→ Rn. 6, 14), sonst droht Irreführung eben durch Änderung. Etwas anderes sollte nur in engen Grenzen zulässig sein, zB Weglassung von Ortsangabe (→ Rn. 14), Groß- und Kleinschreibung, OLG Celle NJW 1976, 2022, Abkürzung des ausgeschriebenen Rechtsformzusatzes, Weglassung von Firmenbestandteilen wie „Verwaltungs-", „Betriebs-" „Geschäftsführungs-", BGHZ 80, 353 (→ Rn. 33), zutr. großzügiger MüKoHGB/Heidinger § 18 Rn. 96. Ist die Firma der namensgebenden HdlGes ihrerseits abgeleitet, sind Änderungen schon deswegen nur sehr begrenzt zulässig, weil sonst die Firma nicht mehr als abgeleitete fortgeführt werden kann (→ § 22 Rn. 15 ff., → § 24 Rn. 4), MüKoHGB/Heidinger § 18 Rn. 93.

d) Eignung zur Irreführung: Unzulässig ist eine Personenfirma immer dann, wenn sie zur Irreführung geeignet ist (§ 18 II). IV aF, wonach die Firma der OHG und KG (anders als in einer nach §§ 22, 24 abgeleiteten Firma) keine anderen Namen als die der phG enthalten durfte, ist entfallen (nicht für die PartG, § 2 I 3 PartGG). Auch der **Name eines anderen Gesellschafters als des phG** (A) in die Firma, etwa „A & B OHG", ist heute grundsätzlich für sich allein nicht mehr als irreführend anzusehen, **Grenze** vielmehr nur noch das **Irreführungsverbot** nach § 18 II (für die KG unter I Nr. 3 str., → Rn. 22), str., üL, MüKoHGB/Heidinger § 18 Rn. 174 ff.; Rö/Ries Rn. 24; Heidinger DB 2005, 818, für GmbH OLG Rostock NZG 2015, 243; OLG Karlsruhe MDR 2014, 233 (→ Rn. 22); aA Jung ZIP 1989, 681. Anders früher sogar bei Zusätzen wie „& Söhne", „Geschwister" ua. Unzulässig war „Louis B (Name des Vaters) Söhne", wo die Söhne neu gründen (Vortäuschen von Tradition), RGZ 156, 365; laut RGZ 82, 165 war unzulässig „Kyriazi frères", wo außer Brüdern noch andere Gfter beteiligt sind, wegen Anscheins, sämtliche Gfter seien Brüder, aber es wurde ja nur ein zusätzlicher Haftender verschwiegen (auch → Rn. 17), haltbar jedenfalls wegen GfterEinfluss des nicht Genannten. Unzulässig ist dementsprechend auch nicht mehr ohne Weiteres die offene oder versteckte Aufnahme des **Namens eines Dritten,** auch etwa des Hintermanns oder Hauptgeldgebers, anders früher, wenn der Verkehr wie dann idR annahm, der Dritte sei Gfter oder Gfter gewesen, wie hier wohl schon Priester DNotZ 1998, 699. Jedenfalls wenn letzteres klar ausgeschlossen ist, konnte etwas anderes gelten, Bsp.: „A & B OHG, Gesellschaft zur Ausnutzung des X'schen Patents", Heymann/Emmerich Rn. 8a; weitergehend R. Schmitt WiB 1997, 1119 f. Nicht irreführend kann im Einzelfall auch die Aufnahme der Namen von lang verstorbenen Prominenten sein, anders bei Namen von im Geschäfts- oder öffentlichen Leben bedeutenden Personen, dann uU Vertrauen in diese, OLG Jena NZG 2010, 1354; OLG Rostock NZG 2015, 243; vgl. MüKoHGB/Heidinger Rn. 176; Rö/Ries Rn. 25; Heidinger DB 2005, 815. Auf jeden Fall unzulässig ist aber die unautorisierte Hereinnahme des Namens eines Dritten, zB eines bekannten Sportlers, Grund: schon firmenrechtlich wegen Irreführung, aber auch namensrechtlich (→ § 17 Rn. 5). Eintragungsfragen → § 107 Rn. 1, → § 143 Rn. 2.

17 e) **Bloße Namenshergabe:** Ein Gfter darf auch allein zur Hergabe seines Namens in eine Ges. aufgenommen werden, auch ohne andere Leistung, auch wenn bereits das anschließende Ausscheiden vereinbart ist, BayObLGZ 1977, 180, zB früher GmbH in OHG zwecks Ermöglichung einer Sachfirma; das allein ist noch keine Irreführung. Unzulässig aber bei Missbrauch bzw. Verstoß gegen §§ 1, 5 UWG, § 826 BGB, zB Aufnahme des Trägers eines bekannten Namens und Verwendung des Namens in der Firma derart, dass das Unternehmen mit einem (bestehenden oder früheren) anderen Unternehmen gleicher Bezeichnung und guten Rufs verwechselt werden oder als mit diesem verbunden oder als seine Fortsetzung erscheinen kann, RGZ 82, 165 – Kyriazi (auch → Rn. 16); RG DR 1941, 1949; BGHZ 4, 98 – Farina.

18 C. **Sachfirma, Phantasiefirma:** Es gilt insoweit entsprechend das für EinzelKflte Gesagte (→ Rn. 8). Zulässig ist „artax" auch für AnwaltsPartG, BGH NJW 2004, 1651. Der zwingende Rechts- bzw. GesFormzusatz ist bei diesen Firmen besonders wichtig. Sach- und Phantasiefirmen können nicht selten als Namensfirmen erscheinen, dann ist auf § 18 II zu achten. Umgekehrt soll als Phantasiefirma zulässig sein „Goethe & Schiller OHG", R. Schmitt WiB 1997, 1119 f. Die Verwendung „gemeinfreier" Namen von seit längerem verstorbenen Personen täuscht idR nicht über (frühere) GfterStellung, aber uU über besondere Beziehung zu diesen (→ Rn. 17), Jung ZIP 1998, 681.

4) Die Firma der KG (I Nr. 3)

19 A. **Zwingender Rechts- bzw. Gesellschaftsformzusatz: a) Grundsatz:** Die Firma der **KG** muss die Bezeichnung „Kommanditgesellschaft" oder eine allgemein verständliche Abkürzung dieser Bezeichnung enthalten **(zwingender Rechts- bzw. Gesellschaftsformzusatz, I Nr. 3)**. Wie bei der OHG genügt nicht ein nur das GesVerhältnis allgemein andeutender Zusatz („& Co"), notwendig ist vielmehr die Angabe der konkreten Rechtsform. Ein solcher Zusatz darf aber weiterhin in der KG verwendet werden, Staub/Burgard Rn. 10.

20 b) **Ausformungen:** Statt „Kommanditgesellschaft" genügen auch **allgemein verständliche Abkürzungen** (bisher nicht ganz unstr.), ohne dass verbindliche Abkürzungen oder deren Schreibweisen vorgeschrieben sind. In Betracht kommt vor allem: „KG". Auch Mischformen sind zulässig, zB „KommanditG", wohl auch „Komm-Ges". Die Firmierung „& Co" genügt zwar wie schon bisher für die Klarstellung der Haftungsbeschränkung nach II (→ Rn. 28), aber nicht mehr für I Nr. 3 nF, da der dort vorgeschriebene Rechtsformzusatz fehlt. Näher bei **GmbH & Co KG** → Rn. 29. Lit. Bokelmann MDR 1979, 188.

21 B. **Personenfirma: a)** Die Personenfirma einer KG muss wie die OHG (→ Rn. 13) den Familiennamen mindestens eines Komplementärs enthalten, Vorname ist nicht mehr erforderlich, aber zulässig (näher → Rn. 6). Eine Personenfirma ohne Personenbezug gibt es auch nach I Nr. 3 nicht, stattdessen kann eine Sach- oder Phantasiefirma gebildet werden (→ Rn. 23). Kfm. und HdlGes als Namensgeber → Rn. 14 f., bei GmbH & Co → Rn. 33. Bloße Namenshergabe → Rn. 17.

b) Eignung zur Irreführung: Unzulässig ist der Rechts- bzw. Gesellschaftsformzusatz bei der KG ebenso wie bei der OHG (→ Rn. 16) in einer Form, die zur Irreführung geeignet ist (§ 18 II). Zu beachten ist weiterhin auch, dass durch die Aufnahme anderer Namen keine Irreführung entstehen darf (§ 18 II). Da die Firma der KG nicht mehr die Namen der phG enthalten muss (I Nr. 3), ist die Hinzufügung des Namen von Kdtisten zu dem des phG zulässig; jedenfalls seit 1.4.2003 (s. **(1)** EGHGB Art. 38) kann dies vom Geschäftsverkehr nicht mehr wie bisher als Hinweis auf einen phG angesehen werden (so zu IV aF BGH NJW 1985, 736: phG A mit Söhnen als Kdtisten durfte nicht „A & Söhne KG" firmieren, weil dies zur Annahme verleitet, auch die Söhne seien phG; ebenso für „A & Geschwister KG"; „Familie K KG", OLG Oldenburg BB 1992, 2309), OLG Saarbrücken ZIP 2006, 1772; aA Kögel BB 1997, 796. Die Eignung zur Irreführung auch nach der vom Gesetzgeber ausdrücklich verfolgten Lockerung des Irreführungsverbots (→ § 18 Rn. 13) ist aber besonders festzustellen (→ § 18 Rn. 15). Jedenfalls nach einer Übergangszeit, die entsprechend **(1)** EGHGB Art. 38 höchstens bis 31.3.2003 reichte, muss der Geschäftsverkehr aber den Wegfall von § 19 IV aF zur Kenntnis nehmen. Bis dahin drohte dem in der Firma genannten Kdtisten, der dadurch nicht zum phG wurde, doch eine Rechtsscheinhaftung wie ein phG (→ § 5 Rn. 9). Ebenso wie bei der OHG (→ Rn. 16) irreführend ist heute auch nicht mehr die **Nennung von Dritten,** die nicht Gfter in der Firma sind, OLG Rostock NZG 2015, 243 (GmbH), auch wenn kein Namensträger an der Firma beteiligt ist, aber genügende Verbindung aus anderen Umständen besteht, zB Verflechtung oder Firmengeschichte, OLG Karlsruhe MDR 2010, 1130; 2014, 233. GmbH & Co (KG) → Rn. 24 ff.

C. **Sachfirma, Phantasiefirma:** Es gelten insoweit entsprechend das für EinzelKflte und die OHG Gesagte (→ Rn. 8, 18). Der zwingende Rechts- bzw. GesFormzusatz ist bei diesen Firmen besonders wichtig.

5) Die Firma der GmbH & Co (I Nr. 3, II)

Schrifttum

S Überbl vor § 17. Spezieller: *Aschenbrenner* 1976. – *Gustavus* 1977. – *Barfuss* GmbHR 1977, 124. – *Winkler* MittBayNot 1978, 98. – *Blumers* BB 1977, 970. – *Wessel* BB 1984, 1710. – *Bezzenberger* in MünchHdbGesR Bd 2, 3. A., § 3 Rn 75. – RsprÜbersichten: *Bokelmann* GmbHR 1979, 265; 1983, 236; 1987, 177; 1994, 356, *Brandes* WM Sonderbeil 1/1987, 1. – Allgemein zu GmbH & Co s Anh § 177a.

A. **Kennzeichnung der Haftungsbeschränkung (II): a) Grundsatz:** Wenn in einer OHG oder KG keine natürliche Person persönlich haftet, muss die Firma eine **Bezeichnung** enthalten, **welche die Haftungsbeschränkung kennzeichnet.** Das gilt nach II auf jeden Fall, also bei Neubildung der Firma ebenso wie bei Fortführung nach §§ 21, 22, 24 oder nach anderen gesetzlichen Vorschriften wie § 18 UmwG (→ Rn. 39). II hat Informations- und Warnfunktion, Staub/Burgard Rn. 12. Die Firmenkontinuität (vgl. → § 22 Rn. 16 f., → § 24 Rn. 5) wird hier zugunsten der Firmenwahrheit (→ § 18 Rn. 9) durchbrochen. II setzt den durch die GmbHNovelle 1980 eingefügten V 1 aF fort, der seinerseits eine umstrittene Rspr. des BGH zur GmbH & Co (s. 29. Aufl.) festgeschrieben hatte. Bei GmbH & Co. KG kann Firma unabhängig vom Namen der Firma der Komplementärin gebildet werden, Ebenroth/Reuschle Rn. 16.

b) Anwendungsbereich: II erfasst bewusst auch den Fall der **mehrstöckigen Gesellschaft** (→ Anh. § 177a Rn. 9). Bei diesen muss die Haftungsbeschränkung in der Firma immer nur dann zum Ausdruck gebracht werden, wenn auf keiner der Stufen eine natürliche Person nach §§ 128, 161 II als phG

§ 19 26–30　　　　　　　　　　　　　　　　　　　　1. Buch. Handelsstand

haftet, sondern letztlich nur eine beschränkte Vermögensmasse (Wortlaut von II). Andernfalls gibt es kein überwiegendes Interesse des Geschäftsverkehrs an Unterrichtung. V 2 aF hatte dies ausdrücklich nur für zweistufige Ges. vorgesehen, was zu Rechtsunsicherheiten führte; schon nach altem Recht wie hier BayObLG DNotZ 1995, 230 sowie hier 29. Aufl. → Rn. 10, aA wegen der Informationsschwierigkeiten KG DB 1988, 1689.

26　　II wird hauptsächlich praktisch für die **GmbH & Co KG,** gilt aber auch für alle anderen Gestaltungen von OHG oder KG ohne persönlich haftende natürliche Person, zB GmbH & Co OHG, UG (haftungsbeschränkt) & Co (irreführend GmbH & Co, KG NZG 2009, 1159 mAnm. Wachter NZG 2009, 1263), AG & Co KG, eV & Co KG, Stiftung & Co KG (alle → Anh. § 177a Rn. 11). V aF galt entspr. für **GmbH & Co KGaA,** BGHZ 134, 392, kodifiziert in § 279 II AktG.

27　　II gilt auch, wenn außer einer **ausländischen Gesellschaft** in der OHG oder KG (→ Anh. § 177a Rn. 11) keine natürliche Person persönlich haftet (→ Rn. 42). Die ausländische Firma ist bei Wahl einer Personenfirma grundsätzlich unverändert in die Firma der deutschen Ges. zu übernehmen (Firmenidentität, str., → § 17 Rn. 50), BayObLGZ 1986, 64, und zwar einschließlich des ausländischen Rechtsformzusatzes; anders bei Wahl einer Sach- oder Phantasiefirma. Nach II kommt es dann zur Firmierung: „(Firma der ausländischen Gesellschaft) & Co KG", zB bei einer englischen private limited company „D-Ltd. & Co. KG", BayObLG NJW 1986, 3029; nach aA (→ Rn. 28) soll Zusatz „beschränkt haftende OHG" bzw. „beschränkt haftende KG" verwendet werden, das ist (nur) als zusätzlicher Hinweis erlaubt, MüKoHGB/Heidinger Rn. 31. Vermeidung von Irreführung über die ausländische Ges. selbst → § 17 Rn. 48, 50.

28　　c) Die **Anforderungen an die Kennzeichnung der Haftungsbeschränkung im Einzelnen** sind Sache der Rspr. (schon Rechtsausschuss, BT-Drs. 8/3908, 78). Da II nF nur klarstellt, gilt insoweit die zu V aF ergangene Rspr. weiter (RegE HRefG). Der diesbezügliche Zusatz ist von dem speziellen Rechtsformzusatz der KG nach I Nr. 3 zu unterscheiden (→ Rn. 19–20), er kann insbesondere lauten „& Co", „KG", „Kommanditgesellschaft", „Komm-Ges"; auch „GmbH & Comp", „GmbH & Cie", wohl auch ausgeschrieben „beschränkt haftende Kommanditgesellschaft", „KG mit beschränkter Haftung", MüKoHGB/Heidinger Rn. 25; Wachter Sonderheft 10/2008, 92, str. Derartige Formen und Abkürzungen dürfen aber nicht zur Irreführung des Geschäftsverkehrs geeignet sein, was auch, wenn ganz ungebräuchlich, der Fall sein kann. Unzulässig sind deshalb zB „b. h. OHG", OLG Hamm WM 1987, 753; wohl auch UG & Co KG, Mini-GmbH & Co KG, 1-Euro GmbH & Co KG, zweifelnd Wachter Sonderheft 10/2008, 92.

29　　Der Zusatz „GmbH & Co" oä darf nicht durch die konkrete Firmengestaltung seiner Aussagekraft beraubt werden. Dazu kann es deshalb leicht kommen, weil **zwei Gesellschaftszusätze,** der des phG (GmbH) und der der KG (GmbH & Co KG), in der Personenfirma der GmbH & Co KG enthalten sein müssen (I Nr. 3; § 4 GmbHG). Eindeutig ist „X GmbH & Co KG" (mit unterschiedlicher Schreibweise: „Co", „und Co", „u. Co"); „X AG & Co KG"; auch „X GmbH & Co OHG", vgl. mit streitigen Bspen MüKoHGB/Heidinger Rn. 21 ff. Dazu gibt es eine umfangreiche, zT widersprüchliche und nicht immer überzeugende **Kasuistik,** bei der oft nicht zu erkennen ist, ob sie unter I Nr. 3, I Nr. 3 oder § 18 II bzw. der jeweils aF begründet ist. Vielfach gehen die Begründungen ineinander über. Hier wird die Rspr., da zutr. überwiegend dorthin gehörend, zur Firmenbildung der KG in der GmbH & Co (I Nr. 3) nachgewiesen (→ Rn. 33–34).

30　　d) Bei **Verstoß** gegen II uU persönliche Rechtsscheinhaftung (→ § 5 Rn. 9–16, → § 15 Rn. 15) des als phG oder überhaupt als Gfter in der Firma Geführten, BGHZ 71, 356, sowie des GmbHGeschäftsführers und anderer Vertreter, gesamtschuldnerisch mit dem Unternehmensträger, BGH NJW 1990,

2678; 1991, 2627; aA analog § 179 BGB Canaris NJW 1991, 2628. Für die Haftung ist unerheblich, ob sich die Haftungsbeschränkung aus dem HdlReg ergibt, MüKo HGB/Heidinger Rn. 35.

B. Die Firma der GmbH (§ 4 GmbHG): Für die Firma der GmbH gilt § 4 **31** GmbHG. Zulässig sind danach auch für die GmbH Personen-, Sach-, Phantasie- und Mischfirma. Umso wichtiger ist der zwingende Rechts- bzw. GesFormzusatz „GmbH", ausgeschrieben oder (ohne Gesetzesvorgaben dazu) abgekürzt, früher str., auch GmbH iG (in Gründung), BGH NJW 1985, 737, hL. Nach **S. 2** (eingefügt durch Ehrenamtsstärkungsgesetz 21.3.13 BGBl. I 556) ist auch gGmbH zulässiger Rechtsformzusatz, sofern die Ges. unter den Voraussetzungen der §§ 51–68 AO ausschließlich und unmittelbar steuerbegünstigte Zwecke verfolgt. Entsprechend ist für die UG der Rechtsformzusatz gUG ebenfalls zulässig, BGH DB 2020, 1334, aA OLG Karlsruhe NZG 2019, 864 m. krit. Anm. Pietzarka NZG 2020, 774, aber gegen breite HdlRegPraxis nicht gGmbH, OLG München NJW 2007, 1601 m. krit. Anm.Krause NJW 2007, 2156. Einzelheiten in Kommentierungen zu § 4 GmbHG, ausführlich MHLS/Mock GmbHG § 4 Rn. 37 ff., 84 ff.

C. Die Firma der KG in der GmbH & Co (I Nr. 3): Für die Firma der KG **32** in der GmbH & Co gilt wie für die normale KG I Nr. 3 (→ Rn. 19–23).

a) Rechts- bzw. Gesellschaftsformzusatz: Notwendig ist auf jeden Fall der nach I Nr. 3 vorgeschriebene Rechtsformzusatz (→ Rn. 19–20). **Unvollständig** ist also **„& Co"**; der **Rechtsformzusatz „KG"** oä darf also anders als vielfach bisher nicht mehr fehlen.

b) Haftungsbeschränkungszusatz: Von dem Rechtsformzusatz ist der Zusatz zur Kennzeichnung der Haftungsbeschränkung nach II zu unterscheiden, der zB lauten kann „& Co", „KG", „Kommanditgesellschaft", „Komm-Ges"; auch „GmbH & Comp", „GmbH & Cie" (→ Rn. 28).

c) Personenfirma: Die Firma der KG muss, wenn sie eine Personenfirma **33** wählt, die Namen der GmbH als den Namen ihres phG enthalten. **Grundsätzlich** ist die Firma der HdlGes als phG **unverändert zu übernehmen** (→ Rn. 15). Das gilt **auch** für ihren **Rechtsformzusatz**. Der Rechtsformzusatz GmbH des phG darf also in der Firma der GmbH & Co KG nicht fehlen, BGHZ 62, 226; 65, 105; 71, 354 (→ Rn. 15). In einer KG darf der GmbH-Zusatz der in der Firma allein genannten KomplementärGes grundsätzlich auch dann nicht weggelassen werden, wenn neben dieser weitere Komplementäre vorhanden sind, die natürliche Personen sind, OLG Hamm BB 1994, 670. Das gilt aber nicht, wenn die so gebildete Firma zur **Irreführung** geeignet ist, dann zwar Übernahme, aber wegen § 18 II ohne die in der Zusammensetzung irreführende Teile, sofern der Rest zur Identifizierung der GmbH ausreicht und § 4 GmbHG genügt auch alleine als Firma zulässig wäre, BGHZ 80, 353 – Betten S (Verwaltungs, Betriebs, Geschäftsführungs) GmbH & Co KG; eher enger BayObLG BB 1990, 2065 (dann eben Änderung der GmbH Firma); krit. Bokelmann GmbHR 1983, 236. Die Weglassung von Teilen ist aber nur insoweit zulässig, als noch eine zulässige Personen-, Sach-, Phantasie- oder Mischfirma der namensgebenden HdlGes übrigbleibt, BGHZ 80, 356. Ist das nicht der Fall, bleibt der KG immer noch die Möglichkeit, statt einer Personenfirma eine Sach-, Phantasie- und Mischfirma zu wählen. Fehlt es an der Unterscheidbarkeit der Firmen der GmbH und der KG, können Firmenzusätze helfen (s. § 18 Rn. 8), OLG Hamm NJW 1966, 2172.

Kasuistik (schon (→ Rn. 29): Nicht notwendig ist die **Absetzung** des Zusatzes **34** von übriger Firma (zB durch Klammern), BGHZ 65, 106; LG Hagen BB 1975, 717; LG Berlin BB 1975, 1278; auch nicht (vgl. § 19 II) der vollen GmbH-Firma, BGHZ 65, 106; OLG Köln DB 1975, 2366; umgekehrt verhindert bloße Absetzung idR nicht die Irreführung (s. sogleich). **Unzulässig**, da irreführend, ist die

§ 19 35, 36   1. Buch. Handelsstand

unmittelbare **Aufeinanderfolge zweier Rechtsformzusätze,** der Geschäftsverkehr versteht nicht unbedingt den jeweiligen letzten Rechtsformzusatz als den für die Ges. maßgeblichen, MüKoHGB/Heidinger Rn. 21; aA OLG Frankfurt a. M. DB 1980, 1208. Unzulässig sind also zB: BGH NJW 1985, 737 – HM & Sohn GmbH & Co; aA Wessel BB 1985, 883; OLG Hamm WM 1987, 753 – X OHG mbH; „X GmbH Y Industrie KG" statt richtig „X GmbH Y Industrie & Co KG", OLG Hamm DNotZ 1954, 92; „GmbH KG", auch mit Sachangabe dazwischen („Johann H-GmbH Holzbau KG"), BGH NJW 1980, 2084; BayObLG NJW 1973, 1845; OLG Stuttgart BB 1977, 1417 – M. GmbH Handels KG; BayObLG NJW 1973, 1845 – G. Verlag GmbH Informationsmedien KG; (ohne „und" oder „&",) OLG Hamm NJW 1966, 2172 – A & Co GmbH KG, oder OLG Stuttgart BB 1977, 711 – GmbH Co KG; wenn der bisherigen Firma „K & Co" Zusatz „GmbH & Co" nachgestellt wird, BGH NJW 1981, 342; **auch bei Trennung** der zwei GesZusätze durch Klammer oder Gedankenstrich („XY-KG [GmbH & Co]" bzw. „X & Co KG – GmbH & Cie"), BayObLG Rpfleger 1978, 219; OLG Oldenburg WM 1990, 1784; trotz Trennzeichen „W & R KG – GmbH & Cie", BGH NJW 1979, 1986; Zusatz „GmbH & Co" an „X KG Müller und Meier" genügt nicht, auch nicht „X GmbH & Co KG Müller und Meier", OLG Hamm DB 1981, 521; auch bei mißverständlicher **Umkehrung der üblichen Reihenfolge,** „X KG GmbH & Co" für KG, deren einziger phG eine GmbH ist, BayObLG BB 1978, 14. Der notwendige Zusatz „Kommanditgesellschaft" darf auch nicht vorangestellt werden, str., „X KG GmbH & Co" unzulässig nach BayObLGZ 1977, 267, „Kommanditgesellschaft Union-Bau Altona GmbH & Co" zulässig nach BGHZ 68, 271; das Erfordernis der Hintanstellung folgt jedenfalls heute aus I Nr. 3 nF iVm § 18 II, MüKoHGB/Heidinger Rn. 24 aE.

35 **d) Sachfirma, Phantasiefirma:** Sachangabe aus der GmbH-Firma, die in der KG-Firma verwendet nicht zutreffend ist, macht die KG-Firma unzulässig (→ Rn. 15), BayObLG NJW 1973, 371 (Kleiderfabrik-Bekleidungshaus).

36 D. **GmbH und KG am gleichen Ort (§ 30):** Haben GmbH und KG denselben Sitz (was nicht notwendig ist), gilt auch § 30: die KG-Firma muss neben der (grundsätzlich vollen) GmbH-Firma und dem KG-GesZusatz einen dritten (unterscheidenden) Bestandteil enthalten; denn Rechtsform- bzw. GesFormzusätze allein genügen nach Klang und Inhalt im Geschäftsverkehr nicht für hinreichende Unterscheidung, BGHZ 46, 12. Bsp.: „Maier & Wolf GmbH"/„MAWO Maier & Wolf GmbH & Co KG"; „X GmbH"/„X GmbH & Co Y Industrie KG"; nicht genügt Ausschreiben „Gesellschaft mit beschränkter Haftung" in der GmbH-Firma, Kürzung „GmbH" in der KG-Firma (bei Nennung der GmbH, s. oben), BGHZ 46, 7; unzureichend auch Zusatz „Handelsgesellschaft" unmittelbar nach „& Co KG", BayObLG BB 1980, 68. Häufig ist der GmbH-Firma eine unterscheidende lokalisierende Angabe nachgestellt, OLG Stuttgart BB 1976, 1575 mAnm. Körner (L. GmbH Filder & Co KG). Dieses Erfordernis gilt, auch wenn die GmbH (zurzeit der Eintragung der KG) nur als deren phG tätig ist, nicht in eigenen Geschäften, OLG Frankfurt a. M. BB 1973, 676. Vorname des GmbHGfters als Zusatz (nur) zu GmbH & Co (Maier GmbH und Friedrich Maier GmbH & Co) ist nicht möglich, Wessel BB 1984, 1711. Ausweichen durch Änderung der GmbH-Firma zugleich mit bzw. unmittelbar nach Eintragung der KG (§ 21), ist in der Praxis verbreitet, aber Gesetzesumgehung, OLG Frankfurt a. M. BB 1974, 523; krit. auch BGHZ 80, 355; OLG Celle OLGRspr. 77, 62; MüKoHGB/Heidinger § 30 Rn. 12; das ebenfalls verbreitete Ausweichen auf einen anderen Ort erschwert dem Rechtsverkehr den Einblick in die Verhältnisse der GmbH & Co KG, BGHZ 80, 355. Deshalb muss für Unterscheidbarkeit der GmbH und KG der in der Firma der KG weglaßbare (→ Rn. 33) Zusatz „Verwaltungs-", „Geschäftsführungs-", „Betriebs-" GmbH

genügen, str. (wie → Rn. 33). Auch andere unterscheidungskräftige Zusätze kommen in Betracht. Die Zusätze dürfen aber nicht derart hinzugefügt werden, dass sie als Zusätze zu der GmbH-Firma erscheinen, zB „Labor O. S. GmbH" und „Dental-Labor O. S. GmbH & Co. KG", BayObLGZ 1978, 18; 79, 316. Der Zusatz darf auch nicht irreführend in die GmbH-Firma eingeschoben werden, sondern muss ihr grundsätzlich nachfolgen, OLG Celle OLGRspr. 77, 64. Im Übrigen bieten Sach- und Phantasiefirmen heute hinreichende, legale Unterscheidungsmöglichkeiten. Problematik hat an Bedeutung verloren, da Name der Komplementärin nicht mehr als Firmenname der GmbH & Co. KG verwendet werden muss, MüKo HGB/Heidinger § 30 Rn. 14. Gegen frühere Eintragungen von GmbH & Co, die nach der heutigen strengeren Rspr. zu § 30 unzulässig sind, braucht das Registergericht nicht unbedingt einzuschreiten, → § 37 Rn. 6.

6) Die Firma bei Umwandlung

A. **Umwandlung kraft Gesetzes (BGB, HGB):** Firmierung bei Umwandlung einer OHG in KG und umgekehrt (kraft Gesetzes, → Einl. v. § 105 Rn. 21–22) → § 24 Rn. 7–8.

B. **Umwandlung kraft Rechtsgeschäfts nach UmwG:** Bei Umwandlung nach dem UmwG (Verschmelzung, Spaltung, Vermögensübertragung und Formwechsel (§ 1 I UmwG, dazu → Einl. v. § 105 Rn. 23–26) sind dessen Sondervorschriften zu beachten (§§ 18, 122, 155, 200 UmwG).

a) Verschmelzung: Der übernehmende Rechtsträger darf die Firma eines übertragenden Rechtsträgers mit oder ohne Beifügung eines Nachfolgezusatzes fortführen (§ 18 I UmwG). Der Name einer natürlichen Person, die Gfter des übertragenden Rechtsträgers war und ausscheidet, darf bei Firmenfortführung wie auch bei Firmenneubildung nur mit ihrer ausdrücklichen Einwilligung oder der ihrer Erben benutzt werden (§ 18 II UmwG; vgl. auch § 24 II HGB). Bei Beteiligung einer PartG an der Verschmelzung gelten Sonderregeln (§ 18 III UmwG). Firmenfortführung nach § 18 I UmwG ist auch bei Verschmelzung einer KapitalGes mit dem Vermögen eines AlleinGfters zulässig (§ 122 I UmwG), auch der AlleinGfter kann also die Firma der übertragenden KapitalGes mit oder ohne Nachfolgezusatz fortführen. Das gilt aber nur in den Grenzen des Irreführungsverbots (§ 18 II), vgl. → § 22 Rn. 15, → § 24 Rn. 4. Der Rechtsformzusatz der KapitalGes ist deshalb zu streichen, Fortführung einer Sachfirma ist dagegen zulässig. Der AlleinGfter mit eigenem Unternehmen kann die übernommene Firma für das ganze Unternehmen führen oder, wenn er die Unternehmen getrennt weiterführt, nur für das übernommene (vgl. → § 17 Rn. 8).

b) Spaltung: Hier ist zu unterscheiden: § 18 UmwG gilt nur bei der Aufspaltung, nicht bei der Abspaltung und der Ausgliederung (§ 125 UmwG). Bei der Aufspaltung gilt das ebenso wie bei § 22 HGB nur, wenn das die Firma fortführende Unternehmen im Großen und Ganzen das alte ist (Unternehmenskontinuität, vgl. → § 22 Rn. 4). Bei der Abspaltung und der Ausgliederung entfällt Firmenfortführung, weil der alte Rechtsträger fortbesteht. Erfasst die Ausgliederung aus dem Vermögen eines EinzelKfm dessen gesamtes Unternehmen, erlischt seine Firma (§ 155 UmwG); Fortführung seiner Firma nach § 22 HGB bleibt möglich, § 18 iVm § 125 UmwG ist nicht lex specialis.

c) Formwechsel: Der Rechtsträger der neuen Rechtsform darf seine bisher geführte Firma grundsätzlich beibehalten (Einzelheiten in § 200 UmwG), § 19 HGB ist zu beachten (§ 200 II UmwG).

7) Europäisches Firmenrecht, internationaler Verkehr

§ 19 gilt grundsätzlich auch für ausländische Firmen aus der EU und aus Drittländern. Der Rechtsformzusatz ist bei den Registerangaben auch nach europäischem Recht geboten (für ZwNl 11. EG-Ri, → Einl. v. § 105 Rn. 36).

Der Rechtsformzusatz ist Teil der Firma und richtet sich deshalb nach dem Recht des Gesellschaftsstatuts (→ § 17 Rn. 48), str. Nach europäischem Recht ist das in EU/EWR das Gründungsstatut (→ Einl. v. § 105 Rn. 29). Bei AuslandsGes aus der EU ist der ausländische Rechtsformzusatz in der ausländischen, auch abgekürzten Form zulässig. Ein zusätzlicher Hinweis in deutscher Sprache, zB bei der englischen Ltd. „GmbH nach englischem Recht" kann nicht verlangt werden. Auch das Herkunftsrecht braucht in der Firma grundsätzlich nicht zu erscheinen, außer bei besonderer Irreführungsgefahr (→ § 17 Rn. 48). Ein Hinweis auf die Haftungsbeschränkung gemäß II (vgl. § 4 GmbHG, § 4 AktG) in deutscher Sprache ist nicht erforderlich, auch wenn der ausländische Firmenzusatz in Deutschland nicht verständlich ist, str., Schutz nur über Einsicht in das HdlReg (§§ 13e II 4, 13f III, 13g III). Näher zu II → Rn. 27, allgemeiner → § 17 Rn. 48. **Lit.** Leible/Hoffmann EuZW 2003, 680; Zimmer NJW 2003, 3587; Wachter GmbHR 2004, 88.

20 *(aufgehoben)*

[Fortführung bei Namensänderung]

21 Wird ohne eine Änderung der Person der in der Firma enthaltene Name des Geschäftsinhabers oder eines Gesellschafters geändert, so kann die bisherige Firma fortgeführt werden.

1) Normzweck und Anwendungsbereich

1   A. **Normzweck:** §§ 21 ff. sind Ausprägungen des Grundsatzes der **Firmenbeständigkeit** (näher → § 22 Rn. 1). § 21 gestattet, die nach §§ 18, 19 gebildete Firma des EinzelKfms, der OHG, KG fortzuführen trotz **Namensänderung** des in der Firma enthaltenen Namens des Geschäftsinhabers oder eines Gfters. Insoweit wird im Interesse der Erhaltung des Firmenwertes dem Grundsatz der Firmenbeständigkeit Vorrang ggü dem Grundsatz der Firmenwahrheit eingeräumt, Oetker/Schlingloff Rn. 1.

2   B. **Anwendungsbereich:** § 21 gilt nicht nur für die Firmen nach §§ 18, 19 (einschließlich GmbH & Co KG), sondern entsprechend auch ua für GmbH, AG, KGaA mit Personennamen in der Firma. § 21 erfasst Namensänderungen aller Art, zB durch Heirat (§ 1355 BGB), Adoption (§ 1757 BGB), Wiederannahme des früheren Namens durch den verwitweten oder geschiedenen Ehegatten, Annahme eines neuen Namens (G 5.1.1938 RGBl. 9), Aufhebung der Adoption von Amts wegen (§§ 1763, 1765 BGB) oder auf gemeinsamen Antrag (§ 1771 BGB). § 21 gilt auch für den Fall der Namensänderung von namensgebendem Kfm. oder HdlGes (→ § 19 Rn. 14 f., 21). Namensfortführung auch bei Formwechsel (§ 200 UmwG, → § 19 Rn. 41).

2) Voraussetzungen für die Firmenfortführung bei Namensänderung

3   A. **Bestehen einer Firma:** Voraussetzung für § 21 ist vor allem das Bestehen einer Firma (Einzelheiten → § 17 Rn. 16). Eintragung der tatsächlich geführten und dadurch entstandenen (→ § 17 Rn. 16), aber noch nicht eingetragenen bisherigen Firma (alter Name, Fall des § 1) ist auch noch nach Namensänderung möglich, aA KG RJA 8, 38 (→ § 22 Rn. 7).

4   B. **Keine Irreführung:** § 21 regelt keinen Fall der Unternehmensnachfolge (sonst § 22). Die Firmierung darf nicht den irreführenden Eindruck einer solchen Unternehmensnachfolge erwecken (§ 18 II). Ob vorangestellter Inhabervermerk mit nachgestelltem geändertem Namen irreführt, ist str. (→ § 18 Rn. 21).

3. Abschnitt. Handelsfirma

§ 22

3) Rechtsfolgen

§ 21 gestattet die Fortführung der Firma bei Namensänderung, verpflichtet 5
aber nicht dazu. § 21 hat nur firmen-, nicht auch namensrechtliche Bedeutung,
gibt also kein Recht auf Namensführung gegenüber Dritten (→ § 30 Rn. 6), KG
RJA 8, 38; Heymann/Emmerich Rn. 4.

[Fortführung bei Erwerb des Handelsgeschäfts]

22 (1) **Wer ein bestehendes Handelsgeschäft unter Lebenden oder von Todes wegen erwirbt, darf für das Geschäft die bisherige Firma, auch wenn sie den Namen des bisherigen Geschäftsinhabers enthält, mit oder ohne Beifügung eines das Nachfolgeverhältnis andeutenden Zusatzes fortführen, wenn der bisherige Geschäftsinhaber oder dessen Erben in die Fortführung der Firma ausdrücklich willigen.**

(2) **Wird ein Handelsgeschäft auf Grund eines Nießbrauchs, eines Pachtvertrags oder eines ähnlichen Verhältnisses übernommen, so finden diese Vorschriften entsprechende Anwendung.**

Schrifttum
Forkel FS Paulick 1973, 101. – *Lindacher* BB 1977, 1676. – *Kuchinke* ZIP 1987, 681.

Übersicht

	Rn
1) Erwerb des Handelsgeschäfts und der Firma (I Hs. 1)	1–13
A. Normzweck:	1
B. Erwerb von Todes wegen:	2
C. Veräußerung eines Handelsgeschäfts:	3–6
D. Voraussetzungen für den Übergang der Firma:	7–12
E. Registerrecht:	13
2) Fortführung der Firma durch den Erwerber (I Hs. 2)	14–21
A. Zulässigkeit der Firma:	14
B. Fortführung:	15
C. Änderung der Rechtsform:	16–19
D. Annahme einer neuen Firma durch den Erwerber:	20
E. Erlöschen des Fortführungsrechts:	21
3) Bezeichnung des Veräußerers nach der Übertragung	22–24
A. Neugründung:	22
B. Liquidation:	23
C. Insolvenzverfahren:	24
4) Nießbrauch, Pacht, ähnliches Verhältnis (II)	25

1) Erwerb des Handelsgeschäfts und der Firma (I Hs. 1)

A. **Normzweck:** § 22 I betrifft die Firmenfortführung bei Veräußerung des 1
HdlGeschäfts, auch an eine OHG oder KG (→ § 24 Rn. 5). Ähnliche Fallgestaltungen erfasst § 24, der § 22 I ergänzt und bei Überschneidungen vorgeht, str.
(vgl. → § 24 Rn. 9, 12). Wie I Hs. 1 voraussetzt, ist das HdlGeschäft (Unternehmen) Gegenstand des Rechtsverkehrs (→ Einl. v. § 1 Rn. 59–76). § 22 gilt auch
für eine ihr HdlGeschäft veräußernde öffentliche Körperschaft, BayObLG OLGE
42, 210. § 22 sowie §§ 21, 24, **(1)** EGHGB Art. 22 tragen den **Grundsatz der
Firmenbeständigkeit,** der die Erhaltung des Firmenwerts zum Zweck hat und
in einem Geltungsbereich den Grundsatz der Firmenwahrheit (→ § 18
Rn. 9–18) durchbricht, seinerseits aber an die Grenzen des Irreführungsverbots
stößt, BGHZ 44, 120 (287); 53, 66; 68, 14; 68, 273; Bspe → § 18 Rn. 16. § 22
gilt für alle Firmen nach HGB und (mit Ergänzungen) außerhalb des HGB. Keine
analoge Anwendung des § 22 auf Minderfirmen und Geschäftsbezeichnungen,
str. wie hier Staub HGB/Burgard Rn. 12; Röhricht/v. Westphalen/Ries

§ 22 2–4

Rn. 15, aA Koller/Kindler/Roth/Drüen/Roth Rn. 5 (→ Rn. 7). § 22 erfasst jede Art von Erwerb, den von Todes wegen (→ Rn. 2) ebenso wie den unter Lebenden (Veräußerung, → Rn. 3). Umwandlung → § 19 Rn. 37 ff.

2 **B. Erwerb von Todes wegen:** § 22 gilt für jeden Erwerb von Todes wegen (Gesetz, Testament); auch für Vermächtnis, dann aber Übertragung des HdlGeschäfts vom Erben auf den Bedachten unter Lebenden (§ 2174 BGB; → Rn. 3–4). Der **Erbe** eines (Einzelkfm-)HdlGeschäfts darf es unter der alten Firma fortführen, mit oder ohne Nachfolgezusatz (→ Rn. 15); er darf auch eine ganz neue Firma annehmen (→ Rn. 20). Eine (ungeteilte) **Erbengemeinschaft** darf das ererbte Geschäft unter der alten Firma mit oder ohne Nachfolgezusatz fortführen; auch nach Ausscheiden eines Erben, KG JW 1939, 565; auch nach Teil-Nachlassteilung. Rechtsformzusatz ist analog § 19 I notwendig (→ Rn. 14). Nach vollständiger Nachlassteilung müssen die Erben zur Fortführung des Geschäfts eine Ges. bilden und das Geschäft in diese einbringen, KG JW 1935, 3642. Nach KG JW 1938, 3118; KGJ 5, 209 kann die das Geschäft fortführende (ungeteilte, nicht zur OHG umgebildete) Erbengemeinschaft auch eine neue Firma mit (entspr. § 18 I, nicht § 19) vollem Namen aller Erben und Angabe der Rechtsform („Hans Müller, Karl Müller, Anna Meyer in ungeteilter Erbengemeinschaft") annehmen; die Erben brauchen keine OHG zu bilden, in der Bildung einer neuen Firma liegt auch nicht ohne Weiteres stillschweigender Abschluss eines OHGVertrags (→ § 1 Rn. 37–38). Zur **Haftung** für Geschäftsschulden des Erblassers → § 27 Rn. 1.

3 **C. Veräußerung eines Handelsgeschäfts: a) Handelsgeschäft:** Voraussetzung für Firmenfortführung nach § 22 ist grundsätzlich das Bestehen eines HdlGeschäfts, das veräußert wird, RGZ 152, 367. Zu Entstehung und Erlöschen eines HdlGeschäfts → § 1 Rn. 51, 52 und einer Firma → § 17 Rn. 16, 23. Ein werdender Geschäftsbetrieb soll zur Übertragung der Firma samt diesem Betrieb genügen, RG GRUR 1939, 638 (zu § 8 WZG); bloße Planung reicht aber nicht, schon gar nicht ein Scheinbetrieb. Genügend ist hingegen unzweifelhaft ein nur vorübergehend eingestelltes HdlGeschäft, BGHZ 6, 137 (zu § 8 WZG), aber nicht Wiederaufnahme eines bereits erloschenen, RGZ 152, 368. § 22 gilt für jeden Erwerb (→ Rn. 1), entscheidend ist die Übertragung des HdlGeschäfts, nicht Art und Ausgestaltung des Vertrags. Ausreichend ist auch die in der Insolvenz oder Liquidation erfolgende Übertragung aller noch vorhandenen materiellen oder immateriellen Werte wie Kundschaft, Know-how, wenn die Produktion im Übrigen eingestellt wird; schuldrechtliche Gestattung der Firmennutzung noch bis zum Ende der Liquidation schadet nicht (→ Rn. 23, 24), „dinglicher" Bestand zweier gleicher Firmen ist hingegen unzulässig, BGH NJW 1972, 2123; 1991, 1353. Bei mehreren HdlGeschäften (→ § 1 Rn. 29) gilt § 22 für jedes von ihnen, nicht aber bei gemischten Betrieben (→ § 1 Rn. 28). ZwNl → Rn. 5.

4 **b) Übergang des Handelsgeschäfts im Kern:** Übergang des Unternehmens **im Großen und Ganzen** bzw. im Kern muss erfolgen, dh derjenigen Bestandteile, welche die Betriebsfortführung ermöglichen und Unternehmenskontinuität (mit der Kennzeichnung verbundene Geschäftstradition) erwarten lassen, BGH NJW 1972, 2123; 1991, 1353, bei Liquidation und Insolvenz etwas großzügiger; zu einer Aufspaltung der Firmenbezeichnung darf es aber nicht kommen (→ Rn. 3). Teilübertragung, zB gesonderte Betriebsabteilung, genügt also nicht, OLG Hamburg BB 1989, 1145. Wird von mehreren Geschäftszweigen einer nicht übertragen, liegt ein Übergang nur vor, wenn der nicht übertragene Teil von untergeordneter Bedeutung für das Gesamtunternehmen ist, MüKo HGB/Heidinger Rn. 16. Je nach Art des Unternehmens kann etwa entscheidend sein: bei einem Fabrikationsunternehmen Übernahme der technischen Ausstattung, Schutzrechte, Betriebsvorschriften, des Personals mit dem Know-how; bei einem

3. Abschnitt. Handelsfirma 5–9 § 22

ortsgebundenen Unternehmen (zB Hotel, Gastwirtschaft, Kino, uU Apotheke) Übernahme der Lokalität. Unerheblich ist, ob der Erwerber nach Übertragung den Betrieb wirklich fortführt, auch ob er bei Übertragung subjektiv diese Absicht hat, BGH BB 1973, 211.

Möglich ist Übertragung nur einer **Zweigniederlassung** mit Firma, RGZ 169, 139; BGH BB 1957, 943; 1980, 1658 (→ Rn. 21, → § 13 Rn. 7); die Firmen des so selbstständig gewordenen Unternehmens und der alten HauptNl sind durch klarstellenden Zusatz zu unterscheiden oder die HauptNL muss ihre Firma umbilden (→ § 13 Rn. 7). Möglich ist auch die Übertragung der HauptNl mit Firma ohne die ZwNl, die nun selbstständig unter der alten Firma geführt wird, unbeschadet des § 30, RGZ 77, 60. Bei der PersonenGes muss der namengebende Gfter mit dieser Vervielfältigung der Firma einverstanden sein, OLG Frankfurt a. M. DB 1980, 250 (→ § 24 Rn. 11). Bei der GmbH, für die 24 II nicht gilt, ist zu beachten, dass die Einwilligung des namengebenden Gfters in die Firmenfortführung iZw nicht die in die Firmenvervielfältigung enthält, BGH BB 1980, 1658; aA K. Schmidt § 12 II Rn. 86 (auch → Rn. 12, → § 24 Rn. 11).

Möglich ist **Treuhandübertragung** des HdlGeschäfts mit Firma, der Treuhänder wird Inhaber des HdlGeschäfts (→ § 1 Rn. 30) und des Firmenrechts, RGZ 99, 159. Führt ein **Testamentsvollstrecker** das Geschäft des Erblassers im eigenen Namen fort (→ § 1 Rn. 42), ist er als Inhaber im HdlReg zu nennen mit Testamentsvollstreckervermerk (→ § 1 Rn. 42).

D. Voraussetzungen für den Übergang der Firma: a) Bestehen der Firma: § 22 setzt Bestehen (Kfm.) und rechtmäßige Führung einer Firma voraus. Der Veräußerer muss **Kaufmann** sein, RGZ 152, 368; OLG Frankfurt a. M. NJW 1969, 330; BayObLG DB 1988, 2559. In den Fällen des § 1 macht es nichts aus, dass die Firma (zu Unrecht) nicht eingetragen war; der Nachfolger kann mit ihr erstmals im Register erscheinen, BayObLG DNotZ 1978, 692. Nicht so bei konstitutiver HdlRegEintragung wie in den Fällen des § 2 (OLG Stuttgart BB 1962, 386), § 3 II, III (s. dort). Bei Übernahme des Unternehmens eines NichtKfm ist deshalb für § 22 kein Raum, BayObLG DB 1988, 2259; OLG Zweibrücken NJW-RR 1988, 998 (sogar bei früherem SollKfm), str.; es handelt sich dann bei dem übernehmenden Kfm. um eine Firmenneubildung mit deren Anforderungen. Bei dieser kann aber auf Vorinhaber hingewiesen werden, schon nach altem Recht OLG Hamm DB 1968, 479 (Fahrschule), aA jedenfalls bei Sachangabe, die ein HdlGeschäft vermuten lässt, OLG Frankfurt a. M. BB 1977, 1670 (Heizungsbau). Die Firma muss beim Veräußerer **rechtmäßig** bestehen, unzulässige Firmen dürfen nicht fortgeführt werden, BGHZ 30, 291; BayObLG NJW-RR 1990, 869; anders, wenn die (zB wegen eines irreführenden Zusatzes unrichtige) Firma beim Erwerber zulässig wird (→ § 18 Rn. 18), OLG Hamm DB 1973, 2035; offen BGH WM 1985, 166.

b) Ausdrückliche Einwilligung in Firmenfortführung: § 22 I letzter Hs. macht die Fortführung der Firma durch den Erwerber des HdlGeschäfts abhängig von der ausdrücklichen Einwilligung des bisherigen Inhabers oder seiner Erben in die Fortführung der Firma: **(1)** Das gilt nicht für die **Erben** selbst, str. Sie erwerben das HdlGeschäft mit Firmenrecht von Todes wegen (§ 1922 BGB). Der Erblasser kann ihnen aber durch Testament zur Auflage machen (§ 1940 BGB), die Firma zu ändern.

(2) Echte Übertragung der Firma **unter Lebenden** ist möglich (§§ 398, 413 BGB), heute hL, aA noch RGZ 107, 33: bloß obligatorische Gestattung; auch zB durch Erben auf Dritte, auf einzelne Erben, auf alle Erben als OHG oder KG, oder durch Erben auf einen Vermächtnisnehmer. Dazu bedarf es der **vertraglichen Einigung** zwischen den Übertragenden (ggf. sämtlichen Erben) und den Übernehmern über die Übertragung der Firma (§§ 398, 413 BGB) als Teil des Vertrags über die Übertragung des HdlGeschäft (vgl. § 23: „Veräußerung"; § 27

Merkt 217

§ 22 10–12   1. Buch. Handelsstand

MarkenG: „Übertragung"; anders § 24 II, dort → § 24 Rn. 11). Die **Einwilligung** iSv § 22 ist die **Übertragungserklärung des Einwilligenden** (Verfügung), hL, Canaris § 10 Rn. 30, 32 mit Deutung von § 22 als Auslegungsregel (vgl. → § 24 Rn. 11). **„Ausdrücklich"** bedeutet hier nur zweifelsfrei, die Einigung über den Übergang der Firma ist auch stillschweigend möglich, zB durch Anmeldung des Ausscheidens beim HdlReg nach § 143 II zusammen mit den verbleibenden Gftern, BGHZ 68, 276, aber nicht allein aus der Übertragung des HdlGeschäfts zu schließen, BGH NJW 1994, 2025; OLG Hamm ZIP 1983, 1201. Erst recht genügt nicht bloße Duldung des Firmengebrauchs. Ist der Name des Veräußerers nicht in der Firma enthalten, ist Einwilligung ohne Weiteres anzunehmen; weitergehend Canaris § 10 Rn. 34: „ausdrücklich" dann unanwendbar. Zustimmen muss der EinzelKfm oder seine Erben, uU der Testamentsvollstrecker (nicht bei Vollmachtslösung, → § 1 Rn. 41), bei PersonenGes alle Gfter, RGZ 158, 230; BGH BB 1952, 211, Grund: Grundlagengeschäft (→ § 114 Rn. 3), aA HdlName auch der nicht namensgebenden Gfter, RGZ 158, 230. Das gilt aber wie bei den KapitalGes nur für die Verpflichtung zur Übertragung (entspr. § 179a AktG nF, § 361 AktG aF), der wirksame Vollzug durch den vertretungsberechtigten Gfter wird durch das Fehlen der Zustimmung nicht berührt, BGH NJW 1991, 2564; GroßKo/Hüffer Rn. 30 f., str. Auf jeden Fall muss der namensgebende Gfter einwilligen (§ 12 BGB; vgl. § 24 II); seine Einwilligung zur Übertragung enthält zugleich diese namensrechtliche Einwilligung (vgl. → § 24 Rn. 11).

10 Bei Veräußerung des HdlGeschäfts in der **Liquidation** einer OHG oder KG bedarf es zur Übertragung der Firma der Zustimmung aller Gfter, einerlei, wieweit die Firma ihre Namen enthält, RG JW 1938, 3182. Übertragung im **Insolvenzverfahren** (samt HdlGeschäft), → § 17 Rn. 47, Änderung der Firma → § 17 Rn. 22.

11 Die Einwilligung ist in dem **Zeitraum** vom **Abschluss des Verpflichtungsgeschäfts bis zur Anmeldung des Inhaberwechsels** zu erteilen, Staub/Burgard Rn. 32; Ebenroth/Reuschle Rn. 29. Möglich ist eine **auflösend bedingte** oder eine **mit Endtermin befristete Einwilligung** bzw. Übertragung, auch beschränkt auf bestimmte Rechtsform der Ges., wegen § 23 dagegen nicht aufschiebend bedingte oder mit Anfangstermin befristete Einwilligung; auch nicht (rückwirkend) nachträgliche Genehmigung der (unberechtigten) Fortführung der Firma durch den Geschäftsübergeber, RGZ 76, 265; OLG Düsseldorf HRR 1936, 407 (Fortführung auf Probe); Heidel/Schall/Lamsa Rn. 17. **Widerruf** der Einwilligung ist (jedenfalls im Ergebnis) nur bei wichtigem Grund möglich, BayObLG NJW 1998, 1160 (zu § 24 II), Heymann/Emmerich Rn. 13a, jedenfalls bei Personenfirma (Persönlichkeitsrechtselement der Firma, → § 17 Rn. 5), zB bei anstößigem Firmengebrauch, nach aA statt Widerruf Rückrufrecht entspr. Urheber- und Verlagsrecht, Forkel FS Paulick, 1973, 115. Wenn die Einwilligung als Übertragung (→ Rn. 9) nicht bedingt oder befristet erfolgt ist (dingliche Beschränkung → Rn. 12), ist Widerruf als Anspruch aus § 12 BGB zu verstehen, Köhler FS Fikentscher, 1998, 507. Widerruf kann auch vertraglich vorbehalten werden, dann auch unter weiteren Einschränkungen (→ Rn. 12).

12 **Reichweite der Einwilligung:** Übertragung der Firma erlaubt dem Erwerber iZw deren **Weiterübertragung** bei Weiterübertragung des HdlGeschäfts, auch Errichtung neuer ZwNl; aber **nicht** bei Verselbständigung einer ZwNl, wenn es dadurch zur **„Vervielfältigung" der Firma** mit dem Namen des Veräußerers kommt, RGZ 67, 95; 104, 343 (→ Rn. 5), aA Staub/Burgard Rn. 77; auch nicht Neugründung einer GmbH und Verwendung der Firma dafür, OLG Hamm BB 1991, 86. Die Einwilligung kann auch sonst inhaltlich beschränkt werden, aber nur schuldrechtlich (§ 137 BGB; Gestattungsvereinbarung), Köhler FS Fikentscher, 1998, 505, aA auch mit dinglicher Wirkung, Canaris § 10 Rn. 47. Firmenfortführungsklauseln bei Lettl WM 2006, 1843.

3. Abschnitt. Handelsfirma   13–15 § 22

E. **Registerrecht: Anmeldung** beim HdlReg des Veräußerers zB Veräuße- 13
rung des HdlGeschäfts und Auflösung der (Veräußerer-)OHG, Anmeldung beim
HdlReg des Erwerbers zB (vgl. § 13) Errichtung einer ZwNl; vgl. BayObLG BB
1970, 1275; NJW-RR 1990, 869. Bei Firmenfortführung durch Erwerber Eintragung des Inhaberwechsels auf dem bisherigen Registerblatt, sonst Eintragung
des Erlöschens und neues Blatt, KG OLGZ 1965, 319; BayObLG DB 1971,
1009; → Rn. 20. Den Veräußerer trifft eine Mitwirkungspflicht, RGZ 65, 15.
Muster: Hopt/Merkt VertrFormB/Voigt, Form I.C.1 (Anmeldung einer Firmenänderung), Form I.C.2, 3 (Anmeldung einer Veräußerung mit und ohne
Firmenfortführung), Form I.C.4 (Anmeldung nach Erbgang), Form I.C.5 (Anmeldung der Übertragung).

2) Fortführung der Firma durch den Erwerber (I Hs. 2)

A. **Zulässigkeit der Firma:** Wer ein bestehendes HdlGeschäft unter Leben- 14
den (→ Rn. 9) oder von Todes wegen (→ Rn. 8) erwirbt, darf (nicht: muss,
→ Rn. 20) bei ausdrücklicher Einwilligung des bisherigen Inhabers oder seiner
Erben (→ Rn. 7 ff.) für das Geschäft die bisherige Firma fortführen (I). I stellt
klar, dass dies auch gilt, wenn die bisherige Firma den Namen des bisherigen
Geschäftsinhabers enthält. Die Fortführung der Firma des übernommenen
HdlGeschäfts ist **unzulässig, wenn** ihre Führung **schon vorher unzulässig**
war, BGHZ 30, 293, vgl. → § 18 Rn. 18, es sei denn die Unzulässigkeitsgründe
liegen beim neuen Inhaber nicht mehr vor, zB Ges. führt Firma mit vorher
unzulässiger „& Co" fort (Grenze Rechtsmissbrauch § 242 BGB, zB bei Umgehung durch Zusammenwirken des alten und neuen Inhabers), aA OLG Hamm
DB 1973, 2034; offen BGH NJW 1985, 737. Fortführung einer zulässigen Firma
ist unzulässig, wenn sie in der Person des Nachfolgers **nunmehr unzulässig**
wird, zB wenn sie nunmehr als HdlName des neuen Inhabers das Publikum zu
täuschen geeignet ist (→ Rn. 15–18, → § 17 Rn. 18). Führt eine **Erbengemeinschaft** das HdlGeschäft fort, muss analog § 19 I ein diesbezüglicher Rechtsformzusatz hinzugefügt werden (→ § 19 Rn. 2, 5).

B. **Fortführung: a)** Fortführen heißt **grundsätzlich unverändert** fortführen, 15
da im Geschäftsverkehr Klarheit über die Identität der fortgeführten Firma herrschen muss. Daher ist idR zB unzulässig: Zufügen bisher nicht geführter Zusätze,
zB einer Fachbezeichnung, KG JW 1929, 2155 (Kaffee), OLG Hamm BB 1965,
806 (Möbelhandlung), oder eines Markenwortes, BGHZ 44, 119 (Frankona, aber
→ § 24 Rn. 4). Desgleichen Weglassen von Firmenteilen, zB von Vornamen
(→ Rn. 16–18) oder des bisher geführten Zusatzes „vormals X" (der jetzt Vor-Vorinhaber), erst recht des (EinzelKfm-)Namens, LG Hannover MDR 1976,
758. Die Fortführung der bisherigen Firma ist **zulässig, auch** wenn sie den
Namen des bisherigen Geschäftsinhabers enthält (→ Rn. 14), OLG Köln BB
1988, 292; OLG Düsseldorf FGPRax 2007, 277; der Grundsatz der Firmenbeständigkeit, also Firmenfortführung auch ohne Nachfolgevermerk, hat (nur)
insoweit weiterhin Vorrang gegenüber dem Grundsatz der Firmenwahrheit, OLG
Düsseldorf FGPrax 2007, 277, krit. MüKoHGB/Heidinger Rn. 3 ff., aber auch
44. Ausdrücklich gestattet, aber eben nicht erforderlich ist nach I ein **Nachfolgevermerk** (→ § 18 Rn. 21), BeckOK HGB/Bömeke Rn. 46; MüKoHGB/Heidinger Rn. 59, zB „A & B Erben" oder „A & B Nachfolger" oder „A & B
Nachfolger C & D" (der nächste Übernehmer darf firmieren „A & B" oder „A &
B Nachfolger C & D" oder „A & B Nachfolger", KGJ 53, 96) oder „A & B
Inhaber", „C & D" oder „C & D vormals A & B" (Angabe des jetzigen Inhabers
mit Zusatz betr. den früheren statt des früheren mit Zusatz betr. den jetzigen).
Unzulässig ist aber eine Änderung, die Vorinhaber- und Übernehmer-Namen so
zusammenbringt, dass Zweifel bestehen, wer Inhaber ist, OLG Celle BB 1974,
387.

§ 22 16, 17   1. Buch. Handelsstand

b) Ausnahmsweise sind **Änderungen** (→ § 17 Rn. 22) zulässig oder sogar geboten, allerdings nur so, dass kein Zweifel an der Identität mit der fortgeführten Firma aufkommen kann, BGHZ 44, 120; BGH NJW 1965, 1915; OLG Celle BB 1974, 387; OLG Düsseldorf FGPrax 2007, 277 (iErg abl.); OLG Hamm NZG 2002, 866 Rn. 13 ff.; OLG Frankfurt a. M. NJW-RR 2015, 727 Rn. 23 f. (eng). Zulässig Wechsel des Personennamens bei fortgeführter Firma (Apotheke), OLG Hamm NZG 2014, 1397, OLG Düsseldorf NZG 2019, 949; ZIP 2019, 1767. Zulässig (und bei Wesentlichkeit geboten) ist zB Änderung einer Ortsangabe nach Verlegung des Geschäfts, KG DR 1941, 1942 (Apotheke). Vereinigung von Unternehmen → Rn. 19. Zur Änderung bei neuen Tatsachen BGHZ 44, 119 (Frankona, näher → § 24 Rn. 4). Wegen **Irreführungsgefahr** geboten ist zB Weglassen des Worts „Inhaber" beim Namen des jetzigen Vorinhabers, bei wiederholter Nachfolge Weglassen des früheren Nachfolgevermerks oder Fortführung mit zutreffender Ergänzung, OLG Hamm DB 1985, 2555; Weglassen des Namens verstorbener Partner bei Voranstellen des Namens eines neuen, OLG Frankfurt a. M. NJW 2005, 2712 (PartG; auch → § 24 Rn. 3); ebenso Weglassen des **Dr-Titels** beim fortgeführten Namen des Vorinhabers, jedenfalls in hierfür empfänglicher Branche, zB Makler, BGHZ 53, 67; BGH WM 1992, 504; NJW 1998, 1151 (nicht täuschend: Dr. X Nachf.), Kreditinstitut, OLG Koblenz ZIP 1988, 942; anders OLG Frankfurt a. M. DB 1977, 1253 für Druck und Papier; näher → § 18 Rn. 35.

16 C. **Änderung der Rechtsform:** Die Fortführung der Firma ist auch zulässig bei Änderung der Rechtsform, uU mit gewisser Änderung, zu beachten sind aber § 19 I, der auch für EinzelKfm, OHG und KG **zutreffenden Rechtsformzusatz** verlangt, § 19 II sowie allgemein § 18 II.

a) Bei Übertragung des HdlGeschäfts **von Einzelkaufmann** (A) **auf OHG oder KG** (B & C) ist, ebenso wie bei „Aufnahme" eines Gfter (B) durch EinzelKfm (A, dh Bildung der Ges. A & B, → § 24 Rn. 5), der **Gesellschaftsformzusatz** nach § 19 I Nr. 2, 3 („OHG", „KG") obligatorisch, aA nach altem Recht BGHZ 62, 224. Zusätzlich ist **Hinweis auf eine Haftungsbeschränkung** nach § 19 II (V aF) notwendig, so wenn Übernehmerin eine GmbH & Co (KG) ist. Eine zusammengesetzte Firma (Name und Zusatz) ist im ganzen fortzuführen oder gar nicht, LG Hannover DB 1976, 1008. Ein ausgeschriebener Vorname ist nach der Rspr. weiter auszuschreiben, BGHZ 30, 288; OLG Hamm BB 1965, 807 (betr. KG), anders für abgekürzten Vornamen, kann weggelassen werden, RGZ 113, 309; LG Berlin NJW-RR 1994, 609, diese Rspr. ist zu engherzig, richtiger ist Streichung von Vornamen zuzulassen, wenn kein Identitätszweifel möglich ist, LG Berlin NJW-RR 1994, 609. § 19 I Nr. 1 nF, der auf Vornamen für Neubildung verzichtet, trifft diesen Fall jedoch nicht. Bei Übertragung von EinzelKfm, OHG, KG **auf GmbH, AG, KGaA** sind ferner § 4 GmbHG, §§ 4, 279 AktG zu beachten.

17 b) Bei **Übertragung von OHG oder KG** (A & B), **GmbH, AG, KGaA auf Einzelkaufmann** (C) ist der **Gesellschaftsformzusatz zu streichen** (wie bei Ausscheiden eines Gfter B von ZweimannGes, dh Geschäftsübernahme durch A, dazu → § 24 Rn. 9). Nicht nur der Zusatz „OHG", „KG" wird unzulässig, RGZ 104, 342; BGH BB 1959, 462; „GmbH & Co", BGHZ 44, 286 (bei → § 24 Rn. 9), „& Co", BGHZ 53, 68 sowie „GmbH", „AG", „KGaA", sondern auch andere auf Gesellschaft hinweisende Zusätze, zB „& Sohn", „Gebrüder", BGH NJW 1985, 737; BayObLG WM 1983, 1402; „KG", „& Co" uä kann einfach gestrichen werden, „& Sohn" dagegen nicht (aussagekräftiger Teil der Firma). Täuschungsgefahr wird jedoch beseitigt und Beibehaltung ist zulässig bei **Nachfolgevermerk** (→ § 18 Rn. 21), BGH NJW 1985, 737; BayObLG DB 1978, 1270 – H. V. KG Inhaber W. V. Statt des GesFormZusatzes ist nach § 19 I Nr. 1 nunmehr der **Kaufmannszusatz erforderlich** (→ § 19 Rn. 4).

c) Umwandlung einer OHG in KG und umgekehrt → § 24 Rn. 7–8. 18
Umwandlung nach UmwG → § 19 Rn. 38 ff.

d) Vereinigung: Bei Vereinigung des erworbenen HdlGeschäfts mit einem 19
schon vom Erwerber betriebenen dürfen beide Firmen zu einer verbunden
werden (erlaubte Änderung, Grenze: Irreführungsgefahr, → Rn. 15), KGJ 51,
114: E. W. in Firma „Fr. B." erwarb „Aug. B.", zulässig: „... Brennereien vormals
Fr. B. zu S. und Aug. B. zu R., E. W.". Ebenso, auch wenn eine der Firmen
abgeleitet ist, OLG Frankfurt a. M. MDR 1970, 513. Nach Wieder-Trennung
uU Wiederannahme der alten (abgeleiteten) Firma statt Neubildung (bei KG)
nach § 19 II, OLG Frankfurt a. M. MDR 1970, 513.

D. **Annahme einer neuen Firma durch den Erwerber:** § 22 gibt dem 20
Erwerber nur ein Recht, verbietet ihm aber nicht die Annahme einer neuen
Firma nach §§ 18 ff., auch nach anfänglicher Benutzung der bisherigen Firma,
OLG Celle BB 1974, 388; BayObLG NJW-RR 1990, 869; OLG Düsseldorf
NZG 2019, 950 Rn. 16; ZIP 2019, 1767. In diesem Falle ist der frühere Inhaber
zur Anmeldung des Erlöschens der alten Firma verpflichtet; der Erwerber ist mit
der neuen Firma auf einem neuen Registerblatt einzutragen (anders als bei
Firmenänderung, vgl. **(4)** HRV § 13 III), BayObLG DB 1971, 1009, keine bloße
Rötung bzw. andere Form der Kenntlichmachung als gegenstandslos nach **(4)**
HRV § 16 I 2, II. Möglich ist Verpflichtung des Erwerbers gegenüber Veräußerer, die alte Firma zu behalten (→ § 17 Rn. 22). Erwerber kann nach anfänglicher
Fortführung der alten zu neuer Firma übergehen, OLG Celle BB 1974, 388; LG
Fürth BB 1976, 810.

E. **Erlöschen des Fortführungsrechts:** Das Recht zur Fortführung der Firma 21
erlischt bei Erlöschen des Unternehmens (vgl. → § 17 Rn. 23), bei identitätsaufhebender Veränderung bzw. Änderung des HdlGeschäfts im Kern, BayObLGZ 1971, 165 (vgl. → Rn. 15), bei Teilung (falls nicht ein Teil so überwiegt,
dass er das ganze fortsetzt), einerlei, ob Veräußerer die Fortführung auch für diese
Fälle genehmigt, BGH BB 1957, 943; **nicht** durch bloße Veränderung des
Umfangs, Aufnahme oder Fallenlassen eines neuen Geschäftszweigs oder sonstige
Umgestaltung des Unternehmens, BGH WM 1957, 1154, die Weiterübertragung
des Geschäfts mit Firma (→ Rn. 12). Auch uU nicht durch Veräußerung einer
Zweigniederlassung mit der (abgeleiteten) Firma, Bokelmann GmbHR 1978,
265, str., → Rn. 5.

3) Bezeichnung des Veräußerers nach der Übertragung

A. **Neugründung:** Der Veräußerer ist nicht gehindert, nachher ein **eigenes** 22
Unternehmen unter **seinem Namen** zu gründen. Dessen Firma muss sich aber
von der veräußerten deutlich unterscheiden (§ 30), also ggf. einen unterscheidenden Zusatz enthalten, OLG Hamm Rpfleger 1984, 20 (auch bei Zurückbehalten
eines unwesentlichen Restunternehmens). So auch, wo der Erwerber der übertragenen Firma einen Nachfolgezusatz beigefügt hat, RG DR 1944, 249.

B. **Liquidation:** Eine **OHG** muss nach Übertragung ihres HdlGeschäfts samt 23
Firma (auf eine andere OHG) und nach Auflösung, solange noch ungeteiltes
GesVermögen vorhanden ist, und die Ges. iL fortbesteht (§§ 131, 145), eine neue
Firma annehmen (§ 23). Schuldrechtliche Gestattung der Führung der alten
Firma bis zum Abschluss der Liquidation ist zulässig (→ § 23 Rn. 2). Für § 30
genügt alte Firma mit Zusatz „i L" (vgl. § 153), wenn die Übernehmerin die
übernommene Firma mit Zusatz „Inhaber X & Y" (ihre Gfter) führt, KG JW
1936, 2660 und 3130. Nach Verpachtung ihres HdlGeschäfts (mit Firma) ohne
Auflösung ist sie GbR und kann keine Firma führen (→ § 105 Rn. 8), zu
beachten ist aber § 105 II (→ § 105 Rn. 12–14).

24 C. **Insolvenzverfahren:** Veräußert der Insolvenzverwalter einer HdlGes ihr HdlGeschäft mit Firma, fragt sich, wie bis zur Beendigung des Insolvenzverfahrens zu firmieren ist. Wenn nicht die Gfter mit Zustimmung des Insolvenzverwalters im Wege der Vertrags- bzw. Satzungsänderung eine neue Firma bestimmen, OLG Karlsruhe NJW 1993, 1931, wozu sie dem Erwerber gegenüber verpflichtet sein können, kann und muss die HdlGes die alte Firma (ihren einzigen Namen) bis zur Beendigung des Insolvenzverfahrens fortführen, so ohne Verstoß nach § 30, KG JW 1937, 2978, Verstoß möglich, aber nicht zwingend BGH AG 2020, 215, richtig: nur mit unterscheidendem Zusatz; der Insolvenzverwalter kann ohne Mitwirkung der Gfter keine Ersatzfirma bilden, BGHZ 224, 72 = NZG 2020, 223 mAnm. Andersson-Lindström DB 2020, 1666; aA OLG Hamm GmbHR 2018, 425 = BeckRS 2017, 136702, K. Schmidt § 12 I Rn. 51, MüKoHGB/Heidinger Rn. 89, str. (→ § 17 Rn. 47). Der ehemalige Insolvenzschuldner kann mit seinem Namen eine neue Firma gründen, aber wenn die alte fortgeführt wird, nur unter Firmenzusatz, Canaris § 10 Rn. 70.

4) Nießbrauch, Pacht, ähnliches Verhältnis (II)

25 Bei Übernahme eines HdlGeschäfts zu **Nießbrauch, Pacht** oder ähnlichem Verhältnis, zB Nutzungspfandvertrag (vgl. → Einl. v. § 1 Rn. 69–72), Fortführung des Unternehmens durch den Testamentvollstrecker als Treuhänder der Erben, nicht bei familienrechtlichem Nutzungsverhältnis, gilt I analog. Bsp.: Neugründung einer AuffangGes, Verpachtung des HdlGeschäfts an sie und Umfirmierung der Gemeinschuldnerin, OLG Hamm ZIP 1998, 748. Der Pächter kann den Namen des früheren Inhabers führen, nicht den Namen des Verpächters, der nie Inhaber war, OLG Köln NJW 1963, 541. Nachfolgezusatz (wenn gewollt, → § 18 Rn. 21) kann zB „Nachfolger X" oder „Inhaber X" lauten, bei Pacht auch „Pächter X", LG Münster NJW 1971, 1089; LG Fürth BB 1976, 810. II setzt Nießbrauch mit Unternehmensführungsrecht voraus, nicht bloßen Ertragsnießbrauch, BayObLG BB 1973, 956 (→ § 1 Rn. 30). Pächter als erster Inhaber, Weitergabe an anderen Pächter s. LG Nürnberg BB 1977, 1671. Keine Fortführung durch Pächter, wenn auch Verpächter (GmbH) die Firma fortführt, BayObLG DB 1978, 1271. Betriebsaufspaltung in Besitz- und Betriebsunternehmen, so häufig bei Verpachtung, → § 1 Rn. 18. Lizenz → § 23 Rn. 2. **Muster:** vgl. Hopt/Merkt VertrFormB/Voigt, Form I. C.2 (Anmeldung der Veräußerung mit Haftungsausschluss).

[Veräußerungsverbot]

§ 23 Die Firma kann nicht ohne das Handelsgeschäft, für welches sie geführt wird, veräußert werden.

1) Normzweck

1 § 23 wendet sich ebenso wie § 22 **gegen Leerübertragung von Firmen,** die das Publikum darüber täuscht, wer hinter der Firma steht. Anders, aber mit Mitübertragungsvermutung, § 27 MarkenG, der aber § 23 unberührt lässt, also keine Analogie, BGH BB 1994, 1239; ZIP 1994, 1807. §§ 22, 23 wollen beide das Auseinanderfallen von Unternehmen und Kennzeichnung verhindern und deren Funktion als Herkunftsangabe erhalten. Sie sind deshalb insoweit gleich auszulegen, etwa → § 22 Rn. 3–4.

2) Inhalt des Verbots

2 § 23 verbietet die Veräußerung der Firma ohne das HdlGeschäft. Veräußerung liegt vor, wenn das HdlGeschäft im Großen und Ganzen übertragen wird (→ § 22 Rn. 4), also der Unternehmenskern, BGH BB 1977, 1016; untergeordnete Geschäftsteile können zurückbehalten werden. Unzulässig ist die Firmenveräuße-

rung auch dann, wenn beim Veräußerer gar kein HdlGeschäft mehr besteht, das übertragen werden könnte, die Firma aber ausnahmsweise noch fortbesteht (Bsp.: HdlGes nach Erlöschen ihres Unternehmens, → § 17 Rn. 23). § 23 erfasst seinem Zweck nach nicht nur die Veräußerung im Rechtssinn, sondern zB **auch** eine **isolierte Firmenlizenz,** GroßKo/Hüffer 4, aber nicht eine nur schuldrechtliche Gestattung ohne Firmenverdopplung, diese bleibt zulässig, BGHZ 122, 71; NJW 1991, 1354; MüKoHGB/Heidinger Rn. 15; Leuering NJW 2016, 2367. Vorübergehende Firmenverdoppelung zwecks Abwicklung nicht grds. unzulässig, BGH AG 2020, 215 Rz. 19. Firmierung der veräußernden HdlGes noch mit der alten Firma → § 22 Rn. 24. § 23 erfasst nicht die Veräußerung nur der HauptNl oder nur der ZwNl, da eigenständig iSv § 22 (→ § 22 Rn. 5). **Lit.** Köhler DStR 1996, 510 (Firmenlizenz).

3) Rechtsfolgen

Verstoß gegen § 23 führt zur Nichtigkeit des dinglichen Geschäfts (§ 134 BGB); die Erfüllung des schuldrechtlichen Geschäfts ist unmöglich (§§ 275, 311a BGB); firmenrechtliche Konsequenzen bei Eintragung § 37 I, Löschungsverfahren und bei Bekanntmachung § 15 III.

4) Mantelkauf, Vorratsgesellschaft

Der Mantelkauf (Erwerb einer KapitalGes nur wegen Firma und bestehender Rechtsperson) fällt nicht unter § 23 und ist grundsätzlich **zulässig,** str., s. Komm. zu § 3 GmbHG, → Anh. § 177a Rn. 14. Zulässig ist auch die offene Vorratsgründung, aber, da eine **wirtschaftliche Neugründung** (nur, falls die Ges. eine „leere Hülse" ist, BGH NJW 2010, 1459), nur unter voller Einhaltung der **Gründungsvorschriften** nebst registerrechtlicher Kontrolle und Haftung, sonst droht unbeschränkte Haftung, BGHZ 117, 323 (AG); 153, 158; 155, 322, gegen Endloshaftung und Zäsurwirkung des wirtschaftlichen Neubeginns BGH ZIP 2012, 817 m. zust. Anm. Ulmer ZIP 2012, 1265, Abgrenzung BGH ZIP 2014, 418 (alle GmbH); ebenso bei Wiederverwendung eines alten, zwischenzeitlich leer gewordenen Mantels (Aktivierung einer Vorratsgesellschaft), BGHZ 155, 318 (GmbH). Abgrenzung ist in der Praxis nicht einfach, OLG Jena WM 2007, 77; OLG Schleswig WM 2007, 449; Bspe K. Schmidt ZIP 2010, 861; neue Rspr. soll auch bei konzernangehöriger GmbH, die einige Zeit (nicht ganz 2 Jahre) nicht operativ war, gelten, OLG Jena NZG 2004, 1114. **Lit.** GroßKo(AktG)/Henze § 54 Rn. 35 ff.; GroßKoGmbHG/Ulmer § 3 Rn. 126 ff.; Hancke 2007; Weber 2008; K. Schmidt ZIP 2010, 857; Bachmann NZG 2011, 441; Bayer FS Goette, 2011, 15; Krolop AG 2011, 305; Ulmer ZIP 2012, 1265; Theusinger/ Andrä ZIP 2014, 1916.

[Fortführung bei Änderungen im Gesellschafterbestand]

§ 24 (1) **Wird jemand in ein bestehendes Handelsgeschäft als Gesellschafter aufgenommen oder tritt in eine neue Gesellschaft in eine Handelsgesellschaft ein oder scheidet aus einer solchen ein Gesellschafter aus, so kann ungeachtet dieser Veränderung die bisherige Firma fortgeführt werden, auch wenn sie den Namen des bisherigen Geschäftsinhabers oder Namen von Gesellschaftern enthält.**

(2) **Bei dem Ausscheiden eines Gesellschafters, dessen Name in der Firma enthalten ist, bedarf es zur Fortführung der Firma der ausdrücklichen Einwilligung des Gesellschafters oder seiner Erben.**

§ 24 1–3

Übersicht

	Rn
1) Firmenfortführung bei Personengesellschaften	1–4
A. Normzweck:	1
B. Voraussetzungen für die Fortführung der Firma:	2
C. Fortführung:	3, 4
2) Firmenfortführung ohne Einwilligung (I)	5–10
A. Aufnahme eines Gesellschafters durch Einzelkaufmann (I Alternative 1):	5, 6
B. Eintritt in Gesellschaft (I Alternative 2):	7
C. Ausscheiden eines Gesellschafters (I Alternative 3):	8, 9
D. Wechsel in der Gesellschafterrolle:	10
3) Firmenfortführung nur mit Einwilligung (II)	11, 12
A. Inhalt von II:	11
B. Reichweite von II:	12

1) Firmenfortführung bei Personengesellschaften

1   A. **Normzweck:** § 24 ist wie § 22 ua eine Ausprägung des Grundsatzes der **Firmenbeständigkeit** (→ § 22 Rn. 1). § 24 **ergänzt** § 22. II dient dem namens- und persönlichkeitsrechtlichen Schutz des ausscheidenden namensgebenden Gfters durch das Zustimmungserfordernis, MüKo HGB/Heidinger Rn. 1. Ist dort bei Austritt des alten und Eintritt eines neuen Inhabers uU Fortführung der alten Firma erlaubt, so erst recht in den Fällen des § 24 I, wo (idR) mindestens ein Inhaber bleibt. Das gilt aber auch bei Auswechslung aller Gfter (→ § 105 Rn. 69), da die rechtliche Identität der OHG oder KG unberührt bleibt (sonst § 22, → Rn. 9), offen BGH BB 1977, 1016, nach aA § 22. Auch eine nicht eingetragene Einzelfirma kann bei Gründung einer OHG erhalten bleiben, wenn der Kfm. sein Unternehmen mit Firma der nun gebildeten OHG nach § 24 überträgt, RG JW 1927, 1674; eine vorherige Eintragung der Einzelfirma ist nicht notwendig, str., außer bei konstitutiver HdlRegEintragung (→ § 22 Rn. 7). Auch bloße Namenshergabe ist zulässig, außer bei Missbrauch bzw. Verstoß gegen §§ 3, 4, 5 UWG, § 826 BGB (→ § 19 Rn. 17). **Lit.** J. W. Flume DB 2008, 2011.

2   B. **Voraussetzungen für die Fortführung der Firma: a) Bestehen eines Handelsgeschäfts bzw. einer Handelsgesellschaft:** § 24 findet nur Anwendung, wenn bei Fortführung ein HdlGeschäft bzw. eine HdlGes vorhanden ist (→ § 22 Rn. 3 ff.).

b) **Bestehen einer Firma:** Wie § 22 setzt § 24 Bestehen und rechtmäßige Führung einer Firma voraus (→ § 22 Rn. 7). Es muss sich also um einen kfm. Geschäftsbetrieb handeln, was wie unter § 22 streitig ist; Behandlung von NichtKfm → § 22 Rn. 7.

c) **Fortführung grundsätzlich ohne Einwilligung:** Anders als § 22 I (dort → § 22 Rn. 9) verlangt § 24 I nicht Einwilligung des Ausgeschiedenen (vgl. → Rn. 8–9) oder der AltGfter im Verhältnis zu den Eingetretenen (vgl. → Rn. 5–7). Diese Einwilligung kann vertraglich vorgeschrieben sein, das ist aber nicht Sorge des Registergerichts (dem die Veränderung der Inhaber anzuzeigen ist, § 31), es kann die alte Firma ohne Weiteres bestehen lassen. Ausnahme: II, → Rn. 11–12.

3   C. **Fortführung: a)** Die bisherige Firma ist **grundsätzlich unverändert** fortzuführen, da im Geschäftsverkehr Klarheit über die Identität der fortgeführten Firma herrschen muss; Einzelheiten → § 22 Rn. 15. Das gilt nach der Rspr. sogar für Vornamen (wie → § 22 Rn. 16). Die Fortführung ist **zulässig, auch** wenn sie den **Namen des bisherigen Geschäftsinhabers oder Namen von Gesellschaftern** enthält (so klarstellend I); der Grundsatz der Firmenbeständigkeit hat insoweit weiterhin Vorrang gegenüber dem Grundsatz der Firmenwahrheit (I ist

insoweit lex specialis zu § 18 II, aber nur insoweit), OLG Celle NZG 2008, 866. EinzelKfm mit (abgeleitet) „Gebrüder" in der Firma, darf sie bei Eintritt eines Kdtisten fortführen, LG Hannover MDR 1978, 580 (nicht im umgekehrten Fall: Übertragung auf EinzelKfm, → § 22 Rn. 17). Partnerschaft (Rechtsanwälte ua) darf Namen des ausscheidenden Namensgebers samt Doktortitel fortführen, auch wenn kein anderer Partner promoviert ist (trotz grundsätzlichem Irreführungsverbot, → § 18 Rn. 35), BGH ZIP 2018, 1393 mAnm Hirtz EWiR 2018, 487; 2018, 1439, dazu krit. Römermann EWiR 2018, 581; Juretzek DStR 1942; 2018, 1494 mAnm Kleefas EWiR 2018, 709 (Partnerschaft von Rechtsanwälten, Steuerberatern, Wirtschaftsprüfern). Die Fortführung ist nach § 24 firmenrechtlich (anders uU nach Vertrag) grundsätzlich zulässig, aber nicht vorgeschrieben (wie → § 22 Rn. 20). Bei zulässiger Fortführung ist **Nachfolgezusatz** möglich (→ § 18 Rn. 21), aber nicht nötig. „A Speditions-OHG" aus A/B/C kann auch nach Ausscheiden des A und Eintritt des D nicht „A Speditions-OHG C und D" heißen, OLG Celle BB 1962, 388. Das Firmenrecht geht (mit dem Geschäft) auf Erben des Fortführenden über, erlischt aber (ähnlich wie nach Geschäftsübertragung, → § 22 Rn. 21) durch Teilung des Unternehmens, BGH BB 1957, 943. Wie in § 22 kann jederzeit eine neue Firma gebildet werden, § 24 gibt nur ein Recht, keine Pflicht zur Fortführung (→ § 22 Rn. 20). Neubildung der Firma unter Beibehaltung des Namens des ausgeschiedenen Gründungspartners trotz dessen Zustimmung unzulässig, OLG Hamm NZG 2018, 1355, dazu krit. Juretzek DStR 2019, 128.

b) Änderungen (→ § 17 Rn. 22) der nach I fortgeführten Firma sind im Inhaber- und Allgemeininteresse zulässig bei Änderungen zB des Geschäftsumfangs, -zweigs oder Sitzes, BGHZ 44, 119 – Frankona; OLG Hamm ZIP 2017, 330 (PartGG); LG München DB 1990, 1659; berechtigtes Inhaberinteresse kann zB an Aufnahme einer neu geschützten Marke in die Firma bestehen, BGHZ 44, 119 – Frankona oder den Bedeutungswandel eines Firmenbestandteils in der Verkehrsanschauung, BayObLG NJW-RR 2003, 685. Änderung ist nötig, wenn die Führung unzulässig war oder nun wird (→ § 22 Rn. 14 ff.). Änderung ist insbesondere bei Irreführungseignung, etwa täuschenden Zusätzen, geboten (näher → § 22 Rn. 15).

2) Firmenfortführung ohne Einwilligung (I)

A. **Aufnahme eines Gesellschafters durch Einzelkaufmann (I Alternative 1):** Firmenfortführung ohne Einwilligung ist nach I Alternative 1 möglich bei Aufnahme eines Gfters durch EinzelKfm in ein bestehendes HdlGeschäft unter Gründung einer OHG oder KG, einerlei ob der EinzelKfm phG oder Kdtist wird. Übertragung des HdlGeschäfts auf eine OHG oder KG als Sacheinlage fällt unter § 22 I (dort → § 22 Rn. 1). Zu firmieren ist wie folgt:

a) Einzelfirma (Hans Müller) darf von OHG oder KG nach § 19 I Nr. 2, 3 nF nur noch mit **Gesellschaftsformzusatz fortgeführt** werden, aA nach altem Recht BGHZ 62, 224; BGH BB 1977, 160. Zusätzlich ist **Hinweis auf eine Haftungsbeschränkung** nach § 19 II (V aF) notwendig, so bei GmbH & Co (KG).

b) Von der Fortführung der Firma in solchen Fällen ist die ähnliche (zulässige) **Neubildung** (dh Änderung, → § 17 Rn. 22) zu unterscheiden, zB wenn X seinen Sohn aufnimmt: „X KG" (ohne den Vornamen des Vaters), LG Bad Kreuznach MDR 1970, 145; OLG Hamm BB 1977, 968.

B. **Eintritt in Gesellschaft (I Alternative 2):** Firmenfortführung ohne Einwilligung ist nach I Alternative 2 möglich bei Eintritt eines Gfters in eine bestehende HdlGes, auch bei Wechsel aller Gfter. Zu firmieren ist wie folgt: Wird OHG dadurch KG, ist „OHG" zu streichen und der zutreffende GesZusatz

(§ 19 I Nr. 3, „KG") zu bilden, vgl. unter § 19 II aF OLG Hamm BB 1965, 807; OLG Frankfurt a. M. NJW 1980, 129. Scheidet aus der „Import-Schuh GmbH & Co KG" die GmbH aus und tritt für sie X ein, ist „Import-Schuh KG" zulässig trotz § 19 II: Namen des phG, OLG Frankfurt a. M. NJW 1970, 865; entspr. (mit Beibehaltung des „& Co") „KG Union-Bau Altona & Co", BGHZ 68, 271, aber Rechtsformzusatz heute nur noch am Ende (→ § 19 Rn. 34). So auch, wenn das Ausscheiden der GmbH unter Hinterlassen ihrer Sachfirma von vornherein geplant war (keine unzulässige Umgehung von § 4 aF GmbHG, § 19 HGB), BayObLG BB 1977, 1370 (→ Rn. 1). Heute sind solche Umwege nicht mehr notwendig, da auch für EinzelKfm und PersonenHdlGes originäre Sach- und Phantasiefirma zulässig sind (→ § 19 Rn. 8, 18, 23).

8   **C. Ausscheiden eines Gesellschafters (I Alternative 3): a) Ausscheiden eines von drei oder mehr Gesellschaftern:** Fortführung der Firma ohne Einwilligung ist hier ebenso unproblematisch wie nach I Alternative 2 (→ Rn. 7), also wie sie war, aber mit richtigem GesZusatz (→ Rn. 5). Wird die KG durch Ausscheiden des einzigen Kdtisten zur OHG, ist „KG" zu streichen, BGHZ 68, 13, und GesFormzusatz „OHG" hinzuzufügen (§ 19 I Nr. 2). Ersetzung der GmbH als phG einer KG durch natürliche Person, → Rn. 7.

9   **b) Ausscheiden eines von zwei Gesellschaftern:** Unternehmensträger ist statt der Ges. nunmehr der verbleibende Gfter als EinzelKfm, BayObLG BB 2000, 1212 (für Kdtisten). Das ist an sich ein Fall von § 22, aber § 24 geht vor, BGH NJW 1989, 1799 (zu § 24 II, → Rn. 12). Dazu gelten dieselben Grundsätze wie für die Übertragung des HdlGeschäfts auf EinzelKfm (→ § 22 Rn. 17). GesZusatz (& Co, KG, OHG oä) wird unzulässig. So bei Ausscheiden der GmbH aus einer GmbH & Co (KG), dh Übertragung des Geschäfts von dieser KG auf den Kdtisten als neuen Alleininhaber, BGHZ 44, 286; 53, 69. Anders bei Fortführung mit entsprechendem Nachfolgerzusatz (Meyer KG Nachfolger), OLG Köln BB 1964, 575; BayObLGZ 1978, 48. Der in der GesFirma fehlende Vorname darf auch nach Wegfall des GesZusatzes fehlen (trotz § 18 I aF), OLG Köln BB 1964, 575; OLG Düsseldorf NJW 1998, 616 (zu §§ 18, 122 UmwG), nach § 18 I nF unproblematisch. Wie in § 22 (dort → § 22 Rn. 4) gilt § 24 nicht, wenn ein ausscheidender Gfter einen wesentlichen Unternehmensteil mitnimmt, BGH BB 1957, 943; 1977, 1016.

10   **D. Wechsel in der Gesellschafterrolle:** Die Grundsätze für Aufnahme und Eintritt und für Ausscheiden (→ Rn. 5–9) gelten entspr., wenn phG Kdtist wird und umgekehrt. Wird in KG ein namensgebender phG Kdtist, ist (mit seiner Einwilligung, → Rn. 11–12) Fortführung der Firma mit seinem Namen zulässig, trotz § 19 IV aF OLG Köln BB 1988, 292, nunmehr ausdrücklich § 24 I (allerdings muss GesFormzusatz richtig sein, § 19 I) Im Einzelfall kann dies aber auch bei unverändertem GesForm bzw. zutreffendem GesFormzusatz zur Irreführung geeignet sein (vgl. → § 19 Rn. 22), dann droht Rechtsscheinhaftung (→ § 19 Rn. 22, → § 5 Rn. 9), offen OLG Köln BB 1988, 293.

3) Firmenfortführung nur mit Einwilligung (II)

11   **A. Inhalt von II:** Bei Ausscheiden eines Gfters, auch eines von zwei Gftern (→ Rn. 12), auch des Kdtisten (der früher phG war, aber → Rn. 10), einerlei aus welchem Grund (auch durch Ausschluss oder Tod), ist zur Weiterführung seines Namens in der Firma (im Zweifel, Auslegungsregel, sehr str., aA üL) seine **ausdrückliche Einwilligung** nötig (für Insolvenz → § 17 Rn. 47). Einwilligung iSv II ist einseitige namensrechtliche Gestattung (anders iSv § 22, dort → § 22 Rn. 9: Übertragungserklärung), BayObLG NJW 1998, 1159; GroßKo/Hüffer Rn. 12. Nach zutr. Ansicht von Canaris § 10 Rn. 44 handelt es sich um eine bloße Auslegungsregel, wonach die ursprüngliche Erlaubnis zur Namensführung iZw nicht endgültig ist. II hat (§ 19 verlangt nicht mehr Namen wenigstens eines der Gfter) zwar an Bedeutung eingebüßt, ist aber nicht bedeutungslos, Canaris § 10 Rn. 45; Felsner NJW 1998, 3257; aA Steinbeck NZG 1999, 138; vgl. auch Koller/Roth Rn. 8; infolge von II bleiben namensrechtliche Ansprüche des ausscheidenden namensgebenden Gfters auch ohne Vorbehalt erhalten, auf nicht namensgebende Gfter ist II nicht anzuwenden (teleologische Reduktion), Canaris § 10 Rn. 46, Ausname: sofern ausscheidender Gfter gleichlautenden Namen seiner Vorfahren zuvor in neugegründete Ges eingebracht hatte, HdbgKo/Ruß Rn. 5. Die Einwilligung kann auch schon im Voraus, zB bei Abschluss des GesVertrags, gegeben werden, RGZ 158, 232. „Ausdrücklich" bedeutet nur eindeutig, also auch stillschweigend möglich, BayObLG NJW 1998, 1159 (wie → § 22 Rn. 9); auch auflösend bedingt, mit Endtermin befristet oder nur für bestimmte Rechtsform (→ § 22 Rn. 11). Kein Widerruf, außer bei wichtigem Grund, BayObLG NJW 1998, 1158, str. (→ § 22 Rn. 11).

Die Einwilligung des Gfters oder seiner Erben ist notwendig, BGHZ 100, 77, die des Testamentsvollstreckers genügt auch bei Treuhand- und echter Testamentsvollstreckerlösung (→ § 1 Rn. 42, 44) nicht (vgl. aber → § 22 Rn. 9), ebenso wenig die des Insolvenzverwalters (→ § 17 Rn. 47). II schützt nur den Firmenstifter (Namensgeber), nach der Rspr. auch den Erben des Firmengründers, der die ererbte Firma in die neu mit einem Dritten gebildete Ges. einbringt, BGHZ 92, 79; Hüffer ZGR 1986, 137, anders Canaris § 10 Rn. 51, dagegen nicht den Erben, der nur nach II eingewilligt hat (was ihn nicht selbst zum Namensgeber macht) und dann später selbst ausscheidet, BGHZ 100, 75; auch bloße Gleichnamigkeit (→ § 19 Rn. 6) des später in das HdlGeschäft Eingetretenen, sei es als familienangehöriger Nichterbe oder als Erbe, genügt nicht, BGHZ 100, 78; NJW 1989, 1799. „Gebrüder A" enthält den Namen jedes Bruders A; scheidet einer aus, gilt II, RGZ 65, 382. „Louis B. Söhne" enthält den Namen keines der Söhne, RGZ 156, 366. Streichen des Namens des Ausgeschiedenen genügt nicht, wenn die Restfirma §§ 18, 19 nicht entspricht (→ Rn. 8–9). Uneingeschränkte Einwilligung in Fortführung deckt Fortführung als Name der Partnerschaft (§ 2 PartGG), BayObLG NJW 1998, 1158; aber auch bei GfterIdentität iZw nicht Veräußerung einer ZwNl mit Firma oder Neugründung, OLG Hamm BB 1991, 86 (→ § 22 Rn. 5, 12).

B. **Reichweite von II:** II gilt auch bei Umwandlungen, Firma kann mit Zustimmung des ausgeschiedenen Gesellschafters weitergeführt werden, OLG Hamm ZIP 2019, 661 (KG zu PartGes). II, nicht § 22 I ist auch bei Ausscheiden des einen Gfter aus zweigliedriger Ges. ohne Liquidation anwendbar, BGH NJW 1989, 1798, Grund: das entspricht zwar einem Wechsel des Unternehmensträgers (Änderung der Rechtsform, → § 22 Rn. 17), aber Interessenlage spricht für Anwendung von II (nicht § 22 I). Das Einwilligungserfordernis nach II gilt **nicht** bei der **GmbH** (teleologische Reduktion), BGHZ 58, 322; 85, 221; WM 1980, 1360; OLG Hamm ZIP 1998, 746; auch bei der personalistischen GmbH; bei der **GmbH & Co,** BGHZ 109, 364, und der **AG** und **KGaA;** anders kraft Sonderrechts bei Rechts- und PatentanwaltGmbH, Koller/Roth Rn. 8. Diese Differenzierung ist typisierend haltbar, also keine Anwendung von II auf den namensgebenden Gfter von KapitalGes, R. Schmitt WiB 1997, 1119; aA Felsner NJW 1998, 3255; Kern BB 1999, 1719, Grund: Gfter hat jedenfalls bei der typischen PersonenGes ein berechtigtes Interesse, Personenfirma zu führen auch ohne endgültige Weggabe seines Namens, er wird an eine solche Folge typischerweise auch nicht denken. Es gibt es aber keinen Grund, den ausscheidenden Gfter und den EinzelKfm im Insolvenzverfahren unterschiedlich zu behandeln (→ § 17 Rn. 47), str.

§ 25

[Haftung des Erwerbers bei Firmenfortführung]

25 (1) ¹Wer ein unter Lebenden erworbenes Handelsgeschäft unter der bisherigen Firma mit oder ohne Beifügung eines das Nachfolgeverhältnis andeutenden Zusatzes fortführt, haftet für alle im Betriebe des Geschäfts begründeten Verbindlichkeiten des früheren Inhabers. ²Die in dem Betriebe begründeten Forderungen gelten den Schuldnern gegenüber als auf den Erwerber übergegangen, falls der bisherige Inhaber oder seine Erben in die Fortführung der Firma gewilligt haben.

(2) Eine abweichende Vereinbarung ist einem Dritten gegenüber nur wirksam, wenn sie in das Handelsregister eingetragen und bekanntgemacht oder von dem Erwerber oder dem Veräußerer dem Dritten mitgeteilt worden ist.

(3) Wird die Firma nicht fortgeführt, so haftet der Erwerber eines Handelsgeschäfts für die früheren Geschäftsverbindlichkeiten nur, wenn ein besonderer Verpflichtungsgrund vorliegt, insbesondere wenn die Übernahme der Verbindlichkeiten in handelsüblicher Weise von dem Erwerber bekanntgemacht worden ist.

Schrifttum

Außer dem allgemeinen Schrifttum (s Einl vor § 1) *Canaris*, § 7; Vertrauenshaftung 183 ff. – *K. Schmidt* §§ 7, 8. – *Gerlach*, Die Haftungsordnung der §§ 25, 28, 130 HGB, 1976. – *Lieb* 1992 (Dauerschuldverhältnisse). – *Dauner-Lieb*, Unternehmen in Sondervermögen, 1998. – *Schleifenbaum* 2000. – *Theißen* 2000. – *Müller-Feldhammer* 2001. – *Commandeur/Kleinebrink*, Betriebs- und Firmenübernahme, 2. Aufl 2002. – *J. W. Flume* Vermögenstransfer und Haftung, 2008. – *Hueck* ZHR 108 (1941), 1. – *Schricker* ZGR 1972, 121. – *Säcker* ZGR 1973, 261. – *Heckelmann* FS Bartholomeyczik, 1973, 129. – *Börner* FS Möhring, 1975, 37. – *K. Schmidt* ZHR 145 (1981), 2, ZGR 1992, 621, AcP 198 (1998), 516, FS Medicus, 1999, 555, GedS Sonnenschein 2003, 497 (Mietverhältnisse). – *Wilhelm* NJW 1986, 1797. – *Lieb* FS Börner, 1992, 747; FS Vieregge, 1995, 557. – *Canaris* FS Frotz, 1993, 11. – *Beuthien* NJW 1993, 1737. – *U. Huber* FS Raisch, 1995, 85. – *Casper* JbJZW 1999, 153. – *Hager* GedS Helm 2001, 697. – *Servatius* NJW 2001, 1696. – *Westermann* FS Nobbe 2009, 939 (Bankgeschäfte). – *Altmeppen* FS Hopt 2010 I 305. – *K. Schmidt* ZGR 2014, 844 (Ausdehnung).

Übersicht

	Rn
1) Haftung des Erwerbers bei Geschäfts- und Firmenfortführung (I)	1–12
A. Normzweck:	1
B. Handelsgeschäft:	2, 3
C. Erwerb eines Handelsgeschäfts:	4, 5
D. Geschäfts- und Firmenfortführung:	6–9
E. Rechtsfolge:	10–12
2) Ausschluss der Haftung des Erwerbers (II)	13–16
A. Abweichende Vereinbarung:	13
B. Verlautbarung:	14, 15
C. Reichweite des Haftungsausschlusses:	16
3) Haftung des Erwerbers aus besonderem Verpflichtungsgrund (III)	17–20
A. Haftung aus besonderem Verpflichtungsgrund:	17
B. Schuldübernahme:	18
C. Vermögensübernahme (§ 419 BGB aF):	19
D. Weitere Verpflichtungsgründe:	20
4) Übergang der Forderungen auf den Erwerber (I 2)	21–26
A. Normzweck:	21
B. Voraussetzungen, insbesondere Einwilligung:	22
C. Reichweite des Forderungsübergangs:	23
D. Rechtsfolgen:	24–26
5) Internationaler Verkehr	27

1) Haftung des Erwerbers bei Geschäfts- und Firmenfortführung (I)

A. **Normzweck:** § 25 ordnet die Haftung des Erwerbers eines HdlGeschäfts 1 gegenüber Dritten für Geschäftsverbindlichkeiten des Veräußerers nur bei Fortführung des HdlGeschäfts unter der alten Firma (I 1) an und auch dann mit der Möglichkeit der Ausschließung der Haftung (II). Bei Nichtfortführung der Firma setzt die Haftung einen „besonderen Verpflichtungsgrund" voraus, besonders die „handelsübliche Bekanntmachung" der Schuldenübernahme durch den Erwerber (II), aber auch allgemeiner auf Grund BGB (→ Rn. 18). Die Klärung des Leitgedankens dieser Regelung macht Schwierigkeiten. Nach der ursprünglichen Rspr. handelt es sich um eine in der Geschäfts- und Firmenfortführung liegende Einstehenserklärung an die Öffentlichkeit, die, da fiktiv, inzwischen als typisierte Rechtsscheinhaftung gedeutet wird, BGHZ 18, 250; 22, 239; 29, 3; 32, 62; 38, 47; im Schrifttum völlig str., ua Schricker ZGR 1972, 121 (Kombination von Rechtsschein- und Haftungsfondsprinzip), Säcker ZGR 1973, 261 (Schuldübernahme durch typische Erklärung), MüKoHGB (2. Aufl.)/Lieb Rn. 9 (Erfüllungsübernahme mit dispositiver Außenwirkung), Canaris § 7 Rn. 16; FS Frotz, 1993, 11 (in sich und zur Rechtsscheinhaftung widerspruchsvolle Regelung) und deshalb für Abschaffung ZIP 1989, 1161; Altmeppen FS Hopt, 2010, 305 (vollauf gerechtfertigter Rechtsscheintatbestand). Trotz mancher Unstimmigkeiten erscheint als Leitgedanke am ehesten überzeugend die **Kontinuität des Unternehmens nach außen**, die sich in der **Fortführung des Handelsgeschäfts und der Firma** erweist (bestätigend § 26 I 1 nF 1994: auf Grund der Fortführung der Firma) und die vom Gesetzgeber im Interesse des Verkehrsschutzes typisierend und zT abweichend von der Rechtsscheinhaftung geregelt ist (zB ohne Rücksicht auf Kenntnis und Kausalität, → § 15 Rn. 20–21), BGHZ 146, 376; BGH NJW 1992, 911 (auch bei bereits eingetretener Insolvenz des Veräußerers); BGH NJW 1996, 2867; 2006, 1001; 2010, 237; WM 2012, 1482; ZIP 2014, 29 Rn. 13; OLG Stuttgart ZIP 2010, 1544; ähnlich, aber zT zu weitgehend K. Schmidt § 7 III Rn. 32 ff.; ZGR 1992, 621; ZHR 145 (1981), 2 (Unternehmensidentität, Firmenfortführung nicht entscheidend, aber → Rn. 7, 11), AcP 198 (1999), 516 (Rechts- und zT sogar Vertragsübergang); krit. Canaris § 7 Rn. 16 (Sanierungshindernis); aA voller Rechtsscheintatbestand, Altmeppen FS Hopt, 2010, 305; Streitstand Heidel/Schall/Schall Rn. 3 ff. Jedenfalls ist die gesetzliche Haftung des Erwerbs nach § 25 als lex lata ohne Verbiegungen auf eine der genannten Theorien hin zu akzeptieren. Abgrenzung von § 28 nötig, weil nur § 25 die Fortführung der vom bisherigen Einzelkfm geführten Firma voraussetzt. Str. ist Abgrenzung va bei Übernahme eines von der Ges betriebenen Unternehmens durch Übertragung auf eine neue Ges, an der ein Teil der bisherigen Gfter beteiligt ist und bei Einbringung eines Unternehmens im Wege der Sacheinlage (→ § 28 Rn. 2).

B. **Handelsgeschäft: a) Kaufmännisches Handelsgeschäft:** Voraussetzung 2 ist nach I 1 zunächst ein Handelsgeschäft. Nach hL und Rspr. ist damit nur ein kfm. HdlGeschäft gemeint, einerlei ob im HdlReg eingetragen. Der Veräußerer muss also Kfm. nach §§ 1 ff., auch § 5, sein. Auf NichtKflte findet § 25 keine Anwendung, RGZ 113, 308; BGHZ 18, 250; 22, 240 (§ 5); NJW 1982, 577; 1992, 112; OLG Frankfurt a. M. OLGZ 1973, 22; OLG Hamm NZG 2018, 34 Rn. 13; MüKoHGB/Thiessen Rn. 33, Grund: ua schon wegen II (HdlReg). Der Erwerber des Geschäfts eines NichtKfm haftet danach nicht gemäß § 25, aber bei Fortführung der Bezeichnung des Geschäfts uU Rechtsscheinhaftung (die durch geeignete Bekanntmachung, dass er Schulden nicht übernahm, ex nunc beseitigt werden kann, → § 5 Rn. 9–16), BGH BB 1966, 876 (zu MinderKfm). Nach aA gilt § 25 analog für alle Unternehmensträger, K. Schmidt § 8 I Rn. 1, ZHR 145 (1981), 21, also auch NichtKflte; für die Mittelmeinung (Erweiterung auf Soll- und MinderKflte, nicht auch KannKflte) GroßKo/Hüffer § 25 Rn. 85,

§ 25 3, 4   1. Buch. Handelsstand

ist kein Platz, aA für Kleingewerbetreibende, die eine Unternehmensbezeichnung fortführen und die Eintragungsmöglichkeit nach § 25 II haben, R. Schmitt HRefG S. 241 ff.

3   **b) Einzelheiten:** Das **Handelsgeschäft muss bei Erwerb bestehen,** also bereits effektiv betrieben, OLG Frankfurt a. M. OLGZ 1973, 22, und noch nicht eingestellt worden sein (→ § 1 Rn. 51–52). Eine vorübergehende Stilllegung beim Veräußerer, insbesondere bei Insolvenz, steht I 1 nicht entgegen, solange die wesentlichen Grundlagen des HdlGeschäfts (Organisation, Geschäftsbeziehungen) noch fortgeführt werden können, BGH NJW 1992, 911 (auch → Rn. 6). Ebenso muss der Veräußerer bei Erwerb eine **Firma führen,** die der Erwerber fortführen kann; diese Firma muss bereits entstanden und darf noch nicht erloschen sein (→ § 17 Rn. 16, 23), Löschung führt nicht ohne Weiteres zum Erlöschen (→ § 17 Rn. 23).

4   **C. Erwerb eines Handelsgeschäfts:** Das HdlGeschäft muss unter Lebenden (sonst § 27) erworben worden sein.

a) Erwerb: Erwerb iSv I 1 ist jede Unternehmensübertragung und -überlassung (→ Einl. v. § 1 Rn. 59–72): Kauf, Schenkung, RAG HRR 1933, 1665; Übernahme des HdlGeschäfts einer PersonenHdlGes durch einen Gfter (vgl. → § 22 Rn. 9, → § 24 Rn. 9), OLG München BB 1996, 1682 und ähnliche gesellschaftsrechtliche Gestaltungen; Erwerb in der Erbteilung oder durch Vermächtnis (§§ 2147, 2174 BGB); Veräußerung durch den Erben an Dritten; Nießbrauch (daneben §§ 1086 ff. BGB); Pacht, BGH NJW 1982, 1647 (Erwerb des Umlauf- und Pacht des Anlagevermögens); BGH NJW 1984, 1186 mAnm. K. Schmidt (auch bei Rückerwerb vom Verpächter); aA OLG Hamm NJW-RR 1997, 734; Schricker ZGR 1972, 153. Rechtsgeschäftlicher, derivativer Erwerb vom Vorgänger ist nicht notwendig, BGH ZIP 2014, 29 Rn. 15; OLG Stuttgart ZIP 2010, 1544; also trotz GeschäftsAuflösung der VorgängerGmbH, BGH NJW 1992, 911; bei anschließender Weiterverpachtung, BGH NJW 2006, 1001; aA Lettl WM 2006, 2336; Nachfolge bei Franchising, OLG Düsseldorf DB 1996, 833; Koller/Roth Rn. 4; wohl aA OLG Hamm NJW-RR 1997, 734. Stiller Erwerb und Fortführung durch den bisherigen Inhaber als verdeckten Treuhänder genügen nicht, BGH NJW 1982, 1648. Erwerb iSv I 1 ist **nicht Erwerb vom Insolvenzverwalter** (Grund: sonst Unveräußerlichkeit des Unternehmens), die Altgläubiger erhalten also nur, aber immerhin ihre Quoten aus dem Erlös der Veräußerung, BGHZ 104, 151; ZIP 2014, 29 Rn. 16; BAG NJW 1966, 1984; 2007, 942 (→ Rn. 16); konsequent auch bei Eigenverwaltung, LAG Hamm ZIP 2016, 2167; BGH BB 2020, 273, GmbHR 2020, 545 mAnm Kästner; Neunberger ZIP 2020, 606. Dem Insolvenzverfahren stehen nicht gleich, also § 25 **bleibt anwendbar:** Erwerb eines zahlungsunfähigen und insolventen Unternehmens (nach Auflösung, ohne Insolvenzverfahren), BGH NJW 2006, 1001, Anordnung von Sicherungsmaßnahmen nach §§ 21 ff. InsO (früher: Sequestration nach § 106 KO), jedenfalls wenn kein Insolvenzverfahren folgt, BGHZ 104, 151, also auch beim nur vorläufigen Insolvenzverwalter (§§ 21 II Nr. 1, 22 InsO); Nichteröffnung des Insolvenzverfahrens mangels Masse oder sonst Erwerb eines überschuldeten Unternehmens, BGH NJW 1992, 911; WM 2008, 2275, zu beidem mit guten Gründen aA Canaris § 7 Rn. 27 f.: Geschenk an den Inhaber einer wertlosen Forderung; tatsächliche Fortführung des Unternehmens von einem Dritten außerhalb des Insolvenzverfahrens ohne Mitwirkung des Insolvenzverwalters, BGH ZIP 2014, 29; Erwerb von Einzelgegenständen vom Insolvenzverwalter, OLG Stuttgart ZIP 2010, 1544 m. abl. Anm. Heinze/Hüfner NZG 2010, 1060, aber dann zwar Erwerb iSv § 25, jedoch uU keine Fortführung (kein wesentlicher Unternehmensteil, → Rn. 6). Bei **Umwandlungen** geht UmwG mit speziellen Vorschriften zum Vermögensübergang samt

3. Abschnitt. Handelsfirma   5, 6   § 25

Verbindlichkeiten und zur Firmierung (→ § 19 Rn. 37–41) vor, ua § 20 I Nr. 1 UmwG.

b) Tatsächlicher Übergang: Der tatsächliche Erwerb ist für den Geschäfts- 5
verkehr maßgeblich, nicht das interne Vertragsverhältnis zwischen dem Erwerber und seinem Vorgänger. Der Übergang kann auch sukzessive erfolgen, BGH WM 2008, 2273; ZIP 2012, 2007 Rn. 18; OLG Saarbrücken ZIP 2018, 1352; NZG 2018, 349; LAG Rheinland-Pfalz BeckRS 2018, 29068. **Mängel im Übernahmevertrag** und in den einzelnen Verfügungsgeschäften (→ Einl. v. § 1 Rn. 59–68) sind für § 25 ohne Relevanz. I 1 gilt auch bei Nichtigkeit oder schwebender Unwirksamkeit (zB mangels Devisengenehmigung) des Übernahmevertrags, auch wenn gar kein solcher geschlossen wurde, BGHZ 18, 252; 22, 239; BGH NJW 1984, 1187; 1986, 581; 1992, 911; OLG Frankfurt a. M. NJW 1980, 1398; BayObLG NJW-RR 1988, 870; OLG München BB 1996, 1682; OLG Frankfurt a. M. NJW-RR 2005, 1349; OLG Stuttgart ZIP 2010, 1544; aA Canaris § 7 Rn. 24; Lettl WM 2006, 2336. Auch wenn vor Geltendmachung der Forderung das Geschäft infolge der Mängel des Vertrags an den Veräußerer zurückgegeben worden ist, OLG Düsseldorf NJW 1963, 545, str. Die Tatsache der Übernahme lässt sich nicht mehr rückgängig machen (→ § 28 Rn. 2 und zur fehlerhaften Ges. → § 105 Rn. 75). Nach hL aber Ausnahme vom Grundsatz der Haftung auch bei Unwirksamkeit des Erwerbsgeschäfts, wenn Unwirksamkeit auf Rechtsvorschrift beruht, die Erwerber schützen soll, Staub/Burgard Rn. 55; BeckOK HGB/Bömeke Rn. 30. Zur Beschränkung der Haftung auf das übernommene Vermögen als Korrekturvorschlag → Rn. 10. Der bloße Rechtsschein des Erwerbs, ohne dass es zu einem tatsächlichen, wenngleich mangelbehafteten Erwerb gekommen ist, reicht für I 1 nicht aus, BayObLG NJW-RR 1988, 870; OLG Bremen NZG 2008, 946, aber uU Rechtsscheinhaftung (→ § 5 Rn. 9–16, nur bei Gutgläubigkeit und Kausalität für geschäftliches Verhalten, → § 5 Rn. 12, 13), offen OLG Frankfurt a. M. NJW-RR 2005, 1350.

D. Geschäfts- und Firmenfortführung: Der Erwerber muss das HdlGeschäft 6
und die bisherige Firma fortführen, sonst fehlt es an der für die Haftung aus I 1 nötigen Kontinuität nach außen (→ Rn. 1):

a) Fortführung des Handelsgeschäfts: Fortführung des HdlGeschäfts im wesentlichen Bestand oder **Kern** genügt, BGHZ 18, 250; BGH NJW 1982, 1648 (Zurückbehaltung einzelner Filialen); BGH NJW 1992, 911; 2006, 1001; WM 2008, 2273; NJW 2010, 238; OLG Bremen ZIP 1988, 1396; OLG Düsseldorf NJW-RR 1993, 45; 1995, 1185; OLG Hamm NJW-RR 1995, 735; OLG München BB 1996, 1682 (Geschäftsräume, Teile des Personals, gleiche Geschäftsadresse); OLG Hamm DB 1998, 2590; OLG Düsseldorf NJW-RR 2000, 332; NZG 2005, 176 (Geschäftsbereich, Geschäftsräume, Telefonanschlüsse); OLG Düsseldorf NZG 2009, 314. Ob das HdlGeschäft noch einen zur Befriedigung seiner Gläubiger ausreichenden Wert hat, ist unerheblich, BGH NJW 2006, 1001. Auch wesentlicher **Unternehmensteil** kann genügen, wenn der Betrieb jedenfalls im Kern beibehalten und/oder Teile des Personals übernommen werden, BGH NJW 2006, 1002; 2010, 238; ZIP 2010, 83; OLG Stuttgart ZIP 2010, 1545; krit. Müller/Kluge NZG 2010, 256. Bei Teilübertragung kommt es auf den Schwerpunkt des Unternehmens an, BGH WM 2012, 1482, wofür auch der Wert der Teile bedeutsam sein kann, OLG Saarbrücken BB 1964, 1196; OLG Schleswig NJW-RR 2004, 417; OLG Koblenz NJW-RR 2006, 408; OLG Düsseldorf NZG 2009, 314 (ua irrig nur 10 %). Entscheidend für den Kern ist aber, mit welchem Teil das Unternehmen nach außen in Erscheinung tritt (zB Autohaus), auch bei höheren Erlösen aus dem anderen Teil (zB Werkstattbetrieb), BGH NJW 2010, 238; WM 2012, 1483. Auch Fortführung einer im Verkehr selbstständigen **Zweigniederlassung;** aber I 1 gilt nicht bei ZwNl (gleich ob zu Recht so eingetragen) ohne eigene Buch-, Kassen-, Kontenfüh-

§ 25 7

rung, Kundenabrechnung (auch wenn der Übernehmer die ehemals unselbstständige Geschäftsorganisation als selbstständigen Betrieb fortführt), BGH WM 1963, 664; NJW 1972, 1859 (auch keine Rechtsscheinhaftung); BGH DB 1979, 1033 (1124). Der Erwerber haftet dann aber nur für die in dem Unternehmensteil bzw. der ZwNl begründeten Verbindlichkeiten (→ Rn. 11). Gegensatz von Fortführung ist **Stilllegung**. Auch nur kurzfristige Fortführung genügt, notwendig ist umgehende Stilllegung. Nur vorübergehende Stilllegung des Geschäftsbetriebs, zB während des Insolvenzverfahrens, schadet nicht. Kontinuität des Unternehmens ist nötig, nicht des Unternehmensträgers (zB nach Auslösung der bisherigen GmbH), BGH NJW 1992, 911. **Tatsächliche Fortführung** ist entscheidend, nicht zugrunde liegender rechtsgeschäftlicher Erwerb LAG Rheinland-Pfalz BeckRS 2018, 29068; Änderung des Erscheinungsbilds, der Rechtsform, Betrieben nunmehr als ZwNl, sogar als unselbstständige Betriebsabteilung oder Sparte stehen nicht entgegen, MüKoHGB/Thiessen Rn. 59 f., str., aber im letzteren Fall fehlt idR die Firmenfortführung. Sukzessive Übernahme genügt, OLG München NZG 2015, 599; LAG Rheinland-Pfalz BeckRS 2018, 29068. Wird nur der **Schein der Fortführung** des Geschäfts (auch → Rn. 7) erzeugt, greift § 25 nicht ein, BayObLG NJW-RR 1988, 870; OLG Düsseldorf NZG 2009, 315; aA OLG Frankfurt a. M. NJW 1980, 1398 m. krit. Anm. Nickel NJW 1981, 102; aber uU Rechtsscheinhaftung (→ § 5 Rn. 9–16). **Weitererwerb:** Wenn der Erwerber das HdlGeschäft, ohne es als eigenes wirklich geführt zu haben, weiterveräußert, zB in eine Ges. einbringt, gilt I 1 nicht für ihn, sondern nur für diese, RGZ 143, 368; 169, 140. **Keine Fortführung:** Durch einzig verbliebenen Kdtist nach Ausscheiden des Komplementärs aus zweigliedriger KG, diesbezüglich auch keine Vermutung sondern Nachweis der Fortführung nach § 27 I notwendig OLG Frankfurt aM NZG 2021, 1505; BGH BeckRS 2022, 12204.

7 **b) Fortführung der Firma:** Der Erwerber muss als zweites Element der Kontinuität nach außen auch die **bisherige Firma fortführen**, hL, Altmeppen FS Hopt, 2010, 317; Oetker/Vossler Rn. 25, einerlei ob durch Firmenerwerb oder Nachbildung derselben Firma (GmbH), BGH NJW 1982, 1648, und einerlei ob diese eingetragen ist oder nicht, OLG Hamm NZG 2018, 34 Rn. 15; nicht unbedingt wort- und buchstabengetreu, nur **Kern** der alten und neuen Firma müssen sich gleichen; so wenn der **prägende Teil** der alten Firma in der neuen beibehalten wird, entscheidend ist die Firmenidentität nach der Verkehrsanschauung, BGH NJW 1992, 911; WM 2004, 1178; NJW 2006, 1001; WM 2008, 2273; OLG Düsseldorf NZG 2005, 176; FGPrax 2011, 243; OLG Hamm NZG 2018, 34 Rn. 14, hL, stRspr, aA auch ohne Firmenfortführung (bloße Indizfunktion), falls Unternehmensidentität auch ohne Firmenfortführung klar feststellbar ist, K. Schmidt § 8 I Rn. 14; ZGR 1992, 627, aber für NichtKflte (→ Rn. 2) gefährlich mangels II Hs. 1. Fortführung der Firma, nicht bloß einer Geschäftsbezeichnung (wie → Rn. 2), → Rn. 8, 9. Auf die Übertragung der Firma und die Einwilligung des alten Firmeninhabers zur Firmenfortführung (→ § 22 Rn. 9) kommt es für I 1 nicht an (anders I 2 betreff Forderungsübergang, → Rn. 21), OLG Koblenz NJW-RR 2006, 408. Kurzfristige zwischenzeitliche Umfirmierung steht nicht entgegen, BGH NJW 2010, 236 (2 Monate). **Tatsächliche Fortführung** aus Sicht des Verkehrs entscheidet, Identifikation der neuen Firma durch den Rechtsverkehr mit der alten, BGH WM 2012, 1483; ob die im Kern fortgeführte Firma vorher oder jetzt unzulässig ist und ob gebotene Zusätze fehlen oder verbotene geführt werden, ist ohne Bedeutung, BGHZ 146, 374; BGH NJW 1986, 582; OLG Stuttgart ZIP 2010, 1544. Fortführung auch mit einem Nachfolgezusatz (I 1; → § 18 Rn. 21), BGH NJW 1984, 1186, oder mit einer nach der Verkehrsanschauung unwesentlichen Änderung (Bsp.: „Aluminolwerk Karl Schulze" – „Aluminolwerk Schulze & Co"), RGZ 113, 309; mit Zufügung der Angabe einer neuen Rechtsform (zB „GmbH"), RGZ 131, 29; BGH WM

2004, 1178; unter Weglassung täuschend gewordener Zusätze (§ 18 II) zB „KG" nach Übernahme des Geschäfts einer Ges. durch EinzelKfm (→ § 22 Rn. 17), RGZ 104, 342; auch unter Weglassung von GesFormzusätzen, die wegen eines Nachfolgezusatzes nicht täuschen würden; überhaupt unter Weglassung eines Zusatzes ohne individualisierende Kraft und ohne Einfluss auf das Klangbild, BGH BB 1953, 1025; auch unter Weglassung des Vornamens unter Beifügung des schon bisherigen Geschäftszweigs, BGH NJW 1982, 578; 1986, 582, so bei PersonenGes, anders bei EinzelKfm (→ Rn. 8). Das Klangbild ist jedenfalls bei weitgehender Übereinstimmung der alten und neuen Firma und Weiterverwendung eines individualisierenden Bestandteils (Kfz-Küpper) nicht maßgeblich, BGH WM 2004, 1178. Maßgebend ist das firmenmäßige (nicht bloß werbliche) Auftreten am Markt, OLG Hamm NJW-RR 1997, 734, nicht die Erklärung im Registergericht oder Finanzamt, BGH NJW 1987, 1633, oder Gewerbeanmeldung, OLG Düsseldorf NZG 2005, 176. Alte Firma muss über einen nennenswerten Zeitraum mit Wissen und Dulden der Geschäftsleitung verwandt werden, BeckOK HGB/Bömeke Rn. 40. **Schein der Fortführung** der Firma genügt nicht (→ Rn. 6); aber uU Rechtsscheinhaftung (→ § 5 Rn. 9–16).

Keine Fortführung: Belassen des Firmenschildes während Übergangsperiode 8 nach Erwerb; nur einmalige Benutzung des alten Briefkopfs, OLG Hamm NJW-RR 1997, 734; Weglassung von Vor- und Familienname, OLG Koblenz NJW-RR 1995, 797, also ganz andere Personenfirma oder Umsteigen auf Sach- oder Phantasiefirma; Weglassung von „& Sohn" aus „A & Sohn" nach Erwerb des GesGeschäfts durch EinzelKfm A, RGZ 133, 325; Weglassung von „Import und Export" aus „AK Baumaschinen, Import und Export", OLG Frankfurt a. M. NJW 1980, 1398; bei EinzelKfm mit firmenmäßiger Führung auch des Vornamens ganz anderer Vornamen, OLG Hamm NZG 2018, 33; Transponierung von Namen in Schlagwort, zB „Eugen Mutz & Co" – „Eumuco", RGZ 145, 278; Belassung der alten Firmenhomepage (Gastronomie) für eine gewisse Zeit, Mettler MDR 2012, 1005; Weiterverwendung ähnlich einer Marke, nicht firmenmäßig, OLG Saarbrücken ZIP 2018, 1352; NZG 2018, 349. Bei Zweifel über prägende Kraft aus Verkehrssicht (→ Rn. 7) Eintragung, OLG Düsseldorf NJW-RR 2016, 106. **Fortführung einer bloßen Geschäfts- oder Etablissementsbezeichnung** (→ § 17 Rn. 10, 13), BGH NJW 1992, 113 (keine Analogie); OLG Düsseldorf NJW-RR 1998, 965; BGH ZIP 2014, 1329; BFH ZIP 2014, 2437; OLG Köln NZG 2012, 188; OLG Saarbrücken ZIP 2018, 1352; NZG 2018, 349; OLG Brandenburg NJ 2020, 400; Canaris § 7 Rn. 31; nur in Ausnahmefällen Ebenroth/Reuschle Rn. 47, str.; auch wenn Veräußerer gar keine Firma führen konnte, BGH DB 1964, 1297 – Helios-Filmtheater. Übernahme der Werksbezeichnung („J-Werk-O-berg") ohne den Namen des Vorinhabers, BAG JZ 1955, 642; ebenso OLG Bremen NJW 1963, 111; Bezeichnung „vormals X", BGH WM 1964, 296; vgl. MüKoHGB/Thiessen Rn. 60.

Unerheblich ist **Unzulässigkeit** (von jeher oder infolge der Übernahme) der 9 vom Übernehmer geführten Firma nach Firmen-, Namens-, Wettbewerbsrecht (§§ 18, 19; → § 17 Rn. 33 f.), nur muss die geführte Bezeichnung als Firma und nicht nur etwa als Etablissementsbezeichnung (→ § 17 Rn. 12) möglich sein (→ Rn. 8), BGHZ 22, 237. Auch Firmenführung ohne Einwilligung → Rn. 7.

E. **Rechtsfolge:** Die Rechtsfolge der Geschäfts- und Firmenfortführung nach 10 I 1 ist **gesetzlicher Schuldbeitritt,** BGHZ 42, 384; BGH WM 1989, 1219; Canaris § 7 Rn. 39; Heymann/Emmerich Rn. 26; Koller/Roth Rn. 7; Oetker/Vossler Rn. 29; Staub/Burgard Rn. 78; nach aA Übergehen der Hauptverbindlichkeiten des Erwerbers, K. Schmidt § 7 V Rn. 90, dispositive Vertragsüberleitung kraft Gesetzes, MüKoHGB (2. Aufl.)/Lieb Rn. 83 (auch → Rn. 11); Vertragsübergang jedenfalls für Mietvertrag abl. BGH NJW 2001, 2251. Nach KG BB 2016, 397 m. krit. Anm. Burianksi Bindung des Erwerbers auch bei nur tatsächlichem Übergang (→ Rn. 5) an Schiedsklausel, aber damit anders als beim Schuldübernehmer (selbständige eigene Forderung), vgl. BGH NJW-RR 1991, 424, und Problem der Mehrparteienschiedsgerichtsbarkeit (→ Einl. v. § 1 Rn. 110). Diese Rechtsfolge tritt bei Vorliegen der obigen Voraussetzungen von Gesetzes wegen ein ohne Rücksicht auf andere Vereinbarungen zwischen Veräußerer und Erwerber (vgl. → Rn. 12) und auf (selbst positive) Kenntnis des Dritten außer nach II (→ Rn. 13), aA Altmeppen FS Hopt, 2010, 305.

a) Haftung des Erwerbers: Der **Erwerber haftet mit seinem ganzen Vermögen,** nicht etwa nur mit dem erworbenen HdlGeschäft, BGH BB 1955, 652; Canaris § 7 Rn. 37. Er haftet kraft Gesetzes als Gesamtschuldner neben dem Veräußerer, RGZ 135, 107. Der Erwerber hat gegen den Gläubiger alle **Einreden,** die dem Veräußerer zustehen, sowie seine eigenen Einreden als Gesamtschuldner nach §§ 422 ff. BGB. Aufrechnen darf er nach § 422 II BGB nur, wo auch die Forderung auf ihn übergegangen ist; auf eine vom Veräußerer erklärte Aufrechnung darf er sich berufen, § 422 I BGB. Ein **Urteil** gegen den Veräußerer bindet den Erwerber nur, wenn es bereits rechtskräftig geworden ist, sonst verbleibt es bei § 425 II BGB ohne Rechtsnachfolge nach § 325 ZPO, BGH WM 1989, 1219. Vollstreckbare Ausfertigung eines Titels gegen den Veräußerer auch gegen den Erwerber nach § 729 II ZPO, nicht § 727 ZPO, BGH WM 1974, 395 (vgl. → § 28 Rn. 5). Weitere Auswirkungen auf den Prozess, str., s. K. Schmidt § 7 V Rn. 96.

11 **b) Umfang der Haftung:** Der Erwerber haftet **für alle im Betriebe des Geschäfts begründeten Verbindlichkeiten,** einerlei aus welchem Rechtsgrund, ob Vertrag, Delikt oder sonst aus Gesetz; auch Steuerschulden (§ 75 AO), krit. bzgl. USt Farruggia-Weber/Klüger, MwStR 2019, 771; mangels entsprechender Vorschrift nicht Sozialversicherungsbeiträge, LSG Rheinland-Pfalz ZIP 2008, 2023; auch noch nicht fällige, bedingte oder betagte Ansprüche, BGHZ 157, 369, zB Vertragsstrafe, BGH NJW 1996, 2866; Unterlassungsansprüche (Wettbewerbsverbot), RGZ 96, 173. Beim Erwerb eines Unternehmensteils oder einer ZwNl haftet der Erwerber (nur) für alle in diesem begründete Verbindlichkeiten (→ Rn. 6), BGH WM 1963, 665; NJW 1972, 1859; WM 1979, 576; OLG Düsseldorf NJW-RR 1995, 1186; NZG 2009, 314. Gleichgestellt sind **die bei Einrichtung oder Erwerb des Handelsgeschäfts begründeten Verbindlichkeiten,** zB Kaufpreisschuld des Erwerbers, RGZ 129, 188, Verbindlichkeiten aus Darlehen zur Zahlung des Kaufpreises, RG LZ 1921, 176, zur Abfindung eines ausgeschiedenen Gfters, RGZ 154, 336, zur Freistellung eines Vorbesitzers von Verbindlichkeiten, BGH LM HGB § 25 Nr. 3 I 1 gilt **nicht** für Ansprüche nur gegen den Veräußerer persönlich (nicht unternehmensbezogen iSv § 343), rechtsvergleichend hierzu Nicolussi ZVglRWiss 120 (2021), 159, aber Vermutung des § 344 I, II, vgl. BGH DB 1979, 1033 (1124) (zwei HdlGeschäfte). Umstritten ist die Behandlung von **unternehmensbezogenen Dauerschuldverhältnissen,** andere Verbindlichkeiten sind von vornherein nicht erfasst, auch solche aus Vertragsverhältnissen, die der Veräußerer für sich zurückbehält. Der Erwerber haftet ohne Weiteres für bereits entstandene Teilansprüche aus solchen Dauerschuldverhältnissen. Für erst nach dem Übergang des HdlGeschäfts entstehende Teilansprüche haftet er ebenfalls, weil der Rechtsgrund mit dem Dauerschuldverhältnis bereits gelegt war, Ebenroth/Reuschle Rn. 64 (→ § 128 Rn. 30), str.; nach aA soll das nicht für Verbindlichkeiten gelten, bei denen der Erwerber keinen Anspruch auf Gegenleistung hat, Canaris § 7 Rn. 38, (nur referierend) BGH NJW-RR 1990, 1253; vgl. auch Koller/Roth Rn. 7; jedenfalls haftet der Erwerber aber auf Grund einer (seltenen) gesetzlichen (zB §§ 566, 613a BGB) oder vereinbarten Vertragsübernahme, letztere kann auch konkludent erfolgen, so wenn das Dauerschuldverhältnis mit dem Unternehmen zusammenhängt; sonst kann eine (ebenfalls konkludent, auch später bei Vertragserfüllung mögliche) Schuldübernahme (§ 415 I 1, 2 BGB) vorliegen (auch → Rn. 18); gegen Anwendung zugunsten von HV die noch hL, anders Emde § 84 Rn. 86 (→ § 84 Rn. 5). Weitergehend für komplette, echte Vertragsüberleitung im Rahmen von § 25, sehr str. (→ Rn. 10, auch → Rn. 21) K. Schmidt § 7 IV Rn. 69; LG Stuttgart NJW-RR 1996, 1379, anders richtig die Rspr. und hL, zB BGH NJW 2001, 2252 (jedenfalls für Mietverhältnisse); OLG Nürnberg NJW 1965, 1919; Koller/Roth Rn. 7; Oetker/Vossler Rn. 29; gegen Vertragsüberleitung, aber für Haftung des Erwerbers auch für künftige Teilansprüche Beuthien NJW 1993, 1737.

c) **Weiterhaftung des Veräußerers:** Der **Veräußerer** haftet für die vor dem Übergang begründeten Geschäftsverbindlichkeiten (**Altverbindlichkeiten**) neben dem Erwerber als Gesamtschuldner unverändert weiter, aber nach § 26 höchstens fünf Jahre (s. dort, insbesondere für Dauerschuldverhältnisse). Die Haftung des Erwerbers aus § 25 I 1 tritt nur gesamtschuldnerisch neben die des Veräußerers (gesetzlicher Schuldbeitritt, → Rn. 10). Anders nur bei Vertrags- oder Schuldübernahme des Erwerbers (→ Rn. 11). Für die Haftung des Veräußerers aus schwebenden Geschäften gelten gleiche Grundsätze wie für die eines aus einer OHG ausgeschiedenen Gfters (→ § 128 Rn. 28); nach Geschäftsübergang eintretende Voraussetzungen eines früher begründeten Anspruchs wirken gegen ihn, zB Eintritt einer aufschiebenden Bedingung, Werkleistung aus älterem Werkvertrag, provisionspflichtiger Abschluss nach älterer Provisionszusage, BGH BB 1974, 1364. Schuldanerkenntnis des Erwerbers berührt den Veräußerer nicht. Für **neue Verbindlichkeiten** des Erwerbers haftet nur dieser, nicht der Veräußerer außer bei besonderem Rechtsgrund, zB wenn der Geschäftsübergang noch nicht in das HdlReg eingetragen und bekanntgemacht worden ist, OLG Frankfurt a. M. OLGZ 1973, 20 (§ 15 iVm § 31) oder auf Grund Rechtsscheinhaftung, so uU wenn bei ständiger Geschäftsbeziehung der Inhaberwechsel nicht mitgeteilt wird (→ § 15 Rn. 17 ff., 21, → § 5 Rn. 9–16). Gläubiger kann Veräußerer aus Haftung entlassen, uU durch Lieferung und Rechnungstellung an den Nachfolger nach Mitteilung des Veräußerers von Geschäftsaufgabe und Schuldübernahme des Nachfolgers, OLG Frankfurt a. M. BB 1982, 694, aber hängt von den Umständen ab. In dem von § 25 nicht betroffenen Innenverhältnis kann der Veräußerer gegen den Erwerber Anspruch auf Befreiung oder Rückgriff haben (vgl. § 329 BGB). Innenverhältnis richtet sich nach den getroffenen Vereinbarungen iRd Unternehmensübergabe, ansonsten gilt § 425 I 1 BGB, BeckOK HGB/Bömeke Rn. 52. Zu den Besonderheiten der Nachhaftung bei formwechselnden anwaltlichen Berufsausübungsgesellschaften nach **MoPeG** und **BRAO-Reform** Nolting BB 2021, 1795.

2) Ausschluss der Haftung des Erwerbers (II)

A. **Abweichende Vereinbarung:** Veräußerer und Erwerber können die Haftung des Erwerbers gegenüber Dritten nach I 1 nicht schon durch bloße Vereinbarung (im Innenverhältnis), dass der Erwerber für die Verbindlichkeiten des Veräußerers nicht haften solle, ausschließen. Entscheidend ist nach II vielmehr die HdlRegPublizität oder Mitteilung, krit. gegen II, aber lex lata, K. Schmidt § 7 VI Rn. 110. Eintragung nur beim fortführenden, nicht beim übertragenden Rechtsträger, OLG Düsseldorf NJW-RR 2008, 1211. II schließt nicht nur I 1 aus, sondern I insgesamt (→ Rn. 22), aber nicht III. Tatbestandsmerkmale des II sind danach die Vereinbarung und ihre Verlautbarung. Eine Vereinbarung wird von II vorausgesetzt und soll idR unverzichtbar sein, hL, aus der Sicht des Drittschutzes fraglich. Konsequenter wäre es, so wie unter I 1 Mängel und Fehlen des Übernahmevertrags, auch unter II nicht nur Mängel, hL, sondern sogar das Fehlen der abweichenden Vereinbarung als für die Wirkung von II unschädlich anzusehen. Jedenfalls bei Übernahme nicht unmittelbar vom Vorgänger

(→ Rn. 4) reicht einseitige Ausschlusserklärung aus, offen BayObLG NJW-RR 1988, 870. Erfüllungsübernahme und Freistellung des Erwerbers im Innenverhältnis genügen nicht, auch nicht, wenn sie dem Gläubiger mitgeteilt werden, BGH BB 1989, 1364. Die Vereinbarung bzw. Erklärung kann sich auf einzelne Forderungen beschränken, zB bei Übernahme des gesamten HdlGeschäfts auf solche aus Teilbetrieb oder ZwNl, aber Bestimmbarkeit notwendig. Globaler Höchstbetrag ist unzulässig, RGZ 152, 78, prozentuale Beschränkungen sollen dagegen zulässig sein. Alle Beschränkungen müssen aber aus den Registerakten klar erkennbar sein, ein nur einem der Gläubiger unzugängliches Verzeichnis gibt keinem Gläubiger Klarheit, genügt daher gegen keinen, RGZ 152, 78.

14 B. **Verlautbarung: a) Eintragung und Bekanntmachung:** Eintragung in HdlReg und Bekanntmachung (§ 10) führt gegenüber allen Altgläubigern zum Ausschluss der Haftung des Erwerbers, OLG Hamm DB 1998, 2590 II ist abschließend und verdrängt grundsätzlich § 15 I–III (lex specialis), BGHZ 29, 4 (zu § 15 I); GroßKo/Hüffer Rn. 102; aA Altmeppen FS Hopt, 2010, 315; Ausnahme zu I 2 → Rn. 25. Bei ZwNl gilt § 15 IV. Beschränkungen, zB auf einzelne Forderungen, müssen aus den Registerakten klar erkennbar sein (→ Rn. 13). Eintragung und Bekanntmachung brauchen (anders als eine Mitteilung, so klarer Gesetzeswortlaut; anders auch Bekanntmachung nach III, → Rn. 17) nicht vom Veräußerer und Erwerber gemeinsam veranlasst zu sein, Staub/Burgard Rn. 130, aA früher hL, es genügt Anmeldung durch den Erwerber, OLG München ZIP 2008, 1823; OLG Schleswig FGPrax 2010, 253; bei Anmeldung durch beide Teile ist aber keine Vertragsvorlage nötig, OLG München ZIP 2011, 528. Der Haftungsausschluss wirkt mangels Eintragung und Bekanntmachung auch nicht gegen solche Gläubiger, die ihn nachweisbar positiv kennen, RGZ 75, 139; BGHZ 29, 4; auch OLG München BB 1996, 1683, fragwürdig, Grenze jedenfalls §§ 138, 826 BGB, offen BGH WM 1992, 738. Umgekehrt wirkt er bei Eintragung und Bekanntmachung auch gegen Gläubiger, die ihn weder kennen noch kennen müssen. Beim Erwerb des HdlGeschäfts vom Insolvenzverwalter greift schon I 1 nicht ein (→ Rn. 4); Gleichstellung der Insolvenzpublizität (§ 32) mit Eintragung und Bekanntmachung nach II ist deshalb nicht erforderlich, aA BAG NJW 1966, 1984. Eintragung nach II setzt zwar Vorliegen von I voraus, aber ist schon bei ernsthafter Möglichkeit der Haftung nach I vorzunehmen, BGH NJW 1996, 2867; OLG Düsseldorf NZG 2003, 774; OLG Frankfurt a. M. NJW-RR 2005, 1349; OLG Schleswig FGPrax 2010, 253; 2012, 126; OLG Zweibrücken ZIP 2014, 569 (bei Fortführung der Marke und Internetadresse), OLG Saarbrücken ZIP 2018, 1352; Ablehnung nur, wenn Haftung offensichtlich, also eindeutig und zweifelsfrei, nicht in Betracht kommen kann, BayObLG NJW-RR 2003, 757; OLG München ZIP 2008, 1823; 2011, 528; OLG Köln NZG 2010, 879; OLG Stuttgart ZIP 2010, 1543; OLG Düsseldorf FGPrax 2011, 243; 2016, 20; OLG Zweibrücken NZG 2013, 1235, oder wenn offensichtlich (nur dann, keine Nachprüfung des Registergerichts) zu spät, OLG Hamm OLGR 1999, 42; OLG Düsseldorf NZG 2003, 776; OLG Hamm ZIP 2014, 1223, abl. für den Fall des Nichtvorliegens, trotz Rechtsschein II nicht analog BayObLG NJW-RR 1988, 870. Entscheidend dabei ist die Sicht des maßgeblichen Verkehrs, dem Interna verborgen sind, OLG Düsseldorf FGPrax 2011, 243. Weitere Rspr. bei Munzig FGPrax 2011, 212. Ohne Vertragsvorlage bei Anmeldung durch beide Firmen, OLG München DB 2010, 1757. **Muster:** vgl. Hopt/Merkt VertrFormB/Voigt, Form I. C.2 (Anmeldung der Veräußerung mit Haftungsausschluss).

b) Mitteilung: Formlose **Mitteilung** der von I 1 abweichenden Vereinbarung durch Erwerber oder Veräußerer (nicht auch durch Dritte) wirkt nur gegenüber dem einzelnen Empfänger, dem sie zugeht. Auch bei sich inhaltlich widersprechenden Mitteilungen wird § 25 I ausgeschlossen, wenn nur eine der Mitteilungen die Vereinbarung richtig wiedergibt, BeckOK HGB/Bömeke Rn. 75.

Zeitraum: Eintragung und Bekanntmachung oder Mitteilung müssen mit der **15** Übernahme zusammenfallen; es reicht auch, wenn **unverzüglich** nach Geschäftsübernahme angemeldet wird und wenn Eintragung und Bekanntmachung sodann in (kurzem) angemessenem Zeitabstand **folgen,** BGH WM 1992, 736; OLG Zweibrücken NZG 2013, 1235. Andernfalls sind sie unwirksam, grundsätzlich trotz unverschuldeter Verzögerung der beantragten Eintragung, RGZ 131, 14; OLG Hamm NJW-RR 1994, 1121; DB 1998, 2591; BayObLG NJW-RR 2003, 757, str., und auch wenn sich noch keine Verkehrsauffassung dahin gebildet hat, dass der Erwerber für die alten Schulden haftet, BGHZ 29, 6; WM 1992, 736; OLG Frankfurt a. M. BB 1977, 1571. Das Risiko der nicht unverzüglichen Eintragung und Bekanntmachung trägt der Erwerber, selbst bei Verschulden des Registergerichts, OLG Hamm ZIP 2014, 1223. Nicht mehr alsbald ist früher Eintragung nach sechs oder zehn Wochen angesehen worden, RGZ 75, 140; HRR 1932, 256, aber wegen möglicher Ablehnung der Eintragung zu knapp, deshalb für eine durch Beschwerde erzwungene Eintragung noch nach 5 Monaten, OLG Hamm DB 1998, 2590; OLG Düsseldorf NJW-RR 2003, 1120; fraglich für sechs Monate, OLG Schleswig FGPrax 2010, 255; sieben bzw. acht Monate ist aber zu viel, OLG München ZIP 2007, 1063; OLG Hamm NJW-RR 1994, 1121; aber starre Fristen sind nicht angebracht, offen BayObLG WM 1984, 1534 (zu § 28 II). Das Registergericht braucht idR die Rechtzeitigkeit des Antrags auf Eintragung des Haftungsausschlusses nicht zu prüfen, KGJ 33 A 127, muss aber einen offensichtlich verspäteten Antrag ablehnen, OLG Frankfurt a. M. BB 1977, 1571; BayObLG WM 1984, 1535; OLG Düsseldorf NJW-RR 2003, 1120 (fünf Monate), aber nur, wenn ein nach außen wirksamer Haftungsausschluss offensichtlich nicht mehr herbeigeführt werden kann, BayObLG NJW-RR 2003, 757; OLG Schleswig FGPrax 2010, 253.

C. **Reichweite des Haftungsausschlusses:** Der Haftungsausschluss nach II **16** betrifft nur die Haftung aus I 1, nicht aus besonderen Verpflichtungsgründen (III). Ein Haftungsausschluss wirkt insoweit nur im Innenverhältnis, verpflichtet also den Veräußerer, den Erwerber von der Haftung freizuhalten. Der Haftungsausschluss ist durch Gläubiger (§ 2 AnfG) oder Insolvenzverwalter (§ 129 InsO) **nicht anfechtbar;** falls nicht III eingreift, entgeht der Wert des Unternehmens über die beschlagsfähigen Einzelobjekte hinaus ihrem Zugriff, OLG Weimar MDR 1964, 567.

3) Haftung des Erwerbers aus besonderem Verpflichtungsgrund (III)

A. **Haftung aus besonderem Verpflichtungsgrund:** Liegen die Vorausset- **17** zungen der Haftung nach I 1 nicht vor, zB keine Fortführung des HdlGeschäfts oder nicht unter der alten Firma, haftet der Erwerber nur bei besonderem vertraglichen (→ Rn. 18) oder gesetzlichen (→ Rn. 19, 20) Verpflichtungsgrund. Dazu bedürfte es nicht des III, der nur rechtshistorisch zu erklären ist und bloße Hinweisfunktion hat. III nennt als Bsp. die selten vorkommende **Bekanntmachung** der Haftungsübernahme in handelsüblicher (→ § 346 Rn. 1) Form. Die Bekanntmachung nach III ist nicht mit der Bekanntmachung der HdlReg-Eintragung zu verwechseln, sondern meint jede **Kundmachung** (so besser § 26 I 1 nF) in handelsüblicher Form. Die Bekanntmachung nach III ist vom Innenverhältnis der Parteien unabhängig. Es ist ohne Belang, ob sie mit der Vereinbarung zwischen Erwerber und Veräußerer übereinstimmt, BeckOK HGB/Bömeke Rn. 81. Sie muss vom Erwerber (nicht Veräußerer) ausgehen (anders II, → Rn. 14). Sie erfolgt öffentlich, etwa durch Rundschreiben an alle Gläubiger oder Zeitungsanzeigen, auch zB an das Registergericht oder gegenüber vielen einzelnen Gläubigern, RGZ 38, 177 (aber noch auf der Basis einer

Erklärung an die Öffentlichkeit, → Rn. 1). Bekanntmachung, dass die Übernahme eines Bankgeschäfts bankaufsichtlich genehmigt ist, genügt nicht, BGH WM 1964, 296. Die Haftung auf Grund Bekanntmachung folgt auch ohne III aus Rechtsschein (→ § 5 Rn. 9–16), aA einseitige, nicht annahmebedürftige Verpflichtungserklärung, Koller/Roth Rn. 9, dann kann aber III nicht bloße Hinweisfunktion haben.

18 B. **Schuldübernahme:** Ein besonderer Verpflichtungsgrund ist die (vertragliche) **Schuldübernahme** gegenüber einem einzelnen Gläubiger (befreiende Schuldübernahme, §§ 414 ff. BGB, oder Schuldbeitritt). Sie ist konkludent möglich (→ Rn. 11), aber nicht ohne Weiteres in der Übertragung des Geschäfts (→ Einl. v. § 1 Rn. 59–76) mitvereinbart. **Vertragsübernahme** → Rn. 11.

19 C. **Vermögensübernahme (§ 419 BGB aF):** Von erheblicher praktischer Bedeutung war bis 1998 die unabhängig neben § 25 stehende gesetzliche Haftung des Übernehmers aus Vermögensübernahme nach § 419 BGB. Diese Vorschrift, die zahlreiche Zweifelsfragen aufgeworfen hatte, ist zum 1.1.1999 durch EGInsO aufgehoben. § 419 BGB ist auf Vermögensübernahmen aus der Zeit vor dem 1.1.1999 weiter anzuwenden (Art. 223a EGBGB). Vgl. 29. Aufl.

20 D. **Weitere Verpflichtungsgründe:** Bei Geschäftsübernahme ohne Schuldübernahme kommen ferner in Betracht uU §§ 613a, 826 BGB, § 75 AO.

4) Übergang der Forderungen auf den Erwerber (I 2)

21 A. **Normzweck: a)** Forderungen können als Teil des HdlGeschäfts mitübertragen werden, von Gesetzes wegen oder vertraglich, auch insgesamt im Wege der Vertragsübernahme (→ Rn. 11). Geschieht das tatsächlich, ist für § 25 I 2 kein Platz, es gelten die allgemeinen Regeln. Leistet der Dritte statt an den Erwerber an den Veräußerer, ist § 407 anwendbar, ohne dass § 15 II, der nur den Inhaberwechsel nach I 1 betrifft, entgegensteht, Canaris § 7 Rn. 78; Heidel/Schall/Schall Rn. 28, aA GroßKo/Hüffer Rn. 71.

b) Auch ohne solche Übertragung **gelten** die Forderungen nach I 2 den Schuldnern gegenüber **als auf den Erwerber übergegangen,** sofern der Erwerber das HdlGeschäft mit Einwilligung des bisherigen Inhabers oder seiner Erben unter der bisherigen Firma fortführt. Leitgedanke von I 2 ist, dass angesichts der Unternehmenskontinuität nach außen (→ Rn. 1) auch die Schuldner Schutz verdienen (arg.: „den Schuldnern gegenüber"), zu ihren Gunsten spricht dann eine **widerlegliche Vermutung** eines Forderungsübergangs und I 2 wird zum Parallelstück von § 407, Canaris § 7 Rn. 66 f., Koller/Roth Rn. 10, sehr str.; aA für gesetzliche Abtretungsfiktion GroßKo/Hüffer Rn. 69, und noch weitergehend für echten gesetzlichen Forderungs- und Vertragsübergang K. Schmidt § 7 IV Rn. 77; AcP 198 (1998), 516 (→ Rn. 1, 10), dogmatisch offen, aber jedenfalls für Unwiderleglichkeit BGH WM 1992, 736; demgegenüber OLG München DB 1992, 519 (Kenntnis schadet, Mitteilung braucht nicht unverzüglich zu sein, nur Zugang vor Zahlung, → Rn. 25). Für Einordnung in die Rechtsscheinhaftung Canaris § 7 Rn. 66, was bei deren Voraussetzungen (→ § 5 Rn. 9–16) aber nicht bruchlos möglich ist. Übersicht: Hausmann JR 1994, 133.

22 B. **Voraussetzungen, insbesondere Einwilligung: a) Vorliegen von I 1:** I 2 kann nur eingreifen, wenn I 1 vorliegt, zu dessen Voraussetzungen → Rn. 2 ff.

b) Einwilligung des bisherigen Inhabers: Der bisherige Inhaber oder seine Erben müssen in die Fortführung der Firma eingewilligt haben. Diese Einwilligung entspricht der nach § 22 (dort → § 22 Rn. 9), außer dass sie in I 2 nicht „ausdrücklich" sein muss, was aber keinen wesentlichen Unterschied macht (vgl. → § 22 Rn. 9). Unwirksame Einwilligung genügt nicht (anders als zu Übernahmevertrag nach I 1 und zu abweichender Vereinbarung nach II, → Rn. 5, 13), aA Canaris § 7 Rn. 69: je nach Zurechenbarkeit.

3. Abschnitt. Handelsfirma 23–25 § 25

c) Kein Ausschluss von I 1: Es darf kein Haftungsausschluss nach II (→ Rn. 13) vorliegen, sonst ist für I 2 von vornherein kein Platz, BGH WM 1992, 738. Auch bei Befürwortung der Ansicht der widerlegbaren Vermutung des Forderungsübergangs gem. I 2 kann Vermutung nicht mit üblichen Beweismitteln widerlegt werden, sondern nur mit II, BeckOK HGB/Bömeke Rn. 62. Voraussetzung dafür ist förmliche Verlautbarung nach II, ohne diese schadet auch positive Kenntnis nicht (→ Rn. 14). Davon zu unterscheiden ist die Reichweite von I 2, wenn dieser Anwendung findet (→ Rn. 25). Trotz Eintragung und Bekanntmachung nach II kommt Rechtsscheinschutz des Schuldners (gegen § 15 II 1) entsprechend I 2 in Betracht, wenn der Erwerber die Firma ohne Nachfolgezusatz fortführt und der Schuldner im Vertrauen darauf (ohne Registereinsicht) an den Erwerber zahlt, Canaris § 7 Rn. 73.

C. Reichweite des Forderungsübergangs: I 2 gilt für alle in dem Betrieb 23 des Geschäfts begründeten Forderungen, einerlei aus welchem Rechtsgrund, bei Erwerb eines Unternehmensteils oder einer ZwNl nur für die darin begründeten (wie zu I 1, → Rn. 11). **Nicht:** Forderungen des Veräußerers persönlich (nicht unternehmensbezogen iSv 343), aber Vermutung des § 344 I, II. I gilt aber nur für Forderungen, die formfrei abgetreten werden können (§ 398 BGB), nicht für Forderungen, die nur in besonderer Form oder nur mit Zustimmung Dritter (insbesondere des Schuldners) oder überhaupt nicht übertragbar sind (Abtretungsverbot), BGH WM 1992, 736; zT aA Canaris § 7 Rn. 71. Bsp.: Hypotheken, KGJ 26 A 135, Mietrecht (vgl. § 540 BGB). I 2 gilt unmittelbar nur für die Forderungen, bei (unternehmensbezogenen) **Dauerschuldverhältnissen** nur für bereits entstandene Teilansprüche (→ Rn. 11); nach weitergehender Ansicht ist I 2 außer bei persönlich geprägten Rechtsverhältnissen auf das ganze Rechtsverhältnis, insbesondere auch Dauerschuldverhältnisse, auszudehnen, sehr str. (Normzweck, → Rn. 21, 11). Wenn man nicht so weit geht, kommt außer Vertragsübernahme (→ Rn. 11) konkludente Abtretung auch erst künftig entstehender Teilansprüche in Betracht.

D. Rechtsfolgen: a) Wahlrecht des Schuldners bei Leistung: Nach I 2 24 gelten die Forderungen als auf den Erwerber übergegangen. Der Schuldner kann also befreiend an den Erwerber leisten (I 2 iVm §§ 398, 404 ff. BGB, obwohl keine echte Abtretung stattgefunden hat, sonst → Rn. 21); dann Ausgleichsanspruch des Veräußerers gegen Erwerber nach § 816 II BGB), aA für echten Forderungsübergang K. Schmidt § 7 IV Rn. 77 (dann nur uU § 812 BGB). Der Schuldner kann aber auch an den Veräußerer zahlen, der noch der wahre Forderungsinhaber ist; anders, wenn die Forderung tatsächlich übergegangen ist, was insbesondere bei Dauerschuldverhältnis umstritten ist (→ Rn. 11, 23).

b) Inanspruchnahme des Schuldners: Nimmt der **Erwerber** den Schuld- 25 ner in Anspruch, kommt ihm I 2 nicht zu Hilfe (Schuldnerschutznorm, → Rn. 26). Nimmt der **Veräußerer** den Schuldner in Anspruch und beruft sich dieser auf I 2, ist die Reichweite des Schuldnerschutzes nach I 2 umstritten. Bei Deutung von I 2 als bloße Schuldnerschutznorm kann der Veräußerer seine Forderungsinhaberschaft beweisen (widerlegliche Vermutung des I 2, → Rn. 21), Koller/Mo Rn. 15, offen BGH WM 1992, 738. Er muss dazu dem Schuldner positive Kenntnis davon verschaffen, dass die Forderung nicht übergegangen ist, OLG München DB 1992, 518 (→ Rn. 21); Rö/Ries Rn. 35. Dafür genügt bloße Mitteilung nicht, weil sonst der Schuldnerschutz nach I 2 zu sehr eingeengt wird, vielmehr muss der Veräußerer den Schuldner in der Lage versetzen, dies bei Inanspruchnahme durch den Erwerber auch beweisen zu können, Canaris § 7 Rn. 72 (ähnlich Art. 40 III WG). Nach weitergehender aA (Fiktion, → Rn. 21) kann der Veräußerer dem Schuldner seine Forderungszuständigkeit nur bei Vorgehen nach II entgegenhalten, also wenn eine abweichende Vereinbarung in das HdlReg eingetragen und bekanntgemacht oder dem Schuldner (Dritten) vom

§ 26

Erwerber oder dem Veräußerer mitgeteilt worden ist (→ Rn. 13), GroßKo/ Hüffer Rn. 69, 101; MüKoHGB/Thiessen Rn. 72; K. Schmidt § 7 IV Rn. 63; tendenziell auch, aber letztlich offen BGH WM 1992, 736 (738). Rechtsscheinschutz des Schuldners bei Zahlung an den die Firma ohne Nachfolgerzusatz fortführenden Erwerber trotz Eintragung und Bekanntmachung → Rn. 22.

26 c) **Wirkung von I 2 nur zugunsten des Schuldners:** I 2 wirkt nur zugunsten des Schuldners („den Schuldnern gegenüber"). Sind die Forderungen tatsächlich nicht mitübertragen, kann er ohne Weiteres befreiend an den Veräußerer bezahlen, ohne dass es des I 2 bedarf (→ Rn. 21 eingangs). Das gilt auch, wenn der Erwerber den Schuldner in Anspruch nimmt, ersterer hat also die Beweislast für den Forderungsübergang, aA bei Annahme einer Fiktion (→ Rn. 1), str. I 2 gilt nicht im Verhältnis zwischen Veräußerer und Erwerber, str. Zahlt der Schuldner an den Erwerber, hat der Veräußerer einen Bereicherungsanspruch nach § 816 II BGB, Canaris § 7 Rn. 74, nach aA nur nach § 812 BGB (→ Rn. 24). I 2 gilt auch nicht im Verhältnis zu Gläubigern des Veräußerers oder Erwerbers, zB bei Pfändung oder in der Insolvenz, vielmehr kommt es dann auf die wahre Berechtigung an, GroßKo/Hüffer Rn. 68, hL, aA K. Schmidt § 7 IV Rn. 62.

5) Internationaler Verkehr

27 Die Haftung des Erwerbers bei Firmenfortführung unterliegt dem Recht am Sitz des Unternehmens (Hauptverwaltung), hL, Merkt/Dunckel RIW 1996, 542; Reithmann/Martiny/Göthel Rn. 6.2552, 2556; aA je nach Einordnung von § 25, Ebenroth/Offerloch RIW 1997, 8, Grund: Unternehmenskontinuität, nicht Vermögensübertragung. Haftungsfolgen beim Anteilskauf (share deal, §§ 128, 160) richten sich nach dem GesStatut, Reithmann/Martiny/Göthel Rn. 6.2556, aA wegen Rom II-VO Freitag ZHR 174 (2010), 249. Kumulative Schuldübernahme richtet sich nach dem gewählten Recht, OLG Köln RIW 1998, 148, sonst dem Recht der Niederlassung des beitretenden Schuldners, ausnahmsweise bei engem Zusammenhang dem Statut der übernommenden Schuld; (rechtsgeschäftliche und gesetzliche) Vertragsübernahme folgt einheitlich dem Recht des übernommenen Vertrags, Reithmann/Martiny/Martiny Rn. 3.334. **Lit.** Zweigert RabelsZ 23 (1958), 643; von Bar IPRax 1991, 197; Schnelle RIW 1997, 281; Freitag ZHR 174 (2010), 249; Bachmeier/Englich RIW 2022, 421 (EinzelKfm/Brüssel Ia-VO).

[Fristen bei Haftung nach § 25]

26 (1) [1]Ist der Erwerber des Handelsgeschäfts auf Grund der Fortführung der Firma oder auf Grund der in § 25 Abs. 3 bezeichneten Kundmachung für die früheren Geschäftsverbindlichkeiten haftbar, so haftet der frühere Geschäftsinhaber für diese Verbindlichkeiten nur, wenn sie vor Ablauf von fünf Jahren fällig und daraus Ansprüche gegen ihn in einer in § 197 Abs. 1 Nr. 3 bis 5 des Bürgerlichen Gesetzbuchs bezeichneten Art festgestellt sind oder eine gerichtliche oder behördliche Vollstreckungshandlung vorgenommen oder beantragt wird; bei öffentlich-rechtlichen Verbindlichkeiten genügt der Erlass eines Verwaltungsakts. [2]Die Frist beginnt im Falle des § 25 Abs. 1 mit dem Ende des Tages, an dem der neue Inhaber der Firma in das Handelsregister des Gerichts der Hauptniederlassung eingetragen wird, im Falle des § 25 Abs. 3 mit dem Ende des Tages, an dem die Übernahme kundgemacht wird. [3]Die für die Verjährung geltenden §§ 204, 206, 210, 211 und 212 Abs. 2 und 3 des Bürgerlichen Gesetzbuches sind entsprechend anzuwenden.

3. Abschnitt. Handelsfirma　　　　　　　　　　　　　　1, 2　§ 26

(2) **Einer Feststellung in einer in § 197 Abs. 1 Nr. 3 bis 5 des Bürgerlichen Gesetzbuchs bezeichneten Art bedarf es nicht, soweit der frühere Geschäftsinhaber den Anspruch schriftlich anerkannt hat.**

Übersicht

	Rn
1) Normzweck und Reichweite	1–3
A. Normzweck und früheres Recht:	1, 2
B. Reichweite:	3
2) Nachhaftungsbegrenzung (I)	4–10
A. Haftung des Erwerbers nach § 25 (I 1):	4
B. Begrenzung auf fünf Jahre:	5–8
C. Fristbeginn (I 2):	9
D. Entsprechende Anwendung von Verjährungsrecht (I 3):	10
3) Schriftliches Anerkenntnis (II)	11
4) Abweichende Vereinbarungen	12

1) Normzweck und Reichweite

A. Normzweck und früheres Recht: a) § 26 idF NachhBG 18.3.1994 **1** BGBl. 560; I 1, 3 idF SMG 2001, regelt die zeitliche Begrenzung der Nachhaftung des früheren Geschäftsinhabers (Veräußerers) für frühere Geschäftsverbindlichkeiten. Dieser haftet für vor dem Übergang begründete Verbindlichkeiten neben dem Erwerber als Gesamtschuldner weiter (→ § 25 Rn. 12) ebenso wie der aus einer OHG ausgeschiedene Gfter für Altverbindlichkeiten der Ges. (→ § 128 Rn. 28); für nach dem Übergang begründete Geschäftsverbindlichkeiten haftet der Veräußerer nur aus besonderem Rechtsgrund, zB § 15 iVm § 31 oder Rechtsscheinhaftung. Eine solche unbegrenzte Nachhaftung des Veräußerers trotz Geschäfts- und Firmenfortführung durch den Erwerber erscheint vor allem bei Dauerschuldverhältnissen wie Arbeitsverträgen und Ruhegeldzusagen als nicht sachgerecht. § 26 sieht deshalb eine **Nachhaftungsbegrenzung** vor. Entsprechende Regelungen gelten für die Nachhaftung des früheren Geschäftsinhabers, der Kdtist geworden ist (§ 28 III), und des ausgeschiedenen bzw. Kdtist gewordenen phG PersonenGes (§ 160), sowie für die GbR (§ 736 II BGB) und bei Verschmelzung einer PersonenHdlGes auf eine KapitalGes (§ 45 UmwG). Eine einheitliche Auslegung der verschiedenen Vorschriften ist insoweit geboten (Nachhaftungsbegrenzung als **allgemeiner Grundsatz**). Diese Nachhaftungsbegrenzung erfasst alle Altverbindlichkeiten, nicht nur solche aus Dauerschuldverhältnissen. Es handelt sich um eine echte zeitliche Begrenzung der Haftung (**Ausschlussfrist**; vgl. Titelüberschrift vor § 159), nicht um eine Verjährung (arg. § 26 I 3, → Rn. 8). § 26 ist nicht verfassungswidrig, aA Canaris FS Odersky, 1996, 753, in Extremfällen hilft Auslegung bzw. § 242 BGB. **Lit.** Reichold NJW 1994, 1617; Seibert DB 1994, 461.

b) Früheres Recht: Nach § 26 aF begann die (Sonder)Verjährung von fünf **2** Jahren erst mit Eintritt der Fälligkeit mit der Folge eines langjährigen Haftungsrisikos des früheren Geschäftsinhabers. Die Regelung war dem für PersonenHdlGes geltenden § 159 aF nachgebildet, MüKo HGB/Thiessen Rn. 3. Die Rspr. zur Begrenzung dieses Haftungsrisikos bei Dauerschuldverhältnissen wie bei ausscheidenden Gftern war uneinheitlich, dafür zB GroßKo/Hüffer Rn. 12; Bork ZIP 1989, 1369 (Betriebsaufspaltung); eine Enthaftung für Versorgungsansprüche des Arbeitnehmers zuletzt ablehnend, BAG BB 1990, 939; NJW 1991, 1972 (s. 28. Aufl.). Reform der §§ 26, 28 zusammen mit Nachhaftung (→ § 128 Rn. 31) K. Schmidt DB 1990, 2357; Ulmer/Timmann ZIP 1992, 1; Lieb GmbHR 1992, 561. Zum früheren Recht s. 28. Aufl. **Übergangsrecht:** s. **(1)** EGHGB Art. 37.

§ 26 3–8 1. Buch. Handelsstand

3 B. **Reichweite:** § 26 gilt nicht, soweit speziellere Regelungen eingreifen. Eine solche ist vor allem § 613a BGB (→ § 59 Rn. 17 ff.), str., aber nur, soweit dieser reicht, MüKoHGB/Thiessen Rn. 8. Im Übrigen (Aufgabe der Kündigungstheorie) ist § 26 abschließend, BGHZ 142, 324 (zu § 160); Koller/Roth Rn. 6.

2) Nachhaftungsbegrenzung (I)

4 A. **Haftung des Erwerbers nach § 25 (I 1):** I 1 setzt voraus, dass der Erwerber auf Grund der Geschäfts- und Firmenfortführung nach § 25 I oder der Kundmachung nach III (→ § 25 Rn. 17) für die früheren Geschäftsverbindlichkeiten haftet. Der Erwerber muss mit dem übernommenen Unternehmensvermögen haften, nicht nur mit seinem Privatvermögen wie zB bei Betriebspacht (→ § 25 Rn. 4), Grund: sonst wären die Gläubiger erheblich benachteiligt, aA: Gläubiger ist durch Verdoppelung der Frist auf zehn Jahre in Analogie zu § 134 UmwG zu schützen, MüKo HGB/Thiessen Rn. 16. Das ist auch für Betriebsaufspaltung (→ § 1 Rn. 18) und ähnliche Gestaltungen wichtig. Haftet der Erwerber für Altschulden nicht bzw. nicht in dieser Weise, verbleibt es bei der Verjährung der Verbindlichkeiten des Veräußerers nach allgemeinen Regeln, also erst mit Eintritt der Fälligkeit und auch dann ohne fünfjährige Begrenzung. Dasselbe gilt bei Haftung des Erwerbers nur aus anderem Rechtsgrund, zB §§ 613a, 826 BGB ua (→ § 25 Rn. 20). Wenn der Erwerber nicht nur aus § 25 haftet, sondern zugleich aus Schuldmitübernahme, begrenzt I 1 grundsätzlich auch insoweit, BGHZ 42, 382, (dahingestellt für Privatschuld des Veräußerers); GroßKo/Hüffer Rn. 5, anders bei schriftlichem Anerkenntnis nach II. Das gilt aber nicht allgemeiner dahin, dass bei Haftung des Erwerbers aus § 25 und anderen Rechtsgründen § 26 auch diese erfasst, aA Heymann/Emmerich Rn. 9, zB sicher nicht bei Haftung aus § 826 BGB.

5 B. **Begrenzung auf fünf Jahre: a) Keine Haftung für erst nach 5 Jahren fällige Verbindlichkeiten:** Der Veräußerer haftet für frühere Geschäftsverbindlichkeiten (vgl. → § 25 Rn. 11), auch solche aus betrieblicher Altersversorgung von Arbeitnehmern oder aus Delikt, nur, wenn sie vor Ablauf von 5 Jahren fällig sind (wie → § 160 Rn. 2, 3). § 26 begründet eine Ausschlussfrist, keine Verjährung (→ Rn. 1) und schließt echte Verjährung, die kürzer sein kann, nicht aus. Verbindlichkeiten aus Arbeitsverträgen → Rn. 3.

6 b) **Haftung für vorher fällige Verbindlichkeiten nur bei besonderer Feststellung oder Vollstreckungshandlung:** Bei Verbindlichkeiten, die vor Ablauf von 5 Jahren fällig werden, tritt Nachhaftungsbegrenzung nach I 1 (idF SMG 2001) nur ein, wenn der Anspruch gegen den Veräußerer innerhalb der Fünfjahresfrist in einer in § 197 I Nr. 3–5 BGB bezeichneten Art (Rechtskraft oder Vollstreckbarkeit) festgestellt ist oder eine gerichtliche oder behördliche Vollstreckungshandlung vorgenommen oder beantragt wird (aber → Rn. 8). Ein schriftliches Anerkenntnis wirkt wie Feststellung (§ 197 I Nr. 3–5 BGB) (II).

7 Bei öffentlichrechtlichen Verbindlichkeiten genügt der Erlass eines Verwaltungsakts (so ausdrücklich I 1 Hs. 2, weil die entspr. Verweisungen im öffentlichen Recht, zB im Verwaltungsverfahrensrecht, nur die Verjährung betreffen). Näher → § 160 Rn. 4.

8 c) **Rechtsfolgen:** Ohne Feststellung, Vollstreckungshandlung bzw. schriftliches Anerkenntnis nach I 1 (→ Rn. 6, 7) kommt es zum Erlöschen der Verbindlichkeit ohne Rücksicht auf ihren Rechtsgrund, ihren Entstehungszeitpunkt oder ihren Charakter als Dauerverbindlichkeit; vorausgesetzt ist dabei aber, dass nicht Hemmung oder Neubeginn der Frist entgegensteht (→ Rn. 10). Mit dieser komplizierten Systemumstellung in I 1, 3 idF SMG 2001 (vorher klarer: Haftung nur bei gerichtlicher Geltendmachung) sollte verhindert werden, dass etwa durch Zustellung eines Mahnbescheids, der später zurückgenommen wird, dem früheren Geschäftsinhaber die Enthaftung genommen wird (RegE), die Zustellung eines Mahnbescheids und ähnliche Maßnahmen der Rechtsverfolgung hemmen jetzt nur noch (→ Rn. 10). I 1 gilt nicht für rechtskräftig festgestellte Forderungen schon vor Geschäftsübernahme; für diese bleibt es bei § 197 I Nr. 3 BGB (§ 218 aF BGB, Verjährung 30 Jahre), BeckOK HGB/Bömeke Rn. 18; MüKoHGB/ Thiessen Rn. 9, aA, Heymann/Emmerich Rn. 10, Grund: Rechtskraft und Normzweck.

C. **Fristbeginn (I 2):** Im Fall des § 25 I beginnt die Frist mit dem Ende des 9 Tages der Eintragung (nicht: Bekanntmachung) des neuen Firmeninhabers gemäß § 31 I in das HdlReg. Auch mangels Eintragung Fristbeginn bei positiver Kenntnis, BGHZ 174, 7 (zu § 160); Oetker/Vossler Rn. 8; aA üL Rö/Ries Rn. 14. Bei mehreren Niederlassungen ist Eintragung in das der HauptNl maßgeblich. Das gilt abweichend von § 15 IV auch für Schulden aus der ZwNl; anders wenn die ZwNl allein übertragen wird (→ § 25 Rn. 6). Im Fall des § 25 III ist das Ende des Tages der Kundmachung maßgeblich.

D. **Entsprechende Anwendung von Verjährungsrecht (I 3):** Bestimmte 10 (nicht alle) Vorschriften über die Verjährung sind nach I 3 idF SMG 2001 auf die Ausschlussfrist des I 1 entspr. anzuwenden, nämlich §§ 204, 206, 210, 211 BGB zur (Ablauf)Hemmung der Verjährung (durch Rechtsverfolgung, bei höherer Gewalt, bei nicht voll Geschäftsfähigen, in Nachlassfällen) und § 212 II, III BGB zum rückwirkenden Wegfall des Neubeginns der Verjährung. I 3 bestätigt, dass I 1 keine eigentliche Verjährungsvorschrift ist. I 3 schließt nicht die Berufung auf eine wirkliche (kürzere) Verjährung aus (→ Rn. 3).

3) Schriftliches Anerkenntnis (II)

Bei einem schriftlichen Anerkenntnis des früheren Geschäftsinhabers bedarf es 11 der Feststellung in einer in § 197 I Nr. 3–5 BGB bezeichneten Art (→ Rn. 6) nicht (II, wie § 160 II, dort → § 160 Rn. 6). Die Schriftform dient der Rechtssicherheit, mündliches oder tatsächliches Anerkenntnis, zB durch Abschlags- oder Zinszahlung, genügt nicht. Ausreichend ist einseitige Erklärung des früheren Geschäftsinhabers, eine Annahme des Gläubigers bedarf es nicht, Staub/Burgard Rn. 32 II verlangt kein Schuldanerkenntnis nach § 780 BGB, iZw ist ein solches bei einer Erklärung nach II auch nicht gewollt. Im Übrigen verbleibt es aber bei der Begrenzung auf fünf Jahre. Anders nur bei abweichender Vereinbarung mit dem Gläubiger (→ Rn. 12).

4) Abweichende Vereinbarungen

§ 26 ist nicht zwingend (RegE, s. 30. Aufl., sowie → § 160 Rn. 8). Diese 12 Dispositivität betrifft aber nach der Gesetzesgeschichte des NachhBG nur die Notwendigkeit gerichtlicher Geltendmachung (nunmehr: besondere Feststellung oder Vollstreckungshandlung, → Rn. 6); die Abbedingung auch betr. Teilansprüche, die erst nach Ablauf der Fünfjahresfrist entstehen (→ Rn. 5), soll gegen den Schutzzweck des § 26 verstoßen, MüKo (2. Aufl.)/Lieb 13, fraglich, s. auch § 202 BGB, MüKoHGB/Thiessen Rn. 11. Die Nachhaftungsbegrenzung wird aber nicht schon durch eine Vereinbarung zwischen dem Veräußerer und dem Erwerber beseitigt, sondern nur durch eine solche zwischen dem früheren Geschäftsinhaber und seinem jeweiligen Gläubiger. Eine solche abbedingende Vereinbarung ist vor allem bei langfristigen Darlehens-, Miet-, Pacht-, Sale-and-lease-back- und ähnlichen Verträgen wichtig, bei denen es dem Vertragspartner auf die Forthaftung des ursprünglichen Vertragspartners ankommt, vgl. Canaris FS Odersky, 1996, 753. Diese Vereinbarung braucht, anders als das Anerkenntnis nach II, nicht schriftlich zu sein, Schriftform ist aber dringend zu empfehlen.

§ 27 1, 2

[Haftung des Erben bei Geschäftsfortführung]

27 (1) **Wird ein zu einem Nachlasse gehörendes Handelsgeschäft von dem Erben fortgeführt, so finden auf die Haftung des Erben für die früheren Geschäftsverbindlichkeiten die Vorschriften des § 25 entsprechende Anwendung.**

(2) ¹ **Die unbeschränkte Haftung nach § 25 Abs. 1 tritt nicht ein, wenn die Fortführung des Geschäfts vor dem Ablaufe von drei Monaten nach dem Zeitpunkt, in welchem der Erbe von dem Anfalle der Erbschaft Kenntnis erlangt hat, eingestellt wird.** ² **Auf den Lauf der Frist finden die für die Verjährung geltenden Vorschriften des § 210 des Bürgerlichen Gesetzbuchs entsprechende Anwendung.** ³ **Ist bei dem Ablaufe der drei Monate das Recht zur Ausschlagung der Erbschaft noch nicht verloren, so endigt die Frist nicht vor dem Ablaufe der Ausschlagungsfrist.**

Schrifttum

Hueck ZHR 108 (1941), 1. – *Reuter* ZHR 135 (1971), 511. – *K. Schmidt* ZHR 157 (1993), 600. – *J. W. Flume* FS Maier-Reimer, 2010, 103. S vor § 25.

1) Haftung des Erben bei Geschäfts- und Firmenfortführung (I)

1 A. **Normzweck und Reichweite:** Der **Erbe** (Mit-, Vor-, Nacherbe) eines einzelkfm HdlGeschäfts **haftet** nach § 1 für Geschäftsschulden des Erblassers bei Fortführung des Geschäfts unter der alten Firma (sei es auch mit Nachfolgezusatz, §§ 22 I 1, 25 I 1) entspr. § 25 mit seinem gesamten Vermögen. Leitgedanke von § 27 ist wie bei § 25 umstritten (dort → § 25 Rn. 1), ganz ablehnend Canaris § 7 Rn. 102: Zufallsgeschenke an Altgläubiger, Haftungsfalle für Erben. Trotz teilweise unterschiedlicher Ausgangslage ist wie bei § 25 noch am ehesten überzeugend die **Kontinuität des Unternehmens nach außen,** die vom Gesetzgeber für den Fall der **Fortführung des Handelsgeschäfts und der Firma** angenommen wird, vgl. BGHZ 32, 62, sehr str. (vgl. → § 25 Rn. 1). Der Erbe haftet **nicht** bei rechtzeitiger und formgültiger Erbausschlagung (§§ 1943 ff. BGB), Oetker/Vossler Rn. 9, Grund: § 1953 I BGB, str. Er haftet nicht nach I iVm § 25, wenn er das Geschäft überhaupt nicht oder aber unter neuer Firma fortführt. Dem steht gleich, wenn der Erbe das Geschäft zwar zunächst unter der alten Firma fortführt, die Fortführung aber innerhalb der Bedenkzeit nach II einstellt (→ Rn. 5–7). Der Erbe haftet dann **nur** nach BGB-**Erbrecht** (§§ 1922, 1942 ff., 1967 ff. BGB), beschränkbar auf den Nachlass (§§ 1973, 1975 ff. BGB); ebenso Miterben entspr. ihrem Anteil (vor Nachlassteilung § 2059 BGB; nachher §§ 1973, 1975 ff. BGB und § 2060 BGB). Für konzeptionelle Annäherung des § 27 an §§ 130, 139 statt an §§ 25, 28 mit erheblichen Auswirkungen K. Schmidt § 8 III Rn. 125 ff., ZHR 157 (1993), 600.

2 B. **Erwerb eines Handelsgeschäfts von Todes wegen: a) Kaufmännisches Handelsgeschäft:** Voraussetzung ist nach I 1 ein kfm. Handelsgeschäft. Hierzu gilt dasselbe wie bei § 25 I 1 (→ § 25 Rn. 2–3). Wie dort muss der Erblasser also Kfm. nach §§ 1 ff., auch § 5, sein. Auf NichtKflte findet § 27 keine Anwendung, **str.** Grund: ua wie dort § 25 II (HdlReg), der auch auf § 27 analog anwendbar ist (→ Rn. 8).

b) Erwerb des Handelsgeschäfts von Todes wegen: Das HdlGeschäft muss von Todes wegen (sonst § 25) erworben worden sein (§ 1922 BGB). Erbe ist auch, wer erst nach Ausschlagung Erbe wird, und zwar unabhängig vom Erstberufenen, also auch mit eigenem Fristlauf nach II. Ebenso **Vor- und Nacherbe,** für die § 27 jeweils unabhängig voneinander gilt. § 27 gilt analog für den nur vermeintlichen Erben. Wer letztlich Erbe wird, haftet dabei für die von dem Vorgänger (Erstberufener, Vorerbe, vermeintlicher Erbe ua) begründeten Geschäftsverbindlichkeiten (→ Rn. 4). Der durch Beerbung Alleininhaber gewordene Kdtist haftet nach § 27 (nicht § 139), andernfalls mit dem gesamten übergegangenen GesVermögen, aber auf dieses beschränkt (entspr. dem früheren § 419 II BGB), BGHZ 113, 132; dazu Lieb ZGR 1991, 572; Marotzke ZHR 156 (1992), 17. **Nicht** von Todes wegen erwirbt der Erbe, der wirksam ausschlägt (§§ 1944 f. BGB), auch nach zwischenzeitlicher Fortführung des HdlGeschäfts (darin liegt noch keine Annahme nach § 1943 BGB), hL, aber dann jedenfalls Haftung für die zwischenzeitlich neu begründeten eigenen Verbindlichkeiten; der Vermächtnisnehmer (→ § 25 Rn. 4), der Dritte, an den der Erbe veräußert. Nachfolge in gesellschaftsrechtliche Beteiligungen sind speziell geregelt (§§ 138, 139, 177).

C. **Geschäfts- und Firmenfortführung:** Der Erbe muss nicht nur das **3** HdlGeschäft **fortführen,** unstr., sondern auch die Firma, üL, Canaris § 7 Rn. 109; Heymann/Emmerich Rn. 9; MüKoHGB/Thiessen Rn. 24 f.; iErg auch GroßKo/Hüffer Rn. 11; wohl auch BGHZ 113, 136; aA K. Schmidt § 8 III Rn. 135. § 27 ist also eine Rechtsgrundverweisung, nach aA bloße Rechtsfolgenverweisung. Fortführung bedarf keiner bewussten Fortführungsentscheidung. Willensunabhängige Haftung kann aber gem. II durch spätere Einstellung innerhalb der Frist rückwirkend beseitigt werden (→ Rn. 5). Einzelheiten zur Geschäfts- und Firmenfortführung wie in § 25 (dort → § 25 Rn. 6–9). Fortführung durch gesetzliche Vertreter oder Bevollmächtigte steht der durch den Erben selbst gleich, BGHZ 30, 395; 35, 19; ebenso Fortführung durch Testamentsvollstrecker im Namen des Erben (→ § 1 Rn. 41), BGHZ 12, 100; 35, 16. Firmenfortführung liegt auch bei Fortführung mit Nachfolgezusatz vor (→ § 25 Rn. 7). **Keine Fortführung** isV I 1 ist dagegen die durch Testamentsvollstrecker bei Treuhand- oder echter Testamentsvollstreckerlösung (→ § 1 Rn. 42, 44), RGZ 132, 144; ebenso wenig, da auf Einstellung abzielend, die durch Nachlassverwalter, Nachlasspfleger, str., Insolvenzverwalter in der Nachlassinsolvenz, BGHZ 35, 17. Keine Firmenfortführung liegt vor, wenn Firmenidentität der alten und neugewählten Firma nach Verkehrsanschauung zu verneinen ist (→ § 25 Rn. 7, 8); zum Streit über nachträgliche Firmenänderung → Rn. 5. Fortführung des HdlGeschäfts durch **Miterben** → § 22 Rn. 2. Miterben, die vor einem Fortführungsakt der Gemeinschaft aus ihr ausscheiden, haften nicht nach § 27. Wird nur ein Miterbe bei Fortführung des Geschäfts tätig, haften die anderen nur, falls sie ihn zur Fortführung des Geschäfts im Rahmen der gemeinschaftlichen Verwaltung des Nachlasses (§ 2038 BGB) bevollmächtigen (auch stillschweigend, was nicht anzunehmen ist, wenn sie ihn irrig für den Alleinübernehmer hielten); nicht genügt dazu, dass der tätige Erbe Prokura erhält, BGHZ 30, 395; 32, 67; 35, 13; BB 1961, 1027. Fortführung des HdlGeschäfts als Erbengemeinschaft oder als OHG (KG) → § 1 Rn. 37. Ob der Erbe nach I iVm § 25 unbeschränkt oder nach BGB-Erbrecht beschränkt haftet, ist nicht erst gemäß § 780 ZPO in der Vollstreckung, sondern bereits im **Prozess** zu klären, RGZ 88, 219.

D. **Rechtsfolgen:** Die Geschäfts- und Firmenfortführung bewirkt, dass der **4** Erbe nach I 1 iVm § 25 wie der Erwerber dort **haftet** (→ § 25 Rn. 10–12). Der Erbe haftet also für alle im Geschäftsbetrieb des Erblassers begründeten Verbindlichkeiten (→ § 25 Rn. 11) ohne erbrechtliche Beschränkungsmöglichkeiten (anders im Falle von II, → Rn. 5) sowie für die vom Erben neu begründeten Verbindlichkeiten (II greift insoweit nicht, → Rn. 5). Die Rechtsfolgen treffen Vor- und Nacherben unabhängig voneinander (vgl. → Rn. 2). Bei Geschäfts- und Firmenfortführung durch den **Vorerben** haftet dieser nach I 1 (insoweit ohne § 2145 BGB) für die von ihm begründeten Geschäftsverbindlichkeiten; der seinerseits fortführende **Nacherbe** haftet außer für die eigenen auch für die vom Vorerben begründeten Geschäftsverbindlichkeiten, einerlei ob ihre Eingehung im Rahmen ordnungsgemäßer Nachlassverwaltung lag, BGHZ 32, 66. Das gilt

§ 27 5, 6   1. Buch. Handelsstand

auch im Verhältnis des vorläufigen zum endgültigen Erben (→ Rn. 2). Der Nacherbe haftet nicht, wenn das HdlGeschäft zzt. des Nacherbfalls nicht mehr zum Nachlass gehört, BGHZ 32, 62. **Miterben** haften aus § 25, § 2058 BGB, insoweit ohne §§ 2059, 2060 BGB.

2) Einstellung während Bedenkzeit (II)

5   A. **Einstellung während der Bedenkzeit (II 1): a) Bedenkzeit von drei Monaten:** Der Erbe hat nach **II 1** eine **Bedenkzeit** (vgl. § 139 IV) von drei Monaten ab Kenntnis vom Anfall der Erbschaft. Während der Bedenkzeit hat der Erbe die aufschiebenden Einreden nach §§ 2014 ff. BGB (dazu § 782 ZPO); bei Verurteilung während der Bedenkzeit droht mangels Vorbehalt nach § 780 ZPO (insoweit) unbeschränkte Haftung. Bei Miterben beginnt die Frist für alle erst ab Kenntnis des letzten Miterben.

b) Einstellung: Bei Einstellung der Fortführung des Geschäfts innerhalb dieser Frist haftet der **Erbe** nicht nach I iVm § 25 I. Bei **Miterben** ist Einstellungs(mehrheits)beschluss nach § 2038 II BGB nötig; der einzelne Miterbe kann nicht für sich einstellen, er kann aber stattdessen rechtzeitig ausscheiden (§ 2042 BGB). Zwangseinstellung, zB infolge Nachlassinsolvenz (§ 1975 BGB), steht der freiwilligen Einstellung gleich, ebenso Fortführung vom Anfang an unter neuer Firma oder Veräußerung des Geschäfts ohne die Firma, aA nur bei Unternehmenszerschlagung, GroßKo/Hüffer Rn. 29, üL, aA schon bei bloßer Einstellung der Unternehmensführung ohne Relevanz der Firmenfortführung, K. Schmidt § 8 III Rn. 150, sehr str. Auch Veräußerung des zunächst unter der alten Firma fortgeführten Geschäfts (mit der Firma, str.), üL, Grund: denn Zerschlagung liegt nicht im Gläubigerinteresse, MüKoHGB/Thiessen Rn. 49 f.; Oetker/Vossler Rn. 21; Canaris § 7 Rn. 108; aA RGZ 56, 198, HdlbgKo/Ruß/Selder Rn. 7, früher hL. **Vor- und Nacherbe** können jeweils unabhängig voneinander mit Wirkung nach II einstellen. **Keine Einstellung** (also keine Enthaftung) liegt vor bei bloß nachträglicher Änderung der Firma, Grund: klarer Wortlaut des II 1, Privileg des II setzt vollständige Trennung des Erben von dem gesetzten Rechtsschein voraus, wohl noch üL, aA mit guten Gründen Hueck ZHR 108 (1941), 16; Canaris § 7 Rn. 110: II will dem Erben gerade Bedenkzeit geben (erst recht nach der aA, dass es auf Firmenfortführung gar nicht ankomme, → Rn. 3); Verpachtung, Einbringung des Unternehmens in eine Ges., Häublein/Hoffmann-Theinert/Bömeke Rn. 25; MüKoHGB/Thiessen Rn. 51 f.; Koller/Roth Rn. 9; für einen von mehreren Erben bei Ausscheiden aus der Gemeinschaft, die schon unter der alten Firma fortgeführt wurde, anders bei vorherigem Ausscheiden.

c) Rechtsfolge der Einstellung: Bei Einstellung der Fortführung des Geschäfts innerhalb der Bedenkzeit haftet der **Erbe** nicht nach I iVm § 25 I, sondern nur als Erbe mit beschränkbarer Nachlasshaftung (§§ 1975 ff. BGB). Dies gilt auch für Erbfallschulden (§ 1967 II BGB) und für Nachlasserbenschulden, die in ordnungsgemäßer Verwaltung des Nachlasses eingegangen sind, soweit der Erbe nicht schuldhaft gehandelt hat, Heymann/Emmerich Rn. 14a. Der Erbe haftet aber trotz Einstellung weiter für die von ihm während der vorübergehenden Fortführung neu eingegangenen Verbindlichkeiten (→ Rn. 4). Anders nur bei abweichender rechtsgeschäftlicher Vereinbarung. Eine solche kann auch konkludent vorliegen, so wenn dem Geschäftspartner die Absicht des Erben bekannt oder erkennbar war, nur mit Wirkung für den Nachlass zu handeln, RGZ 146, 343. Dafür soll Vertragsschluss nur unter der (vom eigenen Namen verschiedenen) Firma des Erblassers ausreichen, BGH BB 1968, 769, fraglich, aA Heymann/Emmerich Rn. 14b.

6   B. **Hemmung des Fristbeginns (II 2):** Für nicht voll geschäftsfähige Erben ohne gesetzlichen Vertreter beginnt die dreimonatige Bedenkzeit erst mit Eintritt der vollen Geschäftsfähigkeit oder Bestellung eines Vertreters (Ablaufhemmung,

II 2 iVm § 210 I 2 BGB entsprechend, Verweisung durch SMG angepasst). Ablaufhemmung erfasst (weiter als aF) nicht nur eine für, sondern auch gegen den nicht voll Geschäftsfähigen laufende Verjährung. Wegen späterer Beweisschwierigkeiten sollten Gläubiger sich nicht auf II 2 iVm § 210 I 2 BGB verlassen, sondern Prozesspflegschaft beantragen (§ 57 ZPO), vgl. BGH NJW 1979, 1983.

C. **Hemmung des Fristendes (II 3):** Die Bedenkzeit nach II 1 (ab Kenntnis 7 vom Anfall der Erbschaft) ist uU kürzer als die Erbschaftsausschlagungsfrist nach § 1944 BGB (zwar nur sechs Wochen, aber erst ab Kenntnis vom Anfall und vom Grunde der Berufung; hingegen gem. § 1944 III BGB sechs Monate, wenn der Erblasser seinen letzten Wohnsitz oder der Erbe bei Fristbeginn seinen Aufenthalt im Ausland gehabt hat). Deshalb endet nach **II 3** die Bedenkfrist nicht, solange die Erbschaft noch nicht angenommen und die Ausschlagung noch möglich ist.

3) Ausschluss der Haftung des Erben (I, § 25 II)

Die Haftung des Erben nach I iVm § 25 I 1 ist (ebenso wie die des Erwerbers 8 unmittelbar nach § 25 I 1) **entsprechend § 25 II ausschliessbar** (Grund: unabdingbare Haftung zB auch bei Veräußerung des HdlGeschäfts, → Rn. 5, ginge zu weit; Normzusammenhang von §§ 25, 27, 28; I verweist auch auf § 25 II). Dafür genügt nicht schon Vereinbarung (Erbvertrag) oder Testament des Erblassers (str.), wohl aber die einseitige, entspr. § 25 II **kundgemachte Erklärung des Erben,** KG JFG 22, 70; GroßKo/Hüffer Rn. 21; Canaris § 7 Rn. 111; Altmeppen FS Hopt, 2010, 318; aA Ebenroth/Reuschle Rn. 35; Röhricht/ v. Westphalen/Ries Rn. 42; K. Schmidt § 8 III Rn. 146. Diese Erklärung kann auch der Vorerbe und der Nacherbe, jeweils nur mit Wirkung für sich selbst, und jeder Miterbe allein abgeben (anders II, → Rn. 5). Allerdings haftet bei Geschäftsübernahme unter Lebenden der Veräußerer unbeschränkt, hier der Erbe als solcher nur erbrechtlich beschränkbar; aber das folgt aus der Wertung der §§ 1973, 1975 ff. BGB und spielt für I iVm § 25 II keine Rolle.

4) Haftung des Erben aus besonderem Verpflichtungsgrund (I, § 25 III)

Führt der Erbe das HdlGeschäft nicht oder nicht unter der bisherigen Firma 9 fort, haftet er für die Geschäftsverbindlichkeiten ebenso wie für andere Schulden des Erblassers nur nach BGB-Erbrecht, also beschränkbar auf den Nachlass (→ Rn. 1). Anders ist es, soweit ein **besonderer Verpflichtungsgrund** (außer dem im BGB für jeden Erben bestimmten) der Beschränkung der Erbenhaftung entgegensteht (vgl. § 25 III, → § 25 Rn. 17–20), zB wenn der Erbe die Übernahme der Verbindlichkeit in handelsüblicher Weise **bekanntmacht** (I iVm § 25 III, → § 25 Rn. 17); dann haftet der Erbe unbeschränkt wie nach § 25 I und ohne weitere Bedenkzeit nach § 27 II. Ebenso zB bei Übernahme einer vertraglichen Verpflichtung gegenüber einzelnen Gläubigern.

[Eintritt in das Geschäft eines Einzelkaufmanns]

28 (1) ¹**Tritt jemand als persönlich haftender Gesellschafter oder als Kommanditist in das Geschäft eines Einzelkaufmanns ein, so haftet die Gesellschaft, auch wenn sie die frühere Firma nicht fortführt, für alle im Betriebe des Geschäfts entstandenen Verbindlichkeiten des früheren Geschäftsinhabers.** ²**Die in dem Betriebe begründeten Forderungen gelten den Schuldnern gegenüber als auf die Gesellschaft übergegangen.**

(2) **Eine abweichende Vereinbarung ist einem Dritten gegenüber nur wirksam, wenn sie in das Handelsregister eingetragen und bekanntgemacht oder von einem Gesellschafter dem Dritten mitgeteilt worden ist.**

(3) ¹**Wird der frühere Geschäftsinhaber Kommanditist und haftet die Gesellschaft für die im Betrieb seines Geschäfts entstandenen Verbindlichkeiten,**

§ 28 1, 2

so ist für die Begrenzung seiner Haftung § 26 entsprechend mit der Maßgabe anzuwenden, daß die in § 26 Abs. 1 bestimmte Frist mit dem Ende des Tages beginnt, an dem die Gesellschaft in das Handelsregister eingetragen wird. ²Dies gilt auch, wenn er in der Gesellschaft oder einem ihr als Gesellschafter angehörenden Unternehmen geschäftsführend tätig wird. ³Seine Haftung als Kommanditist bleibt unberührt.

Schrifttum

Lieb FS Westermann, 1974, 322. – *K. Schmidt* ZHR 145 (1981), 2, GedS Sonnenschein, 2003, 508, BB 2004, 785. – *Grüneberg* FS Bergmann, 2018, 215 (vermögensverwaltende PersonenGes). S im Übrigen vor § 25.

1) Haftung der Gesellschaft und des Eintretenden (I 1)

1 A. **Normzweck:** Bei Eintritt des B in das Geschäft des A als phG oder Kdtist (genauer: bei Bildung einer OHG oder KG aus A und B und Einbringung des HdlGeschäfts des A in diese, also Wechsel des Unternehmensträgers ähnlich wie in § 25) wird die Ges. haftbar für die Geschäftsverbindlichkeiten des A. Damit haftet auch B nach §§ 128, 171 ff., einerlei ob die Ges. die Firma des A fortführt. § 28 ist damit ein Sonderfall von § 25. **Leitgedanke** des § 28 ist wie bei der Parallelnorm des § 25 völlig str. Wie dort werden typisierte Rechtsscheinhaftung, Haftungsfonds und Kontinuität hervorgehoben (→ § 25 Rn. 1), bei § 28 HGB wird zusätzlich auf die Parallele zu § 130 verwiesen, BGH NJW 1966, 1617. Für Zusammenhang von Vermögen und Schulden (Haftungsfonds), BGH NJW 1961, 1766; 1966, 1917. Trotz Unstimmigkeiten erscheint als Leitgedanke auch hier am ehesten überzeugend die **Kontinuität des Unternehmens nach außen** (→ § 25 Rn. 1), allerdings hier beschränkt auf die Fortführung des Handelsgeschäfts auch ohne Firma. § 28 I, II entspricht § 25 I, II, § 28 III dem § 26, mit Abweichungen; § 25 III ist nicht aufgenommen, Haftung aus besonderem Verpflichtungsgrund ist aber selbstverständlich auch hier möglich, zB § 613a BGB (vgl. → § 25 Rn. 17 ff., 20). § 28 iVm §§ 128, 171 ff. ist verwandt mit §§ 130, 173 und ergänzt diesen, deshalb insoweit enge Auslegung, BGH NJW 1966, 1918; 2010, 3721.

2 B. **Handelsgeschäft: a) Kaufmännisches Handelsgeschäft:** Nötig ist Eintritt in ein kfm. Handelsgeschäft. § 28 setzt also kfm. Gewerbe voraus. Vor Eintritt muss bereits ein HdlGeschäft bestanden haben; der frühere Geschäftsinhaber (nicht notwendigerweise auch der Hinzukommende) muss also schon Kfm. gewesen sein, BGH NJW 1966, 1917 (für MinderKfm). War er Kfm. nach § 1, ist fehlende Eintragung für § 28 bedeutungslos; war er es mangels Eintragung (noch) nicht (§§ 2, 3), greift § 28 nicht ein, BGHZ 31, 400; 143, 318 (XI ZS); 157, 361 (IX ZS), noch hL, Canaris § 7 Rn. 88. Nach aA, lt. BGH NJW 2010, 3721 mit guten Gründen, gilt § 28 bei jeder Gründung einer PersonenGes mit Einbringung eines Unternehmens, einerlei ob bloße GbR entsteht oder früherer Geschäftsinhaber NichtKfm war, *K. Schmidt* § 8 II Rn. 83, 97; ZHR 145 (1981), 23; NJW 2000, 1521; 2003, 1903; Lieb FS Westermann, 1974, 309 (wie → § 25 Rn. 2); Eckart/Fest WM 2007, 196; § 130 wird mittlerweile analog auf die GbR angewandt (→ § 130 Rn. 3).

b) Das **Handelsgeschäft** muss bei Erwerb bereits und noch **bestehen** (→ § 25 Rn. 3). Damit wird idR auch eine Firmenführung verbunden sein, aber auf diese kommt es, anders als nach § 25 I 1 (dort → § 25 Rn. 3), nicht an. Vorübergehende Stilllegung steht der Anwendung von § 28 nicht entgegen. Eintritt in ein stillliegendes vermögensloses Unternehmen (Firmenmantel), falls so eingetragen, soll genügen; anders bei Neugründung, BGH BB 1955, 877; NJW 1961, 1766.

c) Neugründung einer OHG oder KG: § 28 erfasst als Sonderfall von § 25 (→ Rn. 1; § 25 hat gegenüber § 28 insoweit Auffangfunktion) nur den Fall der

Neugründung einer PersonenGes. Bei Einbringung in bestehende Ges. greift § 25 ein, Grund: Auffangfunktion, Schutz der Altgläubiger, Canaris § 7 Rn. 98. Auch Neugründung durch zwei HdlGes oder durch eine GbR und HdlGes, um deren Geschäft fortzuführen. Auch Gründung einer OHG nach § 105 II (bürgerlichrechtliche und VermögensverwaltungsGes mit Eintragung, → § 105 Rn. 12, 13). Wird die Ges. erst durch Eintragung (§ 105 II) zur OHG oder KG, reicht das für § 28 aus, doch muss der Eintragungsantrag in engem zeitlichen Zusammenhang mit der Gründung gestellt werden, Canaris § 7 Rn. 88, Koller/Roth Rn. 5. § 28 gilt nicht, wenn die als „KG" gebildete Ges. mangels Anlage auf ein kfm. Gewerbe nur GbR wird (→ § 105 Rn. 7), BGHZ 31, 397 (selbst dann, wenn anschließend Eintragung), sehr str., aA Kleindiek FS Röhricht, 2005, 315; K. Schmidt NJW 2005, 2807, offen, aber jedenfalls nicht für AnwaltsGbR BGHZ 157, 366; vgl. für AnwaltsPartG, BGH NJW 2010, 3721, Grund: GbR zwar ähnlich wie OHG, aber Analogie scheitert an II (HdlReg). Bei Eintritt nicht in eine neugegründete PersonenHdlGes, sondern zB GmbH oder VorGmbH, greift dagegen § 28 nicht ein, BGHZ 143, 314; Canaris § 7 Rn. 96; K. Schmidt § 8 II Rn. 104 und § 7 Rn. 48; aA GroßKo/Hüffer Rn. 30, sondern nur ggf. § 25, spätere Aufgabe der Eintragungsabsicht (dann keine VorGmbH mehr) ändert daran nichts, BGHZ 143, 314; bei Eintritt in eine bestehende PersHdlGes gelten nur §§ 130, 173. Unternehmensfortführung unter Bildung einer GmbH (dann § 25) und einer GmbH & Co KG (dann § 28) werden somit unterschiedlich behandelt.

C. **Einbringung des Handelsgeschäfts („Eintritt"):** Der Eintritt, wie ihn 3 § 28 nennt, entspricht dem Erwerb des HdlGeschäfts nach § 25. Nießbrauch und Pacht genügen, nicht Erwerb vom Insolvenzverwalter (weitere Einzelheiten wie → § 25 Rn. 4). Der **tatsächliche Übergang** ist maßgeblich (→ § 25 Rn. 5). Die Haftung gilt auch bei ungültigem GesVertrag, hL, GroßKo/Hüffer Rn. 12, differenzierend Canaris § 7 Rn. 90; denn nach Invollzugsetzung der Ges. gelten die Grundsätze über die fehlerhafte Ges., BGH NJW 1972, 1466; Eintritt (und Haftung) kann dann nicht mehr (zB durch Anfechtung wegen arglistiger Täuschung) rückwirkend beseitigt werden (→ § 105 Rn. 92). Wird nur der Schein des Eintritts erzeugt, greift § 28 nicht ein (BGH WM 1964, 298, → § 25 Rn. 6); aber uU Rechtsscheinhaftung (→ § 5 Rn. 9–16), vgl. BGH NJW 1961, 1766.

D. **Geschäftsfortführung auch ohne Firmenfortführung: a) Fortführung** 4 **des HdlGeschäfts:** In § 28 kommt es allein darauf an. Dafür genügt die bloße Invollzugsetzung der neuen Ges., Einstellung danach ist irrelevant (→ Rn. 3). Entscheidend ist die Fortführung des wesentlichen Kerns des Geschäfts, auch eines wesentlichen Unternehmensteils oder einer selbstständigen ZwNl. Tatsächliche Fortführung ist entscheidend. Fortführung auch als ZwNl, sogar als unselbstständige Betriebsabteilung oder Sparte (→ § 25 Rn. 6) str. Schein der Fortführung genügt nicht. Weitererwerb und weitere Einzelheiten wie § 25 (dort → § 25 Rn. 6).

b) Keine Fortführung der Firma: Dagegen erfordert § 28, anders als § 25 (dort → § 25 Rn. 7), ausdrücklich **nicht Fortführung der Firma;** § 28 ist trotz Einordnung in Abschn. 3 über die HdlFirma keine firmenrechtliche Vorschrift, BGH NJW 1966, 1917; K. Schmidt § 7 III Rn. 43. Das lässt aber den Normzweck (→ Rn. 1) unberührt.

E. **Rechtsfolgen des I 1:** Die Rechtsfolge der Geschäftsfortführung nach I 1 5 ist **gesetzlicher Schuldbeitritt** (wie bei § 25, dort → § 25 Rn. 10), BGH WM 1989, 1219; Heymann/Emmerich Rn. 24; Koller/Roth Rn. 10, nach aA Übergehen der Hauptverbindlichkeit des Erwerbers und sogar ganzer Rechtsverhältnisse, K. Schmidt § 7 IV Rn. 77; GS Sonnenschein, 2003, 508 (→ § 25 Rn. 10); Vertragsübergang jedenfalls **nicht** für Mietvertrag BGH NJW 2001, 2251, für personenbezogene Rechtsverhältnisse, zB Rechtsanwalt, BGHZ 157, 367, Steuerberater ua, krit. K. Schmidt § 7 IV Rn. 77, 81 u. BB 2004, 785. Die neugegründete **OHG** oder **KG haftet** für alle im Betrieb des eingebrachten HdlGeschäfts begründeten Verbindlichkeiten (→ § 25 Rn. 10–12); damit haften die bisherigen Gfter, BGHZ 157, 364; NJW 1966, 1918; 1972, 1467; aA Canaris § 7 Rn. 92: unverdientes Geschenk an die Gläubiger, und dann konsequent **auch der neu Eintretende** (§§ 128, 171 ff.). Haftung also auch aus Dauerschuldverhältnissen (→ § 25 Rn. 11), aber nicht für Nutzungsentschädigung nach Mietende, BGH NJW 2001, 2252. Die Ges. und der Neue haften für Altschulden des aufnehmenden Geschäftsinhabers, nicht haftet umgekehrt die Ges. für Altschulden des Neuen (aber uU § 25), BGH NJW 2010, 3721, str. Für Geschäftsverbindlichkeiten aus einem zweiten, vom Eintretenden selbstständig weitergeführten Geschäft haftet die Ges. nicht, BGHZ 31, 399. Zwangsvollstreckung mit Titel gegen die Ges. (§ 124 II), aber Titelerweiterung entspr. § 729 II ZPO gegen die Ges. (wie → § 25 Rn. 10), OLG Kiel HRR 1931, 2081, aber nicht gegen die persönlich haftenden anderen Gfter (§ 129 IV), aA Kiel HRR 1931, 2081, str. Hat A mehrere Unternehmen, kommt es darauf an, in welches B eintritt; nur dessen Schulden treffen die Ges. und damit B, BGHZ 31, 399; BGH BB 1961, 842.

Der **frühere Alleininhaber haftet** für die vor dem Eintritt begründeten Geschäftsverbindlichkeiten **(Altverbindlichkeiten) unbeschränkt weiter** (→ § 25 Rn. 12), aber mit zeitlicher Beschränkung (III iVm § 26, dazu → Rn. 7). Daneben tritt die Haftung nach § 128 als Gfter (dieselbe → Rn. 5). Für **neue Verbindlichkeiten** der Ges. haftet er anders als der Veräußerer unter § 25 (→ § 25 Rn. 12), nämlich als Gfter.

2) Ausschluss der Haftung (II)

6   **Abweichende Vereinbarung** führt, wenn verlautbart, nach dem klaren Wortlaut wie in § 25 II zum Ausschluss der Haftung aus I 1 (II, → § 25 Rn. 13), hL, auch K. Schmidt § 8 II Rn. 119, 122 (trotz Kritik, lex lata). Die abweichende Vereinbarung der Gfter muss verlautbart sein, dh entweder in das HdlReg eingetragen und bekanntgemacht oder von einem der Gfter dem Gläubiger mitgeteilt worden sein, Abrede über Freistellung im Innenverhältnis genügt nicht, BGH WM 1989, 1219. Sie muss unverzüglich nach Eintritt erfolgen (→ § 25 Rn. 15). Sie kann auch schon vor Errichtung der Ges. durch Abschluss des GesVertrags erfolgen, K. Schmidt § 8 II Rn. 119, aA RGZ 102, 245. Die abweichende Vereinbarung kann statt der Haftung der Ges. als minus auch nur diejenige der Gfter oder einzelner Gfter ausschließen, OLG Celle OLGZ 1981, 1; aA K. Schmidt § 8 II Rn. 123. Andere Bestimmungen (§ 613a BGB, § 75 AO) werden durch § 28 nicht berührt, HdlbgKo/Ruß Rn. 11. Einzelheiten zu II wie bei → § 25 Rn. 13–16.

3) Begrenzung der Nachhaftung des früheren Geschäftsinhabers, der Kommanditist wird (III)

7   III idF NachhBG 1994 (→ § 26 Rn. 3; ebenso § 160 III, dort → § 160 Rn. 7) begrenzt die Nachhaftung des früheren Geschäftsinhabers und jetzigen Kdtisten zeitlich wie § 26 (dort → § 26 Rn. 4 ff.), nämlich auf 5 Jahre. Das ist sachlich richtig. Damit ist die frühere Rspr. überholt, nach der der frühere Alleininhaber, der in der neuen Ges. Kdtist wurde, ohne entspr. Anwendung von § 26 aF unbeschränkt weiter haftete, BGHZ 78, 119; BGH WM 1974, 395; 1982, 44; BAG ZIP 1990, 939; NJW 1991, 1972. III gilt nicht bei speziellen Regelungen, vor allem § 613a BGB, str. (→ § 26 Rn. 3). Die in § 26 I bestimmte Frist beginnt mit dem Ende des Tages der Eintragung der Ges. in das HdlReg (III 1). Bei Beitritt in bereits bestehende PersonenHdlGes ist auf Tag der Eintragung des Beitritts abzustellen, Staub/Burgard Rn. 58. Dass der frühere Geschäftsinhaber in

3. Abschnitt. Handelsfirma   1–3 § 29

der Ges. oder einem ihr als Gfter angehörenden Unternehmen geschäftsführend tätig wird, steht der Begrenzung nicht entgegen (III 2 gegen die bisherige Rspr.; auch → § 160 Rn. 7). III 3 stellt klar, dass die Haftung als Kdtist (→ Rn. 5) unberührt bleibt. **Übergangsrecht:** s. **(1)** EGHGB Art. 37.

4) Übergang der Forderungen (I 2)

Die im Betrieb des eingebrachten HdlGeschäfts begründeten Forderungen **8** gelten den Schuldnern gegenüber als auf die Ges. übergegangen (I 2 entspr. § 25 I 2). Der Leitgedanke ist hier wie da eine widerlegliche Vermutung als Gegenstück zu § 407 BGB, sehr str.; für I 2 ist danach kein Platz, wenn die Forderung an die Ges. tatsächlich übertragen ist (→ § 25 Rn. 21), dann gelten die allgemeinen Regeln. Voraussetzungen für I 2 sind das Vorliegen von I 1, zu dessen Voraussetzungen → Rn. 2 ff. Anders als in § 25 I 2 ist die Fortführung der früheren Firma nicht erforderlich (→ Rn. 4), ebenso wenig eine besondere Einwilligung. Dagegen darf wie dort kein Ausschluss von I 1 durch II vorliegen (näher → § 25 Rn. 22). Reichweite des Forderungsübergangs wie in § 25 (dort → § 25 Rn. 23), str. Der Schuldner hat wie in § 25 I 2 ein Wahlrecht, an wen er leistet (→ § 25 Rn. 24 ff.), doch kann der Eintretende ihm positive Kenntnis davon verschaffen, dass die Forderung nicht übergegangen ist (näher → § 25 Rn. 25). I 2 wirkt nur zugunsten des Schuldners (→ § 25 Rn. 26).

[Anmeldung der Firma]

29 Jeder Kaufmann ist verpflichtet, seine Firma, den Ort und die inländische Geschäftsanschrift seiner Handelsniederlassung bei dem Gericht, in dessen Bezirke sich die Niederlassung befindet, zur Eintragung in das Handelsregister anzumelden.

1) Anmeldung der Firma

A. **Grundsatz und Reichweite:** § 29 idF EHUG 2006 (Hs. 2 aF, Zeichnung **1** der Namensunterschrift aufgehoben, → § 14 Rn. 1) und MoMiG 2008. Jeder Kaufmann (nach § 1 I, II; nach §§ 2, 3, 105 II nur auf freiwilligen Antrag und erst mit konstitutiver Eintragung) ist verpflichtet, eine Firma anzumelden (→ § 17 Rn. 16) und zum HdlReg (Genossenschaftsregister) anzumelden. Sondervorschriften für ZwNl §§ 13 ff., juristische Personen §§ 33–35, PersonenHdlGes §§ 106, 108, 162, Ges. nach GmbHG, AktG, GenG, VAG.

B. **Anmeldepflicht:** Anmeldepflichtig (und im FamFG-Verfahren über die **2** Firmenführung antragsberechtigt) ist, wer das Unternehmen im eigenen Namen betreibt (→ § 1 Rn. 30–50). Nur Pächter (→ § 1 Rn. 30), nicht Verpächter hat Beschwerderecht, auch bei Firmenfortführung (§ 22 II), auch bei Pflicht des Pächters gegenüber Verpächter zur Firmenfortführung, OLG Köln NJW 1963, 541. Die Firma besteht nur bei kfm. Unternehmen. Dieses muss als solches bei Anmeldung bestehen. Dass es in der Entwicklung begriffen ist, genügt nur, wo greifbare Unterlagen für den Ausbau vorliegen (→ § 1 Rn. 51); tritt dieser nicht ein, ist von Amts wegen zu löschen, KG OLG 43, 203. Vertretung bei Anmeldung → § 12 Rn. 3. **Muster:** Hopt/Merkt VertrFormB/Voigt, Form I. A.1 (Anmeldung des Unternehmens eines EinzelKfm).

C. **Prüfungspflicht des Registergerichts:** Prüfungsrecht und -pflicht des **3** Registergerichts in formeller und materieller Hinsicht sind heute anerkannt (→ § 8 Rn. 7 ff., bei ZwNl → § 13 Rn. 13), zB Zulässigkeit der Firma nach §§ 18, 19 (aber § 18 II 2, nur wenn Irreführung ersichtlich), BayObLG DB 1988, 1487, jedoch idR ohne Nachforschungen, nähere Prüfung nur bei konkreten Anhaltspunkten für Unrichtigkeit der Anmeldung, OLG Köln GmbHR 1990, 400; BeckOK HGB/Bömeke Rn. 9.

§ 30 1

4 D. **Verfahren:** Zuständigkeit und Verfahren s. §§ 8 ff., 14 (Zwangsgeld); Anmeldung und Muster → § 12 Rn. 1. Über die Zulässigkeit der Firmenführung ist idR nicht im Anmeldeverfahren (Aussetzung desselben), sondern im Firmenmissbrauchsverfahren (§ 37 I) zu entscheiden, BayObLG DB 1988, 1487, denn bereits Anmeldung ist Gebrauch iSv § 37 I (dort → § 37 Rn. 3). Das Registergericht entscheidet aber nach pflichtgemäßem Ermessen (→ § 37 Rn. 6), MüKoHGB/Krafka Rn. 14; aA wohl BayObLG DB 1988, 1487. § 29 ist kein Schutzgesetz iSv § 823 II BGB, RGZ 72, 408; Heidel/Schall/Lamsa Rn. 3.

2) Anmeldung des Orts der Handelsniederlassung

5 Anzumelden ist außer der Firma auch der Ort und die inländische Geschäftsanschrift (MoMiG 2008; vgl. → § 13d Rn. 4, → § 15a Rn. 1; aber schon bisher **(4)** HRV § 24 II, III) der (Haupt)Niederlassung des Kfm. (vgl. → § 13 Rn. 1). Grund: Zustellungserleichterung für Gläubiger, OLG Schleswig FGPrax 2012, 125, Gläubigerzugriff, OLG Düsseldorf NZG 2015, 279. Für GmbH § 8 IV Nr. 1 GmbHG, OLG Düsseldorf NZG 2015, 279; OLG Hamm NJW-RR 2015, 1178; NZG 2016, 386 (auch c/o-Zusatz). Änderungen § 31 I. Die Lage der Geschäftsräume und bei natürlichen Personen das Geburtsdatum sind anzugeben; das Registergericht hat auch auf Angabe des Unternehmensgegenstands, soweit nicht aus der Firma ersichtlich, hinzuwirken, **(4)** HRV § 24. Anmeldung der Errichtung einer ZwNl s. §§ 13 ff.

[Unterscheidbarkeit]

30 (1) **Jede neue Firma muß sich von allen an demselben Ort oder in derselben Gemeinde bereits bestehenden und in das Handelsregister oder in das Genossenschaftsregister eingetragenen Firmen deutlich unterscheiden.**

(2) **Hat ein Kaufmann mit einem bereits eingetragenen Kaufmanne die gleichen Vornamen und den gleichen Familiennamen und will auch er sich dieser Namen als seiner Firma bedienen, so muß er der Firma einen Zusatz beifügen, durch den sie sich von der bereits eingetragenen Firma deutlich unterscheidet.**

(3) **Besteht an dem Orte oder in der Gemeinde, wo eine Zweigniederlassung errichtet wird, bereits eine gleiche eingetragene Firma, so muß der Firma für die Zweigniederlassung ein der Vorschrift des Absatzes 2 entsprechender Zusatz beigefügt werden.**

(4) **Durch die Landesregierungen kann bestimmt werden, daß benachbarte Orte oder Gemeinden als ein Ort oder als eine Gemeinde im Sinne dieser Vorschriften anzusehen sind.**

Übersicht

	Rn
1) Deutliche Unterscheidbarkeit der Firmen am gleichen Ort (I)	1–7
A. Normzweck und Reichweite:	1–3
B. Deutliche Unterscheidbarkeit:	4, 5
C. Vorrang der eingetragenen Firmen:	6, 7
2) Zusatz bei gleichnamigen Kaufleuten (II)	8
3) Zusatz bei Zweigniederlassungen (III)	9
4) Zusammenlegung von Orten (IV), Grenzänderungen	10
5) Verfahren	11

1) Deutliche Unterscheidbarkeit der Firmen am gleichen Ort (I)

1 A. **Normzweck und Reichweite: a) Normzweck:** § 30 verlangt deutliche Unterscheidbarkeit aller Firmen (nicht nur solcher nach HGB) an demselben Ort, einerlei welcher Branche. Normzweck ist der Schutz des Publikums vor Verwechslung der Firmen, RGZ 75, 372; 103, 392; BGHZ 46, 11; KG ZIP 2013, 1769; MDR 2013, 920. § 30 ist als Vorschrift im öffentlichen Interesse auch mit Zustimmung des Inhabers der älteren Firma **nicht verzichtbar,** BGHZ 46, 11, dieser kann aber seine Ansprüche nach § 37 II verlieren (→ § 37 Rn. 12). Unter Kflten an verschiedenen Orten gilt nicht § 30, sondern § 18 II (Konsequenzen str., → Rn. 3, 4). Nach MoPeG-E soll § 30 auch auf die eingetragene GbR Anwendung finden (§ 707b Nr. 1 BGB nF, BGBl. 2021 I 3436, 3439).

b) Räumliche Reichweite: „Ort" ist, was nach Verkehrsauffassung als solcher gilt, ohne Rücksicht auf Kommunalgrenzen, MüKoHGB/Krafka § 17 Rn. 113b. „Gemeinde" ist die politische Gemeinde im Sinne des Kommunalrechts; meist decken sich beide, aber ein Ort kann mehrere Gemeinden bzw. Gemeindeteile, eine Gemeinde mehrere Orte bzw. Ortsteile umschließen. Zusammenlegung → Rn. 10. Bei nachträglicher Änderung der Verkehrsauffassung über die Ortsgrenzen sowie bei Grenzveränderungen durch Eingemeindung ist keine Änderung der jeweils jüngeren Firma erforderlich, MüKo HGB/Heidinger Rn. 9. Verlegung an einen anderen Ort lässt die Firma bestehen; die verlegte Firma ist aber für den neuen Ort neu und bedarf daher notfalls eines unterscheidenden Zusatzes, vgl. RG DR 1943, 1219; GRUR 1944, 41.

c) Verhältnis zu anderen Vorschriften: Unterscheidbarkeit gleicher Firmen an verschiedenen Orten zB durch Mitnennung des Sitzes (Bsp.: A. B. München, A. B. Augsburg) kann neben § 30 durch Namens-, Marken- und Wettbewerbsrecht geboten sein (Individualschutz, → Rn. 4, → § 17 Rn. 33, 34). § 30 ist in seinem Anwendungsbereich (am gleichen Ort, → Rn. 1; nur für eingetragene Unternehmen, → Rn. 6) lex specialis zu § 18 II, vgl. auch HdlbgKo/Ruß Rn. 1; MüKoHGB/Heidinger Rn. 6. Ähnliche Vorschrift im Vereinsrecht ist § 57 II BGB (Unterscheidung von Vereinen → Rn. 6). Eine Ausnahme von § 30 gilt bei Veräußerung des HdlGeschäfts einer HdlGes mit Firma im Insolvenzverfahren (→ § 22 Rn. 24).

B. **Deutliche Unterscheidbarkeit: a) Maßstäbe:** Sich deutlich unterscheiden heißt jede (ernstliche, auch „erweiterte") **Verwechslungsgefahr** ausschließen. Dies gilt nicht nur unter Kflten am selben Orte (→ § 17 Rn. 29, 30), vielmehr kommt es auf die Verkehrsauffassung des gesamten Rechtsverkehrs an und zwar des durchschnittlichen Teilnehmers daran, KG ZIP 2013, 1769; MDR 2013, 920. Die Anforderungen in § 30 sind nach dem Wortlaut eher strenger als unter § 18 II, denn § 30 fordert **deutliche** Unterscheidbarkeit, anders als § 18 II 2, der im Eingreifen des Registergerichts erst bei Ersichtlichkeit vorsieht (→ § 18 Rn. 20), was aber bei § 30 gerade nicht gilt, MüKoHGB/Heidinger Rn. 5. Die registerrechtlichen Anforderungen sind also weniger streng als die materiellen, wettbewerbsrechtlichen (→ § 18 Rn. 14, → § 17 Rn. 34), BGH WM 1979, 923, str., offen BGH NJW 1993, 2236; OLG Düsseldorf NJW-RR 1996, 938. Wegen der Schwierigkeiten unterschiedlicher Maßstäbe wird zT vorgeschlagen, gleiche Maßstäbe für die Verwechslungsgefahr in § 30 (örtlich) und § 18 II (allgemein) anzulegen, Steinbeck FS Horn, 2006, 589 (ähnlich § 15 II MarkenG); anders zutr. die hL, MüKoHGB/Heidinger Rn. 5, 20; Koller/Roth Rn. 5.

b) Praktische Anwendung: Entscheidend ist jedenfalls der Gesamteindruck bzw. das Klangbild für Auge und Ohr, BGHZ 46, 12; KG ZIP 2013, 1769; MDR 2013, 920; OLG Hamm NZG 2013, 997. Dabei ist von der vollständigen Firma, wie im HdlReg eingetragen, auszugehen, näher MüKoHGB/Heidinger 21 f. Wichtig, wenngleich nicht allein ausschlaggebend ist auch die Branchennähe, str. Bei Personenfirmen lässt die Rspr. unterschiedliche Vornamen genügen, BGH NJW 1993, 2236 (nicht in BGHZ 122, 71; auch → Rn. 8). Bei Sachfirmen sind die Anforderungen höher, hL, Grund: größere Auswahl. Nach neuerer

Ansicht genügen auch unterschiedliche Ordnungszahlen, OLG Hamm NZG 2013, 997 (für römische Ziffer II), KG ZIP 2013, 1769, einerlei ob Ordinal- oder Kardinalzahlen, KG MDR 2013, 920. Unterscheidung durch andere GesForm und deren Bezeichnung genügt nicht, zB „GmbH", „KG", BGHZ 46, 12 (→ § 19 Rn. 7), auch nicht Rechtsform allein mit zusätzlicher Beifügung von Zahlen, KG ZIP 2013, 1770. Die Markeneignung allein (zB „4711") reicht zur Unterscheidung im Firmenrecht nicht aus, KG ZIP 2013, 1770. Praktischer Hauptfall sind KG und GmbH (in GmbH & Co KG) am gleichen Ort (ausführlich → § 19 Rn. 36). Begründet die Übereinstimmung in der Firmenbezeichnung keine Verwechslungsgefahr, gilt § 30 nicht, so bei fehlender Unterscheidungskraft (→ § 18 Rn. 5 ff.), BGH NJW 1987, 439 (Video-Rent). Gleichnamige → Rn. 8.

6   **C. Vorrang der eingetragenen Firmen: a) Eintragung:** Voraussetzung in § 30 (nicht in § 18 II, dort auch nicht analog) ist die Eintragung der bereits bestehenden Firmen im HdlReg; auch eG im Genossenschaftsregister (so I idF GenGÄndG 9.10.1973 BGBl. 1451 (1463)). Also kein Vorrang älterer, aber nicht oder an einem anderen Ort eingetragener Firmen (Entstehung → § 17 Rn. 16), KG RJA 8, 38 (→ § 21 Rn. 5). Die nur angemeldete Firma ist nicht eingetragen. Der Zeitvorrang entscheidet nur im Verhältnis von Anmeldung zu Anmeldung, nicht von Anmeldung zu Eintragung, vgl. KG OLGE 43, 281. Gelöschte Firmen oder solche, an deren Löschung kein Zweifel mehr ist, sind unbeachtlich, KG JW 1933, 1030. Doch kann die Benutzung gerade eben frei gewordener Firmen durch Dritte gegen § 18 II verstoßen (→ § 18 Rn. 17). Vorrang der eingetragenen Firma geht durch Übertragung (§§ 22 ff.) nicht verloren, aber bei (im Sinne der Unterscheidbarkeit wesentlicher) Firmenänderung. § 30 gilt wegen der verschiedenen Betätigungsbereiche nicht zwischen HdlGes und eV (Vereinsregister, „Bauhütte"-eV, -GmbH), str., de lege lata wohl auch MüKoHGB/Heidinger 10; aA OLG Stuttgart OLGE 42, 211; LG Limburg Rpfleger 1981, 23.

b) Unzulässige Firmen: Ist die eingetragene Firma unzulässig, hat sie grundsätzlich keinen Vorrang, hL, Heymann/Emmerich Rn. 7a; aA GroßKo/Hüffer Rn. 11; Heidel/Schall/Lamsa Rn. 4, aber die neue Firma kann erst nach Löschung der alten (§ 37 I, **(3)** FamFG § 395) eingetragen werden; anders, wenn die Unzulässigkeit ohne eine im Sinne der Unterscheidbarkeit wesentliche Änderung beseitigt werden kann. Nach erfolglosem Zwangsgeldverfahren nach § 14, Lösung von Amtswegen, HdlbgKo/Ruß Rn. 3.

7   **Zulassung** einer Firma durch das Registergericht schützt sie nicht gegen Angriffe privater Parteien, typischerweise Konkurrenten, auch aus § 30 (→ § 17 Rn. 27). **Löschung** einer nach § 30 unrichtigen Eintragung → § 8 Rn. 12–15.

2) Zusatz bei gleichnamigen Kaufleuten (II)

8   Firmenrechtliche Anforderungen an Gleichnamige (über § 30 hinaus) schon → § 19 Rn. 7. Bei voller Gleichnamigkeit von Vor- und Familiennamen muss der nicht Eingetragene die Verwechslungsgefahr durch einen unterscheidungskräftigen Zusatz ausschließen, auch durch einen weiteren Vornamen (→ Rn. 5).

3) Zusatz bei Zweigniederlassungen (III)

9   Eine neue Zweigniederlassung muss ihre Firma (→ § 13 Rn. 7) unterschiedlich von älteren Firmen am gleichen Orte bilden, auch wenn die (gleiche oder verwechslungsfähige) Firma des Unternehmens (mit HauptNl anderswo) noch älter ist. Zusatz „Zweigniederlassung" genügt nicht. III ist wenig bedeutsam, da ZwNl allgemein eine von der HauptNl abweichende Firma führen können (→ § 13 Rn. 7).

3. Abschnitt. Handelsfirma   1–3 § 31

4) Zusammenlegung von Orten (IV), Grenzänderungen
Die Landesregierungen können benachbarte Orte oder Gemeinden für die 10
Zwecke des § 30 zusammenlegen (IV). Zusammenstellung ehem. in HRV Anl. 5
aF (aufgeh); s. Dt. Justiz 1937, 1251 (1270); Schlegelb/Hildebrandt/Steckhan
Rn. 4 f. Diese und entsprechend andere Grenzänderungen lassen bestehende
gleiche Firmen unberührt (Bestandsschutz), früher str.

5) Verfahren
Das Registergericht prüft § 30 zunächst schon im Antragsverfahren, dann ggf. 11
Zurückweisung der Anmeldung, RGZ 75, 371, sodann später im Registerzwangs- und Löschungsverfahren nach § 37 I, (3) FamFG §§ 392 iVm 388 ff.
und § 395. Die Prüfungspflicht des Registergerichts beschränkt sich grundsätzlich
auf seinen Bezirk, OLG Hamm NJW 1961, 2018. Bei ZwNl gilt § 13 II mit
reduzierter Prüfungspflicht des Registergerichts der HauptNl (→ § 13 Rn. 13),
vgl. BayObLG DB 1995, 1456. Unterlassungsklage Privater, insbesondere der
vorrangig Eingetragenen, nach § 37 II.

[Änderung der Firma; Erlöschen]

§ 31 (1) **Eine Änderung der Firma oder ihrer Inhaber, die Verlegung der
Niederlassung an einen anderen Ort sowie die Änderung der inländischen Geschäftsanschrift ist nach den Vorschriften des § 29 zur Eintragung in
das Handelsregister anzumelden.**

(2) ¹**Das gleiche gilt, wenn die Firma erlischt.** ²**Kann die Anmeldung des
Erlöschens einer eingetragenen Firma durch die hierzu Verpflichteten nicht
auf dem in § 14 bezeichneten Wege herbeigeführt werden, so hat das Gericht
das Erlöschen von Amts wegen einzutragen.**

1) Anmeldung von Änderungen (I)
A. **Inhalt und Anwendungsbereich:** § 31 I idF MoMiG 2008. Da **Ge-** 1
schäftsinhaber, Firma, Niederlassung, Ort und inländische Geschäftsanschrift im HdlReg zu vermerken sind (§ 29), müssen auch **Änderungen**
dieser Daten angemeldet werden. Die Anmeldung der Verlegung der Hauptniederlassung ist in § 13h besonders geregelt, die von ZwNl in §§ 13 ff. Für
OHG, KG s. §§ 107, 161 II. Für KapitalGes gelten Sondervorschriften nach
GmbHG, AktG ua.

B. **Änderung der Firma, Inhaberwechsel, Wechsel des Orts und der** 2
inländischen Geschäftsanschrift: a) Firmenänderung: Eintragungspflichtig
und anzumelden ist jede Firmenänderung (→ § 17 Rn. 22), OLG Düsseldorf
NZG 2015, 279, ohne Inhaberwechsel oder mit einem solchen (dann auch
→ Rn. 3), auch kleine Änderung, zB von Zusatz oder Schreibweise. Änderung
setzt voraus, dass die Firma besteht und noch nicht erloschen ist (→ § 17 Rn. 16,
23), OLG Hamm DB 1993, 1816 (zu § 5, auch → Rn. 10). Änderungen sind zB
Firmenänderung bei Übergang von Pacht zu Eigentum, LG Nürnberg-Fürth BB
1976, 810. Firmenänderung oder zeitweilige Fortführung, Aufgabe und Neubildung durch Erben, s. BayObLG DB 1978, 2047. Fehlende Voreintragung
→ Rn. 10. Unzulässige Änderung → Rn. 10.

b) Inhaberwechsel: Inhaberwechsel ist auch ohne Firmenänderung möglich 3
(Firmenfortführung, vor allem § 22), und deshalb in I eigens aufgeführt. Inhaberwechsel liegt vor, wenn der Betreibende (Unternehmensträger) wechselt (→ § 1
Rn. 30 ff.), zB bei Verpachtung und Nießbrauchbestellung (mit Unternehmensführungsrecht), OLG Frankfurt a. M. OLGZ 1973, 24 (→ § 1 Rn. 30); Erwerb
von Todes wegen. **Nicht** bei Vormundschaft, Nachlassverwaltung (§ 1984 BGB),

Merkt   255

Nachlasspflegschaft (§ 1960 BGB), Testamentsvollstreckung mit Vollmachtslösung (→ § 1 Rn. 41), RGZ 132, 142; anders bei Treuhandlösung und bei echter Testamentsvollstreckerlösung (→ § 1 Rn. 42, 44).

4 **c) Wechsel des Orts und der inländischen Geschäftanschrift:** Verlegung der Niederlassung an einen anderen Ort und seit 2008 (→ Rn. 1) auch die Änderung der inländischen Geschäftsanschrift (→ § 29 Rn. 5) sind eintragspflichtig und anzumelden.

5 **C. Anmeldepflicht: a) Firmenänderung:** Anmeldepflichtig ist bei Firmenänderung (→ § 17 Rn. 22) und Verlegung (§ 13c) der Inhaber, dh wer das Unternehmen betreibt (→ § 1 Rn. 30–50); so auch der Pächter, der Eigentümer wird und nun die Firma ändert, LG Nürnberg-Fürth BB 1976, 810; der Insolvenzverwalter für Angelegenheiten im Zusammenhang mit Masseverwaltung und -verwertung (→ § 17 Rn. 47), der Inhaber bzw. Geschäftsführer für Änderung der Vertretungsverhältnisse oder der Geschäftsanschrift, OLG Hamm ZIP 2017, 820. Anmeldepflicht besteht auch, wenn Voreintragung fehlt (→ Rn. 10).

6 **b) Inhaberwechsel:** Anmeldepflichtig sind bei Änderung der Inhaberschaft sowohl der alte (ihm droht § 15) als auch der neue Inhaber, Anmeldepflicht des Erwerbers bei Firmenfortführung (§§ 22 ff.), BayObLG BB 1990, 372; bei Tod des Inhabers seine Erben; bei Übergang auf den Nacherben nach Tod des Vorerben dessen Erben und der Nacherbe, KG HRR 1934, 1041; OLG Berlin BB 1991, 1283. Wird bei Testamentsvollstreckung die Treuhandlösung gewählt (→ § 1 Rn. 30), ist die Anmeldung durch den Testamentsvollstrecker nötig; bei Vollmachtslösung sind die Erben anmeldepflichtig, Ebenroth/Reuschle Rn. 7. Der Insolvenzverwalter braucht nicht seine eigene oder eine andere zustellungsfähige Anschrift zu melden, OLG Schleswig FGPrax 2010, 208. **Muster:** Hopt/Merkt VertrFormB/Voigt, Form I. C.1–5 (Anmeldung einer Firmenänderung, der Veräußerung mit Haftungsausschluss, der Veräußerung ohne Firmenfortführung, des Erbgangs und der Übertragung).

2) Anmeldung des Erlöschens (II)

7 **A. Anwendungsbereich:** II gilt für EinzelKflte, PersonenHdlGes außer bei Liquidation, sowie für andere Unternehmensträger, soweit keine Spezialvorschriften bestehen. Solche sind ua bei Liquidation von PersonenHdlGes §§ 157, 161 II (→ Rn. 8), bei AG, KGaA § 273 I AktG, bei GmbH § 74 I GmbHG; ferner nach EWIVAG, VAG, G über die Auflösung und Löschung von Ges. und Genossenschaften 9.10.1934 RGBl. 914 (Löschung wegen Vermögenslosigkeit). **Lit.** Kruck ZIP 2011, 1550 (Sondervorschriften).

8 **B. Erlöschen der Firma:** Erlöschen der Firma → § 17 Rn. 23. Bspe: bei Betriebsaufgabe (→ § 1 Rn. 52), BayObLG WM 1984, 53; bei Verlust der Firmenfähigkeit von EinzelKflten, OHG, KG (→ § 17 Rn. 23); bei Ende einer OHG, KG nach Liquidation (hier ersetzen aber §§ 157, 161 II den § 31 II, → Rn. 6) oder ohne Liquidation (§ 145 I Hs. 2), falls nicht jemand anderer HdlGeschäft und Firma fortführt, KGJ 39, A 113. Firma des Betriebsunternehmens bei Betriebsaufspaltung, vgl. → § 1 Rn. 18. Zwar kein Erlöschen im Falle des § 5, solange Eintragung besteht, aber II analog, Koller/Roth Rn. 5, oder Löschung von Amts wegen, Heidel/Schall/Lamsa Rn. 9, aber Streitfragen unter §§ 2, 3 (→ § 5 Rn. 1 aE). **Nicht** unter II fällt: Änderung der Firma (dazu I), auch bei Übergang von EinzelKfm oder OHG (KG) durch GfterAufnahme (→ § 24 Rn. 5–6); Unzulässigwerden der Firma (Abwehr über § 37 I, OLG Hamm DB 1979, 306); Übertragung des HdlGeschäfts mit Firma von EinzelKfm, OHG, KG (Abteilung A des HdlReg) auf AG, GmbH (Abteilung B), KGJ 44, 150; Auflösung der PersonenHdlGes (→ § 17 Rn. 23, → § 1 Rn. 52); Löschungseintragung, nur rechtsbekundend (→ § 157 Rn. 3).

3. Abschnitt. Handelsfirma   1 § 32

C. **Anmeldepflicht:** Anmeldepflichtig sind für den Fall, dass die Firma erloschen ist (→ Rn. 8), der bisherige Inhaber, seine Erben, außer wenn die Firma schon beim Erblasser erloschen ist, Heymann/Emmerich Rn. 10a, str., der Veräußerer, die Liquidatoren, der Insolvenzverwalter (→ § 17 Rn. 47) ua. **Muster:** Hopt/Merkt VertrFormB/Voigt, Form I. A.3 (Anmeldung des Erlöschens der Firma). 9

3) Verfahren

Erzwingung von I und II nach § 14 (Zwangsgeld) iVm (3) FamFG §§ 388 f., KG ZIP 2016, 2121. Eintragung kann nicht von gleichzeitiger Anmeldung der entsprechenden Firmenänderung abhängig gemacht werden (→ § 14 Rn. 1, → § 143 Rn. 2). Folgt auf rechtskräftige Festsetzung der Ordnungsstrafe der verlangte Löschungsantrag, ist die Strafe aufzuheben, LG Waldshut BB 1962, 386 (vgl. → § 14 Rn. 4). Notfalls Amtslöschung **(II 2)**, BayObLGZ 1978, 62, im Verfahren nach **(3)** FamFG § 393. **Fehlende Voreintragung** ist zugleich mit dem Vermerk der Änderung auf Antrag nachzuholen, OLG Frankfurt a. M. OLGZ 1973, 24, und zwar in Spalte 5 des HdlReg („sonstige Rechtsverhältnisse") MüKoHGB/Krafka Rn. 4, str., Grund: eventuelle künftige Wirkungen. Bei unzulässiger Firma keine Eintragung; wenn schon eingetragen, § 37 I und Löschung von Amts wegen nach **(3)** FamFG § 395. Das soll trotz Eintragung nach § 5 auch bei Herabsinken auf nichtkaufmännisches Gewerbe gelten, OLG Hamm DB 1993, 1816, aber Streitfragen unter §§ 2, 3 (→ § 5 Rn. 1). 10

[Insolvenzverfahren]

32 (1) ¹Wird über das Vermögen eines Kaufmanns das Insolvenzverfahren eröffnet, so ist dies von Amts wegen in das Handelsregister einzutragen. ²Das gleiche gilt für
1. die Aufhebung des Eröffnungsbeschlusses,
2. die Bestellung eines vorläufigen Insolvenzverwalters, wenn zusätzlich dem Schuldner ein allgemeines Verfügungsverbot auferlegt oder angeordnet wird, daß Verfügungen des Schuldners nur mit Zustimmung des vorläufigen Insolvenzverwalters wirksam sind, und die Aufhebung einer derartigen Sicherungsmaßnahme,
3. die Anordnung der Eigenverwaltung durch den Schuldner und deren Aufhebung sowie die Anordnung der Zustimmungsbedürftigkeit bestimmter Rechtsgeschäfte des Schuldners,
4. die Einstellung und die Aufhebung des Verfahrens und
5. die Überwachung der Erfüllung eines Insolvenzplans und die Aufhebung der Überwachung.

(2) ¹Die Vorschriften des § 15 sind nicht anzuwenden.

1) Normzweck und Anwendungsbereich

§ 32 idF EGInsO 1994, I 1 Nr. 3 nF EGInsOÄndG 1998, Anpassungen durch MoPeG, II 1 nF durch DiRUG. Normzweck ist es, den Geschäftsverkehr darüber zu unterrichten, dass der Schuldner insolvent ist und den Verfügungsbeschränkungen nach der InsO (§ 80 InsO, Folgen für Betreiben des HdlGewerbes und Firma → § 1 Rn. 47, → § 17 Rn. 47) bzw. der Überwachung des Insolvenzplanerfüllung nach Aufhebung des Insolvenzverfahrens unterliegt (RegE). § 32 gilt für alle Kflte, auch für HdlGes (§ 6), aber Sondernormen für KapitalGes; andere juristische Personen (§ 34 V). Bei den PersonenHdlGes führt die Eröffnung des Insolvenzverfahrens zur Auflösung (§§ 131 I Nr. 3, 161 II). 1

Merkt   257

§ 33 1

2) Eintragungspflicht (I)

2 Von Amts wegen in das HdlReg einzutragen sind die Eröffnung des Insolvenzverfahrens (**I 1,** Eröffnungsbeschluss § 27 InsO) und weitere wesentliche Entwicklungen, nämlich Aufhebung des Eröffnungsbeschlusses (**I 2 Nr. 1**), Bestellung eines vorläufigen Insolvenzverwalters mit allgemeinem Verfügungsverbot oder mit Zustimmungsbedürftigkeit von Verfügungen des Schuldners sowie Aufhebung einer derartigen Sicherungsmaßnahme (**I 2 Nr. 2,** §§ 21 Nr. 1 und 2, 22 InsO), Eigenverwaltung der Schuldners (§ 270 InsO), ihre Aufhebung und Anordnung der Zustimmungsbedürftigkeit (**I 2 Nr. 3**), Einstellung und Aufhebung des Verfahrens (**I 2 Nr. 4**) und Überwachung der Erfüllung eines Insolvenzplans (§§ 217, 260, 268 InsO; Folgen ua Forderungsnachrang §§ 264–266 InsO) sowie ihre Aufhebung, aber ohne Einzelheiten, diese sind aus den Akten des Registergerichts ersichtlich (**I 2 Nr. 5**). Die Wiederaufnahme des Insolvenzverfahrens ist entsprechend der Eröffnung in das HdlReg einzutragen, Ebenroth/Reuschle Rn. 3. Da die Eintragung von Amts wegen erfolgt, entfällt Anmeldungspflicht. Eintragung auf Grund Mitteilung des Insolvenzgerichts (§§ 31, 277 III 2 InsO). § 15 ist nicht anwendbar (**II 2**), → § 15 Rn. 12.

3) Keine Anwendung des § 15 HGB (II)

3 InsO regelt die Wirkungen des Insolvenzverfahrens abschließend, § 15 ist daher nicht anwendbar (**II 1**), → § 15 Rn. 12. Infolge der durch DiRUG eingeführten Änderungen im registerrechtlichen Bekanntmachungswesen sind Eintragungen nach I gem. § 10 I nFbekanntzumachen. Das Zusammenfallen von Bekanntmachung und erstmaliger Abrufbarkeit im Register macht die gesonderte Bekanntmachung entbehrlich. Die Anordnung des Wegfalls der Bekanntmachung in II 1 aF entfällt somit. Bekanntmachungen durch das Insolvenzgericht (ua §§ 30 I, 267, 268 II InsO) finden weiterhin statt.

[Juristische Person]

33 (1) **Eine juristische Person, deren Eintragung in das Handelsregister mit Rücksicht auf den Gegenstand oder auf die Art und den Umfang ihres Gewerbebetriebes zu erfolgen hat, ist von sämtlichen Mitgliedern des Vorstandes zur Eintragung anzumelden.**

(2) ¹**Der Anmeldung sind die Satzung der juristischen Person und die Urkunden über die Bestellung des Vorstandes in Urschrift oder in öffentlich beglaubigter Abschrift beizufügen; ferner ist anzugeben, welche Vertretungsmacht die Vorstandsmitglieder haben.** ²**Bei der Eintragung sind die Firma und der Sitz der juristischen Person, der Gegenstand des Unternehmens, die Mitglieder des Vorstandes und ihre Vertretungsmacht anzugeben.** ³**Besondere Bestimmungen der Satzung über die Zeitdauer des Unternehmens sind gleichfalls einzutragen.**

(3) **Die Errichtung einer Zweigniederlassung ist durch den Vorstand anzumelden.**

(4) **Für juristische Personen im Sinne von Absatz 1 gilt die Bestimmung des § 37a entsprechend.**

1) Übersicht über §§ 33–34

1 § 33 III idF EHUG 2006, § 35 aufgehoben EHUG 2006, § 36 aufgehoben HRefG 1998. §§ 33–34 gelten für solche juristische Personen, deren Eintragung in das HdlReg mit Rücksicht auf den Gegenstand oder auf die Art oder den Umfang ihres Gewerbebetriebs zu erfolgen hat. Erfasst werden dadurch solche juristischen Personen, die nicht schon FormKflte (§ 6 II) sind. Damit soll die Publizität des HdlReg umfassend gesichert werden, aber wohl nur klarstellende

3. Abschnitt. Handelsfirma § 34

Wirkung, weil §§ 1 ff. auch juristische Personen erfassen. Eintragungspflicht besteht danach für juristische Personen im Falle von § 1 II, nicht dagegen von §§ 2, 3 II, III. §§ 33 ff. gelten für die ein HdlGewerbe betreibenden rechtsfähigen Vereine (§§ 21 ff. BGB), sowohl wirtschaftende (§ 22 BGB) wie Idealvereine (mit kfm. Betrieb), dazu Sack ZGR 1974, 179; K. Schmidt ZGR 1975, 477; privatrechtliche Stiftungen (§§ 80 ff. BGB); öffentlichrechtliche Körperschaften, Stiftungen, Anstalten (vgl. § 89 BGB). Für ausländische juristische Personen, die im Inland ein HdlGewerbe betreiben, gelten §§ 13d, 13e (→ § 13d Rn. 1), BayObLG WM 1986, 1557 (zu § 13b aF); MüKoHGB/Krafka Rn. 7; aA für analoge Anwendung von § 33 auf ausländische KapitalGes als einziger Komplementär einer deutschen KG BayObLGZ 1986, 72, aber damit ist Prüfung der KfmEigenschaft verbunden (europarechtswidrig, → § 13d Rn. 1, → Einl. v. § 105 Rn. 29). Für AG, KGaA, GmbH, eG, VVaG gelten die Vorschriften der einschlägigen Gesetze. Bsp.: Hamburger Sparkassen, als Stiftungen iSv §§ 80 ff. BGB angesehen, verschmolzen entspr. §§ 339 ff. aF AktG, Droese MDR 1973, 25. Übersicht: Krafka NZG 2019, 81.

2) Einzelheiten zu § 33

§ 33 II, IV idF ERJuKoG 2001, III idF EHUG 2006 (Beifügung einer öffentlich beglaubigten Abschrift der Satzung für das Gericht der ZwNl nicht mehr nötig, Grund: HdlReg der HauptNl führt). Anmeldung der Errichtung durch sämtliche Vorstandsmitglieder (I), der Errichtung einer ZwNl (III, dazu § 13). Inhalt der Anmeldung und Eintragung s. II, einschließlich der Vertretungsmacht, auch der normalen gesetzlichen, von Vorstandsmitgliedern (früher nur Abweichungen davon), sinnvoller Gleichlauf mit §§ 37 III, 39 I 2 AktG, §§ 8 IV, 10 I 2 GmbHG und wichtig für HdlPraxis und internationalen Verkehr. IV erstreckt Angabepflicht nach § 37a auf alle juristischen Personen iSv I (Lücke nach Aufhebung von § 36 aF). Form s. § 12. Eintragung s. II 2, 3, Vermerke zur juristischen Person bei der Eintragung s. ua (4) HRV § 40 Nr. 2, 3, 5. Wirkung der Eintragungen → § 8 Rn. 11, § 15. Im Geschäftsbetrieb eines eV tritt § 15 an die Stelle von §§ 68, 70 BGB. Prüfungspflicht des Registergerichts → § 29 Rn. 3, → § 8 Rn. 7 ff. **Übergangsrecht** zu § 33 II in **(1)** EGHGB Art. 52.

[Anmeldung und Eintragung von Änderungen]

34 (1) **Jede Änderung der nach § 33 Abs. 2 Satz 2 und 3 einzutragenden Tatsachen oder der Satzung, die Auflösung der juristischen Person, falls sie nicht die Folge der Eröffnung des Insolvenzverfahrens ist, sowie die Personen der Liquidatoren, ihre Vertretungsmacht, jeder Wechsel der Liquidatoren und jede Änderung ihrer Vertretungsmacht sind zur Eintragung in das Handelsregister anzumelden.**

(2) **Bei der Eintragung einer Änderung der Satzung genügt, soweit nicht die Änderung die in § 33 Abs. 2 Satz 2 und 3 bezeichneten Angaben betrifft, die Bezugnahme auf die bei dem Gericht eingereichten Urkunden über die Änderung.**

(3) **Die Anmeldung hat durch den Vorstand oder, sofern die Eintragung erst nach der Anmeldung der ersten Liquidatoren geschehen soll, durch die Liquidatoren zu erfolgen.**

(4) **Die Eintragung gerichtlich bestellter Vorstandsmitglieder oder Liquidatoren geschieht von Amts wegen.**

(5) **Im Falle des Insolvenzverfahrens finden die Vorschriften des § 32 Anwendung.**

§ 37

1) Inhalt

1 § 34 idF EGInsO 1994, HRefG 1998, ERJuKoG 2001 (**Übergangsrecht** in (1) EGHGB Art. 52). § 34 entspricht für juristische Personen iSv § 33 (dort → § 33 Rn. 1) dem § 31.

2) Einzutragende Tatsachen (I, II)

2 Anzumelden sind gewisse Änderungen (I, II nF berichtigend: § 33 II 2 und 3), ua Änderungen der Satzung (I, II); die Auflösung der juristischen Person (außer im Falle des Insolvenzverfahrens, V, dann gilt § 32); die Personen der Liquidatoren und ihre Vertretungsmacht (→ § 33 Rn. 2) nebst Änderungen; Erlöschen der Firma (vgl. → § 31 Rn. 7), zB Einstellung des Gewerbebetriebs der fortbestehenden juristischen Person (§ 31 II 1), vgl. KG JW 1936, 1542. Das Gericht prüft, vor allem bei Satzungsänderungen, auf Gesetzesverletzungen, Unklarheiten und Widersprüche, OLG Hamm ZIP 2011, 230.

3) Anmeldepflicht (III)

3 Anzumelden hat der Vorstand gemäß der satzungsmäßigen Vertretungsmacht (I), nach KG JW 1937, 890 bei sog. gemischter Gesamtvertretung (vgl. für OHG § 125 III) unter Mitwirkung eines Prokuristen; Liquidatoren s. III. Der anmeldepflichtige Vorstand hat ein eigenes Beschwerderecht nach (3) FamFG § 59 I, OLG Hamm ZIP 2011, 230 (Stadtsparkasse).

4) Eintragungen von Amts wegen (IV, V)

4 Gerichtlich bestellte Liquidatoren s. IV, Insolvenzverfahren s. V iVm § 32. Für Erlöschen der Firma wird § 31 II 2 analog angewandt.

35 *(aufgehoben)*

1 1) § 35 über Unterschriftszeichnung im Registerrecht aufgehoben durch EHUG 2006 (Grund → § 14 Rn. 1).

36 *(aufgehoben)*

1 § 36 über **Unternehmen öffentlicher Körperschaften** aufgehoben durch HRefG 1998 (→ § 33 Rn. 1).

[Unzulässiger Firmengebrauch]

37 (1) **Wer eine nach den Vorschriften dieses Abschnitts ihm nicht zustehende Firma gebraucht, ist von dem Registergerichte zur Unterlassung des Gebrauchs der Firma durch Festsetzung von Ordnungsgeld anzuhalten.**

(2) ¹**Wer in seinen Rechten dadurch verletzt wird, daß ein anderer eine Firma unbefugt gebraucht, kann von diesem die Unterlassung des Gebrauchs der Firma verlangen.** ²**Ein nach sonstigen Vorschriften begründeter Anspruch auf Schadensersatz bleibt unberührt.**

Übersicht

	Rn
1) Firmenmissbrauchsverfahren (I)	1–8
A. Normzweck und Reichweite:	1
B. Anwendungsbereich:	2
C. Unzulässiger Firmengebrauch:	3, 4

3. Abschnitt. Handelsfirma 1–3 § 37

	Rn
D. Firmenmissbrauchsverfahren:	5–7
E. Verhältnis zum Löschungs- und zu anderen Verfahren:	8
2) Unterlassungsklage (II)	9–14
A. Normzweck und Anwendungsbereich:	9
B. Unzulässiger Firmengebrauch:	10
C. In seinen Rechten verletzt:	11, 12
D. Unterlassungsverfahren:	13
E. Schadensersatzansprüche (II 2):	14

1) Firmenmissbrauchsverfahren (I)

A. **Normzweck und Reichweite: a) Normzweck:** § 37 dient dem öffent- 1
lichen Interesse an der Einhaltung des Firmenrechts im Geschäftsverkehr und hat
ordnungsrechtlichen Charakter, Ebenroth/Reuschle Rn. 1. I gibt dazu dem Registergericht das Firmenmissbrauchsverfahren an die Hand. Es sorgt von Amts
wegen für Unterlassung eines unzulässigen Firmengebrauchs. II nimmt zur
Durchsetzung derselben öffentlichrechtlichen Interessen die Privaten in Dienst,
die durch den unzulässigen Firmengebrauch in ihren Rechten verletzt sind, und
gibt ihnen dazu die firmenrechtliche Unterlassungsklage, BGHZ 53, 70; WM
1993, 1251. Neben dem firmenrechtlichen Schutz des § 37 I, II stehen selbstständig und jedenfalls gegenüber II praktisch wichtiger Ansprüche aus Namens-,
Marken- und Wettbewerbsrecht (→ Rn. 4, → § 17 Rn. 33 f.).

B. **Anwendungsbereich:** I ist anwendbar gegen falsch firmierende **Kaufleute** 2
und gegen **Nichtkaufleute,** die zu Unrecht (wie Kflte) eine Firma führen oder
eine andere Bezeichnung irreführend (→ § 17 Rn. 15) wie eine Firma, BayObLG
BB 1960, 996; OLG Frankfurt a. M. BB 1975, 248; OLG Frankfurt a. M. DB
1981, 153; zur früheren Rspr. ist aber zu beachten, dass es kein allgemeines
Verbot firmenähnlicher Geschäftsbezeichnungen (mehr) gibt (→ § 17 Rn. 14 f.).
Anwendung auch auf Freiberuflersozietätsbezeichnung, wenn firmenrechtliche
Vorschriften verletzt sind, BayObLG NJW 1999, 297; Heidel/Schall/Lamsa
Rn. 2; aA Canaris § 11 Rn. 50, und allgemeiner auf (gewerblich tätige) NichtK-
flte bei solcher Verletzung, zB Verstoß gegen § 19 I sowie § 18 II, letzteres str.,
wie hier hL, R. Schmitt HRefG S. 225 ff.; aA MüKoHGB/Krebs Rn. 7 (auch
→ § 17 Rn. 15). Verneint für GbR, die sich „Regionales Rechenzentrum X"
nennt, str., OLG Karlsruhe, Wessel BB 1978, 519 und 1084, unzulässig „GbR-
mbH", HdlbgKo/Ruß Rn. 2. „Fahrschule Münster Inhaber KM" (nicht kfm.):
nicht firmenähnlich, OLG Hamm MDR 1968, 50.

C. **Unzulässiger Firmengebrauch: a) Gebrauch:** Gebrauch einer Firma ist 3
jede Handlung mit unmittelbarem Bezug auf den Geschäftsbetrieb, die nach der
Verkehrsauffassung als Gebrauch der verwendeten Bezeichnung als Firma zu
verstehen ist, RGZ 55, 123; BGH NJW 1991, 2024; OLG Köln NZG 2011,
155. Das ist bereits das Herbeiführen oder Dulden ihrer Eintragung im HdlReg
(→ § 29 Rn. 1), BayObLG DB 1988, 1487, insbesondere aber ihre Anwendung
im Geschäftsverkehr als (vollständige)Bezeichnung des Unternehmens **(firmenmäßiger Gebrauch).** Bspe (vgl. → § 17 Rn. 17–25): in Warenprospekt des
Kfm. für Einzelhändler zur Weitergabe auch an deren Kunden, BGH NJW 1991,
2023; auf Briefköpfen, Türschild, durch Briefunterzeichnung, Anmeldung zum
Telefonbuch, KG JW 1926, 2930; OLG Celle BB 1971, 1299; BayObLG BB
1992, 943; OLG Hamm FGPrax 2008, 262; Adressbuch, in Zeitungsinseraten,
BayObLG BB OLG Oldenburg BB 1960, 896; 1964, 573; auf Flaschenetikett neben
Wort „Import", OLG Hamburg BB 1973, 1456; auch nur im Schriftverkehr mit
(eigenen) HdlVertretern, OLG Celle OLGZ 1972, 221. Ebenso für firmenähnlich wirkende Bezeichnung einer einzelnen Betriebsstätte, OLG Oldenburg BB
1964, 573. Eine **Geschäftsbezeichnung** (→ § 17 Rn. 10 ff.) wird nach der
Rspr. „firmenähnlich" verwandt beim Abschluss von Rechtsgeschäften, **nicht** bei

Merkt 261

§ 37 4–6

Benutzung nur in der **Werbung**, KG HRR 1934, 1539; BayObLGZ 1960, 350; OLG Bamberg DB 1973, 1989; OLG Düsseldorf NJW-RR 1996, 938, str. Eine Geschäftsbezeichnung wird firmenrechtlich unzulässig verwandt, wenn dies den unzutreffenden Eindruck erweckt, es handele sich bei der Bezeichnung um die (vollständige) Firmierung des Unternehmens, BGH NJW 1991, 2023. Dieser Eindruck wird nicht immer schon dadurch erweckt, dass zusätzlich zu der Bezeichnung die Adresse, die Telefon- oder Faxnummer, der Internetdomain und/oder die Emailadresse des Verwenders angegeben werden, OLG Köln NZG 2011, 155. Da § 37 auf Unterlassung gerichtet ist, reicht eine einmalige Verwendung nur bei konkreter Wiederholungsgefahr aus, EBJS/Reuschle Rn. 5. Gebrauch kann auch in pflichtwidrigem Unterlassen liegen, Staub/Burgard Rn. 15.

4   **b) Unzulässigkeit:** Unzulässigkeit der Firmierung bestimmt sich nach §§ 17 ff. und allen sonstigen **firmenrechtlichen Bestimmungen** auch außerhalb des HGB, einerlei ob sie von Anfang unzulässig oder erst später unzulässig geworden (→ § 18 Rn. 18); Bsp. „Beamten-Einkauf-eGmbH", die jetzt jedermann zum Kauf zulässt, OLG Zweibrücken OLGZ 1972, 393. Praktisch wichtig ist insbesondere das Irreführungsverbot (§ 18 II 1, 2, dort → § 18 Rn. 13, 19 f.), auch § 30; ausländische Firma → § 17 Rn. 49. Verstoß gegen andere, **nicht** firmenrechtliche Vorschriften (**Namens-, Marken-, Wettbewerbsrecht,** → § 17 Rn. 33 f.) fällt nicht unter I (aber II, → Rn. 10). Der Kfm. muss die Firma firmenmäßig so führen, wie sie eingetragen ist (Firmenpflicht, → § 17 Rn. 19); **Firmenabkürzungen** (vgl. → § 17 Rn. 12, 19) und **Firmenzusätze** (→ § 18 Rn. 8) sind, auch wenn sie eintragbar wären, unzulässig nach I, wenn sie im Verkehr als vollständige Firmenbezeichnung erscheinen, OLG Düsseldorf DB 1970, 923; OLG Hamburg BB 1973, 1457; BayObLG BB 1992, 943; sonst nicht, Abkürzen der Firma (Firmenschlagworte) in Werbung, Haus- und Schaufensteraufschrift oä sind zulässig, OLG Düsseldorf DB 1970, 923; OLG Stuttgart BB 1991, 993; OLG Düsseldorf NJW-RR 1996, 937, auch in Verlagsangabe auf Büchern, KG HRR 1932, 252. Unzulässiger Firmengebrauch des Einzelhändlers, der duldet, dass Großhändler ihn in seiner Werbung falsch bezeichnet, AG Elsfleth BB 1968, 310, fraglich. Es kommt nur objektiv auf Unzulässigkeit an, **nicht** auch auf **Verschulden** (→ Rn. 6). Ausnahme Odnungsgeldfestsetzung bei Zuwiderhandlung (→ Rn. 7).

5   D. **Firmenmissbrauchsverfahren: a) Verfahrensziel:** Das Firmenmissbrauchsverfahren nach I iVm (3) FamFG §§ 392, 388 ff. (zu unterscheiden vom Zwangsgeldverfahren nach (3) FamFG §§ 388 ff., BayObLG NJW 1999, 297, → § 14 Rn. 3–5), zielt auf **Unterlassung** des Gebrauchs einer **bestimmten Firma,** die unzulässig ist, zB wegen Verwendung eines bestimmten Zusatzes (→ § 18 Rn. 8), vgl. BGHZ 44, 117, aber nicht nur auf Unterlassung dieses Zusatzes, der ja in anderer Zusammenstellung zulässig sein kann, sondern der Firma als Ganzem in ihrer konkreten Fassung, RGZ 132, 311; MüKoHGB/Krebs Rn. 36; aA von Gamm FS Stimpel, 1985, 1013: auch Teillöschung möglich. Es zielt nicht auf Unterlassung einer bestimmten Gebrauchsweise, KG HRR 1932, 252; erst recht nicht (positiv) auf Führung einer bestimmten (zulässigen) Firma. Insoweit gilt dasselbe wie im Verfahren nach II (→ Rn. 13).

6   **b) Einleitung von Amts wegen:** Das Gericht handelt von Amts wegen, sei es auch auf Anregung, ohne dass ein Verschulden notwendig ist (anders für Ordnungsgeld, → Rn. 7). Das Gericht ist verpflichtet, gegen den Firmenmissbrauch einzuschreiten, hat dabei aber ein gebundenes Ermessen, BayObLG NJW-RR 1989, 867; Heymann/Emmerich Rn. 15, hL, anders MüKoHGB/Krebs Rn. 34; Oetker/Schlinghoff Rn. 6. Es hat öffentliche und private Interessen abzuwägen und kann uU eine alte, besonders wertvolle Firma trotz Widerspruchs zum Firmenrecht bestehen lassen, KG NJW 1965, 254; OLG Köln BB

3. Abschnitt. Handelsfirma 7–10 § 37

1977, 1671 (verneint); BayObLGZ 1986, 150; uU vielleicht unter Bedingung bestimmter Führungsweise, Jansen NJW 1966, 1815. Das öffentliche Interesse kann aber Einschreiten gebieten, zB bei irreführender Benutzung von „Finanzierung" bei bloßer Darlehensvermittlung (→ § 18 Rn. 33), iErg anders OLG Frankfurt a. M. AG 1980, 83 (Besitzstand). Die Ermessensentscheidung ist vom Rechtsbeschwerdegericht nur auf Ermessensfehler nachzuprüfen, OLG Zweibrücken OLGZ 1972, 395; aA GroßKo/Hüffer Rn. 18. Kein Anspruch auf Einschreiten nach I, auch nicht des nach II in seinen Rechten Verletzten, RGZ 132, 314; BGHZ 53, 70; auch kein Schadensersatzanspruch Privater (→ § 8 Rn. 15).

c) Entscheidung: Das Gericht erlässt eine **Verbotsverfügung** unter Androhung eines Ordnungsgelds und Fristsetzung (s. **(3)** FamFG § 392 I Nr. 1, 388). **7**
Die Androhungsverfügung muss die gesamte Bezeichnung in jeder zu beanstandenden Form enthalten, BayObLG NJW 1999, 297, sonst kein Ordnungsgeld; Anordnung der Unterlassung ab sofort, nicht erst ab später, die Fristsetzung gilt nur für Einspruchserhebung. Festsetzung eines **Ordnungsgelds** erst als zweiter Schritt (s. **(3)** FamFG § 392 I Nr. 2). Ordnungsgeld nur bei verschuldeter Zuwiderhandlung, Handeln von Angestellten ohne Wissen und Wollen des Firmeninhabers genügt nicht, OLG Frankfurt a. M. BB 1980, 960.

E. Verhältnis zum Löschungs- und zu anderen Verfahren: a) Löschungsverfahren: Ist die unzulässige Firma im HdlReg eingetragen, kann das Gericht von Amts wegen entweder nach I iVm **(3)** FamFG § 392 im Firmenmissbrauchsverfahren oder nach **(3)** FamFG §§ 395, 399 im Löschungsverfahren (→ § 8 Rn. 12–15) vorgehen, BayObLG BB 1989, 727. Das Gericht entscheidet dabei nach pflichtgemäßem Ermessen. Das Löschungsverfahren kommt aber idR erst in Betracht, wenn das mildere, nur den konkreten Gebrauch untersagende Verfahren nach I ohne Erfolg bleibt, str. Bei Erlöschen der Firma gilt § 31 II. **8**

b) Eintragungsverfahren: Auch das Eintragungsverfahren nach § 29 und das Firmenmissbrauchsverfahren nach I stehen nebeneinander, weil bereits Anmeldung Gebrauch iSv I ist (→ Rn. 3), str. ob das Eintragungsverfahren notwendigerweise auszusetzen und gegen den Inhaber im Missbrauchsverfahren vorzugehen ist, MüKo HGB/Krebs Rn. 38. Auch hier entscheidet das Gericht nach pflichtgemäßem Ermessen, str. (→ § 29 Rn. 4).

c) Unterlassungsklage nach II: I und II sind unabhängig voneinander möglich (Amtsverfahren und private Klage).

2) Unterlassungsklage (II)

A. Normzweck und Anwendungsbereich: a) Normzweck: Wer durch unzulässigen Firmengebrauch in seinen Rechten verletzt wird, kann von dem Gebrauchmachenden Unterlassung des Gebrauchs fordern **(II 1)**. Zum Normzweck auch von II schon → Rn. 1 II schützt (auch) die Interessen Dritter und der Allgemeinheit, BGH WM 1993, 1251. **9**

b) Anwendungsbereich: II ist wie I anwendbar gegen falsch firmierende **Kaufleute** und gegen **Nichtkaufleute,** die zu Unrecht (wie Kflte) eine Firma führen oder eine andere Bezeichnung irreführend (→ § 17 Rn. 15) wie eine Firma, str. (→ Rn. 2).

B. Unzulässiger Firmengebrauch: a) Gebrauch: Wie unter I (→ Rn. 3). **10**

b) Unzulässigkeit: Wie unter I (→ Rn. 4), aber beim Irreführungsverbot greift unter II nicht § 18 II 2, der nur im Registerverfahren gilt (→ § 18 Rn. 19). Der Gebrauch kann unzulässig sein nach Firmenrecht (§§ 18, 19, 21–24, 30, §§ 4, 279 AktG, § 4 GmbHG, § 3 GenG ua); nicht auch wegen Verletzung des Namens-, Marken- oder sonstigen Kennzeichnungsrechts eines anderen (§ 12 BGB, §§ 14, 15 MarkenG ua) oder wegen unlauteren Wettbewerbs (§§ 3, 4, 5 UWG), Rö/Ries Rn. 29; Oetker/Schlinghoff Rn. 11, aA in Bezug Vorschriften des unlauteren Wettbewerbs (§§ 18, 200 UWG) Heidel/Schall/Lamsa Rn. 4, str. Firmenrechtliche Ansprüche nach § 37 II und wettbewerbsrechtliche Ansprüche stehen dann nebeneinander (→ § 17 Rn. 10 ff., → § 18 Rn. 13 f.). Auch firmenmäßiger Gebrauch einer anderen Bezeichnung als der eigenen eingetragenen Firma ist unzulässig iSv II, OLG Hamburg BB 1973, 1457. Lit. von Gamm FS Stimpel, 1985, 1007.

11   C. **In seinen Rechten verletzt: a) Unterlassungsanspruch:** In seinen Rechten verletzt ist nicht nur (so noch RGZ 114, 99; 132, 316) der Inhaber eines verletzten absoluten (insbesondere Kennzeichnungs-)Rechts, zB Namens-, Firmen-, Marken-, Patentrecht, Recht am eingerichteten und ausgeübten Gewerbebetrieb; sondern jeder in einem unmittelbaren rechtlichen Interesse wirtschaftlicher Art Verletzte, zB Wettbewerber, BGHZ 53, 70; WM 1979, 923; NJW 1991, 2023; bei Firmenfortführung ohne Einwilligung nach §§ 22 I, 24 II auch nicht gleichnamige Erben, OLG Hamm ZIP 1983, 1202; nicht ein einzelner Gfter eines Konkurrenzunternehmens, BGH BB 1972, 982. Nur in einem Teil dieser Fälle hat II selbständige Bedeutung; Unterlassungsanspruch zB auch aus § 12 BGB, §§ 14, 15, 128, 135 MarkenG, §§ 3, 4, 5 UWG ua (→ § 17 Rn. 33 f.). Klagebefugnis von Vereinen zur Bekämpfung unlauteren Wettbewerbs nach § 8 III UWG wird verneint (auf Ansprüche aus UWG beschränkt), BGH NJW 1997, 2819 (zu § 13 II Nr. 2 aF UWG), aA bisher hL, GroßKo/Hüffer Rn. 30.

12   **b) Einwendungen:** Möglich sind unter II Einwendungen, die nur in der Person des Klägers begründet sind (anders als nach I), zB Gestattung des Firmengebrauchs. Auch **Verwirkung** des (persönlichen) Anspruchs auf Unterlassung aus II ist möglich (→ § 17 Rn. 36), RGZ 167, 190; GroßKo/Hüffer 33; MüKoHGB/Krebs 51, zB bei geringer Irreführungsgefahr gegenüber besonders wertvollem Besitzstand, BGH WM 1977, 26 (60 jährige „Ostfriesische TeeGes" in Hamburg). Wegen des Schutzes öffentlicher Interessen (wie bei § 5 UWG) gegen Verwirkung sehr zurückhaltend von Gamm FS Stimpel, 1985, 1013; offen BGH WM 1993, 1251. Von der Verwirkung ist die Erwirkung zu unterscheiden, die nur in sehr viel engeren Grenzen möglich ist (→ § 17 Rn. 37).

13   D. **Unterlassungsverfahren:** Verurteilung zur **Unterlassung** in II ebenso wie in I nur gegen die gesamte Firma, nicht nur beschränkt auf Teile (→ Rn. 5). Ist die Firma bereits eingetragen, auch Anspruch auf **Beseitigung** der Verletzung und Verurteilung zur **Löschung** (dann uU auch nur Zusatz, nicht unbedingt ganze Firma, → § 18 Rn. 8). Der Unterlassungsanspruch kann sich also zu einem Löschungsanspruch steigern, OLG Hamm NJW-RR 2005, 767; OLG München ZIP 2013, 1324; von Gamm FS Stimpel, 1985, 1012; krit. MüKoHGB/Krebs Rn. 54. Verurteilung zur Unterlassung der Benutzung im „geschäftlichen Verkehr" verpflichtet zur Herbeiführung (mit zumutbarer Eile) der Löschung im HdlReg, OLG Frankfurt a. M. BB 1977, 767. Vollstreckung bei Verurteilung zur Unterlassung nach § 890 ZPO, OLG Hamm BB 1958, 318, bei Verurteilung zur Anmeldung der Löschung nach § 894 ZPO; mit Rechtskraft gilt die Löschungsanmeldung nach § 894 ZPO als abgegeben, Kläger kann dazu Urteilsausfertigung vorlegen, OLG München ZIP 2013, 1324. Einstweilige Verfügung auf Unterlassung ist möglich, wobei Dringlichkeit nicht zu vermuten ist, str. MüKo HGB/ Krebs Rn. 53.

14   E. **Schadensersatzansprüche (II 2):** Unberührt bleiben selbstverständlich Ansprüche auf **Schadensersatz** aus anderen Vorschriften **(II 2)**, zB aus §§ 823 I, II, 826 BGB, §§ 3, 9 UWG, §§ 14, 15, 128, 135 MarkenG (→ § 17 Rn. 33 f.). Sonstige, nicht firmenrechtliche Ansprüche → Rn. 4, → § 17 Rn. 33 f. Aus II 2 folgt, dass § 37 II kein Schutzgesetz iSd § 823 II BGB ist, Oetker/Schlingloff Rn. 19.

3. Abschnitt. Handelsfirma 1–3 § 37a

[Angaben auf Geschäftsbriefen]

37a (1) **Auf allen Geschäftsbriefen des Kaufmanns gleichviel welcher Form, die an einen bestimmten Empfänger gerichtet werden, müssen seine Firma, die Bezeichnung nach § 19 Abs. 1 Nr. 1, der Ort seiner Handelsniederlassung, das Registergericht und die Nummer, unter der die Firma in das Handelsregister eingetragen ist, angegeben werden.**

(2) **Der Angaben nach Absatz 1 bedarf es nicht bei Mitteilungen oder Berichten, die im Rahmen einer bestehenden Geschäftsverbindung ergehen und für die üblicherweise Vordrucke verwendet werden, in denen lediglich die im Einzelfall erforderlichen besonderen Angaben eingefügt zu werden brauchen.**

(3) [1] **Bestellscheine gelten als Geschäftsbriefe im Sinne des Absatzes 1.** [2] **Absatz 2 ist auf sie nicht anzuwenden.**

(4) [1] **Wer seiner Pflicht nach Absatz 1 nicht nachkommt, ist hierzu von dem Registergericht durch Festsetzung von Zwangsgeld anzuhalten.** [2] **§ 14 Satz 2 gilt entsprechend.**

1) Normzweck, Anwendungsbereich

A. **Normzweck:** § 37a neu durch HRefG 1998, I idF EHUG 2006 (Geschäftsbriefe „gleich welcher Form"). Er ist §§ 125a, 177a, § 35a GmbHG, § 80 AktG, § 25a GenG teilweise nachgebildet und als Ausgleich zur Firmenrechtsvereinfachung (Zulässigkeit von Sach- und Phantasiefirmen, vgl. § 19 I nF) gedacht. Geschützt ist die Sicherheit des Geschäftsverkehrs (RegE), dieser soll allgemeine Grundinformationen über den Kfm. und sein HdlGeschäft erhalten. § 37a ist entsprechend seinem Normzweck weit auszulegen und **zwingend**. Übergangsvorschrift **(1)** EGHGB Art. 39. **Lit.** Vgl. zu → § 125a Rn. 1. 1

B. **Anwendungsbereich:** § 37a erfasst nur Geschäftsbriefe von Kflten, nicht 2 von Kleingewerbetreibenden und Freiberuflern, außer wenn sie unter §§ 1 ff. fallen. Nach dem Normzweck gilt § 37a für alle Kflte ohne Unterschied, ob sie eingetragen sind oder nicht (→ Rn. 3) und ob es um einen Geschäftsverkehr im Inland oder mit dem Ausland geht; auch für inländische ZwNl eines ausländischen Kfm. (Grundgedanke von § 13d, dort → § 13d Rn. 2; vgl. → § 125a Rn. 2). Verbliebene Lücken schließt § 33 IV (→ § 33 Rn. 2). § 37a ist Grund- und Auffangnorm, aA MüKoHGB/Krebs Rn. 4: nur Gesamtanalogie, str., Spezialvorschrift für OHG (KG) ist § 125a (iVm § 177a), wegen Einheitlichkeit des Firmenrechts nach HRefG einheitliche Auslegung (→ § 125a Rn. 1).

2) Pflichtangaben auf Geschäftsbriefen (I)

A. **Pflichtangaben:** Auf allen Geschäftsbriefen des Kfm. (gleich welcher 3 Form, → Rn. 4) sind anzugeben: die Firma (§ 17 I), die Bezeichnung nach § 19 I Nr. 1 (Zusatz über KfmEigenschaft), der Ort seiner HdlNiederlassung (HauptNl, → § 29 Rn. 5), das Registergericht und die Nummer, unter der die Firma in das HdlReg eingetragen ist. Es genügt nicht, wenn der Zusatz über die KfmEigenschaft bereits aus der Firma ergibt, zB e. K.; dass die in § 19 I Nr. 1 nF benutzten Abkürzungen noch nicht allgemein bekannt sind, schadet nach dem klaren Wortlaut nicht, MüKoHGB/Krebs Rn. 6 (vorsichtiger RegE ZIP 1997, 952 unter Hinweis auf hL zu § 4 AktG, aber jetzt Hüffer AktG § 4 Rn. 17: „AG"). Auch der nicht eingetragene Kfm. kann Firma führen und muss deshalb entsprechende Angaben machen, also Firma, Zusatz über KfmEigenschaft entspr. § 19 I Nr. 1, auch schon vor Eintragung, str. (→ § 19 Rn. 4). **Nicht:** Familien- und Vornamen des Kfm., also Inhaberangabe (anders noch RefE und für Geschäftsführer und Vorstände von KapitalGes, zB § 35a I 1 GmbHG; auch § 15b GewO).

Merkt 265

§ 37a 4–6

4 B. **Geschäftsbriefe: a) Geschäftsbriefe gleich welcher Form** sind erfasst (ausdrücklich EHUG 2006). Die PublizitätsRL (→ § 8 Rn. 2a) gilt zwar nur für KapitalGes, aber Geschäftsverkehr erfordert einheitliche Regelung für alle Kflte. Geschäftsbriefe umfasst alle (nicht mündlichen) Mitteilungen des Kfm. über geschäftliche Angelegenheiten nach außen. Dazu gehören alle HdlBriefe (§ 238 II), aber Geschäftsbrief ist gegenüber HdlBrief (§ 257 II: nur Schriftstück, das ein HdlGeschäft betrifft) der weitere Begriff. Geschäftsbriefe sind ohne Rücksicht auf die äußere Form auch Postkarten, Telebriefe, Faxe, Telegramme, btx, e-mail, Internetseite, auch Fernschreiben, vor EHUG str., da kein Original übermittelt werde. Geschäftsbriefe sind nach außen gerichtet, also an Geschäftspartner, auch andere Konzernunternehmen, Behörden, eigene Mitarbeiter, soweit als Vertragspartner betroffen (zB Einstellung, Kündigung, str., oder Drittbeziehung). Geschäftsbriefe setzen keine bestehende Geschäftsverbindung voraus (anders II, → Rn. 5), umfassen also auch solche Mitteilungen, die von vornherein nur auf einen einmaligen Kontakt abzielen. Pflichtangaben können im elektronischen Verkehr auch als Link oder Anhang zur Verfügung gestellt werden. Der Link muss jedoch von der E-Mail aus abrufbar sein, Oetker/Schlingloff Rn. 6. **Nicht:** Mündliche oder telefonische Mitteilungen, Mitteilungen innerhalb des HdlGeschäfts bzw. eigenen Unternehmens des Kfm. selbst, zB Weisungen des Kfm. (→ § 59 Rn. 44), Information für bestimmte Mitarbeiter, betriebliche Rundschreiben, Beanstandungen ua; Schriftverkehr unter den betriebsverfassungsrechtlichen Organen, str.

b) Die Geschäftsbriefe müssen **an einen bestimmten Empfänger** gerichtet sein, also nicht solche an eine größere, unbestimmte Vielzahl von Empfängern. Bspe: Offerte und Annahme, Auftragsbestätigung, Bestätigungsschreiben, Mängelrügen, Rücktritt und Minderung, auch Bestellscheine (III, → Rn. 6), Quittungen, Kündigung an Arbeitnehmer; auch Rechnungen, Mahnungen, str.; vom Kfm. ausgestellte Wertpapiere, zB Wechsel, Scheck, Konnossement, LG Detmold WM 1990, 1872 für Postscheck (zu § 35a GmbHG), BeckOK GmbHG/Schindler § 35a Rn. 13; **aA** Baumb/Hueck/Noack GmbHG § 35a Rn. 18. Auch vervielfältigte und sogar formularmäßige Schreiben wie Preislisten, Angebote, Auftragsbestätigungen, Rechnungen, Mahnungen ua sind Geschäftsbriefe, sofern sie an bestimmten Empfänger gerichtet sind, str.; die Art des Versands an den bestimmten Empfänger ist nicht entscheidend, Lutter DB 1980, 1325. **Nicht:** zB allgemeine Angebote, Kataloge, Rundschreiben an die Kunden, Werbeschreiben, dementsprechende Postwurfsendungen, Zeitungsanzeigen.

3) Keine Pflichtangaben auf Vordrucken (II)

5 Bei Mitteilungen oder Berichten sind die **Angaben nach I** unter zwei Voraussetzungen **entbehrlich:**

a) Sie müssen im Rahmen einer bestehenden **Geschäftsverbindung** (→ Einl. v. § 343 Rn. 3) ergehen; entscheidend dafür ist, ob die Angaben nach I schon vorher einmal gemacht worden sind; einerlei wie lange das schon her ist, str. Stellt Vordruck die Geschäftsverbindung erst her, greift I.

b) Für sie müssen üblicherweise **Vordrucke** verwendet werden, in denen nur die im Einzelfall erforderlichen besonderen Angaben eingefügt zu werden brauchen. Vordrucke müssen in dem Geschäftszweig üblich sein und auch im konkreten Fall von dem Kfm. verwendet werden, sonst bleibt es bei I. Bspe: Versandanzeigen oder sonstige Benachrichtigungen, Lieferscheine, Kontoauszüge, Gutschriften. **Nicht:** Bestellscheine (III, → Rn. 6).

4) Pflichtangaben auf Bestellscheinen (I, III)

6 Bestellscheine gelten als Geschäftsbriefe iSv I, nicht als Vordrucke iSv II (III). Die Erleichterungen nach II gelten für sie also nicht.

5. Abschnitt. Prokura und Handlungsvollmacht **Einl v § 48**

5) Rechtsfolgen bei Verstoß

A. **Zwangsgeld (IV):** Wenn der Kfm. seiner Pflicht nach I (ganz oder teilweise) nicht nachkommt, ist er vom Registergericht durch Zwangsgeld dazu anzuhalten (IV 1; § 14 S. 2, **(3)** FamFG §§ 388 f.). **7**

B. **Zivilrechtliche Folgen:** IV besagt selbst nichts über mögliche zivilrechtliche Rechtsfolgen. § 37a ist Ordnungs-, nicht Formvorschrift, Verstoß hat keine Nichtigkeit zur Folge. Ob § 37a ein Schutzgesetz iSv § 823 II BGB ist, ist str., so hL zu § 125a (dort → § 125a Rn. 11) und § 35a GmbHG, Baumb/Hueck/Zöllner Rn. 10; LG Detmold WM 1990, 1872, verneinend MüKoHGB/Krebs 12. Zivilrechtliche Ansprüche wegen Irreführung können aber aus allgemeinen Vorschriften unter deren Voraussetzungen folgen. Bspe: Anfechtung nach § 119 II BGB, str., Verschulden bei Vertragsverhandlungen nach §§ 280, 311 II BGB, §§ 3, 9 UWG, iErg abl. LG Berlin WM 1991, 1615, § 826 BGB, auch Rechtsscheinhaftung, zB Rechtsschein mangelnder KfmEigenschaft nach § 15 II. **8**

6) Europäisches Recht, internationaler Verkehr

Die Anforderungen des § 37a (bzw. der Spezialnormen, → Rn. 1) gelten grundsätzlich auch im europäischen und internationalen Verkehr. Sie gelten entsprechend, wenn eine ausländische Ges. mit Satzungssitz in der EU ihren Verwaltungssitz in das Inland verlegt (→ § 13d Rn. 1), aber das europäische Recht setzt bestimmte Grenzen (→ Einl. v. § 105 Rn. 29), zB hinsichtlich der Firma und des Rechtsformzusatzes (→ § 17 Rn. 48, → § 19 Rn. 42), nach aA ist schon das Erfordernis der Firmenangabe durch die 11. EG-RL nicht gedeckt, Rehberg in Eidenmüller, Ausl. KapitalGes im dtsch Recht, 2004, § 5 Rn. 94. Bei HdlGes tritt an die Stelle der HdlNiederlassung (→ Rn. 3) der Sitz (zB § 125a I 1, → Rn. 1), bei AuslandsGes aus der EU ist das der Satzungssitz (→ § 13d Rn. 1), str. Bei AuslandsGes aus der EU ist das Erfordernis der Angabe der Geschäftsleiter (§ 125a I 2 iVm § 35a I 1 GmbHG, § 80 I 1 AktG) durch die 11. EG-RL nicht gedeckt, K. Schmidt in Lutter, Eur. AuslandsGes, 2005, S. 44. **Lit.** → § 17 Rn. 48. **9**

Vierter Abschnitt. Handelsbücher

38–47b *(aufgehoben)*

Fünfter Abschnitt. Prokura und Handlungsvollmacht

Einleitung vor § 48: Anscheins- und Duldungsvollmacht, Handeln für Firma, Eigenhaftung des Vertreters

Schrifttum

Außer dem allgemeinen Schrifttum (→ Einl. v. § 1) *Fissenewert*, Der Prokurist, 4. Aufl 2019. – *Flohr/Wauschkuhn/Teichmann*, Vertriebsrecht, 2. Aufl 2018. – *Hofmann/Fladung/van Ghemen*, Der Prokurist, 8. Aufl 2007. – *Grooterhorst* 6. Aufl 2014. – *Brox* NJW 1967, 801 (Prokura und HdlVollmacht nach AktG). – *Stötter* BB 1975, 767 (Gesamtprokura uä). – *Walchshöfer* Rpfleger 1975, 381 (HdlReg). – *Beuthien* FS Fischer, 1979, 1 (Miterbenprokura). – *K. Schmidt* BB 1989, 229 (GesLiquidation und -insolvenz). – *Beuthien/Müller* DB 1995, 461 (gemischte Gesamtvertretung, unechte Gesamtprokura). – *Krebs* ZHR 159 (1995), 635 (Prinzipien). – *Spickhoff* RabelsZ (80) 2016, 481. – *Kindler/Brüggemann* RIW 2018, 473. –

Einl v § 48 1–3

Muster: Hopt/Merkt, Vertrags- und Formularbuch zum Hdl-, Ges- und Bankrecht, 5. Aufl. 2021, Teil I. E.

Übersicht

	Rn
1) Vertretung im Handelsrecht, Vorschriften des BGB	1–4
A. Vertretung im Handelsrecht:	1–3
B. Allgemeines Vertretungsrecht (§§ 164–181 BGB):	4
2) Duldungs- und Anscheinsvollmacht	5–7
A. Duldungsvollmacht:	5
B. Anscheinsvollmacht:	6
C. Körperschaften des öffentlichen Rechts:	7
3) Handeln für die Firma	8
4) Eigenhaftung des Vertreters	9–12
A. Besonderes Verhandlungsvertrauen in den Vertreter (§ 311 III 2 BGB):	9, 10
B. Nichtausreichen eines wirtschaftlichen Eigeninteresses des Vertreters:	11
C. Selbstständige Haftung:	12
5) Internationaler Verkehr	13, 14

1) Vertretung im Handelsrecht, Vorschriften des BGB

1   **A. Vertretung im Handelsrecht:** Der Inhaber eines HdlGeschäfts kann auf Grund hdlrechtlicher Vollmacht, anderer Vollmachten oder gesetzlicher Vertretungsmacht vertreten werden:

  a) Handelsrechtliche Vollmachten sind Prokura (§§ 49–53) und HdlVollmacht (§§ 54 ff.), auch die Vertretungsmacht der Ladenangestellten (§ 56, s. dort). Für sie gelten außer den speziellen Vorschriften im HGB (Abschn. 5 und ua §§ 75g, 75h, 91, 91a, 116 III, 125 III) die §§ 164–181 BGB.

2   **b)** Der Inhaber kann beliebige **andere Vollmachten** (§§ 164 ff. BGB) erteilen, zB Einzelvollmacht zu bestimmten Rechtshandlungen oder **Generalvollmacht.** Letztere ist besonders bei großen Unternehmen verbreitet, reicht inhaltlich weiter (aber nicht wie die unübertragbare organschaftliche Vertretungsmacht), BGHZ 36, 295; NJW 1977, 199, und steht im Ansehen höher als die Prokura. Rechtlich ist sie eine besonders weitreichende Form der Vollmacht nach §§ 164 ff. BGB, nicht der HdlVollmacht nach §§ 54 ff. (GeneralHdlVollmacht, → § 54 Rn. 10). Sie schließt unter praktischen Gesichtspunkten die Lücke zwischen den Prokuristen und den Inhabern bzw. den gesetzlichen Vertretern (→ Rn. 3) des Unternehmens (MüKoHGB/Krebs Rn. 13). Auslegung, OLG München ZIP 2017, 920. Umdeutung einer nichtigen Generalvollmacht in General- oder EinzelHdlVollmacht ist möglich (§ 140 BGB), Canaris § 13 Rn. 17. Rechtsgeschäftlich eingeschränkte Generalvollmacht (Zulässigkeit str.) ist jedenfalls als GeneralHdlVollmacht (→ § 54 Rn. 10) zulässig, BGH WM 2008, 2252. Nicht für höchstpersönliche Rechtsgeschäfte bzw. Verfahrenserklärungen. Sie ist analog § 53 in das HdlReg einzutragen (→ § 8 Rn. 5), aA hL. Generalvollmacht kann jederzeit widerrufen werden, BGH NJW 1988, 2603; 2011, 67; Missbrauch einer Generalvollmacht, BGH NJW 2011, 67; BB 2011, 2625 Ls. **Lit.** Spitzbarth BB 1962, 851; Hübner ZHR 143 (1979), 1; Joussen WM 1994, 273; Schroeder/Oppermann JZ 2007, 176.

3   **c) Gesetzliche Vertretung** kommt bei einem nicht vollgeschäftsfähigen Kfm. oder Gfter zum Zuge (→ § 1 Rn. 32–35). **Amtstreuhänder** (Partei kraft Amtes mit Handeln im eigenen Namen, stRspr) oder gesetzliche Vertreter sind der Testamentsvollstrecker, Insolvenzverwalter und Nachlassverwalter (vgl. → § 1 Rn. 40 ff., 47). **Organschaftliche** Vertreter sind diejenigen, durch die eine nicht natürliche Person handelt, zB Vorstand (AG, eG, Verein), Geschäftsführer

5. Abschnitt. Prokura und Handlungsvollmacht 4–6 **Einl v § 48**

(GmbH), Gfter (OHG), phG (KG), nicht zB Prokurist oder Generalbevollmächtigter. Die organschaftliche Vertretungsmacht kann als solche nicht übertragen werden (→ § 125 Rn. 6), BGHZ 36, 255; NJW 1977, 199. Eine über die Prokura hinausgehende, „organähnliche" Stellung haben die Geschäftsleiter einer inländischen ZwNl einer ausländischen Bank nach § 53 II Nr. 1 KWG, BayObLG NJW 1973, 2162; LG Frankfurt a. M. WM 1979, 957.

B. **Allgemeines Vertretungsrecht (§§ 164–181 BGB):** Die Vorschriften des 4 BGB über Vertretung und Vollmacht (§§ 164–181 BGB) sind auch für die Vertretung im HdlRecht grundlegend. Handeln unter fremdem Namen (eBay) analog Vollmachtsgrundsätzen, BGH NJW 2011, 2421. Postmortale Vollmacht OLG München ZIP 2015, 1828, → **(7)** Bankgeschäfte Rn. A51.

2) Duldungs- und Anscheinsvollmacht

A. **Duldungsvollmacht:** Eine Duldungsvollmacht liegt vor, wenn der Ver- 5 tretene wissentlich zulässt (duldet), dass jemand für ihn wie ein Vertreter auftritt, und Dritte nach Treu und Glauben bei Anwendung der ihnen jeweils zuzumutenden Sorgfalt auf die Erteilung einer entspr. Vollmacht schließen dürfen; stRspr, BGH WM 1996, 2232; NJW 2002, 2327; 2004, 2745; WM 2004, 1230; NJW 2011, 2422; WM 2012, 1483. Dies kann ein rechtsgeschäftlicher Tatbestand entspr. einer schlüssigen Erklärung der Vollmacht gegenüber dem Dritten (§ 167 I BGB) sein, BGH MDR 1953, 345, sonst nur echte Rechtsscheinvollmacht (wissentlich veranlasster Rechtsschein), BGH NJW 2002, 2327, Canaris § 14 Rn. 13, zB bei nichtiger notarieller Vollmacht, BGHZ 102, 60. Keine Duldungsvollmacht gegen §§ 171, 172 BGB, zB bei Vollmachtsurkunde (Original oder bei notariell beurkundeter Vollmacht Ausfertigung, nicht bloße Abschrift) ohne deren Vorlage an den Dritten (§ 172 BGB), BGHZ 159, 294 (II ZS); NJW 2004, 2745 (XI ZS); WM 2004, 1230 (XI ZS). Auf den fehlenden Bevollmächtigungswillen kann sich der Vertretene wegen des Duldens nicht berufen. Bereits ein einziger Fall bewussten Duldens kann genügen, OLG Frankfurt a. M. WM 2006, 2207. Gesamtvertretungswidriges Alleinauftreten des einen GmbHGfter bindet die GmbH auch bei genereller Duldung des anderen nicht (§ 46 Nr. 5 GmbHG), BGH NJW 1988, 1199. **Lit.** Merkt AcP 204 (2004), 638; Bornemann AcP 207 (2007), 102 (Rechtsscheinsvollmacht im Innenverhältnis).

B. **Anscheinsvollmacht:** Eine Anscheinsvollmacht liegt vor, wenn der Ver- 6 tretene das Handeln seines angeblichen Vertreters zwar nicht kennt, aber bei Anwendung pflichtgemäßer Sorgfalt hätte erkennen und verhindern können und wenn so für Dritte der Schein entsteht, der Vertretene dulde und billige das Verhalten des Scheinvertreters, stRspr, BGH NJW 2007, 987; 2016, 2024 Rn. 61. Dies ist ein auf den Hdl- und Berufsverkehr beschränkter, reiner Rechtsscheintatbestand (→ § 5 Rn. 9–17). Anders als bei der Duldungsvollmacht begründet hier nur ein Verhalten von einiger Häufigkeit und Dauer einen zurechenbaren Rechtsschein, stRspr, BGH NJW 2007, 987 Rn. 25; 2011, 2421 Rn. 16; 2016, 2024 Rn. 61, auch im Internetverkehr, BGH NJW 2011, 2422 mAnm. Borges NJW 2011, 2400; besonders bei laufenden Geschäftsverbindungen (→ Einl. v. § 343 Rn. 3). Anscheinsvollmacht kann auch bei Handeln unter fremdem Namen vorliegen, dies auch bei Internetnutzung, BGH NJW 2016, 2024 Rn. 64 (online-banking, → **(7)** Bankgeschäfte Rn. C69). Zu dem verwandten Fall der Schein(Hdl-)Vollmacht durch Einräumung einer typischerweise mit Vollmacht verbundenen Stellung → § 54 Rn. 3. Anscheinsvollmacht entfällt nicht schon bei Handeln außerhalb des Geschäftsbereichs des Vertretenen, BGH WM 1986, 1094, anders wenn ungewöhnlich. Vorausgesetzt ist jeweils, dass der Vertretene den Schein der Vollmacht hätte erkennen und verhindern können (→ § 5 Rn. 9–17). Der Vertretene muss dazu die zumutbaren Maßnahmen ergreifen, bloß interne Untersagung an Vertreter genügt nicht ohne Weiteres,

Einl v § 48 7, 8 1. Buch. Handelsstand

BGH NJW 1991, 1225 (Ausscheiden aus Anwaltskanzlei). Fahrlässige Ermöglichung der Entwendung einer Vollmachtsurkunde genügt aber nicht (vgl. § 172 BGB), BGHZ 65, 13. Außerdem muss der Dritte gutgläubig (nicht fahrlässig) gewesen sein, BGH NJW 1982, 1513 (→ § 5 Rn. 12) und sich ursächlich auf den Schein verlassen haben (→ § 5 Rn. 13). Als Rechtsfolge gilt die Vollmacht als bestehend (kein Wahlrecht des Dritten), stRspr, üL, Wackerbarth ZGR 1999, 389 (→ § 5 Rn. 14–16); zutr. jedenfalls im HdlRecht, Canaris Vertrauenshaftung S. 191 (aber Wahlrecht, Canaris S. 520), im Hdl- und Berufsrecht Hopt AcP 183 (1983), 695, iErg ähnlich (prozessuale Alternativität) K. Schmidt FS Gernhuber, 1993, 435; aA Flume II § 49.4 (nur Verschulden bei Vertragsverhandlungen, keine Erfüllungshaftung), Peters AcP 179 (1979), 214 (nur uU Genehmigungspflicht). Haftet der Vertretene effektiv aus Anscheinsvollmacht, entfällt § 179 BGB ohne Wahlrecht, BGHZ 86, 275; OLG Braunschweig MDR 2002, 42 = BeckRS 2001, 12638, str., auch → § 54 Rn. 4 f. **IPR:** BGH WM 2012, 1634.

7 **C. Körperschaften des öffentlichen Rechts:** Die Grundsätze der Duldungs- und Anscheinsvollmacht gelten auch für Körperschaften des öffentlichen Rechts, BGHZ 40, 204; BGH NJW 1955, 985; nicht jedoch, soweit dadurch öffentlichrechtliche Zuständigkeits-, Genehmigungs- oder Formvorschriften ausgeschaltet würden, BGHZ 5, 213; BGH NJW 1972, 941. Scheidet danach Rechtsscheinvollmacht aus, bleibt uU Verschulden bei Vertragsverhandlungen, zB wegen mangelnder Klarstellung der Befugnisse eines Bankgeschäftsstellenleiters, BGH NJW 1980, 2410. **Lit.** Bienert, 1975; Bader, 1979.

3) Handeln für die Firma

8 Handeln für die Firma (Unternehmen) hängt nicht von der Art der Zeichnung ab (→ § 17 Rn. 20), rechtlich entscheidend ist nur, dass das Handeln für die Firma klar wird. Regelt der GesVertrag die Zeichnung, berührt das nicht die Vertretungsmacht nach außen. Handeln für die Firma verpflichtet den Firmeninhaber (Unternehmer), nicht den Vertreter. Das ist keine Einschränkung des § 164 II BGB, sondern folgt schon aus § 164 I 2 BGB. Voraussetzung ist nur, dass es sich aus objektiver Empfängersicht um ein unternehmensbezogenes Geschäft handelt, dabei greift § 164 II BGB, BGH NJW-RR 2006, 109. Wenn bei einem erkennbar unternehmensbezogenen Geschäft unklar bleibt, ob der Erklärende nur Vertreter oder selbst Betriebsinhaber ist, kommt das Geschäft doch mit dem wirklichen Inhaber zustande (Auslegungs-, nicht Beweisregel), BGHZ 62, 221; 64, 11; NJW 1990, 2678; 1992, 1381 (iErg abl.); 1995, 43; 1998, 2897; 2008, 1214; 2012, 3368. Das gilt auch, wenn der frühere Inhaber nach Geschäftsübertragung an seine Ehefrau in dem unter der alten Firma weitergeführten Geschäft Verträge abschließt; für eine Rechtsscheinhaftung des Vertreters ist dann kein Raum, BGH NJW 1983, 1844. Rechtsscheinhaftung des Vertreters aber dann, wenn dieser GmbH-Firmenzusatz weglässt, BGH NJW 1990, 2678. Bei strenger förmlicher schriftlicher Verpflichtung ist die Vertretung im Schriftstück, zB Wechsel, zu zeigen (Zusatz nach § 51 oder zB Beisetzung des Firmenstempels zum eigenen Namen ohne solchen Zusatz, vgl. → § 17 Rn. 20), sonst Eigenhaftung; dies gilt nicht gegenüber dem ersten Wechselnehmer, der den Mangel des Selbstverpflichtungswillens des Vertreters kennt, BGH WM 1981, 375. HdlReg-Eintragungen sind für Auslegung nur bei besonderem Anhaltspunkt in der Wechselurkunde bedeutsam, BGH NJW 1979, 2141 (für GmbH-Geschäftsführer); fremde Kontonummer auf Scheck spricht nicht als Hinweis auf Handeln in fremdem Namen, vgl. BGHZ 65, 218; OLG Frankfurt a. M. DB 1981, 2068; aA bei besonderen Umständen OLG Frankfurt a. M. BB 1981, 519. Bei mehreren Geschäftsbetrieben ist zunächst abzugrenzen, für welchen der Vertreter auftritt, vgl. BGH WM 1978, 1151.

4) Eigenhaftung des Vertreters

A. Besonderes Verhandlungsvertrauen in den Vertreter (§ 311 III 2 BGB): Eigenhaftung des Vertreters (Abschlussvertreter, aber auch bloßer Vermittler) kann über § 179 I BGB hinaus auch aus Verschulden bei Vertragsverhandlungen (§§ 280, 311 II, III BGB) folgen. Das wurde von Rspr. und Lehre begründet und ist durch das SMG ohne inhaltliche Änderung in § 311 III 2, § 241 II BGB kodifiziert. Eigenhaftung des Vertreters ist möglich, wenn dieser in besonderem Maße Vertrauen für sich in Anspruch nimmt und dadurch die Vertragsverhandlungen oder den Vertragsschluss erheblich beeinflusst (§ 311 III 2 BGB). Das ist der Fall bei Inanspruchnahme eines besonderen Vertrauens des Kunden in die Fachkenntnisse des Vertreters (**besonderes Verhandlungsvertrauen, Gewährübernahme des Sachwalters**); BGHZ 56, 81 (Baufinanzmakler); 63, 382; 79, 281; 87, 304; 88, 68; 126, 183; 170, 73 (Gebrauchtwagenhändler); BGH NJW 1983, 218 (Gebrauchtwagenhändler); BGH NJW 1990, 1907 (Unternehmenssanierer); BGH NJW 1997, 1233; NJW-RR 2006, 993 (Verhandlungsführer); VersAgent, OLG Celle VersR 2009, 1205, VersMakler, OLG Düsseldorf NJW-RR 1998, 395, Rechtsanwalt/Steuerberater, OLG Koblenz WM 2012, 316, vgl. BGHZ 94, 359, Generalkonsul, der für ausländischen Staat auftritt, OLG Hamburg MDR 1967, 491. Es handelt sich dabei idR um Erklärungen im Vorfeld einer Garantiezusage, BGH NJW 1993, 2933. In besonderen Fällen kann selbstständige Garantie (→ § 349 Rn. 15) vorliegen, BGH ZIP 2001, 1496 (Versicherung, Lieferant werde auf jeden Fall „sein Geld bekommen"). Die Rspr. ist besonders streng bei der Eigenhaftung von Gebrauchtwagenhändlern. Eine **eigene Fallgruppe** stellt die **Prospekthaftung** der Gründer und anderer berufsmäßiger Sachkenner wie Rechtsanwälte und Wirtschaftsprüfer einer PublikumsGes dar (→ Anh. § 177a Rn. 63). Stillschweigend abgeschlossener **Auskunftsvertrag** → § 347 Rn. 19, 20.

Nicht (ohne Weiteres) haften: der Alleinvertriebsberechtigte ausländischer Aktien, die er nicht selbst vertreibt, BGH WM 1985, 1521; der zu Vertragsverhandlungen hinzugezogene Rechtsanwalt, BGH NJW 1989, 293; WM 1990, 1554; der Anlageberater, der auf seine ohnehin zu erwartende Sachkunde hinweist, BGH NJW 1990, 506; der bei Vertragsverhandlungen als Wortführer Auftretende, BGH WM 1993, 295; die mit Vermarktung und Vermittlung betraute 100%ige TochterGes trotz Abschlussgewinn und Herausstellen der eigenen Kompetenz, OLG Düsseldorf WM 2017, 532; **GmbH-Geschäftsführer**, BGH NJW 1990, 389; 1995, 1544; OLG Hamm BB 1999, 1679; OLG Stuttgart ZIP 2016, 2066 (auch → Anh. § 177a Rn. 44), aber er haftet für Delikt der von ihm vertretenen GmbH bei positiver Beteiligung oder Garantenstellung, BGH NJW 2016, 2335 Rn. 36; BGH NJW 2016, 2338 Rn. 34 (Urheberrechtsverletzung). Auch wer bereits gegen **Insolvenzantragspflicht** (§ 15a InsO) verstößt und trotzdem neue Geschäfte abschließt, haftet nicht schon deswegen persönlich, BGHZ 126, 189, aA zu weitgehend für ein „Insolvenzvertrauen" K. Schmidt ZIP 1988, 1503. Selbst aktive Täuschung begründet noch kein besonderes Verhandlungsvertrauen, BGH NJW-RR 1991, 1314; OLG Hamm BB 1999, 1679. **Angestellte** eines HdlGeschäfts haften in aller Regel nicht persönlich, denn vom Geschäftspartner wird allgemein Einsatz sachkundiger Vertreter erwartet und das bloße Berufs- oder Provisionsinteresse des Angestellten am Abschluss genügt nicht, BGHZ 88, 67; OLG Hamm BB 1999, 1680; **Handelsvertreter** → § 84 Rn. 49–52, VersAgent BGH NJW-RR 1991, 1242, Bezirksleiter einer Lottogesellschaft, OLG Celle NJW-RR 1986, 833; Stimmrechtsvertreter, BGHZ 129, 170 – Girmes; auch wenn im Prospekt als ehemaliger Banker bezeichnet, BGH NJW-RR 2006, 109.

B. Nichtausreichen eines wirtschaftlichen Eigeninteresses des Vertreters: Ein unmittelbares wirtschaftliches Eigeninteresse des (die Verhandlung maßgeblich beeinflussenden) Vertreters genügt dagegen nicht, heute hL, Medicus FS Steindorff, 1990, 733 und aktien- und GmbH-rechtliche Kommentarliteratur, zB GroßKoAktG/Hopt/Roth § 93 Rn. 654 (2015), aA frühere Rspr., inzwischen aber deutlich einschränkend, zB BGH WM 1985, 385; 1988, 1888: nur starkes, mit dem des Vertragspartners vergleichbares Interesse („Verhandeln gleichsam in eigener Sache"), OLG Düsseldorf WM 2017, 532, ganz abrückend für GmbHGeschäftsführer BGHZ 126, 184; NJW 1995, 399; OLG Zweibrücken NZG 2002, 423. § 311 III 2 BGB schließt das zwar nicht ausdrücklich aus („insbesondere"), aber die Aufnahme dieser Fallgruppe durch den Gesetzgeber hätte angesichts der Rechtsprechung sonst nahe gelegen. Keinesfalls, da nur mittelbar, genügt bloßes Provisionsinteresse, BGH NJW 1990, 506; NJW-RR 2006, 109; auch nicht maßgebliche oder sogar Alleinbeteiligung am Unternehmen (→ Anh. § 177a Rn. 44) oder Stellung von Sicherheiten aus dem eigenen Vermögen des Vertreters, BGHZ 126, 181; ZIP 1993, 763, aA frühere Rspr. Damit wird die Fallgruppe des Eigeninteresses zutr. praktisch aufgegeben, geht in der ersten Fallgruppe auf und ist zu Recht durch das SMG in § 311 III BGB nicht eigens kodifiziert worden; Eigeninteresse kann nämlich Grund für das besondere Vertrauen des Kunden sein.

12 C. **Selbstständige Haftung:** Die Eigenhaftung des Vertreters ist in Grund und Umfang **unabhängig von** der Haftung der **Vertragspartei**, aA BGHZ 79, 287; 87, 305. Das folgt schon aus § 311 III 1 BGB, wonach ein (eigenes) Schuldverhältnis mit Pflichten nach § 241 II zu dem Dritten entsteht. Haftungsinhalt, -umfang, -verjährung → § 347 Rn. 23–40. Vgl. Vertrauens- und Berufshaftung → § 347 Rn. 22; Prospekthaftung → Anh. § 177a Rn. 60. Deliktshaftung → § 347 Rn. 18.

5) Internationaler Verkehr

13 Für die rechtsgeschäftliche und organschaftliche Vertretung enthielt das IPR bis zum Inkrafttreten von **Art. 8 EGBGB** (Übergangsvorschrift in **(1)** Art. 41 EGBGB) am 17.6.2017 (G v. 11.7.2017, BGBl. I 1607) keine gesetzliche Regelungen. Sowohl Rom I-VO (Art. 1 IIg) als auch EVÜ (Art. 1 IIf) nehmen Stellvertretung aus ihrem Anwendungsbereich aus. Haager Stellvertretungsübereinkommen vom 14.3.1978 hat Deutschland nicht unterzeichnet. Art. 8 EGBGB enthält Regelungen für die **gewillkürte** Stellvertretung, ausgenommen: Verfügungen über Grundstücke und Rechte an Grundstücken (**VI** erklärt insoweit Art. 43 und 46 EGBGB für anwendbar) und für Börsengeschäfte und Versteigerungen **(VII)**. Unberührt bleiben die bisherigen Kollisionsnormen für gesetzliche und organschaftliche Vertretung sowie lex fori für Prozessvollmacht (BT-Drs. 18/10714, 24). Nach Art. 8 EGBGB unterliegt Vollmachtsstatut primär Rechtswahl der Parteien **(I 2, 3).** Trifft Vollmachtgeber die Rechtswahl alleine **(I 1),** ist sie nur bei Kenntnis des Dritten und des Bevollmächtigten von der Rechtswahl wirksam. Fehlt Rechtswahl, gelten Sachnormverweisungen in **II-V.** Gesetz unterscheidet zwischen **unternehmerisch tätigen Bevollmächtigten** (II), **Arbeitnehmern** (III) und **sonstigen auf Dauer Bevollmächtigten** (IV). Bei unternehmerischer Tätigkeit knüpft II an den (für den Dritten erkennbaren) **gewöhlichen Aufenthalt des Bevollmächtigten** zum Zeitpunkt der Vollmachtsausübung an, bei Arbeitnehmern knüpft III an erkennbaren **gewöhlichen Aufenthaltsort des Vollmachtgebers** an. Bei sonstigen auf Dauer Bevollmächtigten gilt nach IV Recht am erkennbaren **Ort der gewöhnlichen Vollmachtausübung.** Lässt sich anhand II–IV das anzuwendende Recht nicht ermitteln, gilt nach Auffangregelung in **V 1** Recht des Staates, in dem der Bevollmächtigte von der Vollmacht im **Einzelfall** Gebrauch macht (in V 1 nunmehr legal definiert als **Gebrauchsort**), sog. **Wirkungsstatut.** Für den gewöhnlichen Aufenthaltsort ist Art. 19 Rom I-VO entsprechend anzuwenden **(VIII).** Danach ist für Gesell-

5. Abschnitt. Prokura und Handlungsvollmacht 1 § 48

schaften Sitz der Hauptverwaltung bzw. Zwiegniederlassung, für natürliche Personen Ort der Hauptniederlassung maßgeblich. Wegen der regelmäßigen bzw. verpflichtenden (letzteres str.) organisatorischen Eingliederung von Prokuristen und HdlBevollmächtigten in das Unternehmen des Kaufmanns (III) wird zur Bestimmung des Vollmachtsstatuts idR an Verwaltungs- oder Zweigniederlassungssitz, bei Einzelkaufleuten an den Ort derer Hauptniederlassung anzuknüpfen sein. Auch bei der Erteilung einer **Generalvollmacht** stellt sich Frage nach der organisatorischen Eingliederung der Bevollmächtigten in das Unt. Das nach Art. 8 EGBGB bestimmte Statut der Stellvertretung gilt für Erteilung, Änderung, Erlöschen, Missbrauch, Verbot des Insichgeschäfts und Rechtsscheinvollmacht. **Ungeklärt** lässt Art. 8 EGBGB das Statut für den **falsus procurator.** Richtigerweise ist Art. 12 II Rom II-VO maßgeblich, aA Wirkungsstatut oder Statut des Vertretergeschäfts (Streitstand bei Oetker/Schubert § 48 Rn. 84). **Lit.** Kindler/Brüggemann RIW 2018, 473; Rademacher IPRax 2017, 56; Spickhoff RabelsZ 80 (2016), 481 (Gesetzentwurf).

Organschaftliche Vertretung bestimmt unabhängig vom Vertragsabschluss- 14 sort nach dem Recht am Sitz des Unternehmens, BGH NJW 1992, 618 (GmbHGeschäftsführer), Baumbach/Hueck Rn. 2a; Koller/Roth Rn. 2a; Baumbach/Hueck Rn. 13; MüKoHGB/Krebs Rn. 7). Gesetzliche Vertretungsmacht bei nichtrechtsfähigen **Handelsgesellschaften** bestimmt sich nach deren Ges.-Statut (→ Einl. v. § 105 Rn. 29), bei reinen InnenGes dagegen nach Vertragsstatut.

[Erteilung der Prokura; Gesamtprokura]

48 (1) **Die Prokura kann nur von dem Inhaber des Handelsgeschäfts oder seinem gesetzlichen Vertreter und nur mittels ausdrücklicher Erklärung erteilt werden.**

(2) **Die Erteilung kann an mehrere Personen gemeinschaftlich erfolgen (Gesamtprokura).**

1) Erteilung der Prokura (I)

A. **Prokura erteilen:** Nicht jeder kann eine Prokura erteilen, sondern nur 1 **Kaufleute** (vgl. §§ 48, 4 I), HdlGes (§ 6 I), eG (§ 42 GenG), juristische Personen gemäß §§ 33–35, kfm. Unternehmen von Gebietskörperschaften (→ § 1 Rn. 27 ebenso wie **VorGes.** (Vor-GmbH, Vor-AG), str. wegen deren fehlender Eintragungsfähigkeit, hM (Prokurafähigkeit bejahend): Koller/Roth Rn. 2a; BeckOK HGB/Meyer Rn. 6; Staub/Joost Rn. 10; Baumbach/Hueck § 11 Rn. 13; aA MüKoHGB/Krebs Rn. 7. Auch eine Erbengemeinschaft, OLG Stuttgart WM 1976, 703 (auch im Rahmen ordnungsgemäßer Nachlassverwaltung mit Mehrheit, vgl. §§ 2038 II, 745 I BGB, vgl. BGHZ 30, 397; BGH NJW 1971, 1265), doch kann Prokuraerteilung durch Erben einen stillschweigenden Ges-Vertragsschluss anzeigen (→ § 1 Rn. 38). Auch Testamentsvollstrecker, Nachlassverwalter, Nachlasspfleger, die das HdlGeschäft fortführen (→ § 1 Rn. 40 ff., 47). Auch Kfm. kraft Eintragung (§ 5); OHG und KG in Liquidation (wie bei KapitalGes), Staub/Joost Rn. 12; MüKoHGB/Krebs Rn. 10, ebenso Insolvenzverwalter, Staub/Joost Rn. 15; K. Schmidt BB 1989, 229; aA BGH WM 1958, 431, üL. Auch Apotheker an nicht pharmazeutischen Prokuristen, OLG Karlsruhe NZG 2017, 186, vgl. auch BGH WM 2017, 2023 Rn. 27, str. wegen § 7 ApoG. **Herabsinken zum Kleingewerbe** (→ § 1 Rn. 52) bewirkt Erlöschen der Prokura (Oetker/Schubert Rn. 10). Prokura können **nicht** erteilen: Kleingewerbetreibende; die PartG trotz § 7 III PartG (s. Anh. B zu § 160), OLG München NJW 2005, 3730; der Prokurist selbst (keine Unterprokura). Der nicht eingetragene NichtKfm. kann durch Erteilung einer „Prokura" den Rechtsschein eines Kfm. und einer durch einen solchen erteilten Prokura erwecken und muss

Merkt 273

das dann gegen sich gelten lassen (→ § 5 Rn. 9–17). Für minderjährige Kflte kann der gesetzliche Vertreter Prokura erteilen, aber nur mit Genehmigung des Vormundschaftsgerichts (§§ 1643 I, 1822 Nr. 11, 1831, 1915 BGB), sonst ist sie unwirksam und entfaltet auch bei Eintragung im HdlReg keinen zurechenbaren Rechtsschein nach § 15, RGZ 127, 158; → § 15 Rn. 19, → § 5 Rn. 11. Der Prokurist braucht keine besondere vormundschaftsgerichtliche Genehmigung zu einzelnen Geschäften, RGZ 106, 186. Eine nicht wirksam erteilte Prokura ist uU als Generalvollmacht (→ Einl. v. § 48 Rn. 2), HdlVollmacht (§ 54) oder gewöhnliche Vollmacht (§§ 164 ff. BGB) **aufrechtzuerhalten** (§ 140 BGB). **Heilung** der unwirksamen Prokuraerteilung ist jedoch nicht möglich, auch nicht durch nachträgliche Genehmigung (MüKoHGB/Krebs Rn. 52; offengelassen BGH WM 1956, 727) oder durch Eintragung (Staub/Joost § 53 Rn. 1). Die Prokuraerteilung ist Willenserklärung (einseitig empfangsbedürftig) und daher mit Rückwirkung anfechtbar (§§ 119 ff., 142 ff. BGB), auch noch nach Abschluss von Geschäften des Prokuristen, str., aber Dritte werden nach § 15 geschützt. Prokura als (begrenztes) Indiz für den Status des leitenden Angestellten nach § 5 III 2 Nr. 2 BetrVG, BAG NJW 2010, 313.

2 B. **Prokurist werden:** Nur eine natürliche Person kann Prokurist werden; auch ein Kdtist, BGHZ 17, 392 (GmbH & Co KG → Anh. § 177a Rn. 37), auch ein stiller Gfter, auch ein von der Vertretung nach §§ 125 ff. ausgeschlossener phG; auch ein Miterbe für die Erbengemeinschaft (vgl. → § 52 Rn. 4), sehr str., K. Schmidt § 16 III Rn. 18 ff.; Beuthien FS Fischer, 1979, 1, aA, da er sich nicht selbst vertreten könne, BGHZ 30, 397; 32, 67; auch MüKoHGB/Krebs Rn. 33. **Nicht** eine juristische Person, KG NotBZ 2002, 105 m. abl. Anm. Lösler; ein alleinvertretender organschaftlicher Vertreter, zB alleinvertretender Gfter der OHG oder KG, GmbH-Geschäftsführer, str. (→ § 125 Rn. 9); ein Aufsichtsratsmitglied der AG, § 105 I AktG, GroßKoAktG/Hopt/Roth § 105 Rn. 35.

3 C. **Ausdrückliche Erteilung:** Die Prokura ist **ausdrücklich** zu erteilen, also nicht nur stillschweigend. Das Wort Prokura ist nicht nötig, wenn diese zweifelsfrei gemeint ist, Bsp.: „Ermächtigung zur Zeichnung „ppa" oder „Vollmacht iSv § 48 HGB". Prokura kann auch durch Erklärung an Dritte erteilt werden (Außenvollmacht, §§ 167 I, 170 BGB) oder durch öffentliche Kundgabe der Bevollmächtigung entstehen (Rechtsscheinvollmacht, falls eine wirksame Vollmacht fehlt, § 171 BGB), zB über das HdlReg, RGZ 133, 233. Eine (rechtsgeschäftliche) Duldungsprokura gibt es nicht, aber Duldung kann als Erteilung einer HdlVollmacht (§ 54) zu werten sein. Eine (nicht rechtsgeschäftliche) Anscheinsprokura (→ Einl. v. § 48 Rn. 6) wird durch I („ausdrücklich") nicht ausgeschlossen (Grund Verkehrsschutz), aA Oetker/Schubert Rn. 33. **Muster:** Hopt/Merkt VertrFormB/Voigt Form I. E.1 (Anmeldung der Erteilung einer Prokura).

4 D. **Zuständigkeit zur Erteilung:** Die Zuständigkeit für die Erteilung einer Prokura für eine HdlGes, eG, juristische Person nach §§ 33–36 bestimmt sich nach ihrer Verfassung. Für OHG, KG s. §§ 116 III 1, 126 I, 161 II; bei der GmbH erteilt sie der Geschäftsführer, die Zustimmung der GfterVersammlung (§ 46 Nr. 7 GmbHG) ist nur im Innenverhältnis nötig, BGHZ 62, 168.

2) Gesamtprokura (II)

5 A. **Erteilung und Inhalt (II):** Die Prokura kann mehreren Personen gemeinschaftlich erteilt werden (Gesamtprokura, II), so dass sie **nur gemeinschaftlich** (nicht notwendig gleichzeitig und in gleicher Weise) vertreten können (sonst §§ 177–179 BGB). Das entspricht der Gesamtvertretung mehrerer Gfter bei der OHG (§ 125 II, III, ausführlich dort → § 125 Rn. 16 ff.), deren Regelungen daher lückenfüllend herangezogen werden können. Willensmängel, Kenntnis, Kennenmüssen des einen wirkt gegen beide, RGZ 53, 231. Die **passive** Vertretung beim Empfang von Willenserklärungen erfolgt durch einen Gesamtpro-

5. Abschnitt. Prokura und Handlungsvollmacht 6, 7 § 48

kuristen allein (vgl. § 125 II 3, III 2), RGZ 53, 231; OLG München BB 1972, 114; Zustellungen von Amts wegen s. § 171 ZPO. Auch bei aktiver Vertretung kann der eine Gesamtprokurist den andern zum Handeln für beide (für bestimmte Geschäfte oder Arten von Geschäften) **ermächtigen** oder dessen alleiniges Handeln nachträglich genehmigen (vgl. § 125 II 2, III 2), RGZ 101, 343; OLG München BB 1972, 114. Unterschrift des einen erkennbar mit für den andern wahrt Schriftform, RGZ 106, 269; 118, 170. Selbstkontrahieren miteinander ist auch Gesamtprokuristen idR verboten (§ 181 BGB), RGZ 89, 373. Wegfall eines Gesamtprokuristen → § 52 Rn. 6. Gesamtprokura ist **anderweitige Ausformung** der Prokura, keine Einschränkung des Prokuraumfangs (MüKoHGB/Krebs Rn. 68). **Erteilung** wie bei Einzelprokura (→ Rn. 1), jedoch muss erkennbar sein, dass Gesamtprokura erteilt werden soll, ansonsten wird nur Einzelprokura begründet (Oetker/Schubert Rn. 50). **Unzulässige** Gesamtprokura ist insgesamt unwirksam, Einzelprokura entsteht in diesem Fall nicht (MüKoHGB/Krebs Rn. 70). **Muster:** Hopt/Merkt VertrFormB/Voigt Form I. E.1 (Anmeldung der Erteilung einer Prokura).

B. **Formen: a) Möglich** sind zB **halbseitige Gesamtprokura**, Bsp.: Einzelprokura an A und Gesamtprokura an A und B, Bindung der Prokura an Mitwirkung eines (allein- oder gesamt-)vertretungsbefugten Gfters oder Vorstands- oder Organmitglieds (**gemischte Gesamtprokura**, §§ 48 II, 125 III 1 HGB, § 78 III AktG, § 25 II GenG), RGZ 40, 17; BGHZ 62, 171; 99, 76; für GmbH & Co → Anh. § 177a Rn. 37; gegen die ganz hL nur für echte gemischte Gesamtvertretung MüKoHGB/Krebs Rn. 83. Ferner: Erteilung von Prokura an Personengruppe, deren Mitglieder in bestimmter Anzahl gemeinschaflich vertreten können, sog. **Gruppenprokura**, Ebenroth/Weber Rn. 39; EinzelHdlVollmacht an einen Gesamtprokuristen, RGZ 90, 300; GesamtHdlVollmacht P (rokurist) und X neben Gesamtvertretung P und Gfter (§ 125 III), BGH WM 1961, 321, gemischt halbseitige Prokura (Auftreten des organschaftlichen Vertreters allein, des Prokuristen nur mit ersterem), BGHZ 62, 170; OLG Stuttgart OLGZ 1969, 73; Prokura für die KG mit Bindung an die Mitwirkung des GmbH (iErg also der diese vertretenden Geschäftsführer, aber nicht mit Bindung an zB namentlich benannten Geschäftsführer als solche, → Rn. 7), OLG Hamburg GmbHR 1961, 128; BayObLG NJW 1994, 2965; Staub/Joost Rn. 101. Gemischte (organschaftliche) Gesamtvertretung → § 49 Rn. 3.

b) **Nicht möglich** sind Gesamtvertretung des einzigen vertretungsberechtigten Gfters mit Prokuristen (Grundsatz der Selbstorganschaft, → § 125 Rn. 5); gemischte Gesamtvertretung zwischen Prokurist und Inhaber, BayObLG NJW 1998, 1161; Canaris § 12 Rn. 29 (Grund: einzelfallbezogen entgegen § 50 II), sehr str., aA, aber nicht mit Bindung des Inhabers an Mitwirkung des Prokuristen, OLG Hamm NJW 1971, 1370; Staub/Joost Rn. 98; K. Schmidt § 16 III Rn. 52; Bärwaldt/Hadding NJW 1998, 1103; zwischen Prokurist der KG und Geschäftsführer der phGGmbH (Dritter, → Rn. 6), BayObLG NJW 1994, 2965; Gesamtprokura mit Bindung des Prokuristen an Mitwirkung eines HdlBevollmächtigten, BGH BB 1964, 151; Gesamtvertretung des Hauptbevollmächtigten der deutschen ZwNl eines ausländischen Versicherungsunternehmens und eines Prokuristen, OLG Frankfurt a. M. BB 1976, 569. Im **Innenverhältnis** zwischen Prokurist und Kfm. sind solche und andere Beschränkungen des Prokuristen, zB Bindung an Mitwirkung eines HdlBevollmächtigten, ohne Weiteres möglich; Überschreitung macht nur intern nach § 280 BGB schadensersatzpflichtig. **Lit.** Stötter BB 1975, 767; Kötter FS Hefermehl, 1976, 75 (Geschichte); Krebs ZHR 159 (1995), 635.

§ 49 1
1. Buch. Handelsstand

3) Ausübung der Prokura, Darlegungs- und Beweislast

8   Prokura wie Gesamtprokura sind zum Handelsregister anzumelden (→ § 53 I), insoweit gilt (→ § 15 II). Im Übrigen trifft denjenigen die Beweislast, der sich auf die Prokura beruft. Grundfall der Prokura ist Einzelprokura (II, → § 53 I 2). Damit ist beweisbelastet derjenige, der sich auf Gesamtprokura beruft, vorbehaltlich § 15 II.

4) Abgrenzung zur Generalvollmacht

9   Die Generalvollmacht ist keine handelsrechtliche Vollmacht, sondern **BGB-Vollmacht** (§§ 164 BGB ff.). Mangels **numerus clausus** handelsrechtlicher Vertretungsformen kann sie auch für den Handelsverkehr erteilt werden, spezifische gesetzliche Regelungen hierfür fehlen. Als bürgerlich-rechtliche Vollmacht ist sie von Prokura (und Handlungsvollmacht, → § 54) zu unterscheiden. Beschränkungen des § 48 gelten für die Generalvollmacht nicht (zum Umfang → § 49 Rn. 5). **Zulässig** ist daher Erteilung **durch** Nichtkaufleute sowie nach hM an außerhalb des Unt. stehende (selbstständige) Dritte, Oetker/Schubert Rn. 72; Ebenroth/Weber § 54 Rn. 5; Staub/Joost § 54 Rn. 9 f.; krit. MüKoHGB/Krebs Vor § 48 Rn. 13.

5) Ausländische Gesellschaften

10   Für das Vollmachtsstatut maßgeblich ist aufgrund der regelmäßigen Einbindung von Prokuristen in das Unt. **Recht am Ort des Sitzes der Hauptverwaltung** bzw. **Zweigniederlassung,** Art. 8 III EGBGB (→ Einl. v. § 48 Rn. 13). Prokura erteilen können in Deutschland demnach ausländische Gesellschaften, deren Rechtsfähigkeit durch das deutsche Recht anerkannt ist und die in das Handelsregister eintragungsfähig sind (BeckOK HGB/Meyer Rn. 12; MüKoHGB/Krebs Rn. 6a), so etwa im Fall der Niederlassung einer irischen Ltd. **Lit.** Kindler/Brüggemann RIW 2018, 473.

[Umfang der Prokura]

49 (1) **Die Prokura ermächtigt zu allen Arten von gerichtlichen und außergerichtlichen Geschäften und Rechtshandlungen, die der Betrieb eines Handelsgewerbes mit sich bringt.**

(2) **Zur Veräußerung und Belastung von Grundstücken ist der Prokurist nur ermächtigt, wenn ihm diese Befugnis besonders erteilt ist.**

1) Umfassender Umfang der Prokura (I)

1   A. **Umfang der Prokura (II):** Die Prokura ermächtigt (mit Ausnahme von II) im rechtsgeschäftlichen Verkehr zu Rechtsgeschäften und rechtsgeschäftsähnlichen Handlungen jeder Art (für Realakte ist Prokura irrelevant, Koller/Roth Rn. 3), **die der Betrieb eines Handelsgewerbes mit sich bringt** (enger HdlVollmacht: „die der Betrieb eines derartigen HdlGewerbes oder die Vornahme derartiger Geschäfte gewöhnlich mit sich bringt", § 54 I). Der Prokurist kann zB **Personal anstellen,** anderen Angestellten HdlVollmacht erteilen, BGH LM HGB § 54 Nr. 1, **Darlehen** aufnehmen und einräumen, **Schenkungen** machen und fremde Verbindlichkeiten übernehmen, RGZ 125, 381, in neue Branchen gehen, auch den alten Geschäftszweig ändern (str.), **Zweigniederlassungen** errichten oder schließen und dies anmelden (Anmeldepflichtige → § 13 Rn. 10), den Geschäftssitz verlegen, Canaris § 12 Rn. 14; aA MüKoHGB/Krebs Rn. 27; Oetker/Schubert Rn. 18, Rechte der HdlGes (auch OHG, KG) gegenüber Gftern wahrnehmen, **Unternehmen und Beteiligungen erwerben, Mitgliedschaftsrechte** aus Beteiligungen (zB Stimmrecht, Auskunftsrecht nach § 131 AktG) ausüben, die **Anmeldungen** auf Grund solcher

Beteiligungen zum HdlReg vornehmen (→ § 12 Rn. 3; Heinsen/Renaud GmbHR 2008, 687), str. (anders bei Grundlagengeschäft, → Rn. 2), Rechte des Inhabers gegen den Veräußerer des Unternehmens geltend machen, OGHZ 1, 62. Bei einseitigen Rechtsgeschäften kann sich der Prokurist nach § 174 S. 1 BGB durch HdlRegAuszug oder Zeugnis (§ 9 II, III) ausweisen, vgl. RGZ 133, 233; er braucht das aber nicht, wenn die Prokura im HdlReg eingetragen ist (§ 15 II; § 174 S. 2 BGB), BAG ZIP 1992, 497. Er kann **Prozesse** führen, Prozessvollmacht erteilen, Strafantrag in geschäftlichen Dingen (unlauterer Wettbewerb) stellen, Anträge der freiwilligen Gerichtsbarkeit stellen, KGJ 37 A 227; bei späterem Wegfall der Postulationsfähigkeit des Erteilenden, BGH ZIP 2019, 609. **Zustellung** in den durch den Betrieb des HdlGewerbes hervorgerufenen Rechtsstreitigkeiten kann wirksam an den Prokuristen erfolgen (§ 171 ZPO), auch an einen von zwei Gesamtprokuristen (→ § 48 Rn. 5).

B. **Grenzen der Prokura:** Die Prokura ermächtigt **nicht** zum Selbstkontrahieren (§ 181 BGB), BayObLG BB 1980, 1487; zu **Grundlagengeschäften,** die den Betrieb des HdlGewerbes als solchen betreffen (vgl. für vertretungsberechtigten Gfter → § 126 Rn. 3), denn die Prokura ist eine Vertretungsmacht für Verkehrsgeschäfte, nicht für das Unternehmensorganisationsrecht, OLG Karlsruhe ZIP 2014, 2182, Röhricht/Wagner Rn. 5. Der Prokurist kann also nicht das HdlGeschäft einstellen, es veräußern, BGH BB 1965, 1373, die Firma ändern, Gfter aufnehmen (Ausnahme: stille Teilhaber, str.), die Eröffnung des Insolvenzverfahrens beantragen, für eine HdlGes gegen deren einzigen gesetzlichen Vertreter (phG) prozessieren, RGZ 66, 244. Soweit das „eigene" HdlGeschäft betroffen ist (sonst schon, → Rn. 1, denn dann kein Grundlagengeschäft), kann er auch nicht die Grundlagen betreffende Anmeldungen zum HdlReg vornehmen, selbst wenn der Gegenstand der Anmeldung in seine Vertretungsmacht fällt, BGHZ 116, 190; OLG Düsseldorf ZIP 2012, 969; OLG Karlsruhe ZIP 2014, 2181; Joost ZIP 1992, 463 (→ § 12 Rn. 3); so auch Anmeldung der Änderung der Geschäftsanschrift der GmbH (§ 8 IV Nr. 1 GmbHG), OLG Karlsruhe ZIP 2014, 2821; KG ZIP 2016, 1968, Grund: gehört zum Organisationsbereich, aA KG ZIP 2014, 270 für HdlVollmacht (→ § 54 Rn. 10); die Errichtung einer ZwNl ist aber kein Grundlagengeschäft (→ § 13 Rn. 6). Dem Kfm. **höchstpersönlich** sind vorbehalten die Erteilung einer Prokura (§ 48 I), Unterzeichnung des Jahresabschlusses (§ 245). Die Prokura erstreckt sich nicht auf das **Privatvermögen** des Kfm. (aber Vermutung der Zugehörigkeit zum Geschäftsvermögen entspr. § 344 I) und auf die persönlichen Rechtsverhältnisse der Gfter. Der Prokurist kann also nicht Privatvermögen des Kfm. belasten oder veräußern oder eine Bürgschaft namens eines Gfters eingehen.

C. **Gemischte Gesamtvertretung:** Die gemischte Gesamtvertretung (§ 125 III HGB, § 78 III AktG) erweitert die Vertretungsmacht des Prokuristen inhaltlich auf den Umfang der Vertretungsmacht des Gfters, Vorstands- oder Organmitglieds; er wird selbst organschaftlicher (nicht nur gewillkürter) Gesamtvertreter der Ges., RGZ 134, 306; BGHZ 13, 64; 62, 170; BayObLG DB 1973, 1340; Köhl NZG 2005, 197; aA mit beachtlichen Gründen MüKoHGB/Krebs § 48 Rn. 92: gemeinsame Vertretungsmacht nur im Umfang der Prokura. Bsp.: Bestellung eines weiteren Prokuristen (§ 48 I), Grundstücksgeschäfte (§ 49 II). EinzelKfm und alleinvertretungsberechtigter Gfter können nicht durch Prokuraerteilung auf Gesamtvertretung beschränkt werden, KG OLGE 34, 334; LG Bremen NJW 1963, 2279. Bei gemischter Gesamtprokura (→ § 48 Rn. 6) ohne satzungsmäßige Berufung zur gesetzlichen Vertretung der GmbH bleibt es bei § 49, BGHZ 99, 81.

§ 50 1, 2

2) Ausnahmen für Grundstücksgeschäfte (II)

4   **Veräußerung** und **Belastung** von Grundstücken durch den Prokuristen, auch durch Abtretung zB einer Eigentümergrundschuld, sind nur bei besonderer Ermächtigung wirksam (II, sog. Grundstücksklausel). Das gilt nach dem Zweck von II auch für die **Verpflichtungs**geschäfte zu solchen Verfügungen. II ist aber restriktiv auszulegen und gilt **nur für Grundstücke des Kaufmanns**, den der Prokurist vertritt, OLG Hamm NZG 2012, 145 Ls.; MüKoHGB/Krebs Rn. 42; aA Staub/Joost Rn. 31 (trotz Staub/Joost Rn. 27 f.). Die Ermächtigung ist **Erweiterung** der Prokura (nicht eigenständige Vollmacht) und allgemein und im Voraus möglich, auch stillschweigend, vgl. RGZ 117, 165. Eintragung der Grundstücksklausel → § 53 Rn. 3 II gilt **nicht** für Vermietung, Verpachtung, Verfügung über Grundpfandrechte, Erwerb von Grundstücken (auch mit Restkaufgeldhypothek, Vorkaufsrecht ua für Veräußerer), Entlastung von Grundstücken, zB Löschung von Hypotheken.

3) Abgrenzung zur Generalvollmacht

5   Der Umfang der bürgerlich-rechtlichen Generalvollmacht (→ § 48 Rn. 9) ist anders als bei der Prokura gesetzlich nicht speziell definiert und weitestgehend der Disposition der Parteien überlassen. § 49 findet für die Generalvollmacht keine Anwendung. Vertretungsbefugnis von Generalbevollmächtigten kann sich damit auch auf **Grundlagengeschäfte** erstrecken. Grenzen des Umfangs bestehen ähnlich wie bei der Prokura dort, wo gesetzliche Vertretungsbefugnisse berührt werden, MüKoHGB/Krebs Vor § 48 Rn. 8 ff., 74 ff.; BeckOK HGB/Meyer Rn. 56 ff. Zur Abgrenzung von der Handlungsvollmacht → § 54.

[Beschränkung des Umfanges]

50 (1) **Eine Beschränkung des Umfanges der Prokura ist Dritten gegenüber unwirksam.**

(2) **Dies gilt insbesondere von der Beschränkung, daß die Prokura nur für gewisse Geschäfte oder gewisse Arten von Geschäften oder nur unter gewissen Umständen oder für eine gewisse Zeit oder an einzelnen Orten ausgeübt werden soll.**

(3) [1]**Eine Beschränkung der Prokura auf den Betrieb einer von mehreren Niederlassungen des Geschäftsinhabers ist Dritten gegenüber nur wirksam, wenn die Niederlassungen unter verschiedenen Firmen betrieben werden.** [2]**Eine Verschiedenheit der Firmen im Sinne dieser Vorschrift wird auch dadurch begründet, daß für eine Zweigniederlassung der Firma ein Zusatz beigefügt wird, der sie als Firma der Zweigniederlassung bezeichnet.**

1) Unwirksame Beschränkung (I, II)

1   Der Umfang der Prokura ergibt sich zwingend aus § 49 I. Rechtsgeschäftliche Beschränkungen sind Dritten gegenüber unwirksam, I (anders im Innenverhältnis zwischen Kfm. und Prokurist, vgl. → § 48 Rn. 6–7). Der Verkehr erfordert dies hier ebenso wie bei der organschaftlichen Vertretung (§§ 126 II, 151 HGB, § 82 AktG, § 37 GmbHG, § 27 GenG). Das gilt grundsätzlich ohne Rücksicht darauf, ob der Geschäftsgegner die Beschränkung kennt oder kennen muss (außer bei Missbrauch der Prokura → Rn. 4–7). Bsp.: s. II; Bindung an Mitwirkung eines HdlBevollmächtigten, KG HRR 1940, 614. Gesetzliche Beschränkungen (zB § 181) bleiben von I und II unberührt.

2) Beschränkung der Prokura bei mehreren Niederlassungen (III)

2   A. **Niederlassungsprokura (III):** Beschränkung der Prokura auf den Betrieb einer (einiger) von mehreren Niederlassungen (Filialprokura) ist möglich, wenn

diese verschieden firmieren (III 1, → § 13 Rn. 7). Firmenzusatz genügt (III 2). Niederlassung iSd Vorschrift ist von **Betriebsstätten** und von **anderen (selbstständigen) Unternehmen** des Inhabers zu unterscheiden (Oetker/Schubert Rn. 10; MüKoHGB/Krebs Rn. 10). Der Filialprokurist kann den Kfm. idR nicht zur Leistung über eine andere Niederlassung verpflichten; anders bei filialübergreifenden Bankgeschäften, zB Überweisung, BGHZ 2, 226; vgl. → **(7) Bankgeschäfte** Rn. C1 ff.

B. **Prokura bei mehreren Unternehmen:** Ist der Kfm. Inhaber mehrerer 3 Handelsgeschäfte unter verschiedener Firma (→ § 17 Rn. 8–9), kann er die Prokura für jedes derselben getrennt erteilen. III ist unanwendbar. Bei Verwechslungen uU Rechtsscheinhaftung, → § 5 Rn. 9–17.

3) Missbrauch der Prokura

A. **Missbrauch der Prokura:** Das Risiko des Missbrauchs der unbeschränkt 4 wirksamen Prokura trägt grundsätzlich der vertretene Kfm. BGH NJW 2011, 69 (Vollmacht). Einschränkungen folgen aus der Lehre vom **Missbrauch der Vertretungsmacht,** doch sind die Anforderungen im Interesse des Rechtsverkehrs bei unbeschränkbaren Vertretungsmachten wie der Prokura ua (→ Rn. 1) strenger als unter §§ 164 ff. BGB. **Lit.** Vedder, Missbrauch der Vertretungsmacht, 2007; Schott AcP 171 (1971), 385, Fischer FS Schilling, 1973, 3; Geßler FS von Caemmerer, 1978, 531; Vedder JZ 2008, 1077; speziell zur Prokura Hübner FS Klingmüller, 1974, 173.

B. **Voraussetzungen:** Ein klarer Fall ist die **Kollusion:** Der Geschäftsgegner, 5 der mit dem Vertreter zum Schaden des Vertretenen vorsätzlich zusammenwirkt, kann sich nicht auf das Bestehen der Vertretungsmacht berufen (§§ 138, 826 BGB, nach aA §§ 177 ff. BGB), RGZ 130, 142. Es genügt aber auch, dass der Dritte das missbräuchliche Verhalten des Vertreters **positiv kennt** oder **grob fahrlässig** (str.) **nicht kennt.** Ob der Vertreter zum Nachteil des Vertretenen handelt, spielt keine Rolle, BGH NJW 2006, 2776. Nichtbeachtung einer internen Weisung ist nicht ohne Weiteres missbräuchlich, Kenntnis allein davon schadet nicht, vgl. → § 54 Rn. 19). Grobe Fahrlässigkeit liegt bei einer massive Verdachtsmomente voraussetzenden objektiven Evidenz des Missbrauchs vor, Flume II § 45 II 3, vgl. BGH NJW 1999, 2883, so insbesondere, wenn sich die Notwendigkeit einer Rückfrage beim Geschäftsgegner geradezu aufdrängt. Einfache Fahrlässigkeit kann zwar unter §§ 164 ff. BGB ausreichen, nicht aber für Prokura und andere unbeschränkbare Vertretungsmachten, hL. Die Rspr. stellte dagegen herkömmlich darauf ab, ob der Prokurist bewusst zum Nachteil des Geschäftsinhabers handelt und der Dritte dies bei Anwendung der im Verkehr erforderlichen Sorgfalt erkennen muss, BGHZ 50, 114; wohl auch NJW 1988, 3013. Das ist teils zu eng (subjektive Elemente beim Vertreter), teils zu weit (bloßes Kennenmüssen des Dritten). Von beidem ist die Rspr. inzwischen abgerückt, zum ersteren BGH NJW 1988, 3012; zum letzteren zunächst für handelsrechtliche Vertretungsmachten, später allgemeiner: Umstände müssen sich „geradezu aufdrängen", „massive Verdachtsmomente voraussetzende objektive Evidenz des Missbrauchs", zB BGHZ 127, 241; BGH NJW 1984, 1461; 1988, 2241; 1999, 2883; 2011, 69; WM 2019, 636 (GmbH-Geschäftsführer). Indizien für Vollmachtsmissbrauch, BGH ZIP 2016, 1428 (iErg abl.). Drängt sich aber Verdacht des Missbrauchs auf, muss Bank den nachgehen, BGH NJW 1984, 730; 2004, 1625; ZIP 2004, 1210 (GmbHGeschäftsführer), → **(7) Bankgeschäfte** Rn. A22. Zum Missbrauch bei (passiver) Bestechung (GmbHGeschäftsführer) BGHZ 141, 357; bei konzerninterner Verrechnung BGHZ 94, 132. Kennenmüssen bei Generalvollmacht, BGH WM 1980, 1453.

C. **Rechtsfolgen: a)** Die Vertretungsmacht deckt das missbräuchlich getätigte 6 Geschäft namens des Vertretenen nicht. Das folgt aus § 242 BGB (Rspr., her-

§ 52 1   1. Buch. Handelsstand

kömmliche Lehre) oder aus §§ 177 ff. BGB analog (Flume II § 45 II 3, K. Schmidt § 16 III Rn. 68). §§ 242, 254 BGB sollen eine flexible Risikoverteilung ermöglichen. Danach entfällt der Schutz des Vertretenen ganz oder teilweise, wenn er die gebotene Kontrolle des Vertreters unterlassen hat; umgekehrt muss der Dritte bei dringendem Verdacht eines vollmachtswidrigen Handelns beim Vertretenen rückfragen oder vom Geschäft Abstand nehmen, BGHZ 50, 114; 64, 85; WM 1966, 491; OLG Hamm WM 1976, 140. Eine Teilwirksamkeit des abgeschlossenen Geschäfts lässt sich aber nicht konsequent durchführen, Heckelmann JZ 1970, 62. Die Rechtsfolgen der §§ 177–179 BGB, ggf. ergänzt durch Verschulden bei Vertragsverhandlungen nach §§ 280, 311 II iVm § 254 BGB sind vorzuziehen.

7   **b)** Der **Dritte** darf von einer ihm eingeräumten Rechtsmacht keinen Gebrauch machen, sonst haftet er dem missbräuchlich Vertretenen (aus §§ 280, 311 II BGB wegen Verschuldens bei Vertragsverhandlungen oder aus § 826 BGB) auf Schadensersatz, BGH WM 1980, 953.

[Zeichnung des Prokuristen]

51   Der Prokurist hat in der Weise zu zeichnen, daß er der Firma seinen Namen mit einem die Prokura andeutenden Zusatze beifügt.

1   **1)** § 51 ist keine Formvorschrift iSv § 125 BGB, sondern bloße Ordnungsvorschrift, hL, BAG ZIP 1992, 497. Ihre Verletzung macht die Zeichnung nicht unwirksam, sie wirkt je nach den Umständen für den Firmeninhaber oder für (und gegen) den Prokuristen selbst (→ Einl. v. § 48 Rn. 8, 9). Unterzeichnung mit Namen des Vertretenen ohne Nennung des eigenen Namens des Vertreters ist trotz § 51 gültig, RGZ 50, 51. Der Prokurist zeichnet üblicherweise „ppa" (ebenfalls gebräuchlich: „pp", „per/in Prokura", „als Prokurist") vor seinem handgeschriebenen Familiennamen, beides unter (oder über) die Firma (Firmenstempel) des HdlGeschäfts. Der **Firmenname ist vollständig anzugeben,** einschließlich der Rechtsformzusätze, bei **Niederlassungsprokura** die Firma der Niederlassung. Hinterlegung der Namensunterschrift bei Gericht nach § 53 II aF ist durch EHUG entfallen.

[Widerruflichkeit; Unübertragbarkeit; Tod des Inhabers]

52   (1) **Die Prokura ist ohne Rücksicht auf das der Erteilung zugrunde liegende Rechtsverhältnis jederzeit widerruflich, unbeschadet des Anspruchs auf die vertragsmäßige Vergütung.**

(2) **Die Prokura ist nicht übertragbar.**

(3) **Die Prokura erlischt nicht durch den Tod des Inhabers des Handelsgeschäfts.**

1) Widerruf der Prokura (I)

1   A. **Jederzeitige Widerruflichkeit:** Die Prokura ist zum Schutze des Kfm. ohne Rücksicht auf das der Erteilung zugrundeliegende Rechtsverhältnis (idR Dienst- oder Arbeitsvertrag) in allen Fällen **jederzeit und ohne besonderen Grund widerruflich** (I, anders § 168 S. 2 BGB: nur „sofern sich nicht aus diesem ein anderes ergibt"). **Ausnahme** (hM): Widerruf **gesellschaftsvertraglich begründeter** Prokura eines geschäftsführungsbefugten Kdtisten im Innenverhältnis (im Außenverhältnis bleibt es bei § 52); analog § 127 nur bei Vorliegen eines wichtigen Grundes, sonst Anspruch auf Wiedererteilung im Innenverhältnis (BGHZ 17, 392; für Ausweitung auch auf nicht geschäftsführungsbefugte Kdtis-

ten OLG Celle EWiR 1986, 79; zu Recht differenzierend MüKoHGB/Krebs Rn. 3 ff.). Rechte des Prokuristen aus dem zugrundeliegenden Rechtsverhältnis, zB Vergütung (I Hs. 2), Kündigung oder Schadensersatz, werden davon nicht berührt. Ein Erfüllungsanspruch auf Erteilung besteht nicht, BAG NJW 1987, 862; außer als Sonderrecht eines Gfters, dazu und zum Entzug der gesvertraglich vereinbarten Prokura des Kdtisten → § 170 Rn. 3. Die Grundstücksklausel (§ 49 II) ist unter Fortbestand der Prokura im Übrigen widerruflich. Anfechtung (mit Rückwirkung) → § 48 Rn. 1. Der Prokurist kann seinerseits auf die Prokura verzichten, str., jedenfalls aber das zugrundeliegende Rechtsverhältnis beenden, womit dann auch die Prokura endet (§ 168 S. 1 BGB, → Rn. 5).

B. **Erklärung des Widerrufs:** Der Widerruf erfolgt in der gleichen Weise wie die Erteilung durch einseitige, empfangsbedürftige Willenserklärung (§§ 168 S. 3, 167 I, 171 I BGB; → Einl. v. § 48 Rn. 4, → § 48 Rn. 3), also formlos, idR gegenüber dem Prokuristen oder der Öffentlichkeit (zB Löschung im HdlReg und Bekanntmachung nach § 15), KG ZIP 2016, 1772 oder gegenüber einem Dritten (hM, aA Heymann/Sonnenschein/Weitemeyer Rn. 10). Von mehreren Miterben eines HdlGeschäfts kann jeder widerrufen, KG DR 1939, 1949, differenzierend MüKoHGB/Krebs Rn. 10; ebenso jeder vertretungsberechtigte Gfter, §§ 126 I, 161 II (vgl. → § 48 Rn. 4), § 116 III 2 gilt nur im Innenverhältnis.

2) Unübertragbarkeit (II)

Die Prokura ist strikt an die Person dessen gebunden, dem sie erteilt ist. Weder der Kfm. noch der Prokurist kann sie auf einen anderen übertragen. Auch nicht durch eine im Umfang der Prokura identische Untervollmacht, str. (Ebenroth/Weber Rn. 12; aA Staub/Joost Rn. 59). Es gibt nur Aufhebung der Prokura des A und Erteilung an B.

3) Erlöschen der Prokura (III)

A. **Nichterlöschen:** Die Prokura **erlischt nicht** bei **Tod** des Kfm. (III), Bsp. BGH ZIP 2019, 609, abweichende Vereinbarung ist Dritten gegenüber unwirksam (vgl. § 50 I, II), KG JW 1927, 2433. Das gilt auch, wenn die Prokura erst nach dem Tod des Kfm. in das HdlReg eingetragen wird. Auch intern braucht der Prokurist idR keine Weisungen der Erben abzuwarten oder einzuholen, doch muss er sie vollumfänglich informieren, Hopt ZHR 133 (1970), 310. Die Prokura erlischt auch nicht bei Auflösung der OHG, KG, str. (→ § 48 Rn. 1); auch nicht, wenn der Prokurist Miterbe wird (→ § 48 Rn. 2), aA BGHZ 30, 397; 32, 67. Erben können Prokura jedoch nach I widerrufen.

B. **Erlöschen:** § 52 regelt allein den Fall des Widerrufs. Die Prokura **erlischt** ferner, wenn der Prokurist Inhaber (zB Alleinerbe) wird, bei Nacherbschaft erst mit Nacherbfall, BGHZ 32, 67; wenn die Miterben eine OHG oder KG gründen (→ § 1 Rn. 37), BayObLG OLGE 34, 332. Auch bei Beendigung des zugrundeliegenden Rechtsverhältnisses, zB Dienstvertrag (§ 168 S. 1 BGB), Verlust der KfmEigenschaft, Einstellung des HdlGeschäfts; Insolvenz des Kfm., BGH WM 1958, 431; K. Schmidt BB 1989, 229 (vgl. → § 48 Rn. 1), hL; Umwandlung des einzelkfm Unternehmens in OHG oder KG (Teilhaberaufnahme, § 28), sie kann dann nur von der Ges. ausdrücklich neu erteilt werden (Vermerk ihres „Bestehen bleibens" im HdlReg ist zulässig), BayObLG BB 1971, 239; **Betriebsübergang** durch Veräußerung des Unternehmens (die Arbeitsverhältnisse bestehen dagegen fort, → § 59 Rn. 17–21), doch kann uU stillschweigende HdlVollmacht (nicht Prokura, § 48 I) des alten Prokuristen anzunehmen sein, Köhler BB 1979, 912, auch Duldungs- und Anscheinsvollmacht ist möglich (→ Einl. v. § 48 Rn. 5–7).

C. **Erlöschen der Gesamtprokura:** Das Erlöschen der Gesamtprokura (§ 48 II) des einen lässt die des anderen unberührt. Sie erstarkt nicht zur Einzelprokura, er kann also weiterhin nur passiv vertreten. Die Gesamtprokura ist aber nicht zu löschen, der Kfm. kann sie jederzeit durch Gesamtprokuraerteilung an einen Neuen wieder aktivieren.

[Anmeldung der Erteilung und des Erlöschens]

53 (1) ¹Die Erteilung der Prokura ist von dem Inhaber des Handelsgeschäfts zur Eintragung in das Handelsregister anzumelden. ²Ist die Prokura als Gesamtprokura erteilt, so muß auch dies zur Eintragung angemeldet werden.

(2) **Das Erlöschen der Prokura ist in gleicher Weise wie die Erteilung zur Eintragung anzumelden.**

1) Eintragung der Prokura, Anmeldepflicht

1 § 53 idF EHUG 2006, II aF (Zeichnung der Namensunterschrift) aufgehoben (Grund → § 14 Rn. 1), III aF nunmehr II. Die Prokura ist, anders als zB die HdlVollmacht (§ 54), durch das **Handelsregister** zu verlautbaren. Die Eintragung wirkt nur deklaratorisch (→ § 8 Rn. 11); Vertrauensschutz s. § 15. Anmeldepflichtig und -berechtigt sind der Inhaber des HdlGeschäfts, sein gesetzlicher Vertreter, die vertretungsberechtigten Gfter der OHG, KG (→ § 108 Rn. 1), bei HdlGes die gesetzlichen Vertreter (persönlich, vgl. → § 14 Rn. 2), BayObLG DB 1973, 1596. Anmeldung kann auch in gemischter Gesamtvertretung mit einem Prokuristen (→ § 49 Rn. 3) erfolgen, KG JW 1937, 890, aber nicht mit dem, dessen Prokura erst eingetragen werden soll, BayObLG NJW 1973, 2068; OLG Frankfurt a. M. ZIP 2005, 1463; aA Bärwaldt NJW 1997, 1404. Prüfung der Anmeldung → § 8 Rn. 6–10; bei GmbH ist die Beachtung des § 46 Nr. 7 GmbHG (GfterBeschluss, → § 48 Rn. 4) vom Registergericht nicht zu prüfen, BGHZ 62, 169. Bei eG Eintragung in das Genossenschaftsregister (§ 42 I 2, 3 GenG).

2) Gegenstand der Anmeldung (I, II)

2 A. **Erteilung (I 1):** Anmeldepflicht besteht zunächst bezüglich der Erteilung der Prokura; auch für die Erneuerung einer erloschenen Prokura, KGJ 31 B 24; **Muster:** Hopt/Merkt VertrFormB/Voigt Form I. E.1 (Anmeldung der Erteilung einer Prokura).

3 B. **Zulässige Beschränkungen und Erweiterungen:** Anzumelden ist dem Wortlaut nach auch Gesamtprokura (**I 2**, § 48 II); Gesamtprokura des einen ist nicht eintragbar, solange kein anderer bestellt ist; anders wenn der eine außerdem Gesamtvertretungsmacht mit einem (GmbH-)Geschäftsführer haben soll, BGHZ 62, 173; die Bindung an Mitwirkung eines Gfters oder Organmitglieds (→ § 48 Rn. 6), OLG München JFG 19, 236; BayObLG BB 1971, 844. Im Übrigen sind zulässige Beschränkungen und Erweiterungen sowie sonstige Änderungen der Prokura **jedenfalls eintragungsfähig** und nach hM auch **eintragungspflichtig:** Gestattung des Selbstkontrahierens (→ § 49 Rn. 2, → § 119 Rn. 22); BayObLG BB 1980, 1487, aA OLG Hamm OLGZ 1983, 195; Grundstücksklausel (§ 49 II), KG RJA 3, 231; BayObLG BB 1971, 844; die Beschränkung auf einzelne Niederlassungen (§ 50 III, → § 50 Rn. 2, § 13a); Namensänderungen des Prokuristen, aA Staub/Joost Rn. 11. Diesbezüglich differenzierend MüKoHGB/Krebs Rn. 15 f.

4 C. **Erlöschen (II):** Das Erlöschen der Prokura ist als actus contrarius ebenso wie die Erteilung anzumelden; entspr. die Anfechtung (→ § 48 Rn. 1). Anmeldung des Erlöschens der Firma (§ 31 I) beinhaltet zugleich das der Prokura, OLG Oldenburg NJW-RR 1996, 1180. Vergleichbare Fälle: Anmeldung eines Prokuristen nunmehr als Geschäftsführer oder Liquidator, OLG Düsseldorf NZG 2012, 958, str.; Eintragung der Eröffnung des Insolvenzverfahrens von Amts

5. Abschnitt. Prokura und Handlungsvollmacht   § 54

wegen (§ 32 I) mit der Folge des Erlöschens von Vollmachten (§ 117 InsO), LG Leipzig ZIP 2007, 1381. Ist eine zu löschende Prokura (zu Unrecht) nicht eingetragen, sind Erteilung und Löschung gleichzeitig einzutragen (→ § 8 Rn. 8).
Muster: Hopt/Merkt VertrFormB/Voigt Form I. E.1 (Anmeldung der Löschung einer Prokura).

3) Verstoß gegen Anmeldepflicht, Rechtsfolgen

§ 53 ist **Odnungsvorschrift**, die Eintragung **deklatorisch**, nicht konstitutiv. Verstoß gegen die Eintragungspflicht lässt Wirksamkeit der Erteilung, Änderung oder des Widerrufs der Prokura unberührt (RGZ 134, 303), kann jedoch Zwangsgeld nach sich ziehen (→ § 14; MüKoHGB/Krebs Rn. 20).

[Handlungsvollmacht]

§ 54 (1) **Ist jemand ohne Erteilung der Prokura zum Betrieb eines Handelsgewerbes oder zur Vornahme einer bestimmten zu einem Handelsgewerbe gehörigen Art von Geschäften oder zur Vornahme einzelner zu einem Handelsgewerbe gehöriger Geschäfte ermächtigt, so erstreckt sich die Vollmacht (Handlungsvollmacht) auf alle Geschäfte und Rechtshandlungen, die der Betrieb eines derartigen Handelsgewerbes oder die Vornahme derartiger Geschäfte gewöhnlich mit sich bringt.**

(2) **Zur Veräußerung oder Belastung von Grundstücken, zur Eingehung von Wechselverbindlichkeiten, zur Aufnahme von Darlehen und zur Prozeßführung ist der Handlungsbevollmächtigte nur ermächtigt, wenn ihm eine solche Befugnis besonders erteilt ist.**

(3) **Sonstige Beschränkungen der Handlungsvollmacht braucht ein Dritter nur dann gegen sich gelten zu lassen, wenn er sie kannte oder kennen mußte.**

Übersicht

	Rn
1) Begriff und Arten der Handlungsvollmacht	1–5
A. Handlungsvollmacht (§§ 54–58):	1
B. Gesamthandlungsvollmacht:	2
C. Rechtsscheinhandlungsvollmacht:	3–5
2) Voraussetzungen der Handlungsvollmacht	6–8
A. Vollmachtgeber:	6
B. Mögliche Handlungsbevollmächtigte:	7
C. Erteilung:	8
3) Umfang der Handlungsvollmacht	9–20
A. Dogmatische Einordnung:	9
B. Inhalt und Umfang (I):	10, 11
C. Notwendigkeit einer besonderen Ermächtigung (II):	12–17
D. Wirkung sonstiger Beschränkungen gegen Dritte (III):	18, 19
E. Überschreiten der Vollmacht:	20
4) Erlöschen	21

1) Begriff und Arten der Handlungsvollmacht

A. **Handlungsvollmacht (§§ 54–58):** Handlungsvollmacht ist jede zum oder im Betrieb eines HdlGewerbes erteilte Vollmacht, die keine Prokura (§§ 48–53) darstellt, so die herkömmliche Definition. Sie ist auch nicht **Generalvollmacht** (→ Vor § 48 Rn. 2; → Rn. 10). Genauer: die von der Prokura unterschiedene Vollmacht zum Betrieb eines HdlGewerbes oder zur Vornahme einer bestimmten zu einem HdlGewerbe gehörigen Art von Geschäften oder zur Vornahme einzelner zu einem HdlGewerbe gehöriger Geschäfte (Legaldefinition, I). Dabei wird jedoch vorausgesetzt, dass sie an eine Hilfsperson des Kfm. erteilt wird, nicht zB an einen HV (deshalb ist § 55 nötig), HdlMakler, RA oder WP, K. Schmidt § 16

Rn. 89 („Mitglied des Unternehmens"), aA Staub/Joost Rn. 10. Dogmatische Einordnung, Inhalt und Umfang der HdlVollmacht nach § 54 I → Rn. 9. Das Innenverhältnis ist idR Dienst- oder Arbeitsvertrag (§ 59), aber auch sonstiges Vertrags- oder Rechtsverhältnis. Die HdlVollmacht unterliegt den §§ 54–58 sowie §§ 164 ff. BGB. I, II regeln ihren Umfang, III die Wirkung allgemeiner Beschränkungen gegen Dritte, § 57 die Zeichnung, § 58 die Übertragung. § 55 gilt besonders für Vertreter im Außendienst (einschließlich HV), und zwar Abschlussvertreter, § 56 für Angestellte in Läden und offenen Warenlagern. **Lit.** Wurm, 1988; Spitzbarth BB 1962, 851 (Generalvollmacht); Hübner ZHR 143 (1979), 1 (Generalvollmacht); Honsell JA 1984, 17; Bork JA 1990, 249; Joussen WM 1994, 273 (Generalvollmacht); Krebs ZHR 159 (1995), 635; Müller JuS 1998, 1000.

2   B. **Gesamthandlungsvollmacht:** Sie ist ebenso wie bei Prokura möglich (§ 48 II), auch halbseitig und gemischt, zB mit Prokurist, BGH WM 1961, 321; 1964, 151, aber ohne inhaltliche Erweiterung (vgl. → § 49 Rn. 3). Auch GesamtHdlBevollmächtigter kann zu Geschäften alleinvertretungsberechtigt sein, die nach Verkehrsauffassung durch einen Vertreter allein mündlich vorgenommen werden können, BGH DB 1957, 866 (Bankgeschäftsstellenleiter), vgl. → Rn. 4.

3   C. **Rechtsscheinhandlungsvollmacht:** Es gelten die allgemeinen Grundsätze der Duldungs- und Anscheinsvollmacht (→ Einl. v. § 48 Rn. 5).

4   Personen, denen den Kfm. Aufgaben überträgt bzw. eine Stellung einräumt, deren ordnungsmäßige Erfüllung nach der Verkehrsauffassung gewisse Vollmachten voraussetzt, **gelten** gutgläubigen Dritten gegenüber **als so bevollmächtigt,** auch wenn der Kfm. keine oder geringere Vollmacht erteilt hat, BGH NJW 1990, 514. In der Rspr. wird dies meist unscharf als ein eigener, auch auf §§ 55 IV, 56 HGB, § 370 BGB gestützter Rechtsscheintatbestand behandelt. Indessen liegt idR nicht bloßer Rechtsschein, sondern echte (schlüssige, → Rn. 8) HdlVollmacht vor, Bsp. BGH NJW 1982, 1390; fehlt es daran, reichen die Grundsätze der Duldungs- und Anscheinsvollmacht aus.

5   **Beispiele:** Abschlussvertreter und Ladenangestellte (bereits nach §§ 55 IV, 56); Bankschalterangestellte für den gesamten Schalterverkehr, RGZ 86, 89; 119, 278, Bankgeschäftsstellenleiter, RGZ 118, 236, Bankauskünfte trotz bloßer Gesamtvertretungsmacht, BGH WM 1955, 233; 1973, 635; Übertragung der Zeichnung der Geschäftspost, RGZ 100, 49; Angestellte am Telefon oder Fernschreiber bezüglich Entgegennahme von Erklärungen, RGZ 102, 296 (aber nicht Abgabe von Erklärungen; Annahme von Vertragsangeboten, RGZ 103, 95; Erteilung von Auskünften); verkaufender Innendienstangestellter, OLG Karlsruhe BB 1970, 778; Reparaturannahmestelle bezüglich verbindlicher Angaben über Reparaturzeit, BGH NJW 1982, 1390.

2) Voraussetzungen der Handlungsvollmacht

6   A. **Vollmachtgeber:** HdlVollmacht erteilen können alle Kflte, HdlGes (durch Organvertreter, auch ohne GfterBeschluss, BGHZ 62, 168), auch VorGes, wenn Trägerin eines kfm. Unternehmens, eG (§ 42 II GenG), juristische Personen gemäß § 33; Insolvenzverwalter, auch für alle mit der Fortführung des Unternehmens verbundenen Geschäfte, OLG Düsseldorf BB 1957, 412; Liquidator (§ 149), RGZ 72, 119; Prokurist, BGH DB 1952, 949; auch HdlBevollmächtigter, wenn es in seine Vollmacht fällt (aber nicht Weiterübertragung, § 58), Bsp.: HdlVollmacht zum Betrieb eines HdlGewerbes (§ 54 I), das nach Art, Größe, Übung weitere HdlBevollmächtigte braucht. § 54 gilt analog auch für Kleingewerbetreibende MüKoHGB/Krebs Rn. 8; K. Schmidt § 16 Rn. 97; aA Staub/Joost Rn. 12; Heymann/Sonnenschein/Weitermeyer Rn. 12, Grund: einheitliche Analogie wie bei § 56 (dort → § 56 Rn. 1, RegE HRef), nach aA iErg ebensoweit gehende BGB-Vollmachten (→ Einl. v. § 48 Rn. 2).

5. Abschnitt. Prokura und Handlungsvollmacht   7–10 § 54

B. Mögliche Handlungsbevollmächtigte: HdlVollmacht erhalten kann jede 7 natürliche Person, zB auch wer nicht HdlGehilfe (§ 59) ist (zB HdlVertreter, § 55), auch ohne Dienstverhältnis (zB Ehegatte, aber → Rn. 1); GbR; auch juristische Person, Grund: anders als bei Prokura kein persönliches Vertrauen, Koller/Roth Rn. 5; aA Krebs ZHR 159 (1995), 651; wohl auch K. Schmidt § 16 Rn. 89; differenzierend Staub/Joost Rn. 15 (keine GeneralHdlVollmacht); auch Prokurist, soweit die HdlVollmacht weiter reicht, also denkbar, aber nicht ohne Weiteres zB bei §§ 49 II (Grundstücke), 50 III (ZwNl) und Gesamtprokura, RGZ 90, 299. Auch Minderjährige (§ 165 BGB), str.; Geschäftsunfähige (anders § 6 II 1 GmbHG, § 76 III 1 AktG), str., Konsequenz: bei Wegfall der Geschäftsunfähigkeit ist keine erneute Bevollmächtigung nötig, Koller/Roth Rn. 5, Ausübung aber nur bei Geschäftsfähigwerden (§§ 105, 131 I BGB). **Nicht:** organschaftlicher Vertreter; idR Vollprokurist.

C. Erteilung: Die HdlVollmacht wird durch einseitige, empfangsbedürftige 8 Willenserklärung (Annahme unnötig) gegenüber dem zu Bevollmächtigenden (Innenvollmacht) oder Dritten (Außenvollmacht) (§ 167 I BGB) oder durch öffentliche Bekanntmachung erteilt (vgl. § 171 I BGB). Sie ist formlos und (anders Prokura, § 48 I) auch schlüssig möglich, BGH NJW 1982, 1390; WM 2003, 750; RGZ 90, 299, zB durch Übertragung einer verkehrstypisch mit HdlVollmacht verbundenen Stellung oder Aufgabenzuweisung im betreffenden Geschäftsbetrieb, BGH NJW 2015, 2584. Sie kann zB in der Bestellung zum Abschlussvertreter liegen (→ § 84 Rn. 25). Die HdlVollmacht ist (anders Prokura, § 53) nicht in das HdlRegister einzutragen, **§ 15 HGB** gilt also **nicht.** Sie ist auch keine eintragungsfähige Tatsache (→ § 8 Rn. 5, GeneralHdlVollmacht → Rn. 9).

3) Umfang der Handlungsvollmacht

A. Dogmatische Einordnung: Die HdlVollmacht (rechtsgeschäftlich erteilte 9 Vollmacht nach § 167 BGB) ist im Hinblick auf ihren Umfang eine speziell geregelte Rechtsscheinhaftung, Canaris § 13 Rn. 11; auch Oetker/Schubert Rn. 2, 16, 38; anders MüKoHGB/Krebs Rn. 4: dispositive gesetzliche Beschreibung des Vollmachtsumfangs mit III als Verkehrsschutzregelung. Anders als bei der Prokura wird der Umfang der Hdl-Vollmacht nicht zwingend festgelegt, KG ZIP 2014, 270, vielmehr begründet I nur eine widerlegliche Vermutung mit Grenzen aus III. Die Vermutung nach I betrifft nur den Umfang, nicht das Bestehen der HdlVollmacht als solche und nicht das Vorliegen einer der drei Grundformen der HdlVollmacht oder eine bestimmten Typus derselben wie zB Bankvollmacht, Canaris § 13 Rn. 4 f. Insoweit kann Rechtsscheinhandlungsvollmacht vorliegen (→ Rn. 3). Soweit die Vermutung nicht greift, obliegt die Beweislast dem Dritten. § 54 ist also ohne große Bedeutung.

B. Inhalt und Umfang (I): Die HdlVollmacht kann, anders als die Prokura 10 (§§ 49, 50), einen durchaus **verschiedenen Inhalt** haben **(I Hs. 1).** I Hs. 1 nennt **drei Grundformen** der HdlVollmacht: sie kann (1) zum Betrieb des gesamten HdlGewerbes (**Generalhandlungsvollmacht,** von der weitergehenden Generalvollmacht scharf zu unterscheiden, → Vor § 48 Rn. 2, Umdeutung, s. dort), eher selten, Bspe: umfassende HdlVollmacht (wie Prokura samt Grundstücksgeschäften), KG ZIP 2014, 270 (zu Grundlagengeschäften bei Prokura auch → § 49 Rn. 2); Geschäftsführer eines Kleingewerbebetreibenden (vor Abschaffung des MinderKfm); auch bei GmbH, aber nicht wie organschaftlicher GmbHGeschäftsführer, BGH WM 2003, 747; 2008, 2252; KG BB 1991, 2039; in GeneralHdlVollmacht umgedeutete nichtige Prokura (→ § 48 Rn. 1) oder nichtige unbeschränkte Generalvollmacht, Canaris § 13 Rn. 17, oder (2) nur zur Vornahme einer bestimmten, zu einem HdlGewerbe gehörigen Art von Geschäften (**Arthandlungsvollmacht,** so idR, Bsp.: Bankzweigstellenleiter, Leiter des Ein-

und/oder Verkaufs, Kassierer) oder (3) lediglich zur Vornahme einzelner oder sogar eines einzigen zu einem HdlGewerbe gehörigen Geschäfts (**Spezialhandlungsvollmacht** bzw. Einzelvollmacht, Bsp.: für ein bestimmtes Bauvorhaben) ermächtigen. Die GeneralHdlVollmacht ist von der Generalvollmacht nach BGB zu unterscheiden, die auch noch über den gesetzlich festgelegten Umfang der Prokura hinausgehen kann (§§ 164 ff. BGB, Eintragungsfähigkeit str., vgl. → Einl. v. § 48 Rn. 2), BGHZ 36, 295; KG BB 1991, 2039; Hübner ZHR 143 (1979), 1. Zum Betrieb des HdlGewerbes gehörend ist sehr weit zu verstehen (§§ 343, 344), aber nicht Privatgeschäfte, BGH WM 1976, 769.

Von dem so abgesteckten Inhalt hängt der jeweilige **Umfang** der HdlVollmacht ab (**I Hs. 2**): sie erstreckt sich auf alle Geschäfte und Rechtshandlungen, die der Betrieb eines derartigen HdlGewerbes oder die Vornahme derartiger Geschäfte **gewöhnlich** mit sich bringt (**branchenübliche Geschäfte**, anders Prokura). Ungewöhnlichkeit für das konkrete Unternehmen ist irrelevant. I schützt also nur gegen ungewöhnliche Beschränkungen der HdlVollmacht in Einzelfällen, zB Ausnahme einzelner Akte, Wertgrenze, Erfordernis einer Zustimmung anderer. Im Einzelfall kann auch bloße GesamtHdlVollmacht (→ Rn. 2) eine ungewöhnliche Beschränkung sein, aber wegen Verbreitung des Vieraugenprinzips idR nicht, Canaris § 13 Rn. 10. Was gewöhnlich ist, bestimmt sich nach Branche, Art und Größe des Unternehmens, Besonderheit des Geschäfts, Vertragsbedingungen ua. Für Anmeldung von ZwNl ist Registervollmacht nachzuweisen, BGH WM 1969, 43, str. (vgl. → § 13e Rn. 2). Anfechtung wegen Inhaltsirrtums über diesen Umfang ist nach dem Zweck von § 54 ausgeschlossen (→ § 56 Rn. 5), str.

11 **Beispiele:** Noch gewöhnlich sind zB außergerichtlicher Vergleich über Warenverkauf, RG Recht 1907 Nr. 1222; bei großem Unternehmen auch Vertragsabschlüsse von erheblicher finanzieller Tragweite, BGH WM 2003, 750, zB Millionenschuldanerkenntnis beim Bau einer Ölraffinerie, BGH DB 1978, 2118; aber RG LZ 1914, 221; je nachdem auch Teilnahme an Gfterversammlungen und Ausübung der Stimmrechte bei TochterGes, BGH WM 2008, 2252; ferner Heymann/Sonnenschein/Weitemeyer Rn. 26 f. **Ungewöhnlich** sind idR zB weitreichende Verzichtserklärungen; Manipulationen zu kurzfristiger Kreditschöpfung unter Banken (ungedeckte, vordatierte Schecks), BGH WM 1964, 224; langjährige Ausschließlichkeitsabrede, OLG Düsseldorf DB 1988, 1063; Entgegennahme von Willenserklärungen außerhalb des Arbeitsplatzes und der Arbeitszeit, BGH NJW 2019, 2469 Rn. 18; uU Erledigung eines Schadensfalls durch den Tankstellenstationsleiter, OLG Hamm MDR 2011, 310; im Gaststättengewerbe Abschluss eines Automatenaufstellvertrags, OLG Celle BB 1983, 1495, fraglich. **Muster:** Hopt/Merkt VertrFormB/Voigt Form I. E.3, I. E.4 (Anmeldung der Erteilung einer Handlungsvollmacht/Generalvollmacht).

12 **C. Notwendigkeit einer besonderen Ermächtigung (II):** Nach der willkürlichen Aufzählung in II deckt die HdlVollmacht außer bei besonderer Erteilung der Befugnis hierzu nicht:

Veräußerung oder Belastung von Grundstücken (vgl. § 49 II, Auslegung wie dort);

13 **Eingehung von Wechselverbindlichkeiten,** RGZ 76, 202, anders (also gedeckt) bei Scheckverbindlichkeiten, BGH WM 1976, 769. Scheckvollmacht enthält keine Ermächtigung bezüglich Wechselgeschäfte. Ermächtigung zur Eingehung von Wechselverbindlichkeiten deckt keine Untervollmacht, außer wenn diese dem Unterbevollmächtigten keinerlei Spielraum eröffnet, OLG München ZIP 1984, 815;

14 **Aufnahme von Darlehen,** nur solche nach §§ 488, 607 BGB, nicht alle Kreditgeschäfte oder gar Geschäfte mit Kreditcharakter; auch Kontoüberziehung, str., bei laufendem Bankkredit mit Kreditlinie aber oft stillschweigende Ermächtigung, vgl. auch BGH NJW 1969, 695 (Scheckzeichnungsvollmacht deckt Ausnutzung von Bankkredit);

5. Abschnitt. Prokura und Handlungsvollmacht 15–20 § 54

Prozessführung, auch vor Schiedsgericht, samt Prozessvergleich, aber erst ab 15
Einleitung des Verfahrens, also **nicht** schon Gerichtsstandvereinbarung, Schiedsklausel und Mediation, diese deckt die HdlVollmacht ohne besondere Ermächtigung, Oetker/Schubert Rn. 36; aA OLG München NJW-RR 2009, 418 (Schiedsvereinbarung) und noch üL; MüKoHGB/Krebs Rn. 40; Koller/Roth Rn. 12; distanziert K. Schmidt § 16 Rn. 102, aber nicht mehr zeitgemäß, außergerichtlicher Vergleich, Verfahren der freiwilligen Gerichtsbarkeit, Schutzrechtsanmeldungen, Heymann/Sonnenschein/Weitemeyer Rn. 34, str., patentgerichtliche Verfahren, BPatG BB 1977, 267, Anmeldungen zu Registern. Ermächtigung zu Vergleich deckt nicht Prozessführung, auch nicht vor Schiedsgericht.

Andere Geschäfte als die genannten fallen nicht unter II, zB Bürgschaft, 16
Kreditgeschäfte, die nicht Darlehen sind (→ Rn. 14). Analogie scheidet wegen der Willkürlichkeit der Aufzählung grundsätzlich aus, Canaris § 13 Rn. 23. Dagegen erfasst II nach seinem Zweck auch die entsprechenden **Verpflichtungsgeschäfte,** so auch Schiedsvereinbarungen in streitiger Sache.

Ermächtigung nach II ist formlos erteilbar, einzeln oder generell für alle 17
Geschäfte nach II. Sie ist auch konkludent möglich, BGH WM 1969, 43; 1978, 1046. Dafür müssen aber hinreichende Anhaltspunkte gegeben sein, RGZ 76, 202; 117, 164. Überlassung der gesamten Geschäftsführung, Erteilung einer GeneralHdlVollmacht und Vollmacht zur Scheckbegebung sind keine konkludente Bevollmächtigung zur Eingehung von Wechselverbindlichkeiten, Staub/Joost Rn. 61; OLG München OLGZ 1966, 26. Ermächtigung ist nicht ohne Weiteres in GeneralHdlVollmacht enthalten, BGH WM 1969, 43, auch nicht Überlassung des Unternehmens zur alleinigen Führung, OLG München OLGZ 1966, 25. Auch in Fällen des II kann Duldungs- oder AnscheinsHdlVollmacht vorliegen, BGH WM 1978, 1046 (→ Rn. 3).

D. **Wirkung sonstiger Beschränkungen gegen Dritte (III): Sonstige Be-** 18
schränkungen sind andere als nach I und II, also ungewöhnliche Beschränkungen der HdlVollmacht in Einzelfällen, zB Ausnahme einzelner Akte, Wertgrenze, Erfordernis einer Zustimmung anderer (vgl. → Rn. 10). Gemeint sind echte Beschränkungen der HdlVollmacht, nicht bloß intern einschränkende Weisungen, BGH ZIP 1982, 589. Was vorliegt, bestimmt sich nach §§ 133, 157 BGB, § 346; beweispflichtig ist wegen I der Vertretene. Auf GesamtHdlVollmacht ist III analog anwendbar, Grund: Verkehrsschutz, Canaris § 13 Rn. 10; Staub/Joost Rn. 71; aA MüKoHGB/Krebs Rn. 42.

Sonstige Beschränkungen der HdlVollmacht gelten Dritten gegenüber **nur bei** 19
Kenntnis oder Kennenmüssen, BGH WM 2003, 750, zB bei Schild „Zahlung nur an der Kasse". Kennenmüssen bedeutet einfache Fahrlässigkeit (§ 122 II BGB), OLG Düsseldorf NJW-RR 2009, 1043 (mit näheren Umständen), aber keine allgemeine Nachforschungspflicht, im Verkehrsschutzinteresse Annäherung an grobe Fahrlässigkeit, s. MüKoHGB/Krebs Rn. 43; Fahrlässigkeit jedenfalls bei konkreten Verdachtsmomenten. III betrifft nur das Außenverhältnis zum Dritten (Vertragspartner), nicht das Innenverhältnis zwischen Kfm. und HdlBevollmächtigtem; Nichtbeachtung kann zu Schadensersatzpflicht nach § 280 BGB und außerordentlicher Kündigung führen. III begründet kein Wahlrecht, OLG Braunschweig MDR 2002, 42; MüKoHGB/Krebs Rn. 45; aA Staub/Joost Rn. 77; Oetker/Schubert Rn. 42; Koller/Roth Rn. 17; vgl. BGHZ 86, 275 (→ vor § 48 Rn. 6). Beschränkung in **AGB** kann nach **(5)** § 307 BGB unwirksam sein, zB Bestätigungsvorbehalt für Reparaturzeit, BGH NJW 1982, 1390, wirksam ist aber Beschränkung der Inkassovollmacht (§ 55 III). Beweispflichtig ist auch insoweit der Vertretene.

E. **Überschreiten der Vollmacht:** Es gelten §§ 177 ff. BGB. Die HdlVoll- 20
macht deckt nicht (vom Kfm. nicht gewollte) Schwarzgeschäfte mit Absprache falscher Buchung zur Steuerhinterziehung; sie sind nicht genehmigungsfähig

(§§ 134, 138 BGB); der Kfm. haftet in solchen Fällen dem Geschäftspartner auch nicht aus Verschulden bei Vertragsverhandlungen nach §§ 280, 311 II iVm § 278 BGB, BGH LM BGB § 117 Nr. 5 = BeckRS 1978, 31118970. **Missbrauch** der bestehenden HdlVollmacht s. BGH WM 1966, 491, → § 50 Rn. 4 III (einfache Fahrlässigkeit, aber → Rn. 19) gilt dabei nicht analog, Staub/Joost Rn. 80; aA Canaris § 13 Rn. 28.

4) Erlöschen

21 Die HdlVollmacht erlischt nach §§ 168 ff. BGB (also mit Gutglaubensschutz nach §§ 170 ff. BGB), zB mit dem zugrundeliegenden Rechtsverhältnis (idR Dienst- oder Arbeitsverhältnis); durch die Eröffnung des Insolvenzverfahrens (§ 117 InsO, gilt auch für HdlVollmacht); durch Widerruf bei fortbestehendem Grundverhältnis (§ 168 S. 2, 3 BGB; durch unwirksame außerordentliche Kündigung (→ § 89a Rn. 5); mit Aufgabe des Betriebs; mit Betriebs- oder Unternehmensveräußerung, auch wenn das Arbeitsverhältnis nach § 613a BGB fortbesteht, Staub/Joost Rn. 91, str.; mit Verzicht (wie bei Prokura, vgl. → § 52 Rn. 1), aA Heymann/Sonnenschein/Weitemeyer Rn. 42. Eine unwiderrufliche HdlVollmacht ist möglich, aber nur wenn sie (mindestens gleichwertig) auch im Interesse des Beauftragten oder eines Dritten liegt, vgl. BGH WM 1971, 956, str.; Widerruf aus wichtigem Grund ist aber stets zulässig, BGH WM 1969, 1009. Bei **Tod** des Geschäftsinhabers bleibt die HdlVollmacht iZw (Prokura immer, § 52 III) bestehen, §§ 168 S. 1, 672 S. 1, 675 I BGB, Hopt ZHR 133 (1970), 311. Ausscheiden des HdlBevollmächtigten aus dem Unternehmen lässt §§ 170 ff. BGB nicht ohne Weiteres entfallen, vielmehr gilt § 173 BGB, str., Canaris § 13 Rn. 31.

[Abschlussvertreter]

55 (1) Die Vorschriften des § 54 finden auch Anwendung auf Handlungsbevollmächtigte, die Handelsvertreter sind oder die als Handlungsgehilfen damit betraut sind, außerhalb des Betriebes des Prinzipals Geschäfte in dessen Namen abzuschließen.

(2) **Die ihnen erteilte Vollmacht zum Abschluß von Geschäften bevollmächtigt sie nicht, abgeschlossene Verträge zu ändern, insbesondere Zahlungsfristen zu gewähren.**

(3) Zur Annahme von Zahlungen sind sie nur berechtigt, wenn sie dazu bevollmächtigt sind.

(4) **Sie gelten als ermächtigt, die Anzeige von Mängeln einer Ware, die Erklärung, daß eine Ware zur Verfügung gestellt werde, sowie ähnliche Erklärungen, durch die ein Dritter seine Rechte aus mangelhafter Leistung geltend macht oder sie vorbehält, entgegenzunehmen; sie können die dem Unternehmer (Prinzipal) zustehenden Rechte auf Sicherung des Beweises geltend machen.**

Übersicht

	Rn
1) Abschlussvollmacht als Voraussetzung (I)	1–6
A. Reichweite:	1–3
B. Nicht erfasste Personen:	4, 5
C. Erteilung und Erlöschen	6
2) Umfang der Abschlussvollmacht (II–IV)	7–16
A. Grundsatz (I mit § 54 I):	7
B. Erweiterung (IV):	8–11
C. Beschränkungen (I–III):	12–14

5. Abschnitt. Prokura und Handlungsvollmacht 1–6 § 55

	Rn
D. Wirkungen sonstiger Beschränkungen gegen Dritte (I mit § 54 III):	15
E. Überschreiten der Vollmacht, Darlegungs- und Beweislast:	16

1) Abschlussvollmacht als Voraussetzung (I)

A. Reichweite: § 55 (idF 6.8.1953, → § 84 Rn. 2) gilt für zwei Gruppen von 1 Abschlussvertretern:

a) Für HdlBevollmächtigte, die HV (§ 84) sind, also nach I iVm § 54 I für HV, die zur Vornahme einer bestimmten, zu einem HdlGewerbe gehörigen Art von Geschäften oder zur Vornahme einzelner, zu einem HdlGewerbe gehöriger Geschäfte ermächtigt sind (**selbstständige Abschlussvertreter,** vgl. II, → § 84 Rn. 25). Wenn der Unternehmer nicht Kfm. ist, gilt § 55 über § 91 I; auch → § 54 Rn. 6.

b) Für HdlBevollmächtigte, die als HdlGehilfen (§ 59) damit betraut sind, 2 (regelmäßig) außerhalb des Betriebes des Prinzipals Geschäfte in dessen Namen abzuschließen (**angestellte Handlungsbevollmächtigte im Außendienst**). Wenn der Unternehmer nicht Kfm. ist, gilt § 55 nicht unmittelbar (mangels einer Vorschrift wie § 91 I, dort → § 91 Rn. 1), sondern nur analog (→ § 54 Rn. 6), MüKoHGB/Krebs Rn. 8, str., nach aA, etwa Ebenroth/Weber Rn. 3, gar nicht.

I begründet also nicht die Abschlussvollmacht (HdlVollmacht, § 54 I), sondern 3 setzt sie in beiden Fällen voraus. RechtsscheinHdlVollmacht (→ § 54 Rn. 3) genügt. Der Halbsatz „betraut sind, außerhalb des Betriebs (des Prinzipals) Geschäfte in dessen Namen abzuschließen" gilt für beide Gruppen, Heymann/Sonnenschein/Weitemeyer Rn. 6, str. Ort der Abschlüsse ist gleichgültig, auch am Ort der HauptNl oder der ZwNl, sofern „außerhalb des Betriebs". Gemischte Betrauung innerhalb und außerhalb des Betriebs genügt, I schließt nur reine Innendienstvertreter aus.

B. Nicht erfasste Personen: Nicht unter § 55 fallen **Handelsvertreter ohne** 4 **Abschlussvollmacht** (Vermittlungsvertreter, § 91 II) und HdlGehilfen, die ohne Abschlussvollmacht außerhalb des Betriebes des Prinzipals Geschäfte vermitteln (**Vermittlungsgehilfen,** § 75g). Abschlüsse dieser Personen ohne Vollmacht fallen unter §§ 91a, 75h mit der Maßgabe, dass diese Personen wenigstens zur Entgegennahme von Rügen und zur Beweissicherung ermächtigt sind (entspr. § 55 IV). Allgemeiner sind auch andere Vermittlungsvertreter idR bevollmächtigt, Vertragsangebote Dritter entgegenzunehmen (**Empfangsvertreter**), BGHZ 82, 221. § 55 ist nicht analog auf Vertragshändler, Kommissionsagenten, Makler (→ § 84 Rn. 10, 18, 20) anwendbar.

Für die Vollmacht der **Versicherungsvertreter** (bis 2007 Versicherungsagen- 5 ten genannt, Definitionen → § 92 Rn. 1) gelten Sonderregeln (**§§ 43 ff. aF, 69 ff. nF VVG**), dazu BGHZ 116, 387; OLG Saarbrücken NJW-RR 2006, 1467; Schwenker NJW 1992, 343. Auch ohne Abschlussvollmacht können sie in dem Versicherungszweig, für den sie bestellt sind, Vertragsanträge und alle das Versicherungsverhältnis betreffenden Erklärungen entgegennehmen. Haben sie Abschlussvollmacht, sind sie auch zur Änderung, Verlängerung und Beseitigung abgeschlossener Versicherungsverträge befugt (§§ 45 aF, 71 nF VVG). Empfangsvollmachtsbeschränkung in AGB, BGH NJW 1999, 1633. Repräsentantenstellung, BGH NJW 2007, 2038 mAnm. Staudinger. **Lit.** Prölss/Martin, VVG, 29. Aufl. 2015; Luckey VersR 1993, 151; Fricke VersR 1993, 399; Beckmann NJW 1996, 1378 (AGB); allgemeiner zum VersVertreter → § 92 Rn. 1.

C. Erteilung und Erlöschen. Erteilung und Erlöschen der Abchlussvollmacht 6 richten sich nach den allg. Grundsätzen → § 54. Mangels Eintragungsfähigkeit ins HdlReg gilt § 15 nicht; Verkehrsschutz gewährleisten Rechtsscheinsgrund-

Merkt

sätze. Auch dem HV muss Abschlussvollmacht erteilt werden (Staub/Joost Rn. 24).

2) Umfang der Abschlussvollmacht (II–IV)

7 A. **Grundsatz (I mit § 54 I):** Der grundsätzliche Umfang der Abschlussvollmacht ergibt sich aus I iVm § 54 I (s. → § 54 Rn. 1 ff.). Die Abschlussvollmacht ist HdlVollmacht und umfasst als solche alle Geschäfte und Rechtshandlungen, die die Vornahme von Geschäften der Art, zu der der Abschlussvertreter bevollmächtigt ist, gewöhnlich mit sich bringt. Dazu gehört auch die Durchführung abgeschlossener Geschäfte, zB Mahnung, Fristsetzung, Erhebung von Mängelrügen, nicht Einklagung (→ Rn. 13), nicht Beseitigung des Rechtsgeschäfts (→ Rn. 13).

8 B. **Erweiterung (IV):** Die Abschlussvollmacht ist in IV Hs. 1 erweiternd dahin typisiert, dass sie auch die **Entgegennahme von Erklärungen (IV Hs. 1),** durch die ein Dritter seine Rechte aus mangelhafter Leistung des Unternehmers geltend macht oder sich vorbehält, umfasst (parallele Regelungen für **Vermittlungsgehilfen** und **Vermittlungsvertreter** → § 75g bzw. § 91 II). Bsp.: Anzeige von Mängeln einer Ware (nicht nur nach § 377, sondern auch sonstige); Leistungs- oder Nacherfüllungsverlangen; Schadensersatzverlangen wegen Pflichtverletzung (§ 280 BGB) und statt der Leistung (§§ 281 ff. BGB); Mahnung, Fristsetzung (auch Verspätung ist mangelhafte Leistung iSv IV); Rücktritt (§§ 323 ff., 346 BGB) und Kündigung wegen der mangelhaften Leistung (sonst → Rn. 9); Anfechtung, sofern sie auf der mangelhaften Leistung beruht. IV Hs. 1 gilt auch für Erklärungen solcher Dritter, mit denen der Kfm. selbst ein anderer Abschlussvertreter abgeschlossen hat, str. Der Abschlussvertreter kann die Entgegennahme ebenso wenig ablehnen wie der Unternehmer selbst, str.

9 Korrelat der Entgegennahme von Mängelrügen ist die (außergerichtliche und gerichtliche) **Beweissicherung** namens des Unternehmers **(IV Hs. 2),** zB nach §§ 485 ff. ZPO, aber (entgegen dem Wortlaut) nur hinsichtlich der geltend gemachten Mängel.

10 Nicht von IV **gedeckt** sind:

a) alles, **was nicht mit der mangelhaften Leistung zusammenhängt,** zB die Entgegennahme einer auf anderen Gründen beruhenden Anfechtung oder eines bei Abschluss vorbehaltenen Widerrufs oder Rücktritts (ohne Zusammenhang mit einer Mangelhaftigkeit der Leistung); bei anderen Erklärungen des Dritten zB nach § 375 oder sonst in Vertragsausführung besteht keine Empfangsvollmacht nach IV (aber § 54 ua), str.;

b) alles, **was über passive Vertretung hinausgeht** (außer Beweissicherung), zB Stellungnahme namens des Unternehmers zu den Erklärungen des Dritten, Anerkennung seiner Rechte, Gewährung eines Preisnachlasses. Bei Erklärung, die Ware werde zur Verfügung gestellt, kann der Bevollmächtigte nicht ohne Weiteres auch die Ware selbst entgegennehmen, doch kann Zustimmung des Unternehmers (§§ 362 II, 185 BGB) vorliegen, zB bei Inkassovollmacht nach III oder bei Ermächtigung zur Auslieferung (Auslieferungslager), Staub/Joost Rn. 49, str.

11 Soweit IV nicht eingreift, kann HdlVollmacht, BGB-Vollmacht oder jeweils Rechtsscheinsvollmacht zur Vertretung des Unternehmers berechtigen. IV ist keine Fiktion, sondern widerlegliche Vermutung, Staub/Joost Rn. 41, str., aA MüKoHGB/Krebs Rn. 24 IV ist **abdingbar,** aber Dritte sind nach § 54 III geschützt.

12 C. **Beschränkungen (I–III): a) Notwendigkeit einer besonderen Ermächtigung (I mit § 54 II):** Beschränkungen folgen aus I iVm § 54 II (s. dort)

5. Abschnitt. Prokura und Handlungsvollmacht   1   § 56

für die Veräußerung oder Belastung von Grundstücken, Eingehung von Wechselschulden, Aufnahme von Darlehen und Prozessführung.

b) Die Vollmacht umfasst ferner nicht die **Änderung abgeschlossener Verträge, insbesondere** die nachträgliche **Gewährung von Zahlungsfristen (II)**, auch nicht, wenn der Abschlussvertreter den Vertrag selbst abgeschlossen hat und dabei die Zahlungsfrist ohne Weiteres hätte gewähren können. Änderung iSv II ist jede Änderung, auch von Nebenbedingungen, AGB und Details; auch die Beseitigung des Vertrags, zB Anfechtung nach §§ 119 ff. BGB, Ausübung gesetzlicher oder vertraglicher Rücktrittsrechte, vertragliche Aufhebung. Das gilt auch für Änderungen, die dem Kfm. günstig sind. II ist (obwohl nicht wie in III besonders gesagt) abdingbar, auch konkludent. Keine Änderung sind Willenserklärung zur Durchführung des Geschäfts sowie Handlungen, die nur Rechte erhalten oder neue zusätzliche Ansprüche begründen, ohne den Vertrag zu ändern, zB Mahnung, allgemeine Fristsetzung, Fristsetzung nach § 323 BGB (aber nicht Rücktritt), Rüge nach § 377.   13

c) Dasselbe gilt für **Annahme von Zahlungen (III).** Der Abschlussvertreter hat also kein Inkassorecht. Inkassorecht bei Bargeschäft (zB für Anzahlung) deckt nicht auch Inkasso nach Kreditierung, BGH WM 1976, 715. III berührt nicht § 370 BGB (Quittung). Besondere Inkassovollmacht ist möglich, auch konkludent durch Aushändigung einer Quittung. Für VersVertreter gilt §§ 43 Nr. 4 aF, 69 II nF VVG, → Rn. 5. Handelsvertreter-Ausnahme nach § 2 I Nr. 2 ZAG, § 675c III BGB, kein Zahlungsdienst, vgl. → **(7)** Bankgeschäfte Rn. C9.   14

D. Wirkungen sonstiger Beschränkungen gegen Dritte (I mit § 54 III): Sonstige Beschränkungen der Abschlussvollmacht gelten Dritten gegenüber nur bei Kenntnis oder Kennenmüssen, I iVm § 54 III (anders im Innenverhältnis, → § 54 Rn. 19). **Missbrauch** der bestehenden Abschlussvollmacht liegt nicht schon ohne Weiteres vor, wenn der Dritte weiß, dass der Abschlussvertreter eine interne Weisung des Kfm. nicht beachtet, → § 50 Rn. 5. Schwarzgeschäfte → § 54 Rn. 20.   15

E. Überschreiten der Vollmacht, Darlegungs- und Beweislast: → § 54 Rn. 20. Sonderregeln in § 75h und § 91a. Für die Abschlussvollmacht des HV oder Handlungsgehilfen ist der Dritte darlegungs- und beweisbelastet (MüKo-HGB/Krebs Rn. 37).   16

[Angestellte in Laden oder Warenlager]

56 Wer in einem Laden oder in einem offenen Warenlager angestellt ist, gilt als ermächtigt zu Verkäufen und Empfangnahmen, die in einem derartigen Laden oder Warenlager gewöhnlich geschehen.

1) Voraussetzungen der Ladenvollmacht

A. **Ladeninhaber (Vertretener):** § 56 betrifft unausgesprochen (§§ 1 ff., § 54) Kflte als Ladeninhaber, ist aber auf Kleingewerbetreibende analog anzuwenden. Das ist nach der Beseitigung des MinderKfm im Verkehrsschutzinteresse unabweisbar (RegE HRefG) und hat Konsequenzen für § 54 (dort → § 54 Rn. 6). Auch Minderjährige (§§ 107, 112 BGB). § 56 tritt zwar hinter den Schutz des geschäftsunfähigen Inhabers zurück (→ § 5 Rn. 11), aber der gesetzliche Vertreter kann mit Wirkung für den Minderjährigen Rechtsschein begründen, str., K. Schmidt § 16 V Rn. 136. § 56 erfordert einen **Laden** oder ein **offenes Warenlager,** also eine Verkaufsstätte, die zum freien Eintritt für das Publikum und zum Abschluss von Geschäften bestimmt ist; weder feste Niederlassung noch Dauereinrichtung sind nötig. Bsp.: Verkaufsstände auf Ausstellung, RGZ 69, 308, Großhandelslager, in dem auch privat verkauft wird, BGH NJW   1

§ 56 2–4 1. Buch. Handelsstand

1975, 2191. Nicht Fabrikräume, Büro, Kontor, KG JW 1924, 1181. Vertrieb außerhalb der Verkaufsstätte.

2 B. **Angestellte Person (Vertreter): a)** Es muss sich um eine in dem Laden oder Warenlager angestellte Person handeln. Angestellt ist jeder, der im Laden (Warenlager) mit Wissen und Willen des Inhabers an der Verkaufstätigkeit mitwirkt, gleich ob seine Hauptaufgaben ganz andere sind, auch wenn er nicht einmal Besitzdiener (§ 855 BGB) ist, BGH NJW 1975, 2191; auch das im Laden kaufmännisch tätige Familienmitglied. Anstellung braucht nicht arbeitsvertraglich zu sein, OLG Düsseldorf NJW-RR 2009, 1043, nicht einmal rechtsgeschäftlich. Auch Minderjährige und Geschäftsunfähige (→ § 54 Rn. 7). Der Inhaber wird der angestellten Person idR (Innen)Vollmacht erteilen, dann bleibt § 56 wichtig für den Umfang (→ Rn. 4).

Der Verkehrsschutz nach § 56 setzt voraus, dass die angestellte Person in oder von dem Laden bzw. Warenlager aus geschäftlich tätig wird, zB einen Vertrag anbahnt, abschließt oder einen solchen erfüllt. Telefonische Abschlüsse, Email und Fax aus dem Laden heraus sind erfasst, spätere Abschlüsse nur bei einem unmittelbaren örtlichen Zusammenhang, Koller/Roth Rn. 7; Oetker/Schubert Rn. 9.

3 **b) Nicht angestellt** ist, wer ohne Wissen und Willen im Laden mit dem Publikum verkehrt, RGZ 108, 49, oder nicht zu Verkaufszwecken dort tätig ist, zB Packer, Raumpflegerin. Verhindert freilich der Kfm. das Tätigwerden solcher Personen beim Verkauf nicht, kann **Rechtsscheinhaftung** anzunehmen sein (→ Einl. v. § 48 Rn. 5–7, → § 54 Rn. 3), BGH NJW 1988, 2110, aber nur wenn deren Voraussetzungen vorliegen, nicht schon wegen des allgemeinen Organisationsrisikos des Kfm. Eine allgemeine Schutz- oder Verkehrspflicht eines Unternehmers, seine Angestellten oder gar Geschäftspartner zu überwachen, ob sie nicht als seine Vertreter auftreten, besteht insoweit nicht (OLG Hamm BeckRS 2010, 22726).

2) Umfang der Ladenvollmacht

4 A. **Umfang:** § 56 begründet im Interesse des Verkehrsschutzes eine **Vermutung** für Erteilung und Umfang einer Vollmacht des Ladenangestellten, BGH NJW 1975, 2191; 1988, 2110, dogmatisch sehr str., für Rechtsscheinstatbestand Canaris § 14 Rn. 5, Vermutung und Rechtsscheinsregel, K. Schmidt § 16 V Rn. 121. Die Vermutung ist widerleglich, Canaris § 14 Rn. 6; Koller/Roth Rn. 2; Oetker/Schubert Rn. 3; aA BGH NJW 1975, 2191; MüKoHGB/Krebs Rn. 5: keine Vermutung, aber dispositiv, bzw. der Rechtsschein kann beseitigt werden (Bsp. → Rn. 5). Der Ladenangestellte gilt als ermächtigt zu Verkäufen und Empfangnahmen, die in einem derartigen Laden oder Warenlager gewöhnlich geschehen. **Gewöhnliches** Geschäft in einem derartigen Laden bedeutet Üblichkeit nach Branche, Ladentyp und Geschäften. Örtlicher Zusammenhang zwischen dem Wirkungsbereich des Angestellten und dem Geschäftsschluss ist nötig, doch genügt Anbahnung des Geschäfts im Laden und Abschluss außerhalb, RGZ 108, 49, auch Einkassierung der Restschuld außerhalb des Ladens nach Verkauf und Anzahlung im Laden, LG Bochum MDR 1959, 130. **„Verkäufe"** ist untechnisch gemeint, dazu gehören zB Entgegennahme von Mängelanzeigen, Übereignung, Vermittlung eines (Kfz)Verkaufs, Werk- und Werklieferungsvertrag, str., Leasingvertrag, Ausstellung von Quittung; **nicht** Ankäufe, BGH NJW 1988, 2109, Rückabwicklung nach Anfechtung oder Rücktritt, oder Umtausch (vgl. § 55 II), str., Inzahlungnahme, str. **Empfangnahmen** betrifft namentlich Zahlungen, OLG Düsseldorf NJW-RR 2009, 1043, einerlei ob der Angestellte das Geschäft selbst geschlossen hat, Mängelanzeige, Entgegennahme von Ware (Reparatur ua), nicht Umtausch, Inzahlungnahme zB von Kfz, str.

5. Abschnitt. Prokura und Handlungsvollmacht § 58

Soweit hier § 56 ausscheidet, kommt aber § 54 in Betracht. **Lit.** Weimar MDR 1968, 901; Th. Honsell JA 1984, 17.

B. Beschränkungen: Die Ladenvollmacht ist durch klaren Hinweis **aus-** 5 **schließbar**, OLG Düsseldorf NJW-RR 2009, 1043, zB Schild „Zahlung nur an der Kasse". Damit wird die Vermutung widerlegt bzw. der Rechtsschein beseitigt. Ausschluss oder Einschränkung auch **stillschweigend** möglich (durch Einrichtung von Kassen LG Hamburg ZIP 1981, 746), nicht jedoch durch **AGB** (aA MüKoHGB/Krebs Rn. 33). Anfechtung wegen Inhaltsirrtums ist nach dem Zweck von § 56 ausgeschlossen (→ § 54 Rn. 10), K. Schmidt § 16 V Rn. 31, str. § 56 schützt auch solche Kunden, die den Laden und seine Verhältnisse kennen (Befreiung von Nachforschungspflichten), BGH NJW 1975, 2191; doch schadet Bösgläubigkeit entspr. § 54 III (dort → § 54 Rn. 19). Missbrauch der Vollmacht → § 54 Rn. 20, → § 50 Rn. 4.

C. Schadensersatzhaftung: Unabhängig von der Vertretungsmacht haftet 6 der Inhaber für den Angestellten aus Verschulden bei Vertragsverhandlungen nach §§ 280, 311 II iVm § 278 BGB auf Schadensersatz, Bsp.: OLG Düsseldorf WM 1973, 473; offen BGH NJW 1988, 2110. Eigenhaftung des Angestellten → Einl. v. § 48 Rn. 9.

3) Erlöschen

Für das Erlöschen gelten mangels spezieller Regelungen im HGB die allgemei- 7 nen Regeln. Je nach dogmatischem Begründungsansatz (→ Rn. 4) variieren folglich die Erlöschenstatbestände: Bei tatsächlicher Erteilung einer Vollmacht, Erlöschen nach bürgerlich-rechtlichen Vorschriften (→ § 54 Rn. 21); bei Rechtsscheinsvollmacht durch Beseitigung ihrer Voraussetzungen (Rö/Wagner/Wöstmann Rn. 28).

[Zeichnung des Handlungsbevollmächtigten]

57 Der Handlungsbevollmächtigte hat sich bei der Zeichnung jedes eine Prokura andeutenden Zusatzes zu enthalten; er hat mit einem das Vollmachtsverhältnis ausdrückenden Zusatze zu zeichnen.

1) Entspr. → § 51 für die Prokura reine Ordnungsvorschrift. Der HdlBevoll- 1 mächtigte zeichnet üblicherweise „i. V.", „in Vollmacht", „i. A.", „im Auftrag" (veraltet: „per", „pro", „AA", Ebenroth/Weber Rn. 3) mit (Familien-)Namen. Verpflichtende Angabe der Firma entfr. § 51 str. (bejahend Ebenroth/Weber Rn. 2; aA MüKoHGB/Krebs Rn. 5), aus Gründen der Offenkundigkeit jedoch angezeigt (BeckOK HGB/Meyer Rn. 1). Bei Gesamtvertretung müssen alle HdlBevollmächtigte mit eigenem Namen zeichnen (MüKoHGB/Krebs Rn. 4). mit Namen oder Firma, RGZ 74, 72. Zeichnung wie ein Prokurist wirkt je nach den Umständen für den Firmeninhaber oder für (oder gegen) den HdlBevollmächtigten selbst, → Einl. v. § 48 Rn. 8–9.

[Unübertragbarkeit der Handlungsvollmacht]

58 Der Handlungsbevollmächtigte kann ohne Zustimmung des Inhabers des Handelsgeschäfts seine Handlungsvollmacht auf einen anderen nicht übertragen.

1) Übertragung

Die HdlVollmacht ist übertragbar (anders Prokura, § 52 II), aber nur mit 1 Zustimmung des Inhabers (Einwilligung vorher, Genehmigung nachher,

§ 59

§§ 182 ff. BGB). Zustimmen kann auch der Prokurist (§ 49 I). Die „Übertragung" durch den Kfm. ist Widerruf und Neuerteilung an den andern.

2) Untervollmacht

2   Von der Übertragung (Vollsubstitution, der bisherige HdlBevollmächtigte verzichtet damit auf seine HdlVollmacht) ist nach wohl noch hM die in § 58 nicht geregelte Erteilung einer Untervollmacht (Bestellung eines weiteren HdlBevollmächtigten) zu unterscheiden; Bsp.: → § 54 Rn. 4; aA mit guten Gründen MüKoHGB/Krebs Rn. 4. Der HdlBevollmächtigte kann keine weitergehende Vollmacht erteilen, als er sie selbst hat. Untervollmacht ist auch in Fällen des § 54 II nicht grundsätzlich ausgeschlossen, aA OLG München WM 1984, 835.

Sechster Abschnitt. Handlungsgehilfen und Handlungslehrlinge

Überblick vor § 59

Schrifttum zum Arbeitsrecht

Außer dem allgemeinen Schrifttum (s. Einl vor 1) *Dornbusch/Krumbiegel/Löwisch* AR Kommentar zum gesamten Arbeitsrecht, 10. Aufl 2021. – *Henssler/Willemsen/Kalb* Arbeitsrecht Kommentar, 9. Aufl 2020. – *Kiel/Lunk/Oetker* MüHdbArbR, 5. Aufl 2021 f. – *Müller-Glöge ua*, Erfurter Komm zum Arbeitsrecht, 22. Aufl 2022. – MüKo(HGB)/*Thüsing* 5. Aufl 2021. – *Preis*, Arbeitsvertrag, 6. Aufl 2020. – *Schaub/Ahrendt/Koch/Linck/Rinck/Treber/Vogelsang* Arbeitsrechts-Handbuch, 19. Aufl 2021. – *Tschöpe* Arbeitsrecht Handbuch, 12. Aufl 2021. – *Wagner*, Die Besonderheiten beim Arbeitsverhältnis des Handlungsgehilfen, 1993. – *Henssler/Preis* NZA Beil 23/2006, (Arbeitsvertragsgesetzentwurf). – *Löwisch* FS Wiedemann 2002, 311. – *Herbert/Oberrath* NJW 2005, 3745 (Auswirkungen des SMG). – *Wank* JA 2007, 321 (Arbeitsrecht im HGB). – *Roth* RdA 2012, 1. **Rspr.:** BAG(E), AP, EzA, SAE.

[Handlungsgehilfe]

59 ¹ Wer in einem Handelsgewerbe zur Leistung kaufmännischer Dienste gegen Entgelt angestellt ist (Handlungsgehilfe), hat, soweit nicht besondere Vereinbarungen über die Art und den Umfang seiner Dienstleistungen oder über die ihm zukommende Vergütung getroffen sind, die dem Ortsgebrauch entsprechenden Dienste zu leisten sowie die dem Ortsgebrauch entsprechende Vergütung zu beanspruchen. ² In Ermangelung eines Ortsgebrauchs gelten die den Umständen nach angemessenen Leistungen als vereinbart.

Übersicht

	Rn
1) Einleitung, Rechtsquellen	1–12
A. Einleitung	1
B. Arten und Verhältnis der Rechtsquellen (Gestaltungsfaktoren)	2–9
C. §§ 611–630 BGB, AGG, Verbraucherschutzrecht	10
D. §§ 299 ff. StGB, 4, 6 ff. GeschGehG	11
E. Arbeitsrechtliche Gesetze	12
2) Arbeitgeber	13–22
A. Begriff	13–16
B. Wechsel bei Betriebsübergang (§ 613a BGB)	17–21a
C. Haftung ausgeschiedener Gesellschafter	22
3) Handlungsgehilfe (Arbeitnehmer)	23–31b
A. Personal des Kaufmanns	23, 24
B. Der traditionelle Begriff des Handlungsgehilfen	25–29
C. Beispiele und moderne Auslegung der §§ 59 ff.	30–31b

	Rn
4) Arbeitsvertrag, Arbeitsverhältnis	32–43
A. Vertragsanbahnung	32–36
B. Zustandekommen (Änderung) des Arbeitsvertrags	37, 38
C. Einwirkung von Tarifnormen	39, 40
D. Einwirkung von Betriebsvereinbarungen, Mitbestimmung des Betriebsrats	41, 42
E. AGBKontrolle von Arbeitsverträgen	43
5) Arbeitspflicht und Nebenpflichten des Handlungsgehilfen (Arbeitnehmers)	44–55
A. Arbeitspflicht	44–47
B. Nebenpflichten	48–55
6) Arbeitsentgeltpflicht des Arbeitgebers	56–89
A. Rechtsgrundlagen, Lohngleichheit	56, 57
B. Arten des Arbeitsentgelts	58–70
C. Arbeitsentgelt bei fehlender Arbeitsleistung	71–76
D. Einwendungen gegen Arbeitsentgeltanspruch	77–86
E. Betriebsrente	87–89
7) Nebenpflichten des Arbeitgebers	90–104
A. Rechtsgrundlagen, Gleichbehandlung, Rechtsfolgen von Pflichtverletzungen	90–92
B. Schutz von Leben und Gesundheit	93
C. Schutz und Förderung der Persönlichkeit	94–99
D. Erholungsurlaub	100
E. Sicherung eingebrachter Sachen	101
F. Freistellung von Ersatzpflicht, Aufwendungsersatz	102
G. Abführung von Lohnsteuer und Sozialversicherungsbeiträgen, Schutz von Altersteilzeitkonten	103
H. Nebenpflichten bei Beendigung des Arbeitsverhältnisses	104
8) Haftungsbesonderheiten	105–110
A. Haftung des Arbeitgebers	105, 106
B. Haftung des Arbeitnehmers	107–110
9) Ende des Arbeitsverhältnisses, Kündigungsschutz	111–167
A. Befristung, auflösende Bedingung	111–116
B. Nichtigkeit, Anfechtung	117–120
C. Kündigung	121–150
D. Allgemeiner Kündigungsschutz	151–159
E. Besonderer Kündigungsschutz	160–163
F. Arbeitskampf, Abwehraussperrung	164
G. Sonstige Beendigungsgründe	165–167
10) Internationales Arbeitsrecht	168–170
A. Kollisionsrecht	168
B. Europäisches Arbeitsrecht	169
C. Sonstiges internationales Arbeitsrecht	170

1) Einleitung, Rechtsquellen

A. Einleitung. §§ 59–83 stellen ursprünglich und systematisch **kaufmännisches Sonderarbeitsrecht** dar, werden mittlerweile aber ganz überwiegend **allgemein angewandt.** Zweck des Arbeitsrechts ist ein gerechter Interessenausgleich zwischen Arbeitgeber und Arbeitnehmer. Der typischerweise schwächere Arbeitnehmer bedarf eines rechtlichen Mindestschutzes. Dieser Mindestschutz wirkt auf den Arbeitsmarkt ein; Marktschutz teilweise auch durch öffentlich-rechtliche Vorschriften mit privatrechtlicher Wirkung, etwa in der Gewerbeordnung und im Arbeitsschutzrecht. Arbeitsrecht ist danach das Sonderrecht der Arbeitnehmer, das sich in Individualarbeitsrecht, Arbeitsschutzrecht, kollektives Arbeitsrecht und Verfahrensrecht der Arbeitsgerichtsbarkeit gliedert. §§ 59 ff. enthalten **Individualarbeitsrecht.** Interessen der Arbeitgeber tragen Gesetz und Rechtsprechung durch Anerkennung unternehmerischer Entscheidungen Rechnung, etwa bei betriebsbedingten Kündigungen, (→ Rn. 153, allg.

1

§ 59 2

Walker ZfA 2004, 501), zur demographiegerechten Ausgestaltung Hanau ZIP 2011, 1; Waltermann RdA 2015, 343; ZfA 2017, 445.

Mit den §§ 59 ff. hatte der historische Gesetzgeber des HGB 1897 erstmals einen größeren Teilbereich des Arbeitsvertragsrechts gesetzlich geregelt, das ADHGB enthielt nur eine rudimentäre Regelung. Seit den 1960er Jahren haben §§ 59 ff. infolge von Vereinheitlichungstendenzen (zB Aufhebung der §§ 66–72 über Kündigungsrecht durch das 1. ArbRBerG 14.8.1969 BGBl. I 1106, der §§ 76–82 über Handlungslehrlinge durch das BerBG 14.8.1969 BGBl. I 1112 und des § 73 über Zeugnisanspruch durch 3. GewOÄndG 24.8.2002 BGBl. I 3412) und wegen der raschen Entwicklung des Richterrechts zum allgemeinen Individualarbeitsrecht, das §§ 59 ff. immer mehr bestimmt, stark an Bedeutung verloren. Die Kommentierung trägt dem Rechnung: Zum einen wird der **Kern des Individualarbeitsrechts**, soweit für den **Kaufmann (Arbeitgeber)** und den **Handlungsgehilfen (Arbeitnehmer)** praktisch notwendig, bei § 59 dargestellt. § 59 selbst hat kaum Bedeutung. Zum andern werden die **besonderen Regeln** für HdlGehilfen, vor allem zu **§§ 60–83**, näher erläutert. Die Berechtigung dieser Sonderregeln ist nicht einsichtig (Lit.: Wagner, 1992; K. Schmidt FS Söllner, 2000, 1047), zT werden sie als verfassungswidrig angesehen, jedenfalls sollten sie überarbeitet, besser in ein allgemeines Arbeitsvertragsgesetz überführt werden, das international weithin üblich ist. Historisch gaben die Regelungen zum Handlungsgehilfen in Deutschland den Anstoß für die Diskussion eines Arbeitsvertragsgesetzbuchs. Allerdings haben weder die Empfehlungen der Juristentage von 1910 bzw. 1992 noch die entsprechenden Selbstverpflichtungen des Gesetzgebers in der Weimarer Reichsverfassung sowie im Einigungsvertrag zum Erfolg geführt. Bislang letzter Vorstoß für ein Arbeitsvertragsgesetzbuch von Henssler/Preis NZA Beil. 23/2006, überarbeitete Version NZA Beil. 21/2007.

Die noch in den §§ 59–83 verbliebenen arbeitsrechtlichen Regelungen finden auch auf andere Arbeitnehmer als kaufmännische Angestellte sowie andere Arbeitgeber als Kaufleute Anwendung. Für die Vereinbarung eines nachträglichen Wettbewerbsverbots (§§ 74–75f) sieht das § 110 S. 2 GewO explizit vor, für das Wettbewerbsverbot während des Bestands des Arbeitsverhältnisses (§§ 60, 61) folgt dies aus der Rechtsprechung des Bundesarbeitsgerichts (BAG NZA 2007, 1436). Für alle Arbeitsverhältnisse fruchtbar gemacht werden ferner Regelungen des Handelsvertreterrechts, neben § 65 (Verweis auf §§ 87 I, III, 87a–87c) gilt dies nach der Rechtsprechung des BAG insbesondere für die Länge vereinbarter Kündigungsfristen, § 89 II 2, BAG NZA 2005, 1176. Da mit einem Arbeitsvertragsgesetzbuch und damit einer Umsetzung des Einigungsvertrags in absehbarer Zeit nicht hinreichend sicher zu rechnen ist, empfiehlt es sich, den Begriff des Handlungsgehilfen modern auf alle Arbeitnehmer des Kaufmanns zu erstrecken (→ Rn. 31b), so zum ADHGB 1861 bereits Thöl (vgl. Nachw. → § 83 Rn. 1), zur Gleichbehandlung, mit Blick auf § 61, aber verallgemeinerungsfähig, BAG NZA 2007, 1438.

2 B. **Arten und Verhältnis der Rechtsquellen (Gestaltungsfaktoren).** Die Arbeitsbedingungen des HdlGehilfen werden in erster Linie von seinem Arbeitsvertrag gestaltet (Grundsatz der Vertragsfreiheit). Diese Freiheit ist aber zum Schutz des Arbeitnehmers erheblich eingeschränkt. Schranken setzen europäisches Recht und nationales Gesetzesrecht (Verfassung, Gesetze, Rechtsverordnungen), Tarifverträge und Betriebsvereinbarungen. Neben dem gesetzten Recht steht das Richterrecht. Von Bedeutung ist auch die betriebliche Übung.

Europäisches Recht geht auch deutschem Verfassungsrecht vor. Dies gilt für Primärrecht, zB Gleichbehandlung nach AEUV Art. 39 II, 40 (48 II, 49 aF, Ausländer), 157 AEUV (141, 119 aF, Frauen) sowie nach der Rspr. des EuGH das Verbot der Altersdiskriminierung (EuGH NZA 2005, 1345 – Mangold, bestätigt BVerfG NZA 2010, 995, so nun auch BAG NZA 2012, 870, str.), sowie für Sekundärrecht, also VO und RL. Praktisch besonders relevant sind die RL zum Betriebsübergang (dazu → Rn. 17 f.) sowie zur Gleichbehandlung, ferner RL zur Teilzeit- u. Leiharbeit, zum Mutterschutz u. Elternurlaub, Teil- u. Arbeitszeit, Texte abgedruckt bei Grundmann/Riesenhuber, 3. Aufl. 2019, EU-Arbeitsrecht, 8. Aufl. 2021, → Rn. 169. Zur Arbeitsbedingungen-RL (löst 2022 Nachweis-RL ab) Maul-Sartori NZA 2019, 1161; Picker ZEuP 2020, 305; Kolbe EuZA 2020, 35, bis 2022 umzusetzen ist auch die RL zur Vereinbarkeit von Beruf und Privatleben für Eltern und pflegende Angehörige, dazu Dahm EuZA 2020, 19, an sich schon bis 2021 umzusetzen war die Hinweisgeber-RL. Der EuGH nimmt vermehrt unmittelbare Wirkung der EU-GrundR-Charta unter Privaten im Arbeitsrecht an, Wank RdA 2020, 1; Schubert EuZA 2020, 302.

a) Verfassungsrecht hat national den höchsten Rang. Bedeutsam sind vor 3 allem die **Grundrechte**, etwa Art. 1 I GG (Menschenwürde, Bsp.: kein heimliches Beobachten des Arbeitnehmers), Art. 2 I GG (freie Entfaltung der Persönlichkeit, Bsp.: keine psychologischen Tests oder graphologischen Gutachten ohne Einwilligung), Art. 3 I GG (Gleichheit vor dem Gesetz, Bsp.: keine willkürliche Lohnungleichheit, → Rn. 57, 63, 91), Art. 3 II GG (Gleichheit von Mann und Frau, → Rn. 57, 91), Art. 4 I GG (Glaubens-, Gewissens- und Bekenntnisfreiheit, aber Sonderstellung der Tendenzbetriebe iSv § 118 BetrVG, zB religiöser Verlag), Art. 5 I 1, II GG (freie Meinungsäußerung, aber Treuepflicht des Arbeitnehmers), Art. 6 I GG (Schutz der Ehe und Familie, Bsp.: Grenzen für Zölibatsklauseln), Art. 6 IV GG (Schutz der Mutter, Bsp.: Nichtigkeit der Vereinbarung über Schwangerschaft als auflösende Bedingung des Arbeitsverhältnisses), Art. 9 III GG (Vereinigungs- und Koalitionsfreiheit, Bsp.: Freiheit zum Arbeitskampf), Art. 12 I GG (freie Wahl von Beruf, Arbeitsplatz und Ausbildungsstätte, Bsp.: nur eingeschränktes Verbot von Nebentätigkeit, s. § 60, Schranken für Wettbewerbsverbote nach Ende der Vertragszeit, s. §§ 74 ff.). Die Grundrechtsnormen gelten für tarifvertragliche Normsetzung nach § 1 TVG, dies nimmt das BAG nunmehr auf Grund der Schutzfunktion der Grundrechte an, BAG NZA 2004, 1399; 2010, 947. Die ursprüngliche Rechtsprechung zur unmittelbaren Drittwirkung (BAGE 1, 258) hat das BAG jedenfalls überwiegend aufgegeben, Grundrechte wirken auch im Arbeitsrecht mittelbar als Ordnungsprinzipien und Wertungsmaßstäbe zB über §§ 138, 242, 315 BGB, BAG NZA 2001, 613; zur Bedeutung verschiedener Grundrechtsverständnisse für das Arbeitsrecht Zöllner/Loritz/Hergenröther § 9 I. Das **Sozialstaatsprinzip** (Art. 20 I, 28 I GG) ist Auftrag an den Gesetzgeber und Auslegungsgrundsatz für Rspr. und Verwaltung (Bsp.: Verfassungsgemäßheit der Entgeltumwandlung nach § 1a BetrAVG, BAG NZA-RR 2007, 650); es hat aber wegen seiner Unbestimmtheit keine unmittelbare Drittwirkung zB als Anspruchsgrundlage für Arbeitnehmer.

b) Gesetze und Rechtsverordnungen sind im Arbeitsrecht meist **Bundes-** 4 **recht,** Arbeitsrecht gehört zu den Gebieten der konkurrierenden Gesetzgebung (Art. 74 Nr. 12 GG). Ländergesetze sind nur möglich, solange und soweit der Bund von seinem Gesetzgebungsrecht keinen Gebrauch macht, Landesarbeitsrecht ist deshalb praktisch von geringer Bedeutung, Bsp.: Bildungsurlaub. Das für HdlGehilfen geltende Gesetzesrecht steht im HGB, BGB (→ Rn. 10), GeschGehG (→ Rn. 11) und in zahlreichen arbeitsrechtlichen Gesetzen (→ Rn. 12). Gesetze stehen im Rang unter der Verfassung (→ Rn. 3), aber über Rechtsverordnungen. Gesetzesrecht hat Vorrang vor Rechtsnormen der Tarifverträge und Betriebsvereinbarungen (**zwingendes** Gesetzesrecht), kann aber Abweichungen durch Einzelvertrag, Betriebsvereinbarung oder auch nur durch Tarifvertrag zulassen (**dispositives, „tarifdispositives" Gesetzesrecht).** Auch zwingendes Gesetzesrecht bezweckt meist nur einen Mindestschutz für den Arbeitnehmer, lässt also günstigere Regelungen durch Kollektiv- oder Einzelvertrag zu.

§ 59 5–7

5   c) Tarifverträge und Betriebsvereinbarungen sind Rechtsquellen des kollektiven Arbeitsrechts. Die in ihnen enthaltenen Rechtsnormen wirken zwingend und unmittelbar auf die Arbeitsverhältnisse der Tarifgebundenen (§§ 1 I, 4 TVG) bzw. aller im Betrieb beschäftigten Arbeitnehmer (§ 77 BetrVG) ein. **Tarifverträge** regeln Inhalt, Abschluss und Beendigung von Arbeitsverhältnissen sowie betriebliche und betriebsverfassungsrechtliche Fragen (normativer Teil) und enthalten Rechte und Pflichten der Tarifvertragsparteien zB Friedenspflicht (schuldrechtlicher Teil). Lohntarifverträge regeln das Arbeitsentgelt, Manteltarifverträge andere Arbeitsbedingungen, zB Urlaub oder Kündigungsfristen. **Betriebsvereinbarungen** (und Dienstvereinbarungen) sind zB eine betriebliche Arbeitsordnung oder der Sozialplan (§§ 111, 112 BetrVG). Sie haben Rang nach dem Tarifvertrag (§ 87 I BetrVG) und können Arbeitsentgelte und sonstige Arbeitsbedingungen, die durch Tarifvertrag geregelt sind oder üblicherweise geregelt werden, nur regeln bei ausdrücklicher Zulassung ergänzender Betriebsvereinbarungen durch den Tarifvertrag (§ 77 III BetrVG). Rechtsnormen des Tarifvertrags gehen auch günstigeren Rechtsnormen der Betriebsvereinbarung vor **(Rangprinzip)**, dagegen lassen Tarifvertrag und Betriebsvereinbarung günstigere Regelungen durch Einzelarbeitsvertrag zu **(Günstigkeitsprinzip):** zur Einwirkung von Tarifnormen auf die Arbeitsbedingungen tarifgebundener und nicht tarifgebundener Parteien → Rn. 39–40.

6   d) Richterrecht spielt im Arbeitsrecht eine besonders große Rolle. Weite Teile des Individualarbeitsrechts sowie etwa das Streikrecht beruhen auf richterlicher Rechtsschöpfung. Auch wenn Richterrecht nicht als Rechtsquelle gilt, fungiert das BAG doch praktisch als Ersatzgesetzgeber. Richterrecht kann zwingend, dispositiv oder tarifdispositiv sein.

7   e) Betriebliche Übung ist (ua bei Gratifikationen, → Rn. 62) die regelmäßige Wiederholung bestimmter Verhaltensweisen, aus denen die Arbeitnehmer (einer bestimmten Gruppe) schließen können, dass ihnen eine Leistung oder Vergünstigung auf Dauer gewährt werden soll, BAG NZA 2006, 1089. Rechtsfigur von Rechtsprechung entwickelt, in § 1b I 4 BetrAVG für Betriebsrenten gesetzlich erwähnt und dort auch weiter anwendbar, BAG NZA 2011, 104; 2012, 1280. Bsp.: jahrelange Zahlung von Betriebsrenten, BAG NZA 2009, 196, von Trennungsentschädigung, BAG NZA 2002, 54 (Ls.), im Einzelfall bei Weihnachtsgeld, BAG NZA 2007, 1292 (abl.), NZA 2013, 40 (annehmend) idR nicht für außertarifliche Gehälter, BAG NZA 1986, 521; BAG NZA 2010, 184, bei Bonusmeilen mangels kollektiven Bezugs (→ Rn. 55), im Einzelfall bei Jubiläumszuwendung, BAG NZA 2008, 941. Betriebliche Übung ist keine Rechtsquelle, sondern ein schuldrechtlicher Verpflichtungstatbestand (auch ohne Bindungswillen des Arbeitgebers, so, wie ihn die Arbeitnehmer sehen dürfen, stillschweigende Annahme, § 151 BGB), BAG NZA 2001, 541; 2006, 1089, nach aA nur Vertrauenshaftung (→ § 5 Rn. 9, ausnahmsweise nicht beschränkt auf negatives Interesse), nach aA soll allgemeines Vertragsrecht zur Anwendung kommen. Entscheidend ist, wie der Arbeitnehmer das Verhalten des Arbeitgebers verstehen durfte (§§ 133, 157 BGB), BAG NZA 2003, 1139 (1145); 2004, 1152 (iErg abl.). Anspruch aus betrieblicher Übung nur mangels kollektiv- oder individualrechtlicher Grundlage, Ansprüche aus diesen kann betriebliche Übung nicht ändern, BAG NZA 2005, 349, aber ggf. Anspruch wenn zunächst irrtümlich tarifvertragliche Verpflichtung angenommen wurde, BAG NZA 2012, 41 (Betriebsrente). Der Arbeitgeber kann das Entstehen einer Betriebsübung durch klaren Ausschluss oder Bindung oder Widerspruchsvorbehalt für die Zukunft grundsätzlich ausschließen, BAG NZA 2008, 941, auch im Formulararbeitsvertrag, BAG NZA 2009, 310. Eine bestehende betriebliche Übung kann individualvertraglich geändert werden, BAG NZA 2010, 283, die Rspr. zur gegenläufigen betrieblichen Übung hat das BAG aufgegeben, NZA 2009, 601. Der

Arbeitnehmer braucht nur unter der Geltung der Betriebsübung gearbeitet zu haben, nicht notwendig auch von ihr betroffen worden zu sein, BAG NZA 2004, 1152. Betriebsübung ist auch zu Ungunsten der Arbeitnehmer möglich, aber nur wenn sich der Arbeitnehmer ihr beugt. Der betrieblichen Übung entspricht (zunächst auf den einzelnen Arbeitnehmer beschränkt) die konkludente Individualzusage, Salamon NZA 2010, 1272, die allgemeiner Dogmatik entspricht und die betriebliche Übung ablösen könnte, so bei einem Bauleiter BAG NZA 2015, 992, dem Sonderzahlungen in unterschiedlicher Höhe gewährt wurden (Entscheidung des Arbeitgebers nach Betriebsergebnis). Lit.: Bepler RdA 2004, 226; 2005, 323; Ulrici BB 2005, 1902; Waltermann RdA 2006, 257; Preis NZA 2009, 281; Forst ZfA 2013, 167 (Rechtsvergleich); Schneider NZA 2016, 590.

Gesamtzusage ist die Erklärung an alle Arbeitnehmer (des Betriebs oder eines nach abstrakten Merkmalen bestimmten Teils) des Arbeitgebers, zusätzliche Leistungen erbringen zu wollen, BAG NZA 2012, 453. Notwendig ist die Äußerung eines besonderen Verpflichtungswillens, BAG NZA 2006, 1176, insbesondere bei der Umdeutung einer unwirksamen Betriebsvereinbarung, BAG NZA 1990, 69; 2016, 642. Lit.: Kolbe ZfA 2011, 95.

f) Der **Einzelarbeitsvertrag**, § 611a BGB (nicht isd Vertragsurkunde, sondern der gesamten auch späteren Vereinbarungen) ist ebenfalls keine Rechtsquelle ieS (str.), sondern stellt das Arbeitsverhältnis selbst dar. Arbeitgeber und Arbeitnehmer können den Arbeitsvertrag (Abschluss, Inhalt und Form) **frei gestalten,** soweit nicht zwingende gesetzliche Vorschriften, Bestimmungen eines anwendbaren Tarifvertrags oder einer Betriebsvereinbarung entgegenstehen (**§ 105 GewO**). Das ist Ausfluss der verfassungsrechtlich garantierten Privatautonomie. Der Arbeitsvertrag legt die Art der Beschäftigung fest und enthält meist zusätzliche Abreden, soweit kollektivvertraglich nicht geregelt oder demgegenüber günstiger. Das Arbeitsentgelt ist oft nicht besonders ausgewiesen, sondern ergibt sich aus der Eingruppierung entsprechend der Beschäftigung. Vorschriften über Berechnung und Zahlung sowie Abrechnung des Arbeitsentgelts enthalten **§§ 107, 108 GewO**.

g) Der Arbeitgeber hat ein **Weisungsrecht** (Leitungs-, Direktionsrecht), mit dem er im Rahmen von Gesetz, Kollektiv- und Einzelarbeitsvertrag die vom Arbeitnehmer zu erbringende Arbeitsleistung (nicht den Vertrag, zB Arbeitsentgelt) konkret bestimmen kann (**§ 611a I 1, 2 BGB, § 106 GewO,** → Rn. 44). Weisungsrecht spricht für Arbeitsvertrag (→ § 84 Rn. 38), durch Nichtausübung wird dieser nicht schon freies Dienstverhältnis (vgl. § 623 BGB), BAG NZA 2007, 580. Vertragsbestimmung, zB hinsichtlich der Arbeitszeit, geht vor, BAG NZA 2008, 118. Besteht nur teilweise ein Weisungsrecht, so ist nach Gesamtgepräge zu entscheiden, BAG NZA 2007, 1072 (Gastspiel als Opernsänger, Weisung nur bei Probe, nicht bei Aufführung). Lit.: Birk, 1973; Lakies BB 2003, 364; Enriquez ZfA 2011, 121 (Dogmatik).

C. §§ 611–630 BGB, AGG, Verbraucherschutzrecht. Die Vorschriften des HGB über HdlGehilfen werden ergänzt durch die des BGB über den Dienstvertrag (**§§ 611–630 BGB,** aber § 630 S. 4 BGB) mit zahlreichen Änderungen. Lit.: Worzalla NJW 1997, 1809; Freis NJW 1998, 2779; Röthel NJW 1999, 611; Willemsen/Annuß NJW 1999, 2073; Deiseroth/Derleder ZRP 2008, 250 (Whistleblower); Bissels/Lützeler BB 2009, 774 (Rspr. zu AGG). Zu §§ 611 ff. BGB und darüber hinaus wird **europäisches Arbeitsrecht** immer wichtiger (→ Rn. 169). Allgemeine arbeitsrechtliche Grundsätze finden sich (systemwidrig statt im BGB oder besser in einem Arbeitsvertragsgesetzbuch, s. → § 73 aF/GewO § 109 Rn. 1) in **§§ 105–110 GewO**.

Der **Gleichbehandlungsgrundsatz** galt im Arbeitsrecht schon lange (→ Rn. 57, 63, 91), später auch in verschiedenen, teils europarechtlich veranlassten Vorschriften über den Dienstvertrag (zB §§ 611a, 611b, 612 III BGB, aufgehoben durch AGG; § 622 VI BGB, → Rn. 123). Das **AGG** 14.8.2006 BGBl. I 1897 enthält in (überschießender) Umsetzung europäischer Richtlinien weitreichende Vorschriften über **allgemeine Gleichbehandlung** für das gesamte Privatrecht (Anwendungsbereich § 2 AGG). Damit sollen Benachteiligungen wegen Rasse, ethnischer Herkunft, Geschlecht, Religion, Weltanschauung, Behinderung, Alter oder sexueller Identität verhindert oder beseitigt werden (§ 1 AGG). Für das Arbeitsrecht besonders relevant sind unzulässige Benachteiligungen in Bezug auf die Bedingungen, einschließlich Auswahlkriterien und Einstellungsbedingungen, für den **Zugang zur unselbstständigen Erwerbstätigkeit** sowie für den **beruflichen Aufstieg** (§ 2 I Nr. 1 AGG) und die **Beschäftigungs- und Arbeitsbedingungen** einschließlich Arbeitsentgelt und Entlassungsbedingungen, insbesondere in individual- und kollektivrechtlichen Vereinbarungen und Maßnahmen bei der Durchführung und Beendigung eines Beschäftigungsverhältnisses sowie beim beruflichen Aufstieg (§ 2 I Nr. 2 AGG). Die **Bereichsausnahmen** nach § 2 II 2, IV AGG betreffen das **BetrAVG** (→ Rn. 87) und den **Kündigungsschutz,** sind europarechtskonform einschränkend auszulegen, BAG NZA 2008, 532; 2010, 216 sowie NZA 2009, 361; 2014, 372, in Betracht kommt auch bei der Kündigung eine Entschädigung nach § 15 II AGG, BAG NZA 2010, 280; 2014, 722 (Schwangerschaft). Begriffsbestimmungen über unmittelbare und mittelbare Benachteiligung, sexuelle und andere Belästigung und Anweisung zur Benachteiligung (§ 3 AGG).

Zahlreiche Vorschriften behandeln den **Schutz der Beschäftigten** (§ 6 I AGG) **vor Benachteiligung** (Abschn. 2, §§ 6–18 AGG) mit Verboten, Organisationspflichten des Arbeitgebers, Rechten der Beschäftigten ua. Verstöße gegen das Benachteiligungsverbot machen diesbezügliche Bestimmungen in Vereinbarungen **unwirksam** und sind **Vertragsverletzung** (§ 7 I, II AGG). Das Benachteiligungsverbot richtet sich außer an den Arbeitgeber auch an Arbeitskollegen und Dritte, wie zB Kunden des Arbeitgebers (RegE). **Zulässige unterschiedliche Behandlung** wegen beruflicher Anforderungen, Religion und Weltanschauung (sog. Kirchenklausel) sowie Alter s. **§§ 8–10 AGG.** Rechtfertigend wirkt nur eine wesentliche und entscheidende berufliche Anforderung, sofern der Zweck rechtmäßig und die Anforderung angemessen ist (§ 8 I AGG, auch § 8 II AGG zur Lohnungleichheit), Bsp.: Erzieherin in Mädchenpensionat, BAG NZA 2009, 1017, nicht aber Cockpitmütze nur für Piloten, wenn auch für weibliches Kabinenpersonal, BAG NZA 2015, 121. Auf das gesetzliche Rentenalter abstellende Altersgrenze wird gebilligt, EuGH NZA 2011, 29; BAG NZA 2012, 274; 2016, 695, nicht aber eine Vergütung nach Lebensaltersstufen, BAG NZA 2011, 1100; BAG NZA 2012, 161 – BAT, es erfolgt dann eine Gehaltsanpassung „nach oben", ebenso bei nicht auf gesteigertes Erholungsbedürfnis gestütztem Urlaub für Ältere zugunsten der Jüngeren, BAG NZA 2012, 803 (TVöD, Altersgrenze 30 und 40, demgü. gebilligt wurde zusätzlicher Urlaub ab 58, BAG NZA 2015, 297). Beschäftigte iSd AGG sind auch Bewerber (§ 6 I 2 AGG), bei Scheinbewerbungen (alleiniges Ziel der Geltendmachung von Ersatzansprüchen) kein europarechtlicher Schutz EuGH NZA 2016, 1014; zum Rechtsmissbrauch BAG NZA 2017, 310 (Darlegungslast).

Die **Rechte der Beschäftigten** umfassen Beschwerde, Leistungsverweigerung, Entschädigung und Schadensersatz (§§ 13 ff. AGG, Maßregelungsverbot § 16 AGG). **Entschädigung** hat Doppelfunktion, sie dient der vollen Schadenskompensation sowie der Prävention, BAG NZA 2020, 1392. Für Entschädigungsanspruch nach § 15 II AGG (nicht für ungeeigneten Bewerber, BAG NZA 2014, 489) ein schuldhafter Verstoß des ArbG notwendig, BAG NZA 2009, 945 (Altersdiskriminierung), Anspruch ggf. auch, wenn Stelle nicht besetzt wird, BAG NZA 2013, 38, Beginn der Zweimonatsfrist zur Geltendmachung (§ 15 IV AGG) nicht vor Kenntnis der Benachteiligung, BAG NZA 2012, 916. Verstoß gegen das Benachteiligungsverbot nach § 7 AGG begründet keinen Anspruch auf

6. Abschnitt. Handlungsgehilfen und -lehrlinge 11, 12 § 59

Einstellung (**kein Kontrahierungszwang**, § 15 VI AGG). Beweislastumkehr bei Indizien (§ 22 AGG), etwa wegen Alters bei Stellenanzeige, die Junior Sachbearbeiter frisch aus der Ausbildung sucht, BAG NZA 2017, 716, wegen ethnischer Herkunft bei Deutsch als Muttersprache, BAG NZA 2017, 33, wenn Schwerbehinderter im öffentlichen Dienst entgegen § 165 SGB IX nicht zum Vorstellungsgespräch eingeladen wird, BAG NZA 2012, 671; 2014, 82 (nicht bei einfacher Behinderung, BAG NZA 2011, 737), auch bei Statistik, falls aussagekräftig, BAG NZA 2011, 93 m. Bespr. Benecke DB 2011, 934, aber kein genereller Auskunftsanspruch eines nichtberücksichtigten Bewerbers, EuGH NZA 2012, 493 m. Bespr. Picker NZA 2012, 641 und hohe Anforderungen an das Vorliegen einer „gläsernen Decke", BAG NZA 2011, 691, allein Bezeichnung als junges, dynamisches Unternehmen ist nicht altersdiskriminierend, BAG NZA 2018, 584. Das AGG ist zugunsten der geschützten Personen **zwingend** (§ 31 AGG), Ausschlussfrist des § 15 IV AGG europarechtskonform, EuGH NZA 2010, 869; zweifelnd Fischinger NZA 2010, 1048. Lit.: Bauer/Krieger/Günther, 5. Aufl. 2018; Schleusener/Suckow/Plum, 5. Aufl. 2019; Wendeling-Schröder/Stein, 2008; Jacobs RdA 2009, 204; Rolfs VersR 2009, 1001 (Versicherbarkeit); Stoffels RdA 2009, 204; Schutz auch nach Erreichen des Rentenalters, EuGH NZA 2010, 1167 – Rosenbladt; Benecke NZA 2011, 481 (Maßregelungsverbot); Schmitz/Scholemann/Brune RdA 2011, 129; Berg/Natzel ZfA 2012, 65; Jacobs RdA 2018, 263. Zum Auskunftsanspruch des Arbeitnehmers bei Nichtberücksichtigung trotz Eignung EuGH NZA 2012, 493, zur Adipositas als Behinderung EuGH NZG 2015, 33 m. Bespr. Lingscheid NZA 2015, 147.

Sehr streitig war, ob der **Arbeitnehmer als Verbraucher iSv § 13 BGB** anzusehen ist. Das ist jedenfalls bei der **AGBKontrolle** nach (5) BGB § 310 III zu bejahen, BAG NZA 2005, 1111 (→ Rn. 43). Der Wortlaut von § 13 BGB legt das aber auch allgemeiner nahe. Dann ist jeweils bei den einzelnen Verbraucherschutzvorschriften zu prüfen, ob und inwieweit sie auch Arbeitnehmer als solche berühren, Herbert/Oberrath NJW 2005, 3745.

D. §§ 299 ff. StGB, 4, 6 ff. GeschGehG. Für HdlGehilfen und Kfm. sind die **11** Sonderregeln über Bestechlichkeit und Bestechung im geschäftlichen Verkehr (§§ 299 ff. StGB), das Erlangen, Nutzen und Offenlegen von Geschäftsgeheimnissen (§ 4 GeschGehG, zuvor §§ 17, 18 UWG) sowie die Ansprüche bei Rechtsverletzungen (§§ 6 ff. GeschGehG) wichtig.

E. Arbeitsrechtliche Gesetze. Neben HGB und dem Dienstvertragsrecht der **12** **§§ 611–629 BGB** (nicht § 630 BGB, s. → § 73 aF/GewO § 109 Rn. 3) sind für HdlGehilfen und Kfm. eine Vielzahl arbeitsrechtlicher Vorschriften und Gesetze bedeutsam, zB allgemein GewO Titel VII Arbeitnehmer I. Allgemeine arbeitsrechtliche Grundsätze: **§§ 105–110 GewO** idF 3. GewOÄndG 24.8.2002 BGBl. 3412, zutr. krit. Bauer/Opolony BB 2002, 1590 (s. auch → § 73 aF/GewO § 109 Rn. 1) sowie (alphabetisch geordnet) Regelungen ua über **Arbeitnehmererfindungen** (ArbNErfG); **Arbeitnehmerüberlassung** (AÜG); **Arbeitsgerichtsbarkeit** (ArbGG); **Arbeitsplatzschutz** (ArbPlSchG); **Arbeitsschutz** (ArbSchG); **Arbeitszeit** (ArbZG); **Befristung** (TzBfG); **Berufsbildung** (BBiG); **Betriebsrenten** (BetrAVG); **Betriebsverfassung** (BetrVG); **Entgeltfortzahlung** (EFZG); **Elterngeld, Elternzeit** (BEEG); **Feiertage** (Feiertagsgesetze der Länder); **Gleichbehandlung** (AGG); **Heimarbeit** (HeimarbeitsG); **Jugendarbeitsschutz** (JArbSchG); **Kündigungsschutz** (KSchG); **Lohnfortzahlung** s. Entgeltfortzahlung; **Mindestlohn** (MiLoG); **Mutterschutz** (MuSchG); **Pflegezeit** (PflegeZG); **Schwerbehinderte** (SGB IX); **Tarifverträge** (TVG); **Teilzeit** (TzBfG); **Urlaub** (BUrlG); **Vermögensbildung** (VermBG).

2) Arbeitgeber

13 **A. Begriff. a) Arbeitgeber** ist Gläubiger des Anspruchs auf Arbeitsleistungen und Schuldner des Arbeitsentgelts, BAGE 26, 320, nun § 611a BGB. Arbeitgeber (vom HGB altertümlich Prinzipal genannt) ist der den HdlGehilfen beschäftigende Kfm., also der Inhaber des HdlGewerbes bzw. die (natürliche oder juristische) Rechtsperson (oder Gesellschaft mit eigenen Rechten und Pflichten: Rechtsfähigkeit der OHG, KG nach § 124; nach BAG NZA 2009, 485 auch GbR, zur Rechtsfähigkeit der Außengesellschaft BGH NZA 2002, 405, → Einl. vor § 105 Rn. 14, vgl. → § 84 Rn. 9), in deren Namen das HdlGewerbe betrieben wird (→ § 1 Rn. 30–50). Wer zurechenbar den Anschein erweckt, er sei Inhaber oder phG, muss sich an diesem Rechtsschein festhalten lassen, soweit Arbeitnehmer darauf vertrauten und vertrauen durften, BAG BB 1979, 1036 (Rechtsscheinhaftung, → § 5 Rn. 9–17). Der Arbeitgeber kann nicht im gleichen Geschäft auch HdlGehilfe sein.

14 **b)** Arbeitgeber sollen bei einem einheitlichen Arbeitsverhältnis auch mehrere juristische **(Konzerngesellschaften)** oder natürliche Personen sein können, BAG NZA 2004, 253 (mit Folgen ua für Kündigung und Abfindung), krit. Schwerdtner ZIP 1982, 900; Wiedemann AP BGB § 611 Arbeitgebergruppe Nr. 1. Kündigungsschutz bei Konzernholding, BAG NZA 1999, 932, Arbeitgeber iSv Insolvenzsicherung im Konzern, BAG NZA 1989, 177, Betriebsrentenanpassung bei Tochter im Fall der Krise der Muttergesellschaft, BAG NZA 2010, 95, keine Sicherheitsleistung für künftige Betriebsrentenanpassung nach § 303 AktG, BAG NZA 2010, 641. Durchgriffshaftung bei existenzvernichtendem Eingriff (→ Anh. § 177a Rn. 51c). Arbeitsrechtliche Drittbeziehungen s. BAG NZA 1999, 539; Konzen ZfA 1982, 259. IdR keine konzernweite Weiterbeschäftigungspflicht (KSchG), BAG NZA 2005, 929; 2008, 939, ausnahmsweise Konzernkündigungsschutz, BAG NZA 2007, 30, so bei vertraglicher Absprache oder geübter Praxis, BAG NZA 2008, 939. Konzernarbeitsrecht s. Lit.: Windbichler 1989; Konzen ZHR 151 (1987), 566; Martens ZGR 1984, 417; Temming RdA 2018, 84.

15 **c)** Beim **mittelbaren Arbeitsverhältnis** fordert der Arbeitgeber einen Arbeitnehmer auf, im eigenen Namen einen Arbeitsvertrag mit Dritten abzuschließen, die Arbeitsleistung soll aber unmittelbar gegenüber dem Arbeitgeber erbracht werden, BAG NZA 2002, 787. Nicht bei Kurkonzertmeister, der Konzerte organisieren soll, dieser ist nur Arbeitgeber, BAG DB 2010, 788. Mittelbares Arbeitsverhältnis hat praktisch keine Bedeutung, meist liegt eine selbstständige Tätigkeit des Vermittlers der Arbeitsleistung vor. Wenn der zur Dienstleistung Verpflichtete nicht in der Lage ist, seine Leistungspflichten alleine zu erbringen, liegt rglm kein Arbeitsverhältnis vor, BAG NZA 2002, 787 (zB Kette Heimarbeiter, Zwischenmeister, Konfektionsunternehmer) ist Arbeitgeber der Mittelsmann. Regelung im HeimarbeitsG. Lit.: Schmidt/Koberski/Tiemann/Wascher, 4. Aufl. 1998.

Bedeutung gewinnt die **Abgrenzung zum Werkvertrag** (§ 631 BGB), die anhand einer Gesamtwürdigung aller maßgebenden Umstände des Einzelfalls zu erfolgen hat. Entscheidend ist die Vertragsdurchführung, nicht die Bezeichnung in der Vereinbarung. Gegenstand eines Werkvertrags kann nach § 631 II BGB neben einer Herstellung oder Veränderung einer Sache auch ein anderer durch Arbeit oder Dienstleistung herbeizuführender Erfolg sein. Dies ist in der arbeitsteiligen modernen Produktion relevant. Entscheidende Abgrenzungskriterien sind das Vorliegen eines Werkes, die Ausübung von Weisungsrechten (→ Rn. 9, 44) und die Eingliederung in den Produktionsprozess. Fehlt ein festgelegtes, abgrenzbares Werk, kommt ein Werkvertrag kaum in Betracht; für einen Arbeitsvertrag spricht auch, wenn die Bestimmung von Leistungen auch über Inhalt, Durchführung, Zeit, Dauer und Ort der Tätigkeit entscheidet, BAG NZA 2013,

6. Abschnitt. Handlungsgehilfen und -lehrlinge 16 § 59

1348. Bedeutung hat dies weiter für den **Drittpersonaleinsatz,** bei einer Eingliederung in den Betrieb und Weisungsrechten des Betriebsinhabers liegt kein Werkvertrag, sondern eine Arbeitnehmerüberlassung vor, BGH NZA 2002, 1086, dies kann zur Fiktion eines Arbeitsverhältnisses mit dem Auftraggeber führen, Baeck/Winzer NZA 2015, 269, meist wird eine Überlassungserlaubnis vorliegen, Hamann/Rudnik NZA 2015, 449, es muss nun aber Arbeitnehmerüberlassung auch als solche bezeichnet werden, dazu auch → Rn. 16.

d) Beim **Leiharbeitsverhältnis (Arbeitnehmerüberlassung)** ist Arbeitgeber der Verleiher; bei unerlaubter Arbeitnehmerüberlassung ist Vertrag zwischen Verleiher und Leiharbeitnehmer unwirksam, stattdessen gilt ein Arbeitsverhältnis mit dem Entleiher als zustande gekommen (§§ 9, 10 AÜG). Das AÜG setzt mit der Neufassung 2011 die Richtlinie 2008/104/EG über Leiharbeit um, die eine nur vorübergehende Überlassung vorsieht. Seit der Neufassung 2017 muss die Arbeitnehmerüberlassung ausdrücklich als solche bezeichnet werden, § 1 I 5 AÜG, fehlt eine solche Bezeichnung, kommt nach §§ 10 I, 9 I Nr. 1a AÜG grds. ein Vertrag mit dem Entleiher zustande. Nicht lediglich vorübergehende Beschäftigung führte nicht zu Einstellungsanspruch gegen Entleiher, BAG NZA 2014, 196, es konnte aber der Betriebsrat des Entleihers die Zustimmung zur Einstellung verweigern, BAG NZA 2013, 1296. Seit 2017 sieht das Gesetz eine Höchstüberlassungsdauer von 18 Monaten vor, § 1 Ib AÜG. Überschreiten der Höchstüberlassungsdauer führt grds. zu einem Arbeitsvertrag mit dem Entleiher, §§ 10 I, 9 I Nr. 1b AÜG. Abweichung von Höchstüberlassungsdauer durch Tarifvertrag der Einsatzbranche möglich, § 1 Ib 3 AÜG, dies aufgrund eines Tarifvertrages auch durch Betriebsvereinbarung, bei nicht tarifgebundenen Arbeitgebern nur bis 24 Monate, § 1 Ib 5, 6 AÜG.

Abgrenzung zu Werk- und Dienstvertrag (mit § 278 BGB) nach Geschäftsinhalt (Vereinbarung und praktische Durchführung), BAG NZA 1992, 19; 2004, 1182, spielt für Arbeitnehmerüberlassung eine zunehmend bedeutsame Rolle, LAG Baden-Württemberg NZA 2013, 107; Greiner NZA 2013, 697; Francken NZA 2013, 985; Maschmann NZA 2013, 1305; Lembke NZA 2013, 1312; allgemein BAG NZA 2013, 1348, auch → Rn. 15; zu unternehmerischer Zusammenarbeit, BAG NZA 2001, 259. Sogenannte Scheinwerkverträge, die von den Vertragsparteien als Werkvertrag bezeichnet (und behandelt) werden, bei denen es wegen Weisungsrechts des Einsatzbetriebs aber tatsächlich um Arbeitnehmerüberlassung handelt, dürften aufgrund der Reform 2017 an Bedeutung verlieren. Verleiher und Entleiher müssen die Arbeitnehmerüberlassung nunmehr als solche bezeichnen, bevor sie den Leiharbeitnehmer überlassen oder tätig werden lassen und auch die Person des Leiharbeitnehmers konkretisieren, § 1 I 5, 6 AÜG. Fehlt eine entsprechende Bezeichnung, kommt nach § 9 I Nr. 1a AÜG ein Arbeitsvertrag mit dem Entleiher zustande, es sei denn, der Arbeitnehmer erklärt wirksam, am Arbeitsvertrag mit dem Entleiher festzuhalten, dazu näher § 9 II, III AÜG.

Zwingender Gleichstellungsgrundsatz für Leiharbeitnehmer auch betr. Lohn wie bei Entleiher (§§ 3, 8 I 1, 9 I Nr. 2 AÜG), Auskunft des Entleihers nach § 13 AÜG, BAG NZA 2013, 782, nach diesen müssen sich die Ansprüche des ArbN berechnen lassen, um Darlegungslast ggü. Verleiher (zunächst) zu genügen, BAG NZA 2015, 879; 2016, 424. Verjährung nach §§ 195, 199 I Nr. 2, BAG NZA 2013, 785. Geltung von Ausschlussfristen, BAG NZA 2015, 878, Ausnahme vom „equal pay" bei Tarifvertrag, aber Nachprüfung der Tariffähigkeit, BAG NZA 2011, 300; 2012, 623 (635); 2013, 680 (christliche Gewerkschaften), BAG NZA 2006, 587, zutr. krit. Bauer/Krets NJW 2003, 538, krit. zur Zulassung des Verweises im Arbeitsvertrag auf einen Tarifvertrag Rödl/Ulber NZA 2012, 841, Verstoß gegen EU-RL annehmend Zimmer NZA 2013, 289, für Sittenwidrigkeit bei weniger als $^2/_3$ des Lohnes eines Stammarbeitnehmers im Entleiherbetrieb

Riechert NZA 2013, 309. Abweichungen vom Gleichstellungsgrundsatz nur noch eingeschränkt und insbesondere hinsichtlich des Entgelts zeitlich befristet (§ 8 AÜG), Mindeststundenentgelt nach § 3a AÜG, Beteiligung des Betriebsrats des Entleihers, § 14 III AÜG, dazu BAG NZA 2010, 1361. Zur Unwirksamkeit von Einstellungsverboten uä für Entleiher (§ 9 I Nr. 3 AÜG) BGH NZA 2007, 571, anders noch BGHZ 155, 311. Unwirksamkeitsfolgen in der Insolvenz, BGHZ 161, 241.

Leiharbeitnehmer können für Schwellenwerte im entleihenden Betrieb anzurechnen sein, BAG NZA 2012, 221 (§ 111 BetrVG, nach drei Monaten), BAG NZA 2013, 789 (Anzahl Betriebsratsmitglieder), BAG NZA 2013, 726 (Anwendbarkeit KSchG), nunmehr explizit § 14 II AÜG. Komm. zum AÜG: Sandmann/ Marschall/Schneider (LBl.); Schüren/Hamann, 5. Aufl. 2018; Thüsing, 4. Aufl. 2018; zur Reform 2002 Thüsing DB 2002, 2218; Bauer/Krets NJW 2003, 537; zur Reform 2003 Benkert BB 2004, 998; Boemke BB 2006, 997; Schüren RdA 2006, 303; Düwell/Dahl DB 2010, 1759; zur Reform 2011 Hamann RdA 2011, 321; Leuchten NZA 2011, 608; zur Reform 2017 Deinert, Henssler, Wank RdA 2017, 65, 83, 100; Ulber RdA 2018, 50; Greiner/Pionteck RdA 2020, 84, 169.

17 **B. Wechsel bei Betriebsübergang (§ 613a BGB).** Seit 1972 I 2–4, IV seit 1980, dazu Seiter DB 1980, 877, III nF 1991, V, VI (Unterrichtung) seit 2002; dazu Willemsen NJW 2007, 2065; Commandeur/Kleinebrink NJW 2008, 3467; Fuhlrott/Ritz BB 2012, 2689. § 613a BGB geht auf EU-RL zurück, maßgebend ist deshalb die Rspr. des EuGH, zB NZA 1994, 545 – Christel Schmidt (überholt); EuGH NZA 1997, 433 – Ayse Süzen; EuGH NZA 2003, 1385 – Carlito Abler m. krit. Anm. Bauer NZA 2004, 14; Jochums NJW 2005, 2580; zust. Willemsen/Annuß DB 2004, 135; EuGH NZA 2006, 29 – Güney-Görres; EuGH NZA 2007, 1151 – Jouini; EuGH NZA 2009, 251 – Klarenberg; krit. Willemsen NZA 2009, 289; Willemsen/Sagan ZIP 2010, 1205; EuGH NZA 2010, 1014 – UGT-FSP mAnm Schiefer DB 2011, 54; EuGH NZA 2010, 1225 – Albron Catering mAnm Bauer/von Medem NZA 2011, 20; krit. Gaul/Ludwig DB 2011, 298; EuGH NZA 2011, 1077 – Scattolon m. Bespr. Salamon NZA 2012, 482; Winter RdA 2013, 36; EuGH NZA 2013, 835 – Alemo-Herron; EuGH NZA 2016, 31 – ADIF; EuGH NZA 2017, 571 – Asklepios; zur EU-RL 1998 Gaul BB 1999, 526.

a) Allgemeines: Beim rechtsgeschäftlichen Betriebsübergang, auch von Betriebsteilen, tritt der Erwerber in bestehende Rechte und Pflichten aus Arbeitsverhältnissen ein (I), der frühere Inhaber haftet daneben für Verpflichtungen, die vor Übergang entstanden und vor Ablauf eines Jahres danach fällig geworden sind (II). Der Übernehmer muss also zB für eine vom Vorgänger zugesagte Betriebsrente einstehen, BAG NZA 2002, 615, darf aber die unterschiedlichen Arbeitsbedingungen des Vorgängers beibehalten, BAG NZA 2006, 265. Es handelt sich um eine Vertragsübernahme mit gesetzlicher Sondernachfolge. Zum **geschützten Personenkreis** gehören alle Arbeitnehmer, auch Auszubildende, leitende Angestellte; gekündigte Arbeitnehmer bis zum Ablauf der Kündigungsfrist, BAG NZA 2008, 1354; nicht: bereits Ausgeschiedene, selbst wenn das provisionspflichtige Geschäft erst vom Übernehmer ausgeführt wird, BAG NZA 1987, 597 (ggf. aber Wiedereinstellungsanspruch auch gegenüber neuem Inhaber, BAG NZA 2009, 29, nicht bei Kündigung in der Insolvenz, BAG NZA 2005, 405, allerdings zu vor Insolvenzantragstellung vorbereiteten Handlungen EuGH NZA 2017, 843), GmbHGeschäftsführer, BAG NZA 2003, 552. Leiharbeiter sind grds. Arbeitnehmer des Verleihers (→ Rn. 16), zur Arbeitnehmerüberlassung im Konzern EuGH NZA 2010, 1225. Umwandlungen s. § 324 UmwG. RsprÜbersicht: Waas BB 2006, 2525; Kock BB 2007, 714. Erfasst wird auch Verlagerung ins Ausland, BAG NZA 2011, 1143.

6. Abschnitt. Handlungsgehilfen und -lehrlinge 18 § 59

b) Voraussetzungen: Europarechtlich entscheidendes Kriterium ist die Wahrung der **Identität der wirtschaftlichen Einheit,** EuGH NZA 1997, 433; 2003, 1385; 2006, 29; 2007, 1151; 2009, 251, dh eine organisierte Zusammenfassung von Ressourcen zur Verfolgung einer wirtschaftlichen Haupt- oder Nebentätigkeit (EU-RL 1998); keine Identität mangels Übertragung relevanter materieller oder immaterieller Betriebsmittel oder Übernahme eines nach Zahl und Sachkunde wesentlichen Teils des eingesetzten Personals, EuGH NZA 1997, 433; aber Eigentum an Betriebsmitteln braucht nicht überzugehen, EuGH NZA 2003, 1385; 2016, 33; auch organisierte Gesamtheit von Arbeitnehmern ohne Betriebsmittel kann wirtschaftliche Einheit darstellen, EuGH 2007, 1151 (Leiharbeiterunternehmen); bei hauptsächlich auf die menschliche Arbeitskraft setzenden Branchen muss wesentlicher Teil der Belegschaft übergehen, BAG NZA 2006, 31, Bsp. Call-Center, BAG NZA 2009, 1412 (nicht bereits bloße (Neu-)Vergabe eines Auftrags, so noch EuGH NZA 1994, 545 – Christel Schmidt). Kommt es wesentlich auf die Betriebsmittel an, müssen diese übergehen, BAG NZA 2015, 99 (Tankstelle), allerdings Betriebsübergang trotz Nichtübernahme von Betriebsmitteln, wenn aufgrund rechtlicher, umweltrelevanter und technischer Vorgaben und Übernahme eines wesentlichen Teils der Belegschaft ohne Betriebsunterbrechung, EuGH NZA 2020, 443. Wirtschaftliche Einheit setzt nicht den Erhalt der alten Organisationsstruktur voraus, EuGH NZA 2009, 251, Grenze aber die Selbstständigkeit der Einheit, EuGH NZA 2010, 1014, reine Funktions- oder Auftragsnachfolge reicht nicht aus, BAG NZA 2009, 905. Eigenwirtschaftliche Nutzung der übernommenen Betriebsmittel ist nicht notwendig, Einzelkriterien mit je nach Tätigkeit unterschiedlichem Gewicht, Gesamtbewertung, EuGH NZA 2006, 29 – Güney/Görres mAnm Kock ZIP 2006, 97; BAG NZA 2006, 597; 2006, 723; 2006, 1101 mAnm Hohenstatt/Grau NJW 2006, 29; BAG NZA 2007, 793; 2007, 927 mAnm Kock NJW 2007, 3371 (Neuvergabe von Schlachtarbeiten in Schlachthof); kein Betriebsinhaberwechsel bei komplettem Gfterwechsel (KG) bzw. Übernahme der Kundenbeziehungen aber Neubeauftragung des bisherigen Unternehmers, BAG NZA 2007, 1428. Anwendung dieser Grundsätze auf Neuverpachtung einer Gaststätte, BAG NZA 1998, 31, auf Reinigungsunternehmen, BAG NZA 1998, 534, auf Schließung und Neueröffnung von EinzelHdlGeschäften, BAG NZA 2000, 369, auf Personenkontrolle am Flughafen, BAG NZA 2006, 1101.

Übergang von **Betriebsteilen** (betriebliche Teilorganisationen) genügt, wenn die wirtschaftliche Einheit bewahrt wird und bereits beim früheren Betriebsinhaber eine selbstständige organisatorische Einheit bestand, BAG NZA 2003, 93; 2009, 485, die einen Teilzweck verfolgte, BAG NZA 2012, 507 m. Bespr. Salamon NZA 2012, 482; nicht bei bloßer Übernahme einzelner Betriebsmittel und Mitarbeiter durch zwei neu gegründete Unternehmen, BAG NZA 2008, 112, bei Übernahme einzelner Flugzeuge, Strecken, Slots oder Stationen an einzelnen Flughäfen, BAG NZA 2020, 1099 (Air Berlin, aber ggf. nach Zusammenfassung im Rahmen eines Dienstleistungsvertrags, BAG NZA 2020, 1314), bei Übernahme nur von Leiharbeitnehmer durch einen anderen Leiharbeitsunternehmer, BAG NZA 2014, 436; bei vollständiger Eingliederung in die vorhandene Organisationsstruktur des Erwerbers, BAG NZA 2006, 1039 (Zerschlagungsmodell), bei Änderung des Betriebskonzepts oder Betriebszwecks, BAG NZA 2006, 1096 (Identitätsänderung), zB anderem Ein- und Verkaufskonzept (Discount statt Marke), BAG NZA 2006, 1357, Willemsen NJW 2007, 2066, Houben NJW 2007, 2075, eigener Organisationsstruktur in neuem Unternehmen, BAG NZA 2009, 723. Bei Übernahme anderer wesentlicher Betriebsmittel kann Übernahme eines einzelnen Arbeitnehmers mit dem entscheidenden Know-how starkes Indiz für Übergang sein, BAG NZA 1994, 612; Gesamtheit von Arbeitnehmern, die durch gemeinsame Tätigkeit dauerhaft verbunden sind, kann wirtschaftliche Einheit iSv EuGH darstellen, BAG NZA 1997, 1050. Bei

§ 59 19

einem Teilbetriebsübergang setzt der Übergang des Arbeitsverhältnisses voraus, dass der Arbeitnehmer dem übergegangenen Teilbetrieb zugeordnet war, BAG NZA 2005, 285. Betriebsteil muss als abtrennbare organisatorische Einheit bestanden haben und unter Wahrung seiner Identität übergehen, BAG NZA 2010, 499. Haftung auch bei **Betriebsaufspaltung,** Mithaftung des Veräußerers nur bei besonderem Rechtsgrund, BAG NZA 1988, 501 (Versorgungsanwartschaft), Belling/Collas NJW 1991, 1919.

Übernahme **durch Rechtsgeschäft** grenzt nur gegenüber Übergang unabhängig vom Willen des alten Betriebsinhabers ab (kraft Gesetz, Verwaltungsakt; bei Gesamtrechtsnachfolge führt § 1922 BGB zu derselben Rechtsfolge wie I 1); bei Behördenmitarbeitern wird auch der Übergang durch einseitige Entscheidung staatlicher Stellen erfasst, EuGH NZA 2011, 1082 m. Bespr. Steffan NZA 2012, 473, jedenfalls bei Privatisierungen ein Widerspruchsrecht verlangend BVerfG NZA 2011, 400 (Universitätsklinikum Gießen Marburg). Unmittelbare rechtsgeschäftliche Beziehungen zwischen dem alten und neuen Betriebsinhaber sind unnötig, BAG NZA 1994, 612; entscheidend ist der tatsächliche Übergang, BAG NZA 1985, 735, auch bei Neuvergabe von Aufträgen an Fremdunternehmen, BAG NJW 2007, 927; Übergang trotz Rücktrittsrechts BAG NZA 2006, 597; Übernahme des Kundenstamms eines aufhörenden **Handelsvertreters** durch Unternehmer, BAG NZA 1988, 838. Erwerb **von Dritten,** zB Sicherungseigentümern, und **durch mehrere Rechtsgeschäfte** genügt, wenn ihr Ziel der Erwerb eines funktionsfähigen Betriebs ist, BAG NZA 1985, 773. § 613a BGB ist auch bei **Pächterwechsel** nicht ausgeschlossen, BAG NZA 1998, 31, nach Pachtende, aber nur bei tatsächlicher Betriebsfortführung durch Verpächter, BAG NZA 1999, 704; bei Abschluss neuer Arbeitsverträge mit den Mitarbeitern und neuer Mietverträge mit Vermieter, BAG NZA 1994, 612. § 613a BGB gilt auch **nicht** entsprechend bei **Gesellschafterwechsel,** selbst wenn alle alten Gfter ausscheiden (→ § 105 Rn. 69), BAG NZA 1991, 63.

§ 613a BGB **gilt nicht** bei **Betriebsübergang nach Eröffnung des Insolvenzverfahrens,** soweit es um schon entstandene Ansprüche geht, BAG NZA 1992, 217; 1992, 929; 1993, 643 (sukzessiver Erwerb); 2003, 318 (Ls.); 2004, 654 (Urlaubsansprüche bestehen grds. fort); 2009, 432 (Altersteilzeit nach Andauern der Arbeitsphase); 2021, 1099 (Betriebsrente, dazu auch EuGH NZA 2020, 1531, Sicherung durch PSVaG). § 613a BGB soll bei Betriebsveräußerung in der Insolvenz erfassen: Masseschulden, BAG NZA 1987, 460; 2010, 461; Kündigungsverbot des § 613a IV BGB gilt auch im Insolvenzverfahren, bei Kündigung des Veräußerers bereits, wenn verbindliches Sanierungskonzept des Erwerbers vorliegt, BAG NZA 2003, 1027. § 613a BGB gilt nicht für das **Ruhestandsverhältnis,** also für bereits ausgeschiedene Arbeitnehmer, BAG NZA 1987, 559; 2005, 711. Aufhebungsvertrag über endgültiges Ausscheiden aus dem Betrieb und gleichzeitigen **Übertritt in Beschäftigungs- und Qualifizierungsgesellschaft (BQG)** ist (außer bei Umgehung) zulässig, BAG NZA 2007, 866. Umgehung, wenn Übernahme in BQG nur zum Schein, BAG NZA 2012, 155 m. Bespr. Fuhlrott NZA 2012, 549.

19 c) **Wirkung:** § 613a BGB ist **zwingend.** Gekündigter Arbeitnehmer muss Fortsetzungsanspruch bei Betriebsübergang durch Fortbeschäftigung der Hauptbelegschaft noch während des Bestehens des Arbeitsverhältnisses mit dem Veräußerer oder unverzüglich nach Kenntniserlangung der den Betriebsübergang tragenden Tatsachen gegenüber dem Erwerber geltend machen, BAG NZA 1999, 311; 2009, 29. **Aber** kein Übergang gegen **Widerspruch des Arbeitnehmers (VI).** Der Widerspruch (Gestaltungsrecht auf Rechtsfolgenverweigerung) muss innerhalb eines Monats nach Unterrichtung durch den bisherigen Arbeitgeber oder den neuen Inhaber (**V,** ordnungsgemäß, sonst läuft Widerspruchsfrist nicht, auch schadensersatzbewehrte Rechtspflicht, BAG NZA 2006, 1406, Verletzung der Unterrichtungspflicht macht aber Kündigung nicht unwirksam, BAG NZA 2005, 1302) schriftlich (auch konkludent, BAG NZA 2006, 1406) erklärt werden (VI 1), entweder gegenüber dem bisherigen Arbeitgeber oder gegenüber dem neuen Inhaber (VI 2), bei mehrmaligem Betriebsübergang nicht ggü. früherem Arbeitgeber, BAG NZA 2015, 433 (482). Anforderungen an Unterrichtung, BAG NZA 2006, 1273 mAnm Lembke NJW 2007, 255. Für Widerspruch ist sachlicher Grund nicht erforderlich, BAG NZA 2009, 1095, doch kann Kollektivwiderspruch rechtsmissbräuchlich sein, BAG NZA 2005, 43, Widerspruchsrecht kann nach Zeitablauf auch bei fehlerhafter Unterrichtung verwirkt werden, BAG NZA 2012, 1097 (6½ Jahre), 2014, 774 (sechs Monate und Aufhebungsvertrag mit Betriebserwerber), BAG NZA 2018, 168. Der Widerspruch ist nach Zugang nicht widerruflich (§ 130 I 2 BGB), BAG NZA 2004, 481, ggf. aber nach § 123 BGB anfechtbar, BAG NZA 2012, 1103. Verzicht auf Widerspruchsrecht muss eindeutig und zweifelsfrei zum Ausdruck gebracht werden, BAG NZA 2019, 1280. Lit.: Schnitker/Grau BB 2005, 2238, Lembke/Oberwinter ZIP 2007, 310, Lindemann/Wolter-Rossteutscher BB 2007, 938.

d) Zu Tarifverträgen und Betriebsvereinbarungen **I 2–4**; BAG NZA 2002, **20** 520; 2003, 670; 2010, 41; 2010, 238; EuGH NZA 2011, 1077; Bachner NJW 2003, 2861; Pogge NJW 2003, 3734; Bepler RdA 2009, 65; Sagan RdA 2011, 163; Steffan NZA 2012, 473. Unterschiedliche Arbeitsbedingungen können beibehalten werden, keine Pflicht zur Gleichbehandlung der Arbeitnehmer, BAG NZA 2006, 265.

e) IV macht Kündigung wegen Betriebsübergang unwirksam (§ 134 BGB), **21** Geltendmachung → Rn. 159. Aufhebungsvertrag und Einstellung durch AuffangGes zu schlechteren, aber sachlich gerechtfertigten Bedingungen verstößt nicht ohne weiteres gegen IV, aber uU Umgehung, BAG NZA 2006, 145; 2007, 866, Gaul/Otto ZIP 2006, 644, Krieger/Fischinger NJW 2007, 2289 (Beschäftigungs- und QualifizierungsGes), bei sonstigem Betriebsübergang wird Aufhebungsvertrag als Verstoß gegen IV angesehen, wenn mit Betriebserwerber neuer ArbVertrag abgeschlossen wird, BAG NZA 2009, 144; 2013, 203, krit. zum Kriterium der verbindlichen Inaussichtstellens Willemsen NZA 2013, 242, zur Unwirksamkeit eines Erlassvertrags BAG NZA 2009, 1091. Kündigung aus anderen Gründen als dem Betriebsübergang bleibt möglich, BAG NZA 2006, 668, des Insolvenzverwalters zwecks Sanierung ist zulässig (nicht: „wegen" iSv IV), BAG NZA 2007, 387.

f) V, VI (seit 2002) enthalten Informationspflicht vor Übergang in Textform **21a** und Widerspruchsrecht des Arbeitnehmers. V begründet eine Rechtspflicht gegenüber dem einzelnen Arbeitgeber, BAG NJW 2007, 250, etwa über fehlende Sozialplanpflichtigkeit des Erwerbers nach § 112a II BetrVG, BAG NZA 2014, 610, individuelle Unterrichtung ist aber nicht notwendig, BAG NJW 2007, 2134. Die nicht ordnungsgemäße Unterrichtung steht der unterbliebenen Information gleich, BAG NZA 2006, 1268; 2009, 547; 2010, 89. Notwendiger Inhalt der Information im Einzelnen bei BAG NZA 2006, 1268, Hinweise auf Rechtsfolgen müssen präzise sein und dürfen keinen juristischen Fehler enthalten, BAG NZA 2009, 547. Kein Widerspruchsrecht bei Gesamtrechtsnachfolge, BAG NZA 2008, 815, bei mehrfachem Betriebsübergang Widerspruch gegenüber neuem und bisherigen, nicht gegenüber ehemaligem Arbeitgeber, BAG NZA 2014, 1074; 2014, 1405. Das Widerspruchsrecht kann verwirkt werden bzw. gegen Treu und Glauben verstoßen, BAG NZA 2009, 552; 2009, 1095; 2009, 1149; 2010, 761; 2010, 1295. Übersichten: Lembke/Oberwinter ZIP 2007, 310, Willemsen NJW 2007, 2067, Gaul/Niklas DB 2009, 452, Schiefer/Worzalla NJW 2009, 558, Bayreuther NZA 2020, 1505.

22 C. **Haftung ausgeschiedener Gesellschafter.** Ausgeschiedene Gfter einer OHG oder KG haften grundsätzlich weiter für alle Ansprüche, die vor Ausscheiden bestanden (→ § 128 Rn. 28). Aber fünfjährige Nachhaftungsbegrenzung durch § 160 idF NachhBG 1994, auch für Pensionsansprüche. § 159 regelt nur die Verjährung bei Auflösung der Ges. Die frühere Rspr. des BAG, zB NZA 1990, 557, mit einer früher wirksam werdenden Enthaftung des Ausgeschiedenen bei Dauerschuldverhältnissen bleibt für das Übergangsrecht weiterhin bedeutsam (→ § 160 Rn. 1). Lit.: → § 128 Rn. 32.

3) Handlungsgehilfe (Arbeitnehmer)

23 A. **Personal des Kaufmanns. a)** Für die **Abgrenzung** des Arbeitnehmers **zum Selbstständigen** verweisen Rechtsprechung (BAG NZA 2010, 877; 2013, 905) und Schrifttum auf § 84 I 2, der hierfür einen Anhalt gibt (→ § 84 Rn. 35 ff.). Eigenständige arbeitsrechtliche Definition fehlte lange, seit 2017 ist **Arbeitsvertrag** in **§ 611a BGB** geregelt (auch → Rn. 37 aE), dadurch Kodifikation der Rechtsprechung. Zutreffend bedarf die Definition des Arbeitsverhältnisses weiterhin der Überarbeitung. Das Abstellen auf persönliche Abhängigkeit ist jedenfalls sprachlich veraltet und wird vom BAG nicht mehr regelmäßig als Begriff benutzt (etwa BAG DB 2010, 788, nicht in BAG NZA 2010, 877; europäischer Rechtsvergleich von Rebhahn RdA 2009, 154 (236)), liegt freilich der Regelung des Arbeitsvertrags in § 611a BGB (→ Rn. 37 aE) zu Grunde und ist so de lege lata weiter von Belang. Weisungsrecht muss nicht tatsächlich ausgeübt werden, es soll der rechtliche Bestand ausreichen, BAG NZA 2009, 143 (angestellte bzw. ehrenamtliche Gleichstellungsbeauftragte). Praktisch entscheidet Verkehrsanschauung über die Einordnung, § 611a I 5 BGB spricht von einer Gesamtbetrachtung aller Umstände, wegen des Schutzes des Schwächeren kann nicht allein auf den Wortlaut einer Vereinbarung abgestellt werden, BAG NZA 2010, 877, so explizit nun § 611a I 6 BGB (tatsächliche Durchführung, nicht Bezeichnung). Abgrenzung vom selbstständigen (Sub-)Unternehmer nicht nach Bezeichnung im Vertrag, sondern nach dem Grad der Freiheit bei der Arbeitsgestaltung, BAG NZA 1998, 364 (Frachtführer). Auch bei Crowdworkern und einer Vielzahl von Kleinstaufträgen kommt Arbeitsvertrag in Betracht, auf Lenkung bei Auftragsvergabe auf Plattform abstellend BAG NZA 2021, 552 mAnm Wisskirchen/Haupt RdA 2021, 355, dazu auch Heckelmann NZA 2022, 73. Im Betrieb des Kfm. können beschäftigt sein:

b) Der Begriff des Handlungsgehilfen und die §§ 59 ff. erfassen nach traditionellem Verständnis nur einen Teil der Arbeitnehmer des Kaufmanns. Für den Anwendungsbereich der §§ 59 ff. gilt diese Beschränkung trotz § 83 nicht mehr, insbesondere die Wettbewerbsverbote nach §§ 60 f., 74 ff. gelten allgemein (→ Rn. 1). Da der Gesetzgeber entgegen dem Einigungsvertrag (Art. 30 I Nr. 1) kein Arbeitsvertragsgesetz erlassen hat und damit derzeit auch nicht zu rechnen ist, erscheint eine Fortentwicklung des Begriffs des Handlungsgehilfen angezeigt, näher → Rn. 31b. Praktisch wird die Bezeichnung als **Handlungsgehilfe** nicht mehr verwandt, sondern von **kaufmännischen Angestellten** gesprochen, so auch BAG NZA 1990, 142. Kaufmännische Angestellte sind „in einem Handelsgewerbe zur Leistung kaufmännischer Dienste gegen Entgelt angestellt", dazu → Rn. 25 ff. Prokuristen (§§ 48 ff.) und HdlBevollmächtigte (§§ 54 ff.) bezeichnen Inhaber bestimmter hdlrechtlicher Vollmachten, nicht besonderes Personal; sie sind idR HdlGehilfen. Die Bezeichnung von Arbeitnehmern als Handlungsgehilfen ist veraltet, auch der Folgebegriff des kaufmännischen Angestellten verliert an Bedeutung. Dienste leisten dem Kaufmann alle Arbeitnehmer, dass der Arbeitnehmer angestellt sein muss, steht nach Aufgabe der Unterscheidung von Arbeitern und Angestellten einer allgemeinen Anwendung auf alle Arbeitnehmer nicht mehr entgegen.

c) Traditionell nicht als Handlungsgehilfen angesehen werden **Auszubildende** (früher Handlungslehrlinge nach §§ 76 ff. (aufgehoben), zT abgekürzt als Azubis) unterliegen nunmehr dem BerufsbildungsG (BBiG), Lit.: Benecke/Hergenröder 2009. Nach § 22 II BBiG keine ordentliche Kündigung durch den Arbeitgeber nach Ablauf der Probezeit, zu dualen Studiengängen Koch-Rust/Rosentreter NZA 2013, 879. **Volontäre** (s. § 82a) sowie **Gewerbegehilfen** und **technische Angestellte,** die technische Dienste leisten, zB Arbeiter, Fahrer, Boten, Ingenieure, Chemiker, Werkmeister (§ 83). Für sie gilt neben allgemeinen arbeitsrechtlichen Gesetzen seit jeher die GewO; deren §§ 105 ff. gelten aber inzwischen für alle Arbeitnehmer, § 110 S. 2 GewO verweist auf §§ 74–75 f.

Andere Angestellte, die nach traditionellem Verständnis weder kfm. noch technische Dienste leisten, sind zB Ärzte, Juristen, Wirtschaftsprüfer, Musikarchivar, BAG NZA 2007, 321 (Rundfunk). Für sie gilt neben allgemeinen arbeitsrechtlichen Gesetzen Dienstvertragsrecht (§§ 611–630 BGB).

d) Gemischte Verträge kommen vor für Personen, die Dienste verschiedener Art (kfm., technische, sonstige) leisten; für ihr Arbeitsverhältnis im Ganzen gilt das Recht, das für die an Bedeutung (nicht unbedingt Zeitaufwand) überwiegende Tätigkeit gilt, BAGE 1, 92; BAGE 19, 267 (jeweils kfm. und technische Dienste); BAG NZA 2007, 321 (ArbN und freie Mitarbeit), für den Rechtsweg kommt es auf das jeweils einschlägige Vertragselement an, BAG NZA 1999, 837. In einem **doppelten Dienstverhältnis** können Hochschullehrer stehen, als **Beamte** und zugleich in einem **Arbeitsverhältnis** zu einem Universitätsklinikum, BAG NZA 2017, 581.

Nicht zum Personal des Kfm. gehören HdlVertreter (§ 84 I); sie sind nicht in 24 den Betrieb, sonders als selbstständige Gewerbetreibende in den Absatz eingeschaltet.

B. Der traditionelle Begriff des Handlungsgehilfen. a) Der HdlGehilfe ist 25 im HdlGewerbe **angestellt.** Er ist **Arbeitnehmer,** dh er steht in einem Arbeitsverhältnis zum Arbeitgeber (→ Rn. 13–22) und übt eine von diesem abhängige, weisungsgebundene Tätigkeit aus. Er ist nach traditionellem Verständnis **Angestellter,** nicht Arbeiter (dh alle Arbeitnehmer, die nicht Angestellte sind); der Angestellte leistet im Gegensatz zum Arbeiter vorwiegend geistige Tätigkeit (→ Rn. 28). Maßgebend für die Abgrenzung ist die (aktuelle) Verkehrsanschauung; Anhaltspunkte gaben und geben die für ältere Berufsbilder §§ 2, 3 AVG mit VO (Berufsgruppenverzeichnis, aufgehoben, nunmehr SGB VI). Angestellt ist auch derjenige, der nur vorübergehend oder mit Teilzeitbeschäftigung beschäftigt ist; wo der HdlGehilfe tätig ist (in den Geschäftsräumen, im Außendienst oder sogar in den Geschäftsräumen eines anderen Unternehmers, aber → Rn. 13–16), spielt keine Rolle. **Minderjährige** können HdlGehilfe sein (§§ 106 ff., 113 BGB; vgl. § 74a II 1). Auch nicht geschäftsführende (→ Rn. 26) **Gesellschafter** je nach Ausgestaltung, BAG NZA 1991, 392; **juristische Person** je nach Tätigkeit, str.; die Bestimmungen der §§ 59 ff. sind teils sinngemäß, teils nicht anwendbar.

Nicht Handlungsgehilfe sind zB **gesetzliche Vertreter** von HdlGes und 26 anderen juristischen Personen, zB GmbHGeschäftsführer, BGHZ 79, 291 (da Arbeitgeberfunktion, arbeitgeberähnliche Person, BAG NZA 2019, 490, aber uU § 622 BGB ua entspr.), NZA 2007, 1174 (GmbH & Co); BAG NZA 2006, 366; 2022, 430; Goette FS Wiedemann, 2002, 873; aber BAG NZA 1999, 987: je nachdem (stv GF); GmbHMehrheitsGter, BAG NZA 1998, 939. IZw konkludente Aufhebung des bisherigen Arbeitsverhältnisses mit der GmbH, BAG NZA 2000, 1013; 2006, 1154; 2007, 1095; 2009, 669 kein Wiederaufleben bei Abberufung, BAG NZA 2006, 366; zum Schriftformerfordernis der Kündigung → Rn. 121. Geschäftsführer- und Arbeitsverhältnis (ruhend oder weiterlaufend) sind vorstellbar, BAG NZA 2008, 168; 2014, 540, zB bei unterschiedlichen Tätigkeiten oder im Konzern; Übersicht Moll GmbHR 2008, 1024.

Mangels Arbeitnehmereigenschaft nicht Handlungsgehilfe sind ferner dienstvertraglich Tätige **ohne Abhängigkeit**, insbesondere **freie Berufe** und andere **Selbstständige** (vgl. § 84 I 2), zB Rechts- und Steuerberater, Wirtschaftsprüfer, Stundenbuchhalter, die ihre Arbeitszeit selbst bestimmen; **freie Mitarbeiter** (Grenze Umgehung des Sozialschutzes bei Fehlen sachlicher Gründe), BAGE 25, 505, BAG NZA 2008, 878 (Kündigung des ArbVerh und Weiterbeschäftigung als freier Mitarbeiter), Abgrenzung im Einzelfall, manche Tätigkeiten können als Arbeitnehmer oder freier Mitarbeiter ausgeführt werden (BAG NZA 2018, 448: Musikschullehrer, zum Rundfunk BAG NZA 2020, 1537); als **Familienangehörige** mitarbeitende Personen, Ehegatten, uU Kinder, Abgrenzung nach Vereinbarung und Auszahlung von Entgelt, BSG NJW 1994, 341, zur Ehegatteninnengesellschaft BGH NJW 1999, 2962; Beamte; zugewiesene Strafgefangene, Fürsorgezöglinge, Auszubildende (BBiG).

Praktikanten, bei denen nicht die Arbeitsleistung, sondern die Ausbildung im Vordergrund steht. **Handelsvertreter** und Versicherungsvertreter sind selbstständige Kflte, nicht HdlGehilfen bzw. Arbeitnehmer (§ 84 I); aber **arbeitnehmerähnliche** HV → § 84 Rn. 46–47, § 92a.

Arbeitnehmerähnliche Personen bilden nach traditionellem Verständnis eine eigenständige Kategorie zwischen Arbeitnehmer und Selbstständigen. Möglich bei Franchisenehmer (BAG NZA 1999, 53, Eismann). Nicht bei Anwalt, sofern dieser Partner ist (BAG NZA 1993, 789) sowie Mitglied eines Vereins, das Vorstand mit wählt (BAG NZA 1996, 33, Rote-Kreuz-Schwester) Lit.: Claudia Schubert 2004, Rebhahn RdA 2009, 236.

27 b) HdlGehilfe ist nur der **in einem Handelsgewerbe** Angestellte. Der **Arbeitgeber muss** also **Kaufmann** (§§ 1 ff.) **sein;** auch Kfm. kraft Eintragung (§ 5); eine juristische Person nach §§ 33 ff., auch Gebietskörperschaft (→ § 1 Rn. 27); größere VVaG (§§ 16, 53 VAG), BAGE 20, 123; RechtsscheinKfm (→ § 5 Rn. 9), aber der Rechtsschein wirkt nur für, nicht gegen die gutgläubig kfm. beschäftigten Angestellten (→ § 5 Rn. 15).

28 c) HdlGehilfe ist nach traditionellem Verständnis nur der **zu kaufmännischen Diensten** Angestellte, explizit von kaufmännischen Angestellten sprechend BAG NZA 1990, 142. In Abgrenzung zum Arbeiter wurde der Anwendungsbereich auf Angestellte beschränkt, die geistige Arbeit musste überwiegen (Abgrenzung zum Arbeiter → Rn. 25). Ausgangspunkt für diese rechtlich nunmehr (jedenfalls weitgehend) unerhebliche Abgrenzung ist die vereinbarte Beschäftigung, zu berücksichtigen ist aber auch die spätere tatsächliche Tätigkeit, BAGE 19, 267. Maßgeblich ist die Verkehrsanschauung; sie kam häufig im Tarifvertrag zum Ausdruck, BAGE 7, 86. Kfm. Dienste sind nach der Verkehrsauffassung solche, zu deren Leistung ein gewisses Maß an kfm. Kenntnis, Erfahrung oder zumindest Übung gehört. **Nicht** maßgebend ist die in der SozVers geltende Abgrenzung (aber sie prägt über die Tarifpraxis häufig die Verkehrsanschauung), BAGE 7, 86; die kfm. Ausbildung, denn wenn der wichtigste Teil der Tätigkeit kfm. ist, dann ist der Angestellte HdlGehilfe, auch bei geringer kfm. Ausbildung, zB Werkstattschreiber in einer Fabrik, RAGE 7, 250. „Aufnahme in das Angestelltenverhältnis" gibt zwar Anspruch auf entspr. Beschäftigung, macht aber ohne solche nicht zum Angestellten. Abgrenzung gegen technischen Angestellten s. BAGE 19, 267.

29 d) Der HdlGehilfe ist **gegen Entgelt** angestellt, die Art des Arbeitsentgelts (→ Rn. 58–70) spielt keine Rolle. Die Vermutungsregel des § 612 II BGB, nach der Dienste im Zweifel nur gegen Entgelt geleistet werden, ist auch im Rahmen des § 59 HGB anwendbar.

30 C. **Beispiele und moderne Auslegung der §§ 59 ff. Handlungsgehilfen sind** Apothekenhelfer, Buchhalter, Bürovorsteher, (Schaufenster)Dekorateure,

LAG Düsseldorf BB 1960, 247; Einkäufer, Frachtkontrolleure in Speditionsbetrieb, LAG Hessen RdA 1950, 198; Filialleiter, RG LZ 1932, 407; Hotelleiter und -sekretäre, Restaurantleiter, BAG NZA-RR 2008, 399; Kassierer in Bank oder Geschäft, Kontrolleure; Lagerpersonal, wenn es auch geistig arbeitet, zB in Bestandsabrechnung; angestellte Marktbeobachter; in der Rechtsabteilung Tätige, BAGE 3, 321; in der Steuerberatung tätige Angestellte einer SteuerberatungsGmbH, BAGE 18, 104; Verkäufer, sofern sie nicht nur mechanische Tätigkeit ausüben; Verkaufsfahrer, die Kunden beraten, werben, kassieren, BAGE 1, 92; Verkaufsingenieure mit kfm. Haupttätigkeit, RAG JW 1939, 319, BAG NZA 1990, 142; Verlagsleiter; Versicherungsangestellte im Innendienst, die gelegentlich Geschäfte gegen Provision vermitteln, sowie fest angestellte Versicherungsvermittler, BAGE 20, 123; Versicherungsvertreter, BAG NZA-RR 2009, 593; Vertreter im Außendienst mit Kundenwerbung, BAG NZA 2008, 1124; Warenhauspropagandistin; mit Werbung befasste Angestellte, BAGE 1, 92.

Nicht Handlungsgehilfen, sondern Gewerbegehilfen sind **nach klassischem Verständnis** Abonnentensammler im Haustürgeschäft; Boten; Chemiker; Fahrkartenverkäufer in U-Bahn; Getränkeausfahrer, auch ohne Vorbestellung; Ingenieure; Kassierer im Kino, LAG Hamm BB 1952, 775; Kellner; Koch; Ladengehilfen; Omnibus- und Straßenbahnschaffner, RAGE 15, 70; Tankwart; Telefonisten, BAG BB 1959, 80; Verkäufer in Kiosken, BAG BB 1956, 208; Werkmeister; Zigarettenverkäufer in Kino und Gaststätten; Zuschneider, RAGE 4, 240. RsprÜbersichten: Schüler-Springorum BB 1958, 236, Brill DB 1981, 316 (Abgrenzung von Arbeitern und Angestellten). **Handlungsreisende** können selbstständige HV (§ 84 I) oder abhängige HdlGehilfen sein. Für letzteres spricht zB Pflicht zu Bürodienst außerhalb der Reisen.

Modern sind die §§ 59 ff. für das **gesamte Personal des Kaufmanns** einheitlich anzuwenden (→ Rn. 1, → § 83 Rn. 1). Die den §§ 59 ff. seit dem HGB 1897 zugrundeliegende Unterscheidung von Arbeitern und (kaufmännischen sowie sonstigen) Angestellten ist rechtlich und tatsächlich überholt (Nachruf von Hromadka RdA 2015, 65, von lebenden „Fossilien" in Bezug auf anderweitige (auch aktuelle) gesetzliche Regelungen spricht Kortstock NZA 2017, 357). BAG und BVerfG haben das Gleichbehandlungsgebot in Bezug auf Arbeiter und Angestellte überzeugend begründet, BVerfG NZA 1990, 721, BAG NZA 1984, 323. Diese Rechtsentwicklung war bereits zur deutschen Einheit im Wesentlichen abgeschlossen, sodann wurde in der Gewerbeordnung auch der Begriff des gewerblichen Arbeitnehmers aufgegeben. Die nach Art. 3 GG zumindest naheliegende Anwendung der §§ 59 ff. auf alle Arbeitnehmer des Kaufmanns (vgl. auch BAG NZA 2007, 1438) dient einstweilen als Vorgriff auf das im Einigungsvertrag vorgesehene einheitliche Arbeitsvertragsrecht. Nachdem die Erfüllung der Selbstverpflichtung des Einigungsvertrages ist nunmehr über fünfundzwanzig Jahren auf sich warten lässt, sind Rspr. und Lehre zur einheitlichen Anwendung geltenden Rechts auf alle Arbeitnehmer aufgerufen. Dabei ist eine teilweise Absenkung herkömmlicher Standards in Betracht zu ziehen, wie auch die Implementierung einheitlicher Kündigungsfristen sowie Lohnfortzahlungsregeln für Arbeiter und Angestellte zeigt. Noch verwandt wird der Begriff des kaufmännischen Angestellten vom vormaligen Handlungsgehilfenverband, der Gewerkschaft DHV, er war für die Abgrenzung der Tarifzuständigkeit relevant (BAG NZA 2012, 1109) und ist dies in eingeschränktem Maße weiterhin. Einer Erstreckung der §§ 59 ff. auf alle Arbeitnehmer steht das nicht entgegen. Vertraglich können Arbeitgeber und Arbeitnehmer weiterhin zwischen Arbeitern und Angestellten unterscheiden, allerdings nicht aufgrund des bloßen Statusunterschieds, sondern bei gleichzeitigem Vorliegen eines Lebenssachverhaltes, der eine Ungleichbehandlung rechtfertigt, etwa eine durchschnittlich erreichbare Vergütung, BAG DB 2016, 659. Für den Regelungsbereich der §§ 59 ff. fehlt ein entsprechender, eine Ungleichbehandlung rechtfertigender Lebenssachverhalt.

4) Arbeitsvertrag, Arbeitsverhältnis

32 **A. Vertragsanbahnung.** **a)** Bereits der rechtsgeschäftliche Kontakt zwischen Arbeitgeber und Stellenbewerber begründet ein gesetzliches Schuldverhältnis nach § 311 II BGB mit Rechten und Pflichten für die Beteiligten (Verschulden bei Vertragsverhandlungen, Vertrauenshaftung). Dieses Schuldverhältnis ist ein gesetzliches, kann also auch unter Geschäftsunfähigen bestehen. Es beinhaltet keine primären Leistungspflichten (Erfüllungsanspruch, positives Interesse), sondern nur sekundäre Pflichten nach § 241 II BGB (Verhaltenspflichten, **negatives oder Vertrauensinteresse**). Haftung für Erfüllungsgehilfen (§ 278 BGB) schon in diesem Stadium, auch ohne Abschlussvollmacht, BAG BB 1974, 2060. Kern des Schuldverhältnisses sind die **Verhaltenspflichten,** die Kfm. und Stellenbewerber zu beachten haben. Sie werden von der Rspr. fallorientiert entwickelt und betreffen vor allem folgende Fallgruppen: Pflicht, beim anderen Teil nicht zu Unrecht ein Vertrauen auf Vertragsabschluss zu erwecken (→ Rn. 33); Pflicht, dem anderen Teil vertragswesentliche Umstände mitzuteilen bzw. ihn entspr. aufzuklären (→ Rn. 34); Obhuts- und Schutzpflichten (→ Rn. 35). Die Pflicht zum Ersatz von Vorstellungskosten folgt schon aus § 670 BGB (→ Rn. 36), kann aber auch Inhalt eines Schadensersatzanspruches nach § 280 BGB sein.

33 **b)** Es gilt der Grundsatz der **Vertragsfreiheit,** kein Anspruch auf Einstellung, auch → Rn. 91 bei angekündigter Diskriminierung, EuGH NZA 2008, 929, kein Kontrahierungszwang nach AGG (§ 15 VI AGG), aber ggf. aus anderem Rechtsgrund, grds. keine Übernahme nach Ablauf eines befristeten Arbeitsvertrags, → Rn. 115, auch nicht wenn Verstoß gegen § 612a BGB (zulässige Wahrnehmung von Rechten), BAG NZA 2012, 907 (aber SchE). Kein Recht auf Übernahme nach Ende eines Ausbildungsverhältnisses, Ausnahme § 78a BetrVG (Auszubildendenvertreter, BAG NZA 2009, 202), nach § 24 BBiG aber Begründung eines unbefristeten Arbeitsverhältnisses bei Weiterbeschäftigung, s. Benecke NZA 2009, 820. **Abbruch der Vertragsverhandlungen** allein macht noch nicht schadensersatzpflichtig nach § 280 BGB, auch dann nicht, wenn der Arbeitgeber weiß, dass der Stellenbewerber in Erwartung des Vertragsabschlusses Aufwendungen gemacht hat. Wenn der Arbeitgeber aber zurechenbar (nicht unbedingt schuldhaft) den Rechtsschein erweckt, der Stellenbewerber werde eingestellt oder erhalte besondere Vergünstigungen, und dieser sich darauf einrichtet (vgl. → § 5 Rn. 9–17), haftet der Arbeitgeber auf den Vertrauensschaden, BGH NJW 1975, 1774; so wenn der Arbeitgeber den Stellenbewerber veranlasst, eine sichere Stelle zu kündigen, BAG BB 1963, 937. Entspr. gilt für den Stellenbewerber, der entgegen dem von ihm erweckten Rechtsschein vom Vertragsschluss abspringt. Der Stellenbewerber haftet dann nach § 280 BGB uU für neue Inseratkosten und für Schäden infolge Nichtbesetzung der Stelle, wenn sonst ein anderer Bewerber rechtzeitig hätte eingestellt werden können. Bei Ungleichbehandlung von Mann und Frau Schadensersatz auch ohne Verschulden, EuGH NZA 1997, 645 (nun AGG, → Rn. 10). Formulierung einer Stellenausschreibung kann Diskriminierung nach AGG indizieren, BAG NZA 2016, 1394, zum dritten Geschlecht Körlings NZA 2018, 283, Dutta/Fornasier, NZA 2021, 605.

34 **c) Mitteilungs- und Aufklärungspflichten** treffen den Arbeitgeber und den Stellenbewerber. Der **Arbeitgeber** muss über die Stelle, ihre Anforderungen und uU Entwicklungsmöglichkeiten zutreffende Angaben machen; auf überdurchschnittliche Anforderungen muss er eigens hinweisen, BAG DB 1958, 371; ebenso auf Zweifel an der Zahlungsfähigkeit für das Arbeitsentgelt, BAG BB 1975, 184 sowie auf Umstände, die einer vollständigen Durchführung eines Arbeitsvertrags entgegenstehen, BAG NZA 2005, 1298. Der **Arbeitnehmer** muss **nur ausnahmsweise** von sich aus **ohne Befragen** des Arbeitgebers diesen aufklären. Eine solche Offenbarungspflicht besteht nur, wenn ihm die Erfüllung der Arbeitsleistung unmöglich ist oder die verschwiegenen Umstände für den

Arbeitsplatz von ausschlaggebender Bedeutung sind, BAG NZA 1991, 719; zB wenn der Arbeitnehmer die Arbeit nicht aufnehmen kann oder will und der Arbeitgeber erkennbar im Vertrauen auf Arbeitsantritt erhebliche Aufwendungen macht, BAG NZA 1985, 25; über Behinderung bei erkennbar ausschlaggebender Bedeutung für den Arbeitsplatz, BAG NZA 1986, 635; über Infektionskrankheit. **Zulässige Fragen,** und nur solche (sonst keine rechtswidrige Täuschung), muss der Arbeitnehmer wahrheitsgemäß beantworten, stRspr, BAG NZA 2001, 315, 2003, 265; sonst kann der Arbeitgeber anfechten (→ Rn. 118 mit zT ähnlicher Kasuistik wie hier) und der Arbeitnehmer haftet auf Schadensersatz. Das Fragerecht des Arbeitgebers bedarf besonderer Interessenabwägungen und findet seine Grenze am Persönlichkeitsrecht des Arbeitnehmers. Zulässig sind danach nur Fragen im Zusammenhang mit der zu leistenden Arbeit, zB über beruflichen Werdegang, früheres Arbeitsverhältnis, vgl. BAG BB 1970, 883; früheres Gehalt, Wettbewerbsverbot; Krankheit, die fristgerechte Arbeitsaufnahme verhindert, BAGE 16, 261; chronische Krankheit; Behinderung, soweit für Arbeitsleistung wesentlich, BAG NZA 1986, 635; 1994, 407, ohne diese Einschränkung über Schwerbehinderteneigenschaft bislang wegen speziellem Schutz durch SchwBG, jetzt SGB IX (→ Rn. 162), BAG NZA 1996, 371; 2001, 315, wegen § 164 II SGB IX und AGG (→ Rn. 10) Frage nunmehr zutr. grds. unzulässig, Joussen NJW 2003, 2857, NZA 2007, 174, zulässig bleibt Frage nach sechsmonatigem Bestehen des Arbeitsverhältnisses zur Vorbereitung der Sozialauswahl bei betriebsbedingten Kündigungen, BAG NZA 2012, 555; einschlägige Vorstrafen, BAG NJW 1999, 975, zB Vermögensdelikte bei Kassierer oder Verkehrsdelikte bei Fahrer und Ermittlungsverfahren, BAG NZA 2005, 1243.

Unzulässig sind Fragen nach Gewerkschaftszugehörigkeit, BAG NZA 2003, 1221 (zum Anspruch der Gewerkschaft auf Unterlassung BAG NZA 2015, 306, zur Frage beim Betriebsübergang Schönhoft/Haug BB 2011, 821, bei Tarifpluralität im Unternehmen Meyer BB 2011, 2362), geplanter Heirat; idR Schwangerschaft, → Rn. 118; für die Arbeit nicht einschlägige Vorstrafen, BAG NZA 1991, 719; 2013, 1090; Vermögensverhältnisse von anderen als leitenden oder für besondere Vertrauensstellung vorgesehenen Angestellten. **Graphologische Gutachten** sind nur mit ausdrücklicher Einwilligung des Betroffenen zulässig, sonst Schadensersatzpflicht, BAG DB 1983, 2780, Einwilligungserfordernis gilt auch für psychologische Eignungstests, Franzen NZA 2013, 2. Verwendung von Tests s. Klein AuR 1978, 266; Einholung von Auskünften über Bewerber s. Schmid DB 1983, 769, auch zur **Datenerhebung** im **Internet** Kania/Sansone NZA 2012, 360, **in sozialen Netzwerken** Determann BB 2013, 181. Unspezifizierte Frage nach eingestellten Ermittlungsverfahren ist wg § 53 BDSG idR nicht erforderlich, bei Falschbeantwortung verstößt Kündigung gegen § 138 BGB, BAG NZA 2013, 429. Aus dem Bundeszentralregister getilgte Vorstrafen müssen nicht angegeben werden, BAG NZA 2014, 1131. Lit.: Moritz NZA 1987, 329. Nach dem GendiagnostikG sind genetische Untersuchungen grundsätzlich unzulässig, Wiese BB 2009, 2198.

d) Obhuts- und Schutzpflichten treffen beide Teile hinsichtlich der Person 35 und Güter des anderen, soweit diese bei dem rechtsgeschäftlichen Kontakt exponiert werden. Der Arbeitgeber muss zB die Bewerbungsunterlagen pfleglich behandeln und zurückgeben; er muss zusehen, dass der Arbeitnehmer bei der Vorstellung in den Geschäftsräumen nicht zu Schaden kommt; er muss Personalfragebogen erfolgloser Bewerber außer bei besonderem berechtigten Interesse vernichten, BAG NZA 1984, 321. Für beide Teile gilt **Verschwiegenheitspflicht.**

e) Angemessene **Vorstellungskosten** (Fahrt, Verpflegung, uU Übernach- 36 tung, nicht Abgeltung für Urlaubstag) trägt Arbeitgeber aus § 670 BGB bei Anforderung über das Arbeitsamt oder Aufforderung zur Vorstellung, BAG NZA

1989, 486; auch bei bloßem „Anheimstellen", wenn Bewerber sonst nicht zum Betriebsort käme, ArbG Berlin DB 1975, 1609.

37 **B. Zustandekommen (Änderung) des Arbeitsvertrags. a)** Der **Vertragsabschluss** (nicht aber Kündigung u. Aufhebungsvertrag, § 623 BGB, → Rn. 121) ist idR **formlos**, er ist ohne weiteres auch stillschweigend möglich, nachteilige Änderung idR nicht durch Schweigen des Arbeitnehmers, BAG NZA 2005, 349, Schriftform aber bei **Befristung** auf das gesetzliche **Renteneintrittsalter**, BAG NZA 2018, 507, → Rn. 112, **praktisch** so **Formzwang**, krit. Lingemann NZA 2018, 889. Auch das NachweisG (→ Rn. 98) begründet keinen Formzwang. Schriftform verlangt § 11 BBiG; der Berufsausbildungsvertrag ist aber trotz Verletzung der Formvorschrift wirksam, BAG AP BerBG § 15 Nr. 1. Auch TV, Betriebsvereinbarung, Einzelvertrag können Form vorschreiben; ihre Nichteinhaltung macht den Abschluss idR nicht nichtig, sondern gibt dem Arbeitnehmer nur Anspruch auf Nachholung; anders bei zwingender tariflicher Vorschrift, BAGE 5, 58, oder wenn nicht bloßes Beweismittel, sondern konstitutive Form (§§ 127, 125 BGB) gewollt ist. Der Arbeitsvertrag kann durch **Stellvertreter** abgeschlossen werden (§ 164 BGB). **Minderjährige** bedürfen der allgemeinen Ermächtigung nach §§ 112, 113 BGB bzw. der Zustimmung des **gesetzlichen Vertreters**, §§ 107 ff. BGB; ein Vormund bedarf bei Verpflichtung auf mehr als ein Jahr der Genehmigung des Vormundschaftsgerichts, BGB § 1822 Nr. 6 (Lehrvertrag), Nr. 7 (Arbeitsvertrag). § 1629a BGB → § 1 Rn. 34. RsprÜbersicht über minderjährige Arbeitnehmer: Brill BB 1975, 284. Schließt ein Sprachunkundiger einen Arbeitsvertrag auf Deutsch ab, so trägt er das Sprachrisiko, BAG NZA 2014, 1076, dazu Boemke/Schönfelder NZA 2015, 1222, Kling 2008. **Ausländische Arbeitnehmer** bedürfen der Erlaubnis nach § 39 AufenthG; fehlt diese und ist mit ihrer Erteilung nicht in absehbarer Zeit zu rechnen, kann der Arbeitsvertrag ordentlich oder außerordentlich gekündigt werden, BAG NZA 1991, 341 (zu § 19 AFG), Kurzüberblick über den Zugang von Ausländern zum Arbeitsmarkt von Gutmann NJW 2010, 2779, Huber NZA 2014, 820.

Der **Betriebsrat** kann eine innerbetriebliche Stellenausschreibung verlangen, § 93 BetrVG. Externe Ausschreibung darf nicht geringere Anforderungen stellen als die innerbetriebliche, BAG NZA 1988, 551. **Zustimmung** des Betriebsrats (→ Rn. 42) nach §§ 99 ff. BetrVG (Betriebe mit mehr als 20 AN), fehlende Zustimmung führt nicht zur Unwirksamkeit des Arbeitsvertrags, es kann aber der Arbeitnehmer nicht in den Betrieb eingegliedert werden (str.). Einstellung darf nicht davon abhängig gemacht werden, dass Bewerber nicht Gewerkschaftsmitglied ist (BAG NZA 2000, 1294). Betriebsrat kann Zustimmung zur Einstellung nicht allein wegen untertariflicher Bezahlung verweigern (AN kann nach Einstellung mögliche Tarifansprüche gegen den Arbeitgeber durchsetzen, BAG NZA 2000, 1294) auch nicht mit Verweis auf gg Art. 12 GG verstoßende Höchstaltersgrenze für Einstellungen im Tarifvertrag (BAG NZA 2011, 751, Piloten nur jünger als 33 Jahre).

Weiter zu beachten sind die **Anti-Diskriminierungsregeln** des AGG (→ Rn. 10). Nach dem Deutschen Corporate Governance Kodex sowie nunmehr §§ 76 IV, 96 II, 111 V AktG ist weiter auf die Diversität und vor allem die ausreichende **Berücksichtigung von Frauen** zu achten. Nach der Rechtsprechung des BAG verstößt der Arbeitgeber gegen den allgemeinen Gleichbehandlungsgrundsatz wenn, ohne dass ein sachlicher Grund gegeben ist, das Geschlecht des Bewerbers als positives oder negatives Kriterium im Motivbündel enthalten ist, BAG NZA 2008, 99. Bevorzugte Berücksichtigung auf Grund Gleichstellungsgesetzen bei gleicher Eignung verfassungsgemäß, wenn Unterrepräsentanz vorliegt und Härteregelung vorgesehen ist, BAG NZA 2003, 1036. Aus arbeitsrechtlicher Sicht sind Frauenquoten nicht unproblematisch, Prehm/Hellenkemper NZA 2012, 960, Olbrich/Krois NZA 2015, 1288. Zu § 76 AktG Röder/ Arnold NZA 2015, 1281.

Der **Arbeitsvertrag** ist seit der AÜG-Reform 2017 in **§ 611a BGB** gesetzlich geregelt, Preis NZA 2018, 817. Der Arbeitgeber ist nach § 611a II BGB zur Leistung der vereinbarten Vergütung verpflichtet, der Arbeitnehmer wird gemäß § 611a I 1 BGB durch den Arbeitsvertrag im Dienste eines anderen zur Leistung weisungsgebundener, fremdbestimmter Arbeit in persönlicher Abhängigkeit verpflichtet. Die Leistung von Arbeit im Dienste eines anderen definiert den Arbeitsvertrag als Unterfall des Dienstvertrags. Fremdbestimmte Arbeit und persönliche Abhängigkeit verweisen insbesondere auf die Eingliederung in eine fremde Arbeitsorganisation, die anders als das Weisungsrecht nicht explizit genannt wird. Begrifflichkeit der fremdbestimmten Arbeit und persönlichen Abhängigkeit übernimmt die Rechtsprechung des BAG, ohne Begrifflichkeit dem modernen Verständnis der Arbeitsbeziehungen anzupassen. Die fehlende Anpassung an moderne Anforderungen (Thüsing NZA 2015, 1479: Arbeit 4.0) und der Begriff der persönlichen Abhängigkeit wurden und werden so kritisiert, Richardi NZA 2017, 39 (diesen freilich fordernd Henssler RdA 2016, 19). Für die Einordnung als Arbeitsvertrag ist die tatsächliche Durchführung, nicht die Bezeichnung im Vertrag maßgeblich, § 611a I 6 BGB.

b) Für Arbeitsverträge gelten die allgemeinen Regeln über **Nichtigkeit und** 38 **Anfechtung** nur vor Invollzugsetzung des Vertrags ohne Einschränkungen. **Nach Invollzugsetzung** besteht ein sog. faktisches oder (besser) **fehlerhaftes Arbeitsverhältnis,** auf das Nichtigkeitsfolgen nur eingeschränkt anwendbar sind. Da dies der typische Fall ist, werden Nichtigkeit und Anfechtung als praktisch zur Beendigung des Arbeitsverhältnisses gehörend behandelt, → Rn. 117–120. Schwarzgeldabrede führt grds. nicht zur Nichtigkeit des Arbeitsvertrages, BAG NZA 2004, 313. Arbeitsrechtlich trotz § 14 II 2 SGB IV (gilt nur für Sozialversicherungsrecht) keine Nettolohnabrede, BAG NZA 2010, 881. Bei Unwirksamkeit des Arbeitsvertrags nach § 134 BGB ist die Nichtigkeit des Arbeitsverhältnisses in vollem Umfang zu beachten, BAG NZA 2009, 663. Rückabwicklung dann nach Bereicherungsrecht (Saldierung), ArbN kann für seine Arbeit nach § 817 S. 2 BGB keinen Wertersatz verlangen, wenn ihm die Leistung verboten war, BAG NZA 2005, 1409 (fehlende Approbation als Arzt).

C. **Einwirkung von Tarifnormen. a) Tarifnormen** (→ Rn. 5) gelten un- 39 mittelbar für das Arbeitsverhältnis, wenn Tarifgebundenheit besteht und das Arbeitsverhältnis in den Geltungsbereich des Tarifvertrags (TV) fällt. **Tarifgebunden** sind die Mitglieder der TVParteien, also organisierte Arbeitgeber und Arbeitnehmer, und der Arbeitgeber, der selbst Partei der TV ist (§ 3 TVG). Für Inhalts- und Abschlussnormen ist, da die Vertragsstellung beider Vertragsparteien berührt wird, beiderseitige Tarifgebundenheit nötig (§ 4 I 1 TVG); bei betriebsverfassungsrechtlichen und uU Betriebsnormen genügt die Tarifgebundenheit des Arbeitgebers. Die Tarifgebundenheit besteht aus dem bei Austritt bis zum Ende des TV (§ 3 III TVG). Auch ohne Tarifgebundenheit gilt der für allgemeinverbindlich erklärte TV (§ 5 TVG; § 3 III TVG gilt mangels Tarifgebundenheit nicht). Keine Tarifgebundenheit begründet die Bezugnahme auf den TV (→ Rn. 40), sei es durch Einzelarbeitsvertrag, Betriebsvereinbarung oder betriebliche Übung (→ Rn. 5, 7–8). Das Arbeitsverhältnis muss in den **Geltungsbereich** des TV fallen, vor allem räumlich (zB TV nur für ein Bundesland) und betrieblich (zB bestimmter Industriezweig), ferner fachlich (zB nur für Ärzte, Lokführer, Piloten), persönlich (zB nicht für Lehrlinge, nur für Angestellte), zeitlich (Dauer; Fortgeltung s. § 3 III TVG; Rückwirkung ist nicht möglich). Tarifzuständigkeit der Gewerkschaft nach deren Satzung, BAG NZA 2009, 908 (909). Bei **Tarifkonkurrenz** gilt der speziellere (betriebsnähere) TV (grund-

§ 59 40 1. Buch. Handelsstand

sätzlich: Industrietarif vor Fachtarif, betrieblich engerer vor betrieblich weiterem, fachlich engerer vor fachlich weiterem, Firmentarif vor Verbandstarif).

Nach **Aufgabe der Rechtsprechung zur Tarifeinheit** (BAG NZA 2010, 645; 2010, 778; 2010, 1068) können aber auch mehrere Tarifverträge in einem Betrieb gelten (etwa für Ärzte und Pflegepersonal, Piloten und Kabinenpersonal), für nicht inhaltsgleiche Tarifverträge verschiedener Gewerkschaften, deren Geltungsbereich sich überschneidet, nun **gesetzliche Regelung, § 4a TVG,** es bedarf eines Antrags auf Feststellung der Tarifkollision, BVerfG NZA 2015, 1271 (Sachverhalt), zust. Löwisch NZA 2015, 1369, weitgehend gebilligt durch BVerfG NZA 2017, 915, zur Neufassung Giesen/Rixen NZA 2019, 577, krit. Löwisch RdA 2019, 169. Nach Ablauf des TV gelten seine Rechtsnormen weiter, bis sie durch andere Abmachungen ersetzt werden (§ 4 V TVG, **Nachwirkung**). Tarifliche Bestimmungen sind als Mindestbedingungen **zwingend,** wenn der TV ungünstigere Bedingungen nicht ausdrücklich zulässt (§ 4 III TVG); für den Arbeitnehmer günstigere Bedingungen sind ohne weiteres zulässig (**Günstigkeitsprinzip** → Rn. 5). **Verzicht** auf Anspruch aus TV für Tarifgebundene nur durch einen von den TVParteien gebilligten Vergleich (§ 4 IV 1 TVG); **Verwirkung** tariflicher Rechte ist ausgeschlossen, aber **Ausschlussfristen** sind (nur) im Tarifvertrag zulässig (§ 4 IV 2, 3 TVG), → Rn. 78. Die Tarifautonomie ist auf arbeitsrechtliche Gegenstände beschränkt und besteht nur in den Grenzen der Verfassung und der Gesetze (dispositives und tarifdispositives Recht → Rn. 4). Vor allem gilt auch für die TVParteien das Gleichbehandlungsgebot (→ Rn. 57, 63, 91), aber nicht zwischen Tarifgebundenen und Außenstehenden (→ Rn. 10, auch 40). Rechtsirrige Ansicht des Arbeitgebers über Auslegung des TV bindet ihn nicht, BAGE 10, 161, allerdings bei wiederholter Rückgruppierung Verstoß gegen Treu und Glauben, BAG NZA 2007, 516; 2010, 528 (Ls.), bei irrtümlicher Falscheinstufung kann die Zahlung vom Arbeitgeber einseitig eingestellt werden, es bedarf keiner Änderungskündigung, BAG NZA 1998, 950. Behandlung übertariflicher Zulagen bei Tariflohnerhöhung → Rn. 58. Wechsel in OT-Mitgliedschaft nur, wenn Arbeitgeber im Arbeitgeberverband auf Tarifverträge keinen Einfluss mehr nehmen kann, BAG NZA 2010, 105, BVerfG NZA 2011, 60. Lit.: **zum TVG:** Wiedemann, 8. Aufl. 2019; Löwisch/Rieble, 4. Aufl. 2017.

40 **b) Nicht tarifgebundene Parteien** werden von dem TV nicht erfasst (Ausnahme: Allgemeinverbindlichkeit, § 5 TVG). Die TVParteien haben keine Rechtsetzungsmacht gegenüber Außenstehenden. Der TV kann Außenstehenden keinen Solidaritätsbeitrag auferlegen, Hueck RdA 1961, 141. Qualifizierende **Differenzierungsklauseln** (mitgliedschaftanknüpfende, Tarifausschluss-, Spannen- oder Abstandsklauseln), mit denen Leistungen den Gewerkschaftsangehörigen vorbehalten, den Außenstehenden vorenthalten oder Spannen bzw. Abstände zwischen beiden festgeschrieben werden sollen, sind unzulässig (Art. 9 III GG, Eingriff in die Vertragsfreiheit der Außenstehenden), BAGE 20, 175, es darf der Arbeitgeber nicht zur Ungleichbehandlung von „Außenseitern" zu tarifgebundenen Arbeitnehmern gezwungen werden, BAG NZA 2012, 924, für Zulässigkeit einfacher Differenzierungsklauseln aber BAG NZA 2009, 1028; 2011, 922 mAnm Bauer/Arnold NZA 2011, 945, für Zulässigkeit von auf die Gewerkschaftsmitgliedschaft abstellenden Stichtagsklauseln BAG NZA 2015, 1388, dazu Helm NZA 2015, 1437, krit. Greiner NZA 2016, 10. Lit.: Höpfner RdA 2019, 146.

Für den TV und den Arbeitgeber keine Pflicht zur Gleichbehandlung von Tarifgebundenen und Außenseitern, BAG NZA 2009, 1028; 2015, 119; aber ebenso wenig Pflicht zu Ungleichbehandlung. Nicht tarifgebundene Parteien können im Arbeitsvertrag auf TV **Bezug nehmen.** Dadurch tritt keine Tarifbindung ein, sondern die tariflichen Normen gelten kraft Einzelvertrags, BAGE 7,

125, NZA 2008, 364. Unterwerfung unter den jeweils geltenden TV bedarf ausdrücklicher Erklärung (große dynamische Verweisung, auch auf ggf. wechselnden Inhalt des Tarifvertrags wegen anderweitiger Tarifzuständigkeit, auch Tarifwechselklausel), BAG NZA 2008, 365; 2009, 151, im Zweifel aber zeitdynamische Verweisung auf bestimmten Tarifvertrag und die jeweils gültige Vergütungshöhe, BAG NZA 2006, 202 (§ 305c II BGB), 2010, 401, dann Möglichkeit der ergänzenden Vertragsauslegung, wenn Tarifvertrag wegfällt, BAG NZA 2010, 1183; 2012, 396; 2015, 944, sonst gilt sie nur für den zzt. des Vertragsschlusses geltenden TV (statische Verweisung). Bezugnahme auf tarifrechtlich unwirksame Bestimmung ist unwirksam, BAG BB 1978, 157. Wendet der ArbG einen Vergütungstarif auf nicht tarifgebundene AN an, so kann er nicht eine Gruppe ausnehmen, BAG NZA 2009, 450 (Werkstudenten). Dynamische Verweisung unterliegt der Klauselkontrolle einschließlich des Transparenzgebots, nicht aber der Unklarheitenregel des § 305c II BGB, BAG NZA 2009, 154, bei Bezugnahme auf mehrere Tarifverträge entfällt die Dynamik, wenn sich diese auseinanderentwickeln und Bezugnahme nicht konkretisiert wird, BAG NZA 2021, 1567, 1572. Klauselkontrolle trotz §§ 310 IV, 307 III BGB, wenn nur punktuell auf Tarifvertrag verwiesen wird, BAG NZA 2007, 875.

D. Einwirkung von Betriebsvereinbarungen, Mitbestimmung des Betriebsrats. a) Betriebsvereinbarungen (Sonderform: Gruppenvereinbarung) zwischen Arbeitgeber und Betriebsrat (→ Rn. 5) gelten ähnlich wie TV unmittelbar für das Arbeitsverhältnis (§ 77 IV BetrVG; anders als bloße Betriebsabsprachen). Voraussetzung ist Vereinbarung in schriftlicher Form, Unterzeichnung beider Seiten (Wirksamkeitserfordernis, § 77 II 2 BetrVG gegen § 126 II 2 BGB). **Gebunden** durch die Betriebsvereinbarung sind nur Arbeitnehmer des Betriebs, nicht Ausgeschiedene und in Ruhestand Getretene, BAG (GrS) BAGE 3, 1 = NJW 1956, 1086. Ihr **Geltungsbereich** kann beschränkt sein, zB fachlich, persönlich, zeitlich (vgl. → Rn. 39). Die Betriebsvereinbarung hat **Nachwirkung** (§ 77 VI BetrVG). Sie gilt **zwingend** (§ 77 IV BetrVG), lässt aber für den Arbeitnehmer günstigere Einzelvertragsbedingungen zu (**Günstigkeitsprinzip** → Rn. 5). Bereits begründete einzelvertragliche Rechte des Arbeitnehmers können durch kollektiv günstigere Betriebsvereinbarung beschränkt werden, BAG GrS NZA 1987, 168, str. Verzicht auf Rechte des Arbeitnehmers aus Betriebsvereinbarung ist nur mit Zustimmung des Betriebsrats möglich (§ 77 IV 2 BetrVG). Gesetze und Tarifautonomie setzen der Betriebsvereinbarung **Grenzen** (→ Rn. 4–6). Arbeitsentgelte und sonstige (aber nur sog. Materielle) Arbeitsbedingungen, die durch TV geregelt sind oder üblicherweise geregelt werden, können nicht Gegenstand einer Betriebsvereinbarung sein, außer bei tariflicher Öffnungsklausel (§ 77 III BetrVG). Betriebsvereinbarungen unterliegen einer Rechtskontrolle, BAG NZA 1997, 533; 2004, 271, bei ablösender BV Prüfung auf Verhältnismäßigkeit und Vertrauensschutz, BAG NZA 1992, 659, früher angenommen, dass BV anders als TV der gerichtlichen Billigkeitskontrolle unterworfen (§§ 75 I 1, 76 V 3 BetrVG), BAG NJW 1983, 68 (70).

b) Mitbestimmung des Betriebsrats ist vorgesehen in sozialen, personellen und wirtschaftlichen Angelegenheiten. Voraussetzung ist Anwendbarkeit des BetrVG. Dieses gilt nicht für Kleinstbetriebe (weniger als idR fünf wahlberechtigte Arbeitnehmer, §§ 1, 7 BetrVG, für den öffentlichen Dienst aber Personalvertretung) und nur eingeschränkt für Tendenzbetriebe. Es erfasst grundsätzlich nur den einzelnen Betrieb und seine Belegschaft und nur Arbeitnehmer iSv § 5 BetrVG, allerdings nicht leitende Angestellte (Definition § 5 III BetrVG, reiche Kasuistik, insoweit Sprecherausschuss). Wahl des Betriebsrats s. §§ 7 ff. BetrVG; Grundsätze für die Mitbestimmung s. §§ 74 ff. BetrVG. In europaweit tätigen Unternehmen kann ein Europäischer Betriebsrat zu bilden sein (EBRG, ab 1000 AN). Von der Mitbestimmung des Betriebsrats ist die Arbeitnehmermitbestimmung in **Unternehmensorganen** zu unterscheiden (DrittelbG 2004; Montan-MitbestG 1951; MitbestG 1976). Lit. zum **BetrVG:** Richardi, 17. Aufl. 2022, Fitting/Schmidt/Trebinger/Linsenmaier/Schelz, 31. Aufl. 2022. Lit. **zum DrittelbG, MitbestG:** GroßKoAktG/Oetker, 5. Aufl. 2018, Habersack/Henssler, 4. Aufl. 2018.

43 E. **AGBKontrolle von Arbeitsverträgen.** (5) § 310 IV 2 BGB idF SMG unterwirft anders als früher auch Arbeitsverträge den Bestimmungen der **(5)** §§ 305–310 BGB (außer § 305 II, III BGB, Grund: insoweit Schutz durch das NachweisG, → Rn. 98), aber nur unter angemessener Berücksichtigung der im Arbeitsrecht geltenden **Besonderheiten,** diese sind bei allen Klauseln (auch Klauselverbote ohne Wertungsmöglichkeit, **(5)** BGB § 309) zu berücksichtigen, BAG NZA 2004, 727 (Vertragsstrafe). Arbeitsvertrag ist Verbrauchervertrag (§§ 310 III, 13 BGB), BverfG NZA 2007, 85 (strukturelle Unterlegenheit), BAG NZA 2005, 1111, Benecke/Pils ZIP 2005, 1956. Bspe: kein jederzeitiger Widerruf übertariflicher Lohnbestandteile, **(5)** BGB § 308 Nr. 4, BAG NZA 2005, 465 mAnm Hümmerich NJW 2005, 1759 (danach zulässig, wenn widerruflicher Teil des Gesamtverdienstes unter 25 bis 30% liegt und der Tariflohn nicht unterschritten wird) und von Leistungszulagen, BAG NZA 2007, 853; Widerruf einer Dienstwagenüberlassung nicht wegen jedweden wirtschaftlichen Grundes, BAG NZA-RR 2010, 457 m. krit. Bespr. Gaul/Kaul BB 2011, 181; keine Zuweisung anderer Tätigkeit als der vertraglich geschuldeten, wenn nicht mindestens gleichwertig, BAG NZA 2007, 145; 2010, 1355; Bezugnahme auf einseitig änderbare Arbeits- und Sozialordnung, BAG NZA 2009, 428; formularmäßiger Verzicht auf Kündigungsschutzklage, BAG NZA 2008, 218, auch in Ausgleichsquittung ohne arbeitgeberseitige Kompensation, BAG NZA 2015, 350; Rückforderungsausschluss bei Schuldversprechen, BAG NZA 2005, 682; bei Zuwendung über 100 EUR, aber unter einem Monatsbezug einzelvertragliche Bindung nur bis 31.3. des Folgejahrs, BAG NZA 2007, 875; unbedingte Rückzahlung von Ausbildungskosten, BAG NZA 2007, 748, BGH NZA 2010, 37 bzw. zu lange Frist, BAG NZA 2010, 342, bei Auszubildendem auch wenn kein Angebot auf Übernahme, BAG NZA 2009, 435; Ausschluss eines Rechtsanspruchs und zu weite Stichtagsklausel für Boni, BAG NZA 2008, 40; kürzere als dreimonatige Ausschlussklauseln für Klageerhebung, BAG NZA 2005, 1111; 2006, 149; 2020, 588 (Transparenz), Henssler RdA 2002, 137, auch sonst zu Ausschlussfristen Salamon NZG 2019, 1529; Ausschlussklausel ohne Rücksicht auf Fälligkeit, BAG NZA 2006, 783 (auch → Rn. 79) bzw. auch für Vorsatz (BAG NZA 2021, 706, Verstoß gegen §§ 202, 134 BGB, auch wenn nur Ansprüche aus unerlaubter Handlung der Verfallklausel nicht unterfallen, BAG NZA 2021, 1259, zur Rspr. Bayreuther NZA 2021, 1375, Marski NZA 2021, 1381); Freiwilligkeitsklausel für Sonderzahlungen, BAG NZA 2008, 1173 (Transparenz) m. krit. Anm. Bayreuther BB 2009, 102; von Bedarf abhängige befristete Arbeitszeiterhöhung, BAG NZA 2006, 40, bei Arbeitszeiterhöhung in erheblichem Umfang (25 Prozent eines Vollarbeitszeitverhältnisses) müsste Arbeitsvertrag nach § 14 I TzBfG befristet werden können, BAG NZA 2016, 881; Vertragsstrafenabreden, BAG NZA 2008, 170 mAnm Schramm NJW 2008, 1494, BAG NZA 2009, 370; 2011, 89; 2016, 945, Thüsing/Leder BB 2004, 44, Wensing/Niemann NJW 2007, 401, Winter BB 2010, 2757 (auch → § 74a Rn. 9); doppelte Schriftformklausel, BAG NZA 2008, 1233 (Hinweis auf § 305b BGB), jetzt Textform, § 309 Nr. 13 lit b BGB; Transparenzgebot, BAG NZA 2008, 40 (Bonus), auch bei Ausschluss der Überstundenvergütung, BAG NZA 2012, 861 (trotz Ausschluss der Preiskontrolle). Widerrufsvorbehalt wegen wirtschaftlicher Notlage bei Weihnachtsgeld ist möglich, BAG NZA 2017, 777. **Intransparent** ist rglm die Kombination eines Freiwilligkeitsvorbehalts mit einem Widerrufsvorbehalt, BAG NZA 2012, 81, dann auch kein Streichen des unzulässigen Teils (kein blue pencil-Test), weiter

bei „freiwilliger" Leistung Unklarheitenregel des § 305c II BGB, BAG NZA 2013, 787. Keine Unwirksamkeit einer Versetzungsklausel ohne Angabe eines Grundes, BAG NZA 2006, 1149, Wartezeit für Ausüben von Aktienoptionen, BAG NZA 2008, 1066. **Tarifverträge, Betriebs- und Dienstvereinbarungen** unterliegen **nicht der AGBKontrolle**, auch nicht mittelbar, denn sie stehen Rechtsvorschriften iSv § 307 III BGB gleich (§ 310 IV 1, 3 BGB); als solche gelten sie aber nur für diejenigen, die durch sie gebunden sind, also nicht auch darüber hinaus als Maßstab für die Inhaltskontrolle nach § 307 I 1 BGB, Henssler RdA 2002, 136, Löwisch FS Wiedemann, 2002, 321. Die AGBKontrolle ist Sache der nationalen Gerichte, EuGH ZIP 2004, 1053 – Freiburger Kommunalbauten; Markwardt ZIP 2005, 152. BAG führt die weitergehende **AGBKontrolle für Verbraucherverträge** nach **(5) § 310 III BGB** durch und qualifiziert Arbeitnehmer beim Abschluss arbeitsrechtlicher Verträge mit dem Arbeitgeber als **Verbraucher** iSv § 13 BGB, BAG NZA 2005, 1111, anders zuvor Bauer/Kock DB 2002, 42, Henssler RdA 2002, 133, Hromadka NJW 2002, 2524, Löwisch FS Wiedemann, 2002, 315. Die Verbrauchereigenschaft ist ferner von Bedeutung für die Anwendbarkeit des § **312b BGB (Haustürgeschäfte)** auf am Arbeitsplatz abgeschlossene arbeitsrechtliche Verträge (gegen Anwendbarkeit BAG NZA 2004, 597, nach Reform grds. gegen Anwendbarkeit auf Arbeitsverträge Bauer/Arnold/Zeh NZA 2016, 451) sowie für die Verzinsung der Entgeltforderung des Arbeitnehmers (§ 288 I oder II BGB); Aufhebungsvertrag → Rn. 166 (gegen Anwendbarkeit BAG NZA 2004, 597). Unstreitig ist, dass es sich bei sonstigen Rechtsgeschäften des Arbeitnehmers mit dem Arbeitgeber um Verbraucherverträge handeln kann (zB Verbrauchsgüterkauf, Verbraucherdarlehensvertrag). Das UKlaG ist nach seinem § 15 nach wie vor im Arbeitsrecht insgesamt nicht anwendbar. Lit.: Komm. zu §§ 305 ff., 310 IV 2 BGB, Henssler/Moll 2. Aufl. 2020, Däubler/Deinert/Walser, 5. Aufl. 2021, Singer RdA 2006, 362 (Flexibilisierungsklauseln), Bayreuther ZIP 2007, 2009, Hromadka NJW 2007, 1777, Junker BB 2007, 1274, Löwisch FS Canaris, I, 2007, 1403 (krit.), Preis/Roloff ZfA 2007, 43, Bayreuther ZIP 2008, 573 (Sanierungs- und Insolvenzklauseln), Reinecke BB 2008, 554 (Entgeltklauseln), Lembke NJW 2010, 257 (321) (Vergütungsvereinbarungen), Schlewing RdA 2011, 92 (ergänzende Vertragsauslegung), Stöhr ZfA 2013, 213.

5) Arbeitspflicht und Nebenpflichten des Handlungsgehilfen (Arbeitnehmers)

A. **Arbeitspflicht. a)** Rechtsquellen für den **Inhalt des Arbeitsvertrags** 44 → Rn. 2–9; Beweislast für Inhalt des Arbeitsvertrags s. BAG NZA 1995, 780. Die **Arbeitspflicht** des HdlGehilfen **(Hauptpflicht)** bestimmt sich nach diesem Inhalt, ergänzend gemäß ausdrücklicher Regelung in § 59 S. 1 nach dem Ortsbrauch im Geschäftszweig; erst dann gemäß § 59 S. 2 nach dem Angemessenheit. Sie ist iZw persönlich zu erfüllen (§ 613 S. 1 BGB). Zu leisten sind **kaufmännische Dienste** (→ Rn. 28, 30) entspr. der vereinbarten Stellung, mangels solcher Vereinbarung Dienste jeder Art. Bei langjähriger Beschäftigung mit Diensten bestimmter Tätigkeitsmerkmale und Vergütungsgruppe gelten diese als vertragsmäßig, BAG BB 1962, 297; 1962, 1433. In den Grenzen von Gesetz (zB Arbeitsschutz), Kollektivvertrag (→ Rn. 39–42) und Einzelvertrag (§§ 133, 157; 242 BGB, → Rn. 8) kann der Arbeitgeber die zu erbringende Arbeitsleistung nach Inhalt, Ort und Zeit konkret **nach billigem Ermessen näher bestimmen** (**§ 106 S. 1 GewO**, → Rn. 12, BAG NZA 2005, 359), Hromadka NJW 2007, 1779; das gilt auch hinsichtlich der Ordnung und des Verhaltens der Arbeitnehmer im Betrieb (§ 106 S. 2 GewO). Dieses **Weisungsrecht** (Leitungs-, Direktionsrecht, → Rn. 9, nun auch **§ 611a I 1, 2 BGB,** → Rn. 37 aE) steht unter der Mitbestimmung des Betriebsrats nach §§ 75, 87, 99, 111 BetrVG (→ Rn. 42), muss vor allem Behinderungen des Arbeitnehmers (§ 106 S. 3 GewO) und das

Persönlichkeitsrecht des Arbeitnehmers beachten (Kleidung; außerdienstliches Verhalten, Schwenk NJW 1968, 822, informationelle Selbstbestimmung, keine Verwendung des Steuerberaters des Arbeitgebers, BAG NZA 2013, 268) und unterliegt der Billigkeitskontrolle nach § 315 III BGB, BAG NZA 1996, 1088; 2001, 893, auch nach Kodifikation des Weisungsrechts in § 106 GewO, BAG NZA 2006, 1149; 2012, 860 (Klage entsprechend § 315 III 2 BGB vor Arbeitsgericht, auch bei unbilliger vorübergehender Übertragung höherwertiger Tätigkeit, BAG NZA 2012, 928, Klage aber nicht Voraussetzung für Geltendmachung der Unbilligkeit, Boemke NZA 2013, 6, notwendig, wenn Entgelt verlangt wird), bei Formularvertrag nicht der AGBKontrolle nach **(5)** § 308 Nr. 4 BGB, Löwisch FS Wiedemann, 2002, 317; Annuß BB 2002, 462; Hromadka NZA 2012, 233.

Rücksicht zu nehmen ist auch **auf die familiäre Situation** des Arbeitnehmers, § 28 I 3 ArbVG-E Henssler/Preis, de lege lata Einwirkung des Art. 6 GG über die Generalklausel des § 315 BGB, andeutungsweise BAG NZA 2005, 359; 2012, 1157, deutlicher für Glaubensgründe BAG NZA 2011, 1087, und die **gesundheitliche Situation** des Arbeitnehmers, etwa die Nachtdienstuntauglichkeit einer Krankenschwester, BAG NZA 2014, 719 (Beschäftigung zu anderen Zeiten, keine krankheitsbedingte Kündigung). Danach nicht gedeckte Weisungen braucht der Arbeitnehmer nicht zu beachten, BAG NZA 1986, 21; 2011, 1087 (jeweils zum Gewissenskonflikt, so aber grds. bis zur gerichtlichen Klärung, noch BAG NZA 2012, 858, dazu zutr. krit. Preis NZA 2015, 1, Kühn NZA 2015, 10, Hromadka NZA 2017, 601, wie hier nun BAG NZA 2017, 1452 nach Anfrage des 5. Senats, BAG NZA 2017, 1185, dazu Preis/Rupprecht NZA 2017, 1353, Hromadka NJW 2018, 7), nach Henssler RdA 2002, 131 Anwendung des § 275 III BGB; auch bei **Gewissenskonflikt** kann dann eine Kündigung zulässig sein, BAG NZA 1990, 144; 2011, 1087. Bspe für Weisungsrecht: Zuweisung und Änderung des Arbeitsplatzes; Wechsel in der Art der Beschäftigung, Verkleinerung des Arbeitsbereichs, BAG BB 1973, 291; 1980, 1267; Einteilung zu bestimmten Arbeiten; jederzeitige Unterbrechung privater Telefongespräche des Arbeitnehmers während der Arbeitszeit, auch durch Aufschaltanlage, BGH BB 1973, 704; aber keine Pflicht zur Teilnahme an Betriebsausflug, BAG BB 1971, 220. Arbeitsvertragliche **Versetzung** ist die Änderung des Aufgabenbereichs nach Art, Ort oder Umfang der Tätigkeit, Arbeitgeber hat bei entsprechender Weisung des Arbeitnehmers an kurzen Fahrtzeiten zu berücksichtigen BAG NZA 2012, 266.

Der **Umfang des Versetzungsrechts** bestimmt sich **nach dem Arbeitsvertrag;** ist danach eine entspr. einseitige Weisung nicht gedeckt, bleibt nur Änderungsvertrag oder -kündigung; Mitwirkung des Betriebsrats nach §§ 95 III (Definition), 99 ff. BetrVG (→ Rn. 42), fehlende Zustimmung macht Versetzung auch individualvertraglich unwirksam, BAG NZA 2010, 1235. SchE des ArbN bei Befolgung einer vom Weisungsrecht des ArbG nicht gedeckten Versetzung, BAG NZA 2020, 589 (Fahrtkosten, trotz Unwirksamkeit der Weisung, Nichtbefolgung grds nicht zumutbar). Beispiele: keine einseitige Versetzung auf geringerwertigen Arbeitsplatz, auch bei gleichem Entgelt, BAG BB 1965, 1455; im Notfall muss aber auch vertragsfremde Arbeit geleistet werden, bei Stellenvakanz normalerweise nur im Rahmen des Vertrags, BAG NJW 1973, 293, wenn darüber hinaus erhöhte Vergütung nach § 59 S. 1, bzw. § 612 BGB analog. Versetzung an einen anderen Ort, wenn im Vertrag vorgesehen, auch bei Betriebsverlegung; Vorbehalt des Einsatzes an anderem als genanntem Ort hindert Festlegung und ist auch in AGB wirksam, BAG NZA 2011, 631. Den Bezirk des Tätigkeitsbereichs kann der Arbeitgeber aus organisatorischen Gründen bei entsprechendem Vorbehalt wechseln, Arbeitsgericht kann jedoch prüfen, ob solche Gründe vorliegen, BAG BB 1971, 1055 und ob konkrete Versetzung von Weisungsrecht (§ 106 GewO, § 315 III 1 BGB) gedeckt, BAG NZA 2011,

633; Einsatz im Ausland nur bei besonderer Absprache. Zur Versetzung Hunold BB 1988, 2101. Vereinbarung über **Freistellung** führt zur Aufhebung der Arbeitspflicht, begründet aber idR keinen eigenständigen Vergütungsanspruch, dieser dann nach allg. Grundsätzen, Einwand der mangelnden Leistungsfähigkeit oder -bereitschaft gegen Vergütungsanspruch aus Annahmeverzug des Arbeitgebers, § 615 oder 326 II BGB (§ 297 BGB, vgl. → Rn. 72) bleibt unberührt, BAG NZA 2008, 595.

Teilzeitarbeit: geregelt in **Teilzeit- und BefristungsG** (TzBfG) 21.12.2000 BGBl. I 1966. Geltung des TzBfG auch für Kleinbetriebe (→ Rn. 111, Anspruch auf Verringerung der Arbeitszeit aber erst ab idR mehr als 15 Arbeitnehmern, § 8 VII TzBfG). Definition des teilzeitbeschäftigten Arbeitnehmers in § 2 TzBfG, nämlich wenn seine regelmäßige Wochenarbeitszeit kürzer ist als die eines vergleichbaren vollzeitbeschäftigten Arbeitnehmers. Der Arbeitnehmer, auch leitender Angestellter, hat nach sechs Monaten (vgl. § 1 I KSchG) Anspruch auf Verringerung seiner vertraglichen Arbeitszeit, wenn er dies drei Monate vorher (§§ 187 I, 188 II Hs. 2 BGB, BAG NJW 2003, 911) geltend macht und soweit betriebliche Gründe (insbesondere wesentliche Beeinträchtigung der Organisation, Arbeitsablauf oder Sicherheit im Betrieb oder unverhältnismäßige Kosten) nicht entgegenstehen (§ 8 TzBfG), BAG NZA 2003, 1392; 2004, 382; 2013, 373, Salamon/Reuße NZA 2013, 865. Auslegung eines zu kurzfristig gestellten Teilzeitantrags (nachster zulässiger Termin), BAG NZA 2004, 1090. Gleichbehandlung (AGG → Rn. 10), aber flexibler Maßstab bei Organisationsentscheidungen, BAG NZA 2005, 523 (zu KSchG), bloße Absicht einen Arbeitsplatz nicht zu teilen reicht bei Rückkehr aus Elternzeit und in dieser Zeit geteiltem Arbeitsplatz nicht aus, BAG NZA 2010, 339, unternehmerisches Konzept muss vorteilhaft sein.

Diskutiert wird **Anspruch** auf **Erhöhung der Arbeitszeit**, gesetzlich geregelt wurde die **Brückenteilzeit**, die von vornherein zeitlich befristete Verringerung der Arbeitszeit, § 9a TzBfG, s. Preis/Schwarz NJW 2018, 3673, zur dreimonatigen Mindestankündigungsfrist BAG NZA 2021, 1708. Anspruch des Teilzeitbeschäftigten auf anteilige Zulagen, BAG NZA 2008, 1422, ggf. auf Erhöhung der Arbeitszeit entsprechend Vollzeitbeschäftigten, um bisherige Vergütung zu erhalten, BAG NZA 2012, 666. Anspr auch, wenn bereits Teilzeit gearbeitet wird und Versetzung auf einen anderen Arbeitsplatz notwendig wird, BAG NZA 2013, 373. Bevorzugte Berücksichtigung (§ 9 TzBfG) kann zu Anspruch auf Arbeitszeitverlängerung führen, BAG NZA 2007, 255, aber unternehmerische Entscheidung des Arbeitgebers, ob Aufgaben von Arbeitnehmern oder freien Mitarbeitern erfüllt werden sollen, BAG NZA 2009, 1253. Verhandlungspflicht des Arbeitgebers, BAG NZA 2003, 911. Auch im Rahmen eines Aufstockungsverlangens unternehmerische Entscheidung des Arbeitgebers, ob Aufgaben durch Arbeitnehmer oder freie Mitarbeiter erfüllt werden sollen, BAG NZA 2009, 1253. Keine Kündigung wegen Weigerung des Arbeitnehmers, zwischen Voll- und Teilzeit zu wechseln (§ 11 TzBfG). Arbeit auf Abruf bei Vereinbarung, aber nur in bestimmten, engen Grenzen (§ 12 TzBfG), Stoffels/Hultzsch, NZA 2020, 977 (auch zur Inhaltskontrolle), abzugrenzen ist Tätigkeit aufgrund eines Rahmenvertrags, der keine Arbeitspflicht begründet, BAG NZA 2012, 733. Im Übrigen gelten auch für Teilzeitbeschäftigte ohne Unterschied die allgemeinen Regeln über Arbeitspflicht, Arbeitszeit ua, BAG NJW 1997, 1047, → Rn. 57. Diskriminierungsverbot zugunsten teilzeitbeschäftigter Arbeitnehmer (§§ 4 I, 5 TzBfG). Das TzBfG ist (mit Ausnahmen) zugunsten des Arbeitnehmers **zwingend** (§ 22 I TzBfG), sachlicher Grund auch bei befristeter Arbeitszeiterhöhung, wenn diese wesentlich ist, grds. Bei einem Viertel der Arbeitszeit, BAG NZA 2018, 1061, Kontrolle nach § 307 BGB. Lit.: zur Teilzeitarbeit Arnold/Gräfl 2021, Boecken/Joussen, 6. Aufl. 2019, Meinel/Heyn/Herms, 5. Aufl. 2015, Sievers, 7. Aufl. 2022; Hromadka NJW 2001, 400, Preis/

§ 59 45, 46　　　　　　　　　　　　　　　　　　　　1. Buch. Handelsstand

Gotthardt DB 2001, 145, Bader/Jörchel NZA 2016, 1105, RsprÜbersicht: Wisskirchen DB 2003, 277.

45　　**b) Die Arbeitszeit** ist weitgehend durch EG-Arbeitszeit-RL, ArbZG, TV, Betriebsvereinbarung und Arbeitsvertrag geregelt; der Bestimmung durch Direktionsrecht (billiges Ermessen, § 106 GewO iVm § 315 BGB, vertragliche Vereinbarung geht vor, BAG NZA 2008, 118) bleiben idR nur Anfang, Ende und Unterbrechung des Arbeitstags (unentgeltliche Ruhezeiten, BAG NZA 2010, 505), zB auch Einteilung zu Nachtschichten, BAG NZA 1998, 647, Sonntagsarbeit, BAG NZA 2009, 1333 (krit. Preis/Ulber NZA 2010, 729). Unter Vollzeit sind nicht mehr als 40 Wochenstunden zu verstehen, BAG NZA 2015, 1002. Vorbehalt der Bestimmung des Umfangs der Arbeitszeit durch Arbeitgeber ist wegen Umgehung des Kündigungs(schutz)rechts nichtig, BAG NZA 1985, 321. Mitbestimmung des Betriebsrats nach § 87 I Nr. 2, 3 BetrVG (→ Rn. 42). **Bereitschaftsdienst** gilt als Arbeitszeit, EuGH NZA 2003, 1019 (für Ärzte), 2004, 3547, Schliemann NZA 2004, 513, Zeitausgleich nach ArbZG idF 2004 (allgemeiner), Boerner NJW 2004, 1145, Umkleide- und Wegezeiten bei betrieblicher Veranlassung, BAG NZA 2017, 323, nicht wenn auffällige Arbeitskleidung auch auf dem Weg zur Arbeitsstätte getragen werden darf, BAG NZA 2021, 1197, 1199. Arbeit zu bestimmter Arbeitszeit ist absolute Fixschuld, dh bei Versäumung nicht nachholbar, BAG NZA 2012, 381, bei **Rufbereitschaft** Gesamtabwägung aller Umstände des Einzelfalls, EuGH NZA 2021, 485, 489; Eylert/Meyer NZA 2022, 225. Einseitig abrufbare **Arbeit auf Abruf** kann bis zu 25 % der wöchentlichen Mindestarbeitszeit vereinbart werden, BAG NZA 2006, 423. Poolsystem und Abrufarbeit, Hanau GS Heinze, 2005, 321. **Flexible Arbeitszeiten,** Lindecke 2008. Höchstarbeitszeit und andere Schranken setzen ua ArbZG, JArbSchG, LadenschlussG. Teilzeitarbeit → Rn. 44. Der EuGH entnimmt Arbeitszeit-RL und Art. 31 II EU-GRCharta die Pflicht, ein **System** zur **Erfassung der Arbeitszeit** einzurichten, EuGH NZA 2019, 683 (CCOO/Deutsche Bank), im Schrifttum wird angenommen, dass eine Umsetzung durch den Gesetzgeber erforderlich ist, Bayreuther NZA 2020, 1, zutreffend eine Kompetenz des Betriebsrats annehmend Höpfner/Daum RdA 2019, 276. **Mehrarbeit** braucht ohne Vereinbarung grundsätzlich nicht geleistet zu werden, von Schwerbehinderten überhaupt nicht (§ 207 SGB IX); Entgelt → Rn. 58. **Kurzarbeit** setzt Vertragsänderung voraus, entweder durch TV, Betriebsvereinbarung oder Änderungskündigung; einseitig mit Zustimmung der Bundesagentur für Arbeit (§ 19 KSchG). Lit.: von Stebut RdA 1974, 332, Bauer/Günther BB 2009, 662, Wahlig/Jeschke NZA 2010, 607. An **Sonn- und Feiertagen** besteht grundsätzlich Arbeitsverbot nach Maßgabe der Feiertagsgesetze der Länder, Feiertagsarbeitsentgelt → Rn. 58. Lit.: Anzinger/Koberski, 5. Aufl. 2020, Baeck/Deutsch/Winzer, 4. Aufl. 2020, Neumann/Biebl, 16. Aufl. 2012, Anzinger BB 1994, 1492, Diller NJW 1994, 2726, Boerner NJW 2004, 1559, Reim DB 2004, 186, Giesen NJW 2006, 723 (EU-ArbeitszeitRi), Lindemann BB 2006, 826 (Entgeltpauschale), Hromadka NJW 2007, 1777 (BAG), Zwanziger DB 2007, 1356 (BAG), Hanau EuZA 2019, 423 (Flexibilisierungspotential).

46　　**c) Verletzung der Arbeitspflicht: Arbeitsverweigerung (Nichterfüllung)** berechtigt, wenn vertragswidrig, zur **Entgeltverweigerung** und zur ordentlichen, uU außerordentlichen **Kündigung** (→ Rn. 139). Zwar kann der Arbeitgeber auch auf Leistung der Dienste (Erfüllung) klagen, aber das Urteil kann nicht vollstreckt werden (§ 888 III ZPO). In Frage kommt bei außerordentlicher Kündigung auch Klage auf **Schadensersatz** (§ 628 II BGB; dazu → Rn. 137). Vereinbarung angemessener **Vertragsstrafe** wegen Vertragsbruchs, Nichteinhaltung einer Kündigungsfrist oder bei fristloser Entlassung wegen schuldhaften Vertragsbruchs des Arbeitnehmers ist in den Grenzen von **(5)** §§ 310 IV 2, 309 Nr. 6, 307 I BGB auch in AGB zulässig, BAG NZA 1984, 255;

322　　　　　　　　　　　　　　　　　　　　*Roth*

2009, 370, Henssler RdA 2002, 138, Annuß BB 2002, 463, Günther/Nolde NZA 2012, 62, aber nicht für Fall ordentlicher Kündigung, BAG BB 1971, 706; 1972, 798. Bei Vertragsstrafe in im Einzelfall unangemessener Höhe Herabsetzung nach § 343 BGB, BAG NZA 1984, 255. Abrede in AGB trotz § 309 Nr. 6 BGB möglich (Besonderheiten des Arbeitsrechts, § 310 IV 2 BGB), bei unangemessener Höhe allerdings Unwirksamkeit, BAG NZA 2004, 727. **Lohnverwirkungs**abreden sind aufschiebend bedingter Erlass (§ 397 BGB; zu unterscheiden von Verwirkung, → Rn. 85–86); sie sind grundsätzlich zulässig. Durchsetzung vertraglicher Abwerbungsverbote s. Weiland BB 1976, 1179, Ansprüche gegen den abwerbenden Dritten s. Gierke RdA 1972, 17. Keine Verletzung der Arbeitspflicht ist die Teilnahme an einem rechtmäßigen, gewerkschaftlich organisierten **Streik,** also nur Verlust des Entgeltanspruchs, keine Schadensersatzpflicht; Teilnahme an einem wilden Streik ist dagegen (arbeitsrechtlich) rechtswidrig, Schadensersatzpflicht nach §§ 281, 283, 284 BGB, Henssler RdA 2002, 132; Löwisch FS Wiedemann, 2002, 329; Abgrenzung zwischen rechtmäßigem und rechtswidrigem Streik s. Schaub § 192, nach BAG NZA 2009, 1347 auch Flashmob möglich, str.

Mangelhafte Arbeitsleistung (Schlechterfüllung, Beispiele s. am Ende **47** dieser Rn. sowie in → Rn. 100) berechtigt Arbeitgeber zu ordentlicher, uU außerordentlicher **Kündigung** und **Schadensersatz** nach § 280 BGB, **nicht** zu **Lohnminderung,** BAG NZA 2007, 1015 (Ls.). **Aufrechnung** gegen Forderung des Arbeitnehmers ist bei Fahrlässigkeit grundsätzlich nur außerhalb des pfändungsfreien Betrags, bei Vorsatz auch gegen unpfändbare Forderungen zulässig, BAG NZA 2010, 99, auch bei Betriebsrentner, BAG NZA 1997, 1108, Bengelsdorf NZA 1996, 176. Bei Schädigung Dritter unter **Mitverschulden** des Arbeitgebers muss dieser Schaden mittragen, BAG BB 1969, 1087 (weitergehende Freistellung bei betrieblich veranlasssten und auf Grund eines Arbeitsverhältnisses geleisteten Arbeiten, → Rn. 108–109), bei vorsätzlicher strafbarer Handlung des Arbeitnehmers kann sich dieser nicht auf Mitverschulden des Arbeitgebers berufen, BAG BB 1970, 488. **Beweislast** für Pflichtverletzung und ihre Ursächlichkeit für Schaden trifft den Arbeitgeber, BAG BB 1969, 1178; gleiches gilt nach § 619a BGB (abweichend von § 280 I 2 BGB und in AGB nach **(5)** § 309 Nr. 12 BGB nicht abdingbar, so auch BAG NZA 1999, 141) für das Verschulden des Arbeitnehmers, einschränkend Henssler NZA 2002, 132, Bauer/Diller NJW 2002, 1611: weiterhin Differenzierung nach Gefahrbereichen. Abmahnung und Vermerk in Personalakte → Rn. 49. **Beispiele:** Vollmachtsüberschreitung, BAGE 17, 236; schlechte Arbeitsleistung, Beschädigung von Arbeitgebereigentum, aber **Einschränkungen bei betrieblich veranlassten und auf Grund eines Arbeitsverhältnisses geleisteten Arbeiten** und bei **Mankohaftung,** → Rn. 107, 110; Annahme vertragswidriger Sonderleistungen, auch auf Anordnung des GmbHGeschäftsführers, BAG BB 1974, 1122; bei leitenden Angestellten mangelnde Prüfung der Aufträge des Arbeitgebers auf ihre Zweckmäßigkeit, BAG BB 1962, 999; falsche Arbeitsanweisung, BAG BB 1969, 955; Aufsichtspflichtverletzung, BAGE 22, 375; bei leitenden Angestellten mangelnde Sorge für Vermögen des Arbeitgebers, BAG BB 1971, 40; Schädigung des Arbeitgebers durch Schwarzfahrt, BAGE 20, 142; Betrugsversuch an Kunden, BAG BB 1976, 1128. Zur unterbliebenen oder verspäteten Arbeitsaufnahme infolge Teilnahme am Straßenverkehr → Rn. 71, Hohn BB 1978, 1123.

B. Nebenpflichten. a) Der Arbeitnehmer hat eine **allgemeine Treuepflicht 48** gegenüber dem Arbeitgeber, die der allgemeinen Schutz- und Förderungspflicht (Fürsorgepflicht) des Arbeitgebers (→ Rn. 90–92) entspricht. Die Rspr. folgerte diese Treuepflicht aus § 242 BGB, zB BAGE 26, 232; seit SMG lässt sie sich auf § 241 II BGB stützen und auch als **Rücksichtnahmepflicht** bezeichnen, BAG NZA 2005, 158; 2006, 917, Grüneberg/Weidenkaff § 611 Rn. 39; beides besagt

§ 59 49, 50   1. Buch. Handelsstand

aber inhaltlich wenig. Der Ausdruck Treuepflicht wird hier in diesem Sinne als **Sammelbegriff für die schuldrechtlichen Schutz- und Rücksichtspflichten** des Arbeitnehmers verwandt. Der Arbeitnehmer iSv § 241 II BGB muss danach die **Interessen** des Arbeitgebers und des Betriebs **wahren**, soweit ihm das zumutbar ist (Grenze: eigene schutzwürdige Interessen). **Beispiele:** → Rn. 50–54, 139–147 (wichtige Kündigungsgründe); ferner Unterlassung von Treuwidrigkeit, Vertrauensmissbrauch, Tätlichkeit, Beleidigung, Vollmachtmissbrauch; Einhaltung des Arbeitsschutzes; Schutz des betrieblichen Vermögens des Arbeitgebers vor Verlust und Beschädigung; Warnung vor drohenden Schäden; Hinweis auf erhebliche irrtümliche Überzahlung, BAG NZA 2005, 812, auf klare Vermutung (nicht bloßen Verdacht) von Unterschlagungen, vgl. BAGE 22, 375; Hinweis auf Vertragsverletzung Dritter nur bei aktualisierter Kontrollpflicht, nicht bei Gefahr der Selbstbezichtigung, BGH WM 1989, 689; Einspringen in zumutbarem Umfang bei Stellenvakanz, BAG NJW 1973, 293; uU Notdienst zur Sicherung der Betriebseinrichtungen bei Streik, LAG Hessen DB 1970, 933, BAG NZA 1995, 958. Privatnutzung von **Internet** am Arbeitsplatz ist grundsätzlich unzulässig, BAG NZA 2006, 98; 2006, 977, Hanau/Hoeren 2003, Mengel NZA 2005, 752, Bloesinger BB 2007, 2177, Lansnicker BB 2007, 2184, Beckschulze DB 2007, 126, zum Web 2.0 (Facebook, Twitter etc) Bissels/Lützeler/Wisskirchen BB 2010, 2433. Eine **nachwirkende,** aber idR schwächere Treuepflicht hat der Empfänger betrieblicher Altersversorgung (→ Rn. 88); sie spielt besonders für Widerruf oder Kürzung der Versorgungszusage eine Rolle. Abgrenzung Betriebsbelange und Privatinteresse s. Trappe BB 1974, 43.

49 Die **Rechtsfolgen** von Pflichtverletzungen des Arbeitnehmers sind wie bei der Schlechterfüllung der Arbeitspflicht (→ Rn. 47) je nach Einzelfall ordentliche, uU außerordentliche **Kündigung** und **Schadensersatz** nach § 280 BGB (zu Detektivkosten BAG NZA 2014, 301, zu Compliance-Ermittlungen BAG NZA 2021, 1465); ferner Unterlassungsanspruch; bei Schmiergeldempfang und bei verbotenem Wettbewerb auch **Herausgabeanspruch** (Gewinnabführung) und **Eintrittsrecht** (§§ 687 II 1, 681, 667 BGB; § 61 I HGB, s. dort). Herauszugeben nach § 667 BGB entsprechend ist jeder Vorteil (→ Rn. 55), BAG NZA 2021, 1469, auch zu Zahlung an Strohmann; ist das schuldhaft nicht mehr möglich, greift § 280 BGB, BAG NZA 2015, 97. **Abmahnung** ist (nicht formgebundene, rechtsgeschäftsähnliche) Missbilligung eines Verhaltens unter Androhung von Rechtsfolgen für die Zukunft, ohne Regelfrist; Verhältnismäßigkeit ist zu beachten (→ Rn. 130); Abmahnung enthält Verzicht auf Kündigung, BAG NZA 1986, 421; 1989, 633; 2009, 894; 2010, 823; §§ 139, 140 BGB gelten nicht, BAG NZA 1991, 768 (teilweise unzutreffende Abmahnung); Abmahnung als Kündigungsvoraussetzung → Rn. 127, 130. Lit.: Schaub NJW 1990, 872. **Vermerk in den Personalakten,** BAG NZA 1989, 272, NJW 1995, 220; 2007, 269 m. krit. Anm. Grobys NJW 2007, 794 (Gesundheitsdaten); Ungerechtfertigte Verwarnung, Entfernung aus Personalakte → Rn. 95. **Betriebsbuße** nur unter Mitbestimmung des Betriebsrats (§ 87 I Nr. 1 BetrVG), BAG NZA 2007, 462. Lit.: Kammerer, Personalakte und Abmahnung, 3. Aufl. 2001.

50 **b)** Die **Schweigepflicht** (weiter als § 4 GeschGehG) erstreckt sich auf geschäftsbetriebsbezogene Tatsachen, die nicht allgemein zugänglich sind und an deren Geheimhaltung der Arbeitgeber ein berechtigtes wirtschaftliches Interesse hat (**Betriebs- und Geschäftsgeheimnis).** Diese Schweigepflicht überdauert das Arbeitsverhältnis, BAG NZA 1988, 502. Eine Geheimhaltungsklausel über das Vertragsende hinaus ist anders als ein Wettbewerbsverbot (§§ 74 ff.) ohne Karenzentschädigung wirksam, BAG BB 1982, 1793; Grenzen bei erheblicher („spürbarer") Erschwerung des beruflichen Fortkommens des Arbeitnehmers, Gumpert BB 1982, 1795, Bauer/Diller Rn. 124, str., nicht möglich allgemeines Stillschweigen über Kundenlisten oder Geschäftsbereich, BAG NZA 1988, 502;

1999, 200. Die (nachvertragliche) Schweigepflicht beinhaltet kein Kundenabwerbeverbot, dazu ist Wettbewerbsabrede (→ § 74 Rn. 4) nötig, BAG NZA 1988, 502 mAnm Gaul ZIP 1988, 689, BB 1994, 1079. Schadensersatz nach Lizenzanalogie, BAG NZA 1986, 781. Entbindung von Schweigepflicht im Prozess zwischen Arbeitgeber und Arbeitnehmer, BAGE 19, 55; BAG BB 1969, 581. Öffentliche **Kritik** des ausgeschiedenen Arbeitnehmers an Betriebsinterna ist uU durch Art. 5 I GG erlaubt, → Einl. vor § 1 Rn. 65; aber keine Verbreitung unwahrer, ehrenrühriger Tatsachen, BAG DB 1982, 2705.

c) Schmiergeldverbot s. §§ 299 ff. StGB (→ Rn. 11); die Pflicht, keine 51 Schmiergelder anzunehmen, geht weiter als die Strafbarkeit nach §§ 299 ff. StGB, sie verbietet auch Provisionsannahme für Geschäfte, die der Dritte direkt mit dem Arbeitgeber abschließt, BAG NZA 2006, 101. Herausgabeanspruch des Arbeitgebers, BAG NZA 2006, 1089. Korruption und Arbeitsrecht, Zimmer/Stetter BB 2006, 1445, zu Bonusprogrammen Weitnauer NJW 2010, 2560, zur Kündigung → Rn. 142.

d) Wettbewerbsverbot während des Arbeitsverhältnisses s. §§ 60, 61; danach 52 kraft Wettbewerbsabrede s. §§ 74–75d. **Nebentätigkeit** ist hinzunehmen, außer bei Beeinträchtigung der vertragsmäßigen Leistung oder von Wettbewerbsinteressen des Arbeitgebers, BAG BB 1971, 397, offen für einfache (Neben-)Tätigkeiten BAG NZA 2010, 693. Vertragliches Verbot jeder Nebentätigkeit ist dahin auszulegen, dass nur Tätigkeiten verboten sind, an deren Unterlassen der Arbeitgeber ein berechtigtes Interesse hat, BAG BB 1977, 144. Abschluss zweier Arbeitsverhältnisse für den gleichen Zeitraum jeweils mit Abrede über Unterlassung von Konkurrenztätigkeit macht die Erfüllung nicht unmöglich, aber verpflichtet den Arbeitnehmer zu Schadensersatz, BAG BB 1965, 948. Umsatzrückgang durch unerlaubte Nebentätigkeit eines HdlReisenden verpflichtet zum Schadensersatz, LAG Baden-Württemberg BB 1970, 127. Kenntnis des Arbeitgebers von arbeitszeitüberschreitendem Zweitarbeitsverhältnis kann Mithaftung begründen, wenn Arbeitnehmer durch Übermüdung Unfall verursacht (vgl. → Rn. 107), LAG Hessen BB 1965, 827.

e) Den Arbeitnehmer, dessen Arbeit nicht ohnehin dem Arbeitgeber offen- 53 liegt, zB Reisender, trifft eine **Informationspflicht.** Er schuldet **Nachricht, Auskunft, Rechenschaft** (§§ 675 I, 666 BGB). Bei Vertrauensstellung muss er zu jederzeitiger Aufklärung in der Lage sein ist beweispflichtig für Aufwendungen im Interesse des Arbeitgebers, BAG BB 1964, 806. Rechenschaft ist durch Rechnungslegung mit Belegen, uU durch Abgabe einer eidesstattlichen Versicherung, zu erhärten (§ 259 BGB). Je nach Kenntnis, Aufgabe, Stellung schuldet der Arbeitnehmer dem Arbeitgeber **Aufklärung** und **Beratung** (vgl. → § 347 Rn. 8–22). Dem Arbeitgeber ist die Aufnahme einer anderweitigen Beschäftigung mitzuteilen, BAG NZA 1991, 221. Anzeige von Verstößen Dritter → Rn. 48.

f) Arbeitnehmererfindungen hat der Arbeitnehmer dem Arbeitgeber zu 54 melden (§§ 5, 18 ArbnErfG). Ist sie eine Diensterfindung (Definition § 4 II ArbnErfG), kann der Arbeitgeber sie gegen Vergütung in Anspruch nehmen (§§ 6, 7, 9 ArbnErfG); sie gilt nunmehr als in Anspruch genommen, wenn der Arbeitgeber sie nicht bis zum Ablauf von vier Monaten nach Meldung freigibt, § 6 II ArbnErfG. Handelt es sich um keine Dienst-, sondern um eine freie Erfindung, hat der Arbeitgeber ein Vorrecht zu nicht ausschließlicher Benutzung gegen angemessene Vergütung (§ 19 ArbnErfG). Dazu BGHZ 93, 85; 126, 109; BGHZ 137, 162; BGHZ 155, 8; BGHZ 167, 118. Lit.: Bartenbach/Volz, 6. Aufl. 2019, Boemke/Kursawe 2015, zur Neuregelung 2009 Bayreuther NZA 2009, 1123, Schreyer-Bestmann/Garbers-von Boehm DB 2009, 2266.

55 g) **Herausgabepflicht:** Das zur Ausführung der Dienste Empfangene (falls nicht mehr benötigt oder auf Verlangen des Arbeitgebers) und das durch die Dienste Erlangte, auch aus Hilfs- und Nebengeschäften, ist herauszugeben (entspr. §§ 675 I, 667 BGB); auch vom Arbeitnehmer selbst für den Dienst gefertigte Sachen, zB Akten, Belege, RGZ 105, 393, BAGE 5, 300, auch Bonusmeilen (Miles & More), BAG NZA 2006, 1089 mAnm Gragert NJW 2006, 3762, notwendig ist ein innerer Zusammenhang mit dem geführten Geschäft (Zahngold in Krematorium), BAG NZA 2015, 97. Herausgabepflicht bei Pflichtverletzung und Gewinnabführung → Rn. 49. Nach Beendigung des Arbeitsverhältnisses sind alle Geschäftsunterlagen herauszugeben, BAG NZA 2012, 501 (§ 667 BGB analog).

6) Arbeitsentgeltpflicht des Arbeitgebers

56 A. **Rechtsgrundlagen, Lohngleichheit.** Die **Arbeitsentgeltpflicht** ist die **Hauptpflicht** des Arbeitgebers. Das Arbeitsentgelt (Vergütung, § 59; entspr. § 611a II BGB) bemisst sich zum einen **nach Tarifvertrag**, falls Arbeitnehmer und Arbeitgeber tarifgebunden sind oder TV für allgemeinverbindlich erklärt ist (→ Rn. 39–40). Der Anspruch entsteht auf Grund Tätigkeit, Eingruppierungsakt ist nur deklaratorisch, BAG BB 1971, 566, und kann durch Feststellungsklage überprüft werden, BAG NZA 2007, 516. Mangels Tarifbindung oder über TV hinaus richtet sich die Vergütung **nach Vereinbarung**, nur hilfsweise nach Üblichkeit (§ 59; ortsübliche Vergütung entspr. § 612 II BGB), zB Reisezeit außerhalb Arbeitszeit, BAG NZA 1998, 540. Übliche Vergütung ist nicht gleichbedeutend mit Tariflohn, BAG NZA 2000, 1051; 2009, 837. Regelung durch Betriebsvereinbarung kommt wegen § 77 III BetrVG kaum in Frage, jedoch Mitbestimmung bei Entlohnungssystem und leistungsbezogene Entgelte, § 87 I Nr. 10, 11 BetrVG (→ Rn. 41–42). **Bezugnahme- bzw. Gleichstellungsklauseln** für nicht tarifgebundene Arbeitnehmer, BAG NZA 2006, 607; 2007, 965 (RsprÄnderung nach SchRM, aber Vertrauensschutz für Altverträge, BAG NZA 2011, 457), Reinecke BB 2006, 2637. Reformüberlegungen gab es seit längerem zu **gesetzlichen Mindestlöhnen**, Bayreuther NJW 2007, 2022; 68. DJT Berlin 2010, Waltermann NJW 2010, 801; Körner NZA 2011, 425; aus ökonomischer Sicht Falk/Fehr/Zehnder QJE 2006, 1347.

Seit 2015 gilt das **Mindestlohngesetz** (MiLoG), das zunächst einen Bruttolohn von 8,50 Euro vorsieht (nach Anhebung durch Mindestlohnkommission 2022 zunächst 9,82 Euro, ab 1.7.2022 10,45 Euro), dazu Spielberger/Schilling NZA 2014, 414 (RegE), Bayreuther NZA 2014, 865; 2015, 385, Lembke NZA 2015, 70; 2016, 1, Zeising/Weigert NZA 2015, 15 (GG), Lakies, 5. Aufl. 2021, Riechert/Nimmerjahn, 2. Aufl. 2017, Schubert/Jerchel/Düwell 2015. Mindestlohn ist neben Arbeitsvertrag tretender gesetzlicher Anspruch, für den der ArbN die tatsächlich geleisteten Arbeitsstunden zumindest darlegen muss, BAG NZA 2016, 1329, zu berücksichtigen sind auch Bereitschaftszeiten, BAG NZA 2016, 1334; 2018, 32, aA Thüsing/Hütter NZA 2015, 970, weiter als arbeitsrechtliches Entgelt anzusehende Zulagen und Prämien, BAG NZA 2017, 378, etwa Sonn- und Feiertagszuschläge, BAG NZA 2017, 1387; 2018, 781, nicht aber nach § 6 V ArbZG geschuldete Nachtzuschläge, BAG NZA 2018, 1145. Die Vergütungsvereinbarung muss unzweideutig sein. Unklarheiten gehen idR zu Lasten des Arbeitgebers. „**Hungerlöhne**" können gegen § 138 BGB (Sittenwidrigkeit) verstoßen, BAG NZA 2004, 971 (vgl. → **(7)** Bankgeschäfte Rn. G10 zum auffälligen Missverhältnis bei Darlehen); ob Leistung und Lohn in auffälligem Missverhältnis stehen, ist weniger nach dem Nutzen der Arbeit für den Arbeitgeber als nach Arbeitsdauer, -schwierigkeit, Beanspruchung und sonstigen Bedingungen für den Arbeitnehmer zu beurteilen; BAG NZA 2006, 1354. Tariflohn nunmehr objektiver Vergleichsmaßstab, BAG NZA 2009, 837; 2012, 977 (979) (weniger als ⅔ des Tariflohns, anders noch NZA 2004, 971), wenn 50 Prozent der Arbeitgeber

6. Abschnitt. Handlungsgehilfen und -lehrlinge   57   § 59

tarifgebunden bzw. tarifgebundene Arbeitgeber 50 Prozent der Arbeitnehmer beschäftigen; sonst Einzelfallbeurteilung nach Wirtschaftszweig, Ort, Arbeitgeber, Qualifikation, BAG NZA 2015, 608, vgl. auch BGHSt NJW 1997, 2689 (Lohnwucher), ⅔-Grenze gilt aber auch bei Rechtsanwälten, BAG NZA 2015, 610, Lit.: Böggemann NZA 2011, 493, Rieble/Picker ZfA 2014, 153. Notwendig auch bei § 138 I BGB verwerfliche Gesinnung (subj Tatbestand), insoweit Vermutung, wenn Lohn weniger als die Hälfte der üblichen Vergütung, BAG NZA 2012, 977, danach zutr. sonst Berücksichtigung auch wiederholter Akzeptanz und fehlender Gewinnerzielungsabsicht des Arbeitgebers. Sittenwidrigkeit kann sich aus Nichtberücksichtigung zu vergütender Arbeitszeit ergeben (Leerfahrten, Stand- und Pufferzeiten bei Busfahrerin), BAG NZA 2016, 494.

Bei **Ausbildung** wird angemessene Vergütung geschuldet, § 17 BBiG, nun auch gesetzliche Mindestvergütung, § 17 II BBiG. Nach BAGE 13, 1204 darf vereinbarte Vergütung nicht mehr als 20 Prozent hinter einer empfohlenen Vergütung zurückbleiben, die Vergütung ist nicht angemessen, wenn sie nicht 80 % der tariflichen Ausbildungsvergütung erreicht, BAG NZA 2015, 1387. Angemessener **Ausgleich bei Schicht- und Nachtarbeit**, § 6 V ArbZG, nach BAG ist Zuschlag von 25 Prozent, bei Dauernachtarbeit von 30 Prozent regelmäßig als angemessener Ausgleich anzusehen, BAG NZA 2016, 426; 2016, 1024. **Vergütung für Mehrarbeit, Kurzarbeit, Feiertagsarbeit** → Rn. 58. **Krankheit und andere Arbeitsverhinderung** s. EFZG (→ Rn. 75). Bei Arbeitsversäumnis Abzug im Verhältnis zur tatsächlich versäumten Arbeitszeit, BAG BB 1958, 522; zur Berechnung des Tagesverdienstes Fuchs BB 1972, 137; Berechnung bei Teilleistung im Monat, BAG BB 1975, 702. **Fälligkeit** nach § 64. **Zurückbehaltungsrecht** an Arbeitsleistung bei Nichterfüllung, aber Verhältnismäßigkeitsgrundsatz, BAG NZA 1985, 355; 1996, 1085. Die Zahlung ist heute rglm (zT auf Grund TV) bargeldlos; die Kontoführungsgebühren trägt der Arbeitnehmer, BAG BB 1977, 443, aber Mitbestimmung des Betriebsrats, BAG NZA 1988, 405; 1994, 326.

Berechnung, Zahlung und Abrechnung des Entgelts sind in **§§ 107, 108 GewO** geregelt, dazu Bauer/Opolony BB 2002, 1590. Das Arbeitsentgelt ist in Euro zu berechnen und auszuzahlen (§ 107 I GewO). Sachbezüge als Teil des Arbeitsentgelts sind nur in den Grenzen des § 107 II GewO zulässig (Truckverbot). Regelmäßiges Arbeitsentgelt ist trotz Trinkgeld Dritter zu zahlen (§ 107 III GewO). Dem Arbeitnehmer ist (nicht nur auf Verlangen) bei Zahlung des Arbeitsentgelts eine Abrechnung in Textform (§ 126b BGB) zu erteilen (§ 108 GewO). Die Abrechnung muss mindestens Angaben über Abrechnungszeitraum und Zusammensetzung des Arbeitsentgelts enthalten (näher § 108 I 2 GewO). **Lohnsteuer und Sozialversicherungsbeiträge** → Rn. 103. **Rückforderung** des zu viel gezahlten Lohns (Überzahlung) nach §§ 812, 818 III BGB, BAG NZA 1994, 658; 2005, 812, Anscheinsbeweis für Entreicherung bei geringfügiger Überzahlung und tats Vermutung des alsbaldigen Verbrauchs BAG NZA 1996, 27; anders uU bei betrieblicher Übung (→ Rn. 7) und bei Besserverdiener, BAG NZA 1994, 658. Bei Rückforderung nach § 326 I, IV BGB in den Fällen des § 275 BGB (etwa bei Unmöglichkeit der Arbeitsleistung oder ihrer Verweigerung wegen Unzumutbarkeit) gelten die §§ 346–348 BGB ohne Entreicherungseinwand, krit. Löwisch FS Wiedemann, 2002, 326. Rückforderung von Gratifikationen → Rn. 67. Ausschlussfrist für Rückforderung gilt auch bei Kenntnis des AN, BAG NZA 2005, 812.

Lohngleichheit für Mann und Frau fordern Art. 157 AEUV (141, 119 aF **57** EG), Art. 3 GG (mit Bindung auch der TVParteien, BAG NJW 1977, 1742, → Rn. 3) und spezieller vom Arbeitgeber AGG (→ Rn. 10, §§ 611a, 612 III BGB aF aufgehoben). Art. 157 AEUV (141, 119 aF EG) erfasst auch die mittelbare Frauendiskriminierung, zB von Teilzeitbeschäftigten bei Altersversorgung, BAG NZA 1990, 25, BB 1995, 730 (keine Pflicht zur Berücksichtigung von

Erziehungsurlaubszeiten, BAG NZA 2010, 1188), beim Bewährungsaufstieg, BAG NZA 1993, 367. **Lohngleichheit zwischen Mann und Frau** nach AGG (früher §§ 611a, 612 III BGB) ist **zwingend,** Gesetz zur Förderung der Transparenz von Entgeltstrukturen soll tatsächlich weiter bestehende Entgeltunterschiede verringern, zum Auskunftsanspruch BAG NZA 2020, 1613. **Leiharbeitnehmer** → Rn. 16. **Teilzeitbeschäftigte** → Rn. 44. **Rechtsfolge:** Bei Lohnungleichbehandlung Nachzahlung der Vergütungsdifferenz (wegen Nichtigkeit der Abrede § 7 II AGG), BAG NZA 2002, 209 (Teilzeitkraft), Schadensersatz wegen Vertragsverletzung § 7 III AGG. Vergütung nach Lebensalter (BAT) ist europarechtswidrig, EuGH NZA 2011, 1100. Der Durchsetzung der Lohngleichheit dient das Gesetz zur Förderung der Transparenz von Entgeltstrukturen, dazu Oberthür NJW 2017, 2228; zum Auskunftsanspruch Franzen NZA 2017, 814.

Im Übrigen gilt das arbeitsrechtliche **Gleichbehandlungsgebot** (→ Rn. 91) **auch für das Arbeitsentgelt:** dh zwar nicht, dass jeder dasselbe verdienen müsste, aber eine unterschiedliche Behandlung wegen beruflicher Anforderungen oder wegen des Alters ist nur nach den engen Voraussetzungen der §§ 8 ff. AGG zulässig (→ Rn. 10). Die bisherige Rspr. zum arbeitsrechtlichen Gleichbehandlungsgebot gibt auch unter dem AGG verwertbare Anhaltspunkte. Lohngleichheit nach stRspr, zB BAG BB 1982, 676, NZA 1987, 156; 2000, 1050; bei übertariflichen Zulagen BAG BB 1980, 680; 1982, 1921; 1983, 445, NJW-Sp 2005, 82; bei Erschwerniszulagen BAG DB 1983, 1497; bei Gratifikationen → Rn. 61–68; für Teilzeitbeschäftigte trotz gesicherten Hauptberufs, BAG NZA 1996, 813 (gegen frühere Rspr.); kein Ausschluss von Lohnerhöhungen nach vorheriger Arbeitsunfähigkeit, BAG BB 1982, 1791; von rückwirkender Lohnerhöhung kann ausgeschiedene Arbeitnehmer nicht schlechthin ausgeschlossen werden, BAG BB 1976, 744; 1982, 675. Gruppenbildung ist zulässig, muss aber gerade nach dem Zweck der Leistung gerechtfertigt sein, BAG NZA 2007, 863; 2007 1424, etwa nur für ArbN, die zuvor Lohneinbußen zugestimmt hatten, BAG NZA 2009, 1202; 2010, 696, solange einziges Kriterium, BAG NZA 2009, 1409, sonst sekundäre Darlegungslast, etwa dass Leistung eine Lohnerhöhung rechtfertigt, BAG NZA 2011, 693. Keine Überkompensation bislang nachteiliger Arbeitsbedingungen, BAG NZA 2015, 222. Nach BAG NZA 2012, 618 kann der Arbeitgeber eine Entgelterhöhung auch auf diejenigen Arbeitnehmer beschränken, die neue Arbeitsverträge abgeschlossen haben (Wegfall der Bezugnahme auf Tarifvertrag). Bei überbetrieblicher Entscheidung auch überbetriebliche Gleichbehandlung außer bei sachlichen Gründen für Unterscheidung, BAG NZA 2009, 367. Sachgerechte Unterscheidungen unter Berücksichtigung des AGG, (Alter nur in den Grenzen von § 10 AGG) oder (besser) nach Dauer der Betriebszugehörigkeit; ausnahmsweise höhere Jahressonderzuwendung an Angestellte als an gewerbliche Arbeitnehmer zwecks stärkerer Bindung an Unternehmen (Arbeitsmarktlage), BAG NZA 2003, 724; je nach verfolgtem Zweck Stammbelegschaft und bei Betriebsübergang Übernommene, BAG NJW 2007, 862. Ausnahme von Gratifikation für Arbeitnehmer in gekündigter Stellung, BAG NJW 1979, 1221; Wegfall der Gründe für Arbeitsmarktzulage, BAG NZA 2001, 782. Keine unterschiedliche Bezahlung nach Lebensalter (BAT), EuGH NZA 2011, 1100, → Rn. 10.

58 B. **Arten des Arbeitsentgelts.** Diese sind:

a) Gehalt, grundsätzlich **Bruttogehalt,** BAG NZA 2010, 881. **Nettogehalt** muss besonders vereinbart werden; Übernahme der Lohnsteuer durch Arbeitgeber gegenüber Finanzamt steht für das Innenverhältnis nicht gleich, BAG NZA 2004, 1274; Steuerübernahme durch Arbeitgeber muss klar sein, BAG NZA 2009, 1213; Rückzahlungs- bzw. Erstattungsanspruch → Rn. 56, 103. Zur Auslegung einer Nettolohnvereinbarung BAG BB 1970, 1136, NZA 2003, 1276.

6. Abschnitt. Handlungsgehilfen und -lehrlinge 58 § 59

Einzelvertragliche **übertarifliche Zulagen** werden mangels besonderer Effektivklauseln bei Tariflohnerhöhung angerechnet; das gilt nicht für Leistungszulagen, BAG NZA 1987, 848; 1996, 613, Ziepke BB 1981, 61, Franke NZA 2009, 245; auch jahrelange vorbehaltslose Nichtanrechnung begründet keinen Vertrauenstatbestand, BAG NZA 2002, 342, Anrechnungsvorbehalt hält auch einer Klauselkontrolle stand, BAG NZA 2009, 49, Mitbestimmung des Betriebsrats nach § 87 I Nr. 10, BAG NZA 2009, 684. Lohnzulagen auf Grund unwirksamer Betriebsvereinbarung s. BAG BB 1981, 554. Variables Gehalt und Schadensersatz bei unterbliebener **Zielvereinbarung**, BAG NZA 2009, 256; 2010, 1009.

Bei **Leistungszulagen** ist Widerrufsvorbehalt zulässig, kann nur nach billigem Ermessen ausgeübt werden, BAG NZA 1988, 95; **(5)** § 308 Nr. 4 BGB steht formularmäßigem Vorbehalt nicht entgegen, Henssler RdA 2002, 138, Gotthardt ZIP 2002, 285 (288), Widerruf darf aber nicht grundlos erfolgen, BAG NZA 2007, 87 (Angemessenheitskontrolle nach **(5)** § 307 BGB), auch nicht Ausschluss jeden Rechtsanspruchs, BAG NZA 2007, 853 auf Bonus BAG NZA 2008, 40; 2016, 1337 (Klauselkontrolle). Kein einseitiger Widerruf nach Erdienung der Prämie (zum Bonus BAG NZA 2016, 1337), auch nicht bei Nichtübernahme nach Probezeit, BAG BB 1983, 1348. Ohne Vorbehalt zugesagte persönliche Leistungszulage kann nicht einseitig widerrufen werden, BAG BB 1976, 1515. Widerruf übertariflicher Erschwerniszulage ist sachbezogen, wenn TV nunmehr leistungsgerechte Entlohnung vorsieht, auch wenn ohne Erschwerniszulage, BAG BB 1973, 292. Variable Vergütung (Zielbonusvereinbarung) s. Lingemann/Gotham NZA 2008, 509, Simon/Hidalgo/Koschker NZA 2012, 1071; zur Finanzkrise BAG NZA 2013, 970. Bei dauerhafter **Verrichtung höherwertiger Dienste über Vertrag hinaus** Anspruch auf zusätzliche Vergütung, BAG NZA 1991, 490; anders wenn nur vorübergehend (Grenze Missbrauch), zB Urlaubs- und Krankheitsvertretung oder Erprobung.

Prämien werden zusätzlich zum Lohn oder Gehalt für bestimmten Erfolg gezahlt, zB Anwesenheits-, Treue- (Betriebszugehörigkeits-), Verkaufsprämie; Mitbestimmung nach § 87 I Nr. 11 BetrVG. Streikbruchprämie während des Streiks ist außer bei Verstoß gegen tarifliches Maßregelungsverbot zulässig, zuneigend BAG NZA 1993, 1135, aA Gaul NJW 1994, 1025 (§ 612a BGB), jedenfalls als besondere Leistungsprämie, BGH NZA 1993, 267. Rückzahlungsklauseln sind wie bei Gratifikationen stark eingeschränkt (→ Rn. 67). Von Erfolgsprämien können ausgeschiedene Arbeitnehmer ausgenommen werden, BAG BB 1961, 176, jedoch nicht von Erfolgsbeteiligung, die sich nach vermitteltem Umsatz bemisst, BAG BB 1973, 1072; bei Prämien für überdurchschnittliche Leistung kann Arbeitgeber sich einseitige Änderung vorbehalten, aber nur nach billigem Ermessen, BAG BB 1965, 989. **Boni bei Zielvorgaben** (kraft Weisungsrechts, → Rn. 44), zu unterscheiden von Zielvereinbarungen, BAG NZA 2008, 409, Bonus kann auch in Klausel daran gebunden werden, dass Arbeitsverhältnis am Ende des Geschäftsjahres noch besteht, BAG NZA 2009, 783; 2012, 621, Bonus kann auch konkludent zugesagt werden BAG NZA 2010, 808, bei nach § 315 BGB unverbindlicher Leistungsbestimmung erfolgt nach § 315 III 2 BGB eine Ersatzbestimmung durch das Gericht, BAG NZA 2016, 1338.

Vergütung von **Arbeitsbereitschaft** → Rn. 45. Bei **Kurzarbeit** ist entsprechende Kürzung der Vergütung möglich, aber nur durch Vertragsänderung; Unterstützung von Kurzarbeitern s. §§ 169 ff. SBG III, zur Arbeitszeit → Rn. 45. Bei **Mehrarbeit**, auch verbotener, folgt aus § 612 BGB eine Vergütungspflicht, soweit nach Gesetz, TV oder Vertrag für die geleistete Arbeit ein Entgelt zu leisten ist und eine Vergütungserwartung besteht, zu Überstunden Hunold DB 2014, 361, Klocke RdA 2014, 223. Leistung von Überstunden ist ggf. vom Arbeitnehmer zu beweisen, BAG NZA 2012, 941, abgezeichneter Arbeitszeitnachweis genügt für Darlegungslast, BAG NZA 2019, 1391, Bespr. Salamon/

Groffy NZA 2020, 159 (Unterschied Arbeitszeit- und Vergütungsrecht). Pauschalabgeltung unterliegt der Klauselkontrolle auf hinreichende Transparenz, BAG NZA 2011, 575; 2011, 1335 (hinreichende Transparenz jeweils ablehnend), Bespr. Schramm/Kuhnke NZA 2012, 127, Abgeltung der ersten zwanzig Überstunden im Monat hinreichend transparent, BAG NZA 2012, 908, nicht die pauschale Abgeltung von Reisezeiten, BAG NZA 2011, 917. Übertarifliches Gehalt gilt nur bei ausdrücklicher Vereinbarung als solche. Bei Entsendung ins Ausland sind erforderliche **Reisezeiten** wie Arbeit zu vergüten, BAG NZA 2019, 159, Fahrtzeiten eines Außendienstlers sind Arbeitszeit, BAG NZA 2020, 870, auch zur arbeitszeitrechtlichen Behandlung von Dienstreisen Stöhr/Stolzenberg NZA 2019, 505. Für Sittenwidrigkeit ist auf Gesamtvergütung, nicht auf fehlende Vergütung einzelner Stunden abzustellen, BAG NZA 2013, 266. Keinen Anspruch auf Überstundenvergütung haben leitende Angestellte, außer bei Übernahme zusätzlicher Aufgaben oder wenn Gehalt nur bestimmte Normalleistung abgelten soll, BAGE 19, 12. An einer objektiven Vergütungserwartung fehlt es auch sonst bei Diensten höherer Art, BAG NZA 2011, 1337, rglm bei Verdienst oberhalb der Beitragsbemessungsgrenze, BAG NZA 2012, 861 bei Verschränkung von arbeitszeit- und arbeitszeitunabhängiger Vergütung, BAG NZA 2012, 148; 2012, 1148 (Provisionen). In Betracht kommt weiter eine fehlgeschlagene (subjektive) Vergütungserwartung, dies aber etwa nicht bei Leistung von Diensten in der Hoffnung, Partner einer Rechtsanwaltsgesellschaft zu werden, BAG NZA 2011, 1337.

An **gesetzlichen Wochenfeiertagen** (→ Rn. 45) besteht Gehaltsfortzahlungspflicht (§ 2 EFZG), auch wenn Feiertag in Urlaub fällt, BAGE 14, 190 und im Krankheitsfall (bei Entgeltfortzahlung, § 4 II des G), BAG NZA 1984, 1315; bei Kurzarbeit nicht nur in Höhe des Kurzarbeitergelds, § 2 II EFZG, anders noch BAG BB 1979, 1828; der Arbeitnehmer hat keinen Anspruch, wenn er am letzten Arbeitstag vor oder am ersten nach dem Feiertag unentschuldigt fehlt (§ 2 III EFZG), nur Fehlzeit von mehr als der Hälfte der Arbeitszeit an diesen Tagen schadet, BAG NJW 1967, 594, str.; Pauschalierung ist zulässig, wenn Pauschale Anspruch ausgleicht, BAG BB 1974, 136. Bei Arbeit an Sonn- und Feiertagen besteht gewohnheitsrechtlich und meist tariflich Anspruch auf Zuschlag. Lit.: Schmitt, 8. Aufl. 2018.

Versetzung (→ Rn. 44) auf minderbezahlten Arbeitsplatz erlaubt Gehaltsminderung nur, wenn in TV oder Arbeitsvertrag vorgesehen oder wenn Arbeitnehmer zustimmt, BAG BB 1965, 1455; Weiterarbeit nach Änderungsangebot ist nicht ohne weiteres Zustimmung, zB nicht, wenn Änderung erst später (zB bei Altersversorgung) wirksam werden soll, BAG BB 1965, 1109. Bei zulässig angeordneter vorübergehender **Vertretung eines Höherbezahlten** entsteht kein Anspruch auf höhere Vergütung, BAG BB 1959, 490, außer wenn dies in TV oder Vertrag vorgesehen ist oder wenn höhere Dienste über den Rahmen des Vertrages hinaus geleistet werden, BAG NJW 1973, 293.

59 **b) Provision (Erfolgsbeteiligung)** s. § 65.

60 **c) Gewinnbeteiligung (Tantieme)** ist von der Provision zu unterscheiden, BAG DB 1973, 1177. Sie setzt besondere Vereinbarung voraus und richtet sich iZw nach dem Jahresgeschäftsreingewinn, auch bei Ausscheiden im Geschäftsjahr, BAGE 5, 317. Abstellen auf Ausschüttung einer Dividende keine unangemessene Benachteiligung iSv § 307 I BGB, BAG NZA 2012, 499. Berechnung bei Angestellten entspr. § 86 aF AktG, dazu BGH NJW 2000, 2998; bei Einzelunternehmen s. BAG AP BGB § 611 Lohnanspruch Nr. 14. Gewinnbeteiligungsgutschriften als Altersversorgung s. BAG BB 1981, 1153. Zur Prüfung hat der Arbeitnehmer Auskunfts-, Rechnungslegungs- und Bucheinsichtsrecht, vgl. BAG BB 1960, 663; 1960, 984. Bei **Bonus** ggf. Festsetzung der Höhe nach billigem Ermessen, § 315 BGB, BAG NZA 2012, 451; 2013, 1150; 2014, 595, auch durch Gericht nach § 315 III 2 BGB, BAG NZA 2022, 268. Auszahlung eines Bonus setzt nicht stets einen Gewinn der Gesellschaft voraus, an eine getroffene Leistungsbestimmung ist der Arbeitgeber gebunden, BAG NZA 2012, 465 (Betriebsvereinbarung). Abweichung von der Zielvereinbarung bei außergewöhnlichen Umständen, BAG NZA 2013, 151 (in Finanzkrise gestützte Bank).

d) Gratifikation (Sonderzahlung, Sondervergütung, § 4a EFZG) ist echtes **61** Entgelt, nicht Geschenk, auch bei nachträglicher Gewährung aus besonderem Anlass, BAGE 11, 338; sie ist also auch im Fall des § 615 BGB zu zahlen, BAG NJW 1963, 1123, aber nicht im Mutterschaftsurlaub, wenn ausgeschlossen, BAG NZA 1994, 421, in Elternzeit nach Vereinbarung, BAG NZA 2009, 258. Eine Zuwendung ist nur dann Gratifikation, wenn sie so bezeichnet oder aus ihrer Bestimmung als solche erkennbar ist, BAG BB 1972, 1503. Höhe der Gratifikation durch Arbeitgeber nach billigem Ermessen möglich, BAG NZA 2013, 1013, Änderung bleibt auch bei längerfristig gleichbleibender Auszahlung möglich, BAG NZA 2017, 1595. Abgrenzung Weihnachtsgratifikation und 13. Monatsgehalt s. BAG DB 1983, 1662; mangels Nennung weiterer Voraussetzungen liegt zusätzliches Arbeitsentgelt, nicht Gratifikation vor, BAG DB 1983, 2252. Dieselben Grundsätze sind anwendbar auf Erfolgsbeteiligung, BAG BB 1974, 695; nicht auf übertarifliche Zulagen (→ Rn. 58), BAG BB 1980, 1583. Kürzung der Gratifikation um Fehlzeiten (auch wg Krankheit) kann vorgesehen werden, BAG NZA 1990, 601; 1995, 266. Regelungen unterliegen nunmehr der Klauselkontrolle, Reinecke BB 2013, 437.

Rechtsanspruch auf Gratifikation kann folgen aus TV, Betriebsvereinbarung, **62** Einzelvertrag und betriebliche Übung (zu dieser → Rn. 7), so bei **dreimaliger Zahlung,** stRspr, BAG NZA 1996, 1323; 1999, 1162, auch in unterschiedlicher Höhe, BAG NZA 2015, 992; diese Dreimal-Regelung gilt nur für jährliche Gratifikationen, bei anderen Sozialleistungen wie Jubiläumszuwendungen kommt es auf Art, Dauer und Intensität der Leistung an, BAG NZA 2004, 1152. Änderung → Rn. 65.

Gleichbehandlung (→ Rn. 57, 91, bisherige Rspr. ist unter AGG zu über- **63** prüfen, → Rn. 10, BAG NZA 2009, 1135): Wesentlich ist der jeweilige Zweck der Gratifikation (zB bloße Vergütung für geleistete Arbeit, bisherige Betriebszugehörigkeit, Anreiz für künftige Betriebstreue ua, dies allein oder verbunden); daran ist sachliche Rechtfertigung einer Differenzierung zu messen, BAG NZA 1991, 763. Ausschluss betriebsbedingt Gekündigter kann danach zulässig sein, BAG NZA 1993, 353, ebenso bei Betriebsteilstilllegung, BAG NZA 1998, 1297, im Vorfeld einer Betriebsabspaltung, BAG NZA 2007, 558. Ausschluss von Ausgeschiedenen kann auch bei Weihnachtsgratifikation zulässig sein („an unsere Belegschaft", Motivationszweck), BAG NZA 1995, 307, auch Ausschluss bei gekündigter Stellung, BAG NZA 2012, 622. Keine unterschiedliche Weihnachtsgratifikation für Angestellte und Arbeiter, nach traditioneller Rechtsprechung aber wenn der Zweck der Gratifikation es erfordert, BAG NZA 1994, 786. Sachgerechter Grund für Differenzierung kann im Ausgleich der Benachteiligung der einen Gruppe bei Zahlung übertariflicher Zulagen, BAG NZA 1994, 786, oder in Bindung bestimmter, für den Betrieb besonders wichtiger Arbeitnehmer (gruppen) liegen, eine gewisse Typisierung ist dabei zulässig, BAG NZA 1984, 328; kein sachgerechter Grund sind zB verschieden hohe Ausfallzeiten wegen Krankheit oder unterschiedlicher Fluktuationsgrad, BAG NZA 1984, 323. Gleichbehandlung verbietet nicht begründete Ausnahmen für besondere Gruppen (Gruppenbildung) und Stichtagsregelungen (Grenzen AGG, → Rn. 10), BAG NZA 2004, 1152; gekündigte Arbeitnehmer können aber nur ausgenommen werden, wenn entweder der Arbeitnehmer selbst gekündigt hat, BAG BB 1974, 695 oder wenn der Arbeitgeber nicht betriebsbedingt gekündigt hat, BAG NJW 1979, 1221. Keine Gleichbehandlungspflicht bezüglich Arbeitnehmer zweier bisher selbstständiger, vom Arbeitgeber übernommener Betriebe, die weiter nach der früheren betrieblichen Regelung behandelt werden, BAG NZA 2004, 803, aber keine Beschränkung von Sonderzahlungen auf die alte Stammbelegschaft, BAG NZA 2007, 862.

64 Zum **Widerrufsvorbehalt** bei über- und außertariflichen Leistungen → Rn. 43, für vor 2002 abgeschlossene Arbeitsverträge kommt ergänzende Vertragsauslegung in Betracht, BAG NZA 2011, 796. Bei **Gratifikationen** (nicht laufendes Entgelt, BAG NZA 2007, 853; 2012, 84) ist **Freiwilligkeitsvorbehalt** möglich, formlos, auch durch der Klauselkontrolle unterliegender Mitteilung, BAG NZA 2009, 535 und wenn mehr als ein Viertel des Jahresgesamteinkommens, aber klar und unmissverständlich, stRspr, BAG NZA 1999, 1162, zB „kein Anspruch für die Zukunft" oder mindestens „ohne Rechtsanspruch", Bezeichnung als „freiwillige Sozialleistung" für Jubiläumszuwendung genügt nicht, BAG NZA 2003, 557, auch nicht „freiwillig" für Weihnachtsgeld, BAG NZA 2011, 631, für AGB vgl. **(5)** § 305c II BGB und → Rn. 58; dann weder Anspruch für das laufende Jahr (aber Gleichbehandlung, → Rn. 57, 63, 91) noch für folgende Jahre, BAG NZA 1996, 1028, Aufgabe von BAG BB 1975, 1531. Neben Freiwilligkeitsklausel auch Vorbehalt der Anrechnung auf Tariferhöhungen möglich, BAG NZA 2006, 748. Bei freiwilligen Gratifikationen bestimmt der Arbeitgeber über die **Höhe** nach billigem Ermessen (§ 315 BGB). AGB-Kontrolle auf Transparenz, BAG NZA 2013, 1015, sowie von Rückzahlungsklauseln (→ Rn. 43). Übersicht: Hromadka NJW 2007, 1777, Bayreuther ZfA 2011, 45, Preis/Sagan NZA 2012, 697.

65 **Änderung** der Gratifikation setzt Vertragsänderung oder ggf. Änderungskündigung voraus. Kürzung war auch bei Gratifikation mit Rechtsanspruch möglich; so bei unzumutbarer Belastung, BAG NJW 1962, 173, bei wirtschaftlichen Schwierigkeiten zur Erhaltung von Arbeitsplätzen und Lohnzahlung in der Insolvenz, BAG NJW 1965, 1347, konkludenter Verzicht, dies nicht mehr erwägend BAG NZA 1996, 1323. Wegfall der Geschäftsgrundlage ist aber (mangels Widerrufsvorbehalts) kein selbstständiger Änderungsgrund, vielmehr Änderungskündigung, Kündigungsrecht ist lex specialis, BAG NZA 2003, 147. Änderung einer betrieblichen Übung auch nach Aufgabe der Rechtsprechung zur gegenläufigen betrieblichen Übung, BAG NZA 2009, 601, durch Änderung des Vertrags, uU auch durch widerspruchslose Hinnahme geänderter Weihnachtsgratifikation, BAG NZA 1998, 1007, nicht durch Schweigen, BAG NZA 2010, 283.

66 **Bindungsklauseln**, die die Auszahlung an bestimmte Bedingungen knüpfen, wurden als idR zulässig angesehen, so zB Betriebsangehörigkeit zu einem Stichtag, auch bei betriebsbedingter Kündigung, aber Inhaltskontrolle, BAG BB 1991, 1713 (1715). Bindungsklauseln sind weniger einschneidend als Rückzahlungsklauseln (→ Rn. 67) und unterliegen deshalb nicht ohne weiteres denselben Schranken, BAG BB 1968, 587; 1970, 580. Dient eine Zahlung auch der Vergütung bereits geleisteter Arbeit, hält die Voraussetzung eines später noch bestehenden Arbeitsverhältnisses (Stichtag) einer Klauselkontrolle nicht stand, BAG NZA 2012, 561; 2014, 368 (Stichtag 31.12. für Sonderzahlung mit Mischcharakter), es besteht ein zeitanteiliger Anspruch auf Sonderzahlung, BAG NZA 2015, 992 (Orientierungssatz).

67 **Rückzahlungsklauseln** sind wegen der einschneidenden Einengung der Handlungsfreiheit und freien Arbeitsplatzwahl der Arbeitnehmer nur begrenzt zulässig. Die Rspr. hat zur Förderung der Rechtssicherheit eine Reihe schematischer Regeln entwickelt (dazu Lit.: Blomeyer/Buchner 1969): (1) Rückzahlungsklauseln greifen iZw nur bei Kündigung durch den Arbeitnehmer; nicht bei betriebsbedingter Kündigung durch Arbeitgeber, BAG BB 1975, 1531, offen BAG DB 1986, 383, jedenfalls in TV zulässig; auch nicht bei einverständlicher Aufhebung, bei gerichtlichem Vergleich, LAG Düsseldorf BB 1975, 562. (2) Sie sind von vornherein unwirksam bei Kleingratifikationen von ursprünglich

100 DM (bei höheren Gratifikationen ohne Anspruch darauf als effektiven Sockelbetrag, BAG NZA 2016, 107); dann 200 DM, BAG BB 1982, 559; 1982, 1666 (für 1978), ebenso BAG NJW 1993, 3345, nunmehr **100 EUR**, BAG NZA 2003, 1032; aber mit weiteren Anhebungen ist zu rechnen. (3) Im Übrigen sind sie zulässig, soweit Gratifikationshöhe (gemessen am Monatsgehalt im Zeitpunkt der Anzahlung) und Dauer der durch die Rückzahlungsverpflichtung bewirkten Bindung des Arbeitnehmers in angemessenem Verhältnis stehen. Das bedeutet: bei Gratifikation **bis zu einem Monatsverdienst** ist Bindung von einem Vierteljahr, jedenfalls aber bis 31.3. des nächsten Jahres (bei Auszahlung noch im Vorjahr) zulässig, BAG NJW 1993, 3345, NZA 2003, 1032; 2007, 875; bei Gratifikation **von einem Monatsverdienst und mehr** ist Bindung über den 31.3. hinaus möglich, BAGE 13, 129, BB 1979, 1350, NJW-Sp 2004, 228, gilt auch für Klauselkontrolle, BAG NZA 2007, 875, bei „eindrucksvoller" Gratifikation, zB **zwei Monatsverdiensten,** und Staffelung bis zu 1/2 Monatsverdienst ist Bindung bis zum 30.9. denkbar, BAG BB 1970, 580; diese Rspr. allerdings vor Inkrafttreten neuer Kündigungsfristen, vgl. G 7.10.1993 BGBl. I 1668. Entspr. Grundsätze gelten für **sonstige Leistungen,** zB Urlaubsgratifikationen, BAGE 69, 583, BAGE 73, 663 (bis 30.9. des betr. Jahres); Aus-, Fortbildungs- und Umzugskosten → Rn. 70.

Für Rückzahlungsklauseln in TV gelten nicht die gleichen strengen Maßstäbe **68** wie bei solcher in Einzelvertrag, BAGE 18, 217; BB 1967, 627; Betriebsvereinbarung steht TV nicht gleich, BAG BB 1968, 207. Keine Kürzung wegen Mutterschutzfristfehlzeiten, auch nicht durch TV, BAG BB 1983, 768. Arbeitnehmer kann bei eigener Kündigung bereits erdiente Gratifikation oder Prämie nicht vor allgemeiner **Auszahlung** im Betrieb verlangen, BAG BB 1973, 144. Zur **Pfändbarkeit** von Weihnachtsgratifikationen BAG BB 1961, 531.

e) Sachleistungen haben zumindest Entgeltbezug, zB freie Wohnung, Kost, **69** Vergünstigung bei Warenbezug (Personalrabatt), BAG NZA 1995, 1194; kostenlose Beförderung im Werkbusverkehr, BAG NZA 2003, 1029; Privatnutzung von FirmenPKW, BAG NZA 2007, 809. IdR keine Barabgeltung, Schadensersatz bei Vorenthaltung, BAG NZA 1994, 1128. Widerruf freiwilliger Leistungen nur bei Widerrufsvorbehalt und nach billigem Ermessen (→ Rn. 64), NZA 1995, 1194, bei Privatnutzung eines Dienstwagens hält jederzeitiger Widerruf nicht der Inhaltskontrolle (§ 308 I Nr. 4 BGB) stand (→ Rn. 43), möglich aber während Freistellung des Arbeitnehmers, BAG NZA 2012, 616, ggf. mit individueller Auslauffrist, nach Ablauf der Entgeltfortzahlung kein Überlassungsanspruch, wenn „auch zur privaten Nutzung", BAG NZA 2011, 569. Für Änderungskündigung nicht die strengen Maßstäbe für betriebsbedingte Änderungskündigung zur Entgeltkürzung, BAG NZA 2003, 1029.

f) Sonstige Arten des Arbeitsentgelts: **Spesen** sind Entgelt, soweit sie nicht **70** Aufwendungen (→ Rn. 102) abgelten, und können dann auch ohne Aufwendungen zu zahlen sein. **Vermögenswirksame Leistungen** nur bei besonderer Rechtsgrundlage (TV, Betriebsvereinbarung, § 88 Nr. 3 BetrVG; Einzelvertrag, betriebliche Übung, → Rn. 2–9), sind Teil des Arbeitsentgelts und steuerlich und uU nach SozVersRecht begünstigt. Ungleichbehandlung bei Ertragsbeteiligung zwischen Arbeitnehmern, die den Betrag vermögenswirksam anlegen, und solchen, die Barauszahlung wählen, ist zulässig, BAGE 17, 305. **Zinsgünstige Darlehen** des Arbeitgebers sind Teil der Arbeitsvergütung; der Arbeitgeber ist trotz Mitbestimmung des Betriebsrats bei der Entscheidung über Umfang und Zweck solcher Leistungen frei, BAG BB 1981, 735; die Vorschriften über den Verbraucherdarlehensvertrag gelten nicht (§ 491 II Nr. 4 BGB). Beteiligungsdarlehen s. BAG NZA 1993, 936; Aufklärungspflichten des Arbeitgebers dabei, BAG NZA 2006, 545. **Zuschüsse** aus sozialem Anlass, zB Krankheit, sind keine Gratifikation (→ Rn. 61). Rückzahlungsklauseln sind auch hier nur in engen

Grenzen zulässig, sie unterliegen dem Transparenzgebot, BAG NZA 2012, 1428 (Kosten). **Aus- und Fortbildungskosten,** die der Arbeitgeber trägt, können, sofern dem Arbeitnehmer ein geldwerter Nutzen verbleibt, Rückzahlungsklausel bei vorzeitigem Ausscheiden rechtfertigen, aber nicht bei betriebsbedingter Kündigung des Arbeitgebers, BAG NZA 1999, 79; nicht bei vorzeitiger Kündigung des Probearbeitsverhältnisses durch den Arbeitgeber, außer wenn vom Arbeitnehmer vertragswidrig veranlasst, BAG NZA 2004, 1035, auch sonst nicht bei Kündigung des Arbeitgebers ohne Veranlassung des Arbeitnehmers, BAG NZA 2004, 1295 (Ls.), ausgenommen werden müssen weiter Gründe in der Verantwortungssphäre des Arbeitgebers, BAG NZA 2012, 738, auch wenn diese zur Kündigung durch den Arbeitnehmer führen, BAG NZA 2014, 957, oder der Arbeitgeber kein Interesse an der Bindung des Arbeitnehmers hat. Fortbildungs- und Bindungsdauer müssen in angemessenem Verhältnis stehen, BAG NZA 1996, 314, näher Düwell/Ebeling DB 2008, 406, Klauselkontrolle, BAG NZA 2013, 1419, grds. zulässig ist die Rückzahlung bei Kündigung durch Arbeitnehmer vor Ende einer auch in zeitlich getrennten Abschnitten erfolgenden Weiterbildung, BAG NZA 2012, 90. Längere Bindung als drei Jahre nach Abschluss der Ausbildung ist bei einjährigem Lehrgang nur bei besonderen Vorteilen und Qualifikation für den Arbeitnehmer gerechtfertigt, BAG NZA 1984, 288; je nachdem sind drei Jahre zu lang. Ähnlich bei **Umzugskosten**erstattung, BAG BB 1975, 702, nicht wenn Umzugskosten als Aufwendung zu erstatten sind, BAG BB 1973, 983. Abweichungen von der Rspr. des BAG durch Tarifvertrag in Grenzen möglich, BAG NZA 1996, 437. **Mitarbeiterbeteiligungen** in vielerlei Formen, Wagner NJW 2003, 3081.

71 C. **Arbeitsentgelt bei fehlender Arbeitsleistung. a) Unmöglichkeit:** Grundsätzlich verliert der Arbeitnehmer bei Unmöglichkeit der Arbeitsleistung den Entgeltanspruch (§§ 326 I 1, 275 III BGB), er behält ihn jedoch bei vom Arbeitgeber allein oder weit überwiegend zu vertretender Unmöglichkeit (§ 326 II 1 Alt. 1 BGB). Bei von keinem Teil zu vertretender Unmöglichkeit, zB Nichtleistung wegen Verkehrsstau (allgemeines **Wegerisiko**), verliert der Arbeitnehmer deshalb nach § 326 I 1 BGB grundsätzlich seinen Entgeltanspruch, doch gelten hier häufig besondere arbeitsrechtliche Regeln (→ Rn. 72–74). Unter § 275 III BGB fällt die Leistungsverweigerung bei Kollision der Arbeitspflicht mit Familienpflichten (Treichel NZA 2016, 459, zu Gewissenskonflikten und Weisungsrecht → Rn. 44) und bei (jeder, dh keine Interessenabwägung) Arbeitsunfähigkeit, Löwisch FS Wiedemann, 2002, 323, zur Entgeltfortzahlung bei Krankheit → Rn. 75.

72 **b) Annahmeverzug:** Kommt der Arbeitgeber mit Annahme der Dienste in Verzug (§§ 293 ff. BGB), so behält der Arbeitnehmer Entgeltanspruch ohne Pflicht zur Nacharbeit **(§ 615 S. 1 BGB),** BAG NZA 1999, 925; 2000, 1157; 2002, 268, neben Vergütung, etwa bei Liquidationsrecht eines Chefarztes, ggf. auch SchE, BAG NZA 2012, 377. Bsp.: Unberechtigte Entlassung, Zuweisung einer anderen Tätigkeit unter Überschreitung des Direktionsrechts (→ Rn. 44), BAG BB 1981, 1399. Befindet sich der Arbeitgeber bei Eintritt der Unmöglichkeit im Annahmeverzug, geht § 615 S. 1 BGB dem sonst auch im Arbeitsverhältnis eingreifenden § 326 II 1 BGB vor, BAG NZA 2016, 295; 2016, 693. Bei Arbeitszeitkonto ist auf die Sollarbeitszeit abzustellen, eines ausdrücklichen Angebots des Arbeitnehmers bedarf es dann nicht, BAG NZA 2011, 640. Kein Annahmeverzug wegen fehlenden Angebots anderweitiger Beschäftigungsmöglichkeit durch Zuweisung eines leidensgerechten Arbeitsplatzes, BAG NZA 2010, 1119 (anders noch BAG NZA 2008, 1410), aber ggf. Schadensersatz bei Nichtausübung des Weisungsrechts trotz Zumutbarkeit. Ist Zustandekommen eines Aufhebungsvertrags streitig, muss der Arbeitnehmer die Arbeitsleistung tatsächlich anbieten (§ 294 BGB, nicht § 295 BGB), BAG NZA 2006, 435, ebenso nach Ablauf eines befristeten Vertrages, BAG NZA 2013, 103, und wenn die Zeit nicht nach dem Kalender bestimmt ist, BAG NZA 2013, 849 (Lehrer in Teilzeit). Kein Annahmeverzug, wenn der Arbeitnehmer nicht leistungsfähig oder nicht leistungswillig ist (§ 297 BGB), Bsp.: Arbeitnehmer macht Beschäftigung während des Prozesses von Kündigungsrücknahme abhängig, BAG NZA 2005, 1348. Nach unberechtigter fristloser oder ordentlicher Kündigung muss der Arbeitgeber den Arbeitnehmer zur Arbeit auffordern (§ 296 BGB), der Arbeitnehmer braucht nicht zuvor anzubieten, auch wenn er bei Kündigung oder später krank war, BAG NZA 1991, 228; 1992, 403; 1993, 550; er braucht auch Wiedergesundung nicht mitzuteilen, BAG NZA 1995, 263. Annahmeverzug endet nicht stets mit Bereiterklärung des Arbeitgebers zur Weiterbeschäftigung ohne oder gemäß neuem, bis zum Urteil befristeten Arbeitsvertrag gleichen Inhalts, BAG NZA 1986, 637, str. In Fällen, in denen der Arbeitgeber das Risiko des Arbeitsausfalls trägt (→ Rn. 74), gelten § 615 S. 1 und 2 BGB entsprechend (**§ 615 S. 3 BGB** idF SMG).

Arbeitnehmer muss sich das durch Unterbleiben der Dienste Ersparte oder **73** durch anderen Dienst Erworbene oder böswillig nicht Erworbene anrechnen lassen (**§ 615 S. 2 BGB);** vgl. dazu zunächst § 74c HGB (dort → § 74c Rn. 2). **Böswilliges Unterlassen** liegt vor, wenn der Arbeitnehmer grundlos zumutbare Arbeit ablehnt oder vorsätzlich verhindert, dass ihm zumutbare Arbeit angeboten wird, BAG NZA 1998, 750; 2001, 26, hinzunehmen ist auch eine zumutbare Änderung der Arbeitsbedingungen, BAG NZA 2007, 1155. Deutliche Verschlechterung der Arbeitsbedingungen muss der gekündigte Arbeitnehmer idR nicht akzeptieren (zu § 11 KSchG), BAG NJW 2007, 2060. Unterlassen der Meldung beim Arbeitsamt oder der Suche eines anderen Arbeitsplatzes, auch wenn aussichtsreich, stand nach BAG NZA 2001, 26 nicht gleich, keine diesbezügliche Obliegenheit, nach BAG NZA 2020, 1118 aufgrund § 2 V SGB III überholt. Auskunftsrecht des ArbG über Vermittlungsangebote der Arbeitsagentur, BAG NZA 2020, 1116. Anrechnen lassen muss er sich (nur) den kausal durch das Freiwerden der Arbeitskraft ermöglichten Verdienst, BAG NZA 1991, 221, nicht nur nach Zeitabschnitten, BAG NZA 1994, 116, an dieser **Gesamtberechnung** gegen Kritik festhaltend BAG NZA 2006, 736. So uU auch bei Ablehnung des Angebots zu einem neuen befristeten Arbeitsvertrag, BAG NZA 1986, 637. Für Anrechnung ist etwaige Bindung durch Wettbewerbsvereinbarung zu berücksichtigen, BAG BB 1974, 739. Der Arbeitnehmer hat Auskunft über anderen Erwerb zu geben (entspr. § 74c), BAG BB 1974, 739, bei Bedenken des ArbG mit konkreten Nachweisen, ggf. eidesstattliche Versicherung, BAG NZA 1994, 116. § 615 S. 1, 2 BGB ist abdingbar, hM.

c) Betriebsrisiko: In bestimmten Fällen der beiderseits unverschuldeten Un- **74** möglichkeit ordnete zunächst die Rspr. die Folgen abweichend von § 326 BGB teils nach der Sphärentheorie, teils nach Arbeitskampfgesichtspunkten zu. Das Betriebs- und Wirtschaftsrisiko (Unternehmens-, Lohnrisiko) trägt der Arbeitgeber; BAGE 3, 346, BAG NZA 1991, 67, nun § 615 S. 3 BGB; Unmöglichkeit der Arbeit wegen Witterung, BAG NZA 2009, 913, Naturkatastrophen; Auftrags-, Absatzmangel, Heizungsausfall, BAG DB 1983, 1496; behördliches Betriebsverbot. Trägt der Arbeitgeber das Risiko des Arbeitsausfalls, gelten § 615 S. 1 und 2 BGB (§ 615 S. 3 BGB, → Rn. 72), nicht aber bei landesweiten Schließungen zum Infektionsschutz, BAG NZA 2022, 182 (Corona-Virus). Lit.: Ehmann NJW 1987, 403 (krit.). Das **Arbeitskampfrisiko** (Direkt- und Fernwirkungen von Streik und Aussperrung) ist vom Betriebsrisiko zu unterscheiden. Bei Direktwirkung, zB Streik von Teilen der Belegschaft, trägt die übrige Belegschaft das Arbeitskampfrisiko; Entgeltanspruch entfällt also, aber nicht bei fortbestehender Beschäftigungsmöglichkeit (zB Notdienst), BAG NZA 1994, 331;

§ 59 75–79

nicht bei Aufrechterhaltung des Betriebs(teils), außer soweit Beschäftigung infolge des Streiks unmöglich oder unzumutbar wird, BAG NZA 1996, 209 (214), aber keine Pflicht zur Aufrechterhaltung, BAG NZA 1995, 1097. Bei Fernwirkungen, die das Kräfteverhältnis der kampfführenden Parteien beeinflussen können, tragen beide Seiten das Risiko nach den Grundsätzen der Arbeitskampfparität; Entgeltanspruch entfällt also zB bei Lahmlegung durch Streik in Drittunternehmen bzw. besteht fort bei Angriffsaussperrung oder vorsorglicher Beauftragung von Fremdunternehmen dort, BAG NZA 1999, 500 (Wellenstreik) stRspr, Lit.: Mayer BB 1990, 2482.

75   d) Entgeltfortzahlung bei **Krankheit** und **anderer unverschuldeter Hinderung** des HdlGehilfen war in § 63 aF geregelt, nunmehr EFZG 26.5.1994 BGBl. I 1065 §§ 3 ff. Arbeitgeber kann ohne Begründung ab erstem Krankheitstag Arbeitsunfähigkeitsbescheinigung verlangen, BAG NZA 2013, 322. Lit.: Feichtinger/Malkmus, 2. Aufl. 2010, Schmitt, 8. Aufl. 2018, Grüneberg/Weidenkaff § 616 Rn. 17 ff., Müller-Glöge RdA 2006, 105 (Rspr.).

76   e) **Feiertage** → Rn. 58, **Urlaub** → Rn. 100.

77   D. **Einwendungen gegen Arbeitsentgeltanspruch. a) Verzicht** auf unabdingbare Ansprüche s. Trieschmann RdA 1976, 68. Auf tariflichen Anspruch kann nur in einem von den Parteien des TV gebilligten Vergleich verzichtet werden (§ 4 IV 1 TVG, → Rn. 39).

78   Doch können in TV **Ausschlussfristen** für die Geltendmachung des Entgeltanspruchs gesetzt werden (§ 4 IV 3 TVG), BAG NZA 2007, 679; sie gelten für beide Seiten, auch für gesetzliche Ansprüche; auch für Rückzahlungsanspruch bei Lohnüberzahlung, BAG BB 1979, 987, Berufung darauf kann treuepflichtwidrig sein, BAG NZA 2011, 219, nicht für Ansprüche aus verletztem Persönlichkeitsrecht, BAG NZA 1988, 53, für Betriebsrentenansprüche nur bei ausdrücklicher Vereinbarung, BAG NZA 2009, 1279. Ausschlussfristen in AGB → Rn. 43, Herbert/Oberrath NJW 2007, 3750.

79   **Verfallklausel** ist auch einzelvertraglich möglich; Inhaltskontrolle, BAG NZA 1998, 258, die Verweisung auf Tarifnorm nur beschränkt, BAG NZA 1989, 101 mAnm Preis ZIP 1989, 885. Verfallklausel erfasst iZw alle Ansprüche aus dem Arbeitsverhältnis, auch bei nur entferntem Zusammenhang, BAG NZA 2006, 545. **Ausschlussfrist** beginnt mit Fälligkeit des Anspruchs (bei Schadensersatzanspruch mit zumutbarer Kenntnis, BAG NZA 1985, 124, Ls.). Mit Verstreichen der Ausschlussfrist erlischt (anders bei Verjährung) der Anspruch, deshalb dann auch keine Aufrechnung mehr, BAG NZA 2003, 567. Selbst Ein-Monats-Frist wurde als zulässig angesehen, BAG NZA 2001, 723. Ausschlussfrist in **AGB** unterliegt seit SMG aber der Kontrolle nach **(5)** §§ 305c I, 307 BGB (→ Rn. 43), allgemein formulierte Klausel umfasst auch Mindestlohn, BAG NZA 2016, 1540 und ist dann insgesamt unwirksam, BAG NZA 2018, 1620, Bayreuther DB 2017, 487, die Ausnahme gesetzlich unabdingbarer Ansprüche genügt dem Transparenzgebot, BAG NZA 2019, 768. Einstufige Ausschlussfrist von zwei Monaten hält der Klauselkontrolle nicht stand, BAG NZA 2006, 149, nötig sind 3 Monate (→ Rn. 43). Beweislast für Geltendmachung BAG NZA 2013, 471 (Ls.). Bei zweistufiger Ausschlussfrist muss Klage auf Annahmeverzugslohn nicht vor rechtskräftiger Entscheidung im Kündigungsschutzprozess erhoben werden, BVerfG NZA 2011, 354 m. Bespr. Brecht-Heitzmann DB 2011, 1524. Tarifvertragliche Ausschlussfristen werden nun so ausgelegt, dass eine Kündigungsschutzklage zugleich Folgeansprüche geltend macht, BAG NZA 2013, 101; 2013, 330 m. Bespr. von Medem NZA 2013, 345. Hinsichtlich der Form der Geltendmachung von Ansprüchen zur Wahrung der Ausschlussfristen ist nunmehr § 309 Nr. 13 BGB (keine strengere Form als Textform, keine besonderen Zugangserfordernisse) zu beachten, Düwell BB 2016, 2485, Lingemann/Otte NZA 2016, 519, Salamon BB 2020, 2100.

Ausgleichsquittungen sind im Interesse klarer Verhältnisse grundsätzlich weit 80 auszulegen, BAG NZA 2004, 1097 (anteiliges 13. Monatsgehalt). Sie enthalten meistens Verzicht (entsprechender Vertragswille notwendig, BAG NZA 2008, 355), der jedoch unwirksam ist, soweit es sich um tarifliche Ansprüche handelt (→ Rn. 39); zur Wirksamkeit von Ausgleichsquittung überhaupt, BAG BB 1971, 438; 1979, 109; 1979, 327; 1981, 119; Moritz BB 1979, 1610, Preis AuR 1979, 97, Schulte DB 1981, 937. Ausgleichsquittung in AGB soll nach **(5)** § 307 I 1 BGB unwirksam sein, Reinecke DB 2002, 586, nach BAG NZA 2009, 318 ist Abgeltungsklausel in Aufhebungsvertrag nicht überraschend. Verzicht auf Kündigungsschutz in Ausgleichsquittung → Rn. 156. Ausgleichsklausel in Aufhebungsvertrag → Rn. 166. Grundsätzlich keine Wirkung für Betriebsrentenansprüche, BAG NZA 2001, 203; 2009, 139; 2010, 883, und Arbeitgeberdarlehen, BAG NZA 2011, 1159, zu nachvertraglichen Wettbewerbsverboten → § 74 Rn. 5.

b) Abtretung des Vergütungsanspruchs ist nur möglich, soweit gepfändet 81 werden kann (§ 400 BGB, §§ 850a–k ZPO), BAG NZA 2001, 654. Lohnabtretungsverbot kann vereinbart werden, auch in Betriebsvereinbarung, BAG BB 1960, 1202, ist aber unwirksam gegenüber SozVersTräger, der dem Arbeitnehmer Zahlungen an Stelle des vom Arbeitgeber nicht gezahlten Gehalts gewährt und Anspruch abgetreten erhalten hat, LAG Hessen BB 1965, 1355. Sonst ist Lohnabtretung zulässig, auch Vorausabtretung bestimmbarer künftiger Forderung, BGH BB 1976, 227.

Dasselbe wie für Abtretung gilt für **Aufrechnung** (§ 394 BGB), entspr. für 82 Zurückbehaltung (§ 273 BGB), dazu BAGE 9, 137; BAGE 10, 176; BAGE 20, 156, BGH BB 1958, 304.

Pfändung s. §§ 850 ff. ZPO; (Voraus-)Abtretung geht späterer Pfändung vor, 83 Börker NJW 1970, 1104. Pfändungsschutz bei Gehaltskonten s. Arnold BB 1978, 1314. Für Lohnpfändung wird bei Verschleierungsabrede ein angemessenes Gehalt fingiert, BAGE 17, 172. Zur Lohnpfändung als Kündigungsgrund Lepke RdA 1980, 185. Kein Kostenerstattungsanspruch des Arbeitgebers gegen Arbeitnehmer, auch nicht durch Betriebsvereinbarung, BAG NZA 2007, 462.

Mit seinem Entgeltanspruch für Arbeit während des Insolvenzverfahrens ist 84 Arbeitnehmer in der **Insolvenz** des Unternehmers Massegläubiger (§ 55 I Nr. 2 InsO).

c) Verjährung der Entgelt- und Auslagenersatzansprüche des Arbeitnehmers 85 innerhalb der Regelverjährung von grundsätzlich drei Jahren (§§ 195, 199 BGB). Dieser Verjährung unterliegen auch Ansprüche des angestellten Vertreters auf Gehalt und Provision, BAG BB 1972, 1056 (keine Analogie zu § 88), Ansprüche aus ungerechtfertigter Bereicherung oder Geschäftsführung ohne Auftrag sowie Bereicherungsansprüche des Arbeitgebers wegen irriger Überzahlung.

Verwirkung tariflicher Ansprüche ist ausgeschlossen (§ 4 IV 2 TVG); sonst ist 86 Verwirkung möglich. Verwirkung tritt aber nicht durch Zeitablauf vor Verjährungseintritt ein, BAG BB 1958, 117; 1958, 233, zum Zeitmoment muss vielmehr noch ein Umstandsmoment kommen (Vertrauensdisposition), vgl. BAG NZA 2001, 966; 2005, 575; 2007, 690.

E. **Betriebsrente.** Betriebliche Altersversorgung (Betriebsrenten, betriebliches 87 Ruhegeld) sind Leistungen der Alters-, Invaliditäts- oder Hinterbliebenenversorgung aus Anlass eines Arbeitsverhältnisses (§ 1 I 1 BetrAVG). Ihre praktische Bedeutung ist sehr groß. Verschiedene Grundformen sind üblich: unmittelbare Versorgungszusage durch den Arbeitgeber (Direktzusage) und vier Grundformen über rechtlich selbstständige Versorgungsträger; darunter seit 2001 Pensionsfonds, zunehmend auch Kapitalmarktrisiko des Arbeitnehmers, Regelung im VAG, Aufsicht durch BaFin. Unterschiede je nach Innen- oder Außenfinanzierung (Abfluss des Kapitals erst bei Versorgungsfall oder schon vorher). **Rechtsgrund** sind TV, Betriebsvereinbarung, Einzelvertrag, betriebliche Übung. Die Betriebs-

§ 59 88, 89

rentenzusage ist formlos (keine Schenkung), stillschweigend, betriebliche Übung (§ 1b I 4 BetrAVG, → Rn. 7) und auch noch nach Eintritt in den Ruhestand möglich. Sie unterliegt dem Gleichbehandlungsgebot (→ Rn. 57, 63, 91). Schon vor Entstehung des Betriebsrentenanspruchs kann eine **Anwartschaft** erlangt werden; sie ist bei Ende des Arbeitsverhältnisses vor Eintritt des Versorgungsfalls unter den Voraussetzungen des BetrAVG grundsätzlich zwingend unverfallbar (erdienter Teilwert, Quotierung). **Regelung im BetrAVG,** Reform 2001 zusammen mit der Reform der gesetzlichen Altersversicherung, 2005 durch AltEinkG, 2006 durch BetrAVGÄndG, aktuell ist durch Betriebsrentenstärkungsgesetz die Zulassung reiner Beitragszusagen geplant, Einstandspflicht für Pensionskasse war praktisch geworden, BAG NZA 2015, 544. Lit.: Blomeyer/Rolfs/Otto, 7. Aufl. 2018, Höfer (LBl.), Schlewing/Henssler/Schipp/Schnitker (LBl.), Markus Roth 2009, Reinecke NJW 2001, 3511 (BetrAVGReform 2001), Schnitker/Grau NJW 2005, 10 (BetrAVGReform 2005), Cisch/Bleeck BB 2006, 2815; 2008, 1002, Allgaier NZA 2011, 786 und 899 (TV), Roth SR 16, 47 (Niedrigzinsumfeld). RsprÜbersicht: Reinecke DB 2007, 2836; 2010, 2167, BB 2012, 1025, Cisch/Karst BB 2011, 1141, Cisch/Bleek/Karst BB 2012, 1153; 2013, 1205; 2014, 1141; 2015, 1138; 2016, 1014; 2017, 1012; 2018, 883; 2019, 1012; 2020, 1076; 2021, 1078; 2022, 1075; Matthießen NZA 2013, 416; 2014, 1058 (1115); 2016, 213 (278); 2018, 1509; 2019, 217; 2022, 603.

88 Die Betriebsrente wird in der **Auszahlungsphase** gewährt. Das BAG tendiert dazu, weiterhin eine Altersgrenze von 60 Jahren zu akzeptieren, BAG NZA 2009, 844. Die Betriebsrente ist zwar kein Lohn ieS, hat aber Versorgungs- und Entgeltcharakter und ist in jedem Falle Gegenleistung und damit besondere Vergütungsform, auch bei Einschaltung einer Unterstützungskasse, BVerfG BB 1984, 344. Die **Nebenpflichten** beider Teile aus dem Arbeitsverhältnis (Treuepflicht, Fürsorgepflicht) wirken nach, sind aber deutlich weniger intensiv; zB Wettbewerbsverbot, Schweigepflicht.

89 **Entgeltumwandlung:** Anspruch des Arbeitnehmers (§ 1a BetrAVG), Notwendigkeit der Wertgleichheit, § 1 II Nr. 3 BetrAVG, zur Zillmerung bei Direktversicherung BAG NZA 2010, 164. **Teuerungsanpassung:** Zwecks Erhöhung von Ruhegeldern wegen Steigens der Lebenshaltungskosten hat der Arbeitgeber alle drei Jahre Anpassung der laufenden Leistungen zu prüfen und darüber nach billigem Ermessen zu entscheiden (§ 16 BetrAVG), im Einzelnen str. Reform durch das AltersvermögensG 2001. **Mitnahmemöglichkeit** (Portabilität) unverfallbarer Anwartschaften beim Arbeitgeberwechsel (§ 4 BetrAVG nF 2005). **Insolvenzsicherung:** Versorgungszusagen und unverfallbare Anwartschaften sind unter Übergang der Ansprüche gegen Arbeitgeber durch Pensionssicherungsverein insolvenzgesichert (§§ 7–15 BetrAVG), Finanzierungsreform BetrAVGÄndG 2006. **Verjährung:** Rentenstammrecht in dreißig Jahren, Ansprüche auf regelmäßig wiederkehrende Leistungen nach §§ 195, 199 BGB (§ 18a BetrAVG idF SMG).

Praktisch werden Betriebsrenten auch in der Form der Direktzusage zunehmend mit Vermögen unterlegt, oft in Form so genannter contractual trust arrangements (CTA), Rolfs/Schmid ZIP 2010, 701. Ausgliederung der Pensionsverpflichtung auf Rentnergesellschaft möglich, BAG NZA 2009, 790, aber Notwendigkeit ausreichender finanzieller Ausstattung, Roth NZA 2009, 1400, auch bei Beendigung eines Beherrschungsvertrags durch herrschendes Unternehmen, BAG NZA 2010, 641. Ausstattung muss auch künftige Anpassungen der Betriebsrenten nach § 16 BetrAVG ermöglichen, einer entsprechenden Ausstattung bedarf es aber nicht, wenn durch Übertragung des operativen Geschäfts im Wege eines Betriebsübergangs eine Rentnergesellschaft entsteht, BAG ZIP 2014, 2464, dazu Rolfs/List RdA 2015, 422. De lege ferenda empfiehlt sich die automatische Einbeziehung in Betriebsrentenzusagen (DJT 2004, Engert ZfA 2004, 311, Markus Roth 2009), hierfür wären freilich auch reine Beitragszusagen zuzulassen

(Markus Roth), dafür nun auch Höfer DB 2013, 288. Das Betriebsrentenstärkungsgesetz 2017 sieht beides auf tariflicher Grundlage vor, hat aber noch keine praktische Bedeutung erlangt. Der Reformbedarf im Betriebsrentenrecht besteht so fort.

7) Nebenpflichten des Arbeitgebers

A. Rechtsgrundlagen, Gleichbehandlung, Rechtsfolgen von Pflichtverletzungen. Aus § 611a I BGB in Verbindung mit dem Arbeitsvertrag ergibt sich die Pflicht zur Bereitstellung essentieller Arbeitsmittel, bei Fahrradlieferanten die Bereitstellung eines Fahrrads, BAG NZA 2022, 401, sowie eines Mobiltelefons. Die **allgemeine Schutz- und Förderungspflicht** des Arbeitgebers nach §§ 241 II, 617–619 BGB (auch Fürsorgepflicht genannt; entspr. allgemeiner Treuepflicht des Arbeitnehmers, → Rn. 48) durchzieht das ganze Arbeitsverhältnis in schwächerem Umfang schon ab Eintritt in die Vertragsverhandlungen, → Rn. 32) und besteht deshalb nur in möglichst kostensparender Form, BAG BB 1973, 1214. Der Arbeitnehmer ist gegen die mit dem Arbeitsverhältnis zusammenhängenden Gefahren zu schützen. Für Erhaltung seiner Arbeitskraft ist angemessen zu sorgen. Besondere Fürsorgepflichten folgen aus Gesetz, TV, Betriebsvereinbarung, Einzelvertrag, betrieblicher Übung (vgl. → Rn. 2–9). Fürsorgepflicht verpflichtet keinesfalls zur Einstellung (→ Rn. 33), auch nicht nach Ausbildungsverhältnis, BAG DB 1974, 344, oder nach Lösung des Arbeitsverhältnisses zwecks Fortbildung, BAG BB 1978, 257. Betriebliche Altersversorgung, Gratifikation und andere Sozialleistungen sind Arbeitsentgelt und deshalb nicht schon auf Grund Fürsorgepflicht zu gewähren. Vielmehr muss eine besondere Rechtsgrundlage (→ Rn. 2–9) hinzukommen, BAGE 4, 360, uU aber Pflicht zum Hinweis auf bestehende Versorgungsmöglichkeiten, LAG Hamm BB 1982, 1365. Sie **überdauert** das Arbeitsverhältnis nur in Ausnahmefällen, BAGE 3, 332, Monjau AuR 1965, 323, so bei Ruheständlern (→ Rn. 88). Der Arbeitgeber muss jedoch nach Billigkeit vermeiden, was für den Arbeitnehmer bei Suche nach neuem Arbeitsplatz nachteilig ist, BAG BB 1973, 1116. Aus der Fürsorgepflicht folgen **zahlreiche Einzelpflichten,** → Rn. 93–104.

Die Nebenpflichten des Arbeitgebers stehen wie die Entgeltpflicht (→ Rn. 57) und das gesamte Arbeitsverhältnis unter dem **allgemeinen Gleichbehandlungsgebot.** Rechtsgrundlagen für Gleichbehandlung bieten, in Geltung und Reichweite nicht deckungsgleich, **verschiedene Gleichbehandlungsvorschriften:** 1) Art. 157 AEUV (141, 119 aF EG), EU-RL (nach EuGH auch faktische Ungleichheit, Kokott NJW 1995, 1054; Lohngleichheit, → Rn. 57); EuGH NZA 2003, 373 – Schwangerschaft; EuGH NZA 2005, 1345 – Mangold (Altersdiskriminierung, auch → Rn. 10); EuGH NZA 2008, 929 mAnm Lindner NJW 2008, 2750 – Feryn (angekündigte Diskriminierung); EuGH NZA 2008, 1119 – Bartsch (Altersdiskriminierung) mAnm Bauer/Arnold NJW 2008, 3377. 2) Art. 3 GG (→ Rn. 3, nur mittelbare Wirkung für den Arbeitgeber), 3) spezielle Normen wie **AGG** (§§ 611a, b, 612 III aF BGB aufgehoben; → Rn. 33 zum Kontrahierungszwang), § 622 VI BGB (bei Kündigung, → Rn. 124), § 75 I BetrVG idF AGG ua und 4) der allgemeine arbeitsrechtliche Gleichbehandlungsgrundsatz, der auf die Fürsorgepflicht gestützt wird, str., aber nach dem AGG an Bedeutung verloren hat. Gleichbehandlungsgrundsatz dient allein der Begründung von Rechten, nicht zu deren Einschränkung, BAG NZA 2003, 147, kann auch unternehmensweit gelten, wenn sich unternehmerische Entscheidung auf alle oder mehrere Betriebe bezieht, BAG NZA 2009, 367.

Bei **Verletzung** der Fürsorgepflicht kann der Arbeitnehmer Erfüllung oder Schadensersatz verlangen, auch für Einhaltung öffentlich-rechtlicher Schutzvorschriften, in schweren Fällen fristlos kündigen. Folgen für Haftungsausschluss und -minderung → Rn. 105–110. Nichtbegründung eines Arbeitsverhältnisses unter Verstoß gegen AGG führt nur zu Vertrauensschaden (§ 15 VI AGG), idR nur

Bewerbungskosten; daneben aber immaterieller Schaden aus Persönlichkeitsrechtsverletzung, idR 1 Monatsvergütung, BAG NZA 1990, 21 (24) (noch zu § 611a aF BGB). Die Fürsorgepflicht kann nicht im Voraus **abbedungen** werden.

93 **B. Schutz von Leben und Gesundheit.** Zu diesem Schutz des Arbeitnehmers am Arbeitsplatz s. § 62. Regelung der Rechtsstellung Schwerbehinderter im SGB IX, AGG, Verfassungsgemäßheit der Ausgleichsabgabe bei nicht ausreichender Beschäftigung Schwerbehinderter, BVerfG NJW 2005, 737. Zum Anspruch auf behindertengerechte Beschäftigung Boecken RdA 2012, 210.

94 **C. Schutz und Förderung der Persönlichkeit. a)** Der Arbeitgeber hat das allgemeine Persönlichkeitsrecht des Arbeitnehmers in Bezug auf Ansehen, soziale Geltung und berufliches Fortkommen zu beachten; bei Verletzung Widerrufs- bzw. Beseitigungsanspruch (§§ 242, 1004 BGB); BAG NZA 1988, 791; 1990, 933; 2005, 1278 (Betriebsvereinbarung). Pflicht zur menschen- und **personengerechten Arbeitsgestaltung** (vgl. § 91 BetrVG), zB Schutz der freien Entfaltung der Persönlichkeit des Arbeitnehmers (§ 75 II BetrVG); keine unnötigen Eingriffe und Kontrollen; kein heimliches Abhören von Dienstgesprächen durch Arbeitgeber, BVerfG NZA 1992, 307; kein heimliches Mithörenlassen von Telefongesprächen zwischen Arbeitgeber und Arbeitnehmer, BAG NZA 1998, 307 (Beweisverwertungsverbot, BAG NZA 2009, 974); keine heimliche Schrankkontrolle (Beweisverwertungsverbot, BAG NZA 2014, 143), grds. keine verdeckte Videoüberwachung (Ausnahme: konkreter Verdacht von Straftat, BAG NZA 2012, 1025 m. Komm. Bergwitz NZA 2012, 1205, dann auch Verwertung) und auch sonst nur unter engen Voraussetzungen (Persönlichkeitsrecht des Arbeitnehmers, Verhältnismäßigkeitsprüfung), BAG NZA 2003, 1193; 2004, 1278, soweit unzulässig Beweisverwertungsverbot, einschränkend BAG NZA 2011, 574, grds Verwertbarkeit bei zulässiger offener Videoüberwachung, BAG NZA 2018, 1329, psychischer Anpassungs- und Leistungsdruck kann zu Unzulässigkeit führen, BAG NZA 2019, 1216. Bild- und Videoaufnahmen bewertet die Rechtsprechung nach § 22 KUG, wegen informationeller Selbstbestimmung bedarf Einwilligung des ArbN der Schriftform, BAG NZA 2015, 606, dazu Grau/Schaut NZA 2015, 981, für Anwendbarkeit des BDSG Benecke/Groß NZA 2015, 839, grds Verwertbarkeit bei zulässiger offener Videoüberwachung, BAG NZA 2018, 1329. Zur Datenschutzgrundverordnung (DSGVO) → Rn. 97. Zur Meinungsfreiheit des Arbeitnehmers BAG NZA 2005, 158; 2020, 646 (verhaltensbedingte Kündigung wegen angeblicher Schmähkritik). Beachtung der Mitwirkungs- und Beschwerderechte (§§ 82, 84 BetrVG).

95 **b)** Der Arbeitgeber schuldet dem Arbeitnehmer **Schutz vor ungerechter Behandlung** und Angriffen durch Vorgesetzte, Mitarbeiter und Dritte im Zusammenhang mit der Arbeit; zB zutreffende und ordnungsgemäß zustande gekommene **Beurteilung** des Arbeitnehmers und ihre schriftliche Festhaltung. Anspruch auf Entfernung einer (teilweise) unzutreffenden Abmahnung aus den **Personalakten,** BAG NZA 1991, 768; 1993, 838, einer unzutreffenden Beurteilung, BAG DB 1979, 1703, bei Verfahrensverstoß, wenn dieser Auswirkung auf das Beurteilungsergebnis haben kann, BAG NZA 2009, 206, auch eines zutreffenden, aber beeinträchtigenden und für die Beurteilung überflüssig gewordenen Schreibens (Teilnahme an Warnstreik), BAG NZA 1988, 654, einer (unzulässig) nur pauschale Vorwürfe enthaltenden Abmahnung, BAG NZA 2009, 842, Wegfall des Interesses am Verbleib einer Abmahnung in den Personalakten, BAG NZA 1997, 145, nunmehr für Vertrauensbereich fraglich, Novara/Knierim NJW 2011, 1175, vom BAG aber weiter angenommen, insbes. wenn faktisch überholter Pflichtverstoß im Leistungsbereich, BAG NZA 2013, 91 (kein rechtliches Interesse mehr an Dokumentation der PflVerletzung) m. Bespr. Salamon/Rogge NZA 2013, 363, krit. Ritter DB 2013, 344, zur DSGVO Herberger

NZA 2020, 1665; zumutbarer Widerstand gegen eine Druckkündigung, BAGE 9, 53; Schutz gegen unzutreffende Pressekampagne; Schutz gegen **Mobbing,** Bennecke RdA 2008, 357, Sasse BB 2008, 1450, ggf. Schadensersatz- und Schmerzensgeldanspruch des Arbeitnehmers, BAG NZA 2008, 223, zur Beweislast Bruns VersR 2010, 880.

c) Beschäftigungspflicht des Arbeitgebers folgt aus Arbeitsvertrag (§§ 611, 242 BGB, Persönlichkeitsschutz), BAG GrS NZA 1985, 702. Der Arbeitgeber darf Beschäftigung des Arbeitnehmers gegen dessen Wunsch auch bei Fortzahlung des Gehalts nur ablehnen bei eigenen überwiegenden schutzwürdigen Interessen des Arbeitgebers, zB Wegfall der Vertrauensgrundlage oder zur Wahrung von Betriebsgeheimnissen, BAG GrS NZA 1985, 702; Auftragsmangel oder Umorganisation aufgrund einer unternehmerischen Entscheidung, BAG NZA 2021, 1630, der Arbeitnehmer kann aber über das allgemeine ideelle Beschäftigungsinteresse hinaus ein zu berücksichtigendes besonderes ideelles oder materielles Beschäftigungsinteresse haben, zB Geltung in Berufswelt, Ausbildung, Erhaltung von Fachkenntnissen, BAG GrS NZA 1985, 702. Weiterbeschäftigungspflicht nach Kündigung → Rn. 128, 157. Verletzung der Pflicht gibt dem Arbeitnehmer Erfüllungsanspruch, Schadensersatzanspruch, Grund zur fristlosen Kündigung. Für **Schwerbehinderte** besteht Beschäftigungspflicht (§ 164 IV 1 Nr. 1 SGB IX). Anspruch auf **Beförderung** hat Arbeitnehmer nur, wenn vertraglich vereinbart, BAG BB 1969, 580; 1979, 373; aber uU Anspruch auf **Versetzung** (Einschränkung des Direktionsrechts, → Rn. 44), BAGE 7, 321; BAGE 8, 338, oder umgekehrt auf deren Unterlassung. 96

d) Der **Schweigepflicht** des Arbeitnehmers (→ Rn. 50) entspricht eine solche des Arbeitgebers. Vertrauliche Führung der **Personalakten,** BAG NZA 1988, 53. Hinzu kommt der **Datenschutz.** Die Pflicht zur Sicherung personenbezogener Daten des Arbeitnehmers gegen Missbrauch folgt aus der DSGVO, weiter aus dem BDSG und dem Persönlichkeitsrecht des Arbeitnehmers. Speicherung von Arbeitnehmerdaten s. BAG NZA 1987, 415. RsprÜbersichten: Teske ZIP 1987, 960, Heither BB 1988, 1049. Lit.: Zöllner, 2. Aufl. 1983, Wohlgemuth BB 1992, 281, Komm. BDSG → **(7)** Bankgeschäfte Rn. A53, zur Personalakte Herfs-Röttgen NZA 2013, 478. Seit 2018 gilt die Datenschutzgrundverordnung, zum Beschäftigtendatenschutz nach Neufassung des BDSG s. Düwell/Brink NZA 2017, 1081, Gola BB 2017, 1462. 97

e) Die **Informations- und Auskunftspflicht** des Arbeitgebers (für den Arbeitnehmer → Rn. 53) umfasst die Unterrichtung des Arbeitnehmers über seine Aufgabe und Tätigkeit, Unfall- und Gesundheitsgefahren, bevorstehende Veränderung in seinem Arbeitsbereich (§ 81 BetrVG); Erläuterung der Berechnung des Arbeitsentgelts, seiner dienstlichen Beurteilung (§ 82 BetrVG), auf Verlangen Begründung durch Angabe konkreter Tatsachen, BAG DB 1979, 1703; 1979, 2429 (Schaden uU in unterbliebener Beförderung); ausnahmsweise auch Hinweis auf Rechtsnachteile, zB Versorgungsnachteile bei Vertragsauflösung, BAG NZA 1990, 971 (iErg abl.), NJW 1992, 2173. Niederschrift der wesentlichen Arbeitsvertragsbedingungen, NachweisG 20.7.1995, BGBl. 946, RsprÜbers Melms/Weck RdA 2006, 171, Neufassung 1.8.2022, BGBl. 1174, unzeitgemäß weiter Schriftform, bei Unterlassen Schadensersatzanspruch des Arbeitnehmers, wenn dieser deshalb Entgeltansprüche nicht rechtzeitig geltend macht, BAG NZA 2009, 805. Einsicht in Personalakten nach § 83 BetrVG und ausnahmsweise weitergehend auf Grund Fürsorgepflicht, BAG BB 1970, 619, auch nach beendetem ArbVerhältnis aus § 241 II BGB, BAG NZA 2016, 1345; Schlessmann BB 1972, 579, Vogt BB 1973, 479, auch nach Beendigung des Arbeitsverhältnisses, BAG NZA 2011, 453. Bescheinigungen mit zutreffendem Inhalt; aber kein Anspruch auf einen bestimmten Inhalt, LAG Hamm DB 1976, 923. Zeugnis → Rn. 104. 98

99   f) **Sonstige Einzelpflichten**, zB für notwendigen Versicherungsschutz zu sorgen, so ausreichende Haftpflichtversicherung von Kfz, mit dessen Führung der Arbeitnehmer betraut wird, BAG NJW 1966, 2233, uU auch Insassenversicherung, BGH BB 1970, 127; nicht Vollkaskoversicherung, aber Obliegenheit → Rn. 107, str.; eingebrachte Sachen → Rn. 101.

100   D. **Erholungsurlaub.** Rechtsgrundlagen sind das BUrlG, das die Fürsorgepflicht konkretisiert. Arbeitnehmer haben Anspruch auf Erholungsurlaub (Mindesturlaub 24 Werktage, § 3 BUrlG), Kollektiv- und Einzelvertrag gehen weiter. Sonderregeln für Jugendliche, Schwerbehinderte ua. **Voraussetzung** des Urlaubsanspruchs ist Bestehen eines Arbeitsverhältnisses (sonst nur Abgeltung s. unten), Ablauf und Wartezeit von idR 6 Monaten ab Beginn des Arbeitsverhältnisses (§ 4 BUrlG; sonst Teilurlaub s. unten), nicht Arbeitsleistung: also Urlaubsanspruch auch bei Teilzeitbeschäftigung, BAG NZA 1993, 988, gegenüber mehreren Arbeitgebern, BAG BB 1979, 1349, bei gekündigtem Arbeitsverhältnis, BAG DB 1979, 1138, Siara DB 1979, 2276. Voller Anspruch entsteht erstmalig nach 6 Monaten, sonst **Teilurlaub**, auch bei Ausscheiden vor erfüllter Wartezeit oder in der ersten Hälfte eines Kalenderjahres (§§ 4, 5 BUrlG, Zwölftelungsprinzip); Teilurlaubsanspruch gegen neuen Arbeitgeber, auch wenn voller Urlaubsanspruch schon gegen alten erworben war, BAGE 18, 153, aber keine Doppelgewährung (§ 6 BUrlG). **Anrechnung** von Krankheitstagen auf Urlaub ist unzulässig; ebenso für Kur- und Heilverfahren der SozVers oder sonstiger Sozialleistungsträger, soweit Anspruch auf Entgeltfortzahlung im Krankheitsfall besteht (§§ 9, 10 BUrlG), BAGE 23, 244, BB 1967, 250. Keine Anrechnung von Betriebsausflug, Betriebsruhetagen aus besonderem Anlass ua. Kürzung des Urlaubsanspruchs im bestehenden Arbeitsverhältnis nach Antrag auf Elternzeit nach § 17 I BEEG europarechtskonform, BAG NZA 2019, 1141. **Gewährung und Zeitpunkt** des Urlaubs nach Maßgabe einer Betriebsvereinbarung (Urlaubsplan, § 87 I Nr. 5 BetrVG) oder der Betriebsferien (TV, bei Krankheit kann AN andere Lage des Urlaubs verlangen, EuGH NZA 2009, 1013; 2012, 851), sonst des Direktionsrechts des Arbeitgebers (→ Rn. 44); die Ausübung des Direktionsrechts unterliegt aber der Billigkeitskontrolle (§ 315 BGB), BAG AP BUrlG § 7 Nr. 5, und der Mitbestimmung (§ 87 I Nr. 5 BetrVG). Urlaubsteilung nur ausnahmsweise (§ 7 II BUrlG). Einseitige Urlaubsgewährung durch den Arbeitgeber ist möglich, aber ArbN kann grds. ablehnen, Bayreuther NZA 2020, 1057.

Urlaubsgewährung muss erkennbar werden, liegt nicht ohne weiteres in Freistellung von Arbeit während der Kündigungsfrist oder auf Grund eines Aufhebungsvertrags, BAG NZA 1999, 80, Urlaubsvergütung muss vor Antritt des Urlaubs gezahlt oder unwiderruflich zugesagt werden, BAG NZA 2015, 998. Kein Rückruf aus dem Urlaub, gegenteilige Abrede ist unwirksam, BAG NZA 2001, 100, widerrufliche Freistellung ist kein Urlaub, BAG NZA 2009, 1211. **Urlaubsentgelt** ist die während der Dauer des Urlaubs fortbezahlte Vergütung, von dem gratifikationsähnlichen Urlaubsgeld und der Urlaubsabgeltung zu unterscheiden. Als Arbeitsentgelt ist es ebenso wie dieses pfändbar, BAG NZA 2001, 100, str. Das Urlaubsentgelt bemisst sich nach der im Urlaubszeitraum ausfallenden Arbeitszeit (§ 1 BUrlG), § 11 BUrlG regelt nur die Bemessung des Geldfaktors, BAG NZA 2000, 1335, zu Änderungen der Arbeitszeit EuGH NZA 2010, 557 m. Bespr. Powietzka/Christ NJW 2010, 3397. Bei der Durchschnittsberechnung sind neben Überstunden auch Vermittlungsprovisionen (ohne Bezirksprovisionen, § 87 II) einzubeziehen (§ 11 I 1 BUrlG iVm §§ 65, 87), BAG NZA 1986, 471; 2001, 153. Urlaubsentgeltanspruch läuft auch bei Streik weiter, BAG BB 1982, 993. **Erwerbstätigkeit** während des Urlaubs ist verboten (§ 8 BUrlG), uU ordentliche Kündigung, hL, der Anspruch auf Urlaubsentgelt für gesetzlichen Mindesturlaub bleibt aber von Verstoß unberührt, BAG NZA 1988, 607.

6. Abschnitt. Handlungsgehilfen und -lehrlinge 100 § 59

Erlöschen bei Erfüllung (§ 362 BGB), wird für bereits festgesetzten Urlaub aus betrieblichen Gründen Kurzarbeit eingeführt, ist Ersatzurlaub zu gewähren, BAG NZA 2009, 689; **mangels Übertragung** auf nächstes Kalenderjahr (nur bis 31.3. und auch nur bei dringenden betrieblichen oder in der Person des Arbeitnehmers liegenden Gründen, § 7 III 2, 3 BUrlG), BAG NJW 1987, 798, kommt es zum Verfall des Urlaubsanspruchs, wenn er bei **Ende des Kalenderjahrs** nicht geltend gemacht ist (§ 7 III 1 BUrlG), BAG BB 1982, 2111, krit. Kohte BB 1984, 614, und der **Arbeitgeber** seine **Mitwirkungsobliegenheiten** erfüllt hat, BAG NZA 2019, 977, 982, 1571, 1577, zur Obliegenheitspflicht des Arbeitgebers EuGH NZA 2018, 1474, für tariflichen Urlaub gilt das nur bei entsprechender Regelung im TV, BAG NZA 2021, 217. Wegen Mutterschutz bzw. Elternzeit nicht genommener Urlaub kann nach deren Ende bzw. im Folgejahr beansprucht werden, BAG NZA 2016, 433, zu § 24 MuSchG, § 17 II BEEG, nach Beendigung des ArbVerhältnisses keine Kürzung nach § 17 I BEEG, BAG NZA 2015, 989; 2019, 1139. Übertragung wegen dringender betrieblicher oder persönlicher Gründe (§ 7 III 2 BUrlG) kann auch nicht durch Tarifvertrag ausgeschlossen werden, BAG NZA 2015, 625, dies ist nur für tarifliche Urlaubsansprüche möglich. Erlöschen des Urlaubsanspruchs ferner mit Ende des Arbeitsverhältnisses, aber Abgeltung, insoweit greifen (tarifliche) Ausschlussfristen, BAG NZA 2012, 514; 2013, 216; bei Unmöglichkeit (§ 275 BGB); bei **Tod** Vererbung der Urlaubsabgeltung unabhängig davon, ob Arbeitsverhältnis noch bestand oder beendet war, BAG NZA 2019, 829, 832, 835, zum Übergang nach Tod des Arbeitnehmers zuvor EuGH NZA 2014, 651, dazu Ricken NZA 2014, 1361, zum Entgeltcharakter EuGH NZA 2018, 1467. Verfall nach Tarifvertrag, nicht aber für gesetzlichen Mindesturlaub, BAG NZA 1997, 44; Kündigungsschutzklage wahrt tarifliche Urlaubsausschlussfrist (Urlaubsverfallklausel), BAG BB 1979, 1143; **Verzicht** (§ 397 BGB), auch stillschweigend, aber nicht für gesetzlichen Mindesturlaub (vgl. § 13 BUrlG), BAG NZA 1999, 80.

Abgeltung für bei Vertragsende **wegen Krankheit nicht genommenen** bezahlten gesetzlichen Urlaubs, EuGH NZA 2009, 135; BAG NZA 2009, 538; krit. Bauer/Arnold NJW 2009, 631 und NZA 2009, 531; 2012, 1087 (Aufgabe Surrogatstheorie), Gaul/Josten/Strauf BB 2009, 497, zur Umsetzung der Entscheidung Grobys NJW 2009, 2177, anders zwischenzeitlich BAG NZA 1995, 230. Zulässig ist eine tarifvertragliche Beschränkung der Übertragbarkeit, EuGH NZA 2011, 1333 (15 Monate) m. Bespr. Bauer/von Medem NZA 2012, 113 und eine Regelung hinsichtlich des (tarifvertraglichen) Mehrurlaubs, BAG NZA 2012, 988, bei Genesung ist Urlaub auch für Vorjahre zu nehmen, sonst Verfall wie neuer Urlaub, BAG NZA 2012, 29. Das BAG entnimmt nunmehr § 7 III 3 BUrlG generell eine Beschränkung des Urlaubs bei Dauererkrankung auf Ende März des zweiten Folgejahres, BAG NZA 2012, 1221. Abzugelten sind auch bei Vertragsende wegen Mutterschutzes nicht genommene Urlaubstage, BAG NZA 2016, 1392.

Abgeltung der Urlaubsansprüche in Geld (von Urlaubsentgelt, s. oben, und Urlaubsgeld zu unterscheiden) ist grundsätzlich nur nach dem Ende des Arbeitsverhältnisses zulässig (§ 7 IV BUrlG), zur Krankheit während eines bereits gewährten Urlaubs EuGH NZA 2013, 369, und kann erst dann verlangt werden, BAG NZA 2017, 1057. Kein Verzicht wegen § 13 BUrlG, auch nicht nach Beendigung des Arbeitsverhältnisses und in gerichtlichem Vergleich, BAG BB 1979, 327; krit. Schulte DB 1981, 940. Bei Arbeitsplatzwechsel kann Arbeitgeber bezahlte Urlaubsabgeltung nicht zurückfordern (§ 5 III BUrlG), Zahlung aber verweigern, soweit der Arbeitnehmer Urlaub vom neuen Arbeitgeber verlangen kann, BAG NJW 1971, 534. Urlaubsabgeltungsanspruch ist wie Arbeitseinkommen abtretbar und pfändbar (§ 850a Nr. 2 ZPO ist nicht einschlägig). Unzulässige Abgeltung hebt Urlaubsansprüche nicht auf, kann nicht zurückgefordert werden, BAGE 4, 59. Urlaubsgratifikation mit **Rückzahlungs-**

klausel bei Ausscheiden str. (→ Rn. 67). Allgemeine **Ausschlussfrist** gilt auch für Abgeltungsanspruch, BAG NZA 2021, 504.

Ansprüche nach BUrlG sind **zwingend,** doch kann TV abweichen, mit Ausnahme der grundsätzlichen Regelung über Dauer des bezahlten Erholungsurlaubs, seine Abgeltung und des Geltungsbereichs des BUrlG (§ 13 I BUrlG), BAG BB 1965, 123; 1980, 1691, NZA 1997, 44. In Arbeitsverträgen kann auf einen abweichenden TV Bezug genommen werden. Zur Wahrnehmung staatsbürgerlicher Rechte (Art. 48 GG), zur Ausübung öffentlicher Ehrenämter, für Beisitz bei ArbG (§ 26 ArbGG), zur Suche nach einer neuen Stelle (§ 629 BGB), zur Beisetzung von Angehörigen, zu Familienfeiern (zB Hochzeit) des Arbeitnehmers selbst oder naher Verwandter ist Urlaub zu gewähren, BAGE 4, 189. Freistellung von Betriebsratsmitgliedern s. § 37 III BetrVG. Anspruch auf **Bildungsurlaub** besteht nach Ländergesetzen. In der Privatwirtschaft besteht idR kein Anspruch auf **Sonderurlaub ohne Entgeltfortzahlung** (unbezahlte Freistellung; kein Urlaub im Rechtssinn), von Hoyningen-Huene NJW 1981, 713; der Vorbehalt des Arbeitgebers, den Zeitpunkt der Rückkehr aus unbezahltem Urlaub allein zu bestimmen, ist aber nichtig, BAG BB 1981, 974. Bei Erkrankung während des unbezahlten Sonderurlaubs entsteht kein Entgeltanspruch, BAG BB 1978, 360, Marburger BB 1978, 104, Zeit des Sonderurlaubs zählt für gesetzlichen Urlaubsanspruch, BAG NZA 2014, 959. RsprÜbersicht: Hohmeister BB 2007, 2293; 2009, 494; 2010, 1599; 2011, 890; 2012, 1343; 2013, 1973; 2014, 2037, Plüm NZA 2013, 11. Lit.: Arnold/Tillmanns, 4. Aufl. 2019, Neumann/Fenski/Kühn, 12. Aufl. 2021, Höpfner RdA 2013, 16 (65); Schubert NZA 2013, 1105, RdA 2014, 9, Mehrens/Witschen EuZA 2019, 326, Jacobs/Münder RdA 2019, 332; 2020, 13, Maas NZA 2020, 350.

Mutterschutz nach **MuSchG:** Vermutung der Richtigkeit eines ärztlichen Attestes, BAG NZA 2001, 1017, Elternzeit nach **BEEG,** dazu BAG NZA 2010, 155; 2012, 208; 2013, 907, Elternzeit auch für Großeltern, § 15 Ia BEEG, Antrag in Schriftform, § 16 I 1 BEEG, dafür reicht Telefax nicht aus, BAG NZA 2016, 1139, Ablehnung der Elternzeit nur aus dringenden betrieblichen Gründen, dazu BAG NZA 2010, 447 (entgegenstehende Gründe), Entscheidung über Verlängerung nach § 16 BEEG nach billigem Ermessen, BAG NZA 2012, 262. Literatur: Hambüchen, Loseblatt, zum **Pflegezeitgesetz,** Glatzel NJW 2009, 1377, Joussen NZA 2009, 69, keine mehrmalige Inanspruchnahme von Pflegezeit pro pflegebedürftigen nahen Angehörigen, BAG NZA 2012, 323, zum Familienpflegezeitgesetz Göttling/Neumann NZA 2012, 119, Schiefer/Worzalla DB 2012, 516.

101 E. **Sicherung eingebrachter Sachen.** Der Arbeitgeber muss auf Grund seiner Fürsorgepflicht die berechtigterweise auf das Betriebsgelände mitgebrachten Sachen des Arbeitnehmers nach § 241 II BGB durch zumutbare Maßnahmen vor Beschädigung durch Dritte schützen, BAG NJW 1965, 2173, NZA 2000, 1052; Pflicht zur Bereitstellung von Firmenparkplätzen nur bei besonderen Umständen, BAGE 9, 31, dann aber Pflicht zur verkehrssicheren Erhaltung, bei besonderer Gefährdung gesteigerte Fürsorgepflicht, BAG NZA 2000, 1052, wohl auch zur Absperrung, BAG BB 1975, 1343. Soweit Arbeitnehmer selbst Sicherungsmöglichkeiten hat, ist er selbst verantwortlich, BAGE 17, 229, BB 1965, 1068; 1966, 778, den Arbeitnehmer trifft das allgemeine Eigentümerrisiko. Den Arbeitgeber trifft **keine Versicherungspflicht** für eingebrachte Sachen, BAGE 18, 190, str.; anders für Haftpflichtversicherung → Rn. 99. Haftung nach § 7 I StVG gegenüber im Betrieb parkenden Arbeitnehmern ist idR nicht durch vertragliche Einheitsregelung ausschließbar, BAG NZA 1990, 345. **Haftung** des Arbeitgebers für Sachschäden des Arbeitnehmers → Rn. 106.

102 F. **Freistellung von Ersatzpflicht, Aufwendungsersatz.** Freistellungsanspruch bei Schadensersatzansprüchen Dritter → Rn. 108. **Aufwendungen,** die der Arbeitnehmer zur Ausführung der Dienste gemacht hat und den Umständen nach für erforderlich halten durfte, hat der Arbeitgeber zu erstatten (§§ 675 I, 670 BGB, Vorschuss nach § 669 BGB), aber nur soweit sie nicht durch das Arbeitsentgelt abgegolten sind, BAG NJW 1963, 1221, NZA 1992, 691 (abl., da AN grob fahrlässig), NZA 2006, 1089. Bspe: Sicherheitsschuhe, aber nicht normale Arbeitskleidung, BAG NZA 1999, 38; 2008, 1012; Umzugskosten bei Versetzung, BAG BB 1973, 983; Fahrtkosten für Dienstfahrten, nicht aber für Fahrt zwischen Wohnung und Arbeitsstätte, BAG BB 1977, 446, für Abholung einer reparierten Geige, BAG NJW 2012, 797; vereinbarter dienstlicher Einsatz des PrivatPkw; häusliches Arbeitszimmer bei Arbeitnehmer im Außendienst, sofern nicht abbedungen, BAG NZA 2004, 604; nicht LKW-Fahrerkarte, BAG NZA 2008, 1012, nach BAG NZA 2012, 97 nicht Arbeitszimmer von Lehrern. Arbeitgeber kann sich treuwidrig verhalten, wenn er von Lehrern eine Erklärung verlangt, die Kosten einer Klassenreise selbst zu tragen, BAG NZA 2013, 42 (Kostenerstattung nach in Bezug genommenem TV). **Personen- und Sachschäden** des Arbeitnehmers selbst → Rn. 105–106.

G. **Abführung von Lohnsteuer und Sozialversicherungsbeiträgen, Schutz von Altersteilzeitkonten.** Der Arbeitgeber muss Lohnsteuer und Sozialversicherungsbeiträge abführen, schuldhafte Verletzung macht ihn schadensersatzpflichtig, stRspr BAG BB 1982, 1056, auch aus § 823 II BGB iVm § 266a I StGB, BGHZ 134, 304, BGH NJW 2005, 2546, Eigenhaftung von Organmitgliedern GroßKoAktG/Hopt/Roth § 93 Rn. 673, str.; bei Lebensversicherung auch gegenüber Bezugsberechtigten nach Tod des Arbeitnehmers (§ 328 BGB), BAG WM 1982, 245. Behält Arbeitgeber zu wenig Lohnsteuer ein, kann er Nachzahlung an Finanzamt vom Arbeitnehmer erstattet verlangen (§ 670 BGB), BAG BB 1979, 1040, NZA 2004, 1274; anders bei Arbeitnehmeranteilen zur Sozialversicherung, diese dürfen nur vom Lohn abgezogen werden, BAG DB 1978, 698. Probleme der Arbeitspapiere (Lohnsteuer, Versicherung) s. Becker/Schaffner DB 1983, 1304. Zwingender **Schutz von Arbeitszeitkonten**, Grobys/von Steinau-Steinrück NJW-Sp 2004, 134, Kallhoff NZA 2004, 692, Haftung von Organmitgliedern, BAG NZA 2008, 121. Lit.: Rolfs/Witschen/Veit/Hoff, 3. Aufl. 2017.

H. **Nebenpflichten bei Beendigung des Arbeitsverhältnisses. a) Freizeit zur Stellungssuche** s. § 629 BGB; Entgeltpflicht bleibt bestehen, § 616 BGB. Bei unberechtigter Verweigerung kein eigenmächtiges Fernbleiben, sehr str., aber einstweilige Verfügung, Schadensersatz und außerordentliche Kündigung (→ Rn. 139–147).

b) Zeugniserteilung: nach Aufhebung von § 73 ab 1.1.2003 gilt, wenn der (Dienst)Verpflichtete ein Arbeitnehmer ist, § 109 GewO (§ 630 S. 4 BGB); s. Kommentierung zu § 73 aF/§ 109 GewO.

8) Haftungsbesonderheiten

A. **Haftung des Arbeitgebers. a) Personenschäden aus Arbeitsunfällen** deckt die gesetzliche Unfallversicherung unter Haftungsfreistellung des Arbeitgebers; der Arbeitgeber haftet nur bei Vorsatz (enger Begriff, BGHZ 154, 11) oder bei (nicht Betriebs- und Arbeitswege betreffenden) Wegeunfällen (SGB VII §§ 104 I 1; 8 I, II Nr. 5, 9–11 mit und § 8 II Nr. 1–4 ohne Haftungsausschluss); das gilt entsprechend für schädigende Arbeitnehmer, also insbesondere unter Arbeitskollegen, und für bestimmte weitere Personen bei betrieblicher Tätigkeit (SGB VII §§ 105, 106, auch → Rn. 109); auch Versicherte mehrerer Unternehmen auf gemeinsamer Betriebsstätte, BGHZ 145, 331; BGHZ 157, 213, NZA 2005, 643. Gründe für die Haftungsersetzung durch Versicherungsschutz sind ua Betriebsfrieden und Gefahrengemeinschaft, BGHZ 166, 42 (Nothelfer), BAG NZA 2005, 163, stRspr. Haftet der Arbeitgeber danach ausnahmsweise, ist auf den Schadensersatzanspruch gegen ihn das von der Unfallversicherung Geleistete anzurechnen (SGB VII § 104 III). **Arbeitsunfall** (§ 8 I SGB VII) umfasst alle mit dem Arbeitsverhältnis zusammenhängenden Tätigkeiten einschließlich solchen auf Betriebs- und Arbeitswegen; Berufskrankheit (§ 9 SGB VII). Arbeitsunfall bei Dienstreise, Wegeunfall bis zum Werktor, Wege des Arbeitnehmers von und zur Arbeit sind seine Sache (allgemeines Lebensrisiko), BAG NZA 2001, 549, das aber aus sozialpolitischen Gründen mitversichert ist. Der Haftungsausschluss betrifft alle Ansprüche des Arbeitnehmers, seiner Angehörigen und Hinterbliebenen gleich aus welchem Rechtsgrund (Vertrag, Delikt, Schmerzensgeld). Forderungsübergang nach § 116 SGB X auf Unfallversicherungsträger, Ausgleich mit Krankenkasse, BGHZ 155, 342. Regress der Sozialversicherungsträger bei vorsätzlicher oder grob fahrlässiger Herbeiführung des Versicherungsfalls (§ 110 SGB VII), BGHZ 154, 17, NJW 2006, 3563, aber ohne Forderungsübergang nach § 116 SGB X. Auslandssachverhalt BGH NJW 2007, 1754. Lit.: Waltermann NJW 2004, 901, Brose RdA 2011, 205.

106 b) Für **Sachschäden** des Arbeitnehmers haftet der Arbeitgeber ohne Besonderheiten, also bei jedem Verschulden, für Haftungsausschluss oder -begrenzung in AGB gilt **(5)** § 309 Nr. 7b BGB. Hinzu tritt **Haftung ohne Verschulden** für Sachgüter- und Vermögensschäden des Arbeitnehmers bei Ausführung von betrieblich veranlassten und auf Grund eines Arbeitsverhältnisses geleisteten **Arbeiten** (→ Rn. 107), gem. älterer Lit. nach dem Grundsatz der **Risikozurechnung,** Canaris RdA 1966, 41, Genius AcP 173 (1973), 504, nach Rspr. auf Grund § **670 BGB** (unter Hinweis auf § 110) BAG (GrS) BAGE 12, 15, NZA 1995, 836 (Strafverteidigerkosten), 2000, 1052, BGHZ 38, 277; BGHZ 89, 157. Danach haftet der Arbeitgeber für eingebrachte Kleidung des Arbeitnehmers nur bei außergewöhnlichen, nicht durch die Arbeitsvergütung besonders abgegoltenen Schäden aus gefährlicher Arbeit, BAG (GrS) BAGE 12, 15. Für Schäden am Kfz des Arbeitnehmers haftet der Arbeitgeber (ohne eigenes Verschulden), wenn er Einsatz in seinem Betätigungsbereich verlangt oder gebilligt hat; solcher Einsatz liegt vor, wenn er ohne das ArbeitnehmerKfz ein eigenes Kfz hätte einsetzen und damit dessen Unfallgefahr hätte tragen müssen, BAG BB 1981, 183, NZA 1996, 417; 2007, 870; 2011, 406 oder wenn Arbeitnehmer es in Rufbereitschaft als schnellstes Transportmittel zum Arbeitsort benutzt, BAG NZA 2012, 93; **Mitverschulden** des Arbeitnehmers (entspr. § 254 BGB) ist nur im Rahmen der Grundsätze der beschränkten Arbeitnehmerhaftung (→ Rn. 107) zu berücksichtigen, BAG NZA 1997, 1346; 2007, 870 (defektes ArbeitnehmerKfz), dabei hat Arbeitnehmer zu beweisen, dass er nicht grob fahrlässig gehandelt hat, BAG NZA 2011, 406. Mit Km-Pauschale für privaten Pkw sind iZw Rückstufungsnachteile bei der Haftpflichtversicherung abgegolten, BAG NZA 1993, 262. Lit.: Schwarze RdA 2013, 140.

107 B. **Haftung des Arbeitnehmers.** a) Für die Haftung **gegenüber dem Arbeitgeber** gelten Besonderheiten (für Sachschäden des Arbeitnehmers selbst → Rn. 106). **Schäden bei der Ausführung von betrieblich veranlassten und auf Grund eines Arbeitsverhältnisses geleisteten Arbeiten** (zum Merkmal „betrieblich veranlasst" BAG NZA 2003, 37, nicht bei Spaßfahrt) sind nur eingeschränkt zu ersetzen. Vielmehr folgt aus der **Fürsorgepflicht grundsätzlich** eine in den Rechtsfolgen **dreigeteilte Fahrlässigkeit,** nämlich bei Vorsatz und grober Fahrlässigkeit in aller Regel volle Haftung des Arbeitnehmers, bei mittlerer (normaler) Fahrlässigkeit Quotelung und bei leichtester Fahrlässigkeit völlige Entlastung, BAG NZA 1988, 579; 1994, 1083; 1999, 141; 2004, 649; 2011, 345, stRspr, üL; dazu weitere Differenzierung: stets volle Haftung nur bei **Vorsatz,** der aber auch den Schaden umfassen muss (auch → Rn. 109), BAG NZA 2003, 37; 2003, 437; 2005, 163, bei grober Fahrlässigkeit nach Abwägung im Einzelfall Haftungserleichterung, zB bei deutlichem Missverhältnis zwischen Verdienst und Schadensrisiko, BAG NZA 1990, 97; 1999, 141; 2002, 612; 2003, 37, Quotelung dann auch bei in besonderer Weise leichtfertigem und unverantwortlichem Handeln, BAG NZA 1998, 140, auch bei gröbster Fahrlässigkeit scheiden Haftungserleichterungen nicht aus, BAG NZA 2011, 348; Begründung aus § 254 BGB analog unter Betonung der Gesamtabwägung, BAG GrS NZA 1994, 1083, nach aA bei grober Fahrlässigkeit stets volle Haftung (Arg.: keine Schutzbedürftigkeit wg Restschuldbefreiung, sehr fraglich), Fischinger/Hofer NZA 2017, 349. Die Beschränkung auf gefahrgeneigte Arbeit (s. 28. Aufl.) ist 1993 zutr. aufgegeben worden, BAG GrS NZA 1993, 547 u. 1994, 1083, BGH NJW 1994, 856; 1996, 1532 (aber klarstellend gegen pauschale Beschränkung auf grobe Fahrlässigkeit und für Einzelfallabwägung nach § 254 BGB), ganz hL, denn der Arbeitnehmer kann den Risiken nicht ausweichen (Weisungsgebundenheit, → Rn. 44).

Bei **normaler Fahrlässigkeit** für Bestimmung der Ersatzquote **Abwägung der Gesamtumstände** von Schadensanlass und Schadensfolgen nach Billigkeit und Zumutbarkeit, ua Verschuldensgrad, Gefahren der Arbeit, Schadenshöhe, vom Arbeitgeber einkalkuliertes oder durch Versicherung deckbares Risiko, Stellung des Arbeitnehmers im Betrieb, Höhe des Arbeitsentgelts (darin uU Risikoprämie), persönliche Verhältnisse des Arbeitnehmers, Dauer der Betriebszugehörigkeit, Lebensalter, Familienverhältnisse und sein bisheriges Verhalten, BAG NZA 1999, 141. Der Haftungsausschluss betrifft nicht nur Anspruch des Arbeitgebers gegen den Arbeitnehmer, sondern auch gegen Zweitschädiger, in Höhe von dessen Ausgleichsanspruch gegen den Arbeitnehmer (§§ 840, 426 BGB), OLG Karlsruhe OLGZ 1969, 157. **Grobe Fahrlässigkeit** ist subjektiv (nicht nur objektiv) schlechthin unentschuldbare Pflichtverletzung; sie muss sich auch auf den Unfall (Schadenserfolg) beziehen. Bsp.: Rotlichtverstoß eines Berufskraftfahrers, auch bei Einbau eines Mobilfunktelefons (insoweit kein Mitverschulden des Arbeitgebers), BAG NZA 1999, 263; Liegenlassen der Kellnerbrieftasche in Zugrestaurant, BAG NZA 2002, 612. Auch bei arbeitsbedingter Übermüdung kann grobe Fahrlässigkeit des Arbeitnehmers vorliegen; Übermüdung fällt aber uU auch als Betriebsrisiko haftungsmindernd ins Gewicht (vgl. → Rn. 74). Schadensverteilung nach § 254 BGB, BAG NZA 2007, 1230 (Wertpapierhändler, Organisationsverschulden im Fall verneint).
Beweislast beim Arbeitgeber (§ 619a BGB), dazu Löwisch FS Wiedemann, 2002, 327 und → Rn. 110; kein Anscheinsbeweis (subjektive Vorwerfbarkeit). Mitwirkung Dritter an Schädigung s. Däubler NJW 1986, 873. Die Grundsätze sind **zwingend,** Haftungsverschärfung weder kollektiv- noch einzelvertraglich, auch nicht bei Kompensation, klarstellend BAG NZA 2004, 649; aber → Rn. 110 (Mankoabrede); Vereinbarung über Übernahme der Vollkaskoselbstbeteiligung bei Beschädigung des Dienstwagens ist danach unwirksam, BAG NZA 2004, 649.
Versicherung: Haftungsfreistellung gemäß Gefahrengemeinschaft, auch unter den versicherten Unternehmern, BGH NJW 2008, 2916 mAnm.Waltermann 2895. Haftungsfreistellung des Arbeitnehmers entfällt ihrem Zweck entsprechend bei Deckung durch Pflichtversicherung (§ 1 PflVG), BGHZ 116, 200, oder Regressverzicht des Versicherers, BGHZ 117, 151. Pflicht des Arbeitgebers zum Abschluss von Versicherung → Rn. 99. Lit.: Dütz NJW 1986, 1779, Schwerdtner DB 1988, 1799, v. Hoyningen-Huene BB 1989, 1889, Joussen RdA 2006, 129, Pačić EuZA 2009, 47 (Rechtsvergleich).
Führungskräfte können sich bei unternehmerischen Entscheidungen auf die deutsche business judgment rule berufen, § 93 I 2 AktG, dazu GroßKo/Hopt/ Roth AktG § 93 Rn. 61 ff.; Bröckner, 2012. Es fehlt dann bereits an einer Pflichtwidrigkeit. Soweit deren Voraussetzungen, etwa bei einem Verstoß gegen ein gesetzliches Verbot, nicht vorliegen, ist an eine Haftungsbeschränkung zu denken, dazu Fritz NZA 2017, 673. Diese kommt nach allgemeinen Grundsätzen auch bei besonders grober Missachtung von Sorgfaltspflichten in Betracht, wie dort (BAG NZA 2011, 345) die dort angenommene Haftungshöchstgrenze in Höhe eines Bruttojahresgehalts wird auch bei Führungskräften häufig ausreichen.

Keine Haftungserleichterung kommt bei Vorsatz in Betracht, allerdings muss auch der Schaden vom Vorsatz umfasst sein, BAG NZA 2001, 37, daran wird es meist fehlen.

108 **b)** Für die **Haftung gegenüber Dritten** (ohne Unterschied zwischen Körperschäden und Sachschäden) gelten entspr. Grundsätze. Der Arbeitgeber schuldet danach dem Arbeitnehmer bei der Ausführung von betrieblich veranlassten und auf Grund eines Arbeitsverhältnisses geleisteten **Arbeiten** unter denselben Voraussetzungen wie nach → Rn. 107 **Freistellung von Ersatzpflicht.** Nur so bleibt das Betriebsrisiko beim Arbeitgeber. Der Freistellungsanspruch ist rein innerbetrieblich, der Dritte kann also von dem Arbeitnehmer uneingeschränkt Schadensersatz fordern, BGHZ 108, 305; BGHZ 110, 114; BGHZ 157, 9 (gestörtes Gesamtschuldverhältnis), NZA 1990, 100, str.; anders bei entsprechender Abrede zwischen dem Arbeitgeber und dem Dritten (§§ 133, 157 BGB, auch ergänzende Vertragsauslegung) oder bei Erstreckung einer Haftungsbegrenzung des Arbeitgebers zugunsten seiner Arbeitnehmer. Der Arbeitnehmer kann sonst nur Freistellung vom Arbeitgeber verlangen oder den Freistellungsanspruch an den Dritten abtreten, was zur Umwandlung in einen Zahlungsanspruch gegen den Arbeitgeber führt. Für Freistellungsanspruch kann Versicherungsschutz bestehen, OLG Düsseldorf NJW 1968, 252. Bei fehlender Versicherung ist Konsequenz dieser Rspr., dass der Arbeitnehmer bei **Insolvenz des Arbeitgebers** letztlich selbst für den Schaden einstehen muss; die Rspr. lehnt Abhilfe dazu ab und verweist auf den Gesetzgeber. Der Freistellungsanspruch kann nach §§ 195, 199 BGB auch vor dem Schadensersatzanspruch verjähren, Löwisch FS Wiedemann, 2002, 313. Lit.: Pačić EuZA 2009, 218 (Rechtsvergleich). Zunehmend bedeutsam wird die Haftung von Arbeitnehmern für Unternehmensgeldbußen, Bayreuther NZA 2015, 1239.

109 **c)** Für die **Haftung gegenüber Arbeitskollegen** gilt bei **Sachschäden** dasselbe wie für die Haftung gegenüber Dritten (→ Rn. 108); SGB VII greift nicht ein. Der Arbeitskollege kann vom Arbeitnehmer vollen Ersatz verlangen, dieser hat aber bei der Ausführung von betrieblich veranlassten und auf Grund eines Arbeitsverhältnisses geleisteten Arbeiten Freistellungsanspruch gegen den Arbeitgeber. Anders bei **Personenschäden:** Diese deckt wie beim Arbeitgeber (→ Rn. 105) die gesetzliche Unfallversicherung unter Haftungsfreistellung des Arbeitnehmers (§ 105 SGB VII). Freigestellt sind danach alle Personen, die durch eine betriebliche Tätigkeit einen Versicherungsfall von Versicherten desselben Betriebs verursacht haben. Betriebliche Tätigkeit ist nicht eng zu verstehen, BAG NZA 2005, 163 (Stoß vor die Brust). Betriebliche Tätigkeit ist auch die sog. Wie-Beschäftigung (§ 2 II SGB VII, → Rn. 105). Die Freistellung gilt auch gegenüber dem (versicherten oder nicht versicherten) Unternehmer. Ausnahmen von der Freistellung bei Vorsatz, der auch den Verletzungserfolg umfassen muss (→ Rn. 107), BAG NZA 2003, 436; 2005, 163 und bestimmten Wegeunfällen (→ Rn. 105). **Arbeitsplatzverlust:** Haftung des Mitarbeitnehmers bei unberechtigter Verdächtigung (§ 823 II BGB iVm § 187 StGB, kein Recht am Arbeitsplatz nach § 823 I BGB), OLG Koblenz NJW 2003, 1673.

110 **d) Mankohaftung:** Bei Kassen- oder Warenfehlbestand gelten die allgemeinen Grundsätze über die Beschränkung der Arbeitnehmerhaftung (→ Rn. 107), so auch BAG NJW 1999, 1049. Für §§ 280, 283 BGB fehlt es schon an einer Herausgabepflicht (§§ 667, 695 BGB), wenn der Arbeitnehmer wie idR nur Besitzdiener ist (§ 855 BGB), BAG NZA 1999, 141. Unmittelbaren Besitz des Arbeitnehmers erwägt das BAG bei alleinigem Zugang zur Sache und ihrer selbstständigen Verwaltung; dazu gehört eigenständiger Spielraum, zB bei kfm. Aufgaben, eigenen Vertriebsbemühungen oder eigener Kalkulation (nicht nur Berechnung), BAG NZA 1999, 141. Die Beweislast liegt beim Arbeitgeber (§ 619a BGB), aber der Arbeitnehmer muss sich idR substantiiert äußern, wenn das schädigende Ereignis näher bei ihm lag bzw. er über die konkreten Umstände informiert ist (gestufte Darlegungslast), BAG NZA 1997, 1279; 1999, 141 (Aufgabe von BAG NZA 1985, 183), Indiz dafür zB, wenn der Arbeitnehmer die alleinige Kontrolle über bestimmte Bereiche hatte. Weitergehende, auf Risikoübernahme des Arbeitnehmers gehende **Mankoabrede** ist grundsätzlich unzulässig, anders nur wenn und soweit dem Arbeitnehmer ein gleichwertiger Ausgleich geleistet wird, dabei darf Haftung die Summe der gezahlten Mankogelder über einen (auch längeren, zB 1 Jahr) Ausgleichszeitraum nicht überschreiten, BAG NZA 1999, 141; 2004, 649 (aber → Rn. 107). Bei Arbeitnehmern mit **besonderer Vertrauensstellung** kann bei alleiniger Verfügungsgewalt und wirtschaftlicher Entscheidungsbefugnis neben dem Arbeitsverhältnis Auftrag oder Verwahrung (dann §§ 667, 695 BGB) vorliegen, BAG NZA 2000, 715. Lit.: Jung 1985; Otto/Schwarze/Krause, 4. Aufl. 2014; Bleistein DB 1971, 2213; Reinecke ZfA 1976, 215; Grobys NJW-Sp 2004, 369; Krause RdA 2013, 129; Walker ZfA 2015, 515.

9) Ende des Arbeitsverhältnisses, Kündigungsschutz

A. **Befristung, auflösende Bedingung.** Für **befristete Arbeitsverträge** gelten §§ 14 ff. **Teilzeit- und BefristungsG** (TzBfG) 21.12.2000 BGBl. I 1966, spätere Änderungen, ua durch G zur Verbesserung der Beschäftigungschancen älterer Menschen 19.4.2007 BGBl. I 538, Bayreuther BB 2007, 1113, für wissenschaftliche Mitarbeiter an staatlichen Hochschulen Sonderregelung im Wiss-ZeitVG, dazu BAG NZA 2012, 385. Das TzBfG beruht bezüglich der Befristungsregeln (nur zT) auf EU-RL 28.6.1999 über befristete Arbeitsverhältnisse und gilt auch für Kleinbetriebe mit nicht mehr als 5 Arbeitnehmern. Definition des befristet beschäftigten Arbeitnehmers in § 3 TzBfG; der befristete Arbeitsvertrag kann kalendermäßig befristet oder zweckbefristet (zB Urlaubsvertretung) sein. Befristung eines Arbeitsvertrags ist zulässig, wenn sie **durch einen sachlichen Grund** (→ Rn. 113) **gerechtfertigt** ist (§ 14 I 1 TzBfG). Befristung ist dann auch bei einem bisher unbefristeten Arbeitsverhältnis möglich, BAG NZA 1996, 1089, bei Sachgrund auch wiederholter Abschluss befristeter Arbeitsverträge, BAG NZA 2005, 357. Bei mehreren aufeinander folgenden befristeten Arbeitsverträgen wird idR (anders bei Annexvertrag) nur die letzte Befristung geprüft, BAG NZA 2008, 467; 2009, 35, kritisch zur Kettenbefristung Brose NZA 2009, 706, zu Regelungen in anderen EU-Mitgliedstaaten Kamanabrou NZA 2016, 385. Nach EuGH NZA 2012, 135 – Kücük m. Bespr. Brose/Sagan NZA 2012, 308 kann auch das wiederholte oder gar dauerhafte Zurückgreifen auf Vertretungsbefristungen europarechtskonform sein, notwendig ist freilich die Vermeidung missbräuchlichen Einsatzes aufeinanderfolgend befristeter Arbeitsverträge, EuGH NZA 2015, 424, nach BAG NZA 2012, 1351 (1359) m. Bespr. Bayreuther NZA 2013, 23 darf nach allen Umständen des Einzelfalls kein institutioneller Rechtsmissbrauch vorliegen, dazu auch → Rn. 113 aE.

Ausnahmen vom Erfordernis eines sachlichen Grundes sehen § 14 II, IIa, III TzBfG vor, ua für Existenzgründer, Lembke NJW 2006, 329. Gerichtlicher Vergleich im Kündigungsschutzverfahren unterliegt nicht der Befristungskontrolle, BAG NZA 2007, 466. **Kalendermäßige Befristung** eines Arbeitsvertrags (nicht auch bloße Zweckbefristung und nicht, wenn mit demselben Arbeitgeber bereits zuvor befristetes oder unbefristetes Arbeitsverhältnis bestanden hat, Anschlussverbot, § 14 II 2 TzBfG) ist ohne sachlichen Grund bis zur Dauer von zwei Jahren zulässig, innerhalb derer dreimal befristetes dreimal, BAG NZA 2014, 483. Tarifvertrag kann davon abweichen (§ 14 II TzBfG, BAG NZA 2013, 515, NZA 2021, 729: höchstens sechs Jahre, neun Verlängerungen). Verlängerungsabrede (ohne andere Vertragsänderung außer Anpassung an Rechtslage, BAG NZA 2007, 204) muss vor Laufzeitende erfolgen, BAG NZA 2006, 605. Jedes, auch lange zurückliegende Vorarbeitsverhältnis mit demselben Arbeitgeber (nicht

Konzern) schadete, BAG NZA 2005, 218, diesbezügliche Frage des Arbeitgebers ist aber erlaubt (Anfechtung → Rn. 118), zwischenzeitlich sollte nur Vorbeschäftigung innerhalb von drei Jahren schaden, BAG NZA 2011, 905 m. krit. Anm. Höpfner NZA 2011, 893, nunmehr schließt grundsätzlich jede Vorbeschäftigung eine sachgrundlose Befristung aus, BVerfG NZA 2018, 774, BAG NZA 2019, 700. Ausnahmen bei sehr langem Zeitraum (22 Jahre, BAG NZA 2020, 40, nicht 15 Jahre, BAG NZA 2019, 1271), ganz anders gearteter Beschäftigung oder sehr kurzer Dauer der Vorbeschäftigung (geringfügige Nebenbeschäftigung in der Schul-, Ausbildungszeit, BAG NZA 2019, 1566, achtwöchige Beschäftigung vor 13 Jahren, BAG NZA 2022, 774). Eine Weiterbildung muss zu anderer Tätigkeit befähigen, die der Erwerbsbiographie eine völlig andere Richtung gibt, BAG NZA 2021, 338. Berufsausbildungsverhältnis ist keine Vorbeschäftigung iSv § 14 II TzBfG, BAG NZA 2012, 255, bei Verbindung zu ehemaligem Arbeitgeber Kontrolle auf Rechtsmissbrauch, BAG NZA 2014, 426, Beweislast für Zusammenwirken trägt Arbeitnehmer, BAG NZA 2014, 840, aber Berücksichtigung von Indizien. Zulässig befristeter Leiharbeitsvertrag auch bei Überlassung an den früheren Arbeitgeber, BAG NZA 2007, 443. **Altersbefristung** nach § 14 III 4 TzBfG war europarechtswidrig, EuGH NZA 2005, 1345 – Mangold, Reform § 14 III TzBfG nF 2007, Schiefer/Köster/Korte DB 2007, 1081.

Altersgrenzen wegen Anti-Diskriminierung fraglich, nach der Rechtsprechung des EuGH (NZA 2007, 1219 – Palacios; EuGH NZA 2009, 305 – Age Concern) sowie des BAG (BAG NZA 2008, 1302) aber mit europäischem und deutschem Recht vereinbar. Möglich ist die vertragliche (BAG NZA 2006, 37: keine überraschende Klausel) oder tarifvertragliche Befristung auf das gesetzliche Rentenalter auch, wenn im Einzelfall keine ausreichende Altersrente bezogen wird, EuGH NZA 2010, 1167 – Rosenbladt, auf die Grundversorgung verweisend EuGH NZA 2012, 785 Rn. 44 – Hörnfeldt. Zutreffend passt etwa der Kündigungsschutz ab dem Rentenalter nicht mehr ohne weiteres. Vorgeschlagen wurde eine Befristung (Rentnerstatus als Sachgrund, Sediq NZA 2009, 524), an allg. Grds. festhaltend BAG NJW 2015, 2682. Nach § 41 S. 3 SGB VI kann eine zunächst auf das gesetzliche Rentenalter vereinbarte Befristung auch mehrmals hinausgeschoben werden, gebilligt von EuGH NZA 2018, 355, BAG NZA 2019, 523, noch zu § 14 I 2 Nr. 6 TzBfG BAG NZA 2015, 1066, zu § 14 III TzBfG BAG NZA 2015, 1131. Schutz des Arbeitgebers weiter durch erleichterte Kündigungsmöglichkeit jenseits des ges. Renteneintrittsalters. Altersgrenze für Flugbegleiter von 60 Jahren unwirksam, BAG NZA 2010, 1248 (1298), auch entspr tarifvertragliche Regelung für Piloten EuGH NZA 2011, 1039, BAG NZA 2012, 575; 2012, 866, für Piloten Altersgrenze von 65 Jahren, EuGH NZA 2017, 897, bei nationaler Regelung kann auch Regelaltersgrenze von 60 Jahren angemessen sein, EuGH NZA 2019, 1555. Lit.: Temming 2008, Bauer/von Medem NZA 2012, 945, Preis in Becker/Roth, Recht der Älteren 2013, Roth EzA § 14 TzBfG Nr. 113, Sieg/Barz NZA 2021, 901.

Auflösend bedingte Arbeitsverträge stehen den befristeten im Wesentlichen gleich (§ 21 TzBfG). Das gilt insbesondere für das Erfordernis eines sachlichen Grunds (§§ 21 iVm 14 I, IV TzBfG). Auf die Ausnahmen nach § 14 II, III TzBfG ist nicht verwiesen, insoweit wohl nur befristeter Arbeitsvertrag. Beendigung frühestens zwei Wochen nach Unterrichtung, § 15 II TzBfG, zur Winterruhe in der Forstwirtschaft, BAG NZA 2016, 176. Auch **Aufhebungsvertrag** (→ Rn. 166), der auf befristete Fortsetzung des Arbeitsverhältnisses gerichtet ist, unterfällt der Befristungskontrolle, BAG NZA 2000, 718. TzBfG gilt nicht für Befristung einzelner **Arbeitsvertragsbedingungen**, auch nicht § 14 TzBfG analog, sachlicher Grund (→ Rn. 113) ist aber bei Umgehung des Änderungskündigungsschutzes erforderlich, BAG NZA 2004, 719. Diskriminierungs- und Benachteiligungsverbot zugunsten befristet beschäftigter Arbeitnehmer (§§ 4 II, 5 TzBfG). Das TzBfG ist (mit Ausnahmen) zugunsten des Arbeitnehmers **zwin-**

gend (§ 22 I TzBfG). Sonderregeln, zB HochschulrahmenG, Wissenschaftszeitvertragsgesetz, bleiben unberührt (§ 23 TzBfG). Lit.: → Rn. 44, Lembke NJW 2006, 325; Jörchel NZA 2012, 1065.

Schriftformerfordernis: Die Befristung, nicht auch ihr Grund, BAG NZA **112** 2004, 1333, außer bei Zweckbefristung, BAG NZA 2006, 321, bedarf zu ihrer Wirksamkeit der Schriftform nach § 126 BGB (§ 14 IV TzBfG, auch → Rn. 121). Eine aus mehreren Teilen (Blättern) bestehende Urkunde muss geheftet oder auf Grund sonstiger Umstände eine einheitliche Urkunde bilden, BAG NZA 2016, 549. Formmangel führt zu Unwirksamkeit der Befristung, also unbefristetem Arbeitsverhältnis (→ Rn. 114, dort auch zur ordentlichen Kündigung), BAG NZA 2008, 1184, sogar bei befristeter Weiterbeschäftigung im Kündigungsschutzprozess, BAG NZA 2004, 1275, allerdings nur zu einem jederzeit beendbaren fehlerhaftem Arbeitsvertrag, wenn der Arbeitgeber das Zustandekommen eines Arbeitsvertrags von der Unterzeichnung abhängig macht, BAG NZA 2016, 550. Nachträgliche schriftliche Niederlegung heilt nicht, § 141 II BGB gilt nicht, BAG NZA 2005, 575 mAnm Riesenhuber NJW 2005, 2268, BAG NZA 2005, 823. Unterzeichnung des vom Arbeitgeber bereits unterschriebenen Vertrags wahrt Form, BAG NZA 2006, 1402, str., sonst Zugang vor Aufnahme der Tätigkeit, BAG NZA 2017, 638. Heilung durch eigenständige, abweichende Befristungsabrede möglich, BAG NZA 2017, 912. Übersicht: Lembke NJW 2006, 327.

Auf Befristung (von über sechs Monaten, § 1 KSchG, BAG BB 1984, 59) kann **113** sich der Arbeitgeber nach § 14 I 1 TzBfG **nur** berufen, **wenn** sie durch einen sachlichen Grund gerechtfertigt ist (zu sachgrundloser Befristung nach § 14 II TzBfG → Rn. 111). § 14 I 2 TzBfG nennt **acht sachliche Gründe,** nämlich **Nr. 1:** nur **vorübergehender betrieblicher Bedarf** an der Arbeitsleistung, BAG NZA 2008, 467, zB Urlaubsvertretung, vorübergehender Arbeitsausfall, Saisonarbeit, vorübergehender Mehrbedarf, BAG NZA 1997, 313, bestimmte, überschaubare Arbeitsaufgabe wie Ausverkauf oder Inventur, Projektbefristung mit sicherer Prognose später fehlenden Bedarfs, BAG NZA 2005, 357, Drittmittel für Projekt, BAG NZA 2008, 466, Darlegung der tatsächlichen Grundlagen für die Prognose durch den Arbeitgeber, BAG NZA 2010, 633, hinreichende Sicherheit, dass nach Vertragsende kein dauerhafter betriebl Bedarf mehr besteht, BAG NZA 2015, 362, auch bei Projekttätigkeiten, BAG NZA 2019, 611, nach BAG NZA 2017, 634 betriebstätigkeitsbezogene Auslegung, Überprüfung der Prognose auf Plausibilität, Verlässlichkeit und das Erfordernis der Befristung, BAG NZA 2017, 711, auch bei Projekttätigkeiten, BAG NZA 2019, 611; **Nr. 2:** Befristung im **Anschluss an Ausbildung** oder Studium zwecks Erleichterung einer Anschlussbeschäftigung, Befristung auf Wunsch des Arbeitnehmers, ein solcher Wunsch liegt aber noch nicht bei längerem Überlegen vor, BAG NZA 2017, 852; **Nr. 3: zur Vertretung** (nicht Dauervertretung) eines Mitarbeiters, BAG NZA 2002, 896, Vertretung für die Dauer einer (vorübergehenden) Krankheit, BAG NZA 2001, 1382; 2002, 665, nicht bis zum späteren Ausscheiden des Vertretenen, BAG NZA 1998, 419, auch nur mittelbare Vertretung, BAG NZA 2006, 781, auch wiederholt, BAG NZA 2014, 430 von Vertretung eines Beamten, BAG NZA 2010, 34, bei Elternzeit wird Nr. 3 durch § 21 BEEG konkretisiert, BAG NZA 2016, 169, Vertretungsabrede auch schon bei Ankündigung, die Elternzeit beantragen zu wollen. Die der Vertretung übertragenen Aufgaben müssen auch von der Stammkraft wahrgenommen werden können, BAG NZA 2010, 942; 2011, 507, sonst fehlt Kausalität, bei **mittelbarer Vertretung** Darlegung der Vertretungskette durch ArbG, nach außen erkennbare gedankliche Zuordnung, BAG NZA 2017, 309, ausreichend auch Einsetzbarkeit am Arbeitsplatz des vertretenen Arbeitnehmers, BAG NZA 2015, 617, **Nr. 4: Eigenart der Arbeitsleistung,** so je nachdem in künstlerischen Berufen, uU Betreuung von Spitzensportlern durch Trainer, BAG NZA 1999, 646, Profifußballer, BAG NZA

2018, 703, **Nr. 5: Erprobung,** idR reichen sechs Monate aus, BAG NZA 2010, 1293, **Nr. 6:** in der **Person des Arbeitnehmers** liegende Gründe, zB bis Ende der Aufenthaltserlaubnis, BAG NZA 2000, 722, **Nr. 7: Vergütung aus** haushaltsrechtlich für befristete Beschäftigung bestimmten **Haushaltsmitteln,** BAG NZA 2000, 881; 2009, 676; 2009, 1143, auch Drittmittel, Vorlage BAG zum EuGH, BB 2010, 2819 (erledigt), nicht anwendbar auf Bundesanstalt für Arbeit, BAG NZA 2011, 911, zum Missbrauch bei Kettenbefristung BAG NZA 2013, 777; 2018, 1549, zu Maßnahmen der Missbrauchsverhinderung EuGH NZA 2015, 153, **Nr. 8:** Beruhen auf **gerichtlichem Vergleich,** das muss außergerichtlichen Vergleich als sachlichen Grund nicht unbedingt ausschließen, vgl. BAG BB 1985, 2174, notwendig ist Mitwirkung des Gerichts und ein offener Streit, BAG NZA 2016, 1485, auch über den Abschluss eines Folgevertrags, BAG NZA 2015, 381, die Protokollierung eines Vergleichsvorschlags der Parteien (§ 278 VI 1 Alt. 1, 2 ZPO) reicht nicht aus, es bedarf eines Vorschlags des Gerichts, BAG NZA 2012, 921; 2017, 708. Die Aufzählung ist **nicht abschließend** („insbesondere"), BAG NZA 2005, 401; 2005, 926.

Sonstige sachliche Gründe: zB eine auf das gesetzliche **Renteneintrittsalter** abstellende Altersgrenze, BAG NZA 2018, 511, bei Arbeitsbeschaffungs- und Strukturanpassungsmaßnahmen nach SGB III und Beschäftigung bis zur endgültigen Besetzung durch einen anderen, zB in Ausbildung befindlichen Mitarbeiter (RegE); beabsichtigte Betriebsschließung, BAG NZA 1998, 1000; bei sozialem Überbrückungszweck, BAG NZA 1986, 571; 1999, 1335; auf Wunsch des Arbeitnehmers, wenn bei Vertragsschluss objektive Anhaltspunkte für Interesse des Arbeitnehmers daran vorliegen (zB Lebensplanung), BAG DB 1985, 2566; NZA 1997, 1222, diesen sozialen Zweck muss der ArbG ggf. beweisen, NZA 2009, 727. Der sachliche Grund kann Prognose beinhalten, zB des voraussichtlichen Beschäftigungsbedarfs, diese ist dann Teil des Sachgrunds für die Befristung, BAG NZA 2001, 881, auch bei Regelung durch Tarifvertrag müssen aber konkrete Anhaltspunkte vorliegen, BAG NZA 2010, 495. **Nicht** sachlicher Grund ist die wirtschaftliche Entwicklung, das Betriebsrisiko verbleibt dem Arbeitgeber (→ Rn. 74); Unsicherheit künftiger Finanzierung, BAG BB 1982, 557; 1982, 1174, der künftigen Entwicklung des Arbeitsbedarfs, BAG NZA 2001, 881. Bei zunehmender Dauer der Beschäftigung bei demselben Arbeitgeber hat das BAG zunächst höhere Anforderungen an Grund gestellt, BAG BB 1993, 1149, sodann eine strengere Prüfung abgelehnt, BAG NZA 2010, 34. Nach Vorlage zum EuGH NZA 2011, 34 und EuGH NZA 2012, 135 sind nun alle Umstände des Einzelfalls zu prüfen, insbesondere Gesamtdauer und Anzahl d. Befristungen, BAG NZA 2012, 1359; 2014, 26; 2015, 930. **Institutioneller Rechtsmissbrauch** wird bei 13 Befristungen in elf Jahren indiziert (BAG NZA 2012, 1358), Annahme des Gestaltungsmissbrauchs kann aber auch noch bei einer Gesamtdauer von fast 15 Jahren und zehn Befristungen widerlegt werden (BAG NZA 2015, 931, ausschließliche Vertretung einer Person für Mutterschutz, Elternzeit, Sonderurlaub etc), auch bei fast neun Jahren und 18 Verlängerungen bei Einsatz in verschiedenen Schulen mit deutlich unterschiedlicher Stundenzahl (BAG NZA 2016, 354).

Der **Grund muss** bei Vertragsschluss oder Vertragsänderung **tatsächlich vorliegen,** außer bei Zweckbefristung (§ 15 II TzBfG) und auflösender Bedingung (→ Rn. 111) nicht notwendigerweise als solcher bezeichnet werden (→ Rn. 112); jedenfalls interne Dokumentation ist aber dringend zu empfehlen. Weitere Bspe aus der Rspr.: BAG (GrS) BAGE 10, 65, NZA 1996, 1089; 1998, 419; 2000, 884. Befristung zur Erprobung, aber nur wenn dieser Zweck Vertragsinhalt wird, BAG BB 1982, 557, dann idR nach Vorbild von § 1 KSchG bis zu sechs Monaten; bei besonderen Anforderungen zwar keine längere Befristung, aber Arbeitsverhältnis mit Vorbehalt der Kündigung bei Nichtbewährung, BAG BB 1978, 1265.

6. Abschnitt. Handlungsgehilfen und -lehrlinge   114–118   § 59

Folgen unwirksamer Befristung: Ist die Befristung rechtsunwirksam, gilt 114
der befristete Arbeitsvertrag **als auf unbestimmte Zeit geschlossen;** er kann
vom Arbeitgeber frühestens zum vereinbarten Ende ordentlich gekündigt werden
(§ 16 S. 1 TzBfG, Ausnahme bei Vereinbarung, → Rn. 115), auch vorsorglich
bei erhobener Entfristungsklage, BAG NZA 2006, 429. Ist die Befristung nur
mangels Schriftform unwirksam (→ Rn. 112), ist ordentliche Kündigung auch
vor dem vereinbarten Ende möglich (§ 16 S. 2 TzBfG). Umdeutung nach § 140
BGB in ordentliche Kündigung mit gesetzlicher Kündigungsfrist nach BAG
NZA 2010, 1348, Richardi/Annuß NJW 2000, 1234: nicht zu Lasten des
Arbeitnehmers. Die Unwirksamkeit muss der Arbeitnehmer spätestens **innerhalb
von drei Wochen** nach dem vereinbarten Ende des befristeten Arbeitsvertrags
klagweise geltend machen (Entfristungsklage nach § 17 TzBfG iVm §§ 5–7
KSchG, → Rn. 154).

Ende des befristeten Arbeitsvertrags: Der befristete Arbeitsvertrag endet 115
gemäß Befristung, zB mit Ablauf der vereinbarten Zeit oder Erreichen des
Zwecks, letzterenfalls frühestens zwei Wochen nach entsprechender schriftlicher
Mitteilung des Arbeitgebers (§ 15 I, II TzBfG). Das nach Ablauf der Zeit bzw.
Zweckerreichung mit Wissen des Arbeitgebers fortgesetzte Arbeitsverhältnis gilt
als auf unbestimmte Zeit verlängert, wenn der Arbeitgeber nicht unverzüglich
widerspricht oder dem Arbeitnehmer die Zweckerreichung nicht unverzüglich
mitteilt (§ 15 V TzBfG), vgl. BAG NZA 1989, 595. Widerspricht der Arbeitgeber, kommt nur ein fehlerhaftes Arbeitsverhältnis zustande, das der ArbG jederzeit beenden kann, BAG NZA 2016, 361. Umwandlung in unbefristetes Arbeitsverhältnis nicht unter tiefgreifender Veränderung wesentlicher Bestimmungen
des Arbeitsvertrags zum Nachteil des Arbeitnehmers, EuGH NZA 2012, 443.
Ordentliche Kündigung ist grundsätzlich nicht möglich, auch nicht durch den
Arbeitnehmer, BAGE 18, 8, außer bei Vereinbarung im Arbeitsvertrag oder
Tarifvertrag (§ 15 III TzBfG). Verkürzung der Vertragslaufzeit eines sachgrundlos
befristeten Arbeitsvertrags nur mit Sachgrund, BAG NZA 2017, 636.

Anspruch auf Fortsetzung des wirksam befristeten Arbeitsverhältnisses, wenn
Arbeitgeber im Einzelfall begründete Erwartung des Arbeitnehmers weckt, BAG
NZA 1998, 87, bei Schwangerschaft und ansonsten Verlängerung, BAG NZA
2002, 125. Kein Anspruch auf Verlängerung eines nach § 14 II TzBfG sachgrundlos befristeten Vertrages aus allgemeinem Gleichbehandlungsanspruch bei
Weiterbeschäftigung anderer Arbeitnehmer, BAG NZA 2009, 27.

Außerordentliche Kündigung, fristlos oder befristet, ist in §§ 14 ff. TzBfG 116
nicht geregelt. Sie kann auch im befristeten Arbeitsverhältnis nicht ausgeschlossen
werden (§ 626 BGB), bei Probearbeitsverhältnis aber strenge Anforderungen.
Wichtige Gründe für die Kündigung des Arbeitgebers bzw. Arbeitnehmers
→ Rn. 139 ff., 148 ff.

B. **Nichtigkeit, Anfechtung.** Der Arbeitsvertrag ist nach allgemeinen Regeln 117
nichtig, zB §§ 125, 134, 138 BGB, bzw. anfechtbar wegen Irrtums, widerrechtlicher Drohung, Täuschung (§§ 119, 123, 142 BGB); aber Einschränkungen der
Nichtigkeitsfolgen bei in Vollzug gesetztem, sog. **fehlerhaftem Arbeitsverhältnis,** → Rn. 120.

a) **Anfechtung durch Arbeitgeber:** Ein den Arbeitgeber zur Anfechtung 118
berechtigender **Irrtum** kann namentlich vorliegen über im Verkehr als wesentlich geltende Eigenschaften (**§ 119 II BGB**), BAG NZA 1991, 719, zB mehr als
kurzfristige **Krankheit** (Epilepsie) mit der Folge mangelnder oder erheblich
beeinträchtigter Fähigkeit zur übernommenen Arbeit, BAG BB 1974, 933; einschlägige **Vorstrafen** (→ Rn. 34).

Schwangerschaft ist grundsätzlich keine verkehrswesentliche Eigenschaft iSv
§ 119 II BGB, auch wenn die Frau die Arbeit während der Schwangerschaft nicht
ausüben kann. Das gilt nach EuGH NZA 2001, 1241 (1243) selbst bei befristeten

§ 59 119, 120   1. Buch. Handelsstand

Verträgen, Verschweigen der Schwangerschaft schadet also auch dann nicht. Auch keine Anfechtung nach § 123 BGB trotz wissentlich falscher Antwort auf die (unzulässige) Frage nach Schwangerschaft, BAG NZA 2003, 848, einerlei, ob sich nur Frauen oder Frauen und Männer beworben haben, BAG NJW 1993, 1154; zulässig sollte die Frage nach Schwangerschaft ausnahmsweise dann sein, wenn sie objektiv dem gesundheitlichen Schutz der Bewerberin und des ungeborenen Kindes dient, BAG NZA 1993, 933, aber auch insoweit fraglich, ob unter der Rspr. des EuGH noch haltbar, dies (wohl) aufgebend BAG NZA 2003, 848.

Anfechtung wegen arglistiger Täuschung (§ 123 BGB) nur, wenn der Arbeitnehmer ausnahmsweise von sich aus aufklärungspflichtig war oder wenn er auf eine zulässige Frage die Unwahrheit sagte, stRspr, BAG NZA 2001, 315, → Rn. 34, dort ua zu Vorstrafen. Täuschung über Schwangerschaft s. soeben, über Schwerbehinderteneigenschaft → Rn. 34; bei Offensichtlichkeit kann Kausalität der Täuschung fehlen, BAG NZA 2001, 315, ferner wenn Einstellung auch bei Kenntnis von Schwerbehinderung, BAG NZA 2012, 35. Unzureichend ist falsche Angabe über die bisherigen Bezüge, wenn diese für die erstrebte Stelle keine Aussagekraft und der Bewerber sie auch nicht von sich aus als neue Mindestvergütung gefordert hat, BAG BB 1984, 533. Täuschung über Dauer und Zahl von Vorarbeitsverhältnissen (aber nicht mehr nach fünf Jahren), BAGE 22, 278; Täuschung durch Vorlage eines wie verlangt handgeschriebenen, aber nicht eigenhändigen Lebenslaufs, BAG DB 1983, 2780. Anfechtung einzelner Arbeitsbedingungen ist zulässig, wenn nur dieser Teil auf arglistiger Täuschung beruht und noch ein in sich sinnvoller Vertrag verbleibt, BAGE 22, 344, sonst ist idR der ganze Vertrag nichtig (§ 139 BGB). Nichtige fristgemäße Kündigung ist grundsätzlich nicht in Anfechtung umdeutbar, BAG BB 1975, 1638. Lit.: Wolf/Gangel AuR 1982, 271 (Anfechtung und Kündigungsschutz).

119   **b) Anfechtung durch Arbeitnehmer** ist bei gleichen Voraussetzungen ebenfalls möglich, zB Verschweigens des bevorstehenden Betriebsinhaberwechsels, LAG Hamm BB 1959, 707. Anfechtung der eigenen Kündigung wegen Drohung des Arbeitgebers mit außerordentlicher Kündigung; Drohung ist aber nicht rechtswidrig, wenn verständiger Arbeitgeber diese Kündigung ernsthaft erwogen hätte (einerlei ob sie bei Gericht Bestand gehabt hätte), BAG BB 1980, 1213.

120   **c) Rechtsfolgen:** Das Anfechtungsrecht bleibt **neben** etwaigem Recht zur **außerordentlichen Kündigung** bestehen, also Wahlrecht, BAG NZA 1991, 719, stRspr. Es unterliegt nicht den Kündigungsschutzvorschriften (wichtig für Arbeitsverhältnisse, die besonderen Kündigungsbeschränkungen, zB MuSchG, Schwerbehinderte nach SGB IX, unterliegen, → Rn. 160–163). Offen ist, ob die dreiwöchige Klagefrist nach § 4 KSchG entspr. gegenüber Anfechtung gilt, BAG BB 1980, 834. **Anfechtungsfrist** im Falle von §§ 119 II, 121 I BGB unverzüglich, aber spätestens zwei Wochen nach Kenntnis von Anfechtungsgrund (§ 626 II BGB entspr., → Rn. 131–136), BAG BB 1980, 834; im Falle von § 123 BGB gilt Jahresfrist des § 124 BGB, § 626 II BGB ist nicht entspr. anwendbar, ausnahmsweise ist aber Verwirkung möglich, BAG BB 1984, 534. Notwendige Erkundigungen, zB Einholung von Rechtsrat, nur mit gebotener Eile. Gegen Annäherung von Anfechtung und Kündigung Picker ZfA 1981, 1. Kein Nachschieben von Anfechtungsgründen nach Ablauf der Anfechtungsfrist, BAG BB 1981, 1156; anders bei außerordentlicher Kündigung, → Rn. 133.

Geltendmachung der Nichtigkeit des in Vollzug gesetzten Arbeitsvertrages wirkt grundsätzlich **nur für die Zukunft.** In Vollzug gesetzt ist der Arbeitsvertrag idR mit Arbeitsaufnahme (aber nicht gegen Willen des Arbeitgebers, → Rn. 156–157); auch schon mit Erscheinen am Arbeitsplatz und Entgegennahme von Informationsmaterial über die zu leistende Arbeit, BAG AP HGB § 63 Nr. 32; uU auch bei Erkrankung. Das fehlerhafte Arbeitsverhältnis gilt **für**

die Vergangenheit als **fehlerfrei** mit allen Rechten und Pflichten aus einem solchen. **Für die Zukunft** kann es jedoch durch formlose Erklärung ohne Kündigungsfrist, also **form- und fristlos beendet** werden, BAG NJW 1962, 555. Diese Beendigung ist nicht Kündigung, sondern Geltendmachung der Unwirksamkeit bzw. der Anfechtung mit Wirkung ex nunc (entgegen § 142 BGB); nur ganz ausnahmsweise, wenn die Arbeitsleistung selbst sittenwidrig oder strafbar ist bzw. gegen ein gesetzliches Verbot verstößt (→ Rn. 38), bleibt es bei der Wirkung ex tunc; nicht bei Striptease-Tänzerin, BAG BB 1973, 291; nicht schon bei arglistiger Täuschung (§ 123 BGB), str., aber Rückwirkung auf Zeitpunkt der Außerfunktionsetzung des Arbeitsverhältnisses (für § 119 BGB offen), BAG NZA 1984, 446; 1985, 58, ausnahmsweise Rückwirkung auch bei Anfechtung nach Arbeitsunfähigkeit des AN, BAG NZA 1999, 584.

C. **Kündigung.** Zur Kündigung (§§ 622 ff. BGB; bis 1969 §§ 66–72):

a) Die **Kündigungserklärung** ist eine **einseitige empfangsbedürftige Willenserklärung;** wenn unzweideutig, braucht das Wort „Kündigung" nicht vorzukommen. Der Kündigende muss **Vollmacht** haben; Kündigung durch Sachbearbeiter (nicht Leiter, Prokurist, BAG NZA 1992, 449) der Personalabteilung kann nach § 174 BGB zurückgewiesen werden, wenn keine Vollmachtsurkunde vorgelegt wird, aber nur unverzüglich, BAG BB 1979, 166, mehr als eine Woche nach Zugang grds. verspätet, BAG NZA 2012, 495. Keine Zurückweisung bei in Kenntnis setzen (§ 174 S. 2 BGB) auch darüber, dass der Kündigende eine Stelle (Personalabteilung) tatsächlich innehat, BAG NZA 2011, 685; 2015, 159, möglich bleibt Beanstandung nach § 180 BGB, BAG NZA 2016, 104. Die Kündigung ist schon vor Beginn des Arbeitsverhältnisses möglich, auch mit Wirkung schon vorher (für die ordentliche Kündigung je nach Vereinbarung), BAG NZA 1986, 671; 2004, 1089. Drittem kann im Einzelfall nach § 185 BGB das Recht übertragen werden, Kündigungen im eigenen Namen auszusprechen, BAG NJW 2020, 2977 (Uni-Klinikum).

Für Beendigung des Arbeitsverhältnisses durch Kündigung oder Auflösungsvertrag und für Befristung besteht zwingend **Schriftformerfordernis** nach § 623 BGB idF ArbGBeschleunG 2000 (§ 126 BGB), früher nur ausnahmsweise, zB § 15 III BBiG; die elektronische Form (§ 126a BGB) ist ausgeschlossen (§ 623 letzter Hs. BGB), Richardi/Annuß NJW 2000, 1231, auch Kündigung per Telefax reicht nicht aus, BAG NZA 2016, 365. Schriftlicher Geschäftsführervertrag mit Arbeitnehmer (auch → Rn. 26) wahrt iZw das Schriftformerfordernis, BAG NZA 2007, 1095; ebenso gerichtlicher Vergleich, BAG NZA 2007, 466. Das Schriftformerfordernis (Beweis- und Warnfunktion) umfasst den gesamten Auflösungsvertrag (samt Nebenabreden), aber nur die Kündigungserklärung bzw. Befristungsabrede selbst. Unterzeichnung durch alle die Kündigung Erklärenden, bei Personengesellschaft ggf. durch alle Gesellschafter BAG NZA 2005, 865 (GbR). Formfrei bleiben weiterhin die Anfechtung, auch Abwicklungsvertrag nach Kündigung, BAG NZA 2007, 466. Die vom Arbeitnehmer mit Einschränkungen angenommene Aufhebungsvertragsurkunde muss der Arbeitgeber erneut unterzeichnen (§§ 623, 150 II, 126 II BGB), BAG NZA 2009, 161. Formmangel führt zur Unwirksamkeit, also fortbestehendes bzw. unbefristetes Arbeitsverhältnis.

Zugang der schriftlichen Kündigung nach § 130 BGB; bei Frist an bestimmtem Tag nicht auch noch Briefkasteneinwurf spät abends, BAG BB 1984, 855, aber bei entspr. Mitteilung am späten Nachmittag, BAG NZA 2015, 1187, grds. gilt die übliche Postzustellzeit, BAG NZA 2019, 1491. Kündigungsschreiben muss selbst zugehen, Postnachricht über Einschreibebrief genügt nicht. Aushändigung an Zimmervermieter ist Zugang, BAG BB 1976, 696, Moritz BB 1977, 400, ebenso an in der Wohnung wohnenden Angehörigen, BAG NZA 1993,

259, bei Ehegatten grds. auch Übergabe außerhalb der gemeinsamen Wohnung, BAG NZA 2011, 847. Zugang des Kündigungsschreibens unter Anwesenden, BAG NZA 2005, 513. Zugang auch während des (dem Arbeitgeber bekannten) Urlaubs, BAG NZA 1988, 875. Kündigung durch Einschreibebrief kann nach **(5)** § 309 Nr. 13 BGB in AGB nicht wirksam vereinbart werden, Annuß BB 2002, 463, Reinecke DB 2002, 586; jedenfalls genügt iZw Zugang eines nicht eingeschriebenen Briefs, BAG BB 1980, 369. Bei Vereiteln des Zugangs oder Nichtannahme ist Einwand des Nichtzugangs ausgeschlossen (§ 242 BGB), BAG NZA 2006, 204, zB Nichtmitteilung des Wohnungswechsels, auch zur treuwidrigen Zugangsverzögerung BAG NZA 2015, 1185. Im Übrigen ist kaum mehr Raum für Einwand von Treu und Glauben gegen Berufung auf Formmangel, auch nicht bei mündlichem Warnhinweis des Arbeitgebers, BAG NJW 2005, 844.
Frist für Kündigung: s. ordentliche Kündigung → Rn. 123–127, außerordentliche (fristlose) Kündigung → Rn. 128–138. Die Kündigung muss als einseitiges Rechtsgeschäft klar und bestimmt sein und ist aus deshalb grundsätzlich **bedingungsfeindlich** (Kündigung dann unwirksam), BAG NZA 2001, 1070; anders, wenn der Eintritt der Bedingung allein vom Gekündigten abhängt (Potestativbedingung), zB Änderungskündigung, BAG BB 1968, 1042. „Vorsorglich" ist nicht bedingt. Die Kündigung ist nach Zugang **unwiderruflich** (§ 130 I 2 BGB); einverständliche Aufhebung ist bis zum Ende des Arbeitsverhältnisses möglich, danach bleibt nur Neuabschluss. Sie ist wie jede Willenserklärung **anfechtbar,** aber zB nicht Eigenkündigung der Arbeitnehmerin wegen Unkenntnis ihrer Schwangerschaft, BAG NZA 1992, 790. **Teilkündigung** ist unzulässig, da auf einseitige Vertragsänderung gerichtet; anders bei Widerrufsvorbehalt, der aber nach § 315 BGB nur nach billigem Ermessen erfolgen kann und nicht Kündigungsschutz umgehen darf, oder bei mehreren Teilverträgen, BAG NZA 1991, 377. Teilkündigung einer arbeitsvertraglich geschuldeten Sonderaufgabe (Datenschutzbeauftragter) ist möglich, BAG NZA 2007, 563.

Änderungskündigung ist idR ordentliche Kündigung mit Angebot der Weiterbeschäftigung zu geänderten Bedingungen, ausnahmsweise auch außerordentliche Kündigung. Sie kann Kündigung mit zulässiger (Potestativ-)Bedingung oder unbedingte Kündigung mit Angebot zu neuem Vertragsschluss sein. Sie geht dem Wegfall der Geschäftsgrundlage vor (→ Rn. 65) und unterliegt den allgemeinen Kündigungsvorschriften, auch betr. Kündigungsschutz (§ 2 KSchG, → Rn. 151–163), geringere Anforderungen an Änderungskündigung von Nebenleistungen. Annahme nach Änderungskündigung unterliegt nicht der Dreiwochenfrist des KSchG, BAG NZA 2007, 925. Lit.: Annuß/Bartz NJW 2006, 2153, Reiserer/Powietzka BB 2006, 1109.

Angabe von Gründen ist nicht Wirksamkeitsvoraussetzung der Kündigung, BAGE 7, 304, BB 1973, 1396; anders nur in TV vereinbart, dann ist Kündigung ohne Begründung nichtig, LAG Bremen AP BGB § 125 Nr. 1, im Zweifel auch bei privatschriftlicher Vereinbarung, BAG NZA 2013, 900. Sonst ist Begründung nur nachträglich auf Verlangen des Arbeitnehmers nötig (§ 1 III 1 KSchG für die ordentliche, § 626 II 3 BGB für die außerordentliche Kündigung). Nachschieben von Kündigungsgründen → Rn. 133. Die **Beweislast** für die Kündigungsgründe liegt bei dem Kündigenden, so für die ordentliche Kündigung durch den Arbeitgeber § 1 II 4 KSchG.

Ausschluss der ordentlichen Kündigung bei Ausbildungsverhältnissen nach Ablauf der Probezeit, § 22 II BBiG. Weiter kann individualvertraglich oder im Tarifvertrag die ordentliche Kündigung ausgeschlossen werden, dann aber außerordentliche Kündigung mit Auslauffrist, BAG NZA 1985, 559; 2021, 1252, als milderes Mittel eine außerordentliche Änderungskündigung, BAG NZA 2009, 481, grundsätzlich ist Weiterbeschäftigung zu vergleichbaren und geänderten Bedingungen anzubieten, BAG NZA 2009, 679; 2009, 954. Zustimmungserfordernis des Betriebsrats kann durch Betriebsvereinbarung (§ 102 VI BetrVG) oder

Tarifvertrag vorgesehen werden, nicht aber einzelvertraglich, BAG NZA 2009, 915.

b) Anhörung des Betriebsrats ist **vor jeder Kündigung** (auch fristloser, 122 auch Änderungskündigung, auch in Probezeit, BAG NZA 2009, 959) zwingend erforderlich; Anhörung bedeutet, dass der Arbeitgeber dem Betriebsrat zuvor die wesentlichen Gründe (nicht nur pauschal, aber auch nicht so substantiiert wie im Kündigungsschutzprozess) mitgeteilt haben muss, BAG BB 1981, 1095, NZA 1995, 363; 1996, 419; 2000, 761. Zwei Verfahrensschritte: Einleitung durch Arbeitgeber, Beschlussfassung des Betriebsrats, Konsequenzen für Fehler und ihre Folgen, BAG NZA 2003, 927. Eine **ohne Anhörung ausgesprochene Kündigung** ist **unwirksam** (§ 102 I 3 **BetrVG**). Fehlerhafte Anhörung steht der unterlassenen Anhörung gleich, BAG NZA 2000, 761, Kündigung ist unwirksam, soweit Fehler im Verantwortungsbereich des Arbeitgebers, BAG NZA 2004, 1330, etwa wenn ArbG obj. unzutreffend informiert und dies subj für möglich hält, BAG NZA 2016, 99. Bei leitenden Angestellten besteht nur Mitteilungspflicht ohne Auswirkung auf die Kündigung (§ 105 BetrVG), BAG BB 1976, 743, zur vorsorglichen Anhörung bei Zweifeln, ob Angestellter leitend ist, BAG BB 1980, 628, gegebenenfalls Anhörung des Sprecherausschusses, § 31 SprAuG. § 102 I BetrVG gilt ohne Erleichterung bei Kündigung vor Beginn des Kündigungsschutzes, BAG BB 1979, 322 (323, 1094); NZA 1989, 852; auch während Streik bei nicht arbeitskampfbedingter Kündigung, BAG BB 1979, 1142; auch in Eilfällen, zB bei Betriebsstillegung, BAG NJW 1977, 2182; auch für ausländische Arbeitnehmer mit ausländischen Arbeitsvertragsstatut, BAG NJW 1978, 1124. Anhörung nur des Betriebsratsvorsitzenden reicht nicht aus. Mündliche Anhörung genügt. Anhörung zu beabsichtigter ordentlicher Kündigung deckt nicht außerordentliche, BAG NJW 1976, 2367; umgekehrt ist, wenn außerordentliche Kündigung auch als ordentliche gelten soll, deutlicher Hinweis an Betriebsrat notwendig, sonst ist nochmals anzuhören, BAG BB 1979, 371; ebenso bei Änderungs-/Beendigungskündigung, BAG NZA 1990, 592.

Bei **wiederholter Kündigung** aus demselben Grund ist grundsätzlich erneut anzuhören, BAG NZA 2008, 807. Heilung der unzureichenden Anhörung nur, wenn der Betriebsrat ausdrücklich und vorbehaltlos zustimmt, nicht schon wenn er „abschließend" Stellung nimmt, BAG BB 1979, 1094. Abschließende Bildung des Kündigungswillens schon vor Anhörung ist auf die im Übrigen ordnungsgemäße Anhörung ohne Einfluss, BAG BB 1979, 1094. Erläuterung (Substantiierung und Konkretisierung) der mitgeteilten Kündigungsgründe im Prozess ist zulässig, dagegen **nicht Nachschieben** (vgl. → Rn. 133) von Gründen, die vor Kündigung entstanden, dem Arbeitgeber bekannt und dem Betriebsrat nicht mitgeteilt waren, BAG BB 1981, 1895, NZA 1986, 674; 1992, 38; auch nicht Nachschieben des bloßen Verdachts nach Kündigung wegen Straftat, BAG NZA 1986, 677; auch nicht, wenn Betriebsrat schon ohne diese Gründe zugestimmt oder Arbeitgeber sie ihm nachträglich mitgeteilt (und ihn angehört) hat, BAG BB 1981, 2008. Unzulässiges Nachschieben macht nicht als solches die Kündigung unwirksam, erweitert aber den Prozessstoff nicht, BAG NJW 1981, 2772. Bei Kündigung dem ArbG noch nicht bekannte Gründe können uneingeschränkt nachgeschoben werden, BAG NZA 2008, 636.

Der **Betriebsrat** muss bei ordentlicher Kündigung innerhalb einer **Frist** von einer Woche, bei außerordentlicher innerhalb von drei Tagen schriftlich und mit einem Mindestmaß an **Begründung,** auf welchem Arbeitsplatz der zu Kündigende eingesetzt werden kann, BAG NZA 1999, 1154, widersprechen, **sonst** gilt sein Schweigen **als Zustimmung** (§ 102 II BetrVG). Kündigungsschreiben darf vor Ablauf dieser Frist nur abgesandt werden, wenn abschließende Äußerung des Betriebsrats vorliegt, BAG BB 1976, 694. **Widerspruch des Betriebsrats** ist fristgerecht **gegen die ordentliche Kündigung** möglich, wenn bei der Auswahl

§ 59 123, 124 1. Buch. Handelsstand

des zu Kündigenden soziale Gesichtspunkte nicht oder nicht ausreichend berücksichtigt sind (aber nicht, wenn er Sozialwidrigkeit wegen Fehlens personen- oder verhaltensbedingter Gründe oder betrieblicher Erfordernisse nach § 1 II 1 KSchG für gegeben ansieht), wenn Kündigungsrichtlinien nach § 95 BetrVG verletzt sind oder wenn Versetzung des Arbeitnehmers, uU nach zumutbaren Umschulungs- oder Fortbildungsmaßnahmen oder unter geänderten Bedingungen, möglich ist (§ 102 III Nr. 1–5 BetrVG). Der Widerspruch hat **zwei** wichtige **Wirkungen:** zum einen kann der Arbeitnehmer im Kündigungsschutzprozess **Sozialwidrigkeit der Kündigung** aus diesen Gründen (zusätzlich zu den sonstigen Tatbeständen) geltend machen (§ 1 II 2, 3 KSchG, → Rn. 153), zum andern hat er dann **Anspruch auf Weiterbeschäftigung** bis zum rechtskräftigen Abschluss des Rechtsstreits (§ 102 V BetrVG, → Rn. 157). **Weitergehend** kann **Zustimmungserfordernis** für alle Kündigungen, auch außerordentliche (hL), vereinbart werden (§ 102 VI BetrVG), auch durch Tarifvertrag, BAG NZA 1988, 699; 2001, 271, explizit zur außerordentlichen Kündigung LAG Dü BB 1996, 1277; Zustimmungserfordernis bei Kündigung von Betriebsratsmitgliedern ua nach § 103 I BetrVG → Rn. 160. Kündigung ohne vorherige Zustimmung ist nichtig; die Zustimmung des Betriebsrats kann aber durch das Arbeitsgericht ersetzt werden (→ Rn. 160).

123   c) **Ordentliche Kündigung** bei Arbeitnehmern (Angestellten und Arbeitern) ist grundsätzlich nur mit **Frist von vier Wochen zum 15. oder zum Ende eines Kalendermonats** möglich (auf Grund von BVerfG NZA 1990, 721 § 622 I BGB idF KündFG 7.10.1993 BGBl. I 1668, dazu Hromadka BB 1993, 2372), Kündigungstermin gilt auch bei längerer als gesetzlicher Kündigungsfrist, BAG NZA 2009, 29; gestaffelte längere gesetzliche Kündigungsfrist für Arbeitgeber bei Vertragsbestand von ab zwei, fünf usw Jahren (§ 622 II BGB, Staffelung zulässig, BAG NZA 2014, 1400), es galten entgegen Wortlaut des § 622 II 2 BGB aF (aufgehoben mWz 1.1.2019) auch Zeiten vor dem 25. Lebensjahr, EuGH NZA 2010, 85 – Kücükdevici mAnm Bauer/von Medem ZIP 2010, 449, Franzen RIW 2010, 577, BAG NZA 2011, 343, auch bei entsprechender Regelung in einem Tarifvertrag, BAG NZA 2012, 754; Probezeit § 622 III BGB (→ Rn. 125). Verspätete Kündigung wirkt, falls so gewollt, zum nächstmöglichen Termin, sonst ist sie unwirksam; Kündigung zum „nächstzulässigen" Termin ist möglich, wenn der Arbeitnehmer diesen kennt oder ohne weiteres bestimmen kann, BAG NZA 2015, 162 bzw. der Arbeitgeber fristlos und nur hilfsweise ordentlich kündigt, BAG NZA 2016, 487. Umdeutung gem. § 140 BGB nach dem 5. Senat des BAG nur, wenn innerhalb drei Wochen Kündigungsschutzklage erhoben wurde, sonst wirksam, §§ 4, 7 KSchG, BAG NZA 2010, 1409, mit dem 2. Senat ist aber grundsätzlich davon auszugehen, dass ein Arbeitgeber die Kündigungserklärung auch zu einem späteren Zeitpunkt gegen sich gelten lassen will und § 4 KSchG deshalb nicht eingreift, BAG NZA 2006, 1406, der Arbeitnehmer also auch noch nach Ablauf der Dreiwochenfrist Klage erheben kann, Eisemann NZA 2011, 601. Kündigung wirkt sofort, wenn sie (auch stillschweigend) angenommen wird. Geltendmachen des Zeugnisanspruchs ist noch keine Einverständniserklärung, BAGE 9, 330, ebenso wenig Anforderung der Arbeitspapiere oder Annahme anderer Stellung; Arbeitnehmer hat nach KSchG drei Wochen Überlegungsfrist zur Erhebung einer Klage. Kündigung **zur Unzeit** (vgl. §§ 627 II, 671 II, 723 II BGB) macht schadensersatzpflichtig, unwirksam ist sie aber nur unter besonderen, zusätzlichen Umständen (Treuwidrigkeit), BAG NZA 2001, 820, sonst wird Sechsmonatsfrist des § 1 KSchG unterlaufen.

124   **Anderweitige Vereinbarungen über Kündigungsfristen** (uU ergänzende Vertragsauslegung, BAG BB 1980, 580) sind in Grenzen **zulässig.** Abweichung durch Tarifvertrag und Bezugnahme darauf durch nicht Tarifgebundene (Tarifvertragsdispositivität) ist zulässig (§ 622 IV BGB), auch einheitliche Regelung ohne Berücksichtigung der Betriebszugehörigkeit, BAG NZA 2008, 960. Einzelvertragliche Abkürzung der Frist nach § 622 I BGB nur nach § 622 V 1 BGB (vorübergehende Aushilfe; Kleinbetrieb bis 20 Arbeitnehmer, für Berechnung s. § 622 V 2 BGB). Einzelvertragliche Verlängerung der Fristen nach I–III bleibt davon unberührt (§ 622 V 3 BGB), auch durch Formulararbeitsvertrag, BAG NZA 2009, 1337, ist aber nicht unbegrenzt zulässig, Gaul BB 1980, 1542 (aber bis zwölf Monate, zumindest bei oberen Führungskräften). Beschränkung des Kündigungstermins auf einen im Kalenderjahr möglich (Schule) und durch Vertragsstrafe sicherbar, diese darf aber nicht zur Übersicherung des Arbeitgebers führen (BAG NZA 2009, 370, Klauselkontrolle). Kündigung auch schon **vor Dienstantritt**, Fristbeginn mit Zugang der Kündigung, so iZw, oder erst mit Beginn des Arbeitsverhältnisses, je nach Vereinbarung, BAG NZA 1986, 671; 2004, 1089. **Kündigungsbeschränkungen** für Arbeitnehmer durch Bindungs- und Rückzahlungsklauseln → Rn. 67. **Gleichheit der Kündigungsfrist** ist nicht mehr vorgeschrieben, doch darf die Frist für eine Kündigung durch den Arbeitnehmer nicht länger sein als für die durch den Arbeitgeber (§ 622 VI BGB), Rechtsfolge § 89 II analog, BAG NZA 2005, 1176, AGG → Rn. 10.

Im **Probearbeitsverhältnis** (für längstens sechs Monate zwingend ohne Angemessenheitsprüfung, BAG NZA 2008, 251) gilt bei Angestellten (ebenso wie bei Arbeitern, → Rn. 123) Mindestkündigungsfrist von zwei Wochen (§ 622 III BGB). Zweck ist umfassende Prüfung, nicht nur auf die in Aussicht genommene Tätigkeit, BAG NZA 2008, 251. Probearbeitsverhältnis kommt in der Praxis in drei Formen vor: als befristetes Arbeitsverhältnis (→ Rn. 112, 113, dann auch über sechs Monate, BAG NZA 2010, 1293), als Arbeitsverhältnis von unbestimmter Dauer ohne ordentliche Kündigungsmöglichkeit während der Probezeit und als Arbeitsverhältnis von unbestimmter Dauer mit erleichterter, kürzest möglicher ordentlicher Kündigung; iZw letzteres BAG NJW 1971, 2190. Bei Regelung der Kündigungsfrist in vorformulierten Verträgen muss klargestellt werden, dass in der Probezeit die verkürzte Frist des § 622 III BGB gelten soll, BAG NZA 2017, 773. Probearbeitszeitabrede ist auch in befristeten Arbeitsverhältnissen möglich, BAG NZA 2002, 288, aber Prüfung ob überraschende Klausel, BAG NZA 2008, 876. Lit.: Preis/Kliemt/Ulrich, 2. Aufl. 2003, M. Blomeyer NJW 2008, 2812.

In der **Insolvenz des Arbeitgebers** gilt für die Kündigung beider Teile die Sonderregelung des § 113 InsO. Sie können danach ohne Rücksicht auf eine vereinbarte Vertragsdauer oder einen vereinbarten Ausschluss des Rechts zur ordentlichen Kündigung kündigen, und zwar mit einer Frist von drei Monaten zum Monatsende, wenn nicht für das Arbeitsverhältnis außerhalb der Insolvenz eine kürzere Frist maßgeblich ist (§ 113 S. 1, 2 InsO). Schadensersatzanspruch des Arbeitnehmers wegen vorzeitiger Beendigung des Arbeitsverhältnisses (§ 113 S. 3 InsO). Klage innerhalb von drei Wochen nach § 4 KSchG. Dreimonatsfrist gilt auch bei längerer Befristung des Arbeitsverhältnisses, BAG NZA 2001, 23.

Bei verhaltensbedingter Kündigung ist grundsätzlich, bei vertrauensstörungsbedingter Kündigung uU ebenfalls zuvor **Abmahnung** (→ Rn. 49, 130) mit Hinweis auf Gefährdung des Arbeitsverhältnisses im Wiederholungsfall nötig, BAG NJW 1981, 2319, NZA 1991, 557 (wiederholtes Fehlen), NZA 2006, 917 (980), 2013, 322 (mobiles Telefonieren im Operationssaal). In einer unwirksamen Kündigung liegt eine Abmahnung, kündigungsrechtliche Wirkung der Abmahnung auch bei formellem Fehler, BAG NZA 2009, 894 (keine Anhörung vor Abmahnung). Bei verhaltensbedingter Kündigung gilt das Prognoseprinzip (die vergangene Pflichtverletzung muss sich auch noch in der Zukunft belastend auswirken), denn Kündigungszweck ist Vermeidung weiterer Pflichtverletzungen, BAG NZA 2008, 1415. Abmahnung bedeutet insoweit Kündigungsverzicht (→ Rn. 49); abgemahnte Gründe können spätere Kündigung nicht allein tragen, sondern nur unterstützen, BAG NZA 1989, 633. Abmahnung wird durch Zeitablauf (je nach Einzelfall) wirkungslos, BAG NZA 1987, 418. Mangelnder Widerspruch gegen Abmahnung führt nicht zu Verwirkung, BAG BB 1987, 1741. Neuerliche Pflichtverletzung nach Abmahnung führt bei innerem Zusammenhang zu negativer Prognose, BAG NZA 2008, 589. Nach BAG bedarf es keiner Abmahnung, wenn das KSchG nicht eingreift, BAG NZA 2009, 1260 (Kleinbetriebe, fraglich). Lit.: Becker-Schaffner DB 1985, 650, Wetzling/Habel BB 2011, 1077, Schiefer DB 2013, 1785.

128 d) Die **außerordentliche Kündigung** (§ 626 BGB) ist idR fristlose Kündigung; sie kann aber auch mit der vertragsgemäßen Frist oder mit einer anderen dem Interesse des Arbeitnehmers entsprechenden Frist ausgesprochen werden, BAGE 1, 185. § 626 BGB gilt auch für die außerordentliche befristete Kündigung, BAG DB 1973, 627. Es muss zweifelsfrei (ausdrücklich oder sonst aus der Erklärung selbst, zB aus der Begründung) erkennbar sein, dass es sich um eine außerordentliche Kündigung handelt, BAG BB 1983, 964. In besonderen Fällen muss der Arbeitgeber, falls ihm das zuzumuten ist, Frist gewähren, insbesondere bei außerordentlicher Kündigung wegen Ausschluss ordentlicher (betriebsbedingter) Kündigungen, BAG NZA 1985, 559; 2014, 139. Fristgewährung hindert nicht Ausspruch einer fristlosen Kündigung, wenn Gründe nachträglich bekannt werden oder eintreten.

129 **Voraussetzungen:** Erforderlich sind: (1) Vorliegen eines wichtigen Grunds (zweistufige Prüfung), (2) Kündigungserklärung innerhalb der Erklärungsfrist, ferner Anhörung des Betriebsrats (→ Rn. 122). (1) **Wichtiger Grund** zur außerordentlichen Kündigung ist ein Grund, der es dem Kündigenden unter Abwägung aller Umstände des Einzelfalls und der Interessen beider Seiten unzumutbar macht, das Arbeitsverhältnis bis zum Ablauf der Kündigungsfrist oder bis zum vereinbarten Ende des Arbeitsverhältnisses fortzusetzen (§ 626 I BGB, Sondervorschrift zu § 314 BGB, für § 314 II BGB Abmahnung str., aber iErg gleich); Beispiele → Rn. 139–147. Dabei ist weitergehend zwischen Tatsachen, die einen wichtigen Grund abgeben (Prüfung auf der ersten Stufe), und Unzumutbarkeit unter Berücksichtigung aller Umstände des Einzelfalls und nach Interessenabwägung (Prüfung auf der zweiten Stufe) zu unterscheiden, vgl. BAG NZA 2000, 421; 2006, 977. Der wichtige Grund braucht nicht verschuldet zu sein, etwa bei betriebsbedingter Kündigung (Wegfall der Beschäftigungsmöglichkeit bei ausgeschlossener ordentlicher Kündigung, BAG NZA 2013, 730, grds. auch bei Wegfall durch Fremdvergabe von Tätigkeiten, BAG NZA 2014, 141), stRspr; aber auch bei verhaltensbedingter Kündigung kann ausnahmsweise schuldlose Pflichtverletzung ausreichen, BAG NZA 1999, 863, str. Abzuwägen sind ua Art des Arbeitsverhältnisses (besonderes Vertrauensverhältnis, wichtige oder untergeordnete Dienste), Dauer des Arbeitsverhältnisses, persönliche Verhältnisse des Arbeitnehmers, wirtschaftlicher Stand des Unternehmens, früheres Verhalten beider Teile, Dauer des Arbeitsverhältnisses, BAG NZA 2011, 1412. Die Gründe können auch vor Beginn des Arbeitsverhältnisses liegen. Die Aufklärung des wichtigen Grunds ist Sache des Gerichts, der Arbeitgeber braucht nicht nach Kündigung selbst zu ermitteln (Ausnahme: Verdachtskündigung, → Rn. 145), BAG NZA 1998, 95; 2000, 418. Ob ein Sachverhalt generell geeignet ist, eine außerordentliche Kündigung zu rechtfertigen, ist reversible Rechtsfrage, die Würdigung der Besonderheiten des Einzelfalls dagegen nichtreversible Tatfrage.

130 **Abmahnung** (→ Rn. 49, 127) vor Ausspruch der fristlosen Kündigung ist grundsätzlich notwendig, das folgt na Rspr. zu § 626 BGB; § 314 II BGB wird verdrängt (→ Rn. 129), ist aber gesetzgeberische Bestätigung des durch die Abmahnung verwirklichten Verhältnismäßigkeitsprinzips, BAG NZA 2006, 917 (980); 2008, 1415. Abmahnung ist ohne weiteres notwendig, wenn der Grund ausschließlich in Störung im Verhaltensbereich besteht (Prognoseprinzip; → Rn. 127), aber **auch** bei Störung allein **im Vertrauensbereich,** sofern das

6. Abschnitt. Handlungsgehilfen und -lehrlinge 131, 132 § 59

Verhalten des Arbeitnehmers steuerbar und Wiederherstellung des Vertrauens erwartbar ist, BAG NZA 1997, 1281 (Alkoholmissbrauch), 2000, 421; letzteres zB bei vertretbarer Annahme, das Verhalten sei nicht vertragswidrig oder werde vom Arbeitgeber nicht als erhebliches, den Bestand des Arbeitsverhältnisses gefährdendes Fehlverhalten angesehen, auch beim Diebstahl bzw. Unterschlagung geringwertiger Sachen, jedenfalls wenn langjähriger Aufbau von Vertrauen, BAG NZA 2010, 1227 („Emmely"), str. Abmahnung ist dagegen **unnötig** bei **besonders schweren Verstößen**, deren Rechtswidrigkeit dem Arbeitnehmer ohne weiteres erkennbar ist und die der Arbeitgeber offensichtlich nicht hinnehmen wird, denn dann ist Wiederherstellung des Vertrauens nicht erwartbar, BAG NZA 2000, 421; 2006, 917 (Hinnahme des Verhaltens offensichtlich ausgeschlossen), zB Verstoß gegen Wettbewerbsverbot (§ 60), BAG NZA 1991, 141, bei Tätlichkeiten unter Arbeitskollegen, BAG NZA 1994, 409; 2006, 431, bei systematischer Falschangabe von Arbeitszeiten, BAG NZA 2011, 1027 (acht Tage hintereinander mindestens 13 Minuten), Unterschlagung von zur Obhut anvertrauten Sachen, obschon von geringem Wert, BAG NZA 2000, 421 (ICE-Steward), 2004, 486, anders ggf. bei langjähriger beanstandungsfreier Tätigkeit, BAG NZA 2010, 1227 (30 Jahre, Pfandbons, Fall „Emmely"), Anm. Stoffels NJW 2011, 118. Ohne zumutbare Abmahnung fehlt es am wichtigen Grund, zulässig ist auch eine Verdachtsabmahnung, Ritter NZA 2012, 19.

(2) Die **Kündigungserklärung** (Schriftform → Rn. 121) muss bei allen au- **131** ßerordentlichen Kündigungen **innerhalb von zwei Wochen** nach dem Zeitpunkt erfolgen, in dem der Kündigungsberechtigte von den für die Kündigung maßgeblichen Tatsachen sichere und möglichst vollständige positive Kenntnis erlangt hat (**§ 626 II BGB,** strenger als § 314 III BGB), BGH NZA 1989, 105; 2008, 1415, RsprÜbersicht Becker-Schaffner DB 1987, 2147. § 626 II BGB ist ein gesetzlich konkretisierter Verwirkungstatbestand, BAG NZA 2008, 1415. Das gilt auch bei Verdachtskündigung, BAG NZA 1994, 171, Überprüfungszeitraum je nach den Umständen bis 2 Monate, BAG NZA 2007, 744, auch bei vertraglichem Ausschluss ordentlicher Kündigung, BAG BB 1976, 793; trotz der Notwendigkeit vorheriger Zustimmung auch bei Kündigung von Betriebsratsmitgliedern ua nach § 15 KSchG, BAG BB 1978, 43. **Fristbeginn** bei Dauerstörung nicht mit deren Beginn, sondern Ende, BAG NZA 2002, 325 (Gehaltsrückstand des ArbG). Für Fristbeginn ist zuverlässige und möglichst vollständige positive Kenntnis des Kündigungsberechtigten von den für die Kündigung maßgeblichen Tatsachen erforderlich, BAG NZA 2008, 1415; Kennenmüssen (selbst grob fahrlässige Unkenntnis) genügt nicht, BAG NZA 2020, 1407, keine Pflicht des ArbG zu Belastungsermittlungen. Organisationsfehler bei Kenntnisübermittlung gehen zu Lasten des Arbeitgebers, BAG BB 1978, 499. Frist beginnt bei strafbarer Handlung nicht unbedingt mit Kenntnis von ihr, sondern je nach Umständen nach Abschluss eigener Ermittlungen des Arbeitgebers, statt dieser kann er den Ausgang des Strafverfahrens abwarten, BAG NZA 1994, 141; 2000, 381. Eigene Ermittlungen, zB bei tätlicher Auseinandersetzung, hemmen nur, soweit mit gebotener Eile durchgeführt, BAG NZA 1994, 409, Anhörung des Arbeitnehmers rglm innerhalb einer Woche, BAG NZA 2019, 1417. Die Frist beginnt bei eigenmächtigem Urlaub erst mit Rückkehr, BAG BB 1983, 1922. Anhörung nach § 102 BetrVG und Zustimmungserfordernis nach § 103 BetrVG hemmen Zweiwochenfrist nicht, BAG BB 1978, 43. **Fristwahrung** nur durch Zugang der Kündigung, BAG BB 1978, 1064, der Arbeitgeber ist für Zeitpunkt der Kenntniserlangung beweispflichtig, BAG BB 1973, 385.

Fristversäumnis macht Kündigung unwirksam. Wiedereinsetzung in den **132** vorigen Stand ist nicht möglich. Fristversäumnis kann nur innerhalb der Dreiwochenfrist geltend gemacht werden (§§ 13 I 2 iVm § 4 I, 5–7 KSchG). Frist kann weder durch Vereinbarung noch durch TV verlängert oder ausgeschlossen werden, BAG BB 1978, 1166.

Roth 361

133 **Nachschieben** von neuen **vor** der Kündigung entstandenen Gründen ist auch ohne Zusammenhang mit den alten Gründen und nach Ablauf der Frist des § 626 II BGB möglich, wenn der Kündigende sie nicht kannte, BAG NZA 1986, 674; 2008, 636, auch wenn er sie nicht länger als zwei Wochen vor der Kündigung kannte, BAG BB 1973, 1396, auch wenn er sie länger als zwei Wochen vor Nachschieben kannte (§ 626 II BGB erfasst nur Kündigungserklärung, nicht Nachschieben von Gründen), BAG NZA 1997, 1158. Nachschieben von **nach** der Kündigung entstandenen Gründen ist unzulässig, es bleibt nur neue Kündigung, die aber konkludent im Nachschieben liegen kann. Kein Nachschieben von Gründen, zu denen der Betriebsrat (NZA 2000, 761) oder Sprecherausschuss (BAG NZA 2002, 1280) nicht gehört wurde, → Rn. 122. Anwendung dieser Grundsätze auf die Verdachtskündigung (→ Rn. 145), BAG NZA 1995, 269; 1996, 81.

134 **Umdeutung** einer unwirksamen außerordentlichen in eine ordentliche Kündigung ist möglich (§ 140 BGB), stRspr, BAG NZA 1988, 129; 2010, 1348; umgekehrt, unwirksame ordentliche in (befristete) außerordentliche, nur unter besonderen Umständen, BAG DB 1975, 214.

135 § 626 I, II BGB ist **nicht abdingbar**, also keine Erweiterung über § 626 BGB hinaus, BAG BB 1974, 463; 1980, 579; auch nicht durch TV oder Betriebsvereinbarung, auch nicht mittelbar durch Vertragsstrafe oder Gehaltsfortzahlung; nach BAG BB 1963, 1298 soll aber zumutbare Beschränkung des Kündigungsrechts des Arbeitgebers (aber nicht des Arbeitnehmers) wirksam sein. Auch Fixierung, was wichtiger Grund sein oder nicht sein soll, kann Arbeitsgericht nicht binden; str., zT wird zwischen zulässiger Konkretisierung des wichtigen Grundes und unzulässiger Einschränkung und Erweiterung unterschieden. Der Vertrag kann das Recht zur fristlosen Kündigung dem Arbeitgeber persönlich vorbehalten, bei dessen Verhinderung einem Vertreter, BAG BB 1976, 228. Betriebsvereinbarung über Erfordernis der Zustimmung des Betriebsrats auch zur außerordentlichen Kündigung ist zulässig (→ Rn. 122).

136 **Rechtsfolgen:** Die fristlose Kündigung beendet das Arbeitsverhältnis mit Zugang. Der wirksam gekündigte Arbeitnehmer behält **Entgeltanspruch** bis zum Wirksamwerden der Kündigung (**§ 628 I 1 BGB;** uU darüber hinaus nach § 8 EFZG). **Angabe des Grundes** ist nicht Wirksamkeitserfordernis; Ausnahmen nach § 22 III BBiG, ArbG Essen NZA-RR 2006, 246, oder bei entspr. Vereinbarung (§ 125 S. 2 BGB); sonst nur nachträgliche Mitteilungspflicht auf Verlangen nach § 626 I 3 BGB und bei Verletzung Schadensersatz, kein Unwirksamwerden der Kündigung, BAG DB 1973, 481. Kündigt der Arbeitnehmer ohne vertragswidriges Verhalten des Arbeitgebers oder veranlasst er durch vertragswidriges Verhalten dessen Kündigung, entfällt Vergütungsanspruch, soweit die bisherigen Leistungen infolge der Kündigung für den Arbeitgeber kein Interesse haben (§ 628 I 2 BGB, Rückzahlung § 628 I 3 BGB).

137 Wer durch sein vertragswidriges Verhalten die fristlose Kündigung des anderen Teils veranlasst, hat **Schadensersatz** zu leisten (**§ 628 II BGB**), BAG BB 1971, 270; aber nur bei Einhaltung der Frist nach § 626 II 1 BGB, BAG NZA 1990, 106; 2002, 325. Das gilt entspr. auch für andere Fälle des Auflösungsverschuldens; zB bei eigener unberechtigter fristloser Kündigung; auch bei schuldhaft herbeigeführtem Aufhebungsvertrag, BAG BB 1971, 1197. Umfang der Schadensersatzpflicht nach §§ 249, 252 BGB (Erfüllungsinteresse, entgangener Gewinn), zeitlich begrenzt (nicht über arbeitsvertragliche Kündigungsfrist hinaus), BGH BB 1981, 1898, sowie Entschädigung entspr. §§ 9, 10 KSchG, BAG NZA 2002, 325. Schadensersatzanspruch des Arbeitnehmers besteht im Arbeitsentgelt zuzüglich Aufwendungen für Erlangung anderer Stellen. Schadensersatzanspruch des Arbeitgebers geht auf Kosten für Ersatzkraft unter Abzug des ersparten Entgelts; Ersatz für Verlust des Konkurrenzschutzes (§ 60, aber nur wenn zulässig, §§ 74 ff.), BAG BB 1975, 1112. Anspruch des Arbeitgebers auf Inseratskosten ist gegenüber früherer Rspr. stark begrenzt; er besteht nur, wenn sie bei hypothetischer fristgerechter Kündigung vermeidbar gewesen wären; der Arbeitgeber kann sich nicht darauf berufen, er hätte den Arbeitnehmer uU umstimmen können, wenn dieser die Arbeit vertragsgemäß wenigstens angetreten hätte, BAG BB 1981, 1898, NZA 1984, 122, Berkowsky DB 1982, 1772. Besonderheiten beim Schulungsvertrag s. BAG BB 1981, 1217. Hätte auch die andere Seite wegen schuldhafter Vertragsverletzung kündigen können, besteht kein Ersatzanspruch, BAG BB 1966, 1025. Zum Verhältnis Schadensersatz und Kündigungsabfindung BAG BB 1973, 984.

Mitwirkendes Verschulden des Geschädigten ist nach § 254 BGB zu berücksichtigen; zB fahrlässig (nicht nur böswillig wie in § 615 S. 2 BGB) unterlassener Erwerb. § 628 I, II BGB sind **abdingbar**. 138

e) Wichtige Gründe für Kündigung des Arbeitgebers: zB (1) **Verletzung der Arbeitspflicht** (Hauptpflicht → Rn. 44–47): idR nur bei beharrlicher und vorsätzlicher **Arbeitsverweigerung**; so vor allem nach Abmahnung und als ultima ratio, BAG NZA 1997, 487; 2001, 893; 2014, 533, stRspr. Genau zu prüfen ist aber, ob die Arbeitsverweigerung **unberechtigt** ist, BAG NZA 1996, 1085; zB keine Kündigung bei Verweigerung unzulässiger Mehrarbeit, BAG BB 1958, 558; bei Arbeitsniederlegung eines leitenden Angestellten wegen diskriminierender Beschränkung seines Arbeitsbereichs, BAG BB 1967, 715, oder bei Teilnahme an rechtmäßigem Streik (→ Rn. 46). Guter Glaube, zur Arbeit nicht verpflichtet zu sein, schützt nur bei unverschuldetem Irrtum, BAG BB 1958, 558, nach BAG NZA 2016, 417 trägt der ArbN das Risiko einer unzutreffenden Berufung auf Leistungsverweigerungs- oder Zurückbehaltungsrecht, das gilt nach BAG NZA 2016, 1144 auch, wenn sich ArbN nach Obsiegen im KündSchutzprozess auf nicht hinreichend konkrete Arbeitsaufforderung beruft. Teilnahme an einem wilden Streik ist wichtiger Grund, BAG BB 1970, 126; 1978, 1115, str., jedenfalls nach Abmahnung, doch sind Grad der Beteiligung und Erkennbarkeit der Rechtswidrigkeit zu berücksichtigen, BAG BB 1978, 1115. Wichtiger Grund ist unbefugtes selbstherrliches Verlassen des Arbeitsplatzes („„mir-kann-keiner"-Standpunkt), LAG Hamm BB 1973, 141; eigenmächtiger Urlaubsantritt, BAG NZA 1994, 548 (anders bei Pflicht zur Urlaubsgewährung), 2021, 1092; Erlangung einer Krankschreibung mit unredlichen Mitteln, LAG Düsseldorf-Köln BB 1981, 1219, Erschütterung von Arbeitsunfähigkeitsbescheinigungen ist möglich, LAG Hamm NJW-Sp 2004, 131, BAG NZA 2022, 39, Fuhlrott/Mai NZA 2022, 97; Androhung künftiger Erkrankung → Rn. 140. 139

Mangelhafte Dienstleistung idR nur bei bewusster Zurückhaltung der Arbeitskraft, BAG BB 1970, 1481; nicht ohne weiteres häufige Unpünktlichkeit, BAG NZA 1989, 261. Umfangreiche Privatnutzung von Internet am Arbeitsplatz trotz Verbot (→ Rn. 48), bei Pornographie Gefahr der Rufschädigung, BAG NZA 2006, 98; 2006, 977 mAnm Mengel NJW 2006, 2939, bei Änderbarkeit des Verhaltens aber Notwendigkeit der Abmahnung, BAG NZA 2013, 29. **Trunkenheit** am Arbeitsplatz nach Abmahnung, LAG Mannh BB 1954, 562, aber Alkoholismus ist Krankheit BAG NJW 1983, 2659, NZA 2000, 141, betriebliches Eingliederungsmanagement entbehrlich, wenn kein positives Ergebnis denkbar, BAG NZA 2014, 605, kein individueller Anspruch auf Durchführung, BAG NZA 2022, 257. Verstoß gegen Rauchverbot bei hoher Brandgefahr und wiederholter Verstoß BAG NZA 2013, 425; Führerscheinentzug bei Kraftfahrer, falls keine andere Beschäftigungsmöglichkeit besteht, BAG BB 1978, 1310; außerdienstliches Verhalten nur, wenn es die Arbeitsleistung beeinflusst, möglich bei ruhendem Arbeitsverhältnis und Entsendung in ein Konzernunternehmen, BAG NZA 2009, 671.

(2) **Grobe Verletzung der Interessenwahrungspflicht** (→ Rn. 48–49), **schwere Treuwidrigkeit, Vertrauensmissbrauch; Vollmachtsmissbrauch,** 140

zB durch Zeiterfassungsmanipulation, erst recht Abstempeln der Zeiterfassungskarte durch Arbeitskollegen, BAG NZA 2006, 484. **Tätlichkeit oder grobe Beleidigung** gegen Arbeitgeber, seine Angehörigen und Vertreter, gegen Arbeitskollegen, falls der Betriebsfrieden gefährdet wird, BAG NZA 1994, 409; 1999, 863; 2006, 431; 2006, 917, auch ohne Abmahnung (→ Rn. 130); grobe Beleidigungen auch in fremder Sprache, LAG Berlin DB 1981, 1627, nicht schon unwahre und ehrenrührige Behauptungen über Vorgesetzte, wenn zu Arbeitskollegen in Erwartung von Vertraulichkeit geäußert, BAG NZA 2010, 698; bei Abwägung ist die Meinungsfreiheit zu beachten, BAG NZA 2006, 917. UU sexuelle Belästigung am Arbeitsplatz, BAG NZA 2004, 1214; 2015, 294. Je nachdem **Anzeige** gegen Arbeitgeber (whistle-blowing) ohne Versuch vorheriger innerbetrieblicher Klärung, zB bei Finanzamt; aber nicht bei schweren Straftaten, zumal bei Begehung durch den Arbeitgeber selbst, BAG NZA 2004, 427; 2007, 502, EGMR NZA 2011, 1269 m. Bespr. Forst NJW 2011, 3477, Strafprozessausgang ist nicht maßgebend, aber uU Indiz. Leichtfertig unrichtige Strafanzeige gegen Arbeitgeber oder Repräsentanten, BAG NZA 2004, 524, Anzeige ist auch bei erkennbarem Fehlen von Tatbestandsvoraussetzungen (Schädigungsabsicht) unangemessene Reaktion, BAG NZA 2017, 705. Zum Schutz der Hinweisgeber sowie zur anstehenden Umsetzung der EU-Whistleblower-RL Dohrmann RdA 2021, 326. **Unterschlagung,** Diebstahl, auch geringwertiger Sachen, erschwerend bei Verletzung einer Obhutspflicht, zutr. BAG NZA 2000, 421; 2008, 1008 (Lippenstift), str. (→ Rn. 130). ArbG kann eigene Überzeugung aufgrund eines Strafurteils bilden, BAG NZA 2015, 353 (sexueller Missbrauch).

Spesenbetrug, Arbeitszeitbetrug und andere **Vermögensdelikte,** BAG BB 1963, 272, auch bei einmaligem Vorkommen mit geringen finanziellen Auswirkungen, BAG NZA 2008, 636, auch Entwendung geringwertiger Sachen, BAG NZA 1985, 91 (Bienenstichkuchen); 2000, 421 (ICE-Steward), 2010, 1227 (Pfandbons, „Emmely", Grundsatz, → Rn. 130), verbotswidrige private Benutzung eines BetriebsKfz, LAG Baden-Württemberg DB 1970, 534; 1970, 788; falsche Angaben zu Überstunden, BAG NZA 2020, 445, umfangreiche unerlaubte **Privattelefonate** auf Kosten des Arbeitgebers, BGH NZA 2004, 717, wiederholte Nutzung dienstlicher Ressourcen für **urheberrechtswidrige Kopie** von Musik- und Audiodateien, BAG NZA 2016, 164, dazu Kramer NZA 2016, 341. Falsche Dokumentation der Arbeitszeit, auch eines Kollegen, auch wenn kein strafbares Verhalten, BAG NZA 2014, 443. **Drohung** mit künftiger Erkrankung, BAG NZA 1993, 308, Arbeitnehmer muss ggf. substantiiert darlegen, bereits objektiv krank gewesen zu sein, BAG NZA 2009, 779, im Zusammenhang mit Urlaubswunsch, BAG NJW-Sp 2004, 37, NZA 2009, 779. Drogenkonsum (auch in Freizeit), wenn bei Kraftfahrer die Fahrtüchtigkeit gefährdet ist, BAG NZA 2016, 1527. Erlangen einer Barauszahlung statt Bezug von Waren, BAG NZA 2009, 1198.

(3) **Verletzung der Schweigepflicht** (→ Rn. 50), BAG BB 1965, 991, insbesondere (dringender Verdacht auf künftigen) Verrat von Betriebsgeheimnissen, LAG München BB 1969, 315; als Arbeitnehmervertreter im Aufsichtsrat, BAG DB 1974, 1067; Verbreitung unwahrer, ehrenrühiger Tatsachen über den Arbeitgeber und den Betrieb. Provozierende **parteipolitische Betätigung** in Betrieb, BAG NJW 1978, 1872 (1874), DB 1983, 2578 (Anti-Strauß-Plakette), außerhalb nur in Ausnahmefällen, BAG BB 1968, 589. Nach BAG NZA 2009, 855 nicht wegen Verstoß gegen Verschwiegenheitspflicht als Arbeitnehmervertreter im Aufsichtsrat nach Abberufung, da dann keine Wiederholungsgefahr.

(4) **Schmiergeldannahme und Bestechung** (→ Rn. 51), BAG NZA 1996, 419, LAG Berlin BB 1978, 1570 (ausländische Dolmetscherin), LAG Köln DB 1984, 1101 Ls.; Annahme von Provision bei Auftragsvergabe, BAGE 24, 401, Kolbe NZA 2009, 228. Bestechung von (ausländischen) Amtsträgern und von Geschäftspartnern kann eine fristlose Kündigung rechtfertigen, Dzida NZA 2012,

881, einschränkend ArbG München NZA-RR 2009, 134. Es fehlt an einer schuldhaften Pflichtverletzung, wenn der Arbeitnehmer aus vertretbaren Gründen annehmen durfte, er handele nicht pflichtwidrig, BAG NZA 2013, 201.

(5) **Verletzung des Wettbewerbsverbotes** (s. § 60) nur, wenn der Arbeit- **143** nehmer im HdlZweig des Arbeitgebers Konkurrenz macht, BAG NZA 2017, 1180; Abwerbung von Mitarbeitnehmern für Konkurrenz, LAG Düsseldorf BB 1962, 137, sonst nicht ohne weiteres, LAG Baden-Württemberg DB 1970, 2325; Abwerbung von Geschäftsverbindungen, BAGE 14, 72; Aufbau eines Konkurrenzunternehmens, LAG Tübingen BB 1961, 484, aber nicht schon Vorbereitung, solange nicht mit Geschäftstätigkeit begonnen wird, BAG NZA 2014, 72, BB 1973, 144, mögl auch nach (strittiger) fristloser Kündigung, BAG NZA 2015, 429 (im Fall verneint). **Nebentätigkeit** (→ Rn. 52) nur, wenn sie die vertragliche Leistung beeinträchtigt oder Arbeitgeber sich Genehmigung wirksam vorbehalten hat, BAG BB 1971, 397, auch dann nur, wenn Arbeitgeber an Unterlassung berechtigtes Interesse hat, BAG BB 1977, 144.

(6) **Grobe Verletzung der Informations- und Auskunftspflicht** **144** (→ Rn. 53), zB Vorlage falscher Besuchsberichte, ArbG Düsseldorf BB 1961, 863; Mitstempeln von Stechuhr eines Kollegen, BAG NZA 2006, 464.

(7) **Verdachtskündigung:** Dringender Verdacht einer Straftat mit Bezug zum **145** Arbeitsverhältnis oder von erheblicher Vertragsverletzung genügt, falls er geeignet ist, das für die Fortsetzung des Arbeitsverhältnisses erforderliche Vertrauen zu zerstören (Verdachtskündigung, nicht Tatkündigung, nach Begründung der Kündigung durch ArbG), BAG NZA 2000, 418 (421); 2008, 636 (iErg abl.); 2009, 604; 2013, 137; 2019, 893, stRspr, str. Der starke Verdacht muss sich aus objektiven, im Zeitpunkt der Kündigung vorliegenden Tatsachen ergeben (Nachschieben → Rn. 133), BAG NZA 1995, 269, allein Verdacht der Strafverfolgungsbehörden genügt nicht, BAG NZA 2013, 371, Arbeitgeber muss sich diesen zu eigen machen, bei Verstärken des Verdachts (Anklageerhebung) läuft ggf. neue Frist zur Erklärung der Kündigung, BAG NZA 2011, 798; 2013, 665, → Rn. 131. Verdachtskündigung ist auch bei bereits erfolgter, unwiderruflicher Freistellung von Arbeitspflicht nicht ausgeschlossen, diese ist aber bei der Interessenabwägung zu berücksichtigen, BAG NZA 2001, 837. Der Arbeitgeber muss dem Arbeitnehmer zuvor den Verdacht mitteilen, ihm Gelegenheit zur Stellungnahme geben (relevant für Frist des § 626 II BGB, BAG NZA 2014, 1015) und alle zumutbaren Anstrengungen zur Aufklärung des Sachverhalts unternehmen, BAG NZA 1995, 1110; 1997, 1340; 2000, 418 (vgl. → Rn. 129), sonst ist die Kündigung unwirksam, BAG NZA 2009, 1136 (aber Prüfung durch ArbG, ob Tatkündigung möglich). Betriebsratsanhörung (→ Rn. 122) zu Tatkündigung genügt nicht. Gericht muss Vorbringen des Arbeitnehmers voll nachgehen, BAG NZA 2000, 418, Entscheidung der Strafgerichte bindet nicht, BAG NZA 2017, 1053 (Freispruch). Neue Verdachtsgründe können ohne vorherige Anhörung in das Kündigungsschutzverfahren eingebracht werden, BAG NZA 2013, 1416. Bei späterem Wegfall der Verdachtsgründe (nicht schon Einstellung des Ermittlungsverfahrens) kommt Wiedereinstellungsanspruch in Betracht (Fürsorgepflicht), BAG NZA 1997, 1340. Zur vorherigen Arbeitnehmeranhörung BVerfG NZA 2009, 53, Dreymüller/Mennemeyer NZA 2005, 382, Eylert/Friedrichs DB 2007, 2203. Lit.: Lunk NJW 2010, 2753, Lembke RdA 2013, 82, Dzida NZA 2013, 412; 2014, 809.

(8) **Druckkündigung:** Begründetes Verlangen der Belegschaft (vgl. § 104 **146** BetrVG). Berechtigtes Entlassungsverlangen des Betriebsrats stellt dringendes betriebliches Erfordernis iSd KSchG dar, BAG NZA 2017, 987. Notwendig ist wiederholte Störung des Betriebsfriedens, BAG NZA 2005, 775; ausnahmsweise auch unbegründetes Verlangen, aber nur wenn unwiderstehlich (unzumutbarer eigener Schaden), sonst muss der Arbeitgeber den Arbeitnehmer schützen (→ Rn. 95), BAG NZA 1987, 21 (zu § 1 KSchG). Der Arbeitgeber muss den

Arbeitnehmer anders als bei Verdachtskündigung (→ Rn. 145) nicht vorher anhören, BAG NZA 1991, 468. Rspr. akzeptiert eine betriebsbedingte Druckkündigung etwa auf Verlangen eines Kreditgebers in der Krise, BAG NZA 2014, 112, krit. Hamacher NZA 2014, 134. Schadensersatzpflicht des Arbeitgebers wegen betriebsbedingter Druckkündigung, str., offen BAG NZA 1991, 468; 1998, 1113.

147 **Nicht: Mangelhafte Arbeitsleistung,** zB wegen **Ungeeignetheit** des Arbeitnehmers für übernommene Aufgabe, anders in Ausnahmefällen, BAGE 2, 333, zB bei besonders folgenschwerem Versagen eines leitenden Angestellten, BAG BB 1966, 82, im Einzelfall bei Entzug der Befugnis zum Umgang mit Verschlusssachen, BAG NZA 2010, 628; **Fehlbestand** bei Verkäufer, außer uU bei Mankoabrede (→ Rn. 110) und Feststehen zumindest der Verursachung, BAG BB 1974, 463; **Zeugenaussage** gegen Arbeitgeber, BVerfG NZA 2001, 888, wohl auch gutgläubige Strafanzeige; **Heirat** einer Angestellten, nicht einmal ordentliche Kündigung, BAG NJW 1957, 1688, keine Zölibatsklauseln. Dienstverhinderung durch **Krankheit** (vgl. EFZG) ist idR kein wichtiger Grund (nach BAG nicht bei häufiger Kurzerkrankung bis zu einem Drittel der Jahresarbeitszeit, BAG NZA 2014, 962, dann aber grds. gravierende Äquivalenzstörung, BAG NZA 2018, 1059); falls ordentliche Kündigung nicht gänzlich abbedungen ist, genügt meist diese; häufige kurze oder eine langanhaltende Krankheit sind nicht einmal in jedem Fall Grund für ordentliche Kündigung, dazu Willemsen/Fritzsche DB 2012, 860. Bei Arbeitsverhinderung infolge **Freiheitsstrafe** (wegen nicht betriebsbezogener Tat) kommt es auf die betrieblichen Auswirkungen an, BAG NZA 1985, 661, an sich wichtiger Grund, wenn für eine ordentliche Kündigung ausreichende zweijährige Haftstrafe um ein Mehrfaches überschritten wird und eine vorzeitige Entlassung nicht sicher zu erwarten ist, BGH NZA 2016, 483, bei ordentlich unkündbarem ArbN mit Ausflauffrist. **Tod des Arbeitgebers** außer in Ausnahmefällen, BAGE 5, 256; **Geschäftsübernahme** unter Lebenden (§ 613a IV BGB; vgl. → Rn. 17–21); **Vermögensverfall** des Arbeitgebers, außer in Ausnahmefällen, so bei besonderen langfristigen Arbeitsverhältnissen; **Betriebsstilllegung,** soweit sie im Betriebsrisiko des Arbeitgebers liegt, zB Brand, BAG BB 1973, 196; **Insolvenz** des Arbeitgebers, nur ordentliche Kündigung nach § 113 InsO (→ Rn. 165), BAG NJW 1969, 525, Insolvenzarbeitsrecht Schrader/Straube 2008.

148 **f) Wichtige Gründe für Kündigung des Arbeitnehmers:** zB (1) Verletzung der Arbeitsentgeltpflicht (Hauptpflicht, → Rn. 56–70), also Nichtzahlung oder Zahlungsverzug, letzterer nach hL und Rspr. aber nur bei **Lohnrückstand** über erhebliche Zeit oder von erheblicher Höhe und nach Zahlungsaufforderung durch den Arbeitnehmer, BAG NZA 2002, 325, nach aA von Nichtzahlung nicht unterscheidbar; **bevorstehende Insolvenz** des Arbeitgebers, Stückemann BB 1977, 1711, aber nicht schon ohne weiteres Vermögensverfall, solange Entgelt bezahlt wird. (2) **Krankheit** oder **andere unverschuldete Dienstverhinderung** des Arbeitnehmers (→ Rn. 71–76; EFZG), sofern nicht nur vorübergehend; bei begrenzter Arbeitsfähigkeit (zB nach ärztlichem Gutachten nur noch halbtags) nur, wenn Teilzeitbeschäftigung oder Versetzung ausscheidet, BAG BB 1973, 750. (3) **Lebens- oder Gesundheitsgefährdung** → Rn. 93, § 62, §§ 617, 618 BGB, falls bei Eingehen des Arbeitsverhältnisses nicht erkennbar; auch sonstige **Arbeitsschutzverletzung,** zB ständige und erhebliche Überschreitung der gesetzlichen Höchstarbeitszeit, BAG BB 1972, 1189. (4) Erhebliche **Persönlichkeitsrechtsverletzung** (→ Rn. 94–99), zB systematische Ungerechtigkeit und Zurücksetzung; Straftaten gegen den Arbeitnehmer, **Ehrverletzung,** jedoch nicht schon jede Formalbeleidigung, BAGE 3, 193, oder herausgeforderte Beleidigung; beleidigende Begründung einer ordentlichen Kündigung durch Arbeitgeber, LG Bremen DB 1971, 1215; **ungerechtfertigte**

6. Abschnitt. Handlungsgehilfen und -lehrlinge 149–153 § 59

Verdächtigung, falls in beleidigender Form, zB vor Dritten, oder leichtfertig, LAG Baden-Württemberg BB 1960, 985; **sexuelle Belästigung,** Weigerung des Schutzes gegen eine solche von Vorgesetzten, Arbeitskollegen oder Familienangehörigen des Arbeitgebers. Verstoß gegen Beschäftigungspflicht; uU Nichterteilung oder ungerechtfertigter Entzug der zugesicherten **Prokura,** BAG BB 1971, 270, Widerruf der Bestellung zum GmbH-GF, BGH NJW 2003, 351, aber Widerruf der Bestellung berechtigt nicht zum Schadensersatz nach § 628 II BGB, BGH NJW 2003, 351; unberechtigte Teilsuspendierung, wenn sie für den Arbeitnehmer kränkend ist und ihm wesentliche Aufgaben entzieht, BAG BB 1972, 1191.

Nicht: Zu geringer Verdienst, außer bei „Hungerlohn" (→ Rn. 56–57); 149 Gelegenheit zum **Arbeitsplatzwechsel,** auch sehr günstiges anderweitiges Angebot, BAG BB 1971, 40; Eheschließung weiblicher Arbeitnehmer. Beruft sich der Arbeitnehmer nach einer Eigenkündigung auf das Fehlen eines wichtigen Grundes, ist das regelmäßig treuwidrig, BAG NZA 2009, 840.

g) Für Dienstverhältnisse, die keine Arbeitsverhältnisse sind, gelten be- 150 sondere Bestimmungen über Kündigungsfristen und -termine, s. §§ 620, 621, 626, 627 BGB allgemein, §§ 89, 89a für HV. Das KSchG gilt nicht. Auch dort, wo keine Kündigung notwendig ist, ist rechtzeitige Ankündigung erforderlich, zB wenn einem **langjährig beschäftigten freien Mitarbeiter,** der wirtschaftlich völlig vom Auftraggeber abhängig ist, keine Aufträge mehr erteilt werden sollen, BAG BB 1967, 959.

D. Allgemeiner Kündigungsschutz. Dieser besteht nach dem **Kündi-** 151 **gungsschutzgesetz,** Reform 2003, Willemsen/Annuß NJW 2004, 177; Komm.: Ascheid/Preis/Schmidt, 6. Aufl. 2021 (GroßKo), Däubler/Deinert/Zwanziger, 11. Aufl. 2020, Gemeinschaftskommentar 13. Aufl. 2022 (KR), Gallner/Mestwerdt/Nägele, 7. Aufl. 2021, Linck/Krause/Bayreuther, 16. Aufl. 2019, Löwisch/Schlünder/Spinner/Wertheimer, 11. Aufl. 2018, Stahlhacke/Preis/Vossen, 11. Aufl. 2015, Thüsing/Rachor/Lembke, 4. Aufl. 2018.

a) Anwendungsbereich des KSchG: In Betrieben und Verwaltungen des 152 privaten und öffentlichen Rechts mit idR mehr als zehn (für vor 2004 Eingestellte: mehr als fünf) Arbeitnehmern ausschließlich der zu ihrer Berufsbildung Beschäftigten (§ 23 KSchG; Sonderregeln für Schifffahrt, Luftverkehr). Verlust des Bestandsschutzes bei Absinken der Arbeitnehmerzahl auf zehn (fünf) Arbeitnehmer, BAG NZA 2008, 944. Wegen der Betriebsbezogenheit kann auch in der Konzernholding kein Kündigungsschutz bestehen, BAG NZA 2002, 1147. Der allgemeine Kündigungsschutz nach §§ 1–14 KSchG besteht für die ohne Unterbrechung länger als sechs Monate in demselben Betrieb oder Unternehmen beschäftigten Arbeitnehmer (§ 1 I KSchG), diese Wartezeit endet ggf. auch an einem Sonntag, § 193 BGB findet insoweit keine Anwendung, BAG NZA 2014, 725, Beschäftigung auch bei zwei oder mehr, ggf. ausländischen Arbeitsverhältnissen, BAG NZA 2012, 148. §§ 1–13 KSchG gelten nicht für organschaftliche Vertreter einer juristischen Person oder Personengesamtheit, dagegen mit nur geringfügigen Einschränkungen für leitende Angestellte, soweit diese zur selbstständigen Einstellung oder Entlassung von Arbeitnehmern berechtigt sind (§ 14 KSchG).

b) Sozialwidrigkeit der ordentlichen Kündigung: Nach § 1 KSchG idF 153 G 24.12.2003 BGBl. I 3002, dazu Willemsen/Annuß NJW 2004, 177, ist die ordentliche Kündigung unwirksam, wenn sie sozial ungerechtfertigt ist und der persönliche und sachliche Anwendungsbereich des KSchG eröffnet ist. Arbeitsverhältnis muss mehr als sechs Monate bestanden haben (§ 1 KSchG, persönlicher Anwendungsbereich) und Betrieb muss mehr als fünf (zehn) Arbeitnehmer haben, bis zu zehn Arbeitnehmer werden Arbeitsverhältnisse nicht gezählt, die ab

§ 59 153

dem 1.1.2004 begonnen wurden (§ 23 I KSchG, sachlicher bzw. betrieblicher Anwendungsbereich). Bei Kleinbetrieben nur Prüfung nach Treu und Glauben, BAG NZA 2001, 833. Für Sozialauswahl statt umfassender Prüfung seit 2004 vier Kriterien, berechtigtes betriebliches Interesse s. § 1 III 2 KSchG. Abfindungsanspruch bei betriebsbedingter Kündigung nach § 1a KSchG (seit 2004), Giesen/Besgen NJW 2004, 185, Hanau ZIP 2004, 1169, Löwisch BB 2004, 154, auch bei Änderungskündigung, BAG NZA 2008, 528, spielt praktisch keine Rolle, freilich BAG NZA 2017, 121. Anders als in Europa üblich sieht das Gesetz in Deutschland nicht allgemein eine Abfindung vor, dies nur praktisch durch Sozialplan oder im Rahmen eines Kündigungsschutzprozesses, für § 1a KSchG muss die Kündigungserklärung eindeutig und unmissverständlich die dort beschriebene Abfindung anbieten, BAG NZA 2008, 528, Arbeitnehmer darf nicht Kündigungsschutzklage erheben, auch verfristete Klage schadet, BAG NZA 2009, 1197, Hergenröder/von Wickede RdA 2008, 364, Kögel RdA 2009, 358. Zur Sozialwidrigkeit gibt es eine umfangreiche Rspr. (Komm. zum KSchG → Rn. 151), hier nur Grundzüge.

(1) **Personenbedingte Kündigung** bei einem in der Person des Arbeitnehmers liegenden Grund, etwa bei einem Verlust der Arbeitserlaubnis, AN besitzt die erforderliche Eignung oder Fähigkeit (nicht) mehr, um zukünftig die geschuldete Arbeitsleistung (ganz oder teilweise) zu erbringen. Freiheitsstrafe rglm, wenn noch mehr als zwei Jahre zu verbüßen sind, BAG NZA 2011, 688; 2011, 1084, bzw. eine solche Strafe zu erwarten ist, BAG NZA 2013, 1211. Mit AGG vereinbar ist das Erfordernis der Beherrschung der deutschen Schriftsprache, BAG NZA 2010, 625; 2011, 1226. Bei Krankheit dreistufige Prüfung, ob negative Prognose hinsichtlich der voraussichtlichen Dauer der Arbeitsunfähigkeit, daraus erhebliche Beeinträchtigung betrieblicher Interessen, die vom Arbeitgeber billigenswerterweise nicht hinzunehmen sind, BAG NZA 2007, 1041, stRspr, Umsetzung als milderes Mittel, BAG NZA 2010, 1234. Nicht Wegfall der Sozialversicherungsfreiheit als Student, BAG NZA 2007, 680, aber Exmatrikulation bei Tätigkeit als studentische Hilfskraft, BAG NZA 2009, 425. Bei Inhaftierung nach deren Dauer sowie Art und Ausmaß der betrieblichen Auswirkungen, BAG NZA 1995, 119. Lit.: Kock BB 2009, 270; 2011, 565 (Rspr.).

(2) **Verhaltensbedingte Kündigung** bei einem pflichtwidrigen Verhalten des Arbeitnehmers, bei außerdienstlichem Verhalten kommt es auf den Bezug zum Arbeitsverhältnis an, ebenso bei Straftat, BAG NZA 2010, 220; 2011, 112; 2013, 1345; 2014, 1197. Verhaltensbedingte Kündigung, wenn der Arbeitnehmer dauerhaft deutlich mehr als ein Drittel weniger leistet als vergleichbare Arbeitnehmer (BAG NZA 2004, 784), legt der Arbeitnehmer dar, dass dies seinem Leistungsvermögen entspricht, kommt eine personenbedingte Kündigung in Betracht. Lit.: Berkowsky, 4. Aufl. 2005. Anzeige gegen Vorgesetzten bei möglicher innerbetrieblicher Klärung, BAG NZA 2004, 427 (whistle-blowing), keine Anhaltspunkte für nach Straftatbestand erforderliche Absicht, BAG NZA 2017, 704.

(3) **Betriebsbedingte Kündigung:** Kündigungsgrund liegt in der Sphäre des Arbeitgebers, bei dem der Bedarf an der Arbeitskraft entfällt. Der im KSchG genannte dringliche Grund führt nicht zu einer Nachprüfung der Notwendigkeit bzw. Zweckmäßigkeit einer betriebsbedingten Kündigung, es gilt der Grundsatz der freien Unternehmerentscheidung, BAG NZA 2008, 878. Möglich ist auch die Fortführung der bisher durch Arbeitnehmer erledigten Tätigkeit durch selbst unternehmerisch tätige Subunternehmer, BAG NZA 2008, 878. Gerichtliche Nachprüfung nur auf offenkundigen Missbrauch, damit weiter Ermessensspielraum, Roth ZIP 2009, 1845. Arbeitnehmer hat den Missbrauch darzulegen und zu beweisen, BAG NZA 2007, 431, also dass die innerbetriebliche Strukturmaßnahme offenkundig unsachlich, unvernünftig oder willkürlich ist, BAG NZA 1999, 1095. Es ist nicht Sache des Arbeitsgerichts, dem Unternehmer eine „bessere" oder „richtigere" Unternehmenspolitik vorzuschreiben und damit in

6. Abschnitt. Handlungsgehilfen und -lehrlinge 153 § 59

die Kostenkalkulation des Arbeitgebers einzugreifen, BAG NZA 1999, 1095, nicht ausreichend ist aber ein nur vorübergehender Arbeitsmangel, BAG NZA 2012, 852 (Kurzarbeit). Entscheidung zur Betriebsschließung für den Zeitpunkt der Beendigung des Arbeitsverhältnisses reicht aus, BAG NZA 2010, 944, es muss die Beschäftigungsmöglichkeit nicht bereits bei Zugang der Kündigung weggefallen sein. Ausnahmsweise Unwirksamkeit als unzulässige Austauschkündigung, wenn weiter Direktionsrecht bestehen soll, BAG NZA 1997, 202 und nicht selbstständige Tätigkeit Dritter. Steht der Wegfall der Beschäftigungsmöglichkeit fest, reicht Stilllegungsbeschluss aus, BAG NZA 2008, 821. Gesteigerte Anforderungen an die Darlegung einer unternehmerischen Entscheidung etwa bei Änderung des Anforderungsprofils, das zu einer betriebsbedingten Kündigung führt, BAG NZA 2009, 312 und bei Wegfall einer Hierarchieebene, BAG NZA 2011, 505. Bei betriebsbedingter Kündigung muss Arbeitsplatz entfallen, wenn der ArbG vor Kündigungszugang Arbeitsplatz treuwidrig besetzt, darf er sich darauf nicht berufen, BAG NZA 2008, 1180, Rechtsgedanke des § 162 BGB. Lit.: Berkowsky, 6. Aufl. 2008.

Sozialauswahl bei betriebsbedingter Kündigung ist grds. betriebsbezogen, BAG NZA 2005, 1175, in § 1 III KSchG genannte Gründe sind abschließend, nach BAG ist auch das Alter weiter entscheidungserheblich zu berücksichtigen, BAG NZA 2007, 504, str., aber Arbeitnehmer, der Regelaltersrente beanspruchen kann, ist weniger schutzwürdig, BAG NZA 2017, 902, Leiharbeitnehmer können einzubeziehen sein, BAG NZA 2013, 837. Zutreffend Möglichkeit der Bildung von Altersgruppen zum Erhalt der Altersstruktur der Belegschaft, BAG NZA 2008, 405; 2009, 361; 2009, 1023; 2012, 1044 (mit AGG vereinbar, Vorlage des ArbG Siegburg zum EuGH ZIP 2010, 1617, gegenstandslos), Interesse an Beibehaltung der Altersstruktur und hierfür bestehende Notwendigkeit der Gruppenbildung muss substantiiert dargelegt werden, BAG NZA 2010, 1059, Lingemann/Beck NZA 2009, 577 und Ausnahme Älterer von Personalabbau und dem Angebot von Aufhebungsverträgen mittels Altersteilzeitregelungen, BAG NZA 2010, 561. Altersgruppen müssen Altersstruktur bei Kündigungen abbilden können, BAG NZA 2013, 89. Ausnahme von Leistungsträgern aus der Sozialauswahl, § 1 III 2 KSchG, aber nur unter Berücksichtigung des betrieblichen Nutzens und der sozialen Schutzbedürftigkeit anderer Arbeitnehmer, BAG NZA 2012, 1042, und nicht den überwiegenden Teil der Belegschaft, BAG NZA 2003, 849, jedenfalls nicht ohne nähere Begründung, Buschbaum BB 2011, 309.

(4) **Verhältnismäßigkeit**, milderes Mittel insbesondere die Weiterbeschäftigung auf einem anderen Arbeitsplatz, wenn nicht vom Weisungsrecht gedeckt ggf. Änderungskündigung (§ 2 KSchG). Weiterbeschäftigungsmöglichkeit unternehmensbezogen, im Konzern nur, wenn Konzernunternehmen dazu bereit oder entsprechende Abrede oder Praxis, BAG NZA 2008, 939. Soll mehr Arbeitnehmern gekündigt werden, als offene Stellen zur Verfügung stehen, gelten die Grundsätze zur Sozialauswahl entsprechend, BAG NZA 2018, 234. Keine Verhältnismäßigkeit auch, wenn Fortbildung des Arbeitnehmers möglich und Arbeitnehmer dazu auch bereit ist.

Zumutbarkeit der Weiterbeschäftigung uU auch bei Unterlassen eines betrieblichen Eingliederungsmanagements (bEM, § 167 II SGB IX), dieses ist nicht nur bei Schwerbehinderten durchzuführen, sondern Ausprägung des Verhältnismäßigkeitsgrundsatzes, BAG NZA 2008, 173; 2010, 398; 2015, 615 und 2016, 102 (häufige Kurzerkrankungen), auch wenn keine Schwerbehindertenvertretung gebildet wurde, BAG NZA 2011, 39, Wiederholung vor Kündigung, wenn zwischenzeitlich relevante Erkrankungen, BAG NZA 2022, 253, Schlewing ZfA 2005, 485, Joussen DB 2009, 286, Schiefer/Borchard DB 2010, 1884, Stück MDR 2010, 1235, zu Mitwirkungspflichten des Arbeitnehmers Rose/Ghorai BB 2011, 949, zur Verhinderung einer krankheitsbedingten Kündigung Kempter/Steinat NZA 2015, 840. RsprÜbersicht Höser BB 2012, 1537.

§ 59 154–156 1. Buch. Handelsstand

(5) **Änderungskündigung,** Regelung in § 2 KSchG, Änderungskündigung zur Entgeltreduzierung nur unter besonderen Voraussetzungen, etwa Sanierungsplan, BAG NZA 2010, 333, Arbeitnehmer kann sich aber nicht darauf berufen, dass das Einsparvolumen bereits erreicht ist, weil 97 Prozent der Arbeitnehmer zugestimmt haben, BAG NZA 2008, 1182. Können Arbeitsbedingungen im Rahmen des Weisungsrechts (§ 106 GewO) geändert werden, ist eine Änderungskündigung überflüssig, eine Kündigungsschutzklage des Arbeitnehmers ist unbegründet, BAG NZA 2012, 856 m. Bespr. Hromadka NZA 2012, 896, BAG NZA 2012, 1038, krit. Preis NZG 2015, 1.

154   c) **Kündigungsschutzverfahren:** Die Unwirksamkeit der ordentlichen Kündigung nach § 1 KSchG (entspr. Änderungskündigung s. § 2 KSchG) muss der Arbeitnehmer **innerhalb von drei Wochen** nach Zugang der Kündigung durch **Klage beim Arbeitsgericht** auf Feststellung, dass das Arbeitsverhältnis nicht aufgelöst ist, geltend machen (§ 4 S. 1 KSchG, §§ 5, 6 KSchG), zur nachträglichen Zulassung Schrader NJW 2009, 1541, zur Antragstellung Niemann NZA 2019, 65, zur Hinweispflicht des Arbeitsgerichts auf nicht geltend gemachte Kündigungsgründe BAG NZA 2012, 817, Eylert NZA 2012, 9. Vorhergehender Einspruch beim Betriebsrat (binnen einer Woche) ist möglich (§ 3 KSchG), ändert aber an der Klagefrist nichts. Wird die Rechtsunwirksamkeit der Kündigung (seit 2004 der sozial ungerechtfertigten und der außerordentlichen Kündigung, → Rn. 158, nur nicht bei Verstoß gegen Schriftformerfordernis § 623 BGB, → Rn. 121), nicht rechtzeitig geltend gemacht, gilt die Kündigung als von Anfang an wirksam (§ 7 KSchG). Kein Lauf der Frist bei Kündigung durch vollmachtlosen Vertreter oder Nichtberechtigten, BAG NZA 2009, 1146, erst ab Zugang der Genehmigung beim Arbeitnehmer, BAG NZA 2013, 524. Die Sondervorschrift des § 4 S. 4 KSchG (Fristlauf ab dem Zeitpunkt der Entscheidung einer Behörde) greift bei Schwangerschaft, wenn Arbeitnehmer und Arbeitgeber bei der Erklärung der Kündigung von der Schwangerschaft Kenntnis haben, BAG NZA 2009, 980. Kündigungsschutzklage wahrt Kündigungsfrist auch für Folgekündigung, wenn diese mit oder vor dem Auflösungstermin der ersten Kündigung wirksam werden soll und ArbN dies in der ersten Instanz bis Ende der mündl Verh. geltend macht, BAG NZA 2015, 635.

155   Bei unwirksamer Kündigung kann die Gericht auf Antrag einer der beiden Seiten das Arbeitsverhältnis zu dem Zeitpunkt, an dem es bei sozial gerechtfertigter Kündigung geendet hätte, beenden **(Auflösung durch Urteil) und** den Arbeitgeber zur Zahlung einer angemessenen **Abfindung** verurteilen (§ 9 KSchG), bei unwirksamer außerordentlicher Kündigung nur auf Antrag des Arbeitnehmers, auch bei tarifvertraglichem Ausschluss einer ordentlichen Kündigung, BAG NZA 2011, 348. Angemessen sind idR bis zu 12 Monatsverdienste (§ 10 I KSchG; Arbeitnehmer über 50 (55) nach mindestens 15 (20) Jahren s. § 10 II KSchG). Antrag des Arbeitgebers nur, wenn Unwirksamkeit der Kündigung allein auf Sozialwidrigkeit beruht: BAG NZA 2009, 275; 2010, 1123, nicht bei Änderungsschutzklage nach § 2 KSchG, BAG NZA 2014, 486.

156   **Besteht** nach der Entscheidung das **Arbeitsverhältnis** fort, schuldet der Arbeitgeber das **Arbeitsentgelt** für die Zeit nach der Entlassung; anderweitig verdientes (auch böswillig nicht verdientes) Arbeitsentgelt und bestimmte öffentlich-rechtliche Leistungen werden angerechnet (§ 11 KSchG). Ist der Arbeitnehmer bereits ein anderes Arbeitsverhältnis eingegangen, kann er das auflösen; Entgeltanspruch begrenzt sich dann auf die Zeit zwischen Entlassung und Tag des Eintritts in das neue Arbeitsverhältnis (§ 12 KSchG). Der **Kündigungsschutz ist unverzichtbar;** der Arbeitnehmer kann aber das Arbeitsverhältnis einvernehmlich mit dem Arbeitgeber auflösen oder einseitig die Kündigung wirksam werden lassen, indem er die Klagefrist verstreichen lässt. Verzicht auf Kündigungsschutz in **Ausgleichsquittung** (→ Rn. 80), der je nach Fall Aufhebungsvertrag, Ver-

gleich, Klageverzichtsvertrag oder Klagerücknahmeversprechen sein kann, muss in der Urkunde selbst zweifelsfrei zum Ausdruck kommen, BAG BB 1977, 1400; 1978, 1264; 1979, 1197.

Bei fristgerechtem Widerspruch des Betriebsrats aus den in § 102 III BetrVG genannten Gründen, Anforderungen s. BAG NZA 2003, 1191, sowie Erhebung der Kündigungsschutzklage durch den Arbeitnehmer aus eben diesen Gründen besteht **Weiterbeschäftigungspflicht** mit Reichweite und Funktion wie nach dem bisherigen Arbeitsvertrag; dieser besteht aber nur bei entsprechender Abrede auflösend bedingt durch die rechtskräftige Abweisung der Kündigungsschutzklage fort, BAG NZA 1991, 769. Ob das Weiterbeschäftigungsverlangen nach § 102 V 1 BetrVG spätestens zum Ablauf der Kündigungsfrist geltend gemacht werden muss, ist str., offen BAG NZA 1999, 1154, Verlangen am ersten Arbeitstag nach Ablauf der Kündigungsfrist genügt, BAG NZA 2000, 1055. Zumutbarkeit der Arbeitsaufnahme, BAG NZA 2004, 90. Bei nicht einvernehmlicher Fortsetzung des gekündigten Arbeitsverhältnisses liegt nur tatsächliche Beschäftigung, kein fehlerhaftes Arbeitsverhältnis (→ Rn. 37–38) vor, str.; Rückabwicklung also nach §§ 812 I 1, 818 II BGB mit Wert der Arbeitsleistung idR entsprechend der üblichen Vergütung, aber ohne Beschränkung auf Tariflohn, str., BAG NZA 1987, 373; 1993, 177. 157

Auch außerhalb von § 102 V BetrVG kann ein einklagbarer **allgemeiner Weiterbeschäftigungsanspruch** bestehen, Ausspruch bei erstinstanzlich erfolgreicher Kündigungsschutzklage, zur Zwangsvollstreckung BAG NZA 2009, 917. Anspruch wenn sich im Falle der betriebsbedingten Kündigung unvorhergesehen eine Weiterbeschäftigungsmöglichkeit vor Ablauf der Kündigungsfrist ergibt, grundsätzlich nicht auch nach deren Ablauf, Einzelfallabwägung nach § 242 BGB, BAG NZA 2000, 1097, hL; Rechtsgrundlage ist die allgemeine Schutz- und Förderungspflicht (→ Rn. 90), BAG NZA 2000, 1097, Oetker ZIP 2000, 643, sehr str. Weiterbeschäftigungsanspruch besteht auch bei krankheitsbedingter Kündigung jedenfalls dann nicht, wenn grundlegende Besserung erst nach Ablauf der Kündigungsfrist eintritt, BAG NZA 2001, 1135. Abfindungsvergleich kann dem Wiedereinstellungsanspruch entgegenstehen, aber uU Störung der Geschäftsgrundlage (§ 313 BGB), BAG NZA 2000, 1097. Kein Wiedereinstellungsanspruch nach wirksamer Befristung, BAG NZA 2002, 896. Bezahlte Freistellung, Bauer/Günther DStR 2008, 2422.

d) Außerordentliche Kündigung: Sie wird vom KSchG nicht berührt (§ 13 I 1 KSchG; insbesondere betr. wichtigen Grund, → Rn. 128–147), doch kann auch die Unwirksamkeit einer außerordentlichen Kündigung nur durch **Klage** beim Arbeitsgericht **innerhalb von drei Wochen** geltend gemacht werden (§ 13 I 2 KSchG). 158

e) Unwirksamkeit der Kündigung aus anderen Gründen, zB Nichteinhaltung der Schriftform (§§ 623, 126 I BGB), BAG NZA 2005, 865 (bei Vertretung entspr. Zusatz nötig), Verstoß gegen gesetzliches Verbot (§ 134 BGB, zB § 613a IV BGB, → Rn. 17–21), BAG NZA 1986, 522, gegen die guten Sitten (§ 138 BGB) oder Nichtanhörung des Betriebsrats (§ 102 I BetrVG, → Rn. 122), kann außerhalb des Verfahrens des KSchG geltend gemacht werden (§ 13 II, III KSchG), dann auch kein Abfindungsanspruch nach § 1a KSchG (→ Rn. 153). Auch wenn KSchG unanwendbar ist, kann Kündigung gegen §§ 138, 242 BGB verstoßen, aber strenge Anforderungen, BAG NZA 1989, 962. **Massenentlassungen** iSv § 17 KSchG sind rechtzeitig (vor der Kündigung, EuGH NZA 2005, 213, auch Änderungskündigungen, BAG NZA 2014, 1069) und mit Stellungnahme des Betriebsrats (Konsultation des Betriebsrats bereits bei Planung bzw. ins Auge fassen von Massenentlassungen, EuGH NZA 2009, 1083) dem Arbeitsamt anzuzeigen; Fehler können zur Unwirksamkeit einer Kündigung führen, BAG NZA 2012, 1029; 2013, 845; 2013, 966; 2016, 491; 2019, 1638, Sperrfrist von 159

§ 59 160, 161

einem, uU zwei Monaten (§§ 17–22 KSchG), Bauer/Krieger NZA 2009, 174. Kündigung unterliegt nicht der Transparenzkontrolle nach § 307 I BGB, einseitige Willenserklärungen sind keine AGB iSv § 305 I 1 BGB, BAG NZA 2016, 486.
Zunehmende Bedeutung erlangt das AGG. Erwähnt der Arbeitgeber im Kündigungsschreiben die Pensionsberechtigung des Arbeitnehmers, ist nach § 22 AGG eine Altersdiskriminierung zu vermuten, BAG NZA 2015, 1380. Es obliegt dann dem Arbeitgeber, diese Vermutung zu widerlegen, er hat dafür darzulegen und ggf. zu beweisen, dass ausschließlich andere Gründe als das Alter zur Kündigung geführt haben, andernfalls muss eine unterschiedliche Behandlung wegen Alters gerechtfertigt sein. Nach Bertelsmann NZA 2016, 855 findet die Drei-Wochen-Frist des § 4 KSchG auf diskriminierende Kündigungen keine Anwendung, nach EuGH NZA 2016, 537 Diskriminierungsschutz bei Entlassungsabfindung.

Eine **Abfindung** wird nach deutschem Recht grds. nicht geschuldet, § 1a KSchG setzt ein entsprechendes Angebot des ArbG voraus (→ Rn. 153), die Auflösung durch Urteil (→ Rn. 155) einen entsprechenden Antrag bei an sich fortbestehendem Arbeitsverhältnis. Funktional an die Stelle treten die Kündigungsfristen (→ Rn. 123 f.). Praktisch große Bedeutung haben Sozialpläne aufgrund Betriebsänderung nach §§ 112, 112a BetrVG, die rglm eine Abfindung vorsehen, aber einen Betriebsrat voraussetzen (→ Rn. 41), ab 20 Arbeitnehmer.

160 E. **Besonderer Kündigungsschutz.** a) **Außerordentliche Kündigung von Betriebsratsmitgliedern bedarf der Zustimmung des Betriebsrats;** Kündigung ohne vorherige Zustimmung ist nichtig, BAG NJW 1976, 1368. §§ 182 ff. BGB gelten für die Zustimmung nach § 103 BetrVG nicht, BAG NZA 2004, 717, aA zuvor hL. Mängel des Zustimmungsverfahrens und Vertrauensschutz s. BAG NZA 1985, 254. Die vom Betriebsrat verweigerte Zustimmung kann durch das ArbG ersetzt werden (§ 103 II BetrVG); BAG NZA 1998, 1273. **Ordentliche Kündigung von Betriebsratsmitgliedern** ist **unzulässig** (§ 15 KSchG), auch von Ersatzmitglied im Vertretungsfall, BAG NZA 2012, 400, im Anschluss an tatsächliches Tätigwerden auch nachwirkender Schutz, BAG NZA 2012, 1451, notfalls Freikündigung eines anderen Arbeitsplatzes, BAG NZA 2001, 321, bei Betriebsteilstilllegung Versetzung in andere Betriebsabteilung; auch noch ein Jahr nach Beendigung der Amtszeit, für Wahlvorstand und Wahlbewerber bis zur Bekanntgabe des Wahlergebnisses, § 15 III KSchG, BAG NZA 2009, 1264. Für außerordentliche Kündigung ist auf die Zumutbarkeit der Weiterbeschäftigung bis zum fiktiven ordentlichen Kündigungstermin abzustellen, BAG NZA 2013, 224. Ähnlichen Kündigungsschutz enthält § 103 BetrVG für Jugendvertretung, Bordvertretung, Seebetriebsrat, Wahlvorstand und Wahlbewerber. Sonderregelung bei Betriebs- und Abteilungsstilllegung (§ 15 IV, V KSchG). § 15 KSchG gilt nicht für Arbeitnehmervertreter im Aufsichtsrat, BAG NJW 1974, 1399. Lit.: Eylert/Sänger RdA 2010, 25. Komm. zum BetrVG: → Rn. 41–42.

161 b) **Schwangere und Mütter** genießen besonderen Kündigungsschutz (Mutterschutz) durch das MuSchG, **Eltern** nach dem BEEG, § 18 BEEG, **pflegende Angehörige** nach dem PflegeZG, § 5 PflegeZG, Novara DB 2010, 503. Jede Kündigung (ordentliche und außerordentliche; dagegen nicht Ende des befristeten Arbeitsverhältnisses durch Zeitablauf) während der Schwangerschaft und bis zum Ablauf von zumindest vier Monaten nach der Entbindung ist unzulässig (nichtig, § 134 BGB), nun nach Fehlgeburt viermonatiges Kündigungsverbot, § 17 I 1 Nr. 2 MuSchG, bei Frühgeburt, Mehrlingsgeburten und Behinderung des Kindes ggf. Verlängerung bis Ende der Schutzfrist nach § 3 MuSchG, wenn dem Arbeitgeber zurzeit der Kündigung die Schwangerschaft oder Entbindung bekannt ist oder innerhalb von zwei Wochen nach Zugang der Kündigung mitgeteilt wird (§ 17 MuSchG). Fristüberschreitung ist unschädlich, wenn die

6. Abschnitt. Handlungsgehilfen und -lehrlinge **162–164 § 59**

Frau sie nicht zu vertreten hat und die Mitteilung unverzüglich nachholt (§ 17 I 2 MuSchG, BVerfG NJW 1980, 824); Vertretenmüssen bedeutet hier gröblicher Verstoß gegen Eigeninteresse der Frau, BAG NJW 1984, 1419, NZA 2003, 217, Zmarzlik NJW 1992, 2678. Unverzügliches Nachholen ohne feste Mindest- und Höchstfrist, BAG NZA 1988, 799. Die Arbeitsbehörde kann in Ausnahmefällen Kündigung zulassen (§ 17 II MuSchG). Eine nach § 17 MuSchG nichtige Kündigung ist grundsätzlich nicht in Anfechtung umdeutbar, BAG BB 1975, 1638. Keine Anfechtung wegen Schwangerschaft, → Rn. 34, 118. Die Arbeitnehmerin muss Wegfall der Schwangerschaft mitteilen, aber keine Haftungsfolgen, so BAG NZA 2000, 1157. Komm. zum MuSchG: Brose/Weth/Volk, 9. Aufl. 2020, Friese NJW 2002, 3208 (Novelle 2002), Eylert/Sänger RdA 2010, 30, Wiebauer ZfA 2012, 507, zur Neufassung 2018 Bayreuther NZA 2017, 1145, Kühn NZA 2021, 536.

c) Schwerbehinderte stehen unter besonderem Kündigungsschutz nach **162** SGB IX (seit 2001, Neufassung zu 2018, vormals SchwBG). Voraussetzung ist mindestens Anerkennungsantrag vor Zugang der Kündigung, stRspr, BAG NZA 2002, 1145; 2005, 689. Kündigung ist grundsätzlich nur mit getroffener behördlicher Zustimmung zulässig, BAG NZA 2005, 689. Dies gilt auch bei außerordentlicher Kündigung, die Zweiwochenfrist des § 626 II BGB kann ausgeschöpft werden, BAG NZA 2002, 970, erst nach deren Verstreichen greift ggf. § 174 V SGB IX, dazu BAG NZA 2013, 507. Kündigungsschutz greift auch ein, wenn der Arbeitgeber bei Kündigung von der Schwerbehinderteneigenschaft nichts wusste, BAG NZA 2011, 412. Der Arbeitnehmer muss aber innerhalb der Dreiwochenfrist des § 4 KSchG Klage erheben und (ggf. dadurch) den Arbeitgeber von der Schwerbehinderteneigenschaft informieren, BAG NZA 2008, 1055. Kündigung grundsätzlich einen Monat nach Entscheidung des Integrationsamtes, § 171 III SGB IX, ggf. auch noch unverzüglich nach zusätzlicher Zustimmung nach § 18 I 4 BEEG, BAG NZA 2012, 610. Auch außerhalb des Sonderkündigungsschutzes ist Schwerbehinderteneigenschaft wesentlicher Umstand bei der sozialen Rechtfertigung der Kündigung, BAG NZA 2000, 768 (krankheitsbedingte Kündigung, § 1 II KSchG), auch bei Sozialauswahl, § 1 III 1 KSchG, Zuweisung eines leidensgerechten Arbeitsplatzes auch in der Probezeit, EuGH NZA 2022, 335. Die Schwerbehindertenvertretung ist zu beteiligen, § 178 II SGB IX. Lit.: Fuchs/Ritz/Rosenow SGB IX, 7. Aufl. 2021, Neumann/Pahlen/Greiner/Winkler/Jabben, SGB IX, 14. Aufl. 2020, Rolfs/Barg BB 2005, 1678, Powietzka BB 2007, 2118, Eylert/Sänger RdA 2010, 33, Edenfeld NZA 2012, 713.

d) Sonstiger besonderer Kündigungsschutz besteht für den Datenschutzbeauf- **163** tragten, §§ 38 II, 6 IV 2 BDSG, BAG NZA 2011, 1036; 2014, 895, ferner ua bei (derzeit ausgesetztem) **Wehrdienst**, § 2 ArbPlSchG; vor und nach dem Wehrdienst darf der Arbeitgeber nicht aus Anlass des Wehrdienstes kündigen; außerordentliche Kündigung (§ 626 BGB) bleibt möglich. Ebenso bei **Zivildienst**. Weiter Sonderkündigungsschutz durch **Tarifvertrag**, neben Ausschluss der ordentlichen Kündigung kann insbes. bei Sanierung Kündigung nur mit Zust. der Gewerkschaft vorgesehen werden, BAG NZA 2011, 708, dazu Berger NZA 2015, 208, Lit.: Eylert/Sänger RdA 2010, 37.

F. Arbeitskampf, Abwehraussperrung. Der Arbeitskampf beendet das Ar- **164** beitsverhältnis grundsätzlich nicht. Beendigung aber durch zulässige Kündigung (→ Rn. 123–147). Abwehraussperrung ist im Rahmen des Paritätsprinzips (zB bei Verhandlungsübergewicht der Gewerkschaften durch eng begrenzte Teilstreiks) und des Verhältnismäßigkeitsgrundsatzes (zB nicht Aussperrung aller Arbeitnehmer des Tarifgebiets bei eng begrenzten Teilstreiks) zulässig (auch in Hessen, entgegen Landesverfassung), aber nicht gezielt nur gegen Mitglieder der streikenden Gewerkschaft, BAG NJW 1980, 1642 (1653), NZA 1985, 537, bestätigend

BVerfG NZA 1991, 809. Streik und Aussperrung haben idR nur suspendierende Wirkung, jedoch kann nach Gebot der Verhältnismäßigkeit lösende Aussperrung zulässig sein; Arbeitnehmer hat dann Wiedereinstellungsanspruch nach billigem Ermessen, BAG GrS BB 1971, 701, BAG BB 1971, 1366. Instanzgerichtliche Rspr. s. Seiter NJW 1980, 905. S. auch Tarifvertrag → Rn. 39.

165   G. **Sonstige Beendigungsgründe.** a) **Tod des Arbeitnehmers** beendet das Arbeitsverhältnis. Dagegen idR kein automatisches Ende bei Tod des Arbeitgebers, Geschäftsaufgabe, Liquidation einer HdlGes, Insolvenz (→ Rn. 147); hier ist Kündigung notwendig.

166   b) **Aufhebungsvertrag** ist jederzeit möglich (§ 311 I BGB, Schriftform → Rn. 121, auch bei Vorvertrag, BAG NZA 2010, 273), bei Schwerbehinderten aber nur mit Zustimmung des Integrationsamtes (§§ 168, 175 SGB IX, → Rn. 162); keine Mitbestimmung des Betriebsrats, vgl. §§ 99, 102 BetrVG. Bedenkzeit, Rücktritts- oder Widerrufsrecht sind nicht Voraussetzung, BGH NZA 1996, 811. Aufhebungsvertrag ist idR auf vorzeitige, zeitnahe Beendigung gerichtet, Befristungsregeln (→ Rn. 111) dürfen nicht umgangen werden, BAG NZA 2007, 466. Aufhebungsvertrag am Arbeitsplatz ist kein Haustürgeschäft (§ 312b BGB, → Rn. 43), BAG NZA 2004, 597 mAnm Lembke NJW 2004, 2941, BAG NZA 2019, 688, aber Klauselkontrolle wenn vorformuliert und fester Beendigungstermin ohne weitere Gegenleistung, diese liegt noch nicht in der Zusage eines „guten" Zeugnisses, BAG NZA 2016, 351, Forderungsverzicht darf als Nebenabrede durch den ArbN nicht unangemessen benachteiligen, § 307 I 1 BGB, BAG NZA 2016, 762. Befristungskontrolle → Rn. 111, Unwirksamkeit bei Umgehung des § 613a BGB; BAG NZA 2012, 152 m. Bespr. Pils NZA 2013, 125. Einvernehmen ist wegen rechtswidriger Drohung mit Kündigung anfechtbar; Drohung ist nicht rechtswidrig, wenn ein verständiger Arbeitgeber die Kündigung ernstlich in Erwägung gezogen hätte, BAG BB 1970, 464, NZA 2004, 597, oder berechtigte schwerwiegende Bedenken bestehen, BAG BB 1978, 1467. Anfechtung des nach Kündigung geschlossenen Aufhebungsvertrags wegen Drohung, BAG NZA 2007, 466. Keine Anfechtung wegen Rechtsfolgenirrtums, zB über MuSchG, BAG BB 1983, 1921, und mangels Durchsetzbarkeit kein Rücktritt bei Nichtzahlung eines Abfindungsbetrags aufgrund Eröffnung des Insolvenzverfahrens über das Vermögen des Arbeitgebers, BAG NZA 2012, 208 m. Bespr. Abele NZA 2012, 487, sonst zu § 323 BGB Reinfelder NZA 2013, 62. Unter Umständen bestehen Aufklärungspflichten des Arbeitgebers. Nach BAG NZA 2019, 688 mBespr Fischinger NZA 2019, 729, Kamanabrou RdA 2020, 201, zudem Gebot des fairen Verhandelns, der unfair behandelte Vertragspartner ist so zu stellen, als hätte er den Vertrag nicht geschlossen, § 249 BGB. Vereinbarung über Beendigung bei nicht rechtzeitiger Rückkehr aus Urlaub ist unwirksam, BAG BB 1975, 651. Ausgleichsklausel im Aufhebungsvertrag erstreckt sich idR auf alle verzichtbaren Ansprüche, BAG NJW-Sp 2004, 35, auch nachvertragliche Wettbewerbsverbot und Karenzentschädigung (§ 74 II), BAG NJW-Sp 2004, 36, ggf. auch Arbeitgeberdarlehen, BAG NZA 2009, 896. Ausgleichsquittungen → Rn. 80. Abwicklungsvertrag (Vereinbarung über Abwicklung der arbeitgeberseitigen Beendigung) bringt wegen BSG NZA 2004, 661 keine Vorteile mehr, Grobys/von Steinau-Steinrück NJW-Sp 2004, 129, stattdessen betriebsbedingte Kündigung mit Abfindungsangebot nach § 1a KSchG, von Steinau-Steinrück/Paul NJW-Sp 2004, 225. Lit.: Bauer/Krieger/Arnold, 9. Aufl. 2014, Weber/Ehrich/Burmester/Fröhlich, 5. Aufl. 2009. RsprÜbersichten: Becker-Schaffner BB 1981, 1340, Nägele BB 1992, 1274 (Aufklärungspflichten), Hümmerich NJW 2004, 2921 (Vertragsgestaltung), Kern/Kreuzfeldt NJW 2004, 3081 (BSozG).

167   c) **Gerichtsurteil** nach § 9 KSchG (→ Rn. 155).

6. Abschnitt. Handlungsgehilfen und -lehrlinge 1 **§ 60**

10) Internationales Arbeitsrecht

A. **Kollisionsrecht.** Freie Rechtswahl, aber zwingender Schutz nach Art. 8 **168**
Rom I-VO (zu ermitteln wie zuvor nach Art. 30 EGBGB durch konkreten
Rechtsvergleich nach dem Günstigkeitsprinzip). Rechtswahlklauseln s. Mook DB
1987, 2252. Bei fehlender Rechtswahl gilt grundsätzlich das Recht des Arbeits-
orts, Art. 8 Rom I VO, bei Tätigkeit in mehreren Vertragsstaaten dort, wo der
Arbeitnehmer seine Verpflichtungen im Wesentlichen erfüllt, EuGH NZA 2011,
625. Rechtsanwendung in inländischen Betrieben **ausländischer Unterneh-
men** s. BAGE 7, 357, BB 1967, 1290. Lit.: Däubler RIW 1987, 249, Hohloch
RIW 1987, 353, Weber IPRax 1988, 82, Eser BB 1994, 1991, Mankowski BB
1997, 465, Junker RIW 2001, 94 u. FS 50 Jahre BAG, 2004, 1197. Zur Rom I-
Verordnung Schneider NZA 2010, 1380, zum internationalen Arbeitskampfrecht
Heinze RabelsZ 2009, 770.

B. **Europäisches Arbeitsrecht.** Dem Europäischen Arbeitsrecht (AEUV, **169**
VO, RL etc) kommt für das deutsche Arbeitsrecht immer größere Bedeutung zu,
→ Rn. 2, 10, 18 etc. Relevant sind auch die Mitbestimmung nach dem Ende der
Sitztheorie innerhalb der EU, dazu → Einl. vor § 105 Rn. 29, die europäische
Menschenrechtskonvention und neu die Charta der Grundrechte der Europäi-
schen Union, dazu Willemsen/Sagan NZA 2011, 258; Winter NZA 2013, 473,
dies bei unionsrechtlich determinierten Fallgestaltungen, nicht bei einem rein
mitgliedstaatlichen Sachverhalt, EuGH NZA 2015, 349. Lit.: Franzen/Gallner/
Oetker, 4. Aufl. 2022, Henssler/Braun, 3. Aufl. 2011, Preis/Sagan, 2. Aufl.
2019, Riesenhuber 2. Aufl. 2021, Junker/Aldea RIW 2007, 1, Junker/Zöltsch
RIW 2007, 881, Junker RIW 2008, 824; 2010, 343; 2011, 97; 2012, 177; 2013,
1; 2014, 2; 2016, 1; 2017, 397; 2018, 19; 2019, 169; 2020, 1; 2021, 1;
2022, 1, Hartmann EuZA 2017, 153.

C. **Sonstiges internationales Arbeitsrecht.** Dazu gehören vor allem interna- **170**
tionale Verträge zum Arbeitsrecht, s. Zöllner/Loritz/Hergenröder § 11 I, Schaub
§ 5 III, IV. Internationale Arbeitsbehörden, zB Internationale Arbeitsorganisation
(ILO), s. Schaub § 5 II.

[Gesetzliches Wettbewerbsverbot]

60 (1) **Der Handlungsgehilfe darf ohne Einwilligung des Prinzipals weder
ein Handelsgewerbe betreiben noch in dem Handelszweige des Prinzipals für eigene oder fremde Rechnung Geschäfte machen.**

(2) **Die Einwilligung zum Betrieb eines Handelsgewerbes gilt als erteilt,
wenn dem Prinzipal bei der Anstellung des Gehilfen bekannt ist, daß er das
Gewerbe betreibt, und der Prinzipal die Aufgabe des Betriebs nicht ausdrücklich vereinbart.**

1) Wettbewerbsverbot (I)

A. **Geltung der §§ 60, 61 nur für Wettbewerbsverbot während des Ar-** **1**
beitsverhältnisses. §§ 60, 61 sehen ein gesetzliches Wettbewerbsverbot (zu
unterscheiden von nur ausnahmsweise verbotener Nebentätigkeit, → § 59
Rn. 52) während des Arbeitsverhältnisses vor. § 60 regelt die Voraussetzungen,
§ 61 die Rechtsfolgen, beide Vorschriften sind also zusammen zu sehen. § 60 ist
abdingbar; vertragliche Einschränkung des Verbots ist möglich, ebenso Erweiterung, aber wegen Art. 12 GG nur bei berechtigtem Interesse des Arbeitgebers.
§ 60 I konkretisiert einen allgemeinen Rechtsgedanken, BAG NZA 2008, 1415,
stRspr und ist Ausfluss der Treue- und Interessenwahrungspflicht des Arbeitnehmers, Ebenroth/Boecken/Rudkowski Rn. 1, Verortung als vertragliche Nebenpflicht, § 241 II BGB, Heymann/Henssler/Markworth Rn. 2. Aus der Treue-

§ 60 2, 3

pflicht des Arbeitnehmers folgen auch nicht unmittelbar dem Wortlaut der Norm zu entnehmende Wettbewerbsverbote (→ Rn. 4). § 60 gilt ebenso wie § 61 (dort auch II, → § 61 Rn. 4) für alle Arbeitnehmer (analog), schützt also auch Arbeitgeber, die kein HdlGewerbe betreiben, BAG NZA 2007, 1436; 2022, 659, das ist wichtig wegen Gewinnherausgabe ohne die Voraussetzungen des § 687 II BGB (→ § 61 Rn. 3).
Vertragliche Wettbewerbsverbote für die Zeit **nach Vertragsende** s. §§ **74–75d.** Vgl. auch § 110 GewO (→ § 74 Rn. 2).

2 B. **Umfang des Wettbewerbsverbots nach § 60.** § 60 verbietet:

a) **Betrieb eines Handelsgewerbes** (s. §§ 1–4), nach Wortlaut des I schlechthin, also auch außerhalb des Geschäftszweiges des Arbeitgebers. Doch ist dies in verfassungskonformer Auslegung (Art. 3, 12 GG) auf solche Betätigungen einzuschränken, die dem Arbeitgeber schädlich werden können, also auf Geschäfte im HdlZweig des Arbeitgebers, BAG BB 1970, 1134; das Verbot gilt nicht für Geschäfte, welche die Interessen des Arbeitgebers nicht tatsächlich berühren (entspr. § 74a I), BAG BB 1972, 1056; Gaul BB 1984, 346. Damit werden beide Alternativen angenähert. Das Verbot des Betriebs erfasst auch Betrieb durch Bevollmächtigte oder Treuhänder, auch durch tätige Teilnahme an HdlGes, also als phG einer OHG oder KG oder als leitendes Organ einer KapitalGes; nicht bloße Kapitalbeteiligung an KG (Kdtist), GmbH, AG, KGaA, stGes, soweit kein Konkurrenzunternehmen zum Arbeitgeber vorliegt; **erlaubt** ist dagegen die **Vorbereitung** des Aufbaus einer **selbstständigen Existenz,** zB Vorbereitung eines nach Vertragsende zu beginnenden Betriebs, BGH NZA 2008, 1415, soweit sie nicht dem Arbeitgeber schon vorher nachteilig werden kann, RG JW 1937, 2654 (für Anmeldung eines Warenzeichens); Betreiben der Berufszulassung, BAG BB 1958, 877; Informationseinholung, Geschäftsraummiete und Anwerben von Arbeitskräften, nicht aber Vorbereiten und Anbahnen von Geschäften, BAGE 14, 72; bloße Anfrage, LAG Baden-Württemberg DB 1970, 2325, nicht aber Abwerbung (nachhaltige Einwirkung) anderer Arbeitnehmer und HV des Arbeitgebers, LAG Baden-Württemberg BB 1969, 759; Abschluss eines Franchisevertrags, nicht aber Tätigkeit daraus, BAG BB 1979, 325; Anmeldung zum HdlReg, LAG Kiel BB 1956, 338; Vorbereitung von Übergang zu Konkurrenzunternehmen, BAG BB 1975, 1018; leitender Angestellter, der Kunden zu betreuen hat, darf nicht vor Ende des Arbeitsverhältnisses bei diesen für sich werben, BAG BB 1970, 1095, aber GesVertrag abschließen. **Verabschiedungsschreiben** mit Hinweis auf künftige Tätigkeit als oder für Wettbewerber, auch indirekt mit Adressen- und Telefonnummerangabe, ist wettbewerbswidrig, BGH NZA 2004, 986.

3 b) **Geschäfte im Handelszweig** des Arbeitgebers, für eigene oder fremde Rechnung. Auch diese Alternative des I ist einschränkend auszulegen (→ Rn. 1). Erfasst sind nur Geschäfte in dem Bereich, in dem der Arbeitgeber tätig ist, keine Ausdehnung konzernweit. Normale Geschäftserweiterung ist gedeckt, § 60 bleibt anwendbar, str., MüKoHGB/Thüsing Rn. 45; dieselben Grundsätze gelten bei Betriebsübergang und bei Umwandlung, MüKoHGB/Thüsing Rn. 52, 57, str. Arbeitgeber und Arbeitnehmer müssen als Wettbewerber auftreten, Geschäfte zwischen beiden sind nicht erfasst, BAG BB 1984, 406, auch nicht pflichtwidrige Verfügungen über das Betriebsvermögen, nur um Arbeitgeber zu schädigen, BAG NZA 1988, 200. Bsp.: Vermittlungstätigkeit eines HdlReisenden für andere Firmen über längere Zeit, LAG Baden-Württemberg BB 1969, 835, Übernahme von Pflegeverträgen, BAG NZA 2013, 749; auch Versuch, um den Arbeitgeber Geschäftsverbindung abzuwerben, BAGE 14, 72; LAG Hessen BB 1970, 709; Vorbereitung, Vermittlung und Abschluss solcher Geschäfte, die dem Angestellten obliegen, BAG BB 1972, 1056. Gleichgültig ist, ob Arbeitgeber sie machen konnte, LAG Hessen BB 1970, 709. Abschluss eines Arbeitsvertrags mit einem Wettbewerber ist noch kein Geschäft, BAG NZA 2013, 208.

6. Abschnitt. Handlungsgehilfen und -lehrlinge 4, 5 § 60

c) Unterstützung konkurrierender Dritter durch Dienstleistungen, BAG 4
NZA 1991, 141, Kapital, Kredit, sonstige Stärkung kann Geschäft iSv I sein, RG
JW 1937, 2655; LAG Düsseldorf BB 1949, 468; 1950, 535 (Unterstützung von
Verwandten); Unterstützung vertragsbrüchiger Mitarbeitnehmer bei Konkurrenztätigkeit, BAG BB 1975, 1018. Der Arbeitnehmer verletzt seine Vertragspflichten, wenn er seine Leistungen und Dienste im Marktbereich des Arbeitgebers ohne dessen Zustimmung Dritten anbietet, BAG NJW 1977, 646. Dies
folgt nur bei weiter Auslegung aus § 60, nach RGZ 67, 4 verletzt der Übertritt in
den Dienst eines Wettbewerbers nicht § 60, sondern § 611 BGB. Auch das BAG
hat beim wissenschaftlichen Mitarbeiter eines BGH-Anwalts Dienstleistungen für
einen Konkurrenten als Verstoß gegen die Treuepflicht gewertet, BAG NZA
1991, 141. Nach BAG NZA 2010, 693 ist insbesondere bei analoger Anwendung
des § 60 zweifelhaft, ob jedwede Dienstleistung unter das Wettbewerbsverbot
fällt. Erwogen wird die Notwendigkeit unmittelbarer Konkurrenztätigkeit insbesondere bei Teilzeitbeschäftigten, die zur Sicherung ihres Lebensunterhalts auf
die Ausübung einer weiteren Tätigkeit angewiesen sind. Letzteres fügt sich in die
Rechtsprechung zur einschränkenden Auslegung mit Bezug auf Nebentätigkeiten, BAG BB 1971, 397; 1977, 144.

Angemessen ist das kompensationslose Verbot jedweder anderweitiger abhängiger Beschäftigung bei Wettbewerbern während des Arbeitsvertrags grds. nur bei
Vollarbeitsverhältnissen, bei Teilzeit im Einzelfall großzügige Anwendung,
HWK/Diller Rn. 11, 21, str. §§ 60, 61 gehen noch auf Art. 59, 56 ADHGB
1861 zurück, sie sind unter Berücksichtigung von Art. 6, 12 GG sowie dem
Sozialstaatsprinzip einschränkend auszulegen. Notwendig ist die Abwägung der
beidseitigen Treue- bzw. Fürsorgepflichten unter Berücksichtigung aller Umstände des Einzelfalls. Wettbewerbsverbot zielt auf leitende Angestellte und Geheimnisträger. Berechtigtes Interesse an weiterem Arbeitsverhältnis insbesondere,
wenn der Arbeitnehmer zur Bestreitung des Lebensunterhaltes (seines und seiner
Familie) die Arbeitszeit ausdehnen muss, der Arbeitgeber eine Erhöhung im
Betrieb bzw. Unternehmen aber ablehnt und außerhalb der Branche keine Beschäftigung zu angemessener Bezahlung gefunden werden kann. Kompensationsloser Verzicht auf weitere Arbeitsstelle kann dann auch bei einfacher Tätigkeit als
Handlungsgehilfe im traditionellen Sinne (etwa als Kassierer oder Verkäufer,
→ § 59 Rn. 30) nicht dauerhaft verlangt werden. Praktisch wird zur Koordinierung der Arbeitszeiten eine Vereinbarung notwendig sein.

C. Gesetzliches Wettbewerbsverbot während der Vertragszeit. Ein ge- 5
setzliches Wettbewerbsverbot gilt nach § 60 nur während der Vertragszeit. Wird
der Dienst nicht begonnen oder vorzeitig beendet, ist zu unterscheiden: Wird der
Arbeitnehmer bei Dienstantritt zu Unrecht abgewiesen oder unzulässig vorzeitig
entlassen, gilt I nicht es sei denn, der Arbeitnehmer hält am dem Vertrag fest und
nimmt die Rechte daraus in Anspruch. Umgekehrt, wenn der Arbeitnehmer
treuepflichtwidrig den Dienst nicht antritt oder vorzeitig einstellt, dann gilt I bis
zum Rechtswirksamwerden der Kündigung, BAG BB 1970, 214. Bei **Beurlaubung** des Arbeitnehmers gilt das Verbot weiter, ebenso bei Suspendierung bis
zum Ablauf der Kündigungsfrist mit Gehaltsfortzahlung, BAG BB 1970, 214;
1979, 325; NZA 2013, 208 (Freistellung). Nach **fristloser Kündigung** wegen
Vertragsbruchs des Arbeitnehmers, deren Berechtigung dieser bestreitet, kann
schuldhafter Verstoß gegen das weiterbestehende Wettbewerbsverbot erneute
fristlose Kündigung tragen, BAG NZA 1992, 212, zur Kündigung im Kündigungsschutzprozess auch LAG Köln NZA-RR 2007, 73. Der Arbeitgeber hat
einen Unterlassungsanspruch, BAG BB 1970, 214, und kann einen Schadensersatzanspruch gegen den Arbeitnehmer für Verlust des Schutzes aus § 60 haben,
BAG BB 1975, 1112 (§ 628 II BGB). Nach BAG NZA-RR 2010, 461 ist
fraglich, ob das Wettbewerbsverbot nach Kündigung so weit reicht wie zuvor, bei

Konkurrenztätigkeit nach Kündigung bejaht BAG NZA 2015, 429 dem Grunde nach wichtigen Grund für fristlose Kündigung nach § 626 BGB, Berücksichtigung der vorhergehenden Kündigung in der Interessenabwägung. Zum Wettbewerbsverbot im Kündigungsschutzprozess Fischer NJW 2009, 331; Nägele NZA 2016, 271, im gekündigten Arbeitsverhältnis Leuchten NZA 2011, 391; Salamon/Fuhlrott BB 2011, 1018.

6 **D. Freier Wettbewerb nach Ende des Arbeitsverhältnisses.** Nach Ende des Arbeitsverhältnisses besteht **freier Wettbewerb,** soweit sich der Arbeitgeber nicht durch ein vertragliches Wettbewerbsverbot gegen Entschädigung nach §§ 74–75d gesichert hat, BAG NZA 1988, 502; 1999, 200; 2005, 105. Das gilt auch für den Bezieher betrieblicher Pensionsleistungen, wenn nicht mit der Ruhegehaltszusage ein Wettbewerbsverbot verbunden ist, dann §§ 74 ff., BAG NZA 1994, 502 sowie entsprechend für die Bezieher von Übergangsgeld, Bauer/Diller Rn. 42. Fehlt Wettbewerbsabrede nach §§ 74 ff., darf der Arbeitnehmer dem Arbeitgeber Konkurrenz machen und auch in seinen (ihm aus dem Arbeitsverhältnis bekannten) Kundenkreis eindringen. Es gelten nur die (nachvertragliche) Schweigepflicht (→ § 59 Rn. 50), die nach Vertragsende eingeschränkte, nachwirkende Treuepflicht und Schutz nach § 3 UWG, §§ 4, 6 ff. GeschGehG, §§ 823 II, 826 BGB, uU § 823 I BGB, BGHZ 38, 391 (Industrieböden); Reuter NJW 2008, 3538 (noch zu § 17 UWG); Verleiten zum Vertragsbruch verstößt gegen nachvertragliche Pflichten sowie § 3 UWG, BGH ZIP 1994, 735, jetzt auch § 4 GeschGehG, die nachwirkende Treuepflicht geht aber idR nicht auf Unterlassung von Wettbewerbshandlungen, BAG NZA 1999, 200. Geheimhaltungspflicht der Betriebsratsmitglieder s. § 79 BetrVG. Schwer treuwidriger Geheimnisverrat kann uU zum Widerruf einer Ruhegeldzusage berechtigen (→ § 59 Rn. 46). Hat Arbeitnehmer den Kundenauftrag so weit vorbereitet, dass Abschluss nur noch Formsache ist, darf er auf Grund der nachwirkenden Treuepflicht den Auftrag nicht zum neuen Arbeitgeber mitnehmen, BAG BB 1968, 504. Bei Rechtsanwälten und Steuerberatern Unterscheidung zwischen Mandantenschutzklauseln (Verbot der Übernahme von Mandanten, die §§ 74 ff. gelten) und Mandantenübernahmeklauseln, bei denen die Übernahme von Mandanten zulässig ist, aber ein Teil des Honorars abzuführen ist (dazu → § 75d Rn. 3).

2) Einwilligung des Arbeitgebers (II)

7 **Einwilligung** des Arbeitgebers entkräftet das Verbot. Sie ist **auch stillschweigend** möglich, liegt aber nicht schon in einer vorübergehenden Duldung wegen besonderer Umstände, RGZ 109, 357. Sie ist unwiderruflich. Nachträgliche Genehmigung bzw. Verzicht wirkt gleich. Einwilligung zum Betrieb eines HdlGewerbes (I Fall 1; §§ 1–7) gilt als erteilt, wenn Arbeitgeber bei Anstellung des Arbeitnehmers von dem Betrieb weiß und nicht ausdrücklich dessen Schließung vereinbart; fahrlässige Unkenntnis steht nicht gleich. Entspr. Vorschrift für einzelne Geschäfte (I Fall 2) besteht nicht, auch keine Analogie, str., doch kann stillschweigende Einwilligung anzunehmen sein. Einwilligung ist vom Arbeitnehmer vorzutragen, diese liegt noch nicht in der Kündigung von Kundenverträgen, BAG NZA 2013, 749. Beweislast s. BAG NJW 1988, 438 (Kündigung).

[Verletzung des Wettbewerbsverbots]

61 (1) Verletzt der Handlungsgehilfe die ihm nach § 60 obliegende Verpflichtung, so kann der Prinzipal Schadensersatz fordern; er kann statt dessen verlangen, daß der Handlungsgehilfe die für eigene Rechnung gemachten Geschäfte als für Rechnung des Prinzipals eingegangen gelten lasse und die aus Geschäften für fremde Rechnung bezogene Vergütung herausgebe oder seinen Anspruch auf die Vergütung abtrete.

6. Abschnitt. Handlungsgehilfen und -lehrlinge 1–3 § 61

(2) **Die Ansprüche verjähren in drei Monaten von dem Zeitpunkt an, in welchem der Prinzipal Kenntnis von dem Abschluss des Geschäfts erlangt oder ohne grobe Fahrlässigkeit erlangen müsste; sie verjähren ohne Rücksicht auf diese Kenntnis oder grob fahrlässige Unkenntnis in fünf Jahren von dem Abschluss des Geschäfts an.**

1) Fristlose Kündigung, Vertragsstrafe

Verletzung der Verbote des § 60 gibt dem Arbeitgeber idR das Recht zur **1** fristlosen Kündigung nach § 626 BGB (→ § 59 Rn. 128–147), BAG NZA 2008, 1415, aber idR erst nach Abmahnung (→ § 59 Rn. 130), BAG NZA 2008, 1415. Sonst kommt ordentliche Kündigung in Betracht, aber nur unter deren Voraussetzungen. Gehaltskürzung ist nicht möglich, vgl. BAG BB 1988, 88, **Vertragsstrafe** nur, wenn wirksam vereinbart, für Klauselkontrolle gilt § 307 BGB, nicht § 309 Nr. 6 BGB, BAG NZA 2008, 170. Wenn bei Dauerverstößen die Vertragsstrafe jeden Monat neu verwirkt sein soll, müssen diese deutlich von Einzelverstößen abgegrenzt sein, BAG NZA 2008, 170 (Transparenzgebot), Formulierungsvorschlag von Diller NZA 2008, 576.

2) Schadensersatz und Unterlassung (I Hs. 1)

Schadensersatz- und Unterlassungsanspruch folgen schon aus dem Vertrag, **2** BAG BB 1970, 1095. Dem Geschädigten hilft sein Auskunftsanspruch, BAG BB 1970, 1095; 1977, 41; dafür genügt, dass der Arbeitgeber mit hoher Wahrscheinlichkeit Konkurrenztätigkeit dartun kann, BAG BB 1971, 86, BAG NZA 2022, 655, oder der Arbeitnehmer erheblichen Anlass zu Vermutung der Pflichtwidrigkeit gegeben hat, BAG BB 1972, 1056. Der Schadensersatzanspruch setzt Verschulden voraus, er besteht neben Anspruch auf Herausgabe von Schmiergeld oder staatlicher Einziehung, BGH BB 1962, 536. Für den Schaden und seine Feststellung gelten § 252 BGB und § 287 ZPO, BAG NZA 2013, 748. Ist die Wettbewerbshandlung des Arbeitnehmers sittenwidrig, kommen auch Ansprüche aus § 826 BGB in Betracht, bei Verletzung von Geschäftsgeheimnissen sehen §§ 6 ff. GeschGehG Ansprüche vor. Lit.: Menkens DB 1970, 1592.

3) Gewinnherausgabe (I Hs. 2)

Arbeitgeber kann, durch (unwiderrufliche) Erklärung an Arbeitnehmer, statt **3** Schadensersatz (§§ 276 ff. BGB, im Übrigen unter gleichen Voraussetzungen wie Gewinnherausgabe) verlangen, dass der HdlGehilfe (nach LAG Berlin BB 1970, 1215 nur kaufmännische Angestellte, anders nun BAG NZA 2007, 1436) die im Widerspruch zu § 60 gemachten Geschäfte **als für Rechnung des Arbeitgebers eingegangen gelten lasse** (oft irreführend Eintrittsrecht genannt; vgl. §§ 687 II 1, 681, 667 BGB, hier aber fahrlässiger Verstoß genügend). Der Arbeitnehmer muss ihm dann alles daraus Erlangte herausgeben (Vergütung), auch Forderungen abtreten und zu ihrer Geltendmachung Auskunft erteilen und Beweisurkunden übergeben (§ 402 BGB); Stufenklage § 254 ZPO, BAG NZA 2022, 655. Im Gegenzug muss der Arbeitgeber die Aufwendungen des HdlGehilfen für das Geschäft erstatten und die von ihm daraus noch zu erbringenden Leistungen übernehmen (entspr. §§ 687 II, 684 S. 1 BGB). Der Arbeitgeber kann damit den vom Arbeitnehmer unrechtmäßig gemachten Gewinn abschöpfen, auch wenn er ihn selbst nicht hätte machen können (anders § 252 BGB), RGZ 109, 355. Das gilt für Geschäfte, falls der Eintritt nicht unberechtigte Vorteile für Arbeitgeber mitbringt oder wesentliche Umstellung des Inhalts des Geschäfts notwendig macht. I Hs. 2 gilt nicht für „HdlGewerbe" schlechthin und für Beteiligung an Ges.; hier bleibt der Arbeitgeber auf Schadensersatzansprüche angewiesen, BAG BB 1962, 638, sowohl Eintrittsrecht wie Herausgabeanspruch sollen mit Gesellschaftsrecht unvereinbar sein; aA für Gfter der OHG nach § 113 I, BGHZ 38, 306, → § 113 Rn. 3. Für mehrere zusammenhängende Geschäfte

§ 62 1

des Arbeitnehmers kann Arbeitgeber das Eintrittsrecht nur einheitlich ausüben, BAG BB 1962, 638, einheitliche Wahl für die gesamte vertragswidrige Tätigkeit ist dagegen nicht geboten, MüKoHGB/Thüsing Rn. 3, str. Keine Vergütung iSv I Hs. 2 ist die von einem Wettbewerber empfangene Vergütung in der Freistellungsphase, BAG NZA 2013, 208.

4) Verjährung (II)

4　II idF VerjährungsanpassG 9.12.2004 BGBl. I 3214 (vgl. § 113 III, → § 113 Rn. 10). Die Ansprüche des Arbeitgebers wegen der verbotenen Handlung **verjähren** nach II in drei Monaten ab Kenntnis oder grob fahrlässiger Unkenntnis (nF) vom Abschluss des Geschäfts (bzw. dem Betrieb, der Beteiligung, auch ohne Kenntnis von einem konkreten Geschäft, BAG NZA 2021, 1581), RGZ 63, 255 entspr. § 113 III, auf jeden Fall aber in fünf Jahren von dem Abschluss des Geschäfts an. II zielt auf rasche Klärung und ist Ausfluss eines allgemeinen Rechtsgedankens. II betrifft deshalb nach der stRspr (aber → § 113 Rn. 10) nicht nur Ansprüche aus § 61, sondern entsprechende vertragliche und konkurrierende gesetzliche, zB deliktische, BAG NJW 1986, 2527, BAG NZA 2022, 659, auch aus § 826 BGB, BAG NZA 2001, 94; aus dem GeschGehG, § 3 UWG; auch Ansprüche auf Unterlassung, RGZ 63, 254 (aber → § 113 Rn. 10); nicht dagegen Herausgabeansprüche aus § 687 II BGB, BAG AP BGB § 687 Nr. 3; AP HGB § 60 Nr. 8; aA MüKoHGB/Thüsing Rn. 30. Frist des II gilt auch für Arbeitgeber, die kein HdlGewerbe betreiben, BAG NZA 2007, 1436, für RA kritisch Knöfel AnwBl 2008, 241. II erfasst nicht vereinbarte Vertragsstrafe, Kock NJW 2008, 394, Grund: erkennbares Druckmittel, kein Bedarf für umgehende Klärung. Verjährung bei Stufenklage s. BAG NJW 1986, 2527, kein Auskunftsanspruch mehr nach Verjährung des Herausgabe- oder Schadensersatzanspruchs, BAG NZA 2022, 655.

[Fürsorgepflicht des Arbeitgebers]

62 (1) Der Prinzipal ist verpflichtet, die Geschäftsräume und die für den Geschäftsbetrieb bestimmten Vorrichtungen und Gerätschaften so einzurichten und zu unterhalten, auch den Geschäftsbetrieb und die Arbeitszeit so zu regeln, daß der Handlungsgehilfe gegen eine Gefährdung seiner Gesundheit, soweit die Natur des Betriebs es gestattet, geschützt und die Aufrechterhaltung der guten Sitten und des Anstandes gesichert ist.

(2) Ist der Handlungsgehilfe in die häusliche Gemeinschaft aufgenommen, so hat der Prinzipal in Ansehung des Wohn- und Schlafraums, der Verpflegung sowie der Arbeits- und Erholungszeit diejenigen Einrichtungen und Anordnungen zu treffen, welche mit Rücksicht auf die Gesundheit, die Sittlichkeit und die Religion des Handlungsgehilfen erforderlich sind.

(3) Erfüllt der Prinzipal die ihm in Ansehung des Lebens und der Gesundheit des Handlungsgehilfen obliegenden Verpflichtungen nicht, so finden auf seine Verpflichtung zum Schadensersatze die für unerlaubte Handlungen geltenden Vorschriften der §§ 842 bis 846 des Bürgerlichen Gesetzbuchs entsprechende Anwendung.

(4) **Die dem Prinzipal hiernach obliegenden Verpflichtungen können nicht im voraus durch Vertrag aufgehoben oder beschränkt werden.**

1) Regelmäßige Fürsorgepflicht (I)

1　§ 62 ist Teilregelung der Fürsorgepflicht des Arbeitgebers (→ § 59 Rn. 90–92), für alle Arbeitnehmer und Arbeitgeber enthalten die §§ 618, 619 BGB eine gleichsinnige Regelung (BAG NZA 1996, 927; 1997, 86, bis 2002 auch § 120a GewO). Zu § 618 BGB entwickelte Grundsätze können bei der Auslegung des

§ 62 verwandt werden, dies insbesondere, wenn wie hier vertreten die §§ 59 ff. nicht auf kaufmännische Angestellte beschränkt werden (→ § 83 Rn. 1). Das gilt auch für die Einwirkung öffentlich-rechtlicher Schutzpflichten etwa nach dem ArbSchG auf individuellen Arbeitsvertrag, BAG NZA 2009, 102 nimmt das für § 618 BGB an. Der Arbeitgeber hat nach I die **Gesundheit** des Arbeitnehmers zu schützen und für **gute Sitten** und **Anstand** im Betrieb zu sorgen, letzteres geht über den Wortlaut des § 618 I BGB hinaus. Seine Einrichtungs- und Unterhaltspflicht (I) erstreckt sich auf

a) alle (geschlossenen oder offenen) **Räume**, in denen der Arbeitnehmer die geschuldeten Dienste zu verrichten hat, samt Treppen und Zugängen, soweit er für sie zu sorgen hat, auch Räume für Nebenzwecke (zB Eß-, Waschräume), uU Privaträume des Arbeitgebers. Räume iSv I sind auch nicht in einem Gebäude befindliche offene Arbeitsstellen, BGHZ 26, 365, zB Baustellen, Gärten, uU öffentliche Wege;

b) alle für den Geschäftsbetrieb bestimmten **Vorrichtungen und Gerätschaften,** auch Heizung, Lüftung, Beleuchtung, Kfz, Schutzkleidung, Lärmschutz (zur EU-RL EuGH NZA 2011, 967), zu verarbeitendes Material usw. Kostenbeteiligung des Arbeitnehmers ist, soweit I reicht, unzulässig, BAG BB 1983, 637.

c) Zur Regelung von **Geschäftsbetrieb** und **Arbeitszeit** nach I gehört ua, dass der Arbeitgeber kein Übermaß an Arbeit verlangt oder duldet, durch das die Gesundheit des Arbeitnehmers gefährdet wird, auch bei leitenden Angestellten, BAGE 19, 288. Arbeitgeber muss ihm bekannte körperliche Leiden des Arbeitnehmers berücksichtigen, besonders durch Betriebsunfall hervorgerufene, LAG Düsseldorf BB 1954, 1108. Er muss Ansteckung durch kranke Mitangestellte verhüten, hieraus folgt eine Pflicht auch zum **Infektionsschutz,** generell hat während der COVID-19-Pandemie das InfektionsschutzG Bedeutung erlangt. Arbeitszeit → § 59 Rn. 45. Zum Gesundheitsschutz gehört uU sogar ein Rauchverbot, auf § 618 I BGB iVm § 5 ArbStättV sowie die landesrechtlichen Regelungen zum Nichtraucherschutz abstellend BAG NZA 2009, 775; dazu auch Kühn BB 2010, 120. Rspr. nimmt nun grds. einen Anspruch auf tabakrauchfreien Arbeitsplatz an, Ausnahmen gelten aber bei Arbeitsstätten mit Publikumsverkehr nach § 5 II ArbStättV, BAG NZA 2016, 1134. Der **Betriebsrat** hat mitzubestimmen bei Regelungen der Unfallverhütung (§ 87 I Nr. 7 BetrVG) und kann uU einschreiten bei besonderer Belastung der Arbeitnehmer durch Änderungen der Arbeitsplätze, des Arbeitsablaufs oder der Arbeitsumgebung (§ 91 BetrVG).

2) Fürsorgepflicht bei häuslicher Gemeinschaft (II)

Besondere Fürsorge schuldet der Arbeitgeber, der Wohnung und Kost gewährt, wenn auch nicht an seinem Tisch. Näheres bestimmt die Verkehrssitte. II gilt idR nicht bei Unterbringung im Wohnheim des Arbeitgebers; anders für Krankenschwester, BAG BB 1955, 637. Bei Unterbringung in Werkswohnungen gilt II nicht, aber Mietrecht und §§ 823 ff. BGB.

3) Ansprüche bei Verletzung (III)

A. Bei Verletzung einer Verpflichtung des Arbeitgebers nach I (ebenso bei Verletzung öffentlich-rechtlicher Schutzvorschriften) kann der Arbeitnehmer auf **Erfüllung** klagen, denn die Verpflichtung ist trotz Verweisung auf §§ 842 ff. BGB eine vertragliche, hL. Er kann auch vor Eintritt des Schadens den **Dienst** wegen Annahmeverzugs des Arbeitgebers **verweigern** (§ 273 BGB, nicht § 320 BGB; → § 59 Rn. 72), unstr., Bsp. BAG NZA 1997, 86 (iErg abl.), bei geringeren Verstößen aber erst Abmahnung. Ist er geschädigt, kann er nach allgemeinem Vertragsrecht (§ 280 BGB) **Schadensersatz** fordern; III regelt nicht diesen Rechtsgrund (Schadensersatz also nur bei Verschulden des Arbeitgebers), sondern

§ 64

nur den Umfang des Anspruchs durch Verweisung auf Deliktsrecht: § 842 BGB (Nachteile für Erwerb oder Fortkommen), § 843 BGB (Rente), § 844 BGB (Begräbniskosten, unterhaltsberechtigte Dritte), § 845 BGB (dienstberechtigte Dritte), § 846 BGB iVm § 254 BGB (Mitverschulden). Aus § 253 II BGB kann sich ein Anspruch auf Schmerzensgeld ergeben. Ob § 62 Schutzgesetz iSv § 823 II BGB ist, ist wie bei § 618 BGB str. Der Arbeitnehmer braucht nur ordnungswidrigen Zustand zu beweisen, der Arbeitgeber muss sich dann entlasten, BAG BB 1970, 754.

6 B. Bei **Betriebsunfall** oder Berufskrankheiten sind Ansprüche des Arbeitnehmers und ggf. seiner Hinterbliebenen gegen den Arbeitgeber (und Arbeitskollegen) idR **ausgeschlossen,** die gesetzliche Haftpflichtversicherung verdrängt § 62 (→ § 59 Rn. 105–106, 109).

4) Unabdingbarkeit (IV)

7 Die Pflichten des Arbeitgebers nach I–III können vertraglich nicht im Voraus aufgehoben oder beschränkt werden. Vergleich oder Verzicht nach Eintritt des Schadensfalls sind zulässig. Auch die Haftung für Erfüllungsgehilfen ist nicht abdingbar, auch nicht durch TV. Die Nichtigkeit berührt den Dienstvertrag im Übrigen nicht. IV steht tariflichen Ausschlussklauseln, zB über Fristen zur Geltendmachung (vgl. → § 59 Rn. 78), nicht entgegen.

63 *(aufgehoben)*

1 **1)** § 63 über Dienstverhinderung des HdlGehilfen (s. 29. Aufl.) ist ebenso wie §§ 1–9 LFZG durch das PflegeVG 26.5.1994 BGBl. I 1014 Art. 59 mit Wirkung ab 1.6.1994 außer Kraft getreten, Überleitungsvorschrift Art. 67. Entgeltfortzahlung im Krankheitsfalle nunmehr nach EFZG (→ § 59 Rn. 75).

[Gehaltszahlung]

64
¹Die Zahlung des dem Handlungsgehilfen zukommenden Gehalts hat am Schlusse jedes Monats zu erfolgen. ²Eine Vereinbarung, nach der die Zahlung des Gehalts später erfolgen soll, ist nichtig.

1) Fälligkeit des Arbeitsentgelts

1 § 64 betrifft die Fälligkeit des Arbeitsentgelts (Sonderregelung zu §§ 271, 614 BGB, für daneben bestehendem gesetzlichen Mindestlohnanspruch § 2 MiLoG), bedeutsam auch für die Verjährung, BAG NZA-RR 2008, 399. Abw. von § 614 BGB erlaubt Satz 1 (falls nach-, nicht vorausgezahlt wird) längere Gehaltsabschnitte als einen Monat (nicht notwendig: Kalendermonat). Zahlung am letzten Tag des Abschnitts, falls Feiertag: am folgenden Werktag, § 193 BGB. Gehalt iSv § 64 ist nur das feste Arbeitsentgelt (Gehalt, → § 59 Rn. 58; nicht Provision, Gewinnbeteiligung, Gratifikation etc, → § 59 Rn. 59–68), BAG NZA 2008, 1048. Zahlung nicht notwendig bar. Aufrechnung im Rahmen der Pfändungsgrenzen, Zurückbehaltung (§ 273 BGB) grundsätzlich ebenso, jedoch wegen Nicht-Geldforderung des Arbeitgebers (zB Anspruch auf Herausgabe von Sachen des Arbeitgebers) auch darüber hinaus, Köst BB 1954, 688. Stundung ist möglich, auch Lebensarbeitszeitkonten. Zu zahlen ist grundsätzlich in den Geschäftsräumen (§§ 269, 270 BGB). Mitbestimmung zu Einzelheiten von Zeit, Ort und Art der Auszahlung nach § 87 I 4 BetrVG, auch bei Einführung bargeldloser Zahlung, BAGE 14, 164. **Bei Beendigung** des Arbeitsverhältnisses ist Gehalt sofort auszuzahlen; bereits verdiente, aber noch nicht fällige Treueprämie jedoch erst bei allgemeiner betrieblicher Auszahlung, BAG BB 1973, 144. § 64 ist in den

6. Abschnitt. Handlungsgehilfen und -lehrlinge　　　　　　1–3　§ 65

neuen Bundesländern nicht anzuwenden (Anl. I zum Einigungsvertrag 31.8.1990 BGBl. II 889 (959, 1020)).

2) Unabdingbarkeit (Satz 2)

§ 64 ist **zwingend**, spätere Zahlung als nach S. 1 kann nicht vereinbart werden 2 (Satz 2), jedoch frühere; Anspruch auf **Vorschuss** nur bei Vereinbarung, außer in besonderen Notfällen (Fürsorgepflicht, → § 59 Rn. 90–92). Gegenüber anderen Arbeitnehmern als kaufmännischen Angestellten kann sich der Kfm. zumindest aus Gleichbehandlungsgründen nicht auf abweichende Vereinbarungen berufen, nach hier vertretener Ansicht sind auch diese Handlungsgehilfen (→ § 83 Rn. 1).

[Provision]

65 Ist bedungen, daß der Handlungsgehilfe für Geschäfte, die von ihm geschlossen oder vermittelt werden, Provision erhalten solle, so sind die für die Handelsvertreter geltenden Vorschriften des § 87 Abs. 1 und 3 sowie der §§ 87a bis 87c anzuwenden.

1) Geltung von Handelsvertreterrecht bei Provisionsvereinbarung

Verweisung auf Handelsvertreterrecht: Voraussetzung der Verweisung 1 nach § 65 ist eine Provisionsvereinbarung. Verwiesen ist auf die die Provision betreffenden Vorschriften des Rechts der HV außer auf § 87 II betr. Bezirks- und Kundenschutz, doch kann dieser vereinbart werden, BAG BB 1966, 208; NZA 2001, 153. Dagegen besteht kein Ausgleichsanspruch nach § 89b, BAGE 6, 23; LAG Baden-Württemberg BB 1958, 842 (Verweis ua auf Kündigungsschutz). Anders ggf. im Einzelfall, soweit Abfindung aus Gründen der Gleichbehandlung geboten ist (zu § 89 II 2 BAG NZA 2005, 1176), etwa bei betriebsbedingter Kündigung ohne vertragliche oder betriebsverfassungsrechtliche Abfindungsregelung und besonderen Vorleistungen des Arbeitnehmers. § 65 gilt (nach hM entspr.) für alle Arbeitnehmer, nicht nur für Handlungsgehilfen, BAG NZA 2015, 874.

Provision ist eine nach dem Umfang vergütungspflichtiger (Einzel-)Geschäfte 2 bemessene Zahlung (→ § 87 Rn. 2–4); § 65 erfasst auch Abreden über Vergütung für vermittelte oder abgeschlossene Geschäfte, auch wenn diese nicht als Provision bezeichnet werden; ebenso „Umsatzbonus", der bezieht vom Gesamt- oder Abteilungsumsatz, sondern vom individuellen Umsatz des Arbeitnehmers abhängig ist (sonst Tantieme, → § 59 Rn. 60); Erfolgsbeteiligung, die sich nach vermitteltem Umsatz bemisst, BAG BB 1973, 1072; Provision auch neben Festgehalt, BAG NZA 2008, 1124, Verrechnung von Fixum und Spesen auf „Umsatzbonus" am Jahresende mit Rückzahlungsverpflichtung für Überzahlungen, BAG BB 1967, 501. Rein erfolgsorientierte Provisionsvergütung wird als sittenwidrig angesehen, wenn in der eingesetzten Zeit kein angemessener Verdienst erzielt werden kann, LAG Köln ArbuR 2009, 225 (Ls.).

Provisionsanspruch (s. §§ 87, 87a) besteht grundsätzlich auch für Umsätze 3 anderer Konzernunternehmen, für die der Angestellte mit tätig werden muss, BAG DB 1976, 2262; bei Nichtausführung des Geschäftes, es sei denn, Ausführung ist dem Arbeitgeber nicht zumutbar, BAG BB 1967, 333; 1967, 501; auch wenn Arbeitgeber zumutbare Nachbearbeitung bei Verzug oder Vertragsunwilligkeit des Kunden unterlässt, BAGE 20, 123; auch wenn zusätzliche Bemühungen des Arbeitgebers oder eines Dritten notwendig sind, aber der Arbeitnehmer die zum Abschluss führenden Verhandlungen veranlasst hat, BAG BB 1969, 178. Mitursächlichkeit der Arbeitnehmertätigkeit reicht aus, LAG Köln NZA-RR 2007, 236. Ist monatliche Garantiesumme vereinbart, setzt Verrechnung mit höheren Provisionen anderer Monate ausdrückliche Vereinbarung

§ 73 1

voraus, BAG BB 1976, 138. Provision darf nicht von bestimmter Dauer der Betriebszugehörigkeit abhängig gemacht werden, BAG BB 1973, 1072, Grund: unzulässige Kündigungserschwerung (vgl. → § 59 Rn. 61–68). Deshalb auch anteilige Provision bei unterjähriger Beschäftigung, BAG NZA 1996, 1151. Zweifelhaft, ob Vereinbarung zulässig ist, dass verdiente Provisionen und Fahrtkosten laufend mit Rückzahlungsansprüchen aus ungedeckt gebliebenen Provisionsvorschüssen verrechnet werden dürfen, BAG BB 1976, 1028. Provision gehört bei vom Arbeitgeber veranlasster Dienstverhinderung rglm zum weiterzuzahlenden „Gehalt", BAGE 60, 984. **Kürzung** verdienter Provisionen nach Vertragsende nicht ohne sachlichen Grund, entgegenstehender Vertrag ist unzulässig, BAG BB 1962, 878. Verfall verdienter Provision, die erst nach Beendigung des Arbeitsverhältnisses fällig wird, kann anders als bei HV nicht vereinbart werden, BAG BB 1972, 1454, außer wenn sachliche Gründe vorliegen und der Angestellte angemessenen Ausgleich erhält; Rationalisierung der Abrechnung genügt nicht, BAG BB 1973, 1534. **Höhe** der Provision s. § 87b.

4 **Abrechnung** s. § 87c; bei Umsatzbeteiligung des Arbeitnehmers weitergehender Auskunftsanspruch, BAG NZA 2001, 1093. Bei Verzug des Arbeitgebers mit Abrechnung und Zahlung sind die Kosten für Heranziehung eines Buchprüfers durch Arbeitnehmer Verzögerungsschaden, BAG BB 1966, 208. **Verjährung** des Provisionsanspruchs in drei Jahren (§§ 195, 199 BGB), BAG NZA 1996, 251. In der Buchung auf ein Stornokonto kann eine unangemessene Benachteiligung iSv § 307 II Nr. 1 BGB liegen, BAG NZA 2015, 877 (Klauselkontrolle). Ausschlussfristen und Rückzahlung vorschussweise bezahlter Provisionen können nach §§ 307 ff. BGB wirksam vereinbart werden, BAG NZA-RR 2009, 533 (Bezugnahmeklausel); BAG NZA 2015, 874. Klage auf Abrechnung und Buchauszüge hemmt nicht Verjährung der Provisionsansprüche, BAG BB 1971, 1563. Rückzahlung von Vorschüssen bei Vermittlung von Versicherungen, wenn Versicherungsnehmer die Prämien nachbezahlt aus entsprechender Vereinbarung (nicht § 812 BGB), BAG NZA 2015, 871. Zur Mitbestimmung des Betriebsrats bei genereller betrieblicher Provisionsregelung BAG BB 1977, 1046.

2) Unabdingbarkeit

5 § 65 ist jedenfalls insoweit unabdingbar, als entsprechende Ansprüche des Handelsvertreters unabdingbar sind, zB § 87a III, IV, § 87c V (s. dort), wohl auch § 87 I 1 für Überhangprovision, offen BAG NZA 2008, 1124, nach aA weitergehende Unabdingbarkeit zugunsten des Arbeitnehmers, zB bezüglich § 87 III, Ebenroth/Rudkowski Rn. 21, zutr MüKoHGB/Thüsing Rn. 31 mit Hinweis auf Klauselkontrolle bei Arbeitsverträgen. Befristung (oder Vorbehalt des Widerrufs) bei Provisionszusage neben Tarifgehalt in Höhe von nur 15 % der Gesamtvergütung ist zulässig, BAG NZA 1994, 476.

66–72 *(aufgehoben)*

1 1) §§ 66–72 aufgehoben durch 1. ArbRBerG ab 31.8.1969. Statt dessen §§ 620 ff. BGB; Kündigungsrecht jetzt → § 59 Rn. 121 ff.

73 *(aufgehoben)*

1 1) § 73 betr. Zeugnisanspruch des HdlGehilfen aufgehoben ab 1.1.2003 durch 3. GewOÄndG 24.8.2002 BGBl. I 3412. Zugleich bestimmt § 630 S. 4 BGB nF 2002, dass dann, wenn der (Dienst)Verpflichtete ein Arbeitnehmer ist, § 109 GewO Anwendung findet. Wegen der großen praktischen Bedeutung des Ar-

beitszeugnisses und weil § 630 BGB an Bedeutung verloren hat, wird statt der Kommentierung zu § 73 aF bis auf weiteres eine Kommentierung zur ähnlichen Nachfolgenorm § 109 GewO angeboten.

Zeugnis

GewO 109

(1) ¹Der Arbeitnehmer hat bei Beendigung eines Arbeitsverhältnisses Anspruch auf ein schriftliches Zeugnis. ²Das Zeugnis muss mindestens Angaben zu Art und Dauer der Tätigkeit (einfaches Zeugnis) enthalten. ³Der Arbeitnehmer kann verlangen, dass sich die Angaben darüber hinaus auf Leistung und Verhalten im Arbeitsverhältnis (qualifiziertes Zeugnis) erstrecken.

(2) ¹Das Zeugnis muss klar und verständlich formuliert sein. ²Es darf keine Merkmale oder Formulierungen enthalten, die den Zweck haben, eine andere als aus der äußeren Form oder aus dem Wortlaut ersichtliche Aussage über den Arbeitnehmer zu treffen.

(3) Die Erteilung des Zeugnisses in elektronischer Form ist ausgeschlossen.

Schrifttum

Schleßmann, 23. Aufl 2021; *Schleßmann* BB 1988, 1320; *Huber/Müller* 17. Aufl 2019; *Rombey* 2021; *Schulz/Gerauer/Jarvers* 9. Aufl 2015 (dtv); *Weuster/Scheer* 14. Aufl 2019; *Göldner* ZfA 1991, 225, *Weuster* BB 1992, 58, *Düwell/Dahl* NZA 2011, 958, *Ecklebe* DB 2015, 923, *Popp* DB 2016, 1075. Allgemein zu GewO *Ennuschat/Wank/Winkler* 9. Aufl 2020, *Friauf* (LBl), *v Landmann/Rohmer* I (LBl). **RsprÜbersicht:** *Becker-Schaffner* BB 1989, 2105, *Hunold* NZA-RR 2001, 113.

Übersicht

	Rn
1) Anspruch auf Zeugnis (I 1)	1–8
A. Zweck und Reichweite von § 109 GewO	1–3
B. Entstehung des Anspruchs, Zwischenzeugnis	4–6
C. Anspruchsgegner	7
D. Einreden, Erlöschen des Anspruchs	8
2) Form und Inhalt des Zeugnisses	9–14
A. Form (I 1, III)	9
B. Inhalt des einfachen Zeugnisses (I 2)	10
C. Inhalt des qualifizierten Zeugnisses (I 3)	11, 12
D. Klarheit, Vollständigkeit, keine Geheimzeichen (II)	13
E. Typische Zeugnisformeln	14
3) Geltendmachung des Zeugnisanspruchs	15–17
A. Ausübung des Wahlrechts	15
B. Berichtigung, Widerruf	16
C. Gerichtliche Geltendmachung	17
4) Auskunftspflicht des Arbeitgebers	18
5) Haftung des Arbeitgebers	19, 20
A. Haftung gegenüber dem Arbeitnehmer	19
B. Haftung gegenüber einem Dritten	20

1) Anspruch auf Zeugnis (I 1)

A. Zweck und Reichweite von § 109 GewO. a) Verhältnis von 1
§§ 105–110 GewO und §§ 59–83 HGB: § 109 GewO ist durch das 3. GewO-ÄndG 24.8.2002 BGBl. I 3412 an die Stelle von § 73 HGB getreten. § 109 GewO soll das Zeugnisrecht nunmehr einheitlich für alle Arbeitnehmer regeln (RegE), für Auszubildende und bei Umschulungen verbleibt es bei § 630 BGB, BAG NZA 2014, 31. Das Ziel ist richtig, die Regelung aber systematisch missglückt. Konsequent hätten dann §§ 59–83 insgesamt eliminiert werden müssen, nicht höchst zufällig nur § 73 aF, zumal §§ 105–110 nF GewO nicht mehr nur

für gewerbliche Arbeitnehmer, sondern für alle Arbeitnehmer gelten (vgl. § 6 II nF GewO, Titelüberschrift, RegE). Demgegenüber regelt zB § 110 nF GewO das Wettbewerbsverbot (nicht mehr nur für technische, sondern) für alle Arbeitnehmer, verweist aber dafür in § 110 S. 2 auf §§ 74–75f HGB, statt sie aus dem HGB heraus in die GewO zu übernehmen. Schließlich ist die Auslagerung einiger allgemeiner arbeitsrechtlicher Grundsätze in die primär öffentlich-rechtliche GewO mit dem Ziel des SMG, das BGB als zentrale Kodifikation zu stärken, unvereinbar. Es ist damit zu rechnen, dass dieser Widerspruch auf Dauer in der einen oder anderen Weise aufgelöst wird, und zwar durch Herausnahme der arbeitsrechtlichen Vorschriften insgesamt aus dem HGB und ihrer Regelung richtigerweise im BGB oder besser noch in einem Arbeitsvertragsgesetzbuch, nicht in der GewO. Lit.: Komm. zu GewO, zu Arbeitsrecht (vor § 59), zB Erfurter Komm/Müller-Glöge, Bauer/Opolony BB 2002, 1590; Schöne NZA 2002, 829; Wisskirchen DB 2002, 1886; Löw NJW 2005, 3605.

2 b) Zweck von § 109 GewO: Nach § 109 GewO hat der Arbeitnehmer bei Beendigung des Arbeitsverhältnisses Anspruch auf ein schriftliches Zeugnis. Dieses dient einerseits dem Arbeitnehmer für neue Bewerbungen und sein berufliches Fortkommen, andererseits dem künftigen Arbeitgeber zur Beurteilung des Bewerbers. Dieser doppelte Zweck („zweiseitige Zielsetzung": inhaltlich wahr und zugleich von verständigem Wohlwollen getragen), BAG NZA 1993, 697; 2005, 1237, hat Konsequenzen für Abfassung und Inhalt des Zeugnisses sowie für eine eventuelle Haftung (→ Rn. 19, 20). Das Zeugnis ist Wissenserklärung, nicht Willenserklärung. Das Zeugnis kommt als einfaches und als qualifiziertes Zeugnis vor (→ Rn. 10, 11).

3 c) Reichweite: § 109 GewO entspricht für den Arbeitnehmer weitgehend § 73 aF HGB und § 630 BGB. § 630 BGB wird für das Zeugnis des Arbeitnehmers durch § 109 GewO verdrängt (§ 630 S. 4 nF BGB, Kritik → Rn. 1) und regelt nur noch sonstige Dienstverhältnisse. § 109 GewO gilt wie § 73 aF HGB unmittelbar für abhängige Handelsvertreter (§ 84 II HGB, dort → § 84 Rn. 39) und entsprechend für arbeitnehmerähnliche Personen, für den Einfirmenvertreter (§ 92a HGB), für freie Mitarbeiter je nach Grad der Abhängigkeit, nach aA § 630 BGB. **Nicht** anwendbar ist § 109 GewO auf andere als Arbeitnehmer, insoweit aber uU § 630 BGB, so für GmbHGeschäftsführer, der nicht Gfter ist, BGHZ 49, 30, str. Selbständige Handelsvertreter haben keinen Zeugnisanspruch, hL, RGZ 87, 443; OLG Celle BB 1967, 775, str., aA Emde MDR 2000, 192 (→ § 86 Rn. 5). Kein Zeugnis iSv § 109 GewO ist die **Arbeitsbescheinigung** nach § 312 SGB III; Stationszeugnis für Rechtsreferendare, da nur Prüfungszweck, VGH Kassel NJW 2008, 1608.

4 B. Entstehung des Anspruchs, Zwischenzeugnis. a) Bei Beendigung des Arbeitsverhältnisses: Der Anspruch auf ein **endgültiges Zeugnis** entsteht bei Beendigung eines (jeden) Arbeitsverhältnisses (I 1). Das soll bei fristgerechter Entlassung der Zeitpunkt des Ablaufs der Kündigungsfrist oder des tatsächlichen Ausscheidens ohne Rücksicht auf Andauern des Kündigungsschutzprozesses sein, BAG NZA 1987, 628, richtiger im Interesse des Arbeitnehmers (Bewerbungen) schon Zeitpunkt des Zugangs der Kündigung bzw. der letztmögliche Zeitpunkt einer ordentlichen Kündigung, str. Vorher kann nur Zwischenzeugnis verlangt werden (→ Rn. 6).

5 b) Einfaches Zeugnis ohne, qualifiziertes auf Verlangen: Der Arbeitnehmer hat bei Ende des Arbeitsverhältnisses, auch eines ganz kurzfristigen (vgl. anders § 630 BGB: „dauernd") oder fehlerhaften (→ § 59 Rn. 38), Anspruch auf ein schriftliches Zeugnis mit Angaben zu Art und Dauer seiner Tätigkeit (einfaches Zeugnis → Rn. 10). Ein besonderes Verlangen des Arbeitnehmers ist dafür nicht (mehr) erforderlich. Der Arbeitnehmer kann verlangen, dass sich die Angaben darüber hinaus auf Leistung und Verhalten im Arbeitsverhältnis erstrecken (qualifiziertes Zeugnis → Rn. 11). Auch der vertragsbrüchig ausgeschiedene Arbeitnehmer hat den Zeugnisanspruch (zum Inhalt in diesem Fall → Rn. 11). Der Arbeitnehmer kann zwischen dem einfachen und dem qualifizierten Zeugnis frei wählen (→ Rn. 15). Das Verlangen ist keine Zustimmung zur Kündigung.

c) **Zwischenzeugnis auf Verlangen:** Schon **vor Beendigung,** so ab Kün- 6 digung, uU auch ohne solche zur Stellungssuche oder aus anderem triftigen Grund, besteht auf Grund Fürsorgepflicht (→ § 59 Rn. 90–92, 104) Anspruch auf ein vorläufiges bzw. Zwischenzeugnis, aber nur auf Verlangen, Sonderregelung im öffentlichen Dienst (§ 35 TvÖD). Triftige Gründe sind zB Vorlage bei Dritten wie neuer Arbeitgeber, Behörden oder bei Stellung eines Kreditantrags, Versetzung, Betriebsübernahme durch neuen Arbeitgeber, längere Arbeitsunterbrechung (zB Wehrdienst, Zivildienst, Erziehungsurlaub), nicht Verwendung als Beweismittel in Rechtsstreit um Höhergruppierung, BAG NZA 1993, 1031. Aufgrund Fürsorgepflicht kann auch der Anspruch auf ein Zwischenzeugnis im weiterlaufenden Arbeitsverhältnis bestehen, zB bei Versetzung, Betriebsübernahme ua. Das Zwischenzeugnis kann als solches bezeichnet werden, str. Auswirkung des Zwischenzeugnisses auf Endzeugnis (→ Rn. 12). Der Anspruch auf das endgültige Zeugnis ist nicht von der Rückgabe des vorläufigen abhängig; ob überhaupt Rückgabeanspruch besteht, ist str., ebenso Zurückbehaltungsrecht (→ Rn. 8).

C. **Anspruchsgegner.** Das Zeugnis ist unmittelbar **vom Arbeitgeber** oder 7 einem Vertreter (also nicht höchstpersönlich; beim qualifizierten Zeugnis aber tatsächlich nur eingeschränkt möglich, § 888 ZPO, → Rn. 17), zB Personalchef mit entsprechender Vollmacht (Prokurist, HdlBevollmächtigter), auszustellen, BAG NZA 2000, 257; der Vertreter muss ranghöher als der Ausscheidende sein, BAG NZA 2006, 436. Formanforderungen bei Vertretung → Rn. 9. Bei Unternehmensnachfolge ist Anspruchsgegner der zurzeit der Beendigung des Arbeitsverhältnisses zuständige Erbe oder Übernehmer. Bei Beendigung des Arbeitsverhältnisses vor Insolvenz bleibt idR der Arbeitgeber Zeugnisschuldner, BAG NZA 2004, 1393. Bei Betriebsweiterführung kann der fortbeschäftigte Arbeitnehmer ein Zeugnis auch für die Zeit vor Eröffnung des Insolvenzverfahrens vom Insolvenzverwalter verlangen, BAG NZA 1991, 599, str., dieser hat Auskunftsanspruch gegen den Schuldner, BAG NZA 2004, 1393. Zeugniserteilung ist Nachlassverbindlichkeit. Nötigenfalls muss der zur Ausstellung Verpflichtete die erforderlichen Informationen einholen.

D. **Einreden, Erlöschen des Anspruchs.** Der Arbeitgeber hat idR **kein** 8 **Zurückbehaltungsrecht** (§ 273 BGB), zB wegen Herausgabe von Sachen, hL, str., Grund: Angewiesenheit des Arbeitnehmers; aber Zurückbehaltung des neuen gegen Zurückgabe des alten, herauszugebenden Zeugnisses (→ Rn. 6, 15). Der Anspruch auf ein (qualifiziertes) Zeugnis erlischt nicht schon mit Beendigung des Arbeitsverhältnisses, wenn der Arbeitnehmer kein (solches) Zeugnis verlangt (→ Rn. 5), das kann er auch noch später (→ Rn. 15). **Verjährung** in drei Jahren (§ 195 BGB). **Erfüllung** (§ 362 I BGB) erst mit Erteilung des nach Form und Inhalt nicht zu beanstandenden, ggf. berichtigten Zeugnisses, BAG NZA 2000, 257; Erfüllung des Anspruchs auf ein qualifiziertes Zeugnis nicht schon mit Ausstellung eines einfachen (str. zum umgekehrten Fall, → Rn. 15). Zur Frage des Erlöschens bei Erteilung des gewählten einfachen oder qualifizierten Zeugnisses → Rn. 15. Erlöschen des Berichtigungsanspruchs → Rn. 16. Bei Verlust des Zeugnisses kann der Arbeitnehmer, soweit dem Arbeitgeber möglich und zumutbar, **Zweitausfertigung** verlangen. **Verzicht** auf den Zeugnisanspruch ist vor Ende des Arbeitsverhältnisses nicht möglich, hL, aber bei Beendigung oder nachher im Rahmen der guten Sitten, LAG Köln MDR 1995, 613, str., offen BAG BB 1975, 136. Allgemein gehaltene Ausgleichsquittung enthält keinen Verzicht auf qualifiziertes Zeugnis, BAG BB 1975, 136; tarifliche **Ausschlussfrist** (→ § 59 Rn. 78) gilt auch für Zeugnisanspruch, BAG NZA 2006, 436, str. Zeugnisunterlagen sind 6 Jahre aufzubewahren (§ 257 IV HGB); Erfüllung des Anspruchs auf einfaches Zeugnis kann dann **unmöglich** werden (§ 275 BGB). **Verwirkung** (des Anspruchs auf Zeugnis und auf Berichtigung) ist jedenfalls beim qualifizierten Zeugnis möglich, BAG NZA 1988, 427; 2006, 436; 2008, 298; je nach den Umständen zeitlich auch vor Verjährung. Das Zeugnis ist zur **Abholung** bereit zu halten (Holschuld, § 269 II BGB), ausnahmsweise zuzusenden (§ 242 BGB), BAG NZA 1995, 671; 2000, 1060.

2) Form und Inhalt des Zeugnisses

9   A. **Form (I 1, III).** Das Zeugnis ist schriftlich zu erteilen (**I 1** wie § 126 BGB, der aber schon deswegen nicht unmittelbar gilt, weil das Zeugnis keine Willenserklärung darstellt, → Rn. 2), elektronische Form (§ 126a BGB) ist ausgeschlossen (**III** wie § 630 S. 3 BGB), Textform nach § 126b BGB ist keine Schriftform. Bei Verstoß Formmangel (§ 125 BGB) und keine wirksame Erteilung. Das Zeugnis muss als solches überschrieben und in der dritten Person abgefasst sein (nicht nur Brief an den Arbeitnehmer in Anredeform), LAG Düsseldorf BB NZA-RR 1996, 42. Das Zeugnis muss auch seiner äußeren Form nach gehörig, sauber und ordentlich geschrieben sein. Es ist auf Firmenpapier mit üblichem Firmenbriefkopf zu schreiben, BAG NZA 1993, 697, bei Oberarzt nicht nur auf allgemeinem Briefbogen, sondern dem der Fachabteilung und Unterzeichnung nicht nur des Geschäftsführers, sondern auch der Chefärzte, LAG Hamm BB 1995, 154 Ls. Es muss datiert sein. Zum richtigen Datum → Rn. 10. Das Zeugnis ist eigenhändig (I 1, vgl. § 126 BGB) zu unterzeichnen, Paraphe, Faksimile ua genügen nicht, BAG NZA 2000, 257. Unterzeichnung durch Vertreter ist zulässig (→ Rn. 7), aber Vertretungsverhältnis und Funktion des Vertreters müssen angegeben werden, BAG NZA 2000, 257; 2006, 436. Nachträgliche Einschiebungen müssen klar erkennen lassen, dass sie vom Aussteller stammen, aber Anspruch auf neues Zeugnis (→ Rn. 16). Der Zeugnisbogen darf geknickt werden, das Original muss aber ohne Schwärzungen kopierfähig sein, BAG NZA 2000, 257, str.

10   B. **Inhalt des einfachen Zeugnisses (I 2).** Das einfache Zeugnis muss außer genauer Bezeichnung des Arbeitnehmers und Arbeitgebers die **Art und Dauer** (Kalenderdatum des Beginns und der Beendigung) der Beschäftigung angeben; vollständig, auf welchem Gebiet bzw. Sondergebiet, mit welchen besonderen Aufgaben der Arbeitnehmer gearbeitet hat, vgl. LAG Bremen BB 1954, 227. Erhebliche Ausfallzeiten sind vom Arbeitgeber nur zu dokumentieren, wenn ansonsten bei Dritten ein falscher Eindruck von der tatsächlich erbrachten Arbeitsleistung und damit verbundenen Berufserfahrung entsteht, also Erwähnung von Erziehungsurlaub von 33 Monaten bei Arbeitsverhältnis mit 50 Monaten, BAG NZA 2005, 1237. Zur Tätigkeitsbeschreibung gehören die Stellung in der Unternehmenshierarchie, die allgemeinen und besonderen Aufgaben und berufliche Entwicklung; Erteilung von Prokura, wenn später widerrufen, entweder mit Zeitdauer ohne Hervorhebung eines Widerrufs oder gar keine Erwähnung, LAG Baden-Württemberg NZA 1993, 127, HdlVollmachten ua. Angabe der Tarifgruppe ist zulässig. Erwähnung des Probearbeitsverhältnisses nur mit Zustimmung des Arbeitnehmers, Grund: bedeutet Hinweis auf Nichtbestehen der Probezeit. Bei Vertragsbruch darf der Arbeitgeber dies nicht angeben, jedoch wahrheitsgemäß (uU darauf hindeutenden) Endzeitpunkt. Der Grund und die Art und Weise der Beendigung dürfen im einfachen Zeugnis nicht genannt werden außer bei Wunsch des Arbeitnehmers. Auch das **Ausstellungsdatum** unterliegt grundsätzlich der Wahrheitspflicht. Fordert der Arbeitnehmer das Zeugnis erst nach Ende des Arbeitsverhältnisses (zB anlässlich eines Streits), ist es unter diesem

späteren Datum auszustellen; kein Recht auf Rückdatierung, BAG NZA 1993, 698. Enddatum bei erfolglosem Kündigungsschutzprozess str., nicht Datum der Rechtskraft des Urteils (daraus ist Tatsache des Rechtsstreits ersichtlich), wohl aber des der Rechtskraft nächsten vorausgegangenen Kündigungstermins. Keine beliebige Vereinbarung der Parteien über das Datum, str., jedenfalls darf der neue Arbeitgeber nicht irregeführt werden (Berichtigung → Rn. 16).

C. Inhalt des qualifizierten Zeugnisses (I 3). Ein **qualifiziertes Zeugnis** 11 braucht der Arbeitgeber nur auf Verlangen auszustellen. Es muss außer den Angaben des einfachen Zeugnisses (→ Rn. 10) ein Urteil über **Leistung und Verhalten** des Arbeitnehmers enthalten. Der Arbeitnehmer kann nicht verlangen, dass nur das eine oder das andere beurteilt wird. **Nur** das **Verhalten im Arbeitsverhältnis** darf beurteilt werden (entspr. § 630 BGB: im Dienste), vorausgegangenes und nachfolgendes nur bei Auswirkung auf das Arbeitsverhältnis, BAG NZA 1987, 384 Ls., zB Drogen- oder Alkoholabhängigkeit. Der Arbeitgeber darf zwar das berufliche Fortkommen des Arbeitnehmers nicht unnötig erschweren (Wohlwollensgrundsatz), Unwesentliches kann er verschweigen, BAG NZA 2005, 1237, wenn er muss aber die Tätigkeit so genau und vollständig beschreiben, dass ein künftiger Arbeitgeber ein klares Bild hat, BAG NZA 2005, 1237, es gilt **Wahrheitspflicht.** Dazu kann es nötig sein, im Zeugnis negative **Tatsachen** anzugeben, sonst Haftung gegenüber Dritten (→ Rn. 20). Der Arbeitnehmer kann nicht Verschweigen von tätigkeitsbezogenen laufenden Strafverfahren in qualifiziertem Zeugnis oder Auskunft verlangen, BAG BB 1977, 297. Ehrlichkeit ist ausdrücklich zu bescheinigen, wo sonst Verdacht des Gegenteils möglich ist, RAG JW 1938, 2424; bescheinigt der Arbeitgeber aber Ehrlichkeit trotz Kenntnis eines Kassenmankos, kann er später nicht für dieses Schadensersatz vom Arbeitnehmer verlangen, BAG NJW 1972, 1214. Von wem, wie und aus welchem **Kündigungsgrund** gekündigt wurde, soll, auch wenn wahrheitsgemäß, nur auf Verlangen des Arbeitnehmers angegeben werden dürfen, LAG Düsseldorf BB 1988, 1463; Schlessmann BB 1988, 1320, aber str. und zweifelhaft. Jedenfalls darf die Tatsache des Vertragsbruchs nicht ausdrücklich erwähnt werden, LAG Köln BB 1990, 856 Ls. (→ Rn. 10). **Nicht ins Zeugnis** gehören Angaben über Vorgänge vor Beginn des Arbeitsverhältnisses und über Verhalten außerhalb desselben, soweit nicht für das Arbeitsverhältnis relevant (s. oben); Krankheiten, selbst wenn sie Kündigungsgrund bilden; Betriebsrats- oder Personalratstätigkeit, BAG NZA 1993, 1525; 2005, 1237; Witt BB 1996, 2194, str., doch darf (uU muss) verhältnismäßig lange Freistellung von der eigentlichen Arbeit (für Betriebs- oder Personalratstätigkeit) erwähnt werden, sehr str.; besonderer Einsatz für Arbeitnehmerbelange, aber nur mit Zustimmung des Arbeitnehmers, üL, str. wegen Begünstigungsverbots des § 78 BetrVG; Abmahnungen, Alkoholgenuss; Gewerkschaftszugehörigkeit, Schwangerschaft, Nebentätigkeiten, Wettbewerbsverbote, Pünktlichkeit str., ua Löw NJW 2005, 3606. Tatsache der Verurteilung zur Zeugniserteilung oder -berichtigung (→ Rn. 16). **Grenze** aber spätestens, wo das Unterlassen der Angaben spätere Arbeitgeber irreführen kann (→ Rn. 20); denn Zeugnis kann nur im Rahmen der Wahrheit verständig wohlwollend sein. Im Rahmen der Zeugniswahrheit und Zeugnisklarheit sind **Werturteile und Formulierung** im Einzelnen **Sache des Arbeitgebers** (Beurteilungs- und Formulierungsermessen), BAG NZA 2004, 843; 2008, 298; 2012, 448. Dieser ist frei, welche Leistungen und Eigenschaften er besonders hervorheben will; das Zeugnis muss aber wahr sein und darf keine Auslassungen enthalten, wo positive Hervorhebung zu erwarten ist, BAG BB 1971, 1280; NZA 2001, 843; bloße Vermutungen und Verdächtigungen dürfen nicht aufgenommen werden. Der GmbHGeschäftsführer kann im Zeugnis, soweit zutreffend, Zusatz über Vertrauen der Gfter, Entscheidungsfreiheit und volle Zufriedenheit der Gfter verlangen, KG BB 1979, 988. Anspruch auf einen bestimmten **Schluss-**

satz besteht nicht, zB Zukunftswunsch oder Dank, auch nicht auf einen beurteilungsneutralen Schlusssatz, aber gewählter Schlusssatz muss mit dem Zeugnisinhalt vereinbar sein, BAG NZA 2001, 843. Ein Anspruch auf einen Schlusssatz ergibt sich nach BAG NZA 2013, 324 auch nicht aus Üblichkeit und einer überdurchschnittlichen Beurteilung (anders LAG Düsseldorf NZA-RR 2011, 123), kommt aber in Betracht, wenn der Arbeitgeber ein dem Fortkommen förderliches Zeugnis verspricht, LAG Hamm NZA-RR 2012, 71.

12 **Zwischenzeugnis** wird wegen der damit vom Arbeitnehmer verfolgten Zwecke idR ein qualifiziertes sein und muss dann einen dementsprechenden Inhalt (→ Rn. 11) haben. Der Arbeitgeber, auch der Betriebsnachfolger, ist bei Erteilung des Endzeugnisses idR an den Inhalt des Zwischenzeugnisses gebunden, BAG NZA 2008, 298, anders wenn nachträglich Umstände für andere Beurteilung bekannt werden, BAG NZA 2006, 104; 2008, 298.

13 **D. Klarheit, Vollständigkeit, keine Geheimzeichen (II).** Das Zeugnis muss klar und verständlich formuliert sein **(II 1)**, das entspricht einem allgemeinen Grundsatz bei Informationspflichten (→ § 347 Rn. 26). Es darf keine Merkmale oder Formulierungen enthalten, die den Zweck haben, eine andere als aus der äußeren Form oder aus dem Wortlaut ersichtliche Aussage über den Arbeitnehmer zu treffen **(II 2, Geheimzeichen)**, BAG NZA 2000, 257. Ein solches Geheimzeichen kann auch im Auslassen eines an sich zu erwartenden Zeugnisinhalts liegen (beredtes Schweigen), BAG NZA 2001, 843. In der Wendung „kennen gelernt" liegt kein Geheimcode des Inhalts, dass die zuvor geschilderte Eigenschaft (sehr interessiert und hochmotiviert) tatsächlich nicht vorliegt, BAG NZA 2012, 448. Zur Vermeidung von Missverständnissen oder Fehldeutungen wird ein tabellarisches Arbeitszeugnis vorgeschlagen, Pues BB 2019, 2520, die Rspr. verlangt jedenfalls für ein qualifiziertes Arbeitszeugnis regelmäßig einen individuell abgefassten Text, BAG NZA 2021, 1327.

14 E. **Typische Zeugnisformeln.** In der Praxis haben sich Zeugnisformeln mit einem Gesamtnotencharakter, ähnlich Schul- oder Prüfungsnoten, eingebürgert, BAG NZA 2004, 843: „stets zu unserer vollsten Zufriedenheit" (oder „stets außerordentlich zufrieden")/sehr gut, BAG DB 1976, 2211; „stets (immer, durchgehend) zu unserer vollen Zufriedenheit"/gut, BAG NZA 2004, 843; „zu unserer vollen Zufriedenheit", „stets zur Zufriedenheit"/befriedigend, BAG NZA 2004, 843; „zu unserer Zufriedenheit"/ausreichend, LAG Düsseldorf DB 1980, 546; LAG Hessen DB 1988, 1071; „im Großen und Ganzen zu unserer Zufriedenheit"/mangelhaft, OLG Hamm NJOZ 2001, 553. Im Einzelnen: Die alleinige Formel „hat sich bemüht", „hat die ihm übertragenen Aufgaben im Großen und Ganzen zu unserer Zufriedenheit" oder „mit großem Fleiß und Interesse erledigt" bedeutet mangelhaft, BAG DB 1977, 1369; je nach Fall uU auch andere scheinbar positive Wendungen, vgl. BAG BB 1977, 987. „Verhalten im Dienst angemessen", „hat unseren Erwartungen entsprochen", „waren mit seinen Leistungen zufrieden", alles nur ausreichend. „Zu unserer vollen Zufriedenheit", „in jeder Hinsicht den Erwartungen entsprochen" ist befriedigend. Besser nur bei Steigerungen wie „stets und zu unserer voll(st)en Zufriedenheit", „voll und ganz (in jeder Hinsicht und außerordentlich) zufrieden stellend", „in jeder Hinsicht und in (aller)bester Weise" ua. Klar positiv sind zB „hervorragend", „überdurchschnittlich", „erfolgreich". „Ehrlich, pünktlich, fleißig" gehören zum Standard, Weglassen bei einem Kassierer oder Verkäufer deutet auf Fehlen hin, nicht auch sonst. Hervorhebung allein des Verhaltens gegenüber Kollegen, nicht auch gegenüber Vorgesetzten ist ungewöhnlich. Bedauern über Weggang weist auf Bereitschaft hin, wieder einzustellen. Bei wirklich einverständlichem Ausscheiden heißt es „im besten Einvernehmen", nicht nur „im beiderseitigen Einvernehmen"; vgl. auch LAG Baden-Württemberg BB 1968, 872. Problematische Einzelformeln: „alle Arbeiten ordnungsgemäß erledigt", "engagiert für die Interessen der Kollegen", "zur Verbesserung des Betriebsklimas beigetragen", "gutes Vorbild durch seine Pünktlichkeit", Löw NJW 2005, 3607. Überdurchschnittliche Leistungsbeurteilung muss nicht zu überdurchschnittlicher Verhaltensbeurteilung führen, LAG Rheinland-Pfalz NZA-RR 2010, 68. Lit.: Schlessmann; Weuster BB 1992, 58; Löw NJW 2005, 3607; Gäntgen RdA 2016, 147.

3) Geltendmachung des Zeugnisanspruchs

A. **Ausübung des Wahlrechts.** Der Arbeitnehmer kann zwischen einem 15 einfachen (→ Rn. 10) und einem qualifizierten Zeugnis (→ Rn. 11) frei wählen. Er übt diese Wahl dadurch aus, dass er ein qualifiziertes Zeugnis verlangt oder nicht. Auch wenn er ein einfaches gewählt und erhalten hat, kann er ein qualifiziertes verlangen, hL, str. wegen § 362 I BGB, aber der Anspruch auf ein qualifiziertes Zeugnis wird durch die Erteilung eines einfachen nicht erfüllt. Das gilt richtigerweise auch umgekehrt, aA wohl hL, Grund: Interesse des Arbeitnehmers, geringe Belastung des Arbeitgebers. Das alte Zeugnis ist dann aber zurückzugeben, hL (vgl. auch → Rn. 8). Wählt der Arbeitnehmer ein qualifiziertes Zeugnis, ist er für überdurchschnittliche, der Arbeitgeber für unterdurchschnittliche Leistungen darlegungs- und beweispflichtig (→ Rn. 17).

B. **Berichtigung, Widerruf. a) Berichtigung:** Der Arbeitnehmer kann Be- 16 richtigung des Zeugnisses verlangen, wenn Tatsachen unrichtig oder lückenhaft dargestellt oder unrichtige Werturteile leichtfertig oder wider besseres Wissen abgegeben sind. Der Arbeitnehmer macht dann aber nur seinen Zeugnisanspruch, nicht einen Berichtigungsanspruch im Rechtssinne geltend, BAG NZA 1988, 427; 2004, 842. Nur innerhalb angemessener Frist, fünfmonatige Verzögerung ist zu lange, dann kein Schadensersatzanspruch mehr, BAG BB 1973, 195. Zur Berichtigung muss er neues Zeugnis mit dem ursprünglichen Ausstellungsdatum ausstellen, BAG NZA 1993, 698. Er ist dabei an den bisherigen Zeugniswortlaut gebunden (Verschlechterungsverbot), außer bei nachträglich bekannt gewordenen Informationen, BAG NZA 2006, 104. Beweislast → Rn. 17. Allgemein gehaltene Ausgleichsklausel enthält keinen Verzicht auf Berichtigungsanspruch, auch nicht Zeugniserteilung am Vortag, LAG Düsseldorf NZA-RR 1996, 42. Verwirkung → Rn. 8. Prozess → Rn. 17.

b) Widerruf: Der Arbeitgeber kann das Zeugnis widerrufen, wenn das Zeugnis unrichtig ist; dies schon, um eine eventuelle Haftung gegenüber Dritten zu vermeiden (→ Rn. 20); aus diesem Grund kann er auch dann widerrufen, wenn er die Unrichtigkeit bei Zeugniserteilung kannte, aA BAG NZA 1993, 693, da Wissenserklärung. Pflicht zum Widerruf nur bei schwerwiegender tatsächlicher Unrichtigkeit, Becker-Schaffner BB 1989, 2110. Die Beweislast für die Unrichtigkeit liegt beim Arbeitgeber. Nach Widerruf muss der Arbeitnehmer das Zeugnis zurückgeben und der Arbeitgeber ein neues, richtiges Zeugnis ausstellen.

C. **Gerichtliche Geltendmachung.** Der Anspruch auf Zeugnis ist **klagbar.** 17 Möglich auch Fristsetzung und Verurteilung zu Entschädigung nach § 61 II ArbGG. Darlegungs- und Beweislast bei dem, der ein für ihn günstige Tatsache geltend macht, BAG NZA 2004, 842 gegen frühere Rspr., zB beim Arbeitnehmer, der bestimmte „Note" (→ Rn. 14) und besser als „befriedigend" haben will, nach Düwell/Dahl NZA 2011, 960 soll demgegenüber der Arbeitgeber darlegen und beweisen müssen, dass eine gute Bewertung nicht angemessen ist. BAG stellt nicht auf die in einer Branche am häufigsten vergebene Note ab, sondern auf die Bewertung mit „befriedigend", BAG NZA 2015, 435. Im Prozess muss der Berichtigung einklagende Arbeitnehmer im Klageantrag Abänderung selbst neu formulieren; das Gericht kann jedoch selbstständig formulieren, BAGE 9, 289. Auch gänzliche Neuformulierung durch das Gericht soll zulässig sein, BAGE 9, 290, aber fraglich wegen Beurteilungsermessens des Arbeitgebers (→ Rn. 11),

§ 74

richterliche Ersatzbewertung entspr. § 315 III BGB annehmend Kolbe NZA 2015, 582. Die Tatsache der Verurteilung darf nicht im Zeugnis vermerkt werden, Grund: kann dem Arbeitnehmer schaden. **Vollstreckung** nach § 888 ZPO (außer nach § 61 II 2 ArbGG, dann nur Entschädigung), nicht § 894 ZPO, hL.

4) Auskunftspflicht des Arbeitgebers

18 Der Arbeitgeber ist nach Beendigung des Arbeitsverhältnisses (und Zeugniserteilung) dem Arbeitnehmer ferner verpflichtet, auf sein Verlangen oder mit seiner Zustimmung Dritten über ihn weitere Auskunft zu geben (nachwirkende Fürsorgepflicht, → § 59 Rn. 104), BAG BB 1958, 593; BGH BB 1959, 919. Ohne Zustimmung des Arbeitnehmers darf der Arbeitgeber nur Auskunft geben, wenn der Dritte an ihr ein berechtigtes Interesse hat, BAG BB 1958, 593, auch über arbeitsbezogenes laufendes Strafverfahren, BAG BB 1977, 297. Der Arbeitnehmer kann aber Mitteilung des Wortlauts der Auskunft verlangen, BGH BB 1959, 919, str. Die Auskunft muss wahr sein, sonst Schadensersatzpflicht (→ Rn. 20), LAG Berlin NZA 1989, 965.

5) Haftung des Arbeitgebers

19 A. **Haftung gegenüber dem Arbeitnehmer.** Der Arbeitgeber haftet dem Arbeitnehmer bei inhaltlich fehlerhaftem Zeugnis oder Auskunft aus § 280 BGB, LAG Hamburg DB 1985, 284, und bei pflichtwidriger Nichterteilung oder Verzögerung des Zeugnisses (oder der Auskunft, → Rn. 18) aus §§ 280 II, 286 BGB, BAG BB 1968, 546; 1976, 841. Verzug des Arbeitgebers erst nach Ausübung des Wahlrechts durch den Arbeitnehmer, BAG NZA 2014, 32, grundsätzlich bedarf es der Mahnung. Schadensersatz kann in Minderverdienst bestehen, wenn der Arbeitnehmer wegen Fehlens des Zeugnisses eine besser bezahlte Stelle nicht erhalten hat, BAG BB 1976, 841, bei fehlerhafter Auskunft gegenüber einem zur Einstellung bereiten Arbeitgeber, LAG Hamburg DB 1985, 284. Beweislast auch im Arbeitsrecht grundsätzlich § 280 I 2 BGB, aber weiterhin mit Beweislastverteilung nach Verantwortungsbereichen. Danach hat der Arbeitgeber Vollständigkeit und Richtigkeit zu beweisen (allg. BAGE 9, 289), der Arbeitnehmer Verursachung und Eintritt eines Schadens, aber uU Schätzung des Gerichts (§ 287 I ZPO), BAG BB 1977, 997.

20 B. **Haftung gegenüber einem Dritten.** Der Arbeitgeber kann auch Dritten auf Grund eines irreführenden Zeugnisses (Auskunft) haftbar werden, zB einem dritten Kfm., der im Vertrauen auf das Zeugnis unredlichen Buchhalter angestellt hat, BAG NJW 1970, 2291. Haftung nicht nur aus § 826 BGB, sondern auch nach vertraglichen bzw. vertragsähnlichen Grundsätzen, auch für unterlassene Zeugnisberichtigung, BGHZ 74, 281 (→ § 347 Rn. 23–28), krit. Loewenheim JZ 1980, 469. Haftung gegenüber der Bundesanstalt für Arbeit aus unrichtiger Arbeitsbescheinigung, BSozG BB 1980, 731 Ls.

[Vertragliches Wettbewerbsverbot; bezahlte Karenz]

74 (1) **Eine Vereinbarung zwischen dem Prinzipal und dem Handlungsgehilfen, die den Gehilfen für die Zeit nach Beendigung des Dienstverhältnisses in seiner gewerblichen Tätigkeit beschränkt (Wettbewerbsverbot), bedarf der Schriftform und der Aushändigung einer vom Prinzipal unterzeichneten, die vereinbarten Bestimmungen enthaltenden Urkunde an den Gehilfen.**

(2) **Das Wettbewerbsverbot ist nur verbindlich, wenn sich der Prinzipal verpflichtet, für die Dauer des Verbots eine Entschädigung zu zahlen, die für**

6. Abschnitt. Handlungsgehilfen und -lehrlinge   1–3 § 74

jedes Jahr des Verbots mindestens die Hälfte der von dem Handlungsgehilfen zuletzt bezogenen vertragsmäßigen Leistungen erreicht.

Schrifttum
Bauer/Diller Wettbewerbsverbote, 9. Aufl 2022. – *Grüll/Janert,* 5. Aufl 1993. – *Reinfeld* 1993. – *Wertheimer* 1998. – *Gaul* DB 1995, 874. – *Flatten* ZIP 1999, 1701. – *Koenig/Steiner* NJW 2002, 3583 (EG). – *Edenfeld* ZfA 2004, 463 (Rechtsvergleich). – *Thomas/Weidmann* DB 2004, 2694 (IPR). – *Laskawy* NZA 2012, 1011. – *Naber* NZA 2013, 870. – *Lembke* BB 2020, 52. – **Rspr.**: *Lahusen* NZA 1985, 802, *Hunold* NZA-RR 2013, 174.

Übersicht

	Rn
1) Übersicht über §§ 74–75d	1–16
A. Zeitpunkt des Wettbewerbs	1–3
B. Zeitpunkt der Vereinbarung	4, 5
C. Inhalt der Wettbewerbsvereinbarung	6–9
D. Rechtsfolgen von Verstößen des Arbeitnehmers	10–16
2) Form (I)	17–19
A. Schriftform	17
B. Aushändigung der Urkunde	18
C. Formfehler	19
3) Grundsatz der bezahlten Karenz (II)	20–22

1) Übersicht über §§ 74–75d

A. Zeitpunkt des Wettbewerbs. a) Während des Arbeitsverhältnisses 1 untersagt das **Wettbewerbsverbot der §§ 60, 61** dem HdlGehilfen, dem Arbeitgeber Wettbewerb zu machen.

b) Für die Zeit nach Ende des Arbeitsverhältnisses ist er im Rahmen des 2 Gesetzes (nur sehr eingeschränkte, nachwirkende Treuepflicht und besonders §§ 4, 6 ff GeschGehG, → § 60 Rn. 6) frei dazu. Will der Arbeitgeber mehr und länger Schutz gegen die Konkurrenz des Arbeitnehmers, kann er **nur ein vertragliches Wettbewerbsverbot gegen Entschädigung** vereinbaren (§§ 74–75d; Sperrverbot s. § 75f). Solche Vereinbarungen finden ihre Schranken in § 1 GWB und § 138 BGB, soweit sie in Inhalt und Dauer über § 74 ff. hinausgehen, sonst folgen Grenzen und Rechtsfolgen abschließend aus den Sonderregeln der §§ 74–75d. Ankündigung einseitiger Vertragsbeendigung durch den Arbeitgeber bei Nichtunterzeichnung eines nachvertraglichen Wettbewerbsverbots durch den Arbeitnehmer kann widerrechtliche Drohung nach § 123 I BGB sein, LAG München BB 2010, 3029. Die entsprechenden §§ 133 f. aF GewO für technische Angestellte sind durch **§ 110 GewO** ersetzt worden, der für alle Arbeitnehmer gilt, aber inhaltlich auf §§ 74–75f verweist (§ 110 S. 2 GewO), Kritik s. → § 73 aF/GewO § 109 Rn. 1. Die gesetzliche Regelung des nachvertraglichen Wettbewerbsverbots in den §§ 74 ff. ist außerordentlich unübersichtlich, Heymann/Henssler Vor § 74 Rn. 20, in Teilen verfassungswidrig und veraltet, so dass nur noch bedingt ökonomisch richtige Anreize gesetzt werden.

Leitgedanke der §§ 74 ff. ist der Schutz der Arbeitnehmer als der typisch 3 Schwächeren gegen die übermäßige Einschränkung seiner Freiheit. §§ 74 ff. gelten deshalb nicht nur für kaufmännische Angestellte, auch bei befristetem oder Probearbeitsverhältnis (→ Rn. 4), sondern nach § 110 S. 2 GewO (idF 3. GewO-ÄndG 24.8.2002 BGBl. I 3412) entspr. **für sonstige Arbeitnehmer,** auch wenn sie nicht HdlGehilfen sind, so schon bisher die Rspr., BAG BB 1972, 447; 1974, 1531; NZA 1990, 519; auch für wirtschaftlich bzw. sozial abhängige freie Mitarbeiter, BAG NZA 1997, 1284; BGH NJW 2003, 1864 (Subunternehmer) m. krit. Anm. Campos Nave NJW 2003, 3322; OLG München DB 1997, 923 (Einmann-GmbH); OLG Düsseldorf NZA-RR 2005, 318; für Vereinbarung zwischen Unternehmer und Angestellten von dessen Vertragspartner, BAG BB 1970, 1176; auch für Arbeitnehmer mit Prokura, OLG Karlsruhe WM 1986, 1473; für partiarisches Rechtsverhältnis nach Schulungsvertrag, OLG Koblenz BB 1993, 387. §§ 74 ff. gelten entspr. auch für Mandantenschutzklauseln zwischen Angehörigen freier Berufe und ihren Angestellten (vorbehaltlich besonderer berufsrechtlicher Vorschriften, zB §§ 3, 43b BRAO), MüKoHGB/Thüsing Rn. 11, § 110 S. 2 GewO, eingeschränkt auch für Mandantenübernahmeklauseln, nach denen der Berufsträger verspricht, in den ersten Jahren nach Ausscheiden einen Teil des Honorars von übernommenen Mandanten an den alten Arbeitgeber abzuführen, BAG NZA 2014, 433 (auch → § 75d Rn. 3). Für **Volontäre** und **Auszubildende** ist solche Vereinbarung **überhaupt nicht möglich,** §§ 12 I, 26 BBiG, ebenso für **Leiharbeiter** hinsichtlich einer Weiterbeschäftigung im Entleiherbetrieb, § 9 Nr. 4 AÜG, §§ 74 ff. gelten wegen ihres Sozialschutzcharakters grundsätzlich **nicht** entsprechend **für Organmitglieder** wie GmbHGeschäftsführer, BGHZ 91, 1, hL, für Einzelnormprüfung BGH NJW 1992, 1892; zB nicht § 74 II, BGHZ 91, 1; NJW 2002, 1876; ZIP 2008, 1719, § 74c, BGH NZA 1991, 615; WM 2008, 1226, § 75d, BGH NZG 2008, 753, doch § 75a (s. dort), zu Gestaltungsmöglichkeiten Menke NJW 2009, 636; Gehle DB 2010, 1981, die Beachtung der Grundsätze der §§ 74 ff. empfehlend von Kann/Keiluweit BB 2010, 2050, zu § 75 Eckert/Köpple NZA 2020, 1453. Unwirksames Wettbewerbsverbot wird nicht schon wirksam, weil Arbeitnehmer GmbHGeschäftsführer wird, OLG Koblenz WM 1985, 1484. **Rechtsweg** zu den Arbeitsgerichten auch, wenn Arbeitnehmer aus Anlass des Verkaufs einer Minderheitsbeteiligung ein Wettbewerbsverbot vereinbart und das Arbeitsverhältnis aufgehoben wird, BAG NZA 1997, 1362; dazu Diller FS Buchner, 2009, 177.

4 B. **Zeitpunkt der Vereinbarung. a)** §§ 74 ff. gelten **für Vereinbarungen vor Beginn** des Arbeitsverhältnisses (auch für Kfm., der sein HdlGeschäft überträgt und beim Erwerber angestellt wird, RGZ 101, 378) **oder während des Arbeitsverhältnisses,** auch noch nach Kündigung im Zusammenhang mit der Abwicklung des Arbeitsverhältnisses oder zugleich mit einvernehmlicher Aufhebung, BAG NZA 1995, 72, oder fristloser Kündigung (einerlei ob Arbeitnehmer andere Dienste suchen oder selbstständig werden will). **Vorvertrag,** dass der Arbeitgeber spätestens bei Ausspruch der Kündigung Abschluss einer Wettbewerbsvereinbarung verlangen kann, ist unverbindlich, wenn er nicht §§ 74 ff. genügt, BAG BB 1969, 1351; NZA 2011, 413; 2019, 383. Vereinbarung schon während und für **Probezeit** ist gültig, BAG BB 1971, 1196; 1971, 1412; 1984, 533; auch für die Zeit nachher, sie gilt mangels anderer Abrede auch, wenn noch in der Probezeit gekündigt wird, BAG BB 1983, 1347; NZA 2006, 1157, es kann aber als aufschiebende Bedingung eine gewisse Vertragslaufzeit vorgesehen werden, BAG AP HGB § 74 Nr. 78 (zwei Jahre keine überraschende Klausel). Wettbewerbsverbot gilt nicht, wenn das Arbeitsverhältnis nicht vollzogen wird, kann aber ausnahmsweise auch bei vertragswidrigem **Nichtdienstantritt gelten,** so bei intensiver Einweisung und Offenbarung von Interna, BAG NZA 1987, 813, nach BAG BB 1984, 533 Vertragsauslegung.

5 **b) Nach Beendigung** des Arbeitsverhältnisses, auch im Prozessvergleich, kann **Wettbewerbsvereinbarung ohne Karenzentschädigung** abgeschlossen werden, BAG BB 1968, 1120, oder einmalige Ablösung unter der gesetzlichen Mindesthöhe, BAG BB 1968, 1288 (Herabsetzung). Dies soll nach Bauer/Diller Rn. 76 ff. auch möglich sein, wenn aus Anlass einer (einvernehmlichen) Beendigung des Arbeitsverhältnisses ein Wettbewerbsverbot vereinbart wird, fraglich.

Aufhebung einer Wettbewerbsvereinbarung ist jederzeit möglich, BAG NZA 2003, 100, auch durch allgemeine Ausgleichsklausel (weit auszulegen, str.) in Aufhebungsverträgen und Vergleichen, BAG NZA 2009, 318; NZG 2009, 1197,

6. Abschnitt. Handlungsgehilfen und -lehrlinge   6, 7 § 74

auch in einem gerichtlichen Vergleich, BAG NZA 2003, 100; 2006, 854; 2009, 139. Die Grundsätze des Wegfalls der Geschäftsgrundlage finden auf nachvertragliche Wettbewerbsverbote rglm keine Anwendung, es gilt die gesetzliche Risikoverteilung der §§ 74 ff., BAG NZA 2005, 411 (Arbeitsunfähigkeit des Arbeitnehmers).

C. Inhalt der Wettbewerbsvereinbarung. a) Unter §§ 74 ff. fällt jede Art **6 Beschränkung** des Arbeitnehmers **in seiner gewerblichen Tätigkeit,** einerlei ob tätigkeits- oder unternehmensbezogen, ob unmittelbar oder mittelbar, zB bei davon abhängigen Abfindungen oder bei Rückzahlungsklauseln; auch sachlich, zeitlich, örtlich begrenztes Verbot, sofern nicht wirtschaftlich gänzlich irrelevant; auch betr. anderen Wirtschaftszweig als den des Arbeitgebers; auch bedingtes Verbot, zB Bindung an Zustimmung des Arbeitgebers; BAGE 20, 162; BAGE 22, 324; BAG BB 1971, 1411; NZA 1988, 502; OLG Köln NZA-RR 2000, 19; nicht die (auch nachvertragliche) Schweigepflicht (Reichweite → § 59 Rn. 50), BAG NZA 1988, 502. Unter die gewerbliche Tätigkeit fällt auch die berufliche Tätigkeit (so nun § 110 S. 1 GewO), es muss der Arbeitnehmer nicht ein eigenes Gewerbe betreiben, Tätigkeit für Konkurrenz (nicht aber bloßer Abschluss von Rechtsgeschäften mit der Konkurrenz) genügt, Bauer/Diller Rn. 227 ff. Grds. keine Tätigkeit ist die Kapitalbeteiligung an einem anderen Unternehmen. Bei erheblicher wirtschaftlicher Bedeutung für das Konkurrenzunternehmen fallen auch Beteiligungen als Gesellschafter sowie die Gewährung bzw. das Stehenlassen von Darlehen unter ein entsprechend formuliertes Wettbewerbsverbot, BAG NZA 2015, 1255.

Unterlassen des Wettbewerbs und Zahlen der Karenzentschädigung stehen im Synallagma, BAG NZA 2010, 1175, deshalb auch keine Inhaltskontrolle nach § 307 BGB, nach aA sind die §§ 74 ff. leges specialis mit ex post statt ex ante-Kontrolle. Beschränkung der Tätigkeit auch bei Verbot des Wechsels zu Dienstleister, Zulieferer oder Abnehmer mit der Folge der Anwendbarkeit der §§ 74 ff., Bauer/Diller Rn. 251; LAG Nürnberg NZA-RR 2002, 272 (Kunde). Vorschieben eines Angehörigen als konkurrierender Unternehmer ist unzulässige Umgehung des Verbots, BGH BB 1970, 1374. Die Vereinbarung, insbesondere AGBKlausel, muss den Arbeitnehmer eindeutig über seinen Anspruch auf Karenzentschädigung aufklären, vor allem über Freigabe- oder Einschränkungsrechte des Arbeitgebers, BAG NZA 1996, 700. **Bedingtes Wettbewerbsverbot** → § 75a Rn. 2, keine Beschränkung auf Kündigung durch den Arbeitnehmer, BAG NZA 2005, 1376 (Ls.). **Nachvertragliche Schweigepflicht** gilt unabhängig von Wettbewerbsvereinbarung und ohne Entschädigung (→ § 59 Rn. 50). Abzugrenzen sind pauschalisierter Aufwendungsersatz und Schadensersatz, wenn Arbeitnehmer in dem zuvor vom Arbeitgeber geschlossenen (Betreuungs-)Vertrag mit Drittem einsteigt, BAG NZA 2010, 1237.

b) Auslegung der Wettbewerbsvereinbarung nach §§ 133, 157 BGB; idR **7** eng, soweit einseitig vom Arbeitgeber aufgestellt, iZw nur anwendbar auf Tätigkeit im Geschäftszweig des Arbeitgebers, BAG NZA 1997, 1284, gegen eine großzügige, nur an Interessen des Arbeitgebers orientierte Auslegung auch BAG NZA 2006, 854, str. In AGB gehen Unklarheiten nach **(5)** § 305c II BGB zu Lasten des Arbeitgebers als Verwender. Vertragliche Beschränkung des Verbots auf bestimmte Erzeugnisse oder Produktionszweige verwehrt dem Arbeitnehmer Tätigkeit im Konkurrenzunternehmen nur bei Herstellung oder Vertrieb der geschützten Artikel, lässt ihm Tätigkeit sonst frei, BAG BB 1965, 909. Schwierigkeiten einer Überwachung rechtfertigen keine weite Auslegung des Verbots, BAG BB 1965, 909. Verbot eines Arbeitsverhältnisses in Konkurrenzunternehmen schließt iZw nicht Verbot freiberuflicher Tätigkeit ein, LAG Hamburg BB 1969, 362. Im Übrigen ist der Umfang des Verbotes, ob unternehmens- oder tätigkeitsbezogen, nach den tatsächlichen Gegebenheiten zu beurteilen, BAG BB

1970, 801. Tätigkeitsbezogenes Wettbewerbsverbot gilt iZw nicht bei Kündigung vor Arbeitsaufnahme, BAG NZA 1992, 976.

8   c) Die **Laufzeit** beginnt idR mit der rechtlichen Beendigung des Arbeitsverhältnisses, BAG BB 1970, 1010, nicht schon mit Freistellung während Kündigungsfrist, LAG München BB 1977, 1049. Sie endet iZw nicht mit **Ruhestand** des Arbeitnehmers, auch wenn dieser Betriebsrente bezieht (→ § 74c Rn. 1), BAG NZA 1985, 429; 1985, 809. Erst mit Beendigung des Arbeitsverhältnisses steht der genaue Inhalt des Wettbewerbsverbots fest, das Verbot ist dynamisch und folgt jedenfalls hinsichtlich der Rechtfertigung den geschäftlichen Interessen des Arbeitgebers, BAG NZA 2010, 1175. Gesetzliches Rücktrittsrecht nach §§ 323 ff. BGB, wenn die andere Vertragspartei die Leistung nicht vertragsgemäß erbringt, BAG NZA 2018, 578. **Aufhebung** des Arbeitsverhältnisses s. § 75. Abgeltungsklauseln im Abwicklungs- oder Aufhebungsvertrag sind grundsätzlich weit auszulegen und nicht ungewöhnlich iSv (5) BGB § 305c, BAG NZA 2009, 318.

9   d) Die Rechte aus der Vereinbarung gehen bei **Erbfolge** oder **Umwandlung** auf den neuen Arbeitgeber über. Bei **Betriebsübergang** gilt § 613a BGB (→ § 59 Rn. 17–21, Gaul/Ludwig NZA 2013, 489), also Übergang außer bei Widerspruch des Arbeitnehmers (→ § 59 Rn. 19). Der Erwerber muss aber seinerseits ein berechtigtes Interesse an dem Wettbewerbsverbot haben (§ 74a I 1, aA Gaul/Ludwig NZA 2013, 491); besteht ein solches Interesse, wird ein beim Veräußerer bisher unverbindliches Verbot verbindlich. Im Übrigen können die Rechte aus der Vereinbarung nur mit Zustimmung des Arbeitnehmers auf einen anderen Arbeitgeber **übertragen** werden, BAG BB 1966, 496; 1972, 447; bei Geschäftsaufgabe oder Übertragung entfällt aber idR das berechtigte geschäftliche Interesse des bisherigen Arbeitgebers an Aufrechterhaltung, BAG BB 1966, 496. Die Bindung des Arbeitnehmers wird durch Zustimmung zur Übertragung nicht verschärft; zur Ausdehnung des Wettbewerbsverbots auf vom Geschäftserwerber bearbeitete andere Geschäftszweige ist Vertragsänderung notwendig.

10   D. **Rechtsfolgen von Verstößen des Arbeitnehmers. a)** Der **Arbeitgeber kann** bei Verstoß des Arbeitnehmers gegen ein wirksames Wettbewerbsverbot **verlangen:** (1) **Unterlassung** des Zuwiderhandelns (vertraglicher Erfüllungsanspruch), BAG BB 1970, 801; NZA 2010, 1175 (Bsp. für einstweilige Verfügung: LAG Hessen BB 1956, 853; LAG Niedersachsen NZA-RR 2006, 426, tatsächliche Vermutung für Wiederholungsgefahr) und **Beseitigung fortbestehender Störung,** zB Schließung eines dem Verbot zuwiderlaufenden HdlGeschäfts und Löschenlassen der Eintragung dieses Geschäfts im HdlReg.

11   (2) **Schadensersatz** (wegen Pflichtverletzung), BAG BB 1968, 1288; es gelten §§ 280 ff. BGB. Beweislastverteilung str., § 619a BGB ist für nachvertragliche Pflichtverletzungen restriktiv zu interpretieren, dann § 280 I 2 BGB, Bauer/Diller NJW 2002, 1611. Regelverjährung von drei Jahren (§§ 195, 199 BGB), nicht entspr. § 61 II.

12   (3) Der Arbeitgeber hat Recht zum (von der Entschädigungspflicht befreienden) **Rücktritt,** § 323 BGB, Abmahnung gemäß § 323 III BGB ggf. entbehrlich (§ 323 II BGB); uU auch § 326 V BGB (wenn der Arbeitnehmer sich die Befolgung der Wettbewerbsabrede unmöglich machte); laut Bauer/Diller NJW 2002, 1612 § 323 V BGB, aber zweifelhaft.

13   (4) **Wegfall der Entschädigung,** solange Arbeitnehmer der Abrede zuwider handelt, § 326 I 1 BGB (Unmöglichkeit wegen Nicht-Nachholbarkeit der Einhaltung des Wettbewerbsverbots), BAGE 2, 258; BB 1960, 1326; NZA 2010, 1175, auch grds. zur Anwendbarkeit der §§ 320 ff. BGB BAG NZA 2015, 1256. Rückforderung der Entschädigung nach § 326 IV BGB für Dauer des Verstoßes (nach aA §§ 812 ff. BGB), auch anteilig bei Pauschalentschädigung, vgl. BAG BB 1968, 1288; hält Arbeitnehmer Wettbewerbsverbot wieder ein, kann er auch wieder Karenzentschädigung verlangen (unbeschadet weitergehender Rechte des Arbeitgebers nach → Rn. 11, 12), BAG NZA 1986, 134.

(5) **Auskunft, Anspruch auf Nennung des neuen Arbeitgebers** und Aufklärung der entstandenen Schäden, falls der Arbeitnehmer durch sein Verhalten begründeten Verdacht für Wettbewerbsverstoß setzt, BAG BB 1968, 1288; NZA 1994, 116. Der Auskunftsanspruch (s. auch § 74c II) kann durch Stufenklage (§ 254 ZPO) zusammen mit Erfüllungsanspruch geltend gemacht werden. **14**

b) Der Arbeitgeber hat dagegen anders als nach § 61 I **kein Recht auf Gewinnherausgabe;** idR auch nicht Anspruch aus §§ 823 I, 1004 BGB (Unternehmensschutz → Einl. vor § 1 Rn. 33–34), weil die vertraglich verbotenen Handlungen ohne den Vertrag nicht rechtswidrig sind, auch nicht Anspruch aus § 823 II BGB, weil die Abrede nicht Schutzgesetz ist. **15**

c) Ansprüche unabhängig von der Wettbewerbsabrede folgen aus § 3 UWG, §§ 6ff. GeschGehG ua (→ Rn. 2). Vertragsstrafe s. § 75c. Grenzüberschreitende Durchsetzung nachvertraglicher Wettbewerbsverbote, Diller/Wilske DB 2007, 1866. **16**

2) Form (I)

A. **Schriftform.** Die Vereinbarung als ganze (inklusive Höhe der Karenzentschädigung) und auch ein Vorvertrag ist schriftlich zu treffen, BAG NZA 2019, 385, dh von beiden Parteien auf derselben Urkunde zu unterzeichnen (§ 126 II 1 BGB), BAG NZA 1985, 429, oder, wenn über sie mehrere gleich lautende Urkunden aufgenommen werden, mindestens von jedem Teil auf der für den anderen bestimmten (§ 126 II 2 BGB), BAG NZA 2011, 413; beides ist ersetzbar durch die elektronische Form (elektronische Signatur), notarielle Beurkundung oder gerichtlichen Vergleich (§§ 126 III, IV, 126a, 127a BGB). Stellvertretung muss sich ggf. durch entsprechenden Zusatz aus der Urkunde selbst ergeben, LAG Hamm NZA-RR 2005, 428 (Prokurist); BAG NZA 2005, 865 (gesamtvertretungsberechtigte Gesellschafter), zutreffend ist ein Handeln in Vertretung etwa bei Personalleitern und Prokuristen zu vermuten, Bauer/Diller Rn. 193. Verschiedene Blätter der Urkunde müssen nicht fest verbunden sein, Zusammengehörigkeit muss aber klar erkennbar sein, einheitliche Urkunde, BAG NZA 2011, 413, nach BAG NZA 1985, 429 bei Verweis auf nicht unterschriebene Wettbewerbsabrede feste Verbindung nötig. Aufhebung ist jederzeit auch formlos möglich, BAG NZA 1989, 2149. **Muster:** Hopt/Merkt VertrFormB/Emde, Form I. F. 1 (Nachvertragliches Wettbewerbsverbot). **17**

B. **Aushändigung der Urkunde.** Die Vereinbarung bedarf der Aushändigung einer vom Arbeitgeber unterzeichneten, die Vereinbarung enthaltenden Urkunde (auch im Falle notarieller Beurkundung, § 126 IV BGB) bzw. eines elektronischen Dokuments mit elektronischer Signatur (s. § 126a BGB) an den Arbeitnehmer. Arbeitnehmer soll sich jederzeit über den Inhalt der Wettbewerbsabrede vergewissern können, dies ohne Rücksprache beim Arbeitgeber, BAG NZA 2005, 411. Verweigerung der Annahme steht Übergabe gleich, falls Aushändigung in angemessener Frist angeboten wird. Wettbewerbsklausel im TV ersetzt Schriftform, doch ist dann der TV auszuhändigen. Verweisung zB auf gesetzliche Bestimmungen genügt, BAG BB 1975, 1481; NZA 2006, 1157. **18**

C. **Formfehler.** Verstoß gegen Schriftformerfordernis macht die Vereinbarung nichtig, § 125 S. 1 BGB, nicht aber den Arbeitsvertrag, RGZ 146, 118. Übergabe der (Original-)Urkunde ist keine Form-, sondern bloße Dokumentationsvorschrift, der Arbeitgeber kann sich aber mangels Übergabe nicht auf das Wettbewerbsverbot berufen, der Arbeitnehmer hat dagegen ein Wahlrecht, BAG NZA 2005, 411, auch bei formunwirksamem Vorvertrag, BAG NZA 2011, 413 (vgl. → § 74a Rn. 3), anders noch BAG BB 1957, 1109. Berufung des Arbeitgebers auf von **19**

§ 74a

ihm (oder Erfüllungsgehilfen, § 278 BGB) verschuldete Formfehler ist unzulässig, RAGE 14, 146; LAG Düsseldorf ArbRAktuell 2010, 276 (Ls.), str.

3) Grundsatz der bezahlten Karenz (II)

20 Die Vereinbarung ist nur dann (beiderseits) verbindlich, wenn der Arbeitgeber (oder ein zweifelsfrei gleich sicherer Dritter, zB MutterGes) sich in ihr (dh in der auszuhändigenden Urkunde, → Rn. 17–19) zur Zahlung einer **Karenzentschädigung** von insgesamt pro Jahr mindestens der Hälfte der zuletzt (dh bei Dienstende) bezogenen Vertragsleistung für die Dauer des Verbots verpflichtet (II), LAG Hessen DB 1991, 709. Abfindung für Verlust des Arbeitsplatzes ist nicht Karenzentschädigung, BAG NZA 1995, 72. „Für jedes Jahr des Verbots" ist irreführend, denn die Entschädigung ist in Monatsbeträgen zahlbar (§ 74b I), und die Zahlung kann auch im laufenden Jahr (Kalenderjahr oder vom Dienstende gerechnet) enden (vgl. § 74a I 1, 2). Näher zu Zahlung und Berechnung der Karenzentschädigung s. § 74b, zur Anrechnung anderweitigen Erwerbs s. § 74c. § 74 II ist verfassungsgemäß, obwohl Gesetzgeber für HV eine andere Regelung getroffen hat (§ 90a aF), BAG BB 1973, 1306. Der Anspruch auf Karenzentschädigung **entsteht** ohne weiteres durch Unterlassen des Wettbewerbs durch den Arbeitnehmer, BAG NZA 2005, 411 (→ § 74b Rn. 1). **Muster:** Hopt/Merkt VertrFormB/Emde, Form I. F.1 (Nachvertragliches Wettbewerbsverbot).

21 **Zusage** der „nach dem Gesetz zu leistenden Vergütung" genügt (str.), ebenso iZw die allgemeine Bezugnahme auf die maßgebenden Vorschriften des HGB, BAG NZA 2003, 100; 2006, 1157, kritisch Bauer/Diller Rn. 438 ff.; Diller NZA 2014, 1184, wegen der Komplexität der §§ 74 ff. und insbesondere § 74b II sollte aber vom Erfordernis einer konkreten Bezifferung abgesehen werden. Zusage der Karenzentschädigung ist auch erforderlich, wenn Konkurrenztätigkeit des noch berufstätigen, mit unverfallbarer Ruhegeldanwartschaft ausgeschiedenen Arbeitnehmers ausgeschlossen werden soll, BAG BB 1976, 793. Karenzentschädigung muss **unbedingt** zugesagt werden; Zusage für den Fall, dass Arbeitgeber die Zustimmung zu einer Konkurrenztätigkeit verweigert, genügt nicht, auch nicht Beschränkung auf bestimmte Beendigungsgründe, Bauer/Diller Rn. 156, 686 ff.; zum bedingten Wettbewerbsverbot → § 75a Rn. 2.

22 **Zu niedrige oder fehlende Zusage:** Rechtsfolge bei Verstoß gegen II folgt aus § 75d (Unverbindlichkeit, auch → § 74a Rn. 3), auch bei Entschädigung nach Ermessen des Arbeitgebers, BAG NZA 2014, 537. Bei zu niedriger Zusage (auch infolge falscher Berechnung der Entschädigung) kann der Arbeitgeber sich also nicht auf die Vereinbarung berufen (bei offener Unterschreitung § 75d S. 1, bei versteckter S. 2); Arbeitnehmer hat dagegen ein Wahlrecht, BAG NZA 2022, 716 → § 75d Rn. 2. Fehlt solche Verpflichtung ganz, bleibt für eine Wahl kein Raum, BAG NZA 2017, 847, 22, 718; die unverbindliche Vereinbarung kommt dann einer nichtigen gleich (BAG NZA 2017, 848: Nichtigkeit auch bei salvatorischer Klausel, zust. Naber NZA 2017, 1172), auch wenn das Verbot nur Abwerbung verhindern soll, BAG BB 1970, 35; NZA 2010, 1175; ebenso bei während der Vertragsdauer laufend zu zahlenden Teilbeträgen, weil Vertragsdauer und Erreichen des Betrags nach II ungewiss sind, BAG DB 1982, 125. Vergütung aus Arbeitnehmererfindung reicht nicht aus, Bauer/Diller Rn. 46.

[Unverbindliches oder nichtiges Verbot]

74a (1) ¹**Das Wettbewerbsverbot ist insoweit unverbindlich, als es nicht zum Schutze eines berechtigten geschäftlichen Interesses des Prinzipals dient.** ²**Es ist ferner unverbindlich, soweit es unter Berücksichtigung der gewährten Entschädigung nach Ort, Zeit oder Gegenstand eine unbillige Erschwerung des Fortkommens des Gehilfen enthält.** ³**Das Verbot kann nicht**

auf einen Zeitraum von mehr als zwei Jahren von der Beendigung des Dienstverhältnisses an erstreckt werden.

(2) ¹Das Verbot ist nichtig, wenn der Gehilfe zur Zeit des Abschlusses minderjährig ist oder wenn sich der Prinzipal die Erfüllung auf Ehrenwort oder unter ähnlichen Versicherungen versprechen läßt. ²Nichtig ist auch die Vereinbarung, durch die ein Dritter an Stelle des Gehilfen die Verpflichtung übernimmt, daß sich der Gehilfe nach der Beendigung des Dienstverhältnisses in seiner gewerblichen Tätigkeit beschränken werde.

(3) Unberührt bleiben die Vorschriften des § 138 des Bürgerlichen Gesetzbuchs über die Nichtigkeit von Rechtsgeschäften, die gegen die guten Sitten verstoßen.

1) Unverbindlichkeit des Wettbewerbsverbots (I)

A. Voraussetzungen der Unverbindlichkeit (I 1, 2): Unverbindlich ist 1 oder wird das Verbot nach I 1 und 2, **soweit** es nach den (sich uU ändernden) Verhältnissen zwischen Dienstende und Ablauf seiner Höchstgeltungsdauer (abw. Meinungen: nach den Verhältnissen bei Vereinbarung, bei Dienstende, bei Aufnahme einer Konkurrenztätigkeit) entweder

a) über den **Schutz berechtigter geschäftlicher Interessen** des **Arbeitgebers hinausgeht (I 1).** Berechtigtes geschäftliches Interesse ist anzuerkennen, wenn das Wettbewerbsverbot dem Schutz von Betriebsgeheimnissen dient oder den Einbruch in den Kunden- oder Lieferantenkreis verhindern soll; das bloße Interesse, Konkurrenz einzuschränken, genügt nicht, BAG NZA 1996, 310, stRspr, hL. Bspe: Unzulässig nach endgültiger Veräußerung des HdlGeschäfts des Arbeitgebers, BAG BB 1966, 496 (→ § 74 Rn. 9); wenn keine Beziehung zur früheren Tätigkeit besteht, sondern lediglich die Möglichkeit, dass Arbeitnehmer irgendwie zur Stärkung der Konkurrenz beiträgt, BAG BB 1966, 1025; aA Schlegelb/Schröder Rn. 3a; soweit das Verbot über den Geschäftszweig des Arbeitgebers hinausgeht; für Auslandtätigkeit, die nach Recht des betreffenden Staates illegal wäre, BAG BB 1963, 1421. Zulässig bei Erstreckung auf ganze Branche in Entwicklungsland, BAGE 19, 164; Ausgliederung der Abteilung, in der der Arbeitnehmer tätig war, und Umwandlung in selbstständige Ges., deren maßgebender Gfter der bisherige Arbeitgeber ist, berührt das berechtigte Interesse nicht, BAGE 19, 267, ebenso Zusammenlegung mehrerer Unternehmen oder Betriebe; berechtigtes geschäftliches Interesse bei Konzernen und Kooperationen s. Kracht BB 1970, 584. Fehlen des berechtigten geschäftlichen Interesses kann nur Arbeitnehmer geltend machen, nicht Arbeitgeber, BAG BB 1971, 1411. Für den Umfang des Überschneidens der Geschäftsbereiche gibt es keine feste Grenze (etwa 10 Prozent), LAG Baden-Württemberg NZA-RR 2008, 508;

b) oder wenn es nach Ort, Zeit oder Gegenstand unter Berücksichtigung (ua) 2 der vom Arbeitgeber geschuldeten Entschädigung **das Fortkommen des Arbeitnehmers unbillig erschwert (I 2).** Beurteilung nach allen Umständen des Einzelfalls, Alter des Arbeitnehmers, seine Stellung im Betrieb, Höhe der Entschädigung, Umfang des Wettbewerbsverbots, Mobilität der jeweiligen Berufsgruppe, BAG NZA 2010, 1175, bei Vorvertrag, wenn ArbG auch noch nach Erkl der Künd oder Aufhebungsvertrag nachvertr Wettbewerbsverbot fordern kann, BAG NZA 2019, 386. Praktisch kommt unbillige Erschwerung insbesondere bei Geringverdienern (vgl. § 74a I 1 aF) sowie bei Teilzeitbeschäftigten in Betracht, ferner bei Zwang zur Aufgabe des Berufs („Berufsverbot"), LAG Hamm NZA-RR 2003, 513, bei Vertriebsmitarbeitern aber auch deutschlandweites branchenspezifisches Verbot möglich, LAG Baden-Württemberg NZA-RR 2008, 508. Bauer/Diller Rn. 59, 311 sehen gewerbliche Arbeitnehmer rglm als Fall des I 1 an, zutr. ist Prüfung geschäftlicher Interesses nötig. Wenn kein Schutz berechtigter geschäftlicher Interessen nach I 1 rglm auch unbillige Fortkommenserschwerung des Arbeitnehmers.

3   B. **Rechtsfolgen der Unverbindlichkeit (I 1, 2):** Rechtsfolge nach I 1, 2 ist rechtliche Unverbindlichkeit der Wettbewerbsabrede bzw. des Vorvertrags, BAG NZA 2011, 413, uU ist entspr. Beschränkung des Verbots zB auf Tätigkeit für bestimmte Wettbewerber möglich, RGZ 77, 399, auf bestimmten räumlichen Geltungsbereich, ipso iure in Form einer geltungserhaltenden Reduktion, nicht erst durch vom Arbeitnehmer zu erwirkenden Richterspruch, BAG NZA 2010, 1175. Der **Arbeitgeber** kann sich also **nicht** auf das unverbindliche Wettbewerbsverbot berufen. Dagegen hat der **Arbeitnehmer** ein **Wahlrecht,** ob er sich an das Wettbewerbsverbot halten oder von ihm lösen will (→ § 75d Rn. 2). Bei teilweise unwirksamem Wettbewerbsverbot kann vom Arbeitgeber nur hinsichtlich des wirksamen Teils Unterlassung etc geltend gemacht werden, BAG NZA 2010, 1175. Der Arbeitnehmer kann den verbleibenden Umfang des Wettbewerbsverbots durch Feststellungsklage klären lassen, Bauer/Diller Rn. 180ff., 338, nicht aber allgemein die Wirksamkeit, LAG Hamm NZA-RR 2003, 513. Vorschussweise gewährte unzureichende Karenzentschädigung kann Wahlrecht behindern und braucht nicht zurückgezahlt zu werden, BAG DB 1982, 125.

4   C. **Zeitliche Beschränkung (I 3):** Das Verbot kann **nicht** für **mehr als zwei Jahre** nach Beendigung des Dienstverhältnisses vereinbart werden, abzustellen ist auf die rechtliche Beendigung, nicht bereits auf eine (bezahlte) Freistellung. Bei einem auf ein Arbeitsverhältnis folgenden freien Mitarbeiterverhältnis beginnt es erst nach Beendigung des letzteren, BAG BB 1970, 1010. I 3 wird wie I 1 und 2 als Unverbindlichkeitstatbestand angesehen, ist aber anders geregelt. Ein für längere Zeit vereinbartes Verbot ist nicht insgesamt unverbindlich, sondern für zwei Jahre wirksam und nur darüber hinaus unwirksam, BAG BB 1984, 535. Diese Teilunwirksamkeit gilt zutr. für beide Teile, also anders als nach I 1, 2 (→ Rn. 3) ohne Wahlrecht auch für den Arbeitnehmer, str., aA ganz hM, ua LAG Düsseldorf NZA-RR 1998, 58; Staub/Weber Rn. 27, Berufung des Arbeitgebers auf Unwirksamkeit kann aber treuwidrig sein. Weitere Kürzung der Dauer des Verbots im Einzelfall aus I 1, 2 (→ Rn. 1–3).

2) Nichtigkeit des Wettbewerbsverbots (II)

5   A. **Minderjährigkeit des Arbeitnehmers (II 1 Fall 1):** II normiert 3 Nichtigkeitsgründe, der der Geringbesoldung II 1 aF ist weggefallen, II 2, 3 aF sind jetzt II 1, 2 (4. EuroEG 2000). Nichtig ist die Vereinbarung mit einem (zzt. der Vereinbarung) minderjährigen Arbeitnehmer. Bestätigung nach Eintritt der Volljährigkeit ist neue Vereinbarung (§ 141 I BGB), vgl. RG JW 1925, 2230.

6   B. **Ehrenwort (II 1 Fall 2):** Nichtig ist die Vereinbarung auch dann, wenn sich Arbeitgeber die Einhaltung des Wettbewerbsverbots (nicht anderer Zusagen, zB der Wahrung von Geheimnissen, OLG Hamburg OLG Rspr 36, 254) **auf Ehrenwort** oder unter ähnlichen Versicherungen (zB eidlich, eidesstattlich) versprechen lässt, RGZ 78, 260, einerlei ob schriftlich oder mündlich, auch ohne Aufforderung durch Arbeitgeber, der aber das spontan gegebene Ehrenwort in angemessener Frist (zB nach Beratung) zurückweisen und dadurch unschädlich machen kann. Nach Bauer/Diller Rn. 223 ist die Vorschrift wegen der gewandelten Moralvorstellungen unanwendbar.

7   C. **Abrede zwischen Unternehmer und Drittem (II 2):** Nichtig ist auch die Vereinbarung, dass **ein Dritter anstelle des Arbeitnehmers** (nicht neben ihm und einerlei ob dieser zur wirksamen Wettbewerbsabrede fähig ist oder nicht, vgl. II 1) die Verpflichtung übernimmt, dass sich der Arbeitnehmer entspr. beschränken werde. Darunter fällt sowohl die Pflicht des Dritten, für Folgen des

6. Abschnitt. Handlungsgehilfen und -lehrlinge   1   § 74b

Zuwiderhandelns durch den Arbeitnehmer einzustehen (Garantie), als auch die bloße Pflicht, sich entspr. zu bemühen.

3) Sittenwidrigkeit (III, § 138 BGB)

III hält ausdrücklich die Anwendbarkeit des **§ 138 BGB** neben §§ 74 ff. aufrecht. § 138 BGB greift jedoch nur ein, soweit das Wettbewerbsverbot über die Sonderbestimmungen der §§ 74 ff. hinausgeht; sonst ergeben sich Grenzen der Vertragsfreiheit und Rechtsfolgen der Verletzung nur aus diesen, BAG BB 1968, 504. Bsp. für § 138 BGB: zu unbestimmtes und weitreichendes Wettbewerbsverbot, LAG Düsseldorf BB 1997, 319 (Ls.). 8

4) AGBKontrolle

(5) § 310 IV 2 BGB idF SMG unterwirft anders als früher auch Arbeitsverträge den Bestimmungen der §§ 305–310 BGB (außer § 305 II, III BGB) unter angemessener Berücksichtigung der im Arbeitsrecht geltenden Besonderheiten (→ § 59 Rn. 43). Das Wettbewerbsverbot ist idR keine überraschende Klausel iSv (5) § 305c I BGB. Inhaltskontrolle nach (5) §§ 307–309 BGB ist, soweit nicht schon §§ 75 ff. eingreifen, möglich (zB Transparenzgebot, BAG NZA 2008, 170). Ob für Vertragsstrafenklauseln über § 75c hinaus (5) § 309 Nr. 6 BGB gilt war fraglich, abl. BAG NZA 2006, 34; 2008, 170; Henssler RdA 2002, 138; Gotthardt ZIP 2002, 283; Bauer/Diller NJW 2002, 1614; bejahend Däubler NZA 2001, 1336; Reinecke DB 2002, 585. Übersicht: Thüsing/Leder BB 2004, 46; Koch RdA 2006, 28; Straube BB 2013, 117. 9

[Zahlung und Berechnung der Entschädigung]

§ 74b (1) **Die nach § 74 Abs. 2 dem Handlungsgehilfen zu gewährende Entschädigung ist am Schlusse jedes Monats zu zahlen.**

(2) ¹**Soweit die dem Gehilfen zustehenden vertragsmäßigen Leistungen in einer Provision oder in anderen wechselnden Bezügen bestehen, sind sie bei der Berechnung der Entschädigung nach dem Durchschnitt der letzten drei Jahre in Ansatz zu bringen.** ²**Hat die für die Bezüge bei der Beendigung des Dienstverhältnisses maßgebende Vertragsbestimmung noch nicht drei Jahre bestanden, so erfolgt der Ansatz nach dem Durchschnitt des Zeitraums, für den die Bestimmung in Kraft war.**

(3) **Soweit Bezüge zum Ersatze besonderer Auslagen dienen sollen, die infolge der Dienstleistung entstehen, bleiben sie außer Ansatz.**

1) Zahlung (I)

A. Inhalt und Reichweite von § 74b. § 74b regelt nur Zahlung und Berechnung der Karenzentschädigung. Das **Bestehen des Anspruchs auf Entschädigung** setzt er voraus (s. II). Ist die Wettbewerbsvereinbarung wirksam bzw. wählt der Arbeitnehmer Einhaltung des Wettbewerbsverbots (→ § 74a Rn. 3), besteht der Anspruch dem Grunde nach, **auch wenn der Arbeitnehmer zum Wettbewerb nicht imstande ist**, gleichgültig aus welchem Grund, zB Arbeitsunfähigkeit, BAG NZA 2005, 411, wirtschaftlich, wegen Alters oder schlechter Gesundheit, BAG BB 1977, 95, wegen Aufnahme eines Studiums, BAG NZA 1996, 1039; Ausnahme Verbüßung einer Freiheitsstrafe, s. § 74c I 3. An dieser Risikoverteilung ändert § 313 BGB (Geschäftsgrundlage) nichts, BAG NZA 2005, 411. Der Anspruch besteht auch, wenn der Arbeitnehmer bei eigener Kündigung von einem Weiterbeschäftigungsangebot keinen Gebrauch macht, BAG BB 1977, 95. Vertragliche **Verfallklausel** (→ § 59 Rn. 79) ist auch für Karenzentschädigung zulässig, BAG NZA 1998, 258. Ausgleichsquittung (→ § 59 Rn. 80) enthält iZw keinen **Verzicht** auf Karenzentschädigung, BAG BB 1982, 1

861. **Nichtleistung** kann unter den Voraussetzungen des § 323 BGB Rücktritt des Arbeitnehmers von der Verbotsvereinbarung rechtfertigen, RGZ 79, 311.

2 B. **Zahlung (I).** Die Zahlung der Entschädigung hat in Raten iZw jeweils am **Monatsschluss** (vom Dienstende gerechnet, zB von Mitte zu Mitte der Kalendermonate) zu erfolgen. Früherlegen der Fälligkeit ist möglich, auf Späterlegen kann sich der Arbeitgeber nicht berufen (§ 75d). Für die Entschädigung gilt **Pfändungsschutz** für Arbeitseinkommen nach § 850 IIIa ZPO; bei mehreren Arbeitseinkommen ist unpfändbarer Betrag in erster Linie demjenigen Arbeitseinkommen zu entnehmen, das die wesentliche Grundlage der Lebenshaltung des Schuldners bildet (§ 850e Nr. 2 ZPO), so zB wenn der Arbeitnehmer Gehalt (aus neuer Anstellung) und Karenzentschädigung (aus alter) empfängt; ist nur das laufende Gehalt gepfändet, bleibt die Karenzentschädigung unberührt. Soweit die Entschädigung unpfändbar ist, ist ihre **Abtretung** unzulässig; ebenso **Aufrechnung** gegen sie, §§ 400, 394 BGB. **Verjährung** nicht des Stammrechts, sondern nur der einzelnen Rate, in drei Jahren (§§ 195, 199 BGB, vor SMG zwei Jahre, BAG NZA 1984, 354). Kündigt der Insolvenzverwalter dem GmbH-Geschäftsführer ohne weitere Erklärungen, so ist die Karenzentschädigung normale Insolvenzforderung, keine Masseschuld, BGH NZG 2009, 1438. Anspruch setzt voraus, dass der Arbeitnehmer das Wettbewerbsverbot soweit einhält, wie es nach § 74a verbindlich ist, BAG NZA 2010, 1175, es muss bei nur teilweiser Wirksamkeit nicht vollständig eingehalten werden.

2) Berechnung (II, III)

3 Der geschuldete Monatsbetrag ist aus einem Jahresentschädigungsbetrag zu errechnen. Der Jahresentschädigungsbetrag beträgt mangels günstigerer Abrede die Hälfte des gesamten Jahresarbeitsentgelts (s. § 74 II). Der Gesamtbetrag des Jahresarbeitsentgelts wird nach § 74b durch Addition des Jahresbetrags der letzten festen Bezüge (hierbei letztes Monats-, Wochen-, Tagesgehalt multipliziert mit 12, 52, 365) und des Jahresbetrags wechselnder Bezüge (zB Gewinnbeteiligung), BAG BB 1957, 148, gebildet **(II)**; beides mit Auslassung von Bezügen zum Ersatz besonderer, durch den Dienst verursachter Auslagen **(III)**.

Maßgeblich sind die letzten Bezüge, nicht wie sich der Verdienst fortentwickelt hätte, BAG NZA 2009, 962. Unberücksichtigt bleiben auch fest vereinbarte Lohnsteigerungen. Dies gilt grundsätzlich auch bei **Teilzeitbeschäftigten**, erscheint aber fraglich, wenn aus familiären Gründen (Elternteilzeit) zuletzt nur Teilzeit gearbeitet wurde (so BAG NZA 2009, 962). Nach Bauer/Diller Rn. 414 soll dann auf die Bezüge der letzten drei Jahre abgestellt werden (II analog), sachgerechter erscheint es, auf die für die Karenzzeit vereinbarte und zu erwartende Arbeitszeit abzustellen.

Mitzurechnen ist ua freiwillige widerrufliche außertarifliche Zulage (Tarifgehalt und Zulage zusammenrechnen als Gehalt, nicht als „wechselnde Bezüge" iSv II), BAG BB 1966, 1310; bei Spesenpauschale mit Vergütungsanteil auch dieser Anteil; freiwillige Gratifikation, BAG BB 1972, 1094; 1974, 277; ein bei Ausscheiden fälliges, noch ausstehendes 13. Monatsgehalt, auf welches der Arbeitnehmer trotz Ausscheidens Anspruch hat, BAG BB 1977, 95, Dienstwagen; Gewinnbeteiligung → § 74c Rn. 1. **Nicht** mitzurechnen sind SozVersZuschüsse des Arbeitgebers, BAG BB 1982, 2052. Bei Einmal-Zahlungen (Gratifikationen und ähnlichen Sonderleistungen) ist der **Durchschnitt** der letzten drei Jahre maßgeblich, BAG BB 1977, 95; bei Gewinnbeteiligungen ist dabei auf den Zeitraum abzustellen, für den die Beteiligung gedacht ist, nicht auf Fälligkeit, BAG NZA 1990, 519. Die Berechnung des anzurechnenden Erwerbs erfolgt hingegen monatsweise (→ § 74c Rn. 1). Zutreffend auf die tatsächliche Entwicklung abzustellen ist bei gewinn- oder umsatzabhängigen Tantiemen, Bauer/Diller Rn. 425.

6. Abschnitt. Handlungsgehilfen und -lehrlinge 1, 2 § 74c

[Anrechnung anderweitigen Erwerbs]

74c (1) ¹Der Handlungsgehilfe muß sich auf die fällige Entschädigung anrechnen lassen, was er während des Zeitraums, für den die Entschädigung gezahlt wird, durch anderweite Verwertung seiner Arbeitskraft erwirbt oder zu erwerben böswillig unterläßt, soweit die Entschädigung unter Hinzurechnung dieses Betrags den Betrag der zuletzt von ihm bezogenen vertragsmäßigen Leistungen um mehr als ein Zehntel übersteigen würde. ²Ist der Gehilfe durch das Wettbewerbsverbot gezwungen worden, seinen Wohnsitz zu verlegen, so tritt an die Stelle des Betrags von einem Zehntel der Betrag von einem Viertel. ³Für die Dauer der Verbüßung einer Freiheitsstrafe kann der Gehilfe eine Entschädigung nicht verlangen.

(2) Der Gehilfe ist verpflichtet, dem Prinzipal auf Erfordern über die Höhe seines Erwerbes Auskunft zu erteilen.

1) Anrechnung eines anderweitigen Erwerbs (I)

A. **Anrechnung des tatsächlichen Erwerbs (I 1 Alt. 1).** Der Arbeitnehmer 1 (nicht analog auch der GmbHGeschäftsführer, BGH WM 2008, 1226, → § 74 Rn. 3) muss sich auf die fällige Entschädigung nach I 1 zwei Beträge, den tatsächlichen und einen fiktiven Erwerb, anrechnen lassen. Auf jeden Fall muss er sich anrechnen lassen, was er in der Zeit, für welche die Entschädigung geschuldet wird, durch anderweite Verwertung seiner Arbeitskraft erwirbt (I 1 Fall 1). Grund: keine Prämie für Stellenaufgabe, keine Übersicherung, Entlastung des Arbeitgebers ist nur Reflex, BGH WM 2008, 1226. Welche Leistungen nach I anzurechnen sind, ist wie für die vertragsgemäßen Leistungen nach § 74 II zu bestimmen und zu berechnen; maßgebend ist, für welche Zeiten die Vergütung, zB Gewinnbeteiligung, erbracht, nicht wann sie fällig ist oder tatsächlich ausgezahlt wird, BAG BB 1974, 277; NZA 1990, 519; 2019, 842. Dazu gehören außer anderweitigem Arbeitseinkommen zB Einkommen aus selbstständiger Tätigkeit, BAG NJW 2006, 3228, Gewinnbeteiligung, auch Gratifikationen und andere Sonderzahlungen, auf die kein Rechtsanspruch besteht, BAG BB 1974, 277; Arbeitslosengeld, BAG NZA 1990, 975; 1992, 800; 2005, 411; BSG ZIP 1993, 782; Überbrückungsgeld, BAG NJW 2006, 3227. Anzurechnen ist nur, was durch anderweite Verwertung der freigewordenen Arbeitskraft verdient wird, Schütze DB 1971, 918. Karenzentschädigung eines Monats und Erwerb dieses Monats sind zu vergleichen (pro rata temporis), nicht Erwerb und Entschädigung des ganzen Zeitraums, Gesamtabrechnung ist unzulässig (anders nach hM bei § 615 S. 2 BGB), BAG NZA 1999, 936; NJW 2006, 3229.

Nicht anzurechnen ist der Erwerb, den der Arbeitnehmer auch sonst hätte erzielen können, also außerhalb der beruflichen Betätigung, zB Einnahmen aus Nebentätigkeiten, die bereits während des Arbeitsverhältnisses ausgeübt worden sind, nicht anderen erst nachher aufgenommenen, auch wenn sie schon vorher hätten ausgeübt werden können, str., Heymann/Henssler/Michel Rn. 8; Gewinnbeteiligungen und Kapitalerträge, daher Aufgliederung des Einkommens bei eigener Geschäftstätigkeit des Arbeitnehmers als Geschäftsführer oder Gfter, BAG BB 1967, 959; Gumpert BB 1970, 890; Altersrente der gesetzlichen Rentenversicherung, BAG NZA 1985, 429, Betriebsrente, außer wenn Anrechnung vereinbart, vgl. BAG NZA 1985, 809; Übergangsgeld nach AVG (nun SGB VI), BAG NZA 1990, 397; Einnahmen aus der Privatsphäre wie Mieteinnahmen, Sozialleistungen ua. Anrechenbar ist nur das gezahlte Gehalt, nicht zB steuerfreie Aufwandsentschädigung, Dienstwagen, Auslagenersatz, Auslandszuschlag, Bungalow im Ausland, BAG BB 1985, 198.

B. **Anrechnung eines fiktiven Erwerbs (I 1 Alt. 2).** Der Arbeitnehmer muss 2 sich außerdem anrechnen lassen, **was er** so **zu erwerben böswillig unterlässt;**

vgl. dazu zunächst § 615 S. 2 BGB (→ § 59 Rn. 73). Grund: keine Prämie für Stellenaufgabe und Leben, ohne zu arbeiten. Böswillig handelt der Arbeitnehmer, wenn er in Kenntnis von Arbeitsmöglichkeit, Zumutbarkeit der Arbeit und Nachteil für Arbeitgeber untätig bleibt oder gegen zu geringe Vergütung arbeitet, BAG BB 1967, 539; NJW 1989, 2149; NZA 2001, 26. Es kommt also maßgeblich auf die **Zumutbarkeit der Erwerbstätigkeit** und auf vorsätzliche Untätigkeit an.

Nicht böswillig ist zB nach der stRspr (→ § 59 Rn. 73) Unterlassung der Meldung an Arbeitsamt oder der Suche eines anderen Arbeitsplatzes, auch wenn aussichtsreich; Ablehnung eines Weiterbeschäftigungsangebots nach eigener Kündigung, BAG BB 1977, 95; NZA 1991, 308; Rückzug auf Altenteil mit 63 Jahren, BAG NZA 1991, 308; Unterlassen vorübergehender berufsfremder Tätigkeit, LAG Baden-Württemberg BB 1966, 943; idR Aufnahme eines Studiums, BAG NJW 1975, 80; NZA 1996, 1039, aber Grenze § 242 BGB, Ernsthaftigkeit, enger MüKoHGB/Thüsing Rn. 16: nur berufsförderndes Studium, Inkaufnahme eines zunächst geringeren Verdiensts bei zulässigem Aufbau selbstständiger Tätigkeit, BAG BB 1976, 228; selbstständige Tätigkeit mit geringeren Ergebnissen als das (entfallende) Arbeitslosengeld, BAG NZA 1988, 130.

3   **C. Anrechnungsgrenzen.** Anrechnung erfolgt nur, soweit der Erwerb oder Nichterwerb (→ Rn. 1–2) einen **Grenzbetrag** übersteigt, der wie folgt gebildet ist:

a) Entschädigung plus Betrag des Erwerbs bzw. Nichterwerbs = **110 %** der letzten Vertragsbezüge **(I 1)**. Bsp. (ohne Umsiedlung): letzte Vertragsbezüge 3.000, Entschädigung 1.500, Neuerwerb 2.500: Kürzung der Entschädigung auf 800. Abzustellen ist auf den Bruttolohn, BAG NZA 2005, 411, nicht auf die Nettobezüge. Bei Zusage der Mindestentschädigung führt allein der Erhalt von Arbeitslosengeld nicht zum Erreichen des Grenzbetrags, da dieses auf den Nettolohn bezogen ausbezahlt wird, BAG NZA 2005, 411, für die Berücksichtigung eines fiktiven Bruttolohns allerdings Diller BB 2008, 1680.

4   **b)** War der Gehilfe durch das Wettbewerbsverbot **zur Umsiedlung gezwungen**, gilt **125 %** statt 110 % **(I 2)**. Grund: Pauschalierter Ausgleich von Mehraufwendungen infolge Umzugs, zugleich Anreiz, sich nach neuer Stelle umzusehen, BAG NZA 1999, 936. Zwang, seinen Wohnsitz zu verlegen, impliziert Ursächlichkeit des Wettbewerbsverbots für den Wohnsitzwechsel, BAG NZA 1986, 329; 1995, 631. Ursächlichkeit setzt aber nicht den Nachweis voraus, dass der Arbeitnehmer, das Wettbewerbsverbot hinweggedacht, bei einem ortsansässigen Wettbewerber tatsächlich eine Anstellung hätte finden können, oder gar, dass er einen Bewerbungsversuch gemacht hat, BAG NZA 1999, 936. Durch das Wettbewerbsverbot ist der Arbeitnehmer bereits gehindert, sich durch eine überzeugende Bewerbung eine Einstellungschance zu verschaffen. An der Ursächlichkeit fehlt es erst, wenn am bisherigen Wohnsitz überhaupt kein Wettbewerber ansässig ist oder ein solcher zwar ansässig ist, aber keine für den Arbeitnehmer geeignete, unter das Verbot fallende Stelle vorhält, BAG NZA 1999, 936. Unvermeidlicher Zwang ist unter I 2 dagegen unnötig. Es genügt, wenn der Arbeitnehmer nur außerhalb des bisherigen Wohnsitzes eine Tätigkeit ausüben kann, die nach Art, Vergütung und beruflichen Chancen der bisherigen nahekommt, BAG BB 1974, 370; NZA 1999, 936, str., nach aA Unvermeidlichkeit der Wohnsitzverlegung nach Treu und Glauben. Die erhöhte Freigrenze gilt ab sofort, nicht erst ab dem durch nicht zu vertretende Umstände verzögerten tatsächlichen Umzug, BAG NZA 1989, 142. Die Berechnung erfolgt monatsweise (→ Rn. 1).

5   **D. Befreiung von der Entschädigungspflicht während Freiheitsstrafe (I 3).** Entschädigungsanspruch besteht dem Grunde nach einerlei, ob der Arbeitnehmer dem Arbeitgeber tatsächlich Konkurrenz machen kann, → § 74b

Rn. 1 I 3 regelt dazu einen Sonderfall: keine Entschädigung während Verbüßung einer Freiheitsstrafe, BAG BB 1974, 1486, keine Übertragung auf andere Fallgestaltungen, BAG NZA 2005, 411.

2) Auskunftspflicht des Arbeitnehmers (II)

Der Arbeitgeber hat Anspruch auf (idR schriftliche) **Auskunft** des Arbeitneh- 6
mers über die Höhe seines Erwerbs, BAG NZA 2019, 837, ggf. negativ: Erwerb liege unter x Euro (mit welchem Betrag Anrechnung begänne). Plausible, vorläufige Auskünfte (mit Zahlen) zwecks monatlicher Abschlagszahlungen (§ 74b) sind möglich, sonst nur Jahresabrechnung, BAG NZA 1988, 130. Je nachdem sind Belege beizubringen. Keine Pflicht zur Abgabe einer eidesstattlichen Versicherung (entspr. § 260 BGB), LAG Hamm DB 1974, 972, str. Der Arbeitgeber kann bis zur Auskunft die Entschädigung zurückhalten, BAGE 22, 6; BB 1978, 915. Er kann auch auf Auskunft klagen, Vollstreckung nach § 888 I ZPO. Früherer Arbeitnehmer, der jetzt selbständig ist, genügt der Auskunftspflicht, wenn er Einkommensteuerbescheid anbietet, BAG BB 1975, 653; aA Durchlaub BB 1976, 232. Böswilliges Unterlassen des Erwerbs muss Arbeitgeber dem Arbeitnehmer beweisen, kann nicht Gegenstand einer Auskunftspflicht sein, LAG Düsseldorf BB 1968, 1427. Lit.: Bengelsdorf BB 1979, 1150.

[Unwirksamwerden des Wettbewerbsverbots]

75 (1) **Löst der Gehilfe das Dienstverhältnis gemäß den Vorschriften der §§ 70 und 71 wegen vertragswidrigen Verhaltens des Prinzipals auf, so wird das Wettbewerbverbot unwirksam, wenn der Gehilfe vor Ablauf eines Monats nach der Kündigung schriftlich erklärt, daß er sich an die Vereinbarung nicht gebunden erachte.**

(2) ¹**In gleicher Weise wird das Wettbewerbsverbot unwirksam, wenn der Prinzipal das Dienstverhältnis kündigt, es sei denn, daß für die Kündigung ein erheblicher Anlaß in der Person des Gehilfen vorliegt oder daß sich der Prinzipal bei der Kündigung bereit erklärt, während der Dauer der Beschränkung dem Gehilfen die vollen zuletzt von ihm bezogenen vertragsmäßigen Leistungen zu gewähren.** ²**Im letzteren Falle finden die Vorschriften des § 74b entsprechende Anwendung.**

(3) *Löst der Prinzipal das Dienstverhältnis gemäß den Vorschriften der §§ 70 und 72 wegen vertragswidrigen Verhaltens des Gehilfen auf, so hat der Gehilfe keinen Anspruch auf die Entschädigung.*

1) Wahlrecht bei außerordentlicher Kündigung (I, III)

A. **Lösungsrecht des Arbeitnehmers (I).** Bei **außerordentlicher Kündi-** 1
gung des Arbeitnehmers wegen vertragswidrigen Verhaltens des Arbeitgebers (§§ 70, 71 aufgehoben, jetzt § 626 BGB, dazu → § 59 Rn. 128–138, 148–149) ist ein **Wahlrecht des Arbeitnehmers** vorgesehen (**I**): er kann die Wettbewerbsabrede wirksam werden lassen oder auflösen. Die Kündigung muss wirksam sein; ein wichtiger Kündigungsgrund muss tatsächlich vorliegen, BAG BB 1965, 1455. Auch befristete außerordentliche Kündigung genügt. Die Auflösung mit der Folge des **Unwirksamwerdens des Wettbewerbsverbots** erfolgt durch schriftliche Erklärung an den Arbeitgeber bis einen Monat nach Kündigung, auch bei darauf folgendem Rechtsstreit mit vergleichsweiser Beendigung des Arbeitsverhältnisses, BAG BB 1973, 660. Das gilt auch, wenn er ordentlich kündigt, aber aus solchem Grunde außerordentlich kündigen könnte und klar ist, dass die ordentliche Kündigung Ersatz für die außerordentliche sein soll (vgl. § 89b III 2), str. Wählt der Arbeitnehmer Auflösung, darf er mit dem

Arbeitnehmer in Wettbewerb treten, nachvertragliche Treuepflicht steht dem idR nicht entgegen (→ § 60 Rn. 6).

2 **B. Lösungsrecht des Arbeitgebers (III, I).** Bei **außerordentlicher Kündigung des Arbeitgebers wegen vertragswidrigen Verhaltens des Arbeitnehmers** (§ 626 BGB, → § 59 Rn. 128–147) ist ein **Wahlrecht des Arbeitgebers** anzunehmen (**I analog**). Zwar sieht III das Wirksambleiben des Verbotes und den Verlust des Anspruchs auf Entschädigung vor, doch macht diese Ungleichbehandlung von Arbeitnehmer und Arbeitgeber bei den Folgen der außerordentlichen Kündigung **III verfassungswidrig**, BAG BB 1977, 847; NZA 1987, 453; 1999, 37. Für das Gebiet der ehemaligen DDR sieht der Einigungsvertrag die Nichtanwendbarkeit von III vor, BGBl. 1990 II 889 (959). Die Lücke ist durch analoge Anwendung von I zu schließen (vgl. § 90a III nF 1998): Arbeitgeber kann sich also durch Erklärung binnen einen Monats entscheiden, ob er am Wettbewerbsverbot festhalten will (dann Karenzentschädigung) oder ob er sich lossagen will (dann **Unwirksamwerden des Wettbewerbsverbots**), BAG NZA 1999, 37. Die Lossagung muss eindeutig ergeben, dass der Arbeitgeber keine Karenzentschädigung zahlen will und den Arbeitnehmer mit sofortiger Wirkung aus Verbot entlässt, BAG BB 1978, 1168. Bei vorausgegangener Kündigung erklärte Lossagung genügt, BAG NZA 1987, 453; 1999, 37. Befristete außerordentliche Kündigung genügt, BAG BB 1964, 209; auch ordentliche, sofern für den Arbeitnehmer klar ist, dass die Vertragsbeendigung Ersatz für die fristlose Kündigung sein soll, BAG BB 1968, 379; 1970, 1050. Das Lösungsrecht besteht auch, wenn zuvor bereits Verzicht nach § 75a HGB, nach BAG NZA 1987, 453 erlischt die Entschädigungspflicht dann sogar ohne weitere Erklärung, str.

2) Wahlrecht bei sonstiger Kündigung des Arbeitgebers (II)

3 A. **Grenzen des Lösungsrechts des Arbeitnehmers (II).** Kündigt der **Arbeitgeber in anderen Fällen** (also ordentlich oder außerordentlich, aber nicht wegen vertragswidrigen Verhaltens des Arbeitnehmers, → Rn. 2), ist **ebenfalls** ein (unentziehbares, BAG NZA 2005, 1376) **Wahlrecht des Arbeitnehmers** vorgesehen (II 1: das Verbot „wird in gleicher Weise unwirksam" wie nach I), BAG BB 1984, 535, **aber mit zwei Ausnahmen:**

a) wenn **in der Person des Arbeitnehmers** ein „**erheblicher Anlass**" zur Kündigung (nicht: wichtiger Grund zu außerordentlicher Kündigung) vorlag, zB unbefriedigende Leistungen (objektiv, im Prozess vom Arbeitgeber zu beweisen); dann bleibt die Abrede beiderseits wirksam;

b) wenn der Arbeitgeber bei Kündigung (nicht später, RGZ 59, 125) dem Arbeitnehmer für die Verbotszeit **Fortleistung der vollen letzten Vertragsbezüge** verspricht, zu berechnen und zahlbar nach § 74b statt der (idR niedrigeren) gewöhnlichen Karenzentschädigung; Anrechnung von anderweitigem und böswillig unterlassenem Erwerb entspr. § 74c, da diese Fortzahlung der Vertragsbezüge der Sache nach auch Karenzentschädigung ist, str., aA RGZ 114, 418 (für TV). Keine Abbedingung, s. § 75d.

4 B. **Insolvenz des Arbeitgebers.** Für Kündigung in der Insolvenz des Arbeitgebers durch den Insolvenzverwalter nach § 113 InsO gilt II. Kündigung durch Arbeitnehmer nach § 113 InsO lässt Wettbewerbsabrede unberührt. Der Insolvenzverwalter kann die Wettbewerbsabrede (als beiderseits nicht oder nicht vollständig erfüllten Vertrag) nach § 103 InsO kündigen, einerlei ob Dienst vor Eröffnung des Insolvenzverfahrens endete oder nach Eröffnung, zB durch Kündigung des Arbeitsverhältnisses durch Insolvenzverwalter; Arbeitnehmer wird vom Verbot frei und hat Schadensersatzanspruch wegen Wegfalls der Entschädigung (nur als Insolvenzforderung), vgl. RGZ 140, 298.

6. Abschnitt. Handlungsgehilfen und -lehrlinge 1 § 75a

3) Wirksambleiben bei sonstiger Kündigung des Arbeitnehmers

Bei anderer Kündigung des Arbeitnehmers als nach I (also ordentlicher oder 5 außerordentlicher, aber nicht wegen vertragswidrigen Verhaltens des Arbeitgebers, → Rn. 1) bleibt es bei dem wirksamen Wettbewerbsverbot. Ein Wahlrecht des Arbeitgebers außer bei erheblichem Anlass in seiner Person (entspr. II) entspräche zwar auch hier einer vollen Parität zwischen Arbeitgeber und Arbeitnehmer, doch ist das verfassungsrechtlich nicht geboten (Grund: abhängige Stellung des Arbeitnehmers).

4) Einvernehmliche Aufhebung des Arbeitsverhältnisses

A. Bei einvernehmlicher Aufhebung des Arbeitsverhältnisses ist zu prüfen, wer 6 Anlass und Anstoß zur Auflösung gegeben hat; **je nachdem** ist **I oder II** anzuwenden, BAG 1963, 1484; 1965, 1455. Liegt der **Anlass beim Arbeitgeber,** so bei vertragswidrigem Verhalten des Arbeitgebers, dann hat der Arbeitnehmer Wahlrecht nach I (→ Rn. 1); bei Auflösung auf Wunsch des Arbeitgebers gilt II (→ Rn. 3–4); ohne „erheblichen Anlass in der Person des Arbeitnehmers" hat Arbeitnehmer das Wahlrecht; doch kann der Arbeitgeber es durch Fortzahlung der Vertragsbezüge (→ Rn. 3) entkräften und die Abrede aufrechterhalten.

B. Liegt der **Anlass beim Arbeitnehmer,** so bei Auflösung auf Wunsch des 7 Arbeitnehmers, bleibt das Verbot bestehen (→ Rn. 5); bei Auflösung auf Grund vertragswidrigen Verhaltens des Arbeitnehmers hat der Arbeitgeber das Wahlrecht, ob er an Wettbewerbsverbot festhalten und Entschädigung zahlen oder auf das Verbot verzichten will (→ Rn. 2). Ausdrückliche Regelung im Aufhebungsvertrag ist zu empfehlen (→ § 75a Rn. 1).

[Verzicht des Prinzipals auf Wettbewerbsverbot]

75a Der Prinzipal kann vor der Beendigung des Dienstverhältnisses durch schriftliche Erklärung auf das Wettbewerbsverbot mit der Wirkung verzichten, daß er mit dem Ablauf eines Jahres seit der Erklärung von der Verpflichtung zur Zahlung der Entschädigung frei wird.

1) Verzicht vor Ende des Dienstverhältnisses

Der **Arbeitgeber** kann sich, da das Wettbewerbsverbot nur dem Unterneh- 1 men dient, durch einseitige, schriftliche, empfangsbedürftige Willenserklärung an den Arbeitnehmer **vor Dienstende** (nur im ganzen, nicht zT) von der Wettbewerbsabrede lösen („Verzicht", richtiger: **Rücktritt**). Zustimmung des Arbeitnehmers ist also nicht nötig, doch kann das Wettbewerbsverbot jederzeit einvernehmlich formlos aufgehoben werden, BAG NZA 1989, 797; 2003, 100 (vgl. → § 74 Rn. 5), auch zusammen mit dem Anstellungsvertrag (§§ 133, 157 BGB), OLG Köln BB 1997, 1328 (iErg abl.), aber → § 75 Rn. 6–7. Bei Verzicht wird der Arbeitnehmer vom Verbot sofort frei, der Arbeitgeber von seiner Zahlungspflicht dagegen erst ein Jahr nach Verzicht, BAG BB 1978, 612; der Arbeitgeber schuldet also, falls Dienstende früher als ein Jahr nach „Verzicht" eintritt, vom Dienstende bis zum Ablauf dieses Jahres die Karenzentschädigung, auch wenn der Arbeitnehmer innerhalb der Jahresfrist eine Konkurrenztätigkeit aufnimmt, BAG NZA 2008, 1074 (Ls.). Vor Dienstende nur normale Vergütung, keine Karenzentschädigung, BAG NZA 2008, 1074 (Ls.). Verzicht muss eindeutig sein, BAG BB 1978, 1168, bloße Kündigung kann nicht als Verzicht ausgelegt werden. Der Arbeitnehmer kann nicht im Voraus Erklärung über Verzicht verlangen; der Arbeitgeber kann nicht mehr Verzicht aussprechen, nachdem er den Anschein erweckt hat, er werde nicht verzichten, BAG BB 1979, 733; 1979, 1557. Verzicht bei außerordentlicher Kündigung des Arbeitgebers → § 75 Rn. 2. § 75a gilt entsprechend für **Organmitglied** (→ § 74 Rn. 3), BGH NJW 1992, 1892, ist aber

§ 75c 1

im Einzelnen anzupassen, Hoffmann-Becking FS Quack, 1991, 281. Verzicht auf das nachvertragliche Wettbewerbsverbot (§ 75a) berührt das während des Vertrags geltende (§ 60) nicht, BAG NJW 2008, 1468 (nicht in Ls., NZA 2008, 1074), vgl. → § 74 Rn. 1, 2.

2) Kein Verzicht nach Ende des Arbeitsverhältnisses

2   Nach Ende des Arbeitsverhältnisses kann der Arbeitgeber zwar ebenfalls Verzicht aussprechen (vgl. → Rn. 1), der Arbeitnehmer wird dann vom Wettbewerbsverbot frei; aber es ist **kein Verzicht** des Arbeitgebers mit Wirkung des § 75a mehr möglich, BAG NZA 2003, 100 (fristlose Kündigung). § 75a lässt **auch kein bedingtes Verbot,** das schon vorher vereinbart wird, zu. Der Arbeitgeber kann sich also nicht vorbehalten, über das Wirksamwerden der Wettbewerbsabrede bei oder nach Dienstende einseitig zu entscheiden, auf das Wettbewerbsverbot vollständig zu verzichten oder Karenzentschädigung nur zu zahlen, wenn er Zustimmung zu Konkurrenztätigkeit verweigert, BAG NZA 1986, 640; 1991, 263; 1996, 700; für Probezeit → § 74 Rn. 4. Der Arbeitnehmer hat dann ein Wahlrecht (→ § 75d Rn. 2). **Aufhebungsvertrag** nach Ende des Arbeitsverhältnisses bleibt möglich. RsprÜbersicht: Grunsky FS 25 Jahre BAG, 1979, 153.

75b *(aufgehoben)*

1   1) § 75b betr. Ausnahmen von der Entschädigungspflicht für außerhalb Europas Tätige und Hochbesoldete aufgehoben ab 1.1.2002 durch 4. EuroEG 2000.

[Vertragsstrafe]

75c

(1) ¹**Hat der Handlungsgehilfe für den Fall, daß er die in der Vereinbarung übernommene Verpflichtung nicht erfüllt, eine Strafe versprochen, so kann der Prinzipal Ansprüche nur nach Maßgabe der Vorschriften des § 340 des Bürgerlichen Gesetzbuchs geltend machen.** ²**Die Vorschriften des Bürgerlichen Gesetzbuchs über die Herabsetzung einer unverhältnismäßig hohen Vertragsstrafe bleiben unberührt.**

(2) **Ist die Verbindlichkeit der Vereinbarung nicht davon abhängig, daß sich der Prinzipal zur Zahlung einer Entschädigung an den Gehilfen verpflichtet, so kann der Prinzipal, wenn sich der Gehilfe einer Vertragsstrafe der in Absatz 1 bezeichneten Art unterworfen hat, nur die verwirkte Strafe verlangen; der Anspruch auf Erfüllung oder auf Ersatz eines weiteren Schadens ist ausgeschlossen.**

1) Beschränkung der Vertragsstrafe (I)

1   A. **Unwirksamkeit.** Vertragsstrafe (s. § 348) als Druckmittel für die Erfüllung der Wettbewerbsabrede ergänzt die Rechte des Arbeitgebers aus Verletzung der Wettbewerbsabrede (→ § 74 Rn. 10–16). Sie ist jedoch unwirksam, wenn das Wettbewerbsverbot unwirksam ist oder wenn in Wirklichkeit nicht Wettbewerb, sondern lediglich eine zulässige Abwerbung verhindert werden soll, BAGE 17, 338. Die Festsetzung der Vertragsstrafe kann den Parteien oder Dritten, aber nicht von vornherein dem Gericht überlassen werden, BAG BB 1981, 302; → § 348 Rn. 2. Bei Formulararbeitsverträgen Kontrolle nach § 307 I BGB, unangemessene Benachteiligung, wenn bei jedem Verstoß eine Vertragsstrafe von drei Monatsgehältern, BAG NZA 2006, 34, zur AGB-Kontrolle auch → § 74a Rn. 9, zur Abgrenzung von Dauer- und Einzelverstößen → § 61 Rn. 1.

B. **Beschränkung.** Bei wirksam vereinbarter Vertragsstrafe beschränkt **I 1** die Rechte des Arbeitgebers auf die nach § 340 BGB.

a) Nach **§ 340 I 1 BGB** sind das Recht nach § 341 I BGB (betr. Strafversprechen für nicht gehörige, insbesondere verspätete Erfüllung), die verwirkte **Strafe neben Erfüllung** der Abrede zu verlangen, sowie sonstige über § 340 BGB hinausgehende vereinbarte Rechte aus dem Strafversprechen **ausgeschlossen.** Der Arbeitgeber **muss** bei Verletzung der Wettbewerbsabrede durch den Arbeitnehmer **also wählen** zwischen Recht auf Erfüllung und verwirkter Strafe; wählt er diese, muss er den Verstoß hinnehmen, sein Unterlassungsanspruch erlischt insoweit (**§ 340 I 2 BGB**), BAG BB 1970, 1049, wählt er Erfüllung, kann er bei neuer Verletzung wieder wählen, RG JW 1913, 320. Für welche Zeit der Unterlassungsanspruch erlischt bzw. wann eine neue Verletzung gegeben ist, hängt vom Parteiwillen ab. Bei Verstößen nur während eines Teils der Karenzzeit kann die Vertragsstrafe nur teilweise, ganz oder sogar mehrfach verfallen, BAG NJW 1973, 1717. Zweckmäßig ist ausdrückliche vertragliche Regelung. Zulässig ist zB die Vereinbarung, dass die Vertragsstrafe für jeden Fall der Zuwiderhandlung oder bei Dauerverstoß für jeden Monat neu verwirkt sein soll, BAG BB 1963, 1483; der Arbeitgeber hat dann bei jedem neuen Verstoß die Wahl zwischen Vertragsstrafe oder Erfüllung. Fehlt eine Vertragsregelung für Dauerverstoß, ist der Inhalt der Vertragsabrede vom Gericht durch Auslegung zu ermitteln (§§ 133, 157, 242 BGB), BAG NJW 1971, 2008; LAG Mannheim BB 1973, 40 m. krit. Anm. Trinkner. Zu berücksichtigen ist dabei, ob nach Bedeutung des Verbotes für Arbeitgeber (Indiz: Summe der Karenzentschädigung) die Vertragsstrafe nach ihrer Höhe nur für Einzel- oder auch für Dauerverstoß gedacht sein konnte; eventuell Vertragsstrafe monatlich, BAG BB 1963, 1483, oder bei jeder honorarpflichtigen Tätigkeit, BAG BB 1972, 447. Bei Verstoß nur während eines Teils der Karenzzeit kann für die Teilzeit Vertragsstrafe und für eine andere Teilzeit Unterlassung geschuldet sein, BAG NJW 1973, 1717.

b) Nach **§ 340 II BGB** kann der Arbeitgeber wenn er Anspruch auf Schadensersatz wegen Nichterfüllung (seit SMG: Schadensersatz statt der Leistung, §§ 280 III, 281 ff. BGB) hat, die verwirkte Strafe als Mindestschaden fordern, darüber hinaus weiteren Schaden, BAG BB 1970, 1049; auch wenn er so die Strafe als Schadensersatz fordert, verliert er den Anspruch auf Erfüllung, jedenfalls für diesen Verstoß.

c) **Weitergehende Beschränkung** zugunsten des Arbeitnehmers ist zulässig (§ 75d steht nicht entgegen), zB Vereinbarung, dass der Arbeitgeber bei Verstoß des Arbeitnehmers gegen die Wettbewerbsabrede nur Vertragsstrafe fordern kann, nicht Erfüllung, nicht Ersatz weiteren Schadens (vgl. II); ebenso Vereinbarung, dass der Arbeitnehmer durch Zahlung der Vertragsstrafe (als eine Art Reugeld) die Abrede entkräften kann.

C. **Herabsetzung.** Der Arbeitnehmer behält das Recht zum Antrag gemäß § 343 I BGB (s. bei § 348) auf **Herabsetzung** einer verwirkten (noch nicht geleisteten) „unverhältnismäßig hohen" Vertragsstrafe auf den angemessenen Betrag (**I 2**). Darüber hinaus gibt es keinen Rechtssatz, dass zwischen Vertragsstrafe und Karenzentschädigung ein angemessenes Verhältnis bestehen müsse, BAG NJW 1971, 2007. Bei Herabsetzung ist jedes mögliche Interesse des Arbeitgebers zu berücksichtigen, nicht nur der entstandene Schaden, BAG BB 1963, 1421.

2) Beschränkung auf Vertragsstrafe (II)

Bei Arbeitnehmern, denen keine Karenzentschädigung zugesagt zu werden braucht, kann der Arbeitgeber bei Verstoß gegen die Wettbewerbsabrede nur Vertragsstrafe fordern; er verliert also sein Recht auf Erfüllung (die Abrede erlischt also durch die Verletzung) und Ersatz weiteren Schadens (**II**). Ein Straf-

§ 75d 1–3

versprechen wäre daher in diesen Fällen idR eher nachteilig, jedoch ist II nach Aufhebung des § 75b (Ausnahmen von der Entschädigungspflicht) **praktisch gegenstandslos.** Ein Wettbewerbsverbot ohne Entschädigung kann nun nur nach Beendigung des Arbeitsverhältnisses geschlossen werden, dazu → § 74 Rn. 5.

[Abweichende Vereinbarungen]

75d ¹Auf eine Vereinbarung, durch die von den Vorschriften der §§ 74 bis 75c zum Nachteil des Handlungsgehilfen abgewichen wird, kann sich der Prinzipal nicht berufen. ²Das gilt auch von Vereinbarungen, die bezwecken, die gesetzlichen Vorschriften über das Mindestmaß der Entschädigung durch Verrechnungen oder auf sonstige Weise zu umgehen.

1) Keine Berufung des Arbeitgebers auf abweichende Vereinbarung (S. 1)

1   Auf Vereinbarungen, die von §§ 74–75c zum Nachteil des Arbeitnehmers abweichen oder die Vorschriften über Mindestschädigung (§§ 74 II, 74b, 74c, 75 II) umgehen (und vor Dienstende, → § 74 Rn. 4, getroffen sind), kann sich der **Arbeitgeber nicht berufen.** Eine solche Vereinbarung ist **unverbindlich,** BAG NZA 1991, 263. Bsp.: Wettbewerbsabrede mit zu niedriger Entschädigung entgegen § 74 II, Einschränkungen des Wahlrechts des Arbeitnehmers nach §§ 75 I, II, zB von vornherein Ausschluss des Wettbewerbsverbots für den Fall ordentlicher Kündigung, BAG BB 1982, 926; bedingtes Wettbewerbsverbot (→ § 75a Rn. 2). Wenn höhere Anrechnung vereinbart als von § 74c vorgesehen, ist nur die abweichende Vereinbarung und nicht das Wettbewerbsverbot insgesamt unverbindlich, BAG NZA 2022, 718.

2) Wahlrecht des Arbeitnehmers

2   Bei einem unverbindlichen Wettbewerbsverbot hat der **Arbeitnehmer** (nicht der Arbeitgeber, → Rn. 1) **dagegen** ein **Wahlrecht,** sich von dem Wettbewerbsverbot zu lösen oder den Arbeitgeber daran festzuhalten. Letzterenfalls kann er die vereinbarte Entschädigung verlangen, wenn er während der ganzen Karenzzeit Wettbewerb unterlässt; umgekehrt kann dann der Arbeitgeber Unterlassung des Wettbewerbs verlangen, BAG BB 1983, 1219; 1987, 2166. Der Arbeitnehmer muss das Wahlrecht zu Beginn der Karenzzeit und endgültig ausüben; im Rechtsstreit über die Vertragsbeendigung genügen aber vorläufiges Unterlassen des Wettbewerbs und Wahl erst nach dem Urteil, BAG NZA 1987, 592. Die Wahl kann auch ohne Erklärung gegenüber dem Arbeitgeber in der Wettbewerbsenthaltung liegen; der Arbeitgeber kann dann aber unter Fristsetzung zur ausdrücklichen Wahl auffordern (§ 264 II 1, 2 BGB analog), BAG NZA 1991, 263, anders früher. Bei einem unwirksamen Vorvertrag ist der Arbeitnehmer so zu stellen, als ob der Arbeitgeber das Wahlrecht ausgeübt hätte, er kann Entschädigung verlangen, BAG NZA 2011, 413. Die Entscheidung für Karenz ist bindend, das Wahlrecht lebt auch bei (Entschädigungs)Zahlungsverzug nicht wieder auf; der Arbeitnehmer hat aber ein Recht zu Rücktritt (ex nunc) und Kündigung, nicht nach § 320 BGB zu vorübergehendem Wettbewerb, BAG BB 1983, 1219. Lässt der Arbeitnehmer eine zu niedrige Vereinbarung gelten, kann er nur diese, nicht die gesetzliche Mindestentschädigung (§ 74 II) verlangen, BAG AP HGB § 74 Nr. 19; offen BAG NZA 1990, 519.

3) Umgehungsverbot (S. 2); Tarifvertrag

3   Verrechnungen und andere Umgehungen der §§ 74–75c sind ebenfalls unverbindlich (Umgehungsverbot nach S. 2, zu Mandantenübernahmeklauseln BAG NZA 2002, 1282; 2014, 435; LAG Köln NZA-RR 2008, 10: Beschränkung der

Laufzeit bei Abführung eines Teils des Umsatzes auf zwei Jahre, keine Zahlung einer anteiligen Vergütung von 20 Prozent bei abhängiger Beschäftigung, keine geltungserhaltende Reduktion, bei Verträgen ab 2002 auch Klauselkontrolle nach §§ 305 ff. BGB, Meier NZA 2013, 253). Mandantenübernahmeklauseln sind grds. zulässig, dürfen aber nicht so gestaltet werden, dass sich die Bearbeitung des Mandats wirtschaftlich nicht lohnt, dann verdeckte Mandantenschutzklausel, BAG NZA 2014, 435. § 75d gilt auch für Tarifverträge, grds. für Möglichkeit der Regelung von Wettbewerbsverboten im TV Schaub § 55 II 1g, str.

75e *(aufgehoben)*

[Sperrabrede unter Arbeitgebern]

75f [1] **Im Falle einer Vereinbarung, durch die sich ein Prinzipal einem anderen Prinzipal gegenüber verpflichtet, einen Handlungsgehilfen, der bei diesem im Dienst ist oder gewesen ist, nicht oder nur unter bestimmten Voraussetzungen anzustellen, steht beiden Teilen der Rücktritt frei.** [2] **Aus der Vereinbarung findet weder Klage noch Einrede statt.**

1) Beschränkung von Sperrabreden unter Arbeitgebern

§ 75f wendet sich gegen Absprachen unter Arbeitgebern (nicht nur Verbänden, auch einzelnen, BAG BB 1973, 427), die die Arbeitnehmer eines Arbeitgebers für andere sperren, einerlei ob Sperre der Beschäftigung als Arbeitnehmer oder als selbstständiger Unternehmer, BGHZ 88, 267, oder ob Sperre mit Einschränkungen, zB Abhängigkeit von Zustimmung des ersten Arbeitgebers, Beschränkung auf unmittelbar wechselnde Arbeitnehmer ohne Zwischenschaltung eines dritten Arbeitsverhältnisses, BAG BB 1973, 427. § 75f verstößt nicht gegen Art. 9 GG, BGH BB 1974, 1024, sondern dient der freien Arbeitsplatzwahl (Art. 12 GG, → Rn. 2). § 75f gilt auch für Abreden, mit denen ein Leiharbeitsunternehmen der Abwerbung des Personals durch den Entleiher vorbeugt, für Vertragsstrafenabrede mit Entleiher BGH BB 1974, 1024. Erfasst sind grundsätzlich auch Abwerbeverbote, BGH ZIP 2014, 1935 m. Bespr. Naber DB 2014, 2945, sofern ausnahmsweise berechtigte Interessen eine solche Vereinbarung tragen (Verstoß gegen UWG, Nebenabrede bei due diligence, Kooperationsvereinbarung, Abspaltung etc), darf die Sperrzeit höchstens zwei Jahre betragen, BGH ZIP 2014, 1937; offen noch BAG BB 1973, 427. § 75f gilt nach § 110 S. 2 GewO entspr. für nichtkfm Arbeitgeber, bisher schon stRspr, BGHZ 88, 260. Auch für Kundenschutzklauseln nach Ausscheiden eines GmbH-Gfters dient die Zweijahresfrist als Orientierung, BGH ZIP 2015, 473. Lit.: Eggert, 2001; zum Kartellrecht Linsmeier BB 2018, 515. **1**

2) Rechtsfolgen

Die Vereinbarung ist nach § 75f nicht nichtig, aber **beide** Teile können frei von ihr **zurücktreten** (S. 1). Außerdem ist sie vor **Gericht kraftlos,** sie trägt keine Klage und keine Einrede (Hs. 2). Sie versagt auch als Grundlage eines Strafversprechens. Ausnahmsweise kann die Vereinbarung gegen Art. 12 I 1 GG (freie Wahl des Arbeitsplatzes) und gegen **§ 138 BGB** verstoßen. Abweisung eines Anstellungssuchenden auf Grund solcher Abrede kann die beteiligten Arbeitgeber uU einem benachteiligten Arbeitnehmer gegenüber nach § 826 BGB **haftbar** machen. Zum vertraglichen Abwerbungsverbot und seiner Durchsetzbarkeit Weiland BB 1976, 1179; Bauer/Diller Rn. 129. **2**

§ 82a
1. Buch. Handelsstand

[Vermittlungsgehilfe]

75g ¹§ 55 Abs. 4 gilt auch für einen Handlungsgehilfen, der damit betraut ist, außerhalb des Betriebes des Prinzipals für diesen Geschäfte zu vermitteln. ²Eine Beschränkung dieser Rechte braucht ein Dritter gegen sich nur gelten zu lassen, wenn er sie kannte oder kennen mußte.

1   1) Nach § 75g S. 1 hat der im Außendienst mit der Vermittlung von Geschäften betraute Arbeitnehmer (ebenso wie der HdlVertreter nach § 91 II, s. dort) Vertretungsmacht zur Entgegennahme von Erklärungen Dritter betr. mangelhafter Leistung (§ 55 IV Hs. 1) und kann Beweissicherungsrechte des Arbeitgebers geltend machen (§ 55 IV Hs. 1). Abweichende Vereinbarungen wirken nicht zugunsten gutgläubiger Dritter (S. 2).

[Unkenntnis des Mangels der Vertretungsmacht]

75h (1) Hat ein Handlungsgehilfe, der nur mit der Vermittlung von Geschäften außerhalb des Betriebes des Prinzipals betraut ist, ein Geschäft im Namen des Prinzipals abgeschlossen, und war dem Dritten der Mangel der Vertretungsmacht nicht bekannt, so gilt das Geschäft als von dem Prinzipal genehmigt, wenn dieser dem Dritten gegenüber nicht unverzüglich das Geschäft ablehnt, nachdem er von dem Handlungsgehilfen oder dem Dritten über Abschluß und wesentlichen Inhalt benachrichtigt worden ist.

(2) Das gleiche gilt, wenn ein Handlungsgehilfe, der mit dem Abschluß von Geschäften betraut ist, ein Geschäft im Namen des Prinzipals abgeschlossen hat, zu dessen Abschluß er nicht bevollmächtigt ist.

1   1) § 75h regelt für mit der Vermittlung von Geschäften im Außendienst betraute Arbeitnehmer (ebenso wie § 91a für den HV) die Wirkung eines Abschlusses ohne Abschlussvollmacht (I) und des Abschlusses mit Abschlussvollmacht, aber in einem von der Vollmacht nicht gedeckten Fall (II). § 75h gilt auch, wenn der mit der Vermittlung betraute Arbeitnehmer nicht ausschließlich im Außendienst arbeitet, „nur" in I steht nach Sinn und Zweck nicht entgegen, BGH WM 2006, 1107. § 75h gilt nicht für nach Art, Umfang oder Risiko für den betreffenden Betrieb außergewöhnliche Geschäfte, BGH WM 2006, 1109. Der Abschluss ist wirksam, wenn der Arbeitgeber das Geschäft nicht unverzüglich nach Kenntnis ablehnt, angemessene Überlegungsfrist von idR zwei Wochen, BGH WM 2006, 1107. Zum wesentlichen Inhalt gehört alles für die Entschließung des Unternehmers Bedeutsame, BGH WM 2006, 1107. Zu § 75h s. näher zur Parallelvorschrift des § 91a (und § 362). §§ 54 I, 55 I, 91a I enthalten allgemeinen Vertrauensschutzgrundsatz, BGH WM 2006, 1109.

76-82 *(aufgehoben)*

1   1) §§ 76–82 über **Handlungslehrlinge** aufgehoben durch BerBG ab 1.9.1969; s. Fredebeul BB 1969, 1145.

[Wettbewerbsverbot des Volontärs]

82a *Auf Wettbewerbsverbote gegenüber Personen, die, ohne als Lehrlinge angenommen zu sein, zum Zwecke ihrer Ausbildung unentgeltlich mit kaufmännischen Diensten beschäftigt werden (Volontäre), finden die für Handlungsgehilfen*

6. Abschnitt. Handlungsgehilfen und -lehrlinge § 83

geltenden Vorschriften insoweit Anwendung, als sie nicht auf das dem Gehilfen zustehende Entgelt Bezug nehmen.

1) Volontärvertrag

A. Seit 1.9.1969 sind §§ 3–18 BBiG mit bestimmten Ausnahmen anwendbar auf „Personen, die eingestellt werden, um berufliche Kenntnisse, Fertigkeiten oder Erfahrungen zu erwerben", aber weder in einem echten Berufsausbildungsverhältnis noch im Arbeitsverhältnis stehen (§ 19 BBiG), nunmehr §§ 10–23, 25, 26 BBiG. Darunter fallen auch **Volontäre**, Fredebeul BB 1969, 1146; Schmidt BB 1971, 622, Komm. zum BBiG. Unterschied zum **Lehrling**: die Berufsausbildung des Volontärs ist nicht wie im eigentlichen Berufsausbildungsverhältnis auf vollständige Fachausbildung in einem anerkannten Ausbildungsberuf abgestellt. Unterschied zum **Arbeitnehmer**: Der Volontär hat keine Leistungspflicht und keinen eigentlichen Arbeitsentgeltanspruch. **Praktikanten** s. Stuhr/Stuhr BB 1981, 916. § 82a ist in den neuen Bundesländern nicht anzuwenden (Anl. I zum Einigungsvertrag 31.8.1990 BGBl. II 889 (959, 1020)).

B. Im Einzelnen gelten für Volontäre aus dem **Berufsbildungsrecht** des **BBiG**: § 10 BBiG Vertragsabschluss; § 11 BBiG Vertragsniederschrift (keine Wirksamkeitsvoraussetzung); § 12 BBiG Nichtige Vereinbarungen; § 13 BBiG Pflichten des Auszubildenden; §§ 14–16 BBiG Pflichten des Ausbildenden (wohl ohne Bestimmungen über gegliederte Berufsausbildung, Ausbildungsmittel, Führen von Ausbildungsnachweisen), der Kfm. schuldet dem Volontär danach Ausbildung, nicht nur wie früher Gelegenheit, sich selbst auszubilden; §§ 17–19 BBiG Vergütung (Mindestvergütung nach § 17 BBiG, vgl. demgegenüber früher § 82a HGB: unentgeltlich). § 20 BBiG Probezeit (abgekürzt); §§ 21, 22 BBiG Beendigung (§ 23 BBiG Schadensersatz gilt wegen § 26 Hs. 2 BBiG iE nicht) und § 25 BBiG Unabdingbarkeit des Gesetzes, nicht (mehr) § 24 BBiG Weiterarbeit nach Beendigung des Ausbildungsverhältnisses.

C. Außerdem gilt für den Volontär **Arbeitsvertragsrecht**, soweit es sich nicht auf **Arbeitsentgelt** oder **Dienstpflicht** bezieht und angepasst an den **abweichenden Zweck** des Verhältnisses (§§ 26, 10 II BBiG). Für den kfm. Volontär sind damit weiter anwendbar ua §§ 60, 61 Wettbewerbsverbot; § 62 Fürsorgepflicht; § 75f Sperrabreden; § 109 GewO Zeugnis (bei § 73 aF); § 613 BGB Dienst in Person; §§ 620 ff. BGB Kündigungsbestimmungen, soweit Vertrag ausnahmsweise nicht befristet ist (→ § 59 Rn. 121–150); § 629 BGB Freizeit zur Stellungssuche; Direktionsrecht des Kfm. (→ § 59 Rn. 44); Treuepflicht (→ § 59 Rn. 48–49).

2) Wettbewerbsverbot für Volontäre

§§ 12 I, 26 BBiG erklären Vereinbarungen, die den Auszubildenden für die Zeit nach Beendigung des Ausbildungsverhältnisses in der Ausübung seiner beruflichen Tätigkeit beschränken, also **Wettbewerbsverbote** für **nichtig**, BAG NZA 2007, 977. § 82a ist damit **gegenstandslos**, hL, Heymann/Henssler/Markworth Rn. 3, str.

[Andere Arbeitnehmer]

§ 83

Hinsichtlich der Personen, welche in dem Betrieb eines Handelsgewerbes andere als kaufmännische Dienste leisten, bewendet es bei den für das Arbeitsverhältnis dieser Personen geltenden Vorschriften.

1) Zum Personal des Kfm.

→ § 59 Rn. 23–24. § 83 ist in den neuen Bundesländern nicht anzuwenden (Anl. I zum Einigungsvertrag 31.8.1990 BGBl. II 889 (959, 1020)). Für die alten Bundesländer haben sich der Gesetzgeber bzw.

die Rechtsprechung über die Norm weitgehend hinweggesetzt, → § 59 Rn. 1. Aus Gleichheitsgründen ist eine einheitliche Anwendung der §§ 59 ff. auf alle Arbeitnehmer angezeigt. Nachdem die zu weit gefassten §§ 63, 66–72 aufgehoben und zwischenzeitlich im LFZG sowie den §§ 620 ff. BGB vereinheitlicht wurden (→ § 59 Rn. 31b) besteht kein Anlass, im Handelsrecht an einer Unterscheidung festzuhalten, die im Gewerberecht entwickelt und im Sozialversicherungsrecht fortgeführt wurde, dort aber wieder aufgegeben worden ist. Für ein klassenloses Handelsrecht und einen auch Arbeiter und kaufmännische Angestellte umfassenden Handelsgehilfenbegriff mit (vor diesem Hintergrund) überzeugenden Gründen bereits Thöl, Praxis des Handelsrechts, 1874, S. 40 ff. (gegen ROHGE 10, 297) und Thöl, Handelsrecht, 5. Aufl. 1875 (gegen ROHGE 11, 387). Für Bedeutungslosigkeit modern Heymann/Henssler/Markworth Rn. 1, zur Auslegung gegen den Wortlaut auch Oetker/Kotzian-Marggraf Rn. 1.

Siebenter Abschnitt. Handelsvertreter

Überblick vor § 84

Schrifttum:

BeckOGK HGB/Bieder, Meier; EBJS (Ebenroth/Boujong/Joost/Strohn)/(Löwisch) Bd 1 4. Aufl 2020. – *Emde* ZVertriebsR 2020, 138 (Corona, COVID-19). – FW (Flohr/Wauschkuhn)/*(Bearbeiter)*, Vertriebsrecht, Kommentar, 2. Aufl 2018. – *Giesler*, Vertriebsrecht, 3. Aufl. 2018. – *GroßKo(HGB)/Brüggemann 1983*, 5. Aufl s Staub. – Heymann/*Stöber/Froitzheim/Herrmann* 3. Aufl 2019. – *Hopt* 6. Aufl 2019. – *Knapp/Ankele* (LBl). – KKRD (Koller/Kindler/Roth/Drüen)/*Roth* 9. Aufl 2019. – *Küstner*, Das neue Recht des HV, 4. Aufl 2003. – *Küstner/Thume* Bd 1 (HV) 5. Aufl 2016; *Küstner/Thume* Bd 2 (Ausgleichsanspruch) 9. Aufl 2014; *Küstner/Thume* Bd 3 (Besondere Vertriebsformen) 4. Aufl 2015. – *Lilje* 2015 (HVAusgleich im Versicherungsvertrieb). – MSF (Martinek/Semler/Flohr)/*Bearbeiter* 4. Aufl 2016 (Vertriebsrechts-Hdb), zum HVVertrag §§ 18–24. – MüKoHGB/*Ströbl* 5. Aufl 2021. – RWH (Röhricht/Graf von Westphalen/Haas)/*Thume* HGB 5. Aufl 2019, /*Graf von Westphalen* Vertragshändlerverträge. – Oetker/*Busche* 7. Aufl 2021. – *Saenger* 1997 (Ausgleichsanspruch). – *Saenger/Schulze* 2000 (Ausgleichsanspruch rechtsvergleichend). – *Schlegelberger/Schröder* 5. Aufl, Bd II 1973. – *K. Schmidt* 6. Aufl 2014. – *Schultze/Wauschkuhn/Spenner/Dau/Kübler* 5. Aufl 2016 (Vertragshändlervertrag). – *Semler* 1988 (Skript). – Staub(GroßKoHGB)/*Emde* 6. Aufl 2021 Bd 2/1 (§§ 84–88a), 2/2 (§§ 89–104). – *Stötter* 6. Aufl 2007. – *Stötter/Lindner/Karrer* 2. Aufl 1980 (Provisionsabrechnung). – UBH (Ulmer/Brandner/Hensen) (/*H. Schmidt*), AGB-Recht, 13. Aufl. 2022, Teil 2 (23). – *Wauschkuhn* 3. Aufl 2009 (Vertragshändler). – *Westphal* (Vertriebsrecht I HV, II Vertragshändler) 1998, 2000. – WLP (Wolf/Lindacher/Pfeiffer)/*Dammann* AGB-Recht 7. Aufl 2020 Handelsvertretervertrag H 111 ff, /*Stoffels* Tankstellenstationärvertrag T 1 ff; /*Dammann* Vertragshändlervertrag V 311 ff. **Muster:** *Hopt* HVR 6. Aufl 2019, Materialien IX (HVVertrag in 10 Sprachen, CDH), X (Vertragshändlervertrag dtsch/engl/frz, CDH), XI (Hauptpunkte eines Vertrages für selbstständige hauptberufliche VersVertreter, CDH); *Hopt/Merkt/Emde*, Vertrags- und Formularbuch zum Hdl-, Ges-, Bank- und Kapitalmarktrecht, 5. Aufl 2022, Teil I.G (mit 4 Vertragsmustern); *Abrahamczik* 3. Aufl 2007; *Eberstein* 9. Aufl 2008; *Küstner/Thume* 2. Aufl 2011; *Martinek/Semler/Flohr* 2. Aufl 2021 (Formularsammlung Vertriebsrecht); *Westphal* 1998, 2000. – **RsprÜbersichten:** HVR (1489 Entscheidungen, Leitsätze und IHK-Gutachten seit 1932), LBl, online, bis 31.6.2020, zit Entscheidungsdatum und Nr), dazu *Hopt* NJW 2005, 3123; *Hopt* HVR 6. Aufl 2019 Materialien III (Parallelfundstellen); (*Küstner/von Manteuffel/)Evers*, Das Vertriebsrecht in Leitsätzen, LSKartei Datendisketten (VertR-LS); BGHFSWissII/*Rittner* 2000, 57; *Czaja* IHR 2018, 1; 2019, 221; *Drossart* IHR 2016, 7; ZVertriebsR 2018, 71; *Emde* BB 2010, 2315, 2447; 2011, 2755; 2012, 3029, 3087; 2013, 2627; 2014, 2435; 2015, 1539, 1667; 2016, 2819, 2883; 2017, 2947; 2018, 1859, 1923; 2019, 2882, 2946; 2020, 2754; 2021, 2755, 2824; *Hübsch/Hübsch* WM Sonderbeil 1/2005, WM Sonderbeil 1/2011, 1; 2/2016; *Kindler/Menges* DB 2010, 1109; *Meyer* ZVertriebsR 2017, 89,

7. Abschnitt. Handelsvertreter § 84

2019, 99; *Czaja* IHR 2018, 1, 2019, 221; *Fischer* IHR 2018, 186. Ferner *Emde* RIW 2016, 104 (internationale vertriebsrechtliche Schiedsverfahren). **EURichtlinie** s § 84 Rn 3; Vertragshändler s § 84 Rn 10, Überbl 35 vor § 373; Inhaltskontrolle s § 86 Rn 8; Kartellrecht s § 86 Rn 34; Versicherungsvertreter s § 92 Rn 1; ausländische HV s § 92c Rn 4. **Ausführliche Literaturnachweise** zum HV- und Vertragshändlerrecht: *Hopt* HVR 6. Aufl 2019 Materialien XIII.

[Begriff des Handelsvertreters]

84 (1) [1] Handelsvertreter ist, wer als selbständiger Gewerbetreibender ständig damit betraut ist, für einen anderen Unternehmer (Unternehmer) Geschäfte zu vermitteln oder in dessen Namen abzuschließen. [2] Selbständig ist, wer im wesentlichen frei seine Tätigkeit gestalten und seine Arbeitszeit bestimmen kann.

(2) Wer, ohne selbständig im Sinne des Absatzes 1 zu sein, ständig damit betraut ist, für einen Unternehmer Geschäfte zu vermitteln oder in dessen Namen abzuschließen, gilt als Angestellter.

(3) Der Unternehmer kann auch ein Handelsvertreter sein.

(4) Die Vorschriften dieses Abschnittes finden auch Anwendung, wenn das Unternehmen des Handelsvertreters nach Art oder Umfang einen in kaufmännischer Weise eingerichteten Geschäftsbetrieb nicht erfordert.

Übersicht

	Rn
1) Funktion, Geschichte und Recht des Handelsvertreters (HV)	1–9b
A. Wirtschaftliche Funktion:	1
B. Geschichte:	2–4
C. Rechtsbegriff:	5
D. Anwendbares Recht:	6
E. Wer kann Handelsvertreter sein:	7–9a
F. Vertragsschluss, Vertragsinhalt, AGB-Kontrolle:	9b
2) Abgrenzung und Recht des Vertragshändlers, Kommissionärs, Handelsmaklers	10–21
A. Vertragshändler:	10–17
B. Kommissionär, Kommissionsagent, Franchisenehmer:	18, 19
C. Handelsmakler:	20
D. Mischvertrag:	21
3) Vermittlung oder Abschluss von Geschäften	22–26
A. Vermittlung:	22, 23
B. Abschluss:	24–26
4) Tätigkeit für einen anderen Unternehmer (I, III)	27–32
A. Unternehmer:	27–29
B. Anderer Unternehmer:	30
C. Untervertreter (III):	31, 32
5) Selbstständiger Gewerbetreibender (I, II, IV)	33–40
A. Gewerbetreibender (IV):	33, 34
B. Selbstständigkeit (I 2):	35–38
C. Unselbstständiger „Handelsvertreter" (II):	39
D. Juristische Personen, Personengemeinschaften:	40
6) Ständige Betrauung	41–44
A. Betrauung:	41
B. Ständig:	42, 43
C. Gelegenheitsagent:	44
7) Gerichtsbarkeit für Handelsvertreter	45–48
A. Kammer für Handelssachen:	45
B. Arbeitsgerichte:	46, 47
C. Insolvenzverfahren:	48

§ 84 1, 2   1. Buch. Handelsstand

Rn
8) Verhältnis zu Kunden und Dritten 49–55
   A. Keine Vertragsbeziehungen: 49–52
   B. Zurechnung an Unternehmer: 53–55
9) Internationaler Verkehr 56

1) Funktion, Geschichte und Recht des Handelsvertreters (HV)

1 A. **Wirtschaftliche Funktion:** Der HV ist ständiger Absatzmittler eines anderen Unternehmers und als solcher selbstständiger Gewerbetreibender (§ 84 I), aber nicht notwendigerweise Kaufmann (IV). Betriebswirtschaftlich ist dies einer von drei Grundtypen von Absatzkanälen vom Hersteller zum Endkäufer: Der übliche Weg geht über den Groß- und Einzelhandel, wichtig und häufig ist auch der Weg über HV oder Vertragshändler, seltener geworden ist der Direktabsatz über eigene Filialen bzw. Verkaufsangestellte (Reisende). Rechtlich ist der HV also anders als Groß- und Einzelhändler in den Absatz und Vertrieb eines anderen Unternehmens eingegliedert, und zwar im Gegensatz zum Makler ständig. Der HV behält dabei aber anders als der Arbeitnehmer seine rechtliche Selbstständigkeit. Dem Mehr an unternehmerischer Freiheit des HV entspricht ein Weniger an rechtlichem Schutz. Das **Erscheinungsbild** des HV in der Praxis ist allerdings sehr vielgestaltig. Es reicht vom großen Vertriebsunternehmer mit Marktmacht, auf den der Hersteller angewiesen ist, zB bestimmte Importeure, über den nur rechtlich selbstständigen, aber wirtschaftlich abhängigen HV bis zum HV im Nebenberuf (§ 92b) und zum Einfirmenvertreter mit arbeitnehmerähnlicher Stellung und Schutzbedürftigkeit (§ 92a). Heute ist der Vertrieb über HV nur eine Erscheinungsform in einer **Vielfalt von Absatzmittlungs- und Vertriebssystemen,** das HVRecht ist dementsprechend Teil des Rechts des Vertriebsmittler bzw. Vertriebssysteme, Martinek ZHR 161 (1997), 67. Der HV und das zu seinem Schutz normierte Recht können aber für ähnliche Absatzmittler und Vertriebssysteme ggf. ein Muster abgeben (vgl. → Rn. 11). Das kann wichtig werden, wenn Unternehmen aus Kostengründen ihren Agenturen den HV-Status aufkündigen und sie zu freien Mitarbeitern auf eigenes Risiko machen.

    Das eigentliche **Vertriebsrecht** hat sich inzwischen zu einem **eigenen Spezialrechtsgebiet** entwickelt. Es umfasst unter anderem auch die Haustürgeschäfe, die Fernabsatzverträge und den elektronischen Rechtsverkehr. In den Spezialkommentaren, zB von Flohr/Wauschkuhn, 2. Aufl. 2018, werden deshalb außer einschlägigen Vorschriften des HGB, BGB, GWB und AEUV, die auch im vorliegenden Kommentar behandelt werden, Vorschriften aus dem UWG, dem MarkenG, dem StGB, dem SGB und weiteren Gesetzesbestimmungen behandelt. Das führt weit in reines BGB-Recht und in Gesetze hinein, die zu kommentieren jedenfalls für die Zwecke dieses Kommentars inhaltlich nicht sinnvoll wäre.

2 B. **Geschichte: a)** Als erstes Gesetz der Welt brachte das deutsche **HGB 1900** besondere Vorschriften über die „**Handlungsagenten**" statt des allgemeinen Werk- und Dienstvertragsrechts wie noch unter dem ADHGB, Schmidt-Rimpler in Ehrenbergs HdB V/I/1, 38 ff. Viele Länder folgten, ua Schweden, Norwegen und Dänemark 1914/16/17, Österreich 1921, die Niederlande 1936, Italien 1942, die Schweiz 1949. Die Vorschriften des HGB (zunächst nur 9 an der Zahl) erschienen bald änderungsbedürftig. Nach 1933 erarbeitete die AkfDR einen Änderungsentwurf von 1940 (Nipperdey/Dietz Arbeitsbericht 17 der Akademie).

b) Die grundlegende **Novelle 1953** (G zur Änderung des HGB (Recht der Handelsvertreter) 6.8.1953 BGBl. 771) zielte auf Erstreckung auf HV auch von NichtKflten (§ 84 I „Unternehmer"), klarere Abgrenzung der HV von den HdlGehilfen (§ 84 II), Klärung der Rechtsstellung der arbeitnehmerähnlichen HV und Verbesserung der Rechtsstellung aller HV durch zwingendes Recht. Sie fasste Abschn. 7 ganz neu (statt eines Sondergesetzes für HV), änderte §§ 1, 55,

7. Abschnitt. Handelsvertreter 3 § 84

65, 75g, 75h, präzisierte die Zuständigkeit des ArbG für HV (→ Rn. 46) und regelte das Insolvenzvorrecht für HV (→ Rn. 48). Lit.: Schmidt, 1995; Martinek ZHR 161 (1997), 67.

c) Die **Rechtsangleichung** des HVRechts **in der EG/EU** erfolgte durch die 3 am deutschen Recht orientierte EG/EU-RL **(Handelsvertreterrichtlinie)** 18.12.1986, 86/653/EWG, ABl. 1986 L 382, 17 (auch in Hopt, HVR, 6. Aufl. 2019, Materialien I), dazu Bericht zu Art. 17 (entspr. § 89b) EUKomm 23.7.1996 KOM(96) 364 endg., öffentliche Konsultation der Europäischen Kommission zur Bewertung der EU-RL 2014 abgeschlossen, EuZW 2015, 612, Stellungnahme der CDH 19.9.2014: die EU-RL erleichtert die grenzübergreifende HV erheblich, Nutzen überwiegt die Kosten aus Gesamtmarktperspektive deutlich; weitere Bewertungen EU-Kommission 12.12.2014. Erheblicher Einfluss des deutschen Rechts, Emde/Valdini ZVertriebsR 2016, 353, aber trotzdem autonome Auslegung (→ Rn. 3). Zur EU-RL ausführlich Emde/Valdini ZVertriebsR 2016, 353; 2017, 3. Für eine Europäische HV-VO Martinek ZVertriebsR 2014, 137. **Brexit** und Vertrieb, Reif/David/von Hauch ZVertriebsR 2017, 35; Grupp NJW 2017, 2068; Emde ZVertriebsR 2018, 77, auch → § 89a Rn. 18. **Zur EU-RL** Rechtsprechung des **EuGH:** Slg. 1996, I-06643 – Kontogeorgas; EuGH Slg. 1998, I-2191 = EWS 1998, 215 – Bellone; EuGH Slg. 2000, I-06007 = NJW 2000, 3267 – Centrosteel; EuGH Slg. 2000, I-09305 = NJW 2001, 2007 – Ingmar; EuGH Slg. 2003, I-02371 – Caprini; EuGH Slg. 2004, I-01573 – Mavrona; EuGH Slg. 2006, I-02505 – Poseidon; EuGH Slg. 2006, I-2879 – Honyvem; EuGH Slg. 2008, I-161 = NJW 2008, 1211 – Chevassus-Marche; EuGH Slg. 2009, I-2341 – Semen; EuGH Slg. 2010, I-2121 = NJW 2010, 1189 – Wood Floor (Brüssel-I); EuGH Slg. 2010, I-10701 = EuZW 2011, 24 – Volvo; EuGH EuZW 2013, 956 – Unamar; EuGH ZVertriebsR 2016, 15 – Quenon; EuGH NJW 2016, 2244 – Marchon; EuGH RIW 2017, 225 = ZVertriebsR 2017, 182 – Agro mAnm. Rohrßen; EuGH ZVertriebsR 2017, 235 – ERGO; EuGH ZIP 2018, 933 – CMR; EuGH ZVertriebsR 2019, 20 – Zako SPRL/Sanidel SA; EuGH WM 2020, 1274 – Trendsetteuse; EuGH NJW 2022, 459 – Software Incubator.

Umsetzung: Die EU-RL wurde umgesetzt durch die **Novelle 1990** (23.10.1989 BGBl. 1910, in Kraft 1.1.1990, betr. §§ 86 IV, 86a II 2, 3, III, 87 I, II, III, 87a I 4, III 2, V, 89, 89b III, IV 2, V, 90a I 2, 92c I, 104 S. 2; **(1)** EGHGB Art. 4, 29). Diese zweite große Reform des HVRechts seit 1900 setzte den Trend zu mehr Schutz aller HV und mehr zwingendem Recht fort. Die praktisch wichtigsten Änderungen betreffen die Kündigungsfristen nach § 89 sowie die Sonderregelung für Auslandsvertreter nach § 92c. Übergangsrecht bis 31.12.1993, s. **(1)** EGHGB Art. 29. Die EU-RL behält auch nach der Umsetzung erhebliche praktische Bedeutung, weil ihr Inhalt nicht zur nationalen Disposition steht und aus sich heraus auszulegen ist **(autonome Auslegung)** und weil das deutsche HVRecht, auch wo der deutsche Gesetzestext unverändert geblieben ist, soweit die EU-RL reicht, europarechts- bzw. **richtlinienkonform** ausgelegt werden muss, für die HVRL EuGH EuZW 2009, 304 Rn. 18 ff.; BGH NJW-RR 2010, 1263 Rn. 33; ZIP 2021, 751 Rn. 35; Hopt FS Medicus, 1999, 235; Emde ZVertriebsR 2014, 221; Emde/Valdini ZVertriebsR 2016, 357; allgemein W.-H. Roth/Jopen in Riesenhuber, Europäische Methodenlehre, 4. Aufl. 2021, § 13. Die Umsetzung ist in einigen Punkten nicht exakt richtliniengetreu, Staub/Emde Vor § 84 Rn. 49; Emde ZVertriebsR 2014, 226; Konsequenzen → § 86 Rn. 22, → § 89b Rn. 49, → § 89b Rn. 11. Für Zweifelsfragen bei der Auslegung der EU-RL ist ausschließlich der EuGH im Vorlageverfahren nach **Art. 267 AEUV** (Art. 234 aF, 177 aF EG) zuständig, BGH NJW 1998, 1863 (vgl. → § 84 Rn. 35, → § 86 Rn. 22, → § 86a Rn. 1, → § 87 Rn. 1, → § 89a Rn. 1, → § 89b Rn. 1, 24, → § 90a Rn. 2). Zu beachten sind deshalb die Urteile des **EuGH** zur Auslegung der Ri, s. oben, ua EuGH 30.4.1998, HVR Nr. 919 – Bellone; EuGH NJW 2001, 2007 – Ingmar (umstürzend für § 92c, s. dort); EuGH EuZW 2006, 341 – Honyvem (Ausgleichsanspruch); EuGH EuZW 2009, 304 = BB 2009, 1607 – Semen (§ 89b I vor Nr. 1 ist richtlinienwidrig, **keine Auslegung zum Nachteil des HV,** → § 89b Rn. 45 und → § 89b Rn. 1, 16, 24, 28, 46; Staub/Emde Vor § 84 Rn. 36 und Emde ZVertriebsR 2014, 222: handelsvertreterfreundlichste Auslegung, aber str.); EuGH BB 2010, 3045; Semler GWR 2010, 565 – Volvo Car (Kausalität des wichtigen Grundes für Kündigung, → § 89b Rn. 66); EuGH EuZW 2013, 956 – Unamar (→ § 92c Rn. 10). Die Richtlinie und die Rspr. des EuGH gelten nur im **Anwendungsbereich** der Richtlinie (**Art. 1, nur für WarenHV, nicht für VersVertreter, Vertragshändler,** für diese aber zT Analogie → § 84 Rn. 11), **aber gespaltene Auslegung** sollte **vermieden** werden, EuGH 17.10.2013, HVR Nr. 1394 Rn. 31 – Unamar; BGH WM 2011, 620; ZIP 2012, 2508 (→ § 92 Rn. 3); anders BGH WM 2012, 469 (→ § 89b Rn. 86); Emde VersR 2009, 1479; aber Thume BB 2011, 1800; zur überschießenden Auslegung Emde ZVertriebsR 2014, 224. Eine analoge Auslegung von HVRecht bleibt möglich, etwa für Vertragshändler (→ Rn. 11), aber im Anwendungsbereich der Richtlinien nicht zulasten des HV, BGH ZIP 2021, 751 Rn. 37 zu § 89b III (→ § 89b Rn. 69), Staub/Emde Vor § 84 Rn. 40. Vorlage nach Art. 267 AEUV (s. oben) auch, wenn nationales Recht für rein innerstaatlichen Sachverhalt auf den Inhalt der RL verweist, sonst Wettbewerbsverzerrungen, EuGH EuZW 2011, 24 Rn. 24 – Volvo, zB bei analoger Anwendung auf Vertragshändler, BGH EuZW 2009, 667; Emde ZVertriebsR 2014, 231. Einen Gleichbehandlungsgrundsatz für aller Arten von Vertriebsmittler des Unternehmers gibt es, auch wenn grundsätzlich sinnvoll, de lega lata nicht, aA wohl EBJS/Löwisch Rn. 4, wohl aber **Gleichbehandlung** aller Arten der unter §§ 84 ff. fallenden Vertriebsmittler, also Warenvertreter und sonstige HV (zB VersVertreter, Bausparkassenvertreter und Dienstleistungsvertreter), BGH NJW 2016, 1885 Rn. 32; zur Gleichbehandlung von HV → § 86 Rn. 10.

Lit. zur EU-Richtlinie und zum europäischen Handelsvertreterrecht: EBJS/Löwisch Vor §§ 84–92c Rn. 7 ff.; Westphal, 1994; Grundmann Eur. Schuldvertragsrecht, 1999, Rn. 3.80; Fock, 2001; Thume in Kronke ua, HdB des Int. Wirtschaftsrecht, 2005; Flohr/Martinek, European Distribution Law, 2017; Emde in Mankowski, Commercial Law, 2019; Ankele DB 1987, 569; J. Schmidt ZHR 156 (1992), 512 (zwingende/dispositive Regeln); Lange JZ 1998, 1113; Fock ZEuP 1998, 351; 2000, 108; Tellis in Hopt/Tzouganatos, Europäisierung, 2006, S. 155; Rohrßen ZVertriebsR 2019, 153; zur Umsetzung in der EU EUKomm 23.7.1996 KOM(96) 364 endg., Westphal, 1995; EWS 1996, 43; Sellhorst EWS 2001, 481; Krusche EWS 2001, 523 (Ausgleichsanspruch); Martinek ZVertriebsR 2014, 141 (Diskrepanzen); umfassend zur EU-RL und ihren Folgen Emde ZVertriebsR 2014, 218; Emde/Valdini ZVertriebsR 2016, 353; 2017, 3. Zur Novelle 1990 Ankele DB 1989, 2211; Küstner/von Manteuffel BB 1990, 291; Kuther NJW 1990, 304; Kindler RIW 1990, 358. Überbl.: Saenger/ Schulze, 2000 (EU, § 89b), Randolph/Davey, European Law of Commercial Agency, 2010.

4   d) Das **HRefG 1998** (22.6.1998 BGBl. 1474) fügte § 84 IV ein, hob § 90a II 2 auf und änderte § 90a III. Übergangsrecht mit gewisser Rückwirkung zu § 90a II, III nF → **(1)** EGHGB Art. 29a Rn. 1. Indirekte Auswirkungen des **SMG 2001** (Gewährleistung, Provision), Enders ZGS 2006, 462.

5   C. **Rechtsbegriff:** Der Begriff des HV ist in **I 1** (in Übereinstimmung mit Art. 1 II Handelsvertreterrichtlinie → Rn. 3, dort für den Warenvertreter) definiert und damit von ähnlichen Vertriebsmittlern wie Vertragshändler, Kommissionär und Handelsmakler (→ Rn. 10) abgegrenzt. Seine Merkmale sind im Überblick: **Vermittlung oder Abschluss von Geschäften** (→ Rn. 22) **für**

einen anderen Unternehmer (→ Rn. 27), **selbstständiger Gewerbetreibender** (→ Rn. 33) **und ständige Betrauung** mit solcher Vermittlung (→ Rn. 41). In I 2 ist das Merkmal der Selbstständigkeit näher bestimmt (→ Rn. 35). II klärt die Rechtsstellung dessen, der unselbstständig, aber sonst wie ein HV tätig ist (→ Rn. 39). III klärt, dass es HV von HV gibt (→ Rn. 31). Sondergesetzliche Regelungen für Vermittler von Finanz-, Kapital- und Vermögensanlagen und für Honoraranlageberatung (zu dieser § 34 GewO→ § 86 Rn. 20), EBJS/Löwisch Rn. 9 ff.

Bei den HV wird nach Tätigkeit und Ausgestaltung **unterschieden:** Ein- oder Mehrfirmenvertreter (→ § 86 Rn. 24), echte und unechte HV (so früher im HVKartellrecht, → § 86 Rn. 34), Warenvertreter und sonstige HV (zB VersVertreter, Bausparkassenvertreter (§ 92 I, V) und sonstige Dienstleistungsverträge), Allein- und Bezirksvertreter (→ § 87 Rn. 23 ff.), Haupt- und (echte und unechte) Untervertreter (→ § 84 Rn. 31 f.), HV im Haupt- und im Nebenberuf (§ 92b), HV innerhalb und außerhalb der EU (§ 92c I), Schifffahrtsvertreter (§ 92c). Ein „unselbständiger" HV ist kein HV, sondern Angestellter (→ Rn. 39).

Entscheidend ist die Erfüllung dieser Merkmale nach der **vertraglichen Gestaltung und tatsächlichen Handhabung**, nicht die von den Parteien gewählte Vertragsbezeichnung, BGHZ 59, 91; 68, 345; BGH BB 1975, 1410; 1982, 1877; OLG Düsseldorf WM 1984, 1287 („Cooperation"); OLG München 15.7.1998, HVR Nr. 893; auch → Rn. 36. Der HVVertrag ist **Dienstvertrag über Geschäftsbesorgung,** → § 86 Rn. 1. Lit.: Jahnke ZHR 146 (1982), 616.

D. **Anwendbares Recht:** Auf den HV im Rechtssinn sind die §§ 84–92c als 6 Sondervorschriften des HGB (vgl. IV) und des BGB anwendbar (**§§ 675 I, 611 BGB,** zu diesen → § 86 Rn. 4), internationales Recht s. bei § 92c. Ist der HV ein Versicherungsvertreter (Definitionen → § 92 Rn. 1), finden §§ 43 ff. aF, 69 ff. nF VVG über Vertretungsmacht (→ § 92 Rn. 3) Anwendung. Internationales und ausländisches HVRecht s. § 92c. Übergangsrecht s. **(1)** EGHGB Art. 29a.

Die **Bezeichnung „Handelsvertreter"** (vor 1953 „Handlungsagent") ist als Berufsbezeichnung nicht speziell gesetzlich geschützt, steht also grundsätzlich auch Personen offen, die nicht HV nach § 84 sind, zB angestellten Reisenden (vgl. → Rn. 1). Wenn nach Lage des Falles die unrichtige Bezeichnung des NichtHV als HV eine besondere Qualifikation vorspiegelt, die Kunden bei ihrer Entscheidung beeinflussen kann, können §§ 3, 5 ff UWG vorliegen.

E. **Wer kann Handelsvertreter sein:** HV kann jede natürliche oder juristi- 7 sche Person sein.

a) Minderjährige und andere nicht voll Geschäftsfähige bedürfen zum Abschluss eines HVVertrages der Zustimmung des gesetzlichen Vertreters und der Genehmigung des Vormundschaftsgerichts (selbstständiger Betrieb eines Erwerbsgeschäfts nach § 112 BGB). Bei wirtschaftlicher Abhängigkeit kann § 113 BGB gelten (Dienst- oder Arbeitsverhältnis), LAG Baden-Württemberg BB 1963, 1193. Haftungsbeschränkung bei Volljährigwerden (§ 1629a BGB) → § 1 Rn. 34. Auch Geschäftsunfähige können HV sein (vgl. → § 89 Rn. 5, aber nicht zu ihren Lasten), MüKoHGB/Ströbl Rn. 23; aA Staub/Emde Rn. 168, aber nicht Abschlussvertreter (§ 105 I BGB).

b) Auch eine **juristische Person** kann HV sein, zB AG, GmbH, BGH NJW 8 2014, 625 Rn. 22; LG Münster BB 1982, 1748; OLG Hamburg BB 1998, 971; BFH BB 1999, 249; OLG München 19.1.2006, HVR Nr. 1168, eV, eG (die etwa ihren Mitgliedern Geschäfte vermittelt); auch andere HdlGesellschaften ohne Rechtsfähigkeit wie **OHG** und **KG** (häufig), Grund: § 124 HGB (so die Rspr. und die früher hL), nach neuerer Ansicht die Anerkennung der Fähigkeit dieser Gesellschaften zu selbstständiger Rechtsträgerschaft (s. zu → § 124 Rn. 1).

§ 84 9–10

Träger der Rechte und Adressat der Pflichten zB nach §§ 86, 86a, 89b ist dann die OHG selbst (§ 124), die Gfter haften persönlich nach § 128, Martin VersR 1967, 824. Dann auch keine Unselbständigkeit nach II (→ Rn. 35, 39), BGH NJW 2015, 1754 für Kapitalgesellschaft. „Firmeneigene Versicherungsvermittler" (meist GmbH, die von Industrieunternehmen zur kostensparenden Beschaffung von Versicherungsschutz gegründet werden) sind idR keine HV. Lit.: Emde 1994 (HVGmbH); Emde GmbHR 1999, 1005; Westphal BB 1999, 2517; K. Schmidt FS Windbichler 2020, 1015.

9 **c) Andere Personengemeinschaften,** die nicht in gleicher Weise im Rechtsverkehr auftreten können, sind als solche nicht HV, zB die Erbengemeinschaft. Das galt nach der früheren Rspr. und hL auch für **Gesellschaft bürgerlichen Rechts** (Heymann/Stöber Rn. 27). Handelte es sich um ein Kleingewerbe (vgl. § 1 II) und damit um eine GbR (aber § 105 II), so waren die Mitglieder danach selbst HV und Vertragspartner des Unternehmens (§ 431 BGB). Das kann nach der neuen Rspr. des BGH, die die GbR, soweit sie AußenGes ist, als rechtsfähig behandelt, BGHZ 146, 341 (→ Einl. vor § 105 Rn. 14), nicht mehr aufrechterhalten werden; auch GbR kann danach HV sein (vgl. § 84 IV), Staub/Emde Rn. 184. Handelt es sich um HdlGewerbe, so wird die Gemeinschaft durch den Betrieb des HVGewerbes unter gemeinschaftlicher Firma OHG (§ 105 I) und ist dann ohne Weiteres selbst HV (→ Rn. 8). **Nicht HV ist bei der stillen Gesellschaft** (§ 230) auch der Stille, HV ist nur der Inhaber des HdlGeschäfts. Über die Möglichkeit des Schutzes durch Festsetzung von Mindestbedingungen → § 92a Rn. 3, über Gemeinschaften von HV „im Nebenberuf" → § 92b Rn. 1.

9a **d) Änderung der Rechtsform** des HV ist nach allgemeinen Grundsätzen möglich, OLG Stuttgart 30.5.2011 HVR Nr. 1359; auch Umwandlung nach dem UmwG. Wegen der Änderung des HVVertrags und der vereinbarten persönlichen Dienstleistung (→ § 86 Rn. 18) bedarf das der Zustimmung des Geschäftsherrn, aA für Umwandung Steinhauer/Weppner ZIP 2010, 1331. Das gilt auch für einen Gesellschafterwechsel in der HVGmbH. Der Geschäftsherr ist iZw nicht zur Zustimmung verpflichtet, der HV bleibt dann persönlich vertragsgebunden, eventuell außerordentliche Kündigung nach § 89a (→ § 89a Rn. 24), EBJS/Löwisch Rn. 38. Rechtsgeschäftliche Übertragung und (keine) Gesamtrechtsnachfolge → Rn. 33.

9b F. **Vertragsschluss, Vertragsinhalt, AGB-Kontrolle:** Vertragsschluss → § 85 Rn. 1 ff.; Formfreiheit → § 85 Rn. 2; Vertragsinhalt, s. zu jeder Vorschrift am Ende unter Abweichende Vereinbarungen; AGB-Kontrolle → § 86 Rn. 8; **in Vollzug gesetzter fehlerhafter Vertrag** → § 85 Rn. 1, → § 89 Rn. 5, → § 89b Rn. 8.

2) Abgrenzung und Recht des Vertragshändlers, Kommissionärs, Handelsmaklers

10 A. **Vertragshändler:** Wer unter Dauervertrag Waren kauft und sie **im eigenen Namen und auf eigene Rechnung** weiterverkauft, ist weder Kommissionär noch HV, sondern Vertragshändler bzw. Eigenhändler, → Einl. vor § 373 Rn. 35; EBJS/Löwisch Rn. 188 ff.; uU Franchisenehmer, → Rn. 19; Einl. vor § 373 Rn. 43; EBJS/Löwisch Rn. 208 ff. Der Vorteil eines HVVertrags ist die Freiheit des Unternehmers, den Preis der Ware zu bestimmen, der eines Vertragshändlervertrags ein geringeres Forderungsausfallrisiko für den Unternehmer, zur Wahl Emde NJOZ 2018, 441. Der Vertragshändlervertrag kann jedoch im konkreten Fall dem HVVertrag sehr ähnlich sein, zB betr. Pflichten des Vertragshändlers und des Unternehmers, Depotabrede (→ Einl. vor § 373 Rn. 41), Preis- und Ausschließlichkeitsbindung, Vertragsbeendigung bis insgesamt zu einer Eingliederung. Lit. (→ Einl. vor § 373 Rn. 35): Ulmer, 1969; Foth, 1985; Semmler, 1995 (Tankstellenleiter); Genzow, 1996; Stumpf/Jaletzke/Schultze, 3. Aufl. 1997;

7. Abschnitt. Handelsvertreter   11, 12   § 84

Habersack/Ulmer, 1998 (KfzVertrieb); Schultze/Wauschkuhn/Spenner/Dau, 4. Aufl. 2008; Niebling, 4. Aufl. 2009; Westphal II 2000; EBJS/Löwisch Rn. 208 ff.; Küstner/Thume/Thume, Bd. 3, II Kap. 2 Rn. 47 ff.; FW/Billing HGB Vor §§ 84 ff. Rn. 36 ff.; K. Schmidt DB 1983, 2357; Sandrock FS Fischer, 1979, 657; Bechtold NJW 1983, 1393; Werner/Machunsky BB 1983, 338; Veltins NJW 1984, 2063; Stumpf/Hesse BB 1987, 1474; Küstner/von Manteuffel BB 1988, 1972 (Berechnung des Ausgleichsanspruchs); Graf v. Westphalen DB Beil. 8/1988; Horn ZIP 1988, 137; Martinek ZIP 1988, 1362 (Subordinationsfranchising); Köhler NJW 1990, 1689 (Franchising); Eckert WM 1991, 1237 (§ 89b); Wauschkuhn BB 1996, 1517; Niebling BB 1996, 1727; 1997, 2388; Kümmel DB 1997, 27; Schwytz BB 1997, 2385; Stumpf NJW 1998, 12; Kirch NJW 1999, 2779; Kainz/Lieber/Puszkajler BB 1999, 434 (§ 89b); Intveen BB 1999, 1881 (§ 89b); Reufels/Lorenz BB 2000, 1586 (§ 89b); Creutzig NJW 2002, 3430 (Investitionsersatz); Ensthaler DB 2003, 257 (§ 89b); Fröhlich ZVertriebsR 2015, 280; Wauschkuhn ZVertriebsR 2016, 79; Beck/Kirschhöfer ZVertriebsR 2019, 3 (Datenschutz). Ausland → § 92a Rn. 4. **Muster:** Hopt, HVR, 6. Aufl. 2019, Materialien X (CDH); Hopt/Merkt VertrFormB/Emde, Form I. G.3 (Vertragshändlervertrag); ICC Model Commercial Agency Contract, (IntHK-Publikation Nr. 766, Sprache englisch); ICC Model Contract Distributorship (IntHK-Publikation Nr. 776, Sprache englisch); ICC Model Selective Distributorship Contract 2016 (IntHK-Publikation Nr. 773, Sprache englisch).

a) Handelsvertreterrecht kann dann entsprechend anwendbar sein, und   11
zwar auf Vertragshändler ebenso wie auf Franchisenehmer, ganz hL, dies trotz Geltung der EURL nur für HV, keine gespaltene Auslegung (→ Rn. 3). Bsp.: § 86, Interessenwahrungspflicht, Wettbewerbsverbot, BGH NJW 1984, 2101 (aber → Rn. 35); Auskunftsanspruch wegen unzulässigen Wettbewerbs des Lieferers, BGH BB 1957, 452; 1959, 537 (derselbe Fall); § 86a, BGH NJW 1958, 1138; § 86b nicht; §§ 87 ff. über Provision grundsätzlich nicht, OLG Köln BB 1975, 8, § 87 II nicht, BGH NJW 1984, 2411 (auch nicht § 687 II BGB, str.); § 87 III, OLG München WM 2014, 1152; aA MüKoHGB/Ströbl § 87 Rn. 114; zweifelnd BGH NJW 2000, 1192; § 87c, sofern provisionsähnliche Vergütungsanteile geschuldet, sonst eher nicht, Staub/Emde § 87c Rn. 22; nicht § 87d, also kein Auslagenersatz, MüKoHGB/Ströbl § 87d Rn. 4, aA EBJS/Löwisch § 87d Rn. 3, auch keine HdlÜblichkeit ersichtlich (für HV → § 87 Rn. 2), aber § 670 (→ § 87 Rn. 5), str.; § 88 aF, BGH BB 2002, 1507; § 88a nicht; § 89 Kündigungsfristen, BGH NJW 1962, 1107; DB 1966, 577 Ls.; WM 2003, 842; OLG Hamm ZVertriebsR 2017, 166: Eingliederung nach dem Gesamtbild wie HV, Mesch ZVertriebsR 2015, 9, str., § 89 II für Strukturkündigungsrecht auch GVO abl. BGH NJW 2009, 3646 (→ § 89 Rn. 28); § 89a außerordentliche Kündigung, BGH NJW 1982, 2432; 1994, 722; 2011, 3361, str.; § 90, Staub/Emde § 90 Rn. 3, str.; § 90a I 2, OLG München BB 1963, 1194 (Bierverleger), § 90a I 3, BGH WM 1987, 512 (Franchisenehmer); §§ 91, 91, 92–92b nicht; § 92c KKRD/Roth § 92c Rn. 4, näher Thume IHR 2014, 52; aA Kocher RIW 2003, 515.

Wichtig ist die analoge Anwendung **vor allem** von § 89b über den **Aus-**   12
gleichsanspruch, stRspr, zB BGHZ 29, 83; 34, 282; 68, 340; 89, 216; 93, 59; 135, 14; 142, 367; NJW 1985, 3076 (auch § 89b IV 1); BGH NJW 1986, 2306 (iErg abl.); BGH NJW 1996, 2159; 2000, 1413; WM 2006, 1403; 2006, 1919; 2007, 1983 (iErg abl.); BGH NJW 2011, 389 Rn. 18; 2011, 848; BB 2011, 208; NJW 2015, 1300; 2016, 1885 (→ § 92c Rn. 11); BGH NJW 2017, 475 Rn. 29; BGH NJW 2020, 69; OLG München 16.1.2002, HVR Nr. 1053; OLG Frankfurt a. M. 1.2.2006, 5.4.2006, HVR Nr. 1151, 1152, 1153; OLG Köln IHR 2013, 168 m. krit. Anm. Thume (zu hohe Anforderungen); OLG Düsseldorf ZVertriebsR 2017, 111; OLG Frankfurt a. M. ZVertriebsR 2017, 244; OLG

Frankfurt 13.3.2019 HVR Nr. 1464; OLG München 5.12.2019 HVR Nr. 1478 mAnm Ströbl/Krebs ZVertriebsR 2020, 371; OLG Hamm ZVertriebsR 2020, 374 (iErg abl.) mAnm Budde ZVertriebsR 2020, 348; ebenso die hL, K. Schmidt § 28 III Rn. 45 ff.; Staub/Emde § 89b Rn. 41; Fabig IHR 2019, 1. Bei der **Berechnung** des Ausgleichsanspruchs sind aber **wichtige Besonderheiten gegenüber dem Handelsvertreter** zu beachten. Die Rabatte, die der Vertragshändler auf den Listenpreis des Herstellers erhält, entsprechen zwar im Ansatz den Provisionen des HV, aber nur unter Herausrechnung der Rabatteile für Leistungen, die der HV üblicherweise nicht zu erbringen hat. Dafür gibt es verschiedene zulässige Berechnungsmethoden, ua die zweistufige Methode (zuerst Herausrechnung der händlertypischen Rabatteile, dann wie beim HV der Anteile für Verwaltung, → § 89b Rn. 28), die Vergleichsmethode (Vergleich mit HV-Vertrieb), die **Rohertragsmethode**, bei der der Rohertrag (Differenz zwischen Ver- und Einkaufspreis des Vertragshändlers, nicht um den Rohertrag des Herstellers, BGH NJW 2021, 69, deshalb auch kein Auskunftsanspruch darüber, näher Thume BB 2021, 1676 ff.) um die händlertypischen Preisnachlässe und Skonti (Grund: Vertragshändler trägt anders als HV das Absatzrisiko) und weitere händler- (Gegensatz: HV-)typische Rabattbestandteile gekürzt wird, BGH BB 2011, 210; 2010, 600 = 13.1.2010, HVR Nr. 1270 (auch zur Behandlung von Großkundennachlässen), ausführliche Berechnung OLG Köln 23.1.2009, HVR Nr. 1304; IHR 2016, 79; auch OLG Köln 6.2.2009, HVR Nr. 1352. Vertreteruntypisch sind Gegenleistungen für das Absatz-, Lager-, Preisschwankungs- und Kreditrisiko sowie der Gegenwert für die sonstigen Kosten des Absatzes, zB variable Verkaufskosten, str., Produktwerbung, str., Halten von Vorführwagen, Unterhaltung eines Ausstellungsraums, Teile der Personalkosten, str. Zur Berechnung BGHZ 29, 91; 68, 348; 135, 14; BGH NJW 1996, 2298 (2302); WM 2006, 1403; OLG München 16.1.2002, HVR Nr. 1053 (3 Berechnungsmodelle); Hollmann BB 1985, 1023; Küstner/von Manteuffel BB 1988, 1972; Graf v. Westphalen DB Beil. 8/1988, 6 u. MDR 1996, 130; Kainz/Lieber/Puszkajler BB 1999, 434 (Münchner Formel); Emde GRUR 2006, 997; BB 2008, 2763 gegen Wendel GRUR 2007, 748 (§ 89b, Ersatzteile); Semmler WRP 2007, 247 (§ 89b); Siegert NJW 2007, 188 (§ 89b); Emde BB 2010, 2450; Wauschkuhn/Teichmann ZVertriebsR 2013, 139; Wauschkuhn ZVertriebsR 2016, 81; Peschke ZVertriebsR 2016, 144; Thume BB 2021, 1672. **Rechenbeispiel:** Stumpf/Jaletzke/Schultze/Wauschkuhn Rn. 816; Wauschkuhn ZVertriebsR 2016, 86. Zur Beweislast BGHZ 135, 24; NJW 1996, 2300 (vgl. für HV → § 89b Rn. 22, 33, 44). Für weitgehende Korrekturen unter § 89b (Ertragswertmethode) Ekkenga AG 1992, 345.

13 b) **Die Voraussetzungen für eine entsprechende Anwendung von HVRecht sind jedoch streitig:** (1) Allgemein für die entspr. Anwendung von HVRecht (nicht nur § 89b) ist notwendig, dass ein Innenverhältnis ähnlich HV besteht, das mehr als eine reine Käufer-Verkäufer-Beziehung ist: also Vertragsverhältnis (Rahmenvertrag, Vertragshändlervertrag), **Eingliederung in die Absatzorganisation des Herstellers**, stRspr BGH, Aufgaben und Pflichten wesentlich wie HV, insbesondere Interessenwahrungspflicht (s. § 86), näher BGH WM 2007, 1983 m. krit. Anm. Emde BB 2008, 2762; OLG Köln BB 1997, 2451; OLG München BB 1997, 595. Der Vertragshändler muss sich eines bedeutenden Teils seiner unternehmerischen Freiheit begeben haben, OLG München 5.12.2019 HVR Nr. 1478 (iErg abl.). Alleinvertriebsrecht mit Gebietsschutz ist unnötig, kann aber Indiz sein, BGH NJW 1982, 2819; ebenso Konkurrenzverbot, BGH NJW 1983, 2877; Bsp. für fehlende Eingliederung BGH WM 1989, 1644; OLG Köln NJW-RR 1995, 29, shop-Geschäft des Tankstellenpächters, BGH 22.10.2003, HVR Nr. 1070, aber dieser konnte Bezugsquellen nicht selbst bestimmen (→ § 89b Rn. 4).

(2) Für § 89b ist weiter die tatsächliche **Möglichkeit** des Lieferanten erforder- 14
lich (und ausreichend), den **Kundenstamm des Eigenhändlers zu nutzen,**
üL, K. Schmidt DB 1979, 2357; Graf v. Westphalen DB Beil. 12/1981, 15;
Köhler NJW 1990, 1691; Eckert WM 1991, 1237. Tatsächliche Nutzung ist
unnötig. Der Aufbau eines Kundenstamms durch KfzVertragshändler wird durch
die europäischen KfzGVO (→ § 86 Rn. 38) erschwert, Siegert NJW 2007, 188.

Demgegenüber verlangt die Rspr. eine (aber auch konkludent mögliche, OLG 15
München 5.12.2019 HVR Nr. 1478) **Vertragspflicht zur Überlassung des
Kundenstamms** an den Hersteller (gleich ob erst bei Vertragsende zu erfüllen
oder laufend vorher durch Mitteilungen über die Kundschaft; zu unterscheiden:
Entgehen von Provisionen auch ohne Vertragspflicht, → § 89b Rn. 27) sowie
Ausscheiden und tatsächliche Überlassung dieses Kundenstamms, daran gegen
Kritik festhaltend BGHZ 135, 14; BGH NJW 1996, 2159; 2015, 945 Rn. 15;
2017, 475 Rn. 30 (I ZS); OLG Saarbrücken NJW-RR 1999, 106; OLG Köln
4.5.2001, HVR Nr. 1049; OLG München ZVertriebsR 2014, 35; zust. Rother-
mel/Schulz BB 2019, 1609; im Grundsatz zust. Canaris § 17 Rn. 25; aA zB
Staub/Emde § 89b Rn. 56; Oetker/Busche § 89b Rn. 61; Thume BB 2016,
578; Emde ZVertriebsR 2020, 3; Wauschkuhn FS Martinek 2020, 841. Die DS-
GVO steht einer solchen Vertragspflicht nicht entgegen, Emde/Böken ZVertriebsR 2022, 87, Ströbl/Monschke/Krebs ZVertriebsR 2022, 211; vgl. auch
→ § 87c Rn. 13. Zur Überlassung muss nicht von vornherein praktisch lückenlose Übermittlung der Kundendaten sichergestellt sein, BGH WM 1994, 243. Bei
Kommissionagenten (→ Rn. 19) ist Überlassung des Kundenstamms auch ohne
Individualisierung denkbar, BGH NJW 2017, 475 Rn. 43 (I ZS)
mAnm.Wauschkuhn. An der tatsächlichen Überlassung fehlt es, wenn die Kundschaft beim Händler bleibt. Sie ist gegeben, wenn Unternehmer bei jedem
Neuwagenverkauf Garantiekarte mit KfzNr und Name und Anschrift des Käufers
erhält, OLG Düsseldorf 7.7.2000, HVR Nr. 945. Auch geringe **Mitursächlichkeit trotz Sogwirkung** genügt, jedoch ist die Sogwirkung bei § 89b I Nr. 2 zu
berücksichtigen, BGH WM 1987, 1465; 2006, 1407 (→ § 89b Rn. 35). Bloße
Vertragspflicht bei langjähriger gegenteiliger Praxis soll nicht genügen, OLG
Köln NJW-RR 1996, 98; Vertragspflicht genügt jedoch, einerlei ob Hersteller
davon Gebrauch macht, BGHZ 135, 18; BGH 17.6.1998, HVR Nr. 865, bzw.
zu welchem Zweck er davon Gebrauch macht, BGHZ 135, 18; OLG Düsseldorf
7.7.2000, HVR Nr. 945. Muss die zur Kundenpflege eingesetzte Drittfirma die
Kundendaten nach Ende des Händlervertrags wieder löschen, fehlt es an der
Überlassung, BGH NJW 1996, 2159; NJW-RR 1998, 390; ZVertriebsR 2015,
166 Ls. mAnm.Wauschkuhn. Kundenstamm auch bei KfzVertragshändlern,
BGH WM 1987, 1462; auch ein einziger Stammkunde (Ostblockstaat), OLG
Hamburg DB 1980, 972. Bloße Weitergabe der Kundenkartei nach Vertragsende
an Dritten zur legitimer Konkurrenz hindert nicht, aber mindert uU Ausgleichs-
anspruch, BGH WM 2006, 1919 m. krit. Anm. Ströbl BB 2006, 2258.

(3) Schutzwürdigkeit oder wirtschaftliche Abhängigkeit des HV im Einzelfall 16
ist – **nicht** erforderlich wesentlich (anders bei § 89b I Nr. 2); ebenso, ob und in
welchem Umfang der Vertragshändler eigenes Kapital einsetzt, BGHZ 68, 340
(gegen BGHZ 34, 282); BGH NJW 1983, 1789; ebenso für Unabdingbarkeit
nach § 89b IV, str., BGH NJW 1985, 3076. Diese drei Grundsätze gelten nicht
nur zwischen Produzent und Vertragshändler, sondern auch zwischen Vertragshändlern erster und zweiter Stufe, BGH NJW 1967, 825 (Importeur und Bezirkshändler).

c) Kartellrecht findet auf Vertragshändler anders als auf HV uneingeschränkt 17
Anwendung (→ § 86 Rn. 35, → Einl. vor § 373 Rn. 38, 40). Umfängliche
AGBKontrolle (→ § 86 Rn. 8), zB BGHZ 124, 351 (KfzBranche).

§ 84 18–20   1. Buch. Handelsstand

18   B. **Kommissionär, Kommissionsagent, Franchisenehmer:** Wer **im eigenen Namen für andere** gewerbsmäßig Geschäfte abschließt, ist nicht HV, sondern Kommissionär (**§§ 383 ff.**), wenn es sich um Geschäfte bestimmter Art handelt, besonders Käufe und Verkäufe, sonst etwa Spediteur, §§ 407 ff. oder in ähnlicher Rechtsstellung wie Kommissionär oder Spediteur.

19   Ist er aber vertraglich **ständig** mit solchen Abschlüssen in eigenem Namen für fremde Rechnung **betraut**, so ist er **Kommissionsagent,** OLG Frankfurt ZVertriebsR 2020, 381 (→ § 383 Rn. 3), Hopt FS Hadding, 2004, 443. Im Verhältnis zwischen ihm und seinen Kommittenten (wo der Abschluss im eigenen oder fremden Namen weniger bedeutet als im Verhältnis beider zum Geschäftspartner) ist uU **Handelsvertreterrecht entsprechend** anzuwenden, BGHZ 79, 97; MüKoHGB/Ströbl Vor § 84 Rn. 12; Küstner/Thume/Thume, Bd. 3, III Kap. 1 Rn. 7 ff.; Ulmer/Habersack ZHR 159 (1995), 113; zB § 84 II (dann Arbeitnehmer, → Rn. 39), § 85; § 86b; §§ 87 ff., ua Bezirksschutz nach § 87 II, RG JW 1917, 156; BGHZ 29, 86; § 87a betr. Voraussetzungen des Provisionsanspruchs, LG Wuppertal NJW 1966, 1129; § 87a III 2 (nicht § 396 I 2) und § 87d (nicht § 396 II), Staub/Koller § 383 Rn. 39, 37; § 87c II, OLG München ZVertriebsR 2018, 27; §§ 89, 89a betr. Kündigung RGZ 69, 365; RG HRR 1934, 1298; OLG München 11.11.1998, HVR Nr. 894; § 89 I 2, OLG Frankfurt ZVertriebsR 2020, 381; § 89b betr. Ausgleichsanspruch, noch weit eher hier als beim Vertragshändler (→ Rn. 12), zust. Staub/Emde § 89b Rn. 88, zumal der Kommissionsagent schon gesetzlich (§ 384 II) bei Vertragsende die Überlassung des Kundenstamms schuldet (§ 384 II Hs. 2) und idR kapitalschwächer, daher schutzbedürftiger ist, BGH I. ZS NJW 2017, 475 Rn. 32 f. mAnm Franke/Rohrßen IHR 2017, 62 und Emde BB 2018, 1927; OLG München 18.2.1970, HVR Nr. 430; OLG Oldenburg ZVertriebsR 2016, 182; OLG München ZVertriebsR 2018, 27; OLG Frankfurt ZVertriebsR 2020, 381 (iErg abl.); OLG Hamm ZVertriebsR 2020, 374 (iErg abl.); vgl. BGH NJW 1964, 1953; WM 2003, 2105; § 90; § 90a. Aber auf die Schutzbedürftigkeit des Kommissionsagenten kommt es ebenso wenig wie beim HV an, aA Staub/Koller § 383 Rn. 34. Besonderheiten beim Merkmal der Überlassung des Kundenstamms (→ Rn. 15), BGH I. ZS NJW 2017, 475 Rn. 41 m. krit. Anm. Wauschkuhn/Niklas ZVertriebsR 2017, 106.

Entsprechendes gilt für **Franchisenehmer** (→ Rn. 10), BGH DB 2002, 1992; NJW 2015, 945 Rn. 13; OLG Schleswig ZVertriebsR 2015, 48 (iErg abl.); EBJS/Löwisch Rn. 208 ff., 224 ff.; §§ 85, 86, Bd. II, 89; 89a, vgl. allgemeiner BGH NJW 1999, 1117; § 89b, LG Frankfurt a. M. 19.11.1999, HVR Nr. 1115 (wie OLG); OLG Celle BB 2007, 1862; Küstner/Thume/Schröder, Bd. 3, IV, Kap. 5 Rn. 26 ff., abl. wegen des anonymen Massengeschäfts, das der Franchisegeber nach Vertragsende nicht ohne weiteres nutzen kann, BGH NJW 2015, 945 Rn. 17; 2017, 475 Rn. 31; ebenso (auch für das Shopgeschäft) OLG Hamm ZVertriebsR 2016, 229; dazu Latzel ZVertriebsR 2015, 90; Bauer/Bölle IHR 2015, 94; Niklas ZVertriebsR 2016, 362; §§ 90, 90a I 3, BGH WM 1987, 512; Küstner/Thume/Schröder, Bd. 3, IV, Kap. 5 Rn. 29 ff.; FW/Billing Rn. 80; Kroll ZVertriebsR 2014, 290; § 92c. Abgrenzung zwischen Franchisenehmer und Arbeitnehmer (→ Rn. 36), Emde BB 2018, 1860. Differenzierend zwischen Subordinationsfranchising, ja, und Partnerschaftsfranchising, nein, EBJS/Löwisch Rn. 210, 211. Für Lizenznehmer Emde WRP 2006, 449, str. Lit.: Liesegang 2021.

20   C. **Handelsmakler:** Wer **ohne vertragliche ständige Betrauung** und Verpflichtung zum Tätigwerden gewerbsmäßig in fremdem Namen Geschäfte abschließt, ist nicht HV, sondern Makler bzw. Handelsmakler (**§§ 652 ff. BGB, §§ 93 ff. HGB**), BGH BB 1982, 1877; NJW 1992, 2818 mAnm Dehner NJW 1993, 2225 (mit weiteren Indizien); ggf. VersMakler, BGHZ 93, 359; OLG

Düsseldorf 22.12.2011, HVR Nr. 1348 = BB 2012, 202 Ls. Abgrenzung nach Gesamtbild (vertragliche Gestaltung und tatsächliche Handhabung), Wortwahl ist nicht entscheidend, OLG Düsseldorf 28.3.2003, HVR Nr. 1081; 22.12.2011, HVR Nr. 1348. Provisionspflicht des Versicherers kann gegenüber HV wie Makler bestehen, vgl. BGH NJW 2005, 1358, taugt also nicht als Abgrenzungskriterium, OLG Düsseldorf 22.12.2011, HVR Nr. 1348. Bsp. für Zwischenformen (trotzdem Maklervertrag): Herstellung der Geschäftsverbindung (nicht Vermittlung einzelner Geschäfte) zwischen Lieferfirma und Warenhäusern gegen Provision aus allen hieraus entstehenden Geschäften mit Kontakthalte- und Mustervorlagepflicht, OLG Stuttgart BB 1959, 537; regelmäßige Vermittlung von Bestellungen der Bundeswehr bei Möbelfabrikant ohne ständige Betrauung, OLG Bamberg MDR 1966, 56; idR Spielervermittlung im Berufsfußball, Feldgen/Schiffers/Slotty-Harms BB 2014, 1047/1048. Der HV kann nicht für geworbene Kunden gleichzeitig Makler sein und von diesen Provision verlangen, BGH BB 1974, 100, Grund: Interessenwahrung für Unternehmer. **Versicherungsmakler** s. Küstner/Thume/Kneiß, Bd. 3, V, Kap. 5.

D. **Mischvertrag:** Möglich ist Verbindung der Handelsvertretung (§ 84 I) mit einem anderen Vertragsverhältnis, Bsp.: Tankstellenpacht, BGHZ 42, 245; 52, 171; BB 1985, 353; Konzertkartenvertrieb (durch Zigarrenhändler), BGH DB 1986, 1117; vgl. → § 89 Rn. 7, → § 89b Rn. 4. **Nicht:** Ein Tankstellenpächter, der nebenher im eigenen Namen und auf eigene Rechnung eine Waschanlage betreibt, auch wenn der Unternehmer diese gestellt hat, OLG Hamm ZVertriebsR 2016, 229; ein zur Vermittlung von Geschäften verpflichteter (Innen)Gfter ist nicht HV, HdlRecht ist auch nicht entspr. anwendbar, BGH BB 1978, 422.

3) Vermittlung oder Abschluss von Geschäften

A. **Vermittlung:** Der HV vermittelt Geschäfte des Unternehmers mit Dritten (drei Personen, → Rn. 23), dh er fördert ihren Abschluss **durch Einwirkung auf den Dritten** (was die Abschlussbereitschaft des vertretenen Unternehmers voraussetzt, vgl. § 86a II 3), BGH NJW 1983, 42; für bloße Vermittlung sprechende Umstände s. OLG Köln VersR 1998, 760. Vermitteln setzt keine Befugnis des HV zur Änderung der Warenpreise voraus, EuGH WM 2020, 1274 mAnm Kühl IHR 2020, 253. Es genügt **Mitursächlichkeit,** BAG BB 1971, 492; BGH NJW 1980, 1793 (öffentliche Bauvorhaben); BGH NJW 2015, 1754 Rn. 14; OLG München 22.3.2012, HVR Nr. 1357 Rn. 11; falls sie nicht ganz nebensächlich ist (→ Rn. 23); dementsprechend Mitverursachung bei Provision → § 87 Rn. 11. Mitverursachung auch ohne besonderen Aufwand oder Mühe, MüKoHGB/Ströbl Rn. 76. Es reicht aus, wenn der HV die abschlussbereiten Personen zusammenbringt, BGHZ 43, 112 f. **Persönliche Mitwirkung am Abschluss** ist **nicht nötig,** zB Einsatz von Untervertretern, Oetker/Busche Rn. 48; Staub/Emde Rn. 171; auf jeden Fall darf der Unternehmer dies nur aus triftigen Gründen ablehnen, OLG München 3.5.2000, HVR Nr. 987; beim Generalvertreter oder Verkaufs- bzw. Vertriebsleiter, dem nur Einstellung und Betreuung von Untervertretern (→ Rn. 31) obliegen, BGHZ 56, 293; 59, 93, oder von anderen Vertriebsmitarbeitern, OLG Düsseldorf ZVertriebsR 2015, 249. Wie der Vertreter auf den Dritten einwirken will, idR durch regelmäßige Besuche, aber auch telefonisch oder durch Internet (aber Zustimmung des Unternehmers, kartellrechtliche Fragen, → § 86 Rn. 34), ist seiner Entscheidung überlassen, er ist darin grundsätzlich frei, aber iZw an Weisungen des Unternehmers gebunden (→ Rn. 38). Der Vermittlungsvertreter ist idR ermächtigt, Vertragsangebote Dritter entgegenzunehmen, BGHZ 82, 221. Zum Internetvertrieb EBJS/Löwisch Rn. 115 ff.; MSF/Rahlmeyer § 41 Rn. 45 ff.

23 **Nicht ausreichend** ist **bloßes Schaffen von Geschäftsbeziehungen** (zB mit Ausland), **Kontaktpflege und Kundenbetreuung** ohne Vermittlung von Einzelgeschäften (dann nur §§ 675 I, 611 BGB), BGH NJW 1983, 42; OLG Hamm 2.2.2000, HVR Nr. 970, OLG Hamm BeckRS 2021, 34131 Tz. 61, 65; reine Werbungstätigkeit ohne Vermittlung oder Abschluss von Geschäften, so zB Pharmaberater für rezeptpflichtige Ware, Ärzte- oder Industriepropagandist, offen BGH NJW 1984, 2695 (jedenfalls keine geworbene Kunden iSv § 89b I 1 Nr. 1), str.; vgl. → § 89b Rn. 14. Allgemeine **Beratung** ohne Beitrag zum Abschluss des Geschäfts, EBJS/Löwisch Rn. 40. Bloßes **Nachweisen der Gelegenheit zu Geschäften**, zB Namhaftmachen von Personen, die für Abschlüsse in Betracht kommen, Emde BB 2012, 3029 im Unterschied zu online-Hotelportalen Emde/Valdini BB 2016, 899 (→ Rn. 26), macht nicht zum HV (auch nicht zum HdlMakler, § 93, wohl aber zum Makler des BGB, § 652 BGB). Außerhalb der HVTätigkeit liegende oder **ganz nebensächliche Beiträge**, zB reine Schreibhilfe, OLG Köln BB 1971, 104, bloße Dolmetscherdienste oder Übersetzungshilfe, LAG Baden-Württemberg DB 1971, 1016. Ungenügend ist auch Zustandebringen des vom HV nicht vermittelten Geschäfts durch bloße Einwirkung auf den Unternehmer. Rechtlich notwendig ist ein **Drei- oder Mehrpersonenverhältnis** (letzteres bei Untervertretung, → Rn. 31). Vermittlung iSv § 84 liegt **nicht** vor, **wenn rechtlich nur zwei Personen beteiligt sind,** zB bei unmittelbarem Vertrieb des Unternehmers durch angestellte Reisende (II), bei Eigenbestellungen des HV (Provision → § 87 Rn. 15) oder bei Tätigkeit als Eigenhändler oder Kommissionär (→ Rn. 10, 18). Sind rechtlich drei, wirtschaftlich aber nur zwei Personen beteiligt, schadet das für sich allein nicht (vgl. anders beim Makler → § 93 Rn. 47), zB bei gesellschaftsrechtlichen Beziehungen oder sonstiger wirtschaftlich enger Verbundenheit zwischen HV und Unternehmer oder HV und Kunden, doch kann es am Merkmal der Vereinbarung über ständige Betrauung fehlen (→ Rn. 42); vgl. auch → § 87 Rn. 14.

24 B. **Abschluss:** Das Gesetz stellt neben die Vermittlung den Abschluss von Geschäften durch den HV **im Namen des Unternehmers;** auch das ist aber ein Unterfall der Vermittlung, bei der der Vermittler auch den Abschluss vollzieht. Dies obliegt dem HV iZw nicht, er bedarf dazu eines besonderen Auftrags (samt Vollmacht). Auftrag und Vollmacht können auf Abschlüsse allgemein gehen oder auf bestimmten Geschäftskreis oder sogar einzelne Geschäfte beschränkt sein, LAG Düsseldorf DB 1960, 813. Allgemeines des HVVertrags → § 85 Rn. 1.

25 HV mit solcher **Handlungsvollmacht** („Abschlussvertreter", „Abschlussagent") sind HdlBevollmächtigte iSv § 55 I, 54; der Umfang ihrer Vollmacht bestimmt sich nach § 54 und § 55 II, III, IV (durch § 91 I erstreckt auf die HV von NichtKflten) sowie Rechtsscheinvollmacht (→ § 54 Rn. 3), BGH NJW 1998, 1854. Die Erteilung der Vollmacht kann schon im HVVertrag liegen und konkludent erfolgen (→ § 54 Rn. 8). Über Abschlüsse ohne oder außerhalb der Vollmacht § 91a; über gewisse Vollmacht jedes HV § 91 II und → Rn. 22. Bei Zahlungsvorgängen zwischen Zahler und Zahlungsempfänger über einen HV liegt **kein Zahlungsdienst** vor („Handelsvertreterprivileg", HV-Bereichsausnahme, § 2 I Nr. 2 ZAG, aber nur bei Befugnis zum Aushandeln oder Abschluss nur im Namen des Zahlers oder nur im Namen des Zahlungsempfängers, der HV darf also nur auf einer Seite des Geschäfts stehen und muss über Entscheidungsspielraum verfügen, → **(7)** Bankgeschäfte Rn. C7), Terlau DB 2017, 1699; Bauernfeind WM 2018, 460.

26 **Art der Geschäfte:** Für die Art der Geschäfte, die **zulässig** sein müssen (aber zB § 1 AÜG), genügt **jedes „Unternehmen"** gleich welcher Art (→ Rn. 27). Bsp.: Warenverkauf, zB Möbelversandhandel, OLG Hamm BB 1978, 1686; elektronische Lieferung eines Computerprogramms, EuGH NJW 2022, 459 mAnm. Rintelen EuZW 2021, 1096, Thume IHR 2021, 53; Losverkauf, Toto-

Lotto, BGHZ 43, 108; 59, 87; WM 2008, 1895; Konzertkartenvorverkauf, BGH NJW-RR 1986, 709; Zeitungs- und Zeitschriftenabonnement; „Propagandistin" für Unternehmer an Verkaufsstand im Kaufhaus eines Dritten, BGH NJW 1982, 1757; Einkaufsvertreter, OLG Hamburg MDR 1967, 310; Werk- und Werkliefervertäge, Dienstverträge, Mietverträge, Tankstellenpacht auch bei Selbstbedienung, BGH BB 1985, 353 (→ Rn. 21); Tankstellen-Stationärsvertrag, Emde BB 2019, 2883; Hübsch ZVertriebsR 2018, 88; Vermittlung von Telekommunikationsdienstleistungsverträgen und Telefongeräten, OLG Düsseldorf ZVertriebsR 2020, 257 Rn. 3, 10; Versicherungsverträge, Schiffsagentur (§ 92c II), Transportvermittlung, OLG Hamm BB 1968, 1017; IATA-HV, BGH ZIP 2018, 1736 Rn. 16, 19; Vermittlung von HV- und VersVertreter-Verträgen, OLG Köln IHR 2016, 38; Partnervermittlung, OLG Nürnberg NJW-RR 2018, 1390 Rn. 130; Vermittlung von Treuhandverträgen, auch wenn diese nicht vom Unternehmer selbst abgeschlossen werden, Personenverschiedenheit steht HVVertrag nicht entgegen, BGH ZIP 2017, 1330 Rn. 44 (s. auch Untervertreter, → Rn. 31 f.); Reisebüro für Reiseveranstalter (auch Vertragsbeziehungen mit dem Geschäftsgegner, → Rn. 50), BGHZ 62, 73; 82, 221; NJW 1974, 1242; 2003, 743, OLG Celle IHR 2021, 106; Bankrepräsentant, Stötter NJW 1983, 1302; Call-Center, BGH ZVertriebsR 2015, 167; online-Hotelportal für Hotelunternehmen, Emde/Valdini BB 2016, 899, zu online-Plattformen als HV Emde BB 2018, 1589; BB 2019, 2882 (Haftung); Vorgaben für AGB, EU-P2B-VO 20.9.2019 (→ § 86a Rn. 17). Selbstausdrucktickets bei Internetportalbetreiber, BGH ZIP 2018, 1934 Rn. 13; Vertrieb von Kapitalanlagen; Grundstücksgeschäfte, BGH BB 1982, 1877; Vermittlung von Ferienhäusern, LAG Niedersachsen 14.7.2005, HVR Nr. 1182; Vergebung von Verlags-, Aufführungs-, Wiedergaberechten, Anzeigenaufgabe in Zeitschriften; uU Internetverlinkungen (deep links), Hartmann Diss. Hamburg 2008; Dauerverträge zB über Energielieferung oder Telefondienste, Thume MDR 2011, 703; im Einzelfall uU auch Galerievertretung, Reinshagen ZVertriebsR 2012, 281. Es können große Einzel- und kleine Routinegeschäfte sein (Brückenbau/Benzin-Tankstelle), auch nur ausführende (auf Grund weiterreichenden Vertrags); vgl. → Rn. 36. Auch Warenverkauf zur Geschäftsabwicklung oder Hingabe von Waren an Gläubiger zu Abwendung des Insolvenzverfahrens, da das Vertriebsmotiv aus der Sicht des HV keine Rolle spielen kann (→ Rn. 27), aA RGZ 140, 82; Heymann/Stöber Rn. 43, da nicht mehr dem Betrieb des Unternehmens dienend. Darlehensvermittler (§ 655a BGB) kann HV oder Makler sein, str., Emde BB 2019, 2882. Abgrenzung zum Makler, zB Spielervermittlung im Berufsfußball, → Rn. 20. **Nicht:** Werbung für ein Produkt ohne Verpflichtung zur Vermittlungstätigkeit (Tippgebung), Dreyer/Haskamp ZVertriebsR 2019, 321; Vertrag auf Werbungsvermittlung (§§ 675 I, 631 BGB), OLG Frankfurt a. M. BB 1978, 681; reine Kapitalanlageberatung, vgl. Melcher BB 1981, 2101; ähnliche Fälle → Rn. 23.

4) Tätigkeit für einen anderen Unternehmer (I, III)

A. **Unternehmer:** Anders als vor der Novelle 1953 kann nicht nur der Kfm. HV iSd HGB haben, sondern **jeder** Unternehmer gleich welcher Rechtsform. Der Begriff Unternehmer iSv § 84 ist dem Sinn und Zweck des HVRechts als Schutzrecht zu entnehmen und daher weit auszulegen, BGHZ 43, 110; BB 1982, 1876. Der Begriff ist weitgehend, aber nicht völlig derselbe wie in **§ 14 BGB.** Wie dort kann ein Unternehmer jede natürliche oder juristische Person oder rechtsfähige PersonenGes sein, die in Ausübung ihrer gewerblichen (→ § 1 Rn. 12) oder (haupt- oder neben)beruflichen Tätigkeit handelt. Auf das Merkmal „bei Abschluss eines Rechtsgeschäfts" kommt es aber nicht an (auch in § 14 BGB verfehlt); der in Vollzug gesetzte, fehlerhafte HVVertrag kann nur für die Zukunft beendet werden (→ § 89 Rn. 5). Wirtschaftliche Tätigkeit am Markt, einerlei ob als Gewerbetreibender, Freiberufler, Wissenschaftler oder Künstler, genügt

(→ § 1 Rn. 16, 20). Unternehmer iSv § 84 ist auch, wer den Vertrieb erst vorbereitet oder seinen Betrieb abwickelt (→ Rn. 26), denn für den HV, der für den Unternehmer tätig wird, kommt es darauf nicht an. Bspe: Unternehmer sind danach vor allem Gewerbetreibende, auch Land- oder Forstwirte, auch Immobilienmakler, BGH BB 1982, 1876; auch Unternehmer ohne Gewerbe (→ § 1 Rn. 1) wie ein freiberuflich tätiger Schriftsteller oder anderer Künstler, der durch einen Impresario oder einen Galeristen seine Werke verbreitet; auch öffentliche Unternehmen, die sich am rechtsgeschäftlichen Verkehr in den Formen des Privatrechts beteiligen, zB Lottounternehmen als Anstalt des öffentlichen Rechts, BGHZ 43, 108; BB 1972, 938; öffentlicher Bauträger (trotz Ausschreibung der Aufträge), BGH NJW 1980, 1793.

27a Im **Konzernverbund** ist das Trennungsprinzip zu beachten, kein Konzerndurchgriff außer nach Konzernrecht und allgemeinen Rechtsgrundsätzen. Beim HV mit mehreren Betrieben bestimmt der Vertrag die Reichweite. Die HVGmbH (→ Rn. 8) ist der vertraglich gebundene HV, nicht die Konzernmutter; firmeneigene Versicherungsvermittler → Rn. 42. Grundsätzlich keine Konzernzurechnung, aber die Relevanz der Konzernierung kann in verschiedener Hinsicht relevant werden, ewa beim Wettbewerbsverbot des HV (→ § 86 Rn. 26), beim Wettbewerbsverbot des Unternehmers (→ § 86a Rn. 17), bei der Provisionspflicht (→ § 87 Rn. 13, 14), beim Buchauszug (→ § 87c Rn. 13), bei der außerordentlichen Kündigung (§ 89a Rn. 17, 21), beim Ausgleichsanspruch (→ § 89b Rn. 18, 20) und bei den Mindestarbeitsbedingungen (§ 92a II 1).

28 Zwischen einem **Nichtkaufmann** und seinem HV gelten zwar **§§ 84 ff.** (Unternehmer → Rn. 27), aber **nicht** ohne Weiteres **sonstiges Handelsrecht,** hL, MüKoHGB/Ströbl Rn. 97; Staub/Emde Rn. 65; Heymann/Stöber Rn. 48, str., anders ausdrücklich § 91 I für die Abschlussvollmacht des HV. Das führt zwar zu rechtlichen Unterschieden zwischen dem HV eines Kfm. und dem eines NichtKfm, aber das ist auch nach dem HRefG 1998 (→ Rn. 4) die Folge des KfmBegriffs der §§ 1 ff. Eine Annäherung ist jedoch möglich durch Erweiterung des KfmBegriffs (Verzicht auf Gewinnerzielungsabsicht, → § 1 Rn. 15) und punktuelle Ausdehnung hdlrechtlicher Normen auf den Berufsverkehr, Hopt AcP 183 (1983), 608, oder allgemeiner auf Unternehmen, K. Schmidt § 3 I Rn. 2, sehr str.

29 **Nicht** Unternehmer ist, wer mit seiner, auch systematischen Tätigkeit in der **Privatsphäre** verbleibt, zB der Privatmann, aber auch der Unternehmer, der zB privat Kunstwerke sammelt; denn „für einen Unternehmer" (I 1) heißt für einen Unternehmer im Betrieb seines Unternehmens. Der Vertreter in einer solchen Tätigkeit ist **Zivilagent.**

30 B. **Anderer Unternehmer:** Der HV wird für „einen anderen" Unternehmer tätig. I stellt damit klar, dass **auch** der **Handelsvertreter selbst Unternehmer** ist (→ Rn. 27). I beschränkt den HV in seiner Vertretung nicht auf „einen" anderen Unternehmer (**Mehrfirmenvertreter,** → § 86 Rn. 24, → § 89b Rn. 40). Im letzteren Fall handelt es sich um eine mehrstufige Vertriebsform.

31 C. **Untervertreter (III): a) Echter Untervertreter: Mehrstufige Handelsvertreterverhältnisse** sind ohne Weiteres möglich, die Untervertreter sind unter den Voraussetzungen von I ebenfalls HV. Ein HVVerhältnis (§§ 84 ff.) besteht dann zwischen dem **Hauptvertreter und dem Untervertreter,** BGHZ 91, 373; BGH NJW 2010, 298; OLG München NJW-RR 2009, 1699, nicht etwa unmittelbar zwischen dem Hauptunternehmer und dem Untervertreter (zu deren Verhältnis, zB Zulässigkeit der Untervertretung statt persönlicher Leistung, → Rn. 22). Der Untervertreter ist **aber Erfüllungsgehilfe** (§ 278 BGB) des Hauptvertreters in dessen Vertragsverhältnis zum Hauptunternehmen, BGHZ 59, 92; ZIP 1996, 1950; OLG Köln VersR 2006, 71; insoweit auch Auswahl- und Überwachungspflichten des Hauptvertreters, MüKoHGB/Ströbl Rn. 123; Oetker/Busche Rn. 48; zT aA: nur stichprobenweise, EBJS/Löwisch Rn. 158. Die Vermittlung der Kundenverträge durch den Untervertreter erfolgt iZw für den Unternehmer. Dem Hauptvertreter stehen die Provisionen und ein Ausgleichsanspruch nach § 89b aus der Tätigkeit der Untervertreter zu, BGHZ 56, 293; 59, 92 (vgl. → Rn. 22); aber Anspruch des Untervertreters gegen den Hauptvertreter auf Beteiligung an der Provision nach denselben Grundsätzen wie der Hauptvertreter außer in den Fällen des § 87a II, III (also ebenso wie letzterer gegen den Hauptunternehmer), OLG Köln VersR 2006, 71; der Provisionsanspruch des Untervertreters hängt aber iZw zusätzlich von der Zahlung der Hauptprovision durch den Unternehmer ab, BGHZ 91, 370; OLG Düsseldorf NJW-RR 1993, 1188/1189; Emde BB 2011, 2758 f., EBJS/Löwisch § 87a Rn. 72; besondere Klausel über Abhängigkeit des Provisionsanspruchs des Untervertreters von dem des Hauptvertreters § 87a III 1, V (vgl. → § 87a Rn. 33, 35), AGB-Kontrolle, OLG München NJW-RR 2009, 1699. Auslegung des Untervertretungsvertrags auch unter Heranziehung des Hauptvertretungsvertrags, EBJS/Löwisch Rn. 157; aA Staub/Emde Rn. 173: nur wenn die Bestimmungen des Hauptvertretungsvertrags dem Untervertreter bekannt waren. Der Untervertreter ist dem Hauptvertreter gegenüber verpflichtet, die Interessen des Unternehmens wahrzunehmen, bei Interessenkonflikt str.: Vorrang der Interessen des Hauptvertreters, Staub/Emde Rn. 174, des Hauptunternehmers, EBJS/Löwisch Rn. 157, Auslegung des Untervertretungsvertrags wird bei Loyalität des Hauptvertreters idR Letzteres ergeben. Der Provisionsanspruch des Untervertreters richtet sich gegen den Hauptvertreter, nicht den Unternehmer (keine Mithaftung), Ausnahmefall einer aus anderen Gründen bestehenden Gesamtschuld BGH NJW 2021, 156. Zum Provisionsanspruch des Untervertreters Emde BB 2010, 2318, → § 87a Rn. 5, 17. An der echten Untervertretung (Innenverhältnis) ändert sich nichts, falls der Untervertreter selbstständige **Abschlussvollmacht** (statt wie üblich nur für den Hauptvertreter) für den Hauptunternehmer hat, einerlei ob diese Vollmacht direkt vom Hauptunternehmer erteilt ist oder eine Untervollmacht des Hauptvertreters ist; letztere kann der bloße Vermittlungshauptvertreter aber idR nicht erteilen, EBJS/Löwisch Rn. 157. Im Außenverhältnis zum Dritten kommt es auf das Auftreten des Untervertreters (für den Hauptunternehmer oder den Hauptvertreter) an, Letzteres ist selten, dann zu § 406 I 2 K. Schmidt § 27 VI Rn. 105. Zur Haftung des Untervertreters nach § 179 BGB vgl. BGHZ 68, 391; K. Schmidt § 27 VI Rn. 107.

b) Unechte Untervertreter: Andere Vertragsgestaltungen sind möglich. So kann der Hauptunternehmer auch in unmittelbare HVVertragsbeziehungen mit dem Untervertreter eintreten, Bsp. BGH WM 2012, 469 mAnm Thume IHR 2012, 70, statt III gilt dann für diesen unechten Untervertreter I (HV) oder II (Angestellter). Dem unechten Hauptvertreter oder Generalvertreter können Koordinierungsaufgaben hinsichtlich der unechten Untervertreter obliegen, Staub/Emde Rn. 176, ein eigener Vertrag zwischen dem Hauptvertreter und dem unechten Untervertreter ist dazu nicht notwendig. Der Hauptvertreter erhält für die vom Untervertreter dem Unternehmen vermittelten Abschlüsse eine Provisionsspitze oder Superprovision, BGHZ 56, 290; 59, 87; 89, 125. Die Bezeichnung **„Generalvertreter"** ist nicht eindeutig, sondern kann HV, Bezirksvertreter oder Eigenhändler (auch ohne Alleinvertriebsrecht) bedeuten, BGH NJW 1970, 1040. Der Generalvertreter oder Verkaufsleiter, der selbstständiger Gewerbetreibender ist und dem andere HV unterstehen, ist selbst HV, BGHZ 56, 290; ebenso der Bezirksstellenleiter einer staatlichen Lotto- und Totoannahme, dem mehrere Annahmestellen unterstellt sind, wenn er wirtschaftlich einem echten Generalvertreter nahekommt, BGHZ 59, 87. Untervertretung kann vorliegen trotz hälftiger Aufteilung der Provisionseinnahmen, BGH WM 1984, 556. Zur Untervertretung MüKoHGB/Ströbl Rn. 117.

5) Selbstständiger Gewerbetreibender (I, II, IV)

33 **A. Gewerbetreibender (IV):** Der HV ist selbstständiger Gewerbetreibender, I 1. **Kaufmann** ist er nur noch, wenn er ein HdlGewerbe (§ 1 II) betreibt oder in das HdlRegister eingetragen ist (§§ 1 ff. nF HGB). MinderKfm gibt es nicht mehr. Nach IV (neu 1998 → § 84 Rn. 3) bleiben §§ 84 ff. jedoch anwendbar, wenn das Unternehmen des HV nichtkaufmännisch ist, BAG BB 2000, 826. Der kleingewerbliche HV bleibt damit geschützt, **auch** wenn er als **Nichtkaufmann** sonst nicht dem HGB unterfällt, zur Abgrenzung Emde RIW 2003, 509. Der HV hat ein gewerbliches Unternehmen, das Gegenstand des Rechtsverkehrs ist und ua nach § 823 I BGB geschützt wird, OLG Karlsruhe BB 1959, 1006. Rechtsgeschäftliche Übertragung der Handelsvertretung ist nur mit Zustimmung des Unternehmers möglich, eine Gesamtrechtsnachfolge ist grundsätzlich ausgeschlossen (→ § 86 Rn. 18). Änderung der Rechtsform → Rn. 9a.

34 Jedoch werden **„arbeitnehmerähnliche"** HV **teilweise wie Arbeitnehmer** behandelt, zB Mindestarbeitsbedingungen (§ 92a), Gerichtszuständigkeit (→ Rn. 46), Urlaubsrecht (§ 2 S. 2 BUrlG), Hinterbliebenenversorgung (§ 17 BetrAVG); dazu Küstner/Thume/Schürr, Bd. 1, Kap. I Rn. 245 ff. Dagegen ist eine Einbeziehung der HV in das Tarifvertragsrecht bisher unterblieben; die Einbeziehung arbeitnehmerähnlicher Personen durch G 29.10.1974 BGBl. 2879 gilt nicht für HV (§ 12a IV TVG). Den HVVertrag insgesamt in die Nähe zum Arbeitsvertrag zu rücken, ist verfehlt, aA Canaris § 15 Rn. 17 (vgl. auch → Rn. 35).

35 **B. Selbstständigkeit (I 2):** Die Abgrenzung zwischen selbstständiger und unselbstständiger Tätigkeit (I 2, II) erfolgt nach der persönlichen Selbstständigkeit des Absatzmittlers. Der Begriff der Selbstständigkeit ist **europarechtlich** präformiert (Art. 1 II EU-Ri, → § 84 Rn. 3), EuGH ZVertriebsR 2019, 20: Einstufung als HV auch bei Ausübung einer unabhängigen Tätigkeit für einen Dritten; dazu Rohrßen ZVertriebsR 2019, 156; Staub/Emde Rn. 24; auch Hopt FS Medicus, 1999, 246; Kiene RIW 2007, 297; Emde BB 2008, 2702. Nach I 2 ist selbständig, „wer im Wesentlichen frei seine Tätigkeit gestalten und seine Arbeitszeit bestimmen kann". Das entspricht der Definition des § 611a BGB mit der Folge, dass die dazu ergehende Rechtsprechung auch für § 84 I 2 erläuternd herangezogen werden kann, zutr Staub/Emde Rn. 25. Dem entspricht auch die Gesetzgebungsgeschichte des § 611a BGB: **§ 84 bleibt von § 611a BGB** aus 2017 **„unberührt"**, Ausschussbegründung BT-Drs. 18/10604 S. 17; ohne Äußerung RegE BT-Drs. 18/9232 S. 15 f.; aA Wank ZVertriebsR 2022, 209: statt § 84 I 2, II gelte § 611a BGB; nach § 611a I 3 seien auch für den HV zwingend die Merkmale „Weisung" und „Eingliederung" (dort nicht genannt). Somit wird auch die bisherige, I 2 konkretisierende Rechtsprechung von § 611a BGB und dessen weitere Auslegung nicht in Frage gestellt; iErg auch Oetker/Busche Rn. 25; MüKoHGB/Strobl Rn. 37. Wie bisher ist also das Gesamtbild der vertraglichen und tatsächlichen Handhabung maßgeblich (→ Rn. 36 ff.). Allerdings kommt es darauf an, beide Normen so auszulegen, dass keine Widersprüche entstehen.

Entscheidend für die Selbstständigkeit ist die **persönliche Freiheit,** und zwar die rechtliche im Gegensatz zur „wirtschaftlichen", die bei jeder Art von Vertragsverhältnis und auch bei selbstständigen Kflten und Unternehmern vielfach fehlt, stRspr, BGH VersR 1964, 331; BAG ZIP 1997, 1715 (Eismann). Persönliche Freiheit ist nach I 2 die Möglichkeit, **„im Wesentlichen frei seine Tätigkeit gestalten und seine Arbeitszeit bestimmen"** zu können **(I 2),** also iaR ohne bestimmten Tagesplan, Mindestarbeitszeit, Arbeitspensum; sonst unselbständiger HV (II, → Rn. 39); vgl. § 611a I 1, 3 BGB: Arbeitsvertrag. I 2 ist ein typisches Abgrenzungsmerkmal mit allgemeiner Wertung über den unmittelbaren Anwendungsbereich hinaus, BGH ZIP 1998, 2178. An dieser gesetzlichen Vor-

7. Abschnitt. Handelsvertreter 36 § 84

gabe ist trotz des Phänomens der "neuen Selbstständigkeit", der (wiederholt geänderten) sozialversicherungsrechtlichen Gesetzgebung und neuer Abgrenzungsversuche in Schrifttum (primär Unternehmerrisiko, so Wank) und teilweise arbeits- und sozialrechtlicher Rspr. festzuhalten. Umgehungstatbestände, so wenn der HV nur scheinbar selbstständig ist, lassen sich ohne Weiteres mit den allgemeinen Kriterien bewältigen. Die auf das SGB beschränkte, widerlegliche Vermutung von § 7 IV 1 Nr. 1–5 G zur Förderung der Selbstständigkeit 20.12.1999 BGBl. 2000, 2, gilt nach S. 2 nicht für HV, die im Wesentlichen frei ihre Tätigkeit gestalten und über ihre Arbeitszeit bestimmen können, uU verfassungswidrig, OLG Nürnberg 26.2.2009, HVR Nr. 1320; Reiserer BB 2000, 95. Kapitalgesellschaften sind nach I 2 immer selbständig, die Abgrenzungskriterien (→ Rn. 36 ff.) finden nur auf natürliche Personen Anwendung (→ Rn. 8, 39), BGH NJW 2015, 1754. Feststellung, ob selbstständig oder Arbeitnehmer durch Gericht oder Verwaltungsverfahren, MüKoHGB/Ströbl Rn. 64, 65. Lit.: Stolterfoth, 1973; Wank, 1988; Hanau 1997; Hopt DB 1998, 863; FS Medicus, 1999, 235; Hromadka DB 1998, 195; NZA 1998, 1; Hümmerich NJW 1998, 2625; Reinecke ZIP 1998, 581; Hanau/Strick DB Beil. 14/1998 (Versicherungsaußendienst); Oberthür/Lohr NZA 2001, 126 (HV im Arbeits- und SozialVersRecht); Hromadka NJW 2003, 1847; Flohr ZVertriebsR 2012, 354; Reinecke ZVertriebsR 2014, 151 (BAG-Rspr.); Emde BB 2015, 1539.

Entscheidend ist das **Gesamtbild der vertraglichen Gestaltung und tatsächlichen Handhabung (Schwerpunkttheorie),** hL, stRspr, BVerfG NJW 1978, 365; BGH BB 1982, 1877; NJW 1982, 1758; WM 1991, 1474; NJW 1998, 2057; 1999, 648; 2010, 874; BAG BB 2000, 826; 2000, 1469; NJW 2010, 2455 (VersVertreter); iErg auch DB 1998, 624; OLG Koblenz VersR 2007, 1222; OLG Nürnberg 26.2.2009, HVR Nr. 1320; OLG München NJW-RR 2014, 887; K. Schmidt § 27 I Rn. 14; MüKoHGB/Ströbl Rn. 42; RWH/Thume Rn. 26; so auch § 611a I 5 BGB: "Gesamtbetrachtung aller Umstände". Dazu hat die Rspr. viele einzelne Abgrenzungskriterien entwickelt, vor allem zu **Ort, Zeit und Art und Weise der Tätigkeit, Unternehmerrisiko, Art und Weise der Vergütung.** Keines davon ist aber bei der wertenden Gesamtbetrachtung unverzichtbar; auch das Unternehmerrisiko ist nur ein Kriterium unter anderen, aA Wank DB 1992, 90, ZVertriebsR 2022, 210. Auf die von den Parteien gewählte Bezeichnung kommt es dabei nicht an (Grund: Schutznormen zB des II, § 89b), ebenso § 611a I 6 BGB. Entscheidend ist vielmehr **der wirklich gewollte Geschäftsinhalt,** der sich aus den Vereinbarungen und der tatsächlichen Durchführung des Vertrags ergibt (bei Widerspruch gibt die letztere den Ausschlag), unstr., BGHZ 59, 91; BAG BB 1990, 1065; DB 1994, 2502; so auch § 611a I 6 BGB. Gelebte Vertragswirklichkeit kann für Unselbständigkeit sprechen, auch wenn Ort, Zeit und Art und Weise der Tätigkeit weitgehend frei und vertraglich Provisionen vereinbart sind, OLG München NJW-RR 2014, 887. Bei auferlegten Pflichten spielt es die Rolle, ob sie sanktionslos bleiben, vgl. OLG Saarbrücken VersR 2005, 1388. Abgrenzung wird neuerdings vor allem problematisch bei in den Arbeitsablauf integrierter Zusammenarbeit von **Freiberuflern** mit Mitarbeitern, zumal wenn die Arbeitsergebnisse nicht vorher konkret vereinbart sind. Letzteres gilt bei Behörden als Indiz für Scheinselbständigkeit. Dagegen können wirkliche Spezialisierung des Freiberuflers und Aufteilung der Arbeiten helfen.

Für Selbstständigkeit sprechen außer der **nur eingeschränkten Weisungsgebundenheit** (→ Rn. 38) zB das Vorliegen eines **eigenen Unternehmens;** die **eigene Tragung der Kosten und Risiken der Geschäftstätigkeit (Unternehmerrisiko),** BVerfG NJW 1978, 365; BAG ZIP 1997, 1715 (Eismann), aber nicht isoliert ohne korrespondierende unternehmerische Freiheit und Chancen, zB OLG Düsseldorf 4.7.1997, HVR Nr. 814; NJW-RR 1998, 682 Ls. (Scheinselbstständigkeit); eigene Geschäftsräume, BVerfG NJW 1978,

365; OLG Stuttgart VersR 1956, 318, Geschäftseinrichtung, OLG Düsseldorf 4.7.1997, HVR Nr. 814, Buchführung, OLG München NJW 1957, 1767; Auftreten unter eigener Firma, BGH VersR 1964, 331; BAG BB 1980, 1471; **Vertretung mehrerer Unternehmer,** OLG Celle MDR 1958, 341; selbst ausgesuchtes **eigenes Personal,** BGH VersR 1964, 331; BAG DB 1997, 2437, und Recht zum Einsatz von Untervertretern, nicht schon Einstellung von Mitarbeitern, LAG Bremen BeckRS 2008, 53877; **Freiheit in Arbeitsumfang und Arbeitsgestaltung** (→ Rn. 35, 37, 38).

Gegen Selbstständigkeit sprechen zB Vorgabe des **Tätigkeitsorts,** wobei aber zwischen Innen- und Außendienst zu unterscheiden ist, BAG DB 1966, 548; 1978, 1035; 1996, 2033 (Partnervertrag); BGH NJW 1998, 2057, nicht Zuordnung zu einer Geschäftsstelle, OLG Schleswig OLGR 2009, 619, Zuweisung eines Vertriebsbezirks, denn das ist für HV normal, OLG München OLGR 2008, 540; Vorgabe eines genauen **Arbeitsplans** und der Bestimmung der täglichen **Arbeitszeit** (Zeithoheit), BAG DB 1997, 2437 (jeden Tag voll eingesetzt); BGHZ 140, 21; vgl. OLG Hamm 7.2.2003, HVR Nr. 1089; Klausel über ständige Anwesenheit im Geschäftslokal während der üblichen Ladenöffnungszeit; geschuldete Erreichbarkeit und Mitteilungspflicht über Abwesenheitszeiten, OLG München NJW-RR 2014, 887; ständige Erreichbarkeit in Call-Center, LAG Hamm ZVertriebsR 2017, 392; feste Bürozeiten; Stechkarten, OLG Koblenz VersR 2007, 1222; in einer bestimmten Zeitspanne zu erledigendes Mindestsoll, falls nicht erheblicher Spielraum verbleibt, BAG NZA 2000, 481; OLG Nürnberg 26.2.2009, HVR Nr. 1320; feste Urlaubszeiten, auch bei einvernehmlicher Bestimmung, BAG DB 1998, 625, nach Rspr. auch Urlaubssperrklausel, BAG NJW 2004, 461; ua, krit. Hopt DB 1998, 867; nicht schon feste Besprechung an bestimmtem Wochentag, Besuch von mindestens drei bis vier Kunden in den Abendstunden, Ausbildungsprogramm von 35 Arbeitstagen pro Jahr, BAG NJW 2010, 2456 (VersVertreter), und Schulungsveranstaltungen, nur 2 Kundentermine pro Tag, OLG Nürnberg 26.2.2009, HVR Nr. 1320; aber Leistungskontrollen und Schulungen sind auch für HV zulässig, Emde BB 2018, 1859; **Genehmigungspflicht für jede Nebentätigkeit,** OLG Düsseldorf WM 1985, 526; aA BAG BB 2000, 1469; Einbeziehung in betriebliche Organisation (Urlaub, Betriebsrat) und Tarifordnung, OLG Düsseldorf WM 1985, 526; Abführen von Lohnsteuer und Sozialversicherung, BGH VersR 1964, 331; fehlende Abrechnung über Provisionen durch den Unternehmer während der gesamten Vertragslaufzeit, Provisionsrechnung ohne Ausweis der Mehrwertsteuer, OLG München NJW-RR 2014, 887. „Freier Immobilienmitarbeiter" ist kein HV, wenn er seinen Arbeitsplatz in den Geschäftsräumen des Unternehmers hat, Korrespondenz nur auf dessen Firmenpapier führt und mehrmals am Tag zu diesem gerufen wird, BGH BB 1982, (→ 1876. Die Rspr. stellt zT Statusvergleich an, ob andere Personen mit vergleichbarer Tätigkeit als Arbeitnehmer beschäftigt werden, Hopt DB 1998, 866.

Eher neutral sind andere Umstände. So sprechen **fehlende Innen- und Außenorganisation** (Grund: IV), BAG BB 2000, 826 (VersVertreter), und mangelnder eigener Kapitaleinsatz (so typisch) nicht gegen Selbstständigkeit, BGHZ 34, 291; ebenso wenig Wettbewerbsverbot, BAG BB 2000, 932; OLG Saarbrücken VersR 2005, 1388; vertragliches Verbot von Mehrfirmenvertretung **(Einfirmenvertreter),** BGH VersR 1964, 331; OLG Nürnberg 26.2.2009, HVR Nr. 1320, Grund: § 92a. Aufsuchen von Kunden ist nicht notwendig. Feste Vergütungsbestandteile schaden nicht, zB Fixum bzw. Mindestprovision, OLG Nürnberg BB 1960, 956, fester Spesenzuschuss, OLG Stuttgart BB 1962, 156, aber doch nur neben überwiegend erfolgsabhängigen; reine Provisionszahlungen ohne festes Entgelt deuten dagegen auf Selbstständigkeit, BGH NJW 1982, 1758; wichtiger ist jedoch, ob der Absatzmittler, was die Gesamtvergütung angeht, tatsächlich eine unternehmerische Chance hat. Wenig aussagekräftig für

Selbstständigkeit sind auch **formale Indizien** wie Anmeldung zum Gewerbeamt, BSG NZS 2018, 225; OLG München NJW 1957, 1767, Eintragung in das HdlRegister; Veranlagung zur Umsatz- und Gewerbesteuer, BGH VersR 1964, 331; Führung von Personalakten, OLG Koblenz VersR 2007, 1222. Nicht ausschlaggebend ist die Beurteilung der Abhängigkeit nach Sozialversicherungsrecht durch BSozG, BGH BB 1975, 1410 (Bezirksstellenleiter eines staatlichen Toto- und Lottounternehmers als HV), BAG BB 2000, 1469; OLG Düsseldorf WM 1985, 526; näher MüKoHGB/Ströbl Rn. 61; aber die sozialversicherungsrechtliche Rspr. benutzt weitgehend die handels- und arbeitsrechtlichen Kriterien, von Hoyningen-Huene BB 1987, 1730, aber jetzt gesetzliche Vermutung (→ Rn. 35).

Das Maß der Freiheit in der Tätigkeitsgestaltung entscheidet nicht allein; sie kann **durch die Anforderungen der Geschäftsart** eingeengt sein; so auch § 611a I 3 BGB: je nach Eigenart der jeweiligen Tätigkeit. Beispiele: Propagandistin in Kaufhaus (Öffnungszeit, Arbeitsablauf), BGH NJW 1982, 1758, Tankstellenpächter (→ Rn. 21), Versicherungsvertreter (→ Rn. 38), BAG DB 1966, 546; BB 2000, 932, Bausparkassenvertreter, BSozG BB 1981, 2074, Postagenturen (Einheitlichkeit von Einrichtung, EDV mit Vorgaben und Preisgestaltung), OLG Köln BeckRS 2009, 27270. Auch während der **Einarbeitung** und einer **beruflichen Qualifizierung** sprechen vorübergehende stärkere Vorgaben mit geringerer Selbständigkeit nicht schon gegen HVEigenschaft, EBJS/Löwisch Rn. 24. Bei **Mehrfirmenvertretern** (→ § 86 Rn. 24) ist für jedes Verhältnis separat zu entscheiden.

Die **Weisungen** des Unternehmers, an welche der HV als Beauftragter (§§ 662, 665, 675 I BGB, mangels anderer Abrede) gebunden ist (→ § 86 Rn. 15), sind für den HV normal und sogar essentiell. Er ist in dessen Vertrieb eingeschaltet, nimmt dessen Interessen wahr und ist ihm laufend berichtspflichtig (§ 86 I, II). Außerdem besagt I 2 nur, dass der HV „im Wesentlichen" frei sein muss. Je nach Branche, zB wenn diese schwierig, vielgestaltig und mit hohen Risiken verbunden ist, ist ein Mehr an Weisungen zur Qualitätssicherung notwendig, OLG Saarbrücken VersR 2005, 1388 (VersVertreter); OLG Nürnberg 26.2.2009, HVR Nr. 1320 (Vers- und Finanzdienstleistungen); OLG München 9.12.2019 HVR Nr. 1476 (VersVertreter). Vgl. auch § 611a I 2 BGB, wonach das Weisungsrecht Inhalt, Durchführung, Zeit und Ort der Tätigkeit betreffen kann. Die Bestimmung der **Vertriebspolitik** ist Sache des Unternehmers. Dieser kann deshalb dem HV Vorschriften machen über Bezirks- und Kundenbeschränkung (vgl. § 87 II), Mindestumsatz- und Kundenaufbaupläne, vgl. OLG Düsseldorf NJW 1998, 2981 (falls sanktionslos), die Ausweitung des Kundenkreises, BGH DB 1981, 1772, Auswahl der Produkte und Werbemaßnahmen bei den Kunden, OLG München 9.12.2019 HVR Nr. 1476. Nichtaufnahme von Verhandlungen mit bestimmten Kunden, BGH DB 1960, 574, Preisgestaltung einschließlich Rabatte und Skonti, Vertragskonditionen, Zahlungsmodi, Darstellung des Produkts und seinen technischen Einsatz. Tendenziell schädlich sind dagegen Weisungen hinsichtlich Art und Umfang der Kundenbesuche, über die Reiseroute und über einen bestimmten Mindestumsatz. Der Unternehmer kann dem HV ferner Weisungen über die **Nachrichts- und Rechenschaftspflicht** erteilen, zB über Verbuchung und Abrechnung von Lieferungen, BGH VersR 1964, 331; OLG Düsseldorf NJW 1998, 2978, Verfahren mit den eingenommenen Geldern, Verwendung besonderer Vordrucke bei der Mitteilung von Geschäftsabschlüssen (→ § 86 Rn. 43), BAG DB 1966, 547, Dokumentation von Kundenkontakten, OLG Nürnberg 26.2.2009, HVR Nr. 1320, Vorlage von Kundenberatungsbögen, OLG München 9.12.2019 HVR Nr. 1476, vgl. § 86 II. Das gilt auch für regelmäßige Rücksprache, Aufsuchen des Büros des Unternehmers und ständige telefonische Erreichbarkeit (Grund: § 86 II), zT str., kann rasch umschlagen. Dasselbe gilt für die im modernen Vertrieb wichtige **Einheitlichkeit der Prä-**

sentation, zB Werbung, Dekoration und Verkaufsaktionen, einheitliche Geschäftsformulare und Visitenkarten, Hopt DB 1998, 864, zT str.; so ist es unschädlich, dass das Kfz des Frachtführers Farben und Logo des Spediteurs aufweist, BAG DB 1998, 624. Insgesamt dürfen die Weisungen aber **nicht so eng** sein, **dass** die Tätigkeit der HV von ihm **nicht mehr „im Wesentlichen frei gestaltet"** wird, BAG NZA 1995, 649 („Kerngehalt"); OLG Koblenz VersR 2007, 1222. Weisungsgebundenheit hinsichtlich des Geschäftsablaufs, der Arbeitszeit und der sonstigen Art und Weise der Tätigkeit ist typisch für den Arbeitnehmer (arbeitsrechtliches Direktionsrecht des Unternehmers). Weisungen hinsichtlich Art und Umfang der Kundenbesuche, über die Reiseroute und über einen Mindestumsatz sind tendenziell schädlich. Ständige Dienstbereitschaft ist starkes Indiz für Arbeitnehmereigenschaft, BAG DB 1998, 624; zu weitgehend LAG Düsseldorf BB 1997, 892. Pflicht zum Besuch von Schulungsveranstaltungen, zu ständiger Bestandspflege, OLG Bremen 28.1.2005, HVR Nr. 1143, zum Nachweis von Arbeitsunfähigkeitszeiten. Wenn der Unternehmer den HV jederzeit kurzfristig in den Innendienst versetzen kann, spricht das für Abhängigkeit, vgl. OLG Düsseldorf WM 1985, 526. Aufnahme in einen Dienstplan, der ohne vorherige Absprache mit dem Mitarbeiter erstellt wird, ist typisch für Arbeitnehmerbeziehung, BAG DB 1997, 47, auch bei dessen Recht, einzelne Einsätze abzulehnen. Die **Beweislast** für (Un)Selbstständigkeit bestimmt sich nach allgemeinen Regeln. Ausgangspunkt ist der Vertrag. Beweispflichtig ist, wer sich auf eine abweichende tatsächliche Vertragspraxis beruft, BAG DB 1966, 546. Der HV, der Arbeitnehmer zu sein behauptet, muss fehlenden Spielraum bei der Arbeitszeitgestaltung beweisen, BAG NJW 2004, 461. Die Vermutung des § 7 IV SGB IV nF 1998 BGBl. 3846 gilt nicht für HV, die im Wesentlichen frei ihre Tätigkeit gestalten und über ihre Arbeitszeit bestimmen können. Vertrags- und Ablaufgestaltung, Hopt DB 1998, 868.

39   C. **Unselbstständiger „Handelsvertreter" (II):** Erfüllt der Absatzmittler des Unternehmers alle Voraussetzungen von I 1, ohne selbstständig zu sein, ist er kein HV iSv §§ 84 ff., sondern ein Angestellter des Unternehmers (unscharf: unselbstständiger „HV"). Dann ist er Arbeitnehmer und es liegt ein Arbeitsvertrag iSv. § 611a BGB vor (zum Nebeneinander beider Vorschriften → Rn. 35). Wie er von den Parteien bezeichnet wird, ist dafür unerheblich, so auch § 611a I 6 BGB. Wie er von den Parteien bezeichnet wird, ist dafür unerheblich. II ist nur auf natürliche Personen, nicht auch auf Kapitalgesellschaften (→ Rn. 8, 35) anwendbar, BGH NJW 2015, 1754. II ist als soziale Schutznorm mit Konsequenzen für das Arbeits- und Sozialrecht zwingend, OLG Düsseldorf WM 1985, 526. Personen, die mit einer Vermittlungs- oder Abschlussaufgabe iSv I 1 ständig betraut, aber weder HV noch Angestellte sind, gibt es nicht, BSozG BB 1981, 2074. Ein Angestelltenverhältnis bei klarer Vereinbarung bleibt auch mit selbstständig Tätigem möglich (kein Umkehrschluss aus II), OLG Düsseldorf WM 1985, 526. Auf den Absatzmittler nach II sind nicht §§ 85 ff. anwendbar, sondern Arbeitsrecht. Er ist HdlGehilfe (§§ 59 ff.), wenn der Unternehmer Kfm. ist, sonst Angestellter iSv § 611 ff. BGB; die arbeitsrechtlichen Schutzvorschriften finden in beiden Fällen Anwendung. Lit.: Hunold, 1993 (Arbeitsrecht im Außendienst); MüKoHGB/Ströbl Rn. 137; Hromadka NZA 1997, 1249.

40   D. **Juristische Personen, Personengemeinschaften:** Bei juristischen Personen und im eigenen Namen handelnden Personengemeinschaften (→ Rn. 8) kann schwerlich nach der Arbeitszeitbestimmung, wohl aber nach der sonstigen Tätigkeitsgestaltung (I 2) gefragt werden. Fehlt die Freiheit hierin, kommt es darauf an, ob es angestellte juristische Personen oder Personengemeinschaften gibt (str., vgl. → § 59 Rn. 25), verneinendenfalls ist eine juristische Person oder Gemeinschaft, die ständig mit Geschäftsvermittlung iSv I 1 betraut ist, ohne

Rücksicht auf Selbstständigkeit oder Unselbstständigkeit iSv I 2 stets HV, nie HdlGehilfe.

6) Ständige Betrauung

A. **Betrauung:** Betraut heißt vertraglich verpflichtet iSv §§ 611 ff., 675 I BGB **41** (→ § 86 Rn. 1; zum Vertragsschluss → § 85 Rn. 1); Betrauung aufgrund anderer Rechtsverhältnisse wie nach Gesellschafts- oder Familienrecht ist davon zu trennen. Den HV trifft also eine **Tätigkeitspflicht**. Der Vermittler ohne Tätigkeitspflicht ist nicht HV, OLG München 21.1.2010, HVR Nr. 1314, sondern (uU) Makler, BGH NJW 2015, 1754 Rn. 11; er kann beide Gewerbe nebeneinander betreiben; OLG Bamberg BB 1965, 1167. Betrauen heißt weiter, dass der Unternehmer dem HV die Wahrnehmung seiner Interessen anvertraut. Die **allgemeine Interessenwahrungspflicht** des HV für den Unternehmer ist damit dem Vertrag immanent und zwingend (klarstellend § 86 I Hs. 2, dort → § 86 Rn. 20). Die (ständige, → Rn. 42) Betrauung ist also mehr als die bloße (ständige) Geschäftsverbindung, BGH NJW 1992, 2818. Genaue Weisungen stehen der Betrauung nicht entgegen, BGH NJW 2015, 1754 Rn. 13.

B. **Ständig:** Ständige Betrauung bedeutet nicht notwendig auf immer oder **42** langfristig oder auch nur auf unbestimmte Zeit, BGH NJW 1992, 2818. Genügend ist vielmehr Betrauung **auf gewisse Zeit**, kalendermäßig oder mit anderer Bestimmung, zB für eine Saison oder Kampagne, auch nur Dauer einer Messe, Ausstellung, OLG Nürnberg BB 1959, 318; auch mit Unterbrechungen nach dem Bedarf, OLG Nürnberg NJW 1957, 1720 (Adressbuchwerber); auch jeweils Einzelaufträge zur Vermittlung von Zeitschriftenabonnements im Rahmen des Dienstleistungsvertrags, BGH NJW 2015, 1754 Rn. 12. Entscheidend ist also, dass der HV sich um eine **unbestimmte Vielzahl von Abschlüssen** bemühen muss; Betrauung mit der Vermittlung nur bestimmter einzelner Geschäfte genügt selbst bei längerer Tätigkeit nicht, OLG Bamberg BB 1965, 1167. Ständige Betrauung ist notwendig, Geschäftsbeziehung von längerer Dauer ohne diese genügt nicht, BGH NJW 1992, 2819; 2015, 1754 Rn. 11; OLG Frankfurt a. M. ZVertriebsR 2016, 113 (Theaterkartenvermittlungsverein). Ständige Betrauung fehlt auch beim HdlMakler, OLG Düsseldorf NJW-RR 2016, 1315; Abgrenzung VersVertreter vom VersMakler → § 92 Rn. 1, → § 93 Rn. 7. HVVerträge auf bestimmte Zeit s. Schröder FS Hefermehl, 1976, 113. Ständig betraut ist zwar nicht gleichbedeutend mit einer Pflicht zu ständiger Tätigkeit. Doch folgt die Pflicht des HV zur ständigen Bemühung während der Vertragszeit daraus, dass der Unternehmer idR möglichst viele Geschäfte schließen will und der HV mangels anderer Abrede oder Weisung dieses Interesse wahrnehmen muss (§ 86 I). Die ständige Betrauung bedeutet idR (nicht begriffsnotwendig, str.) Eingliederung des HV in die Absatzorganisation des Unternehmers, doch braucht dieses letzteren beim HV nicht besonders festgestellt zu werden (vgl. dagegen die Abgrenzung beim Vertragshändler, → Rn. 13). Firmeneigene Versicherungsvermittler, also TochterGes zwecks Ausschaltung von HVKosten (schon → Rn. 23), sind mangels Vereinbarung über ständige Betrauung idR nicht selbst HV, auch bei entspr. Firmenzweck und Konzernierung, Küstner/Thume/Schürr, Bd. 1, Kap. I 18 ff., str.

Der HVVertrag ist danach **Dauerschuldverhältnis** (vgl. § 314 BGB) wie **43** andere Dienstverträge (→ § 86 Rn. 1), hat Laufzeit mit bestimmtem Anfang und Ende und wird gekündigt (§§ 89, 89a, dort → § 89 Rn. 1 ff., → § 89a Rn. 1, vgl. §§ 620 ff. BGB), auch bei dauernder Arbeitsunfähigkeit des HV, OLG Braunschweig NJW-RR 1994, 35; KKRD/Roth § 86 Rn. 2, str.

C. **Gelegenheitsagent:** Dieser ist **nicht Handelsvertreter.** Sein Vertrag mit **44** demjenigen, dem er nur ein Geschäft vermitteln soll oder auch mehrere, aber ohne damit ständig betraut zu sein, untersteht nur dem Werkvertrags- und

Auftragsrecht des BGB (§ 675 I BGB), Provisionspflicht aus § 354, OLG Hamburg 19.9.1995, HVR Nr. 793. Die Gelegenheitsvermittlung kann Gewerbe sein; Bsp.: Anwerbungsbüro (für Musiker, Schauspieler, Artisten, Schiffspersonal), das nicht auf Dauervertrag, sondern auf Einzelaufträge von Unternehmern tätig ist; sein Inhaber ist nicht Kfm. nach § 1, nur ggf. nach § 2; das gilt auch, wenn er von einzelnen Unternehmern Daueraufträge hat, falls nicht sein Betrieb speziell auf diese angelegt ist. Es kann auch Maklervertrag vorliegen (→ Rn. 41, → § 93 Rn. 11).

7) Gerichtsbarkeit für Handelsvertreter

45 A. **Kammer für Handelssachen:** Ansprüche aus HVVerträgen gehören innerhalb der Landgerichte nach Maßgabe der §§ 93 ff. GVG vor die KfH. § 95 I Nr. 1 GVG setzt ein beiderseitiges HdlGeschäft voraus. Der Unternehmer und der HV müssen hier also **Kaufmann** sein (anders nach §§ 84 ff., → Rn. 27, 33). Da nach dem HRefG 1998 (→ Rn. 4) Kleingewerbetreibende nicht mehr Kflte sind, aber §§ 84 ff. anwendbar bleiben (§ 84 IV), kommt es zu einer misslichen Zuständigkeitsspaltung; die Zuständigkeit der KfH für das gesamte HVRecht wäre wünschenswert. Kein einheitlicher beiderseitiger Erfüllungsort iSv § 269 BGB, § 29 ZPO, BGH NJW 1988, 966.

46 B. **Arbeitsgerichte:** Das ArbGG stellt für die Zuständigkeit der Arbeitsgerichte (bes. § 2 I Nr. 3 ArbGG: Streitigkeiten zwischen Arbeitnehmern und Arbeitgebern) den Arbeitnehmern Personen gleich, „die wegen ihrer wirtschaftlichen Unselbstständigkeit als arbeitnehmerähnliche Personen anzusehen sind" (§ 5 I 2 ArbGG), vgl. BAG NJW 1991, 1629; OLG Frankfurt a. M. MDR 1997, 885; OLG Düsseldorf 1.6.2005, HVR Nr. 1149. HV gelten nach **§ 5 III 1 ArbGG** nur dann als Arbeitnehmer im Sinne dieses Gesetzes, wie unter **§ 92a** fallen und wenn sie während der Letzten sechs Monate des HVVertrags nicht mehr als eine bestimmte niedrige durchschnittliche Monatsvergütung bezogen haben, BGH WM 2015, 2271 Rn. 12. Herbeiführung durch gezielte Untätigkeit gegen Ende der Vertragszeit wird nicht anerkannt, OLG Celle 22.11.2004, HVR Nr. 1145. § 5 III ArbGG ist gegenüber § 5 I Nr. 2 ArbGG vorgreiflich, BGH ZIP 2013, 2013 Rn. 13, und regelt nur den Rechtsweg und erstreckt nicht materielles Arbeitsrecht auf solche HV; die Fiktion des § 5 III ArbGG gilt auch, wenn der Arbeitnehmerstatus materiellrechtlich fehlt, BAG NJW 2003, 2627; OLG Brandenburg VersR 2008, 1066. Für die Bestimmung des Rechtswegs ist der Vortrag beider Parteien relevant, nicht nur der des Klägers, anders nur bei doppelrelevantem Vortrag (prozessual und materiellrechtlich), OLG Hamm 4.2.2010, HVR Nr. 1301 wie BAG und BGH. Anforderungen an den Klägervortrag (aut-aut-Fälle), BAG NJW 2021, 802 mkrit Anm Spielberger. Die Rechtsprechung des **BGH** und die des **BAG** ist **nicht einheitlich**, EBJS/Löwisch Rn. 29 f.

Erfasst werden **Einfirmenvertreter** iSv § 92a, die in den letzten Vertragsmonaten (auch wenn das Vertragsende schon einige Zeit zurückliegt), bei kürzerer Vertragsdauer während dieser, **durchschnittlich** aus dem Vertrag **nicht mehr als 1.000 EUR bezogen** haben, an Vergütung jeder Art einschließlich Ersatz für Aufwendungen im regelmäßigen Geschäftsbetrieb (nicht außerordentliche Aufwendungen) und ohne Abzug von nicht erstatteten Aufwendungen (str. für vertraglich geschuldete, Emde BB 2008, 2703), also brutto, BGH WM 2008, 945; ZIP 2013, 2013; OLG Hamm OLGR 1998, 193; OLG Karlsruhe VersR 2007, 207, Grund: der HV trägt seine Kosten grundsätzlich selbst. Maßgeblich ist der Vergütungsanspruch, nicht die tatsächliche Auszahlung, BGH WM 2008, 945 Rn. 17. Was dem HV an Gewinn verbleibt, spielt keine Rolle, OLG Köln OLGR 2007, 758. Maßgeblich sind dabei die (unbedingt) entstandenen, nicht die ausgezahlten Vergütungen, BGH WM 2008, 892 (945), str., offen BAG NJW

2009, 3803, also einerlei ob tatsächlich mehr (zB Vorschüsse), BGH NJW 1964, 497; OLG Hamm 20.2.2006, HVR Nr. 1155 (Grund Darlehen, auch bei Teilerlass, str.), oder weniger (zB Verzug) ausgezahlt worden ist, OLG Düsseldorf 1.6.2005, HVR Nr. 1149; Staub/Emde § 92a Rn. 22; EBJS/Löwisch § 92a Rn. 17, hL. Sonst könnte der Unternehmer durch Über- oder Nichtzahlung einseitig den Status des HV verändern. „**Bezogen**" bedeutet also: tatsächlich verdient, dh vertraglich versprochen, Staub/Emde § 92a Rn. 23, einerlei ob ausbezahlt, aufgerechnet oder nicht bezahlt, BGH WM 2015, 2271 Rn. 19; OLG Saarbrücken VersR 2005, 1388; OLG Karlsruhe VersR 2007, 207; OLG München OLGR 2008, 540, str., vgl. Emde BB 2011, 2756. Besonderheiten bei Vorabverrechnung BAG NJW 2009, 3803. Provisionsvorschüsse nur, soweit sie nachträglich durch unbedingt entstandene Provisionsansprüche gedeckt und diese nicht wieder entfallen (storniert) sind, BGH WM 2011, 1623; 2015, 533; 2015, 2271 (2273) Rn. 19, 23. Diese Obergrenze gilt auch, wenn das Vertragsverhältnis bereits gestört war oder der HV kein Arbeitseinkommen hat, also keine Rückdatierung des Sechs-Monatszeitraums, BAG NJW 2005, 1147; OLG Stuttgart BB 1966, 1396; OLG Hamm 20.2.2006, HVR Nr. 1155; OLG Brandenburg VersR 2008, 1066; OLG Hamm 4.2.2010, HVR Nr. 1301, gegen üL. Lit.: Artzt/Kemter BKR 2011, 476.

Ist Art. 5 III ArbGG wegen Überschreitens der Vergütungsgrenze unanwendbar, dann greift nicht § 5 I 2 ArbGG ein, auch wenn der HV wirtschaftlich unselbstständig und arbeitnehmerähnlich ist, sondern es bleibt bei der Zuständigkeit der **Zivilgerichte,** Grund: § 5 III ArbGG ist abschließende Sonderregelung für HV, BAG AP HGB § 92a Nr. 1; OLG Köln VersR 2001, 895; OLG Karlsruhe VersR 2007, 209; MüKoHGB/Ströbl § 92a Rn. 6, Preis/Stoffels ZHR 160 (1996), 447, str.

C. **Insolvenzverfahren:** Die Gleichstellung gewisser HV mit Arbeitnehmern (→ Rn. 34, 46) galt früher auch für die Insolvenz, §§ 59 I Nr. 3c, 61 I Nr. 1c KO (Masseschulden, Konkursvorrecht), dazu 29. Aufl. Die InsO hat diese Vorrechte für Arbeitnehmer und HV beseitigt. Das kann für diese sogar günstiger sein, so wenn bei Massearmut das Insolvenzverfahren gar nicht eröffnet wird. Im Übrigen gibt es Insolvenzausfallgeld für die Lohnausfälle der Letzten drei Monate vor Eröffnung des Insolvenzverfahrens und Sonderregeln für Forderungen aus einem im Insolvenzverfahren aufgestellten Sozialplan. **Insolvenz des Handelsvertreters** lässt den HVVertrag nicht erlöschen (§ 108 I 1 InsO, Dienstvertrag, → § 84 Rn. 5), BGH NJW-RR 2013, 1142 Rn. 11, aber fristlose Kündigung für beide Teile (→ § 89a Rn. 20, 24). Der Insolvenzverwalter über das Vermögen des HV kann nicht an Stelle des HV kündigen (höchstpersönlich), er hat auch kein Wahlrecht nach § 103 InsO, OLG Düsseldorf ZIP 2010, 194. Zur Insolvenz des HV Emde/Kelm ZVI 2004, 382; Wagner/Wexler-Uhlich BB 2010, 2455 (mit Lösungsklauseln); BB 2011, 519 (520) (Vertragshändler). Zur Insolvenz des HV MüKoHGB/Ströbl § 87 Rn. 135, § 89 Rn. 26, § 89a Rn. 48. Allgemein zum HV in der **Insolvenz des Unternehmers** → § 87 Rn. 51, dort auch Lit.

8) Verhältnis zu Kunden und Dritten

A. **Keine Vertragsbeziehungen:** Der HV steht als Vermittler und auch als Abschlussvertreter (§§ 54, 55) in **Vertragsbeziehungen nur zum Unternehmer** (Innenverhältnis, zur Haftung gegenüber dem Unternehmer für Untervertreter → Rn. 31), nicht zum Geschäftsgegner (Außenverhältnis, idR Kauf, vgl. → Rn. 26). Nur wenn er **ohne Vollmacht** abschloss und der Unternehmer nicht genehmigt, kann der Geschäftsgegner ihn auf Erfüllung oder Schadensersatz in Anspruch nehmen, **§ 179 BGB** (→ § 91a Rn. 2). Keine Haftung des HV für Unternehmer nach § 278 BGB, vgl. BGH ZIP 2014, 1177 Rn. 31 (Händler/Hersteller), auch keine Wissenszurechnung. Versicherungs- und Bausparkassen-

§ 84   50–54   1. Buch. Handelsstand

vertreter (§ 92) können aber auch als Makler auftreten und haben dann besondere Pflichten dem Kunden gegenüber (→ § 93 Rn. 7). Der HV kann sich aber mit Zustimmung des Unternehmers für besondere Leistung vom Geschäftsgegner eine zusätzliche Provision versprechen lassen, BGH NJW 2014, 1655; 2014, 2782; zur Bezahlung der Provision durch den Geschäftsgegner ganz oder teilweisen (Provisionspacking) → § 87 Rn. 2; vgl. zu Nettopolicen → § 89b Rn. 86.

50 Der HV kann dem Geschäftsgegner jedoch **selbst** aus **Verschulden bei Vertragsverhandlungen** (vgl. → vor § 48 Rn. 9) haftbar werden, aber nicht schon allgemein auf Grund seines Interesses an Provision für den Vertragsschluss oder wegen Sachkunde, sondern nur bei eigener Gewährübernahme als Sachwalter des Geschäftsgegners, BGH WM 1984, 128; 1991, 1730 (VersMakler); BGH ZIP 1990, 43 (Anlagevermittler); OLG Hamm VersR 1995, 167; OLG Düsseldorf NJW-RR 1998, 395 (VersVermittler). **Auskunfts- oder Beratungsvertrag** des HV mit dem Geschäftsgegner nur in besonderen Ausnahmefällen, vgl. BGH ZIP 2000, 355 (Kapitalanlagevermittler); offen BGH NJW 2003, 745; nur mit Zustimmung des Unternehmers, dessen Interessen der HV wahren muss (→ § 86 Rn. 20), und deshalb möglichst präzise und am besten schriftlich, EBJS/Löwisch Rn. 133. Ganz ausnahmsweise **eigenständige Gewährübernahme** für das vertriebene Produkt durch den HV gegenüber dem Kunden, EBJS/Löwisch Rn. 145. **Reisevermittlungsvertrag** (§ 675 I mit § 651k III 4, IV BGB, aA Auftrag § 662 BGB) zwischen Reisebüro (→ § 84 Rn. 26) und Geschäftsgegner, offen BGH NJW 2003, 745.

51 Im Übrigen haftet der HV dem Geschäftsgegner und anderen Dritten nach **§§ 823 ff. BGB,** vgl. OLG Köln BB 1965, 768 (Strafbarkeit des Vertreters nach § 263 StGB uU trotz Gleichwertigkeit von Leistung und Preis), BGH BB 1971, 543 (Vertrieb wertloser Zertifikate). Keine Haftung (Verschuldenszurechnung), weder des HV noch des Vertragshändlers, für den Hersteller, BGH NJW 2019, 292 Rn. 97 (Vertragshändler, Dieselabgasskandal); OLG Hamm BeckRS 2017, 135606 (Vertragshändler); OLG Karlsruhe BeckRS 2019, 37319 (Vertragshändler, Dieselabgasskandal); vgl. BGH NJW 2014, 2183 Rn. 31 (Verkäufer). Übersicht: Emde BB 2014, 2437.

52 Der HV kann auch **§§ 3 ff. UWG** verletzen; diese sind keine Schutzgesetze iSv § 823 II BGB, UWG geht als Spezialgesetz vor, BGH NJW 1974, 1503; 1983, 2494; aA Staub/Emde § 86 Rn. 227 Fn. 1220. Vgl. auch Gemeinsame Erklärung von Organisationen der gewerblichen Wirtschaft zur Sicherung des Leistungswettbewerbs von 1975 sowie Wettbewerbsrichtlinien der Versicherungswirtschaft 15.12.1977, Hopt, HVR, 6. Aufl. 2019, Materialien VII, VIII.

53 B. **Zurechnung an Unternehmer:** Der Unternehmer setzt den HV für seinen Absatz ein und muss sich deshalb Wissen und Handlungen des HV zurechnen lassen, EuG BB 2016, 1614 Ls. (voestalpine) mAnm.Schnell (Kartellverstoß), „wirtschaftliche Einheit" wohl parallel zur EU-kartellrechtlichen Abgrenzung nach der Risikotragung (→ § 86 Rn. 37). Für die Bedeutung von **Wissen und Nichtwissen des Handelsvertreters** im Verhältnis des Unternehmers zum Geschäftsgegner gilt beim mit Vollmacht abschließenden Vertreter § 166 BGB. Auch sonst muss der Unternehmer dem HV bekannte, im Rahmen der vor dem Abschluss geführten Verhandlungen liegende Umstände idR gegen sich gelten lassen (§ 166 BGB analog für Verhandlungsgehilfen), EBJS/Löwisch Rn. 142; vgl. BGHZ 82, 222; NJW 1965, 1174; 1985, 1080. Der Versicherer muss sich Erklärungen des Versicherungsvertreters über § 278 BGB zurechnen lassen, wenn er sie bei Vertragsverhandlungen überlassen hat, OLG Dresden VersR 2011, 910. Zurechnung gilt nicht umgekehrt, also keine Zurechnung an HV, OLG Hamm BeckRS 2017, 135606 (Vertragshändler).

54 **Täuschung durch den Handelsvertreter,** einerlei ob er abschloss oder nur vermittelte, berechtigt den Geschäftsgegner zur Anfechtung, auch wenn der

7. Abschnitt. Handelsvertreter 1 § 85

Unternehmer die Täuschung weder kannte noch kennen musste; der Vertreter ist nicht „Dritter" iSv § 123 II BGB, BGH NJW 2008, 644 Rn. 45 (Strukturvertrieb); OLG Karlsruhe WM 2009, 2118 (Anlagevermittler). Der HV ist als selbständiger Gewerbetreibender bei seiner Vertriebstätigkeit 55 grundsätzlich nicht Erfüllungsgehilfe des Unternehmers, EBJS/Löwisch Rn. 139. Der **Unternehmer haftet** für schädigende Handlungen des HV nur unter den besonderen Voraussetzungen der §§ 30, 31, 278 BGB, BGHZ 82, 224; BB 1979, 1734; NJW 1998, 1854; 2013, 3366; ZIP 2017, 1225 (VersVermittler); OLG Köln WM 2006, 122; OLG München VersR 2012, 1292; OLG Karlsruhe WM 2012, 2095 (VersMakler); OLG Köln BeckRS 2017, 131648 (abl.), uU auch nachwirkend, BGH WM 2012, 837. Der HV ist aber als selbständiger Gewerbetreibender idR nicht Verrichtungsgehilfe iSv § 831 BGB, anders nur in Ausnahmefällen, BGH NJW 1998, 1857; NZG 2014, 466; EBJS/Löwisch Rn. 139. Eine AnlageberatungsGes haftet ihren Kunden aus Schutzpflichtverletzung (§§ 241 II, 311 II Nr. 2 BGB) auch für betrügerische Eigengeschäfte des HV, den sie nicht sorgfältig ausgewählt hat (polizeiliches Führungszeugnis, Schutzwirkung je nach Einzelfall, uU bis Tilgungsfristablauf im BZentralReg), BGH NJW 2013, 3366 mAnm Stumpf BB 2013, 1043; NZG 2014, 466. Aber nicht umgekehrt, also keine Haftung des HV für Hersteller (→ Rn. 51).

9) Internationaler Verkehr

Internationales HVRecht, ausländische HV, inländische HV ausländischer Un- 56 ternehmer und Schifffahrtsvertreter s. § 92c.

[Vertragsurkunde]

85 ¹Jeder Teil kann verlangen, daß der Inhalt des Vertrages sowie spätere Vereinbarungen zu dem Vertrag in eine vom anderen Teil unterzeichnete Urkunde aufgenommen werden. ²Dieser Anspruch kann nicht ausgeschlossen werden.

1) Wirksamer formfreier Vertrag, gewillkürte Form

A. **Wirksamer Vertragsschluss, in Vollzug gesetzter fehlerhafter Vertrag:** 1 Für das Zustandekommen und die Wirksamkeit des Vertrags gelten die allgemeinen Wirksamkeitsvoraussetzungen, zB §§ 104ff. BGB, § 117 BGB, BAG NJW 1993, 2767, § 134 BGB, BGHZ 127, 368 (Devisenrecht); OLG Karlsruhe VersR 2007, 1514, §§ 138, 179 BGB. Zur (Un)Wirksamkeit von Vertragsabreden → § 86 Rn. 8ff., § 139 BGB ist unanwendbar (→ § 86 Rn. 11). Die Rechtsfolgen der Nichtigkeit und der Anfechtung des **in Vollzug gesetzten, fehlerhaften Handelsvertretervertrags** sind rechtsfortbildend zu beschränken, möglich ist grundsätzlich nur die Beendigung für die Zukunft, diese jederzeit ohne Einhaltung einer Frist und ohne besonderen Grund über den Nichtigkeits- oder Anfechtungsgrund hinaus, sehr str. (näher → § 89 Rn. 5). Wichtig für Provision und Ausgleichsanspruch (→ § 89b Rn. 5). Die Aufnahme der Tätigkeit als HV muss aber mit Wissen und Willen des Unternehmers gelten, bloße einseitige Erwartung genügt nicht; sonst fehlt es am Handelsvertreterverhältnis und Provision nur nach § 354 I BGB und § 242 BGB, EBJS/Löwisch § 84 Rn. 51. Aufhebungsvertrag → § 89 Rn. 9. Auch wenn kein wirksamer Vertragsschluss vorliegt, können beide Teile aus **Verschulden bei Vertragsverhandlungen** (culpa in contrahendo) haften (§§ 311 II, 280 BGB), zB der HV bei Verletzung der Verschwiegenheit (→ § 90 Rn. 1) oder der Unternehmer bei Fehlinformation (→ § 86a Rn. 2). Ein Vertrauenselement wird dabei nicht mehr ohne Weiteres vorausgesetzt, BGHZ 190, 94 (Rücksichtspflicht im Vergabeverfahren). **Vertragsauslegung:** nach allgemeinen Grundsätzen (§§ 133, 157 BGB), EuGH 26.3.2009, EuZW 2009, 304 = BB 2009, 1607 – Semen (→ § 84 Rn. 3) verbietet nur Auslegung, die immer zu

Lasten des HV geht, Semler BB 2009, 2329; Koch ZIP 2011, 1753; aA für Grundsatz HVfreundlicher Auslegung Emde DStR 2009, 1479; BB 2011, 2756; Steinbauer EuZW 2009, 889; iErg aber kein großer Unterschied, da idR AGB mit Auslegung zu Lasten des Unternehmers (s. **(5)** BGB § 305c).

2   B. **Formfreier Vertragsschluss:** Der HVVertrag ist formfrei; das folgt aber nicht schon aus der EU-RL (Art. 13 II, → § 84 Rn. 3), EuGH NJW 2000, 3267 betrifft nur Registereintragung. Der HVVertrag kann **auch stillschweigend** durch schlüssige Handlungen zustandekommen, BGH NJW 1958, 180; BB 1987, 220; 1990, 303; WM 1991, 1474; NJW 1992, 2818, zB durch wiederholte Geschäftsvermittlung durch den HV und Abschluss der so vermittelten Geschäfte durch den Unternehmer, aber auch durch erstmalige Annahme der Dienste des HV durch den Unternehmer mit der Maßgabe, dies auch künftig für eine unbestimmte Vielzahl von Geschäften zu tun, BGHZ 62, 74. Der Vertrag kommt bei Praktizierung auch dann zustande, wenn über die Höhe eines auf den Ausgleichsanspruch anzurechnenden Übernahmepreises für die HdlVertretung noch keine Einigung erzielt ist (§ 154 I BGB: nur „im Zweifel"), BGH NJW 1983, 1727. Ebenso ist stillschweigende Änderung möglich, BGH BB 1961, 497.

3   Der HVVertrag kann unter den Voraussetzungen des kaufmännischen **Bestätigungsschreibens** (→ § 346 Rn. 16), OLG Nürnberg BB 1957, 560; vgl. auch BGH DB 1955, 1085 (iErg abl.), oder des **§ 362** auch durch **Schweigen** des HV zustande kommen oder geändert werden. Greift § 362 nicht ein, kann sich der HV, der sich öffentlich oder speziell dem Unternehmer zur Vertretung erboten hat, nach § 663 BGB schadensersatzpflichtig machen.

4   **Formgebunden** sind dagegen die Übernahme eines Delkredere (§ 86b I 3) und eines nachvertraglichen Wettbewerbsverbots (§ 90a I 1). Beide Abreden können im HVVertrag, dann formgebunden, oder in eigenen Urkunden getroffen werden.

5   C. **Gewillkürte Form:** Verlangt ein Teil bei Vertragsschluss eine Vertragsurkunde, so kann das über § 85, der an der Formfreiheit des HVVertrags nichts ändert, hinaus so zu verstehen sein, dass er sich noch nicht gebunden sein will. Dann wird der Vertrag nicht ohne die Herstellung der Vertragsurkunde wirksam (qualifizierte Schriftformklausel), OLG Frankfurt a. M. MDR 1997, 1139. Wenn beide Teile bei Vertragsschluss eine Vertragsurkunde verlangen oder einer sie verlangt und der andere zustimmt, kann ebenfalls Abhängigkeit des Vertrags von der Schriftform gewollt sein (§ 127 BGB). Als AGB sind (jedenfalls qualifizierte) Schriftformklauseln unwirksam, BGH NJW 1985, 630, idR auch einfache (Grund: Aushöhlung der Individualabrede und von **(5)** § 305b BGB, BGH WM 2005, 2407; UBH/H. Schmidt (40) Schriftformklauseln Rn. 11 (→ § 86 Rn. 8), auch wenn von der öffentlichen Hand verwendet, str. **Muster:** Hopt, HVR, 6. Aufl. 2019, Materialien IX (10 Sprachen); Hopt/Merkt VertrFormB/Emde, Form I. G.1 (CDH-HVVertrag) und Form I. G.2 (VDMA-HVVertrag); The ICC Model Commercial Agency Contract 2d ed (IntHK-Publikation Nr. 644). Weitere Muster s. Einl. vor § 84.

2) Vertragsurkunde (Satz 1, 2)

6   A. **Anspruch auf Vertragsurkunde:** Jeder Teil kann jederzeit **zwecks Klarstellung** des Vertragsinhalts (und aller späterer Änderungen) seine **Aufnahme in eine Urkunde** verlangen, die der andere Teil unterzeichnen muss (dann auch der fordernde Teil, wenn der andere es wünscht). **Satz 1.** Voraussetzung ist das Bestehen eines wirksamen Vertrags (vgl. aber auch → § 89 Rn. 5), Staub/Emde Rn. 11. Der Anspruch geht auf Errichtung der Urkunde (durch Schuldner oder Dritte) und eigenhändige Unterzeichnung durch Namensunterschrift (vgl. § 126 BGB, aber → Rn. 2), BGH WM 2006, 1115. Statt eine vom Gläubiger selbst

errichtete Urkunde zu unterschreiben, kann der Schuldner eigene Urkunde errichten und vom Gläubiger Mitunterzeichnung verlangen, aA Schlegelb/Schröder Rn. 6b. Aufnahme des gesamten Vertragsinhalts einschließlich (auch unwesentlicher) Nebenabreden und Anlagen (aber ohne dispositives Recht, außer wenn besonders vereinbart) kann verlangt werden, Auflistung bei Staub/Emde Rn. 13. Der Anspruch entsteht mit jeder Vertragsänderung neu und geht bei berechtigtem Interesse auf neue Urkunde über den gesamten Vertrag. Der Anspruch besteht ab Vertragsschluss (→ Rn. 2) über das Vertragsende hinaus bis zur vollständigen Abwicklung des Vertrags, Staub/Emde Rn. 17, Küstner/Thume/Schröder, Bd. 1, Kap. II Rn. 127, str., was bei Streit um die Abwicklung, zB §§ 89b, 90, 90a, bedeutsam ist. Berechtigt sind auch Rechtsnachfolger jeder der Parteien; auch wenn Vertrag zB bei Tod des HV erlischt (§ 673 BGB), str.

Ende des Anspruchs (→ Rn. 6) und Verjährung sind zu unterscheiden. Der **7** Anspruch **verjährt** drei Jahre (§ 195 BGB) nach Schluss des Jahres, in dem Vertragsende (nicht Vollbeendigung, Küstner/Thume/Schröder, Bd. 1, Kap. II Rn. 128; FW/Billing Rn. 10) eintritt, Staub/Emde Rn. 19. Keine Verwirkung während der Vertragslaufzeit, jedenfalls idR EBJS/Löwisch Rn. 7, str., aber später (vgl. → § 89b Rn. 80); ausnahmsweise im Abwicklungsstadium bei Unzumutbarkeit, auch Rechtsmissbrauch, MüKoHGB/Ströbl Rn. 20, Oetker/Busche Rn. 14; aA idR EBJS/Löwisch Rn. 7.

Der Anspruch ist zum Schutz beider Teile **unabdingbar (Satz 2).** **8**

B. **Durchsetzung:** Der Anspruch kann **eingeklagt** werden; idR auch Kündi- **9** gung nach § 89a. Die **Vollstreckung** richtet sich nach § 888 ZPO, nicht nach § 894 ZPO, da keine Willenserklärung abzugeben, sondern eine Urkunde auszustellen und vom Schuldner zu unterschreiben ist (nicht vertretbare Handlung), MüKoHGB/Ströbl Rn. 24; Oetker/Busche Rn. 16; FW/Billing Rn. 14; aA § 894 ZPO, Staub/Emde Rn. 24. Geht es nur um Herausgabe der ausgestellten Urkunde, gilt § 883 ZPO.

C. **Rechtsfolgen:** Die ordnungsgemäß errichtete und vom anderen Teil vor- **10** behaltlos angenommene Urkunde (Privaturkunde nach § 416 ZPO) begründet die **widerlegbare Vermutung der Richtigkeit und Vollständigkeit,** OLG München VersR 1957, 97; LAG Bremen DB 1960, 1212. Die Urkunde ist aber nicht konstitutiv, auch nicht, wenn der andere Teil einer unrichtigen Wiedergabe nicht widerspricht (→ § 346 Rn. 30, die Urkunde ist auch keine Auftragsbestätigung, → § 346 Rn. 34); anders nur bei Vertragsänderung oder kfm. Bestätigungsschreiben (→ § 346 Rn. 16). Verweigerung der Niederschrift bzw. der Aufnahme sämtlicher Vereinbarungen der Parteien in dieselbe kann das gegenseitige Vertrauen erschüttern, zur **fristlosen Kündigung** (→ § 89a Rn. 22) berechtigen, BGH WM 2006, 1115, und schadensersatzpflichtig machen, OLG München VersR 1957, 97.

[Pflichten des Handelsvertreters]

86 (1) **Der Handelsvertreter hat sich um die Vermittlung oder den Abschluß von Geschäften zu bemühen; er hat hierbei das Interesse des Unternehmers wahrzunehmen.**

(2) **Er hat dem Unternehmer die erforderlichen Nachrichten zu geben, namentlich ihm von jeder Geschäftsvermittlung und von jedem Geschäftsabschluß unverzüglich Mitteilung zu machen.**

(3) **Er hat seine Pflichten mit der Sorgfalt eines ordentlichen Kaufmanns wahrzunehmen.**

(4) **Von den Absätzen 1 und 2 abweichende Vereinbarungen sind unwirksam.**

§ 86 1–4

Übersicht

	Rn
1) Anwendbares Recht	1–11
A. Besonderer Geschäftsbesorgungsvertrag nach HGB:	1–3
B. Dienstvertragsrecht des BGB:	4, 5
C. Auftragsrecht des BGB:	6
D. Abweichende Vereinbarungen, AGB-Recht:	7–11
2) Bemühenspflicht des Handelsvertreters (I Hs. 1), Weisungen, Verwahrung, Herausgabe	12–19
A. Bemühenspflicht (I Hs. 1):	12, 13
B. Umsatzgarantie nur bei Vereinbarung:	14
C. Weisungen und ihre Grenzen:	15, 16
D. Verwahrung, Herausgabe:	17
E. Persönliche Dienstleistung, Einsatz von Untervertretern, Übertragung der Handelsvertretung:	18, 19
3) Allgemeine Interessenwahrungspflicht (I Hs. 2), Wettbewerbsverbot in der Vertragszeit	20–39a
A. Allgemeine Interessenwahrungspflicht (I Hs. 2):	20–25
B. Wettbewerbsbeschränkungen nach Handelsrecht:	26–32
C. Wettbewerbsbeschränkungen durch AGB (§§ 305–310 BGB):	33
D. Wettbewerbsbeschränkungen nach Kartellrecht (AEUV, GWB):	34–39a
4) Nachrichts- und Informationspflichten (II)	40–43
5) Sorgfalt (III); Sonstiges zu den Pflichten	44–49
A. Sorgfalt (III), Beweislast:	44
B. Vor- und nachvertragliche Pflichten:	45
C. Erfüllungsort:	46
D. Rechtsfolgen bei Verletzung:	47–49
6) Abweichende Vereinbarungen (IV)	50, 51
A. Zwingendes Recht:	50
B. Nicht zwingendes Recht:	51

1) Anwendbares Recht

1   **A. Besonderer Geschäftsbesorgungsvertrag nach HGB:** Der HVVertrag ist **Dienstvertrag über Geschäftsbesorgung** (**§§ 675 I, 611 ff. BGB**), ganz hM, BGH NJW 2014, 625 Rn. 13; OLG Düsseldorf ZIP 2010, 195, und zwar nicht Arbeitsvertrag, sondern Vertrag über selbstständige Dienste (vgl. → § 84 Rn. 35). Anwendbar sind deshalb HGB, Dienstvertrags- und Auftragsrecht des BGB. Dauerschuldverhältnis → § 84 Rn. 43. Für partiarischen Einschlag Canaris § 15 Rn. 54.

2   Das **HGB** umschreibt in § 86 I die Hauptpflicht des HV, verpflichtet ihn in II zu Mitteilungen, bestimmt in III das Maß der von ihm geforderten Sorgfalt, regelt in § 86a Hilfs- und Mitteilungspflichten des Unternehmers, in § 86b die Delkrederehaftung und Delkredereprovision, in §§ 87–87d den Provisions- und etwaigen Aufwendungsersatzanspruch des HV, in § 88a das Zurückbehaltungsrecht, in §§ 89, 89a die Kündigung des Vertrags, in § 89b den Ausgleichsanspruch des HV nach Vertragsende, in § 90 die Geheimhaltungspflicht des HV, in § 90a Möglichkeit und Wirkung von Wettbewerbsabreden, in §§ 91, 91a Vollmachtsfragen. §§ 92–92c handeln von VersVertretern, HV im Nebenberuf, ausländischen HV, HV in der Schifffahrt und von der Möglichkeit der Festsetzung von Mindestbedingungen.

3   **Handelsbräuche** ergänzen die gesetzliche Regelung, § 346. Sie gelten unter bestimmten Voraussetzungen (→ § 346 Rn. 4) auch für HV von NichtKflten (→ § 84 Rn. 28). Zusammenstellung aus Gutachten der IHK s. CDH, Der HdlBrauch im HdlVertragsrecht 1952.

4   **B. Dienstvertragsrecht des BGB: a) Anwendbar** sind auf HV ua § 613 (Dienstleistung in Person, → Rn. 18), § 615 (Annahmeverzug des Dienstberechtigten, → § 89a Rn. 37), § 618 I, III (Gesundheitsschutz, vgl. → § 86a Rn. 6), § 620 I (Vertragsablauf, → § 89 Rn. 6), § 620 II zum Teil (→ § 89 Rn. 6), § 624 (Kündigungsfrist bei Verträgen über mehr als 5 Jahre, aber → § 89 Rn. 7) str., § 625 (stillschweigende Vertragsverlängerung, → § 89 Rn. 6, 22, 24). Weitergehend für unmittelbare oder analoge Anwendung von dienstvertraglichen Vorschriften, zB §§ 611, 612a, 613, 615 und 616 (für Festvergütung), 617, 618, 620–622, 624, 625, 628 (für Festvergütung), 630 BGB, im Einzelnen Staub/Emde Vor § 84 Rn. 101 ff.; Emde MDR 2002, 190 (aber → Rn. 5).

b) Unanwendbar sind ua § 613a, BGH NJW 1963, 1001, Grund: HV ist 5 kein Arbeitnehmer (aber uU § 25, → § 25 Rn. 11), ebenso § 617, aA Staub/Emde Vor § 84 Rn. 124, aber kaum, § 620 II für die Rechtsfolge, aber anwendbar als Auslegungsregel, Staub/Emde Vor § 84 Rn. 127, §§ 621, 622, 626–628, zu § 627 auch → § 89a Rn. 2; aA für § 627 OLG Karlsruhe ZVertriebsR 2021, 80 Rn. 25, Martinek/Bergmann WRP 2006, 1059, und in besonderen Fällen auch § 624 (Kündigung → § 89 Rn. 6f, → § 89a Rn. 2), str. Gegenstandslos angesichts des Rechts des HV zur Bestimmung seiner Arbeitszeit (§ 84 I 2) ist § 629 (nach Kündigung Freizeit zur Stellungssuche). Nicht anwendbar ist auch § 630 (Recht auf Zeugnis), RGZ 87, 443, hL, aA Staub/Emde Vor § 84 Rn. 135; Emde MDR 2002, 192; auch nicht auf selbstständige Einfirmenvertreter, OLG Celle BB 1967, 775, Grund: selbstständiger Gewerbetreibender; anders nur für „arbeitnehmerähnliche" iSv § 92a (→ § 84 Rn. 34).

C. **Auftragsrecht des BGB: §§ 663 ff. BGB** sind anwendbar, soweit § 675 I 6 BGB für Geschäftsbesorgungsverträge darauf verweist: Auf HV **anwendbar** sind ua § 663 BGB (bei vorangegangenem Erbieten unverzügliche Ablehnung, → § 85 Rn. 3), str., § 665 (Bindung an Weisungen, → Rn. 15), § 666 (Nachrichten, Auskunft, Rechenschaft des HV), § 667 (Herausgabepflicht des Beauftragten, → Rn. 17, → § 86a Rn. 6), § 668 (Zins auf vom Beauftragten für sich verbrauchtes Geld), §§ 669, 670 (Vorschuss und Ersatz für Aufwendungen, s. § 87d), aA nur in Ausnahmefällen § 669 EBJS/Löwisch § 84 Rn. 67, §§ 672–674 (Tod des Auftraggebers, Tod des Beauftragten, Fiktion des Fortbestehens des Vertrags zugunsten des noch nicht unterrichteten Beauftragten), näher Emde MDR 2002, 193. Umfassende Liste der (un)anwendbaren Bestimmungen des BGB bei Staub/Emde Vor § 84 Rn. 57 ff.

D. **Abweichende Vereinbarungen, AGB-Recht:** Die Vertragspartner kön- 7 nen den HVVertrag von diesen Vorschriften des BGB und HGB **abweichend** gestalten, soweit §§ 84 ff. keine zwingenden Vorschriften enthalten; zu diesen jeweils dort sowie Sonnenschein FS Boujong, 1996, 481. Vertragsstrafen s. § 348 sowie → Rn. 8, 17, 32, 47, Staub/Emde Vor § 84 Rn. 99 Vertragsstrafe.

Grenzen setzt vor allem die **Inhaltskontrolle nach AGB-Recht** bei nicht 8 individuell ausgehandelten Vertragsbedingungen, soweit nicht schon zwingendes HVRecht eingreift (→ Rn. 50, 51), vgl. BGHZ 89, 210, und zwar **(5)** § 307 BGB, **(5)** §§ 308, 309 BGB gelten unmittelbar (außer wenn der HV Unternehmer ist, vgl. → § 84 Rn. 33, so auch wenn er (Existenzgründer-)Unternehmer erst durch den Vertrag wird, str., BGH ZIP 2005, 622), s. **(5)** § 310 I 1 BGB, aber nach der Rspr. (zu) weitgehend auch mittelbar, → **(5)** BGB Einl. vor § 305 Rn. 4. Keine Umgehung der §§ 84 ff. durch AGB als freier Mitarbeiter möglich; UBH/H. Schmidt (23) HVVerträge Rn. 2. **Kritisch** sind nach der Rspr. ua Kundenschutz- und Wettbewerbsklauseln, Vertragsstrafeversprechen (nur ausnahmsweise verschuldensunabhängig), BGH NJW 2013, 2111 Rn. 23 (auch → § 90a Rn. 30), Einschränkungen des Provisionsanspruchs, Anerkenntnisklauseln, Ausschluss- und Verjährungsabreden, Leistungsänderungsvorbehalte, Klauseln über den Kündigungsgrund, Abreden über den Ausgleichsanspruch; über Rückzahlung von Ausbildungskosten, OLG Celle 24.4.2003, HVR Nr. 1076. Bspe: Klausel über Umsatzgarantie (→ § 86 Rn. 14); Klausel über Verbot von Stationskrediten (→ § 86

Rn. 15); Klausel über Recht zur willkürlichen Ablehnung von Aufträgen (→ § 86a Rn. 13); Klausel über einseitige Änderung des Provisionsanspruchs bzw. Provisionssatzes (→ § 87 Rn. 48, → § 87b Rn. 18) oder des zugewiesenen Bezirks (→ § 87a Rn. 18); Klausel über einseitige Verjährungsverkürzung zu Lasten des HV (→ § 87 Rn. 52, 53); Kündigungs-, Freistellungs- und Rückzahlungsklauseln (→ § 89 Rn. 16); Klauseln über Kundenlisten (→ § 90 Rn. 79); Klausel über Rückkaufspflicht des KfzHändlers (Leasingrückläufer), Graf von Westphalen BB 2009, 2378; Leyens MDR 2003, 312; Haftungsausschluss ohne ausdrückliche Ausnahme des groben Verschuldens, OLG Celle ZVertriebsR 2017, 230 Rn. 21; keine isolierte Kündigung einer Zuschussvereinbarung, LG Düsseldorf ZVertriebsR 2018, 49; äquivalenzwidrige Belastung mit Disagio, OLG München BeckRS 2021, 48724; nach OLG München ZVertriebsR 2022, 248 äquivalenzwidrige Belastung des HV mit Disagio bei Kartenzahlung durch Tankkunden, nach KG ZVertriebsR 2022, 244 dagegen kontrollfreie Preisvereinbarung. Zu zahlreichen Klauseln in TankstellenHVVertrag LG München I ZVertriebsR 2022, 230. Klausel über Einstandszahlung für Alleinvertriebsrecht wird nicht erfasst (gehört zu Hauptleistungspflicht), BGH WM 1993, 754, str. Sind AGB bei Verstoß gegen §§ 84 ff. unwirksam, gilt § 306 BGB, BGH WM 1992, 1441. Lit.: Staub/Emde Vor § 84 Rn. 79 ff. (unwirksam) und Rn. 99 ff (wirksam) mit Listen; Komm. zu §§ 305 ff. BGB, UBH/H. Schmidt (23) HVVerträge Rn. 1; WLP/Dammann Rn. H 111; Evers/von Manteuffel, 1998; Graf v. Westphalen DB 1984, 2335 (2392); Preis/Stoffels ZHR 160 (1996), 442; Emde BB 2010, 2316; Niebling ZVertriebsR 2012, 79. RsprÜbersicht: Rothermel/Dahmen IHR 2017, 49, 2022, 89 (Tabellen unwirksamer Klauseln in Vertriebsverträgen).

9 Zu beachten ist ferner **§ 138 BGB**, Bsp.: übermäßige, durch Recht zur fristlosen Kündigung gesicherte Abnahmegarantie des HV, OLG Stuttgart NJW 1957, 1241; Bedingungen, nach denen der HV auch bei gewissenhaftester Geschäftsführung in keinem Fall Gewinn herauswirtschaften kann, BGH BB 1960, 1222 (Versicherung); BGH DB 1981, 2274 (wegen des Unternehmerrisikos des HV iErg ablehnend); OLG Düsseldorf NJW 1998, 2980 (Hungerprovision); dazu auch Evers BB 1992, 1365; nicht dagegen, wenn Vertrag zwar Existenzminimum nicht sichert, aber weitere Vertretertätigkeit gestattet, OLG Nürnberg BB 1960, 1261. Sittenwidriger Tankstellenagenturkredit unter Mithaftungsklausel des Ehegatten, OLG Koblenz WM 2010, 1597, dazu die Grundsätze über Ehegattenkredite, → **(7)** Bankgeschäfte Rn. G10a.

10 **Gleichbehandlung** nach dem **AGG** gilt auch für HV, soweit es die Bedingungen für den Zugang zur Erwerbstätigkeit (Auswahlentscheidung des Unternehmers) sowie den beruflichen Aufstieg (zB Gebietserweiterung) betrifft (§ 6 III AGG), sonst nicht, Budde BB 2007, 731; Emde VersR 2008, 2758. Typischerweise sind aber HVVerträge kein Massengeschäft (§ 19 I Nr. 1 AGG), unzulässig ist aber eine Benachteiligung wegen Rasse oder ethnischer Herkunft (§ 19 II AGG). Im Übrigen ist der Gleichbehandlungsgrundsatz grundsätzlich nicht anwendbar, kein Gemeinschaftsverhältnis zwischen Unternehmer und HV, Hopt ZIP 1996, 1538; differenzierend Staub/Emde § 86a Rn. 49 ff.; einschränkend Emde VersR 2012, 542 mit Ausnahmen (zB angrenzende Gebiete, erhebliche Eigeninvestitionen, enge Eingliederung), MüKoHGB/Ströbl § 84 Rn. 90; KKRD/Roth § 86a Rn. 4; vgl. OLG Hamm 23.4.1999, HVR Nr. 966. Ausnahmen sind denkbar wegen Treuepflicht (→ § 86a Rn. 15) und bei schützenswertem Vertrauen, dass der HV in gleich gelagerten Fällen wie andere HV behandelt wird, BGH BB 1971, 484, uU auch § 20 II GWB, dazu Emde VersR 2012, 540. Aber Diskriminierungsverbot im **Kartellrecht** → Rn. 37. Vertriebsmittler → Rn. 3; Vertragshändler → Einl. vor § 373 Rn. 38, 42.

11 Nichtigkeit vertraglicher Einzelbestimmungen macht idR nicht den ganzen Vertrag nichtig **(§ 139 BGB gilt nicht),** weil dies den Schutzzweck des zwingenden HVRechts vereiteln würde (vgl. zB Fassung der §§ 85, 86b 87a, 87c, 89

7. Abschnitt. Handelsvertreter   12, 13   § 86

III, 89a, 90a), BGHZ 40, 239, nach aA nur § 242 BGB. Das gilt ohnehin bei Nichtigkeit einzelner AGB, **(5)** § 306 BGB (→ § 86 Rn. 8).

2) Bemühenspflicht des Handelsvertreters (I Hs. 1), Weisungen, Verwahrung, Herausgabe

A. **Bemühenspflicht (I Hs. 1):** § 86 regelt die **Nebenpflichten** des HV **12 nicht abschließend,** EBJS/Löwisch Rn. 2. Die Pflicht, sich um die Vermittlung oder den Abschluss von Geschäften zu bemühen (I Hs. 1) liegt schon im Begriff des HV, § 84 I: er ist ständig mit der Vermittlung oder je nach Vereinbarung auch mit dem Abschluss betraut, dh beauftragt (→ § 84 Rn. 41), und ein Beauftragter muss sich um Erfüllung seines Auftrags bemühen, BGH Ls. NJW 1972, 251. Das ist seine eigentliche Aufgabe und Hauptpflicht. Nur gelegentliche Tätigkeit genügt nicht, zumal bei einem Bezirksvertreter mit Bezirks- oder Kundenkreisschutz (§ 87 II), OLG München BB 1955, 714. Der HV ist nicht verpflichtet, so viele Abschlüsse hereinzuholen, wie ihm bei größter Anstrengung möglich wäre, OLG München WM 2011, 1627, aber er muss, jedenfalls nach einer Anlaufsphase, dem angemessene Umsätze erzielen, Staub/Emde Rn. 16. Dabei wird einem Einfirmenvertreter und erst recht von HV mit Bezirks- oder Kundenschutz mehr erwartet als von anderen HV (→ § 87 Rn. 28). Die Bemühenspflicht umfasst die gesamte Produktion des Unternehmers, also auch neue Produkte für einen anderen Abnehmerkreis, falls nicht einer ganz anderen Branche zugehörig, BGH DB 1981, 1772 (für gleichartige, qualitativ höherwertige Ware). Die Bemühenspflicht betrifft die Vermittlung bzw. den Abschluss von Kundengeschäften, und zwar inhaltlich auch zu den **bestmöglichen Bedingungen** (zur Interessenwahrungspflicht → Rn. 20). Die Bemühenspflicht betrifft nur die Vermittlung oder den Abschluss von Geschäften für den Unternehmer; **wenn** der Vertrag **abgeschlossen** ist, ist der HV **nicht** verpflichtet, sich **weiter** um den Vertrag zu kümmern oder den geworbenen Kunden zu **betreuen,** anders wenn mit dem Unternehmer besonders vereinbart, dann gegen Vergütung. Der Unternehmer kann aber dem HV zur Nachbearbeitung bei Stornierung verpflichtet sein (→ § 87 Rn. 27). Der Inhalt der Bemühenspflicht kann durch **Weisung,** soweit diese zulässig ist (→ § 84 Rn. 38), konkretisiert werden, zB durch Richtlinien des Unternehmers für Kundenbehandlung und Mustervorführung.

Der HV muss in seinem Bereich den Markt auf Lage und Tendenzen beobach- **13** ten, Marktlücken suchen und sie für den Unternehmer nutzbar machen, OLG Celle BB 1970, 228, und neue Kunden werben sowie alte Kunden „pflegen", OLG Hamm 26.11.1970, HVR Nr. 432. Bonitätsprüfung → Rn. 21. Ihm obliegen aber keine eigentlichen Marktanalysen und **keine allgemeine Markt-, Produkt- oder Kundenpflege** über die konkreten Vermittlungs- und Abschlussbemühungen hinaus, also zB keine Werbung, die nicht unmittelbar auf bestimmte Geschäftsabschlüsse zielt; solche allgemeine Werbung ist mangels anderweitiger Vereinbarung Aufgabe des Unternehmers selbst (vgl. → § 87d Rn. 4). Ebenso Warenlagerhaltung (für Vertragshändler → Einl. vor § 373 Rn. 41); anders wenn ausdrücklich versprochen, so Fall KG ZVertriebsR 2021, 243 Tz. 7, offenbar weitergehend; Warenauslieferung; umfangreiche Vergleichsverhandlungen oder Prozessinformationen, OLG Hamburg JW 1936, 2939; Umsatzgarantie → Rn. 14. Der Transportvermittler ist nicht verpflichtet festzustellen, ob Kraftverkehrsunternehmer Erlaubnis nach GüKG besitzt, OLG Hamm BB 1968, 1017; ob **öffentlichrechtliche Voraussetzungen,** Erlaubnisse und Konzessionen bezüglich der zu vertreibenden Produkte beim Kunden vorliegen, muss der HV grundsätzlich nur prüfen, soweit der HVVertrag das vorsieht, OLG Hamm BB 1968, 1017; Staub/Emde Rn. 78; EBJS/Löwisch Rn. 10; weitergehend MüKoHGB/Ströbl Rn. 62, jedenfalls bei konkreten Verdachtsmomenten Erkundigungspflicht über Vorhandensein einer behördlichen Erlaubnis oder Konzession; aber uU Hinweispflicht gegenüber dem Kunden und Mitteilungspflicht gegenüber dem Unternehmer, weil uU schadensträchtig; weitergehende vertragliche Prüfungspflichten, auch konkludent, aber mit Zurückhaltung, FW/Franke Rn. 32. Die Bemühenspflicht kann durch vertragliche **Vereinbarung** erweitert oder eingeschränkt werden, Bsp. → Rn. 14. Übernimmt der HV zB ein Muster- oder Auslieferungslager, ist er zur sorgfältigen Führung verpflichtet, vgl. OLG Karlsruhe DB 1969, 742 (Filialleiter).

14 B. **Umsatzgarantie nur bei Vereinbarung:** Vertraglich vereinbarte Umsatzgarantie (vgl. → § 349 Rn. 15) ist möglich mit verschiedener Wirkung, zB dass bei Nichterreichen dieses Umsatzes der HV für alle Schäden einsteht, die dem Unternehmer (zB durch vorbereitende Aufwendungen) hieraus erwachsen, oder dass der HV auf die vermittelten (den Garantiebetrag nicht erreichenden) Geschäfte keine oder nur eine verminderte Provision erhält (aber → § 87 Rn. 48), oder dass der Unternehmer uU außerordentlich kündigen kann (vgl. → § 89a Rn. 27), letzterenfalls entfällt aber der Ausgleich nach § 89b nicht ohne Weiteres (vgl. → § 89b Rn. 65). Die Formvorschrift des § 86b I 3 gilt hier nicht. Allzu scharfe Bindung des HV in dieser Weise kann aber die Abrede, uU sogar den ganzen Vertrag, nichtig machen (→ Rn. 8f). **AGB** mit Schadensersatz-, Rückzahlungs- oder Abnahmepflichten oder Recht zur fristlosen Kündigung (soweit nicht schon § 89a I 2, → § 89a Rn. 27) können unwirksam sein, UBH/H. Schmidt (23) HVVerträge Rn. 3, 8 (→ § 86 Rn. 8).

15 C. **Weisungen und ihre Grenzen:** Weisungen des Unternehmers, die aber eindeutig sein müssen BGH NZG 2009, 313, hat der HV als Interessenwahrer des Unternehmers grundsätzlich zu befolgen (§ 665 BGB), allgemeine Interessenwahrungspflicht, → Rn. 20). Art. 3 II lit. c der Richtlinie hätte es besser entsprochen, wenn das ausdrücklich normiert worden wäre, Emde ZVertriebsR 2014, 227, aber das ist iErg ohne Relevanz. Die Weisungen dürfen produkt- und tätigkeitsbezogen sein (aber → Rn. 16): zB zur Person der Geschäftsgegner und den Bedingungen der Geschäfte, etwa an gewisse Personen nur gegen bar, an andere gar nicht zu verkaufen, BGH BB 1960, 574, Klausel über Verbot von Stationskrediten, die praxisüblich sind (BGH WM 2006, 247), kann aber gegen **(5)** BGB § 307 verstoßen, offen BGH NZG 2009, 312; zur Gestaltung der Tätigkeit des Vertreters (vgl. → § 84 Rn. 38), besonders seiner Kundenwerbung und -betreuung, etwa Art und Weise der Ausfüllung von Versicherungsanträgen, BGH VersR 1986, 1072, Eintragung der Preise in die Auftragsscheine, OLG Nürnberg MDR 1974, 144, Rückübertragung der Bestandsverwaltung, BGH VersR 1968, 642. Auf solche Weisungen ist § 14 aF GWB unanwendbar, BGHZ 51, 168. **Umfang** des Weisungsrechts hängt von den Umständen ab, zB weiter bei Erteilung einer Abschlussvollmacht, BGH BB 1960, 534, in der Praxis häufig enger bis hin zum unselbstständigen Angestellten (§ 84 II, → Rn. 16).

16 Grenzen setzt aber die **Selbstständigkeit** des HV (→ § 84 Rn. 38). Die Weisung darf also die Selbstständigkeit des HV nicht im Kern antasten, BGH BB 1966, 265. Der HV darf abweichen, „wenn er den Umständen nach annehmen darf, dass der Auftraggeber bei Kenntnis der Sachlage die Abweichung billigen würde", muss aber zunächst die beabsichtigte Abweichung mitteilen und die Entschließung des Unternehmers abwarten, wenn damit nicht Gefahr verbunden ist, etwa dass ein für den Unternehmer wertvolles Geschäft nicht zustande kommt (§ 665 BGB); letzterenfalls muss er als Interessenwahrer uU sogar abweichen.

17 D. **Verwahrung, Herausgabe:** Der HV muss ihm überlassene Sachen (→ § 86a Rn. 6) pfleglich behandeln und sorgfältig **verwahren,** BGH WM 1993, 1596. §§ 388, 390 HGB (Kommissionsgut) gelten analog, Staub/Emde Rn. 64. Der HV muss die ihm überlassenen Sachen, zB Musterkollektion, **nicht von sich aus versichern,** Oetker/Busche § 86a Rn. 6; aA LG Hannover MDR 1984, 1028; FW/Teichmann Rn. 15; auch MüKoHGB/Ströbl Rn. 54 bei HdlBrauch; Abrede empfehlenswert, aber wegen § 86a III keine Kostentragung

durch HV (→ § 86a Rn. 18), Thume BB 1995, 1915, str. Er muss **herausgeben,** was ihm vom Unternehmer überlassen worden ist (→ § 86a Rn. 6), wenn er es für seine Tätigkeit nicht mehr benötigt bzw. nach Vertragsende, nicht nur Sachen, sondern auch Rechtspositionen, Staub/Emde Rn. 45. Die Herausgabepflicht besagt nichts über die **Zulässigkeit von Kopien,** die der HV in den Grenzen von § 90 (→ § 90 Rn. 2, 7 für Kundenlisten) für sich selbst anfertigen und behalten, aber nicht an Dritte weitergeben darf (→ Rn. 28). Die Herausgabepflicht nach § 667 BGB erstreckt sich auch auf von dritter Seite erlangte Sachen, zB die vom ihm (mit Inkassovollmacht) **eingezogenen Beträge (Inkasso,** vgl. § 87 IV HGB, § 43 Nr. 4 aF, 69 II nF VVG), BGH NJW 2003, 743; OLG Stuttgart DB 1962, 405, aber keine Vorfinanzierung derselben durch HV (AGB unwirksam, **(5)** BGB § 307 I 1), BGH WM 2006, 245, Einzug nur auf Treuhandkonto (AGB wirksam), BGH WM 2008, 1895; Eigentumsverhältnisse, BGH NJW 2010, 3578, § 392 BGB greift nicht (→ § 392 Rn. 2); Vermögensbetreuungspflicht für eingezogene Entgelte, BGH ZIP 2019, 1736 (IATA-HV). Beweislast OLG Koblenz WM 2006, 1452; was der InkassoHV gebucht hat, kann der Unternehmer ohne weitere Nachweise herausverlangen, wenn HV nicht bestimmungsgemäße Verwendung nachweisen kann, OLG Köln BeckRS 2009, 27270. Sie erfasst **auch Schmiergelder** (→ Rn. 23) und unberechtigt eingezogene Beträge. **Kundenlisten,** die der HV selbst erstellt hat (andere → § 86a Rn. 5), muss er dem Unternehmer zugänglich machen und, soweit dem Unternehmer nicht schon bekannt, Staub/Emde Rn. 47, nach Vertragsende herausgeben, BGH NJW 2009, 1420 Rn. 19; Vertragsstrafeversprechen (Rspr.: DM 250 pro zurückbehaltene Adresse) ist zulässig, BGH NJW 1993, 1786, einschränkend für inaktive Kundenadressen BGH WM 1995, 1415 (→ § 86 Rn. 8). Ob der HV die Adressen nach Vertragsende selbst weiternutzen kann, ist eine Frage der §§ 90 (→ § 90 Rn. 7), 90a (→ § 90a Rn. 28, 30). Herauszugeben ist auch der Schriftwechsel, den der HV bei Vorbereitung des Abschlusses mit dem Dritten geführt hat. Die Rspr. verneint vereinzelt ein **Zurückbehaltungsrecht** an eingezogenen Beträgen sowie Aufrechnung gegen Herausgabeanspruch mit eigenem Provisionsanspruch, so OLG Hamm NJW-RR 1994, 158, Grund: treuhänderisch, aber das trifft nicht zu (→ § 88a Rn. 1, Grenze § 242 BGB). Das ist insbesondere wichtig bei Inkassobefugnis des HV. Dieser darf bei Abführung seine darauf entfallende Provision einbehalten und auch dagegen aufrechnen, EBJS/Löwisch Rn. 49. **Zeitpunkt** der Herausgabe je nach Art, iZw unverzüglich nach Erledigung des Geschäfts, Schmiergelder umgehend, bei eingezogenen Beträgen idR nicht unverzüglich, sondern in regelmäßigen Abständen, str., bis dahin Trennung von den eigenen Geldern, EBJS/Löwisch Rn. 49; überlassene Sachen erst mit Beendigung der HVTätigkeit für den Unternehmer. **Erstattung** → Rn. 51. **Beweislast** für Warenbestandsminderung und Kassenfehlbetrag, Umkehr bei vom HV unterschriebener Inventurliste, OLG München ZVertriebsR 2017, 390.

E. **Persönliche Dienstleistung, Einsatz von Untervertretern, Übertragung der Handelsvertretung:** § 613 S. 1 BGB verlangt zwar iZw **persönliche Dienstleistung.** Das kann gerade für den HV wichtig sein; Kundenwerben ist eine Kunst. Der HV darf **aber,** soweit seine Vermittlungstätigkeit nicht aus besonderen Gründen höchstpersönlich ist, ohne besondere Abrede Angestellte und andere **Hilfspersonen** einsetzen (→ § 84 Rn. 22). Im modernen Wirtschaftsleben werden sich die Parteien **auch** darüber einig sein, dass der HV ohne besondere Erlaubnis (echte) **Untervertreter** einsetzen darf (→ § 84 Rn. 22, 31). Das Vertragsrecht und die Dienste des HV ist iZw, wie Übertragung des Betriebs des Unternehmers, **unübertragbar,** § 613 S. 2 BGB, BGH NJW 1963, 100 (betr. Arbeitsverhältnisse vgl. → § 59 Rn. 17), auch wenn HV in die Absatzorganisation eines Großunternehmens eingegliedert ist. Aber auch der HV kann seinen Gewerbebetrieb nicht ohne Mitwirkung des Unternehmers übertragen,

BGH NJW 2014, 625 Rn. 13, dementsprechend hat der Gewerbebetrieb für den HV nur ausnahmsweise einen **Goodwill**, der Goodwill steht dem Unternehmer zu, BGHZ 68, 166; NJW 2014, 625 (kein Zugewinnausgleich, auch → § 89b Rn. 5); aA Hoppenz NJW 2014, 629. Grundsätzlich auch keine Gesamtrechtsnachfolge, EBJS/Löwisch § 84 Rn. 38. Abweichende vertragliche Vereinbarungen sind möglich; Vertragsübertragung K. Schmidt § 27 V Rn. 68, EBJS/Löwisch § 84 Rn. 39, → § 89b Rn. 68. § 25 ist auf Betriebsveräußerung durch den Unternehmer anwendbar, K. Schmidt § 27 V Rn. 68.

19 Doch darf der HV, wenn er Kfm. ist, str. (→ § 84 Rn. 33), HdlGehilfen beschäftigen; bei entspr. großem Geschäftsumfang wohl auch **Untervertreter** (→ § 84 Rn. 31) einsetzen, iZw ist er dazu nicht verpflichtet; er haftet für sie im Verhältnis zum Unternehmer, § 278 BGB, BGHZ 59, 92; ZIP 1996, 1950; OLG Hamm MDR 1959, 1016. Untervertreter → § 84 Rn. 31 f.

3) Allgemeine Interessenwahrungspflicht (I Hs. 2), Wettbewerbsverbot in der Vertragszeit

20 A. **Allgemeine Interessenwahrungspflicht (I Hs. 2):** Sie ist für den HVVertrag wesensbestimmend und zwingend, BGHZ 97, 326; 112, 222 und **beherrscht das gesamte Vertragsverhältnis**, hL, OLG Düsseldorf NJW-RR 2016, 1316 Rn. 27; KG ZVertriebsR 2021, 243 Tz. 7; Grundmann, Treuhandvertrag, 1997, Rn. 385; Hopt ZGR 2004, 1. Das gilt auch, wenn die üL sie dogmatisch als Nebenpflicht ansieht (dies vereinbar mit der Richtlinie, → § 84 Rn. 3), Oetker/Busche Rn. 12, **funktional** ist sie die zentrale Pflicht, für **Hauptpflicht,** EBJS/Löwisch Rn. 7; MüKoHGB/Ströbl Rn. 3, 28. Die Interessenwahrungspflicht besteht in doppelter Hinsicht: zum einen Priorität des Interesses des Unternehmers vor den Eigeninteressen des HV (besonders dessen Provisionsinteresse), zum anderen Wahrung des Interesse des Unternehmers gegenüber den Kunden (auch inhaltlich möglichst günstiges Geschäft für den Unternehmer, soweit rechtlich erlaubt, → Rn. 12). Einen Gegensatz zwischen Interessenwahrungspflicht und Treupflicht gibt es nicht, aA anscheinend FW/Franke Rn. 39, Treu und Glauben nach Art. 3 der EU-Richtlinie entspricht § 242 BGB, KKRD/Roth Rn. 4, str., offen Emde/Valdini ZVertriebsR 2017, 3. Sie erstreckt sich entgegen dem Wortlaut („hierbei") nicht nur auf Vermittlung und Abschluss, sondern generell auf die Tätigkeit des HV, OLG Düsseldorf 22.12.2011, HVR Nr. 1348; zB auch auf Wahrung von Geschäfts- und Betriebsgeheimnissen des Unternehmers außerhalb seiner Vermittlungstätigkeit und nach Vertragsende (→ § 90 Rn. 1, 4) oder, soweit geschuldet (→ Rn. 13), auf Kundenbetreuung nach Abschluss, OLG Koblenz BB 1973, 866. Der HV ist Interessenwahrer des Unternehmers, nicht unparteiischer Makler zwischen beiden Teilen des abzuschließenden Geschäfts, BGH BB 1979, 242; ZVertriebsR 2016, 225 Rn. 16 (Anwalts- und HVVertrag); er kann nicht zugleich für den Kunden Makler sein, BGH NJW 1974, 137; auch nicht zugleich Honorarberater (§ 34 GewO), EBJS/Löwisch § 84 Rn. 183. Zur Behandlung von Interessenkonflikten Hopt ZGR 2004, 1.

21 Der HV muss alles tun, was im Interesse des Unternehmers erforderlich ist, und alles unterlassen, was den Unternehmer schädigen kann, BGHZ 42, 61. Der HV darf dem Unternehmer keine Kunden abwerben (Wettbewerbsverbot, etwa bei Mehrfirmenvertreter, → Rn. 24, 28); zur Substantiierung des Vorwurfs BGH IHR 2019, 201. Gegen die Interessenwahrungspflicht verstößt es, wenn er Kunden empfiehlt (bzw. dem Unternehmer damit droht), den Vertrag aufzulösen und vom Unternehmer Schadensersatz zu verlangen, OLG Koblenz BB 1973, 866, oder wenn er dem Unternehmer einen anderen HV zugunsten eines Dritten abwirbt, auch wenn dieser kein Wettbewerber ist, BGH MDR 1977, 644. Dazu gehört **Bonitätsprüfungspflicht,** also dass er sich bei Vertragsanbahnung über die Bonität, Kredit- und Vertrauenswürdigkeit der Dritten erkundigt und je nach

7. Abschnitt. Handelsvertreter 22, 23 § 86

Sachlage nicht vorher ausliefern lässt, OLG Karlsruhe DB 1969, 741; RWH/Thume Rn. 15. Dabei darf er mangels Indizien für das Gegenteil der allgemeinen Meinung über den Kunden folgen, OLG Düsseldorf 16.2.1954, HVR Nr. 59. Eine eigentliche Bankauskunft (→ **(7)** Bankgeschäfte Rn. A14) braucht der HV nicht in jedem Fall einzuholen, hat er sie aber eingeholt und ist sie ungünstig, muss er sie an den Unternehmer weiterleiten, auch wenn er sie letztlich nicht für ausschlaggebend hält, Staub/Emde Rn. 70, str. Auch nicht ganz unbedeutende Zweifel muss er mitteilen, auch wenn er sie selbst nicht teilt, BGH BB 1969, 1196. Der HV braucht aber nicht für die Bonität einzustehen (anders bei Delkredere, → § 86b Rn. 1) und sie auch nicht nach Geschäftsabschluss weiter zu überwachen, OLG Hamm 26.11.1970, HVR Nr. 432; erfährt er später Negatives, gehört das zur Nachrichtspflicht (II). Verstoß gegen die Bonitätsprüfungspflicht macht den HV schadensersatzpflichtig, auch bei bloßer Fahrlässigkeit, Staub/Emde Rn. 235; aA EBJS/Löwisch Rn. 42, im Einzelfall aber Mitverschulden des Unternehmers (§ 254 I BGB), MüKoHGB/Ströbl Rn. 61.

Aus der Interessenwahrungspflicht folgen weitere teils geschriebene, meist 22 aber ungeschriebene **konkrete Pflichten** des HV, zB die **Nachrichtspflicht** (II) oder die **Verschwiegenheitspflicht** und das Verbot der Verwertung von Geschäfts- und Betriebsgeheimnissen (→ § 90 Rn. 1), KG ZVertriebsR 2021, 243 Tz. 21; vor allem aber das **Wettbewerbsverbot** (→ Rn. 26 ff.). Der HV muss auch die **Ausgestaltung der Vertriebssysteme** durch den Unternehmer beachten, zB Organisation für verschiedene Produkte oder verschiedene Kundengruppen; wird der HV nur in einem von zwei Vertriebssystemen eingesetzt, darf er nicht in dem anderen tätig werden, MüKoHGB/Ströbl Rn. 30; Kartellrecht geht allerdings vor (→ Rn. 26 ff.). Keine Pflicht zu echter Einarbeitung eines Nachfolgers, Staub/Emde Rn. 217, aber Gräfe ZVertriebsR 2013, 364. Zur Kasuistik der Pflichtenkonkretisierung s. auch beim wichtigen Kündigungsgrund (→ § 89a Rn. 17). Die **Konkretisierung** der Interessenwahrungspflicht nach I Hs. 2 im Einzelnen einschließlich, soweit daraus abzuleiten, des Wettbewerbsverbots während der Vertragszeit (die EU-RL regelt in Art. 20 nur das nachvertragliche Wettbewerbsverbot) kann Anlass zur Prüfung auf Europarechtskonformität und **Vorlage nach Art. 267 AEUV** (Art. 234 aF, 177 aF EG) geben (Art. 3 I Alt. 1 EU-Ri, → § 84 Rn. 3). Das gilt auch für Art. 3 I Alt. 2 EU-RL (Gebot von Treu und Glauben für den HV, nach Art. 5 zwingend), der, da § 242 BGB entsprechend, nicht eigens umgesetzt worden ist (BT-Drs. 11/3077, 7), Grundmann, EuropSchuldvertragsrecht, 1999, 3.80 Rn. 10; Emde ZVertriebsR 2014, 226; aA Canaris § 15 Rn. 47. Doch setzt er nur einen allgemeinen Rahmen, vgl. Roth FS Drobnig, 1998, 135, str., andernfalls wäre praktisch das gesamte HVVertragsrecht als Transformation der EU-RL anzusehen. Vgl. → § 86a Rn. 1. Lit.: Nachweise bei KKRD/Roth Vor § 84 Rn. 1 ff.

Schmiergelder und ähnliche Provisionen von Dritten darf der HV nicht 23 nehmen (§ 138 BGB), Saarländisches OLG 18.11.1998 HVR Nr. 898; vgl. BGH NJW 1962, 1099; 1973, 363; 1991, 1819; jedenfalls aber muss er dies dem Unternehmer offenlegen und ggf. die Beträge dem Unternehmer **herausgeben** (§ 667 BGB, → Rn. 17; nicht aber Gewinn aus Wettbewerbsverletzungen, → Rn. 32), Staub/Emde Rn. 146. Außerdem kann er sich schadensersatzpflichtig (wenn er zB bessere Geschäfte ausließ) und sogar strafbar machen (§§ 299 ff. StGB) und der außerordentlichen Kündigung ausgesetzt sein (§ 89a). Der Einwand, der Abschluss wäre ohnehin und nicht besser zustande gekommen, leugnet nur den Schaden, rechtfertigt die Schmiergeldannahme nicht, das Vertrauensverhältnis (→ § 84 Rn. 41) verbietet geheime Nebenvorteile des HV wie solche des Unternehmers (vgl. → § 87b Rn. 7). Provisionsteilung und Provisionsweitergabe → § 87b Rn. 20. **Hingabe von Schmiergeldern** durch den HV und Verlangen von Aufwendungsersatz dafür → § 87d Rn. 4.

24 Der **Mehrfirmenvertreter** schuldet jedem seiner Unternehmer Interessenwahrung, falls die Firmen im Wettbewerb stehen, gilt Wettbewerbsverbot (→ Rn. 26). Letzterenfalls kann es zu schwierigen Interessenkonflikten kommen (→ Rn. 27), Fallgruppen bei Küstner/Thume/Schürr, Bd. 1, Kap. III Rn. 78 ff. Der HV, der bereits Konkurrenzvertretungen innehat, muss dies dem Unternehmer offenlegen; ist dieser nicht einverstanden (→ Rn. 30), schließt er nicht ab oder kann er kündigen, mangels Offenlegung fristlos. Die Aufnahme einer Konkurrenzvertretung bedarf deshalb der Zustimmung jedes der Unternehmer (→ Rn. 30), nicht aber bloße Mehrfirmenvertretung ohne Konkurrenz, vgl. BGH ZIP 1995, 1003 (aber Unterrichtung, → Rn. 28, Vereinbarung → Rn. 51), außer bei Gefahr der Beeinträchtigung der Tätigkeit, zB zeitlich. Kommt es ohne Zutun des HV später zu einer Mehrvertretung, zB wegen Ausweitung des Tätigkeitsfelds des Unternehmers, kann der Unternehmer nicht fristlos kündigen (→ § 89a Rn. 21); der HV kann kündigen, ohne dass sein Ausgleichsanspruch entfällt (→ Rn. 27; → § 89b Rn. 58). Bezirksvertreter → § 87 Rn. 30. Bei erlaubter Mehrfirmenvertretung ist der HV den mehreren vertretenen Unternehmen gleich verpflichtet, ihre Ware der Kundschaft vorteilhaft zu präsentieren; er braucht aber nicht sein Urteil über Vorzüge und Nachteile zu unterdrücken, BGH 27.2.1976, VW 1978, 810 (bei von Gamm NJW 1979, 2491). Schlecht machen darf er die Ware des einen keinesfalls mangels besonderer Vereinbarung ist ein sachgerechtes Repartierungsverfahren zu praktizieren, zB nach Territorium, prozentual, zeitlich oä; jedenfalls ist der HV in der Zuweisung des Kunden an den einen oder anderen Unternehmer nicht schlechthin frei. Folgeaufträge sind idR dem Unternehmer zuzuweisen, dessen Kunde der Dritte bereits ist, anders nur bei eigenem Wunsch des Dritten, LG Lübeck VersR 1950, 182 mAnm.Bronisch. Mehrfirmenvertreter und europäisches Kartellrecht → Rn. 38.

25 Pflichtverletzung des HV gegenüber einem Unternehmer kann zugleich pflichtwidrig gegenüber dem Unternehmen sein, BGH WM 1992, 2026. Der **Untervertreter** verletzt die Treuepflicht gegenüber dem Vertreter, wenn er mit dem Unternehmer die Kündigung des Vertreter/und des Untervertretervertrages abspricht zwecks Übertragung der Vertretung auf den Untervertreter, BGHZ 42, 61; aA Canaris § 15 Rn. 80; vgl. → § 86a Rn. 16.

26 B. **Wettbewerbsbeschränkungen nach Handelsrecht:** Der HV unterliegt gegenüber dem Unternehmen einem **Wettbewerbsverbot,** bei (echter) Untervertretung hat der HV für die Beachtung des Wettbewerbsverbots durch den **Untervertreter** zu sorgen (→ § 84 Rn. 31), EBJS/Löwisch Rn. 32, str. Das Wettbewerbsbot für die **HVGmbH** (→ § 84 Rn. 8) erstreckt sich nicht schon de lege lata auf deren Geschäftsführer und Angestellte, doch wird sich dies idR aus dem HVVertrag ergeben, BGH ZIP 2005, 296/298; EBJS/Löwisch Rn. 32. Das Wettbewerbsverbot besteht gegenüber dem Unternehmer, nur bei Abrede auch im **Konzern** (→ § 84 Rn. 27a). Beim Wettbewerbsverbot ist klar **zwischen der Zeit des Vertrags und danach zu unterscheiden.** Ein Wettbewerbsverbot für den HV **in der Vertragszeit** folgt **ohne besondere Vereinbarung** aus § 86 I Hs. 2; dieses Wettbewerbsverbot kann vertraglich erweitert werden, aber nur unter Rücksicht auf die schutzwürdigen Belange des HV, BGH BB 1968, 60, und mit Grenzen aus Kartellrecht (→ Rn. 34). Das Wettbewerbsverbot für den HV betrifft Wettbewerb mit dem Unternehmer, nicht auch mit seinen Kunden, insoweit auch nicht ohne Weiteres Interessenwahrungspflicht des HV, OLG Köln 21.6.2002, HVR Nr. 978. Ein **Wettbewerbsverbot nach Vertragsende** bedarf dagegen einer besonders geregelten „Wettbewerbsabrede" (§ 90a); bloße **Vorbereitung** des nachvertraglichen Wettbewerbs während Vertragszeit verstößt nicht gegen § 86 I Hs. 2, zB Beteiligung an Gründung einer Konkurrenzfirma schon vor Vertragsende (außer bei Vertrauensbruch), BGH 14.11.1974, HVR Nr. 485 Ls.; OLG Köln 9.8.2002, HVR Nr. 1097. Für die Vertragszeit ist dem

7. Abschnitt. Handelsvertreter § 86

HV schon auf Grund von § 86 I Hs. 2 jeder eigene Wettbewerb mit dem Unternehmer verboten; ebenso jede Konkurrenzvertretung, die geeignet ist, das Interesse des Unternehmers (nicht ganz unerheblich) zu beeinträchtigen; BGHZ 42, 61; 52, 177; NJW 1984, 2101. Besonderheiten für Vertragshändler BGHZ 93, 54; WM 1993, 1464 (→ Einl. vor § 373 Rn. 39f). Wettbewerbsrichtlinien der VersWirtschaft in Hopt, HVR, 6. Aufl. 2019, Materialien VIII; sie geben nur die Anschauungen der VersWirtschaft wieder und sind bloße Auslegungshilfe, Staub/Emde Vor 84 Rn. 516. Verbotene Kundenwerbung durch Verabschiedungsschreiben, vgl. BGH NJW 2004, 2385.

Voraussetzung für § 86 I Hs. 2 ist zunächst eine **Wettbewerbssituation,** und zwar räumlich, sachlich und zeitlich, Listen bei Staub/Emde Rn. 99, 107; EBJS/Löwisch Rn. 30; Maier BB 1979, 500. Die Rspr. dazu ist wegen der Intressenwahrungspflicht des HV zu Recht **streng,** es kommt aber nicht auf die Sicht des Unternehmers an, auch nicht auf den bloßen Anschein einer Wettbewerbssituation (aber → Rn. 29), sondern ob objektiv eine (auch nur potentielle) Wettbewerbssituation besteht, Staub/Emde Rn. 102, aA EBJS/Löwisch Rn. 31. Im Zweifel muss der HV die Frage mit dem Unternehmer klären, EBJS/Löwisch Rn. 38. Im Prozess ist der Umfang der Interessenwahrungspflicht eine vom Tatrichter, nicht vom Sachverständigen, zu entscheidende Rechtsfrage, OLG Düsseldorf 9.11.2011 HVR Nr. 1044. Mangels einer solchen kann es immer noch zu einer Störung des Vertrauensverhältnisses kommen (dann → § 89 Rn. 16); Mehrfirmenvertreter → Rn. 24, 28, 38. (1) **Räumliche Reichweite:** Das Wettbewerbsverbot umfasst mangels anderer Vereinbarung das gesamte Absatz- und Einzugsgebiet des Unternehmers, also bei einem Bezirksvertreter nicht nur dessen Bezirk, BGH MDR 1977, 289; EBJS/Löwisch Rn. 34; MüKoHGB/Ströbl Rn. 38; differenzierend Staub/Emde Rn. 110ff. (2) **Sachliche Reichweite:** Das Wettbewerbsverbot erfasst nicht nur die Kerntätigkeit der Vermittlung, sondern auch Nebenbereiche wie Schulung von HV, OLG München IHR 2015, 112. Das Wettbewerbsverbot erfasst nicht nur den vom Unternehmer zurzeit bedienten Kundenkreis, vgl. aber OLG München 16.11.1990, HVR Nr. 699; auch Gleichartigkeit der Waren nach Preis und Qualität und Überschneidung der Produktpalette sind nicht notwendig, entscheidend ist vielmehr der potentielle Wettbewerb aus der Sicht der Kunden, EBJS/Löwisch Rn. 33, weil dann der Wettbewerb des HV dem Unternehmer schaden kann, vgl. zur Konkurrenz nur einzelner Sortimentsteile OLG Düsseldorf 9.11.2001, HVR Nr. 1044. Bei Vers-Vermittlung auch Vermittlung anderer Kapitalanlagen im Angebot, auch wenn nur aus Gefälligkeit, OLG München IHR 2016, 43. Erkennbar bevorstehende oder nahe liegende Produkt-, Gebiets- oder Kundenerweiterungen werden also mitumfasst (§§ 133, 157 BGB), auch in Betracht kommende Marktlücken, OLG Celle BB 1970, 228, ggf. Nachfrage beim Unternehmer (→ Rn. 28). Überschneidung hinsichtlich einzelner Sortimente genügt, OLG Düsseldorf OLGR 1999, 53; 9.11.2001, HVR Nr. 1044; auch wenn das konkret vertriebene Sortiment vom Unternehmer nicht produziert wird, MüKoHGB/Ströbl Rn. 36, Grund: Gefahr, dass Kunde auch bezüglich der vom Unternehmer produzierten Sortimente zur Konkurrenz abwandert, EBJS/Löwisch Rn. 33, anders nur über völlig anderen Sparten (dann keine Substituierbarkeit). Nur geringfügige Überscheidungen können außer Betracht bleiben, die kartellrechtliche Spürbarkeitsgrenze, zB BGH ZVertriebsR 2018, 57, gilt aber nicht (anderer Zweck), auch Staub/Emde Rn. 104, aber für Anhaltspunkte. Keine Konkurrenzlage besteht bei Waren, die von der Funktion her ganz andere Anforderungen erfüllen müssen oder sich an nicht austauschbare Kundenkreise wenden, OLG Düsseldorf 9.11.2001, HVR Nr. 1044, zB handgefertigte, wertvolle Einzelstücke, aber nicht schon elegante Damenschuhe gegenüber Sportschuhen, aA BGH 25.4.1966 bei Küstner/Thume/Schürr, Bd. 1, Kap. III Rn. 63. Das Wettbewerbsverbot schützt nur den Unternehmer, nicht auch mit ihm verbundene **Konzernunternehmen,**

Staub/Emde Rn. 105, aber Vereinbarung möglich. (3) **Zeitliche Reichweite:** Das Wettbewerbsverbot beginnt mit dem Beginn des HVVerhältnisses, auch wenn unwirksam, aber in Vollzug gesetzt (→ § 85 Rn. 1) oder zunächst nur auf Probe (→ § 89 Rn. 20). Kommt es zu der Wettbewerbssituation erst später während des Vertrags ohne Zutun des HV, zB durch Wachstum oder Ausdehnung des oder eines der Unternehmer, BGH DB 1960, 1305; NJW 1987, 778, oder bei Aufteilung nach Erbfall, OLG Zweibrücken 19.1.1965, HVR Nr. 327, so gilt zwar grundsätzlich das Prioritätsprinzip, zust. EBJS/Löwisch Rn. 336; aA Staub/Emde Rn. 120, aber letztlich entscheidend Interessenabwägung auch bei Fallgruppen (→ Rn. 28), für Mehrfirmenvertreter (→ Rn. 24): der HV kann dann zur Kündigung berechtigt sein (§ 89a idR gegenüber dem erweiternden Unternehmer, EBJS/Löwisch Rn. 36, ausnahmsweise sogar gegenüber beiden, Staub/Emde Rn. 122, für Wahlrecht des HV EBJS/Löwisch Rn. 36), ohne seinen Ausgleichsanspruch zu verlieren, BGH NJW 1987, 778 (→ Rn. 24; → § 89b Rn. 58). Das Wettbewerbsverbot endet mit Vertragsende, also nicht schon bei unwirksamer Kündigung durch den Unternehmer (vgl. → § 90a Rn. 25); nachvertragliches Wettbewerbsverbot muss vereinbart werden (→ § 90a Rn. 2). **Bei Zweifeln** über Vorliegen einer Wettbewerbssituation muss der HV den Unternehmer unterrichten und ggf. seine Zustimmung einholen (→ Rn. 28, 30).

28 **b) Verstoß** (→ § 89 Rn. 19) liegt nicht erst im Tätigwerden für den anderen Unternehmer, sondern bereits im Angebot des HV zur Übernahme der Konkurrenzvertretung ohne Zustimmung (zu dieser → Rn. 30), BGH WM 1977, 318; OLG Nürnberg BB 1961, 64 (vgl. → § 89a Rn. 19). Schon Bürogemeinschaft kann Verstoß sein, BGH VersR 1969, 372. Gegen das Wettbewerbsverbot können auch mittelbare Förderung, OLG Oldenburg 24.7.2012, HVR Nr. 1369, zB als (echter) stiller Gfter (→ § 230 Rn. 1) in Konkurrenzunternehmen, EBJS/Löwisch Rn. 39, aA auf Einfluss abstellend OLG Stuttgart NZG 2017, 582 LS (zu § 113) und Hilfstätigkeiten für Konkurrenten verstoßen, OLG München 19.12.2012, HVR Nr. 1383, zB Nachrichten, Beratung, Untervermietung bzw. Überlassung von Geschäftsräumen auch in diesen Vermischung von Waren des Unternehmers und eines Wettbewerbers, Zuführung von dritten HV (auch ohne Abwerbung, zu dieser → Rn. 20). Der HV darf die **Kundenliste,** die er vom Unternehmer erhalten (→ § 86a Rn. 5) oder für diesen erarbeitet hat, nicht Dritten zugänglich machen, auch nicht an seinen Rechtsnachfolger, Staub/Emde Rn. 45. Der HV hat den Unternehmer zu unterrichten, wenn er als Vertreter oder in anderer Eigenschaft für andere Unternehmer tätig werden will (**Mehrfirmenvertretung,** → Rn. 24), BGH WM 1977, 319; ZIP 1995, 1003 (in derselben Branche), EBJS/Löwisch Rn. 20; aA Staub/Emde Rn. 153, 154: nur bei Konkurrenzvertretung, auch als Prokurist im Geschäft der Ehefrau, OLG Düsseldorf BB 1969, 330, im Zweifel, etwa bei möglichen Überschneidungen, muss der HV den Unternehmer fragen, BGH BB 1985, 425; auch ohne Konkurrenzlage, EBJS/Löwisch Rn. 20. Auch nach unberechtigt fristloser Kündigung durch Unternehmer muss HV bis zur rechtswirksamen Vertragsbeendigung an das Wettbewerbsverbot halten (→ § 89a Rn. 19). Tritt die Wettbewerbssituation erst später auf (→ Rn. 27), kann der HV eine der Vertretungen kündigen oder, wenn die Kollision auf den Zweitunternehmer zurückgeht, dem Erstunternehmer Vertragsaufhebung anbieten und so den Verstoß vermeiden; ausnahmsweise, zB bei Kollision kraft Erbteilung, kann er auch die Entscheidung der konkurrierenden Unternehmer abwarten, OLG Zweibrücken 19.1.1965, HVR Nr. 327; das hat Folgen für die Erhaltung des Ausgleichsanspruchs (§ 89b III, dort → § 89b Rn. 58, 67).

29 **Umgehung** wird häufig versucht, etwa durch Einschaltung eines Strohmanns, formal selbständige HVGes (→ § 84 Rn. 8f), Beteiligung an einem Konkurrenzunternehmen als stiller Gfter, Bspe BGH VersR 1969, 371; BB 1970, 1374; OLG

Hamm NJW-RR 1987, 1114; Staub/Emde Rn. 135 ff. Umgehung des Wettbewerbsverbots etwa durch Vorschieben der Ehefrau steht nach allgemeinen Regeln einem Verstoß gleich, vgl. BGH BB 1964, 409; doch muss sich der HV eine selbstständige Vertretung seiner Ehefrau oder anderer naher Angehöriger für einen Konkurrenzunternehmer nicht ohne Weiteres zurechnen lassen, OLG Braunschweig 8.3.1968, HVR Nr. 384. Die Maßstäbe dafür sind heute andere als früher, aA wohl Staub/Emde Rn. 135. Allerdings muss der HV dann dafür sorgen, dass zwischen seinem Betrieb und dem des Angehörigen eine organisatorische und informationelle Trennung besteht, schädlich also zB Bestehen eines einheitlichen Telefonanschlusses, BGH VersR 1969, 372. Der HV muss auch den bloßen **Anschein unzulässigen Wettbewerbs** vermeiden, EBJS/Löwisch Rn. 39, Grund: Interessenwahrungspflicht, zwar ist die Wettbewerbssituation objektiv zu bestimmen, aber Unterrichtung des Unternehmers, sonst uU Vertrauensverstoß (→ Rn. 27, 28).

c) Zustimmung des Unternehmers zu Eigenvertrieb oder Konkurrenzvertretung ist nötig, und zwar ausdrücklich, OLG Hamm NJW-RR 1992, 364, aber auch stillschweigend (§§ 133, 157 BGB, aber ungewöhnlich). Aber der HV hat keinen Anspruch auf solche Zulassung, auch nicht wenn andere HV die Zustimmung erhalten (kein Gleichbehandlungsgrundsatz für HV, → Rn. 10), doch kann es letzterenfalls an einer tatsächlichen Beeinträchtigung des Unternehmers durch die weitere Konkurrenz fehlen, BGH NJW 1984, 2101. Wächst sich erlaubte Zweitvertretung zu echtem Konkurrenzunternehmen aus, ist das Wettbewerbsverbot flexibel zu handhaben, so BGH 27.2.1976, VW 1978, 810 (bei von Gamm NJW 1979, 2491). Fällt eine zulässige Konkurrenzvertretung weg, kann der HV nicht ohne erneute Zustimmung eine andere übernehmen, Küstner/Thume/Schürr, Bd. 1, Kap. III Rn. 80. Zur Interessenwahrungspflicht des Mehrfirmenvertreters → Rn. 24.

d) Der Umstand, dass der HV ohne den Verstoß einen (auch erheblichen) Schaden erleiden würde, begründet allein noch nicht den Einwand der **unzulässigen Rechtsausübung** (§ 242 BGB), dazu ist mehr nötig, offen BGHZ 52, 181.

e) Rechtsfolgen: Verletzung des Wettbewerbsverbots macht schadensersatzpflichtig (§ 280, auch § 252 BGB, uU Schätzung, BGH WM 2009, 1811), BGH NJW 1996, 2098; 2013, 2111 Rn. 26; 2014, 382; NJW-RR 2009, 1404 Rn. 14, 18, und kann fristlose Kündigung rechtfertigen (→ § 89a Rn. 19). Der HV braucht aber nicht den durch den Verstoß erzielten Gewinn herauszugeben (anders als bei Schmiergeldern, → Rn. 23), denn §§ 61 und 113 sind nicht entspr. anwendbar, der HV ist selbstständiger Gewerbetreibender (→ Rn. 33; anders bei Unselbstständigkeit, → Rn. 39), BGH NJW 1984, 817; ZIP 1996, 1008; BGHZ 171, 73 Rn. 16; OLG Rostock NJW-RR 2009, 1631, EBJS/Löwisch Rn. 73, aA Canaris § 15 Rn. 44, bloße wissentliche Ausnutzung des Vertragsbruchs durch den Unternehmer ist nicht unlauter, BGHZ 171, 82. Der HV schuldet daher dem Unternehmer **Auskunft** nach § 242 BGB (Voraussetzung: begründeter Verdacht und wahrscheinlicher Schaden) über die unzulässig für einen Konkurrenten vermittelten Geschäfte, auch mit Neukunden, nicht aber über das dabei von ihm Verdiente; BGH NJW 1964, 817; 1996, 2097; 2014, 381; OLG Hamm NJW-RR 1987, 1114; OLG Rostock NJW-RR 2009, 1631 (auch zu einer vertraglichen Schweigepflicht). Die Auskunft über den Umsatz kann Grundlage der Schadensschätzung nach § 287 ZPO sein, BGH NJW 2014, 381 Rn. 15. Die Auskunft ist zum Schutze des Konkurrenten, wenn der HV diesem Geheimhaltung schuldet, geeignet zu beschränken (Interessenabwägung), vgl. BGHZ 10, 387, etwa durch Anordnung der Vorlegung der Bücher nur an einen zuverlässigen Dritten mit Schweigepflicht, zB Wirtschaftsprüfer, dies auch von Amts wegen, eventuell überhaupt ohne Anspruch auf Nennung von Namen und

Anschriften von (Versicherungs-)Kunden, BGH NJW 2014, 381. Eine Vertragsstrafe (aber → § 86 Rn. 8) ist uU schon verwirkt durch Erbieten an Konkurrenz, für sie zu werben, OLG Nürnberg BB 1961, 64; AGB, die Vertragsstrafe und Schadensersatz statt der Leistung kumuliert, ist auch bei HV unwirksam, BGH BB 1992, 307 (→ Rn. 8). Entgangener Gewinn, BGH VersR 2009, 1360. Lit.: Gallus, 1971; von Brunn AcP 163 (1964), 487; Steindorff ZHR 130 (1968), 82; Rittner FS Reinhardt, 1972, 301; Maier BB 1979, 500; Blankenburg VersR 2010, 581 (Beweismittel).

33 C. **Wettbewerbsbeschränkungen durch AGB (§§ 305–310 BGB):** Die Wettbewerbsklausel, die idR eine AGB ist, muss den Anforderungen der **(5)** §§ 305–310 BGB, insbesondere der Inhaltskontrolle nach **(5)** §§ 307 ff. BGB (→ Rn. 8) standhalten, sonst ist sie unwirksam. Lit.: Preis/Stoffels ZHR 160 (1996), 457.

34 D. **Wettbewerbsbeschränkungen nach Kartellrecht (AEUV, GWB):** Wettbewerbsbeschränkungen zwischen dem Unternehmer und dem HV sind, auch ohne ausdrückliche Vertragsklausel, **stets auf Verstoß gegen Kartellrecht zu prüfen,** BGH NJW 1984, 2101; EuGH NJW 1976, 470 – Eur. Zuckerindustrie. Nach Kartellrecht kommt es darauf an, ob der HV ein selbständiger Unternehmer oder ein Arbeitnehmer (→ § 84 Rn. 39) ist; letzterenfalls kann Kartellrecht aber bei wettbewerbsbeschränkenden Absprachen zugunsten seines Arbeitgebers eingreifen. Für das europäische Kartellrecht stellt der EuGH auf die wirtschaftliche Selbstständigkeit ab, EuGH NJW 1976, 470 – Eur. Zuckerindustrie, → Rn. 38. Die Unternehmereigenschaft des HV iSv § 1 GWB folgt aus seinem selbstständigen Auftreten am Markt, BGHZ 112, 218 – TUI. Die Anforderungen an **Wettbewerbsbeschränkungen nach Handelsrecht** (→ 26 ff.) **und nach Kartellrecht** stehen **selbständig** nebeneinander und sind nach Schutzziel und Inhalt unterschiedlich. Kartellrecht ist ein eigenes, hoch ausdifferenziertes Rechtsgebiet, in dem europäisches und deutsches Recht zusammenwirken, **europäisches Kartellrecht geht dem deutschen vor.** Kartellrecht kann hier auch nicht in den Grundzügen näher dargestellt werden, Übersicht bei Staub/Emde Vor § 84 Rn. 162–515. Die Kommentierung beschränkt sich vielmehr auf einen kurzen Abriss des sogenannten „Handelsvertreterkartell-Rechts", Staub/Emde Vor § 84 Rn. 228–283, dort allerdings noch ohne die europäische Reform der Vertikal-GVO und der dazu gehörenden Leitlinien von 2022, auf denen im Folgenden der Schwerpunkt liegt.

Lit.: *Komm. zum EUKartellrecht:* → Einl. vor § 1 Rn. 78 sowie Staub/Emde Vor § 84 Rn. 163 ff. (europäisches Kartellrecht), Rn. 228 ff. (europäisches HV-Kartellrecht); EBJS/Löwisch Vor §§ 84-9c Rn. 14 ff.; MSF/Rahlmeyer § 40 Rn. 18 ff.; Metzlaff/Dohm ZVertriebsR 2022, 15 (Entwicklung des Europäischen Vertriebskartellrechts). *Zur Vertikal-GVO 2022 und den Leitlinien 2022:* Galle/Popot-Müller DB 2022, 1561; zum Entwurf Lit. → Rn. 39 aE. Zur *Vertikal-GVO 2010:* Bauer/Rahlmeyer/Schöner, Vertriebskartellrecht, 2020, Kap. 2. Zu den *Leitlinien 2010* bezüglich HV: Malec/von Bodungen BB 2010, 2383; Simon EWS 2010, 498; Semler ZVertriebsR 2012, 156. Zur *Kfz-GVO 2010:* Niebling WRP 2010, 81 und 1454; Emde BB 2014, 2447; Metzlaff FS Wegen 2015, 499 (Mehrfirmenvertreter). *Komm. zum GWB* (→ Einl. vor § 1 Rn. 77), Staub/Emde Vor § 84 Rn. 425 ff.; Bauer/Rahlmeyer/Schöner, Vertriebskartellrecht, 2020. Hintergrundinformation zum Europäischen Kartellrecht bei Vertragshändlerverträgen CDH bei Hopt, HVR, 6. Aufl. 2019, Materialien XII 4. Europäische Kommission, Liste häufig gestellter Fragen (FAQ) zur Anwendung des EU-Kartellrechts im Kfz-Sektor, 27.8.2012, EuZW 2012, 684.

35 b) **Art. 101 AEUV:** Sedes materiae ist Art. 101 AEUV (Art. 81 aF, 85 aF EG). Nach **Art. 101 I** sind alle Vereinbarungen zwischen Unternehmen, welche den Handel zwischen den Mitgliedstaaten zu beeinträchtigen geeignet sind und eine Verhinderung, Einschränkung oder Verfälschung des Wettbewerbs innerhalb des Gemeinsamen Marktes bezwecken oder bewirken, nichtig (**Art. 101 II**). Dieses Verbot gilt auch für Vertriebsvereinbarungen (vertikale Vereinbarungen) und betrifft insbesondere Vertragshändler (→ Rn. 39), aber unter bestimmten Voraussetzungen auch HV. Das Verbot betrifft nur Vereinbarungen, einseitige Maßnahmen des Unternehmers bleiben davon unberührt. Wettbewerbsbeschränkungen, die für das Funktionieren des Vertriebssystems unentbehrlich sind, bleiben erlaubt, wenn sie zur Umsetzung des Vertrags objektiv nicht erforderlich und nach Geltungsdauer und Anwendungsbereich auf diesen Zweck beschränkt sind (sogenannte Immanenztheorie). Beispiele: bestimmte Wettbewerbsverbote während der Vertragsdauer, nachvertragliche Wettbewerbsverbote für eine angemessene Zeit, Vorgaben für den Geschäftsbetrieb wie Öffnungszeiten, Geschäftslokal, Betriebsführung und Werbung. Näher Staub/Emde Vor § 84 Rn. 170.

Nach **Art. 101 III AEUV** können Vereinbarungen, deren Nutzen so groß ist, dass sie die wettbewerbsbeschränkende Wirkung der Vereinbarung überwiegen, von dem Verbot des Art. 101 freigestellt werden, Eine Freistellung unter Art. 103 III im Einzelfall kann der einzelne Unternehmer durch Nachweis eines Effizienzgewinns erreichen (Einzelfreistellung). Die Freistellung ganzer Fallgruppen von an sich wettbewerbsschränkenden Vereinbarungen wird durch **Gruppenfreistellungen (GVO)** bewirkt, die damit einen Safe Harbour für vertikale Vereinbarungen schaffen. Die für Vertragshändler und HV wichtigste GVO ist die VO (EU) 2022/720 der Kommission vom 10.5.2022 über die Anwendung des Art. 101 III auf Gruppen von vertikalen Vereinbarungen und abgestimmten Verhaltensweisen **(Vertikal-GVO 2022),** ABlEU L 134/4 vom 11.5.2022. Sie hat die GVO Nr. 330/2010 für vertikale Vereinbarungen und abgestimmte Verhaltensweisen vom 20.4.2010 (Vertikal-GVO oder Schirm-GVO 2010) ABl. 2010 L 102, 1, mit Wirkung vom 1.6.2022 abgelöst. Übergangsfrist für in Kraft befindliche Vereinbarungen, welche die Freistellungskriterien nach der Vertikal-GVO 2010 erfüllen, bis zum 31.5.2023 (Art. 10 Vertikal-GVO 2022). **35a**

Die Kommission hat dazu Leitlinien erlassen, in denen die Grundsätze für die Prüfung vertikaler Vereinbarungen und abgestimmter Verhaltensweisen iSv Art. 101 und der Vertikal-GVO 2022/720 dargelegt werden (**Leitlinien für vertikale Beschränkungen 2022,** Mitteilung der Kommission 2022/C 248/01, ABlEU C 248/1 vom 30.6.2022, **Vertikal-LL**). Diese Leitlinien 2022 ersetzen die zur Vertikal-GVO 2010 ergangenen Leitlinien vom 19.5.2010 ABl. 2010 C 130, 1. Anders als die Vertikal-GVO sind die Leitlinien keine Rechtssätze und sind deshalb nicht rechtsverbindlich (kein sekundäres Gemeinschaftsrecht), sondern kündigen nur den Entscheidungsmaßstab der Kommission an. Sie sollen den Unternehmen Orientierungshilfen für die Selbstprüfung an die Hand geben und nicht schematisch angewandt werden (Rn. 2 Vertikal-LL). Vor allem wird ausdrücklich festgestellt, dass diese Leitlinien nicht die Rechtsprechung des Europäischen Gerichtshofes (EuGH und EuG) berühren (Rn. 2 Satz 3 Vertikal-LL). Die Leitlinien enthalten **ausführliche Bestimmungen zu den HV** (Handelsvertreterprivileg → Rn. 37, 37a), die Vertikal-GVO spricht demgegenüber nur davon, dass „Abnehmer" auch ein Unternehmen ist, das auf der Grundlage einer unter Art. 101 I AEUV fallenden Vereinbarung (sonst nicht, dann Handelsvertreterprivileg → Rn. 37, 38) Waren oder Dienstleistungen für Rechnung eines anderen Unternehmens verkauft (Art. 1 I lit. k; vgl. Rn. 42 Satz 3 Vertikal-LL). Die **Leitlinien** sind **die für die Praxis, hier der HV und der Vertragshändler, wichtigste Auslegungshilfe.** Für den **KfzSektor** gelten **spezielle Freistellungsregeln** (→ Rn. 39a). **35b**

Zur Behandlung von Wettbewerbsbeschränkungen gegenüber HV gibt es ältere Rechtsprechung des **EuGH** und des **EuG,** die teils vor, teils nach der Vertikal-GVO 2010 ergangen ist und auch unter der Vertikal-GVO 2022 noch eine gewisse Bedeutung hat, näher Staub/Emde Vor § 84 Rn 242 ff. (Historie **36** des Handelsvertreter-Kartellrechts). Diese Rechtsprechung wird von den Leitlinien 2022 nicht berührt (→ Rn. 35). Näher kurz Hopt/Hopt, 41. Aufl., § 84 Rn. 38.

37 Handelsvertreterverträge, die nicht unter Art. 101 I AEUV fallen (Abschnitt 3.2.1 Rn. 29–40 Vertikal-LL): Nach den Leitlinien kommt es für das **Handelsvertreterprivileg**, also die Frage, ob Verträge von HV (Definition Rn. 29 Vertikal-LL) unter Art. 101 I AEUV fallen, darauf an, ob der HV in der Beziehung zum Unternehmer nicht mehr als unabhängiger Marktteilnehmer handelt. Das trifft zu, wenn der HV bezüglich der im Namen des Unternehmers abgeschlossenen oder ausgehandelten Verträge **nur unbedeutende finanzielle oder wirtschaftliche Risiken** trägt (Rn. 30, 31–34 Vertikal-LL). Das ist eng auszulegen und unabhängig von der Bezeichnung in der Vereinbarung oder der Behandlung unter einzelstaatlichem Recht (Rn. 30 Satz 5 und 7 Vertikal-LL). Je nachdem gilt der HV dann nicht als unabhängiges Unternehmen und bedarf somit auch keiner Gruppenfreistellung (zu dieser → Rn. 35a, → Rn. 39). Danach kommt es nicht (zusätzlich) auf Eingliederung, Ein- oder Mehrfachvertretung bzw. Doppelprägung oder andere formale Kriterien an, sondern entscheidend auf die **Abgrenzung nach der Risikotragung**. Die Leitlinien nennen im Anschluss an die Rspr. des EuGH (→ Rn. 36) **drei** in der folgenden Reihenfolge zu prüfende (Rn. 34 Satz 3 ff. Vertikal-LL) Arten **von Risiken** (Rn. 31 Vertikal-LL): (1) vertragsspezifische Risiken, zB Beteiligung an den Transportkosten, Finanzierung von Lagerbeständen, Produkthaftung, Erfüllungs-, Zahlungs- und Insolvenzrisiko; (2) Risiken, die marktspezifische Investitionen betreffen (sog. versunkene Kosten), zB markenspezifische Ausrüstung wie Reparaturwerkzeuge, spezielle Kleidung ua, Malec/von Bodungen BB 2010, 2384; und (3) Risiken in Verbindung mit anderen Tätigkeiten auf demselben sachlich relevanten Markt, auf deren eigenes Risiko zu tragen der Unternehmer vom HV verlangt; dazu Simon EWS 2010, 498; Malec/von Bodungen BB 2010, 2384). Die **Übernahme schon eines einzigen Risikos ist schädlich**, außer wenn dies nur in unerheblichem Umfang zutrifft (Rn. 32 Vertikal-LL). Für die Beurteilung der Bedeutung des Risikos kommt es grundsätzlich auf die Vergütung an, etwa die Provision, und nicht auf die erzielten Erträge (Rn. 32 Vertikal-LL). Dass der HV auch als solcher nach § 86b HGB die Übernahme des Delkredererisikos übernehmen kann, ist ohne Bedeutung, tut er das, ist er nicht mehr HV iSd Leitlinien, Malec/von Bodungen BB 2010, 2384. Ausführlich zu den verschiedenen Risiken Langen/Bunte/Nolten AEUV Art. 101 Rn. 674 ff.

37a Die EUKomm hat dazu eine lange, nicht erschöpfende (Rn. 34 Vertikal-LL) **Liste von Negativkriterien** aufgestellt (Rn. 33 lit. a bis lit. h Vertikal-LL). Wenn diese Voraussetzungen alle (!) erfüllt sind, wird der HV in der Regel (!) freigestellt. Gefährlich sind danach ein nicht nur sehr kurzfristiger Eigentumserwerb des HV an der Ware; Beteiligung an den Kosten einschließlich der Beförderungskosten; Lagerhaltung auf eigene Kosten oder eigenes Risiko; Haftungsübernahme, falls Kunden ihre Vertragspflichten nicht erfüllen, oder für Verluste und Schäden bei der Lieferung, jeweils außer bei Verschulden des HV; Investitionen in verkaufsfördernde Maßnahmen oder andere marktspezifische Investitionen etwa in Ausrüstungen, Räumlichkeiten, Mitarbeiterschulungen oder Werbung; Wahrnehmung sonstiger Tätigkeiten auf Verlangen des Unternehmers im Rahmen des HVVertrags auf demselben sachlich relevanten Markt außer bei vollständiger Kostenerstattung. Der Unternehmer kann die Risiken durch verschiedene Methoden abdecken (genaue Kosten, Pauschalbetrag, fester Prozentsatz der Erlöse ua, näher Rn. 35 Vertikal-LL). Schwierigkeiten bei der Abgrenzung, wenn der HV teils unabhängig, teils als HV tätig wird (Rn. 36 Vertikal-LL, dazu Beispiele in Rn. 40 Vertikal-LL) und wenn er andere, von dem Unternehmer nicht verlangte Tätigkeiten auf eigenes Risiko wahrnimmt

(Rn. 37, 38 Vertikal-LL). Zur Abgrenzung bei marktspezifischen Investitionen Rn. 39 Vertikal-LL.

Anwendung von Art. 101 I auf HV-Verträge (Abschnitt 3.2.2 38
Rn. 41–46 Vertikal-LL): Handelt es sich danach um einen HVVertrag, der nicht unter Art. 101 I fällt (→ Rn. 37, 37a) führen Beschränkungen hinsichtlich des Gebiets, der Kunden und der Preise und Bedingungen nicht dazu, dass der HVVertrag unter Art. 101 I AEUV fällt (Rn. 41 Vertikal-LL). Außerhalb des Anwendungsbereichs der Vertikal-GVO kommt eine Einzelfallprüfung in Betracht (→ Rn. 35a). Das gilt etwa für Alleinvertreterklauseln oder Markenzwangklauseln. Alleinvertreterklauseln dürften idR keine wettbewerbsschädigenden Auswirkungen haben (nur markeninterner Wettbewerb, Rn. 43 Vertikal-LL). Markenzwangklauseln und Wettbewerbsverbote für die Zeit nach Vertragsablauf können auch bei HV unter Art. 101 I AEUV fallen, wenn sie allein oder kumulativ zur Abschottung des relevanten Marktes beitragen (Rn. 43 Vertikal-LL), so auch EuGH (Confederación/CEPSA) EuZW 2007, 150 Rn. 62. Auch an sich freigestellte HVVerträge fallen unter Art. 101 I AEUV, wenn sie kollusive Verhaltensweisen fördern (Rn. 44 Vertikal-LL). **HV mit Doppelprägung** (neben HV auch Vertragshändler) (Rn. 45 Vertikal-LL), danach ist streng zu prüfen, ob die Voraussetzungen aus Rn. 36–39 Vertikal-LL erfüllt sind. Unternehmer in der **Online-Plattformwirtschaft** sind nach den Leitlinien in der Regel unabhängige Wirtschaftsteilnehmer und sind deshalb nach der Kommission keine HV-Verträge, die nicht unter Art. 101 I AEUV fallen (Abschnitt 3.2.3 Rn. 46 Vertikal-LL). Für **Kommissionsagenten** (→ § 84 Rn. 19) ist wie bei HV die Risikotragung entscheidend. Bei **Franchisenehmern** (→ § 84 Rn. 19) kommt es auf die jeweilige Vertragsgestaltung an; wie bei HV, wenn sie für das Funktionieren des Franchisesystems unerlässlich sind (vgl. Rn. 32 Satz 3 Vertikal-LL), FW/Metzlaff, AEUV Art. 101 Rn. 188 ff.

Vertragshändler unter der Vertikal-GVO: Vertragshändler sind selbständi- 39 ge Unternehmer und haben deshalb von vornherein nicht das Handelsvertreterprivileg (→ Rn. 37), die Leitlinien zu den Handelsvertreterverträgen (→ Rn. 37, 38) betreffen sie nicht. Die Vertikal-GVO gilt also für sie insoweit uneingeschränkt. Nach der Vertikal-GVO sind vertikale Vereinbarungen (Definition Art. 1 I lit. a), sog. Vertriebsvereinbarungen, grundsätzlich freigestellt (Art. 2 I, Vertikalvereinbarungsfreistellung), außer bei sog. Kernbeschränkungen (Art. 4). Besondere Regelungen gelten für den zweigleisigen Vertrieb (Art. 2 IV, V Vertikal-GVO und Erwägungen Rn. 12, 13 Vertikal-LL). Die Parteien, also Anbieter/Hersteller und Abnehmer/Käufer bzw. (Vertriebs- und Einzel)Händler, dürfen aber keinen Anteil von jeweils mehr als 30% auf ihrem jeweils relevanten Markt (also **doppelte 30%-Marktanteilsschwelle**) haben (Art. 3, rechtsunsicheres Einschätzungsproblem für die Betroffenen, bei Mehrparteienvereinbarung auch Weiterverkaufsmarkt relevant, Art. 3 II; zur Anwendung der Marktanteilsschwelle Art. 8). Andernfalls sind sie zwar nicht nach der Vertikal-GVO freigestellt, aber das bedeutet weder, dass sie unter Art. 101 I fallen, noch dass sie die Voraussetzungen von Art. 101 III nicht erfüllen. Vielmehr bleibt der Nachweis wettbewerbsfördernder Wirkungen im Einzelfall und damit Freistellung unter Art. 101 III möglich (Rn. 48 Satz 3 Vertikal-LL, kein per se-Verbot wie im amerikanischen Recht). Die Vereinbarung darf **keine** sog. **Kernbeschränkungen (Art. 4, sog. schwarze Klauseln)** enthalten, vor allem keine **Preisabsprachen,** etwa Mindest- und Festpreise für den Wiederverkauf (Preisbindung zweiter Hand, Art. 4 lit. a); auch **Gebiets- oder Kundenbeschränkungen** für den Händler bei einem **Alleinvertriebssystem** (Art. 4 lit. b mit fünf Ausnahmen), bei Betreiben eines **selektiven Vertriebssystems** (Art. 4 lit. c mit verschiedenen Voraussetzungen und Ausnahmen) und wenn der Anbieter weder ein Alleinvertriebssystem noch ein selektives Vertriebssystem betreibt (näher Art. 4 lit. d); ferner Verhinderung der wirksamen Nutzung des Internets für den Verkauf oder

§ 86   39a

bestimmte Beschränkungen der Online-Werbung (Art. 4 lit. e); bei Anbietern von Teilen und Abnehmern, die diese Teile verwenden (Art. 4 lit. f). Ausführlich zu den vertikalen Vereinbarungen in der **Online-Plattformwirtschaft** (Abschnitt 4.3 Rn. 62 ff. Vertikal-LL). Zu den Kernbeschränkungen nach der Vertikal-GVO 2010 Funke DB 2010, 1393; Malec/von Bodungen BB 2010, 2387; auch Emde BB 2017, 2958; 2018, 1930; 2020, 2833. Vgl. per-se-Verbot der Nutzung von Preisvergleichsportalen, BGH ZVertriebsR 2018, 118 mAnm.Rohrßen; OLG Düsseldorf ZVertriebsR 2017, 254; ZVertriebsR 2019, 329; aber Internet-Plattformverbote für Luxuswaren (uU auszudenken auf Markenwaren) sind zulässig, EuGH NJW 2018, 281 – Coty mAnm.Klauß/dos Santos Goncalves; dazu Metzlaff/Schaper ZVertriebsR 2018, 1; Emde BB 2018, 1930; 2018, 2952; qualitativ-selektive Vertriebssysteme und Internetvertrieb, Emde ZVertriebsR 2019, 69; OLG Schleswig NJW 2014, 3104; auch Paritätsklauseln in Hotelportalsystemen, OLG Düsseldorf NZKart 2018, 54; Bestpreis- oder Meistbegünstigungsklauseln Emde BB 2018, 1931. **Nicht freigestellte Beschränkungen** sind in **Art. 5** aufgeführt. Wettbewerbsverbote für unbestimmte Dauer oder für mehr als 5 Jahre (Art. 5 I lit. a; Vorsicht bei automatischer Verlängerung), sonst nur Einzelfreistellung. Nicht freigestellt sind auch nachvertragliche Wettbewerbsverbote (Art. 5l lit. b, Ausnahmen Art. 5 III, also Freistellung, ua für den Schutz von Know-how; dazu Rn. 250 ff. Vertikal-LL), sowie Exklusivbindungen für Marken (Markenexklusivität, Art. 5 lit. c); auch Art. 5 lit. d für Online-Vermittlungsdienste. Auch wenn nach der Vertikal-GVO an sich eine Freistellung gegeben ist, bleibt der **Entzug des Rechtsvorteils im Einzelfall** möglich **(Art. 6),** so bei kumulativen Auswirkungen paralleler Netze vertikaler Vereinbarungen, wie sie sich insbesondere aus Alleinvertriebssystemen, Alleinbelieferungsvereinbarungen, selektiven Vertriebssystemen, Paritätsverpflichtungen oder Wettbewerbsverboten ergeben können (Erwägungen Rn. 20 Vertikal-LL), die Beweislast liegt dann bei der Kommission (Erwägungen Rn. 19 Vertikal-LL).
Lit.: Vertikale Beschränkungen im Plattformvertrieb, Kumkar NZKart 2017, 47. Beschränkungen des Internetvertriebs (Ausschluss, Plattformverbote, Doppelpreissysteme ua), Thomas ZHR 184 (2020) 222. Rechtsprechung bei Emde BB 2017, 2957; 2018, 1929; 2019, 2950 ff.

Änderungen durch die Vertikal-GVO 2020, ua zu Art. 1, 2, 4 und 5 Vertikal-GVO, vor allem zu den „schwarzen" Klauseln (Kernbeschränkungen); Ergänzung bei den „grauen" Klauseln; Verschärfungen ua zum dualen Vertrieb und zu den Paritätsverpflichtungen; Lockerungen ua zum Beschränkungsverbot des aktiven Verkaufs und des Online-Verkaufs; näher Rohrßen ZVertriebsR 2021, 293; Emde ZVertriebsR 2021, 2830; Goßler/Wentzel ZVertriebsR 2021, 341; Schultze/Pautke/Wagener BB 2021, 2627; Wentzel ZVertriebsR 2021, 341; Uhlig/Walzel ZVertriebsR 2022, 80, 151; Metzlaff/Brösamle ZVertriebsR 2022, 134 (LL-Abschnitts-Entwurf 4.2.2022).

39a   Für den **KfzSektor** gilt die speziellere **GVO Nr. 461/2010 (Kfz-GVO) v. 27.5.2010,** ABl. 2010 L 129, 52, in Kraft ab 1.6.2010 **bis 31.5.2023, nebst Ergänzenden Leitlinien für vertikale Beschränkungen** in Vereinbarungen über den Verkauf und die Instandsetzung von **Kfz** und den Vertrieb von KfzErsatzteilen, ABl. 2010 C 138, 16. Die Kommission hat dazu geäußert, dass sie über eine unveränderte Verlängerung von fünf Jahre nachdenke. Die aktuell geltenden Leitlinien sollen leicht (in einem Punkt) modifiziert werden. Dazu gibt voraussichtlich eine öffentliche Konsultation. Die Kfz-GVO betrifft Vertriebsverträge für NeuKfz, Ersatzteile und Instandsetzungs- und Wartungsdienstleistungen für Kfz (Rn. 9 Kfz-Leitlinien); alle übrigen Produkte und Dienstleistungen, auch solche der Kfz-Branche, unterfallen der Vertikal-GVO, Simon EWS 2010, 497. Die Kfz-GVO verdrängt die Vertikal-GVO nicht (Art. 4 Kfz-GVO, Art. 2 V letzter Hs. Vertikal-GVO), sondern enthält drei zusätzliche Kernbeschränkungen (Art. 5 Kfz-GVO, Rn. 16 Kfz-Leitlinien); die 30%-Marktanteilsgrenze und die

Kernbeschränkungen der Vertikal-GVO gelten also auch hier. Die zusätzlichen Kernbeschränkungen (Art. 5 Kfz-GVO) betreffen ua Beschränkungen des Ersatzteilverkaufs an freie Werkstätten (besonders relevant für Originalteile, Rn. 22 Kfz-Leitlinien), des Zugangs zu Reparaturinformationen für Händler, Werkstätten und Endverbraucher (zB Veredelungsvereinbarungen zwischen Teileanbietern und KfzHerstellern, Rn. 23 Kfz-Leitlinien) und der Kennzeichnung von KfzTeilen mit Waren- oder Firmenzeichen der Hersteller und Zulieferer (zwecks leichterer Feststellung der Kompatibilität von Ersatzteilen, Rn. 24 Kfz-Leitlinien). KfzHersteller können danach die Gewährleistungspflicht nicht mehr von der Durchführung der Wartungsleistungen, zB Ölwechsel nur in zugelassenen Werkstätten, abhängig machen oder unabhängigen Werkstätten den Zugang zu technischen Informationen verweigern. Weitere Anwendungsinformationen zum Markenzwang und zum selektiven Vertrieb in Rn. 26 ff., 42 ff. Kfz-Leitlinien. Im Übrigen sind die Regeln vereinfacht, bestimmte sektorspezifische Klauseln sind entfallen. Die Beweislast für die 30%-Schwelle trägt, wer sich darauf beruft. Vertriebsverträge sind iZw GVO-konform auszulegen, Emde BB 2009, 2320.

4) Nachrichts- und Informationspflichten (II)

Der HV hat dem Unternehmer die erforderlichen Nachrichten zu geben **40** (**Nachrichtspflicht, II**), und zwar unverzüglich (ohne schuldhaftes Zögern, § 121 I BGB) über Vermittlung (dh Abschlussbereitschaft des anderen Teils) oder Abschluss von Geschäften (§ 86 II). Auf Verlangen muss er auch über den Stand des Geschäfts, dh den Stand der Bemühungen und die Aussicht auf Abschlüsse Auskunft geben (**Auskunftspflicht**, § 666 BGB), aA unverlangt FW/Franke Rn. 79. Je nach Bedarf ist auch unverlangt ein **Zwischenbericht** nach II zu geben, etwa bei großen Geschäften, deren Anbahnung sich hinzieht, EBJS/Löwisch Rn. 53. Auskunft bei Wettbewerbsverstoß des HV → Rn. 47. Wird die Auskunftspflicht verletzt, kann der Unternehmer die Auskunft auch noch nach Beendigung des HVVertrags verlangen (das ist keine nachvertragliche Pflicht, → Rn. 45), Grenzen nach § 242 BGB, OLG München ZVertriebsR 2017, 196; MüKoHGB/Ströbl Rn. 48; Staub/Emde Rn. 158; aA EBJS/Löwisch Rn. 21. II ist nicht abschließend, eine Auskunftspflicht kann auch nach Vertragsende **nach § 242 BGB** bestehen (→ Rn. 45), so wenn der Unternehmer auf die Auskunft angewiesen ist und der HV sie unschwer geben kann, EBJS/Löwisch Rn. 22, str.

Er muss nach der Ausführung des Auftrags Rechenschaft ablegen (**Rechen-** **41** **schaftspflicht**, § 666 BGB), dh außer den Vermittlungen und Abschlüssen selbst auch alle sonst für den Unternehmer bedeutsamen Einzelheiten aus seiner Tätigkeit mitteilen, zB die angewandten (erfolgreichen oder erfolglosen) Werbemethoden (Grenze → Rn. 42), aA Staub/Emde Rn. 195, die etwa bei der Vermittlung oder dem Abschluss getroffenen, künftige Abschlüsse vorbereitenden Abreden, aber auch persönliche Umstände wie Eingang von Provisionen und Annahme von Schmiergeldern (→ Rn. 23), Krankheit, Absicht der Aufnahme einer Konkurrenzvertretung (→ Rn. 28), Bspe auch in OLG München 30.6.2016, HVR Nr. 1419. Nachrichten über Zweifel an der Bonität (→ Rn. 21) eines Geschäftspartners, die der HV erhält, muss er weitergeben, selbst wenn er nicht von der Richtigkeit überzeugt ist, BGH BB 1969, 1196. Meinungsäußerungen und Wünsche der Kundschaft muss der HV exakt weitergeben.

Art, Inhalt, Häufigkeit der Berichte bestimmen sich danach, was das Interes- **42** se des Unternehmers (objektiv, KG ZVertriebsR 2021, 243 Tz. 7) nach Besonderheit und Dringlichkeit des Falls fordert, also nicht stets monatlich analog § 87c I 1 (bei Provision) und auch nicht unbedingt regelmäßig, MüKoHGB/ Ströbl Rn. 52. In dringenden Fällen muss HV den Unternehmer unverzüglich informieren, bei laufenden Beobachtungen genügt aber auch Information in festen Abständen, EBJS/Löwisch Rn. 18, str. Umsatzrückgang kann die Anforderungen erhöhen; unter besonderen Umständen darf Unternehmer wöchentliche Kundenbesuchsberichte fordern, BGH NJW 1966, 882; WM 1988, 33; etwa wenn diese nicht allein der Tätigkeitskontrolle des Vertreters, sondern der Marktinformation des Unternehmers dienen sollen, RWH/Thume Rn. 24. Tägliche Berichtspflicht ist mit der Selbstständigkeit des HV nicht vereinbar (→ Rn. 16), zweiwöchige Berichtspflicht möglich, EBJS/Löwisch Rn. 18. Ein Handelsbrauch über periodische Besuchsberichte existiert nicht, Staub/Emde Rn. 176. Information über jeden einzelnen nicht ungewöhnlich verlaufenen Kundenbesuch kann der Unternehmer grundsätzlich nicht fordern, EBJS/Löwisch Rn. 17, anders bei wichtigen Produkten und seltenen Abschlüssen, EBJS/Löwisch Rn. 18. Tendenziell weiter MüKoHGB/Ströbl Rn. 50: ggf. ausführlich über jeden einzelnen Kunden. Zu weit jedenfalls OLG München ZVertriebsR 2017, 196 Rn. 14, 56: alle besuchten Kunden unter Angabe des Namens, der Anschrift und des Grunds des Besuchs einschließlich der Einschätzung möglicher zukünftiger Abschlüsse mit ihnen; denn die Selbständigkeit und persönliche Unabhängigkeit des HV setzen eine Grenze (→ § 84 Rn. 35 ff., 38). Geschuldet sind Informationen zB über Kundenwünsche, Aktivitäten der Konkurrenz, Änderungen des Publikumsgeschmacks und sonstige Anregungen für Produktion und Vertrieb, eigene Verhinderung zB Krankheit, Vorbereitung von Konkurrenztätigkeit (Zustimmung → Rn. 30). Nur Meldung über Geschäftsabschlüsse und Sachverhalte, die für Unternehmer von Bedeutung sein können, ist erforderlich, dagegen nicht über jeden einzelnen seiner Schritte und Besuche, OLG Köln BB 1971, 543; der Unternehmer muss allerdings einen Marktüberblick erhalten, Staub/Emde Rn. 176, jedenfalls wenn der Markt sich verändert, Staub/Emde Rn. 178; weiter auch hier OLG München ZVertriebsR 2017, 196 Rn. 14, aber auch ebenda Rn. 56. Über Pflichtverletzungen des Kunden muss der HV den Unternehmer aber informieren, auch wenn das für den HV nachteilig ist, BGH BB 1979, 242. Vorbereitung von erlaubter Konkurrenztätigkeit nach HVVertragsende ist Sache des HV ohne Information, Oetker/Busche Rn. 35; aA MüKoHGB/Ströbl Rn. 50: folgt nicht aus II, sondern aus I; aber Pflicht zum Hinweis an Geschäftsgegner, dass er nicht mehr für den Unternehmer tätig ist, EBJS/Löwisch § 86 Rn. 16, Oetker/Busche Rn. 7. Über Geheimhaltung der Kundenberichte des HV durch den Unternehmer → § 86a Rn. 16. Abrechnungspflicht besteht auch, wenn der Unternehmer Unterlagen vorenthält, HV aber bei ordnungsgemäßer eigener Buchführung zur Abrechnung imstande sein muss, OLG Köln BB 1971, 760. Auflistung von zu gebenden Nachrichten, Staub/Emde Rn. 154. Datenschutz, Czajkowski/Mainz ZVertriebsR 2019, 159; Kugler ZVertriebsR 2015, 219; Datenschutz bei Franchising, Bommel/Meyer ZVertriebsR 2018, 83; Emde BB 2019, 2885.

43 Eine bestimmte **Form** ist in II zwar nicht vorgeschrieben, doch sind heutzutage grundsätzlich, auf jeden Fall bei einer Vielzahl von Kunden sowie auf Verlangen, schriftliche Berichte zu geben, EBJS/Löwisch Rn. 19; auch Staub/Emde Rn. 184; Küstner/Thume/Schürr, Bd. 1, Kap. III Rn. 126; OLG Braunschweig NJW-RR 1996, 1316. Bei berechtigtem Interesse, allgemeiner FW/Franke Rn. 85, kann der Unternehmer Mitteilung unter Verwendung von vom Unternehmer entworfenen Fragebögen, Vordrucken und Formularen verlangen, BGH VersR 1964, 331; WM 1988, 33; BAG DB 1966, 546. **Dauer** der Nachrichtspflicht nach II nur für den Zeitraum bis zum Vertragsende, später aber nachvertragliche Pflicht aus § 242 BGB (→ Rn. 45).

5) Sorgfalt (III); Sonstiges zu den Pflichten

44 A. **Sorgfalt (III), Beweislast:** III verlangt vom HV die Sorgfalt eines ordentlichen Kaufmanns. III ist an sich überflüssig, falls HV Kfm. ist (→ § 84 Rn. 33), folgt das schon aus § 347 I, sonst aus der allgemeinen Interessenwahrungspflicht (I Hs. 2, → Rn. 20); dass eine dem III entsprechende Vorschrift in der Richtlinie nicht enthalten ist, führt deshalb nicht zu einem Verstoß (→ Rn. 22). Beweislast für Pflichtverletzung liegt beim Unternehmer, für berechtigte Abweichung von Weisung und dabei dann Einhaltung der Sorgfalt beim HV, OLG Karlsruhe DB 1969, 741, → Rn. 47; OLG Brandenburg OLGR 2007, 202; steht Pflichtverletzung fest, ist es Sache des HV, sich zu exkulpieren, MüKoHGB/Ströbl Rn. 70. III ist ebenso wenig wie § 347 I eine Anspruchsgrundlage, sondern regelt nur den Sorgfaltspflichtmaßstab. Sorgfaltspflicht ist unterschiedlich je nach den Umständen, zB Anforderungen bei Verwahrung (→ Rn. 17) wachsen mit Wert und Gefahr, BGH WM 1993, 1596. Die verbreitete Übung, hier weitere Pflichten des HV zusammenzufassen, verdeckt das (demgegenüber → Rn. 12 ff., 20 ff.). Zum Fehlen einer III entsprechenden Vorschrift für den Unternehmer → § 86a Rn. 1. Zur Beweislast EBJS/Löwisch § 86 Rn. 75.

B. **Vor- und nachvertragliche Pflichten:** Neben den normalen vertraglichen Pflichten **während** des Vertrags wie der **Verschwiegenheitspflicht** (während des Vertrags → § 90 Rn. 1–3), die im Einzelnen den Vertrag überdauern können (zB II, → Rn. 40), gibt es auch hier **vorvertragliche** Pflichten, zB Geheimhaltungspflicht für Geschäftsgeheimnisse auch bei Nichtzustandekommen des HVVertrags (→ § 90 Rn. 1), und **nachvertragliche** Pflichten wie Verschwiegenheitspflicht und Verwertungsverbot (→ § 90 Rn. 4) und im Rahmen der allgemeinen Auskunftspflicht nach § 242 BGB, OLG München 30.6.2016, HVR Nr. 1419 (während des Vertrags → Rn. 40). 45

C. **Erfüllungsort:** Erfüllungsort der Verpflichtungen des HV (§§ 269, 270 BGB) ist idR der Ort seiner gewerblichen Niederlassung bei Begründung des HVVerhältnisses, auch wenn dieser außerhalb seines Vertretungsbezirks liegt (entspr. § 92c I, vgl. dort → § 92c Rn. 2), OLG Hamburg 25.4.2006, HVR Nr. 1221, nach aA Niederlassungsort des Unternehmers. Das hat Konsequenzen für den **Gerichtsstand** des § 29 ZPO (nur wenn HV Kfm. ist: § 29 II ZPO; → § 84 Rn. 33), zum Gerichtsstand → § 92c Rn. 12. Ein einheitlicher Leistungsort bei gegenseitigen Verträgen besteht im Allgemeinen nicht, vielmehr Feststellung für jede Verpflichtung besonders, BGH NJW 2010, 2442 Rn. 15; EBJS/Löwisch § 84 Rn. 69; für einen einheitlichen beiderseitigen Erfüllungsort OLG Köln 12.1.2007 HVR Nr. 1231; OLG Düsseldorf NJW-RR 2008, 223; Staub/Emde Vor § 84 Rn. 706 ff., 719 ff. Innerhalb der EU im Einzelnen str., → § 92c Rn. 2. 46

D. **Rechtsfolgen bei Verletzung:** Der Unternehmer hat die allgemeinen Rechtsbehelfe nach BGB, also zunächst schon Anspruch aus Auskunft (§ 242 BGB, auch unabhängig von II) bei begründetem Verdacht zur Vorbereitung eines Schadensersatzanspruchs, OLG Düsseldorf ZVertriebsR 2013, 225 (Vertragshändler, → Einl. vor § 373 Rn. 39), Anspruch auf Erfüllung, bei Wettbewerbsverstoß auf Unterlassung; Schadensersatz (§§ 280, 252 BGB, aber keine Gewinnherausgabe, → Rn. 32), Rücktritt (§§ 323 ff. BGB); dabei muss der HV beweisen, dass er seine Sorgfaltspflicht nicht verletzt hat, OLG Karlsruhe DB 1969, 741, Mitverschulden des Unternehmers nach § 254 BGB OLG Karlsruhe DB 1969, 741; Vertragsstrafe (§§ 348, 351), AGB → Rn. 8; sogar fristlose Kündigung, wenn die Pflichtverletzung einen wichtigen Grund abgibt (§ 89a), BGH WM 1988, 34 (iErg abl.), KG ZVertriebsR 2021, 243 Tz. 28. 47

Die Verletzung kann auch Rechtsfolgen für den eigenen Provisionsanspruch des HV haben, zB Zurückbehaltungsrecht des Unternehmers, OLG München BB 1955, 714. 48

Ganz ausnahmsweise kann der HV einen entstandenen Provisionsanspruch wegen grob pflichtwidrigen Verhaltens verlieren, zB bei auftragswidrigem Nichttätigwerden eines Bezirksvertreters („verwirken"), OLG Hamm NJW 1959, 677. Das ist keine eigentliche **Verwirkung** (illoyale Verspätung, → § 85 Rn. 7, → § 87c Rn. 19, → § 89b Rn. 80), sondern ein Ausschluss des Rechts nach 49

§ 86a

§ 242 BGB. Rechtsfolge von Pflichtverstößen (§ 86) ist aber Schadensersatz, uU fristlose Kündigung (§ 89a), ein verdienter Provisionsanspruch bleibt deshalb in aller Regel erhalten, weitergehend OLG Koblenz BB 1973, 866 bei gravierendem Interessenwahrungspflichtverstoß des HV.

6) Abweichende Vereinbarungen (IV)

50 A. **Zwingendes Recht:** Die in I und II geregelten Pflichten sind **zwingend** und können nicht erweitert, aber auch nicht beschränkt (AmtlBegr) werden, also auch nicht zugunsten des HV (IV neu 1990 → § 84 Rn. 3), Staub/Emde Rn. 212, Heymann//Stöber Rn. 36 IV ist aber missverständlich: Es gilt hier dasselbe wie für die Pflichten des Unternehmers zu § 86a IV (→ § 86a Rn. 18), wie dort ist IV auf den **kodifizierten Kern** von I und II zu begrenzen, EBJS/Löwisch Rn. 69, Staub/Emde Rn. 212. **Vertragliche Konkretisierungen** der Bemühenspflicht (zB betr. Unterverterter), der Interessenwahrungspflicht (zB betr. Wettbewerbsverbot) und der Nachrichtspflicht (zB welche Nachrichten „erforderlich" sein sollen) bleiben zulässig, Canaris § 15 Rn. 31; Küstner/von Manteuffel BB 1990, 294; Einzelheiten bei Staub/Emde Rn. 217 ff. Katalog unwirksamer Klauseln bei Rothermel/Dahmen IHR 2017, 45.

51 B. **Nicht zwingendes Recht:** Die sonstigen Pflichten des HV aus Gesetz und Vertrag können dagegen vertraglich bis zu den allgemeinen Grenzen (insbesondere auch nach **(5)** §§ 305 ff. BGB, zT wird Individualvereinbarung verlangt, EBJS/Löwisch Rn. 64) erweitert und eingeschränkt werden, zB Änderung des Sorgfaltspflichtmaßstabes nach III. Der HV kann insbesondere ohne Weiteres solche Aufgaben und damit entsprechende Pflichten übernehmen, die über die normale Tätigkeit eines HV hinausgehen, zB Lagerhaltung, Auslieferung, Werbung, Delkredere (§ 86b), Inkasso (§ 87 IV); BGHZ 30, 102. Umsatzgarantie → Rn. 14. Klausel über anteilige Erstattung von Schulungskosten hält **(5)** BGB § 307 stand, BAG NJW 2003, 2627. Der HV kann sich auch verpflichten, weitere, nicht unter das Wettbewerbsverbot fallende (also außerhalb von dessen Reichweite, → Rn. 27) HdlVertretungen nur mit Zustimmung des Unternehmers zu übernehmen (Mehrfirmenvertretung, → Rn. 24), dies auch in AGB (zu diesen → § 85 Rn. 8), FW/Franke Rn. 63; aA OLG München NJW-RR 1995, 293.

[Pflichten des Unternehmers]

86a (1) Der Unternehmer hat dem Handelsvertreter die zur Ausübung seiner Tätigkeit erforderlichen Unterlagen, wie Muster, Zeichnungen, Preislisten, Werbedrucksachen, Geschäftsbedingungen, zur Verfügung zu stellen.

(2) ¹Der Unternehmer hat dem Handelsvertreter die erforderlichen Nachrichten zu geben. ²Er hat ihm unverzüglich die Annahme oder Ablehnung eines vom Handelsvertreter vermittelten oder ohne Vertretungsmacht abgeschlossenen Geschäfts und die Nichtausführung eines von ihm vermittelten oder abgeschlossenen Geschäfts mitzuteilen. ³Er hat ihm unverzüglich zu unterrichten, wenn er Geschäfte voraussichtlich nur in erheblich geringerem Umfange abschließen kann oder will, als der Handelsvertreter unter gewöhnlichen Umständen erwarten konnte.

(3) **Von den Absätzen 1 und 2 abweichende Vereinbarungen sind unwirksam.**

Übersicht

	Rn
1) Pflichten des Unternehmers, Sorgfalt	1–4
2) Zurverfügungstellung von Unterlagen (I)	5, 6
A. Erforderliche Unterlagen:	5
B. Zurverfügungstellung:	6
3) Nachrichts- und Informationspflichten (II)	7–12
A. Erforderliche Nachrichten (II 1):	7–9
B. Mitteilung der Annahme, Ablehnung oder Nichtausführung des Geschäfts (II 2):	10
C. Unterrichtung über Geschäftsabschlüsse in erheblich geringerem Umfang (II 3):	11, 12
4) Unterstützung und Rücksichtnahme bei voller unternehmerischer Freiheit	13–17
A. Freie Annahme oder Ablehnung der Geschäfte:	13, 14
B. Unterstützung und Rücksichtnahme:	15, 16
C. Wettbewerbsverbot für den Unternehmer:	17
5) Abweichende Vereinbarungen (III)	18–20
A. Zwingendes Recht:	18
B. Nicht zwingendes Recht:	19
C. (Teil-)Unwirksamkeit:	20

1) Pflichten des Unternehmers, Sorgfalt

Im Anschluss an § 86 über die Pflichten des HV regelt § 86a Pflichten des **1** Unternehmers, allerdings **nur Nebenpflichten** (die Hauptpflicht zur Provisionszahlung folgt erst in § 87) und auch diese **nicht vollständig** (vgl. zB § 618 BGB, → § 86 Rn. 4). I behandelt die Pflicht des Unternehmers, den HV mit den notwendigen Unterlagen zu versorgen. II betrifft die erforderlichen Nachrichten insbesondere über Annahme oder Ablehnung der vom HV vermittelten Geschäfte, also die Mitteilungs- und Informationspflichten des Unternehmers. Eine dem § 86 III für den HV (→ § 86 Rn. 44) entsprechende Vorschrift für den Unternehmer fehlt, doch ist auch für diesen davon auszugehen, dass er seine Pflichten mit der **Sorgfalt eines ordentlichen Unternehmers** ausführen muss, was zur Sorgfalt eines ordentlichen Kfm. praktisch keinen Unterschied macht. Aus I und II und allgemeiner schon aus dem HVVertrag bzw. § 242 BGB folgt, dass der Interessenwahrungspflicht des HV eine **allgemeine Pflicht des Unternehmers zur Unterstützung und Rücksichtnahme** entspricht, die aber die unternehmerische Freiheit des Unternehmers unberührt lässt (→ Rn. 13). Manche sprechen auch von einer **Treuepflicht** des Unternehmers gegenüber dem HV, die aber jedenfalls keine Fürsorgepflicht wie gegenüber Arbeitnehmern (aber § 84 II, → § 84 Rn. 39) ist und auch kein Beschäftigungsgebot beinhaltet, Staub/Emde Rn. 24, 25. Diese allgemeine Pflicht konkretisiert sich in weiteren Pflichten des Unternehmers. Bei den Pflichten aus I und II handelt es sich um zwingendes Recht (→ Rn. 18). Die **Konkretisierung** der Treuepflicht im Einzelnen (→ Rn. 15) kann Anlass zur Prüfung auf Europarechtskonformität und **Vorlage nach Art. 267 AEUV** (Art. 234 aF, 177 aF EG) geben (→ § 84 Rn. 3), obschon Art. 4 I EU-RL (Gebot von Treu und Glauben für den Unternehmer, nach Art. 5 zwingend), da § 242 BGB entsprechend, nicht eigens umgesetzt worden ist (BT-Drs. 11/3077, 7), aA Canaris § 15 Rn. 21, doch setzt Art. 4 I nur einen allgemeinen Rahmen; andernfalls wäre praktisch das gesamte HVVertragsrecht als Transformation der EU-RL anzusehen, was so nicht intendiert war. Vgl. entsprechend den Pflichten des HV → § 86 Rn. 22.

Soweit der HVVertrag noch nicht zustande gekommen oder nichtig und noch **2** nicht in Vollzug gesetzt ist (→ § 85 Rn. 1), bestehen entsprechende Informations- und Rücksichtspflichten des Unternehmers als **vorvertragliche** Schutzpflicht (§ 311 II iVm § 241 II BGB), zB Aufklärung über die Wertlosigkeit einer Kundenliste, über Einsatz weiterer HV im gleichen Gebiet, OLG Nürnberg BB

1956, 352 (Täuschung), über Arbeitsbedingungen und für den HV nicht ohne Weiteres erkennbare Risiken der Vertretung, über Auslaufen eines Lizenzvertrags, OLG Düsseldorf 15.12.2000, HVR Nr. 949, über wesentliche geplante Änderungen (zB Sortiment, Preisgestaltung, Betriebsveräußerung), aber nicht ungefragt über die allgemeine wirtschaftliche Lage des Unternehmens, EBJS/Löwisch Rn. 43; strenger Staub/Emde Rn. 20 aE, vgl. auch → Rn. 8 und 12. Konkrete Prognosen des Unternehmers nur nach sorgfältiger Prüfung, aber kein blindes Vertrauen des HV, sondern Rückfragen. Lit.: Schipper NJW 2007, 734; Emde BB 2008, 2755; Flohr ZVertriebsR 2013, 71.

3 Die Pflicht zur Rücksichtnahme besteht auch **nach Vertragsende**, zB keine Behinderung des HV in seiner nunmehrigen Erwerbstätigkeit. Andere Pflichten wie die zur Überlassung von Unterlagen nach I oder das Wettbewerbsverbot des Unternehmers, OLG Köln BB 1997, 697 (→ Rn. 17; anders bei Wettbewerbsabrede, § 90a gilt nur für den HV) enden dagegen. Vertragsübernahme durch einen neuen HV → § 89b Rn. 68.

4 **Rechtsfolgen** von Verstößen gegen diese Nebenpflichten des Unternehmers sind die üblichen: bei arglistiger Täuschung Anfechtung, OLG Karlsruhe 16.12.1998, HVR Nr. 976, aber → § 89 Rn. 5; bei Verschulden bei Vertragsverhandlungen (§ 311 II BGB) Schadensersatz (§ 280 BGB); bei Pflichtverletzung abgesehen von einem Erfüllungsanspruch Schadensersatz (§ 280 BGB) und je nach Schwere des Verstoßes Kündigungsrecht nach § 89a.

2) Zurverfügungstellung von Unterlagen (I)

5 A. **Erforderliche Unterlagen:** Nach I muss der Unternehmer muss dem HV die zur Ausübung seiner Tätigkeit erforderlichen Unterlagen zur Verfügung stellen. I erwähnt (nur beispielhaft, nicht abschließend) Muster, Zeichnungen, Preislisten, Werbedrucksachen, Geschäftsbedingungen. Denn der HV darf nicht an den Kosten des Geschäfts des Unternehmers, also seinem wirtschaftlichen Risiko, beteiligt werden, OLG Hamm 9.11.2020 HVR Nr. 1499. Die Überlassungspflicht erfasst alle in I genannten Unterlagen, ihre Erforderlichkeit wird (widerleglich) vermutet, str., außerdem alle produktspezifischen Unterlagen entsprechend der Verkehrssitte, vgl. Staub/Emde Rn. 120. Darunter fallen auch einschlägige **Kundenlisten**, OLG München 20.10.2004, HVR Nr. 1124, soweit vorhanden und nicht gerade erst vom HV zu erstellen (vgl. → Rn. 6, → § 86 Rn. 17). **Unterlagen** iSv I wird von der Rspr. weit ausgelegt, BGH NJW 2017, 662 Rn. 19 mAnm Teichmann ZVertriebsR 2017, 44; OLG Hamm 9.11.2020 HVR Nr. 1499; auch sonstige Sachen, die der HV speziell zur Anpreisung bei der Kundschaft benötigt, zB sonstiges Werbematerial, Musterstücke, Musterkollektion, BGH NJW 2017, 662 Rn. 19; OLG München BB 1999, 2320; 8.8.2001, HVR Nr. 991. Spezielle **Software** für den Zugang zu den für die Vermittlung erforderlichen aktuellen Unternehmensdaten, BGH NJW 2011, 2423; OLG Köln VersR 2006, 407; OLG Bremen NJW-RR 2011, 1542; Thume IHR 2021, 53 (EuGH, anhängiges Verfahren). Kassensystem für die Ermittlung der Preisdaten, nicht auch sonst (Mengenkontrolle, Tankbestand, Inkasso), dann Teilunwirksamkeit aufgrund ergänzender Vertragsauslegung, OLG Hamm 9.11.2020 HVR Nr. 1499, nicht für unbare Bezahlungsvorgänge, OLG Hamm IHR 2022, 76. Stationscomputersystem bei Tankstellenhalter, BGH NJW 2017, 662 mAnm Emde; LG Hamburg ZVertriebsR 2018, 110; Hübsch ZVertriebsR 2018, 88; ebenso ISDN-Inkassoysteme mit Wartung, OLG Hamburg IHR 2016, 67; Thume IHR 2016, 75; vgl. LG Hamburg IHR 2016, 67 ff.; LG Essen IHR 2016, 72; aA für Tankstellenkassensystem mit zahlreichen Funktionen, OLG Schleswig ZVertriebsR 2016, 178 (iErg hälftig). Dabei ergeben sich Unterschiede je nach Aufgabe des HV und Branchenüblichkeit, zB betr. Probestücke. Auch die Unternehmensgröße und die konkrete Aufgabenstellung des HV spielen eine Rolle, MüKoHGB/Ströbl Rn. 4, auch der Um-

7. Abschnitt. Handelsvertreter 6 § 86a

stand, dass andere Außendienstmitarbeiter damit ausgestattet sind, OLG Bremen NJW-RR 2011, 1543 (aber kein Gleichbehandlungsgrundsatz, → § 86 Rn. 10). Die **Erforderlichkeit** ist objektiv zu bestimmen, aber der Unternehmer hat bei Werbematerial ein Auswahlermessen (→ Rn. 13 und 15), OLG Celle BB 2010, 1052; M. Roth BB 2010, 2004; aA für Auswahlermessen des HV OLG Köln 11.9.2009, HVR Nr. 1306 (auch Kundenzeitschrift, da produktspezifisch); eine enge Auslegung von „erforderlich" wegen der Aufzählung in I ist nicht angezeigt, aA BGH NJW 2011, 2425; OLG Hamm 9.11.2020 HVR Nr. 1499; Grund: I bringt nur Beispiele („wie"), Widerspruch zu Art. 4 II lit. a EU-Richtlinie (→ § 84 Rn. 3): „erforderlich", Emde BB 2012, 3033. Viele Beispiele bei Emde ZIP 2022, 108. Die Überlassungspflicht des **Hauptvertreters** gegenüber dem Untervertreter reicht grundsätzlich nicht weiter als die des Unternehmers ihm gegenüber (vgl. → § 84 Rn. 31), M. Roth BB 2010, 2002.
Nicht unter I fällt Warenvorrat zur Auslieferung, OLG Düsseldorf BB 1990, 1086, OLG Hamm 9.11.2020 HVR Nr. 1499, und alles, was der HV als Kaufmann sonst benötigt und nach der Verkehrsauffassung selbst beisteuern muss (→ § 87d Rn. 4), wie Büroausstattung, Briefpapier, Visitenkarten, Erhebungsbögen (auch wenn mit Logo des Unternehmers), Werbegeschenke, Kundenpflegezeitschrift (anders bei Produktbroschüre), BGH NJW 2011, 2423; sowie alle sonstigen Kosten des eigenen Betriebs und der Repräsentation gegenüber seinen Kunden, BGH NJW 2017, 662 Rn. 20; KG ZVertriebsR 2022, 245; zT aA Staub/Emde Rn. 123; Musterkoffer und andere handelsübliche Behältnisse (aber Musterkollektion → Rn. 5), OLG Hamburg 15.10.1955, HVR Nr. 101; FW/Teichmann Rn. 11; aA EBJS/Löwisch Rn. 31, Geschäftseinrichtung, Büromaterial; PC und dazu gehörige, übliche Software, OLG Köln VersR 2006, 407; 11.9.2009, HVR Nr. 1306; aA OLG Celle BB 2010, 1052 mAnm Hesse; Pkw, Kosten für Schulungen und Fortbildungsmaßnahmen, BGH NJW 2011, 2423; OLG Celle BB 2010, 1052; Kassensystem zur Abwicklung unbarer Zahlungsvorgänge, OLG Hamm IHR 2022, 72, umfassendere Kassensysteme → oben Rn. 5; Bankkarten, Kreditkarten und andere bargeldlose Zahlungsmöglichkeiten für den Verkauf von Agenturware, jedenfalls wenn von dem HV am Markt beschaffbar, KG ZVertriebsR 2022, 245, OLG Hamm ZVertriebsR 2021, 193; allgemeine Lager- und Vorratswaren, so ausdrücklich OLG Düsseldorf BB 1990, 1087, Grund: nur der Erfüllung dienend, aA Staub/Emde Rn. 124 zu Vorratswaren, aber davon unabhängig Rückgaberecht des HV (→ Einl. vor § 373 Rn. 41). In der Praxis wird dies idR vertraglich geregelt, das ist in Grenzen zulässig (→ Rn. 18 zu III). Lit.: Thume BB 1995, 1913 (Musterkollektion); Thelen VersR 2009, 1025 (Kundenzeitschriften); M. Roth BB 2010, 2000; Hübsch ZVertriebsR 2018, 88 (Tankstellenvertrieb); Emde ZIP 2022, 106 (Vorgaben des Unternehmers an HV zur Corporate Identity); Kehr/Willich ZVertriebsR 2022, 159 (für Restriktionen).

B. **Zurverfügungstellung:** Die Sachen sind **unentgeltlich**, OLG München 6
8.8.2001, HVR Nr. 991, OLG München ZVertriebsR 2022, 245, sobald erforderlich, fortlaufend und iZw am Ort der gewerblichen Niederlassung des HV (Bringschuld) zur Verfügung zu stellen, BGH NJW 2017, 662; OLG München BB 1999, 2320. Bei „Dual-Use-Hilfsmitteln" uU nur Teilunwirksamkeit der Gesamtvergütungsabrede, so BGH NJW 2017, 662 Rn. 32 zu Kassensystemen, krit. Emde ZIP 2022, 115. Für **Musterkollektionen** ist ein entsprechender HdlBrauch anzunehmen, bezüglich der Unentgeltlichkeit ist § 87d mit zu berücksichtigen, M. Roth BB 2010, 2003 (nicht auch Musterkoffer → Rn. 5). Wegen des Zustandes der übergebenen Sachen, zB technischer oder chemischer Muster, haftet der Unternehmer dem HV nach § 618 I, III BGB (→ § 86 Rn. 4). Der Unternehmer bleibt idR Eigentümer der Sachen. Als solchem obliegt ihm, nicht dem HV eine eventuelle Versicherung (→ § 86 Rn. 17). Unterlagen muss

der HV, wenn er sie nicht mehr braucht bzw. nach Vertragsende, zurückgeben, zB auch die Kundenliste (→ Rn. 5, → § 86 Rn. 17). Pflicht zum Erwerb der Musterkollektion nach Saisonende ist unwirksam, OLG München BB 1999, 2320; Thume BB 1995, 1914, Grund: III (→ Rn. 18); unwirksam jedenfalls als AGB, OLG Düsseldorf 25.11.1994, HVR Nr. 770; OLG München 8.8.2001, HVR Nr. 991, trotz anderweitiger Branchenüblichkeit (arg. e III, → Rn. 18). Bloßes Erwerbsrecht für den HV kann jedoch eingeräumt werden, jedenfalls individualvertraglich, MüKoHGB/Ströbl Rn. 11. Rücknahmepflicht bei Vertragsende → § 89 Rn. 26.

3) Nachrichts- und Informationspflichten (II)

7 A. **Erforderliche Nachrichten (II 1):** Der Unternehmer schuldet dem HV die nach dem Zweck des HVVerhältnisses erforderlichen Nachrichten. II 1 ist die **Grundnorm**, die durch II 2, 3 für besonders wichtige Fälle (nämlich Annahme, Ablehnung oder nur Teilabschluss eines konkreten Einzelgeschäfts und allgemeiner voraussichtlich erheblich beschränkte Auftragsannahme) näher ausgestaltet ist. § 86a II und § 87c stehen selbständig nebeneinander (→ § 87c Rn. 1).

8 **Erforderlich** iSv II 1 ist grundsätzlich alles, was die Tätigkeit des HV für den Unternehmer fördern kann, soweit es nicht Sache des HV ist, sich selbst darum zu kümmern. Die Erforderlichkeit bestimmt auch den Zeitpunkt der Nachricht. Sie kann, aber muss nicht unbedingt entfallen, wenn der HV schon von anderer Seite Informationen erhalten hat (vgl. → Rn. 12). Aus II 1 folgt Nachrichtspflicht zB darüber, welche Geschäfte mit welchen Kunden der Unternehmer zu tätigen von vornherein bereit oder auch nicht bereit ist, wie er Lage und Entwicklung des Marktes beurteilt, wie er darauf mit seinem Angebot reagieren will und was sonst für die Tätigkeit des HV wichtig zu wissen ist. Leitlinie ist, dass der Unternehmer dem HV nicht ohne Weiteres durch unerwartete geschäftliche Dispositionen den Erfolg seiner Arbeit verkürzen darf, BGHZ 26, 165.

9 Wie immer bei Mitteilungs- und Informationspflichten ist aber zwischen dem **Informationsinteresse** des HV und der **unternehmerischen Freiheit und** einem daraus folgenden **Geheimhaltungsinteresse** des Unternehmers (auch → Rn. 12) abzuwägen. Danach hat der HV keinen Anspruch auf Einweihung allgemein in Produktentwicklung und Unternehmensstrategie und auf Einzelheiten seiner Konzernierung und wirtschaftlichen Verflechtungen, aA wohl EBJS/Löwisch Rn. 41, sondern nur darüber, was für den HV objektiv erforderlich ist (→ Rn. 8).

10 B. **Mitteilung der Annahme, Ablehnung oder Nichtausführung des Geschäfts (II 2):** Der Unternehmer muss nach II 2 (Hs. 2 neu 1990, → § 84 Rn. 3) dem HV unverzüglich (ohne schuldhaftes Zögern, § 121 I 1 BGB) die Annahme oder Ablehnung und die Nichtausführung eines vom HV beigebrachten Geschäfts mitteilen. Ggf. Zwischennachricht. II 2 betrifft somit nur den Vermittlungs-, nicht den Abschlussvertreter (→ § 84 Rn. 24), Ausnahme § 91a II, auch Oetker/Busche Rn. 11; FW/Teichmann Rn. 27. Der HV ist insoweit also nicht nur auf Anforderung eines Buchauszugs und der für den Provisionsanspruch relevanten Mitteilungen nach § 87c II, III angewiesen; anders bei ohne Mitwirkung des HV zustande gekommenen Geschäften (Bezirks- oder Kundenkreisschutz, § 87 II, Folgegeschäfte § 87 I Fall 2), str., Grund: klarer Wortlaut, Abhilfe: Vereinbarung. Die Mitteilung muss so sein, dass der HV die Auswirkung auf die Provisionspflicht erkennen kann und vor allem, dass er sich auf Geschäftsveränderungen, auch wenn sie sich auf ihn auswirken können, rechtzeitig einstellen kann (auch II 3, → Rn. 10; Stornierung → § 87a Rn. 27); in solchen Fällen hat der Unternehmer auch ungefragt den Grund der Nichtausführung anzugeben, aA EBJS/Löwisch Rn. 40: nur auf Verlangen; jedenfalls bei Massengeschäften nicht in jedem Einzelfall, aber bei Nachfrage vollständige Angaben, in besonderen

Fällen auch allgemeiner Auskunftsanspruch aus § 242 BGB, MüKoHGB/Ströbl Rn. 24. Jedes einzelne Geschäft ist anzugeben, grundsätzlich keine Pauschalierung. Auch Teilnichtausführung ist erfasst. Die Mitteilung wirkt nicht auf das Außenverhältnis zu dem Dritten (vgl. → § 84 Rn. 52).

C. Unterrichtung über Geschäftsabschlüsse in erheblich geringerem **11** **Umfang (II 3): a)** Nach II 3 schuldet der Unternehmer dem HV vor allem unverzügliche (→ Rn. 10) Unterrichtung von bevorstehender erheblich beschränkter Auftragsannahme, einerlei ob diese eine frei- oder unfreiwillige, quantitative oder qualitative ist, EBJS/Löwisch Rn. 49; aA FW/Teichmann Rn. 33: nur II 1; auch wenn nur ein großes (für die HVBeziehung ingesamt erhebliches) Einzelgeschäft betroffen ist, Staub/Emde Rn. 162; eine Pflicht des Unternehmens, darüber unverzüglich zu entscheiden, folgt daraus nicht, MüKoHGB/Ströbl Rn. 30. Maßstab für den Zeitpunkt der Benachrichtigung ist einerseits, was der HV unter gewöhnlichen Umständen erwarten konnte, andererseits was der Unternehmer aus Unternehmen und Markt erwarten muss. Dabei kommt es auf die Prognose des Unternehmers an. Die Erheblichkeit des Rückgangs bezieht sich auf den bisherigen Geschäftsumfang. Erheblichkeit ist jedenfalls bei einem längerfristigen Umsatzrückgang von 20% des bisherigen Umsatzes anzunehmen, EBJS/Löwisch Rn. 50; weniger streng, 20% noch verkehrsübliche Schwankung, MüKoHGB/Ströbl Rn. 36; erst bei 25%, FW/Teichmann Rn. 33. Verletzung dieser Pflicht, auch nur fahrlässig, kann den Unternehmer dem HV für nutzlose Aufwendungen und für durch Unterlassen anderer Bemühungen entgangenen Gewinn schadensersatzpflichtig machen. Bsp.: Rohstoffmangel mit voraussichtlicher Lieferungsschwierigkeit, BGH BB 1959, 864; bevorstehende Produktionseinstellung oder Betriebsstilllegung, BGH NJW 1974, 795; Absicht einer den HV ausschaltenden Vertriebsumstellung, BGHZ 49, 44; 58, 145; beabsichtigte Überlassung des Gebiets des HV an Konkurrenzunternehmen, BGH WM 1987, 595; sonstige den HV beeinträchtigende Betriebsänderungen (vgl. → § 89b Rn. 18, 20); bevorstehende, den HV gefährdende Verschlechterung der Ware, BGHZ 26, 167, str. Unterrichtung mündlich, je nachdem kann Textform erforderlich sein, Staub/Emde Rn. 166, aber kein Schriftformerfordernis, aA idR EBJS/Löwisch Rn. 24.

b) Grenzen: Sofern der HV die Umstände **bereits kennt,** kann Unterrich- **12** tung unnötig sein, aber uU Bestätigung, Ergänzung; entscheidend ist, dass HV sich darauf einstellen kann. Kennenmüssen des HV lässt die Mitteilungspflicht nicht entfallen, aA MüKoHGB/Ströbl Rn. 38; aber ggf. § 254 BGB. Vor allem sind jedoch die unternehmerische Freiheit und das berechtigte **Geheimhaltungsinteresse** des Unternehmers zu berücksichtigen, BGH NJW 1974, 795. Der Unternehmer ist grundsätzlich nicht verpflichtet, den HV von sich aus von der ungünstigen wirtschaftlichen Lage des Unternehmens und einer daraus folgenden Gefahr eines nahen (ordnungsmäßigen) Endes der Vertretung zu unterrichten, anders uU auf Frage des HV, BGH BB 1960, 606; Canaris § 15 Rn. 73; anders aber bei unmittelbar drohender Zahlungsunfähigkeit und Insolvenz, erfolgversprechende Sanierungsverhandlungen dürfen jedoch nicht gefährdet werden, weitergehend EBJS/Löwisch Rn. 52; im Einzelnen str. Auch sonst kann eine zu frühe Mitteilung den Erfolg der geplanten Maßnahme (Coup am Markt, Zustandekommen der Transaktion) gefährden. Eine beabsichtigte Betriebsstilllegung ist angemessene Zeit vorher, jedenfalls aber wenn sie beschlossene Sache ist, mitzuteilen, BGH NJW 1974, 795.

4) Unterstützung und Rücksichtnahme bei voller unternehmerischer Freiheit

A. Freie Annahme oder Ablehnung der Geschäfte: a) Der Unternehmer **13** darf angebotene Geschäfte grundsätzlich frei annehmen oder ablehnen. Die **kauf-**

männische Entschließungsfreiheit ist **allein Sache des Unternehmers** ohne Einfluss des HV (Geschäftsabschlüsse, Preis- und Qualitätsänderung, Produktionswechsel, Vertriebsumstellung, zB Lieferung nur noch an Großabnehmer und nicht mehr an die vom HV geworbenen Kunden), BGHZ 26, 161; 49, 39; 93, 38 (Vertragshändlervertrag); BGH WM 1987, 595; 1993, 1464; 1993, 1725; Nichtverlängerung eines Lizenzvertrags für die vom HV vertriebenen Produkte, OLG Düsseldorf 15.12.2000, HVR Nr. 949; (Weiter-)Belieferung des HV, also grundsätzlich keine Lieferpflicht, anders wenn dem (auch mittlerweile ausgeschiedenen) HV die Wartung und Reparatur der an Kunden veräußerten Ware übertragen ist, BGH 21.2.1989 HVR Nr. 663 (zu § 26 II GWB); EBJS/Löwisch Rn. 12; mehr oder weniger Produktwerbung; freie Entscheidung zu Geschäftsaufgabe und -änderung, aber uU Ausgleichsanspruch → § 89b Rn. 20. Unerheblich ist, ob der Unternehmer wirtschaftlich zu der Maßnahme gezwungen ist oder nicht. Ablehnung ist grundsätzlich nicht Dienstannahmeverzug iSv § 615 BGB (Vergütung der abgelehnten Dienste). Der Unternehmer braucht die Ablehnung grundsätzlich auch nicht zu begründen, enge Ausnahmefälle bei EBJS/Löwisch Rn. 13; FW/Teichmann Rn. 30. AGB-Klausel über freie Ablehnung ist grundsätzlich wirksam, Grenze aber auch dann § 242 BGB (nur dann richtliniengemäß, → § 86 Rn. 22), ohne solche AGB bei willkürlicher Ablehnung Schadenersatz (→ Rn. 14), BGH 12.12.1957, HVR Nr. 166; UBH/H. Schmidt (23) HVVerträge Rn. 2 (→ § 86 Rn. 8). Lit.: Steindorff ZHR 130 (1968), 82; Höft VersR 1969, 875; Hopt ZIP 1996, 1536; Emde VersR 2012, 536.

14 **b) Einschränkungen:** Zunächst kann der Unternehmer trotz Nichtausführung des Geschäfts **Provision** schulden (§ 87a III 1). Ausnahmsweise darf der Unternehmer nicht ablehnen bzw. schuldet er **Schadensersatz:** so bei Willkür oder Absicht, den HV zu schädigen, BGH BB 1959, 865; 1960, 1222 (auch → Rn. 87 Rn. 8); so vor allem bei Mindestabnahmeklausel und bei Wettbewerbsverbot, BGH BB 1972, 193; OLG Frankfurt a. M. BeckRS 2016, 12703 Rn. 16 (Vertragshändler); ebenso bei einer den HV schädigenden Schlechtlieferung an Kunden infolge grober Mißwirtschaft, BGHZ 26, 163, zB wenn er dringende Vorstellungen des HV in den Wind schlägt oder vom HV geworbene Kunden grundlos gegen andere zurücksetzt, obwohl der HV mit Kenntnis des Unternehmers Aufwendungen für Folgeaufträge gemacht hat, OLG Celle BB 1962, 195. Schließlich kann eine Pflicht zur **Mitteilung** bestehen, so nach II 2, 3 und allgemeiner II 1.

15 B. **Unterstützung und Rücksichtnahme:** Aus I und schon aus dem Inhalt des HVVertrags folgt allgemeiner eine Pflicht des Unternehmers, die Arbeit des HV zu unterstützen und auf seine schutzwürdigen Belange Rücksicht zu nehmen, BGHZ 26, 164; 58, 145 (Shell-Tankstelle); BGHZ 93, 54; 124, 354; BGH BB 1968, 60; OLG Düsseldorf BB 2012, 2656. Im Hinblick auf die Selbstständigkeit des HV als Gewerbetreibender reicht diese Pflicht aber weniger weit als gegenüber einem Arbeitnehmer, OLG München BB 1958, 247. Eine Gleichbehandlungspflicht mehrerer HV hat der Unternehmer grundsätzlich nicht (→ § 86 Rn. 10), anders uU wenn der Unternehmer ein eigenes Vertriebsnetz aufgebaut und seine HV in dieses straff einbezogen hat. Der Unternehmer, der als Franchisegeber ein bewährtes System anpreist, darf dem HV das Geschäftsrisiko nicht uneingeschränkt aufladen, sondern muss ihn je nach den Umständen beraten und vor Fehlinvestitionen bewahren, BAG DB 1980, 2039. Dispositionskredit an HV, OLG Saarbrücken BeckRS 2018, 14608.

16 Der Unternehmer hat umgekehrt alles zu **unterlassen,** was den HV (ungerechtfertigt) benachteiligt oder gefährdet, BGH BB 1982, 1626. Eine nach außen als freiwillig dargestellte Preissenkungsaktion einseitig zu Lasten des HV unter wirtschaftlichen Druck verstößt gegen die Treuepflicht, zumal wenn vorauszusehen ist, dass nur wenige HV sich ausschließen (Tankstellen), LG Frankfurt a. M.

7. Abschnitt. Handelsvertreter 17 § 86a

BB 1969, 1326; BGH NJW 1970, 855. Der Unternehmer darf den HV nicht willkürlich ausschalten (zB durch systematische Nichtannahme der von ihm vermittelten Geschäfte, vgl. → Rn. 14) oder ihn behindern (zB durch über bloße Mitteilung des HVVertragsendes hinausgehende Anschwärzung bei der Kundschaft), OLG Karlsruhe BB 1959, 1006; OLG Düsseldorf 16.7.1954, HVR Nr. 113; 26.11.2004, HVR 1148; ZVertriebsR 2013, 225; LG Dortmund 1.7.1950, HVR Nr. 44. Er darf nicht mit einem Untervertreter die Kündigung des Vertreter- und des Untervertretervertrags zwecks Übertragung der Vertretung auf den Untervertreter absprechen, BGHZ 42, 62; BGH BB 1982, 1626; aA von Brunn DB 1964, 1841; Canaris § 15 Rn. 80; vgl. → § 86 Rn. 25. Schockwerbung des Unternehmers, die bei Kunden negative Reaktionen auslösen kann, soll der HV hinnehmen müssen, BGHZ 136, 295 – Benetton, zweifelhaft. Keine Weiterbelieferungspflicht bei Veräußerung der Handelsvertretung an Wettbewerber, OLG Düsseldorf ZVertriebsR 2014, 102. Ein Verstoß ist auch nach Vertragsende die Bekanntgabe ungünstiger Kundenberichte des HV an diese, LG Freiburg BB 1966, 999; vgl. → § 86 Rn. 42. **Gleichbehandlung** → § 86 Rn. 10.

C. **Wettbewerbsverbot für den Unternehmer:** Der Unternehmer darf dem 17 HV **je nach Vertrag** weder selbst noch durch einen anderen HV Wettbewerb machen, insbesondere wenn dem HV Alleinvertretung eingeräumt ist, weniger strikt wenn bloßer Bezirks- oder Kundenschutz zugesagt ist, (→ § 87 Rn. 23, 24), sonst nur bei besonderer Vereinbarung; dies gilt zwar grundsätzlich unabhängig vom Provisionsanspruch des HV nach § 87 II (Grund: Umfang von § 89b, spätere Eigenverwertung), doch kann das Bestehen und die Ausgestaltung der Bezirksprovision wegen des dadurch gewährten Schutzes für den HV bei der Auslegung eine Rolle spielen, weitergehend OLG Karlsruhe NJW-RR 2015, 290. Das Wettbewerbsverbot für den Unternehmer ist also anders als das für den HV (→ § 86 Rn. 26) nicht vertragstypisch, sondern vom Inhalt des Vertrags (HV oder Vertragshändler) und der Ausgestaltung des Absatzsystems (Bezirksschutzes, § 87 II BGB) abhängig, zutr. Canaris § 15 Rn. 77, str. Der Unternehmer kann sich auch einen besonderen Vertriebsweg (zB Internetvertrieb) wirksam vorbehalten, BGH WM 2008, 1894, aber kartellrechtliche Fragen (§ 86 Rn. 38). Dem Unternehmer sind Direktgeschäfte (**Direktvertrieb, Parallelvertrieb**) im Bezirk bzw. mit dem Kundenkreis des HV nicht allgemein verboten (**anders bei Alleinvertretung**, OLG Köln BB 2000, 2595, → § 87 Rn. 24), Oetker/Busche Rn. 27; KKRD/Roth Rn. 4; Küstner/Thume/Thume, Bd. 1, Kap. IV Rn. 106 f. für HV, strenger für Vertragshändler; zT aA EBJS/Löwisch Rn. 54, aber auch Rn. 9. Er darf auch konkurrierende HV einsetzen, falls nicht anders vereinbart, OLG Düsseldorf BB 2012, 2656; Hopt ZIP 1996, 1533 (Direkt- und Parallelvertrieb); Staub/Emde Rn. 59. Er darf auch einen zusätzlichen **Online-Vertrieb** eröffnen, EBJS/Löwisch Rn. 9, strenger Graf von Westphalen Beil. zu ZIP 22/2016, 91 (VersVermittler); auf jeden Fall nach Kündigung, OLG München 14.10.1993, HVR Nr. 766. Vorgaben für AGB durch die EU in P2B-VO 20.9.2019, Rohrßen ZVertriebsR 2019, 344. Aber je mehr der HV (Vertragshändler) in die Vertriebsorganisation eingegliedert ist und den Unternehmer durch Einsatz von Kapital und Personal zu unterstützen hat, desto kritischer ist Direkt- und Parallelvertrieb, BGHZ 124, 355; 164, 15; BGH WM 1993, 1464; OLG Düsseldorf 19.1.2001, HVR Nr. 950; ZVertriebsR 2013, 225; so vor allem Parallelvertrieb durch Internet bei investitionsintensiven Eigenhändler- und Franchisingunternehmen (→ Rn. 10, 19), Emde BB 2019, 2883. Zum sachlichen, räumlichen und zeitlichen Umfang des Wettbewerbsverbots Emde VersR 2012, 545; vgl. auch für den HV → § 86 Rn. 27. Vor allem darf er den HV **nicht** durch eigenen Wettbewerb **systematisch schädigen** (Rücksichtnahmepflicht, § 241 II BGB; § 242 BGB), zB durch Übernahme einer Vertretung in Konkurrenzartikeln, ausführlich Staub/Emde Rn. 51, 54; Abwerbung von Stammkunden des HV, BGH BB 1959, 720; Weitergabe von Adressen von vom HV vermittelten Kunden an andere HV oder Händler, OLG Düsseldorf 26.11.2004, HVR Nr. 1148; Ausspannen von Untervertretern des HV, BGHZ 42, 62; BGH BB 1982, 1626; OLG Düsseldorf 21.6.1957, HVR Nr. 151 Ls.; OLG München BB 1958, 247 (Versicherungswirtschaft), aA Canaris § 15 Rn. 80, aber Wechsel des Untervertreters als HV zum Unternehmer, auch mit vorheriger Absprache, muss möglich bleiben; unzulässig auch Preisunterbietung durch den Unternehmer selbst oder ihre Zulassung für einen anderen HV, vgl. OLG Bremen NJW 1967, 254 (vgl. auch → Rn. 16), dies auch dann, wenn der HV kein Alleinvertriebsrecht hat, BGHZ 97, 327. Bei zulässigem Wettbewerb kann jedenfalls **Ankündigung** geboten sein, damit der HV sich darauf einstellen kann, → Rn. 7 ff., → § 89a Rn. 23. Bei verbotenem Wettbewerb des Unternehmers kann der HV Auskunft fordern, BGH BB 1957, 452; 22.11.2000, HVR Nr. 926 (Vertragshändler); bei begründetem Verdacht auch Auskunft über Verträge mit Konzernunternehmen, BGH NJW 2002, 3771; OLG München 7.7.1993 HVR Nr. 1103 (Buchauszug). Zum Ausschließlichkeits-, Direkt- und Parallelvertrieb in der Versicherungswirtschaft Hopt ZIP 1996, 1809; strenger Graf von Westphalen Beil. zu ZIP 22/2016, 91. Schranken aus **Kartellrecht** → § 86 Rn. 34. Lit.: Emde VersR 2012, 536; Thume BB 2018, 770.

5) Abweichende Vereinbarungen (III)

18   A. **Zwingendes Recht:** Die Pflichten des Unternehmers nach I und II sind **zwingend** und können nicht eingeschränkt, nach AmtlBegr (III neu 1990, → § 84 Rn. 3) und Art. 5 der EU-Richtlinie aber auch nicht erweitert werden. Sieht man § 86a III (und Art. 4 der EU-Richtlinie) als Schutzgesetz zugunsten des HV an, sind Erweiterungen zulässig, FW/Teichmann Rn. 44 (Konsequenzen → § 84 Rn. 3). Die Harmonisierungzwecke der EU-Richtlinie reichen zwar weiter, insoweit zutr. Oetker/Busche Rn. 33. Aber es gilt hier dasselbe wie für die Pflichten des HV zu § 86 IV (→ § 86 Rn. 50), wie dort ist III auf den **kodifizierten Kern** von I und II zu begrenzen, EBJS/Löwisch Rn. 59. Zum Kern gehört die unentgeltliche Erstausstattung des HV, die allerdings im Eigentum des Unternehmens verbleiben und nach Beendigung des HVVerhältnisses zurückgefordert werden kann. Überbürdung von Kosten für an sich dem Unternehmer obliegende Pflichten ist unzulässig, KG ZVertriebsR 2022, 245, Bspe: Nutzungsgebühren; Kreditkartengebühren, OLG Hamm NJW-RR 2016, 1134; Ankaufspflichten für Musterkollektion nach Vertragsende (→ Rn. 6); Kaution, Thume BB 1995, 1914; Versicherungspflicht für Vorratsware auf Kosten des HV (→ § 86 Rn. 17). Qualifikation als HV bleibt davon unberührt, OLG München ZVertriebsR 2016, 33. **Vertragliche Konkretisierungen** sind außerhalb des Kerns **zulässig,** unterliegen aber der AGB-Inhaltskontrolle nach (5) BGB §§ 307 ff. (auch → Rn. 6), so bei unangemessenen Risikoverlagerungen, relevant dabei sind ua erhebliche Kosten für abzunehmende Werbeunterlagen, über Selbstkosten des Unternehmens, Ersatzpflicht unabhängig vom Provisionsaufkommen ua, M. Roth BB 2010, 2004. Zu pauschal EBJS/Löwisch Rn. 59: Abbedingung allgemeiner, über I und II hinausreichender Nebenpflichten nur durch Individualvereinbarung. Vertragliche Ausdehnung des II 2 auf den dort nicht geregelten Bezirksvertreter (→ Rn. 10) ist möglich. Katalog unwirksamer Klauseln bei Rothermel/Dahmen IHR 2017, 45.

19   B. **Nicht zwingendes Recht:** Die sonstigen Pflichten des Unternehmers aus Gesetz und Vertrag können dagegen bis zu den allgemeinen Grenzen eingeschränkt werden. Das gilt auch für seine unternehmerische Freiheit (→ § 398 Rn. 8), zB bestimmte Abschlüsse nicht zu tätigen, sein Weisungsrecht einzuschränken, bestimmte Wettbewerbshandlungen des HV zu dulden, vgl. auch

EBJS/Löwisch Rn. 59. Vertragliche Erweiterung der Pflichten des Unternehmers bleibt zulässig, III dient nur dem Schutz des HV, Staub/Emde Rn. 182, str.

C. **(Teil-)Unwirksamkeit:** Gesamtvergütungsabrede für teils unter I fallende 20 Funktionen, teils andere, vom HV zu tragende Aufwendungen (§ 87d) ist zwar grundsätzlich insgesamt unwirksam, aus einer ergänzenden Vertragsauslegung (§ 242 BGB) kann aber bloße Teilunwirksamkeit folgen, auch bei AGB (→ § 87d Rn. 6), BGH NJW 2017, 662 Rn. 32 mAnm. Emde.

[Delkredereprovision]

86b (1) ¹**Verpflichtet sich ein Handelsvertreter, für die Erfüllung der Verbindlichkeit aus einem Geschäft einzustehen, so kann er eine besondere Vergütung (Delkredereprovision) beanspruchen; der Anspruch kann im voraus nicht ausgeschlossen werden.** ²**Die Verpflichtung kann nur für ein bestimmtes Geschäft oder für solche Geschäfte mit bestimmten Dritten übernommen werden, die der Handelsvertreter vermittelt oder abschließt.** ³**Die Übernahme bedarf der Schriftform.**

(2) **Der Anspruch auf die Delkredereprovision entsteht mit dem Abschluß des Geschäfts.**

(3) ¹**Absatz 1 gilt nicht, wenn der Unternehmer oder der Dritte seine Niederlassung oder beim Fehlen einer solchen seinen Wohnsitz im Ausland hat.** ²**Er gilt ferner nicht für Geschäfte, zu deren Abschluß und Ausführung der Handelsvertreter unbeschränkt bevollmächtigt ist.**

Übersicht

	Rn
1) Delkrederehaftung (I)	1–8
A. Einstandspflicht (Delkredere) nur bei Vereinbarung (I 1):	1, 2
B. Zulässigkeit (I 2):	3, 4
C. Form (I 3):	5
D. Rechtsnatur:	6
E. Verbindlichkeit aus dem Geschäft:	7, 8
2) Delkredereprovision (I 1, II)	9–11
A. Besondere Provision (I 1):	9
B. Höhe:	10
C. Entstehen (II):	11
3) Ausnahmen (III)	12–14
A. Ausländer:	12, 13
B. Unbeschränkte Vollmacht:	14

1) Delkrederehaftung (I)

A. **Einstandspflicht (Delkredere) nur bei Vereinbarung (I 1):** Der HV 1 muss zwar die Bonität des Kunden prüfen, vor allem wenn ihm Kredit gewährt werden soll (→ § 86 Rn. 21), sonst haftet er dem Unternehmer für den Schaden, den er durch Einlassen auf das Geschäft erleidet (negatives Interesse), LG Heidelberg BB 1955, 942. Aber der HV braucht nicht schlechthin für einen später eintretenden Ausfall einzustehen.

Zur Haftung für die Erfüllung der Verbindlichkeit des Geschäftsgegners bedarf 2 es eines besonderen Verpflichtungstatbestands. Eine dahingehende Vereinbarung des HV mit dem Unternehmer, auch Übernahme des Delkredere genannt, die durchaus auch im Interesse des HV liegen kann (Provisionsinteresse, Massengeschäft mit Ausfällen), regelt § 86b mit einem Mindestschutz zugunsten des HV (vgl. § 394 für den Kommissionär). Geschützt ist auch der HV als Kfm. I 1 betrifft nicht Haftungsübernahme des HV gegenüber Dritten, zB Bürgschaft des Abzahlungskaufverträge vermittelnden HV gegenüber Teilzahlungskreditbank für Verbindlichkeiten des Abzahlungsverkäufers, BGH WM 1988, 1048. **AGB** über Tragung der Beitreibungskosten bei zahlungsunfähigen oder -unwilligen Kunden kann unwirksam sein, OLG Karlsruhe BB 1974, 904; (24) UBH/H. Schmidt (23) HVVerträge Rn. 3 (→ § 86 Rn. 8). Zu EU-Recht Kapp/Schumacher EuZW 2008, 167 (→ § 86 Rn. 38). Lit.: Castan BB 1957, 1124; Valdini ZVertriebsR 2016, 207 (AGB und Delkredereregister des HV).

3 B. **Zulässigkeit (I 2):** Die Übernahme des Delkredere ist nach I 2 zum Schutz des HV grundsätzlich (Ausnahmen: III 1, 2) **nur zulässig bei Wahrung des Bestimmtheitsgrundsatzes,** also entweder

a) für ein **bestimmtes Geschäft** (I 2 Alt. 1), auch ein künftiges bestimmtes, auch mehrere solche; auch wenn der HV (zB im Falle eines Bezirksvertreters, § 87 II) es nicht selbst vermittelt oder abschließt (insoweit weiter als die 2. Alt.); oder

4 b) für (alle oder bestimmte) **Geschäfte mit einem bestimmten Dritten,** die der HV **selbst** (oder durch einen Untervertreter) **vermittelt** oder abschließt (I 2 Alt. 2), auch mit mehreren bestimmten Dritten; also zB nicht für alle Geschäfte mit dem Kunden X, einerlei wer sie vermittelt oder abschließt (etwa Unternehmer selbst oder anderer HV); nicht für alle Geschäfte in einem bestimmten Bezirk; nicht für alle vom HV in einem bestimmten Bezirk vermittelten oder abgeschlossenen Geschäfte. Eine Klausel, die dem HV die Kosten des gerichtlichen Vorgehens gegen einen bestimmten Kunden oder in jedem Falle bei Zahlungsunfähigkeit oder Unwilligkeit der Kunden die Haftung bis zur Höhe der Beitreibungskosten auferlegt, ist unwirksam, OLG Karlsruhe BB 1974, 904 (auch → Rn. 2).

5 C. **Form (I 3):** Die Übernahme jeder Delkrederehaftung bedarf nach I 3 der **Schriftform.** Formgebunden ist nur die Erklärung des HV, nicht ihre Annahme durch den Unternehmer (wie bei § 766 S. 1 BGB). Im Übrigen gelten §§ 125, 126 BGB. Im Falle einer Bürgschaft (→ Rn. 6) erfasst I 3, der § 350 vorgeht, auch den Kfm. (→ Rn. 2), aber mit Heilungsmöglichkeit nach § 766 S. 2 BGB.

6 D. **Rechtsnatur:** Die Übernahme des Delkredere ist (idR einfache, nicht selbstschuldnerische nach § 349 HGB, außer wenn der HV Kaufmann und das Geschäft ein Handelsgeschäft ist) **Bürgschaft,** hL wegen gleichen Wortlauts mit § 765 I BGB, Staub/Emde Rn. 5; für § 349 iZw EBJS/Löwisch Rn. 4. Auf jeden Fall gebietet die Interessenwahrungspflicht des Unternehmers, erst zu versuchen, die Leistung vom Kunden zu erhalten, Oetker/Busche Rn. 7. Doch kann je nach Parteiwillen auch ein anderer Interzessionsvertrag, etwa **Schuldbeitritt** (zur Verbindlichkeit des Geschäftspartners) oder **Garantievertrag,** vorliegen (→ § 349 Rn. 14 ff.), ebenso Staub/Emde Rn. 5; Heymann/Stöber Rn. 5; Kapp/Schumacher EuZW 2008, 167. Voraussetzungen und Umfang der Haftung können demgemäß verschieden sein. § 86b gilt aber ohne Unterschied dieser Fälle, bindet also das Delkredere in der Form des Garantievertrags und Schuldbeitritts hier ebenso an Schriftform wie schon § 766 BGB die Bürgschaft. Auf sonstige schuldsichernde Vereinbarungen ist § 86b nach dem klaren Wortlaut nicht anwendbar, doch kommt dann Analogie in Betracht, MüKoHGB/Ströbl Rn. 8; in Ausnahmefällen auch Umgehung. Da das Delkredere ein Vertrag ist, erlischt dieses nicht durch einseitigen Verzicht des Unternehmers.

7 E. **Verbindlichkeit aus dem Geschäft: a)** Die Delkrederhaftung setzt danach das **Bestehen einer Verbindlichkeit des dritten Kunden** gegenüber dem Unternehmer voraus (bei Bürgschaft sog. Hauptverbindlichkeit, § 767 BGB). Diese Verbindlichkeit ist idR der Anspruch des Unternehmers gegen den Kunden auf Gegenleistung, also Erfüllung; doch können je nach Inhalt der Delkrederevereinbarung auch alle anderen Verbindlichkeiten „aus dem Geschäft" gesichert sein (zB Ansprüche aus Nebenpflichten, auf Gewährleistung, auf Schadensersatz, auch vorvertragliche Ansprüche, auch auf Rückgabe und Herausgabe nach § 812 BGB). Das muss aber vereinbart sein (auch konkludent, §§ 133, 157 BGB), zT anders EBJS/Löwisch Rn. 12; nach aA gilt das schon im Zweifel, MüKoHGB/Ströbl Rn. 23. Weitergehend für besondere Hinweispflicht des Unternehmers Staub/Emde Rn. 13, str.

b) Der HV hat im Falle einer Bürgschaft die Einreden nach §§ 768, 770 BGB **8** und kann den Unternehmer auf **Vorgehen erst gegen den dritten Kunden** verweisen; letzteres folgt entweder aus § 771 BGB oder (falls der HV Kfm. ist, dann an sich § 349, sowie im Falle der Garantie oder des Schuldbeitritts) aus der Treuepflicht des Unternehmers (→ § 86a Rn. 1), Heymann/Stöber Rn. 14. Abweichende Vereinbarung ist aber möglich,

2) Delkredereprovision (I 1, II)

A. Besondere Provision (I 1): Die (wirksame) zusätzliche Übernahme des **9** Delkredere gibt dem HV nach I 1 Anspruch auf eine **Delkredereprovision** neben der Provision für Vermittlung oder Abschluss der Geschäfte, §§ 87 ff. Das ist nach **I 1 Hs. 2 zwingend,** der Anspruch kann also **nicht im Voraus** (also vor Fälligkeit des Provisionsanspruchs) ausgeschlossen werden, EBJS/Löwisch Rn. 24. Tatsächlich ist jedoch **§ 86b insgesamt zwingend,** hL, Staub/Emde Rn. 28, Grund: Redaktionsversehen, Ausnahmen nur nach III (→ Rn. 12) und § 92c. Bei Übernahme des Delkredere für bereits abgeschlossene Geschäfte kann auf Provision verzichtet werden, Staub/Emde Rn. 28; aA Heymann/Stöber Rn. 20; weil gleichbedeutend mit „im Voraus". Möglich bleiben aber Fälligkeitsregelung (→ Rn. 11), Staub/Emde Rn. 28, und Erlass (§ 397 BGB). Behandlung unter § 89b dort → § 89b Rn. 28.

B. Höhe: Mangels Vereinbarung und bei Vereinbarung eines unangemessen **10** niedrigen Satzes gilt der übliche Satz, § 87b I, Staub/Emde Rn. 27, nach aA § 354 oder jedenfalls ergänzend, EBJS/Löwisch Rn. 26, aber § 354 liegt anders, Oetker/Busche Rn. 17 gegen Staub/Emde Rn. 27. § 87b hat zwar die Vermittlungs- und Abschlussprovision im Auge, passt aber auch auf die Delkredereprovision. Rückstellung ist dafür ohne Bedeutung, Staub/Emde Rn. 25. Ist ein üblicher Satz nicht zu ermitteln, greifen §§ 315 ff. BGB. Liegt der Satz der Delkredereprovision fest, so ergibt sich die Rechnungsgrundlage aus § 87b II.

C. Entstehen (II): Der Anspruch auf die Delkredereprovision entsteht **mit** **11** **dem Abschluss des Geschäfts,** aus dem die garantierte Verbindlichkeit erwächst, bei Delkrederehaftung für mehrere Geschäfte (→ Rn. 3 f.) also bei jedem Geschäftsschluss gesondert. Wirksamer Abschluss genügt. Unbeachtlich ist das weitere Schicksal des Anspruchs, also ob das Geschäft tatsächlich ausgeführt wird. Wird aber angefochten, entfällt auch die Provision, Grund: Abschluss fällt dann ex tunc weg (§ 142 BGB). Anders bei Rücktritt vertraglich oder nach §§ 323, 326 V BGB, dann kein Entfallen des Anspruchs, Oetker/Busche Rn. 15, MüKoHGB/Ströbl Rn. 30, aA Staub/Emde Rn. 21. Späteres Hinfälligwerden des Geschäfts infolge auflösender Bedingung (§ 158 II BGB), Aufhebungsvertrag oder Kündigung eines in Vollzug gesetzten Dauerschuldverhältnisses sind auch bei Ablehnung dieser Grundsätze nach Wortlaut und Sinn des II unschädlich, denn der HV hat bis dahin das Risiko getragen, Staub/Emde Rn. 21. Der Anspruch ist nach § 271 BGB sogleich **fällig,** allerdings vorbehaltlich abw. Abrede (zB Fälligkeit wie nach §§ 87a IV, 87c I), I 1 letzter Hs. steht nicht entgegen (→ Rn. 9).

3) Ausnahmen (III)

A. Ausländer: I gilt nicht für **ausländische Unternehmer,** die Niederlas- **12** sung, hilfsweise Wohnsitz im Ausland haben, **III 1.** Ob als Ausland iSv III 1 auch EU/EWR angesehen werden kann, so wegen des Gesetzeswortlauts, aber bedau-

§ 87

ernd MüKoHGB/Ströbl Rn. 39, ist zweifelhaft, Redaktionsversehen ist trotz der Regelung in § 92c nicht ausgeschlossen, iErg auch Oetker/Busche Rn. 21; aA Staub/Emde Rn. 35: unwahrscheinlich; FW/Fröhlich Rn. 4; in vielen Fällen wird aber III 1 ohnehin nicht anwendbar sein, MüKoHGB/Ströbl Rn. 41. Im Auslandsverkehr besteht oft besonderer Anlass, die Delkrederehaftung des inländischen HV vorzusehen, weil der Ausländer die Kreditwürdigkeit des inländischen Kunden selbst oft nicht prüfen kann; ebenso kann sich der HV darauf einlassen, für die Übernahme der Delkrederehaftung keine zusätzliche Provision zu erhalten, ohne dahingehende Abrede hat er aber für die Interzession Provisionsanspruch aus § 354, Canaris § 15 Rn. 51, str. Provisionsabbedingung für Delkredere, soweit unter III zulässig, auch durch **AGB**, Staub/Emde Rn. 33; verneinend EBJS/Löwisch Rn. 29. Voraussetzung ist Anwendbarkeit des deutschen Rechts, sie wird im Verhältnis zum inländischen HV idR gegeben sein (→ § 92c Rn. 8).

13 Dasselbe gilt (mit umgekehrten Vorzeichen) für Geschäfte mit **Kunden im Ausland**. Lit.: Masing BB 1995, 2589.

14 B. **Unbeschränkte Vollmacht:** I gilt ferner nicht für **Geschäfte, zu deren Abschluss und Ausführung der Handelsvertreter unbeschränkt bevollmächtigt ist, III 2**. Entscheidend ist, dass der HV rechtlich und wirtschaftlich sein Risiko frei bestimmen kann; dann soll ihm die Übernahme eines Delkredere, an dem der Unternehmer ein besonderes wirtschaftliches Bedürfnis hat, nicht erschwert werden, BGH BB 1982, 2009 (Flugscheine von Reisebüro); „Unbeschränkt" heißt „im Wesentlichen frei" (vgl. § 84 I 2), die Person des Geschäftsgegners, die Bedingungen des Geschäfts (zB Kredit oder nicht) und Zeit und Art der Ausführung bestimmen zu können. „Unbeschränkt" heißt nicht Alleinbevollmächtigung, III 2 gilt also auch für mehrere Bezirksvertreter mit Bezirksvollmacht, BGH BB 1966, 1322; III 2 gilt auch bei unbeschränkter Vollmacht nur für Einzelgeschäfte (also keine Delkredereprovision für Tankstellenvertreter), LG Essen BB 1961, 425. Ganz oder teilweiser Nichtgebrauch der Vollmacht durch HV (zB Überlassen der Lieferung an Unternehmer) räumt III 2 nicht aus, BGH BB 1966, 1322.

[Provisionspflichtige Geschäfte]

87 (1) ¹Der Handelsvertreter hat Anspruch auf Provision für alle während des Vertragsverhältnisses abgeschlossenen Geschäfte, die auf seine Tätigkeit zurückzuführen sind oder mit Dritten abgeschlossen werden, die er als Kunden für Geschäfte der gleichen Art geworben hat. ²Ein Anspruch auf Provision besteht für ihn nicht, wenn und soweit die Provision nach Absatz 3 dem ausgeschiedenen Handelsvertreter zusteht.

(2) ¹Ist dem Handelsvertreter ein bestimmter Bezirk oder ein bestimmter Kundenkreis zugewiesen, so hat er Anspruch auf Provision auch für die Geschäfte, die ohne seine Mitwirkung mit Personen seines Bezirkes oder seines Kundenkreises während des Vertragsverhältnisses abgeschlossen sind. ²Dies gilt nicht, wenn und soweit die Provision nach Absatz 3 dem ausgeschiedenen Handelsvertreter zusteht.

(3) ¹Für ein Geschäft, das erst nach Beendigung des Vertragsverhältnisses abgeschlossen ist, hat der Handelsvertreter Anspruch auf Provision nur, wenn

1. er das Geschäft vermittelt hat oder es eingeleitet und so vorbereitet hat, daß der Abschluß überwiegend auf seine Tätigkeit zurückzuführen ist, und das Geschäft innerhalb einer angemessenen Frist nach Beendigung des Vertragsverhältnisses abgeschlossen worden ist oder

2. vor Beendigung des Vertragsverhältnisses das Angebot des Dritten zum Abschluß eines Geschäfts, für das der Handelsvertreter nach Absatz 1 Satz 1 oder Absatz 2 Satz 1 Anspruch auf Provision hat, dem Handelsvertreter oder dem Unternehmer zugegangen ist.

²Der Anspruch auf Provision nach Satz 1 steht dem nachfolgenden Handelsvertreter anteilig zu, wenn wegen besonderer Umstände eine Teilung der Provision der Billigkeit entspricht.

(4) Neben dem Anspruch auf Provision für abgeschlossene Geschäfte hat der Handelsvertreter Anspruch auf Inkassoprovision für die von ihm auftragsgemäß eingezogenen Beträge.

Übersicht

	Rn
1) Provision des Handelsvertreters (§§ 87–87d)	1–6
A. Übersicht:	1
B. Provision:	2–4
C. Andere Vergütungsformen:	5, 6
2) Provision für vermittelte Geschäfte (I)	7–22
A. Nur abgeschlossene Geschäfte (I 1):	7–10
B. Mitverursachung durch den Handelsvertreter (I 1 Fall 1):	11–16
C. Nachbestellungen und Folgeaufträge (I 1 Fall 2):	17–20
D. Mehrere Handelsvertreter (I 2):	21, 22
3) Bezirks- und Kundenkreisschutz (II)	23–36
A. Bezirks- oder Kunden(kreis)schutz:	23–29
B. Bezirksprovision:	30–34
C. Mehrere Bezirksvertreter (II 2):	35, 36
4) Zeitliche Abgrenzung gegenüber Vorgänger (I 2, II 2)	37–39
A. Abschlüsse in der Vertragszeit:	37, 38
B. Vorherige Abschlüsse (I 2, II 2):	39
5) Abschlüsse nach Vertragsende (III)	40–46
A. Abschlüsse nach Vertragsende (III 1 Nr. 1):	40–43
B. Abschlüsse nach Vertragsende (III 1 Nr. 2):	44, 45
C. Teilung der Provision (III 2):	46
6) Inkassoprovision (IV)	47
7) Abweichende Vereinbarungen	48
8) Abtretung, Verpfändung, Pfändung, Prozess, Insolvenz	49–51
A. Abtretung, Verpfändung:	49
B. Pfändung:	50
C. Insolvenz:	51
9) Verjährung	52, 53

1) Provision des Handelsvertreters (§§ 87–87d)

A. **Übersicht:** §§ 87–87d und zuvor schon § 86b (Delkredere) regeln die Vergütung des HV. § 87 (I–III) zieht den Kreis der provisionspflichtigen Geschäfte, § 87a (I–III und V) regelt die auf die Ausführung des einzelnen Geschäfts bezüglichen Voraussetzungen des Provisionsanspruchs. § 87b handelt von der Höhe der Provision, § 87c von der Provisionsabrechnung, § 87a IV (und V) von der Fälligkeit der Provision. § 87 IV spricht dem HV außer der Vermittlungs- oder Abschlussprovision bei Einziehung von Geldern eine Inkassoprovision zu. Die Festsetzung einer Mindestvergütung ermöglicht in gewissem Umfang § 92a. § 87d regelt den Aufwendungsersatz. Das Recht der Provision des HV ist teilweise **europarechtlich** präformiert (Art. 6–12 EU-Ri, → § 84 Rn. 3) mit der Folge möglicher Vorlageverfahren an den EuGH nach Art. 267 AEUV (Art. 234 aF, 177 aF EG).

B. **Provision:** Das übliche Entgelt des HV ist eine Provision, dh eine (irgendwie, vgl. → § 87b Rn. 1) nach dem Umfang vergütungspflichtiger (Einzel-)Geschäfte bemessene Zahlung als Gegenleistung für die erbrachten Dienste (vgl.

§ 86 Rn. 1), Provisionsabrede → Rn. 48. Es handelt sich also um eine **Erfolgsvergütung** (→ § 87a Rn. 1), die idR tätigkeitsbezogen ist, aber wie etwa die Bezirksprovision (II) nicht sein muss. Für Geschäfte, die vor Beendigung des HVVertrags abgeschlossen, aber erst danach ausgeführt worden sind, entstehen sog. **Überhangprovisionen,** BGH WM 1998, 723 (→ Rn. 38). Der HV erhält die Provision vom Unternehmer, ausnahmsweise und nur mit Zustimmung des Unternehmers ganz oder teilweise vom Geschäftsgegner; ein solches **Provisionspacking** ist grundsätzlich zulässig, aber kann zu Interessenkonflikten führen, EBJS/Löwisch Rn. 7, § 87 Rn. 134, 146; Abreden im HVVertrag und im Vertrag zwischen dem Unternehmer und Geschäftsgegner, für zusätzliche Provisionen für besondere Leistung Abrede des HV mit dem Geschäftsgegner (→ § 84 Rn. 49). Bei **Topfabrede** werden die Provisionen zusammengerechnet und anteilig nach dem Gesamterfolg oder nach einem bestimmten Schlüssel verteilt, nach BAG 3.6.1998, BB 1999, 60 (Gebrauchtwagenvermittlung) bei Küstner/Thume/Thume, Bd. 1, Kap. V Rn. 31: Abrede sui generis nach §§ 305, 362 BGB, aber gekünstelt (→ Rn. 48). Provisionspacking und Nettopolicen, VersVertreter erhält Provision direkt vom Kunden, Küstner/Thume/Thume, Bd. 1, Kap. V Rn. 31a. **Teamvereinbarungen,** zB auf einer Messe, regeln die Provisionaufteilung ganz unterschiedlich, EBJS/Löwisch Rn. 55; auch → Rn. 21, 35. Weiterveräußerungschance bei KfzLeasing mit Rückkaufsrecht des HV ist keine Provision, BGH WM 2006, 875. Lit.: Klinger DB 1957, 975 (Bemessung); Schröder BB 1963, 567 (außerbezirkliche Geschäfte); Kempfler NJW 1963, 524 (Werkverträge); Maier BB 1970, 1327 (verbundene Unternehmen, ZwNl). Provision bei echter **Untervertretung** → § 84 Rn. 31; bei unechter Untervertretung (→ § 84 Rn. 32) erhält der Hauptvertreter für die vom Untervertreter dem Unternehmer vermittelten Abschlüsse eine Provisionsspitze oder Superprovision, BGHZ 56, 290; 59, 87; 89, 125. **Provisionsvorschuss** → § 87 Rn. 9.

3   Für Zusatzleistungen fallen **Zusatz- oder Sonderprovisionen** an, zB Delkredereprovision (§ 86b), Inkassoprovision (IV), vereinbarte Provisionen für besondere Markt- oder Kundenpflege (→ § 86 Rn. 13) oder bei Konsignationslagerabrede (→ Einl. vor § 373 Rn. 41). §§ 87 ff. gelten nur für die Vermittlungs- und Abschlussprovisionen, nicht für Delkredereprovision oder für Verwaltungsvergütung (→ § 89b Rn. 28), auch wenn diese sich am Warenumsatz orientiert, OLG Schleswig VersR 1977, 1002 (zu § 87a IV, dort → § 87a Rn. 31); § 87c kann dagegen anwendbar sein (dort → § 87c Rn. 2).

4   Einen Anspruch des HV auf Provision (neben Provision aus § 87) aus **§ 354** gibt es grundsätzlich nicht, anders nur, wenn der HV für einen Unternehmer ohne vertragliche Grundlage (oder Invollzugsetzung des HVVertrags, → § 85 Rn. 1) tätig wird, vgl. BGH ZIP 2017, 378, EBJS/Löwisch Rn. 16. Das kann bei Gelegenheitsagenten (→ § 84 Rn. 44) vorkommen, OLG Hamburg 19.9.1995 HVR Nr. 793.

5   C. **Andere Vergütungsformen:** Statt Provision kann der HVVertrag auch andere Vergütungsformen vorsehen, zB **feste Vergütung** oder **Fixprovision; Provisionsgarantie,** Auslegung als Mindest-, nicht Fixbetrag, OLG München 23.12.2009, HVR Nr. 1312; **Zuschüsse** oder **Prämien** für besondere Leistungen des HV, die über das vertraglich Zumutbare hinausgehen (§ 354 I), zB bei VersVertreter nicht schon Inkasso (Moped-Versicherungsgeschäft) oder Mitwirkung bei der Schadensbearbeitung, aber bei fallabschließender Schadensbearbeitung, Prämienkalkulation oder Underwriting, Emde BB 2019, 2889; zB auch Leistungs- und Treueprämien s. BAG BB 1982, 1486; OLG Karlsruhe BB 1980, 226; laufende Courtage für Betreuung, LG Köln, ZVertriebsR 2018, 313; Bestandsbetreuungsvergütung bei Versicherungsvertreter (Nettopolice), OLG Hamm VersR 2018, 222; andere am Leistungserfolg ausgerichtete **Boni, Tantiemen** und **Gratifikationen,** diese sind von §§ 87 ff. nicht vorgesehene, frei-

willige Leistungen, die an Voraussetzungen wie Basisprovisionsumsatz ua angeknüpft werden können, häufig in KfzVertragshändlerverträgen, OLG Düsseldorf ZVertriebsR 2020, 90 (Klauselkontrolle bei Bonuswegfall), Staub/Emde Rn. 21; **Umsatz- oder Gewinnbeteiligung** am Gesamtumsatz oder Gewinn des vertretenen Unternehmens (statt bezogen auf das Einzelne provisionspflichtige Geschäft). §§ 87–87d sind dann unanwendbar, OLG Karlsruhe BB 1966, 1169; OLG Naumburg 7.3.2002, HVR Nr. 1108; OLG Oldenburg NJW-RR 2014, 814; OLG Düsseldorf ZVertriebsR 2015, 249 (iErg abl.). Ein vereinbartes Fixum ist auch zu zahlen, wenn HV nach Ansicht des Unternehmers zu wenig Zeit und Kraft für ihn aufwandte (dann uU Gegenanspruch des Unternehmers auf Schadensersatz), aber nicht, wenn er gar nicht für ihn tätig war, OLG Braunschweig DB 1956, 794. **Altersversorgung:** BetrAVG gilt nach seinem § 17 entspr. für Nichtarbeitnehmer (vgl. → § 59 Rn. 83). Lit.: Stötter/Lindner/Karrer, 2. Aufl. 1980.

Kombination verschiedener Formen ist denkbar, §§ 87 ff. sind dann nur **6** bezüglich der Provision (aber → Rn. 3) anwendbar.

2) Provision für vermittelte Geschäfte (I)

A. **Nur abgeschlossene Geschäfte (I 1): a)** Provisionspflichtig sind nur **7** (während der Vertragszeit, → Rn. 37) **abgeschlossene Geschäfte.** Geschäfte sind (nur) die, welche der HV nach dem HVVertrag zu vermitteln oder abzuschließen übernommen hat (→ § 84 Rn. 22 ff.); das sind Kundengeschäfte, **nicht** auch **Eigengeschäfte** für den HV außer bei Vereinbarung mit dem Unternehmer. Notwendig ist grundsätzlich endgültiger, rechtswirksamer Vertragsabschluss. Vorvertrag genügt noch nicht, obwohl er Pflicht zum Abschluss des Hauptvertrags beinhaltet; MüKoHGB/Ströbl Rn. 66; aber BGH 30.1.1964 (bei von Gamm NJW 1979, 2492); das gilt erst recht für bloßen Rahmen(bezugs)vertrag (→ Rn. 41), BGH NJW 1958, 180, mangels Bezugsverpflichtung aus diesem muss in der Einzelbestellung dazu kommen. Der aufschiebend bedingt abgeschlossene Vertrag ist (während der Vertragszeit, → Rn. 37) hingegen abgeschlossen und begründet Provisionsanwartschaft, hL, OLG Köln 21.3.2014, HVR 1382, OLG Düsseldorf ZVertriebsR 2020, 257 Rn. 17; doch steht der Provisionsanspruch unter bedingter Bedingung (und der weiteren Bedingung der Ausführung, **Provisionsanwartschaft** → § 87a Rn. 1); in Ausnahmefällen greift § 162 BGB. Eintritt der Bedingung erst nach Ende des HVVertrags schadet nicht mehr, BGH NJW 2010, 298; OLG Köln IHR 2016, 40. Entsprechendes gilt bei **Optionsrecht** auf einseitige Begründung des Vertrags, OLG Köln 21.3.2014, HVR 1382, nicht Anwartschaft, anders wenn sich das Optionsrecht aus einem bereits abgeschlossenen, aufschiebend bedingten Kaufvertrag ergibt, OLG Düsseldorf OLGR 1997, 146, MüKoHGB/Ströbl Rn. 67. Sukzessivlieferungsvertrag → Rn. 38. Der abgeschlossene Vertrag muss **rechtswirksam** sein, also keine Provision bei Nichtigkeit, BGH ZIP 2011, 2264, Anfechtung (§ 142 I BGB) oder Eintritt einer auflösenden Bedingung, BGH WM 1991, 76; NJW 2014, 930 Rn. 18; MüKoHGB/Ströbl Rn. 28; Staub/Emde Rn. 59; aA noch OLG München WM 2011, 164 (167) (sittenwidriges Geschäftsmodell, aber → Rn. 9), ebenso bei Ausübung eines vorbehaltenen Rücktritts, Oetker/Busche Rn. 11; bei Teilnichtigkeit unter Restbestand (§ 139 BGB) Provision nur aus diesem; Leistungsstörungen s. § 87a II, III. Hat der Unternehmer die Unwirksamkeit des Vertrags zu vertreten, ggf. Schadensersatzanspruch wegen Verschuldens bei Vertragsverhandlungen (§ 311 II BGB), aber kein Provisionsanspruch (→ Rn. 9), aA § 87 III analog, Canaris § 15 Rn. 57. Ob ein **konkreter Provisionsanspruch** aus dem abgeschlossenen Geschäft besteht, folgt **erst** aus **§ 87a**.

b) Der **Unternehmer** ist **frei** zur Annahme oder Ablehnung der vom HV **8** vermittelten (nicht von diesem auch abgeschlossenen, vgl. → § 84 Rn. 24) Ge-

§ 87 9–13　　　　　　　　　　　　　　　　　　　　1. Buch. Handelsstand

schäfte (→ § 86a Rn. 13). Der HV hat gegen den Unternehmer **keinen Anspruch auf Abschluss** eines von ihm vermittelten Geschäfts, also auch keinen Anspruch auf Ersatz des Schadens, der dem HV durch Nichtabschluss eines von ihm vermittelten Geschäfts entsteht, zB entgangene Provision (→ Rn. 7). Diese unternehmerische Freiheit darf nicht ohne Weiteres durch Berufung auf widersprüchliches Verhalten (§ 242 BGB) oder Verhinderung des Bedingungseintritts (§ 162 I BGB) beeinträchtigt werden, aA Canaris § 15 Rn. 59, zurückhaltend EBJS/Löwisch Rn. 10, anders im Einzelfall, etwa bei Willkür oder Schädigungsabsicht (→ Rn. 86a Rn. 14), nicht bei Wechsel der Geschäftspolitik.

9　Dagegen kann der HV **Schadensersatzanspruch** wegen Pflichtverletzung durch den Unternehmer haben, zB bei Täuschung über das sittenwidrige Geschäftsmodell des Unternehmers (s. → Rn. 7, → § 86a Rn. 1, 2), vertragswidriger Benachteiligung des HV (zB zugunsten eines anderen HV bei Alleinvertretung, → Rn. 24) oder fehlender unverzüglicher Mitteilungen nach § 86a II 2, 3. Zu ersetzen sind zB unnütze Aufwendungen zur Vermittlung der Geschäfte, die der Unternehmer dann nicht abschloss, und entgangener Gewinn, den der HV ohne Bemühung um diese Geschäfte anderweitig hätte erzielen können.

10　Unbegründetes Nichtabschließen vermittelter Geschäfte kann dem HV auch Grund zur **fristlosen Kündigung** mit Ersatz des ihm aus der Vertragsauflösung entstehenden Schadens geben (§ 89a I).

11　B. **Mitverursachung durch den Handelsvertreter (I 1 Fall 1):** Provisionspflichtig sind nach I 1 (Fall 1) Geschäfte, die auf die **Tätigkeit** des HV **zurückzuführen** sind. Mitursächlichkeit genügt (ebenso schon für die „Vermittlung", → § 84 Rn. 22). Mitverursachung auch ohne besonderen Aufwand oder Mühe, MüKoHGB/Ströbl Rn. 76. Es reicht aus, wenn der HV die abschlussbereiten Personen zusammenbringt, BGHZ 43, 112 f. (Offenhalten einer Wettannahmestelle). Nicht erforderlich sind zB: alleinige oder auch nur überwiegende Verursachung durch die Tätigkeit des HV, so wenn der Unternehmer selbst, durch seine Angestellten oder Dritte zum Abschluss beiträgt, BAG BB 1971, 492; BGH NJW 2015, 1754 Rn. 14; unmittelbare Verhandlung des HV mit dem Kunden oder sonstige persönliche Mitwirkung am Abschluss (vgl. → § 84 Rn. 22). Übermittlung der (mündlichen oder schriftlichen) Abschlusserklärungen von Unternehmer und Kunden durch HV; Kenntnis oder Kennenmüssen des Unternehmers bei Direktabschluss, dass HV den Kunden in Richtung auf den Abschluss beeinflusste, OLG Nürnberg BB 1959, 391. Ob Mitursächlichkeit vorliegt, ist danach zu beurteilen, welche Art von Mitwirkung nach dem HVVertrag zu erwarten ist, BAG BB 1971, 492.

12　**Ausreichend:** zB Ausschalten des HV durch Unternehmer und Herbeiführung des Abschlusses durch Unternehmer selbst, RG HRR 1933, 940; nach für sich allein erfolgloser Bemühung des HV Bestellung des Kunden über anderen HV oder direkt beim Unternehmer (vom HV **mitverursachtes Direktgeschäft mit Unternehmer**), BAG DB 1969, 266; Abschluss über eine Gesamtsache, für die der Unternehmer einige Einzelteile selbst von Dritten beschaffen muss, OLG Braunschweig DB 1956, 794; **Aufbauversicherung**, die sich mangels Widerspruchs des Versicherungsnehmers regelmäßig erhöht, falls für Provisionspflicht nicht zeitliche Beschränkung (Dauer des Arbeitsverhältnisses, Beibehaltung des Aufgabengebiets) vereinbart, BAG VersR 1984, 897; 1986, 251; MüKoHGB/Ströbl Rn. 65; ebenso für eine dynamische Lebensversicherung, BGH ZIP 2019, 275 mAnm Thume BB 2019, 835, → Rn. 38 zu Überhangprovisionen; Abgabe an Hauptniederlassung zur Empfehlung an Filialen und Abschluss mit diesen, BGH BB 1960, 111. Preis- und Inhaltsabweichungen schaden nicht, solange die wirtschaftliche Identität des Geschäfts verbleibt, Emde BB 2015, 1545 (vgl. → § 93 Rn. 41).

13　Im Einzelfall kann auch die vom HV als solche herbeigeführte **Weiterempfehlung** durch einen Kunden oder anderen Dritten und daraufhin erfolgende

Bestellung durch einen Vierten ausreichen. Doch genügt nicht schon, dass andere mit dem Kunden verbundene Unternehmen im Konzern, etwa Tochtergesellschaft, OLG Celle BB 1970, 51 (aber → Rn. 14), oder sonst zusammenarbeitende Unternehmen bestellen, EBJS/Löwisch Rn. 39. Erst recht genügt nicht schon, dass der Kunde zufrieden ist und das Produkt weiterempfiehlt.

Davon zu trennen sind die Fälle **wirtschaftlicher Einheit zwischen Unternehmer und Kunden,** Konzernverbund (→ § 84 Rn. 27a) ist nicht notwendig, aber auch nicht schon ausreichend, es kommt auf die Umstände an, EBJS/Löwisch Rn. 43. Provisionspflicht des Unternehmers besteht, wenn nicht er selbst, aber ein von ihm beherrschtes drittes Unternehmen abschließt, BGH NJW 1981, 1785; OLG Köln 8.1.1979, HVR Nr. 526; OLG München 14.5.1999, HVR Nr. 1103. Gleichstehen kann der Abschluss durch ein den Unternehmer beherrschendes anderes Unternehmen **(wirtschaftliche Einheit),** BGH WM 1987, 546. Umgehung muss nicht unbedingt vorliegen. Andererseits genügt nicht schon jede Unternehmensverbindung (§§ 15 ff. AktG), auch nicht die bloße Zugehörigkeit zum gleichen Konzern (→ Rn. 13). Entscheidend ist die wirtschaftliche selbstständige Entscheidung, etwa Abschluss durch ein in Produktion und Vertrieb selbstständiges Schwesterunternehmen, LG Münster MDR 1983, 673. Vgl. → § 89b Rn. 18 zur Verlagerung im Konzern. Lit.: Maier BB 1970, 1327.   **14**

Nicht ausreichend: zB ganz nebensächliche Mitwirkung wie bloße Schreibhilfe oder Übersetzungshilfe (→ § 84 Rn. 23 mit weiteren Beispielen); ebenso grundsätzlich Eigenbestellungen des HV (vgl. → § 84 Rn. 23), MüKoHGB/Ströbl Rn. 27; aA OLG Hamburg OLGE 36, 258 (sofern er nicht Sonderkonditionen erhält), sofern im HVVertrag nicht ausgeschlossen, LG Frankfurt ZVertriebR 2018, 252 Rn. 50. Aber Provisionsanspruch kann aus HdlBrauch folgen. Grenzfall: vom Kauf fest entschlossener Kunde bestellt bei HV, dessen Vermittlung reicht aus, MüKoHGB/Ströbl Rn. 39; K. Schmidt § 27 IV Rn. 58; aA OLG Köln BB 1971, 103; Canaris § 15 Rn. 62, andernfalls erhebliche Unsicherheiten bei Dauerkunden.   **15**

Beweislast für die Verursachung trifft den HV. Dazu genügt als Beweis des ersten Anscheins Nachweis der Betätigung in Richtung auf den Abschluss und Zustandekommen des Geschäfts, OLG Nürnberg BB 1959, 391. Der Anscheinsbeweis wird erschüttert, wenn der Unternehmer „Zäsur" beweist, Emde BB 2015, 1545.   **16**

C. **Nachbestellungen und Folgeaufträge (I 1 Fall 2):** Provisionspflichtig sind nach I 1 (Fall 2) ferner solche Geschäfte, die zwar nicht unmittelbar auf die Tätigkeit des Vertreters zurückzuführen sind, aber mit **von ihm** (für gleichartige Geschäfte) **geworbenen Kunden** geschlossen wurden. Nicht von ihm geworben sind Altkunden, die der HV nur übernommen hat, anders bei wesentlicher Verstärkung der Kontakts mit ihnen, die wirtschaftlich einer Neuerwerbung gleichkommt, so auch wenn der Kontakt abgebrochen war und unter dem HV neu aufgenommen wurde, Oetker/Busche Rn. 19, aA gegen Folgeprovisionen Korte/Harten ZVertriebsR 2021, 364. Diese Geschäfte sind meist wenigstens mittelbar auf die Tätigkeit des HV zurückzuführen; rechtlich kommt es hier jedoch auf Mitursächlichkeit (→ Rn. 48) nicht an. Vielmehr begründet I 1 Fall 2 hier eine unwiderlegliche Vermutung, Gegenbeweis ist also unzulässig. I 2 gilt aber auch hier (→ Rn. 22).   **17**

I 1 Fall 2 gilt nur für **gleichartige Geschäfte.** Darunter fallen ohne Weiteres Nachbestellungen, auch bei veränderten Konditionen, auch bei Modellwechsel. Aber auch Folgeaufträge anderer Artikel gleichartig sein. Nach dem Normzweck ist auf die Zugehörigkeit zum vom HV vertriebenen Sortiment und im Übrigen die Verkehrsanschauung abzustellen.   **18**

Die Bestimmung ist **abdingbar** (→ Rn. 48).   **19**

§ 87 20–24

20 § 87 I 1 (Fall 2) gilt nicht für **Versicherungsvertreter**; deren Provisionsregelung ist enger (§ 92 III 1).

21 D. **Mehrere Handelsvertreter (I 2): a) Nebeneinander:** Wirken mehrere HV zur Herbeiführung eines Geschäfts zusammen, Bsp. KG BB 1969, 1062, so hätte, wenn man allein auf die Mitursächlichkeit abstellt, jeder HV einen vollen Provisionsanspruch und der Unternehmer müsste für das eine Ergebnis vielfach bezahlen. Das entspricht weder Billigkeit noch idR dem Parteiwillen, aber eine gesetzliche Regelung dazu gibt es außer in III 2 (→ Rn. 46) nicht. In erster Linie ist deshalb eine besondere Vereinbarung zwischen dem Unternehmer und den einzelnen HV zu empfehlen und in der Praxis auch teilweise üblich, zB bei Teamarbeit mehrerer HV auf Messe (ganze Provision aus Geschäft mit Kunden aus dem Bezirk des HV), KG BB 1969, 1062 (vgl. → § 89b Rn. 14). Eine **stillschweigende Teilungsabrede** (→ Rn. 48, 35; im Zweifel nach Tatbeiträgen, mangels Feststellbarkeit derselben zu gleichen Anteilen, § 420 BGB) ist dann anzunehmen, wenn der Unternehmer die einzelnen HV von vornherein und für diese klar erkennbar in ein Vertriebssystem mit einer Mehrzahl von HV so einsetzt, dass mitursächliche Beiträge vom System her angelegt sind, Knütel ZHR 144 (1980), 295; KKRD/Roth Rn. 10. Ist dies nicht der Fall, folgt die Teilung nicht etwa aus § 420 BGB („teilbare Leistung") und auch nur in Ausnahmefällen aus § 242 BGB. Vielmehr kann der einzelne HV dann davon ausgehen, dass der Unternehmer dafür sorgt, dass es nicht zu überschneidenden HVTätigkeitsbeiträgen kommt und er volle Provision verdient, sehr str., EBJS/Löwisch Rn. 55; zu **Topf- und Teamabreden** → Rn. 2. **Untervertreter** → § 84 Rn. 31.

22 b) **Nacheinander:** Etwas anderes gilt nach I 2, wenn Ansprüche des HV mit solchen eines **Vorgängers** zusammentreffen, also beide das Kundengeschäft mitverursacht haben. Der HV hat dann keinen Provisionsanspruch, wenn und soweit die Provision nach III 1 dem Vorgänger zusteht (zeitliche Abgrenzung dort, → Rn. 39); ausnahmsweise Teilung der Provision nach III 2 (→ Rn. 46). I 2 gilt für beide Alternativen von I 1 (→ Rn. 11, 17). I 2 ist abdingbar (→ Rn. 48). Lit.: Maier BB 1970, 1327; Knütel ZHR 144 (1980), 289; Westphal BB 1991, 2027.

3) Bezirks- und Kundenkreisschutz (II)

23 A. **Bezirks- oder Kunden(kreis)schutz:** Bei Zuweisung eines bestimmten Bezirks, BGH WM 1982, 636, oder eines bestimmten Kundenkreises, zB Geschäftssparte (oder von beidem kombiniert), erweitert II den Kreis der provisionspflichtigen Geschäfte (→ Rn. 7 ff.) auf nicht unmittelbar (wenn auch vielleicht mittelbar durch seine Arbeit im Bereich) vom Vertreter geworbene Kunden des Bezirks oder Kundenkreises. Auslegung der Zusage von „Projektschutz", OLG Düsseldorf NJW 1982, 1231. Übertragung der Vertretung ohne weitere Verpflichtung für ein bestimmtes Gebiet ist nur Begrenzung des Wirkungskreises, keine Bezirksvertretung, BGH WM 1982, 635; OLG Karlsruhe 10.5.2005, HVR Nr. 1156.

24 Davon zu unterscheiden ist **Alleinvertretung** bzw. Alleinvertrieb, BGHZ 89, 206; BGH DB 1961, 601; OLG Karlsruhe NJW-RR 2015, 290; näher Staub/Emde § 84 Rn. 155 ff. Diese kann **je nach Abrede** entweder nur Ausschluss von Direktgeschäften des Unternehmers oder alleiniges Betätigungsrecht des Vertreters unter Ausschluss anderer HV oder wie zumeist beides bedeuten, aA Staub/Emde § 84 Rn. 156: iZw kein Wettbewerbsverbot (zum Wettbewerbsverbot → § 86a Rn. 17), aA kein Direktvertrieb auch ohne Alleinvertretung, Graf von Westphalen Beil. zu ZIP 22/2016, 91 (VersVermittler). Zuweisung „exklusiv" ist iZw nur Bezirksschutz, OLG Karlsruhe NJW-RR 2015, 290. Auch die Rechtsfolgen sind unterschiedlich: bei Alleinvertretung verstößt zB ein Direktabschluss des Unternehmers gegen dessen Vertragspflicht mit allen Konsequenzen, etwa

Schadensersatz, BGH BB 1975, 1409; OLG Düsseldorf ZVertriebsR 2013, 225; RWH/Thume Rn. 21; oder fristlose Kündigung durch den Vertreter nach § 89a, OLG Düsseldorf 8.6.1972, HVR Nr. 468; bei Bezirks- oder Kundenkreisschutz erhält der Vertreter dagegen lediglich hieraus Bezirksprovision. Beides kann, aber muss nicht kombiniert sein, OLG Düsseldorf 8.6.1972, HVR Nr. 468; OLG Karlsruhe 10.5.2005, HVR 1156 (→ Rn. 48). In englischsprachigen Verträgen Abstufung zwischen exclusive agent (keine Konkurrenz), sole agent (keine weiteren HV, aber Eigengeschäfte des Unternehmers) und non-exclusive agent (ohne diese Einschränkungen), Emde VersR 2012, 540.

Lit.: Fock ZEuP 1998, 354 (EU).

Zuweisung des Bezirks oder Kundenkreises ist nicht einseitige Zuweisung 25 durch Unternehmer, sondern kommt nach allgemeinen Regeln durch **formfreie,** auch konkludente **Vereinbarung** zustande, Bsp. für Auslegung BGH WM 1982, 635 (iErg abl.); OLG Düsseldorf 9.5.2003, HVR Nr. 1083 (iErg abl.), zB durch die Klausel „direkte und indirekte Geschäfte provisionspflichtig", BGH BB 1956, 95, bei Provision „für alle fakturierten Geschäfte innerhalb des Vertragsgebietes", OLG München ZVertriebsR 2016, 31. Bezeichnung „Generalvertreter" ist nicht eindeutig (→ § 84 Rn. 32). Zuweisung kann aber auch nur das Arbeitsgebiet des HV ohne solche konkludente Vereinbarung bedeuten, EBJS/Löwisch Rn. 65, im Falle eines solcher Vereinbarung (auch ohne zusätzliche Pflichten) treten die Rechtsfolgen des II aber kraft Gesetzes ein, str., von Hase BuW 2003, 685. Auch Änderungen der Zuweisung setzen Vereinbarung voraus. Schweigen des Bezirksvertreters auf Mitteilung des Unternehmers, er werde auf Direktgeschäfte mit einem bestimmten Kunden keine Provision mehr zahlen, gilt nicht als Zustimmung, OLG Nürnberg BB 1957, 560.

Umfang: Der Umfang der Zuweisung und des mit ihr verbundenen 26 Schutzes hängt von der Vereinbarung ab. Bezirksschutz umfasst Geschäfte mit Kunden, die Sitz oder Geschäftsniederlassung im Bezirk haben, auch wenn anderswohin zu liefern ist, BGH NJW 1958, 180; nicht Abschluss mit Käufer (von Kfz) außerhalb des Bezirks, der an Käufer (ersten Halter des Kfz) innerhalb des Bezirks weiterverkauft, auch wenn der Unternehmer diese Weiterverkaufsabsicht kennt, BGH BB 1960, 956. Entscheidend ist also die **Bezirksansässigkeit des Bestellers,** nicht der zufällige Vertragsabschlussort oder der Ort, an den zu liefern ist, OLG Bamberg (1999) HRV Nr. 936. Ist der Besteller eine juristische Person, ist der Ort ihrer tatsächlichen Geschäftstätigkeit maßgebend; findet diese an verschiedenen Orten statt oder ist der HV in mehreren Hoheitsgebieten tätig, „kann" der Schwerpunkt mittels anderer Elemente, insbesondere Verhandlungs- und Lieferort, bestimmt werden, EuGH EuZW 1997, 248 (Kontogeorgas) mAnm Fock ZEuP 1998, 351; Rspr. und hL bleiben also unberührt, Habersack/Sanz EWS 1997, 289. Bezirksschutz umfasst, falls nichts anderes vereinbart, sämtliche (auch künftige) Kunden des Bezirks, OLG Nürnberg MDR 1982, 324. Bei Sitzverlegung nach außerhalb des Bezirks entfällt Provisionspflicht, OLG Nürnberg BB 2001, 1169, bereits verdiente Provisionen bleiben dem Bezirksvertreter erhalten (→ Rn. 35).

Nach diesen Grundsätzen sind auch die Fälle zu entscheiden, in denen ein 27 Kundenunternehmen **mehrere Filialen** hat oder ein Kunde **mehrere Unternehmen** führt. Entscheidend ist, welche Filiale bzw. welches Unternehmen bestellt, nicht an wen geliefert wird. Bei Geschäften mit bezirksansässiger Filiale eines Unternehmens von außerhalb des Bezirks ist das äußere Erscheinungsbild (nicht interne Bindung an Sortimentsliste der Zentrale ua) entscheidend; tritt die Zweigniederlassung auf Grund ihrer Entscheidungsfreiheit und Selbständigkeit nach außen als der Besteller auf, greift II ein, BGH BB 1976, 1530; 1978, 1137; OLG Düsseldorf WM 1970, 1284. Umgekehrt führt die Bestellung einer bezirksfremden Filiale eines bezirksansässigen Unternehmens nicht zur Bezirksprovision, BGH BB 1957, 9. Provisionskonkurrenzen → Rn. 21, 28, 35.

28 **Gegenleistung** des Vertreters für die besonderen Rechte sind besondere Pflichten. Der Vertreter muss den **zugewiesenen Bereich** laufend und in besonderer Weise pflegen, BGHZ 41, 295. Er darf nicht im Bezirk für andere Unternehmer Waren gleicher Art vertreiben, zB Weine aus demselben Anbaugebiet, OLG München BB 1955, 714. Betätigung **außerhalb des zugewiesenen Bereichs** ist dem Bezirksvertreter nicht ohne Weiteres verboten, MüKoHGB/Ströbl Rn. 81, auch wenn in diesem Bereich ebenfalls ein Bezirksvertreter tätig ist. Doch kann sich eine anderweitige Vereinbarung auch konkludent aus der Aufteilung des gesamten Absatzgebietes des Unternehmers in Bezirke mit Bezirksvertretern und längere Duldung der außerbezirklichen Tätigkeit ergeben, MüKoHGB/Ströbl Rn. 81. Gestattung durch Unternehmer ist immer möglich, Einzelheiten bei BGH WM 1971, 564; 2006, 1358; ob dieser dadurch in Rechte anderer HV eingreift, berührt den Bezirksvertreter grundsätzlich nicht. Provisionskonkurrenz mehrerer Bezirksvertreter → Rn. 35.

29 § 87 II gilt **nicht für Versicherungsvertreter** (§ 92 III 2); **Vertragshändler** (→ § 84 Rn. 11).

30 B. **Bezirksprovision:** Der Bezirksvertreter erhält die **Provision** für **alle Abschlüsse** in der Vertragszeit **im Bezirk (II 1)**, entsprechendes gilt bei Kunden(kreis)schutz. Provisionspflichtig sind Abschlüsse also **auch ohne seine Mitwirkung**, BGHZ 41, 295, einerlei ob Direktgeschäfte des Unternehmers oder von Dritten vermittelte, OLG Düsseldorf NJW 1982, 1232; auch wenn ein anderer Vertreter mitwirkt (und dafür Vergütung vom Unternehmer beanspruchen kann), BGH NJW 1958, 180; EuGH EuZW 1997, 249 (Kontogeorgas) mAnm Fock ZEuP 1998, 351; zur Frage der Teilung in solchen Fällen → Rn. 35. Vorausgesetzt sind allerdings Geschäfte der Art, auf die sich seine Vermittlungs- oder Abschlusspflicht (§ 84 I) erstreckt (vgl. → § 84 Rn. 26). Auch muss der Unternehmer unmittelbar oder mittelbar an diesem Geschäft beteiligt sein, EuGH NJW 2008, 1211 (Chevassus-Marché/Danone). Abschluss im Bezirk bedeutet nicht physischer Abschluss an einem Ort in demselben, sondern Zugehörigkeit des geworbenen Kunden zu diesem, also Bezirksansässigkeit (→ Rn. 26). Keine Bezirksprovision bei Belegschaftsverkauf in üblichem Rahmen, also zu Sonderkonditionen, MüKoHGB/Ströbl Rn. 105. Keine Bezirksprovision, soweit das Geschäft unter ein Konkurrenzverbot für den Bezirksvertreter fällt, Küstner/Thume/Schürr, Bd. 1, Kap. III Rn. 88.

31 Die Bezirksprovision nach II ist **Entgelt für Gesamtbemühung** des Vertreters, nicht für bestimmte Leistungen in bestimmter Zeit. Es kommt also nicht darauf an, warum das Geschäft nicht vom HV vermittelt wurde (aber → Rn. 32), ob man das als tätigkeitsunabhängig bezeichnet, Staub/Emde Rn. 100, oder tätigkeitsbezogen, Oetker/Busche Rn. 21, ansieht, ist nicht entscheidend. Bezirksprovision fällt deshalb auch an, zB wenn HV nach unberechtigter fristloser, erst zum nächsten Kündigungstermin wirkender Kündigung des Unternehmers Tätigkeit einstellt, und zwar ohne Abzüge nach § 615 S. 2 BGB, BGH BB 1992, 1162 (→ § 89a Rn. 38); während der Vertreter schuldlos arbeitsunfähig ist, BGHZ 41, 295; OLG Braunschweig BB 1993, 2113; wenn die Geschäftsverbindung zeitweise unterbrochen war, BGH BB 1978, 1137; bei Wehrdienst, OLG Hamm 18.12.1998, HVR Nr. 964; selbst wenn der Vertreter in der ganzen Vertragszeit schuldlos untätig war, offen BGHZ 41, 296.

32 **Verschuldete Untätigkeit** lässt Bezirksprovisionsanspruch nicht einfach entfallen, OLG Stuttgart BB 1970, 1112. Doch besteht aufrechenbarer **Gegenanspruch** des Unternehmers **auf Schadensersatz** aus §§ 280 ff. BGB für die ihm entgangenen Geschäfte und für seine Unkosten (die ihm der HV hätte ersparen sollen) und uU außerordentliches Kündigungsrecht (§ 89a), MüKo-

HGB/Ströbl Rn. 107. Der Schadensersatz kann uU zur teilweisen Freistellung von der Vergütungspflicht führen, EBJS/Löwisch Rn. 61, 12.

Treu und Glauben stehen dem Verlangen der Provision für ein Direktgeschäft nur ausnahmsweise entgegen, zB wenn der HV arglistig Mühe und Kosten auf den Unternehmer abschob, weil er die Provision doch erhalte, vgl. RGZ 109, 256; wenn er die vom Unternehmer gewünschte Mitwirkung an Herbeiführung des Abschlusses ohne zureichenden Grund abgelehnt hat, OLG Hamm BB 1959, 682. 33

Abweichende Vereinbarungen zu II sind ohne Weiteres möglich (→ Rn. 48). 34

C. **Mehrere Bezirksvertreter (II 2): a) Nebeneinander:** Im Ausgangspunkt gilt dasselbe wie bei mehreren einfachen HV (→ Rn. 21). Doch sind hier Provisionskonkurrenzen zB durch Aufteilung von Abschluss und Einzelbestellung zwischen Haupt- und Zweigniederlassungen oder Sitzwechsel systembedingt unvermeidbar und die Bezirksvertreter können nicht annehmen, dass der Unternehmer mehrfach voll bezahlen will. Zunächst erhält deshalb jeder Bezirksvertreter Bezirksprovision nur für Tatbeiträge in seinem eigenen Bezirk. Im Übrigen ist idR eine stillschweigende Teilungsabrede anzunehmen (→ Rn. 21, 48, str.), ohne eine solche besteht voller Zahlungsanspruch. Bei **Sitzverlegung von Kunde K** aus Bezirk A in Bezirk B braucht der Unternehmer weder zweimal volle Provision zu bezahlen, so Schröder DB 1963, 541, noch verliert A seine Provisionschance aus neuen Geschäften mit dem Kunden völlig an B, so Wessel BB 1962, 473, vielmehr volle Bezirksvertreterprovision von HV B und uU Folgeprovisionen von HV A, vgl. Staub/Emde Rn. 116 ff., nach aA ist zu teilen, LG Düsseldorf, 22.8.1941, HVR Nr. 16. Das gilt nur für die Bezirksvertreterprovision, Provision nach I 1 und III 1 jeweils nach ihren Voraussetzungen. Bei **Bezirkswechsel** des Bezirksvertreters behält A seine Provisionsanwartschaften nach I 1, wenn nichts anderes vereinbart ist, str., Staub/Emde Rn. 120, zum Rotationsvertrieb → § 89b Rn. 32 und Staub/Emde § 89b Rn. 324. Bei **Messegeschäften** bleibt es grundsätzlich bei II 1, keine Provision des zufällig Abschließenden, aber idR ist von stillschweigender Teamvereinbarung (→ Rn. 2) auszugehen, Staub/Emde Rn. 115; auch MüKoHGB/Ströbl Rn. 104; aA EBJS/Löwisch Rn. 71: es bleibt bei II 1. Lit.: Schröder DB 1963, 541. Allgemein und zu weiteren Provisionskollisionen Staub/Emde Rn. 136 ff.; zu Rotationssystemen → § 89b Rn. 32. 35

b) Nacheinander: II 2 bestimmt für Bezirksvertreter dasselbe wie allgemeiner I 2 (→ Rn. 22), nämlich dass wenn und soweit die Provision dem **Vorgänger** zusteht, der Nachfolger keinen Provisionsanspruch hat (→ Rn. 39). 36

4) Zeitliche Abgrenzung gegenüber Vorgänger (I 2, II 2)

A. **Abschlüsse in der Vertragszeit:** Die Provisionspflicht umfasst grundsätzlich alle Abschlüsse (welche die sonstigen Voraussetzungen nach I, II erfüllen) in der Vertragszeit und nur diese, I 1, zB nicht Nachbestellungen (I 1 Fall 2) nach Vertragsende, BGH BB 1957, 1086 (**Ausnahme:** wenn diese iSv III vom HV vorbereitet sind, dazu → Rn. 41 ff.). Bei Kündigung, auch fristloser, kommt es nicht auf Eintritt des Kündigungsgrundes oder Aussprechen der Kündigungserklärung, sondern auf den Zeitpunkt des Wirksamwerdens an, Abschluss vorher genügt, BGH 27.2.1976 (bei von Gamm NJW 1979, 2492). 37

Unerheblich ist der Zeitpunkt des Eintritts einer aufschiebenden Bedingung (→ Rn. 7) und der **Ausführung.** Provisionspflichtig sind auch Geschäfte, die vor Beendigung des HVVertrags abgeschlossen, aber erst danach ausgeführt worden sind (**Überhangprovisionen,** → Rn. 2, AGB → Rn. 48), BGH WM 1998, 723; OLG Naumburg 7.3.2002, HVR Nr. 1108; OLG Hamm IHR 2016, 85; OLG Düsseldorf ZVertriebsR 2020, 257 Rn. 17. Dies gilt auch bei **Sukzessivliefe-** 38

rungs- und Serienbelieferungsverträgen mit bloßen Einzelabrufen (Einheitsvertrag, demgegenüber Rahmen- bzw Bezugsvertrag → Rn. 41), BGH NJW 1958, 180; OLG Düsseldorf DB 1977, 817; OLG Koblenz 14.6.2007 HVR Nr. 1226; Thume BB 2019, 836, bisher hL: provisionsauslösend ist dann die Serienbestellung, nicht der einzelne Lieferabruf, so auch noch OLG Köln 21.3.2014, HVR Nr. 1382. Demgegenüber zutr BGH NJW 2015, 1107 mAnm Grünvogel ZVertriebsR 2015, 173, Schnell BB 2015, 1233: danach kommt es auf die Provisionsvereinbarung an, die Auslegung ergibt iZw eher, dass Provision bei Laufzeiten von mehreren Jahren erst mit Abruf entstehen soll (auch → Rn. 48), auch EBJS/Löwisch Rn. 32, 35. Aufbauversicherung, dynamische Lebensversicherung → Rn. 12. Auch wenn ein **Dauervertrag** mangels Kündigung fortgesetzt wird, anders wenn deren Unterlassung auf neuen HV oder den Unternehmer zurückgeht. Liegt dieser Zeitpunkt erst nach Vertragsende, muss Provision eben nachgezahlt werden. Der Vertrag kann aber die Provisionspflicht von Ausführung vor Vertragsende oder vor Zeitpunkt x nach Vertragsende abhängig machen (→ § 87a Rn. 8).

39 B. **Vorherige Abschlüsse (I 2, II 2):** Abschlüsse vor Vertragsbeginn und Abschlüsse in der Vertragszeit, die ganz (III 1) oder teilweise (III 2; Provisionsteilung → Rn. 46) noch für einen früheren ausgeschiedenen Handelsvertreter provisionspflichtig sind, sind (insoweit) nicht für den Nachfolger provisionspflichtig (I 2, → Rn. 22; II 2, → Rn. 36).

5) Abschlüsse nach Vertragsende (III)

40 A. **Abschlüsse nach Vertragsende (III 1 Nr. 1):** Sie sind provisionspflichtig entweder nach III 1 Nr. 1 (zwei Fälle) oder nach III 1 Nr. 2 III gibt dem ausgeschiedenen HV einen wirtschaftlichen Gegenwert für seine Bemühungen und soll Streitigkeiten über die Aufteilung der Provision zwischen ihm und seinem Nachfolger vermeiden, BGH NJW 2010, 301. Nach **III 1 Nr. 1** sind Abschlüsse nach Vertragsende unter zwei Voraussetzungen provisionspflichtig:

41 a) Der HV muss sie **entweder vermittelt** haben **(Nr. 1 Fall 1) oder** sie eingeleitet und **so vorbereitet** haben, **dass der Abschluss überwiegend auf seine Tätigkeit zurückzuführen** ist **(Nr. 1 Fall 2).** Der erste Fall („vermittelt") hat wenig Bedeutung. Denn wenn „vermittelt" bedeutet, dass der HV schon das Angebot des Kunden dem Unternehmer zugehen ließ (AmtlBegr), greift ohne die engeren Voraussetzungen von Nr. 1 schon Nr. 2 ein. Wichtig ist dagegen der zweite Fall **(„so vorbereitet"**, angebahnt). Danach kann es zugunsten des HV genügen, dass er **Musterkäufe** (auf die zunächst allein Provision gezahlt wurde) veranlasste und der Abnehmer später, nach Erprobung der aus den Mustern gefertigten Waren auf einer Ausstellung (Kleider) größere Mengen bestellten, BGH BB 1957, 1086. Hat zum Abschluss nach Vertragsende auch der NachfolgerHV oder auch der Unternehmer selbst mitgewirkt, so ist nach dem Wortlaut von Nr. 1 Fall 2 abzuwägen, wem das überwiegende Verdienst gebührt; ist das der HV, fällt ihm die volle Provision zu, sonst erhält er gar nichts, die Provision wird also nicht geteilt. Bei bloßen **Rahmen- bzw. Bezugsvertrag bzw. Mehrjahresvereinbarung** (mit immer neuen Abschlüssen, → Rn. 7; zu unterscheiden vom Sukzessivlieferungsvertrag, → Rn. 38, 42) liegt nach bisheriger Ansicht bloße, noch nicht provisionspflichtige Provisionsanwartschaft vor, BGH NJW 1958, 180; ZVertriebsR 2016, 242 mAnm Thume IHR 2016, 188; OLG Köln 21.3.2014, HVR Nr. 1382 (iErg anders); Staub/Emde Rn. 69; EBJS/Löwisch § 87 Rn. 35. Doch kommt eine Vergütung aus stillschweigender Vereinbarung (ergänzender Vertragsauslegung) oder nach § 354 in Betracht, aA Staub/Emde Rn. 158, jedenfalls bei noch weitergehender, dem Unternehmer vorteilhafter Bindung des Kunden (außer der Pflicht, nicht anderswo zu kaufen), BGH NJW 1958, 180; III geht aber, soweit er vorliegt, § 354 vor. Aber diese

Unterscheidung zwischen Sukzessivlieferungsvertrag und Rahmen- bzw. Bezugsvertrag ist von der Rspr relativiert worden. Richtigerweise kommt es auf die konkrete Provisionsabrede an, BGH NJW 2015, 1107, → Rn. 38), also darauf, ob der HV nur einen Rahmen- bzw. Bezugsvertrag vermitteln soll, ohne an Einzelgeschäften beteiligt zu sein, oder ob er bei der Vermittlung des ersteren Vertrags auch an allen künftigen Einzelgeschäften partizipieren soll (§§ 133, 157 BGB), MüKoHGB/Ströbl Rn. 64. Diese Auslegung kann im Einzelfall schwierig sein. Jedenfalls folgt aus dem Rahmen- bzw. Bezugsvertrag nicht ohne weiteres die Beteiligung des HV auch an den Einzelgeschäften, insoweit aA Thume BB 2019, 837 f. Zu Geschäften, die vorbereitet, aber nicht zustande gekommen waren, und auf die der Kunde später zurückkommt, Schweizer/Heldrich WRP 1976, 25. Sind Provisionen nach III zweifelsfrei zu verneinen, besteht kein Anspruch auf Provisionsabrechnung (Hilfsrechte, → § 87c Rn. 19, BGH ZVertriebsR 2016, 242. Zu Überhangsprovisionen bei verschiedenen Dauerschuldverhältnisse wie Bezugs- und Bedarfsdeckungsverträgen und Serienbelieferungsverträgen Döpfer FS Thume 2008, 35 ff.; Thume BB 2019, 835.

III 1 Nr. 1 erfasst nach seinem klaren Wortlaut anders als I 1 **nicht Nach-** **42** **bestellungen und Folgeaufträge** (I 1 Fall 2, → Rn. 17); aus Anschluss eines Sukzessivliefervertrags sind auch Bestellungen (Abrufe) nach Vertragsende schon nach I 1 provisionspflichtig (→ Rn. 38), nicht nach III. III 1 Nr. 1 verlangt Tätigkeit für den in Rede stehenden Abschluss; es genügt nicht, dass der Kunde vom HV geworben war. Lit.: Hohn BB 1972, 521 (zur aF).

b) Diese Provisionspflichtigkeit besteht für (wirksame) Abschlüsse nach Ver- **43** tragsende nach III 1 Nr. 1 (mit beiden Fällen) nur **innerhalb angemessener Zeit nach Vertragsbeendigung (III 1 Nr. 1 Hs. 2).** Fristbeginn ist Vertragsende, hL, früher aA relevante Vermittlungstätigkeit des HV, Wauschkuhn/Fröhlich BB 2010, 526. Bei Rahmenvertrag und darunter Kundenvertrag kommt es auf Wirksamkeit beider an (→ Rn. 41). Was angemessen ist, bestimmt sich je nach Art und Bedeutung des Geschäfts. Je länger die Vorbereitung des einzelnen Geschäfts bestimmter Art zu dauern pflegt (zB sofort lieferbare Stapelware oder große Maschinen in Spezialanfertigungen), desto länger muss die Provisionspflicht nach Vertragsende dauern. In einem Sonderfall galten zwei Jahre nach Vertragsende noch als angemessen, BGH BeckRS 1964, 105105, sogar vier Jahre (Spezialmodell), OLG Koblenz 14.6.2007, HVR Nr. 1226. Dagegen spielt das Alter des Vertrags keine Rolle (anders § 89: Kündigung und Übergang in eine neue Tätigkeit).

B. **Abschlüsse nach Vertragsende (III 1 Nr. 2):** Sie sind ferner nach **III 1** **44** **Nr. 2** (neu 1990, → § 84 Rn. 3) provisionspflichtig unter zwei (von Nr. 1 verschiedenen) Voraussetzungen:

a) Das **Angebot des Dritten** zum Abschluss eines nach I 1 oder II 1 provisionspflichtigen Geschäfts muss entweder dem HV oder dem Unternehmer **zugegangen** (§ 130 BGB, BGHZ 67, 275) sein, erweiternd Walter NJW 2019, 959. Das Angebot muss verbindlich und annahmefähig sein, bloß ernsthaftes Interesse genügt nicht, RWH/Thume Rn. 36. Tätigkeit des HV ist für III 1 Nr. 2 nicht nötig (anders Nr. 1, → Rn. 41), auch der Bezirksvertreter (§ 87 II) ist also geschützt.

b) Der **Zugang** muss noch **vor Vertragsende** des HVVertrags erfolgen. **45** Dann genügt die (auch modifizierte) Annahme nach HVVertragsbeendigung. Eine zeitliche Grenze wie in Nr. 1 (innerhalb angemessener Zeit) ist nicht vorgesehen.

C. **Teilung der Provision (III 2):** Provisionsteilung mit dem nachfolgenden **46** HV kommt bei besonderen Umständen nach Billigkeit in Betracht (III 2 neu 1990, → § 84 Rn. 3; zur Provisionsteilung nebeneinander tätiger HV → Rn. 21,

35). Besondere Umstände sind in der Mitwirkung des NachfolgerHV beim Geschäftsabschluss zu sehen. III 2 ist auch bei klar überwiegender Mitwirkung des einen Teils anwendbar (anders früher), Staub/Emde Rn. 169; anders, nur wenn angemessen, Oetker/Busche Rn. 33; keine Provisionsteilung bei nur geringfügigen Beiträgen, jedoch Einzelfallabwägung MüKoHGB/Ströbl Rn. 124 f. Hat zum Abschluss nach Vertragsende nicht ein NachfolgerHV, sondern der Unternehmer selbst oder sein Personal (zB bei Umstellung auf Eigenvertrieb) beigetragen, gilt III 2 nicht. Provisionsteilung bzw. Provisionsweitergabe an Kunden → § 87b Rn. 20.

6) Inkassoprovision (IV)

47 Für die (auftragsgemäße) Einziehung von Geldern (Inkassoauftrag und -vollmacht, § 55 III) hat der HV Anspruch auf besondere Provision (Inkassoprovision), auch neben der Provision für vermittelte oder unter Bezirks- oder Kundenschutz fallende Geschäfte (I–III). Die Inkassoprovision ist (anders die Delkredereprovision, § 86b I 1) auch im Voraus abdingbar, → Rn. 48. Für die Höhe gilt wie für die Delkredereprovision (→ § 86b Rn. 10) § 87b, nach aA § 354. Die Inkassoprovision wird nach § 87a IV fällig, nicht wie nach § 271 I BGB sofort, MüKoHGB/Ströbl Rn. 129, aA EBJS/Löwisch Rn. 78. AGB über Teilnahme des HV am SEPA-Lastschriftverfahren ist wirksam, MüKoHGB/Ströbl Rn. 130.

7) Abweichende Vereinbarungen

48 Der Anspruch nach § 87 ist **nicht zwingend,** BGH NJW 2015, 1107; OLG München ZVertriebsR 2018, 176 (nur Betreuungspauschale); Thume BB 2019, 838, **Gegenschluss** zB aus §§ **87a V, 87c V** (dort nicht dispositiv), OLG Düsseldorf ZVertriebsR 2020, 257 Rn. 17; vertragliche Regelung (→ § 85 Rn. 1) ist sogar empfehlenswert; aA wegen EU-RL J. Schmidt ZHR 156 (1992), 512, aber Gegenschluss für Art. 7, 8, 9 aus Art. 10 IV, 11 III, 12 III, 19 EU-RL und Entstehungsgeschichte, BGH NJW 2014, 1735 Rn. 12; iErg auch Canaris § 15 Rn. 23; EBJS/Löwisch Rn. 81 ff. **Auslegung der Provisionsabrede,** BGH NJW 2015, 1107 mAnm Grünvogel ZVertriebsR 2015, 173 (Serienbeliefungsvertrag, → Rn. 38). **Abbedingung** von I 1 Fall 2 ist zulässig, darf aber nicht zu Umgehung von § 89b führen (→ § 89b Rn. 70), BGHZ 141, 253. Zulässige Aussonderung (Bestandsübertragung bei Bestandsgefährdung) bei VersVertreter § 92 Rn. 8. Anderweitige Vereinbarungen zu II sind möglich, Art. 7 II EU-RL steht nicht entgegen BGH NJW 2014, 1735; schon BGH BB 1978, 1136; OLG Nürnberg BB 1963, 203, Liste bei Staub/Emde Rn. 20 ff., zB erweiternd über Inhalt und Umfang des Bezirks- oder Kundenkreisschutzes oder über Alleinvertretungsrecht (→ Rn. 24); „Provision folgt der Ware" statt Bezirksansässigkeit des Bestellers (→ Rn. 26); Einschränkungen dahin, dass zusätzlich eine Mitwirkung des Bezirksvertreters notwendig ist, werden zT unter Berufung auf EuGH EuZW 1997, 248 (Kontogeorgas, → Rn. 30, → § 84 Rn. 3) für unmöglich erklärt, Habersack/Sanz EWS 1997, 290, aber andere Auslegung ist möglich, von Hase BuW 2003, 685, den Spezialfall mehrerer Bezirksvertreter (→ Rn. 35) hat der EuGH jedenfalls nicht behandelt. Das Provisionsrecht kann auch stillschweigend erweitert werden, BGH BB 1961, 497. Topfabreden → Rn. 2. § 87 ist auch zu Lasten des HV abdingbar (Verzichtsklauseln), aA für Änderungsvorbehalt, auch durch Individualabrede, Staub/Emde Rn. 11; **Grenzen** setzen aber ua für **AGB (5) §§ 305 ff. BGB** (→ § 86 Rn. 8), zB BGH WM 1998, 723; OLG München BB 1992, 455 (Beförderungsrichtlinien), kein Recht zur einseitigen Änderung des Bezirks ohne sachgerechte Begrenzung, BGHZ 89, 206, zur freien Provisionsänderung bei neuen Tarifen, OLG München VersR 2008, 121; UBH/H. Schmidt (23) HVVerträge Rn. 4; vgl. aber OLG Karlsruhe OLGR 2008, 321 (IATA-Mustervertrag); unklare AGB Bezirksschutz/Alleinvertretung, OLG Karlsruhe 10.5.2005, HVR Nr. 1156. Vereinbarung kann zB den Anspruch nach I 1 auf **Überhangprovisionen** (→ Rn. 38) individualvertraglich ausschließen, BGHZ 33, 94; WM 1998, 723 (aber nur in den Grenzen von § 87a III, dort → § 87a Rn. 21, 33), offen für AGB, BGH NJW 2010, 299; **für AGB ablehnend** OLG Düsseldorf ZVertriebsR 2020, 257 Rn. 17; für den Regelfall ablehnend auch MüKoHGB/Ströbl Rn. 69, außer für Versicherungsbranche, dazu auch Thume BB 2019, 839; zweifelnd Emde BB 2010, 2759; aA Daum VersR 2011, 565; Thume BB 2012, 979, oder den Anspruch aus **Nachgeschäften nach III** beschränken, etwa auf begrenzte Zeit nach der ersten Bestellung des Kunden, oder ganz ausschließen oder zB die Frist iSv III 1 Nr. 1 genauer bestimmen, auch unter die angemessene Frist iSv III 1 Nr. 1 kürzen. Provisionsausschluss bei bloßer Mitverursachung (→ § 84 Rn. 22) ist idR unwirksam (§ 307 II BGB), OLG München 22.3.2012, HVR Nr. 1357 Rn. 14; OLG Düsseldorf ZVertriebsR 2020, 257 Rn. 17; OLG Hamm ZVertriebsR 2022, 116 Tz. 61. Vereinbarung von Provision „nach Absprache" betrifft iZw nur Höhe, OLG Frankfurt a. M. 4.3.1997, HVR Nr. 1045. Stillschweigende Vereinbarung genügt auch insoweit, muss aber klar und eindeutig sein, vor allem bei Provisionskürzung in Formularvertrag, OLG Karlsruhe BB 1971, 1123; OLG Oldenburg 21.12.1995, HVR Nr. 995; OLG München 22.3.2012, HVR Nr. 1357, Grenze dann § 315 BGB, OLG Karlsruhe OLGR 2008, 321. Wählt HV jahrelang pauschale Abrechnung, liegt darin weder schon konkludenter Verzicht auf spätere konkrete Provisionsabrechnung noch Verwirkung (vgl. → § 87c Rn. 19, → § 89b Rn. 80), OLG Hamm 30.10.1998, HVR Nr. 962. Grenzen für Änderungs- und Widerrufsvorbehaltsklauseln Staub/Emde Rn. 11, 13, str. Abweichender dem HV nachteiliger HdlBrauch setzt sich gegen II wegen des Gerechtigkeitsgehalts von II nicht durch, OLG Celle BB 1961, 1341; MüKoHGB/Ströbl Rn. 9. **Abbedingung von IV** ist auch im voraus zulässig, UBH/H. Schmidt (23) Rn. 4, → Rn. 47. Lit.: Schröder BB 1962, 738; 1963, 567; Daum VersR 2011, 565 (Riester-Verträge); Thume MDR 2011, 703 (Dauerverträge); BB 2012, 975; 2019, 835 (Dauergeschäfte), Emde BB 2017, 128 (Dauerschuldverhältnis).

8) Abtretung, Verpfändung, Pfändung, Prozess, Insolvenz

A. **Abtretung, Verpfändung:** Der Vergütungsanspruchs des HV, auch der **49** erst künftige, ist abtretbar und verpfändbar, anders nach § 400, 1274 II BGB, soweit die Forderung unpfändbar ist. Abtretungsverbot nach AGB war bisher möglich, Staub/Emde Rn. 29; aA EBJS/Löwisch Rn. 16, aber § 354a und ab 2022 Unwirksamkeit von Abtretungsausschlussklauseln nach § 308 Nr. 9 BGB (2021), Kalisz WM 2022, 65. Provisonsabtretungsverbot nach § 48b VAG, Staub/Emde Rn. 30.

B. **Pfändung:** Die Provisionsansprüche des HV unterliegen den Pfändungs- **50** schutzvorschriften der §§ 850 ff. ZPO. Sie sind, obwohl der HV selbstständig ist, Arbeitseinkommen iSv § 850 II ZPO, BAG NJW 1962, 1121; OLG Hamm BB 1972, 855, str., und zwar sonstige Vergütungen für Dienstleistungen, sofern diese die Erwerbstätigkeit des HV vollständig oder zu einem wesentlichen Teil in Anspruch nehmen. Bei Mehrfirmenvertretung ist für das Merkmal „zu einem wesentlichen Teil" nicht auf jede einzelne Vertretung, sondern auf die Gesamtinanspruchnahme abzustellen. Voll unpfändbar sind aber ggf. Spesenbeträge (§ 850a Nr. 3 ZPO), OLG Hamm BB 1956, 668. Von nicht wiederkehrend zahlbaren Vergütungen (vgl. → Rn. 5) aus persönlicher Tätigkeit kann auf Antrag das Nötige zum Unterhalt des HV und seiner Familie belassen werden (§ 850i ZPO idF 2010), damit haben Streitfragen zur Reichweite der §§ 850 ff. ZPO für HV an Bedeutung verloren, Emde BB 2012, 3032. Künftige Provisionsansprüche sind nach § 832 ZPO pfändbar, vorbehaltlich §§ 850a ff. ZPO, Oetker/Busche Rn. 37; eine Verrechnungsabrede zwischen Unternehmer und Inkassovertreter, nach der dieser vom Inkasso seine Provision einbehalten darf, setzt sich aber gegenüber der späteren Pfändung im Ergebnis nicht durch, anders nur bei echter Vorausaufrechnung, str., Staub/Emde Rn. 33. Bei Pfändung des Provisionsanspruchs gehen die unselbstständigen Nebenrechte nach § 87c (→ § 87c Rn. 1) auf den Neugläubiger über (§§ 401, 412 BGB), BGH NJW 2017, 3525 Rn. 15. Lit.: Küstner/Thume/Thume, Bd. 1, Kap. V Rn. 612 ff.

51 **C. Insolvenz:** Der HVVertrag erlischt mit Eröffnung des Insolvenzverfahrens über das Vermögen des Unternehmers (§§ 116 S. 1, 115 I InsO, → § 89 Rn. 4), BGH NJW-RR 2013, 114 Rn. 11. In der Insolvenz des Unternehmers (→ § 84 Rn. 48) ist der HV einfacher Insolvenzgläubiger (§ 38 InsO), auch wenn der Insolvenzverwalter Vertragserfüllung nach § 103 InsO wählt, BGH NJW 1990, 1665 (zu § 17 KO); Oetker/Busche § 84 Rn. 74; Emde/Kelm ZIP 2005, 61, str., Grund: der Insolvenzmasse entsteht kein neuer Vorteil. Ansprüche nach § 87c erfüllt der Insolvenzverwalter (→ § 87c Rn. 7). Antrag auf Eröffnung ist wichtiger Kündigungsgrund für den HV (→ § 89a Rn. 24). Auswirkung auf Wettbewerbsabrede ist str. (§ 103 InsO → § 90a Rn. 18). Ausgleichsanspruch nach § 89b I ist idR einfache Insolvenzforderung (→ § 89b Rn. 85). Die früheren Konkursvorrechte bestimmter HV sind weggefallen (→ § 84 Rn. 48). Zur Insolvenz des HV → § 84 Rn. 48 (dort auch Lit.). Lit.: Sellhorst, 1997; Staub/Emde § 87a Rn. 116 ff., 136 (Insolvenz des Unternehmers/des HV); MüKoHGB/Ströbl Rn. 136 ff.; Küstner/Thume/Thume, Bd. 1, Kap. VIII Rn. 135 (Unternehmer), 138 (HV); Hoffstadt DB 1983, 645; Emde/Kelm ZIP 2005, 58; Wagner/Wexler-Uhlich BB 2010, 2454 (mit Lösungsklauseln); BB 2011, 519 (Vertragshändler); Meyer ZVertriebsR 2020, 225 (HV, Vertragshändler).

9) Verjährung

52 **Regelverjährung** von drei Jahren (§ 195 BGB; Verjährungsbeginn § 199 BGB, auch → § 85 Rn. 7); § 88 aF mit vierjähriger Verjährung ist durch VerjährungsanpassG 9.12.2004 BGBl. 3214 aufgehoben worden, BGH IHR 2016, 124. § 199 I BGB setzt Fälligkeit und Kenntnis oder grobfahrlässige Unkenntnis der den Anspruch begründenden Umstände (und der Person des Schuldners) voraus; an Kenntnis bzw. grobfahrlässiger Unkenntnis kann es unter den Voraussetzungen des § 87c (Informationsansprüche) fehlen, dann jedenfalls Verjährung nach 10 Jahren und bei Schadensersatzpflicht wegen Verschweigens sogar erst nach 30 Jahren (§ 199 III Nr. 1, 2 BGB), Emde VersR 2009, 889. Abweichende Vereinbarungen sind weitgehend zulässig (Grenze § 202 BGB). Engere Grenzen für Abkürzung oder Verlängerung der Verjährung durch **AGB** (→ § 86 Rn. 8, **(5)** BGB § 307 II Nr. 1), zB OLG Hamm IHR 2016, 88 (entgegen § 199 I Nr. 1 BGB), dabei bleiben aber sprachlich und inhaltlich abtrennbare Bestimmungen wirksam, OLG Frankfurt a. M. 30.9.2009, HVR Nr. 1295; UBH/H. Schmidt (23) HVVerträge BGB Rn. 7; keine einseitige Verjährungsverkürzung zu Lasten des HV, BGHZ 78, 220; WM 2003, 2102 (zu § 88 aF). Verkürzung der Verjährungsfrist in AGB unwirksam, wenn Fälle von § 309 Nr. 7 lit. a) BGB (Verletzung von Leben, Körper oder Gesundheit) und § 309 Nr. 7 lit. b) BGB (grobes Verschulden) nicht ausdrücklich vom Wirkungsbereich der Verkürzung ausgenommen werden, st. Rspr., z. B. BGH NJW-RR 2020, 68 Rn. 29; UBH/H. Schmidt (23) HVVerträge Rn. 7.

53 Das gilt auch für **Hilfsansprüche** aus § 87c, BGH WM 1979, 463; NJW 1981, 457 (zu § 88 aF). Diese verjähren nach ihrem Zweck grundsätzlich jeweils **selbstständig**, auch im Verhältnis zum Provisionsanspruch, BGH NJW 1982, 235; IHR 2016, 124; ZVertriebsR 2017, 386; OLG Stuttgart NJW-RR 2016, 1131 Rn. 23; OLG Köln IHR 2016, 40; OLG Hamm ZVertriebsR 2017, 117; krit. Ulrici NJW 2018, 2004 (uneinheitliche Rspr. der Senate), hL, EBJS/Löwisch § 87c Rn. 60 ff.; Oetker/Busche § 87c Rn. 17. Bei vorgeschalteter Klage auf Buchauszug beginnt aber Verjährungsfrist für Anspruch auf Bucheinsicht erst mit Ablauf des Jahres der Erteilung des Buchauszuges, BGH NJW 1979, 764. Isolierte Geltendmachung eines Hilfsanspruchs aus § 87c hemmt nicht die Verjährung des Hauptanspruchs, OLG Köln IHR 2016, 41, Stufenklage, in letzter Stufe auf Anspruch aus § 89b, hemmt dagegen die Verjährung von Provisionsansprüchen, OLG Köln IHR 2016, 41. Auch für Hilfsansprüche gelten **§§ 195, 199 BGB**, BGH ZVertriebsR 2017, 386, also nicht erst ab tatsächlicher Geltendmachung, OLG Hamm ZVertriebsR 2017, 117 Rn. 39; Emde VersR 2009, 891; BB 2015, 1544. Grund: Hinauszögerungsgefahr, Rechtsfrieden. Entstehen des Anspruchs (§ 199 I Nr. 1 BGB) auf Buchauszug mit Erteilung der Abrechnung (§ 87c II, dort → § 87c Rn. 18, zur teilweisen oder unvollständigen Abrechnung, dort → § 87c Rn. 20), Kenntniserlangung (§ 199 I Nr. 2 BGB) erst mit Erteilung einer abschließenden Abrechnung über das jeweilige Geschäft (→ § 87c Rn. 3), Leitentscheidung: BGH ZIP 2017, 1912 Rn. 14 m. krit. Anm. Emde IHR 2017, 238, BB 2018, 1865, Thume BB 2017, 2196 (auch → § 87c Rn. 17, → § 89b Rn. 82) und Löwisch IHR 2017, 192; BGH ZVertriebsR 2017, 386 Rn. 18; OLG München ZVertriebsR 2016, 306; OLG Stuttgart ZVertriebsR 2016, 235; OLG München ZVertriebsR 2018, 106 (auch für Vers-Vertreter trotz Stornohaftzeit, auch → § 87a Rn. 29); OLG München ZVertriebsR 2018, 176; OLG Stuttgart 2.7.2019 HVR Nr. 1477; OLG München IHR 2020, 72; Emde VersR 2009, 889 (895). Eine Abrechnung ist abschließend, wenn sie ohne Einschränkungen oder Vorbehalte erteilt wird, damit erklärt der Unternehmer stillschweigend, dass weitere Provisionsansprüche des HV nicht bestehen, oder wenn der Unternehmer eben dies mitteilt, BGH ZIP 2017, 1912 Rn. 16; OLG Stuttgart ZVertriebsR 2016, 236; OLG Düsseldorf ZVertriebsR 2020, 263. Mit Zugang der Abrechnung erlangt der HV Kenntnis iSv § 199 I Nr. 2, die Verjährung des Anspruchs auf Buchauszug erfasst alle provisionspflichtigen Geschäfte, für die der HV nach I Abrechnung verlangen konnte, auch wenn sie nicht abgerechnet waren, BGH ZIP 2017, 1912 Rn. 25; auch VersVertreter (§ 92) weiß dann, welche Beträge als Stornoreserve einbehalten wurden, OLG München ZVertriebsR 2018, 106. Kenntnis bezieht sich auf den Buchauszugsanspruch, nicht den zugrundeliegenden Provisionsanspruch, OLG Hamm ZVertriebsR 2017, 117. Für deliktsrechtlichen Schutz des HV, falls in der Abrechnung Ansprüche des HV vorsätzlich verschwiegen wurden, Emde IHR 2017, 242. Die Hilfsansprüche aus § 87c, zB auf Abrechnung, werden aber mit Verjährung der Provisionsansprüche, die sie vorbereiten sollen, **gegenstandslos**, BGH NJW 1979, 64; 1982, 236; 1996, 2100; IHR 2016, 124; ZVertriebsR 2017, 386 (vgl. → § 87c Rn. 1), dies trotz selbständiger Verjährung nach §§ 195, 199 BGB, OLG Hamm ZVertriebsR 2017, 117; OLG München ZVertriebsR 2018, 176; auch keine Auskunft über verjährte Provisionsansprüche (→ § 89b Rn. 82). **Verwirkung** → § 87c Rn. 19, → § 89b Rn. 80, auch → § 86 Rn. 49. **Rechtsmissbrauch (§ 242 BGB)** → § 87c Rn. 13. Lit. zur Verjährung: Staub/Emde Vor § 84 Rn. 832 ff. und VersR 2009, 889; EBJS/Löwisch § 84 Rn. 82 ff.; Graefe ZVertriebsR 2015, 227; Reif/David ZVertriebsR 2015, 343.

[Fälligkeit der Provision]

87a (1) ¹**Der Handelsvertreter hat Anspruch auf Provision, sobald und soweit der Unternehmer das Geschäft ausgeführt hat.** ²**Eine abweichende Vereinbarung kann getroffen werden, jedoch hat der Handelsvertreter mit der Ausführung des Geschäfts durch den Unternehmer Anspruch auf einen angemessenen Vorschuß, der spätestens am letzten Tag des folgenden Monats fällig ist.** ³**Unabhängig von einer Vereinbarung hat jedoch der Handelsvertreter Anspruch auf Provision, sobald und soweit der Dritte das Geschäft ausgeführt hat.**

§ 87a 1

(2) Steht fest, daß der Dritte nicht leistet, so entfällt der Anspruch auf Provision; bereits empfangene Beträge sind zurückzugewähren.

(3) Der Handelsvertreter hat auch dann einen Anspruch auf Provision, wenn feststeht, daß der Unternehmer das Geschäft ganz oder teilweise nicht oder nicht so ausführt, wie es abgeschlossen worden ist. ²Der Anspruch entfällt im Falle der Nichtausführung, wenn und soweit diese auf Umständen beruht, die vom Unternehmer nicht zu vertreten sind.

(4) Der Anspruch auf Provision wird am letzten Tag des Monats fällig, in dem nach § 87c Abs. 1 über den Anspruch abzurechnen ist.

(5) Von Absatz 2 erster Halbsatz, Absätze 3 und 4 abweichende, für den Handelsvertreter nachteilige Vereinbarungen sind unwirksam.

Übersicht

	Rn
1) Grundsatz der Erfolgsvergütung	1–4
A. Übersicht:	1
B. Bilanzierung:	2
C. Anwendungsbereich:	3, 4
2) Vom Unternehmer oder Dritten ausgeführte Geschäfte (I)	5–12
A. Provision bei Ausführung durch den Unternehmer (I 1):	5–7
B. Abweichende Vereinbarungen, Vorschuss (I 2):	8, 9
C. Provision bei Ausführung durch den Dritten (I 3):	10–12
3) Entfallen der Provision bei Feststehen der Nichtleistung des Dritten (II)	13–19
A. Anwendungsbereich von II:	13
B. Feststehen der Nichtleistung des Dritten (II Hs. 1):	14–18
C. Rückgewähr empfangener Beträge (II Hs. 2):	19
4) Vom Unternehmer nicht ausgeführte Geschäfte (III)	20–30
A. Provisionspflicht trotz Nichtausführung durch den Unternehmer (III 1):	20–23
B. Ausnahme bei Nichtvertretenmüssen des Unternehmers (III 2):	24–29
C. Beweislast:	30
5) Fälligkeit und Zahlung der Provision (IV)	31
6) Abweichende Vereinbarungen (V)	32–35
A. II Hs. 1:	32
B. III:	33
C. IV:	34
D. Abweichende Vereinbarungen sonst, insbesondere zu I:	35

1) Grundsatz der Erfolgsvergütung

1 **A. Übersicht: § 87a steht im System der §§ 87–87d** (→ § 87 Rn. 1). § 87 gewährt die Provision grundsätzlich nicht als Leistungs-, sondern als **Erfolgsvergütung: keine Provision ohne Abschluss** (→ § 87 Rn. 7). Der Abschluss alleine genügt jedoch nicht (§ 87 ist insoweit missverständlich), vielmehr ist **weitere Voraussetzung** für das Entstehen eines konkreten Provisionsanspruchs nach § 87a die **Ausführung des Geschäfts** entweder durch den Unternehmer oder durch den Dritten. § 87a I, II handeln von Geschäften, die der Unternehmer oder der Dritte ausführt. Die **Provision** steht **unter einer zweifachen Bedingung:** der aufschiebenden Bedingung der Ausführung des Geschäfts durch den Unternehmer (I, **vorher nur Provisionsanwartschaft**), BGHZ 159, 395, und unter der auflösenden Bedingung des Feststehens der Nichtleistung durch den Dritten (II), BGH NJW 1990, 1665; zT wird dreifache Bedingung (Nichtzurückweisung des Geschäfts durch den Unternehmer, → § 87 Rn. 7) angenommen, Canaris § 15 Rn. 55 III handelt von Geschäften, die der Unternehmer nicht ausführt. IV regelt die Fälligkeit der Provision. V macht die Regelungen weitgehend zwingend.

B. **Bilanzierung:** Die Provisionsforderung des HV, auch des Abschlussvertre- **2** ters, ist entsprechend I nur dann Aktivum in der Bilanz, wenn und sobald aus der Provisionsanwartschaft ein endgültiger Anspruch auf volle oder anteilige Provision entstanden ist; zur Bilanzierung bei Risiko der Stornohaftung und Rückstellungen des Versicherungsvertreters EBJS/Löwisch § 87 Rn. 18 f. Bilanzierung zu einem früheren Zeitpunkt nur bei abweichender Vereinbarung über Provisionsentstehung; nicht schon, solange noch aufschiebende Bedingung besteht, BGH ZVertriebsR 2018, 384. Passivierung beim Unternehmer erst, wenn die Provisionspflicht rechtlich entstanden ist (s. I).

C. **Anwendungsbereich:** § 87a ist unanwendbar bei anderer Vergütung als **3** **Provision,** zB Umsatzbeteiligung des Vertreters statt Provision (→ § 87 Rn. 5).
§ 87a II regelt den **Wegfall** des Provisionsanspruchs nur für einen ganz bestimmten Fall, im Übrigen kann dieser nach allgemeinen Regeln entfallen, zB durch Verzicht (→ Rn. 33), uU Verwirkung (vgl. → § 86 Rn. 49).

Für **Versicherungsvertreter** gilt die Sondervorschrift des § 92 IV. **4**

2) Vom Unternehmer oder Dritten ausgeführte Geschäfte (I)

A. **Provision bei Ausführung durch den Unternehmer (I 1):** Die Pro- **5** vision ist nach I 1 verdient, sobald und soweit der Unternehmer (oder der Dritte, → Rn. 10) das Geschäft ausgeführt hat (aufschiebende Bedingung, → Rn. 1). **Ausführung** bedeutet Erbringung der vertraglich geschuldeten Leistung, OLG Hamm IHR 2016, 87, einerlei welcher Art diese ist, ob sie schon fällig ist und ob sie Mängel hat (dann aber uU später II, nimmt der Dritte die nicht vertragsgemäße Leistung an, bleibt es bei I 1, str.). Dabei kommt es auf die Leistungshandlung an, nicht den Leistungserfolg (anders I 3, → Rn. 10), EBJS/Löwisch Rn. 6. Keine Ausführung liegt vor, wenn der Dritte die Leistung des Unternehmers zurückweist, zB mangels Fälligkeit (aber § 271 II BGB), als nicht vertragsgemäß oder als Teilleistung (§ 266 BGB), aber auch unberechtigt, MüKoHGB/Ströbl Rn. 9 (aber II; anders zu I 3, → Rn. 10). Bei Vertrag von bestimmter **Dauer** (§ 87b III 1) liegt Ausführung bereits mit Gebrauchsüberlassung vor, nicht erst mit Ende der Nutzung bei Vertragsende, OLG Frankfurt a.M. DB 2007, 2199; kommt es zur vorzeitigen Beendigung, gilt II entsprechend, str. Bei **Teilausführung** entsteht ein anteiliger Provisionsanspruch („soweit") entspr. dem Wertverhältnis des gelieferten zum noch zu liefernden Teil (hinsichtlich des Rests → Rn. 20), darin liegt keine Abweichung zum Nachteil des HV iSv EU-RL (→ § 84 Rn. 3) EuGH ZVertriebsR 2017, 235. **Erfüllungssurrogate** und **Ersatzleistungen** → Rn. 11. Beim **Untervertreter** kommt es auf die Ausführung durch den Unternehmer (nicht: Hauptvertreter) an, BGHZ 91, 370; WM 2008, 923, → § 84 Rn. 31; aber zu II → Rn. 17.

Der so entstandene Provisionsanspruch steht aber unter der auflösenden Bedin- **6** gung des Feststehens der Nichtleistung durch den Dritten (II, → Rn. 13). **Endgültig** ist die Provision also **erst bei Leistung des Dritten** verdient.

Das **Ende** des **Handelsvertretervertrags** vor voller Ausführung des Geschäfts **7** berührt den Provisionsanspruch dagegen nicht, BGH NJW 1990, 1665, auch nicht bei Dauervertrag (→ § 87b Rn. 17); VersVertreter s. § 92.

B. **Abweichende Vereinbarungen, Vorschuss (I 2): a)** HVVertrag kann **8** von I 1 abweichen. In der Praxis wird idR vereinbart, dass die Provision nicht bei Ausführung durch den Unternehmer (zB Lieferung), sondern erst bei Ausführung durch den Geschäftsgegner (zB Preiszahlung) verdient ist (vgl. → § 87 Rn. 38). Bei Vorleistung des Geschäftsgegners (zB Vorauszahlung) ist die Provision aber immer verdient (I 3, → Rn. 10).

b) Der HV hat mit Ausführung des Geschäfts durch den Unternehmer **zwin-** **9** **gend** ein Recht auf angemessenen **Vorschuss** nach Ausführung durch den Unternehmer (zB Lieferung vor Bezahlung durch den Dritten), **I 2.** Grund: Der

Hopt 491

HV hat uU erhebliche Aufwendungen, die er nicht soll vorfinanzieren müssen. Vorschussabrede ist idR Vorfälligkeitsabrede (§§ 362, 271 II BGB), je nach Abrede aber auch Darlehen. Die Höhe des angemessenen Vorschusses ist vor allem nach der Nähe und Sicherheit der Geschäftserfüllung durch den Dritten, dem Bedürfnis des HV, der Flüssigkeit des Unternehmers zu bestimmen. Er kann (in den Grenzen der Angemessenheit) durch Vertrag genauer bestimmt werden, zB auf x % der bevorschussten Provision. Er ist fällig (wie danach die Provision selbst, IVm § 87c I 2, → Rn. 31) am letzten Tage des Monats nach dem Abrechnungsabschnitt (§ 87c I 1), in dem der Unternehmer ausführte (zB lieferte). HV im Nebenberuf s. § 92b I 3. Pflicht zur **Rückzahlung** nicht verdienter Vorschüsse oder spätestens bei Vertragsende folgt ohne besondere Vereinbarung aus der Vorschussabrede, nicht erst aus §§ 812 ff. BGB (auch → Rn. 27 zur Stornierung), BAG NJW 2010, 2455; zur Rückzahlung BGH NJW-RR 2011, 189; OLG Frankfurt a. M. 17.9.2008, HVR Nr. 1293; OLG Karlsruhe ZVertriebsR 2017, 377 (auch → § 92 Rn. 9); Schipper NJW 2010, 3067; Ehrhard/Rinne ZVertriebsR 2013, 214 (Pauschalierung); Emde BB 2014, 2439.

10 C. **Provision bei Ausführung durch den Dritten (I 3):** Sobald und soweit der Dritte das Geschäft ausführt, hat der HV **auf jeden Fall,** also zwingend ohne Rücksicht auf eine abweichende Vereinbarung nach I 2 (→ Rn. 8, 32) **Anspruch auf Provision.** Denn mit der Erfüllungsleistung des Dritten ist der mit dem Vertrag für den Unternehmer bezweckte wirtschaftliche Erfolg (ganz oder teilweise) eingetreten, BGHZ 85, 138; EBJS/Löwisch Rn. 11, insoweit anders als unter I 1 (→ Rn. 5), aA einheitliche Auslegung von I 1 und III, MüKoHGB/Ströbl Rn. 7. Auch mangelhafte, verspätete oder sonst pflichtwidrige Leistung ist Ausführung (dann aber uU III 2), anders nur wenn tatsächlich Nichtleistung vorliegt (dann II). Anspruch nach I 3 besteht auch, wenn der Unternehmer die Ausführungsleistung des Dritten zur Stellung einer Sicherheit für diesen einsetzen muss, BGHZ 85, 140. **Vorausleistung** des Dritten genügt, BGHZ 85, 138. Das gilt auch, wenn der Unternehmer die Vorauszahlung zu Unrecht zurückweist (§ 162 BGB; insofern anders als bei unberechtigter Zurückweisung durch den Dritten, → Rn. 5). Bei gleichzeitiger Teillieferung des Unternehmers und **Teilzahlung** des Dritten fällt Provision an sogleich entspr. der Höhe derjenigen der beiden Teilleistungen, welche den höheren Anteil an der Gesamtleistung bildet. Bei **Insolvenz** des Dritten ist Teil(nicht)-ausführung anzunehmen; Provision berechnet sich nach der Insolvenzquote, auch wenn der Unternehmer diese nicht eingefordert hat (vgl. → Rn. 15), BGH WM 1991, 199. Erfüllungssurrogate und Ersatzleistungen → Rn. 11.

11 **Erfüllungssurrogate** stehen gleich, auch wenn sie wertmäßig der geschuldeten Leistung nicht gleichkommen; andere **Ersatzleistungen** stehen nur gleich, soweit sie vollwertig sind bzw. als Erfüllung angenommen werden. Bspe: Aufrechnung; Leistung an Erfüllungs Statt (§ 364 I BGB), etwa Devisenschecks, BGHZ 85, 138, oder Übernahme von Effekten zu bestimmtem (später nicht realisierbarem) Kurs in Anrechnung auf den Kaufpreis, RGZ 121, 125; Inzahlunggabe eines Gebrauchtwagens bei Neukauf; Herausgabe des Ersatzes nach § 285 BGB: Zahlung von Schadensersatz statt der Leistung, BGH DB 1957, 185; WM 1991, 199; auch EBJS/Löwisch Rn. 12, außer wenn es dem Kunden nach seinem Vertrag auf die Leistung selbst ankommt, dann nur III; voller Ersatz durch Versicherung oder andere Dritte (zB § 765 BGB, §§ 267 f. BGB), BGH WM 1991, 76; OLG Frankfurt a. M. WM 1991, 867; iErg auch einvernehmliche Vertragsaufhebung unter Abschluss eines neuen Vertrags über ganz andere, jedoch wirtschaftlich gleichartige Leistung, Staub/Emde Rn. 28, str. Bei Leistung erfüllungshalber, zB Hingabe von Wechsel und Schecks, zählt erst die Einlösung (§ 364 II BGB). **Teilersatz** ist wie Teilausführung zu behandeln (→ Rn. 5, 10).

Teilprovision für ein durch den Dritten teilweise ausgeführtes Geschäft **12**
(→ Rn. 10, 11) kann auch dann nicht ausgeschlossen werden, wenn vereinbart ist,
dass umgekehrt HV volle Provision schon bei Teilausführung in bestimmtem
Umfang erhält (anders I 4 aF aufgehoben 1990, → § 84 Rn. 3). Die Klausel
„Volle Provision bei halber Ausführung, vorher keine" ist unwirksam.

3) Entfallen der Provision bei Feststehen der Nichtleistung des Dritten (II)

A. **Anwendungsbereich von II:** Die Provision entfällt nach II Hs. 1, wenn **13**
feststeht, dass der Dritte das vermittelte Geschäft endgültig nicht erfüllt. II Hs. 1
ist missverständlich, er **betrifft nur** den Fall von **I 1**. Ist der Provisionsanspruch
zum genannten Zeitpunkt noch nicht entstanden, bleibt es dabei unter den
Voraussetzungen von III, II Hs. 1 betrifft diesen Fall nicht. Ist der Provisionsanspruch dagegen bereits entstanden, so bei Ausführung (Vorleistung) durch den
Unternehmer (I 1), dann fällt er nach II Hs. 1 wieder weg (auflösende Bedingung, → Rn. 1). II Hs. 1 greift also zB ein, wenn der geworbene Käufer den
Kaufpreis nicht zahlt, aber vorausgesetzt der Unternehmer hat schon geleistet
(Lieferung vor Zahlung); lehnt der Käufer dagegen berechtigt oder unberechtigt
Vertragserfüllung ab, ohne dass der Unternehmer seinerseits schon geleistet hat,
gilt nur III, BGH BB 1961, 147; DB 1983, 2135. II Hs. 1 ist zugunsten des HV
zwingend (V, → Rn. 32).

B. **Feststehen der Nichtleistung des Dritten (II Hs. 1):** II setzt voraus, dass **14**
(objektiv) feststeht, dass der Dritte nicht leistet, dh dass er das Geschäft endgültig
nicht ausführt, BGH WM 1984, 271. Ausführung und Teilausführung, auch
Insolvenz, → Rn. 10. Bloße Annahme und Wahrscheinlichkeit genügen nicht.
Bsp.: Die Leistung des Dritten ist objektiv unmöglich. Keine Nichtleistung des
Dritten liegt vor bei Kündigung des Werk- oder Werklieferungsvertrags durch
diesen, weil er dann Vergütung nach § 649 BGB schuldet, BGH WM 1984, 271;
OLG Köln BB 1993, 606 (vgl. → Rn. 21, 26).

Der Unternehmer muss grundsätzlich erst seine Rechte **einklagen**, sonst liegt **15**
keine Nichtleistung des Dritten vor. Dies gilt allerdings nicht, soweit gerichtliches
Vorgehen **unzumutbar** ist. Bspe: Der Dritte ist auf absehbare Zeit zahlungsunfähig, bloße Annahme der Zahlungsunfähigkeit genügt nicht, OLG Celle
NJW 1972, 879 (Insolvenzverfahren → Rn. 14); er bestreitet seine Zahlungspflicht unter solchen Umständen (zB Beweisschwierigkeiten, uU auch ungeklärte
Rechtsfragen), dass dem Unternehmer angesichts des unsicheren Prozessausgangs
die Einklagung nicht zuzumuten ist; die Klage würde objektiv gesehen nur zu
unverhältnismäßigen Kosten führen; der Unternehmer müsste bei kleineren Geschäften, zB Zeitschriftenabonnements, seine Ansprüche gegen zahlreiche, sonst
abnahme- und zahlungswillige Kunden durchsetzen, BGH BB 1971, 1430; DB
1983, 2136; der Prozess würde praktisch nur geführt, um dem HV die Provision
zu erhalten, OLG Frankfurt a. M. DB 1983, 1592. Eine Bausparkasse (ebenso
VersUnternehmen) hat ein berechtigtes Interesse daran, den Ruf eines rücksichts-
losen Prozessierers zu vermeiden, OLG Frankfurt a. M. DB 1983, 1592. Zurückbehaltung von Provisionen nach Vertragsende ist ausnahmsweise gerechtfertigt,
wenn der Rückgewähranspruch wegen schlechter Vermögenslage des HV gefährdet ist, BGH DB 1975, 497. Beruft sich der Unternehmer auf Unzumutbarkeit,
muss er das beweisen.

Klageerhebung ist auch unter III 2 relevant, dort allerdings erst für das Nicht- **16**
vertretenmüssen, insbesondere für Versicherer → Rn. 26 f. Die Rspr. von dort
kann nicht ohne Weiteres übertragen werden, denn nicht jede Nichtleistung des
Dritten mangels zumutbarer Klageerhebung nach III 1 ist für den Unternehmer
unvertretbar.

§ 87a 17–21 1. Buch. Handelsstand

17 Provision an den (echten) **Untervertreter** (→ Rn. 5, → § 84 Rn. 31) entfällt, wenn feststeht, dass entweder der Endabnehmer nicht an den Unternehmer zahlt oder der Endabnehmer zwar an den Unternehmer, dieser aber nicht Provision an den Hauptvertreter zahlt, BGHZ 91, 370. Unternehmer iSv III ist im Verhältnis zum Untervertreter nicht der HauptHV, sondern dessen Auftraggeber, BGH WM 2008, 923; ebenso wenn das vermittelte Geschäft nicht vom Unternehmer selbst auszuführen ist, BGH ZIP 2017, 1330 Rn. 48 (→ § 84 Rn. 26, Treuhandverträge). Der Untervertreter trägt also das Risiko des Hauptvertreters mit, OLG Frankfurt a. M. DB 2007, 2199; anders wenn der Hauptvertreter seinen begründeten Provisionsanspruch nicht geltend macht, OLG Düsseldorf NJW-RR 1993, 1188, oder nicht ordnungsgemäß verteidigt, OLG Schleswig 9.1.2009, HVR Nr. 1325.

18 Nichtleistung des Dritten nach II liegt nicht vor, wenn sie auf Nichtleistung des Unternehmers bzw. Gründe aus seiner Sphäre nach III zurückzuführen ist. Der Grundsatz der **Provisionserhaltung nach III geht vor,** MüKoHGB/Ströbl Rn. 29. Das ist der Fall zB, wenn die Nichtleistung des Dritten ihren Grund in vom Unternehmer zu vertretenden Umständen hat (→ Rn. 24), BGH WM 2008, 923, oder wenn beide Vertragsteile einvernehmlich den Vertrag aufheben oder unausgeführt lassen.

19 C. **Rückgewähr empfangener Beträge (II Hs. 2):** Entfällt das Provisionsrecht wegen Feststehens der Nichtleistung des Dritten (II Hs. 1), so sind etwa schon gezahlte Provision und Vorschüsse vom HV zurückzuzahlen. Der Rückzahlungsanspruch des Unternehmers ist nicht Bereicherungs-, sondern Vertragsanspruch. Anwendbar sind §§ 346 ff. BGB analog, nicht §§ 812 ff. BGB, BGH BB 1963, 8; WM 2008, 925; ZIP 2017, 1330 Rn. 46. Der Anspruch entfällt also nicht durch Wegfall der Bereicherung (unabhängig von § 820 BGB). Er ist ab Fälligkeit nach §§ 353, 354 II zu verzinsen, BGH BB 1963, 8 (aber → § 84 Rn. 28). Anerkenntnis der Rückzahlungspflicht durch HV ohne Aufrechnung fälliger Provisionsansprüche kann Verzicht auf diese bedeuten, LAG Düsseldorf BB 1962, 1056. Beweislast → Rn. 30. Lit.: Ehrhard/Rinne ZVertriebsR 2013, 214.

4) Vom Unternehmer nicht ausgeführte Geschäfte (III)

20 A. **Provisionspflicht trotz Nichtausführung durch den Unternehmer (III 1):** Unternehmer ist aus dem Abschluss dem Dritten (Geschäftsgegner) zur Ausführung (in bestimmter Weise) verpflichtet, nicht dem HV, OLG Koblenz BB 1973, 866. Er kann das Geschäft 1) ganz unausgeführt lassen, 2) nur zT ausführen, Bspe BGH ZIP 2017, 1330 Rn. 49, 3) anders ausführen als abgeschlossen (zB fehlerhaft). In allen drei Fällen der Nicht-, Teil- oder Andersausführung durch den Unternehmer bleibt das Provisionsrecht grundsätzlich bestehen erhalten: in Fall 1 (völlige Nichtausführung, zB Rückgängigmachung) nach III 1, aber mit der Einschränkung nach III 2; ebenso im Fall 2 (Teilnichtausführung), hinsichtlich des ausgeführten Teils verbleibt es bei I (→ Rn. 5), zur EU-RL (→ § 84 Rn. 3) EuGH ZVertriebsR 2017, 235. Im Fall 3 (Andersausführung) gilt III 1, aber nicht III 2, zB bei verspäteter Ausführung, BGHZ 33, 92. III gilt auch für die Vermittlung von Dienstleistungen, BGH NJW 2010, 300. III regelt die Wirkung auf den Provisionsanspruch des HV, und zwar insgesamt zugunsten des HV **zwingend** (V, → Rn. 32).

21 **Nicht- oder Andersausführung** setzt zunächst begrifflich voraus, dass das Geschäft überhaupt wirksam ist (→ § 87 Rn. 7). Sodann muss es sich um eine Nicht- oder Andersausführung seitens des Unternehmers handeln (nicht um eine solche des Dritten, sonst II, außer wenn diese wiederum auf den Unternehmer zurückgeht, → Rn. 18). Keine Nichtausführung iSv III bei Anspruch gegen Besteller aus § 649 BGB; enger (nur bei Geltendmachung) Wolf/Ungeheuer

NJW 1994, 1497 (vgl. → Rn. 14, 26). Andersausführung liegt zB vor bei mangelhafter oder bei verspäteter Ausführung, BGHZ 33, 95; WM 1998, 723; NJW 2010, 300; bei Lieferung einer anderen als der vereinbarten Sache liegt insoweit noch gar keine Ausführung vor, verbleibt es dabei, liegt Nichtausführung, nicht Andersausführung vor, str. (Konsequenzen für III 2). Für III 1 (anders dann III 2) spielt es keine Rolle, aus welchen Gründen der Unternehmer nicht ausführt, zB Rückgängigmachung auf Angebot des Dritten oder im Einvernehmen mit ihm, BGH 27.9.1956, HVR Nr. 119 (Grund: keine Einigung zu Lasten des HV), mangelnde Wirtschaftlichkeit des Geschäfts, LG Bielefeld 3.7.1958, HVR Nr. 178, sogar eigene Vertragsuntreue des Unternehmers.

Das Nichtausführen durch den Unternehmer muss (objektiv) **feststehen.** Bspe: Die Leistung des Unternehmers ist objektiv unmöglich; der Unternehmer weigert sich auszuführen und der Dritte fügt sich dem; der Dritte tritt deswegen nach §§ 326 V, 323 BGB zurück (das ist kein Fall des II, sondern des III, → Rn. 18). Der Begriff des Feststehens in III 1 seitens des Unternehmers ist nicht unbedingt derselbe wie in II seitens des Dritten, insbesondere was die klageweise Geltendmachung angeht, bevor Nichtleistung anzunehmen ist (→ Rn. 15f), denn die Rechtsfolgen in II und III 1 für die Provision des HV sind unterschiedlich. 22

Schadensersatz wegen Nichtausführung des Geschäftes, zB für Verlust anderer Aufträge des Kunden, die ihm für Fall der Ausführung zugesagt haben, kann der HV grundsätzlich nicht verlangen, weil der Unternehmer ihm gegenüber zur Provisionszahlung, aber nicht zur Ausführung verpflichtet ist, OLG Koblenz BB 1973, 866; anders für besondere Fälle wie Nichtausführung ohne nachvollziehbare Gründe, Staub/Emde Rn. 83; vgl. zur Abschlussfreiheit des Unternehmers → § 86a Rn. 13; anders bei abweichender Vereinbarung. Da der HV seinen Provisionsanspruch behält, fehlt es jedenfalls idR auch an einem Schaden, denkbar immerhin Reputations- und Folgeschaden. 23

B. **Ausnahme bei Nichtvertretenmüssen des Unternehmers (III 2):** Bei Nichtausführung des Geschäfts durch den Unternehmer (Nichtausführung durch den Dritten → Rn. 13) hat der HV grundsätzlich einen Provisionsanspruch des HV (III 1), also Vorrang von III vor II, BGH WM 2008, 924 (→ Rn. 18). Davon gibt es nur eine einzige Ausnahme in III 2 (nF 1990, → § 84 Rn. 3): Der Provisionsanspruch entfällt, wenn und soweit die Nichtausführung auf vom Unternehmer nicht zu vertretenden Umständen beruht. Betrifft dieses Nichtvertretenmüssen nur einen Teil der Nichtausführung, bleibt anteiliger Provisionsanspruch erhalten („soweit"). 24

Nach III 2 ist **keine Unmöglichkeit nötig** (§ 275 BGB, anders III 2 Fall 1 aF), vielmehr genügt, dass der Unternehmer das Geschäft tatsächlich nicht ausführt und dass diese Nichtausführung von ihm nicht zu vertreten ist. Es kommt **auch nicht** auf die **Unzumutbarkeit** der Ausführung des Geschäfts für den Unternehmer an (anders III 2 Fall 2 aF). **Entscheidend** ist **allein das Nichtvertretenmüssen des Unternehmers.** Die früher bestehenden Abgrenzungsschwierigkeiten (Unmöglichkeit/Noch-nicht-Unmöglichkeit, Unzumutbarkeit/ Noch-Zumutbarkeit) sind aber nicht ganz beseitigt, sondern können in anderer Form jedenfalls teilweise beim Merkmal des Vertretenmüssens wieder auftauchen. 25

a) Vertretenmüssen bedeutet nicht nur Vorsatz, Fahrlässigkeit und Übernahme eines Beschaffungsrisikos (§§ 276, 278 BGB), sondern wie auch sonst im Handelsrecht Einstehenmüssen für **zurechenbare Risiken** (unternehmerischer Risikobereich, auch vertragliche Risikoübernahme, aber → Rn. 28), BGH NJW 2010, 300; 2014, 930 Rn. 13; ZIP 2017, 1330 Rn. 54 mAnm Ayad BB 2017, 2193. Gesamtwürdigung unter Einbeziehung der Treuepflichten beider Teile, KG BeckRS 2021, 20245. Nach EU-RL (→ § 84 Rn. 3) nicht nur Rechtsgründe, die unmittelbar zur Vertragsbeendigung geführt haben, sondern alle vom 26

Unternehmer zu vertretenden rechtlichen und tatsächlichen Umstände, auf denen die Nichtausführung des Vertrags beruht, EuGH ZVertriebsR 2017, 235. Das bedeutet, dass je nach den Umständen im Einzelfall (Gesamtwürdigung) die Provision erhalten bleibt in Fällen wie: vertragswidriges Vorenthalten der geschuldeten Dienstleistung, BGH NJW 2010, 300 (Telefondienstvertrag); Schwierigkeiten im eigenen Betrieb oder der eigenen Finanzierung; Verschulden von Erfüllungsgehilfen (§ 278 BGB); fehlerhafte Kalkulation, spätere Erkenntnis der Unwirtschaftlichkeit, BGH NJW 2014, 930 Rn. 15; Wegfall des Interesses aus anderen Ursachen; treuwidrige Stornierung (§§ 242, 162 II BGB, aber für Versicherungen → Rn. 27), BGH NJW 2014, 930 Rn. 19; Abspringen des Kunden wegen Lieferversäumnis des Unternehmers, BGH BB 1961, 147; Weigerung des Kunden, Ware wegen zu hohen Ausschusses abzunehmen, BGHZ 58, 140; Kündigung des Kunden nach § 649 BGB, OLG Koblenz DB 1994, 208, aber schon → Rn. 14, 21. Hinnahme des vertragswidrigen Abspringens von Kunden ohne übliche, aussichtsreiche Erzwingungsmaßnahmen, anders uU wenn sonst die Geschäftsverbindung abzubrechen droht, BGH BB 1959, 864; MDR 1961, 312; BAG NJW 1967, 846 (vgl. zur Relevanz der Klageerhebung für Feststehen der Nichtausführung unter II, III 1, 2 → Rn. 15, 22), auch wenn bloße Forderung als Insolvenzgläubiger zu erwarten ist, BGH WM 1991, 199; Hinnahme aus bloßer Kulanz, KG BeckRS 2021, 20245 Rz. 52; Probleme des Bezugs und Transports der Rohstoffe; Lieferschwierigkeiten der Vorlieferanten, BGH DB 1959, 940; Arbeitskräftemangel; Insolvenz des Unternehmers, Grund: Risikosphäre des Unternehmers, BGH WM 2008, 923; OLG Frankfurt a. M. DB 2007, 2199, str., aA RGZ 63, 71 bei „schuldloser" Insolvenz, problematisch, allenfalls besondere Ausnahmefälle, nicht schon bei Zahlungsverbot der BaFin an den BankUnternehmer, BGH WM 2008, 925; ZIP 2017, 1330 Rn. 58. **Corona, COVID-19,** je nach Einzelfall, Emde ZVertriebsR 2020, 138, 2021, 2756, Thume BB 2020, 1419, Thume IHR 2020, 163, Rothermel IHR 2020, 89. Stornoabwehr durch ReisebüroHV → Rn. 27.

27 In der **Versicherungs- und Bausparwirtschaft** (→ § 92 Rn. 10): uU mangelnde **Nachbearbeitung** gefährdeter (Versicherungs)Verträge, soweit im Verkehr erforderlich, BGH DB 1983, 2136 (unter Abstellen auf Zumutbarkeit nach aF), auch bei Ausbleiben der Prämie; Vertretenmüssen des Versicherers folgt aus § 87a III HGB, § 242 BGB (Treupflicht), Staub/Emde § 92 Rn. 16; EBJS/Löwisch § 92 Rn. 20 ff. Art und Umfang der Nachbearbeitung bei Nichtausführung **(Stornierung)** des Vertrags hängen aber vom Einzelfall ab, BGH NJW 2012, 3305; OLG Düsseldorf NJW-RR 2016, 1315 Rn. 54: keine eigene Nachbearbeitungspflicht bei geringfügigen Zahlungsbeträgen, BGH NJW 2015, 1754 Rn. 24; OLG Düsseldorf BeckRS 2015, 119205 Rn. 54 (dann auch keine Benachrichtigungspflicht des Versicherers, str.), OLG Düsseldorf MDR 2017, 467 (iErg anders, da wegen mehrerer Verträge sinnvoll); bei Kleinststornos OLG Celle OLG 2001, 267, damals 100 DM bzw. 50 EUR, heute bei 100 EUR, Krämer VersR 2010, 626; aA Pauly ZGS 2010, 207, oder sonstiger wirtschaftlicher Unsinnigkeit, Staub/Emde Rn. 96. Der Versicherer kann **wahlweise** entweder **selbst Stornoabwehr** betreiben **oder** dem Versicherungsvertreter durch unverzügliche (§ 121 I BGB), zugangsbedürftige Stornomitteilung unter Hinweis auf die Stornierungsgefahr Gelegenheit geben, den notleidenden Vertrag selbst nachzubearbeiten **(Stornogefahrmitteilungen),** BGH WM 2005, 1487; 2011, 471; 2012, 3305; OLG München IHR 2018, 86 ZVertriebsR 2019, 194; KG BeckRS 2021, 20245; das Versicherungsunternehmen hat aber für die Wahl eine angemessene Entscheidungszeit, BGH NJW 2012, 3305. Stornoabwehr auch in anderen Branchen, für ReisebüroHV Dresden ZVertriebsR 2022, 252, dann keine selbständige Rechtsdienstleistung nach RDG. Bloße Versendung einer Stornogefahrmitteilung an den Nachfolger des ausgeschiedenen Versicherungsvertreters reicht für Stornogefahrabwehr nicht aus, Grund: eigenes Provisionsinteresse des Nachfolgers, BGH NJW 2012, 3305; OLG Düsseldorf BeckRS 2015, 119205 Rn. 50. Die Maßnahmen zur Stornoabwehr müssen nach Art und Umfang ausreichend sein, also ernsthafte und nachdrückliche Anhaltung zur Vertragstreue, bloße Mahnung genügt nicht, BGH WM 2011, 471; OLG Köln VersR 2006, 71; OLG München IHR 2018, 86; dabei sind mehr an Bemühungen, als der Versicherungsvertreter selbst aufbringen würde, nicht erforderlich; Wertung der Gesamtumstände durch Tatrichter, dazu BGH WM 2011, 472. Weitergehend für Nachforschung nach den Gründen für die Nichtzahlung und idR persönliche Rücksprache mit dem Schuldner, Staub/Emde Rn. 92; offen BGH WM 2011, 473. Keine Pflicht zur Nachbearbeitung, wenn Vorgehen aussichtslos ist, OLG Düsseldorf NJW-RR 2016, 1315 Rn. 54, KG BeckRS 2021, 20245 Tz 55 (wegen Staatenimmunität), Staub/Emde Rn. 96; wenn der VersNehmer weitere Kontakte ablehnt, OLG Düsseldorf NJW-RR 2016, 1315 Rn. 54; wenn der HV bereits Kenntnis von der Kündigung hat und selbst vorgehen kann, OLG Brandenburg 20.5.2009, HVR Nr. 1286; wenn der HVVertrag beendet ist, da sonst Gefahr der Abwerbung seitens des VersVertreters für die Konkurrenz besteht, OLG Brandenburg 20.5.2009, HVR Nr. 1286, Staub/Emde Rn. 100, str. Weitere Beispiele bei Emde BB 2019, 2889. Die bisherige untergerichtliche Rspr. ist nur noch insoweit relevant, als der Versicherer keine der beiden, vorstehend genannten Alternativen ergreift: Für Pflicht zur Nachbearbeitung: OLG Frankfurt a. M. DB 1983, 1591; VersR 1986, 461; OLG Düsseldorf 15.12.2000, HVR Nr. 948; Knorn BB 1975, 111; Platz VersR 1985, 621, auch im mehrstufigen Vertretungsverhältnis, OLG Köln VersR 2006, 71; OLG Düsseldorf BeckRS 2007, 14414. Für Pflicht zu Stornogefahrmitteilungen: OLG Köln NJW 1978, 327; OLG Schleswig MDR 1984, 760; OLG Köln VersR 1999, 440; OLG Düsseldorf OLGR 1999, 202. **Storno(reserve) einbehalt** und Auszahlungsanspruch → § 92 Rn. 9, s. auch Rückzahlung von Vorschüssen (→ Rn. 9). Einklagen der Prämien → Rn. 29. Beweislast liegt beim Versicherer, für jeden einzelnen VersVertrag, aber nicht auch für (rechtzeitigen) Zugang, BGH WM 2011, 474; OLG Düsseldorf BeckRS 2015, 119205 Rn. 53; OLG Karlsruhe ZVertriebsR 2017, 377; Staub/Emde Rn. 102; → § 92 Rn. 15. Rspr. bei Emde BB 2011, 2760; 2012, 3031; Pauly VersR 2013, 558.

b) Nicht zu vertreten iSv III 2, da nicht in der Risikosphäre des Unternehmers liegend (→ Rn. 26), ist die Nichtlieferung insbesondere dann, wenn „in der Person des Dritten ein wichtiger Grund für die Nichtausführung vorliegt". Die zu diesem in der aF enthaltenen, die Zumutbarkeit konkretisierenden Merkmal ergangene Rechtsprechung, BGH MDR 1961, 312; BB 1971, 1430; OLG Köln VersR 1974, 287, kann vorsichtig herangezogen werden. Nicht zu vertreten sind zB Nichterreichen der Mindestteilnehmerzahl durch Reiseveranstalter, BGH NJW 2014, 930, unvorhersehbare Betriebsstörungen oder rechtswidrige Eingriffe von hoher Hand (außer bei Unterlassen erfolgsversprechender Rechtsschutzmaßnahmen) BGH ZIP 2017, 1330 Rn. 54 mAnm Ayad BB 2017, 2193 und Emde BB 2018, 1863; Eingriffe von hoher Hand wie Material-, Transport- oder Export-, Importsperre nach dem Abschluss, LAG Düsseldorf BB 1960, 1075 (Interzonenhandel); aA OLG Frankfurt a. M. WM 1991, 867, anders wenn vorhersehbar und Ausweichmaßnahmen möglich, OLG München BB 1995, 1559 (Ausfuhrquoten in China); Streiks beim Unternehmer oder Vorlieferanten; unvermeidbare Transportschwierigkeiten zB bei Überschwemmung; radikale Verteuerung, so dass die Geschäftsgrundlage entfällt (aber in solchen Fällen schuldet uU Unternehmer dem HV Schadensersatz, weil er die Akquisition pflichtwidrig nicht rechtzeitig bremste, vgl. § 86a II 3); (bei Abschlüssen auf Kredit) Insolvenz, auch berechtigter Insolvenzverdacht des Dritten; Vermögensverschlechterung bei dem Dritten mit Gefährdung der Kaufpreisforderung (Unsicherheitseinrede, § 321 BGB); Verdacht des Weiterverkaufs an eigene Kunden (des Unternehmers, die dann bei ihm nicht bestellen); Verdacht des rechtswidrigen, zB patentverletzenden Gebrauchs des zu Liefernden; wenn ein Dritter (hier: Vierter) die Lieferung (zB auf Grund von Schutzrechten) verbietet und darüber zu prozessieren wäre; selbstverständlich nach rechtskräftiger Verurteilung zur Unterlassung der Lieferung; unter bestimmten Voraussetzungen Unterlassung eines Prozesses gegen den Dritten (→ Rn. 26). Vereinbarung über (nicht) zu vertretende Nichtausführung → Rn. 33.

29 **Versicherungs- und Bausparwesen** (→ § 92 Rn. 10): bei der Lebensversicherung ist das **Einklagen der ersten Prämie** idR nicht zumutbar (Kosten-Nutzen-Verhältnis), BAG NJW 1968, 518; OLG Frankfurt a. M. VersR 1981, 480; OLG Karlsruhe VersR 1982, 267; OLG Brandenburg 20.5.2009, HVR Nr. 1286; Staub/Emde § 92 Rn. 17 (Grund: §§ 38 aF, 37 nF VVG); anders in der Sachversicherung, OLG Frankfurt a. M. VersR 1986, 462. Vgl. auch Nachbearbeitung und Stornomitteilung, → Rn. 27.

30 C. **Beweislast:** Der trotz Nichtausführung des Geschäfts Provision begehrende HV hat nur darzutun, dass die Nichtausführung (im ganzen oder zT) feststeht (dazu → Rn. 20 ff.). Denn die Provision ist verdient außer bei Ausführung des Geschäfts (I 1) auch bei Feststehen der Nichtausführung (III 1). Der Unternehmer kann die Provisionspflicht nur abwenden durch den Nachweis, dass er die Nichtausführung nicht zu vertreten hat (III 2, etwa → Rn. 24), BGH BB 1989, 1077; OLG Köln IHR 2014, 103; OLG Düsseldorf MDR 2017, 467 (auch bei Kleinstorni; → § 87a Rn. 27); KG BeckRS 2021, 20245. Bei Rückforderung nicht verdienter Provision (→ Rn. 19) ist der Unternehmer beweispflichtig, Einzelheiten zur Angabe, OLG München IHR 2018, 86; OLG Dresden 2.3.2020 HVR Nr. 1484 (iErg abl).

5) Fälligkeit und Zahlung der Provision (IV)

31 Die Fälligkeit der Provision richtet sich gemäß IV nach § 87c I. Die Provision ist danach in allen Fällen am letzten Tag des ersten Monats nach dem Abrechnungszeitraum fällig, der iZw einen Monat, höchstens drei Monate umfasst. Das bedeutet, dass alle in den Abrechnungszeitraum fallenden Einzelprovisionsansprüche ohne Rücksicht auf ihr Entstehen einheitlich fällig werden. Verzugseintritt richtet sich nach § 286 BGB, BGH BB 1962, 543. Für Fälligkeit des Vorschusses gilt I 2 speziell (→ Rn. 9). IV gilt nicht für Verwaltungsvergütung (→ § 89b Rn. 28), auch wenn diese sich am Warenumsatz orientiert, OLG Schleswig VersR 1977, 1002 (→ § 87 Rn. 3). Verzugszinsen nach § 288 BGB. Rückzahlungs s → Rn. 30 IV ist zugunsten des HV **zwingend** (V, → Rn. 34).

6) Abweichende Vereinbarungen (V)

32 A. **II Hs. 1:** II Hs. 1 ist zugunsten des HV **zwingend** (insoweit V nF 1990, → § 84 Rn. 3), Abreden zu Lasten des Unternehmers bleiben also möglich. Der Provisionsanspruch des HV entfällt nach II Hs. 1 erst, wenn objektiv feststeht, dass der Dritte nicht leistet (→ Rn. 14); dieser Zeitpunkt kann nicht zu Lasten des HV vorverlegt werden. Entgegenstehende Abreden sind unwirksam, zB Abrede über Feststehen der Nichtleistung des Dritten allgemein schon, wenn dem Unternehmer nach eigenem Ermessen weitere Schritte nicht aussichtsreich erscheinen, oder Klausel, dass der Unternehmer bei Abnahmeverzug generell nicht gerichtlich vorzugehen braucht, auch unter OLG Karlsruhe BB 1974, 904; zu weitgehend OLG Frankfurt a. M. BB 1977, 1170 (nach altem Recht); vgl. → Rn. 33.

33 B. **III:** III ist zugunsten des HV **zwingend.** Entgegenstehende Abreden sind unwirksam, zB **Provisionsverzichtsklauseln,** auch individualvertragliche, BGH NJW 2010, 299; 2014, 930; Emde BB 2011, 2759, zB für Geschäft mit unsicherer Vorlieferung, LAG Düsseldorf BB 1960, 1075; nur hälftige Provision bei Vertragsänderung mit dem Dritten nach HVVertragsende, OLG Karlsruhe BB 1980,

226; zeitanteilige Rückbuchung der Provision, OLG Köln IHR 2014, 103; Übernahme von Gerichtskosten durch HV für Vorgehen des Unternehmers bei Abnahmeverzug des Kunden, OLG Karlsruhe BB 1974, 904. Wirksam ist jedoch nachträglicher Verzicht auf den nach III 1 entstandenen Provisionsanspruch, nicht durch nachträgliche Abbedingung in allgemeiner Form, BGH BB 1961, 147; WM 2003, 2112, auch stillschweigend (→ § 87 Rn. 48). Auch rein klarstellende Klauseln, die nicht den Risikobereich des Unternehmers zu Lasten des HV einschränken, bleiben möglich. Das kann der Fall sein für Klausel darüber, wann der Versicherer von der Prämienklage absehen darf (→ Rn. 29), zu weitgehend OLG Frankfurt a. M. BB 1977, 1170 (nach altem Recht), oder inwieweit der VersVertreter zur Nachbearbeitung verpflichtet ist, vgl. OLG Frankfurt a. M. DB 1983, 1591; III darf aber nicht angetastet werden, vgl. ebenso für II Hs. 1 → Rn. 32. Untervertreter → § 84 Rn. 31.

C. **IV: IV ist ebenfalls nur zugunsten des HV zwingend.** Es kann also nicht **34** zum Nachteil des HV die Fälligkeit später gelegt werden. Nur der Abrechnungszeitraum kann zwischen einem und drei Monaten variiert werden. **Zulässig** zB: Abrechnung quartalsweise am 15. des 1. Monats nach Quartalsende (vgl. § 87c I) und Zahlung 10 Tage nach Abrechnung (vgl. IV). **Nicht zulässig** zB: Zahlung jeweils drei Monate nach Entstehen des Anspruchs; Abrechnung monatlich, Zahlung quartalsweise; Abrechnung monatlich binnen 30 Tagen, Zahlung 10 Tage nach Abrechnung; Abrechnung und Zahlung binnen 6 Wochen nach Quartalsschluss. Umgehung ist unwirksam, zB Fälligkeit von Provisionsteilen erst später als Einmalzahlung in Form „einer Pensionszusage", LAG Hamm BB 1985, 464.

D. **Abweichende Vereinbarungen sonst, insbesondere zu I:** Aus V folgt **35** im Gegenschluss, dass § 87a im Übrigen, also insbesondere dessen I 1, nicht zwingend ist, sondern freie Vereinbarung auch zu Lasten des HV zulässt (→ Rn. 8), BGH WM 2003, 2112. Das gilt aber nur **vorbehaltlich I 2** (Vorschuss, → Rn. 9), **und I 3**, wonach der HV unabhängig von einer Vereinbarung Anspruch auf Provision hat, sobald und soweit der Dritte das Geschäft ausgeführt hat (→ Rn. 10), also keine Vereinbarung, dass der Dritte seinen Pflichten über einen gewissen Zeitraum nachkommt, zB volle Bezahlung des Abonnements während bestimmter (Sprunghaftungs-)Frist, BGH NJW 2015, 1754 Rn. 17, Rechtsfolge: Teilprovision, 87b I. Zulässig ist danach Klausel, dass Provision von der Zahlung des Kunden abhängt oder dass Provisions- und -rückzahlungsansprüche kontokorrentgebunden sein sollen, Staub/Emde Rn. 147, aber kein vollständiger Ausschluss bei Teilerfüllung. Lit.: Thume BB 2012, 978 (AGB); Dänekamp/Köllin NJW 2015, 3126 (Provision bei Vermittlung von Dauerbezugsverträgen).

[Höhe der Provision]

87b (1) **Ist die Höhe der Provision nicht bestimmt, so ist der übliche Satz als vereinbart anzusehen.**

(2) ¹**Die Provision ist von dem Entgelt zu berechnen, das der Dritte oder der Unternehmer zu leisten hat.** ²**Nachlässe bei Barzahlung sind nicht abzuziehen; dasselbe gilt für Nebenkosten, namentlich für Fracht, Verpackung, Zoll, Steuern, es sei denn, daß die Nebenkosten dem Dritten besonders in Rechnung gestellt sind.** ³**Die Umsatzsteuer, die lediglich auf Grund der steuerrechtlichen Vorschriften in der Rechnung gesondert ausgewiesen ist, gilt nicht als besonders in Rechnung gestellt.**

(3) ¹**Bei Gebrauchsüberlassungs- und Nutzungsverträgen von bestimmter Dauer ist die Provision vom Entgelt für die Vertragsdauer zu berechnen.** ²**Bei**

§ 87b 1, 2

unbestimmter Dauer ist die Provision vom Entgelt bis zu dem Zeitpunkt zu berechnen, zu dem erstmals von dem Dritten gekündigt werden kann; der Handelsvertreter hat Anspruch auf weitere entsprechend berechnete Provisionen, wenn der Vertrag fortbesteht.

Übersicht

	Rn
1) Übersicht; Provisionssatz (I)	1–3
A. Übersicht:	1
B. Übliche Provision (I):	2, 3
2) Allgemeine Berechnungsgrundlagen der Provision (II)	4–12
A. Provisionsberechnung nach dem Entgelt (II 1):	4–7
B. Nachlässe (II 2 Hs. 1):	8, 9
C. Nebenkosten (II 1 Hs. 2):	10, 11
D. Mehrwertsteuer (II 3):	12
3) Berechnungsgrundlagen der Provision bei Dauerverträgen (III)	13–17
A. Dauerverträge:	13
B. Verträge mit bestimmter Dauer (III 1):	14
C. Verträge mit unbestimmter Dauer (III 2):	15
D. Vorzeitige Beendigung des Dauervertrags:	16
E. Ende des Handelsvertretervertrags vor Ende des Dauervertrags:	17
4) Abweichende Vereinbarungen	18, 19
A. Abweichungen von I und II:	18
B. Abweichungen von III:	19
5) Verfügung über die Provision, Provisionsweitergabe an Kunden	20

1) Übersicht; Provisionssatz (I)

1   **A. Übersicht:** § 87b regelt die Höhe der Provision, soweit nicht gesetzlich oder vertraglich (→ Rn. 18) etwas anderes gilt. § 87b trennt **Satz** (I) und **Berechnungsgrundlage** (II, III) der Provision. Das sind die beiden Faktoren der Provision in der üblichen Berechnungsweise: Provision = x % von y. III sieht für bestimmte **Dauerverträge** entspr. den Vertragsabschnitten und Kündigungsmöglichkeiten jeweils neu entstehende Provisionsansprüche vor. **Versicherungsvertreter** s. § 92.

2   **B. Übliche Provision (I):** Mangels anderweitiger Bestimmung (→ Rn. 1, 18) gilt nach I für die Höhe der Provision der übliche Satz I gilt über den Wortlaut hinaus nicht nur für den Satz, sondern für das gesamte Entgelt einschließlich üblicher Berechnung. Maßgebend ist Üblichkeit im räumlichen und sachlichen Arbeitsgebiet des HV. Hat er in dem Bezirk seinen Geschäftssitz, kommt es in erster Linie auf die Übung an diesem Ort an, Bsp.: 15 % für Werbeanzeigenvermittlung, AG Hamburg BB 1981, 2033. Provision bei geringwertigen Konsumgütern bis zu 50 %, bei Großaufträgen bis in die Millionen, Beukelmann NJW-Sp 2011, 184, fraglich. Maßgeblich ist Üblichkeit zum Zeitpunkt des vermittelten Geschäfts, OLG Karlsruhe OLGR 2008, 321. Feststellung der Üblichkeit (vgl. § 346) uU durch Sachverständige, BGH LM HGB § 87b Nr. 1. Zur Provisionsberechnung für VersVertreter bei Fehlen vertraglicher Regelung OLG Stuttgart BB 1977, 565. Der die Provision einklagende HV muss Höhe und Berechnungsgrundlagen **beweisen;** so auch wenn der Unternehmer gegenteilig, vom dispositiven Recht des II abweichende Vereinbarung behauptet, OLG Hamm 26.10.2009, HVR Nr. 1299, aA letzterenfalls Staub/Emde Rn. 44. Verlangt der HV den üblichen Satz, muss er beweisen, dass die vom Unternehmer behauptete bestimmte Provisionshöhe nicht vereinbart ist, LAG Bremen DB 1960, 1212; vgl. BGH NJW 1983, 1782 (zu § 632 BGB).

Ist solche **Übung nicht feststellbar,** zB bei einem aus dem Rahmen fallenden Sonderauftrag, Bsp. BGH DB 1961, 638, ist der Provisionsanspruch nach billigem Ermessen zu bestimmen (§§ 315, 316 BGB), BGH WM 2005, 1041. **3**

2) Allgemeine Berechnungsgrundlagen der Provision (II)

A. **Provisionsberechnung nach dem Entgelt (II 1):** Die Provision (Satz nach I) berechnet sich aus dem Entgelt (II 1), das entweder der Dritte schuldet (zB als Käufer, Werkbesteller, Versicherungsnehmer) oder der Unternehmer (zB als Käufer bei Einkaufsvertretung). Ist das Geschäft ein Tausch bzw. Kompensationsgeschäft, kommt es auf den in Geld ausgedrückten Wert der Leistung des Dritten an, str. Wird das Entgelt in Devisen vereinbart, ist Umrechnungskurs zum Zeitpunkt des Eingangs beim Unternehmer maßgeblich. **4**

Entscheidend ist das **geschuldete** Entgelt, bei Preisvorschriften also der gesetzliche Preis, nicht ein überhöhter vertraglicher, OLG Düsseldorf MDR 1957, 168 Ls.; aA auf tatsächliche Zahlung abstellend Schlegelb/Schröder Rn. 5b. Freiwillige spätere Gewinnanteilsrückvergütungen des Unternehmers, etwa in der Versicherungsbranche, mindern die Provision nicht. Veränderungen infolge von Preisgleitklauseln sind, da vertraglich vereinbart, zu berücksichtigen, Staub/Emde Rn. 22, str. **5**

Das vereinbarte Entgelt ist auch maßgeblich, wenn statt des Entgelts eine **andere Leistung** angenommen wird; zB wenn von vornherein vereinbart ist, dass der Kaufpreis in bestimmten Effekten beglichen werden soll, und ihre Veräußerung dann weniger erbringt, RGZ 121, 125; wenn es durch Leistung an Erfüllungs Statt (§ 364 BGB) gezahlt wird; wenn der Unternehmer die Forderung gegen den Kunden unter Nennwert veräußert, weil er diesen für zahlungsunfähig halten darf, OLG Celle NJW 1972, 879 (vgl. → § 87a Rn. 15). Etwas anderes gilt, wenn es bei Teilausführung bleibt (→ § 87a Rn. 5), etwa wenn der Unternehmer nicht vollwertige Ersatzleistung empfängt (→ § 87a Rn. 11). Weist der Unternehmer die andere Leistung zurück, gilt III, EBJS/Löwisch Rn. 15. **6**

Geldwerte **Nebenvorteile** des Unternehmers, zB Preisnachlass auf Gegenlieferung, zählen für den HV mit, Unternehmer darf sie nicht geheim halten (ähnlich Schmiergeldannahme durch den HV, vgl. → § 86 Rn. 23). **7**

B. **Nachlässe (II 2 Hs. 1):** Nachlässe mindern das geschuldete Entgelt und damit idR auch die Provision nach II 1, sofern sie dem Dritten von vornherein zugesagt sind; anders nachträgliche Nachlässe und Sonderrabatte, OLG Braunschweig JR 1957, 103, denn das ginge zu Lasten des HV (vgl. → § 87a Rn. 21). Bspe: Mengen-, Treue-, „Aktions"-Rabatt (für einmalig besonders große Bestellung), Jahresumsatzbonus. **8**

Nachlässe bei Barzahlung (Skonto) sind ausgenommen **(II 2 Hs. 1),** mindern die Provision also nicht. Denn Barzahlung kommt direkt dem Unternehmer zugute, OLG Düsseldorf DB 1955, 578. Dieser soll sich dagegen nicht auf abw. HdlBrauch berufen können, OLG Bremen HVHM 1965, 71, zweifelhaft (vgl. → Rn. 18). **9**

C. **Nebenkosten (II 1 Hs. 2):** Nebenkosten für Fracht, Verpackung, Zoll, Steuern ua, die der Unternehmer aufwendet und dem Dritten (vertragsgemäß) **besonders in Rechnung stellt** (bzw. umgekehrt, BGH 3.3.1960, HVR Nr. 250), sind nicht Teil des vom Dritten (bzw. Unternehmer) geschuldeten Entgelts (II 1) und deshalb bei der Provisionsberechnung auszuscheiden. **10**

Nicht besonders berechnete Nebenkosten gelten dagegen als durch das Entgelt mitabgedeckt und mindern deshalb die Provision nicht **(II 2 Hs. 2),** zB variable Luftlandegebühren, BGH NJW-RR 2004, 1206. Das gilt auch, wenn ursprünglich besonders berechnete Teuerungszuschläge im Lauf der Vertragszeit nur noch innerbetrieblich kalkuliert werden, OLG Celle 26.11.1956, HVR Nr. 116, Abzüge wären vom HV nicht mehr kontrollierbar. Ist Entgelt ohne **11**

besonders berechnete Nebenkosten vereinbart, tangiert spätere Aufteilung den HV dagegen nicht mehr; anders wenn ursprünglich vertraglich nicht vorgesehene Leistung später hinzukommt, BGH 3.3.1960, HVR Nr. 250. Auch umsatzfördernde Aufwendungen des Unternehmers mindern Provision idR nicht (vgl. auch → § 89b Rn. 19).

12   D. **Mehrwertsteuer (II 3):** Umsatzsteuer (Mehrwertsteuer) ist auf der Rechnung gesondert auszuweisen; II 3 fingiert das hinweg und setzt sie damit den nicht besonders berechneten Nebenkosten nach II 2 Hs. 2 gleich. Die Provision ist deshalb mangels besonderer Vereinbarung (üblich) auch aus dem Mehrwertsteuerbetrag zu bezahlen, BGHZ 61, 114. Sondervorschrift für VersVertreter, BGH BB 1992, 597. Bsp. bei Küstner/Thume/Otto, Bd. 1, Kap. V Rn. 347. Lit.: Jansen/Westphal, 1992.

3) Berechnungsgrundlagen der Provision bei Dauerverträgen (III)

13   A. **Dauerverträge:** III regelt (mangels anderer Vereinbarung, → Rn. 18) Provisionsberechnung bei vom HV vermittelten **Gebrauchsüberlassungs- und Nutzungsverträgen,** zB Miete oder Pacht, einerlei ob Sachen oder Rechte (zB Lizenzen, dingliche Rechte wie Erbbaurecht). III regelt nur die Abrechnungsmodalitäten, die Entstehung des Provisionsanspruchs ist in §§ 87, 87a geregelt, BGH NJW 2010, 301. III erfasst aber auch andere Dauerverträge **mit fest nach Zeitabschnitten bemessenem Entgelt,** zB Dienst-, Versicherungsverträge, offen BGH WM 2005, 1867. III gilt nicht für Verträge mit variablem, ergebnisbezogenem Entgelt, offen BGH NJW 2010, 301, zB Lizenzverträge mit Stück- oder Umsatzlizenz, Verlagsverträge mit Autorenbeteiligung, Lieferabonnements: hier erwächst Provision mit jedem vergütungspflichtigen Vorgang (Verkauf der lizenzierten Gegenstände, Verkauf der Bücher, Lieferung der Zeitschrift) oder jeder Zahlung des anderen Teils (vgl. § 87a I 1, 3); die etwa gewünschte Vereinfachung der Provisionsberechnung ist hier Sache besonderer Vereinbarung, die an die Schranken des § 87a gebunden ist (etwa bei Zeitschriftenabonnements, vgl. → § 87a Rn. 15). Soweit III keine Sonderregeln enthält, bleiben I und II anwendbar. Ausführung bei Dauerverträgen → § 87a Rn. 5.

14   B. **Verträge mit bestimmter Dauer (III 1):** Bei Verträgen (mit fest nach Zeitabschnitten bemessenem Entgelt, → Rn. 13) von bestimmter Dauer bereitet die Berechnung der Provision nach dem Entgelt (II 1) keine Schwierigkeit: Die (einmalige) Provision ist vom Entgelt für die vereinbarte Vertragsdauer zu berechnen, auch wenn Entgelt nur in Raten zu zahlen ist. Wird der Vertrag auf bestimmte Zeit verlängert, einerlei ob automatisch (Verlängerungsklausel) oder durch Willenserklärung (zB Verlängerungsoption), erwächst eine neue Provision; wird er auf unbestimmte Zeit verlängert, gilt nunmehr III 2.

15   C. **Verträge mit unbestimmter Dauer (III 2):** Bei Verträgen (mit fest nach Zeitabschnitten bemessenem Entgelt, → Rn. 13) von unbestimmter Dauer ist Provision jeweils für die Zeit zwischen zwei Kündigungsterminen (Terminen, zu denen der Dritte, nicht notwendig auch der Unternehmer gesetzlich oder vertraglich kündigen kann) zu berechnen, erstmals für die Zeit vom Vertragsbeginn zum ersten Kündigungstermin. Bei mehreren aufeinander folgenden, nicht ausgenutzten Kündigungsterminen entsteht für jeden neuen Nutzungsabschnitt ein weiterer neuer Provisionsanspruch (aber → Rn. 17). Kann zu jedem beliebigen Termin (einerlei ob mit Frist und mit welcher) gekündigt werden, so ergibt sich ein einziger, mit dem Vertragsablauf ständig wachsender Provisionsanspruch, die zeitliche Gliederung ergibt sich dann nur aus den Abrechnungsabschnitten (§ 87c I).

16   D. **Vorzeitige Beendigung des Dauervertrags:** Die Provisionspflicht bei vorzeitigem Ende des (auf bestimmte oder unbestimmte Zeit geschlossenen)

Dauervertrags etwa durch außerordentliche Kündigung ist nicht in § 87b geregelt, sondern bestimmt sich nach § 87a III (nur analog, da bereits Ausführung, → § 87a Rn. 5), Staub/Emde Rn. 40, str. Danach entfällt der Provisionsanspruch nur dann, wenn der
Unternehmer die Nichtzuendeführung des auf bestimmte Zeit geschlossenen Dauervertrags nicht zu vertreten hat. Beim auf unbestimmte Zeit geschlossenen Dauervertrag erhält der HV mangels anderer Abrede Provision jedenfalls nicht über den jeweils begonnenen Nutzungsabschnitt hinaus (§ 87a I 1, 3); soweit dieser selbst nicht zu Ende geführt wird, gilt wiederum § 87a III analog.

E. Ende des Handelsvertretervertrags vor Ende des Dauervertrags: 17
a) Bei Vertrag mit bestimmter Dauer bleibt dem HV die Provision für die gesamte Zeit des Dauervertrags (aber → Rn. 16) erhalten, auch wenn der HVVertrag zuvor endet (Grund: Ausführung bereits mit Gebrauchsüberlassung, vgl. → § 87a Rn. 5, 7; § 87 III gilt nicht).

b) Bei Vertrag mit unbestimmter Dauer erhält der HV, dessen HVVertrag endigt, die Provision bis zu dem Zeitpunkt, zu dem erstmals von dem Dritten gekündigt werden kann (§ 87b III 2); kündigt der Dritte nicht, beginnen neue Nutzungsabschnitte, die provisionspflichtig sein können, Staub/Emde Rn. 37. Der HV erhält also die vereinbarte Provision für die gesamte Laufzeit des vermittelten Vertrags (ohne zeitliche Begrenzung analog § 87 III), BGH NJW 2010, 301.

4) Abweichende Vereinbarungen

A. **Abweichungen von I und II:** Alle Bestimmungen des § 87b sind durch 18 (ausdrückliche oder stillschweigende) Abrede **abdingbar**, zB OLG Hamm ZVertriebsR 2021, 193 Rn. 44 und IHR 2022, 76, KG ZVertriebsR 2022, 247. Möglich ist also **anderer Provisionssatz** als nach I, zB differenzierend nach Geschäft, Kunde oder nach Verdienstspanne des Unternehmers, OLG Karlsruhe 14.10.1975, HVR Nr. 494 Ls., und **andere Berechnung** als nach II, OLG Naumburg 7.3.2002, HVR Nr. 1108, zB bei Inzahlungnahme gebrauchter Sachen Provision nur auf den Barpreis, BAG BB 1966, 386; Provision nach Stückzahl, Gewicht usw von verkaufter Ware (x DM je Stück, je Tonne usw); entgegen II 2 keine Provision auf Skonti; entgegen II 3 keine Provision auf Umsatzsteuer, BAG BB 1983, 197. Auch alle Kombinationen der Berechnung sind möglich, zB Stückprovision mit Aufschlag in % des x DM übersteigenden Preises. Möglich ist auch ganz andere Vergütungsart als Provision (→ § 87 Rn. 5). **Grenzen** §§ 138, 242 BGB; Hungerprovision → § 86 Rn. 9 II enthält kein Leitbild iSv **(5)** BGB § 307 II Nr. 1 für Vergütung aller Nebenleistungen, BGH NJW-RR 2004, 1206. **AGB** über einseitige Änderung des Provisionssatzes ohne sachgerechte Begrenzung ist unwirksam (→ § 87 Rn. 48); AGB über Beteiligung des HV an Preisnachlässen kann, da im Ergebnis Provisionskürzung, kritisch werden, UBH/H. Schmidt (23) HVVerträge Rn. 4 (→ § 84 Rn. 8), str.

B. **Abweichungen von III:** Auch III über Dauerverträge (aber nur III, vgl. 19 → Rn. 16, 17) ist voll dispositiv. Möglich ist zB auch **für Dauerverträge** (in erster Linie bei nach Zeitabschnitten bestimmter Vergütung, auch bei anderen) **Einmalprovision**, fällig bei Vertragsschluss oder nach Ablauf bestimmter Vertragszeit, BGHZ 30, 107; WM 2005, 1867. Beabsichtigte und erreichte Vertragsdauer sind dann für die Provision unerheblich, Bsp.: Vermittlung von Anstellungsverträgen, Provision x% des Monatsgehalts jedes Vertrags, verdient nach 3 Monaten Vertragsdauer.

5) Verfügung über die Provision, Provisionsweitergabe an Kunden

Über seine Provision kann der HV grundsätzlich frei verfügen. Es gibt auch 20 kein grundsätzliches Verbot der Provisionsteilung bzw. Provisionsweitergabe an

§ 87c

den Kunden (zu unterscheiden von Provisionsteilung zwischen mehreren HV (→ § 87 Rn. 46), aber Löffler ZVertriebsR 2015, 77 ff.: uU Verstoß gegen Art. 101 AEUV. Aber Provisionsabsprache schon vor Abschluss des Vertrags mit dem Kunden kann die Interessen des Unternehmers gefährden und muss dann diesem offengelegt werden, vgl. BGH NJW 1991, 1819; BGH ZIP 2001, 416; Schmiergelder → § 86 Rn. 23. Die Untersagung der Provisionsweitergabe ist individualvertraglich möglich. Die Weitergabe ist untersagt in der Schadensversicherung, aber kein gesetzliches Verbot nach § 134 BGB, BGH MDR 2004, 1104; EBJS/Löwisch § 87b Rn. 44. Ein Verbot kann auch branchenüblich sein, dann sollte das im HVVertrag geklärt werden.

[Abrechnung über die Provision]

87c (1) ¹Der Unternehmer hat über die Provision, auf die der Handelsvertreter Anspruch hat, monatlich abzurechnen; der Abrechnungszeitraum kann auf höchstens drei Monate erstreckt werden. ²Die Abrechnung hat unverzüglich, spätestens bis zum Ende des nächsten Monats, zu erfolgen.

(2) **Der Handelsvertreter kann bei der Abrechnung einen Buchauszug über alle Geschäfte verlangen, für die ihm nach § 87 Provision gebührt.**

(3) **Der Handelsvertreter kann außerdem Mitteilung über alle Umstände verlangen, die für den Provisionsanspruch, seine Fälligkeit und seine Berechnung wesentlich sind.**

(4) **Wird der Buchauszug verweigert oder bestehen begründete Zweifel an der Richtigkeit oder Vollständigkeit der Abrechnung oder des Buchauszuges, so kann der Handelsvertreter verlangen, daß nach Wahl des Unternehmers entweder ihm oder einem von ihm zu bestimmenden Wirtschaftsprüfer oder vereidigten Buchsachverständigen Einsicht in die Geschäftsbücher oder die sonstigen Urkunden so weit gewährt wird, wie dies zur Feststellung der Richtigkeit oder Vollständigkeit der Abrechnung oder des Buchauszuges erforderlich ist.**

(5) **Diese Rechte des Handelsvertreters können nicht ausgeschlossen oder beschränkt werden.**

Übersicht

	Rn
1) Übersicht, Reichweite	1, 2
A. Übersicht:	1
B. Reichweite:	2
2) Abrechnung über die Provision (I)	3–12
A. Inhalt und Zweck der Abrechnung:	3
B. Rechtsnatur:	4
C. Abrechnungspflicht:	5–7
D. Abrechnungszeitraum (I 1):	8
E. Abrechnungszeitpunkt (I 2):	9, 10
F. Prozess:	11, 12
3) Buchauszug (II)	13–22
A. Inhalt und Zweck des Buchauszugs:	13–16
B. Verlangen:	17, 18
C. Zeitliche Grenzen:	19
D. Rechte bei Unvollständigkeit:	20
E. Prozess:	21, 22
4) Auskunft (III)	23, 24
A. Anspruch auf Auskunft:	23
B. Prozess:	24
5) Einsicht in Bücher und Urkunden (IV)	25–28
A. Einsichtsrecht:	25, 26

	Rn
B. Ausübung der Einsicht:	27
C. Prozess:	28
6) Abweichende Vereinbarungen (V)	29, 30

1) Übersicht, Reichweite

A. Übersicht: § 87c regelt die Informationsansprüche des HV bei Abrechnung **1** über die Provision des HV. Allgemeine Nachrichts- und Informationspflicht nach § 86a II, beide stehen selbständig nebeneinander. Dabei geht es nicht nur um den Abrechnungsanspruch, vielmehr enthält § 87c **mehrere Hilfsansprüche** (Nebenrechte) zur Vorbereitung und Durchsetzung des Provisionsanspruchs. Ihre **Reihenfolge** ist grundsätzlich: **Abrechnung (I), Buchauszug (II), Auskunft (III), Bucheinsicht (IV);** beliebige Änderung oder Kopplung ist nicht möglich, stRspr, zB OLG Düsseldorf OLGR 2008, 52. Ihr Charakter als bloßer **Hilfsanspruch,** BGH ZVertriebsR 2016, 242 (→ Rn. 5, → § 87 Rn. 41), wird in folgendem deutlich: Die Ansprüche auf Rechnungslegung (I, II) und Auskunft (III) sind als unselbständige Nebenrechte (nur) zusammen mit dem Provisionsanspruch abtretbar, sie gehen mit Abtretung des Provisionsanspruchs über (entspr. § 401 BGB), BGH NJW 2017, 3525 Rn. 15; LAG Bremen BB 1955, 97; OLG Hamm NJW-RR 1997, 1323, hL, auch EBJS/Löwisch Rn. 32. Geheimhaltungsinteressen, vor allem gegenüber Konkurrenten, können dem Übergang der Hilfsrechte entgegenstehen (vereinbarter Ausschluss oder § 242 BGB), EBJS/Löwisch Rn. 32. Diese Nebenrechte sind auch **nicht selbständig pfändbar,** Pfändung ist nichtig, BGH NJW 2017, 3525; Staub/Emde Rn. 25; aA EBJS/Löwisch Rn. 32, aber mit Einschränkungen. Übergang mit dem gepfändeten Provisionsanspruch → § 87 Rn. 50. Verjährt der Provisionsanspruch oder ist er aus anderen Gründen nicht mehr durchsetzbar, werden die **Hilfsansprüche** gegenstandslos (vgl. → Rn. 19, § 87 Rn. 53); sie können aber auch **selbständig verjähren** (→ § 87 Rn. 53). § 87c ist nicht abschließend, Oetker/Busche Rn. 1; aA FW/Fröhlich Rn. 13; für Auskunft → Rn. 23 aE.

B. Reichweite: § 87c ist auf Provision nach § 87 gemünzt und deshalb bei **2** (reiner) Umsatzbeteiligung des HV (statt Provision, → § 87 Rn. 5) unanwendbar, OLG Karlsruhe BB 1966, 1169, ebenso bei Fixum und Pauschalvergütung, EBJS/Löwisch Rn. 18, auch hinsichtlich der Guthaben auf dem Stornoreservekonto, EBJS/Löwisch Rn. 17; anders bei Beteiligung am Umsatz mit den von ihm vermittelten Kunden sowie hinsichtlich eines jedenfalls teilweise leistungsabhängigen Provisionsanteils, OLG Düsseldorf ZVertriebsR 2015, 253; einzelne Analogien (zB I 2 unverzüglich, IV Einsichtsrecht) bleiben aber möglich, im Übrigen § 259 BGB ua. § 87c gilt mit jeweils den gleichen Einzelrechten (I–IV und V) **auch in mehrstufigen Vertriebssystemen,** BGHZ 56, 290; Emde MDR 1999, 1108; dort aber nur in dem jeweiligen Vertragsverhältnis. Der (echte) **Untervertreter** (→ § 84 Rn. 31, direkt beim unechten Untervertretenr, → § 84 Rn. 32) hat die Ansprüche aus § 87c nur gegen den Hauptvertreter, dieser nur gegen den Unternehmer. Der Hauptvertreter benötigt zwar eine ausreichende Information vom Unternehmer, um seinerseits den Untervertreter zu informieren, er ist diesem gegenüber aber verpflichtet, sich diese Informationen zu beschaffen und kann nicht einfach einwenden, er werde seinerseits vom Unternehmer nicht hinreichend informiert, Staub/Emde Rn. 24; str. Nur in besonderen Ausnahmefällen, etwa nach vergeblicher Inanspruchnahme des Hauptvertreters, kommt ein direkter Anspruch des Untervertreters gegen den Unternehmer nach § 242 BGB in Betracht, EBJS/Löwisch Rn. 75. Die Rechte aus § 87c bestehen uneingeschränkt auch gegenüber ausländischem Unternehmen, OLG Hamburg 5.4.2005, HVR Nr. 1154 (Vollstreckung str., → Rn. 12).

2) Abrechnung über die Provision (I)

3 **A. Inhalt und Zweck der Abrechnung:** Sie ist die Aufstellung darüber, auf welche Provision der HV Anspruch hat (I 1), also welche Provisionsansprüche (nach §§ 87a, 87b, ggf. Vertrag) dem HV im Abrechnungszeitraum entstanden sind. Provision für abgeschlossene (§ 87), aber noch nicht ausgeführte Geschäfte ist nicht aufzunehmen (anders im Buchauszug, II, → Rn. 13f), OLG Nürnberg BB 1966, 265; Staub/Emde Rn. 143; also nicht, bevor eine aufschiebende Bedingung eingetreten ist (vgl. → § 87a Rn. 1); aA Küstner/Thume/Riemer, Bd. 1, Kap. VI Rn. 30; auch nicht für solche, bei denen feststeht, dass der Dritte nicht leistet (§ 87a II), außer wenn das Geschäft trotz Nichtausführung provisionspflichtig ist (§ 87a III 1). Provisionsansprüche sind aber schon dann aufzunehmen, wenn sie nach § 87a I erst auflösend bedingt entstanden sind (→ § 87a Rn. 6), sind aber (schon im Hinblick auf das Schuldanerkenntnis, → Rn. 4) als solche kenntlich zu machen; ist die auflösende Bedingung eingetreten, ist das Geschäft nicht abzurechnen. Der Unternehmer hat nur abzurechnen, was er glaubt anerkennen zu können und erfüllen will, BGH WM 1990, 711; Grund: abstraktes Schuldanerkenntnis (→ Rn. 4); der HV kann ihm keine Vorgaben zum Inhalt der Abrechnung machen, Hamm ZVertriebsR 2022, 116. Ist seiner Ansicht nach kein Provisionsanspruch entstanden, genügt ei I durch diesbezügliche Mitteilung, BGH WM 1990, 711; Hamm ZVertriebsR 2022, 116 Tz. 48. Buchauszug nach II hat andere Funktion und reicht deshalb weiter (→ Rn. 14). Zur einheitlichen Fälligkeit aller in den Abrechnungszeitraum fallenden Provisionsansprüche → § 87a Rn. 31. Die Abrechnung soll dem HV ermöglichen, unter Vergleich mit seinen eigenen Unterlagen zuverlässig nachzuprüfen, ob alle ihm zustehenden Provisionen (§§ 87, 87a) und sonstigen Vergütungen lückenlos erfasst sind, BGH BB 1961, 424; WM 1989, 1074. Dieser Zweck bedingt eine vollständige, klare und übersichtliche Zusammenstellung, vgl. BGH WM 1981, 993; OLG Karlsruhe 14.10.1975, HVR Nr. 494 Ls.

4 **B. Rechtsnatur:** Die Abrechnung ist **abstraktes Schuldanerkenntnis** des Unternehmers (§ 781 BGB, als solches nicht der Schriftform bedürftig, § 782 BGB (aber → Rn. 6), BGH WM 1990, 710; OLG Düsseldorf BeckRS 2015, 119205; OLG Karlsruhe ZVertriebsR 2017, 381, hL, EBJS/Löwisch Rn. 83. Annahme nicht schon durch Schweigen des HV, Anerkenntnisklausel ist unwirksam (V, → Rn. 29). Saldoanerkenntnis des HV ist ebenfalls möglich, BGHZ 56, 295; OLG Karlsruhe BB 1980, 226; aber in (auch jahrelanger) stillschweigender Hinnahme der Provisionsabrechnungen liegt kein Schuldanerkenntnis des HV, dass ihm Buchauszug und weitere Provisionen nicht zustehen (Grund: §§ 87a V, 87c V), BGH NJW 1996, 588, auch bei HVGmbH, OLG Hamburg BB 1998, 971 (auch → Rn. 19, 29). Auch nicht schon in Unterzeichnung eines Provisionsrechnungsentwurfs des Unternehmers durch HV, OLG Hamm VersR 2001, 1106. Konkludente Anerkenntnisse des HV, zB Zustimmung zu Warenrücksendungen, bleiben möglich, von Manteuffel/Evers EWiR § 87c 1/1996, 175. Schuldanerkenntnis nicht schon bei Untätigkeit, auch kein kfm Bestätigungsschreiben, OLG Dresden 2.3.20 HVR Nr. 1484. Will der Unternehmer oder der HV die Abrechnung nach dem Schuldanerkenntnis zu seinen Gunsten ändern, muss er ihre Unrichtigkeit dartun und Anerkenntnis nach §§ 812 ff. BGB (vgl. § 812 II) zurückfordern. Lit.: Stötter DB 1983, 867; Seetzen WM 1985, 213; Emde MDR 1996, 331; MDR 2003, 1154.

5 **C. Abrechnungspflicht:** Abrechnung ist **Pflicht des Unternehmers** (I 1), nicht Pflicht beider Teile. Der Unternehmer kann aber ohne die Mitteilungen des HV nach § 86 II nicht abrechnen. Besonderes Verlangen des HV ist nicht nötig (anders für Buchauszug, II). Die Abrechnungspflicht besteht grundsätzlich auch, wenn der HV die Provisionsansprüche aus den eigenen Unterlagen ersehen kann (zum Buchauszug → Rn. 13); auch wenn der HV falsche Angaben über das

Inkasso gemacht und Beträge nicht abgeführt hat, BGH BB 1961, 424. Die Abrechnungspflicht ist erfüllt, wenn diese den Mindestanforderungen an eine ordnungsgemäße Abrechnung bzw. den Anforderungen des Urteilsausspruchs formal (also nicht materiell-rechtliche Rechtslage) entspricht, EBJS/Löwisch Rn. 48 f., andernfalls neue Abrechnung. Bloß sonst bzw. in Einzelpunkten unrichtige oder unvollständige Abrechnung begründet auch keinen Abrechnungsergänzungsanspruch, BGH NJW-RR 1990, 1370 (Makler); EBJS/Löwisch Rn. 58; FW/Fröhlich Rn. 42; aA Staub/Emde Rn. 34; auch → Rn. 11; der HV ist dann auf die Rechte aus II, III und IV angewiesen; für Buchauszug → Rn. 20. Keine Abrechnungspflicht, wenn Provisionsanspruch zweifelsfrei zu verneinen ist (zu § 87c III), BGH ZVertriebsR 2016, 242 Rn. 29.

Die Abrechnung ist **schriftlich** zu erteilen. Das folgt nicht aus § 781 BGB **6** (→ Rn. 4), sondern aus dem Zweck des I, der eine vollständige, klare und übersichtliche Zusammenstellung verlangt (→ Rn. 3).

In der **Insolvenz** des Unternehmers (→ § 87 Rn. 51) sind die Ansprüche aus **7** I, II vom Insolvenzverwalter zu erfüllen, OLG Naumburg NJW-RR 1996, 993 (Grund: Ersatzvornahme nach § 887 ZPO möglich, → Rn. 12); aA Neust NJW 1965, 257.

D. **Abrechnungszeitraum (I 1):** Dieser beträgt **einen Monat (I 1),** dh iZw **8** Kalendermonat, und gestattet die **Verlängerung nur bis zu drei Monaten,** und zwar ohne Bindung an den Kalender (Bsp.: Abrechnungsstichtage 15.1., 15.4., 15.7. und 15.10. jeden Jahres).

E. **Abrechnungszeitpunkt (I 2):** Nach **I 2** ist **unverzüglich** (§ 121 I BGB) **9** nach Ende des Abrechnungszeitraums (→ Rn. 8) abzurechnen, spätestens aber (also falls möglich früher) bis zum Ende des nächsten Monats. Das bedeutet, falls Abrechnungszeitraum nicht mit Kalendermonaten zusammenfällt (→ Rn. 8), binnen einem Monat nach Ablauf des Abrechnungszeitraums, Einzelheiten str., Staub/Emde Rn. 149, mit Beispielen MüKoHGB/Ströbl Rn. 32. Fälligkeit und Verzugseintritt s. § 87a IV.

Nach Vertragsende ist zunächst (über die schon erwachsenen Provisions- **10** ansprüche) unverzüglich abzurechnen, auf Verlangen Buchauszug zu erteilen und das Ergebnis auszuzahlen (§ 614 S. 1 BGB), OLG München MDR 1958, 923; BGH NJW 1981, 457. Das Gesetz sieht keine Schlussabrechnung vor; aber die vorher erteilten Einzelabrechnungen sind uU nach Vertragsende zu ergänzen, zB wenn die Provision sich noch durch Eingänge von Kunden ändern kann, OLG München BB 1964, 698. Der Unternehmer darf von Abrechnung absehen, wenn mit neuen Provisionsansprüchen nicht mehr zu rechnen ist.

F. **Prozess: a)** Möglich ist **Klage** auf Abrechnung; aber nicht auf eine be- **11** stimmte, vom HV für richtig bzw. vollständig gehaltene Abrechnung (denn abstraktes Schuldanerkenntnis des Unternehmers, → Rn. 4), BGH WM 1990, 710, stattdessen Klage aus II, III oder auf Zahlung. Für die spätere Vollstreckung ist ein konkretisierter, genau formulierter Antrag notwendig, das gilt ebenso für den späteren Tenor des Urteils. Klage auf Abrechnung auch verbunden mit Klage auf Zahlung des aus der Abrechnung hervorgehenden Schuldbetrags (**Stufenklage,** § 254 ZPO), OLG Köln BB 1972, 468; OLG Düsseldorf 11.4.2003, HVR Nr. 1082; 26.10.2012, HVR Nr. 1364; OLG Stuttgart 2.7.2019 HVR Nr. 1477; auch Klage auf Zahlung des Anspruchs, soweit unbestritten, und im Übrigen Klage auf Abrechnung; auch Klage auf Abrechnung und Auskunft (III), OLG Köln BB 1972, 467; auch Klage auf Abrechnung zusammen mit Klage auf Buchauszug, wenn geschuldete Abrechnung verweigert wird, BGH ZIP 2017, 1912 Rn. 18 (→ Rn. 18); auch Klage auf Schadensersatz mit Schadensschätzung (§ 287 ZPO), OLG Düsseldorf 26.3.1993, HVR Nr. 942 (auch → Rn. 16); **nicht:** Stufenklage auf Ausgleichszahlung nach § 89b oder anderen Schadensersatz als den wegen entgangener Provision, OLG Düsseldorf 11.4.2003, HVR Nr. 1082.

§ 87c 12

Über die **einzelnen Stufen** einer Stufenklage ist grundsätzlich **gesondert** zu verhandeln und zu entscheiden, anders wenn dem Hauptanspruch die materiellrechtliche Grundlage fehlt oder es hinsichtlich aller Anträge an einer Prozessvoraussetzung fehlt, OLG Hamm ZVertriebsR 2020, 131 Rn. 39. Die Entscheidung erfolgt grundsätzlich auf jeder Stufe durch **Teilurteil**. Ein solches Teilurteil entscheidet weder über die sonstigen Rechte nach § 87c noch über den Provisionsanspruch. Zu den verschiedenen Stufen und zum Schlussurteil, OLG Düsseldorf ZVertriebsR 2020, 263. Eine einheitliche Entscheidung über die mehreren in einer Stufenklage verbundenen Anträge ist nur ausnahmsweise möglich, wenn bereits feststeht, dass dem Vergütungsanspruch die materiellrechtliche Grundlage fehlt, BGH ZIP 2002, 443; NJW-RR 2011, 189 Rn. 24; EBJS/Löwisch Rn. 109. Beweislast für HVVertrag und Anspruchsvoraussetzungen der Informationsansprüche liegt beim HV, für die ordnungsgemäße Erfüllung oder sonstiges Erlöschen der Ansprüche beim Unternehmer, im Einzelnen str. Zu Klage und Vollstreckung auch bei den anderen Informationsansprüchen → Rn. 21, 22, 24, 28 sowie ausführlich EBJS/Löwisch Rn. 108 ff.

12 b) **Vollstreckung** des Urteils nach I (Abrechnung), II (Buchauszug, auch → Rn. 22), III (Mitteilungen) durch Ersatzvornahme (Mitteilungen soweit aus Büchern usw entnehmbar) **nach § 887 ZPO** durch geeigneten Beauftragten des HV (Wirtschafts-, Buchprüfer, OLG Karlsruhe ZVertriebsR 2015, 119, zu dessen Honorar OLG Düsseldorf 17.11.2008, HVR Nr. 1215, dessen Auswahl durch den Schuldner, sonst nach Ermächtigung durch das Gericht durch den Gläubiger, Kostenvorschuss, OLG Dresden IHR 2020, 216) auf Kosten des Unternehmers, BGH WM 2007, 1418 für II; auch BGH NJW 2017, 3525; OLG Düsseldorf NJW-RR 2000, 1298; OLG Köln 9.2.2004, HVR Nr. 1102; OLG Rostock 25.11.2008, HVR Nr. 1323; OLG Karlsruhe ZVertriebsR 2015, 119; OLG Brandenburg ZVertriebsR 2020, 115; aA OLG München BB 1960, 188; Neust NJW 1965, 257; KG 22.3.2001, HVR Nr. 1004; OLG Frankfurt a. M. 31.1.2002, HVR Nr. 1130 für III; der Zwangsvollstreckung steht als Gläubigerrecht aus IV nicht entgegen, OLG Köln 12.9.2001, HVR Nr. 1050. Der Erfüllungseinwand ist im Verfahren des § 887 ZPO grundsätzlich zu prüfen, maßgeblich ist aber allein der Vollstreckungstitel, nicht die materiellrechtliche Rechtslage, BGH WM 2007, 1419; OLG Bamberg NJW-RR 2008, 1423; OLG München ZVertriebsR 2018, 174, also dass kein Streit um Tatsachen besteht oder die Erfüllung durch Urkunden (§ 775 Nr. 4, 5 ZPO) belegt ist, OLG Hamm 19.12.1997, HVR Nr. 879; OLG Hamburg 15.7.2000, HVR Nr. 956; OLG Düsseldorf OLGR 2001, 283; OLG Köln 2.9.2001, HVR Nr. 1050; 9.2.2004, HVR Nr. 1102; OLG München NJW-RR 2002, 1034; OLG Hamm 12.6.2003, HVR Nr. 1093; OLG Köln 31.10.2008, HVR Nr. 1303 (uU Ersetzung durch gleichwertige Angaben des Unternehmers), sonst nur Vollstreckungsgegenklage nach § 767 ZPO, OLG München NJW-RR 2002, 1034, im Übrigen str. Aufrechnung gegen titulierten Anspruch nach § 887 II ZPO auf Kostenvorschuss für Buchauszug mit Gegenforderung, jedenfalls bestrittener, nachträglich erworbener, ist unzulässig, OLG Celle NJW-RR 2005, 1013. Vollstreckung nach § 887 ZPO gilt grundsätzlich auch gegen Schuldner mit Sitz im Ausland, BGH WM 2010, 520; OLG Hamm 27.3.1998, HVR Nr. 960; OLG Düsseldorf 21.1.2004, HVR Nr. 1126; OLG München ZVertriebsR 2018, 174, jedenfalls bei Buchauszug, differenzierend OLG Hamburg 13.12.2018 HVR Nr. 1481 (Geschäftsunterlagen in ausländischem Mitgliedstaat, Anforderungen an Tenorierung); aA nach § 888 ZPO OLG Frankfurt a. M. 14.12.2000, HVR Nr. 1129; 31.1.2002, HVR Nr. 1130; OLG Hamburg 5.4.2005, HVR Nr. 1154; Grund: notfalls Ordnungsgeld (§ 890 ZPO). Nur **ausnahmsweise** ist **nach § 888 ZPO** (unvertretbare Handlung, Beugestrafen) zu vollstrecken, zB wenn notwendige rechnergestützte Übersicht nicht durch Außenstehenden erstellt werden kann, OLG

Hamm NJW-RR 1994, 489; OLG Bamberg NJW-RR 2004, 475, bei Verpflichtung zur Vorlage von Dokumenten (Belegvorlage, → Rn. 15), OLG München ZVertriebsR 2018, 174, oder wenn Bücher überhaupt fehlen. Im Vollstreckungsverfahren Erfüllungseinwand, wenn der erteilte Buchauszug formal dem Urteilsausspruch entspricht, doch kann HV dann wegen Unvollständigkeit Ergänzung verlangen (→ Rn. 20), BGH WM 2007, 1418; OLG Hamburg 15.7.2000, HVR Nr. 956. Titulierter Buchauszugsanspruch kann bei rechtskräftig tituliertem Bucheinsichtsanspruch nicht mehr vollstreckt werden, OLG Düsseldorf OLGR 2008, 52, Grund: letzterer geht weiter.

3) Buchauszug (II)

A. **Inhalt und Zweck des Buchauszugs:** II gibt dem HV neben bzw. in Ergänzung der Abrechnung und zu ihrer Nachprüfung Anspruch auf einen Buchauszug über alle provisionspflichtigen Geschäfte und ihre Ausführung, BGH NJW 2017, 3525; WM 1982, 153; NJW 2001, 2333; OLG München ZVertriebsR 2016, 31. Das sollte analog auch für die Berechnung des Ausgleichsanspruchs gelten, Staub/Emde Rn. 13, 226; BB 2012, 3035, str.; vgl. BGH NJW-RR 2012, 674 Rn. 54. Gemeint sind damit alle nach § 87 provisionspflichtigen Geschäfte, also auch schwebende, nach § 87 III nur bedingt provisionspflichtige, BGH WM 1989, 1074; OLG Hamm IHR 2016, 87 (Überhangprovisionen, → § 87 Rn. 38). Ist der Kreis der provisionspflichtigen Geschäfte vertraglich weiter gezogen, muss der Buchauszug auch diese umfassen. Der Buchauszug ist keine Willenserklärung, sondern eine Wissenserklärung, insbesondere enthält er anders als die Abrechnung (→ Rn. 3) kein Schuldanerkenntnis. **II hat große** rechtliche und praktische **Bedeutung** für HV (Durchsetzung seiner Provisions- und an ihre Stelle tretenden Schadensersatzansprüche, zT auch Druckmittel, nicht seines Ausgleichsanspruchs, OLG Düsseldorf 11.4.2003, HVR Nr. 1082, → Rn. 11) und Unternehmer (Kosten, → Rn. 15) und wird **von der Rechtsprechung** zugunsten des HV zu Recht **sehr weit gezogen.** Die Rspr. ist großzügig, schon bei Zweifeln zu einzelnen, nicht ganz unerheblichen Geschäfts- und Abrechnungsmodalitäten, OLG Frankfurt a. M. IHR 2015, 215. Es reicht, dass eine Provisionspflicht möglich ist, Aufnahme kann nur unterbleiben, wenn Provisionspflicht zweifellos nicht besteht, OLG München IHR 2020, 71, OLG München 10.3.2021 HVR Nr. 1500; aber auch keine Vorwegnahme der Entscheidung über Provisionspflicht durch Buchauszugspflicht, OLG München IHR 2020, 70. Berechtigung des Buchauszugsverlangens ist idR uw, ausnahmsweise außer bei Einigung über Provision oder Missbrauch, OLG Karlsruhe 10.5.2005, HVR Nr. 1156. Der HV, der von seinem Recht in vollem Umfang Gebrauch macht, handelt **nicht missbräuchlich,** auch nicht, wenn er die Abrechnungen früher nie beanstandet hat, OLG Düsseldorf 11.6.2003, HVR Nr. 1125; OLG München ZVertriebsR 2016, 304; 2017, 181; 2017, 302 Rn. 12; 2017, 384; 2018, 24; auch nicht, wenn erst bei fristloser Kündigung durch HV, OLG München 14.7.2016, HVR 1420; auch nicht bei sehr hohen Kosten für die Erstellung des einzelnen Buchauszugs, BGH NJW 2001, 2336 (276.000 DM, aber **Organisationsmangel**), OLG Düsseldorf OLGR 1996, 221, der Unternehmer kann sich rechtzeitig darauf stellen, BGH NJW 2001, 2336; OLG München 14.7.2016, HVR Nr. 1420; Versäumnisse bei der internen Datenverarbeitung und notfalls Einsatz externer Kräfte sind Sache des Unternehmers, keine Unzumutbarkeit, OLG Hamm ZVertriebsR 2018, 375 Rn. 83. Keine Berufung darauf, dass die **Konzernmutter** die Unterlagen nicht herausgibt, notfalls Klage des Unternehmers gegen sie zumutbar, OLG München ZVertriebsR 2017, 302 Rn. 11; OLG Hamm ZVertriebsR 2020, 131 Rn. 50. Buchauszug auch über Geschäfte mit verbundenen Unternehmen, falls Vereitelung durch Verlagerung, OLG München 7.7.1993 HVR Nr. 1103. Keine Berufung auf Wahrung der Betriebs- bzw. Geschäftsgeheimnisse, diese sind durch § 90 geschützt; auch keine

Berufung auf die (anwendbare) DSGVO, denn Gestattung nach Art. 6 I 1 lit. f DSGVO, Vergütungsinteresse des HV überwiegt, OLG München ZVertriebsR 2019, 372, Emde/Böken ZVertriebsR 2022, 89. Der HV braucht sich auch nicht auf das weniger belastende Einsichtsrecht verweisen zu lassen, OLG Hamm ZVertriebsR 2018, 375 Rn. 86. Der Missbrauchseinwand greift **nur ganz ausnahmsweise**, OLG Karlsruhe 10.5.2005, HVR Nr. 1156; 14.6.2005, HVR Nr. 1157; Semler ZVertriebsR 2019, 25; zB LG Hannover VersR 2001, 764; Emde EWiR 2/2001, 731; KG 15.5.2006, HVR Nr. 1247; LG Münster IHR 2012, 159, zT großzügiger in der Annahme von Missbrauch wegen der erheblichen Druckpotentials Staub/Emde Rn. 124 ff., auch Emde BB 2018, 1865: außer von Großunternehmen oft nicht zu bewältigen; Grenzen, Gräfe ZVertriebsR 2015, 227. Wenn die vom Tankstellenhalter erstellten und ihm noch vorliegenden Kassenjournale sämtliche in den Buchauszug einzustellenden Informationen enthalten, kann aber grundsätzlich nicht noch einmal ein Buchauszug verlangt werden, BGH BB 2009, 74 m. krit. Anm. Wenner (auch → Rn. 5 zur Abrechnung); BGH 19.1.2011, HVR Nr. 1282, 1283. Der Anspruch hängt nicht davon ab, ob für das nach § 87 (bzw. Vertrag) provisionspflichtige Geschäft auch ein konkreter Provisionsanspruch nach § 87a (bzw. Vertrag) entstanden ist; Streit darüber ist im Anschluss an die Feststellung auszutragen, welche Geschäfte für die Provision überhaupt in Betracht kommen, BGH WM 1989, 1074; OLG Köln 29.11.2002, HVR Nr. 1099; OLG Düsseldorf 11.6.2003, HVR Nr. 1125; OLG Hamm 17.12.2009, HVR Nr. 1300, anders, also keine Aufnahme in den Buchauszug, nur bei zweifelsfrei nicht provisionspflichtigen Geschäften, OLG Nürnberg 28.1.2011, HVR Nr. 1322; OLG Oldenburg 4.4.2011, HVR Nr. 1358; OLG München ZVertriebsR 2018, 176 Rn. 34; OLG München ZVertriebsR 2019, 254 Rn. 21; OLG Düsseldorf ZVertriebsR 2020, 263. Hat der Unternehmer gar kein Geschäft in dem Bezirk gemacht und gibt es deshalb gar keine Buchführung dazu, hat der Bezirksvertreter keinen Anspruch auf Buchauszug, OLG Frankfurt a. M. MDR 1995, 165, dann auch nicht I, aber uU IV, bei Buchführung dagegen Nullmeldung bzw. **Negativattest** zwecks Vollständigkeitskontrolle, OLG Frankfurt a. M. IHR 2015, 216; OLG Stuttgart IHR 2016, 211 m. zust. Anm. Emde. Veräußerung des Geschäftsbereichs hindert nicht ohne Weiteres, OLG Köln 6.1.2001, HVR Nr. 982 II wird durch Auskunftsanspruch nach III ergänzt, nicht in seiner Reichweite eingeschränkt, BGH NJW 2001, 2334. Lit.: Emde MDR 2003, 1151. **Art. 6 DSGVO** steht der Erteilung eines Buchauszugs nicht entgegen, OLG München ZVertriebsR 2019, 372, Emde BB 2020, 2762.

14 Der Buchauszug reicht also **weiter als die Abrechnung** (vgl. → Rn. 3), BGH NJW 1995, 229; OLG Frankfurt a. M. 16.3.1993, HVR Nr. 758; OLG München 19.12.2012, HVR 1383, letztere können ihn also in aller Regel nicht ersetzen. Die regelmäßig übersandten Provisionsabrechnungen können Buchauszug nur ersetzen, wenn sie sich lückenlos über den gesamten Vertragszeitraum erstrecken, chronologisch geordnet sind und alle für einen Buchauszug notwendigen Angaben enthalten, BGH WM 1982, 153; 1991, 200; 1995, 1774; NJW 2001, 2336; WM 2007, 178; 29.10.2008, HVR Nr. 1203; OLG Saarbrücken NJW-RR 2002, 391; OLG München NJW-RR 2002, 1034; OLG Nürnberg 28.1.2011, HVR Nr. 1322; OLG München IHR 2016, 252; OLG Celle ZVertriebsR 2017, 230. Diesen Anforderungen können Kassenjournale eines Tankstellenhalters entsprechen, BGH BB 2009, 74 (auch → Rn. 13); OLG München OLGR 2007, 388; 19.12.2012, HVR 1383 Rn. 26. Bloße Zurverfügungstellung der buchmäßigen Unterlagen ist kein Buchauszug, OLG Koblenz 14.4.1993, HVR Nr. 759, der HV braucht sich die Informationen nicht selbst zusammenzusuchen, BGH WM 2007, 178; OLG Düsseldorf 2.11.2001, HVR Nr. 1042; OLG München 19.1.2006, HVR Nr. 1168 (vgl. → Rn. 15); Einsichtnahme in ein Online-System des Unternehmers soll den Buchauszug nicht ersetzen, Emde

BB 2015, 1543. II gilt auch bei Massengütern mit geringem Wert des Einzelstücks und entsprechend hohem Aufwand, OLG Hamburg 11.10.2000, HVR Nr. 957 (→ Rn. 15).

Im Einzelnen muss der Buchauszug alles enthalten, was sich aus allen dem 15 Unternehmer verfügbaren schriftlichen Unterlagen im Zeitpunkt der Ausstellung des Buchauszuges über die fraglichen Geschäfte ergibt und nach der getroffenen Provisionsvereinbarung für die Berechnung der Provision von Bedeutung sein kann, BGH NJW 2001, 2333; WM 2007, 178; OLG München ZVertriebsR 2019, 372 mit zahlreichen Beispielen; also Umstände betreffend die Geschäftsbeziehung zwischen Unternehmer und Kunden, nicht Umstände, die allein das Vertragsverhältnis zwischen Unternehmer und HV betreffen, BGH NJW 2001, 2334 (gegen BGH WM 1989, 1073); also keine Angaben zu Zahlungen des Unternehmers an den HV, OLG Düsseldorf ZVertriebsR 2020, 263. Gefordert ist ein „Spiegelbild" der provisionsrelevanten Geschäftsbeziehungen zwischen Unternehmer, Kunden und Vertreter, OLG Bamberg NJW-RR 2008, 1424; OLG München VersR 2010, 1367; LG Frankfurt a. M. BeckRS 2018, 10728 Rn. 62. Beispiele: Auftragsdatum und Auftragsnummer; Namen und Anschrift der Besteller samt Straße und Hausnummer oder, falls dem Vertreter bekannt, der Kundennummer, OLG München VersR 2010, 1367; Art, Menge, (Stück-)Preis der verkauften Waren, Auftragswert, Skonti, Preisnachlässe, Rabatte, sonstige Sondervorteile; Datum der Auftragsbestätigung; Datum und Umfang der Lieferung bzw. Teillieferung; Auslieferungsfehlbestand, Grund dafür; Rechnungsdatum, Rechnungsnummer und Rechnungsbetrag, OLG München VersR 2010, 1367; Kundenzahlungen mit Datum des Zahlungseingangs; Retouren, Rückgaben mit Gutschriften und Nichtausführung von Geschäften, deren Gründe (wegen § 87a III), vertragswidrig nicht abgeschlossene Geschäfte, schwebende Geschäfte, Gutschriften mit Zuordnung zum ursprünglichen Geschäftsvorgang; Höhe und Fälligkeit offener Provisionszahlungen; nicht Provisionssatz sowie Provisionsbeträge, diese muss Vertreter selbst errechnen; näher BGH NJW 1981, 457; 1996, 588; WM 1982, 152; 1989, 1073; OLG München NJW-RR 2002, 1034; OLG Hamm 14.5.2003, HVR Nr. 1092; OLG Bamberg NJW-RR 2004, 475; OLG Karlsruhe 14.6.2005, HVR Nr. 1157; OLG München 19.1.2006, HVR Nr. 1168; OLG Bamberg NJW-RR 2008, 1422; OLG München VersR 2010, 1367; OLG Nürnberg 28.1.2011, HVR Nr. 1322; Jahresprämie, Versicherungsbeginn; bei Lebensversicherung auch Versicherungssumme, BGH NJW 2001, 2334, einschl. Erhöhung mit Dynamikklausel, BGH NJW 2001, 2335; OLG München 14.7.2016, HVR Nr. 1420, anders wenn Provision nicht von der Versicherungssumme abhängt, OLG München 12.5.2010, HVR Nr. 1315, Eintrittsalter der VersNehmers und Laufzeit des Vertrags; Datum und Grund (sofern der Unternehmer ihn kennt, OLG Hamm ZVertriebsR 2018, 375 Rn. 54) einer Stornierung, vom Unternehmer getroffene Bestandserhaltungsmaßnahmen, nicht dagegen Datum der Stornogefahrmitteilung (→ § 87a Rn. 27), BGH NJW 2001, 2335 (VersVertreter); OLG Köln 9.2.2004, HVR Nr. 1102; auch der Nettobetrag, aus dem sich die Rückbelastung berechnet, nicht dagegen die einbehaltene Stornoreserve und ihr Datum, OLG München ZVertriebsR 2018, 106 Rn. 21, 45; OLG München ZVertriebsR 2019, 372. Besonderheiten bei Buchauszug im VersGeschäft, OLG Saarbrücken NJW-RR 2002, 391 (genaue Auflistung); zur Auflistung bei vielen Einzelinformationen, ua Policierungsdatum (gleichbedeutend mit Datum der Vertragsannahme), bei fehlender Provisionsrelevanz nicht zu Untervermittlern, OLG Hamm ZVertriebsR 2018, 375 Rn. 42 ff. (VersVertreter); zu vielen Einzelinformationen auch OLG München ZVertriebsR 2018, 106 (VersVertreter); Emde BB 2019, 2890.Semler ZVertriebsR 2019, 26. Die notwendigen Unterlagen muss sich Unternehmer notfalls bei PartnerGes besorgen, BGH NJW 2001, 2334.

§ 87c 16, 17

Der Buchauszug ist in **Form** einer geordneten Zusammenstellung der geschuldeten Angaben zu erteilen, Anspruch auf eine bestimmte, etwa tabellarische Darstellungsweise besteht nicht; erforderliche Form hängt vom Einzelfall ab, BGH NJW 2001, 2336, der Unternehmer kann, wenn der Zweck erreicht wird (→ Rn. 13 ff.), die kostengünstigere oder weniger lästige Form auswählen, BGH NJW-RR 2009, 221; WM 2011, 1380; OLG Hamm 17.12.2009, HVR Nr. 1300; OLG München ZVertriebsR 2017, 302. Elektronischer Buchauszug ist erlaubt, OLG Koblenz BeckRS 2007, 17218, in näherer Zukunft vielleicht sogar erforderlich, Semler ZVertriebsR 2019, 25; Anforderungen Andrelang/Penners und Wolff ZVertriebsR 2013, 218; 2013, 360; uU CD-ROM, Emde BB 2018, 1865. Nimmt der Buchauszug auf Aktenordner Bezug, wird auch dieser Teil desselben mit den gleichen Anforderungen, 20.1.2011, HVR Nr. 1284. Rechnungskopien samt Tippstreifen mit Endzifferaddition genügen nicht, BGH WM 1982, 153. Aufzählung im Einzelnen (VersVertreter), OLG Hamm BB 1997, 1329. Der Zweck des Buchauszugs bedingt wie bei der Abrechnung (→ Rn. 3) eine vollständige, klare und übersichtliche Darstellung, BGH WM 1982, 153; zusammengehörende Geschäftsvorfälle dürfen nicht auseinandergerissen werden, Zweifel gehen zu Lasten des Unternehmers, OLG München VersR 2010, 1368. Elektronische Übersendung einer bloßen Datenmenge ist ungenügend, Emde BB 2018, 1865. EDVÜbersicht kann notwendig sein, OLG Hamm NJW-RR 1994, 489 (bei 3.000 Seiten). EDVZugriffsmöglichkeit nur auf den jeweils aktuellen Stand, den der HV dann über den relevanten Zeitraum festhalten müsste, genügt nicht, BGH WM 2007, 177; OLG München ZVertriebsR 2017, 302 Rn. 17; OLG München ZVertriebsR 2019, 372. Vorlage als einheitliches Werk ist zumal bei entsprechendem Umfang nicht nötig, Übersendung in Teilen getrennt nach zeitlichen Abschnitten genügt, OLG Hamm 12.6.2003, HVR Nr. 1093. Ordnungsgemäßer Buchauszug verlangt nicht zugleich Belegvorlage (§ 810 BGB), OLG Hamm 27.11.1998, HVR Nr. 963; OLG München ZVertriebsR 2018, 174 Rn. 21, OLG Frankfurt 13.3.2019 HVR Nr. 1464; kein Anspruch aus II auf Vorlage von Originaldokumenten, OLG München IHR 2020, 73. **Währung** für die Angaben im Buchauszug wie für Abrechnung und Auszahlung der Provision, OLG Düsseldorf 11.6.2003, HVR Nr. 1125. **Erfüllungsort** ist idR der Sitz des Unternehmens, also Holschuld, OLG Düsseldorf NJW 1974, 2185, iZw auch bei anderer Abrede für Abrechnungen, OLG Düsseldorf MDR 2008, 697. Die **Kosten** des Buchauszugs trägt der Unternehmer, BGHZ 56, 296; auch sehr hohe Kosten (276.000 DM) sind nicht unzumutbar, wenn Unternehmer seine Buchführung hinreichend eingerichtet hat, BGH NJW 2001, 2336; OLG Düsseldorf OLGR 1996, 221; OLG Hamburg 11.10.2000, HVR Nr. 957; OLG Stuttgart 23.12.2005, HVR Nr. 1171 (100.000 Euro als Vorschuss), auch → Rn. 14.

16 Den Buchauszug schuldet **auch** ein Unternehmer **ohne** kfm. **Buchführungspflicht** iSv §§ 238 ff. (NichtKfm, vgl. → § 84 Rn. 28); insoweit macht ihn der HVVertrag buchführungspflichtig. Der Buchauszug ist auch nicht mit dem Auszug nach § 259 S. 1 gleichzusetzen, er beschränkt sich auch nicht auf Auszüge aus den HdlBüchern nach §§ 238, 257 I Nr. 1, sondern bezieht alle vom Unternehmer aufbewahrten, schriftlichen Unterlagen über die vermittelten Geschäfte mit ein, BGH NJW 2001, 2334. Verstoß kann den Unternehmer (falls auch Auskunft nicht weiterhilft, → Rn. 23) schadensersatzpflichtig machen, OLG Düsseldorf 26.1.2001, HVR Nr. 951 (→ Rn. 11).

17 B. **Verlangen:** Der Unternehmer schuldet den Buchauszug (wie schon die Abrechnung selbst, I) nicht erst auf (formloses) Verlangen des HV (vgl. II), der Anspruch besteht vielmehr ex lege, BGH ZIP 2017, 1912 Rn. 22 m. krit. Anm. Thume BB 2017, 2196, Grund: HV könnte sonst Verjährung beliebig hinauszögern (auch → § 87 Rn. 53), Staub/Emde Rn. 201 ff., str. Der Anspruch be-

steht schon vor Ende des HVVerhältnisses, BGH ZIP 2017, 1912 Rn. 23. Für Verlangen sind Zweifel an der Richtigkeit oder Vollständigkeit der Provisionsabrechnung nicht Voraussetzung, BGH ZIP 2017, 1912 Rn. 20; WM 1982, 153; OLG Stuttgart NJW-RR 2016, 1130 Rn. 28; OLG Hamm ZVertriebsR 2017, 117 Rn. 48. Anspruch besteht auch bei Nichtbeanstandung der erteilten Abrechnungen und braucht nicht begründet zu werden, OLG Hamburg 11.10.2000, HVR Nr. 957. Auch hohe Kosten machen das Verlangen noch nicht missbräuchlich, → Rn. 13, 15. Zum Verlangen auch Emde BB 2018, 1865.

„Bei Abrechnung" ist ein im Anschluss an BGH ZIP 2017, 1912 umstrittenes Tatbestandsmerkmal. Nach dieser Entscheidung soll die Verjährung auch bei unvollständiger Abrechnung oder wenn sie nicht alle dem HV tatsächlich zustehenden Provisionen erfasst, eintreten, BGH ZIP 2017, 1912 Rn. 21 mAnm Gräfe ZVertriebsR 2017, 301, Grund: Kontrolle durch HV, ob vollständig oder nicht, aA Thume BB 2017, 2194 wegen früherer Verjährung. Indessen sollte „bei Abrechnung" bedeuten: in Ergänzung und zur Nachprüfung der Abrechnung (→ Rn. 3, 13), also grundsätzlich nicht vorher, sonst fehlt die Grundlage für die Kontrolle, OLG Stuttgart NJW-RR 2016, 1130 Rn. 24; OLG München ZVertriebsR 2019, 372. Die h. L. lässt deshalb den Lauf der Verjährung für Informations- und Provisionsansprüche erst mit der vollständigen und (aus der Sicht des HV, str., vgl. § 199 BGB) abschließenden Abrechnung beginnen, Staub/Emde Rn. 51. Die Verjährung verschwiegener oder vergessener Ansprüche beginnt also nicht zu laufen, allerdings nur hinsichtlich dieser Ansprüche, Staub/Emde Rn. 56. Die Verjährung soll nach BGH ZIP 2017, 1912 Rn. 18 jedenfalls bei absichtlicher Verweigerung der Abrechnung beginnen, darin liege Besorgnis der nicht rechtzeitigen Erfüllung auch des Anspruchs auf Buchauszug, aber vor Erteilung der Abrechnung kann die Verjährung des Buchauszugs nicht beginnen, das folgt schon aus dem Stufenverhältnis der Informationsrechte, Staub/Emde Rn. 53, auch MüKoHGB/Ströbl Rn. 59. Der HV kann aber Buchauszug auch später verlangen, BGH ZIP 2017, 1912 Rn. 19. Auch ohne vorherige Abrechnung, wenn der Unternehmer weitergehende Ansprüche in Abrede stellt, OLG Hamm IHR 2016, 87; OLG Stuttgart 2.7.2019 HVR Nr. 1477. Die für den Buchauszug erforderlichen Angaben können auch in die Abrechnung selbst aufgenommen oder in anderer Form beigefügt werden, BGH ZIP 2017, 1912 Rn. 23; NJW 2001, 2336. Bei Korrekturabrechnung kommt es auf diese an, OLG Oldenburg 4.4.2011, HVR Nr. 1358. „Bei Abrechnung" bedeutet keine zeitliche Beschränkung, BGH BB 1961, 424; zeitliche Grenzen → Rn. 19. **Verjährung** → § 87 Rn. 53.

C. **Zeitliche Grenzen:** Der Anspruch endet mit Erfüllung, von der aber nur bei überschaubarer Anzahl von Geschäftsvorfällen ausgegangen werden kann, OLG München 19.12.2012, HVR 1383; sie endet ferner mit der (weitergehenden) Bucheinsicht, OLG Düsseldorf OLGR 2008, 52; wenn der betroffene Provisionsanspruch verjährt ist, OLG Düsseldorf 26.10.2012, HVR Nr. 1365 (→ Rn. 1), oder wenn HV und Unternehmer sich über die Provision bzw. ihre die Abrechnung einigen, BGH NJW 1981, 457; OLG Düsseldorf 2.11.2001, HVR Nr. 1042; Einigung liegt nicht im Schweigen auf die Anrechnung (→ Rn. 29), auch nicht schon in der jahrelangen widerspruchslosen Hinnahme der Abrechnungen, BGH WM 1982, 153; NJW 1996, 588 (Aufgabe von BGH BB 1965, 435); BGH WM 2007, 179; OLG München ZVertriebsR 2016, 304; OLG Köln BeckRS 2017, 131320, auch wenn HV VollKfm (GmbH) mit erheblichen Umsätzen und 16 Jahre nicht beanstandet hat, OLG Hamburg BB 1998, 971. Einigung auf die Richtigkeit einzelner Provisionsabrechnungsbeträge genügt nicht, OLG Düsseldorf ZVertriebsR 2015, 254. Entsprechende Vertragsklausel verstößt gegen V (→ Rn. 29). Saldoanerkenntnis des HV → Rn. 29. **Verwirkung** (vgl. → § 89b Rn. 80) ist wie auch sonst möglich, vgl. BGH 30.1.1964,

§ 87c 20–22　　1. Buch. Handelsstand

HVR Nr. 314, das bloße Zeitelement reicht für Verwirkung aber nicht aus, Staub/Emde Vor § 84 Rn. 845. Auch jahrelanges Hinnehmen muss nicht treuwidrig sein (Grund: §§ 87a V, 87c), BGH NJW 1996, 589, keine Anerkenntnisfiktion (→ Rn. 29). Statt Verwirkung ist auch Erlass (§ 397 BGB) denkbar, OLG München IHR 2020, 73; **Verzicht**, OLG München ZVertriebsR 2019, 372. **Rechtsmissbrauch** auch → Rn. 13. **Verjährung** → § 87 Rn. 53.

20　D. **Rechte bei Unvollständigkeit:** Abgrenzung von unbrauchbarem und unvollständigem Buchauszug, OLG Bamberg NJW-RR 2008, 1422. HV hat letzterenfalls keinen Anspruch auf Neuerteilung, sondern neben dem Recht auf Einsicht (IV) Anspruch auf **Ergänzung** des Auszugs, OLG Bamberg NJW-RR 2008, 1423, OLG München ZVertriebsR 2019, 372 (insoweit anders als für Abrechnung, → Rn. 5), zB betr. fehlende Teilbezirke, Zeitabschnitte, vgl. → Rn. 10. Der HV muss dazu die beanstandete Unvollständigkeit konkret darlegen, OLG Bamberg NJW-RR 2008, 1423; OLG Hamm 14.5.2003, HVR Nr. 1092; 12.6.2003, HVR Nr. 1093; ZVertriebsR 2017, 117 Rn. 47 (Korrekturabrechnung). Anspruch auf neuen Buchauszug hat der HV nur bei schweren, den Buchauszug unbrauchbar machenden Mängeln, BGH BB 1964, 409; OLG Düsseldorf 15.6.1994, HVR Nr. 817; OLG Nürnberg BB 1999, 150; OLG Köln 9.2.2004, HVR Nr. 1102; OLG Düsseldorf 17.11.2008, HVR Nr. 1215; OLG Köln BeckRS 2017, 131320; OLG Stuttgart 2.7.2019 HVR Nr. 1477; OLG Hamm ZVertriebsR 2020, 131 Rn. 53. Erst nach erfolgloser Einsicht (IV) oder mangels einsehbarer Bücher besteht Anspruch auf Abgabe einer eidesstattlichen Versicherung (§§ 259, 260 BGB, früher Offenbarungseid), BGHZ 32, 305; OLG Hamm NJW 1959, 51; OLG Celle BB 1962, 1017. Beweislast für Erfüllung des Anspruchs auf Buchauszug liegt beim Unternehmer, BGH WM 2007, 1420; OLG München 3.11.2010, HVR Nr. 1318.

21　E. **Prozess: a)** Möglich **Klage** auf Buchauszug, **auch Stufenklage** (§ 254 ZPO, → Rn. 11) auf Buchauszug und eidesstattliche Versicherung (vgl. → Rn. 20), BGHZ 10, 385. Die Klage braucht nur den Geschäftsbereich und den Zeitraum, für die den Informationen verlangt werden, zu bezeichnen (§ 253 II Nr. 2 ZPO), nicht die Informationen zu konkretisieren; konkretisiert der HV die Informationen, trägt er die Darlegungslast für die Provisionsrelevanz, OLG Hamm ZVertriebsR 2018, 375. Für Klage gleichzeitig auf Buchauszug und Bucheinsicht fehlt aber das Rechtsschutzbedürfnis, BGHZ 56, 297. Teilurteil abl. OLG Saarbrücken NJW-RR 2002, 34. Inhalt des Buchauszugs ist konkret anzugeben (vollstreckungfähige Urteilsformel), OLG Saarbrücken NJW-RR 2002, 34; EBJS/Löwisch Rn. 110; Tenorierung „insbesondere" und „in EDV-verwertbarer Form" ist zu unbestimmt, OLG München ZVertriebsR 2017, 181; 2017, 302; eine auf Form kann der Unternehmer selbst wählen (→ Rn. 15). Rechtskräftiges Urteil auf Einsicht (IV) erledigt den Anspruch auf Auszug (II), BGH BB 1959, 935. Streitwert BGH BB 1992, 1032; IHR 2020, 114; 30.4.2020 HVR Nr. 1489. Beschwer BGH IHR 2012, 128; NZG 2014, 1192 (Kostenaufwand für Hilfspersonen), OLG Köln 11.8.1998, HVR Nr. 886. Zu Klage und Vollstreckung auch bei den anderen Informationsansprüchen → Rn. 11, 12, 24, 28.

22　**b) Vollstreckung** des Urteils auf Buchauszug → Rn. 12; dass der HV bei unvollständigem Buchauszug (→ Rn. 20) auch nach IV (Einsicht) vorgehen kann, steht nicht entgegen, BGH NJW 1979, 764; WM 2007, 1420. Ergänzungsanspruch im Vollstreckungsverfahren str., Emde BB 2011, 2761. Der Erfüllungseinwand ist auch im Verfahren nach § 887 I ZPO möglich, der erteile Buchauszug muss aber formal dem Urteilsausspruch entsprechen, OLG Hamburg ZVertriebsR 2015, 316. Keine isolierte Pfändung der Nebenansprüche → Rn. 1.

7. Abschnitt. Handelsvertreter   23–25   § 87c

4) Auskunft (III)

A. **Anspruch auf Auskunft:** In Ergänzung der Abrechnung nach I und des 23
Buchauszugs nach II kann der HV Mitteilung über alle für den Provisionsanspruch, seine Fälligkeit und seine Berechnung wesentlichen Umstände verlangen, soweit sie sich nicht schon aus den Büchern des Unternehmers ergeben, BGH BB 1964, 409; NJW 2001, 2334; OLG Hamm DB 1967, 593. Der Auskunftsanspruch ist nicht nachrangig zum Buchauszug, OLG Köln IHR 2016, 39; Staub/Emde Rn. 224; jedenfalls wenn der Unternehmer Provisionsanspruch schon dem Grunde nach und weitere Abrechnungen ablehnt, OLG Köln IHR 2016, 39, nach aA, kann der HV Auskunft erst und nur soweit verlangen, als ein Buchauszug erteilt worden ist und nicht ausreicht, MüKoHGB/Ströbl Rn. 71, zB wegen Lücken oder verbleibender Unklarheiten, OLG Hamm DB 1967, 593; OLG Bamberg HRV (1999) Nr. 936, oder als ein solcher mangels Büchern nicht erstellt werden kann, dann aber Anspruch auf Ergänzung und nur ausnahmsweise auf Erteilung eines neuen Buchauszugs, MüKoHGB/Ströbl Rn. 52 f. Über Annahme, Ablehnung und Nichtausführung eines Geschäfts ist der Unternehmer bereits unaufgefordert mitteilungspflichtig (§ 86a II 2). Nach III kann der HV Mitteilung verlangen zB über die Ausführung der vermittelten Geschäfte durch den Unternehmer und den Dritten (§ 87a I–III), Preise, Preisnachlässe, Nebenkosten (§ 87b II), bei Dauerverträgen (§ 87b III) über Kündigungsfristen. Der Auskunftsanspruch nach III erstreckt sich nicht auf (auch zugängliche) Unterlagen Dritter, OLG Dresden 28.5.1996, HVR Nr. 813, Grund: Einbettung in I, II, IV, Buchführungspflicht des Unternehmers (vgl. → Rn. 16); auch nicht für Berechnung des Ausgleichsanspruchs nach § 89b, OLG Düsseldorf ZVertriebsR 2017, 111. UU weitere Auskünfte nach **§ 242,** Emde BB 2008, 2709; 2010, 2318; 2011, 2760; zweifelnd OLG Düsseldorf 26.10.2012, HVR 1364, str., → Rn. 1.

B. **Prozess:** Möglich ist **Klage, auch Stufenklage** (§ 254 ZPO), → Rn. 11. 24
Die Umstände, über die Auskunft begehrt wird, sind im Antrag genau zu bezeichnen (vollstreckungsfähige Urteilsformel, → Rn. 21); spätestens aber im Vollstreckungsantrag, so OLG Hamm MDR 1967, 770, aber idR zu spät, Staub/Emde Rn. 289. Übergang von Auskunftsanspruch nach III auf Buchauszugsanspruch nach II ist (im konkreten Fall) keine Klageänderung iSv § 264 Nr. 2 ZPO, BGH WM 2012, 473; Emde BB 2012, 3035; krit. Thume IHR 2012, 71: aliud. Vollstreckung → Rn. 12. Auskunftsanspruch als Einwendung und Widerklage, OLG München ZVertriebsR 2018, 394. Streitwert BGH IHR 2020, 115. Zu Klage und Vollstreckung auch bei den anderen Informationsansprüchen → Rn. 11, 12, 21, 22, 28. Lit.: Harten ZVertriebsR 2015, 288.

5) Einsicht in Bücher und Urkunden (IV)

A. **Einsichtsrecht:** Wird der **Buchauszug verweigert** oder bestehen begrün- 25
dete **Zweifel an der Richtigkeit oder Vollständigkeit der Abrechnung oder des Buchauszugs,** nur dann, OLG München ZVertriebsR 2016, 35, OLG München 10.3.2021 HVR Nr. 1500, so kann der HV nach IV (weiter als § 810 BGB) Einsicht in die Geschäftsbücher (gesamte Buchführung) und „sonstigen Urkunden" (zB Verträge, Korrespondenzen, Lieferungs- und Zahlungsbelege) verlangen. Auch wenn elektronisch geführt, samt Computer- und EDV-Systemen, OLG Frankfurt a. M. IHR 2015, 215; OLG Stuttgart ZVertriebsR 2020, 51 Rn. 23. Einsichtnahme ist die umfassende Vergewisserung gegenüber dem Buchauszug, OLG Düsseldorf OLGR 2008, 52. Die Bucheinsicht hat in erster Linie Kontrollfunktion bezüglich Abrechnung und Buchauszug, sie geht weiter als letzterer, OLG Stuttgart ZVertriebsR 2020, 51 Rn. 22 f. Der Anspruch reicht aber nur so weit, wie die Einsicht zur Feststellung der (Un)Richtigkeit oder (Un)Vollständigkeit der Abrechnung oder des Buchauszugs erforderlich ist, also nicht ohne Weiteres, sondern nur nötigenfalls in sämtliche Bücher (Verhältnis-

mäßigkeitsgrundsatz), OLG München NJW 1964, 2257, OLG München 10.3.2021 HVR Nr. 1500. Aus § 87c IV folgt keine Pflicht zur Erstellung zusätzlicher Unterlagen, OLG Frankfurt a. M. BeckRS 2022, 9903. Ob begründete Zweifel bestehen, bestimmt sich objektiv und muss für Dritte nachvollziehbar sein, Darlegungslast beim HV, OLG München 10.3.2021 HVR Nr. 1500. Es genügen begründete Zweifel auch nur in einem Punkt, OLG Celle BB 1962, 2; OLG München 10.3.2021 HVR Nr. 1500. Begründete Zweifel bestehen zB bei Nichtübereinstimmen des Buchauszugs mit den Rechnungssummen, OLG Düsseldorf DB 1971, 1857. Der Anspruch auf Bucheinsicht ist durch seinen Kontrollzweck begrenzt; er berechtigt den HV nicht, am Aufbewahrungsort des Unternehmers selbst nach Unterlagen zu suchen oder einen eigenständigen und umfassenden Zugang zum EDV-System des Unternehmers und in die weltweiten Debitorenlisten zu erhalten, OLG Stuttgart ZVertriebsR 2020, 51 mAnm Schellmann/Schwalm und Emde EWiR 2020, 175. Der Unternehmer kann unter Auswahl von im Urteil genannten Selektoren oder Suchkriterien eine inhaltlich auf die für den Provisionsanspruch relevanten Kunden, Staaten und Zeiträume abgestimmte Zusammenstellung vorlegen, dazu ein Protokoll mit der ausgewogenen Vorgehensweise, der HV bzw. der Wirtschaftsprüfer kann dazu nachfragen und ggf. überschlägig überprüfen (Recht zu Nachschau bei konkreten Hinweisen), OLG Stuttgart ZVertriebsR 2020, 51 Rn. 29 (→ Rn. 27).

26 HV hat Einsichtsrecht auch, wenn zwar ordnungsmäßig ein Buchauszug erteilt ist, aber **keine Abrechnung** über die Provision, und der Buchauszug den Provisionsanspruch nicht vollständig klärt (anders Wortlaut des IV, aber Begr. November 1953). Rechtskräftige Abweisung der Klage auf Buchauszug, da schon erteilt, hindert nicht, wenn dieser unvollständig ist (→ Rn. 20), OLG Köln DB 2000, 2269. Der HV kann jedoch nicht von vornherein gleichzeitig Buchauszug und Bucheinsicht verlangen (mangelndes Rechtsschutzinteresse), BGHZ 56, 290. **Grenzen:** Das Einsichtsrecht entfällt nicht etwa wegen fristloser Kündigung des Unternehmers (§ 89a), BGH BB 1961, 425, oder für die Zeit schuldhaft vertragswidrigen Verhaltens des HV, aA OLG Celle BB 1962, 2; auch kein Zurückbehaltungsrecht hinsichtlich der Einsicht (→ Rn. 29). Aus § 87c IV folgt keine Pflicht zu Erstellung zusätzlicher Unterlagen, OLG Frankfurt a.M. BeckRS 2022, 9903. Das Einsichtsrecht erlischt wie das Recht auf den Buchauszug durch Einigung über die Abrechnung, OLG Düsseldorf NJW 1965, 2351 (vgl. → Rn. 19). Verjährung → § 87 Rn. 53.

27 B. **Ausübung der Einsicht:** Die Einsicht erfolgt **im Geschäftslokal** des Unternehmers, der Unternehmer kann die Unterlagen dort für die Bucheinsicht an einem Ort konzentrieren, Überlassung an einen anderen Ort kann der HV nicht verlangen, nur der Zugang muss ungehindert sein, OLG Stuttgart ZVertriebsR 2020, 51 Rn. 26. Der Unternehmer kann wählen, ob der HV selbst oder ein (zur Verschwiegenheit verpflichteter) **Wirtschaftsprüfer oder vereidigter Buchsachverständiger** die Bücher und Urkunden einsehen soll (Geheimnisschutzrecht für den Unternehmer). Ersterenfalls kann sich der HV dennoch der Hilfe eines solchen Berufsangehörigen bedienen, KG DB 1971, 1204, auch ohne ausdrückliche Anordnung im Titel, OLG Frankfurt a.M. DB 2002, 474; sonst wäre das Einsichtsrecht entwertet. Das Auswahlrecht steht dem Unternehmer zu, OLG Stuttgart ZVertriebsR 2020, 51 Rn. 32, Übergang auf den HV nach § 264 II BGB. Bei Anhaltspunkten für einen „Urteilsbezug" (falls schon tenoriert) oder in Zweifelsfällen (Sammelordner oder unklare Ordnerbeschriftung), kann der Wirtschaftsprüfer eine überschlägige Prüfung der Notwendigkeit der Einsicht vornehmen, OLG Stuttgart ZVertriebsR 2020, 51 Rn. 32. Aber auch der Wirtschaftsprüfer hat die Grenzen des Einsichtsrechts (→ Rn. 25) zu wahren, ggf. unter begleitendem Lesezugriff eines leitenden Mitarbeiters des Unternehmers; nicht relevante Unterlagen darf er nicht kopieren, und ihn trifft insoweit eine Geheimhaltungspflicht gegenüber dem HV, OLG Stuttgart ZVertriebsR 2020, 51 Rn. 32, 38. Die **Kosten** solcher Prüfung durch einen Dritten trägt der HV; ergibt sich aber die Unrichtigkeit der Abrechnung oder des Auszugs, so muss der Unternehmer sie als Schadensersatz wegen Verletzung seiner Abrechnungspflicht erstatten, BGHZ 32, 306; NJW 1959, 1964; KG DB 1971, 1204; OLG Hamburg 28.8.2003, HVR Nr. 1127; OLG Düsseldorf OLGR 2008, 52, str. Die Beiziehung eines Wirtschaftsprüfers ist kein kostentreibendes Mitverschulden, vgl. KG DB 1971, 1204.

C. **Prozess: a)** Möglich ist **Klage** auf Gestattung der Einsicht; **auch Stufenklage** (§ 254 ZPO, → Rn. 11) hierauf und auf eidesstattliche Versicherung (offen BGHZ 32, 305, → Rn. 21 betr. Buchauszug); auch einstweilige Verfügung (§§ 935, 940 ZPO), wenn Aufschub den Erfolg der Einsicht gefährdet. Keine Klage gleichzeitig auf Buchauszug und Bucheinsicht → Rn. 26. Der Umfang der Einsicht ist genau zu beschreiben (→ Rn. 21), auch die Person des Einsichtnehmers, EBJS/Löwisch Rn. 110. Öffentlicher Zeugenaufruf des HV zur Erkundigung über (nicht abgerechnete) Verkäufe des Unternehmers verstößt gegen § 823 I BGB, OLG Düsseldorf DB 1956, 664. Titulierung auch → Rn. 27. Zu Klage und Vollstreckung auch bei den anderen Informationsansprüchen → Rn. 11, 12, 21, 22, 24. Beschwer für Revision, BGH 24.11.21 VII ZR 531/21 HVR Nr. 1512. 28

b) Vollstreckung: Vollstreckungsgrundlage ist der vom HV erstrittene Titel, seine Berechtigung ist im Vollstreckungsverfahrern nicht mehr zu prüfen und sein Inhalt darf nicht sachlich erweitert werden, OLG Stuttgart ZVertriebsR 2020, 51 Rn. 18 f. Vollstreckung nach § 887 ZPO, soweit es um vertretbare Handlung geht, auch → Rn. 12; bei nicht vertretbaren Handlungen nach § 888 ZPO, OLG Stuttgart ZVertriebsR 2020, 51 Rn. 14; Abgrenzung danach, ob die Handlung nur vom Schuldner persönlich oder unter seiner persönlichen Mitwrkung vorgenommen werden kann. Vorübergehende Überlassung der Geschäftsunterlagen im Geschäftslokal nach § 883 ZPO, Zutritt eines Wirtschaftsprüfers uU §§ 890, 892 ZPO, OLG Frankfurt a. M. DB 2002, 474; Erstellung eines Buchauszugs gegen im europäischen Ausland ansässigen Schuldner und dessen Vollstreckung, OLG Düsseldorf 21.1.2004 HVR Nr. 1126; OLG Hamburg ZVertriebsR 2019, 132.

6) Abweichende Vereinbarungen (V)

V macht § 87c **zwingend.** Alle in § 87c dem HV gewährten Rechte (auf Abrechnung, Buchauszug, Mitteilungen, Einsicht), sind unabdingbar (V). Sie können auch bei hohen Kosten (aber Kostenabwälzung auf den HV → Rn. 13, 15, ist zulässig, außer bei Kosten, die auf von dem Unternehmen zu vertretenden Umständen beruhen, UBH/H. Schmidt (23) Rn. 6, str.) durch einzelvertragliche Vereinbarung nicht beschränkt, wie erweitert werden. V hindert aber nicht eine tarifvertragliche Ausschlussklausel, BAG BB 1983, 196. Entgegenstehende Vereinbarungen sind unwirksam; bei Verstoß gegen I 1 gilt nicht § 139 BGB, sondern die kürzere gesetzliche Frist. Unwirksam ist zB Klausel, nach der die Abrechnung mangels Widerspruchs in bestimmter Frist als genehmigt gilt (also **keine Anerkenntnisfiktion,** auch → Rn. 19), BGH DB 1964, 583; (vgl.) NJW 1996, 588; WM 2007, 177 (gegen Kritik bestätigend); BAG BB 1973, 1411; OLG Hamm BB 1979, 442; OLG Karlsruhe BB 1980, 226; OLG Düsseldorf 15.12.2000, HVR Nr. 948; KG MDR 2015, 1248; aA OLG Saarbrücken DB 1985, 2399; OLG Naumburg VersR 1999, 578; zur Vereinbarung einer Prüfungsobliegenheit für Abrechnung zu Recht zweifelnd Staub/Emde Rn. 164. Der Unternehmer kann den Ansprüchen aus § 87c auch nicht mit einem Zurückbehaltungsrecht wegen Gegenansprüchen (etwa auf Rückgabe von Unterlagen, Mustern, vgl. § 86a I) begegnen, RGZ 102, 111; OLG München ZVertriebsR 2019, 254 Rn. 21; OLG München ZVertriebsR 2019, 372; OLG Mün- 29

§ 87d 1–4

chen IHR 2020, 70; er kann aber die aus der Abrechnung usw ermittelte Provisionszahlung zurückhalten. **Verzicht** auf die Rechte aus § 87c für die Zukunft ist ausgeschlossen, OLG München ZVertriebsR 2019, 372; für die Vergangenheit ist Verzicht nach allgemeinen Regeln möglich (Einigung über Abrechnung, → Rn. 19), zB durch ausdrückliche Bestätigung der Abrechnung (Vergleich § 782 BGB), OLG Hamm 21.11.1997, HVR Nr. 959, OLG München ZVertriebsR 2019, 372; strenge Anforderungen an der Verzichtswillen, OLG München ZVertriebsR 2019, 372; aber nicht schon durch (auch jahrelange) stillschweigende Hinnahme der Provisionsabrechnungen, BGH NJW 1996, 588 (→ Rn. 19); OLG Saarbrücken NJW-RR 2002, 391; aA Scherer BB 1996, 2205. Saldoanerkenntnis → Rn. 4.

30   Zu beachten ist aber, dass die Rechte aus § 87c nur Hilfsrechte sind (→ Rn. 1) und mit der Einigung zwischen HV und Unternehmer über die Höhe der Provision enden (→ Rn. 19).

[Ersatz von Aufwendungen]

87d Der Handelsvertreter kann den Ersatz seiner im regelmäßigen Geschäftsbetrieb entstandenen Aufwendungen nur verlangen, wenn dies handelsüblich ist.

1) Aufwendungen im regelmäßigen Geschäftsbetrieb

1   A. **Grundsätzlich kein Aufwendungsersatz:** Der HV trägt wie andere Kflte (anders als Geschäftsbesorger sonst, §§ 670, 675 I BGB) seine im regelmäßigen Geschäftsbetrieb entstandenen **Aufwendungen selbst** (§ 87d). Der Unternehmer soll nur mit der nach dem Erfolg der Vermittlung bemessenen Provision belastet werden. Solche Aufwendungen im regelmäßigen Geschäftsbetrieb sind dann auch nicht über § 670 BGB ersatzfähig, § 87d geht vor (auch →. Rn. 5).

2   Eine **Ausnahme** macht § 87d (abdingbar) selbst, wenn **Aufwendungsersatz** für einen HV dieser Branche (nicht Geschäftsbetrieb des jeweiligen HV) **handelsüblich** ist. Auch kann der **Vertrag** die Kosten anders verteilen, der HV kann zB Aufwendungsersatz nach gewöhnlichen Regeln (wie nach § 670 BGB) erhalten oder feste Spesen (so dass Mehrauslagen den HV treffen), OLG Braunschweig BB 1956, 226, oder Vertrauensspesen (Vertreter braucht nicht im Einzelnen abzurechnen). Der Aufwendungsersatzanspruch ist **abtretbar,** der Unternehmer kann gegen ihn aufrechnen. **Pfändungsschutz** besteht für Ansprüche auf Aufwendungsersatz nach § 850a Nr. 3 ZPO; zur Pfändung von Provisionsansprüchen → § 87 Rn. 50. Beweislast liegt voll beim HV. Lit.: Schröder DB 1956, 417 (441).

3   B. **Aufwendungen:** Aufwendungen sind alle Auslagen und Vermögensopfer zum Zwecke der Ausführung des Auftrags, einerlei ob freiwillig oder auf Weisung des Auftraggebers, die der Aufwendende für erforderlich halten durfte, BGH NJW 1989, 1285 (für Prozesskosten, iErg abl). Keine Aufwendungen, jedenfalls keine solchen im regelmäßigen Geschäftsbetrieb (→ Rn. 4), sind **Zufallsschäden** und andere unfreiwillige Vermögensopfer des HV bei Ausführung des Auftrags (anders § 110), MüKoHGB/Ströbl Rn. 9; aA Staub/Emde Rn. 7, für weiteren Aufwendungsbegriff Steindorff FS Dölle, I, 1963, 273. Doch kommt dann ohne Unterschied im Ergebnis Ersatz nach anderen Grundlagen in Betracht, entweder nach § 670 BGB direkt oder analog oder nach dem Grundsatz der Risikozurechnung (vgl. → § 59 Rn. 106).

4   C. **Im regelmäßigen Geschäftsbetrieb:** Dazu gehört alles, was im Rahmen des konkreten HVVertrags (nicht allgemein der Branche) Sache des HV ist und im üblichen Umfang zur Herbeiführung von Abschlüssen dient, zB sämtliche Kosten des eigenen Betriebs, des Aufsuchens der Kundschaft (Pkw, Reisen) und

7. Abschnitt. Handelsvertreter 1 **§ 88**

der üblichen Repräsentation (Bewirtung von Kunden), BGH NJW 2011, 2425 (auch → § 86a Rn. 5). Stellt der Unternehmer dem HV ein Kfz, muss er aber Ersatz durch HV vereinbaren, OLG Düsseldorf 8.11.2002, HVR Nr. 1079. Auch im Ausland ortsübliche **Schmiergelder** (auch wenn die Zusage selbst nichtig ist) gehörten nach früherer Rspr. zu den zu ersetzenden Aufwendungen, BGHZ 94, 272; krit. Fikentscher/Waibl IPRax 1987, 86, anders selbst für den Fall eventueller Ortsüblichkeit im Inland; das ist überholt. Inzwischen gilt das IntBestG v. 10.9.1998 BGBl. II 2327, das das von der BRD ratifizierte OECDÜbk über die Bekämpfung der Bestechung ausländischer Amtsträger im internationalen Geschäftsverkehr BGBl. 1998 II 2329 umsetzt. Danach werden aus- und inländische Amtsträger bei Bestechungsdelikten im internationalen Geschäftsverkehr gleichgestellt, wenn das Zuwendungsziel ein Auftrag oder unbilliger Vorteil im internationalen Geschäftsverkehr ist, Krause/Vogel RIW 1999, 488; ferner EU-BestechungsG v. 10.9.1998 BGBl. II 2340, Zieschang NJW 1999, 105 und §§ 299 nF StGB über Korruption im geschäftlichen (seit 2002 auch ausländischen) Verkehr, Schmitz RIW 2003, 189; Auswirkungen im Steuerrecht Randt BB 2000, 1006; inzwischen hL. Erst recht sind im Inland gezahlte Schmiergelder rechtswidrig und nicht zu erstatten (→ § 86 Rn. 23). **Nicht** zB grundsätzlich die Kosten für allgemeine Markt-, Produkt- oder Kundenpflege, Werbung, Marktanalysen, sie sind Sache des Unternehmers, EBJS/Löwisch Rn. 20; Staub/Emde Rn. 10, technische Unterstützung von Abnehmern, Warenlager, Warenauslieferung (vgl. → § 86 Rn. 13; dann aber auch § 670, → Rn. 5). Umfasst aber schon der HVVertrag ausnahmsweise auch eine solche Aufgabe, so fällt sie unter den regelmäßigen Geschäftsbetrieb, gilt also iZw mangels anderer Abrede als durch die Provision abgegolten; so für im Vertrag vorgesehene Teilnahme an Vertreterkonferenzen und Standdienst an Messen, im Übrigen Auslegungsfrage §§ 133, 157 BGB, iErg auch Westphal Rn. 749; differenzierend Küstner/Thume/Riemer, Bd. 1, Kap. VII Rn. 13. Kommen solche Aufgaben erst später hinzu ohne Veränderung der Provision, ist iZw nicht anzunehmen, dass HV dies ohne Aufwendungsatz tun soll.

2) Aufwendungen außerhalb des regelmäßigen Geschäftsbetriebs

Der Gegenschluss aus § 87d, für Aufwendungen außerhalb des „regelmäßigen 5 Geschäftsbetriebs" könne der HV stets Ersatz fordern, wäre unrichtig. Vielmehr gelten insoweit die vertraglichen Abmachungen, sonst § 670 BGB, Staub/Emde Rn. 12. Danach kann der HV uU Aufwendungsersatz verlangen zB für Erledigung von Aufgaben in Kenntnis des Unternehmens über die vertraglichen Verpflichtungen des HV hinaus (sonst → Rn. 4), zB Marktanalyse, Kundenpflege, Werbungskosten, LAG Bremen DB 1955, 535; aber auch LAG Bremen 1960, 1212. Die Übernahme der Kosten für ein Vorstellungsgespräch für neue Vertretung ist dagegen unüblich, Staub/Emde Rn. 11, dies anders als bei Arbeitnehmern, Bei Geschäftsführung ohne Auftrag gilt § 683 BGB.

3) Abweichende Vereinbarungen

§ 87d ist dispositiv, Individualvereinbarungen bis an die Grenze von § 138 6 BGB, AGB nur in den Grenzen des Leitbilds von § 87d (→ (5) BGB §§ 305 ff.), BGH NJW 2017, 662 Rn. 43 ff.

88 *(aufgehoben)*

§ 88 ist aufgehoben durch VerjährungsanpassG 9.12.2004 BGBl. 3214 mit 1 Wirkung vom 15.12.2004. Statt der bisherigen Verjährung von vier Jahren ab Ende des Jahres, in dem der Anspruch aus dem Vertragsverhältnis fällig geworden ist, gilt jetzt die Regelverjährung, → § 87 Rn. 52.

[Zurückbehaltungsrecht]

§ 88a ⁱ **Der Handelsvertreter kann nicht im voraus auf gesetzliche Zurückbehaltungsrechte verzichten.**

ᴵᴵ **Nach Beendigung des Vertragsverhältnisses hat der Handelsvertreter ein nach allgemeinen Vorschriften bestehendes Zurückbehaltungsrecht an ihm zur Verfügung gestellten Unterlagen (§ 86a Abs. 1) nur wegen seiner fälligen Ansprüche auf Provision und Ersatz von Aufwendungen.**

1) Zurückbehaltungsrechte des Handelsvertreters (I)

1 A. **Zurückbehaltungsrechte: a) Gesetzliche** Zurückbehaltungsrechte hat der HV zur Sicherung seiner Rechte, auch des Ausgleichsanspruchs nach § 89b, nach HGB und BGB kumulativ. Nach § 369 hat der HV, wenn er selbst Kfm. ist (→ § 84 Rn. 33), wegen seiner Forderungen gegen den kfm. Unternehmer (nur gegen diesen, → § 84 Rn. 28) aus beiderseitigem HdlGeschäft ein Zurückbehaltungsrecht an den ihm vom Unternehmer übergebenen Sachen; auch an Gegenständen, die ihm für den Unternehmer von Dritten zukommen, insbesondere bei Inkassobefugnis an kassierten Geldern (→ § 86 Rn. 17), für diese gilt nicht der Ausschluss nach § 369 III; auch Kundenkartei, BGH WM 1983, 863; auch Kommissions- und Vorbehaltsware trotz § 667 BGB, OLG Köln VersR 1970, 53; Staub/Emde Rn. 6; aA OLG Düsseldorf OLGR 2000, 384. Das kfm. Zurückbehaltungsrecht gewährt auch das Recht zur Befriedigung, aber nur auf Grund besonderen vollstreckbaren Titels (§§ 371f). Daneben hat der HV wie jeder andere das allgemeine Zurückbehaltungsrecht nach **§ 273 BGB**. Grenzen setzt wie immer § 242 BGB.

b) **Vertragliche** Zurückbehaltungsrechte sind frei möglich.

2 B. **Abweichende Vereinbarungen (I):** I sieht **zwingendes** Recht vor. Nach I sind (nur) die gesetzlichen Zurückbehaltungsrechte des HV nicht im Voraus verzichtbar; auch nicht vertraglich abdingbar oder sonst beschränkbar, zB durch Gerichtsstandabrede entgegen § 371 IV, vertragliche Aufrechnungsverbote, Oetker/Busche Rn. 8; sonstiger mittelbarer Verzicht, EBJS/Löwisch Rn. 8; aA FW/Fröhlich Rn. 12. Erst wenn und soweit die Voraussetzungen des Zurückbehaltungsrechts konkret vorliegen (→ Rn. 1), kann der HV wirksam auf das Zurückbehaltungsrecht an dieser Sache verzichten.

2) Zurückbehaltung von Unterlagen (II)

3 A. **Unterlagen:** II betrifft speziell Unterlagen iSv § 86a I, also zB Muster, Drucksachen usw, aber auch Vorführgeräte, nicht Warenvorrat, Musterkoffer und andere handelsübliche Behältnisse, Pkw (→ § 86a Rn. 5). II regelt nicht die Zeit bis zum Vertragsende, sondern nur nachher.

4 B. **Während des Vertrags:** Der HV hat an Unterlagen nur sehr beschränkt ein Zurückbehaltungsrecht. Denn er muss mit ihnen wie vertraglich vorgesehen verfahren, zB zur Abgabe an Kunden bestimmte Unterlagen (Muster, Drucksachen) abgeben, zur Vorführung bestimmte (Vorführgeräte) vorführen, er kann also erstere nicht zurückhalten, letztere zwar zurückhalten, aber nicht durch Verkauf verwerten (§ 369 III, Ausnahme: § 370 II). Ein unbeschränktes Zurückbehaltungsrecht hat der HV nur an Sachen, die der Unternehmer zurückfordert oder die aus anderem Grunde nicht mehr zur Abgabe oder Vorzeigung an Kunden bestimmt sind. Kein Zurückbehaltungsrecht des HV wegen Ausgleichs-, Schadenersatzansprüchen oder Anspruch auf Auszahlung oder Freigabe einer Stornoreserve (→ § 87a Rn. 27), darüber kann nicht im Herausgabeverfahren entschieden werden, Emde BB 2019, 2885.

7. Abschnitt. Handelsvertreter **§ 89**

C. **Nach Vertragsende (II):** Jetzt steht nicht mehr § 369 III entgegen (vgl. 5
→ Rn. 4), OLG Düsseldorf BB 1990, 1086, aber es greift II (selbst nicht zwingend, aber über I, und nur für ein „nach allgemeinen Vorschriften bestehendes", dh gesetzliches Zurückbehaltungsrecht, → Rn. 1). Denn der Unternehmer benötigt die Unterlagen idR dringend, um nach Ausscheiden des HV eine neue Geschäftsvermittlung einzurichten, und soll nicht erst den Ausgang eines Prozesses etwa über Ausgleichs- oder Schadensersatzansprüche abwarten müssen. Der HV hat folglich nach Vertragsende das Zurückbehaltungsrecht **nur wegen seiner fälligen Provisions- und Aufwendungsersatzansprüche** (die idR leichter zu klären und nach § 369 IV zu sichern, andererseits für den HV oft existenzwichtig sind). **Nicht** zB wegen Ausgleichsansprüchen nach § 89b oder Schadensersatzansprüchen aus Pflichtverletzung. Beweislast für I und II liegt beim HV als der, der sich darauf beruft, Staub/Emde Rn. 23, im Einzelnen str., EBJS/Löwisch Rn. 18; Oetker/Busche Rn. 15; FW/Fröhlich Rn. 29.

[Kündigung des Vertrages]

89 (1) ¹Ist das Vertragsverhältnis auf unbestimmte Zeit eingegangen, so kann es im ersten Jahr der Vertragsdauer mit einer Frist von einem Monat, im zweiten Jahr mit einer Frist von zwei Monaten und im dritten bis fünften Jahr mit einer Frist von drei Monaten gekündigt werden. ²Nach einer Vertragsdauer von fünf Jahren kann das Vertragsverhältnis mit einer Frist von sechs Monaten gekündigt werden. ³Die Kündigung ist nur für den Schluß eines Kalendermonats zulässig, sofern keine abweichende Vereinbarung getroffen ist.

(2) ¹Die Kündigungsfristen nach Absatz 1 Satz 1 und 2 können durch Vereinbarung verlängert werden; die Frist darf für den Unternehmer nicht kürzer sein als für den Handelsvertreter. ²Bei Vereinbarung einer kürzeren Frist für den Unternehmer gilt die für den Handelsvertreter vereinbarte Frist.

(3) ¹Ein für eine bestimmte Zeit eingegangenes Vertragsverhältnis, das nach Ablauf der vereinbarten Laufzeit von beiden Teilen fortgesetzt wird, gilt als auf unbestimmte Zeit verlängert. ²Für die Bestimmung der Kündigungsfristen nach Absatz 1 Satz 1 und 2 ist die Gesamtdauer des Vertragsverhältnisses maßgeblich.

Übersicht

	Rn
1) Vertragsbeendigung(sgründe)	1–9
A. Zeitablauf:	1
B. Eintritt von Ereignissen:	2–4
C. Anfechtung und entsprechende Beendigung eines in Vollzug gesetzten, fehlerhaften Handelsvertretervertrags:	5
D. Ordentliche Kündigung (§ 89):	6, 7
E. Außerordentliche Kündigung:	8
F. Aufhebungsvertrag:	9
2) Ordentliche Kündigung von Verträgen auf unbestimmte Zeit (I)	10–18
A. Reichweite des § 89:	10
B. Inhalt des I:	11–14
C. Kündigungserklärung:	15
D. Wirksamkeit der Kündigung:	16–18
3) Fortsetzung und Kündigung von Zeitverträgen (III)	19–22
A. Zeitverträge (§ 620 BGB):	19, 20
B. Fortsetzung und Kündigung von Zeitverträgen (III):	21, 22
4) Wirkung der Kündigung	23–26
A. Vertragsbeendigung:	23, 24

Hopt

	Rn
B. Zeit bis zum Vertragsende:	25
C. Provisionsanspruch, weitere Ansprüche:	26
5) Abweichende Vereinbarungen (I 3, II)	27–30
A. Kündigungstermin (I 3):	27
B. Kündigungsfristen (II):	28–30

1) Vertragsbeendigung(sgründe)

1 A. **Zeitablauf:** § 620 I BGB, → Rn. 19.

2 B. **Eintritt von Ereignissen:** vor allem **auflösende Bedingung** (§ 158 II BGB); **Wegfall der Geschäftsgrundlage** (§ 313 BGB) nur ausnahmsweise, sofern Anpassung nicht ausreicht, vgl. LG Düsseldorf 3.2.1954, HVR Nr. 32. **Nicht:** § 326 I BGB zB bei dauernder Arbeitsunfähigkeit des HV, OLG Braunschweig BB 1993, 2113, stattdessen Kündigung.

3 **Tod des Handelsvertreters** (iZw: § 673 BGB), bei juristischen Personen und anderen Personengemeinschaften (vgl. → § 84 Rn. 8f) iZw deren Auflösung. **Nicht:** bloßer GfterWechsel bei der HVGes; iZw Tod des Unternehmers, § 672 BGB, oder Auflösung der vertretenen juristischen Person oder Personengemeinschaft, auch nicht ipso iure Ende des vertretenen Unternehmens, hier ist zu kündigen, idR ordentlich.

4 **Insolvenz des Unternehmers** (Verfahrenseröffnung, §§ 115, 116 InsO, → § 87 Rn. 51), BGH NJW-RR 2013, 1142 Rn. 11; **nicht:** bloße Betriebseinstellung ohne Kündigung; Insolvenz des HV, diese ist nur wichtiger Kündigungsgrund für den Unternehmer (→ § 89a Rn. 20).

5 C. **Anfechtung und entsprechende Beendigung eines in Vollzug gesetzten, fehlerhaften Handelsvertretervertrags:** Dies ist sehr str., Staub/Emde § 84 Rn. 117, EBJS/Löwisch § 84 Rn. 49; MüKoHGB/Ströbl Rn. 17, 19; KKRD/Roth Rn. 1; iErg auch Küstner/Thume/Schröder, Bd. 1, Kap. II Rn. 140 und K/W/Billing § 84 Rn. 59 (aber noch als faktischer Vertrag, heute nach hL Lehre vom fehlerhaften Vertrag; aA Canaris § 15 Rn. 27 (bloßer Bereicherungsausgleich); Heymann/Stöber § 84 Rn. 59; Oetker/Busche § 84 Rn. 62; vgl. → § 85 Rn. 1, → § 89b Rn. 8. Die Ausnahme von der ex tunc-Wirkung des § 142 I BGB und allgemeiner die Zurückdrängung der §§ 812 ff. BGB bei Invollzugsetzung gilt zwar an sich nur für (fehlerhafte) Arbeits- und solche Dienstverträge, denen eine Anstellung zugrunde liegt, vgl. BGHZ 41, 282. Aber HV werden, auch wenn sie nicht unter § 92a fallen, in §§ 84 ff. trotz ihrer Selbstständigkeit allgemeiner als schutzbedürftig behandelt. Das rechtfertigt es, die Nichtigkeitsfolgen über die Fallgruppen der arbeits- und gesellschaftsrechtlichen Verträge hinaus rechtsfortbildend auch für in Vollzug gesetzte, fehlerhafte HVVerträge einzuschränken, so jedenfalls, wenn der Unternehmer die vom HV hergestellten Verbindungen weiter nutzen kann, BGHZ 129, 290 (im Ls. ohne diese Einschränkung); BGH NJW 1997, 655; zutr. ohne Einschränkung OLG Karlsruhe 16.12.1998, HVR Nr. 976; OLG Düsseldorf OLGR 2001, 121 (zu § 34 GWB aF); OLG Hamm IHR 2016, 86; der Unternehmer sollte sich jedenfalls nicht durch Nichtnutzung den Folgen entziehen können, was in der Logik der Einschränkung (§ 242 BGG) läge; noch weiter beschränkend auf wirtschaftliche und soziale Überlegenheit des Unternehmers BGHZ 53, 159, aber überholt. Eine Differenzierung zwischen anfänglicher Nichtigkeit und späterer Anfechtung ist jedenfalls dogmatisch unhaltbar, str., nach aA aber bei § 123 BGB. Erkennt man den Bestand des wenngleich fehlerhaften HVVertrags mit dieser Begründung an, ist das auch für den Ausgleichsanspruch nach § 89b das entscheidende Datum, (→ § 89b Rn. 8). Lit.: Herbert BB 1997, 1317.

6 D. **Ordentliche Kündigung (§ 89):** Neben §§ 89, 89a sind auf Voraussetzungen und Folgen der Kündigung des HVVertrags **§§ 620 ff. BGB nur teil-**

weise anwendbar, nämlich soweit nicht §§ 89, 89a als Spezialgesetz vorgehen und §§ 620 ff. BGB nicht ohnehin nur auf Arbeitsverhältnisse (Unselbstständigkeit, s. § 84 II) anwendbar sind (allgemeiner zu §§ 611 ff. → § 86 Rn. 4f). § 620 II ist anwendbar, OLG München BeckRS 2022, 7942, aber nur als Auslegungsregel zur Vertragsdauer, nicht in seiner Rechtsfolge; unanwendbar sind danach § 620 II mit §§ 621, 622 BGB (sowie §§ 626–628 BGB zur außerordentlichen Kündigung, → § 89a Rn. 2), Staub/Emde Vor § 84 Rn. 127; ferner §§ 629, 630 (→ Rn. 25f). Anwendbar sind dagegen §§ 620 I, 625 BGB (Vertragsende, stillschweigende Verlängerung), aber → Rn. 22.

§ 624 BGB (einseitiges Kündigungsrecht des Dienstverpflichteten bei Vertrag auf Lebenszeit oder mehr als fünf Jahre) ist nicht anwendbar, BGH BB 1995, 1257 f.; EBJS/Löwisch Rn. 6; MüKoHGB/Ströbl Rn. 5; aA FW/Billing Vorb. § 84 Rn. 31. Soweit § 624 BGB für anwendbar gehalten wird, muss im konkreten Vertragsverhältnis das dienstvertragliche Element vorherrschen, OLG Hamm BB 1978, 1335; KG MDR 1997, 1041. Unanwendbar ist § 624 BGB jedenfalls auf gemischte Verträge mit mehr unternehmensbezogenen als personenbezogenen Elementen, Rittner NJW 1964, 2255; Brüggemann ZHR 131 (1968), 27, zB auf Tankstationärsverträge (Tankstelleninhaber stellt Tankstellengrundstück), BGHZ 52, 171; 83, 313 (vgl. → § 84 Rn. 21); K. Schmidt § 27 III Rn. 40, Grund: pachtvertragliche Elemente, längerfristige Investitionen des Unternehmers. Gespaltene Kündigung (nur dienstvertraglicher Teil nach § 624 BGB) entspricht dann nicht dem Parteiwillen und idR auch nicht dem Interesse des HV (Teilkündigung, → Rn. 18), aA Canaris § 15 Rn. 95.

E. **Außerordentliche Kündigung: § 89a.**

F. **Aufhebungsvertrag:** auf einen beliebigen Zeitpunkt, BGHZ 52, 15 formlos. Auch längere Nichtausübung der HVTätigkeit wegen wirtschaftlicher Verhältnisse ist nicht ohne Weiteres stillschweigende Aufhebung, LG Düsseldorf 3.2.1954, HVR Nr. 32, § 89 ist nicht anwendbar, Heymann/Froitzheim Rn. 11. Vertragsgestaltung: Kostenregelung, Gerichtsstandsvereinbarung, Rechtswahlklausel, salvatorische Klausel, Emde BB 2018, 1924; ferner Mann ZVertriebsR 2017, 25.

2) Ordentliche Kündigung von Verträgen auf unbestimmte Zeit (I)

A. **Reichweite des § 89:** § 89 (völlig nF 1990, → § 84 Rn. 3) betrifft **nur Verträge auf unbestimmte Zeit** (Zeitverträge und Abgrenzung dazu → Rn. 19) und **nur deren ordentliche Kündigung** (außerordentliche Kündigung s. § 89a). § 89 gilt für alle HV, aber **nicht für Handelsvertreter im Nebenberuf,** § 92b I 1. Für unselbstständige Vertreter (§ 84 II) gilt Kündigungsrecht und Kündigungsschutz nach Arbeitsrecht. Für Gfter, die als Kreditvermittler für die KG tätig sind, gilt nicht § 89, sondern Gesellschaftsrecht, BGH BB 1985, 824. **Vertragshändler** → § 84 Rn. 11. Keine Kündigungssperre in der Insolvenz des Vertragshändlers (Wortlaut § 112 InsO), OLG Braunschweig ZIP 2009, 1336. Sonderregeln für Automobilhändler nach der EUGruppenfreistellungsVO (→ § 86 Rn. 38): 2 Jahre.

B. **Inhalt des I:** Die **Kündigungsfrist ist gestaffelt.** Sie beträgt im ersten Jahr der Vertragsdauer einen Monat, im zweiten zwei Monate, im dritten bis fünften drei Monate **(I 1). Vertragsdauer** bedeutet ununterbrochenes Bestehen des HVVertrags (nicht auch tatsächliche HVTätigkeit), Kündigung mit entsprechendem Neuabschluss unterbricht bei Umgehung (§ 242 BGB) nicht, BGH NJW-RR 1987, 1113; dazu auch EBJS/Löwisch Rn. 47. Für die Vertragsdauer kommt es nach hL nicht auf den Kündigungstermin an, sondern auf den Zeitpunkt des Zugangs der Kündigungserklärung, MüKoHGB/Ströbl Rn. 56.

Nach einer Vertragsdauer von fünf Jahren, also ab dem sechsten beträgt die Kündigungsfrist sechs Monate **(I 2).**

13 Nach **I** 3 ist die Kündigung unabhängig von der Vertragsdauer nur für den **Schluss eines Kalendermonats** zulässig. Doch ist insoweit eine andere Abrede schon nach I 3 möglich (näher → Rn. 27).

14 **Fristbeginn** mit Zugehen der Kündigungserklärung (→ Rn. 15). Die Kündigungsfrist muss dem Gekündigten voll gewährt bleiben, auch wenn letzter Tag vor ihrem Beginn (oder Ablauf) ein Samstag, Sonntag oder Feiertag ist, BAG NJW 1970, 1470; BGHZ 59, 265; § 193 BGB, der den Schutz des Erklärenden bezweckt, ist unanwendbar. Fristberechnung §§ 186 ff. BGB.

15 C. **Kündigungserklärung:** Kündigung ist empfangsbedürftige Willenserklärung, Zugang §§ 130–132 BGB. Sie ist, falls nichts anderes vereinbart (§ 127 BGB), formlos möglich; auch konkludent, Heymann/Froitzheim Rn. 28; vgl. BGH VersR 1961, 82 (iErg abl.), muss aber eindeutig sein, OLG Düsseldorf 4.11.1952, HVR Nr. 24; OLG München WM 2011, 1626; ZVertriebsR 2017, 384, bloße Untätigkeit ist noch keine konkludente Kündigung, OLG München ZVertriebsR 2017, 384. Ist Schriftform vereinbart, genügt (iZw, Parteiwille) Kündigung per E-Mail (§ 127 II 1 BGB), OLG München WM 2012, 1743 mAnm von Bodungen/Hesse BB 2012, 1056; vgl. Bloching/Ortolf BB 2011, 2571.

16 D. **Wirksamkeit der Kündigung:** Neben § 89 gelten nur die allgemeinen Kündigungsschranken der §§ 138, 242 BGB, zB bei sittenwidrigem Ausschluss der ordentlichen Kündigung, BGH NJW 1995, 2350 (iErg abl.), oder ihrer sittenwidrigen Erscheinung oder bei Rechtsmissbrauch; engere Schranken speziell zum Schutz des HV vermittels § 242 BGB sind schon angesichts des Schutzes aus § 89b nicht angezeigt, Ulmer FS Möhring, 1975, 311; aA Canaris § 15 Rn. 85. Auch ordentliche Kündigung unter Fristeinhaltung kann sittenwidrig sein, so Kündigung wegen Weigerung, ein einseitig den HV belastendes Rabattsystem anzunehmen, BGH NJW 1970, 855, aber nicht schon weil Unternehmer eine günstigere Geschäftsentwicklung herbeiführen will, BGH VersR 1969, 445. Die Rspr. zu Kündigungsschranken und/oder Ersatzanspruch bei noch nicht amortisierten **Investitionen** des Vertragshändlers (→ Einl. vor § 373 Rn. 40, 42) war früher für HV meist aus tatsächlichen Gründen nicht einschlägig, anders im Einzelfall, so Canaris § 15 Rn. 85, aber mittlerweile scheint das in der Praxis doch häufiger zu sein, etwa wenn HV im investitionsintensiven Geschäft, etwa als Autohäuser, tätig sind, Staub/Emde Rn. 110 aE; FW/Teichmann Vorb. § 89 Rn. 11 (→ § 89a Rn. 40), dann ausnahmsweise umgekehrt (vgl. → § 84 Rn. 11) Übertragung der dort entwickelten Wertungen auf HV, die Einzelheiten des Investitionsschutzes und Investitionsersatzanspruchs sind hoch umstritten, näher Staub/Emde Rn. 108 ff.; für einen Investitionsschutz im investitionsintensiven Geschäft nach Wahl des HV durch Kündigungsfristen über § 89 hinaus oder Schadensersatz, Staub/Emde Rn. 113. Für Kündigungsklauseln in **AGB** sind **(5)** §§ 307–309 BGB zu beachten (→ § 86 Rn. 8), insbesondere zB Umgehung durch **Freistellungsklauseln,** also Entbindung des HV für die Dauer der Kündigungsfrist ohne ausreichende Entschädigung (entspricht vorgezogenem Wettbewerbsverbot, § 90a), BGHZ 129, 193, oder Erschwerung der Kündigung durch **Rückzahlungsklauseln** (→ Rn. 28, auch → § 89a Rn. 26), zB Rückzahlung von Vertragsanschlussgebühr, BGH NJW 1982, 181 (iErg unwirksam), Rückzahlung von Bonuszahlungen oder Bonifikationen, OLG Oldenburg NJW-RR 2014, 550; Rückzahlung von Kostenzuschüssen und sonstige „Strafen", OLG Köln 29.7.1997, HVR Nr. 885, teilweise Rückzahlung einer Provisionspauschale bei fristloser Kündigung des Unternehmers, OLG Düsseldorf DB 1972, 182 (iErg wirksam, aber noch vor ehem. AGBG), Provisionsvorschuss, OLG Oldenburg NJW-RR 2015, 1071 (Einzelfallprüfung, iErg wirksam). Auch Wegfall von Zahlungen, zB zweckgebundener Bürozuschuss, wenn HV mehrjährige Kündigungsfrist zu beachten hat, BGH NJW 2016, 242. Ob die daraus folgenden finanziellen Nachteile tatsächlich als unwirksame Kündigungserschwernis anzusehen sind, ist eine Frage des Einzelfalls und der Höhe und des Zeitraums der Rückzahlungspflicht, OLG Oldenburg NJW-RR 2014, 550 (bejahend); LG München ZVertriebsR 2019, 190 (iErg abl.). Unberechtigte (ordentliche) Kündigung kann als Pflichtverletzung schadensersatzpflichtig machen (unberechtigte außerordentliche Kündigung → § 89a Rn. 40).

Änderungskündigung, also ordentliche Kündigung mit dem (in bestimmter 17 Frist, vor Ablauf der Kündigungsfrist anzunehmenden) Angebot, den Vertrag zu geänderten Bedingungen fortzusetzen, ist zulässig. Schweigen des HV steht der Annahme (einer Provisionsminderungsabrede) nicht gleich, BGH DB 1955, 1085. Eine die Tätigkeit des HV einschränkende Weisung kann Änderungskündigung sein, OLG Stuttgart BB 1965, 926. Ausnahmsweise besteht Anspruch auf **Vertragsanpassung** nach § 242 BGB (Erfüllung, nicht Kündigung), zB gegen VersVertreter bei neuer Tarifstruktur (BAV), BGH WM 1992, 311.

Teilkündigung eines einheitlichen Vertragsverhältnisses ist grundsätzlich un- 18 wirksam (auch → Rn. 7), BGH BB 1977, 964, WM 1992, 311, NJW 1993, 1320, zB Untersagung des Besuchs bestimmter Kunden, OLG Stuttgart BB 1965, 926, Teilbezirks-Kündigung, OLG Karlsruhe DB 1978, 298; aA OLG Bamberg NJW 1958, 1830 m. abl. Anm. Thiede NJW 1959, 1444; Bestandsübertragung bei VersVerträgen → § 92 Rn. 8. Anders wenn HVVertrag und Bezirksleitervertrag (oder anderer Zusatzvertrag) getrennte, (wirklich) selbstständige Verträge sind, BGH BB 1977, 965, wenn bestimmter Vertragsteil, zB Konto oder Sicherheiten, nach Parteiwille auch nach Ende fortbestehen soll, OLG Hamm 10.11.1999, HVR Nr. 969 (Tankstellenpacht), oder wenn sich der Unternehmer die Teilkündigung, zB Verkleinerung des Marktgebiets, wirksam ausbedungen hat, Grenze **(5)** § 307 BGB, BGH BB 1984, 233; OLG Karlsruhe DB 1978, 298, danach ist möglichst genaue Bestimmung der Voraussetzungen und des Umfangs des Teilkündigungsrechts in den AGB erforderlich, Preis/Stoffels ZHR 160 (1996), 485; restriktiver Staub/Emde Rn. 42; Ausgleichsanspruch → § 89b Rn. 10.

3) Fortsetzung und Kündigung von Zeitverträgen (III)

A. **Zeitverträge (§ 620 BGB):** Ein Dienstvertrag ist auf bestimmte Zeit 19 eingegangen, wenn seine Dauer entweder (durch Kalenderdatum oder genauen Zeitraum bzw. Frist) bestimmt oder „aus der Beschaffenheit oder dem Zweck der Dienste" zu entnehmen ist (vgl. § 620 II BGB); Bsp.: Vertretung in einer Saison, beim Verkauf einer Kampagne (→ § 84 Rn. 42); ebenso ein Vertrag, der an einem bestimmten Zeitpunkt endet, wenn er nicht vorher (einvernehmlich oder kraft Option) verlängert wird; ebenso HVVertrag auf Probe, als iZw während dieser Zeit nicht ordentlich kündbar, Ende erst mit Ablauf der Probezeit EBJS/Löwisch Rn. 21 (anders wenn vor Ablauf der Probezeit kündbar oder wenn nach Ablauf automatisch verlängert, → Rn. 20). § 89 ist auf Zeitverträge nicht anwendbar; wird der Zeitvertrag aber nach Ablauf der vereinbarten Laufzeit von beiden Teilen fortgesetzt, gilt III (→ Rn. 21).

Nicht Zeitvertrag, sondern unbefristeter Vertrag ist ein „bis zum Widerruf" 20 geltender Vertrag, OLG Bamberg 21.5.1952, HVR Nr. 87 Ls.; ein zu einem bestimmten Termin endender Vertrag, zB mit Erreichen der Altersgrenze des HV, falls vorher (so iZw) ordentliche Kündigung möglich ist, BGH VersR 1969, 445; HVVertrag **auf Probe,** falls während der Probezeit ordentlich kündbar, BGHZ 40, 235; krit. Staub/Emde Rn. 37; ebenso ein auf bestimmte Zeit abgeschlossener Vertrag, der sich mangels Kündigung **automatisch** (um eine bestimmte oder unbestimmte Zeit) **verlängert,** denn er soll gerade nicht ohne Weiteres zu dem bestimmten Termin auslaufen, § 89 gilt direkt, üL, OLG Hamm BB 1973, 1234; aA BGH NJW 1975, 387, Zeitvertrag, aber § 89 analog für Frist, offen ob auch für Termine, umgekehrt: § 89 für Termin, aber nicht für

Frist Schröder FS Hefermehl, 1976, 113; ebenso echte **Kettenverträge** (Umgehung von § 89 durch Aufspaltung in mehrere gleiche oder ähnliche Zeitverträge), BGHZ 141, 251; BGH VersR 1959, 129; NJW 1996, 848; BB 2002, 2037, zu den Kettenverträgen ausführlich Staub/Emde Rn. 63 ff.; EBJS/Löwisch Rn. 22.

21 B. **Fortsetzung und Kündigung von Zeitverträgen (III):** III regelt einen Sonderfall des an sich nicht unter § 89 fallenden Zeitvertrags durch eine dispositive Auslegungsregel. Wird der **Zeitvertrag nach Ablauf** der vereinbarten Laufzeit von beiden Teilen (nicht nur von einem, Heymann/Froitzheim Rn. 43) **fortgesetzt,** dann gilt der Vertrag als auf unbestimmte Zeit verlängert (**III 1**). III 1 gilt nicht für einzelne Vertragsbestimmungen und Zusatzvereinbarungen, OLG Schleswig 2.5.2013, HVR Nr. 1390, str. Eine solche ausdrückliche oder stillschweigende Fortsetzungsvereinbarung ist zu unterscheiden vom Kettenvertrag (→ Rn. 20). Fortsetzung von beiden Teilen ist schon dann anzunehmen, wenn der HV nach Ablauf der Vertragszeit seine Tätigkeit fortsetzt und der Unternehmer nicht unverzüglich widerspricht, sobald er davon Kenntnis erhält; erneutes oder fortdauerndes Einigsein über die Bedingungen ist unnötig, beiderseitige Fortsetzung genügt, BGH WM 2005, 1041; OLG München WM 2014, 1152. § 89 wird damit anwendbar.

22 In Fall des III bestimmen sich die **Kündigungsfristen** der I 1 und 2 aber nicht nach der Dauer ab Fortsetzung, sondern **nach der Gesamtdauer** ab Beginn des Vertragsverhältnisses (**III 2**). Verlängerung auf unbestimmte Zeit ist nicht schon dann anzunehmen, wenn der HV nach Ablauf der Vertragszeit seine Tätigkeit fortsetzt, der Unternehmer das erfährt und nicht unverzüglich widerspricht; § 625 BGB tritt demgegenüber für HV zurück (AmtlBegr), EBJS/Löwisch Rn. 6, aber nur im Geltungsbereich von III 2 (→ Rn. 24), nach aA § bleibt 625 BGB anwendbar, Staub/Emde Vor § 84 Rn. 130.

4) Wirkung der Kündigung

23 A. **Vertragsbeendigung:** Kündigung (mit Frist, § 89) wirkt grundsätzlich erst am Vertragsende (Kündigungstermin). Ist zu einem späteren Termin ordentlich und dann (unwirksam) fristlos gekündigt, kann erneute ordentliche Kündigung zu einem an sich zulässigen früheren Termin nach § 242 BGB ausgeschlossen sein, BGH BB 1969, 380. Auch ordentlich gekündigter HVVertrag kann aber bei wichtigem Grund noch außerordentlich gekündigt und fristlos oder auf einen früheren Termin beendet werden (§ 89a), OLG Nürnberg 13.12.1962, HVR Nr. 342.

24 Die Kündigung ist nach Zugang unwiderruflich (§ 130 I 2), sie ist wie sonstige Willenserklärungen anfechtbar. Ihre Wirkungen können bis zum Vertragsende einvernehmlich aufgehoben werden (§ 311 BGB). Danach bleibt nur Neuabschluss. Wird bereits beendeter HVVertrag vom HV mit Wissen des Unternehmers **fortgesetzt,** gilt § 625, soweit nicht schon III eingreift (→ Rn. 22), zB bei Fortsetzung nach Änderungskündigung mit neuem Vertragsangebot, Küstner/Thume/Schröder, Bd. 1, Kap. II Rn. 19. „Widerruf" einer Kündigung nach Vertragsende ist neues Vertragsangebot, Schweigen des HV darauf ist ohne Weiteres Annahme, BGH 4.7.1960, HVR Nr. 247, → § 346 Rn. 30.

25 B. **Zeit bis zum Vertragsende:** Der Unternehmer darf nicht vor Vertragsende die vom HV vermittelten Geschäfte insgesamt ablehnen und einen anderen HV zur Bearbeitung von Bezirk (Kundschaft) des Gekündigten bestellen (vgl. → § 86a Rn. 14, 16); Abweichungen uU nach §§ 157, 242 BGB. Der Gekündigte HV ist idR zur Einführung eines Nachfolgers verpflichtet. **Freistellung** des HV ist grundsätzlich nicht einseitig möglich, EBJS/Löwisch Rn. 53; MüKoHGB/Ströbl Rn. 73; offen BGH NJW 2015, 3373 Rn. 35, aber jedenfalls gegen vollen Ausgleich des Verdienstausfalls zulässig, wenn der Unternehmer ein besonderes berechtigtes Interesse daran hat, dann auch durch AGB, BGHZ 129, 190, und

sogar einseitig ohne Vertragsregelung, EBJS/Löwisch Rn. 54, zB Gefahr des Mitnehmens von Kunden zu Konkurrenzunternehmen, sicher bei außerordentlicher Kündigung mit Auslauffrist, str. bei Absehen von außerordentlicher Kündigung, Staub/Emde Rn. 94. AGB-Kontrolle, MüKoHGB/Ströbl Rn. 72. Freistellungsabrede nur in den Grenzen des § 90a (vorgezogene Wettbewerbsabrede), EBJS/Löwisch Rn. 55, Zahlungen dürfen sich am Freistellungszeitpunkt ausrichten, BGHZ 129, 190. Freistellung lässt die Vergütung iZw unberührt, anders bei entsprechender Individualabrede, MüKoHGB/Ströbl Rn. 70. Bei unberechtigter Freistellung und Widerspruch des HV kommt der Unternehmer in Annahmeverzug (§§ 295 296 BGB). Zur Anrechnung nach § 615 Satz 2 BGB MüKoHGB/Ströbl Rn. 73. Wichtig ist, dass der HV bei zulässiger Freistellung weiterhin gebunden ist, insbesondere an das Wettbewerbsverbot, EBJS/Löwisch Rn. 54. § 629 BGB (nach Kündigung Freizeit zur Stellungssuche) ist idR gegenstandslos wegen freier Arbeitsgestaltung (→ § 86 Rn. 5). Lit.: Gräfe ZVertriebsR 2013, 362.

C. **Provisionsanspruch, weitere Ansprüche:** Das Ende des Vertrags lässt das 26 Recht des HV auf Provision auf noch auszuführende Geschäfte unberührt (§ 87a III 1), uU erhält er auch Provision aus späteren, von ihm vorbereiteten Abschlüssen (§ 87 III). Er hat uU einen Ausgleichsanspruch nach § 89b. Er muss die ihm überlassenen Unterlagen (§ 86a I), ggf. überlassene Waren (→ § 86a Rn. 5; anders beim Vertragshändler, → Einl. vor § 373 Rn. 41) und seine Korrespondenz mit Kunden herausgeben (Zurückbehaltung s. § 88a); der Unternehmer ist zur **Rücknahme** seiner Sachen (Ersatzteile, Lager, Vorratsware ua) verpflichtet, grundsätzlich unabhängig vom Eigentumsübergang und auch ohne Konsignationslagerabrede wie beim Vertragshändler (→ Einl. vor § 373 Rn. 41), auch ohne dass der Unternehmer das Vertragsende verschuldet hat, aA Schriefers BB 1992, 2158, Auslegung einer Rückkaufklausel, BGH BB 2010, 275. Klausel, dass HV bei Vertragsende Arbeitsverhältnisse mit Familienmitgliedern beendet, ist unwirksam (§ 613a BGB), BGH WM 2006, 1262. Der gekündigte HV hat kein Recht auf Zeugnis (→ § 86 Rn. 5). Vereinbarung einer Freistellungsvergütung, OLG München WM 2011, 1625.

5) Abweichende Vereinbarungen (I 3, II)

A. **Kündigungstermin (I 3):** Vereinbarungen über den Kündigungstermin 27 sind, soweit die Kündigungsfrist gewahrt bleibt (→ Rn. 28), **unbeschränkt** möglich, zB Kündigung statt zur Kalendermonatsende zur Monatsmitte oder nur auf Quartalsende. Vereinbarung über Kündigungsfrist beinhaltet nicht ohne weiteres auch solche über Kündigungstermin („Die Kündigungszeit beträgt…"), LG Bielefeld 23.6.1955, HVR Nr. 89; dann bleibt es beim Schluss eines Kalendermonats. II betrifft nur die Kündigungsfristen, ist also hierauf nicht anwendbar. Doch gilt auch hier der dienstvertragsrechtliche Grundsatz, dass die Kündigungsfristen und Kündigungsbedingungen entweder für beide Teile gleich sein müssen oder nur zugunsten des Dienstverpflichteten ungleich sein dürfen (§ 622 V BGB analog).

B. **Kündigungsfristen (II):** Vereinbarungen über die Kündigungsfristen nach 28 I 1 und 2 sind dagegen **nur beschränkt** möglich (II; auch → Rn. 16). Nach KfzGVO 2002 (→ § 86 Rn. 38) war einjährige Kündigungsfrist bei Strukturkündigung möglich (in KfzGVO 2010 weggefallen), näher BGH NJW 2009, 3646; BB 2011, 84; auch EuGH NJW 2007, 201 – Brünsteiner; EuGH RIW 2007, 60 – VW-Audi; obschon nur Freistellung, hat dieses Vorrang vor II, BGH NJW 2009, 3646 – Nissan m. krit. Anm. Emde BB 2009, 2330; OLG Frankfurt a. M. BB 2008, 1417; Reimann/Ströbl BB 2008, 1467; aA Emde EWiR 2008, 497. So ist **keine Verkürzung** der Kündigungsfristen nach I 1 und 2 zulässig, auch nicht zugunsten des HV. Das gilt auch während einer im Vertrag vereinbarten **Pro-**

bezeit, BGHZ 40, 237; BGH NJW 1982, 181, weil sonst das zwingende Kündigungsrecht durch sehr lange Probezeiten umgangen werden könnte. II 1 Hs. 2 erfasst auch mittelbare Ungleichheiten, so bei wesentlichen, eine Vertragsbeendigung erschwerenden Nachteilen für den HV, das kann Wegfall eines zweckgebundenen Bürokostenzuschusses sein, jedenfalls bei mehrjähriger Kündigungsfrist, BGH NJW 2016, 242; OLG Oldenburg ZVertriebsR 2015, 247 (iErg abl.). Erschwerungen durch **Rückzahlungsklauseln** → Rn. 16. Anstelle ungültiger Absprachen gilt idR die zwingende gesetzliche Regelung (Schutzzweck, also nicht § 139 BGB), BGHZ 40, 238; doch kann sich aus dem Parteiwillen etwas anderes ergeben, bei AGB ist hier allerdings das Verbot der geltungserhaltenden Reduktion zu beachten, **(5)** § 306 II BGB, OLG Nürnberg 29.1.1986, HVR Nr. 614. Die Nichtigkeit zu II erfasst nicht auch die gleichzeitige, zulässige Absprache zu I.

29   Nach **II 1** ist jedoch eine **Verlängerung** zulässig, KG MDR 1997, 1041; OLG Schleswig 13.6.1997, HVR Nr. 997; OLG München BB 2010, 2987; allgemeine Grenzen → Rn. 16. Diese verlängerte Kündigungsfrist darf für den Unternehmer nicht kürzer sein als den HV. Bei Vereinbarung einer kürzeren Frist für den Unternehmer gilt die für den HV vereinbarte (längere) Frist **(II 2).** Nach dem klaren Wortlaut kann aber umgekehrt die (verlängerte) Kündigungsfrist für den Unternehmer länger sein als für den HV. Der Grundsatz der **Fristenparität** ist insoweit zugunsten des HV durchbrochen. Für die Kündigungstermine gilt nicht II, sondern I 3 (→ Rn. 27). II gilt analog für Arbeitsverhältnisse, BAG NJW 2005, 3230. AGB-Kontrolle: OLG München BB 2010, 2987 m. krit. Anm.von Bodungen/Schnell; OLG Oldenburg BB 2012, 3167 (großzügiger bei Nebenerwerb) gegen OLG Celle OLGR 2005, 650.

30   Bei Vereinbarung einer kürzeren Kündigungsfrist für den Unternehmer unter Verstoß gegen II 1 gilt auch für den Unternehmer die für den HV vereinbarte längere Kündigungsfrist, der Grundsatz der Fristenparität setzt sich hier also zu Lasten des Unternehmers durch **(II 2).** II 2 geht §§ 134, 139 BGB vor.

[Fristlose Kündigung]

§ 89a (1) ¹Das Vertragsverhältnis kann von jedem Teil aus wichtigem Grunde ohne Einhaltung einer Kündigungsfrist gekündigt werden. ²Dieses Recht kann nicht ausgeschlossen oder beschränkt werden.

(2) Wird die Kündigung durch ein Verhalten veranlaßt, das der andere Teil zu vertreten hat, so ist dieser zum Ersatz des durch die Aufhebung des Vertragsverhältnisses entstehenden Schadens verpflichtet.

Übersicht

	Rn
1) Außerordentliche Kündigung	1–5
A. Reichweite des § 89a:	1, 2
B. Außerordentliche Kündigung (ohne oder mit Frist):	3, 4
C. Umdeutung in ordentliche Kündigung:	5
2) Wichtiger Grund (I 1)	6–25
A. Grundsatz, Abmahnung:	6–12
B. Kündigungserklärung, Nachschieben von Gründen:	13–15
C. Wichtige Kündigungsgründe im Sinne von § 89a:	16
D. Wichtige Kündigungsgründe des Unternehmers:	17–21
E. Wichtige Kündigungsgründe des Handelsvertreters:	22–25
3) Abweichende Vereinbarungen (I 2); Verzicht, Verwirkung	26–32
A. Zwingendes Recht (I 2):	26–28
B. Verzicht:	29
C. Zu späte Kündigung, Verwirkung:	30–32

	Rn
4) Folgen berechtigter Kündigung; insbesondere Schadensersatzpflicht (II)	33–35
A. Folgen berechtigter Kündigung:	33
B. Schadensersatzpflicht bei berechtigter Kündigung (II):	34, 35
5) Folgen unberechtigter Kündigung	36–40
A. Unwirksamkeit, Kündigungsgrund für den anderen Teil:	36
B. Vergütung:	37–39
C. Schadensersatzpflicht bei unberechtigter Kündigung:	40

1) Außerordentliche Kündigung

A. **Reichweite des § 89a:** § 89a betrifft die außerordentliche Kündigung (auch fristlose Kündigung genannt, aber → Rn. 4); die ordentliche Kündigung ist in § 89 geregelt. § 89a gilt für alle HV, auch solche im Nebenberuf (§ 92b). Für unselbstständige Vertreter (§ 84 II) gilt Arbeitsrecht. Die außerordentliche Kündigung ist **nicht europarechtlich** präformiert (Art. 16 EU-Ri, → § 84 Rn. 3). § 89a ist **Sondervorschrift zu § 314 BGB,** OLG Düsseldorf BeckRS 2017, 151716 Rn. 45; OLG Saarbrücken 25.1.2006, HVR Nr. 1170, aber ohne wesentliche Unterschiede, da § 314 BGB nur die bisherige Rechtslage kodifiziert. Die Definition des wichtigen Grundes in § 314 I 2 BGB kann deshalb auch für § 89a I herangezogen werden (→ Rn. 3), OLG Düsseldorf BeckRS 2017, 151716 Rn. 45; Abmahnung (§§ 314 II, 323 II BGB) schon bisher (→ Rn. 10); Kündigung nur innerhalb angemessener Frist (§ 314 III BGB) schon bisher (→ Rn. 30); Schadensersatzpflicht bei berechtigter Kündigung (§ 314 IV BGB) → Rn. 34. **Vertragshändler** → § 84 Rn. 11. 1

§§ 626–628 BGB sind **ersetzt.** I 1 entspricht § 626 I BGB. § 626 II BGB gilt nicht (→ Rn. 30). § 627 BGB wird durch §§ 89, 89a ausgeschlossen EBJS/Löwisch Rn. 5, aA OLG Karlsruhe ZVertriebsR 2021, 80 Rn. 25 → § 86 Rn. 5. § 628 I BGB (Dienstvergütung bei außerordentlicher Kündigung) ist wohl idR durch §§ 87, 88 (Provisionsanspruch) ersetzt, aber entspr. anwendbar auf feste Vergütung (vgl. → § 87 Rn. 5). Statt § 628 II BGB gilt § 89a II. Zur Geltung der §§ 620 ff. BGB im Übrigen → § 89 Rn. 6. 2

B. **Außerordentliche Kündigung (ohne oder mit Frist):** Wie bei allen Dauerschuldverhältnissen (§ 314 BGB) kann jeder Teil den Vertrag, mag er auf bestimmte oder unbestimmte Zeit geschlossen sein, **aus wichtigem Grunde ohne Frist kündigen** (I 1; wie § 626 I BGB), auch bevor der HV seine Tätigkeit aufgenommen hat. 3

Aber auch eine Kündigung **mit Frist (Auslauffrist),** die idR kürzer als die für eine ordentliche Kündigung sein kann, aber nicht sein muss, statt einer fristlosen Kündigung ist außerordentliche Kündigung, wenn klar zum Ausdruck kommt, dass sie aus einem Grund erfolgt, der zur fristlosen Kündigung berechtigen würde, es sei denn der Kündigende begnügt sich doch vorsichtshalber mit einer ordentlichen Kündigung; zur Abgrenzung BGH NJW 2000, 1868; OLG Koblenz NJW-RR 2007, 1045; OLG München ZVertriebsR 2021, 47; zT aA EBJS/Löwisch Rn. 4, 50. Die Mindestfrist nach § 89 I gilt für sie also nicht. Eine außerordentliche Kündigung mit Auslauffrist ist nur bei solcher Erklärung anzunehmen, sonst bleibt es bei sofortiger Wirkung, BGH NJW 1999, 946; OLG Nürnberg BB 1969, 391. Während der Auslauffrist wird der HV häufig freigestellt (Voraussetzungen → § 89 Rn. 25), seine Pflichten, insbesondere das Wettbewerbsverbot bleiben bestehen. Die Gewährung einer Auslauffrist spricht nicht ohne weiteres gegen das Vorliegen eines wichtigen Grundes, ist aber trotzdem nicht ohne Risiko (Grund: außerordentliche Kündigung nur bei Unzumutbarkeit), MüKoHGB/Ströbl Rn. 81. Zur Auslauf- und Übergangsfrist EBJS/Löwisch Rn. 49. Ein Recht auf Auslauffrist hat der HV nicht, seinen Interessen trägt schon das Merkmal der Zumutbarkeit (→ Rn. 6) Rechnung, ausnahmsweise anders Staub/ 4

§ 89a 5–7   1. Buch. Handelsstand

Emde Rn. 69, 88: Verhältnismäßigkeit, Treupflicht. Umgekehrt kann der HV verpflichtet sein, die Auslauffrist wahrzunehmen, wenn der Unternehmer Zeit für eine Übergangsregelung benötigt, Staub/Emde Rn. 70; nach MüKoHGB/Ströbl Rn. 81 auch sonst wegen Disposition des Unternehmers über das Vertragsende. Auslauffristen im Arbeitsrecht, BAG ZIP 2007, 1425.

5   C. **Umdeutung in ordentliche Kündigung:** Ist die außerordentliche Kündigung mangels wichtigen Grundes unwirksam, kann sie als ordentliche Kündigung zum nächsten Termin wirksam sein, sofern der Kündigende dies bei Kenntnis der Nichtigkeit gewollt hätte und dies deutlich erkennbar geworden ist (Umdeutung, § 140 BGB), BGH BB 1969, 381; 1992, 1163; OLG Karlsruhe DB 1971, 572; BAG NZA 2010, 1348 Rn. 39; vgl. auch BAG NJW 2016, 1117 (hilfsweise ordentliche Kündigung). Eine derart in eine ordentliche umgedeutete, unwirksame außerordentliche Kündigung des Unternehmers berechtigt den HV, seine Tätigkeit sofort einzustellen, OLG Stuttgart BB 1960, 956; der HV behält Anspruch auf die ihm bis zur Vertragsbeendigung so entgehende Provision (vgl. → Rn. 38, 40, zu den weiteren Folgen unberechtigter Kündigung → Rn. 36). Die als außerordentliche unwirksame, als ordentliche wirksame Kündigung enthält iZw Widerruf der Vollmachten des HV (vgl. §§ 55, 91), zulässig aber mit Wirkung erst zu dem ordentlichen Kündigungstermin, EBJS/Löwisch § 84 Rn. 129, aA noch Hopt HVR 6. Aufl., gegen Dritte aber nur bei Kundgebung, zB Rundbrief (§§ 168 S. 2, 171 II BGB).

2) Wichtiger Grund (I 1)

6   A. **Grundsatz, Abmahnung:** Ein Kündigungsgrund ist wichtig genug zur außerordentlichen Kündigung, wenn dem Kündigenden unter Berücksichtigung aller Umstände des Einzelfalls und unter Abwägung der beiderseitigen Interessen die Fortsetzung bis zur vereinbarten Vertragsbeendigung (§ 620 BGB, → § 89 Rn. 19) oder bis zum Ablauf der Frist zur ordentlichen Kündigung (§ 89) nicht zugemutet werden kann, also **Abwarten unzumutbar** ist (§ 314 I 2 BGB, → Rn. 1; vgl. § 626 I 1). Relevante Kriterien sind ua Art, Schwere und Dauer der Vertragsverletzung, Vorgeschichte, vermögensrechtliche Folgen für den Gekündigten, auch im Vergleich zur ordentlichen Kündigung, Art und Dauer der bisherigen Zusammenarbeit, die bisherigen Leistungen des Gekündigten und die Ausgestaltung des Vertragsverhältnisses, so OLG Düsseldorf BeckRS 2017, 151716 Rn. 48. Zur Gesamtabwägung und den verschiedenen Einzelgesichtspunkten Auflistung bei EBJS/Löwisch Rn. 39 ff.

7   **Gegen** Unzumutbarkeit fallen ins Gewicht zB: Geringfügigkeit der Wettbewerbsverstöße, die das Vertrauensverhältnis bei verständiger Würdigung nicht grundlegend beschädigen, BGH NJW 2011, 608 (auch → Rn. 27), Aussicht auf Abhilfe; Nähe des Vertragsablaufs oder nächsten ordentlichen Kündigungstermins (Abwarten eher möglich), BGH BB 1979, 242; zu erwartende Folgen der außerordentlichen Kündigung (im Gegensatz zur ordentlichen, zB auch Rechtsfolge des § 89b III 2, BGH WM 1975, 856; von Gamm NJW 1979, 2494); längere Vorhersehbarkeit, zB Betriebsumstellung bei Verlusten, BGH NJW 1986, 1931; langjährige erfolgreiche Tätigkeit für den Unternehmer, BGH DB 1981, 1772; OLG Stuttgart BB 2010, 920 (VersVertreter), auch bei Nachlassen im Alter, OLG Karlsruhe BB 1957, 561; längere Duldung oder laue Beanstandungen, BGH WM 1982, 633; Einräumung längerer Abstellfrist, etwa bei nicht genehmigter Konkurrenzvertretung, OLG Nürnberg BB 1965, 809; Rückschlüsse aus eigenem Verhalten des Kündigenden nach Eintritt des Kündigungsgrundes sind möglich, BGH BB 1983, 1629; WM 1984, 558. Grundsätzlich **nicht** gegen Unzumutbarkeit sprechen Möglichkeit der Freistellung (→ § 89 Rn. 25); Möglichkeit einer Fortsetzung des Vertrags zu anderen Bedingungen, Staub/Emde Rn. 16.

7. Abschnitt. Handelsvertreter   8–10   § 89a

Eigene Vertragsuntreue kann Kündigung wegen Verstößen des anderen 8
Teils hindern (§ 242 BGB), falls diese nicht so gewichtig sind, dass Fortsetzung
trotz der eigenen unzumutbar ist, BGHZ 44, 275; BB 1959, 541; 16.4.1959,
HVR Nr. 211; WM 1992, 313; OLG Hamm 11.6.1997, HVR Nr. 878; OLG
München VersR 2014, 1083, oder andere Umstände (auch bei gleichem Verschulden) nach Treu und Glauben das Festhalten am Vertrag unzumutbar machen, BGH BB 1960, 381.
    Mehrere Gründe können auch erst gemeinsam ausreichen, BGHZ 44, 274; 9
OLG Saarbrücken NJW-RR 2002, 542 (vgl. auch → Rn. 15). Insgesamt gibt
es also weder „absolute Kündigungsgründe" noch umgekehrt Tatsachen, die
nie außerordentliche Kündigung rechtfertigen können (aber Vereinbarung,
→ Rn. 27f).
    Abmahnung (§§ 314 II, 323 II BGB, → Rn. 1) soll den HV unmissverständ- 10
lich auf einen wichtigen Grund hinweisen, der mangels Abhilfe zur außerordentlichen Kündigung führen werde. Sie ist empfangsbedürftige Willenserklärung
(§ 130 BGB), Zugang genügt, Kenntnisnahme unnötig, aA EBJS/Löwisch
Rn. 31. Sie muss, um ihre Funktion zu erfüllen, **ausdrücklich, klar und eindeutig** sein, OLG München VersR 2014, 1082, bloße, auch wiederholte Ermahnungen sind noch keine Abmahnung, OLG München ZVertriebsR 2019, 254
Rn. 30; vielmehr muss diese der Rüge- und der Warnfunktion entsprechen,
OLG München IHR 2020, 72. Sie ist zwar **formlos,** also auch mündlich und
sogar konkludent, wirksam, sollte aber aus Beweisgründen besser schriftlich
ausgesprochen werden (→ Rn. 11). Der Unternehmer, der die Abmahnung ausspricht, bringt damit zum Ausdruck, dass er dieses Mal noch nicht außerordentlich kündigen will; wegen des in der Abmahnung gerügten wichtigen Grundes ist
deshalb **keine** außerordentliche **Kündigung** mehr möglich, außer wenn klar
kein Verzicht (zB falls gleich gelagerte Verstöße bekannt werden) gewollt ist,
OLG München IHR 2016, 44. Bei erneutem, vergleichbarem wichtigen Grund
kann dann der Unternehmer aber ohne erneute Abmahnung außerordentlich
kündigen, dies auch, wenn der wichtige Grund sich erst aus beiden Vertragswidrigkeiten insgesamt ergibt. Liegt zwischen beiden ein längerer Zeitraum, kann
erneute Abmahnung notwendig werden, Staub/Emde Rn. 39.
    Abmahnung vor Ausspruch der außerordentlichen Kündigung ist praktisch
immer notwendig, wenn Grund in Störung der **Leistungsseite** (nicht Vertrauensseite) besteht, BGH DB 1978, 1882; WM 1981, 172; NJW-RR 1999,
539; WM 2006, 873; NZG 2009, 312; BB 2009, 578; OLG München VersR
2014, 1082; OLG Düsseldorf 15.12.2000, HVR Nr. 949; 16.3.2001, HVR
Nr. 952. Abmahnung ist aber auch bei **Vertrauensseite** grundsätzlich notwendig, OLG Düsseldorf 16.5.2003, HVR Nr. 1073; OLG Saarbrücken 25.1.2006,
HVR Nr. 1170; OLG Köln 20.9.2013, HVR Nr. 1398 (einmaliger Wettbewerbsverstoß nach sechsjähriger Tätigkeit); OLG München IHR 2020, 72;
Abmahnung jedenfalls bei langjähriger Tätigkeit des HV und sicherem Fehlen
eines Schadens des Unternehmers, OLG Köln 19.7.2002, HVR Nr. 1051; bei
Verstoß gegen Verkäufe auf Kredit (falls nicht schon unwirksame AGB, → § 86
Rn. 15), wenn der Unternehmer dies jahrelang geduldet hat, und selbst bei kurz
zuvor erteilter Weisung, wenn der HV daraufhin die Kreditverkäufe schon
erheblich reduziert hat, BGH NZG 2009, 310, uU auch bei Beleidigung im
Erregungszustand, OLG Stuttgart BB 2008, 1954 (zu weit). Fallliste für notwendige Abmahnung bei Staub/Emde Rn. 44.
    Abmahnung ist aber **entbehrlich** bei so **schwerwiegenden** Vertragsverletzungen, dass Abmahnung **Vertrauensbasis nicht wiederherstellen** kann, BGH
ZIP 1999, 1309 (laufender Wettbewerb); OLG Köln VersR 2001, 1023 (grob
täuschende Werbeaktion); OLG Köln VersR 2002, 482 (leichtfertiges Äußern
strafrechtlicher Vorwürfe über wichtige Kunden des Unternehmers); OLG
Saarbrücken NJW-RR 2002, 542; OLG Düsseldorf 16.12.2005, HVR Nr. 1212

§ 89a 11–14

(Konkurrenz trotz Untersagung nach Ankündigung); OLG München BB 2009, 2002 (Tätigkeit für direkten Konkurrenten trotz Klausel über ausdrückliche schriftliche Zustimmung); OLG Düsseldorf 22.12.2011, HVR Nr. 1347 (mehrfache Abwerbungsversuche anderer HV, Vorschieben eines Strohmanns); OLG München 19.12.2012, HVR Nr. 1383; VersR 2014, 1082; OLG Düsseldorf BeckRS 2017, 151716 Rn. 58 (wissentliche Vorlage eines Vertrags mit gefälschter Unterschrift); KG ZVertriebsR 2021, 243 Tz. 10, 29 (Verschweigen der Tätigkeit der Ehefrau des HV für den Hauptkonkurrenten). Dass Billigung des Verhaltens offensichtlich ausgeschlossen ist, reicht für Verlust der Vertrauensbasis nicht ohne Weiteres aus, aA wohl OLG Köln VersR 2001, 1023. Ob HV sein Verhalten für berechtigt hält, soll für Vertrauensverlust unerheblich sein, BGH ZIP 1999, 1309; bei berechtigten Zweifeln ist jedoch Abmahnung zwecks Klärung nötig, BGH WM 2001, 1034. Ohne zumutbare Abmahnung fehlt es am wichtigen Grund (Grundsatz der Verhältnismäßigkeit), OLG München BB 1993, 2403. Fallliste für nicht notwendige Abmahnung bei Staub/Emde Rn. 43.

Bloße **Anhörung** → Rn. 20. **Klage auf Feststellung** der „Unwirksamkeit" der Abmahnung ist zulässig, Staub/Emde Rn. 48; aA OLG Bremen BB 2010, 1819 Ls. m. zust. Anm. Lamberti/Ströbl, da bloße Vorfrage, aber Feststellungsinteresse besteht idR, da für spätere Kündigung und unter § 89b möglicherweise relevant. Für Zulässigkeit einer Feststellungsklage, dass Recht zur fristlosen Kündigung besteht, Flohr/Liesegang ZVertriebsR 2018, 351, str., vgl. Wauschkuhn ZVertriebsR 2018, 275.

11 Die **Beweislast** für das Vorliegen eines wichtigen Grundes liegt beim Kündigenden, BGH NJW-RR 1999, 539 (540); OLG Karlsruhe DB 1971, 572; 28.10.1975, HVR Nr. 495; OLG Saarbrücken 11.2.1998, HVR Nr. 897; 25.1.2006, HVR (Nr. 1170); OLG Düsseldorf BeckRS 2017, 151716 Rn. 51, allgemeiner bei dem, der sich darauf beruft, BGH NJW-RR 1999, 539; OLG Düsseldorf WM 1992, 19. Rechtfertigungsgründe hat der Gekündigte darzulegen, der Kündigende kann diese widerlegen, BGH ZIP 2002, 2254 (zu § 626 BGB). Wer Schadensersatz verlangt (→ Rn. 40), hat den Schaden zu beweisen, Beweiserleichterungen nach §§ 252 BGB, 287 ZPO.

12 Der Rechtsbegriff des wichtigen Grundes ist **revisibel**, soweit es um die generelle Eignung eines Sachverhalts bestimmter Art zur Begründung der außerordentlichen Kündigung geht, BGH WM 1984, 558, anders nur soweit die tatsächlichen Besonderheiten des Einzelfalls zu würdigen sind.

13 **B. Kündigungserklärung, Nachschieben von Gründen:** Kündigungserklärung → § 89 Rn. 15. Die Kündigung ist als außerordentliche (§ 89a) klar und eindeutig zu **bezeichnen,** BGHZ 27, 225; OLG München 11.11.1998, HVR Nr. 894; WM 2011, 1626, aber nicht unbedingt mit dem Wort „außerordentliche" oder „fristlose" Kündigung, OLG Düsseldorf BeckRS 2017, 151716 Rn. 40. Die nicht so bezeichnete Kündigung gilt als ordentliche (§ 89 oder Vertrag) und wird nicht durch Nachschieben wichtiger Gründe rückwirkend zur außerordentlichen, dieses ist idR neue, nunmehr außerordentliche Kündigung, BGHZ 27, 222; OLG Nürnberg BB 1957, 561. Die Angabe bestimmter wichtiger Gründe kann andere uU ausschließen (→ Rn. 32).

14 Die Kündigung braucht grundsätzlich **nicht begründet** zu werden, der wichtige Grund braucht nicht benannt zu werden (aber → Rn. 13), OLG Düsseldorf BeckRS 2017, 151716 Rn. 40; MüKoHGB/Ströbl Rn. 64, Begründungspflicht kann aber vereinbart sein (§§ 133, 157 BGB). Auch **alle objektiv vorliegenden Gründe,** auch wenn sie dem Kündigenden unbekannt waren, sind bei der Beurteilung der Wirksamkeit der nicht oder unvollständig begründeten Kündigung zu beachten, also **Nachschieben** alter, dh zurzeit der Kündigung bereits vorhandener Gründe; BGHZ 27, 220; 40, 16; BB 1961, 498; BGHZ 157, 151/157 (zu § 626 BGB); OLG Saarbrücken 25.1.2006, HVR Nr. 1170; OLG München

ZVertriebsR 2018, 104; BAG NJW 2008, 1097 Rn. 21 (zu § 626 BGB); jedenfalls bei gravierenden Verstößen, OLG Bremen 30.3.2006, HVR Nr. 1144, str. § 626 II 3 BGB, der zur schriftlichen Mitteilung der Gründe auf Verlangen verpflichtet, gilt entspr. auch für HV. Verfristung, Verwirkung → Rn. 30, 31.

Ein **neuer** (erst nach der Kündigung entstandener) **Grund**, wirkt, falls er mit **15** dem alten Grund nicht zusammenhängt, nur, wenn er die Kündigung allein trägt, und erst ab seiner Geltendmachung, BGH BB 1961, 48 (gegen RGZ 142, 272: vom Zeitpunkt des Eintritts); OLG Saarbrücken 25.1.2006, HVR Nr. 1170. Dagegen soll ein neuer Grund, der mit dem bei der Kündigung erklärten zusammenhängt und mit diesem zusammen die Kündigung rechtfertigt (Bsp.: unerlaubter Wettbewerb nach Kündigung wegen ähnlicher Handlung), die alte Kündigung ohne nochmalige neue schon ab Entstehen des neuen Grundes (nicht erst ab seiner Geltendmachung) wirksam machen, BGHZ 27, 220; BB 1959, 540; dazu auch Staub/Emde Rn. 66. Dieses letztere ist mit der heutigen Rspr. und Lehre zum Nachschieben von Kündigungsgründen (§ 626 BGB, § 1 KSchG) nicht mehr vereinbar. Nach der Kündigung entstandene Gründe können nur neue Kündigung (ohne Rückwirkung) rechtfertigen, die allerdings konkludent im Nachschieben liegen kann, MüKoHGB/Ströbl Rn. 77; Heymann/Froitzheim Rn. 48. „Nachschieben" unter § 89b, dort → § 89b Rn. 56.

C. Wichtige Kündigungsgründe im Sinne von § 89a: § 89a sagt (ebenso **16** wie § 626 BGB) nichts darüber, was als „wichtiger" Kündigungsgrund anzusehen ist (vgl. aber § 723 I 2 BGB, § 133 II: insbesondere vorsätzliche oder grob fahrlässige Verletzung einer wesentlichen GesVertragspflicht oder Unmöglichwerden einer solchen Verpflichtung). Dazu gibt es jedoch eine reiche **Kasuistik** aus der Rspr. (→ Rn. 17 ff., 22 ff.), die aber stets auf dem Hintergrund des allgemeinen Grundsatzes der (Un)zumutbarkeit (→ Rn. 6) gesehen werden muss. Wichtiger Grund in § 89a I ist nicht inhaltlich deckungsgleich mit dem in § 89b III Nr. 2, dort wegen der Rechtsfolge engere Auslegung, → § 89b Rn. 65; vgl. aber auch BGH NJW 1971, 608: auch unter § 89a nicht bei geringfügigen Vertragsverletzungen. Lit.: Holling BB 1961, 994; Küstner/Thume/Riemer, Bd. 1, Kap. VIII Rn. 248 ff. (alphabetische Übersicht über solche Gründe).

D. Wichtige Kündigungsgründe des Unternehmers: a) Umstände beim 17 Handelsvertreter: wesentliche Vertragsverletzung des Handelsvertreters (vgl. § 86): besonders (aber nicht nur) vorsätzliche oder grob fahrlässige; zB grob eigennützige Missachtung der Interessen des Unternehmers; endgültige, unberechtigte Dienstverweigerung; Drohung, eigene Vorzugsbedingungen anderen HV mitzuteilen, BGH BB 1984, 237; Drohung, Betriebsinterna zu offenbaren, und sonstige widerrechtliche Drohungen, OLG Saarbrücken NJW-RR 2002, 542; offenes Abraten von Empfehlungen des Unternehmers, Konterkarierung seiner Vertriebsbemühungen, OLG Saarbrücken NJW-RR 2002, 542; Widerspruch gegenüber dem Unternehmer in Gegenwart des Kunden bezüglich Lieferfähigkeit, OLG München BeckRS 2022, 7942, iErg abl.; versuchte Abwerbung anderer HV des Unternehmers zugunsten eines Nichtwettbewerbers, BGH BB 1977, 1170 (bei Wettbewerb → Rn. 19); Mehraufschreibungen bei Kundenbestellung in nennenswerter Anzahl, BGH DB 1981, 987; Inanspruchnahme erheblicher, dem Bezirksdirektor zustehender Versicherungsprovisionen, OLG München VersR 2002, 568; Nichtbefolgung von (berechtigten, → § 86 Rn. 16) Weisungen des Unternehmers, etwa bei der Bearbeitung von Versicherungsanträgen, BGH VersR 1986, 1072, Weisung zum regelmäßigen Besuch von Krankenhäusern, OLG München NJW-RR 2003, 401, oder bei Veränderung der Warensortiments durch den Unternehmer, BGH DB 1981, 1772; vertragswidrige Nichtrückübertragung der VersBestandsverwaltung, BGH VersR 1968, 642; **Pflichtvernachlässigung** mit der Folge eines Umsatzrückgangs, BGH WM 1982, 633; OLG Frankfurt a. M. DB 1967, 329; unzureichende Gebietsbetreuung

§ 89a 18

(§ 87 II) mit Umsatzrückgang, OLG München NJW-RR 2003, 401; dauernde Nachlässigkeit des HV, OLG Stuttgart BB 1960, 956; ungenügende Beaufsichtigung des Personals, OLG Celle BB 1958, 894; (berechtigte) Beschwerden der Kunden, OLG Stuttgart BB 1960, 956; Nichtbestehen eines KfzWerkstatttests in gravierenden Fällen, OLG Düsseldorf BB 2010, 1800; **Vertrauensverstöße:** Falschangaben zum Schadensfall im Zusammenwirken mit Versicherungsnehmer, OLG Hamm VersR 1999, 1016; wissentliche Vorlage eines Vertrags mit gefälschter Unterschrift, auch nach 40jähriger Tätigkeit, Schaden insoweit unerheblich, OLG Düsseldorf BeckRS 2017, 151716 Rn. 56; Verschleierungstaktik, OLG München IHR 2016, 44; je falsche Reisekostenabrechnungen, 17.12.2009, HVR Nr. 1300; nach den Umständen Beleidigung des Unternehmers, BGH VersR 1959, 887; OLG Celle BB 1963, 711, oder leitender Angestellter, OLG Stuttgart BB 1960, 956; OLG Nürnberg BB 1963, 447, auch anonym im Internet, uU auch Duldung durch HVDomaininhaber, LAG Baden-Württemberg 7.5.2007, BeckRS 2007, 44703; sonstige beleidigende Herabwürdigung oder Verhaltensweisen und Umstände, welche Autorität und Ansehen des Unternehmens bei Mitarbeitern oder Kunden untergraben können, OLG Saarbrücken NJW-RR 2002, 542, etwa ehrenrührige Verurteilung, Aufdeckung entsprechender Vorstrafen; je nach den Umständen Trunkenheit im Dienst, OLG Celle VersR 1961, 507; leichtfertiges Äußern strafrechtlicher Vorwürfe über wichtigen Kunden des Unternehmers, OLG Köln VersR 2002, 482; unberechtigte Führung von Berufsbezeichnungen und akademischer Titel, OLG Hamburg BB 1960, 1300 (Apotheker); unberechtigte außerordentliche Kündigung (→ Rn. 36); Nichteinhaltung der Fortsetzungsvereinbarung nach einverständlicher Rücknahme der ordentlichen Kündigung, BGH BB 1984, 235; heimliche Verhandlung mit Dritten zwecks vorzeitiger Vertragsbeendigung, OLG Düsseldorf 17.11.1953, HVR Nr. 38; unbefugtes umfangreiches Speichern von Daten und Betriebsgeheimnissen, OLG München ZVertriebsR 2018, 104; **nachhaltiges Zerwürfnis**, so dass gedeihliches Zusammenwirken nicht mehr zu erwarten ist, auch ohne Verschulden, auch bei beiderseitigem, OLG Nürnberg BB 1960, 956; 1963, 447; OLG Saarbrücken NJW-RR 2002, 542, jedoch nicht schon harte geschäftliche Diskussion, BGH BB 1979, 243; in einzelnen Fällen uU auch unberechtigte Klageerhebung (→ Einl. vor § 1 Rn. 69), vgl. OLG Celle BB 1963, 711; **Nichtmeldung** von Geschäftsabschlüssen und Sachverhalten, die für den Unternehmer von besonderer Wichtigkeit sind, OLG Köln BB 1971, 543, aber nicht ohne Weiteres schon einmalige Nichtmeldung, BGH BB 1979, 242; Nichtunterrichtung über Aufnahme nicht genehmigter Nebentätigkeit nur im Einzelfall, nicht ohne Weiteres wie bei ungenehmigter Konkurrenz (→ Rn. 19), BGH WM 2001, 1031, aber wenn Unternehmer hintergangen wird, OLG Bamberg BB 1979, 1001; Nichtunterrichtung über Haftungsbeschränkung durch Umwandlung in GmbH & Co, BGH BB 1978, 982 (für Vertragshändler). Bei **HVGesellschaft** (→ § 84 Rn. 8) können die Umstände auch in der Gfter liegen, zB Ausscheiden des maßgeblichen Geschäftsführers, Emde GmbHR 1999, 1016; dies auch ohne das Vorliegen von §§ 278, 831 BGB, auch schwere Beleidigungen durch Angestellte der HVGesellschaft, maßgeblich ist nicht Verschulden, sondern die Unzumutbarkeit, MüKoHGB/Ströbl Rn. 51. Umwandlung in HVGmbH ist idR kein wichtiger Kündigungsgrund, Steinhauer/Weppner ZIP 2010, 1332; aA LG Göttingen VersR 2007, 1696; Westphal BB 1999, 2519. Für **Erfüllungsgehilfen** gilt **§ 278 BGB**, BGH NJW 2007, 3068 (anders zu → § 89b Rn. 65); OLG München ZVertriebsR 2018, 104 Rn. 17. **Einbezogene Dritte:** → Rn. 18. Vertrauensverstoß gegenüber der einen SchwesterGes im **Konzern** kann wichtiger Kündigungsgrund auch für andere sein, OLG Bremen 30.3.2006, HVR Nr. 1144; vgl. zum Konzern → Rn. 21.

18 **Nicht:** Verweigerung der Zustimmung zur Verkleinerung des Bezirks; Verweigerung von Mitteilungen in der vom Unternehmer gewünschten Form (Wo-

7. Abschnitt. Handelsvertreter 19 § 89a

chenberichtsformulare), BGH WM 1988, 33; bloßes Nachlassen des HV in seiner Bemühung, besonders nach langer früherer erfolgreicher Zusammenarbeit, LG Freiburg BB 1957, 561 (aber es kann den Ausgleich, § 89b, drücken); Nichttätigwerden für zusätzlichen Absatz einer höherwertigen Kollektion bei neuem Kundenkreis, BGH DB 1981, 1772; Nichterreichen von unrealistischen Sollabsatzvorgaben, OLG Düsseldorf 27.9.1996, HVR Nr. 875; Nichterreichen von Mindestumsatz (trotz dreimonatiger Kündigungsfrist), OLG Koblenz BB 2010, 1691; Niebling WRP 2010, 632; Emde BB 2011, 2756; str.; geringe Umsätze oder Umsatzrückgang reichen für sich allein, also ohne Verschulden, keinesfalls aus, die Rspr. verlangt zT sogar grobfahrlässige Pflichtwidrigkeit, OLG Karlsruhe BB 1977, 1672; 28.10.1975, HVR Nr. 495 Ls., Mindestumsatzabrede mit und ohne Kündigungsklausel, Budde/Gruppe ZVertriebsR 2014, 74 (76), einvernehmliches Ausgehen von Mindestabnahme ist noch keine Verpflichtung, OLG Karlsruhe MDR 2013, 80 (Bierlieferungsvertrag); (ohne vorherige Abmahnung) Vertragsverletzung oder Nichtmeldung bei unklaren Vertragsklauseln, OLG München 16.11.1990, HVR Nr. 699; Verstoß gegen erstmalig anderslautende Weisung bei vorheriger jahrelanger Duldung, KG DB 2007, 1355; Vermögensübergang von OHG auf GmbH, OLG Stuttgart BB 2011, 1811 mAnm Steinhauer BB 2012, 527; geschäftliche Diskussion um Provisionen, auch wenn der Unternehmer im Recht ist, 17.12.2009, HVR Nr. 1300, Verfehlungen Dritter (**§ 278 BGB unanwendbar,** weil Ausgleichsanspruch wegfällt), anders bei einvernehmlicher Einbeziehung in Vertrag, OLG Saarbrücken 10.2.1999, HVR Nr. 899 (Ehemann) oder bei Geschäftsführer oder Gfter einer HVGmbH; **Brexit** (→ § 84 Rn. 3): § 313 BGB liegt idR nicht vor, Emde ZVertriebsR 2018, 78. **Corona, COVID-19,** je nach Einzelfall, Emde ZVertriebsR 2020, 138, Thume BB 2020, 1419, Rothermel IHR 2020, 89.

Insbesondere unzulässiger Wettbewerb (→ § 86 Rn. 26 ff.): insbesondere 19 Verstoß gegen vertragliche Wettbewerbsklausel, BGH BB 1974, 714, aber auch ohne solche; namentlich bei Verheimlichung, BGH BB 1974, 714, diese kann schon allein, selbst ohne Schädigung des Unternehmers, das Vertrauen zerstören; wettbewerbswidrige Eigengeschäfte, OLG München NJW-RR 1995, 1186; ungenehmigte Übernahme einer Konkurrenzvertretung, BGH 28.10.1957, HVR Nr. 164; NJW 1987, 57; 1999, 947, verheimlichte ebenso wie offene Konkurrenztätigkeit, BGH ZIP 1999, 1309; auch nach der eigenen ordentlichen Kündigung des HV in der Zeit vor Vertragsende, OLG Frankfurt a. M. 15.10.2003, HVR Nr. 1087; auch bei Überschneidung nur einzelner Sortimentsteile (→ § 86 Rn. 27); auch bei erstem Zugriff auf Geschäftsangebote, anders wenn bei Vertragsschluss bekannt, OLG Düsseldorf 5.8.1955, HVR Nr. 106; OLG Hamm 5.12.1956, HVR Nr. 128, oder später (in Kenntnis des wahren Ausmaßes) geduldet, BGH VersR 1961, 53; OLG Köln BB 1972, 468, oder wenn Abwarten doch zumutbar, BGH VersR 1960, 846; WM 1992, 311 (vgl. → Rn. 7); Übernahme einer weiteren (auch nicht konkurrierenden) Vertretung ohne die vertraglich vorgeschriebene Genehmigung des Unternehmers, BGH WM 1977, 318 (Tankstelle); OLG Nürnberg BB 1963, 203; OLG Bamberg BB 1979, 1000, aber nicht bei bloßer Anzeigepflicht, OLG Karlsruhe 22.1.1997, HVR Nr. 820, auch nicht schon bei Auswachsen einer erlaubten Zweitvertretung zu echtem Konkurrenzunternehmen, BGH 27.2.1976, VW 1978, 810 (von Gamm NJW 1979, 2491); Vermittlung von Kunden zur Konkurrenz durch VersVertreter ohne Zustimmung des Unternehmers, auch wenn dieser bestimmte Risiken grundsätzlich ablehnt, BGH BB 1974, 714 (bedenklich: grundsätzliche Ablehnung kann als Verzicht auf Zustimmungseinholung angesehen werden); Abwerbung eines anderen HV des Geschäftsherrn für ein anderes (nicht unbedingt Konkurrenz-) Unternehmen, BGH BB 1977, 1170; OLG Düsseldorf 22.12.2011, HVR Nr. 1347.

§ 89a 20, 21   1. Buch. Handelsstand

20   **Unmöglichkeit der Erfüllung wesentlicher Vertragspflichten** durch HV, auch unverschuldet (anders § 89b III Nr. 2, dort → § 89b Rn. 63), zB Eröffnung des **Insolvenzverfahrens** über das Vermögen des HV (nicht Geschäftsherr iSv § 116 InsO, → § 89 Rn. 4), Vermögensverfall, BGHZ 129, 296; OLG Hamm 9.6.2004, HVR Nr. 1095; vgl. OLG Düsseldorf ZIP 2010, 194 (Fortbestand in der Insolvenz, § 108 I InsO), Ströbl/Schumacher BB 2009, 1201, Geschäftseinstellung, Geschäftsübertragung des HV, uU Ausscheiden des maßgeblichen Gfters aus der HVGes (→ § 84 Rn. 8, 18), MüKoHGB/Ströbl Rn. 50; unerwartete Krankheit von unabsehbarer Dauer, BGHZ 129, 294; OLG Frankfurt a. M. NJW-RR 2004, 1174. Unter strengen Anforderungen auch schon der **Verdacht** eines Vertrauensbruchs (zB Rezeptdiebstahls), BGHZ 29, 276; Verdacht einer schweren Straftat (Spendenbetrug, Franchisenehmer), OLG Frankfurt a. M. 13.11.2009, HVR Nr. 1294; BAG NJW 2013, 1387; NJW 2017, 3547 (zu § 626 BGB); trotz Aufforderung nicht ausgeräumter Verdacht unzulässigen Wettbewerbs, OLG München 9.1.1998, HVR Nr. 888; Vertuschung von Inkassi, Verweigerung der Aufklärung des Verbleibs kassierter Versicherungsprämien, OLG Köln VersR 1971, 1171; die Aufklärungspflicht des Unternehmers vor Ausspruch der Kündigung ist begrenzt, nicht aufgeklärte belastende Umstände gehen uU zu Lasten des HV, BGH BB 1959, 541 (mit arbeitsrechtlicher Rspr.). Verdachtskündigung aber wie im Arbeitsrecht (→ § 59 Rn. 145) nicht ohne vorherige Anhörung, OLG Bamberg 14.7.1997, HVR Nr. 934, BAG NJW 2014, 3389 (zu § 626 BGB), und ohne zumutbare Sachaufklärung. Erfolglose Verdachtskündigung schließt spätere Tatkündigung bei Bestätigung des Verdachts nicht aus, BAG NJW 2011, 2231 (zu § 626 BGB); dann erneute Frist → Rn. 30. Zur Verdachtskündigung EBJS/Löwisch Rn. 22 ff. Stellt sich der Verdacht später als unbegründet heraus, kann Anspruch auf Wiedereinstellung bestehen, BAG NJW 1964, 1918; Staub/Emde Rn. 28; aA einschränkend EBJS/Löwisch Rn. 28. **Druckkündigung:** unberechtigte Vorwürfe anderer HV und von Kunden reichen idR nicht aus, anders ausnahmsweise bei schwerer Gefährdung der eigenen Lage, BGH BB 1959, 540 (Eigenhändler); BAG NZA 1996, 581 (zu § 626 BGB); sonst nur ordentliche Kündigung; vgl. → § 59 Rn. 146.

21   **b) Ausnahmsweise auch Umstände beim Unternehmer:** zB Betriebsein- und -umstellung des Unternehmers aus Gründen höherer Gewalt, zB mangelnder Rentabilität, namentlich wenn schon die Tätigkeit des HV etwa bei Provisionsgarantie Verluste einbringt, BGH VersR 1958, 243 (nicht aus von ihm zu vertretenden Gründen; vgl. auch entspr. Rspr. zu § 87a III 2, dort → § 87a Rn. 28, und zu § 89b I 1 Nr. 1 „Vorteil", dort → § 89b Rn. 20), auch OLG Hamm NJW-RR 1988, 550 (Wegfall der Geschäftsgrundlage), LG München I ZVertriebsR 2021, 250. Der Unternehmer hat keine Pflicht, den geschäftlichen Niedergang abzuwarten, außerordentliche Kündigung ist schon vorher möglich, BGH VersR 1958, 244; NJW 2005, 1362, der HV muss sich am Risiko des geschäftlichen Niedergangs beteiligen lassen, iErg abl. OLG München BeckRS 2008, 01692 – UMTS, Leitsatz zu weit. Dass schon rote Zahlen geschrieben werden, ist nicht notwendig, Staub/Emde Rn. 33 (Betriebseinstellung). Auf die Geschäftslage der Konzernmutter kommt es grundsätzlich nicht an (kein Konzerndurchgriff), DIS BB Beil. 11/1999, 15. Auch Verlust des eigenen Vertriebsrechts wegen des Verkaufs der vertriebenen Marke durch die Konzernobergesellschaft, OLG München ZVertriebsR 2021, 45 m. zust. Anm Waschkuhn, aber Auslauffrist (→ Rn. 4) spielte dabei eine Rolle. **Nicht** genügt dagegen zB eine schon lange vorhersehbare Betriebsumstellung wegen wirtschaftlicher Verluste, BGH NJW 1986, 1931, aber → Rn. 30, und ordentliche Kündigung; auch nicht neue Konkurrenzsituation durch Aufspaltung des Unternehmens, OLG Zweibrücken 19.1.1965, HVR Nr. 327 (Mehrfirmenvertretung → § 86 Rn. 24); kein wichtiger Grund auch bei Risikoübernahme des Unternehmers, BGH VersR

1958, 244, fraglich. Auch wenn wichtiger Kündigungsgrund anzuerkennen ist, kann der Unternehmer nach Treu und Glauben ausnahmsweise zur Einhaltung einer angemessenen **Übergangsfrist** (nicht gleich ordentliche Kündigungsfrist) verpflichtet sein (außerordentliche, fristgebundene Kündigung), OLG Hamm NJW-RR 1988, 551 (6 Monate); DIS BB Beil. 11/1999, 17; vgl. auch OLG Stuttgart NJW-RR 1990, 491. Vgl. zur gleichen Frage beim HV → Rn. 25. Lit.: Ende BB 1996, 2260; NJW 1999, 326 – Benetton.

E. **Wichtige Kündigungsgründe des Handelsvertreters: a) Umstände beim Unternehmer: wesentliche Vertragsverletzung des Unternehmers,** etwa Verweigerung einer Vertragsurkunde trotz mehrfacher Aufforderung (→ § 85 Rn. 10), BGH WM 2006, 1115, wiederholte Säumnis mit Abrechnung und Zahlung; unredliche Verweigerung eines Buchauszugs (§ 87c II), OLG Karlsruhe IHR 2018, 81; unberechtigte Provisionsverkürzung, BGH VersR 1960, 462; WM 1974, 870, auch bei Zahlung unter Vorbehalt, wenn nicht einmalig, BGH BB 1989, 1076; Lieferungsstopp wegen offener Forderungen bei gleichzeitigem Festhalten an Wettbewerbsabrede, BGH WM 2006, 783; OLG Nürnberg NJW 1972, 2271; vertragswidrige Beschneidung des Bezirks, vgl. BGH WM 1971, 561; OLG Stuttgart DB 1982, 800; ehrenrührige Verurteilung; unberechtigte außerordentliche Kündigung (→ Rn. 36); auch schon unberechtigte Vorwürfe des Unternehmers, etwa der Unterschlagung, OLG Nürnberg BB 1965, 688, oder eines Leistungseinbruchs mit Nahelegen des Ausscheidens, OLG Karlsruhe 24.10.1972, HVR Nr. 472; nachhaltiges Zerwürfnis, auch ohne Verschulden (vgl. → Rn. 17); Sperrung des Zugangs zum Onlinesystem nach ordentlicher Kündigung des HV, OLG München VersR 2014, 1080 (Abmahnung → Rn. 10) oder sonst entgegen der Nutzungsvereinbarung nach Abmahnung, OLG München 30.6.2016, HVR 1419; Stoppen von Zugang zu Kundenkartei, Einbehalt von Stornogefahrmitteilungen nach ordentlicher Kündigung des Unternehmers vor Ablauf der Kündigungsfrist, OLG Brandenburg 14.3.2007, BeckRS 2009, 7231.

Insbesondere unzulässiger Wettbewerb (→ § 86a Rn. 17), wie Abwerbung von Stammkunden des HV zum Direktbezug vom Unternehmer, BGH MDR 1959, 911; Einsatz eines anderen HV im Bezirk des Alleinvertreters, OLG Düsseldorf 8.6.1972, HVR Nr. 468; Ausspannen von Untervertretern, BGH BB 1982, 1626 (→ § 86a Rn. 16); unangekündigte Aufnahme des parallelen Direktvertriebs durch Unternehmer, OLG München BB 1993, 1472. Nachträglich eintretende **Interessenkollision** (→ § 86a Rn. 27), EBJS/Löwisch Rn. 68.

Unmöglichkeit der Erfüllung wesentlicher Vertragspflichten durch Unternehmer, **auch unverschuldet,** zB Vorliegen eines Grunds zur Eröffnung des Insolvenzverfahrens über sein Vermögen (§§ 16 ff. InsO; Eröffnung des Verfahrens beendet, → § 89 Rn. 4), jedenfalls Antrag des Unternehmers, OLG Dresden ZIP 1996, 73 (Ausnahmen bei Sanierungsmöglichkeit); Geschäftseinstellung, einerlei aus welchen Gründen, auch wenn erst geplant; uU Tod oder Geschäftsunfähigkeit (oder Auflösung der juristischen Person); verspätete oder mangelhafte Belieferung der Kunden, RGZ 65, 90; BGH WM 1986, 623; Wegfall eines wichtigen Kunden mit der Folge unvermeidlicher Existenzgefährdung, BGH DB 1981, 2275, so des Hauptlieferanten des Unternehmers ohne gleichwertigen Ersatzlieferanten, OLG Köln 9.8.2002, HVR Nr. 1097.

b) Ausnahmsweise auch Umstände beim Handelsvertreter: zB Geschäftseinstellung oder längere Verhinderung des HV selbst aus Gründen höherer Gewalt. Vgl. umgekehrt für den Unternehmer → Rn. 21.

3) Abweichende Vereinbarungen (I 2); Verzicht, Verwirkung

A. **Zwingendes Recht (I 2):** Das Recht zur außerordentlichen Kündigung nach I 1 ist für beide Teile zwingend (I 2 wie § 723 III BGB, § 133 III HGB), also weder im Voraus abdingbar noch beschränkbar (§ 134 BGB, nicht § 139 BGB, OLG Karlsruhe VersR 2011, 526), **auch nicht mittelbar** durch **Rückzahlungsklauseln** und **andere finanzielle Nachteile** (wie zu → § 89 Rn. 16, 28), OLG Karlsruhe VersR 2011, 526; OLG Oldenburg 24.7.2012, HVR Nr. 1369 (iErg abl., nur Vorschuss); OLG Düsseldorf 1.8.2013 HVR Nr. 1473; OLG München ZVertriebsR 2017, 177; Emde BB 2011, 2762, zB durch Vertragsstrafe, Verlust von vertraglichen Leistungen, Boni, Verfall einer vom HV gestellten Sicherheit oder Verlust der Provision aus noch nicht abgewickelten Geschäften bei Kündigung des HV, LAG Baden-Württemberg BB 1955, 177, Rückzahlung von Provisionsvorschüssen, OLG Hamburg 17.3.2000, HVR Nr. 1046, LG Freiburg 15.2.2019 HVR Nr. 1465, jedenfalls wenn langfristig und erheblich, OLG München ZVertriebsR 2017, 177; Emde BB 2018, 1923; sofortige Rückzahlung langfristiger Darlehen, Verzinsung bislang zinsloser Darlehen, OLG Karlsruhe VersR 2011, 526, uU Verrechnung einer Einstandszahlung des Unternehmers mit ausstehenden Provisionen, OLG Düsseldorf 16.3.2001, HVR Nr. 946. Unwirksamkeit der Abrede läßt aber den Rückzahlungsanspruch unberührt, OLG Köln BeckRS 2017, 123886.

27 **Absprachen** sind wegen I 2 **nur in engem Rahmen** zulässig, aber nicht gänzlich ausgeschlossen, hL, Canaris § 15 Rn. 90, näher (für das Kreditrecht) Hopt/Mülbert § 609 Rn. 103 ff.; aA Schwerdtner DB 1989, 1758, für AGB Preis/Stoffels ZHR 160 (1996), 471. Nur in diesen Grenzen bleibt einvernehmliche Vorausbewertung bestimmter Tatbestände als Grund zur außerordentlichen Kündigung möglich, BGH WM 1956, 138; 1988, 1490; 1992, 1162; OLG Saarbrücken NJW-RR 1999, 1713, zB ungenehmigte Nebentätigkeit, OLG München BB 1993, 1835, Zahlungsunfähigkeit, OLG Saarbrücken NJW-RR 1999, 1713, Insolvenz, Ströbl/Schumacher BB 2009, 1206. Benennung von wichtigen Kündigungsgründen im Vertrag kann die an sich gebotene Zumutbarkeitsprüfung einschränken oder ganz ausschließen, BGH WM 1988, 1490, stehen aber einer einschränkenden Auslegung für geringfügige Verstöße (Kündigung zumindest nicht ohne Abmahnung, → Rn. 10), nicht entgegen, BGH NJW 2011, 608 mAnm Ayad BB 2011, 530. Rückforderungsrecht nicht ins Verdienen gebrachter Vorschüsse ist zulässig, OLG Düsseldorf 1.8.2013 HVR Nr. 1473. Der Prüfungsmaßstab für das Vorliegen eines wichtigen Grundes ist bei einem vereinbarten Grund nicht anders als bei einem gesetzlichen, Staub/Emde Rn. 71; aA BGH WM 1988, 1492; BB 1956, 95. Unzulässig soll Vereinbarung einer übergroßen Zahl von Tatbeständen, etwa jeder Pflichtverletzung, als wichtigem Grund sein (Grund: Umgehung von § 89), BGH 6.12.1956, HVR Nr. 203; vgl. OLG München BB 1956, 20. Mindestumsatzklauseln → Rn. 18.

28 Absprachen, dass bestimmte Tatbestände die außerordentliche Kündigung nicht rechtfertigen sollen, sind dagegen grundsätzlich unzulässig, BGH 28.4.1958, HVR Nr. 159; auf jeden Fall in AGB, vgl. BGH NJW 1986, 3134 (Abonnementvertrag). Solche Absprachen, zB dass die Kündigung nur bei besonders grobem Vertrauensbruch zulässig sein soll, sind aber bei der Zumutbarkeit zu berücksichtigen (dann besonders strenger Maßstab), BGH 28.4.1958, HVR Nr. 159. Lit.: Staub/Emde Vor § 84 Rn. 98 Kündigungsklauseln, zT str.; Schwerdtner DB 1989, 1757.

29 B. **Verzicht:** Nachträglicher Verzicht auf das schon entstandene Recht zur außerordentlichen Kündigung ist möglich, auch stillschweigend, OLG Köln BB 1972, 468; mangels Willenserklärung uU Verwirkung (→ Rn. 31). Er soll in der ordentlichen Kündigung des zur außerordentlichen Kündigung Berechtigten liegen können (richtiger Verwirkung oder allgemeiner § 242 BGB, vgl. → Rn. 32).

30 C. **Zu späte Kündigung, Verwirkung:** Die **Zweiwochenfrist des § 626 II BGB** ist auf HV (selbstständiger Gewerbetreibender) **nicht** anzuwenden, BGH

NJW 1982, 2433; 1987, 57, auch nicht für Einfirmenvertreter (aber → § 92a Rn. 1), ganz üL. **Aber der Kündigungsberechtigte muss innerhalb einer angemessenen Frist** kündigen, nachdem er vom Kündigungsgrund Kenntnis erlangt hat (§ 314 III BGB, → Rn. 1), BGH WM 1967, 515; NJW 1982, 2432; 2011, 3361 Rn. 19; er hat also angemessene Zeit zur Sachverhaltsaufklärung und Überlegung oder zu Verhandlung über Fortsetzung des HVVerhältnisses und Schadensersatz, BGH WM 1970, 870; OLG Celle BB 1970, 228; OLG Düsseldorf BeckRS 2017, 151716 Rn. 50. **Zwei Monate** nach Kenntnis des Kündigungsgrund sind aber idR **zu spät**, BGH BB 1983, 1630; 1992, 1162; NJW 1994, 722 (Aufgabe von BGH NJW 1982, 2433); BGH ZIP 1999, 1310; NJW 2011, 3361 (auch Vertragshändler; anders im konkreten Fall: mehrere Monate bei Abmahnung nicht zu spät); OLG Köln VersR 2001, 1234; OLG Nürnberg BB 1960, 956 (Beschlussfassung in Ges.); OLG Nürnberg BB 1965, 688 (jedenfalls mehr als drei Tage; uU sogar drei Wochen unschädlich); OLG Bamberg BB 1979, 1001 (acht Tage ausreichend); OLG Köln 12.11.2010, HVR Nr. 1305, im Einzelfall bis zu zwei Monaten, KG NJW-RR 2000, 1566 (fraglich); OLG Köln 2.3.2001, HVR Nr. 1047; OLG Stuttgart BB 2010, 920; OLG München ZVertriebsR 2017, 196 Rn. 34 (13.-23.12.2013, ausreichend); KG ZVertriebsR 2021, 243 Tz. 33 (sogar zweieinhalb Monate, aber ganz besondere Umstände); für **Einmonatsfrist** im Regelfall Staub/Emde Rn. 57. Fristbeginn grundsätzlich erst bei sicherer Kenntnis, aber der Unternehmer muss hinreichend konkret begründetem Verdacht (nicht: bloßem Gerücht) nachgehen, BGH ZIP 1999, 1307; Zwischennachricht an den HV über den Stand der Nachforschung ist auch bei Verzögerung nicht notwendig. Abwarten des Ergebnisses eines Ermittlungsverfahrens der Staatsanwaltschaft oder uU sogar eines Strafverfahrens kann zulässig sein, BAG ZIP 2000, 1020; Staub/Emde Rn. 56. Beginn bei Dauersachverhalt, zB fortlaufender Verstoß gegen Konkurrenzverbot, str., auch hier (hinreichend sichere) Kenntnis des Kündigungsgrundes, OLG Stuttgart OLGR 1999, 54; BeckRS 2010, 01765; offen BGH NJW 2011, 3361, nach aA Abschluss des Dauersachverhalts. Bei fortlaufenden, stets neuen Pflichtverletzungen (Nichtabführung von Prämiengeldern) kann die Frist jedoch neu zu laufen anfangen, OLG München 23.7.1997, HVR Nr. 826. Wenn Abmahnung erforderlich ist (→ Rn. 10), für Fristbeginn erst mit Ablauf der Abmahnfrist Emde BB 2012, 3036. Der in Schwierigkeiten befindliche Unternehmer versäumt die Frist nicht durch Geschäftsfortführung und Unterlassen der Kündigung in der Hoffnung auf Besserung, vielmehr entsteht das außerordentliche Kündigungsrecht erst mit der unternehmerischen Entscheidung, deren Zeitpunkt er selbst bestimmt (→ Rn. 20); ihn zu früherer Kündigung zu zwingen, würde auch dem HV nicht dienen, DIS BB Beil. 11/1999, 16. Diesen Gedanken auf Zuwarten in der Hoffnung auf Besserung der Krankheit des HV übertragend OLG Frankfurt a. M. NJW-RR 2004, 1174. Allein durch Verhandlungen mit dem HV lässt sich die Frist aber nicht weiter hinausschieben, anders nur im Einzelfall, Staub/Emde Rn. 57. Grenzen bei Willkürentscheidung und Verwirkung (→ Rn. 31, 32); uU auch Vertrauenshaftung des Unternehmers, der den HV noch zu weiteren Investitionen veranlasst, obwohl er selbst die Entscheidung aufzugeben schon getroffen hat. Lit.: Woltereck DB 1984, 279; Kindler BB 1988, 2051 (für § 626 II BGB); Börner/Hubert BB 1989, 1633.

Das Recht zur außerordentlichen Kündigung wird wie jedes Recht uU durch **31** illoyale Verspätung der Rechtsausübung **verwirkt** werden (vgl. → § 87c Rn. 19), zB durch Verzögerung der Kündigung solange und unter solchen Umständen, dass der andere Teil nicht mehr damit zu rechnen braucht.

Verwirkung iwS (§ 242 BGB, vgl. → § 86 Rn. 49) ist auch möglich zB durch **32** ordentliche Kündigung aus demselben Grunde, ihre nachträgliche Umdeutung in eine außerordentliche scheidet aus, BGHZ 27, 222; OLG Nürnberg BB 1957, 561; vgl. OLG Karlsruhe DB 1978, 1396; aA Staub/Emde Rn. 78, anders zB bei

Informationsmängeln; durch andersartige Reaktion auf die Verfehlung (die außerordentliche Kündigung erlaubt hätte), zB Verkleinerung des Arbeitsgebiets des nachlässigen HV, OLG Nürnberg BB 1963, 447. Wie das Kündigungsrecht im ganzen kann das Recht, sich auf bestimmte Tatsachen als Kündigungsgrund zu stützen, verwirkt werden, Bsp.: außerordentliche Kündigung aus dem Grund x, Nachschieben des auch schon bekannt gewesenen Grundes y kann dann unzulässig sein (vgl. → Rn. 13). Inwieweit der als solcher verwirkte Kündigungsgrund noch zur Unterstützung anderer nachgeschobener Gründe beitragen kann, ist strittig (→ Rn. 15).

4) Folgen berechtigter Kündigung; insbesondere Schadensersatzpflicht (II)

33 A. **Folgen berechtigter Kündigung:** Der HVVertrag wird fristlos beendet, nur bei klarer Kündigung mit Auslauffrist (→ Rn. 4) mit deren Ablauf, also keine spätere Abmilderung durch Gericht, BGH NJW 1999, 946. Das außerordentliche Kündigungsrecht ist nicht auf den Bereich beschränkt, in den der Vertragsverstoß fällt, zB bei auf den Lebensversicherungsbereich beschränktem Ausschließlichkeitsgebot, OLG Frankfurt a. M. NJW-RR 2004, 124. Die Kündigung aus wichtigem Grund kann Folgen für den **Ausgleichsanspruch** (§ 89b III) und die **Wettbewerbsabrede** (§ 90a III) haben. Das gilt auch für ein Mitverschulden des Kündigenden selbst. Unberechtigter Widerspruch gegen die Kündigung ist, da unerhebliche Rechtsäußerung, idR nicht pflichtwidrig, BGH 20.11.2002, HVR Nr. 1061.

34 B. **Schadensersatzpflicht bei berechtigter Kündigung (II):** Wer durch ein Verhalten, das er zu vertreten hat (§ 276; auch § 278 BGB, → Rn. 17), die berechtigte außerordentliche **Kündigung des anderen Teils** (ursächlich) **veranlasst**, ist diesem zum Schadensersatz verpflichtet (II, Auflösungsverschulden, sog. Verfrühungsschaden; wie § 628 II BGB; vgl. § 314 IV BGB, → Rn. 1). Der Kündigende ist nach §§ **249, 252 BGB** so zu stellen, als hätte der Vertragsverletzer den Vertrag ordentlich zu Ende gebracht (durch Auslaufen lassen oder ordentliche Kündigung zum nächstzulässigen Termin; also zeitlich begrenzt, Schutzzweck von II), BGHZ 122, 9; WM 2008, 1841; OLG Karlsruhe NJW-RR 2004, 191. Hat Kündigungsgegner auf ordentliche Kündigung verzichtet, insoweit keine zeitliche Begrenzung, BGH WM 2008, 1840 (anders als BAG zu § 628 II). Berechnung bei TankstellenHV, KG NJOZ 2007, 3163. Ein Schaden des Unternehmers kann auch darin liegen, dass der HV wegen der fristlosen Kündigung durch den Unternehmer nicht mehr dem Wettbewerbsverbot aus § 86 unterliegt. Vorteilsausgleichung greift ein, wenn der kündigende HV seine Arbeitskraft nunmehr für anderen Unternehmer einsetzt; nicht soweit er nur bei Kündigung noch freie Arbeitskapazitäten ausnutzt, BGH WM 1984, 1005. Abzug ersparter Betriebskosten bei Vertragshändler (→ § 84 Rn. 11), BGH WM 2006, 1408. Mitverschulden nach § **254 BGB** ist zu berücksichtigen, also Schadensminderungspflicht nach § 254 II BGB, BGH WM 1984, 1006; 2008, 1842, uU auch durch Suche von Vertretung in anderer Branche, BGH WM 1970, 1515. Darlegungs- und Beweislast s. BGH BB 1989, 2418. Zur Vorbereitung des Schadensersatzanspruchs ist ein **Auskunftsanspruch** möglich, BGHZ 44, 273; vgl. BGH WM 1978, 465; zu dessen Reichweite BGH BB 1964, 283, nicht Namen und Anschriften der wettbewerbswidrig vermittelten Kunden, OLG Oldenburg 24.7.2012, HVR Nr. 1369, Grund: Geheimhaltung (§ 203 I Nr. 6 StGB), BGH NJW 2010, 2509 (→ § 90 Rn. 2, → § 92 Rn. 7). Gegen diesen hat der Unternehmer kein Zurückbehaltungsrecht aus eigenem Auskunftsanspruch (Grund: unselbstständiger Anspruch; § 242 BGB), vgl. BGH WM 1978, 461.

35 Der Anspruch besteht auch bei einvernehmlicher Vertragsaufhebung unter den übrigen Voraussetzungen des II, soweit in der Vertragsaufhebung kein An-

spruchsverzicht liegt, BGHZ 44, 274; BB 1964, 283; NJW 1982, 2432; aA bei Zweifel Verzicht anzunehmen, EBJS/Löwisch Rn. 102; bei ordentlicher Kündigung aus Rücksicht statt außerordentlicher; **nicht**: bei gleichem Kündigungsrecht des anderen Teils, auch wenn dieser nicht kündigte, BGHZ 44, 277; 122, 15 (falls nicht schon wichtiger Grund entfällt, vgl. → Rn. 8 zur beiderseitigen Vertragsuntreue).

5) Folgen unberechtigter Kündigung

A. **Unwirksamkeit, Kündigungsgrund für den anderen Teil:** Die unberechtigte außerordentliche Kündigung ist **unwirksam;** Umdeutung in ordentliche Kündigung → Rn. 5. Sie kann für den Gekündigten wichtiger Grund sein, **seinerseits** außerordentlich zu **kündigen,** BGH WM 1974, 870; 1991, 196, jedenfalls wenn sie mit Nichterfüllung des Vertrags einhergeht, BGH 22.2.1960, HVR Nr. 249 (Teilkündigung). **36**

B. **Vergütung:** Setzt der zu Unrecht fristlos gekündigte HV den Unternehmer in Annahmeverzug (wozu mindestens gehört, dass er der Kündigung eindeutig widerspricht), kommt Vergütung nach **§ 615 BGB** in Betracht, BGH WM 1982, 636; OLG Köln VersR 2006, 408; § 254 BGB ist hier unanwendbar, BGH NJW 1967, 258, aber § 615 S. 2 BGB, OLG Düsseldorf DB 1972, 181. **37**

Ein zu Unrecht fristlos gekündigter Bezirksvertreter (§ 87 II), der daraufhin seine Tätigkeit für den Unternehmer berechtigt einstellt (→ Rn. 5), erhält bis zur rechtswirksamen Vertragsbeendigung Provision auf alle Geschäfte im Bezirk, ohne Abzüge nach § 615 S. 2 BGB (Ersparnis bzw. anderweitiger Erwerb) und ohne Vorteilsausgleichung, (Anspruch aus § 87 II, nicht nur Anspruch aus § 615 BGB oder Schadensersatzanspruch, vgl. → Rn. 37, 40), BGH BB 1959, 718; 27.2.1976 (von Gamm NJW 1979, 2492); OLG Karlsruhe BB 1977, 1672. **38**

Der Gekündigte, der die Rechtmäßigkeit der Kündigung bestreitet und am Vertrag festhalten will und jetzt nicht seinerseits kündigt, muss sich iZw bis zur Klärung **vertragstreu verhalten,** gekündigter HV muss also Wettbewerbsverbot einhalten, BGH WM 1992, 311; 2003, 2103; aA wegen Recht auf Berufsausübung nur in Ausnahmefällen, Gravenhorst EzA Nr. 2; anders soweit solche einseitige Bindung im Einzelfall unzumutbar ist (Bsp.: Kündigung des Unternehmers wegen Wettbewerbs des HV, dieser beginnt nun erst den Wettbewerb), BGH MDR 1954, 606; 17.10.1991, HVR Nr. 713. Der HV kann aber wegen unberechtigter Kündigung selbst kündigen und den Aufhebungsschaden verlangen, BGHZ 53, 150; WM 2003, 2103. Hat der HV nach einer unwirksamen fristlosen Kündigung des Unternehmers eine Konkurrenztätigkeit aufgenommen, kann der Unternehmer deswegen erneut und wirksam fristlos kündigen, Grenze Treu und Glauben. **39**

C. **Schadensersatzpflicht bei unberechtigter Kündigung:** Wer unberechtigt kündigt (außerordentlich; aber auch ordentlich, → § 89 Rn. 16), wird dem anderen Teil wegen Pflichtverletzung schadensersatzpflichtig (§§ 280 I, III, 281 I, II Alt. 1 BGB, in II nicht geregelt, → Rn. 34), BGHZ 53, 150; NJW 1967, 248; BB 1979, 242; WM 1991, 196; 2001, 2010; OLG Köln VersR 2006, 407. Zu ersetzen ist der dem anderen Teil aus der unberechtigten Kündigung entstehende Schaden **(§ 249 BGB),** zB der dem Gekündigten entgangene Gewinn (§ 252 BGB), BGH NJW 1967, 250; WM 1982, 636; 2001, 2010, nämlich die Provisionen, die er bis zum Ablauf der ordentlichen Kündigungsfrist verdient hätte, BGHZ 53, 150, auch für Jahresaufträge, welche der Kundschaft bei Kenntnis vom Ausscheiden des HV vorweg erteilt hätte; der Schaden aus nicht mehr möglicher Amortisation von Investitionen des HV, EBJS/Löwisch Rn. 110, falls vorliegend (→ § 89 Rn. 16); der durch die vorzeitige Beendigung entgangene höhere Ausgleich nach § 89b, BGHZ 53, 150; bei unberechtigter Kündigung und Tätigkeitseinstellung des HV die Kosten überstürzter Neueinrichtung der Vertretung. **40**

§ 89b

Vorteilsausgleichung nach allgemeinen Regeln. Mitwirkendes (wenn auch die Kündigung nicht rechtfertigendes) Verschulden des Gekündigten ist zu berücksichtigen (**§ 254 BGB**), BGHZ 44, 271; BGH NJW 1967, 248, auch nach § 254 II BGB (Schadensminderungsobliegenheit), BGH NJW 2008, 3436 Rn. 19. **Auskunftsanspruch** → Rn. 34. Keine Schadensersatzpflicht bei unberechtigtem Widerspruch gegen Kündigung → Rn. 33.

[Ausgleichsanspruch]

89b (1) ¹Der Handelsvertreter kann von dem Unternehmer nach Beendigung des Vertragsverhältnisses einen angemessenen Ausgleich verlangen, wenn und soweit

1. der Unternehmer aus der Geschäftsverbindung mit neuen Kunden, die der Handelsvertreter geworben hat, auch nach Beendigung des Vertragsverhältnisses erhebliche Vorteile hat und
2. die Zahlung eines Ausgleichs unter Berücksichtigung aller Umstände, insbesondere der dem Handelsvertreter aus Geschäften mit diesen Kunden entgehenden Provisionen, der Billigkeit entspricht.

²Der Werbung eines neuen Kunden steht es gleich, wenn der Handelsvertreter die Geschäftsverbindung mit einem Kunden so wesentlich erweitert hat, daß dies wirtschaftlich der Werbung eines neuen Kunden entspricht.

(2) Der Ausgleich beträgt höchstens eine nach dem Durchschnitt der letzten fünf Jahre der Tätigkeit des Handelsvertreters berechnete Jahresprovision oder sonstige Jahresvergütung; bei kürzerer Dauer des Vertragsverhältnisses ist der Durchschnitt während der Dauer der Tätigkeit maßgebend.

(3) Der Anspruch besteht nicht, wenn

1. der Handelsvertreter das Vertragsverhältnis gekündigt hat, es sei denn, daß ein Verhalten des Unternehmers hierzu begründeten Anlaß gegeben hat oder dem Handelsvertreter eine Fortsetzung seiner Tätigkeit wegen seines Alters oder wegen Krankheit nicht zugemutet werden kann, oder
2. der Unternehmer das Vertragsverhältnis gekündigt hat und für die Kündigung ein wichtiger Grund wegen schuldhaften Verhaltens des Handelsvertreters vorlag oder
3. auf Grund einer Vereinbarung zwischen dem Unternehmer und dem Handelsvertreter ein Dritter anstelle des Handelsvertreters in das Vertragsverhältnis eintritt; die Vereinbarung kann nicht vor Beendigung des Vertragsverhältnisses getroffen werden.

(4) ¹Der Anspruch kann im voraus nicht ausgeschlossen werden. ²Er ist innerhalb eines Jahres nach Beendigung des Vertragsverhältnisses geltend zu machen.

(5) ¹Die Absätze 1, 3 und 4 gelten für Versicherungsvertreter mit der Maßgabe, daß an die Stelle der Geschäftsverbindung mit neuen Kunden, die der Handelsvertreter geworben hat, die Vermittlung neuer Versicherungsverträge durch den Versicherungsvertreter tritt und der Vermittlung eines Versicherungsvertrages es gleichsteht, wenn der Versicherungsvertreter einen bestehenden Versicherungsvertrag so wesentlich erweitert hat, daß dies wirtschaftlich der Vermittlung eines neuen Versicherungsvertrages entspricht. ²Der Ausgleich des Versicherungsvertreters beträgt abweichend von Absatz 2 höchstens drei Jahresprovisionen oder Jahresvergütungen. ³Die Vorschriften der Sätze 1 und 2 gelten sinngemäß für Bausparkassenvertreter.

Schrifttum:
s Übersicht vor § 84.

§ 89b

Übersicht

	Rn
1) Rechtsnatur und Reichweite	1–5
A. Rechtsnatur des Ausgleichsanspruchs:	1–3
B. Reichweite; Vertragshändler:	4
C. Künftiger Anspruch:	5
2) Voraussetzungen des Ausgleichsanspruchs (I 1 Nr. 1–2)	6–44
A. Beendigung des Handelsvertretervertrages (I 1):	7–10
B. Vorteile des Unternehmers (I 1 Nr. 1):	11–22
C. Billigkeitsprüfung, insbesondere entgehende Provisionen (I 1 Nr. 2):	23–44
3) Höhe des Ausgleichsanspruchs (I 1, II)	45–51
A. Ausgleich „wenn und soweit" (I 1):	45
B. Angemessenheit (I 1):	46–48
C. Obergrenze (II):	49–51
4) Entfallen des Ausgleichsanspruchs (III)	52–69
A. Eigenkündigung des Handelsvertreters (III Nr. 1):	52–62
B. Kündigung durch den Unternehmer (III Nr. 2):	63–67
C. Einverständlicher Eintritt eines Dritten (III Nr. 3):	68
D. Abschließende Regelung:	69
5) Abweichende Vereinbarungen, Ausschlussfrist (IV); Verwirkung	70–80
A. Zwingendes Recht (IV 1):	70–76
B. Ausschlussfrist (IV 2); Verjährung:	77–79
C. Verwirkung:	80
6) Prozess	81–85
7) Versicherungs- und Bausparkassenvertreter (V)	86–96
A. Branchenspezifische Sonderregelung:	86
B. Neue Versicherungsverträge (V 1):	87–93
C. Obergrenze (V 2, II):	94
D. Abweichende Vereinbarungen:	95, 96

1) Rechtsnatur und Reichweite

A. Rechtsnatur des Ausgleichsanspruchs: § 89b ist 1953 eingeführt und 1 geändert durch Novelle 1990 (→ § 84 Rn. 3) und 2009 (SchVFalschberG Art. 6a: Aufhebung von I 1 Nr. 2 und Integrierung von dessen Substanz in die bisherige Nr. 3, jetzt Nr. 2, → Rn. 24–26). Er ist die in Praxis und Rspr. **wichtigste Norm** des HVRechts, man kann von der Grundnorm des Vertriebsrechts sprechen, K. Schmidt § 27 V Rn. 70. Für ein Geschäft, das vom HV eingeleitet ist, aber erst nach Beendigung des HVVertrags abgeschlossen wird, erhält der HV nach § 87 III noch Provision. Seine Tätigkeit kann aber darüber hinaus bei Kunden einen Goodwill geschaffen haben, der statt wie bei Fortdauer des HVVertrags beiden Teilen infolge des Vertragsendes allein dem Unternehmer zugute kommt. § 89b gibt deshalb dem HV, der als selbständiger Gewerbetreibender keinen arbeitsrechtlichen Kündigungsschutz hat, einen **Ausgleichsanspruch** (Vorbilder Schweiz und Österreich, Begr. Nov 1953, aber wesentlich verändert). Der Ausgleichsanspruch ist zwar **europarechtlich** präformiert (Art. 17–18 EU-Ri, nach Art. 19 zwingend, → § 84 Rn. 3, alternativ Schadensersatzanspruch wie zB in Frankreich mit idR höheren Ansprüchen, Emde/Valdini ZVertriebsR 2017, 10). Das hat möglicherweise Vorlageverfahren an den EuGH nach Art. 267 AEUV (Art. 234 aF, 177 aF EG) zur Folge; die Art. 17 ff. sind zwar an § 89b orientiert, EGKomm Bericht 23.7.1996 (→ § 84 Rn. 3), aber Abweichungen sind bei der Umsetzung, Thume BB 2004, 2473 mit der Folge von Richtlinienverstoß EuGH 26.3.2009 (→ Rn. 45, → § 84 Rn. 3) und nunmehr Gesetzesreform 2009 (→ Rn. 1). Die Richtlinie hatte den Mitgliedstaaten die Wahl zwischen einem Ausgleichs- und einem Schadensersatzanspruch gelassen, die beide den HV für die von ihm erbrachten Leistungen, aus denen der Unternehmer über die Beendigung des Vertragsverhältnisses hinaus Vorteile

§ 89b 2–4

zieht, oder für die Kosten und Aufwendungen, die ihm für diese Leistungen entstanden sind, entschädigen sollen; auch eine Schadensersatzregelung ist keine Sanktion für Vertragsauflösung, EuGH ZIP 2018, 933 Rn. 28. Art. 17 ist eine Norm zum Schutz des HV in seiner Beziehung zum Unternehmer, eine Auslegung zum Nachteil des HV ist deshalb ausgeschlossen, EuGH ZIP 2018, 933 Rn. 33 ff. § 89b ist **verfassungsgemäß,** OLG Frankfurt a. M. 8.12.1970, HVR Nr. 428, zu III Nr. 1, BVerfG NJW 1996, 381; Retzer BB 1993, 668; 1993, 963, aber Umsetzungsfehler bemängelt Emde ZVertriebsR 2014, 228. Der Anspruch richtet sich **gegen den Unternehmer** als Vertragspartner, nicht (auch) gegen Konzernmutter (außer nach Konzernrecht).

2 Der Ausgleichsanspruch ist **kein Versorgungsanspruch,** sondern **Gegenleistung** für die durch die Provision noch nicht voll abgegoltene Leistung des HV, nämlich **für den Kundenstamm,** den der HV geschaffen und der Unternehmer nunmehr allein nutzen kann, stRspr, BGHZ 24, 222; NJW 2010, 3226, also eine kapitalisierte, synallagmatische Restvergütung für den Aufbau des Kundenstamms, Staub/Emde Rn. 27, so auch nach der Reform 2009 (→ Rn. 26), str., zweifelnd Franke IHR 2016, 100 wegen EuGH IHR 2016, 127 = EuZW 2016, 221 – Quenon (Ausgleichsanspruch) mAnm Emde EuZW 2016, 218; dass der Unternehmer zusätzlich dem Nachfolger des HV provisionspflichtig ist, steht nicht entgegen, BGHZ 42, 248; BGH NJW 2011, 849; BB 2011, 209, keine wirkliche „Doppelbelastung". Dementsprechend kommt es für den Ausgleichsanspruch auf die Vorteile des Unternehmers und im Rahmen der Billigkeit insbesondere auch auf die dem HV entgehenden Provisionen an (I 1 Nr. 1, 2 Mittelsatz). Ausgleichsanspruch bzw. an ihre Stelle tretende Berufsunfähigkeitsrente unterfallen deshalb nicht der Vorteilsanrechnung nach § 249 BGB, OLG München VersR 2001, 1429. Zum Kundenstamm im Vertriebsrecht Thume BB 2009, 1026.

3 Der Ausgleichsanspruch ist aber auch **kein reiner Vergütungsanspruch,** BVerfG NJW 1996, 381; BGH NJW 2010, 3227; OLG München WM 2007, 710; OLG Frankfurt a. M. 10.7.2007, BeckRS 2008, 13897. Denn er ist nach Entstehung und Bemessung weitgehend durch Gesichtspunkte der **Billigkeit** bestimmt (ua I 1 Nr. 2) und HV verliert Anspruch bei einer von ihm ohne Anlass ausgesprochenen Kündigung (III Nr. 1), stRspr, BGHZ 24, 222; 43, 162 (vor → Rn. 43). Der Preis für die Billigkeit ist geringere Rechtssicherheit. Eine echte Sozialschutznorm ist § 89b dennoch nicht, hL, K. Schmidt § 27 V Rn. 69, Staub/Emde Rn. 31; vermittelnd Canaris § 15 Rn. 104; RWH/Thume Rn. 6; aA Ulmer FS Möhring, 1975, 311; Martinek ZHR 161 (1997), 74. Dass der Gesetzgeber mit der Norm auch einen Beitrag zur Verbesserung der wirtschaftlichen Situation und sozialen Absicherung von HV leisten wollte, BT-Drs. I/3856, 33, 7/3918, 7; BVerfG NJW 1996, 381, macht die Norm insgesamt noch nicht zu einer Sozialschutznorm. Vielmehr dominiert der Gedanke des Ausgleichs der Unternehmervorteile, MüKoHGB/Ströbl Rn. 3. **Verzugszinsen** deshalb nach § 288 II BGB, Grund: trotz Mischcha rakters überwiegend Entgeltforderung, BGH NJW 2010, 3226; aA KG NJOZ 2007, 3176; Schnabl NJW 2009, 955 Verhältnis zur Entschädigung wegen Wettbewerbsverbot → § 90a Rn. 6. **Steuerrecht** → Rn. 32, Küstner/Thume/Otto, Bd. 2, XXII 1 ff. Lit.: Grundmann, Treuhandvertrag, 1997, § 10. **RsprÜbersichten:** Thume BB 1998, 1425; Hübsch/Hübsch WM Sonderbeil. 1/2005, 11; WM Sonderbeil. 1/2011, 7; neuerdings vor allem zum Ausgleichsanspruch des Vertragshändlers (→ § 84 Rn. 10, 12).

4 B. **Reichweite; Vertragshändler:** § 89b gilt für alle **Handelsvertreter** (Aufzählung → § 84 Rn. 26), zB Toto-Lottobezirksstellenleiter BGHZ 59, 87; BGH BB 1975, 1409; Einkaufsvertreter OLG Hamburg MDR 1967, 310; Tankstellenpächter BGHZ 42, 245, auch bei Selbstbedienung mit Treib- und Schmierstoffverkauf, BGH BB 1985, 353, bei zusätzlichem Shop-Geschäft (→ § 92b Rn. 1,

→ § 84 Rn. 13) nicht auch für dieses, Emde BB 2007, 2482; offen Thume BB 2007, 1753; juristische Personen und Personengemeinschaften (→ § 84 Rn. 8f), Ahle DB 1963, 227; Generalvertreter (→ § 84 Rn. 32), OLG Düsseldorf NJW 1966, 888; Glaser DB 1957, 1173; Ordemann BB 1964, 1323; Hauptvertreter BGHZ 56, 290; Schlechtriem BB 1971, 1540; echte und unechte Untervertreter (→ § 84 Rn. 31f) BGHZ 52, 5; WM 2012, 469 mAnm Thume IHR 2012, 69; Kfz-Vertragshändlerausgleich, Emde MDR 2010, 537; BB 2011, 2766. Auch für die **Erben** und sonstigen **Rechtsnachfolger** des HV, auch bei Umwandlung und Verschmelzung, Staub/Emde Rn. 41; zT aA Steinhauer/Weppner ZIP 2010, 1330. **Versicherungs- und Bausparkassenvertreter** s. V. § 89b gilt entsprechend: für **Kommissionsagent** (→ § 84 Rn. 19); auch für **Vertragshändler,** bei dem die Rabatte vom Listenpreis des Herstellers an die Stelle der Provisionen des HV treten, während eigene Preisnachlässe sein Absatzrisiko sind, BGH NJW 2011, 849; BB 2010, 600 = 13.1.2010, HVR Nr. 1270; BGH NJW 2015, 1300, aber mit erheblichen Besonderheiten ua bei der Berechnung (näher → § 84 Rn. 12); auch **Franchisenehmer** (→ § 84 Rn. 10, 19, → Einl. vor § 373 Rn. 43) und **Lizenznehmer,** BGH DB 2010, 2331 (iErg abl.). Anspruchsgegner ist der **Unternehmer,** bei Übertragung des Vertriebsgeschäfts eventuell auch dessen Nachfolger (vgl. → § 89b Rn. 18), KG 4.4.2003, HVR Nr. 1114 (Gesamtschuld); das setzt aber eine Schuldübernahme oder einen sonstigen Rechtsgrund voraus (→ Rn. 75).

Nicht: HV im Nebenberuf (§ 92b I 1); Ärzte- oder Industriepropagandist (→ § 84 Rn. 23), BGH NJW 1984, 2695; unselbstständige Vermittler (§ 84 II), zB HdlGehilfen BGH 11.12.1958, HVR 193; BAG BB 1958, 775, festbesoldeter, Vertreter beaufsichtigender „Reiseinspektor", OLG Oldenburg BB 1964, 1322; (Innen)Gfter mit Geschäftsvermittlungs- oder -abschlusspflicht, BGH BB 1978, 422; Pächter für Goodwill des gepachteten Geschäfts, auch nicht wenn Verpächter stiller Gfter des Pächters war, BGH NJW 1986, 2306; Versicherungsmakler, anders uU Maklerbetreuer, OLG Köln 21.11.18, HVR Nr. 1480.

C. **Künftiger Anspruch:** Der Ausgleichsanspruch ist nicht bedingter, sondern 5 zukünftiger Anspruch, str. Er ist als solcher schon vor Beendigung des HVVertrags abtretbar, verpfändbar und (in den allgemeinen Grenzen) pfändbar. Das ausgliedernde Unternehmen haftet für diesen Anspruch nach § 133 I UmwG, denn der Rechtsgrund ist bereits gelegt, BGH NJW 2015, 3373. Als nur künftiger Anspruch ohne Anwartschaft ist er **nicht** Endvermögen beim **Zugewinnausgleich** (§ 1375 BGB), BGHZ 68, 163; NJW 2014, 625 mAnm. Hoppenz; OLG Hamm NJW-RR 2011, 1444. Dagegen ist er, da er mit dem Tod des HV entsteht, vererbbar (→ Rn. 9). **Bilanzrückstellung** für mögliche Ausgleichspflicht, Küstner/Thume/Otto, Bd. 2, XXI 1 ff., str., s. § 249.

2) Voraussetzungen des Ausgleichsanspruchs (I 1 Nr. 1–2)

Die Voraussetzungen des Ausgleichsanspruchs werden im folgenden anhand 6 der Reihung der Tatbestandsmerkmale in § 89b erörtert. Aus fallpraktischer Sicht wird zT auch anders gegliedert, zB Staub/Emde Rn. 100 ff. mit sieben Tatbestandsmerkmalen: 1. Beendigung des Vertragsverhältnisses (dazu → Rn. 7–10), 2. Werbung neuer Kunden oder Erweiterung bestehender Geschäftsverbindungen (→ Rn. 11–14), 3. Erhebliche Vorteile des Unternehmers (→ Rn. 15–22), 4. Billigkeitsgründe (I Nr. 2, → Rn. 23–44), 5. Ausschlussfrist (IV S. 2, → Rn. 77–80), 6. Ausgleichshöchstgrenze (II, → Rn. 49–51) und 7. Ausgleichsausschluss (III, → Rn. 52–69).

A. **Beendigung des Handelsvertretervertrages (I 1):** Der Anspruch ent- 7 steht und wird fällig mit Beendigung des HVVertrages, BGH NJW 1998, 75. Das ist die erste Tatbestandsvoraussetzung und zugleich der maßgebliche Zeitpunkt für den Ausgleichsanspruch. Der Beendigungsgrund, zB Befristung oder Kündigung, spielt für I 1 keine Rolle (anders III, → Rn. 52), stRspr, BGHZ 52, 13; ebenso wenig (auch nur kurze) Dauer, LG Freiburg NJW-RR 2000, 110. Auch Beendigung während der Probezeit, EuGH ZIP 2018, 933 mAnm Gramlich ZVertriebsR 2018, 250. Möglichkeit der Fortsetzung des Vertrags ist unerheblich (Bsp. Tod des HV, → Rn. 9, auch Kündigung, auch Geschäftsaufgabe oder Insolvenz nach Vertragsbeendigung, → Rn. 29), es kommt nur auf Beendigung an, BGHZ 24, 216. Der Beendigung kann Fortführung auf völlig veränderter rechtlicher und tatsächlicher Grundlage gleichstehen, BGH 24.11.1978, I ZR 121/76 (von Gamm NJW 1979, 2494); offen BGHZ 124, 12; ebenso Vertragsübernahme im Falle des III Nr. 3 (→ Rn. 68); Teilbeendigung → Rn. 10.

Beispiele (vgl. → § 89 Rn. 1 ff.): Zeitablauf, auflösende Bedingung; Insolvenz des Unternehmers (→ § 89 Rn. 4), OLG Karlsruhe WM 1985, 235; am häufigsten ordentliche und außerordentliche **Kündigung** (außer in den Fällen des III); einvernehmliche Aufhebung (außer wenn diese anstatt außerordentlicher Kündigung des Unternehmers erfolgt), OLG Nürnberg BB 1959, 318, auch auf Initiative des HV (aber bei I 1 Nr. 2 zu berücksichtigen), BGHZ 52, 12; Teilkündigung → Rn. 10.

8   Beendigung eines **in Vollzug gesetzten, fehlerhaften** (nichtigen bzw. angefochtenen) HVVertrags, BGHZ 129, 290; NJW 1997, 655, sehr str. (näher → § 89 Rn. 5), aA Canaris § 15 Rn. 120 (bloßer Bereicherungsausgleich mit ähnlichem Ergebnis), aA zwischen Nichtigkeit und Anfechtung differenzierend Heymann/Herrmann Rn. 22, widersprüchlich Schlegelb/Schröder Rn. 3a, denn wenn der (fehlerhafte) Bestehen überhaupt rechtlich anerkannt wird, kann weder dogmatisch noch erst recht nach dem Zweck von § 89b zwischen Provisionszahlung und Ausgleichsanspruch (Gegenleistungscharakter, → Rn. 2) differenziert werden.

9   **Tod des Handelsvertreters:** § 89b gilt auch dann, weil die dem Unternehmer vom HV verschafften Vorteile noch nicht voll abgegolten sind, der Anspruch geht auf die Erben über, BGHZ 24, 214 (224); 41, 129. Wenn der Ausgleichsanspruch ausnahmsweise gerade wegen des Todes des HV unbillig wird, gilt I 1 Nr. 2, BGHZ 24, 223 (zu Nr. 3 aF); zur Billigkeit bei Selbstmord → Rn. 34. Kein Ausschluss nach III Nr. 1 wegen Selbstmord (→ Rn. 54); str. ob nach III Nr. 2, wenn der HV stirbt, bevor der Unternehmer außerordentlich kündigen kann (→ Rn. 64).

10 **Teilbeendigung:** Eine (vertraglich ausbedungene, einseitige oder spätere einvernehmliche) wesentliche quantitative Einschränkung (Teilkündigung, → § 89 Rn. 18) kann als Teilbeendigung des Vertrags entspr. § 89b zu behandeln sein; üL, MüKoHGB/Ströbl Rn. 57; EBJS/Löwisch Rn. 56 f.; aA Heymann/Herrmann Rn. 20; zB wesentliche Bezirksänderung wie Halbierung des HVBezirks, OLG Nürnberg BB 1958, 1151; offen BGHZ 124, 12; 142, 369; entsprechend Bezirksrotation, Staub/Emde Rn. 105 Teilbeendigung; wesentliche Einschränkung des Kundenkreises, Küstner/Thume/Thume, Bd. 2, V 53; Fortsetzung mit Ersatzteilgeschäft, dann jedenfalls insoweit kein Ausgleichsanspruch, OLG Frankfurt a. M. 5.4.2006, HVR Nr. 1153. Zustimmung des HV zur Teilbeendigung oder sonstigen Vertragsänderung hindert das Entstehen des Ausgleichsanspruchs nicht, EBJS/Löwisch Rn. 56. **Nicht** ausreichend sind bloße Übertragung der VersVertragsverwaltung, BGHZ 124, 10; Bezirkstausch, OLG Hamburg 30.11.1973, HVR Nr. 481; Übergang vom Bezirksschutz zum Kundenschutz, Küstner/Thume/Thume, Bd. 2, V 55; bloße Änderung der Konditionen (vgl. → § 89 Rn. 18); bloße Sortimentsverkleinerung oder andere Produktionseinschränkung, Staub/Emde Rn. 105 Teilbeendigung, str.; bloße Bestandsverringerung bei VersVertreter, OLG Hamm VersR 1993, 833, Sitzverlegung eines Kunden, OLG Nürnberg BB 2001, 1169, anders wenn gravierende Provisionseinbußen, 20 % nicht gravierend lt. OLG Nürnberg BB 2001, 1169; Fortsetzung als HV im Nebenberuf (Sondervorschrift), → § 92b Rn. 8).

B. Vorteile des Unternehmers (I 1 Nr. 1): Der Anspruch setzt (außer der 11
Beendigung, → Rn. 7) ferner **erstens** (aber → Rn. 23, 45) voraus (I 1 Nr. 1),
dass der **Unternehmer** auch nach Beendigung des Vertragsverhältnisses **aus der
Geschäftsverbindung mit vom Handelsvertreter geworbenen neuen Kunden erhebliche Vorteile** hat. Die Auslegung von I 1 Nr. 1 und Nr. 2 Mittelsatz
läuft häufig parallel (→ Rn. 26). Umstände, die nicht unter I 1 Nr. 1 und Nr. 2
Mittelsatz fallen, können unter Nr. 2 (Billigkeitsprüfung insgesamt, → Rn. 23) zu
berücksichtigen sein. Der zuständige VIII. ZS hat gegenüber der früheren Rspr.
(I., II, VII. ZS) zu I Nr. 1–3 erhebliche Änderungen gebracht, ua durch vier
Urteile vom 6.8.1997, NJW 1998, 71 – BP I; BGH NJW 1998, 66 – BP II; BGH
VIII ZR 90/96, nv. – Esso; BGH VIII ZR 91/96, nv. – Aral; krit. Rittner DB
1998, 457; von Manteuffel/Evers EWiR § 89b HGB 3/1997; vgl. Semmler,
1995 (Tankstellenhalter; mit Rechtstatsachen). Das Merkmal der **Geschäftsverbindung** hat infolge der EU-Richtlinie (→ § 84 Rn. 3; Art. 17 II lit. a: „neue
Kunden geworben") an Bedeutung verloren, aber nicht ganz (Art. 17 II lit. a:
„oder die Geschäftsverbindungen mit vorhandenen Kunden wesentlich erweitert"); Neuwerbung eines Kunden kann auch in der Geschäftsverbindung erfolgen, so bei Erwartung von Nachkauf durch Einmalkunden, BGH 16.11.2010,
HVR Nr. 1279 (potentieller Stammkunde, → Rn. 12); Staub/Emde Rn. 150;
Westphal DB 2010, 1335; Emde BB 2011, 2764,

a) Geschäftsverbindung mit neuen Kunden: Geschäftsverbindung (dazu 12
gehören auch Dauerschuldverhältnisse, Emde BB 2017, 1289; 2018, 1925; auch
Thume BB 2017, 906; aA Ströbl/Wentzel BB 2017, 390; Gräfe/Boerner ZVertriebsR 2017, 282) bedeutet Aussicht auf weitere Abschlüsse (Nachbestellungen)
in einem überschaubaren Zeitraum. Sie besteht nicht mit Laufkunden (bloß
potentielle Stammkunden, „unzuverlässig"), sondern mit **Stammkunden** bzw.
Mehrfachkunden (Kundenstamm, Dauerkunden), stRspr, BGHZ 42, 247; 135,
14; BGH NJW 1974, 1242; 1998, 66 (71); WM 2003, 491 (499); NZG 2009,
313. Stamm- bzw. Mehrfachkunden iSv I sind alle Kunden, die in einem überschaubaren Zeitraum, in dem üblicherweise mit Nachbestellungen zu rechnen ist,
mehr als nur einmal ein Geschäft mit dem Unternehmer abgeschlossen haben
oder voraussichtlich abschließen werden (gewisse Nachhaltigkeit des Käuferverhaltens), BGHZ 135, 14; 141, 252; NJW 1998, 68 (73); WM 2003, 500; NZG
2009, 313, bei langlebigen Wirtschaftsgütern mit längerem Nachbestellungsintervall (Autos, Gabelstapler) genügt also schon bloßer Zweitkauf, aber selbst ein
solcher ist nicht unerlässlich (sog. potentielle Stammkunden) BGHZ 135, 19;
NJW 1998, 76; 16.11.2010, HVR Nr. 1279, bei Verbrauchsgütern kürzer, im
Shopgeschäft 1 Jahr, 4 Käufe (nicht 12), Tankstellenshop und Supermarkt stehen
nicht gleich, 19.1.2011, HVR Nr. 1282, 1283. Dass die Nachbestellungen bzw.
weiteren Geschäfte nur in größeren Abständen erfolgen, steht nicht entgegen,
jedoch ist eine gewisse Nachhaltigkeit notwendig, nur zufälliges Wiederaufsuchen
der Tankstelle reicht nicht. Neukunden als potentielle Stammkunden, KG ZVertriebsR 2022, 55 Tz. 11. Stammkunde ist wie bei sonstigen Alltagsgeschäften
idR, wer mindestens **viermal jährlich** tankt (Abzug von Urlaubs- und Krankheitszeiten, nicht unbedingt mindestens einmal im Quartal), BGH BB 2007,
2475; NZG 2009, 310; BB 2010, 1685; 2011, 1688 (auch im Shopgeschäft, da
anders als im Super- oder Fachmarktgeschäft Mitnahmeeffekt), 19.1.2011, HVR
Nr. 1282, 1283 = IHR 2012, 78 (Shop- wie Tankgeschäft); krit. Siegert BB
2009, 578; Steinhauer BB 2010, 1690; der Wiederholungsintervall ist bei häufig
wiederkehrenden Verbrauchsgeschäften kleiner als bei langlebigen Wirtschaftsgütern, BGH BB 2007, 2475; 2010, 1687, bei Tiefkühlprodukten dreimal im
Basisjahr, OLG Düsseldorf 15.11.2012, HVR Nr. 1365, bei langjährigen Kunden
(Nachhaltigkeit) auch geringeres Wiederholungsintervall, OLG Düsseldorf
15.11.2012, HVR Nr. 1365; Stationskunden (mit Tankstellenkarte) gelten als

§ 89b 12

Stammkunden, BGH BB 2007, 478. Stammkunden gibt es auch bei länger- und langlebigen Gütern, zB Kfz, BGHZ 135, 14, Elektrohaushaltsgeräte, BGH NJW 1985, 859, Möbelversand, OLG Hamm BB 1978, 1686. Stammkunde ist auch, wer einen Dauervertrag abschließt, zB Bauspar-, Versicherungs-, Telefondienst- und Energieverträge Thume BB 2015, 389. Überschaubarer Zeitraum → Rn. 16. Neu sind auch verlorene, vom HV wiedergewonnene Kunden, OLG Nürnberg BB 1959, 318; 1963, 1313. Nach 10-jährigem Nichterscheinen eines Adressbuches sind dessen Interessenten alle „neu", OLG Nürnberg NJW 1957, 1720; ebenso frühere Kunden nach (über 9 Jahre) langer Geschäftsunterbrechung, OLG Nürnberg BB 1964, 1400. Stamm- bzw. Mehrfachkundenschaft kann auch vorliegen, wenn der Zweitkauf von Betriebs- und Familienangehörigen oder dem Geschäftsführer des Vertragshändlers getätigt wird, jedenfalls wenn getrennte Unternehmen, BGH NJW 1996, 2305; 2011, 3438; WM 2011, 622, nicht schon bei Tätigkeit in der gleichen Firma; auch Kunden, die nicht zeitlich hintereinander, sondern zeitgleich zwei oder mehrere Kfz kaufen (Doppelkauf, Sammelbestellung), BGH NJW 1996, 2298; 1997, 1505; WM 2011, 622; auch Kunden mit verschiedenen Bezugsquellen, BGH NJW 1998, 70, bei verschiedenen Tankstellen, KG NJOZ 2007, 3163; auch wenn Kfz zwar nicht fabrikneu, aber nicht gebraucht ist, BGH NJW 2011, 3438; auch wenn HV Kfz nicht direkt beim Hersteller, sondern bei anderem Vertragshändler desselben bezieht, OLG Köln VersR 2002, 437; auch mittelbare Kunden (ohne direkte Vertragsbeziehung mit dem Unternehmer) über zwischengeschalteten Großhändler, OLG Bamberg 19.11.2008, HVR Nr. 1205, aber nicht Dritte mit bloßem Einfluss auf Kaufentscheidung eines Kunden, BGH NJW-RR 1991, 156. Bei Verkäufen an eine LeasingGes ist grundsätzlich der Leasingnehmer als der, der wirtschaftlich entscheidet, maßgeblich, BGH BB 2011, 208 m. krit. Anm. Steinhauer; OLG Köln VersR 2003, 105; Emde MDR 2010, 538, obschon bei Flotten- und Firmenkundenkarten nicht auf die einzelne Karte, sondern den Großkunden abzustellen sei, BGH 11.11.2009, HVR Nr. 1268; BB 2010, 1688. Bei Zuweisung nur einer einzelnen Kollektion/Marke an den HV ist Neukunde auch, wer bereits Kunde einer anderen Kollektion/Marke des Unternehmers war, aber Ausgleich bei Billigkeit, OLG München 24.10.2012, HVR Nr. 1367 = BB 2013, 404 m. zust. Anm. Salomon (Optiker, Brillen), Anm. Semler ZVertriebsR 2013, 95; Graefe/Giesa ZVertriebsR 2014, 287 (s. BGH 14.5.2014, HVR 1395, → Rn. 14), ebenso bei Übertragung eines anderen Produkts zu den bisherigen an den HV, anders bei bloßer Erweiterung des dem HV bereits übertragenen Sortiments bzw. der Produktpalette, BGH ZIP 2014, 2088 Rn. 13; Neukunde trotz vorherigen Produktbezugs auch bei Zuweisung eines weiteren Produktsegments an HV, BGH ZIP 2014, 2088 Rn. 14, Vereinbarkeit mit EU-RL nach EuGH → Rn. 14. Stammkunden des neuen Unternehmers bei Insolvenz des Vorgängers s. OLG Düsseldorf 10.4.1992, HVR Nr. 1077. Bei der Ermittlung der Stammkunden sind **verschiedene Methoden** zulässig, auch eine statistische Ermittlung des Mehrfachkundenanteils; zu den Anforderungen an diese in der KfzBranche BGHZ 135, 14; Thume BB 1998, 1428 (Statistiken und Schätzunterlagen beim Beweis → Rn. 22). Maßgeblich ist der **Zeitpunkt** des Vertragsabschlusses noch im letzten Jahr vor HVVertragsende, nicht erst der Lieferung, BGH NJW 1997, 1505; BB 2011, 209, Grund: damit ist Vermittlerleistung erbracht (vgl. zur Überhangsprovision → Rn. 50). Zur Unterscheidung von Stammkundenanteil und Stammkundenumsatzanteil BGH NJW 1998, 70 (74). **Nicht:** dem HV vom Vorgänger überlassene Kunden, selbst bei Abfindung an diesen im Einverständnis mit dem Unternehmer, BGH NJW 1985, 58; aA OLG Hamm DB 1982, 1167; Stammtankeranteil (Umfrage, → Rn. 22) ist nicht gleich Stammkundenanteil, BGH WM 2003, 495 (502).

Abwanderungsquote ist die Quote der neu geworbenen Kunden, die während des zugrundegelegten Zeitraums abwandern und deshalb nicht für die gesamte Zeit als Stammkunden gerechnet werden können. Für ihre Ermittlung ist Prognose mit Schätzung nach § 287 II ZPO (→ Rn. 16, 22) nötig, BGH WM 2003, 498 (503); BB 2007, 2479. Bspe: jährlich 20% über 5 Jahre, OLG Köln VersR 1968, 966; 20% degressiv bezogen jeweils auf das Vorjahr oder 15% über 4 Jahre linear, BGH 12.2.2003, HVR Nr. 1063; 38% über 5 Jahre, BGH NJW 1994, 1350; 20% jährlich, aber bei anderen Anhaltspunkten nicht schematisch, BGH WM 2003, 498 (503); 20% jährlich über vier Jahre, BGH BB 2010, 1688; 11.11.2009, HVR Nr. 1268 (nur 4 Tankvorgänge im Jahr, nicht unbedingt einmal im Quartal), NJW 2017, 475 Rn. 53. Quote von 25% ist nicht erfahrungswidrig, muss aber konkret ermittelt werden, nur mangels aus reichender Anhaltspunkte (zB zu kurze Vertragsdauer) genügen Erfahrungswerte, BGHZ 135, 14. Lineare und andere gebräuchliche schematisierte Berechnungsarten sind zulässig, auch ohne mathematisch richtige zeitliche Erfassung der tatsächlichen Abwanderung, BGH NJW 1998, 70 (75). Abwanderung wegen vorübergehender Schließung der Tankstelle zwecks Umbaus ist der Sphäre des Unternehmers zuzurechnen, BGH 6.8.1997 – VIII ZR 90/96, nv. – Esso. Wenn die Mehrfachkundenquote bereits eine Abwanderungsquote für das nächste Kaufzeitintervall von 5 Jahren enthält, darf sie nicht doppelt angesetzt werden, BGHZ 135, 22; OLG Köln MDR 1996, 690. **Berechnungsbeispiel** dazu mit Staffelung und Abzinsung in BGH NJW 1996, 2301; 6.8.1997, HVR Nr. 869 aE, 870 aE; Küstner/Thume/Thume, Bd. 2, XIX 1 ff. (Warenvertreter); Küstner/von Manteuffel/Evers, 1998, 5.1.5 ff.; VersR 2006, 1592 u. BB 2007, 2480. Berechnungsbeispiele für § 89b allgemeiner → Rn. 26.

b) Wesentlich erweitere Geschäftsverbindung mit alten Kunden (I 2): 13
Alte Kunden stehen neuen dann gleich, wenn der HV die Geschäftsverbindung mit ihnen so wesentlich erweitert hat, dass dies wirtschaftlich der Werbung eines neuen entspricht, einerlei ob quantitativ (gleiche Produkte) oder qualitativ (andere), BGHZ 56, 242; ZIP 2014, 2088. Die Rspr., wonach dies (als Daumenregel) erst ab einer Erweiterung von 100% anzunehmen sei, BGHZ 56, 242, ist nach Art. 17 II lit. a der EU-Richtlinie (→ Rn. 1; dort ist die wesentliche Erweiterung nicht eingegrenzt) nicht mehr zu halten, wesentlich können auch geringere Umsatzsteigerungen sein, Staub/Emde Rn. 144; Emde BB 2011, 2765; Westphal DB 2010, 1335, zB mehr als 50%, OLG Celle ZVertriebsR 2017, 230 Rn. 34, KG ZVetriebsR 2022, 55 Tz. 20; nach weniger, nach Thume BB 2017, 1300 20–30%, nach Korte GWR 2017, 246 sogar 10% in umkämpften Märkten, der Kommissionsbericht zur Richtlinie aus 1996 ist insoweit überholt, Emde BB 2018, 1925, iZw Vorlage an den EuGH (→ § 84 Rn. 3). Vermittelnde Lösung mit Beispielen bei MüKoHGB/Ströbl Rn. 70. Umsatzsteigerung nur durch Geldentwertung genügt nicht, Heymann/Herrmann Rn. 28; Umsatzrückgang wegen Preisverfall schadet nicht, wenn Stückzahlumschlag wesentlich gesteigert wird, Müller NJW 1997, 3423. Mitwirkung allgemeiner Wirtschaftsbelebung steht nicht entgegen, OLG Celle BB 1970, 227. Wesentlich in I 2 und erheblich in I 1 (→ Rn. 15) entsprechen einander.

c) Vom Handelsvertreter geworben: Von den Stammkunden sind nur die 14 zu berücksichtigen, die von den HV (neu) geworben sind, sog. **Neukunden** (auch → Rn. 12). Wer Neukunde ist, bestimmt sich nicht nach der erstmaligen Kundenbeziehung zu dem Unternehmer, sondern enger nach dem erstmaligen Kauf einer bestimmten Artikelgruppe oder mit den Vertragsprodukten aus Nachfragersicht austauschbaren Produkten des Herstellers bzw. einem anderen relevanten Geschäft, Staub/Emde Rn. 113 ff. Neukunde ist also auch ein für einen anderen Geschäftszweig des Unternehmers geworbener Altkunde, BGH NJW 1999, 2670; auch ein für den Unternehmensvorgänger (neu) geworbener Kunde, OLG Koblenz 18.6.1998, HVR Nr. 882, trotz Produktfortführung durch neu gegründete Ges., OLG München 17.7.2006, HVR Nr. 1236, bei Neugründung

§ 89b 14

nach Insolvenz auch alle bisherigen, vom HV (neu) geworbenen Kunden des insolventen Unternehmens, Grund: das neue Unternehmen hat noch keine Alt- oder Bestandskunden, dies trotz vorheriger Weitergabe der Kundenliste an HV (aber → Rn. 41), BGH NJW 2012, 304. Neukunde trotz vorherigen Produktsbezugs auch bei Produktsegment, mit dessen alleiniger Vermittlung der Unternehmer den HV beauftragt hat, also produktbezogen, BGH ZIP 2014, 2088 (→ Rn. 12), Vorlage an EuGH, BGH 14.5.2014, HVR 1395 (zuvor OLG München 24.10.2012, HVR Nr. 1367, → Rn. 12); dazu Gräfe/Giese ZVertriebsR 2014, 287; Emde BB 2014, 2442; daraufhin EuGH NJW 2016, 2244 mAnm Löwisch IHR 2016, 137; Gräfe EuZW 2016, 429; krit. Brauneck IHR 2016, 225, sowie BGH NJW 2016, 3782: Neukunde trotz bestehender Geschäftsverbindung, wenn der Verkauf die Begründung einer speziellen Geschäftsverbindung, insbesondere für anderen Teil der Produktpalette, erfordert, dazu Gräfe EuZW 2016, 429; Heinicke ZVertriebsR 2016, 175; Löwisch IHR 2016, 138 (Fälle „besonderer Geschäftsverbindung" iSv EuGH), Gräfe/Börner ZVertriebsR 2017, 282, Thume BB 2020, 779. Neukunde nicht schon bei jeder Erweiterung des Kundenstamms wie bloßer Sortimentserweiterung, aber quantitative und qualitative Erweiterungen sind zu berücksichtigen, so besondere Vermittlungsbemühungen und Verkaufsstrategie (HV für bestimmte Brillenmodelle), bei Markenwaren häufig anderer Teil der Produktpalette, BGH NJW 2016, 3782 Rn. 9 f. mAnm Thume BB 2016, 2772 wie BGH ZVertriebsR 2016, 386. Für Werbung neuer Kunden ist **Ursächlichkeit** nötig. Daran fehlt es bei zur Bestellung bereits fest entschlossenen Kunden, BGH NJW 1996, 2304; OLG Karlsruhe BB 1960, 381, doch ist das praktisch irrelevant. Doch genügt **Mitursächlichkeit** des HV, BGH NJW 1985, 860; 2011, 1144, bzw. Beitrag seiner Angestellten, OLG Hamm 14.11.1977, HVR Nr. 514. Eigene Beiträge des Unternehmers ändern daran nichts, zB Kundenkarte, BGH WM 2003, 495; 12.2.2003, HVR Nr. 1063, Werbung, OLG Düsseldorf 8.2.1977, HVR Nr. 504 (vgl. aber auch → Rn. 19), missverständlich OLG Köln BB 2001, 1601. Mitursächlichkeit kann auch vorliegen, wenn der Kunde zum Kauf entschlossen ist, der HV diesen Wunsch aber dem Unternehmer mitteilt, Emde BB 2015, 1668. Auch geringe Mitursächlichkeit **trotz Sogwirkung** der Marke (→ Rn. 35) genügt, BGH WM 1987, 1465 (Vertragshändler, → § 84 Rn. 15); OLG Karlsruhe BB 1960, 381 (Markenartikelvertreter); auch bei Zentrallistungsvereinbarung, OLG Hamm 6.7.2001, HVR Nr. 1021; auch wenn der Kundenstamm dem HV gleichsam in den Schoß fällt, KG 15.9.1994, HVR Nr. 811 (aber Billigkeitsprüfung, → Rn. 35). Die Kunden selbst müssen vom HV **geworben** sein, auch nur mittelbar bei zwischengeschaltetem Großhändler (dreistufiger Vertrieb), Staub/Emde Rn. 163; auch Architekt oder Dachdecker, der für verschiedene Bauherren bestellt, OLG Düsseldorf 8.2.1977, HVR Nr. 504; nicht, wenn sie nur weiterempfehlen, außer wenn der Vertrieb typisch von sachkundigen Dritten bestimmt wird, offen BGH WM 1991, 198; nicht zB die von Ärztepropagandisten für Verschreibung geworbenen Ärzte und Heilpraktiker, BGH NJW 1984, 2695 (→ § 84 Rn. 23). Mitursächliche Werbung neuer Kunden liegt nicht (mehr) nur bei zusätzlichem Service und Dienstleistungen des HV vor, der für diese Werbung ursächlich ist, vielmehr genügt nach BGH NJW 1998, 69 (75); WM 2003, 495 das **Offenhalten der betriebsbereiten Tankstelle**, auch wenn Kunden nur der Lage, der Marke oder des Preises wegen kommen, sehr str., aA Rittner DB 1998, 457. Damit wird der Stammkundenbegriff zulasten des Unternehmers, dem Lage, Marke und Preis zuzurechnen sind, erheblich erweitert und zugleich über die Branche hinweg vereinfacht (keine Differenzierung zB nach Tankstellen in der Stadt, auf dem Land und an der Autobahn); zur (teilweisen) Berücksichtigung bei der Billigkeitsprüfung → Rn. 35. **Nicht:** Kunden des Unternehmers, die Sitz in Gebiet des HV verlegen oder die dieser von anderem HV des Unternehmers übernimmt, KG 28.8.1998, HVR Nr. 1000; Bezirks- und Kundenschutz (§ 87 II: ohne seine Mitwirkung; anders wenn im Einzelfall vom Bezirksvertreter geworben), BGH WM 2012, 472 mAnm Thume IHR 2012, 70, aber für Messekunden genügt Mitarbeit im Team für Zuweisung der Kunden aus dem Bezirk des HV, KG BB 1969, 1062 (vgl. → § 87 Rn. 21); Gewinnung von Dritten (ländliche Genossenschaft), die Kunden (Landwirte) zuführen können, wenn dies nicht hinreichend wahrscheinlich ist, BGH NJW 1959, 1677; Gewinnung von Kunden, während HV noch Angestellter (§ 84 II) des Unternehmers war; Verhinderung des Abwanderns eines Kunden. Neuorganisation des Geschäfts oder andere Ausdehnungen des Unternehmens nach Ende des HVVertrags heben idR die Ursächlichkeit des Wirkens des HV nicht auf, OLG Düsseldorf DB Beil. 2/1957.

d) **Erhebliche Vorteile: Vorteil** für den Unternehmer ist die Aussicht auf weitere Nutzung der Geschäftsverbindung auch nach HVVertragsende, also Aussicht auf Unternehmergewinn ohne Provisionszahlungspflicht (vgl. → Rn. 2). Entscheidend ist die Aussicht, nicht ob der Unternehmer die Chance tatsächlich nutzt und Gewinn macht oder auch nur seinen Umsatz steigert, BGH NJW 2020, 69 Rn. 14; Staub/Emde Rn. 190. Ein Vorteil kann auch vorliegen, wenn der Unternehmer wirtschaftliche Verluste in seinem übrigen Geschäftsbetrieb hat; der in der Vergangenheit erzielte Deckungsbeitrag ist nicht entscheidend, OLG Düsseldorf ZVertriebsR 2020, 257 Rn. 11. Der Vorteil muss also **aus der Geschäftsverbindung** stammen (→ Rn. 12f); der Aufbau eines HVNetzes genügt nicht, str. Der Vorteil muss **erheblich** sein. Die Erheblichkeit richtet sich nach Umfang und erwarteter Beständigkeit des vermittelten Neugeschäfts verglichen mit dem alten (und dem etwa während der Vertragszeit ohne Zutun des HV zugewachsenen), nicht nach dem Verhältnis zum Gesamtgeschäft des Unternehmers, BGH BB 1991, 1210; NJW 1998, 68 (74); BB 2007, 2479. Umsatzsteigerung ist nicht Voraussetzung, BGHZ 42, 246; Vorteil kann auch bei Umsatzminderung vorliegen, BGH NJW 1990, 2890, sogar bei tatsächlichen Verlusten, Staub/Emde Rn. 188; zweifelnd Eckhoff BB 2009, 1609, das könnte aber dazu führen, dass der Unternehmer mehr an den HV zahlen muss, als ihm selbst verbleibt, so tatsächlich Staub/Emde Rn. 188; anders Christoph NJW 2010, 650: nicht der Billigkeit entsprechend (→ Rn. 24). Vorteil kann erheblich sein, auch wenn nur ein Teil der Kunden beim Unternehmer verbleiben, BGH 12.12.1963, HVR Nr. 319. Verlust wegen Doppelbelastung durch Provisionszahlung auch an Nachfolger steht nicht entgegen, BGH BB 2007, 2479. Einzelheiten bei Thume IHR 2011, 7; Emde BB 2012, 3087.

Notwendig wird damit eine **Prognose** über die künftige Entwicklung der Verhältnisse. Diese Prognose ist auf den **Zeitpunkt** der Beendigung des HVVertrags zu stellen, zu dem der Ausgleichsanspruch entsteht (→ Rn. 7), sie kann sich also nicht mehr durch später bis zur Entscheidung des Tatrichters noch eintretende Tatsachen ändern (außer wenn bereits absehbar, im Keim angelegt), BGH NJW 1998, 75 (Aufgabe von BGHZ 56, 246; WM 1991, 1517); OLG Koblenz NJW-RR 2007, 1046; sehr str., auch im Hinblick auf EU-Recht, aA bisher hL, Rittner DB 1998, 457; nach EuGH (Semen, → Rn. 45) wird man jedenfalls für besondere Fälle auch spätere Erkenntnisse heranziehen müssen, zB bei krasser Erhöhung der Unternehmervorteile nach Vertragsende, Staub/Emde Rn. 198 und VersR 2009, 1484; aber nicht schematisch, BGH NJW-RR 2000, 109. Außer Betracht bleiben danach unvorhergesehene tatsächliche Entwicklungen, zB auch erheblich geringere Abwanderung (→ Rn. 12), und die Fortführung des HVGeschäfts, zB Tankstelle, während des Prognosezeitraums ist zu unterstellen. Die Prognose kann sich nur auf eine überschaubare Zeit beziehen. **Prognosezeitraum** ist aber nicht vorgegeben, sondern hängt vom Einzelfall ab, idR 2–3 Jahre, bei langlebigen Gütern (→ Rn. 12) bis zu 5, BGH NJW 1985, 860; 1994, 1350; OLG Frankfurt a. M. BB 1973, 212; OLG Celle ZVertriebsR 2017,

§ 89b 17, 18

230 Rn. 45 (4 Jahre, Kosmetik); OLG Düsseldorf 2.11.2001, HVR Nr. 1043: bei Neuwagen 5 Jahre, in Ausnahmefällen auch länger, vgl. BGH NJW 1999, 2670 (6 Jahre bei nur 9% jährlichem Umsatzverlust); BGH BB 1991, 1210 (Gabelstapler, 13 Jahre); BGHZ 135, 19; BGH WM 2006, 1405. Maßgebend ist, wie lange die Verbindungen zu neugeworbenen Kunden (I 1 Nr. 1, I 2) wahrscheinlich dauern werden, BGH BB 1960, 1261; 1970, 101, also die Zeitspanne, innerhalb derer noch mit Folgeaufträgen der vom HV neu geworbenen Kunden zu rechnen ist. Bei Warenvertrieb ist dafür ua der Neubedarf relevant, BGH NJW 1985, 859. Späterer Fortbestand der vom HV geknüpften Beziehungen ist zwar zu vermuten (→ Rn. 22), doch genügt für die Prognose der Beständigkeit nicht ohne Weiteres ein Jahr der Geschäftsbeziehung mit neuen Kunden, OLG Celle BB 1969, 558; ebenso wenig einmalige Reisebuchung bei Reisebüro, BGH BB 1975, 198. Zu den Prognosemethoden (geschäftsverbindungsbezogene; Mittelwert-) bei langlebigen Gütern Küstner/von Manteuffel/Evers, 1998, 5.1.9. Zur Prognose der Abwanderung → Rn. 12. Erweist sich die Prognose später als unrichtig, gibt es keine Erstattung (etwa nach § 812 I 2 BGB), sei es, dass neue Kunden nach Einigung oder Entscheidung über den Ausgleich wider Erwarten doch abspringen oder umgekehrt als unzuverlässig betrachtete Kunden sich treu zeigen, BGH NJW 1998, 74.

17 **Beispiele für Vorteile:** Aussicht auf längere und beständige Geschäftsbeziehung und Nachbestellung durch den Kunden in verhältnismäßig kurzen Zeitabständen, BGH BB 1970, 102; bei langlebigen Gütern auch Aussicht auf Neubestellung in den nächsten Jahren, auch erst nach fünf Jahren, falls HV entsprechende Kundentreue bewirkt, BGH NJW 1985, 859; sogar bei besonders langlebigen Wirtschaftsgütern (Industriefußböden, 25 Jahre) sind Folgeaufträge (expandierende Unternehmen, Nachbestellungen, Reparaturaufträge außerhalb der Gewährleistung) möglich, BGH NJW 2011, 1143 m. krit. Anm. Möller. Erlangung eines (dem Umsatz mit den vom HV geworbenen Kunden entsprechenden Mühlen-)Kontingents, auch wenn Unternehmer dieses ohne die vom Vertreter geworbene Kundschaft überträgt, BGH NJW 1960, 1292; Einmalprämienabschluss des Bausparkassenvertreters bei Aussicht auf Verlängerung und Summenerhöhung, BGH BB 1970, 102; Vorteile sind auch bei Rotationsvertriebssystem (ohne festen Bezirk des HV, → Rn. 32) möglich, BGH NJW 1985, 860; auch bei Tageszulassungen (Aktionskfz), BGH NJW 1996, 2305. Bei **Untervertreter** kann Vorteil in der Ausgleichszahlung des Unternehmers liegen, BGHZ 52, 5. Überhangprovisionen → Rn. 50. Liste von Beispielen bei Staub/Emde Rn. 201 ff.

18 **Geschäftsverpachtung, Geschäftsveräußerung, Verlagerung im Konzern:** Bei Geschäftsverpachtung und anderen Unternehmensverträgen (vgl. §§ 291 ff. AktG) sind Art und Höhe des Entgelts maßgeblich. Bei Teilveräußerung kommt es zunächst auf den zurückbehaltenen Teil an. Im Übrigen und bei Gesamtveräußerung (§ 613a BGB unanwendbar) ist entscheidend, ob der Unternehmer die vom HV geschaffenen Geschäftsbeziehungen dabei für sich nutzen kann. Vorteil ist danach Fortsetzung von Lieferungen an den Übernehmer, der seinerseits an die Kunden weiterliefert, BGH NJW 1986, 1932; Erlangung einer umsatzorientierten, entsprechend höheren Absatzgarantie bei einem Kooperationsvertrag; höherer, nicht unbedingt gesondert bezifferter Übernahmepreis infolge des Kundenstamms, BGHZ 49, 43; BGH NJW 1960, 1292; VersR 1985, 265; NJW 1996, 1752; OLG Hamm 14.3.1977, HVR Nr. 511; OLG Karlsruhe WM 1985, 235; OLG Düsseldorf 2.11.2001, HVR Nr. 1043. Vergleichsmaßstab ist hypothetisch geringerer Übernahmepreis allein für das Anlagevermögen, BGH NJW 1996, 1752. Vermutung geht dahin, dass der Kaufpreis einen Mehrwert enthält, jedenfalls bei Beibehaltung von Firmennamen und Vertriebsnetz, BGH NJW 1996, 1752; OLG Karlsruhe WM 1985, 235; KG 4.4.2003, HVR Nr. 1114. Widerlegung der Vermutung ist nur schwer möglich, OLG Nürnberg 28.1.2011, HVR Nr. 1322, allenfalls wenn die vom HV geworbenen Kundenkontakte für Unternehmer und Erwerber ohne Wert sind. Unentgeltliche Übertragung uU treuwidrig ggb HV, OLG Nürnberg 28.1.2011, HVR Nr. 1322. Bei

7. Abschnitt. Handelsvertreter   19, 20   § 89b

Geschäftsveräußerung im Konzern ohne Entgelt für Kundenstamm kommt es auf Vorteil des Unternehmers an, BGH NJW 1986, 1932; hat nur der Übernehmer den Vorteil, kann aber Treuwidrigkeit oder Pflichtverletzung des Unternehmers zu Lasten des HV vorliegen, OLG Düsseldorf 2.11.2001, HVR Nr. 1043; offen BGH NJW 1986, 1932 (auch → Rn. 20). Bei **Verlagerung im Konzern** oder unter nahestehenden Unternehmen (vgl. zum Provisionsanspruch → § 87 Rn. 14) kommt es darauf an, ob dem Unternehmer Vorteile verbleiben. Das ist idR der Fall bei Fortführung der Produktion durch eine neue, vom gleichen Unternehmer gegründete EinmannGmbH, OLG München 14.2.2001, HVR Nr. 1052 (Umgehung); uU auch bei Verlagerung des Vertriebs einer vergleichbaren Kollektion an eine dem Unternehmer nahe stehende Ges., OLG München 14.2.2001, HVR Nr. 1052, aber nicht ohne weitere Feststellungen. Überleitung des Vertriebs von rechtsfähiger TochterGes auf produzierende MutterGes schließt Ausgleichsanspruch nicht aus, OLG Braunschweig BB 1976, 854. Bei Überleitung des Vertriebs auf verbundene VertriebsGes werden Altkunden nicht ohne Weiteres zu deren Neukunden (→ Rn. 12), OLG Schleswig 13.12.1996, HVR Nr. 996. Bei unentgeltlicher Übernahme des Unternehmens durch anderes Konzernunternehmen kann es aber auch an verbleibenden Vorteilen fehlen, zB bei hohen Verlusten, BGH NJW 1986, 1932 (auch → Rn. 20). Geschäftsänderung und -aufgabe → Rn. 20. Gesamtschuldnerische Haftung des Erwerbers ist denkbar (→ Rn. 4). Lit.: Sturm/Liekefett BB 2004, 1009, auch → Rn. 75.

Minderung oder Entfallen des Ausgleichsanspruchs: so zB bei Abwanderung des Kunden allein wegen des Pächterwechsels, obwohl Nachfolgerservice objektiv nicht schlechter ist, BGH NJW 1985, 861; wenn HV zur Konkurrenz geht und die geworbenen Kunden mitnimmt, BGH BB 1960, 605; WM 1975, 856; wenn die vom HV geworbenen Kunden vom Bezug über HV beim Unternehmer zum Kauf beim Großhandel übergegangen waren, OLG Oldenburg BB 1963, 8; bei Umsatzrückgang nach Ausscheiden, auch wenn die Umstände dem HV nicht angelastet werden können, BGHZ 56, 242 (bis zum Urteil zu berücksichtigen, → Rn. 16). **Nicht** abträglich wirken sich aus zB nur vorübergehende geringe Geschäftsstörungen infolge Ausscheidens des HV, OLG Oldenburg BB 1973, 1281; dass der Unternehmer die Kosten für den Ausgleich nicht auf den NachfolgerHV abwälzen kann (→ Rn. 73), OLG Hamm 14.11.1977, HVR Nr. 514; dass auch an NachfolgerHV Provision gezahlt werden muss, BGH BB 2007, 2479; (normale) **umsatzfördernde Aufwendungen** des Unternehmers, zB Werbung, BGHZ 56, 242; 73, 99 (aber außergewöhnliche Aufwendungen und Sogwirkung, → Rn. 35).   **19**

Geschäftsaufgabe, Geschäftsänderung: Auch damit können noch Vorteile verbunden sein, zB nationale oder EU-Stilllegungsprämien; Abfindung für vorzeitige Pachtgrundstücksräumung, OLG Frankfurt a.M. BB 1985, 687 (Tankstellenaufgabe), erhöhter Kaufpreis wegen vom HV geworbenem Kundenstamm, LG Hannover 25.1.1996, HVR Nr. 906. Überhaupt keine Geschäftsaufgabe mit der Folge mangelnder Vorteile ist Vertrieb nur noch über Großhandel, BGH NJW 1984, 2696; OLG Frankfurt a.M. BB 1973, 212; bloße Einstellung einer Textil- oder Brillen-Kollektion, OLG München BB 1996, 980; 16.6.2005, HVR Nr. 1166; Geschäftsverpachtung und -veräußerung → Rn. 18. Der **Ausgleichsanspruch entfällt** aber, wenn der Unternehmer die vom HV geschaffenen Geschäftsbeziehungen nicht mehr für sich nutzen kann (anders bei Geschäftsverpachtung oder Geschäftsveräußerung, → Rn. 18). Das muss bei HVVertragsende grundsätzlich der Fall oder jedenfalls nicht mehr nach außen absehbar sein, OLG Düsseldorf 12.3.2004, HVR Nr. 1085, Grund: Ausgleichsanspruch beruht auf Prognose zu dieser Zeit, aber Ausnahmen → Rn. 16. Ob die Maßnahme wirtschaftlich geboten oder unternehmerisch sinnvoll ist, hat der Unternehmer, nicht der HV oder das Gericht zu beurteilen (Entscheidungsfreiheit des Unternehmers,   **20**

§ 89b 21, 22   1. Buch. Handelsstand

der auch die wirtschaftlichen Folgen trägt, s. entspr. Rspr. zu → § 89a Rn. 21, vgl. enger → § 87a Rn. 28), der HV trägt das Risiko des Misserfolgs seines Unternehmers und dessen Produkte mit, im Ansatz richtig BGHZ 49, 41; BGH VersR 1958, 244; OLG Düsseldorf 15.5.1998, HVR Nr. 877, aber doch mit Prüfung, ob die Entscheidung noch wirtschaftlich vertretbar ist, aA OLG Hamm 11.5.1978, HVR Nr. 518. Ist die Entscheidung des Unternehmers wirtschaftlich nicht mehr nachvollziehbar (business judgment) oder handelt er willkürlich, kann er sich nicht auf das Entfallen des Ausgleichsanspruchs berufen, nach aA macht er sich dem HV gegenüber schadensersatzpflichtig, OLG Düsseldorf 12.3.2004, HVR Nr. 1085 (auch → Rn. 18). Beispiele: grundsätzlich Insolvenz, anders zB bei Betriebsfortführung, Verkauf oder Verpachtung des Betriebs, auch weitere Geschäfte des Insolvenzverwalters bei der Abwicklung, Staub/Emde Rn. 219; Wagner/Wexler-Uhlich BB 2011, 523; Betriebsstilllegung; Sanierungsübernahme ohne Vorteile; uU auch unentgeltliche Übernahme des Unternehmens durch anderes Konzernunternehmen, zB bei hohen Verlusten, BGH NJW 1986, 1932 (auch → Rn. 18); Einstellung der Erzeugung der vom HV vertriebenen Ware, BGH NJW 1959, 1964; Standortaufgabe, OLG Köln 1.3.2013 HVR Nr. 1468; sonstwie den Kundenstamm entwertende Geschäftsänderung; Vertriebsumstellung, zB Belieferung nur noch eines Großabnehmers, BGHZ 49, 41 (des Großaktionärs der UnternehmerAG). Auf jeden Fall ist der Unternehmer zu rechtzeitiger Mitteilung verpflichtet (§ 86a II 3). Geschäftsaufgabe des HV → Rn. 69.

21   **Verlust alter Kunden** neben Gewinnung neuer ist nach dem Wortlaut von I 1 Nr. 1 unerheblich, BGH BB 1964, 1399 (Tankstellenkunden); vgl. auch OLG Stuttgart DB 1957, 379; OLG Schleswig DB 1958, 246; aber uU nach I 1 Nr. 3 (→ Rn. 37). Jedenfalls beim Massengeschäft, etwa Zeitschriftenabonnements, ist der Verlust wohl schon nach I 1 Nr. 1 abzurechnen (Normzweck, → Rn. 2). Zur Abwanderungsquote bei der Ermittlung der neu geworbenen Kunden → Rn. 12.

22   **e) Beweislast** für Vorteile des Unternehmers liegt beim HV, BGHZ 55, 45; 135, 24, zB für Werbung von Stammkunden, BGH NJW 1985, 859; 1998, 68, auch für atypischen Umsatzverlauf, BGH BB 2008, 2595 (auch → Rn. 26); für (Mit-)Ursächlichkeit der Bemühungen des HV um Umsatzsteigerung, aber Unternehmen muss „Stichhaltiges" dagegen vortragen, OLG Celle ZVertriebsR 2017, 230 Rn. 29 f. Aber Anscheinsbeweis, dass dann, wenn das erste Geschäft des Unternehmers mit einem bestimmten Kunden in die Vertragszeit des HV fällt, die Tätigkeit des HV für die Werbung dieses Kunden mitursächlich war, OLG Karlsruhe IHR 2018, 81; dass der bei Vertragsende bestehende Kundenkreis von dem jahrelang ununterbrochen tätigen HV neu geworben sind, OLG Düsseldorf 8.2.1977, HVR Nr. 504; OLG Köln 27.1.2000, HVR Nr. 979; iErg auch BGHZ 56, 245; 73, 104; OLG Celle 7.1.1971, HVR Nr. 436, und (widerlegliche) Vermutung, dass die Geschäftsverbindung auch nach HVVertragsende fortbesteht, BGH NJW 1985, 859; WM 1991, 198; OLG Celle 7.2.2002, HVR Nr. 1040. Der HV kann Kundenlisten vorlegen oder, da Kundenlisten vielfach unvollständig sind, andere für eine Schätzung geeignete Unterlagen wie **statistisches** Material, BGH NJW 2017, 475 Rn. 55; Staub/Emde Rn. 193; aA sehr zurückhaltend EBJS/Löwisch Rn. 45, zB im Bauspar- und Versicherungsbereich, BGHZ 34, 319; 59, 130; NJW 1996, 2100, im Tankstellengeschäft, BGHZ 135, 14 (→ Rn. 12); BGH NJW 1998, 68 (74), str., konsequent dann aber auch allgemein im anonymen Massengeschäft. Kundenliste ohne Bezugsmengenangaben kann genügen, auch wenn nur bei Tankstelle dem Unternehmer unbekannt, BGHZ 42, 246. Kundenliste ist entbehrlich, wenn Neuerwerbung aus der Gesamtumsatzsteigerung folgt, OLG Düsseldorf 21.12.1979, HVR Nr. 535. Hochrechnung für Barzahler bei Tankstellen auf der Basis von Kartenzahlern (EC-Karten, Kreditkarten, Tankkarten, bei Flotten- und Firmenkundenkarten ist auf den Großkunden abzustellen), BGH VersR 2009, 1662, bei Anhaltspunkten für Abweichung (anonyme Barzahler) Differenzierung nach Kartenarten und nachträgliche Schätzungsergebniskorrektur, BGH 11.11.2009, HVR Nr. 1268; Emde BB 2010, 2451; Hübsch/Hübsch WM Sonderbeil. 1/2011, 11; Steinhauer BB 2012, 527 (Hamm). Geeignete **Schätzunterlagen** können im Tankstellengeschäft auch **Umfragen** von Mineralölfirmen sein, die keine statistisch sichere Aussage für einzelne Großstädte und den Kundenkreis einer einzelnen Tankstelle erlauben, BGH NJW 1998, 68; BB 2007, 2475; aA Rittner DB 1998, 457; Schreiber NJW 1998, 3737; EBJS/Löwisch Rn. 45; aber dies nur mit Vorsicht als Anhaltspunkt für die Schätzung, nur mangels konkreterer Daten für individuellere Schätzung, wegen fortschreitender elektronischer Erfassung der Zahlungsvorgänge (zB Bezahlung mit Karte) muss Tankstellenhalter zunehmend konkrete Anhaltspunkte für fallbezogene Schätzung dartun, BGH WM 2003, 491 (499), eine manuelle Auswertung der vielen Zahlungsbelege ist dem Tankstellenhalter aber unzumutbar, BGH BB 2007, 2476. Tankstellenhalter muss zumindest Brauchbarkeit und Aktualität des statistischen Materials belegen, OLG Hamm 11.2.2000, HVR Nr. 972. Die Mineralölfirma kann dem konkret erfasste Zahlungsvorgänge über Einzelgeschäfte entgegenhalten, aber nur nach Prüfung auf Richtigkeit und Vollständigkeit durch Sachverständigen, BGH BB 2007, 2476. Zur Faustregel, dass die Vorteile des Unternehmers nicht niedriger als die dem HV entgehenden Provisionen sind, → Rn. 24, 25, 47. **Schätzung nach § 287 II ZPO** nach hinreichenden Stichproben ist zulässig, BGHZ 59, 125; BGH NJW 1985, 860; WM 2003, 493 (501); Anforderungen an Substantiierung, BGH NJW 2000, 1413; Abzüge wegen Ungenauigkeiten der Schätzung, aber nicht bei auf Daten gestützter Berechnung, BGH BB 2007, 2478. Schätzung ist nur dort zulässig, wo die Beweisaufnahme zwar kein klares Ergebnis, aber deutliche Anhaltspunkte geliefert hat, sonst Entscheidung nach Beweislast, BGH NJW 1998, 73. Zur Schätzung eines Mindestausgleichsanspruchs nach den Grundsätzen der Versicherungswirtschaft BGH NJW 2015, 3373 Rn. 40 (→ Rn. 96). Zu Indizien- und Anscheinsbeweis und zur Schätzung § 287 II ZPO Semmler, 1995 (Tankstellenhalter), S. 218. Pauschales Bestreiten des Unternehmers genügt nicht bei Umständen in seinem Wahrnehmungsbereich und Möglichkeit und Zumutbarkeit näherer Angaben, BGH NJW 1999, 2670. Bei entsprechendem Vortrag des HV **sekundäre Darlegungslast des Unternehmers,** RWH/Thume Rn. 78; Genzow IHR 2014, 135. Auch Stufenklage des HV auf **Auskunft** → Rn. 45. **Berechnungsbeispiele:** Staub/Emde Rn. 201–246; Thume BB 2021, 1672 (anhand der Unternehmervorteile); Wauschkuhn ZVertriebsR 2022, 32; auch → Rn. 26, 32.

C. Billigkeitsprüfung, insbesondere entgehende Provisionen (I 1 Nr. 2): 23
Die Zahlung eines Ausgleichs **muss zweitens** unter Berücksichtigung aller Umstände des Einzelfalls **der Billigkeit entsprechen.**

a) Grundsatz: Dies ist idR erst nach Klärung der Voraussetzungen nach I 1 Nr. 1 (bis 2009 auch Nr. 2) zu prüfen, der Ausgleich darf also nicht ohne Feststellungen zu I 1 Nr. 1 allein nach Nr. 2 bemessen werden, BGHZ 43, 154; BGH NJW 1985, 59; 1997, 655. Umgekehrt ist I 1 Nr. 2 eine selbstständige, zusätzliche Anspruchsvoraussetzung neben Nr. 1. Zwar ist schon I 1 Nr. 1 auch unter dem Aspekt des billigen Ausgleichs (→ Rn. 3) auszulegen, OLG Hamm 14.3.1977, HVR Nr. 511, aber die eigentliche Billigkeitsprüfung findet erst unter Nr. 2 statt und korrigiert das Ergebnis aus Nr. 1. Billigkeitserwägungen allein begründen keinen Ausgleichsanspruch, Staub/Emde Rn. 255. Zur Frage der Kumulativität von Nr. 1 und 2 → Rn. 45.

Nach der **EG/EU-Richtlinie** 1986 (→ § 84 Rn. 3) setzt der Ausgleichs- 24 anspruch nur Vorteile des Unternehmers und Billigkeit (wie I 1 Nr. 1 und 2 nF) voraus; dem HV entgehende Provisionen (wie nach I 1 Nr. 2 aF; Provisionsverluste) stellen nur einen im Rahmen der Billigkeit (hier allerdings vorrangig,

§ 89b 25, 26

"insbesondere") zu berücksichtigenden Umstand dar, so eindeutig **EuGH** (Semen → Rn. 45) und in Reaktion darauf **I 1 Nr. 2 nF** (→ Rn. 1), dazu Emde WRP 2010, 2010; Thume IHR 2011, 7, OLG Frankfurt 13.3.2019 HVR Nr. 1464. In der Regel entspricht aber die Zahlung eines Ausgleichs ohne (näher bezifferte, str.) entgehende Provisionen nicht der Billigkeit; sollte das ganz ausnahmsweise anders sein, ist ein Ausgleichsanspruch allein aus I 1 Nr. 2 nF herzuleiten, so schon zur aF 33. Aufl., restriktiver wohl Emde VersR 2009, 1482 (→ Rn. 26, 28, 45). Für **widerlegliche Vermutung** (lt. BGH BB 2011, 208 mißverständlich, **Schätzung nach § 287 II ZPO**, → Rn. 22) wie schon bisher, **dass Unternehmervorteile und Provisionsverluste sich entsprechen,** BGH BB 2011, 208; NJW 1990, 2891; 2017, 475 Rn. 50; OLG Düsseldorf 25.6.2010, HVR Nr. 1292, aber nunmehr widerlegbar von beiden Teilen, Christoph NJW 2010, 650; Semler BB 2009, 2328; Emde BB 2011, 2764; Thume VersR 2012, 665 (VersVertreter); jedenfalls diesbezügliche Schätzung bleibt möglich, OLG Hamm IHR 2014, 231; zur Neuberechnung Thume BB 2009, 2490. Bspe für Widerlegung: erfolgreiche Marketingkampagne des HV kurz vor Ausscheiden, starke Preissteigerung des Produkts kurz vor oder nach Ausscheiden, Emde BB 2010, 2448. Zum Auskunftsrecht über Entwicklung nach Ausscheiden → Rn. 82.

25 Zu berücksichtigen sind **alle Umstände des Einzelfalls, insbesondere entgehende Provisionen.** Dazu gehören auch die Umstände der Vertragsbeendigung wie Anlass der Kündigung, Ablehnung eines neuen, angemessenen Vertragsangebots durch HV, BGH NJW 2007, 3493 – Opel; OLG München BB 2009, 298; Übernahme einer Konkurrenztätigkeit vor oder nach Vertragsende, BGH NJW 1996, 2302; 19.1.2011, HVR Nr. 1283 = IHR 2012, 78, auch wenn ohne Verstoß gegen Wettbewerbsverbot, BGH DB 1981, 1772; OLG Rostock NJW-RR 2009, 1632; Umsatzverluste des Unternehmers durch die Konkurrenztätigkeit des HV nach Ende des Vertrags, OLG Karlsruhe IHR 2018, 81. Umstände ohne Eigenleistung des HV wie Standort der Tankstelle, vom Unternehmer bestimmter günstiger Kraftstoffpreis, OLG München BB 2009, 298. Umstände des Einzelfalls, die ausgleichserhöhend (→ Rn. 45) sind zB auf der Seite des HV besonderer Einsatz, langjährige, erfolgreiche Tätigkeit, aufwändige Kundenwerbung, soweit nicht schon ausgeglichen (→ Rn. 24), oder auf Seiten des Unternehmers Vertragsverletzungen, Thume BB 2009, 2491; Emde BB 2010, 2449. Auch unwirksame Vertragsklauseln über Anrechnung, wenn sie die Vorstellungen der Parteien über Billigkeit erhellen, BGH NJW 2003, 1246; OLG Hamburg 26.1.2011, HVR Nr. 1351. Aber Umstände des Einzelfalls sind nach dem Schutzzweck der Norm (→ Rn. 2, 3) grundsätzlich nur vertragsbezogene Umstände, also nicht Alter, Gesundheit, Vermögenslage der Parteien, Zahl der Kinder, Grundmann, Treuhandvertrag, 1997, S. 378; insoweit aA BGHZ 43, 162 (aber idR keine wesentliche Bedeutung); 45, 273; NJW 2003, 1246. Nur in besonderen Ausnahmefällen kann es billig sein, auch vertragsfremde Umstände zu berücksichtigen (vgl. → Rn. 43); nach der EU-RL und der diese korrekt umsetzenden I 1 Nr. 2 nF ist das dann aber auch geboten. Jedenfalls im Ansatz weitergehend: alle Umstände im Einzelfall gegeneinander abzuwägen, Staub/Emde Rn. 258. Umfangreiche Fallliste bei Staub/Emde Rn. 259; Unternehmervorteile im VersVertrieb Lilje ZVertriebsR 2016, 211.

26 **b) Insbesondere entgehende Provisionen (I 1 Nr. 2 Mittelsatz):** Der Ausgleichsanspruch setzte nach I 1 Nr. 2 aF bis 2009 (→ Rn. 1) Provisionsverluste des HV voraus, also dass dem Handelsvertreter infolge der Vertragsbeendigung Provisionen aus bereits abgeschlossenen oder künftigen Geschäften mit den von ihm geworbenen Kunden entgehen. Das ist nunmehr zwar nicht mehr eine selbstständige Voraussetzung des Ausgleichsanspruchs, aber ein in I 1 Nr. 2 nF herausgehobener Umstand, dem im Rahmen der Billigkeitsprüfung nach I 1

7. Abschnitt. Handelsvertreter § 89b

Nr. 2 besondere Bedeutung zukommt („insbesondere"). Nach I 1 Nr. 2 nF sind **insbesondere die dem Handelsverteter aus Geschäften mit diesen** (I 1 Nr. 1: neuen) **Kunden entgehenden Provisionen** zu berücksichtigen. Das entspricht zwar nicht im genauen Wortlaut, aber doch im Sinn der bisherigen Fassung und erlaubt es, auf die bisherigen Tatbestandsmerkmale und deren Auslegung zurückzugreifen, OLG Köln IHR 2014, 31, immer vorausgesetzt, dass dies nicht abschließend wie nach I 1 Nr. 2 aF sein kann, sondern in das Gesamturteil der Billigkeit eingehen muss. Auch die Rspr. zur Nichtberücksichtigung von Verwaltungsprovisionen (→ Rn. 28) soll bleiben können, wenn diese nur nicht völlig ausgeblendet werden, wohl BGH 11.11.2009, HVR Nr. 1268 = BeckRS 2009, 88043 Rn. 16, aber fraglich wegen EU-Richtlinie (→ Rn. 28). Gewisse Unsicherheiten können aber bezüglich der Kriterien für die Billigkeit, soweit sie über die dem HV entgehenden Provisionen und uU Unternehmervorteile hinausgeht, entstehen (→ Rn. 45). Größere Änderungen der Rspr. sind also nicht zu erwarten, anders wohl Thume BB 2009, 2494 (Rotationssysteme, → Rn. 32, Sukzessivlieferungs- und Rahmenverträge) und BB 2015, 387 (für Dauerverträge), zumal die Mitgliedstaaten nach der EU-Richtlinie einen Gestaltungsspielraum haben, den sie insbesondere unter dem Billigkeits-Kriterium nutzen können, EuGH EWS 2006, 174 – Honeyvem, und die Billigkeitsprüfung nur beschränkt revisibel ist (→ Rn. 84), dazu auch Ströbl/Wentzel BB 2017, 390. Provionsverluste sind also nur ein besonders wichtiger Umstand („insbesondere"), aber keine Tatbestandsvoraussetzung mehr, es kann also am Entgehen von Provisionen überhaupt fehlen, Ausgleich ist also auch bei bloßen **Einmalprovisionen** denkbar, OLG Düsseldorf ZVertriebsR 2017, 111 m. zust. Anm. Goßler ZVertriebsR 2017, 188; abl. Meyer ZVertriebsR 2017, 89 (93); Staub/Emde Rn. 294; Emde WRP 2010, 844 (847), aber dann schwierige Berechnung der Unternehmervorteile ohne Rückgriff auf Provisionsverluste, MüKoHGB/Ströbl Rn. 117. Auskunftsanspruch → Rn. 82.
Berechnungsschritte: Ausgangspunkt ist grundsätzlich die letzte Jahresprovision (→ Rn. 32), davon zählt nur der Teil, den der HV für Umsätze mit Stammkunden erhalten hat, denn nur mit diesem Kunden besteht eine Geschäftsverbindung iSv I 1 Nr. 1. Die entgehenden Provisionen nach I 1 Nr. 1 Mittelsatz sind das Gegenstück zu I 1 Nr. 1 (Vorteile des Unternehmers). Die Auslegung von I 1 Nr. 1 und 2 Mittelsatz läuft deshalb häufig parallel. Stammkunden → Rn. 12f, geworbene Kunden → Rn. 14, dort auch zum Bezirksvertreter; Prognose und Prognosezeitraum → Rn. 16; Verlust alter Kunden, Abwanderungsquote → Rn. 12; Beweislast → Rn. 22. **Berechnungsbeispiele:** Staub/Emde Rn. 487ff. (Rspr., hL), 510 ff. (eigener Ansatz), MüKoHGB/Ströbl Rn. 175 ff., Küstner/Thume/Thume, Bd. 2, XIX 1 ff., 25 ff. Für den **Vertragshändler** gelten zu I 1 Nr. 2 analog wichtige Besonderheiten (näher → § 84 Rn. 12).

Provisionen können nach I 1 Nr. 2 Mittelsatz entgehen: (1) Aus bereits abgeschlossenen Geschäften mit vom HV geworbenen Kunden. Bei solchen, dh in der Vertragszeit zustande gekommenen Abschlüssen behält der HV zwar die Provisionsansprüche unabhängig vom Zeitpunkt der Ausführung des Geschäfts (§ 87 I 1), er kann sie aber uU gemäß Vertragsvereinbarung verlieren (→ § 87 Rn. 38), dann ist I 1 Nr. 2 Mittelsatz einschlägig, Staub/Emde Rn. 316; ob in Sonderfällen eine Geschäftsverbindung erforderlich ist, nicht str., so Staub/Emde Rn. 316; anders Küstner/Thume/Thume, Bd. 2, VII 15. I 1 Nr. 2 Mittelsatz umfasst nur entgehende Provision für (Vermittlung und) Abschluss von Geschäften, also für **werbende**, vermittelnde, abschließende Maßnahmen (**Abschlussprovisionen**, vgl. → Rn. 2), stRspr BGHZ 30, 98; NJW 1998, 69 (72); auch Superprovision, falls Abschlussprovision, BGHZ 59, 128; NJW 1979, 653, auch Superprovision des Generalvertreters (→ § 84 Rn. 32), BGH WM 2012, 469; auch Abschlussprovisionen mit Sicherungsfunktion für den Unternehmer bis zum Eingang der Verkaufserlöse, BGH NJW 1979, 653; auch sonstige Vergütungen wie Festvergütung (→ § 87 Rn. 5), sofern sie Entgelt für Abschlüsse sind, BGHZ 43, 158; auch Zusatz- oder Sonderprovisionen (→ § 87 Rn. 3), einerlei ob mit Anspruch oder freiwillig, zB außerordentliche Verkaufshilfen (unterscheiden: Kundenstammüberlassungspflicht → § 84 Rn. 15), BGH NJW 2011, 850; BB 2010, 600 = 13.1.2010, HVR Nr. 1270; BGH NJW 2011, 210, zB für Werbung, Neuzulassungsboni, Rabatte ua, OLG Köln 2.3.2001, HVR Nr. 1048; OLG München OLGR 2002, 216, Großabnehmerzuschüsse und Leasingzuschüsse, Prämien, versteckte Rabatte (Vertragshändler), BGH NJW 2011, 850. Sonderprämien, auch freiwillige deren Auszahlung vom Erreichen bestimmter Vertriebsziele abhängig gemacht sind, OLG Düsseldorf ZVertriebsR 2020, 257 Rn. 13. Werbende Maßnahmen sind **auch Lagerhaltung und Auslieferung durch Tankstellenhalter**, BGH NJW 1998, 69 (72) (Aufgabe von BGH NJW 1985, 860; WM 1988, 1204), aA bisher hL, Rittner WRP 1998, 457, sowie Tätigkeiten, die bzw. deren Ergebnis der Kunde sieht, zB für Zustand, Ordnung und Sauberkeit der Tankstelle und für Einstellung, Führung und Überwachung der Mitarbeiter, BGH NJW 1998, 69 (72).

28   **Nicht** (auch nicht nach Reform, → Rn. 26): Provisionen für Tätigkeiten, die (tatsächlich, Bezeichnung nicht entscheidend) von keiner oder nur ganz untergeordneter Bedeutung für Abschlüsse sind, zB Inkasso (§ 87 IV), **Verwaltungsprovisionen,** Provisionen für Bestandspflege, Buchführung, eigene Provisionsabrechnung, Schadensregulierung, Delkredere (§ 86b), stRspr BGHZ 30, 98; NJW 1985, 861; 1998, 69 (72); BB 2007, 2479 (im konkreten Fall 10%); BGH BB 2010, 1686 (Schätzung 10%); BGH NJW 2011, 851 (Vertragshändler); BGH 19.1.2011, HVR Nr. 1282; NJW 2017, 475 Rn. 52 (abl. für längere Öffnungszeiten); OLG Köln IHR 2014, 31; aA wegen Art. 617 II a iVm 6 II EU-Richtlinie (ausgleichspflichtig sind alle „Provisionen"; auch EuGH (Semen → Rn. 26, 45), Staub/Emde Rn. 284 und DStR 2009, 1478: nun eher unvertretbar; VersR 2009, 1482; WRP 2010, 846; Thume BB 2009, 2494; IHR 2011, 9, Vorlage an EuGH wäre notwendig; „Verwaltung", namentlich im Versicherungs- und Bausparkassengeschäft, BGHZ 30, 102; 34, 314; 55, 49; 59, 128; OLG München BB 1993, 1754; durchlaufende Posten (→ Rn. 32). Die Rspr. will nur solche Tätigkeiten unberücksichtigt lassen, die ausschließlich verwaltenden Zwecken dienen, BGH NJW 1998, 69 (73). Zu gemischten Tätigkeiten OLG Köln IHR 2014, 31. Dabei sind die Besonderheiten der jeweiligen Vertriebssparte zu berücksichtigen, also Unterschiede zB zwischen Tankstellen- und KfzVertragshändlergeschäft, BGH NJW 1998, 69 (72). Im Tankstellengeschäft sind Lagerhaltung, Auslieferung und Inkasso nicht vermittlungsfremd, sondern werbend (trotz § 87 IV), BGH WM 2003, 491. Überhöhte Verwaltungsanteilsabrede → Rn. 70. Bei **Vertragshändler** zuerst Herausrechnung der händlertypischen Vergütungsbestandteile, der verbleibende Händlerrabatt ist dann um Verwaltungprovisionen etc zu reduzieren, BGH NJW 2011, 3439. **Beweislast** für Abgrenzung von werbenden und verwaltenden Tätigkeiten → Rn. 33.

29   **(2) Aus künftigen Geschäften** mit von dem HV geworbenen Kunden, gleich ob solche Abschlüsse nur mit oder auch ohne neue Bemühung des HV zustandekommen, BGHZ 24, 226; 29, 92; 30, 103. Die Fortsetzung des HVVertrags und die gleich bleibende Tätigkeit des HV sind dafür zu unterstellen, davon ausgehend sind die Provisionseinkünfte zu ermitteln (Prognose, → Rn. 16), BGHZ 24, 227; 141, 252; BB 2008, 2596, stRspr. Bei dieser Fiktion kommt es weder auf die Gründe der Beendigung an noch darauf, ob der HV überhaupt noch weitere provisionspflichtige Geschäfte hätte vermitteln können, BGHZ 24, 217 (227); BGH NJW 1998, 1070, zB weil Unternehmer insolvent wird, BGH NJW 2011, 848, oder HV nach Vertragsbeendigung sein Geschäft aufgibt oder insolvent wird, BGH NJW 2011, 848, → Rn. 7, 9. Solche Provisionen aus künftigen Geschäften entgehen, zB wenn zu erwarten ist (Prognose, → Rn. 16), dass einmal geworbener Kunde in verhältnismäßig kurzen Zeitabständen neu

bestellen wird, BGH BB 1970, 101; auch aus vorbereiteten Abschlüssen iSv § 87 III, falls der Vertrag diese abw. von § 87 III von der Provisionspflicht ausschließt; bei Versicherungs- und Bausparkassenvertretern auch aus (sog. Nachfolge)Verträgen, die nach HVVertragsende abgeschlossen werden, aber in engem Zusammenhang mit von ihnen früher vermittelten Verträgen stehen, zB Verlängerung oder Summenerhöhung, BGHZ 34, 310; 59, 125; BB 1970, 102; LG Heilbronn BB 1980, 1819; LG München I BB 1981, 573 mAnm. Brych. Berechtigte Vertriebsumstellungen (zB nur noch Belieferung von Großhändlern), die zu entgehenden Provisionen geführt hätten, sind zu berücksichtigen, BGH BB 2008, 2594.

Nicht: bloße Aussicht, neue Kunden zu werben, BGHZ 24, 228; 29, 92; 34, 314 (Bausparkassenvertreter); BGHZ 135, 21; auch bei („unechter") Gruppenversicherung (die nur die Einzelabschlüsse mit den Gruppenmitgliedern vorbereitet), BGH BB 1961, 189; Bezirks- oder Kundenschutz (→ Rn. 14), Schröder BB 1962, 740.

(3) Entgehen: Solche Provisionen müssen dem HV **infolge der Vertrags- 31 beendigung** tatsächlich entgehen, nicht zB bei Untervertreter, der die von ihm geworbenen Kunden jetzt unmittelbar für den Unternehmer bedient, BGHZ 52, 5. Vertragsbeendigung auch, wenn Vertragshändlervertrag beendet und Agenturvertrag abgeschlossen wird, dann aber Berücksichtigung bei Billigkeitsausgleich (→ Rn. 41), OLG Köln 6.2.2009, HVR Nr. 1352. Entgehen von Provisionen einerlei, ob vertraglich geschuldet oder freiwillige Zusatzleistungen → Rn. 27. Zum Entgehen ist Prognose nötig (→ Rn. 16).

(4) Als **Bemessungsgrundlage** bzw. Bezugsgröße für die Prognose der Ent- 32 geltverluste sind **grundsätzlich** die in den **letzten zwölf Monaten** vor Beendigung des HVVerhältnisses verdienten Provisionen heranzuziehen, weil sie für den zukünftigen Verlauf am aussagekräftigsten sind, BGH BB 2008, 2595; aA Emde BB 2010, 2449: Fünfjahresdurchschnitt entspr. II; nur bei **atypischem Verlauf** des letzten Vertragsjahres kann Durchschnittswert unter Heranziehung eines längeren Zeitraums gebildet werden, BGHZ 135, 23; 141, 252; NJW 2011, 849; BB 2011, 209. Diese Bemessungsgrundlage gilt auch bei **Rotationssystemen** (wechselnde HVBezirke), also Fiktion der Weiterbetreuung der in den letzten zwölf Monaten gewonnenen Stammkunden trotz Rotation, Änderungen sind über Billigkeit (noch zu I 1 Nr. 3 aF) zu berücksichtigen, BGHZ 141, 255; OLG Celle 1.2.2001, HVR Nr. 1036; krit. Thume BB 1999, 2313; Schaefer NJW 2000, 320, uU Berücksichtigung der gesamten Bezirke, Emde EWiR 1/99, 653 (aber auch → Rn. 26, 45), näher Staub/Emde Rn. 324. Maßgeblich für I 1 Nr. 2 Mittelsatz sind die zu erwartenden **Bruttoprovisionen** vor Abzug der Betriebskosten (zu Ausnahmen → Rn. 41), nicht der Reingewinn, BGHZ 29, 92; 41, 134; 12.2.2003, HVR Nr. 1063; NJW 2017, 475 Rn. 60, samt der auf sie entfallenden **Mehrwertsteuer,** BGHZ 61, 114; WM 1987, 1465; NJW 1998, 70; 1999, 2670; BB 2008, 2597. Mehrwertsteuer auf den Ausgleichsanspruch schuldet der Unternehmer jedoch wie auch sonst nur bei Vereinbarung; auch die an Untervertreter abgegebenen Provisionsteile (Grund: Ausgleichsansprüche der Untervertreter gegen HV), BGH WM 1985, 982; uU schadet nicht, dass kein Reinverdienst zu erwarten war, BGH BB 1960, 1261; aA OLG Bremen BB 1966, 877; 1967, 430. **Abzuziehen** sind **durchlaufende Posten,** zB Mietkosten für Auslieferungslager, vgl. BGHZ 61, 114, Zahlungen einer Bausparkasse, die nach HVVertrag vom Bezirksvertreter an dessen freie Mitarbeiter weiterzuleiten sind, BGH BB 1989, 1075. **Nicht abzuziehen:** Provisionen an Untervertreter, BGH WM 1985, 981; OLG München 3.5.2000, HVR Nr. 987; allgemeine Kostendeckungsbeiträge, BGH 12.2.2003, HVR Nr. 1063; Berücksichtigung der vom HV ersparten Aufwendungen, wenn überhaupt, erst bei Billigkeitsprüfung, → Rn. 41.

§ 89b 33, 34 1. Buch. Handelsstand

Berechnungsschritte: → Rn. 26 aE. **Berechnungsbeispiel** in BGH NJW 1998, 71: Ausgangsbetrag letzte Jahresprovision (mit MWSt); davon 90% Stammkundenumsatz minus 8,75% Altstammkundenumsatz = 81,25% Umsatz mit neuen Stammkunden; davon 90% für werbende Tätigkeit; mal 200% (Gesamtprovisionsentgang von 80% + 60% + 40% + 20%, schematisierter Abwanderungsverlust von jährlich 20% über 5 Jahre); abgezinst nach anerkannter Abzinsungsmethode; nicht mehr als Höchstbetrag einer durchschnittlichen Jahresprovision nach II. Beispiele: Emde BB 2007, 2482; zur Berechnung bei Besonderheiten OLG Düsseldorf ZVertriebsR 2020, 257 Rn. 15 ff. **Münchener Formel,** LG München I 3.8.1998, HVR Nr. 909, gegen diese OLG Saarbrücken NJW-RR 2003, 900; Kainz/Lieber/Puszkajler BB 1999, 434; krit. Reufels/Lorenz BB 2000, 1586; bei HVRotation BGH NJW 1999, 2670; **Rohertragsmethode** bei Vertragshändler → § 84 Rn. 12; aber kein Auskunftsanspruch über den Rohertrag des Herstellers, BGH NJW 2021, 69 mAnm Wentzel BB 2020, 2772 (→ Rn. 82).

33   (5) **Beweislast** liegt beim HV, BGHZ 55, 45; 135, 24 (noch zu Nr. 2 aF); BGH BB 2010, 1686; 19.1.2011, HVR Nr. 1282; OLG Düsseldorf ZVertriebsR 2020, 257 Rn. 10; anders wohl Emde VersR 2009, 1485, aber vielfach Anscheinsbeweis. Der wahrscheinliche Provisionsentgang des HV entspricht der Umsatzerwartung des Unternehmens, die für dieses nach Anscheinsbeweis bei Dauerkunden durch regelmäßige Lieferung besteht, OLG Düsseldorf 8.2.1977, HVR Nr. 504. Auch bei Rotationssystem (→ Rn. 32) muss HV darlegen, wer Neu- und wer reaktivierter Altkunde ist, OLG Düsseldorf 4.8.2000, HVR Nr. 947. Beweislast für Anteil der Verwaltungsprovisionen uä (→ Rn. 28, str.) liegt beim Unternehmer (Grund: Sachnähe, Erfahrungswerte über Aufteilung der Provision; Besonderheiten für Vertragshändler, insbesondere Tankstellenhalter, → § 84 Rn. 12), BGH WM 1988, 1204; NJW 1996, 2300; 1998, 69 (73); WM 2003, 503; BB 2010, 1686; 19.1.2011, HVR Nr. 1282. Vertragliche Aufteilung muss konkret und überprüfbar sein; ist sie das nicht, ist darin auch keine Rückverlagerung der Beweislast zu sehen, BGHZ 152, 135. Sonderfall (individuelle Regalpflegeabsprachen), OLG Hamm 21.11.1997, HVR Nr. 959. Schätzung nach § **287 II ZPO** (vgl. → Rn. 22); BGH NJW 2011, 851; 2011, 3440; OLG München 16.1.2002, HVR Nr. 1053, auch dass die Vorteile des Unternehmers den Verlusten des HV entsprechen, BGH NJW 1990, 2891; 2011, 848 (→ Rn. 47); aber nur bei greifbaren Anhaltspunkten, sonst bleibt es bei Beweislast, BGH NJW 1998, 73. Vgl. auch (zu I 1 Nr. 1) → Rn. 22.

34   c) **Weitere für Billigkeit sprechende Umstände: Umstände der Vertragsbeendigung:** Zu Lasten des HV (abgesehen von III Nr. 2 Mittelsatz) gehen: sein oder seiner Leute **Verschulden** daran, BGHZ 29, 280; DB 1981, 1773; Vorliegen von Gründen zur Kündigung des gestorbenen (nicht gekündigten) HV ohne Ausgleichsanspruch (§§ 89a, 89b III Nr. 2 aF, nunmehr Mittelsatz), BGH NJW 1958, 1966 (falls nicht schon III Nr. 2 Mittelsatz eingreift, → Rn. 64); zur ordentlichen Kündigung führende Vertragsverletzung des HV, BGH DB 1981, 1773; auch Vertragsverletzung ohne Kündigungsgrund, OLG Rostock NJW-RR 2009, 1631; Wettbewerbsverstöße und nachvertragliche Konkurrenz → Rn. 40. Nicht schon vereinzelter Vertragsverstoß während langjähriger guter Zusammenarbeit, BGH WM 1985, 469; Ablehnung eines Arbeitsvertrags, OLG Düsseldorf 8.5.1956, HVR Nr. 130 Ls., oder neuen HVVertrags mit Nachfolger, OLG Hamm 14.3.1977, HVR Nr. 511. Prüfung im Einzelnen bei Tod, BGHZ 24, 223 (→ Rn. 9), Unfall, BGHZ 41, 132, und **Selbstmord,** BGHZ 45, 388; 60, 350 (→ Rn. 9). Zu berücksichtigen können ferner sein eine für den HV vorteilhafte besonders lange Kündigungsfrist, BGH WM 1970, 1515; überraschende Kündigung nur, wenn HV sich auf längere Dauer des HVVertrags einrichten durfte, BGH VersR 1961, 222.

7. Abschnitt. Handelsvertreter 35–38 § 89b

Besonderheiten des beendeten Vertrags: Vergütung, zB feste Mindest- 35
vergütung, BGH NJW 1967, 249; OLG München BB 1961, 651; OLG Celle
BB 1962, 156; OLG Nürnberg VersR 1976, 467, aber nicht wenn HV sonst
nur unwesentliche Provisionsbezüge hatte, BGHZ 43, 159; andere für HV
besonders günstige Bedingungen, BGHZ 45, 268; freiwillige Leistungen wie
Stehenlassen von Provisionen durch den HV als Finanzhilfe für den Unternehmer, LG Freiburg BB 1957, 561; zusätzlich zur Provision gewährtes **Fixum,**
Staub/Emde Rn. 259 Fixum; in welchem Umfang HV für seine Goodwillschaffung schon durch Provision auf Nachbestellungen belohnt wurde, BGH BB
1957, 1161; Vergütungsabrede zwischen dem HV und seinem Nachfolger,
BGH NJW 1975, 1926 (→ Rn. 75); Veräußerung der Kundenkartei durch HV
nach Vertragsende an Dritten, OLG München 24.11.2004, HVR Nr. 1165;
Aufwendungen des Unternehmers für Werbung und Umsatzförderung nur,
wenn sie außergewöhnlich sind, OLG Frankfurt a. M. 8.12.1970, HVR Nr. 428;
OLG Hamburg 9.12.1976, HVR Nr. 509; KG 15.9.1994, HVR Nr. 811, idR
ist abgewogenes Verhältnis zur Provision anzunehmen (vgl. → Rn. 19), BGHZ
56, 245; 73, 105; besonderer Einfluss von **Lage der Tankstelle und Marke,**
die nicht mehr beim Stammkundenbegriff relevant werden (→ Rn. 12); insbesondere **Sogwirkung,** vor allem bei Markenware (Vertragshändler, → § 84
Rn. 15), BGH NJW 1982, 2820; WM 1987, 1465; 1994, 243; NJW 1996, 2298
(2302); 1997, 1506; WM 2003, 498; BB 2007, 2479; 19.1.2011, HVR
Nr. 1282; OLG München BB 1994, 533, dazu tatrichterliche Schätzungsermessen, das aber auch ausgeübt werden muss, BGH WM 2003, 2107, danach sind
Abzüge von 10%, 20%, BGH WM 2006, 1407; BB 2010, 1689 (auch für
Shopgeschäft), in Einzelfällen bis zu 25% (OLG Köln BB 1995, 2548; OLG
Köln 6.2.2009, HVR Nr. 1352; vgl. BGH NJW 1996, 2304; BB 2011, 211),
sogar 33% (OLG München 16.1.2002, HVR Nr. 1053), anerkannt worden;
dabei sind auch Bekanntheitsgrad der Marke und Werbewirksamkeit von Bonusprogrammen relevant, BGH BB 2010, 1689; nicht Belastung des Unternehmers
durch Provisionen für NachfolgerHV, BGHZ 42, 248. Gegen Sogwirkung bei
großen Mineralölfirmen Emde BB 2007, 2482. Wechsel vom Vertragshändler
zum HV → Rn. 31, 41.
Vertragsdauer: Kurze Vertragsdauer kann nicht zu Lasten des HV gehen, 36
BGH NJW 1958, 23; 1997, 655; OLG Hamburg DB 1963, 1214; KG 5.12.1970,
HVR Nr. 433. **Lange** Verbundenheit ist ambivalent, denn sie lässt den HV mehr
Früchte seiner Arbeit ernten als eine kurze, aber zeugt auch von Vertragstreue des
HV und erlaubt weniger Härten, OLG Frankfurt a. M. 12.7.1966, HVR Nr. 368.
Im Ergebnis kann sie aber zugunsten des HV zu berücksichtigen sein, zumal bei
Eintritt in Ruhestand, BGHZ 55, 45, und bei erfolgreicher langjähriger Tätigkeit
des HV, Thume BB 2009, 2493; abwägend: Staub/Emde Rn. 259 Dauer der
Tätigkeit. Zeiten abhängiger Beschäftigung des späteren HV bleiben außer Betracht, OLG Köln 23.10.2015, HVR Nr. 1417. Ausgleichsanspruch bei Dauerverträgen Thume BB 2015, 387.
Verlust alter Kunden neben Gewinnung neuer ist (falls nicht schon unter I 1 37
Nr. 1, → Rn. 21) idR nicht zu Lasten des HV zu beachten, BGH NJW 1990,
2891; aA BGH BB 1964, 1399 (Tankstellenkunden); differenzierend OLG Stuttgart DB 1957, 379; OLG Schleswig DB 1958, 246.
Gesamtumsatz: Rückgang des Gesamtumsatzes trotz Werbung neuer Kun- 38
den kann Ausgleich mindern, muss ihn aber nicht völlig ausschließen, BGHZ 42,
247; NJW 1990, 2891; dabei spielt eine Rolle, ob der Rückgang vom HV hätte
verhindert werden können. Nicht wesentlich ist, ob ein anderer HV den Bezirk
übernimmt oder Unternehmer ihn in eigene Regie nimmt und ob er so mehr
herausholt. Aufbau des Kundenstammes mit Hilfe von **Schmiergeldern** unter
Mitwirkung des Unternehmers schließt Ausgleichsanspruch nicht aus, BGH
NJW 1977, 671.

§ 89b 39, 40

39 **Altersversorgung:** Zwischen Ausgleichsanspruch und Altersversorgung besteht eine „funktionelle Verwandtschaft", eine unbillige Doppelbelastung des Unternehmers soll vermieden werden, BGHZ 153, 14; NJW 2003, 1246; OLG München VersR 2010, 209; OLG Düsseldorf BeckRS 2017, 151716 Rn. 64; aA LG München I BB 2009, 350 m. zust. Anm. Röder. Leistungen des Unternehmers zur Altersversorgung des HV sind daher bei dahingehender Vereinbarung ganz oder teilweise auf den Ausgleichsanspruch **anzurechnen**, wobei idR der Steuervorteil des Unternehmers außer Betracht bleibt, BGHZ 45, 278, ebenso ein von ihm mit der Altersversorgung erwirtschafteter Gewinn, OLG München 10.11.2010, HVR Nr. 1319, der Kapitalwert ist dabei auf den Zeitpunkt der Vertragsbeendigung zu beziehen, BGH WM 2006, 1790; Anrechnung der so finanzierten Rente auf Ausgleichsanspruch aber nicht generell, sondern je nach Einzelfall, BGHZ 55, 58; 153, 14; OLG Köln VersR 2001, 1377; OLG München VersR 2005, 687; 2010, 209; 10.11.2010, HVR Nr. 1319; Anrechnug bei funktionalem Zusammenhang auch ohne Vereinbarung je nach Einzelfall, OLG Köln IHR 2017, 40. Die Altersversorgung muss aber den praktischen Zweck einer Ausgleichszahlung übernehmen. Daran fehlt es, wenn die Lebensversicherung bzw. Rente nicht in angemessener Zeit nach HVVertragsende fällig wird, BGHZ 153, 14; NJW 1994, 1350 (21 Jahre); OLG Düsseldorf NJW-RR 1996, 225; OLG Köln VersR 1997, 615 (13 Jahre); anders im Einzelfall nach Billigkeit (I 1 Nr. 2), OLG München VersR 2005, 687 (14 Jahre); OLG München WM 2007, 710 (11 Jahre); OLG Köln IHR 2017, 40 (auch bei erheblicher Fälligkeitsdifferenz), bei entsprechender Abrede, BGH BB 1984, 168 (24 Jahre). Eine solche Abrede kann, auch wenn unwirksam, bei Billigkeitsentscheidung des Gerichts berücksichtigt werden, BGH NJW 2003, 1246. Keine Anrechnung, wenn HV für Altersversorgung besondere Gegenleistung erbringt oder diese sonst (BetrAVG) geschuldet wird. Doppelbelastung ist zu vermeiden, auch wenn PersonenGes zwischengeschaltet ist, BGH NJW 1982, 1814. Vertragsabrede ist empfehlenswert, aber in den Grenzen von IV (→ Rn. 70). Abrede über Wahl zwischen Ausgleich und Altersversorgung verstößt nicht gegen IV (→ Rn. 79). Altersversorgung durch Direktversicherung, Küstner/Thume/Thume, Bd. 2, X 100ff. AGB über Verzicht auf unternehmerfinanzierte Altersversorgung (Treugeld) bei Geltendmachung des Ausgleichsanspruchs ist wirksam, Geltendmachung ist geschäftsähnliche Handlung, BGH IHR 2017, 21. AGBKlauselkontrolle s. OLG München NJW-RR 2003, 1286. Lit.: Küstner/Thume/Thume, Bd. 2, X 1ff.; Honsel BB 1984, 365; Küstner BB 1994, 1590; VersR 2001, 58; Graf v. Westphalen DB 2000, 2255 (Grundsätze Sach, → Rn. 96); BB 2001, 1593 (abl.); Evers/Kiene DB 2002, 1309; ZfV 2001, 585 (618, 765); 2001, 585 (618, 765); Löwe/Schneider ZIP 2003, 1129; Otto FS Thume, 2008, 81; Thume VersR 2009, 436. Zur Anrechnung der Altersversorgung als Sonderfall der Billigkeit Staub/Emde Rn. 329ff.

40 **Tätigkeit für Konkurrenz:** zB Möglichkeit für **Mehrfirmenvertreter**, den Kundenstamm für andere Firmen weiterzunutzen, BGH BB 1960, 1179; DB 1981, 1773; 19.1.2011, HVR Nr. 1283; OLG Frankfurt a. M. 3.6.1967, HVR Nr. 365; MüKoHGB/Ströbl Rn. 133; aA Staub/Emde Rn. 259 Mehrfirmenvertreter; nicht wenn branchenfremd, es sei denn, der HV hat sich vertragswidrig nicht hinreichend für den Unternehmer eingesetzt und dadurch zusätzlich verdient, BGH NJW 1997, 655. Vertragswidrige Tätigkeit für **Konkurrenz** vor Vertragsende muss nicht Ausgleichsanspruch notwendig entfallen lassen, BGH VersR 1960, 846, darf aber nicht außer Betracht bleiben, BGH WM 1975, 858; OLG Rostock NJW-RR 2009, 1631. In Einzelfällen ist Abzug von 25% (zusammen mit Sogwirkung, → Rn. 35, von 50%) anerkannt worden, vgl. BGH NJW 1996, 2304. Geht HV nach Vertragsende ohne Verstoß gegen ein nachvertragliches Wettbewerbsverbot (§ 90a) zur Konkurrenz, spielt wie bei Mehrfirmenvertretern das Mitnehmen der Kunden eine Rolle,

7. Abschnitt. Handelsvertreter   41–45   § 89b

BGH NJW 1967, 249; WM 1975, 856; NJW 1997, 655. Vgl. auch → § 90a Rn. 6.

Ersparte Unkosten: I 1 Nr. 2 Mittelsatz spricht nur von **(Brutto)Provisio-** 41 **nen** des HV (also dort ohne Abzüge von Unkosten, → Rn. 32), jedoch wäre es unbillig, die zugleich ersparten Aufwendungen des HV ganz, also auch bei der **Billigkeitsprüfung,** außer Betracht zu lassen, zB ersparte Betriebsunkosten, BGHZ 29, 93, aber idR nur besonders hohe, BGHZ 41, 135; 56, 249 (50 % noch nicht „besonders hoch"); BGH NJW 1979, 653; 12.2.2003, HVR Nr. 1063 (50 %); BGH NJW 2017, 475 Rn. 60; OLG Oldenburg ZVertriebsR 2016, 186 (Kommissionagent, 20 %); nicht dagegen ersparte Unterprovisionen (→ Rn. 32, 51), aber zB wenn der Untervertreter (→ § 84 Rn. 31) seinen Ausgleichsanspruch nicht rechtzeitig geltend macht, KG 15.9.1994, HVR Nr. 811. Da auf der Provisionsseite nur Abschlussprovisionen zählen, sind auch nur ersparte (Vermittlungs- und) Abschlusskosten zu berücksichtigen, nicht allgemeine Verwaltungskosten. Dass der HV keinen Reingewinn hatte, schließt nicht jeden Ausgleich aus, BGH BB 1960, 1261. Bei Fortsetzung der Vertragshändlerbeziehung als HV (→ Rn. 31) ggf. erheblicher Billigkeitsabschlag, OLG Köln 6.2.2009, HVR Nr. 1352 (im konkreten Fall 60 %). Erleichterung durch Weitergabe von Kundenlisten nach Neugründung (→ Rn. 14), BGH NJW 2012, 304. **Eigene Weiternutzung des Kundenstamms** nach Vertragsende durch Servicebetrieb für die gleiche Marke, BGH VersR 1981, 832; NJW 2011, 3438; OLG Köln 23.1.2009, HVR Nr. 1304 (Abzug 10 %).

Hohes Alter des HV stärkt weder sein Ausgleichsrecht noch steht es diesem 42 entgegen, weil er durch Arbeitsunfähigkeit die Provisionschancen ohnehin verlöre. Ebenso **Gesundheit** des HV. **Tod** des HV → Rn. 34.

Wirtschaftliche und soziale Verhältnisse der Parteien liegen außerhalb des 43 Vertrags und sind daher allenfalls ganz ausnahmsweise und unter anderem beachtlich (vgl. → Rn. 3), aA weitergehend BGHZ 43, 162 (beim HV: achtköpfige Familie); 45, 271; 129, 296 (beiläufig); OLG Düsseldorf 8.2.1977, HVR Nr. 504 (beim Unternehmer: Gefahr für Betriebsfortführung). Nicht relevant sind auch **Erwerbsfähigkeit** des HV und **anderweitige Erwerbsmöglichkeiten,** Staub/Emde Rn. 259.

d) Beweislast für Billigkeit liegt beim HV, BGHZ 55, 45; 135, 24; WM 44 2003, 493 (501). Sind I 1 Nr. 1 und 2 Mittelsatz gegeben, spricht eine tatsächliche Vermutung dafür, dass der Ausgleich auch der Billigkeit entspricht. Für besondere Umstände, die dagegen sprechen, ist der Unternehmer beweispflichtig, BGH NJW 1990, 2891, Ls. in BGHZ 55, 45 ist mißverständlich; für Umstände, die dagegen wiederum für den HV sprechen, ist dieser beweispflichtig. Vgl. auch (zu I 1 Nr. 1, 2) → Rn. 22, 33.

3) Höhe des Ausgleichsanspruchs (I 1, II)

A. **Ausgleich „wenn und soweit" (I 1):** Aus dem „wenn" folgt, dass beide 45 Tatbestandselemente (Nr. 1–2) kumulativ gegeben sein müssen (Tatbestandsvoraussetzungen, Anspruchsgrund). Aus dem „soweit" in I 1 folgt, dass zunächst der Umfang der Vorteile (I 1 Nr. 1) zu ermitteln ist; die Zahlung dieses Betrages muss dann „Berücksichtigung aller Umstände der Billigkeit" entsprechen (I 1 Nr. 2). Der nach I 1 ermittelte Betrag wird dann an II gemessen und bei Überschreiten der dort gezogenen Obergrenze gekappt (→ Rn. 49). Nach der bis 2009 geltenden Fassung konnte der angemessene Ausgleich (Rechtsfolge, Anspruchshöhe) nicht höher sein, als was sich als Niedrigstes unter einer der damaligen drei Nummern ergab, bis dahin ganz hL und Rspr. Dies war aber als ein **Verstoß gegen die Handelsvertreterrichtlinie** nicht mehr haltbar, EuGH EuZW 2009, 304 = BB 2009, 1607 – Semen mAnm Eckhoff; Emde DStR 2009, 1478; EWiR 2009, 239; Christoph NJW 2010, 647; Koch ZIP 2011, 1752, und ist deshalb durch **Reform von 2009** (→ Rn. 1, 24–26) korrigiert worden. Der Ausgleich ist jetzt nicht mehr von vornherein durch die Provisionsverluste (Nr. 2 aF) beschränkt vielmehr muss der Ausgleich im Rahmen der Billigkeitskontrolle bis zur Obergrenze nach II erhöht werden können (Art. 17 IIb HVRi, → § 84 Rn. 3). Fraglich bleibt, ob der Ausgleich durch die Unternehmensvorteile begrenzt ist, so die bisher hL, eher Fortführung erwartend Staub/Emde Rn. 253. Der EuGH EuZW 2009, 304 (Rn. 24f und Leitsatz 1) schließt nur aus, dass die entgehenden Provisionen die Obergrenze bilden; inzident heißt es allerdings, dass eine Auslegung von Art. 17 IIa 2. Gedankenstrich (Billigkeit) der Richtlinie „nicht dahin ausgelegt werden kann, dass dieser Ausgleich ausschließlich nach unten angepasst werden darf". Das legt, wenn auch nicht eindeutig, nahe, dass, jedenfalls nicht „von vornherein" ausgeschlossen werden darf, dass ein Ausgleich über die Unternehmensvorteile hinaus der Billigkeit entspricht, Staub/Emde Rn. 252; Steinhauer EuZW 2009, 887; Eckhoff BB 2009, 1610; Emde BB 2010, 2448; aA Westphal DB 2010, 1333.

46 B. **Angemessenheit (I 1): a) Grundsatz:** Geschuldet wird der angemessene Ausgleich. Die Abgrenzung von der Billigkeit (I 1 Nr. 2) ist schwierig, MüKoHGB/Ströbl Rn. 144, und ohne praktische Bedeutung, Staub/Emde Rn. 256: für Streichung des Merkmals. Die Rspr. prüft die relevanten Umstände idR bei der Billigkeit. Das ist jedenfalls nach EuGH (Semen → Rn. 45) zwingend.

47 **b) Einzelne Umstände:** Bewertung der Vorteile des Unternehmers: Da hierzu auch alle mittelbaren Vorteile gehören, ist die Bewertung zu I 1 Nr. 1 schwieriger als die der dem HV entgehenden Provisionen nach I 1 Nr. 2 Mittelsatz. Nach einer Faustregel der Praxis gilt deshalb prima facie, dass der Unternehmer mindestens denselben Vorteil wie der HV einen Nachteil hat (→ Rn. 33). Das ist angemessen, weil unter I 1 Nr. 2 Mittelsatz nur Abschlussprovisionen (umsatzbezogene Provisionen wie idR oder fixes Entgelt) zu berücksichtigen sind.

48 **Abzinsung:** Der Gesamtbetrag, den der HV ja erst innerhalb mehrerer Jahre verdient hätte, ist auf den **Barwert** abzuzinsen, BGH WM 1987, 1465; BB 1991, 368, und zwar nach anerkannter Abzinsungstabelle, zB Multifaktorentabelle von Gillardon); OLG Düsseldorf 27.9.1996, HVR Nr. 875; OLG Koblenz 18.6.1998, HVR Nr. 882; 2.7.1998, HVR Nr. 883 (Hoffmannsche Formel, vgl. BGHZ 115, 310); OLG Düsseldorf ZVertriebsR 2020, 257 Rn. 22; pragmatisch dagegen zB OLG Köln 29.4.1968, HVR Nr. 388 (20%/5 Jahre); OLG Köln 8.12.1970, HVR Nr. 428 (16%/4 Jahre); OLG Celle BB 1970, 227 (10%/4 Jahre), BGH NJW 1994, 1350 (10%/5 Jahre). Zulässig ist freie Wahl unter den mehreren Abzinsungsmethoden (zB Gillardon, Hoffmannsche Formel und Schätzung nach § 287 ZPO), BGH NJW 1998, 75; WM 2003, 499; BB 2007, 2479. Für die Abzinsung ist der Zeitpunkt der Ausgleichszahlung irrelevant; abzuzinsen ist also auch, wenn der Ausgleichsbetrag erst lange nach Fälligkeit oder gar erst nach Ablauf des Prognosezeitraums gezahlt wird, BGH BB 1991, 368; NJW 1998, 75; stattdessen dann aber Fälligkeits-, Verzugs- und Prozesszinsen.

49 C. **Obergrenze (II):** II greift mit seiner Obergrenze (Kappungsgrenze, Deckelung) **erst** ein, **wenn der Ausgleichsanspruch nach I 1 Nr. 1–2 höher wäre;** die Billigkeitsprüfung nach I 1 Nr. 2 setzt also nicht den nach II ermittelten Höchstbetrag herab, stRspr, BGHZ 29, 94; 55, 55; NJW 1997, 655; eigene Billigkeitserwägungen unter II sind ausgeschlossen, BGH NJW 1999, 948. Dieser Höchstbetrag entspricht **einer Jahresprovision** (oder dem Jahresbetrag sonstiger Vergütung, → § 87 Rn. 5), diese berechnet nach dem Durchschnitt der Letzten fünf (Vertrags-)Jahre der Tätigkeit des HV, bei kürzerer Vertragsdauer der tatsächlichen Dauer der Tätigkeit, ggf. auf ein Jahr hochgerechnet; kürzere Dauer auch bei grundlegender Änderung, etwa Verdopplung des Provisionssatzes, OLG

Karlsruhe 12.6.1984, HVR Nr. 975. Nach II ist nicht das tatsächlich Empfangene die Obergrenze, was aber nicht ohne Weiteres der Richtlinie Art. 17 II 2b entspricht; auch könnte dann der Unternehmer durch Nichtauszahlung den Ausgleich beeinflussen; daher einen Umsetzungsfehler annehmend und abstellend auf den tatsächlichen Empfang der Vergütung Staub/Emde Rn. 364 f. Einzelheiten bei EBJS/Löwisch Rn. 202.

Gleich ist, aus welchem Titel die einzelnen Provisionen verdient wurden, **50** BGHZ 55, 45, zB sind solche auf Nachbestellungen (§ 87 I 1 Fall 2) voll mitzurechnen (aber zu § 89b I 1 Nr. 2 → Rn. 35), BGH BB 1957, 1161. II bezieht demnach ausdrücklich **auch sonstige Vergütungen** ein. Bei Berechnung des Höchstbetrags nach II sind also nicht nur die Provisionen für Abschluss- und Vermitt lungstätigkeit (so aber bei Berechnung der entgehenden Provisionen, I 1 Nr. 2 Mittelsatz, → Rn. 27), sondern alle Provisionen und Vergütungen zu berücksichtigen, zB auch für Lagerhaltung, Inkasso und andere Dienstleistungen wie Delkredere (§ 86b), BGHZ 55, 53; 56, 227; BB 1971, 105; WM 1977, 115; OLG Karlsruhe BB 1982, 275; auch **Überhangprovisionen,** die erst nach Vertragsende unbedingt und fällig werden (→ § 87 Rn. 2, 38), BGHZ 133, 391, Grund: sie sind bereits erzielt iSv § 87 und nicht künftig iSv I 1 Nr. 1, str.; zu Überhangprovisionen auch OLG Düsseldorf ZVertriebsR 2020, 257 Rn. 16 f.; Emde WRP 2010, 846; BB 2011, 2764.

Provision heißt hier (wie sonst) **Bruttoprovision,** BGHZ 29, 83; 56, 250; 61, **51** 112, einerlei ob tatsächlich ausbezahlt, einredebehaftet oder verjährt, BGH NJW 1982, 236; ohne Abzug von Mehrwertsteuer, BGHZ 61, 112, ohne Abzug von Betriebsausgaben, BGHZ 29, 92; 41, 134, ohne Abzug von Provisionen für Untervertreter, BGH WM 1985, 981 (aber → Rn. 41); ohne Abzug von „Spesenzuschuss" oder Kostenerstattungspauschale, OLG Koblenz 2.7.1998, HVR Nr. 883; rein durchlaufende Posten sind dagegen abzuziehen (vgl. → Rn. 29), zB erstattete Mietkosten, erstattetes Lagergeld.

Beweislast für Höchstbetrag nach II liegt beim Unternehmer, Grund: Anspruchsbegrenzung, OLG Frankfurt a. M. 30.1.2001, HVR Nr. 954.

4) Entfallen des Ausgleichsanspruchs (III)

A. **Eigenkündigung des Handelsvertreters (III Nr. 1):** Der **Ausgleichs- 52 anspruch entfällt** nach III in drei Fällen (abschließend, → Rn. 69), für die allesamt Billigkeitserwägungen ausschlaggebend waren, BGHZ 45, 386, und auch bei der Anwendung maßgeblich sind, BGH BB 1976, 332.

Nämlich erstens **nach III Nr. 1 bei Kündigung durch den Handelsver- 53 treter selbst** (Leitgedanke: Der HV hat dies selbst in der Hand; nicht recht stimmig, vgl. → Rn. 2, 3, Verfassungsmäßigkeit → Rn. 1). Die Art der Kündigung (ordentliche oder außerordentliche, §§ 89, 89a) macht hier keinen Unterschied. III Nr. 1 gilt bei Kündigung des HV auch, wenn dann der Vertrag einvernehmlich früher beendet wird, BGHZ 32, 14; VersR 1960, 1111; OLG Hamm BB 1987, 1761; wenn der HV eine auflösende Bedingung herbeiführt. III Nr. 1 gilt trotz Kündigung des HV **nicht,** wenn der Vertrag vorher beendet wird durch Tod des HV (→ Rn. 9), OLG Frankfurt a. M. NJW 1961, 514. Lit.: Saenger, 1997; Noetzel DB 1993, 1557; Saenger DB 2000, 129.

Der Eigenkündigung steht gleich die (ohne Kündigung des Händlers beenden- **54** de, BGH NJW 2007, 3494) Ablehnung der Verlängerung von HVVertrag mit Verlängerungsoption oder KettenHVVertrag, BGH NJW 1996, 848; aA Thume BB 1998, 1429. **Nicht gleich stehen:** Ablehnung eines späteren Verlängerungsangebots des Unternehmers, str.; Ablehnung eines Folgevertrags nach Strukturkündigung, auf die Gründe für die Kündigung (zB rechtlich oder wirtschaftlich notwendige Restrukturierung des Vertriebs) und die Zumutbarkeit des Folgevertrags kommt es nicht an (aber Billigkeitsausgleich, → Rn. 23), BGH NJW 2007, 3493), BGH NJW 2007, 3493 (analog für Vertragshändler), OLG Frankfurt

§ 89b 55–57   1. Buch. Handelsstand

a. M. 1.2.2006, HVR Nr. 1151, 1152; 5.4.2006, HVR Nr. 1153; OLG Saarbrücken 23.5.2007, HVR Nr. 1243; einvernehmliche Vertragsaufhebung, OLG Düsseldorf 4.8.2000, HVR Nr. 947, auch auf Initiative (aber ohne Kündigung) des HV, BGHZ 52, 12; BGH NJW 2007, 3493; Tod, auch Selbstmord des HV, BGHZ 41, 131; 45, 387; 60, 350 (vgl. → Rn. 9, 53); Auflösung einer Vertretergesellschaft; automatisches Vertragsende ein Jahr nach Tod des maßgeblichen Geschäftsführers bei Möglichkeit, sich um Neuabschluss zu bewerben, OLG Köln BB 1997, 61; Kündigung des Unternehmers wegen arglistiger Täuschung durch den HV (aber → Rn. 64); Kündigung durch Dritten, der nach dem Vertrag ausschließlich für den HV handelt, BGH NJW 1998, 1070.

55   Von diesem Grundsatz des Entfallens bei Eigenkündigung des HV macht III Nr. 1 **aber zwei Ausnahmen:** a) bei begründetem Anlass im Verhalten des Unternehmers und b) bei Unzumutbarkeit der Fortsetzung für den Handelsvertreter wegen seines Alters oder wegen Krankheit. Liegt keine der beiden Ausnahmen vor, entfällt der Ausgleichsanspruch ohne weitere Billigkeitsabwägung (→ Rn. 69). Die Beweislast trägt insoweit der HV, KG ZVertriebsR 2021, 243 Tz. 38.

56   **a) Erste Ausnahme:** Der Ausgleichsanspruch entfällt nicht **bei begründetem Anlass im Verhalten des Unternehmers (III Nr. 1 Fall 1).**
Verhalten ist weit zu verstehen, also nicht nur aktives Verhalten, sondern „Umstände, die dem Unternehmer zuzurechnen sind" (Art. 18 lit. b EU-RL), Emde DStR 2009, 1478 (1483) (→ Rn. 24, 45). **Anlass** bedeutet entgegen dem Wortsinn **nicht Ursächlichkeit** (anders in III Nr. 2 Mittelsatz, → Rn. 66). Der Grund braucht nicht Motiv zur Eigenkündigung zu sein, nicht einmal Kenntnis des Kündigenden davon ist nötig (weitreichende Rechtsfolge des III), objektives Bestehen genügt, BGHZ 40, 13. Der HV braucht bei Kündigung weder diesen noch anderen Grund zu nennen, Nachschieben genügt, ist aber nötig, BGHZ 40, 14. Dieses **„Nachschieben"** ist hier ohne Weiteres zulässig (anders bei der Kündigung, → § 89a Rn. 13), OLG Köln IHR 2015, 115; KG BeckRS 2018, 15152 Rn. 39, auch nach Ablauf der Ausschlussfrist des IV 2, Grenze aber nach § 242 BGB, BGHZ 40, 18 (iErg noch nach über zwei Jahren zulässig). Richtiger kommt es auf Verwirkung an (vgl. → Rn. 80).

57   **Begründeter** Anlass ist weniger als ein wichtiger Kündigungsgrund iSv § 89a. Es genügt, wenn der HV durch ein Verhalten (Tun oder Unterlassen) des Unternehmers in eine für ihn nach Treu und Glauben nicht haltbare Lage kam, BGHZ 40, 15; NJW 1967, 2153; 1987, 778; 1996, 848; 2015, 3373 Rn. 34; OLG Köln IHR 2015, 113 (iErg abl.). Auch unverschuldetes, sogar rechtmäßiges Verhalten des Unternehmers genügt, BGHZ 52, 8; 15, 3373 Rn. 34, aber HV kann nicht sein unternehmerisches Risiko einseitig auf den Unternehmer verlagern, OLG Köln DB 2007, 517; OLG München MDR 2017, 467. Das Merkmal des Unternehmerverhaltens ist weit auszulegen, Emde BB 2015, 166 mit Bsp. Auch vom Unternehmer nicht verschuldete, aber ihm zuzurechnende Umstände (Unternehmersphäre) sind darunter zu fassen, zB Betriebsstilllegung, Produktionseinschränkung, erhebliche wirtschaftliche Schwierigkeiten, BGHZ 52, 8; NJW 1976, 671; OLG Nürnberg 28.1.2011, HVR Nr. 1322; Staub/Emde Rn. 387. Begründeter Anlass seitens des Unternehmers reicht aus, auch wenn der HV selbst Anlass gegeben hat; eigenes Verhalten des HV ist nur nach Billigkeit mitzuberücksichtigen, etwa wenn sich HV erst Jahre später darauf beruft, BGH BB 1989, 1076. Begründeter Anlass nur zur ordentlichen Kündigung des HV genügt, auch wenn HV unwirksam fristlos kündigt, BGHZ 91, 321. Nur vermeintlich begründeter Anlass reicht nicht aus, doch mag der Unternehmer durch sein Verhalten Anlass zur Fehlbeurteilung gegeben haben, was genügt; ganz ohne Anlass seitens des Unternehmers kann die Ausnahme nicht vorliegen, zT aA Saenger.

7. Abschnitt. Handelsvertreter 58–62 § 89b

Beispiele: S. zunächst alle wichtigen Kündigungsgründe des HV, die aus der Unternehmer- 58
sphäre resultieren (→ § 89a Rn. 22); ferner (auch wenn sie für fristlose Kündigung des HV
nicht ausreichen würden) zB unberechtigte Verkleinerung des Bezirks, OLG Düsseldorf
21.6.1955, HVR Nr. 77; (idR) unberechtigte (daher unwirksame) Kündigung durch den
Unternehmer, BGH NJW 1967, 248; auch schon deren Ankündigung, dann auch Aufgabe
einer Suchanzeige für den Nachfolger, sonst nicht; erhebliche Produktionseinschränkung
und Übergang zur Lohnproduktion, BGH NJW 1967, 2153; Freistellung ohne finanzielle
Entschädigung, BGH NJW 2015, 3373 Rn. 35; erhebliche wirtschaftliche Schwierigkeiten
des Unternehmers (→ Rn. 57); schleppende Provisionszahlung; wesentliche Einschränkung
der Unabhängigkeit des HV zB durch überzogene Berichtsanweisungen; Interessenkollision
für HV aus Sortimentserweiterung des Unternehmers, BGH NJW 1987, 778; VersR 1961,
52; EBJS/Löwisch Rn. 68; Küstner/Thume/Schürr, Bd. 1, Kap. III Rn. 84 (→ § 86
Rn. 27); bei Relevanz für das HVVerhältnis, zB Befürchtung sachfremder Erwägungen, auch
privates Verhalten eines Vorstandsmitglieds des Unternehmens, OLG Düsseldorf NJW 1964,
1963. **Nicht:** Nichtfortzahlung (freiwilliger) Betriebszuschüsse für defizitären Tankstellenbetrieb, OLG Köln DB 2007, 517; Reduzierung der Tankstellenpacht zwecks ausreichenden
Gewinns des HV, OLG München MDR 2017, 467. Einführung des zentralen Direktinkassos
in der Versicherungswirtschaft, Küstner/Thume/Thume, Bd. 2, XI 104 ff.

Für **Untervertreter** kann der begründete Anlass im Verhalten des HV auch 59
auf den Unternehmer zurückgehen, zB Gebietsverkleinerung oder teilweise Einstellung des Geschäftsbetriebes, BGH BB 1970, 101; Unterlassen des HV, nach
Kündigung durch Unternehmer dem Untervertreter Vertragsfortsetzung zu angemessenen Bedingungen anzubieten, BGHZ 52, 8, dies auch wenn Kündigungsmotiv für den Untervertreter Angebot des Unternehmers war, unmittelbar
für ihn zu arbeiten (dann aber I 1 Nr. 2), BAG BB 1985, 226.

b) Zweite Ausnahme: Der Anspruch des HV entfällt auch dann nicht, wenn 60
ihm eine **Fortsetzung seiner Tätigkeit wegen seines Alters oder wegen
Krankheit nicht zugemutet** werden kann (**III Nr. 1 Fall 2**). Ursächlichkeit für
Kündigung ist nicht nötig, Nachschieben ist möglich (wie bei III Nr. 1 Fall 1,
→ Rn. 56), EBJS/Löwisch Rn. 66, der Grund braucht in der Kündigungserklärung nicht genannt werden. III Nr. 1 Fall 2 kommt auch in Betracht bei HVPersonenGes, KG 22.2.1985, HVR Nr. 659, etwa wenn phG der VertreterKG
aufhört, str.; nicht anwendbar auf HVGmbH, OLG Hamm 12.7.1982, HVR
Nr. 569; OLG München 19.1.2006, HVR Nr. 1168, anders, wenn das Vertragsverhältnis mit der Person des Geschäftsführers steht und fällt, OLG München
NJW-RR 2003, 541, auch LG Berlin bei Emde BB 2011, 2768, weitergehend für
EinmannGmbH uä Thume BB 1999, 2340; Westphal BB 1999, 2518.

Alter: Unzumutbarkeit ist idR mit Erreichen des allgemeinen Renten- bzw. 61
Pensionsalters anzunehmen, OLG Düsseldorf 11.5.2001, HVR Nr. 1078;
12.3.2004, HVR Nr. 1085; 15.11.2012, HVR Nr. 1365, doch können im Einzelfall Ausnahmen bestehen. Die Eigenkündigung des HV wird bei Alter idR
fristgemäß sein müssen, unwirksame fristlose Kündigung lässt aber Ausgleichsanspruch nicht entfallen, vgl. BGHZ 91, 312 (zu III Nr. 1 Fall 1).

Krankheit: Die Störung des Gesundheitszustandes muss schwerwiegend, von 62
nicht absehbarer Dauer und mit Ersatzkräften nicht behebbar sein und so die
HVTätigkeit nachhaltig hindern, BGH WM 1993, 1681. Schwerbehinderteneigenschaft ist bloßes Indiz. Berufsunfähigkeit ist aber nicht nötig. Gleichzusetzen
sind entsprechende Gebrechen des HV, insbesondere eine unfallbedingte Berufsbehinderung; nur diese Auslegung entspricht EURecht (→ § 84 Rn. 3). Spätere
Eigentätigkeit trotz Krankheit berührt III Nr. 1 Fall 2 nicht, aber § 89b I Nr. 3,
BGH WM 1993, 1681; Unzumutbarkeit entfällt nicht, wenn HV eine von zwei
Vertretungen weiterbetreibt, er braucht seinen Beruf nicht vollständig aufzugeben, OLG Düsseldorf 11.5.2001, HVR Nr. 1078. Bei dauernder, unerwarteter
Krankheit kann auch fristlose Kündigung in Frage kommen (→ § 89a Rn. 20),
für III Nr. 1 Fall 2 spielt die Art der Kündigung aber keine Rolle. Lit. zu III
Nr. 1 Fall 2: Küstner BB 1976, 630 zur aF.

§ 89b 63–66

63 B. **Kündigung durch den Unternehmer (III Nr. 2):** Der **Ausgleichsanspruch entfällt** zweitens nach III Nr. 2 **bei Kündigung des Unternehmers, sofern ein wichtiger Grund wegen schuldhaften Verhaltens des Handelsvertreters vorliegt.**

64 **Kündigung des Unternehmers,** einerlei ob ordentlich oder außerordentlich (§§ 89, 89a), BGH NJW 1958, 1967; WM 1975, 856; KG 15.9.1994, HVR Nr. 811; OLG München ZVertriebsR 2018, 104 Rn. 29; OLG Düsseldorf ZVertriebsR 2020, 257 Rn. 6. Kündigung ist auch hier grundsätzlich unerlässlich, BGHZ 91, 324; offen, ob sonst uU analog, BGH NJW 1990, 2890. Anfechtung wegen arglistiger Täuschung durch HV steht gleich (vgl. → Rn. 8), aA Saenger Rn. 18. Bei Vorliegen eines wichtigen Grundes (→ Rn. 65; wegen notwendiger Ursächlichkeit hier kein Nachschieben, → Rn. 66) soll III Nr. 2 aber auch dann gelten, wenn der Unternehmer den Vertrag (der wiederholt verlängert worden war und wieder verlängert werden sollte) nicht wieder verlängert, BGHZ 24, 34; wenn der Vertrag statt der Kündigung einvernehmlich beendet wird, OLG Nürnberg BB 1959, 318, str.; zu Recht zurückhaltend gegen derartige Gleichstellung mit Eigenkündigung nach III Nr. 1 Staub/Emde Rn. 404 ff. Die Rspr. zu III Nr. 1 liegt anders (Eigenkündigung des HV, → Rn. 53) und ist nicht übertragbar. Falls III Nr. 2 mangels Kündigung abgelehnt wird, ist der wichtige Grund jedenfalls unter I 1 Nr. 2 (Billigkeit) zu berücksichtigen, BGH NJW 1958, 1967 (→ Rn. 34).

65 **Der wichtige Grund** (Begriff wie in → § 89a Rn. 6 ff., BGH WM 1985, 982; NJW 1999, 947; 2000, 1866; NZG 2009, 312) muss in einem **schuldhaften Verhalten des Handelsvertreters** bestehen. Nicht jede wirksame Kündigung aus wichtigem Grund führt also zum Verlust des Ausgleichsanspruchs. **III Nr. 2** ist zugunsten des HV **wesentlich enger als § 89a,** wonach ein wichtiger Grund zur **Kündigung eben nicht immer Verschulden des HV** voraussetzt, BGHZ 40, 15; NJW 2000, 1868; OLG München 7.3.2001, HVR Nr. 990. Verschulden des HV selbst ist nötig (§ 276 BGB), § 278 BGB gilt hier nicht (anders zu → § 89a Rn. 17), BGHZ 29, 278; NJW 2007, 3068, außer wenn der Dritte als HV für den Unternehmer tätig werden sollte. **Beweislast** liegt beim Unternehmer, OLG München BB 1997, 1553; 24.11.2004, HVR Nr. 1165 (vgl. → § 89a Rn. 11); KG ZVertriebsR 2021, 243 Tz. 5.

66 Die **Kündigung und der wichtige Grund** müssen **kumulativ** vorliegen. Nach der früher hL und Rspr. brauchte die Kündigung nicht wegen dieses Grundes zu erfolgen (Wortlaut „und"); in III Nr. 2 war also keine Ursächlichkeit notwendig, vgl. BGHZ 24, 35; 40, 15; 48, 222; 30.6.1969, HVR Nr. 399. Dies ist aber mit Art. 18 lit. a EU-RL („wegen eines schuldhaften Verhaltens des HV beendet") nicht vereinbar. In richtlinienkonformer Auslegung (→ § 84 Rn. 3) ist deshalb **Ursächlichkeit des wichtigen Grundes für die Kündigung** zu verlangen, EuGH BB 2010, 3045 – Volvo Car m. krit. Anm. Ayad BB 2010, 3048 (auf Vorlage BGH BB 2010, 335, diese mAnm. Salomon/Wegstein BB 2010, 339); BGH WM 2011, 620 (Vertragshändler, → § 84 Rn. 3); OLG Koblenz NJW-RR 2007, 1045; OLG Rostock NJW-RR 2009, 1631; OLG Köln ZVertriebsR 2021, 200; KG ZVertriebsR 2021, 243 Tz. 5; Semler GWR 2010, 565; Koch ZIP 2011, 1756; Canaris § 15 Rn. 119, auch für VersVertreter, obwohl die EU-RL nur für HV gilt, OLG Rostock NJW-RR 2009, 1631, Grund: § 92 II. Das bedeutet zugleich, dass unter III Nr. 2 **kein Nachschieben** möglich ist, OLG Köln ZVertriebsR 2021, 200, KG ZVertriebsR 2021, 243 Tz. 5; ausführlich Oetker/Busche Rn. 39; das ist anders als zu III Nr. 1 (→ Rn. 56, 60), der Unterschied in III Nr. 1 (→ Rn. 56) ist aber hinnehmbar. Falls III Nr. 2 mangels Ursächlichkeit entfällt, bleibt Berücksichtigung bei der Billigkeitsprüfung nach I 1 Nr. 2 (→ Rn. 64), Folge dann flexibler, uU Entfallen nur teilweise statt ganz. Ob der Unternehmer die formalen Voraussetzungen für die Kündigung aus wichtigem Grund eingehalten hat (Wahrung angemessener

Überlegungszeit, § 89a Rn. 30) soll jedenfalls dann unerheblich sein, wenn die Beendigung des Vertragsverhältnisses außer Streit steht, KG ZVertriebsR 2021, 243.

Beispiele: alle wichtigen Kündigungsgründe des Unternehmers, die der HV verschuldet hat (→ § 89a Rn. 17), also wesentliche Vertragsverletzungen des HV, zB Beleidigung, OLG Celle BB 1963, 711, und insbesondere unzulässiger Wettbewerb (→ § 89a Rn. 19), BGH NJW 1984, 2101; OLG Bamberg BB 1979, 1000; OLG Düsseldorf 9.11.2001, HVR Nr. 1044. Schädigung des Unternehmers dadurch ist nicht nötig, doch kann dann Unzumutbarkeit fehlen, BGHZ 129, 295 (sogar bei Insolvenz des HV). **Nicht** genügen dagegen alle wichtigen Kündigungsgründe des Unternehmers, die der HV nicht verschuldet hat (vgl. → § 89a Rn. 20), so uU Insolvenz des HV, OLG München ZIP 2006, 1916 Ls., oder die aus der Sphäre des Unternehmers resultieren (→ § 89a Rn. 21); Verdachtskündigung, BGHZ 29, 276; Druckkündigung; Kündigung wegen Unterlassens einer dem HV nahegelegten technischen Weiterbildung, LG Charlottenburg 6.4.1955, HVR Nr. 80; erst später durch Erbfall eingetretene Wettbewerbskollision, OLG Zweibrücken 19.1.1965, HVR Nr. 327 (→ § 86 Rn. 28); Verweigerung von Mitteilungen in der vom Unternehmer gewünschten Form, BGH WM 1988, 33; bevorstehende Übernahme einer anderweitigen Haupttätigkeit, OLG Düsseldorf 2.11.2001, HVR Nr. 1043; bloßes Verschulden von Angestellten des HV, BGHZ 29, 278, anders Verschulden des Ehemanns, der nach Vereinbarung mit dem Unternehmer allein als Vertreter der Ehefrau (HV) tätig war, BGH BB 1964, 409; KG ZVertriebsR 2021, 243 Tz. 10, 29 (Verschweigen der Tätigkeit der Ehefrau des HV für den Hauptkonkurrenten).

C. **Einverständlicher Eintritt eines Dritten (III Nr. 3):** Der Anspruch entfällt drittens nach III Nr. 3 (neu 1990, → § 84 Rn. 3), wenn **ein Dritter anstelle des Handelsvertreters in das Vertragsverhältnis eintritt** und dies **auf Grund einer Vereinbarung zwischen dem Unternehmer und dem Handelsvertreter** geschieht (Vertragsübernahme, → § 86 Rn. 18). Die Parteien können also die Nachfolge und die dabei anfallende Vergütung des HV frei regeln, um Doppelzahlungen zu vermeiden. Entscheidend ist die **Eintrittsvereinbarung,** EBJS/Löwisch Rn. 86 ff. Ob und zu welchen Bedingungen eine solche Vergütungsregelung getroffen wurde, ist für III Nr. 3 grundsätzlich nicht maßgeblich (aber → Rn. 70 aE), str. Die Vereinbarung kann aber **nicht vor Vertragsende** getroffen werden, denn ein Ausschluss der Vergütung des HV durch AGB soll verhindert werden (AmtlBegr). III Nr. 3 setzt voraus, dass der HVVertrag als solcher fortbesteht (mit trotzdem Beendigung iSv I 1, nämlich Ausscheiden des alten HV, vorliegt, vgl. → Rn. 7), Vertragsänderungen schaden aber nicht. III Nr. 3 liegt tatbestandlich nicht vor, wenn der Unternehmer den Vertrieb statt durch HV durch eigene Angestellte organisiert. Ist III Nr. 3 nicht erfüllt, kommt (befreiende) Schuldübernahme des Nachfolgers in Betracht, aber erst nach Vertragsende (→ Rn. 75). Von der Eintrittsvereinbarung zu unterscheiden ist die **Einstandsvereinbarung** (Zahlung des HV an Unternehmer für die Vertretung, → Rn. 70), OLG Naumburg 31.3.2004, HVR Nr. 1239, und **Abwälzungsabrede** (Erstattung der Zahlungen des Unternehmens an alten HV durch den neuen). Auslegung der Einstandsvereinbarung (Amortisierung bei kurzer Vertragsdauer), BGH MDR 1968, 918; NJW 1985, 59; OLG Koblenz NJW-RR 2007, 1046; OLG Düsseldorf 15.11.2012, HVR Nr. 1365 mAnm Lentrodt BB 2013, 788, Grenze § 138 BGB. Unternehmenswert der HV-Vertretung nach Substanzwert, da persönliche Leistung des HV, OLG Hamm NJW-RR 2011, 1443, fraglich (→ Einl. vor § 1 Rn. 36), jedenfalls Ausnahmen. Zu § 25 → § 86 Rn. 18. Lit.: Kiene, 2004; Küstner/von Manteuffel BB 1990, 1713; Thume BB 1991, 490; Kiene NJW 2006, 2007; Ensthaler BB-Special 3/2007, 1; Ensthaler/Würmann BB 2008, 230 (krit. zur hL); Thume BB 2009, 1026 (Abreden).

D. **Abschließende Regelung:** III regelt das Entfallen des Ausgleichsanspruchs **abschließend** (abweichende Vereinbarungen → Rn. 70). III ist **eng auszulegen**

§ 89b 70

und war schon nach früherer Rechtsprechung nur begrenzt analogiefähig, BGHZ 45, 387; 52, 12; 129, 294; NJW 1989, 35; 1998, 1070; 2000, 1868; 2007, 3495 mAnm. Bieder 2007, 3471; nunmehr aufgegeben, keine Analogie, soweit sie im Gegensatz zum Analogieverbot von Art. 18 der EU-RL stünde (→ § 84 Rn. 3); BGH ZIP 2021, 751 m. krit. Anm Muhl ZVertriebsR 2021, 51, im Anschluss an EuGH ZIP 2018, 933 – CMR (→ § 84 Rn. 3); Emde BB 2021, 2826. Aber eine durch dreiseitigen Vertrag zwischen Unternehmer, HV und Nachfolger vereinbarte Vertragsübernahme steht gleich, str. Alle sonstigen, dh nicht zur Rechtsfolge von III führenden Umstände der Vertragsbeendigung sind schon nach I 1 Nr. 3 (Billigkeit) zu berücksichtigen, BGHZ 41, 131; NJW 2007, 3495. Eine wegen anderweitiger Beendigung des HVVertrags nicht mehr wirksam gewordene Kündigung des Unternehmers aus wichtigem Grund ist also nicht nach III, sondern nur nach I 1 Nr. 2 berücksichtigbar, BGHZ 129, 294; NJW 2007, 3493. Geschäftsaufgabe des HV oder Insolvenz nach Beendigung des Vertragsverhältnisses berühren den Ausgleichsanspruch nicht, → Rn. 7, 29. Soweit Anspruch nach III nicht besteht, ist auch keine weitere Billigkeitsabwägung nach I 1 Nr. 2 möglich und auch nicht nötig (→ Rn. 52, 45). Übersicht: Bieder NJW 2007, 3471.

5) Abweichende Vereinbarungen, Ausschlussfrist (IV); Verwirkung

70 A. **Zwingendes Recht (IV 1):** Der Anspruch ist **nicht im Voraus ausschliessbar,** auch nicht bei Vertragshändler (→ § 84 Rn. 12). Ob der HV des Schutzes im Einzelfall nicht mehr bedarf, ist irrelevant (Grund: Rechtssicherheit wie in § 90a, dort → § 90a Rn. 27), BGH NJW 1990, 2889; 1996, 2867; NJW 2016, 3439 Rn. 28 mAnm. Lilje ZVertriebsR 2016, 302. **Im Voraus** bedeutet: **vor Beendigung des Vertrags,** auch nur wenige Tage vor Beendigung, BGHZ 55, 126; BGH NJW 1996, 2867; 2016, 3439 Rn. 28 (vgl. → § 90a Rn. 11); nicht schon Freistellung, OLG Hamm 6.7.2001, HVR Nr. 1021. Unwirksam ist danach der vorherige Verzicht des HV, BGH WM 1975, 856, also Vertragsschluss, nicht schon Angebotsabgabe, OLG Stuttgart 14.9.1995, HVR Nr. 837; auch bei gleichzeitiger Aufhebung des HVVertrags und sofortiger Freistellung, BGH NJW 1990, 2889; auch wenn die gleichzeitig vereinbarte Auflösung erst später wirksam werden soll, BGH NJW 1996, 2868; 2016, 3439 Rn. 28; wenn die vereinbarte Zahlung von 50% der Gesamtvergütung des Tankstellenhalters für Verwaltung (→ Rn. 28) betragen soll, BGHZ 152, 121; BGH WM 2003, 491, auch schon 40%, BGH BB 2010, 1686, nicht nach § BGB § 307 I 1, da nur scheinbare Entgeltvereinbarung, aber vertragliche Absprache grundsätzlich möglich, BGH BB 2010, 1686; erst recht völlige Ersetzung der Ver mittlungsprovision des Versicherungsvertreters durch Verwaltungsprovision (→ Rn. 91, str.), BGH WM 2006, 1788; vereinbarte Abgeltung durch Nachprovision oder sonstige nach Vertragsende zahlbare, vom Ausgleich nach § 89b abweichende Vergütung, Bsp.: Abbedingung des Ausgleichsanspruchs wegen Alterssicherung unter Ausschluss der Billigkeitsprüfung nach I 1 Nr. 3 (→ Rn. 39), BGHZ 153, 6 (wie Vorinstanz OLG München DB 2001, 1066); BGH NJW 2003, 1244. Sonderfall Emde BB 2018, 1928. **Ausschließen** bedeutet nicht nur Totalausschluss, unwirksam ist auch Abrede, durch die der Anspruch im Ergebnis mehr oder weniger eingeschränkt wird, BGHZ 55, 126; 58, 65; 152, 133; 153, 12; NJW 2016, 3439 Rn. 28; OLG Celle 18.4.2002, HVR Nr. 1041, unter Verstoß gegen IV 1 zugesagter Ausgleich als Mindestforderung, OLG Hamm IHR 2014, 231 (niedrigere „Grundsätze", vgl. → Rn. 86). Abreden, welche Umstände im Rahmen der Billigkeitsprüfung, auch anspruchsmindernd, maßgeblich sein sollen, sind zulässig, BGHZ 153, 13; OLG Köln VersR 1997, 616; aA Küstner BB 1994, 1592. Gegen jede AGB über Anrechnung der Rente auf Ausgleichsanspruch, da Billigkeitsprüfung nur individuell möglich, Graf von Westphalen NJW 2003, 1989. **Anrechnung** einer Vergütung auf künftigen Ausgleichsanspruch ist iZw

7. Abschnitt. Handelsvertreter 71–73 § 89b

unwirksamer Verstoß gegen IV 1, BGH NJW 2016, 3439; Anrechung von Vorauszahlungen auf künftigen Ausgleichsanspruch, wenn nicht rückzahlbar und aufgeschlüsselt, anders bei echter Zusatzleistung, OLG München 3.5.2000, HVR Nr. 987; Anrechnung von Sondervergütungen und Kostenvorschüssen, OLG Koblenz 21.10.1955, HVR Nr. 76 oder eines Teils der laufenden Vergütung, außer wenn auch ohne Verrechnungsabrede keine höhere Provision vereinbart worden wäre (echte Vorauserfüllung, nur unter mehreren, engen, vom Unternehmer zu beweisenden Voraussetzungen), BGHZ 58, 60; OLG Düsseldorf 6.2.2004, HVR Nr. 1084; OLG Düsseldorf ZVertriebsR 2020, 257 Rn. 9; je nachdem auch bei HVRotationssystem (→ Rn. 29), BGHZ 141, 248; NJW 1985, 859; aA Küstner FS Trinkner, 1995, 193, dort auch zu anderen (unwirksamen) Umgehungsgestaltungen; **Einstandszahlung** an den Unternehmer (→ Rn. 68) nicht schon bei Stundung, aA Küstner FS Trinkner, 1995, 193, aber bei Umgehung durch überhöhten Übernahmepreis, BGH NJW 1983, 1727; OLG Schleswig 18.2.2000, HVR Nr. 998; OLG Celle 13.12.2001, HVR Nr. 1038; OLG Düsseldorf OLGR 2003, 183; OLG Naumburg 31.3.2004, HVR Nr. 1239 (iErg abl.), OLG München OLGR 1997, 76; OLG Saarbrücken 30.8.2013, HVR Nr. 1389; überhöht ist der Übernahmepreis mangels reellen Gegenwerts bzw. gewichtiger Vorteile, zB Besonderheiten bei Vertragsdauer oder Provision oder Bestimmung, dass der Altkundenstamm ausgleichsrechtlich als vom HV selbst geworden gilt, OLG Saarbrücken 30.8.2013, HVR Nr. 1389.

Unwirksam ist nicht nur die quantitative Beschränkung des Ausgleichs- **71** anspruchs, sondern auch sonstige von der gesetzlichen Regelung abweichende Vereinbarungen, die für den HV **nachteilig** sind, OLG München 20.10.2004, HVR Nr. 1124, zB jedwede andere Berechnung, Nichtberücksichtigung des übernommenen Kundenstammes trotz Bezahlung eines Entgelts für diesen durch den HV, OLG München BB 2005, 630 mAnm. Semler BB 2005, 965, Beschränkung der Vererblichkeit; Hinausschieben der gesetzlichen **Fälligkeit** (iZw sofort, § 271 I BGB), etwa Fälligkeit des Ausgleichsanspruch erst nach Anerkenntnis oder Zahlung in drei Jahresraten, aA OLG Oldenburg BB 1973, 1281, Veränderung der Beweislast. **Zulässig** unter IV 1 sind Vereinbarungen, die die Rechte des HV in keiner Weise antasten, also Zahlungsversprechen oberhalb des geschuldeten Ausgleichsanspruchs, sowie Vereinbarungen, auch für den HV nachteilige, über **nicht in § 89b geregelte Rechte,** zB Provision, Kündigung, betriebliche Altersversorgung, BGH NJW 2003, 3350; ZIP 2017, 775 (Wahlrecht des HV zwischen Ausgleich und Altersversorgung); OLG Hamm ZVertriebsR 2021, 193 Rn. 51 und IHR 2022, 76 (Provision). Das gilt jedenfalls nach Aufhebung von § 88 aF auch für Abkürzung der Verjährung, EBJS/Löwisch Rn. 211. Gestaltungsoptionen in der Praxis Fröhlich ZVertriebsR 2018, 207.

Für den Fall der Kündigung nach Unfall des HV kann Ausgleich nicht von **72** **Abtretung eines Schadensersatzanspruchs** des HV gegen den Verletzer abhängig machen werden, BGHZ 41, 296, Grund: nicht mit Lohnfortzahlung (§ 616 BGB) vergleichbar (vgl. → Rn. 2).

Abwälzung auf Nachfolgervertreter ist, soweit der Unternehmer von der **73** Ausgleichszahlung befreit werden soll, im Vorhinein unwirksam; selbst bloße Pflicht zur Vorweginanspruchnahme des Nachfolgers entsprechend § 771 BGB. Schuldbeitritt des Nachfolgers oder Erfüllungsübernahme (§ 329 BGB) sind dagegen möglich, da sie den Unternehmer nicht befreien; BGH BB 1967, 935; DB 1968, 1486. Ebenso diesbezügliche Einstandszahlungsvereinbarungen zwischen dem Unternehmer und dem Nachfolger, häufig gegen Neukundenregelung (Anerkennung der Altkunden als vom Nachfolger geworbene Neukunden), letztere auch konkludent, OLG München 8.8.2001, HVR Nr. 991; Rückzahlung bei vorzeitiger HVVertragsbeendigung, OLG München BB 1997, 222; 1997, 1553. Vereinbarungen zwischen dem HV und dem Unternehmer über den Vertrags-

§ 89b 74–77

eintritt eines Dritten anstelle des HV sind vor Vertragsende unwirksam (so schon III Nr. 3 letzter Hs., → Rn. 68).

74 **Abweichende Vereinbarungen** sind dagegen **nachher oder gleichzeitig mit** einvernehmlicher **Vertragsbeendigung** zulässig, BGHZ 51, 188; BB 1969, 107; WM 1975, 856; OLG München 2.3.1998, HVR Nr. 890, auch konkludent, BGH NJW 1989, 35; entscheidend ist der Zeitpunkt der Bindungswirkung des Verzichts (Aufhebungsvertrag), BGH NJW 1996, 2867; OLG Köln 20.1.2006, HVR Nr. 1163. Zulässig sind auch Ausschluss vor Ablauf der Kündigungsfrist, aber nach einvernehmlicher Einstellung der Tätigkeit, BGHZ 55, 124; auch in einem Vergleich nach fristloser Kündigung des Unternehmers bei Vereinbarung kurzen Weiterlaufens des Vertrags, BGH BB 1962, 655 (nicht bei bloßer Ersetzung eines Vertrags durch einen anderen, BGH NJW 1967, 248 anlässlich Übertragung eines anderen Bezirks; Ausdehnung auf weitere Fälle, zB Kündigung durch HV selbst, mag im beiderseitigen Interesse an einheitlicher Abschlussregelung liegen, ist aber für den HV typischerweise gefährlich und deshalb nicht anzuerkennen (vgl. → Rn. 70). Gestaltungsmöglichkeiten, Mann ZVertriebsR 2017, 25.

75 **Schuldübernahme des Nachfolgers:** Tritt der Dritte auf Grund einer (erst nach Vertragsende möglichen) Vereinbarung zwischen dem Unternehmer und dem HV an dessen Stelle in das Vertragsverhältnis ein (nicht nur Schuldübernahme betr. Ausgleichsanspruch), dann entfällt der Ausgleichsanspruch des HV gegen den Unternehmer nach III Nr. 3 (→ Rn. 68) und es ist Sache des HV, in der Vereinbarung seinen Ausgleich sicherzustellen. Sind die Voraussetzungen des III Nr. 3 nicht erfüllt, kann der dann bestehen bleibende Ausgleichsanspruch nach allgemeinen Grundsätzen (Schuldübernahme, §§ 414 ff. BGB) mit Zustimmung des Ausgeschiedenen (bzw. seiner Erben) vom Unternehmer auf den Nachfolger abgewälzt werden, wegen IV 1 aber mit Vereinbarung erst nach Vertragsende (→ Rn. 73f), BGH BB 1968, 927; NJW 1975, 1926; 1989, 36 (iErg abl.). Der Nachfolger haftet dann auch, wenn er bald selbst ausscheidet, kann aber einen Anspruch gegen den Unternehmer auf teilweise Erstattung haben (§§ 133, 157 BGB), BGH BB 1968, 1486; NJW 1975, 58; OLG München 1997, 223; aber keine Erhöhung des eigenen Ausgleichsanspruchs (→ Rn. 12). Einstandszahlungsvereinbarungen zwischen dem Unternehmer und dem Nachfolger ohne Schuldübernahme → Rn. 73. Vereinbarungen zwischen dem HV und seinem Nachfolger, zB über Beteiligung an späteren Provisionen oder „Übertragung" der Vertretung gegen Entgelt, vgl. BFH BB 1991, 49, werden durch IV nicht berührt, BGH NJW 1975, 1926; OLG Hamm BB 1980, 1819. Lit.: Staub/Emde Rn. 454 ff.: Einstandszahlungen/Vertretungskauf; Schröder DB 1969, 291; Eberstein BB 1971, 200; Küstner/von Manteuffel BB 1990, 1713; Thume BB 1991, 490; Sturm/Liekefett BB 2004, 1009.

76 Unwirksame Klausel kann, wenn gemeinsame Vorstellung der Parteien, vom Gericht bei Billigkeitsprüfung (→ Rn. 31) mitberücksichtigt werden, OLG Köln VersR 2001, 1377. **Teilaufrechterhaltung** zugunsten des HV durch ergänzende Auslegung ist möglich, BGH WM 1991, 198. Klausel über tatsächliche Voraussetzungen der (fristlosen) Kündigung bleibt unberührt, BGH BB 1992, 1162. Der Einwand der **unzulässigen Rechtsausübung** bleibt wie immer möglich (§ 242 BGB), KG NJW 1961, 125, aber nicht schon, wenn der HV die unwirksame Vereinbarung in völliger Freiheit eingegangen ist, aA Schlegelb/Schröder Rn. 34a. **Aufrechnung** des gestundeten Übernahmepreises gegen Ausgleichsanspruch ist zulässige Erfüllung (§ 389 BGB), BGH NJW 1983, 1728. Für **ausländische** HV und Schifffahrtsvertreter gilt IV nicht (§ 92c). IV steht auch der Wahl eines fremden Rechts (ohne Ausgleichsanspruch) nicht entgegen (→ § 92c Rn. 10).

77 **B. Ausschlussfrist (IV 2); Verjährung:** Der Anspruch unterliegt nicht nur der Verjährung (vgl. → § 87 Rn. 52, 53), Kenntnis nach § 199 I Nr. 2 BGB frühestens am Tag nach Vertragsbeendigung, idR nach letzter Abrechnung nach § 87c und angemessener Prüfungszeit, Emde VersR 2009, 894), sondern einer **Ausschlussfrist von einem Jahr** ab Vertragsende (IV 2; neu 1990, früher drei Monate, → § 84 Rn. 3). IV 2 schließt vertragliche Verkürzung im Voraus aus, nicht aber Verlängerung, Staub/Emde Rn. 360; aA für zulässige Verkürzung auf sechs Monate, UBH/H. Schmidt (23) Rn. 70. Fristlauf ab Tag nach Vertragsende (§ 187 I BGB). **Geltendmachung** durch den Anspruchsinhaber oder in seinem Namen, geschäftsähnliche Handlung, ohne besondere Form, außergerichtlich oder durch Klage, BGHZ 53, 332; OLG Düsseldorf ZVertriebsR 2020, 257 Rn. 7; Auslegung, BGH ZIP 2017, 775 Rn. 44; auch ohne Bezifferung (für späteren Klagantrag → Rn. 81), BGHZ 50, 88; OLG München VersR 2010, 344; OLG Celle ZVertriebsR 2017, 230 Rn. 71, aber eindeutig und unmissverständlich, OLG Düsseldorf 14.4.2000, HVR Nr. 944. Dazu genügt Hinweis auf die aus der Kündigung folgenden gesetzlichen Rechte (deren wichtigstes eben Ausgleich ist), BGHZ 50, 88, § 89b braucht nicht genannt zu werden, OLG München VersR 2010, 344; nicht aber bloßes Nichteinverständnis unter Vorbehalt weiterer Schritte, wenn Unternehmer kündigt und erklärt, ein Ausgleichsanspruch bestehe nicht, BGH BB 1969, 1370.

Geltendmachung ist schon **vor Vertragsende** möglich (Fristlauf aber erst ab Vertragsende, → Rn. 77), zB im Kündigungsschreiben des HV selbst, BGHZ 40, 18, in der Erwiderung auf die Kündigung des Unternehmers, KG NJW 1960, 631, in Anwaltsschreiben während der Verhandlung, die zum Vertragsende führte, BGHZ 50, 89. Vertragsende muss aber absehbar sein, vorheriger Vorbehalt ist wirkungslos (Grund: Zweck der Frist), OLG Düsseldorf 14.4.2000, HVR Nr. 944.

Fristablauf: Keine **Hemmung** bei nebenberuflicher Weitervertretung (§ 92b), OLG Nürnberg BB 1958, 1151, jedoch Nachlassablaufhemmung entspr. § 211 BGB, BGHZ 73, 99. Ferner gilt § 193 BGB, der für Willenserklärungen und Leistungen den Fristablauf auf den einem Samstag, Sonntag oder staatlich anerkannten allgemeinen Feiertag folgenden Werktag verschiebt.

Mit Fristablauf ist der Anspruch **erloschen,** also auch keine Aufrechnung mehr mit dem Anspruch, OLG Karlsruhe WM 1985, 237. Die Frist ist unerheblich nach Anerkennung des Anspruchs (auch nur dem Grunde nach) durch den Unternehmer, BGH BB 1965, 434; WM 2006, 1789. Keine Berufung auf Fristablauf bei **treuwidrigem** Abhalten von rechtzeitiger Geltendmachung (§ 242 BGB), BGH WM 1987, 21, zu weitgehend OLG Karlsruhe WM 1985, 235 (Insolvenzverwalter). Das Erlöschen ist von Amts wegen zu berücksichtigen.

C. **Verwirkung:** Verwirkung ist illoyale Verspätung (vgl. → § 85 Rn. 7, → § 87c Rn. 19). Sie ist vor Ablauf der Jahresfrist nach IV 2 praktisch kaum vorstellbar, Staub/Emde Rn. 602, aber wenn HV nach Geltendmachung den Anspruch nicht weiter verfolgt, OLG Köln 8.11.2012, HVR Nr. 1381 (2 Jahre 7 Monate). Bloße auch längere Untätigkeit des HV reicht keinesfalls aus, OLG Düsseldorf 10.10.1958, HVR Nr. 184; OLG Nürnberg 13.12.1962, HVR (Nr. 342 (6 Monate). Allgemeiner für § 89b Verwirkung ablehnend EBJS/Löwisch Rn. 36.

6) Prozess

Die **Klage aus § 89b** ist je nach Streitwert, dazu Schneider BB 1976, 1298, vor dem AG oder LG, dort ggf. auch vor der KfH (→ § 84 Rn. 45). Auch Teilklage, OLG Stuttgart ZVertriebsR 2015, 297 mAnm. Emde; OLG Celle ZVertriebsR 2017, 230 Rn. 12. **Unbezifferter Zahlungsantrag,** der die Höhe des Ausgleichs in das Ermessen des Gerichts stellt, ist zulässig, vgl. BGH NJW 1992, 311, doch nur mit Angabe der Tatsachengrundlagen für Bezifferung und der Größenordnung des Anspruchs, OLG Düsseldorf 8.2.1977, HVR Nr. 504,

§ 89b 82–84

Einzelheiten str., Meyer ZVertriebsR 2014, 356; Emde BB 2015, 1671; vgl. Kommentare zu § 253 ZPO. Bloße Feststellungsklage scheidet idR aus. Vorprozessuales Anerkenntnis kann uU kondiziert werden, dann aber Umkehr der Beweislast, OLG Koblenz 2.7.1998, HVR Nr. 883.

82 Klage aus § 89b kann durch **Klage auf Auskunft** (§ 242 BGB) vorbereitet werden, BGH NJW 1996, 2100; OLG München VersR 2010, 344; OLG Oldenburg NJW-RR 2014, 814, zB über die in den letzten fünf Jahren gezahlte Provision (mit Streitwert von etwa 20 % des Werts der vorbereiteten Ansprüche), BGH BB 1960, 796, **Stufenklage** (→ § 87c Rn. 28); vor Reform 2009 (→ Rn. 1) nicht über die weitere Entwicklung der vom HV vermittelten Verträge (Grund: irrelevant wegen Prognose nach § 89b), BGH NJW 1996, 2100, nunmehr wegen Relevanz für die Unternehmervorteile und Billigkeit (→ Rn. 24, 26) aber doch, Semler BB 2009, 2328; Emde BB 2010, 2448, aA MüKoHGB/Ströbl Rn. 277, uU sekundäre Darlegungslast des Unternehmers über seine Vorteile, Thume IHR 2011, 13. Auskunftanspruch über die Unternehmensvorteile, weil diese höher als die Provisionsverluste sein können (→ Rn. 26), im Einzelnen str., kein Auskunftsanspruch über den Rohertrag des Herstellers, BGH NJW 2021, 69 (→ Rn. 32) mAnm Wentzel BB 2020, 2772 gegen OLG Frankfurt IHR 2019, 248 mzustAnm Thume, auch Thume BB 2019, 2260, nicht über den vom Unternehmer erzielten Deckungsbeitrag, OLG Düsseldorf ZVertriebsR 2017, 111 mkritAnm Goßler und zust. Anm. Thume BB 2017, 464; Emde BB 2018, 1927. Auskunft, aber keine Belegvorlage, enge Ausnahme nach § 242 BGB, OLG Frankfurt IHR 2019, 254. Keine Auskunft über Provisionsansprüche, die der HV hat verjähren lassen, BGH NJW 1982, 236; 1996, 2100; über die künftigen entgehenden Provisionen, soweit für die Prognose (Schätzung) nicht erforderlich, OLG Hamm VersR 2001, 1154 (VersVertreter); Auskunftszeitraum idR zwischen drei und fünf (II) Jahren, OLG Oldenburg NJW-RR 2014, 814. Zum Auskunftsrecht Wolff BB 1978, 1246. Bei gleichzeitiger Beendigung der Verträge des HV und des Untervertreters (vgl. § 84 III) bedarf dieser nicht stets der Auskunft über den Ausgleich, den der HV vom Unternehmer empfing; für seine Klage genügt zB Angabe seiner Umsätze in den letzten fünf Jahren (vgl. II) und Darlegung der Billigkeitsgründe (vgl. I 1 Nr. 2), OLG Düsseldorf NJW 1966, 888. Auskunftsanspruch verjährt selbstständig, aber grundsätzlich nicht vor dem zugehörigen Hauptanspruch, so BGH NJW 2017, 2755 m. zust. Anm. Regenfus; krit. Ulrici JZ 2017, 1177 (aber auch → § 87 Rn. 53).

83 **Grundurteil** (§ 304 ZPO) über den Anspruch ist nicht ausgeschlossen, aber problematisch wegen des engen Zusammenhangs der den Grund und die Höhe des Ausgleichs betreffenden Tat- und Rechtsfragen; es setzt jedenfalls ua voraus, dass mit hoher Wahrscheinlichkeit erhebliche fortdauernde Vorteile des Unternehmers und Billigkeit eines Ausgleichs (§ 89b I 1 Nr. 1, 2) zu bejahen sein werden, BGH NJW 1967, 2153; 1982, 1758; 1996, 848; OLG Nürnberg 28.1.2011, HVR Nr. 1322 (iErg bejahend). Weniger voraussetzungsvoll bei Anwendung der „Grundsätze" (→ Rn. 96), BGH NJW 2015, 3373 Rn. 40. Die Vorabentscheidung wird regelmäßig unzweckmäßig und auch kaum durchführbar sein, OLG Frankfurt a. M. BB 1968, 809; OLG München IHR 2018, 123/126; aber zB Vorinstanz BGH NJW 2007, 3493. **Teilurteil** (zu unterscheiden von zulässiger Teilklage, OLG Stuttgart ZVertriebsR 2015, 297 mAnm. Emde) über Mindesthöhe oder, wenn HV Provisions- und Ausgleichsanspruch geltend macht, über einen der beiden ist unzulässig (§ 301 ZPO), OLG München NJW-RR 1992, 1191; OLG Celle OLGR 2007, 790; OLG Nürnberg 28.1.2011, HVR Nr. 1322; OLG München ZVertriebsR 2018, 103 Rn. 11 f.; aA Emde ZVertriebsR 2015, 46, Ausnahmen sind jedenfalls denkbar.

84 Die Ausgleichsbemessung (Vorteils- und Billigkeitsprüfung samt Verlustprognose, I 1 Nr. 1–2) ist durch **Revisionsgericht** nur beschränkt (auf Rechtsirrtum, Verstoß gegen Erfahrungssätze, Außerachtlassung wesentlichen Parteivorbringens)

nachprüfbar, stRspr, BGHZ 41, 135; 55, 46; 73, 103; BGH NJW 2007, 3493. Inwieweit nähere Feststellungen des Tatrichters notwendig sind, hängt vom Parteivortrag ab, BGH NJW 1967, 249; WM 1981, 818; NJW 1990, 2890.
Zwangsvollstreckung: Der Anspruch genießt keinen Pfändungsschutz (vgl. **85** → Rn. 6).
Insolvenz: Bei Insolvenz des Unternehmens (→ § 87 Rn. 51) ist der Ausgleichsanspruch idR einfache Insolvenzforderung, Emde/Kelm ZIP 2005, 62. Ausschlussfrist nach IV 2 gilt auch hier (→ Rn. 79). Bei Insolvenz des HV (→ § 84 Rn. 48) gehört Ausgleichsanspruch zur Insolvenzmasse, BGH BB 2013, 2001 mAnm. Boeminghaus.

7) Versicherungs- und Bausparkassenvertreter (V)

A. **Branchenspezifische Sonderregelung:** V (nF 1990, → § 84 Rn. 3) än- **86** dert die Regelung des Ausgleichsanspruchs für VersVertreter (näher § 92 I) sowie nach **V 3** sinngemäß für Bausparkassenvertreter, vgl. BGHZ 34, 313; 55, 45; 59, 125; WM 2004, 1483, in zweifacher Hinsicht (→ Rn. 87, 94). Im Übrigen gelten auch für VersVertreter und Bausparkassenvertreter uneingeschränkt I–IV, auch die Reform 2009 (→ Rn. 1), obwohl die Richtlinie und das EuGH-Urteil Semen (→ Rn. 45) nur für Warenvertreter gelten (darüber hinaus nach BGH WM 2012, 469. m. krit. Anm. Emde BB 2012, 3090; Thume IHR 2012, 69, auch keine europarechtskonforme Auslegung, Widerspruch zu BGH WM 2011, 620; ZIP 2012, 2508, → § 84 Rn. 3), V selbst bleibt aber auch nach der Reform unberührt, vgl. BGH WM 2012, 469. Der Ausgleichsanspruch anderer HV als Versicherungsvertreter bei Vermittlung von Dauerverträgen wird durch V nicht ausgeschlossen, OLG Düsseldorf ZVertriebsR 2020, 257 Rn. 8. Die Abweichungen des **V 1, 2** beruhen auf einer im Vergleich zum HV unterschiedlichen dogmatischen Konzeption, BGH ZIP 2021, 751 Rn. 36: maßgeblich ist hier nicht der geworbene Kundenstamm, sondern die vermittelten neuen Versicherungs- und Bausparverträge, BGH WM 2012, 471. Das rechtfertigt sich durch die lange Dauer vieler VersVerträge; Kundenverhältnisse mit wiederholten Abschlüssen (Stammkunden) gibt es hier weniger, dagegen ist ein neuer VersVertrag hier wie anderswo ein neuer Kunde. § 92 III 1 trägt dem für den Provisionsanspruch während des Vertrags Rechnung (provisionspflichtig sind nur seine eigenen Abschlüsse, nicht auch alle Nachbestellungen); dem entspricht V für den Ausgleichsanspruch nach Vertragsende. Vermittlung von **Nettopolicen** (ohne Provisionsanspruch vom Versicherer, aber vom Versicherungsnehmer) sind auch nach der VVG-Reform 2006/07 zulässig (auch → § 92 Rn. 3), BGH NJW 2014, 1655 (1658, 2782); OLG Naumburg VersR 2012, 1034; Reiff VersR 2012, 645; 2014, 243, aber nachdrückliche Aufklärungspflicht, BGH NJW 2014, 1655 Rn. 24; 2014, 2782 Rn. 24 (sonst Vermutung gegen Nettopolice, aA Reiff VersR 2014, 246); OLG Karlsruhe VersR 2012, 856, uU Intransparenz der AGB-Klausel (§ 307 I 2 BGB), Armbrüster NJW 2014, 501. Übliche Vergütung bei Nettopolice ist an VersMakler zu orientieren, liegt aber deutlich niedriger, BGH NJW 2014, 2782 Rn. 26. Vgl. auch BGH NJW 2014, 1658 mAnm.Schwintowski. Kündigung einer Courtage-Vereinbarung, OLG München VersR 2012, 991 (VersMakler, → § 93 Rn. 55). Lit.: Specks, 2002, Günther, 2004; Schröder FS Nipperdey, I, 1965, 715; Sieg VersR 1964, 789 (VersVertreter); Küstner BB 1966, 269; BB Beil. 12/1981, 1 (Bausparkassenvertreter); Höft VersR 1967, 524; Küstner BB 1975, 493 (KrankenVersVertreter); Graf von Westphalen BB 2001, 1593; Küstner VersR 2002, 513; Emde FS K. Schmidt, 2009, 331; Reiff VersR 2012, 645; Emde VersR 2013, 1333; Reiff VersR 2014, 243; Emde VersR 2020, 796. Für die Versicherungswirtschaft sind von den Verbänden mehrere praktisch sehr bedeutsame **„Grundsätze zur Errechnung der Höhe des Ausgleichsanspruchs"** nach § 89b HGB erarbeitet worden (→ Rn. 96).

§ 89b 87–91

87 **B. Neue Versicherungsverträge (V 1): a) Vorteile des Unternehmers (I 1 Nr. 1):** Nach V 1 kommt es anders als nach I 1 Nr. 1 nicht darauf an, dass der HV neue (Stamm)Kunden geworben hat, sondern nur dass er neue VersVerträge sei es auch mit Altkunden vermittelt hat, aus denen der Unternehmer nach Ende des HVVertrags erhebliche Vorteile hat. Lit.: Lilje ZVertriebsR 2016, 211 (Unternehmervorteile im VersVertrieb); Dreyer/Haskamp VertriebsR 2016, 366 (Unternehmervorteile bei Bausparkassen).

88 **Neu** ist ein VersVertrag zB mit demselben Kunden auf „Verlängerung" nach Ablauf des VersVertrags (anders bei echter Verlängerung mangels Kündigung) oder mit einem Altkunden über ein anderes Risiko oder zur Erfüllung eines anderweitigen Versicherungs- oder Bausparbedürfnisses (erst recht bei Verwandtenverträgen), BGHZ 59, 131.

89 **V 1 Fall 2** stellt der Vermittlung eines neuen VersVertrages gleich, wenn der VersVertreter einen bestehenden VersVertrag so **wesentlich erweitert** hat, dass dies wirtschaftlich der Vermittlung eines neuen VersVertrags entspricht.

90 Die **erheblichen Vorteile** des Unternehmers nach Vertragsende können entweder unmittelbar aus den vom Vertreter vermittelten Verträgen selbst stammen oder aus Ergänzungsverträgen, insbesondere Verlängerung oder Summenerhöhung (vgl. zu I 1 Nr. 2 → Rn. 92). Entscheidend ist die Zahl der Neuverträge, nicht das Verhältnis des Gesamtbestandes der Versicherungsverträge bei Beginn und Ende des Vertreterverhältnisses, OLG Stuttgart DB 1957, 379.

91 **b) Dem Handelsvertreter entgehende Provisionen (I 1 Nr. 2 Mittelsatz):** Nach V kommt es für I 1 Nr. 2 Mittelsatz darauf an, ob der Vertreter ohne das Vertragsende (Folge)Provisionsansprüche aus den in der Vertragszeit vermittelten neuen Verträgen zu erwarten hätte, BGHZ 34, 316. Das ist bei einer abschließenden **Einmalprovision** wie idR bei der Lebens- und Krankenversicherung nicht der Fall, BGHZ 30, 106; 59, 126; LG Stuttgart VersR 2000, 972, aber → Rn. 26, str. Die **Folgeprovisionen** sind idR bloße Verwaltungsprovisionen und als solche nicht ausgleichspflichtig (aber str., → Rn. 28), ausgenommen Verlängerungen und Summenerhöhungen, BGH WM 2005, 1868. Werden dagegen Folgeprovisionen zeitlich gestreckt auch noch für den Abschluss gewährt wie idR bei der Schadensversicherung, sind diese bereits verdient. Entgehende Provisionen gibt es deshalb praktisch nur, wenn wie häufig Verzicht auf solche Folgeprovisionen vereinbart ist, OLG Frankfurt a. M. BB 1978, 728; 1986, 697; OLG Köln VersR 2001, 1377 (→ § 92 Rn. 9), **Provisionsverzicht** war also bis 2009 insoweit de facto Voraussetzung für einen Ausgleichsanspruch nach V, BGH NJW 2003, 1245; ob ein solcher Provisionsverzicht aber wirksam war, war eine andere Frage (auch → Rn. 70, → § 92 Rn. 9), BGH NJW 2010, 300, für Wirksamkeit OLG Jena VersR 2010, 1645 mAnm. Krämer VersR 2010, 1647; aA wegen IV Graf von Westphalen DB 2000, 2256; 2003, 2319; vgl. → Rn. 96; der Wegfall des Tatbestandsmerkmals der Provisionsverluste (→ Rn. 24) lässt aber Provisionsverzicht als eigenes Tatbestandsmerkmal nicht mehr zu, Staub/Emde Rn. 711. Heute sind Provisionsverzichtsklauseln in praktisch allen VersVertreterverträgen enthalten, Staub/Emde Rn. 712, doch ist ihre Wirksamkeit nach wie vor umstritten, näher Staub/Emde Rn. 714 ff., tendenziell bejahend. Allerdings müssen Provisionsverzichtsklauseln die Fälle des § 87a V ausnehmen, sonst kann der HV entweder Ausgleich oder Provisionsfortzahlung verlangen, Emde EWiR 2010, 120. Abgrenzung nach den Umständen, nicht allein Bezeichnung im Vertrag, denn die als Verwaltungs- oder Inkassoprovision bezeichnete Vergütung enthält in manchen Versicherungszweigen Teile einer Vergütung für Vermittlung und Abschlusstätigkeit, BGHZ 30, 105; 55, 51; WM 2004, 1483; 2005, 1868; 2006, 1789. Hohe Sätze für Abschlussprovision bei niedrigen für Verwaltungsprovision sind typisch für Einmalprovision, durch die die Vermittlungsleistung vollständig abgegolten wird, BGHZ 30, 106; WM 2004, 1483 (aber → Rn. 26, st.). Auskunftsanspruch in den Grenzen des für die Berechnung des Ausgleichsanspruchs Erforderlichen (§ 87c, auch §§ 242, 259, 260 BGB), OLG München VersR 2012, 440. Beweis- und Darlegungslast für die Abgrenzung liegt beim Versicherer, BGH WM 2004, 1483; 2005, 1868 (vgl. für Tankstellenhalter → Rn. 28, 33).

Dem Vertreter entgehende Provisionen nach Vertragsende können entweder 92 unmittelbar aus den vom Vertreter vermittelten Verträgen selbst stammen oder aus **Ergänzungsverträgen** (insbesondere Verlängerung oder Summenerhöhung), BGHZ 34, 313; 55, 45; 59, 130; BB 1970, 102. Dagegen bleiben **Zweitabschlüsse** nach Beendigung des HVVerhältnisses mit vom VersVertreter geworbenen Kunden außer Betracht, BGHZ 34, 319; 59, 130 (vgl. entspr. § 92 III 1 für die Provision während des Vertrags, → Rn. 86). Für die Abgrenzung ist nicht die äußere Form (Zusatzvertrag oder neuer Vertrag) entscheidend, sondern ob ein **enger wirtschaftlicher Zusammenhang** besteht, BGHZ 34, 319; 59, 130. Zu möglichen Auswirkungen der Novelle 2009 (→ Rn. 1) auf V Emde BB 2011, 2765.

c) **Billigkeitsprüfung (I 1 Nr. 2):** Die speziell in der VersWirtschaft gewährten, der Altersversorgung dienenden **Provisionsrenten** haben keinen Vergütungscharakter und sind wie andere Versorgungsleistungen zu berücksichtigen (vgl. → Rn. 39); ein Wahlrecht, nämlich statt Altersversorgung voller Ausgleichsanspruch, gibt es nicht, Küstner/Thume/Thume, Bd. 2, X 104. Zu einem Wahlrecht auch → Rn. 71. Zu Billigkeitsgesichtspunkten → Rn. 39. 93

C. **Obergrenze (V 2, II):** Nach V 2 ist wegen der typisch längeren Dauer von 94 Versicherungsverträgen die Obergrenze für den Ausgleichsanspruch statt einer (II, → Rn. 49) **drei Jahresprovisionen** oder -vergütungen. Dieser Höchstbetrag ist nach II zu berechnen, also nicht einfach die Summe aller Bruttoprovisionen der Letzten drei Jahre, sondern die Einjahresprovision nach dem Durchschnitt der Letzten fünf Vertragsjahre wird verdreifacht.

D. **Abweichende Vereinbarungen:** V verweist auch auf IV 1 (→ Rn. 70). 95 Auch der Ausgleichsanspruch des VersVertreters ist mitsamt der Besonderheiten aus V **zwingend.** Vereinbarung nach oder gleichzeitig mit Vertragsbeendigung ist aber möglich.

Die zwischen den Spitzenverbänden der Versicherungswirtschaft und des Ver- 96 sicherungsaußendienstes vereinbarten **„Grundsätze zur Errechnung der Höhe des Ausgleichsanspruchs"** nach § 89b HGB sind in der Praxis sehr bedeutsam, zB **„Grundsätze Sach", „Grundsätze Leben", „Grundsätze Kranken", „Grundsätze"** im Bausparbereich, **„Grundsätze"** im **Finanzdienstleistungsbereich,** auch in der Vertrauensschaden- und Kautionsversicherung nach dem Schema der „Grundsätze Sach". Seit ihrer Anwendung (in der Schadensversicherung Vorläufer schon seit 1958, Grundsätze Sach dann idF 14.11.1972) sind Zehntausende von Ausgleichsansprüchen von VersVertretern danach abgewickelt worden (1959–1992 ca. 40.000), näher zum Inhalt dieser Grundsätze BGH WM 2012, 469 mAnm Thume IHR 2012, 69; BGH NJW-RR 2014, 928. Rechtlich sind sie kein HdlBrauch und nicht verbindlich, da nicht vorher und generell bestimmt werden kann, was angemessener Ausgleich ist, BAG DB 1986, 920; OLG Köln BB 1974, 1093; OLG Frankfurt a. M. NJW-RR 1996, 548; OLG Hamm VersR 2001, 1155, hL, KKRD/Roth Rn. 25; Emde VersR 2020, 798; ohne Aussage BGH WM 2012, 472; aA OLG München VersR 1974, 288; OLG Frankfurt a. M. VersR 1986, 814; wohl auch OLG Hamburg VersR 1993, 476. Sie sind, da nicht nur begünstigend, auch nicht Vertrag zugunsten Dritter (der VersVertreter), OLG Köln VersR 1974, 1093; aA Schlegelb/Schröder Rn. 43, können aber ohne Weiteres mit Vertragsbeendigung vereinbart werden (→ Rn. 74), BGH WM 1975, 856; NJW 2003, 1245. Sie sind dann private AGB und haben trotz Aushandelns unter den Verbänden nicht ohne

§ 90 1

Weiteres die Vermutung der Richtigkeit und Billigkeit für sich, aA OLG Düsseldorf VersR 1979, 837, sondern unterliegen wie AGB sonst uneingeschränkt den **(5)** §§ 305 ff. BGB, OLG Köln VersR 2001, 1379. Die Grundsätze bieten aber wichtige Erfahrungswerte, die bei Schätzung nach § 287 ZPO berücksichtigt werden können, BGH WM 2012, 469; NJW-RR 2014, 928 Rn. 23; OLG Düsseldorf BeckRS 2017, 151716 Rn. 60; Emde VersR 2020, 799; auch RWH/Thume Rn. 175, zuvor str. (s. 36. Aufl.), aber nur für VersVertreter und Bausparkassenvertreter, BGH WM 2012, 474. Diese können ihren Ausgleichsanspruch aber auch allein aus I und V berechnen, BGH WM 2012, 472. Die Grundsätze sind wie revisible Rechtsnormen zu behandeln und vom Revisionsgericht frei auszulegen; entsprechend ihrem Kompromisscharakter können sie nur einheitlich als Ganzes angewandt werden, Billigkeitsgesichtspunkte bleiben aber ergänzend möglich, BGH NJW-RR 2014, 928 Rn. 26. Auskunftsanspruch unter Grundsätze Leben, OLG München VersR 2010, 344. Die Grundsätze können Grundlage für die Schätzung eines Mindestausgleichsanspruchs (§ 287, → § 89b Rn. 22) sein, aber mit Einschränkungen, BGH NJW 2015, 3373 Rn. 40; OLG München ZVertriebsR 2017, 194 (iErg abl.) mAnm Emde BB 2018, 1926. Berechnung des Ausgleichsanspruchs nach Grundsätze Sach I 2, allmählicher Zuwachs übertragener Versicherungsbestände in zeitlicher Staffel, Abzug eines übertragenen Bestands, nur soweit tatsächlich noch vorhanden, Beweislast hier beim Versicherer (Gefahrensphäre), OLG Köln 23.10.2015, HVR Nr. 1417. Abrechnung nur mit den Vorgaben der Grundsätze, keine Abweichung, da die Grundsätze Gesamtabwägung beinhalten, OLG Düsseldorf BeckRS 2017, 151716 Rn. 63.

Lit.: Küstner, Grundsätze, 1997; Staub/Emde Rn. 735–822; Küstner/Thume, Bd. 2, 9. Aufl. 2014, Berechnungsbeispiele XX Rn. 131, 144, 169, 190 (Grundsätze Sach, Leben, Kranken, Bauspar); Martin VersR 1970, 796; Eggebrecht ZVertriebsR 2014, 210 (Grundsätze Sach); Emde VersR 2020, 796 (Grundsätze Sach). **Text der Grundsätze samt Erläuterungen und Berechnungsbeispielen** bei Küstner/Thume, Bd. 2, Anh. S. 933 ff.; Hopt, HVR, 6. Aufl. 2019, Materialien IV; Schreiben des GDV zur Berechnung im Todesfall des VersVertreters, Materialien V; Hinweise des BVK für den Todesfall, Materialien VI.

[Geschäfts- und Betriebsgeheimnisse]

90 Der Handelsvertreter darf Geschäfts- und Betriebsgeheimnisse, die ihm anvertraut oder als solche durch seine Tätigkeit für den Unternehmer bekanntgeworden sind, auch nach Beendigung des Vertragsverhältnisses nicht verwerten oder anderen mitteilen, soweit dies nach den gesamten Umständen der Berufsauffassung eines ordentlichen Kaufmannes widersprechen würde.

1) Verschwiegenheitspflicht und Verwertungsverbot in der Vertragszeit (§ 86 I Hs. 2)

1 A. **Verschwiegenheitspflicht:** Die Pflicht des HV, bei seiner Tätigkeit zur Geschäftsvermittlung, also im Verkehr mit Kunden und solchen, die es werden sollen, die ihm bekannten Geschäfts- oder Betriebsgeheimnisse des Unternehmers (→ Rn. 5) geheimzuhalten, folgt schon daraus, dass er bei dieser Tätigkeit das Interesse des Unternehmers wahrnehmen muss (§ 86 I Hs. 2). Der HV muss aber während der Vertragszeit auch außerhalb seiner Vermittlungstätigkeit die Geheimnisse des Unternehmers respektieren (zB in Bezug auf Waren anderer Gattung, mit denen er nichts zu tun hat). Auch das folgt aus der allgemeinen Interessenwahrungspflicht des HV (→ § 86 Rn. 20), nach aA aus einer besonderen Treuepflicht des HV. Soweit der HVVertrag noch nicht zustande gekommen oder nichtig ist, besteht eine entsprechende Verschwiegenheitspflicht als vorver-

7. Abschnitt. Handelsvertreter 2–5 § 90

tragliche Schutzpflicht (→ § 85 Rn. 1). Auch Untervertreter (→ § 84 Rn. 31) fallen gegenüber dem Hauptvertreter unter § 90, die Verschwiegenheitspflicht braucht ihnen der Hauptvertreter deswegen nicht noch besonders aufzuerlegen, aA wohl EBJS/Löwisch Rn. 17.

Die Verschwiegenheitspflicht in der Vertragszeit reicht weiter als die nach 2 Vertragsende (vgl. → Rn. 4). Sie ist nicht an bestimmte enge Tatbestandsmerkmale gebunden. Für die Verschwiegenheitspflicht genügt es, dass der HV den Geheimnischarakter hätte erkennen müssen. Die Verschwiegenheitspflicht umfasst alle geschäftlichen und persönlichen Belange des Unternehmers, soweit die (nicht nur wirtschaftlichen) Interessen des Unternehmers beeinträchtigt werden können. Grenzen setzen aber die eigenen schutzwürdigen Interessen des HV. Insbesondere die **Kundenliste** ist während der Vertragszeit (nachher → Rn. 7) strikt geschützt, der HV darf sie auch nicht außerhalb der Branche des Unternehmers Dritten zugänglich machen oder selbst verwerten. Besondere Geheimhaltungspflicht mit Abtretungsverbot trifft den **Versicherungsvertreter,** der Personenversicherungen vermittelt (§ 203 I Nr. 6 StGB), BGH NJW 2010, 2509 mAnm Gödeke VersR 2010, 1153 (→ § 89a Rn. 34, → § 92 Rn. 7), OLG Oldenburg 24.7.2012, HVR Nr. 1369.

B. **Verwertungsverbot:** Die Interessenwahrungspflicht beinhaltet für den HV 3 erst recht ein Verwertungsverbot bezüglich der Geschäfts- und Betriebsgeheimnisse (vgl. → Rn. 4). Verwertung der Kundenliste → Rn. 2, nach Vertragsende → Rn. 5.

2) Verschwiegenheitspflicht und Verwertungsverbot nach Vertragsende (§ 90)

A. **Nachvertragliche Pflicht:** § 90 konkretisiert die Interessenwahrungs- 4 pflicht des HV für die Zeit nach Vertragsende (→ § 86 Rn. 20) mit bestimmten, engeren Tatbestandsmerkmalen. Der HV ist auch nach Vertragsende verpflichtet, Geschäfts- und Betriebsgeheimnisse des Unternehmers, die ihm durch seine Tätigkeit für den Unternehmer bekanntgeworden sind, nicht zu verwerten oder anderen mitzuteilen. Es genügt jedwede Art des **Bekanntwerdens,** einerlei ob befugt oder unbefugt. Das **Anvertrauen,** dh die vertrauliche Mitteilung, ist nur ein Unterfall solchen Bekanntwerdens, besonderer Hinweis auf die Vertraulichkeit ist nicht notwendig, MüKoHGB/Ströbl Rn. 13, aA EBJS/Löwisch Rn. 7, aber auch konkludent. **Verwertung** ist jede wirtschaftliche Ausnutzung des Geheimnisses für sich oder andere ohne Rücksicht auf den Beweggrund. **Mitteilung** ist jede beliebige Bekanntgabe, die die Ausnutzung des Geheimnisses in irgendeiner Form ermöglicht. Die Geheimhaltungspflicht besteht unabhängig vom Grund des Vertragsendes, auch bei Kündigung des HV wegen schuldhaft vertragswidrigen Verhaltens des Unternehmers (§ 89a I). Die Geheimhaltungspflicht bleibt **ohne zeitliche Begrenzung** solange bestehen, als es der Geheimhaltungszweck verlangt. Über das Verhältnis des Schweigegebots zur Regelung der **Wettbewerbsabreden** → § 90a Rn. 6. Zur Verwendung von Kundendaten nach Ausscheiden des VersVertreters Höld NJW 2016, 2774.

B. **Geschäfts- oder Betriebsgeheimnisse: a)** Dies sind mit einem Geschäfts- 5 betrieb zusammenhängende Tatsachen, die nur einem eng begrenzten Personenkreis bekannt, also nicht offenkundig sind und nach dem bekundeten Willen des Unternehmers geheimgehalten werden sollen, BGH RdA 1956, 59 = AP UWG § 17 Nr. 1; EBJS/Löwisch Rn. 4, nach aA Bestimmung nicht allein aus Unternehmersicht, Staub/Emde Rn. 7. Eine besondere Bekundung des Geheimhaltungswillens ist nicht notwendig, wenn besond das Geheimhaltungsinteresse aus der Sache ergibt (missverständlich BGH RdA 1956, 59 = AP UWG § 17 Nr. 1), und ohne Bedeutung, wenn die Tatsache bereits offenkundig ist, dh Dritte beliebig Zugriff haben. Im Zweifel ist Geheimhaltungswille anzunehmen. Zu

§ 90 6, 7   1. Buch. Handelsstand

den Geschäfts- oder Betriebsgeheimnissen rechnen zB Fabrikationsverfahren, Computerprogramme (Software), Bezugsquellen, Kalkulationsunterlagen, Handelsspannen, Zahlungsbedingungen, Kapitalflussrechnung und interne Bilanzen, Ausschreibungsunterlagen und Preisangebote bei Submissionen, Vertriebsstrategien und -wege, auch Kundenlisten, falls nicht allgemein zugänglich (→ Rn. 7).

6 **b)** Nach § 90 müssen die Geheimnisse dem HV als solche, also als Geheimnisse bekanntgeworden sein; die Geheimhaltungspflicht besteht nicht für Tatsachen, die zwar der Unternehmer geheim halten will, die aber dem HV nicht vertraulich mitgeteilt oder sonstwie **durch seine Tätigkeit für den Unternehmer als Geheimnis bekanntgeworden** sind. Dem HV muss also der Geheimnischarakter bekannt sein, fahrlässiges Nichterkennen steht gleich, hL. Das Geheimnis muss ihm durch seine Tätigkeit für den Unternehmer bekanntgeworden sein, also nicht zufällig sonst, etwa erst nach Vertragsende; soweit danach § 90 nicht eingreift, kann aber Geheimhaltung nach § 242 BGB geboten sein.

7 **C. Reichweite:** Die Geheimhaltungspflicht reicht nach Vertragsende **weniger weit** als vorher, weil der HV jetzt nicht mehr für den Unternehmer tätig ist und in seiner neuen Erwerbstätigkeit nicht übermäßig eingeschränkt werden darf, aA offenbar EBJS/Löwisch Rn. 1. Nach § 90 ist die Mitteilung und Verwertung nur **unbefugt**, soweit dies nach den gesamten Umständen der **Berufsauffassung eines ordentlichen Kaufmannes** widersprechen würde. Das macht eine Interessenabwägung nach Treu und Glauben im Einzelfall zwischen HV und Unternehmer notwendig. Diese kann anders ausfallen als unter § 3 UWG (→ Rn. 9). Dabei ist stets zu berücksichtigen, dass der HV mangels vertraglicher Wettbewerbsvereinbarung (→ § 90a Rn. 6) nach Beendigung des HVVerhältnisses in seiner Tätigkeit frei ist, OLG Celle BB 1970, 226. Ob der HV eine Ausgleichszahlung nach § 89b erhalten hat, spielt für diese Freiheit und für die Geheimhaltungspflicht keine Rolle. **Kundenlisten:** Vor Vertragsende → Rn. 2, nachher herauszugeben, → § 86 Rn. 17. Verboten ist die Mitteilung von Namen von Kunden, auch soweit vom HV selbst geworben, an einen neuen Auftraggeber derselben Branche, OLG Koblenz NJW-RR 1987, 95. Auch nach Ausscheiden keine Verwendung der Daten von selbst geworbenen Kunden, da alle Kundenanschriften nach § 667 BGB herauszugeben sind, einerlei ob Verwertung brancheninternn oder branchenfremd, BGH NJW 2009, 1420, str., jedenfalls iErg zust. Staub/Emde Rn. 11 Kundenlisten, MüKoHGB/Ströbl Rn. 24, für Interessenabwägung Küstner/Thume/Schröder, Bd. 1, Kap. X Rn. 20, aber zu unsicher; jedenfalls branchenfremde Verwertung der Namen und Anschriften selbst geworbener Kunden sollte jedoch frei sein, ebenso branchengleiche Verwertung, wenn die Kunden ohne Zutun des HV entschlossen sind, die Geschäftsbeziehungen zu dem Unternehmer nicht mehr fortzusetzen, OLG Koblenz NJW-RR 1987, 95 (Glykolskandal); EBJS/Löwisch Rn. 9; aA MüKoHGB/Ströbl Rn. 24: Abgrenzung zu schwierig. Der ausgeschiedene HV darf Adressen von Kunden verwerten, die in seinem Gedächtnis geblieben sind oder die keinen dauerhaften Kontakt zum alten Unternehmer haben, BGH NJW 1993, 1876; BB 1999, 1452; NJW 2009, 1422; aber problematisch, Staub/Emde Rn. 13; Oetker/Busche Rn. 14; Heymann/Froitzheim Rn. 12; nimmt der HV Kontakt zu rund 200 ehemaligen Kunden auf, kann das nicht mehr gedächtnisgestützt sein, BGH VersR 2003, 1414; näher Blankenburg VersR 2010, 584. Allgemein zugängliche Kundenlisten, zB in engen Märkten, sind schon gar kein Geheimnis (→ Rn. 5). Verbot jedweder Nutzung von Kundenanschriften bei Vertragsstrafe verstößt gegen **(5)** § 307 BGB, keine Reduktion auf Reichweite des § 90, BGH NJW 1993, 1786; Preis/Stoffels ZHR 160 (1996), 457, str. Verwendung von Kundendaten nach Ausscheiden, Höld NJW 2016, 2774 (VersVertreter).

7. Abschnitt. Handelsvertreter **§ 90a**

3) Rechtsfolgen der Verletzung

A. Nach BGB: Der HV, der die Verschwiegenheitspflicht oder das Verwertungsverbot in der Vertragszeit (→ Rn. 1) oder nach Vertragsende (→ Rn. 4) verletzt, haftet aus Verletzung einer vertraglichen Nebenpflicht auf Schadensersatz (§ 280 BGB). Daneben können Unterlassungs- und Beseitigungsansprüche bestehen, auch bezüglich Aufzeichnungen des HV über Geschäfts- oder Betriebsgeheimnisse. Der durch verbotene Verwertung erzielte Gewinn ist unter den Voraussetzungen des § 687 II BGB an den Unternehmer herauszugeben. Während des Vertrags kann ein wichtiger Grund zur fristlosen Kündigung (§ 89a) vorliegen. In Betracht kommen auch Ansprüche aus §§ 823 I (Recht am Gewerbebetrieb), 826 BGB. 8

B. Nach UWG: §§ 17–19 UWG (Geheimnisverrat) sind mWv 26.4.2019 aufgehoben worden, G v 18.4.2019 BGBl I 466. Zur aF Staub/Emde Rn. 22; Blankenburg VersR 2010, 582 (VersVertreter). 9

C. Nach GeschGehG: Ein Geheimnis liegt nach § 2 Nr. 1 lit. b GeschGehG anders als nach § 90 nur vor, wenn die Information ua. Gegenstand von den Umständen nach angemessenen Geheimhaltungsmaßnahmen durch den rechtmäßigen Inhaber ist; Dann/Markgraf NJW 2019, 1775. Weitere Unterschiede zu § 90: keine Dopplung in Geschäfts- und Betriebsgeheimnis (aber praktisch nicht relevant); kein Rekurs auf die Berufsauffassung eines ordentlichen Kfm. Das Verhältnis von § 90 zum GeschGehG ist str., für Nebeneinander mit autonomer Auslegung MüKoHGB/Ströbl Rn. 11; Staub/Emde Rn. 21; für Vorrang von § 2 GeschGehG Otte/Gräbener/Kutscher-Puis ZVertriebsR 2019, 292. Es gibt jedoch keine Anhaltspunkte, dass das GeschGehG die Geheimhaltungspflicht des HV dahin lockern wollte, dass der Unternehmer angemessene Geheimhaltungsmaßnahmen trifft; auch wenn man das annehmen wollte, sollte die im normalen Geschäftsverkehr zwischen Unternehmen und HV geübte Geheimhaltung ausreichen. Zur Vorsicht wird teilweise der Abschluss einer Vertraulichkeitsvereinbarung empfohlen, MüKoHGB/Ströbl Rn. 11. Zu den angemessenen Geheimhaltungsmaßnahmen nach § 2 Nr. 1 GeschGehG OLG Hamm BeckRS 2021, 14668. Lit.: Korte/Harten ZVertriebsR 2021, 155. 10

[Wettbewerbsabrede]

90a (1) ¹Eine Vereinbarung, die den Handelsvertreter nach Beendigung des Vertragsverhältnisses in seiner gewerblichen Tätigkeit beschränkt (Wettbewerbsabrede), bedarf der Schriftform und der Aushändigung einer vom Unternehmer unterzeichneten, die vereinbarten Bestimmungen enthaltenden Urkunde an den Handelsvertreter. ²Die Abrede kann nur für längstens zwei Jahre von der Beendigung des Vertragsverhältnisses an getroffen werden; sie darf sich nur auf den dem Handelsvertreter zugewiesenen Bezirk oder Kundenkreis und nur auf die Gegenstände erstrecken, hinsichtlich deren sich der Handelsvertreter um die Vermittlung oder den Abschluß von Geschäften für den Unternehmer zu bemühen hat. ³Der Unternehmer ist verpflichtet, dem Handelsvertreter für die Dauer der Wettbewerbsbeschränkung eine angemessene Entschädigung zu zahlen.

(2) Der Unternehmer kann bis zum Ende des Vertragsverhältnisses schriftlich auf die Wettbewerbsbeschränkung mit der Wirkung verzichten, daß er mit dem Ablauf von sechs Monaten seit der Erklärung von der Verpflichtung zur Zahlung der Entschädigung frei wird.

(3) Kündigt ein Teil das Vertragsverhältnis aus wichtigem Grund wegen schuldhaften Verhaltens des anderen Teils, kann er sich durch schriftliche

§ 90a 1, 2

Erklärung binnen einem Monat nach der Kündigung von der Wettbewerbsabrede lossagen.

(4) Abweichende für den Handelsvertreter nachteilige Vereinbarungen können nicht getroffen werden.

Übersicht

	Rn
1) Wettbewerb in der Vertragszeit (§ 86)	1
2) Wettbewerb nach Vertragsende (§ 90a)	2–9
A. Freier Wettbewerb nach Vertragsende:	2
B. Übersicht:	3
C. Legaldefinition, Anwendungsbereich des § 90a:	4, 5
D. Verhältnis zu anderen Vorschriften:	6, 7
E. Recht der Handlungsgehilfen (§§ 74–75f):	8, 9
3) Inhalt und Form der Wettbewerbsabrede (I 1)	10–15
A. Wettbewerbsabrede im Sinne von § 90a:	10–12
B. Zustandekommen:	13
C. Form (I 1):	14, 15
4) Höchstdauer und Reichweite der Wettbewerbsabrede (I 2)	16, 17
A. Höchstdauer:	16
B. Reichweite:	17
5) Entschädigung (I 3), Rechtsfolgen bei Verstößen gegen ein Wettbewerbsverbot	18–22
A. Entschädigungspflicht:	18
B. Höhe der Entschädigung:	19
C. Anrechnung anderen Verdienstes:	20
D. Rechtsfolgen bei Verstößen gegen ein Wettbewerbsverbot:	21, 22
6) Verzicht des Unternehmers (II), Aufhebungsvertrag	23, 24
A. Verzicht des Unternehmers:	23
B. Aufhebungsvertrag:	24
7) Vertragskündigung aus wichtigem Grund (III)	25, 26
A. Kündigung des Unternehmers:	25
B. Kündigung des Handelsvertreters:	26
8) Abweichende Vereinbarungen (IV), Rechtsfolgen bei Verstößen gegen § 90a	27–34
A. Zwingendes Recht zugunsten des Handelsvertreters:	27
B. Abweichungen zum Nachteil des Handelsvertreters:	28–30
C. Rechtsfolgen bei Verstößen gegen § 90a:	31, 32
D. Kein Wahlrecht des Handelsvertreters:	33
E. Prozess:	34

1) Wettbewerb in der Vertragszeit (§ 86)

1 Wettbewerbsverbote für die Vertragszeit und nach Vertragsende sind strikt zu unterscheiden. Rechtsgrundlage, Formbedürftigkeit und Zulässigkeitsgrenzen sind ganz unterschiedlich zu beurteilen. Zum Wettbewerb in der Vertragszeit → § 86 Rn. 26 ff.

2) Wettbewerb nach Vertragsende (§ 90a)

2 **A. Freier Wettbewerb nach Vertragsende:** Der HV ist nach Vertragsende anders als zuvor frei, dem Unternehmer Wettbewerb zu machen, auch in dem Bereich, in dem er ihn vorher vertrat. Der HV muss zwar im Geschäftsverkehr darauf hinweisen, dass er nicht mehr für den Unternehmer tätig ist (→ § 86 Rn. 42), aber er kann sich im Übrigen wettbewerblich voll auf den Unternehmer konzentrieren und dessen Methoden übernehmen, MüKoHGB/Ströbl § 86 Rn. 11. Da solch ein kundiger Wettbewerber gefährlich sein kann, versucht der Unternehmer häufig durch **Klauseln im Handelsvertretervertrag** solchen **Wettbewerb** nach Vertragende **zu verbieten.** Der HV dagegen will die in der Vertragszeit gewonnenen Kenntnisse, Erfahrungen und Kundenbeziehungen

7. Abschnitt. Handelsvertreter　　　　　　　　　　3–7　§ 90a

auch später frei verwerten. Der Gesetzgeber des § 90a suchte hier einen Mittelweg zum Schutz des idR wirtschaftlich unterlegenen HV: solche **Abreden** wurden zwar nicht (wie in Österreich) verboten, aber (wie in der Schweiz) formbedürftig, inhaltlich beschränkt und **mit einer Entschädigungspflicht** verbunden **(Grundsatz der bezahlten Karenz).** Nachvertragliches Wettbewerbsverbot durch AGB („der Ges Kunden abzuwerben") kann bereits wegen Verstoßes gegen das Transparenzgebot unwirksam sein (§ 307 I 1 BGB), BGH NJW 2016, 401; Dück NJW 2016, 368. **Ohne eine solche Abrede** ist der HV grundsätzlich **berechtigt**, auch Kunden seines bisherigen Unternehmers **abzuwerben**, BGH NJW 2016, 401 Rn. 28; OLG Düsseldorf 28.3.2003, HVR Nr. 1081; OLG München 1.3.2012, HVR Nr. 1356. Grenzen → Rn. 7. § 90a ist teilweise (nicht I 3) **europarechtlich** präformiert (Art. 20 EU-Ri, → § 84 Rn. 3) mit der Folge möglicher Vorlageverfahren im EuGH nach Art. 267 AEUV (Art. 234 aF, 177 aF EG), zB → Rn. 11. Lit.: Grüll/Janert, Konkurrenzklausel, 5. Aufl. 1993; Köhler FS Rittner, 1991, 265.

B. **Übersicht:** I 1 regelt die Form solcher Abrede, I 2 die Höchstdauer und die　3 Höchstreichweite der Wettbewerbsbeschränkung, I 3 die Gegenleistung des Unternehmers, II 1 die Wirkung seines Verzichts auf die Beschränkung, II 2 und III die Wirkung einer Kündigung des einen oder anderen Teils aus wichtigem Grunde auf die Abrede; IV erklärt die gesetzliche Regelung für nicht zum Nachteil des HV abdingbar.

C. **Legaldefinition, Anwendungsbereich des § 90a: a) Wettbewerbs-**　4 **abrede** ist eine Vereinbarung, die den HV nach Beendigung des Vertragsverhältnisses in seiner gewerblichen Tätigkeit beschränkt (§ 90a I 1, → Rn. 10). Die Formulierung entspricht der des § 74 (→ Rn. 8, aber → Rn. 9). Im Sinne des Gesetzes ist also Wettbewerbsabrede des HV immer nur die für die Zeit nach Vertragsende (leicht zu übersehen).

b) Anwendungsbereich: § 90a gilt für alle HV, auch VersVertreter (→ § 92　5 Rn. 3); bei Auslandsbezug Streitfragen (→ § 90c Rn. 10). Entspr. Anwendung auf **Vertragshändler** (→ § 84 Rn. 11), nicht auf sonstige selbstständige Gewerbetreibende wie Unternehmenspächter, BGHZ 24, 165; für **Franchising** iErg abl. OLG Köln 17.9.2004, HVR Nr. 1158.

D. **Verhältnis zu anderen Vorschriften: a) Verschwiegenheitspflicht**　6 **(§ 90):** Auch ein bloßes vertragliches Schweigegebot kann die gewerbliche Tätigkeit des HV beschränken. Soweit es durch § 90 gedeckt ist, greift § 90a nicht ein; soweit es weiter reicht, ist es an § 90a zu messen.

b) § 89b: Ausgleichszahlung führt nicht (ohne Wettbewerbsabrede) zu Wettbewerbsverbot, BGH BB 1989, 1576, beides kann, da verschiedene Zwecke nebeneinander verlangt werden, Wechselwirkungen im Übrigen vgl. → § 89b Rn. 40. Verhältnis der Entschädigungen zueinander → Rn. 18.

c) §§ 138, 242 BGB: § 90a regelt die Zulässigkeit von Wettbewerbsabreden　7 der HV besonders. Anders ist es deshalb Rückgriff auf §§ 138, 242 BGB betreff Zulässigkeit und Durchsetzung solcher Wettbewerbsabreden nur noch zu Korrekturen im Einzelfall möglich, BGH ZIP 2012, 2512; OLG Hamburg 27.1.2011, HVR Nr. 1350 Rn. 270; KG MDR 1997, 1041, Grund: § 90a als lex specialis, aA BezG Dresden BB 1991, 2030, so wenn trotz Wahrung der Anforderungen des § 90a die Wettbewerbsabrede oder ihre Durchsetzung mit den guten Sitten oder Treu und Glauben unvereinbar erscheint (vgl. → Rn. 17). Soweit § 90a als lex specialis dagegen nicht einschlägig ist, zB **bei nach Vertragsende getroffener Vereinbarung** (→ Rn. 11), verbleibt es uneingeschränkt bei §§ 138, 242 BGB.

§ 90a 8–11

d) **(5) §§ 305–310 BGB** setzen eigene Schranken (→ § 86 Rn. 8), BGH ZIP 2012, 2508; OLG Hamburg 27.1.2011, HVR Nr. 1350; Staub/Emde Rn. 52, Abweichung von § 90a verstößt idR gegen (5) BGB § 307, Verstoß und Unwirksamkeit auch, wenn Karenzentschädigung überhaupt nicht angesprochen worden ist, str.

e) **Kartellrecht (GWB, Art. 101, 102 AEUV, Art. 81, 82 aF EG):** → § 86 Rn. 34.

f) **Recht des unlauteren Wettbewerbs (UWG):** → Einl. vor § 1 Rn. 80, vgl. → § 90 Rn. 9.

8 E. **Recht der Handlungsgehilfen (§§ 74–75f): a) Teilweise Gleichsinnigkeit:** § 90a hat manches aus dem Recht der Handlungsgehilfen übernommen, zB die Umschreibung der „Wettbewerbsabrede" (→ Rn. 4), die Formvorschrift (→ Rn. 14), die Höchstdauer der Beschränkung (→ Rn. 16), das Lossagungsrecht des HV, der außerordentlich kündigte (→ Rn. 26). Insoweit sind Analogie und Rückgriff auf Rechtsprechung dort möglich, aA Heymann/Froitzheim Rn. 5, allerdings immer unter Berücksichtigung des Umstands, dass der HV weniger schutzbedürftig ist als der Handlungsgehilfe (→ Rn. 9).

9 b) **Wesentliche Unterschiede:** Vieles andere ist nicht übernommen, zB Anrechnung anderen Erwerbs auf Karenzentschädigung (§ 74c I 1), auch nicht entsprechend heranziehbar, BGH BB 1975, 197; der Mindestsatz der Entschädigung (§ 74 II, vgl. → Rn. 19), die Prüfung auf ein berechtigtes geschäftliches Interesse des Unternehmers und auf unbillige Erschwerung des Fortkommens des Gebundenen (§ 74a I 1, 2), das Verbot der Wettbewerbsabrede bei sehr niedrigem Einkommen oder unter Ehrenwort oder zu Lasten Dritter (§ 74a II), der ausdrückliche Vorbehalt zugunsten des § 138 BGB (§ 74a III), die Einschränkung der Abrede nach Vertragskündigung durch den Unternehmer (§ 75 II), das Verbot der Erweiterung der Vertragsstrafefolgen (§ 75c I). §§ 74 ff. und § 90a unterscheiden sich teilweise wesentlich, BGHZ 63, 355. Dem HV als selbständigem Gewerbetreibenden mutet das Gesetz mehr Vertragsfreiheit und Vertragsrisiko zu als dem HdlGehilfen. Insoweit ist also grundsätzlich **keine Analogie** erlaubt, zB keine Mindestentschädigung entspr. § 74 II, OLG Nürnberg BB 1960, 1261; keine Bemessung der Karenzentschädigung des HV entspr. § 74c I 1, BGHZ 63, 355; keine Nichtigkeit der Wettbewerbsabrede eines minderjährigen HV entspr. § 74a II 2, BAG NJW 1964, 1641; zu § 61 → § 86 Rn. 32. Die Gleichstellung ist dann insoweit **auch nicht** mittelbar über §§ 138, 242 BGB möglich (→ Rn. 7).

3) Inhalt und Form der Wettbewerbsabrede (I 1)

10 A. **Wettbewerbsabrede im Sinne von § 90a: a) Vereinbarung für die Zeit nach Vertragsende:** Die Wettbewerbsabrede iSv § 90a (Legaldefinition, → Rn. 4) ist nur eine solche, die den HV für die Zeit nach Vertragsende beschränken soll. Davon ist streng zu unterscheiden der Zeitpunkt der Vereinbarung, OLG Nürnberg IHR 2012, 254. **Muster:** Hopt/Merkt VertrFormB/Emde Form I. G.1 und I. G.2 (HVVerträge).

11 b) **Vor Vertragsende getroffene Vereinbarung:** Die Wettbewerbsabrede iSv § 90a muss vor Beendigung des HVVerhältnisses getroffen werden. Sie wird idR im HVVertrag vereinbart, Vereinbarung vor Vertragsbeginn im Vorgriff auf diesen steht gleich. § 90a ist auch anzuwenden, wenn Beendigung erst für Zukunft vereinbart wird, auch wenn nur in wenigen Tagen, BGHZ 53, 91 (vgl. → § 89b Rn. 70). Einigung über wesentliche Elemente der Wettbewerbsabrede vor formellem Vertragsende genügt, BGH ZIP 2012, 2508; Vorinstanz OLG Hamburg 27.1.2011, HVR Nr. 1350. **Nicht** einschlägig ist § 90a nach bisheriger Ansicht dagegen von seinem (generalisierten, BGHZ 51, 188; vgl. BGH ZIP 2012, 1511) Schutzzweck her, **wenn die Vereinbarung erst nach Beendigung**

7. Abschnitt. Handelsvertreter 12–15 § 90a

getroffen wird oder wenn sie in einer Vereinbarung über die Beendigung des Vertrags enthalten ist, welche den Vertrag sofort oder sogar rückwirkend beendet, BGHZ 51, 184; 53, 89; OLG Nürnberg IHR 2012, 254; Oetker/Busche Rn. 15; aA OLG Oldenburg 9.12.1993, HVR Nr. 994 (besonders gelagert); OLG Köln VersR 1998, 97; auch Staub/Emde Rn. 1 unter Verweisung auf Art. 12 und BVerfG NJW 1990, 1469; Emde NJW 2010, 667, aber Parteien müssen Gesamtschlussvereinbarung treffen können, ohne im Anschluss daran noch gesonderte Wettbewerbsabrede treffen zu müssen, Grenzen setzen dann nur §§ 138, 242 BGB (→ Rn. 7). Die bisherige hL ist aber mit Art. 17 ff. der EU-Richtlinie (→ Rn. 2, → § 84 Rn. 3, Stellung von Art. 20 hinter Art. 19, keine Bezugnahme auf Art. 19 in Art. 20), der diese Differenzierung nicht enthält und dem Schutz des HV dient, nicht vereinbar, OLG Hamburg 27.1.2011, HVR Nr. 1350; MüKoHGB/Ströbl Rn. 17; offen wohl BGH ZIP 2012, 2511, Vorlage an EuGH wäre notwendig.

c) **Wettbewerbsbeschränkung:** Erfasst ist jede Vereinbarung, die den HV 12 nach Beendigung des Vertragsverhältnisses irgendwie in seiner gewerblichen Tätigkeit beschränkt, einerlei ob als HV, als Selbstständiger, als Gesellschafter oder als Arbeitnehmer. Ob die Vereinbarung eine Entschädigung vorsieht oder nicht, steht gleich (aber gesetzliche Folge des I 3). Erfasst sind auch vereinbarte mittelbare Wettbewerbsbeschränkungen, zB umfassende Verschwiegenheitspflichten über § 90 hinaus, Staub/Emde Rn. 20; EBJS/Löwisch Rn. 19.

B. **Zustandekommen:** Für das Zustandekommen gelten die allgemeinen Vertragsregeln; auch für minderjährigen HV (§§ 106 ff. BGB, nicht § 74a II 2 entspr., → Rn. 9). Bedingte Wettbewerbsabrede, zB für den Fall einer außerordentlichen Kündigung, ist möglich. Invollzugsetzung des HVVertrags ist nicht notwendig, Staub/Emde Rn. 8, str. Die Wettbewerbsabrede wird idR ausdrücklich getroffen, kann sich aber auch aus den Umständen ergeben, etwa gewollte Fortdauer einer Vereinbarung für die Vertragszeit, LG Frankfurt a. M. 25.4.1973, HVR Nr. 475 (Verwertung von Adressenmaterial nur für den Unternehmer), Heymann/Froitzheim Rn. 8. Fortsetzung des Wettbewerbsverbots während der Vertragszeit von nachher muss aber bestimmt und eindeutig sein, OLG Düsseldorf 28.3.2003, HVR Nr. 1081, Grund: freier Wettbewerb nach Vertragsende (→ Rn. 2).

C. **Form (I 1): a)** I 1 verlangt erstens **Schriftform,** also eigenhändige Unter- 14 zeichnung einer oder mehrerer, den gesamten Inhalt der Abrede wiedergebender Urkunden durch beide Parteien (näher § 126 BGB: Vorsicht geboten). Unterzeichnung durch Stellvertreter genügt (§ 164 BGB), OLG Düsseldorf BB 1962, 731. Nicht genügt einseitiges Bestätigungsschreiben (→ § 346 Rn. 16), Staub/Emde Rn. 27; ebenso, wenn die nicht unterzeichnete Wettbewerbsabrede nur Anlage des unterzeichneten HVVertrags ist, selbst wenn dieser ausdrücklich auf sie Bezug nimmt, vgl. LAG Hamm DB 1974, 1532, anders nur bei fester Verbindung beider Urkunden. Einverständliche Rücknahme der Kündigung ist kein Neuabschluss und bedarf, jedenfalls bei Rücknahme vor Vertragsende, nicht der Schriftform, BGH BB 1984, 237. Bei Neuabschluss des HVVertrags ohne erneute Wettbewerbsabrede ist die alte iZw aufgehoben, das ist aber eine Frage der Auslegung, je nachdem ist erneute Schriftform nicht notwendig, iErg auch EBJS/ Löwisch Rn. 24 (mündlich); Staub/Emde Rn. 25.

b) I 1 verlangt zweitens die **Aushändigung** einer Urkunde, welche die Ver- 15 einbarung komplett wiedergibt und (nach § 126 II 2 BGB) mindestens vom Unternehmer unterzeichnet ist, an den HV (entspr. § 74 I für den HdlGehilfen). Die Aushändigung muss binnen angemessener Zeit nach Vereinbarung erfolgen, sonst kann der HV sie ablehnen mit der Folge, dass die Wettbewerbsabrede nicht zustandekommt.

4) Höchstdauer und Reichweite der Wettbewerbsabrede (I 2)

16 **A. Höchstdauer:** Zwei Jahre von Beendigung des Vertrags (nicht schon des Tätigseins) an **(I 2 Hs. 1)**. Die Wettbewerbsabrede wird nicht durch Tod, str., oder Geschäftsaufgabe des HV gegenstandslos, auch nicht, wenn der Vertrag durch Insolvenz des Unternehmers beendet wird, was für die Entschädigung wichtig ist, Staub/Emde Rn. 67 ff., aber auch Staub/Emde Rn. 71; nach aA soll die Wettbewerbsabrede gegenstandslos werden bei Betriebseinstellung oder -umstellung oder Tod (nicht Krankheit) des HV, sofern nicht Rechtsnachfolger Geschäft fortführt und die Wettbewerbsabrede insoweit fortgilt (so iZw), sowie bei Insolvenz des Unternehmers (nach manchen analog § 74a I 1, → Rn. 9), Küstner/Thume/Schröder, Bd. 1, Kap. X Rn. 141 ff., vermittelnd Gehle DB 2010, 1981: nur soweit noch berechtigte geschäftliche Interessen. UU Wegfall der Geschäftsgrundlage (§ 313 I BGB). Die Zweijahresdauer ist zusammenhängend, also keine Unterbrechung und entsprechende Verlängerung. Eine Verlängerungsabrede ist jedenfalls vor Ablauf der Zweijahresfrist über diese hinaus unwirksam, einschränkend auch für eine Abrede im Anschluss an die Zwei-Jahres-Frist Staub/Emde Rn. 30. Abweichende Abreden → Rn. 27 ff.

17 **B. Reichweite: I 2 Hs. 2** (neu 1990, → § 84 Rn. 3) setzt zwei Grenzen:

a) Die Wettbewerbsabrede darf sich nur auf den dem HV zugewiesenen Bezirk oder Kundenkreis (§ 87 II) und nur auf die Gegenstände (Erzeugnisse, Dienstleistungen oder Versicherungsverträge) erstrecken, auf die sich die Bemühenspflicht des HV nach § 86 I 1 bezieht. Bei Versicherungs- und Bausparkassenvertretern, für die § 87 II nicht gilt, kann die geographische Reichweite im Einzelfall nach §§ 138, 242 BGB einzuschränken sein (→ Rn. 7), weitergehend Küstner BB 1997, 1753; aA Staub/Emde Rn. 33: schon ohne Rückgriff auf BGB.

b) Darüber hinaus muss der HV von Wettbewerbsbeschränkungen frei bleiben.

5) Entschädigung (I 3), Rechtsfolgen bei Verstößen gegen ein Wettbewerbsverbot

18 **A. Entschädigungspflicht:** Der Unternehmer hat dem Vertreter für die Dauer der Wettbewerbsbeschränkung eine Entschädigung (sog. **Karenzentschädigung**) zu zahlen (I 3). Diese Entschädigung ist nicht Schadensersatz, sondern Entgelt für die Abrede der Wettbewerbsenthaltung, BGHZ 59, 390; 63, 355 = NJW 1975, 388; OLG München BB 2012, 220. Der Anspruch des HV besteht auch, wenn dieser gar keinen Wettbewerb machen wollte oder könnte, BGHZ 63, 355; auch nach Tätigkeit von erst 11 Wochen, OLG München BB 2012, 220. Die Wettbewerbsabrede ist nach I 3 (anders § 74 II für HdlGehilfen, nicht entspr. anwendbar) auch ohne Entschädigungszusage gültig, OLG Nürnberg BB 1960, 1261; OLG Düsseldorf BB 1962, 731; OLG Karlsruhe VersR 1973, 857. Der Unternehmer schuldet also die Entschädigung kraft Gesetzes, auch wenn er annahm, dass ihn die Abrede nichts kostet; letzterenfalls sind weder §§ 154, 155 BGB (Dissens) anwendbar noch kann Unternehmer den Vertrag nach § 119 I BGB anfechten. Die Entschädigungspflicht bleibt auch bestehen, wenn der Unternehmer das Unternehmen aufgibt. Ob das auch bei **Insolvenz** des Unternehmens gilt, ist str. Nach üL erlischt die Wettbewerbsabrede zusammen mit dem HVVertrag bei Verfahrenseröffnung (→ § 87 Rn. 51), dann grundsätzlich auch keine Entschädigung, auch wenn der Insolvenzverwalter Fortsetzung nach § 103 I InsO wählt; die dann fortbestehende Entschädigungspflicht ist dann, da sie ihre Grundlage in dem HVVertrag hatte, keine Masseschuld nach § 55 InsO, BGH ZIP 2009, 2204; anders bei Insolvenzeröffnung nach Ende des HVVertrags, dann unter § 103 InsO Masseverbindlichkeit nach § 55 InsO; EBJS/Löwisch

Rn. 51. Überlegt wird auch § 74a I 1 analog und Gegenschluss, also Fortbestehen und Entschädigung, falls das Wettbewerbsverbot dem berechtigten geschäftlichen Interesse des Unternehmers dient, zB bei Unternehmensfortführung oder -veräußerung durch den Insolvenzverwalter, im Einzelnen str., Küstner/Thume/Schröder, Bd. 1, Kap. X Rn. 148; Emde/Kelm ZIP 2005, 62. Auf jeden Fall kann der HV nach III aus wichtigem Grund (die Insolvenz hat der Unternehmer zu vertreten) kündigen und sich von der Wettbewerbabrede lossagen, EBJS/Löwisch Rn. 51. Die Entschädigung ist grundsätzlich sofort mit Beendigung des Vertrags (→ Rn. 10), also in einer Summe, fällig (anders § 74b), doch ist Ratenzahlungsvereinbarung ohne Verstoß gegen IV zulässig (Schluss aus II 1: Freiwerden nach 6 Monaten), Heymann/Froitzheim Rn. 16. Verhältnis dieser Entschädigung zum **Ausgleich** nach § 89b s. Weber BB 1961, 1220; Ordemann BB 1965, 932; grundsätzlich beeinträchtigt keines das andere; vgl. → Rn. 6.

B. **Höhe der Entschädigung:** Nach I 3 schuldet der Unternehmer eine **19** angemessene Entschädigung (weitergehend § 74 II für HdlGehilfen). Sie wird idR nicht über der vertraglichen Vergütung liegen, sonst stünde der HV unter dem Wettbewerbsverbot besser als unter dem Vertrag, OLG Karlsruhe VersR 2011, 529, doch wäre das zulässig (IV). Darunter sind verschiedene Abstufungen denkbar bis zur Grenze der Angemessenheit, Verstoß → Rn. 21. Mindestprovision, Sicherung des Lebensbedarfs, OLG München BB 2012, 220. Was angemessen ist, ist voll nachprüfbar und bestimmt sich mit Blick auf die dem HV durch den Wettbewerbsverzicht erwachsenden Nachteile, etwa im Verhältnis zu einer anderen Berufstätigkeit, und den Vorteilen für den Unternehmer, BGHZ 63, 355. Die bisherige vertragliche Vergütung ist dabei mitzuberücksichtigen, idR als Mindestprovision, OLG Karlsruhe VersR 2011, 529, aber nicht eine feste Obergrenze, so wenn der HV bei einem Konkurrenzunternehmen bessere Konditionen erzielen würde, vgl. MüKoHGB/Ströbl Rn. 51. Die Entschädigung muss (trotz „zahlen" in I 3) nicht in Geld bestehen. Deshalb soll ein dem HV günstiger Vergleich über Vertragsbeendigung mit Wettbewerbsverbot ohne besondere Entschädigung (bei Streit über fristlose Kündigung des Unternehmers) zulässig sein können, BGH NJW 1962, 1346; BB 1962, 655. Entschädigung ist mangels anderer Abrede ebenso wie Provision und Ausgleich Bruttoentgelt ohne zusätzliche Mehrwertsteuer, zugrundezulegen sind die Bruttoprovisionen, BGHZ 63, 353. Lit.: Emde BB 2012, 2091.

C. **Anrechnung anderen Verdienstes:** Anders als für HdlGehilfen (§ 74c) **20** sagt das HGB für HV nichts über die Anrechnung anderen Verdienstes auf die vom Unternehmer aus der Wettbewerbsabrede geschuldete Entschädigung. § 74c I 1 ist auch nicht entspr. anwendbar. Doch soll anderweitiger Verdienst des HV immerhin als ein Umstand unter anderen angemessen berücksichtigt werden können, so BGHZ 63, 356; OLG Karlsruhe VersR 2011, 529, Heymann/Froitzheim Rn. 18; Orientierung an § 74c für HdlGehilfen ist nicht möglich, → Rn. 9; MüKoHGB/Ströbl Rn. 50. Da die Entschädigung aber Entgelt für die Wettbewerbsabrede, nicht für den späteren konkreten Einkommensverlust ist (→ Rn. 18), sind Einkommensvor- und -nachteile, Ersparnisse oder Kosten des HV, die in persönlichen Umständen oder Entschließungen des HV nach Vertragsende ihren Grund haben, idR nicht zu berücksichtigen, BGHZ 63, 35; OLG Karlsruhe VersR 2011, 529, allenfalls ersparte Aufwendungen. Keinesfalls ist Zahlung nach § 89b zu berücksichtigen (anderweitiger Ausgleichsanspruch).

D. **Rechtsfolgen bei Verstößen gegen ein Wettbewerbsverbot: a) des** **21** **Handelsvertreters:** Der HV verliert für die Dauer des (Wettbewerbs)verstoßes und seiner Auswirkungen den Anspruch auf Entschädigung, BGH NJW 1964, 1641, und kann sich schadensersatzpflichtig machen. Rückzahlungsklausel und Vertragsstrafe → Rn. 30.

§ 90a 22–26
1. Buch. Handelsstand

22 b) **des Unternehmers:** Der HV kann auf Erfüllung klagen oder nach §§ 280, 323 BGB vorgehen. Er darf dagegen nicht seinerseits gegen das Wettbewerbsverbot verstoßen, denn das geht über § 320 BGB hinaus, Heymann/Froitzheim Rn. 21; aA OLG Karlsruhe DB 1971, 572; VersR 1973, 857; anders nach Rücktritt. Geltendmachung einer Vertragsstrafe durch Unternehmer in solchem Fall kann aber unzulässige Rechtsausübung sein, BAG NJW 1964, 1641. Rechtsfolgen bei Verstößen gegen § 90a → Rn. 31–33.

6) Verzicht des Unternehmers (II), Aufhebungsvertrag

23 A. **Verzicht des Unternehmers:** Der Unternehmer kann bis zum Vertragsende auf die Wettbewerbsbeschränkung des HV verzichten (II, entspr. § 75a für HdlGehilfen). Der Verzicht ist schriftlich zu erklären (Schriftform § 126 BGB). Unwirksamer Verzicht (nach Vertragsende oder bei Formverstoß) kann Angebot zu Aufhebungsvertrag sein (§ 140 BGB). Teilverzicht ist möglich. Der Verzicht ist bedingungsfeindlich. Ist er erklärt, kann er nicht mehr zurückgenommen werden, es bleibt nur Anfechtung oder einvernehmliche Beseitigung seiner Wirkungen (§ 311 I BGB). Der Unternehmer kann sich aber nicht im Vertrag vorbehalten, ob er vom Wettbewerbsverbot Gebrauch macht oder nicht (→ Rn. 28). **Rechtsfolge** des Verzichts ist eine gespaltene: für den HV Freiwerden von der Wettbewerbsbeschränkung, für den Unternehmer Verkürzung der Entschädigungspflicht auf sechs Monate seit der Erklärung (auch über das Vertragsende hinaus).

24 B. **Aufhebungsvertrag:** Einvernehmliche Aufhebung ist nach § 311 I BGB jederzeit (während des Vertrags und nachher), auch teilweise (vgl. → Rn. 17) und formfrei möglich.

7) Vertragskündigung aus wichtigem Grund (III)

25 A. **Kündigung des Unternehmers:** Kündigt der Unternehmer den Vertrag aus wichtigem Grund wegen schuldhaften Verhaltens des HV (§ 89a; wie → Rn. 26), kann er sich durch schriftliche Erklärung binnen eines Monats nach der Kündigung von der Wettbewerbsabrede lossagen und sich damit von der Zahlung der Entschädigung befreien. III (neu 1998, → § 84 Rn. 3, dort auch zur Rückwirkung) stellt damit Unternehmer und HV hinsichtlich der Folgen der Kündigung aus wichtigem Grund für die Wettbewerbsabrede gleich (näher → Rn. 26). II 2 aF, wonach der HV dem vereinbarten Wettbewerbsverbot ohne Entschädigung unterlag, war verfassungswidrig, BVerfG NJW 1990, 1469 (s. 29. Aufl.). Wahlweise kann der Unternehmer an der Wettbewerbsabrede festhalten, schuldet dann aber angemessene Entschädigung (I 3). Hat der HV zur Kündigung aus wichtigem Grund Anlass gegeben hat, drohen Verlust des Ausgleichsanspruchs (§ 89b III Nr. 2) und Schadensersatzpflicht (§ 89a II, dort → § 89a Rn. 34).

26 B. **Kündigung des Handelsvertreters:** Kündigt der HV den Vertrag aus wichtigem Grund (§ 89a, auch ordentlich statt fristlos, auch einvernehmliche Beendigung statt Kündigung), und zwar wegen schuldhaften Verhaltens des Unternehmers (also nicht aus einem wichtigen Grund anderer Art), kann er sich von der Wettbewerbsabrede lossagen (III für HV wie vor 1998; vgl. § 75 I für den HdlGehilfen). Er muss das schriftlich (§ 126 BGB) binnen einem Monat nach seiner Kündigung erklären (III). Mit Zugang der Erklärung (§ 130 I 1 BGB) beim Unternehmer ist der HV nicht mehr gebunden, OLG Düsseldorf 21.6.1957, HVR Nr. 151 Ls., hat aber auch keinen Anspruch auf Entschädigung mehr. Kündigung mit Frist und Aufhebungsvertrag → Rn. 25. Bei unbegründeter Lossagung uU einstweilige Verfügung wegen drohenden unerlaubten Wettbewerbs, OLG Stuttgart BB 1959, 792.

8) Abweichende Vereinbarungen (IV), Rechtsfolgen bei Verstößen gegen § 90a

A. Zwingendes Recht zugunsten des Handelsvertreters: In einer Wett- 27 bewerbsabrede (I 1) kann zwar zum Vorteil, aber nicht zum Nachteil des Handelsvertreters von den Vorschriften in I–III abgewichen werden (IV). Das gilt auch, wenn der HV des Schutzes im konkreten Fall nicht bedarf, BGHZ 53, 92 (ebenso → § 89b Rn. 70). Der Schutzzweck des IV zugunsten des HV bestimmt, was als nachteilige Abweichung (im Gegensatz zur bloßen Ergänzung) anzusehen ist (→ Rn. 28f), und begrenzt die Rechtsfolge von Verstößen (→ Rn. 31).

B. Abweichungen zum Nachteil des Handelsvertreters: Solche können 28 auch darin liegen, dass ein unerlaubter wirtschaftlicher Druck auf den HV ausgeübt wird, etwa durch eine Vereinbarung, wonach der HV bei Konkurrenztätigkeit eine Inkassopauschale zurückzuzahlen hat, ohne dass Unternehmer Entschädigung zahlt, BGHZ 59, 390; krit. Schwerdtner JR 1973, 200. Auch ein vertraglicher Vorbehalt des Unternehmers, erst später zu entscheiden, ob er das Wettbewerbsverbot in Anspruch nehmen will, verstößt gegen Sinn und Zweck des § 90a (Rechtsfolge → Rn. 31), LG Tübingen BB 1977, 671 mAnm.Küstner. Die Karenzentschädigung muss aber nicht in Geld bestehen, auch Sachwerte, Gebrauchsvorteile oder ein dem HV günstiges nachvertragliches Vergütungssystem sind denkbar, OLG Hamburg 27.1.2011, HVR Nr. 1350. Klauseln über Beschränkung der **Verwertung von Kundenlisten** → § 90 Rn. 7.

Festlegung der angemessenen Entschädigung im Voraus ist nicht Ab- 29 weichung von I 3, ähnlich wie Festlegung wichtiger und nicht wichtiger Kündigungsgründe im Voraus das Recht zur Kündigung aus wichtigem Grunde nicht beschränkt (vgl. → § 89a Rn. 27f); anders wenn ein Betrag vereinbart ist, der als angemessen nicht in Betracht kommt, entweder von vornherein oder so wie sich die Dinge bis zum Vertragsende entwickelten. Ratenzahlungsvereinbarung ist zulässig (→ Rn. 18). Ausschluss des Rechts des Unternehmers zum Verzicht nach II 1 ist zulässig. Das Wettbewerbsverbot kann auch von vornherein auf den Fall des II 2 beschränkt werden, also der **Kündigung** des Unternehmers aus wichtigem Grunde wegen schuldhaften Verhaltens des Vertreters, im Einklang mit II 2 kann dann eine Entschädigung ausgeschlossen werden, BGH BB 1984, 236; Wettbewerbsverbot ohne Entschädigung in Vergleich nach fristloser Kündigung → Rn. 19.

Ergänzende Abreden sind anders als abweichende Abreden durch IV nicht 30 beschränkt, so besonders die Regelung der Folgen verbotenen Wettbewerbs. Zulässig ist zB die Vereinbarung einer **Vertragsstrafe**, § 75c I 1 (zugunsten des HdlGehilfen) gilt nicht entspr. Möglich ist über § 340 BGB hinaus Vertragsstrafe für jede Verletzung des Wettbewerbsverbots unter Aufrechterhaltung des Verbots für die Zukunft, und Herabsetzung einer unverhältnismäßig hohen Vertragsstrafe nach § 343 BGB scheidet aus (§ 348; §§ 351, 4 sind aufgehoben), vgl. BGHZ 5, 136. Vertragsstrafe für versuchte Vertreterabwerbung BGH BB 1983, 2136, für Nutzung von Kundenlisten → § 90 Rn. 7. AGB-Kontrolle: OLG München BB 2010, 2987; OLG Oldenburg BB 2012, 3167, str.

C. Rechtsfolgen bei Verstößen gegen § 90a: a) Nichtigkeit: Verstoß ge- 31 gen I–III zum Nachteil des HV führt zur Nichtigkeit. Aber **§ 139 BGB gilt** zum Schutze des HV **nicht**. Unwirksamkeit der Wettbewerbsabrede macht also nicht den ganzen HVVertrag nichtig. Überschreitung der zeitlichen, örtlichen und/oder gegenständlichen Grenzen von I 2 führt nicht zur Unwirksamkeit der Wettbewerbsabrede insgesamt, nur im Umfang der Überschreitung, BGH ZIP 2012, 2509; zT anders Staub/Emde Rn. 31, 54. Bei Abweichung von I 2 ist eine kürzere Frist nicht zum Nachteil des HV, also unbeschränkt möglich. Wettbewerbsabrede von über zwei Jahren ist nicht insgesamt nichtig, sondern beschränkt sich nach dem gesetzlichen Schutzumfang der Verbotsnorm auf zwei

Jahre, Canaris § 15 Rn. 125. Vorbehalt des Unternehmers, ob er sich nach Vertragsende auf das Wettbewerbsverbot berufen will, ist unwirksam, Wettbewerbsabrede bleibt wirksam, HV behält Anspruch auf Karenzentschädigung, LG Tübingen BB 1977, 671 mAnm.Küstner. Bei Verstoß gegen I 3 ohne oder mit unangemessen niedriger Entschädigung wird angemessene Entschädigung geschuldet, BAG NJW 1964, 1641; OLG Nürnberg BB 1960, 1261. Für AGB gelten Sonderregeln, **(5)** § 306 BGB, Preis/Stoffels ZHR 160 (1996), 490, im Einzelnen str.

32 **b) Schadensersatzpflicht:** Möglich auch Schadensersatzpflicht nach §§ 241 II, 280 BGB, BGH ZIP 2012, 2513, auch deliktisch, Staub/Emde Rn. 55. Der Schadensersatz ist nicht auf die Höhe der Karenzentschädigung begrenzt. Zur Berechnung des Schadensersatzanspruchs OLG Hamburg 27.1.2011, HVR Nr. 1350.

33 **D. Kein Wahlrecht des Handelsvertreters:** IV verbietet abweichende für den HV nachteilige Vereinbarungen, anders als § 75d, der nur dem Prinzipal versagt, sich auf die abweichende Vereinbarung zu berufen und dem HdlGehilfen ein Wahlrecht einräumt. Eine Analogie ist angesichts der klaren Aussage beider Bestimmungen nicht möglich, also kein Wahlrecht des HV, Staub/Emde Rn. 76. Entscheidet sich der HV für die Ausführung einer solchen Abrede (Bsp.: Wettbewerbsverbot über zwei Jahre hinaus, mit Entschädigung, s. I 2, 3), ist diese dennoch unwirksam mit entsprechenden Folgen für die Rückabwicklung; Grenzen nur aus allgemeinen Grundsätzen (venire contra factum proprium; Verwirkung, vgl. → § 87c Rn. 19, → § 89b Rn. 80).

34 **E. Prozess:** Die Ansprüche aus § 90a können gerichtlich durchgesetzt werden (auch → Rn. 21, 22); einstweilige Verfügung ist möglich, aber, soweit Vorwegnahme der Hauptsache, nicht für die Karenzentschädigung, Staub/Emde Rn. 72.

[Vollmachten des Handelsvertreters]

91 (1) § 55 gilt auch für einen Handelsvertreter, der zum Abschluß von Geschäften von einem Unternehmer bevollmächtigt ist, der nicht Kaufmann ist.

(2) ¹Ein Handelsvertreter gilt, auch wenn ihm keine Vollmacht zum Abschluß von Geschäften erteilt ist, als ermächtigt, die Anzeige von Mängeln einer Ware, die Erklärung, daß eine Ware zur Verfügung gestellt werde, sowie ähnliche Erklärungen, durch die ein Dritter seine Rechte aus mangelhafter Leistung geltend macht oder sich vorbehält, entgegenzunehmen; er kann die dem Unternehmer zustehenden Rechte auf Sicherung des Beweises geltend machen. ²Eine Beschränkung dieser Rechte braucht ein Dritter gegen sich nur gelten zu lassen, wenn er sie kannte oder kennen mußte.

1) Abschlussvertreter von Nichtkaufleuten (I)

1 § 55 umschreibt den Umfang der (erteilten) Vollmacht von „HdlBevollmächtigten, die HV sind", setzt also Vertretung eines Unternehmers mit HdlGewerbe, Kfm. (vgl. § 54 I) voraus. § 91 I erstreckt § 55 auf HV von NichtKflten (→ § 84 Rn. 28). Der **Umfang der Vollmacht** bestimmt sich somit für Abschlussvertreter von Kflten und NichtKflten gleichermaßen **nach §§ 54, 55 II–IV** (s. dort).

2) Vollmachten des Nicht-Abschlussvertreters (II)

2 A. **Vollmachten außer Abschlussvollmacht (II 1):** Auch der HV ohne Abschlussvollmacht hat zwecks Verkehrsschutzes jedenfalls gewisse Vollmachten (II 1 wie § 55 IV für den Abschlussvertreter, s. dort): Entgegennahme von Erklärungen Dritter wegen mangelhafter Leistung des Unternehmers (also Emp-

7. Abschnitt. Handelsvertreter 1, 2 § 91a

fangsvertreter des Unternehmers) und Beweissicherung für den Unternehmer. Der HV hat diese Vollmachten auch für Geschäfte, die er nicht vermittelt hat, früher str. Sonderregeln für **Versicherungsvertreter** §§ 43 ff. aF, §§ 69 ff. VVG (→ § 55 Rn. 5). Allgemeiner sind auch andere Vermittlungsvertreter idR bevollmächtigt, Vertragsangebote Dritter entgegenzunehmen **(Empfangsvertreter),** BGHZ 82, 221; zum Ausschluss der Empfangsvollmacht Luckey VersR 1993, 1151. Verschulden des HV bei den Vertragsverhandlungen, Anfechtung des Unternehmers → § 84 Rn. 52 ff.

B. **Beschränkungen gegenüber Dritten (II 2):** Die Vollmachten eines Ab- 3 schlussvertreters sind nach §§ 54 III, 55 I mit Wirkung gegen Dritte nur beschränkbar, soweit diese die Beschränkung kennen oder kennen müssen. II 2 spricht dasselbe aus für den HV ohne Abschlussvollmacht hinsichtlich seiner beschränkten Vollmachten nach II 1.

[Mangel der Vertretungsmacht]

91a (1) Hat ein Handelsvertreter, der nur mit der Vermittlung von Geschäften betraut ist, ein Geschäft im Namen des Unternehmers abgeschlossen, und war dem Dritten der Mangel an Vertretungsmacht nicht bekannt, so gilt das Geschäft als von dem Unternehmer genehmigt, wenn dieser nicht unverzüglich, nachdem er von dem Handelsvertreter oder dem Dritten über Abschluß und wesentlichen Inhalt benachrichtigt worden ist, dem Dritten gegenüber das Geschäft ablehnt.

(2) Das gleiche gilt, wenn ein Handelsvertreter, der mit dem Abschluß von Geschäften betraut ist, ein Geschäft im Namen des Unternehmers abgeschlossen hat, zu dessen Abschluß er nicht bevollmächtigt ist.

1) § 91a im Verhältnis zum BGB

A. **Handelsrechtlicher Vertrauenstatbestand (I, II):** § 91a I handelt von 1 Abschlüssen des (reinen, aber Auslegung von „nur", BGH WM 2006, 1109) Vermittlungsvertreters ohne Abschlussvollmacht, II von Abschlüssen des Abschlussvertreters außerhalb seiner Abschlussvollmacht (die nach Inhalt der Abschlüsse, Sitz der Kunden, Größe der Geschäfte oder sonstwie beschränkt sein kann). II verweist auf I, beide Fälle sind gleich geregelt. Danach gilt zwecks Verkehrsschutzes der **Abschluss als genehmigt, wenn der Unternehmer,** nachdem er davon benachrichtigt worden ist, ihn **nicht unverzüglich ablehnt.** Außergewöhnliche Geschäfte werden nicht erfasst, BGH WM 2006, 1109 (zu § 75h s. dort). § 91a weicht damit von § 177 BGB mehrfach ab, verdrängt ihn aber nicht (→ Rn. 2). §§ 54 I, 55 I, 75h I, 91a I enthalten allgemeinen Vertrauensschutzgrundsatz, BGH WM 2006, 1109. § 91a entspricht in Regelungsgrund und zT in Voraussetzungen und Rechtsfolgen § 362, s. dort, Hopt AcP 183 (1983), 689. § 91a gilt auch bei Verträgen mit Kunden im Ausland, Staub/Emde Rn. 11; aA OLG Hamburg DB 1959, 1396; EBJS/Löwisch Rn. 10; auch wenn der HV außerhalb seines Kundenkreises, Gebiets oder Bezirks handelt, aA nur falls für den Kunden nicht erkennbar, EBJS/Löwisch Rn. 8 (dann § 177 BGB), Grund: dem Unternehmer zurechenbar, keine Nachforschungsobliegenheit des Kunden (aber oben außergewöhnliche Geschäfte).

B. **Geltung der §§ 177 ff. BGB:** § 91a setzt einen eigenen handelsrechtlichen 2 Vertrauenstatbestand, der §§ 177 ff. BGB unberührt lässt, beide sind also nebeneinander anwendbar, MüKoHGB/Ströbl Rn. 20. Der andere Teil kann also den Unternehmer zur Genehmigung (binnen zwei Wochen) auffordern (§ 177 II BGB), er kann das Geschäft noch solange widerrufen, als es noch nicht durch (echte oder nach § 91a fingierte) Genehmigung des Unternehmers wirksam geworden ist (§ 178 BGB) und bei Ablehnung des Geschäfts haftet der HV dem Dritten als Vertreter ohne Vertretungsmacht (§ 179 BGB).

2) Voraussetzungen der Wirksamkeit des Geschäfts (I)

3   A. **Unkenntnis des Dritten vom Mangel an Vertretungsmacht:** I gilt nur bei Mangel an Vertretungsmacht, Nichtbeachtung interner Weisungen durch den bevollmächtigten HV genügen für I nicht, auch nicht bei Kenntnis des Dritten davon. I setzt voraus, dass dieser Mangel an Vertretungsmacht des HV dem Dritten nicht bekannt war. Kenntnis liegt zB bei Abschluss des Geschäfts unter Vorbehalt der Genehmigung des Unternehmers vor. Nur Kennen schadet. Kennenmüssen, auch grobe Fahrlässigkeit, steht nicht gleich.

4   Hat der Dritte dagegen **Kenntnis** von diesem Mangel und schließt er trotzdem im Vertrauen auf die Genehmigung des Unternehmers ab, ist I nach Wortlaut und Sinn nicht anwendbar, sondern nur § 177 BGB (→ Rn. 2). Dabei spielt es keine Rolle, ob der HV Abschlussvollmacht behauptete oder offen im Vertrauen auf die Genehmigung des Unternehmers ohne Vollmacht abschloss.

5   B. **Benachrichtigung des Unternehmers:** I setzt weiter voraus, dass der Unternehmer **von dem Handelsvertreter oder dem Dritten** über Abschluss und wesentlichen Inhalt des Geschäfts benachrichtigt worden ist. Dritter (missverständlich) ist hier der Vertragspartner bzw. Kunde, nicht beliebiger Dritter oder Außenstehender. Solange der Unternehmer nur von einem solchen „Vierten" über den Abschluss gehört hat, trifft ihn der scharfe I nicht. Die (formlose) Benachrichtigung durch den HV oder Dritten muss nicht persönlich erfolgen (Vertreter, Bote). Das Zugehen der Nachricht (§ 130 BGB) genügt.

6   **Wesentlicher Inhalt des Geschäfts** ist, was nach Lage des Falls für die Entschließung des Unternehmers bedeutsam sein kann, also Leistung und Gegenleistung, uU aber relevante Einzelpunkte des Geschäfts wie Lieferfrist, Qualitätsanforderungen, Gewährleistung, Haftungsausschlüsse, BGH WM 2006, 1110 (zu § 75h). Wird der Unternehmer von derartigen Abreden erst später benachrichtigt, gilt I ab diesem Zeitpunkt, der Unternehmer kann also das Geschäft noch unverzüglich ablehnen, FW/Teichmann Rn. 9, es sei denn er hat es bereits nach § 177 I BGB genehmigt, Oetker/Busche Rn. 7; zur Anfechtung → Rn. 10.

7   C. **Keine unverzügliche Ablehnung:** Die **Ablehnung** kann formlos, BGH WM 2006, 1110, und ohne Gründe, aber nur dem Dritten, dh dem Vertragspartner (→ Rn. 5) gegenüber erklärt werden. Sie wird wirksam, wenn sie ihm zugeht (§ 130 BGB). Sie kann mit Vollmacht des Unternehmers auch vom HV erklärt, natürlich auch vom HV als Bote übermittelt werden. Der Unternehmer kann dem HV selbst die Entscheidung über das Geschäft übertragen; auch dann kann es durchaus zur Ablehnung kommen, zB wegen geänderter Umstände. Ein venire contra factum proprium liegt darin nicht (Vertretung). Die Ablehnung ist als rechtsgestaltender Akt (ebenso wie die Genehmigung) unwiderruflich, vgl. BGHZ 13, 187; NJW 1989, 1673; aber nach allgemeinen Regeln anfechtbar, Staub/Emde Rn. 24, Schutz der Dritten, die sich auf Ablehnung eingestellt haben, über § 122 BGB und Rechtsschein.

8   Die Ablehnung muss **unverzüglich** (ohne schuldhaftes Zögern, § 121 I 1 BGB) ab dem Zugang der Benachrichtigung erfolgen. Unverzüglich heißt nicht sofort, dem Unternehmer steht also eine angemessene Überlegungsfrist zu. Frist von zwei Wochen ist idR Obergrenze, BGH WM 2006, 1107 (zu § 75h), gilt aber nicht ohne Weiteres nach § 177 II 2 BGB analog (Grund: handelsrechtlicher Vertrauenstatbestand), aA wohl Heymann/Froitzheim Rn. 10. Verschulden (§§ 276, 278, 121 I 1 BGB) ist nicht unerlässlich, der Unternehmer trägt auch sein Organisationsrisiko. Die Beweislast für die rechtzeitige Ablehnung liegt beim Unternehmer, aA Staub/Emde Rn. 40, str.

7. Abschnitt. Handelsvertreter 1 § 92

D. Folge versäumter Ablehnung: Mangels unverzüglicher Ablehnung gegenüber dem Dritten gilt das Geschäft als von dem Unternehmer nach I genehmigt, falls es nicht schon vorher (auch stillschweigend) genehmigt worden ist. Darauf kann sich auch der schweigende Unternehmer berufen, str., nach aA Wahlrecht (wie zu § 362). Das Geschäft ist auch mit Wirkung für und gegen den HV wirksam, dieser hat also Anspruch auf Provision nach §§ 87 ff., str. Eine Pflichtverletzung des HV, die in dem Abschluss ohne Vollmacht liegen kann (nicht muss), entfällt bei stillschweigender Genehmigung, nicht aber ohne Weiteres kraft der Rechtsscheinwirkung des I; doch ist ein (schuldhaftes) Schweigen des Unternehmers nach § 254 BGB zu berücksichtigen. 9

E. Anfechtung: Anfechtung der (auch fingierten) Genehmigung durch den Unternehmer ist möglich nach §§ 119–124 BGB, jedoch nicht aus dem Grunde (§ 119 I BGB), dass er durch sein Schweigen nicht habe annehmen wollen, denn darauf kommt es nach § 91a gerade nicht an, differenzierend Staub/Emde Rn. 27; nach aA scheidet Anfechtung im Verkehrsinteresse („unverzüglich") bei Sorgfaltspflichtverstoß überhaupt aus (vgl. → § 362 Rn. 6). 10

[Versicherungs- und Bausparkassenvertreter]

92 (1) **Versicherungsvertreter ist, wer als Handelsvertreter damit betraut ist, Versicherungsverträge zu vermitteln oder abzuschließen.**

(2) **Für das Vertragsverhältnis zwischen dem Versicherungsvertreter und dem Versicherer gelten die Vorschriften für das Vertragsverhältnis zwischen dem Handelsvertreter und dem Unternehmer vorbehaltlich der Absätze 3 und 4.**

(3) ¹**In Abweichung von § 87 Abs. 1 Satz 1 hat ein Versicherungsvertreter Anspruch auf Provision nur für Geschäfte, die auf seine Tätigkeit zurückzuführen sind.** ²**§ 87 Abs. 2 gilt nicht für Versicherungsvertreter.**

(4) **Der Versicherungsvertreter hat Anspruch auf Provision (§ 87a Abs. 1), sobald der Versicherungsnehmer die Prämie gezahlt hat, aus der sich die Provision nach dem Vertragsverhältnis berechnet.**

(5) **Die Vorschriften der Absätze 1 bis 4 gelten sinngemäß für Bausparkassenvertreter.**

1) Definitionen (I, V), anwendbares Recht (II)

A. Versicherungsvertreter (I): Wer als HV damit betraut ist, VersVerträge zu vermitteln oder abzuschließen, ist VersVertreter iSd HGB (I, Legaldefinition), BGH NJW 2014, 625 Rn. 14. VersVerträge sind im VVG nF 23.11.2007 BGBl. 2631 mit Rspr. Langheid NJW 2011, 3265, geregelt, Versicherer im VAG. VersVertreter iSv I sind nur solche, die HV iSv § 84 sind, einerlei wie sie genannt werden (zB Hauptagent, Generalvertreter, Vermittler). Das VersVermG 19.12.2006 BGBl. 3232 hat den Begriff des VersAgenten durch den des VersVertreters ersetzt und eine abweichende Definition für die Zwecke des VVG und des Schutzes der Versicherungsnehmer gebracht (§§ 42a II, 59 I nF VVG, → § 93 Rn. 7). VersVertreter iSv I sind nur solche, die HV sind (I, 84 I: ständig betraut), OLG Düsseldorf NJW-RR 2016, 1315. VersVertreter (→ § 55 Rn. 5) sind idR HV, können aber auch bloße Gelegenheitsvermittler sein, str., OLG Hamm VersR 1995, 168. VersVermittler, VersBerater, VersMakler, → § 93 Rn. 7. Lit.: Prölss/Martin, VVG, 30. Aufl. 2018; Bangert, 1982; Höft, 1982; Hanau, 1997 (Selbstständigkeit); Höft VersR 1976, 205. **Muster:** Hopt, HVR, 6. Aufl. 2019, Materialien XI (Hauptpunkte eines Vertrages für selbständige hauptberufliche VersVertreter, CDH). 1

§ 92 2–5

2 **B. Bausparkassenvertreter (V):** § 92 gilt nach V sinngemäß für Bausparkassenvertreter. Ein solcher ist, wer als HV damit betraut ist, Bausparverträge zu vermitteln oder abzuschließen (V mit I). Bausparverträge und Bausparkassen sind im BauspG geregelt.

3 **C. Anwendbares Recht (II):** Auf VersVertreter und Bausparkassenvertreter, die beide HV sind, ist vorbehaltlich der Sonderregelungen in III und IV allgemeines HVRecht anwendbar (§§ 84 ff.), zB über Provision (§ 87a), OLG Köln VersR 2006, 71, KG BeckRS 2021, 20245 Tz. 21. II ist nur deklaratorisch. VersVertreter sind zwar von der Handelsvertreterrichtlinie (→ § 84 Rn. 3) nicht erfasst, aber keine gespaltene Auslegung, so zu § 90a BGH ZIP 2012, 2512 (→ § 84 Rn. 3). Weitere Sonderregelungen enthalten § 89b V (Ausgleichsanspruch), § 92a II (Mindestarbeitsbedingungen, Ermächtigung zu VO) und § 92b IV (rein deklaratorisch). Für VersVertreter (→ Rn. 1) gelten §§ 43 ff. aF, 69 ff. nF VVG mit Besonderheiten zur Vollmacht (gegenüber § 55, dort → § 55 Rn. 5). **„Grundsätze"** der Versicherungswirtschaft → § 89b Rn. 96. Besonderheiten gelten für bestimmte Versicherungszweige, Küstner/Thume/Thume, Bd. 1, Kap. V Rn. 199 ff. **EU-RL über die VersVermittlung** 2002, Umsetzung in GewO, VVG und VersVermV 2007 (→ § 93 Rn. 7), brachte ab Ende 2004 Eintragungspflicht und berufliche Anforderungen an Kenntnisse, Fertigkeiten, guten Leumund, vgl. auch → § 89b Rn. 86. **EU-RL über Versicherungsvertrieb** 2016 ABl. 2016 L 26, 19, Vergütungsregelung Gruber/Baier VersR 2018, 1093. Lit.: Icha, 2014; Lilje, 2015 (HVAusgleich im VersVertrieb); Höft VersR 1976, 205 (Provision); Platz VersR 1985, 621 (Stornierung); Bonvie VersR 1986, 119 (Stornierung); Reiff VersR 2012, 645; 2013, 762 (Nettopolice); Nastold ZVertriebsR 2014, 146 (Nettopolice).

2) Provisionspflichtige Geschäfte (III, § 87)

4 **A. Keine Provision für Nachbestellungen und Folgeaufträge (III 1):** VersVertreter und Bausparkassenvertreter haben Anspruch auf Provision nur für Geschäfte, die auf ihre Tätigkeit zurückzuführen sind (III 1, § 87 I 1 Fall 1). Entgegen § 87 I 1 Fall 2 haben sie keinen Anspruch auf Provision auf Nachbestellungen und Folgeaufträge (vgl. → § 87 Rn. 17). Bei Abänderung eines alten oder Abschluss eines neuen VersVertrags hat der Vertreter erhält der Vertreter also nur dann Provision, wenn er dabei selbst fördernd mitwirkt, andere mittelbare Kausa lität wie in § 87 I 1 Fall 1 genügt nicht, BGH BB 1986, 2091. Anschlussgeschäfte, die in unmittelbarem wirtschaftlichen Zusammenhang mit dem vom Vertreter vermittelten Abschluss stehen (**Ergänzungsverträge,** vgl. → § 89b Rn. 92), sollen aber nach manchen genügen, zB bei echter **Gruppenversicherung** Einbeziehung eines neuen Gruppenmitglieds; anders bei unechter Gruppenversicherung (Rahmenvertrag mit bloßer Aussicht auf Einzelversicherungsverträge nach freier Wahl des Gruppenmitglieds); näher Staub/Emde Rn. 133 f., EBJS/Löwisch Rn. 6, vgl. BGH DB 1961, 269. Entsprechendes gilt für Vertragserweiterungen und Vertragsverlängerungen, Staub/Emde Rn. 135, 136; auch für **Dynamikprovisionen,** OLG Köln VersR 2004, 908; Staub/Emde Rn. 137.

5 Wegen III 1, der nicht zwingend ist, hängt es allein vom **(Handelsvertreter) Vertrag** ab, ob ein VersVertreter nach Ende seines Vertrags noch Folgeprovision aus den von ihm vermittelten VersVerträgen (anlässlich der Prämienzahlungen des Versicherten) erhält oder nicht, BGHZ 30, 107; OLG Frankfurt a. M. BB 1986, 697, **Provisionsverzichtsklausel** für nach Vertragsende fällige Provisionen ist also wirksam, Staub/Emde Rn. 89, Vor § 84 Rn. 99; aA Daum VersR 2011, 565; auch → § 92 Rn. 9. Fehlen einer solchen Klausel, Vertragsauslegung, BGH ZIP 2019, 275 Rn. 28 ff. HdlBrauch ist das nicht, OLG Düsseldorf DB 1956, 1132. Über Ausgleich des Verlusts solcher Provisionen infolge Vertragsende

7. Abschnitt. Handelsvertreter   6–9   § 92

→ § 89b Rn. 91. Verlorene Zuschüsse, Saldoanerkenntnis, Verjährung, Storni, Sittenwidrigkeit s. BGH BB 1960, 1221.

B. **Keine Bezirks- oder Kundenschutzprovision (III 2):** Nach III 2 gilt 6 § 87 II nicht, OLG Düsseldorf BeckRS 2015, 119205 Rn. 45; LG München ZVertriebsR 2019, 190. Die Zuweisung eines Bezirks- oder Kundenkreises begrenzt zwar auch für VersVertreter und Bausparkassenvertreter Auftrag und Vertretungsmacht (vgl. § 46 aF VVG). Sie gewährt aber entgegen § 87 II keinen Bezirks- oder Kundenschutz, ändert also nichts daran, dass sie nur für die von ihnen vermittelten Geschäfte Provision erhalten (§ 87 I, III), BAG BB 2000, 932. III 2 ist nicht zwingend.

3) Voraussetzungen des Provisionsanspruchs (IV, § 87a)

A. **Provision bei Zahlung der Prämie:** Nach IV hat der VersVertreter (bzw. 7 Bausparkassenvertreter) Provisionsanspruch, sobald der VersNehmer die Prämie gezahlt hat, aus der sich die Provision nach dem Vertragsverhältnis berechnet; vorher besteht nur Provisionsanwartschaft. IV stellt entgegen § 87a I nicht auf die Ausführung des Geschäfts durch den Unternehmer ab, sondern auf die Zahlung der Prämie durch den Dritten (letzteres entspr. § 87a I 3). Zahlung bedeutet (jedenfalls im Lebensversicherungsgeschäft mit §§ 35 aF, 33 nF VVG) Zahlung der gesamten Jahresprämie, Teilleistungen führen danach nicht zu Teilprovisionen (vgl. aber → § 87a Rn. 5), BAG NJW 1968, 520; OLG Saarbrücken NJW-RR 1998, 1192. Wegen Geheimhaltung keine Abtretung von Provisionsansprüchen des VersVertreters, der Personenversicherungen vermittelt (§ 402 BGB, § 203 I Nr. 6 StGB), BGH NJW 2010, 2509 (→ § 90 Rn. 2). IV und § 87a regeln nicht Bestandspflegeprovision (Tätigkeitsentgelt, nicht Vermittlungsprovision), OLG Düsseldorf VersR 2016, 1374. Ab 1.4.2012 ist § 80 V VAG für bestimmte Versicherungen und Tatbestände zu beachten (Rückforderungsrecht pro rata temporis), Franz/Steiner VersR 2012, 1333.

IV spricht von der Prämie, aus der sich die Provision **nach dem Vertrags-** 8 **verhältnis,** dh dem HVVertrag, berechnet. In diesem kann bestimmt werden, welche von mehreren Prämienzahlungen des VersNehmers dem Vertreter Provision bringt, zB jede oder nur die Erste oder bis zu einer bestimmten Summe, BFH 17.3.2010, HVR 1329. Abrede über Aussonderung von Gruppen von Versverträgen ohne Entschädigung (Bestandsübertragung bei Bestandsgefährdung), auch durch AGB, OLG Hamm 27.2.20 HVR Nr. 485. Mangels besonderer Vertragsbestimmung gelten die allgemeinen Auslegungsregeln, ggf. ergänzende Vertragsauslegung, OLG Stuttgart BB 1977, 565. Die Verweisung umfasst nicht auch § 87a I 3 (Teilprovision), da Teilleistungen für das Entstehen eines unbedingten Provisionsanspruchs nicht ausreichen (→ Rn. 1), MüKoHGB/Ströbl Rn. 26; Oetker/Busche Rn. 5; Staub/Emde Rn. 146.

IV selbst ist **nicht zwingend,** hL, BFH 17.3.2010, HVR 1329, str., befreit 9 **aber** nicht von § **87a I 3,** Staub/Emde Rn. 156, und § **87a V,** EBJS/Löwisch Rn. 16, auch → § 89b Rn. 91. Vertraglich kann zB ein Recht auf Vorschuss (wie § 87a I 2) oder auf Teilprovision (→ Rn. 7, vgl. → § 87a Rn. 5) eingeräumt werden, OLG Düsseldorf 1.8.2013 HVR Nr. 1473. Demgegenüber ist nach älterer Rspr. Vereinbarung zulässig, dass jeder Provisionsanspruch bei Vertragsende wegfällt, also auch schon (bedingt durch Zahlung) verdiente Provision, OLG Frankfurt a. M. BB 1986, 697; OLG Köln VersR 2001, 1377; OLG Jena VersR 2010, 1645 mAnm. Krämer VersR 2010, 1647; OLG Frankfurt a. M. VersR 2011, 492; aA Graf von Westphalen DB 2003, 2319; offen für AGB zu Überhangprovisionen (→ § 87 Rn. 38) OLG Hamm ZVertriebsR 2018, 375 Rn. 100 (aber → § 87a Rn. 33); das wirkt sich dann auf den Ausgleichsanspruch aus (→ § 89b Rn. 91). In der Großlebensversicherung ebenso wie im Bausparwesen sind **Einmalprovisionsregelungen** (→ Rn. 26) üblich und Punktwertever-

§ 92a

einbarungen, Wirksamkeit im Einzelnen str., dazu Staub/Emde Rn. 156; Küstner/Thume/Thume, Bd. 1, Kap. V Rn. 284. Auch Verwaltungsprovisionen sind Provisionen iSv § 87, Staub/Emde Rn. 158; Küstner/Thume/Thume, Bd. 1, Kap. V Rn. 290, nach aA Provision abdingbar. **Stornoreserve** ist einbehaltene Sicherheit für den Versicherer für den Fall der Nichtausführung (Stornierung, → § 87 Rn. 53, → § 87a Rn. 27), sie ist auf dem Stornoreservekonto (Provisionsrückstellungskonto) zu buchen und nach Ablauf des Haftungszeitraums auszuzahlen, Staub/Emde Rn. 18, Klage auf Auszahlung ist in der Sache Provisionsklage, Darlegungslast bei Auszahlungsanspruch, OLG Karlsruhe ZVertriebsR 2017, 377 mAnm.Lost; Auszahlungsstaffelungsklausel über fünf Jahre entsprechend fünfjähriger Stornohaftzeit (§ 49 VAG) ist wirksam, Emde BB 2018, 1864; zur Rückzahlung von Vorschüssen → § 87a Rn. 9, zur Nachbearbeitung → Rn. 10. (Un)wirksame Klausel über Einbehalt von Stornoreserve (entspricht einer Sicherheitsleistung), OLG Köln VersR 2002, 355; OLG Düsseldorf NJOZ 2013, 894. Beweislast für Auszahlung aus Stornoreserve liegt beim Versicherer, aber nicht auch für den rechtzeitigen Zugang (→ § 87a Rn. 28). Katalog zulässiger Provisionsabreden bei Staub/Emde Rn. 161.

10 B. **Leistungsstörungen:** IV bringt nur eine Änderung zu § 87a I. § 87a II–V bleiben auch auf VersVertreter (bzw. Bausparkassenvertreter) anwendbar, BGH DB 1983, 2135; OLG Köln NJW 1978, 328; für V bei Provisionsausschlussklauseln BGH NJW 2010, 300; erst recht § 87b über Höhe und Berechnung der Provision. Da § 87a II auf I Bezug nimmt, der insoweit durch § 92 IV anders geregelt ist (→ Rn. 7), ist bei Nichtausführung durch das (Vers)Unternehmen § 87a III maßgeblich (vgl. → § 87a Rn. 20), OLG Köln NJW 1978, 328. Der Provisionsanspruch entfällt nach § 87a III 2, wenn und soweit dies auf Umständen beruht, die vom Unternehmer nicht zu vertreten sind. Das ist nicht der Fall (also Vertretenmüssen), wenn der Versicherer die **Nachbearbeitung** gefährdeter VersVerträge, soweit im Verkehr erforderlich, unterlassen hat (näher → § 87a Rn. 27, 29). **Stornogefahrmitteilungen** → § 87a Rn. 27. Stornoreserve → Rn. 9. Klageverzichtsklauseln → § 87a Rn. 33. Hat der Dritte schon gezahlt und der Vertreter die Provision (ganz oder teilweise) erhalten, muss diese zurückbezahlt werden, § 812 BGB, OLG Köln VersR 1974, 287, richtiger § 87a II Hs. 2 analog. Anfechtung des VersVertrags, Christoph/Effenberger VersR 2007, 593.

[Mindestarbeitsbedingungen]

92a (1) ¹Für das Vertragsverhältnis eines Handelsvertreters, der vertraglich nicht für weitere Unternehmer tätig werden darf oder dem dies nach Art und Umfang der von ihm verlangten Tätigkeit nicht möglich ist, kann das Bundesministerium der Justiz und für Verbraucherschutz im Einvernehmen mit dem Bundesministerium für Wirtschaft und Energie nach Anhörung von Verbänden der Handelsvertreter und der Unternehmer durch Rechtsverordnung, die nicht der Zustimmung des Bundesrates bedarf, die untere Grenze der vertraglichen Leistungen des Unternehmers festsetzen, um die notwendigen sozialen und wirtschaftlichen Bedürfnisse dieser Handelsvertreter oder einer bestimmten Gruppe von ihnen sicherzustellen. ²Die festgesetzten Leistungen können vertraglich nicht ausgeschlossen oder beschränkt werden.

(2) ¹Absatz 1 gilt auch für das Vertragsverhältnis eines Versicherungsvertreters, der auf Grund eines Vertrages oder mehrerer Verträge damit betraut ist, Geschäfte für mehrere Versicherer zu vermitteln oder abzuschließen, die zu einem Versicherungskonzern oder zu einer zwischen ihnen bestehenden Organisationsgemeinschaft gehören, sofern die Beendigung des Vertragsver-

hältnisses mit einem dieser Versicherer im Zweifel auch die Beendigung des Vertragsverhältnisses mit den anderen Versicherern zur Folge haben würde. ²In diesem Falle kann durch Rechtsverordnung, die nicht der Zustimmung des Bundesrates bedarf, außerdem bestimmt werden, ob die festgesetzten Leistungen von allen Versicherern als Gesamtschuldnern oder anteilig oder nur von einem der Versicherer geschuldet werden und wie der Ausgleich unter ihnen zu erfolgen hat.

1) Arbeitnehmerähnliche Handelsvertreter

HV sind selbstständige Kflte, nicht Arbeitnehmer. Im Einzelfall können sie aber wirtschaftlich und sozial wie arbeitnehmerähnlich gestellt sein, vgl. Herschel DB 1977, 1185, aber nicht schon jeder Einfirmenvertreter (vgl. → Rn. 2f). Dann können die **Arbeitsgerichte** zuständig sein (→ § 84 Rn. 46), BGH ZIP 2013, 2013; OLG Celle 22.11.2004, HVR Nr. 1145, und einzelne arbeitsrechtliche Normen zum Schutz dieser HV analog anwendbar sein, zB BUrlG, BAG DB 1979, 1708, → § 84 Rn. 34; Hungerprovisionen → § 86 Rn. 9.

§ 92a schafft unter Verzicht auf den unscharfen Begriff des arbeitnehmerähnlichen HV für Einfirmenvertreter (→ Rn. 3) und Mehrfirmenversicherungsvertreter (→ Rn. 5) eine (problematische) Ermächtigungsgrundlage für Mindestbedingungen, namentlich Mindestentgelte. Eine **Verordnung nach § 92a ist** jedoch bisher **weder erlassen noch geplant.** Insoweit liegt also keine Gesetzeslücke vor, die die Arbeitsgerichte füllen könnten, BAG NJW 2003, 2628. § 92a hat aber kraft Verweisung Bedeutung für die Zuständigkeit des ArbG (§ 5 III ArbGG, → § 84 Rn. 46), früher auch für Konkursvorrechte (→ § 84 Rn. 48). Lit.: Küstner/Thume/Schürr, Bd. 1, Kap. I Rn. 248 ff.

2) Reichweite des § 92a I

§ 92a I nF 2003 (Zuständigkeitsanpassung) gilt für **Einfirmenvertreter,** dh für jeden HV, auch im Nebenberuf (§ 92b), BAG NJW 2005, 1147; OLG Frankfurt a.M. 21.4.2011, HVR 1349; OLG Karlsruhe 24.10.2012, HVR Nr. 1366, str., auch VersVertreter, BGH ZIP 2013, 2013 Rn. 14, OLG Celle ZVertriebsR 2020, 393, auch juristische Person (Ausschöpfung der Ermächtigung wäre aber nicht sinnvoll) oder Personengemeinschaft (→ § 84 Rn. 8f.), üL, Staub/Emde Rn. 12, aA noch Staub/Brüggemann Rn. 5; Emde GmbHR 1999, 1008, der vertraglich nicht für weitere Unternehmer tätig werden darf (Einfirmenvertreter **kraft Vertrags,** vertraglicher Ausschluss, Vetorecht, nicht erteilte Genehmigung), BAG NJW 2005, 1146; BGH ZIP 2013, 2297; WM 2014, 2217; 2015, 2271 (hauptberuflich); OLG Stuttgart BB 1966, 1396; OLG Düsseldorf 1.6.2005, HVR Nr. 1149; OLG Brandenburg VersR 2008, 1066; OLG Oldenburg NJW-RR 2015, 31 (nicht nur nebenberuflich), und zwar einerlei ob Unternehmer eingewilligt hätte, OLG Naumburg 8.3.2004, HVR Nr. 1109, vertragswidrige Tätigkeit des HV für einen anderen Unternehmer ändert daran nichts, OLG Karlsruhe NJW-RR 2015, 31 Rn. 20, **oder** dem dies nach Art und Umfang der von ihm verlangten Tätigkeit (objektiv nach dem Vertrag, nicht nur rein faktisch, also unabhängig von Weisungen des Unternehmers, OLG Karlsruhe 24.10.2012, HVR Nr. 1366) nicht möglich ist (Einfirmenvertreter **kraft Weisung,** tatsächlicher Ausschluss), BGH WM 2014, 2217 Rn. 16; LAG Düsseldorf BB 1956, 593; OLG Brandenburg BeckRS 2008, 09609. Letzteres ist nicht schon wegen vertraglicher Pflicht des HV gegeben, „seine volle Arbeitskraft zur Verfügung zu stellen", OLG Frankfurt a.M. BB 1980, 336; auch Wettbewerbsabrede genügt nicht, da Tätigkeit für Nichtwettbewerber möglich bleibt, BGH NJOZ 2010, 2116 Rn. 22; ZIP 2013, 2013 Rn. 14; Parallelfall NJW-RR 2013, 1511 mAnm Ehrhard/von Bodungen ZVertriebsR 2013, 321 (Parallelfall), Erheblichkeitsschwelle, Emde BB 2014, 2435; auch nicht, wenn damit die gesamte Branche (zB Versicherungs- oder Bausparschäft) gesperrt ist, OLG Frankfurt a.M. 8.1.2010,

§ 92b 1

HVR Nr. 1296; ebenso wenig Klausel über vorherige Abstimmung (anders bei Genehmigungsvorbehalt oder Widerspruchsrecht des Unternehmers, KG ZVertriebsR 2016, 29), OLG Köln VersR 2001, 894, oder Klausel über vorherige Anzeige und Prüfung des Unternehmens (21 Tage), BGH ZIP 2013, 2013. Ob HV von der anderweitigen Erwerbserlaubnis Gebrauch macht, ist unerheblich, OLG Brandenburg BeckRS 2008, 09609. Bloße Anzeigepflicht für andere Erwerbstätigkeiten bleibt ausser Betracht, da Tätigkeit als HV nicht betroffen, OLG Köln 6.4.2005, HVR Nr. 1159. Bei Genehmigungsvorbehalt verliert HV Schutz des § 92a, wenn er mit Genehmigung Zweiterwerb aufnimmt, OLG Köln VersR 2001, 895.

3) Mindestbedingungen

4   Das BMJ kann **die untere Grenze der vertraglichen Leistungen des Unternehmers** festsetzen, in erster Linie eine Mindestvergütung, zB Mindestmonatsprovision (unabhängig vom Erfolg der Tätigkeit des HV), auch eine Vergütung bei unverschuldeter Dienstverhinderung, einen Mindesturlaub, ein Recht auf Zeugnis (vgl. → § 86 Rn. 5). Solche Festsetzung soll die notwendigen sozialen und wirtschaftlichen Bedürfnisse der Einfirmenvertreter oder einer Untergruppe sicherstellen, also nicht ein angemessenes Entgelt für ihre Arbeit, denn dieses ist die (grundsätzlich nach dem Erfolg seiner Arbeit bemessene) Provision.

4) Mehrfirmenversicherungsvertreter (II)

5   Der Einfirmenversicherungsvertreter fällt bereits unter I. Ihm stellt II 1 den HV mehrerer in einem Konzern oder einer Organisationsgemeinschaft verbundener Versicherer (einerlei ob auf Grund eines oder mehrerer HVVerträge) gleich, sofern die Beendigung seines HVVertrags mit dem einen Versicherer im Zweifel auch zur Beendigung bei den anderen Versicherern führt. II gilt entspr. für Bausparkassenvertreter, hL.

[Handelsvertreter im Nebenberuf]

92b

(1) ¹**Auf einen Handelsvertreter im Nebenberuf sind §§ 89 und 89b nicht anzuwenden.** ²**Ist das Vertragsverhältnis auf unbestimmte Zeit eingegangen, so kann es mit einer Frist von einem Monat für den Schluß eines Kalendermonats gekündigt werden; wird eine andere Kündigungsfrist vereinbart, so muß sie für beide Teile gleich sein.** ³**Der Anspruch auf einen angemessenen Vorschuß nach § 87a Abs. 1 Satz 2 kann ausgeschlossen werden.**

(2) **Auf Absatz 1 kann sich nur der Unternehmer berufen, der den Handelsvertreter ausdrücklich als Handelsvertreter im Nebenberuf mit der Vermittlung oder dem Abschluß von Geschäften betraut hat.**

(3) **Ob ein Handelsvertreter nur als Handelsvertreter im Nebenberuf tätig ist, bestimmt sich nach der Verkehrsauffassung.**

(4) **Die Vorschriften der Absätze 1 bis 3 gelten sinngemäß für Versicherungsvertreter und für Bausparkassenvertreter.**

1) Reichweite der Sondervorschriften

1   A. **Handelsvertreter im Nebenberuf:** Nach I gelten HV im Nebenberuf als weniger schutzbedürftig, krit. Emde/Valdini ZVertriebsR 2016, 361, und werden deshalb (nur) von einzelnen Vorschriften der §§ 84 ff., insbesondere dem Ausgleichsanspruch, ausgenommen (→ Rn. 5 ff.). I setzt danach voraus, dass der HV zwei unterschiedliche Berufe ausübt, die im Hinblick auf seine wirtschaftliche Existenz voneinander unabhängig sind (zB Landwirt/Tankstellenpächter), anders nur in Sonderfällen (zB Hausfrauen, Studenten, Rentner), BGH WM 2007, 1859 mAnm Thume BB 2007, 1750. Aufspaltung in zwei Verträge mit Unternehmer

und Konzerntochter wäre Umgehung. Auch juristische Person oder Personengemeinschaft (→ § 84 Rn. 8f) können HV im Nebenberuf sein. Lit.: Baums BB 1986, 891; Küstner BB 1966, 1212 und BB 1999, 541; Thume BB 2007, 1750; Valdini MDR 2019, 774; Emde BB 2020, 2756.

B. **Bestimmung nach Verkehrsauffassung (III):** Ob Haupt- oder Nebenberuf vorliegt, richtet sich allein nach der Verkehrsauffassung; liegt danach Hauptberuf vor, kann der HV nicht durch Parteivereinbarung auf Nebenberuf „herabgestuft" werden, BGH NJW 1999, 639; WM 2007, 1856 (AGBKontrolle), Grund → Rn. 1. Ausdrückliche Beschränkung nach II kann daran nichts ändern, OLG Düsseldorf BeckRS 2017, 151716 Rn. 34. Bsp.: Tankstellenpächter (mit On-the-Run-Shopvertrag) oder Sparkassenzweigstellenverwalter im Nebenberuf; Beamter, der auch Versicherungsverträge vermittelt. Ist bei einem **Mehrfirmenvertreter** die Tätigkeit für die mehreren Unternehmer Hauptberuf des HV, so ist § 92b im Verhältnis zu keinem anwendbar, einerlei wie die Tätigkeit sich auf diese verteilt, OLG Stuttgart VersR 1957, 329; LG Düsseldorf 6.7.1954, HVR Nr. 84; OLG Karlsruhe 24.10.2012, HVR Nr. 1366, str., vielmehr liegt ein einheitliches HdlGewerbe vor; so auch bei Verbindung von Versicherungs- und Bausparkassenvertretung. Hängt die Erwerbstätigkeit mit der daneben ausgeübten HVTätigkeit wirtschaftlich eng zusammen (→ Rn. 1), zB Großhandel und nebenher auch Vertretung, ist HVTätigkeit (jedenfalls nach Verkehrsauffassung) auch bei nur geringem Anteil nicht nebenberuflich, sondern gleichrangig, DIHT 23.1.1957, HVR Nr. 145. Ob eine und welche von verschiedenen Erwerbstätigkeiten (Bsp.: Landwirtschaft, Handwerk, Ladengeschäft; unselbstständige Halbtagsanstellung neben HVTätigkeit; auch Saison- und andere Arbeit) Haupt- bzw. Nebenberuf ist, wird nach Zeit, Art und Ertrag bzw. Ausmaß, EBJS/Löwisch Rn. 5, str., der einen oder anderen abzuwägen sein (sog. **Übergewichtstheorie**), OLG Düsseldorf BeckRS 2017, 151716 Rn. 36; OLG Bamberg 6.6.1997, HVR Nr. 933; FW/Billing Rn. 5; Emde BB 2014, 2435; Feststellung kann sehr schwer sein, BGH NJW 2013, 2111 Rn. 28. Aber auch eine Tätigkeit ohne Ertrag (Bsp.: Student, Hausfrau), OLG Bamberg 26.2.1999, HVR Nr. 935, oder eine Situation, die Einkommen ohne Tätigkeit bringt (Bsp.: Rentner) kann als Hauptberuf, die HVTätigkeit daneben als Nebenberuf erscheinen (beim Rentner wohl idR dann, wenn sie weniger einbringt als die Pension) OLG Düsseldorf BeckRS 2017, 151716 Rn. 36. Für die Abgrenzung relevant sind das Zeit- und das Entgeltelement, aber ersteres überwiegt eher, der Umsatz allein ist kein ausreichendes Indiz für Hauptberuf, OLG Düsseldorf BeckRS 2017, 151716 Rn. 36, 37. Vertragliche Regelung empfehlenswert, Bsp. RWH/Thume Rn. 12.

C. **Ausdrückliche Beschränkung auf Nebenberuf (II): a)** Auf die Sondervorschriften des I (→ Rn. 7 ff.) kann sich der **Unternehmer** nur berufen, wenn er den HV **ausdrücklich** (formlos; idR aber im Vertrag, dann bindend) als HV im Nebenberuf beauftragt hat (Vertrag, nicht einseitig), MüKoHGB/Ströbl Rn. 22; dies auch in AGB (auch → Rn. 7), EBJS/Löwisch Rn. 15. Sonst muss er die Normalregelung für HV (§§ 84 ff. ohne § 92b I) gegen sich gelten lassen. Im Falle einer solchen ausdrücklichen Erklärung muss der HV beweisen, dass sie unrichtig war oder aus dem Haupt- Nebenberuf wurde, LAG Hamm BB 1971, 439. II geht nicht I und III vor, BGH WM 2007, 1857. Lit.: zur Abgrenzung Küstner BB 1966, 1212. II dient dem Schutz des HV und ist zwingend.

b) Der **Handelsvertreter** kann sich immer (auch ohne Erklärung nach II, auch bei falscher Erklärung) darauf berufen, dass er in Wahrheit HV nur im Nebenberuf ist und deshalb die Sondervorschriften des I gelten, BGHZ 43, 113, str.

c) Bei **späteren Veränderungen** sind HVVertragsinhalt und Anwendbarkeit des § 92b zu unterscheiden. Weitet sich die nebenberufliche Tätigkeit einver-

Hopt

§ 92c

nehmlich zum Hauptberuf aus, gelten §§ 84 ff. nunmehr uneingeschränkt. Ist nur nebenberufliche HVTätigkeit vereinbart, kann der HV sich aber nach der Rechtsprechung und der üL nicht später einseitig zum hauptamtlichen HV (mit den Rechten aus §§ 84 ff.) aufschwingen (Vertragstheorie), Oetker/Busche Rn. 9; EBJS/Löwisch Rn. 22 ff. Der Unternehmer muss danach mindestens stillschweigend sein Einverständnis mit der Ausweitung erklärt haben, Beweislast beim HV, OLG Düsseldorf BeckRS 2017, 151716 Rn. 34, 42. Nach anderer Ansicht kommt es nicht auf die Vereinbarung, sondern auf die tatsächlichen Umstände an, MüKoHGB/Ströbl Rn. 25. Bei einvernehmlicher Herabstufung zur nebenberuflichen Tätigkeit gelten nunmehr die größeren Freiräume des §§ 92b, 89b gilt nicht mehr, doch kommt dies einer Beendigung gleich (→ § 89b Rn. 7). Ist hauptberufliche HVTätigkeit vereinbart und sinkt Tätigkeit tatsächlich auf eine nebenberufliche ab, verliert der HV nicht ohne Weiteres den Schutz der §§ 84 ff., sondern erst nach (Teil)Kündigung des Unternehmers. Im Einzelnen str., Heymann/Froitzheim Rn. 13.

6   D. **Versicherungs- und Bausparkassenvertreter (IV):** IV Auch diese können nach IV (rein deklaratorisch) HV im Nebenberuf sein, dann gilt § 92b sinngemäß.

2) Inhalt der Sondervorschriften (I 1–3)

7   A. **Ordentliche Kündigung:** Es gilt nicht § 89, sondern I 1, 2. Danach ist ein HVVertrag auf unbestimmte Zeit mit Monatsfrist auf jeden Kalendermonatsschluss kündbar (I 2 Hs. 1). Abweichendes, auch kürzere Kündigungsfrist, kann vereinbart werden, nur muss die Kündigungsfrist (auch Kündigungstermin, vgl. → § 89 Rn. 27) für beide Teile gleich sein (I 2 Hs. 2, zwingend); bei Vereinbarung ungleicher Fristen gilt für beide Teile die gesetzliche Frist nach I 2 Hs. 1. AGB mit Frist von 12 Monaten zum Kalenderjahrende für beide Teile ist aber unzulässig, BGH NJW 2013, 2111; OLG Celle 9.6.2005, HVR Nr. 1147 = OLG-Report 2005, 650, aA Staub/Emde Vor § 84 Rn. 99 Kündigungsfrist, Grund: unbillige Hinderung, einen Hauptberuf bei einem konkurrierenden Unternehmer zu ergreifen; dies auch, wenn die Kündigungsfrist erst nach drei Jahren greifen soll.

8   B. **Kein Ausgleichsanspruch nach Vertragsende:** § 89b ist unanwendbar (I 1), vertragliche Regelung ist zu empfehlen. Lit.: Küstner BB 1966, 1212.

9   C. **Provisionsvorschuss:** Der sonst unabdingbare Anspruch des HV auf Provisionsvorschuss, wenn noch nicht der andere Vertragsteil, wohl aber der vertretene Unternehmer den Abschluss ausgeführt (der Kunde noch nicht bezahlt, der Unternehmer schon geliefert) hat (→ § 87a Rn. 9), kann hier (ganz oder teilweise) ausgeschlossen werden (I 3).

[Handelsvertreter außerhalb der EG; Schifffahrtsvertreter]

92c (1) Hat der Handelsvertreter seine Tätigkeit für den Unternehmer nach dem Vertrag nicht innerhalb des Gebietes der Europäischen Gemeinschaft oder der anderen Vertragsstaaten des Abkommens über den Europäischen Wirtschaftsraum auszuüben, so kann hinsichtlich aller Vorschriften dieses Abschnittes etwas anderes vereinbart werden.

(2) **Das gleiche gilt, wenn der Handelsvertreter mit der Vermittlung oder dem Abschluß von Geschäften betraut wird, die die Befrachtung, Abfertigung oder Ausrüstung von Schiffen oder die Buchung von Passagen auf Schiffen zum Gegenstand haben.**

7. Abschnitt. Handelsvertreter § 92c

Übersicht

	Rn
1) Internationales Handelsvertreterrecht	1–3
A. Freie Rechtswahl:	1
B. Niederlassung des Handelsvertreters:	2
C. Gerichtsstandsvereinbarung; andere Umstände:	3
2) Ausländische Handelsvertreter in- und ausländischer Unternehmer	4–7
A. Ausländischer Handelsvertreter eines inländischen Unternehmers:	4
B. Bei Wahl des deutschen Rechts:	5, 6
C. Ausländischer Handelsvertreter eines ausländischen Unternehmers:	7
3) Inländische Handelsvertreter eines ausländischen Unternehmers	8–12
A. Geltung des deutschen Rechts:	8
B. Geltung ausländischen Rechts:	9–11
C. Gerichtsstand, Schiedsvereinbarung:	12
4) Schifffahrtsvertreter (II)	13

1) Internationales Handelsvertreterrecht

A. Freie Rechtswahl: a) § 92c (I nF 1990, Erweiterung auf EWRStaaten **1** durch EWRG 1993 → § 84 Rn. 3) ist **keine Kollisionsvorschrift,** sondern befreit in I nur auf materiellrechtlicher Ebene von intern zwingendem deutschem Recht (hM, zB Staub/Emde Rn. 17; Emde ZVertriebsR 2014, 230, str., aA jedenfalls de lege ferenda Freitag/Leible RIW 2001, 295; Michaels/Kamann EWS 2001, 310; zur Sonderanknüpfung international zwingender Normen → Rn. 10; zur Unterscheidung von intern und international zwingendem Recht Kropholler IPR, 6. Aufl. 2006, § 3 II 1). § 92c ist also überhaupt nur anwendbar, wenn der HVVertrag deutschem Recht untersteht. §§ 84ff. werden dann in vollem Umfang abdingbar unter der Voraussetzung, dass der HV seine Tätigkeit für den Unternehmer nach dem Vertrag nicht innerhalb der EU (EWR) auszuüben hat (str., → Rn. 6). Zweck der Vorschrift ist es, eine Anpassung des Vertragsinhalts an die jeweiligen örtlichen Bedürfnisse zu ermöglichen (BT-Drs. 1/3856, Anl. 1, S. 18). Für Ausbau des I zur Kollisionsnorm de lege ferenda Freitag/Leible RIW 2001, 295, Michaels/Kamann EWS 2001, 310.

b) Die Vorschrift beruht nicht auf der EU-Ri; sie ist aber grundsätzlich mit **Europarecht** vereinbar (hM), weil eine zwingende Anwendung des umgesetzten Richtlinienrechts bei einer Tätigkeit des HV außerhalb der EU (EWR) mangels eines starken Unionsbezuges idR nicht geboten ist und europäische Unternehmen außerhalb des Binnenmarkts keine Wettbewerbsnachteile erleiden sollen, str., iErg wie hier KKRD/Roth Rn. 4; Staudinger NJW 2001, 1976 unter Berufung auf EuGH NJW 2001, 2007 – Ingmar; Thume BB 2011, 1803; Emde ZVertriebsR 2014, 230: kein Verstoß gegen Diskriminierungsverbot nach Art. 18 AEUV; **aA,** weil die EU-RL für alle den Mitgliedstaaten unterfallenden Rechtsbeziehungen gelte, ohne Abweichungen für Drittlandverkehr vorzusehen, Grundmann, Eur. Schuldvertragsrecht, 1999, 3.80 Rn. 7; Fetsch, Eingriffsnormen und EGV, 2002, 317. Eine richtlinienkonforme Auslegung kann aber Einschränkungen gebieten (→ Rn. 6); Vorlage gemäß Art. 267 AEUV (Art. 234 aF EG) → § 84 Rn. 3.

c) Das auf den HVVertrag anwendbare Recht ist folglich zunächst nach der **ROM I-VO** zu bestimmen (→ Einl. vor § 1 Rn. 24), nach Art. 3 Rom I-VO besteht freie Rechtswahl, auch nur für einen Teil, aber nur ausdrücklich oder (zwar stillschweigend, aber) eindeutig (Art. 3 I 2 Rom I-VO), Magnus IHR 2018, 52ff. Auch ein reines Inlandsgeschäft kann grundsätzlich einem ausländischen Recht unterstellt werden; jedoch bleiben dann die intern zwingenden

§ 92c 2, 3

Vorschriften des Inlandsrechts zu beachten (Art. 3 Rom I-VO), näher Staub/ Emde Rn. 50 ff. Art. 8 Rom I-VO (Art. 30 I aF EGBGB) über Individualarbeitsverträge) ist auf HV auch nicht analog anwendbar, Staub/Emde Rn. 51. **Brexit** (§ 84 Rn. 3): Emde ZVertriebsR 2018, 79. Die Handelsvertreter-Richtlinie (§ 84 Rn. 3) kann kollisionsrechtlich nicht als geltendes Recht vereinbart werden, hL, aA Emde ZIP 2017, 1089. Lit.: Emde BB 2019, 2883, → Rn. 4, 10 und EBJS/Kindler Anh. § 92c IPR des HV und Vertragshändlers.

d) Die **Einbeziehung und Wirksamkeit von AGB** unterliegen gemäß Art. 10 Rom I-VO dem gewählten, mangels Rechtswahl dem objektiv anwendbaren (→ Rn. 2) Recht, Grüneberg/Thorn Rom I-VO Art. 10 Rn. 3 in EGBGB, für Sonderanknüpfung der Annahme von AGB bei Schweigen nach Art. 10 II Rom I-VO nach dem Recht des gewöhnlichen Aufenthaltsrechts, Reithmann/Martiny/Martiny Rn. 3.53, Einbeziehung nach deutschem Sachrecht bei Inlandsgeschäften Reithmann/Martiny/Martiny Rn. 3.58, Inhaltskontrolle nach Vertragsstatut, Reithmann/Martiny/Martiny Rn. 3.73; zur AGB-Kontrolle nach deutschem Recht nach **(5)** § 307 BGB (→ § 86 Rn. 8) OLG München RIW 2002, 319; Eberl RIW 2002, 305; Emde EWiR 11/2002, 485; Wauschkuhn/Meese RIW 2002, 301. Art. 6 Rom I-VO betrifft allein die Klauselkontrolle in Verbraucherverträgen (EU-RL 5.4.1993 93/13/EWG) und schränkt die Rechtswahlfreiheit für HVVerträge grundsätzlich nicht ein (unselbständige HV, → § 84 Rn. 39, mit Abgrenzung → Rn. 35 ff.; vgl. auch Art. 46b EGBGB über Verbraucherschutz für besondere Gebiete).

2   B. **Niederlassung des Handelsvertreters:** Mangels Rechtswahl unterliegt der HVVertrag als besonderer Geschäftsbesorgungsvertrag mit Dienstleistungscharakter (→ § 86 Rn. 1) dem Recht des Staates, in dem der Dienstleister seinen gewöhnlichen Aufenthalt hat (Art. 4 I lit. b Rom I-VO mit Art. 19 Rom I-VO). Maßgeblich ist somit (wie schon nach Art. 28 II 2 aF EGBGB) das **Recht am Ort der Niederlassung des Handelsvertreters** (nicht des privaten Wohnsitzes), und zwar der Hauptniederlassung oder einer anderen Niederlassung, von der aus die Leistung nach dem Vertrag zu erbringen ist, EBJS/Kindler Anh. § 92c Rn. 25, schon BGHZ 127, 371; NJW 1993, 2753. Das gilt auch, wenn die Niederlassung ausnahmsweise nicht mit dem Tätigkeitsort identisch ist, str., zB wenn der HV nur eine Niederlassung für mehrere Länder hat; § 92c I nF ändert daran nichts, denn I stellt zwar auf den Tätigkeitsort ab, ist aber keine Kollisionsvorschrift (→ Rn. 1). Nach **aA** ist an das **Sitzrecht des Unternehmers** anzuknüpfen, dann allen HVVerträge müssten einheitlichem Recht unterstehen; das mag zwar für den Unternehmer günstiger sein, muss aber vereinbart werden. Die einzelnen auf Grund des HVVertrags geschlossenen Verträge unterliegen dem dafür maßgeblichen Vertragsstatut, zB Kauf, OLG Düsseldorf RIW 1996, 959 (Vertragshändler), aA einheitliche Anknüpfung von Rahmen- und Ausführungsverträgen. Hat der HV noch keinen eigenen Geschäftssitz, zB bei erstmaliger Entsendung durch das Unternehmen in ein anderes Land, dann gilt iZw das Recht des Geschäftssitzes des Unternehmens. Auf den **Vertragshändlervertrag** anwendbares Recht → Einl. vor § 373 Rn. 45, Sonderanknüpfung zwingender Normen → Rn. 10, Gerichtsstand → Rn. 12; Gleichlauf der Regeln für HV und Vertragshändler ist wünschenswert, Kindler FS Sonnenberger, 2004, 433. Lit.: EBJS/Kindler Anh. § 92c.

3   C. **Gerichtsstandsvereinbarung; andere Umstände:** Nach Erwägungsgrund 12 der Rom I-VO ist die Vereinbarung eines ausschließlichen Gerichtsstandes wie früher ein Indiz für stillschweigende, nunmehr eindeutige (→ Rn. 2) Rechtswahl. Nach der Gesamtheit der Umstände kann der HVVertrag aber eine offensichtlich engere Verbindung zu einem anderen Staat als nach Art. 4 I oder II Rom I-VO aufweisen (Art. 4 III Rom I-VO).

7. Abschnitt. Handelsvertreter 4–6 § 92c

2) Ausländische Handelsvertreter in- und ausländischer Unternehmer
A. Ausländischer Handelsvertreter eines inländischen Unternehmers: 4
Mangels Rechtswahl gilt für den Vertrag eines inländischen Unternehmers mit
einem ausländischen HV idR **ausländisches Recht,** weil er überwiegend im
Ausland, also von der ausländischen Niederlassung aus (→ Rn. 2), erfüllt wird.
Dann sind die §§ 84 ff. auch vor deutschen Gerichten unanwendbar. Vgl. entspr.
für EU-Richtlinie (→ § 84 Rn. 3), EuGH RIW 2017, 225 (Agro) = ZVertriebsR 2017, 182 mAnm.Rohrßen (Türkei); Walter RIW 2019, 570. Zu möglichen Grenzen → Rn. 6. Zum Vollmachtsstatut bei HV → Einl. vor § 48 Rn. 13.
Lit.: Reithmann/Martiny/Fabig Rn. 23.162 (EG-Ri, EuGH Ingmar-Urteil),
23.119 (Kollisionsrecht); EBJS/Kindler Anh. § 92c; Graf v. Westphalen, 1995
(HVRecht in EU und Schweiz); Stumpf, Internationales HVRecht, Teil 1, Verträge mit ausländischen HV, 6. Aufl. 1987; Teil 2, Ausländisches HVRecht,
4. Aufl. 1986; Detzer/van der Moolen, Verträge mit ausländischen HV, 4. Aufl.
2005, mit ausländischen Vertragshändlern 3. Aufl. 2006; Detzer/Ulrich, Internationale Vertriebsvereinbarungen, 2014; Detzer/Schmitt/Zwernemann, Ausländisches HV- und Vertragshändlerrecht, 1997 (ca. 180 kurze Länderberichte);
Evers, 1998; Haumann, 6. Aufl. 1987; Küstner/Thume/Thume, Bd. 1, Kap. XI;
MSF (Martinek/Semler/Flohr), 4. Aufl. 2016 (VertriebsrechtsHdb), §§ 57–75
Länderberichte; Sura DB 1981, 1269; Wengler ZHR 146 (1982), 30; Hepting/
Detzer RIW 1989, 337; Müller-Feldhammer RIW 1994, 926 (Vertragshändler,
BRD/Schweiz); Emde MDR 2002, 190; Bälz NJW 2003, 1559; Hagemeister
RIW 2006, 498; Emde RIW 2016, 104 (Vertriebsrecht, international); Semler
ZVertriebsR 2016, 139 (HVAusgleich); Peschke ZVertriebsR 2016, 144 (Vertragshändlerausgleich); Magnus IHR 2018, 49 (grenzüberschreitende Vertriebsverträge); Remien European Review of Private Law 2020, 529; IntHK, Leitfaden
für HVVerträge (IntHK-Publikation Nr. 410); ICC Model Commercial Agency
Code 2nd ed 2002 (IntHK-Publikation Nr. 644); ICC Model Selective Distributorship Contract 2004 (IntHK-Publikation Nr. 657); Hesselink/Rutgers/Bueno
Diaz/Scotton/Veldman, Commercial Agency, Franchise and Distribution Contracts – Principles of European Law, 2006, dazu Martinek ZVertriebsR 2012, 64;
Albaric/Dickstein, International Commercial Agency and Distribution Agreements, 2. Aufl. 2017; Flohr/Martinek, European Distribution Law, 2017; Dissaux/Loir, Droit de la distribution, 2017.

B. **Bei Wahl des deutschen Rechts: a)** Der Vertrag zwischen dem inländi- 5
schen Unternehmer und dem ausländischen HV kann auch unter deutschem
Recht stehen, dann **gelten** für den Vertrag **§§ 84 ff.** Deutsches Recht kann
gelten kraft Vereinbarung der Parteien (ausdrücklich oder stillschweigend), Bsp.
BGH LM EGBGB Art. 7 ff. Deutsches Int. Privatrecht Nr. 1 (deutsche Firma in
Uruguay), oder weil nach den Umständen des Falles der Schwerpunkt des Vertragsverhältnisses entgegen der Regel (→ Rn. 2) doch in der BRD liegt. Bsp.:
Der HV war zuvor Angestellter des Unternehmers, in der BRD ansässig und
tätig, ist deutscher Staatsangehörigkeit, der Vertrag wurde in der BRD in deutscher Sprache nach Entwurf eines deutschen Juristen geschlossen, die Provision
wird zT in der BRD gezahlt.

b) §§ 84 ff. sind aber anders als sonst nach § 92c I in allen Punkten **nach-** 6
giebig, sofern der HV seine **Tätigkeit** für den Unternehmer nach dem Vertrag
nicht innerhalb der EU oder des EWR auszuüben hat, hL, Oetker/Busche
Rn. 3; EBJS/Löwisch Rn. 15. Ob der HV eine Niederlassung innerhalb der EU
(EWR) hat oder nicht, soll nach der AmtlBegr für I keine Rolle spielen und ist
mit der RL vereinbar, MüKoHGB/Ströbl Rn. 9; Teichmann/Wauschkuhn
ZVertriebsR 2012, 275; wohl auch Emde ZVertriebsR 2014, 230; aA Kindler
BB 2001, 12: Verstoß gegen EU-Ri, deswegen richtlinienkonforme Auslegung. I
gilt nicht, wenn der HV teils innerhalb, teils außerhalb der EU (EWR) tätig zu

§ 92c 7, 8

werden hat, gilt I nur, wenn der HV keine Niederlassung innerhalb der EU oder des EWR hat, Walter RIW 2019, 570; sonst bleibt es auch für die Tätigkeit außerhalb der EU (EWR) beim intern zwingenden deutschen Recht, **keine gesplittete Rechtswahl,** hL, EBJS/Löwisch Rn. 16; Oetker/Busche Rn. 5; Staudinger NJW 2001, 1976; sehr str, aA MüKoHGB/Ströbl Rn. 12; Müller NJW 1998, 17 und NJW 2012, 2564; KKRD/Roth Rn. 4. Als vertraglicher Ausweg werden vorgeschlagen: Parteivereinbarung, allerdings nur Individualvereinbarung, bei AGB keine geltungserhaltende Reduktion (§ 306 BGB), MüKoHGB/Ströbl Rn. 12; Abschluss eigener Verträge für die unterschiedlichen Tätigkeitsorte, Teichmann/Wauschkuhn ZVertriebsR 2012, 276; gespaltene Rechtswahl nach Art. 3 I 3 Rom I-VO oder Vereinbarung eines neutralen Rechts; Staub/Emde Rn. 53; jeweils dagegen EBJS/Löwisch Rn. 16, da Umgehung. I stellt auf die nach dem HVVertrag geschuldete Tätigkeit ab, nicht auf eine davon unabhängig tatsächliche; spätere tatsächliche Änderung kann Indiz für konkludente Vertragsänderung sein, Staub/Emde Rn. 23. Begleitung der ausländischen Kunden durch HV an Stammsitz reicht hierfür nicht aus, OLG München RIW 2002, 321. Praktisch wird I vor allem für die freie Ausschliessbarkeit des **Ausgleichsanspruchs** nach § 89b. I lässt den Ausschluss auch dann zu, wenn der HV nach dem ohne die Wahl des deutschen Rechts anwendbaren **Drittlandrecht** einen solchen Ausgleichsanspruch zwingend hätte, OLG München RIW 2002, 319; 2003, 302; Eberl RIW 11/2002, 305; Emde EWiR 2002, 485; Bälz NJW 2003, 1559; Oetker/Busche Rn. 7; aA KKRD/Roth Rn. 4: da Sonderanknüpfung des ausländischen Ausgleichsanspruchs durch Art. 9 III Rom I-VO gesperrt ist, teleologische Reduktion des I, aber auch → Rn. 10, 12 (Ingmar). Ausschluss ist auch durch AGB möglich, OLG München RIW 2002, 319; 2003, 302; aA Hepting/Detzer RIW 1989, 340, Grund: **(5)** BGB § 307 II Nr. 1 mit § 92c. Wäre jedoch objektiv das Recht eines **Mitgliedstaates** anwendbar, weil HV seine Niederlassung in EU/EWR hat (→ Rn. 2), und sieht auch das Recht am Tätigkeitsort einen Ausgleich vor, ist der Ausschluss von § 89b mit Art. 17–19 EU-RL nicht vereinbar, da ein Unionsbezug besteht und die sachliche Rechtfertigung für I (Anpassung des Vertrages an lokale Standards außerhalb von EU/EWR, → Rn. 1) nicht trägt (teleologische Reduktion von I kraft richtlinienkonformer Auslegung).

7 **C. Ausländischer Handelsvertreter eines ausländischen Unternehmers:** Kommt ein Vertrag zwischen ausländischem Unternehmer und ausländischem Handelsvertreter in der BRD vor Gericht (zB bei passiver Streitgenossenschaft mit inländischem Beklagten gemäß Art. 6 Nr. 1 EuGVO oder, sofern nach Art. 3 II EuGVO zulässig, bei Klage im Gerichtsstand des Vermögens, § 23 ZPO), so gilt erst recht idR **ausländisches Recht**, ohne Sonderanknüpfung deutscher zwingender Vorschriften (zur Sonderanknüpfung des Ausgleichsanspruchs nach Art. 17–19 EU-RL → Rn. 10). Ist auf den Vertrag ganz ausnahmsweise (zB kraft nachträglicher Rechtswahl im Prozess) doch deutsches Recht anzuwenden, gelten §§ 84 ff. unter den Voraussetzungen des § 92c I nur nachgiebig.

3) Inländische Handelsvertreter eines ausländischen Unternehmers

8 **A. Geltung des deutschen Rechts:** Mangels mindestens stillschweigender Rechtswahl (→ Rn. 1), Bsp. OLG Düsseldorf 28.3.2003, HVR Nr. 1081, gilt für den Vertrag eines ausländischen Unternehmers mit einem inländischen HV idR deutsches Recht, weil er überwiegend im Inland, also von der inländischen Niederlassung aus (→ Rn. 2), erfüllt wird, vgl. BGHZ 53, 332; OLG Düsseldorf 28.3.2003, HVR Nr. 1081. Dann gelten §§ 84 ff. ohne Sonderregelung. § 92c I ist nicht einschlägig, außer wenn der HV seine Vertragstätigkeit für den Unternehmer nur außerhalb der EU (EWR) auszuüben hat (→ Rn. 6), uU gilt § 92c II

7. Abschnitt. Handelsvertreter 9–10a § 92c

(→ Rn. 13). Zum **IPR des HVVertrags** Staub/Emde Rn. 44 ff., deutsches IPR, EGBGB, Staub/Emde Rn. 104 ff.; EBJS/Kindler Anh. § 92c. Checkliste für Vertragsgestaltung, Heinicke ZVertriebsR 2013, 282; Benecke/Henneberger ZVertriebsR 2014, 370 (Vorteile der deutschen Rechtswahl).

B. **Geltung ausländischen Rechts:** Der Vertrag kann kraft Vereinbarung der 9 Parteien, ausnahmsweise auch sonst unter ausländischem Recht stehen. Letzteres ist etwa der Fall, wenn die Leistung des inländischen HV nach dem Vertrag nicht von seiner inländischen Hauptniederlassung, sondern zur Gänze von seiner ausländischen Niederlassung zu erbringen ist (→ Rn. 2). Bsp.: Der deutsche HV eines amerikanischen Unternehmers soll in Russland tätig werden, und zwar von seiner Zweigniederlassung in St. Petersburg aus.
Grenzen: Der auf Art. 17–19 EU-RL beruhende **Ausgleichsanspruch** des 10 HV nach § 89b hat **international zwingenden** Charakter; zu zwingenden Vorschriften als Grenze der Privatautonomie (Art. 9 Rom-I VO Eingriffsnormen, Art. 21 Rom I-VO ordre public) für HV Reithmann/Martiny/Fabig Rn. 23.175. Der Ausgleichsanspruch kommt daher auch gegenüber einem von den Parteien vereinbarten Recht eines Drittstaates (etwa dem Recht am Sitz des Unternehmers in Kalifornien) zur Geltung, wenn der HV **in der BRD tätig** wird. Dies folgt aus den der EU-RL zugrundeliegenden Zielsetzungen, gleiche Wettbewerbsbedingungen für die auf dem Binnenmarkt tätigen Unternehmer zu schaffen sowie einen Mindeststandard des Schutzes für die in der EU tätigen HV zu gewährleisten, **EuGH** NJW 2001, 2007 – Ingmar; zust. Jayme IPRax 2001, 190; Kindler BB 2001, 11; Reich EuZW 2001, 51; Staudinger NJW 2001, 1974; krit. Freitag/Leible RIW 2001, 287; Michaels/Kamann EWS 2001, 301; Roth CML Rev 39 (2002), 378; Schwarz ZVglRWiss 101 (2002), 45; Rühl IPRax 2007, 302. Vereinbart ein in der EU (EWR), aber **nicht (oder nicht nur) in der BRD** tätiger HV mit seinem Prinzipal die Geltung des Rechts eines Drittstaates, ist der Ausgleichsanspruch nach Art. 17–19 EU-RL in der Ausgestaltung gesondert anzuknüpfen, die er in demjenigen Recht erfahren hat, mit dem der Sachverhalt die **engsten Verbindungen** aufweist, Freitag/Leible RIW 2001, 293, idR ist also das Recht am Ort der Niederlassung des HV anwendbar, Michaels/Kamann EWS 2001, 310. Für diese Sonderanknüpfung besteht indes kein Bedürfnis, wenn das drittstaatliche Recht für den HV eine **günstigere** Regelung als die EU-RL vorsieht, Michaels/Kamann EWS 2001, 310; Staudinger NJW 2001, 1976; Günstigkeitsvergleich nach Klagebegehren, str. Vereinbart schließlich ein **im Inland** tätiger HV mit einem Unternehmer die Geltung des Rechts eines anderen Mitgliedstaates, kommt da die EU-RL nur einen **Mindestschutz** garantiert, grundsätzlich nur die jeweilige ausländische Umsetzungsnorm zu Art. 17–19 EU-RL zur Anwendung, ist diese jedoch für den HV ungünstiger als die zwingende inländische Schutznorm, kann diese unter engen Voraussetzungen anwendbar sein, EuGH 17.10.2013, HVR 1394 – Unamar; Graefe/Giesa ZVertriebsR 2014, 29; Magnus IHR 2018, 56; krit. Rühl Common Market Law Review 53 (2016), 209; aA Michaels/Kamann EWS 2001, 310. Lit.: Staub/Emde Rn. 68 ff., 70 ff. (EuGH Ingmar); Teichmann/Wauschkuhn ZVertriebsR 2012, 274.
Nach der hM sollen die Ingmar-Grundsätze ferner dazu führen, dass Gerichts- 10a standsvereinbarungen (→ Rn. 12) zugunsten der Gerichte eines Drittstaates unzulässig seien, weil nicht sichergestellt sei, dass das ausländische Gericht den Ausgleichsanspruch als **Eingriffsnorm** beachte, so OLG München WM 2006, 1556; OLG Stuttgart IHR 2012, 163; bestätigend BGH 5.9.2012, HVR Nr. 1362 = BB 2012, 3103 m. krit. Anm. Ayad/Schnell und Antomo IHR 2013, 225; öOGH ZVertriebsR 2017, 397; krit. Basedow FS Magnus, 2014, 337: nur bei missbräuchlicher Umgehung). Aufgrund der Überführung des Europäischen Schuldvertragsübereinkommens von 1980 (EVÜ; Art. 27 ff. EGBGB aF) in die

§ 92c 11, 12

Rom I-VO war streitig geworden, ob an der Ingmar-Rechtsprechung des EuGH unverändert festgehalten werden könne (näher MüKoBGB/v. Hein EGBGB Art. 3 Rn. 84 ff. mwN). Art. 9 I Rom I-VO enthält eine restriktive Legaldefinition des Begriffs der Eingriffsnorm, die daran zweifeln lässt, ob der Ausgleichsanspruch darunter fällt; zu Art. 9 I Rom I-VO Staub/Emde Rn. 93, 96. Außerdem sieht Art. 3 IV Rom I-VO – anders als noch das EVÜ ausdrücklich eine Bestimmung zur Durchsetzung einfach zwingenden Unionsrechts in reinen Binnenmarktsachverhalten vor, Staub/Emde Rn. 68 f., was systematisch gegen eine Subsumtion des Ausgleichsanspruchs unter Art. 9 I Rom I-VO spricht, MüKoBGB/v. Hein EGBGB Art. 3 Rn. 85. Der EuGH hält aber in nunmehr ständiger Rechtsprechung an der Einstufung des § 89b als Eingriffsnorm fest, EuGH EuZW 2013, 956; ZVertriebsR 2017, 182 mAnm.Rohrßen; dem folgend A. Staudinger in Ferrari ua, IntVertragsR, 3. Aufl. 2018, Rom I-VO Art. 9 Rn. 16; Semler ZVertriebsR 2016, 139; Magnus IHR 2018, 69; Dostal IHR 2018, 952; iErg auch W-H Roth FS Spellenberg, 2010, 309, dieser allerdings nicht über Art. 9, sondern über Art. 23 Rom I-VO. Dies soll nach der Rechtsprechung auch im Falle einer **überschießenden Umsetzung** der HV-RL gelten, zB beim Vertragshändlervertrag oder bei Seeverkehrsdiensten, EuGH EuZW 2013, 956; BGH NJW 2016, 1885; öOGH ZVertriebsR 2017, 397. In derartigen Fällen droht jedoch keine Wettbewerbsverzerrung im Binnenmarkt, aus welcher der EuGH ursprünglich den Eingriffsnormencharakter der Art. 17, 18 HV-RL abgeleitet hatte, krit. daher Kühne FS Wegen, 2015, 451 (458); Staudinger/Magnus, 2016, Rom I-VO Art. 9 Rn. 43. Der Ausgleichsanspruch ist auch nach dem EuGH abdingbar, wenn der Handelsvertreter in einem Drittstaat ansässig ist und seine Tätigkeit außerhalb der EU bzw. des EWR ausübt, EuGH ZVertriebsR 2017, 182. Lit.: v. Hein in Jung, Private Durchsetzung von öffentlichem Wirtschaftsrecht, 2018, 38 ff.

11 **Vertragshändler** (→ Rn. 2) haben den Ausgleichsanspruch aus § 89b zwar nur kraft Analogie deutschen Rechtes (→ § 84 Rn. 12), aber eine gespaltene Auslegung ist nach BGH zu vermeiden (→ § 84 Rn. 3) und die Gleichstellung folgt auch aus der Gesetzesgeschichte, BGH NJW 2016, 1805 m. zust. Anm. Thume IHR 2016; 120; Staub/Emde Rn. 14 ff.; Magnus IHR 2018, 56; anders noch Thume BB 2011, 1800 (auch rvgl); krit. Anm. Kindler NJW 2016, 1855; Ströbl BB 2016, 848; differenzierend zwischen EU-In- und -Ausland Hagemeister RIW 2006, 502, für auch nachträglich mögliche anderweitige Rechtswahl (Art. 3 II Rom I-VO) Kindler NJW 2016, 1857; Eingriffsnorm mit Konsequenzen für Schiedsgerichte, Peschke ZVertriebsR 2016, 150. Lit.: Teichmann/Wauschkuhn ZVertriebsR 2012, 274; Thume IHR 2015, 52; Fabig IHR 2019, 1.

12 C. **Gerichtsstand, Schiedsvereinbarung:** Nach Art. 5 Nr. 1 lit. b **EuGVVO bzw. Brüssel Ia-VO** (→ Einl. vor § 1 Rn. 87) ist mangels vertraglicher Bestimmung der Ort der tatsächlichen Erfüllung durch den Handelsvertreter, sonst sein Wohnsitz maßgeblich, EuGH NJW 2010, 1189 mAnm. Rauscher NJW 2010, 2251; Leible EuZW 2010, 3. 380; ferner OLG Köln IHR 2007, 200; OLG Koblenz OLGR 2008, 596; OLG Oldenburg NJW-RR 2014, 814; Emde RIW 2003, 505; für § 29 ZPO (Erfüllungsort) → Rn. 2. Nach § 38 I ZPO keine Prorogation, wenn HV NichtKfm ist (§ 89 IV, → § 84 Rn. 33). Die Wirksamkeit der Vereinbarung des ausschließlichen Gerichtsstands (→ vor § 1 Rn. 86 f.) im Ausland bestimmt sich im Übrigen nach allgemeinem internationalen Zivilprozessrecht (Art. 23 EuGVVO, → Einl. vor § 1 Rn. 87, oder §§ 38–40 ZPO), OLG Hamburg NJW 2004, 3126; vgl. BGH NJW 1988, 966, str. Gerichtsstandsvereinbarung nach Art. 25 EuGVVO, in AGB, Dostal EuZW 2018, 945. Ob der Gerichtsstandsvereinbarung entgegensteht, dass die Anwendung ausländischen Rechts vereinbart ist und dieses bei Vertragsende keinen

Ausgleich entspr. § 89b gewährt, so die Rspr. (→ Rn. 10a), auch öOGH ZVertriebsR 2017, 397 mAnm.Moritz, ist zweifelhaft (→ Rn. 10a). Für unselbstständige HV ist ohnehin EU-Recht zu beachten, OLG Hamburg NJW 2004, 3126; Kindler RIW 1990, 364. Schiedsvereinbarung ist zulässig auch in Bezug auf den Ausgleichsanspruch, Zöller/Geimer, ZPO, 29. Aufl. 2012, § 1030 Rn. 8; eine solche Klausel wird auch in manchen Ländern anerkannt, die eine Gerichtsstandsklausel nicht zulassen. Lit.: Kropholler/von Hein, 9. Aufl., Art. 23 EuGVVO; Küstner/Thume/Thume, Bd. 3, VIII Kap. 2; EBJS/Kindler Anh. § 92c Rn. 26; Risse/Spehl ZVertriebsR 2012, 151 (internationale Schiedsverfahren); von Hein RIW 2013, 97 (zu EuGVVO nF); Emde RIW 2016, 104 (Vertriebsrecht, international); Magnus IHR 2018, 56; Dostal EuZW 2018, 944 (983) (internationale Zuständigkeit bei grenzüberschreitenden Vertriebsverträgen).

4) Schifffahrtsvertreter (II)

Volle Vertragsfreiheit, dh Abdingbarkeit auch zwingenden Rechts aus §§ 84 ff., wie nach I räumt II auch bestimmten anderen HV ein. Dies betrifft Schifffahrtsvertreter, dh HV mit Vermittlungsauftrag für die Befrachtung, Abfertigung oder Ausrüstung von Schiffen oder die Buchung von Schiffspassagen. Nicht nur See-, sondern auch Binnenschifffahrt fällt unter II, OLG Köln OLGZ 1966, 533. II ist auf Agenten mit entspr. Verträgen für andere Verkehrsmittel, zB Luftverkehr, nicht analog anwendbar, hL, str. Lit.: Belgard DB 1966, 1640; Puttfarken, Seehandelsrecht, 1997, Rn. 586; Rabe/Bahnsen, Seehandelsrecht, 5. Aufl. 2018, Anh. § 476. **13**

Achter Abschnitt. Handelsmakler

Überblick vor § 93

Schrifttum zum Maklerrecht

Außer dem allgemeinen Schrifttum (s. Einl vor § 1) *Dehner* 2001. – *D. Fischer,* 6. Aufl 2021. – *Hamm/Schwerdtner,* 7. Aufl 2016. – *Würdinger* JZ 2009, 349 (Provisionsrecht).

Muster: *Hopt/Merkt/Graf von Westphalen,* Vertrags- und Formularbuch zum Hdl-, Ges- und Bankrecht, 5. Aufl 2022, Teil I. H (Kreditvermittlungsvertrag mit Verbrauchern).

RsprÜbersichten: *Zopfs* 2000; *Dehner,* NJW 1991, 3254; 1993, 3236; 1997, 18; 2000, 1986; 2002, 3747; *Fischer* NJW 2007, 183, 3107; 2009, 3210; 2011, 3277; 2012, 3283; 2013, 3410; 2014, 3281; 2015, 3278; 2016, 3281; 2017, 3278; 2018, 1145, 3287; 2019, 1183, 3277; 2020, 1268, 3289; 2021, 1202; 2022, 1212; *Fischer* WM 2020, Sonderbeilage 2.

[Begriff]

93 (1) **Wer gewerbsmäßig für andere Personen, ohne von ihnen auf Grund eines Vertragsverhältnisses ständig damit betraut zu sein, die Vermittlung von Verträgen über Anschaffung oder Veräußerung von Waren oder Wertpapieren, über Versicherungen, Güterbeförderungen, Schiffsmiete oder sonstige Gegenstände des Handelsverkehrs übernimmt, hat die Rechte und Pflichten eines Handelsmaklers.**

(2) **Auf die Vermittlung anderer als der bezeichneten Geschäfte, insbesondere auf die Vermittlung von Geschäften über unbewegliche Sachen, finden, auch wenn die Vermittlung durch einen Handelsmakler erfolgt, die Vorschriften dieses Abschnitts keine Anwendung.**

§ 93   1. Buch. Handelsstand

(3) **Die Vorschriften dieses Abschnittes finden auch Anwendung, wenn das Unternehmen des Handelsmaklers nach Art oder Umfang einen in kaufmännischer Weise eingerichteten Geschäftsbetrieb nicht erfordert.**

Übersicht

	Rn
1) Zivilmakler, BGB- und anderes Maklerrecht, verwandte Verträge, Reform	1–11
A. Zivilmakler	1, 2
B. Maklergesetz, Wohnungsvermittlung, Darlehensvermittlung, Anlagevermittlung von Finanzinstrumenten, Geldmakler	3–7
C. Verwandte Verträge	8–11
2) Handelsmakler (I–III)	12–15
A. Verträge über Gegenstände des Handelsverkehrs (I, II)	12
B. Vermittlung, nicht nur Nachweis	13
C. Fehlen einer Dauerbeauftragung	14
D. Erstreckung auf Kleingewerbetreibende (I, III)	15
3) Vertragsschluss, Wirksamkeit, Ende des Maklervertrags, Zusammenarbeit mehrerer Makler	16–22
A. Vertragsschluss	16
B. Wirksamkeit	17
C. Ende	18
D. Zusammenwirken mehrerer Makler	19–22
4) Pflichten des Maklers	23–36
A. Keine Tätigkeitspflicht, kein Erfolgsversprechen	23
B. Interessenwahrungs- und Treuepflicht	24–31
C. Doppeltätigkeit	32, 33
D. Einschaltung weiterer Makler	34
E. Sonstige Rechtspflichten	35
F. Rechtsfolgen bei Pflichtverletzung	36
5) Pflichten des Auftraggebers	37–39
A. Hauptpflicht	37, 38
B. Nebenpflichten	39
6) Voraussetzungen des Provisionsanspruchs: Absprachegemäßes Zustandebringen des gewünschten Vertrags mit Dritten	40–52
A. Tätigwerden des Maklers in Kenntnis des Auftraggebers	40
B. Gewünschter Vertrag	41
C. Wirksamer Vertrag	42–45
D. Vertrag mit Dritten (kein Selbsteintritt)	46–49
E. (Mit-)Ursächlichkeit	50, 51
F. Keine Verwirkung	52
7) Schuldner, Höhe, Fälligkeit des Provisionsanspruchs	53–58
A. Schuldner	53, 54
B. Höhe	55
C. Fälligkeit	56
D. Verjährung	57
E. Insolvenz	58
8) Alleinauftrag	59–63
A. Begriff und Funktion	59
B. Vertragsschluss, Wirksamkeit, Ende des Alleinauftrags	60
C. Pflichten des Maklers	61
D. Pflichten des Auftraggebers	62
E. Provisionsanspruch	63
9) Typische Maklervertragsklauseln, Grenzen für Allgemeine Geschäftsbedingungen	64–66
A. Einzelvereinbarung	64
B. Allgemeine Geschäftsbedingungen	65
C. Typische Klauseln	66
10) Internationales Maklerrecht	67

8. Abschnitt. Handelsmakler 1–4 § 93

1) Zivilmakler, BGB- und anderes Maklerrecht, verwandte Verträge, Reform

A. **Zivilmakler.** Der Zivilmakler (natürliche oder juristische Person, auch 1 OHG, KG), genauer der Maklervertrag (Rechtsnatur → Rn. 23), ist in §§ 652–656d BGB geregelt. Diese Regelung wurde seit der Schuldrechtsmodernisierung um Regeln zur Darlehensvermittlung sowie zur Vermittlung von Kaufverträgen über Wohnungen und Einfamilienhäuser ergänzt. Daneben bleibt das Maklerrecht mit einer umfangreichen Kasuistik eine Domäne der Rechtsprechung. Der Zivilmakler **unterscheidet sich vom Handelsmakler** vor allem **nach der Art der Vertragsgegenstände**, die beim HdlMakler solche des HdlVerkehrs sein müssen (→ Rn. 12); Zivilmakler sind vor allem die Grundstücksmakler, Darlehensvermittler und Ehevermittler. Nur Zivilmakler sind ferner Nachweismakler (→ Rn. 13) und Gelegenheitsmakler ohne gewerbliche Tätigkeit (→ Rn. 15). Der **Zivilmakler kann Kaufmann sein** (Ist-Kfm. nach § 1 II, sonst Kfm. nur mit Eintragung §§ 2 ff.; betr. Ehevermittler → § 1 Rn. 21). Dann gelten für ihn zwar nicht §§ 93 ff., aber das gesamte übrige HdlRecht wie für Kflte sonst, zB auch Provisionsanspruch nach § 354, Heße NJW 2002, 1835 (vgl. aber → Rn. 38).

Für den HdlMakler sind neben §§ 93 ff. (sofern nicht § 93 II eingreift, 2 → Rn. 12) und dem übrigen HGB (→ Rn. 15) aus dem BGB ergänzend anwendbar §§ 652 ff. BGB betr. Lohnanspruch und Verwirkung; ergänzend ferner §§ 662 ff. BGB (Auftrag), zB § 663 BGB (Anzeigepflicht bei Ablehnung), § 665 BGB (Abweichung von Weisungen). Die Unterscheidung von Zivil- und HdlMakler im Gesetz sieht Fischer, Maklerrecht, 2. Aufl. 2013, Rn. 8 als überholt an. Bes. Schutzvorschriften in den §§ 94 ff., insbes. der Courtageteilung als Rückfallregel (§ 99), rechtfertigen die ergänzende Regelung, wie bei den Handlungsgehilfen (§§ 59 ff.) wird HGB von der Rspr. zum Maklerrecht nicht mehr immer hinreichend beachtet.

B. **Maklergesetz, Wohnungsvermittlung, Darlehensvermittlung, Anla- 3 gevermittlung von Finanzinstrumenten, Geldmakler. a)** Für gewerbliche Makler besteht Zulassungspflicht nach **§ 34c GewO,** eingefügt durch G 16.8.1972 BGBl. I 1465 (sog. **Maklergesetz**). Gewisse öffentlichrechtliche, teils auch privatrechtliche Berufspflichten für Grundstücksmakler, Darlehens- und Vermögensanlagevermittler, Bauträger und Baubetreuer, zT unmittelbar betr. Makler-Auftraggeber-Verhältnis, insbesondere zum Schutz von Vermögenswerten des Auftraggebers, sind näher geregelt in der **Makler- und BauträgerVO (MaBV)** idF 7.11.1990 BGBl. I 2479 mÄnd, viele Streitfragen zur MaBV-Bürgschaft. Näher BGHZ 146, 250; 151, 147; 160, 277; 162, 378; 172, 63; BGH NJW 2007, 1360; 2007, 1946; 2008, 1729; 2009, 673; 2010, 1284; ZIP 2011, 335; Marcks, MaBV, 10. Aufl. 2019; Grziwotz, 3. Aufl. 2017; Fischer WM 2003, 1 (MaBV-Bürgschaft); Weber/Kesselring NJW 2004, 3473 (MaBV-Bürgschaft). **Notare** dürfen keine Grundstücksgeschäfte vermitteln (§ 14 IV 1 BNotO), das gilt nur für mit ihnen zu gemeinsamer Berufsausübung verbundene Rechtsanwälte, BGHZ 147, 39. **Steuerberater** und **Rechtsanwälte** dürfen wegen der Gefahr von Interessenkollisionen das Maklergewerbe nicht betreiben, BGHZ 78, 263; BGH BB 1976, 1102; NJW 2000, 3068; 2004, 212, aber als Gelegenheitsmakler, zB bei Finanzierungsvermittlung, tätig werden. Die unter Verstoß gegen diese Unvereinbarkeit oder trotz fehlender Gewerbeerlaubnis nach § 34c GewO abgeschlossenen Maklerverträge sind nicht nichtig, BGHZ 78, 269; 147, 44; anders, wenn Steuerberater für Veranlassung seiner Mandanten zu Vermögensanlage geheime Maklerprovision erhalten soll (→ § 347 Rn. 30), BGHZ 95, 85.

b) Wohnungsvermittlung in Form des Nachweises oder der Vermittlung 4 von **Mietverträgen** ist in vielen wichtigen Maklerrechtsfragen besonders geregelt durch G 4.11.1971 BGBl. I 1747, abgedruckt und erläutert in den Komm. zu

§ 93　5, 6

§ 652 BGB, dazu BGHZ 135, 269. §§ 6 I, 7 WoVermRG verbieten (gewerbsmäßige) Vermittlung ohne Vermieterauftrag, bei Bußgeld (§ 8 WoVermRG); Verstoß macht den Maklervertrag nicht nichtig nach § 134 BGB, BGHZ 152, 10. Begrenzung der Provision, seit Juni 2015 Entgelt durch Wohnungssuchenden nur wenn Auftrag ausschließlich von diesem, § 2 Ia, V WoVermRG, dies billigend BVerfG NJW-RR 2016, 1349. Zur Maklertätigkeit des WE-Verwalters bei enger wirtschaftl. Verflechtung BGH NJW 2003, 1249. Die Vermittlung von Kaufverträgen über Wohnungen und Einfamilienhäuser regelt das G v. 12.6.2020 in den §§ 656a ff. BGB. Danach bedarf der Maklervertrag der Textform, § 656a BGB. Ist der Käufer ein Verbraucher, kann ein Lohnanspruch bei Tätigkeit für beide Parteien nur in gleicher Höhe vereinbart werden, entsprechendes gilt für die Übernahme von Maklerkosten, §§ 656b ff. BGB, dazu Fischer NJW 2020, 3289, 3553.

5　**c) Darlehensvermittlung** spielt in der Praxis eine wichtige Rolle, vor allem für Banken (→ **(7)** Bankgeschäfte Rn. G34 ff., zu sittenwidrigen Darlehenszinsen und -konditionen → **(7)** Bankgeschäfte Rn. G/6–10c). Regelung für Vermittlung und Nachweis von Verbraucherdarlehensverträgen in §§ 655a–e BGB (seit SMG, zuvor VerbrKrG → **(7)** Bankgeschäfte Rn. G38). Der **Darlehensvermittlungsvertrag** zwischen einem Unternehmer und einem Verbraucher ist ein eigener Vertragstyp (**§ 655a BGB** iVm §§ 491 ff. BGB). Reichweite mit Ausnahmen (§§ 655a I 2 iVm 491 II BGB, § 491 III BGB ist in § 655a I 2 BGB nicht erwähnt und spielt für den Darlehensvermittlungsvertrag als solchen keine Rolle). Existenzgründer gelten als Verbraucher (§ 655e II BGB). Erfasst ist bei nach dem 11.6.2010 abgeschlossenen Verträgen (VerbrKrRiUmsetzG 2009) auch die Vermittlung von entgeltlichen Zahlungsaufschüben und sonstigen Finanzierungshilfen wie Finanzierungsleasingverträge und Teilzahlungsgeschäfte (§§ 506 ff. BGB), nicht dagegen die Vermittlung von Sachdarlehen (§ 607 BGB), nach aA Analogie. Besondere Vorschriften über Schriftform (§ 655b BGB, dabei Trennung der Verträge, Schriftform auch für Vollmacht entspr. § 492 IV BGB, sehr str., Habersack/Schürnbrand WM 2003, 263), Vergütung (§ 655c BGB, → Rn. 45) und Nebenentgelte (§ 655d BGB), Unabdingbarkeit und Umgehungsverbot (§ 655e I BGB). Entgeltliche Darlehensvermittlung im Reisegewerbe ist unzulässig (§ 56 I Nr. 6 GewO, früher auch Abschluss von Darlehensgeschäften, → **(7)** Bankgeschäfte Rn. G/9), für Nichtigkeitsfolge nach § 134 BGB BGH NJW 1999, 724, aA seit SMG Habersack/Schürnbrand WM 2003, 264. Der Darlehensvermittler ist idR HdlMakler (sonstige Gegenstände des HdlVerkehrs, → Rn. 12). Bei ständiger Betrauung mit der Darlehensvermittlung kann der Bankrepräsentant HV sein (→ § 84 Rn. 26). Lit.: Bülow/Artz, Verbraucherkreditrecht, 10. Aufl. 2019, und sonstige Komm. zu §§ 655 ff. BGB, Habersack/Schürnbrand WM 2003, 261. **Muster:** Hopt/Merkt VertrFormB/Graf von Westphalen, Form I. H.1 (Kreditvermittlungsvertrag mit Verbrauchern).

6　**Anlagevermittlung von Finanzinstrumenten** (Abschluss in mittelbarer Stellvertretung oder bloßer Nachweis) und **Abschlussvermittlung** bei solchen (Abschluss in offener Stellvertretung), beides bankaufsichtsrechtliche Begriffe, sind Finanzdienstleistungen (§ 1 I a 2 Nr. 1, 2 KWG, Text → **(7)** Bankgeschäfte Rn. A4). **Drittstaateneinlagenvermittlung** ist die Vermittlung von Einlagengeschäften mit Unternehmen mit Sitz außerhalb des Europäischen Wirtschaftsraums (Finanzdienstleistung § 1 I a 2 Nr. 5 KWG, Text → **(7)** Bankgeschäfte Rn. A4). Finanzdienstleistungsinstitute (§ 1 I a 1 KWG) unterliegen der Aufsicht der BaFin. **Geldmaklergeschäfte** iSv KWG sind weder Bankgeschäft nach § 1 I 2 KWG noch Finanzdienstleistung nach § 1 I a 2 KWG, vielmehr sind Unternehmen, deren Haupttätigkeit darin besteht, Darlehen zwischen Kreditinstituten zu vermitteln, bloße Finanzunternehmen, falls sie nicht bereits Institute iSd KWG sind (§ 1 III 1 Nr. 8 KWG, Text → **(7)** Bankgeschäfte Rn. A4).

8. Abschnitt. Handelsmakler 7–9 § 93

d) Versicherungs- und Bausparkassenvermittler können als Makler (vgl. 7
§ 104 S. 2), Bspe BGH NJW 1986, 1036; NJW-RR 2000, 316; WM 2005,
1477; NJW 2018, 1160; OLG Frankfurt a. M. VersR 1995, 92; OLG Hamm
VersR 1995, 658; OLG Düsseldorf VersR 2000, 54, **oder als Versicherungs-
oder Bausparkassenvertreter** (§ 92) auftreten (für Versicherungsmittler ausdrücklich §§ 42a I aF, 59 I nF VVG), Bspe BGHZ 94, 359, NJW 1988, 60, OLG
Hamm VersR 2010, 388 (Pseudomakler), mit unterschiedlichen Rechtsfolgen.
Gemischte Tätigkeit als Vertreter und Makler soll gewerberechtlich unzulässig
sein mit Konsequenzen, Böckmann/Ostendorf VersR 2009, 154, str. Wer als
Versicherungsvertreter (→ § 92 Rn. 1 und → Rn. 3 zur Vertretungsmacht) auftritt, ist nicht Makler, OLG Hamm VersR 1995, 167. Der Versicherungsmakler
wird idR vom Versicherungsnehmer beauftragt, erhält aber idR (nicht zwingend)
Provision (Courtage, → Rn. 55) vom Versicherer (Courtage-Abkommen,
Provisionsteilungsabrede, → § 99 Rn. 3). § 87a III gilt nicht analog, aber uU
§ 242 BGB bzw. Vertragsauslegung, OLG Frankfurt a. M. VersR 1999, 439, auch
schon BGHZ 2, 283 (zu § 88 aF), aA OLG Hamm NJW-RR 1997, 1483; OLG
Saarbrücken OLGR 1997, 335, offen, aber iErg wie nach § 242 BGB BGH WM
2011, 472. Besondere Mitteilungs- und Beratungspflichten der Versicherungsvermittler (einerlei ob Versicherungsvertreter oder -makler) nach §§ 42a ff. aF,
60 ff. nF VVG und Rspr. (→ Rn. 28). Der Versicherungsmakler hat wesentlich
weitere Pflichten als der Zivil- oder Handelsmakler, Fischer NJW 2009, 3215,
Röhricht/Röhricht/Mock. Er ist treuhänderischer Sachwalter, BGHZ 94, 359,
und schuldet als solcher idR auch Hilfestellung bei der Regulierung des Schadens
und einer sachgerechten Schadensanzeige, BGHZ 162, 78; WM 2009, 1753;
NJW 2018, 1161, aber nur zu absehbaren Rechtsänderungen, BGH WM 2009,
1435 (iErg abl.). Versicherungs- und Bausparkassenvermittler unterliegen einzelnen Sondervorschriften, zB Verbot der Provisionsweitergabe bei Lebensversicherung, BGHZ 93, 177. Berufliche Anforderungen an Kenntnisse, Fertigkeiten,
guten Leumund und Berufshaftpflichtversicherung gemäß EU-RL 9.12.2002
über Versicherungsvermittlung ABl. 2003 L 9, 3, Umsetzung in GewO (Vermittlerregister, Konzessionspflicht für Versicherungsvermittler, Legaldefinition
und Provisionsverbot für Versicherungsberater) und VVG durch VersVermG
19.12.2006 BGBl. I 3232, VersVermV 15.5.2007 BGBl. I 733, Reiff WM 2006,
1701 u. VersR 2007, 1717; Emde BB 2008, 2757; Ostendorf VersR 2009, 154;
Schwintowski VersR 2009, 1333 (Honorarberatung). Nach Art. 20 I der neu
gefassten Richtlinie über Versicherungsvertrieb (20.1.2016, ABl. L 26, 19), Umsetzungsgesetz v. 20.7.2017, BGBl. I 2789, ermittelt der Versicherungsvertreiber
die Wünsche und Bedürfnisse des Kunden, angebotene Versicherungsverträge
müssen diesen entsprechen.

C. Verwandte Verträge. a) Auftrag (§§ 662 ff. BGB): Der Beauftragte wird 8
unentgeltlich tätig und hat Anspruch auf Aufwendungsersatz (§ 670 BGB), der
Makler nicht (→ Rn. 40–52, 39).

b) Dienstvertrag (§§ 611 ff. BGB): Der Dienstverpflichtete schuldet Tätig- 9
keit, der Makler nicht (→ Rn. 23). Ist vertraglich Tätigkeitspflicht vereinbart (zB
Bearbeitungspflicht, so beim Alleinauftrag, → Rn. 61; Pflicht betr. Durchführung
des vermittelten Vertrags, BGH WM 1973, 1383) liegt ein **Maklerdienstvertrag**
vor, BGHZ 87, 312 (Eheanbahnungsdienstvertrag). Auf ihn finden, falls schon
diese Tätigkeit auch ohne Erfolgseintritt vergütet werden soll, §§ 611 ff. BGB,
ergänzend Maklerrecht Anwendung; es handelt sich dann um einen gegenseitigen
Vertrag; bleibt es bei der Erfolgsbezogenheit der Maklervergütung, sind §§ 652 ff.
BGB anwendbar, BGH NJW 1988, 968. Beim Ehevermittler (→ § 1 Rn. 21) soll
auch im Falle eines Maklerdienstvertrags § 656 BGB entspr. gelten, BGHZ 87,
309, aA Gilles NJW 1983, 2819. Dienstvertrag, uU Schuldversprechen liegt vor,
wenn Bearbeitungsgebühr für eine Tätigkeit für den Erwerb einer Eigentums-

wohnung unabhängig von Nachweis oder Vermittlung versprochen wird; zur Auslegung BGH BB 1978, 1089; AGB → Rn. 64–66. Provisionsversprechen unabhängig von Vermittlung (zB trotz Selbsteintritt oder wirtschaftlicher Verflechtung) ist aber auch beim Maklervertrag möglich (→ Rn. 46–49), allerdings nicht durch AGB (→ Rn. 66). **Anwaltsdienstvertrag** liegt vor, wenn nicht unwesentlich Rechtsbeistand geschuldet ist, einerlei ob daneben Vermittlungstätigkeit entfaltet werden soll, BGH WM 1977, 552; Maklervertrag liegt vor, wenn es nicht um rechtlichen Beistand geht, OLG Hamm NJW-RR 1995, 951. Verbot gewerblicher Maklertätigkeit für Rechtsanwalt → Rn. 3.

10 c) **Werkvertrag** (§§ 631 ff. BGB): Der Unternehmer schuldet den Erfolg, der Makler nicht (→ Rn. 23). Ist ausnahmsweise Erfolg versprochen, liegt ein **Maklerwerkvertrag** vor, zB für Versicherungsmakler BGH WM 1971, 966, auf den teils Werkvertrags-, teils Maklerrecht Anwendung finden, BGH NJW 1988, 969. Der Auftraggeber bleibt aber auch hier frei, ob er den Vertrag mit dem Dritten abschließen will (→ Rn. 37–38), BGH NJW 1966, 1405.

11 d) **Handelsvertretervertrag** (§§ 84 ff.): Der HV ist mit der Vermittlung vertraglich ständig betraut, ihn trifft eine Tätigkeitspflicht (→ § 84 Rn. 41); der Makler nicht (→ Rn. 23, auch zu besonderen Gestaltungen wie Alleinauftrag). Zur Abgrenzung BGH NJW 1992, 2818; OLG Düsseldorf BB 2012, 202. Gibt ein Handelsvertreter vor, Handelsmakler zu sein, liegt ein institutionalisierter Interessenkonflikt vor (→ Rn. 47), so dass der Anspruch auf Maklerlohn entfällt, BGH NJW 2012, 1504.

2) Handelsmakler (I–III)

12 A. **Verträge über Gegenstände des Handelsverkehrs (I, II).** Dieses Tatbestandsmerkmal des I steht für die Abgrenzung des HdlMaklers vom Zivilmakler im Vordergrund. I bestimmt, ob jemand HdlMakler ist; auch wenn er das ist, aber II vorliegt, gelten nicht §§ 93 ff., sondern nur HGB im Übrigen (§ 344 I) und BGB (→ Rn. 1). **I** liefert selbst Beispiele: Verträge über Anschaffung oder Veräußerung von **Waren** (bewegliche Sachen, § 1 II Nr. 1 aF) oder **Wertpapieren** (zB Aktien, Schuldverschreibungen, Investmentanteile, auch übertragbare GmbHAnteile), über **Versicherungen, Güterbeförderungen, Schiffsmiete**. **Sonstige Gegenstände** des HdlVerkehrs sind ua: Bankdarlehen und sonstige Bankgeschäfte, auch gegen hypothekarische Sicherheit, RGZ 76, 252, OLG München NJW 1970, 1925; gewerbliche Schutzrechte; Filmaufführungslizenzen, OLG Hamburg BB 1950, 658 Ls.; Werbeverträge; Versteigerungen durch Auktionshaus, OLG München NJW 2015, 81, Leasingverträge (außer Immobilienleasing, s. II); genormte KdtBeteiligung (PublikumsGes, → Anh. § 177a Rn. 52), OLG Frankfurt a. M. WM 1979, 1396, von Grießenbeck BB 1988, 2188, str., offen BGH WM 1984, 668; Software, einerlei ob verkörpert oder nicht, vgl. BGHZ 102, 109; 109, 97, Kort DB 1994, 1505. Unter § 93 fallen demnach auch die **Börsen- und Wertpapiermakler** (Sonderregeln für Kursmakler in **(14)** BörsG §§ 30 ff. aF sind entfallen, nur noch für Skontroführer §§ 27 ff. nF sowie Zulassung zur Börse § 19 I, II Nr. 2 und 3 BörsG nF iVm BörsO) und die **Versicherungsmakler. Nicht:** Grundstücke (ausdrücklich **II**, krit. Krause FS Molitor, 1962, 383); Hypothekengeschäfte; Unternehmen, Unternehmensbeteiligungen wie GmbH-Anteile, hL (aber s. oben PublikumsGes); Dienstverhältnisse (vgl. § 655 BGB); Dienstleistungen mit Ausnahme des Transports (s. oben Güterbeförderung, Schiffsmiete), Röhricht/Röhricht/Mock Rn. 5. Solche anderen Geschäftsvermittlungen als über Gegenstände des HdlVerkehrs fallen auch dann nicht unter §§ 93 ff., wenn sie durch einen HdlMakler (der in der Hauptsache Gegenstände des HdlVerkehrs vermittelt) getätigt werden (ausdrücklich II aE).

Handelsmakler ist auch, wer Verträge mit und sogar zwischen Verbrauchern vermittelt, mit Beispielen Staub/Thiessen Vor § 93 Rn. 10. Unter § 93 fallen kann so etwa die Vermittlung eines Versicherungsvertrages, BGH NJW 2012, 3428.

B. Vermittlung, nicht nur Nachweis. Der HdlMakler hat den Vertragsschluss (Hauptvertrag) zu vermitteln, nicht nur die Gelegenheit dazu nachzuweisen. Die **Nachweistätigkeit** des Nachweismaklers ist erfüllt, wenn der Auftraggeber durch den Makler Kenntnis von der konkreten Vertragsmöglichkeit erhält. Zum Nachweis gehören hinreichend bestimmte Angaben über Objekt und Namhaftmachung des zum Vertragsschluss bereiten Geschäftsgegners, BGHZ 141, 46; 161, 349 (Unternehmenskauf), WM 1987, 23, 1996, 928, NJW-RR 1988, 1398, WM 2005, 1523, NJW 2016, 2318, OLG Frankfurt a. M. NJW-RR 2009, 642 (iErg abl.), generelles Käuferinteresse an einem ähnlichen Objekt (Grundstück) genügt, aber Hinweis auf konkrete Vertragsgelegenheit ist erforderlich BGH WM 2009, 1801. Mangels Namensnennung ist ein späterer Vertragsabschluss ohne weitere Mitwirkung des Maklers nicht provisionspflichtig, BGH NJW-RR 2008, 1281. Ausnahmen von der Namhaftmachung, BGH NJW 2006, 3063; 2016, 2319 (Kunde will zunächst Geeignetheit eines Grundstücks prüfen). Maklerprovision kann auch für bereits erbrachten Nachweis versprochen werden, BGH NJW 1998, 63. **Nicht** genügt zB bloße Übersendung von Interessentenliste (mit 500 Namen), OLG München BB 1973, 1551, eines Exposés, bloße Ermöglichung der Besichtigung, BGH WM 1992, 1884; 2009, 1802; Nachweis ohne Verkäuferangabe, am Abschluss am Makler vorbei kann treuwidrig sein, BGH NJW 1987, 1628. Zur **Vermittlungstätigkeit** (des HdlMaklers) gehört, dass der Makler mit beiden Vertragsparteien in Verbindung tritt und dadurch zum Vertragsschluss beiträgt, BGH DB 1967, 1173, NJW 1976, 1844; 1986, 51, BB 1997, 1552, KG NJW 1968, 1783, OLG Karlsruhe VersR 2003, 592. Zu den möglichen Vermittlungsleistungen der HdlMakler OLG Karlsruhe NJOZ 2005, 2930. Doch kann beides ineinander übergehen, zB wenn HdlMakler zwei zum Geschäft entschlossene Parteien zusammenführt. Der HdlMakler kann bei der Vermittlung entweder nur einer oder auch beiden Seiten (Doppeltätigkeit → Rn. 32–33) dienen. Zustandekommen des Hauptvertrags → Rn. 42–45.

C. Fehlen einer Dauerbeauftragung. Wer auf Grund eines Vertragsverhältnisses ständig mit Vermittlung betraut ist (→ § 84 Rn. 41–44), ist nach I nicht HdlMakler, sondern nach § 84 HV, auch → Rn. 20. Tatsächlich wiederholte, auch laufende Tätigkeit ohne Dauerbeauftragung (sog. **Hausmakler**) fällt unter § 93.

D. Erstreckung auf Kleingewerbetreibende (I, III). I setzt gewerbsmäßige Vermittlung voraus (→ § 1 Rn. 13); Abgrenzung zum Gelegenheitsmakler, zB Baugrundstücke nachweisender Architekt, BGH BB 1970, 558 (zu § 653 BGB), für Bauunternehmer Bilda MDR 1977, 540; Steuerberater und Rechtsanwälte → Rn. 3. Der HdlMakler ist Gewerbetreibender und seit HRefG 1998 nicht mehr stets Kaufmann (so § 1 II Nr. 7 aF), sondern IstKfm nach § 1 II nF, sonst Kfm. nur mit Eintragung §§ 2 ff. (wie Zivilmakler, → Rn. 1). Nach III (neu durch HRefG) bleiben §§ 93 ff. jedoch anwendbar, wenn das Unternehmen des HdlMaklers nach Art oder Umfang einen in kfm. Weise eingerichteten Geschäftsbetrieb nicht erfordert (vgl. § 1 II). Der HldMakler wird nur in gewissen Beziehungen nach Art einer Amtsperson tätig, s. zB §§ 100 ff. (Tagebuch), §§ 373 II 1, 376 III 2 (bei entspr. öffentlicher Ermächtigung; Durchführung von Notverkäufen und Käufen). Für (handelsmaklermäßige, → Rn. 12) Geschäfte der HdlMakler gelten danach (1) §§ 94–104, (2) sofern der HdlMakler Kfm. ist, das allgemeine HdlGeträge) und (3) als Grundlage das Maklerrecht des BGB (→ Rn. 2).

3) Vertragsschluss, Wirksamkeit, Ende des Maklervertrags, Zusammenarbeit mehrerer Makler

16 **A. Vertragsschluss.** Der Maklervertrag kann ausdrücklich oder durch **stillschweigende Erklärung** geschlossen werden. Für letztere genügt aber nicht schon eine unverbindliche Anfrage beim Makler oder jedes Entgegennehmen und Ausnutzen einer Maklerleistung, BGH NJW 1984, 232, NJW-RR 1999, 362, NJW 2017, 1025, oder Gesprächsfortsetzung nach Exposéübergabe, OLG Schleswig NJW 2007, 1982. Notwendig ist vielmehr ein schlüssiges Verhalten des Interessenten, aus dem sein Vertragsabschlusswille eindeutig erkennbar hervorgeht, BGH NJW-RR 1996, 114, WM 2007, 662 (zu Maklerexposé), idR durch ausdrückliches Provisionsverlangen, BGHZ 95, 395, NJW 2000, 283; 2005, 3780, sog. (maklerrechtsspezifische) Unklarheitenregel, Fischer NZM 2002, 480, Übergabe des Exposés eines Dritten enthält kein eigenes Provisionsverlangen des Maklers, BGH NJW 2016, 2317. Kontaktaufnahme nach Internetanzeige des Maklers macht idR noch nicht provisionspflichtig, anders bei klarem Hinweis auf Provisionspflicht, BGH NJW 2012, 2268, OLG Brandenburg NJW-RR 2009, 1145, auch bei Verweis auf entsprechende Internetanzeige, BGH NJW 2017, 2337, widersprüchliche Angaben (Hinweis auf Provision und Provisionsfreiheit) reichen nicht aus, BGH NJW 2017, 1025. Häufigster Fall ist Angebot und Entgegennahme der Maklerdienste in Kenntnis von deren Entgeltlichkeit, etwa Makler bietet dem Interessenten unter Hinweis auf sein Provisionsverlangen ein Grundstück an, dieser lässt sich dessen Lage so beschreiben, dass er dann alles weitere selbst machen kann, BGH BB 1967, 649, WM 1971, 905; 1981, 495, NJW 1984, 232. Makler kann davon ausgehen, dass des Kaufinteressent diesbezügliches Exposé zur Kenntnis nimmt, BGH NJW-RR 2007, 400. Erklärt der Kaufinteressent, keine Provision zahlen zu wollen, steht das einem Vertragsschluss entgegen, BGH NJW-RR 1996, 114, NJW 2002, 817; 2002, 1945, außer bei protestatio facto contraria. Vertragsschluss mit noch nicht existierender Firmengruppe (§ 164 BGB), BGH NJW 1998, 62. Der Maklervertrag kann auch erst nach der Maklerleistung geschlossen werden, OLG Hamburg NJW-RR 2003, 487. Der Kaufinteressent kann mangels anderer Information davon ausgehen, dass der Makler das Objekt vom Verkäufer an die Hand bekommen hat und Provision nur von diesem bekommen soll, BGHZ 95, 393, so bei Bitte um Nachweise aus dem „Maklerbestand", anders bei Erteilung eines eigenen Suchauftrags, BGH NJW 2005, 3779, Fischer NJW 2007, 3108. Jede Unklarheit über einen stillschweigenden Vertragsschluss geht zu Lasten des Maklers, BGH NJW 1984, 232. Viel seltener ist das stillschweigende Zustandekommen eines **Zweitauftrags** (Doppeltätigkeit, → Rn. 32–33). Tritt der Makler gegenüber einem Interessenten als schon von einem Gegeninteressenten beauftragt auf, bedeutet Entgegennahme seiner Dienste durch den Interessenten regelmäßig nicht Maklervertragsabschluss auch mit ihm, BGHZ 95, 395, NJW 1981, 279; das gilt auch, wenn der Interessent sich auf eine Anzeige des Maklers an diesen gewandt hat, BGH DB 1971, 2058; stillschweigender Abschluss eines Zweitauftrags ist nur anzunehmen, wenn der Makler bei einer solchen Kontaktnahme eindeutig zu erkennen gibt, er wolle auch für den zweiten Interessenten tätig sein und ggf. auch von ihm Lohn fordern, BGH NJW 1967, 1365; DB 1971, 1521; 1971, 2058; NJW 2000, 282 (Auslegung des Objektnachweises); NJW 2002, 1945; der Zweite muss sich in solchen Fällen vor Inanspruchnahme der Dienste des Maklers eindeutig gegen Provisionszahlung verwahren, nicht schon durch Vermerk „nach Vereinbarung" zu Provisions(satz)klausel, BGH NJW 2002, 816. Schweigen auf ein kfm. oder berufliches **Bestätigungsschreiben** (→ § 346 Rn. 16–29) kann beim Maklervertrag den Inhalt des Vertrags verändern oder den Vertrag überhaupt erst zustandebringen, OLG Bamberg AIZ 1975, 147, OLG Düsseldorf NJW-RR 1995, 501, str. Anspruch des Maklers aus

Vertrag zu seinen Gunsten (§ 328 I BGB) → Rn. 53. **Verschulden bei Vertragsverhandlungen, Prospekthaftung** → Rn. 27. Sonderregeln gelten für die Vermittlung von Kaufverträgen über Wohnungen und Einfamilienhäuser, ein solcher Maklervertrag bedarf nach § 656a BGB der Textform.

B. **Wirksamkeit.** Der Abschluss des Maklervertrags ist **formfrei.** Formzwang **17** kann **aber** bei Grundstücken aus **§ 311b I BGB** folgen, bei Darlehensvermittlungsvertrag (→ Rn. 5). Auch mittelbarer Zwang durch entsprechende Maklervertragsgestaltung kann zur Formbedürftigkeit nach § 311b I BGB führen; zB erfolgsunabhängige Maklerprovision, Verfall von Kaufpreisanzahlung oder gewichtige Vertragsstrafe (Obergrenze 10–15 % der Maklerprovision) für den Fall, dass der Eigentümer (Erwerber) des Grundstücks nicht verkauft (kauft), BGHZ 76, 46; 103, 235, NJW 1987, 54; 1990, 390 (Anlageberatungsvertrag), str. Heilung des formnichtigen Maklervertrags nach § 311b I 2 BGB für Grundstückskaufvertrag, BGH NJW 1987, 1628. Rechtsfolgen der Nichtigkeit für Provision → Rn. 45. Der Maklervertrag ist nach allgemeinen Regeln **nichtig** (§§ 104 ff., 117, 134, 138, 142 I, 179, 655b I 2 iVm II BGB), zB bei unerlaubter Arbeitsvermittlung (AFG, § 134 BGB), BGH WM 1986, 943; Rechtsberatung → Rn. 3, 29; mangelnde Konzession → Rn. 3–4. Nichtigkeit einzelner AGBKlauseln → Rn. 66. Anfechtung bei Verschweigen einer Doppeltätigkeit → Rn. 32–33. Widerrufsrecht des Verbrauchers bei außerhalb von Geschäftsräumen geschlossenen und Fernabsatzverträgen (§§ 312, 312b, 312c BGB), vor allem bei Darlehensvermittlung (→ Rn. 5), Habersack/Schürnbrand WM 2003, 264, ferner bei Versicherungen, wenn Teilzahlungabrede, BGH NJW 2012, 3428, zum Maklervertrag als Fernabsatzvertrag BGH NJW 2017, 1027.

C. **Ende.** Der Maklervertrag ist idR nicht für bestimmte Dauer geschlossen **18** (anders Allein- oder Festauftrag, → Rn. 60). Er kann einverständlich aufgehoben werden und ist auch von jeder Partei jederzeit frei widerruflich (Kündigung mit Wirkung ex nunc). Selbst der „unwiderrufliche" Auftrag ist nicht schlechthin unwiderruflich (→ Rn. 60). Der Widerruf lässt Lohnanspruch nicht entfallen, wenn die vorherige Tätigkeit für den Abschluss des Hauptvertrags ursächlich geworden ist (→ Rn. 50). Wirkung eines Aufhebungsvertrags auf Lohnanspruch bzw. -voraussetzungen ist Frage der Auslegung, BGH NJW 1983, 1848. Der Maklervertrag endet ferner mit dem Tod des Maklers, BGH NJW 1965, 964; bei Tod des Auftraggebers können die Erben kündigen.

D. **Zusammenwirken mehrerer Makler. a) Untermaklervertrag:** Der **19** Hauptmakler schaltet einen Untermakler zur Durchführung eines oder mehrerer Geschäfte gegen Provisionsbeteiligung ein (partiarisches Rechtsverhältnis, keine Ges.), BGH BB 1966, 1367. Der Untermaklervertrag verpflichtet iZw beide Seiten nicht zum Tätigwerden, lässt andererseits den Untermakler frei, sich auch mit anderen (Haupt)Maklern zu verbinden, BGH BB 1968, 729. In Vertragsbeziehung zum Auftraggeber steht allein der Hauptmakler. Dieser handelt durch Einschaltung des Untermaklers gegenüber seinem Auftraggeber nicht pflichtwidrig, haftet für ihn aber nach § 278 BGB (→ Rn. 34).

b) Zubringergeschäft: Der Zubringermakler schaltet gegen Provisionsbeteiligung oder andere Vergütung einen anderen Makler als Hauptmakler ein, BGH **20** BB 1963, 835; 1968, 729. Bloße Weitergabe des Geschäfts an anderen Makler, weil eigene Erledigung nicht möglich ist, begründet nicht ohne weiteres Zubringergeschäft, sondern kann Gefälligkeit in Erwartung von Gegengefälligkeiten sein. Beteiligungszusage an den Zubringermakler, der dem anderen Makler Alleinauftrag verschafft, verbietet dem Zubringermakler nicht eigene Bemühung um das zweite Maklergeschäft BGH BB 1966, 1367. In Vertragsbeziehung zum Auftraggeber steht allein der, dem das Geschäft zugeführt worden ist. Bsp. für Zubringervertrag BGH DB 1974, 1154.

§ 93 21–27

21   c) **Gemeinschaftsgeschäft:** Mehrere auf entgegengesetzter Seite tätige Makler können ein oder mehrere Geschäfte im Innenverhältnis als Gemeinschaftsgeschäfte behandeln, BGH BB 1969, 1330 (betr. Kündigung, Kundenschutz), WM 1986, 1288, Breiholdt BB 1993, 600, das Außenverhältnis zwischen jedem Makler und seinen Auftraggeber bleibt davon unberührt. Fällt nur eine Provision an, wird sie geteilt, BGH BB 1963, 835, sonst erhält jeder Makler von seinem Auftraggeber Provision. „Geschäftsgebräuche für Gemeinschaftsgeschäfte unter RDM-Maklern" s. OLG Hamburg MDR 1973, 225.

22   d) **Franchisemakler:** Die Mitgliedermakler (Franchisenehmer) erhalten alle Hinweise durch die Zentrale (Franchisegeber); diese ist an den Provisionen beteiligt, verliert sie aber (→ Rn. 52), wenn sie Kaufabschlüsse unzulässig zuteilt, BGH WM 1978, 245. Lit.: Knütel ZHR 144 (1980), 289.

4) Pflichten des Maklers

23   A. **Keine Tätigkeitspflicht, kein Erfolgsversprechen.** Der Makler schuldet weder Tätigkeit noch Erfolg (→ Rn. 9–10); es fehlt insoweit an einer Hauptpflicht des Maklers. Der Maklervertrag ist also kein gegenseitiger Vertrag iSv §§ 320 ff. BGB, sondern ein einseitig verpflichtender Vertrag. Herbeiführung des Vertragsschlusses mit Dritten (§ 652 I 1 BGB, § 93, beim Nachweismakler durch Nachweis, beim Vermittlungsmakler wie dem HdlMakler durch Vermittlung) ist nur Voraussetzung des Provisionsanspruchs (→ Rn. 40–52). Anders beim Alleinauftrag, → Rn. 61; Maklerdienstvertrag, Maklerwerkvertrag → Rn. 9–10.

24   B. **Interessenwahrungs- und Treuepflicht.** Der Makler hat die Interessen des Auftraggebers wahrzunehmen. Gegenüber dem **Geschäftsgegner** hat der Makler außer bei Doppelauftrag (→ Rn. 33) keine vertraglichen Pflichten, aA Ebenroth/Reiner 44, es besteht auch kein Vertrag mit Schutzwirkung zugunsten des Geschäftsgegners (Problem: gegenläufige Interessen der Parteien), aA üL, K. Schmidt § 26 II 3c, aber ein **gesetzliches Schuldverhältnis** auf Grund des beruflichen Auftretens als ehrlicher Makler (→ § 347 Rn. 22) bzw. des insoweit in Anspruch genommenen Vertrauens (vgl. § 311 III 2 BGB), Canaris § 19 Rn. 26. Dieses Schuldverhältnis fällt unter § 311 III 1 BGB und ist zT besonders geregelt (§§ 94 ff., 98), vgl. auch BGHZ 48, 350, WM 1963, 433. Pflichten und Haftung gegenüber dem Geschäftsgegner sind demzufolge selbstständig (→ § 347 Rn. 22) und Einwendungen aus dem Verhältnis zum Auftraggeber nicht ausgesetzt. Aber Aufklärungspflicht (§ 311 II BGB) des Maklers, der bei Beurkundung des Hauptvertrags mit eigenem Provisionsanspruch gegen den Vertragsgegner anwesend ist, BGH NJW 2005, 3778.

Aus der allgemeinen Interessenwahrungs- und Treuepflicht **gegenüber dem** Auftraggeber folgen einzelne Schutz- und Rücksichtspflichten (§ 241 II BGB).

25   Dazu gehört eine **Schweigepflicht.** Der Makler darf ihm vom Auftraggeber anvertraute, diesem ungünstige Umstände nicht dem Geschäftsgegner mitteilen.

26   Er darf **keine Provision vom Geschäftsgegner** annehmen, außer wenn ihm Doppeltätigkeit vertraglich gestattet ist (→ Rn. 32–33), sonst gilt das allgemeine Schmiergeldverbot für Beauftragte (vgl. → § 59 Rn. 51).

27   Den Makler treffen wegen seiner beruflichen Fachkompetenz (vgl. → § 347 Rn. 22) weitreichende **Aufklärungs- und Beratungspflichten,** Röhricht/Röhricht/Mock Vor § 93 Rn. 31 ff. Wahrheit, Vollständigkeit, Klarheit, Berichtigung bei solchen Aufklärungs- und Informationspflichten, **auch schon bei Vertragsanbahnung** (Verschulden bei Vertragsverhandlungen, §§ 280, 311 II BGB) → § 347 Rn. 23–40; überhöhte Innenprovisionen zB bei Bauherrnmodellen → § 347 Rn. 30a. Informationen, die er vom Verkäufer erhalten hat, darf der Makler grundsätzlich ungeprüft weitergeben, außer wenn sie ersichtlich unrichtig, unplausibel oder sonst bedenklich sind, BGH NJW 1982, 1147, WM 2007, 794, Ausnahmen Fischer NJW 2007, 3111, diese Informationen muss er aber,

zumal bei Übernahme in ein eigenes Exposé, sorgfältig einholen und sondieren, eigene Ermittlungen schuldet er nicht (kein Anlagevermittlungsvertrag mit stillschweigender Auskunft, → § 347 Rn. 13), BGH WM 2007, 794. Der Makler schuldet Aufklärung von ihm bekannten Umständen, die für die Entschließung des Auftraggebers positiv oder negativ bedeutsam sein können, und sachkundige Beratung des Auftraggebers, BGHZ 36, 328, DB 1970, 2214, WM 1973, 1383, NJW 1982, 1147. Er muss auf Zweifel an der Leistungsfähigkeit oder Kreditwürdigkeit des Vertragspartners hinweisen. Eine Hinweispflicht trifft den Makler aber nur bei erkennbar entscheidungserheblichen Umständen und offenbarer Aufklärungsbedürftigkeit des Auftraggebers gerade darüber, BGH NJW 1981, 2685, besonders bei Grundstücken, Rspr. bei Fischer NJW 2009, 3214, mindestens muss er auf fehlende eigene Prüfung (der Bonität des Mieters) hinweisen, BGH NJW-RR 2003, 700. Fehlerhafte Angaben muss er richtig stellen, BGH NJW 2000, 3642. Erfährt er bedeutsame nachteilige Umstände, die er dem Auftraggeber nicht mitteilen kann, muss er diesem, ohne sie zu offenbaren, abraten oder seine Tätigkeit einstellen, BGH BB 1969, 894 (Makler-Prokurist, der zugleich Berater des Geschäftsgegners ist). Bsp.: Falsche Darstellung der Chancen, ein Haus zu einem bestimmten Termin fertigzustellen, OLG Köln NJW 1972, 1813; unrichtige Finanzierungsberechnung, LG Köln MDR 1972, 326; Pflicht zur richtigen Information über das Interesse des anderen Teils, BGH WM 1973, 614; Beratungspflicht bei Vermittlung einer Beteiligung, BGH WM 1977, 336; Kapitalanlagevermittler (vgl. → Rn. 6) → § 347 Rn. 8 ff.; rechtliche und steuerliche Tatsachen → Rn. 29; überhaupt darf der Makler den Auftraggeber nicht zu einem unvorteilhaften und überstürzten Vertragsschluss verleiten, so zB wenn er die zweifelhafte Verkäuflichkeit des bisher bewohnten, zur Finanzierung benötigten Hauses bagatellisiert, OLG Frankfurt a. M. NJW-RR 1988, 1200: Bei mehr als bloßen Exposés kann ein Prospekt vorliegen, der zur **Prospekthaftung** auch des Maklers führen kann (→ Anh. § 177a Rn. 60).

Aufklärungspflichten des Darlehensmaklers gegenüber der auftraggebenden Bank, BGH WM 1970, 1270, zB betr. Gefährdung des zu finanzierenden Objekts, nicht rechtzeitige Fertigstellung, andere Darlehensverwendung, Auszahlung an Käufer statt an Verkäufer; Erkundigungspflicht über Kreditwürdigkeit des Darlehensnehmers, aber keine detaillierte Kreditwürdigkeitsprüfung, auch keine Prüfung der Sicherheiten, das ist Sache der Bank. Aufklärungspflicht entfällt, wenn der Bank sämtliche wertbildenden Faktoren bekannt sind, BGH WM 1988, 41. Weitergabe von Behördenauskünften, BGH NJW 1982, 1147. **Informationspflichten des Finanzierungsmaklers,** Abgrenzung von Finanzierungsberatungsvertrag, OLG Koblenz WM 2007, 780, VersR 2010, 1035 (→ § 347 Rn. 14, 36, 37). Der **Versicherungsmakler** (→ Rn. 7) hat die Mitteilungs- und Beratungspflichten des Versicherungsvermittlers nach §§ 42a ff., 60 ff. nF VVG (→ Rn. 7) und nach der Rspr. als Sachwalter des von ihm betreuten Versicherungsnehmers besonders weitgehende Aufklärungs- und Beratungspflichten, BGHZ 94, 359, VersR 2000, 846, WM 2007, 1676 (aber idR nicht über Maklervertrag), NJW 2016, 3366 (abzusichernde Risiken, effektivste Deckung), OLG Düsseldorf NJW-RR 1998, 395, VersR 2000, 54, Benkel/Reusch VersR 1992, 1306, AGB-Ausschlussklausel verstößt gegen **(5)** § 307 BGB, BGHZ 162, 67. Vor allem hat der Versicherungsmakler bei Ablehnung des Vertragsschlusses durch den Versicherer umgehend ein möglichst gleichwertiges Angebot eines anderen Versicherers einzuholen, sonst uU Schadensersatz wie bei tatsächlicher Versicherung, OLG Hamm VersR 2010, 388. Beratungspflichten und Haftungsbeschränkung, Werber VersR 2010, 553, aber §§ 63, 67 VVG. Beweislast liegt mangels hinreichender Dokumentation (→ § 347 Rn. 37) bei Versicherungsvermittler, OLG Saarbrücken VersR 2010, 1181 mAnm. Reiff 1314. Versicherungsmakler muss bei Ablehnung der Beratung eine Empfehlung nicht wiederholen, BGH NJW 2016, 3366.

§ 93 29–33   1. Buch. Handelsstand

29   Der Makler darf **Rechtsangelegenheiten** erledigen, die mit einem Geschäft seines Gewerbebetriebs unmittelbar zusammenhängen (§ 5 RDG), zB einen Vertragstext entwerfen, BGH NJW 1974, 1328, über entscheidungserhebliche (auch schwierige) Rechtsfragen aufklären, BGH NJW 1981, 2686. Der VersMakler hat besonders weitgehende Pflichten, ua Hilfestellung bei der Schadensanzeige (→ Rn. 7), Schadensregulierung im Auftrag einer Versicherung ist aber verbotene Rechtsdienstleistung, BGH NJW-RR 2016, 1056. Der Makler hat keine Pflicht zur rechtlichen und steuerlichen Beratung, außer soweit vereinbart (auch → Rn. 27, 28, → § 347 Rn. 25); bedarf der Auftraggeber erkennbar rechtlicher Belehrung muss der Makler ihm anraten, insoweit fachmännischen Rat einzuholen, BGH NJW 2019, 1224. Rechtsanwalt als Makler → Rn. 3.

30   **Interessenkonflikte,** zB eigenes Kaufinteresse oder Tätigkeit für den Geschäftsgegner (→ Rn. 32–33), muss der Makler offenlegen. Bei unlösbarem Interessenkonflikt muss er seine Tätigkeit aufgeben, außer wenn der Auftraggeber die Fortsetzung trotzdem wünscht, BGH NJW 1983, 1848. Pflichten bei Alleinauftrag → Rn. 61. Lit.: Hopt ZGR 2004, 1 u. FS Doralt, 2004, 213.

31   **Nachwirkende Treuepflicht** verbietet dem Nachweismakler, nach Nachweis im eigenen Interesse oder in dem eines Dritten das abschlussreife Geschäft zu hintertreiben, BGH NJW 1983, 1848.

32   C. **Doppeltätigkeit. a)** Dem **Zivilmakler** ist die Tätigkeit auch für den Geschäftsgegner nur erlaubt, wenn der Vertrag mit dem Auftraggeber dies gestattet (§§ 133, 157 BGB; Verkehrssitte, HdlBrauch, s. § 346); so zB im Grundstücksgeschäft für den einen als Vermittlungs-, für den anderen als Nachweismakler, BGHZ 48, 346; 61, 21, NJW 1970, 1075, WM 2003, 2061, auch bei Versteigerung von Sammlungen. Von der Frage der Pflichtverletzung im Erstvertragsverhältnis ist die Zustandekommen des Zweitvertrags (→ Rn. 16) und des Lohnanspruchs daraus (→ Rn. 53–54) zu unterscheiden. Engere wirtschaftliche Verbindung des Maklers mit dem Geschäftsgegner → Rn. 47. Ist die Doppeltätigkeit dem Makler nicht gestattet, macht er sich durch sie schadensersatzpflichtig (§§ 280, 254 BGB) und verwirkt bei grober Fahrlässigkeit ohne Rücksicht auf Schaden seinen Lohn (→ Rn. 52).

33   **b)** Der **Handelsmakler** ist dagegen, wie ua §§ 94, 96, 98, 99, 101 zeigen, anders als der Zivilmakler als **Vermittler** zwischen beiden Teilen tätig (→ Rn. 13); er ist Schlichter zwischen den widerstreitenden Teilen, BGHZ 48, 350. **Echte Doppeltätigkeit** (im Sinne eines Doppelauftrags) ua mit der Konsequenz eines Lohnanspruchs gegen beide Parteien liegt vor, wenn vereinbart, auch konkludent, oder HdlBrauch, so in manchen Branchen, folgt aber noch nicht weiteres aus § 99 (dort → § 99 Rn. 2). Sie ist grundsätzlich zulässig, BGHZ 48, 346; 61, 21, zB für beide Teile als Nachweismakler oder für die eine Partei als Vermittlungsmakler, für die andere als Nachweismakler, BGH NJW 1970, 1075; 2004, 157. Doppeltätigkeit kann nach Art und Inhalt des Auftrags ausgeschlossen sein, zB bei Tätigkeit nur im Interesse des einen Teils als dessen Vertrauensmakler (→ Rn. 60), BGH WM 1998, 1189, oder bei konkretem Interessenkonflikt, zB Bestens-Aufträge von beiden Seiten. Die Parteien können sie auch dann zulassen, etwa wenn der Makler die Doppeltätigkeit offenlegt und sich als „ehrlicher Makler" auf Vermittlung zwischen den Interessen der Parteien beschränkt, BGH WM 2000, 422, NJW 2004, 157. Jedenfalls beim Immobilienkauf ist sie auch zulässig, wenn sie wenigstens für die jeweils andere Auftraggeberseite eindeutig erkennbar oder absehbar ist, BGH WM 1998, 1189, NJW 2000, 3067. Erlaubte Doppeltätigkeit ist auch bei **Alleinauftrag** (→ Rn. 59–63) nicht generell ausgeschlossen, aber Offenlegung und nur im Einverständnis auch der anderen Partei und nicht bei Alleinauftrag auf längere Zeit und mit Übertragung der Verhandlungsführung weitestgehend an den Makler, BGH NJW

8. Abschnitt. Handelsmakler 34–36 § 93

1964, 1467; nach aA stets nur als Zivilmakler. Interessenkonflikt → Rn. 30, wirtschaftliche Verflechtung → Rn. 47.

Ist danach dem HdlMakler (und ausnahmsweise dem Zivilmakler, → Rn. 32) die Doppeltätigkeit gestattet, ist er beiden Seiten zu **strenger Unparteilichkeit** verpflichtet, schon bei der Vertragsgestaltung und bei der Durchführung, BGHZ 48, 344; 61, 22, NJW 2004, 157. Er hat beide Seiten unparteilich über abschlusserhebliche Umstände zu informieren, insoweit tritt seine Schweigepflicht (→ Rn. 25) zurück. Er darf iZw nicht in die Preisverhandlungen eingreifen, etwa für einen marktgerechten oder sonst angemessenen Preis sorgen (sonst Verwirkung gegenüber dem benachteiligten Geschäftspartner, → Rn. 52), BGHZ 48, 347, NJW 1968, 150, oder Preis durch Beiziehung weiterer Interessenten drücken, OLG Düsseldorf NJW-RR 2001, 1134. Besteht die Doppeltätigkeit in Vermittlung für den Verkäufer und im Nachweis für den Käufer und weiß der Käufer dies, braucht der Makler dem Käufer nicht mitzuteilen, dass er sich vom Verkäufer **Übererlös** über bestimmte Kaufpreissumme hinaus als Provision hat versprechen lassen (aber → Rn. 55), BGH NJW 1970, 1075; doch darf er dem Käufer keinesfalls vorspiegeln, dem Verkäufer gar nicht verpflichtet zu sein, sonst Anfechtung, OLG Frankfurt a. M. NJW-RR 1988, 1109, oder sogar Verwirkung (→ Rn. 52), Werner gegen OLG Köln NJW 1971, 1943.

D. **Einschaltung weiterer Makler.** Der Makler darf iZw nicht die Ausübung 34 des Auftrags im ganzen einem anderen Makler überlassen (§ 664 I 1 BGB). Er darf aber Untermakler (→ Rn. 19) hinzuziehen, RG JW 1929, 3497, haftet für sie dann aber nach § 278 BGB (§ 664 I 3 BGB), OLG München JR 1961, 95. Mehrere sich ablösende Versicherungsmakler müssen Courtage teilen (vgl. → § 99 Rn. 3), uU Herausgabeanspruch gegen Vorgänger aus Geschäftsführung ohne Auftrag, OLG Hamm VersR 1995, 658.

E. **Sonstige Rechtspflichten.** Zustellung von Schlussnoten, s. § 94; Weiter- 35 gabe von Widerspruch einer Partei gegen die Schlussnote an die andere, → § 94 Rn. 3, 6. Besondere Sorgfaltspflichten haben die beiden Makler bei einer **a-metà-Vermittlung** zwischen „verdeckten Kaufvertragsparteien"; die beiden Schlussnoten müssen dann unbedingt vollkommen übereinstimmen, OberSchiedsG WV Hmb. Börse (69) St/Ul I D 1d Nr. 10. Berufspflichten aus Gewerberecht → Rn. 3; besondere Pflichten von Wohnungsvermittlern → Rn. 4; Darlehensvermittler → Rn. 5. Die Makler stehen als Gewerbetreibende unter dem UWG, zB Verletzung der §§ 3, 4, 5 UWG durch Ankündigung niedriger Bearbeitungsgebühr unter Verschweigen, dass ein weiterer Provisionsteil im Kaufpreis enthalten ist, OLG Frankfurt a. M. OLGZ 1972, 462; idR sittenwidriger Behinderungswettbewerb durch offene Werbung (durch Zeitungsanzeigen und Informationsstand am Objekt), falls kein Alleinauftrag (→ Rn. 59–63), OLG Frankfurt a. M. BB 1973, 955. Nebenpflichten des HdlMaklers s. Haberkorn MDR 1960, 93.

F. **Rechtsfolgen bei Pflichtverletzung.** Verletzung einer Pflicht des Maklers 36 führt schon bei leichter Fahrlässigkeit (§ 347) und Schaden zur **Schadensersatzhaftung** nach § 280 BGB (und damit iErg zu Verlust oder Schmälerung der Provision), BGHZ 36, 327, WM 1977, 943, NJW 1982, 1145, NJW-RR 2005, 1424, bei Veräußerung an Makler selbst auch Rückübertragung, BGH NJW 2019, 1596; Mitverschulden (§ 254 BGB) ist zu berücksichtigen, BGH WM 1977, 943. Haftung für Hilfspersonen nach §§ 278, 831 BGB, BGH BB 1970, 863. Bei Verletzung von Aufklärungs- und Beratungspflichten gelten die Grundsätze für diese, insbesondere Vermutung aufklärungsrichtigen Verhaltens (→ § 347 Rn. 37). Der Schaden kann je nachdem schon im Abschluss des Maklervertrags oder später des Hauptvertrags liegen. Beweislast nach § 280 I 2 BGB. Pflichtverletzung kann bei grober Fahrlässigkeit und ohne Schaden des Auftraggebers zur **Verwirkung der Provision** nach § 654 BGB führen, → Rn. 52.

Verjährung von Schadensersatzansprüchen gegen Makler in 3 Jahren (§§ 195, 199 BGB idF SMG); damit hat sich der Streit, ob § 88 betr. HV (damals kürzere Verjährung) entspr. anwendbar ist, abl. BGH BB 1972, 11, erledigt.

5) Pflichten des Auftraggebers

37 A. **Hauptpflicht.** Hauptpflicht des Auftraggebers ist die **Provisionszahlungspflicht** (→ Rn. 40–58, § 99). Zu den drei Säulen des Maklerprovisionsrechts M. Würdinger JZ 2009, 349.

a) Der Maklerlohn ist iZw verdient mit Zustandekommen des als möglich nachgewiesenen oder vermittelten Abschlusses (§ 652 I 1 BGB); Voraussetzungen im Einzelnen → Rn. 40–52. Abw. Vereinbarung über erfolgsunabhängige Provision ist möglich, BGH DB 1976, 189, aber nicht in AGB, → Rn. 64–66. Der Auftraggeber bleibt **Herr des Geschäfts** und behält seine volle **Abschlussfreiheit.** Er darf nicht nur weitere Makler einschalten (außer bei Alleinauftrag, → Rn. 59–63; aber Vorsicht: Risiko mehrerer voller Provisionsansprüche, da Mitursächlichkeit genügt, → Rn. 50–51) und sich selbst um den Abschluss bemühen, sondern ist auch iZw frei, das nachgewiesene bzw. vermittelte Geschäft ohne Begründung zurückzuweisen, auch seinem Auftrag voll entsprechende oder sogar günstigere Geschäfte, BGH NJW 1967, 1225; diese Abschlussfreiheit besteht auch bei Alleinauftrag (→ Rn. 62), hier auch bei Widerrufsverzicht auf bestimmte Zeit, BGH NJW 1967, 1225, WM 1970, 1458, anders uU bei bedingungsloser Festofferte (→ Rn. 62); auch bei Vorvertrag oder Vorweganzahlung zwischen Auftraggeber und Geschäftsgegner (Bindung nur intern), BGH NJW 1975, 647. Vom Auftraggeber verursachter Formmangel des Hauptgeschäfts (→ Rn. 43) führt wegen der Abschlussfreiheit weder zur Provisionszahlungspflicht noch zur Schadensersatzhaftung des Auftraggebers, BGH WM 1977, 1049, str. Ist nach der Vereinbarung der Lohn erst mit Ausführung des Abschlusses verdient (so nach HdlBrauch bei Schiffsverkauf, BGH NJW 1966, 502, OLG Hamburg MDR 1963, 849), bleibt der Auftraggeber im Verhältnis zum Makler bis dahin frei (aufschiebende Bedingung), BGH WM 1985, 777; anders nur ganz ausnahmsweise, wenn er die Ausführung treuwidrig vereitelt (§ 162 I BGB), § 87a III (betr. HV) gilt nicht entspr., BGHZ 2, 283, BB 1966, 516. Ist dagegen Entstehung des Lohnanspruchs schon mit Vertragsabschluss, Fälligkeit aber erst bei Ausführung gewollt (unbedingte, aber erst später fällige Verpflichtung), dann tritt idR mangels Ausführung doch Fälligkeit nach Ablauf der Zeit ein, in der die Ausführung zu erwarten war, BGH DB 1981, 2283 (zur Auslegung der Klausel „Zahlung der Maklerprovision bei Einlösung eines Akkreditivs"), WM 1985, 776. Der Makler hat uU einen Teillohnanspruch, soweit Auftraggeber infolge der Nichtausführung des Abschlusses vom Abschlusspartner Entschädigung erhält, BGH LM BGB § 652 Nr. 3 („Fautfracht").

38 b) Besteht danach mangels der gesetzlichen Voraussetzungen, also mangels Erfolgs (→ Rn. 40–52) kein Provisionsanspruch aus § 652 I BGB, scheidet auch § 354 aus; kommt es zum Erfolg und der Makler auch ohne Vertrag zur Leistung berechtigt, kommt § 354 in Betracht (str., → § 354 Rn. 3). Fehlt es überhaupt an einem wirksamen Maklervertrag, kommt Provisionsanspruch uU auch aus §§ 677, 683 BGB oder §§ 812 I, 818 II BGB, RGZ 122, 232, in Betracht. Kfm. Zivilmakler → Rn. 1.

39 B. **Nebenpflichten.** Der Auftraggeber muss dem Makler die Aufgabe seines Vertragsabschluss- oder -ausführungswillens (→ Rn. 37) und die Vornahme eines Eigengeschäfts **mitteilen**, um ihn vor unnötigen weiteren Bemühungen zu bewahren. Nach Verhandlungsfehlschlag und bei späterem neuen Geschäftsentschluss braucht der Auftraggeber nicht denselben Makler wieder zu beauftragen, anders uU bei Alleinauftrag, BGH WM 1972, 444. Den Auftraggeber trifft idR eine **Schweigepflicht** über die mitgeteilten Angebote des Maklers, von denen er

selbst keinen Gebrauch macht, BGH NJW 1987, 2431, aA Knieper NJW 1970, 1296; andernfalls macht er sich schadensersatzpflichtig nach § 280 BGB, ausnahmsweise bleibt er sogar provisionspflichtig, → Rn. 42, 50, Klauseln → Rn. 64–66. Der Auftraggeber schuldet dem Makler **keinen Aufwendungsersatz** (§ 652 II 1 BGB), anders nur bei besonderer Vereinbarung oder bei Übernahme konkreter, üblicherweise nicht geschuldeter Leistungen, OLG Hamm NJW 1973, 1976; § 670 BGB ist nicht anwendbar, der Makler trägt seine Aufwendungen selbst, auch wenn der Vertrag trotz seiner Aufwendungen und Bemühungen nicht zustandekommt (§ 652 II 2 BGB) oder Provisionsanspruch nicht entsteht (→ Rn. 40–52). Weitere Pflichten durch Vertragsklauseln, aber nur beschränkt in AGB, → Rn. 64–66.

6) Voraussetzungen des Provisionsanspruchs: Absprachegemäßes Zustandebringen des gewünschten Vertrags mit Dritten

A. Tätigwerden des Maklers in Kenntnis des Auftraggebers. Der Provisionsanspruch des Maklers (§ 652 I 1 BGB; Hauptpflicht des Auftraggebers, → Rn. 37) setzt zunächst Tätigwerden des Maklers in Kenntnis des Auftraggebers entsprechend dem Maklervertrag voraus. 40

a) Der **Makler** muss entspr. dem Maklervertrag tätig geworden sein, also je nachdem **Nachweis- oder Vermittlungstätigkeit** entfaltet haben (→ Rn. 13). Der Abschluss des Maklervertrags liegt idR vor dem Nachweis, notwendig ist das aber nicht, OLG Frankfurt a.M. NJW-RR 2000, 751, auch nicht bei Vermittlungstätigkeit, BGH NJW-RR 2016, 1139. Für Vermittlung versprochene Provision entfällt, wenn der Makler nur nachweist; uU entsteht dann aber geringerer Provisionsanspruch (§ 653 II BGB), BGH MDR 1977, 210.

b) Der **Auftraggeber** muss von diesem Tätigwerden des Maklers so rechtzeitig vor oder bei Abschluss des Vertrags mit dem Dritten **Kenntnis** haben, dass er die Provisionsforderung bei der Preisgestaltung des Hauptvertrags noch berücksichtigen kann, BGH WM 2009, 1802, OLG München NJW 1968, 894; auf selbstverschuldete Unkenntnis kann er sich aber nicht berufen. Eine Pflicht zur Rückfrage besteht aber idR nicht (anders uU bei Alleinauftrag), aA OLG München NJW 1968, 894; erst recht nicht zur Kenntnisnahme der Nachweise des Maklers, doch liegt letzterenfalls die Beweislast für Unkenntnis beim Auftraggeber. Fehlende Kenntnis ist ohne Bedeutung, wenn sie keine Auswirkung auf die Ausgestaltung des Hauptvertrags hatte, BGH NJW-RR 1994, 1260.

B. Gewünschter Vertrag. Voraussetzung ist weiter, dass der Makler den gewünschten Vertrag nachweist oder vermittelt **(wirtschaftliche und personelle Identität bzw. Kongruenz),** BGH BB 1973, 1192, NJW 1987, 1628; zumindest muss der Abschluss wirtschaftlich dem angestrebten entsprechen, BGH NJW 1982, 2663, WM 1984, 342 (Umleitung über anderen Zwischenhändler), NJW 1991, 490; 1998, 2277 (Kauf der GmbH, der das Grundstück gehört), NJW-RR 2004, 851, WM 2006, 636 (asset deal/share deal), OLG Hamburg NJW-RR 2003, 487, OLG Jena NJW-RR 2005, 1509. **Wirtschaftlich** ist wesentlich, wie günstig bzw. belastend das Geschäft für den Auftraggeber ist. Schon am Vertragsabschluss fehlt es bei Erwerb in der **Zwangsvollstreckung,** BGHZ 112, 59, NJW 1997, 1581 (Anordnung derselben steht nicht gleich), in Zwangsversteigerung in der Insolvenz, OLG Frankfurt a.M. NJW-RR 2009, 283, aber Abrede über Gleichstellung ist möglich. Wirtschaftliche Gleichwertigkeit ist zu verneinen zB bei Verpachtung statt Kauf, Grundstücksteil statt ganzem Grundstück, BGH NJW 1987, 1628, unbebautes statt bebautes Grundstück, BGH NJW 2014, 2352, uU Leasing statt Kauf (vgl. → **(7)** Bankgeschäfte Rn. P1), nicht ganz unwesentlich schlechtere Konditionen, BGH NJW 1988, 968 (Finanzmakler), Wohnungseigentum statt freier Doppelhaushälfte, OLG Karlsruhe NJW-RR 2003, 1695, anders bei besonderen Konstellationen, BGH NJW 2008, 41

651 (hälftiger Erwerb mit Ehefrau und Bruder). Erheblicher Preisunterschied beseitigt wirtschaftliche Identität, OLG Dresden NJW-RR 2009, 931 (25 %), OLG Celle MDR 2007, 1410 (27 %), aber Frage des Einzelfalls, Fischer NJW 2009, 3213, bei mehr als 50 % ist Kongruenz rglm zu verneinen, BGH NJW 2014, 2353; 2019, 1227. **Personell** ist Kongruenz nur ganz ausnahmsweise anzunehmen, so bei fester, auf Dauer angelegter idR gesellschafts- oder familienrechtlicher Bindung des Auftraggebers mit dem Abschließenden. Bspe: personenidentische GmbH mit gleichem Zweck, BGH NJW 1995, 3311, Abschluss mit Tochter- statt MutterGes (abl. für Konzernschwester, OLG München NJW-RR 1995, 1525), oder mit KomplementärGmbH statt KG, bloße Geschäftsverbindung genügt nicht, BGH NJW 1984, 359; Geschäftsführer der GmbH statt der GmbH selbst, BGH NJW 2019, 1805, auch nicht mit nahen Familienangehörigen wie Ehegatten, Geschwistern, BGH NJW 2019, 1228, OLG Frankfurt a. M. NJW-RR 2000, 434, OLG Koblenz NJW-RR 2004, 414, auch Lebensgefährten, BGH NJW 1991, 490, aA OLG Düsseldorf NJW-RR 2000, 1081, vgl. auch OLG Dresden NJW-RR 1999, 1501. Ob Provision auch für ein aus dem nachgewiesenen bzw. vermittelten Geschäft folgendes **Folgegeschäft** (zB Hauskauf nach Hausmiete) anfällt, hängt vom Maklervertrag ab (nicht AGB, → Rn. 65), BGH WM 1990, 1680; uU HdlBrauch, zB im Holzhandel („Tegernseer Gebräuche", → § 346 Rn. 15). Provision für **Ersatz- und Nachgeschäfte,** BGH BB 1960, 1345, OLG Karlsruhe NJW 1966, 2169, OLG Frankfurt a. M. MDR 1975, 315; AGB → Rn. 64–66. Lit.: Fischer DB 2009, 887.

42   C. **Wirksamer Vertrag.** Der Vertragsschluss muss wirksam zustandegekommen, nicht auch ausgeführt (→ Rn. 37–38) sein.

a) Der **Vertragsschluss** zwischen dem Auftraggeber und dem Geschäftsgegner muss perfekt sein. Der von HdlMakler vermittelte Abschluss kann durch Zugang von Angebot und Annahme beim HdlMakler zustandekommen, wenn diese wie idR von jeder Seite zur Entgegennahme ermächtigt ist, BGHZ 82, 221, OLG Karlsruhe BB 1975, 487; der Abschluss ist dann vor Unterrichtung der anbietenden Partei über die Annahme des anderen perfekt (davon geht § 94 I aus), RGZ 104, 368. Der HdlMakler kann aber auch Abschlussvollmacht für eine der Parteien haben, BGH WM 1983, 684. Möglich ist auch Provisionszahlungspflicht schon bei Vorvertrag oder bei Vorweganzahlung des Auftraggebers an Geschäftsgegner, aber nur durch Individualabrede, nicht durch AGB, BGH BB 1975, 299. Darlehensvermittlung → Rn. 45. **Überlässt** der Auftraggeber im Stadium der Verhandlung das Geschäft einem **Dritten,** bleibt er lohnpflichtig, wenn er am Geschäft wirtschaftlich teil hat, BGH LM BGB § 652 Nr. 7; ähnlich OLG Stuttgart MDR 1964, 758; anders bei „nicht weitgehender" wirtschaftlicher Beteiligung, OLG München OLGZ 1972, 422 (Architekt-Bauunternehmen), dann allenfalls Schadensersatz wegen unerlaubter Weitergabe der Information, → Rn. 39; dazu Scheibe BB 1988, 849. Andere oder weitere Vertragspartner → Rn. 53–54.

43   b) **Wirksames Zustandekommen:** Der Vertrag muss rechtlich wirksam zustandegekommen sein, ist er das, sind Umstände, die die Leistungspflicht **wieder beseitigen,** für den Lohnanspruch **unschädlich,** zB: Wiederaufhebung des Vertrags, BGHZ 66, 270; Eintritt einer auflösenden Bedingung (e contrario § 652 I 2 BGB, → Rn. 44), BGH WM 1971, 905, NJW-RR 2002, 50; Rücktritt gemäß Gesetz nach §§ 323 ff. BGB, vgl. BGH BB 1974, 716, NJW 1997, 1583, NJW-RR 2001, 562, einerlei, ob der Mangel der Kaufsache bereits bei Vertragsschluss vorgelegen hat oder nicht, BGH NJW 2001, 966, str.; vertraglicher Rücktritt, wenn dem gesetzlichen nachgebildet oder von bestimmten sachlichen Voraussetzungen abhängig gemacht, nicht wenn zeitlich befristet und ganz frei, BGH NJW 1997, 1583, NJW-RR 2000, 1302, auch nicht, wenn der Vorbehalt einer aufschiebenden Bedingung gleichkommt (→ Rn. 44), BGH

8. Abschnitt. Handelsmakler   44, 45 § 93

WM 1993, 342, BB 1998, 1028; Kündigung; erst recht Nichterfüllung der Pflichten aus dem Hauptvertrag durch den Vertragspartner, BGH NJW-RR 2001, 562 (anfängliches Unvermögen), 2005, 1507 (keine Bezugsfertigkeit), Klage gegen Vertragspartner wegen Täuschung auf großen Schadensersatz, BGH NJW 2009, 2810, Grund: dann wirtschaftlicher Vorteil realisiert; in solchen Fällen auch kein Wegfall der Geschäftsgrundlage des Maklervertrags, BGH NJW-RR 2005, 1507. Möglich bleibt anderweitige, auch stillschweigende **Parteiabrede** (§§ 133, 157 BGB), dass späteres Hinfälligwerden des Vertrags provisionsschädlich ist (Behandlung wie aufschiebende Bedingung, → Rn. 44, den Maklervertrag auflösende Bedingung oder Rückzahlungsabrede), zB bei offen liegendem Vertragsrisiko und Fehlschlag des Kaufs, BGH NJW 1997, 1583, aA Theobald JZ 1997, 1120. **Nicht wirksam zustandegekommen** ist der Vertrag, also keine Provision zB bei: Geschäftsunfähigkeit des Vertragsgegners (nicht nur bei bloßem Verdacht), BGH DB 1976, 2252; Formnichtigkeit; begründete Anfechtung des Hauptvertrags, BGH DB 1971, 1857; 1976, 2252, auch wegen arglistiger Täuschung durch den Auftraggeber des Maklers, BGH NJW 1979, 975; der Anfechtung gleich stehen bei der fehlerhaften Ges. die Auflösungsklage oder außerordentliche Kündigung (→ § 105 Rn. 75, → Anh. § 177a Rn. 58), BGH NJW 1979, 975; Rücktritt infolge arglistig verschwiegenen Mangels (anstelle Anfechtung nach § 123 BGB, Grenze § 124 I BGB), BGH NJW 2001, 966, offen für § 119 II BGB, dazu Keim NJW 2001, 3168; **vor** Erteilung und erst recht bei Versagung der erforderlichen behördlichen oder gerichtlichen **Genehmigung** (zB durch Vormundschaftsgericht), BGHZ 60, 387, WM 1976, 1132; 1977, 22, NJW-RR 2008, 564 (Rücktritt vor Erteilung der Genehmigung), OLG Naumburg BB 1997, 2021, OLG Düsseldorf MDR 2001, 209; Ausübung des Vorkaufsrechts bezüglich des zu erwerbenden Grundstücks, BGHZ 131, 321, NJW 1982, 2662, auch bei anschließendem Zwangsversteigerungserwerb des Käufers, BGH NJW 1999, 2271 (Vorkaufsberechtigter als Schuldner → Rn. 53).

c) Bei **aufschiebender Bedingung** entsteht der Lohnanspruch erst mit Bedingungseintritt (§ 652 I 2 BGB); BGH BB 1974, 716 (freies Rücktrittsrecht in bestimmter Frist), WM 1977, 23; der Auftraggeber braucht die Bedingung nicht eintreten zu lassen (→ Rn. 37–38), BGH DB 1971, 1857, aber § 162 BGB, BGH NJW-RR 2002, 50. Freier Rücktrittsvorbehalt im Hauptvertrag, zB bei Bebauungsunfähigkeit, kann einer aufschiebenden Bedingung gleichkommen (§§ 133, 157 BGB), BGH BB 1998, 1028, NJW-RR 2000, 1303, ebenso bei Finanzierbarkeitsvorbehalt, OLG Karlsruhe NJW-RR 2005, 574. **Anders** behandelt wird die **auflösende** Bedingung (→ Rn. 43). Ob der Hauptvertrag noch während der Laufzeit oder sogar **nach Ende des Maklervertrags,** zB nach Tode des Maklers, zustandekommt, ist irrelevant; auch dann liegt Mitursächlichkeit vor, → Rn. 50–51.   44

d) Bei **Darlehensvermittlung** an Verbraucher (→ Rn. 5) reicht Zustandekommen des Darlehensvertrags nicht aus, Vergütungspflicht erst mit Leistung an den Verbraucher und wenn Widerruf nach § 355 nicht mehr möglich ist (§ 655c BGB). Bei **Kreditvermittlung** im Übrigen ist grundsätzlich der Vertragsschluss (§ 488 BGB) ausreichend, BGH NJW 1988, 968 (Finanzmakler), auch wenn der Kreditnehmer vor Auszahlung noch Auflagen (zB Stellung von Sicherheiten) zu erfüllen hat und sie nicht erfüllt, BGH NJW 1969, 1107; 1970, 1273; 1982, 2663. Im Einzelfall Vergütungspflicht aber auch erst bei tatsächlicher Kreditgewährung (§§ 133, 157 BGB). Bei nichtigem Kreditvermittlungsvertrag keine Provision (weder § 812 BGB noch § 354), BGHZ 163, 332. Bei **Versicherungsvermittlung** einer Lebensversicherung mit Nettopolice (→ § 99 Rn. 3) entfällt die vom Kunden in Raten zu zahlende Abschlussprovision nicht durch dessen vorzeitige Kündigung (§ 652 BGB), BGHZ 162, 67 mAnm Loritz NJW 2005, 1757. Steht dem Kunden ein Widerrufsrecht gegen den Handelsmakler zu, so kann er zum   45

Wertersatz verpflichtet sein, BGH NJW 2012, 3428. Der Lohnanspruch entfällt, wenn sich der Makler einer schwerwiegenden Treuepflichtverletzung schuldig gemacht hat, so dass er sich seines Lohnes „unwürdig" gezeigt hat, BGH NJW 2012, 3718.

46 D. **Vertrag mit Dritten (kein Selbsteintritt). a)** Erforderlich ist Vertragsschluss mit einem dritten Geschäftsgegner. **Nicht genügt** Vertragsschluss mit dem Makler selbst **(Selbsteintritt)**, BGH WM 1974, 58; 1974, 482; auch wenn sich der Makler die Leistung von einem Dritten besorgt, zB Darlehensmakler von Bank, es sei denn Zins und Rückzahlung sollen direkt an diese gehen, BGH WM 1976, 1161.

47 **b) Nicht genügt** auch Nachweis oder Zuführung **eines mit dem Makler wirtschaftlich** identischen oder so **eng verbundenen Dritten,** dass kein Raum für eigenverantwortliche Maklertätigkeit (vertragsmäßige Maklerleistung) bleibt, also wenn ein institutionalisierter Interessenkonflikt vorliegt, BGHZ 112, 240; 138, 170, NJW 1971, 1839; 1981, 277; 1992, 2818; 2003, 1249; 2009, 1809; 2012, 1505; 2019, 1602, krit. Dehner NJW 1993, 2225, Staud/Reuter §§ 652, 652 Rn. 138: keine Entlastung von Provisionsanspruch, sondern Herausgabe an den Repräsentierten. Die **schädliche Verflechtung** kann **aus wesentlicher,** auch mittelbarer **Beteiligung,** oder **beherrschendem** oder maßgeblichem **Einfluss** (echte Verflechtung) oder aus besonderer **persönlicher Verbindung** so, dass keine Fähigkeit der selbstständigen und unabhängigen Willensbildung mehr besteht (unechte Verflechtung), stammen. Sie muss tatsächlich noch andauern, HdlRegEintragung ist nicht entscheidend, BGH NJW 2009, 1809. Von Bedeutung sind danach ua Stellung als phG, Geschäftsführer, nicht unwesentlich beteiligter Gfter, Verflechtung (idR erst ab Schachtelbesitz), Entscheidung und wesentliche Willensbildung über den Hauptvertrag für den oder bei dem Auftraggeber. Bsp.: der Makler ist an der VertragsgegnerGes hoch beteiligt (40 % ohne Beherrschung genügt), BGH BB 1976, 1432 (BGH NJW 1975, 1215: 20 %, aber Geschäftsführer); hälftige Beteiligung am Erwerbsvorgang, BGH NJW 2019, 1602; er ist mit der AbschlussvertreterGes eng verflochten, BGH NJW 1985, 2473; er ist phG oder Geschäftsführer der VertragsgegnerGes, BGH NJW 1975, 1215, oder deren phG-GmbH; er ist Handelsvertreter des Vertragsgegners (Grund: § 86 I), BGH NJW 2012, 1504, oder Verwalter des Vertragsobjekts für den Vertragsgegner, BGH NJW 1974, 137; er ist Vertreter des Dritten mit eigener Entscheidungsbefugnis, BGH NJW-RR 1998, 992; die Unternehmen des Maklers und des Vertragsgegners sind vom gleichen Dritten abhängig; der Makler ist KG, deren phG eine entspr. mit dem Vertragsgegner verbunden ist; der Geschäftsführer der MaklerGmbH ist Vertragsgegner; der Makler ist Wohnungseigentumsverwalter, von dessen Zustimmung der Verkauf abhängt, BGHZ 112, 240, NJW 2003, 1249, str.; die die Zwangsvollstreckung betreibende Bank vermittelt das Grundstück, BGH NJW 1997, 2673; der Makler ist mit dem Dritten **verheiratet,** außer wenn die Interessenkollision (Ehe) dem Auftraggeber bekannt ist oder wegen besonderer Umstände nicht besteht, BVerfG NJW 1988, 2663, BGH NJW 1987, 1008. **Lohnunschädlich** sind dagegen zB: geringfügige Beteiligung, OLG Frankfurt a. M. NJW-RR 2003, 1428 (im konkreten Fall nur 2 %); bloß nahe, persönliche oder freundschaftliche Beziehungen zwischen Makler und Vertragsgegner, BGH NJW 1981, 2293; 2009, 1810, OLG Frankfurt a. M. NJW-RR 2003, 1428; wirtschaftliche Verflechtung zwischen Makler und Auftraggeber, BGH WM 1976, 1334; Arbeitsverhältnis des Maklers mit dem Vertragsgegner, wenn er Freiraum für eigenverantwortliche Maklertätigkeit hat, BGHZ 138, 174; einfache Haus- bzw. Wohnungseigentumsverwaltung (ohne Zustimmungsvorbehalt für Verkauf), BGH WM 2005, 1479; Hausverwaltung des zu verkaufenden Mietshauses, offen BGH NJW 1981, 2298. Auch sonstige wirtschaftliche Abhängigkeiten und langjährige Geschäftsbeziehungen sollten iZw lohnunschädlich sein. Lit.: Zerres/Hauch ZfIR 2003, 137.

c) Erfolgsunabhängiges bzw. selbstständiges Provisionsversprechen: 48
Wenn **in solchen Fällen** (→ Rn. 47) **trotzdem Maklerlohn** gezahlt werden soll, müssen die Verhältnisse präzise dargelegt und der Verpflichtungswille des Auftraggebers klar sein, BGHZ 112, 242, NJW 1981, 278 (Kölner Modell), WM 1983, 42; 2007, 173, OLG Köln WM 1982, 804 mAnm Lieb WM 1982, 782; auch bei kombinierter Finanzierungsvermittlung und -bearbeitung, BGH NJW 1983, 985. Die Rspr. dazu geht sehr weit, BGH NJW 2000, 3781; 2003, 1249 (Provisionsversprechen in Kenntnis der Verflechtung, Rechtskenntnis unnötig), zurückhaltender BGHZ 138, 173, und ist uneinheitlich. Jedenfalls Kenntnis von der besonderen persönlichen Beziehung genügt für Lohnerhaltung, BVerfG NJW 1988, 2663, OLG Hamm MDR 2000, 635, für Prüfung, ob auch Wissen, dass keine Verpflichtung zur Zahlung herkömmlicher Maklervergütung Fischer NJW 2015, 3281. Erfolgsunabhängiges Provisionsversprechen ist auch im vermittelten Hauptvertrag zugunsten des Maklers **(§ 328 BGB)** möglich, BGH NJW 2003, 1249; 2009, 1199; uU verschleierter Kaufvertrag (Provisionsübernahme), dann gilt Leitbild des § 652 BGB nicht, BGH NJW-RR 2007, 55; NJW 2009, 1199; zur Maklerklausel auch → Rn. 53. Unwirksamkeit solcher Klauseln in AGB → Rn. 64–66.

d) Verwirkung des Anspruchs auf Rückzahlung der gezahlten (nach vorste- 49
hendem nicht geschuldeten) Provision s. BGH WM 1976, 1194; Wegfall der zurückzuzahlenden Bereicherung (§ 818 III BGB), zB durch Provisionszahlung an Mitarbeiter, BGH BB 1978, 1090, NJW 1981, 278.

E. (Mit-)Ursächlichkeit. Die Tätigkeit des Maklers (HdlMakler ist Vermitt- 50
lungsmakler, → Rn. 13) muss **für** den erfolgten **Abschluss des Auftraggebers** (enge Ausnahmen s. weiter unten) **mit dem Dritten** (→ Rn. 46 ff.) zumindest mitursächlich gewesen sein, nicht die Einzige oder hauptsächliche Ursache („infolge" in § 652 I 1 BGB), BGH WM 1974, 257, OLG Düsseldorf NJW-RR 2009, 487. Mitursächlichkeit setzt eine für das Zustandekommen des Vertrags wesentliche Maklerleistung voraus; der Auftraggeber muss durch sie den Anstoß zu konkreter Bemühung um das Objekt bekommen haben, BGH NJW 1983, 1849, zufällige Erfolgsherbeiführung ohne wesentliche Maklerleistung genügt nicht, BGH WM 1988, 1492 (Ergebnis zweifelhaft), ausreichend ist, dass beim Vertragsgegner ein Motiv gesetzt wurde, das nicht völlig unbedeutend ist, BGH NJW-RR 2016, 1139. Mitursächlichkeit durch **mittelbare Einwirkung** auf andere als die beiden Vertragsinteressenten ist idR zu verneinen, zB späterer Abschluss mit dem zur Beurkundung herangezogenen Notar, BGH NJW 1976, 1844, bei unbefugter Weitergabe der Information aber Schadensersatzpflicht (→ Rn. 39); anders, also Ursächlichkeit **bei fehlender personeller Identität** von Auftraggeber und dem mit dem Dritten Abschließenden, **nur** ganz **ausnahmsweise,** → Rn. 41. Mitursächlichkeit ist auch bei Abbruch der vom Makler eingeleiteten Verhandlung und in angemessenem Abstand folgende Neuverhandlung und Abschluss ohne ihn nicht ausgeschlossen, BGHZ 141, 40, NJW 1980, 123; 2008, 651 (Nachweismakler). **Unterbrechung des Kausalzusammenhangs** ist aber beim Nachweismakler nur ganz ausnahmsweise anzunehmen, so wenn der frühere Nachweis keinerlei Nachwirkungen mehr hat und Wiederaufnahme der Verhandlung auf völlig neuem Kaufentschluss des Auftraggebers beruht, BGH WM 2007, 1076, Röhricht/Röhricht/Mock vor § 93 Rn. 99, Bspe: OLG Bamberg NJW-RR 1998, 565, OLG Frankfurt a. M. NJW-RR 1999, 635, OLG Düsseldorf NJW-RR 2000, 1362; 2000, 1504; ebenso wenn der Auftraggeber die Verkaufsabsicht endgültig aufgegeben oder sich für einen anderen Interessenten entschieden hat und die Verkaufsgelegenheit dann später unter veränderten Umständen ohne Zutun des Nachweismaklers neu entsteht, BGH

NJW-RR 2007, 31; 2007, 402. Weisen mehrere Makler nacheinander dieselbe Gelegenheit zu unterschiedlichen Preisangeboten nach, kann nicht einfach das günstigste Angebot als das allein ursächliche angenommen werden, vielmehr kommt es auf Unterbrechung des Kausalzusammenhangs und Fehlen der inhaltlichen Gleichwertigkeit im Hinblick auf den Preisunterschied an, BGHZ 78, 273, NJW 1980, 123. War die Tätigkeit des Maklers ursächlich, so schadet es nicht, dass der **Abschluss erst nach Ende des Maklervertrags** zustandekommt, zB nach Tod des Maklers, BGH BB 1965, 396, oder nach (zulässigem) Widerruf (→ Rn. 18) des Auftrags, BGH BB 1966, 799; 1969, 934. Bei Übernahme der Maklerkosten durch den Dritten kommt es nicht auf die Kündigung des Maklervertrages durch den Auftraggeber, sondern darauf an, dass dieser sich anderweitig vertraglich bindet, BGH NJW 2020, 2794. **Vorkenntnis** des Auftraggebers von der nachgewiesenen Gelegenheit hindert Ursächlichkeit und damit Provisionsanspruch, außer wenn anders vereinbart (→ Rn. 66), OLG Celle NJW-RR 1995, 501. Der Auftraggeber muss seine Vorkenntnis nicht umgehend klarstellen, BGH WM 1984, 63. Ursächlichkeitsfiktionsklausel mangels Mitteilung der Vorkenntnis ist unwirksam, auch unter Kflten, BGH BB 1976, 1100 (→ Rn. 66).

51 Die **Beweislast** für Ursächlichkeit liegt beim Makler, zB bei Eingehen von Angeboten mehrerer Makler über dasselbe Objekt, BGH NJW 1979, 869. Bei engem zeitlichem Zusammenhang zwischen Hinweis und entspr. Abschluss besteht Vermutung für Ursächlichkeit, BGH WM 1984, 560, je nachdem auch noch nach einem halben Jahr, BGH NJW 2005, 3781, nicht mehr nach einem Jahr, BGH NJW 2006, 3063; 2019, 1226. Kausalitätsunabhängiges Provisionsversprechen nur bei eindeutiger, idR ausdrücklicher Individualvereinbarung, BGH WM 1986, 211, Bsp.: OLG Celle NJW-RR 1995, 501; unwirksam in AGB, → Rn. 64–66.

52 F. **Keine Verwirkung.** Der Makler verwirkt seinen Lohnanspruch nach § 654 BGB. § 654 BGB drückt einen allgemeinen Rechtsgedanken aus (nach Rspr. Strafcharakter und Anspornfunktion, BGHZ 36, 323, NJW-RR 2005, 1424, NJW 2019, 938), der ihn bei jeder schwerwiegenden Pflichtverletzung über seinen Wortlaut (**vertragswidrige Doppeltätigkeit,** nur solche, → Rn. 32 f.) hinaus anwendbar macht. Er greift nicht schon bei jeder schuldhaften Pflichtverletzung ein (bei solcher Schadensersatzpflicht nach § 280 BGB, → Rn. 36), sondern nur bei schwerwiegendem, mindestens grobfahrlässigen Verstoß gegen eine wesentliche Pflicht derart, dass der Makler „eines Lohnes unwürdig ist", auf Eintritt eines Schadens kommt es dabei nicht an; umfangreiche Kasuistik, zB BGHZ 36, 327; 48, 350 (treuwidrige Doppeltätigkeit), NJW 1969, 1628 (Verheimlichen von Sonderabmachungen), 1981, 280; 1981, 2297; 1983, 1847 (eigenes Kaufinteresse des Maklers), 1986, 2573 (unredlich erreichte Provisionserhöhung), WM 1990, 77 (Veranlassung zu formnichtiger Kaufverpflichtung, trotz späterer Heilung), NJW 1992, 681 (Anwalt, iErg abl.), 2000, 3068 (nicht bei Offenlegung und Vermittlung als „ehrlicher Makler"); nicht schon bei Verwendung unzulässiger AGB, BGH WM 2005, 1480, anders bei besonderen Umständen, Fischer NJW 2007, 3111. Dabei haftet der Makler für Erfüllungsgehilfen nach § 278 BGB, OLG Hamm NJW-RR 2000, 59. § 254 BGB ist auf Verwirkung nicht anwendbar (Grund: nicht Schadensersatz), BGHZ 36, 326. Verwirkung nach § 654 BGB schließt auch entspr. Zahlung nach § 812 BGB aus, Werner NJW 1971, 1944 f., gegen OLG Köln NJW 1971, 1943. Bei Treuepflichtverletzung nach Provisionsempfang keine Verwirkung (Rückzahlung), nur Schadensersatzpflicht nach § 280 BGB, BGHZ 92, 184.

7) Schuldner, Höhe, Fälligkeit des Provisionsanspruchs

53 A. **Schuldner.** Provisionsschuldner ist der Auftraggeber. Bei Ausübung des **Vorkaufsrechts** entfällt die Provisionspflicht des Erstkäufers gegenüber dem

8. Abschnitt. Handelsmakler 54–56 § 93

Grundstücksmakler, da er nichts erhält (→ Rn. 43). Der Vorkaufsberechtigte, der anstelle des Erstkäufers in den Vertrag eintritt, ist provisionspflichtig, wenn der Kaufvertrag Provisionsversprechen zugunsten des Maklers beinhaltet (**Maklerklausel** im Erstvertrag; §§ 133, 157 BGB), BGHZ 131, 318, BB 1963, 9, str., Ausnahme (Fremdkörper), BGH WM 2007, 696. Auch sonst kann der Makler einen unmittelbaren Anspruch aus Vertrag zu seinen Gunsten (§ 328 I BGB) haben, BGHZ 138, 170. Versicherungsmakler → § 99 Rn. 3. Zur Maklerklausel auch → Rn. 48; Grziwotz MDR 2004, 61.

Bei **Doppeltätigkeit** (vgl. → Rn. 32–33) schuldet jeder Auftraggeber dem 54 Makler Lohn (vgl. auch → § 99 Rn. 1 über Lohnanspruch gegen beide Parteien), andernfalls trotz § 354 nur der Vertragspartner, in dessen Interesse der Makler erkennbar handelt, BGH BB 1981, 756. Dem Lohnanspruch gegen den Käufer steht nicht entgegen, dass dieser infolge entsprechender Kaufpreiserhöhung schon den vom Verkäufer geschuldeten Lohn trägt, OLG Köln BB 1971, 326. Vereinbarung, dass der Zweitauftraggeber (zB Eigentumswohnungskaufinteressent) erfolgsunabhängig (→ Rn. 48) vollen Lohn (nicht nur angemessene Tätigkeitsvergütung) schuldet, während der Erstauftraggeber (Verkäufer) ungebunden bleibt, ist unwirksam (§ 138 BGB, Widerspruch zur Unparteilichkeit, → Rn. 32–33), BGHZ 61, 23.

B. **Höhe.** Die Höhe des Maklerlohns bestimmt sich nach Vereinbarung, hilfs- 55 weise Taxe, ganz hilfsweise Üblichkeit (§ 653 II BGB), BGHZ 94, 98, NJW 1981, 1444; 1982, 1523. Üblich sind bei Vermittlung von Grundstückskaufverträgen zwischen 3% bis 5% zzgl. MWSt, BGH NJW 2000, 2669, vgl. BGHZ 125, 139, mit Grenzen nach oben Fischer NJW 2009, 3214 von regionalen Abweichungen, Fischer NJW 2015, 3282. Berechnung bei Unternehmensverkauf s. BGH NJW 1995, 1738, OLG Düsseldorf NJW-RR 2000, 1506. Mangels fester Übung iZw kein Bestimmungsrecht des Maklers nach § 316 BGB, sondern des Gerichts auf Grund (uU ergänzender) Vertragsauslegung, BGHZ 94, 104. Keine Herabsetzung eines überhöhten Maklerlohns (Ausnahme § 655 BGB, aber fast gegenstandslos wegen AFG, keine entsprechende Anwendung, BGH NJW 2016, 3233); bei sittenwidriger Höhe Unwirksamkeit des gesamten Maklervertrags, → Rn. 17. Kaufpreisminderung (§§ 437 Nr. 2, 441 BGB) lässt iZw die Provision unberührt, BGH WM 1977, 23. Makler kann iZw nicht zusätzlich Mehrwertsteuer überwälzen, OLG Köln OLGZ 1972, 10, OLG Zweibrücken OLGZ 1977, 216 (→ Einl. vor § 373 Rn. 4). Handelt der Auftraggeber selbstständig einen höheren Kaufpreis aus, schuldet er dem Makler Provision nur aus dem ursprünglich niedrigeren Preis, OLG Nürnberg MDR 1977, 52. Absprache, dass dem Makler der Verkaufserlös über einen bestimmten Betrag als Provision zukomme (**Übererlösklausel**), ist zulässig (→ Rn. 33); der Makler muss dann aber den Auftraggeber über den objektiv erzielbaren Erlös, OLG Düsseldorf NJW-RR 1999, 1140, und über den erzielten Erlös unterrichten, BGH NJW 1969, 1628, ausnahmsweise § 138 BGB, BGHZ 125, 135. Verzicht auf Lohn, von dem der Auftraggeber den Abschluss abhängig macht, ist nicht anfechtbar wegen Drohung (§ 123 BGB), wenn nur so Einigung mit dem Geschäftspartner möglich war, BGH NJW 1969, 1627. Mehrere mitursächlich gewordene Makler können jeweils vollen Provisionsanspruch haben, hL, Rspr., aA *Knütel* ZHR 144 (1980), 289: für Lohnteilung entspr. § 660 I 1 BGB; andere Absprache ist möglich, BGH BB 1963, 835 (→ Rn. 37–38, 50–51). Als **Courtage** erhält der Versicherungsmakler je nachdem einmalige Provision, zB Lebensversicherung, oder laufend Prozente, dann auch für Bestandspflege, OLG Frankfurt a. M. VersR 1995, 92, letzterenfalls deckt die Courtage Vermittlung und spätere Betreuung (idR hälftig) ab OLG Hamm VersR 1995, 658 (vgl. → § 93 Rn. 34, → § 99 Rn. 3).

C. **Fälligkeit.** Der Provisionsanspruch ist mit Zustandekommen des Haupt- 56 vertrags (→ Rn. 40–52) fällig (§ 652 I 1 BGB); bei entspr. Vereinbarung auch schon vorher, zB mit Abschluss eines Vorvertrags (→ Rn. 42) oder unter den Voraussetzungen eines unabhängigen Provisionsversprechens (→ Rn. 48). Bei entspr. Vereinbarung auch erst später, zB erst nach Vertragsausführung (→ Rn. 37–38); letzterenfalls ist § 87a III nicht analog anwendbar, BGH BB 1966, 516, str., es kann aber aufschiebende Bedingung gewollt sein (→ Rn. 44).

57 D. **Verjährung.** Der Provisionsanspruch verjährt in 3 Jahren nach §§ 195, 199 BGB (→ Einl. vor § 343 Rn. 16).

58 E. **Insolvenz.** s. BGHZ 63, 74.

8) Alleinauftrag

59 A. **Begriff und Funktion.** Bei **Alleinauftrag,** zT auch **Festauftrag** genannt, vgl. OLG Hamburg BB 1955, 847, SchiedsG CaffeeHdlVerein (75) St/Ul II D 1d Nr. 19 („Festofferte", „An die Hand", „Fest an die Hand"), verzichtet der Auftraggeber auf das Recht, weitere Makler zum gleichen Zweck einzuschalten und den Auftrag jederzeit zu widerrufen. Der Alleinauftrag vermindert also das Risiko des Maklers, trotz großer Aufwendungen und Bemühungen keine Provision zu erlangen, BGH NJW 1967, 198. Der Bindung des Auftraggebers entspricht die Pflicht des Alleinmaklers zum Tätigwerden (Maklerdienstvertrag, → Rn. 9), BGH WM 1987, 1044; ob der Alleinauftrag damit zum gegenseitigen Vertrag iSv §§ 320 ff. BGB wird, ist str., wohl nicht, da der Auftraggeber iZw auch hier volle Abschlussfreiheit behält, § 326 II BGB also insoweit nicht gilt (→ Rn. 62).

60 B. **Vertragsschluss, Wirksamkeit, Ende des Alleinauftrags. a)** Der Alleinauftrag kann wie der einfache Maklervertrag **stillschweigend** abgeschlossen werden (→ Rn. 16), str., doch muss der auf den Alleinauftrag und die damit verbundenen besonderen Pflichten gehende Wille des Auftraggebers und des Maklers eindeutig erkennbar sein. Der (einfache) Alleinauftrag kann auch durch AGB begründet werden, BGH WM 1978, 791; NJW 2020, 3306, jedenfalls unter Kflten, nicht dagegen der (qualifizierte), der auch dem Auftraggeber das Eigengeschäft untersagt (Hinzuziehungsklausel → Rn. 66), BGHZ 88, 368; 99, 377, NJW 1991, 1678, Ul/Br/He/Christensen Maklerverträge Rn. 4, 7, oder ihn sonst zB durch Provisionszahlungspflicht in seiner Abschlussfreiheit einschränkt, Röhricht/Röhricht/Mock Vor § 93 Rn. 21.

b) Für die **Wirksamkeit** des Alleinauftrags gilt dasselbe wie für den einfachen Maklervertrag, → Rn. 17.

c) Der Alleinauftrag ist aber anders als der einfache Maklervertrag iZw **nicht** jederzeit **frei widerruflich** (→ Rn. 18), sondern gilt auf angemessene Zeit (§§ 133, 157 BGB, **Festauftrag**), BGH WM 1974, 254; 1976, 534; zB sechs Monate, OLG Hamm NJW 1966, 887; BGH NJW 2020, 3306, Ul/Br/He/Christensen Maklerverträge Rn. 12, für AGB allgemeine Grenze zwei Jahre s. **(5)** § 309 Nr. 9 BGB. Ein zeitlich unbegrenzter (Verkaufs)Auftrag ist idR nichtig, § 138 BGB, BGH WM 1976, 534, eine automatische Verlängerung eines einfachen Alleinauftrags ist nur bei ausdrücklichem Hinweis auf AGB möglich, BGH NJW 2020, 3306. Bei längerer Bindung wird der Makler zum **Vertrauensmakler,** BGH NJW 1964, 1467, WM 2000, 423. Ist er auf längere Zeit eingegangen, ist er wie alle Dauerschuldverhältnisse doch vorzeitig aus wichtigem Grund kündbar (§ 314 BGB, zu beachten § 314 II, III BGB), zB durch den Auftraggeber, wenn der Makler untätig bleibt, BGH BB 1969, 850, uU auch bei Zuführung eines unseriösen Vertragspartners, BGH WM 1970, 1459. Die für den Fall vorzeitigen Widerrufs dem Makler zugesagte Zahlung ist iZw Reugeld (→ § 348 Rn. 9), dh Voraussetzung wirksamen Rücktritts, nicht (wie eine Vertragsstrafe) geschuldet, OLG München NJW 1969, 1630; AGB → Rn. 65–66. Wiederbeauftragung nach Fehlschlag → Rn. 39.

8. Abschnitt. Handelsmakler   61–66   § 93

C. Pflichten des Maklers. Beim Alleinauftrag hat der Makler anders als beim einfachen Maklervertrag (→ Rn. 23) eine **Tätigkeitspflicht** (Maklerdienstvertrag, → Rn. 9), BGHZ 60, 381, NJW 1985, 2478. Auch der alleinbeauftragte Makler ist aber nicht weisungsgebunden, BGH NJW 1992, 2818. Doppeltätigkeit ist auch bei Alleinauftrag nicht schlechthin ausgeschlossen (→ Rn. 33). Im Übrigen treffen ihn dieselben Nebenpflichten, insbesondere die Interessenwahrungs- und Treuepflicht (→ Rn. 24–36).   **61**

D. Pflichten des Auftraggebers. Der Alleinauftraggeber **behält** seine volle **Abschlussfreiheit** (→ Rn. 37–38), BGH NJW 1967, 1225; der Alleinauftrag beinhaltet auch keine Abschlussvollmacht an den Makler, SchiedsG CaffeeHdlVerein (75) St/Ul II D 1d Nr. 19; anders uU bei bedingungsloser Festofferte, SchiedsG Drogen- und Chemikalienverein (58) St/Ul II D 1d Nr. 18. Der Alleinauftrag lässt dem Auftraggeber iZw auch das **Recht zum Direktabschluss**, also ohne Mitwirkung des Maklers, BGH NJW 1961, 307, WM 1976, 534, OLG Koblenz NJW-RR 1999, 1000, str., nach aA § 326 II BGB; ebenso bei „Fest- und Alleinauftrag", OLG Düsseldorf DB 1973, 2042. Der direkt abschließende Auftraggeber schuldet dem Makler keinen Aufwendungsersatz (→ Rn. 39), anders bei Übernahme konkreter, üblicherweise nicht zu erbringender Leistungen durch den Makler (entspr. §§ 675 I, 670 BGB), OLG Hamm NJW 1973, 1976.   **62**

E. Provisionsanspruch. AGBVersprechen erfolgsunabhängiger Provision ist auch bei Alleinauftrag unwirksam, auch wenn Makler noch gewisse Garantie übernimmt, BGH NJW 1985, 2477. → Rn. 64–66.   **63**

9) Typische Maklervertragsklauseln, Grenzen für Allgemeine Geschäftsbedingungen

A. Einzelvereinbarung. Das private Maklervertragsrecht ist **nicht zwingend. Abbedingung** durch **Einzelvereinbarung** ist in den allgemeinen Grenzen (→ Rn. 17) uneingeschränkt möglich, zB BGH WM 1970, 392. Aber die Anforderung an Individualabrede nach (5) § 305 I 3 BGB sind sehr streng, BGH NJW 1988, 410, krit. Schwerdtner NJW 1990, 369.   **64**

B. Allgemeine Geschäftsbedingungen. Anders steht es bei **Allgemeinen Geschäftsbedingungen,** dazu (5) §§ 305–310 BGB, auch für den HdlMakler als Verwender von AGB; ist der Kunde Unternehmer, gelten zwar nach (5) § 310 I 1 BGB ua die Klauselverbote der §§ 308, 309 BGB nicht; doch erscheinen diese Klauselverbote über § 307 BGB im Gewande der allgemeinen Inhaltskontrolle für alle vom gesetzlichen Typ des Maklervertrags abweichenden Klauseln wieder. Im Übrigen findet, auch wenn die AGBKontrolle nicht greift, eine Inhaltskontrolle nach §§ 242, 315 III BGB Platz. Die Anforderungen müssen allerdings je nach Bereich unterschiedlich gestellt werden: was für Immobilien- und Ehemakler gilt, darf nicht ohne weiteres auf Waren-, Börsen- und Schiffsmakler ausgedehnt werden; aber auch Ul/Br/He/Christensen Maklerverträge Rn. 15. Trotzdem sind die meisten der folgenden typischen Maklervertragsklauseln, wenn in AGB vereinbart, auch für HdlMakler unwirksam, zumindest aber in ihrem Bestand rechtlich zweifelhaft. Lit.: Ul/Br/He/Christensen Maklerverträge Rn. 1 ff., Wo/Li/Pf/Stoffels Klauseln, Maklerverträge M 1 ff.   **65**

C. Typische Klauseln. Abschlussbindungsklauseln, die die Abschlussfreiheit des Auftraggebers (→ Rn. 37–38) beseitigen, sind unwirksam, BGH NJW 1967, 1225. **Alleinauftragsklausel** → Rn. 60. **Aufwendungsersatzklauseln** (→ Rn. 39) sind wirksam bei mäßigem Höchstbetrag, prozentuale Pauschalierung ist unwirksam, BGHZ 99, 374. **Dienstvertragsklauseln,** die durch Deklarierung des Maklervertrags als Dienstvertrag zu einer erfolgsunabhängigen Provision kommen, sind uU unwirksam, BGH NJW 1965, 246 (Nachweis von Kapital-   **66**

anlageinteressenten für Kreditsuchende), ähnlich OLG München MDR 1967, 212. **Doppeltätigkeitsklauseln** nur in engen Grenzen, → Rn. 52. **Eigenverkaufsklauseln,** nach denen der Auftraggeber bei Alleinauftrag kein provisionsfreies Eigengeschäft schließen darf, sind unwirksam, BGH NJW 1991, 6178; s. auch Hinzuziehungsklauseln. **Erfolgsunabhängige Provision** kann zwar im Einzelvertrag (→ Rn. 48) wirksam vereinbart werden, BGH NJW 1977, 624, aber nicht in AGB, BGHZ 60, 390, NJW 1984, 2163; das gilt auch für Alleinauftrag, → Rn. 63. **Fälligkeitsklauseln:** Vorverlegung, KG NJW 1961, 512, oder Hinausschieben der (bloßen) Fälligkeit der Provision ist zulässig (→ Rn. 37–38). **Folgegeschäftsklauseln** (→ Rn. 41) sind unzulässig, BGHZ 60, 243. **Freizeichnungsklauseln** s. **(5)** § 309 Nr. 7 BGB ua. **Gleichstellungsklausel** (→ Rn. 41), zB von Zwangsversteigerungserwerb, ist unwirksam, BGHZ 119, 32, str. **Hinzuziehungs- und Verweisungsklauseln,** die Provisionspflicht bei Abschluss durch anderen Makler oder Direktabschluss durch den Auftraggeber statuieren, sind unwirksam, BGHZ 60, 382; 88, 368, BB 1977, 60, NJW 1977, 624, BB 1981, 757, NJW 1986, 1173 (Alleinvermietungsklausel bei Ferienhaus). **Provisionsabwälzungsklauseln** („Provision trägt Käufer") können Verschiedenes bedeuten, BGH MDR 1967, 836, und sind je nachdem wirksam oder unwirksam. **Reservierungsklauseln** gegen Reservierungspauschale sind idR unzulässig, BGHZ 103, 235, NJW 2010, 3568, LG Frankfurt a. M. NJW 1984, 2419; anders uU bei Alleinauftrag, → Rn. 62. **Rückfrageklauseln,** nach denen mangels Rückfrage vor Abschluss ohne Mitwirkung des Maklers Provisionsanspruch entsteht, sind wie Vorkenntnisklauseln unwirksam. **Übererlösklauseln** sind grundsätzlich wirksam, → Rn. 33, 55. **Vertragsstrafeversprechen** s. **(5)** § 309 Nr. 6 BGB; die Bestimmung, bei jeder Pflichtverletzung schulde Auftraggeber ohne Schadensnachweis die Gesamtprovision, ist nicht Provisionsvereinbarung, auch nicht Schadenspauschalierung, sondern Vertragsstrafeversprechen, BGHZ 49, 88 (Grundstück, 6% Provision, Herabsetzung nach § 343 BGB). **Verweisungsklauseln** s. Hinzuziehungsklauseln. **Vollmachtsklauseln** s. **(5)** §§ 305b, 307, 309 Nr. 11 BGB, Ul/Br/He/H. Schmidt Vollmachtsklauseln Rn. 1. **Vorkenntnisklauseln** (→ Rn. 50–51) enthalten Vertragspflicht des Auftraggebers, innerhalb bestimmter Frist unter Hinweis auf seine Vorkenntnis zu widersprechen bzw. diese mitzuteilen; soll andernfalls Provision geschuldet bzw. Fehlen der Vorkenntnis unwiderleglich vermutet sein, sind sie unwirksam, BGH NJW 1976, 2345; anders wenn sie nur die Beweislast, die hier nach dem Gesetz ohnehin den Auftraggeber trifft, festhalten, BGH NJW 1971, 1173. **Weitergabeklauseln** (→ Rn. 39), also Provisionspflicht bei Weitergabe an Dritte, die die Information ausnützen, ohne selbst provisionspflichtig zu werden, sind wirksam, BGH NJW 1987, 2431, str. **Widerrufsklauseln,** nach denen bei vorzeitigem Widerruf volle Provision geschuldet wird, sind unwirksam, BGH NJW 1967, 1225; 1979, 367, nach aA nur, wenn in der ausbedungenen Zeit noch nicht Provision verdient worden wäre. **Zwangsversteigerungserwerb** s. Gleichstellungsklausel.

10) Internationales Maklerrecht

Das auf den Maklervertrag anwendbare Recht kann ausdrücklich oder stillschweigend gewählt werden (freie Rechtswahl, Art. 3 Rom I-VO). Ohne solche Wahl gilt das Recht der gewerblichen Niederlassung des Maklers (Geschäftssitz, Art. 4 I lit. b Rom I-VO, bei Ges. Hauptverwaltung, Art. 19 I Rom I-VO); BGH AWD 1963, 58, NJW-RR 1991, 1073, OLG Düsseldorf RIW 1997, 780, OLG München VersR 2001, 459, vgl. BGH NJW 1996, 2569 (Vermittlergarantie), aA für Einzelfallprüfung, BGH NJW 1977, 1586, oder gemeinsame Staatsangehörigkeit, OLG Frankfurt a. M. AWD 1973, 558. Nach der Gesamtheit der Umstände kann Maklervertrag aber engere Verbindungen mit einem anderen Staat aufweisen (Art. 4 III Rom I-VO), zB Vermittlung von Waffenkäufen. Welchem Recht der vermittelte Vertrag untersteht, ist grundsätzlich unmaßgeb-

8. Abschnitt. Handelsmakler 1–3 § 94

lich, str. Untermaklervertrag und ähnliche Verträge (→ Rn. 19) sind mangels anderen Parteiwillens selbstständig anzuknüpfen, aA bloßer Annex zum Hauptmaklervertrag, OLG Düsseldorf RIW 1997, 780. Für Sonderanknüpfung von § 100 Ebenroth/Reiner 83. Lit.: Klingmann 1999; Reithmann/Martiny/Martiny Rn. 1391; Ebenroth RIW 1984, 165.

[Schlussnote]

94 (1) **Der Handelsmakler hat, sofern nicht die Parteien ihm dies erlassen oder der Ortsgebrauch mit Rücksicht auf die Gattung der Ware davon entbindet, unverzüglich nach dem Abschlusse des Geschäfts jeder Partei eine von ihm unterzeichnete Schlußnote zuzustellen, welche die Parteien, den Gegenstand und die Bedingungen des Geschäfts, insbesondere bei Verkäufen von Waren oder Wertpapieren deren Gattung und Menge sowie den Preis und die Zeit der Lieferung, enthält.**

(2) **Bei Geschäften, die nicht sofort erfüllt werden sollen, ist die Schlußnote den Parteien zu ihrer Unterschrift zuzustellen und jeder Partei die von der anderen unterschriebene Schlußnote zu übersenden.**

(3) **Verweigert eine Partei die Annahme oder Unterschrift der Schlußnote, so hat der Handelsmakler davon der anderen Partei unverzüglich Anzeige zu machen.**

1) Rechtliche Bedeutung der Schlussnote und des Schweigens auf sie

A. **Bloßes Beweismittel.** Die Erteilung der Schlussnote ist für das Zustandekommen und die Wirksamkeit des vermittelten Geschäfts (→ § 93 Rn. 42–45) ohne Bedeutung. Die Schlussnote ist bloßes Beweismittel für Abschluss und Inhalt des vermittelten Geschäfts; sie hat keine förmliche Beweiskraft, außer für die in ihr niedergelegte Erklärung des Maklers (Privaturkunde § 416 ZPO), RGZ 90, 168, BGH NJW 1955, 1917. Das Fehlen von in der Schlussnote nicht erwähnten Abreden wird vermutet **(Vollständigkeitsvermutung),** soweit solche Abreden üblicherweise in sie aufgenommen werden. 1

B. **Schweigen auf Schlussnote.** Vorbehaltlose Annahme durch die Parteien **bedeutet** nach HdlBrauch **Zustimmung** zur Verbindlichkeit des Abschlusses mit dem in der Schlussnote angegebenen Inhalt (ohne weitere Abreden), **wie beim** kfm. und beruflichen **Bestätigungsschreiben** (→ § 346 Rn. 32), RGZ 105, 205, BGH NJW 1955, 1917, WM 1983, 684. Das gilt auch im Falle von II, die Unterschriften dienen nur der Beweissicherung, RGZ 59, 350, OLG Hamburg BB 1955, 847; auch falls der Abschluss vorher noch nicht bindend war; anders bei ungleichen Schlussnoten, RGZ 123, 99, oder wenn die Schlussnote einen Vorbehalt einer Partei vermerkt, zB „Schlussschein des Verkäufers folgt", dann bindet diese Partei erst ihre nachfolgende Bestätigung, erst deren vorbehaltlose Annahme durch die andere kann den Abschluss vollenden, und es gilt dann der Inhalt dieses Verkäuferschlussscheins BGH MDR 1956, 219. Schweigen auf eine vom HdlMakler vor Zustandekommen des Vertrags ausgestellte „Kaufbestätigung" ist noch nicht Schweigen auf Schlussnote, jedenfalls wenn der HdlMakler weiß, dass die von den Parteien vereinbarte Bedingung noch nicht eingetreten ist, Hmb. frdsch Arbitr (78) St/Ul II D 1b Nr. 30. Zurechnung des Schweigens (Organisationsrisiko), Schutzgrenzen und Anfechtbarkeit **wie beim Schweigen auf Bestätigungsschreiben** → § 346 Rn. 16–29. 2

C. **Widerspruch gegen Schlussnote.** Es gelten dieselben Grundsätze wie für den Widerspruch gegen ein Bestätigungsschreiben (→ § 346 Rn. 25). Rechtzeitiger Widerspruch (unverzüglich, § 121 I BGB, empfangsbedürftig, § 130 BGB) ist idR der Gegenpartei zu erklären, ist also dann unwirksam, wenn er dem 3

§ 94 4–7

Makler erklärt und von diesem nicht weitergegeben worden ist (Haftungsfolgen für diesen → Rn. 6), RGZ 105, 206, Hmb. frdsch Arbitr (76) St-Ul II D 1b Nr. 26; im Einzelfall genügt aber Widerspruch gegenüber dem Makler, BGH WM 1983, 684, zB bei HdlBrauch, Vereinbarung oder uU wenn jeder Partei ein Makler sekundiert. Kein Widerspruch liegt in einer auf einen früheren Termin als die Schlussnote datierten Erklärung, Hmb. frdsch Arbitr (76) St/Ul II D 1b Nr. 26. Schweigen auf verspätete Bezeichnung bei vorbehaltener Aufgabe → § 95 Rn. 2. Widerspruch ist **entbehrlich,** wenn die Schlussnote selbst entsprechenden Vorbehalt macht, zB Klausel „Schlussschein (der anderen Seite) folgt", BGH NJW 1955, 1916. In dem Widerspruchsschreiben kann uU **gegenläufiges Bestätigungsschreiben** liegen, das dann die Gegenpartei ihrerseits in Zugzwang setzt, weil sonst dessen Inhalt gilt, OLG Hamburg BB 1955, 847 (→ § 346 Rn. 25). Vom Widerspruch ist der **Berichtigungsanspruch** zu unterscheiden, den eine Partei gegen den Makler, der sich ihrer Ansicht nach geirrt hat, geltend macht.

2) Inhalt und Zustellung der Schlussnote

4   A. **Zustellung der vom Makler unterzeichneten Schlussnoten.** Unverzüglich (§ 121 I 1 BGB) nach Abschluss des vermittelten Geschäfts (auch eines bedingten, anfechtbar oder sonstwie nicht von sicherem Bestand erscheinenden) hat der HdlMakler jeder Partei für beide gleich lautende, von ihm unterzeichnete Schlussnote zuzustellen. Anders wenn beide Parteien des Geschäfts dies erlassen (verzichtet nur eine, bleibt es bei der Zustellung an beide) oder wenn der Ortsbrauch mit Rücksicht auf die Gattung der Ware davon entbindet; ein für alle Warengattungen von der Pflicht zur Erteilung der Schlussnoten entbindender Ortsbrauch wäre unwirksam. Der Mindestinhalt der Schlussnote umfasst nach **I** Angaben über die Parteien (Vorbehalt der Aufgabe s. § 95) den Gegenstand und die Bedingungen des Geschäfts; bei Waren- oder Wertpapierverkäufen deren Gattung und Menge sowie Preis und Lieferzeit. Für Zustellung genügt einfacher Brief.

5   B. **Parteienunterschrift.** Soll das vermittelte Geschäft nicht sofort erfüllt werden, auch nur durch einen Teil, zB bei Stundung des Kaufpreises (str.), muss der HdlMakler zur Stärkung der Beweiskraft der Schlussnoten jeder Partei eine (zunächst von ihm nach I unterzeichnete) Schlussnote zur (Mit)Unterschrift und Rückgabe, dann jeder Partei die von der anderen unterschriebene zustellen **(II)**.

6   C. **Verweigerung der Annahme oder Unterschrift.** Verweigert eine Partei entweder die Annahme der Schlussnote (Fall von I) oder die Unterschrift (Fall von II), hat der HdlMakler dies unverzüglich der anderen mitzuteilen **(III),** um sie in die Lage zu setzen, Bestand oder Nichtbestand des Geschäfts rasch zu klären. Auch sonst muss der HdlMakler entspr. III oder jedenfalls auf Grund seiner Interessenwahrungspflicht (→ § 93 Rn. 24–31) andere ihm bekannt werdende, das wirksame Zustandekommen des Geschäfts in Zweifel setzende Tatsachen den Parteien mitteilen, zB dass eine Schlussnote eine Partei nicht erreicht oder dass eine Partei ihm gegenüber widersprochen hat (→ Rn. 3). Verstoß führt zur Schadensersatzpflicht (→ § 93 Rn. 36).

3) Internationaler Verkehr

7   Die Grundsätze über das Schweigen auf Maklerschlussnoten gelten auch im internationalen HdlVerkehr, Hmb. frdsch Arbitr (76) St/Ul II D 1b Nr. 26; entscheidend ist aber das Recht des Sitzes bzw. gewöhnlichen Aufenthaltsortes des Schweigenden, → § 346 Rn. 29 zum Bestätigungsschreiben.

8. Abschnitt. Handelsmakler **§ 95**

[Vorbehaltene Aufgabe]

95 (1) Nimmt eine Partei eine Schlußnote an, in der sich der Handelsmakler die Bezeichnung der anderen Partei vorbehalten hat, so ist sie an das Geschäft mit der Partei, welche ihr nachträglich bezeichnet wird, gebunden, es sei denn, daß gegen diese begründete Einwendungen zu erheben sind.

(2) Die Bezeichnung der anderen Partei hat innerhalb der ortsüblichen Frist, in Ermangelung einer solchen innerhalb einer den Umständen nach angemessenen Frist zu erfolgen.

(3) ¹Unterbleibt die Bezeichnung oder sind gegen die bezeichnete Person oder Firma begründete Einwendungen zu erheben, so ist die Partei befugt, den Handelsmakler auf die Erfüllung des Geschäfts in Anspruch zu nehmen. ²Der Anspruch ist ausgeschlossen, wenn sich die Partei auf die Aufforderung des Handelsmaklers nicht unverzüglich darüber erklärt, ob sie Erfüllung verlange.

1) Vorbehalt der Aufgabe (I)

Eine abschlusswillige Partei kann sich auf den Abschluss zu bestimmten Bedingungen mit einer erst noch vom Makler zu bestimmenden anderen Partei festlegen, so wenn sie eine Schlussnote des Maklers annimmt, in der dieser die übrigen Bedingungen (nach § 94 I, auch die Zeit der Lieferung) festlegt, die **Bezeichnung des Geschäftsgegners** aber (abw. von § 94 I) sich noch **vorbehält** (I; „Aufgabe vorbehalten", „in Aufgabe", „für Aufgabe"). Der Abschluss wird idR vollendet, wenn der Makler fristgemäß (→ Rn. 2) dem Auftraggeber die andere Partei benennt, nach aA Zeitpunkt der Einigung zwischen (bevollmächtigtem) Makler und der anderen Partei, aber unter der auflösenden Bedingung, dass der Auftraggeber nicht begründete Einwendungen gegen die Person des Benannten erhebt, dh wegen seine Eignung als Geschäftspartner, zB wegen ungenügender Leistungsfähigkeit, schlechten Rufs RGZ 24, 70, fehlender Kreditwürdigkeit, Fehlens bestimmter vereinbarter Eigenschaften des zu Benennenden, RGZ 33, 133 („prima Ablade"), nach aA auch nicht geschäftsrelevante, rein persönliche Einwendungen, Heymann/Herrmann Rn. 8. Konstruktion des Vertragsschlusses ist str.: Annahme der Schlussnote durch Auftraggeber als auflösend bedingtes Angebot an unbestimmte Partei (ad incertam personam) durch Makler als Bote, hL, oder als unwiderrufliche Bevollmächtigung des Maklers zur Abgabe eines eingeschränkten Angebots, Canaris § 19 Rn. 17, 20, je nachdem gelten §§ 158 II ff. BGB oder §§ 177 ff. BGB. Vorbehalt der Aufgabe braucht nicht notwendig in der Schlussnote selbst enthalten sein, sofern für die Partei eindeutig, I ist insoweit restriktiv auszulegen, nach aA Analogie (→ Rn. 5). Für die Erhebung der Einwendung (empfangsbedürftige Willenserklärung) gegen die Person des Benannten sieht das Gesetz zwar grundsätzlich keine Frist vor, aber Erklärung innerhalb handelsüblicher Frist kann erwartet werden, sonst nur noch Anfechtung (mit Schadensersatzpflicht nach § 122 BGB), Röhricht/Röhricht/Mock Rn. 10, aA unverzüglich (§ 121 BGB), aA überhaupt keine Frist mit Grenze nur aus § 242 BGB; jedenfalls Schadensersatz bei Pflichtverletzung des Maklers (§ 280 BGB). **Nicht** Vorbehalt der Aufgabe ist Abschluss (uno actu) mit bestimmter, jedoch vom Makler der ersten Partei (mit ihrem Einverständnis) nicht genannter Gegenpartei („verdeckte Partei"), RGZ 97, 262; § 95 gilt nicht, auch keine Inanspruchnahme des Maklers nach III; Haftung des Maklers neben der ungenannten Gegenpartei oder nur Pflicht des Maklers, auf Anfordern diese zu nennen, kann vereinbart werden. I gilt auch nicht, wenn Benennung vereinbarungsgemäß nicht notwendig ist, so wenn der Auftraggeber nur an der Durchführung des Geschäfts einerlei durch wen interessiert ist, OLG Hamburg MDR 1955, 363 (Schiffsmakler/Verfrachter).

2) Benennung innerhalb der ortsüblichen Frist (II)

2   Der Hdlmakler muss dem Auftraggeber die zunächst nicht genannte Partei innerhalb der ortsüblichen Frist, im Hamburger Chartergeschäft: alsbald, OLG Hamburg MDR 1955, 234, hilfsweise in nach den Umständen angemessener Frist bezeichnen **(II)**. Bei Verspätung gelten §§ 149, 150 I BGB; der Auftraggeber ist dann an seinen Antrag nicht mehr gebunden, der Vertrag kommt nicht mehr zustande (außer bei Annahme des neuen Angebots durch Auftraggeber), Schweigen des Auftraggebers auf eine solche verspätete Bezeichnung gilt nicht als Zustimmung (vgl. → § 94 Rn. 2). Stattdessen Eigenhaftung des HdlMakler (→ Rn. 3).

3) Eigenhaftung des Maklers (III)

3   A. **Eigenhaftung des Maklers.** Bei vorbehaltener Aufgabe legt der Makler den Auftraggeber auf das Geschäft fest, bevor dieser den Geschäftsgegner kennt; er muss dann auch dafür einstehen, dass das Geschäft wirklich zustandekommt. Bestehen gegen die von ihm benannte Gegenpartei begründete Einwendungen (I) oder bezeichnet er die Gegenpartei nicht fristgemäß (II) und scheitert dadurch der Hauptvertrag, kann der Auftraggeber den Makler selbst auf Erfüllung in Anspruch nehmen **(III 1)**. Es handelt sich dabei um eine Eigenhaftung kraft Gesetzes ähnlich der Eigenhaftung des Kommissionärs (384 III) und der Delkrederehaftung (§ 394). Der Abschluss kommt dann mit dem Makler selbst zustande, BGHZ 68, 363; dieser haftet, wenn er nicht erfüllt, auf Schadensersatz statt der Leistung, wenn er verspätet erfüllt, auf Ersatz des Verzögerungsschadens; der Provisionsanspruch entfällt mangels Maklerleistung wie bei enger wirtschaftlicher Verbindung (→ § 93 Rn. 46–49), Röhricht/Röhricht/Mock Rn. 14, aA Canaris § 19 Rn. 24. Auch eine Schiedsklausel in dem vorgesehenen Vertrag wirkt dann gegen den Makler (anders als im Falle § 179 BGB gegen den vollmachtlosen Vertreter), einschließlich der Kompetenz-Kompetenz-Klausel (→ Einl. vor § 1 Rn. 2), BGHZ 68, 363. Der Auftraggeber braucht von III keinen Gebrauch zu machen, er kann gegen den Makler auch wegen schuldhafter Pflichtverletzung (§ 280 BGB) vorgehen. III begründet ein Recht der Partei, nicht des Maklers. Der Makler hat iZw kein Recht zum Selbsteintritt; benennt er sich selbst als Geschäftsgegner, kann die Partei ihn ohne weitere Gründe ablehnen, OLG Hamburg OLGE 36, 268; abweichende Abrede möglich. Der HdlMakler haftet wie bei nicht fristgemäßer Benennung auch dann, wenn er zwar eine Gegenpartei benennt, aber die mit dieser vereinbarten Vertragsbedingungen von der Schlussnote abweichen, und zwar auch nur geringfügig und ohne Verschulden des HdlMaklers, Grenze: § 242 BGB, nach aA entspr. § 313 BGB (Geschäftsgrundlage), Canaris § 19 Rn. 23.

4   B. **Aufforderung zur Erklärung.** Um die Ungewissheit über seine Erfüllungshaftung zu beseitigen, kann der HdlMakler den Auftraggeber zur Erklärung auffordern, ob er Erfüllung verlange. Erklärt sich der Auftraggeber nicht unverzüglich (§ 121 BGB), ist der Erfüllungsanspruch ausgeschlossen **(III 2);** ein Schadensersatzanspruch wegen Schlechtbenennung oder verspäteter Benennung wird dadurch nicht berührt und auch nicht schon verwirkt.

4) Anwendung in anderen Fällen

5   § 95 gilt jedenfalls analog (→ Rn. 1), wenn der Makler **in anderer Form** (nicht durch Schlussnote) der Auftraggeberpartei das Geschäft mit Vorbehalt der Bestimmung des Gegners als abgeschlossen bezeichnet und die Partei nicht widerspricht, RGZ 103, 68, OLG Hamburg OLGE 36, 268 (→ § 94 Rn. 2). § 95 ist ferner entspr. auf **Handelsvertreter** anwendbar, RGZ 97, 261.

8. Abschnitt. Handelsmakler § 98

[Aufbewahrung von Proben]

96 ¹Der Handelsmakler hat, sofern nicht die Parteien ihm dies erlassen oder der Ortsgebrauch mit Rücksicht auf die Gattung der Ware davon entbindet, von jeder durch seine Vermittlung nach Probe verkauften Ware die Probe, falls sie ihm übergeben ist, so lange aufzubewahren, bis die Ware ohne Einwendung gegen ihre Beschaffenheit angenommen oder das Geschäft in anderer Weise erledigt wird. ²Er hat die Probe durch ein Zeichen kenntlich zu machen.

Ist ein Kauf nach Probe (oder Muster, → Einl. vor § 373 Rn. 14) geschlossen 1 und dem Makler die **Probe** übergeben worden, so hat er sie **aufzubewahren,** bis sich das Geschäft erledigt hat, sei es durch Annahme der Ware seitens des Käufers ohne Einwendungen gegen ihre Beschaffenheit oder in anderer Weise, zB Unterlassen der Rüge (§ 377). Die Aufbewahrungspflicht besteht nicht nur gegenüber dem Auftraggeber, sondern gegenüber beiden Parteien (Erlassen nur durch beide, Satz 1). Aufbewahrungspflicht nach § 96, ohne Provision außer bei anderer Vereinbarung. Aufbewahrungspflicht wird durch Vorlagepflicht ergänzt (§ 809 BGB), Kostentragung nach § 811 BGB. Verjährung der Mängelansprüche, einvernehmliche Aufhebung. Danach darf und muss er (wenn sie nicht wertlos ist) die Probe zurückgeben, vgl. §§ 675 I, 667 BGB. Zurückbehaltungsrecht wegen eigener Ansprüche (§ 273 BGB).

[Keine Inkassovollmacht]

97 Der Handelsmakler gilt nicht als ermächtigt, eine Zahlung oder eine andere im Vertrage bedungene Leistung in Empfang zu nehmen.

Der HdlMakler ist idR **nicht zur Empfangnahme von Leistungen er-** 1 **mächtigt,** die eine Partei aus dem vermittelten Vertrag der anderen schuldet. § 97 wiederholt nur, was allgemein gilt. Besondere Vollmacht solchen Inhalts (Inkassovollmacht) ist möglich, auch HdlBrauch, str., vgl. RGZ 97, 218 betr. Abschlussvollmacht.

[Haftung gegenüber beiden Parteien]

98 Der Handelsmakler haftet jeder der beiden Parteien für den durch sein Verschulden entstehenden Schaden.

1) Haftung gegenüber beiden Parteien

Der HdlMakler steht (außer bei dem weitergehenden Doppelauftrag, → § 93 1 Rn. 33) auch zum Geschäftsgegner in einem gesetzlichen Schuldverhältnis (Rechtsnatur str., → § 93 Rn. 24). § 98 regelt im Verhältnis zum Geschäftsgegner die Folgen einer **Pflichtverletzung.** Nach § 98 haftet der HdlMakler beiden Parteien, gleich ob mit oder ohne Tätigkeitspflicht (→ § 93 Rn. 61, 23); also der Partei, die ihn zuzog, und der, mit der er den Vertrag zu vermitteln begann oder vermittelt hat, vgl. BGH WM 1963, 433, OLG München NJW 1970, 1925 (Darlehensmakler). Verhaltenspflichten des HdlMaklers gegenüber dem Auftraggeber → § 93 Rn. 23 ff.; gegenüber der anderen Partei entspr., aber nicht unbedingt deckungsgleich, auch nicht bei Doppeltätigkeit, zB bei Vermittlung für den einen und Nachweis für den anderen (→ § 93 Rn. 32–33). Haftungsmaßstab s. § 347 I. Haftung für Erfüllungsgehilfen nach § 278 BGB, mitwirkendes Verschulden § 254 BGB, zB OLG München NJW 1970, 1925 (ungenügende Aufmerksamkeit der Bank). Bsp.: Haftung des Darlehensmaklers, der

§ 99 1, 2

bei Kauffinanzierung die Darlehenssumme entgegennimmt, um sie (was unüblich ist) an Käufer (statt Verkäufer) zu leiten, ohne diese Absicht dem Kreditinstitut mitzuteilen, OLG München NJW 1970, 1925. Haftung des Emissionsgehilfen bei Vermittlung von KdtBeteiligungen (→ § 93 Rn. 12), Lutter FS Bärmann, 1975, 613, v. Grießenbeck BB 1988, 2188.

2) Abweichende Vereinbarung

2 § 98 ist nicht zwingend. Möglich ist abweichende, auch stillschweigende Vereinbarung (nach aA auch bloß tatsächliche Beseitigung des diesbezüglichen Vertrauenstatbestands, vgl. → § 93 Rn. 24, → § 347 Rn. 38a), dass der von Partei A zugezogene Makler unbeschadet seiner gesetzlichen Pflichten (vor allem betr. Schlussnoten, §§ 94, 95, Proben, § 96, Tagebuch, §§ 100 ff.) nur ihr verpflichtet sein soll. Dies kommt ua in Betracht, wenn Partei B in gleicher Weise einen anderen Makler zuzieht oder wenn der Makler deutlich macht, dass er allein im Interesse der Partei A tätig wird, idR auch, wenn Partei B von sich aus die Mitwirkung des Maklers ablehnt. Auch dann ist eine Haftung des Maklers gegenüber der Gegenpartei nicht schlechthin ausgeschlossen, zB aus § 823 II BGB iVm §§ 94 ua (s. oben), die beide Parteien vor Unklarheitsrisiken schützen sollen.

[Lohnanspruch gegen beide Parteien]

99 Ist unter den Parteien nichts darüber vereinbart, wer den Maklerlohn bezahlen soll, so ist er in Ermangelung eines abweichenden Ortsgebrauchs von jeder Partei zur Hälfte zu entrichten.

1) Lohnanspruch gegen beide Parteien

1 Der HdlMakler steht zwischen den Parteien: in einem Vertragsverhältnis zum Auftraggeber und (außer bei dem weitergehenden Doppelauftrag, → § 93 Rn. 33, 54) in einem gesetzlichen Schuldverhältnis zum Geschäftsgegner (→ § 93 Rn. 24). § 99 begründet nach herkömmlicher Ansicht angesichts der besonderen Mittlerrolle des HdlMaklers einen Provisionsanspruch kraft Gesetzes auch gegen den Geschäftsgegner, Röhricht/Röhricht/Mock Rn. 2, MüKoHGB/Ströbl Rn. 2, str. Da Erfüllungshaftung aber nur von Vertragsparteien geschuldet ist, sollte § 99 bei einer Vermittlung von Verträgen zwischen Kaufleuten teleologisch auf die Fälle des echten Doppelauftrags reduziert werden, Canaris § 19 Rn. 30, K. Schmidt § 26 II 3d, aA Röhricht/Röhricht/Mock Rn. 2. Ob Doppelauftrag vorliegt, folgt aber auch für den HdlMakler nicht schon allein aus § 99, sondern ist nach Parteivereinbarung und HdlBrauch zu entscheiden (→ § 93 Rn. 33). § 99 besagt im Verkehr zwischen Kaufleuten weder etwas für den Grund noch die Höhe des Provisionsanspruchs. Eigenständige Bedeutung kommt der Vorschrift bei Beteiligung eines Verbrauchers zu, wenn nicht ohnehin der andere Vertragsteil den Maklerlohn tragen soll und dem Grunde nach Einigkeit über die Zahlung einer Maklerprovision besteht.

2 Unter diesen Voraussetzungen schulden dem HdlMakler **beide** Parteien **Lohn**. Nach § 99 schulden sie den (Gesamt-)Lohn dem Makler hälftig (Außenverhältnis); über das Innenverhältnis besagt § 99 nichts, aA Röhricht/Röhricht/Mock Rn. 2, doch gilt dann idR, dass sie den Maklerlohn untereinander ebenso hälftig tragen, anders bei Sonderabmachung der einen Partei mit dem Makler über höheren Betrag, den sie dann auch intern allein tragen muss, Röhricht/Röhricht/Mock Rn. 2. Wendet man § 99 auch ohne Doppelauftrag an (so zutr. mangels and Abrede bei Beteiligung eines Verbrauchers), schuldet der Auftraggeber dem HdlMakler die halbe, vertraglich vereinbarte Provision, der Geschäftsgegner dagegen nicht die andere Hälfte, sondern nur die halbe übliche Courtage (§ 354), Koller/Roth Rn. 4.

2) Abweichende Vereinbarung

§ 99 ist voll dispositiv. Er gilt also nicht, wenn etwas anderes vereinbart ist, zB 3
wenn die andere Partei die Vermittlungstätigkeit für sich gegenüber dem Makler
von Anfang an ablehnt, Heymann/Herrmann Rn. 3, oder im Falle des Doppelauftrags bei abweichender Vereinbarung unter den Parteien (die aber für und gegen den Makler nur bei seiner Zustimmung wirkt) oder bei abweichendem Ortsgebrauch. Bei Verpflichtung des Maklers nur zu Dienst für eine Seite ist also nur diese provisionspflichtig, und es gilt dann auch § 654 BGB (Wegfall des Lohns bei vertragswidriger Tätigkeit für die andere Seite, → § 93 Rn. 32, 52), RG LZ 1916, 753. Der Courtageanspruch des Versicherungsmaklers (→ § 93 Rn. 7) richtet sich nur gegen den Versicherer, nicht gegen den Kunden (Versicherungsnehmer), BGHZ 94, 359; 162, 72 (Übung), OLG Frankfurt a. M. VersR 1995, 93, OLG Hamm VersR 1995, 658. Courtage bestehend aus Vermittlungs- und später Verwaltungs- bzw. Bestandspflegeentgelt, BGH WM 2005, 1477. Die Courtage teilt das Schicksal der Versicherungsprämie (entspr. § 92 IV), aber andere Vereinbarung (Nettoprämie, → § 93 Rn. 45), auch AGB, ist möglich (§ 652 BGB), BGHZ 162, 72 mAnm Loritz NJW 2005, 1757, BGH NJW 2012, 3718. Provisionsteilungsabrede ist üblich, OLG Hamburg VersR 1995, 817 = r+s 1997, 37, aber problematisch, Schwarz NJW 1995, 491.

[Tagebuch]

100 (1) ¹**Der Handelsmakler ist verpflichtet, ein Tagebuch zu führen und in dieses alle abgeschlossenen Geschäfte täglich einzutragen.** ²**Die Eintragungen sind nach der Zeitfolge zu bewirken; sie haben die in § 94 Abs. 1 bezeichneten Angaben zu enthalten.** ³**Das Eingetragene ist von dem Handelsmakler täglich zu unterzeichnen oder gemäß § 126a Abs. 1 des Bürgerlichen Gesetzbuchs elektronisch zu signieren.**

(2) **Die Vorschriften der §§ 239 und 257 über die Einrichtung und Aufbewahrung der Handelsbücher finden auf das Tagebuch des Handelsmaklers Anwendung.**

1) Tagebuchführungspflicht

HdlMakler (nicht Krämermakler, § 104) ist verpflichtet, und zwar öffentlich- 1
rechtlich (insofern auch bei Verzicht der Parteien) und (mangels abweichender Abrede) privatrechtlich gegenüber beiden Parteien:

a) ein **Tagebuch zu führen (I 1),** Art und Weise s. II iVm § 239;

b) alle von ihm vermittelten u. abgeschlossenen **Geschäfte am Abschlusstag,** nach ihrer Zeitfolge (nicht notwendig mit Angabe der Stunde der einzelnen Abschlüsse) **einzutragen,** mit Angabe von Parteien, Gegenstand, Bedingungen (**I 2** iVm § 94 I betr. Inhalt der Schlussnoten), auch Geschäfte, deren Rechtswirksamkeit zweifelhaft ist oder die klar unwirksam erscheinen, auch wieder aufgehobene, str., auch wenn Parteien auf Schlussnoten verzichteten oder Ortsbrauch sie überflüssig macht (§ 94 I); die Wirksamkeit der Geschäfte hängt hiervon nicht ab;

c) täglich (mit einer Unterschrift für das Ganze) das Eingetragene **zu unterzeichnen** oder gemäß § 126a I BGB elektronisch zu signieren (**I 3** idF FormVAnpG 2001, dazu Hähnchen NJW 2001, 2831);

d) das Buch **zehn Jahre aufzubewahren, II** iVm § 257, diese Pflicht trifft auch Erben und andere Rechtsnachfolger, auch NichtHdlMakler. IPR → § 93 Rn. 67.

§ 103

2) Haftung

2 Den Parteien, mit denen er im Vertragsverhältnis steht, **haftet** der HdlMakler für Verletzung der Pflichten aus § 100 vertraglich, einer Partei, zu der er nicht im Vertragsverhältnis steht, nach § 823 II BGB mit §§ 100, 103 (vgl. → § 98 Rn. 2).

[Auszüge aus dem Tagebuch]

101 Der Handelsmakler ist verpflichtet, den Parteien jederzeit auf Verlangen Auszüge aus dem Tagebuche zu geben, die von ihm unterzeichnet sind und alles enthalten, was von ihm in Ansehung des vermittelten Geschäfts eingetragen ist.

1) Auszugserteilungspflicht

1 Die Parteien eines im Tagebuch eingetragenen Geschäfts, auch eine Partei ohne Vertragsverhältnis zum Makler haben gegen diesen (oder seine das Buch verwahrenden Rechtsnachfolger, vgl. → § 100 Rn. 1) jederzeit Anspruch auf einen unterzeichneten (wohl ggf. auch durch Rechtsnachfolger) **Auszug**, klagbar, vollstreckbar nach § 887 ZPO (Anfertigung und Unterzeichnung des Auszugs durch Dritten).

2) Aufklärungs- und Beratungspflicht

2 Der HdlMakler schuldet den Parteien Aufklärung und Beratung (→ § 93 Rn. 27, → § 98 Rn. 1); die Parteien haben ferner bei rechtlichem Interesse (zB wenn ein Nicht-Makler-Rechtsnachfolger den Auszug gibt) Anspruch auf **Einsicht** in das Tagebuch (§ 810 BGB).

[Vorlegung im Rechtsstreit]

102 Im Laufe eines Rechtsstreits kann das Gericht auch ohne Antrag einer Partei die Vorlegung des Tagebuchs anordnen, um es mit der Schlußnote, den Auszügen oder anderen Beweismitteln zu vergleichen.

1 1) Im Prozess, zwischen den Parteien des vermittelnden Geschäfts, zwischen Makler und einer Geschäftspartei, zwischen Dritten, kann das Gericht, auf Antrag einer Prozesspartei oder von Amts wegen, **Vorlegung** des Tagebuchs anordnen, „um es mit der Schlussnote, den Auszügen oder anderen Beweismitteln zu vergleichen". Ist der Makler Prozesspartei, sind auch § 810 BGB, §§ 422 ff. ZPO anwendbar. Grenzen der Einsicht entspr. → § 259 Rn. 1.

[Ordnungswidrigkeiten]

103 (1) Ordnungswidrig handelt, wer als Handelsmakler
1. vorsätzlich oder fahrlässig ein Tagebuch über die abgeschlossenen Geschäfte zu führen unterläßt oder das Tagebuch in einer Weise führt, die dem § 100 Abs. 1 widerspricht oder
2. ein solches Tagebuch vor Ablauf der gesetzlichen Aufbewahrungsfrist vernichtet.

(2) **Die Ordnungswidrigkeit kann mit einer Geldbuße bis zu fünftausend Euro geahndet werden.**

1 1) § 103 enthält **Sanktion** der öffentlichrechtlichen Pflicht zur Führung und Aufbewahrung des Tagebuchs. Näheres s. OWiG. II idF NaStraG 2001 (Euro).

9. Abschnitt. Bußgeldvorschriften § 104a

[Krämermakler]

104 ¹Auf Personen, welche die Vermittlung von Warengeschäften im Kleinverkehre besorgen, finden die Vorschriften über Schlußnoten und Tagebücher keine Anwendung. ²Auf Personen, welche die Vermittlung von Versicherungs- oder Bausparverträgen übernehmen, sind die Vorschriften über Tagebücher nicht anzuwenden.

1) § 104 bildet unter den HdlMaklern die Kategorie der sog. **Krämermakler** nach der Art der vermittelten Geschäfte: Warengeschäfte im Kleinverkehr. Auch Krämermakler sind Kflte, Kleingewerbetreibende sind keine Krämermakler. Ein unter § 104 fallender HdlMakler ist **nach Satz 1 nicht verpflichtet, Schlussnoten zu erteilen** (§§ 94, 95) und **Tagebuch zu führen** (§§ 100–103). Erteilt er Schlussnoten, auch ohne sich dazu verpflichtet zu haben, so werden §§ 94 III, 95 anwendbar sein, uU Rechtsscheinhaftung; hat er sich verpflichtet, so kann er aus einer Säumnis nach § 98 haftbar werden. Führt er Tagebuch, auch ohne sich dazu verpflichtet zu haben, so sind §§ 101, 102 anwendbar, nicht §§ 100, 103.

2) Versicherungs- und Bausparkassenmakler (→ § 93 Rn. 7) sind nach Satz 2 (neu 1990, → § 84 Rn. 3) **nicht verpflichtet, Tagebuch zu führen** (§§ 100–103); tun sie es freiwillig, sind §§ 101, 102, nicht aber §§ 100, 103 anwendbar.

Neunter Abschnitt. Bußgeldvorschriften

Bußgeldvorschrift

104a (1) ¹Ordnungswidrig handelt, wer vorsätzlich oder leichtfertig entgegen § 8b Abs. 3 Satz 1 Nr. 2 dort genannten Daten nicht, nicht richtig oder nicht vollständig übermittelt. ²Die Ordnungswidrigkeit kann mit einer Geldbuße bis zu zweihunderttausend Euro geahndet werden.

(2) **Verwaltungsbehörde im Sinne des § 36 Abs. 1 Nr. 1 des Gesetzes über Ordnungswidrigkeiten ist die Bundesanstalt für Finanzdienstleistungsaufsicht.**

1) § 104a enthält eine Bußgeldvorschrift für Verstöße gegen § 8b III 1 Nr. 2 (Übermittlung von bestimmten kapitalmarktrechtlichen Daten an das Unternehmensregister). Zuständig ist die BaFin.

Zweites Buch. Handelsgesellschaften und stille Gesellschaft

Einleitung vor § 105

Schrifttum

a) Kommentare: Ebenroth(/Boujong/Joost/Strohn)/(Bearbeiter) Bd 1 (§§ 1–342e) 4. Aufl 2020. – GK(HGB)/(Ensthaler ua) 8. Aufl 2015. – GroßKo(HGB)/(Bearbeiter) 3. Aufl 1967 ff; 4. Aufl 1983 ff; 5. Aufl s Staub. – Habersack/Schäfer Recht der OHG, 2. Aufl 2019. – Heidel(/Schall)/(Bearbeiter) 3. Aufl 2019. – HdlbgKo/(Glanegger ua) 7. Aufl 2007. – Henssler/(Strohn)/(Bearbeiter) GesRecht (HGB), 5. Aufl 2021. – Heymann/(Bearbeiter) Bd 2 3. Aufl 2020. – Koller/(Kindler/Roth/Drüen)/(Bearbeiter) 9. Aufl 2019. – Michalski, OHGRecht, 2000. – MüKo(HGB)/(Bearbeiter) Bd 2 (§§ 105–177a) 5. Aufl 2022, für die §§ 230 ff weiter Bd 3 (§§ 161–237, Konzernrecht) 4. Aufl 2019. – MüKoBGB/Schäfer §§ 705 ff BGB (BGBGes und PartG), 8. Aufl 2020, Sonderausgabe Ulmer/Schäfer, 2021. – Oetker/(Bearbeiter) 7. Aufl 2021. – Röhricht(/Graf v Westphalen/Haas)/(Bearbeiter) 5. Aufl 2019. – Saenger/Aderhold/Lenkaitis/Speckmann/(Bearbeiter), PraxisHdb Hdl- u GesR, 2. Aufl 2011. – Schlegelberger/(Bearbeiter), 5. Aufl 1973 ff. – Staub(GroßKoHGB)/(Bearbeiter) 5. Aufl Bd 3 (§§ 105–160, Habersack, Schäfer) 2009, Sonderausgabe Habersack/Schäfer, 2. Aufl 2019, Bd 4 (§§ 161–236, Casper, Thiessen, Harbarth) 2015. – Wachter/(Bearbeiter), Praxis Hdl- u GesR, 5. Aufl 2020.

b) Lehrbücher: *Armbrüster* 4. Aufl 2018 (Fälle). – *Bayer/Lieder* 2. Aufl 2021 (Rep Hdl/GesRecht). – *Grunewald* 11. Aufl 2020. – *Hopt/Hehl/Vollrath* 4. Aufl 1996. – *Kindl* 2. Aufl 2019. – *Kindler* 9. Aufl 2019 (Grundkurs Hdl/GesRecht). – *Koch* 12. Aufl 2021. – *Kübler/Assmann* 6. Aufl 2006. – *Lettl* 5. Aufl 2022 (Fälle). – *Maties/Wank* 5. Aufl 2020 (Hdl/GesR). – *Mock* 2. Aufl. 2019. – *Prütting/Weller* 10. Aufl 2020. – *Saenger* 5. Aufl 2020. – *C. Schäfer* 5. Aufl 2018. – *K. Schmidt* GesR 4. Aufl 2002. – *Wiedemann* I 1980, II 2004. – *Wiedemann/Frey* 9. Aufl 2016 (PdW). – *Windbichler* 24. Aufl 2017.

c) Einzeldarstellungen und Sonstiges: *Flume* I 1 Personengesellschaft, 1977, I 2 Die juristische Person, 1983. – MünchHdbdGesR, Bd 1 BGB-Ges, OHG, PartG, EWIV, 5. Aufl 2019, Bd 2 KG, GmbH & Co KG, Publikums-KG, stGes, 5. Aufl 2019. – *Lutz,* Der Gfter-Streit, 6. Aufl 2020. – *Wertenbruch* 2000. – *Westermann(/Wertenbruch)/(Bearbeiter),* Hdb Personengesellschaften 2 Bde, hrsg v Westermann, Wertenbruch, (Lbl). – *Ulmer* ZHR 161 (1997), 102, AcP 198 (1998) 112. – *K. Schmidt* AcP 209 (2009), 181 (Flume), ZHR 177 (2013), 712. – *Windbichler* (Rvgl), *Schauer* (Österr), *Roth* (IPR), *Teichmann* (AuslGes & Co), *Schürnbrand, Wallach, Armbrüster* ZGR 2014, 110, 143, 168, 220, 256, 289, 333. – *Schäfer* Reform PersGesR Gutachten E 71. DJT 2016. – BMJV/Expertenkommission Mauracher Entwurf für ein Gesetz zur Modernisierung des Personengesellschaftsrechts, 2020. – Modernisierung des Personengesellschaftsrecht, ZGR-Sonderheft 23, Modernisierung des Personengesellschaftsrechts, 2021. – *Schäfer* 2022.

Muster: *Hopt/Merkt/Möritz/Hoger/Weyland* ua Vertrags- und Formularbuch zum Hdl-, Ges- und Bankrecht, 5. Aufl 2022, Teil II. A–L (mit über 80 Vertragsmustern und Formularen). – MüVertragsHdb, Bd I (GesR), 8. Aufl 2018. – *Prinz/Kahle,* Beck'sches Hdb der PersonenGes, 5. Aufl 2020. **RsprÜbersichten:** *Bergmann* 5. Aufl 2021, Kellermann/*Stodolkowitz* 4. Aufl 1994, BGHFSWissII/*Westermann* 2000, 245 (Gestaltungsfreiheit); *Stimpel* ZGR 1973, 73, *Kuhn* WM 1973, 1186; 1977, 126 (OHG), *U. Fischer* WM 1981, 638 (GbR, stGes), *Reuter* JZ 1986, 16, 72, *Brandes* WM Sonderbeil 1/1986, *Hüffer* ZHR 151 (1987), 396, *Brandes* WM 1990, 1221; 1994, 569; 1998, 261; 2000, 385, *Hirte* NJW 2012, 586; 2013, 1204; 2014, 1219; 2015, 1219; 2016, 1216; 2017, 1213; 2018, 1221; 2019, 1187; 2020, 2767; 2021, 3370; 2022, 1216, *Wertenbruch* NZG 2006, 408, *Bergmann* VGR 2011, 1; 2012, 1; 2013, 1; 2014, 1; 2015, 1, WM 2018, Beil Nr 1, *Drescher* VGR 2017, 1; 2018, 1; 2019, 1; 2020, 1; 2021, 1, *Strohn* ZInsO 2013, 12, VGR 2016, 1, *Straatmann/Ulmer* (Schiedsspruchsammlung) Bd 1 1975, Bd 2 1982, *Straatmann/Ulmer/Timmermann* Bd 3 1984, Bd 4 1988; *HK Hbg* Bd 5 1994, Bd 6 1998, keine weiteren Bde.

Übersicht

	Rn
1) Verbands- und Gesellschaftsformen	1–7
A. Gesellschaften sind alle privatrechtlichen, rechtsgeschäftlich begründeten Personenzusammenschlüsse zu einem gemeinsamen Zweck	1
B. Anwendbares Recht	2
C. System der Normativbestimmungen	3
D. Freie Rechtsformenwahl	4–7
2) Handelsgesellschaften	8–13
A. Handelsgesellschaften und stille Gesellschaften	8
B. Kaufmannseigenschaft	9
C. Innen- und Außengesellschaften	10–12
D. Personen- und Kapitalgesellschaften	13
3) Personenhandels- und nahe stehende Gesellschaften	14–18
A. GbR	14
B. OHG	15
C. KG, GmbH & Co. KG	16, 17
D. StGes	18
4) Umwandlung kraft Gesetzes und kraft Rechtsgeschäfts	19–27
A. Gründe für eine Umwandlung	19, 20
B. Umwandlung kraft Gesetzes (BGB, HGB), Statuswechsel	21, 22
C. Umwandlung kraft Rechtsgeschäfts (UmwG)	23–26
D. Auflösung und Neugründung	27
5) Intertemporales Gesellschaftsrecht	28
6) Internationales und europäisches Gesellschaftsrecht	29–36
A. Internationales Gesellschaftsrecht und europäische Einflüsse	29–33
B. Europäisches Gesellschaftsrecht	34–36
7) Rechtsvergleich, Rechtstatsachen und Leitbilder	37–41
A. Ausländisches Personengesellschaftsrecht	37
B. Wirtschaftliche Bedeutung des Personengesellschaftsrechts	38, 39
C. Vorherrschen der PersHdlsGes ohne natürliche Person als phG	40, 41
8) Modernisierung des Personengesellschaftsrechts (MoPeG)	42–69
A. Vom Mauracher Entwurf zum MoPeG	42, 43
B. Neuregelung der Gesellschaft bürgerlichen Rechts	44–50
C. Neufassung des OHG-Rechts	51–61
D. KG, PartG und stille Gesellschaft betreffende Änderungen	62–65
E. Weitergehende Vorschläge und Reformoptionen	66–69

1) Verbands- und Gesellschaftsformen

A. Gesellschaften sind alle privatrechtlichen, rechtsgeschäftlich begründeten Personenzusammenschlüsse zu einem gemeinsamen Zweck. Ges-Recht ist das Recht der so abgegrenzten Verbindungen (zum Unternehmensrecht → Einl. vor § 1 Rn. 31). Keine Ges. sind daher zB öffentlich-rechtliche juristische Personen (Körperschaften, Anstalten, Stiftungen; vgl. § 89 BGB), Bruchteilsgemeinschaft §§ 741–758 BGB, Stiftung §§ 80–88 BGB, die familien- und erbrechtlichen Gemeinschaften. Die Ges. ist als Personengesellschaft die Gesamtheit der Gfter (nicht rechtsfähige Ges.); sie kann aber auch ein selbstständiges Rechtssubjekt (rechtsfähige Ges.) sein, § 14 II BGB. Als juristische Person ist sie allein Träger der Rechte und Pflichten, die für sie begründet werden; sie ist aktiv und passiv parteifähig (§ 50 I ZPO); nur sie, nicht ihre Gfter, haftet für die GesSchulden (Ausnahme Durchgriff, → Anh. § 177a Rn. 51b). Nicht rechtsfähige Ges. sind zB die InnenGbR §§ 705–740 BGB (→ Rn. 14); stGes §§ 230–237 (→ Rn. 18); Reederei §§ 489–508. AußenGbR und entsprechend nichtrechtsfähiger Verein → Rn. 14. Für OHG §§ 105–160 und für KG §§ 166–177a → Rn. 11, → § 124 Rn. 1. Rechtsfähige Ges. sind zB der rechtsfähige Verein §§ 21–53, 55–79 BGB; AG §§ 1 ff. AktG; KGaA §§ 278–290 AktG; GmbH §§ 1 ff. GmbHG; eG §§ 1 ff. GenG; VVaG §§ 8 II, 171 ff. VAG.

Gegenstand der **Kommentierung** sind **nur OHG, KG (samt GmbH & Co KG, Publikums- und Investmentkommanditgesellschaft)** sowie die **stille Gesellschaft,** erwähnt werden die Gesellschaft bürgerlichen Rechts (GbR) und die Partnerschaftsgesellschaft (mit PartGmbB). Weitgehend parallel verläuft die Einteilung in **Personengesellschaften** (Ges. ieS, Grundtyp: GbR) und **Vereine/juristische Personen** (körperschaftlich organisierte Ges., Grundtyp: rechtsfähiger Verein); nicht zu den PersonenGes gehört der nichtrechtsfähige Verein (§ 54 BGB ist missverständlich).

2   B. **Anwendbares Recht.** In erster Linie gelten die besonderen Gesetze bzw. Vorschriften für die jeweilige Ges.: zB OHG §§ 105 ff., KG §§ 161 ff., GmbH §§ 1 ff. GmbHG. In zweiter Linie gilt, subsidiär zur Füllung verbleibender Lücken, das Recht des jeweiligen Grundtyps: zB für die OHG das Recht der GbR (§ 105 III), für die KG das Recht der OHG (§ 161 II) und insoweit auch das der GbR (§§ 161 II, 105 II), für die GmbH und AG das Rechts des rechtsfähigen Vereins. Schließlich sind die allgemeinen Vorschriften des BGB, HGB und anderer Gesetze anwendbar, die ebenso wie für natürliche Personen auch für juristische Personen gelten.

3   C. **System der Normativbestimmungen.** Ges. können im Rahmen der Gesetze **frei** gebildet werden, bedürfen also keiner staatlichen Konzession. Den Schutz der Gläubiger, des Publikums und der Gfter übernehmen besondere Struktur- und Verhaltensnormen sowie uU eine zwingende externe Gründungs- und Abschlussprüfung (sog. Normativbestimmungen für rechtsfähige Ges. seit AktG 1884). Ebensowenig besteht eine allgemeine Staatsaufsicht über Ges., auch nicht derart, dass wie in anderen Ländern ein (Aktien-)Aufsichtsamt über die Einhaltung der Normativbestimmungen wacht. **Nur** in ganz weniges besonders gläubiger- und publikumsgefährlichen Branchen, zB für **Kreditinstitute** (KWG, → **(7)** Bankgeschäfte Rn. A4) und **Versicherungsunternehmen** (VAG), gibt es auch heute den **Konzessionszwang und** eine laufende **Staatsaufsicht** (durch BaFin, früher BAKred und BAV).

4   D. **Freie Rechtsformenwahl.** Die Unternehmer können nach deutschen GesRecht grundsätzlich frei nach ihren persönlichen Bedürfnissen und Wünschen zB eine OHG oder eine GmbH oder eine AG gründen. Mischformen wie die GmbH & Co sind anerkannt, → Anh. A nach § 177a.

5   Zum Schutz der Gläubiger und des Publikums besteht jedoch **ausnahmsweise** ein **Rechtsformzwang.** Bsp.: Lebens-, Unfall-, Haftpflicht-, Feuer-, Hagelversicherung dürfen nur als AG, SE oder VVaG (und öffentlichrechtliche Körperschaften und Anstalten) betrieben werden (§ 8 II VAG, zur Anwendbarkeit des HGB auf VVaG → § 6 Rn. 1); private Bausparkassen nur als AG (§ 2 II BausparkG); nach § 32 I I KWG erlaubnispflichtige Kreditinstitute nur als HdlsGes, nicht durch EinzelKfm (§ 2b I KWG; Sondervorschr für Pfandbrief-, Hypotheken- und Schiffspfandbriefbanken sind mWv 19.7.2005 entfallen); Investmentgesellschaften nur als InvAG oder InvKG (§ 1 XI KAGB); Wirtschaftsprüfungsgesellschaften (unter dieser Bezeichnung) als HdlGes (→ Rn. 8) nur bei Treuhandtätigkeit (§ 27 II WPO). Apotheken (soweit Ges.) nur als GbR oder OHG (§ 8 ApoG), auch als stGes (→ § 230 Rn. 5). Rechtsanwaltsgesellschaft nur bei Mindestversicherung (§ 59j BRAO).

6   Auch für die jeweils gewählte Ges. besteht Spielraum für **Vertragsfreiheit,** besonders weit zB bei OHG und KG (→ § 109 Rn. 2–3, → § 163 Rn. 1), nur gering zB bei AG (§ 23 V AktG, im Einzelnen str.). Welche GesForm in casu vorliegt, bestimmt der objektive Sachverhalt (einschließlich des noch nicht verwirklichten Abreden), Jahnke ZHR 146 (1982), 602; Umwandlung kraft Gesetzes → Rn. 21–22. Unerheblich ist, welche Form die Gfter für gegeben halten oder zu schaffen gedachten, BGHZ 10, 96. Auslegung von PersonenGesVerträgen → § 105 Rn. 59.

Einleitung vor § 105   **7–11 Einl v § 105**

Die **richtige Gesellschaftsformenwahl und Gesellschaftsvertragsgestal-** **7**
tung hängen von zahlreichen Faktoren ab: Haftung (persönlich und unbeschränkt; persönlich, aber beschränkt; nur mit Stamm- bzw. Grundkapital), Geschäftsführung (Selbst- oder Drittorganschaft), Auftreten nach außen (Personen-,
Sachfirma), Beteiligung Dritter am Unternehmen (Kinder, Mitarbeiter), Gfter-
Wechsel und Vererbung, Publizität und Rechnungslegung, Mitbestimmung und
ganz besonders **Steuern** (Besteuerung der Gfter von PersonenGes nach EStG;
Besteuerung der Körperschaften nach KStG und ihrer Gfter bei Gewinnausschüt-
tung nach EStG). Die Zuziehung erfahrener Anwälte oder Notare ist unbedingt
zu empfehlen. Einführende HdB: Stehle/Stehle/Hirschberger, Westermann/
Wertenbruch, zur GmbH & CO auch Hesselmann/Tillmann/Mueller-Thuns,
Familienunternehmen s. Hennerkes/May NJW 1988, 2761. Beispielsfall s. Doralt
ZGR 1981, 249.

2) Handelsgesellschaften

A. **Handelsgesellschaften und stille Gesellschaften.** Buch II des HGB ist **8**
überschrieben: HdlGes und stGes. Ursprünglich waren hier OHG, KG, AG,
KGaA und stGes geregelt. AG und KGaA (früher Abschn. 3 §§ 178–319,
Abschn. 4 §§ 320–334) wurden durch das AktG 1937 aus dem HGB heraus-
genommen und ganz neu geregelt. **Handelsgesellschaften sind nur OHG,
KG, GmbH, AktG, KGaA, SE, EWIV** (§§ 105 I, 161 I HGB; § 13 III
GmbHG; §§ 3, 278 III AktG; Art. 1 I SE-VO; § 1 EWIVAG). Nicht so ein-
deutig ist die Verwendung des Begriffs in §§ 13–13h, wo die HdlGes neben die
juristische Person gesetzt ist. **Nicht** HdlGes sind also zB GbR, stGes, eG, PartG,
VVaG. KapitalGes & Co → § 6 Rn. 1.

B. **Kaufmannseigenschaft.** Für HdlGes (→ Rn. 8) gelten die Vorschriften für **9**
Kflte (§ 6 I). Die stGes betreibt nur der Inhaber des HdlGeschäfts, nur er ist Kfm.
(§ 230). Die eG gilt nach § 17 II GenG als Kfm. Auf den VVaG findet weitgehend HGB entspr. Anwendung (§ 172 VAG, → § 6 Rn. 1).

C. **Innen- und Außengesellschaften. Innengesellschaften** sind Ges., bei **10**
denen die Gfter nach außen nicht gemeinsam hervortreten. Die InnenGes nimmt
nicht als Ges. am Rechtsverkehr teil. Ein zweites Merkmal, Verzicht auf die
Bildung von (Gesamthand)Vermögen, ist streitig. Das MoPeG (→ Rn. 42 ff.)
enthält eine **gesetzliche Regelung** für die **GbR**, für die nicht rechtsfähige
Gesellschaft (Mauracher Entwurf: Innengesellschaft) wird mWz 1.1.2024 klar-
gestellt, dass kein Gesellschaftsvermögen gebildet werden kann, § 740 I BGB-
MoPeG. Typisch ist die **stille Gesellschaft,** bei der die Einlage des Stillen in das
Vermögen des Inhabers des HdlGeschäfts übergeht und nur dieser aus den im
Betrieb geschlossenen Geschäften berechtigt und verpflichtet ist (§ 230, auch
→ Rn. 18); Unterbeteiligung am GesAnteil, → § 105 Rn. 38. Zur InnenGes
BGHZ 12, 314; NJW 1982, 99; ZIP 2008, 2311; 2018, 2268 (mit einem nach
außen auftretenden Gfter), OLG Düsseldorf WM 1982, 969 (Tippgemeinschaft);
MüKoBGB/Schäfer § 705 Rn. 283; Lit.: Steckhan, 1966. InnenGes ist nicht
rechtsfähig, BGH NJW 2009, 669; aA Beuthien NZG 2011, 161.

Außengesellschaften sind Ges., bei denen nach außen eine Gesamtheit her- **11**
vortritt, MüKoBGB/Schäfer § 705 Rn. 297. Die GbR kann bloße InnenGes (zB
idR EhegattenGes, → § 105 Rn. 52, Stimmbindungsvertrag, BGH NJW 2009,
669, sonstige Gesellschaftervereinbarung, LG Berlin ZIP 2014, 1389, Treugeber
und Treuhandkommanditist bei Publikumsgesellschaft, BGH ZIP 2011, 324,
Unternehmensvertrag § 292 I Nr. 1 AktG, GroßKoAktG/Mülbert § 292
Rn. 62; nach Decker ZGR 2013, 392 der Cashpool) oder AußenGes (zB Anwaltssozietät, → § 105 Rn. 3) sein. Dagegen sind **alle Handelsgesellschaften**
notwendig AußenGes. Sie treten als Ges. zu Dritten in Rechtsbeziehung. Sie
können als Ges. eigene Rechte und Pflichten haben, klagen und verklagt werden.

Einl v § 105 12–14   2. Buch. Handelsgesellschaften und stille Gesellschaft

Alle haben eine Firma (§ 19 HGB, § 4 GmbHG, §§ 4, 279 AktG). Auch bei AußenGes gibt es eine strenge Trennung zwischen Innenverhältnis unter den Gftern (vgl. §§ 109 ff.) und Außenverhältnis der Ges. (Gfter) zu Dritten (vgl. §§ 123 ff.), → § 114 Rn. 1.

12   Einige HdlGes sind darüber hinaus **juristische Person,** also rechtsfähig (→ Rn. 1): AG, KGaA (§§ 1, 278 AktG), GmbH (vgl. § 13 GmbHG), SE (Art. 1 SE-VO); auch die eG (§ 17 I GenG). OHG und KG sind anders als durchweg die Kapitalgesellschaften bzw. international companies oder corporations zwar nicht juristische Person, zB BGHZ 34, 296, hL, sie sind aber rechtlich weitgehend verselbständigt und deshalb als Übergangsform zur juristischen Person weithin den gleichen Regeln unterworfen (→ § 124 Rn. 1).

13   D. **Personen- und Kapitalgesellschaften.** Diese werden nach der rechtlichen Bedeutung des eingebrachten Kapitals unterschieden. Unter den HdlGes ist typische PersonenGes die OHG (persönliche Mitarbeit und persönliche Haftung der Gfter), typische KapitalGes die AG (Grundkapital, Kapitalbeteiligung der Mitglieder, Umlauffähigkeit dieser Kapitalanteile, Kapitalverwaltung durch besondere Organe (Drittorganschaft ua). Rechtlich weniger typisch sind für die PersonenGes die KG, für die KapitalGes die GmbH. Mischformen sind die KGaA und die GmbH & Co und zumal die PublikumsKG (→ Anh. § 177a Rn. 1 ff., 52 ff.), praktisches Leitbild (Verbreitung) ist nunmehr die GmbH & Co KG (zunehmend die UG & Co KG), was auf die Rechtsprechung abfärbt und auch die Höherbewertung des Bestandsinteresses der Gesellschaft in § 131 seit 1998 (mit) erklärt. „Wesenselemente" der PersonenGes in der Rspr. s. Reuter GmbHR 1981, 129, Strukturelemente der GesFormen s. Hadding FG Zivilrechtslehrer 1934/1935, 1999, 147, PersonenGes als Rechtsfigur des „AT" s. K. Schmidt AcP 209 (2009), 181.

3) Personenhandels- und nahe stehende Gesellschaften

14   A. **GbR.** Die **Gesellschaft des bürgerlichen Rechts (GbR)** ist Grundform der PersonenGes; ihr Recht (§§ 705–740 BGB) ist subsidiär anwendbar auf die OHG, KG und stGes (→ Rn. 15 ff.). Die GbR spielt im Wirtschaftsverkehr eine beachtl Rolle, wenn auch nicht vergleichbar mit der der (GmbH & Co) KG sowie der OHG. Bsp.: Ges. der freien Berufe, Landwirtschaft und sonstiger NichtKfl (→ § 105 Rn. 2 ff.), vor allem Anwaltssozietäten (aber auch PartG (mbB), Anh. § 160), Gemeinschaftspraxen von Notaren, Steuerberatern, Ärzten, Architekten; Arbeitsgemeinschaften namentlich in der Bauwirtschaft; Konsortien (zur Emission von Wertpapieren, zur Kreditgewährung, zum Stillhalten oder zur Sanierung); Poolverträge (Gewinne, sog. Metaverbindung; Stimmrechte), BGH ZIP 2009, 2155; Schutzgemeinschaft von Aktionären mit Vorkaufsrecht, BGHZ 126, 226; Kooperation (Forschung, Entwicklung ua), Interessengemeinschaften, Kartelle, Gemeinschaftsuntern; Unterbeteiligung (→ § 105 Rn. 38); Ehegattengesellschaft (→ § 105 Rn. 52). Die GbR kann Innen- oder AußenGes sein (→ Rn. 10–11), Spielart der GbR als InnenGes ist die stGes (→ Rn. 18). De lege lata ist die GbR nicht registerfähig, Beck DNotZ 2017, 247 (auch zur Eintragung als Gfter), dies ist de lege ferenda fordernd Wicke DNotZ 2017, 263, so ab 1.1.2024 die §§ 707 ff BGB-MoPeG, s. → Rn. 44.

Die **(Außen)GbR** besitzt, ohne juristische Person zu sein (BGHZ 146, 347), **Rechtsfähigkeit,** soweit sie durch Teilnahme am Rechtsverkehr eigene Rechte und Pflichten begründet; insoweit ist sie zugleich im Zivilprozess aktiv und passiv parteifähig (auch insolvenzrechtsfähig); persönliche Haftung des Gfters akzessorisch wie bei OHG, BGHZ 146, 341 – Arge Weißes Ross; BGHZ 149, 84; 154, 94; BGH NJW 2002, 1207, dort allerdings einschränkend bei Entgegenstehen spezieller Gesichtspunkte (1208: „besondere Rechtsvorschriften und die Eigenart des zu beurteilenden Rechtsverhältnisses"); K. Schmidt §§ 8 III 4d, 58 V 1, NJW

2001, 993; MüKoBGB/Schäfer § 705 Rn. 311; AcP 198 (1998), 113; Mülbert AcP 199 (1999), 38; Hadding ZGR 2001, 712; Armbrüster ZGR 2013, 366; im Einzelnen str., insbesondere die Begrifflichkeit, Beuthien ZIP 2011, 1589, aA die früher hL, zB Zöllner FS Gernhuber, 1993, 563; FS Kraft, 1998, 701; Hueck FS Zöllner, 1998, 275; zu Gesamthand und Gruppe → § 124 Rn. 1. Die AußenGbR kann demnach auch Kdtist (→ § 161 Rn. 4) und OHGGfter sein (→ § 105 Rn. 28). Haftungsbeschränkung der Gfter nicht schon als „GbR mbH", BGHZ 142, 315, auch nicht durch AGB, sondern nur durch Individualabrede; formularmäßige Haftungsbeschränkung dagegen für AnlageGfter geschlossener Immobilienfonds GbR, kein Verstoß gegen **(5)** § 307 BGB, BGHZ 150, 1, Grund: wie reine KapitalanlageGes, auch → Anh. § 177a Rn. 42, zum KAGB → Anh. C § 177a Rn. 86. Die GbR aus natürlichen Personen kann Verbraucher iSv §§ 13, 491 BGB sein, BGHZ 149, 80 (zu VerbrKrG); aA Kessal-Wulf GS Sonnenschein, 2003, 671, keine Verbrauchereigenschaft, wenn auch eine juristische Gfter ist, BGH ZIP 2017, 917 (§ 13 BGB aF). Auf die im HdlVerkehr auftretende GbR können bestimmte Vorschriften über die **OHG analog** angewandt werden (→ § 105 Rn. 17), das ist **aber für jede Vorschrift besonders zu prüfen,** vgl. Katalog bei K. Schmidt § 58 V 2; vgl. → § 130 Rn. 3, → § 173 Rn. 3), die von 71. DJT 2016 (GA Schäfer) empfohlene **ges. Regelung** erfolgt nun auf Grundlage des Mauracher Entwurfs durch das **MoPeG** → Rn. 42 ff. Die dort vorgesehene Regelung der Rechtsfähigkeit der GbR hat Folgen auch für die dogmatische Bedeutung der Gesamthand im PersGesR (Wertenbruch FS Seibert, 2019, 1099: Verfügung aller Gfter „zur gesamten Hand" als Unterschied zur vollrechtsfähigen GmbH, gegen eine Einordnung der rechtsfähigen PersGes als Gesamthand Bachmann FS K. Schmidt, 2019, Bd. 1, 57 nach **RegE MoPeG** BTDrucks 19/27635 ist **Gesamthandprinzip historisch überholt**). Für die GbR gilt auch **§ 31 BGB,** BGHZ 154, 88; 155, 210; NJW 2007, 2490, hL (→ § 124 Rn. 25), GfterHaftung analog **§ 128,** BGHZ 142, 318; 146, 341; 150, 1; 157, 364; NJW 2007, 2492 (auch für RechtsanwaltsGbR), also auch für Deliktsschulden der Ges., K. Schmidt NJW 2003, 1897; aA Canaris ZGR 2004, 69, einschränkend bei Verbraucherschutz Mülbert WM 2004, 913. **§ 130** analog auch für GbR (dort → § 130 Rn. 3), **str. für § 28** (dort → § 28 Rn. 2), offen, aber jedenfalls nicht für AnwaltsGbR, BGHZ 157, 361. Zumindest rechtspolitisch ist dann aber Einschränkung auf unternehmenstragende GbR geboten, K. Schmidt NJW 2003, 1904. Die (Außen)GbR wäre an sich bereits de lege lata auch als solche **grundbuchfähig,** BGH NJW 2009, 594 (V ZB); OLG Stuttgart ZIP 2007, 419 mAnm. Kesseler; KG NJW 2008, 3444; Leipold FS Canaris, 2007, 230, sehr str., mit der Folge der Eintragung der GbR unter der im GesVertrag vorgesehenen Bezeichnung, sonst als GbR mit Namen der Gfter, BGH NJW 2009, 594. Jedoch hat das ERVGBG 2009 gesetzliche Sonderregeln geschaffen, und zwar zwingende Eintragung aller Gfter (§ 47 II GBO) und fakultative Eintragung des Namens und des Sitzes der Ges. (§ 15 I lit. c GBV); außerdem Vermutungs- und Gutglaubensvorschriften (§ 899a BGB, gültig jeweils bis Inkrafttreten MoPeG zum 1.1.2024), BGH NJW 2011, 615; 2011, 1958; krit. Bestelmeyer ZIP 2011, 1389; OLG Frankfurt a. M. ZIP 2013, 727; OLG München ZIP 2010, 281; 2011, 1968; 2013, 723 (725); OLG Naumburg ZIP 2013, 780; OLG Saarbrücken ZIP 2010, 1290; OLG Oldenburg ZIP 2010, 1846; OLG Karlsruhe ZIP 2013, 1027; MüKoBGB/Schäfer § 705 Rn. 322; Steffek ZIP 2009, 1445; Krüger (V ZS) NZG 2010, 801; Weigl NZG 2010, 1053; Witt BB 2011, 259; Bestelmeyer ZIP 2011, 1389; Ulmer ZIP 2011, 1689; Altmeppen ZIP 2011, 1937; Wilhelm NZG 2011, 800, so auch für nichtrechtsfähigen Verein BGH ZIP 2016, 1163; nach OLG München ZIP 2015, 1879 und OLG Frankfurt a. M. NZG 2016, 619 ist Ausweis aller Gfter der GbR in Titel zur Eintragung einer Zwangshypothek notwendig, nach KG ZIP 2021, 2391 müssen Gfter in Grundbuch und Titel übereinstimmen, um von GbR Auflassung verlangen zu können, zur Mitwirkung

Einl v § 105 15–17 2. Buch. Handelsgesellschaften und stille Gesellschaft

an einer Grundbuchberichtigung OLG München ZIP 2015, 2023, zur Form eines Nachweises bei privatschriftlichem GesVertrag OLG München ZIP 2020, 414. Nach Inkrafttreten der Modernisierung des Personengesellschaftsrechts zum 1.1.2024 soll die Eintragung des Rechts einer GbR nach § 47 II GBO-MoPeG nur erfolgen, wenn die rechtsfähige Gesellschaft in das Gesellschafts- oder Handelsregister eingetragen ist, für die GbR §§ 707 ff. BGB-MoPeG. Dies gilt nur für Neueintragungen bzw. Änderungen, bestehende Rechtspositionen bleiben erhalten. Allerdings enthält Art. 227 EGBGB § 21-MoPeG auch eine Regelung zum Wechsel in Gesellschafterstellung, § 82 GBO gilt entsprechend. Die GbR ist **kontofähig,** → **(7)** Bankgeschäfte Rn. A48. Sie ist auch **markenfähig,** BGH NJW-RR 2001, 114 ist überholt (BPatG GRUR 2008, 448; vgl. § 5 I Nr. 2 S. 2 MarkenV 2004). Ebenso ist die GbR **prozessfähig,** aber („vorerst") ohne volle Gleichstellung mit OHG (Titel gegen alle Gfter ausreichend, aber nicht erforderlich, nicht § 124 II analog, K. Schmidt § 60 IV 1b mit Hinweis auf Problem der Außengesellschaft gegen BGH NJW 2008, 1378; nach BGH ZIP 2016, 214 ist (sofern nicht wie bei actio pro socio bes. Voraussetzungen vorliegen) Prozess nur durch Ges., nicht durch Gfter „als GbR" zu führen, künftig gilt § 722 BGB-MoPeG wohl auch für nicht eingetragene GbR. Lit.: MüKoBGB/Schäfer, 8. Aufl. 2020; Wiedemann II § 7; Wertenbruch NJW 2002, 324 (Gerichts- und Vollstreckungspraxis); Ulmer ZIP 2003, 1113; Armbrüster ZGR 2005, 34 (Haftung); Damm FS Raiser, 2005, 23 (GesRecht der freien Berufe); Geibel WM 2007, 1496; K. Schmidt NJW 2008, 1841; Beuthien NZG 2011, 481.

15   B. **OHG.** Die **offene Handelsgesellschaft (OHG),** im HGB wie schon im ADHGB ausführlich geregelt, ist die alte Grundform der Zusammenarbeit von Kflten. Diese wirken gleichermaßen persönlich mit und stellen sich mit ihrem ganzen Vermögen hinter das Unternehmen. Im Gegensatz zur „stillen" Beteiligung nennt das HGB im Anschluss an das ADHGB die Ges. „offen", zu Anfängen im Spätmittelalter (Fugger) Fleischer FS Bergmann, 2018, 183, zu Einflüssen des römischen Rechts Fleischer JZ 2019, 53. Andere Rechte heben in der Bezeichnung ihrer entsprechenden GesForm das Auftreten im HdlVerkehr unter gemeinsamer Firma hervor: „société en nom collectif" (Frankreich), „KollektivGes" (Schweiz), „vennootschap onder firma" (Niederlande). Das anglo-amerikanische Recht unterscheidet bei der „partnership" nicht zwischen HdlGes und GbR, da es die Trennung von HdlRecht und bürgerlichem Recht im deutschen Sinn nicht kennt. Ausländisches Recht → Einl. vor § 1 Rn. 25. Der OHG nahe stehen die **EWIV** (s. bis 37. Aufl. → Anh. § 160) und die **Partnerschaftsgesellschaft** für Freiberufler (G 1994, → § 105 Rn. 3, → Anh. § 160 Rn. 1).

16   C. **KG, GmbH & Co. KG.** Die **Kommanditgesellschaft (KG)** stammt aus derselben Grundform wie die stGes: A macht Geschäfte, B gibt Geld dazu. Die Bezeichnung kommt von (lateinisch) „commenda". Die entspr. GesForm ist in Frankreich die „société en commandite simple", ähnlich in anderen romanischen Rechten. Im niederländischen Recht ist es die „vennootschapen commandite", im anglo-amerikanischen Recht die „limited partnership". Das prALR und öABGB kannten nur die „stille Ges", der Code de commerce nur die „société en commandite", man nannte die stGes „deutsche KG". Das ADHGB nahm beide Formen auf. Stille Ges. ist auch mit einer OHG möglich (→ § 230 Rn. 5) bei KG wird die Einlage offen gelegt (§ 162, nicht „still") und beschränkte Außenhaftung vorgesehen (§ 171).

17   Die **GmbH & Co KG** ist rechtlich eine KG, deren idR einziger phG eine GmbH ist. Die damit praktisch verbundene Haftungsbeschränkung (die GmbH haftet unbeschränkt, ist aber selbst nur „mbH") hat zu einem langdauernden Streit um die Zulässigkeit dieser Mischform geführt, der heute positiv entschieden ist (→ Anh. § 177a Rn. 4). Die Sachprobleme dieser Typenverbindung bestehen fort, vgl. ua Anm. zu §§ 19 II, 172 VI, § 177a iVm §§ 125a, 130a sowie Anh. § 177a. Die PublikumsGes ist rechtlich idR eine GmbH & Co, wirtschaftlich eine KGaA (→ Anh. § 177a Rn. 52), nun ggf. eine Investmentkommanditgesellschaft (KAGB, → Anh. C § 177a Rn. 86). Im Ausland mit Ausnahme Österreich ist die GmbH & Co KG ohne große Bedeutung, teils sogar ausdrücklich verboten, zB Art. 594 II (entspr. Art. 552 I für die OHG, sog. KollektivGes) schweizerisches OR, in den USA aber jedenfalls nicht unbekannt.

D. **StGes.** Die **stille Gesellschaft (stGes)** ist InnenGes (→ Rn. 10); nur der **18** Inhaber des Unternehmens, an dem der „Stille" beteiligt ist, hat Rechte und Pflichten gegenüber Dritten (§ 230 II). Eben darum wird sie, obwohl im HGB geregelt, nicht zu den HdlGes gezählt, sondern neben sie gestellt (s. Überschrift Buch II). Sie ist weder PersonenGes, weil der stille Geldgeber idR nicht persönlich im Geschäft mitwirkt, noch KapitalGes (→ Rn. 13), weil sie keinen nach außen verselbstständigten Zusammenschluss von Geldgebern wie bei der AG oder GmbH darstellt. Die stGes hängt historisch eng mit der KG zusammen (→ Rn. 16), ist aber vom HGB ganz verschieden geregelt. Im Ausland (société occulte, silent oder dormant partner) fehlt meist eine gesonderte gesetzliche Regelung, sie ist Unterfall der gewöhnlichen Ges. (des bürgerlichen Rechts, soweit man Hdl- und bürgerliches Recht scheidet).

4) Umwandlung kraft Gesetzes und kraft Rechtsgeschäfts

A. **Gründe für eine Umwandlung.** a) **Umwandlung kraft Gesetzes:** Das **19** allgemeine PersonenGesRecht unterscheidet Ges. nach bestimmten Tatbestandsmerkmalen. Sind diese nicht mehr erfüllt, kann das Gesetz vorsehen, dass eine bestimmte Ges. sich kraft Gesetzes in eine andere verwandelt, Bsp.: OHG betreibt kein HdlGewerbe mehr, sie wird mit Herabsinken auf ein Kleingewerbe zur GbR; der vorletzte Gfter einer OHG oder KG scheidet aus, das Vermögen der Ges. geht auf den verbleibenden Gfter als EinzelKfm über. Diese Änderungen der Rechtsform werden vom UmwG nicht tangiert (§ 190 II UmwG).

b) **Umwandlung kraft Rechtsgeschäfts:** In der Praxis kommt es häufig vor, **20** dass die ursprünglich gewählte Rechtsform des Unternehmens nicht mehr die für das Unternehmen geeignetste ist (Wechsel der Rechtsform) oder dass Strukturänderungen angezeigt sind, zB die Verschmelzung mit einem anderen Unternehmen, die Spaltung einer Ges. in eine neue Unternehmen. Bspe: Tod des einzigen phG und mangelnde Bereitschaft der Erben zum Eintritt mit persönlicher Haftung und Geschäftsführung; Eigenkapitalbedarf und Gang zum Kapitalmarkt; Zusammengehen mit einem anderen Unternehmen; Aufspaltung in zwei Ges., die sich selbstständig besser positionieren können; steuerliche Entwicklungen; Flucht aus rechtlich besonders belasteten GesFormen (Schwerfälligkeit, Publizität, Mitbestimmung).

B. **Umwandlung kraft Gesetzes (BGB, HGB), Statuswechsel.** a) Die **21** Umwandlung **zwischen GbR, OHG, KG** setzt keine besondere Vereinbarung der Gfter voraus; sie erfolgt ggf. kraft Gesetzes, sogar gegen den Willen der Gfter. Bsp.: GbR wird automatisch OHG, wenn sie ein HdlGewerbe beginnt, BGH BB 1967, 143; OLG München ZIP 2016, 270 (→ § 105 Rn. 7). OHG oder KG werden automatisch GbR, wenn sie ihr HdlGewerbe freiwillig oder unfreiwillig aufgeben oder dieses auf den Umfang eines NichtHdlGewerbes zurückgeht, BGHZ 32, 310 (→ § 105 Rn. 8). Die OHG wird zur KG, wenn für einen Gfter Haftungsbeschränkung vereinbart und eingetragen oder ein beschränkt haftender Gfter aufgenommen wird (→ § 161 Rn. 6, 17). Die KG wird zur OHG, wenn die Ges. nach Ausscheiden des einzigen Komplementärs fortgesetzt wird (→ § 131 Rn. 18), ebenso nach Ausscheiden des einzigen Kdtisten oder wenn seine Haftungsbeschränkung aufgehoben wird, vgl. BGHZ 68, 12. „**Verschmel-**

Einl v § 105 22, 23   2. Buch. Handelsgesellschaften und stille Gesellschaft

zung" von PersonenGes ist unter Ausnutzung der Umwandlung kraft Gesetzes (→ § 140 Rn. 25, § 142 aF) im Wege der Gesamtrechtsnachfolge möglich, zB durch gleichzeitige Übertragung aller OHGAnteile auf GbR, die damit zur OHG wird, BGH WM 1990, 586; Barz FS Ballerstedt, 1975, 143. Konsequenzen für die Firmenfortführung → § 24 Rn. 7–8. Lit.: Freund, 2005.

Nach **Inkrafttreten des MoPeG** gelten Sonderregeln für den Fall der in das Gesellschaftsregister eingetragenen GbR sowie der in das Handelsregister eingetragenen OHG. Einschlägig sind dann die Regeln zum Statuswechsel. Nach den §§ 707c BGB-MoPeG, 106 III–V HGB-MoPeG ist der Wechsel des Registers notwendig. Es verbleibt bei der schon jetzt bestehenden Verpflichtung zur Eintragung der OHG, wenn zuvor eine GbR eingetragen wurde, künftig im Wege des Statuswechsels durch Antrag beim Gesellschaftsregister. Nach § 707a III BGB-MoPeG nimmt das Fehlen der Kaufmannseigenschaft nicht an der Publizität des Handelsregisters nach § 15 HGB teil. Mangels Schutz eines guten Glaubens am Nichtvorliegen der Kaufmannseigenschaft kann auch weiterhin trotz Eintragung als GbR tatsächlich eine OHG vorliegen, es verbleibt bei der automatischen Umwandlung zwischen GbR und OHG. Ein Statuswechsel vorgesehen ist auch für die freiwillig in das Handelsregister eingetragene Gesellschaft für den Übergang zur GbR, § 107 II 2 HGB-MoPeG, sie bleibt so in ein Register eingetragen.

22   b) Die Umwandlung von GbR, OHG oder KG in ein einzelkfm Unternehmen erfolgt ebenfalls kraft Gesetzes, zB wenn von zwei Gftern der eine ausscheidet, OLG Brandenburg ZIP 2016, 1871. Das Vermögen der Ges. geht **auf den** übrigbleibenden **Einzelkaufmann** im Wege der **Gesamtrechtsnachfolge** über (→ § 105 Rn. 8). Konsequenzen für die Firmenfortführung → § 24 Rn. 9. Der umgekehrte Fall des Unternehmensformwechsels **vom Einzelkaufmann** in eine (neue) GbR, OHG oder KG ist hingegen nicht Umwandlung, sondern **Neugründung** einer Ges., so auch wenn der EinzelKfm in ein bestehendes HdlGeschäft als Gfter eintritt. Konsequenzen für die Firmenfortführung → § 24 Rn. 5. Tritt der EinzelKfm in eine bereits bestehende OHG als Kdtist ein, wird die OHG zur KG (→ Rn. 21). Die Praxis nutzt die Möglichkeit der Umwandlung kraft Gesetzes besonders bei der Verschmelzung einer **GmbH & Co KG** auf ihre KomplementärGmbH. Dieses sog. Anwachsungsmodell (Gesamtrechtsnachfolge) hat auch noch nach dem UmwG Bedeutung (→ Rn. 25). Zur Frage der Umgehung bzw. analogen Anwendung bestimmter Schutznormen des UmwG ua hierauf K. Schmidt § 13 I 4, ZGR 1995, 675. **Muster:** vgl. Hopt/Merkt VertrFormB/Bungert/Wettich, Form II. J.1–11 (Umwandlungen).

23   C. **Umwandlung kraft Rechtsgeschäfts (UmwG). a) Begriffe und Arten der Umwandlung:** Nach § 1 I UmwG 1994 (Änderungen 2. UmwGÄndG 2007, Neye BB 2007, 389) sind vier Arten der Umwandlung kraft Rechtsgeschäfts möglich: 1. Verschmelzung, 2. Spaltung (Aufspaltung, Abspaltung, Ausgliederung), 3. Vermögensübertragung und 4. Formwechsel. Außer diesen im UmwG geregelten Fällen sind solche Umwandlungen nur kraft eines anderen Bundes- oder Landesgesetzes möglich (numerus clausus, § 1 II UmwG). Das UmwG ermöglicht den Übergang des Vermögens eines Unternehmens (Rechtsträger) auf ein anderes schon vorhandenes oder neu entstehendes (Verschmelzung, §§ 20, 36 UmwG; Spaltung, §§ 131, 135 UmwG) und die Fortsetzung des Unternehmens in einer anderen Rechtsform ohne Änderung seiner Identität (Formwechsel, § 202 UmwG). Allein der letztere Fall wurde früher als Umwandlung (im engeren Sinne) bezeichnet. Theoretisch und praktisch entscheidend ist zweierlei, was das UmwG ermöglicht: Wechsel der Rechtsform ohne Änderung der Identität und Gesamtrechtsnachfolge bzw. Universalsukzession bei Übergang des Vermögens des alten Unternehmens auf ein anderes, denn auf diese Weise werden die umständlichen und zumeist steuerschädlichen Einzelübertragungen überflüssig (so bei Auflösung und Neugründung, → Rn. 27). Dieser Gestaltungsvorteil für die Unternehmen darf allerdings nicht zu Lasten der MinderheitsGfter und der Gläubiger einschließlich der Arbeitnehmer gehen. Das bedingt diesbezügliche Schutzvorschriften im UmwG. **Grenzüberschreitende Verschmelzung** innerhalb EU/EWR ist seit 2007 möglich (§§ 122a–l UmwG, VerschmelzungsRL s. 36, zum Vereinigten Königreich § 122m UmwG), Müller ZIP 2007, 1081, Neuregelung bis 2023 aufgrund der Umwandlungs-RL, zum RefE Schmidt NZG 2022, 579. Lit.: Habersack/Wicke 2. Aufl. 2021; Kallmeyer, 7. Aufl. 2020; Lutter(/Bayer/Vetter), 6. Aufl. 2019; Maulbetsch/Klumpp/Rose, 2. Aufl. 2017; Sagasser/Bula/Brünger, 5. Aufl. 2017; Schmitt/Hörtnagl, 9. Aufl. 2020; Semler/Stengel/Leonard, 5. Aufl. 2021; Widmann/Mayer (LBl.); K. Schmidt AcP 191 (1991), 495; Kallmeyer ZIP 1994, 1746 (Hdl-Ges.); Mayer/Weiler DB 2007, 1235 (1291). Muster: Hopt/Merkt VertrFormB/Bungert/Wettich, Form II. J.1–11 (Umwandlungen: ua OHG in GmbH, GmbH & Co KG in GmbH, GmbH in PersonenGes, grenzüberschreitende Verschmelzung zur Aufnahme niederländischer NV auf deutsche AG).

b) Regelung der vier Grundarten der Umwandlung: (1) **Verschmelzung:** Die Verschmelzung (Fusion) ist die rechtliche Vereinigung der Vermögen mehrerer Rechtsträger unter Auflösung ohne Abwicklung unter Gewährung von Anteilsrechten der übernehmenden oder neuen Rechtsträgers an die Anteilsinhaber des erlöschenden Rechtsträgers. Dafür gibt es zwei Arten (§ 2 Nr. 1, 2 UmwG). Bei der Verschmelzung **durch Aufnahme** wird das Vermögen von einem oder mehreren Rechtsträgern (übertragende Rechtsträger) als Ganzes auf einen anderen bestehenden Rechtsträger (übernehmender Rechtsträger) übertragen. Bei der Verschmelzung **durch Neubildung** wird das Vermögen von zweier oder mehrerer Rechtsträger jeweils als Ganzes auf einen neuen, von ihnen dadurch gegründeten Rechtsträger übertragen. Die Vermögensübertragung erfolgt bei beiden Arten der Verschmelzung gegen Gewährung von Anteilen oder Mitgliedschaften der übernehmenden oder neuen Rechtsträgers an die Anteilsinhaber (Gfter, Aktionäre etc) der übertragenden Rechtsträger. Verschmelzungsfähige Rechtsträger sind ua PersonenHdlGes (OHG, KG) und PartGes, KapitalGes (GmbH, AG, KGaA, zutr. auch SE), eG ua (§ 3 I UmwG). An der Verschmelzung können auch natürliche Personen, die als AlleinGfter einer KapitalGes deren Vermögen übernehmen, beteiligt sein (§ 3 II, 120 ff. UmwG). An der Verschmelzung können als übertragende Rechtsträger auch aufgelöste Rechtsträger beteiligt sein, wenn die Fortsetzung dieser Rechtsträger beschlossen werden könnte (§ 3 III UmwG). Die Verschmelzung durch Aufnahme ist in §§ 4–35 UmwG, die durch Neubildung in §§ 36–38 UmwG näher geregelt. Besondere Vorschriften betreffen ua die Verschmelzung unter Beteiligung von PersonenGes (§§ 39–45e UmwG, → Rn. 25). Für die Verschmelzung in eine PersonenGes (→ Rn. 26) sind die besonderen Vorschriften für die Verschmelzung unter Beteiligung der GmbH, AG ua zu beachten (§§ 46 ff., 60 ff. ua UmwG). Bei der Verschmelzung sind notwendig ein Verschmelzungsvertrag (§§ 4 ff., 36, 37 UmwG), Verschmelzungsbericht und Verschmelzungsprüfung (§§ 8, 9 ff., 36 UmwG), die Beschlüsse der beteiligten Rechtsträger (§§ 13, 36 UmwG) und die Anmeldung und Eintragung der Verschmelzung (§§ 16 ff., 36, 38 UmwG). Konsequenzen für die Firmenfortführung → § 19 Rn. 39.

(2) **Spaltung:** Die Spaltung ist in drei Formen möglich (§§ 1 I Nr. 2, 123 I–III UmwG), durch **Aufspaltung** des übertragenden Rechtsträgers, der ohne Abwicklung aufgelöst wird, unter gleichzeitiger Übertragung seines Vermögens auf andere Rechtsträger, durch **Abspaltung** von Teilen des Vermögens des übertragenden Rechtsträgers auf einen oder mehrere andere Rechtsträger und durch **Ausgliederung,** wenn der übertragende Rechtsträger Teile seines Vermögens auf einen oder mehrere andere Rechtsträger überträgt und dafür selbst

(nicht wie in den beiden ersten Fällen seine Anteilsinhaber) Anteile oder Mitgliedschaftsrechte des übernehmenden bzw. neuen Rechtsträgers erhält. Die Spaltung kann in allen drei Formen **zur Aufnahme** oder **zur Neugründung** erfolgen. Keine Spaltung iSv UmwG ist die Betriebsaufspaltung (→ § 1 Rn. 18). Konsequenzen für die Firmenfortführung → § 19 Rn. 40.

(3) **Vermögensübertragung:** Die Vermögensübertragung ist bestimmten Rechtsträgern vorbehalten (§ 175 UmwG). Sie ist als Voll- oder Teilübertragung unter Gesamtrechtsnachfolge möglich (§ 174 UmwG) und entspricht wirtschaftlich und rechtlich einer Verschmelzung oder einer Spaltung (§§ 176, 177 UmwG).

(4) **Formwechsel:** Beim Formwechsel erhält ein Rechtsträger ohne Änderung seiner Identität eine andere Rechtsform (§ 190 I UmwG). Formwechselnde Rechtsträger können PersonenHdlGes, PartGes, KapitalGes sein (§§ 191 I, 3 I UmwG), Rechtsträger neuer Rechtsform können sein GbR, PersonenHdlGes, PartGes, KapitalGes, eG (§ 191 II UmwG). Formwechsel aufgelöster Rechtsträger ist möglich, wenn ihre Fortsetzung in der bisherigen Rechtsform beschlossen werden könnte (§ 191 III UmwG). Konsequenzen für die Firmenfortführung → § 19 Rn. 41.

25 c) **Umwandlung von PersonenGes:** Für die Umwandlung von PersonenHdlGes (OHG, KG, auch GmbH & Co KG) und PartGes gibt es zusätzlich besondere Vorschriften (§§ 214–225c UmwG); für eine grenzüberschreitende Verschmelzung von PersonenHdlGes seit 2019 mit § 122b I Nr. 2 UmwG idF Viertes Gesetz zur Änderung des Umwandlungsgesetzes BGBl. 2018 I 2694, dazu Bungert/Wansleben DB 2019, 49, zutr. schon zuvor zulässig. § 122m UmwG enthält Sonderregelung für den Fall des Ausscheidens des Vereinigten Königreichs aus der Europäischen Union, insbesondere dazu Stiglein ZIP 2018, 2351; Brandi/Schmidt DB 2018, 2417; Klett NZG 2019, 292; zuvor Zwirlein/Großerichter/Gätsch NZG 2017, 1041. Eine PersonenHdlGes kann auf Grund eines Umwandlungsbeschlusses **nur die Rechtsform einer Kapitalgesellschaft oder einer eingetragenen Genossenschaft** erhalten (§ 214 I UmwG). Auch **nach Auflösung** kann eine PersonenHdlGes noch die Rechtsform wechseln (§ 191 III UmwG), aber nicht wenn die Gfter nach § 145 HGB eine andere Art der Auseinandersetzung als die Abwicklung oder als den Formwechsel vereinbart haben (§ 214 II UmwG). Ein Umwandlungsbericht und eine Unterrichtung der Gfter zur Vorbereitung des Umwandlungsbeschlusses sind nur erforderlich, wenn nicht alle Gfter der formwechselnden Ges. geschäftsführungsberechtigt sind (§§ 215, 216 UmwG), sonst sind sie an der Vorbereitung beteiligt. Der **Umwandlungsbeschluss** durch die GfterVersammlung bedarf als Grundlagengeschäft der Zustimmung aller Gfter, auch der nicht erschienenen. Der GesVertrag kann Mehrheitsentscheidung vorsehen (→ § 119 Rn. 33 ff.), aber nicht weniger als **Dreiviertelmehrheit** der abgegebenen Stimmen (§ 217 I UmwG). Da es zu einer neuen KapitalGes bzw. eG kommt, sind deren Gründungsvorschriften bezüglich Kapitalschutz ua zu beachten (§§ 219 ff. UmwG). Anmeldung und Eintragung s. §§ 198, 222, 202 UmwG. Die Fortdauer und zeitliche Begrenzung der persönlichen Haftung eines phG der formwechselnden Ges. sind wie die Nachhaftung bei Ausscheiden aus der Ges. geregelt (§ 224 UmwG; s. § 160 HGB). Die Problematik der Haftung aus Dauerschuldverhältnissen stellt sich entsprechend (→ § 128 Rn. 28 ff.). Die Haftung des Kdtisten nach §§ 171 I, 172 IV, 176 HGB ist in § 224 UmwG nicht besonders geregelt, aber entsprechend zu behandeln. Eine **GmbH & Co KG** kann auch nach § 214 UmwG in eine KapitalGes umgewandelt werden (neben dem Anwachsungsmodell, → Rn. 22), Einzelheiten sind str., K. Schmidt § 13 II 3c. Zugelassen wird das Ausscheiden des persönlich haftenden Gfters mit dem Wirksamwerden des Formwechsels, KG ZIP 2019, 177, str. Lit.: H. Schmidt, Joost in Lutter, Kölner Umwandlungsrechtstage, 1995, 59; 1995, 245; H. Schmidt FS Brandner, 1996, 133 (Mehrheitsklauseln); Kallmeyer GmbHR 1996, 80.

d) Umwandlung in PersonenGes: Unternehmen mit Rechtsträgern in anderen Rechtsformen, insbesondere KapitalGes, können auch in PersonenGes umgewandelt werden (§§ 3 I Nr. 1, 124, 191 II Nr. 2 UmwG). Dabei sind außer den allgemeinen Vorschriften des UmwG die besonderen für diese Rechtsformen, zB GmbH und AG, anwendbar (§§ 46 ff., 138 ff., 226 ff. UmwG). Zusätzlich sind die Vorschriften des PersonenGesRechts zu beachten. Bsp.: Umwandlung einer GmbH in eine OHG setzt HdlGewerbe der Letzteren voraus (§ 228 I UmwG, § 105 I, II HGB). 26

D. Auflösung und Neugründung. a) Nicht verschmelzungsfähige Rechtsträger: Aus der abschließenden Aufzählung in § 3 UmwG folgt, dass alle anderen Rechtsträger nicht nach dem UmwG verschmolzen werden können. Das gilt für stGes, GbR, nicht rechtsfähigen Verein, schlichte Rechtsgemeinschaft, Erbengemeinschaften ua. Für den Formwechsel nach UmwG sieht § 191 UmwG einen ähnlichen abschließenden Katalog vor, doch kann die GbR hier Rechtsträger neuer Rechtsform sein (§ 191 II Nr. 1 UmwG). Ähnliches gilt für die Spaltung (§ 124 I UmwG), bei der Ausgliederung können aber auch EinzelKfm, wirtschaftlicher Verein ua übertragender Rechtsträger sein. 27

b) Auflösung und Neugründung: Soweit keine Umwandlung kraft Gesetzes (BGB, HGB) oder kraft Rechtsgeschäftes (UmwG, Sondergesetze) möglich ist (numerus clausus) oder wenn die Beteiligten davon keinen Gebrauch machen wollen, bleibt die Möglichkeit der Auflösung und Neugründung. Der alte und der neue Rechtsträger sind dann nicht identisch, eine Vermögensübertragung im Wege der Einzelübertragung ist nötig (→ Einl. vor § 1 Rn. 42), und die stillen Reserven müssen aufgelöst und versteuert werden. Das schließt diesen Weg in der Praxis meist aus.

c) Stille Gesellschaft: Die Auflösung und Neugründung kommt auch für die stGes in Betracht. Der an einem einzelkfm Unternehmen beteiligte Stille kann phG oder Kdtist nur durch Neugründung einer OHG oder KG mit dem bisherigen Alleininhaber des HdlGeschäfts werden. Umgekehrt wird der phG (oder Kdtist) nur durch Auseinandersetzung der Gfter nach § 738 BGB und Umwandlung seines Auseinandersetzungsguthabens in eine stille Einlage zum Stillen, RGZ 170, 105. **Muster:** Hopt/Merkt VertrFormB/Möritz, Form II. B.3 (Auflösung und Liquidation einer OHG).

5) Intertemporales Gesellschaftsrecht

Auch HdlGes, die älter sind als das HGB, unterstehen dem HGB im Hinblick auf ihre Rechtsbeziehungen zu Dritten; nur im Innenverhältnis gilt nach Art. 170 EGBGB für OHG (KG; auch stGes, die nicht HdlGes ist; AG und KGaA s. §§ 2 ff. EGAktG 1937) das alte Recht fort, soweit das neue nicht zwingend ist (zB § 133 III, RGZ 71, 255). Praktisch gilt jedoch auch hier meist das neue Recht auf Grund stillschweigender Unterwerfung der Gfter, RGZ 145, 291. Übergangsrecht zu den zahlreichen Reformen des HGB s. **(1)** EGHGB, zB bezüglich des HRefG **(1)** EGHGB Art. 38 ff. Lit.: Großfeld/Iriger JZ 1988, 531, zu Spuren des römischen Erbes im PersonenGesR Fleischer JZ 2019, 53. 28

6) Internationales und europäisches Gesellschaftsrecht

A. Internationales Gesellschaftsrecht und europäische Einflüsse. Dabei handelt es sich als Teil des internationalen Privatrechts um deutsches Recht. Ausländische Ges., die nach dem für sie gültigen Recht existent sind, werden ohne weiteres **anerkannt,** BGHZ 25, 144. Für die Rechtsverhältnisse einer PersonenHdlGes galt herkömmlich das **Recht des Sitzes,** RGZ 117, 217, BGHZ 51, 28; 53, 183; 78, 334; 97, 271; BayObLG WM 1992, 1371; OLG 29

Hamm NJW 2001, 2183, **(Sitztheorie)**; Staud/Großfeld EGBGB IntGesR 28, immer noch Wiedemann II 50, nach aA Gründungstheorie und Mischtheorien, schon bisher sehr str. Die Sitztheorie lässt sich aber nach den Urteilen des EuGH NJW 1999, 2027 – Centros; EuGH NJW 2002, 3614 – Überseering; EuGH ZIP 2003, 1885 – Inspire Art; EuGH NJW 2006, 425 – Sevic und EuGH NJW 2009, 569 – Cartesio allenfalls noch **gegenüber Drittstaaten** aufrechterhalten (auch nicht für USA, nach Freundschaftsvertrag Gründungsrecht, BGHZ 153, 353; Dammann RabelsZ 78 (2004), 609), so gegenüber der Schweiz BGH NJW 2009, 289 (II ZR, Trabrennbahn) m. abl. Anm. Kieninger ZIP 2009, 2385, auch gegenüber Bahamas nach BGH ZIP 2017, 422, trotz Reform durch MoMiG 2008 (s. unten). **In der EU** (und EWR, BGHZ 164, 148) nicht nur keine Versagung der Rechts- und Prozessfähigkeit, BGHZ 154, 185 (Überseering, vgl. auch schon BGHZ 151, 204), sondern **volle Anerkennung als ausländische Gesellschaft** wie inländische Ges. ohne Zwang zur Umwandlung bzw. Neugründung, schon BGHZ 154, 185, ZIP 2003, 718 (II. ZS), **Gründungstheorie,** BGH ZIP 2011, 1839. Primäres (Art. 49, 50 AEUV, Art. 43, 48 aF EG) und sekundäres EURecht sind unstreitig vorrangig. Str. bleibt bis zur Klärung durch weitere Urteile des EuGH, was die Mitgliedstaaten im öffentlichen Interesse von EU-ausländischen Unternehmen noch verlangen können (Gebhard-Formel, Vierkonditionentest), insbesondere unternehmerische Mitbestimmung, dazu Ebke JZ 2003, 931; Sandrock AG 2004, 57; Thüsing ZIP 2004, 381; Henssler GS Heinze, 2005, 333; Roth GS Heinze, 2005, 709; Zimmer GS Heinze, 2005, 1123. **Briefkastenfirmen** aus der EU sind jedenfalls grundsätzlich **kein Rechtsmissbrauch;** sie können in Deutschland tätig werden ohne Behandlung als OHG mit der Folge von § 128, dies nach Vale aber bezweifelnd G. H. Roth ZIP 2012, 1744. Zu den zahlreichen Streitfragen zB Zimmer, Lutter BB 2003, 1 (7); Kersting NZG 2003, 9; Kindler NJW 2003, 1073; Leible/Hoffmann ZIP 2003, 925; Zimmer NJW 2003, 3585 u. RabelsZ 67 (2003), 298; Horn NJW 2004, 893; Eidenmüller FS Heldrich, 2005, 581; Goette DStR 2005, 197; allgemeiner Mülbert/Schmolke ZVglRWiss 100 (2001), 233 (Niederlassungsfreiheit von Ges.). **Außergesellschaftsrechtliche Schutzinstrumente** zur Bewahrung deutscher Gemeininteressen bleiben zulässig, insbesondere Delikts- und Insolvenzrecht, Einzelheiten sind sehr str., Ulmer JZ 1999, 662; NJW 2004, 1201; Merkt in VGR, GesR 1999, 112; Borges RIW 2000, 167; str., ob auch für die Haftung aus existenzvernichtendem Eingriff nach § 826 BGB gilt (zu dieser → Anh. § 177a Rn. 51c); die Insolvenzverschleppungshaftung (§ 64 GmbHG aF, §§ 130a aF) ist dagegen gesellschaftsrechtlich, Ulmer NJW 2004, 1207; aA KG ZIP 2009, 2156, sehr str., ebenso bis zum MoMiG das Eigenkapitalersatzrecht, aA OLG Köln ZIP 2010, 2016; Ulmer NJW 2004, 1207; mwN ausführlich Fleischer in Lutter, Eur. AuslandsGes, 2005, S. 49, weiter stellen sich Fragen des **Berufsrechts,** zur Postulationsfähigkeit einer UK-LLP nach dem Brexit Henssler NJW 2021, 503. Eintragung in das **Handelsregister** erfolgt als ZwNl nach §§ 13d ff., str. (→ § 13d Rn. 1); Erzwingung der Eintragung nach § 14, nicht nach § 11 II GmbHG, § 41 I AktG, da Eintragung bereits im Gründungsstaat erfolgt und im Inland nur deklaratorisch ist, Sanktion wäre auch unverhältnismäßig, str. Keine Eintragung bei Gewerbeverbot gegen director (→ § 13g Rn. 3), BGH NJW 2007, 2328 m. zust. Anm. Eidenmüller/Rehberg NJW 2008, 28, Grund: keine Diskriminierung, zwingende Gründe des Allgemeininteresses, zur Zielerreichung geeignet und erforderlich (Vier-Kriterien-Test). **Firmierung** → § 17 Rn. 48, 49, → § 18 Rn. 36, → § 19 Rn. 42; Angaben auf Geschäftsbriefen → § 37a Rn. 9. Auf jeden Fall besteht weiterhin **Vorlagepflicht,** üL, aA BayObLG DB 1998, 2318 (vor Centros); Kindler NJW 1999, 1998; sonst droht Vorenthaltung des „gesetzlichen Richters", BVerfG ZIP 2001, 350. Maßgebend war nach der deutschen Sitztheorie der tatsächliche Sitz der Ges., deshalb auch keine Sitzverlegung ins Ausland, OLG München ZIP 2007, 2124, sonst Auflösungsverfahren (§ 399 IV FamFG), BGH ZIP 2008, 1627; auch OLG Hamburg ZIP 2007, 1108. **Seit MoMiG,** in Kraft 1.11.2008, ist maßgebend der **Satzungssitz,** der allerdings weiterhin im Inland liegen muss (§ 4a GmbHG, § 5 AktG, → § 106 Rn. 8); Ermöglichung der Verlegung des Verwaltungssitzes ins Ausland, Lu/Ho/Bayer GmbHG § 4a Rn. 15, aber Anerkennung durch Zuzugsstaat nach dessen Kollisionsrecht. Aufgabe der Sitztheorie nicht nur gegenüber EU-AuslandsGes, str., dies richtigerweise auch für PersonenGes (→ § 106 Rn. 8), Gfter- und Gläubigerschutz nicht über IPR, sondern Sachrecht (Delikts-, Insolvenz-, öffentliches Recht; Rechtsscheinhaftung → § 5 Rn. 10). Die Nichtanerkennung ausländischer Ges. unter der Sitztheorie hatte zu erheblichen Folgeproblemen ua für Vertragsschluss und Haftung der Ges. geführt, Eidenmüller/Rehm ZGR 1997, 89. Bei **Sitzverlegung ins EU-Ausland** (Wegzug) hatte der inländische Gesetzgeber nach EuGH RIW 1989, 304 – Daily Mail bisher noch mehr Eingriffsmöglichkeiten, BayObLG NJW-RR 2004, 836, dann aber EuGH NJW 2004, 2439 – Hughes de Lasteyrie du Saillant; dazu Kleinert/Probst NJW 2004, 2425; Franz EuZW 2004, 270; Roth FS Heldrich, 2005, 973, nunmehr die künstliche Differenzierung zwischen Zuzug und Wegzug aufrecht erhaltend EuGH NZG 2009, 61; NJW 2009, 569 – Cartesio; dazu Barthel EWS 2010, 316; Goette DStR 2009, 128; Leible/Hoffmann BB 2009, 58; Zimmer/Naendrup NJW 2009, 545: Mitgliedstaat braucht Fortbstand „seiner" GesForm durch die wegziehende KapitalGes nicht zu dulden (nur insoweit wie Daily Mail), muss aber Sitzverlegung bei gleichzeitiger Umwandlung in GesForm des (diese erlaubenden) Zielstaats hinnehmen (außer bei zwingenden Gründen des Allgemeinwohls), dann also keine Auflösung dieser Ges. mehr, anders noch OLG Hamm EuZW 1998, 31; NJW 2001, 2183, und Eintragung der Sitzverlegung in das HdlReg, anders noch OLG Düsseldorf BB 2001, 900 mAnm. Emde; OLG Brandenburg GmbHR 2005, 484 mAnm. Ringe. Zuzulassen ist auch eine grenzüberschreitende Umwandlung, wenn das nationale Recht für inländische Gesellschaften Umwandlungen zulässt, EuGH ZIP 2012, 1394 – Vale; Bayer/Schmidt ZIP 2012, 1481; Teichmann DB 2012, 2085. Das OLG Nürnberg lässt nun die Verlegung des Satzungs- und Verwaltungssitzes nach Deutschland unter Umwandlung in eine deutsche GmbH zu, OLG Nürnberg ZIP 2014, 128 m. Bespr. Schaper ZIP 2014, 810, anders noch OLG Nürnberg NZG 2012, 468. Grenzüberschreitende Umwandlungen können besonderen Regeln unterworfen werden, diese dürfen aber nicht ungünstiger sein als diejenigen, die gleichartige innerstaatliche Sachverhalte regeln, EuGH ZIP 2012, 1397 – Vale; zur Niederlassungsfreiheit nach „Vale" Schön ZGR 2013, 333. Von der Niederlassungsfreiheit gedeckt ist auch die **Umwandlung** in eine dem Recht eines anderen Mitgliedstaats unterliegende Gesellschaft **ohne Verlegung des tatsächlichen Sitzes,** EuGH ZIP 2017, 2145 – **Polbud** m. Bespr. Bayer/Schmidt ZIP 2017, 2225, dies kann auch nicht von der Auflösung der ersten Gesellschaft abhängig gemacht werden. Grenzüberschreitende **Verschmelzungen** innerhalb der EU müssen jedenfalls wie inländische zulässig sein, also Eintragung in das nationale HdlReg, EuGH NJW 2006, 425 – Sevic, das gilt unabhängig von der VerschmelzungsRL (→ Rn. 36). Ist das ausländische Recht als Sitzland zu beachten, verweist dieses wie bei der Gründungstheorie auf das deutsche Recht zurück, wird diese Rückverweisung beachtet, Art. 4 I 1 EGBGB, OLG Frankfurt a. M. DB 1990, 1224. Führt die Sitzverlegung zum Statutenwechsel, sind die Folgen (Liquidation oder nicht) für die PersonenGes str. (zum anwendbaren Recht → § 106 Rn. 8). Bei einer Sitzverlegung ins Ausland nimmt die Sitztheorie eine Auflösung der Ges. an, Ausnahme bei einer Verlegung in EU oder EWR, Koller/Kindler § 105 Rn. 3. Konsequenzen bei Sitzverlegung in das Inland → § 105 Rn. 10, in EU möglich ist der **grenzüberschreitende Formwechsel** in deutsche GmbH KG WM 2016, 1739 mAnm Wachter GmbHR 2016, 738, in deutsche KG OLG Oldenburg ZIP 2020, 1865 mBespr Stiegler NZG 2020, 979;

Wachter DB 2020, 2281 und Ausführungen zur GmbH & Co, bzw. aus einer GmbH in eine italienische Srl, OLG Frankfurt a. M. ZIP 2017, 611 mAnm Stiegler GmbHR 2017, 392 und Teichmann ZIP 2017, 1190 (kritisch zum Verfahren), so nun explizit die noch umzusetzende **Mobilitäts-RL** (→ Rn. 36). Ausländische rechtsfähige Ges. als phG einer deutschen OHG → § 105 Rn. 28. **Rechtspolitisch** besteht Handlungsbedarf: auf EUEbene SitzverlegungsRL (→ Rn. 36) und im Inland ges. Verankerung der Gründungstheorie, so BMJ RefE Ges. zum IPR der Ges. 7.1.2008 (IPRGesVJPG), Sonnenberger, 2007; Wagner/Timm IPRax 2008, 81; Franz/Laeger BB 2008, 678; Rotheimer NZG 2008, 181; Franz BB 2009, 1255, nun ExpertenE 2020 mit der Trennung von Verwaltungs- und Satzungssitz (→ Rn. 42). **Durchgriff** bei KapitalGes auf Aktionäre ohne Kontrolle oder zumindest sicheren Einfluss auf die Entscheidungen der Ges. verstößt gegen Niederlassungsfreiheit (Art. 49 AEUV) und freien Kapitalverkehr (63 AEUV), EuGH NZG 2011, 183 – Idryma Typou mAnm. Möslein NZG 2011, 174. Auch ggü. **Drittstaaten** ist die **Gründungstheorie de lege lata vorzugswürdig.** Bedeutung hat das im Falle eines **Brexit** ohne vertragliche Regelung für englische limited. Diese sind bei Verwaltungssitz im Inland nach hM gemäß deutschem Recht zu beurteilen, limited erlischt bei einem Ges. liquidationslos mit Anwachsung des Vermögens sowie der Verbindlichkeiten beim AlleinGfter, sonst Personen(handels)gesellschaft mit persönlicher Haftung, OLG München ZIP 2021, 2178; Koller/Kindler § 105 Rn. 3, krit Behme ZIP 2021, 2565. Zutreffend bleibt wegen Anwendbarkeit der **Gründungstheorie** auch nach einem Ausscheiden des Vereinigten Königreichs die Rechtsfähigkeit der limited erhalten. Der Bundestag hat in einer Entschließung jedenfalls einen Vertrauensschutz für bestehende Scheinauslandsgesellschaften angenommen, Hirte NJW 2019, 1188, eine intertemporale Anerkennungslösung für Altgesellschaften erwägend Weller/Thomale/Benz NJW 2016, 2382, zutr wird jedenfalls ein solcher Schutz zu gewähren sein, Bayer/Schmidt BB 2019, 2188 um etwa bei einer insolventen englischen Gesellschaft die Gfter vor einer Inanspruchnahme als GbR-Gfter (Air Berlin) zu schützen. **Praktisch** wird sich **Umwandlung** empfehlen, zur entspr. Neuregelung → Rn. 25. Lit.: Zimmer, 1996; MüKoBGB/Kindler IntGesRecht; Eidenmüller, 2004; Hirte/Bücker, 2. Aufl. 2006; Lutter, 2005; Spahlinger/Wegen, 2005; auch Stünkel, EG-Grundfreiheiten und Kapitalmärkte, 2005; Spindler/Berner RIW 2004, 7; Schuster/Binder WM 2004, 1665 (Sonderfall Finanzdienstleister); Bitter WM 2004, 2190 (Gläubigerschutz); Eidenmüller JZ 2004, 24; Eidenmüller/Rehm ZGR 2004, 159; Hirte NJW 2005, 478; Leible ZGR 2004, 531; Hopt ZIP 2005, 461; Eidenmüller RabelsZ 70 (2006), 474 (Ges.-/Insolvenzstatut); Goette ZIP 2006, 541; Leible/Hoffmann RIW 2006, 161 (Sevic); Mansel RabelsZ 70 (2006), 651 (gegenseitige Anerkennung); Haar GPR 2007, 27; Krause/Kulpa ZHR 171 (2007), 38 (Sevic, UmwÄndG); Goette DStR 2009, 128 (Cartesio); Leible/Hoffmann BB 2009, 58 (Cartesio); Teichmann ZIP 2009, 393 (Cartesio); Zimmer/Naendrup NJW 2009, 545 (Cartesio); G. H. Roth EuZW 2010, 607 (Cadbury-Schweppes); J. Schmidt ZEUP 2020, 565. **RsprÜbersichten:** Ebke BGHFSWissII, 2000, 799 (BGH); Roth BGHFSWissII, 2000, 847 (EuGH); Hommelhoff BGHFSWissII, 2000, 889 (nationale Gerichte); Henze DB 2003, 2159 (BGH); Goette DStR 2005, 197 (BGH); Kumpan/Pauschinger EuZW 2020, 909.

30 Das Recht des Sitzes bzw. des Gründungsstatuts gilt vor allem für das **Außenverhältnis** zu Dritten (zB Vertretung der Ges., Haftung der Gfter für GesSchulden, im Prozess). Also Haftung des deutschen Gfters einer ausländischen Ges. idR nach dem ausländischen Recht, BGHZ 78, 334; Staud/Großfeld Rn. 348; ebenso **Geschäftsführerhaftung** bei englischer private limited company nach Gründungsrecht, nicht § 11 II GmbHG analog, BGH NJW 2005, 1648 mAnm. Eidenmüller NJW 2005, 1618; Leible RIW 2005, 543; Wachter DStR 2005, 1817; Goette ZIP 2006, 543; ebenso für andere Fälle der Durchgriffshaftung (→ Anh. § 177a Rn. 51b), Henze WM 2006, 1655.

Für das **Innenverhältnis** können die Gfter die Rechtsordnung beim Vertrags- **31** schluss (auch stillschweigend) wählen. Doch gilt das zwingende Recht des Sitzes (zB über Kündigung, Auflösungsklage, Zulässigkeit der Anteilsübertragung) auch unter ausländischen Gftern.

Die **Form** gesellschaftsrechtlicher Geschäfte richtet sich nach dem Recht des **32** Sitzes, doch genügt die Wahrung der Form des Landes, in dem das Geschäft vorgenommen wird **(Ortsform),** Art. 11 I EGBGB; eine andere Frage ist, ob das Recht des ausländischen Sitzes den in der BRD in deutscher Form vorgenommenen Akt, zB mündliche Abtretung eines Anteils an einer ausländischen PersonenGes, als wirksam anerkennt.

Erlischt die ausländische Kapitalgesellschaft nach Ortsrecht besteht sie bei Verwaltungssitz in Deutschland als GbR oder OHG weiter, für englische limited so OLG Celle NZG 2012, 738.

Besonders schwierig sind die Regelungsprobleme des **internationalen Kon-** **33** **zernrechts** und der **multinationalen Unternehmen.** Lit.: Staud/Großfeld, EGBGB IntGesRecht, 1998; Zimmer, 1996, S. 357, 406; GroßKoAktG/Assmann 4. Aufl. Einl. D; MüKoBGB/Kindler IntGesR; Kübler § 34; H. P. Westermann ZGR 1975, 68 (Methodendiskussion); Behrens ZGR 1978, 499 (Anerkennung); RabelsZ 52 (1988), 498 (Niederlassungsfreiheit); Ebenroth JZ 1988, 18 u. 1988, 75; heute vor allem europäisches GesRecht, → Rn. 34 ff.

B. **Europäisches Gesellschaftsrecht.** Dabei handelt es sich um **34**

a) Verordnungen, zB VO 25.7.1985 über die Europäische wirtschaftliche Interessenvereinigung, dazu **EWIVAG;** VO 8.10.2001 über das Statut der **Europäischen Gesellschaft (SE),** ABl. 2001 L 291, 1 mit eigener MitbestimmungsRL 8.10.2001, ABl. L 291, 22, dazu Kalss/Hügel, 2004 (Wien); Theisen/Wenz, 2. Aufl. 2005; Jannott/Frodermann, 2. Aufl. 2014; Blanquet, Heinze ZGR 2002, 20 (66); Hirte NZG 2002, 1; Lutter BB 2002, 1; deutsche Ergänzung und Umsetzung durch **SEAG** und **SEBG** 2004 BGBl. I 3675, auch dazu Lutter/Hommelhoff/Teichmann, 2. Aufl. 2015; Habersack/Drinhausen, 3. Aufl. 2022; Neye BB 2004, 1973; Ihrig/Wagner NZG 2004, 1449; Horn DB 2005, 147. Das Statut der **Europäischen Privatgesellschaft (SPE)** wurde nicht verabschiedet, Schwierigkeiten machte ein weiteres Mal die deutsche Mitbestimmung, auch der Vorschlag einer Societas Unius Personae (SUP) wurde nicht verabschiedet, nun RL 2019/1151 insbesondere zur digitalen Gründung. Zu nennen ist auch die VO 29.5.2000 über **Insolvenzverfahren,** dazu Kemper ZIP 2001, 1609.

b) Übereinkommen, zB über die gegenseitige Anerkennung von Ges. und **35** juristischen Personen, Entwurf eines Übereinkommens über die internationale Fusion von AG. Sie spielen bisher keine wichtige Rolle im GesRecht. Eine größere Rolle spielen **Empfehlungen,** die keine Bindungswirkung entfalten. Für die PersGes ist zu nennen ist die Empfehlung zur Übertragung von kleinen und mittleren Unternehmen 7.12.1994, ABl. L 385, 14. Die Empfehlung der Kontinuität von PersGes im Fall des Todes eines der Gfter trug zur grdl. Änd. des Vierten Titels über die Auflösung der Ges. und das Ausscheiden von Gftern im HRefG 1998 bei, → § 131 Rn. 1.

c) Richtlinien iVm Primärrecht: Die weitaus größte Rolle spielen die EG/ **36** EU-Richtlinien, die eine begrenzte Rechtsvereinheitlichung anstreben (→ Einl. vor § 1 Rn. 27) und durch nationale Durchführungsgesetze in das deutsche GesRecht eingehen, zB 1. EG-RL 9.3.1968 (PublizitätsRL) G 15.8.1969 BGBl. 1146, ÄndRL 15.7.2003 EHUG 10.11.2006 (→ § 8 Rn. 2a); 2. EG-Ri 13.12.1976 (KapitalRL) G 13.12.1978 BGBl. I 1959, ÄndRi 6.3.2006, ABl. L 264, 32, Neufassung RL 2012/30/EU, vgl. auch RL über angemessene Eigenkapitalausstattung von WPFirmen und Kreditinstituten nF 14.6.2006 ABl. L 177, 201; 3. EG-Ri 9.10.1978 (FusionsRL) G 25.10.1982 BGBl. 1425; 4. EG-RL 25.7.1978 (BilanzRL), 7. EG-RL 13.6.1983 (Konzernabschluss-RL) und 8. EG-RL 25.3.1984 (Rechnungsprüfer-RL), alle drei transformiert durch BiRiLiG 19.12.1985 BGBl. I 2355, dazu EG-RL 21.3.1994 (Betragserhöhungs-RL) und Mittelstands-RL 8.11.1990, beide transformiert durch DMBilGÄndG 25.7.1994 und GmbH & Co-RL (→ Einl. vor § 238 Rn. 8), Bankbilanz-RL (→ § 340 Rn. 1, 2) und Versicherungsbilanz-RL (→ Einl. vor § 238 Rn. 8, 49); 6. EG-RL 17.12.1982 (Spaltungs-RL), transformiert durch UmwG 28.10.1994 BGBl. I 3210, ber. 1995, 428; 10. EG-RL 26.10.2005 (grenzüberschreitende Verschmelzungs-RL; s. auch EuGH DNotZ 2006, 210 Rn. 29 – Sevic), 2. UmwÄndG 19.4.2007 BGBl. 542; 11. EG-RL 21.12.1989 (Zweigniederlassungs-RL), G 22.7.1993 BGBl. I 1282; 12. EG-RL 21.12.1989 (EinpersonenGmbH-RL), G 18.12.1991 BGBl. I 2206; 13. EG-RL 21.4.2004 (Übernahmeangebote); weitere Richtlinien und Richtlinienentwürfe sowie Empfehlungen im Gefolge des Aktionsplans. Die 5. EG-RL (StrukturRL) und die 9. EG-RL (KonzernrechtsRL) sind zu Recht aufgegeben. Vordringlich ist nach Erlass der 10. EG-RL auch nach **Zusammenfassung** der gesellschaftsrechtl Richtlinien in der **GesRechts-RL** sowie dem Beschluss der Mobilitäts-RL die 14. EG-RL (GesSitzverlegung), Vorentwurf ZGR 1999, 157; Leible ZGR 2004, 563, auch wenn die Rspr. des EuGH (→ Rn. 29) die Liberalisierung weit vorwärts getrieben hat (Sitztheorie nur noch für EU-AuslandsGes, → Rn. 29), dazu Zimmer, Lutter BB 2003, 1 (7); Leible/Hoffmann RIW 2002, 925; Goette DStR 2005, 197, zuletzt durch die Polbud-Entscheidung, die bereits eine grenzüberschreitende Umwandlung ohne Verlegung zulässt (→ Rn. 29), aber eben keine bloße Sitzverlegung. Der opt in/opt out-Kompromiss der 13. EG-RL ist rechtspolitisch kurzatmig, die **Urteile** des **EuGH** ZIP 2002, 1085 (1090); 2003, 991 (995); 2007, 221 – PTT/KPN mAnm. Möslein ZIP 2007, 208; EuGH ZIP 2007, 2068 (VW-Gesetz); EuGH NZG 2009, 906 (Italien); EuGH WM 2010, 1362 (Portugal) mAnm Purnhagen EuZW 2010, 706; EuGH WM 2010, 2262 (Portugal) zu den **goldenen Aktien** (golden shares) und ihren Zulässigkeitsgrenzen aus der Niederlassungsfreiheit sind dazu wegweisend, **Festhalten am VW-Gesetz** (1960 mit Änd. 1966 und 1970) durch ÄndG 8.12.2008 BGBl. 2369 (Höchststimmrecht von 20%, satzungsändernde Mehrheit von 80%, beides im Hinblick auf Niedersachsen) ist verfehlt, Holle AG 2010, 14; aA LG Hannover ZIP 2009, 666; Rapp-Jung/Bartosch BB 2009, 2210, erneute Anrufung des EuGH, EUKommission EuZW 2010, 642, Billigung, EuGH ZIP 2013, 2103. Lit.: Grundmann/Möslein BKR 2002, 758; ZGR 2003, 317; Rühland in Beiträge für Hopt, 2008, 501; Bayer/Schmidt BB 2010, 394; Soltysinski FS Hopt, 2010, 2571; Frenz EWS 2011, 125. Kein allgemeiner Gleichheitsgrundsatz für Aktionäre aus dem Primärrecht, EuGH ZIP 2009, 2241 – Audiolux; krit. Basedow FS Hopt, 2010, 27; Habersack/Tröger NZG 2010, 1; kein allgemeiner Grundsatz der Haftungsbeschränkung (dh grundsätzlich kein Durchgriff) bei KapitalGes, EuGH NZG 2011, 183 – Idryma Typou mAnm. Möslein NZG 2011, 174. Anstöße für eine liberale GesRechtsangleichung (transparente Regulierung, Konzentration auf Kernbereiche, ua corporate governance) durch zwei Berichte für die EUKommission (**High Level Group of Company Law Experts,** auch Winter-Gruppe), 10.1.2002 und 4.11.2002, dazu Nobel SZW 2002, 30; Wiesner ZIP 2002, 208; BB 2003, 213; Maul DB 2003, 27; Hopt JCorpLStudies 3 (2003), 221 u. ZIP 2005, 461. Ein umfassender, den Empfehlungen der High Level Group weitestgehend folgender **Aktionsplan** der EUKommission für GesRecht und corporate governance ist am 21.5.2003 vorgelegt worden, Maul ua BB 2003, 1289; Wiesner ZIP 2003, 977; Umsetzung und Interdependenzen mit deutschem Recht Hopt ZIP 2005, 461; Baum AG 2007, 57. Die Konzernbilanzierung wurde ab 2005 auf IAS/IFRS umgestellt, VO 19.7.2002 NZG 2002, 1095, Mitgliedstaatenwahlrecht auch für Einzelbilanz.

Jedenfalls mittelbar relevant für Gesellschaften sind die Richtlinien über Kapitalmarktrecht (→ **(16)** WpHG vor Einl. Rn. 1). Zum Aktionsplan v. 12.12.2012 (Eur. GesR u. Corporate Governance), Hopt ZGR 2013, 165, dazu v. 9.4.2014 die Vorschläge zur Revision der Aktionärsrechterichtlinie COM(2014) 213 final und zur Einführung einer Societas Unius Personae (SUP), COM(2014) 212 final. Änderung Aktionärsrechterichtlinie v. 17.5.2017, **Zusammenfassung verschiedener Richtlinien** durch Gesellschaftsrechtsrichtlinie v. 14.6.2017, **GesRechts-RL**, daneben steht die geänderte **Aktionärsrechterichtlinie**, RL 2017/828. Insbesondere eine **Online-Gründung** wird durch RL 2019/1151/EU zum Einsatz digitaler Werkzeuge und Verfahren ermöglicht, weiter Richtlinie zu grenzüberschreitenden Umwandlungen, Verschmelzungen und Spaltungen, RL 2019/2121, **Mobilitäts-RL,** dazu die ECLE ECFR 2019, 196. Zugelassen wird durch die Mobilitäts-RL auch der grenzüberschreitende Formwechsel sowie eine grenzüberschreitende Spaltung, zum RefE Schmidt NZG 2022, 579, nicht aber eine eigentliche grenzüberschreitende Sitzverlegung. Aktuell diskutiert werden auf Grundlage zweier von der Kommission in Auftrag gegebener Studien die Berücksichtigung von Nachhaltigkeit und Menschenrechten durch Unternehmen, hierzu sowie zur Nachhaltigkeitsberichterstattung hat die Kommission bereits einen Richtlinienentwurf vorgelegt.

Rechtswirkung von EU-RL erst ab **Umsetzung** in nationales Recht, aber bei verspäteter oder falscher Umsetzung Staatshaftung, wenn der Einzelne berechtigt sein sollte, der Verstoß hinreichend qualifiziert ist und Kausalität besteht, stRspr des EuGH seit EuZW 1991, 758 – Francovich, zB BGHZ 181, 206, zur **Vorwirkung** Ehricke ZIP 2001, 1311; Röthel ZEuP 2009, 34; zur unmittelbaren innerstaatlichen Anwendbarkeit (auch von Teilen), Steindorff AG 1988, 57; Kirchhoff DB 1989, 2261; zur Rechtswirkung von Richtlinien nach EuGHRspr von Danwitz JZ 2007, 697, nicht unter Privaten, Mörsdorf EuR 2009, 219. Umsetzung so, dass die Begünstigten von allen ihren Rechten Kenntnis erlangen und diese ggf. gerichtlich geltend machen können, EuGH EuZW 2002, 466 mAnm. Pfeiffer (zu AGB-RL). Europarechtskonforme Auslegung des deutschen Rechts nach Umsetzung wirft schwierige Probleme auf (zB zur HV-Ri → § 84 Rn. 3, → § 86 Rn. 22). Pflicht der Gerichte zur richtlinienkonformen Rechtsfortbildung, zB teleologische Reduktion, aber nicht contra legem, BGH WM 2009, 316 (zu § 439 IV BGB); Herresthal, 2006; Canaris FS Bydlinski, 2002, 81; Möllers/Möhring JZ 2008, 919; aA Ehricke ZIP 2004, 1028. Praktisch und prozessual wichtig vor allem, dass für Zweifelsfragen bei der Auslegung des EU-Ri ausschließlich der EuGH im **Vorlage**verfahren nach **Art. 267 AEUV** (Art. 234 aF, 177 aF EG) zuständig ist (→ § 84 Rn. 3); bei Verkennung der Vorlagepflicht Vorenthaltung des „gesetzlichen Richters", BVerfG ZIP 2001, 350; zur Vorlagepflicht im GesRecht Hirte RabelsZ 66 (2002), 553, allgemeiner Hakenberg, Hess RabelsZ 66 (2002), 367 und 470. Zur Auslegung angeglichenen deutschen Rechts Everling ZGR 1992, 376; Lutter JZ 1992, 593; FS Everling, 1995, 765; Grundmann ZEuP 1996, 399; Auer NJW 2007, 1106; Höpfner/Rüthers AcP 209 (2009), 1; bei **überschießender Umsetzung** Habersack/Mayer JZ 1999, 913; Drexl FS Heldrich, 2005, 67; Lutter FS Heinze, 2005, 571, **gespaltene Auslegung** (dh nur, soweit Richtlinienvorgabe, nicht im Übrigen), Habersack/Mayer WM 2002, 257; Grenzen **richtlinienkonformer Rechtsfortbildung** Herresthal EuZW 2007, 396; Schürnbrand JZ 2007, 910; Schinkels JZ 2011, 394. Vorlagepflicht bei unbestimmten Rechtsbegriffen Remien RabelsZ 66 (2002), 503. Textsammlungen Lutter/Bayer/Schmidt, Europäisches Unternehmensrecht, 6. Aufl. 2018; Hopt/Wymeersch, 4. Aufl. 2007 (OUP, engl). RsprÜbersichten: Klinke ZGR 2002, 163 (EuGH). Lit.: Grundmann, 2. Aufl. 2011; Habersack/Verse, 5. Aufl. 2019; Schwarz, 2000; Scheuing ua, 2001; van Hulle/Gesell, 2006 (engl); Teichmann, 2006; Hopt ZIP 2005, 461; Neye ZIP 2005, 1893 (10. Ri); Neye/Timm DB 2006, 488 (10. Ri); Bayer/Schmidt NJW

2006, 401 (10. Ri); Kallmeyer/Kappes AG 2006, 224 (Sevic, 10. Ri); Lutter/ Drygala JZ 2006, 770 (10. Ri); Oechsler NZG 2006, 161 (10. Ri); Samson/ Flindt NZG 2006, 290 (int. Zusammenschlüsse); Simon/Rubner Konzern 2006, 835 (Umsetzung 10. Ri); Baums AG 2007, 57; Hopt ZHR 171 (2007), 199 (Konzernrecht); Krause/Kulpa ZHR 171 (2007), 38 (Sevic, UmwandlÄndG); Veil FS Priester, 2007, 799; Bayer/Schmidt BB 2008, 454 (2004–2007); Ringe in Beiträge für Hopt, 2008, 217 (EuGH und nationales GesRecht); Roth EWS 2008, 401 (Kompetenz Privatrecht); Fleckner FS Hopt, 2010, 659; Neye FS Hopt, 2010, 1079; Schön FS Hopt, 2010, 1343; Weller ZEuP 2015, 6 (Konzernrecht, SUP); ZEuP 2016, 54 (Entwicklungsstufen); ECLE EBOR 2017, 1 (Konzernrecht); Teichmann/Götz ZEuP 2019, 261. Rspr./GesÜbersichten: Bayer/ Schmidt BB 2008, 454; 2010, 387; 2012, 3; 2013, 3; 2014, 1219; 2015, 1731; 2016, 1923; 2017, 2114; 2018, 2562; 2019, 1922, 2178; Schmidt BB 2020, 1794; 2021, 1923.

7) Rechtsvergleich, Rechtstatsachen und Leitbilder

37 A. **Ausländisches Personengesellschaftsrecht.** PersGes (zur Unterscheidung von Handels- und sonstigen PersGes in Kontinentaleuropa, nicht aber in England und den USA → Rn. 15) haben aufgrund der traditionell unbeschränkten Haftung jedenfalls eines Gesellschafters an Bedeutung verloren. Rechtsvergleichend zeigt sich dies insbesondere in Frankreich, wo die SARL die PersHdls-Ges weitestgehend verdrängt hat (Sonnenberger). Im Vereinigten Königreich gibt es hingegen neben der dort vorherrschenden limited liability company (ltd) weiterhin eine bedeutende Zahl von PersGes (partnerships). Zur Verbreitung der PersGes trägt bei (wenn auch nicht maßgeblich), dass England wie die USA auch eine Personengesellschaft mit beschränkter Haftung (limited liability partnership, LLP) kennt, seit 2017 auch die Private Fund Limited Partnership, die der kollektiven Kapitalanlage dient, Stiegler RIW 2018, 805. Im Rechtsvergleich hervorzuheben ist freilich die US-amerikanische limited liability company (LLC), eine Hybridform aus Personen- und Kapitalgesellschaft. Da die LLC inzwischen häufiger gegründet wird als klassische corporations (Dammann/Schündeln JLE 2012, 741) spricht man vom „rise of the uncorporation", Ribstein, 2010. Die LLC muss nach dem entsprechenden Uniform Act mindestens zwei Gesellschafter haben, grundsätzlich sind die Gesellschafter zur (Gesamt)Geschäftsführung befugt und verlieren mit dem Tod ihre Gesellschafterstellung; für Schulden der Ges. haftet nur das GesVermögen. Neben der member-managed ist auch eine management-managed LLC zulässig, notwendig ist eine entsprechende Bestimmung im Gesellschaftsvertrag. Nach US-amerikanischem Steuerrecht kann die LLC wählen, ob sie als Kapital- oder als Personengesellschaft besteuert werden soll. Lit.: MüKoHGB/Fleischer Rn. 75 ff, 159 ff, 252 ff, 262 ff; Fleischer 2021; Fleischer/ Cools ZGR 2019, 463 (Überblick); Röder RabelsZ 78 (2014), 109 (KG); Fleischer/Wansleben GmbHR 2017, 635 (GmbH & Co); Sonnenberger (Frankreich); Illmer ua (England); Ribstein, Rise of the Uncorporation, 2010 (US); Fleischer/Agstner RabelsZ 81 (2017), 300 (Italien); Roth FS Grunewald 2021, 917 (Österreich).

38 B. **Wirtschaftliche Bedeutung des Personengesellschaftsrechts.** Waren bis zur Zulassung der Ein-Mann-GmbH Anfang der Achtziger Jahre mehr PersGes in deutsche Handelsregister eingetragen, so überwiegt seitdem jedenfalls auf den ersten Blick die Zahl der KapGes, GroßKoGmbH/Ulmer Einl. A 118. Etwa 23.000 OHG und 284.000 KG stehen nunmehr ca. 14.000 AG, 163.500 UG und 1,21 Millionen GmbH gegenüber, Kornblum GmbHR 2021, 681. Die Zahlen für GmbH und UG enthalten freilich einen hohen Anteil von Ein- und Zweipersonengesellschaften, bei einer Stichprobe in vier ausgewählten bayerischen Registern hatte nur jede achte GmbH mehr als zwei Gfter und fand sich in drei keine GmbH mit mehr als fünf Gftern, Wedemann, Gesellschafterkonflikte, 2013, S. 13. Dagegen hat nach der Lohn- und Einkommensteuerstatistik (für Personengesellschaften und Gemeinschaften, 2019, Zahlen für 2014) etwa jede zehnte GmbH & Co KG mehr als fünf Gesellschafter, knapp 23.000.

Die wirtschaftliche Bedeutung des Personengesellschaftsrechts darf nicht unter- **39** schätzt werden. Auch dies zeigt ein Blick in die einschlägigen Steuerstatistiken. Nach der Umsatzsteuerstatistik (2021, Zahlen für 2019) übertreffen die Lieferungen und Leistungen von (GmbH & Co) KGen den entspr. Wert von Aktiengesellschaften und erreichen knapp den halben Wert von GmbHen. Für alle PersGes zusammen (inklusive GbR) sowie Gemeinschaften weist die Lohn- und Einkommenstatistik sogar höhere Einkünfte aus als die Körperschaftssteuerstatistik für Kapitalgesellschaften (jeweils 2020, Zahlen für 2015).

C. Vorherrschen der PersHdlsGes ohne natürliche Person als phG. **40**
Dieses Phänomen zeigt sich in der Lohn- und Einkommensteuerstatistik (Statistik über die Personengesellschaften und Gemeinschaften, 2020, Zahlen für 2015) mit 19.086 OHG, 26.001 KG und 209.236 GmbH & Co KG. Dies weist die PersHdlsGes ohne natürliche Person als phG als praktisches Leitbild aus, danach sind über drei Viertel der PersHdlsGes als GmbH & Co KG organisiert. Steuerpflichtig sind weiter fast eine halbe Million GbR. Von überragender Bedeutung ist die GmbH & Co KG insbesondere für den Mittelstand, der weithin das Rückgrat der deutschen Wirtschaft bildet. Mit nach der Steuerstatistik für 2015 insgesamt fast 23.000 Ges. mit mehr als fünf Mitgliedern (zur GmbH Wedemann, Gesellschafterkonflikte, 2013, S. 13) dürfte die GmbH & Co KG sogar die wichtigste Gesellschaftsform für „echte" Gesellschaften überhaupt sein.

Historisch (die gerichtliche Anerkennung vor (knapp) hundert Jahren in den **41** 1910er und 1920er Jahren, → Anh. § 177a Rn. 4), rechtstatsächlich (die große praktische Bedeutung der GmbH & Co KG, → Rn. 40) und rechtsvergleichend (der Erfolg der LLC in den USA, → Rn. 37) spricht viel für eine Kodifikation der PersGes mit beschränkter Haftung. Eine eigenständige Rechtsform neben der GmbH & Co würde Neugründungen erleichtern, Fleischer NZG 2020, 611, zum grundlegenden Reformbedarf auch Henssler/Markworth NZG 2015, 7; s. schon Schilling DB 1972, 2; Barz NJW 1972, 465. Der Erfolg der limited liability company (LLC) in den USA deutet ein praktisches Bedürfnis an, rechtlich erscheint eine doppelte Registerpflicht (KG und GmbH/UG) unnötig, systematisch eine einheitliche Kodifikation der für mehrere Gesellschafter jedenfalls mutmaßlich häufigsten Vertragsform vorzugswürdig. Dass ausgerechnet die praktisch wichtigste PersHdlsGes, die PersHdlsGes ohne natürliche Person als persönlich haftenden Gfter nicht im Zusammenhang kodifiziert ist, kann nicht überzeugen. Der LLC de lege lata wohl am nächsten kommt eine (Ein-Euro) UG & Co KG ohne Gewinnanspruch (→ Anh. § 177a Rn. 11, str. ob möglich), denkbar wären weiter: in Anlehnung an die GmbH & Co ein echtes Mindestkapital, in Anlehnung an die UG sowie den RefE zu einer Kooperationsgesellschaft (8.3.2013) die Pflicht zur Bildung einer gesetzlichen Rücklage aus Jahresüberschüssen oder in Anlehnung an die Genossenschaft eine Nachschusspflicht in der Insolvenz. Vorzugswürdig erscheint eine eigenständige Regelung unter Berücksichtigung der steuerrechtlichen Implikationen, dies idealerweise im Anschluss an die Regelung der Kommanditgesellschaft in den §§ 161–177a und vor der stillen Gesellschaft (§§ 230–237), bei der es sich nicht um eine HandelsGes handelt. Für die Einführung einer Personengesellschaft mit beschränkter Haftung (PmbH) bereits im Rahmen des Gesetzes zur Modernisierung des PersonenGesR Röder ZHR 184 (2020), 457, dies wurde nicht aufgegriffen.

Ein erster Schritt hin zu einer deutschen LLC könnte die Kodifikation einer Partnerschaft mit beschränkter Haftung für freie Berufe sein. Entsprechend einer englischen bzw. US-amerikanischen LLP lässt das MoPeG eine GmbH & Co nun auch für freie Berufe zu (→ Rn. 51). Aufgenommen werden sollte die Möglichkeit des österreichischen Unternehmensgesetzbuchs für freie Berufe, auch bei einer Eintragung im Handelsregister als Partnerschaft zu firmieren (zum österreichischen Firmenbuch Roth FS Grunewald 2021, 922). Statt wie in Österreich als „Kommandit-Partnerschaft" (§ 19 I Nr. 4 UG) bzw. als GmbH & Co KG sollte eine Freiberuflergesellschaft ohne persönliche Haftung als einer Partnerschaft mit beschränkter Haftung bzw. PartmbH firmieren und ins Handelsregister eingetragen werden können. Hierfür reicht eine Einheitsgesellschaft (Einheits-GmbH & Co, → Anh § 177a Rn. 8) aus, deren Innenrecht in § 170 II HGB-MoPeG ohnehin teilweise kodifiziert werden soll. Schutz des Rechtsverkehrs gewährleistet § 125a.

8) Modernisierung des Personengesellschaftsrechts (MoPeG)

42 **A. Vom Mauracher Entwurf zum MoPeG.** Eine vom Bundesministerium für Justiz und Verbraucherschutz eingesetzte und mit hochkarätigen Wissenschaftlern und Praktikern besetzte Expertenkommission hat im April 2020 den sogenannten **Mauracher Entwurf zur Modernisierung des Personengesellschaftsrechts (MoPeG)** vorgelegt, das **MoPeG** wurde darauf aufbauend im Juni 2021 vom Bundestag verabschiedet und **tritt zum 1. Januar 2024 in Kraft,** G. vom 10.8.2021, BGBl I 3436. Kernanliegen sind die **Registerfähigkeit** der Gesellschaft bürgerlichen Rechts sowie die Angleichung der gesetzlichen Regeln an die Rechtsprechung zur GbR seit der **Anerkennung der Rechtsfähigkeit** der GbR in der Entscheidung „Weißes Ross", BGHZ 146, 341 (→ Rn. 14). Weiter werden eine **Sitzwahl** mit Trennung von Verwaltungs- und Satzungssitz vorgesehen (dazu schon → § 106 Rn. 8, oben Rn. 29), die **Beschlussmängel** im Recht der Personengesellschaft geregelt und kleinere Anpassungen im Recht der Kommanditgesellschaft vorgenommen. Der Gesetzesentwurf der Expertenkommission zur Modernisierung des Personengesellschaftsrechts (Mauracher Entwurf) baut im Wesentlichen auf den die Beschlüsse 71. DJT in Essen 2016 auf, der Gesetzgeber hat die Vorschläge des DJT sowie des Mauracher Entwurfs umfassend aufgegriffen. Lit.: Bergmann DB 2020, 994; M. Noack NZG 2020, 581, ZIP 2020, 1382; Schäfer ZIP 2020, 1149; Schollmeyer VGR 2020, 15, ZGR-Sonderheft 23, 29; Wertenbruch GmbHR 2020, 196 (alle am Entwurf beteiligt), ferner Altmeppen NZG 2020, 822; Armbrüster ZGR-Sonderheft 23, 143 (Innengesellschaft); Bachmann NZG 2020, 612; Drescher ZGR-Sonderheft 23, 115 (Beschlusmängelrecht); Fleischer DB 2020, 1107, ZGR-Sonderheft 23, 1; Geibel ZRP 2020, 137; Habersack ZGR 2020, 539; Heckschen NZG 2020, 761; Heckschen/Nolting BB 2020, 2256; Herrler ZGR-Sonderheft 23, 39 (Gesellschaftsregister); Lieder ZGR-Sonderheft 23, 169 (Geschäftsführung); Martens AcP 221 (2021), 68; Otte-Gräbener BB 2020, 1295; Punte/Klemens/Sambulski ZIP 2020, 1230; Sanders/Berisha NZG 2020, 1290 (persönliche Haftung); Schall ZIP 2020, 1443, zum 71. DJT, Schäfer (Gutachten); Roßkopf, Wicke, Henssler (Referate); K. Schmidt ZHR 180 (2016), 411; Tröger JZ 2016, 834; Uwer ZGR-Sonderheft 23, 87 (Freiberufler); Westermann NJW 2016, 2625; Stellungnahme DAV NZG 2020, 1133; rechtsvergleichend Fleischer NZG 2020, 601 (deutsche Besonderheiten), DB 2020, 827 (Information); Fleischer/Agstner RabelsZ 81 (2017), 299 (Italien); Fleischer/Cools ZGR 2019, 463; Fleischer/Heinrich/Pendl NZG 2016, 1001 (Österreich); Fleischer/Pendl WM 2019, 2137, 2185 (Register); Schauer ZGR 2014, 143; Windbichler ZGR 2014, 110, neuere Reformüberlegungen von Henssler FS K. Schmidt 2019, 449; Röder AcP 215 (2015), 450; K. Schmidt ZHR 177 (2013), 712; eine PersGes mit beschränkter Haftung vorschlagend Röder ZHR 184 (2020), 457.

43 Der **Referentenentwurf** vom November 2020 nahm bereits einige Anregungen der Wissenschaft auf. Der kurz darauf im Januar 2021 verabschiedete **Regierungsentwurf** (BTDrucks 19/27635) enthält gegenüber dem RefE nur wenige

Änderungen. Für die Personenhandelsgesellschaft besonders relevant sind die nunmehr vorgesehenen Normdoppelungen in BGB und HGB, die erheblich zur Verständlichkeit und Transparenz der rechtlichen Regelungen beitragen. Weiter war das Beschlussmängelrecht nunmehr in den §§ 110 ff. HGB-MoPeG geregelt und nicht mehr allgemein im Recht der GbR. Im Bürgerlichen Gesetzbuch wird nun zwischen der rechtsfähigen (§§ 706 ff. BGB-MoPeG) und der nicht rechtsfähigen Gesellschaft (§§ 740 ff BGB-MoPeG) unterschieden. Nach dem RefE sowie dem RegE war ein Inkrafttreten für den 1.1.2023 vorgesehen, der **Bundesrat** sah Inkrafttreten für den 1.1.2026 vor und begründete dies mit der Vorlaufzeit für die Einrichtung des Gesellschaftsregisters. Der Bundestag hat das MoPeG auf Grundlage der **Beschlussempfehlung** des **Rechtsausschusses** (BTDrucks 19/30942, Bericht BTDrucks 19/31105) am 25.6.2021 verabschiedet. Betreibt die GbR unter gemeinschaftlichen Namen ein Unternehmen, so wird das Vorliegen einer rechtsfähigen Gesellschaft vermutet, § 705 III BGB-MoPeG, weiter bleibt die Regelung zur Rechtsfähigkeit der OHG erhalten, nun § 105 II HGB-MoPeG. Das **MoPeG tritt zum 1.1.2024 in Kraft.** Die **Vorschriften** des HGB sowie ergänzend des BGB werden so **nach dem geltenden Recht kommentiert,** auf Änderungen wird, soweit tunlich, hingewiesen. **Lit.:** MüKoHGB/Fleischer Rn. 201 ff, Lit. zum RefE: Arbeitskreis Bilanzrecht Hochschullehrer Rechtswissenschaft, Beilage zu ZIP 2/2021; Tröger/Happ NZG 2021, 133 (Beschlussmängel); K. Schmidt ZHR 185 (2021), 16; Wertenbruch GmbHR 2021, 1. Lit. zum RegE: Altmeppen ZIP 2021, 213; Fleischer DStR 2021, 430, BB 2021, 386 (OHG), DStR 2021, 483 (KG); Noack BB 2021, 643; Wicke MittBayNot 2021, 103, zur beschlossenen Gesetzesfassung: Schäfer 2022; Bachmann NJW 2021, 3073; Heckschen/Nolting BB 2021, 2946; Bärwaldt/Richter DB 2021, 2476; Lieder/Hilser ZHR 185 (2021), 471 (IPR); Schirrmacher ZHR 186 (2022), 250 (Haftung geschäftsführender Gesellschafter).

B. **Neuregelung der Gesellschaft bürgerlichen Rechts.** Das MoPeG sieht eine **komplette Neuregelung** des Rechts **der BGB-Gesellschaft** vor. Die **Registerfähigkeit** der GbR wird in den §§ 707 ff. BGB-MoPeG nicht an weitere Voraussetzungen geknüpft und steht so nicht nur unternehmenstragenden und Freiberufler-GbR offen. Gelöst werden so insbesondere die Probleme bei der Eintragung von vermögensverwaltenden BGB-Gesellschaften in das Grundbuch (→ oben Rn. 14, auch zur Forderung der Registerfähigkeit der GbR), die Regelung des § 899a BGB wird gestrichen. Von einer Pflicht zur Eintragung sieht das MoPeG ab, dies auch für rechtsfähige Gesellschaften bürgerlichen Rechts, Bergmann DB 2020, 995. Vorgesehen wird ein neues Gesellschaftsregister, das neben das bestehende Handelsregister, das Partnerschaftsregister, das Genossenschaftsregister sowie das Vereinsregister tritt. Nach § 707b BGB-MoPeG gelten künftig einzelne Regeln des Handelsregisters auch für das für BGB-Gesellschaften neu einzurichtende Gesellschaftsregister. Ein Gesellschaftsregister besteht international auch statt eines Handelsregisters.

Weiteres zentrales Anliegen des MoPeG ist die **Kodifikation der Rechtsprechung zur** (unternehmenstragenden) **BGB-Ges** und damit die **Verankerung bislang allein handelsrechtlicher Grundsätze auch im Bürgerlichen Gesetzbuch.** Vorgesehen ist die Regelung der Rechtsfähigkeit der Außengesellschaft in § 705 II BGB-MoPeG, der Gestaltungsfreiheit im Gesellschaftsvertrag in § 708 BGB-MoPeG, der Entstehung im Verhältnis zu Dritten in § 719 BGB-MoPeG, der persönlichen Haftung der Gesellschafter in § 721 BGB-MoPeG, sowie die Haftung des eintretenden Gesellschafters in § 721a BGB-MoPeG.

Entsprechend der bisherigen Rechtslage wird die **Eintragung** in ein **Register nicht Voraussetzung für die Rechtsfähigkeit der GbR** sein, anders international etwa Frankreich, für das deutsche Recht Röder AcP 215 (2015), 471, aus der Notarpraxis Heckschen NZG 2020, 762. In Österreich besteht die Wahl zwischen einer nicht rechtsfähigen GbR und einer rechtsfähigen Offenen (Handels)Gesellschaft, in Deutschland könnte eine private GbR künftig nach Ablauf einer Übergangszeit nur durch Eintragung in ein Register als rechtsfähig anzusehen sein und die private GbR nach dem bisherigen gesetzlichen Modell der GbR ausgestaltet werden (→ Rn. 50 aE). Künftig besteht auch für **unternehmerische Gesellschaften** und bei Eingreifen der **Vermutungsregel des § 705 III BGB-MoPeG kein Eintragungserfordernis.** Wie in Österreich wurde die Sonderregel für unternehmerische Gesellschaften erst im Gesetzgebungsverfahren in das MoPeG aufgenommen (zu Österreich Roth FS Grunewald, 2021, 933). Anders als in Österreich fehlen konkrete Ausformungen der Regeln für nicht unternehmerische Gesellschaften, diese können aber nach der Gesetzesbegründung von Wissenschaft und Rechtsprechung (fort)entwickelt werden (→ Rn. 49). Geregelt ist die Eintragung in ein neues Gesellschaftsregister in den §§ 707-707d BGB-MoPeG, dazu John NZG 2022, 243.

47 Das MoPeG sieht über die Kodifikation der in Schrifttum und Rechtsprechung nunmehr praktisch allgemein anerkannten Grundsätze zur Rechtsfähigkeit der GbR auch eine **Veränderung des gesetzlichen Leitbildes der GbR** vor. Nach der Entwurfsbegründung findet eine Transformation von der Gelegenheitsgesellschaft zur Dauergesellschaft als gesetzlichem Leitbild statt (Begr Mauracher Entwurf, S. 111, 118, 121, zur Dauergesellschaft auch RegE BTDrucks 19/27635, 107). Implizit wird die Gesellschaft bürgerlichen Rechts an der unternehmerisch tätigen Gesellschaft ausgerichtet (Schall ZIP 2020, 1443; Fleischer DB 2020, 1111 ff., kritisch auch Martens AcP 221 (2021), 87). Hieraus und aus der Ausgestaltung der GbR durch das MoPeG entsteht ein Regelungsbedürfnis bei nicht unternehmerischen Gesellschaften, müssen sich doch gerade private (Gelegenheits)Gesellschaften darauf verlassen können, dass das Gesetz eine passende Lösung bereithält, Bachmann NZG 2020, 615; Fleischer/Cools ZGR 2019, 505, die sich künftig allerdings nicht (mehr) dem Gesetz entnehmen lässt. Jedenfalls die Praxis geht davon aus, dass **Gelegenheitsgesellschaften** insbesondere des persönlichen Alltags **zahlenmäßig überwiegen,** MüHdbGesR/Schücking Bd 1 § 4 Rn. 15. Obwohl die Gerichte nur selten über Reise- und Lottogemeinschaften, Heizöl-Sammelbestellungs- und Abiturfeier-GbR bzw. entsprechende Fälle wie Reiter:innen-GbRs (Altmeppen NZG 2020, 823), SeniorenWGs (zum Recht der Älteren Becker/Roth) oder nicht erwerbswirtschaftlich geprägte Musikgruppen (zur Musikgruppe als Unternehmen Wehleit 2019) zu entscheiden haben, sprechen gerade im Bürgerlichen Gesetzbuch gute Gründe dafür, dass diese Gesellschaften eine dem Gesetz unmittelbar zu entnehmende Regelung erfahren, die Quellen zur Entstehungsgeschichte sprechen explizit die Vielgestaltigkeit an (Mugdan II 330, 332: nicht nur vermögensrechtlicher Zweck). Hierzu müssen Wissenschaft und Rechtsprechung weitere Vorarbeiten leisten. Kritisch zum Abstellen auf den Willen der Teilnahme am Rechtsverkehr Wilhelm NZG 2020, 1042.

48 Zweckdienlich erscheint die nun auch in § 705 III BGB-MoPeG aufgegriffene **Unterscheidung** von **zu privaten Zwecken** gegründeten **Gesellschaften** bürgerlichen Rechts sowie (**gewerblich** und **freiberuflich** tätigen) **unternehmerischen** BGB-**Gesellschaften,** BGH NZG 2017, 697. Entsprechend § 105 Abs. 2 HGB und mit Blick auf die künftige Registerfähigkeit der GbR können **vermögensverwaltende Gesellschaften** im **Einzelfall** den unternehmerisch tätigen gleichgestellt werden, so letztlich auch im Fall BGH NZG 2017, 697, allerdings zur (nach Ansicht des BGH fehlenden) Anwendbarkeit des Verbraucherrechts bei Beteiligung einer juristischen Person. Eine GbR kann als zu privaten Zwecken gegründet angesehen werden, wenn ein privater oder ideeller Zweck verfolgt wird und die Mitgliedschaft natürlicher Personen und deren Interessen die Gesellschaft prägt. Der Vielfalt der Erscheinungsformen würde so besser entsprochen, dies sollte sich auch in der Ausformulierung der einzelnen

Regelungen wiederfinden. OHG-ähnliche Gesellschaften bürgerlichen Rechts könnten künftig als Allgemeiner Teil eines Rechts wirtschaftlich tätiger Personengesellschaften auch ohne Aufgabe des Kaufmannsbegriffs im HGB geregelt werden (zur Fortentwicklung zu einem Wirtschaftsgesetzbuch → Rn. 66).

Der bestehende **Schutzstandard für Gfter** in **Idealgesellschaften** und **Verbraucher-GbR** sollte zumindest gehalten werden, dazu auch Bachmann NZG 2020, 615, Geibel ZRP 2020, 140. Mit Wiedemann sind bei Idealgesellschaften Einschränkungen der Vertretungsmacht zuzulassen, Wiedemann Beilage 4 WM 1994, S. 14, ebenso bei privaten GbR, deren Bedürfnisse nicht aufgreifend BegrRegE zu § 720 BGB-MoPeG so allg etwa Heckschen NZG 2020, 765, Geibel ZRP 2020, 137 und 71. DJT. Seit Mülbert WM 2004, 914 ist anerkannt, dass die akzessorische Haftung der Gesellschafter nicht eingreift, wenn es sich für den Gesellschafter bei persönlichem Abschluss um ein Verbrauchergeschäft handeln würde, MüKoBGB/Micklitz § 13 Rn. 20 (weitergehend Wiedemann Beilage 4 WM 1994, S. 17: bei ideeller Zwecksetzung Haftung nur mit offener Einlageforderung der Ges), teilweise wird auch die GbR selbst als Verbraucher qualifiziert, OLG Köln ZIP 2017, 2047 (im NichtannahmeBeschl BGH Verweis auf BGHZ 149, 80, 83 ff.: Rspr des Senats, dass Darlehensvertrag mit GbR, zu der sich mehrere natürl Pers zusammengeschlossen haben, als VerbrDarlehensVertr anzusehen ist). Sachgerecht erscheint eine Gleichbehandlung zumindest mit Wohnungseigentümergemeinschaften. Zutreffend folgt allein aus der Rechtsfähigkeit der GbR noch nicht die akzessorische Haftung der Gfter, Mülbert AcP 214 (2014), 264. Sie wird von der Rechtsprechung bei Beteiligung von Verbrauchern, entspr Regelung im GesVertrag und Kenntnis des Dritten auf eine quotale Haftung beschränkt, → Anh. § 177a Rn. 82a. Für GbR mit nichtwirtschaftlicher (ideeller) Zwecksetzung wird die Haftung entsprechend § 54 Satz 2 BGB beschränkt, MüKoBGB/Schäfer § 714 Rn. 61, 65. Der **Regierungsentwurf des MoPeG** hält zur persönlichen Haftung der Gesellschafter einer GbR explizit fest, dass keine Abkehr von den von Rechtsprechung und Schrifttum entwickelten Ausnahmen etwa für Bauherrengesellschaften, geschlossene Immobilienfonds, Gelegenheitsgesellschaften und gemeinnützige Gesellschaften bezweckt ist (BTDrucks 19/27635, 165), diese bleiben weiterhin nicht kodifiziert und können auch fortentwickelt werden. Bei nicht unternehmerisch tätigen GbR kommt insbesondere eine Haftungsbeschränkung auf das Gesellschaftsvermögen mit daneben bestehender Handelndenhaftung analog § 54 BGB-MoPeG in Betracht (BTDrucks 19/27635, 165).

Auf private (Verbraucher und ideelle) GbR zugeschnittene Regelungen in den §§ 705 ff. würden einen Beitrag zur Weiterentwicklung des Verbraucherschutzes liefern (mit Blick auf das Verbraucherdarlehen LBS/Roth Vor §§ 491 ff. BGB), geklärt werden sollte weiter die Verbrauchereigenschaft der GbR, (→ oben Rn. 48, 49). Der Standort der Regeln zur GbR-Gesellschaft im Recht der Schuldverhältnisse (mit Blick auf die unternehmerische Ausrichtung des Mauracher Entwurfs problematisch, → Rn. 58) legt nahe, neben dem Recht der Innengesellschaft auch die Verbraucher-GbR in den §§ 705 ff. BGB zu regeln. Betont würde so auch die vertragsrechtlichen Grundlagen der GbR, dies anmahnend Geibel ZRP 2020, 138. Wie in Österreich (dazu Roth FS Grunewald 2021, 933) erscheinen Sonderregeln für (nicht) unternehmenstragende Gesellschaften angezeigt, zum Mauracher Entwurf Bachmann NZG 2020, 613. Nachdem die GbR weiter für ideelle Zwecke gebildet werden kann und ohne explizite Erklärung von Gesetzes wegen entsteht (zur Registereintragung → Rn. 46, ist neben dem besonderen Haftungsregime → Rn. 49) im Rahmen weiterer Reformüberlegungen ein Verzicht auf die Rechtsfähigkeit privater GbR in Erwägung zu ziehen, für vermögensverwaltende private GbR könnte die Eintragung in das Register die Rechtsfähigkeit begründen. Die Anerkennung der Rechtsfähigkeit der GbR durch den BGH ist anhand von unternehmerischen Gesellschaften entwickelt worden, für nicht vermögensverwaltend tätige private GbR hat sich hierfür bislang kein entsprechendes Bedürfnis gezeigt.

51 **C. Neufassung des OHG-Rechts.** Das **Recht der OHG** wird **neu gefasst,** das MoPeG gestaltet die Normkomplexe reziprok zu den entsprechenden Regeln im Recht der bürgerlichen Gesellschaft, schon Mauracher Entwurf S. 161. Die OHG-ähnliche Ausgestaltung der GbR als unternehmerische Gesellschaft ohne Haftungsbeschränkungsmöglichkeit führt zu einem Gleichlauf der rechtlichen Regelungen, → oben Rn. 45. Sowohl für die OHG als auch für die KG wird statt einer Rechtsgrundverweisung die entsprechende Anwendung der Regeln zur Gesellschaft bürgerlichen Rechts vorgesehen. **Zentrale inhaltliche Änderung im Recht der OHG** ist die grundsätzliche **Zulassung** von **Freiberuflergesellschaften.** Soweit das anwendbare Berufsrecht es zulässt, können nach § 107 I HGB-MoPeG auch Angehörige freier Berufe als offene Handelsgesellschaft eingetragen werden (dazu auch → § 105 Rn. 13). Möglich ist neben der Wahl einer OHG bei entsprechender berufsrechtlicher Zulässigkeit auch die Eintragung als Kommanditgesellschaft und vor allem als GmbH & Co KG. Mit der Zulassung der freien Berufe in § 107 HGB-MoPeG verbunden ist eine Geltung der HGB-Regeln nur für solche FreiberuflerGes, die die Rechtsform einer PersHdlGes wählen. Weitergehend sprechen auch nach dem MoPeG gute Gründe für eine Fortentwicklung des HGB zu einem Wirtschaftsgesetzbuch (→ Rn. 66). Das **Berufsrecht** sieht mit dem Gesetz zur Neuregelung des Berufsrechts, BGBl 2021 I 2363 eine Öffnung auch für Personenhandelsgesellschaften bereits zum 1.8.2022 vor, hierbei handelt es sich um eine speziellere und damit dem HGB vorgehende Regelung. **Berufsausübungsgesellschaften** von Angehörigen freier Berufe wird so durch das **Berufsrecht,** etwa **§ 59b II Nr. 1 BRAO-nF,** die Option eröffnet, eine Personenhandelsgesellschaft zu wählen (→ § 105 Rn. 108 f.).

52 Weitere zentrale inhaltliche Änderung durch das MoPeG ist die Kodifizierung der **Beschlussfassung** sowie des **Beschlussmängelrechts,** die nach dem Mauracher Entwurf im BGB erfolgen sollte, dazu Otte ZIP 2020, 1743, Drescher ZGR-Sonderheft 23, Schäfer ZIP 2021, 1521 (RegE); Bayer/Rauch DB 2021, 2609; Ebel/Wörner NZG 2021, 963; Tröger/Happ ZIP 2021, 2059. § 109 I HGB-MoPeGE sieht eine Beschlussfassung in Versammlungen vor, § 109 IV HGB-MoPeG regelt die Beschlussfähigkeit. Die Regelung von Beschlussmängelstreitigkeiten im HGB ist zu begrüßen, sie ist insbesondere für Personenhandelsgesellschaften relevant. Die Klage ist nach Inkrafttreten des MoPeG gegen die Gesellschaft zu richten. Unterschieden werden von Anfang an nichtige und anfechtbare Beschlüsse. Nichtig ist der Beschluss nach § 110 HGB-MoPeG, wenn der Beschluss durch seinen Inhalt Rechtsvorschriften verletzt, auf deren Einhaltung die Gesellschafter nicht verzichten können, anfechtbar bei Verletzung von Rechtsvorschriften. Anfechtungsklage muss grundsätzlich innerhalb von drei Monaten erhoben werden, der Gesellschaftsvertrag kann eine andere Frist vorsehen, die Mindestfrist beträgt einen Monat, § 112 HGB-MoPeG.

53 **Neu** im Recht der OHG vorgesehen werden Regeln zur **Feststellung** des **Jahresabschlusses,** § 121 HGB-MoPeG. Damit wird ein für Kapitalgesellschaften üblicher Grundsatz auch für Personenhandelsgesellschaften explizit geregelt. Als nicht mehr praxisgerecht empfunden wird die Gewinnermittlung und -auszahlung, die **Gewinnermittlung** wird nach § 709 BGB-MoPeG künftig ohne Berechnung eines Anteils von einem Prozent des Kapitalanteils allein nach dem Anteil ermittelt werden, im HGB neu gefasst wird weiter die **Gewinnauszahlung,** § 122 HGB-MoPeG. Statt eines Beschlusses der (übrigen) Gesellschafter wird für eine Ausschließung künftig eine **Ausschließungsklage** vorgesehen, §§ 130 I Nr. 5, 134 HGB-MoPeG sowie eine Regelung der **Ansprüche des ausgeschiedenen Gfers** in § 135 HGB-MoPeG. Zu beachten sind weiter die

Änderungen im Recht der GbR, die über § 105 III HGB-MoPeG für die OHG Wirkung entfalten. Zu nennen ist die Notwendigkeit eines **Statuswechsels** bei Herabsinken einer eingetragenen OHG zu einer BGB-Gesellschaft, § 707c BGB-MoPeG.

Formal ergeben sich **Änderungen im Recht der OHG** durch eine **Neugliederung der §§ 105 ff. HGB, das Streichen von** bisher **im HGB geregelten Normen** und dem **Verweis auf das BGB**. Die Titel des Abschnitts zu den Offenen Handelsgesellschaften in den §§ 105 ff. werden im MoPeG entsprechend den Untertiteln zum Recht der Gesellschaft bürgerlichen Rechts in den §§ 705 ff. BGB gefasst. Künftig wird zutreffend zwischen dem Ausscheiden eines Gfters und der Beendigung der Gesellschaft unterschieden. Der erste Titel, Errichtung der Gesellschaft bleibt unverändert. Der zweite Titel regelt nicht mehr nur die Rechtsverhältnisse der Gesellschafter untereinander, sondern nennt auch die Rechtsverhältnisse der Gesellschafter zur Gesellschaft. Der dritte Titel regelt wie bislang das Rechtsverhältnis der Gesellschaft zu Dritten. Sodann folgt im vierten Titel nur das Ausscheiden eines Gesellschafters, gesondert im neuen fünften Titel die Auflösung der Gesellschaft. Die Liquidation der Gesellschaft wird künftig im sechsten Titel geregelt. 54

Dem Mauracher Entwurf und nachfolgend dem MoPeG liegt die Einordnung der GbR als Grundform aller Personengesellschaften zugrunde, Noack NZG 2020, 581, **§ 105 III HGB-MoPeG** sieht künftig eine **entsprechende Anwendung** der Regeln zur **GbR vor**. Die seit dem HGB 1897 enthaltende Verweisung auf die §§ 705 ff. BGB wird aufgewertet, allerdings nicht mehr als Rechtsgrundverweisung ausgestaltet. Bereits bei Einführung der GbR durch das BGB 1900 wurden anlässlich der Überführung des Personenhandelsrechts aus dem ADHGB in das HGB Regelungen aus dem OHG-Recht in das BGB verschoben (Denkschrift Reichsjustizamt HGB, S. 80). Entgegen dem Mauracher Entwurf erfolgt keine Konzentration der Regeln zur Personengesellschaft im BGB. Nach dem MoPeG wird die schon bislang in § 105 II enthaltene Verweisung auf das BGB (zu den tatsächlich anwendbaren Regeln → § 105 Rn. 15) nur noch moderat verstärkt und das HGB auch künftig überwiegend eigenständige und aus sich selbst heraus verständliche Regelungen (→ § 105 Rn. 16) enthalten. International ist das üblich, wenn neben einer Personenhandelsgesellschaft auch eine BGB-Gesellschaft geregelt wird, sowohl in Österreich als auch in Frankreich finden sich jeweils aus sich heraus verständliche Regelungen für GbR und OHG (dort GbR/société civile sowie OG/société cooperative). 55

Trotz grundlegender Trennung von Personenhandelsgesellschaften und nicht gewerblichen, unter anderem freiberuflichen Gesellschaften (Noack NZG 2020, 581) wird die GbR künftig im Kern OHG-ähnlich ausgestaltet (Bachmann NZG 2020, 614: GbR als „kleine" OHG). Nach dem **Mauracher Entwurf** sollten die den §§ 705 II, 709, 719, § 721, 721b, 722 BGB-Mauracher-E entsprechenden **Normen im HGB** (§§ 124, 109, 119, 123, 128, 130, 130a) **gestrichen** werden. Letzteres erscheint **aus Transparenzgründen problematisch,** müssten doch die Gesellschafter und Anleger einer GmbH & Co KG (zu deren praktischer Bedeutung → Rn. 40) dann regelmäßig die Verweise von dem KG-Recht auf das OHG-Recht sowie sodann auf das Recht der GbR nachverfolgen. Dem Vorteil größerer Transparenz für die Gesellschafter einer unternehmenstragenden GbR stand so nach dem Mauracher Entwurf der Nachteil geringerer Transparenz für Gesellschafter einer OHG, einer KG und vor allem einer GmbH & Co KG gegenüber. Das **MoPeG** sieht entsprechend dem **RefE** und nachfolgend dem **RegE** nun **Normdoppelungen** vor und hat sich zutreffend gegen solche Kaskadenverweisungen entschieden, die im allgemeinen Zivilrecht, jedenfalls im Verbraucherrecht nunmehr kritisch gesehen und im Verbraucherdarlehensrecht für unzulässig erklärt werden, BGH NJW 2021, 307. 56

Einl v § 105 57–61   2. Buch. Handelsgesellschaften und stille Gesellschaft

57   **Grundsätze** des Personengesellschaftsrechts werden allerdings auch nach der verabschiedeten Fassung des MoPeG künftig in größerem Umfang als bislang **ausschließlich** im Bürgerlichen Gesetzbuch, im **BGB,** normiert werden, Bergmann DB 2020, 994. Dabei handelt es sich dabei noch um die Beiträge, Stimmkraft und Anteil an Gewinn und Verlust, § 709 BGB-MoPeG, das Mehrbelastungsverbot, § 710 BGB-MoPeG, die Übertragung und den Übergang von Gesellschafterrechten, § 711 I BGB-MoPeG, die eingeschränkte Übertragbarkeit von Gesellschafterrechten, § 711a BGB-MoPeG, das Ausscheiden eines Gesellschafters und Eintritt eines neuen Gesellschafters, § 712 BGB-MoPeG, und speziell das Ausscheiden des vorletzten Gesellschafters, § 712a BGB-MoPeG, das Gesellschaftsvermögen, § 713 BGB-MoPeG, die Notgeschäftsführungsbefugnis, § 715a BGB-MoPeG, die Gesellschafterklage (actio pro socio), § 715b BGB-MoPeG, den Ersatz von Aufwendungen und Verlusten sowie die Vorschusspflicht und die Herausgabepflicht, § 716 BGB-MoPeG sowie um Informationsrechte und -pflichten, § 717 BGB-MoPeG.

58   **Einige wenige bislang (auch) im HGB** geregelte Grundsätze des Personengesellschaftsrechts sollen künftig **nur im** BGB geregelt werden. Hierbei handelt es sich um den Ersatz von Aufwendungen und Verlusten, § 716 BGB-MoPeG (bislang § 110 HGB) sowie die Informationsrechte und -pflichten der Gesellschafter, § 717 BGB-MoPeG (bislang § 118 HGB, Kontrollrechte der Gesellschafter). Zunächst hatte der Maurachter Entwurf eine Regelung allgemeiner Grundsätze nur im BGB vorgesehen (dazu kritisch → 40. Aufl. Rn. 54–57). Die nun vorgesehenen **Normdoppelungen** (Regelung der bisherigen §§ 109, 119, 123, 124, 128, 129, 130, 159 I, 160 I sowohl im BGB als auch HGB) erhöhen die Transparenz des Rechts der Personenhandelsgesellschaften und entsprechen internationaler Praxis.

59   **Im BGB kodifiziert** werden verschiedene in Rechtsprechung und Schrifttum **allgemein anerkannte Rechtsgrundsätze.** Übertragung und Übergang von Gesellschafterrechten, § 711 I 1 BGB-MoPeG (Zustimmung zur Übertragung durch die anderen Gesellschafter, § 711 I 1 BGB-MoPeG, dazu → § 105 Rn. 70, keine eigenen Anteile § 711 I 2 BGB-MoPeG, dazu → § 105 Rn. 30), Eintritt eines neuen Gesellschafters, § 712 II BGB-MoPeG (dazu → § 105 Rn. 67), Ausscheiden des vorletzten Gesellschafters, § 712a BGB-MoPeG (dazu → § 131 Rn. 35), Notgeschäftsführungsbefugnis, § 715a BGB-MoPeG (dazu → § 114 Rn. 7) sowie die als Gesellschafterklage bezeichnete actio pro socio, § 715b BGB-MoPeG (dazu → § 105 Rn. 32 ff.).

60   **Schon bislang im BGB geregelt** sind Beiträge, Stimmkraft und Anteil an Gewinn und Verlust, § 709 BGB-MoPeG (bislang §§ 706 I, III, 709 II, 722 BGB, zu Beiträgen → § 709 Rn. 6–8, zur Stimmkraft → § 119 Rn. 41), das Mehrbelastungsverbot, § 710 BGB-MoPeG (bislang § 707 BGB, dazu → § 109 Rn. 12–14), die eingeschränkte Übertragbarkeit von Gesellschafterrechten, § 711a BGB-MoPeG (bislang § 717 BGB, dazu → § 109 Rn. 15–22), das Ausscheiden eines Gesellschafters, § 712 I BGB-MoPeG (bislang § 738 I BGB, dazu → § 131 Rn. 37–57), die Zuordnung des Gesellschaftsvermögens, § 713 BGB-MoPeG (bislang, auf Grundlage der Gesamthand, § 718 BGB, → § 124 Rn. 3), Informationsrechte und -pflichten, § 717 BGB-MoPeG (bislang §§ 713, 666, 716 BGB).

61   **Weiterhin im HGB** enthalten sein wird auch die Regelung der **rechtlichen Selbständigkeit,** bislang § 124. Die OHG ist stets rechtsfähig und von der stillen Gesellschaft abzugrenzen, §§ 230 ff. Dem trägt nun **§ 105 II HGB-MoPeG** Rechnung. Der zunächst in § 105 II HGB-RegE vorgesehene Verweis sich zwar nach Sinn und Zweck auf § 705 II Alt. 1 BGB-RegE, also auf die in §§ 706 ff. BGB-MoPeG geregelte rechtsfähige Gesellschaft. Die nunmehrige Regelung trägt dem Anliegen der Rechtsklarheit Rechnung.

D. KG, PartG und stille Gesellschaft betreffende Änderungen. Im 62
Recht der KG sind verschiedene kleinere Änderungen vorgesehen, hierzu auch
ergänzend die Kommentierung zu den §§ 161 ff. In den §§ 161, 162, 171 soll die
in das Register einzutragende Einlage explizit als Haftsumme bezeichnet werden.
Nach § 162 HGB-MoPeG soll künftig auch die Eintragung von Kommanditisten
bekannt gemacht werden, aufgehoben werden sollen §§ 162 II, 175 Satz 2. Keine
inhaltliche Änderung ist mit der Neufassung von § 164 gewollt, klarer gefasst
werden soll in § 166 das Informationsrecht der Kommanditisten, im weiteren
Gesetzgebungsverfahren zu prüfen ist eine Stärkung der Informationsrechte. Die
§§ 167, 168 werden als Folgeänderung zur Neufassung der Gewinnermittlung
(→ Rn. 53) geändert bzw. aufgehoben, § 169 angepasst. § 170 HGB-MoPeG
enthält auch eine Regelung für die Einheits-GmbH & Co KG, ist die KG
zugleich Alleingesellschafterin der GmbH sollen die Rechte in der Gesellschafterversammlung der GmbH von den Kommanditisten wahrgenommen werden und
nicht von den Geschäftsführern als Vertreter der KG, § 170 II HGB-MoPeG.
Aufgehoben werden soll § 172 V, angepasst werden sollen die §§ 176 I, 177a,
neu aufgenommen werden soll mit § 178 HGB-MoPeG eine Regelung der
Liquidation der Kommanditgesellschaft. Mit der Aufhebung von § 172 V und
der Neufassung von § 176 I ist eine Verschärfung der Kommanditistenhaftung
bei aufgrund falscher Bilanzen gutgläubig empfangenem Gewinn sowie bei Geschäftsaufnahme vor Eintragung verbunden. Eine Schlechterstellung gegenüber
GmbH-Gftern sollte indes vermieden werden. Zur Kommanditistenhaftung nach
dem MoPeG Stephan NZG 2021, 1481, 1533.

Durch die Öffnung der OHG erfolgt mittelbar die Öffnung auch der Kom- 63
manditgesellschaft und insbesondere der **GmbH & Co KG** für Freiberufler, dies
unter dem Vorbehalt berufsrechtlicher Zulässigkeit. Abgesehen von der Entwurf
von einer Regelung der GmbH & Co KG, die Entwurfsbegründung verweist
darauf, dass diese Erscheinungsformen der Kommanditgesellschaft wegen ihrer
Vielgestaltigkeit (→ § 177a Rn. 6 ff.) einer abstrakt-generellen Regelung nicht
ohne weiteres zugänglich sind (BTDrucks 19/27635, 220). Trotz grundsätzlichem Bedarf für eine gesetzliche Regelung (→ oben Rn. 41) ist diese Selbstbeschränkung des Gesetzgebers zu begrüßen, es ist hier zunächst auf Grundlage
einer vertieften rechtsvergleichenden Aufarbeitung des Rechtsstoffs ein Modell
für eine deutsche Gesellschaftsrechtsform zu erarbeiten. Dabei sind die Besonderheiten des deutschen Unternehmensrechts zu beachten. Der Mauracher Entwurf
und nachfolgend der RegE belassen es bei einer Regelung zur Einheits-GmbH &
Co, § 170 II HGB-MoPeG, → Rn. 62.

Das MoPeG verzichtet auf eine substantielle Fortentwicklung der **Partner-** 64
schaftsgesellschaft, die allerdings erst vor wenigen Jahren reformiert wurde.
Über die ohnehin geltende Haftungsbeschränkung hinaus wurde eine Beschränkung der Berufshaftung ermöglicht und die eigentliche Partnerschaftsgesellschaft
um eine Partnerschaftsgesellschaft mit Berufshaftung (PartGmbB) ergänzt. International findet sich mit der LLP in den USA und in Großbritannien eine
Personengesellschaft, die nur mit dem Gesellschaftsvermögen haftet. Dies ist de
lege ferenda auch für Deutschland zu erwägen und wäre passgenauer als die nun
vorgesehene GmbH & Co KG auch für Freiberufler, siehe auch Henssler FS K.
Schmidt 2019, 449, jedenfalls bietet sich eine Anpassung des Firmenrechts und
die Firmierung als PartmbH an, → oben Rn. 41. Die LLP kann nach hiesiger
Ansicht auch nach dem Brexit und dem Ablauf einer Übergangsfrist wegen der
Anwendbarkeit der Gründungstheorie auch gegenüber Drittstaaten (→ Rn. 29)
gewählt werden.

Die **stille Gesellschaft** wird kaum geändert, allerdings im Recht der BGB- 65
Gesellschaft die Innengesellschaft explizit geregelt, bei der stillen Ges handelt es
sich um eine Variante der GbR, Begründung Mauracher-E, 187. Nach § 233
HGB-MoPeG soll für das Informationsrecht des stillen Gfters künftig auf das

Informationsrecht des Kdten verwiesen werden. Die Kündigung nach § 234 I wird an die Neufassung des GbR- und OHG-Rechts angepasst.

66 E. **Weitergehende Vorschläge und Reformoptionen.** Alternativ und jedenfalls mittelfristig vorzugswürdig wäre an eine allgemeine Regelung für unternehmenstragende Personengesellschaften, Freiberuflergesellschaften und vermögensverwaltende Personengesellschaften im Handelsgesetzbuch oder **in einem weiterentwickelten Wirtschaftsgesetzbuch** zu denken. So wurde mit guten Gründen die Öffnung des HGB und die Fortentwicklung der §§ 2, 105 II ganz allgemein für nach außen gerichtete Tätigkeit und damit für sämtliche rechtsfähigen Personengesellschaften gefordert, Habersack ZGR 2020, 552 unter Verweis auf K. Schmidt ZHR 177 (2013), 720. Für Fortentwicklung des Gewerbebegriffs schon Hopt ZGR 1987, 186, für Fortentwicklung des HGB in ein UGB oder Personengesellschaftsgesetzbuch sodann Henssler in FS K. Schmidt 2019, 464.

67 **Nicht aufgegriffen** wurde der Vorschlag, auch Dritten die organschaftliche Vertretung von PersGes zu ermöglichen und damit den **Grundsatz** der **Selbstorganschaft aufzugeben,** so etwa der Arbeitskreis Bilanzrecht, ZIP 2021, Beilage zu Heft 2; Osterloh-Konrad ZGR 2019, 271; Scholz NZG 2020, 1044. Für normtypische PersGes mit natürlichen Pers als persönlich haftenden Gfter folgt Erfordernis der Selbstorganschaft aus dem **Schutzbedürfnis** der **persönlich** vollumfänglich mit dem Privatvermögen **haftenden Gfter,** dazu Sanders/Berisha NZG 2020, 1296. Der BGH ordnet die Geschäftsführungs- und Vertretungsbefugnis des geschäftsführenden Gfters einer KG zutreffend als relativ unentziehbares Recht ein und billigt einen Entzug mit Mehrheitsbeschluss nur, wenn dies für die Gesellschaft unerlässlich bzw. notwendig und damit geboten ist, BGH ZIP 2020, 2283.

68 Aufgegriffen werden könnte die Abkehr vom Gebot der Selbstorganschaft im Rahmen einer weiteren Reform und Einführung einer gesetzlichen Form für Personengesellschaften ohne persönlich haftenden Gesellschafter. Praktisch in Erwägung zu ziehen ist **eine gesetzliche Regelung der GmbH & Co,** die aufgrund der Vielfalt der bislang bestehenden Hybridgesellschaften (personen- und beteiligungsgleiche GmbH & Co, nicht personen- und beteiligungsgleiche GmbH & Co mit der sternförmigen GmbH & Co, doppelstöckige sowie dreistufige GmbH & Co sowie die Einheitsgesellschaft, → Anh § 177a Rn. 6 ff.) nur den Charakter eines Modellgesetzes haben kann, daneben sollten die bislang anerkannten Hybridformen weiter möglich sein. Für eine solche noch weiter vorzubereitende Rechtsform sprechen insbesondere rechtsvergleichende Erwägungen, dazu und zur US-amerikanischen LLC näher oben → Rn. 41.

69 Insbesondere rechtsvergleichende Erwägungen sprechen zunächst für eine weitere Reform der Partnerschaftsgesellschaft (→ Rn. 41). Ähnlich wie in Österreich könnte es von Freiberuflern gebildeten Personenhandelsgesellschaften ermöglicht werden, die Bezeichnung „Partnerschaft" zu führen (dort für OG und KG, § 19 I UGB). Dies ist insbesondere für OHG in Betracht zu ziehen und könnte neben die Partnerschaftsgesellschaft treten, aufgrund der Eintragung in verschiedenen Registern und deren Offenlegung scheidet eine Täuschung des Rechtsverkehrs aus. Weiter in Erwägung zu ziehen ist die Regelung der Partnerschaftsgesellschaft in einem weiterentwickelten HGB. Die Rechtsform einer Personengesellschaft mit beschränkter Haftung könnte zunächst im Recht der Partnerschaftsgesellschaft eingeführt werden, als PartmbH.

Erster Abschnitt. Offene Handelsgesellschaft

Erster Titel. Errichtung der Gesellschaft

[Begriff der OHG; Anwendbarkeit des BGB]

105 (1) Eine Gesellschaft, deren Zweck auf den Betrieb eines Handelsgewerbes unter gemeinschaftlicher Firma gerichtet ist, ist eine offene Handelsgesellschaft, wenn bei keinem der Gesellschafter die Haftung gegenüber den Gesellschaftsgläubigern beschränkt ist.

(2) ¹Eine Gesellschaft, deren Gewerbebetrieb nicht schon nach § 1 Abs. 2 Handelsgewerbe ist oder die nur eigenes Vermögen verwaltet, ist offene Handelsgesellschaft, wenn die Firma des Unternehmens in das Handelsregister eingetragen ist. ²§ 2 Satz 2 und 3 gilt entsprechend.

(3) Auf die offene Handelsgesellschaft finden, soweit nicht in diesem Abschnitt ein anderes vorgeschrieben ist, die Vorschriften des Bürgerlichen Gesetzbuchs über die Gesellschaft Anwendung.

Übersicht

	Rn
1) Begriff und Merkmale der OHG (I)	1–11
A. Gesellschaft	1
B. Betrieb eines Handelsgewerbes	2–4
C. Gemeinschaftliche Firma	5
D. Unbeschränkte Haftung aller Gesellschafter	6
E. OHG von Rechts wegen bei objektivem Vorliegen ihrer Voraussetzungen	7–10
F. OHG kraft Rechtsschein	11
2) Kleingewerbliche GbR und Vermögensverwaltungsgesellschaft nach Eintragung und als Kannkaufmann (II)	12–14
A. Eingetragene Gesellschaft als OHG (II 1)	12, 13
B. Kleingewerbliche GbR und Vermögensverwaltungsgesellschaft als Kannkaufmann (II 2 iVm § 2 S. 2, 3)	14
3) Verweisung auf das Recht der bürgerlichrechtlichen Gesellschaft (III)	15–17
A. Verweisung auf §§ 705 ff. BGB (III)	15, 16
B. Geltung von OHGRecht für andere Gesellschaften	17
4) Gesellschafter; Zahl, Kaufmannseigenschaft, Gesellschafterfähigkeit	18–30
A. Zahl	18
B. Kaufmannseigenschaft	19–23
C. Ehegatten	24, 25
D. Minderjährige	26, 27
E. Gesellschaften, Gemeinschaften	28–30
5) Treuhänder, Unterbeteiligte, Nießbraucher	31–46
A. Treuhänder	31–37
B. Unterbeteiligte	38–43
C. Nießbraucher	44–46
6) Gesellschaftsvertrag	47–66
A. Rechtsnatur	47–49
B. Abschluss	50–53
C. Form	54–57
D. Vorvertrag	58
E. Auslegung	59
F. Vertragsänderung	60–63
G. Zustimmungspflicht zur Vertragsänderung	64–66

	Rn
7) Gesellschafterwechsel	67–74
A. Eintritt	67, 68
B. Übertragung	69–73
C. Austritt	74
D. Verpfändung und Pfändung des Gesellschaftsanteils (der Mitgliedschaft)	
8) Fehlerhafte Gesellschaft	75–97
A. Grundsatz	75–78
B. Fehlerhafter Vertrag	79, 80
C. Vollzug	81, 82
D. Fehlen vorrangiger Schutzinteressen	83, 84
E. Wirksamkeit nach innen und außen	85–87
F. Geltendmachung des Fehlers	88–90
G. Ausdehnung auf fehlerhafte Vertragsänderungen	91–97
9) Scheingesellschaft und Rechtsscheinhaftung	98, 99
A. Scheingesellschaft	98
B. Rechtsscheinhaftung	99
10) Konzernrecht der Personengesellschaften	100–107
A. Grundlagen	100, 101
B. Die beherrschte (abhängige oder konzernierte) Personengesellschaft	102–105
C. Die herrschende Personengesellschaft	106
D. Ausblick auf Zusammenschlusskontrolle	107
11) Berufsausübungsgesellschaften	108, 109
12) Reform des Personengesellschaftsrechts (MoPeG)	110

1) Begriff und Merkmale der OHG (I)

1 A. **Gesellschaft.** Die OHG ist Ges. iSv §§ 705 ff. BGB (→ Einl. vor § 105 Rn. 1, 2), also ein Zusammenschluss zu einem **gemeinsamen Zweck**. § 705 BGB verlangt gegenseitige Verpflichtung zur Förderung eines gemeinsamen Zwecks. Zweck der OHG im Unterschied zur GbR ist **Betrieb eines Handelsgewerbes unter gemeinschaftlicher Firma** (→ Rn. 2 ff., 5), und zwar im Unterschied zur KG ohne Haftungsbeschränkung (→ Rn. 6), so **§ 105 I** (der insoweit zwingend ist, → Rn. 7–8). Den GesZweck fördern die Gfter durch Beiträge (→ § 109 Rn. 6), aber uU auch schon durch ihre bloße Mitwirkung mit ihrem Namen und ihrer persönlichen Haftung. Der gemeinsam verfolgte Zweck kann für die Gfter Mittel zu ganz unterschiedlichen Endzwecken sein. Lit.: Schulze-Osterloh, 1973; Ballerstedt JuS 1963, 253; Petzoldt BB 1973, 1332; Fikentscher FS Westermann, 1974, 87; Hopt ZGR 1987, 159 („Verwalten" eines Grundstücks); von Gamm NJW 1988, 1245 (GWB); Fleischer NZG 2021, 949.

2 B. **Betrieb eines Handelsgewerbes. a) Gewerbe:** Die Abgrenzung, besonders Merkmal der Gewinnerzielungsabsicht, ist str. (näher → § 1 Rn. 11 ff.). Gewerbe ist idR zu bejahen bei ImmobilienGes (zur Kapitalanlage und -nutzung in Grundbesitz, ua Mietshäuser), Abgrenzung str., Hopt ZGR 1987, 160; ApothekenGes (→ § 1 Rn. 19), die Gfter müssen aber Apotheker sein (§ 8 ApG), Schiedermair FS Laufke, 1971, 253; AbschreibungsGes, Hopt ZGR 1987, 154, str.; für HoldingGes und BesitzGes mit Unternehmensverpachtung (Betriebsaufspaltung) sehr str. (→ § 1 Rn. 18); auch Land- und Forstwirtschaft (früher str., → § 3 Rn. 3). Wirtschaftsprüfungsgesellschaften sind als OHG und KG zulässig, wenn diese wegen ihrer Treuhandtätigkeit als HdlGes in das HdlReg eingetragen sind (s. **(4c)** WPO § 27 I, II).

3 **Nicht** ein Gewerbe begründen zB: Durchführung einzelner Geschäfte (→ § 1 Rn. 13); Tätigkeit, die nicht auf Förderung des Unternehmens der Ges. selbst, sondern nur auf Förderung der Mitglieder zielt (zB Entwicklungs-, Patent-, Einkaufsgemeinschaft, erlaubtes Kartell); bloße Vermögensverwaltung (→ § 1 Rn. 17, aber II nF, → Rn. 13). **Freie Berufe** (→ § 1 Rn. 19, außer bei gewerblichem Zuschnitt, → § 1 Rn. 20), BGHZ 97, 273 (Mithaftung); Ärztegemeinschaften, Hopt/Hehl JuS 1979, 273; Anwaltssozietät, BGHZ 56, 355; 70, 247; 83, 328; 108, 290 (überörtlich), Steindorff FS Fischer, 1979, 747; Steuerberatungs- und Wirtschaftsprüfersozietäten in der Form der OHG oder KG, die nicht überwiegend Treuhandtätigkeit ausüben (§§ 49 II, 50 I StBerG, **(2c)** §§ 27, 28 WPO; dort wird auf Eintragung abgestellt, was aber kein Gewerbe begründet), BGH ZIP 2011, 1664; OLG Dresden NZG 2013, 873; Tersteegen NZG 2010, 652; aA Leuering/Rubner NJW-Spezial 2010, 591, aber → Rn. 13 mit aA K. Schmidt (MüKoHGB/K. Schmidt 4. Aufl. Rn. 58 ff.). Zusammenschlüsse zu solchen Zwecken können aber GbR sein, uU auch GmbH, AG, uU eG, wirtschaftender Verein (§ 22 BGB), mangels Gewerbeeigenschaft dagegen bis August 2022 grds nicht OHG, KG, GmbH & Co (aber nun berufsrechtliche Sonderregelung, s. → Rn. 108 f, künftig auch freiwillige Eintragung nach § 107 I HGB-MoPeG, zum MoPeG → Rn. 13), schon jetzt aber EWIV und PartG (speziell für Freiberufler und OHG-ähnlich, PartGG 25.7.1994 BGBl. I 1744, → Anh. § 160 Rn. 1). Lit.: Michalski, 1989 (GesRecht der freien Berufe); Hopt ZGR 1987, 145. Abgrenzung zum Gewerbe wird brüchig, nach BGH NZG 2012, 1062 können sich auch Freiberufler auf das Recht am eingerichteten und ausgeübten Gewerbebetrieb berufen. **Muster:** Hopt/Merkt VertrFormB/Möritz, Form II. A.1–2 (einfacher und ausführlicher GesVertrag einer GbR), Hopt/Merkt VertrFormB/van de Sande Form II. H.1 (Joint Venture als GbR über Gemeinschaftsunternehmen in der Form einer GmbH, Equity Joint Venture).

b) Handelsgewerbe: HdlGewerbe (→ § 1 Rn. 30), nach § 1 I, II oder § 2 S. 1, auch in GesForm betriebene Land- oder Forstwirtschaft oder Nebengewerbe solcher nach Eintragung (§ 3 II, III); **nicht Kleingewerbe** vor Eintragung (§ 2 S. 2). Betriebsübernahme ohne Eintragung genügt, wenn Betrieb nach § 2 für EinzelKfm eingetragen war (zB Aufnahme eines Gfters durch EinzelKfm, → § 2 Rn. 11); anders bei Übernahme des Betriebs einer GmbH, BGHZ 59, 183. Maßgeblich ist der **Zeitpunkt** der Eintragung (bzw. Löschung), bloße Zukunftserwartungen genügen nicht, BGHZ 10, 96 (→ § 1 Rn. 23); anders wenn nach der Anlage des Unternehmens kfm. Einrichtung klar und alsbald erforderlich sein wird, vgl. BGHZ 32, 311; BayObLG NJW 1985, 983, aber Zurückhaltung geboten (→ § 1 Rn. 23). Fehlgeschlagene OHG → Rn. 7. Rückgang auf Kleingewerbe oder Betriebseinstellung → Rn. 8.

C. **Gemeinschaftliche Firma.** Mit diesem in I genannten Merkmal ist die Ausrichtung der Ges. auf ein gemeinschaftliches Auftreten nach außen gemeint (OHG als Außen-, nicht InnenGes). Die so gebildete Ges. als OHG ist firmenpflichtig. Die gemeinschaftliche Firma ist also Rechtsfolge, nicht Voraussetzung der OHG, Staub/Schäfer Rn. 35, aA früher hL. Die OHG entsteht konsequent auch, wenn sich die Gfter auf keine Firma einigen können, aber trotzdem den Betrieb gemeinsam beginnen, str.; jedenfalls aber bei unzulässiger Firma, zB unzulässiger Sachfirma, oder sonstiger Geschäftsbezeichnung, RGZ 82, 25; BGHZ 22, 243. Zur Firma der OHG s. §§ 18 II, 19 I Nr. 2, II, 22, 24, Westermann/Wertenbruch § 7. Jede OHG kann nur eine Firma haben, auch wenn sie mehrere Unternehmen betreibt, BGHZ 67, 166 (→ § 17 Rn. 9); die Gfter können aber zum Betrieb mehrerer Unternehmen mehrere OHG mit verschiedener Firma (auch gleiche Firma bei verschiedenem Sitz, § 30) gründen.

D. **Unbeschränkte Haftung aller Gesellschafter.** Die Ges. zum Betrieb eines HdlGewerbes unter gemeinschaftlicher Firma ist KG, wenn eine Haftungsbeschränkung nach § 161 I vereinbart ist, sonst ist sie zwingend OHG, auch wenn die Gfter in anderer Weise die Haftung beschränken wollen, zB indem sie sich als Verein bezeichnen und die Mitglieder nur zu bestimmten Beiträgen verpflichten. Es liegt dann eine OHG vor, das Registergericht kann ihre Anmeldung als OHG erzwingen. Im Innenverhältnis kann die Haftung dagegen beliebig geregelt werden (§ 109).

7 **E. OHG von Rechts wegen bei objektivem Vorliegen ihrer Voraussetzungen. a) Entstehung:** Die Ges. ist OHG, wenn objektiv die Voraussetzungen einer OHG vorliegen, mögen die Gfter in anderer Verbindung stehen wollen, BGHZ 32, 310, zB als GbR, BGHZ 10, 97, oder als GmbH, BGHZ 22, 245 (aber kein Wille zur Eintragung). War umgekehrt OHG gewollt, aber mangels HdlGewerbe nicht möglich, kommt Aufrechterhaltung als GbR in Betracht (§ 140 BGB), BGHZ 19, 269. Bleibt eine als OHG gegründete Ges. GbR, zB bei Kleingewerbe mangels Eintragung nach § 2 (**fehlgeschlagene OHG** oder KG, mißverständlich auch „bürgerlichrechtliche" genannt), kann für ihre Geschäftsführung und Vertretung das Recht der OHG bzw. KG als Vertragsregelung gelten, BGH BB 1972, 61; auch im Übrigen entspr. Regeln, wie wenn OHG oder KG kraft Gesetzes GbR wird (→ Rn. 8). Besteht eine GbR (§ 705 BGB) und nimmt sie ein kfm. Gewerbe unter gemeinsamer Firma auf, wird sie ohne weiteres OHG, BGH BB 1967, 143 (→ Einl. vor § 105 Rn. 21). Konsequenzen für die Firmenfortführung → § 24 Rn. 7, 8. Besteht eine andere Gemeinschaft als eine Ges., zB **Erbengemeinschaft** (→ § 1 Rn. 37) oder eine fortgesetzte Gütergemeinschaft (→ Rn. 48), RG JW 1926, 552, setzt OHG Abschluss eines Ges-Vertrags voraus; wird ein kfm. Gewerbe unter gemeinsamer Firma aufgenommen, kann dieser aber stillschweigend geschlossen sein. Das gilt auch für den Unternehmensformwechsel vom EinzelKfm in Ges. (Neugründung, → Einl. vor § 105 Rn. 22). Bei Grundbesitz und Umwandlung von GbR zu OHG bloße Richtigstellung des Grundbuchs, OLG Zweibrücken ZIP 2012, 2254.

8 **b) Rückgang auf Kleingewerbe** oder **Betriebseinstellung** (falls die Ges. fortbesteht und nicht eingetragen ist, → Rn. 12) machen die OHG zur GbR, gleich ob die Einstellung freiwillig (zB Vermietung der Gewerberäume) oder aufgezwungen oder ganz von GfterWillen unabhängig ist, BGHZ 32, 312; BGH NJW 1971, 1698; WM 1975, 99; nicht: nur vorübergehende Stilllegung oder Aufgabe, zB infolge Verlusts der Betriebsmittel, RGZ 110, 425; 155, 82; BGHZ 32, 312. Wie Betriebseinstellung behandelt die Rspr. die **Verpachtung des Betriebs,** so BGHZ 32, 312; BGH BB 1962, 349; NJW 1971, 1698; bei Lösung der Pacht wird die GbR wieder OHG, BGH BB 1962, 349. Ob bei **Betriebsaufspaltung** das Besitzunternehmen noch ein Gewerbe betreibt, ist sehr str. (→ § 1 Rn. 18). Besteht **Eintragung** der OHG fort, kann II 1 eingreifen (str. ob Antrag nach II 2 iVm § 2 S. 2 nötig ist, → Rn. 14); war ohne Antrag eingetragen, greift nicht II 1, sondern nur § 5 ein (→ Rn. 12). Auftreten der GbR wie OHG, kann zur OHG kraft Rechtsschein führen (→ Rn. 11).

Umwandlung von Rechts wegen: Bei Wegfall der Voraussetzungen erlischt die OHG oder wird von Rechts wegen in GbR umgewandelt (→ Einl. vor § 105 Rn. 21). Die Identität der Ges. ändert sich nicht, BGH ZIP 2016, 767, die Rechte und Pflichten bleiben dieselben, die stillen Reserven bleiben unberührt, eine Vermögensübertragung ist nicht notwendig. Scheidet von zwei Gfter der eine aus, geht das Vermögen der Ges. **auf den übrigbleibenden Einzelkaufmann** im Wege der **Gesamtrechtsnachfolge** über (→ § 131 Rn. 35), BGHZ 113, 134, aA bzw. unklar noch (entspr. § 142 aF HGB, § 738 I 1 BGB, was aber unterschiedliche Haftungskonsequenzen hat, → § 131 Rn. 35), BGHZ 32, 315; 50, 308. Die stillen Reserven bleiben bei dem EinzelKfm unberührt (anders beim Ausscheidenden, wenn er mehr als eine Buchwertabfindung ausbezahlt erhält, → § 131 Rn. 48–49, 58). Im Grundbuch ist nur zu berichtigen, BayObLG BB 1983, 333. Konsequenzen für die Firmenfortführung → § 24 Rn. 9.

Rechtsverhältnisse bei der umgewandelten Gesellschaft: Das **Gesellschaftsvermögen** der bisherigen OHG ist nunmehr das Gesellschaftsvermögen der GbR (traditionell: Gesamthandsvermögen der Gfter der GbR). Auflassung ist nicht nötig, das Grundbuch ist dahin zu berichtigen, RGZ 155, 85; KG JW 1935, 1792; BayObLG NJW 1982, 110; das ist jedoch keine (eine sachlich falsche Eintragung beseitigende) Berichtigung iSv §§ 22, 39, 53 GBO, § 894 BGB, sondern nur Richtigstellung der falschen Bezeichnung des Berechtigten, BayObLG NJW 1952, 29, die Zwangsvollstreckung aus einem auf die OHG lautenden Titel kann fortgesetzt werden, einer den Titel umschreibenden Vollstreckungsklausel bedarf es nicht, BGH ZIP 2016, 767. **Geschäftsführung und Vertretung** der bisherigen OHG gelten entspr. für die nunmehrige GbR fort, BGH NJW 1987, 3126. Dementsprechend wird bei bisheriger KG die Vertretungsmacht des phG zur Vollmacht, die die Verpflichtung der bisherigen Kdtisten entspr. ihrer beschränkten Haftung gestattet; diese können von den geschäftsführenden Gftern verlangen, dass sie diese Begrenzung ihrer Vertretungsmacht soweit nötig nach außen erkennbar machen; hatte der bisherige Kdtist Geschäftsführungsbefugnis und Vollmacht (→ § 164 Rn. 7, → § 170 Rn. 3), kann er in der GbR je nachdem den bisherigen phG gleichstehen, BGH NJW 1971, 1698; BB 1972, 61; dazu K. Schmidt DB 1971, 2345; 1973, 653; BB 1973, 1612; Beyerle NJW 1972, 229; Kornblum BB 1972, 1032. Lit.: K. Schmidt DB 1973, 703; JZ 1974, 219; Beyerle BB 1973, 1376. Zur Haftung vor Eintragung → § 176 Rn. 1.

c) **Geplante Kapitalgesellschaft:** Die **werdende GmbH, AG, eG,** für die 9 der Gründungsvertrag zwar geschlossen, die Eintragung aber noch nicht erfolgt ist, ist **Vorgesellschaft** (zB VorGmbH) unter dem Recht der geplanten Form mit den Abweichungen, die aus der noch fehlenden Eintragung folgen (also nicht OHG); Haftungsfolgen → Anh. § 177a Rn. 15 ff. Wird die **Eintragung** als GmbH, AG, eG **nicht** oder nicht mehr **betrieben,** entsteht durch den gemeinsamen Geschäftsbetrieb trotz Bezeichnung als GmbH, AG, eG eine **OHG,** BGHZ 22, 240; 50, 32; WM 1965, 246; wohl auch BayObLG DB 1978, 1685 (Folge: für Gfter, der Ges. Gläubiger befriedigte, Ersatzklage gegen MitGfter im Gerichtsstand § 22 ZPO); mangels kfm. HdlGewerbes (§ 1) entsteht bloße **GbR,** BGHZ 61, 67, beide Formen mit persönlicher Haftung aller Gfter. Entspr. gilt für Gfter einer **bestehenden GmbH,** die, ohne gemäß § 53 GmbHG Gegenstand, Sitz und Firma der Ges. zu ändern, ein neues kfm. Unternehmen unter neuer (GmbH) Firma eröffnen, BGHZ 22, 244. Lit.: Rittner, 1973; K. Schmidt GmbHR 1970, 162; 1973, 146; Lieb DB 1970, 961; Flume FS Geßler, 1971, 3; Ulmer FS Ballerstedt, 1975, 279; RsprÜbersicht: Fleck ZGR 1975, 212.

d) **Bei Sitzverlegung in das Inland:** Verlegt eine ausländische rechtsfähige 10 Ges. nach Gründung ihren Verwaltungssitz (→ § 106 Rn. 8, 10) in das Inland, ist das Statutenwechsel, die Ges. wurde nach der herkömmlichen deutschen Sitztheorie zur OHG, vgl. BGHZ 97, 269; OLG München NJW 1986, 2197; Ebke ZGR 1987, 245; aA formwechselnde Umwandlung analog UmwG Großfeld/Jasper RabelsZ 53 (1989), 52; Staud/Großfeld EGBGB IntGesR Rn. 645. Dies ist jedoch mit EURecht unvereinbar, Konsequenzen im Einzelnen str. (→ Einl. vor § 105 Rn. 29), richtiger ist genereller Übergang zur Gründungstheorie auch für PersonenGes (→ § 106 Rn. 8). Ausländische rechtsfähige Ges. als Gfter → Rn. 28.

F. **OHG kraft Rechtsschein.** Fehlt es an einem der genannten Merkmale und 11 damit an einer OHG, können bei entsprechendem Rechtsschein doch die Regeln der OHG anwendbar sein, zB §§ 128 ff., BGHZ 11, 190; 17, 13; 61, 59; NJW 2011, 68 (GbR); auch wenn es überhaupt an einem GesVertrag fehlt (dann keine fehlerhafte Ges., → Rn. 98–99). Dafür müssen aber die einzelnen Voraussetzungen der Rechtsscheinhaftung erfüllt sein (näher → § 5 Rn. 9–17).

2) Kleingewerbliche GbR und Vermögensverwaltungsgesellschaft nach Eintragung und als Kannkaufmann (II)

12 **A. Eingetragene Gesellschaft als OHG (II 1). a) Kleingewerbliche GbR:** II idF HRefG 1998 ist die gesellschaftsrechtliche Parallelregelung zu § 2 nF (näher dort), II 1 entspricht § 2 S. 1; II 2 verweist auf § 2 S. 2 und 3. II 1, 2 gilt auch für die land- und forstwirtschaftliche GbR (→ § 2 Rn. 2), daneben tritt die Vermögensverwaltung, bei der auch auf eine gewerbliche Tätigkeit verzichtet wird (→ Rn. 13). Eine Ges., deren Gewerbebetrieb nicht schon nach § 1 II HdlGewerbe, sondern nur **Kleingewerbe** ist (→ Rn. 4), ist **OHG** oder **KG** (§ 161 II), wenn die Firma des Unternehmens im HdlReg eingetragen ist (II 1, also nicht bloße FiktivOHG, vgl. → § 2 Rn. 3). Das ist in der Praxis besonders wegen der bei der KG eröffneten **Haftungsbeschränkung** (§§ 171, 172, 176 I 2, s. dort) wichtig. Ges., die als FreiberuflerGes kein Gewerbe betreiben, fallen nicht unter II (str., → Rn. 13, zum HGB-MoPeG → Rn. 13, zum Berufsrecht → Rn. 108 f); auch § 5 findet keine Anwendung (→ § 5 Rn. 5). Die **Eintragung** ist unter II 1 (anders als unter I iVm § 106) konstitutiv. Fehlte für die Eintragung Antrag nach II 2 iVm § 2 S. 2, greift nicht II 1, sondern nur § 5 ein, str. (→ § 2 Rn. 3). Rechtsnachfolger → § 2 Rn. 11.

13 **b) Vermögensverwaltungsgesellschaft:** Die Gesellschaft, die nur eigenes Vermögen verwaltet, betreibt kein Gewerbe (→ § 1 Rn. 13), aA Siems NZG 2001, 738, und kann deshalb nicht OHG nach I werden. Das nimmt die Rspr. auch für HoldingGes mit bloßer Anteilsverwaltung und für alle Besitzgesellschaften (Betriebsaufspaltung) an, str. (→ § 1 Rn. 18). II 1 Alt. 2 stellt die VermögensverwaltungsGes der GbR gleich (erweitert also insoweit die 1. Alt.), sie kann also durch Eintragung nach II 1 konstitutiv zur OHG oder KG (→ Rn. 12) werden. Der **Anwendungsbereich von II** (Ges., „die nur eigenes Vermögen verwaltet", auf diese Einschränkung verzichtend MüKoHGB/K. Schmidt 4. Aufl. Rn. 58 ff., anders jetzt MüKoHGB/Fleischer Rn. 74 f.) ist str. Völlig unbedeutende und wirtschaftlich nicht über den alltäglichen privaten Bereich hinausreichende Betätigungen sollen nicht erfasst werden (RegE S. 41), zB Vermögensverwaltung von Ehegatten in der Form der GbR, vgl. BGH NJW 1982, 170, diese Einschränkung ist aber in II nicht zum Ausdruck gekommen, führt zur Rechtsunsicherheit und ist deshalb nicht anzuerkennen, str., offen OLG München NZG 2009, 105. Der VermögensverwaltungsGes sollen Einzelpersonen nicht gleichstehen, OLG München ZIP 2009, 813; Schön DB 1998, 1169, wohl auch RegE S. 41, aber Analogie überlegenswert (→ § 1 Rn. 17), BayObLG NJW-RR 2000, 1701. Die Tätigkeit muss darüber hinausgehend „einem Gewerbe vergleichbar" sein (RegE S. 39), Bspe: ImmobilienverwaltungsGes, ObjektGes, Holding-(Personen)Ges. oder BesitzGes (aber nur wenn nicht schon HdlGewerbe, → § 1 Rn. 18); auch PoolGes, falls nicht wie idR InnenGes (vgl. BGHZ 126, 234). Nach dem eindeutigen Wortlaut wird nur die Eigenvermögensverwaltung erfasst, also nicht auch die (idR gewerbliche) Fremdvermögensverwaltung. Geringfügige zusätzliche Fremdverwaltung oder anderweitige nichtgewerbliche Tätigkeit ist nicht notwendigerweise schädlich („nur" ist typologisch zu verstehen), aA Schön DB 1998, 1169, Abgrenzung vielmehr wie bei gemischten Betrieben (Gesamtbetrachtung, → § 1 Rn. 28). Holding(Personen)Ges. als Konzernspitze, geschäftsleitende KomplementärGmbH & Co KG bei der doppelstöckigen GmbH & Co und KGaA (→ Anh. § 177a Rn. 9) uä fallen noch nicht unter II, K. Schmidt DB 1998, 62; auch Sicherungsübereignung des GesVermögens oder Sale-and-lease-back sollten II nicht entfallen lassen, str.

c) Freiberufliche Gesellschaft: Freie Berufe können bis zum Inkrafttreten des MoPeG bzw. ohne explizite berufsrechtliche Zulassung keine OHG bzw. KG oder GmbH und Co gründen bzw. sich in eine solche umwandeln. Eine analoge Ausdehnung von II 1 Alt. 2 auf jede nichtgewerbliche Betätigung, insbesondere

FreiberuflerGes (dafür gibt es die PartG), ist vom Gesetz jedoch klar nicht vorgesehen, Schön DB 1998, 1174; Ammon DStR 1998, 1476; Tersteegen NZG 2010, 652; aA das Gesetz korrigierend für jede AußenGbR, K. Schmidt NJW 1998, 2165; DB 2003, 706 (Bauarbeitsgemeinschaft); JZ 2003, 591; DB 2009, 271; FS Kreutz, 2010, 837 (auch → Anh. § 177a Rn. 4); Karl NJW 2010, 969 (RA mbH & Co KG, → Anh. § 177a Rn. 4).

Seit dem 1.8.2022 können Freiberufler bei entsprechender berufsrechtlicher Regelung (für Rechtsanwälte etwa § 59b II BRAO idF des Gesetzes zur Neuregelung des Berufsrechts) **eine OHG, eine KG oder eine GmbH & Co KG gründen,** dazu Deckenbrock DB 2021, 2200, nach § 59f BRAO ist bei Haftungsbeschränkung Zulassung der Rechtsanwaltskammer nötig. Ab dem 1.1.2024 ist eine solche Gründung auch gesellschaftsrechtlich möglich, § 107 I HGB-MoPeG. Die Regelung im HGB ändert nichts an vorgehenden, spezielleren berufsrechtlichen Regelungen, ermöglicht aber im Grundsatz die Eintragung als Personenhandelsgesellschaft auch für solche Berufe, die nicht bundesrechtlich, sondern auf Grundlage landesrechtlicher Vorschriften geregelt werden. Zu den Berufsausübungsgesellschaften auch unten → Rn. 108 f. Zur steuerrechtlichen Abgrenzung Schnorr NJW 2004, 3241, auch zu gesellschaftsrechtlichen Folgen von gewerblichen Einkünften Wertenbruch ZIP 2021, 1194 (Unzulässigkeit einer PartmbB).

B. Kleingewerbliche GbR und Vermögensverwaltungsgesellschaft als Kannkaufmann (II 2 iVm § 2 S. 2, 3). a) Eintragungsoption: Die kleingewerbliche GbR und die VermögensverwaltungsGes (→ Rn. 13) sind ebenso wie Einzelkleingewerbetreibende berechtigt, aber nicht verpflichtet, die Eintragung nach § 2 für die Eintragung kfm. Firmen geltenden Vorschriften herbeizuführen (II 2 iVm § 2 S. 2). Land- und forstwirtschaftliche GbR → Rn. 12. Voraussetzung für die Eintragung ist bei GbR und VermögensverwaltungsGes ein auf einem **Beschluss** der Gfter (Grundlagengeschäft, grundsätzlich einstimmig, vgl. → § 114 Rn. 8, Oetker/Lieder Rn. 33, nach aA § 217 I 1 UmwG analog), beruhender, **gemeinschaftlicher Antrag** der Gfter, sonst gilt nicht II 1, ebenso § 5, Schön DB 1998, 1174, ebenso bei unbegründetem Antrag, str. (→ § 2 Rn. 4). Die Eintragung ist freiwillig und Willenserklärung, nicht nur registerrechtliche Erklärung, str. (→ § 2 Rn. 4). Notwendigkeit eines Antrags bei Herabsinken der Kleingewerbe, str. (→ § 2 Rn. 6). Prüfung durch das Registergericht → § 2 Rn. 7–8.

b) Löschungsoption: Die durch Eintragung nach II 1 zur OHG gewordene Ges. wird auf freiwilligen Antrag wieder gelöscht und zur GbR (II 2 iVm § 2 S. 3, künftig Statuswechsel zur GbR mit Eintragung in Gesellschaftsregister, § 107 II 2 HGB-MoPeG), außer wenn sie inzwischen OHG nach I geworden ist (sonst wäre nach § 106 sofort wieder anzumelden). Auch der Löschungsantrag bedarf eines GfterBeschlusses, der wiederum Grundlagengeschäft ist (trotz § 191 II Nr. 1 UmwG), Schlitt NZG 1998, 581. Die Löschung wirkt ex nunc.

3) Verweisung auf das Recht der bürgerlichrechtlichen Gesellschaft (III)

A. Verweisung auf §§ 705 ff. BGB (III). Als Sonderform der GbR unterliegt die OHG, wo das HGB nichts Abweichendes sagt, dem GesRecht des BGB (III). **Anwendbar** sind aus dem BGB §§ 705 (→ Rn. 1), 706 (→ § 109 Rn. 6–8), 707 (→ § 109 Rn. 12–14), 708 (→ § 109 Rn. 5), 712 II (→ § 114 Rn. 19), 717 (→ § 109 Rn. 15–22), 718–720 (→ § 124 Rn. 3), 722 II (→ § 121 Rn. 9), 725 II (→ § 135 Rn. 2), 732 (→ § 131 Rn. 41), 735 (→ § 155 Rn. 3), 738–740 (→ § 131 Rn. 37). Die Verweisung auf das Recht der GbR soll im Rahmen der Modernisierung des PersGesR beibehalten werden, ihre Bedeutung wird trotz nunmehr vorgesehener Normdoppelungen zunehmen (zum MoPeG → Vor § 105 Rn. 57 ff.).

16 Die übrigen Vorschriften sind durch solche des HGB **ersetzt:** statt §§ 709–711 BGB s. §§ 114 f., 119 II; statt § 712 I BGB s. § 117; statt §§ 714 f. BGB s. §§ 125–127; statt § 716 BGB s. § 118; statt § 721 BGB s. §§ 120, 122; statt § 722 I BGB s. § 121; statt § 723 BGB s. §§ 132 f.; statt § 724 BGB s. § 134; statt § 725 I BGB s. § 135; statt § 726 BGB s. § 131; statt §§ 727, 728 BGB s. § 131; statt §§ 730 f., 733 f. BGB s. §§ 145 ff.; statt § 736 BGB s. § 131; statt § 737 BGB s. § 140.

17 B. **Geltung von OHGRecht für andere Gesellschaften.** Umgekehrt können §§ 105 ff. für andere Ges. entspr. gelten, so für die KG (§ 161 II), die EWIV (§ 1 EWIVAG), die PartG(mbB) (§§ 4, 6–10 PartGG) und teilweise für die GbR, für § 142 aF schon BGHZ 32, 307, nach heutigem Verständnis der GbR allgemeiner (→ vor § 105 Rn. 14), str.

4) Gesellschafter: Zahl, Kaufmannseigenschaft, Gesellschafterfähigkeit

18 A. **Zahl.** Die OHG muss mindestens zwei Gfter haben, Armbrüster ZGR 2014, 342. Anders als bei KapitalGes gibt es keine EinpersonenGes, BGHZ 65, 83; aA Weimar ZIP 1997, 1769 als Fortsetzungs- oder LiquidationsGes. Der einzelne Gfter kann auch nicht mehrere separate Anteile haben (→ § 124 Rn. 16).

19 B. **Kaufmannseigenschaft.** Gfter der OHG und der phG der KG sind, da sie deren Geschäfte als Gfter betreiben, nach trad Rspr. Kflte, BGHZ 34, 296; 45, 284; BGH NJW 1960, 1852; BB 1968, 1053; NJW 2006, 918; Hueck OHG § 3 III; anders für Kdtisten BGHZ 45, 285; BGH NJW 1980, 1049; 1980, 1574; 1982, 570, sogar für Kdtisten aber Ballerstedt JuS 1963, 259. Diese Meinung wird seit langem als zu pauschal kritisiert, ua Zöllner DB 1964, 795; Lieb DB 1967, 759; Landwehr JZ 1967, 198; K. Schmidt JZ 1973, 299; Kötter ZHR 137 (1973), 179 und erscheint überholt. Sie setzt sich über die Trennung von Gesamthand (bzw., zumindest nach dem MoPeG: Gesellschaft) und Gfter hinweg (Ebenroth/Wertenbruch Rn. 182) und berücksichtigt nicht die unterschiedliche Schutzbedürftigkeit der Gfter (Henssler/Henssler Rn. 62). Zutreffend handelt es sich um ein Normzweck- bzw. Analogieproblem, Staub/Schäfer Rn. 79. Danach ist zu unterscheiden:

20 **Öffentlichrechtliche Normen:** Der Gfter der OHG ist Kfm. iSv § 109 GVG (HdlRichter, → Einl. vor § 1 Rn. 84); **nicht:** iSv §§ 29 II, 38 I ZPO (→ Einl. vor § 1 Rn. 86), Kornblum ZHR 138 (1974), 490; Hopt AcP 183 (1993), 676; aA Staub/Schäfer Rn. 80.

21 **Unter den Gesellschaftern:** Der Gfter ist als solcher nicht Kfm. im Ges-Verhältnis selbst, zB bei Abschluss oder Änderung des OHGVertrags (dieser ist nicht HdlGeschäft, → Rn. 49), und bei Eingehung einer Schiedsvereinbarung (§ 1031 ZPO, → Einl. vor § 1 Rn. 90).

22 **Geschäfte im Zusammenhang mit Geschäften der OHG:** Der Gfter ist nicht ohne weiteres Kfm. bei Geschäften im eigenen Namen im Zusammenhang mit GesGeschäften, zB Bürgschaft für GesSchuld (→ § 128 Rn. 7). Vielmehr kommt es auf den Normzweck der jeweiligen Vorschrift an, zB § 350 iVm §§ 766, 780, 781 S. 1 BGB. Nach verbreiteter Ansicht können organschaftliche Vertreter der OHG ebenso wie Kdtisten, die gleich gestellt sind (→ § 164 Rn. 7) oder die zugleich Geschäftsführer der KomplementärGmbH sind, zB sich für GesSchulden formlos verbürgen, K. Schmidt HdlRecht § 18 II 4, aber auch MüKoHGB/K. Schmidt 4. Aufl. Rn. 17 (zu überdenken), dazu auch Staub/Schäfer Rn. 81, 83, aA Ebenroth/Wertenbruch Rn. 186, BGHZ 121, 224 (GmbHGeschäftsführer), zweifelnd MüKoHGB/Fleischer Rn. 217; vgl. BGHZ 133, 78 (Anwendung des Verbraucherdarlehensrechts auf GmbHGeschäftsführer); noch weitergehend K. Schmidt ZIP 1986, 1510: formlose Bürgschaft jedes phG. Zutr. ist § 350 auf phG nicht anwendbar, → § 350 Rn. 7.

1. Abschnitt. Offene Handelsgesellschaft 23–26 § 105

Persönliche Geschäfte außerhalb der OHG: Hier ist der Gfter als solcher 23
keinesfalls Kfm., zB bei einem Schuldanerkenntnis außerhalb des GesBetriebs,
nicht formfrei nach § 350, BGH BB 1968, 1053. Vielmehr wird häufig Verbraucherschutzrecht zur Anwendung kommen.

C. Ehegatten. a) Im gesetzlichen Güterstand (Zugewinngemeinschaft, 24
§§ 1363 ff. BGB) ist jeder Ehegatte ohne Mitwirkung des anderen frei zur Beteiligung an der Ges. und zur **Verfügung über seinen Anteil.** In der Praxis zu beachten ist aber **§ 1365 BGB,** der auch eingreift, wenn nicht ausdrücklich über das **Vermögen im Ganzen** verfügt wird, sondern über einen einzigen Gegenstand, der aber das ganze (einzige wesentliche) Vermögen des Verfügenden bildet, BGHZ 35, 135, sofern der Geschäftsgegner diesen Umstand kennt, BGHZ 43, 174; 64, 246; 106, 253; 123, 93; BGH NJW 1984, 609. Dingliche Belastungen sind als Wertminderung zu berücksichtigen; bei kleinen Vermögen ist § 1365 BGB idR nicht erfüllt, wenn dem Verfügenden Werte von 15 % seines ursprünglichen Gesamtvermögens verbleiben, BGHZ 77, 293, bei größeren Vermögen 10 %, BGH NJW 1991, 1739. Unerheblich ist der Wert der Gegenleistung, BGHZ 43, 174. Die Begründung von Geldschulden in Höhe des ganzen Vermögens (zB Kauf, Darlehen, Bürgschaft) fällt nicht unter § 1365 BGB, BGH WM 1983, 267; auch nicht eine Vollstreckungsunterwerfungserklärung, BGH WM 2008, 1507. Im GesRecht kann § 1365 BGB Platz greifen zB: bei Einbringung des HdlGeschäfts eines EinzelKfm in eine Ges.; bei Änderung eines GesVertrags, Fischer NJW 1960, 940; bei GesKündigung, BGHZ 35, 144; OLG Köln MDR 1963, 51; OLG Hamburg MDR 1970, 419. Ohne Bedeutung ist § 1365 BGB bei Gläubigerkündigung (§ 135), OLG Hamburg MDR 1970, 419. Lit.: Sandrock FS Bosch, 1976, 841 u. FS Duden, 1977, 513. Zur Wirkung des gesetzlichen Zugewinnausgleichs, vor allem nach Ehescheidung (§§ 1371 ff. BGB), auf GesVerhältnisse s. Sudhoff NJW 1961, 801; Tubbesing BB 1966, 829. Davon zu unterscheiden ist die Frage, ob eine Ges. unter Ehegatten vorliegt, sog. **Ehegattengesellschaft** (→ Rn. 52).

b) Bei Gütergemeinschaft (§§ 1415 ff. BGB) können die **Gesellschafts-** 25
anteile durch (formgebundenen) Ehevertrag zum **Vorbehaltsgut** eines Ehegatten erklärt werden (§ 1418 II Nr. 1, 1410 BGB). Ges. unter den Ehegatten (reine EhegattenGes) setzt das nach BGHZ 65, 79 sogar zwingend voraus, außer wenn noch ein Dritter beteiligt ist, BayObLG DB 1981, 519; aA zutr. hL, MüKoBGB/ Schäfer § 705 Rn. 75; Beitzke FamRZ 1975, 575; Reuter/Kunath JuS 1977, 736. Der mit Mitteln des Gesamtguts erworbene GesAnteil wird Sondergut, wenn er unübertragbar ist (§§ 1417 II, 719 BGB), aber auch sonst, weil die Gütergemeinschaft nicht Gfter sein kann (→ Rn. 29), MüKoBGB/Schäfer § 705 Rn. 75.

D. Minderjährige. a) Genehmigung: Zur Beteiligung eines Minderjährigen 26
an einer Ges. (Abschluss oder Eintritt) bedarf es des Vertragsschlusses durch den gesetzlichen Vertreter (der nicht MitGfter sein darf, §§ 181, 1824 II, 1629 II BGB; dann Pfleger, § 1809 BGB, auch wenn mehrere Kinder beteiligt sind, § 1824 I Nr. 1 BGB, OLG Oldenburg ZIP 2019, 1070; bei mehreren Minderjährigen mehrere Pfleger, § 181 BGB, OLG München NZG 2010, 862) mit Genehmigung des Betreuungsgerichts (**§§ 1852 Nr. 1b, 2, 1643 I BGB**), BFH NZG 2016, 1280, auch zur Teilnahme als Kdtist, BGHZ 17, 160; 38, 26; auch unentgeltliche Übertragung, OLG Frankfurt a. M. NZG 2008, 749, auch eines voll eingezahlten Kommanditanteils, OLG Oldenburg ZIP 2019, 2055; OLG Schleswig NZG 2020, 593; OLG Brandenburg NZG 2020, 597, Grund: Haftungsrisiko, Pflichten, aA OLG Bremen NZG 2008, 750, anders, also mangels Erwerbsgeschäfts genehmigungsfrei, wenn ohne jedes unternehmerisches Risiko (bloße Verwaltung des von den Gftern selbst genutzten Wohnhauses), OLG München NZG 2009, 104, bei Verwaltung nur eigenen Vermögens (OLG

Dresden NZG 2018, 1109, allg. wenn keine weiteren Pflichten OLG Köln NZG 2018, 1188), aA MüKoHGB/Grunewald § 161 Rn. 23; auch als Treugeber und als Unterbeteiligter (→ Rn. 32, 39). Fortführung des HdlGeschäfts als Erbengemeinschaft → § 1 Rn. 37. Voraussetzungen der Erteilung (KG: Verlustbeteiligung, Geschäftsbeginn vor Eintragung: nicht notwendig hindernd) s. BayObLG BB 1977, 669; DB 1979, 2314. Der Genehmigung bedarf auch das Ausscheiden aus der OHG bzw. KG (§ 1852 Nr. 1b BGB: Veräußerung eines Erwerbsgeschäfts), BGHZ 38, 27; **nicht:** automatischer Eintritt als Erbe auf Grund einer Nachfolgeklausel (→ § 139 Rn. 12); Zustimmung zu GesVertragsänderung, auch wenn einschneidend wie Aufnahme neuer Gfter, BGHZ 38, 27, Ausscheiden von MitGftern, BGH LM HGB § 138 Nr. 8, Neubestimmung der Anteile, BGH DB 1968, 932, Einlageerhöhung, OLG Frankfurt a. M. BB 1968, 764, zT str.; Auflösung der Ges., BGHZ 52, 319 (GmbH), str.; Fortsetzung einer aufgelösten (noch nicht vollbeendeten, → § 131 Rn. 2) Ges., str.; Vertretung des Ges., an der der Minderjährige beteiligt ist, gegenüber Dritten (Außenverhältnis), auch bei Geschäften der in §§ 1643, 1854 BGB bezeichneten Art, BGHZ 38, 30, noch zu §§ 1643, 1822 BGB aF DB 1971, 189. Auch **§ 1854 Nr. 4 BGB** (Übernahme einer fremden Verbindlichkeit) kann eingreifen, zB wenn minderjähriger Kdtist phG wird; BGHZ 41, 71 steht dem nicht entgegen (bloße Nachschusspflicht bei der eG). § 1821 I Nr. 1, 4 BGB bei Grundstücksveräußerung durch verwaltende GbR, OLG Koblenz NJW 2003, 1401. **Haftungsbeschränkungen** Minderjähriger nach MHBeG 25.8.1998, BGBl. I 2487 (**§ 1629a BGB**) → § 1 Rn. 34. Lit.: Binninger, 2008; Winkler ZGR 1973, 177; Fortun NJW 1999, 754; Rust DStR 2005, 1942 (1992); Maier-Reimer/Marx NJW 2005, 3025.

27 **b) Ausübung der Gesellschafterrechte:** Der gesetzliche Vertreter (oder Pfleger, → Rn. 26) übt für den Minderjährigen die Gfterrechte, auch Geschäftsführungsbefugnis und Vertretungsmacht, aus, BGHZ 68, 100; der GesVertrag kann das nicht hindern, aber §§ 117, 127 gelten für den Vertreter entspr. Der Minderjährige kann mit Genehmigung des Familiengerichts zur selbstständigen Ausübung der GfterRechte ermächtigt werden (§ 112 BGB); er ist dann für alle Rechtsgeschäfte unbeschränkt geschäftsfähig, die der GesBetrieb mit sich bringt, jedoch mit Ausnahme der in §§ 1643 I, 1821 f. BGB genannten, was dies unpraktikabel machen kann. Vertretung Minderjähriger bei GfterBeschlüssen, insbesondere **§ 181 BGB,** → § 119 Rn. 22, 23. Eine Dauerergänzungspflegschaft für minderjährige Kdtisten, deren Eltern MitGfter sind (§§ 1795 I, 1909 BGB, → Rn. 26), ist idR unzulässig, da Vertretung durch die Eltern bei GfterBeschlüssen möglich ist (→ § 119 Rn. 21), notfalls Pflegschaft für einzelne Geschäfte, BGHZ 65, 95. Lit.: Biddermann, 1965; Fastrich, 1976; Winkler ZGR 1973, 177; Klamroth BB 1975, 525; Rust DStR 2005, 1942 (1992); Flume NZG 2014, 17.

28 **E. Gesellschaften, Gemeinschaften.** Gfter können auch **juristische Personen** des privaten und öffentlichen Rechts sein; die GmbH & Co KG ist seit RGZ 105, 101 (1922) und inzwischen auch gesetzlich anerkannt (→ Anh. § 177a Rn. 4; wegen des Leerlaufens der „unbeschränkten Haftung" anders zB in der Schweiz, → Einl. vor § 105 Rn. 16). Doch muss das in der Firma klargestellt werden (§ 19 II), und es gelten besondere Gläubigerschutznormen (→ Anh. § 177a Rn. 5). GmbH & Co OHG, Bsp.: OLG Hamm BB 1973, 354, → Anh. § 177a Rn. 11. Geschäftsführung durch juristische Person als Gfter → § 114 Rn. 4. Auch **OHG** und **KG** können Gfter sein (→ § 124 Rn. 32), heute ganz hL; auch **EWIV**; auch **VorAG** und **VorGmbH**, BGHZ 80, 132, str. (→ Anh. § 177a Rn. 15). Dies gilt auch für die **AußenGbR** (→ Einl. vor § 105 Rn. 11, 14), BGHZ 148, 291 (als Kdtistin); BayObLG NZG 2001, 123 (als Kdtistin); K. Schmidt § 46 I 1b, und zwar auch als phG, OLG Celle ZIP 2012, 766; Bergmann ZIP 2003, 2231, aA bisher hL, Rspr. (→ Rn. 29), PartG (wie GbR); Grund: die AußenGbR besitzt Rechtsfähigkeit (→ Einl. vor § 105 Rn. 14), Publizitätsprobleme sind lösbar, wie in § 162 I 2 nF 2001 anerkannt (→ § 106 Rn. 6), wichtig dabei § 106 II Nr. 4 nF über die Vertretungsmacht (dort → § 106 Rn. 12). Was für die GbR gilt, muss auch für den **nicht rechtsfähigen Verein** gelten (§ 54 BGB); bei großer Mitgliederzahl zwar Eintragungsprobleme, die aber wie bei der PublikumsGes (→ Anh. § 177a Rn. 52) und bei Grundbuch und anderen Registern nicht unlösbar sind. Auch wechselseitige Beteiligung ist ohne die Grenzen wie bei KapitalGes zulässig, BGHZ 119, 356. **Ausländische** rechtsfähige Ges. kann phG einer deutschen KG sein, BayObLG NJW 1986, 3029; OLG Saarbrücken NJW 1990, 647; Bokelmann ZGR 1994, 337; Wachter GmbHR 2006, 79, str. (vgl. → Rn. 10, → Anh. § 177a Rn. 11), und zwar ohne Eintragung des ausländischen phG als inländische ZwNl in das HdlReg, OLG Frankfurt a. M. GmbHR 2008, 709, str.

Nicht Gfter einer OHG (KG) können sein: InnenGbR (trotz § 162 I 2, dort → § 162 Rn. 2, aber durch Beitritt kann diese zu AußenGbR werden) und, soweit ein solcher vorliegt, InnenVerein, nach überholter (→ Rn. 28) früher hL u. Rspr. auch AußenGbR, BGHZ 46, 296; BGH WM 1966, 190; 1990, 584), und nicht rechtsfähiger Verein (§ 54 BGB); eheliche Gütergemeinschaft als solche (Grund: §§ 1417, 717, 719 BGB, aber das Auseinandersetzungsguthaben nach Auflösung der Ges. fällt ins Gesamtgut, RGZ 146, 283); BayObLG ZIP 2003, 480 (KG); Staub/Schäfer Rn. 101; krit. Grziwotz ZIP 2003, 848, gemeinsame Inhaberschaft des HdlGeschäfts ohne Ges. → § 1 Rn. 48; Erbengemeinschaft, BGHZ 58, 317; BGH NJW 1983, 2377; 2002, 3389; BayObLG ZIP 2003, 480; aA Klamroth BB 1983, 796; bzgl. Kommanditanteilen krit. auch MüKoHGB/Fleischer Rn. 239.

Die Ges. kann **nicht ihr eigener Gesellschafter** sein (anders § 71 AktG, § 33 GmbHG), die rechtliche Verselbstständigung der PersonenHdlGes (§ 124) geht nicht so weit wie bei HdlGes mit Rechtspersönlichkeit (anders nun Priester ZIP 2014, 245; abl. K. Schmidt ZIP 2014, 493). Doch kann sich die OHG über eine **Tochtergesellschaft,** auch eine ausländische, deren sämtliche Anteile sie hält, mittelbar an sich selbst beteiligen.

5) Treuhänder, Unterbeteiligte, Nießbraucher

A. **Treuhänder. a) Rechtsnatur und Formen der Treuhand:** Ein Gfter kann Treuhänder für Dritte (Treugeber) sein, idR liegt fremdnützige Vollrechtsübertragung vor (im Gegensatz zur Sicherungsabtretung → § 124 Rn. 19). Die Treuhand ist besonders häufig bei PublikumsGes (→ Anh. § 177a Rn. 77–81), nun für die geschlossene PublInvestmentKG in § 152 KAGB ges. geregelt (→ Anh. § 177a Rn. 99). Gfter ist allein der Treuhänder, nicht der Treugeber, sowohl im Innenverhältnis gegenüber MitGftern und wie im Außenverhältnis gegenüber Dritten, BGHZ 3, 360; 32, 29 (GmbH); 76, 130, es gilt also der Trennungsgrundsatz (Durchbrechung → Rn. 34). Der GfterTreuhänder beschließt mit, vertritt die Ges., haftet (§§ 125 ff.; 171 ff.). Das gilt uneingeschränkt bei der **verdeckten** Treuhand, im Grundsatz aber auch bei der **offenen** (dh gegenüber den MitGftern offengelegte, aber nicht notwendig gebilligte, str.) bzw. **echten** Treuhand, BGHZ 10, 44; 77, 395, vorbehaltlich anderer Ausgestaltung im GesVertrag (→ Rn. 34). Treuhand für Anteilsteile → § 124 Rn. 16. Angabepflichten und Transparenzregister nach Geldwäschegesetz (wirtschaftlich Berechtigter bei Kontrolle von 25 Prozent der Stimmrechte, §§ 20 III, 3 GwG, seit 2017). Treuhand bei ImmobilienfondsKG s. Kindermann WM 1975, 782. Verdeckte und offene Treuhand bei Bankkonten → **(9)** AGB-Anderkonten Einl. Rn. 1. **Nicht** Treuhand ist die bloße **Ausübung** von GfterRechten (ohne Übertragung der GfterStellung) durch MitGfter oder Dritte, zB Verwaltung durch TV oder Nachlassverwalter (→ § 139 Rn. 21, 32) oder gemeinsame Vertretung mehrerer Kdtisten (Vertreterklausel, → § 163 Rn. 10–11). Lit.: Coing, 1973; Blaurock, 1981; Grundmann, 1997; Tebben, 2000 (an GesAnteilen); Armbrüster,

§ **105** 2. Buch. Handelsgesellschaften und stille Gesellschaft

2001 (Ges.); Singhof/Seiler/Schlitt, 2004 (mittelbare GesBeteiligungen); Löhnig, 2006 (Interessenkonflikt); Bitter, 2006; Geibel, 2008; Markus Roth, 2009 (Altersvorsorge). Überbl. Hopt/Mössle/Schmitt § 1 Rn. 47; Beuthien ZGR 1974, 26; Decher ZIP 1987, 1097; Hadding FS Fleck, 1988, 71; Tebben ZGR 2001, 586; Wiesner FS Ulmer, 2003, 673; Pfeifle/Heigl WM 2008, 1485. **Muster:** Hopt/Merkt VertrFormB/Möritz, Form II. G.6 (Treuhand an GesAnteil).

32 **b) Begründung:** Entweder durch Anteilsübertragung von Gfter (Treugeber oder Dritter) auf den Treuhänder (Übertragungstreuhand), die der Zustimmung der MitGter bedarf (→ § 105 Rn. 70), BGHZ 24, 106, oder durch vertragliches Versprechen eines Gfter (künftiger Treuhänder), seinen GesAnteil treuhänderisch für den Treugeber zu halten (Vereinbarungstreuhand). Auch für diese ist wie bei der Anteilsübertragung **Zustimmung der Mitgesellschafter** nötig, üL, MüKoHGB/K. Schmidt Vor § 230 Rn. 54 unter Verweis auf RGZ 159, 272 (282) (GmbH), bei PersGes noch stärkere pers Bindung, dennoch sehr str., aA Staub/Schäfer Rn. 104 (auch → Rn. 33). Dabei sind Begründung der treuhänderischen Rechtsmacht in der Ges. (→ Rn. 33), zB durch Anteilsübertragung, und der Abschluss des Treuhandvertrags (Innenverhältnis, → Rn. 35) zu unterscheiden; sie können, müssen aber nicht zeitlich zusammenfallen. Das (verfehlte, → Rn. 36) Unmittelbarkeitsprinzip spielt nur für ersteres eine Rolle, hL. Bei **minderjährigen** Treugebern gelten dieselben Grundsätze wie bei unmittelbarer GfterBeteiligung insbesondere Genehmigungserfordernis nach §§ 1852 Nr. 1b, 2, 1643 I BGB, Heymann/Emmerich Rn. 58, Grund: Erstattungsanspruch des Treugebers wie gegen einen Gfter (→ Rn. 37). **Prospekthaftung** des Treuhänders bei der PublikumsGes → Anh. § 177a Rn. 78. **Nichtigkeit des Treuhandvertrags samt Vollmacht zum Beitritt** bei Immobilienmodellen → Anh. § 177a Rn. 78a. Vorweggenommene Zustimmung zur Rückübertragung → Rn. 37, zum KAGB → Anh. § 177a Rn. 99.

33 **c) Rechtsstellung in der Gesellschaft:** Das Treuhandverhältnis (→ Rn. 35) berührt MitGfter und Ges. grundsätzlich nicht unmittelbar. Aber MitGfter können rechtliches Interesse an **Feststellung** haben, ob Gfter Treuhänder für Dritten ist, BGH WM 1971, 306. Verdeckte Treuhand ohne **Offenlegung** und **Zustimmung** der MitGfter kann treuwidrig sein, zB bei Interessenkollisionen, Staub/Schäfer Rn. 104, mit der Folge von Haftung, §§ 117, 127 und sogar § 140. **Verfügungen** des Treuhänders über GfterRechte **entgegen Weisung** des Treugebers (Innenverhältnis, → Rn. 35) sind wirksam. Das gilt nach hM der Rspr. auch bei erkennbarem Weisungsverstoß, den Treugeber schützen nur uU §§ 826, 138, 823 II BGB (mit § 266 StGB), BGH BB 1968, 560; WM 1977, 527; 1990, 638; nach zutr. aM sind jedoch die Grundsätze über den Missbrauch der Vertretungsmacht (→ § 50 Rn. 4) entspr. anwendbar, MüKoBGB/Schäfer § 705 Rn. 91; Klöckner BB 2009, 1315, üL. **Gestaltungsklagen** in der Ges. (§§ 117, 127, 130, 140) nur durch und gegen den GfterTreuhänder, nicht auch Treugeber. **Beschlussfassung** nur mit den Stimmen der Gfter. **Stimmbindung** des Treuhänders wirkt nur im Innenverhältnis, nicht gegenüber der Ges.; jedenfalls bei Treuepflichtverstoß ist sie auch nicht nach § 894 ZPO vollstreckbar, Staub/Schäfer Rn. 105, str. **Drittschadensliquidation** des Treuhänders zugunsten des Treugebers bei schädigenden Handlungen der Ges. gegenüber dem Treuhänder ist möglich, BGH NJW 1967, 930; KG WM 2008, 852. Schädigendes Verhalten des Treugebers ist dem Treuhänder zuzurechnen **(§ 278 BGB)**, wenn sich darin die besondere Gefährdung durch die Treuhand verwirklicht. Der Treugeber ist der Ges. gegenüber grundsätzlich nicht wie ein Gfter verantwortlich, str., Ausnahme bei verbotenen Zuwendungen, dann uU Rückzahlungspflicht des Treugebers. Einlagerückgewähr und GfterDarlehen → § 236 Rn. 5. **Ausscheiden** des Treuhänders aus der Ges., zB Ausschluss, vgl. BGHZ 10, 51, führt nicht ohne weiteres zum Eintritt der Treugeber; diese können uU vom

Treuhänder-Gfter den Abfindungsanspruch herausfordern (§ 667 BGB) und damit selbst oder über andern Treuhänder (bei Zustimmung der MitGfter) in die Ges. eintreten.

Abweichende Vereinbarungen: Die über den offenen Treuhänder nur **34** mittelbar beteiligten Treugeber können aber, wenn die Treuhand nicht nur offen (offenkundig) ist, sondern auch von den MitGftern gebilligt wird (→ Rn. 31, 33, im GesVertrag bzw. mit dessen Änderung) **Rechte auf Grund Gesellschaftsvertrag** wie ein Gfter erhalten (qualifizierte mittelbare Beteiligung, „Quasi-Gfter", BGH WM 2008, 2360; ZIP 2013, 570, auch wenn Regeln für Gfter analog gelten sollen, BGH ZIP 2018, 831), das Abspaltungsverbot steht dem nicht entgegen: zB im Innenverhältnis wie Gfter gestellt werden, BGHZ 10, 50; NJW 1987, 2677; ZIP 2003, 1702, oder Rechte gegen Ges. und MitGfter haben, zB zu Weisung und Kontrolle, auch beschränkt auf Ausübung durch Ausschüsse, OGHZ 2, 253; BGHZ 10, 47; 76, 131; OLG München WM 2008, 2212; auch Stimmrechte (jedenfalls wie Vertreterklausel, → § 163 Rn. 10), BGH LM HGB § 109 Nr. 6; unentschieden OLG Frankfurt a. M. BB 1976, 1626; aber BGHZ 3, 360; 32, 29 (Grenzen → § 163 Rn. 6, 11); Recht zur Feststellungsklage auf Nichtigkeit von GfterBeschlüssen. All diese Rechte und Pflichten bleiben jedoch grundsätzlich intern (insoweit im Allgemeinen freie vertragliche Vereinbarung, BGH ZIP 2015, 630), also **keine Außenhaftung der Treugeber nach §§ 128, 171, 172** analog, hL, BGH WM 2008, 2359; 2009, 593; ZIP 2009, 1266; OLG München ZIP 2009, 622; 2010, 183; NZG 2009, 1383 (selbst „Quasi-Gfter"); Staub/Casper § 161 Rn. 253; Ebenroth/Wertenbruch Rn. 209; Tebben ZGR 2001, 612; Wiesner FS Ulmer, 2003, 681; Armbrüster NJW 2009, 2167; ZIP 2009, 1885; aA OLG Schleswig ZIP 2007, 2258 (Unterbeteiligung, → Rn. 41); OLG Celle WM 2008, 2247; MüKoBGB/Schäfer § 714 Rn. 42; Schiemann FS Zöllner, 1998, 511; Pfeifle/Heigl WM 2008, 1485; Kindler ZIP 2009, 1146; Schäfer ZHR 177 (2013), 634, sie sind auch nicht im HdlReg einzutragen, str. (→ § 106 Rn. 6), Außenwirkung aber bei Rechtsschein (→ § 105 Rn. 99), Durchgriffshaftung (→ Anh. § 177a Rn. 51b) und Delikt (§ 826 BGB); Schutz der Gläubiger durch Vereinbarung oder mittelbar über Ansprüche des Treuhänders gegen die Treugeber, zB Abtretung des Freistellungsanspruchs des Treuhänders gegen die Treugeber (→ Anh. § 177a Rn. 79, 80). Auch kein Bereicherungsanspruch der Bank iVm § 128 HGB gegen die Treugeber (Darlehenszahlung auf Treuhandkonto zugunsten der Ges.), KG ZIP 2006, 1814; OLG München WM 2009, 217. Die qualifiziert mittelbar beteiligten Treugeber unterliegen konsequent auch der gesellschafterlichen Zweckförderungs- und Treuepflicht (→ § 109 Rn. 23), BGH ZIP 2013, 570; 2015, 321. All das gilt aber nicht schon notwendig bei jeder offenen, also auch den MitGfter nur bekannt gegebenen oder sonst bekannten Treuhand, BGH WM 1962, 1353; OLG Frankfurt a. M. BB 1976, 1626. Qualifizierte mittelbare Beteiligung wird mit der GesAnteil übertragen (Gfterwechsel → Rn. 69), es gilt der Gerichtsstand der Mitgliedschaft nach § 22 ZPO, BayObLG NZG 2020, 708, bei internationalen Sachverhalten kommt eine Einordnung als Verbrauchersache in Betracht, BGH ZIP 2021, 209. Lit.: Tebben ZGR 2001, 586; Armbrüster NJW 2009, 2167; ZIP 2009, 1885; Kindler ZIP 2009, 1146.

d) Treuhandverhältnis, Schutz des Treugebers: Das Treuhandverhältnis **35** ist rechtlich zB Geschäftsbesorgungsvertrag (§§ 675 I, 611 BGB, dann auch nicht § 22 ZPO, KG NJW-Spezial 2010, 273), so wenn der Treuhänder den gesamten Anteil für den Treugeber hält; doch kann auch InnenGes vorliegen (dann Übergang zur Unterbeteiligung → Rn. 38), so wenn der hauptbeteiligte Gfter den Anteil teils für sich, teils für den Treugeber hält, BGH NJW 1994, 2887, üL. Allgemeine Grenzen, zB § 138 BGB bei Selbstentmündigung, BGHZ 44, 161 (von Dritter bestellter, weisungsfreier Treuhänder auf Lebenszeit). Aus dem

Treuhandverhältnis folgen Bindung an Weisungen, Auskunfts- und Rechenschaftspflicht, Herausgabepflicht, Befreiungs- und Erstattungsrecht (§§ 665–667, 670 BGB), BGHZ 76, 132. Pflichten und (vorvertragliche) Haftung des Treuhänders s. BGHZ 84, 144. Zum Treuhandverhältnis auch → Anh. § 177a Rn. 80.

36 Allgemein bei der Treuhand wird der Treugeber geschützt durch **Aussonderungsrecht** (§ 47 InsO) bei Insolvenz des (fremdnützigen) Treuhänders, sowie durch **Drittwiderspruchsklage** (§ 771 ZPO) bei Zwangsvollstreckung in den GesAnteil durch dessen Privatgläubiger, Ebenroth/Wertenbruch Rn. 224; anders bei GesGläubigern, denn insoweit ist auch der Treugeber betroffen. Diese Rechte begrenzt die (ältere) Rspr. durch das Erfordernis der unmittelbaren Übertragung des Treuguts vom Treugeber auf den Treuhänder (Unmittelbarkeitsprinzip), aA zutr. üL, MüKo/K. Schmidt Vor § 230 Rn. 80. Bei der PublikumsGes übt die Rspr. eine **Inhaltskontrolle** über die Verträge aus (→ Anh. § 177a Rn. 68). Dabei gilt der Grundsatz, dass den Anlegern aus der nur mittelbaren Beteiligung keine unnötigen Rechtsnachteile entstehen dürfen, nämlich soweit sie nicht aus der Zwischenschaltung des Treuhänders unvermeidlich folgen, BGHZ 104, 50 (→ Anh. § 177a Rn. 80).

37 e) **Beendigung:** Das Treuhandverhältnis kann nach allgemeinen Regeln (zB §§ 675 I, 620 ff., 626 BGB) beendet werden, jederzeit aus wichtigem Grund bei grobem Pflichtverstoß des Treuhänders, BGHZ 73, 294 mAnm Kraft ZGR 1980, 399. Die Beendigung des Treuhandverhältnisses lässt die GfterStellung des Treuhänders außer bei auflösender Bedingung unberührt, BGHZ 77, 395 (Sicherungsabtretung); insbesondere führt sie nicht zum Übergang seines Anteils auf den Treugeber, sondern dieser hat iZw nur Anspruch gegen den Treuhänder auf Übertragung (§ 667 BGB) bei Zustimmung der MitGfter, BGH BB 1971, 368; in der Zustimmung der MitGfter zur treuhänderischen Sicherungsabtretung (eines KdtitAnteils) liegt zugleich unwiderrufliche Einwilligung zur Rückübertragung auf Treugeber, BGHZ 77, 392; BGH WM 1985, 1143. Erstattungspflicht des ausgeschiedenen Anleger-Treugebers gegenüber dem TreuhandKdtitsten (§ 670 BGB), BGHZ 76, 132 (→ Anh. § 177a Rn. 81). Bei fehlerhaftem Beitritt (Haustürgeschäft) Rückgewähranspruch gegen die (Publikums)Ges. und deren Gfter, BGHZ 148, 201 (wirtschaftliche Betrachtungsweise, → Anh. § 177a Rn. 81).

38 B. **Unterbeteiligte. a) Rechtsnatur und Formen der Unterbeteiligung:** Die Unterbeteiligung an einem GesAnteil (des Hauptbeteiligten) ist **Innengesellschaft** (§ 705 BGB, → Einl. vor § 105 Rn. 10), und zwar GbR (nahe stehend der stGes, §§ 230 ff.), BGHZ 50, 320 (323); BGH WM 1966, 191; NJW 1994, 2886; MüKoBGB/Schäfer Vor § 705 Rn. 97, aber auch 101, danach gelten §§ 705 ff. BGB, sowie (entspr.) §§ 230 ff., zB §§ 231 I, 233 statt §§ 722 I, 716 I BGB, str. Gfter der (Haupt)Ges. ist allein deren Gfter, nicht der Unterbeteiligte. Wie bei der Treuhand (→ Rn. 31) sind die beiden Rechtsverhältnisse (HauptGes, InnenGes) klar zu trennen (Trennungsgrundsatz, Durchbrechung → Rn. 41). Abgrenzung von der Treuhand ist str.: Treuhand bei Halten eines GesAnteils, im Innenverhältnis auch GbR denkbar (→ Rn. 35), hL, nach aA Abgrenzung rein nach Innenverhältnis, Unterbeteiligung nur bei GbR, dann Treuhand aber auch nur für einen Teil des HauptGesAnteils möglich. Verdeckte und offene Unterbeteiligung wie bei der Treuhand (→ Rn. 31). Typische und atypische Unterbeteiligung wie bei stiller Ges. (→ § 230 Rn. 3). Schaffung einer Unterbeteiligung ist zulässig ohne besondere Zulassung durch HauptGes (MitGfter), BGHZ 50, 325 (anders Treuhand, → Rn. 33). Unterbeteiligung an Anteilsteilen → § 124 Rn. 16. Unterbeteiligung über geschlossene Industriefonds (§ 741 BGB) s. Lipps BB 1972, 860. Lit.: Wagner, 1975; Blaurock, 1981; Ulbrich, 1982; Tebben, 2000 (an GesAnteilen); Armbrüster, 2001 (Ges.); Singhof/Seiler/Schlitt, 2004 (mittelbare GesBeteiligungen); Paulick ZGR 1974, 253; Durchlaub DB 1978, 873;

Schmidt-Diemitz DB 1978, 2397; Bilsdorfer NJW 1980, 2785; Obermüller FS Werner, 1984, 607; Kühne/Rehm NZG 2013, 561. **Muster:** Hopt/Merkt VertrFormB/Möritz, Form II. G.3 (Unterbeteiligung am GesAnteil), Form II. G.4 (Nießbrauch am GesAnteil).

b) Begründung: Begründung durch Vertrag zwischen Gfter und Unterbeteiligtem; uU auf Grund Vermächtnisses von GfterErblasser unter mehreren Erben (→ § 139 Rn. 18). Der Vertrag ist formfrei; bei Schenkung gilt § 518 I 1 BGB, BGHZ 7, 179; 7, 378; Heilung nach § 518 II BGB ist str. (→ § 230 Rn. 10). Bei minderjährigem Unterbeteiligten gelten dieselben Grundsätze wie bei unmittelbarer GfterBeteiligung, insbesondere Genehmigungserfordernis nach §§ 1852 Nr. 1b, 2, 1643 I BGB, wenn auch Verlustbeteiligung vorgesehen ist (selbst bei Schenkung der Beteiligung), OLG Hamm BB 1974, 294 (vgl. → Rn. 32; → § 230 Rn. 8). 39

c) Rechtsstellung in der Hauptgesellschaft: Die Unterbeteiligung berührt die (Haupt)Ges. und die MitGfter in dieser grundsätzlich nicht unmittelbar (→ Rn. 38). Stimmbindung und Grundsätze über Missbrauch der Vertretungsmacht wie bei der Treuhand (→ Rn. 33). 40

Abweichende Vereinbarungen: Der Unterbeteiligten kann durch (Haupt) GesVertrag wie bei der Treuhand Rechte wie ein Gfter erhalten, zB Geschäftsführungsrecht haben und Mithaftung übernehmen und dann wie Gfter stehen, BGH BB 1973, 1368 (näher → Rn. 34). 41

d) Schutz des Unterbeteiligten: Es gilt das Recht der InnenGes mit Vertragsfreiheit, Grenzen zB außerordentliches Informations- und Kündigungsrecht (soweit für stGes zwingend, → Rn. 38). Der Unterbeteiligte hat entspr. § 233 (aA weitergehend § 716 BGB) Recht auf Jahresbilanz über den Anteil und dessen Erträge (auch deren Zusammensetzung: Gewinnanteil, Kapitalzins, Geschäftsführergehalt), nicht auf Bilanz (Hdl-, Steuer-)Bilanz und GuV der HauptGes außer bei Zustimmung durch die HauptGes, str. (näher → § 233 Rn. 13). Er hat kein „Bezugsrecht" bei Einlageerhöhung in der HauptGes, str. 42

e) Beendigung: Bei Beendigung der Unterbeteiligung sind §§ 234, 123, 135 anwendbar, hL, nach aA §§ 723, 725 BGB. Unterbeteiligung ist möglich auf bestimmte Zeit oder auf Dauer der HauptGes; ist letzterenfalls die HauptGes auf unbestimmte Zeit eingegangen, ist die Unterbeteiligung zwingend kündbar nach § 723 I 1, III BGB, BGHZ 50, 322, bei Gleichstellung mit stGes: nach §§ 234, 132, 135 (→ § 234 Rn. 8). Ist Unterbeteiligung auf bestimmte Zeit eingegangen (so iZw wenn HauptGes auf bestimmte Zeit eingegangen ist), dann so lange nur Kündigung aus wichtigem Grund, § 723 I 2, III BGB, BGHZ 50, 323; BGH WM 1977, 527. Für die Auseinandersetzung gilt § 235, nach aA § 730 BGB. 43

C. Nießbraucher. a) Zulässigkeit: Der Nießbrauch am GesAnteil, praktisch häufig, ist zulässig, hL, str., BGHZ 58, 316; BGH BB 1975, 296; auch am eigenen GesAnteil, BGH NJW 1999, 571. Es handelt sich um einen Nießbrauch an Rechten (§§ 1068 ff. BGB). Das gesellschaftsrechtliche Abspaltungsverbot (→ § 109 Rn. 16) steht ihm nicht entgegen, str. Voraussetzung ist aber Zulassung im GesVertrag oder Zustimmung der MitGfter, Grund: Auswirkungen auf die MitGfter, allgemeine Zulassung der Anteilsübertragung genügt nicht. Unnötig sind Ersatzkonstruktionen wie zB Nießbrauch an den übertragbaren Vermögensrechten (§ 717 S. 2 BGB) oder treuhänderische Übertragung des gesamten Anteils, vgl. noch BGH BB 1975, 295. Nach außen haftet weiterhin der Gfter, nicht (auch) der Nießbraucher, MüKoHGB/K. Schmidt Vor § 230 Rn. 24, üL, aA für gleichrangige Haftung MüKoBGB/Schäfer § 705 Rn. 107, dann konsequent aber auch Pflicht zur Eintragung im HdlReg, Staub/Schäfer Rn. 128, str. Eintragungsfähigkeit eines Nießbrauchs in HdlReg auf das Interesse des Rechtsverkehrs stützend OLG Stuttgart ZIP 2013, 624 und OLG Oldenburg ZIP 2015, 44

1173, nach OLG München ZIP 2016, 1675, Wertenbruch NZG 2020, 641 nicht für Nießbrauch an Kommanditanteil, nach OLG Celle ZIP 2011, 1510 keine Eintragung des Nießbrauchs am Gesellschaftsanteil im Grundbuch (GbR). Die GfterRechte sind zwischen dem Gfter und dem Nießbraucher aufgeteilt (→ Rn. 45–46). Bloßer Ertragsnießbrauch ohne Mitwirkungsrechte ist unzulässig, str. Lit.: Goebel, 2004; Staud/Heinze Anh. §§ 1068 f.; Teichmann ZGR 1972, 1; 1973, 24; Sudhoff NJW 1974, 2205; Finger DB 1977, 1033; Bender DB 1979, 1445; Petzold GmbHR 1987, 381 u. 433; Ulmer FS Fleck, 1988, 383; Schön ZHR 158 (1994), 229; K. Schmidt ZGR 1999, 601; Wälzholz DStR 2010, 1786; Wedemann NZG 2013, 1281 (Stimmrecht). **Muster:** Hopt/Merkt VertrFormB/Möritz, Form II. G.4 (Nießbrauch an GesAnteil).

45   b) **Ertrag des Anteils:** Dem Nießbraucher steht der bestimmungsmäßige Ertrag des Anteils zu (§§ 1030 I, 100, 99 II BGB). Dieser ergibt sich idR aus dem Jahresabschluss und dem Gewinnverwendungsbeschluss, also nur der zur Ausschüttung freigegebene Vermögensanteil ohne den zulässig in Rücklage (zB Kapitalkonto II) eingestellten Gewinn. Bei Kapitalerhöhung aus GesMitteln und entsprechendem Bezugsrecht liegt kein solcher Ertrag vor, BGHZ 58, 316; 78, 188, str. Außerordentliche Erträge verbleiben dem Gfter (§ 1039 I BGB), ebenso Kursgewinne. Das Entnahmerecht des Gfters (§ 122) bleibt unberührt, Staub/Schäfer Rn. 122, str.

46   c) **Verwaltungsrechte:** Sie verbleiben nicht insgesamt dem Gfter, aA früher hL, für GmbH OLG Koblenz NJW 1992, 2163 (Untrennbarkeit von Mitgliedschaft und Mitgliedschaftsrechten, aber Stimmrechtsvollmacht), sondern verteilen sich zwischen dem Gfter und dem Nießbraucher (Wedemann NZG 2013, 1281: nur Nießbraucher). Allein Sache des Gfters sind Grundlagengeschäfte (→ § 114 Rn. 3), BGH NJW 1999, 571, außer soweit sie den Bestand des Nießbrauchs tangieren, dann nur mit Zustimmung des Nießbrauchers (§ 1071 BGB), abweichende Vertragsgestaltung ist zulässig, K. Schmidt ZGR 1999, 610. Der Nießbraucher hat die Geschäftsführung und das Stimmrecht in laufenden Angelegenheiten, nach aA Gfter und Nießbraucher gemeinschaftlich (bei Nichteinigung Verfallen), sowie die Informations- und Kontrollrechte aus §§ 118 I, 166 I; der Gfter hat aber zwingend die Rechte aus §§ 118 II, 166 III. Der Nießbraucher ist konsequent wie ein Gfter treuepflichtig. Der Nießbraucher hat aber nicht mehr Rechte als der Gfter (wichtig, wenn Mehrheitsbeschlüsse zulässig sind) und Beschlüsse der GfterVers hinzunehmen, die mit der erforderlichen Mehrheit, aber ohne seine an sich notwendige Mitwirkung gefasst wurden, OLG München ZIP 2016, 1676.

6) Gesellschaftsvertrag

47   A. **Rechtsnatur. a) Gemeinschafts- und Organisationsvertrag:** Unerlässliche Voraussetzung der OHG ist ein GesVertrag iSv § 705 BGB (→ Rn. 1; OHG kraft Rechtsscheins → Rn. 11). Der GesVertrag der OHG ist (anders als zB der Vertrag über eine stGes) **nicht rein schuldrechtlich,** BGHZ 112, 45, sondern begründet auch ein Gemeinschaftsverhältnis, dem die Vermögenswerte der Ges. zugeordnet sind, und bildet einen korporativen Zusammenschluss (Folge zB § 31 BGB, → § 124 Rn. 25). Er ist nicht auf gegenseitigen Austausch von Leistungen zwischen den Gftern gerichtet, sondern auf wechselseitige Förderung des gemeinsamen Zwecks ohne Synallagma, und er ist Grundlage der Organisation der Ges. mit GesOrganen und idR GesVermögen, Staub/Schäfer Rn. 137 ff. Für den **Inhalt** des GesVertrag gilt weitgehende Gestaltungsfreiheit, dazu und zu den Grenzen → § 109 Rn. 2–3. Lit.: Wiedemann WM Sonderbeil. 8/1990.

48   §§ 320 ff. **BGB** passen für die PersonenHdlGes **nicht,** Staub/Schäfer Rn. 147, auch nicht in der Zweipersonengesellschaft, Ebenroth/Wertenbruch Rn. 155, sehr str., differenzierend K. Schmidt § 20 III, nach aA (ohne große

1. Abschnitt. Offene Handelsgesellschaft   49–51   § 105

praktische Unterschiede) anwendbar, aber nur soweit Zweck und Struktur der Ges. es gestatten, stRspr RG, vgl. Heymann/Emmerich Rn. 6, Oetker/Lieder Rn. 103. Unanwendbar sind §§ 320–322 BGB, der Gfter kann sich gegenüber der Forderung der Ges. nicht auf Säumnis eines anderen Gfters berufen, hL; gegen Anspruch des Gfter-Geschäftsführers auf Vergütung kann nicht eingewandt werden, er habe einem MitGfter zu Unrecht die Mitgeschäftsführung verweigert; auch nicht bei OHG mit nur zwei Gftern, aA Heymann/Emmerich Rn. 7, aber uU § 242 BGB. Unanwendbar sind auch §§ 323–326 BGB, sehr str., statt dessen gelten die Besonderheiten der in Vollzug gesetzten Ges., also statt Rücktrittsrecht Auflösungsklage nach §§ 133 ff. ohne Rückwirkung, daneben bei Auflösungsverschulden Schadensersatzpflicht nach § 280 BGB (nicht § 281 BGB unter Gftern, → § 109 Rn. 4). Anzupassen sind schließlich die speziellen Mängelvorschriften (Kauf-, Miet- oder Werkvertrag) für Beiträge, Staub/Schäfer Rn. 151 f., sehr str. (→ § 109 Rn. 10). Anwendbar sind §§ 103 ff. InsO. Lit.: Hüttemann, 1998.

b) Kein Handelsgeschäft: Der Abschluss des GesVertrags der OHG ist kein   **49** HdlGeschäft (§ 343 I, BGH ZIP 2011, 1421) des Gfters (schon mangels KfmEigenschaft, → Rn. 21, aber auch bei deren Bejahung, zutr. Staub/Schäfer Rn. 141). Er kann ausnahmsweise HdlGeschäft sein, so wenn der Gfter bereits Kfm. ist und im Betrieb seines eigenen HdlGewerbes die Ges. mit andern eingeht. Folglich gelten die Vorschriften über HdlGeschäfte (§§ 346–372) im GesVerhältnis nicht, zB §§ 369 ff., RGZ 118, 303; §§ 346 (HdlBrauch), 358–361 (Auslegung), aber §§ 157, 242 BGB führen idR zum gleichen Ergebnis. § 352 (Zinsfuß) gilt iVm §§ 110 II, 111, nicht auf Grund § 343. Schiedsklauseln im GesVertrag → Einl. vor § 1 Rn. 90.

B. Abschluss. a) Zustandekommen: Für das Zustandekommen des GesVer-   **50** trags (Innenverhältnis; Außenverhältnis s. § 123) gelten die allgemeinen Regeln mit Ausnahmen, die durch das gemeinsame Interesse der Gfter am Bestand der Ges. bedingt sind. Ist die vereinbarte Beurkundung noch nicht erfolgt oder ein als wichtig angesehener Punkt noch nicht geregelt, aber die Ges. in Vollzug gesetzt, gelten **§ 125 S. 2 BGB,** BGHZ 49, 365 (anders für Vertragsänderungen → Rn. 63) und **§ 154 I, II BGB** nicht bzw. umgekehrt, BGH NJW 1982, 2816 (anders für Vertragsänderungen, → Rn. 60); iZw also schlüssiger (→ Rn. 54), mindestens aber vorläufiger Vertragsschluss mit jederzeitiger Kündbarkeit, Staub/Schäfer Rn. 160, keine AGB-Kontrolle, § 310 IV BGB, BGH ZIP 2009, 1008. Liegen Nichtigkeitsgründe oder Anfechtung vor, greifen die Sonderregeln über die **fehlerhafte Gesellschaft** ein (→ Rn. 75). Bei Nichtigkeit von Einzelbestimmungen bleibt GesVertrag im Übrigen idR gültig, BGHZ 49, 365; 107, 358; BGH WM 2009, 183 (**§ 139 BGB** gilt nicht. umgekehrt, oft auch ausdrückliche salvatorische Klausel) ausnahmsweise anders RGZ 87, 220; BGH DB 1976, 2107; bei ungenehmigter Teilnahme eines Minderjährigen wirksame Ges. jedenfalls unter den übrigen Gftern, → Rn. 84. **§ 140 BGB** bleibt anwendbar. Vertragsschluss unter (aufschiebender oder auflösender) **Bedingung** oder Befristung ist möglich, so häufig bei Beitritt des Kdtisten vor Eintragung (→ § 161 Rn. 7). Rückwirkung kann nur im Innenverhältnis vereinbart werden, BGH WM 1979, 889, also ohne Außenwirkung (rechtsfähige PersGes, trad: Gesamthand, § 123, Auflösung der Ges. ex nunc). **Vertretung** bei Vertragsschluss ist zulässig, bei Vertretung durch MitGfter sind § 181 BGB zu beachten, BGHZ 58, 115 (GmbH & Co), und uU §§ 1795 II, 1629 II BGB (→ Rn. 26–27), bei PublikumsGes das RDG (→ Anh. § 177a Rn. 78a). Grenzen der Vertragsfreiheit → § 109 Rn. 3, → § 163 Rn. 2. **Muster:** Hopt/Merkt VertrFormB/Möritz, Form II. B.1, 2 (einfacher/ausführlicher OHGVertrag).

b) Verschulden bei Vertragsverhandlungen: Haftung aus §§ 280, 311 II   **51** BGB, so zB bei falschen Angaben über Wert und Pfandfreiheit einzubringender

Maschinen (Vertrauensschaden), BGH BB 1957, 837; wenn der GründungsGfter Beitrittswillige täuscht, auch die übrigen GründungsGfter haften, wenn sie ihn zu ihrer Vertretung ermächtigt haben, BGH WM 1987, 1336, anders bei PublikumsGes (→ Anh. § 177a Rn. 58); **Prospekthaftung** → Anh. § 177a Rn. 63.

52 c) **Ehegattengesellschaft:** Eine stillschweigend geschlossene Ehegattengesellschaft (Ehegatte als Gfter → Rn. 24) liegt nur ausnahmsweise vor (gesetzlicher Güterstand ist Indiz dagegen, BGHZ 165, 5), nämlich bei einem zumindest schlüssig zustande gekommenen Vertrag, so wenn ein über die Ehegemeinschaft hinausgehender Zweck vorliegt, also nicht nur der eine Ehegatte im Geschäft des andern mitarbeitet, wozu er als Ehegatte ohnehin im Rahmen des Üblichen verpflichtet ist, sondern die Ehegatten über den typischen Rahmen der ehelichen Lebensgemeinschaft hinaus durch beiderseitige Leistungen ein Erwerbsgeschäft aufbauen oder unterhalten und die Tätigkeit des mitarbeitenden Ehegatten funktional gleichberechtigte Mitarbeit ist, BGHZ 165, 6 (gegen BGHZ 77, 55; 84, 388); weitere Urteile zB BGHZ 47, 162; 142, 137; 155, 254 (Anspruch auf Zustimmung zur Zusammenveranlagung); BGH NJW 1974, 1554; 1974, 2045; 1986, 1871; WM 1987, 843. Indizien folgen zB aus Planung, Umfang und Dauer der Vermögensbildung sowie Absprachen über die Verwendung und Wiederanlage erzielter Erträge, BGHZ 142, 154. Außer Tätigkeit ist Kapitaleinsatz beachtlich und dessen buchungsmäßige und steuerliche Behandlung. Bei Gütertrennung ist eher Ges. anzunehmen als bei Gütergemeinschaft. Einschränkende Rspr. zur Bildung einer OHG durch Ehegatten in Gütergemeinschaft (reine EhegattenGes) → Rn. 25. Bei Formmangel kann fehlerhafte Ges. vorliegen (→ Rn. 75). Die Art der Ges. (GbR, OHG oder KG) folgt aus der Art des Auftretens und des Geschäfts (→ Rn. 1, 11), die Ges. soll häufig bloße InnenGes sein, BGH WM 1990, 1463, dann scheidet OHG aus. Rechtsfolge einer Ehegattengesellschaft ist ein gesellschaftsrechtlicher Ausgleichsanspruch (§§ 738 ff. BGB), der selbstständig neben dem Anspruch auf Zugewinnausgleich besteht, BGHZ 155, 255; 165, 1; Haußleiter NJW 2006, 2741.

53 **Nichteheliche Lebensgemeinschaft:** Auch hier kann Ges. vorliegen mit gesellschaftsrechtlichen Ansprüchen beim Auseinandergehen, aber auch hier nur bei einem zumindest schlüssig zustande gekommenen Vertrag (→ Rn. 52), BGHZ 165, 10 (zuständiger XII. ZS) und schon BGHZ 142, 146, grosszügiger noch II. ZS, BGHZ 77, 55; 84, 388. Soll ein Partner das Unternehmen nach außen allein führen, aber nur InnenGes (also keine OHG), BGH NJW 1985, 1841 (Heilpraktikerpraxis). Ein wesentlicher Beitrag zu dem im Alleineigentum des Partners stehenden Grundstück kann Indiz einer gemeinschaftlichen Wertschöpfungsabsicht sein, ersetzt diese aber nicht, BGH ZIP 2003, 1846. Geht der Zweck nicht über die Verwirklichung der nichtehelichen Lebensgemeinschaft hinaus, bestehen Zweifel am Rechtsbindungswillen, BGH NJW 2008, 3278 (3282). Mangels einer BGBGes kann aber Bereicherung (Zweckverfehlung, § 812 I 2 Alt. 2 BGB) oder Wegfall der Geschäftsgrundlage vorliegen, BGH NJW 2008, 3277 (3282) mAnm. Freiherr von Proff NJW 2008, 3266; BGH WM 2010, 1131 (aber Tod); BGH NZG 2013, 863; anders noch BGH NJW 2004, 48.

54 C. **Form. a) Grundsatz:** Der Abschluss des GesVertrags ist **formfrei**, BGH ZIP 2014, 913 (stGes). Vertragsänderung → Rn. 62. Der Abschluss ist, wenn nicht wie bei der OHG die Regel schriftlich, so ausdrücklich mündlich. Möglich ist aber auch **Abschluss durch schlüssiges Verhalten:** zB wenn mehrere vor förmlichem GesVertragsschluss tatsächlich ein HdlGewerbe beginnen, BGHZ 11, 192; BGH NJW 1960, 430; 1982, 2816 (zu § 154 BGB → Rn. 50); wenn ein nicht rechtsfähiger Verein ein kfm. Gewerbe beginnt, BGHZ 22, 244 (dagegen wird GbR ohne neuen Vertragsschluss zur OHG, → Rn. 10); wenn GmbHGfter außerhalb des GmbHVertrags ein zweites HdlGeschäft beginnen, BGHZ 22, 244

1. Abschnitt. Offene Handelsgesellschaft   55–57   § 105

(→ Rn. 12); wenn im Einverständnis der Beteiligten eine Anmeldung als OHG zum HdlReg erfolgt, BGH WM 1984, 1605; 1985, 1229; wenn **Erben,** die das ererbte Geschäft fortführen, zB die einseitige Auflösung ausschließen oder sonst engere Bindung als in einer gewöhnlichen Erbengemeinschaft eingehen (→ § 1 Rn. 38).

b) Ausnahmen: Der GesVertrag ist ausnahmsweise formbedürftig, wenn ein **55** Gfter darin eine Verpflichtung übernimmt, die nur in bestimmter Form übernommen werden kann. Entsprechend GfterWechsel, zB Anteilsübertragung (→ Rn. 71). Bsp.: wenn ein **Grundstück** (§ 311b I 1 BGB) eingebracht werden soll, BGHZ 22, 317; BayObLG BB 1987, 712, oder bei dahingehender Erwerbspflicht des Gfters, BGH NJW 1978, 2506 (Kdtist); bei Auftrag des Gfters zur Beschaffung eines Grundstücks (im eigenen Namen) für die Ges., BGHZ 85, 248, Grund: zwar folgt Übereignungspflicht schon aus § 667 BGB, aber Erwerbspflicht; auch bei ErbenOHG, wenn die Betriebsgrundstücke zwar in ungeteilter Erbengemeinschaft verbleiben, aber ausscheidender Gfter seinen Grundstücksanteil übertragen muss. Schriftformklausel → Rn. 63, Verpflichtung eines Gfters zum Einbringen von **GmbH-Anteil** in die OHG nach OHG-GesVertrag, § 15 IV 1 GmbHG. **Heilung** nach § 311b I 2 BGB, § 15 IV 2 GmbHG. **Nicht:** reines Nutzungsrecht, BGH WM 1967, 952 oder „Einbringung" nur im Innenverhältnis, BGH NJW 1974, 2279; Beteiligung an GrundstücksGes, also Pflicht, in Ges. mit Grundbesitz einzutreten, auszuscheiden, Anteile an ihr zu erwerben oder zu übertragen, BGHZ 86, 369 (→ Rn. 71), Grund: Eigentumserwerb durch Anwachsung (§ 738 I 1 BGB); ebenso bei Ausschließung aus ZweipersonenGes (§ 142 aF, → § 140 Rn. 25, Gesamtrechtsnachfolge); wie bei Grundstücken so auch bei GmbHAnteil (§ 15 IV GmbHG), BGH ZIP 2008, 876 (GbR) str., aber anders bei Umgehung, MüKoBGB/Schäfer BGB § 705 Rn. 36; aA Wertenbruch NZG 2008, 454; Pflicht, Grundstück nicht zu erwerben. Lit.: Wiesner NJW 1984, 95; Schwanecke NJW 1984, 1585 (Durchgangserwerb); Reinelt NJW 1992, 2052 (geschlossene Immobilienfonds); Binz/Mayer NJW 2002, 3054 (GmbH & Co).

Schenkung: Die Aufnahme eines Gfters ohne Einlage durch den Alleininha- **56** ber (Bsp. Vater-Sohn) oder in bestehende OHG soll wegen Übernahme der Haftung und Pflichten als Gfter keine Schenkung des Anteils iSv § 516 BGB sein, BGHZ 112, 44; BGH BB 1965, 472; WM 1977, 864; NJW 1981, 1956; nach zutr. aA kommt es darauf an, ob im Ergebnis Vermögensmehrung (auch gemischte Schenkung) gewollt ist, dann Form nach **§ 518 I BGB,** Staub/Schäfer Rn. 175. Das gilt mangels Übernahme der persönlichen Haftung auch nach der Rspr. jedenfalls bei Schenkung eines KdtAnteils, auch bei GesGründung, BGHZ 112, 40, diese bedarf bei Minderjährigem der Genehmigung des Betreuungsgerichts, § 1852 Nr. 2 BGB, OLG Schleswig ZIP 2020, 2400. **Heilung** nach § 518 II BGB tritt bei der OHG/KG schon mit der Beteiligung des Beschenkten als Gfter ein. **Widerruf** der Schenkung wegen groben Undanks ist möglich, Vollzug kann aber mangels Zustimmung der MitGfter scheitern, BGHZ 112, 40; auch freier Widerrufsvorbehalt ist zulässig, Jülicher ZGR 1996, 82, str. Besonderheiten bei Abfindung → § 131 Rn. 62, 66. **Freiwillige Zuwendung** von und an Gfter im GesZusammenhang, iZw causa societatis, BGH ZIP 2006, 1199; 2008, 453, → § 230 Rn. 10. Lit.: Mayer ZGR 1995, 93; Brandner/Bergmann FS Sigle, 2000, 327 (Schenkung von GesAnteilen).

c) Rechtsfolge bei Verstoß: Die formwidrige Einbringungs- oder Erwerbs- **57** verpflichtung ist und bleibt **mangels Heilung** (→ Rn. 55–56) **nichtig.** Soweit sich das Formerfordernis auf den gesamten GesVertrag bezieht, scheidet Teilwirksamkeit im Übrigen zwar grundsätzlich aus, aber Umdeutung (§ 140 BGB), zB bei Grundstücken in Einbringung zum Gebrauch oder dem Werte nach denkbar, MüKoBGB/Schäfer § 705 Rn. 40, 52, Grund: Zweck der Form (auch → § 139

Rn. 50 BGB), anders wenn die formwidrige Verpflichtung für die Ges. zentral ist; Rechtsfolge ist fehlerhafte Ges. (→ Rn. 75).

58 D. **Vorvertrag.** In der Praxis häufig, so wenn dem Abschluss des GesVertrags noch rechtliche oder tatsächliche Hindernisse entgegenstehen, die Parteien sich aber sogleich binden wollen. Vorvertrag zu OHG/KG ist rechtlich meist GbR, Staub/Schäfer Rn. 201. Voraussetzung ist (abgesehen von wirksamem Vertragsschluss und ggf. Form, → Rn. 50, 54) die inhaltliche Bestimmtheit oder zumindest Bestimmbarkeit. Der wesentliche Vertragsinhalt für die OHG/KG muss also festliegen oder doch durch (notfalls ergänzende, → Rn. 59) Auslegung durch Gericht feststellbar sein, BGH WM 1976, 180. Aus dem Vorvertrag kann auf Abschluss des Hauptvertrags geklagt werden (§ 894 ZPO), BGHZ 108, 380 (Kauf); BGH NJW 2006, 2843 (Kauf). Das Urteil muss den Inhalt des abzuschließenden (Haupt)Vertrags genau angeben, bei Änderungen der Verhältnisse seit Vorvertragsschluss so, wie Parteien bei deren Kenntnis abgeschlossen hätten, BGH BB 1962, 1056. Rücktritt vom Vorvertrag aus wichtigem Grund (Kündigung bei Dauerschuldverhältnis, § 314 BGB) ist möglich, BGH DB 1958, 955; entspr. Einwendung BGH WM 1983, 170. Lit.: Henrich, 1965; Wenner BB 1966, 669.

59 E. **Auslegung.** Auch GesVertrag ist nach §§ 133, 157 BGB auszulegen, aber mit **Besonderheiten**, die sich vor allem aus dem gemeinsamen Interesse der Gfter am Bestand der Ges. (→ Rn. 50) und der tatsächlichen Übung in der länger dauernden Ges. ergeben. Konsequenz: Umkehrung der Auslegungsregeln der §§ 125, 139, 154 BGB (→ Rn. 50; fehlerhafte Ges. → Rn. 75). Besondere Bedeutung hat die **ergänzende Auslegung**, BGH WM 1967, 253; 1979, 891, zB bei Tod eines Gfters auch ohne ausdrückliche Bestimmung Fortsetzung statt Auflösung (nach früherem Recht), BGH BB 1986, 421 (iErg abl., aber Treuepflicht). Auch ergänzende Auslegung hat Vorrang vor dispositivem Recht, BGH BB 1979, 287; 1986, 421. Der Übergang zwischen ergänzender GesVertragsauslegung und GesRechtsauslegung, insbesondere Treuepflicht und § 242 BGB, ist fließend, vgl. BGH BB 1977, 1271. Ergänzende Auslegung des GesVertrags, die den Vertrag gegen zwingendes Recht verstoßen ließe (zB → § 119 Rn. 19 betr. Stimmvollmachten), scheidet aus. Für OHG/KG gilt die normale subjektive Auslegung BGH ZIP 1996, 752 f.; 2015, 1678; OLG Hamm ZIP 2015, 972, bei **Publikumsgesellschaft** objektive wie bei Satzungen (→ Anh. § 177a Rn. 67) und eine Unklarheitenregel (§ 305c II BGB entsprechend, → Anh. § 177a Rn. 67), bei GmbH & Co kann jedenfalls nicht ohne Weiteres auf die subjektive Auslegung zurückgegriffen werden. Der Gesellschaftsvertrag ist bei der GmbH & Co KG nicht nur bei Mehrheitsklauseln (BGH ZIP 2014, 2233 Rn. 15, dazu → § 119 Rn. 39) zunächst nach seinem Wortlaut und Gesamtzusammenhang objektiv auszulegen. Nach der Rspr. ist dann ein abweichender übereinstimmender Wille nur beachtlich, wenn die Gfter ihren übereinstimmenden Willen einander zu erkennen gegeben haben bzw. entsprechende Indizien benannt werden, BGH ZIP 2015, 1677 Rn. 17. Auch insoweit wird man auf den Einzelfall abzustellen haben, insbes. bei einer Gründung als GmbH & Co kann die subj Auslegung versperrt sein. Das Gericht muss bei Behauptung und Beweisangebot für übereinstimmenden Willen Beweis erheben, die Anforderungen an entsprechenden Vortrag sind nicht zu überspannen, BGH ZIP 2015, 1677 Rn. 17. Grundsätzlich gilt normale Auslegung ohne „Beweislast" dessen, der Abweichung vom Gesetz behauptet, BGH WM 1975, 662. Schriftlicher GesVertrag hat Vermutung der Vollständigkeit und Richtigkeit für sich, damit Umkehr der **Beweislast** für angebliche **Nebenabreden** (→ Einl. vor § 343 Rn. 9). Die Auslegung von GesVerträgen ist revisionsrechtlich nur beschränkt überprüfbar, stRspr, BGH ZIP 2007, 478, anders bei PublikumsGes (→ Anh. § 177a Rn. 67), bei FamilienGes soll eine gespaltene Auslegung in Betracht kommen, Prütting/Schirrmacher

ZGR 2017, 852. Lit.: Wiedemann DNotZ Sonderheft 1977, 99; Coing ZGR 1978, 659; Grunewald ZGR 1995, 68; Fleischer DB 2013, 1465.

F. **Vertragsänderung. a) Zustandekommen:** Vertragsänderung ist **Grund-** **lagengeschäft** (→ § 114 Rn. 3), das grundsätzlich einstimmig zu beschließen ist, nur ausnahmsweise besteht dabei Zustimmungspflicht (→ Rn. 64). Der GesVertrag kann Änderung mit **Mehrheit** zulassen (→ § 119 Rn. 34). Der Vertrag kann auch einem Schiedsgericht (→ Einl. vor § 1 Rn. 90) ergänzende Auslegung erlauben; der hierauf gestützte Schiedsspruch bindet auch Gfter, die in einer an sich Einstimmigkeit fordernden Frage überstimmt wurden zB: Kdtist soll phG werden, BGH BB 1958, 820. Unterwerfung gewisser Gfter im Voraus unter beliebige Vertragsänderung durch gewisse andere ist idR sittenwidrig, OGHZ 4, 69. Bei **Teileinigung** über mehrere geplante Änderungen, zB Einigung über KapErhöhung, nicht über neue Gewinnverteilung, gilt § 154 I BGB, BGH BB 1966, 52 (anders Vertragsschluss, → Rn. 50). Fehlerhafte Vertragsänderung → Rn. 91. Bei **Vertretung** durch MitGfter ist § 181 BGB zu beachten (→ § 119 Rn. 22). 60

b) Verschulden bei Vertragsverhandlungen: Gfter können einander, zB bei mangelnder Lebens- und Geschäftserfahrung, **Aufklärung** über Nachteile der Vertragsänderung schulden (§§ 311 II, 241 II BGB), bei Verstoß Anfechtung oder Schadensersatz nach § 280 BGB mit Vertragsanpassung, BGH NJW 1992, 300. 61

c) Form: Sie ist ebenso wie der GesVertrag selbst grundsätzlich jederzeit **formfrei** möglich, BGHZ 58, 118, außer bei Formvorschriften wie § 311b I BGB (→ Rn. 55–57, 63), BayObLG BB 1987, 712 (iErg abl.); auch **stillschweigend,** BGH NJW 1989, 2688. Versäumung der im GesVertrag vorgesehenen Anfechtungsfrist ersetzt die Zustimmung nicht, BGH NJW 2010, 67 (GmbH). Gemeinsame Anmeldung einer Vertragsänderung bedeutet idR Zustimmung der Anmeldenden auch im Innenverhältnis (→ Rn. 54), BGH BB 1972, 1474; WM 1985, 1229. Stillschweigende Vertragsänderung kann auch bei **langjähriger Übung** anzunehmen sein, BGHZ 132, 271; WM 1967, 1099; 1978, 301; 2005, 1410 (iErg abl., nur konkludenter Beschluss über andere Entnahmepraxis). 20 Jahre faktische Abweichung vom GesVertrag lässt dessen Änderung vermuten (Beweislastumkehr), BGH NJW 1966, 826; anders für PublikumsGes BGH NJW 1990, 2684. Nebenabreden mit Schutzwirkung für die Ges. (§ 328 BGB), BGH WM 2010, 1559 (GmbH). Beteiligung Minderjähriger → Rn. 26. 62

Schriftformklausel: Im GesVertrag vorgeschriebene Form für Vertragsänderungen (Schriftformklausel, → Einl. vor § 343 Rn. 9) soll wegen des gemeinsamen Bestandsinteresses und der Häufigkeit von GesVertragsänderungen idR nicht Gültigkeitserfordernis sein, sondern nur Klarstellungsfunktion haben (entgegen § 125 S. 2 BGB, → Rn. 50), BGHZ 49, 365. Das ist so allgemein als Auslegungsregel nicht anzuerkennen, hL, Hueck DB 1968, 1207; MüKoBGB/Schäfer § 705 Rn. 50; MüKoHGB/Fleischer Rn. 191; entscheidend ist die Auslegung des GfterWillens (§§ 133, 157 BGB), die jedoch häufig eben dies ergeben wird. Ebenso allgemeiner für GfterBeschlüsse (→ § 119 Rn. 28). Auch wenn die Schriftformklausel im konkreten Fall Gültigkeitserfordernis ist, können die Gfter einstimmig ohne Wahrung der vorgeschriebenen Form den Vertrag für den Einzelfall durchbrechen, BGHZ 58, 115, auch wenn sie an die Schriftformklausel nicht gedacht haben, BGHZ 71, 164; 132, 270, ausgeschlossen ist das bei einer doppelten Schriftformklausel, MüKoHGB/Fleischer Rn. 192. Mangels Eingreifen einer AGB-Kontrolle → Rn. 50 kann weiter Schriftform vorgesehen werden, § 309 Nr. 13 lit. b BGB (Textform) findet Anwendung. PublikumsGes → Anh. § 177a Rn. 69b. 63

64 G. **Zustimmungspflicht zur Vertragsänderung.** Ein Gfter ist grundsätzlich nicht verpflichtet, einer Vertragsänderung zuzustimmen, auch nicht zur Förderung des GesZweckes, zB Übernahme der Geschäftsführung zur Erlangung einer sonst nicht erlangbaren Geschäftserlaubnis. Nur ausnahmsweise besteht Zustimmungspflicht, stRspr, hL, krit. Kollhosser FS Westermann, 1974, 275 u. FS Bärmann, 1975, 533.

a) Rechtsgrund: Treuepflicht (→ § 109 Rn. 23, 27), BGHZ 44, 41; 64, 257; 98, 279; ZIP 1986, 91; WM 1986, 1349, aA Störung der **Geschäftsgrundlage** (§ 313 BGB), BGH BB 1974, 1135; dazu Reuter ZGR 1976, 88; Westermann FS Hefermehl, 1976, 225. Die Zustimmungspflicht reicht nur soweit, wie die Anpassung an die geänderten Verhältnisse zur verständigen Weiterverfolgung des GesZwecks, insbesondere zur Erhaltung des Geschaffenen oder zur Vermeidung wesentlicher Verluste dringend geboten und dem Widerstrebenden unter Berücksichtigung seiner eigenen schützenswerten Belange zumutbar ist, BGHZ 64, 257; BGH NJW 1985, 973 (974); 2010, 67; ZIP 2015, 1628. Zustimmungspflicht ist idR weniger einschneidend als Ausschließung des Widerstrebenden (→ § 140 Rn. 6), OLG Bremen BB 1972, 811. Lit.: Zöllner, 1979; Hueck ZGR 1972, 237; Kollhosser FS Westermann, 1974, 275 u. FS Bärmann, 1975, 533; Westermann FS Hefermehl, 1976, 225; Pabst BB 1977, 1524; Lettl AcP 202 (2002), 3; Baier NZG 2004, 356 (Geschäftsgrundlage).

65 **b) Verfahren:** Die Vertragsänderung ist idR nicht wirksam vor Zustimmung oder rechtskräftiger Verurteilung (§ 894 ZPO) des Zustimmungspflichtigen, BGH WM 1975, 1263; NJW 1984, 173; Ausnahmen → § 109 Rn. 28, → § 119 Rn. 7. Einzelfragen zum Verfahren vgl. → § 117 Rn. 7, → § 140 Rn. 20.

66 **c) Einzelfälle:** Pflicht zu redaktioneller Änderung, wenn Klarstellung zB für künftige Gfter wesentlich ist; Änderung der Verzinsung von Kapitaleinlagen, BGH NJW 1985, 973 (974); Heilung verdeckter Sacheinlagen (GmbH), BGHZ 155, 329; Erhöhung der Tätigkeitsvergütung für geschäftsführenden Gfter, BGHZ 44, 41; Stimmrechtsvertretung (→ § 119 Rn. 21), BGH NJW 1970, 706; ZIP 2004, 2283. Entziehung der Geschäftsführungsbefugnis, BGH NJW 1984, 174; vorzeitige Beiratsabwahl (→ § 163 Rn. 13), BGH BB 1970, 226; Nachfolge als phG statt als Kdtist, BGH NJW 1987, 952; Nachfolgeklauseländerung bei Ehescheidung, BGH BB 1974, 1135; vorweggenommene Nachfolge wegen Alter oder Krankheit, BGH WM 2005, 39; zeitweilige Aufnahme eines neuen phG (GmbH) zur Vermeidung der Auflösung, BGH BB 1979, 1522; Ausscheiden eines Gfters, BGH NJW 1961, 724; WM 1986, 68; Ausschließung eines MitGfters (→ § 140 Rn. 15), BGHZ 64, 257; Wiederaufnahme eines nach § 135 ausgeschiedenen Gfter, BGHZ 30, 201; Kapitalherabsetzung mit Kapitalerhöhung (**„Sanieren oder Ausscheiden"**), wenn Gfter bei alternativ angebotenem Ausscheiden (dann Pflicht zur Tragung des anteiligen Auseinandersetzungsfehlbetrags) nicht finanziell schlechter als bei sofortiger Liquidation steht, BGH NJW 2010, 65 (PublikumspersonenGes, auch → § 109 Rn. 12, → Anh. § 177a Rn. 67, auch bei überschuldeter, nicht zahlungsunfähiger Ges., OLG München ZIP 2014, 1173); Goette (II ZS) GWR 2010, 1; krit. K. Schmidt JZ 2010, 125; Holler ZIP 2010, 1678 (nur iErg zust.); Wagner NZG 2009, 1378; Weber DStR 2010, 702, aber nicht nur rein finanzielle Abwägungsgesichtspunkte dürfen zählen und es ist ein seriöser Sanierungsplan notwendig, Priester ZIP 2010, 497; statt Ausscheiden kommt als milderes Mittel (vgl. → § 140 Rn. 6) auch Kapitalherabsetzung in Frage, Westermann NZG 2010, 321, weiter der Verbleib mit verringertem Kapitalanteil, Westermann NZG 2016, 14. Keine Pflicht bei entgegenstehender GesVertragsklausel (Sanierungsrecht, aber nicht Pflicht), BGH ZIP 2011, 768 (PublikumsGes), da GesVertrag die Grundlage der Treuepflicht bildet, BGH ZIP 2015, 1628 (entgegenstehende Regelung verneint). Hinnahme der Fortsetzung durch die MitGfter, BGH NJW 1973, 1602; Auflösung einer dauerhaft

1. Abschnitt. Offene Handelsgesellschaft   67–69   § 105

unrentablen Ges., BGH NJW 1960, 434. **Nicht:** eigene Übernahme der Geschäftsführung, BGH BB 1954, 456; Verlängerung der Ges., BGH NJW 1973, 1602; idR Nachschüsse (→ § 109 Rn. 12, aber auch → § 109 Rn. 13).

7) Gesellschafterwechsel

A. **Eintritt.** Der Eintritt (Beitritt, Aufnahme) eines Gfters (außerhalb Erbgangs, 67 § 139) ist Änderung des GesVertrags (Grundlagengeschäft, → § 114 Rn. 3). Notwendig ist dafür grundsätzlich ein **Aufnahmevertrag** sämtlicher AltGfter (nicht der Ges.) mit dem Neuen, BGHZ 26, 333; 76, 164; BGH NJW 1998, 1226. Das gilt auch, wenn der GesVertrag den Beitritt bereits vorsieht, RG JW 1929, 2099; RGZ 128, 176; doch kann darin ein Beitrittsangebot liegen, das der Neue nur anzunehmen braucht. Der GesVertrag kann **Mehrheitsbeschluss** über die Aufnahme und auch über deren Vollzug zulassen. Er kann auch die Entscheidung darüber und den Abschluss des Aufnahmevertrags einem Gfter, Beirat und sogar einem Dritten (§§ 317 ff. BGB) übertragen (→ § 163 Rn. 14, 16), zB von Kdtisten bei der GmbH & Co durch den GmbHGeschäftsführer; dabei ist Aufnahme „namens der Ges" uU Aufnahme namens der Gfter (§ 164 I 2 BGB), BGH BB 1976, 154. Doch können die Gfter auch die Ges. ermächtigen, statt namens der Gfter im eigenen Namen neue Gfter aufzunehmen, dies nicht nur bei der PublikumsGes (→ Anh. § 177a Rn. 75).

Die Gfter können **Aufnahmepflicht** übernehmen, auch zB gegenüber dem 68 ausscheidenden Vater zur Aufnahme der Tochter, OGH MDR 1950, 147. Diese enthält dadurch einen unmittelbaren Anspruch (§ 328 BGB). Bestehen gegen die aufzunehmende Person Ausschlussgründe (§ 133), kann bereits die Aufnahme verweigert werden, offen OGH MDR 1950, 147; vgl. BGH WM 1961, 305. **Form** → Rn. 54–57, 62–63; Aufnahme eines Gfters in eine OHG ohne Einlage als **Schenkung** → Rn. 56. Ob wirklich Beitritt vorliegt, kann bei unklarer Fassung Frage der **Auslegung** sein (→ Rn. 59); Übertragung der Geschäftsführung allein genügt nicht zur Bejahung, Unterbleiben der Eintragung im HdlReg nicht zur Verneinung, OGHZ 4, 242, anders wenn Eintragung ausdrücklich ausgeschlossen ist, RGZ 165, 265; OGHZ 2, 253. Eintritt in fehlerhafte Ges. und **fehlerhafter Eintritt** → Rn. 75, 92. **Haftung des Eintretenden** s. § 130; um diese Haftung zu vermeiden, kann statt Eintritts eines neuen Gfters die alte Gesellschaft auflöst und eine neue begründet wird; was vorliegt, ist Auslegungsfrage, OLG Stuttgart OLG Rspr 19, 311. Wirkung auf Firma s. § 24. **Muster:** Hopt/Merkt VertrFormB/Kogge, Form II. K.13, 15, 18 (Anteilskauf bei OHG, KG, GmbH & Co KG), Form II. K.14, 16, 18 (Anmeldungen dazu).

B. **Übertragung. a) Formen:** Der Gfter kann seinen Anteil an einen MitGf- 69 ter oder einen (dadurch Gfter werdenden) NichtGfter übertragen (Verfügung über die Mitgliedschaft, §§ 413, 398 BGB). §§ 717, 719 BGB sind nicht einschlägig, heute ganz hL, RG WM 1964, 1130. Der Umweg über einen Doppelvertrag der Gfter mit dem Ausscheidenden und dem Eintretenden ist überflüssig, aber möglich und hat zT andere Rechtsfolgen, Staub/Schäfer Rn. 292. Auch bloße Teilabtretung ist möglich, BGHZ 24, 114 (→ Rn. 70, 72). Möglich ist auch eine gleichzeitige Übertragung **aller Anteile** an mehrere Dritte (Auswechslung aller Gfter ohne Änderung der Identität der Ges.), BGHZ 13, 187; 44, 229; BGH ZIP 2016, 214 (auf GbR übertragbar) auch auf einen einzigen Erwerber, dieser wird Alleininhaber des Vermögens der Ges., die erlischt, OLG München ZIP 2010, 2147; KG ZIP 2019, 221, (→ § 140 Rn. 25, → § 131 Rn. 35). Übertragung an einen Gfter, der seine eigene Beteiligung vorher auf eine nach der Anteilsübertragung liegenden Zeitpunkt gekündigt hat, ist ausgeschlossen, Grund: **keine Aufspaltung** in zwei Anteile (keine Mehrfachmitgliedschaft), kein berechtigtes GfterInteresse (Spekulationsgefahr), BGH WM 1989, 1221, aber Ausnahmen bei Sonderzuordnung des Anteils (Erb- und Sicherungsfälle), Bspe bei K.

Schmidt GesR § 45 I 2b bb, OLG München NJW-RR 2004, 334, str. **Verpfändung** → § 135 Rn. 15. **Muster:** Hopt/Merkt VertrFormB/Kogge, Form I. K.13–18 (Anteilskauf bei OHG, KG, GmbH & Co KG, jeweils mit Anmeldung).

70 **b) Zustimmung:** Die Übertragung (§§ 413, 398 BGB, zu unterscheiden von Verpflichtungsgeschäft) ändert den GfterKreis, sie ist Grundlagengeschäft (→ § 114 Rn. 3, OLG München ZIP 2015, 2026: dingliches Grundlagengeschäft) und setzt die Zulassung im GesVertrag oder Zustimmung aller MitGfter voraus (§§ 182 ff. BGB), nicht schon das Verpflichtungsgeschäft, BGH BB 1958, 57. Der GesVertrag kann auch Mehrheitsbeschluss oder Delegation der Zustimmung an andere vorsehen (→ Rn. 67), auch Zustimmung nur des Komplementärs in der (Publikums)KG, OLG München NZG 2009, 25, auch generelle Übertragbarkeit ohne Zustimmung. Zustimmung zur Übertragung deckt nicht ohne weiteres die zur Teilübertragung (→ Rn. 69), Grund: Vermehrung der Gfter. Übertragung an einen Minderjährigen → Rn. 26. Zustimmung zugleich als Vertreter eines MitGfters, zB eines Minderjährigen, fällt nicht unter § 181 BGB, BayObLGZ 1977, 80 (→ § 119 Rn. 22). Bis zur wirksamen Zustimmung ist die Übertragung schwebend unwirksam, der Übertragende bleibt Rechtsträger und voll stimmberechtigt, BGHZ 24, 114. Verweigerung der Zustimmung sind unwiderruflich (Rechtssicherheit), sie macht den Vertrag endgültig unwirksam, BGHZ 13, 187. Die vorherige Zustimmung (Einwilligung) ist bis zur Vornahme der Übertragung grundsätzlich frei widerruflich, doch kann vorbehaltslose Einwilligung unwiderruflich erteilt sein, BGHZ 77, 396 (so iErg). Anfechtung der Zustimmung, auch der nachträglichen (Genehmigung) ist möglich und allen MitGftern (nicht nur dem übertragenden) zu erklären, BGH WM 1976, 448; 1986, 165. Der Willensmangel muss aber gerade die Zustimmung betreffen, nicht das zugrundeliegende Geschäft.

71 **c) Einzelfragen:** Der **GesVertrag** kann die Wirksamkeit der Übertragung an weitere Voraussetzungen knüpfen, zB „Vollziehung" des Übergangs erst mit Anmeldung zum HdlReg, BGH BB 1955, 490. Vorgesehen werden können **Andienungsrechte und -pflichten** insbesondere bei Gesellschafterkonflikten. Zulässiger Konfliktlösungsmechanismus können „**russian roulette**" bzw. „**shoot out**"-Klauseln sein, bei denen in zweigliedrigen Gesellschaften mit paritätischem Anteilsbesitz ein Gesellschafter dem anderen seine Anteile anbietet, lehnt dieser ab, muss er dasselbe Angebot unterbreiten, OLG Nürnberg ZIP 2014, 171; dazu Schaper DB 2014, 821; Schroeder/Welpot NZG 2014, 609; Schmolke ZIP 2014, 897 (auch → § 140 Rn. 30). **Form** → Rn. 54–57, 62–63. Pflicht zur Anteilsübertragung fällt auch bei Grundstücksgesellschaften nicht unter § 311b I BGB, BGHZ 86, 369 (→ Rn. 55), auch wenn das Vermögen der Ges. im Wesentlichen aus einem Grundstück besteht und alle Anteile übertragen werden. Stillschweigend einverständliche Aufhebung gesellschaftsvertraglicher Formvorschriften ist möglich, einerlei ob an die letzteren gedacht wird, BGHZ 71, 164. **Schenkung** → Rn. 56. Schenkung durch **Vorerben** unterliegt § 2113 II BGB, BGHZ 69, 50. Übertragung von Todes wegen → § 139 Rn. 4, mit erbrechtlicher Nachfolgeklausel ist Zustimmung zur Anteilsübertragung für den Erbfall in allgemeiner Form und mit Bindung auch für Erben der Gfter erteilt, OLG München ZIP 2015, 2026. Fehlerhafte Übertragung → Rn. 94.

72 **d) Rechtsfolgen:** Die **Mitgliedschaft** als solche **geht über,** also alle Rechte und Pflichten des bisherigen Gfter aus dem GesVertrag, wenn nichts anderes vereinbart ist, BGHZ 45, 221; 79, 378 (GbR); 81, 89 (KG); 82, 84. Das gilt iZw auch für alle entstandenen Sozialansprüche und Sozialverbindlichkeiten der Ges. gegenüber dem bisherigen Gfter entsprechend dem Rechenwerk der Ges., BGHZ 45, 222; BGH WM 1968, 892; 1973, 169; 1986, 1314; 1988, 265; 2003, 442; NZG 2009, 502; aA MüKoBGB/Schäfer § 719 Rn. 44: nur mit Genehmigung der Ges. (befreiende Schuldübernahme, § 415 BGB), vgl. BGH WM 2009,

805. Das gilt nicht, wenn diese ersichtlich nur den bisherigen Gfter betreffen, zB Geschäftsführungs- und Vertretungsmacht wegen besonderer Befähigung; Umgekehrtes kann gelten bei Ausschluss davon aus persönlichen Gründen, die beim Nachfolger nicht mehr vorliegen. Der alte und der neue Gfter können etwas anderes vereinbaren, BGHZ 45, 222; BGH WM 1968, 892; dazu Goette FS Krämer, 2009, 253, aber nicht zu Lasten eines Dritten etwa eine Enthaftung des alten (§ 415 BGB), Staub/Schäfer Rn. 310, idR also gesamtschuldnerische Haftung beider. Bei Teilübertragung stehen die Verwaltungsrechte beiden voll zu, die Vermögensrechte und -pflichten iZw anteilig. Hat der alte Gfter über Rechte nach § 717 S. 2 BGB bereits wirksam verfügt, wirkt das auch gegenüber dem Neuen, anders bei erst künftigen Ansprüchen, zB Vorausabtretung des Auseinandersetzungsguthabens (→ § 109 Rn. 21). §§ 738, 739 BGB finden auf den Übertragenden keine Anwendung. Eintragung nach § 107, nur deklaratorisch ohne Bedeutung wie bei Kdtist. Bei Übertragung von **Kommanditanteilen** lebt dagegen nach der Rspr. ohne Eintragung eines Nachfolgevermerks im HdlReg die Haftung des Übertragenden wieder auf (→ § 173 Rn. 13). Ein vom Gfter gegen MitGfter eingeklagter Anspruch aus der Ges. kann nach Abtretung des Anteils weiter verfolgt werden (§ 265 ZPO), BGH MDR 1960, 472. Wirkung auf Firma s. § 24. Lit.: Reiff/Nannt DStR 2009, 2376.

Verkauf aller oder nahezu aller Anteile entspricht wirtschaftlich dem des 73 Unternehmens. Dementsprechend gilt **Mängelhaftung wie beim Unternehmenskauf**, nämlich Sachmängelrecht (gemäß § 453 I BGB entspr. §§ 434 ff. BGB, → Einl. vor § 1 Rn. 46), BGHZ 65, 246 (GmbH). Verkauf nur einzelner Anteile ist dagegen Rechtskauf, Verkäufer haftet nur für Mängel des Rechts, nicht des Unternehmens, daran hat auch das SMG durch § 453 I nF BGB nichts geändert (arg. § 453 III BGB), Huber AcP 202 (2002), 231; Wolf/Kaiser DB 2002, 415; aA Gaul ZHR 166 (2002), 38. Die genaue Grenze ist bisher offen: sicher Rechtskauf bei Anteilen von 49%, BGHZ 65, 250; aber auch bei 50% Anteilen an AG, aA BGH DB 1980, 679; bei 60% Anteil an GmbH, BGH NJW 1980, 2408 (keine satzungsändernde Mehrheit). Aber auch satzungsändernde Mehrheit genügt noch nicht, Sachkauf erst bei Ausschaltung von Minderheitsrechten (§ 50 I GmbHG: über 90%, §§ 122 I, 258 II AktG: über 95%, vgl. auch § 327a AktG: Squeeze-out ab 95%), Hiddemann ZGR 1982, 441; aA Mössle BB 1983, 2147. Auch Haftung aus **Verschulden bei Vertragsverhandlungen** wegen mangelnder Aufklärung (→ Einl. vor § 1 Rn. 47), zB über Geschäftsschulden, BGHZ 69, 53; BGH NJW 1980, 2409, bei überhöhten Gewinnausweisungen (Buchungsfehler, § 278 BGB), BGH WM 2003, 2139; gegen Überspannung BGH BB 1981, 700 (für GmbH). Zur Haftung bei Unternehmens(anteils)verkauf Baur BB 1979, 381; Westermann ZGR 1982, 45; Hommelhoff ZGR 1982, 366. Sicherungsgeschäfte bei Anteilsübertragung s. Vossius BB Beil. 5/1988.

C. **Austritt.** Ausscheiden s. §§ 131–144; zu unterscheiden ist Austritt kraft 74 Vertrag (dafür gelten ähnliche Grundsätze wie für Eintritt und Übertragung) und Ausscheiden kraft Gesetz. Wirkung auf Firma s. § 24.

D. **Verpfändung und Pfändung des Gesellschaftsanteils (der Mitgliedschaft).** → § 124 Rn. 20, 21 und → § 135 Rn. 15.

8) Fehlerhafte Gesellschaft

A. **Grundsatz. a)** Nach der Lehre von der fehlerhaften Ges. wird unter **drei** 75 **Voraussetzungen** (1) **fehlerhafter Gesellschaftsvertrag** (→ Rn. 79), (2) **Vollzug der Gesellschaft** (→ Rn. 81) und (3) **Fehlen vorrangiger Schutzinteressen** (→ Rn. 83) als **Rechtsfolge** die fehlerhafte Ges. als **wirksam nach innen und außen** behandelt wird (→ Rn. 85) mit der Maßgabe, dass der Fehler nur noch für künftig und bei der OHG bzw. KG grundsätzlich nur durch Gestaltungsklage geltend gemacht werden kann (→ Rn. 88). Dies entspricht der stRspr und hL, K. Schmidt § 6 II 2, 3, Wiesner, 1980; aA für Abwicklung nach §§ 812 ff., 818 I–III BGB und Rechtsschein- und Vertrauenshaftung Canaris Vertrauenshaftung S. 172, Möschel FS Hefermehl, 1976, 171; Weber, 1978 ua, teils nur für das Innenverhältnis, teils auch für das Außenverhältnis. **EURecht** steht nicht entgegen (Haustürgeschäft) → **(7)** Bankgeschäfte Rn. G/9a. RsprÜbersichten: Ronke FS Laufke, 1971, 217 u. FS Paulick, 1973, 55. Lit.: C. Schäfer, 2004 (fehlerhafter Verband), Westermann VGR 2008, 145; Miras/Schweizer in Münch. HdB d. GesR, Bd. 1, 4. Aufl. 2019, §§ 100, 101.

76   **Dogmatisch** handelt es sich weder um eine „faktische" Ges. (faktisches Vertragsverhältnis iSv Siebert, Haupt ua, betr. vor allem Arbeits-, Versorgungs-, Beförderungsverhältnisse, so frühere Bezeichnung (→ Rn. 77), noch um eine reine Beschränkung der Nichtigkeitsfolgen, so früher üL, Heymann/Emmerich Rn. 77, sondern um die Konsequenz daraus, dass die in Vollzug gesetzte Ges. ein **Gemeinschafts- und Organisationsverhältnis** ist (→ Rn. 47), Ulmer FS Flume, II, 1978, 301; Flume I 1 § 2 III; Staub/Schäfer Rn. 326 f.; Schäfer, 2004. Das kann für die fehlerhafte stGes bedeutsam sein (→ § 230 Rn. 11).

77   **b) Entwicklung:** In Anlehnung an das Recht der KapitalGes und eG (§§ 275 ff., AktG, §§ 75 ff. GmbHG, 94 ff. GenG) hat schon das RG auch bei OHG und KG **im Verhältnis zu Dritten**, insbesondere für die persönliche Haftung der Gfter, die Nichtigkeitsfolge (§§ 119 ff., 142, 138 ua BGB) nach Eintragung der Ges. verneint, RGZ 145, 158. Entsprechend wurde später die fehlerhafte Ges. auch **unter den Gesellschaftern** als wirksam (und nur für die Zukunft auflösbar) behandelt, RGZ 165, 203. Grund: Unangemessenheit der Rückgängigmachung der Ergebnisse der vertragsmäßigen Zusammenarbeit, darum **Bestandsschutz** bis zur Geltendmachung des Fehlers, BGHZ 55, 8; 62, 26. Die vorher übliche Bezeichnung „faktische" Ges. gab der BGH auf zugunsten der Bezeichnung als „fehlerhaft", zur Hervorhebung des Erfordernisses eines Vertrags und Absetzung von wirklich nur faktischen Vertragsverhältnissen, BGHZ 21, 319; Fischer LM HGB § 105 Nr. 19 u. FS Heymanns Verlag, 1965, 271.

78   **c) Art der Gesellschaft:** Auf die Art der fehlerhaften Gesellschaft kommt es nicht an, mindestens sofern sie echte Risikogemeinschaft ist mit auf längere Zeit vereinbarter Gewinn- und Verlustteilung und Beiträgen aller Gfter zum Unternehmenserfolg, zB KG BGHZ 3, 285; GbR BGH BB 1965, 1004; NJW 1992, 1501; GmbHGründerGes, BGHZ 13, 320; atypische stGes BGHZ 8, 157; 62, 239 (241), auch Publikumsgesellschaft, → Anh. § 177a Rn. 58, ggf. Ansprüche gg Dritte oder Gfter. Keine Einschränkungen macht die Rspr. für bloße Innen-Ges, BGH BB 1965, 1004, und typische stGes, BGHZ 55, 9, stRspr, aA üL, notwendig Bildung von Gesellschafts- bzw. Gesamthandsvermögen, Staub/Schäfer Rn. 329 (näher → § 230 Rn. 11).

79   B. **Fehlerhafter Vertrag.** Auch eine fehlerhafte Ges. setzt zwingend einen wenngleich fehlerhaften Vertrag voraus, ganz hL, BGHZ 11, 190; BGH BB 1965, 1004; WM 1976, 180; NJW 1988, 1321; 1992, 1501; 2011, 68; sonst liegt bloße ScheinGes vor (→ Rn. 98–99). Bsp.: Vollmachtsüberschreitung, BGH NJW 2011, 68 mAnm Osterloh-Konrad ZBB 2011, 155; Scheingründung (§ 117 BGB, → Rn. 98); automatischer Eintritt des ScheinGfterErben auf Grund Nachfolgeklausel (anders seine Aufnahme durch Vertrag, dem die Geschäftsgrundlage fehlt), Fischer FS Heymanns Verlag, 1965, 271 (→ § 131 Rn. 18). Dissens → Rn. 80. Zu **beachten** ist, dass kein fehlerhafter Vertrag und keine fehlerhafte Ges. vorliegen, wenn der Vertrag schon nach anderen vertraglichen oder gesetzlichen Regeln (zu §§ 139, 140 BGB → Rn. 50) **im Übrigen gültig** bleibt oder wenn es zur **nachträglichen Heilung** des Fehlers kommt (→ Rn. 55–57).

80   **Anwendungsfälle (Arten von Fehlern): Formnichtigkeit** (§ 125 BGB) des (über Jahre hinweg von den Gftern als gültig betrachteten und durchgeführ-

ten) GesVertrags zB wegen § 311b I BGB (→ Rn. 55, 71) BGHZ 8, 165; BGH DB 1977, 1250, auch bei OHG nur unter Ehegatten in Gütergemeinschaft (→ Rn. 25), offen BGHZ 65, 85. Verstoß gegen **§ 134 BGB,** zB RBerG, OLG Düsseldorf NZG 2010, 1106 (GbR). Verstoß gegen **§ 138 BGB,** etwa wenn die Nichtigkeit einer Einzelbestimmung den ganzen Vertrag fehlerhaft erscheinen lässt (aber → Rn. 50), BGH BB 1970, 897; DB 1976, 2106; ZIP 2003, 1442 (§ 138 BGB bei fehlender Spielhallenkonzession abl.); sittenwidrige **Übervorteilung** (§ 138 I, II BGB), BGH BB 1975, 759, notwendig ist Einbeziehung aller relevanten Umstände, neben Gewinnbeteiligung auch der Beiträge der Gfter, BGH ZIP 2013, 1623 (Darlehensaufnahme durch GbR, abl.), zu negativen Kapitalkonten und Bürgschaften überforderter Gfter Wertenbruch NZG 2013, 1321, zur sittenwidrigen Übertragung von GesAnteilen Lieder FS K. Schmidt, 2019, Bd. 1, 815. **Dissens** über eine wesentliche Bestimmung (§§ 154, 155 BGB und ähnliche Fälle), sofern wenigstens übereinstimmend eine Ges. gewollt ist, BGHZ 11, 191; NJW 1992, 1501. **Anfechtung** wegen **Irrtums** (§§ 119, 120 BGB), unstr., aber auch wegen **arglistiger Täuschung** oder **Drohung** (§ 123 BGB, unbeschadet der Schadensersatzpflicht hieraus, → Rn. 89), str., BGHZ 13, 324; 26, 335; 44, 235; 55, 10; 63, 346; BGH BB 1973, 1090; 1974, 1501; auch in schweren Fällen arglistiger Täuschung, MüKoBGB/Schäfer § 705 Rn. 351; aA früher BGHZ 13, 323; 55, 9. **Fehlen der Geschäftsgrundlage** (§ 313 II BGB, → Rn. 64), BGHZ 62, 26; BGH BB 1959, 318 (Rechtsmängel einer Einlage); OLG Köln BB 1971, 211 (Ausbleiben zugesagten Darlehens); ebenso bei **Veränderung der Geschäftsgrundlage** (§ 313 I BGB) kein einfaches Rücktritts- bzw. Kündigungsrecht, sondern nur Auflösungs- bzw. Ausschließungsklage, falls nicht Anpassung ausreicht (→ Rn. 64), BGHZ 10, 51. **Nicht:** bei Vertretung ohne Vertretungsmacht (§ 177 BGB), Grund: nicht zurechenbar; bei Unwirksamkeit nur einzelner Vertragsbestimmungen, wenn der Vertrag ohnehin im Übrigen gültig bleibt (→ Rn. 79 aE), anders wenn das ausnahmsweise nicht der Fall ist, vgl. iErg BGHZ 47, 301; bei vorrangigen Schutzinteressen → Rn. 83.

C. **Vollzug. a) Vor Vollzug:** Nichtigkeit und Anfechtung richten sich hier nach den allgemeinen Regeln für schuldrechtliche Verträge, was die Ges. auch ist (→ Rn. 47). Es gelten also insbesondere §§ 104 ff., 119 ff., 142, 143; 138 BGB von Anfang an (ex nunc § 142 I BGB), ohne dass Klage entspr. § 133 erhoben werden müsste. § 139 BGB gilt aber nicht, zB bei OHG zwischen einem Minderjährigen und zwei MitGftern (→ Rn. 50).

b) **Invollzugsetzung:** Dies ändert sich mit der Invollzugsetzung der Ges. nach außen oder nach innen (jeweils mit Wirkung sowohl nach außen als nach innen, → Rn. 85), ähnlich Ingangsetzung einer verfassten Organisation, K. Schmidt § 6 III 1b. Invollzugsetzung liegt erst vor, wenn Rechtstatsachen geschaffen sind, an denen die Rechtsordnung nicht vorbeigehen kann, BGH NJW 1978, 2505; 1992, 1502. Bspe: **Tätigkeit nach außen,** auch nur vorbereitende Geschäfte, BGHZ 13, 321 (GmbH), str., auch bloße Eintragung im HdlReg (§ 123 I), BGHZ 26, 334 (Beitritt eines Kdtisten); aA K. Schmidt AcP 186 (1986), 440; Staub/Schäfer Rn. 335, aber Indiz für Geschäftsaufnahme; **Leistung der Einlage,** BGHZ 13, 322; BGH WM 1967, 420; NJW 1992, 1502; NZG 2005, 261 (stGes, auch bei Teilgewinnabführungsvertrag iSv § 292 AktG), aber Bildung von (Gesamthands)Vermögen ist nicht notwendig, BGH ZIP 2005, 755 (stGes); BGH ZIP 2009, 2155 (GbR), aA nur, wenn nicht ohne weiteres gegenständlich rückgängig machbar, bloße Entstehung von (Gesamthands)Vermögen genüge nicht, Soergel/Hadding/Kießling § 705 Rn. 75; nicht ow schon Ausübung (irgendwelcher) gesellschaftsvertraglicher Rechte, aA BGH NJW 1992, 1502 (für Beitritt).

D. **Fehlen vorrangiger Schutzinteressen. a)** Die rechtliche Anerkennung der fehlerhaften Gesellschaft endet nach der Rspr. und bisher hL, wo **gewichtige**

Interessen der Allgemeinheit oder **einzelner schutzwürdiger Personen** entgegenstehen, BGHZ 3, 288; 26, 334; 55, 9. Bsp.: gemeinschaftlichem Verstoß der Gfter gegen Gesetz oder gute Sitten (**§§ 134, 138 BGB**), BGHZ 13, 323; 17, 166; 55, 9 (besonders grober Sittenwidrigkeit); BGHZ 62, 241 (RBerG); BGHZ 75, 217 (ApG); BGHZ 97, 250 (Sozietätsverbot); BGHZ 153, 214 (RBerG, iErg abl.); BGH WM 1973, 165 (Hauptzweck der Ges. Steuerhinterziehung); BGH WM 1986, 1325 (Berufsrecht für Vermessungsingenieure); OLG Hamm NJW-RR 1986, 1487; OLG Hamm WRP 1988, 48 = OLGZ 1988, 92 (§ 1 GWB); BGH ZIP 2003, 168 (RBerG, iErg abl.), str.; Grund: Zweck dieser Verbotsgesetze, kein Widerspruch der Rechtsordnung mit sich selbst, GroßKo/Ulmer Rn. 345 ff., 355, Theurer BB 2013, 137 (Kartellrecht), mit guten Gründen kritisch Staub/Schäfer Rn. 261 ff.; Staub/Schäfer Rn. 345; K. Schmidt AcP 186 (1986), 444; Schwintowski NJW 1988, 937; Wertenbruch NJW 2005, 2825; W.-H. Roth FS Hopt, 2010, 2881 (Kartellverstöße): Ausnahme zu pauschal, Verkehrsschutz bei AußenGes setzt sich durch. Nach der Rspr. und bisher hL handelt es sich hier um eine objektive Grenze, auf Kenntnis oder Kennenmüssen der Gfter kommt es nicht an, außer wenn das Verbotsgesetz selbst darauf abstellt. **Nicht:** bei einfacher Bordellgesellschaft, BGH NJW-RR 1988, 1379; wenn (und solange) die zuständige (Genehmigungs)Behörde zeitweilig die Ges. wirken lässt, BGHZ 62, 241; BGH LM HGB § 105 Nr. 8; Verstoß gegen § 1365 BGB, Sandrock FS Duden, 1977, 524; Staub/Schäfer Rn. 342, früher str., aber Rückgewähranspruch aus §§ 985, 1368 BGB; auch sonst bei Nichtigkeit nur einzelner Vertragsbestimmungen (→ Rn. 80 aE) oder nur einzelnen Verstößen, zB einzelnen Steuerhinterziehungen, ohne dass das der Hauptzweck der Ges. ist, in all diesen Fällen vorausgesetzt, dass überhaupt fehlerhafte Ges. vorliegt (→ Rn. 80 aE). Änderung der Rspr. bei der stGes unter Zulassung von Schadensersatzansprüchen auf Rückzahlung geleisteter Einlagen (→ § 230 Rn. 11), gegen Ausdehnung auf alle fehlerhaften Ges. Schäfer ZHR 170 (2006), 373.

84 **b) Geschäftsunfähige oder beschränkt Geschäftsfähige:** Der Schutz dieser Personen geht nach der Rspr. und bisher hL dem Verkehrsschutz vor, Koller/Kindler Rn. 29; Henssler/Henssler Rn. 142, auch bei § 105 II BGB, BGH NJW 1992, 1503; neuere Kritik → Rn. 83; Staub/Schäfer Rn. 338 ff.; Ebenroth/Wertenbruch Rn. 319. Eine fehlerhafte Ges. wird danach nicht anerkannt, soweit ein Gfter geschäftsunfähig ist, RGZ 145, 158; entspr. bei Teilnahme eines Minderjährigen ohne elterliche oder betreuungsgerichtliche Genehmigung (→ Rn. 26), BGHZ 17, 166; BGH NJW 1983, 748; BayObLG DB 1977, 860. Der Minderjährige nimmt an Verlusten nicht teil. Dann kann er aber auch nicht an den Gewinnen teilhaben oder sonstige Rechte als Gesellschafter haben, eine Aufspaltung in Vor- und Nachteile ist weder gerecht noch konsequent durchführbar, ebenso GroßKo/Ulmer Rn. 348, aA differenzierend MüKoHGB/Fleischer Rn. 497 f (keine Erfüllungs- und Haftungsansprüche gegen Minderjährigen, Rückabwicklung im Innenverhältnis), Oetker/Lieder Rn. 113, sehr str., → Rn. 83. Unter den übrigen Gftern kann, wenn das (wie wohl regelmäßig) gewollt ist, ohne weiteres eine normal wirksame Ges. ohne den Minderjährigen bestehen (zu § 139 BGB → Rn. 50); sonst eine fehlerhafte Ges. ohne diesen, BGH NJW 1983, 748. Keine Anerkennung auch bei fehlerhaftem Ausscheiden des Minderjährigen (→ Rn. 95), BGH NJW 1992, 1504.

85 E. **Wirksamkeit nach innen und außen. a) Grundsatz:** Die Ges. ist (nicht nur: scheint oder gilt) damit als vorläufig (bis zur Geltendmachung des Fehlers für die Zukunft, → Rn. 88) nach innen u. außen voll wirksam. Auf Gutgläubigkeit oder Vertrauen der Gläubiger kommt es nicht an (keine Rechtsschein- o. Vertrauenshaftung, → Rn. 75), stRspr, BGHZ 44, 235; 153, 222; BGH ZIP 2003, 168. Schutz Geschäftsunfähiger → Rn. 84. Verhältnis zu § 15 III s. Bürck AcP 171 (1971), 328.

1. Abschnitt. Offene Handelsgesellschaft 86–90 § 105

b) Innenverhältnis: Rechte und Pflichten der Gesellschafter in der feh- 86
lerhaften Ges. richten sich grundsätzlich nach dem (fehlerhaften) GesVertrag,
stRspr, BGHZ 26, 330. Das gilt nicht für unmittelbar vom Fehler des Vertrags
betroffene Vertragsbestimmungen, zB nach formnichtige oder nach § 138 BGB
nichtige; statt ihrer gilt die gesetzliche oder eine andere nach den Umständen
angemessene Regelung, BGHZ 47, 365; 65, 85; BGH WM 1977, 783. Vor allem
sind die **Einlagen** zu erbringen und die **Verlustausgleichpflicht** ist zu erfüllen,
auch soweit nur infolge arglistiger Täuschung übernommen. Grundsätzlich besteht dagegen **keine Arglisteinrede**, so wenn und soweit die Leistung nur den
Gläubigern (zB nach einem Liquidationsvergleich) oder MitGftern zugute
kommt, denen die Täuschung (zB durch den phG der KG) nicht nach § 278
BGB zugerechnet werden kann; anders, soweit die Leistung ausschließlich dem
Betrüger zugute kommen würde, BGHZ 26, 335; 63, 343; 69, 161; BGH BB
1973, 1091; WM 1975, 348; NJW 1976, 894; DB 1976, 142 (alle betr. KG mit
vielen Kdtisten, → Anh. § 177a Rn. 58, PublikumsGes), sehr str. Das gilt grundsätzlich auch für den „schwer" Getäuschten, der leisten soll, bevor er sein Auflösungsklagrecht (§ 133, → Rn. 88) ausüben kann, str., → Rn. 80, offen BGHZ
26, 335. Zur Berücksichtigung der Belange des Getäuschten in der Auseinandersetzung → Rn. 90.

c) Außenverhältnis: Die fehlerhafte Ges. ist auch **gegen Dritte** voll wirk- 87
sam, zu Gunsten und zu Lasten sowohl der Ges. als auch der Dritten, zB bei
unrichtiger Vertretung der Ges.; auch bei Kenntnis des Dritten von dem Fehler
(→ Rn. 85); auch prozessual (§ 124 I, II HGB, § 17 ZPO, § 11 II Nr. 1 InsO),
BGH WM 2006, 2254. Beitretende haften nach §§ 128–130, RGZ 142, 105;
BGHZ 44, 235; BGH ZIP 2008, 1320. Kdtisten haften uU unbeschränkt nach
§ 176, BGH DB 1977, 1250.

F. **Geltendmachung des Fehlers. a) Rechtsbehelfe:** Die fehlerhafte Ges. ist 88
zwar wirksam, aber die Gfter müssen den Fehler nicht auch für die Zukunft
hinnehmen. Der fehlerhafte Vertragsschluss als solcher bildet einen wichtigen
Grund zur **Auflösungsklage** (§ 133), BGHZ 3, 290; 63, 345; BGH NJW 1976,
894, **oder außerordentlichen Kündigung**, so für die stGes BGHZ 55, 7; BGH
NJW 1992, 2698; 1993, 2107 und allgemein für die PublikumsGes (→ Anh.
§ 177a Rn. 58), so auch bei Zulassung der außerordentlichen Kündigung im
GesVertrag (→ § 133 Rn. 18). Nach dem HRefG ist **Austritt** statt Auflösung
allgemeiner für die PersonenHdlGes zuzulassen, str. (→ § 133 Rn. 1). Kein wichtiger Grund, wenn der Fehler nicht mehr ernstlich interessiert, Bsp.: Irrtum über
Eigenschaften eines Gfters, der inzwischen ausschied; es muss aber nur der Fehler
fortdauern, nicht dieser auch noch später einen wichtigen Grund darstellen,
Staub/Schäfer Rn. 350, 336. Trifft der Fehler nur eine einzelne Bestimmung des
Vertrags (zB: Gewinnteilung, Kündigung, Auseinandersetzung), ist idR nur diese
durch die angemessene Regelung zu ersetzen, BGHZ 47, 301. Fällt der Fehler
einzelnen Gftern gegenüber andern zur Last (§§ 123 I, II, 138 I, II BGB), kommt
statt der Auflösungs- die **Ausschließungs- bzw. Übernahmeklage** (§ 140 I 1,
2) gegen diese in Betracht, BGHZ 10, 51 oder ein **Übernahmerecht** durch
einfache Erklärung entspr. § 140 I 2, so bei Aufnahme eines Gfters durch Alleininhaber infolge Betrugs oder Drohung, BGHZ 47, 301. Bei der Ausübung dieser
Rechte sind die **Fristen** nach §§ 121, 124 BGB analog zu beachten.

Gänzlich unberührt bleiben Ansprüche auf **Schadensersatz**, zB aus § 122 89
BGB, §§ 280, 311 II BGB (Verschulden bei Vertragsverhandlungen, → Rn. 51,
61), §§ 823 II, 826 BGB, BGH NJW 1993, 2107 (stGes); Geltendmachung in
der Auseinandersetzung → Rn. 90.

b) Auseinandersetzung: Nach Auflösung (→ Rn. 88) kommt es zur **Aus-** 90
einandersetzung (Abwicklung, Liquidation). Diese richtet der Ges. sich grundsätzlich nach dem (fehlerhaftem) GesVertrag und im Übrigen nach §§ 145 ff.;

jedoch ohne Bestimmungen im Widerspruch zur ratio des verletzten Gesetzes, BGHZ 65, 85. Ein durch Drohung oder Täuschung erlangter besonders günstiger Gewinn- oder Liquidationsanteil entfällt in der Auseinandersetzung uU ohne weiteres, BGHZ 13, 323; 26, 335; 55, 9, aber doch nur, soweit die Leistung ausschließlich dem Betrüger zugute kommen würde (wie für die Arglisteinrede, → Rn. 86), ähnlich Staub/Schäfer Rn. 349, sehr str., vgl. → Rn. 80, 86. In der Auseinandersetzung kommt es zur **Gesamtabrechnung** (→ § 145 Rn. 6), BGH WM 1972, 1056 (stGes); BGH NJW-RR 1988, 1379; dabei kann der Getäuschte (Bedrohte, Übervorteilte, → Rn. 80) auch seine **Schadensersatzansprüche** (→ Rn. 89) einbringen.

91 G. **Ausdehnung auf fehlerhafte Vertragsänderungen.** a) **Grundsatz:** Dieselben Regeln wie für die Gründung durch fehlerhaften GesVertrag gelten grundsätzlich auch für spätere fehlerhafte Vertragsänderungen verschiedenster strukturändernder Art, soweit es zu einer Invollzugsetzung entsprechend derjenigen bei GesGründung (→ Rn. 82) gekommen ist, MüKoHGB/Fleischer Rn. 515, Wiedemann II § 2 V 5, differenzierend mit Katalog von Strukturmerkmalen für Vergleichbarkeit Staub/Schäfer Rn. 353 ff., aA die Rspr., zB für fehlerhafte Änderung einer Nachfolgeklausel BGHZ 62, 20 („nicht ohne weiteres anzuwenden", nur bei Statutsänderungen, → Rn. 97), aber Unterscheidung nicht praktikabel. Fehlerhafte Änderung des GesVertrags auch nicht wie nicht von einem entsprechenden Gfterbeschluss gedeckten Erhöhung der Kapitalbeteiligung, OLG Hamburg ZIP 2019, 862. Entsprechend der fehlerhaften GesGründung wurde früher die allerdings seltene **fehlerhafte Auflösung** behandeln; war sie in Vollzug gesetzt (mit Beginn der Auseinandersetzung), bestand nur noch ein Anspruch entspr. § 133 auf Rückumwandlung in eine werbende Ges., GroßKo/Ulmer Rn. 367; anders die neuere Lehre Staub/Schäfer Rn. 356; MüKoHGB/Fleischer Rn. 514.

92 b) **Fehlerhafter Eintritt:** Die Grundsätze der fehlerhaften Ges. gelten entspr. für fehlerhaften Beitritt eines neuen Gfters (→ Rn. 67), BGHZ 26, 334; 44, 236; 63, 344; 69, 160; 153, 214; BGH NJW 1988, 1321 (1324); 1992, 1501; ZIP 2003, 168; 2015, 631. Ein Beitritt zur Ges., bei dem kein Teil der Gfter sich mitwirkt, oder ein Gfter seine Beitrittsabschlussvollmacht überschreitet, genügt allerdings grundsätzlich nicht (wie → Rn. 79, 80 aE); anders wenn der Beitretende und die Gfter in Unkenntnis des Mangels den Beitritt für wirksam gehalten und vollzogen haben, BGH NJW 1988, 1321; 1992, 1501, auch bei Kenntnis des Mangels durch übrige Gfter eine fehlerhafte Ges. annehmend Klimke NZG 2012, 1366. Vollzug des Beitritts, nicht nur der Ges. ist nötig, BGH NJW 1992, 1501, zB durch Beitragszahlung, Ausübung von GfterRechten, längere Hinnahme der Geschäftsführung für die Ges. und damit auch für sich; auch durch Eintragung im HdlReg, BGHZ 26, 334, str. (→ Rn. 82).

93 Auch der fehlerhafte Beitritt musste nach vormaliger Rspr. und hL idR durch **Auflösungsklage** bzw. **Ausschließungs- bzw. Übernahmeklage** geltend gemacht werden (§§ 133, 140 I 1, 2, anders nach dem HRefG: Austritt, → Rn. 88). Jedenfalls wenn der GesVertrag ein Kündigungsrecht (mit Frist) gibt, kann dieses nun fristlos geltend gemacht werden, BGH BB 1973, 1090. Ein solches außerordentliches Kündigungsrecht kann auch auf Grund ergänzender Vertragsauslegung anzunehmen sein, BGHZ 63, 346; 69, 163; BGH BB 1975, 759; NJW 1976, 894 (PublikumsGes, → Anh. § 177a Rn. 58), der BGH verzichtet nun zutreffend auf dieses Erfordernis, BGH ZIP 2010, 2497 (Immobilienfonds); BGH ZIP 2015, 631 (Prozesskostenhilfefonds). Die „Anfechtung" des Beitritts kann als Kündigung zu werten sein, BGH BB 1975, 759; NJW 1976, 894. Kündigung gegenüber dem phG genügt, wenn schon Beitritt gegenüber diesem genügte (→ Anh. § 177a Rn. 56–57), BGH NJW 1976, 894. Die **Einlage** muss grundsätzlich erbracht werden, ohne dass die Arglisteinrede hilft (→ Rn. 86, aber Aus-

einandersetzung → Rn. 90). Bei Fehlen der Geschäftsgrundlage (zB Irrtum über Erbrecht) geht der Rückgängigmachung (zB Ausschließung des falschen Erben) eine zumutbare Anpassung vor (§ 313 III BGB), zB kommt bei langer Dauer bis zur Aufklärung und Verdiensten des Eingetretenen um die Ges. seine endgültige Anerkennung als Gfter bei Abfindung des wahren Erben in Betracht, Fischer LM HGB § 105 Nr. 19.

c) Fehlerhafte Übertragung: Auch die fehlerhafte Abtretung des GesAnteils 94 (→ Rn. 69) wird von der Rspr., BGH NJW 1988, 1324; ZIP 2010, 1590 (XI ZS in Abstimmung mit II ZS, 1558) und Teilen der Literatur, Wiedemann II Rn. 163, Ebenroth/Wertenbruch Rn. 364, nach der Grundsätzen der fehlerhaften Ges. behandelt, jedenfalls bei Zustimmung aller Gfter oder bei Eintragung des Erwerbers im HdlReg, GroßKo/Ulmer Rn. 376; Grunewald ZGR 1991, 452, Grund: Bestandsschutz, Selbstorganschaft. Jedoch berührt die Anteilsübertragung den GesVertrag nicht, BGH WM 1968, 893; 1988, 418 (KG); BGH NJW 1990, 1915 (GmbHAnteil); BGH WM 2005, 282 (Vorgesellschaft); BGH NJW 2007, 1058 (GmbHAnteil); K. Schmidt § 6 V 2b; Staub/Schäfer Rn. 364; MüKoBGB/Schäfer § 705 Rn. 387; bei derivativem Erwerb (anders als Eintritt, → Rn. 92) bleibt es danach bei § 812 BGB, Schutz im Außenverhältnis durch §§ 413, 409, 407 oder § 16 I GmbHG analog und uU § 15 III und Rechtsscheingrundsätze. Bei Anfechtung zwischen Kaufvertrag und Verfügungsgeschäft unterscheidend OLG Karlsruhe NZG 2016, 508 (Kommanditanteil).

d) Fehlerhafter Austritt: Auch fehlerhaftes Ausscheiden (kraft Vertrag unter 95 den Gftern) ist idR nicht ex tunc unwirksam, BGH WM 1955, 1702; NJW 1969, 1483; BB 1975, 759; NJW 1988, 1324; 1992, 1503; NJW-RR 2003, 533. Der Austritt ist nicht schon mit unwirksamer einseitiger Hinauskündigung, sondern erst mit Anwachsung und Mitwirkungshandlung des Betroffenen vollzogen, vorher entspr. Feststellungsklage, MüKoHGB/Fleischer Rn. 513. Nach Vollzug hat der Betroffene Anspruch auf Wiederaufnahme idR ex tunc, ggf. Neubestimmung der Abfindung, BGH NJW 1969, 1483. Der zugleich erfolgte Eintritt eines anderen wird uU fehlerhaft, der Ausgeschiedene wieder eintritt. Der Minderjährigenschutz geht wie auch sonst (→ Rn. 84, str.) vor, der Minderjährige bleibt also in der Ges. und nimmt an deren Gewinnen teil, BGH NJW 1992, 1503, nach aA benötigt der Minderjährige hier diesen Schutz nicht, Staub/Schäfer Rn. 363. Fehlerhafte Verbindung von Austritt und Eintritt, aber selten, MüKoHGB/Fleischer Rn. 517. Lit.: Gursky, 1969; Däubler BB 1966, 1292.

e) Sonstige Fälle: Die Regeln für die fehlerhafte Ges. gelten grundsätzlich 96 auch für **sonstige fehlerhafte Änderungen** eines (fehlerfreien oder fehlerhaften) GesVertrags, soweit es zu einer Invollzugsetzung **entsprechend** derjenigen bei GesGründung (→ Rn. 79, 82) gekommen ist, sehr str. (→ Rn. 91), so zB bei Änderungen der Haftungsverfassung, des Gesellschafts- bzw. Gesamthandsvermögens (etwa fehlerhafte Kapitalerhöhung sowie Zahlung bei PublikumsGes, OLG Hamburg ZIP 2019, 862) und der Geschäftsführung und Vertretung, der Umwandlung der Ges. oder eines Anteils (kraft Vertrags, nicht ex lege) ua. Ebenso fehlerhafte Unternehmensverträge, K. Schmidt § 6 IV 4, ZGR 1991, 373. Die fehlerhafte Umwandlung (Verschmelzung, Spaltung, Formwechsel) ist heute im UmwG geregelt (→ Einl. vor § 105 Rn. 23), Mängel lassen die Wirkungen der Eintragung unberührt (§§ 20 II, 131 II, 202 III UmwG), Restitutionsanspruch ist str. (vgl. § 16 III 6 UmwG), K. Schmidt § 6 IV 5.

Genau umgekehrt lehnen Rspr. und üL für diese Fallgruppe nach Anwendung 97 ab, außer wenn im Einzelfall auch hier ein Bedürfnis nach Bestandsschutz (→ Rn. 77) besteht, BGHZ 62, 26. Das wird grundsätzlich nur bei **Statusänderung** der Ges. angenommen, zB Änderung des Bestands der Ges. oder der Gfter (→ Rn. 91–95), nicht bloße Änderung der Beziehungen der Gfter untereinander, jedenfalls soweit dem Gfter nur fehlerhaft Rechte vorenthalten wurden, zB

§ 105   98–100   2. Buch. Handelsgesellschaften und stille Gesellschaft

Geschäftsführungsbefugnis, BGHZ 62, 28; anders uU wenn ihm tatsächlich fehlerhaft zu viel Rechte gewährt wurden, BGHZ 62, 28. Differenzierung nach Statusänderung ist aber schwierig und rechtsunsicher. Lit.: Finger ZGR 1976, 240.

9) Scheingesellschaft und Rechtsscheinhaftung

98   A. **Scheingesellschaft.** Wird überhaupt kein GesVertrag oder ein solcher nur zum Schein abgeschlossen, handelt es sich nicht um eine fehlerhafte Ges., sondern um den bloßen Schein einer Ges., zB durch gemeinsames Praxisschild, Briefköpfe oder Stempel, BGHZ 70, 249; BGH NJW 1990, 827; OLG Hamm NZG 2011, 137 (Scheinsozietät, → § 5 Rn. 10), Einzelmandat bedarf besonderer Absprache. Keine ScheinGes ist eine von den Gfter gewollte, wenngleich unwirksam vereinbarte Ges. (fehlerhafte Ges., → Rn. 75), und erst recht ein wenngleich aus Umgehungsgründung tatsächlich gewollte Ges., zB Strohmanngründung. Die Grundsätze über die fehlerhafte Ges. finden deshalb auf die ScheinGes nicht, auch nicht entsprechend, Anwendung, BGH NJW 1954, 231; ZIP 2011, 2005 (Missbrauch der Generalvollmacht, Insichgeschäft, GbR), hL. Wird der GesVertrag nur zum Schein geschlossen, gilt zwischen den Gftern das wirklich Gewollte (§ 117 BGB), BGH NJW 1953, 1220; WM 1966, 736; DB 1976, 2057; Außenverhältnis → Rn. 99. Lit.: Bartels/Wagner ZGR 2013, 482, ScheinGes in Prozess und Zwangsvollstreckung s. Lindacher ZZP 96 (1983), 486.

Haftung als Scheingesellschafter ist praktisch relevant für GbR (Anwälte) OLG Hamm NZG 2011, 137; LG Bonn NZG 2011, 143, kommt für OHG und KG insbes. in Betracht, wenn Auscheiden eines Ges. bekanntgemacht wird, Fall des § 15 HGB. Allein das Führen eines Nichtgesellschafters auf dem Briefkopf reicht nicht aus, es muss der Dritte die Bezeichnung als Ges. zumindest dulden, MüKoHGB/Fleischer Rn. 526.

99   B. **Rechtsscheinhaftung.** Im Rechtsverkehr finden stattdessen die Grundsätze über die Rechtsscheinhaftung Anwendung (→ Rn. 11), Bsp.: nach außen praktizierte ScheinGes (§ 117 BGB). Das hat erhebliche praktische Bedeutung, denn diese Grundsätze greifen nur bei Voraussetzungen ein, die im Falle der fehlerhaften Ges. gerade nicht vorzuliegen brauchen (→ § 5 Rn. 10–13).

10) Konzernrecht der Personengesellschaften

100   A. **Grundlagen. a) AktG, GmbHG:** Das kodifizierte Recht der verbundenen Unternehmen (Konzernrecht) zielt auf den Schutz der Aktionäre der abhängigen Ges. vor Maßnahmen der herrschenden Ges., aber auch der Aktionäre der herrschenden Ges. vor Maßnahmen der Verwaltung sowie auf den Schutz der Gläubiger. Der Konzern selbst ist keine einheitliche juristische Person (→ Einl. vor § 1 Rn. 41). Ist eine AG oder KGaA an einer Unternehmensverbindung (§§ 15 ff. AktG; Unternehmensbegriff → Einl. vor § 1 Rn. 32) beteiligt, gilt zu ihrem Schutz das **Konzernrecht des Aktiengesetzes**, besonders §§ 15–19 (Definitionen), §§ 20–22 (Mitteilung des Erwerbs von über 25 % der Aktien, aber **(16)** WpHG §§ 21 ff., seit 2018: §§ 33 ff., ab 3 %), §§ 291–337 (verbundene Unternehmen); die Konzernrechnungslegung folgt seit dem BiRiLiG 1985 aus §§ 290 ff. HGB, ab 2005 § 315a HGB mit IAS/IFRS, jetzt § 315e HGB. Diese Vorschriften richten sich also auch gegen Personengesellschaften, Bsp.: vertragliche oder faktische Beherrschung einer AG durch eine KG (§§ 17, 308 ff., 311 ff. AktG), Beteiligung einer OHG oder KG an einer AG (§§ 20–22 AktG); Einbeziehung der OHG unter der einheitlichen Leitung einer inländischen AG oder KGaA in die Konzernrechnungslegung (§ 290 ff. HGB). Entsprechendes gilt für das nicht kodifizierte **GmbHKonzernrecht**. Zur richterrechtlichen Durchgriffshaftung bei existenzvernichtenden Eingriffen im GmbHKonzern und außerhalb desselben (Bremer Vulkan) → Anh. § 177a Rn. 51c. Schrifttum zum Aktien- und GmbHKonzernrecht s. Einl. zu **(2a)** AktG, **(2b)** GmbHG.

b) Grundbegriffe verbundener Personengesellschaften: Auch Personen- 101
Ges sind zunehmend an Unternehmensverbindungen beteiligt, vor allem als
beherrschende PersonenGes (Betriebsaufspaltung mit TochterGmbH, → § 1
Rn. 18), BAG ZIP 1999, 723 (→ Rn. 103 aE), aber auch als beherrschte,
Erscheinungsformen (Typenreihe) s. MüKoHGB/Mülbert Anh. § 236 KonzernR Rn. 9 ff. (vgl. → Anh. § 177a Rn. 6). Das Recht der verbundenen PersonenGes ist bisher gesetzlich nicht geregelt. Ein (teilweise noch rudimentäres)
Konzernrecht für Personengesellschaften ist jedoch von Rspr. und Lehre
schon unter geltendem Recht entwickelt worden. Dabei ist die fundamentale
Unterscheidung diejenige zwischen beherrschter und herrschender PersonenGes
(→ Rn. 102, 106), die sich aber nicht mit der Unterscheidung zwischen Schutz-
und Organisationsrecht deckt. Der Unternehmensbegriff (→ Einl. vor § 1
Rn. 32), die **Definitionen** der Abhängigkeit und des Konzerns (§§ 17, 18
AktG), die Unterscheidung zwischen Vertragskonzern und faktischen Konzern
(§§ 304 ff., 311 ff. AktG) und die Unterteilung in verschiedene Unternehmensverträge (§§ 291, 292 AktG) gelten grundsätzlich auch für die PersonenGes, wenn
auch mit Besonderheiten ua wegen der Einstimmigkeitsregel (§ 119 I). Als
Unternehmen ist auch hier jede juristische oder natürliche Person anzusehen,
die nicht nur in der Ges., sondern auch außerhalb derselben unternehmerische
Interessen verfolgt, BGHZ 69, 334 (VEBA/Gelsenberg), also insbesondere auch
Einzelpersonen, BGHZ 96, 330 (Autokran). Einschaltung einer **Zwischenholding** ändert insoweit nichts (→ Rn. 103), str., vgl. BGHZ 65, 16 (ITT, GmbH &
Co), hL. **Vermutungen:** Die Abhängigkeitsvermutung des § 17 II AktG bei in
Mehrheitsbesitz stehenden Unternehmen (§ 16 AktG) gilt nicht, Grund: Einstimmigkeitsregel, anders bei Stimmrecht nach Kapitalanteilen wie bei der körperschaftlich strukturierten KG (→ Anh. § 177a Rn. 10). Die Konzernvermutung
des § 18 I 2 und auch 3 AktG gilt, vgl. BGHZ 89, 167 – Heumann/Ogilvy;
Staub/Schäfer Anh. § 105 Rn. 29, str.

Lit.: MüKoHGB/Mülbert, Anh. § 229 Konzernrecht der PersonenGes,
5. Aufl. 2022; Staub/Schäfer Anh. § 105; Heymann/Emmerich Anh. § 105;
Ebenroth/Nagel Anh. § 105; Emmerich/Habersack, Konzernrecht, 11. Aufl.
2020, §§ 33–35; Westermann/Tröger HdbPersGes § 59 (2017); Heidel/Schall
Anh. § 108; Wiedemann II § 6 I; Schießl, 1985; Baumgartl, 1986; Heck, 1986;
Stehle, 1986; Löffler, 1988; Burbach, 1989; Kleindiek, 1991; Geiger, 1996 (Wettbewerbsverbote); Ehrhardt, 1996 (GmbH & Co); Bitter, 2000 (Durchgriffshaftung); Haar, 2006 (PersonenGes im Konzern, Habil Hbg., Neuansatz auf ökonomischer Grundlage); Schneider ZGR 1975, 253; 1980, 511; FS Bärmann,
1975, 873; BB 1975, 1353; 1980, 1057; ZHR 143 (1979), 485; Raiser ZGR
1980, 558; FS Stimpel, 1985, 855; Reuter ZHR 146 (1982), 30; JZ 1986, 16
(72); AG 1986, 130; Emmerich FS Stimpel, 1985, 743; Hepting FS Pleyer, 1986,
301; Kronke ZGR 1989, 473 (IPR); Ulmer in Probleme des Konzernrechts,
Symposion Schilling, 1989, S. 26; Ebenroth FS Boujong, 1996, 99; Jaeger
DStR 1997, 1770 (1813); Mülbert ZHR 163 (1999), 1 (Unternehmensbegriff);
Drygala FS Raiser, 2005, 63 (GfterRegress); Hüffer FS Röhricht, 2005, 251 (krit.
zu Heumann/Ogilvy); Schöning/Steininger NZG 2019, 890 (Beherrschungsverträge).

**B. Die beherrschte (abhängige oder konzernierte) Personengesell- 102
schaft.** Auch die PersonenGes ist vor missbräuchlicher und fehlerhafter Ausübung der Leitungsmacht durch personengesellschaftsrechtliche Regeln zu schützen.

a) Begründung des Abhängigkeitsverhältnisses: Die PersonenGes kann
abhängig werden zB durch mehrheitlichen Anteilserwerb eines Konkurrenten
oder Beteiligung des geschäftsführungsbefugten phG (§§ 109, 114 II) oder des
MehrheitsGfters an Konkurrenzunternehmen etwa nach Befreiung vom Wett-

bewerbsverbot nach § 112 (→ § 112 Rn. 2, 4, → Anh. § 177a Rn. 23). Abhängig ist die PersonenGes auch von einem alleingeschäftsführenden Unternehmens-Gfter. Die Begründung der Konzernabhängigkeit der PersonenGes (§ 18 I AktG) ohne **vorherige Zustimmung aller Gesellschafter** ist, wenn im GesVertrag nichts anderes bestimmt ist, unzulässig (Grundlagengeschäft → § 114 Rn. 3, → Anh. § 177a Rn. 23) mit der Folge eines Anspruchs auf Rückgängigmachung der Konzernabhängigkeit (§§ 705, 280, 249 BGB), K. Schmidt § 43 III 3a, aA nur außergewöhnliches Geschäft, MüKoHGB/Mülbert Anh. § 229 KonzernR Rn. 85; einfache Abhängigkeit als solche (§ 17 AktG) bedarf keiner solchen Legitimation durch Gfter(Konzernierungs)Beschluss, soweit ein solcher nicht schon nach allgemeinem GesRecht notwendig ist, Staub/Schäfer Anh. § 105 Rn. 39, sehr str. Die Rspr. hält entsprechende Mehrheitsbeschlüsse für grundsätzlich rechtswidrig, falls sie nicht durch sachliche Gründe im Interesse der Ges. gerechtfertigt sind, so bei Befreiung vom Wettbewerbsverbot aus schwerwiegenden Gründen im Interesse künftiger Leitungs- und Wettbewerbsfähigkeit der Ges., BGHZ 80, 74 – Süßen GmbH; BGHZ 89, 162 – Heumann/Ogilvy GmbH & Co (→ Anh. § 177a Rn. 23). Allgemein gehaltene Abhängigkeits- und Konzernierungsklauseln im GesVertrag, wie immer häufiger, können konkrete Zustimmung nicht ersetzen, Staub/Schäfer Anh. § 105 Rn. 59, str. Das herrschende Unternehmen muss die PersonenGes auf Grund der Treuepflicht (→ Rn. 103) von sich aus vom Eintritt der Abhängigkeit (§ 17 AktG, nicht erst § 18 I AktG) **unterrichten**, damit diese ihrer Pflicht zur Unterrichtung der außenstehenden Gfter von der Abhängigkeitslage nachkommen kann, MüKoHGB/Mülbert Anh. § 229 KonzernR Rn. 229, anders, wenn sich die Abhängigkeit schon aus GesVertrag ergibt.

103 **b) Einfache Abhängigkeit, faktischer Konzern:** Die PersonenGes ist abhängig, wenn ein anderes (herrschendes) Unternehmen auf sie einen beherrschenden Einfluss ausüben kann (§ 17 I AktG); ist sie mit dem herrschenden Unternehmen unter dessen einheitlicher Leitung zusammengefasst, bilden beide einen Konzern (§ 18 I AktG). Das herrschende Unternehmen verstößt bei ungerechtfertigter Schädigung der beherrschten Ges. gegen seine **Treuepflicht** als Gfter, zB Octroi einer Konzernumlage ohne entspr. Gegenwert gegenüber konzernabhängiger KG und ihrer TochterKG, BGHZ 65, 15 – ITT (→ Anh. § 177a Rn. 22); BGHZ 75, 328 (Benachteiligung); BGHZ 89, 168 (Wettbewerbsverbot). Nachteilsausgleich entspr. § 311 AktG findet nicht statt, vielmehr ist jede ungerechtfertigte Schädigung ohne die Möglichkeit eines späteren Nachteilsausgleichs verboten. Die Pflichtenbindung wächst mit der Einwirkungsmöglichkeit (Enge der Unternehmensverbindung). Aus der Treuepflicht folgt die Pflicht des herrschenden UnternehmensGfters, die MitGfter bei drohenden Interessenkonflikten und schon vor schädigenden Einwirkungen auf die Ges. zu **unterrichten** (Grund: Widerspruchsrecht, § 115 I Hs. 2, dort → § 115 Rn. 1), also schon im Vorfeld der Informationsrechte der Gfter (vgl. auch schon → Rn. 102). Die MitGter können mit der **actio pro socio** Schadensersatz nach § 280 BGB an die Ges. verlangen (→ § 109 Rn. 32). Minderheitenschützend wirken ua die Treuepflicht mit einem Verbot jeder schädigenden Einwirkung auf die Ges. (→ § 109 Rn. 23); sehr wichtig sodann die vorweg und im Nachhinein die Informationsrechte (→ § 118 Rn. 16, → § 166 Rn. 16; auch → § 233 Rn. 10, 13), Grenze des § 118 II für einschränkende Vereinbarungen, Verdachtsgründe liegen bei Unternehmensverbindung, zumal bei mittelbarer, wegen geringerer Durchsichtigkeit näher als ohne solche (→ § 118 Rn. 16, 18, → § 166 Rn. 17); die Widerspruchs- und Mitspracherechte (§§ 115 I Hs. 2, 116 II, 164), zB der Kdtisten der Mutter bezüglich Tochter, BGH BB 1973, 212 (näher → § 163 Rn. 5); für die Durchsetzung entscheidend sind die Möglichkeiten der actio pro socio und der Gestaltungsklagen zB nach §§ 117, 127, 133, 140, näher Staub/Schäfer Anh.

§ 105 Rn. 45 ff.; in gravierenden Fällen bestehen Auflösungs- und Ausschließungsrechte nach §§ 133, 140. Begründung der Konzernabhängigkeit (§ 18 I AktG) ist Grundlagengeschäft (→ § 114 Rn. 3), nicht die der einfachen Abhängigkeit (§ 17 AktG), sehr str. (→ Rn. 102). Das herrschende Unternehmen ist unterlassungspflichtig (§ 1004 BGB) und haftet nach §§ 280, 276, 278, 280 (nicht 708) BGB (vgl. → Rn. 104) mit Beweislastumkehr nach § 280 I 2 BGB (Verschulden), weitergehende Beweislastumkehr ist str. (→ Rn. 104); Schadenersatz nach § 249 BGB, aber nach Wahl der PersonenGes im Wege der Naturalherstellung oder in Geld. Die Verletzung der Mitspracherechte schlägt unter den Gftern, also vor allem im Verkehr mit dem herrschenden Unternehmen, auf die Vertretungsmacht durch (→ § 126 Rn. 6, 7). Diese Behelfe sind in geeigneter Weise auf das **nur mittelbar** (an den PersonenGes nicht unmittelbar als Gfter beteiligte) herrschende Unternehmen (**mehrstufiger Konzern**, Zwischenholding, → Rn. 101) auszudehnen, iErg BGHZ 65, 15 – ITT; MüKoHGB/Mülbert Anh. § 229 KonzernR Rn. 221 ff., sehr str., so Wettbewerbsverbot (→ § 112 Rn. 2, → Anh. § 177a Rn. 23) und Treuepflicht auch eines beherrschenden NichtGfter, Staub/Schäfer Anh. § 105 Rn. 75, Emmerich/Habersack § 34 III 2. Die **GmbH & Co KG** ist nicht schon als solche konzernrechtlich relevant, solange sich die KomplementärGmbH, der sie beherrschende Gfter bzw. der Kdtist bei der EinheitsGmbH & Co ohne anderweitige Unternehmertätigkeit auf ihre Rolle als Komplementär oder Kdtist der KG beschränken, BSozG AG 1995, 282; MüKoHGB/Mülbert Anh. § 229 KonzernR Rn. 52 ff., str.; anders in Sonderfällen der Unternehmensaufspaltung, BAG ZIP 1999, 723; Henssler ZGR 2000, 479 (§ 242 BGB, auch → Rn. 104). Im Gleichordnungskonzern (§ 18 II AktG) und bei sternförmiger GmbH & Co (dann GmbH als herrschendes Unternehmen) ist auch ein horizontaler Durchgriff nicht ausgeschlossen, idR aber nur einseitig (§ 670 BGB analog), ausnahmsweise als Verlustgemeinschaft (entspr. § 730 BGB), K. Schmidt FS Wiedemann, 2002, 1199.

c) Qualifizierter faktischer Konzern, Haftung für existenzvernichten- 104 den Eingriff: Ein qualifizierter faktischer Konzern lag nach der früher hL vor, wenn das Eigeninteresse der abhängigen Ges. infolge eines von dem herrschenden Unternehmen sachlich umfassend und zeitlich andauernd ausgeübten Einflusses nachhaltig beeinträchtigt wird (Einzelausgleich ist dann nicht mehr möglich bzw. reicht nicht mehr aus), vgl. BGHZ 95, 344. Auch Betriebsaufspaltung konnte in besonderen Fällen zu qualifizierter faktischer Konzernierung führen, Ziegler, 1989; Weimar ZIP 1988, 1525 (auch → Rn. 103). Die qualifizierte Beherrschung einer PersonenGes war nicht generell unzulässig, str., für Zulässigkeit nur in der Form des Vertragskonzerns K. Schmidt § 43 III 4. Die neuere Rechtsprechung zur GmbH hat die Figur des qualifizierten faktischen Konzerns wegen der schwierigen Unterscheidung zwischen einfachem und qualifiziertem faktischen Konzern aufgegeben (**Bremer Vulkan, Trihotel,** → Anh. § 177a Rn. 51c, e), krit. K. Schmidt § 39 III. Abschied vom qualifizierten Konzern liegt dann auch für PersonenGes nahe, iErg auch Emmerich/Habersack § 34 III 1, aA K. Schmidt § 43 III 4: Schon vorher war diese Unterscheidung für die Personengesellschaft bei Annahme eines Konzernierungsbeschlusserfordernisses (formlos, str., dekla-

§ 105 2. Buch. Handelsgesellschaften und stille Gesellschaft

torische Eintragung in HdlReg, → Rn. 105), so Staub/Schäfer Anh. § 105 Rn. 34, unwesentlich. Von einem solchen Erfordernis ist auch künftig auszugehen. Auch auf der Basis der neuen Rechtsprechung steigen gesellschaftsrechtlich die Anforderungen und Pflichten mit der nachhaltigeren Verbindung und damit größeren Gefährdung. Unklar ist, ob die Rechtsprechung an den bisher bei Vorliegen eines qualifizierten Konzerns gezogenen **Rechtsfolgen** festhält. Davon wird man auf der Grundlage der gesellschafterlichen Treuepflicht ausgehen können. Das würde bedeuten, dass das herrschende Unternehmen wie bisher der PersonenGes (wie bei der einfachen Abhängigkeit, → Rn. 103) für jeden Eingriff in ihre Substanz (Bestandsschutz) und für jede nicht durch überwiegende Konzerninteressen gerechtfertigte Verletzung ihrer Interessen nach §§ 280, 276, 278 BGB haftet, BGH NJW 1980, 232 – Gervais (KG), ohne Haftungsmilderung nach § 708 BGB, Grund: über die Ges. hinausreichende Schutznorm, vgl. BGH WM 1985, 194. Es trägt (über § 280 I 2 BGB betr. Verschulden wie nach → Rn. 103 hinaus) sogar die Beweislast dafür, dass es keine schädigende Handlung vorgenommen hat bzw. dass diese nicht pflichtwidrig war, vgl. BGH NJW 1980, 232; nach aA soll das schon bei einfacher Abhängigkeit gelten, sehr str., vgl. → Rn. 102. Darüber hinaus (**Gläubigerschutz**) ist das herrschende Unternehmen (im qualifizierten faktischen Konzern bzw. bei existenzvernichtendem Eingriff, nach aA allgemeiner im faktischen Konzern, → Rn. 103, sehr str.) der PersonenGes zum Ausgleich des Jahresfehlbetrags verpflichtet (**Verlustausgleichspflicht**), vgl. BGHZ 95, 330 – Autokran (GmbH), bei Vermögenslosigkeit der PersonenGes Ausfallhaftung, Rechtsgrund str.: nach früher üL § 302 AktG analog, eher Risikohaftung über § 670 hinaus, Staub/Schäfer Anh. § 105 Rn. 74, demgegenüber je nach Verbandszweck (typisch oder dienend) differenzierend MüKoHGB/Mülbert Anh. § 229 KonzernR Rn. 186; Befreiung von der Verlustausgleichspflicht durch GesVertrag oder einstimmigen GfterBeschluss ist möglich, hL, Staub/Schäfer Anh. § 105 Rn. 76, bei Zustimmung aller Ges. von vornherein keine Verlustausgleichshaftung annehmend MüKoHGB/Mülbert Anh. § 229 KonzernR Rn. 192, aA K. Schmidt § 43 III 4b; aber Grenzen: § 138 I BGB. Sicherheitsleistung entspr. § 303 AktG, BGHZ 95, 346.

105   **d) Vertragskonzern:** Die PersonenGes kann mit Zustimmung aller Gfter Unternehmensverträge nach § 292 AktG (Gewinngemeinschaft, Teilgewinnabführungsvertrag, Betriebspacht, Betriebsüberlassung) abschließen, BGH NJW 1982, 1817 – Holiday Inn (KG, → § 114 Rn. 24). **Beherrschungs- und Gewinnabführungsverträge** (§ 291 AktG) sind nicht generell unzulässig, Staub/Schäfer Anh. § 105 Rn. 12; MüKoHGB/Mülbert Anh. § 229 KonzernR Rn. 171, 332; jedenfalls nicht, wenn keine natürlichen Personen als Gfter in der abhängigen PersonenGes beteiligt sind, BayObLG NJW 1993, 1804 – BSW, und allgemeiner bei kapitalistischen PersonenGes (vgl. → Anh. § 177a Rn. 10). Gewinnabführungsverträge spielen aber schon aus steuerrechtlichen Gründe praktisch keine Rolle. Der Beherrschungsvertrag erlaubt nachteilige Weisungen (entspr. § 308 I 2 AktG); Grenzen für diese folgen aus dem Verbandszweck der dienenden PersonenGes, MüKoHGB/Mülbert Anh. § 229 KonzernR Rn. 254, sonst aus den Grundsätzen ordnungsgemäßer Konzerngeschäftsführung (business judgment rule, aber Grenzen ua bei cash management, unzulässig sind jedenfalls Existenzgefährdung und Ausplünderung), persönliche Haftung von MitGftern ist dabei zu berücksichtigen, keine Weisungsbefugnis zu GesVertragänderung. Das herrschende Unternehmen ist der durch Beherrschungsvertrag eingegliederten PersonenGes zum Verlustausgleich (wie § 304 AktG) verpflichtet, außer wenn es sich pflichtgemäß verhalten hat (§§ 276, 278 BGB, → Rn. 103, 104), BGH NJW 1980, 231 – Gervais (KG) mAnm Raiser ZGR 1980, 558. Unternehmensverträge bedürfen grundsätzlich der Schriftform (entspr. § 293 III AktG), (deklaratorische) Eintragung in das HdlReg (vgl. → § 8 Rn. 5, nicht auch ihrer Nichtigkeit, s.

dort), Staub/Schäfer Anh. § 105 Rn. 61; aA OLG München ZIP 2011, 526 m. krit. Anm. Wachter BB 2011, 724; MüKoHGB/Mülbert Anh. § 229 KonzernR Rn. 159; differenzierend K. Schmidt § 43 III 4b, nach aA bereits (nicht konstitutiv) Konzernierungsbeschluss Staub/Schäfer Anh. § 105 Rn. 61. Kündigung des Unternehmensvertrags aus wichtigem Grund ist jederzeit möglich (entspr. § 297 I AktG, bei PersonenGes wohl durch Gestaltungsklage). **Gläubigerschutz** entspr. §§ 302, 303 AktG (→ Rn. 104).

C. Die herrschende Personengesellschaft. Die Konzernrechtsregeln sind **106** fast durchweg aus der Sicht der beherrschten PersonenGes entwickelt (→ Rn. 100, 102) und gelten dann für jedes herrschende Unternehmen ohne Besonderheiten für herrschende PersonenGes. Der Schutz der Aktionäre der OberGes durch ungeschriebene Mitwirkungsbefugnisse der Hauptversammlung, so BGHZ 83, 122 − Holzmüller (zu § 119 II AktG) und restriktiv fortbildend BGHZ 159, 30 − Gelatine, str., hat für die Gfter der herrschenden PersonenGes wegen der Unterschiede im Mitwirkungs- und Beschlussrecht keine unmittelbar entspr. Bedeutung. Denn die Gfter der herrschenden PersonenGes, auch nicht geschäftsführende, haben schon nach allgemeinem PersonenGesRecht Widerspruchs-, Mitsprache- und Informationsrechte (§§ 115 I Hs. 2, 116 II, 164; 118, 166), auch soweit TochterGes betroffen sind, Emmerich/Habersack § 35 II, III. Sie haben ein Mitspracherecht bei außergewöhnlichen Geschäften der TochterGesBGH BB 1973, 213 (Einzelfälle → § 116 Rn. 2), in bestimmten Fällen kann sogar Grundlagengeschäft vorliegen (→ § 114 Rn. 3), einschränkend MüKoHGB/Mülbert Anh. § 229 KonzernR Rn. 854 (aber engerer Begriff dort Rn. 74). Die Bildung stiller Reserven (→ § 120 Rn. 6) bei einer herrschenden Ges. bedürfen grundsätzlich der Zustimmung aller Gfter der herrschenden Ges. (Mehrheitsklausel → § 119 Rn. 37), vgl. OLG Hamburg ZIP 2006, 895 (Vorinstanz); MüKoHGB/Mülbert Anh. § 229 KonzernR Rn. 101; Haar NZG 2007, 601; Wertenbruch ZIP 2007, 798, aA für pflichtgemäßes Ermessen des Geschäftsführungsorgans der Mutter, Priester DStR 2007, 31, tendenziell wohl ebenso, aber noch offen BGH ZIP 2007, 479 − Otto; hält man daran fest, können die Gfter jedenfalls kraft Treuepflicht (→ § 109 Rn. 23) zustimmungspflichtig sein, Hopt FS Odersky, 1996, 799, das ist allerdings gegenüber der Zustimmungsbedürftigkeit schwächer (Beweislast bei der Minderheit), BGH ZIP 2007, 477; krit. Haar NZG 2007, 602. Bilanzrechtlich kann sich das aber bei der herrschenden Ges. nur auswirken, wenn nicht eine anderweitige Gewinnthesaurierung bei der beherrschten Ges. beschlossen ist, Klärung durch Feststellungsklage gegen die OberGes, uU auch Klage gegen die MitGfter wegen Treuepflichtverletzung, näher BGH ZIP 2007, 479 − Otto mAnm. Wertenbruch 798; Westermann 2289; Binz/Mayer DB 2007, 1779; Haar NZG 2007, 601; Holler DB 2008, 2067; Priester DStR 2008, 1391. Vorbeugende Unterlassungsklage der MitGfter → § 116 Rn. 4; in gravierenden Fällen Abberufung nach §§ 117, 127. Angelegenheiten der Ges. iSv §§ 118, 166 sind auch solche der Ges. als OberGes der ihr verbundenen Unternehmen, BGH WM 1983, 911 (→ § 118 Rn. 16, → § 166 Rn. 16; auch → § 233 Rn. 10, 13). Erstreckung auf Unterlagen jedenfalls einer 100%igen TochterGes s. BGHZ 25, 118 (→ § 166 Rn. 16).

D. Ausblick auf Zusammenschlusskontrolle. Personengesellschaften in der **107** Zusammenschlusskontrolle (§§ 35 ff. GWB/eur. FusionskontrollVO; → Einl. vor § 1 Rn. 77−78). Komm.: → Einl. vor § 1 Rn. 77.

11) Berufsausübungsgesellschaften

Für aus Freiberuflern gebildete **Berufsausübungsgesellschaften** sieht das **108** Gesetz zur **Neuregelung des Berufsrechts** der anwaltlichen und steuerberatenden Berufsausübungsgesellschaften sowie zur Änderung weiterer Vorschriften im Bereich der rechtsberatenden Berufe vom 7.7.2021, BGBl I 2363, **seit dem**

1.8.2022 die Möglichkeit der Berufsausübung auch in der Rechtsform einer Personenhandelsgesellschaft vor. Die **spezialgesetzlichen Regelungen** für die freien Berufe **gehen** den allgemeinen Regeln des **HGB vor** und befreien schon vor Inkrafttreten des MoPeG zum 1.1.2024 (→ oben Rn. 13) vom Erfordernis des Betreibens eines Gewerbes. Schon bislang konnten Wirtschaftsprüfer und Steuerberater eine Personenhandelsgesellschaft und insbesondere eine GmbH & Co bilden, wenn diese wegen ihrer Treuhandtätigkeit in das Handelsregister eingetragen worden sind, §§ 27 II WPO, 49 II StBerG.

109 **Personenhandelsgesellschaften** können von Angehörigen eines freien Berufs nun ohne weitere Voraussetzungen gebildet werden. Für Steuerberater entfällt das Erfordernis der Eintragung in das Handelsregister wegen der Treuhandtätigkeit, § 49 II StBerG, § 27 Abs. 2 WPO wurden gestrichen. Für Rechtsanwälte benennt § 59b II Nr. 1 BRAO nF als zulässige Rechtsformen Gesellschaften nach deutschem Recht einschließlich der Handelsgesellschaften, entsprechend für Patentanwälte § 52b Patentanwaltsordnung nF. Vorgesehen sind Berufsausübungsgesellschaften jeweils desselben freien Berufs, Berufsausübungsgemeinschaften mit Angehörigen anderer Berufe werden separat geregelt und zugelassen. An der Abgrenzung freier Berufe vom Gewerbe (§ 2 Abs. 2 BRAO) wird mit Wirkung für das Steuerrecht, nicht aber für das Gesellschaftsrecht festgehalten, für Fortentwicklung schon Hopt ZGR 1987, 176, zum MoPeG → Vor § 105 Rn. 51.

12) Reform des Personengesellschaftsrechts (MoPeG)

110 Das Gesetz zur Modernisierung des Personengesellschaftsrechts (MoPeG → Einl § 105 Rn. 42 ff) fasst zum 1.1.2024 auch das OHG-Recht neu. § 105 I wird übernommen, der Regelungsgehalt von § 105 II findet sich künftig in § 107 MoPeG-HGB, zugelassen werden neben kleingewerblichen und vermögensverwaltenden auch freiberufliche Personenhandelsgesellschaften. § 105 III bleibt im Kern erhalten, künftig spricht das Gesetz von der entsprechenden Anwendung der Vorschriften des Bürgerlichen Gesetzbuchs zur Gesellschaft bürgerlichen Rechts. Zur Textfassung des HGB-MoPeG s. → Anh. § 105.

Anhang nach § 105: Vorschriften des Personengesellschaftsrechts nach Inkrafttreten des MoPeG am 1.1.2024

A. BGB-MoPeG §§ 705–739 (Überblick mit einzelnen Erläuterungen)

Bürgerliches Gesetzbuch vom 18. August 1896 (RGBl. 195) idF vom 2. Januar 2002 (BGBl. I S. 42/FNA 400-2),

zuletzt geändert durch Art. 1 Art. 2 Gesetz zur Herstellung materieller Gerechtigkeit vom 21.12.2021 (BGBl. I 5252)

Titel 16. Gesellschaft
Untertitel 1. Allgemeine Bestimmungen

Rechtsnatur der Gesellschaft

BGB-MoPeG 705 *(1) Die Gesellschaft wird durch den Abschluss des Gesellschaftsvertrags errichtet, in dem sich die Gesellschafter verpflichten, die Erreichung eines gemeinsamen Zwecks in der durch den Vertrag bestimmten Weise zu fördern.*

1. Abschnitt. Offene Handelsgesellschaft BGB-MoPeG **Anh § 105**

(2) Die Gesellschaft kann entweder selbst Rechte erwerben und Verbindlichkeiten eingehen, wenn sie nach dem gemeinsamen Willen der Gesellschafter am Rechtsverkehr teilnehmen soll (rechtsfähige Gesellschaft), oder sie kann den Gesellschaftern zur Ausgestaltung ihres Rechtsverhältnisses untereinander dienen (nicht rechtsfähige Gesellschaft).

(3) Ist der Gegenstand der Gesellschaft der Betrieb eines Unternehmens unter gemeinschaftlichem Namen, so wird vermutet, dass die Gesellschaft nach dem gemeinsamen Willen der Gesellschafter am Rechtsverkehr teilnimmt.

§ 705 BGB-MoPeG regelt die rechtsfähige und nicht rechtsfähige GbR; auch für die OHG relevant ist die Errichtung durch Abschluss des GesVertrags, § 705 I BGB-MoPeG. Bei einer unter eigenem Namen tätigen unternehmerischen GbR folgt aus der Vermutung in § 705 III BGB-MoPeG, dass es sich um eine rechtsfähige GbR handelt. **1**

Untertitel 2. Rechtsfähige Gesellschaft
Kapitel 1. Sitz; Registrierung

Sitz der Gesellschaft

BGB-MoPeG 706 *Sitz der Gesellschaft ist der Ort, an dem deren Geschäfte tatsächlich geführt werden (Verwaltungssitz). Ist die Gesellschaft im Gesellschaftsregister eingetragen und haben die Gesellschafter einen Ort im Inland als Sitz vereinbart (Vertragssitz), so ist abweichend von Satz 1 dieser Ort Sitz der Gesellschaft.*

Die Regelung des Sitzes ist für das Personengesellschaftsrecht neu. Auch für OHG und KG ist künftig der im Gesellschaftsvertrag genannte Satzungssitz maßgeblich, nicht ein etwaiger Verwaltungssitz im Ausland. Zum Satzungssitz → HGB Vor § 105 Rn. 29. § 706 BGB-MoPeG setzt die Forderung nach einer Angleichung an kapitalgesellschaftsrechtliche Standards um, → § 106 Rn. 8. **1**

BGB-MoPeG § 707 *Anmeldung zum Gesellschaftsregister [Parallelnorm: HGB-MoPeG § 106]*

BGB-MoPeG § 707a *Inhalt und Wirkungen der Eintragung im Gesellschaftsregister*

BGB-MoPeG § 707b *Entsprechend anwendbare Vorschriften des Handelsgesetzbuchs*

BGB-MoPeG § 707c *Statuswechsel*

BGB-MoPeG § 707d *Verordnungsermächtigung*

Kapitel 2. Rechtsverhältnis der Gesellschafter untereinander und der Gesellschafter zur Gesellschaft

BGB-MoPeG § 708 *Gestaltungsfreiheit [Parallelnorm: HGB-MoPeG § 108]*

Anh § 105 BGB-MoPeG   2. Buch. HandelsGes und stille Ges

Beiträge; Stimmkraft; Anteil an Gewinn und Verlust

BGB-MoPeG 709 (1) *Der Beitrag eines Gesellschafters kann in jeder Förderung des gemeinsamen Zwecks, auch in der Leistung von Diensten, bestehen.*

(2) Im Zweifel sind die Gesellschafter zu gleichen Beiträgen verpflichtet.

(3) Die Stimmkraft und der Anteil an Gewinn und Verlust richten sich vorrangig nach den vereinbarten Beteiligungsverhältnissen. Sind keine Beteiligungsverhältnisse vereinbart worden, richten sie sich nach dem Verhältnis der vereinbarten Werte der Beiträge. Sind auch Werte der Beiträge nicht vereinbart worden, hat jeder Gesellschafter ohne Rücksicht auf den Wert seines Beitrags die gleiche Stimmkraft und einen gleichen Anteil am Gewinn und Verlust.

1   § 709 I, II BGB-MoPeG entsprechen dem bisherigen § 706 BGB, hierzu → § 109 Rn. 6 bis 8, die bisherige Auslegungsregel in § 706 II BGB entfällt. Auf § 709 III BGB-MoPeG wird durch § 120 I 2 HGB-MoPeG gesondert verwiesen.

Mehrbelastungsverbot

BGB-MoPeG 710 *Zur Erhöhung seines Beitrags kann ein Gesellschafter nicht ohne seine Zustimmung verpflichtet werden. Die §§ 728a und 737 bleiben unberührt.*

1   § 710 Satz 1 BGB-MoPeG entspricht im Kern dem bisherigen § 707 BGB, dazu → § 109 Rn. 12–14, klargestellt wird, dass bei Zustimmung des Gfters die Erhöhung des Beitrags verlangt werden kann. Im neuen § 710 Satz 2 BGB-MoPeG in Bezug genommen werden mit §§ 728a, 737 BGB-MoPeG die Haftung des ausgeschiedenen Gfters für einen Fehlbetrag sowie mit § 737 BGB-MoPeG die Haftung der Gfter in der Liquidation.

Übertragung und Übergang von Gesellschaftsanteilen

BGB-MoPeG 711 (1) *Die Übertragung eines Gesellschaftsanteils bedarf der Zustimmung der anderen Gesellschafter. Die Gesellschaft kann eigene Anteile nicht erwerben.*

(2) Ist im Gesellschaftsvertrag vereinbart, dass im Fall des Todes eines Gesellschafters die Gesellschaft mit seinem Erben fortgesetzt werden soll, geht der Anteil auf den Erben über. Sind mehrere Erben vorhanden, fällt der Gesellschaftsanteil kraft Gesetzes jedem Erben entsprechend der Erbquote zu. Die Vorschriften über die Erbengemeinschaft finden insoweit keine Anwendung.

1   Die Übertragung und der Übergang von Gesellschaftsanteilen war bislang nicht geregelt, § 711 I BGB-MoPeG entspricht der bisherigen Rechtslage, dazu → § 105 Rn. 69 ff. Künftig in § 711 II BGB-MoPeG teilweise geregelt wird die Fortsetzung mit den Erben, dazu bislang auch § 139, künftig § 131 HGB-MoPeG, die von der Kautelarpraxis entwickelten Gestaltungsmöglichkeiten → § 139 Rn. 10 ff. bleiben nach der RegBegr unberührt.

Eingeschränkte Übertragbarkeit von Gesellschafterrechten

BGB-MoPeG 711a *Die Rechte der Gesellschafter aus dem Gesellschaftsverhältnis sind nicht übertragbar. Hiervon ausgenommen sind Ansprüche, die einem Gesellschafter aus seiner*

1. Abschnitt. Offene Handelsgesellschaft **BGB-MoPeG Anh § 105**

Geschäftsbesorgung für die Gesellschaft zustehen, soweit deren Befriedigung außerhalb der Liquidation verlangt werden kann, sowie Ansprüche eines Gesellschafters auf einen Gewinnanteil oder auf dasjenige, was ihm im Fall der Liquidation zukommt.

Die Regelung in § 711a BGB-MoPeG entspricht mit kleineren Änderungen 1
der bisherigen Regelung in § 717 BGB, dazu → § 109 Rn. 15–22.

Ausscheiden eines Gesellschafters; Eintritt eines neuen Gesellschafters

BGB-MoPeG 712 *(1) Scheidet ein Gesellschafter aus der Gesellschaft aus, so wächst sein Anteil an der Gesellschaft den übrigen Gesellschaftern im Zweifel im Verhältnis ihrer Anteile zu.*

(2) Tritt ein neuer Gesellschafter in die Gesellschaft ein, so mindern sich die Anteile der anderen Gesellschafter an der Gesellschaft im Zweifel im Umfang des dem neuen Gesellschafter zuwachsenden Anteils und in dem Verhältnis ihrer bisherigen Anteile.

§ 712 I BGB-MoPeG baut auf der bisherigen § 738 BGB auf, dazu → HGB 1
§ 131 Rn. 37. Der Eintritt eines Gfters war bislang nicht geregelt, kodifiziert wird die bisherige Rechtslage, → HGB § 105 Rn. 67 f.

Ausscheiden des vorletzten Gesellschafters

BGB-MoPeG 712a *(1) Verbleibt nur noch ein Gesellschafter, so erlischt die Gesellschaft ohne Liquidation. Das Gesellschaftsvermögen geht zum Zeitpunkt des Ausscheidens des vorletzten Gesellschafters im Wege der Gesamtrechtsnachfolge auf den verbleibenden Gesellschafter über.*

(2) In Bezug auf die Rechte und Pflichten des vorletzten Gesellschafters sind anlässlich seines Ausscheidens die §§ 728 bis 728b entsprechend anzuwenden.

Das Ausscheiden des vorletzten Gfters war bislang gesetzlich nicht geregelt, 1
kodifiziert wird in § 712a BGB-MoPeG die bisherige Rechtslage, → HGB § 131 Rn. 35.

Gesellschaftsvermögen

BGB-MoPeG 713 *Die Beiträge der Gesellschafter sowie die für oder durch die Gesellschaft erworbenen Rechte und die gegen sie begründeten Verbindlichkeiten sind Vermögen der Gesellschaft.*

Die neue Regelung für das Gesellschaftsvermögen; § 713 BGB-MoPeG, 1
spricht von einem Vermögen der Gesellschaft, nicht mehr wie der bisherige § 718 I BGB von einem gemeinschaftlichen Vermögen der Gfter. Es ist deshalb offen, ob künftig noch von einem gesamthänderischen Vermögen und von einer Gesamthand auszugehen ist, → HGB § 124 Rn. 1.

BGB-MoPeG § 714 *Beschlussfassung [Parallelnorm: HGB-MoPeG § 109]*

BGB-MoPeG § 715 *Geschäftsführungsbefugnis [Parallelnorm: HGB-MoPeG § 116]*

Anh § 105 BGB-MoPeG

Notgeschäftsführungsbefugnis

BGB-MoPeG 715a Sind alle geschäftsführungsbefugten Gesellschafter verhindert, nach Maßgabe von § 715 Absatz 3 Satz 3 bei einem Geschäft mitzuwirken, kann jeder Gesellschafter das Geschäft vornehmen, wenn mit dem Aufschub Gefahr für die Gesellschaft oder das Gesellschaftsvermögen verbunden ist. Eine Vereinbarung im Gesellschaftsvertrag, welche dieses Recht ausschließt, ist unwirksam.

1 Auf die Personengesellschaften werden bislang die Regeln für Gemeinschaften, § 744 II BGB, entsprechend angewandt → § 114 Rdn. 7. § 715a BGB-MoPeG regelt künftig die Notgeschäftsführung für alle Personengesellschaften.

Gesellschafterklage

BGB-MoPeG 715b *(1) Jeder Gesellschafter ist befugt, einen auf dem Gesellschaftsverhältnis beruhenden Anspruch der Gesellschaft gegen einen anderen Gesellschafter im eigenen Namen gerichtlich geltend zu machen, wenn der dazu berufene geschäftsführungsbefugte Gesellschafter dies pflichtwidrig unterlässt. Die Befugnis nach Satz 1 erstreckt sich auch auf einen Anspruch der Gesellschaft gegen einen Dritten, wenn dieser an dem pflichtwidrigen Unterlassen mitwirkte oder es kannte.*

(2) Eine Vereinbarung im Gesellschaftsvertrag, welche das Klagerecht ausschließt oder dieser Vorschrift zuwider beschränkt, ist unwirksam.

(3) Der klagende Gesellschafter hat die Gesellschaft unverzüglich über die Erhebung der Klage und die Lage des Rechtsstreits zu unterrichten. Ferner hat er das Gericht über die erfolgte Unterrichtung in Kenntnis zu setzen. Das Gericht hat auf eine unverzügliche Unterrichtung der Gesellschaft hinzuwirken.

(4) Soweit über den Anspruch durch rechtskräftiges Urteil entschieden worden ist, wirkt die Entscheidung für und gegen die Gesellschaft.

1 § 715b BGB-MoPeG regelt künftig für alle Personengesellschaften die Gesellschafterklage (actio pro socio). Zur actio pro socio bislang → § 109 Rn. 32 ff.

Ersatz von Aufwendungen und Verlusten; Vorschusspflicht; Herausgabepflicht; Verzinsungspflicht

BGB-MoPeG 716 *(1) Macht ein Gesellschafter zum Zwecke der Geschäftsbesorgung für die Gesellschaft Aufwendungen, die er den Umständen nach für erforderlich halten darf, oder erleidet er unmittelbar infolge der Geschäftsbesorgung Verluste, ist ihm die Gesellschaft zum Ersatz verpflichtet.*

(2) Für die erforderlichen Aufwendungen hat die Gesellschaft dem Gesellschafter auf dessen Verlangen Vorschuss zu leisten.

(3) Der Gesellschafter ist verpflichtet, der Gesellschaft dasjenige, was er selbst aus der Geschäftsbesorgung erlangt, herauszugeben.

(4) Verwendet der Gesellschafter Geld für sich, das er der Gesellschaft nach Absatz 3 herauszugeben hat, ist er verpflichtet, es von der Zeit der Verwendung an zu verzinsen. Satz 1 gilt entsprechend für die Verzinsung des Anspruchs des Gesellschafters auf ersatzfähige Aufwendungen oder Verluste.

1. Abschnitt. Offene Handelsgesellschaft BGB-MoPeG **Anh § 105**

Der Ersatz von Aufwendungen und Verlusten (künftig § 716 I, II BGB-MoPeG) ist bislang in § 110 HGB geregelt. Die Herausgabe von aus einer Geschäftsbesorgung erlangtem ist bislang in § 713 BGB geregelt und findet auch künftig über § 105 III HGB-MoPeG für Personenhandelsgesellschaften Anwendung. § 716 IV BGB-MoPeG ist Parallelnorm bislang zu § 111 HGB, künftig zu § 119 HGB-MoPeG. 1

Informationsrechte und -pflichten

BGB-MoPeG 717 *(1) Jeder Gesellschafter hat gegenüber der Gesellschaft das Recht, die Unterlagen der Gesellschaft einzusehen und sich aus ihnen Auszüge anzufertigen. Ergänzend kann er von der Gesellschaft Auskunft über die Gesellschaftsangelegenheiten verlangen. Eine Vereinbarung im Gesellschaftsvertrag, welche diese Rechte ausschließt oder dieser Vorschrift zuwider beschränkt, steht ihrer Geltendmachung nicht entgegen, soweit dies zur Wahrnehmung eigener Mitgliedschaftsrechte erforderlich ist, insbesondere, wenn Grund zur Annahme unredlicher Geschäftsführung besteht.*

(2) Die geschäftsführungsbefugten Gesellschafter haben der Gesellschaft von sich aus die erforderlichen Nachrichten zu geben, auf Verlangen über die Gesellschaftsangelegenheiten Auskunft zu erteilen und nach Beendigung der Geschäftsführertätigkeit Rechenschaft abzulegen. Eine Vereinbarung im Gesellschaftsvertrag, welche diese Verpflichtungen ausschließt, ist unwirksam.

§ 717 BGB-MoPeG baut auf dem bisherigen § 716 BGB sowie dem Auftragsrecht auf, der bisherige § 118 HGB entfällt, s. → HGB § 118 Rn. 21. 1

BGB-MoPeG § 718 *Rechnungsabschluss und Gewinnverteilung [dazu HGB-MoPeG §§ 120 ff.]*

Kapitel 3. Rechtsverhältnis der Gesellschaft zu Dritten

BGB-MoPeG § 719 *Entstehung der Gesellschaft im Verhältnis zu Dritten [Parallelnorm: HGB-MoPeG § 123]*

BGB-MoPeG § 720 *Vertretung der Gesellschaft [Parallelnorm: HGB-MoPeG § 124]*

BGB-MoPeG § 721 *Persönliche Haftung der Gesellschafter [Parallelnorm: HGB-MoPeG § 126]*

BGB-MoPeG § 721a *Haftung des eintretenden Gesellschafters [Parallelnorm: HGB-MoPeG § 127]*

BGB-MoPeG § 721b *Einwendungen und Einreden des Gesellschafters [Parallelnorm: HGB-MoPeG § 128]*

BGB-MoPeG § 722 *Zwangsvollstreckung gegen die Gesellschaft oder gegen ihre Gesellschafter [Parallelnorm: HGB-MoPeG § 129]*

Kapitel 4. Ausscheiden eines Gesellschafters

BGB-MoPeG § 723 *Gründe für das Ausscheiden; Zeitpunkt des Ausscheidens des Gesellschafters [Parallelnorm: HGB-MoPeG § 130]*

BGB-MoPeG § 724 *Fortsetzung mit dem Erben; Ausscheiden des Erben* [Parallelnorm: HGB-MoPeG § 131]

BGB-MoPeG § 725 *Kündigung der Mitgliedschaft durch den Gesellschafter* [Parallelnorm: HGB-MoPeG § 132]

BGB-MoPeG § 726 *Kündigung der Mitgliedschaft durch einen Privatgläubiger des Gesellschafters* [Parallelnorm: HGB-MoPeG § 133]

BGB-MoPeG § 727 *Ausschließung aus wichtigem Grund* [Parallelnorm: HGB-MoPeG § 134]

BGB-MoPeG § 728 *Ansprüche des ausgeschiedenen Gesellschafters* [Parallelnorm: HGB-MoPeG § 135]

BGB-MoPeG § 728a *Haftung des ausgeschiedenen Gesellschafters für Fehlbetrag* [Parallelnorm: HGB-MoPeG § 136]

BGB-MoPeG § 7328b *Nachhaftung des ausgeschiedenen Gesellschafters* [Parallelnorm: HGB-MoPeG § 137]

Kapitel 5. Auflösung der Gesellschaft

BGB-MoPeG § 729 *Auflösungsgründe* [Parallelnorm: HGB-MoPeG § 138]

BGB-MoPeG § 730 *Auflösung bei Tod oder Insolvenz eines Gesellschafters*

BGB-MoPeG § 731 *Kündigung der Gesellschaft* [Parallelnorm: HGB-MoPeG § 139]

BGB-MoPeG § 732 *Auflösungsbeschluss* [Parallelnorm: HGB-MoPeG § 140]

BGB-MoPeG § 733 *Anmeldung der Auflösung* [Parallelnorm: HGB-MoPeG § 141]

BGB-MoPeG § 734 *Fortsetzung der Gesellschaft* [Parallelnorm: HGB-MoPeG § 142]

Kapitel 6. Liquidation der Gesellschaft

BGB-MoPeG § 735 *Notwendigkeit der Liquidation; anwendbare Vorschriften* [Parallelnorm: HGB-MoPeG § 143]

BGB-MoPeG § 736 *Liquidatoren* [Parallelnorm: HGB-MoPeG § 144]

BGB-MoPeG § 736a *Gerichtliche Berufung und Abberufung von Liquidatoren* [Parallelnorm: HGB-MoPeG § 145]

BGB-MoPeG § 736b *Geschäftsführungs- und Vertretungsbefugnis der Liquidatoren* [Parallelnorm: HGB-MoPeG § 146]

BGB-MoPeG § 736c *Anmeldung der Liquidatoren* [Parallelnorm: HGB-MoPeG § 147]

BGB-MoPeG § 736d *Rechtstellung der Liquidatoren* [Parallelnorm: HGB-MoPeG § 148]

BGB-MoPeG § 737 *Haftung der Gesellschafter für Fehlbetrag* [Parallelnorm: HGB-MoPeG § 149]

1. Abschnitt. Offene Handelsgesellschaft HGB-MoPeG **Anh § 105**

BGB-MoPeG § 738 *Anmeldung des Erlöschens [Parallelnorm: HGB-MoPeG § 150]*

BGB-MoPeG § 739 *Verjährung von Ansprüchen aus der Gesellschafterhaftung [Parallelnorm: HGB-MoPeG § 151]*

B. HGB-MoPeG §§ 105–179, 223, 224 (Überblick mit einzelnen Erläuterungen)

Handelsgesetzbuch vom 10. Mai 1897 (RGBl. S. 219),
zuletzt geändert durch Art. 51 PersonengesellschaftsrechtsmodernisierungsG (MoPeG) vom 10.8.2021 (BGBl. I S. 3436)
BGBl. III/FNA 4100-1

– Auszug –

Erster Abschnitt. Offene Handelsgesellschaft
Erster Titel. Errichtung der Gesellschaft

Begriff der offenen Handelsgesellschaft; Anwendbarkeit des Bürgerlichen Gesetzbuchs

HGB-MoPeG 105 *(1) Eine Gesellschaft, deren Zweck auf den Betrieb eines Handelsgewerbes unter gemeinschaftlicher Firma gerichtet ist, ist eine offene Handelsgesellschaft, wenn bei keinem der Gesellschafter die Haftung gegenüber den Gesellschaftsgläubigern beschränkt ist.*

(2) Die offene Handelsgesellschaft kann Rechte erwerben und Verbindlichkeiten eingehen.

(3) Auf die offene Handelsgesellschaft finden, soweit in diesem Abschnitt nichts anderes vorgeschrieben ist, die Vorschriften des Bürgerlichen Gesetzbuchs über die Gesellschaft entsprechende Anwendung.

§ 105 I HGB-MoPeG entspricht dem geltenden § 105 I. § 105 II HGB-MoPeG übernimmt in verkürzter Form den Regelungsgehalt des bisherigen § 124 I. § 105 III HGB-MoPeG entspricht mit einer Klarstellung (entsprechende Anwendung der Vorschriften des Bürgerlichen Gesetzbuchs) dem geltenden § 105 III. **1**

Anmeldung zum Handelsregister; Statuswechsel

HGB-MoPeG 106 *(1) Die Gesellschaft ist bei dem Gericht, in dessen Bezirk sie ihren Sitz hat, zur Eintragung in das Handelsregister anzumelden.*

(2) Die Anmeldung muss enthalten:

1. *folgende Angaben zur Gesellschaft:*
   a) *die Firma,*
   b) *den Sitz und*
   c) *die Geschäftsanschrift in einem Mitgliedstaat der Europäischen Union;*
2. *folgende Angaben zu jedem Gesellschafter:*
   a) *wenn der Gesellschafter eine natürliche Person ist: dessen Namen, Vornamen, Geburtsdatum und Wohnort;*

Anh § 105 HGB-MoPeG

b) *wenn der Gesellschafter eine juristische Person oder rechtsfähige Personengesellschaft ist: deren Firma oder Namen, Rechtsform, Sitz und, soweit gesetzlich vorgesehen, zuständiges Register und Registernummer;*
3. *die Angabe der Vertretungsbefugnis der Gesellschafter;*
4. *die Versicherung, dass die Gesellschaft nicht bereits im Gesellschafts- oder im Partnerschaftsregister eingetragen ist.*

(3) Ist die Gesellschaft bereits im Gesellschafts- oder im Partnerschaftsregister eingetragen, hat die Anmeldung im Wege eines Statuswechsels dort zu erfolgen.

(4) Das Gericht soll eine Gesellschaft, die bereits im Gesellschafts- oder im Partnerschaftsregister eingetragen ist, in das Handelsregister nur eintragen, wenn
1. *der Statuswechsel zu dem anderen Register nach Absatz 3 angemeldet wurde,*
2. *der Statuswechselvermerk in das andere Register eingetragen wurde und*
3. *das für die Führung des anderen Registers zuständige Gericht das Verfahren an das für die Führung des Handelsregisters zuständige Gericht abgegeben hat.*
§ 707c Absatz 2 des Bürgerlichen Gesetzbuchs ist entsprechend anzuwenden. Absatz 2 bleibt im Übrigen unberührt.

(5) Die Eintragung der Gesellschaft hat im Fall des Absatzes 4 die Angabe des für die Führung des Gesellschafts- oder des Partnerschaftsregisters zuständigen Gerichts, den Namen und die Registernummer, unter der die Gesellschaft bislang eingetragen war, zu enthalten. Das Gericht teilt dem Gericht, das das Verfahren abgegeben hat, von Amts wegen den Tag der Eintragung der Gesellschaft in das Handelsregister und die neue Registernummer mit. Die Ablehnung der Eintragung teilt das Gericht von Amts wegen dem Gericht, das das Verfahren abgegeben hat, mit, sobald die Entscheidung rechtskräftig geworden ist.

(6) Wird die Firma der Gesellschaft geändert, der Sitz der Gesellschaft an einen anderen Ort verlegt, die Geschäftsanschrift geändert, scheidet ein Gesellschafter aus oder tritt ein neuer Gesellschafter ein oder ändert sich die Vertretungsbefugnis eines Gesellschafters, ist dies ebenfalls zur Eintragung in das Handelsregister anzumelden.

(7) Anmeldungen sind vorbehaltlich der Sätze 2 und 3 von sämtlichen Gesellschaftern zu bewirken. Scheidet ein Gesellschafter durch Tod aus, kann die Anmeldung ohne Mitwirkung der Erben erfolgen, sofern einer solchen Mitwirkung besondere Hindernisse entgegenstehen. Ändert sich nur die Geschäftsanschrift der Gesellschaft, ist die Anmeldung von der Gesellschaft zu bewirken.

1 § 106 HGB-MoPeG baut auf den §§ 106, 107, 108, 143 III HGB auf und trägt der künftigen Registerfähigkeit der GbR Rechnung. § 106 I HGB-MoPeG entspricht den geltenden §§ 106, 143 II; § 106 II HGB-MoPeG modernisiert § 106 II, zugelassen wird eine Geschäftsanschrift nicht nur im Inland, sondern allgemein in der Europäischen Union, anzugeben sind bei rechtsfähigen Ges auch das Register und die Registernummer unter der sie eingetragen sind, weiter ist zu versichern, dass die Ges nicht schon als GbR oder Partnerschaft eingetragen ist. § 106 III-V HGB-MoPeG regelt den Wechsel einer GbR sowie einer Partnerschaft vom Gesellschafts- bzw. Partnerschaftsregister ins Handelsregister. § 106 VI HGB-MoPeG entspricht dem bisherigen § 107, § 106 VII HGB-MoPeG fasst die bisherigen §§ 108, 143 II, III zusammen.

Kleingewerbliche, vermögensverwaltende oder freiberufliche Gesellschaft; Statuswechsel

HGB-MoPeG 107

(1) Eine Gesellschaft, deren Gewerbebetrieb nicht schon nach § 1 Absatz 2 Handelsgewerbe ist oder die nur eigenes Vermögen verwaltet, ist offene Handelsgesellschaft, wenn die Firma des Unternehmens in das Handelsregister eingetragen ist. Dies

1. Abschnitt. Offene Handelsgesellschaft HGB-MoPeG Anh § 105

gilt auch für eine Gesellschaft, deren Zweck die gemeinsame Ausübung Freier Berufe durch ihre Gesellschafter ist, soweit das anwendbare Berufsrecht die Eintragung zulässt.

(2) Die Gesellschaft ist berechtigt, aber nicht verpflichtet, die Eintragung nach den für die Eintragung einer offenen Handelsgesellschaft geltenden Vorschriften herbeizuführen. Ist die Eintragung erfolgt, ist eine Fortsetzung als Gesellschaft bürgerlichen Rechts nur im Wege eines Statuswechsels zulässig.

(3) Wird eine offene Handelsgesellschaft zur Eintragung in das Gesellschaftsregister angemeldet, trägt das Gericht ihre Fortsetzung als Gesellschaft bürgerlichen Rechts ein, sofern nicht die Voraussetzung des § 1 Absatz 2 eingetreten ist. Im Übrigen findet § 707c Absatz 2 Satz 2 bis 5 des Bürgerlichen Gesetzbuchs entsprechende Anwendung.

§ 107 I 1 HGB-MoPeG entspricht dem bisherigen § 105 II 1, § 107 I 2 HGB-MoPeG lässt generell für Freie Berufe die Eintragung als Personenhandelsgesellschaft zu. § 107 II 1 HGB-MoPeG entspricht dem bisherigen § 105 II 2 sowie dem dort in Bezug genommen § 2 Satz 2, weiter wird der Registerfähigkeit der GbR Rechnung getragen. **1**

Zweiter Titel. Rechtsverhältnis der Gesellschafter untereinander und der Gesellschafter zur Gesellschaft

Gestaltungsfreiheit

HGB-MoPeG 108
Von den Vorschriften dieses Titels kann durch den Gesellschaftsvertrag abgewichen werden, soweit im Gesetz nichts anderes bestimmt ist.

§ 108 HGB-MoPeG entspricht dem bisherigen § 109, wurde aber sprachlich modernisiert. **1**

Beschlussfassung

HGB-MoPeG 109
(1) Die Beschlüsse der Gesellschafter werden in Versammlungen gefasst.

(2) Die Versammlung kann durch jeden Gesellschafter einberufen werden, der die Befugnis zur Geschäftsführung hat. Die Einberufung erfolgt durch formlose Einladung der anderen Gesellschafter unter Ankündigung des Zwecks der Versammlung in angemessener Frist.

(3) Gesellschafterbeschlüsse bedürfen der Zustimmung aller stimmberechtigten Gesellschafter.

(4) Hat nach dem Gesellschaftsvertrag die Mehrheit der Stimmen zu entscheiden, ist die Gesellschafterversammlung beschlussfähig, wenn die anwesenden Gesellschafter oder ihre Vertreter ohne Rücksicht auf ihre Stimmberechtigung die für die Beschlussfassung erforderlichen Stimmen haben.

§ 109 I, II HGB-MoPeG sind neu und entwickeln das Personengesellschaftsrecht mit Blick auf allgemeine gesellschaftsrechtliche Grundsätze weiter, Rechnung getragen wird insbesondere den Regeln für Kapitalgesellschaften. Als Versammlungen sieht die Regierungsbegründung (BTDrucks 19/2763, S. 226) nicht nur Zusammenkünfte an einem bestimmten Ort, sondern neben einer Präsenzversammlung auch eine virtuelle Versammlung an. Im Schrifttum wird als unklar angesehen, ob hierdurch der Versammlungsbegriff modifiziert wird, Heckschen **1**

ZIP 2022, 467, so dass sich eine entsprechende Regelung im Gesellschaftsvertrag empfiehlt.

2 § 109 III, IV HGB-MoPeG entsprechen nach der RegBegr dem bisherigen § 119. Moniert werden bei § 109 IV HGB-MoPeG die fehlende Regelung von Minderheitenrechten und Auslegungsschwierigkeiten von Otte ZIP 2021, 2167, der eine explizite Regelung im Gesellschaftsvertrag vorschlägt.

Anfechtbarkeit und Nichtigkeit von Gesellschafterbeschlüssen

HGB-MoPeG 110
(1) Ein Beschluss der Gesellschafter kann wegen Verletzung von Rechtsvorschriften durch Klage auf Nichtigerklärung angefochten werden (Anfechtungsklage).

(2) Ein Gesellschafterbeschluss ist von Anfang an nichtig, wenn er

1. *durch seinen Inhalt Rechtsvorschriften verletzt, auf deren Einhaltung die Gesellschafter nicht verzichten können, oder*
2. *nach einer Anfechtungsklage durch Urteil rechtskräftig für nichtig erklärt worden ist.*

Die Nichtigkeit eines Beschlusses der Gesellschafter kann auch auf andere Weise als durch Klage auf Feststellung der Nichtigkeit (Nichtigkeitsklage) geltend gemacht werden.

1 § 110 HGB-MoPeG ist neu. Die §§ 110–115 HGB-MoPeG regeln künftig das bislang nicht kodifizierte Beschlussmängelrecht der Personengesellschaft, → § 119 Rn. 31 f.

Anfechtungsbefugnis; Rechtsschutzbedürfnis

HGB-MoPeG 111
(1) Anfechtungsbefugt ist jeder Gesellschafter, der oder dessen Rechtsvorgänger im Zeitpunkt der Beschlussfassung der Gesellschaft angehört hat.

(2) Ein Verlust der Mitgliedschaft nach dem Zeitpunkt der Beschlussfassung lässt das Rechtsschutzbedürfnis des Rechtsvorgängers unberührt, wenn er ein berechtigtes Interesse an der Führung des Rechtsstreits hat.

1 § 111 HGB-MoPeG ist neu.

Klagefrist

HGB-MoPeG 112
(1) Die Anfechtungsklage ist innerhalb von drei Monaten zu erheben. Eine Vereinbarung im Gesellschaftsvertrag, welche eine kürzere Frist als einen Monat vorsieht, ist unwirksam.

(2) Die Frist beginnt mit dem Tag, an dem der Beschluss dem anfechtungsbefugten Gesellschafter bekanntgegeben worden ist.

(3) Für die Dauer von Vergleichsverhandlungen über den Gegenstand des Beschlusses oder die ihm zugrundeliegenden Umstände zwischen dem anfechtungsbefugten Gesellschafter und der Gesellschaft wird die Klagefrist gehemmt. Die für die Verjährung geltenden §§ 203 und 209 des Bürgerlichen Gesetzbuchs sind mit der Maßgabe entsprechend anzuwenden, dass die Klagefrist frühestens einen Monat nach dem Scheitern der Vergleichsverhandlungen endet.

1 § 112 HGB-MoPeG ist neu.

1. Abschnitt. Offene Handelsgesellschaft

Anfechtungsklage

HGB-MoPeG 113 *(1) Zuständig für die Anfechtungsklage ist ausschließlich das Landgericht, in dessen Bezirk die Gesellschaft ihren Sitz hat.*

(2) Die Klage ist gegen die Gesellschaft zu richten. Ist außer dem Kläger kein Gesellschafter zur Vertretung der Gesellschaft befugt, wird die Gesellschaft von den anderen Gesellschaftern gemeinsam vertreten.

(3) Die Gesellschaft hat die Gesellschafter unverzüglich über die Erhebung der Klage und die Lage des Rechtsstreits zu unterrichten. Ferner hat sie das Gericht über die erfolgte Unterrichtung in Kenntnis zu setzen. Das Gericht hat auf eine unverzügliche Unterrichtung der Gesellschafter hinzuwirken.

(4) Die mündliche Verhandlung soll nicht vor Ablauf der Klagefrist stattfinden. Mehrere Anfechtungsprozesse sind zur gleichzeitigen Verhandlung und Entscheidung zu verbinden.

(5) Den Streitwert bestimmt das Gericht unter Berücksichtigung aller Umstände des Einzelfalls, insbesondere der Bedeutung der Sache für die Parteien, nach billigem Ermessen.

(6) Soweit der Gesellschafterbeschluss durch rechtskräftiges Urteil für nichtig erklärt worden ist, wirkt das Urteil für und gegen alle Gesellschafter, auch wenn sie nicht Partei sind.

§ 113 HGB-MoPeG ist neu. 1

Nichtigkeitsklage

HGB-MoPeG 114 Erhebt ein Gesellschafter Nichtigkeitsklage gegen die Gesellschaft, sind die §§ 111 und 113 entsprechend anzuwenden. Mehrere Nichtigkeits- und Anfechtungsprozesse sind zur gemeinsamen Verhandlung und Entscheidung zu verbinden.

§ 114 HGB-MoPeG ist neu. 1

Verbindung von Anfechtungs- und Feststellungsklage

HGB-MoPeG 115 *Wendet sich ein Gesellschafter gegen einen Beschluss, mit dem ein Beschlussvorschlag abgelehnt wurde, kann er seinen Antrag auf Nichtigerklärung des ablehnenden Beschlusses mit dem Antrag verbinden, dass ein Beschluss festgestellt wird, der bei Annahme des Beschlussvorschlags rechtmäßig gefasst worden wäre. Auf die Feststellungsklage finden die für die Anfechtungsklage geltenden Vorschriften entsprechende Anwendung.*

§ 115 HGB-MoPeG ist neu. 1

Geschäftsführungsbefugnis

HGB-MoPeG 116 *(1) Zur Führung der Geschäfte der Gesellschaft sind alle Gesellschafter berechtigt und verpflichtet.*

(2) Die Befugnis zur Geschäftsführung erstreckt sich auf alle Geschäfte, die der gewöhnliche Betrieb des Handelsgewerbes der Gesellschaft mit sich bringt; zur Vornahme

von Geschäften, die darüber hinausgehen, ist ein Beschluss aller Gesellschafter erforderlich. Zur Bestellung eines Prokuristen bedarf es der Zustimmung aller geschäftsführungsbefugten Gesellschafter, es sei denn, dass mit dem Aufschub Gefahr für die Gesellschaft oder das Gesellschaftsvermögen verbunden ist. Der Widerruf der Prokura kann von jedem der zur Erteilung oder zur Mitwirkung bei der Erteilung befugten Gesellschafter erfolgen.

(3) Die Geschäftsführung steht vorbehaltlich des Absatzes 4 allen Gesellschaftern in der Art zu, dass jeder von ihnen allein zu handeln berechtigt ist. Das gilt im Zweifel entsprechend, wenn nach dem Gesellschaftsvertrag die Geschäftsführung mehreren Gesellschaftern zusteht. Widerspricht ein geschäftsführungsbefugter Gesellschafter der Vornahme des Geschäfts, muss dieses unterbleiben.

(4) Steht nach dem Gesellschaftsvertrag die Geschäftsführung allen oder mehreren Gesellschaftern in der Art zu, dass sie nur gemeinsam zu handeln berechtigt sind, bedarf es für jedes Geschäft der Zustimmung aller geschäftsführungsbefugten Gesellschafter, es sei denn, dass mit dem Aufschub Gefahr für die Gesellschaft oder das Gesellschaftsvermögen verbunden ist.

(5) Die Befugnis zur Geschäftsführung kann einem Gesellschafter auf Antrag der anderen Gesellschafter ganz oder teilweise durch gerichtliche Entscheidung entzogen werden, wenn ein wichtiger Grund vorliegt. Ein wichtiger Grund ist insbesondere eine grobe Pflichtverletzung des Gesellschafters oder die Unfähigkeit des Gesellschafters zur ordnungsgemäßen Geschäftsführung.

(6) Der Gesellschafter kann seinerseits die Geschäftsführung ganz oder teilweise kündigen, wenn ein wichtiger Grund vorliegt. § 671 Absatz 2 und 3 des Bürgerlichen Gesetzbuchs ist entsprechend anzuwenden.

1 § 116 HGB-MoPeG entspricht den §§ 114–117, 712 II BGB. Möglich bleibt bei entsprechender Regelung die Entziehung durch Mehrheitsbeschluss, → § 117 Rn. 12, eine ausdrückliche Bestimmung im Gesellschaftsvertrag wird empfohlen, Otto ZIP 2021, 2166.

Wettbewerbsverbot

HGB-MoPeG 117

(1) Ein Gesellschafter darf ohne Einwilligung der anderen Gesellschafter weder in dem Handelszweig der Gesellschaft Geschäfte machen noch an einer anderen gleichartigen Gesellschaft als persönlich haftender Gesellschafter teilnehmen.

(2) Die Einwilligung zur Teilnahme an einer anderen Gesellschaft gilt als erteilt, wenn den anderen Gesellschaftern bei Eingehung der Gesellschaft bekannt ist, dass der Gesellschafter an einer anderen Gesellschaft als persönlich haftender Gesellschafter teilnimmt, und gleichwohl die Aufgabe dieser Beteiligung nicht ausdrücklich vereinbart wird.

1 § 117 HGB-MoPeG entspricht dem bisherigen § 112.

Verletzung des Wettbewerbsverbots

HGB-MoPeG 118

(1) Verletzt ein Gesellschafter die ihm nach § 117 obliegende Verpflichtung, kann die Gesellschaft Schadensersatz fordern. Sie kann stattdessen von dem Gesellschafter verlangen, dass er die für eigene Rechnung gemachten Geschäfte als für Rechnung der Gesellschaft eingegangen gelten lasse und die aus Geschäften für fremde

Rechnung bezogene Vergütung herausgebe oder seinen Anspruch auf die Vergütung abtrete.

(2) Über die Geltendmachung dieser Ansprüche beschließen die anderen Gesellschafter.

(3) Die Ansprüche nach Absatz 1 verjähren in drei Monaten von dem Zeitpunkt an, in welchem die anderen Gesellschafter von dem Abschluss des Geschäfts oder von der Teilnahme des Gesellschafters an der anderen Gesellschaft Kenntnis erlangt haben oder ohne grobe Fahrlässigkeit erlangen mussten. Sie verjähren ohne Rücksicht auf diese Kenntnis oder grob fahrlässige Unkenntnis in fünf Jahren von ihrer Entstehung an.

(4) Das Recht der anderen Gesellschafter, den betreffenden Gesellschafter auszuschließen oder die Auflösung der Gesellschaft zu verlangen, wird durch diese Vorschriften nicht berührt.

§ 118 HGB-MoPeG entspricht dem bisherigen § 113. 1

Verzinsungspflicht

HGB-MoPeG 119 *(1) Schuldet die Gesellschaft nach Maßgabe von § 716 Absatz 4 Satz 2 des Bürgerlichen Gesetzbuchs dem Gesellschafter die Verzinsung von Aufwendungen und Verlusten, richtet sich deren Höhe nach § 352 Absatz 2.*

(2) Ein Gesellschafter, der der Gesellschaft liquide Geldmittel dadurch vorenthält, dass er seinen vereinbarten Beitrag nicht zur rechten Zeit einzahlt oder eingenommenes Geld der Gesellschaft nicht zur rechten Zeit an die Gesellschaftskasse abliefert oder unbefugt Geld aus der Gesellschaftskasse für sich entnimmt, hat der Gesellschaft Zinsen von dem Tag an zu entrichten, an welchem die Zahlung oder die Ablieferung hätte geschehen sollen oder die Herausnahme des Geldes erfolgt ist. Die Geltendmachung eines weiteren Schadens ist nicht ausgeschlossen.

§ 119 I HGB-MoPeG baut auf dem bisherigen § 110 II HGB auf, nunmehr 1 explizit verwiesen wird auf § 352 HGB. § 119 II HGB-MoPeG entspricht dem bisherigen § 111.

Ermittlung von Gewinn- und Verlustanteilen

HGB-MoPeG 120 *(1) Die geschäftsführungsbefugten Gesellschafter sind gegenüber der Gesellschaft zur Aufstellung des Jahresabschlusses (§ 242 Absatz 3) verpflichtet. Sie haben dabei für jeden Gesellschafter nach Maßgabe von § 709 Absatz 3 des Bürgerlichen Gesetzbuchs den Anteil am Gewinn oder Verlust zu ermitteln.*

(2) Der einem Gesellschafter zukommende Gewinn wird dem Kapitalanteil des Gesellschafters zugeschrieben; der auf einen Gesellschafter entfallende Verlust wird davon abgeschrieben.

§ 120 I HGB-MoPeG benennt nun klar die Pflicht zur Aufstellung des Jahres- 1 abschlusses und baut im Übrigen auf dem bisherigen § 120 I auf, ergänzend gilt § 709 III BGB-MoPeG. § 120 II HGB-MoPeG entspricht dem bisherigen § 120 II, benennt aber die Entnahme nicht mehr.

Feststellung des Jahresabschlusses

HGB-MoPeG 121
Über die Feststellung des Jahresabschlusses entscheiden die Gesellschafter durch Beschluss.

1 § 121 HGB-MoPeG sieht für die Feststellung des Jahresabschlusses einen Beschluss vor, die bisherigen Sonderregeln zu Gewinn und Verlust entfallen.

Gewinnauszahlung

HGB-MoPeG 122
Jeder Gesellschafter hat aufgrund des festgestellten Jahresabschlusses Anspruch auf Auszahlung seines ermittelten Gewinnanteils. Der Anspruch kann nicht geltend gemacht werden, soweit die Auszahlung zum offenbaren Schaden der Gesellschaft gereicht oder der Gesellschafter seinen vereinbarten Beitrag trotz Fälligkeit nicht geleistet hat.

1 § 122 HGB-MoPeG modernisiert den bisherigen § 122 und entspricht der üblichen Gestaltungspraxis. Die bisherige Regelung zum Kapitalanteil in §§ 121 f entfällt. Die Beibehaltung der bisherigen Gestaltungspraxis mit einem unveränderlichen Kapitalkonto I, einem Rücklagenkonto (Kapitalkonto II) sowie einem Fremdkapitalkonto (Darlehens- oder Privatkonto), → § 120 Rn. 19 f, wird empfohlen, Otto ZIP 2021, 2166.

Dritter Titel. Rechtsverhältnis der Gesellschaft zu Dritten

Entstehung der Gesellschaft im Verhältnis zu Dritten

HGB-MoPeG 123
(1) Im Verhältnis zu Dritten entsteht die Gesellschaft, sobald sie im Handelsregister eingetragen ist. Dessen ungeachtet entsteht die Gesellschaft schon dann, wenn sie mit Zustimmung sämtlicher Gesellschafter am Rechtsverkehr teilnimmt, soweit sich aus § 107 Absatz 1 nichts anderes ergibt.

(2) Eine Vereinbarung, dass die Gesellschaft erst zu einem späteren Zeitpunkt entstehen soll, ist Dritten gegenüber unwirksam.

1 § 123 HGB-MoPeG entspricht dem bisherigen § 123. § 123 I HGB-MoPeG fasst die bisherigen § 123 I, II zusammen, § 123 II HGB-MoPeG entspricht dem bisherigen § 123 III.

Vertretung der Gesellschaft

HGB-MoPeG 124
(1) Zur Vertretung der Gesellschaft ist jeder Gesellschafter befugt, wenn er nicht durch den Gesellschaftsvertrag von der Vertretung ausgeschlossen ist.

(2) Im Gesellschaftsvertrag kann vereinbart werden, dass alle oder mehrere Gesellschafter nur gemeinsam zur Vertretung der Gesellschaft befugt sein sollen. Die zur Gesamtvertretung befugten Gesellschafter können einzelne von ihnen zur Vornahme bestimmter Geschäfte oder bestimmter Arten von Geschäften ermächtigen.

(3) Im Gesellschaftsvertrag kann vereinbart werden, dass die Gesellschafter, sofern nicht mehrere zusammen handeln, nur gemeinsam mit einem Prokuristen zur Vertretung der Gesellschaft berechtigt sein sollen. Absatz 2 Satz 2 und Absatz 6 sind in diesem Fall entsprechend anzuwenden.

1. Abschnitt. Offene Handelsgesellschaft HGB-MoPeG **Anh § 105**

(4) Die Vertretungsbefugnis der Gesellschafter erstreckt sich auf alle Geschäfte der Gesellschaft einschließlich der Veräußerung und Belastung von Grundstücken sowie der Erteilung und des Widerrufs einer Prokura. Eine Beschränkung des Umfangs der Vertretungsbefugnis ist Dritten gegenüber unwirksam. Dies gilt insbesondere für die Beschränkung, dass sich die Vertretung nur auf bestimmte Geschäfte oder Arten von Geschäften erstreckt oder dass sie nur unter gewissen Umständen oder für eine gewisse Zeit oder an einzelnen Orten stattfinden soll. Hinsichtlich der Beschränkung auf den Betrieb einer von mehreren Niederlassungen der Gesellschaft ist § 50 Absatz 3 entsprechend anzuwenden.

(5) Die Vertretungsbefugnis kann einem Gesellschafter in entsprechender Anwendung von § 116 Absatz 5 ganz oder teilweise entzogen werden, sofern im Gesellschaftsvertrag nichts anderes vereinbart ist.

(6) Ist der Gesellschaft gegenüber eine Willenserklärung abzugeben, genügt die Abgabe gegenüber einem vertretungsbefugten Gesellschafter.

§ 124 HGB-MoPeG entspricht den bisherigen §§ 125, 126, 127.   1

Angaben auf Geschäftsbriefen

HGB-MoPeG 125 *(1) Auf allen Geschäftsbriefen der Gesellschaft, gleichviel welcher Form, die an einen bestimmten Empfänger gerichtet werden, müssen die Firma und der Sitz der Gesellschaft, das Registergericht und die Nummer, unter der die Gesellschaft in das Handelsregister eingetragen ist, angegeben werden. Bei einer Gesellschaft, bei der kein Gesellschafter eine natürliche Person ist, sind auf den Geschäftsbriefen der Gesellschaft ferner die Firmen oder Namen der Gesellschafter anzugeben sowie für die Gesellschafter die nach § 35a des Gesetzes betreffend die Gesellschaften mit beschränkter Haftung oder § 80 des Aktiengesetzes für Geschäftsbriefe vorgeschriebenen Angaben zu machen. Die Angaben nach Satz 2 sind nicht erforderlich, wenn zu den Gesellschaftern der Gesellschaft eine rechtsfähige Personengesellschaft gehört, bei der mindestens ein persönlich haftender Gesellschafter eine natürliche Person ist.*

(2) Für Vordrucke und Bestellscheine ist § 37a Absatz 2 und 3 entsprechend anzuwenden. Für Zwangsgelder gegen die zur Vertretung der Gesellschaft befugten Gesellschafter oder deren organschaftliche Vertreter und die Liquidatoren ist § 37a Absatz 4 entsprechend anzuwenden.

§ 125 HGB-MoPeG entspricht dem bisherigen § 125a.   1

Persönliche Haftung der Gesellschafter

HGB-MoPeG 126 *Die Gesellschafter haften für die Verbindlichkeiten der Gesellschaft den Gläubigern als Gesamtschuldner persönlich. Eine entgegenstehende Vereinbarung ist Dritten gegenüber unwirksam.*

§ 126 HGB-MoPeG entspricht dem bisherigen § 128.   1

Haftung des eintretenden Gesellschafters

HGB-MoPeG 127 *Wer in eine bestehende Gesellschaft eintritt, haftet gleich den anderen Gesellschaftern nach Maßgabe der §§ 126 und 128 für die vor seinem Eintritt begründeten*

Verbindlichkeiten der Gesellschaft. Eine entgegenstehende Vereinbarung ist Dritten gegenüber unwirksam.

1 § 127 HGB-MoPeG entspricht dem bisherigen § 130.

Einwendungen und Einreden des Gesellschafters

HGB-MoPeG 128 *(1) Wird ein Gesellschafter wegen einer Verbindlichkeit der Gesellschaft in Anspruch genommen, kann er Einwendungen und Einreden, die nicht in seiner Person begründet sind, insoweit geltend machen, als sie von der Gesellschaft erhoben werden können.*

(2) Der Gesellschafter kann die Befriedigung des Gläubigers verweigern, solange der Gesellschaft in Ansehung der Verbindlichkeit das Recht zur Anfechtung oder Aufrechnung oder ein anderes Gestaltungsrecht, dessen Ausübung die Gesellschaft ihrerseits zur Leistungsverweigerung berechtigen würde, zusteht.

1 § 128 HGB-MoPeG entspricht dem bisherigen § 129. In § 128 I HGB-MoPeG wird sprachlich klargestellt, dass auch Einreden entgegengehalten werden können. § 128 II HGB-MoPeG fasst die bisherigen § 129 II, III zusammen und sprachlich neu.

Zwangsvollstreckung gegen die Gesellschaft oder gegen ihre Gesellschafter

HGB-MoPeG 129 *(1) Zur Zwangsvollstreckung in das Vermögen der Gesellschaft ist ein gegen die Gesellschaft gerichteter Vollstreckungstitel erforderlich.*

(2) Aus einem gegen die Gesellschaft gerichteten Vollstreckungstitel findet die Zwangsvollstreckung gegen die Gesellschafter nicht statt.

1 § 129 I HGB-MoPeG übernimmt den Regelungsinhalt des bisherigen § 124 II und fasst diesen sprachlich neu. § 129 II HGB-MoPeG entspricht dem bisherigen § 129 IV, der vollstreckbare Schuldtitel wird präziser als Vollstreckungstitel bezeichnet.

Vierter Titel. Ausscheiden eines Gesellschafters

Gründe für das Ausscheiden; Zeitpunkt des Ausscheidens

HGB-MoPeG 130 *(1) Folgende Gründe führen zum Ausscheiden eines Gesellschafters aus der Gesellschaft, sofern der Gesellschaftsvertrag für diese Fälle nicht die Auflösung der Gesellschaft vorsieht:*

1. Tod des Gesellschafters;
2. Kündigung der Mitgliedschaft durch den Gesellschafter;
3. Eröffnung des Insolvenzverfahrens über das Vermögen des Gesellschafters;
4. Kündigung der Mitgliedschaft durch einen Privatgläubiger des Gesellschafters;
5. gerichtliche Entscheidung über Ausschließungsklage.

(2) Im Gesellschaftsvertrag können weitere Gründe für das Ausscheiden eines Gesellschafters vereinbart werden.

(3) Der Gesellschafter scheidet mit Eintritt des ihn betreffenden Ausscheidensgrundes aus, im Fall der Kündigung der Mitgliedschaft aber nicht vor Ablauf der Kündigungsfrist und im Fall der gerichtlichen Entscheidung über die Ausschließungsklage nicht vor Rechtskraft des stattgebenden Urteils.

Das HGB-MoPeG regelt das Ausscheiden eines Gesellschafters künftig in einem eigenen Titel (Vierter Titel) und trennt diesen richtig von der Auflösung der Gesellschaft, dem künftigen Fünften Titel. § 130 HGB-MoPeG entspricht dem bisherigen § 131 III. § 130 I HGB-MoPeG fasst die bisherigen Nrn. 1 bis 4, 6 des geltenden § 131 III unter Änderung auch der Reihenfolge teilweise sprachlich neu. § 130 II HGB-MoPeG entspricht dem bisherigen § 131 III Nr. 5. Explizit benannt wird nun die gerichtliche Ausschließungsklage, § 130 III HGB-MoPeG baut auf dem bisherigen § 131 III 2 auf.

Fortsetzung mit dem Erben; Ausscheiden des Erben

HGB-MoPeG 131

(1) Geht der Anteil eines verstorbenen Gesellschafters auf dessen Erben über, so kann jeder Erbe gegenüber den anderen Gesellschaftern antragen, dass ihm die Stellung eines Kommanditisten eingeräumt und der auf ihn entfallende Anteil des Erblassers als seine Kommanditeinlage anerkannt wird.

(2) Nehmen die anderen Gesellschafter einen Antrag nach Absatz 1 nicht an, ist der Erbe befugt, seine Mitgliedschaft in der Gesellschaft ohne Einhaltung einer Kündigungsfrist zu kündigen.

(3) Die Rechte nach den Absätzen 1 bis 2 können von dem Erben nur innerhalb von drei Monaten nach dem Zeitpunkt, zu dem er von dem Anfall der Erbschaft Kenntnis erlangt hat, geltend gemacht werden. Auf den Lauf der Frist ist § 210 des Bürgerlichen Gesetzbuchs entsprechend anzuwenden. Ist bei Ablauf der drei Monate das Recht zur Ausschlagung der Erbschaft noch nicht verloren, endet die Frist nicht vor dem Ablauf der Ausschlagungsfrist.

(4) Scheidet innerhalb der Frist des Absatzes 3 der Erbe aus der Gesellschaft aus oder wird innerhalb der Frist die Gesellschaft aufgelöst oder dem Erben die Stellung eines Kommanditisten eingeräumt, so haftet er für die bis dahin entstandenen Gesellschaftsverbindlichkeiten nur nach Maßgabe der Vorschriften des bürgerlichen Rechts, welche der Haftung des Erben für die Nachlassverbindlichkeiten betreffen.

(5) Der Gesellschaftsvertrag kann die Anwendung der Vorschriften der Absätze 1 bis 4 nicht ausschließen. Jedoch kann für den Fall, dass der Erbe sein Verbleiben in der Gesellschaft von der Einräumung der Stellung eines Kommanditisten abhängig macht, sein Gewinnanteil anders als der des Erblassers bestimmt werden.

§ 131 HGB-MoPeG baut auf dem bisherigen § 139 auf.

Kündigung der Mitgliedschaft durch den Gesellschafter

HGB-MoPeG 132

(1) Ist das Gesellschaftsverhältnis auf unbestimmte Zeit eingegangen, kann ein Gesellschafter seine Mitgliedschaft unter Einhaltung einer Frist von sechs Monaten zum Ablauf des Geschäftsjahres gegenüber der Gesellschaft kündigen.

(2) Ist für das Gesellschaftsverhältnis eine Zeitdauer vereinbart, ist die Kündigung der Mitgliedschaft durch einen Gesellschafter vor dem Ablauf dieser Zeit zulässig, wenn ein wichtiger Grund vorliegt. Ein wichtiger Grund liegt insbesondere vor, wenn ein anderer Gesellschafter eine ihm nach dem Gesellschaftsvertrag obliegende wesentliche Verpflich-

tung vorsätzlich oder grob fahrlässig verletzt hat oder wenn die Erfüllung einer solchen Verpflichtung unmöglich wird.

(3) Liegt ein wichtiger Grund im Sinne von Absatz 2 Satz 2 vor, so ist eine Kündigung der Mitgliedschaft durch einen Gesellschafter stets ohne Einhaltung einer Kündigungsfrist zulässig.

(4) Ein Gesellschafter kann seine Mitgliedschaft auch kündigen, wenn er volljährig geworden ist. Das Kündigungsrecht besteht nicht, wenn der Gesellschafter bezüglich des Gegenstands der Gesellschaft zum selbständigen Betrieb eines Erwerbsgeschäfts gemäß § 112 des Bürgerlichen Gesetzbuchs ermächtigt war oder der Zweck der Gesellschaft allein der Befriedigung seiner persönlichen Bedürfnisse diente. Der volljährig Gewordene kann die Kündigung nur binnen drei Monaten von dem Zeitpunkt an erklären, in welchem er von seiner Gesellschafterstellung Kenntnis hatte oder haben musste.

(5) Die Kündigung darf nicht zur Unzeit geschehen, es sei denn, dass ein wichtiger Grund für die unzeitige Kündigung vorliegt. Kündigt ein Gesellschafter seine Mitgliedschaft dennoch ohne einen solchen Grund zur Unzeit, hat er der Gesellschaft den daraus entstehenden Schaden zu ersetzen.

(6) Eine Vereinbarung im Gesellschaftsvertrag, welche das Kündigungsrecht nach den Absätzen 2 und 4 ausschließt oder diesen Vorschriften zuwider beschränkt, ist unwirksam.

1 § 132 HGB-MoPeG baut auf dem bisherigen § 132 auf, geregelt wird allerdings die Kündigung der Mitgliedschaft, nicht der Gesellschaft.

Kündigung der Mitgliedschaft durch einen Privatgläubiger des Gesellschafters

HGB-MoPeG 133

Hat ein Privatgläubiger eines Gesellschafters, nachdem innerhalb der letzten sechs Monate eine Zwangsvollstreckung in das bewegliche Vermögen des Gesellschafters ohne Erfolg versucht wurde, aufgrund eines nicht bloß vorläufig vollstreckbaren Schuldtitels die Pfändung des Anteils des Gesellschafters an der Gesellschaft erwirkt, kann er dessen Mitgliedschaft gegenüber der Gesellschaft unter Einhaltung einer Frist von sechs Monaten zum Ablauf des Geschäftsjahrs kündigen.

1 § 133 HGB-MoPeG baut auf dem bisherigen § 135 auf, der sprachlich neu gefasst wurde. Geregelt wird in § 133 HGB-MoPeG die Kündigung der Mitgliedschaft, nicht der Gesellschaft.

Gerichtliche Entscheidung über Ausschließungsklage

HGB-MoPeG 134

Tritt in der Person eines Gesellschafters ein wichtiger Grund ein, kann auf Antrag der anderen Gesellschafter seine Ausschließung aus der Gesellschaft durch gerichtliche Entscheidung ausgesprochen werden, sofern im Gesellschaftsvertrag nichts anderes vereinbart ist. Ein wichtiger Grund liegt insbesondere vor, wenn der Gesellschafter eine ihm nach dem Gesellschaftsvertrag obliegende wesentliche Verpflichtung vorsätzlich oder grob fahrlässig verletzt hat oder wenn ihm die Erfüllung einer solchen Verpflichtung unmöglich wird. Der Klage steht nicht entgegen, dass nach der Ausschließung nur ein Gesellschafter verbleibt.

1 § 134 HGB-MoPeG regelt unter Aufnahme auch des Regelungsgehalts des bisherigen § 140 I die Ausschließungsklage.

1. Abschnitt. Offene Handelsgesellschaft HGB-MoPeG Anh § 105

Ansprüche des ausgeschiedenen Gesellschafters

HGB-MoPeG 135 *(1) Sofern im Gesellschaftsvertrag nichts anderes vereinbart ist, ist die Gesellschaft verpflichtet, den ausgeschiedenen Gesellschafter von der Haftung für die Verbindlichkeiten der Gesellschaft zu befreien und ihm eine dem Wert seines Anteils angemessene Abfindung zu zahlen. Sind Verbindlichkeiten der Gesellschaft noch nicht fällig, kann die Gesellschaft dem Ausgeschiedenen Sicherheit leisten, statt ihn von der Haftung nach § 126 zu befreien.*

(2) Im Fall des § 134 ist für die Ermittlung des Abfindungsanspruchs die Vermögenslage der Gesellschaft in dem Zeitpunkt maßgebend, in welchem die Ausschließungsklage erhoben ist.

(3) Der Wert des Gesellschaftsanteils ist, soweit erforderlich, im Wege der Schätzung zu ermitteln.

§ 135 I HGB-MoPeG nimmt den Regelungsgehalt des bisherigen §§ 105 III HGB, 738 I 2 BGB auf, § 135 II HGB-MoPeG den Regelungsgehalt des bisherigen § 140 II. Statt auf den Liquidationserlös stellt der Gesetzeswortlauf künftig auf eine angemessene Abfindung ab, kritisch Hüttemann/Meyer ZIP 2022, 935, zum Abstellen auf den Fortführungswert bereits de lege lata → § 131 Rn. 49. **1**

Haftung des ausgeschiedenen Gesellschafters für Fehlbetrag

HGB-MoPeG 136 *Reicht der Wert des Gesellschaftsvermögens zur Deckung der Verbindlichkeiten der Gesellschaft nicht aus, hat der ausgeschiedene Gesellschafter der Gesellschaft für den Fehlbetrag nach dem Verhältnis seines Anteils am Gewinn und Verlust aufzukommen.*

§ 136 HGB-MoPeG regelt explizit die Haftung des ausgeschiedenen Gesellschafters für einen Fehlbetrag, die Regelung entspricht § 728a BGB-MoPeG. **1**

Nachhaftung des ausgeschiedenen Gesellschafters

HGB-MoPeG 137 *(1) Scheidet ein Gesellschafter aus der Gesellschaft aus, so haftet er für deren bis dahin begründete Verbindlichkeiten, wenn sie vor Ablauf von fünf Jahren nach seinem Ausscheiden fällig sind und*

1. *daraus Ansprüche gegen ihn in einer in § 197 Absatz 1 Nummer 3 bis 5 des Bürgerlichen Gesetzbuchs bezeichneten Art festgestellt sind oder*
2. *eine gerichtliche oder behördliche Vollstreckungshandlung vorgenommen oder beantragt wird; bei öffentlich-rechtlichen Verbindlichkeiten genügt der Erlass eines Verwaltungsakts.*

Ist die Verbindlichkeit auf Schadensersatz gerichtet, haftet der ausgeschiedene Gesellschafter nach Satz 1 nur, wenn auch die zum Schadensersatz führende Verletzung vertraglicher oder gesetzlicher Pflichten vor dem Ausscheiden des Gesellschafters eingetreten ist. Die Frist beginnt, sobald der Gläubiger von dem Ausscheiden des Gesellschafters Kenntnis erlangt hat oder das Ausscheiden des Gesellschafters im Handelsregister eingetragen worden ist. Die §§ 204, 206, 210, 211 und 212 Absatz 2 und 3 des Bürgerlichen Gesetzbuchs sind entsprechend anzuwenden.

Anh § 105 HGB-MoPeG

(2) Einer Feststellung in einer in § 197 Absatz 1 Nummer 3 bis 5 des Bürgerlichen Gesetzbuchs bezeichneten Art bedarf es nicht, soweit der Gesellschafter den Anspruch schriftlich anerkannt hat.

(3) Wird ein Gesellschafter Kommanditist, sind für die Begrenzung seiner Haftung für die im Zeitpunkt der Eintragung der Änderung in das Handelsregister begründeten Verbindlichkeiten die Absätze 1 und 2 entsprechend anzuwenden. Dies gilt auch, wenn er in der Gesellschaft oder einem ihr als Gesellschafter angehörenden Unternehmen geschäftsführend tätig wird. Seine Haftung als Kommanditist bleibt unberührt.

1 § 137 HGB-MoPeG entspricht inhaltlich dem bisherigen § 160, I wurde umformuliert.

Fünfter Titel. Auflösung der Gesellschaft

Auflösungsgründe

HGB-MoPeG 138 *(1) Die Gesellschaft wird aufgelöst durch:*

1. *Ablauf der Zeit, für welche sie eingegangen wurde;*
2. *Eröffnung des Insolvenzverfahrens über das Vermögen der Gesellschaft;*
3. *gerichtliche Entscheidung über den Antrag auf Auflösung;*
4. *Auflösungsbeschluss.*

(2) Eine Gesellschaft, bei der kein persönlich haftender Gesellschafter eine natürliche Person ist, wird ferner aufgelöst:

1. *mit der Rechtskraft des Beschlusses, durch den die Eröffnung des Insolvenzverfahrens mangels Masse abgelehnt worden ist;*
2. *durch die Löschung wegen Vermögenslosigkeit nach § 394 des Gesetzes über das Verfahren in Familiensachen und in den Angelegenheiten der freiwilligen Gerichtsbarkeit.*

Dies gilt nicht, wenn zu den persönlich haftenden Gesellschaftern eine andere rechtsfähige Personengesellschaft gehört, bei der mindestens ein persönlich haftender Gesellschafter eine natürliche Person ist.

(3) Im Gesellschaftsvertrag können weitere Auflösungsgründe vereinbart werden.

1 § 138 HGB-MoPeG entspricht dem bisherigen § 131 I, II. I, II wurden umformuliert, III entspricht den für Kapitalgesellschaften geltenden gesellschaftsrechtlichen Standards.

Auflösung durch gerichtliche Entscheidung

HGB-MoPeG 139 *(1) Auf Antrag eines Gesellschafters kann aus wichtigem Grund die Auflösung der Gesellschaft durch gerichtliche Entscheidung ausgesprochen werden, wenn ihm die Fortsetzung der Gesellschaft nicht zuzumuten ist. Ein wichtiger Grund liegt insbesondere vor, wenn ein anderer Gesellschafter eine ihm nach dem Gesellschaftsvertrag obliegende wesentliche Verpflichtung vorsätzlich oder grob fahrlässig verletzt hat oder wenn die Erfüllung einer solchen Verpflichtung unmöglich wird.*

(2) Eine Vereinbarung im Gesellschaftsvertrag, welche das Recht des Gesellschafters, die Auflösung der Gesellschaft aus wichtigem Grund zu verlangen, ausschließt oder Absatz 1 zuwider beschränkt, ist unwirksam.

§ 139 HGB-MoPeG entspricht dem bisherigen § 133, I fasst die bisherigen § 133 I, II zusammen.

Auflösungsbeschluss

HGB-MoPeG 140 *Hat nach dem Gesellschaftsvertrag die Mehrheit der Stimmen zu entscheiden, muss ein Beschluss, der die Auflösung der Gesellschaft zum Gegenstand hat, mit einer Mehrheit von mindestens drei Viertel der abgegebenen Stimmen gefasst werden.*

§ 140 HGB-MoPeG ist neu und entspricht sonst geltenden gesellschaftsrechtlichen Standards.

Anmeldung der Auflösung

HGB-MoPeG 141 *(1) Die Auflösung der Gesellschaft ist von sämtlichen Gesellschaftern zur Eintragung in das Handelsregister anzumelden. Dies gilt nicht in den Fällen der Eröffnung oder Ablehnung der Eröffnung des Insolvenzverfahrens über das Vermögen der Gesellschaft (§ 138 Absatz 1 Nummer 2 und § 138 Absatz 2 Satz 1 Nummer 1); dann hat das Gericht die Auflösung und ihren Grund von Amts wegen einzutragen. Im Fall der Löschung der Gesellschaft (§ 138 Absatz 2 Satz 1 Nummer 2) entfällt die Eintragung der Auflösung.*

(2) Ist aufgrund einer Vereinbarung im Gesellschaftsvertrag die Gesellschaft durch den Tod eines Gesellschafters aufgelöst, kann die Anmeldung der Auflösung der Gesellschaft ohne Mitwirkung der Erben erfolgen, sofern einer solchen Mitwirkung besondere Hindernisse entgegenstehen.

§ 141 HGB-MoPeG entspricht dem geltenden § 143 I, III.

Fortsetzung der Gesellschaft

HGB-MoPeG 142 *(1) Die Gesellschafter können nach Auflösung der Gesellschaft deren Fortsetzung beschließen, sobald der Auflösungsgrund beseitigt ist.*

(2) Hat nach dem Gesellschaftsvertrag die Mehrheit der Stimmen zu entscheiden, muss der Beschluss über die Fortsetzung mit einer Mehrheit von mindestens drei Viertel der abgegebenen Stimmen gefasst werden.

(3) Die Fortsetzung ist von sämtlichen Gesellschaftern zur Eintragung in das Handelsregister anzumelden.

§ 142 HGB-MoPeG regelt allgemein die Fortsetzung der Gesellschaft, bislang besteht mit § 144 nur eine Sonderregelung für die Fortsetzung in der Insolvenz.

Sechster Titel. Liquidation der Gesellschaft

Notwendigkeit der Liquidation; anwendbare Vorschriften

HGB-MoPeG 143 *(1) Nach Auflösung der Gesellschaft findet die Liquidation statt, sofern nicht über das Vermögen der Gesellschaft das Insolvenzverfahren eröffnet ist. Ist die Gesellschaft durch Löschung wegen Vermögenslosigkeit aufgelöst, findet eine Liquidation nur* *statt, wenn sich nach der Löschung herausstellt, dass noch Vermögen vorhanden ist, das der Verteilung unterliegt.*

(2) Die Gesellschafter können anstelle der Liquidation eine andere Art der Abwicklung vereinbaren. Ist aufgrund einer Vereinbarung im Gesellschaftsvertrag die Gesellschaft durch die Kündigung eines Privatgläubigers eines Gesellschafters oder durch die Eröffnung des Insolvenzverfahrens über das Vermögen eines Gesellschafters aufgelöst, bedarf eine Vereinbarung über eine andere Art der Abwicklung der Zustimmung des Privatgläubigers oder des Insolvenzverwalters; ist im Insolvenzverfahren Eigenverwaltung angeordnet, tritt an die Stelle der Zustimmung des Insolvenzverwalters die Zustimmung des Schuldners.

(3) Die Liquidation erfolgt nach den folgenden Vorschriften dieses Titels, sofern sich nicht aus dem Gesellschaftsvertrag etwas anderes ergibt.

1 § 143 HGB-MoPeG geht auf § 145 zurück, die Norm wurde neu geordnet und gefasst. Zur Art der Abwicklung (II) bislang auch § 158, zum Gesellschaftsvertrag (III) bislang auch § 156.

Liquidatoren

HGB-MoPeG 144 *(1) Zur Liquidation sind alle Gesellschafter berufen.*

(2) Ist über das Vermögen eines Gesellschafters das Insolvenzverfahren eröffnet und ein Insolvenzverwalter bestellt worden, tritt dieser an die Stelle des Gesellschafters.

(3) Mehrere Erben eines Gesellschafters haben einen gemeinsamen Vertreter zu bestellen.

(4) Durch Vereinbarung im Gesellschaftsvertrag oder durch Beschluss der Gesellschafter können auch einzelne Gesellschafter oder andere Personen zu Liquidatoren berufen werden.

(5) Hat nach dem Gesellschaftsvertrag die Mehrheit der Stimmen zu entscheiden, gilt dies im Zweifel nicht für die Berufung und Abberufung eines Liquidators.

1 § 144 HGB-MoPeG geht auf die bisherigen §§ 146, 147 zurück. Die Bestellung durch das Gericht und durch die Gesellschafter werden künftig getrennt geregelt.

Gerichtliche Berufung und Abberufung von Liquidatoren

HGB-MoPeG 145 *(1) Auf Antrag eines Beteiligten kann aus wichtigem Grund ein Liquidator durch das Gericht, in dessen Bezirk die Gesellschaft ihren Sitz hat, berufen und abberufen werden. Eine Vereinbarung im Gesellschaftsvertrag, welche dieses Recht ausschließt, ist unwirksam.*

(2) Beteiligte sind:

1. *jeder Gesellschafter (§ 144 Absatz 1),*
2. *der Insolvenzverwalter über das Vermögen des Gesellschafters (§ 144 Absatz 2),*
3. *der gemeinsame Vertreter (§ 144 Absatz 3) und*
4. *der Privatgläubiger des Gesellschafters, durch den die zur Auflösung der Gesellschaft führende Kündigung erfolgt ist (§ 143 Absatz 2 Satz 2).*

1. Abschnitt. Offene Handelsgesellschaft **HGB-MoPeG Anh § 105**

(3) Gehört der Liquidator nicht zu den Gesellschaftern, hat er Anspruch auf Ersatz der erforderlichen Aufwendungen und auf Vergütung für seine Tätigkeit. Einigen sich der Gesellschafter und die Gesellschaft hierüber nicht, setzt das Gericht die Aufwendungen und die Vergütung fest. Gegen die Entscheidung ist die Beschwerde zulässig; die Rechtsbeschwerde ist ausgeschlossen. Aus der rechtskräftigen Entscheidung findet die Zwangsvollstreckung nach der Zivilprozessordnung statt.

§ 145 HGB-MoPeG geht auf die bisherigen §§ 146, 147 zurück. Die Bestellung durch das Gericht und durch die Gesellschafter werden künftig getrennt geregelt. **1**

Geschäftsführungs- und Vertretungsbefugnis der Liquidatoren

HGB-MoPeG 146
(1) Mit der Auflösung erlischt die einem Gesellschafter im Gesellschaftsvertrag übertragene Befugnis zur Geschäftsführung und Vertretung. Diese Befugnis steht von der Auflösung an allen Liquidatoren gemeinsam zu.

(2) Die bisherige Befugnis eines Gesellschafters zur Geschäftsführung gilt gleichwohl zu seinen Gunsten als fortbestehend, bis er von der Auflösung der Gesellschaft Kenntnis erlangt hat oder die Auflösung kennen muss.

§ 146 HGB-MoPeG geht auf die bisherigen §§ 149, 150 zurück. **1**

Anmeldung der Liquidatoren

HGB-MoPeG 147
(1) Die Liquidatoren und ihre Vertretungsbefugnis sind von sämtlichen Gesellschaftern zur Eintragung in das Handelsregister anzumelden. Das Gleiche gilt für jede Änderung in der Person des Liquidators oder in seiner Vertretungsbefugnis. Wenn im Fall des Todes eines Gesellschafters anzunehmen ist, dass die Anmeldung den Tatsachen entspricht, kann die Eintragung erfolgen, auch ohne dass die Erben bei der Anmeldung mitwirken, sofern einer solchen Mitwirkung besondere Hindernisse entgegenstehen.

(2) Die Eintragung gerichtlich berufener Liquidatoren sowie die Eintragung der gerichtlichen Abberufung von Liquidatoren geschieht von Amts wegen.

§ 147 HGB-MoPeG geht auf den bisherigen § 148 zurück. **1**

Rechtsstellung der Liquidatoren

HGB-MoPeG 148
(1) Die Liquidatoren haben, auch wenn sie vom Gericht berufen sind, den Weisungen Folge zu leisten, welche die Beteiligten in Bezug auf die Geschäftsführung beschließen. Hat nach dem Gesellschaftsvertrag die Mehrheit der Stimmen zu entscheiden, bedarf der Beschluss der Zustimmung der Beteiligten nach § 145 Absatz 2 Nummer 2 und 4.

(2) Die Liquidatoren haben die laufenden Geschäfte zu beendigen, die Forderungen der Gesellschaft einzuziehen und das übrige Vermögen in Geld umzusetzen. Zur Beendigung der laufenden Geschäfte können Liquidatoren auch neue Geschäfte eingehen.

(3) Die Liquidatoren haben bei Abgabe ihrer Unterschrift der Firma einen Liquidationszusatz beizufügen. Dies gilt entsprechend für die Pflicht nach § 125.

(4) Die Liquidatoren haben gegenüber den nach § 145 Absatz 2 Beteiligten zur Ermittlung des zu verteilenden Gesellschaftsvermögens bei Beginn und Beendigung der Liquidation eine Bilanz aufzustellen. Die Pflichten zur Buchführung (§§ 238 bis 241a) und Jahresrechnungslegung (§§ 242 bis 256a) bleiben unberührt.

(5) Aus dem Vermögen der Gesellschaft sind zunächst die Gläubiger der Gesellschaft zu befriedigen. Ist eine Verbindlichkeit noch nicht fällig oder ist sie streitig, ist das zur Berichtigung der Verbindlichkeit Erforderliche zurückzuhalten.

(6) Aus dem nach der Berichtigung der Verbindlichkeiten verbleibenden Gesellschaftsvermögen sind die geleisteten Beiträge zurückzuerstatten. Für Beiträge, die nicht in Geld bestanden haben, ist der Wert zu ersetzen, den sie zur Zeit der Einbringung gehabt haben. Für Beiträge, die in der Leistung von Diensten oder in der Überlassung der Benutzung eines Gegenstands bestanden haben, kann im Zweifel kein Ersatz verlangt werden.

(7) Das während der Liquidation entbehrliche Geld wird unter Berücksichtigung der den Gesellschaftern bei der Schlussverteilung zukommenden Beträge vorläufig verteilt.

(8) Das nach Berichtigung der Verbindlichkeiten und Rückerstattung der Beiträge verbleibende Vermögen der Gesellschaft ist unter den Gesellschaftern nach dem Verhältnis ihrer Kapitalanteile, wie sie sich aufgrund der Schlussbilanz im Sinne von Absatz 4 ergeben, schließlich zu verteilen.

1   § 148 HGB-MoPeG geht auf die §§ 149, 152–155 zurück.

Haftung des Gesellschafters für Fehlbetrag

HGB-MoPeG 149

Reicht das Gesellschaftsvermögen zur Berichtigung der Verbindlichkeiten und zur Rückerstattung der Beiträge nicht aus, haben die Gesellschafter der Gesellschaft für den Fehlbetrag nach dem Verhältnis ihrer Kapitalanteile aufzukommen. Kann von einem Gesellschafter der auf ihn entfallende Betrag nicht erlangt werden, haben die anderen Gesellschafter den Ausfall nach dem gleichen Verhältnis zu tragen.

1   § 149 HGB-MoPeG entspricht § 737 BGB-MoPeG.

Anmeldung des Erlöschens der Firma

HGB-MoPeG 150

Nach der Beendigung der Liquidation ist das Erlöschen der Firma von sämtlichen Liquidatoren zur Eintragung in das Handelsregister anzumelden.

1   § 150 HGB-MoPeG entspricht dem bisherigen § 157 I.

Verjährung von Ansprüchen aus der Gesellschafterhaftung

HGB-MoPeG 151

(1) Ist die Gesellschaft durch Liquidation oder auf andere Weise erloschen, verjähren Ansprüche gegen einen Gesellschafter aus Verbindlichkeiten der Gesellschaft in fünf Jahren, sofern nicht der Anspruch gegen die Gesellschaft einer kürzeren Verjährung unterliegt.

(2) Die Verjährung beginnt abweichend von § 199 Absatz 1 des Bürgerlichen Gesetzbuchs, sobald der Gläubiger von dem Erlöschen der Firma Kenntnis erlangt hat oder das Erlöschen der Firma im Handelsregister eingetragen worden ist.

(3) Beginnt die Verjährung des Anspruchs gegen die Gesellschaft neu oder wird die Verjährung des Anspruchs gegenüber der Gesellschaft nach den §§ 203, 204, 205 oder

1. Abschnitt. Offene Handelsgesellschaft   HGB-MoPeG **Anh § 105**

206 des Bürgerlichen Gesetzbuchs gehemmt, wirkt dies auch gegenüber den Gesellschaftern, die der Gesellschaft zur Zeit des Erlöschens angehört haben.

§ 151 HGB-MoPeG entspricht dem § 739 BGB-MoPeG und geht auf den bisherigen § 159 zurück. 1

Aufbewahrung der Geschäftsunterlagen; Einsicht in die Geschäftsunterlagen

HGB-MoPeG 152 *(1) Die Geschäftsunterlagen der aufgelösten Gesellschaft werden einem der Gesellschafter oder einem Dritten in Verwahrung gegeben. In Ermangelung einer Verständigung wird der Gesellschafter oder der Dritte durch das Gericht bestimmt, in dessen Bezirk die Gesellschaft ihren Sitz hat.*

(2) Die Gesellschafter und deren Erben behalten das Recht auf Einsicht und Benutzung der Geschäftsunterlagen.

§ 152 HGB-MoPeG entspricht dem bisherigen § 157 II, III. 1

HGB-MoPeG §§ 153–160 *(nicht besetzt)*

Zweiter Abschnitt. Kommanditgesellschaft

[Begriff der KG; Anwendbarkeit der OHG-Vorschriften]

HGB-MoPeG 161 *(1) Eine Gesellschaft, deren Zweck auf den Betrieb eines Handelsgewerbes unter gemeinschaftlicher Firma gerichtet ist, ist eine Kommanditgesellschaft, wenn bei einem oder bei einigen von den Gesellschaftern die Haftung gegenüber den Gesellschaftsgläubigern auf einen bestimmten Betrag (Haftsumme) beschränkt ist (Kommanditisten), während bei dem anderen Teile der Gesellschafter eine Beschränkung der Haftung nicht stattfindet (persönlich haftende Gesellschafter).*

(2) Soweit nicht in diesem Abschnitt ein anderes vorgeschrieben ist, finden auf die Kommanditgesellschaft die für die offene Handelsgesellschaft geltenden Vorschriften entsprechende Anwendung.

Ggü. § 161 bisheriger Fassung werden in Absatz 1 die Wörter „den Betrag einer bestimmten Vermögenseinlage" durch die Wörter „einen bestimmten Betrag (Haftsumme)" ersetzt. In Absatz 2 wird nach dem Wort „Vorschriften" das Wort „entsprechende" eingefügt. 1

[Anmeldung zum Handelsregister]

HGB-MoPeG 162 *(1) Die Anmeldung der Gesellschaft hat außer den in § 106 Abs. 2 vorgesehenen Angaben die Bezeichnung der Kommanditisten und den Betrag der Haftsumme eines jeden von ihnen zu enthalten.*

(2) Diese Vorschriften finden im Falle des Eintritts eines Kommanditisten in eine bestehende Handelsgesellschaft und im Falle des Ausscheidens eines Kommanditisten aus einer Kommanditgesellschaft entsprechende Anwendung.

Anh § 105 HGB-MoPeG   2. Buch. HandelsGes und stille Ges

1   Ggü. § 162 bisheriger Fassung wird in I 1 das Wort „Einlage" durch das Wort „Haftsumme" ersetzt; I 2 wird aufgehoben.

§ 163 *(unverändert)*

Geschäftsführungsbefugnis

HGB-MoPeG 164 Die Kommanditisten sind von der Geschäftsführungsbefugnis ausgeschlossen; § 116 Absatz 2 Satz 1 bleibt unberührt.

1   § 164 wird ohne inhaltliche Änderung neu und präziser gefasst.

[Wettbewerbsverbot]

HGB-MoPeG 165 Die §§ 117 und 118 finden auf die Kommanditisten keine Anwendung.

1   Ggü. § 165 bisheriger Fassung wird die Angabe „§§ 112 und 113" durch die Angabe „§§ 117 und 118" ersetzt.

Informationsrecht der Kommanditisten

HGB-MoPeG 166 (1) Der Kommanditist kann von der Gesellschaft eine Abschrift des Jahresabschlusses (§ 242 Absatz 3) verlangen und zu dessen Überprüfung Einsicht in die zugehörigen Geschäftsunterlagen nehmen. Daneben kann er von der Gesellschaft Auskunft über die Gesellschaftsangelegenheiten verlangen, soweit dies zur Wahrnehmung seiner Mitgliedschaftsrechte erforderlich ist, insbesondere, wenn Grund zu der Annahme unredlicher Geschäftsführung besteht.

(2) Eine Vereinbarung im Gesellschaftsvertrag, welche diese Rechte ausschließt oder dieser Vorschrift zuwider beschränkt, ist unwirksam.

1   Die bisherigen §§ 166–168 werden durch §§ 166, 167 HGB-MoPeG ersetzt. § 168 entfällt.

Verlustbeteiligung

HGB-MoPeG 167 Soweit der Kommanditist die vereinbarte Einlage geleistet hat, sind die §§ 136 und 149 auf ihn nicht anzuwenden.

HGB-MoPeG § 168 *(fällt weg)*

[Gewinnauszahlung]

HGB-MoPeG 169 (1) Der Kommanditist kann die Auszahlung des Gewinns nicht fordern, soweit sein Kapitalanteil durch den ihm zugewiesenen Verlust unter den auf die vereinbarte Einlage geleisteten Kapitalanteil herabgemindert ist oder durch die Auszahlung des Gewinns unter diesen Betrag herabgemindert werden würde.

1. Abschnitt. Offene Handelsgesellschaft   HGB-MoPeG Anh § 105

(2) Der Kommanditist ist nicht verpflichtet, den bezogenen Gewinn wegen späterer Verluste zurückzuzahlen.

Abs 1 wird neu gefasst und entspricht inhaltlich dem bisherigen Abs. 1 Satz 2 Halbsatz 2. **1**

Vertretung der Kommanditgesellschaft

HGB-MoPeG 170

(1) Der Kommanditist ist als solcher nicht befugt, die Gesellschaft zu vertreten.

(2) Sofern der einzig persönlich haftende Gesellschafter der Gesellschaft eine Kapitalgesellschaft ist, an der die Gesellschaft sämtliche Anteile hält, werden vorbehaltlich einer abweichenden Vereinbarung die Rechte in der Gesellschafterversammlung der Kapitalgesellschaft von den Kommanditisten wahrgenommen.

I entspricht dem bisherigen § 170, II enthält eine Sonderregelung für die Einheits-GmbH & Co KG. **1**

[Haftung des Kommanditisten]

HGB-MoPeG 171

(1) Der Kommanditist haftet den Gläubigern der Gesellschaft bis zur Höhe seiner Haftsumme unmittelbar; die Haftung ist ausgeschlossen, soweit die vereinbarte Einlage geleistet ist.

(2) Ist über das Vermögen der Gesellschaft das Insolvenzverfahren eröffnet, so wird während der Dauer des Verfahrens das den Gesellschaftsgläubigern nach Absatz 1 zustehende Recht durch den Insolvenzverwalter oder den Sachwalter ausgeübt.

Ggü. § 171 bisheriger Fassung werden in I die Wörter „seiner Einlage" durch die Wörter „seiner Haftsumme" und die Wörter „die Einlage" durch die Wörter „die vereinbarte Einlage" ersetzt. **1**

[Umfang der Haftung]

HGB-MoPeG 172

(1) Im Verhältnisse zu den Gläubigern der Gesellschaft wird nach der Eintragung in das Handelsregister die Haftsumme eines Kommanditisten durch den in der Eintragung angegebenen Betrag bestimmt.

(2) Auf eine nicht eingetragene Erhöhung der aus dem Handelsregister ersichtlichen Haftsumme können sich die Gläubiger nur berufen, wenn die Erhöhung in handelsüblicher Weise kundgemacht oder ihnen in anderer Weise von der Gesellschaft mitgeteilt worden ist.

(3) Eine Vereinbarung der Gesellschafter, durch die einem Kommanditisten die Einlage erlassen oder gestundet wird, ist den Gläubigern gegenüber unwirksam.

(4) Soweit die Einlage eines Kommanditisten zurückbezahlt wird, gilt sie den Gläubigern gegenüber als nicht geleistet. Das gleiche gilt, soweit ein Kommanditist Gewinnanteile entnimmt, während sein Kapitalanteil durch Verlust unter den Betrag der Haftsumme herabgemindert ist, oder soweit durch die Entnahme der Kapitalanteil unter den bezeichneten Betrag herabgemindert wird. Bei der Berechnung des Kapitalanteils nach Satz 2 sind Beträge im Sinne der §§ 253 Absatz 6 Satz 2 und 268 Absatz 8 nicht zu berücksichtigen.

Anh § 105 HGB-MoPeG

(5) Gegenüber den Gläubigern einer Gesellschaft, bei der kein persönlich haftender Gesellschafter eine natürliche Person ist, gilt die Einlage eines Kommanditisten als nicht geleistet, soweit sie in Anteilen an den persönlich haftenden Gesellschaftern bewirkt ist. Dies gilt nicht, wenn zu den persönlich haftenden Gesellschaftern eine offene Handelsgesellschaft oder Kommanditgesellschaft gehört, bei der ein persönlich haftender Gesellschafter eine natürliche Person ist.

1 Ggü. § 171 bisheriger Fassung wird in I und II jeweils das Wort „Einlage" durch das Wort „Haftsumme" ersetzt. In IV 2 werden die Wörter „geleistete Einlage" durch das Wort „Haftsumme" ersetzt. In IV 3 werden die Wörter „im Sinn des § 268 Abs. 8" durch die Wörter „im Sinne der §§ 253 Absatz 6 Satz 2 und 268 Absatz 8" ersetzt. V wird aufgehoben; der bisherige VI wird V.

§ 173 *(unverändert)*

[Herabsetzung der Haftsumme]

HGB-MoPeG 174 Eine Herabsetzung der Haftsumme eines Kommanditisten ist, solange sie nicht in das Handelsregister des Gerichts, in dessen Bezirke die Gesellschaft ihren Sitz hat, eingetragen ist, den Gläubigern gegenüber unwirksam; Gläubiger, deren Forderungen zur Zeit der Eintragung begründet waren, brauchen die Herabsetzung nicht gegen sich gelten zu lassen.

1 Ggü. § 174 bisheriger Fassung wird das Wort „Einlage" durch das Wort „Haftsumme" ersetzt.

Anmeldung der Änderung der Haftsumme

HGB-MoPeG 175 Die Erhöhung sowie die Herabsetzung einer Haftsumme ist durch sämtliche Gesellschafter zur Eintragung in das Handelsregister anzumelden.

1 Ggü. § 175 S. 1 bisheriger Fassung wird das Wort „Einlage" durch das Wort „Haftsumme" ersetzt, S. 2 entfällt.

[Haftung vor Eintragung]

HGB-MoPeG 176 *(1) Hat die Gesellschaft, deren Zweck auf den Betrieb eines Handelsgewerbes unter gemeinschaftlicher Firma gerichtet ist, am Rechtsverkehr teilgenommen, bevor sie in das Handelsregister eingetragen ist, haftet jeder Kommanditist, der der Teilnahme am Rechtsverkehr zugestimmt hat, für die bis zur Eintragung begründeten Verbindlichkeiten der Gesellschaft gleich einem persönlich haftenden Gesellschafter, es sei denn, dass seine Beteiligung als Kommanditist dem Gläubiger bekannt war.*

(2) Tritt ein weiterer Gesellschafter als Kommanditist in eine bestehende Handelsgesellschaft ein, ist Absatz 1 für die in der Zeit zwischen seinem Eintritt und dessen Eintragung in das Handelsregister begründeten Verbindlichkeiten entsprechend anzuwenden.

1 § 176 wird neu gefasst, der bisherige I 2 entfällt.

1. Abschnitt. Offene Handelsgesellschaft　　　HGB-MoPeG **Anh § 105**

[Angaben auf Geschäftsbriefen]

HGB-MoPeG 177a § *125 gilt auch für die Gesellschaft, bei der ein Kommanditist eine natürliche Person ist. Der in § 125 Absatz 1 Satz 2 für die Gesellschafter vorgeschriebenen Angaben bedarf es nur für die persönlich haftenden Gesellschafter der Gesellschaft.*

Ggü. § 177a bisheriger Fassung werden in S. 1 und S. 2 die Verweisungen auf § 125a durch solche auf § 125 ersetzt.

Liquidation der Kommanditgesellschaft

HGB-MoPeG 178 *§ 144 Absatz 1 findet auf die Kommanditisten keine Anwendung.*

Die Norm ist neu, Liquidatoren der KG sind nur Komplementäre.

Insolvenz der Kommanditgesellschaft

HGB-MoPeG 179 *§ 130 Absatz 1 Nummer 3 findet keine Anwendung, wenn der Gesellschafter,* über dessen Vermögen das Insolvenzverfahren eröffnet worden ist, der einzige persönlich haftende Gesellschafter der Kommanditgesellschaft ist und
1. *über das Vermögen der Kommanditgesellschaft das Insolvenzverfahren eröffnet ist oder*
2. *die Voraussetzungen für die Eröffnung des Insolvenzverfahrens über das Vermögen der Kommanditgesellschaft*

erfüllt sind und ein Antrag auf die Eröffnung des Insolvenzverfahrens gestellt ist. Wird im Falle des Satzes 1 Nummer 2 der Antrag auf Eröffnung des Insolvenzverfahrens mangels Masse abgewiesen, treten die Wirkungen des § 130 Absatz 1 Nummer 3 mit dem Eintritt der Rechtskraft der Abweisungsentscheidung ein.

Die Norm ist neu und ermöglicht die einheitliche Abwicklung oder Sanierung einer GmbH & Co KG im Fall der Simultaninsolvenz.

Dritter Abschnitt. Stille Gesellschaft

Informationsrecht des stillen Gesellschafters

HGB-MoPeG 233 *Auf das Informationsrecht des stillen Gesellschafters ist § 166 entsprechend anzuwenden.*

§ 233 wird neu gefasst, nachvollzogen wird die Änderung des § 166.

[Kündigung der Gesellschaft; Tod des stillen Gesellschafters]

HGB-MoPeG 234 *(1) Auf die Kündigung der Gesellschaft durch einen der Gesellschafter oder durch einen Gläubiger des stillen Gesellschafters finden die Vorschriften der §§ 132 und 133 entsprechende Anwendung.*

(2) Durch den Tod des stillen Gesellschafters wird die Gesellschaft nicht aufgelöst.

Ggü. § 234 bisheriger Fassung wird in I 1 die Angabe „§§ 132, 134 und 135" durch die Angabe „§§ 132 und 133" ersetzt. I 2 wird aufgehoben.

§ 106 1, 2

[Anmeldung zum Handelsregister]

106 (1) **Die Gesellschaft ist bei dem Gericht, in dessen Bezirke sie ihren Sitz hat, zur Eintragung in das Handelsregister anzumelden.**

(2) **Die Anmeldung hat zu enthalten:**
1. **den Namen, Vornamen, Geburtsdatum und Wohnort jedes Gesellschafters;**
2. **die Firma der Gesellschaft, den Ort, an dem sie ihren Sitz hat, und die inländische Geschäftsanschrift;**
3. *(aufgehoben)*
4. **die Vertretungsmacht der Gesellschafter.**

Übersicht

	Rn
1) Die OHG im Handelsregister	1–4
A. Die OHG im Handelsregister	1
B. Einzutragende Tatsachen	2
C. Eintragung und Bekanntmachung	3
D. Verfahren	4
2) Anmeldung der Gesellschaft (I), Beginn und Dauer der Anmeldepflicht	5
3) Inhalt der Anmeldung, insbesondere Sitz der Gesellschaft (II)	6–13
A. Gesellschafter (II Nr. 1)	6
B. Firma (II Nr. 2)	7
C. Sitz, Ort und inländische Geschäftsanschrift (II Nr. 2)	8–10
D. Zeitpunkt (II Nr. 3 aF)	11
E. Vertretungsmacht der Gesellschafter (II Nr. 4)	12
F. Sonstiger Inhalt der Anmeldung mit oder ohne Eintragung	13
4) Reform des Personengesellschaftsrechts (MoPeG)	14

1) Die OHG im Handelsregister

1   A. **Die OHG im Handelsregister.** § 106 II Nr. 2 idF MoMiG 2008. Die OHG gehört wie jeder andere Kfm. (§ 29) in das Handelsregister. Einerlei ob sie schon vor Eintragung im HdlReg OHG ist (weil sie ein HdlGewerbe betreibt: §§ 1, 6 I, 105) oder es erst durch die Eintragung wird (nach §§ 2, 3, 6 I). Wirkung der Eintragung s. §§ 15, 123, für KG §§ 174, 176. **§§ 106–108** bringen nur **wenige** Sonderregeln für die OHG betr. die **Anmeldung;** dazu wiederum besonders für die KG § 162. §§ 106–108 sind **zwingend. Muster:** Hopt/Merkt VertrFormB/Möritz, Form II. B.1b, 2b (einfacher/ausführlicher OHG Vertrag).

2   B. **Einzutragende Tatsachen.** Außer der **Errichtung** der Ges. (§ 106) sind viele **sonstige** die Ges. betreffende **Vorgänge** im Register zu vermerken: §§ 107 (Firmenänderung, Sitzverlegung, Eintritt eines Gfters, Änderung der Vertretungsmacht eines Gfters), 143 (Auflösung, Ausscheiden eines Gfters), 144 (Fortsetzung nach Insolvenz) und Fortsetzung in anderen Fällen (vgl. → § 131 Rn. 31), 148, 150 (betr. Liquidation), 157 (Erlöschen der Firma nach Liquidation), für die KG ferner: § 162 I, II (Kdtist und Einlage), § 162 III (KdtAnteilsübertragung, Nachfolgevermerk, str., → § 162 Rn. 8), § 175 (Änderung der Einlage). Ferner wie für alle Kflte §§ 13–13g (betr. Zweigniederlassung, 13h (Sitzverlegung, vgl. § 107), 25 II (Haftungsausschluss bei Geschäftsübernahme), 28 II (Haftungsausschluss bei Eintritt eines Gfters in EinzelKfmGeschäft), 31 I (Änderung des Inhabers, zB Übernahme), 31 II (Erlöschen der Firma), 32 (Eröffnung des Insolvenzverfahrens und andere Insolvenzakte), 53 (Erteilung und Erlöschen einer Prokura). **Weitere,** im Gesetz nicht genannte Tatsachen sind per Analogie teils eintragungspflichtig, teils nur **eintragungsfähig** (→ § 8 Rn. 5), zB Änderung der Personalien (→ § 107 Rn. 3), Dauertestamentsvollstreckung, BGH ZIP 2012, 623; zutr auch Nießbrauch, OLG Stuttgart ZIP 2013, 624, aA OLG Köln ZIP 2020, 322, für

Betriebsführungsverträge nimmt Priester ZIP 2020, 1689 eine konstitutive Wirkung der Eintragung an. **Nicht eintragungsfähig** sind zT im Gegensatz zur AG und GmbH: Gesellschafts- und Betriebspachtverträge (OLG München ZIP 2011, 526, OLG Köln ZIP 2020, 914, allerdings zu Unternehmensverträgen § 105 Rn. 105, insoweit aA OLG München ZIP 2011, 526) der GesZweck; die das Innenverhältnis der Gfter betreffenden Tatsachen; gesetzliche oder organschaftliche Vertreter von Gftern, früher str.; wenn eine OHG oder KG Gfter der einzutragenden OHG ist, die Gfter der GfterGes; Geschäftszweig und Geschäftsräume (trotz Anmeldung, → Rn. 12), Unternehmensgegenstand, KG JW 1934, 1730; Beirat, OLG Hamm MDR 1952, 549. Nach BGH ZIP 2012, 623 zu erwägen ist die **Einreichungsfähigkeit** des GesVertrags zum Handelsregister. Aus dem GesVertrag ergibt sich der Einfluss auf die Geschicke der Ges., vergleichbar § 2214 BGB können Regelungen zum Ausscheiden (§ 131 III 1 Nr. 1) sowie zur Abfindung beim Ausscheiden unmittelbar auf die Haftung gegenüber Dritten wirken.

C. **Eintragung und Bekanntmachung.** Die Eintragungen erfolgen idR nur **3** auf Anmeldung, ausnahmsweise von Amts wegen in den Fällen der §§ 31 II 2 (Erlöschen, wenn Anmeldung nicht zu erwirken), 32 (Insolvenzverfahren), 148 II (Bestellung von Liquidatoren durch Gericht). Anmeldepflichtige Personen s. § 108 I. Erzwingung der Anmeldung → § 108 Rn. 5, 6. Bekanntmachung s. § 10; Sonderregel für die KG § 162 II.

D. **Verfahren.** Anzumelden ist beim **Gericht des Sitzes** (§ 106 I). Bei Sitz- **4** verlegung s. §§ 107, 13h, bei Errichtung oder Vorhandensein von ZwNl §§ 13–13g. **Form** der Anmeldung s. § 12. **Prüfung durch das Gericht** → § 8 Rn. 7–8; bei Anhaltspunkten für sachliche Unrichtigkeit oder Fehlen von Angaben von Amts wegen, OLG Jena NZG 2011, 25, hier besonders auf (jedenfalls in den Formalien) richtigen Vertragsschluss, zB richtige Vertretung Minderjähriger und Genehmigung des Betreuungsgerichts, KGJ 23 A 89. Einreichung des schriftlichen GesVertrags (nicht eintragungsfähig, → Rn. 2) kann wegen der Öffentlichkeit der Registerakten (§ 9) nicht gefordert werden, aber Vorlegung zur Prüfung auf Gültigkeit bei begründeten Zweifeln, vgl. BayObLGZ 1977, 78; DB 1978, 1832. Eintragung in **Abteilung A** des Registers, **(4)** HRV §§ 3, 13, 39 ff. **Inhalt** der Eintragung → Rn. 2 und im Einzelnen zum Inhalt der Eintragungen in die Abteilungen A und B (die einschlägigen gesetzlichen Anordnungen für den Gebrauch des Registergerichts zusammenfassend) **(4)** HRV §§ 40, 43 idF EHUG 2006. **Amtslöschung** s. (3) FamFG § 395, → § 8 Rn. 12–13.

2) Anmeldung der Gesellschaft (I), Beginn und Dauer der Anmeldepflicht

Die Errichtung der Ges. ist zur Eintragung anzumelden (I). Die Anmelde- **5** pflicht beginnt bei OHG mit HdlGewerbe (§ 1) mit Geschäftsbeginn (§ 123 II), nicht vorher; überhaupt nicht unter §§ 2, 3 (KannKfm). Anmeldung vor Geschäftsbeginn ist möglich (vgl. § 123 I). Eine unterbliebene Anmeldung (und Eintragung) der Errichtung muss **auch nach Auflösung** der Ges. nachgeholt werden, RG JW 1902, 172, hL, Grund: §§ 143, 148, 157, 159. Vorlegung des GesVertrags → Rn. 4.

3) Inhalt der Anmeldung, insbesondere Sitz der Gesellschaft (II)

A. **Gesellschafter (II Nr. 1).** Die Anmeldung (und die Eintragung) hat nach **6** II Nr. 1 nF HRefG von allen Gftern die nachfolgenden Angaben zu enthalten. Ist eine **GbR Gesellschafter** (AußenGbR, → § 105 Rn. 28), sind auch deren Gfter und spätere Änderungen in der Zusammensetzung der Gfter zur Eintragung anzumelden (entspr. II, § 162 I 2 idF ERJuKoG 2001, dort → § 162 Rn. 2), BGHZ 148, 291 (für GbR als Kdtistin). Die Gfter der GbR sind mit dem Zusatz

§ 106 7–9 2. Buch. Handelsgesellschaften und stille Gesellschaft

„in Gesellschaft bürgerlichen Rechts" anzugeben, auch wenn die GbR keinen Namen hat. Neben namentlicher Bezeichnung sind auch Geburtstag und Wohnort der GbR-Gesellschafter einzutragen, OLG Celle ZIP 2012, 766.

a) Name: dh Nachname. Für Kfm. als Gfter genügt seine Firma; weicht diese von seinem bürgerlichen Namen ab, ist dieser hinzuzufügen (Firma X, Inhaber Y), BayObLG BB 1973, 397 (für Kdtist, → § 162 Rn. 4), aA Staub/Schäfer Rn. 14. Für OHG oder KG als Gfter genügt ihr Name (Firma) ohne die Namen ihrer Gfter, früher str. VorGmbH → Anh. § 177a Rn. 13. Treuhänder ist auch bei der qualifizierten Treuhand nicht einzutragen, str., → § 105 Rn. 31, 34; Unterbeteiligung → § 105 Rn. 38; Nießbraucher → § 105 Rn. 44.

b) Vorname: Rufname genügt.

c) Geburtsdatum: als Identifikationsmerkmal, früher Stand bzw. Beruf.

d) Wohnort. Gfter einer **KG,** die Kdtist ist, werden durch § 162 I 2 nF erfasst (→ § 162 Rn. 2).

7 B. **Firma (II Nr. 2).** Firma der OHG s. § 19 I Nr. 2, II, → § 105 Rn. 5.

8 C. **Sitz, Ort und inländische Geschäftsanschrift (II Nr. 2). a) Tatsächlicher Verwaltungssitz, gesellschaftsvertraglicher Sitz:** Die Anmeldung muss außer der Firma auch den Ort, an dem die Ges. ihren Sitz hat, und die inländische Geschäftsanschrift (seit 2008, → Rn. 1; Grund: Zustellungserleichterung für Gläubiger, → § 29 Rn. 5) enthalten (II Nr. 2). Jede OHG (KG; anders GbR) hat einen Sitz an einem bestimmten Ort (vgl. II Nr. 2). Vom Sitz hängen wichtige Zuständigkeiten ab, ua die des Registergerichts (§ 106 I, §§ 13 ff.) und der allgemeine Gerichtsstand juristischer Personen (§ 17 I 1 ZPO), sowie nach der bislang herrschenden Sitztheorie, die aber unter EURecht nur noch gegenüber Drittländern gilt und nach MoMiG für die KapitalGes aufgegeben ist (→ Einl. vor § 105 Rn. 29), das GesStatut und das international anwendbare Recht. Dieser Sitz ist, wenn man die Sitztheorie für PersonenGes aufrechterhält, bei der OHG bzw. KG der Ort der tatsächlichen (Haupt-)Verwaltung, also der Geschäftsführung. Richtiger ist es jedenfalls nach MoMiG, auch für die Personen-Ges einen vom tatsächlichen Sitz unterschiedenen gesellschaftsvertraglichen bzw. satzungsmäßigen Sitz wie bei den KapitalGes (§§ 5, 23 III Nr. 1 AktG, § 3 I Nr. 1 GmbHG; auch § 24 BGB für den Verein) anzunehmen, Staub/Schäfer Rn. 19; Röhricht/Haas Rn. 11; E. Voigt, HdlRecht der ZwNl, 2010, § 9; Behrens IPRax 2003, 193; Pluskat WM 2004, 608; Zimmer/Naendrup NJW 2009, 548; Fedke ZIP 2019, 802, für Klarstellung im Gesetz Wicke DNotZ 2017, 272; mangels Angabe im GesVertrag ist dieser Sitz in Gesamtschau zu bestimmen. Nach der Rspr. und Koller/Kindler § 105 Rn. 3 ist jedoch bis zur Änderung durch den Gesetzgeber (RefE IPRGesR 2008, → Einl. vor § 105 Rn. 29, **nach dem MoPeG nun § 706 BGB-MoPeG,** → Einl. vor § 105 Rn. 42) der tatsächliche Sitz maßgebend, BGH NJW 2009, 289 mAnm. Kieninger; Hellgardt/Illmer NZG 2009, 94 (chweizer AG); erklärend Goette DStR 2009, 63 (richterliche Zurückhaltung), und Ort der Geschäftsführung ist Sitz auch bei abweichender Vertragsbestimmung und Eintragung, BGH BB 1957, 799; MDR 1969, 662. Unterscheidung gesellschaftsrechtlicher und tatsächlicher Sitz bei Vortrag rechtlicher Zulässigkeit erwägend KG ZIP 2012, 981, einen einheitlichen Sitz forderd OLG Schleswig NZG 2012, 775; KG ZIP 2012, 1668. Lit.: Ebenroth/Bippus JZ 1988, 677; Koch ZHR 173 (2009), 101 (freie Sitzwahl); Fedke ZIP 2019, 799.

9 **b) Doppelsitz:** Der Zweck des Sitzes verlangt grundsätzlich, dass jede OHG bzw. KG **nur einen Sitz** hat. Die Zulässigkeit eines Doppelsitzes wie für KapitalGes bei besonderem Bedürfnis gilt für die OHG (KG) nicht; anders als bei der KapitalGes besteht bei der OHG bzw. KG auch in aller Regel dafür kein

Bedürfnis. Ausnahmsweise Doppelsitz, s. BayObLG BB 1962, 497; KG NJW 1973, 1201; BayObLG AG 1986, 49; LG Düsseldorf BB 1966, 1036, zB für SpaltGes nach 1945 oder bei besonderem berechtigten Interesse, so uU bei grenzüberschreitenden Unternehmen oder Verschmelzung von Unternehmen mit besonderer Tradition, LG Essen ZIP 2001, 1632 – ThyssenKrupp; MüKoHGB/Fleischer Rn. 31, Verschmelzung allein genügt nicht. Jeder Sitz ist für sein Rechtsgebiet grundsätzlich der allein maßgebende, die Ges. muss an jedem Sitz alle Registerpflichten erfüllen, auch betr. Verhältnisse aller ZwNl.

Sitzverlegung: Verlegung des tatsächlichen Sitzes geschieht durch tatsächliche Verlegung der Geschäftsführung auch ohne GfterBeschluss, BGH BB 1957, 799, für den gesellschaftsvertraglichen Sitz (str., → Rn. 8) zu Recht anders Staub/Schäfer Rn. 19. Sie ist im HdlRegister einzutragen (§§ 13h, 107), die Eintragung ist aber rein deklaratorisch. In der Liquidation dürfen die Liquidatoren den Sitz nur verlegen, wenn das der Liquidationszweck verlangt, BGH MDR 1969, 662. Folgen der Sitzverlegung ausländischer rechtsfähiger Ges. in das Inland → § 105 Rn. 10, deutscher Ges. in das EU-Ausland → Einl. vor § 105 Rn. 29. Verlegung nur des gesellschaftsrechtlichen Sitzes erwägend KG ZIP 2012, 981, nach Rspr. ist aber einheitlicher Sitz notwendig, → Rn. 8. 10

D. **Zeitpunkt (II Nr. 3 aF).** Der Zeitpunkt, zu welchem die Gesellschaft begonnen hat, braucht seit 1.9.2004 nicht mehr angegeben zu werden (1. JuMoG). 11

E. **Vertretungsmacht der Gesellschafter (II Nr. 4).** II Nr. 4 neu ERJuKoG 2001 (**Übergangsrecht** in (1) EGHGB Art. 52) verlangt Angabe der Vertretungsmacht der Gfter, auch der normalen gesetzlichen jedes phG (anders § 125 IV aF), OLG Köln NJW-RR 2004, 1106 (GmbH & Co), wichtig für HdlPraxis und internationalen Verkehr (vgl. → § 33 Rn. 2). Eintragung der Befreiung vom Selbstkontrahierungsverbot auch für englische plc als phG deutscher KG, OLG Frankfurt a. M. ZIP 2006, 1673 (anders hL betr. Vertretungsverhältnisse der plc nach englischem Recht, → § 13g Rn. 1). Bei KG wird (nicht organschaftliche, § 170) Vollmacht von Kdtisten nicht eingetragen, OLG Frankfurt a. M. GmbHR 2006, 265. Bei GbR als phG gilt II Nr. 4 auch für deren Gfter (vgl. § 162 I 2 bei der KG). Lit.: Servatius NZG 2002, 456. 12

F. **Sonstiger Inhalt der Anmeldung mit oder ohne Eintragung.** Eingetragen werden grundsätzlich nur die gesetzlich angeordneten Tatsachen und Rechtsverhältnisse, also zB nicht solche betreffend das Innenverhältnis der Gfter, klärende Vermerke sind aber zulässig. **Ausnahmen** von diesem Grundsatz sind möglich, zB Angabe auch der Gestattung des Selbstkontrahierens (→ § 8 Rn. 5, → § 119 Rn. 22, vgl. → § 53 Rn. 3), MüKoHGB/Fleischer Rn. 40; Staub/Schäfer Rn. 11; nach aA nur fakultativ, üL, jedenfalls für Eintragungsfähigkeit BayObLG DB 2000, 37; ZIP 2000, 701; **nicht** aber Ermächtigungen nach II 2, III 2 (→ § 125 Rn. 17, 24). Weitere Ausnahmen: Unternehmensverträge (→ § 8 Rn. 5), Fortsetzung nach Auflösung (→ § 144 Rn. 4), MüKoHGB/Fleischer Rn. 40. Sonstiger Inhalt der Anmeldung ergibt sich aus anderen Vorschriften über einzutragende Tatsachen (→ Rn. 2). Treuhänder schon → Rn. 6. Angabe der Lage der Geschäftsräume und des Unternehmensgegenstands s. (4) HRV § 24 II, IV, insoweit aber keine Eintragung (→ Rn. 2). Ergänzung von II für die **KG** durch § 162 I. 13

4) Reform des Personengesellschaftsrechts (MoPeG)

Das Gesetz zur Modernisierung des Personengesellschaftsrechts (MoPeG → Einl § 105 Rn. 42 ff.) fasst zum 1.1.2024 auch das OHG-Recht neu. § 106 I wird übernommen, ebenso der Regelungsgehalt des § 106 II, die bei der Anmeldung zu machenden Angaben werden modernisiert. § 106 III-V HGB-MoPeG regeln künftig den Statuswechsel von einer GbR oder PartG in eine Personen- 14 handelsgesellschaft, § 106 VI, VII HGB-MoPeG übernehmen den Regelungsgehalt der §§ 107, 108, 143 III. Zur Textfassung des HGB-MoPeG s. → Anh. § 105.

[Anzumeldende Änderungen]

107 Wird die Firma einer Gesellschaft geändert, der Sitz der Gesellschaft an einen anderen Ort verlegt, die inländische Geschäftsanschrift geändert, tritt ein neuer Gesellschafter in die Gesellschaft ein oder ändert sich die Vertretungsmacht eines Gesellschafters, so ist dies ebenfalls zur Eintragung in das Handelsregister anzumelden.

1) Anmeldepflichtige Änderungen nach § 107

1 **A. Änderungen nach § 107:** § 107 idF MoMiG 2008. Nach § 107 idF ERJuKoG 2001, der § 31 ergänzt, sind nur bestimmte Änderungen von Angaben nach § 106 (erstmalige Anmeldung) anmeldepflichtig. Einzutragen sind ua (→ § 106 Rn. 2):

a) Änderung der Firma: s. § 19, → § 105 Rn. 5; jede Änderung, einerlei ob Änderung des Firmenkerns oder von Zusätzen.

b) Sitzverlegung, Änderung der Geschäftsanschrift: Nach der Sitztheorie Verlegung des tatsächlichen Verwaltungssitzes an einen anderen Ort, nach neuerer Theorie Verlegung des gesellschaftsvertraglichen Sitzes, Staub/Schäfer Rn. 5 (näher → § 106 Rn. 10; § 13h). Seit 2008 (→ Rn. 1) auch Änderung der inländischen Geschäftsanschrift (→ § 106 Rn. 8), dazu auch § 108 S. 2 (Anmeldung).

c) Eintritt eines neuen Gesellschafters: Eintritt eines „neuen Gfters" (→ § 105 Rn. 67 ff.), einerlei ob durch rechtsgeschäftliche Übertragung oder durch Erbgang (näher für die KG → § 162 Rn. 8–9); auch Wiedereintritt eines „alten"; auch eines inzwischen bereits wieder ausgeschiedenen Gfters (→ § 108 Rn. 1); für die KG § 162 III; bei GbR als Gfter gilt das auch für deren Gfter (→ § 106 Rn. 6).

d) Änderungen der Vertretungsmacht eines Gfters: s. § 106 II Nr. 4 (dort auch **Übergangsrecht**); einerlei ob die Änderung einen Gfter speziell betrifft (zB Ausschluss von der Vertretung, § 127) oder die ganze Regelung der Vertretung (zB Gesamt- statt Einzelvertretung). Auch die Aufhebung (oder Änderung der Modalitäten) der gemischten Gesamtvertretung (→ § 125 Rn. 19) ist Änderung in der Vertretungsmacht eines Gfters. Die Aufhebung oder Änderung der einzelnen Prokura ist gemäß § 53 anzumelden. **Nicht:** GfterWechsel in GfterGes (→ § 106 Rn. 2), Erwerb weiterer Kapitalbeteiligung durch phG, BayObLG WM 1983, 279. Eintritt von Erben → § 139 Rn. 50. Anmeldung (und Eintragung) des Eintritts (und Ausscheidens, § 143 II), auch wenn dadurch die Firma unzulässig wird (→ § 143 Rn. 2), dann aber keine Mitwirkungspflicht des Ausgeschiedenen (→ § 108 Rn. 6). § 107 gilt auch nach Auflösung der OHG (→ § 106 Rn. 5). Austritt s. § 143 II und für die KG § 162 III.

2 **B. Sonstige anmeldepflichtige Änderungen:** § 107 bezieht sich eng auf § 106 und schließt sonstige anmeldepflichtige Änderungen nicht aus, zB Wechsel in eine andere GfterStellung (→ § 162 Rn. 10); Änderung der Rechtsform oder sogar Auflösung als Folge des GfterWechsels bzw. des Wechsels in eine andere GfterStellung (→ § 162 Rn. 11).

2) Nicht anmeldepflichtige Änderungen

3 Nicht anmeldepflichtig (insoweit Gegenschluss aus § 107; → Rn. 2 steht nicht entgegen) sind vor allem **Änderungen der Personalien** (Nachname, Vorname, Geburtsdatum, Wohnort, § 106 II Nr. 1) eines Gfters, OLG Hamburg OLG

Rspr 19, 309, str. Sie sind aber auf (wünschenswerte, jedoch freiwillige) Anmeldung eintragungsfähig (Berichtigung entspr. (4) HRV § 17 I idF EHUG 2006), vgl. OLG Hamm NZG 2010, 631.

3) Reform des Personengesellschaftsrechts (MoPeG)

Das Gesetz zur Modernisierung des Personengesellschaftsrechts (MoPeG → Einl § 105 Rn. 42 ff) fasst zum 1.1.2024 auch das OHG-Recht neu. Der Regelungsgehalt des § 107 findet sich künftig in § 106 VI HGB-MoPeG. Zur Textfassung des HGB-MoPeG s. → Anh. § 105. **4**

[Anmeldung durch alle Gesellschafter]

108 ¹Die Anmeldungen sind von sämtlichen Gesellschaftern zu bewirken. ²Das gilt nicht, wenn sich nur die inländische Geschäftsanschrift ändert.

1) Anmeldung durch sämtliche Gesellschafter

A. **Sämtliche Gesellschafter:** § 108 idF EHUG 2006, II aF (Zeichnung der Namensunterschrift) aufgehoben (Grund → § 14 Rn. 1) sowie nachfolgend der Aktienrechtsnovelle 2016, I 2 (inländische Geschäftsanschrift) angefügt (→ Rn. 4). Anmeldepflichtig sind nach Satz 1 sämtliche Gfter (auch ohne Geschäftsführungs- und Vertretungsmacht, anders, wenn sich nur die inländische Geschäftsanschrift ändert, Satz 2, → Rn. 4) betr. die Errichtung der Ges. und die Vorgänge, welche die Struktur der Ges. ändern: §§ 108, 143, 144, 148 I, 150, 162 (mit 106, 108, 161 II), 175; auch die Kdtisten (→ § 162 Rn. 3), BGH ZIP 2020, 1660; OLG Schleswig NZG 2010, 958, bei Sitzverlegung, KG ZIP 2012, 981; auch die ausgeschiedenen Gfter bezüglich ihres Ausscheidens; bei Tod eines Gfters seine Erben (auch soweit sie nicht Gfter werden), Nachweis durch Erbschein oder öffentliches Testament mit Eröffnungsprotokoll, OLG Hamburg NJW 1966, 986; OLG Hamm Rpfleger 1986, 140; Testamentsvollstrecker nur in den Grenzen seines Mandats, OLG Berlin BB 1991, 1283; auch Gfter, die einer (gültig beschlossenen) einzutragenden Änderung widersprachen. Wegen der Publizitätswirkung des HdlReg auch Gfter, dessen Eintritt nicht angemeldet wurde und der inzwischen ausgeschieden ist (vgl. Fall OLG Oldenburg DB 1987, 1527). Bei der Anmeldung der gemischten Gesamtvertretung (→ § 125 Rn. 19) nur die Gfter, nicht auch der Prokurist (für diesen selbst gilt § 53 II). Treuhänder → § 105 Rn. 31, 34; Unterbeteiligung → § 105 Rn. 38; Nießbraucher → § 105 Rn. 44. **Nicht**: die Ges. selbst; ausgeschiedene Gfter bezüglich des späteren Eintritts von neuen, BayObLG DB 1978, 1832. Angenommen wird einschränkende Auslegung bei Spaltung eines Kommanditisten, → § 162 Rn. 7. **1**

Sonstige Anmeldepflichtige sind die Liquidatoren betr. Erlöschen nach Liquidation (§ 157), die vertretungsberechtigten Personen betr. andere anmeldepflichtige Vorgänge (→ § 106 Rn. 2), der Insolvenzverwalter. Generalvorsorgevollmacht reicht aus, ohne spezielle Erwähnung von Handelsregisteranmeldung ist nicht nötig, OLG Karlsruhe ZIP 2014, 1392 (Ls.). **2**

B. **Vertretung:** Vertretung bei der Anmeldung ist möglich (→ § 12 Rn. 3–4), etwa durch Notar, OLG München DB 2016, 2954. Vertretung juristischer Personen und von HdlGes durch ihre organschaftlichen Vertreter in vertretungsbefugter Zahl (andere Frage in → Rn. 7), auch bei GbR als Gfter, Bergmann ZIP 2003, 2239. Testamentsvollstrecker kann nur bei Dauervollstreckung (§ 2209 BGB), BGHZ 108, 187, nicht aber bei Abwicklungsvollstreckung an Stelle des zum Kdtisten gewordenen Erben (Sonderrechtsnachfolge, → § 139 Rn. 14) anmelden, OLG München ZIP 2009, 2059. §§ 181, 1629, 1795 BGB sind unanwendbar, also zB Anmeldung durch Gfter A zugleich für vertretene (gesetzlich **3** oder mit Vollmacht) Gfter B und C, BayObLG BB 1970, 940; BayObLGZ 1977, 78; 1977, 134); OLG Hamm OLGZ 1983, 261; Anmeldung in Doppelfunktion bei KG und GmbH & Co → § 162 Rn. 3, → Anh. § 177a Rn. 13. Vollmacht kann bereits im GesVertrag erteilt werden, OLG Frankfurt a. M. BB 1973, 722; aA Staub/Schäfer Rn. 13 (außer für PublikumsGes), → § 162 Rn. 3. Die Vollmacht ist grundsätzlich widerruflich, Staub/Schäfer Rn. 12; aA KG DNotZ 1980, 166. Auch unwiderrufliche Vollmacht, dann Widerruf nur aus wichtigem Grund, BayObLG Rpfleger 1975, 251. Prokura genügt nicht (AG Charlottenburg ZIP 2017, 2304, → § 49 Rn. 2); aber Generalvollmacht (allgemeine Grenzen → Einl. vor § 48 Rn. 2), MüKoHGB/Fleischer Rn. 24, üL verlangt Präzisierung, BayObLGZ 1975, 14; 1977, 132; OLG Frankfurt a. M. OLGZ 1973, 271; offen BGH ZIP 2005, 1322; NJW 2006, 2855.

2) Änderung der inländischen Geschäftsanschrift (Satz 2)

4 Das Erfordernis der Anmeldung durch sämtliche Gesellschafter gilt nicht bei der Änderung der inländischen Geschäftsanschrift, die seit 2008 nach § 107 zum Handelsregister anzumelden ist. Der durch die Aktienrechtsnovelle 2016 eingefügte Satz 2 soll ein Redaktionsversehen des MoMiG beheben; es genügt die Anmeldung durch die vertretungsberechtigten Gesellschafter oder Liquidatoren in vertretungsberechtigter Zahl.

3) Rechtsnatur der Anmeldung und der Anmeldepflicht

5 **A. Rechtsnatur der Anmeldung:** Die Anmeldung ist eine Verfahrenshandlung, entspr. Anwendung der Regeln über Rechtsgeschäfte ist dadurch nicht ausgeschlossen, zB §§ 104 ff., 130 I 1, II BGB. Die Anmeldung ist bis zur Eintragung durch das Registergericht durch jeden Gfter frei widerruflich, notfalls eben Erzwingung, KG OLG Rspr 43, 205 (→ Rn. 6). **Mängel der Anmeldung** berühren Rechtswirkungen der Eintragung nicht. Aber Beschwerde des einzelnen Anmeldepflichtigen, wenn die Anmeldung nicht durch alle dazu Verpflichteten erfolgt ist, OLG Schleswig NZG 2010, 958. Haben nicht alle angemeldet, ist aber eingetragen, so ist der Mangel geheilt, vgl. KGJ 53, 257.

6 **B. Öffentlichrechtliche Anmeldepflicht:** Erzwingung der Anmeldung durch das Gericht s. § 14; Beugestrafen gegen den Anmeldepflichtigen, Bsp. BayObLG DB 1978, 1832 (Eintritt), bei juristischen Personen gegen ihre gesetzlichen Vertreter (§ 14 Rn. 1). Keine Erzwingung bei Erledigung (auch wenn gesellschaftsrechtliche Mitwirkungspflicht fortbesteht), Staub/Schäfer § 106 Rn. 6. Rechtsmittel auch der Ges. gegen Zwangsmittel gegen die registerpflichtige natürliche Person, BGHZ 25, 154 (eG); BayObLG BB 1988, 89.

7 **C. Gesellschaftsrechtliche Mitwirkungspflicht:** Mehrere anmeldungspflichtige Personen sind auch einander zur Mitwirkung bei der Eintragung verpflichtet. Klage der Gfter, nicht der Ges. auf Mitwirkung ist möglich, BGH WM 1983, 786 (→ § 124 Rn. 41); Anspruch auch gegen den nicht eingetragenen, bereits ausgeschiedenen Kdtisten, KG GWR 2011, 164. Obsiegendes Urteil ersetzt die Mitwirkung (§ 16 I 1). Die Verpflichtung zur Mitwirkung entfällt, wo der Gfter einen Anspruch auf Auflösung der Ges. aus §§ 133, 140 hat (dolo agit qui petit quod statim redditurus est), RGZ 112, 282; OGH NJW 1949, 382. Der ausgeschiedene Gfter kann Mitwirkung von der durch sein Ausscheiden erforderlich gewordenen Firmenänderung abhängig machen (→ § 107 Rn. 1). Mitwirkung an einer Anmeldung ist iZw auch im Innenverhältnis der Gfter **als Billigung** des in der Anmeldung Erklärten zu werten (→ § 105 Rn. 54), BGH BB 1976, 529; WM 1984, 1606; 1985, 1229. Verletzung der Mitwirkungspflicht kann schadensersatzpflichtig machen.

1. Abschnitt. Offene Handelsgesellschaft 1 **§ 109**

4) Reform des Personengesellschaftsrechts (MoPeG)
Das Gesetz zur Modernisierung des Personengesellschaftsrechts (MoPeG 8
→ Einl § 105 Rn. 42 ff) fasst zum 1.1.2024 auch das OHG-Recht neu. Der
Regelungsgehalt des § 108 findet sich künftig in § 106 VII HGB-MoPeG, dort
dann zusätzlich Regelung für den Fall des Todes eines Gesellschafters. Zur Textfassung des HGB-MoPeG s. → Anh. § 105.

Zweiter Titel. Rechtsverhältnis der Gesellschafter untereinander

[Gesellschaftsvertrag]

109 Das Rechtsverhältnis der Gesellschafter untereinander richtet sich zunächst nach dem Gesellschaftsvertrage; die Vorschriften der §§ 110 bis 122 finden nur insoweit Anwendung, als nicht durch den Gesellschaftsvertrag ein anderes bestimmt ist.

Übersicht

	Rn
1) Vertragsfreiheit im Rechtsverhältnis der Gesellschafter untereinander	1–3
A. Rechtsverhältnis der Gesellschafter untereinander	1
B. Vertragsfreiheit	2
C. Grenzen der Vertragsfreiheit	3
2) Rechte und Pflichten der Gesellschafter untereinander, insbesondere Sorgfalt, Beitrag, Übertragung von Rechten	4–22
A. Überblick	4
B. Eigenübliche Sorgfalt (§ 708 BGB)	5
C. Beiträge	6–10
D. Leistungspflichten wie bei Dritten	11
E. Nachschüsse	12–14
F. Keine Übertragung von Verwaltungsrechten	15–18
G. Übertragung von Vermögensrechten	19–22
3) Treuepflicht der Gesellschafter	23–28
A. Rechtsnatur und Inhalt	23, 24
B. Beispiele	25–27
C. Rechtsfolgen der Verletzung	28
4) Gleichbehandlungsgrundsatz	29–31
A. Grundsatz	29
B. Rechtsfolgen der Verletzung	30
C. Abweichende Vereinbarungen	31
5) Actio pro socio	32–37
A. Actio pro socio	32–35
B. Ausnahmsweise Klage auf Leistung an sich selbst	36
C. Abweichende Vereinbarungen	37
6) Prozesse über gesellschaftsrechtliche Fragen	38–45
A. Prozesse über Grundlagen der Gesellschaft	38–40
B. Prozesse über Sozialansprüche und -verbindlichkeiten	41–43
C. Abweichende Vereinbarungen	44, 45
7) Reform des Personengesellschaftsrechts (MoPeG)	46

1) Vertragsfreiheit im Rechtsverhältnis der Gesellschafter untereinander
A. **Rechtsverhältnis der Gesellschafter untereinander.** Abschn. 1 Titel 2 **1**
(§§ 109–122) handelt nach der Überschrift vom „Rechtsverhältnis der Gfter untereinander". Dazu gehören, da die OHG selbstständige Trägerin von Rechten und Pflichten ist (→ § 123 Rn. 2), sowohl unmittelbare Beziehungen zwischen Gfter und Gfter als auch solche zwischen Gfter und Ges. (wie Titel 3 nach der Überschrift nur von Rechtsbeziehungen „der Gfter" zu Dritten handeln soll, aber

größtenteils die Beziehungen der Ges. als verselbstständiger Organisation zu Dritten regelt). Titel 2 meint das **ganze Innenverhältnis** der Ges. und Gfter (Titel 3 das ganze Außenverhältnis). **Innen- und Außenverhältnis** sind **scharf zu trennen,** obschon die Regeln immer wieder ineinander übergreifen (→ § 114 Rn. 1). Über die auf **Vermögen** und **Schulden** der Ges. bezüglichen Rechtsverhältnisse, auch der Gfter untereinander und zur Ges. → § 124 Rn. 3, 23, 48. Mitgliedschaft ist subjektives Recht. Verbandsinterner Deliktsschutz der Mitgliedschaft ist str. Lit. zur Mitgliedschaft: Habersack, 1996; Lutter AcP 180 (1980), 84; Westermann NZG 2012, 1121.

2   B. **Vertragsfreiheit. a) Gesellschaftsvertrag:** Im Innenverhältnis der Ges. gilt in erster Linie der Gesellschaftsvertrag **(§ 109),** soweit nicht ausnahmsweise zwingendes Recht entgegensteht. Im GesVertrag (→ § 105 Rn. 47) ist manches ausdrücklich geregelt, manches erst durch Auslegung zu erschließen. Auslegung des GesVertrag → § 105 Rn. 59. Der Regelung im eigentlichen, vielfach schriftlichen GesVertrag stehen die (auch stillschweigend, durch schlüssiges Verhalten) außerhalb desselben getroffenen, ihn ändernden oder ad hoc beiseite setzenden **Gesellschafterbeschlüsse** gleich. Rückwirkung nur im Innenverhältnis (→ § 105 Rn. 50).

b) Gesetzesrecht: In zweiter Linie gelten die **§§ 110–122** und ergänzend, soweit das HGB wie häufig keine Sonderregeln für das Innenverhältnis enthält, das **BGB** (§ 105 III, → § 105 Rn. 15). Zwingend ausgestaltet ist unter den §§ 110–122 nur § 118 I, II (Kontrollrecht jedes Gfters, auch § 716 II BGB, 166 III, 233 III); sonstige Grenzen → Rn. 3.

3   C. **Grenzen der Vertragsfreiheit.** Die Parteien machen in der Kautelarpraxis von der Vertragsfreiheit im GesRecht umfassenden Gebrauch. Die Gestaltungsformen der OHG und mehr noch der KG (§§ 161 II, 109) sind vielfältig (→ Anh. § 177a Rn. 6–11). Grenzen setzen die allgemeinen **zwingenden** Vorschriften des Privatrechts wie §§ 118, 166, §§ 134, 138 BGB. Daneben bestehen ungeschriebene **gesellschaftsrechtliche Schranken** wie die gesetzlich vorgegebenen Abgrenzungsmerkmale der OHG, KG und GbR (→ § 105 Rn. 7–10), keine Nachschüsse ohne Zustimmung (§ 707 BGB, → Rn. 12–14), die Treuepflicht (→ Rn. 23), der Gleichbehandlungsgrundsatz (→ Rn. 29), das Abspaltungsverbot (→ Rn. 16), der Grundsatz der Selbstorganschaft (→ § 114 Rn. 24, → § 125 Rn. 5) und die Kernbereichslehre (→ § 119 Rn. 36). Darüber hinaus praktiziert die Rspr. eine auf § 242 BGB und die Grundprinzipien des GesRechts gestützte **Inhaltskontrolle,** dies zuerst bei der PublikumsGes (→ Anh. § 177a Rn. 68), inzwischen iErg auch sonst bei den PersonenGes, zB Hinauskündigung (→ § 140 Rn. 30 ff.) und bei Abfindungsklauseln (→ § 131 Rn. 61 ff.); außer bei der PublikumsGes besteht dafür angesichts ua der Treuepflicht jedoch kein Bedürfnis, zur Inhaltskontrolle außerhalb der **(5)** §§ 305 ff. BGB Coester-Waltjen AcP 190 (1990), 1. Im Schrifttum finden sich noch weiter reichende Versuche, Grenzen zB aus **Typus** und **Institution** zu finden, die aber unbestimmt bleiben und sich nicht allgemein durchgesetzt haben.

Lit.: Westermann, 1970; Teichmann, 1970: dazu Geßler ZHR 135 (1971), 90 u. Duden ZGR 1973, 380; Fastrich, 1992 (Inhaltskontrolle); Hey, 2004 (statt Inhaltskontrolle Treuepflicht mit Ausübungskontrolle); Wiedemann II § 2 IV 2004.

2) Rechte und Pflichten der Gesellschafter untereinander, insbesondere Sorgfalt, Beitrag, Übertragung von Rechten

4   A. **Überblick.** Die Rechte und Pflichten der Gfter untereinander, genauer: zwischen Gfter und Gfter und Gfter und Ges., sind äußerst **vielfältig,** ihr Kern ist jedoch die aus der Mitgliedschaft entspringende **Treue-, Förder- und Rücksichtspflicht** (→ Rn. 23); zur Theorie der Mitgliedschaft Lutter AcP 180 (1980),

1. Abschnitt. Offene Handelsgesellschaft 5, 6 § 109

84. Die **Erfüllung** der Pflichten der Gfter untereinander ist grundsätzlich mit denselben prozessualen Behelfen **erzwingbar** wie die Erfüllung gleichartiger Pflichten außerhalb einer Ges., auch durch Beugestrafen nach § 888 ZPO (von Dritten nicht ausführbare Handlung, zB Bilanzaufstellung, Vorlage von Geschäftsbüchern, Mitwirkung bei einem GesGeschäft) oder § 890 ZPO (Unterlassung zB von Wettbewerb nach § 112 oder eigenmächtiger Geschäftsführung), RG JW 1937, 236. **Verletzung** von GfterPflichten verpflichtet zu Schadensersatz und Ersatzherausgabe nach §§ 280, 281, 285 BGB str. (Haftung des Gfters bei Nichtleistung eines Sachbeitrags auf Schadensersatz statt der Leistung gegenüber der Ges.), §§ 285, 286 BGB, § 113 (für Wettbewerbsverstöße) und kann Grund zur Auflösung der Ges. (§ 133) oder Ausschließung des Gfters (§ 140) liefern. §§ 320 ff. BGB sind grundsätzlich unanwendbar, str. (→ § 105 Rn. 48), Mängelhaftung bei Beiträgen → Rn. 10. Lit.: Lutter AcP 180 (1980), 84; Wiedemann II § 3 II 3, WM Sonderbeil. 7/1992.

B. **Eigenübliche Sorgfalt (§ 708 BGB).** Die Gfter, die sich zur Förderung **5** des gemeinsamen Zwecks so zusammengetan haben und nehmen müssen, wie sie persönlich sind, schulden bei Erfüllung ihrer GfterPflichten (zB Beitrag, Geschäftsführung, Wettbewerbsverbot, Treuepflicht) nur die Sorgfalt, die sie in eigenen Angelegenheiten anzuwenden pflegen (§ 708 BGB). § 708 BGB ist rechtspolitisch fragwürdig, Fleischer/Danninger NZG 2016, 481; K. Schmidt § 59 III 2 (deshalb für bloße Auslegungsregel); aA MüKoBGB/Schäfer § 708 Rn. 2, 13. Bei überdurchschnittlicher Sorgfalt haftet der Gfter nur für normale, bei gewohnheitsmäßiger Nachlässigkeit in eigenen Angelegenheiten jedenfalls nicht mehr, aber jedenfalls für grobe Fahrlässigkeit. § 708 BGB gilt auch für deliktische Ansprüche wegen derselben schädigenden Handlung (sonst Leerlauf), hL; auch für Neben- und Schutzpflichten aus Gesetz (§§ 242, 241 II BGB), Grund: keine strengere Haftung als für Hauptpflichten, üL, aA Larenz FS Westermann, 1974, 307, anders bei rein deliktsrechtlichen Pflichten. **Nicht anwendbar** ist § 708 BGB zB bei Überschreitung der Geschäftsführungsbefugnisse, falls der Gfter die Überschreitung erkennt oder nach § 708 BGB erkennen muss, dann §§ 677 ff., 678 BGB, sehr str. (→ § 114 Rn. 15); bei Stellung des Gfters gegenüber der Ges. kraft besonderen Rechtsverhältnisses wie ein Dritter (→ Rn. 11) oder bei anderen Pflichtverletzungen ohne Zusammenhang mit der Stellung als Gfter; bei kapitalistisch oder körperschaftlich strukturierter Ges. (→ Anh. § 177a Rn. 26) und bei PublikumsGes (→ Anh. § 177a Rn. 74, 75); im Straßenverkehr, zB gegenüber mitfahrenden MitGftern (aber uU Mitverschulden, § 254 BGB), zutr. BGHZ 46, 318; aA MüKoBGB/Schäfer § 708 Rn. 13; entspr. im allgemeinen Luftverkehr, offen BGH JZ 1972, 88. § 708 BGB gilt noch nicht für das herrschende Unternehmen gegenüber der abhängigen oder konzernierten PersonenGes (→ § 105 Rn. 103–104). **Beweislast** liegt nach allgemeinen Regeln bei der Ges.; dagegen beim Gfter bei Geschäftsführung (→ § 114 Rn. 15, → Anh. § 177a Rn. 26) sowie für geringere eigenübliche Sorgfalt als nach § 276 BGB. Geringere als im Verkehr erforderliche Sorgfalt gem. § 708 BGB noch nicht allein wegen Eigenschädigung, an den Beweis sind strenge Anforderungen zu stellen, BGH ZIP 2013, 2152 (GbR). **Abweichende Vereinbarung** ist möglich. Lit.: Larenz FS Westermann, 1974, 299; Müller-Graff AcP 91 (1991), 475.

C. **Beiträge. a) Begriffe: Beiträge im weiteren Sinn** sind die Leistungen, **6** die der Gfter auf Grund des GesVertrag zur Förderung des GesZwecks erbringen muss (Förderungspflicht nach § 705 BGB). **Beiträge im engeren Sinn** sind die vermögenswerten Leistungen des Gfters, die das GesVermögen (§ 718 I BGB) mehren (Beiträge iSv §§ 706, 707 BGB).

Einlagen sind Beiträge ieS, die die Haftungsmasse mehren (Bar- bzw. Geldeinlage oder Sacheinlage), K. Schmidt § 20 II 3, nach aA die bereits in das GesVermögen übergegangenen Beiträge ieS, dazu MüKoBGB/Schäfer § 706

§ 109 7–9   2. Buch. Handelsgesellschaften und stille Gesellschaft

Rn. 4. Einlagen sind idR solche zu Eigentum der Ges. sowie dingliche Nutzungsrechte, aber auch andere vermögenswerte, der Ges. zur freien Verfügung übertragbare Leistungen, str., also nicht Dienstleistungen.
Aufwendungen eines Gfters im GesInteresse sind keine Beiträge. Sie sind erstattungsfähig (§ 110), aber verändern nicht den Kapitalanteil des Gfters. **Nachschüsse,** die einvernehmlich geleistet werden (§ 707 BGB, → Rn. 12) sind Beiträge, nicht aber solche, die erst in der Liquidation geschuldet werden (§ 735 BGB).
Beitragspflicht (§ 706 I BGB): Ob und welche Beiträge zu leisten sind, bestimmt der GesVertrag, sonst sind gleiche Beiträge zu leisten (→ Rn. 29). Ein Gfter kann „**beitragsfrei**" in dem Sinne sein, dass er keinen Beitrag ieS (s. oben) beitragen muss, str.; ohne Beitrag iwS kann er dagegen kein Gfter sein (Förderungspflicht). Eine OHG bzw. KG ist **auch ohne Einlagen** möglich, zB ein einfaches Maklergeschäft. Beitragserhöhung grds nur mit Zust des betr Gfters → § 114 Rn. 3.

7   **b) Beitragsarten:** Beiträge, einmalig oder wiederkehrend, können bestehen zB in Geld, Sachen, Rechten, zB Gewerbeerlaubnis, OGHZ 1, 349, Erfindung (→ § 124 Rn. 8), Gebrauchsüberlassung und Nutzungseinlagen, Groh BB 1982, 133, Dienste (**§ 706 III BGB,** wichtigster Fall ist die Geschäftsführung, §§ 114 ff.), Unterlassungen (Grenzen durch Kartellrecht), vermögenswerten tatsächlichen Beziehungen (Goodwill, → § 124 Rn. 4), Know-how (→ § 120 Rn. 11) und sogar bloße Mithaftung nach § 128 (Standing und Kredit für die Ges.). Die Ges. hat aber keinen Anspruch gegen den Gfter auf Erfüllung der Haftung nach § 128, BGHZ 121, 181. Werden Dienstleistungen als Beitrag erbracht, liegt ein gesellschafts-, kein arbeitsrechtliches Verhältnis vor, MüKoBGB/Schäfer § 706 Rn. 14, str., keine arbeitsrechtliche Kündigung, aber für kollektives und Arbeitnehmerschutzrecht Schulze-Osterloh AG 2003, 27. Mitarbeit des Ehegatten eines Gfters muss auf Grund der Ehe für diesen oder als MitGfter der Ges. oder in einem Dienstverhältnis zur Ges. wie mit einem Dritten geleistet sein (→ Rn. 11, → § 105 Rn. 52). Mitarbeit von Familienangehörigen. Lit.: Fenn, 1970; Krause, 2002.

8   Sachen und Rechte können beigetragen werden durch (1) **Übertragung zu voller Rechtsinhaberschaft** auf die Ges., (2) durch **Einbringung nur dem Werte nach,** dann bleiben sie im Eigentum des Gfters, sind aber im Innenverhältnis wie Eigentum der Ges. zu behandeln, BGH WM 1965, 746; ZIP 2009, 1809 mAnm Berninger DStR 2010, 874, so dass alle Wertänderungen, Lasten, Nutzungen des Gegenstands der Ges. zukommen, BGH BB 1955, 203 (Betriebsgrundstücke); auch der Verkaufserlös gebührt dann allen Gftern, nicht nur dem Einbringer, BGH WM 1972, 214, oder (3) durch bloße **Überlassung zur Nutzung** (→ § 124 Rn. 6), BGH WM 1967, 951, zB Sachen zum Gebrauch, gewerbliche Schutzrechte zur Benutzung, ein ganzes HdlGeschäft zur Fortführung für Rechnung der Ges. wie bei Pacht; diese sind dann bei Ausscheiden des Gfters an ihn zurückzugeben (→ § 131 Rn. 41). Vertretbare oder verbrauchbare Sachen sollen nach **§ 706 II BGB** (Auslegungsregel) iZw Eigentum der Ges. werden; ebenso andere Sachen, wenn sie nach einer Schätzung beizutragen sind (diese darf aber nicht nur für die Gewinnverteilung bestimmt sein, sondern als Grundlage weitergehender Rechte des Gfters zB für die Bestimmung seines späteren Auseinandersetzungsguthabens). § 706 II BGB enthält für die von ihm nicht erfassten Fälle keine Vermutung für das Gegenteil (Überlassung nur zur Nutzung), vielmehr gelten normal §§ 133, 157 BGB.

9   **c) Beitragsleistung:** Die Beitragsleistung ist iZw sofort fällig (§ 271 I BGB). Der Einleger muss der Ges. an Geld oder einer anderen nicht nur vorübergehenden Leistung tatsächliche dauernde Verfügungsmacht verschaffen. Die Ges. trägt die Gefahr des späteren Verlusts der Einlage, auch ihrer zweckwidrigen

1. Abschnitt. Offene Handelsgesellschaft 10, 11 § 109

Verwendung, zB durch unberechtigte Entnahme durch MitGfter. Die tatsächliche Wertzuführung und ihre Belassung bei der Ges. (keine Rückzahlung der Einlage) ist Voraussetzung für die beschränkte Haftung der Kdtisten (→ § 171 Rn. 6, → § 172 Rn. 4), dabei ist allerdings zwischen Innenverhältnis und Enthaftung im Außenverhältnis (§§ 171 I Hs. 2, 172 IV) klar zu trennen. Es besteht **kein Aufrechnungsverbot** (ungleich § 66 I 2 AktG, § 19 II 2 GmbHG); tatsächliche Wertzuführung bei Aufrechnung durch den Kdtisten → § 171 Rn. 7. Die Einlageschuld ist iZw auch **erfüllbar durch Dritte** (§ 267 I 1 BGB), auch durch MitGfter aus deren Vermögen, BGH NJW 1984, 2290, aber nicht aus GesMitteln, auch nicht aus Drittdarlehen, das die Ges. sichert, BGH BB 1973, 862. In Absprache mit der Ges. ist auch Erfüllung durch **Leistung an Dritte**, zB GesGläubiger, möglich (Leistung an Erfüllungs statt); ohne Absprache entsteht zumindest aufrechenbarer Erstattungsanspruch (§ 110), BGH NJW 1984, 2290. **Bewertung** der Beiträge ist im Innenverhältnis frei (→ § 120 Rn. 17). Geldbeiträge sind nach § 111 zu **verzinsen**. Fehlen und Wegfall der **Geschäftsgrundlage** (§ 313 BGB) von GesVertrag und Beitragspflicht → § 105 Rn. 80. Die **Abtretung** der Einlageforderung ist zulässig, vor allem der Einlageforderung gegen Kdtist an einen GesGläubiger (→ § 171 Rn. 9). Der Gfter behält seine Einwendungen (§ 404 BGB), ggf. ein Kündigungsrecht wegen Täuschung beim Beitritt (→ § 105 Rn. 88, 91), und kann gegenüber dem Zessionar mit einer persönlichen Forderung an die Ges. nach § 406 BGB aufrechnen, BGHZ 51, 392. Pfändet Gfter-GesGläubiger A die Einlageforderung der Ges. an Gfter B, kann dieser mit Forderung an die Ges. aufrechnen, in der Liquidation aber nur abzüglich der auf ihn entfallenden Verlustquote, BGH BB 1976, 853. **Verjährung** der Einlageforderung nach §§ 195, 199 BGB, BGH ZIP 2010, 1342, nicht analog § 19 VI GmbHG ua (KapitalGes), Grund: bei PersonenGes hinreichender Schutz nach § 128 (aber GmbH & Still, → § 230 Rn. 20).

Leistungsstörungen: §§ 320 ff. passen für die PersonenHdlGes **nicht** (näher 10 → § 105 Rn. 48). Auf **andere als Geldbeitragspflichten** sind die Regeln des nächstliegenden Vertragstyps (Kauf, Pacht, Miete, Werk-, Dienst-, Lizenzvertrag usw) nur entspr. anwendbar, soweit das die Zugehörigkeit der Beitragspflicht zum GesVerhältnis gestattet. Die besonderen Vorschriften über die Mängelhaftung bei fehlerhaften Sach- oder Werkleistungen passen nicht nur zum Teil, aA für Zuzahlung des Minderwerts oder bei Rücktritt des vollen Geldwerts Soergel/Hadding/Kießling § 706 Rn. 21, und sind anzupassen (→ § 105 Rn. 48), nach früher üL galt allgemeines Leistungsstörungsrecht, GroßKo/Ulmer § 105 Rn. 154; Wiedemann WM Sonderbeil. 8/1990, 5. Nur wenn der Beitragspflichtige die Nicht- oder Schlechtleistung zu vertreten hat, ist er schadensersatzpflichtig nach §§ 280 ff. BGB. Sonst kommt es zur Vertragsanpassung (§ 242 BGB, nach aA § 313 BGB), äußerstenfalls zur Auflösung der Ges. (§ 133), unter den Voraussetzungen des § 140 auch zum Ausschluss des Gfters.

D. **Leistungspflichten wie bei Dritten.** Der Gfter kann eine Leistung (nicht 11 als Beitrag oder neben einem solchen) auf Grund eines normalen Kauf-, Miet-, Werk-, Dienst- oder Arbeitsvertrags ua schulden, wie ein Dritter wie mit der Ges. wie ein Dritter abgeschlossen hat. Bsp.: Verpachtung von Grundstücken an die Ges. oder Lizenzvergabe an sie. Solche Abreden können auch gleichzeitig mit dem GesVertrag und sogar in diesem getroffen werden, dann liegt aber iZw Beitrag vor. Ansonsten ist ein Indiz, ob die Vergütung fest oder abhängig vom Geschäftsergebnis vereinbart ist; bei festem Pachtzins liegt Drittbeziehung nahe, sonst Beitrag als Gfter. Rechtlich sind zu unterscheiden **echter Beitrag** (→ Rn. 6), **Drittgeschäft auf Grund des Gesellschaftsvertrags** (→ Anh. § 177a Rn. 71) **und reines Drittgeschäft** (→ § 124 Rn. 52). Die Unterscheidung kann aus vielen Gründen wichtig sein, zB Kündigung vor GesEnde, besondere Formvorschriften (zB §§ 550, 578, 581 II BGB), Grad der Sorgfaltspflicht (§ 708 BGB), persönliche Haftung der MitGfter gegenüber dem Gfter, der Drittgläubiger ist (→ § 128 Rn. 24).

12 E. **Nachschüsse. a) Grundsatz des § 707 BGB:** Der Gfter ist zur Erhöhung des vereinbarten Beitrags ieS (→ Rn. 6) **nicht verpflichtet,** auch nicht zu einer (dem gleichkommenden) Ergänzung der durch Verlust verminderten Einlage (§ 707 BGB), hL, entsprechender Beschluss ist unwirksam, Einwendung auch noch nach Fristablauf (→ § 119 Rn. 32), BGH NZG 2007, 582; 2009, 501, Mehrheitsbeschluss ist aber für die zustimmenden Gfter verbindlich, BGH ZIP 2009, 1373. Der Gfter haftet mangels Zustimmung daher auch nicht persönlich für Ansprüche eines MitGfters gegen die Ges. (→ § 124 Rn. 22). § 707 BGB steht aber Ausgleichsansprüchen gegen MitGfter nach Bezahlung von GesSchulden nicht entgegen (→ § 128 Rn. 27). Wegen der klaren Regelung des § 707 BGB ist in aller Regel **keine Zustimmungspflicht** zur Begründung von Nachschusspflichten anzunehmen (Treuepflicht, → § 105 Rn. 66), BGH WM 2005, 1608; 2006, 577, NZG 2007, 381, NJW 2010, 68. Eine solche mag zwar in ganz besonderen Ausnahmefällen zu bejahen sein, aber die Hürde ist hier besonders groß, BGH WM 2007, 743; 2007, 837, bloßer Sanierungsbedarf der Ges. reicht nicht aus, RG JW 1938, 1522; OLG Celle WM 2006, 31; ZIP 2006, 807, selbst wenn die Gfter zahlungskräftig sind (freie Investition); die Ges. ist dann eben aufzulösen, BGH WM 1961, 32, möglich aber „Sanieren oder Ausscheiden", das ist keine „faktische Nachschusspflicht", BGH NJW 2010, 67, näher → § 105 Rn. 66. § 707 BGB steht der Nachschusspflicht bei Verlust im Stadium der **Liquidation** oder beim **Ausscheiden** (§§ 735, 739 BGB) nicht entgegen, BGHZ 23, 30. Feststellungsklage des dissentierenden Gfters, nicht erst Abwarten der Inanspruchnahme durch Ges., BGH NZG 2007, 381.

13 Ein Gfter ist auch **nicht berechtigt,** freiwillig **seinen Beitrag zu erhöhen,** denn er würde damit die Beteiligungsverhältnisse in der Ges. ändern. Ausnahmsweise können die anderen aber verpflichtet sein, etwa bei dringendem, anders nicht deckbarem Kapitalbedarf der Ges. einem entsprechenden Angebot zuzustimmen (Vertragsänderung, → Rn. 27, → § 105 Rn. 64), Hueck OHG § 14 IV; Grunewald FS Großfeld, 1999, 333.

14 b) Abweichende Vereinbarungen: § 707 BGB ist nachgiebig. Die Gfter können sich etwa bei Ges. zur Verwirklichung eines sachlich und wirtschaftlich begrenzten Projekts auch stillschweigend zur Beitragung des zur Erreichung dieses Zwecks Erforderlichen verpflichten, BGH NJW 1980, 340. § 707 BGB greift nicht ein, wenn die Gfter versprochen haben, das zur Erreichung des GesZwecks Erforderliche beizutragen, oder neben fester Einlage laufende Beträge zu leisten (gespaltene Beitragspflicht), Festlegung ist dann ohne GfterBeschluss Sache des Geschäftsführers, BGH WM 2007, 835; 2007, 2383; Höhe der laufenden Beiträge muss aber mindestens objektiv bestimmbar sein, BGH WM 2007, 835; 2007, 2383. **Nachschusspflichten** können im GesVertrag vereinbart werden, aber nur klar verständlich, nicht versteckt, BGH NJW 1983, 164, und nur so, dass Ausmaß und Umfang erkennbar sind, also mit Angabe von Obergrenze oder sonstigen das Erhöhungsrisiko eingrenzenden Kriterien, BGHZ 66, 85; BGH WM 2005, 1608; 2006, 774 (GbR); 2006, 774 (PublikumsGes, auch → Anh. 177a Rn. 70); BGH WM 2007, 835 (PublikumsGes); BGH ZIP 2007, 476; KG ZIP 2007, 183. Der GesVertrag kann auch Mehrheitsbeschluss vorsehen, die Rspr. hat den Bestimmtheitsgrundsatz nunmehr wieder aufgegeben (→ § 119 Rn. 35, 37), einfache Mehrheitsklausel allein genügt nicht, BGH ZIP 2007, 1458, abgestellt wird jetzt auf die Auslegung des GesVertrags, (→ § 119 Rn. 39). Angabe der maximalen Höhe, zB Netto-Gesamtaufwand, in GesVertrag selbst oder iVm der zugehörigen Beitrittserklärung (dies auch bei PublikumsGes trotz objektiver Auslegung des GesVertrags, → Anh. § 177a Rn. 67) genügt, BGH WM 2007, 2381; ZIP 2008, 695. Klausel „soweit bei der laufenden Bewirtschaftung der Grundstücke Unterdeckungen auftreten" genügt nicht, BGH WM 2007, 835 (PublikumsGes). Umgekehrt können der GesVertrag oder ein (dort vorgesehener Mehrheits)GfterBeschluss die Herabsetzung der Beiträge bei bestimmten Entwicklungen vorsehen. Bei Verstoß Unwirksamkeit jedenfalls gegenüber dem nicht zustimmenden Gfter, Einwendung gegen Zahlungsklage auch noch nach Fristablauf für Beschlussanfechtung, BGH ZIP 2007, 1368; WM 2009, 805. Lit.: Armbrüster ZGR 2009, 1; Nentwig, 2011.

F. **Keine Übertragung von Verwaltungsrechten. a) Grundsatz:** Die (Verwaltungs)Rechte des Gfters aus dem GesVerhältnis sind nicht übertragbar (**§ 717 S. 1 BGB**), weder an MitGfter noch an Dritte. § 717 BGB erfasst nicht nur die **Individualansprüche** aus der Mitgliedschaft gegen die Ges. **(Sozialverbindlichkeiten)**, sondern auch alle Verwaltungsrechte, zB Geschäftsführung, Vertretung, Stimmrecht, Informations- und Kontrollrecht. § 717 BGB erfasst **nicht** Ansprüche der Ges. gegen den Gfter **(Sozialansprüche)**, zB auf Leistung der Beiträge, auf Geschäftsführung ua, sie sind Teil des Gesellschafts- bzw., traditionell, des Gesamthandsvermögens (§ 718 BGB). 15

b) **Abspaltungsverbot:** § 717 S. 1 BGB ist **zwingend,** BGHZ 3, 357; 20, 364; 36, 293; 43, 267; BGH NJW 1970, 468. Der GesVertrag kann also nicht wirksam vorsehen, dass Verwaltungsrechte wie das Stimmrecht des Gfters (→ § 119 Rn. 19) an NichtGfter, aber auch an Gfter übertragen werden können. Das Abspaltungsverbot gründet (auch unabhängig von § 717 S. 1) in der Mitgliedschaft, die als Stammrecht ebenso wie in den daraus folgenden Einzelrechten ihrer Natur nach den Gftern vorbehalten ist (verbandsrechtlich zwingende Selbstbestimmung), K. Schmidt § 19 III 4. Das Abspaltungsverbot erschöpft sich also nicht im Schutz der Gfter vor Einmischung Dritter und ist nicht nur ein relatives Veräußerungsverbot iSv § 135 BGB, sondern schlechthin zwingend. 16

c) **Überlassung zur Ausübung:** Das Abspaltungsverbot steht der Überlassung der Ausübung von Verwaltungsrechten an MitGfter oder Dritte (Vollmacht, § 167 I BGB, oder Ermächtigung, § 185 I BGB analog) nicht entgegen, sofern das im GesVertrag vorgesehen ist oder alle Gfter einverstanden sind. Das gilt zB für die Geschäftsführung (→ § 114 Rn. 11), das Stimmrecht (→ § 119 Rn. 20), die Vertretung (→ § 125 Rn. 7–9). Eine gegen das Abspaltungsverbot verstoßende Übertragung kann in eine wirksame Überlassung zur Ausübung umzudeuten sein (§ 140 BGB), BGHZ 20, 366. Das Abspaltungsverbot steht auch der **Vertreterklausel** nicht entgegen (→ § 114 Rn. 26, → § 163 Rn. 10), str., diese fasst die Ausübung der Rechte nur zusammen. Mit Zustimmung der Mitgesellschafter möglich ist auch Vorsorgevollmacht, Schäfer ZHR 175 (2011), 557; Wedemann ZIP 2013, 1508. 17

d) **Anteilsübertragung,** also des GesAnteils im Ganzen, kann **wirksam** vorgesehen werden, §§ 717, 719 BGB sind nicht einschlägig (→ § 105 Rn. 69). Das gilt auch für **Treuhand, Unterbeteiligung und Nießbrauch** (→ § 105 Rn. 31, 38, 44). **Testamentsvollstrecker** und **Nachlassverwalter** → § 139 Rn. 21, 32. 18

G. **Übertragung von Vermögensrechten.** § 717 BGB erfasst alle aus der Mitgliedschaft herrührenden Rechte (→ Rn. 15), dagegen nicht Drittgläubigerforderungen (→ Rn. 11). Übertragbar (sowie verpfändbar und pfändbar, → § 124 Rn. 20, 21) sind nach **§ 717 S. 2 BGB:** 19

a) Die aus der Geschäftsführung zustehenden Ansprüche: Übertragbar ist der Anspruch des Geschäftsführers auf Aufwendungsersatz (§ 110); iErg auch Ansprüche auf Geschäftsführervergütung, Begründung str., jedenfalls als gewinnunabhängige Entnahme (→ Rn. 20), MüKoBGB/Schäfer § 717 Rn. 34. Dem stehen gleich **gesamtschuldnerische Ausgleichsansprüche** zwischen den Gftern (§ 128 HGB, §§ 426, 735 BGB).

§ 109 20–23 2. Buch. Handelsgesellschaften und stille Gesellschaft

20 **b) Gewinn:** Übertragbar sind die Ansprüche des Gfters auf seinen Gewinnanteil, auch an künftigem Gewinn (**Gewinnansprüche**, → § 121 Rn. 3–4). Von diesen Geldforderungen ist zu unterscheiden das **Gewinnstammrecht,** das den einzelnen Gewinnansprüchen zugrundeliegt. Dieses ist in die Mitgliedschaft eingebunden, § 717 S. 2 BGB gilt also nicht, es ist nicht übertragbar, üL, auch nicht mit Zustimmung aller Gfter, MüKoBGB/Schäfer § 717 Rn. 15; aA wohl BGH ZIP 1987, 1042 mit der Folge, dass dann alle späteren Gewinnansprüche von vornherein in der Person des Zessionars entstünden (→ § 121 Rn. 4). Analog § 717 S. 2 BGB abtretbar sind Ansprüche auf gewinnunabhängige Vorabansprüche und andere periodische Geldleistungen (→ § 121 Rn. 8), differenzierend MüKoBGB/Schäfer § 717 Rn. 36, MüKoBGB/Schäfer § 721 Rn. 13 f., str.; dagegen nicht das nach der Vorstellung des Gesetzgebers für den Mindestunterhalt des Gfters bestimmte **Entnahmerecht** nach § 122 I Hs. 1 (→ § 122 Rn. 4).

Wirkung: Der Zessionar erwirbt nur das übertragene Vermögensrecht, **nicht** dagegen die zu seiner Kontrolle und Durchsetzung dienenden **Verwaltungsrechte** (näher → § 121 Rn. 5). Er hat also weder Einfluss auf die Feststellung des Gewinns noch ein Informationsrecht (§ 118) über das Geschäftsgebaren der Ges., aber ein Anspruch gegen die Ges. auf Mitteilung der Höhe des Anspruchs (§ 242 BGB), BGH BB 1976, 11; im Übrigen nur schuldrechtliche Nebenpflichten des Veräußerers. Sicherer ist deshalb die Verpfändung oder Sicherungsübertragung der Mitgliedschaft (→ § 121 Rn. 6), vgl. BGHZ 88, 205.

21 **c) Auseinandersetzungsguthaben:** Übertragbar ist schließlich der Anspruch auf das Auseinandersetzungsguthaben (→ § 131 Rn. 48, 54, §§ 145 ff., 155). Zustimmung der Gfter ist unnötig, auch wenn sie zur GesAnteilsübertragung nötig ist, BGH WM 1981, 649. Der Anspruch auf das Auseinandersetzungsguthaben ist ein künftiger Anspruch, BGHZ 88, 205 (GmbH); BGHZ 104, 353; BGH NJW 1997, 3370; aA aufschiebend bedingt entstandener Anspruch BGHZ 58, 330 (eG); das hat Konsequenzen, zB falls der Zedent vor der Auseinandersetzung ausgeschieden ist, MüKoBGB/Schäfer § 717 Rn. 32, vgl. → § 105 Rn. 72.

22 **d) Abweichende Vereinbarungen:** § 717 S. 2 BGB ist anders als S. 1 nicht zwingend. Der GesVertrag kann vorsehen, dass solche Vermögensrechte unübertragbar sind (§ 399 BGB), BGH WM 1978, 515. Reine Drittgläubigerforderungen werden dadurch nicht berührt (→ Rn. 19).

3) Treuepflicht der Gesellschafter

23 A. **Rechtsnatur und Inhalt.** Die Treuepflicht der Gfter gegenüber der Ges. und untereinander ist fundamental und beherrscht die gesamte Mitgliedschaft der Gfter mit all ihren Einzelpflichten, BGHZ 30, 201; 44, 40; 64, 257; 68, 82, ganz hL, K. Schmidt § 20 IV. Die Treuepflicht hat ihre Grundlage im GesVertrag (§ 705 BGB), nach aA besonders starke Ausprägung des § 242 BGB im GesRecht; sie ist jedenfalls nicht bloße Schutzpflicht iSv § 241 II BGB. Die Treuepflicht ist fremdnützig (Pflichtrecht im Gegensatz zu eigennützigen Rechten), dh ihr Inhalt ist **Wahrnehmung der Gesellschaftsinteressen**, nicht der persönlichen Interessen der MitGfter, sofern das im Hinblick auf die Zusammenarbeit der Gfter und deren Erfolg geboten ist, BGHZ 30, 201; 34, 83; BGH BB 1962, 349 (GbR). Der Gfter muss alles dem GesZweck Abträgliche unterlassen, nicht aber GfterRechte zugunsten der MitGfter aufgeben, BGHZ 34, 83 (Option auf MitGfterAnteil). Die Treuepflicht kann je nach **Gesellschaftstyp** unterschiedlich weit reichen, zB bei der körperschaftlich strukturierten KG (→ Anh. § 177a Rn. 10) und bei der PublikumsGes (→ Anh. § 177a Rn. 52) weniger weit, BGH NJW 1985, 973 (974), jedoch besteht sie auch bei der Letzteren uneingeschränkt, wenn es um die Erhaltung des GesUnternehmens geht, BGH NJW 1985, 975. Die Treuepflicht gilt **nur im mitgliedschaftsrechtlichen Bereich** und endet

1. Abschnitt. Offene Handelsgesellschaft 24, 25 § 109

vor dem berechtigten eigenen Interesse, OGHZ 4, 73 (keine Ungleichbehandlung); BGH NJW 1989, 166 (Berufung auf Formnichtigkeit von GfterVertrag mit GmbH); BGH NJW 1992, 3171 (Aktienzeichnung); OLG Hamburg ZIP 1983, 576. Das entbindet aber nicht von Rücksichtnahme (→ Rn. 25). Die Treuepflicht wirkt rechtsbegrenzend (zB Stimmrechtsschranken, auch → Rn. 25), pflichtenbegründend (Handlungs- und Unterlassungspflichten, Bspe → Rn. 26, 27) und spielt auch bei der Auslegung des GesVertrags eine Rolle (→ § 105 Rn. 59). Lit.: Zöllner, 1963; Hueck, 1974; Winter, 1988 (GmbH); Grundmann, Treuhandvertrag, 1997; Martin Weber, 1999 (vormitgliedschaftlich); Janke, 2003 (ökonomisch); Hueck FS Hübner, 1935, 72; Hüffer FS Steindorff, 1990, 59; Lutter AcP 180 (1980), 84; ZHR 153 (1989), 446 (AG); ZHR 162 (1998), 164; Henze ZHR 162 (1998), 186 (KapitalGes); Michalski NZG 1998, 460; Fleischer NZG 2000, 561 (Aufklärungspflichten); Wellenhofer-Klein RabelsZ 64 (2000), 564; Förster AcP 209 (2009), 398 (§ 826 BGB im GesRecht); Hellgardt FS Hopt, 2010, 765 (Abdingbarkeit); Fleischer/Harzmeier NZG 2015, 1289 (Abdingbarkeit, auch GmbH).

Zeitlicher Anwendungsbereich: Die Treuepflicht besteht **während der** 24 **ganzen Mitgliedschaft** in der Ges., **schon vorher** in der VorGes und in der VorgründungsGes (→ Anh. § 177a Rn. 18) und sogar bei der Vertragsanbahnung, K. Schmidt GesR § 20 IV 1b; Martin Weber, 1999, sehr str., bis zur vollständigen Beendigung des GesVerhältnisses, BGH ZIP 2003, 74, und sogar **nachwirkend**, zB Treuepflicht zur Nichtbeeinträchtigung nach Ausscheiden, BGH BB 1960, 305 (GbR; auch → § 131 Rn. 37). Das entspricht der modernen Theorie der Sonderrechtsverbindungen (vgl. § 311 II BGB). Sie besteht insbesondere auch noch in der **Liquidation,** jedoch unter Berücksichtigung des nunmehrigen Abwicklungs- statt Erwerbszwecks der Ges. (→ § 145 Rn. 4) und damit zunehmend schwächer mit Fortschreiten der Liquidation. Soweit die Ges. nicht mehr werbend tätig ist, besteht kein Wettbewerbsverbot nach § 112 mehr (→ § 112 Rn. 3), aber das Verbot der Nutzung von GesVermögen (Vertriebsrechte, Geschäftsverbindungen ua) ohne Ausgleich, BGH WM 1971, 442; NJW 1980, 1628. Sie verbietet nicht, die Eröffnung des Insolvenzverfahrens anzustreben, wenn die Lage der Ges. aussichtslos und schnelle Liquidierung allen nützlich ist, BGH BB 1968, 850. Zur Treuepflicht im Insolvenzverfahren nun LG Frankfurt a. M. ZIP 2013, 1720; 2013, 1831; Thole ZIP 2013, 1937; auch → Anh § 177a Rn. 49r; zur Krise → Rn. 27.

B. **Beispiele.** Auf der Treuepflicht beruht vor allem das **Wettbewerbsverbot** 25 der §§ 112, 113. Die Treuepflicht wird besonders praktisch bei der **Ausübung von Pflichtrechten,** zB Geschäftsführung, Widerspruch (→ § 115 Rn. 3), Zustimmung zu außergewöhnlichen Geschäften (→ § 116 Rn. 5). Sie verpflichtet aber auch zur **Rücksichtnahme bei der Ausübung eigennütziger Rechte** wie Vermögens-, Stimm- und Informations- und Kontrollrechte, zB bei Einziehung einer Forderung gegen die Ges., besonders aus zur Förderung der Ges. gegebenem Darlehen, RG JW 1937, 1986 (→ § 128 Rn. 24), so zB bei Anwendung des § 135 (→ § 135 Rn. 4), bei Aufrechnung gegen Einlageschuld (vgl. → § 171 Rn. 7). Der Gfter muss hier das **schonendste Mittel** gegenüber der Ges. und den MitGftern wählen (Grundsatz der Verhältnismäßigkeit), vgl. BGHZ 1980, 74 (Süßen, GmbH). Die Treuepflicht liegt dem gesamten **Minderheitenschutz** in der Ges. zugrunde (Pflicht der Mehrheit zur Rücksichtnahme), Wiedemann I § 8 II 3; Fischer FS Barz, 1974, 33, und ist wichtigstes Instrument für den GfterSchutz im **Konzernrecht** der PersonenGes (→ § 105 Rn. 100 ff.). Die Treuepflicht führt aber **bei Interessenkonflikt** (→ Rn. 26, → § 112 Rn. 1, → § 119 Rn. 8) außer bei Rechtsmissbrauch **nicht zum völligen Ausschluss eigener Rechte,** so muss der Gfter außer bei Rechtsmissbrauch die Rechte und Klagen nach §§ 117, 127, 131, 132, 133, 140 geltend machen können, also sich zB von der Ges. lösen können (→ § 132 Rn. 6), aber ohne auf jeden Fall trotz vollwertiger Abfindung auf Auflösung beharren zu können, BGH WM 1986, 68. Auch massive **Kritik** eines Kdisten an der Geschäftsführung des phG ist, wenn gesellschaftsintern (in Brief an Beiratsmitglieder), nicht pflichtwidrig, BGH DB 1972, 279. Die Treuepflicht gegenüber MitGftern besteht **nicht im reinen Privatbereich,** nur ausnahmsweise schlagen persönliche Zerwürfnisse und Verfehlungen, uU sogar solche von Ehegatten, auf den mitgliedschaftlichen Bereich durch, Bspe BGHZ 4, 109 (110); 46, 392.

26 **Geschäftschancen der Gesellschaft** (Erwerbschancen, corporate opportunity), an sich zu ziehen, ist ein besonders klarer Fall von Interessenkonflikt (→ Rn. 25) und als treuwidrig anzusehen (unabhängig von § 112, dort → § 112 Rn. 1), BGH WM 1967, 679 (GmbH); BGH NJW 1986, 584; 1989, 2687; ZIP 2013, 363 (GbR); OLG Düsseldorf NJW-RR 1986, 1296; OLG Koblenz ZIP 2011, 85 (GbR), so wenn die Geschäftschance in den Geschäftsbereich der Ges. fällt und dieser bereits konkret zugeordnet ist und der Gfter erst als solcher (zB kraft seiner Geschäftsführung oder durch Information der Ges.) zu der Geschäftschance Zugang erhält. Darauf, dass die Ges. die Geschäftschance nicht selbst ausnutzen kann, kommt es grundsätzlich nicht an, Grund: der Gfter müsste sich gerade darum bemühen; anders zB wenn die Ges. daran rechtlich gehindert ist (GWB). Die selbstständige Berufstätigkeit zu einengend aber BGH NJW 1986, 585 (für GmbH-Geschäftsführer); auch → Anh. § 177a Rn. 22. Gfter darf aber Gewinn aus Unterverpachtung des ihm verpachteten Gegenstands der Ges. behalten, BGH NJW 1998, 1225. Zustimmung der Ges. zu Eigenwahrnehmung ist zulässig (vgl. → § 112 Rn. 13). Bei Verstoß muss der Gfter Schadensersatz nach § 280 BGB leisten derart, dass er die Ges. stellt, wie wenn das Geschäft für sie geschlossen hätte, zB das erworbene Grundstück zum Erwerbspreis in die Ges. einbringen, RGZ 82, 14. Statt Schadensersatz mit § 252 BGB (→ Rn. 28) auch Eintritt analog §§ 61 I, 113 I HGB, § 88 II AktG möglich. Gegen den Ersatzanspruch aus Untreue (§ 823 II BGB, § 266 StGB) kann der Gfter nicht mit einem Gewinnanspruch aufrechnen (§ 393 BGB), BGH BB 1960, 755. Besondere Pflichten des geschäftsführenden Gfters in solchen Fällen → § 114 Rn. 13. Lit.: Grundmann, Treuhandvertrag, 1997, S. 425 ff.; Schiessl GmbHR 1988, 53 (GmbH); Kübler/Waltermann ZGR 1991, 162; Paefgen AG 1993, 457; Merkt ZHR 159 (1995), 423; Fleischer NZG 2003, 985; NJW 2006, 3239 u. NZG 2013, 361 (GbR).

27 Die Treuepflicht kann gehen auf **Zustimmung zu den verschiedenen Gestaltungsklagen** (§§ 117, 127, 140, zB → § 117 Rn. 6–7), BGHZ 64, 257; 68, 82 (beide zu § 140) und allgemeiner auf **Zustimmung zur Änderung des Gesellschaftsvertrags** (→ § 105 Rn. 64–66), zB zur Aufgabe des dauerhaft unrentabel gewordenen Geschäftsbetriebs, besonders für einen (nur beschränkt haftenden) Kdtisten, BGH NJW 1960, 434; auf **Mitwirkung an Sanierung** (→ **(7)** Bankgeschäfte Rn. G32), Eidenmüller, 1999; Häsemeyer ZHR 160 (1996), 109; Lutter ZHR 162 (1998), 170. Relevant in der **Krise,** „Sanieren oder Ausscheiden", dazu → § 105 Rn. 66. Die **Geltendmachung von Gewinnansprüchen** muss auch dann nicht treuepflichtwidrig sein, wenn desh drohende Zahlungsunfähigkeit angenommen werden kann, LG Berlin ZIP 2014, 1391 – Suhrkamp (auch → Anh § 177a Rn. 49e).

28 **C. Rechtsfolgen der Verletzung.** Die Treuepflicht muss erfüllt werden (Zustimmungspflicht, § 894 ZPO; Unterlassungsanspruch, § 1004 BGB). Auf **Zustimmung** muss idR geklagt werden, doch kann ausnahmsweise die verweigerte Zustimmung als gegeben behandelt werden, BGH NJW 1960, 434 (treuwidriger Widerspruch); BGH BB 1979, 1522 (Vermeidung der Auflösung); BGH NJW 1985, 973 (974) (Vertragsänderung bei PublikumsGes); BGH WM 1986, 1556 (Funktionsfähigkeit der Ges., existenzielle Bedeutung für die Ges.);

1. Abschnitt. Offene Handelsgesellschaft 29, 30 § 109

insoweit zwischen Beschlüssen mit und ohne Außenwirkung differenzierend GroßKo/Ulmer Rn. 250, besser zwischen Grundlagen- und Geschäftsführungsbeschlüssen, Staub/Schäfer § 105 Rn. 245. Verletzung der Treuepflicht kann bei schuldhaftem Verstoß (§ 708 BGB) zu **Schadensersatzpflicht** nach § 280 BGB führen, auch hinsichtlich des durch vorzeitige Beendigung der Ges. entstandenen Schadens, RGZ 89, 398, mit entgangenem Gewinn (§ 252 BGB). Im Falle des § 112 bestehen die (nicht abschließenden) Rechte nach § 113. Eintrittsrecht entspr. §§ 61 I, 113 I HGB, § 88 II AktG im Falle der corporate opportunity (→ Rn. 26). In schweren Fällen kommt Entziehung der Geschäftsführungs- und Vertretungsbefugnis und sogar Auflösung (§ 133) oder **Ausschluss** (§ 140) in Betracht, RGZ 163, 38. Treuwidrig geschlossene Beschlüsse können **unwirksam,** nach aA anfechtbar sein (→ § 119 Rn. 31). Das treuepflichtwidrig mit Dritten geschlossene Geschäft kann nichtig sein (§ 138 BGB), zB bei Schmiergeldabrede oder sonst ungerechtfertigten Eigenvorteilen im Einverständnis mit dem Dritten, BGH NJW 1989, 26, oder bei absichtlicher Vereitelung des Mitbestimmungs- und Mitverwaltungsrechts eines MitGfters und seines Rechts auf Abwicklung der Ges. nach §§ 145 ff., RGZ 162, 375. Durchbrechung der Rechtskraft nur wie auch sonst (§ 826 BGB), BGH WM 1987, 579.

4) Gleichbehandlungsgrundsatz

A. **Grundsatz.** Der Gleichbehandlungsgrundsatz ist ebenso wie die Treuepflicht ein zentraler Grundsatz des Gesellschafts- und Verbandsrechts, BGHZ 16, 70; 20, 369; 116, 373 (zu GmbH); BGH WM 1974, 1153. Er ist in zahlreichen Vorschriften ausgeprägt, zB §§ 706 I, 709 I, 711, 722 I BGB, §§ 114 I, 119 II, 121 III, 122, 125 I ua; für die AG § 53a AktG. Mangels abweichender Regelung haben iZw alle Gfter **gleiche Rechte und Pflichten,** so für die Beitragspflicht § 706 BGB (→ Rn. 6). Auch bei verschiedenen Rechten und Pflichten sind grundsätzlich aus gleichen Situationen gegenüber den Gftern gleiche Konsequenzen zu ziehen. Bsp.: keine Vorwegeinziehung ausstehender Einlagen von einzelnen Gftern statt im gleichen Verhältnis von allen (Gleichbehandlungsgrundsatz statt Einrede des nicht erfüllten Vertrags nach § 320 BGB, → § 105 Rn. 48), auch umgekehrt keine einseitige Einlageerhöhung durch einen Gfter (→ Rn. 13). Einzelne Gfter können nicht durch Mehrheitsbeschluss von der Möglichkeit, ihre Kapitalanteile zu erhöhen, ausgeschlossen werden, BGH WM 1974, 1153. Der Gleichbehandlungsgrundsatz verbietet aber nur willkürliche, dh nicht durch sachliche Gründe gerechtfertigte Ungleichbehandlung von Gftern. Sachlich gerechtfertigte Unterschiede folgen zB aus unterschiedlichen Anteilen, Beiträgen oder sonstigen Leistungen, BGHZ 116, 373; 164, 104; 164, 112) (Manager- und Mitarbeitermodell); BGH WM 1965, 1286. Der Gleichbehandlungsgrundsatz ist besonders wichtig für den Minderheitenschutz gegenüber Mehrheitsbeschlüssen, Staub/Schäfer § 105 Rn. 254. Lit.: Hueck, 1958; Raiser ZHR 111 (1948), 75; Coing ZGR 1978, 672.

B. **Rechtsfolgen der Verletzung.** Der einseitig benachteiligte Gfter kann auf Gleichbehandlung klagen (**Erfüllung** bzw. **Unterlassung**), BGH NJW 1960, 2142 (eG); OLG Saarbrücken NJW 1985, 811 (GbR), auch auf Ausgleichszahlung, falls zumutbar und sachgerecht, BGH WM 1972, 933 (GmbH). Das ist vor allem wichtig für die übergangene Minderheit. Einen Anspruch auf Sonderzuwendung, die nur einzelnen Gftern gewährt wurde, besteht jedoch nicht, OLG Karlsruhe ZIP 1983, 445, insoweit kann Ges. anderweitige Wiederherstellung der Gleichheit wählen. Der benachteiligte Gfter hat bei schuldhaftem Verstoß (§ 708 BGB) Anspruch auf **Schadensersatz** nach § 280 BGB. Der Grundsatz „Keine Gleichheit im Unrecht" gilt aber auch hier: gleichheitswidrige Bevorzugung einzelner, zB Gewährung von Sondervorteilen, gibt den übrigen grundsätzlich keinen Anspruch auf dieselben Vorteile, sondern nur auf Rückgängigmachung bzw. auf Ausgleich nach Treu und Glauben, OLG Karlsruhe ZIP 1983, 446. Die den Gleichbehandlungsgrundsatz verletzende Maßnahme kann **unwirksam** sein, auch ein GfterBeschluss (→ § 119 Rn. 31), RGZ 118, 67 (AG), aber grundsätzlich nur mit interner Wirkung. Nachträgliche Zustimmung kann heilen.

31 C. **Abweichende Vereinbarungen.** Abweichende Vereinbarungen im Ges-Vertrag oder mit Einverständnis des Betroffenen sind wie allgemein im Innenverhältnis im Rahmen der Vertragsfreiheit (→ Rn. 2–3) ohne weiteres möglich, BGHZ 20, 369; BGH WM 1966, 1036, zB unterschiedliche Beitragspflichten, Mehrheitsbeschlüsse, Sonderrechte. Grenzen folgen aus der Kernbereichslehre (→ § 119 Rn. 36) sowie aus dem Minderheitenschutz (zum vormaligen Bestimmtheitsgrundsatz → § 119 Rn. 37). Nachschüsse durch Mehrheitsbeschluss sind idR nur zulässig bei Festsetzung einer Obergrenze (→ § 119 Rn. 35). Notfalls ist ein Austrittsrecht zu angemessenen Bedingungen einzuräumen.

5) Actio pro socio

32 A. **Actio pro socio.** Alle Ansprüche der Gesellschaft bzw. Gesamthand gegen den einzelnen Gfter aus dem GesVerhältnis (**Sozialansprüche;** dagegen nicht Verwaltungs- und Vermögensrechte des einzelnen Gfters gegen die Gesellschaft bzw. Gesamthand, Sozialverbindlichkeiten) kann **auch jeder Mitgesellschafter** einzeln geltend machen (actio pro socio, Einzelklagebefugnis), allerdings nur gerichtet **auf Leistung an die Gesellschaft** (Ausnahmen → Rn. 36), BGHZ 10, 101, Grund: Ausfluss der Mitgliedschaft, Instrument des Minderheitenschutzes, BGH ZIP 1992, 760; 2010, 1232. Mit der actio pro socio klagt der Gfter **keinen eigenen materiellrechtlichen Anspruch ein,** aA üL, frühere Rspr., BGHZ 25, 49, sondern es handelt sich um einen Fall richterrechtlich entwickelter **Prozessstandschaft,** insofern allerdings um ein eigenes Klagerecht des Gfters, Soergel/Hadding/Kießling § 705 Rn. 50 (Mitverwaltungsrecht); Staub/Schäfer § 105 Rn. 256; Bork ZGR 2001, 515; Fleischer/Harzmeier ZGR 2017, 253; wohl auch BGH NJW 1985, 2830, sehr str. Die actio pro socio gibt nur die Einziehungs- und Prozessführungsbefugnis, der Gfter kann aber nicht materiell verfügen, zB Erlass oder Vergleich (§§ 397, 779 BGB), zutr. Soergel/Hadding/Kießling § 705 Rn. 50. Die actio pro socio durchbricht die Zuständigkeitsordnung der Gesellschaft und ist deswegen grundsätzlich nur gegeben, wenn die Gesamtwillensbildung nicht funktioniert bzw. in der Abwicklung, Soergel/Hadding/Kießling § 705 Rn. 50, aber der Minderheitenschutz darf dabei nicht gefährdet werden, zutr. Staub/Schäfer Rn. 262, die frühere hL und Rspr. wollte die actio pro socio allgemeiner anerkennen. Auch die actio pro socio findet ihre Schranken an der Treuepflicht (→ Rn. 23), BGHZ 25, 50; BGH WM 2008, 1454; ZIP 2010, 1232; 2019, 1008; zu weitgehend RGZ 171, 51. Die actio pro socio gilt auch für Ansprüche aus Beschlüssen der GfterVersammlung oder eines Beirats (→ § 114 Rn. 27). Sie steht den Gftern auch noch in der **Liquidation** offen, BGHZ 10, 91; BGH NJW 1984, 1455, Besonderheiten → Rn. 35. Lit.: Hadding, 1966; Grunewald, 1990; Nitschke ZHR 128 (1965), 48; Hadding JZ 1975, 159; Hassold JuS 1980, 32; Raiser ZHR 153 (1989), 1 (GfterKlagen); Bork ZGR 2001, 515; Kort DStR 2001, 2162; Fleischer/Harzmeier ZGR 2017, 239 (Rvgl); Mock ZGR 2018, 796 (GmbH & Co); Kumkar ZGR 2021, 123.

33 Nicht derart von jedem MitGfter geltend machbar sind Ansprüche der Ges. gegen Dritte, hL, BGHZ 10, 103; MüKoHGB/Fleischer § 105 Rn. 369; aA OLG Düsseldorf NZG 2000, 475, Grund: keine Einmischung in die Geschäftsführung, Ausnahme Notgeschäftsführung (→ § 114 Rn. 7); keine actio pro socio ist auch die Geltendmachung von Ansprüchen gegen MitGfter aus dem GesVerhältnis (→ Rn. 38). Lit.: Ulrich/Jäckel NZG 2009, 1132. Den Besonderheiten der **GmbH & Co** ist Rechnung zu tragen, bei Geltendmachung der Geschäftsführerhaftung ist der GmbH-GF nicht als Dritter anzusehen, so dass die

Kdtisten zur Geltendmachung befugt sind, K. Schmidt JZ 2018, 365; Mock ZGR 2018, 796; aA BGH ZIP 2018, 276, → Anh. 177a Rn. 28.

Beispiele: Leistung der Beiträge, BGH WM 1955, 1585; 1987, 1515 (Bauherrengemeinschaft); Schadensersatzpflicht wegen Nichtleistung von Beiträgen der Beitragspflicht, BGH WM 1961, 427; Rückzahlung von Entnahmen, BGHZ 25, 49; Durchführung eines Beiratsbeschlusses (→ § 163 Rn. 12); Auskunft und Rechnungslegung zur Klärung einer Treuepflichtverletzung, BGH WM 1971, 725; Verletzung des Wettbewerbsverbots durch MehrheitsGfter, BGHZ 89, 162; deliktische Schädigung des Gewerbebetriebs der Ges., BGHZ 10, 101; Schadensersatz wegen pflichtwidriger Geschäftsführung, BGHZ 25, 49; BGH BB 1960, 15; 1973, 1507; WM 1985, 1227; Unterlassung vertragswidrigen Handelns selbst und der Unterstützung einer GesVertragsverletzung durch MitGfter, BGH BB 1973, 1506; Unterlassung von Geschäftsführungsmaßnahmen nur eingeschränkt (→ § 116 Rn. 4). 34

Einzelfragen: Die Klage bedarf **nicht der Zustimmung** der MitGfter, aA noch RGZ 171, 51, doch können die Gfter einstimmig oder, soweit zulässig, durch Mehrheitsbeschluss (→ Rn. 37) die Verpflichtung stunden oder erlassen und dadurch der Klage den Boden entziehen, BGHZ 25, 49, jedoch nicht soweit sie dadurch in GfterRechte zB auf pflichtgemäße Geschäftsführung eingreifen, BGH NJW 1985, 2831. Geltendmachung durch MitGfterErben, OGHZ 3, 214. Weiterverfolgung nach Anteilsabtretung (§ 265 ZPO), BGH BB 1960, 340. Ist schuldender MitGfter eine OHG (KG), kann der Gfter auch deren Gfter (phG) in Anspruch nehmen (§ 128), BGH BB 1973, 1506. Der klagende Gfter kann über den Anspruch nicht verfügen, zB durch Vergleich oder Verzicht. Er allein ist Kostenschuldner. Die actio pro socio hindert die Ges. nicht an der eigenen Geltendmachung (keine Rechtshängigkeit). Klagabweisendes Urteil hat **keine Rechtskraft gegen die OHG,** RGZ 90, 302, üL, aA für Rechtskrafterstreckung auf Ges. und MitGfter wohl Soergel/Hadding/Kießling § 705 Rn. 50 aE. 35

B. **Ausnahmsweise Klage auf Leistung an sich selbst.** Ausnahmsweise kann der Gfter mit der actio pro socio Leistung statt an die Ges. unmittelbar an sich selbst verlangen, nämlich soweit dies bei aufgelöster Ges., besonders bei nur zwei Gftern, die Auseinandersetzung vorwegnimmt (zu unterscheiden von Drittgläubigerforderungen, → § 128 Rn. 24) und weitere Auseinandersetzung erspart (näher → § 145 Rn. 6, → § 149 Rn. 3). Bsp.: die Auseinandersetzung würde sich auf Teilung des Werts der Forderung an den Gfter beschränken da keine GesVerbindlichkeit und außer der Forderung an den Gfter auch kein Vermögen mehr vorhanden ist, BGHZ 10, 102; BGH WM 1971, 725; der von dem Gfter geschuldete Wert kommt bei der Auseinandersetzung voll dem MitGfter zu, BGH BB 1958, 603. 36

C. **Abweichende Vereinbarungen.** Die actio pro socio ist für den Minderheitenschutz grundlegend und deshalb jedenfalls **im Kernbereich zwingend** unentziehbar und unverzichtbar, Staub/Schäfer Rn. 259, sehr str., offen BGH NJW 1985, 2830. 37

6) Prozesse über gesellschaftsrechtliche Fragen

A. **Prozesse über Grundlagen der Gesellschaft. a) Grundsatz:** Streitigkeiten über das GesVerhältnis selbst (vgl. Grundlagengeschäfte, → § 114 Rn. 3) sind grundsätzlich **nur unter den Gesellschaftern** (nicht zwischen einzelnen oder allen Gftern und der Ges.) auszutragen, Grund: die Ges. hat darüber keine Dispositionsbefugnis, sondern ist selbst Objekt, stRspr, hL. Das gilt grundsätzlich auch in der PublikumsGes, BGH WM 1983, 785; OLG Rostock WM 2009, 255, str. (→ Anh. § 177a Rn. 73). 38

b) Beispiele: Bestehen und Rechtsform der Ges.; Mitwirkung bei der Anmeldung zum HdlReg, BGH WM 1983, 786 (→ § 106 Rn. 6); Eigenschaft einer Person als Gfter, zB Wirksamkeit eines Beitritts, Ausscheidens oder Eintritts als Erbe, BGHZ 30, 197; 48, 175; 81, 265; 91, 133; Eigenschaft eines Gfters als phG oder Kdtist, BGH BB 1966, 1122; Übernahmerecht eines Gfters, BGHZ 48, 175; 39

§ 109 40–43 2. Buch. Handelsgesellschaften und stille Gesellschaft

Recht zur Einlageerhöhung, RGZ 163, 388; Wirksamkeit einer GesVertragsänderung, BGHZ 85, 353; BGH BB 1965, 14; Wirksamkeit einer Mehrheitsklausel, BGH NJW 2009, 670; Vereitelung vertraglicher Sonderrechte eines Gfters durch einen MitGfter (auch durch eine Geschäftsführungshandlung eines geschäftsführenden Gfters), BGH BB 1962, 349; Wirksamkeit eines Gfter-Beschlusses, BGH BB 1966, 1169; 1968, 145; WM 1983, 785; ZIP 2014, 1424; Gültigkeit einer Beiratsmitgliedsbestellung, BGH DB 1977, 1086.

40 c) **Verfahrensfragen:** Solche Klagen sind **gegen die bestreitenden MitGfter** zu richten (zu Gesellschafterbeschlüssen BGH ZIP 2011, 1907). Klage gegen die Ges. ist wegen fehlender Passivlegitimation derselben unbegründet. Es besteht **keine notwendige Streitgenossenschaft** iSv § 62 ZPO zwischen den Gftern, weder als Kläger noch als Beklagte, BGH NJW 2009, 670; **außer bei Gestaltungsklagen,** zB §§ 117, 127, 140, die allen übrigen Gftern gemeinsam zustehen (notwendige Streitgenossenschaft auf der Aktivseite), oder § 133, weil die Auflösungsklage gegen alle Gfter wirkt und deshalb gegen alle MitGfter zu erheben ist (notwendige Streitgenossenschaft auf der Passivseite), BGHZ 30, 197; BGH BB 1957, 1087; 1966, 1169; OLG Hamburg BB 1967, 1267; krit. Scholz WM 2006, 961; aA OLG Köln NJW-RR 1994, 491; unklar BGHZ 91, 133: Feststellungklage gegen die anderen (alle?) Gfter; in all diesen Fällen genügt aber bindende Einverständniserklärung eines Gfters (→ § 133 Rn. 13, vgl. → § 117 Rn. 7, → § 140 Rn. 12, 14). Klage auf Zustimmung zur Vertragsänderung kraft Treuepflicht (→ § 105 Rn. 64) kann also jeder Gfter gegen jeden einzelnen MitGfter erheben. In einem Prozess zwischen Gfter und Ges. können solche Streitfragen als Vorfragen entschieden werden (Bsp. Gewinnauszahlungsklage des GfterPrätendenten), nicht etwa auf Inzidentfeststellungsantrag, BGHZ 48, 177. **Einstweilige Verfügung** (gegen GfterBeschlüsse) → § 119 Rn. 32. Die **rechtskräftige Entscheidung** einer solchen Streitfrage unter den Gftern **wirkt auch für und gegen die Gesellschaft,** BGHZ 48, 175 (dahingestellt, ob als Folge des GesVertrags oder der Rechtskraft oder durch das Zusammenwirken beider). Lit.: Raiser ZHR 153 (1989), 1; Bork ZGR 1990, 125; Damm ZHR 154 (1990), 413 (einstweiliger Rechtsschutz).

41 B. **Prozesse über Sozialansprüche und -verbindlichkeiten. a) Klage aus eigenem oder fremdem Recht:** Der Gfter kann außer eigenen Ansprüchen aus dem Mitgliedschaftsverhältnis gegen die Gesellschaft bzw. Gesamthand auch Sozialansprüche der Gesellschaft bzw. Gesamthand gegen einen MitGfter mit der actio pro socio im eigenen Namen (Klage aus fremdem Recht) geltend machen (→ Rn. 32).

42 b) **Passivlegitimation:** Ansprüche der Gfter auf Grund der Mitgliedschaft gegen die Gesellschaft bzw. Gesamthand sind grundsätzlich **gegen die Gesellschaft,** vertreten durch ihren Geschäftsführer, zu richten, zB vermögensrechtliche Ansprüche auf Aufwendungsersatz (§ 110), Einsicht und Information (§ 118 I), Gewinn und Entnahmen, BGH BB 1955, 1068, Abfindung (→ § 131 Rn. 48); BGH WM 1972, 1400. Dass damit inzident auch über die Grundlagen der Ges. entschieden wird, steht nicht entgegen (Vorfrage, → Rn. 40).

43 Solche Ansprüche können zu einer Klage **auch gegen einen Mitgesellschafter** führen, wenn ein besonderes Rechtsschutzbedürfnis besteht, zB wenn dieser den Anspruch bestreitet (Feststellungsinteresse) oder für seine Erfüllung in der Ges. zuständig ist (Klage auf Mitwirkung), Staub/Schäfer Rn. 62. Jedenfalls in der Zwei-Mann-OHG kann Gfter A auf Feststellung, dass die Zinsen einer GesSchuld von der Ges., nicht von ihm zu tragen sind, auch (statt gegen die Ges.) gegen Gfter B klagen, BGH NJW 1965, 1591. Eine Klage gegen MitGfter auf Erfüllung des Anspruchs scheidet dagegen aus, da diese dafür nicht nach § 128 haften (→ § 128 Rn. 22).

1. Abschnitt. Offene Handelsgesellschaft § 110

C. Abweichende Vereinbarungen. a) Klageart und Beklagter: Der Ges- 44
Vertrag kann Abweichungen zulassen, zB Streit über Wirksamkeit von GesVertragsänderung oder Anfechtung von GfterBeschlüssen durch Klage gegen die Ges. (→ § 119 Rn. 32), BGHZ 85, 353; BGH NJW 1995, 1218; 1999, 3113; ZIP 2003, 843; NJW 2006, 2853; ZIP 2011, 1907 auch konkludent zB durch Fassung einer Schiedsklausel, NJW 1999, 3114. Mangels solcher Klausel kann konkludente Vereinbarung über Vertragsdurchbrechung im Einzelfall vorliegen, BGH WM 1990, 309; 1990, 675. Die Zulässigkeit solcher Vereinbarungen wird zT bezweifelt, weil Gestaltungsklagen nicht frei vereinbart werden können und die gewillkürte Prozessstandschaft auf der Passivseite unzulässig sei, bei Feststellungsklage dann aber Umdeutung in Vollmacht zur gemeinsamen Vertretung, Staub/Schäfer Rn. 75. **Grenzen** setzen unentziehbare GfterRechte, namentlich solche auf rechtliches Gehör im Prozess, Staub/Schäfer Rn. 76.

b) Sonstige Abweichungen: Häufig sind Schiedsvereinbarungen (→ Einl. 45
vor § 1 Rn. 89, 90), diese sind im GesVertrag möglich und wirken auch noch nach Ausscheiden eines Gfters (BGH NZG 2002, 955, Kdtist) sowie Auflösung der Gesellschaft, OLG Karlsruhe NZG 2012, 472 (Ls.), zur Bindung von Gesamt- und Sonderrechtsnachfolgern sowie zur Form → Einl. vor § 1 Rn. 90, zum Mindestschutz → Einl. vor § 1 Rn. 88. Der GesVertrag kann die Klageerhebung auch an bestimmte Formen, Fristen und sonstige **Klagevoraussetzungen** binden, zB Gutachten und Schlichtungsversuch eines Beirats, BGH BB 1977, 1321. Solche Klauseln sind aber nur in **Grenzen** möglich, insbesondere dürfen sie nicht in den Kernbereich der GfterRechte eingreifen (→ § 163 Rn. 14). Wird eine solche Klagevoraussetzung nicht beachtet und auch nicht nachgeholt, ist die Klage als unbegründet abzuweisen (materielle Klagevoraussetzung), Staub/Schäfer Rn. 72, nach aA derzeit unzulässig wegen Prozesshindernis, BGH NJW 1984, 669; wohl auch BGH BB 1977, 1321.

7) Reform des Personengesellschaftsrechts (MoPeG)

Das Gesetz zur Modernisierung des Personengesellschaftsrechts (MoPeG 46
→ Einl § 105 Rn. 42 ff) fasst zum 1.1.2024 auch das OHG-Recht neu. Der Regelungsgehalt des § 109 findet sich künftig in § 108 HGB-MoPeG. Zur Textfassung des HGB-MoPeG s. → Anh. § 105.

[Ersatz für Aufwendungen und Verluste]

110 (1) **Macht der Gesellschafter in den Gesellschaftsangelegenheiten Aufwendungen, die er den Umständen nach für erforderlich halten darf, oder erleidet er unmittelbar durch seine Geschäftsführung oder aus Gefahren, die mit ihr untrennbar verbunden sind, Verluste, so ist ihm die Gesellschaft zum Ersatze verpflichtet.**

(2) **Aufgewendetes Geld hat die Gesellschaft von der Zeit der Aufwendung an zu verzinsen.**

Übersicht

	Rn
1) Grundsatz, Ersatzberechtigte, Ersatzverpflichtete	1–6
A. Grundsatz	1
B. Ersatzberechtigte	2–4
C. Ersatzverpflichtete	5
D. Ersatzpflichtige Dritte	6
2) Aufwendungsersatz (I Fall 1)	7–10
A. Aufwendung	7
B. In Gesellschaftsangelegenheiten	8

§ 110 1–4 2. Buch. Handelsgesellschaften und stille Gesellschaft

	Rn
C. Erforderlichkeit	9
D. Beispiele	10
3) Ersatz für Verluste (I Fall 2)	11–14
A. Verluste	11
B. Untrennbare Verbundenheit mit Geschäftsführung	12, 13
C. Geldstrafen	14
4) Verzinsung (II), sonstige Ansprüche und Pflichten	15–17
A. Verzinsung	15
B. Vorschuss, Freistellung	16
C. Pflichten	17
5) Abweichende Vereinbarungen	18
6) Vergütung für Geschäftsführung und sonstige Dienstleistungen	19–21
A. Vergütung für Geschäftsführung	19, 20
B. Drittgeschäfte	21
7) Reform des Personengesellschaftsrechts (MoPeG)	22

1) Grundsatz, Ersatzberechtigte, Ersatzverpflichtete

1 A. **Grundsatz.** § 110 wiederholt und erweitert § 670 BGB (lex specialis dazu, §§ 713, 664–670 BGB im Übrigen bleiben unberührt, → Rn. 16, 17). Jeder Gfter hat danach Anspruch auf Aufwendungsersatz (I Fall 1, → Rn. 7) und über § 670 BGB hinaus ausdrücklich auch Anspruch auf Ersatz von Verlusten (I Fall 2, → Rn. 11). Nach II ist aufgewendetes Geld zu verzinsen (→ Rn. 15). § 110 trägt nicht auch einen Anspruch auf Vergütung für Geschäftsführung und sonstige Dienstleistungen, doch wird das wegen der Sachnähe hier mitbehandelt (→ Rn. 19). § 110 ist Ausprägung des Grundsatzes der **Risikozurechnung** (→ § 59 Rn. 106). Lit.: Gramlich/Müssig NZG 2019, 1333; Fleischer BB 2020, 2114.

2 B. **Ersatzberechtigte.** § 110 gilt für **alle Gesellschafter,** nicht nur für „geschäftsführende" iSv §§ 114 ff., auch für Kdtisten, BGH NJW 2008, 3438 (überschießende Außenhaftung) und für einem Gfter gleichgestellten TreugeberKdtisten, BGH ZIP 2015, 2268; **nicht** für **ausgeschiedene** Gfter, die auch nach Ausscheiden Aufwendungen oder Verluste im GesInteresse haben, BGHZ 39, 324; BGH WM 1978, 114, aA entspr. § 774 I 1 BGB Preuß ZHR 160 (1996), 174, dann aber § 670 BGB oder §§ 683, 670 BGB (so auch bei Treuhand Mock ZIP 2016, 503) und bei Bezahlung von GesSchulden (§§ 159, 128) § 426 I BGB (→ § 128 Rn. 27). §§ **844, 845 BGB** gilt entspr., RGZ 167, 89; BGHZ 7, 34. Auch beim nicht geschäftsführenden Gfter keine Einschränkung auf objektiv befugtes Handeln des nicht geschäftsführenden Gfters im Gesellschaftsinteresse, Ebenroth/Bergmann Rn. 7; aA Staub/Schäfer Rn. 10.

3 **Nicht:** Tätigwerden im eigenen Interesse, zB Ausübung von **Stimm-, Informations- und Kontrollrechten** (§§ 118, 166). Teilnahme an GfterVersammlung ist Tätigwerden im eigenen Interesse, Kostenersatz nur bei Vereinbarung und in besonderen Ausnahmefälle, Staub/Schäfer Rn. 7 f. Eine solche kommt auch bei langjähriger Übung in Betracht (→ § 105 Rn. 62). Tätigwerden **auf Grund eines Drittgeschäfts** (→ § 109 Rn. 11, → § 128 Rn. 24) fällt nicht hierher, Vergütung und Ersatz richten sich nach der Vertragsbeziehung (→ Rn. 21).

4 **Geschäftsführung ohne Auftrag:** Der Gfter ist gedeckt (→ § 114 Rn. 15) und dann auch nach § 110 ersatzberechtigt, soweit er ohne Verschulden (§ 708 BGB) annimmt, seine Geschäftsführungsbefugnis nicht zu überschreiten oder, falls er nicht Geschäftsführer ist, im konkreten Fall Geschäftsführungsbefugnis zu haben, zB Notgeschäftsführung (§ 744 II BGB, → § 114 Rn. 7); manchmal wird auch Genehmigung einer unbefugten Tätigkeit für die Ges. durch diese angenommen werden können. Andernfalls kommt ein Ersatzanspruch nur aus Geschäftsführung ohne Auftrag in Betracht (§§ 683, 670 BGB), also bei a) objektiver

Übereinstimmung mit dem GesInteresse und b) entweder Übereinstimmung mit dem wirklichen oder mutmaßlichen Willen der Ges. (der sie vertretenden Gfter) oder Erfüllung öffentlicher Pflichten der Ges. (§§ 683 S. 2, 679 BGB).

C. **Ersatzverpflichtete.** Aufwendungsersatz nach § 110 schuldet während ih- 5 res Bestehens **nur die Gesellschaft,** dagegen **nicht die Mitgesellschafter.** Andernfalls käme es über § 110 zu Nachschussverpflichtung entgegen § 707 BGB (→ § 109 Rn. 12), aus demselben Grund greift insoweit auch § 128 nicht ein, BGHZ 37, 301; BGH NJW 1980, 339; ZIP 2010, 515 (GbR); MüKoHGB/ Fleischer Rn. 25, hL, aA Wiedemann I Rn. 270; das gilt grundsätzlich auch in der Liquidation, BGH ZIP 1989, 852; OLG München ZIP 2010, 184; OLG Hamburg NZG 2019, 142 (Publikumsges), aber ausnahmsweise kommt anteilige Inanspruchnahme als Vorwegnahme der Schlussabrechnung in Betracht, Staub/ Schäfer Rn. 31, so wenn mangels freier Mittel des Ges. (nicht erst bei Aussichtslosigkeit der Zwangsvollstreckung gegen diese) der Gfter sonst wegen seiner Aufwendungen regresslos wäre, BGH WM 2011, 765 (GbR); MüKoHGB/Schäfer BGB § 713 Rn. 15. Andere Grundsätze gelten auf Grund von § 426 I BGB nach Deckung einer GesSchuld durch einen Gfter (→ § 128 Rn. 27) bzw. durch einen einem Gfter gleichstehenden TreugeberKdtisten, BGH ZIP 2015, 2268 (auch zur Verjährung nach §§ 195, 199 BGB), str.

D. **Ersatzpflichtige Dritte.** Ersatzpflichtige Dritte brauchen nicht vor der 6 Ges. in Anspruch genommen werden. Auch die gesellschafterliche Treuepflicht (→ § 109 Rn. 23) begründet **keine Subsidiarität** des Ersatzanspruchs nach § 110, selbst wenn dieser leicht realisierbar wäre, zB Anspruch gegen haftpflichtversicherten Kraftfahrer. Ansprüche gegen Dritte sind aber an die Ges. abzutreten (§ 255 BGB). Bei Zahlung an Dritte und Insolvenz der Ges. ist Anmeldung zur Insolvenztabelle mögl, BGH ZIP 2018, 21, allerdings nicht, wenn nach Entnahme durch Zahlung an Ges. nur die Einlage wieder aufgefüllt wurde.

2) Aufwendungsersatz (I Fall 1)

A. **Aufwendung.** Aufwendungen sind (im Innenverhältnis) freiwillige Ver- 7 mögensopfer des Gfters im Interesse der Ges. (vgl. → § 87d Rn. 3, → § 396 Rn. 5), RGZ 122, 303; BGH NJW 1960, 1569. Zufallsschäden fallen nicht unter I Fall 1, anders die Rspr. zu § 670 BGB (→ § 59 Rn. 106), Grund: Haftung folgt allgemein aus dem Grundsatz der Risikozurechnung (→ Rn. 1), speziell hier aus I Fall 2 (→ Rn. 11). Keine Aufwendung iSv I ist die bloße Bereitschaft zur Haftung nach § 128, BGH BB 1973, 1369.

B. **In Gesellschaftsangelegenheiten.** Der Gfter muss objektiv in GesAngele- 8 genheiten (nicht nur Geschäftsführung, auch Gefahrenabwehr ua, → Rn. 12) gehandelt und subjektiv dies gewollt haben. Dass der Gfter zugleich eine eigene Pflicht erfüllt, zB nach § 128 (→ Rn. 10), steht nicht entgegen, OLG Hamm ZIP 2010, 2058.

C. **Erforderlichkeit.** Der Gfter muss die Aufwendung nach den Umständen 9 für erforderlich halten dürfen, BGH NJW 1980, 339. Aufwendungen können also auch dann ersatzfähig sein, wenn sie objektiv nicht erforderlich waren oder der Gfter sie bei ihrer Tätigung subjektiv nicht für erforderlich hielt. Es kommt nur darauf an, ob ein sorgfältiger Gfter sie ex ante für erforderlich halten durfte (§ 708 BGB, → § 109 Rn. 5), zB Bezahlung einer vermeintlichen GesSchuld.

D. **Beispiele.** Geldauslagen; auch Prozesskosten aus Klärung von Rechtsfragen 10 der Ges., zB richtige Buchführung, und uU auch mit der Ges., zB Auslegung von GesVertrag; Überlassung von Gegenständen wie private Erfindung (falls diese nicht der Ges. ersatzlos zusteht, → § 124 Rn. 8), OLG Hamm NJW-RR 1986, 780; auch Dienste, die nicht schon auf Grund des GesVertrags (zB Geschäftsführung, → Rn. 19), BGHZ 10, 55, oder auf Grund eines Drittgeschäfts

(→ Rn. 21) geschuldet werden, sofern Vergütung üblich ist, insbesondere berufliche; Schmiergelder → § 87d Rn. 3. Auch **Deckung von Gesellschaftsschulden** (§ 128) ist Aufwendung iSv § 110 (→ § 128 Rn. 25), BGHZ 37, 301; falls Aufwendung zu Unrecht (Innenverhältnis, → Rn. 7) wegen mangelnder Freiwilligkeit abgelehnt wird, gilt § 110 jedenfalls entspr. Auch Rückzahlung von berechtigten Entnahmen, obschon zur Vermeidung von Inanspruchnahme nach § 172 IV, BGH ZIP 2005, 1552. Der noch nach Ausscheiden zu einer die Ges. treffenden **Steuer**, zB Gewerbesteuer, Herangezogene hat den Ersatzanspruch; das gilt auch für Ges., die Hdlgeschäft und Firma einer anderen aufgelösten Ges. übernahm (§ 25); BGH WM 1978, 114.

3) Ersatz für Verluste (I Fall 2)

11   A. **Verluste.** I Fall 2 gewährt dem Gfter über § 670 BGB hinaus auch Ersatz für Verluste bzw. Schäden (ohne Abzug eines eigenen Verlustanteils, aber § 254 BGB). I 2 ist aber kein Schadens-, sondern Aufwendungsersatzanspruch wie I Fall 1. Verluste sind im Unterschied zu Aufwendungen (→ Rn. 7) **unfreiwillige Vermögensnachteile**, zB Sach-, Vermögens- oder Personenschäden; auch Verdienstausfall, BGHZ 33, 257, auch Prozessrisiken und -kosten, auch strafrechtliche (aber → Rn. 14). Immaterielle Schäden sind nicht Verlust iSv § 110, also zB kein Anspruch gegen die Ges. auf Schmerzensgeld aus Unfall auf Geschäftsreise; die Ges. kann aber zur Naturalbeseitigung verpflichtet sein (§ 242 BGB), zB zu richtig stellender Veröffentlichung, wenn der Ruf des Gfters durch Dienst für die Ges. geschädigt ist.

12   B. **Untrennbare Verbundenheit mit Geschäftsführung.** a) **Geschäftsführung:** § 110 erfasst Schäden aus der Geschäftsführung des Gfters oder aus mit ihr untrennbar verbundenen Gefahren. Geschäftsführung ist dem Sinn von § 110 nach nicht die organschaftliche nach §§ 114 ff., sondern jede Geschäftsbesorgung iSv § 675 I BGB für die Ges., auch durch nicht geschäftsführende Gfter, zB Abwehr von Gefahren für die Ges., eine einzelne Reise, ein chemischer Versuch.

13   b) **Untrennbare Verbundenheit:** Bloße Kausalität genügt nicht. Die Gefahr muss gerade mit der Tätigkeit für die Ges. zusammenhängen. **Nicht** erstattungsfähig sind deshalb Schäden aus dem allgemeinen Lebensrisiko, idR Teilnahme am Straßenverkehr, aber BGHZ 38, 270 (fremdnützige Selbstschädigung); aus einer vom Gfter im persönlichen Interesse geschaffenen Gefahrenlage, zB durch Verknüpfung persönlicher mit GesGeschäften, BGH NJW 1960, 1568.

14   C. **Geldstrafen.** Straftaten und Ordnungswidrigkeiten, die in der Tätigkeit für die Ges. begangen werden, sind keine erlaubte Geschäftsführung für die Ges., auch wenn die MitGfter die Handlung billigen, Grund: Straf(norm)zweck, Ebenroth/Bergmann Rn. 19; vgl. aber auch BGHZ 10, 54; 25, 222. Daher idR kein Ersatz für Geldstrafen oder Geldbußen, auch wenn die Tätigkeit insoweit besonders gefährdend ist, zB Straßenverkehr. Etwas anderes kann auch nicht schlechthin für ausländisches Recht gelten, Ebenroth/Bergmann Rn. 19, jedenfalls nicht innerhalb der EU. Anders aber für Strafprozessrisiken (→ Rn. 11). Abweichende Vereinbarung ist aber bei PersonenGes zulässig, bei (einstimmiger) Billigung auch stillschweigend. Lit.: Bastuck, Enthaftung des Managements, 1986; Rehbinder ZHR 148 (1984), 555.

4) Verzinsung (II), sonstige Ansprüche und Pflichten

15   A. **Verzinsung.** Aufgewendetes Geld muss die Ges. ab Eintritt des Vermögensnachteils verzinsen (II). II spricht nur von Aufwendungen, gilt aber sinngemäß auch für Verluste. Der Zinsanspruch folgt meist schon aus § 256 BGB, dagegen idR nicht auch aus § 352, da die Gfter nicht ohne weiteres Kflte sind (→ § 105 Rn. 19, 21). II hat aber Bedeutung für den Zinssatz (§ 352).

1. Abschnitt. Offene Handelsgesellschaft 16–21 § 110

B. Vorschuss, Freistellung. Die geschäftsführenden Gfter haben Anspruch 16 auf Vorschuss für Auslagen nach § 105 III HGB, §§ 713, 669 BGB, anders bei Widerspruch oder fehlender Zustimmung nach § 115 oder in Falle des § 117. Von Verbindlichkeiten, die ein Gfter im Interesse der Ges. eingegangen ist und deren Eingehung er für erforderlich halten durfte, kann er Freistellung fordern (§ 257 BGB). Zum Aufwendungsersatz in der GbR BGH NZG 2011, 502.

C. Pflichten. Der nach § 110 ersatzberechtigte Gfter hat wie ein Beauftragter 17 Pflichten aus § 105 III HGB, §§ 713, 664 ff. BGB (→ Rn. 1). Praktisch werden die Auskunfts- und Rechenschaftspflicht (§ 666 BGB) und die Herausgabepflicht (§ 667 BGB).

5) Abweichende Vereinbarungen

Abweichende Vereinbarungen zu § 110 sind ohne weiteres zulässig (Innen- 18 verhältnis, § 109), auch stillschweigend (Bsp. → Rn. 14), BGH NJW 1980, 339.

6) Vergütung für Geschäftsführung und sonstige Dienstleistungen

A. Vergütung für Geschäftsführung. a) Anspruch: Die geschäftsführenden 19 Gfter enthalten grundsätzlich keine Vergütung bzw. Ersatz für ihre Dienstleistung für die Ges., weder aus § 110, BGHZ 17, 301, noch nach § 354 oder gemäß § 612 BGB. Entgelt ihrer Arbeit (wie ihres Kapitaleinsatzes) ist iZw nur ihre Gewinnbeteiligung, BGHZ 44, 41; BGH BB 1973, 1369; OLG Koblenz NJW-RR 1987, 24. Diese ist für geschäftsführende Gfter oft im **Gesellschaftsvertrag** besonders erhöht oder durch einen Vorrang besonders gesichert (Gewinnvoraus), manchmal auch durch eine vom Geschäftsertrag unabhängige, auch ohne Gewinn und bei Verlust zahlbare Dienstvergütung („Gehalt") ergänzt. Vergütung kann ausnahmsweise auch stillschweigend, etwa bei außergewöhnlicher Dienstleistungspflicht, als vereinbart gelten, BGHZ 17, 301; OLG Koblenz NJW-RR 1987, 24, aber nicht schon wenn ein Gfter in einer FamilienGes für den ausgefallenen anderen einspringen muss. Rechtlich liegt idR eine bloße Gewinnverteilungsabrede vor, dann ist nur GesRecht, nicht auch Dienstvertragsrecht anwendbar, OLG Koblenz BB 1980, 855; WM 1986, 590; MüKoBGB/Schäfer § 709 Rn. 32; aA BGH NJW 1963, 1052 (§ 616 BGB aF); OLG Nürnberg BB 1965, 887 (Gratifikation); doch kann auch zusätzlicher **Dienst- oder Arbeitsvertrag** vorliegen. In besonderen Fällen ist der geschäftsführende Gfter tatsächlich Arbeitnehmer, das GesRecht bietet keinen gleichwertigen Schutz, Arbeitsrecht ist dann anwendbar neben GesRecht (Typenmischung), str., von Hoyningen-Huene NJW 2000, 3233. Die Vergütung für die Geschäftsführung wird idR nur solange geschuldet, als der Gfter tätig wird (§§ 133, 157 BGB) oder er bei Verhinderung für Vertreter sorgt, also nicht mehr nach Entziehung der Geschäftsführungsmacht (→ § 117 Rn. 9); Leistungsstörungen s. OLG Koblenz BB 1980, 855, → § 105 Rn. 48. Für die Vergütung haften nur die Ges. (Sozialverpflichtung), nicht auch die MitGfter, OLG Koblenz BB 1980, 855. Kdtist → § 164 Rn. 7, 8. Lit.: Ganssmüller, 1961 u. NJW 1965, 1948; DB 1966, 1505; Dänzer-Vanotti BB 1983, 999.

b) Änderung solcher Vergütung ist Vertragsänderung, nicht Geschäftsfüh- 20 rung, BGH BB 1967, 143. Anpassung entspr. den Lebenshaltungskosten oder der Entwicklung der Gehälter leitender Angestellter ist iZw nicht vereinbart, BGHZ 44, 41; aber uU ergänzende Vertragsauslegung, Störung der Geschäftsgrundlage (§ 313 BGB) und ganz ausnahmsweise Treuepflicht der MitGfter (→ § 105 Rn. 66), BGHZ 44, 42; BGH BB 1967, 1307; WM 1974, 376; 1977, 1140.

B. Drittgeschäfte. Der Gfter kann mit der Ges. ein Drittgeschäft abgeschlos- 21 sen haben (→ § 109 Rn. 11, → § 128 Rn. 24), zB als Anwalt, Steuerberater oder Wirtschaftsprüfer. Solche Vereinbarung kann Dienst- oder Geschäftsbesorgungs-

§ 112 2. Buch. Handelsgesellschaften und stille Gesellschaft

vertrag sein (§§ 611, 675 I BGB). Vergütung und Auslagen richten sich dann nach diesem Vertragsverhältnis, nicht nach § 110. Kdtist → § 164 Rn. 7, 8.

7) Reform des Personengesellschaftsrechts (MoPeG)

22 Das Gesetz zur Modernisierung des Personengesellschaftsrechts (MoPeG → Einl § 105 Rn. 42 ff) fasst zum 1.1.2024 auch das OHG-Recht neu. Der Regelungsgehalt des § 110 findet sich künftig im Bürgerlichen Gesetzbuch, in § 716 BGB-MoPeG, der über die Verweisung in § 105 III HGB-MoPeG entsprechende Anwendung findet. Für die Verzinsungspflicht gilt ergänzend § 119 HGB-MoPeG. Zur Textfassung der §§ 705 ff BGB-MoPeG sowie des HGB-MoPeG s. → Anh. § 105.

[Verzinsungspflicht]

111 (1) **Ein Gesellschafter, der seine Geldeinlage nicht zur rechten Zeit einzahlt oder eingenommenes Gesellschaftsgeld nicht zur rechten Zeit an die Gesellschaftskasse abliefert oder unbefugt Geld aus der Gesellschaftskasse für sich entnimmt, hat Zinsen von dem Tage an zu entrichten, an welchem die Zahlung oder die Ablieferung hätte geschehen sollen oder die Herausnahme des Geldes erfolgt ist.**

(2) **Die Geltendmachung eines weiteren Schadens ist nicht ausgeschlossen.**

1) Verzinsungspflicht (I)

1 Jeder Gfter, der der Ges. Gelder vorenthält, hat diese auch ohne Verzug (also ab Fälligkeit, ohne Verschulden) zu verzinsen (I, lex specialis zu § 668 BGB; vgl. §§ 353, 354 II). Das gilt nach I in drei Fällen:

a) Nichtzahlung von Geldeinlagen; auch Wechsel, Scheck und marktgängige Wertpapiere, str.; auch unberechtigte Kapitalrückzahlungen, Ebenroth/Bergmann Rn. 8, § 172 V betrifft nur das Verhältnis zu den GesGläubigern, str. (→ § 172 Rn. 9);

b) Nichtablieferung von Gesellschaftsgeldern, zB bei Ansprüchen aus §§ 713, 667 oder 681, 684 BGB, nicht nur Bargeld (wie zu a); und

c) unbefugte Geldentnahmen aus der GesKasse; auch Umbuchung von GesGeldern auf privates Konto (nicht schon Kapitalkonto bei Ges., noch keine Entnahme), Scheckausstellung zu Lasten der Ges.; **nicht** bei Entnahme als Vorschuss auf bevorstehende Aufwendungen (§§ 713, 669 BGB), „genehmigter Überziehung" und Schulden aus Darlehen. Wo § 111 nicht eingreift, kann § 353 anwendbar sein. Zinssatz § 352.

2) Geltendmachung sonstiger Rechte (II); abweichende Vereinbarungen

2 I ist nicht abschließend (so klarstellend II); Schadensersatzpflichten (bei Verschulden) und sonstige Ansprüche bleiben unberührt. I und II sind voll dispositiv (§ 109).

3) Reform des Personengesellschaftsrechts (MoPeG)

3 Das Gesetz zur Modernisierung des Personengesellschaftsrechts (MoPeG → Einl § 105 Rn. 42 ff) fasst zum 1.1.2024 auch das OHG-Recht neu. Der Regelungsgehalt des § 111 findet sich künftig in § 119 II HGB-MoPeG. Zur Textfassung des HGB-MoPeG s. → Anh. § 105.

[Wettbewerbsverbot]

112 (1) **Ein Gesellschafter darf ohne Einwilligung der anderen Gesellschafter weder in dem Handelszweig der Gesellschaft Geschäfte**

1. Abschnitt. Offene Handelsgesellschaft 1, 2 § 112

machen noch an einer anderen gleichartigen Handelsgesellschaft als persönlich haftender Gesellschafter teilnehmen.

(2) Die Einwilligung zur Teilnahme an einer anderen Gesellschaft gilt als erteilt, wenn den übrigen Gesellschaftern bei Eingehung der Gesellschaft bekannt ist, daß der Gesellschafter an einer anderen Gesellschaft als persönlich haftender Gesellschafter teilnimmt, und gleichwohl die Aufgabe dieser Beteiligung nicht ausdrücklich bedungen wird.

Übersicht

	Rn
1) Wettbewerbsverbot während der Vertragszeit (I)	1–8
A. Normzweck...	1
B. Anwendungsbereich	2, 3
C. Verbotene Geschäfte im gleichen Handelszweig (I Fall 1) ..	4, 5
D. Verbotene Beteiligung mit persönlicher Haftung an gleichartiger Handelsgesellschaft (I Fall 2)	6, 7
E. Rechtsfolgen	8
2) Einwilligung (I, II)	9–11
A. Einwilligung (I)	9
B. Unwiderleglich vermutete Einwilligung (II)	10, 11
3) Abweichende Vereinbarungen	12, 13
A. Erweiterung des Wettbewerbsverbots	12
B. Befreiung vom Wettbewerbsverbot	13
4) Nachvertragliches Wettbewerbsverbot	14
5) Verhältnis zu § 1 GWB	15–17
A. Wettbewerbsverbot während der Vertragszeit (§§ 112, 113)	15, 16
B. Nachvertragliches Wettbewerbsverbot	17
6) Reform des Personengesellschaftsrechts (MoPeG)	18

1) Wettbewerbsverbot während der Vertragszeit (I)

A. **Normzweck.** §§ 112, 113 regeln einen wichtigen **Interessenkonflikt** 1 (Beeinträchtigung durch Wettbewerb des phG mit Insiderinformationen über die Ges., Zuweisung von Geschäftschancen an die Ges.; nicht: Erhaltung der vollen Arbeitskraft des Gfters) zugunsten der Ges. mittels eines Gefährdungstatbestands. Das Verbot ist eine (selbststständige) Ausprägung der Treuepflicht der Gfter (→ § 109 Rn. 23), BGHZ 89, 165. Aus der Treuepflicht resultiert auch die über §§ 112, 113 hinausgehende (unklar BGH NJW 1998, 1225) Pflicht, Geschäftschancen der Ges. nicht anzutasten (corporate opportunity, → § 109 Rn. 26, → § 114 Rn. 13). Funktion als konzernrechtlicher Präventivschutz → Rn. 2, 4, → Anh. § 177 Rn. 22. Mit §§ 112, 113 stimmt weitgehend überein § 284 AktG für den phG der KGaA, dagegen weitergehend und zT abweichend §§ 60, 61 für HdlGehilfen. Zu Interessenkonflikten → § 109 Rn. 25, 26, → § 119 Rn. 8. Lit.: Kardaras, 1967; Schütte, 1971; Salfeld, 1987; Raiser FS Stimpel, 1985, 855; Löffler NJW 1986, 223 (KG); Röhricht WPg 1992, 766; Armbrüster ZIP 1997, 261; Weller ZHR 175 (2011), 110; Westermann/Wertenbruch § 23.

B. **Anwendungsbereich. a) Persönlich:** Das Wettbewerbsverbot gilt für alle 2 Gesellschafter der OHG, ob geschäftsführend oder nicht, BGHZ 89, 165; Weller ZHR 175 (2011), 110, str., letzterenfalls zu einengen Staub/Schäfer Rn. 7, aber Bestehen allein einer diesbezüglichen Treuepflicht reicht nicht aus. Nach dem Normzweck kann es auch bei Treuhand, Unterbeteiligung und Nießbrauch gelten (→ § 105 Rn. 34, 41, 46). Im mehrstufigen Konzern erstreckt sich das Wettbewerbsverbot auf die OberGes, BGHZ 89, 166 (näher → Anh. § 177a Rn. 22, → § 105 Rn. 103). In der KG gilt es nur für den phG, nicht den Kdtisten, außer wenn dieser eine Stellung wie ein phG hat (→ § 165 Rn. 3), entspr. für stGes. Für gesetzliche Vertreter eines Gfters gilt es grundsätzlich nicht, es gilt aber bei GmbH & Co, → Anh. § 177a Rn. 23, 27, str.; sehr str., ob es auch für Vorstandsmitglieder einer KomplementärAG gilt, verneinend, da kein praktisches Vetorecht analog §§ 112, 113 entgegen der aktienrechtlichen Kompetenzordnung, BGH ZIP 2009, 1162 (Vorstandsdoppelmandat) mAnm Grigoleit ZGR 2010, 662; OLG Hamburg ZIP 2007, 1370 mAnm. Hellgardt ZIP 2007, 2248; bejahend Cahn Konzern 2007, 716; für konzernrechtliche Lösung Altmeppen ZIP 2008, 437, für Geschäftsleitervertrag mit Schutzwirkung zugunsten der KG (→ Anh. § 177a Rn. 27f), Weller ZHR 175 (2011), 133; iErg wohl auch Böttcher/Kautzsch NZG 2009, 819; jedenfalls können §§ 1667, 1909 BGB eingreifen oder solche Gfter verpflichtet sein, für die Beseitigung der Kollision, die ihnen nach § 278 BGB zuzurechnen ist, zB durch andere Geschäftszuteilung oder Abberufung zu sorgen. Das gilt auch bei Zwischenschaltung sonstiger Personen, außer bei Strohmann und Umgehung, dann gelten für den umgehenden Gfter unmittelbar §§ 112, 113. Ein Doppelmandatsträger hat auf jeden Fall bei seinen Entscheidungen stets die Interessen des jeweiligen Pflichtenkreises einzuhalten, BGH ZIP 2009, 1163.

3 **b) Zeitlich:** Das Wettbewerbsverbot gilt nur für Gfter, also nicht schon vorher, BGH NJW 1998, 1225 (GmbH für spätere GmbH & Co), und es erlischt mit **Ausscheiden** des Gfters, auch wenn der Gfter nur deshalb ausscheidet (nachvertragliches Wettbewerbsverbot → Rn. 14); schon vorher, wenn der Austritt einvernehmlich ist, aber nach dem GesVertrag (bei entsprechend reduzierten GfterRechten und -pflichten) noch der Umsetzung bedarf, BGH NJW 2010, 1206 (GmbH) mAnm Wilsing/Ogorek NZG 2010, 379. Es erlischt bei Auflösung der Ges. mit deren **Beendigung**, nicht schon mit Auflösung, aA früher hL. Nach dem Normzweck gilt das Wettbewerbsverbot auch noch während der Liquidation (§ 145), aber nur soweit und solange das GesUnternehmen ganz oder teilweise weitergeführt wird, BGH WM 1961, 631; NJW 1980, 1627; für die Zeit später → § 109 Rn. 24. Die **Vorbereitung** der späteren eigenen Geschäftstätigkeit, die unmittelbar mit Beendigung beginnen darf, ist auch schon jetzt möglich, RGZ 90, 100 sowie entspr. die Rspr. zum HdlGehilfen (→ § 60 Rn. 1), enger Ebenroth/Bergmann Rn. 20: nur untergeordnete Hilfsgeschäfte und nicht nach außen.

4 **C. Verbotene Geschäfte im gleichen Handelszweig (I Fall 1). a) Geschäfte:** Verboten sind Geschäfte im gleichen Handelszweig, einerlei ob für eigene oder fremde Rechnung (arg. § 113 I Hs. 2), zB als Makler, Kommissionär oder als HdlVertreter, BGH WM 1972, 1229; auch als GmbHGeschäftsführer, Vorstand der AG oder bei sonstiger aktiver Mitwirkung an der Geschäftsführung eines anderen Unternehmens; nach OLG Nürnberg BB 1981, 452 auch mittelbar als Geschäftsführer einer GmbH mit 50%iger Beteiligung an dem Konkurrenzunternehmen wegen des „tatsächlich erheblichen Einflusses", richtiger kommt es auf Abhängigkeitsverhältnis (§ 17 AktG) an, Staub/Schäfer Rn. 24f; auch über Strohmann oder zwischengeschaltete abhängige Ges.; nicht schon bei bloßer Kapitalbeteiligung oder Aufsichtsratstätigkeit. Geschäfte sind solche zu Erwerbszwecken.

5 **b) Relevanter Markt (Handelszweig):** Das Wettbewerbsverbot gilt nur innerhalb des sachlich und räumlich relevanten Markts (sonst bleibt immer noch die Geschäftschancenlehre, → Rn. 1). Mit HdlZweig der Ges. ist der für das Wettbewerbsverbot (sachlich) relevante Markt gemeint. Dieser ist weiter als der konkrete Unternehmensgegenstand, wie ihn die Gfter auf Grund des GesVertrag führen wollen, Staub/Schäfer Rn. 17, jedoch nicht ohne weiteres so weit wie die idR umfassende Umschreibung der erlaubten Tätigkeiten im GesVertrag, wohl aA BGHZ 89, 170. Der HdlZweig ist von den Gftern iZw nicht eng gemeint, BGH WM 1957, 1128, und umfasst auch spätere Weiterentwicklung der GesTätigkeit, BGHZ 70, 333; Staub/Schäfer Rn. 17, aber keinesfalls fünf Jahre analog § 202 AktG, erwogen von Wiedemann/Hirte ZGR 1986, 171 Fn. 23, Grund:

Marktzutrittsschranke. Darüber hinausgehende eigenmächtige Ausdehnung durch die Ges. erweitert das Wettbewerbsverbot der Gfter jedoch nur bei deren Zustimmung oder bei wirksamer (auch konkludenter) GesVertragsänderung, Staub/Schäfer Rn. 16; Heymann/Hoffmann/Bartlitz Rn. 16; unklar BGHZ 70, 333, nach aA ist stets maßgeblich das jeweilige tatsächliche Betätigungsgebiet der Ges. Jedenfalls darf Ausdehnung nicht einseitig zu Lasten des Gfters gehen, für Lösung unter Heranziehung von Treuepflichterwägungen Ebenroth/Bergmann Rn. 17. Wird der konkrete Unternehmensgegenstand später einvernehmlich eingeschränkt, schrumpft damit auch der relevante Markt, BGHZ 70, 332; 89, 170. Unwesentlich ist, ob Ges. das Geschäft selbst so wie der Gfter oder überhaupt vorgenommen hätte, BGHZ 70, 333; BGH WM 1984, 229.

D. Verbotene Beteiligung mit persönlicher Haftung an gleichartiger Handelsgesellschaft (I Fall 2). a) Beteiligung mit persönlicher Haftung: Verboten ist Beteiligung als phG einer nach GesVertrag oder Satzung auf einen ganz oder teilweise gleichen Zweck gerichteten HdlGes einerlei welcher Rechtsform (OHG, KG, KGaA), BGHZ 38, 306. Nach dem Normzweck können auch andere als HdlGes erfasst sein, zB ErwerbsGbR und ausländische Ges. Die Beteiligung als Kdtist oder in anderer Form wird grundsätzlich nicht erfasst; etwas anderes gilt nach dem Normzweck (trotz des Wortlauts), wenn der Gfter als Kdtist in der anderen Ges. eine Stellung wie ein phG hat (vgl. → Rn. 4 und ähnlich → § 165 Rn. 3). Beteiligung an konkurrierender AG oder GmbH fällt nicht unter den 2. Fall, ist aber bei Begründung eines Abhängigkeitsverhältnisses unter den 1. Fall zu subsumieren (→ Rn. 4), Staub/Schäfer Rn. 25.

b) Relevanter Markt (Gleichartigkeit): Für die Gleichartigkeit gilt das zum relevanten Markt bereits Gesagte entsprechend (→ Rn. 5), auch partielle Marktüberschneidung genügt, aber nicht nur in Randgebieten oder ganz unerheblichem Umfang. Die Gleichartigkeit kann sich auch durch die eigenmächtige Ausgliederung von Unternehmenstätigkeiten der Ges., zB Vertrieb, durch den Gfter auf die andere Ges. ergeben, OLG Frankfurt a. M. BB 1976, 383.

E. Rechtsfolgen. s. § 113, dort auch → § 113 Rn. 4, 5.

2) Einwilligung (I, II)

A. Einwilligung (I). Einwilligung der anderen Gfter (also aller, auch der nicht geschäftsführenden) macht die Wettbewerbshandlung erlaubt (I). Für die Einwilligung gelten §§ 182–184 BGB entspr., str. Ein GfterBeschluss ist nicht nötig, dieser bedarf freilich keiner Form, Ebenroth/Bergmann Rn. 25. Sachliche Rechtfertigung der Einwilligung durch das Interesse der OHG ist nicht erforderlich, str. Widerspruchslose Hinnahme einer Konkurrenztätigkeit ist noch keine Einwilligung (→ Rn. 10, 11). Mangels Vorbehalt ist sie grundsätzlich unwiderruflich (Grund: Treuepflicht der Gfter), spätestens nach Aufnahme der Wettbewerbstätigkeit durch den Gfter. Auch dann ist sie aber bei wichtigem Grund widerruflich, nach aA überhaupt nur bei Vorbehalt des Widerrufs, Hueck OHG § 13 II 4, oder nur bei ganz schwerwiegenden Gründen. Auslegung gesellschaftsvertraglicher Wettbewerbsverbote (Erstreckung auf Ehegatten), BGH BB 1970, 1374. Widerruf eines einzelnen Gfters genügt nicht, Ebenroth/Bergmann Rn. 26 (GfterVersammlung). Die Beweislast trägt der konkurrierende Gfter. Erst nachträgliche Zustimmung (Genehmigung) hat Wirkung nach § 184 BGB.

B. Unwiderleglich vermutete Einwilligung (II). Die Einwilligung gilt im Falle des II als erteilt (unwiderlegliche Vermutung), nämlich wenn alle übrigen Gfter bei Eingehung der Ges. (Abschluss des GesVertrags) die Beteiligung als phG an einer gleichartigen Ges. (positiv) kennen und die Aufgabe dieser Beteiligung nicht ausdrücklich ausbedingen. Ausdrücklich bedeutet eindeutig, nicht notwendig im GesVertrag oder schriftlich. II gilt entspr. bei späterem Beitritt eines

Gfters. II gilt nach seinem klaren Wortlaut nur für I Fall 2 (→ Rn. 6). Beweislast nach allgemeinen Regeln.

11 In allen anderen Fällen von Wettbewerbsverboten kommt nur eine tatsächliche (auch stillschweigende) Einwilligung in Betracht. Diese kann, aber muss (anders II) nicht stets vorliegen, wenn die Tätigkeit des Gfters als EinzelKfm bekannt ist und nicht untersagt wird (für GmbH & Co → Anh. § 177a Rn. 23). Die Beweislast liegt dann bei dem betroffenen Gfter, tatsächliche Vermutung kann eingreifen; weitergehend für widerlegliche Vermutung in sinngemäßer Anwendung von II Staub/Schäfer Rn. 30.

3) Abweichende Vereinbarungen

12 A. **Erweiterung des Wettbewerbsverbots.** § 112 ist dispositiv. Der GesVertrag kann für alle oder einzelne Gfter das Verbot verschärfen. Grenzen setzen § 138 BGB, BGHZ 37, 384, und GWB (→ Rn. 15), nicht unmittelbar Art. 12 GG (nur Ausstrahlung). Nachvertragliches Wettbewerbsverbot → Rn. 14.

13 B. **Befreiung vom Wettbewerbsverbot.** Der GesVertrag kann allen oder einzelnen Gfter ganz oder teilweise Wettbewerb mit der Ges. erlauben. Dann gilt § 112 (mit Einwilligungserfordernis nach I, II und § 113) erst gar nicht. Er kann statt der Einwilligung durch jeden einzelnen Gfter (→ Rn. 9) auch GfterBeschluss mit Mehrheit vorsehen, dabei hat der betroffene Gfter aber kein Stimmrecht (→ § 119 Rn. 8) und die Befreiung muss durch sachliche Gründe im Interesse der Ges. gerechtfertigt sein, BGHZ 80, 71 (74) (GmbH); Staub/Schäfer Rn. 31. Umgehung s. OLG Bamberg NZG 2010, 385 (GmbH). Führt die Befreiung zur Begründung der Konzernabhängigkeit (§ 18 I AktG), ist das ein Grundlagengeschäft (→ § 114 Rn. 3, → § 105 Rn. 102), für das grundsätzlich ein Mehrheitsbeschluss nicht genügt; Konzernrecht → § 105 Rn. 103 ff.

4) Nachvertragliches Wettbewerbsverbot

14 §§ 112, 113 gelten nicht für ausgeschiedene Gfter (→ Rn. 3). Ein Wettbewerbsverbot folgt auch nicht schon aus der nachvertraglichen Treuepflicht des Gfters (→ § 131 Rn. 37), OLG Düsseldorf ZIP 1990, 869, aber → § 109 Rn. 24. Ein nachvertragliches Wettbewerbsverbot ergibt sich auch nicht ohne weiteres als Schadensersatz (→ § 113 Rn. 1). Möglich ist aber ein **vertragliches Wettbewerbsverbot** in den Grenzen des GWB (→ Rn. 14) und § 138 BGB, BGH WM 1974, 74; 1986, 1282. Ein solches ist auch stillschweigend möglich, zB bei längerdauernder Gewinnbeteiligung als Abfindung, Staub/Schäfer Rn. 13. Nach (Art. 12 GG iVm) § 138 BGB ist die Wettbewerbsbeschränkung auf das zeitlich, räumlich und gegenständlich notwendige Maß zu beschränken, so für Mandantenschutzklauseln BGH NJW 1991, 699 (GbR); BGH NJW 2000, 2584; 2004, 66; 2005, 3061 (Freiberuflersozietät, längstens 2 Jahre, aktuelle Mandanten), dazu auch → § 60 Rn. 6. Zu berücksichtigen ist auch, dass das Wettbewerbsverbot idR in der Auseinandersetzungsabfindung einkalkuliert ist. Ein zeitlich zu langes Wettbewerbsverbot kann mit wirksamer kürzerer Laufzeit aufrecht erhalten werden (§ 139 BGB), BGH NJW 1991, 699; 2000, 2584. §§ 74 ff. (HdlGehilfe), 90a (HV) sind nicht, auch nicht entspr. anwendbar, ihr Sozialschutzzweck gilt grundsätzlich nicht für Gfter. Wer von MitGftern schuldhaft zum Ausscheiden veranlasst wurde, kann sich von der Wettbewerbsabrede lossagen (vgl. § 323 BGB, §§ 75 I, 90a III HGB, aber → § 105 Rn. 48). Ges. iL s. § 156. Bei Verstoß Schadensersatzpflicht nach § 280 BGB und allgemeine Rechtsfolgen, § 113 I–IV gilt nicht.

5) Verhältnis zu § 1 GWB

15 A. **Wettbewerbsverbot während der Vertragszeit (§§ 112, 113).** Bei einer der gesetzlichen Regelform entsprechenden OHG und KG (→ § 165 Rn. 3), deren GesVertrag nicht geeignet ist, durch Beschränkung des Wettbewerbs die

Marktverhältnisse zu beeinflussen, sichern §§ 112, 113 nur gesellschaftstreue Mitarbeit der geschäftsführenden Gfter und kollidieren deshalb nicht mit § 1 GWB, BGHZ 70, 334 (Gabelstapler); BGHZ 89, 169 (Werbeagentur); BGHZ 104, 251 (GmbH). Entscheidend ist die Funktionsnotwendigkeit des Wettbewerbsverbots für den gemeinsamen Betrieb der Ges., BGH ZIP 2009, 2263 (Gratiszeitung Hallo, GmbH, kartellrechtsneutrales Gemeinschaftsunternehmen, Blockademöglichkeit wegen Einstimmigkeit). Sie ist auch noch gegeben, wenn der Gfter zwar nicht geschäftsführungsbefugt ist, aber umfassende Informations- und Kontrollrechte hat, vgl. OLG Stuttgart WuW/E OLG 4136; Staub/Schäfer Rn. 47, str., Stimmanteil von je ein Drittel in KG und GmbH reicht dafür idR nicht aus, OLG Frankfurt a. M. NZG 2009, 903.

In Ausnahmefällen fehlt diese Funktionsnotwendigkeit und § 1 GWB greift **16** ein, so zB bei wesentlich kapitalistisch organisierter OHG (KG), wenn der Gfter von Geschäftsführung und Vertretung ausgeschlossen ist und §§ 112, 113 hauptsächlich die Tätigkeit der Gfter außerhalb der Ges. beschränken, BGHZ 38, 306 (2 KinoOHG, beide spezialisiert auf Aktionsfilme) oder wenn Rechtsform der OHG bzw. KG für kartellrechtswidrige Ziele verwandt wird, BGHSt 30, 270; BGH NJW 1982, 938 (VertriebsGmbH & Co von Baustoffhändlern), str. Dazu Staub/Schäfer Rn. 40; Beuthien ZHR 142 (1978), 259; DB 1978, 1625 (1677); Kellermann FS Fischer, 1979, 307; K. Schmidt ZHR 149 (1985), 1; Linsmeier/Lichtenegger BB 2011, 328.

B. **Nachvertragliches Wettbewerbsverbot.** Für dieses gilt § 1 GWB uneingeschränkt, da §§ 112, 113 nicht anwendbar sind (→ Rn. 14). Es gelten grundsätzlich dieselben Regeln wie bei Wettbewerbsverboten im Rahmen von Unternehmensveräußerungen (→ Einl. vor § 1 Rn. 45), Staub/Schäfer Rn. 48. **17**

6) Reform des Personengesellschaftsrechts (MoPeG)

Das Gesetz zur Modernisierung des Personengesellschaftsrechts (MoPeG **18** → Einl § 105 Rn. 42 ff) fasst zum 1.1.2024 auch das OHG-Recht neu. Das Wettbewerbsverbot (§ 112) ist künftig in § 117 HGB-MoPeG geregelt. Zur Textfassung des HGB-MoPeG s. → Anh. § 105.

[Verletzung des Wettbewerbsverbots]

113 (1) **Verletzt ein Gesellschafter die ihm nach § 112 obliegende Verpflichtung, so kann die Gesellschaft Schadensersatz fordern; sie kann statt dessen von dem Gesellschafter verlangen, daß er die für eigene Rechnung gemachten Geschäfte als für Rechnung der Gesellschaft eingegangen gelten lasse und die aus Geschäften für fremde Rechnung bezogene Vergütung herausgebe oder seinen Anspruch auf die Vergütung abtrete.**

(2) **Über die Geltendmachung dieser Ansprüche beschließen die übrigen Gesellschafter.**

(3) **Die Ansprüche verjähren in drei Monaten von dem Zeitpunkt an, in welchem die übrigen Gesellschafter von dem Abschluss des Geschäfts oder von der Teilnahme des Gesellschafters an der anderen Gesellschaft Kenntnis erlangen oder ohne grobe Fahrlässigkeit erlangen müssten; sie verjähren ohne Rücksicht auf diese Kenntnis oder grob fahrlässige Unkenntnis in fünf Jahren von ihrer Entstehung an.**

(4) **Das Recht der Gesellschafter, die Auflösung der Gesellschaft zu verlangen, wird durch diese Vorschriften nicht berührt.**

Übersicht

	Rn
1) Schadensersatz (I Hs. 1)	1
2) Gewinnherausgabe (I Hs. 2)	2, 3
A. Bei verbotenen Geschäften	2
B. Bei verbotener Beteiligung	3
3) Sonstige Rechtsfolgen von Verstößen	4, 5
A. Unterlassungsanspruch	4
B. Weitere Rechtsfolgen	5
4) Geltendmachung nur auf Grund von Beschluss (II)	6–9
A. Anwendungsbereich von II	6
B. Gesellschafterbeschluss	7–9
5) Verjährung (III)	10
6) Auflösung (IV)	11
7) Abweichende Vereinbarungen	12
8) Reform des Personengesellschaftsrechts (MoPeG)	13

1) Schadensersatz (I Hs. 1)

1 § 113 regelt bestimmte Rechtsfolgen bei Verstoß gegen § 112 (nur gegen diesen, nicht gegen nachvertragliches Wettbewerbsverbot, → § 112 Rn. 13). Verstoß gegen § 112 berechtigt bei Verschulden (§ 708 BGB) zum Schadensersatz (I Hs. 1, entspr. § 61 I Hs. 1). Beweislast nach § 280 I 2 BGB. Der Schaden der Ges. deckt sich nicht ohne weiteres mit dem Gewinn des Gfters, außer wenn die Ges. das Geschäft sonst selbst gemacht hätte (aber → § 112 Rn. 5). Führt der Verstoß zum Ausschluss, kommt als Schaden auch Nichteinhaltung des Wettbewerbsverbots bis zum nächsten ordentlichen Kündigungstermin in Betracht, BAG NJW 1975, 1987 (zu § 628 II BGB); Paefgen ZIP 1990, 839; BB 1990, 1777 gegen OLG Düsseldorf ZIP 1990, 861.

2) Gewinnherausgabe (I Hs. 2)

2 A. **Bei verbotenen Geschäften.** Statt des (uU schwer nachzuweisenden) Schadensersatzes hat die Ges. das Eintrittsrecht, dh sie kann (ebenfalls nur bei Verschulden, § 708 BGB) verlangen, dass der Gfter die für eigene Rechnung gemachten Geschäfte (→ § 112 Rn. 4) als für Rechnung der Ges. gelten lässt und bei für fremde Rechnung gemachten Geschäften den Gewinn herausgibt bzw. den Anspruch darauf abtritt (I Hs. 2, entspr. § 61 I Hs. 2). Der Gfter hat dann Anspruch auf Aufwendungsersatz.

3 B. **Bei verbotener Beteiligung.** I Hs. 2 („Geschäfte") gilt auch für den Fall der verbotenen Beteiligung an einer anderen Ges. (→ § 112 Rn. 6), BGHZ 38, 306; Staub/Schäfer Rn. 20; Ebenroth/Bergmann Rn. 12; aA früher hL sowie zu § 61 I (aber Sozialschutz) RGZ 73, 423; BAG BB 1962, 638. Die OHG kann danach den vollen Ertrag aus der Beteiligung (Gewinn abzüglich Aufwendungen nach § 670 BGB) an sich ziehen. Das gilt grundsätzlich auch, soweit die andere Ges. in anderen relevanten Märkten tätig ist, Staub/Schäfer Rn. 20; unklar BGHZ 89, 172; aA Ebenroth/Bergmann Rn. 20 (Überdehnung); Hueck OHG § 13 II Fn. 25, und der Ertrag auch auf Eigenleistungen des Gfters beruht (vgl. § 687 BGB), Grund: wirksame Sanktion, aber das darf nicht unbillig sein. I Hs. 2 gibt aber kein Eintrittsrecht mit Außenwirkung gegen die andere OHG, auch nicht auf Abtretung des (abtretbaren) Anteils an der anderen OHG, BGHZ 89, 170. Die OHG kann aber Ausscheiden aus der anderen Ges. verlangen (Unterlassung, → Rn. 4).

3) Sonstige Rechtsfolgen von Verstößen

4 A. **Unterlassungsanspruch.** § 113, auch dessen IV, ist nicht abschließend. Die Ges. (durch ihre Vertreter) und jeder einzelne MitGfter (actio pro socio) können auf (Erfüllung des GesVertrags durch) Unterlassung klagen, BGHZ 70,

336; 89, 170, auch ohne Beschluss nach II, hL, OLG Nürnberg BB 1981, 452. Zu III näher → Rn. 10. Erzwingung nach § 890 ZPO.

B. **Weitere Rechtsfolgen.** In Betracht kommen neben den allgemeinen Hilfs- 5
rechten auf Auskunft (§ 242 BGB) und auf Rechnungslegung (§ 666 BGB), BGH WM 1972, 1230, zB die Entziehung der Geschäftsführung und Vertretung (§§ 117, 127), Ausschließung des Schuldigen (§ 140), Unzulässigkeit des Beitritts, BGH ZIP 1982, 309; Heymann/Borges § 165 Rn. 15, letztlich sogar Auflösung der Ges. (§ 133).

Selbstverständlich unberührt bleiben Ansprüche aus anderem Rechtsgrund, zB wegen gleichzeitiger Verletzung der Geschäftsführungspflicht (→ § 114 Rn. 15) oder auf Herausgabe (§ 105 III, §§ 713, 667 BGB; §§ 687 II, 681, 667 BGB) etwa bei Aneignung von Erwerbschancen (→ § 112 Rn. 1).

4) Geltendmachung nur auf Grund von Beschluss (II)

A. **Anwendungsbereich von II.** Das Erfordernis eines GfterBeschlusses nach 6
II gilt auch in der Liquidation; die Liquidatoren (Gfter oder Dritte) müssen ihn ausführen. Auskunftsklage des Gfters gegen MitGfter ohne solchen Beschluss zur Klärung von Voraussetzungen eines Ersatzanspruchs aus § 113 I, OLG Frankfurt a. M. BB 1976, 382 (→ § 145 Rn. 7). In der Insolvenz der Ges. entscheidet über die Geltendmachung der Insolvenzverwalter nach dem Interesse der Insolvenzgläubiger.

B. **Gesellschafterbeschluss.** Die Geltendmachung der Ansprüche nach I 7
(auch des Schadensersatzanspruches) setzt nach II einen Beschluss der übrigen (auch nicht geschäftsführenden) Gfter voraus, bei der Zwei-Mann-Ges. die Entschließung des anderen Gfters. Stillschweigender Beschluss genügt, zB Klageerhebung gemeinsam oder mit Zustimmung, BGHZ 89, 172. Liegt der Beschluss vor, erfolgt die Geltendmachung durch die Ges. (also ihre Vertreter) oder jeden einzelnen MitGfter (actio pro socio auf Leistung an die Ges., → § 109 Rn. 32), bei Zwei-Mann-Ges. durch den einzigen MitGfter gegen den ungetreuen alleingeschäftsführenden Gfter.

Ausübung des Wahlrechts: Mit dem GfterBeschluss wird das Wahlrecht 8
nach I (elektive Konkurrenz, nicht §§ 262 ff. BGB) ausgeübt; die Ges. ist an die Ausübung des Eintrittsrechts (gegenüber dem Gfter, Zugang) gebunden; nicht aber an das Schadensersatzverlangen (elektive Konkurrenz), Staub/Schäfer Rn. 9, aA noch üL, Ebenroth/Bergmann Rn. 6. Die Wahl ist bei einheitlichem Verstoß auch nur einheitlich möglich, anders bei Mehrzahl von Verstößen.

Ohne Beschluss nach II können die Ansprüche nach I nicht geltend gemacht 9
werden, jedoch sonstige Ansprüche (Unterlassung und andere Rechtsfolgen, → Rn. 4, 5), sowie Ansprüche aus anderem Rechtsgrund (→ Rn. 5). Die MitGfter sind grundsätzlich nicht zur Zustimmung verpflichtet; ausnahmsweise besteht aber **Zustimmungspflicht** bei grundloser, also vertragswidriger Weigerung, dann Klage auf Zustimmung. Die Klage aus §§ 112, 113 gegen den einen Gfter und die Klage auf Zustimmung gegen den anderen ist zulässig (wie bei der Entziehungs- und Ausschließungsklage, → § 117 Rn. 6, → § 140 Rn. 15).

5) Verjährung (III)

III idF VerjährungsanpassG 9.12.2004 BGBl. I 3214 (vgl. § 61 II, dort → § 61 10
Rn. 4). Es gilt kumulativ eine doppelte Verjährung, von drei Monaten ab Kenntnis oder grob fahrlässiger Unkenntnis (nF) aller übrigen Gfter von dem (einmaligen oder Dauer-)Verstoß (III; vgl. § 61 II) und jedenfalls von fünf Jahren ab Anspruchsentstehung ohne Rücksicht auf Kenntnis oder grob fahrlässige Unkenntnis. Das gilt iZw auch bei vertraglicher Wiederholung des gesetzlichen Verbots. Die Verjährung erfasst nur die Ansprüche aus I, str. **Nicht:** Unterlassungsanspruch, ebenso wenig wie II (→ Rn. 4, 9), OLG München NZG 2022,

557; MüKoHGB/Fleischer Rn. 60; Ebenroth/Bergmann Rn. 41; aA noch 31. Aufl. (nach dieser aber nur aus Dauerverstoß, nicht aus künftigen neuen Verstößen), Grund: auch II gilt für diesen nicht, schwierige Abgrenzung von Dauer- und Einmalverstoß; Deliktsansprüche, BGH WM 1972, 1230, sonstige Ansprüche (→ Rn. 5), Anspruch auf Vertragsstrafe. Das gilt grundsätzlich auch für den Anspruch wegen gleichzeitiger Verletzung der Geschäftsführungs- oder Treuepflicht (→ § 114 Rn. 15), BGH WM 1971, 413; 1972, 1230 (Überleitung von GesGeschäften auf sich selbst), OLG Düsseldorf NJW 1970, 1373 (Abwicklung über anderes Unternehmen), Ebenroth/Bergmann Rn. 41, für diese bleibt es bei der für sie geltenden Verjährung, idR § 195 BGB; erschöpft sich die Treuepflichtverletzung oder die Geschäftschancenaneignung (→ § 114 Rn. 13) jedoch gerade in dem Verstoß gegen das Wettbewerbsverbot, muss es bei III bleiben, OLG Köln NZG 2009, 306; vgl. GroßKoAktG/Hopt/Roth § 93 Rn. 582.

6) Auflösung (IV)

11 IV stellt klar, dass das Recht auf Auflösung (§ 133) unberührt bleibt. Das ist nur beispielhaft, § 113 berührt auch nicht sonstige Rechte der Ges. oder MitGfter (→ Rn. 4, 5).

7) Abweichende Vereinbarungen

12 § 113 ist ebenso wie § 112 dispositiv (dort → § 112 Rn. 12, 13), Verjährung nach III aber nur im Rahmen des § 202 BGB. In der Praxis geläufig sind Vertragsstrafen (§§ 340, 341 BGB).

8) Reform des Personengesellschaftsrechts (MoPeG)

13 Das Gesetz zur Modernisierung des Personengesellschaftsrechts (MoPeG → Einl § 105 Rn. 42 ff) fasst zum 1.1.2024 auch das OHG-Recht neu. Der Regelungsgehalt des § 113 findet sich künftig in § 118 HGB-MoPeG. Zur Textfassung des HGB-MoPeG s. → Anh. § 105.

[Geschäftsführung]

114 (1) **Zur Führung der Geschäfte der Gesellschaft sind alle Gesellschafter berechtigt und verpflichtet.**

(2) **Ist im Gesellschaftsvertrage die Geschäftsführung einem Gesellschafter oder mehreren Gesellschaftern übertragen, so sind die übrigen Gesellschafter von der Geschäftsführung ausgeschlossen.**

Übersicht

	Rn
1) Begriff und Abgrenzung der Geschäftsführung	1–3
A. Abgrenzung zur Vertretung	1
B. Inhalt der Geschäftsführung (I)	2
C. Grundlagengeschäfte	3
2) Teilnahme aller Gesellschafter an der Geschäftsführung (I)	4, 5
A. Einzelgeschäftsführung durch alle Gesellschafter (I)	4
B. Erben	5
3) Ausschluss einzelner Gesellschafter von der Geschäftsführung (II)	6–8
A. Auslegungsregel (II)	6
B. Notgeschäftsführung	7
C. Haftung von ohne Geschäftsführung	8
4) Rechte und Pflichten der geschäftsführenden Gesellschafter	9–19
A. Rechtsgrundlage	9
B. Ausübung	10, 11

	Rn
C. Einzelne Pflichten	12–14
D. Haftung	15–17
E. Vergütung, Aufwendungsersatz	18
F. Kündigung der Geschäftsführung	19
5) Abweichende Vereinbarungen	20–28
A. Grundsatz	20–22
B. Abspaltungsverbot	23
C. Selbstorganschaft	24, 25
D. Vertreterklausel	26
E. Beirat	27
F. Mitwirkung Dritter	28
6) Reform des Personengesellschaftsrechts (MoPeG)	29

1) Begriff und Abgrenzung der Geschäftsführung

A. Abgrenzung zur Vertretung. Grundlegend ist die Unterscheidung zwischen Geschäftsführung(srecht und -pflicht) im Verhältnis der Gfter zueinander **(Innenverhältnis)** und Vertretungsmacht, dh Rechtsmacht zur Bindung der Ges. gegenüber Dritten **(Außenverhältnis)**, so §§ 709–713/§§ 714, 715 BGB und §§ 114–117/§§ 125–127 HGB. Vertragsklauseln über „Geschäftsführung" meinen oft nur oder auch Vertretung. §§ 114–117 regeln nur die Geschäftsführung. § 114 besagt, wer von den Gftern an der Geschäftsführung teilnimmt, § 115 wie sie unter mehreren Geschäftsführern geregelt ist, § 116 welchen Umfang sie hat, also zu welcher Art von Handlungen sie berechtigt; § 117 regelt die Entziehung dieser Befugnis. Ergänzend gelten auch für die OHG §§ 709–713 BGB und nach § 713 BGB auch §§ 664–670 BGB. Für die KG gilt die Sonderregelung des § 164. Lit.: Gogos, 1953; Spitze, 2014; Westermann/Wertenbruch §§ 14, 15. 1

B. Inhalt der Geschäftsführung (I). Die Geschäftsführung umfasst sämtliche tatsächlichen und rechtsgeschäftlichen, gewöhnlichen und außergewöhnlichen (§ 116) Handlungen der Gfter, die auf die Verwirklichung des GesZwecks gerichtet sind. Bsp.: Tätigkeiten in Betrieb und Unternehmen, zB Organisation, Einsatz des Personals, Buchführung, Aufstellung des Jahresabschlusses (aber → Rn. 3); Handeln für die Ges. gegenüber Dritten, auch gegenüber Gftern persönlich, Einzug von Forderungen; idR auch Aufnahme von stillen Gftern (→ § 230 Rn. 5). Auch höchstpersönliche Arbeit zB als Erfinder, Entwerfer oder Prüfer kann Teil der Geschäftsführung sein, auch wenn sie GfterBeitrag iSv § 706 III BGB ist, vgl. MüKoBGB/Schäfer § 706 Rn. 14, aber ggf. Sonderrecht des Gfters; anders wenn der Gfter sie nicht als solcher, sondern als Dritter auf Grund eines besonderen Vertrags mit der Ges. leistet (auch → § 110 Rn. 21). 2

C. Grundlagengeschäfte. Diese betreffen das GesVerhältnis und seine Gestaltung, sie sind überhaupt kein Teil der Geschäftsführung, also weder gewöhnliche noch außergewöhnliche Geschäfte derselben, BGHZ 76, 164 (entspr. für Vertretungsmacht, → § 126 Rn. 3 und Bspe dort), distanziert zur Terminologie nun BGH ZIP 2013, 66 (71); 2014, 2231 Rn. 12, 13, 18; dazu noch unten, → § 116 Rn. 3. Der Kritik ist zuzugeben, dass eine trennscharfe und zwingende Abgrenzung abstrakt nicht immer möglich ist. Entscheidend ist ggf. die Auslegung des GesVertrags, ob trotz Grundlagengeschäft im konkreten Einzelfall Zuständigkeit der phG oder eines Beirats gewollt ist. 3

Bspe: Änderung des GesVertrags, Umwandlung, Auflösung, Wahl des Abschlussprüfers (§ 318 I 1, auch sonst), BGHZ 76, 342; OLG Stuttgart ZIP 2010, 135, Entlastung, str.; Beitragserhöhung, RGZ 151, 327 (nicht: Änderung der Modalität der Leistung der Einlage, BGH ZIP 2021, 691); Entziehung der Geschäftsführungs- und der Vertretungsbefugnis (§§ 117, 127); Aufnahme eines neuen Gfter, BGHZ 76, 164, Verpflichtung der Ges. zur Aufnahme, aA RG JW

§ 114 4, 5   2. Buch. Handelsgesellschaften und stille Gesellschaft

1921, 1239; Ausschließung eines Gfters; Veräußerung des HdlGeschäfts jedenfalls mit Firma, BGH NJW 1995, 596, hL (aber → § 22 Rn. 9 für das Vollzugsgeschäft), aber (sofern wie idR der GesVertrag berührt wird) auch ohne Firma, str., Heymann/Hoffmann/Bartlitz § 126 Rn. 17, aA RGZ 85, 399, für Einbringung des HdlGeschäfts in AG gegen Aktien KG OLGRspr. 42, 196; ebenso Unternehmensvertrag (§§ 291 f. AktG) einschließlich Betriebspacht und Betriebsüberlassung, offen BGH NJW 1982, 1818, insoweit auf § 179a AktG analog abstellend Leitzen NZG 2012, 491, von Strukturmaßnahme sprechend Priester ZIP 2020, 1687; Übertragung des gesamten GesVermögens, BGH NJW 1995, 596; RGZ 162, 372 (aber für Vollzugsgeschäft → § 126 Rn. 3), aA iZw nur außergewöhnliches Geschäft, OLG Stuttgart ZIP 2010, 133, auch wesentlicher Teile des Unternehmens; Begründung eines Konzernverhältnisses mit einem herrschenden Unternehmen (§ 18 I AktG, Konzernabhängigkeit), str. (→ § 105 Rn. 102), nach aA nur außergewöhnliche Geschäft, nach aA Grundlagengeschäft auch schon die Begründung der einfachen Abhängigkeit von einem anderen Unternehmen (§ 17 AktG, → § 105 Rn. 102f), sehr str., aber nicht schon Erwerb einer Mehrheitsbeteiligung (§ 16 AktG), aA GroßKo/Schilling § 164 Rn. 5; ausnahmsweise auch konzernumstrukturierende Maßnahmen, wenn diese über außergewöhnliche Geschäfte (→ § 116 Rn. 2) hinausreichen. Erlass von Ersatzansprüchen gegen Gfter aus pflichtwidriger Geschäftsführung, BGH WM 1985, 1227; OLG Stuttgart ZIP 2010, 479, Grund: Eingriff in actio pro socio, Beschluss über Inanspruchnahme ist dagegen nur außergewöhnliches Geschäft (→ § 116 Rn. 2). Beim **Jahresabschluss** gehört die Aufstellung, dh seine Vorbereitung bis zur Beschlussreife, zur Geschäftsführung, seine Feststellung (Billigung) erfolgt dagegen als bilanzrechtliches Grundlagengeschäft (näher → § 164 Rn. 3, 4). Katalog bei Schulze-Osterloh FS Hadding, 2004, 645.

Grundlagengeschäfte bedürfen grundsätzlich der **Zustimmung aller** Gfter, sofern im Gesetz (zB §§ 117, 127) oder im GesVertrag nichts anderes vorgesehen ist (§ 109), zB Einforderungen von Nachschüssen, RGZ 151, 328, Aufnahme weiterer Gfter, BGHZ 76, 164, vor allem bei der PublikumsGes (→ Anh. § 177a Rn. 57). Am Erfordernis einer eindeutigen Regelung im GesVertrag festhaltend BGH ZIP 2013, 66 (71); 2014, 2231, durch Zustimmung aller Gfter können auch Grundlagengeschäfte einzelnen Gftern, den phG oder einem Beirat zugewiesen werden. So ist es etwa möglich, im GesVertrag die Bestellung von Geschäftsführern und deren Aufnahme als phG einem Beirat zu übertragen, auch → § 105 Rn. 67. Grundsätzliche Übertragung einer Kompetenz muss außergewöhnliche Fälle nicht umfassen, auch insoweit Auslegung des GesVertrags.

2) Teilnahme aller Gesellschafter an der Geschäftsführung (I)

4   A. **Einzelgeschäftsführung durch alle Gesellschafter (I).** Gesetzliche Regel ist Geschäftsführungsrecht und -pflicht aller Gesellschafter, jeder Gesellschafter hat Geschäftsführungsbefugnis. Auch ein Minderjähriger kann Geschäftsführer sein, bedarf aber für rechtsgeschäftliches Handeln der Zustimmung seines gesetzlichen Vertreters außer bei Ermächtigung nach § 112 BGB. Der gesetzliche Vertreter kann ohne Zustimmung aller übrigen Gfter auch selbst tätig werden, MüKoHGB/Jickeli Rn. 36; aA Röhricht/Haas Rn. 17, Grund: er kann auch die sonstigen GfterRechte, zB Stimmrechte, ausüben. Für Ges. als Gfter handeln ihre organschaftlichen Vertreter. Ist eine **juristische Person** Gfter der OHG oder KG (→ § 105 Rn. 28, → § 161 Rn. 3), kann sie auch Geschäftsführer sein (anders § 6 II 1 GmbHG, § 76 III 1 AktG); sie handelt durch ihre gesetzlichen Vertreter. GmbH & Co vgl. → Anh. § 177a Rn. 34.

5   B. **Erben.** Wird die Ges. mit dem GfterErben als phG fortgesetzt (§ 139), ist dieser iZw wie der Erblasser zur Geschäftsführung (und Vertretung) berechtigt (§§ 114 ff., 125 ff.); der GesVertrag kann aber etwas anders bestimmen, RG DR

1942, 1057; BGHZ 41, 368; BGH NJW 1959, 192; Fischer BB 1956, 839. Ein Testament kann den **Testamentsvollstrecker** (→ § 139 Rn. 21) nicht ermächtigen, an Stelle des eintretenden Erben einen Geschäftsführer mit Vertretungsbefugnis zu bestellen, KG DR 1943, 353; es kann aber die Ernennung durch den Erben an die Zustimmung des Testamentsvollstreckers binden.

3) Ausschluss einzelner Gesellschafter von der Geschäftsführung (II)

A. **Auslegungsregel (II).** Der GesVertrag kann, da §§ 114–117 dispositiv sind (§ 109), einen oder einige Gfter von der Geschäftsführung ausschließen, entweder direkt oder indirekt dadurch, dass er diese nur den anderen überträgt. II bringt eine Auslegungsregel dahin, dass die Übertragung der Geschäftsführung an einen oder mehrere Gfter als Ausschluss der übrigen Gfter von ihr anzusehen ist.

B. **Notgeschäftsführung.** Jeder Gfter, auch der von der Geschäftsführung ausgeschlossene, hat das Recht, ohne Zustimmung der anderen notwendige Maßnahmen zur Erhaltung von Gegenständen des GesVermögens (**§ 744 II BGB**) oder der Ges. selbst zu treffen, RGZ 112, 367; BGHZ 17, 183; 39, 20; BGH ZIP 2008, 1585; 2011, 770, zur (analogen) Anwendung von § 744 II BGB auch Bergmann WM 2019, 189. Der Gfter kann aus diesem Titel uU auch gegen Dritte klagen, zB auf eine Leistung an die Ges., jedoch nur im eigenen Namen, nicht namens der Ges., BGHZ 17, 186; BGH ZIP 2011, 770 (→ § 124 Rn. 14).

Bei Gefahr im Verzug und in anderen außergewöhnlichen Fällen (uU auch zur Wahrnehmung einer außergewöhnlichen, sonst der Ges. entgehenden Chance) kann der von der Geschäftsführung ausgeschlossene Gfter doch wie ein geschäftsführender für die Ges. zu handeln berechtigt, uU sogar verpflichtet sein. Das kann sich aus dem (uU ergänzend ausgelegten) GesVertrag (Zweckgemeinschaft; Treueverhältnis, → § 109 Rn. 23) oder aus §§ 677 ff. BGB ergeben.

Unberührt bleibt die Möglichkeit, den Gfter zu ermächtigen, einen Anspruch der Ges. im eigenen Namen und auf eigene Rechnung geltend zu machen (gewillkürte Prozessstandschaft), BGH NJW 1988, 1585 (GbR).

C. **Haftung von Gesellschaftern ohne Geschäftsführung.** Auch ein nicht geschäftsführender Gfter kann der Ges. nach § 280 BGB haftbar sein, wenn er (insbesondere als MehrheitsGfter) einen maßgeblichen Einfluss auf geschäftsführende Gfter ausübt, um sie zu einem Pflichtverstoß zu bewegen, BGHZ 65, 19 – ITT (→ Anh. § 177a Rn. 23); BGHZ 75, 328; 89, 168; BGH BB 1973, 1506. Auch schuldhaft pflichtwidrige Notgeschäftsführung macht schadensersatzpflichtig nach § 280 BGB.

4) Rechte und Pflichten der geschäftsführenden Gesellschafter

A. **Rechtsgrundlage.** Die Geschäftsführung von Gftern ist Ausfluss des Gesellschaftsverhältnisses selbst, RGZ 142, 18. Für sie gilt daher, was allgemein für Rechte und Pflichten der Gfter aus dem GesVerhältnis gilt (§ 109; ergänzend §§ 709–713, 664–670 BGB, → Rn. 1). Zusätzlich kann Dienstvertrag abgeschlossen sein (→ § 110 Rn. 19, 20). Die geschäftsführenden Gfter üben das Geschäftsführungsrecht in eigener Verantwortung aus. Weisungen durch GfterBeschluss binden sie nur, soweit das besonders vorgesehen ist (zB im GesVertrag oder nach § 116 II für Beschluss sämtlicher Gfter), BGHZ 76, 164; Grenze § 117.

B. **Ausübung.** Recht und Pflicht zur Geschäftsführung sind grundsätzlich **umfassend,** interne Arbeitsteilung lässt Gesamtverantwortung (Information und Kontrolle) unberührt, RGZ 98, 540. Jedoch hat jeder Geschäftsführer ein Recht, dass die anderen die gesellschaftsvertragliche Ordnung beachten und nicht in seinen Zuständigkeitsbereich eingreifen, BGH NJW 1984, 173.

Die (organschaftliche) Geschäftsführung als solche ist **höchstpersönlich** und **nicht übertragbar** (§§ 717, 664, 713 BGB), BGH BB 1962, 233; ZIP 2011, 911. Dieses Abspaltungsverbot (→ § 109 Rn. 16) schließt auch die echte Vertretung in der Geschäftsführung aus, RGZ 123, 299, auch durch MitGfter, auch während nur kurzer Zeit der Verhinderung. Keine unzulässige Übertragung der Geschäftsführung bzw. Vertretung ist die Delegation an Mitarbeiter und Einschaltung Dritter. Die **Mitarbeiter** in der Ges. sind weder Vertreter des Geschäftsführers noch seine Erfüllungsgehilfen gegenüber den anderen Gftern, BGHZ 13, 64; der Geschäftsführer haftet nur für eigenes Verschulden (Auswahl, Leitung, Überwachung). Die Betrauung eines **Dritten** mit Geschäftsführungsaufgaben, die nach GesVertrag oder GfterBeschluss auch umfassend sein kann (→ Rn. 24), ist nicht Übertragung der Geschäftsführung iSv § 114; der Dritte wird idR kraft Dienstvertrags tätig (§§ 675 I, 611 BGB). Er hat keine GfterTreuepflicht, er ist abberufbar im Rahmen seines Vertrags (nicht § 117, dort → § 117 Rn. 2) und steht der Ges. auch sonst, zB Vergütung, als Drittgläubiger gegenüber, BGH BB 1962, 233. Auch wenn ein geschäftsführender Gfter statt seiner einen Dritten einschalten darf, haftet er nicht für diesen aus § 278 BGB, sondern nur für eigenes Verschulden, aA Hueck OHG § 10 V 2.

12   C. **Einzelne Pflichten.** Die Geschäftsführung beinhaltet zahlreiche hier nicht aufzuführende Sorgfaltspflichten und Interessenwahrungs- und Loyalitätspflichten (vgl. Rspr. zum Auftragsrecht und zu § 43 GmbHG, § 93 AktG); ferner zB Handeln gegen den Widerspruch eines Mitgeschäftsführers oder pflichtwidriger Widerspruch (→ § 115 Rn. 4). **Schmiergelder:** Ihre Annahme ist pflichtwidrig; das gilt auch für sonstige der Ges. nicht offengelegte Provisionen (vgl. → § 347 Rn. 30). Sie sind wie alles durch die Geschäftsführung Erlangte herauszugeben (§ 667 BGB), RGZ 99, 31; 164, 102, etwa eine Internet-Domain, OLG Brandenburg NZG 2014, 577 (GbR).

13   **Geschäftschancen der Gesellschaft** (corporate opportunity, näher → § 109 Rn. 26) darf der geschäftsführende Gfter wie jeder Gfter nicht für sich oder andere, sondern nur für die Ges. nutzen, BGH NJW 1989, 2687; darin liegt wie bei allen Gftern ein Verstoß gegen die Treuepflicht sowie eine Verletzung der Geschäftsführungspflicht. Bei ungenügenden Mitteln der Ges. muss er uU um Kredite bemühen, jedenfalls aber erst Entscheidung der GfterVersammlung herbeiführen, BGH NJW 1986, 584 (Erwerb des der Ges. verpachteten Geschäftsgrundstücks durch Ehefrau des Gfters). **Nebentätigkeit** ist iZw zulässig im Rahmen des Wettbewerbsverbots (§§ 112, 113), grundsätzlich unbeschränkt als Abgeordneter (Art. 48 II 1 GG), BGHZ 43, 385; Konzen AcP 172 (1972), 317.

14   **Auskunft und Rechenschaft:** Die geschäftsführenden Gfter schulden der Ges. Bericht (ohne besondere Aufforderung), Auskunft auf Verlangen und nach Beendigung der Geschäftsführung Rechenschaft (§§ 713, 666 BGB), nach aA ebenfalls Individualrecht (Auskunft an sich selbst), Huber ZGR 1982, 546. Dieses Recht kann auch von jedem einzelnen Gfter zugunsten der Ges. geltend gemacht werden (actio pro socio, → § 109 Rn. 32), BGH ZIP 2018, 1187; MüKoBGB/Schäfer § 713 Rn. 8, offen, bei Kdtisten jedenfalls nur nach Maß ihrer Mitwirkungsrechte (→ § 166 Rn. 12), BGH NJW 1992, 1890. Diese Rechte der MitGfter bestehen neben ihrem Kontrollrecht (§ 118), das sie nur verstärken, nicht ersetzen, str. (→ § 118 Rn. 12). Das allgemeine Auskunfts- und Rechenschaftsrecht nach §§ 713, 666 BGB ist zwingend (Grund: persönliche Haftung der Gfter), das nach § 118 nicht (→ § 118 Rn. 17–19).

15   D. **Haftung.** Für Verletzung der Geschäftsführungspflicht haften die Gfter nach § 280 BGB bei Verschulden (grundsätzlich § 708 BGB, aber Ausnahmen → § 109 Rn. 5) auf Schadensersatz. Sie haften der Ges.; die Ges. selbst und jeder Gfter können Schadensersatzleistung an die Ges. fordern (actio pro socio, → § 109 Rn. 32). Beweislast für Pflichtwidrigkeit liegt nicht bei der Ges. (aber → § 109 Rn. 5), sondern geschäftsführender Gfter muss sich entlasten (entspr. §§ 93 II 2, 116 AktG; §§ 34 II 2, 41 GenG; allgemein § 280 I 2 BGB), vgl. BGH BB 1975, 1753; die Ges. trägt nur die Darlegungs- und Beweislast für ein möglicherweise pflichtwidriges Verhalten und für ihren Schaden, BGHZ 152, 280 (GmbH). Bei **Überschreitung** der Geschäftsführungsbefugnis (zB Handeln gegen Widerspruch eines anderen Geschäftsführers, § 115 I) haftet der Gfter nicht aus Vertrag (§ 708 BGB), sondern aus Geschäftsführung ohne Auftrag (§§ 677 ff. BGB, insbesondere § 678 BGB), ohne dass ihm § 708 BGB zugute kommt, MüKoBGB/Schäfer § 708 Rn. 10, str., iErg auch BGH NJW 1997, 314, allerdings nur als vertragliche Haftung. Berufung auf ein hypothetisch rechtmäßiges Alternativverhalten ist dem Gfter nach der hL grundsätzlich verwehrt, Röhricht/ Haas Rn. 28; GroßKoAktG/Hopt/Roth § 93 Rn. 416, Grund: Sanktionierung, Mitwirkungsrechte der anderen (uU Minderheits)Gfter, aA mit guten Kautelen Fleischer DStR 2009, 1204. **Klage auf Erfüllung** der Geschäftsführungspflicht bleibt möglich, ist aber wenig praktisch, da ein Urteil nicht vollstreckbar ist (§ 888 III ZPO, persönliche Dienste). Für Gleichlauf mit KapGesR Podewils BB 2014, 2632 (business judgment rule).

Entlastung: Entlastung ist die (einseitige, nicht vertragliche) verbindliche 16 Billigung der Art und Weise der Geschäftsführung während der zurückliegenden Entlastungsperiode (vgl. § 120 II 1 AktG), idR verbunden mit einem Vertrauensbeweis für die zukünftige Geschäftsführung. Sie wird durch eigenen Beschluss ausgesprochen und liegt spätestens in der gemeinsamen Unterzeichnung der Bilanz (§ 245 S. 2). Mit der Entlastung ist die Ges. von der Entziehung aus wichtigem Grund (§ 117) und der Geltendmachung von **Ersatzansprüchen** aus pflichtwidriger Geschäftsführung ausgeschlossen, entweder wegen Verzichts (anders ausdrücklich § 120 II 2 AktG), üL, oder treffender wegen Präklusion, K. Schmidt § 14 VI 2b, unklar BGH WM 1986, 791. Voraussetzung ist ordnungsmäßige Rechenschaftslegung, idR Aufstellung der Jahresbilanz. Der Ausschluss umfasst nur verzichtbare Ansprüche und reicht nur soweit, wie die Umstände der Ges. bekannt oder bei sorgfältiger Prüfung aller Vorlagen und Berichte erkennbar waren oder sonst sämtlichen Gftern privat bekannt waren, BGHZ 94, 326 (GmbH); BGH WM 1983, 912; 1987, 727. Er erstreckt sich auf Ersatzansprüche verschiedenster Rechtsgrundlagen (zB Schadensersatz aus Vertrag und Delikt, §§ 280, 823 BGB), auch aus ungerechtfertigter Bereicherung und wegen Wettbewerbsverstößen, §§ 812 BGB, 113 HGB BGH WM 1986, 790, aber nicht auf Ansprüche aus anderen Rechtsverhältnissen als der Geschäftsführung in der Ges. Der Geschäftsführer hat keinen einklagbaren Anspruch auf Entlastung (denn Vertrauenskundgabe mit Ausschluss von Ansprüchen), BGHZ 94, 326; K. Schmidt § 14 VI 3; Ebenroth/Drescher Rn. 46; MüKoHGB/Jickeli Rn. 73; aA (einklagbar und vollstreckbar nach § 894 ZPO) Schlegelb/Martens Rn. 44 für die PersonenGes, anders wenn wie häufig im GesVertrag vorgesehen; aber grundlose Verweigerung der Entlastung ist pflichtwidrig, der Geschäftsführer kann ggf. aus wichtigem Grund kündigen, RGZ 89, 396, und er kann negative Feststellungsklage bezüglich pflichtwidriger Geschäftsführung und Ansprüchen daraus erheben, BGHZ 94, 328 (GmbH); auch RGZ 89, 397. Entlastungsbeschluss trotz schwerer Gesetzes- oder Satzungsverstöße bzw. gravierender Pflichtverletzungen ist treuwidrig und damit fehlerhaft, LG Frankfurt a. M. ZIP 2018, 1134; → § 119 Rn. 31, Rechtsschutz gegen fehlerhafte Entlastung, Gaul DStR 2009, 804.

Erlass der Ersatzpflicht (§ 397 BGB) ist durch Vertrag (GfterBeschluss und 17 Annahme durch den Geschäftsführer) möglich. Erschwerende Vorschriften wie bei der AG (§ 124 AktG) bestehen nicht. Mehrheitsbeschluss, wenn zugelassen (§ 119, ohne den Ersatzpflichtigen), reicht aus. **Generalbereinigung** ist (vertraglicher) Verzicht auf sämtliche denkbaren und verzichtbaren Ersatzansprüche, BGH WM 1976, 737; 1986, 791.

E. **Vergütung, Aufwendungsersatz.** Ersatz für Aufwendungen und Schäden 18 § 110 (statt und weiter als § 670 BGB) und bei Geschäftsführung ohne Auftrag

§§ 683, 670 BGB (→ § 110 Rn. 4), Vorschuss § 669 BGB (→ § 110 Rn. 16), Vergütung („Gehalt", → § 110 Rn. 19–21), Zinspflicht § 111 (statt § 668 BGB).

19 F. **Kündigung der Geschäftsführung.** Der Gfter kann die Geschäftsführung bei wichtigem Grund kündigen (§ 105 III HGB, § 712 II BGB). Diese Kündigungsrecht betrifft sowohl die vertraglich übertragene als auch die gesetzliche Geschäftsführung, für die OHG hL; dasselbe gilt jedoch auch für die GbR, MüKoBGB/Schäfer § 712 Rn. 27, aA früher hL (→ § 117 Rn. 3). Die Geschäftsführung wird nicht im Rechtssinn „niedergelegt", aA Weimar JR 1977, 234, sondern die Kündigung hat den Wegfall der Geschäftsführungsmacht zur Folge, K. Schmidt DB 1988, 2241. Die Kündigung setzt einen wichtigen Grund voraus (vgl. §§ 314, 626, 671 III BGB), sonst ist sie unwirksam, verletzt die Pflicht zur Geschäftsführung und macht haftbar (→ Rn. 15). Auch bei wichtigem Grund darf der Gfter nicht zur Unzeit, also so, dass die Ges. nicht für die Weiterführung ihrer Geschäfte angemessen sorgen kann, kündigen (§§ 712 II, 671 III BGB, außer wenn der wichtige Grund auch insoweit vorliegt); sonst zwar keine Unwirksamkeit, aber Haftung. Die wirksame Kündigung lässt den Ges-Vertrag unberührt (anders § 89a; § 626 BGB), kann aber für einen MitGfter seinerseits zur (ordentlichen oder außerordentlichen) Kündigung berechtigen, zB wenn infolge der Kündigung Gesamtgeschäftsführung auch für bisher freigestellte Gfter eintritt. Abweichende Vereinbarungen → Rn. 22.

5) Abweichende Vereinbarungen

20 A. **Grundsatz.** § 114 ist wie gesamte Geschäftsführungsrecht (§§ 114–117) dispositiv (§ 109). Der GesVertrag kann zB die Teilnahme der Gfter an der Geschäftsführung noch anders als nach I, II regeln. Bsp.: Geschäftsführung auf Zeit; alternierend; unter bestimmten Voraussetzungen, Bestellung durch Mehrheitsbeschluss. Aber **Grenzen** folgen aus dem Abspaltungsverbot (→ Rn. 23), dem Gebot der Selbstorganschaft (→ Rn. 24), aus dem Verbot des Eingriffs in den Kernbereich, so namentlich bei Vertreterklauseln (→ Rn. 26) und Beiräten (→ Rn. 27).

21 Der GesVertrag kann einzelne Gfter berechtigen, einem anderen (bei dessen Eintritt oder später) Geschäftsführung (und Vertretung) zu übertragen, sei es unmittelbar **(Optionsrecht)**, sei es über einen GfterBeschluss **(Präsentationsrecht).** Sind die Voraussetzungen vertraglich bestimmt (zB: Alter, bestimmte Ausbildung) und gegeben, sind die MitGfter zur Zustimmung verpflichtet, selbst geschäftsführende Gfter, deren Gewinnvoraus dadurch gekürzt wird. Sieht der Vertrag Anfechtbarkeit des Beschlusses vor, beschränkt sich die Anfechtung auf Ermessensmissbrauchsfälle. „Entsprechende Eignung und Vorbildung" fordert nicht Bewährung in einer Geschäftsleitung gleicher Bedeutung, auch nicht Ausbildung gerade in der zzt. vakanten Sparte (Ausbildung als Chemiker, gebraucht wird ein Kfm.), BGH BB 1967, 309.

22 Die **Kündigung der Geschäftsführung** (→ Rn. 19) kann durch den GesVertrag beliebig erleichtert, aber nicht erschwert werden (§§ 712 II, 671 III BGB). Bestimmte Kündigungsgründe können einvernehmlich als wichtig vorausbewertet werden, aber grundsätzlich nicht umgekehrt (vgl. → § 89a Rn. 27, 28). Ein erweitertes (nicht von wichtigem Grunde abhängiges) Kündigungsrecht kann durch Kündigungsfristen ua beschränkt werden.

23 B. **Abspaltungsverbot.** Die eigene Geschäftsführungsmacht ist nicht übertragbar (→ Rn. 11), auch nicht teilweise. Dieses Abspaltungsverbot umfasst alle aus der Mitgliedschaft resultierenden Verwaltungsrechte (→ § 109 Rn. 16). Es steht der Überlassung zur Ausübung aber nicht entgegen (→ Rn. 11, → § 109 Rn. 17).

24 C. **Selbstorganschaft.** Organschaftliche Geschäftsführer iSv § 125 ff. können idR nur **Gesellschafter** sein (Selbstorganschaft, keine Drittorganschaft wie bei

1. Abschnitt. Offene Handelsgesellschaft 25–29 § 114

KapitalGes), BGHZ 36, 293; BGH ZIP 2011, 911, str. (insbesondere de lege ferenda Vor § 105 Rn. 67 f.); entspr. für Vertretung (→ § 125 Rn. 5). Jedoch können die Gfter (im GesVertrag oder später, iZw nur einstimmig) einen Dritten durch Dienstvertrag (§ 675 I BGB, keine Übertragung von Geschäftsführung iSv § 114, → Rn. 11) mit entsprechenden, auch umfassenden Aufgaben als Geschäftsführer bestellen (und ihm eine Vollmacht, zB Generalvollmacht erteilen, → § 125 Rn. 9), BGHZ 36, 293; BGH NJW 1982, 878, auch eine juristische Person (zB GmbH, Stiftung). Zulässig ist auch ein umfassender Betriebsführungsvertrag (Hotel) frei von Einzelweisungen, wenn nur die Kontroll- und Planungsbefugnis den Gftern erhalten bleiben (→ § 105 Rn. 105), BGH NJW 1982, 1817 – Holiday Inn (KG); Löffler NJW 1983, 2920, restriktiver Lit.: Veelken, 1975; Schürnbrand, 2007 (Organschaft, private Verbände); Westermann/Wertenbruch § 13; K. Schmidt GS Knobbe-Keuk, 1997, 307.

Wegen der persönlichen Haftung der Gfter gelten aber zwingende Grenzen. 25 Die Gfter müssen solchen dritten Geschäftsführern zwar nicht zwingend jederzeit ohne wichtigem Grund die Geschäftsführungsmacht entziehen können, BGH NJW 1982, 878; aA Heymann/Hoffmann/Bartlitz Rn. 25 (zur Vertretungsmacht strenger → § 125 Rn. 7). Aber Kündigung aus wichtigem Grund kann nicht und das Weisungsrecht der Gfter an solche Vertreter nicht völlig ausgeschlossen werden (vgl. → Rn. 26), jedenfalls sämtliche Gfter gemeinsam bleiben weisungsbefugt (Umdeutung nach § 140 BGB in Gesamtgeschäftsführung), Heymann/Hoffmann/Bartlitz Rn. 26; Grenzen im Übrigen → § 125 Rn. 7. Noch engere Grenzen gelten bei PublikumsGes (→ Anh. § 177a Rn. 74).

D. **Vertreterklausel.** Bei der OHG soll anders als bei der KG (→ § 163 26 Rn. 10) eine Vertreterklausel schlechthin ausscheiden, üL, K. Schmidt ZHR 146 (1982), 529; offen BGHZ 46, 297; aA Flume I 2 S. 222 (Stimmrechtsausschluss). Jedoch gelten auch bei der KG Grenzen (→ § 163 Rn. 11). Diese lassen sich statt einer starren Ablehnung auch bei der OHG fruchtbar machen, und zwar wegen der persönlichen Haftung tendenziell strenger, zB keine Verdrängung, Recht jedes einzelnen Gfter, die Vertretungsmacht für seine Person jedenfalls aus wichtigem Grund zu beenden (vgl. → Rn. 25).

E. **Beirat.** Der GesVertrag kann einen Beirat (auch Aufsichts-, Verwaltungsrat, 27 GfterAusschuss ua genannt) mit Kompetenzen in Bezug auf die Geschäftsführung (Beratung, Entscheidung, Kontrolle, Vertretung, aber → Rn. 25, 26) vorsehen. Das findet sich in der Praxis häufig bei der KG (Einzelheiten dort, → § 163 Rn. 12–15) und vor allem der GmbH & Co und der PublikumsGes (→ Anh. § 177a Rn. 75), ist aber rechtlich zulässig auch bei der OHG. Grenzen wie dort, vor allem kein Eingriff in den Kernbereich der GfterRechte (→ § 163 Rn. 11, 14, 16).

F. **Mitwirkung Dritter.** Eine echte Mitwirkung Dritter an der Willensbildung 28 der Ges. durch Stimm- und Kontrollrechte ist nur auf Grund des GesVertrags und nur mit abgeleiteten (nicht originären) Befugnissen zulässig (wie für KG → § 163 Rn. 16).

6) Reform des Personengesellschaftsrechts (MoPeG)

Das Gesetz zur Modernisierung des Personengesellschaftsrechts (MoPeG 29 → Einl § 105 Rn. 42 ff) fasst zum 1.1.2024 auch das OHG-Recht neu. Der Wortlaut des § 114 I wird in § 116 I HGB-MoPeG übernommen, die Auslegungsregel des § 114 II entfällt, § 116 HGB-MoPeG umfasst weiter den Regelungsgehalt der §§ 115–117. Zur Textfassung des HGB-MoPeG s. → Anh. § 105.

§ 115

[Geschäftsführung durch mehrere Gesellschafter]

115 (1) Steht die Geschäftsführung allen oder mehreren Gesellschaftern zu, so ist jeder von ihnen allein zu handeln berechtigt; widerspricht jedoch ein anderer geschäftsführender Gesellschafter der Vornahme einer Handlung, so muß diese unterbleiben.

(2) Ist im Gesellschaftsvertrage bestimmt, daß die Gesellschafter, denen die Geschäftsführung zusteht, nur zusammen handeln können, so bedarf es für jedes Geschäft der Zustimmung aller geschäftsführenden Gesellschafter, es sei denn, daß Gefahr im Verzug ist.

1) Einzelgeschäftsführung, Widerspruchsrecht (I)

1 **A. Einzelgeschäftsführungsbefugnis (I Hs. 1):** Nehmen alle oder mehrere Gfter an der Geschäftsführung teil, ist jeder von ihnen im ganzen Bereich der Geschäftsführung allein zu handeln berechtigt (Vertretungsmacht s. § 125 I). Er ist dazu auch verpflichtet, wenn Abstimmung mit den MitGftern nicht möglich ist. Er muss aber jedenfalls bei bedeutenderen Maßnahmen die MitGfter vorab unterrichten und ihnen Gelegenheit zum Widerspruch geben; das Alleinhandlungsrecht deckt nicht bewusste Übergehung des MitGfters, von dem Widerspruch (→ Rn. 2) zu erwarten ist, zB gegen Kündigung des Sohnes des MitGfters, BGH BB 1971, 759, oder gegen großes, bedeutsames Geschäft, BGH NJW 1984, 1461. Der MitGfter kann die Maßnahme selbst rückgängig machen (auch gegen den Widerspruch des anderen), BGH BB 1971, 759. Auch ohne zu erwartenden Widerspruch müssen die anderen über die geplanten Maßnahmen rechtzeitig informiert werden, sonst sind diese rückgängig zu machen, falls tatsächlich berechtigt widersprochen worden wäre (§ 249 BGB).

2 **B. Widerspruchsrecht (I Hs. 2): a) Grundsatz:** Jeder Mitgeschäftsführer (bei Gesamtgeschäftsführung mehrerer nur gemeinsam) hat ein Recht und, wenn das Interesse der Ges. es verlangt, auch die Pflicht zum Widerspruch. Ein Geschäftsführer darf nicht gegen den Widerspruch eines Mitgeschäftsführers handeln (nur interne Wirkung, → Rn. 4). Der Widerspruch muss ihm gegenüber, auch konkludent, erklärt werden. Der Widerspruch ist grundsätzlich zu begründen, BGH NJW 1972, 863; aA MüKoBGB/Schäfer § 709 Rn. 44, zumal wenn pflichtwidrige Erhebung naheliegt (→ Rn. 3), spätestens im Prozess (→ Rn. 4), anders, wenn Streit vorausgegangen ist oder Grund auf der Hand liegt. Widerspruch ohne Begründung ist aber nicht einfach unbeachtlich, str., sondern nur, wenn er treuwidrig erklärt wird, (→ Rn. 3), MüKoBGB/Schäfer § 711 Rn. 11; iErg auch MüKoHGB/Jickeli Rn. 24 (aber Anschein, dass Widerspruch treuwidrig eingelegt wurde). Der Widerspruch kann auch mehrere Geschäfte oder alle Geschäfte bestimmter Art umfassen, zutr. großzügig MüKoHGB/Jickeli Rn. 18, aber nicht die gesamte Tätigkeit des Mitgeschäftsführer, RGZ 84, 139, Grund: Umgehung des § 117. Der Widerspruch ist möglich nur bis zur Vornahme der Handlung, späterer Widerspruch ist unbeachtlich (aber → Rn. 1). Der Widerspruch wird nicht durch Zustimmung(sbeschluss) der übrigen Gfter ausgeschlossen, aber durch eigene frühere Zustimmung des Widersprechenden, anders nur bei wichtigem Grund. Widerruf des Widerspruchs ist jederzeit möglich. Kein Widerspruch gegen den Widerspruch, BGH LM HGB § 115 Nr. 2. Lit.: Weygand AcP 158 (1959), 150.

3 **b) Grenzen:** Das Widerspruchsrecht ist als Teil der Geschäftsführungsbefugnis ausschließlich im Interesse der Ges. auszuüben. In der Beurteilung dieses Interesses hat der Gfter aber einen weiten Ermessensspielraum, insbesondere bei Personalentscheidungen, BGH NJW 1986, 844; WM 1988, 970. Es ist nicht Sache der Gerichte, den Widerspruch auf seine Zweckmäßigkeit zu überprüfen. Der

1. Abschnitt. Offene Handelsgesellschaft   4, 5   § 115

Widerspruch ist jedoch **unbeachtlich,** wenn er eine pflichtwidrige Verletzung des GesInteresses darstellt (auch → Rn. 2), BGH NJW 1986, 844; ZIP 2002, 398. **Bsp.:** Widerspruch gegen gesetzlich gebotene Handlungen; von Seiten eines Gfters, gegen den ein Anspruch der Ges. erhoben, BGH BB 1974, 996; OLG Stuttgart ZIP 2010, 476, oder dem gegenüber für die Ges. ein Rechtsgeschäft vorgenommen werden soll, zB Vertragskündigung (Interessenkollision, → § 119 Rn. 8), RGZ 81, 94; gegen unerlässliche Maßnahmen zur Erhaltung der Ges. und ihres Vermögens, zB Zahlung eines Wechsels zur Vermeidung von Protest und Insolvenzantrag (Notgeschäftsführung entspr. § 744 II BGB, BGHZ 17, 183); wenn der Widersprechende sich aus Eigennutz über das GesInteresse hinwegsetzt, RGZ 158, 310; 163, 39; BGH BB 1956, 92; 1971, 759; wenn der Gfter bei Streit mit der Ges. oder den MitGftern die Geschäftstätigkeit der Ges. blockiert, MüKoBGB/Schäfer § 711 Rn. 12; durch systematische Verweigerung der Mitwirkung an der Geschäftsführung kann das Widerspruchsrecht überhaupt verwirkt werden, außer gegen pflichtwidrige Maßnahmen der Mitgeschäftsführer, vgl. BGH BB 1972, 551 (GbR). **Nicht:** schon bei Gefahr im Verzug (II Hs. 2 gilt nicht entspr.), RGZ 109, 60; wenn die Maßnahme, der der Gfter widersprach, im Rückblick zweckmäßig erscheint; wenn beim Widerspruch neben dem GesInteresse auch persönliches Interesse mitwirkt, BGH NJW 1986, 844; gegen andere als Geschäftsführungsmaßnahmen, zB actio pro socio oder Geltendmachung eines eigenen Anspruchs des MitGfters gegen die Ges., zB von Informations- und Kontrollrechten. Wer Unwirksamkeit des Widerspruchs behauptet (zB der Mitgeschäftsführer, der trotz Widerspruch handelte), trägt die Beweislast.

c) Rechtsfolgen: Bei berechtigtem Widerspruch muss die Geschäftsfüh-   **4** rungsmaßnahme unterbleiben (I Hs. 2). Das gilt aber nur zwischen den Gftern, also **ohne Außenwirkung** gegen Dritte (Vertretungsmacht, § 126 II, → § 126 Rn. 5, 6), hL, BGHZ 16, 398; BGH ZIP 2008, 1582 (GbR), Grund: Handlungsfähigkeit der Ges.; dies auch, wenn der Widerspruch dem Dritten gegenüber erklärt wird, MüKoHGB/Jickeli Rn. 30, Grenze: Missbrauch der Vertretungsmacht (→ § 126 Rn. 11). Handeln gegen Widerspruch ist Überschreitung der Geschäftsführungsbefugnis (→ § 114 Rn. 15) und macht bei Verschulden (§ 708 BGB) nach § 280 BGB haftbar, anders bei Verletzung einer Begründungspflicht (→ Rn. 2), selbst wenn sich später die Berechtigung des Widerspruchs herausstellt. Die anderen geschäftsführenden Gfter können trotzdem vorgenommene Handlungen rückgängig machen (dagegen kein Widerspruch des Handelnden, → Rn. 2). Der widersprechende Gfter hat klagbaren, im Eilfall mit einstweiliger Verfügung durchsetzbaren **Unterlassungsanspruch** gegen den Gfter, zB bei Personaleinstellung, OLG Hamm BB 1993, 165; so auch die anderen geschäftsführungsberechtigten Gfter, für nichtgeschäftsführende MitGfter str., → § 116 Rn. 4.
Bei unberechtigtem Widerspruch kann der Widersprechende der Ges. bei schuldhafter (§ 708 BGB, → § 109 Rn. 5) Treuepflichtverletzung nach § 280 BGB haftbar werden. Das Widerspruchsrecht kann, da Teil der Geschäftsführungsbefugnis (→ Rn. 3), aus wichtigem Grund entzogen werden (§ 117).

2) Gesamtgeschäftsführung (II)

A. Gesamtgeschäftsführung: Sieht der GesVertrag vor, dass alle geschäfts-   **5** führenden Gfter nur zusammen handeln können (Gesamtgeschäftsführung II; gesetzliche Regel für GbR § 709 I BGB), ist für jedes Geschäft Zustimmung (nicht notwendig Mitwirkung) aller Geschäftsführer notwendig, bei Gefahr im Verzug nur derjenigen, deren Zustimmung schnell genug erhältlich ist. Generelle Zustimmung zur gesamten Tätigkeit ist als Umgehung unwirksam, BGHZ 34, 30. Die Zustimmung ist grundsätzlich bindend, aber bis zur Vornahme der

Handlung aus wichtigem Grunde widerruflich. Die Gesamtgeschäftsführung verlangt auch gemeinsame Beratung der ganzen Geschäftsführung.

6 B. **Grenzen:** Das Zustimmungsrecht ist wie das Widerspruchsrecht als Teil der Geschäftsführungsbefugnis ausschließlich im Interesse des Ges. auszuüben. Auch hier hat der Gfter einen weiten Ermessensspielraum, insbesondere bei Personalentscheidungen (→ Rn. 3). Die Versagung der Zustimmung ist bei Verletzung des GesInteresses pflichtwidrig, Bspe wie zum Widerspruch (→ Rn. 3). Während der pflichtwidrige Widerspruch aber unbeachtlich ist (→ Rn. 3), ist hier grundsätzlich (Leistungs)Klage auf Zustimmung (§ 894 ZPO) notwendig, BGH WM 2008, 1556 (GbR), ganz enge Ausnahmen in Fällen von existenzieller Bedeutung für die Ges., BGH WM 1985, 195; 1986, 1557; 2008, 1556. Bei systematischer Verweigerung der Mitwirkung an der Geschäftsführung kann das Zustimmungsrecht überhaupt verwirkt werden (wie Widerspruchsrecht, → Rn. 3).

3) Abweichende Vereinbarungen

7 § 115 ist dispositiv. Der Gesellschaftsvertrag kann die Geschäftsführung durch mehrere abw. von I regeln, zB Gesamtgeschäftsführung (II); Einschränkung oder Ausschluss des Widerspruchs des Mitgeschäftsführers, BGH WM 1988, 968, wohl außer im direkten Gegensatz zum Handeln des Mitgeschäftsführers; Gesamtbefugnis einiger, Alleinbefugnis anderer Geschäftsführer; Mehrheitsentscheid der Geschäftsführer (ähnlich Vorstandsbeschluss der AG); Unterscheidung nach Arten von Geschäften, nach Sachgebieten (Ressorts), dh mit Ausschluss (entsprechend § 114 II) der Geschäftsführungsbefugnis (auch des Widerspruchsrechts nach § 115 I) des B im Ressort des A und umgekehrt und entsprechend geteilter Verantwortung und Haftung (im Gegensatz zu bloßen Geschäftsverteilungsabsprachen unter Gftern mit gemeinsamer Geschäftsführung), OLG Stuttgart ZIP 2010, 133; vgl. Schwamberger BB 1963, 279; zu Ressortverteilungen MüKoHGB/Jickeli Rn. 7; Bindung einzelner an Mitwirkung von Mitgeschäftsführern, Prokuristen, Dritten; Gewährung von Überwachungs- und Widerspruchsrecht an Dritte, so BGH NJW 1960, 963, ist mit Selbstorganschaft (→ § 114 Rn. 24) und Abspaltungsverbot (→ § 119 Rn. 19) unvereinbar, MüKoBGB/Schäfer § 711 Rn. 5; MüKoHGB/Jickeli Rn. 41, aber vertragliche Rechte möglich. Die zu § 114 genannten Grenzen sind auch hier zu beachten (→ § 114 Rn. 23 ff.).

4) Reform des Personengesellschaftsrechts (MoPeG)

8 Das Gesetz zur Modernisierung des Personengesellschaftsrechts (MoPeG → Einl § 105 Rn. 42 ff) fasst zum 1.1.2024 auch das OHG-Recht neu. Der Regelungsgehalt des § 115 I findet sich künftig in § 116 III HGB-MoPeG, der Regelungsgehalt des § 115 II in § 116 IV HGB-MoPeG. Zur Textfassung des HGB-MoPeG s. → Anh. § 105.

[Umfang der Geschäftsführungsbefugnis]

116 (1) **Die Befugnis zur Geschäftsführung erstreckt sich auf alle Handlungen, die der gewöhnliche Betrieb des Handelsgewerbes der Gesellschaft mit sich bringt.**

(2) **Zur Vornahme von Handlungen, die darüber hinausgehen, ist ein Beschluß sämtlicher Gesellschafter erforderlich.**

(3) [1] **Zur Bestellung eines Prokuristen bedarf es der Zustimmung aller geschäftsführenden Gesellschafter, es sei denn, daß Gefahr im Verzug ist.** [2] **Der Widerruf der Prokura kann von jedem der zur Erteilung oder zur Mitwirkung bei der Erteilung befugten Gesellschafter erfolgen.**

1. Abschnitt. Offene Handelsgesellschaft 1, 2 § 116

Übersicht

	Rn
1) Beschränkung der Geschäftsführung auf gewöhnliche Geschäfte (I)	1–4
A. Gewöhnliche Geschäfte (I)	1
B. Außergewöhnliche Geschäfte	2
C. Grundlagengeschäfte	3
D. Vorbeugende Unterlassungsklage	4
2) Beschluss sämtlicher Gesellschafter bei außergewöhnlichen Geschäften (II)	5–7
A. Beschluss sämtlicher Gesellschafter	5
B. Wirkungen des Beschlusses	6
C. Fehlen des Beschlusses	7
3) Erteilung und Widerruf einer Prokura (III)	8–10
A. Erteilung (III 1)	8
B. Widerruf (III 2)	9
C. Erweiterung, Beschränkung	10
4) Abweichende Vereinbarungen	11
5) Reform des Personengesellschaftsrechts (MoPeG)	12

1) Beschränkung der Geschäftsführung auf gewöhnliche Geschäfte (I)

A. Gewöhnliche Geschäfte (I). Die Geschäftsführung berechtigt zu allen 1 Handlungen, die der gewöhnliche Betrieb des HdlGewerbe der konkreten Ges. mit sich bringt. Gewöhnlich ist, was in einem HdlGewerbe, wie es diese OHG betreibt, normalerweise vorkommen kann. Gewöhnliche Geschäfte sind iZw alle Geschäfte im HdlZweig, der den Gegenstand des Unternehmens bildet, zB auch übliche Kreditgewährung. Unter I fallen idR auch Erteilung und Widerruf einer **Handlungsvollmacht** (§ 54; Prokura → Rn. 8).

B. Außergewöhnliche Geschäfte. Der Gegensatz sind außergewöhnliche 2 Geschäfte, dh solche mit Ausnahmecharakter nach Art und Inhalt (zB einschneidende Änderung von Organisation oder Vertrieb, Beteiligung an anderen Unternehmen) oder Zweck (zB außerhalb des Unternehmensgegenstands) oder Umfang und Risiko (zB Großkredit, Spekulationsgeschäft), bei Beachtung der besonderen Verhältnisse der Ges. und der Zeitumstände, RGZ 158, 308; BGHZ 76, 162; OLG Stuttgart ZIP 2010, 133.

Beispiele: Außergewöhnlich sind nach Gegenstand, Umfang, Bedingungen oder Dauer aus dem Rahmen fallende, potentiell gefährliche Geschäfte; Bauausführungen auf dem Geschäftsgrundstück, vgl. RGZ 109, 57; Ersteigerung von Grundstücken, RG LZ 1914, 580; Einrichtung von Zweigniederlassungen; Verkauf von als Kapitalrücklage bestimmten Wertpapieren, RG JW 1930, 706; Klage und Klagerweiterung gegen MitGfter, RGZ 171, 54; BGH WM 1997, 1431; OLG Stuttgart ZIP 2010, 476; anders bei Drittgeschäft, BGH WM 1997, 1431; Aufnahme eines stillen Gfter (vgl. → § 230 Rn. 9); uU Ausgliederung in eine TochterGes (→ § 105 Rn. 106), vgl. (für die AG) BGHZ 83, 130 (Holzmüller); 159, 30 (Gelatine), oder andere strukturelle Maßnahmen, die wesentliche Gewinne oder Geschäftschancen an der MutterGes vorbeileiten, vgl. auch Katalog bei GroßKoAktG/Mülbert § 119 Rn. 30, aber es ist jeweils genau zu prüfen, ob gewöhnliches, außergewöhnliches oder Grundlagengeschäft (→ § 114 Rn. 3) vorliegt; Erwerb von Finanzbeteiligungen nur in Ausnahmefällen, idR bloße Anlageverwaltung, MüKoHGB/Mülbert Anh. § 229 Rn. 80. Eine sonst noch gewöhnliche Maßnahme kann ungewöhnlich sein, wenn sie eine schwere Interessenkollisionsgefahr begründet, zB Zusammenlegung des Einkaufs der Ges. mit dem privaten Unternehmen des geschäftsführenden Gfters, BGH BB 1973, 213, außergewöhnliches Geschäft und Interessenkollision nahm OLG Celle NZG 2017, 418 bei Übernahme von Rechtsverfolgungskosten für eine vergeblich die Komplementärstellung anstrebende GmbH an (Publikumsges, GmbH & Co). Typische Formen von Interessenkollision, zumal hier gesellschaftsvertraglicher Gestattung des Selbstkontrahierens (§ 181 BGB), genügt dafür aber nicht, BGHZ 76, 163. Was bei der Ges. als ungewöhnlich zu werten ist, ist das iZw auch bei einer 100%igen Tochter (Betriebsspaltung); Zustimmung der Kdtisten ist dann auch erforderlich, soweit der

§ 116 3–6　　2. Buch. Handelsgesellschaften und stille Gesellschaft

geschäftsführende Gfter der Mutter deren Rechte in der Tochter wahrnimmt, BGH BB 1973, 213.

3 **C. Grundlagengeschäfte.** Diese betreffen das GesVerhältnis und seine Gestaltung, sie sind überhaupt kein Teil der Geschäftsführung, also weder gewöhnliche noch außergewöhnliche Geschäfte derselben, BGHZ 76, 164; näher → § 114 Rn. 3, → § 126 Rn. 3. Der Bundesgerichtshof äußert sich nunmehr distanziert zum Grundlagengeschäft, BGH ZIP 2013, 66 (71): früher so genanntes Grundlagengeschäft. Hilfreich bleibt der Begriff des Grundlagengeschäfts aber nicht nur für die Vertretungsmacht der Gfter, die solche Geschäfte nicht umfasst, er ist auch geeignet die Geschäftsführungsbefugnis von der innergesellschaftlichen Sphäre abzugrenzen. Beim Grundlagengeschäft handelt es sich um einen auch bei Kapitalgesellschaften anerkannten Grundsatz (BGH NJW 1992, 1453), der wegen der grds. persönlichen Haftung der Gfter in der PersGes einen weiteren Anwendungsbereich als etwa in der AG (zuletzt ohne den Begriff BGHZ 159, 30 – Gelatine) hat.

4 **D. Vorbeugende Unterlassungsklage.** Bei pflichtwidrigen einfachen Geschäften soll dem nicht geschäftsführungsberechtigten Gfter kein Unterlassungsanspruch, sondern nur später Schadensersatz zustehen, BGHZ 76, 160, anders nur, wenn dies wegen besonderer Umstände zur Erhaltung des gemeinsamen Vermögens erforderlich ist (§ 744 II BGB), BGHZ 76, 168. Der dafür angegebene Grund der Organisationsordnung und Funktionsfähigkeit der Ges. trägt dies jedoch nicht. Liegt eine Maßnahme noch im Rahmen des unternehmerischen Ermessens, besteht mangels Pflichtverletzung schon gar kein Anspruch. Überschreitet der Geschäftsführer dagegen seine Kompetenz (also nicht bloß fehlerhafte Geschäftsführung), kann jeder MitGfter ihn daran hindern, OLG Koblenz NJW-RR 1991, 488 – SAT I; Lutter AcP 180 (1980), 139; MüKoHGB/Jickeli Rn. 46; aA Grunewald DB 1981, 407: nur bei evidenter Überschreitung.

2) Beschluss sämtlicher Gesellschafter bei außergewöhnlichen Geschäften (II)

5 **A. Beschluss sämtlicher Gesellschafter.** Außergewöhnliche Geschäfte (→ Rn. 2) setzen einen Beschluss sämtlicher Gesellschafter (§ 119) voraus, auch der nicht geschäftsführenden und in der KG der Kdtisten (→ § 164 Rn. 2). Eine Ausnahme bei Gefahr im Verzug (wie in III, § 115 II) ist in II nicht gemacht (aber → Rn. 8). Alle Gfter sind zur Mitwirkung an der Beschlussfassung nach II verpflichtet. Verhinderung der Beschlussfassung durch Abwesenheit ohne wichtigen Grund ist pflichtwidrig, Ebenroth/Drescher Rn. 10, und kann bei Wiederholung zur Verwirkung des Stimmrechts führen, so für das Recht, die Zustimmung aus Zweckmäßigkeitsgründen zu versagen, BGH LM BGB § 709 Nr. 7; außerdem Schadensersatzpflicht nach § 280 BGB. Ausnahmsweise besteht sogar **Pflicht zur Zustimmung**, BGH WM 1973, 1294 (→ § 115 Rn. 3, 6). Besteht diese, kann der geschäftsführende Gfter handeln, weil Berufung auf Fehlen des Beschlusses treuwidrig wäre, doch handelt er auf eigenes Risiko. Sicherer, aber umständlicher ist actio pro socio (→ § 109 Rn. 32). Für Wirksamkeit einer Zustimmung reicht die Kenntnis des wesentlichen Inhalts eines Vertrages aus, BGH ZIP 2013, 366. Die Stellung eines Insolvenzantrags wegen drohender Zahlungsunfähigkeit ist grds. Sache der Gfter, LG Frankfurt a.M. ZIP 2013, 1831, → Anh. § 177a Rn. 49a.

6 **B. Wirkungen des Beschlusses.** Der Beschluss bindet. Der einzelne Gfter kann seine Zustimmung nur noch aus wichtigem Grund widerrufen, aA Heymann/Hoffmann/Bartlitz Rn. 10, § 115 Rn. 14: Grenze Treuepflicht, bis zu Durchführung der Maßnahme. § 183 BGB ist unanwendbar. Die Ausführung des

1. Abschnitt. Offene Handelsgesellschaft 7–11 § 116

GfterBeschlusses ist Recht und Pflicht der geschäftsführenden Gfter, BGH ZIP 2018, 2028.

C. **Fehlen des Beschlusses.** Unerlässliche außergewöhnliche Erhaltungsmaß- 7 nahmen sind bei Unmöglichkeit rechtzeitiger Beschlussfassung (falls nicht schon Zustimmungspflicht besteht, → Rn. 5) auch ohne sie erlaubt und uU sogar geboten (Notgeschäftsführung nach § 744 II BGB (→ § 114 Rn. 7). Das Fehlen des GfterBeschlusses berührt nicht die Vertretungsmacht (Außenverhältnis, → §§ 125 ff.), BGHZ 26, 332; BGH ZIP 2008, 1582 (GbR); BGH WM 2008, 2252 (KG); daher prüft zB der Grundbuchrichter bei Eintragung eines Geschäfts vertretungsberechtigter Gfter nicht, ob es außergewöhnlich ist, also ein Gfter-Beschluss erforderlich war, und ob dieser Beschluss gefasst wurde, KGJ 23 A 122.

3) Erteilung und Widerruf einer Prokura (III)

A. **Erteilung (III 1).** Die Erteilung der Prokura ist idR ein gewöhnliches 8 Geschäft (I; sonst bleibt es bei II, der III vorgeht, aA GroßKo/Schilling § 164 Rn. 1). Trotzdem bedarf sie nach III 1 (abw. von § 115 I, entspr. § 115 II) der **Zustimmung aller geschäftsführenden Gesellschafter,** außer bei Gefahr im Verzug. Gefahr im Verzug besteht, wenn infolge ungenügender Vertretung der Ges., die nur durch Erteilung der Prokura behoben werden kann, ernsthaft Schaden droht. Dann darf (ggf. muss) der geschäftsführungsberechtigte Gfter Prokura erteilen. Doch muss er dann unverzüglich die Zustimmung der übrigen geschäftsführenden Gfter einholen; wird diese verweigert, ist die Prokura zu widerrufen. Auch dieses Erfordernis gilt nur im Innenverhältnis (→ Rn. 7; im Außenverhältnis deckt die gewöhnliche Vertretungsmacht der Gfter die Prokuraerteilung), es berührt also zB nicht den Registerrichter bei Eintragung der vom vertretungsberechtigten Gfter erteilten Prokura, RGZ 134, 307; BGHZ 62, 169. III betrifft nur die Prokura, nicht: HdlVollmacht (→ Rn. 1), Generalvollmacht (je nachdem I oder II), Abschluss und Aufhebung des der Prokura zugrundeliegenden Arbeitsvertrags. HdlVollmacht → Rn. 1. **Anmeldung** zum HdlReg: § 53.

B. **Widerruf (III 2).** Widerrufen darf die Prokura **jeder geschäftsführende** 9 **Gesellschafter,** auch bei Gesamtgeschäftsführung, obwohl er sie dann nicht allein erteilen könnte. Widerspruch der anderen Gfter ist unerheblich (anders als in § 115 I). III 2 betrifft nur das Innenverhältnis, gegenüber dem Prokuristen gilt § 126 I. Ist die Prokura wirksam widerrufen, kann sie durch die vertretungsberechtigten Gfter (→ Rn. 6, 8) wieder erteilt werden, RGZ 163, 38. Ist die Wiedererteilung offensichtlich pflichtwidrig und somit alsbaldiger Widerruf zu erwarten, kann das Registergericht die Eintragung der Erteilung ablehnen, BayObLG HRR 1928, 638. Äußerstenfalls bleibt nur die Auflösung (§ 133). Entziehung der im GesVertrag einem Kdtisten erteilten Prokura → § 170 Rn. 4.

C. **Erweiterung, Beschränkung.** Auf Erweiterung einer Prokura ist III 1 10 entspr. anzuwenden, auf Beschränkung III 2, MüKoHGB/Jickeli Rn. 55, 59, str.

4) Abweichende Vereinbarungen

Die Regelung der Geschäftsführung (Innenverhältnis) ist dispositiv (§ 109), so 11 schon § 115 (Einzel- oder Gesamtgeschäftsführung oder beide kombiniert), aber auch § 116 I–III. Der GesVertrag kann den Umfang der Geschäftsführungsbefugnis (für einen oder mehrere Geschäftsführer) abw. von I regeln. Er kann das Erfordernis des GfterBeschlusses (II) erweitern, zB auf nicht außergewöhnliche Geschäfte bestimmter Art, oder beschränken, zB auf außergewöhnliche Geschäfte bestimmter Art unter Ausschluss der anderen, oder Mehrheitsbeschluss vorsehen, BGH ZIP 2010, 2346. Er kann schließlich Erteilung und Widerruf der Prokura gegenüber III erleichtern oder erschweren, zB (so häufig) den Widerruf ebenso an Zustimmung der Mitgeschäftsführer binden wie die Erteilung (ohne Wirkung im Außenverhältnis, RGZ 163, 37, → Rn. 6), BGH WM 1973, 1293. Wenn der

GesVertrag für Maßnahmen bestimmter Art die Zustimmung der Nichtgeschäftsführer fordert, gilt dies iZw auch, soweit der Geschäftsführer die Rechte der Ges. in Bezug auf gleichartige Maßnahmen einer hundertprozentigen TochterGes ausübt, BGH BB 1973, 214. Haftung bei Nichtbeachtung der internen Kompetenzordnung, BGH WM 2008, 1453.

5) Reform des Personengesellschaftsrechts (MoPeG)

12 Das Gesetz zur Modernisierung des Personengesellschaftsrechts (MoPeG → Einl § 105 Rn. 42 ff) fasst zum 1.1.2024 auch das OHG-Recht neu. Der Regelungsgehalt des § 116 findet sich künftig in § 116 II HGB-MoPeG. Zur Textfassung des HGB-MoPeG s. → Anh. § 105.

[Entziehung der Geschäftsführungsbefugnis]

117 Die Befugnis zur Geschäftsführung kann einem Gesellschafter auf Antrag der übrigen Gesellschafter durch gerichtliche Entscheidung entzogen werden, wenn ein wichtiger Grund vorliegt; ein solcher Grund ist insbesondere grobe Pflichtverletzung oder Unfähigkeit zur ordnungsmäßigen Geschäftsführung.

Übersicht

	Rn
1) Entziehung der Geschäftsführung aus wichtigem Grund	1–5
A. Anwendungsbereich	1, 2
B. Gegenstand der Entziehung	3
C. Wichtiger Grund	4, 5
2) Klage auf Entziehung	6–8
A. Klage der übrigen Gesellschafter	6
B. Verfahren	7
C. Schiedsvereinbarung	8
3) Wirkung der Entziehung, Neuordnung der Geschäftsführung	9, 10
A. Gegenüber dem beklagten Gesellschafter	9
B. Neuordnung der Geschäftsführung	10
4) Abweichende Vereinbarungen	11, 12
A. Erschwerung	11
B. Erleichterung	12
5) Reform des Personengesellschaftsrechts (MoPeG)	13

1) Entziehung der Geschäftsführung aus wichtigem Grund

1 A. **Anwendungsbereich.** Die Geschäftsführung kann nur durch Urteil auf Klage der MitGfter entzogen werden (S. 1 Hs. 1; § 712 I BGB: durch Gfter-Beschluss; so auch vertraglich, → Rn. 12). Die Geschäftsführung kann auch dem einzigen Geschäftsführenden (vgl. § 114 II) entzogen werden, BGHZ 33, 107; BGH NJW 1984, 173, auch dem einzigen phG der KG (→ § 164 Rn. 1); BGHZ 51, 201; die Geschäftsführung fällt dann iZw an die Gesamtheit aller Gfter. Geschäftsführungsmacht der Kdtisten → Rn. 3. Entziehung der Vertretungsmacht s. übereinstimmend § 127, Verbindung beider Entziehungen → Rn. 7. Lit.: Westermann, 1980; Pabst BB 1978, 892; Hopt ZGR 1979, 1 (GmbH & Co); Reichert/Winter BB 1988, 981; Harrer GesRZ 2003, 307 (wie actio pro socio).

2 **Nicht** § 117, sondern Dienstvertragsrecht gilt für geschäftsführende **Dritte** (→ § 114 Rn. 11), BGHZ 36, 294, danach beurteilt sich Kündigung (→ § 59 Rn. 121) und Freisetzungsrecht (idR jederzeit bei Gehaltsfortzahlung nach § 615 BGB, → § 59 Rn. 96). Ist Gfter eine andere OHG, fällt nur diese selbst unter § 117, nicht auch ihr GmbHGeschäftsführer, insoweit auch keine auf den Wirkungskreis der Ges. beschränkte Entziehung entspr. §§ 117, 127, Hopt ZGR

1979, 9; anders bei der GmbH & Co (→ Anh. § 177a Rn. 30). **Niederlegung** bzw. Kündigung der Geschäftsführung durch den Gfter selbst → § 114 Rn. 19.

B. **Gegenstand der Entziehung.** Jede Art von Geschäftsführung, gesetzlich **3** oder vertraglich, kann nach § 117 entzogen werden (anders § 712 I BGB, Unentziehbarkeit der gesetzlichen Gesamtgeschäftsführung); § 117 betrifft sowohl die vertraglich übertragene als auch die gesetzliche Geschäftsführung, für die OHG hL (anders für Unentziehbarkeit der gesetzlichen Gesamtgeschäftsführung nach § 712 I BGB die früher hL, → § 114 Rn. 19, dann bleibt nur die Ausschließung des Gfters oder die Auflösung der Ges., deshalb zu § 712 I BGB wie zu § 117 zutr. MüKoBGB/Schäfer § 712 Rn. 5f., 27). Auch die dem Kdtisten abw. von § 164 eingeräumte Geschäftsführung (→ § 164 Rn. 7) ist entziehbar, RGZ 110, 418; OLG Köln BB 1977, 465; phG der KG → Rn. 1. § 117 ist analog anwendbar auf einzelne die Geschäftsführung betreffende Rechte, zB vertragliches Weisungs- oder Vetorecht nicht geschäftsführender Gfter, OLG Köln BB 1977, 465, Hueck OHG § 10 VII 2, aber nicht sonstige Rechte wie Informations- und Kontrollrechte nach §§ 118, 166 (→ § 118 Rn. 1), Peters NJW 1965, 1212, str., oder nicht organschaftliche, sondern im eigenen Interesse des Gfters eingeräumt sind, Fischer NJW 1959, 1058. Mitgliedschaftliche Mitarbeitsrechte können jedenfalls nicht ohne wichtigen Grund entzogen werden, offen ob durch GfterBeschluss, so Wackerbarth NZG 2008, 281, oder nur nach § 117, BGH NZG 2005, 34. Die Übertragung der zustehenden Geschäftsführung kann bei wichtigem Grund verweigert werden, aber ohne das Verfahren nach § 117.

C. **Wichtiger Grund.** Zur Entziehung bedarf es eines wichtigen Grundes **4** (§ 117; insoweit wie § 712 I BGB). Ein wichtiger Grund liegt vor, wenn die unveränderte Belassung der Geschäftsführung nicht mehr zumutbar ist. Dafür ist eine umfassende Abwägung der Belange aller Beteiligten notwendig (Gesamtbetrachtung aller Umstände des Einzelfalls, so auch § 314 I 2 BGB). Ein wichtiger Grund ist nach Hs. 2 (ebenso § 712 I Hs. 2 BGB) insbesondere

a) grobe Pflichtverletzung durch den Geschäftsführenden, der das Verhältnis der übrigen Gfter zu ihm nachhaltig zerstört hat. Bsp.: hartnäckige Nichtbeachtung der Mitwirkungsrechte anderer Gfter, BGH NJW 1984, 173; grundlose Kündigung von Angestellten gegen den erklärten Willen eines MitGfters, BGH ZIP 2002, 396; anhaltende Störung und Blockierung der Geschäftsführung der Ges., BGH LM BGB § 709 Nr. 7; Verstoß gegen § 112; führt der Geschäftsführer die Geschäfte auch in anderen Ges., finanzielle Unregelmäßigkeiten zu Lasten des jeweiligen GesVermögens, auch ohne solche gerade bei der (entziehenden Ges.), BGH ZIP 2008, 597 (GbR); Antrag auf Eröffnung des Insolvenzverfahrens über das Vermögen der Ges. aus persönlichen Motiven, OLG Düsseldorf JW 1932, 1671. Bereits der Verdacht eines unredlichen Verhaltens kann dazu führen, dass das erforderliche Vertrauensverhältnis unrettbar zerstört ist, BGHZ 31, 304; BGH ZIP 2008, 597 (GbR).

b) Unfähigkeit zur ordnungsmäßigen Geschäftsführung. Bsp.: dauernde Krankheit. Damit sind **sonstige wichtige Gründe** („insbesondere") nicht ausgeschlossen. Verschulden ist nicht unbedingt erforderlich, zB unverschuldetes, nicht behebbares Zerwürfnis der Gfter; aber hohes Alter genügt nicht ohne weiteres, BGH LM HGB § 117 Nr. 1. Auch für § 117 ist das Verhalten der Kläger von Bedeutung BGH WM 1977, 502; LM HGB § 117 Nr. 1. Ist der juristische Person Gfter, muss sie sich das Verhalten ihres organschaftlichen Vertreters, BGH WM 1977, 502; NJW 1984, 173, sowie ihrer Mutter und uU auch Tochter zurechnen lassen, RG HRR 1940 Nr. 1074. Weitere Beispiele für wichtige Gründe s. bei §§ 127, 133, 140.

Verhältnismäßigkeit: Ein wichtiger Grund liegt nach § 117 wie auch sonst **5** (vgl. § 314 I 2 BGB) nur vor, wenn keine weniger einschneidende Maßnahme

§ 117 6–8 2. Buch. Handelsgesellschaften und stille Gesellschaft

genügt und auch dem Beklagten zumutbar ist, zB eine bestimmte Beschränkung seiner Geschäftsführungsbefugnis statt ihrer Entziehung, OGHZ 1, 33; BGHZ 51, 203; BGH WM 1977, 502; auch Gesamt- statt Einzelgeschäftsführung, BGH ZIP 2002, 396; aA Fischer NJW 1959, 1057; Lukes JR 1960, 47 (vgl. → § 133 Rn. 6, → § 140 Rn. 6); auch zeitlich. Teilentziehung setzt prozessual einen entsprechenden Antrag (zB Haupt- und Hilfsantrag) voraus (anderer Streitgegenstand, kein bloßes Minus), BGH ZIP 2002, 396; MüKoHGB/K. Schmidt/Drescher § 127 Rn. 22; aA RG JW 1935, 696.

2) Klage auf Entziehung

6 A. **Klage der übrigen Gesellschafter.** Antrag der übrigen, dh aller Gesellschafter außer dem Beklagten ist nötig, auch der Gfter ohne Geschäftsführung und bei der KG der Kdtisten, OLG Köln BB 1977, 465, auch bei Gefahr im Verzug; GmbH & Co → Anh. § 177a Rn. 30. Bei PublikumsGes genügt zwingend Mehrheitsbeschluss (→ Anh. § 177a Rn. 74). Mit Antrag ist Klageerhebung gemeint. Wäre die Entziehung unverhältnismäßig, ist von vornherein Klage auf bestimmte Beschränkung angezeigt (→ Rn. 5). **Mitwirkungspflicht:** Anderer Gfter kann zur Mitwirkung an der Klageerhebung (bzw. zur Zustimmung, → Rn. 7) verpflichtet sein (kein freies Ermessen, Treuepflicht, → § 109 Rn. 23), BGHZ 102, 176 (GbR), üL, K. Schmidt § 47 V 1b, sehr str., zB wenn er trotz eines vertraglich vorgesehen Mehrheitsbeschlusses oder sonst treuwidrig die Mitwirkung verweigert. Anspruchshäufung → Rn. 7.

7 B. **Verfahren.** Mehrere Kläger sind **notwendige Streitgenossen** (§ 62 ZPO), RGZ 122, 315; BGHZ 30, 197; Ulmer FS Geßler, 1971, 269; bindende Einverständniserklärung mit Klageerhebung genügt (gewillkürte Prozessstandschaft), Ebenroth/Drescher Rn. 20; MüKoHGB/Jickeli Rn. 61; nun auch MüKoHGB/K. Schmidt/Drescher § 127 Rn. 19. Möglich und häufig ist **Anspruchshäufung** nach § 260 ZPO (vgl. → § 140 Rn. 17, 20, str.), BGHZ 64, 256; 68, 82; BGH WM 1988, 25. Bspe: Verbindung mehrerer Klagen auf Entziehung, auch ohne Sachzusammenhang, str.; Verbindung einer Klage auf Entziehung und einer auf Zustimmung zur Entziehung oder zur Neuordnung der Geschäftsführung, BGHZ 51, 201; Verbindung der Klagen auf Entziehung der Geschäftsführung und der Vertretungsmacht (→ § 127 Rn. 8). **Widerklage** auf Auflösung (→ Rn. 9, 10) ist zulässig, str. **Einstweilige Verfügung** (§§ 935, 940 ZPO) auf Beschränkung oder auf vorläufige Entziehung ist auf Antrag aller übrigen Gfter im Prozess möglich (Schiedsverfahren, → Rn. 8); auch mit Bestellung eines Dritten als Geschäftsführer (auch mit Vertretungsmacht, → § 125 Rn. 8), so vor allem im Prozess gegen den einzigen Geschäftsführenden (→ Rn. 1), BGHZ 33, 107; auch auf Zustimmung; auch auf Untersagung der Wahrnehmung von Geschäftsführungsaufgaben, dann bereits auf Antrag eines Gfters, Schlegelb/K. Schmidt § 127 Rn. 31. Lit.: Semler BB 1979, 1533; von Gerkan ZGR 1985, 167. Zum **Verfahren** vgl. auch → § 140 Rn. 12–18. **Urteil:** Gestaltungsurteil (→ Rn. 9). Besteht wichtiger Grund, muss das Gericht entziehen („kann" in § 117 gibt kein Ermessen), RGZ 122, 314; 146, 179. Fehlt es an der Verhältnismäßigkeit, kann das Gericht mangels Klagantrags (§ 308 ZPO, aber Hinweispflicht, § 139 ZPO) nicht von sich aus weniger einschneidende Maßnahme wählen, BGHZ 38, 284 zu § 140, Ebenroth/Drescher Rn. 24, str.

8 C. **Schiedsvereinbarung.** Sie ist möglich (→ Einl. vor § 1 Rn. 90) für die Entziehungsklage, RGZ 71, 255, ebenso wie für den Streit über vertraglich zugelassenen Entziehungsbeschluss (→ Rn. 12). Entziehung durch Schiedsspruch erst nach Vollstreckbarerklärung (§ 1060 ZPO), BayObLG WM 1984, 809, str. Einstweiliger Rechtsschutz (→ Rn. 7) auch durch das Schiedsgericht (§ 1041 ZPO). Die Schiedsvereinbarung kann aber dem Schiedsgericht erlauben, bei Verfahrensbeginn Enthaltungspflicht, auch vorläufige Entziehung auszusprechen.

Lit.: Erman FS Möhring, 1965, 3; Lindacher ZGR 1979, 201; Westermann FS Fischer, 1979, 853; Sackmann NZG 2016, 1041.

3) Wirkung der Entziehung, Neuordnung der Geschäftsführung

A. **Gegenüber dem beklagten Gesellschafter.** Das Geschäftsführungsrecht erlischt oder wird beschränkt **mit Rechtskraft** des entziehenden (Gestaltungs) Urteils (Schiedsspruch → Rn. 8) oder Zustellung der einstweiligen Verfügung (→ Rn. 7). Mit Entziehung der Geschäftsführung entfällt auch eine besondere **Vergütung** (→ § 110 Rn. 19) bzw. sie kommt jetzt in angemessener Höhe den nunmehr geschäftsführenden MitGftern zu, str. Auch die wirksame Abberufung kann den betroffenen Gfter uU berechtigen zu kündigen (zur Abfindung in diesem Fall vgl. → § 140 Rn. 22, Herabstufung) oder die Auflösung der Ges. verlangen, BGH LM HGB § 119 Nr. 9.

B. **Neuordnung der Geschäftsführung.** Die Entziehung kann eine Neuordnung der Geschäftsführung (Vertragsänderung) nötig machen, zB wenn kein Geschäftsführender bleibt oder von zwei Geschäftsführern mit Gesamtgeschäftsführung der verbleibende nun ohne Mitgeschäftsführer ist (und auch nicht ohne weiteres Alleingeschäftsführer wird) und die Gfter (samt dem nach § 117 Beklagten) sich nicht einigen können. Dann kann jeder Gfter verpflichtet sein, zur Erhaltung der Ges. einem zumutbaren Neuordnungsvorschlag zuzustimmen (Treuepflicht, → § 109 Rn. 23, 27), vgl. BGHZ 51, 202. Die Klage auf diese Zustimmung kann bereits der Klage auf Entziehung verbunden werden (→ Rn. 7). Kommt auch so die Neuordnung nicht zustande, kann jeder Gfter unter den Voraussetzungen des § 140 Ausschließung des, die Neuordnung vereitelnden Gfters oder Auflösung der Ges. (§ 133) verlangen. Der Mangel ordnungsmäßiger Geschäftsführung macht die Ges. nicht unvertreten (→ § 125 Rn. 1).

4) Abweichende Vereinbarungen

A. **Erschwerung.** § 117 ist (in weitem Umfang) dispositiv (§ 109), BGH ZIP 2004, 2284; WM 2010, 2312. Der GesVertrag kann die Entziehung der Geschäftsführung weiter erschweren, zB durch einengende Umschreibung der Entziehungsgründe, durch (zusätzliches) Erfordernis eines GfterBeschlusses (mit qualifizierter oder einfacher Mehrheit) oder der Vorprüfung durch Schiedsgutachter oder Beirat (→ § 163 Rn. 14). Der GesVertrag kann die Entziehung aus wichtigem Grund jedoch nicht völlig ausschließen; aA früher hL, da Ausschließung des Gfters (§ 140, dann Auszahlung, uU mit Aufrechnung von Schadensersatz) und Auflösung der Ges. (§ 133) möglich bleiben. Aber das schränkt die übrigen Gfter unzumutbar ein. Mittelmeinung will Erschwerung zulassen, aber im Einzelfall über § 242 BGB korrigieren, MüKoHGB/Jickeli Rn. 81.

B. **Erleichterung.** Der GesVertrag kann die Entziehung der Geschäftsführung auch erleichtern, materiell und verfahrensmäßig. Bsp.: Aufstellung absoluter (nicht im Streitfall auf „Wichtigkeit" nachprüfbarer) Entziehungsgründe; Klage schon bei Mehrheitsbeschluss; Entziehung statt auf Klage durch GfterBeschluss (wie nach § 712 I BGB), mit qualifizierter oder einfacher Mehrheit, dabei treuwidrig ausgeübte Stimme ist unwirksam, BGHZ 102, 176 (GbR); aus wichtigem Grund oder ohne besonderen Grund (nicht vergleichbar mit Ausschließung nach § 140), RG HRR 1940, 1074; BGHZ 86, 180; LM HGB § 119 Nr. 9. Abberufung durch Beirat → § 163 Rn. 14. Die Entziehung wird dann wirksam mit Mitteilung des Beschlusses an den Betroffenen. Im Streitfall stellt das Gericht dann nur die Wirksamkeit der Entziehung durch den Beschluss fest, spricht diese nicht aus, der betroffene Gfter kann dagegen Feststellungsklage erheben, BGHZ 86, 180. Die Möglichkeit der gerichtlichen Nachprüfung kann nicht wirksam ausgeschlossen werden, MüKoHGB/K. Schmidt/Drescher § 127 Rn. 15.

5) Reform des Personengesellschaftsrechts (MoPeG)

13 Das Gesetz zur Modernisierung des Personengesellschaftsrechts (MoPeG → Einl § 105 Rn. 42 ff) fasst zum 1.1.2024 auch das OHG-Recht neu. Der Regelungsgehalt des § 117 findet sich künftig in § 116 V HGB-MoPeG. Zur Textfassung des HGB-MoPeG s. → Anh. § 105.

[Kontrollrecht der Gesellschafter]

118 (1) **Ein Gesellschafter kann, auch wenn er von der Geschäftsführung ausgeschlossen ist,** sich von den Angelegenheiten der Gesellschaft persönlich unterrichten, die Handelsbücher und die Papiere der Gesellschaft einsehen und sich aus ihnen eine Bilanz und einen Jahresabschluß anfertigen.

(2) **Eine dieses Recht ausschließende oder beschränkende Vereinbarung steht der Geltendmachung des Rechtes nicht entgegen, wenn Grund zu der Annahme unredlicher Geschäftsführung besteht.**

Übersicht

	Rn
1) Das Informationsrecht jedes, auch nicht geschäftsführenden Gesellschafters (I)	1–10
A. Grundsatz und Reichweite	1, 2
B. Unterrichtung in Angelegenheiten der Gesellschaft	3
C. Einsichtsrecht	4, 5
D. Recht auf Abschriften	6
E. Auskunftsrecht	7
F. Ausübung	8–10
2) Sonstige Informationsrechte	11–14
A. Einsichtsrecht nach § 810 BGB	11
B. Auskunftsrecht	12, 13
C. Vorlegungsrechte	14
3) Verfahren	15
4) Die Informationsrechte bei verbundenen Personengesellschaften	16
5) Abweichende Vereinbarungen (II)	17–20
A. Einschränkung	17–19
B. Erweiterung	20
6) Reform des Personengesellschaftsrechts (MoPeG)	21

1) Das Informationsrecht jedes, auch nicht geschäftsführenden Gesellschafters (I)

1 A. **Grundsatz und Reichweite.** Nach § 118 I (wie § 716 I BGB für GbR) hat **jeder Gesellschafter,** ob mit oder ohne Geschäftsführungsbefugnis, ein höchstpersönliches allgemeines Informationsrecht über die Angelegenheiten der Ges. Dieses Recht ist aber vor allem für nicht geschäftsführende Gfter wichtig. Dieses Recht richtet sich **gegen die Gesellschaft,** BGH BB 1962, 899, aber auch unmittelbar gegen die zuständigen geschäftsführenden Gfter, BGH WM 1955, 1585; 1983, 911; aA Wiedemann I Rn. 290, und geht in erster Linie auf Duldung und Gewährung des Zugangs (→ Rn. 4), nur ausnahmsweise Auskunft (→ Rn. 7). Es ist ein Verwaltungsrecht (→ Rn. 8), aber kein reines Pflichtrecht, sondern steht dem Gfter im eigenen Interesse zu. Ähnliche, aber nicht so weit gehende Informationsrechte haben die Kdtisten (§ 166) und der stille Gfter (§ 233). Nachweis eines besonderen Interesses an der Information ist unnötig, OLG Köln BB 1961, 953. Säumnis mit der Erfüllung eigener GfterPflichten, zB Beiträgen, hindert grundsätzlich nicht, RG LZ 1918, 66; vgl. zu § 320 BGB → § 105 Rn. 48; auch nicht die Absicht, Informationen für Abfindungs- oder Schadensersatzansprüche und -klagen gegen die Ges. zu erhalten. **Grenzen**

folgen aber aus dem Missbrauchsverbot und der Treuepflicht (→ § 109 Rn. 23), zB bei Ausübung zur Störung (auch → Rn. 4) oder für sonstige vertragswidrige Zwecke wie Wettbewerb, RGZ 148, 280; BGHZ 10, 387 (§ 259 BGB); BGH BB 1970, 187; BayObLG WM 1988, 1790 (GmbH); bei berechtigtem Wettbewerb bleibt das Informationsrecht des Gfter unberührt, kann aber uU nur durch einen Sachverständigen ausgeübt werden (→ Rn. 10). Doch ist das Informationsrecht anders als die Geschäftsführungsbefugnis nicht entspr. § 117 entziehbar (→ § 117 Rn. 3), auch nicht unter Vorbehalt von II, aA OGHZ 1, 39; 4, 39 (Erbin eines Gfters); möglich ist aber von I abweichende Vereinbarung (→ Rn. 17–18). Lit.: K. Schmidt, 1984; Wohlleben, 1989; Akermann, 2002; Wiedemann II § 3 III 4; Schiessl GmbHR 1985, 109; Otte NZG 2014, 521.

Auflösung, Ausscheiden: Der Gfter hat das Informationsrecht auch noch 2 nach Auflösung der Ges. in der Liquidation (später § 157 III), KG HRR 1932, 1142; BayObLG BB 1987, 2184. § 118 gilt nicht für ausgeschiedene Gfter, BGHZ 50, 324 (stGes); BGH WM 1963, 989; BayObLG BB 1987, 711; aA betr. die Zeit vorher OLG Hamm MDR 1961, 325; 1970, 595; für den Gfter werdenden Nacherben vor Eintritt des Nacherbfalls, BGH WM 1982, 709 (KG); für die nicht Gfter werdenden Erben des Gfter, RGZ 170, 395; OGHZ 4, 39; für den Testamentsvollstrecker, außer wenn ihm der Anteil übertragen worden ist oder die MitGfter zustimmen, RGZ 170, 395. Sie haben betr. die Zeit vor ihrem Ausscheiden (zB zur Bestimmung der Abfindung, → § 131 Rn. 52; Beteiligung an schwebenden Geschäften → § 131 Rn. 47) das Einsichtsrecht nach § 810 BGB (→ Rn. 11), BGH BB 1977, 1168 (GmbH); BGH NJW 1989, 226 (GmbH); BGH WM 1989, 878 (KG), und das Auskunftsrecht aus § 242 BGB (→ Rn. 13), hL.

B. **Unterrichtung in Angelegenheiten der Gesellschaft.** Angelegenheiten 3 der Ges. sind **weit** zu verstehen, nämlich alles, was die Lage der Ges. betrifft. Der Gfter hat ein Recht, sich darüber zu unterrichten, und zwar angesichts seiner persönlichen Haftung **umfassend.** Dazu gehören auch Namen und Anschriften der Gfter, BGH NJW 2010, 439; 2011, 921 (GbR), für PublikumsGes str. (→ Anh. § 177a Rn. 72). Informationsrechte bei verbundenen PersonenGes → Rn. 16. Die Unterrichtung erfolgt idR durch Einsicht (→ Rn. 4). Der Gfter hat kein Recht zur selbstständigen Befragung des Personals, Ebenroth/Drescher Rn. 12.

C. **Einsichtsrecht.** Das Einsichtsrecht des Gfters erstreckt sich auf alle **Han-** 4 **delsbücher und Papiere der OHG** und ist anders als das des Kdtisten (§ 166) nicht auf die Kontrolle des Rechnungsabschlusses beschränkt. Der Gfter darf dazu Geschäftsräume betreten; Anlagen, Einrichtungen, Sachen besichtigen; die HdlBücher einsehen, auch soweit sie Konzernbeziehungen betreffen (→ Rn. 16); auch Privatbücher eines Gfters, wenn er geschäftliche und persönliche Aufzeichnungen nicht getrennt hat, RGZ 103, 72; BGH BB 1970, 187; die sonstigen „Papiere", besonders Verträge, Korrespondenzen, Aktenvermerke, einsehen, auch soweit nur in EDV vorhanden; auch Geheimpapiere betr. Modelle, Konstruktionen und Verfahren, RGZ 117, 334; sich Notizen und Kopien machen und diese mitnehmen, OLG Köln ZIP 1985, 800 (§ 51a GmbHG), außer bei berechtigtem Interesse der Ges. (→ Rn. 6). Bei EDV-Speicherung kann Ausdruck verlangt werden, BGH NJW 2010, 439 (GbR). Einsicht ist nach **Zeit, Ort, Art und Weise** zu möglichst reibungsloser Durchführung entspr. der Treuepflicht (→ Rn. 1) zu bestimmen, also nicht zur Unzeit (aber nicht unbedingt nur zur Geschäftszeit) und idR in den Geschäftsräumen (also keine Herausgabe, Mitnahme, Versendung), BGH WM 1984, 1273; OLG Celle BB 1983, 1450. Bei wichtigem Grund kann der Gfter ausnahmsweise Einsicht an anderem Ort, OLG Frankfurt ZIP 2021, 249 (Pandemie, nicht zwei Personen in engem Kellerraum), oder vorübergehende Überlassung von Unterlagen verlangen, OLG

Köln BB 1961, 953, aber nicht bei Unternehmensgeheimnissen. Das Einsichtsrecht ist innerhalb angemessener Frist nach Vorlage der Bilanz auszuüben. Es entfällt nicht schon mit vorbehaltsloser Anerkennung der Bilanz (→ § 166 Rn. 4), KG GmbHR 1988, 224 (GmbH), Ebenroth/Drescher Rn. 15, aA RGZ 117, 334. Wirkung der Entlastung → § 114 Rn. 16.

5 **Kosten** trägt grundsätzlich der einsehende Gfter, BGH BB 1970, 187; OLG München BB 1954, 669, dagegen die Ges., wenn nur ihretwegen Sachverständiger eingeschaltet wird (Bsp. wegen schlechter Buchführung, auch → Rn. 10), aA BGH BB 1970, 187 (GbR), und bei Ansprüchen aus §§ 713, 666 BGB (→ § 114 Rn. 14); uU Schadensersatzanspruch des Gfters auf Erstattung (wenn Prüfung Verstoß ergibt).

6 **D. Recht auf Abschriften.** Der Gfter darf sich ferner selbst oder durch eigene Hilfspersonen (nicht die der Ges.) aus den HdlBüchern und Papieren eine Bilanz und einen Jahresabschluss (nF 1986, Anpassung an § 242 III) anfertigen (idR nicht: solche fordern). Die Ges. kann dem Gfter die Anfertigung von Photokopien (auf eigene Kosten, → Rn. 5) nur bei berechtigtem Interesse verweigern, zB bei Unternehmensgeheimnissen.

7 **E. Auskunftsrecht.** Das Informationsrecht nach § 118 kann **ausnahmsweise** zum Auskunftsrecht des einzelnen Gfter erstarken, BGH ZIP 2018, 1186, nämlich wenn die erforderlichen Angaben nicht aus den Büchern und Papieren der Ges. ersichtlich sind und sich der Gfter etwa bei Lückenhaftigkeit oder Widersprüchlichkeit der Unterlagen ohne die Auskunft keine Klarheit über die Angelegenheiten der Ges. verschaffen kann, BGH BB 1972, 1245; 1974, 1272; 1984, 1272, hL. Auskunftsrecht aus §§ 713, 666 BGB → Rn. 12.

8 **F. Ausübung. a) Persönlich:** Das Informationsrecht des Gfters nach § 118 ist ein Verwaltungsrecht, das grundsätzlich **nur persönlich** ausgeübt und nicht übertragen werden kann (§ 717 S. 1 BGB, → § 109 Rn. 15), BGHZ 25, 122; BGH BB 1962, 899. Bei Minderjährigen wird es durch den gesetzlichen Vertreter ausgeübt, BGHZ 44, 100 (→ § 105 Rn. 27), dieser unterliegt dann insoweit der Treuepflicht bzw. hat sich dieser zu unterwerfen, Ebenroth/Drescher Rn. 18. Bei Abtretung und Verpfändung von Vermögensrechten verbleibt das Informationsrecht beim Gfter (→ § 109 Rn. 20). Ausübung durch **Bevollmächtigte** ist nur mit Zustimmung der MitGfter zulässig; ohne Zustimmung nur bei wichtigem Grund, zB wenn der Gfter durch besondere Umstände wie längere Abwesenheit oder längere Krankheit verhindert ist, BGHZ 25, 123; OLG Hamm OLGZ 1970, 398. Der Bevollmächtigte kann aus Gründen in seiner Person abgelehnt werden (→ Rn. 9), RG DR 1942, 279. Bspe: mangelnde Vertrauenswürdigkeit oder wenn gerade durch seine Einschaltung die Ges. geschädigt oder das Verhältnis der Gfter weiter verschlechtert würde.

9 **b) Hinzuziehung Dritter:** Der einsichtsberechtigte Gfter darf aber, auch ohne mangelnde Sachkunde oder sonstige Gründe nachweisen zu müssen, einen geeigneten **Sachverständigen** hinzuziehen, BGHZ 25, 115; BGH BB 1962, 899; 1984, 1274. Der Gfter soll dem Sachverständigen nicht die Ausübung übertragen dürfen, BGHZ 25, 113; Soergel/Hadding/Kießling § 716 Rn. 10; das ist zwar theoretisch richtig, aber der Gfter braucht weder persönlich anwesend zu sein noch für die „Leitung der Büchereinsicht" die Verantwortung tragen, zutr. MüKoBGB/Schäfer § 716 Rn. 19. Geeignet ist idR nur, wer berufsrechtlich zur Verschwiegenheit verpflichtet, BGH BB 1962, 899, zB Wirtschaftsprüfer, Rechtsanwalt, Steuerberater, vereidigter Buchprüfer, Notar. Ein Sachverständiger kann bei berechtigtem Grund von der (dafür beweispflichtigen) Ges. abgelehnt werden, nicht allein Befürchtung besonders kritischer Ausübung, OLG Hamm BB 1970, 104, oder wegen ständiger enger Verbindung mit dem einsichtsberechtigten Gfter oder bei voraussichtlicher Ausübung im Interesse vor allem des

Gfters, BayObLG BB 1991, 1589, aber zB wenn er für Verleumdung in der Klageschrift verantwortlich ist oder nachweislich schon Störenfried in anderen Ges. war, BGH BB 1962, 900. Bestellung des Sachverständigen notfalls auf Kosten des Ges. durch das Gericht, BGH BB 1970, 187. Lit.: Goerdeler FS Stimpel, 1985, 125; Hirte BB 1985, 2208 u. FS Röhricht, 2005, 217.

c) Ausübung nur durch Dritte: Der Gfter kann ausnahmsweise, zB bei (erlaubtem) Wettbewerb mit der Ges., sein Informationsrecht überhaupt nur durch einen Sachverständigen ausüben, der dann dem Gfter ihm nicht zustehende Informationen nicht zugänglich machen darf (überwiegende Interessen der Ges., Treuepflicht, → § 109 Rn. 23), BGH BB 1970, 187 (GbR); BGH BB 1979, 1316 (KG); BGH WM 1982, 1403, näher → § 166 Rn. 7. Kosten → Rn. 5. Ausübung nur durch gemeinsamen Kdtistenvertreter ist bei der PublikumsGes sogar die Regel (→ Anh. § 177a Rn. 72). **10**

2) Sonstige Informationsrechte

A. Einsichtsrecht nach § 810 BGB. Wenn § 118 wie zB dem ausgeschiedenen Gfter nicht zur Verfügung steht, kann er auf § 810 BGB rekurrieren (→ Rn. 2). Grundsätzlich keine strengen Anforderungen, BGHZ 55, 203, es genügen zB konkrete Anhaltspunkte für Diskrepanz zwischen Buchwert und vollem Wert, BGH WM 1989, 878. Errichtung „im Interesse einer Partei" bedeutet: bestimmt, ihr als Beweismittel zu dienen, mindestens ihre rechtlichen Beziehungen zu fördern, BGH DB 1971, 1416. § 810 erstreckt das Einsichtsrecht bei GmbH & Co auf Bilanz samt Prüfungsberichte beider Ges., vgl. BGH NJW 1989, 225. Kein rechtliches Interesse an Einsicht ist das zur „Ausforschung" (nicht zur Beweisführung für bestimmte Tatsachen), BGHZ 109, 267. **11**

B. Auskunftsrecht. Unabhängig von § 118 (bzw. in der GbR § 716 BGB) und dazu nicht subsidiär, Ebenroth/Drescher Rn. 41, str., schulden die geschäftsführenden Gfter persönlich der Gesamtheit der übrigen Gfter Nachricht, Rechenschaft und auf Verlangen Auskunft (**§§ 713, 666 BGB;** → § 114 Rn. 14). Dieses Recht ist kein Individualrecht, kann aber von jedem Gftern zugunsten der Ges. geltend gemacht werden (actio pro socio, → § 109 Rn. 32), BGH ZIP 2018, 1187; MüKoBGB/Schäfer § 713 Rn. 8; offen BGH NJW 1992, 1890. **12**

Ausnahmsweise folgt ein Auskunftsrecht aus **§ 242 BGB,** so desjenigen, der entschuldbar über Bestand und Umfang seiner Rechte im Ungewissen ist, gegenüber dem, der darüber unschwer Auskunft geben kann (actio pro socio, → 14, 56 (GmbH); BGHZ 55, 203 (HV); BGHZ 95, 288, hL. Dieses Auskunftsrecht ist unabhängig von dem Einsichtsrecht nach § 810 BGB. **13**

C. Vorlegungsrechte. Vorlegungsrechte aus § 258 HGB und §§ 422 ff. ZPO bestehen neben den Informationsrechten, BGH BB 1977, 1168 (§ 810 BGB). Ein Auskunftsberechtigter (aus §§ 260 I oder 242 BGB, → Rn. 13) hat uU das Recht auf eidesstattliche Versicherung (§ 260 II BGB), BGHZ 55, 201. **14**

3) Verfahren

Die Rechte nach I, auch das außerordentliche Informationsrecht nach II, sind durch (Leistungs-, Schadensersatz-)**Klage** vor dem Prozessgericht geltend zu machen. Bestellung von Sachverständigen durch das Gericht ist möglich (→ Rn. 9). Vorläufiger Rechtsschutz, zB nach §§ 935 ff. ZPO auf Sicherstellung von Büchern und Papieren, ist möglich. **Vollstreckung** des Rechts auf Einsicht in Urkunden (Vorlage dieser) nach § 883 ZPO (ähnlich Herausgabe), OLG Frankfurt a. M. WM 1991, 1555; Auskunftserteilung ist dagegen unvertretbare Handlung, Vollstreckung nach § 888 ZPO, BayObLG WM 1989, 372 (§ 51a GmbHG). **15**

§ 119 2. Buch. Handelsgesellschaften und stille Gesellschaft

4) Die Informationsrechte bei verbundenen Personengesellschaften

16   Verbundene PersonenGes → § 105 Rn. 100, 103. Angelegenheiten der Ges. sind auch solche der Ges. als Obergesellschaft der ihr verbundenen Unternehmen, BGH BB 1984, 1274 (stGes). Einsicht in Bücher und Papiere der Ges., auch soweit ihre Konzernbeziehungen betroffen sind. Kein Informationsrecht gegen selbstständige TochterGes (näher → § 166 Rn. 16). Ist die Ges. abhängig oder konzerniert (→ § 105 Rn. 102–105), ist das nicht als solches schon ein Grund nach II (→ Rn. 18; auch → § 166 Rn. 17). Lit.: → § 166 Rn. 16.

5) Abweichende Vereinbarungen (II)

17   A. **Einschränkung. a) Grundsatz:** I ist dispositiv. Der GesVertrag oder einstimmiger GfterBeschluss können das Informationsrecht allgemein oder ad hoc einschränken, zB nur bezüglich begrenzter Unterlagen oder nur zu bestimmten Terminen oder Ausübung überhaupt nur durch Sachverständige oder einen Beirat, BGH WM 1984, 808 (stGes). Auch völliger Ausschluss des Informationsrechts nach I ist zulässig (im Gegensatz zu § 51a GmbHG, aber → § 166 Rn. 16 und für PublikumsGes → Anh. § 177a Rn. 72), BGH WM 1988, 1790, Grenzen → Rn. 18. Aber keine Entziehung entspr. § 117 (→ Rn. 1).

18   **b) Grenzen:** Einschränkung und Verzicht sind nach **II** (wie § 716 II BGB für die GbR) nicht wirksam, soweit **Grund zur Annahme unredlicher Geschäftsführung** besteht (vgl. auch §§ 166 III, 233 III: wichtige Gründe). Dazu genügt bereits, dass der Gfter Verdachtsgründe für eine pflichtwidrige Schädigung der Ges. durch den Geschäftsführer dartut, BGH WM 1984, 808 (stGes), Glaubhaftmachung iSd ZPO ist nicht nötig. Verdachtsgründe iSv II liegen bei Unternehmensverbindung, zumal bei mittelbarer, wegen geringerer Durchsichtigkeit näher als ohne solche (→ § 105 Rn. 103, auch → Rn. 16). Dafür muss der Gfter keinesfalls Beweis erbringen, aber doch idR konkrete Tatsachen für den Verdacht behaupten, den auszuräumen dann Sache der Ges. ist, MüKoBGB/Schäfer § 716 Rn. 22, zB Vertuschungsversuche, grundlose Verweigerung der Ausübung des Informationsrechts, OLG Hamm OLGZ 1970, 396 (KG), wesentliche Lücken und Fehlen wichtiger Unterlagen in der Buchführung. Auch II steht unter der gesellschafterlichen Treuepflicht (→ Rn. 1).

19   Unberührt bleibt das Auskunftsrecht nach **§§ 713, 666 BGB**, das schon wegen der persönlichen Haftung unentziehbar ist (→ § 114 Rn. 14), hL.

20   B. **Erweiterung.** Der GesVertrag kann die Informationsrechte des Gfter **erweitern**, zB zugunsten ausgeschiedener Gfter und GfterErben zu Zwecken ihrer Abfindung (→ Rn. 2); Ausscheiden auf 30.6., Vereinbarung der Prüfung auf diesen Termin, schließt Prüfung des Jahresabschlusses (31.12.) zur Bestimmung des Gewinnanteils 1.1.–30.6. ein, BGH BB 1961, 1341.

6) Reform des Personengesellschaftsrechts (MoPeG)

21   Das Gesetz zur Modernisierung des Personengesellschaftsrechts (MoPeG → Einl § 105 Rn. 42 ff) fasst zum 1.1.2024 auch das OHG-Recht neu. Der Regelungsgehalt des § 118 findet sich künftig in § 717 BGB-MoPeG, der über die Verweisung in § 105 III HGB-MoPeG entsprechende Anwendung findet. Zur Textfassung der §§ 705 ff BGB-MoPeG sowie des HGB-MoPeG s. → Anh. § 105.

[Beschlussfassung]

119 (1) Für die von den Gesellschaftern zu fassenden Beschlüsse bedarf es der Zustimmung aller zur Mitwirkung bei der Beschlußfassung berufenen Gesellschafter.

(2) Hat nach dem Gesellschaftsvertrage die Mehrheit der Stimmen zu entscheiden, so ist die Mehrheit im Zweifel nach der Zahl der Gesellschafter zu berechnen.

Übersicht

	Rn
1) Erforderlichkeit von Gesellschafterbeschlüssen (I)	1–4
A. Beschluss aller Gesellschafter (I)	1, 2
B. Beschluss aller geschäftsführenden Gesellschafter	3
C. Beschluss aller Mitgesellschafter	4
2) Das Stimmrecht	5–24
A. Stimmrecht	5–7
B. Stimmrechtsausschluss kraft Gesetz (Stimmverbot)	8–11
C. Stimmrechtsausschluss und -grenzen aus Vertrag	12–16
D. Stimmbindungsvertrag	17, 18
E. Stimmrechtsübertragung, Abspaltungsverbot	19, 20
F. Stimmrechtsvertretung	21–23
G. Fehlerhafte Stimmabgaben	24
3) Der Gesellschafterbeschluss	25–32
A. Rechtsnatur des Beschlusses	25
B. Zustandekommen	26–28
C. Gesellschafterversammlung	29, 30
D. Fehlerhafte Beschlüsse	31, 32
4) Mehrheitsbeschlüsse (II)	33–41
A. Grundsatz der Einstimmigkeit	33
B. Zulassung von Mehrheitsbeschlüssen (II Halbsatz 1)	34
C. Allgemeine Grenzen für Mehrheitsbeschlüsse, Kernbereich	35, 36
D. Zweistufige Prüfung	37–40
E. Mehrheit der Stimmen (II Halbsatz 2)	41
5) Reform des Personengesellschaftsrechts (MoPeG)	42

1) Erforderlichkeit von Gesellschafterbeschlüssen (I)

A. Beschluss aller Gesellschafter (I). Für GfterBeschlüsse ist grundsätzlich **1** die Zustimmung aller mitwirkungsberechtigten Gfter nötig (I). Beschluss aller Gfter (Gegensatz: aller geschäftsführenden oder aller MitGfter), also einschließlich eines besonders Betroffenen (Stimmrechtsausschluss → Rn. 8) ist nötig zu außergewöhnlichen Geschäftsführungsmaßnahmen (§ 116 II), zur einvernehmlichen Auflösung der Ges. (§ 131 Nr. 2), zu verschiedenen Maßnahmen in und nach der Liquidation (§§ 146 I, 147, 152, 157 II 2) und allgemein zur Änderung des GesVertrags (→ § 105 Rn. 60) und allen sonstigen Grundlagengeschäften (→ § 114 Rn. 3); zur Abweichung vom GesVertrag für den Einzelfall; in anderen vom GesVertrag vorgesehenen Fällen. Zulässig sind GfterBeschlüsse in allen GesAngelegenheiten, auch solchen, die nach dem GesVertrag einzelnen Gftern zugewiesen sind; sie weichen insoweit wirksam vom Vertrag ab. Lit.: zu Stimmrecht, Stimmabgabe, Beschluss Winnefeld DB 1972, 261, zur Einberufung der Gfterversa und Ergänzung der Tagesordnung Wertenbruch NZG 2018, 1121.

§ 119 ist aber **dispositiv** (§ 109). Statt der einstimmigen Beschlusses aller Gfter **2** kann Mehrheitsbeschluss vorgesehen sein (→ Rn. 34, Grenzen → Rn. 35 ff.). Statt Zuständigkeit der Gfter kann in bestimmten Grenzen Zuständigkeit anderer Organe, zB Beirat oder Schiedsgericht, vereinbart sein (→ Rn. 16).

B. Beschluss aller geschäftsführenden Gesellschafter. Ein Beschluss aller **3** geschäftsführenden Gfter ist nötig bei Gesamtgeschäftsführung (§ 115 II), zur Bestellung von Prokuristen (§ 116 III) und wo im GesVertrag vorgesehen.

C. Beschluss aller Mitgesellschafter. Beschluss aller MitGfter (der „übrigen" **4** Gfter) sehen vor § 113 II (Ansprüche aus unzulässigem Wettbewerb), § 122 II (Verminderung des Kapitalanteils eines Gfters), relevant auch für gemeinsame

Klage aller MitGfter, die idR auf einem Beschluss beruhen wird, nach §§ 117, 127, 140 (Entziehung, Ausschließung).

2) Das Stimmrecht

5   A. **Stimmrecht.** Das Stimmrecht ist mit das wichtigste GfterRecht. Es ist höchstpersönlich und kann nicht übertragen werden (→ Rn. 19). Stimmrechtsvertretung kann zulässig sein (→ Rn. 21), dabei wird das Verbot des Selbstkontrahierens (§ 181 BGB) praktisch (→ Rn. 22). Die Stimmabgabe ist (im Gegensatz zum Beschluss → Rn. 25) eine einfache **Willenserklärung,** für die die allgemeinen Vorschriften über Zustandekommen (Zugang an die MitGfter, § 130 BGB), BGHZ 65, 97, und Wirksamkeit, also Nichtigkeit und Anfechtbarkeit (§§ 104 ff., 134, 138, 142 ua BGB) gelten, BGHZ 14, 267; 48, 173. Fehlerhafte Stimmabgabe → Rn. 24.

6   **Stimmpflicht:** Das Stimmrecht ist kein rein eigennütziges Recht, sondern durch die Pflicht zur Förderung des gemeinsamen Zwecks (→ § 105 Rn. 1) und die gesellschafterliche Treuepflicht (→ § 109 Rn. 23) gebunden. Die Gfter sind, soweit sie an Beschlüssen mitwirken können (→ Rn. 1–4), zur Mitwirkung (Information, Erörterung, Stellungnahme) und Stimmabgabe verpflichtet. Das gilt auch bei Mehrheitsbeschlüssen, anders wenn bestimmte Quoren für die Beschlussfähigkeit der Gfter vorgesehen sind, MüKo/Enzinger Rn. 24. Die Stimmpflicht kann grundsätzlich auch durch Stimmenthaltung erfüllt werden, Ebenroth/Freitag Rn. 35, str. Abstimmung in einer bestimmten Richtung, sei es Ablehnung oder Zustimmung, ist damit noch nicht vorgeschrieben (aber → Rn. 7).

7   **Ablehnungs- und Zustimmungspflicht:** Aus der Treuepflicht der Gfter kann die Pflicht zur Abstimmung in bestimmtem Sinne folgen, zB Ablehnung bei rechtswidrigen Beschlussvorschlägen oder Zustimmung zu gebotenen Geschäftsführungsmaßnahmen (→ § 115 Rn. 6, → § 116 Rn. 5), zur Vertragsänderung (→ § 105 Rn. 64–66) oder zur Mitwirkung bei Klageerhebung nach §§ 117, 127, 140 (→ § 109 Rn. 27). Bei pflichtwidriger Ablehnung der Zustimmung ist grundsätzlich Leistungsklage der übrigen Gfter gegen den Ablehnenden nötig; die geschuldete Zustimmung wird dann durch Urteil ersetzt (§ 894 ZPO), BGHZ 64, 259. Zum Verfahren → § 109 Rn. 38 ff. und zu §§ 117, 127, 140. Zur Verfügung steht auch die actio pro socio (→ § 109 Rn. 32). Ausnahmsweise ist der Gfter kraft Treuepflicht auch ohne Zustimmung an den Beschluss der übrigen gebunden (→ § 105 Rn. 28). Die aus der Treuepflicht folgende innergesellschaftliche Zustimmungspflicht ist streng von einer besonderen vertraglichen Stimmbindung gegenüber MitGftern oder Dritten zu unterscheiden (→ Rn. 17–18).

8   B. **Stimmrechtsausschluss kraft Gesetz (Stimmverbot).** Für die OHG und KG ist die Frage des Ausschlusses des Stimmrechts eines Gfters bei Interessenkonflikten (seines persönlichen Interesses mit dem GesInteresse) gesetzlich nicht geregelt. Andere Gesetze bieten Parallelen. Das Stimmrecht bei Gfter-Beschlüssen (und entspr. bei Beschlüssen in Beirat, BGH ZIP 2018, 2027, ua) entfällt

   a) bei Beschluss über gerichtliche oder außergerichtliche **Geltendmachung eines Anspruchs gegen den Gesellschafter,** BGH NJW 1974, 1555; ZIP 2012, 918; 2018, 2027; OLG Stuttgart ZIP 2010, 478, Grund: Rechtsgedanke des § 113 II (→ Rn. 4), ebenso § 136 I 1 AktG, § 43 VI GenG;

   b) bei der **Einleitung oder Erledigung eines Rechtsstreits mit ihm,** BGH WM 1983, 60, so § 34 Fall 2 BGB, § 47 IV 2 GmbHG, BGH ZIP 2012, 918; 2018, 2027;

c) bei **Entlastung oder Befreiung von einer Verbindlichkeit,** so § 47 IV 1 Fall 1 u. 2 GmbHG, § 136 I 1 AktG, § 43 VI GenG, BGH ZIP 2012, 918; 2018, 2027 (dort offengelassen, ob auch mittelbare Befreiung).

d) Gleiches gilt entspr. § 34 Fall 1 BGB, § 47 IV 2 GmbHG, bei **Vornahme eines Rechtsgeschäfts mit einem Gesellschafter** oder ihm gegenüber (zB Vertrag, Vertragskündigung), RGZ 136, 245 (sogar: Zulassung des Mitstimmens in solchem Falle sei gesetzwidrig, § 134 BGB), OLG München ZIP 2018, 1630 (KG); OLG München NZG 2009, 1267 (GbR, wirtschaftliche Verbundenheit); KG NZG 2009, 1269 Ls. (PublikumsGes), üL, aA MüKoHGB/Enzinger Rn. 33, offen bzw. unklar (da Änderung des Aktienrechts im Gegensinne: § 114 V AktG 1937, jetzt § 136 I 1 AktG 1965, gegen früher § 252 III HGB) RGZ 162, 373, BGHZ 48, 256; 56, 53. Rechtsgeschäfte sind auch einseitige rechtsgeschäftliche sowie rechtsgeschäftsähnliche Maßnahmen, zB Zuwendung eines besonderen Vorteils an den Gfter.

e) Das gilt auch für **sonstige Maßnahmen gegen ihn aus wichtigem Grund,** zB Entziehung der Geschäftsführungs- oder Vertretungsmacht und Ausschluss nach §§ 117, 127, 140 oder seine Abberufung als Beiratsmitglied aus wichtigem Grund, BGHZ 86, 178 (GmbH), Staub/Schäfer Rn. 65, Grund: Rechtsgedanke der §§ 113, 117, 127, 140, 141. Dieser besondere gesetzliche Stimmrechtsausschluss liegt gegenüber dem allgemeinen Stimmverbot des § 181 BGB (→ Rn. 22, bloßes Vertretungsproblem) anders und ist im Rahmen seines Geltungsbereichs eine Sonderregelung, str., vgl. für § 47 IV 2 GmbHG Lu/Ho/Bayer § 47 Rn. 35.

Zusammenfassend gilt also in der OHG und KG ein **Stimmverbot bei Interessenkonflikt** (→ § 109 Rn. 25, 26, → § 112 Rn. 1) entspr. § 34 BGB, § 47 IV GmbHG für Stimmrechtsausübung für sich oder andere, wenn ein Interessenkonflikt zwischen unmittelbaren Vermögensinteressen der Ges. und des Gfters besteht und das Mitstimmen bei dem Beschluss ein **Richten in eigener Sache** wäre, BGHZ 9, 178; 97, 33 (beide GmbH), Ebenroth/Freitag Rn. 15. § 181 BGB als weiterer Rechtsgedanke ist angesichts der Restriktionen dieser Norm möglich, aber wenig hilfreich. Das einheitliche verbandsrechtliche Prinzip hilft auch nicht über die unterschiedliche Reichweite je nach GesForm hinweg. Das Stimmverbot gilt auch im **Konzern,** BGH NJW 1973, 1040 (GmbH), sowie in einer von dem Gfter beherrschten Ges. (wirtschaftliche Einheit), BGHZ 56, 53; 68, 110 (GmbH). Das Stimmverbot erfasst auch alle **Umgehungen,** zB Zwischenschaltung eines Vertreters oder Treuhänders, erstreckt sich aber nicht ohne weiteres auf Ehegatten, BGH ZIP 2018, 2027. Dieses gesetzliche Stimmverbot ist bis auf den zwingenden Kern in seinen einzelnen Ausprägungen **dispositiv** (→ Rn. 12). Zu weitergehenden Sanktionen bei Interessenkonflikten Hopt ZGR 2004, 1, FS Doralt, 2004, 213. Unterliegt nur ein Gfter einer Gfterin einem Stimmrechtsverbot schlägt es auf die Gfterin durch, wenn der Gfter maßgeblichen Einfluss auf die Gfterin hat, BGH ZIP 2012, 918. Dies auch, wenn der Gfter nicht direkt vom Beschluss betroffen ist, aber eine gemeinsame Verfehlung vorliegt, BGH ZIP 2012, 919.

Dieses Stimmverbot lässt **alle anderen Rechte** des Gfter wie Teilnahme an 9 der GfterVersammlung, Rederecht, Antragstellung ua grds. **unberührt,** vgl. GroßKoAktG/Hopt/Roth § 108 Rn. 58.

Kein Stimmrechtsausschluss: Das Stimmrecht entfällt nicht **bei Beschlüs-** 10 **sen über die innere Ordnung der Gesellschaft,** hier hat das Mitverwaltungsrecht des Gfters Vorrang, Ebenroth/Freitag Rn. 16. Bspe: Änderung des GesVertrag, zB Abtretungsgenehmigung, BGHZ 48, 167 (GmbH), oder Änderung der Zuständigkeitsordnung, zB der Geschäftsführungs- und Vertretungsbefugnis (einschließlich der finanziellen Vereinbarungen) mit Auswirkung auf den Gfter, BGHZ 51, 215; 52, 320; BGH WM 1990, 1618 (alle GmbH); allgemein bei vermögenswertem Eigeninteresse, zB Gewährung einer Pension an den Gfter, BGHZ 18, 205 (GmbH), Entscheidung über Nachfolge eines ausscheidenden Gfters, BGH WM 1974, 374 (GmbH), Einforderung von Einlagen, BGH WM 1990, 1618 (GmbH). Das gilt aber nicht bei Maßnahmen aus wichtigem Grund zB nach §§ 117, 127, 140 (→ Rn. 7). Lit.: Zöllner, 1963; K. Schmidt § 21 II u. NJW 1986, 2018; Immenga/Werner GmbHR 1976, 54 (GmbH). RsprÜbersicht: Wank ZGR 1979, 222 (GmbH).

11 **Stimmrechtsmissbrauch:** Soweit danach ein Stimmrechtsausschluss entspr. § 34 BGB, § 47 IV GmbHG nicht vorliegt, kommt ebenso wie dort als weitere Schranke von Rechts wegen ein Stimmrechtsmissbrauch in Betracht (Treuepflicht, → § 109 Rn. 23), BGHZ 80, 71 (GmbH), Lu/Ho/Bayer § 47 Rn. 14, so wenn der Gfter Sondervorteile verfolgt oder wenn er nach seiner Kündigung eine sachlich vertretbare, seine Vermögensinteressen nicht tangierende Maßnahme blockiert, BGHZ 88, 328 (GmbH), oder wenn dem Gfter besonders nahe stehende Gfter (Ehegatte, Kinder, Eltern) im Einzelfall eindeutig befangen sind, BGHZ 80, 71 (GmbH), oder wenn Abschlussprüfer ohne sachlich gerechtfertigten Grund gegen den Willen der MitGfter abberufen wird, BGH WM 1991, 1951 (→ § 318 Rn. 4).

12 C. **Stimmrechtsausschluss und -grenzen aus Vertrag.** Der Stimmrechtsausschluss kraft Gesetzes ist grundsätzlich **dispositiv**. Der GesVertrag kann also **Einschränkungen des Stimmverbots** vorsehen ebenso wie Ausdehnungen. Das gesetzliche Stimmverbot kann in seinen Einzelausprägungen und Abgrenzungen ohne weiteres entschärft werden, **das Verbot des Richtens in eigener Sache** ist dagegen im Kern zwingend, BGH BB 1989, 1496 (Entlastung), Lu/Ho/Bayer § 47 Rn. 37. Praktisch häufiger und wichtiger sind die vertraglichen **Ausdehnungen.**

13 **Vertraglicher Stimmrechtsausschluss:** Möglich ist auch ein vertraglicher Ausschluss des Stimmrechts für Gfter (wie für GmbHGfter, BGHZ 14, 269), außer für Beschlüsse, die in die Rechtsstellung des Gfter eingreifen (**Kernbereichslehre**, Begriff str., → Rn. 36) zB durch Änderung der Gewinnbeteiligung, des Auseinandersetzungsguthabens (ähnlich dem Schutz der Sonderrechte des GmbHGfters, § 35 BGB, § 53 III GmbHG), BGHZ 20, 368 (KG, → § 163 Rn. 5); BGH NJW 1993, 2100 (GmbH in der GmbH & Co, → Anh. § 177a Rn. 25); MüKoBGB/Schäfer § 709 Rn. 63; vgl. K. Schmidt § 21 II 1c; Lutter AcP 180 (1980), 147.

Nach aA ist dieser für die KG mangels persönlicher Haftung noch hinnehmbare Stimmrechtsausschluss bei der OHG nicht mehr akzeptabel. Auch liege ein Wertungswiderspruch zum Verbot der Stimmrechtsabtretung nahe. Dem Interesse der Gfter an einer Entscheidungsfindung und Mehrheitsbildung werde durch die Möglichkeit von Mehrheitsbeschlüssen hinreichend Rechnung getragen (→ Rn. 26 ff.), Wiedemann I § 7 II 1a. Lit.: Comes DB 1974, 2189 (2237).

14 **Ungleiches Stimmrecht (Mehrstimmrechte)** als solches ist bei PersonenGes (anders § 12 II AktG) idR unbedenklich, außer wenn GesVertrag mit Mehrheit geändert werden kann und das ungleiche Stimmrecht sittenwidrige Abhängigkeit schafft, BGHZ 20, 370; ebenso für die KG → § 163 Rn. 8. Das ungleiche Stimmrecht darf aber nicht einem bei der OHG unzulässigen Stimmrechtsausschluss gleichkommen (→ Rn. 13). Bei PublikumsGes ist sachliche Rechtfertigung nötig, K. Schmidt § 21 II 1e.

15 **Vertreterklausel** und **Beirat** mit bestimmten Entscheidungsbefugnissen sind auch bei der OHG nicht grundsätzlich ausgeschlossen, str., aber nur in bestimmten Grenzen (→ § 114 Rn. 26, 27).

16 **Mitwirkung Dritter** an der Willensbildung der Ges. durch Stimmrechte ist nur auf Grund des GesVertrags und nur mit abgeleiteten Befugnissen zulässig (→ § 114 Rn. 28). Entscheidung über Meinungsverschiedenheiten durch

Schiedsgericht oder **Schiedsgutachter** (→ Einl. vor § 1 Rn. 90, 93) kann wirksam vorgesehen werden, BGHZ 43, 261 (GmbH, als Gesellschaftsorgan), möglich ist auch Schiedsvereinbarung zu Beschlussmängelstreitigkeiten in Personengesellschaften, BGH ZIP 2017, 1026 (Schiedsfähigkeit III, zur KG, s. → Rn. 32).

D. **Stimmbindungsvertrag. a) Gegenüber anderen Gesellschaftern:** 17 Gfter können sich gegenüber anderen Gftern schuldrechtlich verpflichten, in bestimmtem Sinne abzustimmen, zB nach festen inhaltlichen Vorgaben, nach Weisung eines anderen Gfters, BGH NJW 1951, 268, oder nach (Mehrheits-) Beschluss einer Gruppe oder eines Familienstammes von Gftern (Konsortialvertrag, meist als InnenGbR, Stimmrechtskonsortium), BGH NJW 2009, 670 mAnm Wertenbruch NZG 2009, 645. Eine solche Stimmbindung ist ohne Zustimmung der anderen Gfter (ähnlich wie bei AG, GmbH) zulässig. Grenzen folgen außer wie immer aus § 138 BGB, aus dem Schutz des Kernbereichs (→ Rn. 13), aus der Treuepflicht der Gfter (→ § 109 Rn. 23) und aus Stimmverboten und Stimmpflichten gegenüber MitGtern (→ Rn. 6–16). Die bindungswidrig abgegebene Stimme ist im GesVerhältnis wirksam, aber Erfüllungsklage auf Stimmabgabe wie vereinbart; Vollstreckung nach § 894 ZPO, BGHZ 48, 163; OLG Köln WM 1988, 974 (beide GmbH), aber diese kommt häufig zu spät. Die Gewährung einstweiligen Rechtsschutzes sollte deshalb jedenfalls im Grundsatz möglich sein, OLG Koblenz NJW 1986, 1692, aA üL, aber doch nur restriktiv und nicht wenn sie einer endgültigen Vorwegnahme gleichkommt, sehr str. Das Urteil auf Stimmabgabe in bestimmtem Sinne, wenn dem die Beschlussfassung Leitenden mitgeteilt (BGHZ 48, 174), ersetzt die Stimmabgabe. Unwirksamkeit der Abrede macht grundsätzlich nicht auch die ihr gemäß abgegebene Stimme unwirksam, aA Flume Bd. I 2 § 7 VI, aber Schadensersatz.

b) Gegenüber Dritten: Stimmbindungen gegenüber Dritten sind nach der 18 Rspr. ebenfalls zulässig und nach § 894 ZPO vollstreckbar, BGHZ 48, 163 (GmbH). Indessen kollidieren sie mit dem Abspaltungsverbot (→ § 109 Rn. 16) und sind wegen der Fremdbestimmung mit dem Charakter einer PersonenGes grundsätzlich nicht zu vereinbaren, MüKoBGB/Schäfer § 717 Rn. 25, Staub/Schäfer Rn. 72, Flume I 1 § 14 VI, auch Ebenroth/Freitag Rn. 43, aA für Stimmbindungen nur ad hoc K. Schmidt § 21 II 4a cc. Keinesfalls zulässig sind sie ohne Zustimmung der MitGfter, wenn auch die Anteilsübertragung nur mit ihrer Zustimmung zulässig ist. Zulässig ist die Stimmbindung gegenüber Dritten jedoch bei Treuhand, Unterbeteiligung und Nießbrauch (→ § 105 Rn. 31, 38, 44), Staub/Schäfer Rn. 72, weil diese Rechtsverhältnisse an die Mitgliedschaft gebunden sind; dann ohne Zustimmung der anderen Gfter, str., und mit Wirksamkeit in denselben Grenzen wie gegenüber Gftern. Zulässig ist auch eine Stimmbindung als Nebenpflicht zu einem Austauschvertrag, zB bei Anteilsübertragung Pflicht, beim GfterBeschluss darüber zuzustimmen. Lit.: Overrath, 1973; Herfs, 1994 (Einwirkung Dritter, GmbH); Hueck FS Nipperdey, I, 1965, 401; Zöllner ZHR 155 (1991), 168; Zutt ZHR 155 (1991), 190 (einstweiliger Rechtsschutz).

E. **Stimmrechtsübertragung, Abspaltungsverbot.** Das Stimmrecht des 19 Gfters kann als Verwaltungsrecht (§ 717 S. 1 BGB; anders bei Vermögensrechten, § 717 S. 2 BGB) isoliert von der Mitgliedschaft (Anteil) weder einem Dritten noch einem MitGfter übertragen werden (Abspaltungsverbot, → § 109 Rn. 16), BGHZ 3, 354; 20, 364; 36, 293; 43, 267; auch nicht mit Zustimmung der MitGfter, BGH NJW 1960, 963. Unzulässig sind auch andere Gestaltungen, auf Grund derer der andere das Stimmrecht rechtlich wie ein eigenes Recht ausüben kann, BGH NJW 1987, 780 (AG), zB die Legitimationszession, offen BayObLG ZIP 1986, 305, und verdrängende Vollmachten wie unwiderrufliche Stimmrechtsvollmacht mit Stimmverzicht des Gfters,

BGHZ 3, 357; 20, 365, oder mit dessen Verpflichtung, nicht gegen den Willen des Bevollmächtigten zu stimmen (also auch keine dahin gehende Auslegung), BGH BB 1970, 187. Dieses Abspaltungsverbot gilt auch für Kdtisten, auch bei kapitalistisch organisierter KG, BGHZ 20, 364. Eine gegen das Abspaltungsverbot verstoßende Übertragung kann in eine bloße Überlassung zur Ausübung oder eine andere zulässige Gestaltung umzudeuten sein (§ 140 BGB), BGHZ 20, 366.

20 **Zulässige Gestaltungen** auf Grund GesVertrags oder mit Zust. aller Gfter: Überlassung nur zur Ausübung (→ § 109 Rn. 17), also durch Vollmacht (§ 167 I BGB) oder Ermächtigung zur Ausübung im eigenen Namen (§ 185 I BGB analog); Ausschluss des Stimmrechts (→ Rn. 13; eventuell Umdeutung in einen solchen Ausschluss, § 140 BGB); ungleiches Stimmgewicht (→ Rn. 14, KG → § 163 Rn. 8); Vertreterklausel (→ Rn. 15, KG → § 163 Rn. 10); Mitwirkungsrechte eines Beirats (→ Rn. 15, KG → § 163 Rn. 12). Zulässig ist auch die Aufteilung der Rechte zwischen dem Gfter und einem Treuhänder, Unterbeteiligten und Nießbraucher (→ § 105 Rn. 31, 38, 44), sowie einem Testamentsvollstrecker (→ § 139 Rn. 21). Möglich soll nach der Rspr. auch die Gewährung eines zusätzlichen (entziehbaren) Stimmrechts an NichtGfter (ohne Beschränkung desjenigen der Gfter) entspr. § 317 BGB sein, BGH NJW 1960, 963, auch eines Überwachungs- und Widerspruchsrechts iSv § 115 I (dort → § 115 Rn. 2–3); anders → Rn. 16, → § 114 Rn. 28, MüKoBGB/Schäfer § 717 Rn. 10; Ebenroth/Freitag Rn. 33. Lit.: Hueck ZHR 125 (1963), 1; Martens DB 1973, 413; Fleck FS Fischer, 1979, 107 (GmbH).

21 F. **Stimmrechtsvertretung.** Die Stimmerklärungen der Gfter können, da das Stimmrecht höchstpersönlich ist (→ Rn. 5), grundsätzlich nicht durch **Vertreter** (außer gesetzlichen Vertretern, → § 105 Rn. 27) erfolgen, auch nicht durch MitGfter als Vertreter. Der GesVertrag kann aber die **Stimmvollmacht** zulassen, auch für NichtGfter, auch eine unwiderrufliche, wenn sie nicht der Stimmrechtsübertragung gleichkommt (→ Rn. 19–20). Auch ad hoc können die MitGfter eine Vertretung zulassen, uU sind sie dazu sogar verpflichtet (vorübergehend, durch vertrauenswürdigen Dritten), BGH DB 1970, 437, zB für Ausübung des Informationsrechts (→ § 118 Rn. 8–10). Ausnahmsweise Zustimmungspflicht der MitGfter (→ § 105 Rn. 66). Nießbraucher → § 105 Rn. 46.

22 **Verbot des Selbstkontrahierens: § 181 BGB** (auch → § 126 Rn. 9) hindert grundsätzlich nicht Stimmerklärung über Geschäftsführung (vgl. §§ 116 II, 164) und andere gemeinsame GesAngelegenheiten durch einen Gfter für sich und zugleich in Vertretung von MitGftern, BGHZ 65, 97. § 181 BGB erfasst dagegen den Vollzug durch Abschluss eines Vertrags mit dem Gfter, BGHZ 112, 341; vertragsbegründende und vertragsändernde Beschlüsse, zB GesVertragsänderung, BGHZ 65, 96; 112, 342, und zwar einstimmige, BGH BB 1961, 304; 1976, 901, ebenso wie solche mit Mehrheit. Untervertretung ändert nichts, BGHZ 112, 343. Möglich ist aber **Gestattung** (vgl. § 181 BGB), die zB enthalten ist in unbeschränkter Vollmacht zur Stimmabgabe in der für einen solchen Beschluss vorgesehenen Versammlung, BGHZ 66, 86; 112, 343, nicht schon darin, dass der vertretene Gfter zur Zustimmung zur Vertragsänderung verpflichtet ist (→ § 105 Rn. 64, 65), BGH NJW 1961, 724. Nachträgliche **Genehmigung** durch die Gfter ist möglich. **Befreiung** von § 181 BGB ist im HdlReg **eintragungsfähig,** OLG Hamm BB 1983, 858; OLG Hamburg BB 1986, 1255; BayObLG DB 2000, 37, auch → § 53 Rn. 3, → Anh. § 177a Rn. 39; Eintragungspflicht → § 125 Rn. 26. Lit.: Hübner 1977; Schilling FS Ballerstedt, 1975, 257; Fischer FS Hauß, 1978, 61; Röll NJW 1979, 627.

23 Bedeutung für Vertretung **Minderjähriger** → § 105 Rn. 26, 27. GmbH & Co → Anh. § 177a Rn. 39–40. Zwischen Mutter als einzigem phG und minderjährigen Kindern als Kdtisten ist die Generalbevollmächtigung der Mutter, um

bei späteren Rechtsgeschäften unter den Gftern Ergänzungspflegerbestellung zu vermeiden, unzulässig, OLG Hamm BB 1972, 593.

G. **Fehlerhafte Stimmabgaben.** Die Stimmerklärungen sind als Willens- 24 erklärungen **nichtig** oder **anfechtbar** (→ Rn. 5). Im Falle des Entscheids über Geschäftsführungsmaßnahmen sind sie bei pflichtwidriger Abgabe **unwirksam** (wie bei Widerspruch gegen Geschäftsführungsmaßnahmen, → § 115 Rn. 4). Sie sind bei solchem Entscheid bis zur Ausführung der Maßnahme **widerruflich**, jedoch nur aus wichtigem Grunde, bei das GesVerhältnis berührenden Beschlüssen nur bis zur Perfektion des Beschlusses. Ungültigkeit einer Stimmerklärung macht den **ganzen Beschluss ungültig**, wenn die Erklärung für das Ergebnis ursächlich gewesen sein kann, sei es, dass ohne sie ohne weiteres die erforderliche Mehrheit fehlte, sei es auch, dass bei anderer Stimmabgabe des Gfters vielleicht MitGfter auch anders gestimmt hätten, BGHZ 12, 331 (Aufsichtsrat in AG), BGHZ 69, 267 (GmbH).

3) Der Gesellschafterbeschluss

A. **Rechtsnatur des Beschlusses.** Die Rechtsnatur des GfterBeschluss ist str. 25 (Vertrag, Gesamtakt, Sozialakt ua), er ist jedenfalls ein Rechtsgeschäft, aber im Gegensatz zur einzelnen Stimmabgabe (→ Rn. 5) keine Willenserklärung iSv §§ 116 ff. BGB. GfterBeschlüsse, die vom GesVertrag nicht nur für den Einzelfall abweichen, sondern ihn ändern, haben die gleiche Rechtsnatur wie der Ges-Vertrag selbst (→ § 105 Rn. 47). Beschluss kann aufschiebend oder auflösend bedingt sein, sofern keine schutzwürdigen Interessen Dritter berührt sind, BGH NZG 2006, 62; ZIP 2009, 1373. Fehlerhafter Beschluss → Rn. 31. Lit.: K. Schmidt § 15.

B. **Zustandekommen.** Beschlüsse kommen durch die **Stimmabgaben** der 26 Gfter zustande. Sie können in einer Gfterversammlung, im Umlaufverfahren, MüKoHGB/Enzinger Rn. 40, durch Briefwechsel oder anderweitig gefasst werden. Es genügt gesonderte (also nicht unbedingt gleichzeitige), auch mündliche Stimmabgabe; iZw gegenüber jedem Mitstimmenden; falls nach GesVertrag ein Gfter die Beschlussfassung leitet (nicht ohne weiteres der alleinige Geschäftsführer), gegenüber diesem. Bei gesonderter Stimmabgabe (nach oder ohne Abhaltung der GfterVersammlung) wird der Beschluss idR erst mit Zugang der letzten Stimmerklärung (an den letztempfangenden MitGfter oder den Leiter) wirksam, aber nur wenn bis dahin kein Mitstimmer widerrufen hat, RGZ 128, 177; 163, 392, offen BGH WM 1990, 586, jedenfalls kann Bindung bis zur letzten Stimmabgabe erklärt sein. Ausnahmsweise kann Verzicht auf Zugang (§ 151 BGB) anzunehmen sein, OGHZ 4, 70. Widerruf → Rn. 24. Ist der Beschluss zustandegekommen, kann er nur durch einen neuen Beschluss umgestoßen werden, falls keine Rechte Dritter begründet worden sind, BGHZ 48, 172.

Form: Beschlüsse sind grundsätzlich **formfrei**, OLG Stuttgart ZIP 2010, 477, 27 GfterVersammlung (→ Rn. 29) ist nicht erforderlich. Sie können auch **stillschweigend** durch übereinstimmendes schlüssiges Verhalten der Gfter zustandekommen, BayObLG BB 1987, 713, auch vertragsändernde Beschlüsse, uU auch durch **langjährige Übung** (→ § 105 Rn. 62).

Schriftformklausel: Im GesVertrag vorgeschriebene Form (Schriftformklausel, → Einl. vor § 343 Rn. 9) soll für Vertragsänderungen (→ § 105 Rn. 63) und 28 deshalb ohne weiteres auch für vertragsändernde Beschlüsse idR nicht Gültigkeitserfordernis sein, sondern nur Klarstellungsfunktion haben (entgegen § 125 S. 2 BGB), BGHZ 49, 365, str. (→ § 105 Rn. 63). Dasselbe wäre dann iZw auch für sonstige Beschlüsse und Beschlussformvorschriften anzunehmen, RGZ 104, 415; 122, 367 (für Protokollierung). Das ist indessen so allgemein weder für Vertragsänderungen (Nachweise → § 105 Rn. 63) noch erst recht für sämtliche

Beschlüsse anzuerkennen, entscheidend ist die Auslegung des GfterWillens (§§ 133, 157 BGB), BGH WM 1961, 1275; BayObLG BB 1987, 713. Dementsprechend genügt bei Schriftformklausel in PublikumsGesVertrag (→ Anh. § 177a Rn. 69b) einfache Protokollierung, BGHZ 66, 82. Ist im normalen Ges-Vertrag notarielle Beurkundung vorgesehen, ist das idR als Gültigkeitserfordernis gemeint, RGZ 122, 369 (GmbH). Auch wenn die Schriftformklausel im konkreten Fall Gültigkeitserfordernis ist, können die Gfter einstimmig ohne Wahrung der vorgeschriebenen Form den Vertrag für den Einzelfall durchbrechen, BGHZ 58, 115; BGH WM 1972, 312, auch wenn sie an die Schriftformklausel nicht gedacht haben, BGHZ 71, 164.

29   C. **Gesellschafterversammlung.** a) **Formalien:** Die Gfter können dies frei regeln, Leitlinien aus GmbHRecht, Ebenroth/Freitag Rn. 46. Schreibt der Ges-Vertrag Beschlussfassung in einer GfterVersammlung vor, kann diese grundsätzlich jeder Gfter **einberufen,** OLG Stuttgart ZIP 2010, 476, auch bei Gesamtgeschäftsführung, Staub/Schäfer Rn. 18. Sieht der GesVertrag Einberufung allein durch den Versammlungsleiter vor, kann jedenfalls bei wichtigem Grund zwingend jeder Gfter die Einberufung verlangen und bei unbegründeter Verweigerung entspr. § 50 III GmbHG selbst einberufen, OLG Köln ZIP 1987, 1120. Ort, Zeit und Art der Vorbereitung der Versammlung (Ladung mit mindestens einwöchiger Frist entspr. § 51 I 2 GmbHG, BGH NJW 1995, 1356; OLG Stuttgart NJW 2010, 477, und Ankündigung der Verhandlungsgegenstände) müssen tunlich allen die Teilnahme ermöglichen und Überrumpelungen ausschließen. Ein nach Einberufung durch Unbefugten (BGH ZIP 2014, 1422) oder sonst ohne ordnungsgemäße Ladung zustandegek Beschluss ist außer bei Zustimmung aller Gfter unwirksam, BGHZ 59, 373 (eV); BGH WM 1983, 1407; großzügiger für PublikumsGes (→ Anh. § 177a Rn. 69c). Monogr Vogel, 2. Aufl. 1986.

30   b) **Teilnahmeberechtigung:** Zur Teilnahme an der Versammlung berechtigt sind iZw nur Gfter (sofern nicht vertreten) und zuzulassende Vertreter (→ Rn. 21), nicht Beistände neben Gftern, bloße „Beobachter" für abwesende Gfter, Angestellte, Berater der Ges. Hinzuziehung sachverständiger Dritter wie Wirtschaftsprüfern, Rechtsanwälte ua ist nur auf Grund GesVertrag oder (einstimmigen) GfterBeschlusses zulässig; aber die GfterTreupflicht (→ § 109 Rn. 23) kann Zustimmung gebieten, so wenn die angemessene Wahrnehmung der GfterRechte sonst nicht gewährleistet ist, LG Köln BB 1975, 343; Kirberger BB 1978, 1390; MüKoBGB/Schäfer § 709 Rn. 61, aA stets im Kernbereich der Mitgliedschaft Saenger NJW 1992, 348; dann aber mit denselben Schranken wie bei Ausübung des Informationsrechts (→ § 118 Rn. 9). Wird eine Niederschrift errichtet, ob im GesVertrag vorgeschrieben oder nicht, hat jeder Gfter Recht auf Einsicht, § 810 BGB, auch auf Abschrift, auch auf Einsicht in ein Verhandlungsstenogramm, hier abw. Rutenfranz BB 1965, 601.

31   D. **Fehlerhafte Beschlüsse. a) Fehlerhaftigkeit:** Das Beschlussmängelrecht war lange nicht kodifiziert, dies wird sich mit Inkrafttreten des MoPeG zum 1.1.2024 ändern. Bis dahin gelten die von Rechtsprechung und Schrifttum entwickelten Regeln fort. Danach gilt: Fehlerhafte Beschlüsse sind **nichtig** (§§ 134, 138 BGB), nicht nur anfechtbar wie nach §§ 243 ff. AktG, „Anfechtung" heißt hier Geltendmachen der Nichtigkeit (→ Rn. 32), trad hL, BGHZ 81, 264; 85, 353, Staub/Schäfer Rn. 77, Oetker/Lieder Rn. 67 (mit Vorschlag der Regelung de lege ferenda, Rn. 67a) aA nun wohl üL, K. Schmidt §§ 15 II 3, 21 V 2; FS Stimpel, 1985, 217; MüKoHGB/Enzinger Rn. 98 ff.; nun auch Ebenroth/Freitag Rn. 82; Scholz WM 2006, 897; ohne Stellungnahme zum Streitstand BGH ZIP 2014, 1019. Ausnahme bei Eingreifen der Regeln über die fehlerhafte Ges. (→ § 105 Rn. 75, 91 ff.); GesVertrag kann anderes regeln, BGH WM 1990, 675; NJW 1995, 1218; 1999, 3113. Voraussetzung ist, dass der Fehler nicht nur im Verstoß gegen bloße Ordnungsvorschriften besteht. Verstoß gegen Form, Frist und Inhalt der Einberufung einer GesVers kann zur Nichtigkeit des Beschlusses führen, BGH ZIP 2014, 1019, dies wenn der verfolgte Zweck der Vorbereitung auf Tagesordnungspunkt vereitelt wird. Außerdem ist **Kausalität** zwischen Fehler und Abstimmungsergebnis notwendig, BGH NJW 1987, 1263; ZIP 2014, 1020 (Verfahrensmangel). Bloße Teilnichtigkeit eines Beschlusses ist möglich, wenn der Rest ein sinnvoller Beschluss bleibt; ob er für sich allein gelten soll, bestimmt sich nach § 139 BGB, BGH BB 1973, 771. Die Darlegungslast (Tatsachenbehauptung, nicht ins Blaue hinein) liegt bei dem, der sich auf die Nichtigkeit beruft; die Beweislast für die Wirksamkeit des Beschlusses liegt dann bei dem, der Rechte aus ihm ableitet, BGH NJW 1987, 1263; WM 1987, 928. Beschlüsse über unberechtigte Nachschüsse (→ Rn. 35) sind unwirksam, BGH WM 2007, 743, für den Jahresabschluss gilt jedenfalls bei der GmbH & Co § 256 AktG entsprechend, OLG München ZIP 2018, 2478.

Mit **Inkrafttreten des MoPeG** zum 1.1.2024 gilt auch für die OHG und die sonstigen Personenhandelsgesellschaften ein **kodifiziertes Beschlussmängelrecht**. Künftig ist zwischen Anfechtbarkeit und Nichtigkeit von Gesellschafterbeschlüssen zu unterscheiden, §§ 110 ff. HGB-MoPeG. Ein Gesellschafterbeschluss ist dann nur noch nichtig, wenn er durch seinen Inhalt Rechtsvorschriften verletzt, auf den die Gesellschafter nicht verzichten können oder wenn der Beschluss aufgrund einer Anfechtungsklage für nichtig erklärt wurde, § 110 II HGB-MoPeG. Für die Anfechtungsklage gilt eine Klagefrist von drei Monaten, § 112 I HGB-MoPeG, die Klage ist gegen die Gesellschaft zu richten, § 113 II HGB-MoPeG, → Vor § 105 Rn. 52.

b) Geltendmachung: Die Geltendmachung erfolgt durch Feststellungsklage **32** nach § 256 I ZPO (→ Rn. 31), BGH NJW 1999, 3113; 2010, 66; NZG 2007, 381; 2009, 501; WM 2011, 789; Staub/Schäfer Rn. 91, nach aA Beschlussanfechtungsklage (K. Schmidt, → Rn. 31), gegen die MitGfter (BGH ZIP 2014, 1424; OLG Stuttgart NZG 2013, 456, → § 109 Rn. 38 ff.), bei unberechtigten Nachschüssen gegen die Ges. oder gegen einen einzelnen MitGfter, BGH WM 2007, 743. Allerdings kann der GesVertrag das kapitalgesellschaftsrechtliche Klagesystem übernehmen, also Klage gegen die Ges., OLG München ZIP 2021, 1655 (erweiternde Auslegung), das folgt aber nicht schon aus der Vereinbarung einer „Anfechtungsfrist", BGH WM 2011, 789, kann aber aus einer Schiedsklausel folgen, BGH NJW 1999, 3115, ähnliche Klausel im Fall BGH ZIP 2017, 1024 („Schiedsfähigkeit III"). Schiedsklausel muss jedenfalls bei Übernahme des kapitalgesellschaftsrechtlichen Klagesystems entsprechende Mindestanforderungen erfüllen (dazu BGH ZIP 2017, 1024, Schiedsfähigkeit III, → Einl. vor § 1 Rn. 88, Lieder NZG 2018, 1330; Otto ZGR 2019, 1082; BGH ZIP 2022, 125 (Schiedsfähigkeit IV, dazu Liebscher/Günthner ZIP 2022, 713, auch zum MoPeG Jobst ZIP 2022, 884) stellt hierfür explizit darauf ab, dass die Klage nach dem Gesellschaftsvertrag gegen die Gesellschaft und nicht gegen die Gfter gerichtet werden muss, kritisch unter der Prämisse einer Klage gegen die Gfter etwa Nolting ZIP 2017, 1643; Borris NZG 2017, 761; Heinrich ZIP 2018, 411), so grds. K. Schmidt NZG 2018, 125. Eine gesetzliche oder am Leitbild des § 246 I AktG orientierte **Klagefrist** gibt es anders als im KapitalGesRecht nicht. Der GesVertrag kann aber für die Geltendmachung eine Frist bestimmen, jedoch nicht unter 1 Monat (entspr. § 246 AktG), BGH NJW 1995, 1218; sie gilt iZw nicht für von vornherein unzulässige Beschlüsse, BGHZ 68, 216 (GfterAusschließung ohne wichtigen Grund, vgl. → § 140 Rn. 24); BGH WM 1987, 1103. Mangels vertraglicher Frist ist der Mangel in angemessener Zeit (nach Kenntnis, auch nach Ausscheiden, BGH ZIP 2013, 1021) geltend zu machen, sonst droht Verwirkung, BGHZ 112, 344, im konkr Fall 6 Monate ausreichend, uU aber bis zu 3 Jahren (vgl. § 256 VI AktG), BGH WM 1991, 509; NJW 1999, 3113. Feststellungsinteresse grds. auch noch nach Ausscheiden aus der Ges., BGH ZIP

2013, 1021. GesVertrag kann Einigungsversuch vorsehen, bei Schlichtung durch Vertrauensmänner ist Klage erst nach Ablauf der dafür vorgesehenen Frist möglich, OLG Frankfurt a. M. ZIP 2014, 1097. **Einstweilige Verfügungen** sind nur in engen Grenzen (eindeutige Rechtslage oder besonderes Schutzbedürfnis zB gegen Vollzug nichtiger Beschlüsse) möglich, OLG Frankfurt a. M. BB 1982, 274; OLG Stuttgart NJW 1987, 2449 (GmbH); von Gerkan ZGR 1985, 167. Lit.: Noack, 1990; K. Schmidt § 15 II; FS Fischer, 1979, 693 (Kartellbeschlüsse); FS Stimpel, 1985, 217; ZGR 2008, 24; Herchen VGR 2016, 83.

4) Mehrheitsbeschlüsse (II)

33   A. **Grundsatz der Einstimmigkeit.** Nach gesetzlicher Regel können bei OHG und KG (wie bei der GbR § 709 I BGB) GfterBeschlüsse nur mit Zustimmung aller zur Mitwirkung bei der Beschlussfassung berufenen Gfter (→ Rn. 1–4), also **einstimmig** gefasst werden. Bei **PublikumsGes** sind **Mehrheitsbeschlüsse** zutr. auch ohne Bestimmung im GesVertrag möglich, dazu → Anh. § 177a Rn. 69b. Auch die Abkehr vom Bestimmtheitsgrundsatz wurde hier entwickelt.

34   B. **Zulassung von Mehrheitsbeschlüssen (II Halbsatz 1).** Mehrheitsbeschlüsse sind zulässig auf Grund GesVertrag (§§ 109, 119 II), stRspr, zB BGH NJW 2009, 669; BayObLG BB 1987, 713, oder einstimmigen GfterBeschluss, uU auch stillschweigend durch längere Übung (→ § 105 Rn. 62), RGZ 151, 327; weitergehend bei PublikumsGes (→ Anh. § 177a Rn. 69b). Mehrheitsbeschlüsse können zugelassen werden für Geschäftsführungsmaßnahmen, aber auch für Änderungen des GesVertrags, BGH ZIP 2013, 65 (68) (Auslegung), zB für Bestellung und Abberufung der Geschäftsführer (→ § 114 Rn. 20), Entziehung der Geschäftsführung aus wichtigem Grund (→ § 117 Rn. 12), Ausschluss (→ § 140 Rn. 23) und Aufnahme (→ § 105 Rn. 67) von Gftern, Annahme eines Antrags nach § 139 (→ § 139 Rn. 39), Umwandlung (→ Einl. vor § 105 Rn. 25).

Eine gesetzliche Ausnahme vom Grundsatz der Einstimmigkeit enthält für die Zeit der **Corona-Krise** (COVID-19-Pandemie) das Wirtschaftsstabilisierungsbeschleunigungsgesetz. In Unternehmen der Realwirtschaft, die als KG oder GmbH & Co über die Aufnahme des Wirtschaftsstabilisierungsfonds als Kommanditist entscheiden, genügt nach § 9b WStabBG die einfache Mehrheit der am Beschluss teilnehmenden Gesellschafter.

35   C. **Allgemeine Grenzen für Mehrheitsbeschlüsse, Kernbereich.** Allgemeine Grenzen setzen § 134 BGB, § 138 BGB **(gute Sitten).** Der Mehrheitsbeschluss darf keine sittenwidrige Abhängigkeit des einzelnen Gfters von der Mehrheit begründen. Eine **Nachschusspflicht** (§ 109 Rn. 14) ist nur in vorausbestimmten Grenzen **(Obergrenze)**, RGZ 91, 168; 151, 327; 163, 391, oder mit Austrittsrecht des Überstimmten zulässig, hL; für die PublikumsGes flexibler BGHZ 66, 85 (→ Anh. § 177a Rn. 69b); Konsequenzen bei Verstoß → Rn. 31, 32. Ähnlich für Verlängerung der Ges. BGH NJW 1973, 1602 auf Grund § 723 III BGB (→ § 234 Rn. 8). Der **Minderheitenschutz** setzt selbst qualifizierten Mehrheitsbeschlüssen Grenzen, zB keine nachteilige **Ungleichbehandlung** eines Gfters gegenüber den anderen ohne seine Zustimmung; kein rückwirkender **Entzug erworbener Rechte,** zB bereits entstandener Anspruch auf Zinsen, BGH NJW 1985, 974 (aber uU Zustimmungspflicht zu GesVertragsänderung, → § 105 Rn. 66). Die Mehrheit muss den Grundsatz der **Verhältnismäßigkeit** wahren (Treuepflicht, → § 109 Rn. 25).

36   Eingriff in den **Kernbereich** der GfterPosition ist nur mit Zustimmung der betroffenen Gfter zulässig, BGH NJW 1985, 972 (974) (PublikumsGes), also von einer allgemeinen Mehrheitsklausel im GesVertrag nicht gedeckt, BGH NJW 1995, 194, nach aktueller und zutr. Rspr. nicht ohne weiteres. Umfang und

1. Abschnitt. Offene Handelsgesellschaft § 119

Bedeutung dieser Kernbereichslehre sind str. (zur zweistufigen Prüfung von Mehrheitsbeschlüssen → Rn. 37), von Rspr. wird Begriff nunmehr in Anführungszeichen gesetzt und jedenfalls distanziert verwendet, BGH ZIP 2013, 67 (73); 2014, 2234. Abgestellt wird auf die Auslegung des GesVertrags, → Rn. 39, also die erste Stufe der Prüfung von Mehrheitsentscheidungen (distanziert bei zweiter Stufe BGH ZIP 2014, 2231 Rn. 19, dazu auch Kleindiek GmbHR 2017, 674). Dabei kommt dem Kernbereich jedenfalls indizielle Wirkung zu, es können mindestens dazu gerechnet werden: Änderung des GesVertrags; Eingriffe in das Stimm-, Gewinn-, Geschäftsführungs- und Liquidationsbeteiligungsrecht, BGH NJW 1995, 194; völliger Entzug des Informationsrechts bei erlaubter Konkurrenztätigkeit, BGH NJW 1995, 194 (→ § 166 Rn. 18); Mehrheitsentscheidung bei Bilanzfeststellung (→ § 164 Rn. 3), BGHZ 132, 268 (auch → Rn. 38); Entzug und Begründung von Sonderrechten, Verbot im GesVertrag nicht vorgesehener Belastungen, Eingriffe in die vermögensmäßige Rechtsstellung der Gfter, Erhaltung der actio pro socio mindestens im Kern, näher Löffler NJW 1989, 2656. Die Kernbereichslehre stand selbstständig neben dem Bestimmtheitsgrundsatz (→ Rn. 37, 39), BGH NJW 1995, 194, K. Schmidt § 16 II 2; ZHR 158 (1994), 220; aA diesen ersetzend MüKoBGB/Schäfer § 709 Rn. 91. Zur Aufgabe des Bestimmtheitsgrundsatzes durch BGH ZIP 2013, 66; 2013, 71; → Rn. 37; nach Wertenbruch DB 2014, 2875 u. Risse/Höfling NZG 2017, 1131 auch Aufgabe der Kernbereichslehre, nach Schäfer NZG 2014, 1404 Reserve des BGH, wie hier daran festhaltend Ulmer ZIP 2015, 659; Priester NZG 2015, 529; Schäfer ZIP 2015, 1313, Westermann/Westermann Rn. I 519, auf die Publikumsgesellschaft beschränkend Klöhn AcP 216 (2016), 308. Zutreffend soll der GesVertrag umfassend ausgelegt werden, dies auch wenn der Kernbereich betroffen ist. Die Zustimmung des betroffenen Gfter ist grundsätzlich auch schon im GesVertrag möglich, MüKoBGB/Schäfer § 709 Rn. 92, aA Wiedemann § 7 I 1b aE, Immenga ZGR 1974, 425. Der GesVertrag ist auszulegen (→ Rn. 37). Bei Indizien für entsprechenden Willens je nach betroffenem Recht ggf. erhöhte Anforderungen. Treuepflicht als Förderpflicht (Mülbert AcP 214 (2014), 245) auch im Kernbereich, ausnahmsweise Pflicht zur Zustimmung zur Änderung des GesVertrags („Sanieren und Ausscheiden"), → § 105 Rn. 66. Lit.: Röttger, 1989; Heinrichs, 2006; K. Schmidt § 16 III 3; Wiedemann § 7 I 1b; MüKoBGB/ Schäfer § 709 Rn. 91 ff.; Immenga ZGR 1974, 385 (Kdtisten); Löffler NJW 1989, 2656; Hermanns ZGR 1996, 103; Haar NZG 2007, 601; K. Schmidt ZGR 2008, 1; Priester DStR 2008, 1386; Sigle FS Hüffer, 2010, 973; Schäfer ZGR 2013, 237; Seidel/Wolf BB 2015, 2563; Kleindiek GmbHR 2017, 674.

D. Zweistufige Prüfung. Nach nunmehr gefestigter Rechtsprechung erfolgt 37 die **Prüfung** eines Mehrheitsbeschlusses **in zwei Stufen,** BGH ZIP 2007, 476; 2009, 218; 2012, 518; 2013, 67 (72); 2014, 2231: auf der **ersten,** formalen, geht es darum, ob der Gfter **überhaupt auf die Einstimmigkeit verzichtet hat,** auf der **zweiten,** ob der **Mehrheitsbeschluss gegen unverzichtbare Mitgliedschaftsrechte oder die Treuepflicht verstößt,** insoweit aber **keine volle Inhaltskontrolle.** Die gebotene Klarheit bei einer **Mehrheitsklausel,** die als wertneutrale Verfahrensregel je nachdem jedem Gfter zugutekommen kann, BGH ZIP 2018, 2026, verlangt nur Eindeutigkeit der Vertragsregelung, nicht Auflistung der betroffenen Beschlussgegenstände (wäre Förmelei, endgültig klarstellend BGH ZIP 2013, 66), auch nicht bei gravierenden Strukturmaßnahmen, sogar Auflösung, kein Recht auf Erhaltung einer Sperrminorität, die kapitalgesellschaftsrechtlichen Erfordernisse an eine qualifizierte Mehrheit schlagen nicht auf die Konsortialbindung durch, BGH NJW 2009, 671 mAnm C. Schäfer ZGR 2009, 768, K. Schmidt ZIP 2009, 742, str.; Grund und Tragweite der Legitimation für Mehrheitsentscheidungen können sich vielmehr durch GesVertragsauslegung ergeben, BGH ZIP 2007, 475. Eine Aufzählung ist auch dann nicht zwingend erforderlich, wenn es sich um ein so genanntes Grundlagengeschäft handelt, BGH ZIP 2012, 515. Ob ein konkreter Mehrheitsbeschluss wirksam ist, ist erst auf einer **zweiten Stufe** zu prüfen, BGH ZIP 2007, 476, nämlich ob ein Eingriff in schlechthin unverzichtbare oder in „relativ unentziehbare" Mitgliedschaftsrechte vorliegt, letztere können nur mit (ggf. antizipierter) Zustimmung des einzelnen Gfters oder aus wichtigem Grund entzogen werden, dabei hat die Minderheit den Nachweis einer treuepflichtwidrigen Mehrheitsentscheidung zu führen, BGH ZIP 2007, 477, str. Aber **auch einfache Treuepflichtverletzung** (also nicht nur bei Beschlüssen, die die Vertragsgrundlagen oder den Kernbereich der Mitgliedschaftsrechte der Minderheit berühren) ist **auf der zweiten Stufe zu prüfen,** klarstellend BGH ZIP 2009, 216. Bei relativ unentziehbaren Rechten kommt ein ggü. dem betroffenen Gfter relativ unwirksamer Beschluss in Betracht, BGH ZIP 2014, 2234, dazu Ulmer ZIP 2015, 660.

Dem Schutz der Minderheit auf der **ersten Stufe** diente traditionell der **Bestimmtheitsgrundsatz:** GesVertragsklauseln über **Zulassung von Mehrheitsbeschlüssen** sind für die Gfter gefährlich und waren nach dem Bestimmtheitsgrundsatz eng auszulegen. Eine pauschal Vertragsänderungen erfassende Mehrheitsklausel deckte nur übliche Vertragsänderungen. Bei Vertragsänd mit **ungewöhnlichem Inhalt** musste und muss sich der Beschlussgegenstand **unzweideutig,** sei es auch nur durch Auslegung, aus dem GesVertrag ergeben; noch auf Grundlage des Bestimmtheitsgrundsatzes BGHZ 85, 356; BGH ZIP 1994, 1942, gegen Kritik daran begrifflich festhaltend zunächst BGH ZIP 2007, 475 (Otto, auch → § 105 Rn. 106), weiter relativierend BGH NJW 2009, 671 (Schutzgemeinschaft II), aber (noch) nicht völlig aufgebend, so K. Schmidt ZIP 2009, 737, Sigle FS Hüffer, 2010, 973, aA C. Schäfer ZGR 2009, 768, Staub/Schäfer Rn. 37. Nach BGH ZIP 2013, 66; 2013, 71; 2014, 2231 kommt dem **Bestimmtheitsgrundsatz keine Bedeutung mehr zu.** Konkret entschieden ist dies zur Publikumsgesellschaft (BGH ZIP 2013, 66, NZG 2014, 302) sowie zur GmbH & Co KG (BGH ZIP 2014, 2231, dazu 36. Aufl. Rn. 37c, zur zuvor divergierenden Rechtsprechung Ebenroth/Henze/Notz → § 177a Anh. 2 Rn. 2). Bei **Publikumsgesellschaft** greift mit der **Inhaltskontrolle** und der Anlehnung an § 305c II BGB **(Zweifel bei Auslegung gehen zu Lasten des Verwenders)** freilich ein dem Bestimmtheitsgrundsatz nicht völlig unähnlicher Schutzstandard, näher → Anh. § 177a Rn. 68.

38 Beispiele für Auslegung (Grenzen, vormals Bestimmtheit) sowie den Kernbereich: Ausschluss, Entziehung der Geschäftsführung oder Vertretung, BGH ZIP 2020, 2283 Aufnahme eines neuen Gfter, oben unbegrenzte Beitragserhöhung, Begründung neuer Pflichten für Gfter, Schaffung oder Beseitigung von Sonderrechten, im Einzelnen: Fortsetzung nach Auflösung, BGHZ 8, 39 (Auslegung); Änderung von Kündigungsfolgen nach Kündigung, BGHZ 48, 254 (Einstimmigkeit, da Eingriff in Rechtsposition wen Ausscheiden statt Auflösung); KG-„Kapitalerhöhung", BGHZ 66, 85 (Auslegung); Umwandlung von KG in GmbH, BGHZ 85, 356 (Auslegung, Vielzahl von Gftern, Ausn von Bestimmtheitsgrds); Änderung des Auseinandersetzungsmodus, BGH WM 1966, 707 (Auslegung); Abberufung aus Beirat auf Grund Klausel über Entziehung der phG-Stellung und Geschäftsführung, BGH WM 1973, 101 (Auslegung); Verlängerung der Ges., soweit mit Mehrheit möglich (→ Rn. 35), BGH DB 1973, 1545 (Feststellung des Parteiwillens bei nicht sonst vorgesehenem Kündigungsrecht, Notwendigkeit von Grenzen); Eingriff in schon entstandene Gfter-Ansprüche, zB Guthabenzinsen, BGH WM 1975, 663 (Eingriff in Rechte grds. nur mit Zust. des Betroffenen, nicht eindeutig bestimmt); Bildung von Rücklagen (→ § 120 Rn. 5, 8), BGH BB 1976, 948 (Auslegung); Mehrheitsentscheidung in KG bei Bilanzfeststellung (→ § 164 Rn. 3), gegen phG BGHZ 132, 268 (Kernbereich/Bestimmtheit), offener dann aber bei GmbH & Co BGH ZIP 2007, 475 (Otto, Auslegung, kein Eingriff in unverzichtbare Gesellschafterrechte/Kernbereich, auch BGHZ 132, 268), Vorinstanz OLG Hamburg ZIP 2006, 895 (auch → Rn. 36); Beschränkung der actio pro socio (→ § 109 Rn. 32), BGH NJW 1985, 2830 (Eingriff in Rechte, Parteiwille nicht eindeutig feststellbar); rückwirkende Änderung der Berechnung der Höhe des Gewinnanteils, BGH WM 1986, 1556 (nicht von allg. Mehrheitsklausel gedeckt); Herabsetzung eines bestimmten Mehrheitserfordernisses, BGH NJW 1988, 411 (kein unzweideutiger Wille erklärt). Zulassung der Beitragserhöhung durch Mehrheitsbeschluss ist idR nur möglich bei Festsetzung einer Obergrenze, BGHZ 8, 39; 66, 85, Ausmaß und Umfang einer möglichen zusätzlichen Belastung muss erkennbar sein, BGH ZIP 2007, 476 (→ § 109 Rn. 14). Rspr.-Übersicht: Brändel FS Stimpel, 1985, 95, Goette FS Sigle, 2000, 145.

Nunmehr stellt die Rechtsprechung auf die **Auslegung der Mehrheitsklausel** ab. Dabei nimmt der BGH für die **Publikumsgesellschaft** eine objektive **Auslegung** an (→ Anh. § 177a Rn. 67). Auch im Fall der **GmbH & Co KG** wird der subjektive Maßstab (→ § 105 Rn. 59) modifiziert, der Gesellschaftsvertrag zunächst nach seinem Wortlaut und Gesamtzusammenhang **objektiv ausgelegt**, ZIP 2014, 2233 (15). Ein abweichender **übereinstimmender Wille** soll nur beachtlich sein, wenn Gfter ihren übereinstimmenden Willen **einander zu erkennen gegeben** haben; dies wird derjenige, der sich darauf berufen möchte, ggf. zu beweisen haben, vgl. → § 123 Rn. 12. Für dem gesetzlichen Idealtypus entsprechende PersGes können diese Auslegungsgrundsätze jedenfalls nicht grundsätzlich gelten, dies auch bei Fortfall des Bestimmtheitsgrundsatzes (insoweit noch hier 36. Aufl. Rn. 37c), da hier die persönliche Haftung über die Einlage hinaus in Rede steht. Die **Nachschusspflicht** wurde auch nach Aufgabe des Bestimmtheitsgrundsatzes durch BGH als möglicher Anwendungsbereich des allg. zivilrechtl Bestimmtheitsgrundsatzes (Staub/Casper § 161 Rn. 182, auf diesen hinweisend auch Altmeppen NJW 2015, 2070) bzw. des trad gesellschaftsr Bestimmtheitsgrundsatzes (hier 36. Aufl. Rn. 37c) angesehen. Bestimmtheit ist insbesondere bei Nachschüssen weiter nötig, Staub/Casper § 161 Rn. 183 (auch → § 109 Rn. 14, zur Rückzahlung gewinnunabhängiger Ausschüttungen → Rn. 40), zum Bestimmtheitserfordernis bei der Teilung eines GmbH-Geschäftsanteils BGH NZG 2014, 184. Nach Temming ZIP 2020, 1382 lebt der Bestimmtheitsgrundsatz als gesellschaftsrechtliches Transparenzgebot weiter. Die Rspr. kommt über Auslegungsgrundsätze zu vergleichbaren Ergebnissen, so dass auf **Terminologie des Bestimmtheitsgrundsatzes ganz verzichtet** werden kann; in den in → Rn. 38 genannten Entscheidungen hatte der Bestimmtheitsgrundsatz kaum entscheidende Bedeutung. Nach Mayer ZIP 2015, 256 Bindung zustimmender Gfter auch bei dies nicht tragender Mehrheitsklausel, zum relativ unwirksamen Beschluss auch → Rn. 37.

Die Abkehr von der Begrifflichkeit des Bestimmtheitsgrundsatzes hat 40 die Rspr. bei vom Gesetz als atypisch betrachteten PersGes entwickelt, zunächst als Sonderregel für die kapitalistische KG (→ § 161 Rn. 11) und vor allem für die **Publikumsgesellschaft** (→ Anh. § 177a Rn. 69a), bei der Einstimmigkeit praktisch nicht erreicht werden kann, BGH ZIP 2018, 2027. Auch die endgültige Aufgabe des Bestimmtheitsgrundsatzes (BGH ZIP 2013, 66, → Rn. 37) hat der BGH, letztlich in einem obiter dictum, in eine Publikumsgesellschaft betreffenden Entscheidungen vollzogen, 35 Jahre nach BGHZ 69, 160; 71, 53 zur Nichtanwendung des Bestimmtheitsgrundsatzes auf die Publikumsgesellschaften selbst. Bestätigt hat der BGH die Abkehr vom Bestimmtheitsgrundsatz in einer Entscheidung zu einer GmbH & Co KG, BGH ZIP 2014, 2231. Allgemein müssen bei sachgemäßer, strikter Auslegung des GesVertrags keine Schutzlücken entstehen, dies zeigt nach begrifflicher Aufgabe des spezifischen personengesellschaftsrechtlichen Bestimmtheitsgrundsatzes die Entscheidung BGH zur im Innenverhältnis fehlenden Pflicht, gewinnunabhängige Ausschüttungen zurückzuzahlen, BGH ZIP 2013, 1224, so auch OLG Nürnberg ZIP 2015, 273. Die Bezeichnung der Ausschüttung von Liquiditätsüberschüssen als unverzinsliches Darlehen genügt allein den Anforderungen an eine klare und unmissverständliche Regelung der Rückzahlungspflicht nicht, BGH ZIP 2016, 518, insbes. bei unklar differenzierender Regelung, BGH ZIP 2017, 2400. Zu unterscheiden sind bloße Fälligkeitsabreden im GesVertr, OLG München ZIP 2017, 679. Bestimmtheit als allgemeine Auslegungsregel bleibt erhalten (→ Rn. 39). Keine Auslegungsregel, dass allgemeine Mehrheitsklauseln restriktiv auszulegen sind oder Beschlussgegenstände, die die Grundlagen der Ges. oder ungewöhnliche Geschäfte beinhalten von allgemeinen Mehrheitsklauseln regelmäßig nicht erfasst werden, BGH ZIP 2018, 2026. Bei Unterscheidung zwischen einfacher und qualifizierter Mehrheit im GesVertrag spricht das Vorliegen eines Grundlagengeschäfts für die Notwendigkeit qualifizierter Mehrheit (für Veräußerung nahezu des gesamten GesVermögens OLG Düsseldorf ZIP 2018, 76), insbes. bei Betriebsführungsvertrag auch ohne Bestimmung im GesVertrag für **qualifizierte Mehrheit** Priester ZIP 2020, 1687 („sollte"), jedenfalls Fehlen entsprechender Regelung ist bei Prüfung zu berücksichtigen. **Eingriff** in ein **relativ unentziehbares** Recht muss dem betroffenen Gfter **zumutbar** sein. Hierfür reicht ein bloßes Interesse der Ges nicht aus, etwa der **Entzug der Geschäftsführung** muss für die Gesellschaft **unerlässlich** bzw. **notwendig** und damit **geboten** sein, BGH ZIP 2020, 2283; Borries NZG 2021, 194.

41 E. **Mehrheit der Stimmen (II Halbsatz 2).** Mehrheit der Stimmen ist iZw Mehrheit **nach Köpfen.** Das bedeutet Mehrheit der stimmberechtigten Mitglieder, **Enthaltung wirkt also wie Gegenstimme,** KG NJW-Sp 2009, 704, str., aA für Verein BGHZ 83, 36, anders bei Aufsichtsrat; stimmrechtslose und einem Stimmverbot unterliegende Gfter werden nicht mitgezählt. Modifikationen bei der GmbH & Co KG, PublikumsGes (→ Anh. § 177a Rn. 25, 76). II ist aber **dispositiv.** Der GesVertrag kann die Mehrheit anders, insbesondere **nach Kapitalanteilen** (→ § 120 Rn. 12) berechnen lassen, BGH NJW 2009, 670; OLG Stuttgart ZIP 2010, 478. Er kann statt einfacher auch eine irgendwie **qualifizierte** Mehrheit fordern (etwa Dreiviertelmehrheit, bei Veräußerung nahezu des gesamten GesVermögens von OLG Düsseldorf ZIP 2018, 76 ergänzend auf § 179a AktG gestützt) oder statt Mehrheit aller Gfter Mehrheit unter einer Mindestzahl von an der Beschlussfassung teilnehmenden Gfter (**Quorum,** vgl. § 32 I 3 BGB, § 47 I GmbHG, § 133 I AktG) ausreichen lassen. Anwesende Gfter sind bei schriftlicher Stimmabgabe die sich an der Abstimmung beteiligenden, BGH ZIP 2011, 1908; WM 2011, 1853. Ein mit ausreichender Mehrheit gefasster Beschluss ist trotzdem unwirksam (weil nicht vertragsgemäß zustande gekommen), wenn nicht **alle Stimmberechtigten** ihre Stimme abgeben konnten und (iZw) auch Gelegenheit zur Begründung hatten. Beschlüsse mit ungenügender Mehrheit können (nach Grundsätzen der Verwirkung, § 242 BGB) uU **mangels Widerspruchs** der überstimmten oder zu Unrecht an der Beschlussfassung nicht beteiligten Gfter **wirksam werden,** OGHZ 4, 68; BGH DB 1973, 467. Unrichtige Vertretung (→ Rn. 21–23) steht iZw der Nichtbeteiligung gleich. Im Einzelfall kann das Vorsehen einer Mehrheit für Gesellschafterbeschlüsse als Erfordernis einer qualifizierten Mehrheit auszulegen sein, BGH ZIP 2011, 1908.

5) Reform des Personengesellschaftsrechts (MoPeG)

42 Das Gesetz zur Modernisierung des Personengesellschaftsrechts (MoPeG → Einl § 105 Rn. 42 ff) fasst zum 1.1.2024 auch das OHG-Recht neu. Der Regelungsgehalt des § 119 findet sich künftig in § 109 III, IV HGB-MoPeG, § 109 I HGB-MoPeG sieht das Fassen von Beschlüssen in Versammlungen vor, § 109 II HGB-MoPeG regelt die Einberufung der Versammlungen. Neu ist die Regelung des Beschlussmängelrechts in den §§ 110–115 HGB-MoPeG. Zur Textfassung des HGB-MoPeG s. → Anh. § 105.

1. Abschnitt. Offene Handelsgesellschaft 1–3 **§ 120**

[Gewinn und Verlust]

120 (1) **Am Schlusse jedes Geschäftsjahrs wird auf Grund der Bilanz der Gewinn oder der Verlust des Jahres ermittelt und für jeden Gesellschafter sein Anteil daran berechnet.**

(2) **Der einem Gesellschafter zukommende Gewinn wird dem Kapitalanteile des Gesellschafters zugeschrieben; der auf einen Gesellschafter entfallende Verlust sowie das während des Geschäftsjahrs auf den Kapitalanteil entnommene Geld wird davon abgeschrieben.**

Übersicht

	Rn
1) Ermittlung des Gewinns oder Verlusts der OHG und der Anteile der Gesellschafter daran (I)	1–11
A. Jahresabschluss	1
B. Einzelne Posten	2–6
C. Gewinnermittlung	7
D. Gewinnverwendung	8
E. Berechnung des Anteils der Gesellschafter (I Halbsatz 2)	9
F. Abweichende Vereinbarungen	10, 11
2) Bildung und Behandlung der Kapitalanteile der Gesellschafter (II)	12–23
A. Begriff und Rechtsnatur	12, 13
B. Variabler Kapitalanteil	14
C. Fester Kapitalanteil	15, 16
D. Bewertung der Einlagen	17
E. Kapitalkonto und Privatkonto	18–21
F. Negativer Kapitalanteil	22
G. Gesellschafter ohne Kapitalanteil	23
3) Reform des Personengesellschaftsrechts (MoPeG)	24

1) Ermittlung des Gewinns oder Verlusts der OHG und der Anteile der Gesellschafter daran (I)

A. **Jahresabschluss.** Die OHG hat wie jeder Kfm. bei Beginn ihres HdlGe- **1** werbes eine Eröffnungsbilanz und dann für den Schluss jedes Geschäftsjahrs einen Jahresabschluss zu machen (§§ 242 ff.). Der Jahresabschluss besteht aus der **Bilanz** und einer besonderen **Gewinn- und Verlustrechnung** (§ 242 III). **Aufstellung** und **Feststellung** des Jahresabschlusses sind zu unterscheiden (wichtig wegen unterschiedlicher Zuständigkeit nur der geschäftsführenden Gfter oder aller Gfter einschließlich der Kdtisten, → § 114 Rn. 2, 3, → § 164 Rn. 3). **Rechtsnatur** der Feststellung ist str., → § 164 Rn. 3. Unterzeichnung § 245, Aufbewahrung § 257. Ein förmlicher Lagebericht (vgl. § 289 für KapitalGes) ist für die OHG nicht vorgeschrieben. Über Berichtspflicht → § 114 Rn. 14, Kontrollrechte § 118. Die Buchführungs- und Bilanzierungspflichten des III. Buchs sind privatrechtliche Pflichten (→ § 238 Rn. 4), die Rechte und Pflichten der Gfter untereinander nach §§ 120–122 davon unabhängig (→ § 252 Rn. 14). Lit.: IdW 1990; Goerdeler FS Fleck, 1988, 53; Wahlers/Orlikowski-Wolf ZIP 2012, 1161 (Beschlussfassung über Feststellung).

B. **Einzelne Posten. a)** Zu den Aktiva gehören die Ansprüche der Ges. gegen **2** die Gfter, ihre Verbindlichkeiten gegenüber den Gftern gehören zu ihren Passiva (vgl. → § 124 Rn. 3, 23). Die Haftung der Gfter für GesSchulden nach § 128 berührt die Bilanz der Ges. nicht.

b) Eigenkapital und Einlagen: Ein Stamm- oder Grundkapital mit einem **3** festen Kapitalbetrag wie bei AG und GmbH ist gesetzlich ebenso wenig vorgeschrieben wie Einlagen der Gfter, das gilt bilanzrechtlich (→ Rn. 1) und gesellschaftsrechtlich (→ § 109 Rn. 6). Doch können Eigenkapital und Einlagen nach GesVertrag oder Übung der Gfter vorgesehen sein. Das Eigenkapital ist dann idR gleich der Summe fester Kapitalanteile der Gfter (→ Rn. 15). Denkbar wäre auch ein fester Kapitalbetrag der Ges. mit variablen, nach besonderem Schlüssel wechselnden Kapitalanteilen (→ Rn. 14). Der gesetzlichen Regelung entspricht die Ausweisung solcher veränderlicher Kapitalanteile, deren Summe der Differenz von Aktiven und Passiven am Bilanztage entspricht. Bewertung der Einlagen → Rn. 17. Lit.: Pauli, 1990.

4 c) **Rückstellungen:** Für ungewisse Verbindlichkeiten und drohende Verluste aus schwebenden Geschäften ua sind Rückstellungen zu bilden (näher § 249 I 1).

5 d) **Rücklagen:** Die Bildung von **gesetzlichen Rücklagen** ist, anders als zB nach § 150 AktG, für die OHG nicht vorgeschrieben (→ § 122 Rn. 3), doch ist nach GoB (→ § 238 Rn. 11) jedenfalls Bildung der für die Lebens- und Widerstandsfähigkeit der Ges. erforderlichen Rücklagen zu fordern, Ulmer FS Hefermehl, 1976, 218, Westermann FS von Caemmerer, 1978, 657. Der **Gesellschaftsvertrag** kann darüber hinaus die Bildung von **freien Rücklagen** vorschreiben oder zulassen. Sie ist auch zulässig, soweit alle Gfter (auch konkludent) einverstanden sind. Mangels vertraglicher Zulassung ist Rücklagenbeschluss Vertragsänderung, die Gfter müssen aber angemessenen offenen Rücklagen zustimmen (Treuepflicht, → § 109 Rn. 23), sehr str. Gestattet Vertrag allgemein Änderung mit Mehrheit (→ § 119 Rn. 34), erlaubt das Mehrheitsbeschluss nur für Bildung kfm. notwendiger Rücklagen, BGH BB 1976, 948 (Bestimmtheitsgrundsatz, → § 119 Rn. 37, 38), strenger BGHZ 132, 275: dann überhaupt kein Mehrheitsbeschluss. Den Gftern sollte dabei aber nach Möglichkeit ein Betrag übrigbleiben, der für die Steuerschuld ausreicht (aber → § 122 Rn. 17), Ebenroth/Ehricke Rn. 30, weitergehend Heymann/Hoffmann/Bartlitz Rn. 26: dies sei stets Grenze für Rücklagen. Lit.: Großfeld WPg 1987, 698; Priester FS Quack, 1991, 373; Haar NZG 2007, 601.

6 Stille Reserven: Die bilanzrechtlich in bestimmten Grenzen weiterhin erlaubte Bildung stiller Reserven (ganz erheblich eingeschränkt durch das BilMoG, → § 252 Rn. 17) ist nicht ohne weiteres auch gesellschaftsrechtlich zulässig. Soweit stille Reserven nicht durch GoB oder durch GesVertrag gedeckt sind, sind sie nur zulässig, soweit alle Gfter einverstanden sind (Mehrheitsbeschluss → Rn. 5), eine Zustimmungspflicht besteht grundsätzlich nicht, BGHZ 132, 275 f. (→ § 164 Rn. 3), Ulmer FS Hefermehl, 1976, 220, Heymann/Hoffmann/Bartlitz Rn. 24, Grund: stille Reserven sind für die Ges. gefährlich und verkürzen künstlich den ausschüttungsfähigen Bilanzgewinn, das betrifft ebenso wie die Feststellung der Bilanz die Grundlagen (→ Rn. 1). Lit.: Priester FS Quack, 1991, 373; Ulmer FS Lutter, 2000, 935; Haar NZG 2007, 601.

7 C. **Gewinnermittlung.** Gewinn und Verlust der Ges. ergeben sich aus den Veränderungen des GesVermögens gegenüber der Vorjahrsbilanz (→ Rn. 1). Eigenkapital als Gewinnermittlungs- und -ausschüttungssperre ist anders als bei AG und GmbH nicht vorgeschrieben (→ Rn. 3). Der Gewinn ist danach der nach Rücklagenbildung von den Gftern als „Überschuss" erklärte und damit gleichzeitig freigegebene Anteil am GesVermögen, BGHZ 58, 320; 80, 358. Die Gewinnermittlung in der Bilanz gibt den Rahmen für die Gewinnverwendung (→ Rn. 8). Für die Zuständigkeit sind Aufstellung und Feststellung der Bilanz zu unterscheiden (→ Rn. 1).

8 D. **Gewinnverwendung.** Sie ist von der Gewinnermittlung zu unterscheiden und wird von allen Gfter beschlossen, falls der GesVertrag nicht einen Mehrheitsbeschluss zulässt (→ § 119 Rn. 34), MüKoHGB/Priester Rn. 83, Kernbereichsrelevanz offen, BGH ZIP 2007, 477, str. (auch → § 164 Rn. 3, 4). Weicht die Gewinnverwendung vom GesVertrag ab, liegt Vertragsänderung vor, für die ebenfalls Mehrheitsbeschluss vorgesehen werden kann (aber Bestimmtheitsgrundsatz, → § 119 Rn. 37, 38, → § 164 Rn. 3, 4).

E. **Berechnung des Anteils der Gesellschafter (I Halbsatz 2).** Aus dem 9
Gewinn bzw. Verlust sind **Anteile** der Gfter zu bilden (I Hs. 2, § 121). Aus der Feststellung der Anteile der Gfter am Gewinn oder Verlust folgt nach dem Gesetz nur die Zu- oder Abschreibung dieser Beträge zum oder vom Kapitalanteil (II, → Rn. 12). Der Gewinn kommt dem Gfter persönlich nur mittelbar zugute, indem er sein Entnahmerecht stärkt (§ 122 I) und für den Fall der Auflösung der Ges. das dem Gfter dann zukommende Auseinandersetzungsguthaben (für den Normalfall der Liquidation des Unternehmens, § 155 I) erhöht. Der Verlust berührt ihn mittelbar in derselben Weise, unmittelbar trifft er ihn nicht, er hat nichts nachzuschießen (§ 707 BGB, → § 109 Rn. 12).

F. **Abweichende Vereinbarungen. a) Bilanzierung:** Die Pflicht zur Auf- 10
stellung eines Jahresabschlusses nach § 242 und die Vorgaben des III. Buchs dafür sind zwingend (→ Rn. 1). **§§ 120–122, 155** sind dagegen **dispositiv** (§§ 109, 145).

b) Gewinnermittlung und Gewinnverwendung: Die Gfter können für die 11
Zwecke der Gewinnermittlung und Gewinnverteilung besondere, von §§ 121–123 abweichende Vereinbarungen treffen. Mangels anderer Vereinbarung werden dafür alle Vorfälle des Geschäfts der Ges. in gleicher Weise erfasst. Abweichungen, zB gesonderte Rechnung und Bilanz für einzelne Abteilungen, Niederlassungen, Einzelgeschäfte, sind nach Vereinbarung möglich, zB als Grundlage einer Gewinnverteilung gemäß Teilergebnissen, an denen die Gfter in verschiedener Weise teilhaben sollen. Der GesVertrag kann auch schlicht (ohne die Einschränkung des § 122 I) Ausschüttung der Gewinnanteile, andererseits Deckung der Verlustanteile durch Nachschüsse anordnen (→ § 109 Rn. 13).

2) Bildung und Behandlung der Kapitalanteile der Gesellschafter (II)

A. **Begriff und Rechtsnatur.** Das HGB geht in den (sämtlich dispositiven, 12
→ Rn. 10) II, § 121 (Gewinnverteilung), § 122 (Entnahmerecht), § 155 (Auseinandersetzung) vom Bestehen von Kapitalanteilen aus, ohne diese zu definieren. Die Kapitalanteile zeigen das **Verhältnis der Beteiligung der verschiedenen Gesellschafter** durch Zahlen an, nach Gesetz in Bezug auf die drei genannten Punkte (§§ 121, 122, 155), nach dem vorrangigen GesVertrag uU nicht für alle drei (zB Gewinnverteilung und Entnahmerecht unabhängig und nur die Auseinandersetzung nach Auflösung der Ges. abhängig von Kapitalanteilen) oder darüber hinaus für weitere Punkte (zB Stimmrechte, Zuschusspflichten ua). Macht der GesVertrag auch die Auseinandersetzung von den Kapitalanteilen unabhängig (zB durch Zuweisung bestimmter Beträge an Gfter A und B, des Restes des Liquidationserlöses an C), sind diese rechtlich überflüssig; werden sie dennoch auf den Kapitalkonten und in der Bilanz ausgewiesen, hat das wie gewöhnliche Buchungen nur die Bedeutung historischer Feststellung. Der BGH betont zutreffend, dass die Verbuchung der Rechtsbeziehungen zwischen Gesellschaft und Gesellschaftern das Innenverhältnis betrifft und insoweit Vertragsfreiheit besteht, BGH ZIP 2016, 522.

Rechtlich ist danach der Kapitalanteil **nur eine Rechnungsziffer** (Verhält- 13
niszahl), die für gewisse Zwecke das Verhältnis der Rechte und Pflichten der Gfter angeben soll, RGZ 117, 242; BGH NJW 1999, 2438, hL. Er bezeichnet **nicht** dasselbe wie der (auch oft Kapitalanteil genannte) **Anteil am Gesellschaftsvermögen** (§ 719 I BGB, → § 124 Rn. 16) noch ist er eine **Forderung** des Gfters gegen die Ges. ebenso wenig wie ein negativer Kapitalanteil (→ Rn. 22) eine Forderung der Ges. gegen den Gfter ist, BGHZ 68, 227. Deshalb ist rechtlich **keine Verfügung über den Kapitalanteil** möglich wie Abtretung, Verpfändung, Pfändung des Ganzen oder von Teilen; gewollt sein

§ 120 14–17   2. Buch. Handelsgesellschaften und stille Gesellschaft

kann aber eine Verfügung über den Gewinnanspruch, das Gewinnstammrecht oder die ganze Mitgliedschaft (→ § 121 Rn. 3–6). In der **Insolvenz** der Ges. ist der Kapitalanteil nicht Insolvenzforderung (soweit der EinzelKfm in seiner Insolvenz mit dem Betrag, den er in sein Geschäft gesteckt hat, Insolvenzgläubiger ist). Dementsprechend ist ein negativer Kapitalanteil (→ Rn. 21) keine Verbindlichkeit, die der Insolvenzverwalter vom Gfter einziehen könnte. Lit.: Huber, 1970; Ganssmüller DB 1967, 2103; 1970, 389; Hopt/Hehl JuS 1979, 728.

14   B. **Variabler Kapitalanteil.** Nach II, § 121 wird ein veränderlicher Kapitalanteil gebildet, und zwar durch Gutschrift der ersten Einlage (vom Gesetz stillschweigend unterstellt) sowie Zuschreibung der Gewinnanteile (und etwaiger weiterer Einlagen) und Abschreibung der Verlustteile und Entnahmen (auch unzulässiger, → § 122 Rn. 1). Das geschieht idR jährlich einmal bei Feststellung des Jahresabschlusses. Die vom Kapitalanteil abhängigen Regelungen (→ Rn. 12) richten sich dann jeweils nach den im letzten Jahresabschluss festgestellten Kapitalanteilen.

15   C. **Fester Kapitalanteil.** In der Praxis wird der Kapitalanteil sehr häufig nach GesVertrag einfach durch Festsetzung eines Betrages (etwa genau oder ungefähr den Einlagen der Gfter entspr.) gebildet, der (bis zu einer Vertragsänderung) unverändert bleibt, zB: A 30.000 EUR, B 20.000 EUR, C 10.000 EUR. Gewinne, Verluste, Entnahmen der Gfter werden dann gesondert gebucht (→ Rn. 19, 20) mit der Folge, dass die Kapitalanteile und die von ihrer Höhe abhängigen Beziehungen (→ Rn. 12) gleich bleiben, zB Anteile an Gewinn und Verlust, Höhe der erlaubten Entnahmen, Stimmrechte, Zuschusspflichten, Anteile am Liquidationserlös nach Auflösung der Ges. usw. Diese Regelung sichert also das Einfluss-, Rechte- und Pflichtverhältnis der Gfter gegen rasche, uU unerwartete Änderung, die das Einvernehmen stören kann. Bsp.: BGH NJW 1972, 1756.

16   Der Kapitalanteil kann nach Vertrag (selten) auch als bloße **Quote** (zB 3/5, 2/6, 1/6 oder x%, y%, z%) gebildet werden, OGHZ 1, 349; dieser Kapitalanteil ist mit einem festen Kapitalanteil (→ Rn. 15) weitgehend gleichbedeutend, führt aber zu anderer Buchung (→ Rn. 19).

17   D. **Bewertung der Einlagen.** In der Bewertung der Einlagen für die Bestimmung der Kapitalanteile sind die Gfter grundsätzlich frei (**Innenverhältnis,** zu unterscheiden von zwingenden Bilanzansätzen, Ebenroth/Ehricke Rn. 25). Sie können Bareinlagen niedriger (zB bei Aufnahme eines neuen Gfters wegen stiller Rücklagen im Altvermögen) oder höher als ihren Nennwert, Sacheinlagen über oder unter Verkehrswert ansetzen, BGHZ 17, 130; BGH BB 1959, 92; 1970, 1070; WM 1972, 214; 1974, 1151; 1975, 327. Grenzen setzen §§ 138, 826 BGB, zur sittenwidrigen Unterbewertung BGH WM 1975, 327. Diese Bewertungsfreiheit im Innenverhältnis steht in scharfem Gegensatz zum **Erfordernis tatsächlicher Wertzuführung im Außen- und Haftungsverhältnis bei der KG** (→ § 171 Rn. 6). An der durch Unterbewertung einer Sacheinlage gebildeten stillen Rücklage haben bei Auseinandersetzung die MitGfter teil, wenn nicht ausdrücklich vereinbart, dass der Mehrwert als Darlehen des Einbringers zu behandeln ist, BGH WM 1972, 214; Abfindungsklauseln → § 131 Rn. 64. Eine Ges., die im Einvernehmen aller Gfter vorbehaltlich der Bewertung von Einlagen vollzogen ist, ist abweichend von § 154 I BGB wirksam zustande gekommen (keine fehlerhafte Ges., → § 105 Rn. 50). Auch **Dienste** (→ § 109 Rn. 7) können als Einlagen bewertet werden, und zwar mit einem Erinnerungswert oder als laufende Einlage oder kapitalisiert als Summe des Werts künftiger Dienste, Sudhoff NJW 1964, 1249 zT abw. Ganssmüller DB 1970, 285; stGes → § 230 Rn. 20, 22, → § 235 Rn. 1. Auch Kenntnisse und Erfahrungen (**Know-how,** → Einl. vor § 1 Rn. 34), Barz FS W. Schmidt, 1959, 157.

E. Kapitalkonto und Privatkonto. a) Kapitalkonto: Der Kapitalanteil jedes 18
Gfters wird buchmäßig auf seinem Kapitalkonto ausgewiesen, entweder veränderlich (idR von Jahr zu Jahr, → Rn. 14) oder wie meist in der Praxis mit stets gleich
bleibendem Betrag (→ Rn. 15) oder auch in jeder Bilanz mit dem der Quote
(→ Rn. 16) entsprechenden Teilbetrag des aus der Bilanz hervorgehenden Reinvermögens. Die Kapitalanteile der Gfter stehen in der **Bilanz** der OHG unter
den Passiven wie Grund- bzw. Stammkapital in der Bilanz der AG und GmbH
(§§ 247 I, 266 III A) und zeigen das buchmäßige (vom wahren Wert oft sehr
abweichende) Reinvermögen der Ges., wenn nicht (was besonders beim festen
Kapitalanteil, in Betracht kommt) aus Gewinnen Rücklagen gebildet sind. Verzinsung nur bei (auch stillschweigender) Vereinbarung.

b) Kapitalkonto I, II: In der Praxis wird das Kapitalkonto häufig **in einen** 19
festen Teil für die Einlage (Kapitalkonto I) **und einen variablen Teil** für
Gewinne, Verluste und Entnahmen (Kapitalkonto II) **zweigeteilt** (auch Drei- und Vierteilung kommt vor, zB zusätzlich separates Rücklagenkonto). Bsp.:
BGH NJW 1972, 1756. Die Einheitlichkeit des Kapitalanteils wird dadurch nicht
beseitigt (Konsequenz → § 122 Rn. 8). Das echte Kapitalkonto II ist ein Kapitalkonto, und zwar ein Einlagenkonto, nach aA bloßes Forderungskonto. Die
Bezeichnungen (statt Kapitalkonto II manchmal auch variables Sonderkonto; zT
auch missverständlich Privat-, Darlehenskonto, → Rn. 20) sind aber rechtlich
nicht maßgeblich. Die Bedeutung der Konten richtet sich vielmehr nach dem
GesVertrag und den Gfterbeschlüssen und nach der Art der ihrer Bildung zugrundeliegenden Geschäftsvorgänge, BGHZ 58, 316; BGH BB 1975, 295; WM
1982, 1311. Verrechnung von Gewinn und Verlust nur innerhalb des Kapitalkontos II, nicht zwischen diesem und einem Privatkonto (→ Rn. 20). Verzinsung
nur bei (auch stillschweigender) Vereinbarung. Lit.: Huber ZGR 1988, 1; Wertenbruch FS Gerhardt, 2004, 1077 (Pfändung Kapitalkonto II).

c) Privatkonto: Auf anderen Konten (Sonder-, Privat-, Darlehenskonto ua 20
genannt) bucht man die grundsätzlich jederzeit fälligen Ansprüche und Verbindlichkeiten zwischen Ges. und Gfter, zB Ansprüche des Gfters auf Gehalt, Aufwendungsersatz oder der Ges. gegebenen Darlehen, Ansprüche der Ges. auf
Zahlung rückständiger Einlagen, Rückzahlung unzulässiger Entnahmen, Ansprüche und Verbindlichkeiten aus Geschäften zwischen Ges. und Gfter usw. Bsp.:
BGH BB 1978, 630. Bei festen Kapitalanteilen gehören hierhin auch der Anspruch auf Auszahlung des Gewinns (der hier nicht wie beim System des § 120 II
dem Kapitalanteil zugeschrieben wird) und entspr. die Verbindlichkeit des Gfters
zur Einzahlung des ihn treffenden Verlustanteils (der hier dem Kapitalanteil
abgeschrieben wird). Das Konto ist danach ein **reines Forderungskonto.** Doch
kommt es auch hier nicht auf die Bezeichnung, sondern das tatsächlich Gewollte
an (→ Rn. 19). Das ist in der Praxis oft schwer festzustellen. Für ein Privatkonto
sollen zB mangelnde Relevanz für Rechte nach §§ 121, 122, 155 (→ Rn. 12),
Kündigungsmöglichkeit, feste Verzinsung sprechen; das ist aber unzuverlässig,
richtiger kommt es auf die Verlustdeckungsfunktion des auf dem Konto ausgewiesenen Kapitals an, BGH BB 1978, 631, Ebenroth/Ehricke Rn. 85. Die auf
solchem Konto gebuchten Beträge können rechtlich nicht teils als Kapital teils
anders gewertet werden, BGH BB 1978, 631, aber es kann fehlerhafte Buchung
vorliegen (→ Rn. 21). Umwandlung in Einlage oder in Darlehen nur durch (auch
stillschweigende) Vereinbarung (→ § 167 Rn. 7); deshalb in der Praxis oft eigenes
Darlehenskonto neben dem allgemeinen Privatkonto. Verzinsung der Beträge auf
Privatkonto nur bei (auch stillschweigender) Vereinbarung, so idR bei Beträgen
auf Darlehenskonto. Lit.: Huber ZGR 1988, 1.

d) Abweichende Buchungen: Die Buchung des auf Kapitalkonto Gehören- 21
den auf Privatkonto oder umgekehrt ist entweder unrichtig und für die Rechtslage unerheblich, oder sie ist bei Einverständnis aller Gfter eine Änderung des

Rechtsverhältnisses, Bsp.: Umwandlung einer Darlehensforderung des Gfters in eine Einlage, die nun wie der übrige Kapitalanteil gebunden ist, also nicht mehr wie ein Darlehen auszahlbar und in der Insolvenz der Ges. als Insolvenzforderung anmeldbar ist.

22 **F. Negativer Kapitalanteil.** Werden Verluste und Entnahmen vom (variablen, → Rn. 14) Kapitalanteil abgeschrieben, kann der Kapitalanteil einzelner Gfter oder auch aller passiv (oder negativ, Gegensatz: aktiv oder positiv) werden. Das ändert seine Bedeutung als reine Verhältniszahl (→ Rn. 13) nicht. Er weist keine Forderung gegen den Gfter aus, BGHZ 68, 227; BGH NJW 1999, 2438, somit keine Verzinsung (→ Rn. 18, 19); auch besteht keine Nachschusspflicht (§ 707 BGB, → § 109 Rn. 12), BGH WM 1982, 1311. Bei negativem Kapitalanteil **entfällt das Entnahmerecht** (§ 122 I Fall 1: 4% des Kapitalanteils ohne Rücksicht auf Gewinn; der negative Kapitalanteil muss erst wieder positiv werden), nicht aber der Gewinnanteil (§ 121 III) und die Mitverwaltungsrechte des Gfter. Der GesVertrag kann an das „Passivwerden" eines Gfters aber weitere Folgen knüpfen (zB hinsichtlich Stimmrechts). Sieht der GesVertrag Gewinnverteilung statt nach Köpfen nach Kapitalanteilen vor, ist nach einem den Umständen nach angemessenen Verhältnis zu verteilen (§ 168 II analog), Heymann/Hoffmann/Bartlitz Rn. 38. Für die **Liquidation** zeigt der negative Kapitalanteil der OHG die Höhe der Ausgleichspflicht des Gfters gegenüber seinen MitGftern an (außer bei Liquidationsgewinn, → § 154 Rn. 3). In der **Insolvenz** der Ges. ist der passive Kapitalanteil nicht vom Insolvenzverwalter einzuziehen, er ist nicht Verbindlichkeit des Gfters an die Ges., aber er gibt an, wieweit der Gfter im Innenverhältnis die ungedeckten GesSchulden auf sich nehmen muss, wenn die Gläubiger ihn oder andere Gfter auf Grund ihrer persönlichen Haftung (§ 128) in Anspruch nehmen. Zum finanziell überforderten Gfter Wertenbruch NZG 2013, 1321.

23 **G. Gesellschafter ohne Kapitalanteil.** In der Praxis haben mitunter einzelne Gfter nach dem GesVertrag keinen Kapitalanteil, OLG Hamburg ZIP 2007, 1237, zB GmbH in der GmbH & Co, BGH ZIP 2015, 426. Das bedeutet iZw nur, dass solche Gfter keine Rechte aus §§ 121, 122, 155 (→ Rn. 12) haben. Der GesVertrag kann aber (im Innenverhältnis) anderes vorsehen, etwa die Vergütung der Tätigkeit als Komplementär-GmbH, BGH ZIP 2015, 426 (maßgeblich für den Streitwert).

3) Reform des Personengesellschaftsrechts (MoPeG)

24 Das Gesetz zur Modernisierung des Personengesellschaftsrechts (MoPeG → Einl § 105 Rn. 42 ff) fasst zum 1.1.2024 auch das OHG-Recht neu. Der Regelungsgehalt des § 120 verbleibt in § 120 HGB-MoPeG, der zusätzlich auf § 709 III BGB-MoPeG verweist. Zur Textfassung des HGB-MoPeG sowie der §§ 705 ff BGB-MoPeG s. → Anh. § 105.

[Verteilung von Gewinn und Verlust]

121 (1) ¹Von dem Jahresgewinne gebührt jedem Gesellschafter zunächst ein Anteil in Höhe von vier vom Hundert seines Kapitalanteils. ²Reicht der Jahresgewinn hierzu nicht aus, so bestimmen sich die Anteile nach einem entsprechend niedrigeren Satze.

(2) ¹Bei der Berechnung des nach Absatz 1 einem Gesellschafter zukommenden Gewinnanteils werden Leistungen, die der Gesellschafter im Laufe des Geschäftsjahrs als Einlage gemacht hat, nach dem Verhältnisse der seit der Leistung abgelaufenen Zeit berücksichtigt. ²Hat der Gesellschafter im Laufe des Geschäftsjahrs Geld aus seinem Kapitalanteil entnommen, so werden die

1. Abschnitt. Offene Handelsgesellschaft 1–3 § 121

entnommenen Beträge nach dem Verhältnisse der bis zur Entnahme abgelaufenen Zeit berücksichtigt.

(3) Derjenige Teil des Jahresgewinns, welcher die nach den Absätzen 1 und 2 zu berechnenden Gewinnanteile übersteigt, sowie der Verlust eines Geschäftsjahrs wird unter die Gesellschafter nach Köpfen verteilt.

Übersicht

	Rn
1) Gewinnverteilung (I, II, III)	1–6
A. Vorzugsgewinnanteil	1
B. Mehrgewinn (III)	2
C. Gewinnanspruch, Gewinnstammrecht	3–6
2) Verteilung eines Verlusts (III)	7
3) Abweichende Vereinbarungen	8–10
A. Gewinnverteilung	8
B. Verlustverteilung	9
C. Änderung	10
4) Reform des Personengesellschaftsrechts (MoPeG)	11

1) Gewinnverteilung (I, II, III)

A. Vorzugsgewinnanteil. Der nach Inkrafttreten des MoPeG im HGB nicht 1 mehr enthaltene § 121 besagt, zu welchen Teilen der nach § 120 I ermittelte Jahresgewinn den einzelnen Gesellschaftern gebührt (ob er nur wie nach § 120 II dem Kapitalanteil zugeschrieben oder nach GesVertrag als gesonderter Anspruch neben dem unverändert festen Kapitalanteil, → § 120 Rn. 12, gebucht wird); das Recht auf Auszahlung bestimmt sich in beiden Fällen nach § 122 bzw. GesVertrag.

a) Bei ausreichendem Gewinn erhält nach **I 1** jeder Gfter (außer Gfter mit negativem oder ganz ohne Kapitalanteil, → § 120 Rn. 22, 23) zunächst **4%** **seines Kapitalanteils** bei Geschäftsjahresanfang (Vorzugsgewinnanteil, Vordividende, Vorzugsdividende).

b) Eingerechnet werden 4% auf im Geschäftsjahr gemachte **Einlagen** abzüglich 4% auf im Geschäftsjahr vorgenommene Entnahmen, beides aber nur mit dem Anteil entspr. dem Teil des Jahres, der nach der Einlage bzw. vor der Entnahme verstrich (**II**).

c) Reicht der Gewinn hierfür nicht aus, dann gilt derjenigen **unter 4%** liegenden Prozentsatz, dessen Anwendung den Gewinn erschöpft (I 2). Vorausgesetzt ist positiver Kapitalanteil, ein negativer (→ § 120 Rn. 22) bleibt unberührt, wird also nicht etwa entspr. belastet. Auch ein Gfter ohne Kapitalanteil (→ § 120 Rn. 23) bleibt unberührt. Fehlt ein Gewinn, so erhalten die Gfter nichts, denn die 4% nach I 1 sind Vorzugsdividende, nicht Kapitalzins. Lit.: Flume DB 1973, 786.

B. Mehrgewinn (III). Der 4% übersteigende Jahresgewinn ist nach Köpfen zu 2 verteilen, dh gleichmäßig auf alle Gfter, insbesondere ohne Rücksicht auf ihre Kapitalanteile. Reine Buchgewinne sind nicht auszuschütten, BGH WM 1986, 355.

C. Gewinnanspruch, Gewinnstammrecht. Das Recht eines Gfters auf ei- 3 nen bestimmten Gewinnanteil (**Gewinnanspruch**) entsteht mit und gemäß Feststellung des Jahresabschlusses. Der Gewinnanspruch kann während des Bestehens der Ges. nur gegen diese geltend gemacht werden (→ § 128 Rn. 22). **Verfügung** über den Gewinnanspruch ist möglich (anders Kapitalanteil, → § 120 Rn. 13, und Entnahmerecht, → § 122 Rn. 4), er ist also abtretbar, verpfändbar, pfändbar (bei Zuschreibung zum Kapitalanteil wie bei gesonderter Buchung, → § 120 Rn. 11–13), § 717 S. 2 BGB (→ § 109 Rn. 19). Die Schranken der

Gewinnauszahlung (§ 122 I) wirken auch gegen Zessionar, Pfand- und Pfändungsgläubiger. **Verjährung** des Gewinnsanspruchs in 3 Jahren (§§ 195, 199 BGB). Lit.: Gansmüller DB 1967, 2103; 1970, 285.

4 Auch **künftige Gewinnansprüche** sind nach allgemeinen Regeln abtretbar, verpfändbar, pfändbar (Vorausverfügung über künftiges Recht); dagegen nicht das **Gewinnstammrecht,** das den einzelnen Gewinnansprüchen zugrundeliegt (→ § 109 Rn. 20), str.

5 **Wirkung der Verfügung:** Die Abtretung (Verpfändung, Pfändung) hindert nach Mitteilung an die Ges. die Gewinnauszahlung an den Gfter und anderweitige Verfügungen über die Gewinne, gibt aber dem Zessionar, Pfand- und Pfändungsgläubiger **nicht** die der Kontrolle und Durchsetzung des erworbenen Vermögensrechts dienenden **Verwaltungsrechte** (→ § 109 Rn. 20), BGH WM 1983, 1280. Er hat also keinen Einfluss auf die Feststellung der für die künftigen Gewinne bestimmenden Jahresabschlüsse, zB Rücklagenbildung, RGZ 98, 318 (GmbH); kein Informationsrecht gegenüber der Ges. (§ 118) außer auf Mitteilung des Gewinnanteils, RGZ 90, 19; BGH BB 1976, 11; kein Veto gegen Änderung des GesVertrags, die das Gewinnrecht des Zedenten (Verpfänders, Pfändungsschuldners) schmälert, str.; Grenzen: §§ 138, 826 BGB. Er bleibt also auf schuldrechtliche Nebenpflichten des Veräußerers angewiesen.

6 Mit stärkerer Wirkung kann der Gfter über sein Gewinnrecht nur im Rahmen der **Verfügung über seinen ganzen Gesellschaftsanteil (Mitgliedschaft)** einwirken, welche über Auflösung der Ges. Zugriff auf die Rücklagen und stillen Reserven gewährt (→ § 105 Rn. 69, → § 120 Rn. 4). Nießbrauch → § 105 Rn. 44; Sicherungsabtretung, Verpfändung, Pfändung → § 124 Rn. 19–21.

2) Verteilung eines Verlusts (III)

7 Nach III ist der nach § 120 I ermittelte Jahresverlust nach Köpfen (insbesondere ohne Rücksicht auf die Kapitalanteile) auf die Gfter umzulegen, dh entweder nach § 120 II von den Kapitalanteilen abzuziehen oder neben festen Kapitalanteilen (→ § 120 Rn. 15) gesondert zu buchen. Ihn durch Nachschüsse auszugleichen, sind die Gfter weder verpflichtet (§ 707 BGB) noch berechtigt (→ § 109 Rn. 12–14). Unberechtigte Nachschüsse sind auf dem Privatkonto zu verbuchen, abweichende Buchung → § 120 Rn. 21.

3) Abweichende Vereinbarungen

8 A. **Gewinnverteilung.** Der GesVertrag kann in der Gewinnverteilung von § 121 beliebig (im Rahmen des § 138 BGB) abweichen und tut das in der Praxis regelmäßig, zB: die Vorzugsdividende auf die Kapitalanteile (I 1) erhöhen oder senken; statt einer Vorzugsdividende eine Festverzinsung vorsehen; den Mehrgewinn anders als nach Köpfen (III) verteilen; die Anteile je nach Höhe des Gewinns verschieden bestimmen; Vorausanteile einzelnen Gftern zuteilen, insbesondere Gewinntantiemen für geschäftsführende Gfter, GründerGfter, für Überlassung von Gegenständen zur Nutzung usw, statt oder neben Gehalt (→ § 110 Rn. 19) oder anderen auch ohne Gewinn geschuldeten Leistungen. Ausschüttung auch bloßer Buchgewinne ist iZw nicht vereinbart, BGH WM 1986, 356. Anpassung der Gewinnverteilung (§ 313 BGB) nicht durch Klage gegen die Ges., sondern gegen die MitGfter auf Änderung des (Unter-)Beteiligungsvertrags, OLG München NZG 2010, 863. Lit.: Paulick FS Laufke 1971, 193 (FamilienGes).

9 B. **Verlustverteilung.** Ebenso kann der GesVertrag in der Verlustverteilung von § 121 III (nur Innenverhältnis) abweichen, zB: wie häufig den Verlust ganz oder zum Teil nach Kapitalanteilen verteilen (als negativen Kapitalertrag); einzelne Gfter von Verlustbeteiligung ganz freistellen (was iZw als Minus aus einer Gewinngarantie folgt, iZw nicht aus Gewährung einer Vorausantieme), BGH

WM 1975, 662. Die Bestimmung der Gewinnanteile gilt iZw entspr. für die Umlegung eines Verlusts (§ 722 II BGB). Lit.: Gansmüller DB 1968, 1699.

C. Änderung. Jede **Änderung** der Gewinn- bzw. Verlustverteilung, sei es der gesetzlichen nach § 121 oder besonderer Bestimmungen des GesVertrags, bedarf grundsätzlich (→ § 105 Rn. 60, → § 114 Rn. 3) eines einstimmigen (auch stillschweigenden) Beschlusses der Gfter; langdauernde Abweichung vom GesVertrag kann den Beschluss ersetzen, wenn im Einverständnis aller Gfter geübt, nicht wenn ihr nicht alle zustimmten, BGH NJW 1966, 826; BB 1967, 1307. Der GesVertrag kann Änderung mit Mehrheit vorsehen, auch insoweit Aufgabe des Bestimmtheitsgrundsatzes (→ § 119 Rn. 37, 38), dazu noch BGH WM 1986, 1556. **10**

4) Reform des Personengesellschaftsrechts (MoPeG)

Das Gesetz zur Modernisierung des Personengesellschaftsrechts (MoPeG → Einl § 105 Rn. 42 ff) fasst zum 1.1.2024 auch das OHG-Recht neu. § 121 HGB-MoPeG regelt künftig nur die Feststellung des Jahresabschlusses, die Anteile am Gewinn und Verlust sind künftig Gegenstand des § 709 III BGB-MoPeG, der nach § 105 III HGB-MoPeG entsprechende Anwendung findet. Der darüber hinaus gehende Regelungsgehalt des § 121 entfällt. Zur Textfassung des HGB-MoPeG sowie der §§ 705 ff BGB-MoPeG s. → Anh. § 105. **11**

[Entnahmen]

122 (1) **Jeder Gesellschafter ist berechtigt, aus der Gesellschaftskasse Geld bis zum Betrage von vier vom Hundert seines für das letzte Geschäftsjahr festgestellten Kapitalanteils zu seinen Lasten zu erheben und, soweit es nicht zum offenbaren Schaden der Gesellschaft gereicht, auch die Auszahlung seines den bezeichneten Betrag übersteigenden Anteils am Gewinne des letzten Jahres zu verlangen.**

(2) **Im übrigen ist ein Gesellschafter nicht befugt, ohne Einwilligung der anderen Gesellschafter seinen Kapitalanteil zu vermindern.**

Übersicht

	Rn
1) Entnahmerecht und andere Zahlungsansprüche	1–7
A. Entnahmen	1
B. Gewinnrecht und Entnahmen	2
C. Kein festes Grundkapital	3
D. Entnahmerecht	4–6
E. Gesellschafterdarlehen	7
2) Entnahmerecht in Höhe von 4 % des letzten Kapitalanteils (I Halbsatz 1)	8–11
A. Entnahmerecht (I Halbsatz 1)	8
B. Grenzen	9, 10
C. Vorschuss	11
3) Anspruch auf den Mehrgewinn (I Halbsatz 2)	12, 13
A. Gewinnrecht (I Halbsatz 2)	12
B. Grenzen	13
4) Verbot der Verminderung des Kapitalanteils (II)	14
5) Abweichende Vereinbarungen	15, 16
A. Erweiterungen	15
B. Beschränkungen	16
6) Entnahmen und Steuerrecht	17
7) Reform des Personengesellschaftsrechts (MoPeG)	18

§ 122 1–4 2. Buch. Handelsgesellschaften und stille Gesellschaft

1) Entnahmerecht und andere Zahlungsansprüche

1   **A. Entnahmen.** § 122 spricht von Erheben von Geld aus der GesKasse durch Gfter, Auszahlung an Gfter und Vermindern ihres Kapitalanteils durch Gfter. All das sind Formen der Entnahme der Gfter. Entnahme kann aber jede Art von Vermögenszuwendung der Ges. an einen Gfter sein, insbesondere Zahlungen wie die oft im GesVertrag vorgesehene Bezahlung persönlicher Steuerschulden der Gfter durch die Ges. (→ Rn. 17) und verdeckte Zuwendungen. Keine Entnahmen sind Leistungen der Ges. an den Gfter auf Grund eines Drittgeschäfts (→ § 109 Rn. 11). Differenzierend für Steuerrückerstattungen BGH NJW 1995, 1088, Kapitalertragssteuer der an sich nicht steuerpflichtigen PersGes wird als Entnahme angesehen, BGH ZIP 2013, 1174. Lit.: Hopt/Hehl JuS 1979, 728 (Bspe zu §§ 120–122); Balz DB 1988, 1305; Ulmer FS Lutter, 2000, 935; Schön, 5. Hachenburg-Gedächtsnisvorlesung 2002, 2003, S. 17 (Gewinnermittlung, -verteilung, -ausschüttung).

2   **B. Gewinnrecht und Entnahmen.** § 122 unterscheidet nicht, ob die Entnahme aus Gewinn oder Kapital erfolgt. Die Reichweite des Gewinnrechts (§ 121) und des Entnahmerechts (§ 122) decken sich nur zum Teil. Insbesondere sind das gewinnunabhängige Entnahmerecht nach § 122 I Hs. 1 und der Vorzugsgewinnanteil nach § 121 I (beide 4%) nicht zu verwechseln. § 122 geht von der gesetzlichen Regel (§ 120 II) aus, nach der Gewinnanteile stets sogleich dem Kapitalanteil zugeschlagen werden, der also sowohl Kapital wie Gewinn (im wirtschaftlichen Sinne) enthält. Bestimmt der GesVertrag dagegen, dass das Gewinnrecht Ansprüche außerhalb des Kapitalanteils begründet (→ § 120 Rn. 15), wird zweckmäßigerweise auch das Entnahmerecht abw. von § 122 geregelt, also gesondert für Kapitalanteil und Gewinnanteil. § 122 I gilt **nicht** in der Liquidation (§ 155 II 3) und in der KG für Kdtisten (§ 169 I).

3   **C. Kein festes Grundkapital.** Bei OHG und KG besteht wegen der persönlichen Haftung der Gfter (für Kdtisten vor Einzahlung und nach Rückzahlung ihrer Einlage, §§ 171, 172) **kein** (im Gläubigerinteresse erlassenes) **Verbot von Auszahlungen an die Gesellschafter aus dem Kapital** wie bei AG und GmbH (→ § 120 Rn. 3). Schon die gesetzliche Regelung (§ 122 I) gestattet in gewissem Umfang Auszahlungen aus dem Kapital, diese Möglichkeit kann vertraglich erweitert werden.

4   **D. Entnahmerecht.** Das Entnahmerecht nach § 122 **entsteht** mit Feststellung des Jahresabschlusses. Es ist ein **Recht, keine Pflicht;** wird es nicht ausgeübt, erhöht sich der variable Kapitalanteil des Gfters (→ § 120 Rn. 14); bei festem Kapitalanteil wird auf Kapitalkonto II, sonst auf Privatkonto gebucht (→ § 120 Rn. 19, 20). **Verfügung** über das Entnahmerecht nach I Hs. 1 ist separat von dem Gewinnanspruch (→ § 121 Rn. 3) nicht möglich, Grund: es knüpft unabhängig von einer Gewinnerzielung der Ges. an den Kapitalanteil an, hat einen spezifischen Schutzzweck für den Gfter (Mindestunterhalt, → Rn. 8) und ist selbst kein Gewinnrecht, für das § 717 S. 2 BGB gälte (→ Rn. 8), es ist also grundsätzlich nicht für sich allein abtretbar, verpfändbar, pfändbar (→ § 109 Rn. 20), RGZ 67, 17, hL, differenzierend Ebenroth/Ehricke Rn. 30, sehr str. Es geht aber auf den Zessionar (Pfändungsgläubiger) durch Abtretung (Überweisung) des Anspruchs auf den Gewinnanspruch über (§ 717 S. 2 BGB, → § 109 Rn. 20). Die Schranken des Entnahmerechts (→ Rn. 9–10) wirken auch gegen Zessionar, Pfand- und Pfändungsgläubiger des Gewinnanspruchs. Soweit die Entnahme unzulässig ist, muss der Zessionar (Pfändungsgläubiger) den Gewinn bei der Ges. stehen lassen. Das vom Gewinnanspruch unabhängige vertragliche Entnahmerecht ist abtretbar, verpfändbar, pfändbar, MüKoBGB/Schäfer § 717 Rn. 33, § 721 Rn. 14, § 719 Rn. 53, Wertenbruch FS Gerhardt, 2004, 1077, aA Soergel/Hadding/Kießling § 717 Rn. 10, da nicht auf Geldleistung, sondern nur Duldung gerichtet, aber zu formal (→ § 109 Rn. 20). **Verfall und Verjährung** → Rn. 10. Lit.: Winnefeld DB 1977, 897.

Durchsetzung der Entnahme: Das Entnahmerecht gestattet nicht eigenmächtige Entnahme durch jeden Gfter. Nur vertretungsberechtigte Gfter dürfen im Rahmen ihrer Vertretungsmacht die zu entnehmenden Beträge **selbst** der GesKasse **entnehmen** (§ 181 BGB). Andere Gfter müssen ihr Entnahmerecht durch **Zahlungsklage** gegen die Ges., nicht gegen die MitGfter verfolgen (→ § 128 Rn. 22); die Rspr. lässt darüber hinaus Klage gegen den die Auszahlung verweigernden Alleingeschäftsführer-MitGfter auf Zahlung aus der GesKasse zu, RGZ 170, 395. Die Beweislast für das Entnahmerecht trifft den Gfter, der entnommen hat, wie den, der Entnahme begehrt, BGH BB 1960, 188. 5

Unzulässige Entnahmen sind zurückzuzahlen und bis zur Rückzahlung zu verzinsen (§ 111 I). Beweislast → Rn. 5. Die Rückzahlung an die Ges. kann jeder Gfter mit der actio pro socio geltend machen (→ § 109 Rn. 32). Ein Gfter, der selbst unzulässig entnahm, verwirkt uU das Recht, von MitGftern Rückzahlung unzulässiger Entnahmen zu fordern, BGH WM 1973, 101. Unzulässige Entnahmen mindern nicht den Kapitalanteil und damit den Gewinnanteil (§ 121 I, II) und das Entnahmerecht im folgenden Jahr (§ 122 I), sondern sind dem Privatkonto zu belasten, Heymann/Hoffmann/Bartlitz Rn. 10, str. Der Gfter schuldet uU der Ges. Schadensersatz über den Zins hinaus (§ 111 II). 6

E. **Gesellschafterdarlehen.** Gesellschafterdarlehen (Darlehen eines Gfters an die Ges.) sind gemäß Vereinbarung zurückzuzahlen und zu verzinsen, sie berühren den Kapitalanteil nicht, somit auch nicht den Gewinnanteil und das Entnahmerecht (§§ 121, 122). Wichtige **Schranken** ergaben sich aber bei der Ges. ohne eine natürliche Person als phG aus §§ 129a, 172a aF, nunmehr InsO. Eine vereinbarte außerordentliche rückzahlbare „Entnahme" des Gfters ist idR Darlehen der Ges. an den Gfter. Nach Merkblatt der BaFin (NZG 2014, 370) kann Gesellschafterdarlehen erlaubnispflichtiges Bankgeschäft sein, krit. Fischer WM 2014, 1709, auch zur Entwicklung Galla/Müller ZIP 2015, 1862. 7

2) Entnahmerecht in Höhe von 4 % des letzten Kapitalanteils (I Halbsatz 1)

A. **Entnahmerecht (I Halbsatz 1).** Der Gfter darf 4 % des Betrags seines Kapitalanteils am letzten Geschäftsjahresende (nach Zu- und Abschreibung nach § 120 II, vorbehaltlich abw. Vertrags, → § 120 Rn. 12) entnehmen, **einerlei ob** das letzte Geschäftsjahr der Ges. **Gewinn oder Verlust** gebracht hat. Diese gewinnunabhängige Regelung soll nach der Vorstellung des Gesetzgebers einen Mindestunterhalt für den Gfter sichern. Prozentbasis ist der gesamte einheitliche Kapitalanteil, also mangels anderer Vereinbarung einschließlich Kapitalkonto II (→ § 120 Rn. 19), Ebenroth/Ehricke Rn. 27, str. Das Entnahmerecht beläuft sich auf einen Prozentsatz des Kapitalanteils des Gfters, steht also einem Gfter mit negativem oder ganz ohne Kapitalanteil nicht zu (→ § 120 Rn. 22, 23). Es ist nicht separat von dem Gewinnanspruch abtretbar (→ Rn. 4). 8

B. **Grenzen. a) Treuepflicht:** Die Einschränkung „soweit es nicht zum offenbaren Schaden der Ges gereicht" (I Hs. 2) gilt nicht schon für die Entnahme. Aber die allgemeine Treuepflicht der Gfter (→ § 109 Rn. 23) kann das Entnahmerecht ausnahmsweise beschränken, vgl. BGHZ 132, 276 f. (→ § 164 Rn. 3), doch gilt das nur vorübergehend und soweit der Ges. ein schwerer, nicht wieder gut zu machender Schaden droht, Heymann/Hoffmann/Bartlitz Rn. 14, denn bei der OHG gibt es wegen der persönlichen Haftung der Gfter kein festes Grund- und Mindestkapital der OHG (→ § 120 Rn. 3). Die Entnahme kann zB auf die Höhe der auf den Gewinn anfallenden Steuern begrenzt sein (→ Rn. 17). 9

b) Zeitlich: Das Entnahmerecht besteht nur bis zur Feststellung des nächsten Jahresabschlusses und verfällt, soweit es nicht bis dahin geltend gemacht wurde, 10

Grenze: § 242 BGB. Gestattung der Entnahme nach Verfall ist Vertragsänderung, für die idR Einstimmigkeit nötig ist, BGH BB 1975, 1605. Mit dem nächsten Jahresabschluss kann ein neues, aber möglicherweise betragsmäßig ganz verschiedenes Entnahmerecht entstehen. Das rechtzeitig geltend gemachte Entnahmerecht führt zu einem Zahlungsanspruch, der in 3 Jahren verjährt (§§ 195, 199 BGB, vgl. → § 121 Rn. 3).

11   C. **Vorschuss.** Vor Feststellung des Jahresabschlusses für das Vorjahr sind iZw angemessene Vorschüsse kraft GesVertrag entnehmbar nach Maßgabe des ungünstigsten möglich erscheinenden Abschlussergebnisses. Die Vorschüsse sind zurückzuzahlen, wenn ihre Voraussetzungen nicht vorlagen (zB bei negativem Kapitalanteil) oder später weggefallen sind. Rückzahlung einer bedingt (vorschussweise) gestatteten Entnahme ist Vertragspflicht, nicht Bereicherungsschuld (§ 812 BGB), BGHZ 48, 74.

3) Anspruch auf den Mehrgewinn (I Halbsatz 2)

12   A. **Gewinnrecht (I Halbsatz 2).** Hatte der Gfter am letzten Geschäftsjahresende einen Gewinnanteil und war dieser größer als 4 % des (diesen Gewinnanteil nach § 120 II mitenthaltenden) Kapitalanteils (Mehrgewinn, → Rn. 8, → § 121 Rn. 2), so darf der Gfter auch diesen Überschuss entnehmen. Dieses Gewinnrecht knüpft anders als das Entnahmerecht nach I Hs. 1 nicht an den Kapitalanteil an, steht also auch einem Gfter mit negativem Kapitalanteil und (je nach Ausgestaltung) ganz ohne Kapitalanteil zu (→ § 120 Rn. 22, 23). Es ist abtretbar und zieht dann das Entnahmerecht mit sich (→ Rn. 4).

13   B. **Grenzen.** Anders als beim Entnahmerecht ist nach I Hs. 2 die Entnahme des Mehrgewinns nur zulässig, **soweit es nicht zum offenbaren Schaden der Gesellschaft gereicht,** also zB nur ohne ihr unentbehrliche Betriebsmittel zu nehmen oder den Kredit der Ges. zu erschüttern; aA weitergehend Hueck OHG § 17 III 3: bereits ein Entgang besonders günstiger Geschäftsmöglichkeiten für die Ges. als Folge der Entnahme. Rücklagen → § 120 Rn. 5. Droht ein solcher Schaden, kann die Ges. die Entnahme solange ablehnen, wie sie die Betriebsmittel benötigt; auch teilweise, dann aber gleichmäßig (→ § 109 Rn. 29). Die Grenze nach I 2 gilt nicht schon für die Entnahme und überhaupt nicht für den Kdtisten (§ 169), dann folgen aber ausnahmsweise Grenzen aus der Treuepflicht (→ Rn. 9, → § 169 Rn. 3).

4) Verbot der Verminderung des Kapitalanteils (II)

14   Abgesehen von zulässigen Entnahmen nach I darf ein Gfter nicht ohne Einwilligung der anderen Gfter seinen Kapitalanteil vermindern. Unzulässige Entnahmen sind zurückzuzahlen (→ Rn. 6).

5) Abweichende Vereinbarungen

15   A. **Erweiterungen.** § 122 ist dispositiv (§ 109). Der GesVertrag kann Voraussetzungen und Umfang der Entnahme nach I Hs. 1 und des Anspruchs auf den Mehrgewinn (I Hs. 2) abweichend regeln und tut vor allem ersteres in der Praxis häufig. Ein Verbot der Kapitalrückzahlung besteht nicht (→ Rn. 3). GesVertrag kann GfterBeschluss über Entnahmen aus dem Liquiditätsüberschuss der Ges. zulassen, BGH NJW 1982, 2065 (2066) (iErg unwirksam). Tätigkeitsvergütung kann als Gewinnvoraus oder besonderem Dienstvertrag zugesagt sein (→ § 169 Rn. 7, → § 110 Rn. 19). Auch zu II kann anderes vereinbart sein, zB statt Einwilligung aller anderen Gfter Mehrheitsbeschluss (Auslegung, vormals Bestimmtheitsgrundsatz, → § 119 Rn. 37).

16   B. **Beschränkungen.** Der GesVertrag kann zur Deckung des Kapitalbedarfs der Ges. das Entnahmerecht entgegen I beschränken. Er kann vorsehen, dass nicht entnehmbare Beträge auf einem Darlehenskonto gutzuschreiben sind (→ § 120

Rn. 20, → § 167 Rn. 7). Ein Rücklagenkonto ist iZw nur mit der Mitgliedschaft kündbar, GroßKo/Schilling § 169 Rn. 8. Der GesVertrag kann Entnahme nur nach den Bedürfnissen der Gfter vorsehen; ob diese vorliegen, bestimmen weder der betroffene Gfter noch Geschäftsführer oder MitGfter (§ 315 BGB gilt nicht), vielmehr dann angemessene Deckung der Bedürfnisse bei Rücksicht auf das GesInteresse vom Gericht zu ermitteln. Mehrheitsbeschluss unterliegt zweistufiger Prüfung (→ § 119 Rn. 37). Lit.: Barz FS Knur, 1972, 25.

6) Entnahmen und Steuerrecht

Nach dem geltenden **Steuerrecht** (§ 15 EStG) wird der Gfter mit seinem **17** Anteil am GesGewinn besteuert, nicht nur mit der Ausschüttung an ihn; er schuldet aus der Beteiligung Vermögenssteuer (wegen BVerfG NJW 1995, 2615 derzeit nicht erhoben) auch ohne Gewinn; gesetzliche Ausschüttungen (§ 122 I) und Besteuerung des Gfters fallen zeitlich nicht zusammen. Das Gesetz kennt zwar **kein Steuerentnahmerecht** neben § 122, BGHZ 132, 277, sehr str., aber im Einzelfall besteht ein solches kraft Treupflicht der Gfter, Staub/Schäfer Rn. 21, nach aA kraft § 110, Schön FS Beisse, 1997, 487. Doch kann (auch stillschweigend) ein selbstständiges Steuerentnahmerecht oder doch ein Entnahmerecht mindestens in Höhe der auf den Gewinn anfallenden Steuer vereinbart sein (→ Rn. 9, → § 120 Rn. 5); iZw nicht, wenn eine Tätigkeitsvergütung (→ § 110 Rn. 19) die Steuern deckt. Ausnahmsweise besteht Pflicht zu entspr. Vertragsänderung (→ § 105 Rn. 64, 66). **Verdeckte Entnahmen** (bei Kapital-Ges entsprechend der verdeckten Gewinnausschüttung) sind steuerlich zu berücksichtigen. Besteuerung des Gewinns der OHG s. von Wallis FS Fischer, 1979, 809. Steuerrückerstattungen → Rn. 1. Lit.: Gansmüller, 1962 (Steuerentnahmerecht); Knobbe-Keuk, Bilanz- und Unternehmenssteuerrecht; Ernst BB 1961, 377; Balz DB 1988, 1305; Schön FS Beisse, 1997, 487.

7) Reform des Personengesellschaftsrechts (MoPeG)

Das Gesetz zur Modernisierung des Personengesellschaftsrechts (MoPeG **18** → Einl § 105 Rn. 42 ff) fasst zum 1.1.2024 auch das OHG-Recht neu. Künftig regelt § 122 HGB-MoPeG die Gewinnauszahlung, der darüber hinaus gehende Regelungsgehalt des § 122 entfällt. Zur Textfassung des HGB-MoPeG s. → Anh. § 105.

Dritter Titel. Rechtsverhältnis der Gesellschafter zu Dritten

[Wirksamkeit im Verhältnis zu Dritten]

123 (1) **Die Wirksamkeit der offenen Handelsgesellschaft tritt im Verhältnisse zu Dritten mit dem Zeitpunkt ein, in welchem die Gesellschaft in das Handelsregister eingetragen wird.**

(2) **Beginnt die Gesellschaft ihre Geschäfte schon vor der Eintragung, so tritt die Wirksamkeit mit dem Zeitpunkte des Geschäftsbeginns ein, soweit nicht aus § 2 oder § 105 Abs. 2 sich ein anderes ergibt.**

(3) **Eine Vereinbarung, daß die Gesellschaft erst mit einem späteren Zeitpunkt ihren Anfang nehmen soll, ist Dritten gegenüber unwirksam.**

Übersicht

	Rn
1) Das Rechtsverhältnis der Gesellschaft und der Gesellschafter zu Dritten	1–4
A. Übersicht (§§ 123–130b)	1
B. Entstehung der OHG im Außenverhältnis (§ 123)	2

§ 123 1–4   2. Buch. Handelsgesellschaften und stille Gesellschaft

	Rn
C. Entstehen und Bestehen als Handelsgesellschaft (Kaufmannseigenschaft)	3
D. Eintritt eines neuen Gesellschafters	4
2) Die Handelsgesellschaft kraft Eintragung im Handelsregister (I)	5–8
A. Eintragung	5, 6
B. Eintragung eines Zeitpunkts vor der Eintragung	7
C. Eintragung eines Zeitpunkts nach der Eintragung	8
3) Die Handelsgesellschaft kraft Geschäftsbeginns (II)	9–14
A. Geschäftsbeginn	9–11
B. Einvernehmlicher Geschäftsbeginn	12
C. Wirkung des Geschäftsbeginns	13, 14
4) Unwirksamkeit abweichender Vereinbarungen (III)	15
5) Die Gesellschaft vor Erwerb der Kaufmannseigenschaft	16–22
A. Entstehung im Innenverhältnis	16
B. Entstehung der Gesellschaft als Rechtsträger	17
C. Rechtsverhältnisse vor Entstehung im Außenverhältnis	18–21
D. OHG kraft Rechtsscheins	22
6) Reform des Personengesellschaftsrechts (MoPeG)	23

1) Das Rechtsverhältnis der Gesellschaft und der Gesellschafter zu Dritten

1 **A. Übersicht (§§ 123–130b).** Abschn. 1 Titel 3 (§§ 123–130b) handelt vom Rechtsverhältnis der Gfter sowie (entgegen der Überschrift) der Ges. zu Dritten. §§ 123–130 unterscheiden auch im Verhältnis zu Dritten klar Ges. und Gfter. § 123 handelt vom Eintritt der Wirkungen des GesVertrags im Verhältnis zu Dritten, § 124 von der rechtlichen Selbstständigkeit der Ges., §§ 125–127 von der Vertretungsmacht der Gfter für die Ges., §§ 128–130 von der Haftung der Gfter für Verbindlichkeiten der Ges., §§ 130a, 130b aufgehoben. § 123 bleibt auch nach Inkrafttreten des MoPeG erhalten → Rn. 23, der einvernehmliche Geschäftsbeginn (→ Rn. 12) wird als Erfordernis der Zustimmung aller Gfter künftig explizit im Gesetz genannt.

2 **B. Entstehung der OHG im Außenverhältnis (§ 123).** Der Vertrag zur Errichtung einer OHG ist ohne weiteres unter den Gftern wirksam (Innenverhältnis, → Rn. 15). Die Ges. entsteht als Rechtsträger mit der Begründung der Gesamthand durch die Gfter (→ Rn. 17), also mit Auftreten nach außen oder wenn das von vornherein gewollt ist. Aber § 123 fordert für die Entstehung der OHG im Außenverhältnis wegen der Konsequenzen für Dritte ebenso wie für die einzelnen Gfter (vor allem persönliche Haftung nach § 128) zusätzlich entweder die **Eintragung** der Ges. im HdlReg (die alle Gfter beantragen müssen, §§ 106, 108 I) oder den **Geschäftsbeginn** (im Einvernehmen aller Gfter, → Rn. 10), → Rn. 5 ff. und 9 ff. Fehlerhafte OHG → § 105 Rn. 75. Bloßer Rechtsschein → § 15 Rn. 16, → § 105 Rn. 99.

3 **C. Entstehen und Bestehen als Handelsgesellschaft (Kaufmannseigenschaft).** Die Ges. erlangt auch die Eigenschaft als Kfm. (§ 6 I), deren Bedeutung primär im Verhältnis zu Dritten liegt, erst mit ihrer Wirksamkeit im Verhältnis zu Dritten; mit der Eintragung auch dann, wenn sie erst später ihre Geschäfte aufnimmt und damit erst ihr HdlGewerbe beginnt (I; s. auch § 5). Da eine Ges., die kein HdlGewerbe (§ 1 II), sondern ein unter **§ 2** oder **§ 3** fallendes Gewerbe oder bloße Vermögensverwaltung betreibt, erst mit die Eintragung OHG wird (**§ 105 II 1**), treten für die Ges. **ohne Handelsgewerbe** die Wirkungen gegenüber Dritten nach OHG-Recht immer **nur durch Eintragung** im HdlReg ein, nicht schon durch früheren Geschäftsbeginn (einschließlich anderer Kundgebungen an die Öffentlichkeit als Eintragung, → Rn. 11).

4 **D. Eintritt eines neuen Gesellschafters.** § 123 ist entspr. anwendbar beim Eintritt eines neuen Gfters in eine schon bestehende Ges. (vgl. § 176 II). Nicht schon der Beitrittsvertrag (→ § 105 Rn. 67), sondern erst die Eintragung des Eintritts im HdlReg oder die Fortsetzung der Geschäfte mit Zustimmung des Neuen auch für seine Rechnung macht den Eintritt gegenüber Dritten wirksam, zB den Neuen haftbar nach § 130. Fehlerhafter Eintritt → § 105 Rn. 91. Bloßer Rechtsschein des Eintritts, etwa bei entspr. Neufirmierung, → § 15 Rn. 16, → § 105 Rn. 99.

2) Die Handelsgesellschaft kraft Eintragung im Handelsregister (I)

A. **Eintragung.** Spätestens mit Eintragung (nicht erst Bekanntmachung) wird die Ges., die zuvor idR schon als GbR bestand (→ Rn. 17), Dritten gegenüber als OHG wirksam (→ Rn. 3). Die Anmeldung zur Eintragung muss durch alle Gfter erfolgen, sie sind einander dazu verpflichtet (→ Rn. 16).

Gleiche Wirkung wie Eintragung der Ges. selbst hat die **Übernahme eines eingetragenen Unternehmens** (EinzelKfm oder Ges.) durch die Ges. Diese Übernahme macht die Ges. also zur OHG, auch wenn sie selbst noch nicht eingetragen ist, BGHZ 59, 179, hL, und zwar nach II, MüKoHGB/K. Schmidt/ Drescher Rn. 10, die Übernahme ist Geschäftsbeginn. Wenn die Ges. das Unternehmen eines eingetragenen **Formkaufmanns** (AG, GmbH, eG) übernimmt, ist zu beachten, dass diese als Kflte gelten, auch ohne ein HdlGewerbe iSv §§ 1 ff. zu betreiben (§ 6 I iVm § 3 AktG, § 13 III GmbHG; § 17 II GenG); die übernehmende Ges. wird deshalb Kfm. nur, wenn der übernommene FormKfm ein HdlGewerbe iSv § 1 II betreibt, BGHZ 59, 179; MüKoHGB/K. Schmidt/ Drescher Rn. 10; nun auch Heymann/Hoffmann/Bartlitz Rn. 13. Ist das nicht der Fall, kommt Rechtsschein einer OHG oder KG in Betracht, BGHZ 59, 185; 61, 60; vgl. auch BGHZ 63, 45 (§ 179 BGB).

B. **Eintragung eines Zeitpunkts vor der Eintragung.** Ist für den Beginn der Ges. ein Zeitpunkt vor der Eintragung eingetragen und begann die Ges. zu diesem früheren Zeitpunkt tatsächlich ihre Geschäfte, so wurde sie damals im Verhältnis zu Dritten wirksam (II, → Rn. 13; Ausnahme §§ 2, 3, → Rn. 14). Begann sie tatsächlich ihre Geschäfte später, wurde sie erst später im Verhältnis zu Dritten wirksam (II; spätestens durch die Eintragung, I), aber die Gfter müssen gegen sich gelten lassen, dass sie schon früher eine OHG sein wollten, sie müssen sich daher als OHG seit dem angegebenen früheren Zeitpunkt behandeln lassen, iErg auch RGZ 34, 55, str., vgl. → Rn. 18–22.

C. **Eintragung eines Zeitpunkts nach der Eintragung.** Ist unzulässigerweise (→ § 106 Rn. 11) für den Beginn der Ges. ein Zeitpunkt nach der Eintragung eingetragen, so wird die Ges. trotzdem im Zeitpunkt der Eintragung im Verhältnis zu Dritten wirksam (III, → Rn. 15).

3) Die Handelsgesellschaft kraft Geschäftsbeginns (II)

A. **Geschäftsbeginn.** Maßgeblich ist der **wirkliche** Geschäftsbeginn, nicht der vereinbarte oder was nach § 106 II Nr. 3 aF über den Beginn der Ges. angemeldet und eingetragen wurde. Beginn der Geschäfte der Ges. sind nur Handlungen **im Namen der Gesellschaft** (der künftigen OHG oder KG, → Rn. 21) nicht solche von Gftern im eigenen Namen, mögen sie sie auch für Rechnung der werdenden Ges. gelten lassen wollen, RGZ 119, 66. Die Rückdatierung des Beginns der Ges. im HdlReg (→ Rn. 7) beweist nicht, dass Geschäfte in der Zwischenzeit im Namen der Ges. geschlossen wurden, RGZ 119, 67.

Die Ges. beginnt ihre Geschäfte nicht erst mit ihrem HdlGewerbe entspr. ihrem GesZweck, sondern bereits durch die **Vorbereitung** desselben durch Geschäfte (Rechtsgeschäfte oder geschäftsähnliche Handlungen) nach außen, BGH WM 1990, 586, zB Miete von Geschäftsräumen, Einstellung von Personal, Eröffnung eines Bankkontos, RG DR 1941, 1944; 1943, 1221; BGH ZIP 2004,

1208, Verhandlungen über Kauf eines Betriebsgrundstücks oder Vorbereitungen des notariellen Abschlusses des Grundstückkaufvertrags, BGH ZIP 2004, 1209, Erscheinen eines Vertreters der Ges. vor einem Notar zu einem Vertragsschluss (nicht Gründungsvertrag), so dass für diesen schon OHG-Recht gilt, zB Erwerb eines Grundstückes auf den Namen der Ges. (§ 124), KG DR 1939, 1795; ZIP 2015, 873. Zur VorgründungsGes vgl. → Anh. § 177a Rn. 18.

11 **Gleiche Wirkung** wie Eintragung oder Geschäftsbeginn haben Kundgebungen an die Öffentlichkeit, zB Zeitungsanzeigen, Rundschreiben oder sonstige **Mitteilung an Dritte,** dass die Ges. bestehe.

12 B. **Einvernehmlicher Geschäftsbeginn.** Alle Gfter müssen dem Beginn der Geschäfte (wie der Anmeldung zur Eintragung, → Rn. 5) zugestimmt haben, ROHG 12, 409, hL, offen BGH ZIP 2004, 1209; aA MüKoHGB/K. Schmidt 4. Aufl. Rn. 10; Bartlitz NZG 2020, 1096. Einzelvertretung (§ 125) gilt hier noch nicht, sondern erst nachdem mit Zustimmung aller Gfter die Geschäfte begonnen sind. Die Beweislast liegt bei dem, der sich auf einvernehmlichen Geschäftsbeginn beruft. § 123 I 2 HGB-MoPeG nimmt das Erfordernis der Zustimmung aller Gfter explizit in das Gesetz auf, so dass ab 2024 auch insoweit Rechtsklarheit herrscht.

13 C. **Wirkung des Geschäftsbeginns.** Die Ges. wird auch ohne Eintragung Dritten gegenüber mit Geschäftsbeginn wirksam. Der Geschäftsbeginn nach II wirkt also wie die Eintragung im Verhältnis zu allen Dritten, nicht etwa nur im Verhältnis zu den Partnern derjenigen Geschäfte, mit denen die Ges. ihre Geschäfte beginnt.

14 **Ausnahme:** II gilt nicht für Kleingewerbetreibende, GbR und VermögensverwaltungsGes (**II letzter Halbsatz** idF HRefG 1998 iVm §§ 2, 3 II, III, 105 II; vgl. → § 176 Rn. 5). Diese behalten ihre freiwillige Eintragungsoption, ihre Eintragung wirkt konstitutiv (→ § 2 Rn. 3, → § 105 Rn. 12).

4) Unwirksamkeit abweichender Vereinbarungen (III)

15 Dass die Ges. als OHG später als gemäß I, II im Verhältnis zu Dritten wirksam werden soll, können die Gfter nicht mit Wirkung gegen Dritte vereinbaren (III). Anders im Innenverhältnis → Rn. 16–18.

5) Die Gesellschaft vor Erwerb der Kaufmannseigenschaft

16 A. **Entstehung im Innenverhältnis.** Den Beginn des GesVerhältnisses unter den Gftern bestimmt der **Gesellschaftsvertrag,** iZw fallen dessen Abschluss und der Beginn zusammen. Bedingung und Befristung sind möglich (→ § 105 Rn. 50). Verlegt er ihn zurück, gehen vorbereitende Maßnahmen von Gftern in der Zwischenzeit oder, wenn die Ges. ein schon bestehendes HdlGeschäft übernimmt, dessen Ergebnis in der Zwischenzeit auf Rechnung der Ges., nicht ohne weiteres auch persönliche Rechtsverhältnisse, BGH WM 1976, 974; 1979, 891; zur Rückdatierung Schneider AcP 175 (1975), 297. Zur Wirkung unter den Gftern bedarf es weder der Eintragung noch des Beginns der Geschäfte unter gemeinsamer Firma, der Vertrag muss nur hierauf gerichtet sein. Allein auf Grund des Vertrags kann also ein Gfter vom anderen die **Mitwirkung bei der Eintragung** als OHG fordern (→ § 108 Rn. 6), RGZ 112, 281, durch welche die Ges. dann auch im Verhältnis zu Dritten wirksam wird.

17 B. **Entstehung der Gesellschaft als Rechtsträger.** Die Ges. entsteht nur als OHG, soweit sich nicht aus §§ 2, 3, 105 II etwas anderes ergibt (§ 123 II aE, → Rn. 14). Vorher kann nur eine **Gesellschaft bürgerlichen Rechts** bestehen; für die KG → § 176 Rn. 6. Entscheidend für das Entstehen der GbR als Rechtsträger (AußenGes, → Einl. vor § 105 Rn. 14) ist nach traditioneller Auffassung die Begründung der Gesamthand durch die Gfter, K. Schmidt § 11 IV 1; MüKoBGB/Schäfer § 705 Rn. 310; Soergel/Hadding/Kießling Vor § 705 Rn. 21.

Für den Fall einer gesetzlichen Regelung der Rechtsfähigkeit von BGB-Gften will Bachmann FS K. Schmidt, 2019, Bd. 1, 57 auf Gesamthand verzichten, so auch die Regierungsbegründung zum MoPeG (BTDrucks 19/27635, 148: überholte Gesamthandslehre), das ist aber nicht zwingend (→ Einl. vor § 105 Rn. 14), möglich und empfehlenswert erscheint ein Festhalten an der Gesamthand (→ § 124 Rn. 1 ff.). Eine Gesamthand entsteht nicht bei der bloßen InnenGes (→ Einl. vor § 105 Rn. 10), selbst wenn diese Vermögen hat, sondern durch Auftreten nach außen, also **Teilnahme** der GbR **am Rechtsverkehr**, MüKoBGB/Schäfer § 705 Rn. 313; aber hier ist die Ges. **von vornherein** als OHG und damit als **AußenGes** gewollt (→ Einl. vor § 105 Rn. 11). Umwandlung der GbR in OHG (und umgekehrt) von Rechts wegen (→ Einl. vor § 105 Rn. 21).

C. Rechtsverhältnisse vor Entstehung im Außenverhältnis. a) Anwendbares Recht im Innenverhältnis: Beginn der Ges. im Innenverhältnis → Rn. 16. Unter den Gftern gilt **OHG-Recht** (nicht Recht der GbR) schon vor Beginn der Wirksamkeit im Außenverhältnis. 18

b) Außenverhältnis: § 123 wirkt zugunsten der Gfter, aber **auch zugunsten Dritter.** Die Firma der Ges. ist also vor Eintragung oder Geschäftsbeginn nicht gegen Dritte (firmenmäßig, → § 17 Rn. 32 ff.) geschützt. Dritte müssen sich nicht von der Ges. (nur von den Gftern) verklagen lassen (§ 124). Zur Vollstreckung in GesVermögen brauchen sie vorher keinen Titel gegen die Ges. (§ 124 II). Nach Eintragung bis zu deren Bekanntmachung, nach Geschäftsbeginn bis die Ges. eingetragen und bekanntgemacht ist, gilt ferner zugunsten Dritter § 15 I. 19

Nach dem Willen der Vertragschließenden gilt im Übrigen aber iZw OHG-Recht auch im Verhältnis zu Dritten auch in den Fällen der §§ 2, 3 (wo die Ges. erst durch die Eintragung OHG wird), weil die Gfter eine OHG (nicht GbR) errichten (für einen Sonderfall → Rn. 7). Die Vertragschließenden können es aber auch beim Recht der der GbR belassen. Für die Vertretungsmacht gelten also iZw schon jetzt §§ 125 ff., 170, nicht § 714 BGB, OLG Hamm NZG 2011, 301 (Nachweis § 32 II GBO, KG), MüKoHGB/K. Schmidt/Drescher Rn. 17, Nachweis der Vertretungsmacht kann aber erst ab Eintragung der Gesellschaft durch Verweis auf die Eintragung im Handelsregister geführt werden, KG ZIP 2015, 872. Für § 128 str. (→ § 128 Rn. 1). 20

Die auf eine OHG hin angelegte GbR kann als **„OHG in Gründung"** bereits im Grundbuch eingetragen werden, BayObLG WM 1985, 1398; bei Entstehen der OHG geht das Vermögen der GbR wegen Identität der beiden Ges. ohne Einzelübertragung über. Aus Geschäften vor Eintragung ggf. Klage des Vertragsgegners gegen die Gfter, OLG Hamm WM 1975, 46. Rechtsgeschäfte mit der künftigen OHG (im Unterschied zu der OHG in Gründung, also GbR) sind möglich (→ Rn. 9), einerlei ob die Ges. unter § 1 oder § 2 fällt, so zB Auflassung, BayObLG NJW 1984, 497. 21

D. OHG kraft Rechtsscheins. Zu dieser → § 105 Rn. 14. OHG **nach Wegfall der Kaufmannseigenschaft** → § 105 Rn. 11. 22

6) Reform des Personengesellschaftsrechts (MoPeG)

Das Gesetz zur Modernisierung des Personengesellschaftsrechts (MoPeG) → Einl § 105 Rn. 42 ff) fasst zum 1.1.2024 auch das OHG-Recht neu. § 123 I, II werden mit sprachlichen Modifikationen zu § 123 I HGB-MoPeG zusammengefasst, § 123 III wird § 123 II HGB-MoPeG. Zur Textfassung des HGB-MoPeG s. → Anh. § 105. 23

§ 124

[Rechtliche Selbständigkeit; Zwangsvollstreckung in Gesellschaftsvermögen]

124 (1) Die offene Handelsgesellschaft kann unter ihrer Firma Rechte erwerben und Verbindlichkeiten eingehen, Eigentum und andere dingliche Rechte an Grundstücken erwerben, vor Gericht klagen und verklagt werden.

(2) Zur Zwangsvollstreckung in das Gesellschaftsvermögen ist ein gegen die Gesellschaft gerichteter vollstreckbarer Schuldtitel erforderlich.

Übersicht

	Rn
1) Die OHG als selbstständige Trägerin von Rechten und Pflichten	1–2
A. Rechtsnatur der OHG	1–1b
B. Trägerin von Rechten und Pflichten	2
2) Die OHG als Trägerin des Gesellschaftsvermögens	3–15
A. Anwendbares Recht	3
B. Arten von Gesellschaftsvermögen	4
C. Fehlen von Gesellschaftsvermögen	5, 6
D. Erwerb von Gesellschaftsvermögen	7–11
E. Verfügung über Gesellschaftsvermögen	12
F. Geltendmachung von Vermögensrechten der Gesellschaft	13–15
3) Anteile der Gesellschafter am Gesellschaftsvermögen	16–22
A. Gesellschaftsanteil	16
B. Keine Anteile der Gesellschafter an den einzelnen Gegenständen	17
C. Verfügung über den Anteil	18–21
D. Rechte der Mitgesellschafter	22
4) Verbindlichkeiten der OHG	23–30
A. Rechtsgeschäftliche Verbindlichkeiten	23
B. Haftung der OHG	24–29
C. Erfüllung	30
5) Andere Rechtsverhältnisse der OHG	31–40b
A. OHG im Privatrecht	31–37
B. Öffentliches Recht	38
C. Strafrecht, Verbandssanktionen und Compliance	39–40b
6) Die OHG im Prozess	41–44
A. Trennung von Gesellschafts- und Gesellschafterprozess	41
B. Gesellschaftsprozess	42
C. Einzelprobleme	43, 44
7) Die OHG in Zwangsvollstreckung und Insolvenz	45–47
A. Zwangsvollstreckung gegen OHG (II)	45
B. Gesellschaftsinsolvenz	46, 47
8) Rechtsübertragung und andere Rechtsgeschäfte zwischen Gesellschaft und Gesellschafter	48–55
A. Rechtsübertragung	48–50
B. Rechtsgeschäfte zwischen Gesellschaft und Gesellschafter	51–55
9) Reform des Personengesellschaftsrechts (MoPeG)	56

1) Die OHG als selbstständige Trägerin von Rechten und Pflichten

1 **A. Rechtsnatur der OHG.** Die OHG ist keine juristische Person, sondern rechtsfähige PersGes, § 14 II BGB. Träger der namens der OHG begründeten Rechte und Pflichten war nach früherer Rspr nicht ein von den Gftern verschiedenes Rechtssubjekt, sondern die gesamthänderisch verbundenen Gfter, so BGHZ 34, 296; 110, 128; Hueck OHG § 3 III. Die OHG ist gemäß traditioneller Auffassung eine **Gesamthand** mit der **Fähigkeit** der **selbstständigen Rechtsträgerschaft**. Das folgte nach der früher hL erst aus § 124 I, nach der moderneren Gesamthandslehre aus der Gesamthand (schon → § 123 Rn. 17, dort

1. Abschnitt. Offene Handelsgesellschaft   1a, 1b   § 124

auch zur Reform des PersGesR), Flume I 1 § 4; ZHR 136 (1972), 187; Ulmer AcP 198 (1998), 113; MüKoBGB/Schäfer § 705 Rn. 311, 316; K. Schmidt § 8 III 2, 4, IV; krit. Zöllner FS Gernhuber, 1993, 563. Ebenso für die GbR BGHZ 146, 341 (→ Einl. vor § 105 Rn. 14). Untreue nach BGH NZG 2013, 1304 (GmbH & Co KG), nicht zulasten der Ges., sondern der Gfter, zutr. krit. K. Schmidt JZ 2014, 898; Wessing NZG 2014, 97. An einer deklaratorischen Regelung der Rechtsfähigkeit der OHG im HGB wurde auch im Rahmen der anstehenden Modernisierung des Personengesellschaftsrechts festgehalten, § 105 II HGB-MoPeG, anders noch der Mauracher Entwurf. Für die GbR führt die Begründung des Mauracher Entwurfs aus, dass Trägerin der dem Gesellschaftsvermögen zugehörigen Rechte und Pflichten die Gesellschaft selbst ist, nicht mehr die Gesellschafter in ihrer gesamthänderischen Verbundenheit (Begründung, S. 70). Aufgeworfen wird so die Frage, ob nach Inkrafttreten der Reform an der Rechtsfigur der Gesamthand im PersGesR festzuhalten ist, dafür Altmeppen NZG 2020, 822, Schall ZIP 2020, 1443, dagegen schon Bachmann FS K. Schmidt 2019, Bd. 1, 57.

Die Modernisierung des Personengesellschaftsrechts zum 1.1.2024 durch das MoPeG (BGBl I 2021, 3436) auf Grundlage des **Mauracher Entwurfs** könnte **de lege ferenda** die **Gesamthand** als dogmatische Grundlage des deutschen Personengesellschaftsrechts **ablösen**. Wie der Mauracher Entwurf sieht auch der Regierungsentwurf des **MoPeG** die Gesamthand im PersonenGesR als überholt an (BTDrucks 19/27635, 148), so auch Fleischer DStR 2021, 435 und NZG 2021, 952, von Neuformulierung fortgeltender Regeln spricht K. Schmidt ZHR 185 (2021), 29. Die Rechtsfigur der Gesamthand ist nach einer gesetzlichen Regelung nicht mehr notwendig, um die Rechtsfähigkeit der GbR zu begründen. Die **Gesamthand wird** somit absehbar ihre für das PersGesR **prägende Rolle verlieren,** allein aufgrund der gesetzlichen Anerkennung der rechtsfähigen GbR **muss** sie **allerdings nicht aufgegeben werden.** Traditionell werden Gesamthandgemeinschaften und juristische Personen unterschieden, Dieckmann 2019 und kommt eine Gesamthand auch bei rechtsfähigen PersGes in Betracht, Seibert JZ 1996, 785. Nach § 705 II BGB-MoPeG ist die AußenGes weiterhin nur rechtsfähig, so dass auch künftig ein Dualismus und die Einordnung der PersGes als Gesamthand in Betracht kommen (künftig eine Dreiteilung vorschlagend Bachmann FS K. Schmidt, 2019, Bd. 1, 49, die Einordnung als juristische Person erwägend K. Schmidt ZHR 2016 (180), 417). Nach den Erläuterungen zum Mauracher Entwurf sowie zum **MoPeG** ist die **Gesamthandslehre** allerdings **historisch überholt** (BTDrucks 19/27635, S. 148). Dies wird im Schrifttum bestritten, Altmeppen NZG 2020, 822; Schall ZIP 2020, 1443 und überrascht, wurde die rechtsfähige GbR doch gerade auf Grundlage der Gesamthandslehre entwickelt, BGHZ 146, 341. Nach Habersack ZGR 2020, 549 hält der Mauracher Entwurf letztlich doch an der (richtig verstandenen) Gesamthandslehre fest.

Für ein **Festhalten** an einer modernen **Gesamthand** sprechen die historischen **Wurzeln** der PersGes, die fortbestehenden Gesamthandverhältnisse im Familien- und Erbrecht sowie die praktische **Verwendung** als private Ges (→ Vor § 105 Rn. 49) und im Familienverbund. Weiterhin sind viele Personengesellschaften Familiengesellschaften (zur GmbH & Co → Anh § 177a Rn. 2), sie werden entspr der historischen societas fratrum in der ersten Erbengeneration als societas fratrum et sororum geführt (→ § 139 Rn. 12). Historisch gründet die GbR weiter auf der Gesamthand, die Verwandtschaft zur Gesamthand des Familien- und Erbrechts besteht auch in der modernen Familiengesellschaft. Bei **Familiengesellschaften** steht die persönliche Verbundenheit der Gfter häufig im Vordergrund, dieser entspricht im gesetzlichen Regelfall die für Gesamthandgemeinschaften typische persönliche Haftung. In der privaten GbR werden die Gfter meist von einem gemeinsamen (Gesamthands)Eigentum ausgehen, nicht von einer strikt getrennten Vermögensmasse und einem Eigentum nur der Gesellschaft. Vor allem aber könnten sich aus der weiteren Annäherung der Personengesellschaft an die Kapitalgesellschaft durch Aufgabe des Gesamthandprinzips als dogmatische Grundlage im Steuerrecht unerwünschte Folgen ergeben, Heinze DStR 2020, 2107; Bachem DStR 2022, 725. Ohne gesamthänderische Verbundenheit der Gfter liegt zumindest de lege ferenda eine Besteuerung der Gesellschaft selbst näher. Bislang werden transparent nur die Gfter besteuert (hierfür im Sonderfall der Schenkung de lege lata explizit auf die Gesamthand abstellend BFH ZIP 2020, 1661), dies ist nicht selten Grund für die Wahl der Rechtsform einer PersGes und sollte weiter möglich bleiben. Die Rechtsfigur der Gesamthand vermag schließlich zu erklären, warum die Gfter einer OHG akzessorisch, unmittelbar und primär (→ § 128 Rn. 1) für Schulden der Ges. haften. Ohne gesamthänderische Verbundenheit der Gfter kann die Haftung nach § 128 hingegen mit guten Gründen auf eine bloße liquidationsbezogene Ausfallhaftung reduziert werden, so Könen, 2021. Prima facie erscheint Zurückhaltung geboten. Es kann im PersGesR am Begriff der Gesamthand zumindest bis zum Inkrafttreten des MoPeG festgehalten werden, dieser sollte aber auch nicht überhöht werden. Lit.: Altmeppen NZG 2020, 822; Bachmann FS K. Schmidt, 2019, Bd. 1, 49; Beuthien ZGR 2019, 664; Fleischer NZG 2020, 601; Flume ZHR 136 (1972), 177; Habersack ZGR 2020, 539; Schall ZIP 2020, 1443; K. Schmidt GA zur Überarb des SchR, Bd. III, 1983, 413; Ulmer AcP 198 (1998), 113; Limbach 2016; Dieckmann 2019.

2 **B. Trägerin von Rechten und Pflichten.** Unabhängig vom Streit über die Rechtsnatur der OHG ist diese als rechtlich selbstständige Trägerin von Rechten und Pflichten gesetzlich anerkannt (§ 124). Sie ist insbesondere Trägerin des GesVermögens (→ Rn. 3), falls ein solches vorhanden ist (→ Rn. 5). Sie kann eigene Verbindlichkeiten haben (→ Rn. 23), aus Rechtsgeschäften ebenso wie aus Delikt und sonst aus Gesetz. Sie ist auch in anderen Rechtsverhältnissen selbst berechtigt und verpflichtet (→ Rn. 31). Das zeigt sich auch in Prozess, Zwangsvollstreckung und Insolvenz (→ Rn. 41) und in der Notwendigkeit einer Rechtsübertragung und der Möglichkeit von Drittgeschäften zwischen der OHG als solchen und einem Gesellschafter (→ Rn. 47).

2) Die OHG als Trägerin des Gesellschaftsvermögens

3 **A. Anwendbares Recht. a) §§ 718–720 BGB:** Auf die OHG als Trägerin des GesVermögens („Rechte", I) finden §§ 718–720 BGB entspr. Anwendung (§ 105 III). Danach wird das GesVermögen aus den Beiträgen der Gfter und den für die Ges. erworbenen Gegenständen als „gemeinschaftliches Vermögen der Gfter" (Legaldefinition) gebildet (§ 718 I BGB) und ist gesamthänderisch gebunden (§ 719 BGB). Das gemeinschaftliche Vermögen der Gfter ist hier als Vermögen der OHG vom **Einzelvermögen** der Gfter klar getrennt (→ Rn. 1, 2). Klar geschieden ist das Vermögen der OHG auch von dem einer aus denselben Personen bestehenden GbR oder OHG (Konsequenz: besondere Übertragungsakte, → Rn. 49). Das **Gesamthandsvermögen** nach §§ 718 ff. BGB ist die Normalform der dinglichen Rechtsverhältnisse unter den Gftern, daher kann iZw kein Gfter Teilung des GesVermögens fordern (§ 719 BGB, aber abdingbar); das gilt sogar nach Auflösung der Ges., dann wird mangels anderer Vereinbarung liquidiert und der Liquidationserlös (nach Tilgung der Schulden) geteilt, nicht das bei Auflösung vorhandene GesVermögen realiter (§§ 145 ff.). Nach Inkrafttreten des MoPeG zum 1.1.2024 ist ein Festhalten an der Gesamthand nicht zwingend (→ oben Rn. 1 ff.), aber möglich und aus Kontinuitätsgründen vorzugswürdig.

b) §§ 741 ff. BGB: Soweit §§ 718–720 BGB und das sonstige GesRecht nichts anderes ergeben, gelten für das GesVermögen iSv §§ 718 ff. BGB die

1. Abschnitt. Offene Handelsgesellschaft 4–9 § 124

Vorschriften über die Gemeinschaft nach Bruchteilen, also zB § 744 BGB (→ § 114 Rn. 7).

B. **Arten von Gesellschaftsvermögen.** Zum GesVermögen können **Ver-** 4 **mögensrechte aller Art** gehören, vor allem Eigentum an beweglichen Sachen (Besitz → Rn. 36), Grundstücke (→ Rn. 36), Forderungen, insbesondere die Einlagenforderung (→ § 109 Rn. 6); aber auch gewerbliche Schutzrechte wie Patente, Marken (Eintragung der OHG als solcher in die Register ebenso wie bei Grundbuch, → Rn. 36), Urheberrechte; Firma (§ 17); Namensrecht nach § 12 BGB, unabhängig davon, ob die Firma einen persönlichen Namen enthält (→ § 17 Rn. 33); Unternehmenskennzeichen (§§ 5, 15 MarkenG); Nießbrauch und beschränkte persönliche Dienstbarkeiten wie bei juristischen Personen (§§ 1059a II, 1061 S. 2, 1092 II, 14 BGB); Vorkaufsrecht, BGHZ 50, 307. Auch **öffentlichrechtliche Vermögensrechte,** zB Gewerbekonzessionen (die aber zT nur Einzelpersonen erteilt werden), Entschädigungsanspruch, BGH BB 1958, 394. Auch **vermögenswerte tatsächliche Beziehungen** wie Erfindungen (→ Rn. 8), Kenntnisse, Betriebsgeheimnisse, Geschäftsbeziehungen mit Lieferanten, Abnehmern, Geldgebern, Behörden und sonstiger Goodwill.

C. **Fehlen von Gesellschaftsvermögen.** Die OHG hat zwar als AußenGes 5 (→ Einl. vor § 105 Rn. 11) zwingend die Fähigkeit, GesVermögen iSv §§ 718 ff. BGB zu erwerben und in aller Regel auch tatsächlich ein solches Vermögen (zB bei Pachtung der Betriebsmittel oder eines ganzen Betriebes: die Rechte aus dem Pachtvertrag). Rechtlich notwendig ist aber das Vorhandensein eines GesVermögens nicht. Statt Eigentum der OHG selbst kann auch am Eingebrachten und Erworbenen Eigentum der Gfter bestehen, zB **Bruchteilseigentum der Gesellschafter,** Eigentum einzelner Gfter in einer besonderen Gemeinschaft (etwa GbR) unter Ausschluss anderer, Eigentum eines Gfters allein ua (Überlassung zur Nutzung in solchen Fällen → Rn. 6). Das kann von vornherein oder nach Gründung der Ges. vereinbart werden. Soll die OHG Eigentümerin werden, ist besondere Übertragung notwendig (→ Rn. 48).

Überlassung zur Nutzung: Bei Überlassung von GfterEigentum an die Ges. 6 nur zur Nutzung (→ § 109 Rn. 8) wird dieses nicht GesVermögen (ebenso wie bei Einbringung nur dem Werte nach, → § 109 Rn. 8), jedoch ein der Ges. eventuell zustehendes Nutzungsrecht; auch die Rechte aus Verwendungen auf solche Gegenstände, zB bei Bauten auf Betriebsgrundstücken; auch der Besitz, zB wenn Baugerät des A der Bauunternehmerarbeitsgemeinschaft AB überlassen wird, BGH BB 1963, 576.

D. **Erwerb von Gesellschaftsvermögen.** Die Ges. erwirbt GesVermögen iSv 7 §§ 718 ff. BGB ua:

a) durch **Beiträge** der Gfter (§ 718 I BGB, → § 109 Rn. 6);

b) durch die **Geschäftsführung,** idR durch Handeln von Gftern in Ver- 8 tretung der Ges. (§§ 125 ff.); durch Handeln von Gftern im eigenen Namen für Rechnung der Ges. (vgl. → § 383 Rn. 25 zur Einkaufskommission); derivativ oder **originär,** zB durch im Betrieb erfolgende Verarbeitung, Verbindung, Vermischung (§§ 946 ff. BGB), Gewinnung von Verkehrsgeltung für eine Marke (§ 4 Nr. 2 MarkenG). Arbeitnehmererfindungen → § 59 Rn. 54. Die persönliche **Erfindung** eines geschäftsführenden Gfters gehört ihm, falls nicht im GesVertrag anders bestimmt und im Voraus über sie zugunsten der Ges. verfügt wird; der GesVertrag kann den Gfter verpflichten, sie als einen Beitrag (§ 705 BGB) der Ges. zu übertragen oder zur Benutzung zu überlassen (→ § 110 Rn. 10), BGH NJW 1955, 542; OLG Hamm NJW-RR 1986, 780;

c) auf Grund zum GesVermögen gehörender Rechte, zB Früchte und andere 9 Nutzungen (§§ 99 f. BGB), Erwerb aus Option (zB Bezug junger Aktien), dabei ist je nachdem rechtsgeschäftlicher oder tatsächlicher Erwerbsakt nötig;

10 **d)** durch **Surrogation** bei Zerstörung, Beschädigung oder Entziehung eines zum Gesellschaftsvermögen gehörenden (Gesamthand)Gegenstandes (§ 718 II BGB), zB Schadensersatzanspruch, Entschädigung aus privatem oder öffentlichem Recht, Versicherungs- und Bereicherungsansprüche;

11 **e)** aus anderem, im Falle der OHG wirksamem Rechtsgrund, zB durch letztwillige Verfügung (→ Rn. 38).

12 **E. Verfügung über Gesellschaftsvermögen.** Die Verfügung über ungeteiltes Gesellschaftsvermögen, über einzelne Gegenstände oder auch das gesamte Vermögen (im Gegensatz zur Verfügung über einzelne GfterAnteile, → Rn. 18 ff.) ist durch die Vorschriften über die Vertretung der OHG (§§ 125 ff.) geregelt. **Aufrechnung** gegen eine GesForderung mit einer Forderung gegen einen Gfter ist nicht möglich. Dem Dritten verwehrt dies § 719 II BGB (bei Aufrechnung im Prozess Hemmung der Verjährung der GfterSchuld nach § 204 I Nr. 5 BGB, vgl. BGHZ 80, 227, aber dogmatisch überholt). Der schuldende Gfter andererseits kann nur als Vertreter nach §§ 125 ff. über die GesForderung verfügen; hat er solche Vertretungsmacht, könnte er doch idR (mangels Gegenseitigkeit, § 387 BGB, anders nach Abtretung) die GesForderung nicht zur Tilgung seiner persönlichen Schuld verwenden. Die schuldende Ges. kann ebenso wenig den Anspruch eines Gfters zur Aufrechnung einsetzen, OLG Celle NZG 2002, 481.

13 **F. Geltendmachung von Vermögensrechten der Gesellschaft.** Rechte der Ges. gegen Dritte sind in ihrem Namen durch vertretende Gfter (§§ 125–127, nach Auflösung Liquidatoren, §§ 149 ff.) oder Bevollmächtigte, zB Prokuristen (→ § 48 Rn. 1) geltend zu machen. Der einzelne Gfter kann Rechte der Ges. weder im eigenen Namen geltend machen noch (außer nach § 744 II BGB, → Rn. 14) Leistung an die Ges. verlangen, BGH NJW 1992, 112. Insbesondere gelten für **Forderungen** der Ges. nicht §§ 428 ff., 432 BGB, auch nicht in der Liquidation, auch nicht in der GesInsolvenz nach Freigabe einer GesForderung durch den Insolvenzverwalter, BGH BB 1964, 823. Die von BGHZ 12, 308; 17, 340; 39, 15 für die GbR aufgestellten Grundsätze (betr. Voraussetzungen der Geltendmachung von Gesamthand-Forderungen durch einzelne Gfter) sind auf OHG, KG nicht anwendbar, BGH BB 1973, 1507, str., dazu Hadding JZ 1975, 159.

14 Ein Recht des Gfters zur Geltendmachung von Rechten der Ges. gegen Dritte im eigenen Namen folgt uU aus **§ 744 II BGB** (→ § 114 Rn. 7), wenn das Recht gefährdet ist und hierdurch erhalten wird, BGHZ 17, 186.

15 **Schaden am Gesellschaftsvermögen:** Rechte daraus gehören zum GesVermögen (§ 718 II BGB) und sind gegen Dritte geltend zu machen wie andere Rechte der Ges. (→ Rn. 13, 14). Der einzelne Gfter hat weder aus § 823 I BGB auf Grund seiner Mitgliedschaft noch ggf. aus §§ 823 II, 826 BGB oder wegen Pflichtverletzung (zB §§ 280 ff. BGB) unmittelbar Anspruch gegen den Dritten (Schädiger) auf Schadensersatz wegen der Auswirkungen der die Ges. schädigenden Handlung auf ihn persönlich, BGHZ 10, 102. Auch soweit der Schädiger MitGfter ist, kann der mittelbar geschädigte Gfter den Schädiger idR nur auf Zahlung an die Ges. in Anspruch nehmen (Grund: Zweckwidmung des GesVermögens, keine Sonderausschüttung entgegen Gleichbehandlungsgebot), anders zB wenn die Ges. den Anspruch selbst nicht mehr geltend machen kann, zB wegen Verjährung, BGH NJW 1988, 413 (stGes).

3) Anteile der Gesellschafter am Gesellschaftsvermögen

16 **A. Gesellschaftsanteil.** GesAnteil oder Geschäftsanteil (vgl. § 14 GmbHG) nennt man die Gesamtheit der Rechte und Pflichten eines Gfters aus dem GesVerhältnis; in ihm enthalten ist sein Anteil an dem GesVermögen (§ 719 I BGB, → Rn. 3). Die **Beteiligung** eines Gfters ist **stets einheitlich,** abw. von § 15 II

1. Abschnitt. Offene Handelsgesellschaft 17–19 § 124

GmbHG (Gfter mit mehreren Geschäftsanteilen) und erst recht vom Aktienrecht (Aktien), BGHZ 24, 108; 58, 316; BGH NJW 1984, 363; BayObLG ZIP 2003, 1443; aber im Innenverhältnis der Gfter kann andere Behandlung vereinbart werden. Der phG der KG wird durch Erwerb des Anteils eines Kdtisten nicht auch Kdtist, sondern bleibt (nur) phG mit vergrößertem Anteil; ein Kdtist kann nicht, ohne diese Rechtsstellung zu verlieren, phG werden, auch nicht befristet, BGHZ 101, 129. Aufspaltung eines KdtAnteils in Teile, die Kdtist treuhänderisch (→ § 105 Rn. 31) für verschiedene Personen hält, ist ausgeschlossen; daher ist Unterbeteiligung am volleingezahlten KdtAnteil nur möglich nach Volleinzahlung des ganzen Anteils, BGH WM 1976, 1262. Auslegungsfrage ist, ob eine (nach GesVertrag zulässige) Teilanteilsübertragung von phG auf Kdtisten diesen zum (weiteren) phG macht, BGH DB 1975, 2123. Das Verhältnis der Beteiligungen der Gfter zueinander wird durch die Kapitalanteile ausgedrückt (→ § 120 Rn. 12). Der GesAnteil ist nicht unbewegliches Vermögen, auch wenn Grundstücke im GesVermögen sind, BGHZ 24, 268. Sonderregeln gelten beim Übergang von Todes wegen, es kann dann eine objektiv teilbare Rechtszuordnung vorliegen, zu Kommanditanteil → § 177 Rn. 5, auch zu Zweifelsfragen MüKoHGB/Fleischer § 105 Rn. 251 ff. Lit.: U. Huber, 1970; Hadding FS Reinhardt, 1972, 249; Ulmer ZHR 167 (2003), 103.

B. Keine Anteile der Gesellschafter an den einzelnen Gegenständen. 17
Die Gfter haben nur einen GesAnteil insgesamt, aber keine Anteile an den einzelnen Gegenständen des GesVermögens. § 719 I BGB spricht zwar von solchen Anteilen, schließt aber die Verfügung über sie zwingend aus; § 859 I 2 ZPO erklärt ihre Pfändung für unmöglich. Rechtlich gibt es solche Anteile an den einzelnen Gegenständen als gesonderte Rechte ebenso wenig wie Anteile der Mitglieder einer juristischen Person (zB AG, GmbH) an den einzelnen Gegenständen ihres Vermögens. Werden also Verfügungen über solche Anteile erklärt (zB Abtretung des „Anteils" des Gfters A am Auto der Ges. an den einzigen MitGfter B), so sind sie, wenn möglich, umzudeuten (in casu in Übertragung des Autos aus dem GesVermögen in Eigentum des B; bei einem Grundstück bedürfte es dazu der Auflassung und Umschreibung im Grundbuch). Die Verfügung der vertretenden Gfter über GesVermögen (zB ein Grundstück) ist daher nicht Verfügung über Rechte der einzelnen Gfter; daher bedarf es zB dazu nicht der Genehmigung des Betreuungsgerichts nach § 1850 Nr. 1 BGB, wenn ein Gfter minderjährig ist (→ § 105 Rn. 26).

C. Verfügung über den Anteil. Übertragung → § 105 Rn. 69; Treuhand 18
→ § 105 Rn. 31; Unterbeteiligung → § 105 Rn. 38; Nießbrauch → § 105 Rn. 44.

Sicherungsabtretung des Anteils (an NichtGfter) ist möglich (mit Zustim- 19
mung der MitGfter) als Eintritt des Gläubigers in die Ges. mit Übernahme des Anteils des Schuldners (ganz oder teilweise, mit oder ohne Ausscheiden des Schuldners aus der Ges.) unter Verpflichtung des Gläubigers zum Wiederausscheiden nach Tilgung seiner Forderung (Sanktion: entweder Klage auf Zustimmung zum Ausscheiden oder, wenn im Vertrag vorgesehen, Ausschluss, → § 140 Rn. 23). Geschäftsführungsbefugnis, Vertretungsmacht, Gewinn- und Verlustbeteiligung, Entnahmerecht nach Vereinbarung. Nicht ausschließbar ist Haftung des Eintretenden (§§ 128, 130), str. Betr. Kommanditanteil → § 172 Rn. 5; möglich ist Umwandlung einer phG-Beteiligung in solchen ad hoc. Ohne jene Zustimmung möglich ist Sicherungsabtretung von Gewinn- und Auseinandersetzungsansprüchen (vgl. → Rn. 21); in solche umdeutbar (§ 140 BGB) uU die des Anteils; dann keine Haftung des Gläubigers, auch keine Mitverwaltung; Verwertung ggf. nach § 135; Wert solcher Sicherung, Riegger BB 1972, 115. Lit.: Rümker WM 1973, 626; Vossius BB Beil. 5/1988.

§ 124 20–24 2. Buch. Handelsgesellschaften und stille Gesellschaft

20 **Verpfändung** des Anteils (näher → § 135 Rn. 15, 16) ist möglich bei Zulassung im GesVertrag oder Zustimmung der MitGfter ad hoc, ihre Zulässigkeit folgt nicht ohne weiteres aus der der Übertragung (→ Rn. 18, → § 135 Rn. 15). Anders Verpfändung von Gewinn- und Auseinandersetzungsansprüchen (vgl. → Rn. 21). Lit.: Hackenbroch, 1970. **Muster:** Hopt/Merkt VertrFormB/Möritz, Form II. C.7 (Verpfändung eines KGAnteils).

21 **Pfändung** des Anteils erfolgt nach §§ 859 I, 857 I ZPO, BGHZ 97, 392 (GbR), hL, nach aA Globalpfändung aller abtretbaren Forderungen aus dem GesVerhältnis; neben der Anteils(Mitgliedschafts)pfändung sind aber auch die Einzelansprüche pfändbar, MüKoHGB/K. Schmidt/Fleischer § 135 Rn. 2. Zustellung (§§ 857 I, 829 III ZPO) an Ges. (§ 125), nicht an alle MitGfter, letztere reicht aber aus, MüKoHGB/K. Schmidt/Fleischer § 135 Rn. 10, str. Pfändung auch bei negativem Kapitalanteil (→ § 120 Rn. 22). Pfändung des Anteils erfasst die Gesamtheit der GfterRechte des Schuldners, soweit diese pfändbar sind, ua Gewinnansprüche und (künftiges) Auseinandersetzungsguthaben (§ 717 S. 2 BGB, → § 109 Rn. 20–22), BGHZ 116, 229; BGH WM 2010, 370; sie erfasst erst recht, falls Ges. schon aufgelöst, die schon begründete Abfindungsforderung, so wie sie von den Gftern vertraglich bestimmt ist, auch wenn der Pfändende diesen Vertrag nicht kennt, BGH BB 1972, 11. Eine „Überweisung des Anteils zur Einziehung" wirkt auf diese Ansprüche, vgl. BGH BB 1972, 11. Pfändung und Überweisung berechtigen den Gläubiger zu allen im Recht des Schuldners begründeten Maßnahmen zur Befriedigung (§ 836 I ZPO); offen für höchstpersönliche Hilfsrechte (entspr. § 851 ZPO) BGHZ 116, 229 (GbR). Herbeiführung der Auseinandersetzung durch Gläubiger erfolgt nach § 135; zur Pfändung und Überweisung des Auseinandersetzungsguthabens als Voraussetzung dort → § 135 Rn. 7. Die Anteilspfändung bewirkt keine Verfügungsbeschränkung der einzelnen GesVermögensgegenstände, deshalb keine Grundbucheintragung, OLG Zweibrücken OLGZ 1982, 406. Kein Zwangsverkauf des Anteils, keine Überweisung an Zahlungs Statt (vgl. §§ 844, 857 ZPO), auch nicht an Gläubiger-MitGfter; anders wenn die Mitgliedschaft übertragbar ist oder sämtliche Gfter zustimmen. Lit.: K. Schmidt JR 1977, 177; Marotzke ZIP 1988, 1509 (krit. zum Vorrang der Stammrechtsverfügung).

22 **D. Rechte der Mitgesellschafter.** Der GesVertrag kann A unter gewissen Voraussetzungen (auch ohne wichtigen Grund iSv § 140, zB bei Erbfällen) das **Recht zur Übernahme** des (oder eines Teils des) Anteils des B geben, als Forderung auf Übertragung oder weitergehend als einseitiges Gestaltungsrecht, Grenze § 138 BGB, BGHZ 34, 83; BGH NJW 1967, 2161 (GmbH); Fischer LM HGB § 105 Nr. 16.

4) Verbindlichkeiten der OHG

23 **A. Rechtsgeschäftliche Verbindlichkeiten.** Die OHG kann unter ihrer Firma Verbindlichkeiten eingehen (I). Hier ist zunächst an Rechtsgeschäfte gedacht, die OHG wird dabei nach §§ 125 ff. vertreten. Kommt es für Rechtswirkungen eines Rechtsgeschäftes auf Eigenschaften der Person an, so hier auf Eigenschaften der Gfter. Näheverhältnis eines Gfters (nahestehende Person iSv § 138 II Nr. 1, 3, I InsO) genügt zur Anfechtung nach § 3 II AnfG, § 133 II InsO. Guter Glaube, Kenntnis, Kennenmüssen, Absicht ua bestimmt sich aus der Person der Gfter (**Wissenszurechnung**, → Rn. 50, → § 125 Rn. 4).

24 **B. Haftung der OHG. a) §§ 278, 831 BGB:** Die Verletzung ihrer Pflichten aus **rechtsgeschäftlichen und rechtsgeschäftsähnlichen** Schuldverhältnissen (§ 311 BGB) macht die OHG haftbar. Sie haftet dabei für ihre Erfüllungsgehilfen, insbesondere ihre Vertreter, nach § 278 BGB.
Außerhalb dieser Sonderverbindungen, zB bei **Verkehrssicherungspflicht** der OHG (§ 823 I BGB), haftet die OHG für Verrichtungsgehilfen nur bei

1. Abschnitt. Offene Handelsgesellschaft   25–31 § 124

eigenem Verschulden nach § 831 BGB. Das gilt auch bei **Gefährdungshaftung** der OHG.

b) 31 BGB analog: Die OHG ist darüber hinaus für jeden Schaden verant- 25 wortlich, den einer ihrer „verfassungsmäßig berufenen Vertreter" durch eine in Ausführung der ihm zustehenden Verrichtungen begangene, zum Schadensersatz verpflichtende Handlung einem Dritten zufügt (§ 31 BGB analog), BGHZ 45, 312; 154, 94; BGH NJW 1952, 528 (auch für GbR, → Einl. vor § 105 Rn. 14). Abweichende Vereinbarung ist ausgeschlossen (§ 40 BGB analog). § 31 BGB gilt für unerlaubte Handlungen (§§ 823 ff. BGB, die OHG ist deliktsfähig), Pflichtverletzungen (§§ 280 ff. BGB), Verschulden bei Vertragsverhandlungen (§§ 280, 311 II BGB), §§ 122, 311a BGB, schuldloses zum Schadensersatz verpflichtendes Handeln ua.

Verfassungsmäßig berufener Vertreter: Jeder Gesellschafter ist Vertreter 26 der OHG (KG) iSv § 31 BGB im Rahmen der Tätigkeit, die der GesVertrag oder GfterBeschluss ihm zuweist, BGH WM 1973, 165; 1974, 153; **auch ohne Vertretungsmacht,** zB wenn der mit der Werbung betraute Gfter gegen § 3 UWG oder § 826 BGB verstößt. Auch die bei Geschäftsabschluss begangene unerlaubte Handlung eines von mehreren **Gesamtvertretern** (§ 125 II, III) macht die OHG haftbar, auch wenn die unerlaubte Handlung gerade in der Vortäuschung rechtlicher Verbindlichkeiten einer von dem einen Gesamtvertreter allein abgegebenen Willenserklärung besteht, BGHZ 98, 148 (GmbH); aA RGZ 134, 375; BGH WM 1967, 714.

Verfassungsmäßig berufener Vertreter ist in erweiternder Auslegung von § 31 27 BGB auch jeder **Nichtgesellschafter,** dem durch „allgemeine Betriebsregelung und Handhabung bedeutsame, wesensmäßige Funktionen (der Ges) zur selbstständigen eigenverantwortlichen Erfüllung zugewiesen" sind, zB Filialleiter einer Auskunftei, BGHZ 49, 21, hL, stRspr Das kann vorliegen auch bei (sogar vorsätzlichem) Missbrauch der Vertretungsmacht, vgl. BGHZ 49, 23; BGH WM 1973, 1293; BB 1974, 297; auch jede rechtsgeschäftliche Vertretungsmacht; auch außerhalb des Aufgabenbereichs der geschäftsführenden Verwaltung.

Organisationsmangel: Soweit danach Gfter und Angestellte keine verfas- 28 sungsmäßig berufenen Vertreter iSv § 31 BGB sind, kommt Haftung aus Organisationsmangel (ohne Exkulpationsrecht nach § 831 I 2 BGB) in Betracht. Die OHG muss ihrem GesBereich so organisieren, dass für alle wichtigen Aufgabengebiete ein solcher Vertreter vorhanden ist, der die wesentlichen Entscheidungen selbst trifft. Bspe (nicht speziell für OHG): BGHZ 24, 212; 27, 280; 39, 129; BGH NJW 1980, 2810. Lit.: Landwehr AcP 164 (1964), 482; Steindorff AcP 170 (1970), 93.

Mitverschulden: Entspr. § 31 BGB wird der OHG, die ihrerseits einen 29 Schadensersatzanspruch geltend macht, Mitverschulden ihrer verfassungsmäßig berufenen Vertreter nach § 254 BGB zugerechnet, BGH NJW 1952, 537.

C. **Erfüllung.** Die Erfüllung der GesVerbindlichkeiten ist Aufgabe der ge- 30 schäftsführenden Gfter (§§ 114 ff.), die dazu erforderlichen Verfügungen über GesVermögen treffen die vertretungsberechtigten Gfter (§§ 125 ff.). GesVerbindlichkeiten können (soweit nach ihrem Inhalt möglich) statt durch die Ges. durch Gfter persönlich erfüllt werden, auch durch Aufrechnung (vgl. → Rn. 12), ohne Widerspruchs- und Ablehnungsrecht von Ges. und Gläubiger nach § 267 II BGB; die (nach § 128 für die GesSchuld haftenden) Gfter sind nicht „Dritte" iSv § 267 BGB.

5) Andere Rechtsverhältnisse der OHG

A. **OHG im Privatrecht.** Die OHG kann nicht nur Vermögen aller Art 31 haben (→ Rn. 4 ff.) und Verbindlichkeiten eingehen (→ Rn. 23 ff.), auch **Wechsel,** sondern ist, abgesehen vom Familienrecht, auch sonst Träger aller möglichen

Rechte und Pflichten. Sie kann Verträge verschiedenster Art schließen. Bei **Versicherung** von GesVermögen durch die Ges. sind auch die Gfter geschützt, iErg BGHZ 110, 127 (Gfter als Versicherungsnehmer, bei Firmenrechtsschutzversicherung jedenfalls der phG), zutr. präziser MüKoHGB/K. Schmidt/Drescher Rn. 10. Der KfzKaskoversicherer kann nach Entschädigung der Ges. nicht gegen einen Gfter als Dritten (§ 67 I 1 aF VVG, § 86 I nF VVG) Rückgriff nehmen, BGH MDR 1964, 485.

32 Die OHG kann **Mitglied** einer privatrechtlichen Vereinigung sein, zB Aktionär, GmbHGfter, Genosse einer eG, Gfter einer anderen OHG (→ § 105 Rn. 28), einer KG (→ § 161 Rn. 3), GbR, RGZ 142, 21, Mitglied eines auch nicht rechtsfähigen Vereins; auch phG einer KGaA (→ Anh. § 177a Rn. 34), MüKoHGB/K. Schmidt/Drescher Rn. 6; früher aA Schlegelb/K. Schmidt Rn. 15. Für OHG (KG) mit GmbHAnteil (Aktien) gelten nicht § 18 GmbHG, § 69 AktG (mehrere Berechtigte), hM, aA Schwichtenberg DB 1976, 375.

33 Die OHG kann **Vollmachten** empfangen, auch HdlVollmacht (§ 54), aber keine Prokura (nur natürliche Person ua wegen § 52 II, → § 54 Rn. 7). Die OHG (zB eine BankOHG) kann **Verwalter fremden Vermögens** sein, zB als Beauftragter, Liquidator einer HdlGes (→ § 146 Rn. 4), str., Testamentsvollstrecker, Abwesenheitspfleger (§ 1884 BGB, reine Vermögensfürsorge), aA MüKoHGB/K. Schmidt/Drescher Rn. 15 wegen Personalpflegschaft, aber mit Ausnahmen; **nicht** Organ einer juristischen Person (zB § 76 III 1 AktG, § 6 II 1 GmbHG), Insolvenzverwalter, str., auch nicht Vormund, Betreuer oder Pfleger nach §§ 1773 ff. BGB, Grund: Personenfürsorge grundsätzlich durch natürliche Personen, nur ausnahmsweise durch Verein, Jugendamt, Behörde (§§ 1774 I, 1779 II 1 BGB).

34 Die OHG genießt wie alle HdlGesellschaften als solche zivilrechtlichen **Ehrenschutz** (§§ 823, 824 BGB), bei rufschädigenden Angriffen auf einen Gfter oder Betriebsangehörigen aber nur, soweit sie dadurch selbst unmittelbar getroffen wird; keine Geldentschädigung der OHG für immaterielle Nachteile, BGHZ 78, 24, str. Persönlichkeitsrechtsschutz juristischer Personen s. Leßmann AcP 170 (1970), 266; Wronka WRP 1976, 425. Grundrechte → Rn. 38. Deliktsrecht → Rn. 24 ff.

35 **Mietrecht:** Die OHG (KG sowie GmbH & Co KG) kann, anders als die GbR, nicht wegen Eigenbedarfs ihrer Gfter kündigen, BGH NJW 2011, 993 m. Bespr. Wedemann NZG 2011, 533.

36 **Besitz:** Besitzer der Sachen der Ges. (§ 854 BGB) sind nicht die Gfter, sondern die Ges. selbst durch ihre vertretungsberechtigten Gfter, BGHZ 57, 167 (keinesfalls die Kdtisten); BGHZ 86, 307 (344); BGH WM 1967, 938; Flume FS Hengeler, 1972, 76; Kuchinke FS Paulick, 1973, 45; aA Steindorff FS Kronstein, 1967, 151; JZ 1968, 69. Folge: Besitzschutz nur der Ges. selbst; Besitzschutz gegen die Ges., die Gfter haften nach § 128.

Grundbuch: Rechte an Grundstücken sind in I besonders hervorgehoben. Da die OHG sie unter ihrer Firma erwirbt, wird sie mit ihrer Firma im Grundbuch eingetragen (anders bis zum Inkrafttreten des MoPeG die BGB-Ges., vgl. § 899a BGB). Dingliche Rechte der OHG → Rn. 4. Rechtsübertragung von Ges. auf Gfter und umgekehrt, → Rn. 47.

37 **Erbrecht:** Die OHG kann auch als **Erbe** eingesetzt, BGH NJW 1989, 2495; Krieg, 2013, oder mit einem **Vermächtnis** bedacht werden.

38 B. **Öffentliches Recht.** Die OHG kann mit Verfassungsbeschwerde das Grundrecht auf allgemeine Handlungsfreiheit (Art. 2 I GG) auf wirtschaftlichem Gebiet geltend machen, sie ist auch sonst **grundrechtsfähig**, BVerfGE 10, 89; 42, 383. Die OHG hat die öffentlichen Pflichten, die aus ihrem Gewerbebetrieb folgen, und ist darum auch Adressat für einschlägige polizeiliche Anordnungen, vgl. OVG Münster BB 1969, 1327.

C. Strafrecht, Verbandssanktionen und Compliance. a) Strafrechts- **39**
schutz: Die OHG genießt Strafrechtsschutz, zB nach §§ 186, 187 StGB, str. für
§ 186 StGB; dagegen schützt § 185 StGB nur natürliche Personen (zivilrechtlicher Ehrenschutz → Rn. 34); nach § 266 StGB (Untreue), vgl. BGH WM 1987, 815, → Rn. 1. Sie kann bei Verletzung ihrer Rechte, zB gewerblicher Schutzrechte, Strafanträge stellen.

b) Strafbarkeit: Bestraft werden kann die OHG nach dem StGB (und WiStG **40**
1954 idF von 1975) grundsätzlich nicht, aber ihre Organe (vgl. § 14 StGB, § 9 OWiG). Anordnung der Einziehung (§ 73 ff. StGB) sind auch gegenüber der OHG möglich, nach § 30 OWiG ferner Geldbuße gegenüber der OHG, so auch bei Steuerordnungswidrigkeiten. Die OHG ist nicht strafbar nach §§ 16 ff. UWG, strafbar sind hier nur natürliche Einzelpersonen. Ein Strafantrag gegen die OHG ist, wenn nur Einzelpersonen bestraft werden können, idR als Antrag gegen die Personen zu verstehen, die für die Ges. gehandelt haben.

c) Entwurf eines Verbandssanktionengesetzes: Neu vorgesehen war nach **40a**
dem Entwurf eines Gesetzes zur Stärkung der Integrität in der Wirtschaft eine Verbandssanktion. Das **Verbandssanktionengesetz** (VerSanG) wurde in der 19. Legislaturperiode nicht verabschiedet, dürfte aber wieder aufgegriffen werden. Vorgesehen war nach § 1 RegE die Sanktionierung von Verbänden, deren Zweck auf einen wirtschaftlichen Geschäftsbetrieb gerichtet ist. Verband iSd VersanG sollten nach § 2 I Nr. 1 lit. c RegE auch eine rechtsfähige Personengesellschaft sein, also OHG, KG sowie GmbH & Co. **Leitungspersonen** nach § 2 I Nr. 2 lit. c, e RegE die vertretungsber. Gfter einer rechtsfähigen PersGes sowie jede sonstige Person, die für die Leitung des Betriebes oder Unternehmens eines Verbandes verantwortlich handelt. **Verbandstat** sollten nach § 2 I Nr. 3 RegE eine Straftat sein, durch die Pflichten, die den Verband betreffen, verletzt worden sind oder durch die der Verband bereichert worden ist oder werden sollte. Gemäß § 3 I RegE sollte eine Verbandssanktion verhängt werden, wenn eine Leitungsperson eine Verbandstat begeht (Nr. 1) oder sonst in Wahrnehmung der Angelegenheiten eines Verbands eine Verbandstat begangen wird und Leitungspersonen die Straftat durch angemessene Vorkehrungen hätten verhindern oder wesentlich erschweren können (Nr. 2). Auch für PersGes würde so ein Anreiz zur Einführung eines Compliance-Systems geschaffen. Lit.: Ströhmann ZIP 2020, 105 (RefE), Heger JZ 2022, 115.

d) Compliance: Compliance wird bislang vornehmlich für große börsennotierte Gesellschaften diskutiert, ist aber auch für KMU relevant, so schon Merkt **40b**
ZIP 2014, 1705. Dies gilt nicht nur auf gesellschaftsrechtlicher Basis im Recht der AG und GmbH, sondern auch für **Personenhandelsgesellschaften.** Nach § 30 I Nr. 3 OWiG können Geldbußen auch gegen Personenhandelsgesellschaften verhängt werden, wenn der vertretungsberechtigte Gesellschafter einer rechtsfähigen Personengesellschaft durch Verletzung einer die Personenvereinigung treffenden Pflicht eine Straftat oder Ordnungswidrigkeit begangen hat. Nach der Rechtsprechung des BGH kann bei der Bemessung einer Geldbuße berücksichtigt werden, ob ein effizientes Compliance-Management installiert war sowie welche Verbesserungen nach einem sog. Compliance-Verstoß implementiert wurden, insbesondere ob vergleichbare Normverletzungen zukünftig jedenfalls deutlich erschwert werden, BGH AG 2018, 39, 40. Aufgrund der reichhaltigen Rechtspraxis auch zu Personenhandelsgesellschaften sind jedenfalls **Kartellrechtsverstöße** im Blick zu behalten.

6) Die OHG im Prozess

A. Trennung von Gesellschafts- und Gesellschafterprozess. Da die OHG **41**
selbstständiger Träger von Rechten und Pflichten ist (→ Rn. 2), sind auch prozessual der **Gesellschaftsprozess** (I) **und der Gesellschafterprozess** (→ § 128

Rn. 39) **klar zu trennen**. Ges. und Gfter sind verschiedene Prozessparteien, BGHZ 62, 132; 64, 156. Klage gegen beide führt nicht zur notwendigen Streitgenossenschaft (→ § 128 Rn. 39); weitere Konsequenzen BGHZ 62, 133. Dieser Trennungsgrundsatz ist trotz der vielfältigen gegenseitigen Auswirkungen der Prozesse infolge der Akzessorietät der GfterHaftung (→ § 129 Rn. 1) strikt durchzuhalten. Prozesse zwischen der Ges. und ihren Gftern sind ohne weiteres möglich (→ Rn. 53, 54). Nicht gegen die Ges. gerichtet, sondern gegen die MitGfter ist eine **actio pro socio** (→ § 109 Rn. 32, auch wenn man Prozessstandschaft annimmt). Auch Rechtsstreitigkeiten um **Grundlagengeschäften** (→ § 114 Rn. 3, → § 126 Rn. 3) tragen die Gfter nur unter sich, also ohne Beteiligung der Ges. (aber dispositiv, § 109), aus.

42 B. **Gesellschaftsprozess**. Die **OHG ist** nach § 124 im Zivilprozess **parteifähig**, BGHZ 17, 342; 62, 132, früher str. Sie wird als Prozesspartei mit ihrer Firma bezeichnet, der Namen der Gfter bedarf es nicht. Falsche Bezeichnung schadet bei Klage einer OHG oder gegen eine OHG so wenig wie sonst, wenn die Identität der Partei feststeht (zB als Inhaber eines bestimmten Unternehmens, mag er EinzelKfm oder Ges. sein), RGZ 157, 373. Dazu ist Auslegung nötig, BGH ZIP 1989, 1260 (unklarer Mahnbescheid). Wechsel der Gfter berührt Prozesse der OHG nicht. Übergang vom Ges.- zum Gfterprozess ist gewillkürter Parteiwechsel (→ § 128 Rn. 39). Die OHG ist selbst **nicht prozessfähig** (§ 51 I ZPO), sie wird von ihren **organschaftlichen Vertretern** vertreten (§§ 125 ff.); für Zustellungen an sie gelten § 125 II 3, III 2 (§ 170 I ZPO). Bei Durchsetzung von Ersatzansprüchen gegen diese(n) Vertreter (Verhinderung, → § 126 Rn. 9) kann auch bei Gesamtvertretung (Gefahr der Voreingenommenheit; vgl. → § 125 Rn. 16) **besonderer Vertreter** analog § 46 Nr. 8 Hs. 2 GmbHG, § 147 II 1 AktG bestellt werden, BGH ZIP 2010, 2345; Karrer NZG 2008, 206; 2009, 932. Beirat als Sondervertreter bei der PublikumsGes → Anh. § 177a Rn. 75. Prozesspflegerbestellung nach § 57 ZPO. Ihren allgemeinen **Gerichtsstand** hat die OHG nach § 17 ZPO an ihrem Sitz ohne Rücksicht auf den Wohnsitz der Gfter. Urteilswirkung für Gfter → § 128 Rn. 43, → § 129 Rn. 7. Lit.: Noack DB 1973, 1157 (KG); Hüffer FS Stimpel, 1985, 165 (Gesamthand).

43 C. **Einzelprobleme. Schiedsvereinbarungen** → Einl. vor § 1 Rn. 89, 90, → § 128 Rn. 40. Die Gfter können der OHG oder dem Prozessgegner als **Nebenintervenienten** (Streitgehilfen) beitreten (§§ 66 ff. ZPO), BGHZ 62, 133. Im Prozess der OHG, KG sind die vertretungsberechtigten **Gesellschafter** als **Partei** (Beweis durch Parteivernehmung, §§ 445 ff. ZPO) zu hören; die nicht vertretungsberechtigten Gfter (falls nicht mitverklagt) als **Zeugen**, BGHZ 42, 231; BGH BB 1965, 1167, str., überholt BGHZ 34, 297 (obiter), zB phG der KG il, wenn er nicht Liquidator ist, der Gfter der OHG ohne Vertretung (§ 125), der Kdtist, auch wenn er Prokura hat (→ § 170 Rn. 3). **Prozesskostenhilfe** s. § 116 S. 1 Nr. 2 ZPO (nF 1980, parteifähige Vereinigung), bei einer KG kommt es auch auf die Leistungsfähigkeit der Kdtisten an, OLG Stuttgart NJW 1975, 2022.

44 **Auswirkung der Auflösung der OHG:** Bei **Auflösung** der Ges. während des Prozesses dauert die Parteifähigkeit bis zur Prozessbeendigung notwendig fort (§§ 156, 124). Ob Abwicklung eintritt oder eine andere Art der Auseinandersetzung, ist gleich. Keine Unterbrechung (§ 241 ZPO, aber Aussetzung, § 246 ZPO) im Normalfall des § 146 I 1, OLG Köln BB 1959, 463, anders wenn die Gfter nicht Liquidatoren werden und Dritte nicht umgehend bestellt werden, BGH WM 1982, 1170. **Vollbeendigung** der Ges. (§ 157 I, aber § 15; → § 131 Rn. 3) macht die Klage unzulässig, BGHZ 74, 212 (Erlöschen von eV), ganz hL, aA früher RG. Aufnahme durch (gegen) die Gfter ist gewillkürter Parteiwechsel, bei Wegfall der beklagten Ges. also (jedenfalls in der Berufungsinstanz, BGHZ 21, 285; 40, 189) nur mit Zustimmung der nunmehr beklagten Gfter, außer bei

Missbrauch, zB weil die Gfter als Geschäftsführer der Ges. (auch der phG-GmbH) bereits mit dem Prozess befasst waren, BGHZ 62, 132; OLG Frankfurt a. M. DB 1976, 2299; aA Henckel ZGR 1975, 232: gesetzlicher Parteiwechsel entspr. §§ 239 ff. ZPO. Bei Übergang des Vermögens der OHG ohne Liquidation auf den letzten verbliebenen Gfter gelten §§ 239 ff., 246, 86 Hs. 1 ZPO analog, BGH NJW 2002, 1207; ZIP 2004, 1047. Erledigung der Hauptsache bei Verlust der Rechtsfähigkeit der KG und der KomplementärGmbH während des Rechtsstreits, falls Klage gegen sie bis dahin begründet war, BGH NJW 1982, 238. Geschäftsübernahme durch einen einzigen Gfter → § 140 Rn. 14, 25.

7) Die OHG in Zwangsvollstreckung und Insolvenz

A. Zwangsvollstreckung gegen OHG (II). Zur Vollstreckung gegen die 45 OHG bedarf es des Titels gegen sie (II), nicht eines gegen die sämtlichen Gfter (vgl. umgekehrt § 129 IV). Doch sollte herkömmlich ein solcher (§ 736 ZPO) genügen, wenn eine GbR ohne Kenntnis des Gläubigers OHG wurde (→ Einl. vor § 105 Rn. 23), BGH BB 1967, 143; so noch Schlegelb/K. Schmidt Rn. 34, nun MüKoHGB/K. Schmidt/Drescher Rn. 29, aber ungewiss wegen BGHZ 146, 341 (→ Einl. vor § 105 Rn. 14); konsequenter ist Erfordernis eines Titels gegen die Ges. selbst, Habersack BB 2001, 481; Hadding ZGR 2001, 734. Umschreibung (§§ 727 ff. ZPO) gegen Gfter ist nicht möglich, auch nicht nach Ende der Ges. (→ Rn. 44), Grund: persönliche Einwendungen (§ 129 I) würden abgeschnitten, aber Gfter können mitverklagt werden (§ 128, dort → § 128 Rn. 39), BGHZ 62, 133. Eidesstattliche Versicherung (§§ 889 ff. ZPO) gibt der vertretungsberechtigte Gfter ab. Zwangsvollstr gegen Gfter → § 128 Rn. 45, → § 129 Rn. 15.

B. Gesellschaftsinsolvenz. Die InsO macht ein **besonderes Insolvenzver-** 46 **fahren über das Gesellschaftsvermögen** möglich (§ 131 I Nr. 3 HGB, § 11 II Nr. 1 InsO), unterschieden vom Insolvenzverfahren über das Privatvermögen von Gftern (**Gesellschafterinsolvenz,** → § 128 Rn. 47). Schuldner iSd InsO ist die OHG, nicht die Gfter, heute ganz hL, MüKoHGB/K. Schmidt Anh. § 158 Rn. 5, aA noch BGHZ 34, 297. Insolvenzfähig ist auch die fehlerhafte OHG, nicht die ScheinOHG (→ § 105 Rn. 75, 98). Die Insolvenzfähigkeit der OHG endet nicht schon mit Auflösung, sondern erst mit Vollbeendigung (§ 11 III InsO), auch mit Gesamtrechtsnachfolge des letzten Gfters (→ § 131 Rn. 13, 35). Insolvenzgrund ist für die OHG bzw. KG Zahlungsunfähigkeit (§ 17 InsO) und, falls kein phG eine natürliche Person ist, auch Überschuldung (§ 19 III InsO, Überschuldungsbegriff § 19 II InsO → Anh § 177a Rn. 49c). Drohende Zahlungsunfähigkeit s. § 18 I, III InsO. Antragsberechtigt sind außer wie immer den Insolvenzgläubigern jeder phG ohne Rücksicht auf seine Vertretungsmacht und jeder Abwickler (§ 15 I InsO). Wird der Antrag nicht von allen Gftern gemeinsam gestellt, ist der Insolvenzgrund glaubhaft zu machen (§ 15 II InsO), dazu auch → Anh § 177a Rn. 49e (Suhrkamp). Jedenfalls wenn eine natürliche Person phG ist, kann in Insolvenzantragstellung eine Treuepflichtverletzung liegen, für (wegen verhältnismäßig geringfügigen Betrags zahlungsunfähige) GbR und Möglichkeit der Klärung innergesellschaftlicher Streitigkeiten OLG München ZIP 2015, 827 f.

Durch die GesInsolvenz wird die OHG aufgelöst (§ 131 I Nr. 3, dort → § 131 Rn. 13). Die Insolvenzmasse ist das GesVermögen. Insolvenzgläubiger (§§ 38, 39 InsO) sind nur die Gläubiger der Ges., nicht auch Gläubiger von Forderungen gegen einen oder auch alle Gfter persönlich. Die Gfter selbst mit ihrer Einlage sind nicht Insolvenzgläubiger, auch nicht mit einem Darlehen mit Eigenkapitalcharakter (→ Anh. § 177a Rn. 71), BGHZ 93, 159, anders mit bestimmten Sozialansprüchen wie Aufwendungsersatz (§ 110) und echten Drittforderungen (→ § 124 Rn. 52), auch Abfindungen von Gftern, die vor Verfahrenseröffnung ausgeschieden sind. Für Dienstverträge von Gftern (→ § 114 Rn. 9, → § 110 Rn. 19, 20) gilt § 103 InsO; Unterhaltsanspruch nach §§ 101 I 3, 100 InsO ist str. Rückständige Einlagen samt Zinsen (§ 111), Ansprüche der Ges. aus für sie geführten Geschäften und Schadensersatzansprüche wegen Verletzung gesellschaftsvertraglicher Pflichten macht nur noch der Insolvenzverwalter geltend, die actio pro socio entfällt insoweit. Auch die Firma der OHG gehört zur Insolvenzmasse, aber Veräußerung nur mit Zustimmung der Namensträger (→ § 17 Rn. 47). Auswirkungen der GesInsolvenz auf die Gfter → § 128 Rn. 46. Die GesInsolvenz hindert die Gläubiger während des Insolvenzverfahrens am Vorgehen gegen einzelne Gfter (§ 128 iVm § 93 InsO, → § 128 Rn. 46). GfterInsolvenz → § 128 Rn. 47. Lit.: Komm. zur InsO, Häsemeyer, Insolvenzrecht, 4. Aufl. 2007, Kap. 31; K. Schmidt ZGR 1998, 633.

47 Das besondere Vergleichsverfahren über das Vermögen der Ges. (§§ 109–110 VerglO aF) gibt es nicht mehr. Die InsO sieht dafür nur noch einheitlich den Insolvenzplan vor, dazu nach dem ESUG K. Schmidt ZGR 2012, 566; Wertenbruch ZIP 2013, 1693; auch → Anh § 177a Rn. 59r.

8) Rechtsübertragung und andere Rechtsgeschäfte zwischen Gesellschaft und Gesellschafter

48 A. **Rechtsübertragung.** Die Rechtsübertragung von einem Gfter auf die Ges. und umgekehrt ist **echte Übertragung** von dem einen auf den anderen Rechtsträger. Sie bedarf daher der für eine solche vorgeschriebenen **Form** (zB bei Einbringung eines Grundstücks, einer beweglichen Sache, eines GmbHAnteils durch einen Gfter der Formen der §§ 311b I, 873, 925 BGB, §§ 929 ff. BGB, § 15 GmbHG, → § 105 Rn. 55). **Sachenrechtlich** stehen die allgemeinen Möglichkeiten für eine solche Übertragung zur Verfügung (vgl. → § 383 Rn. 25 zur Einkaufskommission). Im Falle des § 930 BGB wird das Besitzkonstitut idR im GesVerhältnis stillschweigend vereinbart sein.

49 **Einzelfälle:** Die Übertragungsformen sind ferner ua zu wahren: bei Übertragung aus Bruchteilseigentum der Gfter in GesVermögen (→ Rn. 5); aus einer neben der OHG bestehenden GbR der Gfter der OHG an die OHG; aus GesVermögen der OHG in Gesamthandseigentum der Gfter. Gesellschaftsvermögen einer GbR derselben Gfter, RGZ 136, 405; BayObLG NJW 1982, 110; aus einer OHG in eine personengleiche andere OHG, BGH BB 1963, 747; BayObLG NJW 1982, 110; aus ungeteilter Erbengemeinschaft in das Vermögen einer von den Erben errichteten OHG (→ § 105 Rn. 55). Anders bei bloßer Umwandlung einer GbR zur OHG bzw. KG oder umgekehrt (→ Einl. vor § 105 Rn. 21, → § 105 Rn. 8).

50 **Gutgläubiger Erwerb** eines Gfters von der nichtberechtigten OHG ist möglich. Erwirbt umgekehrt die OHG vom nichtberechtigten Gfter (zB bei Einbringung von Sachen durch den Gfter), so kommt es auf den guten Glauben der für sie handelnden Gfter an (§ 166 I BGB, → Rn. 23, → § 125 Rn. 4). Zu diesen gehört der übertragende Gfter nicht (anders im Fall § 181 BGB), seine Bösgläubigkeit hindert also den Erwerb der OHG nicht, wenn die anderen Gfter gutgläubig sind, str., anscheinend aA BGH BB 1959, 318. Der gute Glaube der OHG ist aber zB bei Beschluss aller Gfter, von den einen zu erwerben, ausgeschlossen (§ 166 II BGB, → § 125 Rn. 4). Mangels gutgläubigen Erwerbs ist die rechtlich unwirksame Einlage (im Unterschied zu Ges. oder Eintritt, → § 105 Rn. 80) nicht nach den Grundsätzen der fehlerhaften Ges. wirksam, BGH BB 1959, 318.

51 B. **Rechtsgeschäfte zwischen Gesellschaft und Gesellschafter. a) Sozialansprüche und -verbindlichkeiten:** Schuldverhältnisse zwischen Ges. und Gfter können aus dem **Gesellschaftsverhältnis** selbst hervorgehen, zB aus Beitragspflicht (→ § 109 Rn. 6), Geschäftsführungsrecht und -pflicht (§§ 114 ff.),

1. Abschnitt. Offene Handelsgesellschaft § 125

Aufwendungen (§ 110), Wettbewerb (§ 113), Entnahmerecht (§ 122) usw. Sozialansprüche der Gesamthand bzw. Gesellschaft gegen einen Gfter kann außer der Ges. auch jeder MitGfter einzeln mit der **actio pro socio** geltend machen, allerdings nur gerichtet auf Leistung an die Ges. (→ § 109 Rn. 32). Der Gfter kann für einen Sozialanspruch gegen die Ges. nicht auch die **Mitgesellschafter nach § 128** in Anspruch nehmen (→ § 128 Rn. 22), Grund: das käme einer Nachschusspflicht gleich (→ § 109 Rn. 12). Zur Lage nach Ausscheiden oder Auflösung → § 128 Rn. 23, 28, → § 145 Rn. 6.

b) Drittgeschäfte: Zwischen Ges. und Gfter sind aber auch unabhängig vom GesVerhältnis Rechtsverhältnisse möglich wie sonst zwischen Rechtspersonen (→ § 109 Rn. 11), zB Verträge, dingliche Rechtsverhältnisse (zB Miteigentum, beschränkte Rechte des einen Teils am Eigentum des anderen), Vollmacht, Options- und andere Gestaltungsrechte. Die **Abgrenzung** zwischen Ansprüchen aus GesVertrag (zB Beitrag oder Geschäftsführung als Gfter) und Drittgeschäft (zB Grundstückspacht, BGH BB 1961, 6, Überlassung von Baugerät, BGH BB 1963, 576, zusätzlicher Dienst- oder Arbeitsvertrag) kann im Einzelnen schwierig sein (→ § 109 Rn. 11, → § 110 Rn. 19–21). Vertretung der Ges. bei Vertrag zwischen Ges. und Gfter → Rn. 53. Lit.: Loritz, Die Mitarbeit Unternehmensbeteiligter, 1984. 52

Vorgehen der Gesellschaft gegen den Gesellschafter: Die Ges. kann eine Forderung gegen einen Gesellschafter aus einem Drittgeschäft durch ihre vertretungsberechtigten Gfter geltend machen. **Notwendig** ist hier aber (anders als gegenüber einem Dritten) **außer Vertretungsmacht auch Geschäftsführungsbefugnis** (→ § 126 Rn. 6). Bei Einzelgeschäftsführung kann danach jeder MitGfter widersprechen (§ 115 I, aber nicht der schuldende Gfter, → § 115 Rn. 3), bei Gesamtgeschäftsführung müssen alle geschäftsführenden Gfter, unter den Voraussetzungen des § 116 II alle Gfter, auch die nicht geschäftsführenden, zustimmen (§§ 115 II, 116 II, dispositiv), wiederum mit Ausnahme des schuldenden Gfters. Einziehung von Forderungen der Ges. gegen Gfter in der Liquidation → § 149 Rn. 3. 53

Vorgehen des Gesellschafters gegen die Gesellschaft: Der Gfter kann eine Forderung gegen die Gesellschaft aus Drittgeschäft grundsätzlich ebenso wie ein NichtGfter geltend machen, Grenze: **Rücksicht** bei der Einziehung kraft Treuepflicht (→ § 109 Rn. 23), zB bei einem im Hinblick auf die Zugehörigkeit zur Ges. und zur Förderung der GesInteressen gegebenen Darlehen, RG JW 1937, 1986; abw. Prediger BB 1971, 245. 54

Vorgehen gegen Mitgesellschafter: Der Gfter kann für eine Drittgläubigerforderung gegen die Ges. auch **nach § 128** die Mitgesellschafter in Anspruch nehmen, **aber** bei Geldforderungen mit **Abzug** mindestens des seinem **Verlustanteil** entspr. Forderungsteils (→ § 128 Rn. 24). Zur Lage nach Ausscheiden oder Auflösung → § 128 Rn. 23, 28, → § 145 Rn. 6. 55

9) Reform des Personengesellschaftsrechts (MoPeG)

Das Gesetz zur Modernisierung des Personengesellschaftsrechts (MoPeG) → Einl § 105 Rn. 42 ff) fasst zum 1.1.2024 auch das OHG-Recht neu. Der Regelungsgehalt des § 124 I findet sich künftig in § 105 II HGB-MoPeG, § 124 II wird § 129 I HGB-MoPeG. Zur Textfassung des HGB-MoPeG s. → Anh. § 105. 56

[Vertretung der Gesellschaft]

125 (1) **Zur Vertretung der Gesellschaft ist jeder Gesellschafter ermächtigt, wenn er nicht durch den Gesellschaftsvertrag von der Vertretung ausgeschlossen ist.**

§ 125 1   2. Buch. Handelsgesellschaften und stille Gesellschaft

(2) ¹Im Gesellschaftsvertrage kann bestimmt werden, daß alle oder mehrere Gesellschafter nur in Gemeinschaft zur Vertretung der Gesellschaft ermächtigt sein sollen (Gesamtvertretung). ²Die zur Gesamtvertretung berechtigten Gesellschafter können einzelne von ihnen zur Vornahme bestimmter Geschäfte oder bestimmter Arten von Geschäften ermächtigen. ³Ist der Gesellschaft gegenüber eine Willenserklärung abzugeben, so genügt die Abgabe gegenüber einem der zur Mitwirkung bei der Vertretung befugten Gesellschafter.

(3) ¹Im Gesellschaftsvertrage kann bestimmt werden, daß die Gesellschafter, wenn nicht mehrere zusammen handeln, nur in Gemeinschaft mit einem Prokuristen zur Vertretung der Gesellschaft ermächtigt sein sollen. ²Die Vorschriften des Absatzes 2 Satz 2 und 3 finden in diesem Falle entsprechende Anwendung.

Übersicht

	Rn
1) Begriff und Abgrenzung der Vertretungsmacht; Wissenszurechnung	1–4
A. Abgrenzung zur Geschäftsführung	1
B. Organschaftliche und andere Vertretungsmacht	2
C. Verschuldenszurechnung	3
D. Wissenszurechnung	4
2) Selbstorganschaft und Vollmachten an Dritte	5–9
A. Selbstorganschaft	5
B. Nichtübertragbarkeit der organschaftlichen Vertretungsmacht	6
C. Keine Umgehung der Selbstorganschaft	7
D. Ausnahmen	8
E. Normale Vollmachten an Dritte	9
3) Einzelvertretungsmacht aller, Ausschluss einzelner Gesellschafter (I)	10–15
A. Einzelvertretungsmacht jedes Gesellschafters (I Hs. 1)	10, 11
B. Ausschluss einzelner Gesellschafter von der Vertretung (I Hs. 2)	12
C. Abbedingung der gesetzlichen Vertretung nach I	13
D. Sonstige abweichende Vereinbarungen	14
E. Keine Notvertretungsmacht	15
4) Gesamtvertretungsmacht mehrerer Gesellschafter (II)	16–18
A. Gesamtvertretung (II 1)	16
B. Ermächtigung einzelner Gesamtvertreter (II 2)	17
C. Passive Einzelvertretung (II 3)	18
5) Gemischte Gesamtvertretung (III)	19–26
A. Gemischte Gesamtvertretung (III 1)	19–22
B. Auswirkung auf den Prokuristen	23
C. Ermächtigung, passive Einzelvertretung (III 2)	24
D. Prokura mit Bindung an Mitwirkung eines Gesellschafters	25, 26
6) Reform des Personengesellschaftsrechts (MoPeG)	27

1) Begriff und Abgrenzung der Vertretungsmacht; Wissenszurechnung

1   A. **Abgrenzung zur Geschäftsführung.** Die Vertretungsmacht ist die Rechtsmacht zur rechtsgeschäftlichen Bindung der Ges. gegenüber Dritten (**Außenverhältnis**). Sie steht damit im Gegensatz zur Geschäftsführung im Verhältnis der Gfter zueinander (Innenverhältnis, → § 114 Rn. 1) und ist auch abweichend geregelt, zB §§ 114 II, 115 I Hs. 2, II (Gefahr im Verzug), 116. **§§ 125–127** regeln nur die Vertretung. § 125 besagt, wer von den Gftern Vertretungsmacht hat. § 125a betrifft Angaben für den Geschäftsverkehr. § 126 steckt zwingend den Umfang der Vertretungsmacht ab. § 127 regelt ihre Entziehung.

B. Organschaftliche und andere Vertretungsmacht. Die Vertretungs- **2** macht der §§ 125 ff. ist eine organschaftliche, BGHZ 33, 108; 36, 295; 51, 200; 64, 75. Ihrer Rechtsnatur nach ist sie eine gesetzliche Vertretungsmacht (wie bei juristischen Personen; keine Vollmacht, keine dritte Kategorie), vgl. K. Schmidt § 10 II, str. Die vertretenden Gfter sind Organe der Ges. entspr. den gesetzlichen Vertreter juristischer Personen. Die Anwendung von Vollmachtsvorschriften ist aber nicht ausgeschlossen, zB des § 166 II BGB (zB: kein Erwerb der Ges. kraft guten Glaubens, wenn der handelnde Gfter gutgläubig ist, aber nach Weisungen der anderen Gfter handelt, von denen auch nur einer bösgläubig), → Rn. 4. Insolventer Gfter kann seine Vertretungsmacht nicht mehr (selbst) ausüben, KG ZIP 2011, 371 (GbR).

C. Verschuldenszurechnung. Die Vertretung ist rechtsgeschäftliches Han- **3** deln im Namen der Ges. Die Verschuldenszurechnung betrifft das Einstehen der Ges. für Schäden, zB nach §§ 31, 278, 831 BGB (→ § 124 Rn. 24 ff.).

D. Wissenszurechnung. Für die Wissenszurechnung (Kenntnis oder Kennen- **4** müssen zB bei Irrtum, Gutgläubigkeit nach § 15, gutgläubigem Erwerb; entspr. persönliche Beziehungen und Verhältnisse, zB im Insolvenzrecht) gilt § 166 I BGB, § 125 II 3 analog, wonach es auf die Person des Vertreters, nicht des Vertretenen ankommt, üL, Rspr., nach aA Rechtsgedanke von § 31 BGB (organschaftliche Kenntnis), K. Schmidt § 10 V 2b, aber führt zu weit; allgemeiner zur Dogmatik der Wissenszurechnung **(Pflicht zur ordnungsgemäßen Organisation der Kommunikation)**, die im Bankvertragsrecht besonders relevant wird, → **(7)** Bankgeschäfte Rn. A16, dabei ist zu beachten, dass ältere Rspr. mit absoluter Wissenszurechnung überholt ist (Unterschiede zwischen den Senaten), keine Zurechnung von Wissen, sondern von wissensgetragenem, rechtserheblichem (aktivem oder passivem) Verhalten, Nobbe Bankrechtstag 2002, 126. Für Wissenszurechnung von juristischen Personen und PersonenGes gilt grundsätzlich dasselbe. Aus der (uneinheitlichen) Rspr. ist hervorzuheben: Das Wissen eines einzigen Gfters genügt, BGHZ 34, 297, jedenfalls wenn die Nichtweitergabe des Wissens an den handelnden Gfter organisationspflichtwidrig war, BGHZ 140, 61 (IX ZS); nach aA nur, wenn er konkret vertreten hat, für die übrigen Vertreter nur nach § 166 II BGB, offen BGH NJW 1995, 2160. Das gilt auch bei Gesamtvertretung, BGHZ 20, 153; 62, 173; wenn ein Gesamtvertreter am Vertragsschluss mitwirkt; wenn er das Wissen im privaten Bereich erworben hat, BGH WM 1955, 832; wenn der Organvertreter ausgeschieden oder verstorben ist (so bei juristischen Personen), aber nur sofern es sich um typischerweise aktenmäßig festgehaltenes Wissen handelt, BGHZ 109, 332 (V ZS); BGH NJW 1995, 2160; 1996, 1205 (beide iErg abl.). Auch das Wissen von verfassungsmäßigen Vertretern (→ § 124 Rn. 25) ist der Ges. zuzurechnen (vgl. → **(7)** Bankgeschäfte Rn. A16). Handelt ein Vertreter nach Weisung, kann § 166 II BGB entspr. anwendbar sein. Beim Erwerb einer Sache vom Nichtberechtigten auf Grund Beschlusses aller Gfter schließt deshalb Bösgläubigkeit eines Gfters den Rechtserwerb kraft guten Glaubens aus, auch wenn der mit dem Erwerb beauftragte vertretungsberechtigte Gfter gutgläubig ist, Windbichler § 8 Rn. 8, anders wenn ein gutgläubiger Gfter aus eigener Initiative erwirbt (→ § 124 Rn. 50). Lit.: Schilken 1983, Buck 2001 (Habilitationsschrift); Baumann ZGR 1973, 284; Waltermann AcP 192 (1992), 181; Grunewald FS Beusch, 1993, 301; Medicus/ Taupitz Karlsruher Forum 1994, 4 (16); Drexl ZHR 161 (1997), 491 (Konzern); Fassbender/Neuhaus WM 2002, 1253; Drexl/Nobbe Bankrechtstag 2002, 85 (121).

2) Selbstorganschaft und Vollmachten an Dritte

A. Selbstorganschaft. Organschaftliche Vertreter iSv §§ 125 ff. können idR **5** nur **Gesellschafter** sein (Selbstorganschaft, entspr. für Geschäftsführung → § 114

§ 125 6–9   2. Buch. Handelsgesellschaften und stille Gesellschaft

Rn. 24), BGHZ 26, 333; 33, 108; 41, 367; BGH NJW 1982, 1817, str.; bei der KG nur phG (§ 170), BGHZ 51, 200. Dies ist ein wichtiger Unterschied zur KapitalGes, wo die Drittorganschaft sogar die Regel ist. Konsequenz ist ua, dass nicht alle Gfter von der Vertretung ausgeschlossen werden können (→ Rn. 12). Der Grundsatz der Selbstorganschaft für PersonenGes ist wegen der persönlichen Haftung der Gfter berechtigt, str., und schränkt die Ges. in der Praxis nicht übermäßig ein (Generalvollmacht → Rn. 7, 9; umfassende Geschäftsführung durch Dritte, sogar Betriebsführungsvertrag → § 114 Rn. 24), er wird trotz rechtsformmäßig beschränkter Haftung auch bei der GmbH & Co KG angenommen, → Anh. § 177a Rn. 21. Lit.: Werra, 1991; Helm/Wagner BB 1979, 225; zum Betriebsführungsvertrag Otte-Gräbener/Deilmann NZG 2016, 1361, krit Osterloh-Konrad ZGR 2019, 271, für Fortentwicklung de lege ferenda Scholz NZG 2020, 1044.

6   B. **Nichtübertragbarkeit der organschaftlichen Vertretungsmacht.** Die organschaftliche Vertretungsmacht als solche ist **höchstpersönlich** und **nicht übertragbar** (§§ 717, 664, 713 BGB), BGHZ 33, 108; 34, 30; 36, 295; BGH ZIP 2011, 911; ebenso für Geschäftsführung (→ § 114 Rn. 11), Stimmrecht (→ § 119 Rn. 19), sonstige Verwaltungsrechte.

7   C. **Keine Umgehung der Selbstorganschaft.** Auch nichtorganschaftliche, umfassende Vollmachten **an Dritte** kann unzulässige Fremdorganschaft darstellen, zB bei unwiderruflicher Generalvollmacht, bei Ausschluss aller Gfter von der Vertretungsmacht, bei Bindung in der eigenen Ausübung an die Weisungen Dritter, bei Verzicht auf Ausübung der Vertretungsmacht als Gfter oder bei völligem Ausschluss des Weisungsrechts. Die Gfter können also solchen dritten Vertretern zwingend jederzeit die Vertretungsmacht entziehen, auch bei Betriebsführungsvertrag, Heymann/Hoffmann/Bartlitz § 114 Rn. 25; aA BGH NJW 1982, 1817 (für Geschäftsführungsbefugnis enger → § 114 Rn. 3). Das Weisungsrecht der Gfter an solche Vertreter kann nicht völlig ausgeschlossen werden, jedenfalls alle Gfter gemeinsam bleiben weisungsbefugt (→ § 114 Rn. 25). Noch engere Grenzen gelten bei PublikumsGes (→ Anh. § 177a Rn. 74).

8   D. **Ausnahmen.** Der Grundsatz der Selbstorganschaft ist durchbrochen in der Liquidation (§ 146 II, gerichtliche Bestellung auch von NichtGftern), und vorübergehend in „liquidationsähnlichen Sonderlagen", BGH ZIP 2010, 2347, zB im Prozess gegen einen Gfter oder während Ausschließungs-, Auflösungs-, Entziehungsprozesses, BGHZ 33, 108; 51, 200 (→ § 124 Rn. 42, → § 127 Rn. 8, → § 133 Rn. 14, → § 140 Rn. 16); aber nicht stets aus wichtigem Grund, Müller NJW 1955, 1910 und nicht allgemein als Notvertretung entspr. § 29 BGB (→ Rn. 15). Möglich ist ferner Prozesspflegerbestellung nach § 57 ZPO; wohl auch Pflegschaft nach §§ 1911, 1913 BGB, Peters MDR 1951, 243. Lit.: Teichmann, 1970; H. P. Westermann, 1970; Werra, 1989; Dellmann FS Hengeler, 1972, 64; Helm/Wagner BB 1979, 225; Schäfer ZHR 175 (2011), 557 (Vorsorgevollmacht). Vererbung des Vertretungsrechts → § 114 Rn. 5, → § 139 Rn. 13.

9   E. **Normale Vollmachten an Dritte.** NichtGfter, auch nicht alleinvertretungsberechtigte Gfter, Staub/Habersack Rn. 13, aA üL, können von der Ges. Vollmachten verschiedener Art erhalten (Prokura, → § 48 Rn. 2; HdlVollmacht), **auch Generalvollmacht** (→ Einl. vor § 48 Rn. 2), BGHZ 36, 295, und uU mit solcher die Geschäfte allein führen (→ § 114 Rn. 24). In besonderen Fällen besteht sogar Zustimmungspflicht der Gfter zur Erteilung auch weitreichender Vollmachten, zB bei Verhinderung des vertretungsberechtigten Gfters durch Krankheit oder längere Abwesenheit. Aber die Generalvollmacht kann namentlich bei gleichzeitigem Verzicht des Gfter auf die Ausübung seiner Rechte eine unzulässige Übertragung der organschaftlichen Vertretungsmacht (→ Rn. 6) und eine unzulässige Drittorganschaft darstellen (→ Rn. 7).

3) Einzelvertretungsmacht aller, Ausschluss einzelner Gesellschafter (I)
A. Einzelvertretungsmacht jedes Gesellschafters (I Hs. 1). Mangels anderer Vereinbarung hat jeder Gfter ohne Mitwirkung der anderen Vertretungsmacht (I; anders bei GbR, §§ 714, 709 BGB), also auch Geschäftsunfähige, beschränkt Geschäftsfähige, juristische Person und andere Personenvereinigungen, die Gfter sein können (→ § 105 Rn. 26–30), auch aufgelöste GmbH (→ Anh. § 177a Rn. 45). **Beschränkt Geschäftsfähige** können außer nach § 112 BGB, str., nicht selbst vertreten, § 165 BGB ist unanwendbar, MüKoHGB/K. Schmidt/Drescher Rn. 19. Die namens der Ges. handelnden Vertreter solcher Gfter handeln mit Wirkung für und gegen die Ges., nicht die Gfter persönlich, also ohne betreuungsgerichtlichen Genehmigungen (vgl. → § 105 Rn. 26). Geben mehrere Gfter einander **widersprechenden Erklärungen** ab, gilt, wenn die Erklärung bindend ist, die Erste (idR nach der Zeit des Zugehens), andernfalls die letzte (zB Widerruf, Anfechtung) gleichzeitige heben sich auf, RGZ 81, 95.

Rechtliche Bedeutung: Die Ges. vertreten heißt **in ihrem Namen** handeln. Gewöhnlich genügt, dass die Umstände dies ergeben (schon § 164 I 2, nicht erst II BGB; vgl. auch Handeln für die Firma → Einl. vor § 48 Rn. 8); bei skripturgemäßer Verpflichtung muss es aus der Urkunde, zB dem Wechsel, hervorgehen, RGZ 47, 166. Die klarste Form der Unterschrift namens der Ges. ist das Zeichen des eigenen Namens mit Vermerk, dass man für die Ges. handelt („für die X-Ges", „namens der X-Ges"). Möglich ist Zeichen mit der GesFirma allein, auch im Grundbuchverkehr; dieses kann im Einzelfall auch umgekehrt Handeln für die Gfter bedeuten, Bsp: Einspruch gegen Strafandrohung nach § 37 I HGB, **(3)** FamFG §§ 388 ff., KGJ 31, 211. An die GfterVertretungsmacht knüpfen **öffentlichrechtliche** Verhaltenspflichten an; der Gfter mit Vertretungsmacht bleibt ihnen unterworfen, obwohl er die Betriebsleitung einem anderen überträgt; Bsp OLG Koblenz BB 1975, 983 (Transport gefährlicher Güter).

B. Ausschluss einzelner Gesellschafter von der Vertretung (I Hs. 2). Der GesVertrag kann einen oder mehrere Gfter von der Vertretung ausschließen, so schon kraft Rechtsform bei der KG (→ § 170 Rn. 1), aber nicht alle (Selbstorganschaft, → Rn. 5), BGHZ 41, 367. Benennt einiger Gfter als („zeichnungs-", „firmierungs-") vertretungsberechtigt bedeutet idR Ausschluss der übrigen (§§ 133, 157 BGB; die Auslegungsregel des § 114 II gilt hier nicht). Klauseln über „Geschäftsführung" meinen meist sowohl Geschäftsführungsbefugnis (§§ 114 ff.) wie Vertretung (§§ 125 ff.). Die Vertretungsmacht kann nicht nur teilweise oder befristet oder bedingt ausgeschlossen werden (II), aber der von ihr (ganz) ausgeschlossene Gfter kann ebenso wie ein NichtGfter (→ Rn. 9) **Vollmacht** erhalten, zB auch HdlVollmacht, Generalvollmacht, Prokura, hM; diese Vollmacht ist nicht organschaftlich, aber bei Erteilung auf Grund GesVertrags nur aus wichtigem Grund entziehbar (→ § 170 Rn. 4). **Feststellungklage** zwischen den Gftern (nicht Ges.), ob Gfter Vertretungsmacht hat oder nicht, ist möglich (§ 256 ZPO); Klage eines Gfters gegen den Geschäftspartner der Ges. auf Feststellung seiner Vertretungsmacht ist mangels eines feststellbaren Rechtsverhältnisses idR unzulässig, BGH BB 1979, 286.

C. Abbedingung der gesetzlichen Vertretung nach I. Ist die gesetzliche Vertretung abbedungen, die vereinbarte aber nicht wirksam, gilt **Gesamtvertretung aller** Gfter mit passiver Einzelvertretung (II 1, 3), KG HRR 1939, Nr. 94; BGHZ 33, 108. Bspe: bei vertraglichem Ausschluss aller Gfter von der Vertretung (→ Rn. 5, 12) oder Wegfall des einzigen Vertretenden etwa durch Tod, Geschäftsunfähigwerden, Ausschließung (→ § 140 Rn. 8), Entziehung der Vertretungsmacht (→ § 127 Rn. 2). Bei nur tatsächlicher **Verhinderung** der vertretenden Gfter bleibt die geltende Regelung der Vertretung in Kraft (→ Rn. 16).

14 D. **Sonstige abweichende Vereinbarungen.** §§ 125–126 sind im Interesse des Rechtsverkehrs zwingend, soweit nicht das Gesetz Abweichungen zulässt, BGHZ 17, 186. Der GesVertrag kann Gesamtvertretung mehrerer Gfter (II, → Rn. 16), gemischte Gesamtvertretung eines oder mehrerer Gfter in Gemeinschaft mit Prokuristen (III, → Rn. 19) oder auch **Kombinationen** davon vorsehen, zB Einzelvertretung durch Gfter A, Gesamtvertretung durch B mit C oder A, C mit B oder A; auch Einzelvertretung durch A, Gesamtvertretung durch B mit A (was nicht dem Ausschluss des B von der Vertretung gleichsteht), RGZ 90, 22; BGHZ 62, 171 (halbseitige Gesamtvertretung, vgl. → § 48 Rn. 6 für Prokura). Umfang der Vertretungsmacht stets nur nach § 126.

15 E. **Keine Notvertretungsmacht.** Das Recht der Gfter zu Notmaßnahmen zur Erhaltung des GesVermögens (§ 744 II BGB, → § 114 Rn. 7) gibt dem Gfter keine Vertretungsmacht, BGHZ 17, 183. Vertretungsmacht folgt auch nicht aus einem (zu Unrecht) teilweise vertretenen Recht des einzelnen Gfter, uU Rechte der Ges. im gegen Dritte im eigenen Namen geltend zu machen (→ § 124 Rn. 13); ebenso wenig aus Geschäftsführung ohne Auftrag (§§ 677 ff. BGB), BGHZ 17, 187. Auch eine Notbestellung durch das Amtsgericht entspr. § 29 BGB scheidet aus, BGHZ 51, 200, str. Ausnahme für Sonderfälle, zB Prozess gegen den einzigen vertretungsberechtigten Gfter, MüKoHGB/K. Schmidt/Drescher Rn. 7 (§ 57 ZPO); für § 46 Nr. 4 Hs. 2 GmbHG, § 147 II 1 AktG analog (Sondervertreter, → § 124 Rn. 42) Karrer NZG 2008, 206, uU gegen Konzern-Ges.

4) Gesamtvertretungsmacht mehrerer Gesellschafter (II)

16 A. **Gesamtvertretung (II 1).** Der GesVertrag kann alle oder mehrere Gfter nur in Gemeinschaft zur Vertretung ermächtigen (Gesamtvertretung, II 1, auch gewöhnliche oder echte genannt im Unterschied zu III; vgl. → § 48 II Gesamtprokura, § 71 II AktG, § 35 II GmbHG). Die so ermächtigten Gfter können die für die Ges. verbindliche Erklärung nur gemeinsam bewirken. Willensmängel, Kenntnis, Kennenmüssen eines der mehreren Handelnden wirken für und gegen die Ges. Die Gesamtvertreter müssen nicht gleichzeitig handeln, aber die erste Erklärung muss noch in Kraft sein, wenn die andere folgt. Ein Gesamtvertreter kann den anderen zum alleinigen Handeln ermächtigen (→ Rn. 17) oder solches auch nachträglich nach § 177 BGB **genehmigen** (beides formlos, auch bei formbedürftigem Rechtsgeschäft), OLG München ZIP 2009, 621, bei Verhinderung auch für einzelne Geschäfte (nicht in allgemeiner Weise) einen Dritten zur Mitwirkung an seiner Statt bevollmächtigen (→ Rn. 9). §§ 174, 180 BGB (Zurückweisung mangels Vorlage einer Ermächtigungsurkunde, Unzulässigkeit einseitiger Rechtsgeschäfte) gelten entspr., BAG NJW 1981, 2374. Für die konkludente Genehmigung kommt es allein auf den Kenntnisstand des anderen an, jedenfalls wenn auch vom Verbot des § 181 BGB befreit werden soll (Schutzzweck), BGH NJW 2010, 863 (GbR). **Wegfall** des einen Gesamtvertreters (A) gibt nicht dem anderen (B) Alleinvertretung, sofern noch anderweitige Gesamtvertretung möglich ist (zB BC oder CD), anders, wenn diese unmöglich ist, zB bei nur zwei phG einer KG, BGHZ 41, 367; KG JW 1939, 424. Nur tatsächliche **Verhinderung** des einen Gesamtvertreters an der Gesamtvertretung nichts, BGHZ 34, 27 (GmbH). Täuscht ein Gesamtvertreter die Verbindlichkeit einer von ihm allein abgegebenen Willenserklärung vor, haftet die Ges. aus § 31 BGB (→ § 124 Rn. 25), BGHZ 98, 148; aA BGH WM 1967, 714; vgl. (problematisch) Dieckmann WM 1987, 1473 (1509). Bei **Verweigerung** der Mitwirkung erst Klage auf Zustimmung, nicht inzident im Prozess der OHG gegen

Dritten, OLG Stuttgart NZG 2010, 1223 (GbR). Gesamtvertretung von phG und Kdtist → § 170 Rn. 1. Halbseitige Gesamtvertretung → Rn. 14.

B. Ermächtigung einzelner Gesamtvertreter (II 2). Die Gesamtvertreter **17** können einzelne unter ihnen zur Alleinvornahme bestimmter Geschäfte oder bestimmter Arten von Geschäften ermächtigen (II 2); also nicht im ganzen Umfang ihrer Vertretungsmacht, BGHZ 34, 27 (GmbH); BGH NJW-RR 1986, 778 (GmbH), Grund: Wortlaut, Zweck. II 2 ist nur klarstellend, beseitigt aber Zweifel aus § 181 BGB. Die **Erteilung** der Ermächtigung erfolgt durch formlose, auch stillschweigende Erklärung an den zu Ermächtigenden. So kann die Klage des Gfters A gegen die Ges., vertreten durch den (einzigen) MitGfter B, bei Gesamtvertretung als Ermächtigung des B zur Vertretung der Ges. in dem Rechtsstreit verstanden werden, RGZ 116, 18; BGHZ 41, 367 (zu § 150 II 1). Erteilung entspr. §§ 167 I, 170 ff. BGB (gegenüber Dritten, öffentlich) ist möglich, aber wenig praktisch. Die Ermächtigung bedarf keiner Annahme und kann nicht abgelehnt werden. **Widerruf** ist jederzeit, ohne wichtigen Grund und nicht notwendig durch dieselben Gesamtvertreter, die die Ermächtigung ausgesprochen haben, möglich. Nach BGHZ 64, 75 ist die Ermächtigung ihrer **Rechtsnatur** nach nicht einfache oder HdlVollmacht (dann Problem des § 181 BGB), sondern macht den Ermächtigten partiell zum organschaftlichen Alleinvertreter, aA MüKoHGB/K. Schmidt Rn. 45, aber iErg ähnlich, nach § 181 BGB von Vertretung ausgeschlossener Gfter fällt ipso iure aus, (auch → § 126 Rn. 9). §§ 174, 180 BGB → Rn. 16. Lit.: Lüdtke-Handjery DB 1972, 565.

C. Passive Einzelvertretung (II 3). Die vereinbarte Gesamtvertretung gleich **18** welcher Art gilt nicht für die **passive Vertretung** der Ges. beim Empfang von Willenserklärungen. Hier gilt zwingend Einzelvertretung. Die Erklärung braucht also nur einem Gesamtvertreter zuzugehen (II 3; entspr. § 78 II 2 AktG, § 35 II 2 GmbHG; § 170 III ZPO für Zustellungen im Prozess), zB Wechselprotest, RGZ 53, 227, Urteilsverkündung in Anwesenheit eines Gesamtvertreters, RG JW 1928, 68. Die passive Einzelvertretung umfasst nicht **stillschweigende Zustimmung** zu einer zugegangenen Erklärung, anders für Schweigen mit Wirkung kraft Gesetzes, zB §§ 75h, 91a, 362 I, kfm. Bestätigungsschreiben, Staub/Habersack Rn. 55; aA nur für kfm. Bestätigungsschreiben MüKoHGB/K. Schmidt/Drescher Rn. 47. Kenntnis eines Gesamtvertreters von einem Bestätigungsschreiben bewirkt zwar Kenntnis der Ges., genügt aber nicht als Voraussetzung stillschweigender Genehmigung durch die Ges., RG JW 1927, 1676; aber Ges. kann bei Willensmangel auch nur eines Gesamtvertreters anfechten (→ Rn. 16).

5) Gemischte Gesamtvertretung (III)

A. Gemischte Gesamtvertretung (III 1). 1. Voraussetzungen: II 1 setzt **19** voraus, dass überhaupt Gesamtvertretung vereinbart ist, also nicht bei Einzelvertretungsmacht aller oder einzelner Gfter nach I. Wird Gesamtvertretung vereinbart, kann Gesamtvertretung durch einen oder mehrere Gfter mit einem oder mehreren Prokuristen angeordnet werden (gemischte oder unechte Gesamtvertretung, III 1). Sehr häufig ist die Anordnung der Vertretung durch entweder zwei Gfter oder einen Gfter mit einem Prokuristen. Weitere Varianten bei MüKoHGB/K. Schmidt/Drescher Rn. 35 ff.

2. Grenzen: a) Selbstorganschaft: Das gilt nicht, wenn außer der gemisch- **20** ten Gesamtvertretung keine Vertretung durch Gfter allein, entweder einzeln oder gesamt, besteht, BGHZ 26, 332; BGH WM 1961, 322, Grund: Selbstorganschaft (→ Rn. 5). Gemischte Gesamtvertretung mit Kdtisten → § 170 Rn. 3.

b) Einzelvertretung des einen Gfter und gemischte Gesamtvertretung des an- **21** deren Gfter mit ihm oder mit einem Prokuristen ist zulässig, nicht aber des anderen nur mit dem Prokuristen, BGHZ 26, 333; BGH WM 1987, 107, Grund:

Wortlaut erlaube nur Erleichterung einer ohnehin bestehenden Gesamtvertretung mehrerer Gfter, aber sehr formal.

22 c) **Handlungsvollmacht:** Gemischte Gesamtvertretung mit Bindung des Gfters an Mitwirkung eines HdlBevollmächtigten ist unzulässig (vgl. → § 48 Rn. 6). Zulässig ist nur Bindung des HdlBevollmächtigten an Mitwirkung des Gfters, aber Vertretungsmacht entweder dieses allein oder zusammen mit einem andern Gfter (vgl. → Rn. 25).

23 B. **Auswirkung auf den Prokuristen.** Die gemischte Gesamtvertretung erweitert sachlich die Vertretungsmacht des beteiligten Prokuristen (→ § 49 Rn. 3). Bei gemischter Vertretung handelt der Prokurist unter eigener Verantwortung, nicht als Erfüllungsgehilfe (§ 278 BGB) seines Gesamtvertreters oder eines anderen geschäftsführenden Gfters, diese haften nur für eigenes Verschulden, zB für mangelnde Überwachung, BGHZ 13, 64 (→ § 114 Rn. 11).

24 C. **Ermächtigung, passive Einzelvertretung (III 2).** Bei gemischter Gesamtvertretung gelten keine Besonderheiten, III 2 verweist auf II 2, 3 (→ Rn. 17, 18).

25 D. **Prokura mit Bindung an Mitwirkung eines Gesellschafters.** Die gemischte Gesamtvertretung nach III ist zu unterscheiden von der Erteilung einer Prokura unter Bindung an die Mitwirkung eines oder mehrerer Gesellschafter (→ § 48 Rn. 6). Diese Gfter sind dann selbst nicht nach III eingeschränkt. Entspr. gilt für HdlVollmacht (→ Rn. 22).

26 Die Eintragung der Vertretungsmacht und ihrer Änderungen regelt § 106 II Nr. 4, IV aF konnte deshalb entfallen. Eintragungspflichtig ist die Vertretungsmacht der Gfter, auch der normalen gesetzlichen, nicht nur einer vom Gesetz abweichenden vertraglichen (→ § 106 Rn. 12, anders IV aF). Anmeldepflichtig sind sämtliche Gfter, auch die von der Vertretung ausgeschlossenen (→ § 108 Rn. 1).

6) Reform des Personengesellschaftsrechts (MoPeG)

27 Das Gesetz zur Modernisierung des Personengesellschaftsrechts (MoPeG → Einl § 105 Rn. 42 ff) fasst zum 1.1.2024 auch das OHG-Recht neu. Der Regelungsgehalt des § 125 findet sich künftig in § 124 I, II, III, VI HGB-MoPeG. Zur Textfassung des HGB-MoPeG s. → Anh. § 105.

[Angaben auf Geschäftsbriefen]

125a (1) ¹Auf allen Geschäftsbriefen der Gesellschaft gleichviel welcher Form, die an einen bestimmten Empfänger gerichtet werden, müssen die Rechtsform und der Sitz der Gesellschaft, das Registergericht und die Nummer, unter der die Gesellschaft in das Handelsregister eingetragen ist, angegeben werden. ²Bei einer Gesellschaft, bei der kein Gesellschafter eine natürliche Person ist, sind auf den Geschäftsbriefen der Gesellschaft ferner die Firmen der Gesellschafter anzugeben sowie für die Gesellschafter die nach § 35a des Gesetzes betreffend die Gesellschaften mit beschränkter Haftung oder § 80 des Aktiengesetzes für Geschäftsbriefe vorgeschriebenen Angaben zu machen. ³Die Angaben nach Satz 2 sind nicht erforderlich, wenn zu den Gesellschaftern der Gesellschaft eine offene Handelsgesellschaft oder Kommanditgesellschaft gehört, bei der ein persönlich haftender Gesellschafter eine natürliche Person ist.

(2) Für Vordrucke und Bestellscheine ist § 37a Abs. 2 und 3, für Zwangsgelder gegen die zur Vertretung der Gesellschaft ermächtigten Gesellschafter oder deren organschaftliche Vertreter und die Liquidatoren ist § 37a Abs. 4 entsprechend anzuwenden.

§ 125a

Übersicht

	Rn
1) Normzweck, Anwendungsbereich	1–4
A. Normzweck	1
B. Anwendungsbereich	2–4
2) Pflichtangaben auf Geschäftsbriefen (I)	5–7
A. Pflichtangaben	5, 6
B. Geschäftsbriefe	7
3) Vordrucke, Bestellscheine; Zwangsgeld (II)	8–11
A. Vordrucke (II iVm § 37a II)	8
B. Bestellscheine (II iVm § 37a III)	9
C. Zwangsgeld (II iVm § 37a IV)	10
D. Zivilrechtliche Folgen	11
4) Reform des Personengesellschaftsrechts (MoPeG)	12

1) Normzweck, Anwendungsbereich

A. Normzweck. § 125a eingefügt durch GmbHNovelle 1980, idF HRefG 1998, I 1 idF EHUG 2006 (Geschäftsbriefe „gleich welcher Form", vgl. → § 37a Rn. 4). § 125a ist § 80 AktG, § 35a GmbHG (auch § 25a GenG) teilweise nachgebildet und verweist zT darauf. Diese gehen ihrerseits auf die 1. EU-RL 1968 zurück (→ Einl. vor § 105 Rn. 36), die aber ausdrücklich nur für AG, KGaA und GmbH gilt und nicht ausdrücklich auf die GmbH & Co erstreckt worden ist (vgl. zur entsprechenden Streitfrage bei §§ 238 ff. → Einl. vor § 238 Rn. 8). Dies erklärt, aber rechtfertigt nicht die unübersichtliche Normaufsplitterung, K. Schmidt JZ 2003, 592. **Grundnorm zu § 125a** ist seit dem HRefG **§ 37a**, deshalb grundsätzlich einheitliche Auslegung (s. zu allen Einzelheiten die Komm. dort). Der Normzweck von § 125a ist seit 1998 ein doppelter: Die Norm soll bei allen OHG im Geschäftsverkehr allgemeine Grundinformationen über diese geben sowie wie schon bisher zusätzliche Informationen über Gfter ua bei solchen OHG, bei denen kein Gfter eine natürliche Person ist und bei der deshalb den Gläubigern nur eine begrenzte Haftungsmasse zur Verfügung steht. Dem Normzweck entsprechend ist § 125a weit auszulegen und **zwingend**. Europäisches Recht → § 37a Rn. 9. Übergangsvorschrift **(1)** EGHGB Art. 39. Lit.: Hüttmann DB 1980, 1884; Lutter DB 1980, 1325; Schaffland BB 1980, 1501.

B. Anwendungsbereich. a) I 1 erfasst seit 1998 alle OHG mit dem Erfordernis bestimmter Grundangaben. I 1 gilt für alle inländischen OHG ohne Unterschied, ob sie eingetragen sind oder nicht (→ Rn. 5) und ob es um einen Geschäftsverkehr im Inland oder mit dem Ausland geht. I gilt auch für inländische ZwNln ausländischer OHG (→ § 37a Rn. 2) sowie inländische Betriebsstätten ausländischer OHG, str.; zusätzliche Normen → Rn. 3.

b) I 2 betrifft nur solche OHG, bei denen **keine natürliche Person als Gesellschafter** (unmittelbar) beteiligt ist, zB OHG mit zwei GmbH als Gfter. Inländische ZwNln sowie inländische Betriebsstätten ausländischer OHG, letzteres str., werden zusätzlich über § 35a IV GmbHG, § 80 IV AktG erfasst. Bei AuslandsGes aus der EU ist das Erfordernis der Angabe der Geschäftsleiter (I 2 iVm § 35a I 1 GmbHG, § 80 I 1 AktG) durch die 11. EU-RL nicht gedeckt (→ § 37a Rn. 9), str.

I 3 schränkt I 2 für **doppelstöckige OHG** (dreistufige, vgl. Anh. 9 zu § 177a) ein und belässt es für solche OHG, bei denen zu den Gftern eine OHG oder KG gehört, bei der ein phG eine natürliche Person ist, bei I 1. Denn dann haftet eine natürliche Person unbeschränkt mit ihrem Vermögen. Dies ist nicht nur wie nach dem Wortlaut von I 3 bei doppelstöckigen OHG, sondern auch dann der Fall, wenn die MitgliedsOHG oder -KG zwar selbst keine natürliche Person als phG hat, sondern wiederum OHG oder KG, bei der jedoch dann ein phG eine natürliche Person ist. Das entspricht § 19 II nF (→ § 19 Rn. 10) und schon aF

§ 125a 5–11   2. Buch. Handelsgesellschaften und stille Gesellschaft

BayObLG ZIP 1994, 1695, str., Gegenschluss wegen Nichtanpassung von I 3 überzeugt nicht. I 2, 3 erhalten ihre Praxisbedeutung hauptsächlich über die **Verweisungsnormen des § 177a** für die **GmbH & Co** (zu dieser → Anh. § 177a Rn. 1).

2) Pflichtangaben auf Geschäftsbriefen (I)

5   A. **Pflichtangaben. a) Alle OHG (I 1):** Auf allen Geschäftsbriefen der Ges. (gleich welcher Form, → Rn. 7) an einen bestimmten Empfänger sind anzugeben: Rechtsform (§ 19 I Nr. 2, 3); Angabe auch, wenn Rechtsform bereits aus Firma deutlich wird, Grund: EU-weiter Verkehrsschutz, aA Heymann/Hoffmann/Bartlitz Rn. 10) und Sitz der Ges. (§ 106, auch bei Geschäftsbriefen von inländischer ZwNl eines ausländischen Kaufmanns, → § 37a Rn. 2), das Registergericht (des Sitzes der Ges.) und die Nummer der Eintragung der Ges. in das HdlReg. Auch die nicht eingetragene OHG kann Firma führen und muss deshalb entsprechende Angaben machen, soweit trotz Nichteintragung möglich, vgl. Zimmer ZIP 1998, 2051. Bei inländischen ZwNl ausländischer Ges. sind die Angaben zur HauptNl zu machen, die registerrechtlich an die Stelle der ausländischen Ges. tritt.

6   b) **OHG ohne natürliche Personen als Gesellschafter (I 2, 3):** Bei Ges., bei der kein Gfter eine natürliche Person ist (mehrstöckige OHG → Rn. 3) sind zusätzlich zu den Angaben nach I 1 die Firmen der Gfter der OHG anzugeben. Außerdem sind für Gfter, soweit es sich um GmbH oder AG handelt, die nach § 35a GmbHG oder § 80 AktG vorgeschriebenen Angaben zu machen (I 2). Ausnahme I 3 (→ Rn. 4).

7   B. **Geschäftsbriefe.** I erfasst Geschäftsbriefe gleich welcher Form (→ Rn. 1). Der Begriff der Geschäftsbriefe (weiter als HdlBrief, § 257 II) ist derselbe wie in § 37a I (näher dort → § 37a Rn. 4). Erfasst werden also:

a) alle (nicht mündlichen oder telefonischen) Mitteilungen des Kfm. über **geschäftliche Angelegenheiten** nach außen (außerhalb der Ges. und der Gfter außer bei Drittgeschäften und Konzernbeziehungen);

b) nur solche, die an einen **bestimmten Empfänger** gerichtet werden, also nicht solche an eine größere, unbestimmte Vielzahl von Empfängern wie allgemeine Rundschreiben an alle Kunden.

3) Vordrucke, Bestellscheine; Zwangsgeld (II)

8   A. **Vordrucke (II iVm § 37a II).** Bei Mitteilungen oder Berichten im Rahmen einer bestehenden **Geschäftsverbindung** (→ Einl. vor § 343 Rn. 3) und für die **üblicherweise Vordrucke** verwendet werden, in denen nur die im Einzelfall erforderlichen besonderen Angaben eingefügt zu werden brauchen, sind die Angaben nach I entbehrlich.

9   B. **Bestellscheine (II iVm § 37a III).** Sie gelten als Geschäftsbriefe iSv I, nicht als Vordrucke. Die Ausnahme des § 37a II gilt für sie also nicht.

10   C. **Zwangsgeld (II iVm § 37a IV).** Wenn die zur Vertretung der Ges. ermächtigten Gfter oder deren organschaftliche Vertreter (§§ 125 ff.) und die Liquidatoren (§§ 146 f.) ihren Pflichten nach § 125a (ganz oder teilweise) nicht nachkommen, sind sie vom Registergericht durch Zwangsgeld dazu anzuhalten (§ 14 S. 2; **(3)** FamFG § 388 FamFG). Zwangsgeld ist auch gegen Geschäftsführer des phG, zB der GmbH der GmbH & Co KG, sowie gegen die Liquidatoren möglich, nicht gegen GmbH selbst (keine physische Person).

11   D. **Zivilrechtliche Folgen.** § 37a IV, auf den II verweist, besagt nichts über mögliche zivilrechtliche Folgen. § 37a IV bewirkt keine Nichtigkeit, ist aber nach hL ein Schutzgesetz iSv § 823 II BGB, Staub/Habersack Rn. 11; Oetker/Boesche Rn. 13, str. (→ § 37a Rn. 8). Denkbar ist auch Rechtsscheinhaftung, jedenfalls Rechtsschein einer mangelnden Haftungsbeschränkung nach § 19 II (vgl. → § 19 Rn. 29). Zu möglichen allgemeinen zivilrechtlichen Ansprüchen → § 37a Rn. 8.

4) Reform des Personengesellschaftsrechts (MoPeG)

Das Gesetz zur Modernisierung des Personengesellschaftsrechts (MoPeG **12** → Einl § 105 Rn. 42 ff) fasst zum 1.1.2024 auch das OHG-Recht neu. Der Regelungsgehalt des § 125a findet sich künftig in § 125 HGB-MoPeG. Zur Textfassung des HGB-MoPeG s. → Anh. § 105.

[Umfang der Vertretungsmacht]

126 (1) **Die Vertretungsmacht der Gesellschafter erstreckt sich auf alle gerichtlichen und außergerichtlichen Geschäfte und Rechtshandlungen einschließlich der Veräußerung und Belastung von Grundstücken sowie der Erteilung und des Widerrufs einer Prokura.**

(2) **Eine Beschränkung des Umfanges der Vertretungsmacht ist Dritten gegenüber unwirksam; dies gilt insbesondere von der Beschränkung, daß sich die Vertretung nur auf gewisse Geschäfte oder Arten von Geschäften erstrecken oder daß sie nur unter gewissen Umständen oder für eine gewisse Zeit oder an einzelnen Orten stattfinden soll.**

(3) **In betreff der Beschränkung auf den Betrieb einer von mehreren Niederlassungen der Gesellschaft finden die Vorschriften des § 50 Abs. 3 entsprechende Anwendung.**

Übersicht

	Rn
1) Umfang der Vertretungsmacht (I)	1–4
A. Grundsatz und Anwendungsbereich	1
B. Prokura	2
C. Grundlagengeschäfte	3, 4
2) Unbeschränktbarkeit der Vertretungsmacht gegenüber Dritten (II); Vertretung gegenüber Gesellschaftern	5–9
A. Grundsatz der Unbeschränkbarkeit	5
B. Vertretung gegenüber Gesellschaftern	6–8
C. Verbot des Selbstkontrahierens (§ 181 BGB)	9
3) Beschränkbarkeit auf Zweigniederlassungen (III)	10
4) Missbrauch der Vertretungsmacht	11
5) Reform des Personengesellschaftsrechts (MoPeG)	12

1) Umfang der Vertretungsmacht (I)

A. **Grundsatz und Anwendungsbereich.** Die Vertretungsmacht der Gfter **1** umfasst **alle gerichtlichen und außergerichtlichen Geschäfte und Rechtshandlungen** (I), also nicht nur solche, die der Betrieb eines derartigen HdlGewerbes gewöhnlich mit sich bringt (HdlVollmacht, § 54 I) oder der Betrieb eines HdlGewerbes mit sich bringt (Prokura, § 49 I). Sie umfasst also zB auch Übernahme fremder Verbindlichkeiten und Schenkungen (auch außerhalb des geschäftlich Üblichen) und gilt auch, wenn unter den Gftern ein Minderjähriger ist, ohne die Beschränkungen der §§ 1821 f. BGB, RGZ 125, 380. Die Vertretungsmacht wird auch nicht durch den GesZweck beschränkt (keine ultra-vires-Lehre). **Weisungen** an Personal der Ges. sind diesen gegenüber Ausübung der Vertretungsmacht; Berechtigung und Umfang der Weisungsmacht (Innenverhältnis) folgt aber iZw nach dem Willen der Gfter der Geschäftsführung, MüKoHGB/K. Schmidt/Drescher Rn. 4. I erwähnt ausdrücklich auch Veräußerung und Belastung von **Grundstücken** (anders § 49 II).

2 B. **Prokura.** I erwähnt klarstellend auch Erteilung und Widerruf einer Prokura (§ 48 I). Ihre Wirksamkeit folgt allein aus §§ 125, 126, einerlei ob Zustimmung nach § 116 III 1 fehlt oder die Erteilung sonst pflichtwidrig war. Eine solche Prokura ist ohne Nachweis der Zustimmung nach § 116 III 1 im HdlReg einzutragen, RGZ 134, 307 (AG); OLG Düsseldorf SJZ 1949, 780 (GmbH). Einzutragen ist auch bei ausdrücklichem Widerspruch, doch kann dann Anlass zur Prüfung auf Missbrauch der Vertretungsmacht (→ Rn. 11) bestehen. Widerruf der Prokura und ihre Anmeldung zum HdlReg erfordert bei Gesamtvertretung (§ 125 II, III) Mitwirkung der mehreren Gesamtvertreter (anders § 116 III 2 im Innenverhältnis, → § 116 Rn. 9). Bei gemischter Gesamtvertretung (§ 125 III) erklären Gfter und Prokurist gemeinsam die Erteilung und den Widerruf der (anderen) Prokura samt Anmeldung zum HdlReg, RGZ 134, 307 (AG); KG JW 1937, 890.

3 C. **Grundlagengeschäfte.** Die Vertretungsmacht der Gfter nach §§ 125, 126 erstreckt sich trotz ihrer Unbeschränkbarkeit ebenso wenig wie die Geschäftsführung auf die Tätigkeit (und die Verpflichtung der Ges. zur Tätigung) von Grundlagengeschäften, also solche Geschäfte, die das innere Verhältnis der Gfter zueinander betreffen (→ § 114 Rn. 3 und die Bspe dort, zum Festhalten am Begriff → § 116 Rn. 3), RGZ 162, 374; BGHZ 26, 333; OLG Stuttgart ZIP 2010, 475; Bsp: so Änderung des GesVertrags; Entziehung der Geschäftsführungs- und Vertretungsmacht (§§ 117, 127); Aufnahme eines neuen Gfters, BGHZ 26, 333, Verpflichtung der Ges. zur Aufnahme, aA RG JW 1921, 1239; Ausschließung eines Gfters; Veräußerung des HdlGeschäfts jedenfalls mit Firma, BGH NJW 1995, 596, hL, aber idR auch ohne Firma, str. (→ § 114 Rn. 3); ebenso Unternehmensvertrag (§ 291 f. AktG) einschließlich Betriebspacht und Betriebsüberlassung, offen BGH NJW 1982, 1818; Betriebsführungsvertrag, Priester ZIP 2020, 1687, aA Staub/Habersack Rn. 18; Übertragung des gesamten GesVermögens (aber nur Verpflichtungsgeschäft, nicht die einzelnen Verfügungen, insoweit uU Missbrauch, → Rn. 11), BGH NJW 1995, 596; K. Schmidt ZGR 1995, 681; Bredol/Natterer ZIP 2015, 1422 (gegen Anwendbarkeit des § 179a AktG, auch Meier DNotZ 2020, 246, so für GmbH auch BGH ZIP 2019, 702, für KG BGH ZIP 2022, 746); Übertragung nahezu des gesamten Vermögens, OLG Düsseldorf ZIP 2018, 72 mBespr Findeisen BB 2018, 585 (§ 179a AktG entspr.), ausnahmsweise auch konzernumstrukturierende Maßnahmen, wenn diese über außergewöhnliche Geschäfte (→ § 116 Rn. 2) hinausreichen (→ § 114 Rn. 3); Änderung der GesFirma, BGH NJW 1952, 537; Auflösung der Ges. Die Vertretungsmacht erstreckt sich grundsätzlich auch nicht auf die gesellschaftsfreie **Privatsphäre** der MitGfter (→ § 128 Rn. 9), Staub/Habersack Rn. 12; Heymann/Hoffmann/Bartlitz Rn. 12. **Nicht** Grundlagengeschäfte sind zB die (das OHGVerhältnis nicht ändernde) Aufnahme eines stillen Teilhabers und die Kündigung einer **stillen Gesellschaft** der Ges. mit einem Gfter, BGH WM 1979, 72 (→ § 230 Rn. 5); die Schadensersatzklage gegen einen Mitkomplementär, OLG Stuttgart ZIP 2010, 475; die Ausübung von Rechten der Ges. in anderen Ges. auf Grund von **Beteiligungen** und Unternehmensverbindungen (Grenzen → § 114 Rn. 3, → § 105 Rn. 102–104).

4 **Abweichende Vereinbarungen:** Die Vertretungsmacht kann aber ebenso wie die Geschäftsführung im GesVertrag auch auf Grundlagengeschäft erweitert werden (→ § 114 Rn. 3; → Anh. § 177a Rn. 57). Lit.: Schlüter, 1965.

2) Unbeschränkbarkeit der Vertretungsmacht gegenüber Dritten (II); Vertretung gegenüber Gesellschaftern

5 A. **Grundsatz der Unbeschränkbarkeit.** Der Umfang der Vertretungsmacht kann weder durch GesVertrag noch einstimmigen GfterBeschluss mit Wirkung gegenüber Dritten beschränkt werden (II, zwingender Verkehrsschutz), auch

1. Abschnitt. Offene Handelsgesellschaft 6–9 § 126

nicht bei fälschlicher Eintragung im HdlReg. Die dritten Geschäftspartner der Ges. sollen sich um das Innenverhältnis, zB einen **Widerspruch** nach § 115 I Hs. 2, nicht kümmern müssen. Grenzen: Drittgeschäfte von Gftern mit der Ges. (→ Rn. 6), § 181 BGB (→ Rn. 9) und Missbrauch der Vertretungsmacht (→ Rn. 11).

B. **Vertretung gegenüber Gesellschaftern.** a) **Keine Geltung von II:** I 6 (mit § 125) gilt auch für Vertretung der Ges. bei Rechtsgeschäften mit Gftern, heute hL. Dagegen gilt II hier nicht, BGHZ 38, 33; BGH NJW 1974, 1555; WM 1979, 72; OLG Stuttgart ZIP 2010, 475; aA Lindacher JR 1973, 376; MüKoHGB/K. Schmidt 4. Aufl. Rn. 17 (stattdessen Missbrauch der Vertretungsmacht), Grund: die Gfter können sich gegenüber ihren MitGftern nicht auf eine ihr Dürfen übersteigende Rechtsmacht (Können) berufen, unter ihnen kein Verkehrsschutz. Der Umfang der Vertretungsmacht richtet sich also hier nach dem ihrer Geschäftsführungsmacht (wie § 714 BGB); deren Beschränkungen nach §§ 114–116, GesVertrag oder GfterBeschluss schlagen auf die Vertretungsmacht durch, so zB auch bei Vorgehen der Ges. gegen den Gfter aus einem Drittgeschäft (→ § 124 Rn. 53). Ob der GfterGeschäftspartner die Beschränkung im Einzelfall kennt und ob er sie **kennen** muss (zB Widerspruch eines dritten Gfters, § 115 I), ist **unerheblich,** str., aA Hueck OHG § 20 III 2 d. Die Nichtanwendung von II reicht bei dieser Auffassung weiter als die Einschränkung durch den Missbrauch der Vertretungsmacht (→ Rn. 11), aA umgekehrt MüKoHGB/K. Schmidt 4. Aufl. Rn. 17: hL von der Nichtgeltung von II überflüssig; anders nur, wenn der Abschluss trotz der (dem GfterGeschäftspartner bekannten) Pflichtwidrigkeit noch von der Geschäftsführungsbefugnis gedeckt war.

b) **Reichweite der Einschränkung:** Diese Einschränkung gilt je nachdem 7 auch für Treugeber, Unterbeteiligte und Nießbraucher (→ § 105 Rn. 34, 41, 46); TochterGes, jedenfalls wenn keine Dritten beteiligt sind, also hundertprozentige TochterGes, Heymann/Hoffmann/Bartlitz Rn. 24; von Gftern beherrschte Ges., BGH WM 1979, 72, nicht aber ausgeschiedene Gfter und Erben, BGH NJW 1974, 1555.

c) **Beispiele:** Der gemäß I, aber ohne vertraglich vorgeschriebene Erforder- 8 nisse (zB Zustimmung eines MitGfters, GfterBeschluss) oder gegen Widerspruch (§ 115 I) Handelnde vertritt die Ges. ohne Vertretungsmacht, BGHZ 38, 33; BGH NJW 1974, 1555; BB 1976, 527; OLG Hamm NZG 2020, 829. Hat ein Kdtist nach dem GesVertrag Geschäftsführungsmacht ohne besondere Vergütung (→ § 164 Rn. 7), beschränkt dies die Vertretungsmacht des phG bezüglich der Zusage einer solchen, BGH BB 1976, 527. Das gilt auch bei Bindung der Vertretenden nicht durch den GesVertrag, sondern durch (idR einstimmigen) GfterBeschluss ad hoc; wird eine demgemäß erteilte Zustimmung wirksam angefochten, entfällt die Vertretungsmacht rückwirkend zu Lasten der GfterVertragspartner (§ 142 I BGB), BGH BB 1973, 771.

C. **Verbot des Selbstkontrahierens (§ 181 BGB).** Für Geschäfte der Ges. 9 mit den Gesellschaftern, die sie vertreten (auch mit einem von mehreren Gesamtvertretern), gilt § 181 BGB (vgl. → § 119 Rn. 22). Befreiung und Eintragung im HdlReg → § 119 Rn. 22. Ein Gfter mit Alleinvertretung kann iZw nicht GesForderungen an sich abtreten, auch nicht, wenn die Ges. dadurch nur Vorteil hätte, RGZ 157, 31, wohl aber Alleinvertreter A an B und zugleich Alleinvertreter B an A, OLG Hamburg BB 1959, 173. Im Prozess der Ges. gegen Gfter kann dieser die Ges. nicht organschaftlich vertreten, kein Insichprozess, BGH ZIP 2009, 804; 2010, 2346, dann uU besonderer Vertreter (→ § 124 Rn. 42). Von zwei Gftern mit Gesamtvertretung kann A den B ermächtigen (§ 125 II 2, dort → § 125 Rn. 17), die Ges. gegenüber ihm (A) zu vertreten, so BGHZ 64,

75; BAG NJW 1981, 2374; nur iErg auch MüKoHGB/K. Schmidt/Drescher § 125 Rn. 46; krit. Reinicke NJW 1975, 1185; Klamroth BB 1975, 851; Plander DB 1975, 1493. Die Frage der Anwendbarkeit von § 181 BGB beim Abschluss des AlleinGfters mit sich als Vertreter der Ges. (für GmbH & Co → Anh. § 177a Rn. 39–40) stellt sich für OHG grundsätzlich nicht (keine EinpersonenGes; Sonderfall Vorerbschaft, → § 131 Rn. 17). Nachträgliche Genehmigung durch die Gfter ist möglich. Bei Nichtigkeit des Vertrags nach § 181 BGB Rückabwicklung nach §§ 812 ff. BGB; Kenntnis des Insichgeschäfts ist Geschäftsleuten nicht ohne weiteres zu unterstellen, Zweifel und Kennenmüssen steht iSv § 814 BGB (Ausschluss der Rückforderung) nicht gleich, BGH WM 1973, 295.

3) Beschränkbarkeit auf Zweigniederlassungen (III)

10 Vom Grundsatz der Unbeschränkbarkeit der Vertretungsmacht (II) macht III unter Verweisung auf § 50 III (Filialprokura) eine Ausnahme für den Fall, dass die Ges. mehrere Niederlassungen unter verschiedenen Firmen, auch nur durch Zusätze unterschieden (§ 50 III 2) betreibt. Die Vertretungsmacht von Gftern der OHG kann dann mit Wirkung gegen Dritte auf Handlungen im Betrieb einer dieser ZwNl beschränkt werden (III, entspr. § 50 III für die Prokura).

4) Missbrauch der Vertretungsmacht

11 Die organschaftliche Vertretung nach §§ 125, 126 ist wie jede Vertretung durch die Lehre vom Missbrauch der Vertretungsmacht begrenzt (→ § 50 Rn. 4–6). Das gilt ohne weiteres bei vorsätzlichem Zusammenwirken (**Kollusion**) des vertretenden Gfters (mit oder ohne Befugnisüberschreitung im Innenverhältnis) und des dritten Geschäftsgegners zum Nachteil der Ges. Die Vertretungsmacht entfällt aber auch (§§ 138, 826 BGB, nach aA §§ 177 ff. BGB, → § 50 Rn. 5), wenn der Dritte das missbräuchliche Verhalten des vertretenden Gfters **positiv kennt** oder **grob fahrlässig** (str.) **nicht kennt**, hL. Grobe Fahrlässigkeit liegt bei evidentem Missbrauch vor, keine Nachforschungspflicht des Geschäftsgegners. Die Rspr. stellt dagegen darauf ab, ob der vertretende Gfter bewusst zum Nachteil der Ges. handelte und der Dritte dies erkannte oder bei Anwendung der im Verkehr erforderlichen Sorgfalt (§ 276 BGB) erkennen musste, vgl. BGHZ 50, 114 (betr. Prokura, teils ausdrücklich auch für Vertretungsmacht des Gfters), gegenüber einfacher Fahrlässigkeit einschränkend die jüngere Rspr. (→ § 50 Rn. 5): Untreue des Vertreters muss sich dem Dritten nach den Umständen geradezu aufdrängen. Verstärkt gilt der Missbrauchseinwand unter Gftern, falls hier nicht schon wie idR die Geschäftsführungsbefugnis fehlt (Nichtanwendung von II, → Rn. 6); zB Anstellungs- und Pensionsvertrag des phG mit seinem Schwiegersohn, BAG GmbHR 1978, 272. Rechtsfolgen aus §§ 177–179 BGB, ggf. ergänzt durch Verschulden bei Vertragsverhandlungen (§§ 280, 311 II BGB) iVm § 254 BGB, str. (→ § 50 Rn. 6). Lit.: Geßler FS von Caemmerer, 1978, 531.

5) Reform des Personengesellschaftsrechts (MoPeG)

12 Das Gesetz zur Modernisierung des Personengesellschaftsrechts (MoPeG → Einl § 105 Rn. 42 ff) fasst zum 1.1.2024 auch das OHG-Recht neu. Der Regelungsgehalt des § 126 findet sich künftig in § 124 IV HGB-MoPeG. Zur Textfassung des HGB-MoPeG s. → Anh. § 105.

[Entziehung der Vertretungsmacht]

127
Die Vertretungsmacht kann einem Gesellschafter auf Antrag der übrigen Gesellschafter durch gerichtliche Entscheidung entzogen werden, wenn ein wichtiger Grund vorliegt; ein solcher Grund ist insbesonde-

re grobe **Pflichtverletzung** oder **Unfähigkeit zur ordnungsgemäßen Vertretung der Gesellschaft**.

Übersicht

	Rn
1) Entziehung der Vertretungsmacht aus wichtigem Grund	1–7
A. Parallelität zur Entziehung der Geschäftsführung	1
B. Anwendungsbereich	2–4
C. Gegenstand der Entziehung	5
D. Wichtiger Grund	6, 7
2) Klage auf Entziehung	8
3) Wirkung der Entziehung	9, 10
A. Gegenüber dem beklagten Gesellschafter	9
B. Gegenüber Dritten	10
4) Abweichende Vereinbarungen	11, 12
A. Erschwerung	11
B. Erleichterung	12
5) Reform des Personengesellschaftsrechts (MoPeG)	13

1) Entziehung der Vertretungsmacht aus wichtigem Grund

A. Parallelität zur Entziehung der Geschäftsführung. Die Entziehung der **1** Vertretungsmacht ist aus entsprechenden Gründen und im gleichen Verfahren wie die der Geschäftsführung möglich, § 127 entspricht weitestgehend **§ 117,** auf die Kommentierung dort wird **verwiesen**. Beide Entziehungen werden idR miteinander verbunden (→ Rn. 6).

B. Anwendungsbereich. Entziehung der Vertretungsmacht auch des **ein- 2 zigen vertretungsberechtigten Gesellschafters der OHG** ist möglich, sie schafft ohne weiteres Gesamtvertretung aller Gfter, RGZ 74, 299; BGHZ 33, 108; 41, 368 (→ § 125 Rn. 5), doch sollte das Entziehungs-Urteil dies der Klarheit halber aussprechen. Während des Prozesses ist ebenso wie im Ausschließungsprozess gegen den einzigen Vertretenden Vertretung durch Dritten möglich (→ § 125 Rn. 8).

Nicht möglich ist nach der Rspr. die Entziehung der Vertretungsmacht ggü. **3** dem einzigen **Komplementär** (phG) der **KG,** ihm kann nur die Geschäftsführungsbefugnis entzogen werden (→ § 117 Rn. 1), BGHZ 41, 369; 51, 200. Grund: sonst gäbe es keine (organschaftliche) Vertretung der Ges.; die Kdtisten können statt nach § 127 nach §§ 133, 140 vorgehen; nach besserer aA ist Entziehung möglich mit der Folge der Auflösung und Vertretung durch alle Gfter als Liquidatoren (§§ 133, 146 I 1), aber der Möglichkeit eines Fortsetzungsbeschlusses mit neuem Vertreter, MüKoHGB/K. Schmidt 4. Aufl. Rn. 7; Wiedemann JZ 1969, 471. Der **Kommanditist,** der abw. von § 170 vertretungsberechtigt ist, hat keine organschaftliche Vertretungsmacht (aber Sonderrecht als Gfter), die Gestaltungsklage nach § 127 ist deshalb weder nötig noch möglich (→ § 170 Rn. 4). Ebensowenig fallen vertretungsberechtigte **Dritte** unter § 127 (wie → § 117 Rn. 2), zB Prokurist, auch bei gemischter Gesamtprokura gilt für ihn nur § 52 I. Bei der **Publikumsgesellschaft** gilt zwingend Entziehungsmöglichkeit durch Beschluss mit einfacher Mehrheit, ohne weiteres bei Zulässigkeit von Mehrheitsbeschlüssen, aber auch ohne diese (→ Anh. § 177a Rn. 72, 74).

Niederlegung der Vertretungsmacht ist in § 127 ebenso wenig geregelt wie **4** die der Geschäftsführung in § 117. Eine eigentliche Niederlegung (aus wichtigem Grund) wie durch GmbHGeschäftsführer, BGHZ 78, 82; BGH NJW 1978, 1435, ist zwar nicht möglich, aA § 712 II BGB analog Heymann/Hoffmann/Bartlitz Rn. 11. Aber die Kündigung der Geschäftsführung bei wichtigem Grund (§ 105 III HGB, § 712 II BGB) führt auch zum Erlöschen der Vertretungsmacht (§ 168 S. 1 BGB), K. Schmidt DB 1988, 2241; zu deren Voraussetzungen → § 114 Rn. 19. Eintragung im HdlReg und Wirkung gegen Dritte → Rn. 10.

5   C. **Gegenstand der Entziehung.** Jede Art von organschaftlicher Vertretungsmacht des Gfter (Einzel-, Gesamt-, gesetzliche und vertragliche Vertretungsmacht), kann nach § 127 entzogen werden. **Nicht** Prokura bei der gemischten Gesamtvertretung (→ Rn. 3); normale Vollmacht (→ § 125 Rn. 9); Ermächtigung nach § 125 II 2 (jederzeitiger Widerruf, → § 125 Rn. 17), Staub/Habersack Rn. 6.

6   D. **Wichtiger Grund.** Zur Entziehung bedarf es eines wichtigen Grundes (§ 127, → § 117 Rn. 4). Wichtiger Grund zur Entziehung der Geschäftsführung ist idR auch notwendig und ausreichend zur Entziehung der Vertretung, doch muss das nicht so sein. Die auch hier notwendige Abwägung der Belange aller Beteiligten kann eine unterschiedliche Behandlung rechtfertigen.

7   **Verhältnismäßigkeit:** Beschränkung der Vertretungsmacht statt Entziehung setzt voraus, dass das Gesetz eine (mit Wirkung gegen Dritte) beschränkte Vertretungsmacht kennt (vor allem echte oder unechte Gesamtvertretung nach § 125 II, III; auch Beschränkung auf ZwNl nach § 126 III; auch zeitlich). Nur Beschränkung ist zulässig, wenn sie nach den Umständen genügt und dem Beklagten zumutbar ist, str. (wie → § 117 Rn. 5). Teilentziehung setzt einen entsprechenden Antrag voraus, str. (→ § 117 Rn. 5).

2) Klage auf Entziehung

8   **Klage der übrigen Gesellschafter, Mitwirkungspflicht** und **Verfahren** wie bei Entziehung der Geschäftsführung → § 117 Rn. 6–8. **Verbindung** der Klagen auf Entziehung der Geschäftsführung und der Vertretungsmacht ist zulässig und praktisch häufig. Der Antrag auf Entziehung der „Geschäftsführungsbefugnis" kann als Antrag auf Entziehung beider Rechte auszulegen sein, BGHZ 51, 199. Das (Gestaltungs)Urteil zu beiden Klagen kann unterschiedlich ausfallen (→ Rn. 6). **Einstweilige Verfügung** (§§ 935, 940 ZPO) nicht nur auf Entziehung, sondern auch Bestellung eines Dritten zum Vertreter, BGHZ 33, 107 (→ § 117 Rn. 7).

3) Wirkung der Entziehung

9   A. **Gegenüber dem beklagten Gesellschafter.** Die Vertretungsmacht erlischt oder wird beschränkt erst mit Rechtskraft des entziehenden (Gestaltungs) Urteils (→ § 117 Rn. 9) oder Zustellung der einstweiligen Verfügung (→ Rn. 8). Entziehung der Vertretungsmacht eines **Gesamtvertreters** (§ 125 II, III) vernichtet auch die des (der) anderen, wenn nicht die (mehreren) anderen ohnehin miteinander ohne ersteren vertretungsberechtigt sind.

10   B. **Gegenüber Dritten.** Die Entziehung ist von allen übrigen Gftern (also ohne den Beklagten) im **Handelsregister** anzumelden (§§ 108 S. 1, 16). Bei Entziehung ohne Prozess auf Grund des Vertrags und bei Niederlegung müssen alle, auch der Betroffene, anmelden (aA MüKoHGB/K. Schmidt/Drescher Rn. 35), notfalls erst nach seiner Verurteilung zur Mitwirkung. Wirkung gegen Dritte s. § 15.

4) Abweichende Vereinbarungen

11   A. **Erschwerung.** § 127 ist partiell zwingend. Der GesVertrag kann die Entziehung aus wichtigem Grund nicht völlig ausschließen, BGH NJW 1998, 1226; MüKoHGB/K. Schmidt/Drescher Rn. 15; aA früher hL, da Ausschließung des Gfters und Auflösung der Ges. möglich bleiben, aber das schränkt die übrigen Gfter unzumutbar ein. Einengende Umschreibung der Entziehungsgründe und verfahrensmäßige Anforderungen sind zulässig, Entziehung aus wichtigem Grund muss aber möglich bleiben (wegen der Außenwirkung von § 127 tendenziell strengere Anforderungen als unter § 117, dort → § 117 Rn. 11).

1. Abschnitt. Offene Handelsgesellschaft § 128

B. Erleichterung. Der GesVertrag kann die Entziehung auch erleichtern, materiell und verfahrensmäßig (wie → § 117 Rn. 12), BGH NJW 1998, 1226, zB Entziehung auch ohne wichtigen Grund und Entziehung durch Gfter-Beschluss mit einfacher Mehrheit (so schon von Rechts wegen bei der PublikumsGes, → Rn. 3), aber nur mit gerichtlicher Nachprüfungsmöglichkeit. Der GesVertrag kann aber nicht die Anmeldung zum HdlReg (→ Rn. 10) erleichtern, zB durch Prozessbevollmächtigten der Kläger. 12

5) Reform des Personengesellschaftsrechts (MoPeG)

Das Gesetz zur Modernisierung des Personengesellschaftsrechts (MoPeG → Einl § 105 Rn. 42 ff) fasst zum 1.1.2024 auch das OHG-Recht neu. Der Regelungsgehalt des § 127 findet sich künftig in § 124 V HGB-MoPeG. Zur Textfassung des HGB-MoPeG s. → Anh. § 105. 13

[Persönliche Haftung der Gesellschafter]

128 ¹Die Gesellschafter haften für die Verbindlichkeiten der Gesellschaft den Gläubigern als Gesamtschuldner persönlich. ²Eine entgegenstehende Vereinbarung ist Dritten gegenüber unwirksam.

Schrifttum

Kornblum 1972. – *Flume* FS Knur 1972, 125, FS Reinhardt 1972, 223, FS Westermann 1974, 119 (= I 1 § 16 II, III, IV). – *Hadding* ZGR 1981, 577. – *Wiedemann* WM Sonderbeil 4/1975. – *Beuthien* DB 1975, 725, 773. – *Könen* 2021. – *Thomale* ZGR 2021, 643.

Übersicht

	Rn
1) Art und Voraussetzungen der Haftung nach § 128	1–7
A. Art der Haftung nach § 128	1
B. Gesellschaftsverbindlichkeit	2
C. Gesellschaftereigenschaft	3
D. Dauer der Haftung	4
E. Rechtsscheinhaftung	5
F. Sonstige Haftungstatbestände	6, 7
2) Inhalt der Haftung	8–18
A. Theorienstreit	8
B. Auslegung und Interessenabwägung	9–11
C. Umgehung, Durchgriff	12
D. Konsequenzen für Prozess und Vollstreckung	13–18
3) Gesamtschuldfrage	19–21
A. Keine Gesamtschuld zwischen Gesellschaft und Gesellschafter	19, 20
B. Die Gesellschafter als Gesamtschuldner	21
4) Haftung aus § 128 gegenüber Mitgesellschaftern	22–24
A. Aus dem Gesellschaftsverhältnis (Sozialverbindlichkeit)	22, 23
B. Aus Drittgeschäft (Drittgläubigerforderung)	24
5) Erstattungsansprüche (Haftungsregress)	25–27
A. Regress gegen die Gesellschaft	25, 26
B. Regress gegen die Mitgesellschafter	27
6) Haftung ausgeschiedener Gesellschafter	28–36
A. Forthaftung nach Ausscheiden	28
B. Haftung für Altschulden	29, 30
C. Haftungseinschränkungen	31–34
D. Verzicht und Verwirkung	35
E. Gesamtschuld	36
7) Abweichende Vereinbarungen (Satz 2)	37, 38
A. Vereinbarungen der Gesellschafter untereinander	37
B. Vereinbarungen mit dem Gläubiger	38

	Rn
8) Prozess gegen Gesellschaft und Gesellschafter	39–44
A. Gesellschafts- und Gesellschafterprozess	39
B. Schiedsvereinbarung der OHG	40
C. Einzelprobleme	41, 42
D. Urteilswirkung	43, 44
9) Die Gesellschafter in Zwangsvollstreckung und Insolvenz	45–47
A. Zwangsvollstreckung gegen Gesellschafter	45
B. Auswirkungen der Gesellschaftsinsolvenz auf die Gesellschafter	46
C. Gesellschafterinsolvenz	47
10) Reform des Personengesellschaftsrechts (MoPeG)	48

1) Art und Voraussetzungen der Haftung nach § 128

A. Art der Haftung nach § 128. Die **OHG** ist selbstständiger Träger von Rechten und Pflichten (→ § 124 Rn. 2). Für die Verbindlichkeiten der OHG haften außer ihr selbst nach § 124 auch die Gfter als Gesamtschuldner persönlich nach § 128 S. 1. Das ist für die OHG rechtlich ein konstitutives Merkmal (→ § 105 Rn. 9) und im HdlVerkehr **Grundlage ihres Kredits**. §§ 128–130 gelten in der **KG** nicht nur für phG, sondern auch für die Kdtisten, aber mit den Einschränkungen nach §§ 171–176. Bei der **GbR** gilt § 128 analog, MüKoBGB/Schäfer § 714 Rn. 36; MüKoHGB/K. Schmidt/Fleischer Rn. 4; Mülbert AcP 199 (1999), 90; aA früher hL, sehr str. (→ Einl. vor § 105 Rn. 14). Die Haftung der Gfter ist zu der der Ges. **akzessorisch** (→ Rn. 8), wie auch aus § 129 folgt, also ist zB kein Erlass der GesSchuld unter Aufrechterhaltung der GfterHaftung möglich (→ § 129 Rn. 3). Das hat Konsequenzen für die Frage der Gesamtschuld zwischen Ges. und Gfter (→ Rn. 19). Die Gfter der OHG haften **persönlich** (also mit ihrem gesamten Vermögen), **unbeschränkt** (anders als der Kdtist, § 171 I), **unmittelbar** (nicht bloße Nachschusspflicht gegenüber der Ges.), **primär** (anders als der nicht selbstschuldnerische Bürge nach § 771 BGB), aA auf Grundlage der Aufgabe der Rechtsfigur der Gesamthand durch die hM nun Könen 2021, nur liquidationsbezogene Ausfallhaftung) und auf das **Ganze** (aber Innenausgleich). Sie haften untereinander **als Gesamtschuldner** (→ Rn. 21).

B. Gesellschaftsverbindlichkeit. § 128 gilt für alle Verbindlichkeiten einer OHG oder KG (bloßer Rechtsschein einer solchen → Rn. 5), gleich aus welchem **Rechtsgrund**, zB aus Vertrag, ungerechtfertigter Bereicherung, Delikt, BGH NJW 2007, 2492, Gefährdungshaftung, arbeitsrechtlichen Pensionszusagen, BGHZ 87, 288, sonstigem privaten oder öffentlichen Recht, etwa Steuerschulden, BVerwG NVwZ 2016, 1264; aA für Delikt (§ 31 BGB) Altmeppen NJW 1996, 1017. Die Gesellschafter haften auch für Verbindlichkeiten von Tochtergesellschaften in Form einer OHG oder KG → § 105 Rn. 103, zur Haftung der Kommanditisten → § 171 Rn. 2, BGH ZIP 2021, 1806. § 128 gilt grundsätzlich für GesVerbindlichkeiten gleich mit welchem **Inhalt;** nur der Inhalt der Haftung der Gfter ist je nachdem unterschiedlich (→ Rn. 8). Auch Verbindlichkeiten der Ges. gegenüber Gftern können unter § 128 fallen, die Gfter können also aus § 128 **auch gegenüber Mitgesellschaftern** haften, aber das gilt nur für Drittgläubigerforderungen, nicht für Sozialverbindlichkeiten der Ges. (→ Rn. 22–24). Ein Gfter kann gegen den anderen auf **Feststellung** klagen, dass die Verbindlichkeit eine solche der Ges. ist, nicht des einen Gfters, BGH JZ 1965, 407.

C. Gesellschaftereigenschaft. Nach § 128 haften **alle Gesellschafter,** die zurzeit der Entstehung der Verbindlichkeit der Ges. angehören, auch nach ihrem späteren Ausscheiden (→ Rn. 28). Auch später in die Ges. eintretende treten in die Haftung ein (§ 130). Bereits ausgeschiedene Gfter werden durch eine erst später entstehende Haftung nicht mehr berührt (aber §§ 15 I, 143). Rechtsscheingesellschafter → Rn. 5.

1. Abschnitt. Offene Handelsgesellschaft 4–8 § 128

D. Dauer der Haftung. Die Haftung dauert **während Bestehens der Ge-** 4
sellschaft unverändert fort, verjährt auch nicht, der Gfter hat die Verjährungseinrede nur so wie die Ges. (§ 129 I), also zB nicht, wenn die Ges. auf sie verzichtete, auch nicht, wenn die Verjährung der GesSchuld durch Klage gegen Ges. gehemmt wurde, BGHZ 73, 217. Nach **Auflösung** der Ges. verjährt sie für alle Gfter (§ 159), nach **Ausscheiden** eines Gfters für diesen (→ Rn. 28; § 160).

E. Rechtsscheinhaftung. a) **Rechtsschein einer OHG oder KG:** Liegen 5
die Voraussetzungen des § 128, insbesondere Bestehen einer OHG oder KG (→ Rn. 1), nicht vor, kann bei dem Anschein, dass eine solche Ges. besteht, unter bestimmten Voraussetzungen (→ § 5 Rn. 9 ff.) eine Rechtsscheinhaftung mit der Wirkung des § 128 bestehen, BGH NJW 2007, 2492.

b) **Scheingesellschafter:** Dasselbe gilt beim Anschein, dass jemand Gfter der OHG oder KG ist (→ § 5 Rn. 9 ff.), BGHZ 17, 13; BGH BB 1970, 684; NJW 1972, 1418; OLG Hamm MDR 1965, 580. Ausgeschiedene Gfter → Rn. 3, etwa wenn sie noch im Briefkopf der Gesellschaft geführt werden, BGH ZIP 2012, 371 (GbR). Lit.: Deckenbrock/Meyer ZIP 2014, 701 (Scheinsozius).

c) **Scheingesellschafter einer Scheingesellschaft:** Beide Rechtsscheintatbestände können zusammenkommen, BGHZ 17, 13.

F. **Sonstige Haftungstatbestände.** Neben der (beim Kdtisten gemäß 6
§§ 171 ff. beschränkten) Haftung nach §§ 128–130 kommt (unbeschränkte) Haftung des Gfters (auch Kdtisten) aus sonstigen Haftungstatbeständen in Betracht, zB Verletzung des Zahlungsverbots bei Zahlungsunfähigkeit oder Insolvenz (§ 15b InsO), **Verschulden bei Vertragsverhandlungen** (§§ 280, 311 II, III BGB), des Geschäftsführers bei Insolvenzverschleppung → Anh. § 177a Rn. 44), oder wenn der Gfter eigene Aufklärungspflichten gegenüber einem Gläubiger verletzt (→ § 347 Rn. 8 ff.; vgl. für den GmbHGeschäftsführer → Anh. § 177a Rn. 44), oder **§ 826 BGB,** wenn der Gfter sittenwidrig und vorsätzlich schädigend die Verletzung von Verpflichtungen der Ges. veranlasst. Diese Haftungstatbestände sind für den nur beschränkt haftenden Kdtisten bedeutsam.

Gesellschafterbürgschaft: Die nach § 128 persönlich haftenden Gfter kön- 7
nen sich **außerdem** für GesSchulden **verbürgen.** Eine Bürgschaft, die der Bürge vor Eintritt in die Ges. übernommen hat, bleibt neben der Haftung aus § 130 bestehen, BGH NJW 1986, 2308. Formlose Verbürgung von organschaftlichen Vertretern der OHG → § 105 Rn. 22. Die GfterBürgen haften aus der Bürgschaft ohne die Verjährung bzw. zeitliche Begrenzung der Haftung nach §§ 159, 160 und ohne Befreiung durch Bestätigung des Insolvenzplans (§ 254 II 1 InsO). Verbürgen sich ein phG und ein dritter Bürge, so hat der aus der Bürgschaft in Anspruch genommene Gfter iZw keinen Rückgriff gegen den Dritten (sondern umgekehrt), BGH LM BGB § 774 Nr. 3. Lit.: MüKoHGB/K. Schmidt/Fleischer Rn. 108.

2) Inhalt der Haftung

A. **Theorienstreit.** Nach älterer Auffassung sind GesSchuld und GfterHaf- 8
tung, da die Ges. nicht als Rechtsperson verstanden wurde, im Grunde eins, das Nebeneinander der §§ 124, 128 zeigt dann nur die Möglichkeit des Zugriffs auf mehrere Vermögensmassen. Derartige Identitätsvorstellungen sind heute überholt. Die OHG ist eine selbstständige Trägerin von Rechten und Pflichten (→ § 124 Rn. 2). Die Gfter haften für fremde Schuld (**Akzessorietät,** → Rn. 1), hL, BGHZ 74, 242. Die Wahl zwischen der **Erfüllungstheorie** (die Gfter schulden grundsätzlich wie die Ges. in natura) und der **Haftungstheorie** (sie müssen nur dafür einstehen) ist damit nicht entschieden, doch entspricht die Erfüllungstheorie als Ausgangspunkt der Funktion des § 128 (Kreditwürdigkeit der Ges., Gläubigerschutz, → Rn. 1) besser, iErg auch K. Schmidt § 49 III 1.

Konkrete Ergebnisse lassen sich aber weder aus der einen noch der anderen Theorie deduzieren. Lit.: Flume FS Knur, 1972, 125 u. FS Reinhardt, 1972, 223; Kühne ZHR 133 (1970), 149; Hadding ZGR 1973, 144; 1981, 577; Fleischer FS K. Schmidt, 2019, Bd. 1, 325; Westermann/Wertenbruch § 34.

9 **B. Auslegung und Interessenabwägung. a) Grundlinien:** Die Entscheidung, welchen Inhalt die Haftung der Gfter nach § 128 hat, wird heute überwiegend nicht mehr von der einen oder anderen Theorie abhängig gemacht. Vielmehr kommt es zunächst auf die Auslegung des jeweiligen Vertrags zwischen der Ges. und dem GesGläubiger an, im Übrigen hat eine Interessenabwägung stattzufinden. Bei der Auslegung kann eine Rolle spielen, ob danach eine **Pflicht der Gesellschaft** besteht, **für die Leistung durch ihre Gesellschafter** an den Gläubiger **zu sorgen,** BGHZ 23, 306; BGH BB 1974, 482, das spricht idR für einen unmittelbaren Erfüllungsanspruch des Gläubigers gegen diese Gfter, Grund: Vertragsauslegung, kein unzulässiger Schluss aus dem Innenverhältnis. Ein wichtiger Gesichtspunkt bei der Auslegung ist weiter die **Wahrung der gesellschaftsfreien Privatsphäre,** BGHZ 23, 305. Der Gläubiger kann nicht ohne weiteres annehmen, dass diese tangiert werden soll, zumal der **Umfang der Vertretungsmacht** der Gfter die Einbeziehung dieser gesellschaftsfreien Privatsphäre grundsätzlich nicht deckt (→ § 126 Rn. 3). **Geldschulden** sind danach unproblematisch, hier decken sich GesSchuld und GfterHaftung ohne weiteres. Bei **Schulden anderer Art** besteht ein unmittelbarer Erfüllungsanspruch außer gegen die Ges. auch gegen den phG, wenn es auf die Person des Ausführenden nicht ankommt und die Erfüllung ihn in seiner gesellschaftsfreien Privatsphäre nicht wesentlich mehr als die Geldleistung beeinträchtigt, BGHZ 73, 221; BGH NJW 1987, 2369. Haftung aus § 128 gegenüber MitGftern bei Sozialverbindlichkeiten und Drittgläubigerforderungen → Rn. 22–24.

10 **b) Haftungsbeispiele aus der Rechtsprechung:** Klage auch gegen die geschäftsführenden Gfter (aber → Rn. 15) bei Streit um Einsicht in die GesBücher, RG DR 1944, 246; BGH WM 1955, 1585; von Ges. geschuldete Rechnungslegung, BGHZ 23, 305; Gewinnauszahlung, RGZ 170, 396; BGH WM 1961, 1075. Klage allgemeiner gegen Gfter (auch nicht geschäftsführende) bei von Ges. geschuldeter Übereignung von GfterGrundstück, wenn der Gfter der Ges. zur Übereignung verpflichtet ist (→ Rn. 9), vgl. BGHZ 23, 306 (anderer Fall); bei Verwahrung durch Ges. auch gegen ausgeschiedenen Gfter, selbst wenn der verbliebene Gfter die Sache später unterschlagen hat, BGHZ 36, 224; BGH NJW 1987, 2369; bei von Ges. geschuldeter Unterlassung von Wettbewerb nach Betriebsverkauf gleiche Pflicht der Gfter, BGH BB 1974, 482; bei von Ges. geschuldeter Herausgabe einer Leasingunternehssache Klage auch gegen ausgeschiedenen Gfter, BGH NJW 1987, 2367; bei Verletzung des GesVertrags durch GfterGes und deren phG (Unterlassungs-, Schadensersatzpflicht), BGH BB 1973, 1507.

11 Bei **KG** gilt für den phG dasselbe wie für die Gfter der OHG, BGH BB 1974, 482. Für Kdtisten besteht jedenfalls nach Erbringung der Hafteinlage keine Haftung, idR auch vorher nur bei Geldschuld und begrenzt durch die Hafteinlage. Anders in Ausnahmefällen, zB bei Kdtisten mit Stellung wie phG (→ § 170 Rn. 3); bei Zwischenschaltung einer KG (→ Rn. 12), BGH BB 1974, 482. Kdtisten einer kapitalistischen KG (→ Anh. § 177a Rn. 10) haften uU auf Geldersatz, wenn bei Unterlassungsanspruch (→ Rn. 17) der Unterlassungswert ihre ausstehende Einlage übersteigt, dazu Kornblum BB 1971, 1434.

12 **C. Umgehung, Durchgriff.** Umgehungen sind wie immer nicht hinzunehmen, vgl. BGH BB 1974, 482. Nur ausnahmsweise liegt ein Durchgriffsproblem (zur Durchgriffshaftung vgl. → § 177a Rn. 51b) vor, vgl. dazu K. Schmidt § 49 III 2 c. Handeln alle Gfter einer Unterlassungspflicht der Ges. zuwider, kann der GesGläubiger gegen sie vorgehen, RGZ 136, 270, auch gegen eine von ihnen

1. Abschnitt. Offene Handelsgesellschaft 13–18 § 128

gebildete **weitere Gesellschaft**, zB bei Kiesgrubenpacht mit Sperrbezirksklausel, BGHZ 59, 67, bei Wettbewerbsverbot nach Betriebsverkauf, BB 1974, 482, auch wenn in die Ges. ein weiterer Gfter aufgenommen worden ist, jedenfalls wenn dieser nicht geschäftsführend ist, BGH WM 1975, 777.

D. Konsequenzen für Prozess und Vollstreckung. a) Geldschulden: Der 13 Gläubiger kann auch gegen den Gfter (§ 128) Zahlungsklage erheben, allgM Vollstreckung nach §§ 803 ff. ZPO.

b) Sachschulden: Schuldet der Gfter der Ges. Lieferung oder Herausgabe 14 **vertretbarer** Sachen, wie sie Ges. dem Gläubiger schuldet, hat der Gläubiger gegen den Gfter die Leistungsklage, BGHZ 73, 221; BGH NJW 1987, 2369. Vollstreckung nach §§ 883, 884 ZPO, wenn die Sache beim Gfter vorgefunden wird, sonst Schadensersatz nach § 281 BGB. Bei Verbindlichkeiten zur Lieferung oder Herausgabe **nicht vertretbarer** Sachen ebenfalls Leistungsklage. Vollstreckung ggf. nach §§ 883, 885 ZPO; Übereignung, insbesondere Auflassung, → Rn. 18.

c) Handlungen (Tun): Schuldet die Ges. eine **vertretbare Handlung** (zB 15 Beförderung, sonstige unpersönliche Werkleistung, Instandsetzung vermieteter Sachen, Baumängelbeseitigung) und ist der Gfter zu solcher Leistung für die Ges. verpflichtet, hat der Gläubiger gegen den Gfter die Leistungsklage. Vollstreckung nach § 887 ZPO. Bei Verbindlichkeit zu **unvertretbarer Handlung** (zB Rechnungslegung, Auskunft, Zeugniserteilung, Mitteilung von Kenntnissen und Erfahrungen, technische Spezialleistungen, Prüfungen) nach der Rspr. ebenfalls Leistungsklage auch gegen den betreffenden Gfter (etwa OLG Frankfurt a. M. ZIP 2015, 977, Auskunft bei Wettbewerbsverstößen), aA zutr. K. Schmidt § 49 III 2b, Grund: Handeln nur als Organ, nicht persönlich. Vollstreckung nach § 888 ZPO.

d) Duldungen und Unterlassungen: Bei Verbindlichkeit der Ges. zur Dul- 16 dung (zB Einwirkung auf ein Grundstück, Befriedigung aus Pfand oder zurückbehaltener Sache nach § 371) kommt es darauf an, ob der Gfter in der Lage ist, Widerstand gegen die Handlung zu leisten (zB ob er die Sache besitzt, ihr Eigentümer ist oder Herausgabeanspruch hat), und auch persönlich duldungspflichtig ist (zB weil er das ihm gehörende Grundstück der Ges. zur Verfügung nach Maßgabe ihrer Verpflichtungen halten muss). Dann Duldungsklage, Vollstreckung nach § 890 ZPO; anderer Gfter haften nur auf Geldersatz.

Bei Verbindlichkeit der Ges. zur Unterlassung (zB von Wettbewerb, Bsp: 17 → § 165 Rn. 3) kommt es darauf an, ob die verbotene Handlung nur im HdlGeschäft der Ges. zu unterbleiben hat (wie Rechnungslegung, → Rn. 10). Wenn ja, kann der Gläubiger nach der Rspr. (aber → Rn. 15) unmittelbar gegen die geschäftsführenden Gfter auf Unterlassung klagen, gegen andere Gfter auf Geldersatz. Hat die Handlung auch außerhalb des GesHdlGeschäfts zu unterbleiben, zB in GfterHdlGeschäft (→ Rn. 12), kann der Gläubiger nach der Rspr. (→ Rn. 12) unmittelbar gegen jeden Gfter auf Unterlassung klagen, der der Ges. zur Unterlassung verpflichtet ist, zB nicht bei einem von der Ges. genehmigtem Konkurrenzgeschäft, iErg wohl auch MüKoHGB/K. Schmidt/Fleischer Rn. 30, allerdings nicht aus § 128, sondern aus eigener Primärschuld des Gfters, zB § 1 UWG oder Durchgriffshaftung. Vollstreckung nach § 890 ZPO; andere Gfter haften auf Geldersatz. Gfter haften nicht persönlich für Unterlassenserklärung der Ges., BGH ZIP 2013, 1856 (GbR).

e) Abgabe einer Willenserklärung: Auf Abgabe einer Willenserklärung 18 namens der Ges. kann kein Gfter, auch nicht ein vertretender, persönlich in Anspruch genommen werden. Die Verurteilung der Ges. ersetzt die verweigerte Erklärung (§ 894 ZPO), die Inanspruchnahme des (vertretenden) Gfters fügt nichts hinzu, BGH WM 1983, 221; NJW 2008, 1378 (GbR). Etwas anderes gilt, wenn die Erklärung zur Ausführung einer Leistung gehört, welche die Ges. schuldet, die aber nach Lage des Falles der Gfter erbringen kann, zB Auflassung eines von der Ges. verkauften, dem Gfter persönlich gehörenden Grundstücks. Hier Klage gegen den Gfter mit der Wirkung des § 894 ZPO (wegen der Herausgabe → Rn. 15). Sonst nur Haftung des Gfters auf Geldersatz.

3) Gesamtschuldfrage

19 A. **Keine Gesamtschuld zwischen Gesellschaft und Gesellschafter.** Zwischen Ges. und Gftern liegt keine echte Gesamtschuld iSv §§ 421 ff. BGB vor, vielmehr ist **jeweils** zu **prüfen**, ob der Rechtsgedanke der §§ 422 ff. BGB anwendbar ist, BGHZ 47, 378; 104, 78. Nur ausnahmsweise folgt das unmittelbar aus Gesetz, zB für Prozesskostenschuld der zusammen verurteilten Ges. und Gfter (§ 100 IV ZPO), OLG Karlsruhe NJW 1973, 1202. Auch zwischen Ges. und ausgeschiedenem Gfter besteht keine Gesamtschuld, aber teilweise unterschiedliche Ergebnisse (→ Rn. 36).

20 Das bedeutet im Einzelnen: Anwendbar sind § 422 BGB (Erfüllung), § 424 BGB (Wirkung des Gläubigerverzugs), also Wirkung bei Ges. wirkt sich jeweils bei Gfter aus. **Nicht** anwendbar sind, also Wirkung bei Ges. wirkt sich auch bei Gfter aus: § 423 BGB (Erlass, → § 129 Rn. 3), BGHZ 47, 379, Grund: Gfter würde sonst seine Rechte aus § 129 verlieren; § 425 BGB (zB Kündigung, Verzug, Unmöglichkeit, Verjährung), BGHZ 36, 224; 48, 204; 73, 224, Grund: Auseinanderentwicklung der Ges.- und der GfterHaftung widerspräche der Akzessorietät; Neubeginn der Verjährung, Hemmung und Ablaufhemmung → § 129 Rn. 2; Rechtskrafterstreckung → § 129 Rn. 6; § 426 BGB (→ Rn. 25).

21 B. **Die Gesellschafter als Gesamtschuldner.** Die mehreren nach § 128 haftenden Gfter sind Gesamtschuldner iSv §§ 421 ff. BGB, OLG Hamm ZIP 2018, 1237 (keine nur quotale Haftung), BGH ZIP 2020, 1872 (KG: Kdtist). Der Gläubiger hat also die Wahl nach § 421 BGB, er braucht dabei nicht auf ausbleibende Zahlungen des anderen Gfters hinzuweisen, BGH NJW 2010, 861 (GbR); Grenze Rechtsmissbrauch, zB Aufgabe einer dinglichen Sicherheit, Schadenszufügungsabsicht, BGH NJW 2010, 863. Nimmt der Gläubiger eine Leistung des einen Gfters an Erfüllungs Statt an, wird auch der MitGfter frei (§ 422 I BGB), BGH BB 1972, 1113; auch sonst gilt § 422 BGB. Erlass nur der Schuld des einen unter Vorbehalt der des anderen Gfters ist möglich (§ 423 BGB; anders bei Erlass der GesSchuld, → Rn. 20), aber dieser kann beim ersteren Regress nehmen (§ 426 BGB), BGH NJW 1986, 1098 (GmbH) u. OLG Hamm NJW-RR 1988, 1174 (Gesamtschuld) mit jeweils unterschiedlichem Erlassinhalt. Gläubigerverzug des einen wirkt zugunsten des anderen Gfters (§ 424 BGB). Andere Tatsachen als nach §§ 422–424 BGB wirken nicht auch für und gegen den anderen Gfter, zB Verjährungshemmung (§ 425 II BGB; anders betr. GesSchuld, → Rn. 20). Bei Begleichung eines GesSchuld hat der Gfter Ausgleichsansprüche nach §§ 426 I, II BGB gegen seine MitGfter (→ Rn. 27).

4) Haftung aus § 128 gegenüber Mitgesellschaftern

22 A. **Aus dem Gesellschaftsverhältnis (Sozialverbindlichkeit).** Für Forderungen eines Gfters gegen die Ges. aus dem Gesellschaftsverhältnis (zB auf Aufwendungsersatz, Geschäftsführervergütung, Gewinn; Sozialverbindlichkeiten, → § 109 Rn. 32) **haften** während Bestehens der Ges. die **Mitgesellschafter nicht nach § 128** (→ § 110 Rn. 5); Grund: sie würden sonst wirtschaftlich entgegen § 707 BGB (→ § 109 Rn. 12) zu Nachschüssen in die Ges. genötigt, BGHZ 37, 201. Davon wird eine **Ausnahme** für Erstattungsansprüche nach **Bezahlung einer Gesellschaftsschuld** gemacht (→ Rn. 25). Bei GesSchulden anderer Art als Geldschulden kann der Gfter außer der Ges. uU auch die MitGfter persönlich auf Erfüllung in Anspruch nehmen (→ Rn. 14 ff.).

1. Abschnitt. Offene Handelsgesellschaft   23–27   § 128

Einem **ausgeschiedenen** Gfter haften für Ansprüche an die Ges. die anderen 23
Gfter wie einem Dritten, zB für seine Abfindung (→ § 131 Rn. 48), BGHZ 148,
206. Zur Lage nach Auflösung → § 145 Rn. 6.

B. **Aus Drittgeschäft (Drittgläubigerforderung).** Der Gfter kann für eine 24
Forderung gegen die Ges. aus anderem Rechtsgrund als dem GesVerhältnis
(Drittgeschäft, → § 124 Rn. 52) auch die MitGfter nach § 128 in Anspruch
nehmen, RGZ 153, 307 (Darlehen); BGH LM HGB § 138 Nr. 7 (stille Beteiligung), **aber** bei Geldforderungen mit **Abzug** mindestens des seinem eigenen
Verlustanteil (§§ 120 I, 121 III, → § 121 Rn. 7) entspr. Forderungsteils
(→ § 124 Rn. 55), RGZ 153, 310, auch eines entsprechenden Teils vom Anteil
eines mit Sicherheit zahlungsunfähigen anderen MitGfters; aA Altmeppen NJW
2009, 2241. Bsp: A, B, C haben gleiche Verlustbeteiligung, A hat 9.000 EUR zu
fordern, C ist zahlungsunfähig, A kann von B 9.000 − 3.000 − 1.500 EUR =
4.500 EUR fordern. Der Abzug des Verlustanteils trifft auch einen dritten Zessionar (§ 404 BGB), BGH NJW 1983, 749 mAnm Walter JZ 1983, 260. Der in
Anspruch genommene Gfter hat die Einwendungen der Ges. (§ 129 I), zB den
Einwand mangelnder Rücksichtnahme auf das GesInteresse (→ § 124 Rn. 54).
Auch die Treue- und Rücksichtspflicht gegenüber den MitGftern (→ § 109
Rn. 23, 25) kann Grenzen setzen, nach trad hL muss sich der Gfter iZw **erst an
die Gesellschaft** halten, aA Prediger BB 1971, 246; OLG Köln NZG 2014, 182,
gilt freilich jedenfalls nicht bei Drittgläubigeransprüchen in der Publikumsgesellschaft, BGH ZIP 2013, 2308; OLG Stuttgart WM 2013, 756, nach Rspr. wohl
auch sonst nicht. Die Inanspruchnahme der Gfter kann durch (stillschweigende)
Vereinbarung ausgeschlossen oder beschränkt sein (→ Rn. 38), RGZ 153, 314;
RG JW 1937, 1986. Mehrere MitGfter haften als Gesamtschuldner, str. Zur Lage
nach Ausscheiden → Rn. 28; nach Auflösung → § 145 Rn. 6.

5) Erstattungsansprüche (Haftungsregress)

A. **Regress gegen die Gesellschaft.** Der Gfter, der nach § 128 an einen 25
GesGläubiger geleistet hat, kann von der Ges. nach § 110 Ersatz fordern (→ § 110
Rn. 10), ein ausgeschiedener Gfter nach § 670 BGB (→ § 110 Rn. 2). Im Verhältnis zur Ges. besteht keine Gesamtschuld iSv §§ 421 ff. BGB (→ Rn. 19),
daher kein Forderungsübergang und kein Übergang von Sicherungsrechten vom
befriedigten Gläubiger auf den Gfter (vgl. §§ 426 II, 412, 401 BGB), BGHZ 39,
323; dies ohne Unterschied ob Ges., andere Gfter oder Dritte die Sicherheit
stellten, nach BGH ZIP 2011, 1663 auch nicht nach § 774 I BGB analog, dafür
mit guten Gründen Staub/Habersack Rn. 43; Hammen WM 2019, 945. Forderungs- und Sicherheitenübergang entspr. § 426 II BGB dagegen zur ausgeschiedenen Gfter, BGHZ 39, 325. Der zahlende Gfter hat auch Zugriff auf das
Dritten befindliches GesVermögen, BGH WM 1986, 906. Rückgriff des Gfters,
der von der Ges. ausgestellten Wechsel einlöste, ohne Rechtsnachfolge iSv
§§ 265, 727 ZPO, OLG Hamburg MDR 1968, 1014, str.

Bei drohender Inanspruchnahme durch Gläubiger braucht der Gfter nicht erst 26
zu zahlen und dann Regress zu nehmen, sondern hat bereits einen **Freistellungsanspruch** gegen die Ges. entspr. § 257 BGB, LG Hagen BB 1976, 763.

B. **Regress gegen die Mitgesellschafter.** Der Gfter, der eine GesSchuld 27
begleicht (§ 128; auch der Kdtist, der dies freiwillig tut, BGH ZIP 2002, 394),
hat gegen seine MitGfter Ausgleichsansprüche nach § 426 I BGB, BGH WM
1979, 1282; ZIP 2007, 2313, der einem Gfter gleichgestellte TeuhandKdtist nach
§ 426 I BGB entspr., BGH ZIP 2015, 2268. Forderungsübergang schon nach
§§ 412, 401 als Folge des Übergangs der Hauptforderung, Staub/Habersack
Rn. 48, nach üL § 426 II BGB, nach aA § 774 I 1 BGB analog, aA (kein
Forderungsübergang) Harrer GesRZ 2008, 266. Die MitGfter haften alsbald,
subsidiär, pro rata, BGHZ 37, 302; 103, 76; BGH ZIP 2002, 394 (ganz anders bei

Drittgläubigerforderung der Gfter: alsbald, nicht strikt subsidiär, nicht nur pro rata, → Rn. 24, BGH ZIP 2013, 2306). Die Ausgleichspflicht der MitGfter gründet auf der auch sie treffenden Haftung nach § 128, verteilt nur deren Folgen, bedeutet also nicht Nachschusszwang im Widerspruch zu § 707 BGB, BGHZ 37, 302. Freistellungsanspruch, BGH ZIP 2007, 2313.

a) Haftung alsbald: Die MitGfter haften nicht wie im Regelfall des § 110 (dort → § 110 Rn. 5) erst nach Auflösung oder Ausscheiden, sondern alsbald. Im Liquidationsstadium gelten Sonderregeln (Lähmung, → § 145 Rn. 6).

b) Subsidiär: Der Gfter muss jedoch zuerst von der Ges. Erstattung suchen. Diese darf ihn nicht auf eine bestrittene Forderung (der Ges.) gegen MitGfter verweisen. Die subsidiäre Haftung der MitGfter greift nicht erst bei Aussichtslosigkeit der Zwangsvollstreckung in das GesVermögen ein, sondern schon wenn die Ges. keine freiverfügbaren Mittel hat, BGH NJW 1980, 340, zur Drittgläubigerforderung BGH ZIP 2013, 2305, → Rn. 24.

c) Pro rata: Ausgleich im Innenverhältnis nur pro rata in Höhe der jeweiligen Verlustbeteiligung, mehrere MitGfter haften also nicht als Gesamtschuldner, BGHZ 103, 76; BGH ZIP 2007, 2313; anders wenn die gesamtschuldnerische Haftung auf dem schuldhaften Verhalten eines der Gfter beruht (Gedanke des § 254 BGB), BGH ZIP 2008, 1915.

d) Die Ansprüche des § 426 I BGB und aus übergegangener Forderung sind selbstständig (Verjährung, Einwendungen), BGHZ 58, 218; BGH NJW 2010, 62, aber zweckverbunden (gemeinsame Entstehung durch Begründung der Gesamtschuld, auch bei Zahlungsanspruch, BGH NJW 2010, 60, gemeinsames Erlöschen, keine gesonderte Abtretung, Übergang nach § 401 BGB entspr.). Einheitlicher Verjährungsbeginn, einerlei ob Mitwirkungs-, Befreiungs- oder Zahlungsanspruch, BGH NJW 2010, 60; aA Hartman/Lieschke WM 2011, 205, aber Ausgleichsanspruch trotz Verjährung gegen anderen Gesamtschuldner, BGH NJW 2010, 62; 2010, 435; Grenze: Rechtsmissbrauch. Nach OLG Düsseldorf ZIP 2013, 1860 desh Beginn der dreijährigen Verjährung (§ 195 BGB) bereits vor Zahlung mit Möglichkeit der Durchsetzung eines Befreiungsanspruchs. Zur Inanspruchnahme eines durch Anteilsabtretung ausgeschiedenen Gfters BGH NJW 1981, 1095, zum TreuhandKdtisten BGH ZIP 2015, 2272. Lit.: Prediger BB 1970, 868; Hadding FS Stimpel, 1985, 139 (nach Ausscheiden); WM 1988, 1585 (GbR); Habersack AcP 198 (1998), 152; Drygala FS Raiser, 2005, 63 (Konzern); Faust FS K. Schmidt, 2009, 357; Pfeiffer NJW 2010, 23 (Verjährung).

6) Haftung ausgeschiedener Gesellschafter

28 A. **Forthaftung nach Ausscheiden.** Das Ausscheiden des Gfters beseitigt seine Haftung nicht (→ Rn. 3). Das bestätigen auch § 159 über die Verjährung bei Auflösung der OHG und § 160 über die Nachhaftungsbegrenzung bei Ausscheiden. Der ausgeschiedene Gfter bleibt auch haftbar, wenn nach seinem Ausscheiden die Ges. aufgelöst wird und ein Gfter das HdlGeschäft (mit Aktiven und Passiven) übernimmt (→ § 140 Rn. 25, → § 145 Rn. 11), BGHZ 48, 205; 50, 237, etwa bei Zweipersonengesellschaft, BGH ZIP 2012, 370 (GbR).

29 B. **Haftung nur für Altschulden. a) Grundsatz:** Die Haftung gilt für alle Altschulden, nicht für Neuschulden aus der Zeit nach dem Ausscheiden (§§ 15 I, 143, → Rn. 3). Altschulden sind grundsätzlich auch Verpflichtungen, deren **Rechtsgrund noch vor dem Ausscheiden gelegt** ist, auch wenn weitere Voraussetzungen ihres Entstehens erst später erfüllt werden, stRspr, BGHZ 55, 269; 142, 329; BGH NJW 1986, 1690; BAG NJW 2004, 3287; OLG Hamm NZG 2008, 101; vgl. auch → § 25 Rn. 11, → § 160 Rn. 2.

30 **b) Einzelfälle:** Verbindlichkeit aus einem vorher geschlossenen und erst später erfüllten Werkvertrag, BGHZ 55, 269; Haftung auf Ersatz von vorher begründeten, erst später getätigten Aufwendungen (Grundschuld wird vom Dritten für GesSchuld vorher bestellt und erst später ausgelöst), BGH NJW 1986, 1690; für Vertragsverletzung durch die Ges. auch erst nach seinem Ausscheiden, BGHZ 36, 226 (Wertpapierverwahrung vor Ausscheiden, schuldhafte Auslieferung an Nichtberechtigten nachher, § 283 BGB), ähnlich schon RGZ 125, 418; auf Entschädigung aus erlaubten, aber zur Entschädigung verpflichtenden Handlungen der Ges. nach seinem Ausscheiden, RGZ 140, 12 (Vergleichsverfahren, Mietkündigung, vgl. §§ 50, 51 II, 52 I VerglO aF); auf Schadensersatz statt der Leistung, wenn die Ges. (oder ein Alleinübernehmer, → Rn. 28) insolvent wird und der Insolvenzverwalter die Vertragserfüllung ablehnt (§ 103 InsO), BGHZ 48, 205.

Die Haftung gilt auch für nach dem Ausscheiden **gestundete Verbindlichkeiten,** OLG Düsseldorf HRR 1938, 538, und für Ratenzahlungen. Sie gilt nicht für Prolongationswechsel, RGZ 140, 13, wohl aber für die fortbestehende Verbindlichkeit, für die erfüllungshalber, nicht an Erfüllungsstatt **Wechsel** gegeben sind, RG JW 1913, 324. Für **Kreditgewährung** nach Ausscheiden, auch auf Grund von Kreditzusage vorher, haftet der Ausgeschiedene nicht, Gamp/Werner ZHR 147 (1983), 1; ebenso Kreditprolongierung durch Vereinbarung, die der Neugewährung gleichkommt (zB in der Bank-Refinanzierung), Bereicherungsanspruch wegen irrtümlicher Zahlung an Ges. nach Ausscheiden des Gfters, BGH ZIP 2012, 369, **Subvention,** aA OVG Koblenz NJW 1986, 2129. **Kontokorrent:** Für Schulden in laufender Rechnung (§§ 355 ff.) haftet der Ausgeschiedene bis zur Höhe der Schuld bei seinem Ausscheiden, jedoch nicht über den niedrigsten späteren Rechnungsabschluss-(nicht Tages-)Saldo hinaus (vgl. → § 356 Rn. 2), BGHZ 26, 142; 50, 278 (283); BGH DB 1973, 2439; ergibt sich einmal beim Abschluss einer Rechnungsperiode ein Guthaben der Ges., erlischt die Haftung des Ausgeschiedenen, BGH WM 1972, 284. **Sicherheiten** kann der Ausgeschiedene erst zurückfordern, wenn seine Haftung aus § 128 weggefallen ist (Freigabe anderer Sicherheiten durch Gläubiger → Rn. 35), BGH BB 1972, 1112. **Vertragsverlängerung** betrifft den Ausgeschiedenen nicht mehr, anders bei zuvor eingeräumter Verlängerungsoption des Gläubigers, aA Heymann/Hoffmann/Bartlitz Rn. 65, Grenzen nach §§ 133, 157, 242 BGB.

C. Haftungseinschränkungen. a) Ausschlussfrist von fünf Jahren (§ 160 nF): Die Forthaftung für Altverbindlichkeiten gilt grundsätzlich auch für laufende und neue Teilverbindlichkeiten aus Dauerschuldverhältnissen (zB Dauerliefer- und Daueabnahmeschulden, Verbindlichkeiten aus Miete, Pacht, Arbeits-, Lizenz- und Verlagsverträgen, Wertpapierverwahrung). Das ginge jedoch, strikt durchgehalten, untragbar weit. Seit 1994 gilt kraft Gesetzes eine Ausschlussfrist von fünf Jahren, die sich schon früher die Rspr., BGHZ 87, 292; BGH NJW 1983, 2941, und hL. § 160 regelt die Haftungseinschränkungen abschließend (→ § 159 Rn. 2, → § 160 Rn. 1), BGHZ 142, 324 (Aufgabe der Kündigungstheorie); BGH NJW 2002, 2170; BAG NJW 2004, 3287; K. Schmidt § 51 I 3, II 4. **31**

b) Übergangsrecht: Die früheren, sehr streitigen Einschränkungen der Nachhaftung können im Einzelfall zu einer kürzeren Begrenzung führen und bleiben relevant für das Übergangsrecht, s. **(1)** EGHGB Art. 35, 36. Lit.: Lieb, 1992; Ulmer/Wiesner ZHR 144 (1980), 393; von Stebut ZGR 1981, 183; Ulmer BB 1983, 1865; Wiesner ZIP 1983, 1032; Priester/K. Schmidt ZIP 1984, 1064; Lieb ZGR 1985, 124; Hönn ZHR 149 (1985), 300; Honsell/Harrer ZIP 1986, 341; K. Schmidt ZHR 152 (1988), 105; weitere Literatur → § 59 Rn. 22. **32**

Die wichtigste Einschränkung war die, dass die Haftung des ausgeschiedenen Gfters nur für solche Ansprüche anerkannt wurde, die bis zum Ersten ordentlichen Kündigungstermin nach Ausscheiden entstanden waren, BGHZ 70, 135; 87, 291; die Rspr. stellte dabei auf die Kündigungsmöglichkeit des Gläubigers ab. Weitere Rspr. s. 29. Aufl. **33**

34 Die Lehre hatte bis zum NachhBG 1994 teilweise weitergehend insbesondere bei langfristigen Verträgen über bestimmte Leistungen eine Enthaftung analog § 613a II BGB entwickelt, Ulmer/Wiesner ZHR 144 (1980), 393 ua, sehr str. Die Rspr. hat diese Analogie seit jeher abgelehnt, BGHZ 87, 295; BGH NJW 1983, 2942; BAG WM 1990, 1466 (→ § 59 Rn. 22 mwN). In der Tat sind die Interessenlagen verschieden, und die Analogie führte zu Wertungsdifferenzen.

35 D. **Verzicht und Verwirkung.** Der Gläubiger kann auf die Haftung nach § 128 verzichten (→ Rn. 38). Wenn er ohne verständigen Grund die Stellung des Ausscheidenden verschlechtert, also die Chance der Inanspruchnahme erhöht, kann er die Inanspruchnahme des Ausgeschiedenen verwirken, BGH DB 1973, 2440. Gibt der Gläubiger **andere Sicherheiten** frei, wirkt das nicht ohne weiteres entspr. § 776 BGB (Bürgschaft) zugunsten des Ausgeschiedenen; doch kann dieser die Freigabe dem Gläubiger entgegenhalten, allerdings nicht bei Freigabe zugunsten eines anderen, für die Ges. existenzwichtigen Kredits, BGH BB 1972, 1112.

36 E. **Gesamtschuld.** Auch **zwischen Gesellschaft und Ausgeschiedenem** liegt **keine echte Gesamtschuld** iSv §§ 421 ff. BGB vor (→ Rn. 19). Das Verhältnis des ausgeschiedenen Gfters zur Ges. (bzw. dem Alleinübernehmer, soeben) wird zwar der Gesamtschuld ähnlicher, aber es bleibt doch **jeweils zu prüfen,** ob die unterschiedliche Interessenlage die entspr. Anwendung der §§ 422 ff. BGB erlaubt oder nicht, BGHZ 36, 227; 39, 324; 44, 233; 48, 204; Fischer LM HGB § 105 Nr. 21, § 128 Nr. 10. Kein Erlass gegenüber der Ges. unter Vorbehalt der Inanspruchnahme des Ausgeschiedenen (→ § 129 Rn. 3). Der Erstattungsanspruch des Ausgeschiedenen, der zahlte, gegen die Ges. folgt nicht aus § 110, sondern aus § 670 BGB (→ § 110 Rn. 2); hier ist dann (anders als vor Ausscheiden, → Rn. 25) § 426 II BGB anwendbar, die bezahlte Forderung geht also samt Sicherheiten (§§ 412, 401 BGB) über, BGHZ 39, 324; die anderen Gfter haften dem Ausgeschiedenen gesamtschuldnerisch auf Erstattung, im Einzelnen str., für Anwendung des § 128 MüKoHGB/K. Schmidt 4. Aufl. Rn. 62. Urteile gegen die Ges. wirken nicht gegen den ausgeschiedenen (fortheftenden) Gfter (vgl. § 425 BGB), BGHZ 44, 233 (→ Rn. 43); so auch in anderen Fällen des § 425 II BGB, BGHZ 36, 227, str., zB Hemmung der Verjährung der GesSchuld (→ § 129 Rn. 2). Lit.: Hadding ZGR 1973, 137; FS Stimpel, 1985, 139.

7) Abweichende Vereinbarungen (Satz 2)

37 A. **Vereinbarungen der Gesellschafter untereinander.** Von S. 1 abweichende Vereinbarungen der Gfter untereinander sind **Dritten gegenüber unwirksam** (S. 2). Die Gfter können zwar die Ausgleichspflichten im Innenverhältnis (→ Rn. 27), nicht aber die Haftung gegenüber den GesGläubigern ändern. Auf einen guten Glauben des Gläubigers kommt es nicht an. Die Gfter haften nach § 128 S. 1 selbst bei positiver Kenntnis des Gläubigers von der abweichenden Vereinbarung, nur ganz ausnahmsweise kann unzulässige Rechtsausübung des Gläubigers vorliegen.

38 B. **Vereinbarungen mit dem Gläubiger.** Möglich ist **Verzicht** des Gläubigers auf die Haftung nach § 128 („Entlassung" aus dieser), BGH BB 1971, 975, **oder sonstige Haftungsvereinbarung** mit ihm, zB Verzicht gegenüber einem ausscheidenden Gfter (→ Rn. 28) oder Vereinbarung eines ausscheidenden Gfters mit den verbleibenden, dass ihm für seine Abfindung nur die Ges. selbst haften soll (→ § 131 Rn. 48) oder Abbedingung der gesamtschuldnerischen Haftung der Gfter, etwa als nur Teilschuld, vgl. KG ZIP 2011, 227, quotale Haftung, BGH ZIP 2011, 911 (GbR m. Bespr. K. Schmidt NJW 2011, 2001); BGH NZG 2012, 701; auch Vereinbarung der Ges. mit dem Gläubiger zugunsten von Gftern (§ 328 BGB). Solche Haftungsvereinbarungen sind auch stillschweigend möglich. Aber dies ist jedenfalls für dritte Gläubiger ungewöhnlich und nur anzunehmen, wenn der Gläubiger nach den Umständen das Festhalten an der Haftung der Gfter hätte erklären müssen; die Vermutung spricht dagegen (für Dauerschuldverhältnisse → Rn. 32, 34), OLG München WM 2003, 1327. Anders kann es liegen, wenn der dritte Gläubiger Gfter ist (→ Rn. 24). Solche Vereinbarungen mit dem Gläubiger wirken nicht im Innenverhältnis zur Ges. und den MitGftern, BGH ZIP 2009, 1008 (GbR). PublikumsGes → Anh. § 177a Rn. 82a. Ob Zahlungen der Gesellschaft auch eine vereinbarte quotale Haftung mindern sollen, ist Auslegungsfrage, BGH ZIP 2011, 911 (916), für eine Anrechnung von Zahlungen der Gesellschaft KG WM 2011, 929.

8) Prozess gegen Gesellschaft und Gesellschafter
   A. Gesellschafts- und Gesellschafterprozess. Der Gläubiger kann nach 39 Belieben die Ges. u. alle Gfter oder einen oder einige Gfter verklagen. Prozess gegen die Ges. → § 124 Rn. 41. Übergang vom Ges.- zum Gfterprozess ist **gewillkürter Parteiwechsel,** BGHZ 17, 342; 62, 132; BGH WM 1982, 1170, ebenso umgekehrt (→ § 124 Rn. 42). Werden Ges. und Gfter zusammen verklagt, sind sie einfache und **nicht notwendige Streitgenossen** (§ 62 ZPO), BGHZ 54, 254; 63, 54; BGH NJW 1988, 2113, auch wenn der Gfter keine persönlichen Einwendungen erhebt. Maßgebend ist, ob nach Klagebegründung oder -erwiderung verschiedene Beurteilung der Klage gegen Ges. und gegen Gfter möglich ist, ua bei Geltendmachung persönlicher Einwendungen (§ 129 I). **Tenor** des (Zahlungs-)Urteils gegen Ges. und Gfter ist bis heute unklar, wahrscheinlich (obwohl kein Fall der §§ 421 ff. BGB, → Rn. 19–20) „als Gesamtschuldner", vgl. (Fall Hauptschuldner und Bürge) OLG Celle JZ 1956, 490; Schneider MDR 1967, 353, nicht „als unechte Gesamtschuldner" (OLG Hamburg MDR 1967, 50) oder „als wären sie Gesamtschuldner" (LG Hamburg MDR 1967, 401). Prozesskosten s. § 100 IV ZPO (Streitgenossen). **Rechtsmittel** des Gfters hindert nicht Rechtskraft des Urteils gegen die Ges. Urteilswirkung → Rn. 43–44. Lit.: Barnert, GfterKlage, 2003; M. Schwab, Prozessrecht gesellschaftsinterner Streitigkeiten, 2005; Fischer FS Hedemann, 1958, 74; Hüffer FS Stimpel, 1985, 165 (Gesamthand).

   B. Schiedsvereinbarung der OHG. Schiedsvereinbarung der OHG mit 40 Dritten (→ Einl. vor § 1 Rn. 89; davon streng zu unterscheiden ist Schiedsklausel im GesVertrag, → Einl. vor § 1 Rn. 90) wirkt idR auch für und gegen die nach § 128 haftenden Gfter, BGH NJW 1980, 1797 (bei Eintritt als Gfter); BGH NJW 1981, 2646; WM 1991, 384; BayObLG SchiedsVZ 2004, 45, hL, aA Habersack SchiedsVZ 2003, 241; anders für Kdtisten (→ § 171 Rn. 3) und natürlich, wenn der Gfter eigene, von der Ges. nicht abgeleitete Rechte einklagt. Das folgt nach üL u. Rspr. schon aus § 128, richtiger aus Auslegung der Schiedsvereinbarung. Für diese ist idR konkludente Vollmacht der nicht unterzeichnenden Gfter anzunehmen. Bloße Nachweisform nach § 1031 I (statt V) ZPO genügt für alle Gfter der OHG, nicht nur die geschäftsführenden, Staub/Schäfer § 105 Rn. 82. Rechtsschutzinteresse für Klage gegen Gfter nach Schiedsspruch gegen Ges. s. BGH BB 1969, 892. Lit.: K. Schmidt ZHR 162 (1998), 273; DB 1989, 2315; Weber/v. Schlabrendorff FS Glossner, 1993, 477; Habersack SchiedsVZ 2003, 241; Haas/Oberhammer FS K. Schmidt, 2009, 493; auch → Einl. vor § 1 Rn. 90.

   C. Einzelprobleme. Gerichtsstandsvereinbarung (→ Einl. vor § 1 Rn. 86) 41 der Ges. wirkt idR auch für und gegen die nach § 128 in Anspruch genommen Gfter, BGH NJW 1981, 2644. Klage gegen die Ges. macht die Sache **nicht rechtshängig** gegen den Gfter und umgekehrt, Partei und Prozessgegenstand sind verschieden, BGHZ 62, 133, hL. Der (mitverklagte, vgl. BGHZ 8, 78, oder nicht mitverklagte) Gfter kann der verklagten Ges. als **Nebenintervenient** beitreten, da ein vom Gläubiger gegen die Ges. erwirktes Urteil gegen ihn wirksam wäre (→ Rn. 43), BGHZ 62, 133. **Unterbrechung** des Prozesses gegen die Ges. durch Eröffnung des Insolvenzverfahrens über das Vermögen der Ges. hindert nicht Ausdehnung der Klage auf die Gfter, BGH BB 1961, 426, unterbricht nicht schon anhängigen Prozess gegen Gfter, gleich ob dieser persönliche Einwendungen erhob oder nicht, OLG Nürnberg MDR 1968, 502. Beim Tod des beklagten Gfters ist nur gegen ihn auszusetzen, nicht gegen die Ges., OLG Celle NJW 1969, 515.

42   **Feststellungsklage:** Neben Klage gegen die Ges. auf Feststellung einer Ges-Verbindlichkeit fehlt idR das Rechtsschutzinteresse (§ 256 ZPO) für gleiche Klagen gegen Gfter, weil das Urteil auf die erstere Klage auch gegen die Gfter wirkt (§ 129 I), BGHZ 2, 254. Bei Klage auf Feststellung nicht einer Verbindlichkeit, sondern eines umfassenden Rechtsverhältnisses kann das anders sein, OLG Hamburg MDR 1967, 498. **Wechselprozess:** Aufgrund § 128 kann aus einem Wechsel, den der eine Gfter namens der Ges. zeichnete, auch der andere Gfter im Wechselprozess verklagt werden, BGH BB 1960, 341. **Arbeitsgerichtsprozess** (§ 2 ArbGG) auch bei Klage aus § 128 gegen Gfter der Arbeitgeberin, BAG NJW 1980, 1710. **Öffentlichrechtlicher Haftungsbescheid** (Verwaltungsakt) statt Zivilprozess bei öffentlichrechtlichen Verbindlichkeiten der Gfter der OHG, Wochner BB 1980, 1757.

43   D. **Urteilswirkung. a) Gesellschaftsprozess:** Auf ein Urteil zugunsten der Ges. kann sich auch der Gfter gegen den Gläubiger berufen, Grund: § 128. Ein Urteil gegen die Ges. wirkt auch gegen den Gfter, indem es ihm die Einwendungen nimmt, die der Ges. abgesprochen werden (→ § 129 Rn. 7), BGHZ 54, 255; 64, 156 (nicht § 325 I ZPO); BGH WM 1976, 1085 (Präklusion ähnlich § 767 II ZPO, der BGH (ZIP 2011, 1143) lässt offen, ob Rechtskrafterstreckung (so → § 129 Rn. 7) oder Präklusion entsprechend § 767 II ZPO, dafür Staub/Habersack § 129 Rn. 11. Das gegen die Ges. ergangene Urteil wirkt nicht gegen den ausgeschiedenen Gfter, jedenfalls bei Klage nach dem Ausscheiden, BGHZ 44, 229 (→ Rn. 36); Wirkung aber gegen den ehemaligen phG, der nach Umwandlung in GmbH & Co KG Kdtist und Geschäftsführer der GmbH ist, BGHZ 78, 114 (aber § 160 III nF).

44   b) **Gesellschafterprozess:** Das Urteil im Prozess gegen den Gfter wirkt weder für noch gegen die Ges., BGH ZIP 2011, 1144 (GbR, auch → § 129 Rn. 8), aber Erstattungsansprüche (→ Rn. 25–27). Zweckmäßig verkündet er der Ges. den Streit.

9) Die Gesellschafter in Zwangsvollstreckung und Insolvenz

45   A. **Zwangsvollstreckung gegen Gesellschafter.** Zur Vollstreckung in das GesVermögen bedarf der Gläubiger des Titels gegen die Ges. (§ 124 II, dort → § 124 Rn. 45), zur Vollstreckung in das private Vermögen eines Gfters des Titels gegen ihn (§ 129 IV). Er kann auf Grund dieses Titels auch den Anteil des Gfters an der Ges. (oder nur seinen Anspruch auf das künftige Auseinandersetzungsguthaben) pfänden (→ § 124 Rn. 21), aber die Ges. nicht kündigen (§ 135). Lit.: Hüffer FS Stimpel, 1985, 165 (Gesamthand).

46   B. **Auswirkungen der Gesellschaftsinsolvenz auf die Gesellschafter.** Die GesInsolvenz (→ § 124 Rn. 46) berührt grundsätzlich nicht die Haftung des Gfters, diese kann aber während des GesInsolvenzverfahrens nur vom Insolvenzverwalter geltend gemacht werden (§ 93 InsO; vgl. § 171 II HGB), Grund: kein Wettlauf der Gläubiger. Rechtsstreit von Gläubigern gegen Gfter aus § 128 wird unterbrochen, BGH ZIP 2009, 47 (zu § 160 III). § 93 InsO bezieht sich aber nur auf Ansprüche aus der gesetzlichen akzessorischen GfterHaftung, BGHZ 151, 245, nach aA auch bei Bürgschaften und entsprechender Mithaftung von Gftern. Die Gfter haften jedenfalls für vor Eröffnung des Insolvenzverfahrens begründete Altverbindlichkeiten, BGH NZG 2021, 1412, 1450, 1452; 2022, 407, auch für

Masseschulden nach § 55 I Nr. 2 InsO und für Verbindlichkeiten aufgrund vor Insolvenzantragstellung geschlossener Verträge, denen der vorläufige Insolvenzverwalter zugestimmt hat, BGH ZIP 2021, 531, zur Untauglichkeit einer Unterscheidung nach Einordnung eines Anspruchs als Masseverbindlichkeit MüKoHGB/K. Schmidt/Drescher Rn. 90, 85. Die Gfter haften nicht für die Kosten des Insolvenzverfahrens über das Vermögen der Ges. und die vom Insolvenzverwalter begründeten Neuverbindlichkeiten (auch Masseschulden nach § 55 I Nr. 1, 3 InsO), hL, BGH NJW 2010, 69; BGH ZIP 2021, 255, MüKoHGB/K. Schmidt 4. Aufl. Rn. 81; Staub/Habersack Rn. 72 f.; OLG Brandenburg ZIP 2007, 1756, str., Grund: teleologische Reduktion, Behandlung wie Ausgeschiedene, für § 160 HGB entwickelte Abgrenzungskriterien können herangezogen werden, BGH ZIP 2021, 259, gegen Analogie Thomale ZGR 2021, 673, aA schon aus insolvenzrechtlichen Gründen BGH (IX ZS) NJW 2010, 70, Kostentragung bei Liquidation liegt anders. Der Insolvenzverwalter hat die Wahl, gegen welche Gfter und in welcher Höhe er vorgeht (§ 128), aber nur soweit noch Fehlbedarf besteht. Einwendungen jedes Gfters nach § 129, der Insolvenzverwalter kann sich hinsichtlich der Höhe der Haftung mit Gftern vergleichen, dies auch mit Wirkung für die Gläubiger, BGH ZIP 2016, 277. Das nach § 93 InsO Beigetriebene bildet eine Sondermasse. Gläubiger der Ges., die nach Verfahrenseröffnung von Gftern etwas erlangen, müssen dies in diese Sondermasse erstatten. Die Gfter werden, falls im Insolvenzplan nichts anderes vorgesehen ist, ebenso wie die Ges. mit dem gestaltenden Teil vorgesehenen Befriedigung der Insolvenzgläubiger von ihrer restlichen persönlichen Haftung frei (§§ 227 II, I, 221 InsO), BGHZ 100, 126, auch (zu § 109 I Nr. 3 VerglO aF) BGHZ 26, 126; 118, 82; auch die vor Eröffnung des Insolvenzverfahrens ausgeschiedenen Gfter, die für Altschulden noch haften, von ihrer Nachhaftung (→ Rn. 28), aA RGZ 142, 208; 159, 319; BGH LM KO § 193 Nr. 2 (für Anwendung von § 193 S. 2 KO aF; entspr. § 254 II 1 InsO); nicht die Gfter aus von ihnen gewährten dinglichen Sicherheiten, BGH WM 1987, 571, GfterBürgschaften (→ Rn. 7) ua (§ 254 II 1 InsO). Jeder Gfter kann angemeldete Forderungen bestreiten, also der Anmeldung widersprechen (§§ 178 II, 201 II InsO entsprechend), Grund: § 129 HGB, Einziehungsbefugnis des Insolvenzverwalters; die rechtskräftige Feststellung einer GesVerbindlichkeit zur Tabelle (§ 178 III, 201 II InsO) ohne Widerspruch eines Gfters wirkt gegen alle Gfter (§ 129 I HGB), Widerspruch eines Gfters hindert Rechtskraft gegenüber diesem, BGH BB 1961, 426. § 189 I InsO gilt entsprechend auch für bestrittene GfterVerbindlichkeiten. In der GesInsolvenz ist jeder vertretungsberechtigte phG auskunfts- und mitwirkungspflichtig (früher jeder Gfter), auch soweit er innerhalb der Letzten zwei Jahre ausgeschieden ist (§§ 101 I 1, 2, 97 ff. InsO). Ansprüche von Gftern gegen die Insolvenzmasse aus Drittgeschäften → § 124 Rn. 46. Rechtsgeschäfte zwischen der OHG und ihren Gftern (und den ihnen nahe stehenden Personen) unterliegen mit Verfahrenseröffnung der verschärften Insolvenzanfechtung (§§ 130 III, 131 II, 132 III, 133 IV, 138 II, I InsO), Ausübung durch den Insolvenzverwalter (§ 93 InsO analog), BGHZ 178, 171 (dort auch zur Doppelinsolvenz). Nur alle Gfter gemeinsam können einen Insolvenzplan vorlegen (vgl. § 218 I InsO) und einem vom Verwalter vorgelegten Insolvenzplan (§ 247 I InsO) zustimmen, Grund: Bedeutung für persönliche Haftung der Gfter (vgl. § 227 InsO). Lit.: Häsemeyer, Insolvenzrecht, 4. Aufl. 2007, Kap. 31; Hüffer FS Stimpel, 1985, 165; K. Schmidt ZGR 1996, 209 (§§ 92, 93 InsO).

C. Gesellschafterinsolvenz. Werden wie häufig neben der Ges. auch die Gfter insolvent (Folge: Ausscheiden des Gfter § 131 III 1 Nr. 2, dort → § 131 Rn. 22), werden beide Verfahren grundsätzlich unabhängig voneinander und nach ihrer jeweils eigenen Haftungsordnung abgewickelt. § 93 InsO (→ Rn. 46) gilt auch in den einzelnen GfterInsolvenzverfahren (RegE). Die GesGläubiger werden (trotz des Interesses der Privatgläubiger des Gfters, denen schon der GesAnteil ihres Schuldners entgeht) im Insolvenzverfahren über das Vermögen des Gfters mit dem vollen Betrag berücksichtigt (§ 43 InsO), nicht nur mit dem bei der Ges. erlittenen Ausfall (anders § 212 KO aF). Masseverbindlichkeiten in der GesInsolvenz berühren das GfterInsolvenzverfahren nicht, RGZ 135, 62; BGHZ 34, 294, anders nur Masseverbindlichkeiten, die aus Insolvenzforderungen erwachsen (§§ 55 I Nr. 1, 103 ff. InsO), insoweit ist aber in der GfterInsolvenz nur Insolvenzquote zu erlangen. Geraten mehrere Gfter in Insolvenz, kann der Gläubiger in jedem Verfahren bis zu seiner vollen Befriedigung den vollen Betrag geltend machen, den er von den Gftern persönlich bei Eröffnung des Verfahrens fordern konnte (§ 43 InsO). Zahlt ein phG auf die Forderung eines Gläubigers, so liegt darin auch dann keine unentgeltliche Leistung, wenn er auf die Schuld der Gesellschaft leistet, BGH ZIP 2015, 2484, eine insolvenzrechtliche Anfechtung scheidet aus. Lit.: Krantz BB 1953, 76.

10) Reform des Personengesellschaftsrechts (MoPeG)

48 Das Gesetz zur Modernisierung des Personengesellschaftsrechts (MoPeG → Einl § 105 Rn. 42 ff) fasst zum 1.1.2024 auch das OHG-Recht neu. Die persönliche Haftung der Gesellschafter (§ 128) ist künftig in § 126 HGB-MoPeG geregelt. Zur Textfassung des HGB-MoPeG s. → Anh. § 105.

[Einwendungen des Gesellschafters]

129 (1) **Wird ein Gesellschafter wegen einer Verbindlichkeit der Gesellschaft in Anspruch genommen, so kann er Einwendungen, die nicht in seiner Person begründet sind, nur insoweit geltend machen, als sie von der Gesellschaft erhoben werden können.**

(2) **Der Gesellschafter kann die Befriedigung des Gläubigers verweigern, solange der Gesellschaft das Recht zusteht, das ihrer Verbindlichkeit zugrunde liegende Rechtsgeschäft anzufechten.**

(3) **Die gleiche Befugnis hat der Gesellschafter, solange sich der Gläubiger durch Aufrechnung gegen eine fällige Forderung der Gesellschaft befriedigen kann.**

(4) **Aus einem gegen die Gesellschaft gerichteten vollstreckbaren Schuldtitel findet die Zwangsvollstreckung gegen die Gesellschafter nicht statt.**

Übersicht

	Rn
1) Einwendungen des Gesellschafters (I)	1–8
A. Einwendungen der Gesellschaft	1–5
B. Persönliche Einwendungen	6
C. Urteilswirkung	7, 8
2) Anfechtung (II)	9, 10
3) Aufrechnung (III)	11–14
A. Bereits erfolgte Aufrechnung	11
B. Aufrechnungsmöglichkeit der Gesellschaft	12
C. Aufrechnungsmöglichkeit nur des Gläubigers	13
D. Aufrechnungsmöglichkeit des Gesellschafters	14
4) Zwangsvollstreckung (IV)	15
5) Reform des Personengesellschaftsrechts (MoPeG)	16

1) Einwendungen des Gesellschafters (I)

1 A. **Einwendungen der Gesellschaft.** Der nach §§ 128 f. haftende Gfter (auch der ausgeschiedene, → § 128 Rn. 28) hat gegen Inanspruchnahme aus GesSchulden zunächst die Einwendungen der Gesellschaft, Grund: Akzessorietät der Haf-

1. Abschnitt. Offene Handelsgesellschaft 2–6 § 129

tung (→ § 128 Rn. 1). Umgekehrt wirkt die Entkräftung solcher Einwendungen durch den Gläubiger im Verhältnis zur Ges. auch gegen den haftenden Gfter. Ausschluss der Einwendungen greift nicht ein, wenn die OHG bei Prozess nicht wirksam vertreten war (§ 579 I Nr. 4 ZPO) oder bei Kollusion zum Nachteil des Gfters, BGH ZIP 2016, 214, auch → Rn. 6. Die nach einem Urteil entstehenden Einwendungen (Erfüllung etc) kann der Gfter dem Gläubiger auch ohne Vollstreckungsgegenklage nach § 767 ZPO entgegenhalten, BGH ZIP 2006, 995, auch → Rn. 7.

§ 128 I gilt für **Einwendungen und Einreden jeglicher Art**, zB Erfüllung, Erlass, Vergleich, Annahmeverzug; auch solche, die der Gfter nach § 425 BGB nicht hätte (→ § 128 Rn. 20); Verwirkung, rechtskräftige Abweisung, persönliche Unmöglichkeit, Verjährung, pactum de non petendo (Stillhalteabkommen, LG Frankfurt a. M. ZIP 2016, 1585). Bei Einreden muss die Ges. sie geltend macht (vgl. § 768 BGB), nach aA II entspr.; anders für Gestaltungsrechte vor Geltendmachung durch die Ges. (→ Rn. 5). Besonderheiten für den ausgeschiedenen Gfter → Rn. 2, 7, → § 128 Rn. 36. Lit.: Klimke ZGR 2006, 541.

Neubeginn, Hemmung und Ablaufhemmung der Verjährung der Ges- 2 Schuld wirken auch gegen den Gfter, BGHZ 73, 223; 78, 120, heute hL, aber nicht gegen Ausgeschiedenen (→ § 128 Rn. 36), also keine eigenständige Verjährung der GesSchuld und der akzessorischen Gfterhaftung, BGH ZIP 2010, 319, Grund: Sicherungsinteresse des Gläubigers; ebenso Ausschlussfristen, Heymann/Hoffmann/Bartlitz Rn. 5; Neubeginn, Hemmung (nicht nur nach § 204 BGB, enger § 159 IV) und Ablaufhemmung gegenüber dem Gfter persönlich wirken gegen diesen, BGHZ 104, 76 (zu Unterbrechung), nicht auch gegen die Ges., MüKoHGB/K. Schmidt/Drescher Rn. 9; offen BGHZ 104, 81, das zwingt allerdings den Gläubiger zur Klage oder zu sonstigem Tätigwerden auch gegenüber der Ges. Nachträgliche Verjährung gegenüber der Ges. → Rn. 8.

Nicht möglich ist **Erlass** durch den GesGläubiger unter Vorbehalt der In- 3 anspruchnahme des (auch ausgeschiedenen) Gfters (→ § 128 Rn. 20, 36), weil sie diesem Rechte (vgl. I, II, III) nehmen würde (§ 423 BGB gilt nicht entspr.); der Vorbehalt und damit idR der ganze Erlass sind unwirksam, anders bei Zustimmung des Gfters, BGHZ 47, 376; BGH WM 1975, 974; mit anderer Konstruktion MüKoHGB/K. Schmidt 4. Aufl. § 128 Rn. 17, hL, aA RG JW 1928, 2612; Tiedtke DB 1975, 1109, früher hL; umgekehrt ist Erlass gegenüber dem Gfter unter Vorbehalt der Inanspruchnahme der Ges. möglich, BGH BB 1971, 975. Das gilt entspr. für **Stundung** nur der GesSchuld und Abrede, dass der Gläubiger erst der Gfter in Anspruch nehmen solle, Heymann/Hoffmann/Bartlitz § 128 Rn. 12.

I gilt nicht für **prozessuale Einreden** wie örtliche Unzuständigkeit nach Sitz 4 der Ges., Rechtshängigkeit wegen eines Prozesses der Ges. (→ § 128 Rn. 41). Der Gläubiger kann zwischen den Gerichtsständen der Ges. und der Gfter wählen. Schiedsvereinbarungen, Gerichtsstand, Wechselprozess → § 128 Rn. 40–42.

I gilt auch nicht für **Gestaltungsrechte** der Ges., zB Anfechtung und Auf- 5 rechnung (insoweit II, III, → Rn. 9, 11), Rücktritt; diese kann nur die Ges. (§ 125) geltend machen. Der Gfter hat in diesen Fällen aber ein Leistungsverweigerungsrecht entspr. II (→ Rn. 10).

B. **Persönliche Einwendungen.** Der Gfter hat selbstverständlich seine per- 6 sönlichen Einwendungen und Einreden, BGH ZIP 2008, 1320; 2014, 565, zB solche aus §§ 159, 160; Vereinbarung mit dem Gläubiger über Entlassung aus § 128 (→ § 128 Rn. 38) oder Stundung; Vergleich des Gfters mit dem Gläubiger (§ 779 BGB); Abrede zwischen Ges. und Gläubiger, dass zuerst ein anderer Gfter in Anspruch genommen werden soll (Vertrag zugunsten eines Dritten, § 328 BGB); Kollusion, insbesondere Urteilserschleichung (§ 826 BGB), BGH NJW

1996, 658; Einwendung aus Schutzzweck des RBerG (→ § 105 Rn. 87, → Anh. § 177a Rn. 78a), BGH WM 2008, 1359, jetzt RDG.

7 C. **Urteilswirkung. a) Gesellschaftsprozess:** Nach rechtskräftigem Urteil gegen die Gesellschaft bleiben dem (nicht ausgeschiedenen, sonst → § 128 Rn. 43) Gfter nur noch: (1) die der Ges. noch offen stehenden Einwendungen, zB die nach § 767 ZPO (Vollstreckungsabwehrklage), im Übrigen wirkt die Rechtskraft auch gegen den Gfter (→ § 128 Rn. 43) und (2) die persönlichen Einwendungen (→ Rn. 6), diese kann der Gläubiger nur durch gegen den Gfter selbst erwirktes Urteil beseitigen. Art des Urteils macht keinen Unterschied, zB streitiges, Anerkenntnis- oder Versäumnisurteil, BGHZ 73, 224, Feststellungsurteil (→ § 128 Rn. 40), Vorbehaltsurteil im Urkundenprozess (§ 599 ZPO), auch Eintragung in (Insolvenz-)Tabelle, BGH WM 1961, 429, zum Kdtisten BGH ZIP 2018, 640, Thole ZGR 2019, 301. Vollstreckungsgegenklage wegen Einwendung der Ges. ist durch Ges., nicht durch Gfter zu erheben, BGH ZIP 2016, 215. Keine Titelumschreibung → Rn. 12.

8 b) **Gesellschafterprozess:** Nach rechtskräftigem Urteil gegen den Gfter (Wirkung für die Ges. → § 128 Rn. 44) kann der Gfter noch die später entstandenen Einwendungen der Ges. geltend machen, zB nachträgliche Erfüllung durch die Ges. (§§ 767 II, 796 II ZPO). Das gilt nicht für die Einrede, die Forderung des Gläubigers gegen die Ges. sei nachträglich verjährt (vgl. → Rn. 2), BGHZ 104, 76; BGH NJW 1981, 2579.

2) Anfechtung (II)

9 Ein **Anfechtungsrecht der Gesellschaft** (§§ 119 ff. BGB), kann der Gfter nicht aus eigenem Recht ausüben, Grund: Willenserklärung der Ges., nur diese kann anfechten (→ Rn. 5). Der Gfter hat aber (anders als die Ges. selbst und als Ausnahme von I) ein **Leistungsverweigerungsrecht** (aufschiebende Einrede), solange die Ges. anfechten und damit den Anspruch beseitigen kann (vgl. § 770 BGB). Hat die Ges. angefochten, so kann sich der Gfter nach I auf die Folgen berufen wie die Ges. selbst.

10 II gilt entspr. für **sonstige Gestaltungsrechte der Gesellschaft,** die der Gfter (mangels Vertretungsmacht für die Ges.) nicht geltend machen kann (→ Rn. 5).

3) Aufrechnung (III)

11 A. **Bereits erfolgte Aufrechnung.** Ist die Aufrechnung durch die Ges. oder den Gfter bereits erklärt, gilt § 389 BGB, darauf kann sich der Gfter schon nach I berufen. III erfasst die Fälle der Aufrechenbarkeit.

12 B. **Aufrechnungsmöglichkeit der Gesellschaft.** Der Gfter kann mit einer Gegenforderung der Ges. nicht aufrechnen, weil er über GesGegenstände nicht verfügen kann (auch keine Gegenseitigkeit, → § 124 Rn. 12). Nach III hat er aber eine aufschiebende Einrede (wie II, → Rn. 9). Er kann also die Leistung an den Gläubiger verweigern, wenn die Ges. mit eigenen Forderungen gegen den Gläubiger aufrechnen könnte. In der Regel kann dann auch der Gläubiger aufrechnen; doch kommt es darauf nicht an. III gilt auch, wenn nur die Ges. aufrechnen kann, nicht der Gläubiger, die Ges. aber nicht aufrechnet, früher str., Grund: III zieht wie II nur die Konsequenz daraus, dass der Gfter das Gestaltungsrecht der Ges. nicht selbst ausüben kann, der Gläubiger kann ohne weiteres gegen die Ges. vorgehen.

13 C. **Aufrechnungsmöglichkeit nur des Gläubigers.** Der Gfter hat das Verweigerungsrecht nach **III nicht** (entgegen dem Wortlaut), wenn zwar der Gläubiger, nicht aber die Ges. aufrechnen darf, BGHZ 42, 397; noch offen BGHZ 38, 122, heute hL, Grund: wie → Rn. 10. Bsp: §§ 393, 394 BGB zB iVm §§ 850 ff. ZPO, vertragliches Aufrechnungsverbot der Ges. aus Vertrag mit dem Gläubiger. Lit.: Schlüter FS Westermann, 1974, 509.

1. Abschnitt. Offene Handelsgesellschaft 1, 2 § 130

D. Aufrechnungsmöglichkeit des Gesellschafters. Bestehen eine Ges- 14
Schuld einerseits und eine persönliche Forderung des Gfters gegen den Gläubiger
andererseits, dann gilt **III nicht,** sondern der Gfter und der Gläubiger können
beide normal aufrechnen (§ 387 BGB).

4) Zwangsvollstreckung (IV)

Zur Zwangsvollstreckung gegen einen Gfter ist ein **Titel gegen den Gesell-** 15
schafter erforderlich (IV entspricht § 124 II für die Ges.). Ein Titel gegen die
Ges. genügt nicht (→ § 128 Rn. 45), auch nicht nach Auflösung der Ges., keine
Umschreibung des Titels nach § 727 ZPO, OLG Hamm NJW 1979, 51; OLG
Frankfurt a. M. BB 1982, 399. Wird ohne solchen Titel vollstreckt, ist das
unzulässig (§§ 766, 771 ZPO).

5) Reform des Personengesellschaftsrechts (MoPeG)

Das Gesetz zur Modernisierung des Personengesellschaftsrechts (MoPeG 16
→ Einl § 105 Rn. 42 ff) fasst zum 1.1.2024 auch das OHG-Recht neu. Der
Regelungsgehalt des § 129 I–III findet sich künftig in § 128 HGB-MoPeG, der
Regelungsgehalt des § 129 IV findet sich künftig in § 129 II HGB-MoPeG. Zur
Textfassung des HGB-MoPeG s. → Anh. § 105.

129a *(aufgehoben)*

§ 129a ist durch das MoMiG v. 23.10.2008 BGBl. I 2026 mit Wirkung vom 1
1.11.2008 aufgehoben und durch eine rechtsformneutral formulierte Regelung in
der InsO und im AnfG ersetzt worden, **Altfälle** Art. 103d EGInsO, BGH NJW
2009, 997 mAnm Wertenbruch NJW 2009, 1796.

[Haftung des eintretenden Gesellschafters]

130 (1) **Wer in eine bestehende Gesellschaft eintritt, haftet gleich den anderen Gesellschaftern nach Maßgabe der §§ 128 und 129 für die vor seinem Eintritte begründeten Verbindlichkeiten der Gesellschaft, ohne Unterschied, ob die Firma eine Änderung erleidet oder nicht.**

(2) **Eine entgegenstehende Vereinbarung ist Dritten gegenüber unwirksam.**

1) Bedeutung von § 130 und ähnlichen Normen

§ 130 regelt die Haftung dessen, der in eine bestehende OHG als Gfter eintritt. 1
Dem entspricht **§ 173** für den Eintritt als Kdtist. Der neue Gfter soll wie die alten
voll für alle Verbindlichkeiten, auch die alten, der OHG haften. Das entspricht
einer im Verkehrsschutzinteresse zu Ende gedachten Akzessorietät der Haftung
(→ § 128 Rn. 1), BGHZ 154, 373, str. Eine verwandte Regelung enthält **§ 28**
für den Eintritt als Gfter in das Geschäft eines EinzelKfm (Neugründung einer
OHG oder KG). Doch geht es bei § 28 um die Kontinuität des Unternehmens
nach außen, diese steht bei §§ 130, 173 erst gar nicht in Frage. Lit.: Gerlach,
1976; Honsell/Harrer ZIP 1983, 259; s. auch zu § 130.

2) Anwendungsbereich

A. Bestehen einer OHG oder KG: I setzt das Bestehen einer Per- 2
sonenHdlGes voraus (vgl. → § 28 Rn. 2). I gilt auch bei einer im HdlRegister
noch als OHG eingetragenen „GbR" (§ 5), BGH NJW 1982, 45, anders wenn
diese kein Gewerbe (→ § 1 Rn. 1) mehr betreibt (→ § 5 Rn. 5); auch bei KG,
wenn jemand als phG eintritt oder ein Kdtist im Wege der Beteiligungsumwandlung zum phG wird (§§ 161 II, 130); auch bei aufgelöster, aber noch nicht
vollbeendeter OHG oder KG.

3 Der Grundsatz des § 130 gilt, jedenfalls nach Änderung der Rspr. zur GbR (→ Einl. vor § 105 Rn. 14), auch bei Eintritt in **GbR** (die GbR bleibt, also nicht zur OHG wird), BGHZ 154, 370; BGH ZIP 2014, 1221; MüKoHGB/K. Schmidt/Drescher Rn. 5; Staub/Habersack Rn. 5 gegen BGHZ 74, 240, und früher hL, weiterhin Canaris ZGR 2004, 69; Ausnahme für Berufshaftungsschulden offen, BGHZ 154, 370; verneinend K. Schmidt NJW 2005, 2807; Vertrauensschutz, BGH NJW 2006, 765 (iErg abl.); BGH ZIP 2007, 67 (79). **Nicht** entspr. gilt § 130 in Fällen der Umwandlung von GbR in OHG (außerhalb des UmwG, → Einl. vor § 105 Rn. 21); Staub/Habersack Rn. 6; bei Auflösung der OHG unter Neugründung, auch mit denselben Gftern, doch können je nachdem § 25 oder § 28 vorliegen, zur Umwandlung einer GbR in eine KG → § 173 Rn. 3.

4 B. **Eintritt:** I setzt weiter Eintritt in die PersonenHdlGes voraus. Eintritt durch Aufnahmevertrag (→ § 105 Rn. 67), Erbgang (§ 139) oder Anteilsübertragung (→ § 105 Rn. 69), auch in zweigliedriger OHG, stehen gleich. I gilt auch bei fehlerhaftem Eintritt, Eintritt in eine fehlerhafte Ges. und fehlerhaftem Eintritt in eine fehlerhafte Ges. (→ § 105 Rn. 75, 92), nicht bei fehlerhafter Übertragung (→ § 105 Rn. 94), MüKoHGB/K. Schmidt/Drescher Rn. 15 (aber uU Rechtsscheinhaftung, → 5 Rn. 9); auch bei arglistiger Täuschung (→ § 105 Rn. 80), aA Honsell/Harrer ZIP 1983, 259. I gilt auch bei tatsächlichem Eintritt in eine RechtsscheinOHG (→ § 105 Rn. 99), Heymann/Hoffmann/Bartlitz Rn. 5.

5 **Nicht** anwendbar ist I bei nur scheinbarem Eintritt, OLG Saarbrücken ZIP 2006, 1952, dann aber eventuell Rechtsscheinhaftung (→ 5 Rn. 9 ff.), zB Eintritt in eine als OHG firmierende Ärztegemeinschaft, Hopt/Hehl JuS 1979, 274.

6 C. **Vollzug nach außen:** Der Eintritt muss entspr. § 123 durch Eintragung oder Fortsetzung der Geschäfte mit Zustimmung des Eintretenden nach außen vollzogen sein (→ § 123 Rn. 4).

3) Rechtsfolgen

7 Der Eintretende **haftet** Dritten gegenüber nach §§ 128, 129 nicht nur für neue, sondern **auch für Altschulden,** auch für solche gegenüber MitGftern und ausgeschiedenen Gftern. Kenntnis oder Kennenmüssen des Eintretenden von der Haftung ist unnötig. Auf den guten Glauben des Gläubigers kommt es nicht an. Der Eintretende ist auf Ausgleichs- und Schadensersatzansprüche gegen seine MitGfter angewiesen. Gläubiger müssen nicht nach § 12 I 4 eine Rechtsnachfolge durch öffentliche Urkunde nachweisen, Heinze NZG 2011, 647.

4) Abweichende Vereinbarungen (II)

8 A. **Vereinbarungen der Gesellschafter untereinander:** Von I abweichende Vereinbarungen der bisherigen Gfter und des neu eintretenden sind **Dritten gegenüber unwirksam** (II; anders § 28 II). Die Gfter können zwar die Ausgleichspflichten im Innenverhältnis, nicht aber die Haftung gegenüber den Gesellschaftsgläubigern ändern.

9 B. **Vereinbarungen mit dem Gläubiger:** Möglich ist Haftungsvereinbarung mit dem Gläubiger (wie → § 128 Rn. 38).

5) Reform des Personengesellschaftsrechts (MoPeG)

10 Das Gesetz zur Modernisierung des Personengesellschaftsrechts (MoPeG → Einl § 105 Rn. 42 ff) fasst zum 1.1.2024 auch das OHG-Recht neu. Der Regelungsgehalt des § 130 findet sich künftig in § 127 HGB-MoPeG. Zur Textfassung des HGB-MoPeG s. → Anh. § 105.

130a *(aufgehoben)*

Die seit 1980 in § 130a geregelten Pflichten der organschaftlichen Vertreter des zur Vertretung befugten Gesellschafters einer Gesellschaft, bei der kein Gesellschafter eine natürliche Person ist, wurden zunächst durch das MoMiG v. 23.10.2008 BGBl. I 2026 sowie sodann durch das SanInsFoG v. 22.12.2020 BGBl I 3256 aufgehoben und rechtsformunabhängig für die Insolvenzantragstellung in § 15a InsO (MoMiG) sowie für Zahlungen nach Insolvenzreife in § 15b InsO (SanInsFoG) geregelt. Die Pflichten der Geschäftsleiter sowie die bislang ebenfalls in § 130a geregelte Haftung ist nun einheitlich bei der GmbH & Co kommentiert, → Anh § 177a Rn. 49a ff., bei der Pflichten und Haftung praktisch werden. **1**

130b *(aufgehoben)*

Die Strafvorschriften des § 130b sind durch das MoMiG v. 23.10.2008 BGBl. I 2026 mit Wirkung vom 1.11.2008 aufgehoben und durch eine rechtsformneutral formulierte Regelung in der InsO ersetzt worden (§ 15a IV und V InsO). **1**

Vierter Titel. Auflösung der Gesellschaft und Ausscheiden von Gesellschaftern

[Auflösungsgründe]

131

(1) Die offene Handelsgesellschaft wird aufgelöst:
1. durch den Ablauf der Zeit, für welche sie eingegangen ist;
2. durch Beschluß der Gesellschafter;
3. durch die Eröffnung des Insolvenzverfahrens über das Vermögen der Gesellschaft;
4. durch gerichtliche Entscheidung.

(2) ¹Eine offene Handelsgesellschaft, bei der kein persönlich haftender Gesellschafter eine natürliche Person ist, wird ferner aufgelöst:
1. mit der Rechtskraft des Beschlusses, durch den die Eröffnung des Insolvenzverfahrens mangels Masse abgelehnt worden ist;
2. durch die Löschung wegen Vermögenslosigkeit nach § 394 des Gesetzes über das Verfahren in Familiensachen und in den Angelegenheiten der freiwilligen Gerichtsbarkeit.

²Dies gilt nicht, wenn zu den persönlich haftenden Gesellschaftern eine andere offene Handelsgesellschaft oder Kommanditgesellschaft gehört, bei der ein persönlich haftender Gesellschafter eine natürliche Person ist.

(3) ¹Folgende Gründe führen mangels abweichender vertraglicher Bestimmung zum Ausscheiden eines Gesellschafters:
1. Tod des Gesellschafters,
2. Eröffnung des Insolvenzverfahrens über das Vermögen des Gesellschafters,
3. Kündigung des Gesellschafters,
4. Kündigung durch den Privatgläubiger des Gesellschafters,
5. Eintritt von weiteren im Gesellschaftsvertrag vorgesehenen Fällen,
6. Beschluß der Gesellschafter.

§ 131

²Der Gesellschafter scheidet mit dem Eintritt des ihn betreffenden Ereignisses aus, im Falle der Kündigung aber nicht vor Ablauf der Kündigungsfrist.

Übersicht

	Rn
1) Systematik der §§ 131 ff., Grundbegriffe, Überblick und Anwendungsbereich von § 131	1–10
A. Systematik der §§ 131–144	1
B. Grundbegriffe	2
C. Inhalt und Anwendungsbereich von § 131	3–5
D. Auflösungsgründe im HGB und außerhalb	6–8
E. Keine Auflösungsgründe, insbesondere die Umwandlung	9, 10
2) Auflösungsgründe (I Nr. 1–4, II)	11–17
A. Zeitablauf (I Nr. 1)	11
B. Auflösungsbeschluss der Gesellschafter (I Nr. 2)	12
C. Insolvenz der Gesellschaft (I Nr. 3)	13
D. Gerichtliche Entscheidung (I Nr. 4)	14
E. Besondere Auflösungsgründe bei OHG ohne natürliche Person als persönlich haftendem Gesellschafter (II)	15–17
3) Gründe für das Ausscheiden eines Gesellschafters (III 1 Nr. 1–6, III 2)	18–28
A. Tod des Gesellschafters (III 1 Nr. 1)	18–21
B. Insolvenz des Gesellschafters (III 1 Nr. 2)	22
C. Kündigung des Gesellschafters (III 1 Nr. 3)	23
D. Kündigung durch den Privatgläubiger des Gesellschafters (III 1 Nr. 4)	24
E. Eintritt von weiteren im Gesellschaftsvertrag vorgesehenen Fällen (III 1 Nr. 5)	25
F. Beschluss der Gesellschafter (III 1 Nr. 6)	26
G. Analogie zu III 1 Nr. 1–6	27
H. Zeitpunkt des Ausscheidens (III 2)	28
4) Rechtsfolgen der Auflösung, Fortsetzung der aufgelösten Gesellschaft	29–33
A. Rechtsfolgen der Auflösung, Beginn der Abwicklung	29
B. Fortsetzung der aufgelösten Gesellschaft	30–33
5) Rechtsfolgen des Ausscheidens eines Gesellschafters	34–47
A. Ausscheiden und Fortsetzung unter den übrigen Gesellschaftern	34–36
B. Rechte und Pflichten der Gesellschaft und des Ausgeschiedenen	37
C. Auseinandersetzung mit dem Ausgeschiedenen nach §§ 738–740 BGB	38
D. Anwachsung des Anteils am Gesellschaftsvermögen	39, 40
E. Rückgabe von Gegenständen	41
F. Befreiung von Schulden	42, 43
G. Gesamtabrechnung	44
H. Beteiligung an schwebenden Geschäften	45–47
6) Die Abfindung des ausscheidenden Gesellschafters	48–57
A. Abfindungsanspruch	48
B. Bewertung	49
C. Abschichtungsbilanz	50, 51
D. Informationsrecht des Ausgeschiedenen	52
E. Schiedsgutachter	53
F. Zahlung	54–56
G. Prozess	57
7) Abfindungsklauseln und ihre Grenzen	58–73
A. Abweichende Vereinbarungen über die Auseinandersetzung	58–61
B. Zulässiger Abfindungsausschluss bei Tod	62, 63
C. Abfindungsbeschränkung durch Abfindungsklauseln	64–66
D. Berechnung und Zahlung gemäß Abfindungsklauseln	67, 68

1. Abschnitt. Offene Handelsgesellschaft 1, 2 § **131**

	Rn
E. Ausübungskontrolle	69, 70
F. Einzelprobleme	71, 72
G. Rechtsfolgen	73
8) Abweichende Vereinbarungen zur Auflösung (zu I, II)	74–81
A. Erweiterung der Auflösungsgründe	74–77
B. Einschränkung der Auflösungsgründe, Fortsetzungsklauseln	78–81
9) Abweichende Vereinbarungen zum Ausscheiden (zu III)	82–84
A. Erweiterung der Ausscheidensgründe	82
B. Einschränkung der Ausscheidensgründe, Fortsetzungsklauseln	83, 84
10) Reform des Personengesellschaftsrechts (MoPeG)	85

1) Systematik der §§ 131 ff., Grundbegriffe, Überblick und Anwendungsbereich von § 131

A. **Systematik der §§ 131–144.** Das HRefG vom 22.6.1998 BGBl. I 1474 **1** (Liste der geänderten Vorschriften → Einl. vor § 1 Rn. 15) hat den 4. Titel über Auflösung der Ges. und Ausscheiden von Gftern **grundlegend geändert**. Es gilt die Regel „**Fortführung der Gesellschaft und Ausscheiden des Gesellschafters**" statt wie bisher umgekehrt „Auflösung der Ges durch Austritt eines Gfters" (Gedanke der Unternehmenserhaltung, BGH NJW 2007, 591. Die bisherige, schon im ADHGB verwirklichte Konzeption entsprach nicht mehr den wirtschaftlichen Bedürfnissen der Praxis (Wertverluste durch Zerschlagung) und der Realität der Kautelarjurisprudenz (Fortsetzungsklauseln). Die neue Konzeption folgt auch einer **Empfehlung der Europäischen Kommission** (keine Bindungswirkung, vgl. → Einl. vor § 105 Rn. 35), Art. 5 Empfehlung 94/1069/ EG. Sie lag bereits dem PartGG 1994 zugrunde. Auf die GbR ist die neue Konzeption wegen ihrer unterschiedlichen Erscheinungsformen nicht erstreckt worden. Für § 131 bedeutete der Reform, dass aus den bisherigen Auflösungsgründen nach I alle auf die Gfter bezogenen Gründe als Ausscheidensgründe in III übernommen wurden. Materialien und Lit.: zu HRefG → § 1 Rn. 4, speziell zum GesR A. Hess, 2006; Lamprecht ZIP 1997, 919; Sethe JZ 1997, 989; K. Schmidt DB 1998, 63; Habersack in Dreher ua (Bayer-Stiftung), 1999, S. 73; Wiedemann GS Lüderitz, 2000, 799; K. Schmidt BB 2001, 1; Bork/Jacoby ZGR 2005, 611; Westermann/Wertenbruch § 42. Die Kündigung eines Gfters führt auch bei vor 1998 gegründeten Ges. nun nicht mehr zur Auflösung, OLG Celle NZG 2011, 261. Im Rahmen der Modernisierung des PersGesR (→ Vor § 105 Rn. 42 ff.) wird der Reformpfad mWz 1.1.2024 weitergeführt, die §§ 118 ff. HGB-MoPeG regeln zunächst das Ausscheiden eines Gesellschafters, die §§ 138 ff. HGB-MoPeG sodann die Auflösung der Gesellschaft, dies anders als bislang jeweils in einem eigenen Titel.

B. **Grundbegriffe. Ausscheiden, Auflösung, Abwicklung (Liquidation), 2 Vollbeendigung: a) Ausscheiden:** Ausscheiden eines Gfters bedeutet zunächst nur, dass der betreffende Gfter aus der Ges. ausscheidet und zwischen den verbleibenden Gftern und ihm eine Auseinandersetzung stattfindet (§ 738 BGB). Nach der Konzeption der §§ 131 ff. nF führt das Ausscheiden anders als früher nicht mehr zur Auflösung der Ges., sondern lässt diese bestehen.

b) Auflösung: Auflösung der Ges. bedeutet nicht Ende der Ges., sondern idR nur ihren Übergang aus der dem GesZweck gewidmeten, werbenden Tätigkeit in die Abwicklung (Zweckänderung). Die Ges. besteht also bis zu deren Beendigung weiter.

c) Abwicklung (Liquidation): Die Abwicklung oder Liquidation ist die Auseinandersetzung unter den Gftern (§§ 145 ff. HGB, §§ 730 ff. BGB). Sie schließt sich als gesetzliche Regelfolge an die Auflösung an, wenn die Gfter nichts anderes vereinbart haben und nicht über das Vermögen der Ges. das Insolvenzverfahren eröffnet ist.

d) Vollbeendigung: Das Ende der Abwicklung (vgl. § 155) bewirkt die Vollbeendigung (Ende) der Ges. Nach Vollbeendigung ist keine Fortsetzung mehr möglich (→ Rn. 33).

3 C. **Inhalt und Anwendungsbereich von § 131. a) Inhalt:** § 131 nF HRefG 1998 mit auf Unternehmenskontinuität gerichteter Neukonzeption (→ Rn. 1). I regelt (nur), aus welchen Gründen die OHG aufgelöst wird (I, II) und welche Gründe zum Ausscheiden eines Gfters führen (III). Für die Auflösung bringt I vier Gründe (I Nr. 1–4). II 1 ergänzt dies für die OHG, bei der kein persönlich haftender Gfter eine natürliche Person ist (KapitalGes & Co OHG), durch zwei weitere Gründe (II 1 Nr. 1–2); dieser Ergänzung bedarf es nicht in der mehrstöckigen Ges., in der letztlich doch eine natürliche Person persönlich haftet (II 2). Für das Ausscheiden nennt III 1 sechs Gründe (III 1 Nr. 1–6). III 2 regelt (nur) den Zeitpunkt des Ausscheidens. Streitig ist, ob § 131 die Auflösungs- und die Ausscheidensgründe bei der OHG abschließend regelt (→ Rn. 6, 27). § 131 besagt nichts zu den Rechtsfolgen der Auflösung und des Ausscheidens.

4 **b) Zusammenspiel mit §§ 132–144:** § 131 wird durch §§ 132–144 ergänzt. § 131 I Nr. 3 (Insolvenz der Ges.) wird durch § 144 (Fortsetzungsmöglichkeit) ergänzt. § 131 I Nr. 4 (Auflösung durch gerichtliche Entscheidung) wird durch §§ 133, 134 ergänzt. Statt Auflösung kann bei wichtigem Grund in der Person eines Gfters dessen Ausschließung durch gerichtliche Entscheidung verlangt werden (§ 140). An § 131 III Nr. 1 schließt § 139 (Fortsetzung mit den Erben) an. § 131 III Nr. 3 (Kündigung des Gfters) wird durch §§ 132, 134 ergänzt, § 131 III Nr. 4 (Kündigung durch Privatgläubiger eines Gfters) durch § 135. Nach § 143 sind Auflösung und Ausscheiden zum HdlReg anzumelden. §§ 136–138 aF, 141, 142 aF sind entfallen.

5 **c) Anwendungsbereich:** § 131 gilt für die OHG und KG; GmbH & Co Anh. → § 177a Rn. 45. § 131 gilt auch für die fehlerhafte Ges. (→ § 105 Rn. 75); auch für die aufgelöste (aber nicht vollbeendete) Ges., zutr. MüKoHGB/K. Schmidt/Fleischer Rn. 10, Grund: eigenes Schicksal jedes Auflösungs- bzw. Ausscheidensgrundes, Konsequenzen für Fortsetzung (vgl. → § 135 Rn. 2).

6 D. **Auflösungsgründe im HGB und außerhalb. a) Innerhalb von § 131:** Die Auflösungsgründe für die OHG und die KG sind in § 131 grundsätzlich abschließend aufgeführt, BGHZ 75, 179; 82, 326; WM 1973, 864, hL, krit. K. Schmidt ZHR 153 (1989), 278; das gilt aber jedenfalls nicht für Vollbeendigungsgründe aus allgemeinem PersonenGesRecht und für Auflösungsgründe aus Sondergesetzen (→ Rn. 7, 8). Eine analoge Anwendung der III 1 Nr. 1–6 auf weitere gesellschafterbezogene Ausscheidensgründe ist jedenfalls nicht ausgeschlossen (RegE, → Rn. 27). Eingreifen mehrerer Auflösungsgründe → Rn. 5. Abweichende Vereinbarungen → Rn. 74 f.

7 **b) Außerhalb des HGB:** Aus allgemeinem PersonenGesRecht ergibt sich auch für die OHG und KG, dass die Ges. **mit Wegfall des vorletzten Gesellschafters aufgelöst und** ohne Liquidation **vollbeendet** ist (→ Rn. 19, 35). Die KG wird durch Wegfall ihres einzigen phG aufgelöst (→ Rn. 18).

8 **Sondergesetze:** Auflösungsgründe folgen ferner aus Sondergesetzen. So wirkt für **Kreditinstitute** die Abwicklungsanordnung der BaFin wie ein Auflösungsbeschluss (§ 38 KWG). Verbot nach §§ 3 ff. **VereinsG** s. dort. **Entflechtung** eines Zusammenschlusses wirkt nicht unmittelbar auflösend (§ 41 III, IV GWB). Zur **Umwandlung** (**Verschmelzung** ua) einer OHG bzw. in eine OHG nach dem **UmwG** → Einl. vor § 105 Rn. 25, 26.

E. **Keine Auflösungsgründe, insbesondere die Umwandlung. a) Umwandlung:** Keine Auflösung der OHG oder KG iSv §§ 131 ff. ist ihr Ende als OHG, also ihre **Umwandlung** (**kraft Gesetzes** durch Wegfall einer Voraussetzung einer OHG bzw. KG oder durch Vertrag) in eine GbR oder eine KG, entspr. für KG (→ Einl. vor § 105 Rn. 21), BGHZ 82, 326.

b) **Keine Auflösungsgründe** sind auch: **Vermögenslosigkeit** ohne Eröffnung des Insolvenzverfahrens, BGHZ 82, 326; **Enteignung des Auslandsvermögens** (Bsp.: ehemalige DDR), wenn Fortsetzung der Tätigkeit anderswo möglich und beabsichtigt ist, BGHZ 13, 108; 17, 212; WM 1971, 724, Grund: nur beschränkte Gebietshoheit; **Auflösung** eines Gesellschafters, der juristische Person ist (→ Rn. 20). **Zweckerreichung** oder **Unmöglichwerden** des Gesellschaftszwecks lösen im Gegensatz zu § 726 BGB die OHG nicht auf, BGHZ 69, 162; WM 1973, 864, str. (→ § 133 Rn. 9); die Gfter können ihr idR nur einstimmig einen neuen, dem § 105 entsprechenden Zweck setzen, sonst hat jeder Gfter die Auflösungsklage (§ 133). Wird die Absicht, HdlGeschäfte irgendwelcher Art zu betreiben, endgültig ganz aufgegeben, so wird die OHG zur GbR (→ § 105 Rn. 8, außer bei § 105 II) und ist, falls ihr auch kein anderer Zweck gesetzt wird, nach § 726 BGB aufgelöst.

2) Auflösungsgründe (I Nr. 1–4, II)

A. **Zeitablauf (I Nr. 1).** Ist die Ges. nur für eine bestimmte Zeit (kalendermäßig bestimmt oder an ein bestimmtes, zeitlich noch nicht feststehendes Ereignis geknüpft, auch bei Höchstdauer, auch → § 132 Rn. 2; nicht: bloße Mindestdauer) eingegangen, so ist die Ges. mit deren Ablauf automatisch aufgelöst. Der GesVertrag kann aber auch vorsehen, dass sich die Ges. bei Eintritt eines bestimmten Umstandes um eine bestimmte oder unbestimmte Zeit verlängert, wenn sie nicht gekündigt ist (vgl. § 132). Eine bestimmte Zeitdauer kann sich auch allein aus einem zeitlich begrenzten GesZweck ergeben, BGH WM 1985, 1369, zB auf die Dauer der durch die Ges. auszuwertenden Schutzrechte, Nr. 1 kommt dann § 726 BGB (→ Rn. 13) nahe. Bei Nichtbeachtung des Zeitablaufs und stillschweigender Fortsetzung gilt § 134 (dort → § 134 Rn. 5).

B. **Auflösungsbeschluss der Gesellschafter (I Nr. 2).** Die Auflösung ist ebenso wie jede Vertragsänderung (→ § 105 Rn. 60) idR einstimmig zu beschließen; Mehrheitsbeschluss → § 119 Rn. 34. Ganz ausnahmsweise kann Zustimmungspflicht bestehen (Treuepflicht, → § 105 Rn. 64–66), zB bei dauerhaft unrentabler Ges., BGH NJW 1960, 434. Der Auflösungsbeschluss ist formlos und stillschweigend möglich (→ § 105 Rn. 62). Ein Auflösungsbeschluss kann vorliegen zB bei Annahme der unstatthaften Kündigung eines Gfters durch die übrigen, Einstellung des Gewerbebetriebs, Veräußerung des ganzen Vermögens, BGH BB 1958, 891, Auflösungsklage aller übrigen Gfter gegen einen widersprechenden Gfter (Mehrheitsbeschluss). Der Auflösungsbeschluss kann gegen die Treuepflicht der Gfter verstoßen (→ § 109 Rn. 23), vgl. BGHZ 76, 352 (GmbH); BGHZ 103, 184 (AG). Fehlerhafte Auflösung → § 105 Rn. 91, 96. **Muster:** Hopt/Merkt VertrFormB/Möritz, Form II. C.8 (Auflösung und Liquidation einer KG).

C. **Insolvenz der Gesellschaft (I Nr. 3).** Die Eröffnung des Insolvenzverfahrens über das Vermögen der Ges. (näher → § 124 Rn. 46) löst die Ges. zwingend auf (I Nr. 3; vgl. § 11 II Nr. 1 InsO, ebenso § 728 I 1 BGB für die GbR), nicht schon Antrag auf Eröffnung (§ 13 InsO), Anordnung von Sicherungsmaßnahmen und Bestellung eines vorläufigen Insolvenzverwalters (§§ 21, 22 InsO). Auflösende Bedingung ist Aufhebung des Eröffnungsbeschlusses auf Beschwerde. Nach Ende des Insolvenzverfahrens kann sich, wenn ausnahmsweise ein Überschuss verbleibt, noch eine Abwicklung anschließen (→ § 145 Rn. 1), BGHZ 93, 164. Die Ges. kann fortgesetzt werden (→ Rn. 79, vgl. § 144 aF).

Der Vertragspartnerschutz nach § 115 III InsO (erst bei Kenntnis des Beauftragten) wird durch die Auflösung der Ges. nicht berührt, BGHZ 63, 91 (zu § 23 I 2 KO aF). Keine Auflösung der Ges. durch Abweisung mangels Masse (§ 26 InsO), BGHZ 75, 178; 96, 154; BGH NJW 1995, 196; MüKoHGB/K. Schmidt/ Fleischer Rn. 22 (idR stillschweigende Auflösungsvereinbarung); Röhricht/Haas Rn. 20.

14 **D. Gerichtliche Entscheidung (I Nr. 4).** Die Ges. wird durch gerichtliche Entscheidung aufgelöst. I Nr. 4 verweist damit auf die Auflösung nach Auflösungsklage (§ 133).

15 **E. Besondere Auflösungsgründe bei OHG ohne natürliche Person als persönlich haftendem Gesellschafter (II). a) Ablehnung mangels Masse (II 1 Nr. 1):** II I Nr. 1 idF EGInsO wie § 60 I Nr. 5 GmbHG, § 262 I Nr. 4 AktG. Eine OHG, bei der kein phG eine natürliche Person ist (KapitalGes & Co OHG), wird auch aufgelöst mit Rechtskraft des Beschlusses, durch den die Eröffnung des Insolvenzverfahrens mangels Masse abgelehnt worden ist (§ 26 InsO), aA zum alten Recht BGH NJW-RR 1989, 995, II 1 Nr. 1 betrifft nur die GmbH & Co, nicht die GmbH (→ Anh. § 177a Rn. 45). Schrifttum folgert aus II, dass Ges. auch bei Insolvenz des einzigen Komplementärs aufgelöst wird, Habersack/Schäfer Rn. 42; allg. bei Auflösung des Komplementärs MüKoHGB/ K. Schmidt/Fleischer Rn. 48; auch → Rn. 20. Zutreffend ist mit BGH ZIP 2014, 1280 zwischen Auflösung der Ges. (I, II) und dem Ausscheiden eines Gfters (III) zu unterscheiden, fällt in einer KG der einzige phG weg, so folgt die Auflösung der KG aus allgemeinen Grundsätzen, → Rn. 7, 18, 36. Interessenkonflikte können nicht nur in der vom BGH entschiedenen Simultaninsolvenz von KG und Komplementär mit mehreren verbleibenden Kdtisten besser durch Ausscheiden gelöst werden. Scheidet der einzige phG einer KG aus, ist Folge des Ausscheidens die Auflösung der KG und kann diese mit einem neuen phG fortgesetzt werden, → Rn. 18. Nicht möglich ist die dauerhafte Fortführung bei Auflösung des einzigen phG, → Rn. 36.

16 **b) Löschung wegen Vermögenslosigkeit (II 1 Nr. 2):** II I Nr. 2 idF EGInsO wie § 60 I Nr. 7 GmbHG, § 262 I Nr. 6 AktG (früher LöschG). Eine KapitalGes & Co OHG (→ Rn. 18) wird zum Schutz des Rechtsverkehrs auch aufgelöst durch die Löschung wegen Vermögenslosigkeit nach **(3)** FamFG § 394 IV. Mit der Löschung fehlt es an der in § 106 geforderten Publizität. Wird ein Gfter wegen Vermögenslosigkeit gelöscht, scheidet er aus der Ges. aus, → Rn. 20.

17 **c) Ausnahme von II 1 Nr. 1, 2 (II 2):** Die Auflösung der KapitalGes & Co OHG (→ Rn. 18) ist dann nicht geboten, wenn die Ges. mehrstöckig ist und in ihr letztlich doch eine natürliche Person persönlich haftet (II 2). Vgl. § 19 II, → § 19 Rn. 25.

3) Gründe für das Ausscheiden eines Gesellschafters (III 1 Nr. 1–6, III 2)

18 **A. Tod des Gesellschafters (III 1 Nr. 1). Grundsätzliches Ausscheiden:** Wenn im GesVertrag nichts anderes bestimmt ist (§ 139), scheidet der Gfter mit seinem Tode aus (III 1 Nr. 1). Dem steht die Todeserklärung gleich. Zur Auflösung der Ges. kommt es mangels anderweitiger Vereinbarung im GesVertrag nicht (anders § 131 Nr. 4 aF). Die Mitgliedschaft ist nicht ohne weiteres vererblich, dazu bedarf es einer Nachfolgeklausel, die der Praxis dringend zu empfehlen ist (→ § 139 Rn. 10), K. Schmidt ZIP 2008, 2345. Krit zu III 1 Nr. 1 K. Schmidt NJW 1998, 2166; JZ 2003, 594; ZIP 2008, 2337, zur Simultaninsolvenz bei der GmbH & Co → Rn. 35. Stirbt der **einzige Komplementär der KG,** ohne dass ein Erbe als phG nachfolgt, ist die KG aufgelöst, kann aber, wenn sich ein phG findet, fortgesetzt werden (→ § 177 Rn. 1); dasselbe gilt bei Ausscheiden des phG aus anderem Grund als III 1 Nr. 1 (→ Rn. 36).

Zweipersonengesellschaft: Die Ges. **erlischt** in jedem Falle, wenn von zwei 19 Gftern einer stirbt und der andere ihn allein beerbt, falls nicht auf Grund Vereinbarung beider Gfter mit einem Dritten dieser an Stelle des Verstorbenen tritt (→ Rn. 35), BGHZ 65, 82; 113, 133; WM 1957, 513. Wird der einzige MitGfter des Erblassers Vorerbe, erlischt die Ges. nicht, Baur/Grunsky ZHR 133 (1969), 209; vgl. BGHZ 98, 57, str.

Gesellschafter-Gesellschaft: Analog zu III 1 Nr. 1 (I Nr. 4 aF) wird der 20 Wegfall einer Gesellschafter-Gesellschaft (→ § 105 Rn. 28) behandelt (→ Rn. 27, RegE HRefG S. 66). Diese, also zB GmbH in GmbH & Co, scheidet allerdings nicht schon mit ihrer Auflösung (zB bei AG § 262 AktG, bei GmbH § 60 GmbHG), sondern erst mit ihrer **Vollbeendigung** (zB bei AG § 273 AktG, bei GmbH § 74 GmbHG) aus, RGZ 122, 257; 123, 294; BGH WM 1982, 974; OLG Hamburg NJW 1987, 1896; ZIP 2007, 1237; aA MüKoHGB/K. Schmidt/ Fleischer Rn. 69 (nicht III 1 Nr. 1, sondern ergänzende Auslegung des GesVertrags: Unumkehrbarkeit der Auflösung), str., für Insolvenz der GmbH in der GmbH & Co iErg auch BGHZ 75, 178, str. (→ Rn. 22). Konsequenzen für die Auflösung der OHG bzw. KG → Rn. 36, → Anh. § 177a Rn. 45. Sieht das Gesetz ein Ausscheiden des Gfters bei Auflösung nicht vor, kommt ein Ausschluss durch verbleibende Gfter in Betracht, → § 140 Rn. 7. Vollbeendigung auch bei Löschen der GmbH wegen Vermögenslosigkeit, § 394 FamFG iVm §§ 60 I Nr. 7, 65 I 4 GmbHG.

Umwandlung: III 1 Nr. 1 gilt analog bei Umwandlung der GfterGes, wenn 21 diese dabei erlischt, Schlegelb/K. Schmidt Rn. 33, str., nicht wenn sie bei Verschmelzung aufnehmender Rechtsträger ist (§ 2 I Nr. 1 UmwG), RGZ 123, 294, oder bei bloß formwechselnder Umwandlung.

B. Insolvenz des Gesellschafters (III 1 Nr. 2). Die Eröffnung des Insolvenz- 22 verfahrens über das Vermögen eines Gfters (→ § 128 Rn. 47), bei der KG eines phG, aber auch eines Kdtisten (§§ 161 II; 177, Markgraf/Remuta NZG 2014, 81, auch bei Simultaninsolvenz gleichzeitig der zweigliedrigen KG, BVerwG ZIP 2011, 1868, ohne Beschränkung auf zweigliedrige KG BGH ZIP 2014, 1280), führt mangels abweichender Bestimmung im GesVertrag (→ Rn. 78, für die ZweipersonenGes ergänzende Vertragsauslegung, MüKoHGB/K. Schmidt/Fleischer Rn. 76) zum Ausscheiden des Gfters (III 1 Nr. 2), BGH ZIP 2004, 1047; 2008, 1677, bei zweigliedriger Gesellschaft dann Auflösung, → Rn. 35, krit. MüKoHGB/K. Schmidt Rn. 76; aA zur (vertikalen ebenso wie zur horizontalen) Simultaninsolvenz aller Gfter K. Schmidt/Fleischer ZIP 2010, 1626; FG Neustadt ZIP 2018, 1831 (näher → Anh. § 177a Rn. 45a), auch nach Erbeneintritt in die Ges., auch aus der aus anderem Grunde aufgelösten Ges.; GmbH & Co → Anh. § 177a Rn. 45. Zur Auflösung der Ges. infolge der GfterInsolvenz kommt es mangels anderweitiger Vereinbarung im GesVertrag nicht (anders § 131 Nr. 5 aF, BGHZ 75, 181, und auch nach HRefG § 728 II 1 BGB für die GbR), nunmehr Koordinierung der Insolvenzverfahren auch bei GmbH & Co möglich, §§ 3a, 3e, 269a InsO. Zum Ausscheiden bedarf es keiner Erklärung der übrigen Gfter gegenüber dem Insolvenzverwalter (anders § 141 II aF). Zum Ausscheiden führt auch die Nachlassinsolvenz des GfterErben (§§ 315 ff. InsO), K. Schmidt § 50 II 3b, aA BGHZ 91, 132 (zu § 131 Nr. 5 aF); der Gfter-Erbe kann jedoch von seinen MitGftern Verbleiben in der Ges. fordern, wenn nicht er den Anteil durch Zahlung aus seinem Privatvermögen aus der Nachlassinsolvenz auslöst. Abweisung des Antrags auf Eröffnung des Insolvenzverfahrens über das Vermögen des Gfters führt nicht zum Ausscheiden, auch nicht bei Abweisung mangels Masse (§ 26 InsO, auch → Rn. 20), BGHZ 75, 181; 96, 154; NJW-RR 1989, 995; OLG Hamburg ZIP 2007, 1237; Staub/Schäfer Rn. 91; aA MüKoHGB/K.

Schmidt/Fleischer Rn. 75; K. Schmidt BB 1980, 1497: a fortiori, für einzigen Komplementär auch Habersack/Schäfer Rn. 42 (Auflösung auch der KG, auch → Rn. 15). Zur (horizontalen) Simultaninsolvenz bei der GmbH & Co, dort sehr str., → Anh. § 177a Rn. 45a.

23 C. **Kündigung des Gesellschafters (III 1 Nr. 3).** Wenn im GesVertrag nichts anderes bestimmt ist, scheidet der Gfter mit seiner Kündigung aus (III 1 Nr. 3). Zur Auflösung der Ges. kommt es mangels anderweitiger Vereinbarung im GesVertrag nicht (anders § 131 Nr. 6 aF), anders bei Kündigung des einzigen Komplementärs der KG (→ Rn. 18). Voraussetzung für III 1 Nr. 3 ist eine wirksame **ordentliche Kündigung** oder eine im GesVertrag zugelassene wirksame **Kündigung aus wichtigem Grund** (→ § 133 Rn. 18). Nach Wortlaut und Sinn von III 1 Nr. 3, § 133 wird man weitergehend auch die gesetzliche Kündigung aus wichtigem Grund (Austritt ohne Gestaltungsklage) hierher rechnen können, str. (→ § 133 Rn. 1); nicht aber die gesetzliche Hinauskündigung eines Gfters aus wichtigem Grund, diese ist nur nach § 140 möglich, der aber seinerseits nicht zwingend ist (→ § 140 Rn. 28, 30). Kündigungsfrist für den Gfter s. §§ 132, 134. Lit.: Stodolkowitz NZG 2011, 1327. Die Kodifikation eines allgemeinen Austrittsrechts aus wichtigem Grund empfehlend Schäfer GA 1971. DJT 2016 E 98.

24 D. **Kündigung durch den Privatgläubiger des Gesellschafters (III 1 Nr. 4).** Wenn im GesVertrag nichts anderes bestimmt ist, scheidet der Gfter mit der Kündigung durch den Privatgläubiger des Gfters aus (III 1 Nr. 4). Zur Auflösung der Ges. kommt es mangels anderweitiger Vereinbarung im GesVertrag nicht (anders § 131 Nr. 6 aF). Einziger Komplementär einer KG → Rn. 18. Voraussetzungen und Rechtsfolgen der Kündigung s. § 135.

25 E. **Eintritt von weiteren im Gesellschaftsvertrag vorgesehenen Fällen (III 1 Nr. 5).** Der GesVertrag kann das Ausscheiden eines Gfters aus der Ges. auch in anderen Fällen als nach III 1–4, 6 vorsehen (III Nr. 5, auch → Rn. 82), zB bei außerordentlicher Kündigung des Gfters (aber § 133 III, dort → § 133 Rn. 19), bei Eintritt bestimmter Umstände in der Person des Gfters wie Alter, Arbeitsunfähigkeit, Wiederverheiratung, BGH BB 1965, 1167, bei Sanierung oder Ausscheiden, BGH NJW 2010, 66 (→ § 105 Rn. 66), ua. III 1 Nr. 5 ist insoweit missverständlich, als III 1 Nr. 5 den Gftern nicht freie Hand für einen beliebigen Ausschluss gibt. III 1 Nr. 5 ändert nichts an den zu §§ 138, 140, 142 aF entwickelten Zulässigkeitsschranken für gesellschaftsvertragliche Ausschlussklauseln (RegE), näher → § 140 Rn. 30 ff. Zulässig ist Ausscheidensklausel, die an ein festes Tatbestandsmerkmal (zB Tod eines MitGfters) anknüpft, vgl. BGHZ 105, 213 (zur Kündigung, → § 140 Rn. 31), oder an nur in der Person des Ausscheidenden gegebene, sachliche Gründe, zB Alter, Berufszulassung (vgl. § 9 III PartGG), Abberufung als Drittgeschäftsführer, Scheidung des Eingeheirateten ua.

26 F. **Beschluss der Gesellschafter (III 1 Nr. 6).** Ein GfterBeschluss nach III 1 Nr. 6 setzt mangels anderer Vereinbarung Einstimmigkeit voraus (→ § 119 Rn. 33). Ausschluss gegen den Willen des Gfters ist nur durch Ausschlussklage nach §§ 140, 133 bei wichtigem Grund in der Person des Gfters oder bei entsprechender Ausschlussklausel im GesVertrag möglich, str., aA iErg Wiedemann GS Lüderitz, 2000, 809: auch ad hoc. III 1 Nr. 6 ist wie Nr. 5 missverständlich. Gemeint ist nicht, dass die Gfter auf Grund von III 1 Nr. 6 einen MitGter ohne dessen Zustimmung bzw. bei entsprechender GesVertragsklausel nach freiem Ermessen ausschließen könnten (→ § 140 Rn. 31). III 1 Nr. 6 ändert nichts an den zu §§ 138, 140, 142 aF entwickelten Zulässigkeitsschranken für solche gesellschaftsvertraglichen Ausschlussklauseln (RegE), so auch Wiedemann GS Lüderitz, 2000, 809 f. (812), näher → § 140 Rn. 30 ff.

1. Abschnitt. Offene Handelsgesellschaft   27–31   § 131

G. Analogie zu III 1 Nr. 1–6. Die analoge Anwendung von III 1 Nr. 1–6 auf 27
weitere gesellschafterbezogene Ausscheidensgründe bleibt möglich, RegE, Mü-
KoHGB/K. Schmidt/Fleischer Rn. 57. Dabei tritt Ausscheiden des Gfters an die
Stelle der bisher in Analogie zu I Nr. 1–6 aF angenommenen Auflösung der Ges.
Eine solche Analogie zu III 1 Nr. 1 (I Nr. 4 aF) wird für den Wegfall einer
Gesellschafter-Gesellschaft gezogen (→ Rn. 20), teilweise auch Analogie zu II
(→ Rn. 15). Ausschließung s. § 140.

H. Zeitpunkt des Ausscheidens (III 2). II regelt (nur) den Zeitpunkt des 28
Ausscheidens nach III 1. Dieser fällt mit dem Eintritt des den Gfter betreffenden
Ereignisses zusammen, im Falle von III 1 Nr. 2 also mit der Eröffnung des
Insolvenzverfahrens (§ 27 I, III InsO). Im Fall der Kündigung (III 1 Nr. 3, 4)
scheidet der Gfter nicht vor Ablauf der Kündigungsfrist aus (III 2 letzter Hs.,
§§ 132, 134, 135). Wird die Ges. vor Ablauf der KündFrist aufgelöst verbleibt der
Gfter in der LiquidationsGes, BGH ZIP 2018, 778 (Publikums-GbR).

4) Rechtsfolgen der Auflösung, Fortsetzung der aufgelösten Gesellschaft

A. Rechtsfolgen der Auflösung, Beginn der Abwicklung. Die Auflösung 29
der Ges. (I, II) bedeutet idR nicht die Beendigung der Ges., sondern bloße
Zweckänderung von werbender in abwickelnde Tätigkeit (→ Rn. 2). Mit der
Auflösung beginnt die Abwicklung oder Liquidation als Auseinandersetzung
unter den Gftern (§§ 145 ff. HGB, §§ 730 ff. BGB) als gesetzliche Regelfolge,
wenn die Gfter nichts anderes vereinbart haben und nicht über das Vermögen der
Ges. das Insolvenzverfahren eröffnet ist. Mit Auflösung der Ges. verlieren die
Gfter ihre Geschäftsführungs- und Vertretungsbefugnis an die Liquidatoren
(§§ 146 ff.). Schutz der Ges. bei Auflösung durch Tod oder Insolvenz des Gfters
entgegen III 1 Nr. 1, 2 → Rn. 74. Gutgläubig kraft Gesetz oder Vertrag geschäftsführende Gfter werden durch den dispositiven **§ 729 S. 1 nF BGB** geschützt (weiter als § 136 aF). Das gilt nicht für die Vertretungsmacht; diese wirkt,
solange sie eingetragen und ihr Erlöschen Dritten unbekannt ist (§§ 15, 143). Der
geschäftsführende Gfter wird damit vor Ersatzansprüchen geschützt, wenn er das
Ende seiner Geschäftsführungsbefugnis infolge Auflösung der Ges. ohne Fahrlässigkeit nicht kannte (§§ 122, 708 BGB, → § 109 Rn. 5).

B. Fortsetzung der aufgelösten Gesellschaft. Die Auflösung ist nicht (rück- 30
wirkend vom Auflösungstag) aufhebbar, keinesfalls mit Wirkung nach außen. Die
Gfter können aber vor Vollbeendigung (→ Rn. 2) die in der Auseinandersetzung
befindliche Ges. ex nunc **fortsetzen**, dh wieder zur werbenden machen (Zweckänderung nach § 705 BGB, § 105 HGB), der dies ausdrücklich besagende § 144
enthält einen allgemeinen Grundsatz.

Fortsetzungsbeschluss: Zur Fortsetzung ist ein Fortsetzungsbeschluss nötig, 31
auch formlos und stillschweigend (vgl. → § 105 Rn. 62), zB bei gemeinsamer
Einstellung von Personal oder Abschluss längerfristiger Verträge, nicht bloße Verhandlungen über Fortsetzung, BGH NJW 1995, 2843. Stillschweigende Fortsetzung nach Zeitablauf s. § 134. Da es sich um eine Zweckänderung handelt, muss
der Beschluss einstimmig sein, nachträgliche Zustimmung heilt (§ 184 I BGB),
BGHZ 8, 39; BGH ZIP 2007, 1988. Der GesVertrag kann Mehrheitsbeschluss
genügen lassen, nach Bestimmtheitsgrundsatz genügte allgemeine Zulassung der
Änderung des GesVertrags mit Mehrheit iZw nicht, nach neuer Rspr. ist auf
Auslegung des GesVertrags abzustellen (→ § 119 Rn. 37). Ausnahmsweise kann
Zustimmungspflicht bestehen (Treuepflicht, → § 109 Rn. 23, 27, → § 105
Rn. 66), uU bei Abfindungsangebot der MitGfter. Der minderjährige Erbe
bedarf nicht der Genehmigung des Betreuungsgerichts (entspr. Vertragsänderung,
→ § 105 Rn. 26), str., anders, wenn er erst nach Auflösung durch Erbfall eintrat.
Fortsetzung ist ausgeschlossen, wenn öffentlichrechtliche Vorschriften (zB KWG,
→ Rn. 8) entgegenstehen. Der Fortsetzungsbeschluss wirkt grundsätzlich nicht

zurück, die Gfter können aber unter sich etwas anderes vereinbaren. Die Fortsetzung ist stets anmeldepflichtig, arg. aus § 144 II. Fehlerhafte Fortsetzung → § 105 Rn. 96–97.

32 **Rechtsfolgen:** Die Ges. bleibt dann auch bei Firmenänderung dieselbe. Statt der Auseinandersetzung (§§ 145 ff., 158) gelten dann mangels anderer Vereinbarung wieder Geschäftsführung und Vertretung nach dem GesVertrag, RGZ 106, 66; BGHZ 1, 327. Die aufgelöste und dann wieder zur werbenden gemachte Ges. haftet für die alten Schulden, Grund: es ist dieselbe Ges., die Schulden sind ihre eigenen (anders nach Vollbeendigung, → Rn. 33).

33 **Keine Fortsetzung nach Vollbeendigung:** Das Ende der Ges. ist nicht aufhebbar, eine ganz abgewickelte oder anders zu Ende geführte Ges. (zB Übernahme durch einen Gfter, OLG Oldenburg BB 1955, 237) kann nicht wiederhergestellt werden. Die Gfter müssen ggf. eine neue Ges. gründen. Das kann mit solchem Wiederbelebungsbeschluss gemeint sein. Diese neue Ges. haftet nicht für die alten Schulden, wohl aber haften die Gfter (§§ 128 ff., 159 f.). Auffinden von Vermögen nach angenommenem Ende der Ges. → § 157 Rn. 3. Fortsetzung noch nach Beginn der Vermögensverteilung, anders bei AG (§ 274 I 1 AktG) und GmbH (BGH ZIP 2020, 1127, Komplementärin einer GmbH & Co).

5) Rechtsfolgen des Ausscheidens eines Gesellschafters

34 **A. Ausscheiden und Fortsetzung unter den übrigen Gesellschaftern. a) Grundsätzliche Fortsetzung:** Nach III scheidet der betroffene Gfter mangels abweichender vertraglicher Vereinbarung aus, Erben des verstorbenen Gfters treten nicht ein. Rechtsfolge bei Ausscheiden ist, ohne dass das im Gesetz ausdrücklich gesagt werden muss, die Fortsetzung der Ges. unter den übrigen Gesellschaftern (vgl. § 143 II, III). Etwas anderes gilt beim Ausscheiden des phG in der KG, das führt mangels Nachfolge etwa eines Erben zur Auflösung, da die KG ohne phG als werbende nicht fortbestehen kann (→ Rn. 18, → § 177 Rn. 1). Zeitpunkt des Ausscheidens s. III 2 (→ Rn. 28). Der Grundsatz der Fortsetzung ohne den Ausgeschiedenen, aber auch des Übergangs auf den Verbliebenen bei der ZweipersonenGes (→ Rn. 35) kann durchaus zu unbefriedigenden Ergebnissen führen (das sieht auch der RegE); abweichende Vereinbarungen entweder schon zu Auflösung statt Ausscheiden (→ Rn. 74) oder zur Höhe und Berechnung der Abfindung (Abfindungsklauseln, → Rn. 58) wird sich in vielen Fällen empfehlen.

35 **b) Zweipersonengesellschaft:** Die Ges. **erlischt** in jedem Falle, wenn von den zwei Gftern (oder auch von allen, etwa durch Übertragung aller Anteile an einen Dritten, → § 105 Rn. 69) nur noch einer übrig bleibt (Konfusion), zB wenn alle anderen ausscheiden oder ausgeschlossen werden (§ 140 I 2) oder der eine Gfter den anderen beerbt oder dessen Anteil unter Lebenden erwirbt (→ Rn. 19), BGHZ 65, 82; 113, 133; BGH WM 1957, 513; NJW 1993, 1918; OLG Frankfurt a. M. ZIP 2004, 1458 (Vereinigung zweier GmbH & Co), KG ZIP 2005, 1640, MüKoBGB/Schäfer Vor § 723 Rn. 9. Das GesVermögen geht auf den Verbliebenen im Wege der **Gesamtrechtsnachfolge** über (→ § 105 Rn. 8, → § 140 Rn. 25), BGH ZIP 2004, 1047; 2018, 1827; OLG Hamburg ZIP 2007, 1237 (Simultaninsolvenz von GmbH und KG); MüKoBGB/Schäfer § 718 Rn. 13, § 730 Rn. 81, nicht Anwachsung nach § 738 I 1 BGB (→ Rn. 39, Fortsetzungsklausel → Rn. 81, Anwachsung und Gesamtrechtsnachfolge synonym verwendend BGH ZIP 2018, 1827), so aber BGH ZIP 2008, 1677 (GbR), was Konsequenzen für die Haftung hat (der verbleibende Kdtist haftet als Gesamtrechtsnachfolger grundsätzlich unbeschränkt, str., für alle Altschulden der Ges.), BGHZ 48, 206; 113, 134, und kautelarische Vorsorge geraten sein lässt (→ Rn. 84, 81), Haftungsbeschränkung (entspr. § 27 Kommanditist haftet nur mit dem zugefallenen Gesellschaftsvermögen, BGH ZIP 2004, 1048, BGHZ 113,

138, wenn er den Geschäftsbetrieb einstellt; unbeschränkte Haftung des Kommanditisten, wenn dieser die Gesellschaft fortführt, § 27 HGB, OLG Frankfurt NZG 2021, 1506), Bork/Jacoby ZGR 2005, 632; krit. K. Schmidt ZIP 2008, 2337; für Anwachsung auch MüKoHGB/Schäfer § 730 Rn. 82. Statt Abwicklung hat der Ausgeschiedene einen Abfindungsanspruch. Die nach § 159 fortbestehende Haftung der Gfter für die GesSchulden und die aus ihr etwa folgenden Ausgleichspflichten unter ihnen tragen unter den Gftern kein GesVerhältnis, es fehlt insoweit am gemeinsamen Zweck (§ 705 BGB, → § 105 Rn. 1). Vollbeendigung und Gesamtrechtsnachfolge während eines Prozesses → § 124 Rn. 44; Auswirkung auf Insolvenzverfahren str., für Partikularinsolvenzverfahren des auf den Kdtisten übergegangenen Sondervermögens Bork/Jacoby ZGR 2005, 630, OLG Hamburg ZIP 2007, 1236; LG Essen ZIP 2019, 1031. Näher zu den Folgen der Gesamtrechtsnachfolge auf Rechtsverhältnisse → § 140 Rn. 25.

c) Wegfall und Auflösung des letzten Komplementärs, Gesellschafter-Gesellschaft: Mit **Wegfall des einzigen Komplementärs** bei der KG kommt es bei dieser zur **Auflösung** und Abwicklung, BGHZ 8, 37; BGH WM 1978, 675; ZIP 2010, 2446; BayObLG BB 2000, 1211. Berufung eines neuen phG ist in der MehrpersonenGes möglich (→ Anh. § 177a Rn. 45a). Ist eine **Gesellschafter-Gesellschaft** Komplementär, scheidet diese nicht schon mit ihrer Auflösung, sondern erst mit ihrer **Vollbeendigung** aus (→ Rn. 15, 20), str.; erst ihre Vollbeendigung führt dann zur Auflösung der KG. Ist die KG ZweipersonenGes, sind Auflösung und gleichzeitige Vollbeendigung die Folge (→ Rn. 35). Bei Löschung oder Insolvenz des Komplementärs scheidet dieser nach III 1, Nr. 1, 2 aus KG aus, → Rn. 20, 22, Liquidatoren sind die Kdtisten, BGH ZIP 2014, 1282; LG Bonn NZG 2018, 1424. Die KG wandelt sich mit Wegfall des einzigen Komplementärs in eine OHG, wenn dies im GesVertrag vorgesehen ist, die Kdtisten die Ges. fortführen und keinen neuen Kompl aufnehmen oder die Liquidation nicht nachhaltig betrieben wird, LG Bonn NZG 2018, 1424; 2019, 275. Gefordert wird entspr. § 139 III ein Beginn der Liquidation nach spätestens drei Monaten, Habersack/Schäfer Rn. 46. Folge nicht nachhaltig betriebener Liquidation ist die persönliche Haftung der vormaligen Kdtisten als OHG-Gfter, so LG Bonn NZG 2018, 1424; 2019, 275, wenn seit dem Wegfall des Komplementärs drei bzw. über 1 ½ Jahre vergangen sind. Auflösung der Komplementär-GmbH führt nicht stets zur Auflösung der KG, → Anh. § 177a Rn. 45a, möglich ist auch Ausschluss, → Anh. § 177a Rn. 47. Zutr. kann die KG nicht dauerhaft mit aufgelöstem letztem Komplementär betrieben werden, die Kdtisten müssen ggf. tätig werden. Haftungsbeschränkung bleibt jedenfalls bei Einstellung des Geschäfts innerhalb von drei Monaten nach Kenntnis, § 27 II entspr. Lit.: Frey/von Bredow ZIP 1998, 1620; Bork/Jacoby ZGR 2005, 611.

B. **Rechte und Pflichten der Gesellschaft und des Ausgeschiedenen.** Im **Innenverhältnis** zwischen der Ges. und dem Ausgeschiedenen kommt es zur Auseinandersetzung nach §§ 738–740 BGB (→ Rn. 38 ff.). Praktisch wichtig ist dabei für beide Teile vor allem die Abfindung des Ausscheidenden und ihre eventuelle Modifikation durch eine Abfindungsklausel (→ Rn. 58). Die verbleibenden Gfter haben aber immer noch die Möglichkeit, die Auflösung zu beschließen. Das ändert dann zwar nichts daran, dass der Ausgeschiedene ausgeschieden bleibt, doch wird sich dann der Abfindungsanspruch am Liquidationserlös der übrigen Gfter ausrichten. Gutgläubig kraft Gesetz oder Vertrag geschäftsführende Gfter werden durch den dispositiven **§ 729 S. 2 nF BGB** geschützt (→ Rn. 29). Auch der ausgeschiedene Gfter ist durch die **nachwirkende Treuepflicht** (→ § 109 Rn. 24) noch insoweit gebunden, als er die Belange der Ges. nicht durch unlautere Handlungen beeinträchtigen, zB keine Geheimnisse verraten und den Ruf der OHG nicht schädigen darf. Ein **Wettbewerbsverbot** für den ausgeschiedenen Gfter gemäß §§ 112, 113 folgt daraus aber nicht.

§ 131 38–42   2. Buch. Handelsgesellschaften und stille Gesellschaft

Dazu ist eine besondere Wettbewerbsabrede nötig, zB Mandantenschutzklausel (→ § 112 Rn. 14). **Informationsrecht** → Rn. 47, 52. Im **Außenverhältnis** haftet der Ausgeschiedene für vor seinem Ausscheiden begründete Gesellschaftsverbindlichkeiten weiter (→ § 128 Rn. 28–36); zeitliche Begrenzung der **Nachhaftung** des ausgeschiedenen Gfters nach § 160 (→ § 128 Rn. 31). Besonderheiten gelten in der ZweipersonenGes (→ Rn. 35). Der Erbe des ausgeschiedenen Gfters haftet für dessen Verbindlichkeiten nach § 128 und für Ansprüche der Ges. gegen den Erblasser, diese Erbenhaftung ist aber erbrechtlich beschränkbar (§§ 1975 ff. BGB). Haftung bei Nichteintragung im HdlReg → § 143 Rn. 6. Auswirkungen auf die **Firma** s. § 24 I, II. Bei der **Anmeldung** des Ausscheidens hat der Ausgeschiedene bzw. sein Erbe mitzuwirken (→ § 108 Rn. 1), er kann dies nicht von der Zahlung der Abfindung abhängig machen, OLG Hamburg OLG Rspr 40, 189.

38 C. **Auseinandersetzung mit dem Ausgeschiedenen nach §§ 738–740 BGB.** Auch für die OHG und KG gelten §§ 738–740 BGB (§§ 161 II, 105 III). Aber diese sind mit Ausnahme von § 738 I 1 BGB (Anwachsung, → Rn. 39) nicht zwingend, **abweichende Vereinbarungen** sind **die Regel**, zB Abfindungsklauseln (→ Rn. 58 ff.). Bei Insolvenz des Gfters nach III 1 Nr. 2 erfolgt die Auseinandersetzung mit dem Insolvenzverwalter, das Auseinandersetzungsguthaben des ausgeschiedenen GfterSchuldners kommt der Insolvenzmasse zu.

39 D. **Anwachsung des Anteils am Gesellschaftsvermögen.** Der Anteil des Ausgeschiedenen am GesVermögen (→ § 124 Rn. 16) wächst den andern Gftern mit dem Ausscheiden automatisch, also ohne besonderen Übertragungsakt, zu (§ 738 I 1 BGB, § 712 I BGB-MoPeG), RGZ 136, 99, hL; nach aA folgt dies schon aus der Kontinuität der Gesamthand, K. Schmidt § 45 II 5 (zur Diskussion um die Gesamthand nach dem MoPeG → § 124 Rn. 1 ff.), bei ZweipersonenGes dagegen Gesamtrechtsnachfolge (mit Konsequenzen für die Haftung, → Rn. 35). Bei Grundstücken vollzieht sich dies also außerhalb des Grundbuchs. Ein besonderer Gläubigerschutz ist nicht vorgesehen. § 738 BGB gilt nicht bei Anteilsübertragung (→ § 105 Rn. 69) zwischen dem alten und dem neuen Gfter, BGH NJW 1975, 166 (GbR). § 738 I 1 BGB ist zwingend, RGZ 56, 208; Soergel/Hadding/Kießling § 738 Rn. 1, str., das betrifft jedoch nur das Anwachsungsprinzip, nicht die Anwachsungsquote, die von den bisherigen Beteiligungsverhältnissen abweichen kann, MüKoBGB/Schäfer § 738 Rn. 13; K. Schmidt FS Huber, 2006, 987; Früchtl NZG 2007, 368.

40 Nach Anwachsung sind die **Kapitalanteile** (→ § 120 Rn. 12) der bleibenden Gfter neu, iZw entspr. ihren bisherigen Anteilen, zu bestimmen. Sie ändern sich ausnahmsweise nicht, wenn sich das Abfindungsguthaben des ausgeschiedenen Gfters mit seinem Kapitalanteil deckt, also in der Bilanz dem Eigenkapital gerade das abgeht, was den MitGftern zuwächst.

41 E. **Rückgabe von Gegenständen.** Gegenstände, die ein Gfter zur Benutzung überlassen hat, sind ihm zurückzugeben, ohne Ersatz für Verluste durch Zufall (§§ 738 I 2, 732 BGB). Die Ges. hat ein Zurückbehaltungsrecht bis zur genauen Feststellung eines wahrscheinlich bestehenden Ausgleichsanspruchs gegen den Gfter in der Abschichtungsbilanz, BGH NJW 1981, 2802. Umgekehrt ist der Ausgeschiedene verpflichtet, Gegenstände, die ihm auf Grund des GesVerhältnisses von der Ges. oder MitGftern zu Eigentum oder zur Benutzung überlassen sind, zurückzugeben (§§ 667, 713 BGB).

42 F. **Befreiung von Schulden.** Der ausgeschiedene Gfter haftet im Außenverhältnis nach § 128 fort (→ § 128 Rn. 28), auch bei Kenntnis und Zustimmung des GesGläubigers zu einer entsprechenden Freistellungsvereinbarung, BGH WM 1976, 809. Der Ausgeschiedene hat deshalb einen Anspruch gegen die Ges., ihn von den gemeinschaftlichen Schulden zu befreien (§ 738 I 2 BGB), BGHZ

23, 28. Der Anspruch geht auf **sofortige Befreiung,** also Beseitigung entweder der Schuld selbst (zB durch deren Erfüllung) oder der Haftung des Ausscheidenden für die Schuld (zB indem eine Entlassungserklärung des Gläubigers für ihn besorgt wird), auch wenn die Schuld noch nicht fällig ist und derzeit keine Inanspruchnahme des Ausgeschiedenen droht. Für nicht fällige Schulden genügt aber Sicherheitsleistung statt sofortiger Befreiung (§ 738 I 3 BGB). Für eine vom Dritten behauptete, von der Ges. aber bestrittene Schuld gilt dies nicht, RGZ 60, 156, der Ausscheidende trägt hier dasselbe Risiko wie sonst bei einer noch unbekannten Schuld. Der Ausscheidende kann entspr. § 738 I 2 BGB fordern, dass die Ges. ihn von einer **Sicherheit** befreit, die er aus seinem Privatvermögen einem GesGläubiger bestellt hat, RGZ 132, 29; BGH BB 1974, 811; entspr. von einer Bürgschaft gegenüber einem GesGläubiger, iErg anders BGHZ 51, 208. Die Ges. hat ein Zurückbehaltungsrecht (§ 273 BGB), wenn feststeht, dass der ausscheidende Gfter keine Abfindung bekommt, sondern Verlustausgleich (→ Rn. 55) schuldet, uU auch (§ 242 BGB) vor dieser Klärung, BGH BB 1974, 811. Der Anspruch auf Freihaltung von einer Verbindlichkeit ist an deren Gläubiger **abtretbar** und wird dann Zahlungsanspruch, BGHZ 23, 22.

Keine Befreiung: Bei Anteilsübertragung hat der alte Gfter keinen Freistellungsanspruch gegen den neuen, BGH DB 1975, 145; NJW 1981, 1095 (GbR, bei OHG beachte § 130). Falls es nicht zur Befreiung kommt und der ausgeschiedene Gfter von GesGläubigern in Anspruch genommen wird, hat er Anspruch auf **Erstattung** aus § 670 BGB (→ § 128 Rn. 36). 43

G. **Gesamtabrechnung.** Einzelansprüche zwischen Ges. und Ausgeschiedenem sind ebenso wie nach Auflösung (→ § 145 Rn. 6) bloße unselbständige **Rechnungsposten** in der Auseinandersetzungsrechnung. Sie können also idR nicht mehr gesondert geltend gemacht werden, BGHZ 23, 29; WM 1971, 131; 1973, 864; 1988, 446; NJW 2000, 2586; 2005, 2618. Diese **Durchsetzungssperre** gilt für den Gfter ebenso wie für die Ges., zB Forderung auf Einlagennachschuss, BGH BB 1952, 870; OLG Karlsruhe BB 1973, 1457 (stGes); Konsequenzen im Prozess → Rn. 57. Eine **Ausnahme** davon gilt insbesondere für solche Einzelposten, von denen mit Sicherheit feststeht, dass der Gfter den so erlangten Betrag keinesfalls mehr zurückzahlen muss, BGHZ 37, 305; BGH WM 1981, 487; 1988, 448 (vgl. → § 145 Rn. 6), auch bei Treuepflichtverletzung oder besonderer Absprache, BGH NJW 1998, 376; im Einzelfall auch für solche aus unerlaubter Handlung, LG OLG Hamburg MDR 1972, 596; erst recht für Drittgeschäfte (→ § 124 Rn. 52), RGZ 118, 299; MüKoHGB/K. Schmidt/Fleischer Rn. 133; aA BGH WM 1978, 90; 1979, 938; OLG Düsseldorf BB 1991, 946 (atypische stGes). Die Gesamtabrechnung erfolgt idR durch Abschichtungsbilanz zum Zeitpunkt des Ausscheidens (Stichtag → Rn. 50). 44

H. **Beteiligung an schwebenden Geschäften. a) Grundsatz:** Der ausgeschiedene Gfter nimmt im Innenverhältnis am Gewinn und Verlust der schwebenden Geschäfte teil (§ 740 I 1 BGB). § 740 BGB verselbständigt den Anspruch aus schwebenden Geschäften gegenüber dem Abfindungsanspruch zwecks Erleichterung der Auseinandersetzung der Gfter, BGH NJW 1993, 1194. § 740 BGB ist jedoch mit der Ertragswertermittlung unvereinbar (→ Rn. 49) und deswegen insoweit heute weitgehend **überholt,** MüKoBGB/Schäfer § 740 Rn. 3. Bei anderer Wertermittlung, namentlich Substanzwertermittlung, wird dagegen von der Rspr. weiterhin § 740 BGB angewandt. § 740 BGB ist in vollem Umfang **abdingbar,** BGH WM 1979, 1065, so idR durch Buchwertklausel, die auf den letzten Jahresabschluss abstellt, MüKoBGB/Schäfer § 740 Rn. 8. 45

b) Begriff des schwebenden Geschäfts: Ein schwebendes Geschäft ist ein die Ges. im Zeitpunkt des Ausscheidens des Gfters bereits bindendes, aber von beiden Vertragspartnern bis dahin noch nicht voll erfülltes Geschäft, BGH WM 1986, 709. Nur unternehmensbezogene Umsatzgeschäfte gehören dazu, nicht 46 bloße Hilfsgeschäfte. Dauerschuldverhältnisse fallen nicht darunter, BGH WM 1986, 709; 1986, 967; sonst Perpetuierung der GesZugehörigkeit. Die Verbleibenden können die Geschäfte nach pflichtmäßigem Ermessen abwickeln (§§ 740 I 2, 708 BGB; → § 109 Rn. 5).

47 c) **Rechenschaft, Auszahlung, Auskunft:** An jedem Geschäftsjahresende kann der ausgeschiedene Gfter Rechenschaft, Auszahlung des ihm gebührenden Betrags und Auskunft über den Stand der noch schwebenden Geschäfte verlangen (§ 740 II BGB), dazu BGH WM 1980, 212. Der ausgeschiedene Gfter hat nicht mehr das Informationsrecht nach § 118, str. (→ Rn. 52, → § 118 Rn. 2), also kein Recht auf Einsicht der Bücher und Papiere der Ges., sondern nur auf Rechnung, Belege und uU Abgabe einer eidesstattlichen Versicherung nach § 259 BGB, BGH BB 1959, 828; 1961, 190. Auszahlung nicht unbedingt nach dem Ergebnis der Rechnungslegung; der Gfter kann sein Guthaben ohne Rechnung einklagen, wenn er es anderweit berechnet. Generalunkosten treffen den Ausgeschiedenen anteilig. Der rlgm abbedungene (→ Rn. 49) Anspruch aus § 740 BGB ist, da selbstständig, kein Rechnungsposten der Ermittlung des Abfindungsguthabens (→ Rn. 50), BGH WM 1985, 1166, hL; er kann daher, wenn er ausnahmsweise früher geklärt wird, auch vor Regelung der Abfindung geltend gemacht werden, BGH BB 1969, 773; NJW 1993, 1194.

6) Die Abfindung des ausscheidenden Gesellschafters

48 A. **Abfindungsanspruch.** Der Ausgeschiedene erhält für seinen Anteil am GesVermögen das, was er bei Auflösung der Ges. und Auseinandersetzung erhalten würde (**Auseinandersetzungsguthaben,** § 738 I 2 BGB). Der Abfindungsanspruch entsteht mit Ausscheiden des Gfters (Stichtag → Rn. 50), BGHZ 88, 207, trotz Fehlens der Abschichtungsbilanz (→ Rn. 50), BGH ZIP 2010, 1637, und richtet sich gegen die Ges. (§ 124), BGH WM 1972, 1400, und die Gfter (§§ 128, 130), BGHZ 148, 206; BGH WM 1971, 1451; Wertenbruch NZG 2011, 1133. Gleichzeitig Ausgeschiedene haften einander nicht, Stimpel LM HGB § 135 Nr. 2. Zahlung und Abtretung → Rn. 54.

Gfter kann einzelne Ansprüche nach Ausscheiden nicht mehr einzeln durchsetzen (Durchsetzungssperre), BGH ZIP 2011, 1360 (GbR).

49 B. **Bewertung.** Die Abfindung bestimmt sich mangels anderer Vereinbarung (Abfindungsklauseln → Rn. 58 ff.) nach dem wahren Wert des GesVermögens am Tag des Ausscheidens (anders Jahresabschluss). Das erfordert eine Bewertung, deren Einzelheiten streitig sind (ausführlich → Einl. vor § 1 Rn. 34–37). Maßgeblich ist der volle wirtschaftliche Wert des lebenden Unternehmens (**Verkehrswert**) einschließlich aller stillen Reserven (→ § 253 Rn. 25 ff.) und des Goodwill. Das ist der **Fortführungswert, nicht** der **Liquidationswert** (entgegen Wortlaut des § 738 I 2 BGB), dieser ist nur ein Mindestwert, also idR **Untergrenze** (→ Einl. vor § 1 Rn. 37), und zwar auch bei einer Ertragswertklausel, BGH WM 2006, 776. Der Fortführungswert ergibt sich im Allgemeinen aus dem Preis, der bei der Veräußerung des Unternehmens als Einheit erzielt würde, BGHZ 116, 370 (GmbH); BGH WM 1971, 1450; 1984, 1506. Zutreffend ist nicht auf den Substanzwert, sondern auf den **Ertragswert** abzustellen (Prognose der künftigen Überschüsse der Einnahmen über die Ausgaben unter Abzinsung), hL im Anschluss an die Betriebswirtschaftslehre, BGH NJW 1985, 192, stRspr, vgl. BGHZ 116, 371; zu den Schwierigkeiten dieser Methode und zu Wertuntergrenzen (Liquidationswert, Börsenkurs) → Einl. vor § 1 Rn. 37. Bei Ertragswertermittlung gibt es keine gesonderte Abrechnung schwebender Geschäfte mehr, § 740 BGB (→ Rn. 46) ist insoweit überholt. Meist ist Schätzung nötig (§ 738 II BGB), idR nur auf Grund von Sachverständigengutachten, BGH NJW 1985, 193. Bei Anteilsermittlung ist erst der Wert der Gesellschaft und dann erst der des Anteils zu ermitteln (indirekte Methode), IDW S 1 2.4, Rn. 13 idF

2008 (→ Einl. vor § 1 Rn. 35), nach aA Direktermittlung ggf. mit Paketzuschlag oder Minderheitsabschlag. Lit.: Casper/Altgen DStR 2008, 2319 (ErbStReform), → Einl. vor § 1 Rn. 37. **§ 135 HGB–MoPeG** stellt ab 2024 auf eine **angemessene Abfindung** ab, zur Textfassung → Anh. § 105.

C. **Abschichtungsbilanz.** Die Bewertung des GesVermögens ist grundsätzlich 50 in einer besonderen Bilanz (Auseinandersetzungs-, Abfindungs- oder Abschichtungsbilanz) auszuweisen, BGHZ 17, 136; 23, 29; BGH NJW-RR 1986, 454, üL, generell aA Ebenroth/Lorz 104 wegen Ertragswertberechnung. Sie ist ausnahmsweise entbehrlich, so in ganz einfach gelagerten Fällen, idR bei bloßem Buchwertabfindungsanspruch, BGH WM 1980, 1362; NJW-RR 1987, 1386, auch bei Ertragswertberechnung (→ Rn. 49), aA MüKoHGB/K. Schmidt/Fleischer Rn. 137, sonst nur bei Zustimmung des ausgeschiedenen Gfters (→ Rn. 23), wohl aA weitergehend Schulze-Osterloh ZGR 1986, 552. Nachschusszahlungen der Gfter sind zu passivieren, einerlei ob auf Grund eines wirksamen oder unwirksamen GfterBeschlusses geleistet, BGH ZIP 2009, 1008 (GbR). **Stichtag** ist der Zeitpunkt des Ausscheidens des Gfters (vgl. demgegenüber § 140 II), doch können auch nachträgliche Erkenntnisse Rückschlüsse auf die Werte am Stichtag erlauben, BGH WM 1981, 452. **Gewinn oder Verlust** ergeben sich aus dem Vergleich der Abfindungsbilanz mit dem letzten Jahresabschluss (bei Ausscheiden zum Geschäftsjahresende: mit dem vorigen Jahresabschluss). Der so ermittelte Auseinandersetzungsgewinn, einschließlich insbesondere der aufgelösten stillen Reserven und des aktivierten Goodwill (→ Rn. 49), ist nach dem (vertraglichen, sonst gesetzlichen) Gewinnverteilungsschlüssel (und zwar dem zuletzt gültigen, nicht davon abweichenden früheren bei Bildung der stillen Reserven) dem Kapitalanteil des Ausscheidenden zuzuschlagen, BGHZ 17, 133; 19, 47, im Einzelnen str. Schwebende Geschäfte gehen nicht in die Abschichtungsbilanz ein, sondern werden gesondert abgerechnet (→ Rn. 47).

Aufstellung der Abschichtungsbilanz ist grundsätzlich Recht aller Gfter ein- 51 schließlich des ausgeschiedenen, auch unter Beiziehung von Sachverständigen (vgl. → § 118 Rn. 9). Sie obliegt aber idR den Gftern, die dafür zuständig sind bzw. dies am ehesten können, also idR den verbliebenen geschäftsführenden Gftern, BGH NJW 2009, 433, doch kann auch der Ausgeschiedene selbst mitwirkungspflichtig sein, BGH BB 1973, 441. Der ausgeschiedene Gfter hat einen klagbaren **Anspruch auf Aufstellung** der Abschichtungsbilanz (Ausnahmen → Rn. 50) und ihrer Vorlegung. Der Anspruch richtet sich gegen die Ges., BGH ZIP 2016, 1628; MüKoHGB/K. Schmidt/Fleischer Rn. 138, nach aA gegen den oder die zuständigen Gfter, stRspr, üL, zB den einzig verbleibenden phG, BGH NJW 1959, 1491, oder einem Kdtisten mit Geschäftsführungsmacht (→ § 164 Rn. 7), BGH BB 1973, 441; nach aA Wahlmöglichkeit zwischen Ges. und Gfter, Heymann/Emmerich § 138 aF Rn. 18. Die **Feststellung** (Billigung) der Abschichtungsbilanz ist ein auch stillschweigend geschlossener **kausaler Feststellungsvertrag** ebenso wie beim Jahresabschluss (→ § 164 Rn. 3, → § 242 Rn. 3), str., MüKoHGB/K. Schmidt/Fleischer Rn. 139. Bindungswirkung → § 164 Rn. 3, Schwung BB 1985, 1375.

D. **Informationsrecht des Ausgeschiedenen.** Der ausgeschiedene Gfter hat 52 nicht mehr das Informationsrecht nach § 118, str. (→ § 118 Rn. 2), aber bezüglich der Zeit vor dem Ausscheiden die Einsichts- und Auskunftsrechte aus § 810 BGB und § 242 BGB (für schwebende Geschäfte § 740 II BGB, → Rn. 47), BGH WM 1989, 878. Im Prozess kann das Gericht Sachverständige zuziehen (§ 287 ZPO); dadurch verliert der Ausgeschiedene aber nicht das Recht zur eigenen Überprüfung, BGH BB 1959, 505. Der Gfter kann noch vor Ausscheiden etwa durch Kündigung ein Recht auf Vorabklärung der Abfindung haben (Rücksichtspflicht, → § 109 Rn. 23), Erman FS Westermann, 1974, 75. Abwei-

§ 131 53–55　2. Buch. Handelsgesellschaften und stille Gesellschaft

chende Vereinbarungen zum Informationsrecht sind in bestimmten Grenzen möglich (→ § 118 Rn. 2, 17 ff., → § 166 Rn. 2, 18 ff.).

53　E. **Schiedsgutachter.** Möglich und häufig ist die Vereinbarung im GesVertrag oder ad hoc, dass das Abfindungsguthaben verbindlich durch einen sachverständigen Schiedsgutachter festgestellt werden soll, vgl. BGH NJW 1957, 1834. Dann gelten §§ 317–319 BGB, näher → Einl. vor § 1 Rn. 93–95. Das Schiedsgutachten ist im Rahmen von § 319 BGB nachprüfbar (→ Einl. vor § 1 Rn. 93), BGHZ 6, 339. Meist ist Feststellung nach billigem Ermessen (§ 319 I BGB), nicht nach freiem Belieben (§ 319 II BGB), gewollt (→ Einl. vor § 1 Rn. 95), so bei Bindung an die allgemeinen wirtschaftlichen Grundsätze für einschlägige Bewertungen und die wahren Werte, BGH WM 1976, 253. Offenbar unrichtiger einzelner Wertansatz berührt idR nicht die schiedsgutachterliche Bilanz im Übrigen, BGH NJW 1957, 1834. Krasse Abweichung mehrerer Schiedsgutachten s. BGH NJW 1964, 2401. Benennt die verpflichtete Gesellschaft den Gutachter nicht innerhalb einer angemessenen Frist, kann der ausscheidende Gesellschafter Zahlungsklage erheben, das Gericht trifft die Bestimmung der Leistung durch Urteil, BGH ZIP 2011, 1358 (GbR, fast zwei Jahre verspätet), § 319 I 2 Hs. 2 BGB analog. Lit.: Michalski ZIP 1991, 914; allg. Kleinschmidt, 2014.

54　F. **Zahlung.** Die Abfindung des ausgeschiedenen Gfters ist grundsätzlich sofort, dh sofern und sobald sie bestimmbar ist, **fällig** (§ 271 I BGB), MüKoBGB/ Schäfer § 738 Rn. 20, so jedenfalls mangels Aufstellung einer Abschichtungsbilanz (→ Rn. 50); wird eine solche aufgestellt, ist die Fälligkeit nach dem Parteiwillen für die dafür benötigte Zeit hinausgeschoben, nach aA stets erst mit Feststellung der Abschichtungsbilanz, aber Verzögerungsgefahr. Zahlung in mehrjährigen **Raten** ist zulässig mit Zustimmung des Ausgeschiedenen, bei Gefährdung der Ges. durch sofortige Zahlung ausnahmsweise Zustimmungspflicht dazu (nachwirkende Treuepflicht, → Rn. 37). Ist dabei eine vermeintlich wertbeständige, ausländische Währung als Wertmesser angenommen und wird diese unerwartet abgewertet, Ausgleich wegen Störung der Geschäftsgrundlage (§ 313 BGB), vgl. RGZ 163, 327, aber nur, wenn die Abwertung erheblich über normale Paritätsänderung hinausgeht. Recht auf Abschlagszahlung, wenn Mindesthöhe der Abfindung feststeht, BGH LM HGB § 138 Nr. 7; BB 1961, 348; DB 1962, 867. Kein Anspruch auf Sicherheit vor Auszahlung, RG JW 1919, 34. **Verzinsung** ab Fälligkeit, also grundsätzlich sofort (§ 271 BGB, Stichtag → Rn. 50), BGH BB 1959, 719, jedenfalls für unter dem Gftern unstreitige Beträge, sonst erst, wenn der Anspruch zu diesem Zeitpunkt bereits berechenbar ist, MüKoHGB/K. Schmidt/Fleischer Rn. 131; ist das nicht der Fall, dann erst zB wenn Abschichtungsbilanz festgestellt ist oder zumutbar hätte festgestellt werden können, uU stillschweigende Verzinsungsabrede, aber nicht ohne weiteres, aA Staub/Schäfer Rn. 146; Höhe nicht nach § 353, da der Abschluss des GesVertrags kein HdlGeschäft ist (→ § 105 Rn. 21), aA RG JW 1938, 3047, selbst wo Erben abzufinden sind, die nicht Kfm. sind. Der Abfindungsanspruch ist **abtretbar** (§ 717 S. 2 BGB, → § 109 Rn. 21), Rechtsstellung des Zessionars → § 109 Rn. 20.

55　**Debetsaldo, Verlustausgleich, Verjährung:** Die Abfindungsbilanz kann aber auch einen Debetsaldo zu Lasten des ausgeschiedenen Gfters ergeben. Dieser hat anteilig für einen Fehlbetrag der Ges. aufzukommen (§ 739 BGB) und muss sein negatives Kapitalkonto (→ § 120 Rn. 22) und den Debetsaldo anderer Konten durch Zahlung an die Ges. ausgleichen (kein selbstständiger Anspruch, → § 120 Rn. 13, 22), BGH NJW 1999, 2439. Dies widerspricht nicht dem (während Bestehens des GesVerhältnisses geltenden) Grundsatz, dass die Gfter nicht nachschusspflichtig sind (→ § 109 Rn. 13), BGHZ 23, 30; WM 1973, 864. Verjährung des Verlustausgleichsanspruchs nach § 195 BGB, BGH ZIP 2011, 1362 (GbR), unabhängig von §§ 159, 160; aA K. Schmidt DB 2010, 2095 f.

Verjährung des Abfindungsanspruchs eines ausgeschlossenen Gesellschafters beginnt regelmäßig nicht vor rechtskräftiger Entscheidung über die Wirksamkeit des Ausschlusses, BGH ZIP 2021, 1542 (GbR).

Aufrechnung: Erst mit Feststellung des Abfindungsguthabens weiß man, ob **56** der ausscheidende Gfter überhaupt einen Anspruch gegen die Ges. hat; daher vorher keine Aufrechnung gegen Forderungen der Ges. aus mit ihm abgeschlossenen Geschäften, Ansprüche aus solchen Geschäften kann die Ges. außerhalb des Auseinandersetzungsverfahrens geltend machen, RGZ 118, 297 (299).

G. **Prozess.** In Frage kommen eine Klage des Gfters auf **Zahlung** einer **57** Abfindung in bestimmter Höhe wie umgekehrt Klage der Ges. bei Debet (→ Rn. 50), und zwar auch schon vor oder ohne Auf- und Feststellung einer Abschichtungsbilanz, BGH WM 1987, 1280, Grund: Anspruch ist auch ohne solche fällig (→ Rn. 54); aber keine gesonderte Geltendmachung einzelner Rechnungsposten (→ Rn. 44); Klagegegner (Passivlegitimation) sind die Ges. oder die Gfter (→ Rn. 48). Die Durchsetzungssperre (→ Rn. 44) schließt aber nicht Klage auf **Feststellung** bestimmter Einzelansprüche vorweg aus, BGH NJW 1985, 1898, etwa dass in die Abfindungsbilanz bestimmte Posten aufzunehmen oder dort außer Ansatz zu lassen sind. Nicht möglich ist dagegen eine Gestaltungsklage derart, dass die ganze Bilanz durch das Gericht festgestellt wird, BGHZ 26, 28; BGH WM 1971, 1450. Die zurzeit unbegründete Leistungsklage beinhaltet ohne weiteres Feststellungsbegehren (§ 140 BGB), BGH NJW 1995, 188; 2000, 2586. Klagegegner ist hier die Ges. oder der oder die bestreitenden Gfter. Klage auf **Aufstellung der Abschichtungsbilanz,** Klagegegner ist die Ges. (→ Rn. 51), str., Vollstreckung nach § 887 ZPO, BGH NJW 2009, 432; MüKoHGB/K. Schmidt/Fleischer Rn. 138, str. Dagegen nach Auflösung der InnenGes idR keine Klage auf Zustimmung zur Abschichtungsbilanz, BGH WM 1986, 1144, str. Möglich ist auch **Stufenklage** (§ 254 ZPO) auf Aufstellung der Abschichtungsbilanz und auf Zahlung des Auseinandersetzungsguthabens, BGH ZIP 2016, 1628; OLG Karlsruhe BB 1977, 1475; Stötter BB 1977, 1219. Anfechtbarkeit der Auseinandersetzung bei Schneeballsystem mit Scheingewinnen nach § 134 I InsO, BGH ZIP 2013, 1533.

7) Abfindungsklauseln und ihre Grenzen

A. **Abweichende Vereinbarungen über die Auseinandersetzung.** Die **58** Auseinandersetzung kann durch GesVertrag oder durch spätere Vereinbarung ad hoc abweichend vom Gesetz geregelt werden (→ Rn. 38). Solche Abfindungsklauseln haben unterschiedliche **Zwecke.** Im Vordergrund steht meist die Erhaltung der Liquidität und Substanz des Unternehmens. Hinzu kommen der Wunsch, die stillen Reserven offenzulegen und Streit über die Höhe der Abfindung zu vermeiden. Auch kann durch eine ungünstige Abfindungsklausel Druck auf die Gfter ausgeübt werden, in der Ges. zu verbleiben, Bsp.: BGH NJW 1989, 2685.

Sehr unterschiedlich ist der **Inhalt** der Abfindungsklauseln. Sie können die **59** Abfindung völlig ausschließen, zB bei Tod eines Gfters für dessen Erben (→ Rn. 62) oder bei Teilung der Sachwerte und gleicher Möglichkeit der Mandantenwerbung, BGH ZIP 2010, 1443; 2010, 1594 (Freiberuflersozietät, „Geld oder Mandanten", → § 145 Rn. 10), oder die Abfindung zu einem niedrigeren als dem wahren Wert (→ Rn. 49) vorsehen, zB so am häufigsten zum Buchwert (Kapitalkonto, → Rn. 64), zum Substanzwert, Nennwert der Einlage oder Substanzwert kombiniert mit Ertragswert. Sie können aber auch nur die Berechnung, Zahlung oder sonstigen Modalitäten der Abfindung (→ Rn. 67) regeln. Lit.: Rasner ZHR 158 (1994), 293.

Das Problem der Abfindungsklauseln ist das ihrer **Grenzen.** Solche Grenzen **60** kann der **Gläubigerschutz** setzen. Bei Gläubigerbeeinträchtigung greift über die insolvenzrechtliche Anfechtung hinaus § 138 BGB bzw. das gesellschaftsrechtliche Gläubigerschutzprinzip ein, MüKoBGB/Schäfer § 738 Rn. 45, 48. Das gilt insbesondere, wenn die Abfindungsklausel nicht den Gfter, sondern nur seine Gläubiger betrifft. Umgekehrt können die Gläubiger des Gfters jedoch grundsätzlich nicht mehr beanspruchen als dieser selbst, aA Heymann/Emmerich § 138 aF Rn. 50, der den Ehegatten des ausgeschiedenen Gfters (Zugewinnausgleich, § 1376 BGB) und Pflichtteilsberechtigten (§ 2311 BGB), nach altem Recht auch nichtehelichen Kindern (ehem. Erbersatzanspruch, § 1934a aF BGB) stets Anspruch auf den vollen Wert des GesAnteils zubilligt und Buchwertklauseln insoweit für unwirksam hält.

61 Viel häufiger und praktisch wichtiger sind die Grenzen, die sich aus dem **Gesellschafterschutz** ergeben. Rechtsgrundlage dafür ist ebenfalls § 138 BGB, aber auch § 242 BGB und nach der Rspr. § 723 III BGB, § 133 III HGB (→ Rn. 64), insoweit aA MüKoHGB/K. Schmidt/Fleischer Rn. 156, die aber den Schutzzweck des § 133 III unter § 138 BGB berücksichtigen wollen. Eine Inhaltskontrolle nach **(5)** §§ 307 ff. BGB scheidet bei GesVerträgen aus, **(5)** § 310 IV 1 BGB. Die so gesetzten Grenzen verlaufen in verschiedenen Fallgruppen unterschiedlich und sind auch stets etwa 1980 durch die höchstrichterliche Rechtsprechung deutlich zu Lasten der Ges. und der verbleibenden Gfter (Konzept der „angemessenen" Abfindung) verschoben worden.

Lit.: Heckelmann, 1973; Gehrlein, 1997 (GmbH); Richter, 2002; Wangler, 2. Aufl. 2003; Haar, 2006 (PersonenGes im Konzern, ökonomische Theorie); Ulmer/Schäfer ZGR 1995, 134; Schön ZHR 166 (2002), 585 (PersonenGes-Konzern); Boujong FS Ulmer, 2003, 41; Habersack/Verse ZGR 2005, 451 (Mitarbeiterbeteiligung); Casper/Altgen DStR 2008, 2319 (ErbStReform); Henze FS K. Schmidt, 2009, 619; Freund ZIP 2009, 941 (Freiberuflersozietät); Iversen NJW 2010, 183 (Pflichtteil); Krumm NJW 2010, 187 (ErbStG); Ulmer ZIP 2010, 805 (große FamilienGes); Foerster ZGR 2014, 396 (Zeitablauf); Fleischer/Bong WM 2017, 1957.

62 B. **Zulässiger Abfindungsausschluss bei Tod.** Der GesVertrag kann die Abfindung für den (nicht eintretenden) Erben des verstorbenen Gfters wirksam völlig ausschließen, der Anteil des Gfters geht dann an die MitGfter, an einzelne von ihnen oder an Dritte, RGZ 145, 294; 171, 350; BGHZ 22, 194; WM 1971, 1339; MüKoHGB/K. Schmidt/Fleischer Rn. 175, hL, aA Heymann/Emmerich § 138 aF Rn. 43. Eine solche Vereinbarung ist, wenn sie gleichmäßig für alle Gfter gilt, keine Schenkung, BGHZ 22, 194, anders BGH ZIP 2020, 1298 mBespr Zimmermann ZGR 2022, 144 bei vermögensverwaltender GbR und Zweck des Ausschlusses von Pflichtteilsrechten. Bei ungleicher Regelung kann Entgeltlichkeit aus Vorgängen bei Gründung der Ges. folgen, vgl. BGH WM 1971, 1339; KG JR 1971, 422 mAnm. Säcker. Ist Schenkung anzunehmen (→ § 105 Rn. 56), ist sie unter Lebenden vollzogen durch Zuwendung der Anwartschaft auf den Anteil an die Begünstigten, Formmangel ist damit geheilt (§§ 2301 II, 518 II BGB), BGH WM 1971, 1339; KG JR 1971, 422. Abfindungsausschluss hindert nicht Rückforderung unzulässiger Entnahmen, ggf. von den Erben, BGH BB 1974, 996.

63 **Unzulässiger Abfindungsausschluss in sonstigen Fällen:** Für die GbR wird zu Recht noch eine zweite Fallgruppe zulässigen Abfindungsausschlusses angenommen, nämlich für Ges. mit rein ideellem Zweck, BGHZ 135, 387; MüKoBGB/Schäfer § 738 Rn. 63. Diese spielt jedoch für HdlGes keine Rolle. Im Übrigen ist der völlige Abfindungsausschluss jedoch grundsätzlich unwirksam, auch bei Ausschließung des Gfters aus wichtigem Grund, BGH ZIP 2014, 1327 (GmbH); MüKoHGB/K. Schmidt/Fleischer Rn. 180; MüKoBGB/Schäfer § 738 Rn. 61; aA Flume I 1 § 12 III.

§ 131

C. Abfindungsbeschränkung durch Abfindungsklauseln. a) Grundsatz: Häufig sind **Buchwertklauseln**, zB Beschränkung auf Buchwert (dh auf die Werte in der Jahresbilanz, also ohne stille Reserven, die seit BilMoG nur eingeschränkt möglich sind, → § 252 Rn. 17; Auslegung → Rn. 71) oder Buchwert und stille Reserven (ohne Geschäftswert); Bspe für reine Buchwertklauseln, BGH BB 1978, 1333; WM 1986, 1527, für Buchwertklauseln mit Zu- und Abschlägen, BGH NJW 1984, 362; 1989, 2685. Sie werden heute von der Rspr. anders als früher nicht mehr für grundsätzlich unzulässig, sondern jedenfalls bei erheblicher Abweichung für grundsätzlich unzulässig angesehen, zB BGH NJW 1979, 104, allerdings rglm nicht schon nach § 138 BGB, zutr. MüKoBGB/Schäfer § 738 Rn. 46, 65, sondern nach § 723 III BGB (und § 133 III HGB). Das Recht des Gfters auf Abfindung bei Ausscheiden ist ein Grundmitgliedschaftsrecht. **Bei erheblichem Missverhältnis** zwischen dem Buchwert und vollem wirtschaftlichen Wert (Ermittlung → Rn. 49–50) ist eine Buchwertklausel aber wegen unzumutbarer Erschwerung der Kündigung (§ 723 III BGB) **unzulässig**, BGHZ 116, 369 (GmbH); BGHZ 123, 283; WM 1979, 1065; NJW 1985, 192. Dazu gibt es **keine festen Prozentsätze**, vgl. BGH NJW 1993, 2102 (→ Rn. 70); die in der Literatur zT vorgeschlagenen Grenzen (etwa 50%, Ulmer/Schäfer ZGR 1995, 153) mögen praktisch wünschenswert sein, täuschen jedoch über die Unterschiedlichkeit der Fallgruppen hinweg und gaukeln eine falsche Sicherheit vor. Typische Kündigungserschwerung genügt, tatsächliche Auswirkung auf den Kündigungsberechtigten ist unnötig. Diskrepanz zum vollen Wert kann auch bei Zugrundelegung der Einkommensteuerbilanz oder der Vermögensaufstellung nach BewG vorliegen, BGH WM 1989, 878. Klauseln über weniger als der Buchwert sind in aller Regel unzulässig, das wird vor allem für Klauseln über **Abschläge** vom Buchwert relevant sein, nach aA Unzulässigkeit nur mangels besonderer Gründe. Jedenfalls die Kürzung auf die Hälfte ist unzulässig, BGH NJW 1989, 2685, auch bei Hinauskündigung aus wichtigem Grund (→ Rn. 65) oder bei vorausgegangener Anteilsschenkung (→ Rn. 66). Ganz ausnahmsweise sind Abschläge akzeptabel, zB bei Absinken des wirklichen Werts unter den Buchwert.

b) Anlass des Ausscheidens: Buchwertabfindung für den Fall der **Ausschließung aus wichtigem Grund** ist grundsätzlich zulässig, offen BGH NJW 1989, 2685. Unzulässig ist dagegen auch dann die Kürzung auf die Hälfte, BGH NJW 1989, 2685. Buchwertklausel auch für den Fall der Ausschließung ohne sachlich gerechtfertigten Grund ist dagegen unzulässig (falls nicht schon wie idR die Ausschließung selbst unzulässig ist, → § 140 Rn. 31 ff.), zulässig ist dann nur eine angemessene Abfindung, BGH NJW 1979, 104; anders kann es liegen, wenn die Persönlichkeit eines oder mehrerer Gfter entscheidend den inneren Wert der Ges. prägt. Begrenzung der Abfindung bei **sachlich berechtigter Hinauskündigung** (→ § 140 Rn. 31) auf den von dem Gfter (zB Mitarbeiter) für den Erwerb des Anteils gezahlten Betrag (zB Nennwert des Anteils) unter Ausschluss späterer Wertsteigerungen ist zulässig, BGHZ 164, 108.

c) Art der Beteiligung, sonstige Sonderfälle: Diese Grundsätze gelten ebenso bei **Anteilsschenkung** (→ § 105 Rn. 56), auch der Beschenkte ist kein Gfter „minderen Rechts", BGHZ 164, 115; BGH NJW 1989, 2685, str. (→ § 140 Rn. 31). Das schließt zwar nicht allgemein eine Berücksichtigung der Art der Beteiligung aus, zB für eine an die Beschäftigung bei der Ges. gebundene Beteiligung mit bloßer Nennwerteinlage oder für unternehmerisch zweckbeschränkte Mitgliedschaften (→ Rn. 65). Aber das Konzept von Gftern minderen Rechts ist dafür ungeeignet, BGHZ 164, 116. Wer einmal Gfter geworden ist und einen Anteil erworben hat, hat grundsätzlich Anspruch auf die diesem Anteil entsprechende Abfindung.

Sonstige Sonderfälle mit größerem Spielraum für Abfindungsbeschränkungen sind denkbar, zB bei Gesellschaften mit ideellem Zweck, BGHZ 135, 390 (Beschränkung auf Rückzahlung der Einlage), Freiberuflersozietäten (→ Rn. 59), Managermodelle, BGHZ 164, 98 (107) (auch → Rn. 65), uU große FamilienGes, Ulmer ZIP 2010, 805. Aber darüber dürfen die Grundsätze (→ Rn. 61, 64) nicht zu Lasten des Gfters, der ausscheiden will oder ausscheiden muss, vergessen werden.

67 D. **Berechnung und Zahlung gemäß Abfindungsklauseln.** Klauseln über die Art und Weise der Berechnung der Abfindung, insbesondere über die Bewertungsmethode, sind ohne weiteres zulässig, soweit sie sich im Rahmen der üblichen Bewertungsmethoden halten (→ Rn. 49) und eine angemessene Abfindung zulassen. Schiedsgutachten → Rn. 53.

68 Klauseln über Stundung des Abfindungsanspruchs sind zulässig; auch über Abfindung in Raten, aber in aller Regel nicht über 10 Jahre und nur bei angemessener Verzinsung und Sicherstellung, str., aA strenger Heymann/Emmerich § 138 aF Rn. 51. Klausel über 15 gleiche Jahresraten ist auch bei 6 % Zinsen unzulässig, BGH NJW 1989, 2685.

69 E. **Ausübungskontrolle. a) Rechtsmissbrauch:** Die Berufung auf eine Abfindungsklausel kann rechtsmissbräuchlich (§ 242 BGB, Treuepflicht, → Rn. 37) sein, wenn derjenige, der sich darauf beruft, das Ausscheiden durch grob vertragswidriges Verhalten herbeigeführt hat, zB Berufung der verbliebenen Gfter auf eine weitreichende Buchwertklausel.

70 **b) Anpassung an veränderte Umstände:** Eine wirksame Abfindungsklausel wird nicht durch ein erst später eingetretenes grobes Missverhältnis zum wirklichen Anteilswert unwirksam, BGHZ 123, 281. Das Festhalten an einer Abfindungsklausel kann aber durch die spätere Entwicklung unzumutbar werden (§ 242 BGB), eine feste quotenmäßige Grenze dafür gibt es nicht, BGH NJW 1993, 2101, zu berücksichtigen sind alle Umstände des Einzelfalls, OLG Bremen NZG 2013, 780. Die Abfindung soll dann in ergänzender Vertragsauslegung zu ermitteln sein (zwischen Buch- und Verkehrswert), BGHZ 123, 281, aber wohl nur in Ausnahmefällen hilfreich; richtiger Störung der Geschäftsgrundlage (§ 313 BGB), vgl. BGHZ 126, 226: §§ 157, 242 BGB, oder Ausübungs-, nicht Inhaltskontrolle nach § 242 BGB, Ulmer/Schäfer ZGR 1995, 144, dabei Orientierung am hypothetischen Parteiwillen. Relevant sind dabei ua Grad des Missverhältnisses (→ Rn. 64), Anlass des Ausscheidens (→ Rn. 65), Dauer der Mitgliedschaft, Beitrag zum Unternehmenserfolg, BGH NJW 1993, 2102, spätere Steuerentwicklungen, MüKoBGB/Schäfer § 738 Rn. 42, auch sonstige Gründe, Büttner FS Nirk, 1992, 128, aber nicht Gründe außerhalb des GesVerhältnisses, zB wirtschaftliche Lage oder private Umstände des Ausscheidenden.

71 F. **Einzelprobleme.** „Buchmäßiger Kapitalanteil" bedeutet nicht notwendig Bewertung nur nach Buchwerten und damit Ausschluss von den stillen Reserven, schließt aber iZw Geschäftswert aus, BGH BB 1973, 442. Abfindung „zu Buchwerten" erfasst idR nicht stille Reserven und Firmenwert, aber offene Rücklagen und sonstige Posten mit Rücklagecharakter, BGH BB 1978, 1333. Steuerrechtliche Sonderabschreibungen sind grundsätzlich nicht aufzulösen, MüKoBGB/Schäfer § 738 Rn. 64. Klausel „Betriebsfortsetzungswert unter Auflösung stiller Reserven", BGH BB 1961, 348. Buchwert umfasst auf jeden Fall die offenen Rücklagen. Klausel über Erstattung der auf die Abfindung anfallenden Einkommensteuer (aus Veräußerungsgewinn) des Ausscheidenden durch die Ges. kann auch Pflicht zum Ausgleich mittelbarer Steuerfolgen beinhalten, BGH BB 1957, 907. Ob mit Wert der Wert für die verbleibenden Gfter oder der bei (unterstellter) Veräußerung an Dritten maßgebend ist, ist Auslegungsfrage, BGH WM 1973, 286. Die Abfindungsvereinbarung hindert nicht nachträgliche Geltendma-

chung eines Ersatzanspruchs aus Untreue gegen den Ausgeschiedenen, BGH BB 1960, 755; aA im Falle einer ausdrücklichen Pauschalierungsklausel wohl BGH BB 1962, 1303. Sittenwidrigkeit der Abfindungsklausel macht nicht ohne weiteres die Ausschließung überhaupt unwirksam (→ § 140 Rn. 33). Darlegungs- und Beweislast, zB für hinreichende Diskrepanz zwischen Buch- und wahrem Wert, liegt beim Gfter, BGH WM 1989, 878. Er hat dazu aber ein Einsichtsrecht nach § 810 BGB (→ Rn. 52), auch in die Prüfungsunterlagen, BGH WM 1989, 878 (vgl. → § 166 Rn. 4). **72**

G. **Rechtsfolgen.** Abfindungsklauseln, die die oben genannten Grenzen (→ Rn. 60 ff.) überschreiten, sind unwirksam. Die Unwirksamkeit beschränkt sich auf die Klausel, sie erfasst nicht weitergehend den GesVertrag (→ § 105 Rn. 50). Die Klausel selbst ist nicht notwendigerweise insgesamt unwirksam. **(5)** § 306 II BGB greift zwar nicht ein (→ Rn. 61), eine geltungserhaltende Reduktion der Abfindungsklausel ist aber auch unter § 138 BGB nicht möglich, Grund: sie würde den sittenwidrig Handelnden belohnen, anders jedoch in den übrigen Fällen der Unwirksamkeit, MüKoBGB/Schäfer § 738 Rn. 77; Büttner FS Nirk, 1992, 127. Sie geschieht durch (auch **ergänzende**) **Vertragsauslegung** (→ § 105 Rn. 59). Diese führt idR zu dem Ergebnis, dass eine angemessene Abfindung geschuldet ist, BGH NJW 1985, 193. De lege ferenda für einheitliche Regelung (Ausübungskontrolle) Wicke DNotZ 2017, 271. **73**

8) Abweichende Vereinbarungen zur Auflösung (zu I, II)

A. **Erweiterung der Auflösungsgründe. a) Auflösungsklausel:** § 131 I, II ist nicht zwingend abschließend, der GesVertrag kann weitere Auflösungsgründe bestimmen (arg. aus I Nr. 1, 2), zB Auflösung statt Ausscheiden bei Tod, Insolvenz oder Kündigung des Gfters oder bei Kündigung durch den Privatgläubiger des Gfters (entgegen III 1 Nr. 1–4, wie I Nr. 3–6 aF). Auch Klausel über Auflösung bei Tod ua, verbunden mit Fortsetzung bei Beschluss und Ausscheidensrecht des Erben ist möglich. **74**

b) Rechtsfolgen: Wird die Ges. kraft **Auflösungsklausel** durch den **Tod des Gesellschafters** aufgelöst statt Ausscheidens des Gfters nach III 1 Nr. 1, wird der **Erbe**, wenn die Ges. nicht zugleich erlischt, neuer vollwertiger Gfter der Ges. iL (§§ 145 ff.), BGHZ 1, 327; BGH NJW 1982, 170. Er wirkt mit an der Ges. iL (zB nach § 146 I), nimmt ggf. teil am Fortsetzungsbeschluss (→ Rn. 30), KG HRR 1942, 477, auch bei Fortsetzung ohne ihn, und hat das Übernahmerecht nach § 140 I 2, BGHZ 1, 327. Er hat die Anzeige- und Geschäftsführungspflichten nach § 727 II BGB (→ Rn. 79). Er haftet (beschränkbar als Erbe, ua § 1975 BGB, mit Erblasseranteil und Nachlass außerhalb der Ges.) für GesSchulden, BGHZ 113, 134, auch in der Liquidation (nach dem Erbfall) eingegangene, unter Geltung von § 15, BGHZ 66, 102. Mehrere Erben treten als **Erbengemeinschaft** (§§ 2032 ff. BGB) in die LiquidationsGes ein, RGZ 106, 65; BGH NJW 1982, 170. Sie haben einen gemeinsamen Vertreter zu bestellen (§ 146 I 2). Der Testamentsvollstrecker verwaltet den Anteil, BGHZ 98, 58. **Vor- und Nacherbe** → § 139 Rn. 19. **75**

Scheinerben: Der Scheinerbe bzw. Scheinmiterbe (mit und ohne Erbschein) wird nicht über § 1922 BGB Gfter, auch nicht nach den Grundsätzen der fehlerhaften Ges., aA Konzen ZHR 145 (1981), 61. Der wahre Erbe hat den Erbschaftsanspruch nach §§ 2018 ff. BGB gegen den Scheinerben. Tritt der Scheinerbe dagegen auf Grund einer rechtsgeschäftlichen Eintrittsklausel (→ § 139 Rn. 3, 5) in die Ges. ein, liegt eine fehlerhafte Ges. vor (→ § 105 Rn. 79). Im übrigen Gutglaubensschutz bei Erbschein (§§ 2365 ff. BGB). Lit.: Fischer FS Heymanns Verlag, 1965, 271; Schreiner NJW 1978, 921; Konzen ZHR 145 (1981), 29. **76**

77 Wird die Ges. danach bei **Tod** des Gfters aufgelöst, wird die Ges. durch die Pflicht des Erben zur unverzüglichen Anzeige und bei Gefahr im Verzuge durch **einstweilige Fortdauer** des Rechts und der Pflicht zur **Geschäftsführung** seitens des Erben (Miterben, §§ 431, 425, 2038 BGB; ab Erbschaftsanfall; bei Ausschlagung § 1959 BGB) und der übrigen Gfter geschützt (§ 727 II BGB, ähnlich § 137 I aF). Bei Auflösung wegen **Insolvenz** des Gesellschafters entsprechend einstweilige Geschäftsführung durch die übrigen Gfter (§ 728 II 2 BGB, ähnlich § 137 II aF), nicht den insolventen Gfter oder den Insolvenzverwalter, letzterer wirkt nur bei Liquidation mit (§ 146 III). § 727 II BGB gilt entspr. für Testamentsvollstrecker und Nachlassverwalter. Im Rahmen der notwendigen Maßnahmen hat der Erbe auch Vertretungsmacht. Die Pflicht des Erben ist eine Nachlassverbindlichkeit (§ 1967 BGB); daher gelten die gesetzlichen Beschränkungsmöglichkeiten (§§ 1975 ff. BGB). Für eingegangene Verbindlichkeiten haften die Gfter (§ 128) und der Nachlass. Verletzung der Anzeige und Fortführungspflichten macht ersatzpflichtig (§ 280 BGB), Haftungsmaßstab ist § 708 BGB, str. (→ § 109 Rn. 5). Im Falle der Insolvenz eines Gfters sind die MitGfter wegen ihrer Aufwendungen (§ 110) Masseglaubiger in der Insolvenz des Gfters (§ 118 InsO); schließen sie Geschäfte mit Dritten, haftet diesen auch der insolvente Gfter persönlich (§ 128), nicht die Insolvenzmasse. Zur Stellung des Erben in der AbwicklungsGes MüKoBGB/Schäfer § 727 Rn. 13.

78 **B. Einschränkung der Auflösungsgründe, Fortsetzungsklauseln. a) Einschränkung der Auflösungsgründe:** Die Auflösungsgründe sind zT zwingendes Recht, so nach I Nr. 3, II 1 Nr. 1, 2 sowie die Auflösungsgründe nach Sondergesetzen (→ Rn. 8). Auch die Vollbeendigung mit Wegfall des vorletzten Gesellschafters (→ Rn. 7) ist nicht dispositiv (nur EinpersonenKapitalGes). Privatautonomie besteht dagegen nach I Nr. 1, 2, einer Fortsetzungsklausel (→ Rn. 79) bedarf es dazu nicht. Dispositiv ist auch I Nr. 4 iVm § 133, der GesVertrag kann dazu zB statt Auflösung Ausscheiden des Gfters vorsehen (→ § 133 Rn. 19).

79 **b) Fortsetzungsklauseln:** Die vor Reform des § 131 verbreiteten Fortsetzungsklauseln zielten auf die Auflösung der Ges. durch Kündigung, Tod und Insolvenz eines Gfters (§ 131 Nr. 6, 5, 4 aF) und ersetzten die Auflösung (und Liquidation) der Ges. durch Ausscheiden des Gfters aus der unter den MitGftern fortbestehenden Ges. (§ 138 aF). Da in diesen Fällen der Gfter nunmehr nach III ausscheidet, haben sie die Fortsetzung der Ges. ihre Funktion verloren (anders für die GbR, s. § 736 BGB). In besonderen Fällen haben Fortsetzungsklauseln aber nach wie vor für die Fortsetzung der Ges. Bedeutung, zB nach Ende des Insolvenzverfahrens (I Nr. 3, → Rn. 13), im Fall des § 133 (dort → § 133 Rn. 19), bei Auflösung infolge Wegfalls des vorletzten Gfters (→ Rn. 35) oder des einzigen Komplementärs (→ Rn. 36) oder wenn die Ges. nach Sondergesetzen aufgelöst ist (→ Rn. 8) und der sondergesetzliche Auflösungsgrund später wegfällt. Die Gfter können die Fortsetzung auch ad hoc vereinbaren. Dazu ist grundsätzlich Einstimmigkeit erforderlich, doch kann GesVertrag Mehrheitsbeschluss zulassen (→ Rn. 30). Vertragskonstruktionen zum Ziel der „ewigen" NachfolgeGes, Sudhoff DB 1971, 2097. Mit der Fortsetzungsklausel wird nur die Fortsetzung der Ges. gesichert; soll die Ges. mit dem Erben statt dessen Ausscheiden fortgesetzt werden, ist eine Nachfolgeklausel notwendig (→ § 139 Rn. 10, 14).

80 **c) Einzelprobleme bei Fortsetzungsklauseln:** Die folgende Rspr. hat ihre Hauptanwendungsfälle verloren, aber ist für Sonderfälle weiterhin relevant (→ Rn. 79). Der GesVertrag kann die Fortsetzung ausdrücklich vorsehen, Bsp.: BGH BB 1973, 166; 1974, 902. Dieser GfterWille kann sich aber auch erst aus (auch ergänzender) Vertragsauslegung ergeben (→ § 105 Rn. 59), BGH WM 1973, 37; BB 1979, 287. Dafür genügt nicht allein Entwicklung zum Großunternehmen, sofern die Personenbezogenheit der Ges. gewahrt bleibt, BGH DB

1977, 1403. In der PublikumsGes ist dagegen in aller Regel eine Fortsetzungsklausel als gewollt anzusehen (→ Anh. § 177a Rn. 83). Fortsetzungsklausel für einen Fall (Todesfall nach § 131 Nr. 4 aF) zwingt nicht zu entspr. Auslegung für einen anderen (Kündigung nach § 131 Nr. 6 aF), BGH DB 1977, 1403. Möglich ist Klausel, dass die MitGfter nicht ohne weiteres fortsetzen, sondern dies nur beschließen können, mit oder ohne Teilnahme des Kündigenden, einstimmig oder mit Mehrheit, vgl. BGH BB 1974, 902. Scheidet bei einer KG der Einzige phG aus (→ Rn. 36), so kann GesVertrag vorsehen, dass die verbleibenden Kdtisten einen neuen phG aufnehmen, verweigert ein Kdtist hierbei seine Mitwirkung, kann dies treuwidrig sein (→ § 109 Rn. 23), BGH DB 1979, 1836. Fortsetzungsklausel ist auch auf Ausscheiden mehrerer AltGfter anwendbar, § 723 III BGB greift nicht, BGH NJW 2008, 1943; 2008, 2987 (GbR).

Zweipersonengesellschaft: Bei Ges. mit nur (noch) zwei Gftern (ZweiPersonenGes, → Rn. 19, 35) ist die Fortsetzungsklausel, auch wenn die Ges. ursprünglich mehr Gfter hatte, idR dahin zu verstehen, dass bei Wegfall des einen Gfters der andere ein Übernahmerecht hat (→ § 140 Rn. 30) und bei dessen Ausübung das Geschäft von Rechts wegen auf ihn als Alleininhaber übergeht (Gesamtrechtsnachfolge → Rn. 35, nicht Anwachsung, → Rn. 39, entsprechende Haftungsfolgen, → Rn. 84), BGH LM HGB § 138 Nr. 2; BB 1965, 844; OLG München BB 1981, 1117 (Kündigung); auch → Rn. 84. Übernahmerecht, iZw nicht Übernahmepflicht, OLG Karlsruhe ZIP 2007, 1908. Eine vor Übernahme bewilligte, später für die Ges. eingetragene Hypothek entsteht dann unmittelbar für den Übernehmer. Die Übernahme kann missbräuchlich sein, zB wenn doch liquidiert werden muss und die Übernahme nur dem Übernehmer einen besonderen Liquidationsgewinn bringen würde, BGH BB 1958, 851. 81

9) Abweichende Vereinbarungen zum Ausscheiden (zu III)
A. **Erweiterung der Ausscheidensgründe.** Der GesVertrag kann das Ausscheiden eines Gfters aus der unter den MitGftern fortbestehenden Ges. auch in anderen Fällen als nach III 1–4, 6 vorsehen (III Nr. 5, → Rn. 25). Die Gfter können das Ausscheiden eines Gfters und die Fortsetzung unter den übrigen auch ad hoc vereinbaren. Dazu ist grundsätzlich Einstimmigkeit erforderlich, doch kann GesVertrag Mehrheitsbeschluss zulassen (→ § 119 Rn. 33 ff.). Erleichterung der Ausschließung → § 140 Rn. 30. 82

B. **Einschränkung der Ausscheidensgründe, Fortsetzungsklauseln.** Die Ausscheidensgründe nach III Nr. 1–6 sind nicht zwingend. Der GesVertrag kann vorsehen, dass in den Fällen III Nr. 1–4 die Ges. aufgelöst ist (wie nach I Nr. 3–6 aF). Der GesVertrag kann umgekehrt vorsehen, dass der Gfter oder sein Erbe in der Ges. länger als nach III 2 verbleibt, zB um Ges. als GmbH & Co weiterzuführen, oder ein bloßes Ausscheidensrecht hat oder gar nicht ausscheidet, auch zu III Nr. 2, MüKoHGB/K. Schmidt/Fleischer Rn. 72, 76, 77; Voigt NZG 2007, 695, aA üL, Göcke NZG 2009, 211. Letzterem dienen die verschiedenen Nachfolgeklauseln, die den GesAnteil erst vererblich machen (→ § 139 Rn. 1 ff.). Denkbar ist auch die Bildung einer **stillen Gesellschaft**. Soll nach dem GesVertrag im Todesfall der OHG oder KG unter den übrigen Gftern fortgesetzt und der Erbe stiller Gfter werden, scheidet der Erbe aus der Ges. aus und die MitGfter sind ihm und untereinander zur Gründung einer stGes mit dem Erben verpflichtet. Sein Auseinandersetzungsguthaben bildet seine Einlage (§ 230 I). Erschwerung der Ausschließung und bloße Herabstufung → § 140 Rn. 28 f. 83

Vorsorge bietet sich auch für den Fall des Ausscheidens des vorletzten Gfters aus der **Zweipersonengesellschaft** an, da dann der andere von Gesetzes wegen im Wege der Gesamtrechtsnachfolge (auch als bisheriger Kdtist) unbeschränkt für alle Altschulden der Ges. haftet (→ Rn. 35). Ein Recht zu Ablehnung der Übernahme kommt zu spät, stattdessen kommt eine Klausel über Auflösung statt 84

10) Reform des Personengesellschaftsrechts (MoPeG)

85 Das Gesetz zur Modernisierung des Personengesellschaftsrechts (MoPeG → Einl § 105 Rn. 42 ff) fasst zum 1.1.2024 auch das OHG-Recht neu. Ausscheiden von Gesellschaftern und Auflösung der Gesellschaft werden künftig in getrennten Abschnitten behandelt. Die bislang in § 131 III geregelten Gründe und der Zeitpunkt des Ausscheidens von Gesellschaftern finden sich in § 130 HGB-MoPeG, die bislang in § 131 I, II geregelten Auflösungsgründe in § 138 HGB-MoPeG. Zur Textfassung des HGB-MoPeG s. → Anh. § 105.

[Kündigung eines Gesellschafters]

132 Die Kündigung eines Gesellschafters kann, wenn die Gesellschaft für unbestimmte Zeit eingegangen ist, nur für den Schluß eines Geschäftsjahrs erfolgen; sie muß mindestens sechs Monate vor diesem Zeitpunkte stattfinden.

Übersicht

	Rn
1) Kündigung der auf unbestimmte Zeit eingegangenen Gesellschaft	1, 2
A. Inhalt von § 132	1
B. Für unbestimmte Zeit eingegangen	2
2) Ordentliche gesetzliche Kündigung	3–7
A. Kündigungserklärung	3
B. Kündigungsfrist	4
C. Keine Kündigung zur Unzeit	5
D. Missbräuchliche Kündigung	6
E. Rechtsfolgen	7
3) Abweichende Vereinbarungen	8–14
A. Erleichterungen	8
B. Erschwerungen	9–14
4) Reform des Personengesellschaftsrechts (MoPeG)	15

1) Kündigung der auf unbestimmte Zeit eingegangenen Gesellschaft

1 **A. Inhalt von § 132.** § 132 regelt Termin und Frist der ordentlichen Kündigung der auf unbestimmte Zeit eingegangenen OHG bzw. KG (auf bestimmte Zeit eingegangene Ges. s. § 131 I Nr. 1); im Übrigen, vor allem zum Kündigungsrecht, bleibt § 723 BGB anwendbar, insbesondere § 723 III BGB (→ Rn. 6, 12–13), BGHZ 23, 15; BGH NJW 1985, 192. Die außerordentliche Kündigung ist in § 133 geregelt und nur als Auflösungsklage möglich, falls der GesVertrag nichts anderes vorsieht. Lit.: Strothmann/Vieregge FS Oppenhoff, 1985, 451; Henssler/Kilian ZIP 2005, 2229 (Kollektivaustritt); auch → § 134 Rn. 1.

2 **B. Für unbestimmte Zeit eingegangen.** Eine bestimmte Zeit ist nicht nur eine solche nach dem Kalender, sondern auch durch den GesZweck (→ § 131 Rn. 11), zB bis zum Erscheinen der ersten Publikation eines Verlags, BGHZ 10, 98; 50, 321, oder auf die Dauer des Bestehens einer anderen Ges., die nicht Gfter ist. Eine unbestimmte Zeit ist eine solche, die nicht in diesem Sinne bestimmt ist; doch muss wohl in jedem Falle die Dauer der Bindung für die Gfter einigermaßen übersehbar sein, so dass sie ähnlich wie bei kalendermäßig bestimmter Dauer danach Dispositionen treffen können, BGHZ 50, 322; BGH NJW 1992, 2696. Ges. auf Lebenszeit und stillschweigend fortgesetzte Ges. stehen der für unbestimmte Zeit eingegangenen Ges. gleich (§ 134).

2) Ordentliche gesetzliche Kündigung

A. Kündigungserklärung. Die Kündigung ist eine empfangsbedürftige Willenserklärung. Sie ist **an alle übrigen** (auch nicht geschäftsführenden) Gfter zu erklären, nicht an die Ges., außer wenn anders vereinbart. Doch wirkt die Kündigung an die Ges., sobald sie die übrigen Gfter erfahren, BGH NJW 1993, 1002. Die Kündigung ist **formfrei,** doch kann der GesVertrag Form vorsehen; auch dann wirkt die Kündigung sobald sie die übrigen Gfter erfahren, RGZ 77, 70. Sie ist konkludent möglich, muss aber eindeutig sein. Bedingte Kündigung und Änderungskündigung sind zulässig, wenn keine unzumutbare Ungewissheit entsteht, vgl. BGH WM 1986, 975, zulässig sind jedenfalls unechte Bedingungen, OGHZ 3, 250. Die Kündigung ist in der Auflösungsklage (§ 133) idR enthalten, wegen der anderen Wirkungen dagegen nicht in der Übernahmeklage (§ 140 I 2).

B. Kündigungsfrist. Bei Ges. auf unbestimmte Zeit ist Kündigung jederzeit zum Ende des Geschäftsjahrs mit Frist von sechs Monaten möglich; wenn Geschäftsjahr gleich Kalenderjahr: spätestens am 30.6. (zugehend) zum 31.12. Verspätete Kündigung wirkt idR auf den nächstfolgenden Termin. Geltenlassen verspäteter Kündigung (nicht ohne weiteres bloßes Schweigen, → § 346 Rn. 32) wird idR Beschluss über Ausscheiden des Kündigenden (§ 131 III Nr. 6, dort → § 131 Rn. 26) zum genannten Termin bedeuten.

C. Keine Kündigung zur Unzeit. Die Kündigung kann unzeitig sein; dann ist sie zwar wirksam, macht aber schadensersatzpflichtig (§ 723 II BGB auch für OHG, nach aA § 280 BGB wegen Verletzung der Treuepflicht). Schadensersatzpflicht setzt wie auch sonst (vgl. § 280 I 2 BGB) Verschulden voraus, Soergel/Hadding/Kießling § 723 Rn. 52; MüKoBGB/Schäfer § 723 Rn. 55.

D. Missbräuchliche Kündigung. Die Kündigung kann ausnahmsweise treuwidrig sein (Treuepflicht, → § 109 Rn. 23), nach der Rspr. rechtsmissbräuchlich (§ 242 BGB), aber nur in besonderen Ausnahmefällen, OGHZ 3, 250, uU eine Kündigung schon in den ersten Jahren der Ges., BGHZ 23, 16. Das Missbrauchsverbot darf keinesfalls zum dauernden Ausschluss der Kündigung führen (§ 723 III BGB), BGHZ 23, 16; BGH DB 1977, 1404. Missbrauch **nicht** schon bei grundloser Kündigung; bei Ausnutzung einer dem kündigenden Gfter einen Vorteil bei der Auseinandersetzung sichernden Dauerlage, da sonst Kündigungsausschluss, BGH JZ 1954, 195; bei Kündigung, um Fortsetzung unter günstigeren Bedingungen zu erreichen, BGH DB 1977, 1404; WM 1988, 328, str. Lit.: Ulmer 2. FS Möhring, 1975, 295 (Treuepflicht).

E. Rechtsfolgen. Die Kündigung führt nach Ablauf der Kündigungsfrist zum Ausscheiden des Gfters (§ 131 III Nr. 3, anders § 131 Nr. 6 aF). Bis dahin kann **anderer Kündigungsgrund** zuvorkommen, zB Tod des Kündigenden vor Ende der Kündigungsfrist, OGHZ 3, 254, hL; für die Zeit nachher str. (→ § 131 Rn. 5). Die Rechtsfolgen der Kündigung können grundsätzlich nur einstimmig verändert werden, BGHZ 48, 251.

3) Abweichende Vereinbarungen

A. Erleichterungen. Erleichterungen der Kündigung bezüglich Termin und Frist sind ohne weiteres zulässig, auch ordentliche Kündigung jederzeit fristlos, aber § 723 II BGB (→ Rn. 5). Auch Regelung der Rechtsfolgen der Kündigung (vgl. → Rn. 11), zB auch Auflösung (→ § 131 Rn. 74).

B. Erschwerungen. Zulässig ist die Festlegung einer bestimmten Zeitdauer der Ges. oder gleichstehend der Ausschluss der Kündigung auf Zeit. Der Ausschluss braucht nicht Zeitraum oder Zeitpunkt kalendermäßig festzusetzen. Hinreichende Bestimmbarkeit der Vertragsdauer genügt, zB bis zum Erscheinen der ersten Ausgabe eines Verlags (→ Rn. 2), RG HRR 1926, 1266; mangels solcher

Bestimmbarkeit ist Ges. auf unbestimmte Zeit eingegangen (→ Rn. 2). Zulässig ist auch die Verlängerung der gesetzlichen Kündigungsfrist, zB Frist von zwei Jahren. Kündigungsfrist und -modalitäten können für die Gfter auch ungleich sein, vgl. BGH WM 1968, 532.

10 Zulässig sind auch **Abtretungs- und Umwandlungsklauseln.** Bspe: Ersetzung der ordentlichen Kündigung durch Anspruch auf Umwandlung in Kapital-Ges, RGZ 156, 136, Grenze im Einzelfall bei Unzumutbarkeit, MüKoHGB/K. Schmidt/Fleischer Rn. 29; Ersetzung durch Anspruch auf Anteilsübertragung; auch Ausschluss des ordentlichen Kündigungsrechts der GmbH bei der GmbH & Co; ebenso bei der KG für Kdtisten bei Zulassung freier Anteilsübertragung.

11 Auch **Klauseln über die Rechtsfolgen** der Kündigung können die Kündigung zulässig erschweren, zB durch Beschränkung der Abfindung (aber Grenzen, → § 131 Rn. 64 ff.) oder Übernahmerecht (→ § 140 Rn. 30 ff.).

12 Grenzen: a) Kein Ausschluss: Unzulässig ist der Ausschluss der (ordentlichen) Kündigung auf Dauer (**§ 723 III BGB**, → Rn. 1), auch bei kapitalistischer Ges., BGHZ 23, 15. Gleiches gilt für andere dem Ausschluss nahekommende Erschwerungen (vgl. → § 133 Rn. 20), zB durch Bindung an Zustimmung von MitGftern, RGZ 21, 94, Anordnung von Nachteilen gegen den Kündigenden, BGHZ 126, 231, insbesondere Abfindungsklauseln (→ § 131 Rn. 61). Abtretungs- und Umwandlungsklauseln sind umstritten (→ Rn. 10).

13 b) Keine übermäßig lange Bindung: Das folgt für krasse Fälle bereits aus § 138 BGB, für andere Fälle aus dem Normzweck des § 723 III BGB (→ § 234 Rn. 9), MüKoBGB/Schäfer § 723 Rn. 65 (Umgehung), str., nach aA ist beliebig lange Befristung möglich, üL, Grenze dann erst §§ 138, 826 BGB. Eine feste zeitliche Grenze (zB Lebenszeit aller Gfter, vgl. → § 134 Rn. 3) gibt es allerdings nicht, eine zwingende Rechtfertigung aus dem GesZweck ist nicht notwendig, str. Es kommt immer auf Abwägung im Einzelfall an, 10 bis 12 Jahre, aber nicht Auslieferung auf „Gedeih und Verderb", BGH NJW 2005, 1786. 30 Jahre bei Anwaltssozietät ist, obschon Teil der Alterssicherung des Seniorpartners, unwirksam (Grenzziehung des Untergerichts bei 14 Jahren akzeptiert), BGH NJW 2007, 295 mAnm. Römermann, vgl. aber noch BGH WM 1967, 316 (30 Jahre). Auch in großen Familiengesellschaften sind 30 Jahre zu lang, aA Ulmer ZIP 2010, 816. Strengere Maßstäbe in PublikumsGes (→ Anh. § 177a Rn. 68).

14 c) Rechtsfolge der unzulässigen Kündigungserschwerung ist in aller Regel nicht Nichtigkeit des GesVertrags (§ 139 BGB gilt nicht, → § 105 Rn. 50), RGZ 162, 393. Statt der unzulässigen Kündigungsklausel kann im Wege der (auch **ergänzenden**) **Vertragsauslegung** (→ § 105 Rn. 59) eine zulässige anzunehmen sein, BGH WM 1967, 316; nun auch Soergel/Hadding/Kießling § 723 Rn. 55, nach aA stets nur dispositives Recht. Das Verbot der geltungserhaltenden Reduktion (AGBRecht) und das Transparenzgebot (s. **(5)** § 307 I 2 BGB) stehen dem nicht entgegen (s. **(5)** § 310 IV 1 BGB). Jedoch ist wie unter § 138 BGB zu beachten, dass nicht der sittenwidrige Handelnde belohnt wird, dann keine geltungserhaltende Reduktion (→ § 131 Rn. 73), sondern nur dispositives Recht (gleiche Problematik zB in §§ 133, 138, 140, vgl. → § 131 Rn. 73). Ausnahmsweise kommt wie nach § 134 Annahme einer Ges. auf unbestimmte Zeit mit Kündigungsrecht nach § 132 in Betracht, BGH NJW 1954, 106.

4) Reform des Personengesellschaftsrechts (MoPeG)

15 Das Gesetz zur Modernisierung des Personengesellschaftsrechts (MoPeG → Einl § 105 Rn. 42 ff) fasst zum 1.1.2024 auch das OHG-Recht neu. Der Regelungsgehalt des § 132 findet sich künftig in § 132 I HGB-MoPeG, vorgesehen ist künftig die Kündigung der Mitgliedschaft. Zur Textfassung des HGB-MoPeG s. → Anh. § 105.

1. Abschnitt. Offene Handelsgesellschaft § 133

[Auflösung durch gerichtliche Entscheidung]

133 (1) **Auf Antrag eines Gesellschafters kann die Auflösung der Gesellschaft vor dem Ablaufe der für ihre Dauer bestimmten Zeit oder bei einer für unbestimmte Zeit eingegangenen Gesellschaft ohne Kündigung durch gerichtliche Entscheidung ausgesprochen werden, wenn ein wichtiger Grund vorliegt.**

(2) **Ein solcher Grund ist insbesondere vorhanden, wenn ein anderer Gesellschafter eine ihm nach dem Gesellschaftsvertrag obliegende wesentliche Verpflichtung vorsätzlich oder aus grober Fahrlässigkeit verletzt oder wenn die Erfüllung einer solchen Verpflichtung unmöglich wird.**

(3) **Eine Vereinbarung, durch welche das Recht des Gesellschafters, die Auflösung der Gesellschaft zu verlangen, ausgeschlossen oder diesen Vorschriften zuwider beschränkt wird, ist nichtig.**

Übersicht

	Rn
1) Auflösung aus wichtigem Grund durch gerichtliche Entscheidung	1–4
A. Grundsatz	1
B. Geltungsbereich	2–4
2) Wichtiger Grund für die Auflösung (I, II)	5–12
A. Grundsatz	5, 6
B. Beispielsfälle des II	7–9
C. Weitere Beispiele	10, 11
D. Verzicht, Verwirkung, Verzeihung	12
3) Auflösungsklage (I)	13–17
A. Parteien	13
B. Prozess	14–16
C. Schadensersatz	17
4) Abweichende Vereinbarungen (III)	18–21
A. Erleichterung der Auflösung	18
B. Erschwerung der Auflösung	19–21
5) Reform des Personengesellschaftsrechts (MoPeG)	22

1) Auflösung aus wichtigem Grund durch gerichtliche Entscheidung

A. Grundsatz. Neben der ordentlichen Kündigung (§§ 132, 134, Vertrag) **1** gibt es die außerordentliche. Erstere führt zum Ausscheiden des Gfters (§ 131 III 1 Nr. 3), mit letzterer kann die Ges. aus wichtigem Grund außerordentlich zu Ende gebracht werden. § 133 setzte bisher anstelle der außerordentlichen Kündigung (so § 723 BGB für die GbR, aber → Rn. 2) aus Gründen der Rechtssicherheit die Auflösung durch gerichtliche Entscheidung (ebenso § 140 I 1, 2), BGHZ 10, 52, so auch nach neuem Recht üL, Habersack in Bayer-Stiftung, 1999, S. 92. § 133 und § 723 BGB sind Sondervorschriften zu § 314 BGB. Verhältnis zu § 140 → § 140 Rn. 1, 5. § 133 ist bei der Änderung und dem Paradigmenwechsel zu §§ 131 ff. durch das HRefG (→ § 131 Rn. 1) unverändert geblieben, was zu Unstimmigkeiten führt. Wenn die ordentliche Kündigung idR nicht mehr zur Auflösung, sondern nur zum Ausscheiden des kündigenden Gfters führt (anders § 131 Nr. 6 aF), muss erst recht die außerordentliche Kündigung zulässig sein und konsequent idR nur zum **Ausscheiden (Austritt) aus wichtigem Grund** führen, so auch die Rspr. und hL zur PublikumsGes, → Anh. § 177a Rn. 58; für ein allgemeines Austrittsrecht aus wichtigem Grund auch bei der OHG Röhricht FS Kellermann, 1991, 379; K. Schmidt § 50 II 4d; differenzierend Ulmer FS Goette, 2011, 545. Die Frage ist dann nur noch, ob dieses Recht wie auch sonst durch Kündigungserklärung oder nur durch Gestaltungsklage geltend zu machen ist. Die besseren Gründe sprechen für ersteres, also

außerordentliche Kündigung auch bei der OHG: Wortlaut der §§ 131 III 1 Nr. 3 (jede Kündigung), 133 (nur Auflösungsklage); Normzweck von § 133 (Auflösung durch Gestaltungsurteil im Interesse der Verkehrssicherheit); Rspr. und hL auch für PublikumsGes (Austritt ohne Gestaltungsklage, → Anh. § 177a Rn. 58), MüKoHGB/K. Schmidt/Fleischer § 132 Rn. 40; OLG Celle NZG 2011, 262; für den fehlerhaften Beitritt auch K. Schmidt § 6 V 1; aA Staub/Schäfer Rn. 4; Habersack in Bayer-Stiftung, 1999, S. 92. Ein Interesse an Verkehrssicherheit auch für den Fall des Austritts wird schon bisher nicht anerkannt, weil die Gfter die normale außerordentliche Kündigung ohne Gestaltungsklage zulassen können (→ Rn. 18). Nach dieser Konzeption stehen **außerordentliche Kündigung ohne Klage, Auflösungsklage nach § 133 und Ausschluss- und Übernahmeklage nach § 140 I 1, 2** gut abgrenzbar **nebeneinander.** Eine außerordentliche Auflösungskündigung wie nach der aF gibt es jedoch, wenn nicht anders vereinbart, nicht mehr, Übergangsrecht nach **(1)** EGHGB Art. 41, OLG Celle NZG 2011, 261. Folgt man dem nicht, müsste nach dem HRefG konsequent § 133 über den Wortlaut hinaus dahin ausgelegt werden, dass das Gericht statt Auflösung als milderes Mittel das Ausscheiden bzw. den Austritt des Gfters aussprechen kann, so bei Einverständnis des Klägers mit dem Ausscheiden (und der Abfindung). Konsequent müsste dann auch von vornherein eine auf einen solchen Austritt gerichtete Klage möglich sein. § 133 würde dann die Gestaltungsklage auf Auflösung oder auf Ausscheiden bzw. Austritt aus wichtigem Grund regeln. De lege ferenda eine Kodifikation des Austrittsrecht aus wichtigem Grund bei § 131 empfiehlt mit guten Gründen Schäfer GA 1971. DJT 2016 E 98.

2 B. **Geltungsbereich.** § 133 gilt für die OHG und KG (§ 161 II), auch die fehlerhafte (→ § 105 Rn. 75), nur bildet dort schon der fehlerhafte Vertragsschluss als solcher einen wichtigen Grund zur Auflösungsklage (→ § 105 Rn. 88). § 133 gilt nicht für die GbR, hL, aA für die unternehmenstragende GbR MüKoHGB/K. Schmidt/Fleischer Rn. 3; aber auch → Einl. vor § 105 Rn. 14.

3 Ist die Ges. bereits aufgelöst, fehlt es idR am **Rechtsschutzbedürfnis** für die Auflösungsklage, zB wenn die Auflösung unstreitig oder rechtskräftig festgestellt ist, Staub/Schäfer Rn. 9, anders, wenn Auflösung noch nicht feststeht, MüKoHGB/K. Schmidt/Fleischer Rn. 5. Ebenso fehlt das Rechtsschutzbedürfnis, wenn der Gfter aus wichtigem Grund des GesVertrags die Ges. jederzeit fristlos ordentlich oder außerordentlich kündigen kann mit der Folge der Auflösung der Ges. (nicht des bloßen Austritts, → Rn. 1, 18). Das soll nach manchen auch bei zumutbarer kurzer Kündigungsfrist gelten, richtiger fehlt es dann am wichtigen Grund (→ Rn. 5).

4 Das Klagerecht nach § 133 kann grundsätzlich **nicht mittels Einwendung** oder Einrede geltend gemacht werden, Grund: Gestaltungsklage (→ Rn. 15), zB nicht gegenüber der Klage auf Feststellung des Bestehens der OHG, OGHZ 1, 351; anders nach der Rspr. gegen die Forderung zur Mitwirkung bei der Anmeldung der noch nicht eingetragenen OHG ins HdlReg (→ § 108 Rn. 6), RGZ 112, 282.

2) Wichtiger Grund für die Auflösung (I, II)

5 A. **Grundsatz.** Wichtiger Grund zur Auflösung ist ein Sachverhalt, der das Zusammenwirken der Gfter zur Erreichung des GesZwecks beeinträchtigt und dem Kläger die Fortsetzung der Ges. **unzumutbar** macht, RG LZ 1916, 40; JW 1929, 1360; Rspr 69, 169, vgl. allgemein § 314 I 2 BGB. Die Gesamtheit der Umstände (bei Schluss der letzten mündlichen Verhandlung) ist unter diesem Gesichtspunkt zu würdigen, umfassende Interessenabwägung, BGHZ 84, 382 (stGes). Florieren des Unternehmens fällt gegen die Auflösung ins Gewicht, schließt sie aber nicht aus, OGHZ 2, 259; BGHZ 4, 112. Die eben beginnende

1. Abschnitt. Offene Handelsgesellschaft   6–9   § 133

Ges. ist idR eher auflösbar als die ältere, BGH WM 1969, 526; 1976, 1032. Die unrentable oder kränkelnde Ges. ist idR eher auflösbar, als wenn erhebliche wirtschaftliche Werte zerschlagen werden müssten, BGH WM 1964, 201. Der kapitalistische Charakter der Ges. (→ Anh. § 177a Rn. 10) kann für die Zumutbarkeit eine Rolle spielen (→ § 140 Rn. 8), BGHZ 18, 361. Am wichtigen Grund fehlt es, wenn dem Kläger die ordentliche Kündigung (§§ 132, 131 III 1 Nr. 3 mit der Folge des Ausscheidens), ggf. das Warten auf den Kündigungstermin, zumutbar ist (→ Rn. 6, § 314 I 2 BGB). Lit.: Stauf 1980.

Vorrang von Anpassungsmaßnahmen, Verhältnismäßigkeitsgrundsatz: Kein wichtiger Grund liegt vor, wenn die Auflösung durch zumutbare Anpassung oder weniger einschneidende Maßnahmen vermieden werden kann (letztes Mittel), BGHZ 69, 169. So kann es liegen, wenn Ausschließung des Auflösungsklägers (§ 140) gerechtfertigt wäre (Vorrang von den Fortbestand der Ges. sichernden Abhilfemaßnahmen), BGHZ 80, 348 (GmbH; vgl. → § 140 Rn. 6, 15); dagegen geht Übernahmerecht nach § 140 I 2 der Auflösung nicht vor, der Übernahmeberechtigte kann auch Auflösung verlangen, MüKoHGB/K. Schmidt/Fleischer Rn. 7. Ebenso wenn ein weniger einschneidende Maßnahme möglich und dem Kläger zumutbar ist, RGZ 146, 180; RG JW 1938, 2213; zB Neuregelung der Geschäftsführung und Vertretung, uU Ausscheiden des Klägers, OGHZ 2, 262; dabei aber keine Grundumgestaltung der Ges. oder Erhöhung der GfterPflichten, OLG Nürnberg BB 1958, 1001. Auch braucht sich der Kläger nicht generell auf sein Austrittsrecht aus wichtigem Grund (→ Rn. 1) verweisen zu lassen, ein vom Kläger nicht gewünschter Austritt ist also nicht schlechthin ein milderes Mittel zur Auflösung (aber → Rn. 9). Anpassung statt Auflösung vor allem dann, wenn eine Änderung der Verhältnisse den Kläger begünstigen würde, BGH LM HGB § 133 Nr. 6. Rechtsschutzbedürfnis → Rn. 3. 6

B. **Beispielsfälle des II.** II bezeichnet (entspr. § 723 I 3 Nr. 1 BGB; § 723 I 3 Nr. 2 BGB idF MHBeG 1998 bei **Volljährigwerden** sollte nach dem RegE ZIP 1996, 939, ebenso BReg [Ausstrahlungswirkung, Regelung deshalb unnötig], auch für § 133 gelten, Behnke NJW 1998, 3082, sachgerechter ist Kündigung des Volljährigen nach § 131 III Nr. 3 nF ohne Auflösung der Ges., Grunewald ZIP 1999, 599, str.; vgl. → § 1 Rn. 34) zwei Sachverhalte nicht abschließend als Auflösungsgrund: 7

a) **Verletzung einer wesentlichen Verpflichtung** aus dem GesVertrag; 8 gleich ob der Vertrag selbst oder das Gesetz die Pflicht begründet; auch der allgemeinen Treuepflicht (→ § 109 Rn. 23); gleich ob durch Nichterfüllung oder unzulässiges Handeln; uU auch Verletzung allgemeiner Pflichten gegenüber MitGftern (Körperverletzung, Beleidigung, Verleumdung, unbegründete Anzeigen), BGHZ 4, 118; 46, 394; 51, 207; auch von Pflichten in Bezug auf das Verhalten gegenüber dem Personal, RG JW 1938, 2752; KG OLGE 36, 272: **Abmahnung** ist bei Störung im Leistungsbereich (je nach den Umständen auch im Vertrauensbereich, aber anders bei Zerrüttung der Vertrauensbasis) idR erforderlich (vgl. § 314 II BGB: auch → § 59 Rn. 130, aber die arbeitsrechtlichen Grundsätze sind nicht unbesehen übertragbar).

II nennt vorsätzliche oder grobfahrlässige Pflichtverletzung, doch nur beispielhaft. Auch leicht fahrlässige Verstöße, sogar solche **ohne Verschulden,** können Auflösungsgrund sein. Doch wiegen verschuldete Verletzungen mehr, OGHZ 2, 259. Verfehlungen des Klägers fallen bei Würdigung derjenigen des Beklagten ins Gewicht, RGZ 122, 13; vgl. → § 140 Rn. 7, 16.

b) **Unmöglichkeit der Erfüllung** einer wesentlichen Verpflichtung aus dem 9 GesVertrag (→ Rn. 7), zB durch Krankheit, Alter, anderweitige Berufstätigkeit, unlösbare Interessenkonflikte, vgl. BGHZ 84, 256; wegen Bedenken nach KWG Auszahlung des Auseinandersetzungsguthabens statt der vereinbarten Verrentung, BGH NJW 2005, 1784; WM 2005, 841 (stGes); uU solche Verhinderung auf der

§ 133 10–14 2. Buch. Handelsgesellschaften und stille Gesellschaft

Seite des Klägers, dann ist aber an Austritt als milderes Mittel zu denken (→ Rn. 1).

10 C. **Weitere Beispiele.** Noch nicht geheilte Gründungsfehler (→ § 105 Rn. 88), hL, Staub/Schäfer Rn. 38, einschränkend MüKoHGB/K. Schmidt/ Fleischer Rn. 15; Zweckerreichung oder Unmöglichkeit der Erreichung des GesZwecks, die die OHG nicht ipso iure auflösen (→ § 131 Rn. 10), BGHZ 69, 162; WM 1973, 864, hL, aA für die Zweckerreichung MüKoHGB/K. Schmidt/ Fleischer Rn. 16: bei HdlGes nicht möglich; derart nachhaltige Zerrüttung des persönlichen Vertrauensverhältnisses, dass keine vertrauensvolle Zusammenarbeit mehr zu erwarten ist, RG JW 1929, 1360; BGHZ 4, 113; BGH LM HGB § 133 Nr. 4; Nr. 6, auch durch schuldhafte Erweckung des Verdachts unredlichen Verhaltens, BGHZ 31, 304, auch ohne Verschulden hier oder dort, zumal aber wenn vorwiegend vom Beklagten verschuldet, stets nach Lage des Falls, vgl. BGH WM 1963, 282; 1966, 1051; 1975, 330; 1975, 770 (zT zu § 723 BGB); dauernde Unrentabilität des Unternehmens, RG LZ 1907, 139; 2008, 61. Weitere Kasuistik von personen- und gesellschaftsbezogenen Auflösungsgründen bei Staub/ Schäfer Rn. 23 ff., 35 ff.

11 **Nicht** wichtig ist der Grund zB, wenn mildere Maßnahmen ausreichen, zB nach §§ 117, 127 (→ Rn. 6); idR Gründe nur aus der Privatsphäre (→ § 140 Rn. 11, 16); wenn alle mit dem Verhalten einverstanden waren, außer unter besonderen Umständen wie Ausnutzung einer Unerfahrenheit oder Notlage, BGHZ 31, 307. Auch aus langem Zuwarten mit der Klageerhebung kann auf fehlende Unzumutbarkeit geschlossen werden (auch → Rn. 12).

12 D. **Verzicht, Verwirkung, Verzeihung.** Langes Warten mit der Auflösungsklage (bei GbR Kündigung, → Rn. 1) kann Verzicht auf das Auflösungsrecht (aus den bis dahin gegebenen Gründen) bedeuten, RG JW 1938, 2213, oder es kann das Klage- bzw. Kündigungsrecht verwirkt werden oder jedenfalls die (tatsächliche) Vermutung entstehen, dass seine Gründe entkräftet sind, BGH LM HGB § 133 Nr. 4; NJW 1966, 2160; 1999, 2820 (Ausschließung eines Kdtisten), vgl. allgemein § 314 III BGB. Der wichtige Grund entfällt bei Verzeihung oder nachträglicher Billigung eines Fehlverhaltens, RGZ 51, 91; BGHZ 31, 307.

3) Auflösungsklage (I)

13 A. **Parteien.** Jeder einzelne Gfter hat das Klagerecht, auch ein Kdtist, bei der GmbH & Co auch die GmbH. Zur einheitlichen Entscheidung über das Ges-Verhältnis unter allen Gftern müssen grundsätzlich alle am Prozess (als Kläger oder Beklagte) teilnehmen, BGHZ 30, 197. Doch genügt außergerichtliche (dem Gericht nachzuweisende) bindende Erklärung des Einverständnisses mit der Auflösung, sie macht nachträglichen Widerspruch unbeachtlich, RGZ 146, 169; BGH NJW 1958, 418; 1998, 146; Ulmer FS Geßler, 1971, 269; aA MüKoHGB/ K. Schmidt/Fleischer Rn. 50 (wie → § 117 Rn. 7). PublikumsGes → Anh. § 177a Rn. 83. Klagen mehrere zusammen, so sind sie notwendig Streitgenossen (§ 62 ZPO, BGH LM HGB 133 Nr. 3 = NJW 1958, 418); ebenso sind es mehrere Beklagte, BGHZ 30, 197; Ulmer FS Geßler, 1971, 269. Klageberechtigt ist grundsätzlich nur der GfterTreuhänder, nicht auch der Treugeber (→ § 105 Rn. 33). Mitverklagung von NichtGftern, zB idR Treugeber (→ § 105 Rn. 34), kann nicht vorgeschrieben werden (vgl. III, → Rn. 20), OGHZ 2, 257. Nicht klageberechtigt sind (vor Ende der letzten mündlichen Verhandlung) bereits ausgeschiedene Gfter (Austrittsrecht → Rn. 6). Zustimmungsklage → § 140 Rn. 20.

14 B. **Prozess.** Gerichtsstand s. §§ 17, 22 ZPO. Während des Auflösungsprozesses ist Vertretung und Geschäftsführung durch Dritten möglich, BGHZ 33, 110 (→ § 125 Rn. 8; vgl. → § 127 Rn. 8, → § 140 Rn. 21). Ausscheiden des Klägers während des Prozesses (→ Rn. 13) macht Klage unbegründet, RGZ 89, 336; Ausscheiden eines Beklagten macht die Klage gegen ihn grundsätzlich unzulässig.

1. Abschnitt. Offene Handelsgesellschaft   15–20   § 133

Die Klage ist möglich als Widerklage. Einstweilige Verfügung auf Auflösung der Ges. ist unzulässig. Streitwert (§ 3 ZPO) entspr. dem Interesse des Klägers an Auflösung, OLG Köln BB 1982, 1384. Auflösung und Ausschließung (§§ 133, 140 I 1, 2) sind Verschiedenes. Übergang vom einen zum anderen ist Klageänderung (→ § 140 Rn. 21). Wegfall des Rechtsschutzbedürfnisses → Rn. 3.

Gestaltungsurteil: Die Klage geht auf Auflösung der Ges., also Rechtsgestal- **15** tung. Wirkung erst mit Rechtskraft, RGZ 123, 153. Ist zu Unrecht für vorläufig vollstreckbar erklärt, so ist das ohne Wirkung, lässt namentlich keine Eintragung zu, KG RJA 11, 225. Schiedsspruch → Rn. 19. Lit.: K. Schmidt, Mehrseitige Gestaltungsprozesse, 1992; Becker ZZP 97 (1984), 314; H. Roth FS Großfeld, 1999, 915.

„**Kann**" in I stellt die Entscheidung nicht ins Ermessen des Gerichts, RGZ **16** 122, 314, früher str.

C. **Schadensersatz.** Der Gfter, der durch schuldhaft vertragswidriges Verhal- **17** ten die Kündigung veranlasst hat, hat dem anderen Teil den durch vorzeitige Beendigung der Ges. erwachsenden Schaden zu ersetzen, RGZ 89, 400; BGH WM 1963, 283; das folgt aus § 280 BGB (→ § 109 Rn. 4), nach aA aus § 628 II BGB analog, Umfang §§ 249, 252 BGB, dazu gehört auch der Geschäftswertverlust des zu Ende gebrachten Unternehmens. Bei Mitverschulden gilt § 254 BGB.

4) Abweichende Vereinbarungen (III)

A. **Erleichterung der Auflösung.** § 133 ist grundsätzlich nicht zwingend, **18** BGHZ 31, 300. Der GesVertrag kann bestimmte Verhaltensweisen oder Ereignisse stets als wichtigen Grund bezeichnen. Er kann statt Auflösungsklage normale außerordentliche Kündigung vorsehen und es als Rechtsfolge derselben bei der Auflösung belassen (idR anders, → Rn. 19). Der GesVertrag kann vorsehen, dass das Unternehmen bei Auflösung in eine KapitalGes einzubringen ist und die Gfter nur Aktien oder Geschäftsanteile erhalten, RGZ 156, 136. Der Streit über Auflösung ist dann unter den Gftern auszutragen (kein gestaltendes Auflösungsurteil wie nach § 133) BGHZ 91, 133; NJW 2008, 2989 (GbR).

B. **Erschwerung der Auflösung.** Der GesVertrag kann bestimmte Verhal- **19** tensweisen oder Ereignisse als wichtigen Grund ausschließen, RG Warn 1914 Nr. 248 (zu § 626 BGB), sofern er damit das Kündigungsrecht nicht unzulässig beschränkt (→ Rn. 20), zB wenn er andere Abhilfe vorsieht. Statt Auflösungsklage nach § 133 kann der GesVertrag wie häufig die **normale Kündigung aus wichtigem Grund mit Ausscheiden** (statt Auflösung, § 131 III 1 Nr. 3) zulassen, BGHZ 31, 298, wie fest etabliert und wichtig bei der Publikumspersonen-Ges (→ Anh. § 177a Rn. 58, 83, 84); solche Klausel ist sinnvoll trotz des Austrittsrechts aus wichtigem Grund, weil dieses str. ist (→ Rn. 1). Diese Klausel ist auch für das Kündigungsrecht des Minderjährigen nach § 723 I 3 Nr. 2 BGB zulässig (→ Rn. 7, 20). Umgekehrt wird man **Ersetzung des Austrittsrechts** aus wichtigem Grund (str., → Rn. 1) **durch Auflösungsklage** wie vor HRefG für zulässig halten können. Ohne weiteres möglich ist Verzicht auf Klage aus schon gegebenem Grund. Statt des staatlichen Gerichts kann **Schiedsgericht** vorgesehen werden, RGZ 71, 255 (→ Einl. vor § 1 Rn. 88). Ein Schiedsspruch äußert auflösende Wirkung erst mit der Vollstreckbarerklärung (§ 1060 ZPO, → Einl. vor § 1 Rn. 92), BayObLG NJW 1984, 809, hL, aA Vollmer BB 1984, 1774.

Grenzen: Die **Auflösungsklage aus wichtigem Grund** ist **zwingend** gege- **20** ben, entgegenstehende Vereinbarungen sind nichtig **(III).** Unzulässige Beschränkungen sind zB Ausschluss bestimmter wichtiger Kündigungsgründe, zB bei Minderjährigen nach § 723 I 3 Nr. 2 BGB (→ Rn. 7, 19), Ausschluss des Rechtswegs, Abhängigmachen von der Mitwirkung Dritter, Ausscheiden ohne weiteres bei unbegründeter Klage bzw. Kündigung (strafähnlich), statt Auflösung Ausscheiden nur unter nachteiliger Abfindungsregelung für den Gfter (→ Rn. 19, → § 131 Rn. 58 ff.). Mitverklagen von Treugebern → Rn. 13.

21 **Rechtsfolge** der unzulässigen Kündigungserschwerung ist nicht Nichtigkeit des GesVertrags (§ 139 BGB gilt nicht, → § 105 Rn. 50). Statt der unzulässigen Kündigungsklausel kann im Wege der (auch ergänzenden) Vertragsauslegung eine zulässige anzunehmen sein (näher → § 132 Rn. 14), str.

5) Reform des Personengesellschaftsrechts (MoPeG)

22 Das Gesetz zur Modernisierung des Personengesellschaftsrechts (MoPeG → Einl § 105 Rn. 42 ff) fasst zum 1.1.2024 auch das OHG-Recht neu. Der Regelungsgehalt des § 133 findet sich künftig in § 139 HGB-MoPeG. Zur Textfassung des HGB-MoPeG s. → Anh. § 105.

[Gesellschaft auf Lebenszeit; fortgesetzte Gesellschaft]

134 Eine Gesellschaft, die für die Lebenszeit eines Gesellschafters eingegangen ist oder nach dem Ablaufe der für ihre Dauer bestimmten Zeit stillschweigend fortgesetzt wird, steht im Sinne der Vorschriften der §§ 132 und 133 einer für unbestimmte Zeit eingegangenen Gesellschaft gleich.

1) Gesellschaft auf Lebenszeit

1 A. **Grundsatz:** § **134** entspricht für die OHG und KG § 724 BGB für die GbR. Danach ist eine auf Lebenszeit eines Gfter eingegangene Ges. ebenso wie eine nach Ablauf der bestimmten Zeit stillschweigend fortgesetzte Ges. (→ Rn. 5) für die Kündigung wie eine für unbestimmte Zeit eingegangene Ges. zu behandeln. Für sie gelten also die ordentliche Kündigung zum Ende des Geschäftsjahrs mit Frist von sechs Monaten (§ 132) und das Auflösungsklagerecht und Austrittsrecht (str.) aus wichtigem Grund (→ § 133 Rn. 1). § 134 Fall 1 ist im Kern zwingend, § 134 Fall 2 ist eine bloße Auslegungsregel (→ Rn. 6, 7). Lit.: Simon DB 1961, 1679; Merle FS Bärmann, 1975, 631.

2 B. **Gesellschaft auf Lebenszeit:** Die Ges. muss im GesVertrag ausdrücklich (→ Rn. 3) auf Lebenszeit eines oder mehrerer Gfter als Mindestdauer eingegangen sein. Es genügt, wenn nur ein Gfter so gebunden ist, RGZ 156, 136.

3 **Nicht** anwendbar ist § 134 bei Abschluss auf bestimmte Zeit, längstens aber auf Lebenszeit eines Gfters (Höchstdauer; entspricht § 131 III Nr. 1); bei Abschluss mit fester kalendermäßiger Dauer über die voraussichtliche Lebenszeit eines oder aller Gfter hinaus, Schlegelb/K. Schmidt Rn. 5, heute hL, aA RGZ 156, 136 (aber andere Grenzen, → § 132 Rn. 12–13); bei Abschluss auf Lebenszeit, wenn jeder Gfter durch Kündigung ausscheiden kann, BGHZ 23, 10 (stGes, → § 234 Rn. 8); ebenso wenn der Gfter statt des Kündigungsrechts das Recht auf Umwandlung in eine KapitalGes hat, RGZ 156, 136, anders wenn er statt zu kündigen nur seinen Anteil abgeben kann. Bei Abschluss auf die Dauer des Bestehens einer als Gfter teilnehmenden **juristischen Person** oder Ges., zB GmbH & Co KG (→ § 105 Rn. 28, → § 161 Rn. 3), gilt nicht § 134, sondern, wenn die juristische Person auf bestimmte Zeit eingegangen ist, § 131 I Nr. 1, sonst § 132, heute hL, MüKoBGB/Schäfer § 724 Rn. 8; vgl. BGHZ 50, 321; differenzierend noch Schlegelb/K. Schmidt Rn. 7: für bestimmte Fälle § 134 analog, aber praktisch irrelevant, MüKoHGB/K. Schmidt/Fleischer Rn. 14. § 134 gilt so auch für **KG**, aber wenn hier die Zustimmung des Gfter übertragbar ist, ist mangels persönlicher Haftung über die Einlage und Übertragbarkeit wie bei der GmbH Schutz des § 134 unnötig, K. Schmidt § 50 II 4c bb, auf funktionierenden Anteilsmarkt kommt es dann nicht an, Ebenroth/Lorz § 132 Rn. 29.

C. **Rechtsfolgen:** Die auf Lebenszeit eingegangene Ges. wird von Gesetzes 4
wegen in eine solche auf unbestimmte Zeit umgedeutet (also keine Teilnichtigkeit der Lebenszeitklausel), BGH WM 1967, 315; im Einzelfall kann es aber bei einer auf eine bestimmte (noch zulässige) Zeit eingegangenen Ges. verbleiben (→ Rn. 6). Ersterenfalls gelten §§ 132, 133 (→ Rn. 1). Das Kündigungsrecht nach § 132 hat jeder entgegen § 134 gebundene Gfter, nicht nur der Gfter, auf dessen Lebenszeit abgestellt ist, heute hL.

2) Nach Ablauf stillschweigend fortgesetzte Gesellschaft

Auch die Ges., die nach Ablauf der für ihre Dauer bestimmten Zeit (§ 131 I 5
Nr. 1) stillschweigend fortgesetzt wird, kann nach §§ 132, 133 gekündigt werden. Dasselbe gilt schon nach §§ 132, 133 bei ausdrücklicher Fortsetzung auf unbestimmte Zeit, auch bei Streichung des Endtermins (Änderung der Ges. auf bestimmte in Ges. auf unbestimmte Zeit). § 134 gilt **nicht** bei Fortsetzung der Ges. nach dem Zeitablauf wiederum auf (ausdrücklich oder stillschweigend) bestimmte Zeit, zB bis zum Ablauf eines Patents oder Vertrags (§ 131 I Nr. 1, → § 131 Rn. 11); bei Fortsetzung in anderen Fällen als nach Auflösung infolge Zeitablauf (§ 131 I Nr. 1), zB durch Kündigung, Tod oder Insolvenz eines Gfters, hier bleibt es grundsätzlich bei der im GesVertrag bestimmten Dauer, heute hL.

3) Abweichende Vereinbarungen

A. **Gesellschaft auf Lebenszeit:** § 134 Fall 1 schließt Bindung (ausdrücklich, 6
nicht nur mittelbar) auf Lebenszeit zwingend aus, MüKoBGB/Schäfer § 724 Rn. 1, 6. Jedoch bleibt die (auch ergänzende) Vertragsauslegung auf kündigungserhaltende Reduktion auf eine feste, aber noch zulässige Dauer (statt Umdeutung in auf unbestimmte Zeit eingegangene Ges. und § 132) möglich, Staub/Schäfer Rn. 7, nach aA ist dazu Rückgriff auf Störung der Geschäftsgrundlage (§ 313 BGB) nötig, BGH WM 1967, 315.

B. **Fortgesetzte Gesellschaft:** § 134 Fall 2 ist nicht zwingend, sondern eine 7
bloße Auslegungsregel. Die Gfter können also in ihrem Fortsetzungsbeschluss (auch stillschweigend) anderes bestimmen.

4) Reform des Personengesellschaftsrechts (MoPeG)

Das Gesetz zur Modernisierung des Personengesellschaftsrechts (MoPeG 8
→ Einl § 105 Rn. 42 ff) fasst zum 1.1.2024 auch das OHG-Recht neu. Die Regelung des § 134 wird durch das MoPeG ersatzlos gestrichen. Zur Textfassung des HGB-MoPeG s. → Anh. § 105.

[Kündigung durch den Privatgläubiger]

135 Hat ein Privatgläubiger eines Gesellschafters, nachdem innerhalb der letzten sechs Monate eine Zwangsvollstreckung in das bewegliche Vermögen des Gesellschafters ohne Erfolg versucht ist, auf Grund eines nicht bloß vorläufig vollstreckbaren Schuldtitels die Pfändung und Überweisung des Anspruchs erwirkt auf dasjenige, was dem Gesellschafter bei der Auseinandersetzung zukommt, so kann er die Gesellschaft ohne Rücksicht darauf, ob sie für bestimmte oder unbestimmte Zeit eingegangen ist, sechs Monate vor dem Ende des Geschäftsjahrs für diesen Zeitpunkt kündigen.

Übersicht

	Rn
1) Zugriff des Privatgläubigers durch Kündigung nach Pfändung	1–3
A. Grundsatz	1
B. Anwendungsbereich	2, 3

	Rn
2) Voraussetzungen der Kündigung	4–8
A. Privatgläubiger	4
B. Titel	5
C. Vollstreckungsversuch	6
D. Pfändung und Überweisung des Auseinandersetzungsguthabens	7
E. Reihenfolge	8
3) Kündigung	9
4) Rechtsfolgen der Kündigung	10, 11
A. Ausscheiden und Fortsetzung der Gesellschaft	10
B. Wiederaufnahme des Gesellschafters	11
5) Abweichende Vereinbarungen	12–14
A. Erschwerungen	12
B. Erleichterungen	13, 14
6) Verpfändung des Anteils (der Mitgliedschaft)	15, 16
A. Verpfändbarkeit	15
B. Rechtsstellung des Pfandgläubigers	16
7) Reform des Personengesellschaftsrechts (MoPeG)	17

1) Zugriff des Privatgläubigers durch Kündigung nach Pfändung

1 A. **Grundsatz.** § 135 gewährt, zT entspr. § 725 BGB, dem Privatgläubiger eines Gfters die Möglichkeit des Zugriffs auf den Kapitalwert des GesAnteils seines Schuldners (nicht nur auf dessen Gewinnrechte, → § 124 Rn. 21, auf das Auseinandersetzungsguthaben nach § 155 oder auf Ansprüche nach § 110) durch ein selbstständiges, nicht von dem Gfter abgeleitetes Kündigungsrecht. Lit.: Paschke, Diss. 1981; Wössner, 2000; K. Schmidt JR 1977, 177.

2 B. **Anwendungsbereich.** § 135 gilt für die OHG und KG (auch für Kdtisten). Für die GbR gilt § 725 BGB, aA für unternehmenstragende GbR MüKoHGB/ K. Schmidt/Fleischer Rn. 3. § 135 gilt auch für die bereits aufgelöste Ges., mehrere Auflösungsgründe sind nebeneinander möglich (→ § 131 Rn. 5), hL.

3 § 135 gilt nur für Einzelgläubiger (→ Rn. 4), nicht für den Insolvenzverwalter (§ 131 III Nr. 2) und den Nachlassinsolvenzverwalter, da die Nachlassinsolvenz schon unter § 131 III Nr. 2 fällt (str., → § 131 Rn. 22). Dagegen hat der **Nachlassverwalter** (§§ 1981 ff. BGB, für OHGAnteil str., → § 139 Rn. 32) ein Kündigungsrecht analog § 135, BGHZ 91, 135; Staub/Schäfer Rn. 6; Ulmer/Schäfer ZHR 160 (1996), 437, str.; ebenso der Testamentsvollstrecker.

2) Voraussetzungen der Kündigung

4 A. **Privatgläubiger.** § 135 gilt nur für Privatgläubiger eines Gfters. GesGläubiger können nur direkt gegen die Ges. vorgehen (→ § 124 Rn. 41, 45). § 135 gilt auch für einen Gfter mit einem nicht aus dem GesVerhältnis herrührenden Anspruch gegen einen MitGfter, sofern seiner Kündigung nicht ausnahmsweise die Treuepflicht (→ § 109 Rn. 23) entgegensteht, BGHZ 51, 87; WM 1978, 675. Anspruch aus § 128 trägt § 135 also nicht. Forderung aus gerichtlicher Kostenfestsetzung ist dagegen gesellschaftsfremd, auch wenn aus Streit über GesVerhältnis entstanden, BGH DB 1978, 1395. § 135 gilt auch für Nachlassgläubiger eines Gfters. § 135 entfällt mit der späteren Befriedigung des Privatgläubigers.

5 B. **Titel.** Der Privatgläubiger muss einen nicht bloß vorläufig vollstreckbaren Schuldtitel haben, also einen, gegen den es kein ordentliches Rechtsmittel mehr gibt. Das sind zB rechtskräftiges Urteil, rechtskräftiger Vollstreckungsbescheid, Prozessvergleich und vollstreckbare Urkunden (§ 794 Nr. 1, 5 ZPO), entsprechender verwaltungsrechtlicher Titel; **nicht:** nur vorläufig vollstreckbares Urteil, Vorbehaltsurteil, Vollstreckungsbescheid (§§ 699 ff. ZPO), Arrest (§ 922 ZPO).

6 C. **Vollstreckungsversuch.** Der Privatgläubiger oder ein anderer Gläubiger muss innerhalb der letzten sechs Monaten, einerlei ob vor oder nach Zustellung des Beschlusses über die Pfändung des Auseinandersetzungsguthabens, einen erfolglosen (nicht zur vollen Befriedigung des Gläubigers führenden) Zwangsvollstreckungsversuch (wegen einer Geldforderung) in das bewegliche Vermögen des Gfters unternommen haben, BGH ZIP 2009, 1863. Reihenfolge (Vollstreckungsversuch, Rechtskraft des Schuldtitels, Pfändungs- und Überweisungsbeschluss) ist gleichgültig, MüKoHGB/K. Schmidt/Fleischer Rn. 20. Vollstreckung gleich aus welchem Titel (hier auch aus einem vorläufig vollstreckbaren). Nachweis der Erfolglosigkeit idR durch Unpfändbarkeitsprotokoll des Gerichtsvollziehers.

D. **Pfändung und Überweisung des Auseinandersetzungsguthabens.** 7
Anders als § 725 BGB (Anteilspfändung) setzt § 135 Pfändung sowie Überweisung des Auseinandersetzungsguthabens des Gfters voraus (§§ 859 I, 857 I, 829 I, 835 ZPO). Näher zur Anteilspfändung → § 124 Rn. 21; zu den verschiedenen Pfändungszugriffsmöglichkeiten MüKoHGB/K. Schmidt/Fleischer Rn. 8. Pfändung des Anteils umfasst auch das Auseinandersetzungsguthaben (→ § 124 Rn. 21) und genügt deshalb. Ist der Auseinandersetzungsanspruch bereits abgetreten (auch an den Privatgläubiger selbst), kann die Pfändung desselben nicht greifen, dagegen geht die Pfändung des GesAnteils (→ Rn. 15) der Vorausabtretung des künftigen Auseinandersetzungsanspruchs vor, BGHZ 104, 351; MüKoHGB/Schmidt/Fleischer Rn. 16; Staub/Schäfer Rn. 14; aA Marotzke ZIP 1988, 1509. Zustellung des Pfändungsbeschlusses an die Ges., BGHZ 97, 396. Die Ges. und die Gfter können von da an die Rechtsstellung des Pfändungspfandgläubigers nicht mehr ohne dessen Zustimmung schmälern, zB durch Abfindungsvereinbarungen (→ Rn. 12). Zur Pfändung und Verpfändung von GesAnteilen H. Roth ZGR 2000, 187.

E. **Reihenfolge.** Die Reihenfolge der verschiedenen Voraussetzungen ist entgegen dem Wortlaut des § 135 gleichgültig, BGH NJW 1982, 2773; OLG Düsseldorf ZIP 1981, 1210.

3) Kündigung

Wenn im Zeitpunkt der Kündigung sämtliche Voraussetzungen derselben 9 (→ Rn. 4 ff.) noch vorliegen, kann die Gläubiger die Ges. (richtiger die Ges., → Rn. 10) mit Sechsmonatsfrist auf das Ende des Geschäftsjahrs kündigen. Die Kündigung ist nicht der Ges., str., sondern wie nach § 132 allen Gftern, also dem SchuldnerGfter und den übrigen Gftern, zu erklären; die Ges. kann aber rechtzeitig weiterleiten, BGH WM 1993, 460. Die Gfter können die Kündigung entspr. § 174 BGB zurückweisen, wenn ihnen der Gläubiger auf ihr Verlangen nicht die Voraussetzungen nachweist. Die Kündigung kann vom Gläubiger nicht ohne Zustimmung aller Gfter zurückgenommen werden.

4) Rechtsfolgen der Kündigung

A. **Ausscheiden und Fortsetzung der Gesellschaft.** Die Kündigung des 10
Privatgläubigers führt zum Ausscheiden des SchuldnerGfters zum Ende des Geschäftsjahrs (§ 131 III 1 Nr. 4, III 2), nicht zur Auflösung (anders § 131 Nr. 6 aF). Einer Erklärung gegenüber dem Privatgläubiger bedarf es dafür nicht (anders § 141 I aF), auch keiner Fortsetzungsklausel. Zwischen dem Ausgeschiedenen und der Ges. findet eine Auseinandersetzung statt (§§ 738–740 BGB, dazu → § 131 Rn. 38). Der Privatgläubiger kann sich aus dem ihm überwiesenen (vgl. § 135) Auseinandersetzungsguthaben des GfterSchuldners befriedigen, aber nur so, wie sich dieses für den Gfter nach Gesetz oder GesVertrag ergibt (zB Abfindungsklauseln, → § 131 Rn. 58 ff.); uU kommt Insolvenzanfechtung nach §§ 129 ff. InsO, § 3 I AnfG in Betracht. Auskunftsrechte wie bei Auflösung nach § 135 (dort → § 135 Rn. 11). Vereinbarungen über die Abfindung sind nach

Pfändung und Überweisung des Auseinandersetzungsanspruchs nur noch mit Zustimmung des Privatgläubigers möglich.

11 **B. Wiederaufnahme des Gesellschafters.** Hat SchuldnerGfter inzwischen seinen Gläubiger befriedigt, können die verbleibenden Gfter auf Grund ihrer Treuepflicht (→ § 109 Rn. 23) verpflichtet sein, ihn wieder aufzunehmen, RGZ 169, 155; BGHZ 30, 201, bzw. bei Übernahme nach § 140 I 2 die Ges. wieder zu begründen. Gfter A, der arglistig den Gläubiger des B zur Kündigung veranlasste und Hilfe durch C, D hinderte, kann sich auf Ausscheiden des B nicht berufen, BGHZ 30, 202; 101, 120 (GmbH); BGH WM 1964, 1128, nicht schon weil A das Vorgehen des Privatgläubigers gegen B mitverursachte, BGH LM HGB § 142 Nr. 7 (Selbstanzeige A an Finanzamt, Vorgehen dieses gegen B, Übernahmeerklärung des A).

5) Abweichende Vereinbarungen

12 **A. Erschwerungen.** § 135 ist zum Schutz des Privatgläubigers **zwingend**, auch zugunsten des Gläubigers eines Kommanditisten (Heerma ZIP 2011, 987). Das Kündigungsrecht des Privatgläubigers kann nicht ohne dessen Zustimmung angetastet werden. Es kann also weder ganz ausgeschlossen noch erschwert werden, zB durch Fristverlängerung. Der Gläubiger muss sich allerdings Regelungen entgegenhalten lassen, die das Ausscheiden des Gfters regeln (→ Rn. 7, 10).

13 **B. Erleichterungen.** Das Kündigungsrecht des Privatgläubigers kann aber erleichtert und in seinen Folgen erweitert werden. So sind kürzere Kündigungsfristen möglich. Der GesVertrag kann vorsehen, dass der GfterSchuldner bereits bei Privatgläubigerpfändung, also nicht erst bei Kündigung nach § 131 III 1 Nr. 4 ausscheidet, vgl. BGHZ 51, 205. Der GesVertrag kann auch statt des Ausscheidens die **Auflösung** der Ges. vorsehen (wie nach § 131 Nr. 5 aF) oder zB Fortsetzung nur mit Zustimmung des betroffenen Gfters und des Privatgläubigers. Die Ges. wird dann bzw. mangels Zustimmung am Ende des Geschäftsjahrs aufgelöst. Die Liquidation kann nur mit Zustimmung des Gläubigers unterbleiben (§ 145 II), außer wenn dieser inzwischen befriedigt ist. Er kann beim Registergericht dahin wirken, dass es die Anmeldung der Auflösung veranlasst (Zwangsgeld, § 14), RGZ 95, 233. Die Ges. und die MitGfter haben ein Ablösungsrecht entspr. § 268 BGB, offen BGHZ 97, 396, oder sonstiger Wegfall des Kündigungsgrunds beseitigt Zustimmungserfordernis nach § 145 II, nicht die Auflösung (aber → Rn. 11). Auch nach eingetretener Auflösung können die Gfter einschließlich des Betroffenen mit Zustimmung des Privatgläubigers die Frist über den Auflösungszeitpunkt hinaus unter Aufschub der Liquidation verlängern, BGHZ 51, 90. Ist die Ges. danach aufgelöst, können die Gfter sich das anders überlegen und die Fortsetzung der aufgelösten Ges. beschließen, aber grundsätzlich nur einstimmig (→ § 131 Rn. 30 f.). Da der GfterSchuldner noch Gfter ist und es § 141 I 1 aF (Erklärung der übrigen Gfter) nicht mehr gibt, nimmt er an dem Fortsetzungsbeschluss teil, wenn das nicht, wie empfehlenswert, im GesVertrag ausgeschlossen vorgesehen ist. Ohne eine solche Klausel kommt in besonderen Fällen Zustimmungspflicht des insolventen Gfters zur Fortsetzung ohne ihn aus nachwirkender Treuepflicht in Betracht, str. Entsprechendes gilt in der ZweipersonenGes (vgl. § 142 II aF).

14 Die aufgelöste Ges. ist **abzuwickeln** (Fortsetzung → Rn. 13). An der Liquidation kann der Gläubiger, der nicht Gfter wird (→ Rn. 16), nur nach §§ 146 II 2, 147, 152 mitwirken (Bestellung, Abberufung, Instruktion von Liquidatoren). Der Gläubiger hat Rechte auf Einsicht, Prüfung, Rechnungslegung, Auskunft nicht nur gegen den SchuldnerGfter (zugrundeliegendes Rechtsverhältnis, § 836 III 1 ZPO), sondern auch gegen die Ges. selbst (vertreten durch die Liquidatoren), soweit notwendig zur Klärung, was ihm als Auseinandersetzungsguthaben (das ihm zur Einziehung überwiesen ist) zukommt, KG OLGE 21, 386, str. Zur Rechtsstellung des Vertragspfandgläubigers allgemein → Rn. 16.

6) Verpfändung des Anteils (der Mitgliedschaft)

A. Verpfändbarkeit. Soweit der Anteil übertragbar ist (→ § 105 Rn. 70), ist **15** er auch verpfändbar (§§ 1273, 1274 BGB, → § 124 Rn. 20); Anzeige ist nicht nötig, § 1280 BGB gilt nicht, RGZ 57, 415; BGH WM 2010, 369, anders Verpfändung des Gewinnanteils, da Forderung, BGHZ 10, 270. Verpfändung des Anteils setzt Zulassung im GesVertrag oder Zustimmung der MitGfter ad hoc voraus (§ 1274 II BGB, Übertragbarkeit, → § 105 Rn. 70), ihre Zulässigkeit folgt nicht ohne weiteres aus der der Übertragung, Ebenroth/Wertenbruch § 105 Rn. 302; offen BGH WM 2010, 369. Ohne Zustimmung bleibt nur die Verpfändung von Gewinn- und Auseinandersetzunganspüchen (§ 717 S. 2 BGB, vgl. → § 124 Rn. 21). Die Verpfändung des Anteils erfasst bis zur Vollstreckung nicht das Gewinnbezugsrecht (§ 1289 BGB nicht analog), BGHZ 119, 194; BGH WM 2010, 370, anders Vollstreckung (→ § 124 Rn. 21). Lit.: Hackenbroch, 1970; Hadding/Schneider, 1979; Vossius BB Beil. 5/1988. **Muster:** Hopt/Merkt VertrFormB/Möritz, Form II. C.7 (Verpfändung eines KGAnteils).

B. Rechtsstellung des Pfandgläubigers. Der Vertragspfandgläubiger wird **16** nicht Gfter (vgl. § 725 II BGB), die GfterRechte und die GfterHaftung verbleiben bei dem verpfändenden Gfter, insbes. Verwaltungs- und Stimmrecht, KG ZIP 2014, 2506. Die Rechtsstellung des Vertragspfandgläubigers kann durch spätere GesVertragsänderung und der Verpfändung nachfolgende Verfügungen des verpfändenden Gfters nicht mehr tangiert werden, MüKoHGB/K. Schmidt/Fleischer Rn. 36; Schutz vor mittelbaren Beeinträchtigungen entspr. § 1276 BGB, ist umstritten, RGZ 139, 229 (GmbH); Staub/Schäfer § 105 Rn. 282; Staub/Schäfer Rn. 14 Fn. 53; aA MüKoHGB/K. Schmidt/Fleischer Rn. 36. Er hat entspr. §§ 1273 II, 1258 BGB gegen die Ges. Informations- und Kontrollrechte zur Durchsetzung seines Pfandrechts, Staub/Schäfer § 105 Rn. 282 f., nach aA § 1258 BGB allgemeiner oder überhaupt nicht. Er muss sich nach § 1277 BGB befriedigen, also durch Zwangsvollstreckung und anschließende Kündigung nach § 135. Rechtsstellung nach Kündigung → Rn. 10 ff. Lit.: H. Roth ZGR 2000, 187.

7) Reform des Personengesellschaftsrechts (MoPeG)

Das Gesetz zur Modernisierung des Personengesellschaftsrechts (MoPeG **17** → Einl § 105 Rn. 42 ff) fasst zum 1.1.2024 auch das OHG-Recht neu. Der Regelungsgehalt des § 135 findet sich künftig in § 133 HGB-MoPeG, danach ist künftig aber nur die Kündigung der Mitgliedschaft vorgesehen. Zur Textfassung des HGB-MoPeG s. → Anh. § 105.

136-138 *(aufgehoben)*

[Fortsetzung mit den Erben]

139

(1) **Ist im Gesellschaftsvertrage bestimmt, daß im Falle des Todes eines Gesellschafters die Gesellschaft mit dessen Erben fortgesetzt werden soll, so kann jeder Erbe sein Verbleiben in der Gesellschaft davon abhängig machen, daß ihm unter Belassung des bisherigen Gewinnanteils die Stellung eines Kommanditisten eingeräumt und der auf ihn fallende Teil der Einlage des Erblassers als seine Kommanditeinlage anerkannt wird.**

§ 139

(2) Nehmen die übrigen Gesellschafter einen dahingehenden Antrag des Erben nicht an, so ist dieser befugt, ohne Einhaltung einer Kündigungsfrist sein Ausscheiden aus der Gesellschaft zu erklären.

(3) ¹Die bezeichneten Rechte können von dem Erben nur innerhalb einer Frist von drei Monaten nach dem Zeitpunkt, in welchem er von dem Anfalle der Erbschaft Kenntnis erlangt hat, geltend gemacht werden. ²Auf den Lauf der Frist finden die für die Verjährung geltenden Vorschriften des § 210 des Bürgerlichen Gesetzbuchs entsprechende Anwendung. ³Ist bei dem Ablaufe der drei Monate das Recht zur Ausschlagung der Erbschaft noch nicht verloren, so endigt die Frist nicht vor dem Ablaufe der Ausschlagungsfrist.

(4) Scheidet innerhalb der Frist des Absatzes 3 der Erbe aus der Gesellschaft aus oder wird innerhalb der Frist die Gesellschaft aufgelöst oder dem Erben die Stellung eines Kommanditisten eingeräumt, so haftet er für die bis dahin entstandenen Gesellschaftsschulden nur nach Maßgabe der die Haftung des Erben für die Nachlaßverbindlichkeiten betreffenden Vorschriften des bürgerlichen Rechtes.

(5) Der Gesellschaftsvertrag kann die Anwendung der Vorschriften der Absätze 1 bis 4 nicht ausschließen; es kann jedoch für den Fall, daß der Erbe sein Verbleiben in der Gesellschaft von der Einräumung der Stellung eines Kommanditisten abhängig macht, sein Gewinnanteil anders als der des Erblassers bestimmt werden.

Übersicht

	Rn
1) Überblick über die Rechtsfolgen des Todes eines Gesellschafters und § 139 sowie die üblichen Vertragsklauseln	1–9
A. Die Rechtsfolgen des Todes eines Gesellschafters, Vertragsklauseln	1–5
B. Überblick über § 139	6–9
2) Die Nachfolge aller Erben (einfache Nachfolgeklausel)	10–13
A. Einfache Nachfolgeklausel	10
B. Ausgestaltung von Nachfolgeklauseln	11
C. Erbenstellung	12
D. Rechtsfolgen der Nachfolge	13
3) Die Nachfolge nicht aller Erben (qualifizierte Nachfolgeklausel)	14–18
A. Sondererbfolge mehrerer Erben	14
B. Berufung nur eines Erben zum Komplementär	15
C. Berufung nur eines Erben zum Nachfolger unter Abfindung der übrigen	16
D. Berufung nur eines Erben zum Nachfolger ohne Abfindung der übrigen	17, 18
4) Vor- und Nacherbfolge	19, 20
A. Nachfolge	19
B. Verfügungen des Vorerben	20
5) Testamentsvollstreckung	21–31
A. OHGAnteil	21–23
B. Kommanditanteil	24–27
C. Anmeldung	28
D. Rechtsausübung durch den Testamentsvollstrecker	29
E. Rechtsausübung durch den Erben	30
F. Freigabe durch den Testamentsvollstrecker	31
6) Nachlassverwaltung	32–36
A. Zulässigkeit	32–34
B. Rechtsausübung durch den Nachlassverwalter	35
C. Rechtsausübung durch den Erben	36
7) Das Wahlrecht des Erben (I–III)	37–43
A. Wahlrecht des Erben	37–40

	Rn
B. Wechsel des Erben in die Kommanditistenstellung	41, 42
C. Ausscheiden des Erben (II)	43
8) Die Haftung des Erben (IV)	44–49
A. Grundsatz	44
B. Haftung während der Schwebezeit	45
C. Die Haftung des Erben als persönlich haftender Gesellschafter	46
D. Die Haftung des Erben als Kommanditist	47
E. Die Haftung bei Ausscheiden des Erben	48
F. Die Haftung bei Auflösung der Gesellschaft	49
9) Eintrittsklauseln	50–55
A. Begriff und Rechtsnatur der Eintrittsklausel	50–52
B. Ausübung des Eintritts	53
C. Rechtsfolgen des Eintritts	54, 55
10) Rechtsgeschäftliche Nachfolgeklauseln	56–58
A. Begriff und Rechtsnatur der Nachfolgeklausel	56
B. Mitwirkung des Begünstigten	57
C. Ohne Mitwirkung des Begünstigten	58
11) Unrichtige oder verspätete Eintragung	59, 60
12) Abweichende Vereinbarungen (V)	61–64
A. Erschwerungen	61, 62
B. Erleichterungen	63
C. Letztwillige Verfügungen	64
13) Reform des Personengesellschaftsrechts (MoPeG)	65

1) Überblick über die Rechtsfolgen des Todes eines Gesellschafters und § 139 sowie die üblichen Vertragsklauseln

A. Die Rechtsfolgen des Todes eines Gesellschafters, Vertragsklauseln. **1**
a) Fortsetzungsklausel: Der Tod eines Gfters führt zu dessen Ausscheiden aus der Ges., sofern sich nicht aus dem GesVertrag etwas anderes ergibt (§ 131 III 1 Nr. 1). Bei der KG gilt dasselbe nur für den Tod eines phG (§§ 161 II; 177). Der GesVertrag kann statt des Ausscheidens Fortsetzung mit den Erben vorsehen (Fortsetzungs- und Nachfolgeklauseln, → § 131 Rn. 79, → Rn. 10, 14). Wird die Ges. ohne die Erben des verstorbenen Gfters unter den MitGftern fortgesetzt, werden die Erben abgefunden, außer wenn der GesVertrag die Abfindung ausgeschlossen hat (zulässig, → § 131 Rn. 62).

b) Nachfolgeklausel: Der GesVertrag kann vorsehen, dass die Ges. mit dem **2** einen oder sämtlichen Erben fortgesetzt wird **(einfache Nachfolgeklausel)**. Statt alle Erben als Gfter hereinzunehmen, kann der GesVertrag auch Fortsetzung mit nur einem oder mehreren von ihnen vorsehen **(qualifizierte Nachfolgeklausel)**. Nachfolgeklauseln stellen vor den GesAnteil vererblich. Ob und wie sie sich auswirken, hängt vom Erbfall ab. Soll der Erbe der phG Kdist werden, spricht man von **Umwandlungsklausel**. Diese Klauseln können **auch kombiniert** werden, zB kombinierte Nachfolge- und Umwandlungsklausel. Lit.: Sethe JZ 1997, 989.

c) Eintrittsklauseln: Soll der Eintritt des bzw. der Erben nicht ohne weiteres **3** mit dem Erbfall erfolgen, sondern diese oder Dritte nur durch Rechtsgeschäft unter Lebenden in die Ges. eintreten können, spricht man von einer Eintrittsklausel (auch gesellschaftsrechtliche Nachfolgeklausel genannt).

d) Sonstige Fälle: Ohne die Öffnung der Ges. durch derartige Klauseln für **4** die Erben ist eine Nachfolge derselben in die GfterStellung des Erblassers nicht möglich. Erbrechtliche Wege wie Testament (§§ 2229 ff. BGB), Vermächtnis (§§ 2147 ff. BGB) oder Auseinandersetzung (§§ 2042 ff. BGB) vermögen dagegen nichts. Die Nachfolge kann sich allerdings auch ohne Klausel im GesVertrag durch freie Vereinbarung ad hoc, auch im Wege der sog. vorweggenommenen Erbfolge (unter Lebenden), abspielen. Nachfolgerbestimmung durch Dritte → § 1 Rn. 36.

5 **e) Scheinerbe:** Die Nachfolgeklausel betrifft nur den Erben, nicht den Scheinerben. Ein rechtsgeschäftlicher Eintritt kann dagegen auch mit einem Scheinerben vollzogen werden, aber dann fehlerhafte Ges. (→ § 105 Rn. 79). Näher → § 131 Rn. 76.

6 **B. Überblick über § 139. a) Inhalt:** § 139 handelt vom Fall, dass der GesVertrag bei Tod eines Gfters Fortsetzung der Ges. mit dem oder den Erben anordnet. Er **betrifft** also **nur Fälle der Nachfolgeklausel, nicht solche der Eintrittsklausel** (→ Rn. 50), RGZ 170, 108. § 139 will dem Erben das Dilemma ersparen, entweder die gefährliche persönliche Haftung nach § 128 akzeptieren oder die Erbschaft ausschlagen zu müssen. Der Erbe kann vielmehr die Erbschaft antreten und hat das Wahlrecht, entweder voll haftender Gfter zu werden oder aber seinen Verbleib in der Ges. von der Einräumung des Kdtistenstatus abhängig zu machen.

7 **b) Anwendungsbereich:** § 139 gilt für die OHG; auch für die KG, dort aber nur für den Erben des phG (vgl. § 177); auch, wenn der Erbe bereits Kdtist ist (→ Rn. 37); in der zweigliedrigen Ges., doch geht dann bei Ausscheiden des Erben das Unternehmen auf den einzig verbliebenen Gfter über (→ Rn. 43). § 139 gilt auch, wenn der Eintritt als Gfter nach dem GesVertrag vom Beschluss der MitGfter abhängt, die Ges. mit dem Erben fortzusetzen, und die MitGfter dies beschließen, RG JW 1912, 475. § 139 gilt auch bei negativem Kapitalanteil des Erblassers (→ Rn. 42); entspr. wenn der Erblasser Gfter ohne Kapitalanteil war, mit Differenzierungen MüKoHGB/K. Schmidt/Fleischer Rn. 64, vgl. OLG Hamm DB 1999, 273.

8 Nicht anwendbar ist § 139, wenn die Ges. bereits aufgelöst ist, BGH NJW 1982, 45, hL, aA MüKoHGB/K. Schmidt/Fleischer Rn. 62, Grund: hier schützt IV (→ Rn. 49). § 139 entfällt nach seinem Zweck, wenn der Erbe des Wahlrechts nicht bedarf, zB wenn er bereits phG ist, KG JW 1936, 2933, Grund: Einheitlichkeit des GesAnteils (→ Rn. 37). § 139 gilt nicht in der GbR, bisher hL, aA für unternehmenstragende und Außen-GbR (rechtsfähige Gesellschaft) MüKoHGB/ K. Schmidt/Fleischer Rn. 61, allgemeiner Schäfer NJW 2005, 3665, im Vordringen befindliche Meinung, noch offen BGH ZIP 2014, 1221. Anzuraten ist Regelung im GesVertrag, insbesondere Freiberuflern steht die Rechtsform der KG häufig nicht zur Verfügung, zumindest insoweit unterschiedliche Interessenlage bei GbR und OHG.

9 Lit.: Wiedemann, 1965; Rokas, 1965; Behrens, 1969; Säcker, 1970; Finger, 1974; Damrau NJW 1984, 2787; Emmerich ZHR 150 (1986), 193; Esch NJW 1984, 339; Flume FS Schilling, 1973, 23; NJW 1988, 161; Herfs DB 1991, 2121; Koch BB 1987, 2106; Marotzke AcP 184 (1984), 541; AcP 187 (1987), 223; K. Schmidt ZGR 1989, 445; BB 1989, 1702; Tiedau NJW 1980, 2446; Ulmer ZGR 1972, 195 und 324; FS Schilling, 1973, 79; BB 1977, 805; NJW 1984, 1496; 1990, 73; D. Weber FS Stiefel, 1987, 829; Wiedemann JZ 1977, 689; Feddersen/Kiem ZHR 159 (1995), 479 (steuerliche Gestaltung); Foerster ZGR 2014, 396; Freitag ZGR 2021, 534 (auch zum MoPeG-RegE).

2) Die Nachfolge aller Erben (einfache Nachfolgeklausel)

10 A. **Einfache Nachfolgeklausel.** Eine einfache Klausel im GesVertrag (auch **erbrechtliche Nachfolgeklausel** genannt) sorgt nur dafür, dass der GesAnteil überhaupt vererblich ist. Die Klausel begründet also nicht Eintrittsrechte für den Erben, sie kann vielmehr jederzeit geändert werden (→ Rn. 15), BGHZ 62, 23. Schon gar nicht stellt sie eine rechtsgeschäftliche Verfügung über den Anteil zugunsten des späteren Erben dar. Vielmehr bestimmt sich beim Erbfall die Nachfolge allein nach Erbrecht. Das gilt auch, wenn in der Nachfolgeklausel bereits ein bestimmter Nachfolger benannt ist. Wird dieser auf Grund einer auch jüngeren letztwilligen Verfügung nicht Erbe, kann er auch nicht auf Grund der erbrechtlichen Nachfolgeklausel mit GesVertrag Gfter werden, BGHZ 68, 225; BayObLG DB 1980, 2028. Scheitert die Nachfolge, weil die in der Nachfolgeklausel Benannten nicht Erben werden, kommt aber ergänzende Auslegung (sonst Umdeutung, § 140 BGB) der Nachfolge- als Eintrittsklausel (→ Rn. 50) in Betracht, BGH NJW 1978, 264; OLG Frankfurt a. M. NJW-RR 1988, 1251. Jedoch liegt iZw stets eine Nachfolge-, keine Eintrittsklausel vor, BGHZ 68, 225; BayObLG DB 1980, 2028, Grund: nur die Nachfolgeklausel führt zum automatischen Eintritt des Nachfolgers.

B. **Ausgestaltung von Nachfolgeklauseln.** Die Berufung von Erben zum Eintritt in die Ges. anstelle des verstorbenen Gfters kann im GesVertrag von **Bedingungen,** auch Potestativbedingungen und Benennungsrechten abhängig gemacht werden, zB betr. Alter, Ausbildung; Berufungsrecht des ErblasserGfters, idR Bestimmung des Nachfolgers durch formfreie Erklärung an die MitGfter; Beschluss der MitGfter nach seinem Tode, zB Wahl eines unter mehreren Erben; Zustimmung der Berufenen; Präsentation des Nachfolgers durch Beschluss mehrerer Erben ua. Tritt die (aufschiebende) Bedingung, zB Beschluss oder Zustimmung, erst nach dem Erbfall ein, besteht bis dahin ein Schwebezustand, RGZ 170, 108; falls nicht überhaupt nur ein ex nunc wirkendes Eintrittsrecht gewollt ist (→ Rn. 50). Der Fiskus als Erbe nach § 1936 BGB kann zum Eintritt berufen werden, str.; die Berufung von „Erben" meint ihn aber iZw nicht. Verschaffungsvermächtnis über Gewinn bis zum Eintritt s. BGH BB 1983, 1562. Auslegung einer Nachfolgeklausel bei Vorversterben des Benannten, BGHZ 68, 235, zur Unwirksamkeit von Klauseln im Zeitablauf Foerster ZGR 2014, 396. Im Einzelfall können Nachfolgeklauseln wegen diskriminierender Wirkung nach § 138 BGB unwirksam sein, so bei Beschränkung auf männliche Nachkommen öOGH NZG 2019, 904, zu weitgehend Foerster AcP 213 (2013), 714.

C. **Erbenstellung.** Die Fortsetzung der Ges. mit Erben des Verstorbenen setzt Annahme der Erbschaft durch diese voraus (→ Rn. 6). Nachlassinsolvenz führt zum Ausscheiden des Gfters, aber uU Recht zum Bleiben (→ § 131 Rn. 22). Ein **minderjähriger Erbe** wird Gfter ohne Genehmigung des Betreuungsgerichts, BGHZ 55, 269; BGH BB 1972, 1475; WM 1987, 1161, Grund: automatische Nachfolge kraft Erbrecht. Aber Haftungsbeschränkung Minderjähriger nach § 1629a BGB (→ § 1 Rn. 34, 39). Die Rechte der Minderjährigen, auch persönliche, übt der gesetzliche Vertreter, uU ein Pfleger aus, als Pfleger kann auch der Testamentsvollstrecker bestellt werden, KG JW 1935, 3558.

D. **Rechtsfolgen der Nachfolge.** Der Erbe hat die Rechte aus § 139 (→ Rn. 37, 44). Je nachdem bestimmt sich seine endgültige Rechtsstellung, nämlich Verbleib in der Ges. als voll haftender Gfter bzw. phG, Wechsel in die Stellung eines Kdtisten, Ausscheiden aus der Ges. oder deren Auflösung (→ Rn. 44 aE). Verbleibt er in der Ges. als voll haftender Gfter, tritt er iZw auch in alle übrigen GfterRechte und -Pflichten des Erblassers ein, betr. Geschäftsführung und Vertretung (→ § 114 Rn. 5). **Pflichtteilsansprüche** von Nichterben gegen den eintretenden Erben bestimmen sich (§ 2311 I 1 BGB) nach dem wahren Wert der fortgeführten Beteiligung, ungeachtet gesellschaftsvertraglicher Beschränkung der Abfindung bei Ausscheiden von Gftern (→ § 131 Rn. 58 ff.), Zimmermann BB 1969, 965; Heinrich/Brunk DB 1973, 1003; Haegele BWNotZ 1976, 25; abw Sudhoff DB 1973, 53 und 1006.

3) Die Nachfolge nicht aller Erben (qualifizierte Nachfolgeklausel)

A. **Sondererbfolge mehrerer Erben.** Mehrere Erben, die nach dem GesVertrag alle an Stelle des Verstorbenen Gfter werden sollen, werden es durch eine **Sondererbfolge** (Einzelnachfolge außerhalb der Erbengemeinschaft nach

§§ 2032 ff. BGB, da diese nicht Mitglied einer OHG werden kann, → § 105 Rn. 29) als Gfter je mit dem ihrer Erbquote entsprechenden Teil des GesAnteils des Verstorbenen (auch des KdtAnteils), BGHZ 22, 192; 68, 237; 91, 135; 98, 51; 108, 192; BGH NJW 1996, 1284 (GbR); BGH ZIP 2012, 624 (KdtAnteil), heute ganz hL. Der GesAnteil gehört trotz dieser Sondererbfolge insofern **zum Nachlass,** als er Teil des vom Erblasser hinterlassenen Vermögens ist, str.; er ist aber aus dem gesamthänderisch gebundenen übrigen Nachlass ausgegliedert, BGHZ 108, 192, dies allerdings mit Ausnahme der aus der Beteiligung folgenden übertragbaren Vermögensrechte, zB Anspruch auf das Auseinandersetzungsguthaben (→ § 109 Rn. 21, → § 131 Rn. 48). Für Nachlasszugehörigkeit MüKoHGB/K. Schmidt/Fleischer Rn. 13; Esch NJW 1984, 339; Damrau NJW 1984, 2787; Flume NJW 1988, 161; aA früher Ulmer NJW 1984, 1496. Differenzierung zwischen TV an OHG- und KGAnteil → Rn. 21, 24. Denkbar wäre dann überhaupt Ablehnung der Sondererbfolge des typischen KdtAnteils, Ulmer NJW 1990, 75. Zugriff der Nachlass- und Privatgläubiger auf den übergegangenen Anteil s. Ulmer/Schäfer ZHR 160 (1996), 413. Lit.: Raddatz, 1991.

15 B. **Berufung nur eines Erben zum Komplementär.** Der GesVertrag kann vorsehen, dass nur ein vom GfterErblasser bestimmter Erbe Komplementär bzw. phG wird, die anderen Kdtisten, vgl. BGH BB 1987, 20. Nach dem GesVertrag richtet sich, wie solche Bestimmung erfolgen muss. Ist sie erfolgt, selbst erbvertraglich oder in einem gemeinschaftlichen Testament bindend, schließt das nicht abweichende Regelung durch Änderung des GesVertrags aus, BGHZ 62, 23 (vgl. § 2286 BGB). Bei irriger Annahme des Gfter, der ErblasserGfter sei auch erbrechtlich frei zur Änderung seiner Bestimmung, kann der GesVertragsänderung aber die Geschäftsgrundlage fehlen (§ 313 BGB), BGHZ 62, 25 (fehlerhafte Ges., → § 105 Rn. 80). Der GesVertrag kann vorsehen, dass mangels Bestimmung durch den Erblasser die Erben selbst diese Bestimmung treffen; dies kann auch durch Auslegung dem Vertrag zu entnehmen sein, BGH BB 1966, 1123. Hat der Erblasser den Nachfolger bestimmt, wird dieser mit dem Erbfall zum phG, jeder Miterbe Kdtist; haben ihn die Erben zu wählen, werden sie zunächst alle Kdtisten, der Gewählte wird mit der Wahl phG, BGH BB 1963, 323. Gemeinsamer KdtistenVertreter → § 163 Rn. 21. Empfehlenswert kann eine kombinierte Nachfolge- und Umwandlungsklausel sein, K. Schmidt BB 1989, 1702.

16 C. **Berufung nur eines Erben zum Nachfolger unter Abfindung der übrigen.** Der GesVertrag kann vorsehen, dass überhaupt nur ein Erbe (im Wege der Sonderrechtsnachfolge) mit dem seinem Erbteil entsprechenden Teil des GesAnteils des Verstorbenen Gfter wird, während seine Miterben für ihre Teile abzufinden sind. Sind mehrere so ausgeschlossen, haben sie für die Summe ihrer Teile den Abfindungsanspruch zur gesamten Hand entspr. § 2032 BGB, RGZ 170, 106; 171, 350; BGHZ 22, 194.

17 D. **Berufung nur eines Erben zum Nachfolger ohne Abfindung der übrigen.** Der GesVertrag kann schließlich sogar vorsehen, dass von mehreren Erben einer den ganzen GesAnteil des Verstorbenen erhält, während die Miterben nichts, auch keine Abfindung bekommen. Die Nachfolge vollzieht sich auch hier durch unmittelbaren Übergang des ganzen Anteils auf diesen einen Nachfolger **(Vollnachfolge),** BGHZ 68, 237; Ulmer ZGR 1972, 206; MüKoHGB/K. Schmidt/Fleischer Rn. 20, heute hL, aA noch BGHZ 22, 195: zunächst bloße Teilnachfolge dieses Erben entsprechend seiner Erbquote. Die Befugnis des TV zur Bestimmung des Nachfolgererben setzt entsprechende Nachfolgeklausel im GesVertrag oder Zustimmung der MitGfter voraus, BGH NJW-RR 1986, 28.

18 **Ausgleichspflicht:** Abfindungsansprüche der nicht nachfolgenden Miterben nach GesRecht entstehen nicht (→ Rn. 17). Erbrechtlich ist dagegen der Zuvielempfang des allein nachfolgenden Erben gegenüber den Miterben gemäß den

Erbquoten auszugleichen, RGZ 170, 107 (selbstverständliche Folge der Zuteilung eines Nachlassgegenstandes an einen Erben), BGHZ 22, 197 (nach § 242 BGB); BGHZ 68, 238; uU auf Grund Testaments (Vermächtnis) durch Schaffung von Unterbeteiligungen (→ § 105 Rn. 38) der Miterben, BGHZ 50, 318 (Umdeutung eines Testaments, das die Miterben entgegen dem GesVertrag auch in die Ges. beruft). Der Erblasser kann diese erbrechtliche Augleichspflicht jedoch durch Teilungsanordnung oder Vorausvermächtnis ausschließen, MüKoHGB/K. Schmidt/Fleischer Rn. 22, nicht dagegen durch Rechtsgeschäft unter Lebenden, str. Auch in diesem Falle haften alle Erben, nicht nur der GfterNachfolger, für Schulden des Erblassers an die Ges., zB aus unzulässigen Entnahmen (→ § 122 Rn. 6), BGHZ 68, 239.

4) Vor- und Nacherbfolge

A. **Nachfolge.** § 139 gilt auch für die Vor- und Nacherben (§§ 2100 ff. BGB). **19** Zur Auflösung bei Vorerbschaft → § 131 Rn. 19. Der Vorerbe und später der Nacherbe werden bei Nachfolgeklausel statt des Erblassers unmittelbar Gfter, BGHZ 69, 50. Bei qualifizierter Nachfolgeklausel müssen sowohl der Vorerbe als auch der Nacherbe deren Voraussetzungen erfüllen, BGHZ 78, 177. Die MitGfter des Erblassers brauchen sich aber keinen Gfter-Nachfolger aufdrängen zu lassen; trotz Surrogation (§ 177) kann der Nacherbe nicht ohne die auch nachträgliche Zustimmung aller Gfter MitGfter werden, offen BGHZ 109, 219. Ausnahmsweise besteht aber eine Zustimmungspflicht, BGHZ 109, 219. Wurde der Vorerbe gemäß § 139 Kdtist, kann der Nacherbe nicht mehr verlangen, phG zu werden, BGHZ 69, 52.

B. **Verfügungen des Vorerben.** Der Vorerbe wird voller Gfter mit allen **20** Rechten und Pflichten. Er kann auch die Rechte des § 139 mit Wirkung für den Nacherben ausüben (→ Rn. 19). Der Vorerbe unterliegt aber zum Schutze des Nacherben den Beschränkungen der §§ 2113 ff. BGB. Diese berühren aber die Ges. selbst nicht, BGHZ 69, 50. Der Vorerbe kann über den Anteil verfügen, aber nicht unentgeltlich wie zB gegen eine Leibrente (§ 2113 II BGB), BGHZ 69, 47. Entgeltlich heißt vollwertige Gegenleistung. Bei gesellschaftsinternen Maßnahmen bedeutet das ordnungsgemäße Verwaltung, str. GesVertragsänderung für alle Gfter gleichmäßig oder einseitige Änderung zu Lasten des Vorerben als Konzession für zusätzlichen Einsatz der MitGfter für GesUnternehmen sind nicht unentgeltlich, BGHZ 78, 177. Ausscheiden des Vorerben wegen Abfindungsklausel kann bei nicht vollwertiger Abfindung als teilweise unentgeltliche Verfügung unwirksam sein, BGH NJW 1984, 362; je nachdem auch Sanierungsmaßnahmen der Vorerben aus Mitteln des Nachlasses, BGH NJW 1984, 366. Anfallende Gewinnanteile gebühren dem Vorerben als Nutzung iSv § 2111 I 1 BGB, BGHZ 78, 188, das gilt aber nur für den zur Ausschüttung freigegebenen Vermögensanteil ohne den zulässig in Rücklage eingestellten Gewinn (wie bei Nießbrauch, → § 105 Rn. 45). Zustimmung des Vorerben zur Änderung des Gewinnverteilungsschlüssels mit Auswirkung auf Verteilung der stillen Reserven bei Auflösung, s. BGH NJW 1981, 1561. Lit.: Baur/Grunsky ZHR 133 (1970), 209; Hefermehl FS Westermann, 1974, 223; Lutter ZGR 1982, 108; Paschke ZIP 1985, 129; Michalski DB Beil. 16/1987.

5) Testamentsvollstreckung

A. **OHGAnteil.** Anders als ein ganzes HdlGeschäft (BGHZ 12, 102, → § 1 **21** Rn. 40) unterliegt der Anteil an einer OHG der Verwaltung durch TV **nicht**. Die unbeschränkte Haftung des Gfters nach §§ 128, 130 und die nach §§ 2206 II, 2208 BGB beschränkte Rechtsmacht des nicht persönlich haftenden TV sind mit einer solchen Verwaltung unvereinbar, BGHZ 108, 195 (II ZS); OLG Düsseldorf ZEV 2008, 142 mAnm. Grunsky, hL, Staub/Schäfer Rn. 60; nach aA gilt dies schon mangels Nachlasszugehörigkeit des Anteils infolge Sondererbfolge (str.,

→ Rn. 14); nach aA ist die TV am OHGAnteil ebenso zulässig wie am KdtAnteil (→ Rn. 24), BGHZ 98, 48; BGH NJW 1996, 1284 (IV ZS); MüKoHGB/K. Schmidt/Fleischer Rn. 46, dann allerdings schwierige Abgrenzung zwischen der Außenseite des GesAnteils, die der verwaltenden Testamentsvollstreckung unterliegt (Verfügung des TV über den GesAnteil, durch den Gfter nur mit Zustimmung des TV, Ausübung der Vermögensrechte wie Gewinnanspruch und Anspruch auf das Auseinandersetzungsguthaben) und Innenseite, die dem Erben verbleibt (Geschäftsführung, Prozessführung, Stimmrecht, Wahlrecht nach § 139), Weidlich NJW 2011, 642. Der **Anspruch auf Auseinandersetzungsguthaben** bei Ausscheiden des Gfter oder Auflösung der Ges. und sonstige aus der Beteiligung abzuleitende übertragbare Vermögensrechte unterliegen dagegen der TV, BGHZ 91, 136; 108, 192, Zustimmung der Gfter ist dafür nicht nötig. Ersatzlösungen sind die Vollmachtslösung und Treuhandlösung (→ Rn. 22, 23).

22 **Vollmachtlösung:** Möglich ist aber eine **Überlassung der Rechtsausübung** durch den (die) Erben-Nachfolger an den TV, jedenfalls für phG, BGHZ 24, 112; 68, 239; 91, 132; BGH NJW 1981, 750 (für GbR); OLG Düsseldorf ZEV 2008, 142 mAnm. Grunsky. Die Überlassung der Rechtsausübung (oder Übertragung des Anteils) bedarf der **Zustimmung** der MitGfter (im Voraus im GesVertrag oder ad hoc); sie ist vor dieser schwebend unwirksam, BGHZ 24, 114 (zB das Stimmrecht aus dem Anteil vorher beim Erben, nicht TV), entspr. der Verfügung eines Gfters über seinen Anteil unter Lebenden (→ § 105 Rn. 69). Der GesVertrag kann die MitGfter zur Zustimmung verpflichten. Auslegung des GesVertrags iSd Zustimmung (mangels ausdrücklicher Regelung) allenfalls, wenn GesVertrag dem Erblasser-Gfter zur Nachfolgerbestimmung ganz freie Hand lässt, BGHZ 68, 241. In der letztwilligen Anordnung einer den Anteil erfassenden TVVerwaltung liegt wohl iZw die Auflage an den Erben, dem TV die Rechtsausübung zu überlassen oder den Anteil treuhänderisch zu übertragen, RGZ 172, 205; abw. BGH BB 1969, 773; s. aber BGHZ 24, 112 für Einzelgeschäft (→ § 1 Rn. 40 ff.).

23 **Treuhandlösung:** Mit Zustimmung der MitGfter kann (falls kein anderer Wille des Erblassers erhellt) der TV wie bei Vererbung eines ganzen HdlGeschäfts (BGHZ 12, 101, → § 1 Rn. 42), auch den **Anteil auf sich als Treuhänder übertragen** lassen. So jedenfalls den Anteil eines phG, BGHZ 24, 112; BGH NJW 1981, 750. Näher zur Treuhandlösung vgl. → § 1 Rn. 42.

24 B. **Kommanditanteil.** TV für den KdtAnteil ist dagegen möglich, BGHZ 98, 55 (IV a ZS); BGHZ 108, 195 (II ZS); BGH ZIP 2012, 623; MüKoHGB/K. Schmidt/Fleischer Rn. 44; Staub/Schäfer Rn. 59, vormals sehr str., heute hL. Grund: Der Kdtist haftet nur beschränkt auf seine Einlage und auch sonst ist ausreichender Kdtistenschutz möglich. So ist im Fall des § 176 II der TV zur umgehenden Anmeldung verpflichtet, und die Rückzahlung der Einlage an den TV (§ 172 IV) verstößt gegen § 2216 I BGB.

25 Die frühere Gegenansicht, Ulmer ZHR 146 (1982), 555; Koch NJW 1983, 1762, arbeitete mit Ersatzlösungen: ua Vermächtnis; postmortale, unwiderrufliche (dh vom Erben nur bei wichtigem Grund widerrufliche) Vollmacht an TV betr. KdtAnteil (§§ 133, 140 BGB), sogar verdrängend, so Ulmer ZHR 146 (1982), 573, str.; Übertragung des Anteils auf den TV als Treuhänder (→ Rn. 23), aber unnötig weitgehend. Nunmehr wie hL Ulmer/Schäfer ZHR 160 (1996), 439.

26 Dazu, dass der KdtAnteil der TV unterfällt, ist aber Zustimmung der MitGfter nötig, hL, aA K. Schmidt FS Maier-Reimer, 2010, 629 (wie GmbH), Grund: Ges. als persönlicher Zusammenschluss der Gfter (zweifelhaft). Diese kann schon im GesVertrag enthalten sein, BGHZ 108, 191; BGH NJW 1985, 1954; so konkludent bei freier Übertragbarkeit der Anteile, OLG Hamm NJW-RR 1991, 837, aber nicht schon bei einfacher Nachfolgeklausel. War der Erbe schon vor dem Erbfall Gfter, scheidet eine TV aus. Denn die Aufspaltung des einheitlichen

GesAnteils in einen normalen und einen der TV unterfallenden ist nicht möglich, BGHZ 24, 113; wohl auch BGHZ 108, 199 (II ZS); aA BGH NJW 1996, 1284 (IV ZS); MüKoHGB/Fleischer § 105 Rn. 252; aber dann kommen die genannten Ersatzlösungen in Betracht. TV scheidet dagegen nicht schon aus, wenn und weil der Kdtist/Erbe Geschäftsführungsbefugnis hat, Ulmer NJW 1990, 76.

Ausübung der GfterRechte, auch betr. Vertragsänderung, obliegt dem TV. **27** Das Abspaltungsverbot steht nicht entgegen. Der TV bedarf aber der Zustimmung des Gfter/Erben, wenn dessen persönliche Haftung begründet oder in den Kernbereich seiner Mitgliedschaftsrechte eingegriffen wird, OLG Hamm NJW-RR 2002, 729. Treuepflicht (→ § 109 Rn. 23) gilt auch für TV. TVVermerk im HdlReg → Rn. 28. Lit.: Ulmer NJW 1990, 73; Weidlich ZEV 1994, 205 und NJW 2011, 641; Schneider NJW 2015, 1143.

C. **Anmeldung.** Die Anmeldung des Erbeneintritts zum HdlRegister (§ 143) **28** bei der **OHG** erfolgt durch den Erben selbst (mit den MitGftern, vgl. §§ 107, 108), str., BayObLG ZIP 2003, 1443. Bei der **KG** ist die Anmeldung des Gfterwechsels durch Vererbung des KdtAnteils Sache des TV nach § 2205 BGB (Dauer- bzw. Verwaltungsvollstreckung), BGHZ 108, 187, nicht bei bloßer Nachlassabwicklung, OLG Hamm NZG 2011, 437. Daneben hat der Erbe kein Recht zu Anmeldung, nach Anhörung, MüKoHGB/Fleischer § 108 Rn. 18, str., offen BGHZ 108, 190. **Eintragung der TV** selbst **im HdlReg** mit BGH ZIP 2012, 623 möglich, war umstritten (für TV am HdlGeschäft differenzierend → § 1 Rn. 41, 42, → § 8 Rn. 5), verneinend KG WM 1995, 1890; Damrau BWNotZ 1990, 69; bejahend Ebenroth/Strohn § 177 Rn. 22; offen noch BGHZ 108, 190. Unanwendbarkeit von § 15 während der Schwebezeit nach III → Rn. 45–49.

D. **Rechtsausübung durch den Testamentsvollstrecker.** Mitverwaltungs- **29** rechte des Erben werden grundsätzlich insgesamt vom TV ausgeübt. Der Testamentsvollstrecker kann etwa Gfterversammlungen einberufen und dort das Stimmrecht ausüben, BGH ZIP 2014, 1422. Eine Stimmrechtsabspaltung findet auch bei der DauerTV für KdtAnteile nicht statt, BGHZ 108, 199. Die MitGfter müssen die Mitwirkung des TV statt des Erben zB bei GfterBeschlüssen dulden, wie bei Vertreterklausel (→ § 163 Rn. 10). HdlRegisteranmeldung durch den TV → Rn. 28, → § 108 Rn. 1.

E. **Rechtsausübung durch den Erben.** Von der TV unberührt und nur vom **30** Erben auszuüben sind iZw die Rechte des Erben betr. Entscheidung gemäß § 139 I, II, Auflösung einer (durch den Erbfall nicht aufgelösten) Ges., Fortsetzung einer aufgelösten Ges. (→ § 131 Rn. 75, 79), Mitwirkung an einer Einlagenerhöhung; aber auch sonstige den Kernbereich (→ § 119 Rn. 36) betreffende Maßnahmen wie Änderung der Gewinnbeteiligung oder Beschneidung des Auseinandersetzungsguthabens, offen BGHZ 108, 198. Auch das Informationsrecht des Erben (§ 118) ist nicht durch die TV beschränkt (mangels anderer Anordnung des Erblassers oder im GesVertrag), RGZ 170, 395.

F. **Freigabe durch den Testamentsvollstrecker.** Der TV kann den Anteil **31** (ebenso wie ein ganzes HdlGeschäft, → § 1 Rn. 43) freigeben; nach § 2217 I BGB ist er dazu uU verpflichtet. Die Freigabe ist wirksam, auch wenn sie den Anordnungen des Erblassers zuwiderläuft; fehlen aber die Voraussetzungen der Freigabe nach diesen Anordnungen oder nach § 2217 I BGB, so kann der TV nach § 812 BGB Wiederherstellung seines Verwaltungsrechts fordern, ggf. auch durch Rückübertragung auf ihn als Treuhänder, BGHZ 24, 109.

6) Nachlassverwaltung

A. **Zulässigkeit.** Die Zulässigkeit der Nachlassverwaltung (§§ 1975 ff. BGB) **32** am **OHGAnteil** ist wie die der Testamentsvollstreckung (→ Rn. 21 ff.) umstritten. Nach manchen ist die Nachlassverwaltung schon mangels Nachlasszugehörigkeit des Anteils infolge Sondererbfolge ausgeschlossen (str., → Rn. 14), BayObLG BB 1988, 792; nach üL ist sie zulässig, BGHZ 47, 293; MüKoHGB/ K. Schmidt/Fleischer Rn. 57, aber beschränkt auf die Vermögensrechte des Erben. Jedenfalls kann der Nachlassverwalter nicht die Rechte des Erben aus §§ 139, 133, 140 geltend machen, sondern nur Ansprüche auf Gewinn bzw. Abfindung. Er kann auch entspr. § 135 kündigen (→ § 135 Rn. 3). Der **Anspruch auf Auseinandersetzungsguthaben** bei Ausscheiden des Gfters oder Auflösung der Ges. und sonstige aus der Beteiligung abzuleitende übertragbare Vermögensrechte unterliegen dagegen der Nachlassverwaltung, BGHZ 47, 296; 91, 136, Zustimmung der Gfter ist dafür nicht nötig.

33 Möglich ist aber die Nachlassverwaltung am **Kommanditanteil** (wie TV, → Rn. 24).

34 Anmeldung durch den Erben, in bestimmten Fällen auch durch den Nachlassverwalter (→ Rn. 28).

35 B. **Rechtsausübung durch den Nachlassverwalter.** Der Nachlassverwalter (§§ 1984, 1985 BGB) kann aber nur über Vermögensrechte des Erben verfügen (für den TV → Rn. 29), zB Ansprüche auf Gewinn oder Abfindung, nicht über persönliche Rechte des Erben als Gfter (→ Rn. 36), BGHZ 47, 295. Der Nachlassverwalter kann den früheren MitGfter auf Herausgabe des Geschäftsvermögens verklagen, wenn der Erblasser ein Übernahmerecht ausgeübt hatte mit der Folge der Alleininhaberschaft des Erblassers und jetzt des Erben, BGHZ 47, 293. Der Nachlassverwalter kann auch das GesVerhältnis analog § 135 kündigen (→ § 135 Rn. 3).

36 C. **Rechtsausübung durch den Erben.** Auch soweit die Nachlassverwaltung zulässig ist, kann der Nachlassverwalter jedenfalls nicht die ererbten Mitgliedschaftsrechte des Erben ausüben (für den TV → Rn. 30). Nur der Erbe hat die Rechte nach § 139. Nur er selbst kann den GesVertrag ändern, zB für den Fall einer Auflösung durch den Tod die Fortsetzung (→ § 131 Rn. 75) mit beschließen, KG HRR 1942, 477. Nur der Erbe ist aktiv oder passiv legitimiert im Streit darüber, ob er mit dem Erbfall Gfter geworden ist, zB ob ein gültiger GesVertrag besteht. Er hat die Klagerechte aus §§ 133, 140 I 1, 2, BGHZ 47, 297, und ist auf Ausschließung zu verklagen (§ 140).

7) Das Wahlrecht des Erben (I–III)

37 A. **Wahlrecht des Erben. a) Berechtigung und Ausübung:** Der Erbe, der durch Erbgang Gfter der OHG bzw. in der KG phG geworden ist, kann wählen, ob er mit voller Haftung in der Ges. verbleibt oder sein Verbleiben in der Ges. von der Einräumung des Kdtistenstatus durch die MitGfter abhängig machen (I). **Anwendungsbereich** von I → Rn. 7. Der GfterErbe übt dieses Wahlrecht aus, indem er an die übrigen Gfter (nicht an die Ges.; nicht an die Miterben als solche, außer wenn sie schon vorher Gfter waren, BGHZ 55, 270, vgl. II) den formlosen **Antrag** richtet, ihn unter Änderung des GesV zum Kdtisten zu machen, BayObLG ZIP 2003, 1444. **Mehrere Erben** können das Wahlrecht jeder einzeln und unterschiedlich ausüben, BGH NJW 1971, 1268. Wahlberechtigt ist auch ein Vorerbe und, sofern dieser nicht schon Kdtist geworden oder ausgeschieden ist, auch der Nacherbe (→ Rn. 19). Ist der Erbe bereits phG, hat er wegen der Einheitlichkeit des GesAnteils (→ § 124 Rn. 16) das Wahlrecht nicht (→ Rn. 8); ist der Erbe bereits Kdtist, kann er das Wahlrecht zwar ausüben, aber aus demselben Grund nur einheitlich.

38 **b) Antragsfrist (III):** Der GfterErbe hat nach **III 1** eine Bedenkzeit (vgl. § 27 II) von drei Monaten. Für nicht voll geschäftsfähige Erben ohne gesetzlichen Vertreter beginnt die dreimonatige Bedenkzeit erst mit Eintritt der vollen Geschäftsfähigkeit oder Bestellung eines Vertreters (Ablaufhemmung, **III 2** iVm

§ 210 I 2 BGB, Verweisung durch SMG angepasst). Die gesetzliche Vertretung fehlt auch dann, wenn ein gesetzlicher Vertreter vorhanden, aber verhindert ist, zB durch § 181 BGB (→ Rn. 32), BGHZ 55, 271. Die Bedenkzeit nach III 1 (ab Kenntnis vom Anfall der Erbschaft) ist uU kürzer als die Erbausschlagungsfrist nach § 1944 BGB (zwar nur sechs Wochen, aber erst ab Kenntnis vom Anfall und vom Grunde der Berufung). Deshalb endet nach **III 3** die Bedenkfrist nicht, solange die Erbschaft noch nicht angenommen und die Ausschlagung noch möglich ist.

c) **Vertrag mit den Gesellschaftern:** Die Beteiligungsumwandlung erfolgt 39 durch Vertrag der Erben mit allen MitGftern. Ist ein Erbe minderjährig, braucht es zu dieser sein Risiko beschränkenden Vereinbarung nicht der Genehmigung des Betreuungsgerichts. Jeder Erbe hat das Wahlrecht unabhängig vom anderen. War ein Erbe schon Gfter, kann er hierbei einen anderen nicht vertreten, § 181 BGB, BGHZ 55, 270. Der Antrag bedarf der Annahme durch alle MitGfter, der GesVertrag kann aber Mehrheitsbeschluss zulassen (→ § 119 Rn. 33). Der Antrag kann für mehrere Erben unterschiedlich beschieden werden, BGH NJW 1971, 1268. Der Vertrag muss innerhalb der Frist des III zustandekommen, damit IV gilt. Der einverständliche Wechsel in die Stellung eines Kdtisten ohne die Folgen des § 139 ist dagegen jederzeit auch noch später möglich.

d) **Rechtsfolgen:** Kommt es zu einem solchen Vertrag, wird der Erbe mit 40 Vertragsschluss Kdtist (→ Rn. 41). Kommt es nicht zum Vertrag, hat der Erbe, falls der Antrag fristgerecht und ohne erschwerende Bedingungen gestellt war, das Wahlrecht zwischen Verbleib in der Ges. als nunmehr endgültig voll haftender Gfter oder dem Ausscheiden (→ Rn. 43).

B. **Wechsel des Erben in die Kommanditistenstellung.** Kommt es zu dem 41 Vertrag zwischen dem Erben und den Gftern, wird die Ges. zur KG, an Stelle der Rechte und Pflichten eines phG treten die des ErbenGfter die des Kdtisten, die übrigen Bestimmungen des GesVertrags bleiben unberührt. Der Kdtist hat denselben Gewinnanteil und Verlustanteil wie der Erblasser, soweit der GesVertrag nicht in den Grenzen des V (→ Rn. 61) etwas anderes bestimmt, BGH WM 1967, 318. Gemäß I wird der Erbe Kdtist mit dem auf ihn fallenden Teil der Einlage des Erblassers (I). Das ist der **Kapitalanteil des Erblassers** (→ § 120 Rn. 12) bei seinem Tode. Bei mehreren Erben wird der Kapitalanteil auf diese verteilt. Bei festen Kapitalanteilen ist der Anteil an zusätzlichen Guthaben oder einem Debet des Erblassers zu- bzw. abzurechnen, geschuldete Einlagen bzw. Nachschüsse und unzulässige Entnahmen sind hinzuzurechnen, näher Staub/Schäfer Rn. 102 ff., hL, zT anders K. Schmidt ZGR 1989, 445; MüKoHGB/K. Schmidt/Fleischer Rn. 72 ff.

Das kann dazu führen, dass der für den Kdtisten sich ergebende Kapitalanteil 42 auf Null sinkt oder sogar negativ wird. Nach dem Sinn des § 139 soll der Erbe jedoch nur begrenzt wie ein Kdtist haften. Ein **negativer Kapitalanteil** (→ § 120 Rn. 22) steht deshalb der Ausübung des Wahlrechts nach I nicht entgegen, BGHZ 101, 125; BGH NJW 1971, 1269, str. Bei Verbleiben des Erben in der Ges. als Kdtist bleibt die Pflichteinlage negativ, die Hafteinlage beträgt 1 Euro, Staub/Schäfer Rn. 111, üL; nach aA freie Wahl der Hafteinlage durch Erben bis zur Obergrenze des Kapitalanteils des Erblassers, nach aA Hafteinlage stets in Höhe des Betrags der bedungenen Einlage, MüKoHGB/K. Schmidt/Fleischer Rn. 81.

C. **Ausscheiden des Erben (II).** Kommt der Vertrag nach I nicht zustande, 43 kann der Erbe entweder es dabei belassen und als voll haftender Gfter in der Ges. verbleiben oder aber ohne Einhaltung einer Kündigungsfrist aus der Ges. ausscheiden (II). Er hat dieses Recht aber nur, wenn der Antrag fristgerecht und ohne erschwerende Bedingungen gestellt war (→ Rn. 40). Der Erbe muss auch das Ausscheiden noch in der Frist nach III erklären. Er kann schon mit dem Antrag nach I für den Fall der Ablehnung das Ausscheiden erklären. Die Ges. besteht nur den übrigen fort. Bleibt nur ein Gfter übrig, kann dieser das Unternehmen entspr. § 140 I 2 im Wege der Gesamtrechtsnachfolge übernehmen (→ Rn. 7, → § 131 Rn. 25). Mit dem Ausgeschiedenen findet die Auseinandersetzung statt (→ § 131 Rn. 38). Eine das Abfindungsguthaben eines kündigenden Gfters beschränkende Abrede gilt iZw nicht für den wegen Ablehnung der Umwandlung nach II ausscheidenden Erben.

8) Die Haftung des Erben (IV)

44 **A. Grundsatz.** Scheidet der Erbe in der Frist gemäß III aus oder wird in dieser Frist die Ges. aufgelöst oder der Erbe Kdtist, so haftet er für bis dahin entstandene Schulden der Ges. nur mit den erbrechtlichen Beschränkungsmöglichkeiten (§§ 1967 ff. BGB; so IV). Wie II gilt IV nur, wenn der Antrag fristgerecht (→ Rn. 38) und ohne erschwerende Bedingungen (→ Rn. 40) gestellt war. Dann bringt IV in den dort genannten drei Fällen eine **Haftungserleichterung für den Erben;** diese Haftungserleichterung beschränkt sich aber auf die Haftung des Erben als Gfter und auf Verbindlichkeiten ab Erbfall bis zum Eintritt eines dieser Fälle. Die richtige Anwendung von IV setzt voraus, dass gleichzeitig vier Unterscheidungen berücksichtigt werden. Zu unterscheiden sind: (1) zeitlich die Haftung während der Schwebezeit des III (→ Rn. 45) und später (→ Rn. 46 ff.), (2) nach Art der Verbindlichkeiten **Altschulden** (bis zum Erbfall), **Zwischenneuschulden** (vom Erbfall bis zur endgültigen Entscheidung nach III) und **echten Neuschulden** (ab der endgültigen Entscheidung nach III), jeweils → Rn. 46–49; (3) im Hinblick auf den Rechtsgrund die in IV nicht geregelte Haftung als Erbe und die dort geregelte Haftung als Gfter (jeweils → Rn. 46–49), und (4) sachlich die Haftung in den vier Fallvarianten, die eintreten können: der Erbe bleibt endgültig phG (→ Rn. 46), er wird Kdtist (→ Rn. 47), er scheidet aus (→ Rn. 48) oder die Ges. wird aufgelöst (→ Rn. 49). Ausführlich zu den folgenden Fallgruppen MüKoHGB/K. Schmidt/Fleischer Rn. 104 ff.; Staub/Schäfer Rn. 123 ff.

45 **B. Haftung während der Schwebezeit.** Die Schwebezeit dauert höchstens drei Monate (III, → Rn. 38). In dieser Zeit ist der Erbe zwar persönlich haftender Gfter, BGHZ 55, 273, nach aA nur Treuhänder, aber § 139 schützt ihn vorläufig vor der Haftung mit seinem Privatvermögen. Der Erbe haftet also in seiner Eigenschaft als Erbe für die Altschulden (bis zum Erbfall) der Ges. (§§ 124, 128) als Nachlassverbindlichkeiten persönlich (§ 1967 BGB), aber mit der Möglichkeit der Haftungsbeschränkung (§ 1975 BGB). Der Erbe haftet auch als vorläufiger persönlich haftender Gfter für Altschulden der Ges. (§ 130) und für die Neuschulden vom Erbfall bis zur endgültigen Entscheidung nach IV (Zwischenneuschulden; §§ 124, 128), jedoch vorläufig noch nicht mit seinem Privatvermögen. Dieser Schutz des § 139 darf nicht durch das HdlRegister ausgehöhlt werden, deshalb besteht während dieser Zeit keine Eintragungspflicht (bezüglich des Haftungsbeschränkungsrechts nach IV; vgl. § 107), § 15 ist insoweit unanwendbar, BGHZ 55, 273, darüber hinaus gehender besonderer Rechtsscheintatbestand ist aber nicht ausgeschlossen; Anmeldung zum HdlReg → Rn. 28.

46 **C. Die Haftung des Erben als persönlich haftender Gesellschafter.** Diese greift Platz, wenn der Erbe schon vorher Gfter der OHG oder phG der KG war (→ Rn. 8) oder wenn er das Wahlrecht nach III verloren hat. Der Erbe haftet in seiner Eigenschaft als Erbe persönlich wie schon während der Schwebezeit (→ Rn. 45), die erbrechtliche Haftungsbeschränkungsmöglichkeit bleibt unberührt. Mehrere Miterben haften an sich trotz Sondererbfolge (→ Rn. 14) den Nachlassgläubigern gesamtschuldnerisch (§§ 2058 ff. BGB), hier hilft entweder § 2062 BGB analog (Nachlassverwaltung), oder nur der interne Haftungsregress,

MüKoHGB/K. Schmidt/Fleischer Rn. 111. Der Erbe haftet als nunmehr endgültig persönlich haftender Gfter auch uneingeschränkt mit seinem Privatvermögen, und zwar für Alt- und Neuschulden gleichermaßen (§§ 130, 124, 128), BGH NJW 1982, 46. Die erbrechtliche Haftungsbeschränkung vermag daran nichts zu ändern.

D. **Die Haftung des Erben als Kommanditist.** Wird der Erbe innerhalb der Frist des III Kdtist, haftet er in seiner Eigenschaft als Erbe für die Altschulden bis zum Erbfall und für die Neuschulden bis zur Beteiligungsumwandlung als Nachlassverbindlichkeiten persönlich, aber mit der Möglichkeit der erbrechtlichen Haftungsbeschränkung (IV), BGHZ 55, 273. Außerdem haftet er als Kdtist für diese Schulden nach § 173, MüKoHGB/K. Schmidt/Fleischer Rn. 114; aA Heymann/Borges § 173 Rn. 13 (näher → § 173 Rn. 15). Die ursprüngliche Haftung nach §§ 130, 124, 128 (→ Rn. 45) erlischt. Für Neuschulden ab Beteiligungsumwandlung (erst dann ist er Kdtist; auch echte Neuschulden genannt) haftet der Erbe ohne weiteres nach §§ 171 ff. Strittig ist, ob auch in diesem Fall § 176 II gilt (→ § 176 Rn. 12). Der Wechsel in die Stellung eines Kdtisten ist aber auf jeden Fall eintragungspflichtig (→ § 162 Rn. 10), der Erbe ist selbst mitwirkungspflichtig (→ Rn. 28, → § 108 Rn. 1), erst jetzt gilt auch § 15 (vgl. → Rn. 45), BGHZ 66, 102, str.

E. **Die Haftung bei Ausscheiden des Erben.** Scheidet der Erbe innerhalb der Frist des III durch Kündigung nach II oder gleichstehend Vereinbarung mit den MitGftern, BGHZ 55, 271, aus, haftet er in seiner Eigenschaft als Erbe für die Altschulden bis zum Erbfall und für die Neuschulden bis zur Beteiligungsumwandlung als Nachlassverbindlichkeiten persönlich, aber mit der Möglichkeit der erbrechtlichen Haftungsbeschränkung (IV), BGHZ 55, 273. Für Neuschulden nach seinem Ausscheiden haftet der Erbe überhaupt nicht. Haftung mehrerer Erben (§§ 2058 ff. BGB) → Rn. 46. Als Gfter, der er hier endgültig nicht wird, haftet der Erbe nicht, weder für Alt- noch für Neuschulden; die ursprüngliche Haftung nach §§ 130, 124, 128 (→ Rn. 45) erlischt. Das Ausscheiden ist eintragungspflichtig (§ 143 II), der Erbe ist selbst mitwirkungspflichtig (→ Rn. 28, → § 108 Rn. 1), erst jetzt gilt auch § 15 (vgl. → Rn. 45), BGHZ 66, 102, str.

F. **Die Haftung bei Auflösung der Gesellschaft.** Bei Auflösung der Ges. innerhalb der Frist des III (einerlei ob erst nach dem Erbfall oder mit diesem oder schon vorher, BGH NJW 1982, 46) gilt grundsätzlich dasselbe wie bei Ausscheiden des Erben (→ Rn. 48), hL, aber str. (→ Rn. 8). Haftung als Erbe → Rn. 48. Haftung mehrerer Erben (§§ 2058 ff. BGB) → Rn. 46. Der Erbe haftet als Gfter der nunmehr aufgelösten Ges., in der § 139 nicht gilt und deshalb auch das Wahlrecht nach III weggefallen ist (str., → Rn. 8), gemäß IV nur nach Maßgabe der Haftung des Erben für Nachlassverbindlichkeiten (§§ 1967, 1975 BGB), BGH NJW 1982, 46; die ursprüngliche Haftung nach §§ 130, 124, 128 (→ Rn. 45) erlischt. Die Auflösung ist eintragungspflichtig (§ 143 I), der Erbe ist selbst mitwirkungspflichtig (→ Rn. 28, → § 108 Rn. 1), erst jetzt gilt auch § 15 (vgl. → Rn. 45), BGHZ 66, 102, str.

9) Eintrittsklauseln

A. **Begriff und Rechtsnatur der Eintrittsklausel.** Die Eintrittsklausel (auch gesellschaftsrechtliche Nachfolgeklauseln genannt) begründet für den begünstigten Erben oder Dritten, der nicht Erbe wird, ein bloßes rechtsgeschäftliches Eintrittsrecht, wenn der Gfter stirbt (oder für andere Fälle als den Todesfall), BGHZ 22, 188; 68, 231; BGH WM 1971, 1339. Die Eintrittsklausel kann für den Eintritt bestimmte Voraussetzungen bestimmen und es erst zu einem späteren Zeitpunkt (zB Volljährigkeit, bestimmtes Alter) einräumen, BGH NJW 1978, 264. Die Eintrittsklausel soll den Begünstigen iZw wie den Erben bei einer (qualifizierten) Nachfolgeklausel stellen, also mit einer GfterStellung wie der des

Erblassers. Wenn nicht alle Erben eintrittsberechtigt sein sollen, spricht man auch (missverständlich) von qualifizierter Eintrittsklausel. **Dritte**, die nicht Erbe werden, können überhaupt nur durch Eintrittsklausel (rechtsgeschäftliche Nachfolgeklausel, → Rn. 56) Gfter werden, da die Nachfolgeklauseln die Erbenstellung voraussetzen. Eine Eintrittsklausel kann auch bei Scheitern einer Nachfolgeklausel, etwa weil die Benannten nicht Erbe werden, anzunehmen sein (ergänzende Auslegung des GesVertrags, → § 105 Rn. 59), BGH NJW 1978, 264; OLG Frankfurt a. M. NJW-RR 1988, 1251.

51 Rechtlich liegt idR ein begünstigender **Vertrag zugunsten Dritter** auf den Todesfall (§§ 328, 331 BGB) vor. Ein solcher Vertrag verstößt nicht gegen § 2301 BGB. Die Eintrittsklausel kann aber auch bereits ein bindendes **Vertragsangebot** der Gfter an den Begünstigten enthalten oder diesem ein Optionsrecht einräumen. Der Begünstigte kann auch später, durch den Erblasser oder durch einen Dritten bestimmt werden. Zu den rechtlichen Unterschieden zwischen solchen Eintrittsklauseln und den (erbrechtlichen) Nachfolgeklauseln s. MüKoBGB/Schäfer § 727 Rn. 56.

52 Der GesVertrag kann **keine Eintrittspflicht** eines Dritten begründen (Vertrag zu Lasten Dritter), BGHZ 68, 232. Der Dritte kann sich aber selbst zu einem solchen Eintritt verpflichten, gegenüber dem Gfter und späteren Erblasser oder gegenüber den Gftern. Ist der Begünstigte Erbe, kann der Erblasser den Begünstigten durch letztwillige Verfügung wie Bedingungen und Auflagen beeinflussen.

53 B. **Ausübung des Eintritts**. Der Eintritt wird durch Erklärung des Berechtigten nach dem Erbfall ausgeübt. Ob der Berechtigte diese Erklärung abgibt, ist seine Sache (→ Rn. 38). Solange er die Erklärung nicht abgibt, verbleibt es bei den Rechtsfolgen des Todes des Gfters, also Anwachsung des Anteils des Ausgeschiedenen am GesVermögen bei den MitGftern und Abfindungsrecht der Erben (→ § 131 Rn. 39, 48). Das ist kein Schwebezustand, aA RGZ 170, 108, sondern die eingetretene Rechtslage wird durch Aufnahmevertrag mit dem Berechtigten verändert, BGH NJW 1978, 266. Der Eintritt kann iZw nur binnen angemessener Frist ausgeübt werden (§§ 133, 157 BGB), BGH NJW-RR 1987, 989, nach aA gilt § 139 III analog.

54 C. **Rechtsfolgen des Eintritts**. Der Berechtigte wird Gfter kraft Eintritts, nicht kraft Anteilsübertragung, BGH NJW 1978, 264. Der Berechtigte hätte dann an sich seine Einlage zu erbringen und die nicht Gfter werdenden Erben hätten einen Abfindungsanspruch. Das lässt sich am besten rechtsgeschäftlich so verhindern, dass die Abfindung der Erben ausgeschlossen (zulässig, → § 131 Rn. 62) und der Berechtigte von der Einlagepflicht freigestellt wird und die MitGfter sich nach §§ 328, 331 BGB zur Übertragung der mit dem Anteil des Erblassers ursprünglich verbundenen Rechte an den Berechtigten verpflichten **(Treuhandlösung),** Ulmer ZGR 1972, 219; MüKoBGB/Schäfer § 727 Rn. 60; vgl. BGH NJW 1978, 265.

55 Möglich ist aber auch die Abtretung des Abfindungsanspruchs der Erben an den Berechtigten, wozu der Erblasser die Erben durch Vermächtnis oder Teilungsanordnung veranlassen kann **(erbrechtliche Lösung),** Ulmer ZGR 1972, 220; wohl auch BGH NJW-RR 1987, 989. Ausgleichansprüche der weichenden Miterben sind umstritten, vgl. → Rn. 46.

10) Rechtsgeschäftliche Nachfolgeklauseln

56 A. **Begriff und Rechtsnatur der Nachfolgeklausel**. Rechtsgeschäftliche Nachfolgeklauseln versuchen insoweit wie erbrechtliche Nachfolgeklauseln die Nachfolge des Begünstigten (Erben oder Dritter) auf den Zeitpunkt des Todesfalles zu erreichen, aber im Unterschied zu diesen durch Rechtsgeschäft unter Lebenden. Sie unterscheiden sich von den Eintrittsklauseln (auch gesellschaftsrechtliche Nachfolgeklauseln genannt) dadurch, dass die Nachfolge eo ipso auf den Zeitpunkt des Todesfalles stattfinden soll, nicht erst auf Grund der Ausübung eines rechtsgeschäftlichen Eintrittsrechts. Rechtsgeschäftliche Nachfolgeklauseln kommen vor allem in Betracht, wenn unsicher ist, ob der Begünstigte Erbe wird.

B. Mitwirkung des Begünstigten. Rechtsgeschäftliche Nachfolgeklauseln sind weniger problematisch bei Mitwirkung des Begünstigten. Sie sind dann so zu verstehen, dass der Gfter (spätere Erblasser) seinen GesAnteil unter Lebenden an den Begünstigten überträgt, aber unter der aufschiebenden Bedingung seines Todes bzw. einer entsprechenden Befristung, BGHZ 68, 234; BGH NJW 1970, 1639. Bedenken ergeben sich hier wie allgemein bei Rechtsgeschäften auf den Todesfall aus § 2301 BGB. Ausgleichsansprüche der Erben und Pflichtteilsberechtigten, denen der Abfindungsanspruch entgeht, sind möglich nach §§ 2050 ff., 2301, 2316, 2325 BGB, näher MüKoHGB/K. Schmidt/Fleischer Rn. 22.

C. Ohne Mitwirkung des Begünstigten. Rechtsgeschäftliche Nachfolgeklauseln ohne Mitwirkung des Begünstigten beinhalten eine Verfügung zu Gunsten eines Dritten und zugleich einen Vertrag zu Lasten des Dritten, der als Gfter zwingend nach §§ 128, 130 haftet. Beides ist unzulässig. Solche Klauseln sind unwirksam, BGHZ 68, 225; BGH NJW 1978, 264; Ulmer BB 1977, 806. Sie können aber je nachdem in eine erbrechtliche Nachfolgeklausel oder in eine Eintrittsklausel umgedeutet werden (§ 140 BGB), BGHZ 68, 233; BGH NJW 1978, 264; MüKoBGB/Schäfer § 727 Rn. 61.

11) Unrichtige oder verspätete Eintragung

Für die Haftungsbeschränkung nach IV ist entscheidend, dass der Erbe fristgemäß entweder aus der Ges. ausscheidet oder die Ges. aufgelöst wird oder der Erbe die Stellung eines Kdtisten erhält. Bei Ausscheiden haftet der Erbe mangels Eintragung und Bekanntmachung (§ 143 II, III) nach **§ 15**. Dasselbe gilt, wenn die Auflösung der Ges. nicht eingetragen und bekanntgemacht wird (§ 143 I, III). Unterlagen für die Eintragung → § 12 Rn. 5.

Wird der Erbe **Kommanditist**, findet nach herkömmlicher Ansicht § 176 II Anwendung, dann haftet der Erbe, wenn der Wechsel in die Stellung eines Kdtisten nicht unverzüglich eingetragen wird. Findet § 176 II richtigerweise keine Anwendung (→ § 176 Rn. 12), gilt jedenfalls § 15, da der Wechsel entspr. § 143 einzutragen ist. Geschützt werden dann nur die Neugläubiger, dh von Verbindlichkeiten, die erst nach der Umwandlung, aber vor Eintragung und Bekanntmachung, entstanden sind, MüKoHGB/K. Schmidt/Fleischer Rn. 138.

12) Abweichende Vereinbarungen (V)

A. Erschwerungen. § 139 I–IV schützt den Erben in seiner Wahlmöglichkeit und ist deshalb **zwingend** (V Hs. 1), vgl. BGH BB 1963, 323. Das Recht des Erben, Kdtist zu werden oder auszuscheiden, kann nicht erschwert werden, zB durch Vorgabe einer höheren KdtBeteiligung oder Verkürzung der Wahlfrist.

Der GesVertrag kann jedoch für den Fall, dass der Erbe Kdtist zu werden bereit ist, vorsehen, dass sein **Gewinnanteil** anders als der des Erblassers bestimmt, also gekürzt wird (V Hs. 2). Das ist im Hinblick auf die eingeschränkte Haftung des Kdtisten sachgerecht.

B. Erleichterungen. Regelungen, die die Haftungsbeschränkung des Erben erleichtern, bleiben möglich. Der GesVertrag kann es beim Ausscheiden des Erben belassen (§ 131 III 1 Nr. 1 oder die Abfindung ausschließen (zulässig, → § 131 Rn. 62). Der GesVertrag kann auch automatischen Wechsel in die Stellung eines Kdtisten, also ohne Wahlrecht, vorsehen **(Umwandlungsklausel),** BGHZ 66, 101; 101, 125; Wahlrecht zwischen Stellung als voll haftender Gfter oder Kdtist ohne vertragliche Zustimmung der MitGfter (vgl. → Rn. 39); Verlängerung der Wahlfrist (aber nur intern, nicht mit Wirkung gegenüber den

§ 140 2. Buch. Handelsgesellschaften und stille Gesellschaft

Gläubigern), Recht zum sofortigen Ausscheiden, besseren Gewinnanteil ua. Lit.: K. Schmidt BB 1989, 1702 (kombinierte Nachfolge- und Umwandlungsklausel).

64 **C. Letztwillige Verfügungen.** V betrifft nur die Gfter als solche. Der Erblasser kann den Erben jederzeit durch letztwillige Verfügung zugunsten seiner MitGfter belasten, zB durch Auflage, nicht Kdtist zu werden. Wirksamkeit und Folgen bestimmen sich allein nach Erbrecht, hL, Staub/Schäfer Rn. 142; MüKoHGB/K. Schmidt/Fleischer Rn. 97, aA, V analog, Budzikiewicz AcP 209 (2009), 354.

13) Reform des Personengesellschaftsrechts (MoPeG)

65 Das Gesetz zur Modernisierung des Personengesellschaftsrechts (MoPeG → Einl § 105 Rn. 42 ff) fasst zum 1.1.2024 auch das OHG-Recht neu. Der Regelungsgehalt des § 139 findet sich künftig in § 131 HGB-MoPeG. Zur Textfassung des HGB-MoPeG s. → Anh. § 105.

[Ausschließung eines Gesellschafters]

140 (1) ¹Tritt in der Person eines Gesellschafters ein Umstand ein, der nach § 133 für die übrigen Gesellschafter das Recht begründet, die Auflösung der Gesellschaft zu verlangen, so kann vom Gericht anstatt der Auflösung die Ausschließung dieses Gesellschafters aus der Gesellschaft ausgesprochen werden, sofern die übrigen Gesellschafter dies beantragen. ²Der Ausschließungsklage steht nicht entgegen, daß nach der Ausschließung nur ein Gesellschafter verbleibt.

(2) Für die Auseinandersetzung zwischen der Gesellschaft und dem ausgeschlossenen Gesellschafter ist die Vermögenslage der Gesellschaft in dem Zeitpunkte maßgebend, in welchem die Klage auf Ausschließung erhoben ist.

Übersicht

	Rn
1) Ausschließung aus wichtigem Grund durch gerichtliche Entscheidung (I)	1, 2
A. Grundsatz	1
B. Geltungsbereich	2
2) Ausschließung aus wichtigem Grund durch gerichtliche Entscheidung aus der Zweipersonengesellschaft (I 2, Übernahme)	3, 4
A. Grundsatz	3
B. Geltungsbereich	4
3) Wichtiger Grund für die Ausschließung (I 1)	5–13
A. Grundsatz	5, 6
B. Beispiele für wichtigen Grund	7
C. Besondere Fallgestaltungen	8–12
D. Verzicht, Verwirkung, Verzeihung	13
4) Wichtiger Grund für die Ausschließung aus der Zweipersonengesellschaft (I 2, Übernahme)	14–16
A. Grundsatz	14, 15
B. Beispiele für wichtigen Grund	16
5) Ausschließungsklage, Übernahmeklage	17–23
A. Parteien	17–20
B. Prozess	21
C. Gestaltungsurteil	22, 23
6) Rechtsfolgen der Ausschließung eines Gesellschafters (II)	24–27
A. Rechte und Pflichten der Gesellschaft und des Ausgeschiedenen	24
B. Gesamtrechtsnachfolge bei Ausschließung aus der Zweipersonengesellschaft	25

1. Abschnitt. Offene Handelsgesellschaft 1–3 **§ 140**

	Rn
C. Auseinandersetzung (II)	26
D. Schadensersatz	27
7) Abweichende Vereinbarungen	28–33
A. Erschwerungen der Ausschließung	28
B. Herabstufung	29
C. Erleichterungen der Ausschließung	30
D. Grenzen der Erleichterung der Ausschließung	31, 32
E. Rechtsfolgen einer unzulässigen abweichenden Vereinbarung	33
8) Reform des Personengesellschaftsrechts (MoPeG)	34

1) Ausschließung aus wichtigem Grund durch gerichtliche Entscheidung (I)

A. Grundsatz. Ist die Ges. aus einem wichtigen Grund in der Person eines **1** Gfters nach § 133 aufzulösen, kann das Gericht stattdessen auf Antrag der übrigen Gfter die Ausschließung dieses Gfters aussprechen. § 140 will den übrigen Gftern die im Unternehmen steckenden Werte erhalten, BGHZ 50, 309. Die gerichtliche Entscheidung dient der Rechtssicherheit, BGHZ 31, 300. § 140 steht **im engen Zusammenhang mit § 133,** doch bringt § 140 zusätzliche und zT andere Voraussetzungen (zum wichtigen Grund → Rn. 5, 14). Strenger als § 140 I 1 ist der an diesen anschließende § 140 I 2, wenn einer von zwei Gftern ausgeschlossen und der andere das Geschäft übernehmen soll (→ Rn. 3), str. Lit.: Grunewald, 1987; Westermann, 4. Aufl. Schöne, 1993; Sandrock JR 1968, 323; Lindacher FS Paulick, 1973, 73; Merle ZGR 1979, 84; Behr ZGR 1985, 475; Lit. speziell zu Ausschließungsklauseln → Rn. 31.

B. Geltungsbereich. § 140 gilt für die OHG und KG (§ 161 II; → Rn. 10), **2** auch die fehlerhafte (→ § 105 Rn. 75, → § 133 Rn. 2), nicht für die GbR, str. (→ § 133 Rn. 2). § 140 gilt ab Beginn der Ges. im Innenverhältnis bis zur Vollbeendigung, Ausschließung ist also auch aus der aufgelösten Ges. möglich, es fehlt hier auch nicht Rechtsschutzbedürfnis (anders → § 133 Rn. 3), jedoch bezieht sich der wichtige Grund dann auf die aufgelöste Ges., BGHZ 1, 332 (→ Rn. 18), also Ausschließung nur, soweit für deren Abwicklung oder Fortsetzung als werbende Ges. notwendig, Ebenroth/Lorz Rn. 4 (Entziehung der aktiven Abwicklungsbefugnis als milderes Mittel). Das Klagerecht nach § 140 kann grundsätzlich nicht mittels Einwendung oder Einrede geltend gemacht werden (→ § 133 Rn. 4).

2) Ausschließung aus wichtigem Grund durch gerichtliche Entscheidung aus der Zweipersonengesellschaft (I 2, Übernahme)

A. Grundsatz. I 2 idF HRefG (statt § 142 I, III aF). Die Ausschließung aus **3** wichtigem Grund durch gerichtliche Entscheidung ist auch aus der ZweipersonenGes möglich, nur ist die Rechtsfolge dann das Erlöschen der Ges. und die Übernahme des HdlGeschäfts durch den anderen Teil. I 2 nF bringt richtiger Ansicht nach gegenüber § 142 I, III aF, der schon bisher in vielen, aber eben nicht allen Punkten § 140 entsprach, in der Sache keine Änderungen. Insbesondere sollen die höheren Anforderungen an den wichtigen Grund bei Ausschließung aus der ZweipersonenGes nicht berührt werden (RegE), und auch die Rechts- und Haftungsfolgen sind unterschiedlich (bei Übernahme Gesamtrechtsnachfolge, → Rn. 25). Dann ist aber I 2 kein Fortschritt, sondern eher eine Verunklarung, aA K. Schmidt ZIP 1997, 918. Jedenfalls kann man bei I 2 wie bisher von **Übernahmeklage** sprechen. I 2 steht ebenso wie I 1 im engen Zusammenhang mit § 133 (→ Rn. 1). Rechtssicherheit und Werterhaltung sind auch die Zwecke des I 2 (→ Rn. 1), BGHZ 50, 309. Lit.: Sandrock JR 1968, 323; K. Schmidt FS Frotz, 1993, 401.

4 **B. Geltungsbereich.** I 2 gilt für die OHG und KG (→ Rn. 2), OLG Stuttgart DB 1961, 1644, auch die fehlerhafte (→ Rn. 2). I 2 gilt entspr. für die GbR, zB frühere OHG nach Betriebseinstellung (→ § 105 Rn. 8), BGHZ 32, 314; K. Schmidt § 58 V 2b: (nur) für die unternehmenstragende GbR, nach aA nur § 737 BGB analog bei Fortsetzungsklausel im GesVertrag, MüKoBGB/Schäfer § 730 Rn. 76. I 2 gilt ab Beginn der Ges. im Innenverhältnis bis zur Vollbeendigung, Übernahme also auch bei der bereits aufgelösten Ges. (wichtig für gegenläufige Übernahmeversuche), aber Konsequenzen für den wichtigen Grund (→ Rn. 2, 18), BGHZ 1, 330; Heymann/Freitag § 142 Rn. 7. I 2 gilt auch in der MehrpersonenGes, wenn der eine Gfter von den übrigen Übernahme begehrt, hL, OLG Stuttgart DB 1961, 1644. I 2 gilt nicht für die stGes. Das Klagerecht nach I 2 kann grundsätzlich nicht mittels Einwendung oder Einrede geltend gemacht werden (→ Rn. 2).

3) Wichtiger Grund für die Ausschließung (I 1)

5 **A. Grundsatz.** Der Begriff des wichtigen Grundes ist grundsätzlich derselbe in § 133 wie in § 140; vgl. deshalb zunächst zu § 133 II (→ § 133 Rn. 5 ff.), also Unzumutbarkeit der Fortsetzung der Ges., umfassende Interessenabwägung der Lage bei Schluss der letzten mündlichen Verhandlung. Der wichtigste Unterschied liegt darin, dass der **wichtige Grund** nach § 140 **gerade in der Person** des Auszuschließenden liegen muss, sonst bleibt nur die Auflösungsklage nach § 133. Eine Rechtsregel, dass an die **Ausschließung** idR höhere Anforderungen (da notwendigerweise nur den einen, nicht auch alle anderen treffend) als an die **Auflösung** zu stellen wären, lässt sich nicht aufstellen, aA früher hL. Zwar mag ein Grund in der Person eines Gfters im Einzelfall die Auflösung der Ges., nicht aber seine Ausschließung tragen, aber auch umgekehrt mag nur Ausschließung, nicht Auflösung gerechtfertigt sein. Für die Beurteilung, ob ein Gfter für die anderen untragbar geworden ist, ist Gesamtschau unerlässlich, diese kann einzelne gravierende Umstände in anderem Licht erscheinen lassen. Lit.: Stauf, 1980.

6 **Ausschließung als äußerstes Mittel:** Die Ausschließung ist keine Strafe für den Betroffenen, sondern das letzte Mittel, wenn nur noch Schaden von der Ges. abgewendet werden kann (vgl. → § 133 Rn. 6). Das zwischen den Gftern bestehende Treueverhältnis (→ § 109 Rn. 23) erlaubt sie daher **nur, wo sich kein anderer zumutbarer Weg findet,** RGZ 146, 180; RG JW 1938, 2213; BGH BB 1955, 1038; WM 2011, 792; OLG München NZG 2009, 944 Ls.; OLG Koblenz ZIP 2014, 2086, stRspr, hL, vgl. allgemein § 314 I 2 BGB. Das ist auch dann der Fall, wenn es zwar ein solches milderes Mittel gibt und es dem Auszuschließenden verbindlich angeboten worden ist, dieser es aber endgültig abgelehnt hat (näher → Rn. 23).

Beispiele für mildere Mittel: Bloße Entziehung oder Beschränkung der Vertretungsmacht oder Geschäftsführung (§§ 117, 127), OGHZ 1, 33; BGH DB 1971, 140; WM 1977, 500; bei Ges. im Liquidationsstadium Abberufung des Gfters als Liquidator oder Einsetzung eines Dritten zur Ausübung der Liquidatorrechte, OGHZ 3, 210; Vertragsänderungen (→ Rn. 23), zB Umwandlung der GfterStellung als phG in Kdtist, BGH NJW 1961, 1767; DB 1971, 140, Kontrollrechtsbeschränkung für Kdtisten oder Ausübung der GfterRechte nur durch Treuhänder uä, BGHZ 18, 362; BGH LM HGB § 142 Nr. 6; JR 1968, 339. Solche Alternativen sind besonders sorgfältig zu prüfen bei Ausschließung des einzigen KG-phG, zumal aus einer FamilienGes, BGH DB 1971, 140, dann ist zB auch an Übertragung des Anteils an einen anderen Familienangehörigen zu denken. Ausschließung auch bei GmbH & Co (→ Anh. § 177a Rn. 47), BGH WM 1977, 500. Zur Rspr. krit. Westermann NJW 1977, 2185: das Ausschlussrecht sei eine stumpfe Waffe. Nicht milderes Mittel ist idR die Auflösung (→ § 133 Rn. 6), BGHZ 80, 348.

B. **Beispiele für wichtigen Grund.** Vgl. zunächst die personenbezogenen 7 wichtigen Gründe für die Auflösung in § 133 II (→ § 133 Rn. 7–9), auch für die Übernahme (→ Rn. 14). Wichtiger Grund zur Ausschließung können sein: Veruntreuung, BGHZ 16, 323; 32, 17, unberechtigte Entnahmen, BGHZ 80, 350 (jeweils GmbH); objektiv begründeter Verdacht grober Unredlichkeit, zB Verschleierung von Sonderentnahmen, BGHZ 31, 304; Aushöhlung des GesUnternehmens und Aufbau eines eigenen in Erwartung der Trennung, BGH JR 1968, 340; Verstoß gegen das Wettbewerbsverbot (§§ 112, 113), BGH WM 1957, 583; OLG Stuttgart DB 1961, 1644; unberechtigtes Ansichziehen von Geschäftschancen der Ges. (→ § 109 Rn. 26), Führen der Ges. als eigene bei gleichzeitiger Inanspruchnahme des Mitgfters für Schulden der Ges., OLG Koblenz ZIP 2014, 2086; Schädigung der Ges. im Zusammenwirken mit Dritten, BGH WM 1985, 997; Übervorteilung bei gemeinsamer Steuerhinterziehung (keine Analogie zu § 817 BGB), BGHZ 31, 303. Umstände **auch ohne Verschulden** des Beklagten können genügen, wie Krankheit oder nicht vorwerfbare, aber mit dem GesVerhältnis unvereinbare Bindung, RGZ 146, 176; BGH LM HGB § 140 Nr. 2, oder Scheidung der Ehe, Grundlage der GfterStellung des Beklagten, OLG Bremen BB 1972, 813 (aber → Rn. 11). Bei Gesellschafter-Gesellschaft **(GmbH & Co)** jedenfalls im Einzelfall auch die **Auflösung** des Gfters, sofern diese nicht ohnehin zum Ausscheiden aus der Ges. führt, → § 130 Rn. 20.

Abzuwägen sind ua die Verdienste um das Unternehmen wie die gegenseitigen Verfehlungen, dabei sind ihre Folgen für beide Seiten zu beachten, BGH LM HGB § 140 Nr. 2; LM HGB § 133 Nr. 6; BGH WM 1977, 500; NJW 1998, 146; auch das Alter und ob mit dem Beklagten ein ganzer Familienstamm ausscheiden würde, kann eine Rolle spielen, BGH DB 1971, 140; ferner können die Art des Unternehmens, zB Familienunternehmen oder kapitalistischer Charakter, BGHZ 4, 111; 18, 361, die Dauer seines Bestehens und der Beteiligung und die auf dem Spiele stehenden Werte relevant sein (vgl. → § 133 Rn. 5); auch wer das Unternehmen am besten weiterführen kann, RG HRR 1941, 777; BGHZ 4, 111; BGH JR 1968, 341, str. und nicht unproblematisch. Mitausschließung der Ehefrau, die die Verfehlungen des ersten Beklagten duldete, ist nicht ausgeschlossen, OLG Stuttgart DB 1961, 1644. Privatsphäre → Rn. 11. Ein wichtiger Grund für die Ausschließung liegt grundsätzlich **nicht** vor, **wenn** in der Person des (oder auch nur eines) **Verbleibenden selbst ein Ausschließungsgrund** vorliegt, BGHZ 32, 35 (GmbH); BGH LM HGB § 142 Nr. 9, str., Grund: dann darf nicht einer vertrieben werden, es bleibt nur Auflösung nach § 133; ist das nicht der Fall, so kann zwar ein überwiegendes Verschulden des Auszuschließenden ausreichen, BGHZ 80, 351 (GmbH); zurückhaltend (Gleichbehandlung, uU § 254 BGB), genügt aber nicht in jedem Fall. Nicht wichtig ist ein Verhalten, mit dem alle einverstanden waren, außer unter besonderen Umständen wie Ausnutzung einer Unerfahrenheit oder Notlage, BGHZ 31, 307. Ebenso, wenn die anderen Gfter (auch ohne Einverständnis) die Verfehlung offenbar selbst nicht für so gravierend angesehen haben, dass Trennung unvermeidlich wäre, BGH NJW 1997, 1226. Weitere Kasuistik verhaltens- und nicht verhaltensbezogener Ausschließungsgründe bei MüKoHGB/K. Schmidt/Fleischer Rn. 39 ff., 53 ff.

C. **Besondere Fallgestaltungen. Der einzig vertretende Gesellschafter** 8 kann ausgeschlossen werden, dann Gesamtvertretung der andern; auch des einzigen phG der KG, dann aber Auflösung, wenn nicht ein Kdtist phG wird oder ein Dritter als phG zutritt, BGHZ 6, 116; 51, 200; 68, 82 (GmbH & Co), vgl. → § 131 Rn. 18. Ausschließung des einzigen weiteren Gfters ist möglich (I 2, → Rn. 14). Besonderheiten im Ausschließungsprozess → Rn. 21.

Mehrheits- und Minderheitsgesellschafter: Die Größe des Anteils des Aus- 9 zuschließenden ist nach der Rspr. idR unerheblich, BGHZ 51, 207 (§ 142 aF), aA Sandrock JR 1968, 323; differenzierend MüKoHGB/K. Schmidt/Fleischer Rn. 33; Sonderfall bei extrem kleinen Anteil, BGHZ 6, 117. Auch ein oder mehrere MehrheitsGfter können ausgeschlossen werden, auch im gleichen Prozess (→ Rn. 19). Jedoch wirkt die Ausschließung idR umso stärker, je größer der Anteil ist. Eine schematische Regel, dass eine Minderheit unter 25% kein Ausschließungsrecht habe, ist abzulehnen, str. Die Art des vom Auszuschließenden Eingebrachten ist wohl erst recht idR unerheblich, BGHZ 51, 207.

10 **Kommanditisten:** Das Ausschließungsrecht gilt in der KG auch gegen Kdtisten, aber wegen ihres loseren Verhältnisses zu den MitGftern idR unter strengeren Anforderungen, so zB auf Grund von Zerwürfnis der Gfter nur in besonders schwerwiegenden Fällen; anders bei Zerwürfnissen oder Handlungen des Kdtisten, die für die MitGfter ebenso gefährlich sind wie solche eines phG, BGH NJW 1961, 1767; 1995, 597; 1998, 147; OLG Hamm BB 1976, 722, uU auch nach ganz kurzer GesZugehörigkeit und bei Wegfall der Voraussetzungen der Aufnahme. In einer FamilienGes ist Fehlverhalten eines Kdtisten ambivalent, es kann besonders schwer wiegen oder Nachsicht bzw. mildere Maßnahmen erheischen, BGH NJW 1995, 597. Das Ausschließungsrecht gilt auch bei einer kapitalistisch organisierten KG (→ Anh. § 177a Rn. 10), doch fällt die unpersönliche Organisation ins Gewicht (→ § 133 Rn. 5), BGHZ 18, 361. Ausschließung des einzigen phG → Rn. 14. **Herabstufung** des Gfters der OHG oder des phG in der KG zum Kommanditisten (ohne Geschäftsführungs- und Vertretungsbefugnis) kommt in Betracht als mildere Maßregel als Ausschließung (auch → Rn. 29).

11 **Privatsphäre:** Rein Privates begründet nicht gesellschaftsrechtlich die Ausschließung (keine Strafe, → Rn. 6), so idR nicht Eheverfehlungen gegen Tochter oder Schwester des MitGfters; anders bei unmittelbarer persönlicher Verletzung von MitGftern (zB Bruch der Ehe des MitGfters), oder wenn die persönliche Verfehlung aus besonderen Gründen das Unternehmen schädigt, BGHZ 4, 113; BGH BB 1973, 62; auch zu I 2 → Rn. 16.

12 **Zurechnung des Verhaltens anderer:** Das Verhalten **gesetzlicher Vertreter** ist grundsätzlich wie eigenes zuzurechnen, BGH WM 1977, 502 (GmbH), nicht ohne weiteres dagegen das Verhalten von **Angehörigen,** BGH WM 1958, 50; OLG Stuttgart DB 1961, 1644 (→ Rn. 7). Zurechnung des Verhaltens des herrschenden Unternehmens ist möglich, aber die allgemeinen konzernrechtlichen Regeln (→ § 105 Rn. 100 ff.) sind nicht unbesehen übertragbar. Zurechnung des Verhaltens des **Treugebers,** der auf den Treuhänder einwirken kann, BGHZ 32, 330; BGH WM 1980, 1084. Ausschließungsgründe gegen den **Rechtsvorgänger** wirken idR nicht gegen seinen Rechtsnachfolger, der bei seinem Tod als Erbe oder nach GesVertrag an seine Stelle rückt, RGZ 153, 277; OGHZ 3, 211; BGHZ 1, 330; BGH BB 1958, 58, str. Nach Tod des Klägers kann idR sein Nachfolger (Erbe) die Klage fortführen; der Beklagte kann ihm Verfehlungen des Klägers (Erblassers) idR nicht entgegenhalten, selbst wenn nur dessen Tod ihn (Beklagten) an der Gegenausschließungsklage hinderte, RGZ 153, 277; OGHZ 3, 211.

13 D. **Verzicht, Verwirkung, Verzeihung.** Sie sind wie in § 133 möglich, zB BGH NJW 1999, 2820 (näher → § 133 Rn. 12).

4) Wichtiger Grund für die Ausschließung aus der Zweipersonengesellschaft (I 2, Übernahme)

14 A. **Grundsatz.** Begriff des wichtigen Grundes grundsätzlich wie in I 1, § 133 (→ Rn. 5, → § 133 Rn. 5 ff.), also Unzumutbarkeit der Fortsetzung der Ges., umfassende Interessenabwägung der Lage bei Abschluss der Letzten mündlichen Verhandlung. An den wichtigen Grund sind zwar nach alter Rspr. gegenüber der Ausschließung nach I 1 bei der Übernahme nach I 2 grundsätzlich noch höhere Anforderungen als für die Ausschließung dort (→ Rn. 5 ff.) zu stellen, BGHZ 4,

110; 51, 205; anders schon früher Schlegelb/K. Schmidt § 142 Rn. 17; heute Staub/Schäfer Rn. 21, Grund: die Ausschließung eines von zwei sei idR noch härter als eines von drei oder mehr Gftern; aber dies ist nur ein einzelner Abwägungsgesichtspunkt bei der notwendigen Gesamtwürdigung (→ Rn. 3).
Rechtsmissbrauch des Übernahmerechts wie bei jedem Recht, vgl. für Ehegatten BGHZ 34, 80; 46, 392; aber dann fehlt es unter I idR schon am wichtigen Grund.
Übernahme als äußerstes Mittel: Die Übernahme ist das äußerste Mittel, **15** wenn sich kein anderer zumutbarer Weg für den MitGfter findet (→ Rn. 6), BGHZ 1, 333; 4, 108, stRspr, hL. Das ist auch dann der Fall, wenn es zwar ein solches milderes Mittel gibt und es dem Auszuschließenden verbindlich angeboten worden ist, dieser es aber endgültig abgelehnt hat (näher → § 140 Rn. 23). Möglichkeit milderer Mittel näher → Rn. 6.

B. **Beispiele für wichtigen Grund.** Vgl. die wichtigen Gründe für die Aus- **16** schließung (→ Rn. 7) sowie die personenbezogenen wichtigen Gründe für die Auflösung in § 133 II (→ § 133 Rn. 7–9); aber auch → Rn. 15. **Abwägung** sämtlicher Umstände unter Berücksichtigung des beiderseitigen Verhaltens, zB BGH NJW 2006, 844 (GbR), → Rn. 7. Ein wichtiger Grund für die Übernahme liegt grundsätzlich **nicht** vor, **wenn** in der Person des (oder auch nur eines) **Übernehmenden** selbst ein Ausschließungsgrund vorliegt, BGHZ 4, 111; 32, 35 (GmbH); BGHZ 46, 394; BGH NJW 1957, 873; LM HGB § 142 Nr. 9, str., Grund: dann darf nicht der andere vertrieben werden, es bleibt nur Auflösung; ist das nicht der Fall, kann aber ein überwiegendes Verschulden des Auszuschließenden ausreichen (auch → Rn. 6), BGHZ 80, 351 (GmbH); nach aA idR nur Auflösung, genügt aber nicht in jedem Fall. Übernahme scheidet idR aus, wenn der klagende Gfter den Freistellungsanspruch des MitGfters wegen Bürgschaft für die Ges. (→ § 131 Rn. 42) nicht erfüllen könnte, BGHZ 51, 207. Der Kdtist kann die Übernahmeklage auch gegen den **einzig vertretenden Gesellschafter** der KG erheben (→ Rn. 8), OLG Stuttgart DB 1961, 1644. **Mehrheits- und Minderheitsgesellschafter** → Rn. 9. Die Größe des Anteils ist nach der Rspr. idR unerheblich, BGHZ 51, 207; aA Sandrock JR 1968, 323; Sonderfall bei extrem kleinen Anteil, BGHZ 6, 117. Auch der MinderheitsGfter kann übernahmeberechtigt sein (→ Rn. 9). **Privatsphäre** → Rn. 11. Unter **Verwandten** gelten nicht allgemein strengere Anforderungen an die Übernahmeklage, manches kann hier leichter, anderes schwerer wiegen, BGHZ 4, 115; 51, 206. Unter Ehegatten ist außergeschäftliches ehewidriges Verhalten des Klägers beachtlich (→ Rn. 11); es schließt aber die Übernahme nicht aus, besonders wenn Kläger das Unternehmen schuf und führt und der Partner wichtige Unternehmensinteressen grob verletzte, BGHZ 46, 396 (kein Staatszwang zur Ehetreue, dazu BGHZ 34, 80). **Zurechnung des Verhaltens anderer** → Rn. 12. **Verzicht, Verwirkung, Verzeihung** → Rn. 13.

5) Ausschließungsklage, Übernahmeklage

A. **Parteien. a) Kläger:** Notwendig ist idR **Klage aller Mitgesellschafter.** **17** Nicht notwendig ist Mitwirkung eines MitGfters, der verbindlich dem Klagziel zustimmte (entspr. → § 133 Rn. 13), BGH NJW 1958, 418; 1998, 146; ZIP 2002, 711; aA Ulmer FS Geßler, 1971, 269 (hier anders als bei Auflösung); MüKoHGB/K. Schmidt/Fleischer Rn. 62, 71, für Beiladung nach § 856 III ZPO H. Roth FS Großfeld, 1999, 926. Die Kläger sind bei der Ausschlussklage notwendige Streitgenossen (§ 62 ZPO), BGHZ 30, 197; BGH ZIP 2010, 2446 (aber → Rn. 30), hL, Bsp.: Abweisung aller, wenn Verfehlungen eines einzigen die Klage entkräften, RGZ 122, 315. Lit.: Nickel JuS 1977, 14; Pabst BB 1978, 892.

18 Die Ausschließungsklage nach I 1, 2 ist **auch nach Auflösung** der Ges. möglich (→ Rn. 2), auch durch einen Gfter, der die Ges. durch Kündigung zur Auflösung brachte; jedoch, wenn die Ausschließungsgründe in der Person des Beklagten erst nach der Auflösung eingetreten sind, nicht mehr zu seinem Ausscheiden aus dem Unternehmen und dessen Sicherung für die Kläger allein, sondern nur noch als äußerstes Mittel zur Durchführung einer sachgemäßen und gerechten Abwicklung OGHZ 3, 206; BGHZ 1, 331. Diese Einschränkung gilt nicht, wenn die Ausschließungsgründe vor der Auflösung eingetreten waren, BGH BB 1968, 230.

19 b) Beklagte: **Ausschließungsklage** nach I 1, 2 ist auch gegen mehrere Gfter möglich (vgl. → Rn. 9), auch aus verschiedenen wichtigen Gründen. Sie ist aber, wenn gegen einen Beklagten unbegründet, im Ganzen abzuweisen, weil dann gegen den (die) andern der Antrag aller MitGfter fehlt, BGHZ 64, 255. Nicht notwendig ist Mitwirkung eines MitGfters, der sich beim Kläger verpflichtete, bei Erfolg der Klage auch auszuscheiden, RGZ 146, 172 (str. wie → Rn. 17). Mehrere Beklagte sind auch hier notwendige Streitgenossen iSv § 62 ZPO, aA RGZ 146, 174 (→ Rn. 17).

20 **Zustimmungsklage:** Die Treuepflicht der Gfter kann auf Zustimmung zur Mitwirkung an der (begründeten) Ausschließungsklage gehen (→ § 109 Rn. 27), BGHZ 64, 257. Das gilt auch für die bei vertragsmäßiger Mehrheitsentscheidung (→ Rn. 30) überstimmten Gfter, außer bei triftigen persönlichen Gegengründen wie naher Verwandtschaft, RGZ 162, 388; OLG Nürnberg BB 1958, 1001. Zu Unrecht will Mitwirkung machen sich nicht nur schadensersatzpflichtig nach § 280 BGB (→ § 109 Rn. 4), sondern können auch auf Zustimmung verklagt werden, aA wegen Beiladungsmöglichkeit kein Rechtsschutzbedürfnis H. Roth FS Großfeld, 1999, 925. Das Urteil ersetzt die Teilnahme an der Ausschließungsklage (§ 894 ZPO), BGHZ 64, 259; 68, 82. Möglich ist Anspruchshäufung nach § 260 ZPO (vgl. → § 117 Rn. 7), also Klage zugleich gegen X auf seine Ausschließung und Y auf Zustimmung dazu, BGHZ 68, 83; aA Ulmer FS Geßler, 1971, 269; Y kann X als Streithelfer beitreten, BGHZ 68, 85. Auf diese Zustimmung kann (anders als auf die Ausschließung) jeder MitGfter gegen jeden allein klagen, BGHZ 64, 256. Lit.: K. Schmidt, Mehrseitige Gestaltungsprozesse, 1992, § 7; Pabst BB 1977, 1524; H. Roth FS Großfeld, 1999, 915.

21 B. **Prozess.** Gerichtsstand beim Auszuschließenden (§ 13 ZPO) und bei der Ges. (§ 22 ZPO), letzterer auch für Zustimmungsklagen gegen MitGfter. Während des Auflösungsprozesses ist Vertretung und Geschäftsführung durch Dritten möglich (ähnlich § 146 II), BGHZ 33, 110 (→ § 125 Rn. 8; vgl. → § 127 Rn. 8, → § 133 Rn. 14); auch Änderung der GfterRechte und -Pflichten durch einstweilige Verfügung, zB nach §§ 117, 127, BGHZ 33, 105; OLG Stuttgart DB 1961, 1644. Aber kein Ausschluss im Wege der einstweiligen Verfügung, einstweilige Verfügung gegen den Ausschluss ist mögl. nach OLG Hamm NZG 2018, 546 Antrag auch bei PublikumsGes grds. gegen alle Gfter. Möglich ist Widerklage nach §§ 117, 127, 133, 140. Ausschließung bzw. Übernahme und Auflösung (§§ 140 I 1, 2, 133) sind Verschiedenes. Übergang vom einen zum anderen ist Klageänderung; Gericht kann nicht auf das eine erkennen statt des beantragten anderen, RG JW 1917, 292. Dagegen ist der Streitgegenstand bei Ausschließung nach I 1 und Übernahme nach I 2 (jedenfalls nach HRefG) derselbe, aA früher hL (zu §§ 140, 142 aF), mit Auslegung des Klageantrags und ggf. Urteils behalf. Klage auf Ausschließung ist nicht „weitergehend" als Auflösung, Prozess über erstere ist deshalb nicht auszusetzen (§ 148 ZPO) bis zur Entscheidung über letztere; vielmehr sind beide Verfahren wenn möglich zu verbinden, sonst gesondert durchzuführen, OLG Frankfurt a. M. BB 1971, 1479.

22 C. **Gestaltungsurteil.** Die Klage geht auf Ausschließung des Gfters (I 1) oder Übernahme (I 2), also Rechtsgestaltung (näher → § 133 Rn. 15). Wirkung erst mit Rechtskraft des Urteils bzw. Vollstreckbarkeitserklärung des Schiedsspruchs (→ § 133 Rn. 19). Das rechtskräftige Urteil zu I 2 gibt nicht nur ein Recht zur Übernahme, sondern überträgt unmittelbar, hL (missverständlich § 142 aF); iZw auch ein Schiedsspruch (wenn für vollstreckbar erklärt, → § 133 Rn. 19). Nach Aufhebung des Ausschließungsurteils im Wiederaufnahmeverfahren kann eine neue Ausschließungsklage sich auf das Verhalten des Beklagten in der Zwischenzeit stützen mit Berücksichtigung, dass er sich in dieser Zeit als NichtGfter fühlen durfte, BGHZ 18, 358.

„Kann" in I stellt die Entscheidung nicht ins Ermessen des Gerichts (→ § 133 **23** Rn. 16). Die Klage kann abzuweisen sein, wenn der Beklagte eine dem Kläger zumutbare, **weniger einschneidende Regelung** als die Ausschließung **vorgeschlagen** und die Kläger sie abgelehnt haben oder das Gericht solche Regelung vorschlug, der Beklagte annahm, die Kläger ablehnten, BGHZ 18, 363, zB Vorschlag der Übertragung des Anteils des Beklagten auf dessen Söhne, Ruhen des Stimmrechts aus dem Anteil auf Lebzeit des Beklagten. Notwendig ist aber ein verbindliches Angebot, und das Gericht muss die Klagevorwürfe erschöpfend aufklären, BGH WM 1975, 769. Umgekehrt kann der sonst nicht hinreichend begründeten Klage stattzugeben sein, wenn der Beklagte eine vorgeschlagene mildere, ihm zumutbare Regelung ablehnt. Auch das **Revisionsgericht** kann solches noch vorschlagen und sein Urteil nach der Stellungnahme der Parteien zu solchem Vorschlag bestimmen, BGHZ 18, 363; BGH LM HGB § 142 Nr. 6; Fischer LM HGB § 161 Nr. 6.

6) Rechtsfolgen der Ausschließung eines Gesellschafters (II)

A. Rechte und Pflichten der Gesellschaft und des Ausgeschiedenen. Die **24** Rechtsfolgen der wirksamen Ausschließung eines Gfters sind grundsätzlich dieselben wie bei seinem Ausscheiden nach § 131 III (dort → § 131 Rn. 34 ff.). Dabei ist zwischen dem Innenverhältnis und dem Außenverhältnis zu unterscheiden (→ § 131 Rn. 37). Besonderheiten ergeben sich bei der Ausschließung aus der ZweipersonenGes (→ Rn. 25). Es findet also eine Auseinandersetzung zwischen dem Ausgeschlossenen und der Ges. bzw. dem Übernehmer statt (→ Rn. 26). Abfindung und Abfindungsklauseln → § 131 Rn. 48 ff., 58 ff.

B. Gesamtrechtsnachfolge bei Ausschließung aus der Zweipersonenge- 25 sellschaft. Die Ges. **erlischt** (→ § 131 Rn. 35), nicht etwa EinpersonenGes (Rechtsausschluss), aA Weimar ZIP 1997, 1769. Das GesVermögen wird Alleinvermögen des Übernehmers durch **Gesamtrechtsnachfolge** (→ § 105 Rn. 8), MüKoBGB/Schäfer § 718 Rn. 13, § 730 Rn. 81, nicht Anwachsung nach § 738 I 1 BGB, was Konsequenzen für die Haftung hat (der verbleibende Kdtist haftet als Gesamtrechtsnachfolger unbeschränkt für alle Altschulden der Ges.), BGHZ 48, 206; 113, 134 (→ § 131 Rn. 35). An der Haftung eines Gfters, der schon vor der Übernahme ausschied (→ § 128 Rn. 28; § 160), ändert sich nichts, BGHZ 50, 237. Vermögensübergang also ohne Liquidation (§§ 145 ff.), ohne Einhaltung von Formvorschriften (zB § 311b I BGB, § 15 GmbHG) und außerhalb des Grundbuchs (Grundbuchberichtigung). Maßgebender Zeitpunkt ist die Rechtskraft des Urteils, II gilt nur für die Auseinandersetzung (Innenverhältnis, → Rn. 26). Es gelten die Grundsätze für die Umwandlung kraft Gesetzes, zB für Beibehaltung der stillen Reserven und für Firmenfortführung (→ Einl. vor § 105 Rn. 22). Ein dingliches Vorkaufsrecht der Ges. erlischt nicht nach § 473 BGB, sondern besteht fort nach § 1059a Nr. 1, 1098 III BGB (betr. juristische Person, entspr. anwendbar auf OHG), BGHZ 50, 310. Höchstpersönliche Rechte, zB persönliche öffentlichrechtliche Erlaubnis, erlöschen. Eine Vereinbarung über die Ausnahme einzelner Gegenstände von der Gesamtrechtsnachfolge hat nur schuldrechtliche Wirkung, str. Im anhängigen Prozess der Ges. erfolgt Parteiwechsel kraft Gesetzes, nicht durch gewillkürten Parteiwechsel bzw. Klageänderung

§ 140   26–30   2. Buch. Handelsgesellschaften und stille Gesellschaft

(→ § 124 Rn. 44), BGH NJW 1971, 1844; 1993, 1917; aA Huber ZZP 82 (1969), 253. §§ 239 ff. ZPO gelten entspr., K. Schmidt § 46 II 3a. War in 1. Instanz gegen die Ges. abgewiesen, hindert Berufung mit Antrag gegen Übernehmer die Rechtskraft, BGH NJW 1971, 1844. Übernahmeerklärung mit Vereinbarung der „Liquidation" kann bedeuten: Übergang des Unternehmens, aber während der Auseinandersetzung nach Fortführung auch zugunsten des Ausscheidenden, BGH BB 1973, 910. Anmeldung zum HdlReg → § 143 Rn. 1. Für die **Firmenfortführung** gilt § 24 II, nicht § 22 (→ § 24 Rn. 11).

26   C. **Auseinandersetzung (II).** Zwischen dem Ausgeschlossenen und der Ges. findet eine Auseinandersetzung statt (§§ 738–740 BGB, dazu → § 131 Rn. 38–47). Dafür ist der Zeitpunkt der Klageerhebung, nicht der der Rechtskraft des Gestaltungsurteils maßgebend (II). Das gilt für die Ausschließung ebenso wie für die Übernahme nach I 2, BGH WM 1965, 426. Der Ausgeschlossene nimmt also nicht teil am Gewinn (oder Verlust) der Prozesszeit. Das soll auch gelten, wenn der durchschlagende Ausschließungsgrund erst später (→ Rn. 6) eintrat, RGZ 101, 242; zweifelnd OGH BB 1950, 174, es gilt wenn der Gfter der zul. und begr. Ausschließungsklage durch eigenes Ausscheiden den Boden entzieht, Otte NZG 2011, 1365. Abfindung und Abfindungsklauseln → § 131 Rn. 48 ff., 58 ff.

27   D. **Schadensersatz.** Der Ausgeschlossene kann den übrigen schadensersatzpflichtig sein (→ § 133 Rn. 17).

7) Abweichende Vereinbarungen

28   A. **Erschwerungen der Ausschließung.** § 140 ist nicht zwingend (anders das Recht auf Auflösung, § 133 III), weder I 1, BGH NJW 1998, 146, noch I 2, BGHZ 51, 205 (zu § 142 aF). Der GesVertrag kann das Ausschließungs- bzw. Übernahmerecht weitere erschweren oder sogar ganz beseitigen, es bleibt dann eben nur die Auflösung, BGHZ 51, 204, oder der eigene Austritt aus wichtigem Grund, str. (→ § 133 Rn. 1). Der GesVertrag kann zB bestimmte Verhaltensweisen oder Ereignisse als wichtigen (Ausschließungs-)Grund ausschließen, eine Vorprüfung durch GfterVersammlung oder Beirat vorsehen oder die Zustimmung Dritter verlangen.

29   B. **Herabstufung.** Der GesVertrag kann als gegenüber der Ausschließung milderes Mittel vorsehen, dass ein Gfter der OHG oder der phG der KG zum Kdtisten herabgestuft wird (→ Rn. 10). Eine solche Regelung ist nicht schon deshalb unwirksam, weil die Herabstufung dem Gfter Grund zum Ausscheiden gibt, dieses aber durch eine einschneidende Abfindungsklausel erschwert wird, vielmehr können dann Herabstufungsklausel und entspr. GfterBeschluss wirksam sein, die Abfindung ist danach angemessen zu bestimmen, BGH NJW 1973, 651; dazu Schneider NJW 1973, 750, → Rn. 33.

30   C. **Erleichterungen der Ausschließung.** Umgekehrt kann der GesVertrag, wie auch § 131 III 1 Nr. 5 nF nahelegt (aber dort → § 131 Rn. 25), die Ausschließung bzw. Übernahme erleichtern, also Gründe und Verfahren abweichend vom Gesetz regeln, zB weitere Umschreibung und Fixierung der möglichen Ausschlussgründe („absolute" Ausschlussgründe), BGHZ 51, 205; 81, 266, oder Einräumung eines Übernahmerechts in anderen Fällen (auch in der Ges. mit zwei oder mehr Gftern), BGHZ 32, 22; 50, 308. Bspe: Altersgrenze, Vermögensverfall, Berufszulassungsentzug, Beendigung der Mitarbeit, Abreißen verwandtschaftlicher Beziehungen, Gehrlein NJW 2005, 1970, zu „russian roulette" und „shoot-out"-Klauseln als Konfliktlösungsmechanismus → § 105 Rn. 71. Auslegungsfrage ist es, ob das Übernahmerecht auch für und gegen einen später eintretenden MitGfter gilt, BGH WM 1973, 866. Die Erleichterungen können auch beinhalten zB Mehrheitsentscheidung über Erhebung der Ausschlussklage, Antragsrecht einzelner Gfter, nähere Regelung der Geltendmachung des Ausschließungsrechts. Feststellungs- statt Ausschlussklage, BGH NJW 1998, 146. Übertragung an ein Schiedsgericht. Der GesVertrag kann auch Ausschließung durch **bloßen Gesellschafterbeschluss** der übrigen Gfter vorsehen (Stimmrechtsausschluss des Auszuschließenden, → § 119 Rn. 8), BGHZ 31, 301; 68, 214; BGH ZIP 2005, 1322; 2011, 1509; Ulmer JZ 1976, 97; auch durch Mehrheitsbeschluss (aber Bestimmtheitsgrundsatz, → § 119 Rn. 37). Ein einseitiges **Ausschließungsrecht** der GfterMehrheit oder -gruppe oder einzelner Gfter gegen andere, auch als „Kündigungsrecht" mit der Folge des Ausscheidens des Gekündigten statt Auflösung der Ges. (§ 133) oder Ausscheiden des Kündigenden (§ 131 III 1 Nr. 3), sog. **Hinauskündigung,** ist zwar grundsätzlich unwirksam (§ 138 BGB, str.), aber Ausnahmen **in engen Grenzen** (→ Rn. 31). Der Beschluss bzw. die Hinauskündigung wirkt (wenn rechtmäßig) mit Mitteilung an den Ausgeschlossenen (wie nach § 737 BGB), abzustellen ist auf den Zugang beim auszuschließenden Gesellschafter, BGH ZIP 2011, 1509. Der Beschluss ist rglm Voraussetzung der Bekanntgabe und kann Anknüpfungspunkt für eine Frist zur Klage gegen den Gesellschafterbeschluss sein, BGH ZIP 2011, 1510. Der rechtswidrige Beschluss ist unwirksam (→ § 119 Rn. 31, Geltendmachung und Frist → § 119 Rn. 32, Gfter sind dann keine notwendigen Streitgenossen, BGH ZIP 2010, 2446) und kann die Beschließenden nach § 280 BGB schadensersatzpflichtig machen, BGHZ 31, 301.

Übernahme (mit Wirkung der Gesamtrechtsnachfolge) ist auch ohne Vereinbarung im GesVertrag durch **Übernahmevereinbarung ad hoc** möglich, sowohl bei noch werbender Ges. (die dadurch aufgelöst wird) wie bei schon aufgelöster (→ § 145 Rn. 10), BGHZ 50, 308; 71, 299; BGH NJW 1989, 1030; BAG NJW 1991, 1972. Mit entspr. Wirkung (Erlöschen der Ges., Gesamtrechtsnachfolge) möglich ist Übernahme aller Anteile (→ § 105 Rn. 69) durch einen einzigen **Nichtgesellschafter,** BGHZ 71, 299.

D. **Grenzen der Erleichterung der Ausschließung. a) Kernbereichslehre** 31 **und Treuepflicht:** Grenzen für Ausschließung und Übernahme folgen allgemein aus § 138 I BGB und spezieller aus dem Schutz des Kernbereichs der GfterPosition (→ § 119 Rn. 36) und der Treuepflicht (→ § 109 Rn. 23). Eine Vereinbarung (im oder neben dem GesVertrag, BGHZ 112, 107; 164, 98), dass Kdtisten durch Mehrheitsbeschluss **ohne wichtigen Grund** ausgeschlossen werden können (**Hinauskündigung,** → Rn. 30), ist grundsätzlich **unzulässig,** anders nur **ausnahmsweise,** wenn sie eindeutig vereinbart und **durch besondere Gründe sachlich gerechtfertigt** ist, BGHZ 68, 215; 81, 264; 105, 216; 107, 356; 112, 107 (GmbH); BGHZ 164, 98; 164, 107 (GmbH); BGH NJW 2004, 2013 (GbR); BGH ZIP 2005, 706 (GmbH); BGH ZIP 2005, 1309 (ÄrzteGes); BGH ZIP 2007, 1309, stR.spr (zur Abfindung in solchen Fällen → § 138 Rn. 65). § 131 III 1 Nr. 6 hat daran nichts geändert (→ § 131 Rn. 26). Die Einräumung eines Rechts an einen Gfter, MitGfter (zB auch Kdtisten) nach freiem Ermessen aus der Ges. auszuschließen, ist nichtig; anders nur bei sachlicher Rechtfertigung durch besondere Umstände, BGHZ 81, 269; 105, 213; 107, 351; 164, 98; 164, 107; MüKoBGB/Schäfer § 737 Rn. 19, str., Fallgruppenbildung bei MüKoHGB/K. Schmidt/Fleischer Rn. 101 ff., umstritten ist insbesondere die Figur des „Gfters minderen Rechts". Solche besonderen Umstände können sein: zB Beteiligung nur von persönlich mitarbeitenden Gftern, WM 1983, 956, Einräumung der GfterStellung nur wegen enger persönlicher Beziehungen (insoweit „auf Zeit", treuhänderähnlich), BGHZ 112, 103 (GmbH), einlagenfreie Aufnahme in Sozietät mit Prüfungszeit, BGH NJW 2004, 2013 (GbR, 10 Jahre bei weitem zu lang), maximal dreijährige „Probezeit" bei Gemeinschaftsarztpraxis, BGH ZIP 2007, 1309, Gfter Beteiligung nur als bloßer Annex eines Kooperationsvertrags ohne darüber hinausgehende Chancen, BGH ZIP 2005, 706,

Minderheitsbeteiligung eines Drittgeschäftsführers für die Zeit seines Amtes und gegen bloßes Nennwertentgelt (Managermodell), BGHZ 164, 98 mAnm Gehrlein BB 2005, 2433, wohl auch allgemeiner für führende Mitarbeiter (sog. leaver-Klausel bei private equity-Transaktionen), Drinkuth NJW 2006, 413, Minderheitsbeteiligung eines verdienten Mitarbeiters gegen bloße Nennwertzahlung (Mitarbeitermodell), kein Verstoß gegen § 622 VI BGB, BGHZ 164, 107, auf Testament zurückgehende Differenzierung zwischen Kindern, BGH ZIP 2007, 862; aA MüKoBGB/Schäfer § 737 Rn. 19, besondere Verdienste des Ausschließungsberechtigten um die Ges.; treuhandähnliches Verhältnis, Prüfung gedeihlicher Zusammenarbeit, Beendigung der für die Beteiligung maßgeblichen Zusammenarbeit, genereller für Zulassung bei (auch nachgeschobenem) sachlichem Grund Gehrlein NJW 2005, 1971. **Nicht:** Kein solcher Grund ist der Erwerb der Mitgliedschaft durch **Vererbung,** BGHZ 81, 270 (aber Testament, oben, damit wird dieser Grundsatz verwässert), **geringe Kapitalbeteiligung,** vgl. BGH NJW 1985, 2421. Für **Anteilsschenkung** gilt, dass der Beschenkte kein Gfter mindern Rechts ist (→ § 131 Rn. 66), BGHZ 164, 116; für Anteilsschenkung unter Widerrufsvorbehalt nach freiem Belieben mit Rückübertragungsverpflichtung ist solcher Grund anzuerkennen, aber Ausübungskontrolle vorzusehen, MüKoBGB/Schäfer § 737 Rn. 22, str., vgl. OLG Karlsruhe NZG 2007, 423 mAnm. Wälzholz NZG 2007, 416, Nichtzulassungsbeschwerde abgelehnt, Nassall NZG 2008, 852. Diese Grenzen gelten selbst bei voller oder jedenfalls angemessener Abfindung, weil die vom „Damoklesschwert der Hinauskündigung" bedrohten Gfter in ihrer gesellschaftlichen Willensbildung unzulässig beeinflusst werden, BGHZ 81, 268; 84, 16; 104, 50; 125, 79 (stGes). Diese Grenzen gelten nicht für ein an ein festes Tatbestandsmerkmal (zB Tod eines MitGfters) anknüpfendes, zeitlich begrenztes Kündigungsrecht, BGHZ 105, 213; Entscheidungsfrist bis zu einem Jahr (offen).

Zu diesen Grenzen Goette DStR 1997, 337; Harrer FS Sonnenberger, 2004, 235 (Wertungsparallele zu § 327a AktG); Gehrlein NJW 2005, 1969; Habersack/Verse ZGR 2005, 451 (Mitarbeiterbeteiligung); Drinkuth NJW 2006, 410; Werner WM 2006, 213; Kilian WM 2006, 1567; Peltzer ZGR 2006, 702; Verse DStR 2007, 1822; Wälzholz NZG 2007, 416; Nassall NZG 2008, 851; Fleischer DB 2010, 2713 (shoot-out-Klauseln).

32 **b) Sittenwidrigkeit:** Neben diesen engen Grenzen aus den Grundprinzipien des GesRechts sind die allgemeinen Grenzen, zB **§ 138 BGB,** nur noch von geringer Bedeutung. Zu prüfen sind ua Rechtsstellung der Betroffenen als Gfter (zB Ausscheidensrecht ihrerseits), Herkunft ihrer Beteiligung (zB familienfremde Geschäftsführer-Gfter ohne Kapitalanteil). Kündigungs- und Übernahmerecht nach freiem Ermessen ist sittenwidrig, wenn die Mitgliedschaft Lebensberuf und Existenzgrundlage bildet, auch bei FamilienGes, auch wenn dem Gründer vorbehalten, BGH NJW 1985, 2421, str. Ausschluss der gerichtlichen (auch schiedsgerichtliche) Nachprüfung ist unzulässig.

33 E. **Rechtsfolgen einer unzulässigen abweichenden Vereinbarung.
a) Gesellschaftsvertrag:** Rechtsfolge der unzulässigen Ausschlussklausel ist nicht Nichtigkeit des GesVertrags (§ 139 BGB gilt nicht, → § 105 Rn. 50).

b) Ausschließung: Statt der unzulässigen Ausschlussklausel kann im Wege der (auch ergänzenden) Vertragsauslegung eine zulässige anzunehmen sein (näher → § 132 Rn. 14), str., zB kann Ausschlussklausel nach freiem Ermessen insoweit wirksam sein, als sie Ausschließung aus wichtigem Grund zulässt (insoweit gilt § 139 BGB), BGHZ 107, 351 mAnm Fastrich ZGR 1991, 306. Die Sittenwidrigkeit oder sonstige Unzulässigkeit der **Abfindungsklausel** (→ § 131 Rn. 58 ff.) lässt die Wirksamkeit der Ausschließung unberührt, die angemessene Abfindung ist notfalls in einem besonderen Rechtsstreit festzustellen, BGHZ 105, 222; 112,

111; 164, 104; BGH NJW 1973, 1606 (→ Rn. 29) gegen frühere Rspr. Für Regelung de lege ferenda (Ausübungskontrolle) Wicke DNotZ 2017, 271.

8) Reform des Personengesellschaftsrechts (MoPeG)

Das Gesetz zur Modernisierung des Personengesellschaftsrechts (MoPeG **34** → Einl § 105 Rn. 42 ff) fasst zum 1.1.2024 auch das OHG-Recht neu. Der Regelungsgehalt des § 140 findet sich künftig in §§ 134, 135 II HGB-MoPeG. Zur Textfassung des HGB-MoPeG s. → Anh. § 105.

141, 142 *(aufgehoben)*

[Anmeldung von Auflösung und Ausscheiden]

143 (1) ¹Die Auflösung der Gesellschaft ist von sämtlichen Gesellschaftern zur Eintragung in das Handelsregister anzumelden. ²Dies gilt nicht in den Fällen der Eröffnung oder der Ablehnung der Eröffnung des Insolvenzverfahrens über das Vermögen der Gesellschaft (§ 131 Abs. 1 Nr. 3 und Abs. 2 Nr. 1). ³In diesen Fällen hat das Gericht die Auflösung und ihren Grund von Amts wegen einzutragen. ⁴Im Falle der Löschung der Gesellschaft (§ 131 Abs. 2 Nr. 2) entfällt die Eintragung der Auflösung.

(2) Absatz 1 Satz 1 gilt entsprechend für das Ausscheiden eines Gesellschafters aus der Gesellschaft.

(3) Ist anzunehmen, daß der Tod eines Gesellschafters die Auflösung oder das Ausscheiden zur Folge gehabt hat, so kann, auch ohne daß die Erben bei der Anmeldung mitwirken, die Eintragung erfolgen, soweit einer solchen Mitwirkung besondere Hindernisse entgegenstehen.

1) Anmeldung von Auflösung und Ausscheiden

A. **Auflösung (I):** § 143 idF EGInsO 1994. **1**

a) **Regelfälle (I 1):** Über die OHG und KG im HdlReg s. zunächst §§ 106–108, 162. Nach I 1 ist die Auflösung der Ges. (§ 131 I, II) anzumelden und einzutragen; bei Übernahme durch einen Gfter, etwa nach § 140 I 2 (dort → § 140 Rn. 25) mit Besonderheiten, nämlich Auflösung und Wechsel des Firmeninhabers, MüKoHGB/K. Schmidt/Fleischer Rn. 4; Staub/Schäfer Rn. 11. Auch Auflösung einer (zu Unrecht) nicht eingetragenen Ges. und mangelnde Voreintragung nicht entgegen, ohne Ges. ist vielmehr zugleich mit ihrer Auflösung einzutragen, allgM. Auch bei Fortsetzung der Ges. ist vor dieser zunächst noch die Auflösung einzutragen, MüKoHGB/K. Schmidt/Fleischer Rn. 3 (Auflösung und Fortführung simultan), str. Fallen Auflösung und Erlöschen ausnahmsweise zusammen (→ § 131 Rn. 5, 10), stehen Anmeldung nach I 1 und § 157 nebeneinander.

b) **Auflösung bei Insolvenz (I 2, 3):** I gilt **nicht** für Auflösung in den Fällen der Eröffnung oder der Ablehnung der Eröffnung des Insolvenzverfahrens über das Vermögen der Ges. (§ 131 I Nr. 3, II 1 Nr. 1); in diesen Fällen werden die Auflösung und ihr Grund von Amts wegen eingetragen (I 2, 3 iVm §§ 32, 6), vgl. BGH NJW 1982, 2443.

c) **Auflösung durch Löschung (I 4):** Bei Löschung nach § 131 II 1 Nr. 2 entfällt die Eintragung der Auflösung überhaupt. Bereits die Löschung erfüllt die Warnfunktion des HdlReg.

§ 143 2–7

2 B. **Ausscheiden (II):** Anzumelden und einzutragen ist ebenso das Ausscheiden eines Gfters (bei GbR als Gfter auch deren Gfter, → § 106 Rn. 6), gleich wodurch, zB Tod, auch Ausschließung (§ 140), sofern die Ges. wie idR fortgesetzt wird. Wechsel des phG in die Stellung eines Kdtisten ist zwar kein Ausscheiden, die Beteiligungsumwandlung ist aber als solche anmeldepflichtig (→ § 162 Rn. 10). Einzutragen ist auch, wenn dadurch die Firma unzulässig wird, zB bei Wegfall der letzten natürlichen Person unter den phG (§ 19 II); Eintragung kann auch nicht von gleichzeitiger Anmeldung der entsprechenden Firmenänderung abhängig gemacht werden (→ § 14 Rn. 1), BGH NJW 1977, 1879; OLG Hamm NJW 1994, 393. Vorgehen gegen unzulässige Firma nach § 37. Eintritt von Gftern, auch Eintritt von Erben s. § 107.

2) Anmeldepflicht sämtlicher Gesellschafter

3 A. **Öffentlich-rechtliche Anmeldepflicht (§ 143):** Anmeldepflichtig bei Tod eines Gfters sind alle MitGfter (näher → § 108 Rn. 1, 2), daneben alle Erben, OLG Düsseldorf NZG 2020, 222, auch soweit sie nicht nachfolge- oder eintrittsberechtigt sind (vgl. III), BayObLG DB 1979, 86; BB 1993, 385; auch der Erbe eines vor seinem Tod ausgeschiedenen Gfters, MüKoHGB/K. Schmidt/Fleischer Rn. 10, str.; auch ScheinGfter, BGH WM 1966, 736. **III** macht Ausnahmen im Fall besonderer Hindernisse, MüKoHGB/K. Schmidt/Fleischer Rn. 15. Testamentsvollstrecker (→ § 139 Rn. 21), BGHZ 108, 190. Anmeldepflichtig ist bei Ausscheiden auch der Ausgeschiedene (→ § 108 Rn. 1), BayObLG DB 1978, 1832. Bei §§ 133, 140 ersetzt das rechtskräftige Urteil die Anmeldung des Ausgeschiedenen. Statt des wegen Insolvenz ausscheidenden Gfters hat der Insolvenzverwalter mitanzumelden (§ 146 III analog), BGH NJW 1981, 822. Die Anmeldepflicht ist öffentlich-rechtlicher Natur (→ § 108 Rn. 5), also Erzwingung (§ 14).

4 B. **Gesellschaftsrechtliche Mitwirkungspflicht:** Daneben besteht eine Mitwirkungspflicht aller Gfter untereinander (näher → § 108 Rn. 7), RG HRR 1942, 763. Einwendungen aus dem GesVerhältnis → § 108 Rn. 7. Klage nicht der Ges., sondern der Gfter untereinander (→ § 108 Rn. 7), ohne notwendige Streitgenossenschaft auf Aktiv- oder Passivseite, vgl. BGHZ 30, 197. Streitwert (§ 3 ZPO) nach BGH BB 1979, 647 etwa 1/4 des Anteils (samt stillen Reserven) des klagenden Gfters, nach OLG Köln DB 1971, 1055 etwa 1/10 der (Kdt-)Einlage.

3) Rechtsfolgen der (fehlenden) Eintragung

5 A. **Eintragung:** Die Eintragung ist nur deklaratorisch (→ § 8 Rn. 11).

6 B. **Fehlende Eintragung:** Die Wirksamkeit der Auflösung und des Ausscheidens hängen nicht von der Eintragung ab. Aber im Verhältnis zu Dritten gilt § 15. Kenntnis des Auflösungsgrunds ist nicht gleich Kenntnis der Auflösung (vgl. § 15 I), denn der Schluss verlangt Rechtskenntnis und abweichende GesVertragsregelung sind häufig, RGZ 144, 204. § 15 gilt nur insoweit nicht, als § 139 IV entgegensteht (dort → § 139 Rn. 45), aber im Falle eines darüber hinausgehenden besonderen Rechtsscheintatbestands. Weitere Rspr.: RGZ 70, 273; 127, 99; 128, 181; BGHZ 55, 273; 66, 103.

4) Reform des Personengesellschaftsrechts (MoPeG)

7 Das Gesetz zur Modernisierung des Personengesellschaftsrechts (MoPeG → Einl § 105 Rn. 42 ff) fasst zum 1.1.2024 auch das OHG-Recht neu. Der Regelungsgehalt des § 143 I, III findet sich künftig in § 141 I, II HGB-MoPeG, für die Anmeldung des Ausscheidens eines Gesellschafters (§ 143 II) gelten künftig § 106 VI, VII HGB-MoPeG. Zur Textfassung des HGB-MoPeG s. → Anh. § 105.

1. Abschnitt. Offene Handelsgesellschaft § 145

[Fortsetzung nach Insolvenz der Gesellschaft]

144 (1) **Ist die Gesellschaft durch die Eröffnung des Insolvenzverfahrens über ihr Vermögen aufgelöst, das Verfahren aber auf Antrag des Schuldners eingestellt oder nach der Bestätigung eines Insolvenzplans, der den Fortbestand der Gesellschaft vorsieht, aufgehoben, so können die Gesellschafter die Fortsetzung der Gesellschaft beschließen.**

(2) **Die Fortsetzung ist von sämtlichen Gesellschaftern zur Eintragung in das Handelsregister anzumelden.**

1) Fortsetzung nach § 144

A. **Fortsetzung (I):** § 144 I regelt die Fortsetzung der durch GesInsolvenz 1 (§ 131 I Nr. 3) aufgelösten Ges. für zwei Fälle der Beendigung des Insolvenzverfahrens: Einstellung des Verfahrens auf Antrag des Schuldners und Aufhebung des Verfahrens nach der Bestätigung eines Insolvenzplans, der den Fortbestand der Ges. vorsieht (§§ 212, 213, 248 InsO). § 144 setzt voraus, dass nach Beendigung des Insolvenzverfahrens überhaupt noch GesVermögen vorhanden ist; der Fortsetzungsbeschluss vermeidet das sich sonst jetzt anschließende normale Liquidationsverfahren, vgl. BGHZ 93, 164. § 144 gilt entspr. bei Einstellung mangels Masse (§ 207 InsO) oder Aufhebung des Insolvenzverfahrens nach der Schlussverteilung (§ 200 InsO), BGH NJW 1995, 196, hL, nach aA hier nur Fortsetzung allgemein (→ Rn. 4), MüKoHGB/K. Schmidt Rn. 3. Zur Personengesellschaft im Insolvenzplanverfahren, Wertenbruch ZIP 2013, 1693, dazu auch → Anh. § 177a Rn. 49r.

B. **Eintragung (II):** Die Fortsetzung ist von sämtlichen Gftern (→ § 108 2 Rn. 1) zur Eintragung in das HdlReg anzumelden, insoweit gilt § 15. Die Eintragung der Beendigung des Insolvenzverfahrens erfolgt von Amts wegen ohne Geltung von § 15 (→ § 32 Rn. 2, 3).

C. **Abweichende Vereinbarungen.** I ist nicht zwingend, zB kann Mehr- 3 heitsbeschluss vorgesehen werden (→ § 119 Rn. 34). Rechte Dritter können aber nicht beeinträchtigt werden. II ist zwingend.

2) Fortsetzung allgemein nach Auflösung

Die Fortsetzung einer aufgelösten Ges. vor Vollbeendigung ist über § 144 4 hinaus allgemein möglich (→ § 131 Rn. 30), zB Fortsetzungsbeschluss vor Ende des Insolvenzverfahrens mit Zustimmung aller Gfter und des Insolvenzverwalters. Auch insoweit ist einzutragen (→ § 106 Rn. 13).

3) Reform des Personengesellschaftsrechts (MoPeG)

Das Gesetz zur Modernisierung des Personengesellschaftsrechts (MoPeG 5 → Einl § 105 Rn. 42 ff) fasst zum 1.1.2024 auch das OHG-Recht neu. Die Fortsetzung der Gesellschaft wird in § 142 HGB-MoPeG künftig allgemein geregelt. Zur Textfassung des HGB-MoPeG s. → Anh. § 105.

Fünfter Titel. Liquidation der Gesellschaft

[Notwendigkeit der Liquidation]

145 (1) **Nach der Auflösung der Gesellschaft findet die Liquidation statt, sofern nicht eine andere Art der Auseinandersetzung von den Gesellschaftern vereinbart oder über das Vermögen der Gesellschaft das Insolvenzverfahren eröffnet ist.**

§ 145 1–3   2. Buch. Handelsgesellschaften und stille Gesellschaft

(2) Ist die Gesellschaft durch Kündigung des Gläubigers eines Gesellschafters oder durch die Eröffnung des Insolvenzverfahrens über das Vermögen eines Gesellschafters aufgelöst, so kann die Liquidation nur mit Zustimmung des Gläubigers oder des Insolvenzverwalters unterbleiben; ist im Insolvenzverfahren Eigenverwaltung angeordnet, so tritt an die Stelle der Zustimmung des Insolvenzverwalters die Zustimmung des Schuldners.

(3) Ist die Gesellschaft durch Löschung wegen Vermögenslosigkeit aufgelöst, so findet eine Liquidation nur statt, wenn sich nach der Löschung herausstellt, daß Vermögen vorhanden ist, das der Verteilung unterliegt.

Übersicht

	Rn
1) Liquidation (I Hs. 1)	1–7
2) Andere Art der Auseinandersetzung (I Hs. 2)	8–10
3) Zustimmung des Gläubigers oder Insolvenzverwalters (II)	11
4) Löschung wegen Vermögenslosigkeit (III)	12
5) Reform des Personengesellschaftsrechts (MoPeG)	13

1) Liquidation (I Hs. 1)

1   A. § 145 idF HRefG 1998. **Auf die Auflösung** (→ § 131 Rn. 1) der Ges. **folgt die Auseinandersetzung** unter den Gftern (§ 730 BGB), idR durch die Liquidation (vgl. §§ 731–735 BGB) oder bei entspr. Vereinbarung auf eine andere Art (vgl. § 731 BGB). Auf Auflösung durch Eröffnung des Insolvenzverfahrens über das Vermögen der Ges. (§ 131 I Nr. 3) folgt nur das Insolvenzverfahren (mit Verteilung eines eventuellen Überschusses bei der Schlussverteilung an die Gfter, § 199 S. 2 InsO, Ziel: Vollabwicklung im Rahmen des Insolvenzverfahrens), ausnahmsweise nach dessen Ende (wenn noch Vermögen auftaucht) Auseinandersetzung (durch Liquidation oder anders), BGHZ 93, 164, oder Fortsetzung der Ges. (§ 144). Ausnahmsweise entfällt jede Art der Auseinandersetzung, so wenn von zwei Gftern der eine stirbt und der andere ihn beerbt, dann Gesamtrechtsnachfolge und Abfindungsanspruch (→ § 131 Rn. 35). Bei **Umwandlung** der (nicht aufgelösten) Ges. durch Verschmelzung oder Vermögensübertragung nach dem UmwG (→ Einl. vor § 105 Rn. 24–25) entfällt die Liquidation. Auch Umwandlung einer bereits aufgelösten Ges. ist unter bestimmten Voraussetzungen möglich (§§ 3 III, 39, 124 II, 191 III UmwG, → Einl. vor § 105 Rn. 24).

2   B. **Liquidation** ist der **Normalfall,** sie allein ist in der Überschrift des fünften Titels erwähnt und in §§ 146 ff. des Näheren geregelt. Mangels anderer Abrede hat jeder Gfter Anspruch darauf (solange GesVermögen vorhanden ist, RGZ 40, 31), dass die Auseinandersetzung in dieser Form erfolgt. Die Gfter können anderes vereinbaren, → Rn. 8. Vorausverzicht auf Liquidation kann aber sittenwidrig sein. Grundsätzlich sind die Gfter in diesen Entscheidungen frei; uU stehen aber Rechte eines Vertragspartners der Ges. der Liquidation entgegen und verlangen eine andere Art der Auseinandersetzung, so wenn die Ges. kein eigenes, sondern ein gepachtetes Unternehmen betreibt und den Pachtvertrag nicht lösen kann, RGZ 123, 155. Lit.: Enthaler, 1985; Hillers, 1989; K. Schmidt ZHR 153 (1989), 270.

3   C. In der **Terminologie** herrscht Verwirrung. RGZ 123, 155 unterscheidet Liquidation der Ges. und Liquidation des Unternehmens, das Gegenstand der Ges. ist, gewöhnlich gehe die Erste den Weg über die zweite. Das HGB spricht aber nur von einer Art von Liquidation; es nennt sie im Text (§§ 145 I, II, 146 I ua) einfach „Liquidation", in der Überschrift „Liquidation der Ges."; es ist die in § 149 S. 1 beschriebene, von Liquidatoren zu erfüllende Aufgabe. Statt Liquidation wird auch **Abwicklung** gesprochen (auch in Gesetzen: §§ 264 ff. AktG), statt

1. Abschnitt. Offene Handelsgesellschaft 4–7 **§ 145**

„Liquidator" „Abwickler", ein zweifelhafter Gewinn: abwickeln gibt vage ein Bild der Art der hier verlangten Tätigkeit, liquidieren (flüssig machen) kennzeichnet klar ihr normales Ziel.

D. **Wirkung** auf die **Gesellschaft:** Vgl. § 156. Die Auflösung berührt nicht 4 die Identität der Ges., RGZ 155, 85; OLG München ZIP 2015, 2223; grundsätzlich auch nicht die Rechtsverhältnisse am GesVermögen, der Gfter untereinander, zwischen Ges. und Gfter. Durch die Auflösung entfällt der Erwerbszweck der Ges., sie ist nicht mehr werbend, Zweck ist auf Abwicklung und Vollbeendigung gerichtet, OLG München ZIP 2015, 2223; die Gfter schulden einander nur noch Mitwirkung zur Abwicklung. Nach RG JW 1930, 3743 bleiben die Gfter Kflte (aber → § 105 Rn. 19). Die Geschäfte der Ges. nach Auflösung sind HdlGeschäfte. Die Firma bleibt bestehen, ist aber als Liquidationsfirma zu bezeichnen (§ 153, s. dort); sie kann in der Liquidation noch geändert werden, zB nach Veräußerung des Unternehmens (oder eines Teils) mit der (bisherigen) Firma, KGJ 39 A 104. Die Vertretungsmacht der Gfter entfällt zugunsten derjenigen der Liquidatoren (§§ 146–153). Nach herkömmlicher Ansicht erlöschen Prokuren, werden HdlVollmachten im Rahmen des Liquidationszwecks, RGZ 72, 123, dies ist aufgrund gewandelten Verständnisses der Liquidation aufzugeben, OLG München ZIP 2011, 2059, str.; ebenso str. ist, ob noch Prokura erteilt werden kann (→ § 48 Rn. 1). Prokura erlischt, wenn der Prokurist zum Liquidator bestellt wird, OLG Düsseldorf NZG 2012, 957.

E. **Wirkung** auf **Dritte.** Vgl. § 156. Forderungen an die Ges. werden idR 5 nicht vorzeitig fällig, natürlich auch nicht Forderungen der Ges. an Dritte. Die Auflösung kann dem Partner der Ges. in einem langfristigen Vertrag, uU auch der Ges. selbst, Grund zu außerordentlicher Kündigung (vgl. §§ 314, 626, 723 BGB) oder zu Anpassungsverlangen oder Kündigung wegen Störung der Geschäftsgrundlage (§ 313 BGB) liefern. Dies vor allem, wenn das von der Ges. betriebene Unternehmen liquidiert wird, uU auch wenn die Gfter sich anders auseinandersetzen (→ Rn. 8) dabei das Unternehmen zwar erhalten bleibt, aber in andere Hand übergeht. Aus einer Genossenschaft scheidet die Ges. bei Auflösung zu Ende des Geschäftsjahres aus (§ 77a GenG), nicht schon mit Auflösung, aA KG JW 1926, 2933, früher str.

F. Auf der Ges. beruhende Ansprüche **unter Gesellschaftern** sind (wie solche 6 zwischen Ges. und Gftern, dazu → § 149 Rn. 3, 5) in der Liquidation idR nicht mehr selbstständig geltend zu machen, sondern nur Rechnungsposten der Auseinandersetzung **(Grundsatz der Gesamtabrechnung, Durchsetzungssperre),** BGHZ 37, 304; BGH NJW 1968, 2005; 1984, 1455; 2006, 1077 (GbR); anders wenn schon vor Liquidation feststeht, dass Gfter jedenfalls einen bestimmten Betrag verlangen kann, BGH WM 1993, 1340; NJW 1995, 188 (GbR); OLG Hamm NZG 2004, 765 (GbR). Das gilt auch für Anspruch aus § 426 II BGB (→ § 128 Rn. 27), BGHZ 103, 72. Möglich bleibt Feststellungsklage, BGH NJW 1985, 1898; auch Zahlungsverlangen, soweit schon vor Ende der Auseinandersetzung ein Anspruch aus dieser sicher erscheint, BGHZ 305; ebenso wenn Schuldner-Gfter die Auseinandersetzung absichtlich verzögert (er muss dann Zuviel-Vorausleistung riskieren), BGH NJW 1968, 2005; so auch uU ein Erstattungsanspruch gegen MitGfter, BGH BB 1975, 7. Umdeutung der zurzeit unbegründeten Zahlungsklage in Feststellungsantrag (→ § 131 Rn. 57). Die Durchsetzungssperre gilt nicht für die Klage eines Gfter-**Drittgläubigers,** BGH WM 2006, 1078 (GbR), hier gelten die allgemeinen Regeln (→ § 128 Rn. 24) gegen MitGfter. Lit.: Messer FS Stimpel, 1985, 205.

G. Möglich ist Klage auf **Auskunft** unter Gftern gegen Gfter auf Klärung 7 bestimmter Rechnungsposten (vgl. → Rn. 6) für die Auseinandersetzung, zB eines Schadensersatzanspruchs der Ges. gegen Beklagten aus Wettbewerb (§§ 112, 113), OLG Frankfurt a. M. BB 1976, 382.

2) Andere Art der Auseinandersetzung (I Hs. 2)

8 A. Der **Gesellschaftsvertrag** kann statt der Liquidation eine **andere Art** der Auseinandersetzung vorsehen. Die Gfter können solche **auch ad hoc** vereinbaren, mangels anderer Vertragsbestimmung einstimmig, BGH ZIP 2009, 1376 (PartG); auch noch nach Auflösung und Beginn der Liquidation, die dadurch abgebrochen wird, ohne Mitwirkung des NichtGfter-Liquidators, KGJ 39 A 111; BayObLG DB 1981, 518; OLG Hamm ZIP 1984, 181. Mehrere Erben eines Gfters haben als Erbengemeinschaft nur die eine Stimme des Erblassers. Für nicht voll Geschäftsfähige kann der gesetzliche Vertreter, uU Pfleger, an solcher Vereinbarung teilnehmen, und zwar, sofern eine Auseinandersetzung in üblicher Art (wenn auch ohne Liquidation) beschlossen wird, ohne Genehmigung des Betreuungsgerichts, auch wenn Grundstücke zum GesVermögen gehören.

9 B. Die Gfter können nach Auflösung der Ges. uU aus wichtigem Grunde die Liquidation zunächst **aufschieben** und die Art der Auseinandersetzung zeitweilig in der Schwebe lassen, zB bei Anhängigkeit einer Klage auf Übernahme nach § 140, die durch Liquidation vereitelt würde; während dieser Zeit darf die werbende Tätigkeit fortgeführt werden, darin liegt noch keine Fortführung der Ges. (dh Wiederaufnahme ihres werbenden Zwecks), BGHZ 1, 329.

10 C. Als „andere Art der Auseinandersetzung" kommen insbesondere in Betracht:

a) **Übernahme** des HdlGeschäfts durch einen **Gesellschafter** auf Grund kaufähnlicher Vereinbarung, auch Versteigerung, mit Abfindung des (der) MitGfter (vgl. → § 131 Rn. 35, → § 140 Rn. 25). Erlass einer GesSchuld durch Gläubiger nach Auflösung vor Auseinandersetzung kommt allen Gftern, nicht nur dem übernehmenden zugute, OLG Nürnberg BB 1958, 891. Die GesRechte und -Schulden setzen sich in der Person des Übernehmers fort; wird er insolvent, hat der Insolvenzverwalter das Wahlrecht nach § 103 InsO in Bezug auf noch unerfüllte Verträge des Ges., BGHZ 48, 206 (Vorbehaltskauf der Ges.);

b) **Einbringung** des HdlGeschäfts **in eine GmbH, AG, KGaA,** die zu diesem Zweck gegründet wird (Umwandlung nach UmwG, → Einl. vor § 105 Rn. 23, 27) oder schon besteht und dafür neue Anteile ausgibt;

c) **Naturalteilung** des GesVermögens (einschließlich des HdlGeschäfts, zB mehrerer Niederlassungen auf je einen Gfter); Teilung der Sachwerte und gleiche Möglichkeit der Mandantenwerbung, BGH ZIP 2010, 1594 (Freiberuflersozietät, Abfindung → § 131 Rn. 59);

d) Übertragung des Gesamtvermögens auf Treuhänder zur endgültigen Abfindung der Gläubiger **(Liquidationsvergleich)** und Ausgleich unter Gftern mit aktivem und passivem Kapitalkonto, BGHZ 26, 128 (noch unter VerglO aF), str., anders wenn noch Ansprüche gegen den Treuhänder auf Herausgabe des Erlangten bestehen können (vgl. → § 155 Rn. 3), Staub/Habersack Rn. 37;

e) Übertragung aller Anteile (auf Grund Verkaufs durch die Gfter) auf einen NichtGfter, vgl. → § 140 Rn. 30.

3) Zustimmung des Gläubigers oder Insolvenzverwalters (II)

11 **Gläubiger der Gesellschaft** können dem Ausschluss der Liquidation nicht widersprechen, sie schützt die noch eine bestimmte Zeit fortdauernde Haftung der Gfter (§§ 128 ff., 159, 160 und § 25; uU das AnfG). Dagegen bedarf es nach **II** bei Auflösung der Ges. durch **Kündigung des Privatgläubigers eines Gesellschafters** (§ 135 iVm § 131 Nr. 6 aF oder Auflösungsklausel, → § 135 Rn. 13) **oder Eröffnung des Insolvenzverfahrens** über sein Vermögen zum

Ausschluss der Liquidation der Zustimmung des Privatgläubigers (Insolvenzverwalters), wenn der Ausschluss der Liquidation nicht schon vor der Pfändung (Eröffnung des Insolvenzverfahrens) unter den Gftern vereinbart ist, str. Entfallen des Zustimmungserfordernisses → § 135 Rn. 13. Die Zustimmung des Schuldner-Gfters ist entbehrlich im Insolvenzfall (weil er die Verwaltung seines Vermögens verliert), nicht im Pfändungsfall. Bei Eigenverwaltung (§ 270 InsO) tritt an die Stelle der Zustimmung des Insolvenzverwalters die Zustimmung des Schuldners (II letzter Halbsatz).

4) Löschung wegen Vermögenslosigkeit (III)

III nF EGInsO entspr. § 66 V GmbHG, § 264 II AktG (früher LöschG). Bei Auflösung der Ges. durch Löschung wegen Vermögenslosigkeit (§ 131 II 1 Nr. 2) findet eine Liquidation nur statt, wenn sich nach der Löschung noch verteilungsfähiges Vermögen findet (so III, auch → Rn. 1). Das ist selbstverständlich, III hat aber iVm § 146 II 3 Bedeutung. III gilt auch für gelöschte OHG nach § 105 II, die zur GbR abgesunken ist (→ § 105 Rn. 8, 12), verdrängt also §§ 730 ff. BGB. Die gelöschte Ges. gilt als vollbeendet, ist aber in einem Rechtsstreit über solche vermögensrechtlichen Ansprüche, die zurzeit der Löschung bestanden haben, parteifähig, BAG NJW 2003, 80. **12**

5) Reform des Personengesellschaftsrechts (MoPeG)

Das Gesetz zur Modernisierung des Personengesellschaftsrechts (MoPeG) → Einl § 105 Rn. 42 ff) fasst zum 1.1.2024 auch das OHG-Recht neu. Der Regelungsgehalt des § 145 I, III findet sich künftig in § 143 I, II 1 HGB-MoPeG, der Vorrang des Insolvenzverfahrens (bislang in § 145 II) findet sich künftig in § 143 II 2 HGB-MoPeG. Zur Textfassung des HGB-MoPeG s. → Anh. § 105. **13**

[Bestellung der Liquidatoren]

146 (1) ¹Die Liquidation erfolgt, sofern sie nicht durch Beschluß der Gesellschafter oder durch den Gesellschaftsvertrag einzelnen Gesellschaftern oder anderen Personen übertragen ist, durch sämtliche Gesellschafter als Liquidatoren. ²Mehrere Erben eines Gesellschafters haben einen gemeinsamen Vertreter zu bestellen.

(2) ¹Auf Antrag eines Beteiligten kann aus wichtigen Gründen die Ernennung von Liquidatoren durch das Gericht erfolgen, in dessen Bezirke die Gesellschaft ihren Sitz hat; das Gericht kann in einem solchen Falle Personen zu Liquidatoren ernennen, die nicht zu den Gesellschaftern gehören. ²Als Beteiligter gilt außer den Gesellschaftern im Falle des § 135 auch der Gläubiger, durch den die Kündigung erfolgt ist. ³Im Falle des § 145 Abs. 3 sind die Liquidatoren auf Antrag eines Beteiligten durch das Gericht zu ernennen.

(3) Ist über das Vermögen eines Gesellschafters das Insolvenzverfahren eröffnet und ist ein Insolvenzverwalter bestellt, so tritt dieser an die Stelle des Gesellschafters.

Übersicht

	Rn
1) Übersicht	1
2) Gesetzliche Regelung (geborene Liquidatoren, I, III)	2, 3
3) Abweichende Vereinbarung (gekorene Liquidatoren, I 1 Hs. 1)	4
4) Bestellung durch das Gericht (II)	5–9
A. Bestellung auf Antrag eines Beteiligten	5
B. Voraussetzung	6

§ 146 1–4   2. Buch. Handelsgesellschaften und stille Gesellschaft

	Rn
C. Ernennung, nicht Weisungen durch das Gericht	7
D. Zuständigkeit	8
E. Keine EV	9
5) Nachtragsliquidation	10
6) Reform des Personengesellschaftsrechts (MoPeG)	11

1) Übersicht

1 Bei Auflösung der Ges. erlöschen Geschäftsführungsbefugnis und Vertretungsmacht der Gfter, wie sie nach Gesetz (§§ 114 ff., 125 ff.) und Vertrag für die werbende Ges. gelten, dies gilt auch bei einer GmbH & Co, OLG Düsseldorf ZIP 2016, 1583. Erfolgt die Auseinandersetzung der Gfter durch Liquidation, so führen in ihr **Liquidatoren** (uU Gfter als Liquidatoren) die Geschäfte und vertreten die Ges. Über ihre Rechtsstellung s. bei § 149. Erfolgt die Auseinandersetzung in anderer Weise (→ § 145 Rn. 8), so bedarf es der Bestellung von Liquidatoren nicht; was an Geschäftsführung erforderlich ist, haben die Gfter als solche zu leisten, sie vertreten auch die Ges. (§ 158).

2) Gesetzliche Regelung (geborene Liquidatoren, I, III)

2 A. Mangels gegenteiligen GesVertrags oder GfterBeschlusses sind Liquidatoren: **sämtliche Gesellschafter,** auch die vor der Auflösung nicht Geschäftsführungsbefugnis und Vertretungsmacht hatten, in der KG (und GmbH & Co, OLG Düsseldorf ZIP 2016, 1583) auch die Kdtisten, BGH WM 1982, 1170, auch die sie durch Entziehung (§§ 117, 127) verloren haben oder wenn eben diese Entziehung zur Auflösung führte, vgl. → § 127 Rn. 3); im Falle des § 135 auch der Gfter-Schuldner (nicht der Gläubiger); auch der nicht voll geschäftsfähige Gfter, aber ihn vertritt der **gesetzliche Vertreter,** uU Pfleger (dieser selbst, nicht der vertretene Gfter ist Liquidator mit Rechten, Pflichten, Haftung eines solchen, str., vgl. dagegen Geschäftsführungsbefugnis des nicht voll geschäftsfähigen Gfter, → § 105 Rn. 26, 27); ebenso der in der Insolvenz befindliche Gfter (ebenso im Falle des Insolvenzverfahrens über den Nachlass eines verstorbenen Gfters), ihn vertritt der bestellte **Insolvenzverwalter (III),** Staub/Habersack Rn. 46; aA wohl BGH NJW 1981, 822; auch die mehreren Erben eines Gfters (falls dessen Tod die Ges. auflöste oder der nach der Auflösung des Ges. starb, KGJ 32 A 135), sie vertritt ein von ihnen zu bestellender **gemeinsamer Vertreter (I 2),** Staub/Habersack Rn. 26; MüKoHGB/K.Schmidt Rn. 18, aA bisher hL.

3 B. Die Gfter erlangen das Amt kraft Gesetzes, sie sind **einander** zur Erfüllung der Pflichten des Liquidators **verpflichtet.** Zur Bestellung des gemeinsamen Vertreters nach I 2 sind die **Erben** einander verpflichtet, er kann mit Mehrheit gewählt werden, §§ 2038 II 1, 745 BGB, Säumnis kann die Bestellung eines Liquidators durch das Gericht nach II auf Antrag anderer Gfter rechtfertigen, die Bestellung ist nicht nach § 14 erzwingbar. Bestellung eines MitGfters (Nicht-Erbe) verlangt Zustimmung aller Erben, § 181 BGB (da der MitGfter-Vertreter als Liquidator zugleich mit Wirkung für und gegen sich selbst und die Erbengemeinschaft handelt); anders wohl Bestellung eines der Erben (der als Liquidator nicht mit Wirkung für und gegen sich selbst, nur für und gegen die Erbengemeinschaft handelt).

3) Abweichende Vereinbarung (gekorene Liquidatoren, I 1 Hs. 1)

4 Durch den Ges**Vertrag** oder Gfter**Beschluss** ad hoc, vor oder nach Auflösung der Ges., mangels anderer Bestimmung des GesVertrags einstimmig (mit Vertretung mehrerer Erben und in anderen Fällen gemäß I 2 und → Rn. 2), kann die Liquidation **einzelnen Gesellschaftern** unter Ausschluss anderer oder **Dritten** übertragen werden; auch einer **juristischen Person** (zB TreuhandGes) oder anderen OHG (KG), die ja auch Gfter sein können (→ § 105 Rn. 28); auch einem von der Gfter-Versammlung erst zu Bestimmenden, OLG Bremen BB 1978, 275 (bis dahin keine gesetzliche Vertretung, außer ggf. nach II, nicht gilt I, str.); auch einem oder mehreren **Gläubigern** der Ges., auch mit der Ermächtigung, sich aus dem GesVermögen selbst zu befriedigen (§ 181 BGB). Geschäftsführende Gfter sind iZw zur Annahme des so übertragenen Liquidatoramtes verpflichtet. Der Gfter, dem durch GfterBeschluss die Liquidation übertragen ist, hat grundsätzlich nicht Anspruch auf Vergütung; diese kann ihm durch Beschluss bewilligt, auch wieder entzogen werden, OLG Hamm BB 1960, 1355. Ein Dritter ohne unmittelbares Eigeninteresse kann durch Mehrheitsbeschluss bei entspr. Klausel im GesVertr jedenfalls bei PublGes als Liquidator eingesetzt werden, BGH NZG 2014, 304.

4) Bestellung durch das Gericht (II)

A. **Bestellung auf Antrag eines Beteiligten.** Auf **Antrag** eines **Beteiligten**, 5
zB jedes Gfters, jedes Erben eines Gfters, des Testamentsvollstreckers, Nachlassverwalters, Insolvenzverwalters (III und → Rn. 2), **nicht** jedes GesGläubigers (zur Nachtragsliquidation → Rn. 10), kann das Gericht Liquidatoren, Gfter oder Dritte, bestellen **(II)**; vorsorglich schon vor Auflösung der Ges., KG HRR 1939, 95; nach Auflösung der Ges. bis nichts mehr zu verteilen ist, KG OLGE 9, 262, nicht bei Streit, ob aufgelöst ist, das ist im Zivilprozess zu klären, OLG Hamm ZIP 2007, 1905. Im Falle des § 135 gilt als Beteiligter außer den Gftern auch der kündigende Privatgläubiger **(II 2)**. Die Bestellung bedarf der **Annahme** durch den Bestellten gegenüber der Ges. Das Rechtsverhältnis des Bestellten zur Ges. ist nach der vormals hL nicht anders als beim gesetzlichen oder durch Vereinbarung berufenen Liquidator, also § 675 I BGB (→ § 149 Rn. 1), aA zutr. Analogie zu § 265 IV AktG (Vergütung), MüKoHGB/K. Schmidt Rn. 44; ebenso → § 157 Rn. 5 II entsprechend während des Ausschließungs-, Auflösungs-, Entziehungsprozesses (→ § 125 Rn. 8).

B. **Voraussetzung.** Außer dem Antrag ist Voraussetzung für die Bestellung 6
durch das Gericht nach **II 1, 2** ein **wichtiger Grund** für solche Änderung der gesetzlichen oder vereinbarten Regelung und (falls die Bestellung nicht schon vor der Auflösung erfolgt) Abberufung der nach dem Gesetz oder Vereinbarung berufenen Liquidatoren, zB: Verdacht der Unfähigkeit, Parteilichkeit, Unredlichkeit, zu starke Behinderung, Fehlen des Mindestmaßes an Vertrauen der Interessenten (Gfter und Gläubiger), Nichtbestellung des gemeinsamen Vertreters nach I 2, BayObLG JW 1928, 2639; OLG Braunschweig OLG Rspr 24, 136; KGJ 32 A 133; OLG Hamm BB 1958, 497. Die Bestellung im Falle von § 145 III erfolgt auf Antrag auch **ohne** wichtigen Grund **(II 3** nF durch EGInsO 1994).

C. **Ernennung, nicht Weisungen durch das Gericht.** Das Gericht kann 7 zwar bestimmen, dass der bestellte Abwickler Einzel- oder Gesamtbefugnis hat, dass er neben oder statt dem vorhandenen Abwickler tätig wird, nicht aber im Übrigen seine Befugnisse beschränken oder ihm Weisungen geben, auch nicht mit Wirkung im Innenverhältnis, RG LZ 1913, 212. Es hat kein Überwachungsrecht, KG RJA 6, 131. Seine Tätigkeit erschöpft sich mit der Ernennung; auch die Vergütung darf es nicht festsetzen, KG RJA 4, 144, und nicht einem verhinderten Abwickler einen Vertreter bestellen, KG RJA 15, 127. Ebenso OLG Hamburg MDR 1973, 54. Bei Aufhebung der Ernennung bleiben inzwischen vorgenommene Rechtsgeschäfte wirksam (§ 47 FamFG).

D. **Zuständigkeit. Zuständig** für die Bestellung ist das Amtsgericht als Ge- 8
richt der freiwilligen Gerichtsbarkeit (§ 23a GVG idF FGG-RG), nicht das Registergericht. Die Entscheidung ergeht auf Antrag eines Beteiligten. Anhörung der Beteiligten (auch soweit nicht „Gegner") nach § 34 FamFG. Gegen abweisende Verfügung Beschwerde des Antragstellers, gegen die Bestellung Beschwerde jedes in seinem Recht Beeinträchtigten.

§ 147 1, 2 2. Buch. Handelsgesellschaften und stille Gesellschaft

9   E. **Keine EV.** Eine kumulative oder auch nur Ersatzzuständigkeit des Prozessgerichts neben dem Amtsgericht (→ Rn. 8) ist nicht vorgesehen; also auch **keine einstweilige Verfügung des Prozessgerichts**, OLG Frankfurt a. M. ZIP 1989, 39.

5) Nachtragsliquidation

10 Das HGB regelt die Nachtragsliquidation nur für den Fall der Löschung wegen Vermögenslosigkeit (§ 145 III, zu II 3 → Rn. 6) sieht aber neben II 3 keine besondere Regelung für die Bestellung von Nachtragsliquidatoren vor. Für die Publikumskommanditgesellschaft ist der Nachtragsliquidator in entsprechender Anwendung von § 273 IV AktG vom Gericht zu bestellen, BGH ZIP 2003, 1339. Einer Bestellung durch das Gericht bedarf es nach Riehm NZG 2003, 1055; Neumann NZG 2015, 1019 auch bei anderen Personenhandelsgesellschaften. Zutr. ist das ratsam, wegen der persönlichen Haftung der Ges. in der OHG sowie des Komplementärs der KG aber nicht in jedem Fall geboten. Bei GmbH & Co erscheint rglm die Anwendung kapitalgesellschaftsrechtlicher Prinzipien und damit eine Bestellung durch das Gericht angemessen (nicht bei einer OHG mit drei Gftern, KG ZIP 2020, 1359). Als Beteiligte können bei einer Löschung wegen Vermögenslosigkeit auch Gläubiger und sonstige Dritte, zu deren Gunsten Maßnahmen ergehen sollen, eine Nachtragsliquidation beantragen, OLG Saarbrücken NZG 2018, 1187 (Vorkaufsrecht gelöschter OHG), Habersack/Schäfer Rn. 43. Zum Nachtragsliquidator der GmbH im Fall einer GmbH & Co → Anh. § 177a Rn. 46.

6) Reform des Personengesellschaftsrechts (MoPeG)

11 Das Gesetz zur Modernisierung des Personengesellschaftsrechts (MoPeG → Einl § 105 Rn. 42 ff) fasst zum 1.1.2024 auch das OHG-Recht neu. Der Regelungsgehalt des § 146 findet sich künftig in §§ 144 I-III, 145 I HGB-MoPeG. Zur Textfassung des HGB-MoPeG s. → Anh. § 105.

[Abberufung von Liquidatoren]

147 Die Abberufung von Liquidatoren geschieht durch einstimmigen Beschluß der nach § 146 Abs. 2 und 3 Beteiligten; sie kann auf Antrag eines Beteiligten aus wichtigen Gründen auch durch das Gericht erfolgen.

1) Abberufung

1   A. Jeder Liquidator, auch ein vom Gericht bestellter, kann durch einstimmigen Beschluss aller Beteiligten (§ 146 II, III, ggf. mit der Vertretung nach § 146 I 2, → § 146 Rn. 5) **abberufen** werden. Neben der Abberufung gibt es andere Beendigungsgründe, zB Erledigung der übertragenen Tätigkeit, Übergang zu einer anderen Art der Auseinandersetzung (§ 158), Amtsniederlegung (→ Rn. 5), Tod (→ Rn. 6), BayObLG DB 1981, 518. Abberufung vom Amt und Kündigung des Dienstvertrags eines Nicht-Gfter-Liquidators sind ebenso wie im Aktienrecht auseinanderzuhalten, anders wohl BayObLG DB 1981, 518. Die Abberufung aus wichtigem Grunde ist unverzichtbar, die aus freier Entschließung verzichtbar. Im GesVertrag kann auch für die Abberufung Mehrheitsbeschluss der Gfter vorgesehen sein; er ist auch gegen Insolvenzverwalter möglich, hingegen nicht bei vom Gericht bestelltem Liquidator gegen den Gfter oder Insolvenzverwalter, auf dessen Antrag er bestellt wurde.

2   B. Die Bestellung weiterer Liquidatoren ist **Beschränkung** der vorhandenen und deren Abberufung iSv § 147 gleichzustellen, ebenso ihre Beschränkung in anderer Weise.

C. **Die Abberufung** durch das **Gericht** ist möglich aus **wichtigen Gründen,** 3
vgl. dazu §§ 117, 127; aber die Aufgabe des Liquidators ist (sachlich und zeitlich) anders und enger begrenzt, daher rechtfertigt ein Sachverhalt, der Rechtsentziehung nach §§ 117, 127 rechtfertigen würde, nicht notwendig Abberufung nach § 147 und umgekehrt, OLG Hamm BB 1960, 918. Abberufung wegen Gehaltsentnahme nach Widerruf der Gehaltsbewilligung durch die Gfter, OLG Hamm BB 1960, 1355 (vgl. → § 146 Rn. 4); wegen begründeter Zweifel an Unparteilichkeit, bei unzureichender Information vor grundlegenden Entscheidungen, OLG Köln BB 1989, 1432, schwerwiegende Meinungsverschiedenheiten, Streitigkeiten oder feindseliges Verhältnis zwischen den Abwickler, OLG Düsseldorf ZIP 2021, 1065.

D. **Verfahren** und **Zuständigkeit** bei gerichtlicher Abberufung: → § 146 4
Rn. 7, 8. Vorherige Eintragung der Liquidation ist nicht unbedingte Voraussetzung, KG JW 1939, 163. Beteiligter ist ua jeder Miterbe eines Gfters, auch der Liquidator, er kann also seine Abberufung beantragen, str. Entscheidung nur auf Abberufung oder Zurückweisung des Antrags, nicht auf Vornahme oder Unterlassung einer Handlung. Dass ein Liquidator einen Prozess gegen die Ges. führen will, ist kein Abberufungsgrund, auch nicht, wo der Prozess grundlos ist. Gegen Abberufung besteht kein Beschwerderecht (§ 59 I FamFG) des einzelnen MitGfters, BayObLG BB 1988, 791; aA OLG Hamm DB 1977, 2089.

2) Niederlegung des Amts

Amtsniederlegung steht Drittem frei, als unentgeltlichem Beauftragten nach 5
§ 671 BGB, als Dienstverpflichtetem nach § 627 BGB; bei unzeitiger Niederlegung Ersatzpflicht. Der GfterLiquidator darf nur aus wichtigem Grunde niederlegen.

3) Tod

Der Tod des vom Gericht bestellten Liquidators, iZw auch des von den Gftern 6
besonders bestellten (§ 146 I 1, auch eines Gfters), beendet sein Amt. An die Stelle eines durch Gesetz berufenen (§ 146 I 1: jedes Gfters) tritt sein Erbe; mehrere Erben müssen entspr. § 146 I 2 einen Vertreter bestellen. An die Stelle des gekorenen (→ § 146 Rn. 2) tritt der gesetzliche, wenn der Gfter oder das Gericht keinen anderen bestellt haben, OLG Hamm BB 1982, 399.

4) Reform des Personengesellschaftsrechts (MoPeG)

Das Gesetz zur Modernisierung des Personengesellschaftsrechts (MoPeG 7
→ Einl § 105 Rn. 42 ff) fasst zum 1.1.2024 auch das OHG-Recht neu. Der Regelungsgehalt des § 147 findet sich künftig in §§ 144 V, 145 I HGB-MoPeG. Zur Textfassung des HGB-MoPeG s. → Anh. § 105.

[Anmeldung der Liquidatoren]

148 (1) ¹**Die Liquidatoren und ihre Vertretungsmacht sind von sämtlichen Gesellschaftern zur Eintragung in das Handelsregister anzumelden.** ²**Das gleiche gilt von jeder Änderung in den Personen der Liquidatoren oder in ihrer Vertretungsmacht.** ³Im Falle des Todes eines Gesellschafters kann, wenn anzunehmen ist, daß die Anmeldung den Tatsachen entspricht, die Eintragung erfolgen, auch ohne daß die Erben bei der Anmeldung mitwirken, soweit einer solchen Mitwirkung besondere Hindernisse entgegenstehen.

(2) **Die Eintragung gerichtlich bestellter Liquidatoren sowie die Eintragung der gerichtlichen Abberufung von Liquidatoren geschieht von Amts wegen.**

§ 149

1) Anmeldung, Eintragung und Bekanntmachung

1 Über die Behandlung der OHG im HdlReg allgemein s. bei §§ **106–108**. Die Eintragung ist nur rechtsbekundend (→ § 8 Rn. 11), Bestellung und Abberufung der Liquidatoren erfolgen außerhalb des HdlRegisters nach materiellem Recht. Zur Eintragung anzumelden sind auch: die **Person der Liquidatoren und ihre Vertretungsmacht** (I 1 idF ERJuKoG 2001, **Übergangsrecht** in (1) EGHGB Art. 52), auch der Gfter im Falle § 146 I 1), jede **Änderung** der **Personen** oder ihrer **Vertretungsmacht** (I 2, vor allem ihre Abberufung), auch schon jede (durch GesVertrag, GfterBeschluss oder gerichtliche Entscheidung, § 146 I, II angeordnete) Abweichung von der Gesamtvertretung (§ 150); gilt nicht für Person gerichtl bestellter Liquidatoren und ggf. ihre Abberufung, diese werden von Amts wegen eingetragen (§ 148 II). Ist die Ges. noch nicht eingetragen, so sind vorweg ihre Errichtung und ihre Auflösung einzutragen, KG OLG Rspr 41, 202. I 1 gilt auch, wenn zugleich das Erlöschen der Firma angemeldet wird, BayObLG BB 1982, 1749. III aF (Zeichnung der Namensunterschrift) aufgehoben durch EHUG 2006 (Grund → § 14 Rn. 1).

2) Anmeldung durch sämtliche Gesellschafter

2 Anmeldepflichtig sind **alle Gesellschafter** (→ § 108 Rn. 1); bei Insolvenz eines Gfters der Insolvenzverwalter; im Falle des § 135 nicht der Gläubiger, sondern der GfterSchuldner; ggf. alle Erben eines verstorbenen Gfters, aber mit der Erleichterung nach I 3 (entspr. § 143 III); für nicht voll geschäftsfähige Gfter die gesetzlichen Vertreter. Einen Streit darüber, wer Liquidator ist, kann das Registergericht selbstständig entscheiden und entspr. Anmeldung erzwingen; es kann aber auch anstelle der gesetzlich Berufenen, wenn deren Person nicht feststeht, selbst Liquidatoren bestellen (§§ 146 II, 147).

3) Reform des Personengesellschaftsrechts (MoPeG)

3 Das Gesetz zur Modernisierung des Personengesellschaftsrechts (MoPeG → Einl § 105 Rn. 42 ff) fasst zum 1.1.2024 auch das OHG-Recht neu. Der Regelungsgehalt des § 148 findet sich künftig in § 147 HGB-MoPeG. Zur Textfassung des HGB-MoPeG s. → Anh. § 105.

[Rechte und Pflichten der Liquidatoren]

149

¹Die Liquidatoren haben die laufenden Geschäfte zu beendigen, die Forderungen einzuziehen, das übrige Vermögen in Geld umzusetzen und die Gläubiger zu befriedigen; zur Beendigung schwebender Geschäfte können sie auch neue Geschäfte eingehen. ²Die Liquidatoren vertreten innerhalb ihres Geschäftskreises die Gesellschaft gerichtlich und außergerichtlich.

1) Verhältnis zur Gesellschaft

1 §§ 149–151 regeln die Rechte und Pflichten der Liquidatoren in der Gesellschaft. Ein Gfter-Liquidator handelt auf Grund des **Gesellschaftsverhältnisses** wie ein geschäftsführender Gfter (§ 114), ein Dritter (auch der vom Gericht bestellte, § 146 II) auf Grund **Dienstvertrags zur Geschäftsbesorgung** (§ 675 I BGB), RG LZ 1913, 212. In beiden Fällen (nach § 713 BGB und nach § 675 I BGB) gilt weitgehend Auftragsrecht. Die Sorgfaltsanforderung bestimmt sich dort nach § 708 BGB, hier nach § 276 BGB. Eigeninteressen hat der Liquidator zurückzustellen, schädliche Folgen einer Pflichtverletzung muss er möglichst gering halten, BGHZ 110, 354. Die Gfter, die nicht Liquidatoren sind, haben die Kontrollrechte nach § 118 oder GesVertrag. Über Weisungsrecht (vgl. §§ 665, 675 I, 713 BGB) s. auch § 152. Über Auskunft, Rechenschaft §§ 666,

675 I, 713 BGB s. OLG Karlsruhe LZ 2017, 556; RGZ 91, 35. Gfter erhalten als Liquidatoren iZw keine besondere **Vergütung**, BGHZ 17, 301, anders Dritte, OLG Hamburg MDR 1973, 54, uU auch Vorschuss.

2) Aufgaben

A. Die Liquidatoren haben nach Satz 1 die **laufenden Geschäfte** zu **beendigen**. Anhängige Prozesse setzen die Abwickler unter der Abwicklungsfirma fort; die Auflösung unterbricht nicht, wenn die Gfter Abwickler werden. Die Abwickler brauchen bei minderjährigen Gftern keine betreuungsgerichtliche Genehmigung. Weiter obliegt den Liquidatoren nach § 155 die Verteilung des Gesellschaftsvermögens, so dass ein enger Zusammenhang zwischen der Abwicklung des Gesellschaftsvermögens und dem Ausgleich der Gfter besteht, BGH ZIP 2018, 728.

B. Die Liquidatoren haben die **Forderungen** der Ges. **einzuziehen** (oder anders zu verwerten). Auch solche gegen **Gesellschafter:** Ohne besondere Einschränkung Forderungen aus anderen Rechtsverhältnissen (vgl. → § 124 Rn. 52). Rückständige Einlagen (auch gleichstehende zurückbezahlte GfterDarlehen, soweit zur Durchführung der Abwicklung benötigt); den Gfter trifft die Gegenbeweislast, jedoch mit Aufklärungspflicht der Abwickler; BGH BB 1978, 1134, OLG München ZIP 2015, 2223. Auch Nachschüsse (§ 735 BGB), → § 155 Rn. 3), jedenfalls bei der PublikumsGes, BGH ZIP 2018, 728; KG NZG 2010, 1102 und bei entsprechender Regelung im GesVertrag, von BGH ZIP 2011, 2303. Unter Einbezug der weiteren Aufgaben der Liquidatoren (→ Rn. 2) sind diese auch zum Zwecke des internen GfterAusgleichs sowohl zur Einforderung rückständiger Einlagen als auch von Nachschüssen befugt, BGH ZIP 2020, 2461 (GbR); MünchKomm/K. Schmidt Rn. 22, 29; Staub/Habersack Rn. 24, 31 f.; Osterloh-Konrad ZGR 2021, 476, jedenfalls für PublikumsGes BGH ZIP 2018, 728, → Rn. 6, zur Publikums-KG Rock/Contius ZIP 2017, 1891. Nach trad Ansicht pflichtgemäßes Ermessen des Liquidators, ob und in welchem Umfang einzelne rückständige Einlagen eingezogen werden, nicht notwendig anteilmäßig (Praktikabilität, keine Vorwegauseinandersetzung), BGH NJW 1980, 1522; grds. kein Einzug zwecks endgültigen Ausgleichs unter den Gftern, dieser wurde als Sache der Gfter nach beendeter Liquidation angesehen, BGH NJW 1984, 435; noch OLG Saarbrücken NZG 2018, 1185; offen BGH ZIP 2011, 2303. Interner Ausgleich kann Vorbereitung erfordern, etwa die Prüfung von Jahresabschlüssen, gegen Kompetenz der Liquidatoren, LG Landau NZG 2022, 23.

Gfter können jedenfalls beschließen, dass der Liquidator den Ausgleich zwischen den Gftern herbeiführen kann, BGH ZIP 2020, 2183. Schadensersatz wegen pflichtwidriger Geschäftsführung (§§ 280, 708 BGB, → § 114 Rn. 15) nicht, soweit der Gfter-Schuldner auch bei Schadensersatzleistung im Endergebnis aus der Liquidationsmasse noch etwas zu fordern hätte, BGH WM 1960, 47; 1977, 618; 1992, 306. Ferner entfällt für die Forderungen aus dem GesVerhältnis idR die selbstständige Geltendmachung, sie werden Rechnungsposten der Auseinandersetzung (→ Rn. 5, → § 145 Rn. 6). Darunter fallen uU auch Drittgläubigeransprüche von Gftern, die eng mit dem GesVerhältnis verbunden, BGH WM 1971, 931 (aufgelöste Ges.); BGH WM 1978, 89 (Ausscheiden von Gftern). Ob **actio pro socio** der Gfter (→ § 124 Rn. 51) noch möglich ist, ist str., offen BGHZ 155, 125, jedenfalls aber nur, wenn Einlagen für Liquidation benötigt werden, MüKoHGB/K. Schmidt § 146 Rn. 56 (auch → Rn. 5). Keine Forderung der Ges. gegen einen Gfter ist der durch Verluste u. zulässige Entnahmen auf seinem Kapitalkonto entstandene **Sollsaldo;** Ausgleich der Kapitalkonten unter den Gftern → § 155 Rn. 2, 3.

C. Die Liquidatoren haben das **übrige Vermögen in Geld umzusetzen,** ohne Einschränkung (abw. von § 733 III BGB), freihändig oder durch Versteigerung. Öffentliche Versteigerung nicht vorgeschrieben. Sie sind zum Verkauf im Ganzen (oder solcher Teile wie möglich) verpflichtet, wenn das die vorteilhafteste Verwertung ist; vgl. RG LZ 1913, 212; zum Verkauf an den Meistbietenden, auch einen Gfter oder eine GfterGruppe, OLG Hamm BB 1954, 913, auch gegen Widerspruch eines anderen Gfters (der nicht Liquidator), auch mit Firma bei Einwilligung sämtlicher Gfter, auch wenn die Firma ihren Namen nicht enthält, § 22, RG JW 1938, 3182. Zeit der Versilberung nach pflichtmäßigem Ermessen der Abwickler; sie können aber nicht unbeschränkt auf Besserung der Marktlage warten. Zulässig auch Teilung in Natur oder Zuweisung bestimmter Vermögensstücke nach (iZw einstimmigem) GfterBeschluss (vgl. über Ersetzung der ganzen Liquidation durch Naturalteilung → § 145 Rn. 10).

5   D. Die Liquidatoren haben die **Gläubiger** zu **befriedigen**. Sie haften diesen nur nach § 826 BGB; § 149 ist nicht Gesetz zum Schutze der Gläubiger iSv § 823 II BGB. Ist eine Schuld noch nicht fällig oder bleibt sie streitig, so ist das zur Berichtigung Erforderliche zurückzubehalten (§ 733 I 2 BGB). Können die Gläubiger nicht voll befriedigt werden, müssen die Liquidatoren Insolvenzantrag stellen. Ansprüche **von Gesellschaftern** gegen die Ges. aus dem GesVerhältnis (zB aus § 110, aus Abdeckung von GesSchulden, → § 128 Rn. 25) sind in der Liquidation grundsätzlich nicht mehr selbstständig geltend zu machen (weder gegen die Ges. noch gegen MitGfter), sondern nur noch Rechnungsposten der Auseinandersetzung (→ Rn. 3, → § 145 Rn. 6).

6   E. „Zur Beendigung schwebender Geschäfte" (§ 149 I 1) dürfen die Liquidatoren **neue Geschäfte** eingehen, Bsp.: Einkauf von Ware zur Erfüllung von Verbindlichkeiten. Allgemeiner: zur Abwicklung gehören neue Geschäfte (auch außerhalb einzelner älterer schwebender), soweit zur Erhaltung des Werts des GesVermögens notwendig oder wirtschaftlich sinnvoll, BGH LM HGB § 149 Nr. 2, zB uU Grundstücksbelastung, KG RJA 9, 122, Miete von Geschäftsräumen, Wechselindossierung, RGZ 44, 82, Kauf von X-Aktien zur Stützung der X-AG, an welcher die Y-AG beteiligt, deren Aktien voll 100% bei der OHG und realiter auf die Gfter verteilt werden sollen, BGH LM HGB § 149 Nr. 2. Die Liquidatoren dürfen Vergleiche schließen, in denen sie auf zweifelhafte Ansprüche verzichten, RG HRR 1932, 257 und **rückständige Einlagen,** BGH ZIP 2018, 833, sowie **Nachschüsse** einfordern, BGH ZIP 2018, 728, maßgeblich für die Erforderlichkeit ist der Schluss der mündlichen Verhandlung, BGH ZIP 2018, 785. **Nicht** erlaubt sind ihnen idR werbende Geschäfte (auf Vermögens-Mehrung, nicht nur -Erhaltung und -Flüssigmachung zielend), mögen sie der Ges. nützlich sein oder nicht; sind alle Gfter Liquidatoren, kann aber in der Vornahme werbender Geschäfte ein Beschluss zur Fortführung der Ges., also ein Rückgängigmachen der Auflösung, liegen (→ § 131 Rn. 30). Die Liquidatoren dürfen auch nicht die Grundlagen des GesVerhältnisses ändern; auch nicht die GesFirma (das bei Veräußerung zu tun ist Sache der Erwerber); auch nicht den Sitz der Ges., außer wenn der Abwicklungszweck das ausnahmsweise verlangt (→ § 106 Rn. 10).

3) Vertretungsmacht

7   A. Die Liquidatoren **vertreten** die Ges. gerichtlich und außergerichtlich (§ 149 S. 2); die Ges. haftet für ihre Handlungen auch nach § 31 BGB (→ § 124 Rn. 25). Ihre Vertretungsmacht besteht „innerhalb ihres Geschäftskreises", dh für alle Handlungen, die ihrer Art und den Umständen nach (objektiv) **Handlungen für den Liquidationszweck** sein können; dass dies zutrifft, ist zugunsten Dritter zu vermuten, RGZ 146, 378. Auch das nachweislich liquidationsfremde Geschäft verpflichtet die Ges.; anders wenn der Geschäftsgegner die Liquidationsfremdheit kannte oder kennen musste, wofür die Ges. beweispflichtig ist, BGH LM HGB § 149 Nr. 2, ZIP 1984, 315; dazu K. Schmidt AcP 174 (1974), 55 (in Wahrheit

unbeschränkte Vertretung), 184 (1984), 529. Vertretung im Verhältnis zu Gftern, Selbstkontrahieren, Missbrauch vgl. → § 126 Rn. 6, 9, 11; die Überschreitung der Vertretungsmacht kann von den (allen) Gftern genehmigt werden, § 177 BGB, BGH ZIP 1984, 315. Durch **Gesellschaftsvertrag** oder (iZw einstimmigen) GfterBeschluss kann die Vertretungsmacht erweitert (von jener Beschränkung auf den Liquidationszweck befreit), dagegen nicht mit Wirkung gegen Dritte beschränkt werden (§ 151, s. dort).

B. Im **Prozess** der Ges. sind GfterLiquidatoren Partei wie vertretungsberechtigte Gfter; Gfter, die nicht Liquidatoren sind, sind Partei wie nicht vertretungsberechtigte vor der Auflösung (→ § 124 Rn. 41, 43). Dritte sind als Liquidatoren hier wie bei AG, GmbH, eG nicht Partei, können Zeuge sein, str. **8**

4) Reform des Personengesellschaftsrechts (MoPeG)

Das Gesetz zur Modernisierung des Personengesellschaftsrechts (MoPeG → Einl § 105 Rn. 42 ff) fasst zum 1.1.2024 auch das OHG-Recht neu. Der Regelungsgehalt des § 149 findet sich künftig in §§ 146, 148 II HGB-MoPeG. Zur Textfassung des HGB-MoPeG s. → Anh. § 105. **9**

[Mehrere Liquidatoren]

150 (1) **Sind mehrere Liquidatoren vorhanden, so können sie die zur Liquidation gehörenden Handlungen nur in Gemeinschaft vornehmen, sofern nicht bestimmt ist, daß sie einzeln handeln können.**

(2) ¹**Durch die Vorschrift des Absatzes 1 wird nicht ausgeschlossen, daß die Liquidatoren einzelne von ihnen zur Vornahme bestimmter Geschäfte oder bestimmter Arten von Geschäften ermächtigen.** ²**Ist der Gesellschaft gegenüber eine Willenserklärung abzugeben, so findet die Vorschrift des § 125 Abs. 2 Satz 3 entsprechende Anwendung.**

1) Gemeinsames Handeln, Gesamtvertretung

A. § 150 I Hs. 2 neu ERJuKoG 2001 (**Übergangsrecht** in (1) EGHGB Art. 52). Mehrere Liquidatoren **dürfen nur gemeinsam handeln,** keiner also gegen Widerspruch des anderen, es sei denn bei **Gefahr im Verzug** und bei unzulässigem Widerspruch (§ 115). Einen pflichtwidrig nicht mitwirkenden Liquidator kann die Ges., hierbei vertreten durch sämtliche Gfter, auf Mitwirkung verklagen, einen Gfter-Liquidator auch jeder MitGfter (im eigenen Namen, actio pro socio, → § 109 Rn. 32). Entfällt ein Liquidator, so verschafft das dem verbleibenden keine Alleinbefugnis, RGZ 103, 417. **1**

B. Mehrere Liquidatoren können die Ges. auch **nur gemeinsam vertreten,** auch bei Gefahr im Verzug, die gibt keine Noteinzelvertretungsmacht (→ § 125 Rn. 15); kein Gegenstück zB zur uU möglichen Alleinklage eines Gfters der aufgelösten GbR gegen Dritte nach § 432 BGB, vgl. BGHZ 17, 346. Gerichtliche Abberufung und Bestellung nach §§ 146 II, 147 kann helfen. Mit Auflösung erlischt Einzelgeschäftsführungsbefugnis, BGH ZIP 2011, 1865 (GbR). **2**

C. Zur Geltendmachung eines Anspruchs der Ges. **gegen einen Gesellschafter-Liquidator** oder Verfügung über solchen Anspruch bedarf es anderweitiger Regelung der Vertretung durch einstimmigen Beschluss, Ermächtigung einzelner nach § 150 II 1 oder Ernennung nach § 146 II, RGZ 162, 376 (ebenso RGZ 47, 18; zweifelnd KG JW 1936, 943). **3**

D. Durch **Gesellschaftsvertrag,** GfterBeschluss (iZw einstimmig), gerichtliche Anordnung (§ 146 II) kann Einzelgeschäftsführung und Einzelvertretung der Liquidatoren vorgesehen sein (§ 150 I), auch Kombination von Gesamt- und Einzelvertretung (→ § 125 Rn. 19). Gemischte Gesamtvertretung mit Prokuris- **4**

§ 152 1   2. Buch. Handelsgesellschaften und stille Gesellschaft

ten (vgl. → § 125 Rn. 19) ist unzulässig. Zwar können Prokuren in der Liquidation bestehen (→ § 145 Rn. 4), dennoch wird eine Bindung an die Zustimmung des Prokuristen abgelehnt, MüKoHGB/K. Schmidt Rn. 13, str.

2) Ermächtigung, passive Vertretung (II)

5   A. § 150 II 1 entspricht § 125 II 2 (→ § 125 Rn. 17).

6   B. Entspr. § 125 II 3 (s. dort) genügt für Erklärungen an die Ges. die Abgabe gegenüber einem Liquidator (§ 150 II 2).

3) Reform des Personengesellschaftsrechts (MoPeG)

7   Das Gesetz zur Modernisierung des Personengesellschaftsrechts (MoPeG → Einl § 105 Rn. 42 ff) fasst zum 1.1.2024 auch das OHG-Recht neu. Der Regelungsgehalt des § 150 findet sich künftig teilweise in § 146 I HGB-MoPeG. Zur Textfassung des HGB-MoPeG s. → Anh. § 105.

[Unbeschränkbarkeit der Befugnisse]

151 Eine Beschränkung des Umfanges der Befugnisse der Liquidatoren ist Dritten gegenüber unwirksam.

1   1) Die Vertretungsmacht der Liquidatoren kann nicht mit Wirkung gegen Dritte beschränkt werden, auch nicht entspr. § 126 III auf eine von mehreren Niederlassungen. § 151 gilt nicht gegenüber den Gftern. Erweiterung der Vertretungsmacht bleibt möglich, → § 149 Rn. 7, das HGB-MoPeG enthält keine entsprechende Regelung.

[Bindung an Weisungen]

152 Gegenüber den nach § 146 Abs. 2 und 3 Beteiligten haben die Liquidatoren, auch wenn sie vom Gerichte bestellt sind, den Anordnungen Folge zu leisten, welche die Beteiligten in betreff der Geschäftsführung einstimmig beschließen.

1   1) Die **Bindung des Liquidators an Weisungen** gemäß Auftragsrecht (mit §§ 713 oder 675 I BGB, → § 149 Rn. 1) wird präzisiert durch § 152. Beteiligte: §§ 146 II, III (→ § 146 Rn. 5), vor allem die Gfter. Nur einstimmig beschlossene Weisungen binden nach § 152 den Nicht-Gfter-Liquidator, BGH LM HGB § 149 Nr. 2, nicht liquidationsfremde (→ § 149 Rn. 6); den Gfter-Liquidator binden sie also nur mit seiner eigenen Zustimmung. Abweichung von nach § 152 bindender Weisung ist zulässig nach § 665 BGB. Unverbindliche Weisung (zB nur von einem Gfter) verpflichtet uU den anders handelnden Liquidator zu erhöhter Sorgfalt, fällt dann bei Misserfolg für Schuldvorwurf gegen ihn ins Gewicht, BGH LM HGB § 149 Nr. 2. Durch GesVertrag oder GfterBeschluss kann das Weisungsrecht erweitert oder eingeschränkt werden; die Gfter können auf es verzichten, auch stillschweigend, zB bei Berufung eines Treuhänders der GesGläubiger als Liquidatoren mit Überlassung des GesVermögens an ihn zur Befriedigung der Gläubiger, unverzichtbar bleibt auch dann die Abberufung aus wichtigem Grunde (→ § 147 Rn. 3). Der GesVertrag kann abweichen. Möglich zB Mehrheitsentscheid über Weisungen. Fraglich ob dem entspr. Vertragsänderung möglich durch Mehrheitsbeschluss auf Grund Klausel, die Vertragsänderungen mit Mehrheit zulässt (→ § 119 Rn. 34), jedenfalls nicht mehr nach (zu Auflösung und Liquidation führender) Kündigung, BGHZ 48, 255. Zur Bindung an Weisungen künftig § 148 I 1 HGB-MoPeG.

1. Abschnitt. Offene Handelsgesellschaft 1–4 § 154

[Unterschrift]

153 Die Liquidatoren haben ihre Unterschrift in der Weise abzugeben, daß sie der bisherigen, als Liquidationsfirma zu bezeichnenden Firma ihren Namen beifügen.

1) Über die Firma der OHG (KG) in Liquidation → § 145 Rn. 4. Übliche 1
Zusätze „iL", „in Liq", „iA". Verstoß gegen § 153 kann Geschäftsgegner zur Anfechtung nach § 119 II BGB (wesentliche Eigenschaft) und zum Schadensersatz gegen Ges. und Liquidator (Verschulden bei Vertragsverhandlungen, §§ 280, 311 II, III BGB; § 823 II BGB iVm § 263 StGB) berechtigen. § 153 selbst ist Schutzgesetz iSv § 823 II BGB, Staub/Habersack Rn. 8, str., zu § 68 II GmbHG OLG Frankfurt a. M. NJW 1991, 3286; NZG 1998, 550; OLG Naumburg OLGR 2000, 482; Verse ZHR 170 (2006), 416. Künftig gilt § 148 III HGB-MoPeG.

[Bilanzen]

154 Die Liquidatoren haben bei dem Beginne sowie bei der Beendigung der Liquidation eine Bilanz aufzustellen.

1) **Buchführung**

Die Buchführungspflicht (§§ 238 ff.) gilt auch in der Liquidation. Die Liquida- 1
toren, aber auch die Gfter, können sich strafbar machen (→ § 238 Rn. 19).

2) **Bilanzen**

A. Die **Liquidationseröffnungsbilanz,** unverzüglich nach Auflösung auf- 2
zustellen auf den Tag der Auflösung, ist Wertfeststellungs-, Vermögens-, statische Bilanz (→ § 242 Rn. 7), dient nicht zur Ermittlung eines Geschäftsergebnisses (etwa der Zeit vom letzten Jahresabschluss bis zur Auflösung), nur zur vorläufigen Klärung des Standes von Aktiven und Passiven, somit der Aussichten der Liquidation, als Grundlage der Entschlüsse der Liquidatoren und ihrer Verhandlungen mit Gläubigern. Man übernimmt die Kapitalanteile (§ 120 II) aus dem letzten Jahresabschluss und weist das Mehr oder Weniger an Eigenkapital ungeteilt gesondert aus, vgl. RGZ 98, 360; KG OLG Rspr 21, 378. Auch bei Auflösung der Ges. am Geschäftsjahresende ist außer dem Jahresabschluss auf denselben Zeitpunkt die Liquidationseröffnungsbilanz aufzustellen.

B. Eine **Liquidationsschlussbilanz** ist (entgegen dem Wortlaut) nicht erst bei 3
Beendigung der Liquidation aufzustellen, sondern sobald das Vermögen vollständig gemäß § 155 verteilbar ist, idR also wenn das Sachvermögen flüssig gemacht ist, die Schulden getilgt, wenigstens festgestellt sind, so dass das Liquidationsergebnis festgestellt und auf die Gfter umgelegt werden kann. Gewinn oder Verlust der Liquidation ergibt der Vergleich mit dem letzten Jahresabschluss (die Liquidationseröffnungsbilanz, → Rn. 2, dient nicht der Verteilung eines Ergebnisses). Liquidationsgewinn und -verlust werden nach gleichen Regeln (s. bei § 120) wie vorher Gewinn und Verlust verteilt, BGHZ 19, 48. Die Liquidationsschlussbilanz ist überflüssig, wenn aus der Liquidation in das Insolvenzverfahren über das Vermögen der Ges. übergegangen wird.

C. **Jahresbilanzen** (§ 242) sind nach herkömmlicher Ansicht während der 4
Liquidation (mangels Weisung, § 152) idR nicht geboten, weil vom Zweck der Liquidation nicht gefordert, anders nur bei längerer Liquidation mit umfangreichen Geschäften, BGH NJW 1980, 1523; offen BGH ZIP 2010, 2165; dann kann auch Pflicht zur Aufstellung von **Zwischenbilanzen** bestehen, OLG Celle BB 1983, 1451. Nach zutr. neuerer Ansicht betrifft § 154 nur die interne

§ 155 1, 2   2. Buch. Handelsgesellschaften und stille Gesellschaft

Liquidationsrechnungslegung, die externe richtet sich nach wie vor nach § 242, Staub/Habersack Rn. 9, Grund: die Ges. bleibt auch nach Auflösung HdlGes, ferner § 155 I InsO.

5   D. **Aufstellung** der Bilanz ist Vorbereitung der Bilanz für die Feststellung; sie ist jedem einzelnen Gfter möglich, deshalb keine notwendige Streitgenossenschaft (selbst wenn mehrere Gfter zur Aufstellung verpflichtet sind), BGH WM 1983, 1280. Erst die **Feststellung** der Bilanz ist rechtsgeschäftlicher Natur und legt die Bilanzansätze verbindlich fest (→ § 242 Rn. 3).

3) Reform des Personengesellschaftsrechts (MoPeG)

6   Das Gesetz zur Modernisierung des Personengesellschaftsrechts (MoPeG → Einl § 105 Rn. 42 ff) fasst zum 1.1.2024 auch das OHG-Recht neu. Der Regelungsgehalt des § 154 findet sich künftig in § 148 IV HGB-MoPeG. Zur Textfassung des HGB-MoPeG s. → Anh. § 105.

[Verteilung des Gesellschaftsvermögens]

155 (1) **Das nach Berichtigung der Schulden verbleibende Vermögen der Gesellschaft ist von den Liquidatoren nach dem Verhältnisse der Kapitalanteile, wie sie sich auf Grund der Schlußbilanz ergeben, unter die Gesellschafter zu verteilen.**

(2) ¹**Das während der Liquidation entbehrliche Geld wird vorläufig verteilt.** ²**Zur Deckung noch nicht fälliger oder streitiger Verbindlichkeiten sowie zur Sicherung der den Gesellschaftern bei der Schlußverteilung zukommenden Beträge ist das Erforderliche zurückzubehalten.** ³**Die Vorschriften des § 122 Abs. 1 finden während der Liquidation keine Anwendung.**

(3) **Entsteht über die Verteilung des Gesellschaftsvermögens Streit unter den Gesellschaftern, so haben die Liquidatoren die Verteilung bis zur Entscheidung des Streites auszusetzen.**

1) Verteilung

1   A. Der Anspruch auf **Zwischen- und Schlussverteilung** (I, II 1, 2) **geht auf Geld** (Grundsatz der Versilberung); Abweichung mit Einverständnis des Gfters; BayObLG BB 1983, 82. Der Anspruch setzt nicht in jedem Fall Aufstellung der Schlussbilanz (§ 154) voraus, BGH BB 1968, 268, str., der Gfter kann also seinen Anteil selbst errechnen und einklagen, RGZ 47, 19, ebenso der Gläubiger im Falle § 135, über dessen Auskunftsrechte → § 135 Rn. 14; im Prozess vertreten die Ges. die unbeteiligten Liquidatoren, notfalls Prozesspfleger nach § 57 ZPO. Die Zwischenverteilung ist vorläufig (II 1); zu viel Gezahltes ist ggf. auf Grund dieses Vorbehalts (nicht nach §§ 812 ff. BGB) zurückzuzahlen, RG LZ 1931, 1261 (wohl mit angemessenem Zins, vgl. RGZ 151, 125), im Falle des § 135 auch vom Gläubiger, bei (vor der Zahlung eröffnetem) Insolvenzverfahren über das Vermögen des Gfters als Masseschuld (§ 55 InsO). Über die „Entbehrlichkeit" von Geld (II 1) entscheiden die Liquidatoren pflichtgemäß, Klage der Gfter gegen sie auf Zahlung ist möglich. Das **Entnahmerecht** nach § 122 I entfällt in der Liquidation (II 3).

2   B. Schluss- und auch schon Zwischenverteilung erfolgen **nach Kapitalanteilen**. Die bei der GbR nach § 733 II BGB zu erstattenden Einlagen fallen bei der OHG in die nach §§ 120, 155 I gebildeten Kapitalanteile. Dem flüssigen Ges-Vermögen entspricht die Summe dieser Kapitalanteile, wenn diese alle aktiv sind. Bestehen neben positiven auch negative Anteile, so ist die Summe der Ersten abzüglich der Summe der zweiten gleich dem Schlussvermögen. Die positiven Anteile erhalten dann je nur eine Quote und sind zwecks Auffüllung auf den

Ausgleichsanspruch gegen die Inhaber negativer Anteile angewiesen; diesen Betrag haben die Liquidatoren einzuziehen und zu verteilen, → § 149 Rn. 3, auch zur älteren Gegenauffassung (nur bei entspr. Bestimmung im GesVertrag oder GfterBeschluss). Sonst geht er anteilig auf die Gfter mit positiven Anteilen über, der Ausgleich vollzieht sich unter den Gftern unmittelbar, RG LZ 1914, 1030, jeder Gfter kann und muss seine etwaige Ausgleichsforderung persönlich gegen die MitGfter geltend machen, BGH BB 1966, 844, der BGH spricht insoweit von einer vereinfachten Auseinandersetzungsrechnung, ZIP 2016, 217, zur Publikumsgesellschaft → Anh. § 177a Rn. 85. Mit Beendigung der Schlussverteilung ist die Liquidation beendet. Stellt sich später heraus, dass noch ungeteiltes Vermögen da ist, so ist die Liquidation in Wahrheit nicht beendet und fortzusetzen; die Liquidatoren werden wieder tätig, die Schlussbilanz ist zu berichtigen. Sehen die Gfter nach Befriedigung der GesGläubiger von Verteilung des Restvermögens ab, so bilden sie eine GbR, KG DR 1940, 806.

C. Für **ungedeckte Schulden** der Ges. besteht Nachschusspflicht (§ 735 **3** BGB), Einzug durch die Liquidatoren (→ § 149 Rn. 3). Danach gilt:

a) Sind GesSchulden in der Abwicklung ungedeckt geblieben, so haften die Gfter auf den Fehlbetrag nach dem (vertraglichen oder gesetzlichen) Verlustverteilungsschlüssel;

b) sind die GesGläubiger befriedigt, aber die Gfter mit aktivem Kapitalkonto ganz oder teilweise ungedeckt, so haften die Gfter mit passivem Kapitalkonto (→ Rn. 2); für jeden Ausfall bei einem Gfter haften alle anderen nach dem Verlustverteilungsschlüssel. Diesen Ausgleich müssen und dürfen die Gfter ohne Rücksicht auf rückständige GesSchulden vornehmen; nimmt ein Gläubiger dann einen Gfter in Anspruch, so muss ein neuer Ausgleich stattfinden, RGZ 40, 32. Denn die Haftung der Gfter den Gläubigern gegenüber berührt die Verteilung nicht. Ausgleich unter Gftern mit aktiven und passiven Kapitalkonten nach Zwangs- oder freiwilligem (Liquidations-)Vergleich (→ § 145 Rn. 10), BGHZ 26, 129 (Teilung des durch Teilschulderlass entstandenen Liquidationsgewinns).

D. Streiten die Gfter über die **Verteilung (III),** so geht dieser Streit die **4** Liquidatoren nach herkömmlicher Auffassung nichts an, RGZ 59, 59, und die Gfter haben ihn unter sich auszutragen. Zutreffend sind die Liquidatoren für die Durchführung auch des internen Ausgleichs zuständig (→ § 149 Rn. 3, 6), die in III angeordnete Aussetzung der Verteilung betrifft so nur den streitigen Teil (MüKoHGB/K. Schmidt Rn. 34). Die Entscheidung der Gfter bindet die Liquidatoren, ebenso ein rechtskräftiges Urteil zur Entscheidung des GfterStreits. Vor Erledigung ist die Liquidation nicht beendet, BayObLG BB 1983, 82; doch können sie die Liqidatoren durch Hinterlegung des Betrags beenden, BayObLG WM 1979, 655.

E. Ein Gfter, der nach Abwicklung des GesUnternehmens dessen Hauptakti- **5** vum (zB Importquote) persönlich nutzen kann und nutzt, während sein früherer MitGfter daran (faktisch, nicht rechtlich) gehindert ist, muss diesem uU nach Treu und Glauben einen **Ausgleich** leisten, BGH MDR 1958, 584. Entspr. schuldet der deutsche ex-Gfter seinem französischen MitGfter Ausgleich, wenn dieser aus der Aktivität der Straßburger KG auf Grund der französischen Nachkriegsgesetze allein (auf die volle Wiedergutmachung) in Anspruch genommen wurde, BGH NJW 1967, 36.

2) Rückgabe

Wie beim Ausscheiden eines Gfters aus fortbestehender Ges. sind in der **6** Liquidation der Ges. den Gftern die von ihnen der Ges. zur Benutzung überlassenen **Gegenstände zurückzugeben** (§ 732 BGB, → § 131 Rn. 41). Rückgabe, sobald das der Liquidationszweck erlaubt, spätestens bei Beendigung der

§ 156 1–3   2. Buch. Handelsgesellschaften und stille Gesellschaft

Liquidation. Ersatz für Verlust oder Verschlechterung nur bei Verschulden; die Gefahr trägt der Gfter. Anspruch erfasst Surrogate entspr. § 285 BGB. Kein Ersatz für die gewährte Benutzung und für geleistete Dienste (§ 733 II 3 BGB); anders bei werkvertraglichen Leistungen, BGH NJW 1980, 1744 (Architekt). Gegenstände, die der Ges. als Einlage zu Eigentum (nicht nur zur Benutzung) überlassen sind, sind wie anderes GesEigentum zu versilbern. § 732 BGB gilt ferner nicht bei Miete oder Pacht von Gegenständen des Gfters durch die Ges., solche Verträge erlöschen nicht durch die Auflösung der Ges. Der VermieterGfter ist auch nicht ohne weiteres zur vorzeitigen Vertragsauflösung verpflichtet.

3) Reform des Personengesellschaftsrechts (MoPeG)

7   Das Gesetz zur Modernisierung des Personengesellschaftsrechts (MoPeG → Einl § 105 Rn. 42 ff) fasst zum 1.1.2024 auch das OHG-Recht neu. Der Regelungsgehalt des § 155 findet sich künftig teilweise in § 148 VI, VII, V 2 HGB-MoPeG. Zur Textfassung des HGB-MoPeG s. → Anh. § 105.

[Rechtsverhältnisse der Gesellschafter]

156 Bis zur Beendigung der Liquidation kommen in bezug auf das Rechtsverhältnis der bisherigen Gesellschafter untereinander sowie der Gesellschaft zu Dritten die Vorschriften des zweiten und dritten Titels zur Anwendung, soweit sich nicht aus dem gegenwärtigen Titel oder aus dem Zwecke der Liquidation ein anderes ergibt.

1) Allgemeines

1   Über die Wirkung der Auflösung → § 131 Rn. 1–2, → § 145 Rn. 1. § 156 bringt zum Ausdruck, dass die Ges. fortbesteht und die Rechtsverhältnisse der Gfter untereinander und der Ges. zu Dritten unverändert bleiben, soweit nicht besondere Vorschriften oder der Liquidationszweck entgegenstehen. § 156 nennt nur die Vorschriften des 2. und 3. Titels (§§ 109 ff., 123 ff.), aber auch Vorschriften aus dem 1., 4. und 6. Titel sind auf die Ges. in Liquidation anwendbar:

2) Anwendbare Vorschriften

2   **1. Titel: § 105 III:** anwendbar. Namentlich regeln die Vorschriften des BGB über die GbR die Haftung der Gfter für Verschulden; die Übertragbarkeit der GfterRechte; die Beitragspflicht, auch in Form der Dienstleistung als Liquidatoren; die Gesamtbindung des GesVermögens (ein Gfter kann während der Liquidation Leistung an sich nur verlangen, wenn die Verteilung des letzten Vermögenswerts in Frage steht und keine Schulden mehr da sind, RGZ 158, 314); den Ausschluss der Haftung des GesVermögens für persönliche Schulden der Gfter; die Aufrechnungsvorschriften. − **§ 106:** unanwendbar. − **§§ 107, 108:** nur für Änderung von Sitz und Firma anwendbar, soweit der Liquidationszweck diese Änderung verlangt. Jedenfalls müssen alle Liquidatoren anmelden.

3   **2. Titel: § 109:** anwendbar. Auch für die LiquidationsGes gilt in erster Linie der GesVertrag, unbedingt, soweit er gerade die Liquidation vorsieht, im Übrigen unter Beachtung des Liquidationszwecks (Auslegungsfrage). − **§ 110:** anwendbar. Aufwendungen, die ein Gfter als Liquidator macht, sind ihm zu erstatten, aber nur, soweit hinreichende Mittel da sind. Aufwendungen eines sonstigen Liquidators fallen unter §§ 670, 675 I BGB. − **§ 111:** (Verzinsungspflicht) anwendbar. − **§§ 112, 113:** (Wettbewerbsverbot) → § 109 Rn. 24, → § 112 Rn. 3. − **§§ 114–117:** (Geschäftsführung) durch §§ 146, 147, 149 ersetzt. − **§ 118:** (Überwachungsrecht) anwendbar, KG Recht 1932, 337. Auch nach Ende der Liquidation besteht noch ein Einsichtsrecht, § 157 III. − **§ 119:** (Beschlussfassung) anwendbar (Ausnahme § 147). Mehrheitsbeschlüsse nach Vertrag zulässig; iZw muss man die Vereinbarung auch auf die Liquidation beziehen,

1. Abschnitt. Offene Handelsgesellschaft   1   § 157

hM. – §§ 120–122: (Gewinn und Verlust der Gfter) nur sehr beschränkt anwendbar (s. §§ 154, 155 mit Anm.). § 122 II gilt fort.
3. Titel: § 123: (Beginn der Wirksamkeit) unanwendbar. – **§ 124:** (Rechtsstellung und Zwangsvollstreckung in GesVermögen) unanwendbar. Die Liquidatoren handeln unter der Firma der OHG mit Liquidationszusatz, auch wenn die LiquidationsGes kein HdlGewerbe mehr betreibt. Der Gerichtsstand des § 17 ZPO dauert fort. – **§§ 125–127:** (Vertretung) ersetzt durch §§ 146, 147, 149–151. – **§§ 128, 129:** anwendbar. Die alte Gesamthaftung der Gfter besteht fort; sie tritt ein für die von den Liquidatoren eingegangenen GesSchulden. Nur die Gfter haften, nicht ihre eingetretenen Erben (Erbenhaftung) und nicht die Liquidatoren. Fortdauer auch bei Eröffnung des Insolvenzverfahrens über das Vermögen eines Gfters; die Masse haftet nur für vor Eröffnung entstandene Schulden. – **§ 130:** anwendbar. Während der Liquidation eintretende neue Gfter haften; so auch, wenn die LiquidationsGes nicht wieder ErwerbsGes wird.
4. Titel: Da ein Gfter auch in der Liquidation ausscheiden kann, sind die Vorschriften, die ein Ausscheiden betreffen, anwendbar.
6. Titel: §§ 159, 160: anwendbar, allgM. Ansprüche des Gläubigers gegen die Ges. sind auch die in der Liquidation entstandenen.

3) Reform des Personengesellschaftsrechts (MoPeG)

Das Gesetz zur Modernisierung des Personengesellschaftsrechts (MoPeG → Einl § 105 Rn. 42 ff) fasst zum 1.1.2024 auch das OHG-Recht neu. Der Regelungsgehalt des § 156 findet sich künftig in § 143 III HGB-MoPeG. Zur Textfassung des HGB-MoPeG s. → Anh. § 105.

[Anmeldung des Erlöschens; Geschäftsbücher]

157 (1) **Nach der Beendigung der Liquidation ist das Erlöschen der Firma von den Liquidatoren zur Eintragung in das Handelsregister anzumelden.**

(2) ¹**Die Bücher und Papiere der aufgelösten Gesellschaft werden einem der Gesellschafter oder einem Dritten in Verwahrung gegeben.** ²**Der Gesellschafter oder der Dritte wird in Ermangelung einer Verständigung durch das Gericht bestimmt, in dessen Bezirke die Gesellschaft ihren Sitz hat.**

(3) **Die Gesellschafter und deren Erben behalten das Recht auf Einsicht und Benutzung der Bücher und Papiere.**

1) Erlöschen der Firma (I)

A. Zu I s. schon **§ 31 II.** Die Firma **erlischt** im Falle der Liquidation mit Beendigung der Verteilung des reinen Vermögens, RG JW 1926, 1432, es dürfen also zwar noch GesSchulden vorhanden sein, aber keine beitreiblichen Forderungen mehr, auch nicht gegen Gfter oder Liquidatoren, vgl. KGJ 28 A 44. Ein Prozess gegen die Ges. hindert nicht, aA BayObLG LZ 2014, 785; nach OLG Düsseldorf NZG 2014, 583 Eintragen des Erlöschens auch bei ausstehenden Veranlagungen des Finanzamts. Findet keine Liquidation statt oder geht man von ihr zu anderer Auseinandersetzung über, übernimmt zB ein Gfter das Geschäft mit Aktiven, Passiven und Firma, so gilt § 157 (auch Abs. 1) nicht, KGJ 39 A 112, der Übernehmer ist anmeldepflichtig nach § 31 I. Die Eintragung enthält die öffentliche Kundgabe der Beendigung; ist früher beendigt, so ist das nur nach § 15 Dritten entgegenzusetzen, RG JW 1930, 3743. Nach Beendigung der OHG geht der Prozess gegen die letzten Gfter als notwendige Streitgenossen weiter, Berichtigung der Parteibezeichnung, notfalls von Amts wegen, RG DR 1944, 665.

2 B. **Anmeldepflichtig sind sämtliche Liquidatoren.** So auch, wo sie oder die Gfter das Geschäft ohne Firma veräußern. Erlischt die Firma ohne Liquidation, haben die Gfter dies anzumelden, KGJ 22 A 109. Auch sonst können alle Gfter zusammen das Erlöschen der Firma anmelden, weil sie auch die Abwicklung beenden oder selbst übernehmen können.

3 C. Die Löschungseintragung wirkt nur deklaratorisch. Findet sich nach Schlussverteilung (§ 155), auch Löschung, doch noch GesVermögen, so ist die Liquidation noch nicht beendet, die Firma in Wahrheit noch nicht erloschen, BGH NJW 1979, 1987; BayObLG BB 1983, 82; OLG Hamm ZIP 2017, 771 (subj-dingl Vorkaufsrecht). Die bisherigen (Vertretungsmacht besteht ohne Neubestellung weiter, BGH NJW 1979, 1987; OLG Düsseldorf ZIP 2016, 1584), ggf. neu bestellte Liquidatoren haben die Liquidation zu vollenden. Die unzutreffende Löschung der Firma ist (falls zum Registerzweck geboten) ihrerseits zu löschen (vgl. → § 8 Rn. 12). Wiedereintragung jedenfalls, wenn zur Abwicklung erforderlich, KG ZIP 2020, 879.

2) Bücher und Papiere (II)

4 A. II trifft alle Fälle, in denen **liquidiert** ist und die Bücher nicht auf einen Übernehmer oder Erwerber übergegangen sind; aber entspr. auch alle Fälle, in denen keine **Liquidation stattgefunden** hat und für die Verwahrung nicht anderweitig gesorgt ist, wie bei Beendigung der GesInsolvenz, KG OLG Rspr 19, 317. Zu verwahren sind die Bücher und Papiere der aufgelösten Ges. Ergänzt wird § 157 durch § 257. Die Kosten der Verwahrung tragen die Gfter gemeinsam; sie sind von den Liquidatoren zurückzubehalten. Sind bei Beendigung der Liquidation keine Bücher usw vorhanden, so ist II unanwendbar; so namentlich, wo die Bücher mit den Aktiven in den Besitz eines Geschäftserwerbers übergehen. Vgl. OLG Hamburg BB 1972, 417 (GbR).

5 B. Aufzubewahren hat ein **Gesellschafter oder** ein **Dritter.** Die Person bestimmt sich:

a) nach Vereinbarung der Gfter oder ihrer Erben, die nach § 119 stattzufinden hat. Fremde Zustimmung, auch die der Liquidatoren, unnötig. Ebenso die des Insolvenzverwalters (nach manchen bestimmt der Insolvenzverwalter, nach anderen er mit den Gftern). Die Liquidatoren müssen dem Beschluss nach § 152 gehorchen und die Bücher usw abliefern. Die Vereinbarung ist unwiderruflich.

6 **b)** Fehlt sie, so bestimmt das AG des Sitzes der Ges., nicht das Registergericht (FamFGVerfahren), Staub/Habersack Rn. 18, einen Verwahrer, wobei es an Anträge auch bezüglich der Person gebunden ist. Verfahren nach FamFG (→ § 146 Rn. 8). Das Gericht stellt die nötigen Ermittlungen von Amts wegen an. Zulässig auch Bestellung durch einstweilige Verfügung des Prozessgerichts. Nachträgliche Vereinbarung der Gfter macht den Beschluss hinfällig. Kein Zwang zur Annahme des Amts. Mit Annahme entsteht nach hL zwischen den früheren Gftern und dem Aufbewahrer ein Verwahrungsverhältnis, Vergütung dann entspr. § 689 BGB (auch → § 146 Rn. 5), vgl. MüKoHGB/K. Schmidt Rn. 24; aA zutr. Staub/Habersack Rn. 20: § 265 IV AktG analog.

3) Einsicht und Benutzung (III)

7 Sie stehen den Gftern und ihren Erben zu, die dabei Sachverständige zuziehen dürfen. Jeder Gfter und jeder Erbe ist für sich berechtigt, GesGläubiger und Privatgläubiger nach § 135 dürfen nur nach § 810 BGB benutzen, ebenso ein vor Liquidationsende ausgeschiedener Gfter. Berechtigt ist aber auch der Insolvenzverwalter. Einsicht an fremdem Ort nur nach § 811 BGB. Rechtliches Interesse unnötig. Der Gfter kann sich Abschriften fertigen; er hat auch das Recht, sich die Beziehungen der Ges. und ihre Geschäftsgeheimnisse zunutze zu machen. Sind

1. Abschnitt. Offene Handelsgesellschaft §159

die Bücher mit dem Geschäft veräußert, richtet sich das Einsichtsrecht früherer Gfter nach dem Vertrag und § 810 BGB, RGZ 43, 135.

4) Reform des Personengesellschaftsrechts (MoPeG)

Das Gesetz zur Modernisierung des Personengesellschaftsrechts (MoPeG → Einl § 105 Rn. 42 ff) fasst zum 1.1.2024 auch das OHG-Recht neu. Der Regelungsgehalt des § 157 findet sich künftig in §§ 150, 152 HGB-MoPeG. Zur Textfassung des HGB-MoPeG s. → Anh. § 105. 8

Andere Art der Auseinandersetzung]

158 Vereinbaren die Gesellschafter statt der Liquidation eine andere Art der Auseinandersetzung, so finden, solange noch ungeteiltes Gesellschaftsvermögen vorhanden ist, im Verhältnisse zu Dritten die für die Liquidation geltenden Vorschriften entsprechende Anwendung.

1) § 158 bringt für den Fall einer „andern Art der Auseinandersetzung" (→ § 145 Rn. 8; wie § 156 für den Fall der Liquidation) zum Ausdruck, dass die aufgelöste Ges. **fortbesteht**. Im Verhältnis zu Dritten soll **Liquidationsrecht** (ohne Berufung von Liquidatoren) entspr. gelten, solange noch ungeteiltes Ges-Vermögen vorhanden ist. Die Ges. haftet nach § 124, wird vertreten durch die Gfter entspr. §§ 146 I, III, 150 I, II, 151. 1

2) § 158 gilt, wenn die **andere Art der Auseinandersetzung** unmittelbar auf die Auflösung folgt und wenn von der Liquidation zu ihr übergegangen wird (wodurch die Liquidation endet, das Amt der Liquidatoren erlischt, → § 145 Rn. 8). Wird die OHG **Gesellschaft bürgerlichen Rechts** (→ Einl. vor § 105 Rn. 21), so gilt § 158 nicht, die Rechtsverhältnisse der Gfter bestimmen sich nicht nach HGB, sondern BGB (zB §§ 714 f., 427 BGB; §§ 719 f., 725 BGB). 2

3) Das Gesetz zur Modernisierung des Personengesellschaftsrechts (MoPeG → Einl § 105 Rn. 42 ff) fasst zum 1.1.2024 auch das OHG-Recht neu. Der Regelungsgehalt des § 158 findet sich künftig zum Teil in § 143 II 1 HGB-MoPeG. Zur Textfassung des HGB-MoPeG s. → Anh. § 105. 3

Sechster Titel. Verjährung. Zeitliche Begrenzung der Haftung

[Ansprüche gegen einen Gesellschafter]

159 (1) Die Ansprüche gegen einen Gesellschafter aus Verbindlichkeiten der Gesellschaft verjähren in fünf Jahren nach der Auflösung der Gesellschaft, sofern nicht der Anspruch gegen die Gesellschaft einer kürzeren Verjährung unterliegt.

(2) Die Verjährung beginnt mit dem Ende des Tages, an welchem die Auflösung der Gesellschaft in das Handelsregister des für den Sitz der Gesellschaft zuständigen Gerichts eingetragen wird.

(3) Wird der Anspruch des Gläubigers gegen die Gesellschaft erst nach der Eintragung fällig, so beginnt die Verjährung mit dem Zeitpunkte der Fälligkeit.

(4) Der Neubeginn der Verjährung und ihre Hemmung nach § 204 des Bürgerlichen Gesetzbuchs gegenüber der aufgelösten Gesellschaft wirken auch gegenüber den Gesellschaftern, die der Gesellschaft zur Zeit der Auflösung angehört haben.

§ 159 1–7   2. Buch. Handelsgesellschaften und stille Gesellschaft

1) Übersicht über §§ 159, 160

1   A. **Grundsatz der Forthaftung des Ausgeschiedenen: Ausgeschiedene Gesellschafter** (nicht eintretende Erben eines verstorbenen Gfters) **haften weiter** für die Verbindlichkeiten der Ges. (→ § 128 Rn. 28). Dasselbe gilt **auch** für alle Gfter **nach Auflösung der Gesellschaft**.

2   B. **Anwendungsbereich:** §§ 159, 160 (idF NachhBG → § 26 Rn. 1) mildern das uU lange Haftungsrisiko. § 159 gilt **nur noch für** den Fall der **Auflösung** der Ges. und ist wie bisher eine echte Verjährungsvorschrift (**Sonderverjährung**, → Einl. vor § 343 Rn. 16). § 160 gilt **für** den Fall des **Ausscheidens** des Gfters und sieht keine Verjährung, sondern eine zeitliche **Begrenzung der Nachhaftung** des ausgeschiedenen Gfters vor (Ausschlussfrist, → § 160 Rn. 2). §§ 159, 160 begrenzen die Nachhaftung abschließend (→ § 160 Rn. 1). Lit.: → § 160 Rn. 1; zur aF K. Schmidt ZHR 152 (1988), 105.

2) Verjährung in fünf Jahren (§ 159 I)

3   A. **Sonderverjährung nach Auflösung der Gesellschaft:** Die Sonderverjährung nach § 159 gilt nach Auflösung der Gesellschaft (§§ 131 ff.). § 160 findet insoweit keine Anwendung (→ § 160 Rn. 1).

4   B. **Erfasste Ansprüche:** § 159 betrifft **nur Ansprüche** aus der persönlichen Haftung (**§§ 128 ff.**) für GesVerbindlichkeiten; **nicht** zB aus Bürgschaft des Gfters für solche (→ § 128 Rn. 7), Schuldbeitritt, aA BGHZ 42, 382 (zu § 25), Wechselzeichnung, Geschäftsübernahme (§ 25, RGZ 142, 301). § 159 gilt auch gegen MitGfter als Gläubiger der Ges. aus anderem Rechtsgrund als dem Ges-Verhältnis. § 159 gilt auch, wenn über die GesSchuld ein rechtskräftiges Urteil (gegen die Ges.) vorliegt (das idR nicht gegen den Ausgeschiedenen wirkt, → § 128 Rn. 43); ist aber der (ex-)Gfter selbst verurteilt, gilt Verjährung nach § 197 I Nr. 3 BGB, BGH NJW 1981, 2579 (zu § 218 aF BGB).

5   C. **Dauer der Verjährung:** Die Sonderverjährung beträgt **fünf Jahre**, I Halbsatz 1. Das Gesetz stellt in I Halbsatz 2 weiter klar, dass es sich dabei nicht um eine Regelung auch der Verjährung des Anspruchs gegen die Gesellschaft handelt. Wenn der Anspruch gegen die Gesellschaft nach allgemeinem Recht (oder Rechtsgeschäft) rascher verjährt, bleibt es bei der kürzeren Verjährung, ohne dass dem aber direkte Wirkung zugunsten des Gesellschafters zukommt. Der Gesellschafter kann sich auf den Verjährungseinwand der OHG berufen (→ § 129 Rn. 1), BGH ZIP 2022, 217 Rn. 21, anders noch BGH NJW 1982, 2443 und alte hL, sofern nicht die Verjährung ihm gegenüber gehemmt wurde, BGH ZIP 2022, 217 Rn. 23.

3) Beginn der Verjährung (II, III)

6   A. **Beginn mit Eintragung (II):** Die Fünfjahresfrist läuft mit dem Ende des Tages der Eintragung der Auflösung der Ges. (oder des Insolvenzvermerks nach § 32, BGH NJW 1982, 2443). Unerheblich ist, ob diese sich verzögert, ob und wann sie bekannt gemacht wird, ob und wann Gläubiger von der Auflösung Kenntnis erlangt. § 15 ist nicht anwendbar.

7   B. **Beginn mit Fälligkeit (III):** Fälligkeit erst nach der Eintragung schiebt den Fristbeginn hinaus (III). Erst recht späteres Entstehen des Anspruchs, zB Begründung in der Liquidation. Bei Fälligkeit auf Anfechtung oder Kündigung entscheidet Wirksamwerden der Erklärung, nicht ihre Möglichkeit (anders §§ 199, 200 aF BGB). Im Fall einer Dauerschuld mit wiederkehrenden Einzelfälligkeiten (zB Rentenschuld aus Kauf) verjährt nach § 159 nicht der Gesamtanspruch schon in fünf Jahren, sondern der Anspruch auf jede einzelne Rate erst nach deren Fälligkeit; so (wegen des Zwecks dieser Haftung) BGHZ 50, 235, str. Eine andere Frage ist Verjährung des Gesamtanspruchs, neben der der Teilansprüche, in

1. Abschnitt. Offene Handelsgesellschaft **§ 160**

solchem Falle nach BGB, hier der Ges. gegenüber; dahingestellt vom BGHZ 50, 234. III betraf schon in aF nicht die Haftung ausgeschiedener Gfter aus **Dauer-** **8** **schuldverhältnissen,** die Lücke war anderweitig zu füllen (→ § 128 Rn. 31 ff.), BGHZ 87, 291, NJW 1983, 2942. III nF betrifft überhaupt nur noch die Auflösung, nicht mehr das Ausscheiden einzelner Gfter, insoweit s. § 160 nF.

4) Neubeginn und Hemmung der Verjährung (IV)

IV idF SMG 2001 (nur redaktionell) entspricht in der Funktion § 160 aF. Der **9** Neubeginn (zB durch Anerkenntnis, § 212 I Nr. 1 BGB) und Hemmung durch Rechtsverfolgung (§ 204 BGB) der Verjährung im Verhältnis Ges.-Gläubiger wirken gegen die nicht ausgeschiedenen Gfter (→ § 129 Rn. 2); nicht gegen vorher Ausgeschiedene (→ § 128 Rn. 36). IV stellt klar, dass nach Auflösung der Ges. der Neubeginn und die Hemmung nach § 204 BGB im Verhältnis zwischen Gläubiger und (aufgelöster, damit nicht erloschener) Ges. (→ § 145 Rn. 4, 5) gegen die Gfter wirken, die ihr im Zeitpunkt der Auflösung angehört haben. Dies gilt, solange noch ungeteiltes Vermögen vorhanden ist (oder nachträglich aufgefunden wird → § 157 Rn. 3). Kein Neubeginn, keine Hemmung nach § 204 BGB gegenüber den Gftern, wenn die Forderung der Ges. verjährt ist, BGH NJW 1982, 2443. Neubeginn und Hemmung nach § 204 BGB im Verhältnis zwischen Gläubiger und Gfter wirken nicht gegen MitGfter. Bei Neubeginn (aber § 212 II, III BGB) läuft erneut die Frist des § 159 (§ 212 I BGB), während der Hemmungszeitraum nur in die laufende Frist des § 159 nicht eingerechnet wird (§ 209 BGB).

5) Reform des Personengesellschaftsrechts (MoPeG)

Das Gesetz zur Modernisierung des Personengesellschaftsrechts (MoPeG **10** → Einl § 105 Rn. 42 ff) fasst zum 1.1.2024 auch das OHG-Recht neu. Der Regelungsgehalt des § 159 findet sich künftig in § 151 HGB-MoPeG. Zur Textfassung des HGB-MoPeG s. → Anh. § 105.

[Haftung des ausscheidenden Gesellschafters; Fristen; Haftung als Kommanditist]

160 (1) [1] **Scheidet ein Gesellschafter aus der Gesellschaft aus, so haftet er für ihre bis dahin begründeten Verbindlichkeiten, wenn sie vor Ablauf von fünf Jahren nach dem Ausscheiden fällig und daraus Ansprüche gegen ihn in einer in § 197 Abs. 1 Nr. 3 bis 5 des Bürgerlichen Gesetzbuchs bezeichneten Art festgestellt sind oder eine gerichtliche oder behördliche Vollstreckungshandlung vorgenommen oder beantragt wird; bei öffentlich-rechtlichen Verbindlichkeiten genügt der Erlass eines Verwaltungsakts.** [2] **Die Frist beginnt mit dem Ende des Tages, an dem das Ausscheiden in das Handelsregister des für den Sitz der Gesellschaft zuständigen Gerichts eingetragen wird.** [3] **Die für die Verjährung geltenden §§ 204, 206, 210, 211 und 212 Abs. 2 und 3 des Bürgerlichen Gesetzbuches sind entsprechend anzuwenden.**

(2) **Einer Feststellung in einer in § 197 Abs. 1 Nr. 3 bis 5 des Bürgerlichen Gesetzbuchs bezeichneten Art bedarf es nicht, soweit der Gesellschafter den Anspruch schriftlich anerkannt hat.**

(3) [1] **Wird ein Gesellschafter Kommanditist, so sind für die Begrenzung seiner Haftung für die im Zeitpunkt der Eintragung der Änderung in das Handelsregister begründeten Verbindlichkeiten die Absätze 1 und 2 entsprechend anzuwenden.** [2] **Dies gilt auch, wenn er in der Gesellschaft oder einem ihr als Gesellschafter angehörenden Unternehmen geschäftsführend tätig wird.** [3] **Seine Haftung als Kommanditist bleibt unberührt.**

§ 160 1–3 2. Buch. Handelsgesellschaften und stille Gesellschaft

1) Begrenzung der Nachhaftung des ausgeschiedenen Gesellschafters (I)

1 A. **Allgemeiner Grundsatz:** § 160 nF NachhBG 1994 (→ § 26 Rn. 1), I 1, 3 idF SMG 2001, begrenzt die Nachhaftung des ausgeschiedenen Gesellschafters **wie § 26** und zahlreiche andere Normen (→ § 159 Rn. 2, → § 26 Rn. 1). § 160 gilt über §§ 172 IV, 161 II auch bei Ausscheiden des Kdtisten unter Einlagenrückgewähr, BGH ZIP 2021, 1393. Schon bisher galt der entsprechende § 159 aF analog für die GbR, BGHZ 117, 168, Wiedemann/Frey DB 1989, 1809; jetzt § 736 II nF BGB, OLG Koblenz NZG 2009, 1426, aber mangels Registerpublizität der GbR wohl nur bei positiver Kenntnis des Gläubigers (Abhilfe: Umwandlung der GbR in KG). Einheitliche Auslegung ist geboten (→ § 26 Rn. 1), auch sonst läuft Frist ab Kenntnis, zum Kdtisten BGH ZIP 2021, 1393. § 160 gilt nicht bei Ausscheiden aller Gfter bei Auflösung der Ges., weil dann dem Gläubiger nicht die Ges. als Schuldner verbleibt. § 160 ist abschließend, BGHZ 142, 324 (Aufgabe der Kündigungstheorie); BGH NJW 2002, 2170, kürzere Verjährungs- und Ausschlussfristen nach altem Recht sind aber für das Übergangsrecht relevant (→ § 159 Rn. 2, → § 128 Rn. 32–34). **Übergangsrecht:** s. **(1)** EGHGB Art. 35, 36. Lit.: Ulmer/Timmann ZIP 1992, 1; Reichold NJW 1994, 1617; Seibert DB 1994, 461; Dehmer WiB 1994, 297; Steinbeck WM 1996, 2041; Medicus FS Lutter, 2000, 891; Siems/Maaß WM 2000, 2328; Lüneborg ZIP 2012, 2229.

2 B. **Begrenzung auf fünf Jahre (I 1):** I 1 betrifft nur Ansprüche aus der persönlichen Haftung (§§ 128 ff.) für GesVerbindlichkeiten (nicht andere Ansprüche wie Schuldbeitritt ua, str., → § 159 Rn. 4), aber für alle, auch solche aus betrieblicher Altersversorgung von Arbeitnehmern oder aus Delikt, nicht nur solche aus Dauerschuldverhältnissen (→ § 128 Rn. 31, 33), BGH NJW 2002, 2170; auch aus Delikt. I 1 betrifft nicht Ansprüche aus anderem Rechtsgrund, zB aus eigener persönlicher Sicherung für Verbindlichkeit der Ges. wie Bürgschaft (→ § 128 Rn. 7). Bei mietvertraglicher Verlängerungsautomatik wird der alte Vertrag fortgesetzt, kein neuer geschlossen, I 1 bleibt also anwendbar, BGH NJW 2002, 2170. „Bis dahin begründet" heißt bei **Dauerschuldverhältnissen,** dass dieses Verhältnis und der haftungsbegründende Tatbestand selbst vor dem Ausscheiden des Gfters verwirklicht, also zB die Pflichtverletzung vorher begangen worden ist, Staub/Habersack Rn. 10 (→ § 128 Rn. 30); aA LG Bonn NZG 2011, 143, str.

3 Für solche früheren Verbindlichkeiten bringt I 1 eine doppelte Nachhaftungsbegrenzung (Fünfjahresgrenze und Erfordernis der besonderen Feststellung oder Vollstreckungshandlung). Der ausgeschiedene Gfter haftet nur, wenn sie **vor Ablauf von 5 Jahren fällig** sind (wie → § 26 Rn. 5). I 1 enthält eine **Ausschlussfrist** (Einwendung), keine Verjährung (→ § 26 Rn. 1), I 3 ändert daran nichts (→ Rn. 5). Die Verjährungseinrede nach § 129 I, so wenn die Verjährungsfrist schon vor der Ausscheiden nach I 1 abläuft, bleibt aber unberührt. Für rechtskräftig festgestellte Ansprüche greift I 1 nicht, es bleibt bei deren Verjährung (30 Jahre, § 197 I Nr. 3 BGB).

I 1 verlangt wie § 26 I 1 zusätzlich, dass der Anspruch gegen den ausgeschiedenen Gfter (nicht: Ges.) in der in § 197 I Nr. 3–5 BGB bezeichneten Art (Rechtskraft oder Vollstreckbarkeit) **festgestellt** ist oder eine gerichtliche oder behördliche Vollstreckungshandlung vorgenommen oder beantragt wird; Maßnahmen der Rechtsverfolgung und andere Umstände hemmen aber den Fristablauf (I 3 wie § 26 I 3). Zu diesem schwer verständlichen System → § 26 Rn. 6, 8.

§§ 159, 160 wirken nicht auf die Verjährung des Verlustausgleichsanspruchs ein, BGH ZIP 2011, 1363, → § 131 Rn. 55. Haftung gegenüber Dritten und Haftungsbegrenzung nach §§ 159, 160 sind unabhängig vom Abfindungsanspruch des Gfters und ggf. einem Verlustausgleichsanspruch der Ges.

1. Abschnitt. Offene Handelsgesellschaft   4–8 § 160

Bei öffentlichrechtlichen Verbindlichkeiten genügt zur Geltendmachung der 4
Erlass eines Verwaltungsakts (I 1 Hs. 2; → § 26 Rn. 7). I 1 Hs. 2 macht deutlich,
dass sich die Fristwahrung durch Verwaltungsakt, zB im Steuerrecht, auch bezüglich
der Zeitdauer primär nach Zivilrecht (§ 160 sowie Verjährungsrechtsregeln
über § 160 I 3 oder Verweisungen auf diese im öffentlichen Recht) richten soll.
Das schließt aber besondere öffentlichrechtliche Vorschriften nicht aus, zB dass
für die Fristwahrung nicht die Absendung, sondern der Zugang des Verwaltungsakts
maßgeblich ist.

C. **Fristbeginn (I 2):** Die Frist beginnt grundsätzlich mit Ende des Tages der 5
Eintragung des Ausscheidens, Hofmeister NJW 2003, 93 (rechtsgeschichtlich);
MüKoHGB/K. Schmidt/Drescher Rn. 25; bei positiver Kenntnis des Gläubigers
vom Ausscheiden des Gfters beginnt sie aber schon vorher, MüKoHGB/K.
Schmidt/Drescher Rn. 26; Altmeppen NJW 2000, 2529, die Beweislast hierfür
trägt der ausgeschiedene Gesellschafter, BGH ZIP 2017, 289. Auch mangels
Eintragung Fristbeginn mit positiver Kenntnis, BGH NJW 2007, 3784; OLG
Frankfurt a. M. NZG 2009, 659 Ls.; MüKoHGB/K. Schmidt/Drescher Rn. 26;
aA früher hL (Eintragung konstitutiv, Wortlaut). Maßgebend ist das HdlReg des
für den Sitz der Ges. zuständigen Gerichts. Das gilt abw. von § 15 IV auch für
Schulden aus einer ZwNl. Nach **I 3** idF SMG sind bestimmte Verjährungsvorschriften
entspr. anzuwenden (näher → § 26 Rn. 10).

2) Schriftliches Anerkenntnis (II)

Bei einem schriftlichen Anerkenntnis des früheren Geschäftsinhabers bedarf es 6
der Feststellung in einer nach § 197 I Nr. 3–5 BGB bezeichneten Art (→ Rn. 3)
nicht (II, wie § 26 II, dort → § 26 Rn. 11). Die Schriftform dient der Rechtssicherheit,
mündliches oder tatsächliches Anerkenntnis, zB durch Abschlags- oder
Zinszahlung genügt nicht. II verlangt kein Schuldanerkenntnis nach § 780 BGB,
iZw ist ein solches bei einer Erklärung nach II auch nicht gewollt. Im Übrigen
verbleibt es aber bei der Begrenzung auf fünf Jahre. Anders nur bei abweichender
Vereinbarung mit dem Gläubiger (→ Rn. 8).

3) Wechsel in die Stellung eines Kommanditisten (III)

Die Ausschlussfrist nach I und II gilt auch den für phG, der Kdtist wird (III 1). 7
III nF entspricht § 28 III nF (dort → § 28 Rn. 7). Dass der frühere Geschäftsinhaber,
in der Ges. oder einem ihr als Gfter angehörenden Unternehmen geschäftsführend
tätig wird, steht der Begrenzung nicht entgegen (III 2). Damit ist
die frühere Rspr. zur Umwandlung der Ges. in eine GmbH & Co überholt,
wonach der phG, der zwar Kdtist wurde, aber zugleich Geschäftsführer der
GmbH blieb, unbegrenzt weiter haftete, BGHZ 78, 114; 108, 341; BGH NJW
1983, 2258; 1983, 2941. **Übergangsrecht** zu III 2: s. **(1)** EGHGB Art. 35 III 3
stellt klar, dass die Haftung als Kdtist unberührt bleibt. Lit.: Bormann NZG 2004,
751.

4) Abweichende Vereinbarungen

§ 160 I–III ist nicht zwingend (vgl. → § 26 Rn. 12), hL, Seibert DB 1994, 8
462; aA Staub/Habersack Rn. 7; Leverenz ZHR 160 (1996), 7. Die Nachhaftungsbegrenzung
wird aber nicht schon durch eine Vereinbarung zwischen dem
ausscheidenden oder in die Stellung eines Kdtisten wechselnden Gfter und der
Ges. beseitigt, sondern nur durch eine solche zwischen dem ihm und dem
jeweiligen Gläubiger. Diese Vereinbarung braucht anders als das Anerkenntnis
nach II nicht schriftlich zu sein. Sie kann zB in einer Prolongationsabrede liegen;
auch in der Bestellung einer eigenen persönlichen Sicherung des Gfters für
Verbindlichkeiten der Ges.

Anh § 160 1   2. Buch. Handelsgesellschaften und stille Gesellschaft

5) Reform des Personengesellschaftsrechts (MoPeG)

9   Das Gesetz zur Modernisierung des Personengesellschaftsrechts (MoPeG → Einl § 105 Rn. 42 ff) fasst zum 1.1.2024 auch das OHG-Recht neu. Der Regelungsgehalt des § 160 findet sich künftig in § 137 HGB-MoPeG. Zur Textfassung des HGB-MoPeG s. → Anh. § 105.

Anhang nach § 160: Partnerschaftsgesellschaft (PartG)

Übersicht

Gesetz über Partnerschaftsgesellschaften Angehöriger Freier
Berufe (Partnerschaftsgesellschaftsgesetz – PartGG) 1–6
   1. Allgemeines 1–3
   2. § 8 II PartGG und PartGmbB (§ 8 IV PartGG) 4–6

Gesetz über Partnerschaftsgesellschaften Angehöriger Freier Berufe (Partnerschaftsgesellschaftsgesetz – PartGG)

Vom 25. Juli 1994 (BGBl I 1744),
zuletzt geändert durch, Art. 7 Aktienrechtsnovelle 2016 v. 22.12.2015 (BGBl. I S. 2565)

Schrifttum

Feddersen/Meyer-Landrut 1995. – *Henssler* 3. Aufl 2018. – *Meilicke/Graf von Westphalen/Hoffmann/Lenz/Wolff* 3. Aufl 2015. – MüKoBGB/*Schäfer*, GbR und PartG, 8. Aufl 2020, Sonderausgabe Ulmer/Schäfer 2021. – *Römermann* 5. Aufl 2017. – *Wehrheim/Wirtz* 6. Aufl 2018. – *K. Schmidt* NJW 1995, 1. – *Scharlach/Hoffmann* WM 2000, 2082. – *Henssler* FS K. Schmidt 2019, Bd. 1, 449 (Reform). **Muster:** *Hopt/Volhard* Vertrags- und Formularbuch zum Hdl-, Ges- und Bankrecht, 3. Aufl 2007, Teil II. C.2; *Michalski/Römermann* 3. Aufl 2002.

1. Allgemeines

1   Das PartGG vom 25.7.1994 (geändert ua durch ERJuKoG 2001, EHUG 2006, MoMiG 2008, zum 1.1.2024 durch MoPeG vom 10.8.2021, BGBl I 3436), eröffnet Angehörigen Freier Berufe zur Ausübung ihrer Berufe die Partnerschaft (PartG) als eine neue, auf sie zugeschnittene Gesellschaftsform. Die PartG übt kein HdlGewerbe aus und kann nur natürliche Personen, und zwar Freiberufler, als Angehörige haben (§ 1 I 2, 3 PartGG), und trotz § 7 III PartGG auch keine Prokura erteilen (→ § 48 Rn. 1). Möglich ist eine untergeordnete gewerbliche Tätigkeit, sonst Umwandlung in OHG (GbR), Wertenbruch ZIP 2021, 1203. Auf die PartG finden zwar, soweit das PartGG nichts anderes bestimmt, die Vorschriften über die GbR Anwendung (§ 1 IV PartGG). Das PartGG verweist jedoch an vielen Stellen ausdrücklich auf Vorschriften über die OHG und ist dieser in vielfacher Weise ähnlich. Insbesondere wird die PartG im Verhältnis zu Dritten mit ihrer Eintragung in das Partnerschaftsregister wirksam (§ 7 PartGG; VO v. 16.6.1995, BGBl. I 808). Das Partnerschaftsregister entspricht weitgehend dem HdlReg (§ 5 PartGG). Es ist wie dieses elektronisch zu führen und genießt denselben Bezeichnungsschutz (§ 5 PartGG iVm § 8 II HGB idF EHUG, Übergangsrecht § 11 III PartGG). Doktortitel sind aufgrund Gewohnheitsrechts in das Partnerschaftsregister eintragungsfähig, BGH ZIP 2017, 1067, nach Ausscheiden des Namensgebers kann die PartG den Doktortitel mit dessen Einverständnis

weiterführen, BGH ZIP 2018, 1393 (1439, 1494), auch wenn die verbleibenden Partner nicht promoviert sind.

Die PartG ist wie die OHG selbstständige Trägerin von Rechten und Pflichten (§ 7 II PartGG iVm § 124 HGB). Für Verbindlichkeiten der PartG haften den Gläubigern neben dem Vermögen der PartGG die Partner als Gesamtschuldner (§ 8 PartGG mit Haftungsbeschränkung(smöglichkeiten) nach § 8 II, III PartGG). Umfang bei komplexen Mandaten problematisch, Hahn/Naumann WM 2012, 1756. Im Übrigen sind das materielle HdlRecht und insbesondere die Pflicht zu kfm. Rechnungslegung auf die PartG unanwendbar. Andere Ges., die nach dem 1.7.1995 gegründet oder umbenannt werden, dürfen nicht mit „und Partner" oder „Partnerschaft" firmieren (§ 2 PartGG, → HGB § 18 Rn. 22) BGHZ 135, 257; OLG Karlsruhe NJW 1998, 1160; KG NJW-RR 2004, 976. Die Vorschrift ist nach BGH ZIP 2021, 1166 eng am Wortlaut auszulegen. Nach der Rspr. des BGH werden fremdsprachige Begriffe nicht erfasst und ist die Bezeichnung „Partners" zulässig, aA für „partners" OLG Hamburg ZIP 2019, 1286. „artax" als Kanzleiname → § 19 Rn. 18, Recht des Erwerbers an Änderung einer fortgeführten Firma unterliegt weitgehenden Einschränkungen, OLG Hamm ZIP 2017, 331. Es gibt in Ergänzung von (4) HRV eine eigene PartRV 16.6.1995 BGBl. I 808 mit späteren Änderungen ua durch EHUG 2006.

Das PartGG ist in verschiedenen spezialisierten Kommentaren, darunter Mü-KoBGB/Schäfer, GbR und PartG, ausführlich erläutert (oben Schrifttum). Von einer Kurzkommentierung wird deshalb hier abgesehen. Wichtig ist Einfluss des Berufsrechts. Verbot gemeinschaftlicher Berufsausübung von Rechtsanwälten mit Ärzten oder Apothekern verletzt aber Grundrecht der Berufsfreiheit, BVerfG ZIP 2016, 258, entsprechende Partnerschaft ist deshalb einzutragen, BGH ZIP 2016, 1115, zu interprofessionellen Partnerschaftsgesellschaften Ring WM 2016, 957; Henssler/Trottmann NZG 2017, 241. PartG kann nicht Gesellschafterin einer Rechtsanwaltsgesellschaft sein, BGH ZIP 2017, 811.

2. § 8 II PartGG und PartGmbB (§ 8 IV PartGG)

Als Reaktion auf die englische limited liability partnership (LLP) und deren wachsende Verbreitung insbesondere im deutschen Anwaltsmarkt wurde im Juli 2013 die Partnerschaft mit beschränkter Berufshaftung, PartGmbB, eingeführt (G v. 17.7.2013, BGBl. I 2386), zur Anwendbarkeit der Gründungstheorie innerhalb der EU → Einl. vor § 105 Rn. 29. Freilich kennt das PartGG eine Haftungsbeschränkung der Partner bereits seit 1998. Nach § 8 II haften für berufliche Fehler bei der Bearbeitung eines Auftrags neben der Partnerschaft nur die Partner, die mit dem Auftrag befasst waren. Untergeordnete Beiträge anderer Partner bleiben außer Betracht. Fehlt es an einer Befassung durch einen Partner (Überwachung eines Angestellten reicht aus, sollte aber dokumentiert werden) oder sind alle Partner befasst, verbleibt es bei der Haftung aller Partner. Gegenüber GbR Vorteil der Haftungsbeschränkung nach § 8 II PartGG, Vorschrift gilt nicht für GbR, BGH ZIP 2012, 1413.

In der PartGmbB ist die Haftung für Schäden wegen fehlerhafter Berufsausübung nach § 8 IV auf das Gesellschaftsvermögen beschränkt, wenn die Partnerschaft eine zu diesem Zweck vom Gesetz vorgegebene Berufshaftpflicht unterhält. Für Anwälte sieht § 51a BRAO eine um das 10-fache erhöhte Mindestversicherungssumme (2,5 Mio. Euro, sonst 250.000 Euro) vor. Inzwischen sind die meisten PartG solche mit beschränkter Berufshaftung, Lieder/Hoffmann NZG 2020, 721. Relevant ist die PartmbB bei eigenständiger Arbeit angestellter Berufsträger sowie zur Beschränkung der eigenen Haftung bei beruflichem Fehlverhalten, dabei stellt sich freilich jeweils die Frage, inwieweit der Partner Rückgriffsansprüchen seiner Mitpartner ausgesetzt ist, dazu Wertenbruch NZG 2013,

Anh § 160 6   2. Buch. Handelsgesellschaften und stille Gesellschaft

1007. Nach vKlitzing/Seiffert ZIP 2015, 2401 greift Innenhaftung, weshalb Haftungsvereinbarung empfohlen wird.

6 Die unstr. lediglich im Außenverhältnis geltende Beschränkung der Haftung nach § 8 IV greift nur für Berufsfehler, für sonstige Forderungen Dritter (Lohnforderungen der Angestellten, Miete etc) verbleibt es bei der unbeschränkten Haftung aller Partner mit dem Privatvermögen neben der Partnerschaft. Nach OLG Nürnberg ZIP 2014, 420 ist der Zusatz „mit beschränkter Berufshaftung" nicht in das Handelsregister einzutragen. Lit. zur Partnerschaft mit beschränkter Berufshaftung Leuering, Grunewald ZIP 2012, 1112 (1115); Römermann/Praß NZG 2012, 601; Römermann NJW 2013, 2305; Seibert DB 2013, 1710; Sommer/Treptow NJW 2013, 3269; Leuering NZG 2013, 1001; Tröger/Pfaffinger JZ 2013, 812; Henssler AnwBl 2014, 96; Lieder/Hoffmann NZG 2014, 127; 2016, 287; 2017, 325; 2019, 249; 2020, 721 (Rechtstatsachen); Schumacher NZG 2015, 379; Römermann/Jähne BB 2015, 579; Höpfner JZ 2017, 19; Schäfer NZG 2020, 401; Westermann/Wertenbruch § 34a. Für weitergehende Reform Schüppen BB 2012, 783, mit Verweis auch auf K. Schmidt, allg. zur Kodifikation einer PersGes mit beschränkter Haftung → Einl. vor § 105 Rn. 41, zum MoPeG und weitergehenden Reformüberlegungen → Vor § 105 Rn. 64, 69.

§ 1 PartGG Voraussetzungen der Partnerschaft. (1) [1] Die Partnerschaft ist eine Gesellschaft, in der sich Angehörige Freier Berufe zur Ausübung ihrer Berufe zusammenschließen. [2] Sie übt kein Handelsgewerbe aus. [3] Angehörige einer Partnerschaft können nur natürliche Personen sein.

(2) [1] Die Freien Berufe haben im allgemeinen auf der Grundlage besonderer beruflicher Qualifikation oder schöpferischer Begabung die persönliche, eigenverantwortliche und fachlich unabhängige Erbringung von Dienstleistungen höherer Art im Interesse der Auftraggeber und der Allgemeinheit zum Inhalt. [2] Ausübung eines Freien Berufs im Sinne dieses Gesetzes ist die selbständige Berufstätigkeit der Ärzte, Zahnärzte, Tierärzte, Heilpraktiker, Krankengymnasten, Hebammen, Heilmasseure, Diplom-Psychologen, Mitglieder der Rechtsanwaltskammern, Patentanwälte, Wirtschaftsprüfer, Steuerberater, beratenden Volks- und Betriebswirte, vereidigten Buchprüfer (vereidigte Buchrevisoren), Steuerbevollmächtigten, Ingenieure, Architekten, Handelschemiker, Lotsen, hauptberuflichen Sachverständigen, Journalisten, Bildberichtstatter, Dolmetscher, Übersetzer und ähnlicher Berufe sowie der Wissenschaftler, Künstler, Schriftsteller, Lehrer und Erzieher.

(3) Die Berufsausübung in der Partnerschaft kann in Vorschriften über einzelne Berufe ausgeschlossen oder von weiteren Voraussetzungen abhängig gemacht werden.

(4) Auf die Partnerschaft finden, soweit in diesem Gesetz nichts anderes bestimmt ist, die Vorschriften des Bürgerlichen Gesetzbuchs über die Gesellschaft Anwendung.

§ 2 PartGG Name der Partnerschaft. (1) [1] Der Name der Partnerschaft muß den Namen mindestens eines Partners, den Zusatz „und Partner" oder „Partnerschaft" sowie die Berufsbezeichnungen aller in der Partnerschaft vertretenen Berufe enthalten. [2] Die Beifügung von Vornamen ist nicht erforderlich. [3] Die Namen anderer Personen als der Partner dürfen nicht in den Namen der Partnerschaft aufgenommen werden.

(2) § 18 Abs. 2, §§ 21, 22 Abs. 1, §§ 23, 24, 30, 31 Abs. 2, §§ 32 und 37 des Handelsgesetzbuchs sind entsprechend anzuwenden; § 24 Abs. 2 des Handelsgesetzbuchs gilt auch bei Umwandlung einer Gesellschaft bürgerlichen Rechts in eine Partnerschaft.

§ 3 PartGG Partnerschaftsvertrag. (1) Der Partnerschaftsvertrag bedarf der Schriftform.

(2) Der Partnerschaftsvertrag muß enthalten
1. den Namen und den Sitz der Partnerschaft;
2. den Namen und den Vornamen sowie den in der Partnerschaft ausgeübten Beruf und den Wohnort jedes Partners;
3. den Gegenstand der Partnerschaft.

§ 4 PartGG Anmeldung der Partnerschaft. (1) [1] Auf die Anmeldung der Partnerschaft in das Partnerschaftsregister sind § 106 Abs. 1 und § 108 Satz 1 des Handelsgesetzbuchs entsprechend anzuwenden. ²Die Anmeldung hat die in § 3 Abs. 2 vorgeschriebenen Angaben, das Geburtsdatum jedes Partners und die Vertretungsmacht der Partner zu enthalten. ³Änderungen dieser Angaben sind gleichfalls zur Eintragung in das Partnerschaftsregister anzumelden.

(2) ¹In der Anmeldung ist die Zugehörigkeit jedes Partners zu dem Freien Beruf, den er in der Partnerschaft ausübt, anzugeben. ²Das Registergericht legt bei der Eintragung die Angaben der Partner zugrunde, es sei denn, ihm ist deren Unrichtigkeit bekannt.

(3) Der Anmeldung einer Partnerschaft mit beschränkter Berufshaftung nach § 8 Absatz 4 muss eine Versicherungsbescheinigung gemäß § 113 Absatz 2 des Gesetzes über den Versicherungsvertrag beigefügt sein.

§ 5 PartGG Inhalt der Eintragung; anzuwendende Vorschriften. (1) Die Eintragung hat die in § 3 Abs. 2 genannten Angaben, das Geburtsdatum jedes Partners und die Vertretungsmacht der Partner zu enthalten.

(2) Auf das Partnerschaftsregister und die registerrechtliche Behandlung von Zweigniederlassungen sind die §§ 8, 8a, 9, 10 bis 12, 13, 13d, 13h und 14 bis 16 des Handelsgesetzbuchs über das Handelsregister entsprechend anzuwenden; eine Pflicht zur Anmeldung einer inländischen Geschäftsanschrift besteht nicht.

§ 6 PartGG Rechtsverhältnis der Partner untereinander. (1) Die Partner erbringen ihre beruflichen Leistungen unter Beachtung des für sie geltenden Berufsrechts.

(2) Einzelne Partner können im Partnerschaftsvertrag nur von der Führung der sonstigen Geschäfte ausgeschlossen werden.

(3) ¹Im übrigen richtet sich das Rechtsverhältnis der Partner untereinander nach dem Partnerschaftsvertrag. ²Soweit der Partnerschaftsvertrag keine Bestimmungen enthält, sind die §§ 110 bis 116 Abs. 2, §§ 117 bis 119 des Handelsgesetzbuchs entsprechend anzuwenden.

§ 7 PartGG Wirksamkeit im Verhältnis zu Dritten; rechtliche Selbständigkeit; Vertretung. (1) Die Partnerschaft wird im Verhältnis zu Dritten mit ihrer Eintragung in das Partnerschaftsregister wirksam.

(2) § 124 des Handelsgesetzbuchs ist entsprechend anzuwenden.

(3) Auf die Vertretung der Partnerschaft sind die Vorschriften des § 125 Abs. 1 und 2 sowie der §§ 126 und 127 des Handelsgesetzbuchs entsprechend anzuwenden.

(4) ¹Die Partnerschaft kann als Prozess- oder Verfahrensbevollmächtigte beauftragt werden. ²Sie handelt durch ihre Partner und Vertreter, in deren Person die für die Erbringung rechtsbesorgender Leistungen gesetzlich vorgeschriebenen Voraussetzungen im Einzelfalle vorliegen müssen, und ist in gleichem Umfang wie diese postulationsfähig. ³Verteidiger im Sinne der §§ 137 ff. der Strafprozessordnung ist nur die für die Partnerschaft handelnde Person.

(5) Für die Angabe auf Geschäftsbriefen der Partnerschaft ist § 125a Absatz 1 Satz 1, Absatz 2 des Handelsgesetzbuchs mit der Maßgabe entsprechend anzuwenden, dass bei einer Partnerschaft mit beschränkter Berufshaftung auch der von dieser gewählte Namenszusatz im Sinne des § 8 Absatz 4 Satz 3 anzugeben ist.

§ 8 PartGG Haftung für Verbindlichkeiten der Partnerschaft. (1) ¹Für Verbindlichkeiten der Partnerschaft haften den Gläubigern neben dem Vermögen der Partnerschaft die Partner als Gesamtschuldner. ²Die §§ 129 und 130 des Handelsgesetzbuchs sind entsprechend anzuwenden.

(2) Waren nur einzelne Partner mit der Bearbeitung eines Auftrags befaßt, so haften nur sie gemäß Absatz 1 für berufliche Fehler neben der Partnerschaft; ausgenommen sind Bearbeitungsbeiträge von untergeordneter Bedeutung.

(3) Durch Gesetz kann für einzelne Berufe eine Beschränkung der Haftung für Ansprüche aus Schäden wegen fehlerhafter Berufsausübung auf einen bestimmten Höchstbetrag zugelassen werden, wenn zugleich eine Pflicht zum Abschluß einer Berufshaftpflichtversicherung der Partner oder der Partnerschaft begründet wird.

(4) ¹Für Verbindlichkeiten der Partnerschaft aus Schäden wegen fehlerhafter Berufsausübung haftet den Gläubigern nur das Gesellschaftsvermögen, wenn die Partnerschaft eine zu diesem Zweck durch Gesetz vorgegebene Berufshaftpflichtversicherung unterhält. ²Für die Berufshaftpflichtversicherung gelten § 113 Absatz 3 und die §§ 114 bis 124 des Versiche-

rungsvertragsgesetzes entsprechend. ³Der Name der Partnerschaft muss den Zusatz „mit beschränkter Berufshaftung" oder die Abkürzung „mbB" oder eine andere allgemein verständliche Abkürzung dieser Bezeichnung enthalten; anstelle der Namenszusätze nach § 2 Absatz 1 Satz 1 kann der Name der Partnerschaft mit beschränkter Berufshaftung den Zusatz „Part" oder „PartG" enthalten.

§ 9 PartGG Ausscheiden eines Partners; Auflösung der Partnerschaft. (1) Auf das Ausscheiden eines Partners und die Auflösung der Partnerschaft sind, soweit im folgenden nichts anderes bestimmt ist, die §§ 131 bis 144 des Handelsgesetzbuchs entsprechend anzuwenden.

(2) (aufgehoben)

(3) Verliert ein Partner eine erforderliche Zulassung zu dem Freien Beruf, den er in der Partnerschaft ausübt, so scheidet er mit deren Verlust aus der Partnerschaft aus.

(4) ¹Die Beteiligung an einer Partnerschaft ist nicht vererblich. ²Der Partnerschaftsvertrag kann jedoch bestimmen, daß sie an Dritte vererblich ist, die Partner im Sinne des § 1 Abs. 1 und 2 sein können. ³§ 139 des Handelsgesetzbuchs ist nur insoweit anzuwenden, als der Erbe der Beteiligung befugt ist, seinen Austritt aus der Partnerschaft zu erklären.

§ 10 PartGG Liquidation der Partnerschaft; Nachhaftung. (1) Für die Liquidation der Partnerschaft sind die Vorschriften über die Liquidation der offenen Handelsgesellschaft entsprechend anwendbar.

(2) Nach der Auflösung der Partnerschaft oder nach dem Ausscheiden des Partners bestimmt sich die Haftung der Partner aus Verbindlichkeiten der Partnerschaft nach den §§ 159, 160 des Handelsgesetzbuchs.

§ 11 PartGG Übergangsvorschriften. *(vom Abdruck wird abgesehen)*

Zweiter Abschnitt. Kommanditgesellschaft

[Begriff der KG; Anwendbarkeit der OHG-Vorschriften]

161 (1) **Eine Gesellschaft, deren Zweck auf den Betrieb eines Handelsgewerbes unter gemeinschaftlicher Firma gerichtet ist, ist eine Kommanditgesellschaft, wenn bei einem oder bei einigen von den Gesellschaftern die Haftung gegenüber den Gesellschaftsgläubigern auf den Betrag einer bestimmten Vermögenseinlage beschränkt ist (Kommanditisten), während bei dem anderen Teile der Gesellschafter eine Beschränkung der Haftung nicht stattfindet (persönlich haftende Gesellschafter).**

(2) **Soweit nicht in diesem Abschnitt ein anderes vorgeschrieben ist, finden auf die Kommanditgesellschaft die für die offene Handelsgesellschaft geltenden Vorschriften Anwendung.**

Schrifttum

S Einl vor § 105, *Staub/Schilling* §§ 161–177a, 4. Aufl 1987; *Wiedemann* II § 8; *Röder* RabelsZ 78 (2014), 110 (Rechtsvergleich). – Zur **GmbH & Co** s Anh § 177a unter A; zur **Publikumsgesellschaft** s Anh § 177a unter B; zur **Investmentkommanditgesellschaft** s Anh § 177a unter C. – **Muster:** *Hopt/Merkt/Möritz,* Vertrags- und Formularbuch zum Hdl-, Ges- und Bankrecht, 5. Aufl 2022, Teil II.C (mit 5 KGVertragsmustern). **RsprÜbersichten:** *Kuhn* WM 1968, 1074; 1974, 674, Sonderbeil I/1978; *Jasper* WiB 1997, 628.

Übersicht

	Rn
1) Begriff der Kommanditgesellschaft: Abwandlung der OHG …	1, 2
A. Die KG als Abwandlung der OHG (I) …	1
B. Merkmale der KG wie der OHG …	2

	Rn
2) Die Gesellschafter; Kaufmannseigenschaft	3–6
A. Komplementär	3
B. Kommanditist	4
C. Kaufmannseigenschaft	5
D. Wechsel in andere Gesellschafterstellung	6
3) Gesellschaftsvertrag	7
4) Gesellschafterwechsel	8
5) Erscheinungsformen der KG	9–13
A. Gesetzliches Leitbild der KG	9
B. GmbH & Co KG	10
C. Kapitalistische KG	11
D. KG ähnlich einer KGaA	12
E. Die konzernverbundene KG	13
6) Anwendbares Recht (II)	14–16
A. Sonderregeln der §§ 161–177a	14
B. Recht der OHG (II)	15
C. Sonderregeln außerhalb des 2. Buches	16
7) Umwandlung von und in KG	17, 18
A. Umwandlung kraft Gesetzes	17
B. Umwandlung kraft Rechtsgeschäfts	18
8) Reform des Personengesellschaftsrechts (MoPeG)	19

1) Begriff der Kommanditgesellschaft: Abwandlung der OHG

A. Die KG als Abwandlung der OHG (I). Die **KG entspricht der OHG** **1** mit dem **einzigen Unterschied,** dass in der Ges. mindestens ein persönlich haftender Gfter vorhanden ist, sog. **Komplementär, und** mindestens ein sog. **Kommanditist,** der den GesGläubigern nicht nach §§ 128 ff., sondern nur beschränkt nach **§§ 171 ff.** haftet. Die §§ 171–176 betr. die Haftung der Kdtisten bilden den Kern des Rechts der KG, die übrigen Vorschriften des Abschn. 2 (§§ 161–170, 177) bringen durch diesen Hauptunterschied veranlasste weitere Abweichungen vom Recht der OHG. Diese Unterschiede können dazu führen, dass die KG als Rechtsform nicht zur Verfügung steht, zB für Apotheken (§ 8 ApoG, → § 1 Rn. 19).

B. Merkmale der KG wie der OHG. Die KG ist also im Übrigen wie die **2** OHG eine PersonenGes und anders als die stille Ges. (§§ 230–237) eine Außen-Ges. Träger des GesVermögens ist die KG, nach traditionellem Verständnis als Gesamthandsgemeinschaft (→ § 124 Rn. 1, 2). Besitz → § 124 Rn. 36. Die KG ist eine **Handelsgesellschaft** (→ Einl. vor § 105 Rn. 8). Ihr Zweck ist auf den Betrieb eines HdlGewerbes (§ 1 II) **unter gemeinschaftlicher Firma** (→ § 19 Rn. 19) gerichtet (→ § 105 Rn. 1–6). „KG" bei Fehlen oder Wegfall des HdlGewerbes → § 105 Rn. 7–10. Die KG tritt unter ihrer Firma **im Rechtsverkehr selbstständig** auf (II, § 124 I), sie entsteht bei kfm. Gewerbe ohne Handelsregistereintragung. Auch deliktsrechtlich und für das Verfahrensrecht gilt dasselbe wie für die OHG. Anwendbares Recht → Rn. 14, Eintragung wichtig für Haftung der Kdtisten, § 176. Die „**Innen-KG**" ist eine KG-ähnlich ausgestaltete **stille Gesellschaft,** die als Innengesellschaft nicht rechtsfähig ist, K. Schmidt ZIP 2014, 1458; ZHR 178 (2014), 10, auch → § 230 Rn. 3.

2) Die Gesellschafter; Kaufmannseigenschaft

A. Komplementär. Die KG muss mindestens einen Komplementär haben **3** (Wegfall → § 131 Rn. 36). Komplementär bzw. phG kann jeder sein, der phG der OHG sein kann (→ § 105 Rn. 24–30), zB eine OHG oder eine andere KG; nur ein einziger (aber mindestens einer, da Begriffsmerkmal, → Rn. 1) oder mehrere; auch eine **juristische Person,** zB eine GmbH (GmbH & Co KG), so die Praxis seit RGZ 105, 104 (→ Anh. § 177a Rn. 4).

§ 161   4–7

4   **B. Kommanditist.** Die KG muss mindestens einen Kdtisten haben, der als solcher nur beschränkt, dh nach außen nur in Höhe seiner Haftsumme haftet (anders uU interne Pflichteinlage, → § 171 Rn. 1). Kdtist kann jeder sein, der auch Gfter der OHG sein kann (→ § 105 Rn. 24–30), zB auch eine OHG, andere KG, (Außen)GbR oder nicht rechtsfähiger Verein (→ § 105 Rn. 28). **Nicht** Kdtist können sein (→ § 105 Rn. 29): InnenGbR (→ § 105 Rn. 29), eheliche Gütergemeinschaft, BayObLG ZIP 2003, 480; **Erbengemeinschaft** (→ § 105 Rn. 29), auch nicht bei Beerbung eines Kdtisten, auch hier gilt, wie bei Beerbung eines Gfters der OHG oder phG der KG, Sondernachfolge der einzelnen Erben als Kdtisten (→ § 139 Rn. 14, → § 177 Rn. 3), BGHZ 58, 317; 68, 225, ungeborene Leibesfrucht, OLG Celle ZIP 2018, 685. **Treuhänder**Kdtisten können Vielzahl von Treugebern haben (→ § 105 Rn. 31–37). Ein phG kann nicht gleichzeitig Kdtist sein und umgekehrt (**Einheit des Anteils jedes Gfters,** → § 124 Rn. 16), OLG Jena ZIP 2011, 2256. Den Kdtisten können Beitrags- und Nachschusspflichten treffen, Wilde NZG 2012, 215.

5   **C. Kaufmannseigenschaft.** Kfm. ist die KG als HdlGes (§ 6 I). Der phG ist als solcher, also persönlich, nicht Kfm., aA noch Rspr. (→ § 105 Rn. 19). Erst recht ist der Kdtist als solcher **nicht Kaufmann,** weder grundsätzlich noch bei Geschäften mit MitGftern oder der KG (ua Rechtsunsicherheit), BGHZ 45, 285 (Schiedsvereinbarung, → Einl. vor § 1 Rn. 90); BGH NJW 1980, 1049; 1980, 1574; 1982, 570 (Bürgschaft); Staub/Casper Rn. 14, hL, aA Ballerstedt JuS 1963, 259; näher → § 105 Rn. 19–23. Das gilt auch dann, wenn die Stellung des Kdtisten vertraglich der eines phG angenähert ist, etwa bei Geschäftsführungsbefugnis entgegen § 164, str. **Schiedsvereinbarung** der KG mit Dritten erstreckt sich idR nicht auf den Kdtist (→ § 171 Rn. 3). Kdtist ist **„Gewerbetreibender"** iSv GewO (zB § 14 I GewO: Anzeigepflicht, § 35 GewO: Untersagung), auch ggf. eintragungspflichtig in Handwerksrolle (§ 7 HwO); OVG Münster BB 1962, 541, nicht aber Unternehmer im unfallversicherungsrechtlichen Sinne (§ 104 SGB VII), BGH ZIP 2017, 2196.

6   **D. Wechsel in andere Gesellschafterstellung.** Durch Änderung des Ges-Vertrags kann ein phG Kdtist, ein Kdtist phG werden. Bei der Beteiligungsumwandlung handelt es sich nicht um einen Gfterwechsel, die Mitgliedschaft dauert fort, BayObLG NJW 1970, 1796 (→ § 162 Rn. 10). Das kann, aber braucht nicht eine Umwandlung der Ges. zur Folge haben (→ Rn. 17).

3) Gesellschaftsvertrag

7   GesVertrag wie bei der OHG (→ § 105 Rn. 47, 54), auch **stillschweigend,** die stillschweigende Vereinbarung muss sich dann aber auch auf die beschränkte Haftung und eine bestimmte Haftsumme eines der Gfter erstrecken. Bedingter Vertragsschluss (→ § 105 Rn. 50) oder Beitritt zu KG ist zulässig, BGH WM 1979, 613; NJW 1985, 1080 (PublikumsGes), zB bis zur vollen Beitragsfinanzierung, Klärung einer Steuerfrage oder Eintragung (Grund: § 176 II). **Grenzen der Vertragsfreiheit** → § 163 Rn. 2. **Form** nach § 311b I BGB nicht erforderlich für GesVertrag und Beitritt von Kdtisten bei einer KG zur Verschaffung von Eigentumswohnungen, wohl aber für Beitritt, der Kdtist zum Erwerb der Wohnung verpflichtet, BGH BB 1978, 726. Schenkung des KdtAnteils, auch bei KGGründung, ist möglich (→ § 105 Rn. 56). Zur Schriftformklausel bei der PublikumsKG → Anh. § 177a Rn. 69b. Schiedsvereinbarungen → Einl. vor § 1 Rn. 90, notwendig ist ein ausreichender Schutz der Kommanditisten, BGH ZIP 2017, 1026 (Schiedsfähigkeit III). Der GesVertrag kann **Vertragsänderung** mit Mehrheit zulassen, zur zweistufigen Prüfung (Auslegung, Wirksamkeit des Beschlusses, insbesondere Verstoß gegen Treuepflicht, vormals Bestimmtheitsgrundsatz) → § 119 Rn. 37. **Muster:** Hopt/Merkt VertrFormB/Möritz, Form II. C.1, 2 (einfacher/ausführlicher KGVertrag), Form II. C.3 (FamilienKG).

4) Gesellschafterwechsel

Für die KG gelten zunächst dieselben Grundsätze wie bei der OHG (→ § 105 **8** Rn. 67). Eine Ausnahme macht § 177 für den Tod des Kdtisten. Die KdtBeteiligung (Mitgliedschaft) ist mit Zustimmung aller Gfter übertragbar (→ § 105 Rn. 69–73). GfterWechsel in eine andere GfterStellung → Rn. 6. Fehlerhafter Beitritt von Kdtisten → § 105 Rn. 92–94. Treuhand, Unterbeteiligung, Nießbrauch → § 105 Rn. 31, 38, 44. Nur einheitliche Beteiligung (→ § 124 Rn. 16). GfterWechsel bei der PublikumsKG → Anh. § 177a Rn. 83–85.

5) Erscheinungsformen der KG

A. **Gesetzliches Leitbild der KG.** Bei der KG stehen typischerweise ein oder **9** wenige voll haftende und geschäftsführende Gfter und ein oder wenige nur Kapital gebende, nicht führende Gfter nebeneinander. Die Möglichkeit der Haftungsbeschränkung für alle Gfter außer einem führt jedoch in der Praxis zu vielen, zT grundlegenden Abwandlungen, zwischen denen wiederum Vermischungen möglich sind.

B. **GmbH & Co KG.** Diese ist der Prototyp der OHG/KG mit einer juristi- **10** schen Person als phG. Diese in der Praxis besonders häufige GesForm ist zwar rechtlich eine KG, in der Sache dagegen eine Mischform mit Elementen der Personen- und KapitalGes. Sie wird deshalb **eigens** im **Anhang § 177a** unter A (→ Rn. 1–51) dargestellt.

C. **Kapitalistische KG.** Die Kdtisten halten das ganze oder fast das ganze **11** Kapital und beherrschen die GfterVersammlung (ähnlich Aktionären), der bzw. die phG führen die Geschäfte (ähnlich dem angestellten Vorstand der AG). Dieser Sachverhalt ändert zwar nicht die Grundregeln des KG-Rechts, vgl. zB BGHZ 18, 351 (betr. Ausschließung); BGHZ 20, 364 (Stimmrechtsausschluss); BGHZ 23, 15 (Kündigung); BGHZ 45, 204 (Rektor-Fall, kein Durchgriff auf den Kdtisten); BGHZ 50, 320. Er ist aber doch in vielfacher Hinsicht von Bedeutung, Bspe: Auslegung des Vertrags etwa zum Wettbewerbsverbot des Kdtisten (vgl. → § 165 Rn. 3–5); Geschäftsführung und Vertretung des dem Gfter nachfolgenden phG-Erben (→ § 114 Rn. 5). Der Bestimmtheitsgrundsatz (zur Aufgabe durch die Rspr. → § 119 Rn. 37) galt bereits seit längerem nur beschränkt, BGHZ 85, 358; OLG Hamburg ZIP 2006, 895; offen BGH ZIP 2007, 478, er schützt den phG. Einstehen der Kdtisten für Täuschung durch phG → § 105 Rn. 86. Grenzen der KdtistenRechte (§ 138 BGB), Maiberg DB 1980, 2175. Sonderregeln für **große Familien-KG,** zB objektive Vertragsauslegung, Mehrheitsklauseln, Vorrang des GesInteresses vor GfterEinzelinteresse, Ulmer ZIP 2010, 549; 2010, 805; aber → § 131 Rn. 66, → § 132 Rn. 13. Lit.: Nitschke, 1970; Wiedemann FS Bärmann, 1975, 1048; K. Schmidt JZ 2008, 425.

D. **KG ähnlich einer KGaA.** Die **KG** kann **ähnlich wie eine KGaA** aus- **12** gestaltet sein, also einen phG und viele aktionärsähnliche Kdtisten haben. Ist ersterer eine natürliche Person, hat er angesichts seiner persönlichen Haftung idR das Sagen; letztere sind dann häufig in einer besonderen Organisation zusammengefasst, etwa unter Geltung einer Vertreterklausel (→ § 163 Rn. 10). Der phG kann aber auch eine juristische Person sein (→ Rn. 3) und die aktionärsähnliche Stellung der Kdtisten, insbesondere bei öffentlichem Vertrieb der Anteile, kann so weit getrieben sein, dass eine **Publikumsgesellschaft** vorliegt. Diese wird eigens im **Anhang § 177a** unter B (→ Rn. 52–85) dargestellt.

E. **Die konzernverbundene KG.** Die KG kann ein verbundenes Unterneh- **13** men iSv §§ 15 ff. AktG sein, insbesondere abhängige Ges. oder herrschende Ges. (→ § 105 Rn. 102, 106).

6) Anwendbares Recht (II)

14 **A. Sonderregeln der §§ 161–177a.** In erster Linie gelten §§ 161–177a als Sonderregeln zu §§ 105–160. Der Aufbau der §§ 161–177a entspricht dem bei der OHG: §§ 161–162 entsprechen dem 1. Titel dort (§§ 105–108), dabei bestimmt § 161 I den Begriff der KG, § 162 enthält Sonderregelungen zu § 106. §§ 163–169 entsprechen dem 2. Titel (§§ 109–122) mit Sonderregeln über das Rechtsverhältnis der Gfter untereinander (Innenverhältnis). §§ 170–176 entsprechen dem 3. Titel (§§ 123–130b) mit Sonderrecht zum Rechtsverhältnis der Gesellschafter zu Dritten (Außenverhältnis). § 177 bringt eine Klarstellung zum 4. Titel (§§ 131–144), nämlich, dass beim Tod des Kdtisten die Ges. mit den Erben fortgesetzt wird. Zum 5. Titel (Liquidation) und 6. Titel (Verjährung, zeitliche Begrenzung der Haftung) sind keine Sonderregeln vorgesehen. § 177a schließlich bringt Sonderregeln für den Fall, dass keine natürliche Person in der KG voll haftet (zB GmbH & Co KG), gesetzestechnisch durch Verweisung auf die entspr. Sonderregeln im Recht der OHG.

15 **B. Recht der OHG (II).** Da die KG eine bloße Abwandlung der OHG ist, gilt mangels spezieller anderer Regelung dort dasselbe wie für die OHG. Die Kommentierung der §§ 105–160 ist daher auch auf die KG anwendbar, soweit nachstehend zu §§ 161–177 nichts anderes gesagt wird. Prozess und Vollstreckung (→ § 124 Rn. 41, 45), Noack DB 1973, 1157. Über §§ 161 II, 105 III findet mangels besonderer Regeln für die KG und die OHG das **Recht der Gesellschaft des bürgerlichen Rechts** (§§ 705–740 BGB) Anwendung, wo teilweise weiter auf das Recht der Gemeinschaft (§§ 741–758 BGB) verwiesen wird (§ 731 S. 2 BGB). Regeln der OHG gelten grds auch für Kommanditisten. Die Leistung der Einlage führt nicht nur zur Beschränkung der Außenhaftung, §§ 171, 172, sondern auch zur GesPflicht. Modalitäten der Leistung können durch GesBeschluss modifiziert werden, ohne dass dies als Beitragserhöhung der Zust des betr Gfters bedarf, BGH ZIP 2021, 691.

16 **C. Sonderregeln außerhalb des 2. Buches.** Sonderregeln für die KG finden sich **außerhalb des 2. Buches**, zB in § 19 I Nr. 3, II über die Firma der KG, sowie außerhalb des HGB.

7) Umwandlung von und in KG

17 **A. Umwandlung kraft Gesetzes.** Zwischen KG, OHG, GbR und EinzelKfm erfolgt wegen der jeweiligen Begriffsbestimmungen die Umwandlung ohne besondere Vereinbarung, uU sogar gegen den Willen der Gfter, kraft Gesetzes, zB wenn aus einer KG mit zwei phG der Kdtist ausscheidet (OHG) oder nur noch ein Gfter übrig bleibt (EinzelKfm; → Einl. vor § 105 Rn. 21–22). Die Umwandlung der Ges. ist vom bloßen Wechsel der GfterStellung zu unterscheiden (→ Rn. 6).

18 **B. Umwandlung kraft Rechtsgeschäfts.** Die Umwandlung kraft Rechtsgeschäfts von einer KG in eine KapitalGes und umgekehrt ist unter den Voraussetzungen des UmwG möglich (→ Einl. vor § 105 Rn. 26–26). Daneben ist die rechtsgeschäftliche Umwandlung unter Ausnutzung der Umwandlung kraft Gesetzes möglich (→ Einl. vor § 105 Rn. 21). Für die Verschmelzung einer GmbH & Co KG auf ihre phG-GmbH sind beide Wege möglich (→ Einl. vor § 105 Rn. 22, 25, → Anh. § 177a Rn. 14).

8) Reform des Personengesellschaftsrechts (MoPeG)

19 Das Gesetz zur Modernisierung des Personengesellschaftsrechts (MoPeG → Einl § 105 Rn. 42 ff.) fasst zum 1.1.2024 neben dem OHG-Recht auch einzelne Vorschriften der §§ 161 ff. neu. § 161 I stellt künftig nicht mehr auf den Betrag einer bestimmen Vermögenseinlage, sondern auf einen bestimmten Betrag ab und definiert so den auch sonst künftig gebrauchten Begriff der Haftsumme.

2. Abschnitt. Kommanditgesellschaft 1, 2 § 162

Die Vorschriften über offene Handelsgesellschaften finden nach II künftig entsprechende Anwendung. Zur Textfassung der §§ 105 ff. HGB-MoPeG und den Änderungen der §§ 161 ff. s. → Anh. § 105.

[Anmeldung zum Handelsregister]

162 (1) ¹**Die Anmeldung der Gesellschaft hat außer den in § 106 Abs. 2 vorgesehenen Angaben die Bezeichnung der Kommanditisten und den Betrag der Einlage eines jeden von ihnen zu enthalten.** ²**Ist eine Gesellschaft bürgerlichen Rechts Kommanditist, so sind auch deren Gesellschafter entsprechend § 106 Abs. 2 und spätere Änderungen in der Zusammensetzung der Gesellschafter zur Eintragung anzumelden.**

(2) **Diese Vorschriften finden im Falle des Eintritts eines Kommanditisten in eine bestehende Handelsgesellschaft und im Falle des Ausscheidens eines Kommanditisten aus einer Kommanditgesellschaft entsprechende Anwendung.**

Übersicht

	Rn
1) Anmeldung der Gesellschaft (I)	1–3
A. Allgemeines	1
B. Inhalt und Form der Anmeldung	2
C. Anmeldepflichtige Personen	3
2) Eintragung und Bekanntmachung hinsichtlich Kdtisten (II aF)	4–6
A. Eintragung	4
B. Bekanntmachung (II aF)	5
C. Wirkung der Eintragung	6
3) Anmeldung und Eintragung von Veränderungen (II)	7–11
A. Eintritt, Austritt	7–9
B. Wechsel in andere Gesellschafterstellung	10
C. Änderung der Rechtsform, Auflösung	11
4) Reform des Personengesellschaftsrechts (MoPeG)	12

1) Anmeldung der Gesellschaft (I)

A. **Allgemeines.** Für die Behandlung der KG im HdlReg gelten **wie für die** 1 **OHG** allgemein §§ 106–108; **GmbH & Co** → Anh. § 177a Rn. 13. Verzögerung der Anmeldung gefährdet den Kdtisten wegen § 176 besonders. Die (zunächst versäumte) Anmeldung ist auch im Liquidationsstadium noch notwendig und sinnvoll. Die Sonderregelung zur Bekanntmachung hinsichtlich der Kommanditisten in II wurd mit Wirkung zum 1.8.2022 aufgehoben (DiRuG v. 5.7.2021, BGBl I 3338).

B. **Inhalt und Form der Anmeldung.** Die Anmeldung der KG muss außer 2 den Angaben nach § 106 II auch die Bezeichnung der Kdtisten und den Betrag der Einlage eines jeden von ihnen enthalten (**I 1**). Als **Kommanditist** eingetragen werden kann auch die deutsche Zweigniederlassung eines ausländischen Unternehmens, OLG Bremen ZIP 2013, 268. **Einlage** ist die (mit Außenwirkung) vereinbarte Haftsumme (klarstellend das MoPeG), nicht die im Innenverhältnis versprochene Pflichteinlage (→ § 171 Rn. 1). Bezeichnung → Rn. 4. Ist eine **GbR Kommanditistin,** sind auch deren Gfter entsprechend § 106 II und spätere Änderungen in der Zusammensetzung der Ges. (unscharf I 2: Zusammensetzung der Gfter) zur Eintragung anzumelden (**I 2** idF ERJuKoG 2001), dazu Bergmann ZIP 2003, 2236. I 2 ordnet abgeleitete (auf die KG bezogene und unter ihrer Eintragung zu findende) Publizität an und trägt damit der Rspr. und Lehre Rechnung, wonach eine (Außen)GbR Kdtist sein kann, dann aber auch neben der GbR deren Gfter im HdlReg einzutragen sind, BGHZ 148, 291. I 2 spricht zwar generell von GbR als Kdtist, besagt aber selbst nichts darüber, wann GbR Kdtist sein kann (→ § 105 Rn. 28 f., nur AußenGbR). Die Gfter der GbR sind mit dem Zusatz „in Gesellschaft bürgerlichen Rechts" anzugeben, auch wenn die GbR keine Namen hat. Anmeldung der **Änderung** der Einlage s. § 175 S. 1. Form der Anmeldung s. § 12 I. Rechtsnatur der Anmeldung → § 108 Rn. 5.

3 C. **Anmeldepflichtige Personen.** Anmeldepflichtig sind sämtliche Gfter (→ § 108 Rn. 1), also auch die Kdtisten, BayObLG WM 1988, 710; OLG Frankfurt a. M. NZG 2012, 585 (Änderung der Geschäftsanschrift). **Vertretung** bei der Anmeldung ist möglich (→ § 108 Rn. 3). Anmeldung zugleich als MitGfter im eigenen Namen und als gesetzlicher Vertreter eines minderjährigen Kdtisten wird durch § 181 BGB nicht gehindert, BayObLG BB 1970, 940 (näher → § 108 Rn. 3). Anmeldung in Doppelfunktion als Kdtist und Geschäftsführer der Komplementär-GmbH einer GmbH & Co → Anh. § 177a Rn. 13. Die Vollmacht kann bereits im GesVertrag erteilt werden, OLG Frankfurt a. M. BB 1973, 722 (→ § 108 Rn. 3); das ist grundsätzlich keine Umgehung des Gebots der Anmeldung durch alle Gfter, aA Staub/Schäfer § 108 Rn. 13 (außer für PublikumsGes); LG Berlin BB 1975, 251. Widerruf der Vollmacht, str. (→ § 108 Rn. 3). Prokura genügt nicht (→ § 49 Rn. 2), aber Generalvollmacht (→ § 108 Rn. 3). Zur Auslegung einer Vollmacht (des phG) zur Anmeldung (ua) des Beitritts von Kdtisten (sie umfasst iZw nicht die Anmeldung der Auswechslung des phG) s. KG OLGZ 1976, 30. Der Kdtist kann durch das Registergericht (→ § 108 Rn. 5) sowie durch jeden MitGfter, auch einen anderen Kdtisten, im Klagewege zur Anmeldung gezwungen werden; der Kdtist macht sich ggf. seinen MitGftern schadensersatzpflichtig (→ § 108 Rn. 7).

2) Eintragung und Bekanntmachung hinsichtlich Kdtisten (II aF)

4 A. **Eintragung.** Angabe auch des Geburtsdatums, nicht mehr des Standes (entspr. § 106 II Nr. 1 nF). Ein EinzelKfm, der unter seiner Firma als Kdtist einer Ges. beitritt (→ § 17 Rn. 18), kann unter seiner Firma als Kdtist eingetragen werden; weicht diese von seinem bürgerlichen Namen ab, ist dieser hinzuzufügen (Firma X, Inhaber Y), BayObLG BB 1973, 397, üL, teilweise aA Staub/Casper Rn. 11, Eintragung kann auch nachträglich dem privaten Bereich zugeordnet werden, OLG Jena NZG 2011, 25. Ist eine OHG oder KG Gfter der einzutragenden KG, wird nur die GfterGes, nicht auch deren Gfter eingetragen, früher str. Einzutragen ist die vereinbarte **Einlage** (Haftsumme, → Rn. 2), nicht ob und in welcher Höhe geleistet wurde. BGHZ 81, 87. Die Einlage braucht nicht ausdrücklich als Haftsumme bezeichnet zu werden, wenn sich dies auch so ergibt, zB bei Bezeichnung als Bareinlage, OLG Celle OLGZ 1975, 385. Eintragung der **Änderung** der Einlage s. § 175 S. 3. Sonstige Umstände, zB Beirat, GfterVertreter, sind nicht einzutragen, OLG Hamm MDR 1952, 549 (näher → § 106 Rn. 2).

5 B. **Bekanntmachung (II aF).** II idF HRefG 1998 und NaStraG 2001, aufgehoben durch DiRUG 2021 mWz 1.8.2022 enthielt eine Sonderregelung zur Bekanntmachung hinsichtlich der Kommanditisten. Bekanntgemacht wurde anders als sonst unter § 10 nicht der volle Inhalt der Eintragung, sondern der Inhalt ohne jede Angabe zu den Kdtisten, auch ohne deren Zahl, die für die Gläubiger irrelevant ist (anders II aF), konsequent greift (nur) insoweit (keine Bekanntmachung) auch § 15 nicht (klarstellend II Hs. 2 nF), str., K. Schmidt ZIP 2002, 413; Grunewald ZGR 2003, 541; Burgard FS Hadding, 2004, 325; insges. krit. zu II Schäfer GA 71. DJT 16 E 99. Person und Haftsumme der Kdtisten sind aber aus dem HdlReg selbst ersichtlich. Wurde die Haftsumme trotzdem und unrichtig bekanntgemacht, war allein die eingetragene Haftsumme maßgeblich, wegen

2. Abschnitt. Kommanditgesellschaft 6–9 § 162

II aF kein Eingreifen von § 15 II. Bekanntmachung im Übrigen s. § 10. Bekanntmachung der **Änderung** der Einlage s. § 175 S. 2.
Mit der Neuregelung des Registerrechts durch das Gesetz zur Umsetzung der Digitalisierungsrichtlinie (DiRUG) **entfiel II aF** mit Wirkung **zum 1.8.2022.** Rechnung getragen wird dem Umstand, dass die Handelsregister nunmehr elektronisch geführt werden, MüKoHGB/Grunewald Rn. 11. Nunmehr erfolgt keine separate Bekanntmachung von Handelsregistereintragungen mehr, Eintragungen werden nach § 10 I idF des DiRUG durch ihre erstmalige Abrufbarkeit bekannt gemacht. Damit entfällt die Grundlage für eine Sonderregelung zugunsten der Kommanditisten, vorgesehen war die Streichung auch vom MoPeG-RegE, dazu Fleischer DStR 2021, 486.

C. **Wirkung der Eintragung.** Die Wirkung der Eintragung ist bezüglich des 6
Umfangs der Haftung des Kdtisten in §§ 172, 174, 176 zT abw. von § 15 geregelt. Haftsumme und § 15 II → Rn. 5. Lit.: K. Schmidt DB 2011, 1149.

3) Anmeldung und Eintragung von Veränderungen (II)

A. **Eintritt, Austritt.** II nF (bis August 2022 III) ergänzt §§ 107, 143 II für 7
den Eintritt und Austritt eines Kdtisten. Für Eintritt und Austritt eines Gfters der GbR, die Kdtist ist, folgt das aus I 2. Anmeldung der Übertragung durch alle Gfter, § 108 I, auch durch Bevollmächtigte (Form s. § 12 II). GfterMehrheitsbeschluss ersetzt nicht die Vollmachten aller Gfter, wohl aber Bevollmächtigung im GesVertrag, sofern in der Form § 12 II, OLG Frankfurt a. M. BB 1973, 722 (GmbH & Co, Vollmacht für phG zur Anmeldung von KdtAnteilsübertragungen). Bekanntmachung nach § 10 nF durch erstmalige Abrufbarkeit im elektronischen Handelsregister (→ Rn. 5). Nach Rawert ZIP 2016, 1611 teleologische Reduktion des Erfordernisses der Anmeldung durch alle Gfter (§ 108), wenn Spaltung des Kommanditisten und Richtigkeitsgewähr durch vorherige Prüfung des Registergerichts.

Bei rechtsgeschäftlicher **Übertragung** des Anteils an anderen Kdtisten (nicht 8
bei Übertragung an Komplementär, BayObLG BB 1983, 334; OLG Köln BB 1992, 1742, denn Einheit des Anteils, → § 124 Rn. 16) ist nicht das Ausscheiden des alten (§ 143 II) und der Eintritt des neuen Gfters (§ 107) als solche einzutragen, sondern die Übertragung der Mitgliedschaft (Einzel- oder Sonder-) Rechtsnachfolge deutlich zu machen **(Nachfolgevermerk),** RG DNotZ 1944, 201 u. WM 1964, 1130; BGH WM 2006, 37 (Gewohnheitsrecht); so auch unter II nF OLG Köln ZIP 2004, 505; MüKoHGB/Grunewald Rn. 16. Dafür wird eine Versicherung gefordert, dass der Veräußerer keinerlei Abfindung von der Ges. erhalten habe **(negative Abfindungsversicherung),** die zwar gesetzlich nicht vorgesehen, aber ständige Praxis ist, daran festhaltend BGH WM 2006, 36; KG ZIP 2009, 1571; OLG Nürnberg WM 2012, 2104, üL, gegen KG ZIP 2004, 1847; MüKoHGB/Grunewald Rn. 16, diese ist formlos (nicht Teil der Anmeldung nach § 12 I 1), persönlich abzugeben (nicht § 164 BGB) und nicht eintragungsfähig, BGHZ 81, 87; Michel DB 1988, 1985. Die Eintragung des Nachfolgevermerks ist für die Wirksamkeit der Übertragung ohne Bedeutung, näher MüKoHGB/K. Schmidt/Grüneberg § 173 Rn. 26 f.; auch MüKoHGB/Krebs § 15 Rn. 60. Er wird auch nicht bekannt gemacht (anders unter II aF, → Rn. 5). Zu den Haftungsfragen bei Übertragung des KdtAnteils → § 173 Rn. 11–13.

Bei Übergang eines KdtAnteils durch **Erbgang** ist im HdlReg nicht das 9
Ausscheiden eines Kdtisten und der Eintritt eines anderen (oder mehrerer) als solche einzutragen, sondern, dass dieser als Erbe eintrat, so dass deutlich wird, dass nicht mehr Gfter als vorher haften, MüKoHGB/Grunewald Rn. 17. Anmeldung des Eintritts mehrerer Erben-Kdtisten durch sie alle, KGJ 44, 135. Anmeldepflichtig sind neben den Gftern alle (auch nicht nachfolgeberechtigten) Erben, außer bei § 143 III, BayObLG DNotZ 1979, 109. Bei Beerbung des Kdtisten

§ 163

durch nur einen Erben, ist Angabe der Haftsumme unnötig; bei Beerbung durch mehrere, ist die Höhe der Haftsumme der einzelnen Erben anzugeben. Bei Testamentsvollstreckung ist Testamentsvollstreckervermerk einzutragen (Grund: § 2211 II BGB), jedenfalls bei Dauertestamentsvollstreckung eine Eintragung zulassend BGH ZIP 2012, 623.

10 B. **Wechsel in andere Gesellschafterstellung.** Die Beteiligungsumwandlung (phG in Kdtist und umgekehrt, → § 161 Rn. 6) lässt die Mitgliedschaft unberührt, III gilt also nicht unmittelbar. Die Beteiligungsumwandlung ist als solche anmeldepflichtig. Sie wird im HdlReg dargestellt als Ausscheiden in dieser, Eintritt in jener Eigenschaft (vgl. entspr. **(4)** HRV § 40 Nr. 5 II c aF vor EHUG); Anmeldung gerade in dieser Form ist aber nicht zu fordern, BayObLG NJW 1970, 1796; WM 1988, 710; OLG Düsseldorf BB 1976, 1759. Bekanntgemacht werden mit Namen Ausscheiden bzw. Eintritt des phG ohne Angaben zu den Kdtisten (→ Rn. 7). Kein Wechsel in andere GfterStellung ist Änderung der Einlage, für Anmeldung gilt § 175 S. 1.

11 C. **Änderung der Rechtsform, Auflösung.** Führt der Gfterwechsel bzw. der Wechsel in eine andere GfterStellung zur Änderung der Rechtsform der Ges. (KG in OHG oder OHG in KG, → § 161 Rn. 17), ist auch diese Umwandlung der Ges. anzumelden, einzutragen und bekanntzumachen. So kann auch eine GbR, die sodann ein Handelsgewerbe und bei der aufgrund gesellschaftsrechtlicher Vereinbarungen nur ein(ige) Gfter nur beschränkt haften soll, zu KG werden, OLG München ZIP 2016, 270 (identitätswahrender Formwechsel), mit der Folge, dass etwa Grundbuch nur umzuschreiben ist. Bei Wegfall aller Komplementäre, zB unter § 139 I, ist die Ges. aufgelöst (→ § 131 Rn. 18); dann ist auch die Auflösung anzumelden, einzutragen und bekanntzumachen, KG JW 1939, 163, außer bei Fortsetzungsbeschluss unter Behebung des Mangels.

4) Reform des Personengesellschaftsrechts (MoPeG)

12 Das Gesetz zur Modernisierung des Personengesellschaftsrechts (MoPeG → Einl § 105 Rn. 42 ff.) fasst zum 1.1.2024 neben dem OHG-Recht auch einzelne Vorschriften der §§ 161 ff. neu. In § 162 I 1 wird der Begriff der Einlage durch den Begriff der Haftsumme ersetzt, § 162 I 2 wird aufgehoben. Zur Textfassung der §§ 105 ff. HGB-MoPeG und den Änderungen der §§ 161 ff. s. → Anh. § 105.

[Rechtsverhältnis der Gesellschafter untereinander]

163 Für das Verhältnis der Gesellschafter untereinander gelten in Ermangelung abweichender Bestimmungen des Gesellschaftsvertrags die besonderen Vorschriften der §§ 164 bis 169.

Übersicht

	Rn
1) Vertragsfreiheit im Rechtsverhältnis der Gesellschafter untereinander	1–3
A. Vertragsfreiheit	1
B. Grenzen der Vertragsfreiheit	2, 3
2) Beschlüsse, Stimmrechtsbeschränkung, Stimmrechtsbindung	4–9
A. Mehrheitsbeschlüsse	4
B. Stimmrechtsbeschränkung	5–8
C. Stimmbindungsvertrag	9
3) Vertreterklausel	10, 11
A. Vertreterklausel	10
B. Grenzen	11
4) Beirat	12–15
A. Gesellschaftsorgan	12

2. Abschnitt. Kommanditgesellschaft 1–4 § 163

	Rn
B. Bestellung, Abberufung	13
C. Befugnisse	14
D. Haftung	15
5) Mitwirkung Dritter	16

1) Vertragsfreiheit im Rechtsverhältnis der Gesellschafter untereinander

A. Vertragsfreiheit. Das Verhältnis der Gfter untereinander (**Innenverhält-** 1
nis) regelt in erster Linie der **Gesellschaftsvertrag** (→ § 161 Rn. 7). Dabei gilt
Vertragsfreiheit. Bsp.: Bei kapitalistischer KG (→ § 161 Rn. 11) kann der phG im
Innenverhältnis Angestellter der Kdtisten sein. Mangels abweichender Bestimmung des GesVertrags gelten **§§ 164–169** und, soweit diese nicht abweichen,
gemäß § 161 II die **§§ 109–122**; subsidiär gelten §§ 705ff. BGB. Diese Vorschriften sind dispositiv, können also grundsätzlich durch GesVertrag ausgeschlossen werden (aber → Rn. 2).

B. Grenzen der Vertragsfreiheit. a) Normale KG: Nicht nur im Außen- 2
verhältnis (§§ 170ff.) bestehen zwingende Rechtsnormen, zB zur (organschaftlichen) Vertretung und zur Haftung. Auch im Innenverhältnis ist die Vertragsfreiheit nicht schrankenlos. Grenzen setzen zB für Mehrheitsbeschlüsse §§ 134,
138 BGB und der Minderheitsschutz. Die Instrumente sind sehr unterschiedlich,
zB Verbot des Eingriffs in den **Kernbereich** (str., jedenfalls zurückhaltend BGH
ZIP 2013, 66), zweistufige Vertragskontrolle und **Treuepflicht** der Gfter
(→ § 119 Rn. 36, 37, → § 109 Rn. 23). Wohlerworbene Rechte können ohne
Zustimmung nachträglich entzogen werden. **Abfindungsklauseln** werden von
der Rspr. streng kontrolliert, vor allem bei Kombination mit Ausschluss des Gfters
aus der Ges. (→ § 131 Rn. 64). Dasselbe gilt für **Ausschließungsrechte.** Einseitiges Ausschließungsrecht nach freiem Ermessen ist idR nichtig, anders nur bei
sachlicher Rechtfertigung oder außergewöhnliche Umstände, BGHZ 81, 263
(→ § 140 Rn. 30). Für die KG gilt insoweit grundsätzlich dasselbe wie für die
OHG. Kdtisten, die von der Geschäftsführung und zwingend von der Vertretung
ausgeschlossen sind, benötigen einen speziellen Schutz wenigstens durch einen
Kern unentziehbarer **Kontroll- und Informationsrechte** (s. zu § 166).

b) Publikumsgesellschaft: Besonders schutzbedürftig sind die (Anleger) 3
Kdtisten der Publikumsgesellschaft, bei der es sich wirtschaftlich um eine
KapitalGes mit Aktionären in dem Kleide einer PersonenGes mit Kdtisten handelt.
Die Rspr. hat deshalb für diese zutreffend in vielfacher Hinsicht ein Sonderrecht
entwickelt (→ Anh. § 177a Rn. 52ff.).

2) Beschlüsse, Stimmrechtsbeschränkung, Stimmrechtsbindung

A. Mehrheitsbeschlüsse. Der KGVertrag kann wie der der OHG wirksam 4
(auch vertragsändernde) Mehrheitsbeschlüsse zulassen. Grenzen setzen ua der
Schutz des Kernbereichs der GfterRechte (→ § 119 Rn. 36), die Treuepflicht der
Gfter (→ § 109 Rn. 23) und der Bestimmtheitsgrundsatz (→ § 119 Rn. 37). Die
Schutzwirkung des Bestimmtheitsgrundsatzes würde sich allerdings bei der PublikumsGes ins Gegenteil verkehren, dieser gilt deshalb dort nicht (→ Anh. § 177a
Rn. 69a), zB bei Verzicht auf vertraglich vorgesehene Verzinsung von Kapitaleinlagen in Notlage, BGH NJW 1985, 974 (jedenfalls bei Treuepflicht der Gfter
zur Zustimmung, → § 105 Rn. 66). Keine Beschlusskompetenz der die Kdtisten
umfassenden GfterVersammlung, soweit die Mitwirkungsrechte der Kdtisten beschränkt sind, offen hinsichtlich unverbindlicher Stellungnahmen außerhalb der
Beschlusskompetenz, OLG Stuttgart ZIP 2010, 134. Grenzen von Mehrheitsbeschlüssen bei der KG s. Kort DStR 1993, 401 und 438, zu Ansprüchen der
Kommanditisten auf Einberufung der GfterVersammlung sowie auf Ergänzung
der Tagesordnung Wertenbruch NZG 2018, 1121.

5 B. **Stimmrechtsbeschränkung.** Grenzen des Stimmrechts folgen schon aus Gesetz zB als Folge des auch für Kdtisten geltenden Abspaltungsverbots (→ § 109 Rn. 16, → § 119 Rn. 19), bei Interessenkonflikt (→ § 119 Rn. 8) und aus der Treuepflicht der Gfter (→ § 109 Rn. 23). Mit Stimmrechtsbeschränkung ist idR der **vertragliche Ausschluss des Stimmrechts** gemeint. Der GesVertrag kann das Stimmrecht von Kdtisten (wie von GmbHGftern, BGHZ 14, 269) grundsätzlich wirksam ausschließen, BGHZ 20, 363, also auch für außergewöhnliche Handlungen (§§ 164, 116 II) und zwar für sog. laufende Grundlagengeschäfte, Staub/Casper Rn. 13, aber uU auch für andere Grundlagengeschäfte und sogar für bestimmte GesVertragsänderungen, Heymann/Borges § 164 Rn. 39; aA Staub/Casper Rn. 13; Bsp.: Aufnahme weiterer Kdtisten durch KG selbst oder Vertreter (Vertreterklausel → Rn. 10–11), jedenfalls bei der PublikumsGes, → Anh. § 177a Rn. 57, ebenso Einlagenerhöhung, aber ohne persönliche Nachschusspflicht des Kdtisten.

Wie Stimmrechtsausschluss kann **Auslagerung** von Geschäftstätigkeiten **in Tochtergesellschaft** wirken; dann gilt zwar iZw das Zustimmungsrecht der Kdtisten in der MutterGes auch, soweit der geschäftsführende Gfter der MutterGes deren Rechte in der TochterGes wahrnimmt, BGH BB 1973, 213, andere Vereinbarung ist aber möglich (Konzernrecht → § 105 Rn. 102, 103).

6 **Grenzen:** Der Stimmrechtsausschluss allgemein für GesVertragsänderungen ist jedoch unwirksam, insbesondere für Beschlüsse, die in die Rechtsstellung des Kdtisten als solche eingreifen, zB durch Änderung der Beteiligung als Kdtist, der Haftsumme, der Gewinnbeteiligung, des Auseinandersetzungsguthabens (ähnlich dem Schutz der Sonderrechte des GmbHGfters, § 35 BGB, § 53 III GmbHG), BGHZ 20, 368. Soweit der Stimmrechtsausschluss unwirksam ist, kann aber die Treuepflicht der Gfter Zustimmung gebieten (vgl. → Rn. 4).

7 Bei der **OHG** gelten für die Stimmrechtsbeschränkung dieselben, wegen der persönlichen Haftung nach manchen engere Grenzen (→ § 119 Rn. 13).

8 **Ungleiches Stimmrecht (Mehrstimmrecht)** als solches ist bei PersonenGes (anders § 12 II AktG) idR unbedenklich, außer wenn GesVertrag mit Mehrheit geändert werden kann und das ungleiche Stimmrecht sittenwidrige Abhängigkeit schafft, BGHZ 20, 370.

9 C. **Stimmbindungsvertrag.** Vertragliche Stimmbindung ist für Kdtisten ebenso und mit denselben Schranken zulässig wie für Komplementäre (→ § 119 Rn. 17, 18). Praktisch wird sie besonders beim TreuhandKdtisten (→ Anh. § 177a Rn. 77–78).

3) Vertreterklausel

10 A. **Vertreterklausel.** Der GesVertrag kann mehreren Kdtisten (zB Erben eines Gfters) vorschreiben, ihre Rechte **gemeinsam** durch einen **Vertreter** ausüben zu lassen **(Gruppenvertreter).** Das ist wirksam und zur Vermeidung von Zersplitterung vor allem bei Erbgang sinnvoll. Die Anteile werden dadurch nicht vereinigt. Der gemeinsame Vertreter kann MitGfter oder Dritter sein, BGHZ 46, 295, letzteres aber nur, wenn im GesVertrag zugelassen (→ Rn. 13). Er ist Bevollmächtigter der Gruppe (bei Mehrheitsbeschluss auch der überstimmten Mitglieder), nach aA GesOrgan; er ist grundsätzlich weisungsgebunden und zwingend abberufbar (→ Rn. 16). Er unterliegt auch als NichtGfter der gesellschaftlichen Treuepflicht, da er GfterRechte ausübt. Die Vertreterklausel gebietet iZw einheitliche Rechtsausübung, notwendig ist das aber nicht, wohl aA BGHZ 46, 296. GesVertrag kann aber nicht die Willensbildung innerhalb des Stamms regeln, offen BGHZ 119, 353. Dieser kann sich als Gesellschaft (§§ 705 ff. BGB) organisieren oder bloße Gemeinschaft bleiben (§§ 741 ff., 745 BGB), nach aA nur Ges., Heymann/Borges § 164 Rn. 52, wohl auch BGH ZIP 2004, 2284. Je nachdem erfolgt auch die gruppeninterne Willensbildung, Einstimmigkeit ist dabei nicht

2. Abschnitt. Kommanditgesellschaft 11–13 **§ 163**

unbedingt nötig (zB § 745 BGB), BGHZ 119, 354, aber iZw vorgesehen (§ 709 BGB), BGH ZIP 2004, 2284, str.; einfache Mehrheit nach Größe der Anteile genügt iZw für die Bestellung, auf jeden Fall für die Abberufung. Die Vertreterklausel verpflichtet die Beteiligten zur Mitwirkung an der Bestellung des Vertreters und Erteilung von Weisungen (§§ 675 I, 665 BGB) an ihn. Sie berührt iZw nicht das Recht jedes Mitglieds zur Geltendmachung seiner Rechte im Prozess, BGHZ 46, 291. Unberührt bleibt auf jeden Fall die Ausübung der GfterRechte im Kernbereich (→ Rn. 11). Ähnliche Gestaltungen ermöglicht die Treuhand (→ § 105 Rn. 31). Überlassung von Gfterrechten zur Ausübung an MitGfter oder Dritte → § 109 Rn. 17.

B. Grenzen. Vertreterklausel unterliegt, wenn sie die Majorisierung des einzelnen Kdtisten erlaubt, denselben Grenzen wie die Zulassung vertragsändernder Mehrheitsbeschlüsse (→ Rn. 4, 5, → § 119 Rn. 35 ff.), BGH NJW 1973, 1602; OLG Zweibrücken OLGZ 1975, 404. Auch sonst stößt die Vertreterklausel an Grenzen: nicht bei unzulässiger Stimmrechtsbeschränkung (→ Rn. 6), keine unwiderrufliche verdrängende Stimmrechtsvollmacht (Abspaltungsverbot, → § 119 Rn. 19); zwingende Letztzuständigkeit der Gfter mit satzungsändernder Mehrheit, Flume I 1 S. 239 f.; keine obligatorische Gruppenvertretung im Kernbereich der GfterRechte (Terminologie str., → § 119 Rn. 36), BGHZ 46, 297; nicht für höchstpersönliche GfterRechte wie Kündigungsrecht und, soweit unentziehbar, Informationsrechte und Prozessführungsrecht bezüglich persönlicher GfterRechte, unscharf BGHZ 46, 300; zwingende Abberufbarkeit mit Mehrheit und auch ohne wichtigen Grund, aA MüKoHGB/Grunewald § 161 Rn. 193, jedenfalls durch GesVertragsänderung. Außenwirkung §§ 170 ff. BGB. Diese Grenzen decken sich nicht mit den GesVertragänderungen, str. (wie → Rn. 5–6), zulässig zB Verlängerung der GesDauer in zeitlichen Grenzen, BGH NJW 1973, 1602; aA Staub/Schilling Rn. 16. Lit.: J. Servatius, 2010; A. Hueck ZHR 125 (1962), 1 (Vertreterklausel); Immenga ZGR 1974, 385; K. Schmidt ZHR 146 (1982), 525. **11**

4) Beirat

A. Gesellschaftsorgan. Der GesVertrag kann die Einrichtung eines Beirats (auch Aufsichts-, Verwaltungsrat, GfterAusschuss ua genannt) vorsehen, so häufig bei der GmbH & Co (dort entweder bei KG oder GmbH, → Anh. § 177a Rn. 31) und der PublikumsGes (mit Besonderheiten zur Haftung, → Anh. § 177a Rn. 75). Der Beirat ist iZw GesOrgan, jedenfalls bei Rechten entspr. einem Aufsichtsrat der AG, nur bei besonderer Gestaltung ist er Organ einer Gftergruppe (zB KdtistenGesamtheit), BGHZ 69, 208; BGH NJW 1985, 1900. Wirksame Entscheidungen des Beirats binden die Gfter, davon abweichender GfterBeschluss ist Vertragsänderung. Ihre Durchführung kann Gfter gegen MitGfter einklagen (actio pro socio, → § 109 Rn. 32), auch noch nach Auflösung des Beirats, BGH BB 1970, 226. Sie sind iZw nicht nach §§ 317 ff. BGB angreifbar (Schiedsgutachter, → Einl. vor § 1 Rn. 93). Lit.: Voormann, 1981; Maulbetsch, 1984; Huber, 2004; Kormann, 2008 u. A. Wiedemann/Kögel, 2008 (Familienunternehmen); Schneider DB 1973, 953; Wiedemann FS Schilling, 1973, 105; Rinze NJW 1992, 2790 (Haftung). **12**

B. Bestellung, Abberufung. Bestellung, Amtszeit, Vergütung, Aufgabe und Befugnisse sind idR im GesVertrag geregelt. Dem Beirat können sowohl Gfter wie NichtGfter angehören. Ein Beiratsmitglied steht grundsätzlich im Dienstverhältnis (§ 675 I BGB) zur Ges.; zugleich gehört es dem GesOrgan an (ähnlich Aufsichtsrat der AG), BGH NJW 1985, 1900. Zur Abberufung ist iZw GfterBeschluss nötig, iZw genügt einfache Mehrheit, BGH WM 1973, 101. Weder einzelne Gfter selbst noch die vertretenden (§ 125) namens der Ges. können abberufen, BGH BB 1968, 145. GfterBeiratsmitglied kann trotz Interessenkollision mitstimmen, BGH WM 1973, 844 (→ § 119 Rn. 10), anders bei wichtigem **13**

§ 163 14–16   2. Buch. Handelsgesellschaften und stille Gesellschaft

Grund. Sieht der GesVertrag bestimmte personelle Besetzung vor, ist Änderung, zB vorzeitige Abwahl, nur mit vertragsändernder Mehrheit möglich; dies auch bei wichtigem Abberufungsgrund, dann aber (idR) Zustimmungspflicht (Treuepflicht, → § 105 Rn. 64), BGH BB 1970, 226. Sonderrecht (§ 35 BGB) auf Entsendung ist möglich, auch dann aber Abberufung bei wichtigem Grund mit vertragsändernder Mehrheit, Staub/Schäfer § 109 Rn. 56. Entsendungsrecht Dritter → Rn. 16.

14   **C. Befugnisse.** Der Beirat übt neben den Kdtisten oder an ihrer Stelle Zustimmungs- und Kontrollrechte (vgl. §§ 164, 166) aus, eine (unzulässige) Übertragung der GfterGeschäftsführung liegt darin nicht (→ § 114 Rn. 11, 24), BGHZ 36, 293. Bspe: Bestellung, Abberufung, Kontrolle der Geschäftsführer, BGHZ 69, 207; Beteiligung an Feststellung des Jahresabschlusses und Vorbereitung der Entlastung, BGHZ 84, 214 (für bergrechtliche Gewerkschaft), Entscheidung über Gewinnverteilung; Aufnahme neuer Gfter (→ Anh. § 177a Rn. 75). GesVertrag kann Klage unter Gftern vom Gutachten und Schlichtungsversuch des Beirats abhängig machen; auch gegen ausgeschiedenen Gfter, aber ohne nach seinem Ausscheiden vereinbarte Modalitäten, BGH BB 1977, 1321. Mitwirkungsbefugnisse sind sogar bei GesVertragsänderungen nicht schlechthin ausgeschlossen, BGH WM 1985, 256, jedenfalls neben der GfterVersammlung oder bei Zustimmungspflicht der Gfter, aA BGHZ 43, 264; Staub/Casper § 161 Rn. 215 mit Ausnahmen Staub/Schilling Rn. 21. Beschlussfassung des Beirats iZw mit einfacher Mehrheit. Der Beirat unterliegt auch bei Besetzung durch NichtGfter der gesellschafterlichen Treuepflicht, da er abgeleitete GfterRechte ausübt. **Grenzen** wie bei einem Vertreter, also vor allem zwingende Letztzuständigkeit der Gfter mit satzungsändernder Mehrheit, Flume I 1 S. 239 f., kein Eingriff in den Kernbereich der GfterRechte, kein Ausschluss der Abberufbarkeit einzelner Beiratsmitglieder und der Abschaffung des gesamten Beirats (näher → Rn. 13).

15   **D. Haftung.** Die Beiratsmitglieder müssen ihre Aufgaben pflichtgemäß erfüllen, insbesondere die Geschäftsführung hinreichend kontrollieren, BGHZ 69, 213 (PublikumsGes), bei Kontrolle des Jahresabschlusses unter Heranziehung von Fachleuten, idR von Wirtschaftsprüfern. Sie sind ausschließlich auf das Interesse der Ges. verpflichtet, auch wenn sie von GfterGruppen oder Dritten entsandt sind, Interessenkonflikt entlastet nicht, BGH NJW 1980, 1630 (AG, → § 347 Rn. 30). Haftungsmaßstab iZw § 708 BGB, Staub/Schäfer § 109 Rn. 57; aA Staub/Schilling Rn. 23 (differenzierend); Heymann/Hoffmann/Bartlitz § 114 Rn. 33 (stets); anders bei PublikumsGes (→ Anh. § 177a Rn. 75) und je nach Umständen, zB Beirat nur aus Dritten. Schadensersatzansprüche gemäß § 280 BGB (§§ 116, 93 AktG analog nur bei PublikumsGes, → Anh. § 177a Rn. 75) sind, wenn der Beirat GesOrgan ist, nur durch die Ges. (bzw. Insolvenzverwalter) geltend zu machen, BGH NJW 1975, 1318; ist er Sachwalter der Kdtisten-Gesamtheit, ist diese berechtigt, BGH WM 1983, 556, näher Hüffer ZGR 1980, 349. Ausnahmsweise kann dieses Recht nach GesVertrag oder Geschäftsbesorgungsvertrag auch den Gftern zustehen (Drittschutzwirkung), sie können Zahlung, aber nur an die Ges. verlangen (entspr. actio pro socio), BGH NJW 1985, 1900. Aktienrechtsähnliche Besonderheiten gelten für die Beiratshaftung in der PublikumsGes (→ Anh. § 177a Rn. 75).

5) Mitwirkung Dritter

16   NichtGfter, einzeln oder als Gremium (→ Rn. 10, 13), können an der Willensbildung der Ges. nicht durch gesellschafterliche Stimm- und Kontrollrechte beteiligt werden, weder mit abgeleiteten (abgespalten) noch mit originären Befugnissen, MüKoBGB/Schäfer § 717 Rn. 10; K. Schmidt § 21 II 1d, str., aA BGH NJW 1960, 936 für originäres Stimmrecht, Grund: bei Abspaltung Abspaltungsverbot (→ § 119 Rn. 19), sonst und in der Sache Beschränkung der Willensbildung (samt Verwaltungsrechten) auf die Mitglieder. Einschaltung bei der Aufnahme von Gftern → § 105 Rn. 66. Entsendungsrechte in Beirat (→ Rn. 13), aber jedenfalls bei Kontrollfunktion muss Mehrheit der Mitglieder von Gftern bestellt werden, vgl. für Geschäftsführung einer PublikumsGbR BGH LM BGB § 709 Nr. 9. Bei Eingriffen in den Kernbereich von GfterRechten sind NichtGfter (außer als Vertreter) ausgeschlossen, zum Beirat Habersack/Schäfer § 109 Rn. 52. Die Rechte können den Dritten durch Änderung des GesVertrag jederzeit und ohne seine Zustimmung wieder entzogen werden (kein unentziehbares Sonderrecht). Für den Testamentsvollstrecker gelten besondere Regeln (→ § 139 Rn. 21). Entscheidung über Meinungsverschiedenheiten durch **Schiedsgericht** oder **Schiedsgutachter** (→ Einl. vor § 1 Rn. 90, 93) kann wirksam vorgesehen werden, BGHZ 43, 261 (GmbH); BGH ZIP 2017, 1026. Lit.: Herfs, 1994 (GmbH).

[Geschäftsführung]

164 ¹ Die Kommanditisten sind von der Führung der Geschäfte der Gesellschaft ausgeschlossen; sie können einer Handlung der persönlich haftenden Gesellschafter nicht widersprechen, es sei denn, daß die Handlung über den gewöhnlichen Betrieb des Handelsgewerbes der Gesellschaft hinausgeht. ² Die Vorschriften des § 116 Abs. 3 bleiben unberührt.

1) Geschäftsführung der Komplementäre, Ausschluss der Kommanditisten (Satz 1)

Bei der KG ist die Geschäftsführung Sache der Komplementäre. Kdtisten sind **1** mangels abw. Vertragsbestimmung (→ Rn. 6) von der Geschäftsführung (§§ 114–117) ausgeschlossen. Der Kdtist kann den geschäftsführenden Gftern weder Weisungen erteilen noch ihren Handlungen nach § 115 I Hs. 2 widersprechen, soweit sie nicht über den gewöhnlichen Betrieb des HdlGewerbes der Ges. hinausgehen (sonst → Rn. 2). Kdtisten können auch nicht dadurch auf die Geschäftsführung einwirken, dass ein Gesellschafterbeschluss gefasst wird. Ein ohne zugleich den GesVertrag ändernder GfterBeschl greift in die Rechte der Komplementäre ein, begründet diesen ggü. kein Weisungsrecht, BGH ZIP 1980, 370 und ist anfechtbar, OLG Hamm ZIP 2016, 1073.

Der Ausschluss von der Geschäftsführung berührt nicht das Recht auch des Kdtisten, gegen pflichtwidrige Geschäftsführungsmaßnahmen vorzugehen (actio pro socio, → § 109 Rn. 32). Die Kdisten wirken auch an der Klage auf Entziehung der Geschäftsführungsbefugnis mit (§ 117: „übrige" Gfter). Haftung nichtgeschäftsführender Gfter (insbesondere MehrheitsGfter) aus Einflussnahme auf geschäftsführende → § 114 Rn. 8. Eine feste Vergütung des Komplementärs ohne Kapitaleinlage für Geschäftsführung, Vertretung und Haftung ist umsatzsteuerpflichtig, BFH ZIP 2011, 961.

2) Zustimmung zu außergewöhnlichen Geschäften (Satz 1 letzter Hs., § 116 II)

A. **Zustimmung zu außergewöhnlichen Geschäften:** Der Kdtist hat **nicht** **2** ein **bloßes Widerspruchsrecht** gegen Handlungen der geschäftsführenden Gfter, die über den gewöhnlichen Betrieb des HdlGewerbes der Ges. hinausgehen (so missverständlich Satz 1, für Neufassung des Gesetzes Beuthien NZG 2013, 972), sondern es bleibt auch für die KG bei § 116 II, dass dafür ein Beschluss sämtlicher, auch der nichtgeschäftsführungsberechtigten Gfter, also einschließlich der Kdtisten, notwendig ist, RGZ 158, 305; OLG Stuttgart ZIP 2010, 476, ganz hL. Außergewöhnliche Geschäfte → § 116 Rn. 2. Das Fehlen der

§ 164 3   2. Buch. Handelsgesellschaften und stille Gesellschaft

Zustimmung berührt nicht die Vertretungsmacht (Außenverhältnis, → § 116 Rn. 7).

3   B. **Aufstellung und Feststellung des Jahresabschlusses: a)** Die **Aufstellung** (dh Vorbereitung bis zur Beschlussreife) des Jahresabschlusses (Bilanz und Gewinn- und Verlustrechnung, § 242 III), einschließlich der Bilanzierungsmaßnahmen, die der Darstellung der Vermögenslage iSv § 238 I 2 dienen, ist im Rahmen von Gesetz und GoB allein Sache der geschäftsführenden Gfter (→ § 114 Rn. 2), BGHZ 132, 272; BGH BB 1980, 121. Bilanzierungsentscheidungen, die der Sache nach Ergebnisverwendungen sind, können gem. BGHZ 132, 263, grundsätzlich nur durch alle Gfter gemeinschaftlich getroffen werden, soweit der GesVertrag nichts anderes bestimmt (Mehrheitsklauseln billigend BGH ZIP 2007, 475), weniger streng Hopt FS Odersky, 1996, 805; s. auch Ulmer FS Lutter, 2000, 940; dazu gehören ua Bildung offener Rücklagen, steuerliche Sonderabschreibungen, differenzierend Schön FS Beisse, 1997, 471. Die Entscheidung über die Ergebnisverwendung steht aber nicht im Belieben eines jeden Gfters. Vielmehr sind die Ausschüttungsinteressen der einzelnen Gfter und das Bedürfnis der Selbstfinanzierung und Zukunftssicherung der Ges. abzuwägen, BGHZ 132, 263. Die geschäftsführenden Gfter müssen ggf. sachverständige Hilfskräfte beiziehen. Jeder Gfter kann sie durch actio pro socio (→ § 109 Rn. 32) zur Aufstellung des Jahresabschlusses zwingen. Die übrigen Gfter haben Recht auf Prüfung, ob Gesetz und GoB eingehalten sind, BGHZ 132, 263. Meinungsverschiedenheiten über die aufzustellende Bilanz und ihre einzelnen Posten sind notfalls durch Klage gegen den widerstrebenden Gfter zu klären, BGH WM 1979, 1330, ohne notwendige Streitgenossenschaft, BGH WM 1983, 1279.

b) Die **Feststellung** (dh Verbindlicherklärung im Verhältnis der Gfter untereinander und der Ges. zu Dritten) des Jahresabschlusses ist dagegen Sache der Gfter und (nur) in diesem Sinne Grundlagengeschäft (→ Rn. 4; Gewinnverwendung, → § 120 Rn. 8), BGH ZIP 2007, 477. Der Kdtist nimmt daran und, falls auch bei der KG eine Abschlussprüfung stattfindet (grundsätzlich nur bei Kapital-Ges, Ausnahme PublG), auch an der Wahl der Abschlussprüfer teil, BGHZ 76, 338 (vgl. § 116 II); 80, 358; 132, 266; OLG Hamburg ZIP 2006, 895; Staub/Casper § 167 Rn. 7; Ulmer FS Hefermehl, 1976, 207; Schulze-Osterloh BB 1980, 1402; Priester FS Quack, 1991, 380; aA früher hL wegen §§ 166, 245 S. 2 über die Unterzeichnung (nur) durch alle phG, aber dies ist eine rein öffentlichrechtliche Vorschrift (→ § 245 Rn. 2). Die Feststellung des Jahresabschlusses ist nach der Rspr. rechtsgeschäftliches Anerkenntnis (Feststellung von Gewinnbeteiligung ua, → § 242 Rn. 3), BGH WM 1960, 187; 1966, 398; 2009, 805; 2011, 794; OLG Hamburg ZIP 1983, 62; OLG Karlsruhe DB 1995, 264, je nachdem konstitutive oder deklaratorisches Schuldanerkenntnis, BGHZ 9, 988; 11, 794; nach aA kausaler Feststellungsvertrag, Ulmer FS Hefermehl, 1976, 215; Ebenroth/Ehricke § 120 Rn. 37; vgl. BGHZ 132, 266, besser **Organbeschluss,** MüKoHGB/Priester § 120 Rn. 59; auch Staub/Schäfer § 120 Rn. 19 (Feststellungsbeschluss). Die Feststellung hat unter den Gftern Bindungswirkung (nicht gegenüber Dritten, zB Stille oder partiarische Gläubiger), Staub/Schäfer § 120 Rn. 17; nach MüKoHGB/Priester § 120 Rn. 63 ohne Auswirkungen auf Ansprüche von Ges. und Gfter; nach der Rspr. ist Anfechtung möglich (§§ 119 ff. BGB, → § 242 Rn. 3). Bildung stiller Reserven → § 120 Rn. 6, Bildung offener Rücklagen → § 120 Rn. 5. Ein Rechtsstreit ist nicht gegen die Ges., sondern unter den Gftern auszutragen, BGH BB 1980, 120; OLG Hamburg ZIP 2006, 895, hier notwendige Streitgenossenschaft, wohl BGH WM 1983, 1279. Auswirkung der Mitunterzeichnung auf § 166 ist str. (→ § 166 Rn. 4). Bilanzrechtliche Rechtswirkung des festgestellten Jahresabschlusses → § 245 Rn. 3 ff. Keine Dritthaftung des Kdtisten, der an der Feststellung mitwirkt und (unnötig) mitunterzeichnet; anders nur ganz ausnahmsweise, zB wenn Kdtist den Abschluss Dritten mitvorlegte (→ § 347 Rn. 21). Lit.: Schulze-Osterloh BB 1995, 2519; Hopt FS Odersky, 1996, 799; Binz/Sorg DB 1996, 969; Schön FS Beisse, 1997, 471; Ulmer FS Lutter, 2000, 935; Schön, 5. Hachenburg-Gedächtnisvorlesung 2002, 2003, S. 21.

C. Grundlagengeschäfte: Die Geschäftsführungsbefugnis erstreckt sich überhaupt nicht auf Grundlagengeschäfte (→ § 114 Rn. 3, → § 126 Rn. 3), Bsp.: Konzernierung (→ § 105 Rn. 102). Sie sind Sache aller Gfter, auch der Kdtisten, BGHZ 132, 266, str. für Aufteilung der Geschäftsführung zwischen mehreren Komplementären, OLG Stuttgart ZIP 2010, 135. Die Feststellung des Jahresabschlusses ist „Grundlagengeschäft" nur in dem Sinne, dass die Geschäftsführungsorgane nicht zuständig sind, berührt jedoch nicht wie zB eine Vertragsänderung die Grundlagen der Ges., BGH ZIP 2007, 477, sie wird deshalb idR von einer allgemeinen Mehrheitsklausel im GesVertrag gedeckt, BGH ZIP 2007, 475 (Otto, dazu → § 105 Rn. 106, → § 119 Rn. 37; Aufgabe von BGHZ 132, 266), Priester DStR 2007, 28. Ob das auch für die Feststellung des Jahresabschlusses mit einer in ihm vorweggenommenen Ergebnisverwendung (vgl. § 268 I 1, → § 120 Rn. 8) gilt, insbesondere bei Bildung stiller Reserven (→ § 120 Rn. 6), ist noch offen, BGH ZIP 2007, 477, aber zu erwarten (wichtig im Konzern, → § 105 Rn. 106). 4

3) Erteilung und Widerruf der Prokura (Satz 2, § 116 III)

Erteilung und Widerruf der Prokura erfolgen nach § 116 III, der unberührt bleibt (S. 2), durch alle geschäftsführenden Gfter, auch wenn an sich Einzelgeschäftsführungsbefugnis. Die nicht geschäftsführungsbefugten Kdsten wirken also nicht mit. § 116 III ändert aber nichts an § 116 II, wenn die Prokuraerteilung ein außergewöhnliches Geschäft ist (→ § 116 Rn. 8), aA Staub/Casper Rn. 20. Zur KdtistenProkura → § 170 Rn. 3. 5

4) Abweichende Vereinbarungen

A. Einschränkung der Kommanditistenrechte: § 164 ist dispositiv. Der GesVertrag kann die Rechte des Kdtisten in Bezug auf die Geschäftsführung weiter einschränken, zB sein Stimmrecht auch für außergewöhnliche Geschäfte (→ Rn. 2) ganz ausschließen, BGHZ 20, 368; 119, 357 (→ § 163 Rn. 5); einen Mehrheitsbeschluss vorsehen (→ § 163 Rn. 4); mehrere Kdtisten ungleich stellen (→ § 163 Rn. 8), s. BGH BB 1973, 213; einen gemeinsamen Vertreter anordnen oder die Befugnisse auf einen Beirat übertragen (→ § 163 Rn. 10, 12), BGHZ 132, 267. Katalog zustimmungspflichtiger Geschäfte im GesVertrag ist auszulegen, ob abschließend gemeint oder nicht, möglich ist auch ein Widerrufsrecht, mit Staub/Casper Rn. 44 iZw Zustimmungsrecht. Grenze der Einschränkung: Der Kernbereich der KdtistenRechte (→ § 119 Rn. 36) ist unantastbar und unverzichtbar. Lit.: Immenga ZGR 1974, 385 (Kdtisten-Minderheitsrechte). 6

B. Stärkung der Kommanditistenrechte: Der GesVertrag kann dem Kdtisten Geschäftsführungsbefugnis entspr. § 116 geben (idR ohne Vertretungsmacht, dazu § 170), BGH BB 1975, 526, auch andere Rechte auf Mitwirkung an der Geschäftsführung, zB Weisungsrecht an den Komplementär, BGHZ 45, 204; BGH ZIP 2018, 2028; OLG Stuttgart ZIP 2010, 132, und sogar alleinige Geschäftsführung durch den Kdtisten unter Ausschluss des Komplementärs, BGHZ 51, 198, str., dann aber Schutz des persönlich Haftenden (§ 116 II), bei schwerwiegender Bedrohung seiner Interessen ggf. Widerspruchsrecht des geschäftsführenden Gfters, BGH ZIP 2018, 2028. Die Geschäftsführung des Kdtisten ist dann Teil seines GfterBeitrags, BGHZ 17, 394. § 114 II gilt nur für § 114 I, nicht hier. Solche Rechte sind, sofern sie echte Bestandteile des GesVertrags sind, dann grundsätzlich nur durch Änderung des GesVertrag entziehbar. Dann auch keine 7 isolierte Kündigung eines eventuellen, gesellschaftsvertraglich eingeräumten Dienst- oder Arbeitsvertrags, BAG NJW 1979, 999. Entziehung durch Klage nach § 117, BGHZ 17, 395, nicht durch bloßen GfterBeschluss, außer wenn im GesVertrag vorgesehen, str., offen BGH WM 1974, 177; ZIP 2004, 2284. Die Geschäftsführungsbefugnis an einen Kdtisten ist iZw nicht als Ausschluss des phG von der Geschäftsführung zu verstehen (anders § 114 II), doch ist solcher Ausschluss (nicht von der Vertretungsmacht) möglich, BGHZ 17, 394; 41, 369; 51, 201; DB 1968, 797, bei Weisung an den geschäftsführenden Gfter gesteigerte Treuepflicht, BGH ZIP 2018, 2028. Der Widerruf einer KdtistenProkura (→ § 170 Rn. 4) berührt nicht seine Geschäftsführungsbefugnis. Die organschaftliche Geschäftsführung eines Kdtisten (uU mit zusätzlichem Dienst- oder Arbeitsvertrag) ist streng von reinem Dienst- oder Arbeitsvertrag mit Ges. zu unterscheiden, der isoliert nach Arbeitsrecht gekündigt werden kann, BGHZ 17, 395.

8 C. **Geschäftsführender Kommanditist:** Die Geschäftsführung kann im GesVertrag als Leistung der KdtEinlage vereinbart sein (§ 706 III BGB); die Höhe der Einlage muss aber beziffert werden (→ § 171 Rn. 1). Gibt der GesVertrag dem Kdtisten Geschäftsführungsbefugnis, bedarf auch die Vergütung der Bestimmung im GesVertrag oder eines vertragsändernden Beschlusses, BGH BB 1976, 526. Der Kdtist ist kein Arbeitnehmer (anders bei Arbeitsvertrag, → Rn. 7), nach aA Anwendung einzelner arbeitsrechtlicher Vorschriften; für phGs → § 110 Rn. 19. Betriebliche Altersversorgung → § 59 Rn. 87.

9 **Rechtsstellung** des geschäftsführenden Kommanditisten:

   a) Gegenüber der KG: Er haftet gegenüber der Ges. wie phG (→ § 114 Rn. 15). Haftung des nicht geschäftsführenden Kdtisten → Rn. 1.

   b) Gegenüber Dritten: Den GesGläubigern haftet der geschäftsführende Kdtisten nicht dagegen, auch wenn er nach § 128 wie phG, auch nicht bei alleinigem Weisungs- oder Geschäftsführungsrecht, BGHZ 45, 204 (Rektorfall), hL; anders nur bei (darüber hinausgehendem) Rechtsmissbrauch oder aus Rechtsgeschäft mit dem Gläubiger (→ § 171 Rn. 4).

   5) Reform des Personengesellschaftsrechts (MoPeG)

10 Das Gesetz zur Modernisierung des Personengesellschaftsrechts (MoPeG → Einl § 105 Rn. 42 ff) fasst zum 1.1.2024 neben dem OHG-Recht auch einzelne Vorschriften der §§ 161 ff neu, darunter § 164 Satz 1 wird sprachlich gestrafft, Satz 2 entfällt. Zur Textfassung der §§ 105 ff HGB-MoPeG und den Änderungen der §§ 161 ff s. → Anh. § 105.

[Wettbewerbsverbot]

165 Die §§ 112 und 113 finden auf die Kommanditisten keine Anwendung.

1) Komplementäre (§§ 112, 113)

1 In der KG unterliegen phG dem Wettbewerbsverbot der §§ 112, 113, BGHZ 70, 331; auch wenn sie von der Geschäftsführung ausgeschlossen sind (str., → § 112 Rn. 2). Die Einwilligung nach § 112 muss auch von dem (den) Kdtisten erteilt, ein Beschluss nach § 113 II mit ihrer Mitwirkung gefasst werden. GmbH in GmbH & Co → Anh. § 177a Rn. 23.

2) Kommanditisten (§ 165)

2 A. **Normalfall:** Für Kdtisten, der keine Geschäftsführungsmacht und nur begrenzte Informations- und Kontrollrechte hat (§§ 164, 166), gelten §§ 112, 113 **nicht** (§ 165), nach Inkrafttreten der Neufassung der §§ 105 ff durch das MoPeG verweist § 165 auf die dann für das Wettbewerbsverbot einschlägigen §§ 117, 118

2. Abschnitt. Kommanditgesellschaft   § 166

HGB-MoPeG. Seine Treuepflicht im Übrigen (→ § 112 Rn. 1) bleibt aber unberührt; sie kann die Ausnutzung von Informationen aus der GesSphäre verbieten. Da bei Wettbewerbssituation die persönlichen Einsichtsrechte eingeschränkt sind (→ § 166 Rn. 7), muss das Wettbewerbsverbot der Ausübung eines Eintrittsrechts eines Wettbewerbers als Kdtist nicht entgegenstehen, BGH WM 1982, 234.

B. **Kommanditist mit Stellung wie Komplementär:** Allein auf die formale 3 KdtistenStellung kommt es nach dem Normzweck der §§ 165, 112, 113 (anders Wortlaut), die auf der Treuepflicht der Gfter beruhen (→ § 112 Rn. 1), nicht an, entscheidend ist vielmehr seine konkrete Stellung in der Ges. (Umfang seiner Beteiligung, Geschäftsführungsbefugnis, Informationsrechte). Hat der Kdtist nach dem GesVertrag Geschäftsführungsbefugnis (§ 164 Rn. 7) oder sonst (zB im Konzern, → Anh. § 177a Rn. 22 oder als Gründer in einer FamilienGes) einen maßgeblichen Einfluss auf die Geschäftsführung zB durch Weisungsrecht, insbesondere auf Grund Mehrheitsbeteiligung, beherrschender Stellung (§ 18 AktG), gelten §§ 112, 113 (Wettbewerbsverbot) auch für ihn (Treuegedanke, → § 112 Rn. 1), BGHZ 89, 166; BGH NJW 2002, 1047; WM 2005, 391 (GmbH); BGH ZIP 2009, 1163; 2009, 2263 (GmbH) (auch → § 112 Rn. 2), str. So auch, wenn der Kdtist ohne Geschäftsführungsbefugnis Zugang zu den Informationen des Geschäftsführungsbereichs hat wie phG (§ 118, nicht nur § 166), Ebenroth/Weipert Rn. 8; OLG Stuttgart WuW/E OLG 4136 (→ § 112 Rn. 1, 15), oder ähnlich (nicht unbedingt gleich), str., aA MüKoHGB/Grunewald Rn. 10. Konzernrecht → Anh. § 177a Rn. 22. Sperrminorität oder unternehmerische Beteiligung (welcher Art?) allein reichen aber nicht aus, Müller NJW 2007, 1726, str., bei Einstimmigkeitserfordnis (§§ 161 II, 119 I) liefe § 165 sonst leer, aber die Möglichkeit, strategisch wichtige Unternehmensentscheidungen infolge Einstimmigkeitsklausel in Satzung zu blockieren, kann ausreichen, BGH ZIP 2009, 2263 (GmbH, → § 112 Rn. 15). Vielfach erstreckt schon der GesVertrag das Wettbewerbsverbot (nach §§ 112, 113 oder mit Abweichungen) auf die Kdtisten, dann Interesse daran, unter §§ 112, 113 HGB und damit nicht unter GWB zu fallen (→ § 112 Rn. 15), Wettbewerbsverbote zu Lasten von MinderheitsGftern Linsmeier/Lichtenegger BB 2011, 328. Verhältnis zu § 1 GWB → § 112 Rn. 15. Rechtsfolgen s. § 113, dort auch → § 113 Rn. 4, 5. **Geschäftschancen** der KG darf der Kdtist nicht an sich ziehen, das folgt nicht aus § 165, sondern aus der Treuepflicht (→ § 109 Rn. 26, → § 112 Rn. 1). Lit.: Löffler NJW 1986, 223; Müller NJW 2007, 1725; Weller ZHR 175 (2011), 110 und → § 112 Rn. 1.

3) Abweichende Vereinbarungen

A. **Vertragliches Wettbewerbsverbot:** § 165 ist dispositiv. Auch im Nor- 4 malfall der KG kann dem Kdtisten in den Grenzen der § 138 BGB, § 1 GWB (→ § 112 Rn. 15) ein vertragliches Wettbewerbsverbot auferlegt werden (vgl. → § 112 Rn. 12), KG NZG 2014, 1058 (Ls.), auch ein nachvertragliches (vgl. → § 112 Rn. 14).

B. **Befreiung vom Wettbewerbsverbot:** Umgekehrt kann der Kdtist, für 5 den wegen seiner Stellung wie ein Komplementär §§ 112, 113 gelten (→ Rn. 3), wie ein phG in bestimmten Grenzen von dem Wettbewerbsverbot befreit werden (→ § 112 Rn. 13).

[Kontrollrecht]

166 (1) **Der Kommanditist ist berechtigt, die abschriftliche Mitteilung des Jahresabschlusses zu verlangen und dessen Richtigkeit unter Einsicht der Bücher und Papiere zu prüfen.**

§ 166 1, 2   2. Buch. Handelsgesellschaften und stille Gesellschaft

(2) **Die in § 118 dem von der Geschäftsführung ausgeschlossenen Gesellschafter eingeräumten weiteren Rechte stehen dem Kommanditisten nicht zu.**

(3) **Auf Antrag eines Kommanditisten kann das Gericht, wenn wichtige Gründe vorliegen, die Mitteilung einer Bilanz und eines Jahresabschlusses oder sonstiger Aufklärungen sowie die Vorlegung der Bücher und Papiere jederzeit anordnen.**

Übersicht

	Rn
1) Das ordentliche Informationsrecht des Kommanditisten (I) ...	1–7
A. Grundsatz und Reichweite	1, 2
B. Mitteilung des Jahresabschlusses	3
C. Einsichtsrecht	4
D. Ausübung	5–7
2) Das außerordentliche Informationsrecht (vgl. III)	8–10
A. Grundsatz	8
B. Wichtiger Grund	9
C. Umfang	10
3) Sonstige Informationsrechte (vgl. II)	11–13
A. Allgemeines Informationsrecht des Kommanditisten	11
B. Auskunftsrecht	12, 13
4) Verfahren allgemein und nach III	14, 15
A. Allgemeines Verfahren	14
B. Sonderverfahren nach III	15
5) Die Informationsrechte bei verbundenen Personengesellschaften	16, 17
A. KG als herrschende Gesellschaft	16
B. KG als beherrschte Gesellschaft	17
6) Abweichende Vereinbarungen	18–21
A. Einschränkung	18–20
B. Erweiterung	21
7) Reform des Personengesellschaftsrechts (MoPeG)	22

1) Das ordentliche Informationsrecht des Kommanditisten (I)

1 A. **Grundsatz und Reichweite.** Nach § 166 (wie § 233 für die stGes) hat der Kdtist zur Kontrolle der Geschäftsführung ein Recht auf Mitteilung und Nachprüfung des Jahresabschlusses (I) und bei Vorliegen wichtiger Gründe darüber hinaus ein außerordentliches Informationsrecht (vgl. III). § 166 ist zwar enger als § 118, aber im Übrigen diesem vergleichbar (Grundkommentierung des Informationsrechts erfolgt bei § 118). Das Informationsrecht richtet sich **gegen die Gesellschaft,** OLG Celle BB 1983, 1451; BayObLG BB 1991, 1589, aber auch unmittelbar gegen die zuständigen geschäftsführenden Gfter (→ § 118 Rn. 1). Einsichtsrecht besteht auch, wenn Kdtist Wettbewerber der KG ist; bei überwiegenden Interessen der KG jedoch Ausübung uU durch Sachverständigen (→ Rn. 7). Weitere **Grenzen** aus Missbrauchsverbot und Treuepflicht (→ § 118 Rn. 1). Lit.: K. Schmidt, 1984; Huber ZGR 1982, 539; Grunewald ZGR 1989, 545; Goerdeler FS Kellermann, 1991, 77; Binz/Freudenberg/Sorg BB 1991, 785; Casper/Selbach NZG 2016, 1324. Neufassung durch das MoPeG, I wird sprachlich neu gefasst, II gestrichen, III als I 2 erweitert, Auskunft in Gesellschaftsangelegenheiten soweit zur Wahrnehmung der Mitgliedschaftsrechte erforderlich, insbesondere bei Grund zur Annahme unredlicher Geschäftsführung, dazu Fleischer DStR 2021, 488.

2 **Auflösung, Insolvenz, Ausscheiden:** § 166 gilt auch in der Liquidation (wenn Kdtist nicht selbst Liquidator ist), BayObLG BB 1987, 2184, bis zur Vollbeendigung (später § 157 III), OLG Celle BB 1983, 1450. In der Insolvenz Anspruch gegen Insolvenzverwalter, OLG Zweibrücken ZIP 2006, 2047, III nur

2. Abschnitt. Kommanditgesellschaft   3–6   § 166

gegen Insolvenzverwalter, KG ZIP 2014, 1744, allein aus Kdtistenstellung kein Anspruch auf Einsicht in Insolvenzakte, OLG Hamburg ZIP 2020, 881. § 166 gilt nicht für ausgeschiedene Kdtisten, BGHZ 50, 324; BayObLG BB 1987, 712, aA betr. Die Zeit vorher OLG Hamm BB 1970, 509 (zu III); Heymann/Borges Rn. 6. Erben und Nacherben → § 118 Rn. 2. Sie haben betr. Die Zeit vor ihrem Ausscheiden aber die aus § 810 BGB und § 242 BGB folgenden Einsichts- und Auskunftsrechte (→ Rn. 12), BGH WM 1989, 878. Ein Verfahren nach III ist nicht mehr zulässig, BayObLG BB 1987, 712; aA OLG Hamm MDR 1970, 596; Heymann/Borges Rn. 6.

B. Mitteilung des Jahresabschlusses. Jahresabschluss bedeutet bei Personen- **3** Ges Bilanz samt Gewinn- und Verlustrechnung (§ 242 III). I (nF 1986, Anpassung an § 242 III) umfasst seinem Zweck nach neben der Handelsbilanz auch die höchst wichtige Steuerbilanz (dh die Handelsbilanz mit den steuerlich notwendigen Änderungen), OLG Stuttgart OLGZ 1970, 264, auch Eröffnungsbilanz (§ 242 I), str., und Liquidationsbilanz (§ 154). **Nicht:** Zwischenabschlüsse, Prüfungsberichte (zB über freiwillige Abschlussprüfung oder des Finanzamts), insoweit also keine Aushändigung, str., sondern nur Einsichtsrecht (→ Rn. 4), auch bei ges. vorgeschriebener Prüfung, BGH ZIP 2015, 778, Prüfbericht muss aber bei Beschlussfassung vorliegen.

C. Einsichtsrecht. Der Kdtist kann die Richtigkeit des Jahresabschluss unter **4** Einsicht der Bücher und Papiere für Ges. prüfen. Zu den **Büchern und Papieren der KG** gehören alle Unterlagen der Ges., auch Prüfungsberichte (keine Aushändigung, → Rn. 3), BGH WM 1989, 878, auch Geheimbücher der Ges., OLG München WM 2008, 2211 (→ § 118 Rn. 4). Der Kdtist kann unter den Schriftstücken wählen, OLG München WM 2008, 2211; 2009, 1229; der geschäftsführende Gfter kann dartun, dass eine Einsicht in ein gewähltes Stück nicht zur sachgerechten Prüfung des Jahresabschlusses erforderlich, daher missbräuchlich ist. Im Urteil auf Duldung der Einsicht Tenor idR ohne Einschränkung, die Gründe können auf mögliche Einschränkungen hinweisen, BGHZ 25, 120 (122); BB 1975, 1083. Das Einsichtsrecht ist **auf die Kontrolle des Rechnungsabschlusses beschränkt** (anders § 118), BGHZ 25, 120; BGH BB 1984, 1273, und zwar so wie er vorhanden ist, die Kdtisten haben keinen eigenen Anspruch auf Rechnungslegung, weder gegen die Ges. noch gegen den Kommissionär, KG ZIP 2009, 1824, MüKoHGB/Grunewald Rn. 9. **Zeit, Ort, Art und Weise** der Einsicht entspr. der Treuepflicht, keine Herausgabe, Mitnahme, Versendung (→ § 118 Rn. 4). **Mitunterzeichnung der Bilanz** durch Kdtist ist nach der Rspr. (→ § 164 Rn. 3) Anerkennung ihrer Richtigkeit, schließt aber spätere Einsicht in die Unterlagen nicht ohne weiteres aus (→ § 118 Rn. 4), KG GmbHR 1988, 224 (GmbH), auch nach Abschlussprüfung, MüKoHGB/Grunewald Rn. 8, erst recht nicht bei Annahme eines bloßen Organbeschlusses (→ § 164 Rn. 3), aA RGZ 117, 334 (bei vorbehaltslosem Anerkenntnis); BGH BB 1962, 426 (unklar); OLG Nürnberg BB 1957, 1047; OLG Hamm GmbHR 1994, 129; Ebenroth/Weipert Rn. 16; Röhricht/Mock Rn. 13; Voigt NZG 2009, 772, dann aber wenigstens nach Anfechtung. Wirkung der Entlastung → § 114 Rn. 16. **Kosten** → § 118 Rn. 5.

D. Ausübung. a) Persönlich: Es kann grundsätzlich **nur persönlich** aus- **5** geübt und nicht übertragen werden, bei Minderjährigen durch den gesetzlichen Vertreter (→ § 118 Rn. 8). Ausübung durch **Bevollmächtigte** ist nur mit Zustimmung der MitGfter zulässig; ohne Zustimmung nur bei wichtigem Grund, zB wenn der Gfter durch besondere Umstände wie längere Abwesenheit oder längere Krankheit verhindert ist, BGHZ 25, 123 (näher → § 118 Rn. 8).

b) Hinzuziehung Dritter: Der einsichtsberechtigte Kdtist darf aber, auch **6** ohne mangelnde Sachkunde oder sonstige Gründe nachweisen zu müssen, einen geeigneten **Sachverständigen** hinzuziehen, BGHZ 25, 115; BGH BB 1984, 1274. Möglich ist Ablehnung aus Gründen in der Person des Vorgeschlagenen, bei Streit hierüber Bestimmung durch das Gericht, BGH BB 1970, 187; OLG Hamm BB 1970, 104 (näher → § 118 Rn. 9).

7 c) **Ausübung nur durch Dritte:** Der Kdtist kann ausnahmsweise, zB wenn der Kdtist Wettbewerber der Ges. ist (§ 165) sein Informationsrecht nicht persönlich, sondern nur durch einen Sachverständigen ausüben, der dann dem Kdtisten ihm nicht zustehende Informationen nicht zugänglich machen darf (überwiegende Interessen der Ges., Treuepflicht, → § 109 Rn. 23), BGH BB 1979, 1316; WM 1982, 1403. Ausübung nur durch gemeinsamen Kdtistenvertreter ist bei der PublikumsGes sogar die Regel (→ Anh. § 177 Rn. 72). Die Beweislast für konkrete Gefährdung betr. Bestimmter Geschäftsunterlagen liegt bei der Ges., BGH BB 1979, 1316. Auswahl des Sachverständigen liegt auch hier beim Kdtisten als Rechtsinhaber, aA (wegen Gefährdung der Ges.) Einigung mit KG, BayObLG WM 1989, 372; aber Widerspruchsrecht der KG bei begründeten Zweifeln (→ § 118 Rn. 9). Kosten → § 118 Rn. 5.

2) Das außerordentliche Informationsrecht (vgl. III)

8 A. **Grundsatz.** Neben dem Informationsrecht nach I, OLG München WM 2008, 2212; ZIP 2010, 1693, besteht bei wichtigem Grund ein außerordentliches Informationsrecht, das nach üL aus III folgt, richtiger aber unabhängig von III (dann nur Verfahrensvorschrift) besteht (→ Rn. 11). Das außerordentliche Einsichtsrecht ist anders als I **nicht auf die Kontrolle des Rechnungsabschlusses beschränkt** (so aber OLG Köln NZG 2014, 660 m. krit. Bespr. Rosner NZG 2014, 665), sondern erstreckt sich auch auf die Geschäftsführung des Komplementärs allgemein und die damit zusammenhängenden Unterlagen, OLG München WM 2008, 2211. Dieses Informationsrecht dient auch der Kontrolle der Geschäftsführung, BGH ZIP 2016, 1770, was nach BGH und hL direkt aus III folgt. Für hier vertretene Meinung spricht weiter, dass so auch ggü. Ges. ein entsprechendes Informationsrecht besteht, es also nicht stets gerichtlicher Inanspruchnahme bedarf. Das Informationsrecht ist anwendbar zur Prüfung von Unterlagen (Schlussbilanz) eines einzelkfm Unternehmens, aus dem die KG hervorging, OLG Düsseldorf DB 1971, 1779. Es richtet sich idR gegen die Ges. selbst, OLG München WM 2008, 2211; 2009, 1229 (→ Rn. 1). III gilt nicht nach Ausscheiden, str. (→ Rn. 2). Ausübung persönlich oder durch Dritte → Rn. 5–7.

9 B. **Wichtiger Grund.** Ein solcher liegt vor, wenn über I hinaus sofortige Überwachung im Interesse des Kdtisten geboten ist, also bei konkreter Gefährdung der Interessen des Kdtisten, OLG München WM 2009, 1229, zB bei drohender Schädigung von Ges. oder Kdtist, BGH BB 1984, 1274 (stGes), bei begründetem Verdacht nicht ordnungsmäßiger Geschäfts- oder Buchführung, OLG Hamburg MDR 1965, 666; OLG München WM 2008, 2212, dabei reicht Anlass zu aktuellem Misstrauen aus, BGH ZIP 2018, 1186; idR bei Verweigerung oder längerer Verzögerung der Kontrolle nach I, OLG Hamm BB 1970, 509; MDR 1971, 1014; iErg BayObLG BB 1991, 1589, bei massivem Prospektfehler, OLG München ZIP 2017, 1115, mit OLG Düsseldorf NZG 2021, 160 kann ein besonders gravierendes Informationsinteresse gefordert werden. Der wichtige Grund begrenzt zugleich Umfang und Dauer der Überwachung, OLG München WM 2009, 1229, also uU nur einmalig, nach aA immer nur einmalig, so wohl BayObLG BB 1991, 1589. **Nicht:** Betriebsprüfung mit möglicherweise nachteiligen steuerlichen Folgen, OLG München ZIP 2010, 1692; Verweigerung des Prüfungsrechts nach I (Klage vor Prozessgericht, → Rn. 14, anders bei III, → Rn. 15), anders wenn mehrjährig und Gefährdung des Kdtisten, OLG München ZIP 2010, 1694, Ges. kann verlangen, dass Person des Einsichtnehmenden und Unterlagen benannt werden, OLG München ZIP 2011, 1619.

C. **Umfang.** Mitteilung (Kopie) von Bilanz, Jahresabschluss (III nF 1986, Anpassung an § 242 III) und sonstige Aufklärungen (Auskunft) sowie Vorlegung (Einsicht) der Bücher und Papiere (näher → Rn. 4), auch Zwischenabschlüsse (anders I, → Rn. 3). III wird von Rspr. Weit ausgelegt, BGH ZIP 2016, 1772, regelt die Anordnungsbefugnis des Gerichts nach FamFG, das außerordentliche Informationsrecht besteht davon unabhängig. Der Umfang richtet sich jeweils nach Lage des Falles, OLG München WM 2009, 1229; Bsp.: Teile eines Berichts, vgl. OLG Hamburg MDR 1965, 666. Auch Aufstellung einer Zwischenbilanz kann verlangt werden, Oetker/Oetker Rn. 26, str. Eignung, Erforderlichkeit und Umfang der zu erteilenden Auskunft hängen von dem geltend gemachten wichtigen Grund ab, abzuwägen sind das Informationsbedürfnis des Kdtisten und die Interessen der Ges., BGH ZIP 2016, 1772. **10**

3) Sonstige Informationsrechte (vgl. II)

A. **Allgemeines Informationsrecht des Kommanditisten.** Die Rechte des § 118, zB allgemeines Büchereinsichtsrecht, hat der Kdtist nicht (II), BGH WM 1983, 911. Dennoch ist ein allgemeines Informationsrecht auch des Kdtisten über § 166 hinaus anzuerkennen, K. Schmidt §§ 53 III 3b, 21 III, Goerdeler FS Kellermann, 1991, 77; offen BGH NJW 1992, 1890; jedenfalls bei PublikumsGes hL (→ Anh. § 177a Rn. 72). Es kann bestehen zB bei Abstimmung über außergewöhnliche Geschäfte (→ § 164 Rn. 2); bei Änderungen des GesVertrags oder anderen Grundlagengeschäften (→ § 164 Rn. 4). Auch dieses allgemeine Informationsrecht ist aber funktionsgebunden, besteht also nicht zwecks Einwirkung auf die Geschäftsführung, BGH NJW 1992, 1890. Das Informationsrecht nach § 166 kann **ausnahmsweise** zum **Auskunftsrecht** des einzelnen Gfter erstarken, nämlich wenn die erforderlichen Angaben nicht aus den Büchern und Papieren der Ges. ersichtlich sind und sich der Gfter etwa bei Lückenhaftigkeit oder Widersprüchlichkeit der Unterlagen ohne die Auskunft keine Klarheit über die Angelegenheiten der Ges. verschaffen kann, BGH ZIP 2018, 1186 (→ § 118 Rn. 7). **11**

B. **Auskunftsrecht.** Neben dem Informationsrecht (Individualrecht) des Kdtisten gegen die Ges. und durch § 166 nicht ausgeschlossen, Huber ZGR 1982, 539, str., besteht ein (kollektives) Informationsrecht aller Gfter gegen den geschäftsführenden (**§§ 713, 666 BGB;** → § 114 Rn. 14). Dieses Recht ist kein Individualrecht, kann aber von jedem einzelnen Gfter zugunsten der Ges. geltend gemacht werden (actio pro socio, → § 109 Rn. 32), BGH ZIP 2018, 1187; MüKoBGB/Schäfer § 713 Rn. 8, offen, aber jedenfalls nur nach Maß der Mitwirkungsrechte des Kdtisten, also nicht betr. Geschäftsführung, BGH NJW 1992, 1890. Auch das Recht auf Auskunft über Namen und Anschrift der anderen Kdtisten kann gegen den geschf MitGfter gerichtet werden, BGH ZIP 2015, 322. **12**

Wenn § 166 wie zB dem ausgeschiedenen Kdtisten nicht zur Verfügung steht, kann er auf **§ 810 BGB** rekurrieren (→ Rn. 2, → § 118 Rn. 11). Ausnahmsweise folgt ein Auskunftsrecht aus **§ 242 BGB** (→ § 118 Rn. 13). Hinzu kommen **Vorlegungsrechte** aus § 258 HGB und §§ 422 ff. ZPO (→ § 118 Rn. 14). **13**

4) Verfahren allgemein und nach III

A. **Allgemeines Verfahren.** Die Rechte nach I sind idR durch (Leistungs-, Schadensersatz-)**Klage vor dem Prozessgericht** geltend zu machen. Dies gilt auch für das außerordentliche Informationsrecht (nach üL III, → Rn. 8) möglich, BGH BB 1984, 1273 (stGes); offen BayObLG BB 1991, 1589. Umgekehrt ist für Rechte nach I (ebenso wie für das außerordentliche Informationsrecht) bei wichtigem Grunde auch das Verfahren nach III möglich; wichtiger Grund ist **14** insbesondere (→ Rn. 9) schon Verweigerung (ausdrücklich oder faktisch) der Kontrolle nach I (so dass bei Klageanlass meist auch der Weg nach III offen sein wird), OLG Hamm BB 1970, 509; MDR 1971, 1014. Der Kdtist kann gleichzeitig auf beiden Wegen vorgehen (unterschiedliche Voraussetzungen), OLG Celle BB 1983, 1451; BGH ZIP 2016, 1770, was (lösbare) Probleme aufwirft, Ebenroth/Weipert Rn. 36, 45. Keine Klage des Kdtisten gegen KG auf Änderung eines Bilanzentwurfs, BGH BB 1980, 121. Vorläufiger Rechtsschutz, zB nach §§ 935 ff. ZPO auf Sicherstellung von Büchern und Papieren, ist zu I und zum außerordentlichen Informationsrecht möglich (nicht nach III, → Rn. 15), nach aA ist III eine Sonderverfahrensregel für den einstweiligen Rechtsschutz, K. Schmidt § 53 II 3c. Bestellung von Sachverständigen durch das Gericht ist möglich (→ Rn. 6). Vollstreckung → § 118 Rn. 15.

15   B. **Sonderverfahren nach III.** Streitiges Verfahren nach **FamFG** (→ Einl. Vor § 1 Rn. 81, → § 146 Rn. 8) mit entspr. Anwendung der ZPO, BayObLG DB 1978, 2405; KG ZIP 2009, 1825. Amtsermittlung (§ 26 FamFG). Bei Tod des geschäftsführenden Gfters ist Verfahren gegen Nachfolger fortzusetzen (keine Unterbrechung nach § 239 ZPO), OLG Hamm BB 1970, 104. Bei Vorliegen von III kein Ermessen des Gerichts zum Ob, nur zum Wie, BayObLG BB 1991, 1589. Im Verfahren nach III kann Anspruch nach I mitgeprüft werden (→ Rn. 14). Einstweilige Verfügung ist im FamFGVerfahren nach III nicht möglich, aber richterliche Anordnung, MüKoHGB/Grunewald Rn. 39. Das Verfahren nach III kann durch Vergleich beendet werden, BayObLG DB 1978, 2405. Vollstreckung nach § 95 FamFG iVm ZPO, OLG München ZIP 2010, 1692, str., nach aA § 35 FamFG, bei Insolvenz gegen Insolvenzverwalter, KG ZIP 2014, 1744.

5) Die Informationsrechte bei verbundenen Personengesellschaften

16   A. **KG als herrschende Gesellschaft.** Bücher und Papiere der Ges., nicht nur solche über die inneren Angelegenheiten der Ges., sondern auch über ihre Konzernbeziehungen (→ § 105 Rn. 100, 106), BGH BB 1984, 1274 (stGes). Ein eigenes oder abgeleitetes Informationsrecht gegen selbstständige TochterGes hat der Kdtist nach I nicht, auch nicht gegen die KG auf Ermöglichung solcher unmittelbarer Kontrolle, BGH BB 1984, 1272 (1274) (stGes); aA für Sonderfall OLG Köln OLGZ 1967, 362. Ausnahmsweise besteht Anspruch gegen die Ges. auf Einsicht in Bücher der (nahezu) 100%igen TochterGes, BGHZ 25, 118 (EinpersonenGmbH); OLG Stuttgart BB 1956, 573; uU auch bei Manipulationen und personeller Verflechtung, aber die Rechte der gfter der TochterGes sind zu wahren; für allgemeinere Erstreckung auch auf Angelegenheiten des verbundenen Unternehmens im Konzern OLG Köln ZIP 1985, 800 (GmbH); Schneider BB 1975, 1353, entspr. gilt unter § 51a GmbHG bei GmbH & Co (→ Anh. § 177a Rn. 25). Lit.: MüKoHGB/Mülbert Anh. § 229 Konzernrecht Rn. 106 ff.; Schneider BB 1975, 1353 u. ZHR 143 (1979), 501; Hepting FS Pleyer, 1986, 301; Kort ZGR 1987, 46.

17   B. **KG als beherrschte Gesellschaft.** Ist die KG abhängig oder konzerniert (→ § 105 Rn. 102–105), ist dies nicht schon für sich allein ein wichtiger Grund iSv III, Röhricht/Mock Rn. 27; MüKoHGB/Grunewald Rn. 35; aA Schneider BB 1975, 1353. Doch liegt ein solcher bei Unternehmensverbindung, zumal bei mittelbarer, wegen geringerer Durchsichtigkeit näher als ohne solche (→ § 105 Rn. 103, auch → § 118 Rn. 16). Im qualifizierten faktischen Konzern, nach aA auch schon im einfachen, hilft auch Beweislastumkehr, BGH NJW 1980, 232 (→ § 105 Rn. 104).

6) Abweichende Vereinbarungen

A. Einschränkung. a) Das ordentliche Informationsrecht: I und II sind 18
nicht schlechthin unabdingbar, OLG München ZIP 2018, 425; aA MüKoHGB/
Grunewald Rn. 51 für gesetzestypische KG, Einzelheiten sehr str. Der GesVertrag kann die Informationsrechte zwar nicht ganz beseitigen, aber ausgestalten und dabei auch einschränken, BayObLG WM 1988, 1790; auch K. Schmidt § 53 III 3d, so insbesondere hinsichtlich der Art und Weise der Ausübung, zB Vertreterklausel (Ausübung der Rechte nur durch gemeinsamen Vertreter) bei PublikumsGes BGH NJW 1984, 2471 (→ Anh. § 177a Rn. 72); offen oder sogar aA BGH NJW 1989, 225 m. zust. Anm. Schießl NJW 1989, 1597; Grunewald ZGR 1989, 545 entspr. dem (problematischen, Mertens FS Werner, 1984, 557) § 51a III GmbHG. Solche Einschränkungen dürfen aber nicht den Kern des Informations- und Kontrollrechts berühren, so bei völligem Entzug wegen erlaubter Konkurrenztätigkeit, BGH NJW 1995, 194 (Kernbereichslehre, → § 119 Rn. 36). Keinesfalls wirken sie bei Verdacht unredlicher Geschäftsführung (entspr. § 716 II BGB, § 118 II HGB); auch das Recht auf Mitteilung der Bilanz und einer Möglichkeit zur Prüfung ist zwingend, K. Schmidt § 53 III 3d, str. Das MoPeG sieht eine zwingende Regelung vor, Fleischer DStR 2021, 488.

b) Das außerordentliche Informationsrecht und die Befugnisse des Ge- 19
richts bei wichtigem Grund nach III sind wie immer unbeschränkbar, OLG Hamm BB 1970, 509. Besonderheiten gelten für die PublikumsGes (→ Anh. § 177a Rn. 72). Doch hindert eine im GesVertrag enthaltene Schiedsklausel solche Anträge, BayObLG DB 1978, 2405. Lit.: Veltins/Hikel DB 1989, 465.

Unberührt bleibt das zwingende Auskunftsrecht nach **§§ 713, 666 BGB** 20
(→ § 114 Rn. 14).

B. Erweiterung. Erweiterungen von I und II sind ohne weiteres möglich, 21
auch des außerordentlichen Informationsrechts (zB bezüglich des wichtigen Grundes). Das Verfahren nach III ist dagegen nicht disponibel.

7) Reform des Personengesellschaftsrechts (MoPeG)

Das Gesetz zur Modernisierung des Personengesellschaftsrechts (MoPeG 22
→ Einl § 105 Rn. 42 ff.) fasst ein 1.1.2024 neben dem OHG-Recht auch einzelne Vorschriften der §§ 161 ff. neu. § 166 regelt künftig allgemein das Informationsrecht der Kommanditisten, die Notwendigkeit vorheriger gerichtlicher Geltendmachung nach III entfällt. Zur Textfassung der §§ 105 ff. HGB-MoPeG und den Änderungen der §§ 161 ff. s. → Anh. § 105.

[Gewinn und Verlust]

167 (1) **Die Vorschriften des § 120 über die Berechnung des Gewinns oder Verlustes gelten auch für den Kommanditisten.**

(2) **Jedoch wird der einem Kommanditisten zukommende Gewinn seinem Kapitalanteil nur so lange zugeschrieben, als dieser den Betrag der bedungenen Einlage nicht erreicht.**

(3) **An dem Verluste nimmt der Kommanditist nur bis zum Betrage seines Kapitalanteils und seiner noch rückständigen Einlage teil.**

1) Ermittlung von Gewinn und Verlust der KG (I)

Für die **Ermittlung** des Gewinns oder Verlusts der Ges. **im Ganzen** gilt bei 1
der KG nichts anderes als bei der OHG (§ 120 I).

§ 167 2–7   2. Buch. Handelsgesellschaften und stille Gesellschaft

2) Begrenzte Gewinnzuschreibung (II)

2   A. **Dem Kapitalanteil zugeschriebener Gewinn:** Für die Bildung und Behandlung der Kapitalanteile der Gfter gilt grundsätzlich dasselbe wie bei der OHG (§ 120 II, → § 120 Rn. 12). Dem Kapitalanteil des Kdtisten wird aber abw. von § 120 II (also anders als phG) iZw **Gewinn nur** solange **zugeschrieben, bis** der Kapitalanteil die zugesagte **Einlage erreicht** (Pflichteinlage, nicht Hafteinlage, → § 171 Rn. 1), also gar nicht, wenn diese sogleich voll geleistet ist und nicht durch Verluste oder Entnahmen vermindert wird. Darüber hinaus kommen Gewinnanteile dem Kdtisten außerhalb seines Kapitalanteils zugute, wie im System der festen Kapitalanteile alle Gewinnanteile allen Gftern (→ § 120 Rn. 15, 18–21). Dem Kapitalanteil zugeschriebener Gewinn wird auf dem Kapitalkonto verbucht (→ § 120 Rn. 18, 19). Verzinsung nur bei Vereinbarung (→ Rn. 7).

3   B. **Nicht dem Kapitalanteil zugeschriebener Gewinn:** Dieser ist nicht auf dem Kapitalkonto, sondern auf dem Privatkonto zu buchen (→ § 120 Rn. 18–21). Er ist jederzeit fristlos verfügbar (abrufbar, abtretbar, verpfändbar; Grenze: Treuepflicht → § 109 Rn. 23) und für Gläubiger pfändbar. Das gilt auch, wenn das Kapitalkonto negativ ist (→ Rn. 5), also keine Verrechnung. Verzinsung nur, wenn (auch stillschweigend) vereinbart. Umwandlung des Guthabens in zusätzliche Einlage oder in Darlehen setzt (auch stillschweigenden) Vertrag voraus (→ Rn. 7).

3) Begrenzter Verlustanteil (III)

4   A. **Begrenzter Verlustanteil:** Der Kdtist nimmt am Verlust nur bis zum Betrage seines Kapitalanteils und seiner noch rückständigen Einlage teil (III). Der Kdtist hat nicht nur während des Bestehens der KG keine Nachschusspflicht (§ 707 BGB, → § 109 Rn. 12), sondern nach III auch nicht in der Liquidation oder beim Ausscheiden, etwaige Verluste bleiben vielmehr allein beim phG hängen, BGHZ 86, 126; BGH WM 1986, 235.

5   B. **Negativer Kapitalanteil:** III bedeutet jedoch nicht, dass die Belastung des Kdtisten mit Verlusten bei Erschöpfung seines (durch Einlage und Gewinnzuschreibungen, → Rn. 2) Kapitalanteils zuzüglich der noch zu leistenden Einlage aufhört. Vielmehr kann der Kdtist ebenso wie der phG einen negativen Kapitalanteil haben (→ § 120 Rn. 22), den er durch spätere Gewinnanteile zuerst wieder auf Null bringen muss, bevor er Beträge ausbezahlt verlangen kann (→ § 168 Rn. 1). Darin erschöpft sich aber mangels anderer Vereinbarung (→ Rn. 6) die Bedeutung des negativen Kapitalanteils. Der Kdtist, der bei Auflösung der Ges. oder bei seinem Ausscheiden einen negativen Kapitalanteil hat, braucht diesen also nicht aufzufüllen (→ Rn. 4). Steuerrechtliche Einschränkung des negativen Kapitalkontos → Anh. § 177a Rn. 55.

4) Abweichende Vereinbarungen

6   A. **Vertragsfreiheit:** 167 ist dispositiv (Innenverhältnis, § 109). Zu I sind abweichende Vereinbarungen wie bei der OHG möglich (→ § 120 Rn. 11), zB zur Aufstellung und Feststellung des Jahresabschlusses (→ § 164 Rn. 3, 6–9).

7   B. **Gewinnzuschreibung, Konten:** Der GesVertrag kann dem Kdtisten entgegen II ein **Aufstockungsrecht** einräumen, dann kann er (bei variablen Kapitalanteilen, → § 120 Rn. 14) durch Stehenlassen von Gewinnen seine Einlage erhöhen. Sonst setzt Umwandlung des Guthabens in zusätzliche **Einlage** einen (auch stillschweigenden) Vertrag voraus. Bloßes Stehenlassen genügt auch nicht für (Vereinbarungs-)**Darlehen**. Bei einvernehmlicher Buchung als Darlehen oder sonstwie Einigung auf Behandlung als Darlehen ist das so gebildete Darlehen iZw kündbar (Fristen § 488 III BGB), OLG Düsseldorf BB 1963, 284, Grenze: Treuepflicht (→ § 109 Rn. 23). Der GesVertrag kann die Kündigung ausschließen, OLG Düsseldorf BB 1963, 284, auch durch Beschränkung des Gewinnent-

2. Abschnitt. Kommanditgesellschaft 1, 2 § 168

nahmerechts, str. Auch dann darf der Kdtist aber iZw den Betrag entnehmen, der zur Zahlung der auf den Gewinn anfallenden Steuern notwendig ist (vgl. → § 122 Rn. 17), str. Je nachdem werden auch unterschiedliche **Konten,** zB Kapitalkonto I, II, Privatkonten, vereinbart (→ § 120 Rn. 18–21). Übergang von festem zu variablem Konten mit Gewinnzuschreibung gilt iZw auch für Kdtisten, BGH WM 1967, 317. Auslegung von Buchungen auf variablen Konten (Einlagen oder Darlehen), OLG Köln ZIP 2000, 1726. Gfter ohne Kapitalanteil → § 120 Rn. 23. Verzinsung, auch eines Vorschusses, kann (auch stillschweigend) vereinbart werden (→ § 120 Rn. 19); sie kann haftungsschädliche Entnahme nach § 172 IV sein (→ § 168 Rn. 4), BGHZ 39, 332. Lit.: Huber ZGR 1988, 1; Mylich ZHR 182 (2018), 414.

C. **Verlustanteil:** Abbedingung des Verlustanteils bei Gfter ohne Kapitalanteil 8
(→ § 120 Rn. 23). Nachschusspflicht kann besonders vereinbart sein, aber nur beschränkt durch Bestimmtheitsgrundsatz und Obergrenzen (→ § 109 Rn. 14). Abbedingung von III (Freistellungspflicht des Kdtisten) bei GmbH & Co, → Anh. § 177a Rn. 43. Zur Nachschusspflicht Wilde NZG 2012, 215.

5) Reform des Personengesellschaftsrechts (MoPeG)

Das Gesetz zur Modernisierung des Personengesellschaftsrechts (MoPeG 9
→ Einl § 105 Rn. 42 ff.) fasst zum 1.1.2024 neben dem OHG-Recht auch einzelne Vorschriften der §§ 161 ff. neu. Anstelle der §§ 167, 168 regelt § 167 HGB-MoPeG künftig nur die Verlustbeteiligung und bestimmt, dass die §§ 136, 149 HGB-MoPeG auf den Kommanditisten nicht angewendet werden, wenn er die vereinbarte Einlage geleistet hat. Zur Textfassung der §§ 105 ff. HGB-MoPeG und den Änderungen der §§ 161 ff. s. → Anh. § 105.

[Verteilung von Gewinn und Verlust]

168 (1) **Die Anteile der Gesellschafter am Gewinne bestimmen sich, soweit der Gewinn den Betrag von vier vom Hundert der Kapitalanteile nicht übersteigt, nach den Vorschriften des § 121 Abs. 1 und 2.**

(2) **In Ansehung des Gewinns, welcher diesen Betrag übersteigt, sowie in Ansehung des Verlustes gilt, soweit nicht ein anderes vereinbart ist, ein den Umständen nach angemessenes Verhältnis der Anteile als bedungen.**

1) Gewinnverteilung (I, II)

A. **Vorzugsgewinnanteil:** Nach I werden entspr. § 121 (falls nicht wie üblich 1
vertraglich anders geregelt) aus dem Gewinn zunächst bis zu 4 % auf die Kapitalanteile (→ § 167 Rn. 2) verteilt, bei Berücksichtigung von Einlagen und Entnahmen während des Geschäftsjahrs nach § 121 II. Die 4 % sind ggf. anteilig zu kürzen (§ 121 I 2). Ein negativer Kapitalanteil wird nicht bedient (→ § 167 Rn. 5).

B. **Mehrgewinn:** Ein Mehrgewinn wird iZw nicht wie nach § 121 III nach 2
Köpfen, sondern in angemessenem Verhältnis verteilt (II), vgl. RG Gruch 1938, 1132; BGH WM 1956, 1062. Angemessen ist idR Gewinnvoraus an den phG (wegen § 128) und die vergütungslos tätigen (→ § 110 Rn. 19) geschäftsführenden Gfter (auch Kdtisten, → § 164 Rn. 7), Verteilung des Restbetrags nach Kapitalanteilen (wie nach I). Streit über die Gewinn- und Verlustverteilung ist unter den Gftern, nicht mit der Ges. auszutragen, BGH WM 1974, 177. Leistungsklage betrifft nur das konkrete Jahr, deshalb besteht idR Rechtsschutzbedürfnis für Feststellungsklage.

2) Verlustverteilung (II)

3 Auch Verlust wird abw. Von § 121 III in angemessenem Verhältnis umgelegt (II, → Rn. 2). Angemessen ist idR Verteilung nach Kapitalanteilen. Klage → Rn. 2.

3) Abweichende Vereinbarungen

4 A. **Gewinn- und Verlustverteilungsabreden:** § 168 ist dispositiv (Innenverhältnis, § 109); so für Gewinnverteilung (→ § 121 Rn. 8), BGH WM 1978, 1230, ebenso wie für Verlustverteilung (→ § 121 Rn. 9). Tätigkeitsvergütung → § 169 Rn. 7. Der Gewinnvoraus für phG und Geschäftsführer (→ Rn. 2) kann näher bestimmt werden. Gewinne und Verluste können statt nach I, II nur nach Kapitalanteilen verteilt werden. Feste Verzinsung oder garantierter Gewinnanteil an Kdtisten sind auch bei Verlust der Ges. zu bezahlen, sie sind iZw Ausschluss der Verlustbeteiligung des Kdtisten, BGH WM 1975, 662. Dies kann zu haftungsschädlicher Entnahme nach § 172 IV führen (→ § 167 Rn. 7). Gfter ohne Kapitalanteil → § 169 Rn. 7, 8.

5 B. **Sonstige Änderungen:** Jede Änderung der Gewinn- und Verlustverteilung ist Vertragsänderung (→ § 121 Rn. 10).

4) Reform des Personengesellschaftsrechts (MoPeG)

6 Das Gesetz zur Modernisierung des Personengesellschaftsrechts (MoPeG → Einl § 105 Rn. 42 ff) fasst zum 1.1.2024 neben dem OHG-Recht auch einzelne Vorschriften der §§ 161 ff neu. Anstelle der §§ 167, 168 regelt § 167 HGB-MoPeG künftig nur die Verlustbeteiligung und bestimmt, dass die §§ 136, 149 HGB-MoPeG auf den Kommanditisten nicht angewendet werden, wenn er die vereinbarte Einlage geleistet hat. Zur Textfassung der §§ 105 ff HGB-MoPeG und den Änderungen der §§ 161 ff s. → Anh. § 105.

[Gewinnauszahlung]

169 (1) ¹§ 122 findet auf den Kommanditisten keine Anwendung. ²Dieser hat nur Anspruch auf Auszahlung des ihm zukommenden Gewinns; er kann auch die Auszahlung des Gewinns nicht fordern, solange sein Kapitalanteil durch Verlust unter den auf die bedungene Einlage geleisteten Betrag herabgemindert ist oder durch die Auszahlung unter diesen Betrag herabgemindert werden würde.

(2) **Der Kommanditist ist nicht verpflichtet, den bezogenen Gewinn wegen späterer Verluste zurückzuzahlen.**

1) Gewinnentnahmen der Kommanditisten (I)

1 A. **Kein gewinnunabhängiges Entnahmerecht (I 1):** Für Kdtisten gilt (anders als für phG der KG) § 122 nicht (I 1). Der Kdtist hat also kein gewinnunabhängiges Entnahmerecht nach § 122 I Hs. 1 (→ § 122 Rn. 8). Das Verbot des § 122 II kehrt der Sache nach wieder in § 169 I 2. Es besteht kein Auszahlungsverbot zum Schutze der Gläubiger, aber Auszahlungen an den Kdtisten können seine persönliche Haftung begründen (§ 172 IV).

2 B. **Gewinnrecht (I 2 Hs. 2):** Den ihm zukommenden Gewinn darf der Kdtist grundsätzlich ganz entnehmen. Entnehmen bedeutet für den nicht geschäftsführenden Kdtisten: sich auszahlen lassen (→ § 122 Rn. 5). Nicht nötig ist ein entspr. Gewinnverwendungsbeschluss der Ges., LG Frankfurt a. M. NZG 2013, 1224.

3 C. **Grenzen: a)** Die Grenze des § 122 I, wonach die Entnahme nicht zum offenbaren Schaden der Ges. gereichen darf, gilt nicht, str., nach aA allgemeiner Grundsatz, doch kann die **Treuepflicht** des Kdtisten das Entnahmerecht aus-

2. Abschnitt. Kommanditgesellschaft 4–7 § 169

nahmsweise beschränken, doch gilt das nur vorübergehend und soweit der Ges. ein schwerer, nicht wiedergutzumachender Schaden droht (→ § 122 Rn. 9, 13), Staub/Casper Rn. 13. Steuerentnahme → § 122 Rn. 9, 17. Gebilligt wurde das Fälligstellen einer Gewinnforderung, um ein Schutzschirmverfahren nach InsO zu ermöglichen, LG Frankfurt a. M. ZIP 2013, 1473 – Suhrkamp.

b) Der Kdtist darf einen Gewinnanteil nicht entnehmen, wenn sein Kapital- 4 anteil infolge von Verlusten unter dem Betrage der von ihm zugesagten Einlage **(Pflichteinlage)** liegt oder durch die Auszahlung unter diesem Betrag käme **(I 2 Hs. 2)**. Auch ein negatives Kapitalkonto ist auszugleichen. Ist der Kdtist mit seiner Pflichteinlage im Rückstand, so hat er nach dem klaren Wortlaut des I 2 Hs. 2 dennoch Anspruch auf Auszahlung seines Gewinnanteils, aber die Ges. kann diesen und die Einlageschuld aufrechnen; anders soweit die Einlage noch nicht fällig ist (§ 387 BGB), bis dahin darf der Kdtist Gewinnanteile entnehmen. Die Beschränkung des I 2 Hs. 2 gilt iZw nur gegen den gesetzlichen Gewinnanspruch (§§ 167, 168), nicht eine vertragliche Gewinngarantie, BGH WM 1975, 662.

c) Zeitlich: Die Einjahresgrenze nach § 122 I Hs. 1 (→ § 122 Rn. 10) gilt für 5 den Kdtisten grundsätzlich nicht (I 1), Staub/Casper Rn. 15, str. Ist nämlich die Pflichteinlage erbracht, wird der Gewinn nicht dem Kapitalanteil zugeschrieben und ist dann jederzeit abrufbar (→ § 167 Rn. 3). Ist die Pflichteinlage dagegen noch nicht voll erbracht und hat der Kdtist ein Aufstockungsrecht (→ § 167 Rn. 7), gilt für den dem Kapitalanteil zuzuschreibenden Gewinn die Einjahresgrenze in entspr. Anwendung, so für die Aufstockung auch Heymann/Borges Rn. 35.

2) Keine Gewinnrückzahlung (II)

Der Kdtist braucht ebenso wie der Gfter der OHG und der phG der KG 6 einmal bezogene (ausgezahlte oder zur freien Verfügung auf Privatkonto gutgeschriebene) Gewinne nicht wegen späterer Verluste zurückzuzahlen. Anders, nämlich Bereicherungsanspruch der KG, wenn der Kdtist Gewinn unter Verstoß gegen I bzw. GesVertrag bezogen hat oder wenn der Jahresabschluss unrichtig ist oder nachträglich geändert wird unter Antastung des Gewinns (→ § 245 Rn. 3–5). Guter Glaube schützt den Kdtisten nicht, § 172 V gilt nicht entspr. (vgl. → § 172 Rn. 9), OLG Düsseldorf NZG 2020, 903, str. Rückzahlung einer vorschussweise gestatteten Entnahme → § 122 Rn. 11 II gilt nur im Innenverhältnis. Für die Haftung gegenüber Gläubigern aus Entnahmen gelten § 172 IV, V.

3) Abweichende Vereinbarungen

A. **Erweiterungen:** § 169 ist dispositiv (Innenverhältnis, § 109; Außenverhält- 7 nis → Rn. 1). Zulässig sind Erweiterungen (näher → § 122 Rn. 15). Der Ges-Vertrag kann den Kdtisten (wie phG, → § 122 Rn. 8) zB entgegen I 1 ein gewinnunabhängiges Entnahmerecht einräumen, BGH WM 1979, 803; ZIP 2013, 1223; 2013, 1533. GesVertrag kann GfterBeschluss über Entnahmen aus dem Liquiditätsüberschuss der Ges. zulassen, BGH NJW 1982, 2065 (2066) (iErg unwirksam). Eine vereinbarte Tätigkeitsvergütung folgt entweder aus dem Ges-Vertrag (als Voraus auf den Gewinnanteil nach § 169 oder abw. Von § 169 vereinbarte gewinnunabhängige Ausschüttung) oder aus besonderem Dienstvertrag (→ § 164 Rn. 7, → § 110 Rn. 19); das Erste gilt iZw bei Übertragung der Geschäftsführung an den Kdtisten neben dem phG, OLG Celle OLGZ 1973, 343 (Folge: Haftung nach § 172 IV). Die Rückforderung gewinnunabhängiger Entnahmen muss auch nach Aufgabe des Bestimmtheitsgrundsatzes unmissverständlich vom GesVertr vorgesehen werden, BGH ZIP 2013, 1224; krit. Lux NZG 2013, 1017. Auszahlungen aufgrund eines gewinnunabhängigen Entnahmerechts sind grds. Nicht als unentgeltliche Leistungen nach § 134 InsO anfechtbar, BGH ZIP 2017, 1284. Bezahlt der Gfter gewinnunabhängig erfolgte Auszahlung zurück, ohne dazu verpflichtet zu sein, kann er Rückzahlung nicht zur Insolvenztabelle anmelden, OLG Hamburg NZG 2015, 1192.

8   B. **Beschränkungen:** Der GesVertrag kann zur Deckung des Kapitalbedarfs der Ges. das Entnahmerecht entgegen I 2 Hs. 1 beschränken (näher → § 122 Rn. 16). Bei Ausschluss der Gewinnentnahme kann (auch stillschweigend) jedenfalls Steuerentnahmerecht des Kdtisten vereinbart sein (→ § 122 Rn. 17). Er kann vorsehen, dass nicht entnehmbare Beträge auf einem Darlehenskonto gutzuschreiben sind (→ § 167 Rn. 7). Das Entnahmerecht des Kdtisten-Erben eines phG bestimmt sich in erster Linie nicht nach § 169, sondern in ergänzender Auslegung (→ § 105 Rn. 59) anhand der Entnahmeregelung für den Erblasser (zB ähnlich beschränkt), BGH BB 1973, 1000. Für Kontrolle eines Mehrheitsbeschlusses zweistufier Prüfungsmaßstab (→ § 119 Rn. 37). Verlangen gewinnunabhängiger Entnahmen kann gegen die Treuepflicht verstoßen, BGH ZIP 2013, 1537. Beschränkung durch Treuepflicht auch bei gewinnabhängiger Entnahme, LG Frankfurt a. M. ZIP 2013, 1720 – Suhrkamp; OLG München ZIP 2014, 69 – Kirch.

4) Reform des Personengesellschaftsrechts (MoPeG)

9   Das Gesetz zur Modernisierung des Personengesellschaftsrechts (MoPeG → Einl § 105 Rn. 42 ff.) fasst zum 1.1.2024 neben dem OHG-Recht auch einzelne Vorschriften der §§ 161 ff. neu, darunter auch § 169 I. Zur Textfassung der §§ 105 ff. HGB-MoPeG und den Änderungen der §§ 161 ff. s. → Anh. § 105.

[Vertretung der KG]

§ 170
Der Kommanditist ist zur Vertretung der Gesellschaft nicht ermächtigt.

1) Gesetzliche Regelung

1   A. **Vertretung der KG durch den Komplementär:** Die KG wird nach §§ 161 II, 125–127 durch den phG vertreten. **Kommanditisten** sind von der organschaftlichen Vertretung (→ § 125 Rn. 2, 5) **zwingend ausgeschlossen,** BGHZ 51, 200, üL, krit. MüKoHGB/Grunewald Rn. 12 f; aA Bergmann ZIP 2006, 2064, de lege ferenda für Dispositivität Staake NZG 2021, 95, ggf. Umdeutung in Vollmacht (§ 140 BGB, → Rn. 3). Mehrere phG können nach § 125 III (gemischte Gesamtvertretung) an Mitwirkung eines Kdtisten mit Prokura gebunden werden, aber nicht der Einzige phG, KG JW 1939, 424 (Selbstorganschaft, → § 125 Rn. 5, 20); aA Brox FS Westermann, 1974, 21. Aus demselben Grund kann dem einzigen phG die Vertretungsmacht nicht entzogen werden, BGHZ 41, 369; 51, 200 (näher → § 127 Rn. 3). In einer KG mit nur zwei phG führt bei Gesamtvertretungsmacht beider das Ausscheiden des einen zur Alleinvertretung durch den anderen, BGHZ 41, 367 (→ § 125 Rn. 16). Mitunterschrift des Kdtisten → § 17 Rn. 20. Im Prozess der KG ist sind die Kdtisten, auch bei Vollmacht (→ Rn. 3), nicht als Partei, sondern nur als Zeugen zu hören (→ § 124 Rn. 43).

2   B. **Haftung der KG:** Die Ges. haftet für ihre Gfter, auch für die Kdtisten, je nachdem entspr. § 31 BGB, nach § 278 BGB oder § 831 BGB (näher → § 124 Rn. 24 ff.). Ob der Kdtist Geschäftsführungs- und Vertretungsmacht hat oder nicht (→ § 164 Rn. 1, 7) ist für diese Zurechnung nicht das entscheidende Kriterium.

2. Abschnitt. Kommanditgesellschaft § 171

2) Kommanditisten mit Vollmacht

A. Prokura und andere Vollmachten: Kdtisten können, durch GesVertrag 3 oder durch den phG namens der Ges., Vollmacht jeder Art für die Ges. erhalten, auch Prokura, BGHZ 17, 394; auch Generalvollmacht, BGHZ 36, 295; auch stillschweigend durch schlüssiges Verhalten des (der) phG, BGH BB 1972, 726. Ein Kdtist kann auch Geschäftsführer der GmbH bei der GmbH & Co werden (→ Anh. § 177a Rn. 27).

B. Entziehung der Prokura: Die dem Kdtisten im GesVertrag erteilte Pro- 4 kura kann ihm jederzeit durch einfache Erklärung mit Wirkung nach außen entzogen werden (§ 52 I), also ohne Prozess (→ § 127 Rn. 3). Im Innenverhältnis ist dafür aber ein wichtiger Grund nötig (nur insoweit entspr. §§ 117, 127), BGHZ 17, 394. Das gilt auch, wenn der Kdtist von der Geschäftsführung ausgeschlossen ist (Titularprokura). Anders, wenn die Prokura des Kdtisten auf Dienst- oder sonstigem Vertrag beruht (→ § 109 Rn. 11, → § 110 Rn. 19), dann richtet sich die Entziehung allein nach diesem Rechtsverhältnis. Der GesVertrag kann die Entziehung von Zustimmung aller andern Gfter oder einer Mehrheit von ihnen abhängig machen, OLG Karlsruhe BB 1973, 1551.

3) Reform des Personengesellschaftsrechts (MoPeG)

Das Gesetz zur Modernisierung des Personengesellschaftsrechts (MoPeG 5 → Einl § 105 Rn. 42 ff.) fasst zum 1.1.2024 neben dem OHG-Recht auch einzelne Vorschriften der §§ 161 ff. neu, darunter auch § 170. Der bisherige Wortlaut wird sprachlich modernisiert, § 170 I HGB-MoPeG, neu eingeführt wird mit § 170 II HGB-MoPeG eine Sondervorschrift für die Einheits-KG (→ Anh § 177a Rn. 32). Zur Textfassung der §§ 105 ff. HGB-MoPeG und den Änderungen der §§ 161 ff. s. → Anh. § 105.

[Haftung des Kommanditisten]

171 (1) **Der Kommanditist haftet den Gläubigern der Gesellschaft bis zur Höhe seiner Einlage unmittelbar; die Haftung ist ausgeschlossen, soweit die Einlage geleistet ist.**

(2) **Ist über das Vermögen der Gesellschaft das Insolvenzverfahren eröffnet, so wird während der Dauer des Verfahrens das den Gesellschaftsgläubigern nach Absatz 1 zustehende Recht durch den Insolvenzverwalter oder den Sachwalter ausgeübt.**

Übersicht

	Rn
1) Beschränkung der Haftung (I Hs. 1)	1–5
A. Auf die Haftsumme beschränkte Haftung des Kommanditisten	1–3
B. Rechtsmissbrauch	4
C. Haftung aus anderen Gründen	5
2) Wegfall der Haftung (I Hs. 2)	6–10
A. Leistung der Einlage	6
B. Aufrechnung	7
C. Leistung an einen Gesellschaftsgläubiger	8
D. Abtretung der Einlageforderung	9
E. Verfahrensfragen	10
3) Haftung des Kommanditisten in der Gesellschaftsinsolvenz (II)	11–14
A. Zuständigkeit des Insolvenzverwalters bzw. Sachwalters	11
B. Zahlung zur Masse	12, 13
C. Ausscheiden vor Eröffnung des Insolvenzverfahrens	14
4) Reform des Personengesellschaftsrechts (MoPeG)	15

1) Beschränkung der Haftung (I Hs. 1)

1 **A. Auf die Haftsumme beschränkte Haftung des Kommanditisten.** Der Kdtist haftet den GesGläubigern **nur bis zur Höhe** der im GesVertrag bestimmten, nach § 162 I ins HdlReg einzutragenden „Einlage", besser **Haftsumme** (Haftungssumme, Außenverhältnis). Diese ist streng von der im Verhältnis unter den Gftern zu leistenden Einlage (sog. **Pflichteinlage,** Innenverhältnis) zu unterscheiden, BGH NJW 1995, 197. Mangels besonderer Vereinbarung entspricht zwar die Haftsumme der Pflichteinlage, BGH DB 1977, 1249; die Pflichteinlage kann jedoch von der Haftsumme abweichen, vgl. § 172 III. Auch der StrohmannKdtist und der offene TreuhänderKdtist haften als Gfter, daneben uU auch der Treugeber, OLG Celle ZIP 1985, 102, → Rn. 5. Haftung vor Eintragung des Einlagebetrags s. § 176. Lit.: K. Schmidt, 1977; K. Schmidt GmbHR 1986, 337; Huber ZGR 1988, 11.

2 **Art und Inhalt der Haftung (§§ 128, 129):** Die Haftung des Kdtisten ist, von der Beschränkung und von der Sondervorschrift für die Gesellschaftsinsolvenz (II) abgesehen, keine andere als die der Gfter der OHG und des phG in der KG (§§ 128, 129, s. dort). Wie deren Haftung dauert sie über Auflösung der Ges. und Ausscheiden des Gfters fort, im Fall des Ausscheidens beschränkt auf die vor dem Ausscheiden begründeten GesVerbindlichkeiten (Altgläubiger), → § 128 Rn. 29, § 160 nF 1994. Sie ist nicht subsidiär, gilt ohne Rücksicht auf Möglichkeit oder Unmöglichkeit der Befriedigung des Gläubigers aus dem GesVermögen, BGHZ 39, 322. So auch bei Übertragung des GesAnteils (näher → § 173 Rn. 11–13). Der Kommanditist haftet auch gegenüber den Gläubigern einer Untergesellschaft, wenn die KG als Obergesellschaft an einer anderen KG als Untergesellschaft beteiligt ist, BGH ZIP 2021, 1806 (Geltendmachung durch Insolvenzverwalter der Untergesellschaft), der phG nach § 128 HGB → § 105 Rn. 103.

3 **Einzelfälle:** Gewerbesteuer für den GesBetrieb nach GewStG, BGH ZIP 2021, 528: persönliche Steuerpflicht nur nach Maßgabe der bürgerlichrechtlichen Haftung für Verbindlichkeiten, des Gewerbebetriebs, des Kdtisten also nur gemäß KdtistenHaftung. Vgl. BB 1966, 319. Ebenso nur beschränkte Haftung für Grundsteuer, RFHE 48, 160; ebenso für die Fernsprechgebührenschuld der KG, BGH BB 1965, 303. Für HdlRegEintragungskosten haftet der Kdtist persönlich, soweit er selbst anmeldepflichtig ist (Bsp. Sitzverlegung, §§ 107, 108 I, 161 II); anders für (auch damit verbundene) andere Anmeldung der Ges. (Bsp. ZwNlErrichtung, § 13), OLG Hamm BB 1976, 811.

Schiedsvereinbarung der KG: Schiedsvereinbarung der KG mit Dritten (→ Einl. Vor § 1 Rn. 89; davon streng zu unterscheiden ist Schiedsklausel im GesVertrag, → Einl. Vor § 1 Rn. 90) wirkt anders als bei der OHG (→ § 128 Rn. 40) idR nicht für und gegen Kdtisten, die nach §§ 171 ff. in Anspruch genommen werden, wohl BGH WM 1991, 385; OLG Hamburg RIW 1989, 577, hL, aA BGH WM 1971, 308. Die Verneinung der Bejahung dieser Erstreckung folgt aber nicht schon aus den Haftungsnormen der §§ 171 ff. (entspr. üL u. Rspr. Bei der OHG § 128), sondern aus Auslegung der Schiedsvereinbarung (→ § 128 Rn. 40). Für diese ist bei geschäftsführenden Kdtisten (→ § 164 Rn. 7) ebenso wie bei phG idR konkludente Vollmacht des nicht unterzeichnenden Kdtisten anzunehmen. Für andere Kdtisten ist dazu klarer Vertragswille notwendig, bei PublikumsKG wird dieser nie vorliegen (ggf. Inhaltskontrolle, → Anh. § 177a Rn. 68). Lit.: K. Schmidt DB 1989, 2315; Weber/v. Schlabrendorff FS Glossner, 1993, 477.

4 **B. Rechtsmissbrauch.** Der Kdtist haftet den GesGläubigern auch bei alleinigem Weisungs- oder Geschäftsführungsrecht nicht nach § 128 wie phG; anders bei (darüber hinausgehendem) Rechtsmissbrauch oder aus Rechtsgeschäft mit dem Gläubiger, zB Schuldbeitritt oder Garantie, BGHZ 45, 210 (→ § 164

2. Abschnitt. Kommanditgesellschaft   5, 6   § 171

Rn. 9). Die Berufung des Kdtisten auf die Beschränkung seiner Haftung ist nicht immer schon dann missbräuchlich, wenn er allein Kapitalinhaber ist und den maßgeblichen Einfluss in der Ges. hat, während der phG vermögenslos und daher seine persönliche Haftung für Gläubiger nutzlos ist (→ § 161 Rn. 12, kapitalistische KG), Ebenroth/Strohn Rn. 29; Fleischer/Hahn NZG 2018, 1281, str.: zu weitgehend (kein Rechtsmissbrauch) BGHZ 45, 209; Staub/Schilling § 164 Rn. 11; zu eng (immer Rechtsmissbrauch) Wiedemann I 545, aber der Gleichlauf von Herrschaft und Haftung ist de lege lata rechtlich zwingend. Vielmehr kommt es auf die Umstände im Einzelfall an. Danach kann der Kdtist haften zB wenn er durch solche Gestaltung Dritte vorsätzlich sittenwidrig schädigt (§ 826 BGB); wenn er den Rechtsschein einer Haftung wie phG erweckt (→ § 5 Rn. 9), zB wenn er auf seine persönliche Kreditwürdigkeit und Zahlungsbereitschaft hinwies (vgl. Vorinstanz OLG Hamm MDR 1963, 849), aA BGHZ 45, 209; unter den Voraussetzungen der Durchgriffshaftung, BGHZ 54, 222 (eV), → Anh. § 177a Rn. 51b.

C. **Haftung aus anderen Gründen.** Möglich (und häufig) ist die Haftung des 5 Kdtisten aus anderem Schuldgrund, Ebenroth/Strohn Rn. 20; Fleischer/Hahn NZG 2018, 1281, zB **Verschulden bei Vertragsverhandlungen** oder **Rechtsschein** (→ Anh. § 177a Rn. 43), **Bürgschaft** oder Schuldbeitritt. Bei Schuldbeitritt kann Verbraucherschutz eingreifen, BGH WM 2011, 2356 (§§ 4, 6 VerbrKrG, jetzt §§ 492, 494 BGB). Bei Dauer-Mitschuld-Vertrag des Kdtisten uU aus § 314 BGB Kündigungsrecht aus wichtigem Grund, nicht allein wegen Vermögensverschlechterung der KG, OLG München MDR 1972, 243. **Verlustausschluss des persönlich haftenden Gesellschafters** kann als nur intern wirkende Verteilungsvorschrift gemeint sein; Pflicht des (der) Kdtisten, phG von Außenhaftung freizustellen, führt mittelbar zu unbeschränkter Haftung des (der) Kdtisten (→ Anh. § 177a Rn. 43). Gegen den Haftungsanspruch (Inanspruchnahme des Kdtisten durch Gläubiger) ist entspr. § 387 BGB **Aufrechnung** mit Anspruch des Kdtisten gegen die Ges. möglich, so wie Aufrechnung gegenüber Ges. als enthaftende Einlageleistung wirksam (vgl. → Rn. 6), BGHZ 58, 75; BGH NJW 1974, 2000; 1976, 418.

2) Wegfall der Haftung (I Hs. 2)

A. **Leistung der Einlage.** Die Haftung (I Hs. 1) entfällt durch Leistung der 6 Einlage in Höhe des Werts des Geleisteten. Erforderlich ist **tatsächliche Wertzuführung (Kapitalaufbringungsprinzip)**, BGHZ 95, 188 (197) = BGH NJW 1985, 2947 (2949); BGHZ 109, 334 = NJW 1990, 1109; hierfür kann ein „Darlehen" ausreichen, BGH ZIP 2018, 20. Bei wertmäßiger Deckung (auch ohne Aktivierung der stillen Reserven) genügt Einbuchung, zB bei schenkweiser Aufnahme des Kdtisten oder bei Umwandlung der phG- in KdtBeteiligungen, BGHZ 101, 126; Schenkung des Anteils durch Einbuchung, K. Schmidt BB 1990, 1992. Auch Zahlung durch phG, → § 172 Rn. 6. Absprache über Leistung der Einlage aus späteren GesTantiemen und Wegfall der Beitragspflicht im Übrigen ist nur im Innenverhältnis relevant, BGH WM 1982, 7. Die freie **Bewertung** im Innenverhältnis der Gfter (→ § 120 Rn. 17) gilt nicht für den Haftungswegfall. Eine Sachleistung ist mit objektivem Zeitwert anzusetzen, BGHZ 95, 195, unmittelbar vor Insolvenz nur mit Versilberungswert, BGHZ 39, 330; entspr. eine dubiose Forderung gegen Dritte, BGHZ 61, 71; ebenso ein eingebrachtes HdlGeschäft und eine Forderung gegen dieses, BGH DB 1977, 394. Eine Goodwill-Anteil-Gutschrift, ohne wirkliche Wertzuführung, wirkt nicht gegen die Gläubiger, OLG Köln BB 1971, 1077. Bei Unterbewertung wirkt auch der „stille" Teil der Einlage gegen die Gläubiger, kürzt die sonst gegebene Direkthaftung, kann später eine Haftsummenerhöhung decken (iS § 171 I Hs. 2), kann ohne Haftungseffekt gemäß § 172 IV (dort → § 172 Rn. 4) entnommen werden, str., s. Felix NJW 1973, 491. Anteile an der phG-GmbH s. § 172 VI. Anteilsübertragung → § 173 Rn. 11–13. Zahlung auf zusätzlich versprochene Darlehen → Anh. § 177a Rn. 71. Sind Dienste als Einlage geleistet (→ § 109 Rn. 7, 11, → § 120 Rn. 17, → § 230 Rn. 20, → § 235 Rn. 1), kommt es auf deren objektiven Wert an. Sach- (Grundstücks-)Einbringung „dem Werte nach" s. Ullrich NJW 1974, 1490. Einbringung eines schon **überschuldeten** HdlGeschäfts als Einlage (zu Wert x) wirkt nicht befreiend (I Hs. 2), begründet aber keine Haftung über die Einlage (Haftsumme) hinaus, BGHZ 60, 327. Debt to Equity Swap auch bei (GmbH & Co)KG möglich, maßgeblich ist der objektive Wert, K. Schmidt ZGR 2012, 577. Auszahlung s. § 172. Vgl. aber Kuhn FS Schilling, 1973, 69: uU Erstattungsanspruch der Ges. gegen Kdtist aus § 812 BGB, mit § 138 BGB (bei bewusster Gläubigerbenachteiligung) oder § 242 BGB. S. auch K. Schmidt DB 1973, 2228. Sanierungsgründung einer AuffangKG unter Einbringung der Forderung des Kstisten gegen die bisherige Ges. ist möglich, aber gefährlich, Ebenroth/Strohn Rn. 59, unabhängig davon gelten die Vorschriften der InsO. Lit.: K. Schmidt, 1977 (Verhältnis Einlage-Haftung); Elsing, 1977; K. Schmidt ZGR 1976, 307; DB 1977, 2313; ZGR 1989, 445; Saßenrath BB 1990, 1209.

7   B. **Aufrechnung.** Enthaftende Einlageleistung erfolgt auch (wesentlicher Unterschied von § 19 II 2 GmbHG, § 66 I 2 AktG) durch Aufrechnung mit einer Forderung gegen die Ges., gleich welcher Art, auch mit einem Schadensersatzanspruch. Befreit der Kdtist die Ges. durch Aufrechnung von einer Drittgläubigerforderung, enthaftet ihn das in Höhe des Nennwertes, also ohne Rücksicht auf die Bonität der Forderung des Drittgläubigers im Hinblick auf die Vermögenslage der Ges., BGHZ 95, 195. Rechnet der Kdtist jedoch gegen die Einlageforderung mit einer Eigenforderung gegen die Ges. auf, kommt es auf die tatsächliche Wertzuführung an (→ Rn. 6), BGHZ 95, 196 mAnm K. Schmidt ZGR 1986, 152; aA BGHZ 51, 394; differenzierend von Olshausen ZGR 2001, 175. Der Kdtist steht als GesGläubiger also schlechter als der außenstehende Gläubiger. Die Aufrechnung ist auch bei nur teilweiser Wertzuführung nicht überhaupt nichtig (anders als für GmbH), sondern befreit teilweise, BGHZ 95, 198. Die Einlagepflicht des Kdtisten wird unabhängig von der Werthaltigkeit erfüllt, der Kapitalaufbringungsgrunds des § 171 gilt im Innenverhältnis nicht, BGH ZIP 2017, 1950.

8   C. **Leistung an einen Gesellschaftsgläubiger.** Die Befriedigung eines GesGläubigers, gleich welcher Art, auch durch Aufrechnung mit einer persönlichen Gegenforderung an den Gläubiger, ist auch bei Inanspruchnahme durch den GesGläubiger keine Einlageleistung, BGH NJW 1984, 2291; MüKoHGB/K. Schmidt/Grüneberg Rn. 55; aA Staub/Schilling Rn. 2. Die Einlage erbringt der Kdtist erst mit Aufrechnung seines Regressanspruchs (§ 110) gegen die Einlageforderung der Ges., BGH NJW 1984, 2291; Staub/Thiessen Rn. 101; MüKoHGB/K. Schmidt/Grüneberg Rn. 66; ohne Erfordernis einer Aufrechnung BGH ZIP 2015, 2270 (Treuhand-Kdtist). Diese Aufrechnung (gegenüber der Ges., nicht ggb GesGläubigern) ist auch im Insolvenzverfahren möglich (→ Rn. 13, 14), MüKoHGB/K. Schmidt/Grüneberg Rn. 124, 116, also nach Eröffnung des Insolvenzverfahrens, BGH ZIP 2017, 1950. Mit der Aufrechnung wird der Kdtist gegenüber allen Gläubigern von der Haftung frei, auch gegenüber einem anderen Gläubiger, der den Kdtist schon verklagt hat; BGHZ 36, 328; 42, 192; 51, 393. Der Kdtist hat die Wahl, ob er an die Ges. oder an einen GesGläubiger und an welchen er leistet, mit der rechtskräftigen Verurteilung soll er das Wahlrecht verlieren, Staub/Thiessen Rn. 118, str. Dieselben Grundsätze gelten für den (forthaftenden) ex-Kdtisten bei Befriedigung eines Altgläubigers (vgl. → Rn. 2), BGHZ 42, 193. Ausreichend ist aber eine mindestens konkludente Übereinstimmung zwischen Ges. und Kdtisten, der Ges. Eigenkapital zuzuführen, BGH ZIP 2018, 20.

D. Abtretung der Einlageforderung. Gleich wirkt Abtretung (→ § 109 **9** Rn. 9) der Einlageforderung Ges.-Kdtist an GesGläubiger an Erfüllungs Statt (also Ges. gegenüber Gläubiger befreiend, gleich wie Vermögenslage der Ges.), BGHZ 63, 341; BGH NJW 1982, 35; auch Abtretung zur Sicherung, erfüllungshalber, und daraufhin Zahlung an den Gläubiger nach Eröffnung des Insolvenzverfahrens über das Vermögen der Ges., BGHZ 63, 341. Erlass oder Rückabtretung der Einlageforderung durch den Gläubiger an Kdtisten schadet nicht, BGH NJW 1984, 874.

E. Verfahrensfragen. Der **Beweis** der die Haftung ausschließenden Einlage **10** obliegt dem Kdtisten, OLG Köln BB 1971, 1077; auch der des Werts der Einlage (vgl. → Rn. 6), BGH WM 1977, 168. Er kann die Leistung der Einlage noch durch Vollstreckungsabwehrklage (§ 767 ZPO) geltend machen. Die Haftungsklage des Gläubigers erledigt sich durch Einlageleistung des beklagten Kdtisten während des Prozesses. Der Kdtist, der über die Leistung der Einlage dem Gläubiger nicht Auskunft gab, schuldet ihm (der mit der Haftungsklage abgewiesen wird) Kostenersatz (§ 280 BGB). Regressprozess (Aufwendungsersatz) → § 110 Rn. 2.

3) Haftung des Kommanditisten in der Gesellschaftsinsolvenz (II)

A. Zuständigkeit des Insolvenzverwalters bzw. Sachwalters. Für die In- **11** solvenz der KG gilt grundsätzlich dasselbe wie für die OHG (→ § 124 Rn. 46, → § 128 Rn. 46, 47), auch für die Haftung der Gfter und Kdtisten gelten die Beschränkungen des § 160 HGB entsprechend, BGH ZIP 2021, 258. Besonderheiten für die KG folgen aus II und der beschränkten KdtistenHaftung. Ist über das Vermögen der OHG das Insolvenzverfahren eröffnet, so sind meist auch die Gfter insolvent. Anders bei der KG, in der mindestens ein Gfter nur beschränkt haftet und deshalb idR nicht neben der Ges. ebenfalls insolvent wird. Um Wettrennen der GesGläubiger um die Verwertung dieser Haftung des Kdtisten zu unterbinden, lässt II (inhaltlich eine Insolvenzrechtsnorm) die Rechte aus dieser Haftung bei Insolvenz der Ges. **ausschließlich** den **Insolvenzverwalter** oder bei Eigenverwaltung den **Sachwalter** nach § 270c InsO (im Interesse der GesGläubiger) ausüben. Für Vorgehen gegen den phG und die nach § 176 unbeschränkt haftenden Kdtisten ist die umstrittene Reichweite des § 93 InsO zu beachten, BGHZ 151, 245, → § 128 Rn. 46. II gilt auch gegenüber ausgeschiedenen Kdtisten, BGH NJW 1990, 3145; OLG Hamburg ZIP 2007, 1239, aber nicht entspr. gegenüber phG, BGHZ 121, 190 (vgl. → § 109 Rn. 7). II gilt seinem Schutzzweck nach auch in der Insolvenz einer NichtKG (zB umgewandelte Ges. oder Rechtsnachfolgerin der KG), für deren Schulden ein Kdtist summenmäßig beschränkt haftet, BGHZ 112, 31; aA BGH BB 1976, 383. II gilt auch in der Insolvenz einer als KG eingetragenen GbR, BGHZ 113, 216 (kein Rechtsschein, sondern Vertretungsmacht) m. krit. Anm. von Gerkan ZGR 1992, 109. Kdtistenhaftung und Insolvenzrecht s. Häsemeyer ZHR 149 (1985), 42. Der Insolvenzverwalter hat die für die Befriedigung der Gläubiger bedeutsamen Verhältnisse der Ges. darzulegen, der Kdist darzulegen und zu beweisen, dass seine Inanspruchnahme zur Gläubigerbefriedigung nicht mehr erforderlich ist, BGH ZIP 2020, 1871, BGH ZIP 2018, 644, OLG München GmbHR 2018, 737. Die Erforderlichkeit der Inanspruchnahme des Kommanditisten hat der Insolvenzverwalter aufgrund sekundärer Darlegungslast darzulegen, BGH ZIP 2018, 644, zur sekundären Beweislast mit unterschiedlichen Anforderungen in verschieden gelagerten Fällen OLG Stuttgart ZIP 2020, 138 (hinreichende Sicherheit der Notwendigkeit der Inanspruchnahme) und OLG München ZIP 2020, 1033 (Inanspruchnahme nach Überzeugung des Gerichts unzulässige Rechtsausübung), richtig auf Erfüllen der sekundären Darlegungslast abstellend OLG Karlsruhe ZIP 2021, 1123. Bei bestrittenen Forderungen muss die Inspruchnahme der Masse ernsthaft in Betracht kommen, BGH ZIP 2021, 474.

12 B. **Zahlung zur Masse.** Der Kdtist schuldet Zahlung des Betrags, mit dem er haftet und der zur Befriedigung der Gläubiger benötigt wird, RGZ 51, 40; OLG Hamburg ZIP 2018, 1940, zur Masse: sog. „Hafteinlageschuld" (zu unterscheiden von der „Pflichteinlage", → Rn. 1). Er kann keinen Gläubiger mehr mit Wirkung gegen den Insolvenzverwalter befriedigen, RGZ 37, 86. Ein anhängiger Rechtsstreit des GesGläubigers mit dem Kdtisten wird unterbrochen, BGHZ 82, 218, also keine Erledigung in der Hauptsache (anders hL), Insolvenzverwalter kann also in den Rechtsstreit eintreten, Kdtist kann ihn später uU wieder aufnehmen. Werden nicht alle Kdtistenhaftsummen zur Befriedigung der Gläubiger benötigt, entscheidet der Insolvenzverwalter nach pflichtgemäßem Ermessen über Einziehung; er braucht nicht anteilig einzuziehen, BGHZ 109, 344. Erlass und Vergleich zwischen Insolvenzverwalter und Kdtisten wirken gegen die Gläubiger, RGZ 39, 64. Der Insolvenzverwalter kann den Anspruch gegen den Kdtisten nicht auf Gläubiger „übertragen" oder „rückübertragen" oder ihnen „freigeben", vgl. RGZ 74, 430, str.; möglich ist wohl treuhänderische Abtretung an einen Insolvenzgläubiger zur Einziehung für die Masse, BGH BB 1974, 1361, bei Anzeige der Masseunzulänglichkeit muss für II aufgrund der Zahlung des Kdtisten die Rückkehr zum Regelinsolvenzverfahren zu erwarten sein, OLG Hamm ZIP 2018, 1650, die Anzeige lässt noch nicht die Prozessführungsbefugnis des Ins-Verw entfallen, OLG Stuttgart ZIP 2019, 2270.

13 Der Kdtist kann gegen den Anspruch des Insolvenzverwalters **aufrechnen** mit einer (vor Insolvenzeröffnung begründeten) Drittgläubiger-Forderung (→ § 124 Rn. 52) an die Ges. (entspr. Anwendung § 387 BGB, §§ 94 ff. InsO: Kdtist ist zwar nach § 171 Schuldner nicht der Ges., sondern des GesGläubigers, kann aber befreiend an die Ges. leisten, § 171 I Hs. 2); nicht so aufrechnen kann er mit einem Erstattungsanspruch aus Inanspruchnahme als Bürge oder Mitschuldner durch einen GesGläubiger (anders RGZ 37, 87 betr. Kdtist-Bürge), soweit der Anspruch sich mit der Hafteinlageschuld (§ 171 II) deckt; insoweit zahlt er doppelt; BGHZ 58, 75; BGH BB 1974, 1361; NJW 1981, 232; aA Fromm BB 1981, 813: für GmbH & Co § 19 II 2 GmbHG analog. Entscheidend ist dabei aber, dass die Aufrechnung nur in Höhe der tatsächlichen Wertzuführung enthaftet (→ Rn. 7), Röhricht/Mock Rn. 77. Zur Sacheinlageleistungspflicht (gemäß Vertrag) des Kdtisten, der vor Eröffnung des Insolvenzverfahrens schon gemäß seiner Haftsumme einen Gläubiger befriedigte (doppeltes Risiko des Kdtisten) BGHZ 39, 323; 63, 342, str.; s. Gursky DB 1978, 1261. Der Kdtst haftet grundsätzlich nicht für Masseverbindlichkeiten, Stuttgart ZIP 2020, 138, allg zur OHG in der Insolvenz → § 124 Rn. 46, sondern nur soweit die Zahlung zur Befriedigung der Gläubiger benötigt wird, BGH NZG 2022, 407. Der InsVerw muss darlegen, dass eine Zahlung nicht nur aufgrund einer von ihm angenommenen Haftung der Kdisten auch für Masseverbindlichkeiten erforderlich ist (OLG Karlsruhe ZIP 2021, 1123; OLG Dresden ZIP 2019, 2175). Die Haftung der Kommanditisten richtet sich nach den allgemeinen Grundsätzen zur Gesellschafterhaftung in der Insolvenz der Personengesellschaft, → § 128 Rn. 46, der BGH nimmt nunmehr keinen generellen Ausschluss der Haftung für vom Insolvenzverwalter begründeten Masseverbindlichkeiten mehr an, BGH ZIP 2021, 529 so zuvor BGH ZIP 2009, 2204. Angenommen wurde eine Haftung von Kommanditisten für Masseverbindlichkeiten nach § 55 IV InsO, vom vorläufigen Insolvenzverwalter begründete Umsatzsteuerverbindlichkeiten, BGH ZIP 2021, 529. Für die Frage, ob eine Forderung vor Eröffnung des Insolvenzverfahrens begründet wurde, kann auf die zu § 160 HGB entwickelten Grundsätze zurückgegriffen werden, → § 128 Rn. 46.

2. Abschnitt. Kommanditgesellschaft § 172

C. Ausscheiden vor Eröffnung des Insolvenzverfahrens. Der vor Eröff- 14
nung des Insolvenzverfahrens über das Vermögen der Ges. ausgeschiedene Kommanditist haftet nur noch für vor seinem Ausscheiden begründete Verbindlichkeiten der Ges.; die Ansprüche der Altgläubiger gegen den ex-Kdtisten macht nach II der Insolvenzverwalter im eigenen Namen für ihre Rechnung geltend (sie werden nicht Teil der Insolvenzmasse), das Eingezogene darf der Insolvenzverwalter nur für die Altgläubiger verwenden (Bildung einer Sondermasse), BGHZ 27, 56; 39, 321; 71, 304; Fischer LM HGB § 172 Nr. 2; Nr. 3; Nr. 4. Die Einziehung setzt nicht Feststellung der Altforderung im Prüfungstermin voraus, OLG Stuttgart NJW 1955, 1928. Der Insolvenzverwalter darf den Anspruch des einzigen Altgläubigers nicht gemäß § 171 II geltend machen, wenn der Gläubiger sich nicht am Insolvenzverfahren beteiligt, BGH NJW 1958, 1139; vgl. BGHZ 39, 321. Der haftende ex-Kdtist befreit sich nicht durch unmittelbare Befriedigung eines einzelnen GesGläubigers, auch nicht durch Aufrechnung mit einer eigenen Forderung gegen diesen, BGHZ 42, 192. Er hat für nach Eröffnung des Insolvenzverfahrens an Altgläubiger geleistete Zahlungen Erstattungsanspruch an die Ges.; er kann diesen nicht neben einer Restforderung der Altgläubiger im Insolvenzverfahren geltend machen (§ 43 InsO), wohl aber nach Vollbefriedigung der Altgläubiger (durch ihn selbst oder kraft eines Vorrechts aus der Masse) in gleichem Rang mit Neugläubigern, BGHZ 27, 58; 38, 325 (327), str.

4) Reform des Personengesellschaftsrechts (MoPeG)
Das Gesetz zur Modernisierung des Personengesellschaftsrechts (MoPeG 15
→ Einl § 105 Rn. 42 ff.) fasst zum 1.1.2024 neben dem OHG-Recht auch einzelne Vorschriften der §§ 161 ff. neu, sprachlich angepasst wird auch § 171 I. Zur Textfassung der §§ 105 ff. HGB-MoPeG und den Änderungen der §§ 161 ff. s. → Anh. § 105.

[Umfang der Haftung]

172 (1) **Im Verhältnisse zu den Gläubigern der Gesellschaft wird nach der Eintragung in das Handelsregister die Einlage eines Kommanditisten durch den in der Eintragung angegebenen Betrag bestimmt.**

(2) **Auf eine nicht eingetragene Erhöhung der aus dem Handelsregister ersichtlichen Einlage können sich die Gläubiger nur berufen, wenn die Erhöhung in handelsüblicher Weise kundgemacht oder ihnen in anderer Weise von der Gesellschaft mitgeteilt worden ist.**

(3) **Eine Vereinbarung der Gesellschafter, durch die einem Kommanditisten die Einlage erlassen oder gestundet wird, ist den Gläubigern gegenüber unwirksam.**

(4) ¹**Soweit die Einlage eines Kommanditisten zurückbezahlt wird, gilt sie den Gläubigern gegenüber als nicht geleistet.** ²**Das gleiche gilt, soweit ein Kommanditist Gewinnanteile entnimmt, während sein Kapitalanteil durch Verlust unter den Betrag der geleisteten Einlage herabgemindert ist, oder soweit durch die Entnahme der Kapitalanteil unter den bezeichneten Betrag herabgemindert wird.** ³**Bei der Berechnung des Kapitalanteils nach Satz 2 sind Beträge im Sinn des § 268 Abs. 8 nicht zu berücksichtigen.**

(5) **Was ein Kommanditist auf Grund einer in gutem Glauben errichteten Bilanz in gutem Glauben als Gewinn bezieht, ist er in keinem Falle zurückzuzahlen verpflichtet.**

(6) ¹**Gegenüber den Gläubigern einer Gesellschaft, bei der kein persönlich haftender Gesellschafter eine natürliche Person ist, gilt die Einlage eines Kommanditisten als nicht geleistet, soweit sie in Anteilen an den persönlich haften-**

§ 172 1–4 2. Buch. Handelsgesellschaften und stille Gesellschaft

den Gesellschaftern bewirkt ist. ²Dies gilt nicht, wenn zu den persönlich haftenden Gesellschaftern eine offene Handelsgesellschaft oder Kommanditgesellschaft gehört, bei der ein persönlich haftender Gesellschafter eine natürliche Person ist.

Übersicht

	Rn
1) Höhe der Haftsumme (I–III)	1–3
A. Haftsumme gemäß Eintragung (I)	1
B. Erhöhung der Haftsumme (II)	2
C. Erlass, Stundung im Innenverhältnis (III)	3
2) Rückzahlung der Einlage (IV–V)	4–12
A. Wiederaufleben der Haftung	4, 5
B. Rückzahlung (IV 1)	6, 7
C. Gewinnentnahme (IV 2, 3)	8, 8a
D. Gutgläubiger Gewinnbezug (V)	9–12
3) KG ohne natürliche Person als persönlich haftendem Gesellschafter (VI)	13
4) Anteilsübertragung (Verweisung)	14
5) Reform des Personengesellschaftsrechts (MoPeG)	15

1) Höhe der Haftsumme (I–III)

1 A. **Haftsumme gemäß Eintragung (I).** Nach Eintragung der Ges. bestimmt sich die Höhe der Haftung des Kdtisten im Verhältnis zu Dritten allein nach dem Eingetragenen, I (vorher gilt grundsätzlich unbeschränkte Haftung, § 176); anderweitige Vereinbarungen und Fehler (Irrtum, Täuschung) im Innenverhältnis sind unmaßgeblich, OLG Celle ZIP 1985, 100. Der Kdtist kann dem Dritten ggf. entgegenhalten, dass ein höherer als der angemeldete Betrag eingetragen wurde und der Dritte zzt. Der Begründung seiner Forderung dies wusste, hM; idR (vorbehaltlich der §§ 826, 242 BGB) kann er nicht einwenden, es sei ein höherer als der vereinbarte Betrag angemeldet worden und dies dem Dritten bekannt gewesen; dieses Risiko liegt in der Sphäre des Gfters, jenes nicht.

2 B. **Erhöhung der Haftsumme (II).** Eine Erhöhung der Haftsumme wird (auch für ältere Schulden) zugunsten Dritter außer durch Eintragung nach I wirksam durch **Kundmachung** nach II, und zwar handelsübliche Bekanntmachung, II Alt. 1, zB in einer verbreiteten Zeitung, RG JW 1930, 2658, oder Mitteilung irgendwelcher Art an den Gläubiger, der sich auf sie beruft. Die Kundmachung durch die Ges. bedarf der Zustimmung des Kdtisten, BGHZ 108, 198, kann aber auch vom Kdtisten selbst ausgehen, BGH WM 1992, 687. Der TV kann für den Kdtisten nicht ohne dessen Zustimmung handeln (→ § 139 Rn. 21).

3 C. **Erlass, Stundung im Innenverhältnis (III).** III bringt zum Ausdruck, dass für die Haftung des Kdtisten gegenüber Dritten **nicht maßgebend** ist, was er nach Vereinbarung der Gfter einzulegen hat; wie von vornherein, so kann auch später durch Erlass oder Stundung der Einlage dies unabhängig von jenem geregelt werden.

2) Rückzahlung der Einlage (IV–V)

4 A. **Wiederaufleben der Haftung.** IV, V ergänzen § 171 I Hs. 2: Was **zurückgewährt** ist, gilt **wie nicht geleistet.** Rückgewährung der Einlage insbesondere, wenn Zahlung nicht aus Gewinn geleistet werden kann, das Kapitalkonto unter die bedungene Einlage herabmindert oder eine bestehende Belastung vertieft BGH ZIP 2013, 1223; AG Berlin-Charlottenburg ZIP 2013, 898 (garantierte Verzinsung, freilich keine Durchsetzung in der Insolvenz). Die Haftung lebt insoweit wieder auf (nur für die Zukunft kann sie nach §§ 174, 175 herabgesetzt werden). Sie kann dann durch erneute tatsächliche Wertzuführung wieder beseitigt werden (→ § 171 Rn. 6), Bezeichnung als Einlageleistung ist unnötig, OLG München ZIP 1990, 1266; OLG Hamburg NZG 2015, 1192. Eine andere, von den internen Abreden abhängige Frage ist, ob die Ges. abermalige Einlegung des Zurückgegebenen fordern kann. Nach Ausscheiden des Kdtisten Ausschlussfrist für Ansprüche gegen ihn nach § 160 nF 1994. Unerheblich ist wohl der Zeitpunkt der Rückgewähr der Einlage (nach Eintragung des Ausscheidens), Tschierschke NJW 1968, 1367, str. Dazu LG Göttingen NJW 1970, 1375. Rückgewähr bisher stiller Reserven → § 171 Rn. 6. Rückzahlung von Aufgeld (Agio), das Kdtist neben Einlage gezahlt hat, ist nur unschädlich, wenn nicht Kapitalanteil dadurch unter die Haftsumme sinkt, sonst nicht, so BGHZ 84, 387; BGH WM 2007, 1885 (ber. 2355); 2008, 1228; MüKoHGB/K. Schmidt/Grüneberg Rn. 73; Böttcher/Kautzsch NZG 2008, 583; aA Bayer/Lieder ZIP 2008, 809, Charakter und Zweckbindung der Zusatzzahlung, auch bei gesplitteter Einlage, können aber eine Rolle spielen. Vgl. betr. Einbringung eines überschuldeten Geschäfts → § 171 Rn. 6. Lit.: K. Schmidt DB 1973, 2228. Anteilsübertragung → § 173 Rn. 11–13.

Haftsumme als Haftungsobergrenze: Gegenüber Dritten Haftung nur 5 soweit Gesellschaftsvermögen zur Befriedigung nicht ausreicht, Haftsumme von (Haft)Einlage zu unterscheiden, bei Entnahmen insoweit Berücksichtigung auch von zwischenzeitlichen Gewinnen, BGH ZIP 2011, 908. Über die Einlage (Haftsumme) hinausgehende Zahlungen der Ges. an Kdtist lassen ihn nicht höher haften (GesVermögensminderung zugunsten des Kdtisten ist nicht verboten, macht ihn nicht schlechthin haftbar, nur im Rahmen der Einlage), BGHZ 60, 327.

B. **Rückzahlung (IV 1).** Rückzahlung der Einlage iSv IV ist jede Zuwendung 6 an einen Kommanditisten, durch die dem Gesellschaftsvermögen ein Wert ohne entsprechende Gegenleistung entzogen wird, BGH ZIP 2017, 77. Rückzahlung der Einlage ist auch die Auszahlung des Auseinandersetzungsguthabens (→ § 131 Rn. 48) an den ausgeschiedenen (aber weiterhaftenden, → § 171 Rn. 2) Kdtisten: liegt es infolge von Verlusten nicht Übernahmen, vgl. → Rn. 8, 9) unter dem Eingelegten, lebt die Haftung entspr. niedriger auf. Ferner stehen der Rückzahlung iSv IV 1 gleich: Rückzahlung eines Agio (→ Rn. 4); Überentnahmen; Begleichung persönlicher Verbindlichkeiten des Kdtisten durch die Ges.; Erwerb eines Gegenstandes bzw. Unternehmensanteils von einem Kdtisten zu einem überhöhten Kaufpreis, BGH ZIP 2017, 77; abzustellen ist auf Drittvergleich, BGH ZIP 2017, 77 (78); Leistung an Dritten, der dafür entspr. dem Kdsten leistet, BGHZ 47, 149; Eigentümergrundschuldabtretung durch die Ges. an Kreditgeber des Kdtisten, BGH BB 1976, 383; Rückzahlung aus Privatvermögen des MitGfters mit der Folge von Erstattung(sanspruch, § 110) aus GesVermögen, also bei Zahlung auf GesSchuld, BGHZ 63, 151; 76, 130; 93, 249; Anteilsübertragung Kdtist-phG gegen Kaufpreis, OLG Frankfurt a.M. NJW 1963, 545, s. auch BGH WM 1977, 919; Auszahlung durch MitGfter-Geschäftsübernehmer, nach dieser Übernahme oder auch vorwegnehmend vorher, BGHZ 61, 151; Abführung von Einkommensteuer des Kdtisten durch die Ges. für diesen, PKW-Nutzung, private Steuerberaterkosten ua, die nicht Teil der vereinbarten Vergütung waren, OLG Hamm NZG 2010, 1298; Leistung der KG an andere Ges. schon bei bloßer Beteiligung und maßgeblichem Einfluss des Kdtisten auf deren Geschäftsführung, BGH NJW 2009, 2378. Ebenso Rückzahlung an den TV ohne Zustimmung der Erben, BGHZ 108, 197, str., aber der TV ist idR zur Rückzahlung verpflichtet, BGHZ 108, 198, Grund: Fehlen der Vertretungsmacht des TV, nach aA jedenfalls für den TV erkennbarer Missbrauch der Vertretungsmacht des Gfters. Insolvenzverwalter genügt Darlegungslast für eine Haftung nach durch Darlegung durchweg negativer Jahresabschlüsse, wenn durch dennoch erfolgte

Ausschüttungen der Kapitalanteil rechnerisch unter die Haftsumme fällt oder sogar negativ wird, OLG München ZIP 2015, 2138, Prüfung nach §§ 176, 177 InsO verlangend OLG Bamberg ZIP 2019, 1926.

7 **Nicht** Rückzahlung aus (den Gläubigern auch haftendem) phG-(uU Kdtist-) Privatvermögen, wenn Erstattung rechtlich oder tatsächlich ausscheidet, BGHZ 93, 246, denn Privatvermögen unterliegt keiner gesetzlichen Kapitalerhaltung; aA Riegger BB 1975, 1282; differenzierend Bälz BB 1977, 1481. Nicht Rückzahlung ist Zahlung angemessener Tätigkeitsvergütung für Geschäftsführung des Kdtisten, str. (→ Anh. § 177a Rn. 42). Nach Priester ZIP 2016, 951 auch nicht Abfindungszahlungen an ausscheidenden Gfter oberhalb des Buchwertes. Aufwendungen der Ges. für den Kdtisten, wenn dem ein Verkehrsgeschäft (Drittvergleich), zB Darlehensgewährung seitens der Ges., zugrundeliegt, OLG Hamm NZG 2010, 1298. Umwandlung des Auseinandersetzungsguthabens (→ § 131 Rn. 48) in Darlehensforderung, anders Begleichung dieser Darlehensschuld, auch schon Zinszahlung auf das Darlehen, soweit nicht gleich Gewinnanteil, BGHZ 39, 331; dazu Keuk ZHR 135 (1971), 421.

8 **C. Gewinnentnahme (IV 2, 3).** Entnimmt der Kdtist Gewinnanteile, während sein Kapitalanteil durch Verlust unter den Betrag der geleisteten Einlage herabgemindert ist, oder soweit er durch die Entnahme unter den bezeichneten Betrag herabgemindert wird, so lässt die Entnahme die Haftung wie eine Rückzahlung des Eingelegten wiederaufleben (zuerst soll der durch Einlegung begründete, durch Verlust verminderte Kapitalanteil des Kdtisten wieder aufgefüllt werden). Der diesbezügliche **IV 2** ist eine Einlagensicherungsnorm, Beispiel OLG Hamm NZG 2010, 1298 (→ Rn. 6). Das ist (wie bei der Feststellung der Unterbilanz einer GmbH) auf Grund einer Erfolgsbilanz zu fortgeführten Buchwerten (zB §§ 248, 253, 255 IV) zu beurteilen; auch bei Bildung stiller Reserven aus Sonderabschreibungen, BGHZ 109, 334; Schulze-Osterloh ZGR 1991, 510, aA, da reine Buchwertverluste, Priester BB 1976, 1004, früher hL. Bei Überbewertung des Eingelegten (→ § 171 Rn. 7) gilt der wahre Wert, Schmeding BB 1971, 1301. Im Innenverhältnis verneint § 167 II (nachgiebig) den Anspruch des Kdtisten auf Gewinnauszahlung in diesen Fällen. § 169 I 2 und § 172 IV 2 treffen nicht Gewinnauszahlungen auf einen unter dem Betrage der Einlage liegenden Kapitalanteil, wenn dieser niemals höher war als bei der Auszahlung, eine Wiederauffüllung also nicht in Frage steht. Auch Zahlung von Geschäftsführerbezügen an Kdtist, falls kein Arbeitsverhältnis begründet, was iZw nicht anzunehmen (→ § 164 Rn. 7, 8), kann (als Gewinnvoraus) zu Haftung nach IV 2 führen, OLG Celle OLGZ 1973, 343; OLG Hamm DB 1977, 717; dazu Priester DB 1975, 1878.

8a Bei der Berechnung des Kapitalanteils nach Satz 2 sind Beträge (nicht: Erträge, wie irrtümlich im RegE) iSv § 268 VIII nicht zu berücksichtigen (**IV 3** neu BilMoG). Nach § 268 VIII sind selbst geschaffene immaterielle Vermögensgegenstände des Anlagevermögens, die wegen der stärker informationsorientierten Bilanzierung nach BilMoG in der Bilanz ausgewiesen werden (§ 268 VIII 1 sowie § 268 VIII 2, 3 betr. Latente Steuern), unter bestimmten Voraussetzungen ausschüttungs- und nach § 301 S. 1 AktG abführungsgesperrt. Diese Sperren gelten bei den KG mangels strenger Entnahmegrenzen wie für KapitalGes zwar nicht, aber auch das Wiederaufleben der Haftung des Kdtisten für den Fall, dass dieser Gewinne entnimmt, während sein Kapitalanteil durch Verlust unter den Betrag der geleisteten Einlage herabgemindert ist oder durch die Entnahme unter diesen Betrag herabgemindert wird, ist auszuschließen. Nach IV 3 bleiben deshalb Beträge iSv § 268 VIII für die Berechnung des Kapitalanteils nach Satz 2 außer Betracht.

9 **D. Gutgläubiger Gewinnbezug (V).** V spricht vom „Zurückzahlen" von Gewinnen, meint aber, wie der Zusammenhang mit I–IV ergibt, die Haftung des

2. Abschnitt. Kommanditgesellschaft 10–13 § 172

Kdtisten im Verhältnis zu GesGläubigern nämlich das Wiederaufleben seiner Haftung. Gewinn iSv V ist der auf Grund eines Jahresabschlusses und eines Gewinnverwendungsbeschlusses ausgeschüttete Gewinn, nicht Gewinnvorausoder -garantiezahlungen; allein nach dem Inhalt der Bilanz beurteilt sich die Herabminderung nach IV, BGH WM 2009, 1198. Die Bilanz muss also überhaupt Gewinne verzeichnen, sonst greift V schon nach seinem Wortlaut nicht, hL, OLG Stuttgart ZIP 2010, 1694. Mit Inkrafttreten des MoPeG zum 1.1.2024 wird V gestrichen, besser wäre eine Regelung entspr § 31 II GmbHG und eine Risikoadjustierung im Innenverhältnis, Schall ZIP 2020, 1451. Für Beibehaltung Priester NZG 2020, 1024.

Guter Glaube: In den Fällen einer unrichtigen Bilanz (nur in diesen, selbstverständlich, so auch 33. Aufl.), BGH WM 2009, 1199, soll die Haftung bei doppeltem guten Glauben nicht gemäß IV aufleben, nämlich wenn (1) die Bilanz in gutem Glauben errichtet war, also (von allen an der Errichtung beteiligten Gftern) ohne Vorsatz, BGHZ 84, 385, und ohne grobe (nicht schon leichte, vgl. § 62 I 2 AktG, Staub/Thiessen Rn. 148; aA Staub/Schilling Rn. 18: § 276 BGB, nicht § 708 BGB) Fahrlässigkeit für richtig (dh nicht unerlaubt günstig) gehalten wurde, vgl. RG Gruch 1937, 1163, (2) der Kdtist ohne grobe Fahrlässigkeit, OLG Nürnberg ZIP 2008, 2269; Ebenroth/Strohn Rn. 53 (nach aA nur ohne positive Kenntnis, MüKoHGB/K. Schmidt/Grüneberg Rn. 96) den Gewinnbezug für ordnungsmäßig, dh keinen der genannten drei Fälle für gegeben ansah. Rechtsirrtum entlastet nur, wenn er unverschuldet (dh nicht grob fahrlässig) ist, Ebenroth/Strohn Rn. 53. 10

Bezug als Gewinn: Nur Bezug als Gewinn ist geschützt, nicht Gutschrift auf das Einlagenkonto des Kdtisten, MüKoHGB/K. Schmidt/Grüneberg Rn. 92; aA Staub/Thiessen Rn. 136: Nicht zur Haftungsdeckung dienendes Darlehens- oder Privatkonto genügt, nicht aber das variable Kapitalkonto, Staub/Thiessen Rn. 137. Fordert der Kdtist den Gewinn nicht bis zur nächsten Jahresbilanz ein, so verliert seine Forderung den Charakter als Gewinnanspruch. Vorauszahlungen auf Gewinn fallen nicht unter V, RGZ 37, 82, ebenso wenig Beträge auf Grund einer Gewinngarantie oder verdeckte Gewinnausschüttung bei Austauschgeschäften, Ebenroth/Strohn Rn. 50. 11

Beweislast: Die Voraussetzungen des IV 2, insbesondere die Unrichtigkeit der Bilanz muss der Gläubiger, den guten Glauben muss der Kdtist beweisen. Der Kdtist kann nur unter Zuhilfenahme der Bilanzen beweisen, dass seine Haftsumme gedeckt ist, OLG Hamm ZIP 2017, 2404. 12

3) KG ohne natürliche Person als persönlich haftendem Gesellschafter (VI)

Der durch die GmbH-Novelle 1980 eingefügte VI dient dem verbesserten Schutz der Gläubiger einer KG, bei der kein phG eine natürliche Person ist und den Gläubigern deshalb nur eine begrenzte Haftungsmasse zur Verfügung steht (vgl. → § 19 Rn. 1). Werden in einer solchen KG Anteile am phG (meist Geschäftsanteile der Komplementär-GmbH) als Kommanditeinlage geleistet, so gilt die Einlage des Kdtisten gegenüber den Gläubigern der KG als nicht geleistet, der Kdtist haftet ihnen also persönlich bis zur Höhe seiner Einlage (§ 171 I). Grund dieser schon vorher vertretenen Regelung ist, dass die Haftungsmasse einer solchen KG aus der Haftung der Komplementär-GmbH und der beschränkten Haftung der Kdtisten besteht. Könnten die Geschäftsanteile an der GmbH als Kommanditeinlagen befreiend geleistet werden, würde das Vermögen der GmbH gleichzeitig als Haftungsmasse der Komplementär-GmbH und als Haftungsmasse der Kdtisten dienen; den Gläubigern stünde in Wirklichkeit nur eine Haftungsmasse zur Verfügung. 13

4) Anteilsübertragung (Verweisung)

14   S. bei § 173.

5) Reform des Personengesellschaftsrechts (MoPeG)

15   Das Gesetz zur Modernisierung des Personengesellschaftsrechts (MoPeG → Einl § 105 Rn. 42 ff.) fasst zum 1.1.2024 neben dem OHG-Recht auch einzelne Vorschriften der §§ 161 ff. neu, § 172 wird sprachlich an neue Begrifflichkeiten angepasst, weiter wird ein Verweis erweitert sowie V aufgehoben, VI wird § 172 V HGB-MoPeG. Zur Textfassung der §§ 105 ff. HGB-MoPeG und den Änderungen der §§ 161 ff. s. → Anh. § 105.

172a *(aufgehoben)*

[1] Bei einer Kommanditgesellschaft, bei der kein persönlich haftender Gesellschafter eine natürliche Person ist, gelten die §§ 32a, 32b des Gesetzes betreffend die Gesellschaften mit beschränkter Haftung sinngemäß mit der Maßgabe, daß an die Stelle der Gesellschafter der Gesellschaft mit beschränkter Haftung die Gesellschafter oder Mitglieder der persönlich haftenden Gesellschafter der Kommanditgesellschaft sowie die Kommanditisten treten. [2] Dies gilt nicht, wenn zu den persönlich haftenden Gesellschaftern eine offene Handelsgesellschaft oder Kommanditgesellschaft gehört, bei der ein persönlich haftender Gesellschafter eine natürliche Person ist.

1   §§ 129a, 172a aF sind ebenso wie §§ 32a, 32b GmbHG aF durch das MoMiG v. 23.10.2008 BGBl. I 2026 mit Wirkung vom 1.11.2008 aufgehoben und durch eine rechtsformneutral formulierte Regelung in der InsO und im AnfG ersetzt worden, Altfälle Art. 103d EGInsO BGH ZIP 2009, 615, Dahl/Schmitz NZG 2009, 331; Holzer ZIP 2009, 206; vgl. Hirte/Mock NZG 2009, 48. Gesellschafterdarlehen werden nicht mehr als materielles Eigenkapital behandelt. Alle Darlehensrückzahlungsansprüche von Gftern einer Ges. ohne eine natürliche Person als phG (§ 39 IV 1 InsO) sind vielmehr nachrangige Insolvenzforderungen, ohne dass es auf den Eigenkapitalersatzcharakter ankommt (§§ 39 I Nr. 5, 44a, 135, 143 InsO, Ausnahmen: Sanierungsprivileg und Kleinbeteiligungsprivileg, §§ 39 IV 2, V InsO). Die „Rechtsprechungsregeln" zum Eigenkapitalersatz (§§ 30, 31 GmbHG analog) entfallen (§ 30 I 3 GmbHG, BR-Drs. 354/07, 95, sog. „Nichtanwendungsgesetz", BGH ZIP 2009, 617; 2013, 2308). Die kapitalersetzende Nutzungsüberlassung ist nunmehr in § 135 III InsO geregelt. Die Geschäftsführer haften der Ges. für Zahlungen an Gfter, soweit diese zur Zahlungsunfähigkeit der Ges. führen mussten, außer wenn nicht erkennbar (§ 64 S. 3 GmbHG, § 92 II 3 AktG). Die Insolvenzanfechtung ist gestärkt (§§ 135, 143 InsO, §§ 6, 6a AnfG). Die Figur der **Finanzplankredite**, BGHZ 142, 116, ist unabhängig von den Grundsätzen über eigenkapitalersetzende Darlehen, BGHZ 142, 115; BGH ZIP 2010, 1079; konsequent Fortgeltung auch nach MoMiG, K. Schmidt ZIP 2006, 1933; Buschmann NZG 2009, 91; Hölzle ZIP 2009, 1939; dazu Fleischer, 1995; Habersack ZHR 161 (1997), 457; ZGR 2000, 410; Altmeppen NJW 1999, 2812; Steinbeck ZGR 2000, 503.

Lit.: Lu/Ho/Kleindiek Anh. B zu § 64 (GfterDarlehen in der Insolvenz); Altmeppen NJW 2008, 3601; Bork ZGR 2007, 250 (RefE); Habersack ZIP 2007, 2145 (RegE); Veil ZIP 2007, 1241(RegE); Bork ZIP 2008, 1041 (Insolvenzanfechtung); Gehrlein BB 2008, 846; Habersack ZIP 2008, 2385 (Erstreckung auf Dritte); Heinze ZIP 2008, 110 (Nutzungsüberlassung); Hirte NZG 2008, 761 u. WM 2008, 1429; K. Schmidt BB 2008, 1966 (durch Gfter besicherte Drittkredite); Dahl/Schmitz NZG 2009, 325; Haas DStR 2009, 976 (Übergangsrecht); Spliedt ZIP 2009, 149; Rellermeyer/Gröblinghoff ZIP 2009, 1933

2. Abschnitt. Kommanditgesellschaft 1–3 § 173

(Übergangsrecht); Bork FS Ganter, 2010, 135 (Doppelbesicherung durch Ges. und Gfter); Huber, K. Schmidt ZIP Beil. 2/2010 (GfterDarlehen nach MoMiG); Gehrlein BB 2011, 3 (Neuregelung).

Die bisherige Abschnitt 9 zu § 172a aF über die **unterkapitalisierte GmbH** **2** **& Co, Durchgriffshaftung, Haftung aus existenzvernichtendem Eingriff** ist vom MoMiG unberührt geblieben und findet sich jetzt bei der GmbH & Co, → **Anh. § 177a Rn. 51a–51j.**

[Haftung bei Eintritt als Kommanditist]

173 (1) **Wer in eine bestehende Handelsgesellschaft als Kommanditist eintritt, haftet nach Maßgabe der §§ 171 und 172 für die vor seinem Eintritte begründeten Verbindlichkeiten der Gesellschaft, ohne Unterschied, ob die Firma eine Änderung erleidet oder nicht.**

(2) **Eine entgegenstehende Vereinbarung ist Dritten gegenüber unwirksam.**

Übersicht

	Rn
1) Bedeutung von § 173 und ähnliche Norm	1
2) Anwendungsbereich	2–6
A. Bestehen einer OHG oder KG	2, 3
B. Eintritt	4, 5
C. Vollzug nach außen	6
3) Rechtsfolgen	7, 8
4) Abweichende Vereinbarungen (II)	9, 10
A. Vereinbarungen der Gesellschafter untereinander	9
B. Vereinbarungen mit dem Gläubiger	10
5) Kommanditistenwechsel (Anteilsübertragung)	11–13
A. Haftung bis zur Anteilsübertragung	11, 12
B. Anteilsübertragung ohne Rechtsnachfolgevermerk	13
6) Gesamtrechtsnachfolge	14–16
A. Gesamtrechtsnachfolge	14
B. Erbgang	15, 16

1) Bedeutung von § 173 und ähnliche Norm

§ 173 entspricht § 130. Regelungszweck und Abgrenzung zu § 28 → § 130 **1** Rn. 1. Bei Eintritt eines Teilhabers als Kdtist in das Geschäft eines EinzelKfm gilt § 28, RGZ 142, 101.

2) Anwendungsbereich

A. **Bestehen einer OHG oder KG.** I setzt das Bestehen einer Per- **2** sonenHdlGes voraus (→ § 130 Rn. 2), entweder eine KG oder eine OHG, die durch den Zutritt eines Kdtisten KG wird. Tritt bei der KG jemand als phG ein oder wird ein Kdtist im Wege der Beteiligungsumwandlung zum phG, gilt § 130 (§ 161 II).

§ 173 gilt nach bisher hL nicht bei Eintritt in **GbR,** nach der Änderung der **3** Rspr. zur GbR (→ Einl. vor § 105 Rn. 14) kann man sich für die AußenGbR anders sehen, sehr str., OLG Hamm NZG 2002, 282 (zu § 130), zwingend ist das aber keineswegs (→ § 130 Rn. 3); da es bei der GbR aber keine beschränkt haftenden Gfter gibt, BGHZ 142, 315, greift § 173 analog nur bzw. jedenfalls dann, wenn die GbR durch Eintritt und Eintragung zur KG wird, MüKoHGB/ K. Schmidt/Grunewald Rn. 14. **Nicht** entspr. gilt § 173 in anderen Fällen der Umwandlung von GbR in KG (außerhalb des UmwG, → Einl. vor § 105 Rn. 21), Röhricht/Mock Rn. 32, Folgen → Rn. 4, für weitergehende Analogie MüKoHGB/K. Schmidt/Grüneberg Rn. 10, 51; bei Auflösung der KG unter Neugründung (→ § 130 Rn. 3).

§ 173 4–11

4 B. Eintritt. I setzt weiter Eintritt als Kdtist in die PersonenHdlGes voraus. Eintritt durch Aufnahmevertrag (→ § 105 Rn. 67) oder Erbgang (§ 139) stehen gleich. Anteilsübertragung → Rn. 11–13. I gilt auch bei fehlerhaftem Eintritt, Eintritt in eine fehlerhafte Ges. und fehlerhaftem Eintritt in eine fehlerhafte Ges. (→ § 105 Rn. 75, 92), auch bei arglistiger Täuschung (→ § 105 Rn. 80), aA Honsell/Harrer ZIP 1983, 259. I gilt auch bei tatsächlichem Eintritt in einer RechtsscheinKG (→ § 130 Rn. 4). I gilt auch bei Beteiligungsumwandlung (phG/Kdtist), Rechtsfolgen → Rn. 8. Umwandlung einer GbR von Rechts wegen in KG ist zwar mangels Eintritt kein Fall von I (→ Rn. 3), aber die bisherigen GbRGfter haften für Altschulden unbeschränkt weiter (bei Ausscheiden § 736 II BGB), nach aA auch § 173 analog, MüKoHGB/K. Schmidt/Grüneberg Rn. 51 (→ Rn. 3), für Neuschulden gelten normal §§ 171, 172.

5 Nicht anwendbar ist I, wenn phG zusätzlich KdtAnteil erwirbt (einheitliche Beteiligung als phG, → § 124 Rn. 16); bei nur scheinbarem Eintritt, dann aber eventuell Rechtsscheinhaftung (→ § 5 Rn. 9 ff.).

6 C. Vollzug nach außen. Der Eintritt muss entspr. § 123 durch Eintragung oder Fortsetzung der Geschäfte mit Zustimmung des Eintretenden nach außen vollzogen sein, OLG Hamm ZIP 2018, 1649 (→ § 123 Rn. 4). Davon zu unterscheiden ist § 176 II (Neuschulden, → Rn. 7).

3) Rechtsfolgen

7 Der Eintretende **haftet** Dritten gegenüber nach §§ 171, 172, 176 nicht nur für neue (hier ist § 176 II zu beachten), sondern **auch für Altschulden,** auch für solche gegenüber MitGftern und ausgeschiedenen Gftern. Kenntnis oder Kennenmüssen des Kdtisten von der Haftung ist unnötig. Auf den guten Glauben kommt es nicht an. Der Eintretende ist auf Ausgleichs- und Schadensersatzansprüche gegen seine MitGfter angewiesen.

8 Wird ein phG im Wege der **Beteiligungsumwandlung** Kdtist, haftet er für Altschulden weiterhin unbeschränkt nach §§ 128 ff. (aber fünfjährige Ausschlussfrist, § 160 III nF), für Neuschulden beschränkt als Kdtist. Entfällt die unbeschränkte Haftung für Altschulden zB nach § 160 III nF, bleibt jedenfalls die beschränkte Haftung für Altschulden nach § 173, der hier anwendbar ist (→ Rn. 4), bestehen, MüKoHGB/K. Schmidt/Grüneberg Rn. 9.

4) Abweichende Vereinbarungen (II)

9 A. Vereinbarungen der Gesellschafter untereinander. Von I abweichende Vereinbarungen der bisherigen Gfter und des neu eintretenden sind **Dritten gegenüber unwirksam** (II wie § 130 II; anders § 28 II). Die Gfter können zwar die Ausgleichspflichten im Innenverhältnis, nicht aber die Haftung gegenüber den GesGläubigern ändern.

10 B. Vereinbarungen mit dem Gläubiger. Möglich ist Haftungsvereinbarung mit dem Gläubiger (wie → § 128 Rn. 38).

5) Kommanditistenwechsel (Anteilsübertragung)

11 A. Haftung bis zur Anteilsübertragung. Die Übertragung des Anteils vom ausscheidenden auf den eintretenden Kdtisten (→ § 161 Rn. 8; als solche ohne Aus- und Einzahlungen einzutragen, → § 162 Rn. 8) ist vom gesonderten Ausscheiden und Eintritt (sei es auch ohne Auszahlung an den Ausscheidenden, sondern mit Umbuchung seines Kapitalguthabens auf den Eintretenden) zu unterscheiden. Für die Haftung gemäß § 171 I, 172 IV gilt folgendes: Die Leistung durch den AltKdtisten (früher oder jetzt) wirkt für den Neuen, die Leistung durch den Neuen (jetzt oder später) wirkt für den Alten (also keine Verdoppelung der Haftsumme); soweit die Einlage nicht geleistet ist, haften beide gesamtschuldnerisch, RG GrS DNotZ 1944, 199 = WM 1964, 1131; BayObLG

BB 1983, 334. Die Rückzahlung an den Alten bis zur Anteilsübertragung wirkt auch gegen den Neuen, OLG Stuttgart ZIP 2020, 137. Für die Haftung des AltKdtisten gilt die fünfjährige Ausschlussfrist des § 160, anderweitige Regelungen sind möglich, können aber der Klauselkontrolle und insbesondere dem Transparenzgebot unterliegen, BGH ZIP 2019, 966.

Nach Anteilsübertragung, mit der der Alte endgültig ausgeschieden ist, schaden diesem spätere Auszahlungen nicht mehr, sehr str. Die Kdtistenhaftung des Alten lebt also durch eine Auszahlung an ihn nicht mehr auf (unbeschadet anderweitiger Rückzahlungsansprüche); noch macht ihn die Rückzahlung an den Neuen haftbar, Michel ZGR 1993, 118; früher Schlegelb/K. Schmidt Rn. 33, Grund: Übergang der Finanzierungsverantwortung, aA üL RG WM 1964, 1131; BGH NJW 1976, 752; auch MüKoHGB/K. Schmidt/Grüneberg Rn. 33, Begründungen: kein Gläubiger braucht sich einen anderen Schuldner aufzwingen zu lassen, Gläubigerschutz. Etwas anderes kann bei Umgehungen gelten. Vermögensverschiebungen nach Anteilsübertragung, Michel ZGR 1993, 118. Bei fehlerhafter Anteilsübertragung gelten auch hier die Grundsätze der fehlerhaften Ges., str. (→ § 105 Rn. 94). Diese Grundsätze gelten entspr. bei Teilübertragung, MüKoHGB/K. Schmidt /GrünebergRn. 34. **12**

B. Anteilsübertragung ohne Rechtsnachfolgevermerk. Bei Abtretung eines KdtAnteils und Eintragung in das HdlReg ohne Rechtsnachfolgevermerk („im Wege der Sonderrechtsnachfolge", „als Rechtsnachfolger" oä, → § 162 Rn. 8) haftet der Rechtsnachfolger nicht, wenn der Rechtsvorgänger die Haftsumme eingezahlt hat, vielmehr haftet der Rechtsvorgänger entspr. § 172 IV (Grund: seine Einlageleistung wirkt jetzt für den Neuen), BGHZ 81, 82 gegen die früher hL, dazu Eckert ZHR 147 (1983), 565; Huber ZGR 1984, 146; aA MüKoHGB/K. Schmidt/Grüneberg Rn. 37: nur bei Rechtsschein (→ § 5 Rn. 9) mit Konsequenzen für guten Glauben und Kausalität (→ 5 Rn. 12 f.); Rekurs auf § 15 scheidet jedenfalls wegen § 162 II nF (→ § 162 Rn. 8) aus; ausführlich bei Olshausen GS Knobbe-Keuk, 1997, 262; K. Schmidt ZIP 2002, 413; Bueren ZHR 178 (2014), 715. Das gilt entspr. für Teilübertragung (→ Rn. 12). Weitere Fälle unrichtiger Registerlage, so Nichteintragung der Anteilsveräußerung selbst bei MüKoHGB/K. Schmidt/Grüneberg Rn. 38–40. **13**

6) Gesamtrechtsnachfolge

A. Gesamtrechtsnachfolge. Auch eine Gesamtrechtsnachfolge ist Eintritt iSv § 173, zB bei Umwandlung (→ Einl. vor § 105 Rn. 23). **14**

B. Erbgang. a) Erwerb von Todes wegen: Bei Vererbung des KdtAnteils im Normalfall des § 177 ist § 173 anwendbar, üL, MüKoHGB/K. Schmidt/ Grüneberg Rn. 42; Ebenroth/Strohn Rn. 25; aA Liebisch ZHR 116 (1954), 161; Heymann/Borges Rn. 12; auch bei anderer Gesamtrechtsnachfolge. Zu unterscheiden sind nämlich die Haftung des Erben als solchem nach § 1967 BGB, §§ 171, 172 HGB und die Haftung des Erben als neuem Kdtisten nach § 173 (→ § 177 Rn. 3–4, → § 139 Rn. 47). Die Gegenmeinung will dem Erben des Kdtisten ebenso wie dem Erben eines OHGAnteils entsprechend § 139 IV die Möglichkeit der erbrechtlichen Haftungsbeschränkung für Altschulden einräumen, danach würde § 139 IV an § 173 verdrängen. Jedoch gibt es keinen Grund einen neu eintretenden Dritten, der ohne weiteres nach § 173 für Altschulden haftet (→ Rn. 16), schlechter zu stellen als einen Erben nach § 139 oder den Erben eines KdtAnteils. Mehrere Miterben erwerben kraft Sondernachfolge unmittelbar anteilig, dementsprechend haften sie auch § 173 nur insoweit, str. Dieselben Grundsätze gelten, wenn der GesVertrag bestimmt, dass nur ein Erbe von mehreren Kdtist wird (wie bei der qualifizierten Nachfolgeklausel bei der OHG, → § 177 Rn. 3), dieser Erbe haftet nach § 173, die übrigen dagegen nicht nach § 173. Nachfolgevermerk zB „als Erbe" ist nötig, str. (→ § 162 Rn. 8), **15**

§ 175   1   2. Buch. Handelsgesellschaften und stille Gesellschaft

sonst droht Haftung kraft Rechtsschein, wegen § 162 II nF allerdings nicht mehr § 15 (→ Rn. 13), MüKoHGB/K. Schmidt/Grüneberg Rn. 46.

16   **b) Erwerb bei Eintrittsklausel:** Erwirbt der Kdtist nicht wie im Normalfall des § 177 von Todes wegen, sondern kraft Eintrittsklausel (→ § 177 Rn. 7) unter Lebenden (→ § 139 Rn. 50), gilt § 173 ohne weiteres. Erst recht gilt § 173, wenn der als Kdtist Eintretende den Anteil erst vom Erben infolge eines Vermächtnisses erhält (→ § 177 Rn. 3). Nachfolgevermerk zB „als Erbe" ist nötig, sonst droht Haftung kraft § 15.

[Herabsetzung der Einlage]

174 Eine Herabsetzung der Einlage eines Kommanditisten ist, solange sie nicht in das Handelsregister des Gerichts, in dessen Bezirke die Gesellschaft ihren Sitz hat, eingetragen ist, den Gläubigern gegenüber unwirksam; Gläubiger, deren Forderungen zur Zeit der Eintragung begründet waren, brauchen die Herabsetzung nicht gegen sich gelten zu lassen.

1) Herabsetzung:

1   Mit Einlage meint § 174 ebenso wie § 175 die Haftsumme (→ § 171 Rn. 1), so nach Inkrafttreten des MoPeG künftig explizit § 174 HGB-MoPeG. § 174 regelt das **Wirksamwerden der Herabsetzung** der KdtEinlage, während § 175 nur das Verfahren regelt. Die Herabsetzung der Einlage wirkt gegen Dritte nur durch Eintragung ins HdlReg (§ 174 Hs. 1), sie hat also konstitutive Wirkung. Wie bei § 176 I 1 aE ist aber positive Kenntnis des Gläubigers von der Herabsetzung schädlich, MüKoHGB/K. Schmidt/Grüneberg Rn. 18. Ist die Herabsetzung eingetragen, aber noch nicht bekannt gemacht, schützt § 15; bis dahin kann die Herabsetzung einem Dritten nicht entgegengesetzt werden, es sei denn, dass dieser sie kannte (§ 15 I, II), BGH ZIP 2021, 1394. § 15 III hat bei Herabsetzung keine Funktion. Rechtsscheinhaftung (→ § 5 Rn. 9) ist dagegen vorstellbar.

2   **Altschulden:** Vor Eintragung begründete Verbindlichkeiten bleiben unberührt, für sie haftet der Kdtist bis zur alten Haftsumme (Hs. 2). Die Altschuld unterliegt aber in Höhe des über dem herabgesetzten Betrag liegenden Teils der Ausschlussfrist nach § 160 nF 1994, BGH ZIP 2021, 1392; OLG Hamburg ZIP 2020, 766, die Frist beginnt mit Kenntnis, sonst mit Eintragung in das Handelsregister, BGH ZIP 2021, 1392.

2) Erhöhung:

3   Wirkung der Erhöhung s. § 172 II.

[Anmeldung der Änderung einer Einlage]

175 ¹Die Erhöhung sowie die Herabsetzung einer Einlage ist durch die sämtlichen Gesellschafter zur Eintragung in das Handelsregister anzumelden. ²Auf die Eintragung in das Handelsregister des Sitzes der Gesellschaft finden die Vorschriften des § 14 keine Anwendung.

1) Anmeldung (Satz 1):

1   § 175 regelt das Verfahren für die Eintragung im HdlReg für die Erhöhung und Herabsetzung der Einlage, § 174 regelt nur das Wirksamwerden der Herabsetzung. § 175 handelt (ebenso wie § 174) von der Haftsumme des Kdtisten, nicht seiner Pflichteinlage (→ § 171 Rn. 1), BayObLG ZIP 2003, 1444. Über die Behandlung der KG im HdlReg s. §§ 106–108 (mit § 161 II) und § 162. Auch Erhöhung und Herabsetzung der Haftsumme sind gemäß S. 1 zur Eintragung in

2. Abschnitt. Kommanditgesellschaft § 176

das HdlReg anzumelden. S. 1 macht sie zu einer **einzutragenden Tatsache** iSv § 15 (→ § 15 Rn. 5). Die Anmeldung hat durch sämtliche Gfter einschließlich der Kdtistn zu erfolgen (S. 1, → § 162 Rn. 3). Für die Anmeldung durch anderen Gfter kann schon der GesVertrag eine Vollmacht enthalten (→ § 162 Rn. 3). Die Vollmacht muss sich aber auf diese Anmeldung erstrecken, LG Berlin BB 1975, 251.

2) Bekanntmachung (Satz 2 aF):

S. 2 idF NaStraG 2001 verwies auf § 162 II idF bis zum 31.7.2022, Bekanntmachung der Eintragung über eine Änderung der KdtEinlage erfolgt nicht mehr. Die Regelung sollte nach dem Mauracher Entwurf zur Modernisierung des PersGesR gestrichen werden, dies erfolgt aufgrund der Änderungen im Registerrecht nun schon durch das DiRUG zum 1.8.2022. 2

3) Keine Erzwingung (Satz 2):

Die Anmeldung soll vom Gericht nicht erzwungen (§ 14) werden, sondern den Gftern freistehen, BayObLG ZIP 2003, 1444. 3

4) Reform des Personengesellschaftsrechts (MoPeG)

Das Gesetz zur Modernisierung des Personengesellschaftsrechts (MoPeG → Einl § 105 Rn. 42 ff.) fasst zum 1.1.2024 neben dem OHG-Recht auch einzelne Vorschriften der §§ 161 ff. neu. Von § 175 verbleibt nur Satz 1. Zur Textfassung der §§ 105 ff. HGB-MoPeG und den Änderungen der §§ 161 ff. s. → Anh. § 105. 4

[Haftung vor Eintragung]

176 (1) ¹Hat die Gesellschaft ihre Geschäfte begonnen, bevor sie in das Handelsregister des Gerichts, in dessen Bezirke sie ihren Sitz hat, eingetragen ist, so haftet jeder Kommanditist, dem der Geschäftsbeginn zugestimmt hat, für die bis zur Eintragung begründeten Verbindlichkeiten der Gesellschaft gleich einem persönlich haftenden Gesellschafter, es sei denn, daß seine Beteiligung als Kommanditist dem Gläubiger bekannt war. ²Diese Vorschrift kommt nicht zur Anwendung, soweit sich aus § 2 oder § 105 Abs. 2 ein anderes ergibt.

(2) Tritt ein Kommanditist in eine bestehende Handelsgesellschaft ein, so findet die Vorschrift des Absatzes 1 Satz 1 für die in der Zeit zwischen seinem Eintritt und dessen Eintragung in das Handelsregister begründeten Verbindlichkeiten der Gesellschaft entsprechende Anwendung.

Übersicht

	Rn
1) Haftung vor Eintragung der Gesellschaft (I 1)	1–4
A. Grundsatz und Reichweite (I 1)	1–3
B. Ausnahme bei Kenntnis des Gläubigers (I 1 letzter Halbsatz)	4
2) Unanwendbarkeit auf Gesellschaft ohne Handelsgewerbe (I 2)	5–8
A. Gesellschaft ohne Handelsgewerbe	5, 6
B. Rechtsscheinhaftung	7
C. Eigenhaftung	8
3) Haftung bei Eintritt (II)	9–13
A. Haftung bei Eintritt	9
B. Keine Geltung von II	10–12
C. Haftungsbegrenzung	13
4) Reform des Personengesellschaftsrechts (MoPeG)	14

§ 176 1–4 2. Buch. Handelsgesellschaften und stille Gesellschaft

1) Haftung vor Eintragung der Gesellschaft (I 1)

1 **A. Grundsatz und Reichweite (I 1). a) KG: Beginnt die KG ihre Geschäfte vor ihrer Eintragung** ins HdlReg (§ 123 II), so **haftet jeder Kommanditist, der** dem früheren Geschäftsbeginn **zustimmte,** für die zwischen Geschäftsbeginn und Eintragung (nicht Anmeldung, str., → Rn. 6, nicht Bekanntmachung) begründeten GesSchulden grundsätzlich wie ein phG, also **ohne Beschränkung** gemäß §§ 171, 172 (so **I** 1). Auch § 171 II (Zugriff nur des Insolvenzverwalters) greift vor Eintragung nicht ein, → § 171 Rn. 11. Normzweck ist objektiver Vertrauensschutz im Rechtsverkehr, Haftungsbeschränkung setzt Publizität voraus. Dieser vielfach als zu streng empfundenen Regelung sollte der Kdtist dadurch entgehen, dass er seinen Beitritt unter die **aufschiebende Bedingung** der HdlRegEintragung stellt, BGHZ 82, 212; BGH NJW 1983, 2259. Verbindlichkeiten iSv § 176 sind nicht solche aus unerlaubter Handlung, BGHZ 82, 215; richtiger ist Erstreckung auf den gesamten **Geschäfts- und Prozessverkehr** wie in § 15 (→ § 15 Rn. 8), str. Die Haftung aus § 176 entfällt (anders als nach § 11 II GmbHG, → Anh. § 177a Rn. 17) nicht mit späterer Eintragung. Die Verjährung des Anspruchs aus § 176 wird auch durch die Klage zunächst nur aus § 171 I gehemmt, BGH NJW 1983, 2813. Verjährung und Ausschlussfrist gemäß §§ 159, 160 (nF 1994) erst ab Eintragung, vgl. BGHZ 78, 117. Dauerschuldverhältnisse → § 128 Rn. 31 ff. KdtistenHaftung und Registerpublizität, Mattheus/Schwab ZGR 2008, 65. Keine pers Haftung des Kommanditisten für Ordnungsgeld bei Nichteinreichen des Jahresabschlusses, LG Bonn NZG 2013, 1220.

2 **b) GmbH & Co KG:** Geltung des § 176 für GmbH & Co-Kdtisten str., → Anh. § 177a Rn. 19.

3 **c) Rechtsschein-KG:** Hier gilt § 176 nicht, sondern nur Rechtsscheinhaftung (→ Rn. 7, → § 5 Rn. 9); anders BAG NJW 1980, 1071; Priester BB 1980, 911: § 176 analog. Lit.: Beyerle, 1976; dazu Lieb ZHR 141 (1977), 374; Crezelius BB 1983, 5; Knobbe-Keuk FS Stimpel, 1985, 187; Dauner-Lieb FS Lutter, 2000, 835; K. Schmidt GmbHR 2002, 341; Jacobs DB 2005, 2227.

4 **B. Ausnahme bei Kenntnis des Gläubigers (I 1 letzter Halbsatz).** War dem Gläubiger die Beteiligung als Kdtist, gleichviel mit welcher Einlage, bekannt, so entfällt die unbeschränkte Haftung. Kenntnis, dass die Ges. eine KG ist, genügt nicht, aber Kenntnis aller phG, BGH WM 1986, 1280. Kennenmüssen steht der Kenntnis nicht gleich, RGZ 128, 183, bei Evidenz str., Clauss/Fleckner WM 2003, 1792. Beweispflichtig ist der Kdtist. § 15 gilt nicht: bei zwischen Eintragung und Bekanntmachung begründeter Verbindlichkeit kann weder der Dritte sich auf Unkenntnis der Eintragung (der Ges. als KG, des Gfters als Kdtist) berufen noch muss Kdtist dem Dritten Kenntnis der beschränkten Haftung beweisen. Höhe der beschränkten Haftung: Haftsumme laut GesVertrag, BGH DB 1977, 1250; dazu K. Schmidt DB 1977, 2313, nunmehr § 162 II (→ § 162 Rn. 5). Beitritt → Rn. 9. S. auch OLG Frankfurt a.M. BB 1972, 333: volle Haftung des X, auch wenn Gläubiger von ihm überhaupt nichts weiß. Der Mauracher Entwurf zur Modernisierung des PersGesR sah eine Streichung der Ausnahme vor. Der Vorschlag wurde zutr. kritisiert, Bachmann NZG 2020, 618, Schall ZIP 2020, 1451 und durch Beschlussempfehlung des Rechtsausschusses fallengelassen, läge hierin doch eine Verschärfung gegenüber der Haftung von GmbHG-Gfern, nach KapGesR vor Eintragung der Ges nur Handelndenhaftung. Der BGH erstreckt bei Publikums-KG weiter eine Beschränkung der Haftung an, → Anh. § 177a Rn. 82, daran sollte auch de lege ferenda festgehalten werden. § 176 I 1 Halbsatz 2 war zudem Grundlage für Vorschlag analoger Anwendung auf die GbR, Mülbert AcP 199 (1999), 96, für die Ideal-GbR auch Flume, Personengesellschaft, S. 330 ff.

2) Unanwendbarkeit auf Gesellschaft ohne Handelsgewerbe (I 2)

Schrifttum

Fischer NJW 1973, 2188. – *Canaris* NJW 1974, 455. – *Flume* FS Westermann 1974, 137. – *K. Schmidt* JZ 1974, 219, NJW 1975, 665. – *Beyerle* BB 1975, 944. – *Teichmann/Schick* JuS 1975, 18. – *Kollhosser* ZGR 1976, 231. – *Huber* FS Hefermehl 1976, 127. – *Dauner-Lieb* FS Lutter 2000, 835. – *K. Schmidt* GmbHR 2002, 341. – *Clauss/Fleckner* WM 2003, 1790.

A. Gesellschaft ohne Handelsgewerbe. I 2 entspricht § 123 II letzter Hs. **5** (→ § 123 Rn. 14). I 1 gilt nicht für Kleingewerbetreibende, GbR und VermögensverwaltungsGes (I 2 idF HRefG 1998 iVm §§ 2, 3 II, III, 105 II). Diese behalten ihre freiwillige Eintragungsoption, ihre Eintragung wirkt konstitutiv (→ § 2 Rn. 3, → § 105 Rn. 12). I 1 ist jedoch anwendbar, wenn die (noch nicht eingetragene) KG ein schon nach § 2 eingetragenes EinzelKfmGeschäft übernimmt und unter alter Firma fortführt (§ 28); unanwendbar bei Übernahme des nicht unter § 1 fallenden Geschäfts einer GmbH (obwohl diese stets als HdlGes gilt, § 13 III GmbHG), BGHZ 59, 183; 61, 60; 73, 220.

Bei Unanwendbarkeit von I 1 gilt für die (noch nicht eingetragene) KG das **6** **Recht der BGBGesellschaft** (MitunternehmerGbR), BGHZ 69, 95; BGH NJW 1983, 1907, das aber inzwischen dem der OHG angenähert ist (§ 128 analog, → Einl. vor § 105 Rn. 14). Ausdehnung der Haftungsprivilegierung nach I 1 ist nicht schon durch Information der Gläubiger über die beschränkte Haftung möglich, aA *Mülbert* AcP 199 (1999), 96: Haftungsbeschränkung kraft Individualpublizität; *Schäfer* GA 71. DJT 16 E 100 mit dem Vorschlag die Vorschrift zu streichen. Für Ausdehnung jedenfalls dann, wenn der Antrag zur Eintragung als KG gestellt ist, *Dauner-Lieb* FS Lutter, 2000, 839, schon wenn Eintragung betrieben wird, MüKoHGB/*K. Schmidt* 4. Aufl. Rn. 3, 9; *Wachter* ZErb 2008, 125, was de lege lata sehr weit geht, *Clauss/Fleckner* WM 2003, 1793 und von MüKoHGB/*K. Schmidt/Grüneberg* Rn. 3, 9 mangels entsprechender Regelung durch das MoPeG nun auch abgelehnt wird. Aus Wechselzeichnung (namens der „KG") durch Geschäftsführer der phG-GmbH (vgl. oben) haftet idR nur dieser selbst, BGHZ 59, 184; 61, 60; dazu *Schwerdtner* JR 1973, 319. Der Akzeptzeichner haftet nicht (Art. 8 WG ist unanwendbar); die nach hM (vom BGH dahingestellt) für solche „Mitunternehmer-GbR" geltende ungünstigere Prozessregelung (Klage gegen die Gfter) muss Gläubiger hinnehmen; BGHZ 61, 60; 69, 99.

B. Rechtsscheinhaftung. Diese kommt bei Auftreten namens der „KG" in **7** Betracht. Dann haften die „Kdtisten"-(GbRGfter), soweit sie der Geschäftsaufnahme zustimmten, aus Rechtsschein durch Auftreten als Gfter der HdlGes (vgl. → § 5 Rn. 9), jedoch nicht weiter als wäre der Schein Wahrheit, dh beschränkt gemäß dem KGVertrag; nicht etwa gilt § 176 I 1, gleich ob Gläubiger weiß, wer Kdtist, wer phG sein soll, str.; BGHZ 61, 60; 69, 99. Lit.: *Beyerle* BB 1975, 944; *Teichmann/Schick* JuS 1975, 18; *Kollhosser* ZGR 1976, 231; *Huber* FS Hefermehl, 1976, 127; *Wackerbarth* ZGR 1999, 365; *Clauss/Fleckner* WM 2003, 1795.

C. Eigenhaftung. Im Falle von I 2 idR auch keine Haftung des Handelnden **8** aus § 179 I BGB (Vertreter ohne Vertretungsmacht), da die KG mit Eintragung Schuldnerin wird, BGHZ 69, 101; abw. in einem Sonderfall (rechtskräftige Abweisung der Klage gegen die KG) BGHZ 63, 48. Zum Wegfall der Haftung des Handelnden aus § 11 II GmbHG → Anh. § 177a Rn. 17 bei der GmbH & Co. Möglich (idR nicht anzunehmen) ist persönliche Einstehensverpflichtung der Gründer (§ 427 BGB), BGHZ 63, 48; Wegfall der Verpflichtung der Gründer für Verbindlichkeiten der Vorgesellschaft bei Eintragung der GmbH, BGHZ 80, 130, → Anh. § 177a Rn. 16.

§ 177

3) Haftung bei Eintritt (II)

9 **A. Haftung bei Eintritt.** Der in eine bestehende „HdlGes", dh OHG (die dadurch KG wird) oder KG, eintretende Kdtist haftet unbeschränkt, entsprechend I 1 für die zwischen seinem Eintritt und dessen Eintragung ins HdlReg begründeten GesSchulden **(II). Eintritt** ist iZw der Abschluss des Eintrittsvertrags; anders wenn nach diesem der Eintritt zu anderer Zeit wirksam werden soll, zB erst mit Eintragung des Eintritts, wodurch das Risiko aus II entfällt, BGHZ 82, 212 mAnm K. Schmidt NJW 1982, 886. Anders als nach I 1 bei Beitritt vor Geschäftsbeginn ist nach II **keine Zustimmung** des Eintretenden zur Fortführung der Geschäfte erforderlich, BGHZ 82, 211. II gilt auch für GbR als Kdtist, nicht aber für deren nicht eingetragene Gfter (§ 162 I 2), wenn die GbR selbst eingetragen ist. II gilt auch, wenn der GesGläubiger bei Geschäftsabschluss die GesZugehörigkeit des Kdisten nicht gekannt hat, BGHZ 82, 212; aA Priester BB 1980, 913. Bei Kenntnis des Gläubigers vom Eintritt als Kdtist beschränkte Haftung vgl. → Rn. 4. Höhe (falls nicht im GesVertrag bestimmt, vgl. → Rn. 4): vereinbarte Einlage (Haftsumme gleich Pflichteinlage); wenn Sacheinlage deren wirklicher Wert; soweit Einbringungszusage rechtswirksam (zB nicht bei Formverstoß, § 311b I BGB); BGH DB 1977, 1250.

10 **B. Keine Geltung von II. a)** Umwandlung der phG- in KdtBeteiligung nach § 139, MüKoHGB/K. Schmidt/Grüneberg Rn. 26; Oetker/Oetker Rn. 43; aA BGHZ 66, 100 mit Ausnahme, wenn der Erbe bereits Gfter war; doch kommt dann Haftung als Erbe des phG in Betracht (§§ 15 I, 128, Erbenhaftungsrecht).

11 **b)** Eintritt (eines NichtGfters) durch **Anteilsübertragung**, zB **Abtretung** des KdtAnteils, MüKoHGB/K. Schmidt/Grüneberg Rn. 28; Ebenroth/Strohn Rn. 27; aA BGHZ 66, 100; BGH NJW 1983, 2259. Explizit das Eintreten eines weiteren Kommanditisten fordernd § 176 II I idF MoPeG mWz 1.1.2024, für sofortige Geltung Leo/John NZG 2021, 1195.

12 **c) Nachfolge von Todes wegen,** MüKoHGB/K. Schmidt/Grüneberg Rn. 24; Ebenroth/Strohn Rn. 27; wohl auch BGHZ 108, 197; aA noch BGHZ 66, 100; BGH NJW 1983, 2259, aber mit Einschränkungen: erst nach Schonfrist für unverzügliche Herbeiführung der Eintragung (als Kdtist) und auch nicht, wenn ein (schon der Ges. angehörender) Kdtist einen phG beerbt. Davon zu unterscheiden ist die fehlende Eintragung der KG bzw. des Eintritts des Erblassers; die Haftung des Erblassers geht auf den Erben über, BGHZ 108, 197.

13 **C. Haftungsbegrenzung.** Haftung erlischt nicht mit Eintragung der KG (anders § 11 II GmbHG, → Anh. § 177a Rn. 17), doch kommt es zur Haftungsbegrenzung auf fünf Jahre entspr. § 160 nF 1994.

4) Reform des Personengesellschaftsrechts (MoPeG)

14 Das Gesetz zur Modernisierung des Personengesellschaftsrechts (MoPeG → Einl § 105 Rn. 42 ff.) fasst zum 1.1.2024 neben dem OHG-Recht auch einzelne Vorschriften der §§ 161 ff. neu, darunter auch § 176, § 176 I 2 entfällt. Zur Textfassung der §§ 105 ff. HGB-MoPeG und den Änderungen der §§ 161 ff. s. → Anh. § 105.

[Tod des Kommanditisten]

177 Beim Tod eines Kommanditisten wird die Gesellschaft mangels abweichender vertraglicher Bestimmung mit den Erben fortgesetzt.

1) Tod eines persönlich haftenden Gesellschafters

1 § 177 idF HRefG 1998. Beim Tod eines phG gilt dasselbe wie beim Tod eines Gfters in der OHG. Die KG wird nicht aufgelöst (anders § 131 Nr. 4 aF), sondern der phG scheidet aus (§ 131 III 1 Nr. 1, dort → § 131 Rn. 18), außer bei einer Nachfolgeklausel (→ § 139 Rn. 1, 2), aA (Verbleiben des phG bzw. seiner Erben in der KG iL) Frey/v. Bredow ZIP 1998, 1620. Allerdings kann eine KG ohne phG nicht fortbestehen (→ § 161 Rn. 3). Sie wird weder kraft Gesetzes zur OHG noch besteht eine werbende KG ohne phG weiter, bis irgendwann einmal vielleicht ein phG gefunden wird, sondern die KG ist aufgelöst (§ 145, KG iL → § 131 Rn. 18). Der bzw. die Kdtisten können aber einen neuen phG suchen und sind sich dazu auch kraft ihrer Treuepflicht verpflichtet, uU auch derart, dass sie eine GmbH als künftigen phG gründen. Tritt dieser ein, kann die KG iL als werbende KG fortgeführt werden. Dazu bedarf es mangels Bestimmung im GesVertrag (uU §§ 133, 157 BGB, vgl. BGH NJW 1979, 1706) eines Fortsetzungsbeschlusses (→ § 131 Rn. 31). Führen die Kdtisten die KG ohne phG als werbende weiter, wird sie damit idR zur OHG, BGH NJW 1979, 1706. Eine Nachfolgeklausel findet sich bei der KG häufig. § 139 gilt über § 161 II grundsätzlich uneingeschränkt. Auflösung der GmbH bei der GmbH & Co steht dem Tod des phG nicht gleich, zum Ausscheiden (früher: Auflösung) führt erst die Vollbeendigung, BGHZ 75, 178 hL, str. (→ § 131 Rn. 20, 36, → Anh. § 177a Rn. 45). Abweisung mangels Masse der GmbH (§ 26 InsO) löst die KG nicht auf, hL, str. (→ § 131 Rn. 15, 22, → Anh. § 177a Rn. 45). Berufung nur eines Erben zum phG, der anderen zu Kdtisten → § 139 Rn. 15. Wechsel in die Stellung eines Kdtisten nach §§ 139 I, III → § 139 Rn. 41. Lit.: Bork/Jacoby ZGR 2005, 611.

2) Tod eines Kommanditisten (§ 177)

A. Keine Auflösung der Gesellschaft bei Tod des Kommanditisten: Erst 2 recht wird die KG beim Tod eines Kdtisten nicht aufgelöst, der Kdtist scheidet aber anders als der phG (§ 131 III 1 Nr. 1) nicht aus, sondern die KG wird mangels abweichender vertraglicher Bestimmung mit den Erben fortgesetzt (§ 177 nF). Damit entfällt die Grundlage für § 139.

B. Nachfolge: Der GesAnteil des Kdtisten fällt an seine Erben, ohne dass es 3 dazu einer (einfachen) Nachfolgeklausel wie bei der OHG (→ § 139 Rn. 2, 10) bedarf, BGHZ 68, 230. Die Kdtistenstellung des Vorerben gehört als Surrogat zum Nachlass (→ § 139 Rn. 14), BGHZ 109, 214, Aufgabe von NJW 1977, 433. Mehrere Erben treten auch anstelle eines Kdtisten nicht als Erbengemeinschaft ein, die nicht Gfter sein kann (→ § 161 Rn. 4), sondern einzeln im Wege der **Sondererbfolge** (→ § 139 Rn. 14). Der GesVertrag kann bestimmen, dass nur ein Erbe Kdtist wird (wie bei der qualifizierten Nachfolgeklausel bei der OHG, → § 139 Rn. 15–18). Der Abfindungsanspruch der (nicht eintretenden) Erben kann wirksam völlig ausgeschlossen werden (→ § 131 Rn. 62). Die Nachfolge findet auch bei negativem Kapitalkonto des Erblassers (→ § 120 Rn. 22) statt (→ § 139 Rn. 42). Ist wirksam unter Lebenden auf den Todesfall über den Anteil verfügt, fällt der Anteil an den so Bestimmten. Ist dies der einzige MitGfter (phG), wird er Alleininhaber (→ § 140 Rn. 25). Ist durch **Vermächtnis** über den Anteil verfügt, wird zunächst der Erbe Kdtist mit der Pflicht, dem Anteil dem Bedachten zu verschaffen bzw., wenn der GesVertrag das nicht zulässt, die übertragbaren Rechte aus dem Anteil (zB auf Gewinn, Auseinandersetzungsguthaben), BGH WM 1976, 251. Ergänzende Auslegung des GesVertrags über Beerbung eines Kdtisten s. BGH WM 1979, 535. Vor- und Nacherbschaft beim KdtAnteil wie bei der OHG (→ § 139 Rn. 19–20).

Der Erbe tritt von Rechts wegen in die Stellung des Erblassers als Kdtist ein. 4 **§§ 171, 172** gelten für ihn so wie für den Erblasser. Ob **§ 173** für den so nachfolgenden Kdtisten gilt, ist str. (→ § 173 Rn. 15). Ist der Erbe bereits Gfter, greift der Grundsatz der Einheitlichkeit des GesAnteils durch (→ § 124 Rn. 16): ist er phG, erhöht der KdtAnteil seinen Kapitalanteil, an der unbeschränkten

§ 177a 1–3 2. Buch. Handelsgesellschaften und stille Gesellschaft

Haftung ändert sich nichts, OLG Hamburg ZIP 1984, 1227; ist er Kdtist, erhöht sich sein KdtAnteil. Für Anmeldungen zum Handelsregister kann es des Nachweises der Rechtsnachfolge bedürfen, → § 12 Rn. 5.

5 C. **Testamentsvollstreckung:** Die Testamentsvollstreckung für einen KdtAnteil ist möglich (ausführlich → § 139 Rn. 24–28), sehr str., jedenfalls Dauertestamentsvollstreckung kann (zutr.: muss, → § 162 Rn. 9) eingetragen werden, BGH ZIP 2012, 623, Antrag durch den Testamentsvollstrecker, Wicke ZGR 2015, 182. Möglich ist auch eine **Nachlassverwaltung** (→ § 139 Rn. 33). Ist der Erbe bereits Gfter greift eine Ausnahme vom Grundsatz der einheitlichen Beteiligung (→ § 124 Rn. 16), angenommen wird ein abspaltbares Sondervermögen, Ebenroth/Strohn Rn. 21, Ausnahme von Unteilbarkeit auch bei Vor- und Nacherbschaft, zur Gestaltung Kollmeyer NJW 2018, 3750; Proff DStR 2018, 415.

3) Abwicklung

6 Für die Abwicklung gelten wie bei der OHG §§ 145 ff., sofern nicht anderes bestimmt ist (§ 145 I). Auch die Kdtisten sind zu Liquidatoren berufen (→ § 145 Rn. 2), BGH WM 1982, 1170. Wird die aufgelöste KG als GbR fortgeführt, gilt nicht § 158, sondern die Regeln des BGB (→ § 158 Rn. 2); das Grundbuch ist zu berichtigen, OLG Hamm ZIP 1984, 180.

4) Abweichende Vereinbarungen

7 § 177 ist, wie dort ausdrücklich gesagt, dispositiv. Der GesVertrag kann bestimmen, dass der KdtAnteil nicht vererblich ist, oder statt automatischer Nachfolge kraft Erbrechts nur eine Eintrittsklausel vorsehen (→ § 139 Rn. 50). Er kann die Abfindung beschränken oder ganz ausschließen (→ § 131 Rn. 62). Dass §§ 145 ff. dispositiv sind, folgt schon aus § 145 I Hs. 2.

Angaben auf Geschäftsbriefen

177a ¹§ 125a gilt auch für die Gesellschaft, bei der ein Kommanditist eine natürliche Person ist. ²Der in § 125a Absatz 1 Satz 2 für die **Gesellschafter vorgeschriebenen Angaben bedarf es nur für die persönlich haftenden Gesellschafter der Gesellschaft.**

1 § 177a idF des SanInsFoG, vorher MoMiG 2008, HrefG 1998, GmbHNovelle 1980. § 125a (s. dort) gilt auch für die KG, bei der zwar ein Kdtist natürliche Person ist, nicht jedoch ein phG. Ausgenommen sind auch hier nach dem Zweck des Gesetzes solche Kgen, zu deren phG eine OHG oder KG gehört, bei der ein phG eine natürliche Person ist (Verweisung auf § 172 VI 2); doppelstöckige KG → § 125a Rn. 4, → § 177a Rn. 9, vgl. → § 19 Rn. 25. Die nach § 125a I 2 für die Gfter vorgeschriebenen **Angaben auf Geschäftsbriefen** müssen nur für die phG der KG, nicht jedoch für die Kommanditisten gemacht werden.

2 Das Sanierungs- und Insolvenzfortentwicklungsgesetz, **SanInsFoG** hat das **Zahlungsverbot** rechtsformübergreifend in § 15b InsO geregelt, → Anh § 177a Rn. 49g. Der Verweis auf § 130a ist damit entfallen, § 177a regelt nur noch die Angaben auf Geschäftsbriefen.

3 Das Gesetz zur Modernisierung des Personengesellschaftsrechts (MoPeG → Einl § 105 Rn. 42 ff) passt zum 1.1.2024 den Wortlaut des § 177a an die Änderungen des OHG-Rechts an und fügt neue §§ 178, 179 zur Liquidation der Kommanditgesellschaft sowie zur Insolvenz der Kommanditgesellschaft an. Zur Textfassung der §§ 105 ff HGB-MoPeG und den Änderungen der §§ 161 ff s. → Anh. § 105.

Anhang nach § 177a: GmbH & Co; Publikumsgesellschaft (mit Prospekthaftung)

Übersicht

	Rn
A. GmbH & Co	1–51j
I. Begriff, Allgemeines	1–11
1) Begriff, praktische Bedeutung	1–3
A. Begriff	1
B. Praktische Bedeutung	2, 3
2) Rechtliche Zulässigkeit	4, 5
A. Rechtliche Zulässigkeit	4
B. Gesetzgeberische Kautelen	5
3) Erscheinungsformen	6–11
A. Die personen- und beteiligungsgleiche GmbH & Co (echte GmbH & Co)	6
B. Die nicht personen- und beteiligungsgleiche GmbH & Co	7
C. Einheitsgesellschaft (EinheitsGmbH & Co)	8
D. Die doppelstöckige (dreistufige) GmbH & Co	9
E. Kapitalgesellschaftsähnliche Formen der GmbH & Co	10
F. Sonderformen und Typenverbindungen mit anderen Gesellschaften	11
II. Errichtung	12–20
1) Gründung	12–14
A. Gesellschaftsvertrag	12
B. Anmeldung und Eintragung im Handelsregister	13
C. Umwandlung	14
2) Haftung im Gründungsstadium und Kapitalerhaltung	15–19
A. Vor Eintragung	15
B. Nach Eintragung	16
C. Handelndenhaftung	17
D. Haftung der Mitglieder der Vorgründungsgesellschaft	18
E. Haftung der Kommanditisten vor Eintragung	19
3) Firma	20
III. Rechtsverhältnisse der Gesellschafter untereinander	21–33
1) Rechte und Pflichten der Gesellschafter	21–25
A. Grundlage im Recht der KG	21
B. Einzelne Rechte und Pflichten	22–25
2) KGGeschäftsführung, GmbHGeschäftsführer	26–30
A. Geschäftsführung in der KG	26
B. Geschäftsführer der GmbH	27–30
3) Beirat, Aufsichtsrat und Prüfungsausschuss	31
4) Gesellschafterversammlung	32
5) Gesellschaftsvertragsänderung	33
IV. Rechtsverhältnisse der Gesellschafter zu Dritten	34–44
1) Rechtliche Selbstständigkeit der Gesellschaft	34, 35
A. Wirksamkeit und Rechtsstellung der KG	34
B. Prozess	35
2) Vertretung, Selbstkontrahieren	36–40
A. Organschaftliche Vertretung	36
B. Rechtsgeschäftliche Vertretung	37
C. Vertretung der Kommanditisten	38
D. Selbstkontrahieren	39, 40
3) Haftung gegenüber Dritten	41–44
A. Haftung der GmbH & Co	41

	Rn
B. Haftung der Kommanditisten	42, 43
C. Haftung des GmbHGeschäftsführers	44
V. Auflösung, Gesellschafterwechsel, Auseinandersetzung	45–49
1) Auflösung	45–46
A. KG	45, 45a
B. GmbH	46
2) Gesellschafterwechsel	47, 48
A. KG	47
B. GmbH	48
3) Auseinandersetzung (Liquidation)	49
VI. Insolvenz und Reorganisation	49a–49t
1) Regelung und Pflichten nach InsO sowie StaRUG	49a
2) Insolvenzgründe nach InsO	49b–49e
A. Zahlungsunfähigkeit	49b
B. Überschuldung	49c, 49d
C. Drohende Zahlungsunfähigkeit	49e
3) Pflichten der Geschäftsführer nach InsO und StaRUG	49f–49l
A. Krisenfrüherkennung	49f
B. Zahlungsverbot nach § 15b InsO	49g–49i
C. Insolvenzantragspflicht bei Zahlungsunfähigkeit und Überschuldung	49j
D. Restrukturierung und Eigenverwaltung	49k, 49l
4) Haftung für Zahlungen und Insolvenzverschleppung	49m–49q
A. Haftung für Zahlungen nach Insolvenzreife, § 15b IV InsO	49m, 49n
B. Haftung für verspätete Insolvenzantragstellung	49o
C. Verschulden bei Vertragsverhandlungen und Deliktshaftung	49p, 49q
5) Treupflicht der Gesellschafter im Insolvenzverfahren	49r
6) COVID-19-Insolvenzaussetzungsgesetz	49s, 49t
VII. Mitbestimmung, Rechnungslegung und Transparenz	50, 51
VIII. Die unterkapitalisierte GmbH & Co, allgemeine Durchgriffshaftung, Haftung aus existenzvernichtendem Eingriff	51a–51j
A. Keine Ausdehnung auf Unterkapitalisierung ohne Gewährung von Gesellschafterdarlehen	51a
B. Allgemeine Haftungstatbestände, insbesondere Durchgriffshaftung	51b
C. Haftung aus existenzvernichtendem Eingriff	51c–51f
D. Qualifizierte Unterkapitalisierung	51g–51i
E. Sonderformen und Typenverbindungen mit anderen Gesellschaften	51j
B. Publikumsgesellschaft (mit Prospekthaftung)	52–85
I. Begriff, Sonderrecht	52–55
1) Begriff der Publikumsgesellschaft und KAGB	52
2) Sonder(gesellschafts)recht	53
3) Kapitalmarktrecht, Steuerrecht	54, 55
A. Kapitalmarktrecht	54
B. Steuerrecht	55
C. IPR	
II. Errichtung, Beitritt	56–58
1) Errichtung	56
2) Beitritt	57, 58
A. Aufnahmeverträge	57
B. Fehlerhafter Beitritt	58
III. Prospekthaftung und Vertrieb	59–66f
1) Prospektpflicht und verschiedene Prospekthaftungstatbestände	59
2) Allgemeine zivilrechtliche und spezialgesetzliche Prospekthaftungen	60, 61

2. Abschnitt. Kommanditgesellschaft — Anh § 177a

	Rn
A. Allgemeine zivilrechtliche Prospekthaftung	60
B. Spezialgesetzliche Prospekthaftung	61
3) Rechtsnatur der Prospekthaftung, Verhältnis	62
4) Prospekthaftpflichtige	63, 64
A. Prospekthaftpflichtige	63
B. Nicht Prospekthaftpflichtige	64
5) Anspruchsinhalt	65, 66
6) Besondere Rechtspflichten der beteiligten Banken/ beim Vertrieb	66a–66f
IV. Gesellschaftsvertrag	67–69c
1) Gesellschaftsvertrag, insbesondere Auslegung	67
2) Inhaltskontrolle	68
3) Gesellschaftsvertragsänderung ohne Bestimmtheitsgrundsatz	69a–69c
A. Keine Geltung des Bestimmtheitsgrundsatzes ..	69a
B. Mehrheitsbeschluss als Regel	69b
C. Einzelprobleme	69c
V. Rechtsverhältnisse der Gesellschafter untereinander, Organe, Treuhänder	70–81
1) Rechte und Pflichten der Kommanditisten	70–73
A. Beitragspflicht	70
B. Sonstige Leistungspflichten	71
C. Rechte	72
D. Verfahrensrecht	73
2) Geschäftsführer	74
3) Aufsichtsorgane, Beirat	75
4) Gesellschafterversammlung	76
5) Treuhänder bei Publikumsgesellschaften und Anlagemodellen	77–81
A. Treuhand bei der Publikumsgesellschaft	77
B. Begründung	78, 78a
C. Rechtsstellung in der Gesellschaft	79
D. Treuhandverhältnis, Schutz der Treugeber	80
E. Beendigung	81
VI. Rechtsverhältnisse der Gesellschafter zu Dritten	82a, 82b
VII. Auflösung, Ausscheiden von Gesellschaftern, Liquidation	83–85
1) Auflösung	83
2) Ausscheiden von Gesellschaftern	84
3) Liquidation	85
C. KAGB und Investmentkommanditgesellschaft	86–101
I. Das Kapitalanlagegesetzbuch	86–94
1) Umsetzung der OGAW- und der AIFM-Richtlinie	86, 87
2) Kapitalmarktrecht im KAGB	88–90
3) OGAW und AIF als europäische Rechtsbegriffe ...	91, 92
4) Begriff des offenen und geschlossenen Fonds	93, 94
II. Offene Investmentkommanditgesellschaften	95–97
1) InvKG als Rechtsform für offene Investmentvermögen	95
2) Anlage in offenen InvKG	96
3) Gesellschaftsrecht offener InvKG	97
III. Geschlossene Investmentkommanditgesellschaften	98–101
1) InvKG als Rechtsform für geschlossene Investmentvermögen	98
2) Anlage in geschlossene InvKG	99, 100
3) Gesellschaftsrecht geschlossener InvKG	101

A. GmbH & Co

Schrifttum

a) Kommentare: s. Kommentare zum HGB (s Einl vor § 105, dort bei § 161) und GmbHG (s **(2b)** GmbHG Einl) sowie *Ebenroth(/Boujong/Joost/Strohn)/Henze/Notz* Bd 1 4. Aufl 2020 Anh 1 nach § 177a. – *Heidel(/Schall)/Bergmann* Anhang GmbH & Co, nach § 177a, 3. Aufl 2019. – *Henssler(/Strohn)/Servatius* Anhang Publikumsgesellschaft und GmbH & Co KG, 5. Aufl 2021. – *Oetker/Oetker* § 161 Rn 67 ff.

b) Handbücher: *Binz/Sorg*, 12. Aufl 2018. – Münch. Hdb des GesR Bd 2 KG, GmbH & Co KG, Publikums-KG, StGes, 5. Aufl 2019, §§ 49–60. – *Hesselmann(/Tillmann/Mueller-Thuns)/(Bearbeiter)*, 22. Aufl 2020 (Hdb). – *Reichert* 8. Aufl 2021. – *Söffing* 4. Aufl 2020. – *Wagner/Rux*, 12. Aufl 2013. – *Westermann(/Wertenbruch)/Blaum*, Hdb der Personengesellschaften, §§ 55, 56 (LBl). – *Winter* 2017.

c) Einzeldarstellungen und Sonstiges: Centrale für GmbH Dr. O. Schmidt, Hrsg, Aktuelle Probleme der GmbH & Co, 1967. – *H. P. Westermann*, Die GmbH & Co im Lichte der Wirtschaftsverfassung, 1973. – *Binz*, Haftungsverhältnisse im Gründungsstadium der GmbH & Co KG, 1977. – *K. Schmidt/Uhlenbruck*, Die GmbH in Krise, Sanierung und Insolvenz, 5. Aufl 2017. – *Zacher*, Kapitalsicherung und Haftung in der GmbH & Co KG, 1992. – **Muster:** *Hopt/Merkt/Möritz*, Vertrags- und Formularbuch zum Hdl-, Ges- und Bankrecht, 5. Aufl 2022, Teil II. C.3–5 (mit 3 Vertragsmustern). – *Priester*, 3. Aufl 2000. – *Sommer*, 4. Aufl 2012. RsprÜbersichten: *Goette* 1997 (GmbH); BGHFSWissII/*Hopt* 2000, 497 (Kapitalmarktrecht mit Prospekthaftung); *Kuhn* WM Sonderbeil 1/1978; *Brandes* WM Sonderbeil 1/1987; *K. Schmidt* FS Priester 2007, 691u JZ 2008, 425; *Wachter* GmbHR 2008, 87 (Sonderheft); zur GmbH *Brandes* WM Sonderbeil 3/1992. – Zahlreiche Aufsätze bes in GmbHR. – Laufende Materialsammlung der Centrale für GmbH Dr. Otto Schmidt. – Zum HRefG 1998s § 105 II, dort Rn. 12; *Schlitt* NZG 1998, 580. – Zum MoMiG *Wedemann* WM 2008, 1381.

Schrifttum zur PublikumsGes unter → B vor Rn. 52, zum KAGB unter → C vor Rn. 86.

I. Begriff, Allgemeines

1 **1) Begriff, praktische Bedeutung. A. Begriff.** Die **GmbH & Co** (KG) ist eine **KG, an der eine GmbH als** fast immer einziger **Komplementär beteiligt ist.** Als KG ist sie rechtlich eine PersonenGes, die ein HdlGewerbe voraussetzt, §§ 1, 2, 3, 5, 161 I (str., Lüdtke-Handjery BB 1973, 71; die KG selbst, nicht nur die GmbH muss Kfm. sein, BayObLG NJW 1985, 982, str.; vgl. → Rn. 9) und auf die grundsätzlich KGRecht Anwendung findet. Der Umstand, dass ihr phG eine Ges. „mbH" (juristische Person, KapitalGes) ist, bedeutet eine Typenverbindung und wirtschaftliche Annäherung an eine KapitalGes, BGHZ 62, 227 („der Form nach eine Personengesellschaft", „sachlich Gesellschaft mbH"). Dies ist der Grund für die besonderen Rechtsprobleme der GmbH & Co. Dabei geht es um die Überlagerung des KGRechts durch KapitalGesRecht oder eigene Regeln für den besonderen Mischtyp. Solche Gesellschaften werden international nicht immer anerkannt, eine interessante Hybridform von Personen- und Kapitalgesellschaft mit freilich einheitlichem Gesellschaftsstatut stellt die US-amerikanische LLC dar, → Einl. vor § 105 Rn. 37. Lit.: K. Schmidt JZ 2008, 425; international Ribstein, 2010; Fleischer/Wansleben GmbHR 2017, 635, zur LLC auch Henssler FS Kirchhoff, 2002, 177. Bei der GmbH & Co KG kommt der **Kautelarpraxis** besondere Bedeutung zu, in der sich verschiedene Grundtypen herausgebildet haben, → Rn. 6 ff., und der auch die Aufgabe zukommt, die Gesellschaftsverträge von GmbH und KG unternehmensindividuell aufeinander abzustimmen.

2 B. **Praktische Bedeutung.** Rechtstatsächlich ist die GmbH & Co KG die vorherrschende Rechtsform des in der Rechtsform einer Personengesellschaft organisierten kaufmännischen Rechtsverkehrs. Ihr kommt aber auch darüber hinaus eine herausragende Bedeutung zu, es handelt sich um die nach GmbH/

2. Abschnitt. Kommanditgesellschaft   3, 4 **Anh § 177a**

UG zweithäufigste kaufmännisch organisierte Rechtsform; betrachtet man Gesellschaften mit mehr als fünf Mitgliedern, dürfte es sich bei der GmbH & Co sogar um die häufigste Gesellschaftsform für Handelsgesellschaften handeln, dazu → Einl. vor § 105 Rn. 40, wobei es sich freilich häufig um Publikumsgesellschaften, also im Kern um bloße Anlagevehikel handeln wird, → Rn. 52 ff. Praktische Verwendung findet die GmbH & Co insbesondere bei Familiengesellschaften, Holler BB 2012, 719.

Die GmbH & Co hat sich seit den 1920er Jahren vor allem aus **steuerlichen Gründen** rasch ausgebreitet. Die Doppelbesteuerung nach KStG (Besteuerung der Gewinne zB der AG und noch einmal der Dividenden bei den Aktionären) ist zwar seit 1977 und die Vermögensbesteuerung seit 1997 beseitigt, Steueranreize ergeben sich aber ua aus Sonderabschreibungen, die nur der PersonenGes offen stehen. Bei der Entscheidung für GmbH & Co oder bloße GmbH ist ein **konkreter Belastungsvergleich** unerlässlich, Bspe bei Hesselmann/Müller-Thuns 2.38–60, Vergleich von KG und GmbH auch mit Darstellung der historischen Entwicklung Kußmaul/Meyering/Schwarz GmbHR 2016, 385. Übliche Gestaltungsvariante ist, dass alle Gewinne bei den Kdtisten anfallen, Hesselmann/Müller-Thuns 1.4, die GmbH freilich eine Vergütung (auch) für die Haftungsübernahme erhält. Demgegenüber haben Gesellschafter ohne bes. Regelung im GesVertrag kein „Steuerentnahmerecht" ggü. der Ges., BGH ZIP 2016, 1020. Lit.: Binz/Sorg § 1 V (Verbreitung), § 25 (Rechtsformenwahl, Wegfall früherer Vorteile, aber Flexibilität), von der Osten GmbHR 1995, 438. Nach BFH ZIP 2016, 1382 kann unter den steuerrechtlichen Begriff der juristischen Person im Einzelfall auch eine GmbH & Co gefasst werden (RL 37/388/EWG), bei überhöhter Geschäftsführervergütung ggf. verdeckte Gewinnausschüttung, BFH GmbHR 2016, 125. Bislang transparente Besteuerung der PersGes nicht auf der Ebene der Ges, sondern der Gfter **seit Juli 2021 Option** der PersHdlsGes für **Körperschaftssteuer**, also Besteuerung wie KapGes nach KStG, § 1a KStG idF des Gesetzes zur Modernisierung des Körperschaftssteuerrechts vom 30.6.2021, BGBl I 2050, dazu Bochmann/Bron NZG 2021, 613; Röder ZGR 2021, 681.

Heute stehen die **gesellschaftsrechtlichen Vorteile** der GmbH & Co KG 3 klar **im Vordergrund**. Sie liegen in der Kombination von Vorteilen der KapitalGes und der PersonenGes. Zu den ersteren gehören zB Haftungsbeschränkung, Möglichkeit der Drittorganschaft, Lösung des Nachfolgeproblems (Unternehmensperpetuierung), bei Publikumspersonengesellschaft leichtere Kapitalbeschaffung durch besseren Zugang zum Finanz- und Kapitalmarkt (vgl. → Rn. 52–53, sogar besser als bei GmbH), Beherrschung ohne Kapitalmehrheit, EinpersonenGes ua (Sachfirma ist inzwischen allgemeiner möglich, § 19 I). Dies alles ermöglichte diese Rechtsform bei gleichzeitiger Inanspruchnahme der Vorteile einer PersonenGes, zB formloser GesVertrag, freie Gestaltung der Innenverhältnisse, formloser Gesellschafterwechsel, Entnahmerecht auch ohne Gewinnerwirtschaftung, Vermeidung der unternehmerischen Mitbestimmung (im Aufsichtsrat) nach DrittelbG und Entschärfung derjenigen nach MitbestG (→ Rn. 50), und bis zum KapCoRiLiG 2000 (→ Einl. vor § 238 Rn. 6) erheblich geringerer Zwang zur Publizität. Auch heute ist die Publizität gegenüber einer reinen Kapitalgesellschaft noch herabgesetzt, → Rn. 51 aE.

2) Rechtliche Zulässigkeit. A. Rechtliche Zulässigkeit. Die Zulässigkeit 4 der GmbH & Co ist trotz Widerstands der Literatur schon früh von der Rspr. **anerkannt,** BayObLG OLG Rspr 27, 331 (1912); RGZ 105, 101 (1922), seit längerem auch vom Gesetzgeber (KVStG 1972; § 4 I MitbestG 1976; 1976: §§ 130a, 130b, beide aufgehoben; 1981: §§ 19 V (jetzt § 19 II), 125a, 129a aufgehoben, 172 VI, 172a aufgehoben, 177a), seit MoMiG 2008 findet sich Insolvenzantragspflicht und strafrechtliche Verantwortlichkeit in § 15a InsO, Gesellschafterdarlehen in § 135 InsO, seit dem SanInsFOG das Zahlungsverbot in § 15b InsO (→ Rn. 49a ff.). Anerkannt ist heute KGaA mit GmbH als phG, BGHZ 134, 392 (→ Rn. 34); aA K. Schmidt ZHR 160 (1996), 265, das KAGB (§ 18 I KAGB) lässt nur AG, GmbH und GmbH & Co als Rechtsformen für externe Kapitalverwaltungsgesellschaft zu, s. Anhang C. Nach MoMiG auch UG (haftungsbeschränkt) & Co (→ Rn. 11). WirtschaftsprüfungsGes und StBerGes wurden bereits vor der Neuregelung des Berufsrechts der anwaltlichen und steuerberatenden Berufsausübungsgesellschaften sowie zur Änderung weiterer Vorschriften im Bereich der rechtsberatenden Berufe vom 7.7.2021, BGBl I 2363 unter bestimmten Voraussetzungen als Komplementär einer Wirtschaftsprüfungsbzw. StBerKG anerkannt. Eine **Rechtsanwalts-GmbH & Co KG wurde bis August 2022** von Rspr. Und herrschender Lehre **nicht zugelassen,** AnwGH München NZG 2011, 344; BGH ZIP 2011, 1664. Nunmehr lassen das BRAO, StBerG und die WPO die Rechtsform einer Personenhandelsgesellschaft und damit auch einer GmbH & Co KG zu, Voraussetzung sind etwa bei Rechtsanwälten die Zulassung durch die Rechtsanwaltskammer und eine Pflichtversicherung, Zimmermann/Hartung NJW 2022, 1792. Anerkannt wird die GmbH & Co durch ein Ingenieurbüro, OLG Zweibrücken NZG 2013, 105. Ausländische juristische Person & Co → Rn. 11. **Konzernrecht** betrifft die GmbH & Co nicht als solche, anders wenn die GmbH als phG gleichzeitig mehrere Ges. leitet; → § 105 Rn. 103, es wird die GmbH & Co KG aber durchaus auch als Tochtergesellschaft (ausländischer) Gesellschaften verwandt. Zur Rückabwicklung **kartellrechtswidriger GmbH & Co** Wessels ZIP 2014, 101; 2014, 857; K. Schmidt BB 2014, 515 (auch zur fehlerhaften Ges.); ZIP 2014, 863. Vorschlag, die GmbH & Co zwingend durch eine allein zulässige Handelsgesellschaft auf Einlagen zu ersetzen (Hueck et al, 1971) konnte sich nicht durchsetzen. Lit.: Krebs, 1991; Ehrhardt, 1996; Henssler ZGR 2000, 479 u. FS Kreutz, 2010, 635; Fleischer/Wansleben GmbHR 2017, 169.

Nunmehr und künftig können Rechtsanwalts-GmbH & Co KGs gebildet werden. Seit dem 1.8.2022 können **Berufsausübungsgesellschaften,** als GmbH & Co firmieren, auch Rechtsanwaltsgesellschaften, § 59b II BRAO idF des Gesetzes zur Neuregelung des Berufsrechts, → § 105 Rn. 108 f. Ab dem 1.1.2024 gilt das auch nach allgemeinem Gesellschaftsrecht, **§ 107 I HGB-MoPeG,** → § 105 Rn. 13.

5   B. **Gesetzgeberische Kautelen.** Es fehlt eine eigenständige gesetzliche Regelung, → Einl. vor § 105 Rn. 41, die de lege ferenda durchaus zu erwägen wäre. Eine Reihe der wichtigsten Probleme wie Firmierung (§ 19 II), Angabe der Rechtsform ua auf Geschäftsbriefen (§§ 125a, 177a), Insolvenzantragspflicht bei Zahlungsunfähigkeit und Überschuldung (seit MoMiG: § 15a InsO, → Rn. 49j, zuvor §§ 130a, 130b, 177a, aF), (echte) Kommanditeinlage durch Einbringung des GmbHAnteils (§ 172 VI), Darlehensrückgewähr der (unterfinanzierten) Ges. an die Gfter-Darlehensgeber (seit MoMiG: §§ 39 I Nr. 5, IV, V, 44a, 135, 143 III InsO, §§ 6, 6a AnfG, zuvor §§ 129a und 172a aF) sind besonders durch die GmbHNovelle 1980 und 2008 durch das MoMiG (s. vor § 177a) gelöst oder entschärft worden. Das gilt seit dem KapCoRiLiG 2000 auch für die Rechnungslegung (→ Rn. 51). Mit der Beschlussfassung in der Komplementär-GmbH einer Einheits-KG wird das HGB idF des MoPeG künftig auch das Innenrecht der GmbH & Co gesetzlich regeln, § 170 II HGB-MoPeG. Die Problematik der GmbH & Co hat sich heute im Rahmen der klassischen GmbH & Co zu vielen Detailfragen, im Übrigen zur PublikumsGes (→ Rn. 52) verlagert. Anstelle im parlamentarischen Verfahren erlassener und gesetzgeberischer Kautelen tritt häufig die Kautelarpraxis, was insbesondere bei langlebigen Gesellschaften und Rechtsprechungsänderungen (zum Wegfall des Bestimmtheitsgrundsatzes BGH ZIP 2014, 2231) zu Problemen führen kann. Lit.: K. Schmidt GmbHR 1984, 272.

3) Erscheinungsformen. A. Die personen- und beteiligungsgleiche GmbH & Co (echte GmbH & Co). Diese Form ist in der Praxis herkömmlich am gebräuchlichsten; bei ihr sind die Gfter der GmbH und die Kdtisten der KG identisch und haben dieselben Beteiligungsquoten in der GmbH und KG, Bsp. OLG Hamburg ZIP 2006, 898. Das führt zum rechtlichen Gleichlauf **(Verzahnung),** vermeidet Probleme und ist für viele Fälle empfehlenswert. Ausschluss des Stimmrechts der GmbH empfiehlt sich (→ Rn. 25), bei Anteilsübertragung sind Besonderheiten des GmbH-Rechts zu beachten (→ Rn. 47 f.). Praxis spricht von einer typischen GmbH & Co im engeren Sinne, MüHdbGesR2/ Gummert § 50 Rn. 1. Vorsorge zu treffen ist für den Erbfall, da bei GmbH Universalsukzession und bei KG Sonderrechtsnachfolge, weiter für Anteilsübertragungen.

Ein **Sonderfall** der personengleichen GmbH & Co ist die **EinpersonenGmbH & Co.** Hier ist der AlleinGfter der GmbH zugleich der einzige Kdtist. Seit 1981 kann die GmbH und damit die GmbH & Co auch als EinpersonenGes gegründet werden (§ 1 GmbHG); damit ist auch die EinpersonenVorGmbH anerkannt (→ Rn. 15). Alleingesellschafter und einziger Kommanditist kann zugleich Alleingeschäftsführer der GmbH sein, zu beachten ist dann § 35 III GmbHG, MüHdbGesR 2/Gummert § 51 Rn. 2. Rechtsprobleme der Einpersonengründung der GmbH, Ulmer BB 1980, 1001; Hüffer ZHR 145 (1981), 521; K. Schmidt ZHR 145 (1981), 540; Flume ZHR 146 (1982), 205, für GmbH Erleichterung durch das MoMiG. Wettbewerbsverbot → Rn. 23, 27. Verbot des Selbstkontrahierens (§ 181 BGB, § 35 III GmbHG nF) → Rn. 39. **Muster:** Hopt/Merkt VertrFormB/Weyland/Hoger, Form II. D.1.3 (EinpersonenGmbH).

B. Die nicht personen- und beteiligungsgleiche GmbH & Co. Auch diese Form ist praktisch wichtig. Bei ihr sind die Gfter der GmbH und die Kdtisten der KG entweder verschiedene Personen oder ihre Beteiligungsverhältnisse weichen in beiden Ges. ab; zB bestimmte Gfter wollen oder sollen keinen Einfluss auf die Geschäftspolitik haben. Gelegentlich fungiert dieselbe GmbH als phG bei verschiedenen GmbH & Co **(sternförmige GmbH & Co),** haben die KG der GmbH jeweils Mehrvertretung gestattet, so gilt die Befreiung von § 181 BGB auch für Geschäfte zwischen den GmbH & Co KGs, KG ZIP 2013, 162. In besonderen Fällen horizontaler Haftungsdurchgriff (→ § 105 Rn. 103). GmbH & Co kann so kapitalgesellschaftsähnlich ausgestaltet werden, → Rn. 10, GmbH & Co mit AnlageGftern als Kdtisten (PublikumsGes) → Rn. 52, mit Arbeitnehmern als Kdtisten Tillmann DB 1970, 2157, GmbH ist für Beteiligung der Arbeitnehmer am Unternehmen wegen der Formvorschrift des § 15 III, IV GmbHG ungeeignet. Abwandlung der internen Organisation → Rn. 10. **Muster:** Hopt/ Merkt VertrFormB/Möritz, Form II. C.3 (Vertrag einer GmbH & Co KG mit mehreren Familienstämmen).

C. Einheitsgesellschaft (EinheitsGmbH & Co). Bei dieser Form ist die KG Inhaberin aller Anteile an der GmbH und damit AlleinGfter der GmbH, also ihres Komplementärs, BayObLG DB 1974, 962; Mertens NJW 1966, 1049. Es bedarf dann keiner Verzahnung der für KG und GmbH geschlossenen GesVerträge. Diese Form der GmbH & Co ist durch § 172 VI nF seit 1981 entgegen früheren Zweifeln gesetzlich anerkannt; die KdtEinlage gilt aber als nicht geleistet, wenn sie in Anteilen am phG bewirkt wird, außer wenn letztlich doch eine natürliche Person (als phG des Komplementärs der GmbH & Co) haftet (§ 172 VI 2). Komplementäre müssen so über die im HReg eingetragene Haftsumme hinaus eine Einlage leisten, mit die KG ihrerseits Einlage an der GmbH leistet, → Rn. 13. Weisung an den GmbHGeschäftsführer → Rn. 27. Willensbildung in der EinheitsGes → Rn. 32, auch zur gesetzlichen Regelung im MoPeG. Lit.: Binz/Sorg § 8; Bülow DB 1982, 527; Esch BB 1991, 1128; Fleck FS Semler,

1993, 115; K. Schmidt JZ 2008, 435; FS Westermann, 2008, 1425; Wachter GmbHR 2015, 177; Brosius/Frese NZG 2016, 808; Oetker FS K. Schmidt 2019, Bd. 2, 79; Storz NZG 2020, 246; Wertenbruch GmbHR 2021, 1181 (MoPeG). **Muster:** Hopt/Merkt VertrFormB/Möritz, Form II. C.5 (Vertrag einer EinheitsGmbH & Co KG); Hopt/Merkt VertrFormB/Weyland/Hoger, Form II. D.1.7 (GmbH als phG einer EinheitsGes).

9 D. **Die doppelstöckige (dreistufige) GmbH & Co.** Bei dieser Form ist Komplementär der GmbH & Co eine weitere GmbH & Co, Bsp. LG Bremen BB 1971, 1121. Auch diese Form ist zulässig (zB § 4 I 2 MitbestG), hL, OLG Hamburg GmbHR 1969, 135 (für KGaA, → Rn. 34) m. zust. Anm. Hesselmann; aA Pfander/von Stumm DB 1973, 2499. Das HdlGewerbe der KomplementärGmbH & Co kann im Betreiben des HdlGewerbes der dreistufigen GmbH & Co KG bestehen, sehr str. (→ § 1 Rn. 18). Jedenfalls kann die KomplementärGmbH & Co Kfm. nach § 105 II werden (→ § 105 Rn. 13), Schlitt NZG 1998, 581.

10 E. **Kapitalgesellschaftsähnliche Formen der GmbH & Co.** Auch die einfache, nicht personengleiche GmbH & Co (→ Rn. 7) kann durch entspr. Rechte und Pflichten der Kdtisten vom Normaltyp der noch einer PersonenGes ähnlichen GmbH & Co zu einer **kapitalistischen GmbH & Co** (Geldgeber sind beherrschend sind die Kdtisten, → § 161 Rn. 11, häufig bei großer FamilienKG, Lit.: Barbasch, 1989) oder einer **Trennung** von **Kapital** und **Management**, insbesondere in Form einer **Publikumsgesellschaft** (Geldgeber sind die Kdtisten, beherrschend die Gfter der GmbH oder Außenstehende, → Rn. 52, → § 161 Rn. 12) ausgestaltet werden. Letzteres führt idR zu einer **körperschaftlich strukturierten KG.** Für diese sind typisch: Abstimmung mit Mehrheit und nach Kapitalbeträgen; GfterWechsel ohne Folgen für den Bestand der Ges.; Pooling der Kontrollrechte; Aufsichtsorgane, Beiräte und Treuhänder; Verbreitung der Mitgliedschaftsrechte (nur Beweisurkunde, keine WP) ua. Lit.: K. Schmidt FS Röhricht, 2005, 511. **Muster:** Hopt/Merkt VertrFormB/Möritz, Form II. C.3 (ausführlicher GmbH & Co KGVertrag, für FamilienGes mit mehreren Stämmen); Hopt/Merkt VertrFormB/Weyland/Hoger, Form II. D.1.4. (ausführlicher GmbHVertrag für FamilienGes); Hopt/Merkt VertrFormB/Möritz II. G.5 (Genussrechtsvertrag).

11 F. **Sonderformen und Typenverbindungen mit anderen Gesellschaften. Sonderform** ist etwa die GmbH & Co mit mehr als einem Komplementär, zur **Doppelkomplementär GmbH & Co** Mehringer NZG 2017, 41. Hier besteht mit Blick auf das Verhältnis der Komplementäre untereinander zusätzlicher Regelungsbedarf. Sind an der KG neben der GmbH auch natürliche Personen als Kommanditisten beteiligt, liegt eine **unechte GmbH & Co** vor. Hat eine KG nur eine natürliche Person als persönlich haftenden Gesellschafter, so kann eine GmbH als weiterer Komplementär aufgenommen werden, um die **Auflösung nach § 131 II zu vermeiden.** Es entsteht dann bei Versterben des einzigen als natürliche Person haftenden Komplementärs eine echte GmbH & Co, als solche kann KG auch zuvor im Rechtsverkehr auftreten (Westermann/Blaum I Rn. 3171), Alternativen sind Fortsetzungs- und Nachfolgeklauseln, → § 131 Rn. 79 f., insoweit kann die GmbH dann auch von einer Kommanditisten- in eine Komplementärstellung wechseln. Teilweise als eigenständige Gestaltungsvariante genannt werden auch die **Einmann- GmbH & Co,** bei der eine Person einziger Kommanditist und einziger GmbH-Gesellschafter ist, die **Familien-GmbH & Co** sowie die **vermögensverwaltende GmbH & Co.**

Typenverbindungen sind weiter zB **OHG** nur mit juristischen Personen als Gfter (→ § 105 Rn. 28); **AG & Co,** Lit.: Beckmann, 1992; **GmbH & Still** (→ § 230 Rn. 5); **Limited & Still** (→ § 230 Rn. 5); GbR & Co, Bergmann ZIP

2. Abschnitt. Kommanditgesellschaft 11 Anh § 177a

2003, 2240; ähnlich ist die UG & Co da die UnternehmerGes (§ 5a GmbHG) nur eine Unterform der GmbH ist. Seit MoMiG praktisch an Bedeutung gewinnt die **UG (haftungsbeschränkt) & Co**, aber keine Eintragung als GmbH & Co, KG ZIP 2009, 2293. Eine UG & Co kann durch Umwandlung einer GmbH in eine KG entstehen, dies im Wege des Formwechsels unter Eintritt einer neu gegründeten UG als Komplementärin, OLG Oldenburg ZIP 2020, 558. Ausschluss der UG von der Gewinnbeteiligung ist wegen § 5a III GmbHG sehr problematisch, Veil GmbHR 2007, 1084; Gehrlein Konzern 2007, 779; Wachter GmbHR Sonderheft 10/2008, 89; für Zulässigkeit Stenzel NZG 2009, 168; Kock/Vater/Mraz BB 2009, 848; Römermann/Passarge ZIP 2009, 1497; Müller ZGR 2012, 106 jedenfalls eine Vergütung der Unternehmergesellschaft fordernd Schäfer ZIP 2011, 59. Klärung durch die Rechtsprechung steht aus, nach BGH NZG 2012, 1061 reicht bei UG eine Einlage von 500 Euro nicht aus, um einen dauerhaft ordnungsgemäßen Geschäftsbetrieb und Ersatz im Haftungsfall sicherzustellen (Unwirksamkeit der Bestellung als Verwalter einer WEG). International sind beschränkt haftende Gesellschaften ohne Mindestkapital anerkannt (→ Einl. vor § 105 Rn. 37), UG dient aber in erster Linie der Gründungserleichterung. Allein das Vereiteln der Möglichkeit eines Anwachsens der UG zur GmbH führt noch nicht zur unbeschränkten persönlichen Haftung der Komplementäre. Praktisch wird aus steuerlichen Gründen rglm eine Haftungsvergütung bezahlt (→ Rn. 21), dies reicht aus, MüHdbGesR 2/Gummert § 49 Rn. 14. Freilich kann gerade bei einer UG als phG die Bilanzierung einer Haftungsgefahr nach § 128 zur Überschuldung führen, → Rn. 51.

Rechtsfähige **Stiftung & Co**, stiftungsrechtlich zulässig, wenn über Komplementärstellung hinaus weitere, primäre Aufgabe übernommen wird (nicht bei Unternehmensselbstzweckstiftung oder reiner Funktionsstiftung), Seibt ZIP 2011, 251.

Zulässig und einzutragen ist auch die **ausländische juristische Person & Co**: (1) sofern sie nach IPR als rechtsfähig anzuerkennen ist (Thiermann ZIP 2011, 988); sie braucht nicht zusätzlich (besondere Rechtsfähigkeit) nach ihrem Heimatrecht am Sitz der dort der KG entspr. PersonenGes beteiligen zu können, Staub/Burgard § 19 Rn. 20, maßgebl in dt. PersGesR, Teichmann ZGR 2014, 228; aA Staud/Großfeld IntGesR 542; Koller/Kindler § 105 Rn. 17; Staub/Ulmer § 105 Rn. 92; einschr. nun Staub/Schäfer §§ 105 Rn. 94 (EU und USA zulässig); Staub/Casper § 161 Rn. 76; Bspe BayObLG NJW 1986, 3029 (UK private limited company); OLG Saarbrücken NJW 1990, 647 (schweiz AG); OLG Stuttgart JZ 1995, 795, (2) sofern sie nach deutschem GesRecht zulässig ist (insbesondere Haftungsstruktur), Kapitalerhaltungsschutz entspr. §§ 30, 31 GmbHG ist dazu aber nicht notwendig, aA K. Schmidt § 56 VII 2; für Ges. aus EU und EWR ist nunmehr die Überseering-Rspr. des EuGH zu beachten (→ Einl. vor § 105 Rn. 29). Eine englische Limited konnte ohne weiteres Komplementärin einer deutschen GmbH & Co sein, ohne eigene Registerpflicht (→ § 106 Rn. 6), OLG Frankfurt a. M. ZIP 2008, 1286, sie ist nicht als ZwNl einzutragen (→ § 13d Rn. 1), nach Brexit bei Scheinauslandsgesellschaft Frage der Qualifikation, bei Drittstaat an sich Sitztheorie, → Einl. vor § 105 Rn. 29, zu Handlungsoptionen Bauerfeind/Tamcke GmbHR 2019, 11. In der Praxis spielen diese Typenverbindungen eine gewisse, wenngleich nicht überragende Rolle. Die Rechtsprobleme sind dieselben oder ähnliche wie bei der GmbH & Co (vgl. §§ 19 II, 125a, §§ 15a, 15b InsO), zulässig ist auch die ausländische juristische Person & Co mit ausländischem Komplementär (also Sitz im Ausland), Nentwig GmbHR 2015, 1145, Komplementär muss nicht Scheinauslandsgesellschaft sein (freilich häufig), zum IPR → Einl. vor § 105 Rn. 29, str. **Muster:** Hopt/Merkt VertrFormB/Scholz, Form II. E.1–8 (AG, KGaA, SE); Hopt/Merkt VertrFormB/Möritz, Form II. F. 1, 2 (Vertrag einer gemeinnützigen

Stiftung, einer unternehmenstragenden Stiftung). Lit.: Duys, 2001; Westermann/Blaum § 57.

Einer GmbH & Co KG vergleichbar ist die **Kapitalgesellschaft & Co KGaA**, die etwa als SE & Co KGaA vermehrt Verbreitung findet. Bei der KGaA handelt es sich bereits um eine Mischform (→ Einl. vor § 105 Rn. 13), die anders als eine GmbH & Co aber börsenfähig ist. Wirtschaftlich handelt es sich bei einer Publikumsgesellschaft um eine KGaA (→ Rn. 52, str.); auch bei einer KGaA wird die Organisationsform der Kapitalgesellschaft & Co zugelassen und kann einziger persönlich haftender Gesellschaft (Komplementär) eine Kapitalgesellschaft sein.

II. Errichtung

12 **1) Gründung. A. Gesellschaftsvertrag.** Beim **KGVertragsschluss** greift § 181 BGB ein, wenn der GmbHGeschäftsführer selbst Kdtist ist (vgl. → Rn. 37); wenn GmbH hierzu gegründet wird, Gestattung durch GmbHVertrag, BGH BB 1968, 481. **GmbHVertragsschluss** nach GmbHG. Formerfordernisse für KG-Vertrag → § 105 Rn. 54, 57; Binz/Mayer NJW 2002, 3054, GmbHVertrag bedarf der notariellen Beurkundung, § 2 I GmbHG. Schiedsklauseln: GmbHVertrag § 1066 ZPO, str., BGH NJW 2009, 1962 – Schiedsfähigkeit II auch für KG-Vertrag zulässig BGH ZIP 2017, 1026 – Schiedsfähigkeit III, nötig ist ausreichender Schutz der Kdtisten (grds. wie GmbH), bzgl. KGVertrag Form des § 1031 ZPO (→ Einl. vor § 1 Rn. 90), BGH NJW 1980, 1049; bei Beschlussmängelstreitigkeiten nach Rspr. Doppelprozesse, OLG Hamm DB 1992, 2180; Timm ZIP 1996, 449 (→ Einl. vor § 1 Rn. 88) mit jeweils eigenen Regeln. GmbH & Co KG ist keine eigene Rechtsform, Gesellschaftsverträge von KG und GmbH sind so getrennt zu betrachten, rglm besteht so der Bedarf, diese zu verzahnen und zu harmonisieren, Hesselmann/Lüke § 3. Möglich erscheint aber eine einheitliche Vorgründungsgesellschaft, in der die Gründung sowohl von GmbH als auch KG vereinbart und für beide Gesellschaften ein rechtlicher Rahmen vorgegeben wird, weiter kann für KG und GmbH eine einheitliche Schiedsklausel vorgesehen werden, Westermann/Blaum I Rn. 3227.

Praxis empfiehlt, zunächst den GmbH-Vertrag abzuschließen, bereits dadurch entsteht Vor-GmbH (die bereits durch den Geschäftsführer vertreten wird), erst sodann KG. Soll der Geschäftsführer der GmbH zugleich Kommanditist werden, bedarf es der Befreiung vom Verbot des Selbstkontrahierens nach § 181 BGB. Auch im Übrigen ist bei der Abfassung des Gesellschaftsvertrags besonderes Augenmerk auf das Verbot des Insichgeschäfts nach § 181 BGB zu legen, zu weiteren Fällen des Selbstkontrahierens → Rn. 39 f. (GmbH-Geschäftsführer). Nach OLG Nürnberg ZIP 2016, 74 bezieht sich Befreiung von Beschränkungen des § 181 bei Gründung nach Musterprotokoll nur auf dort genannten Alleingeschäftsführer, Befreiung erlischt grds., wenn ein weiterer Geschäftsführer bestellt wird. Bei der Festsetzung des Stammkapitals der GmbH ist auch zu beachten, dass Gefahr einer Inanspruchnahme nach § 128 HGB zu bilanzieren ist, → Rn. 51.

Ergänzende Auslegung des GesVertrags ist möglich, OLG Nürnberg ZIP 2014, 171, beim KG-Vertrag nicht ohne weiteres subjektive Auslegung (→ § 105 Rn. 59, → § 119 Rn. 37), im Fall BGH ZIP 2014, 2231 (15) Maßgeblichkeit der obj. Auslegung, wenn nicht übereinstimmender anderer Wille erkennbar erklärt. **Muster:** Hopt/Merkt VertrFormB/Möritz, Form II. C.3 (ausführlicher GmbH & Co KGVertrag); Hopt/Merkt VertrFormB/Weyland/Hoger, Form D.1.1, 1.6 (einfacher GmbHVertrag, GmbH als phG einer KG), Muster für besondere Formen der GmbH & Co → Rn. 6–11; Hopt/Merkt VertrFormB/Scholz, Form II. E.3 (Satzungen juristischer Personen).

13 B. **Anmeldung und Eintragung im Handelsregister.** Anmeldung der KG (§§ 106, 162) idR erst nach Eintragung der GmbH, die vorher nicht besteht

2. Abschnitt. Kommanditgesellschaft **Anh § 177a**

(§ 11 I GmbHG), BayObLG GmbHR 1969, 22; OLG Hamm OLGZ 1977, 58; die künftige GmbH kann nicht eingetragen werden. Wenn jedoch eine VorGmbH besteht, die bereits phG der KG sein kann (→ Rn. 15), str., ist auch ein früherer Zeitpunkt möglich, Ulmer ZGR 1981, 617; aA OLG Hamm BB 1976, 1094, und wegen des für Kdtisten drohenden Haftungsrisikos aus § 176 I (freilich → Rn. 19) empfehlenswert. Danach richtet sich auch der einzutragende Zeitpunkt des Beginns der KG (§ 106 II Nr. 3). Eintragung der VorGmbH als phG der KG ist zulässig (→ Rn. 15), aber nicht mehr, wenn bereits die GmbH eingetragen ist, BGH NJW 1985, 736. Die VorGmbH ist als solche zB mit Zusatz „i. G." kenntlich zu machen. Der Zusatz wird nach der Eintragung der GmbH gelöscht.

Als **Gegenstand des Unternehmens der GmbH** (§ 10 GmbHG) soll konkret der Tätigkeitsbereich der GmbH & Co angegeben sein, nicht nur „phG-Funktion in der KG X", OLG Hamburg BB 1968, 267, BayObLG NJW 1976, 1694, dagegen wegen Vermischung der Eigen- und Fremdgeschäftsführung zu Recht üL, Hach/Ulmer § 3 Rn. 24. Die bei der Anmeldung der GmbH abzugebende Versicherung über Einlageleistungen (§ 8 II GmbHG) und die Prüfung durch das Registergericht (§ 9c GmbHG) haben sich bei einer Bargründung auch darauf zu erstrecken, inwieweit das Anfangskapital der GmbH bereits durch Schulden vorbelastet ist (→ Rn. 16), BGHZ 80, 143. Keine Eintragung der gesetzlichen Vertreter der phG-GmbH im HdlReg der KG, str., aA BayObLG DB 2000, 37 (Gestattung des Selbstkontrahierens, → § 125 Rn. 26), erst recht nicht von der GmbH erteilte Prokura.

Zeichnung der Namensunterschrift bei Anmeldung zum HdlReg ist seit EHUG 2006 nicht mehr notwendig (→ § 14 Rn. 1), damit sind zahlreiche Streitfragen entfallen (s. 32. Aufl.).

Kapitalaufbringung in der **GmbH** richtet sich nach GmbH-Recht. Danach sind für die Anmeldung Bareinlagen zumindest zu einem Viertel und Sacheinlagen voll zu leisten, insgesamt muss mindestens die Hälfte des Mindestkapitals von 25.000 Euro geleistet sein, § 7 GmbHG. Bei Sacheinlage in GmbH ggf. Gründungsprüfung, auch bei GmbH & Co keine Gründungsprüfung bei KG, es greifen die allgemeinen Grundsätze, zur Haftsumme → § 171 Rn. 1. Übernahme der Gründungskosten durch GmbH unterliegt der Kontrolle durch das Registergericht, OLG Celle GmbHR 2015, 139. Kapitaleinlagen in der **KG** kann bei GmbH & Co nach § 172 VI 1 nicht wirksam durch Leistung der Einlage der GmbH geleistet werden, was für Einheitsgesellschaft bedeutsam ist (→ Rn. 8). Zur Haftung im Gründungsstadium → Rn. 15.

KG entsteht bei kfm. Tätigkeit ohne Eintragung in das Handelsregister, → § 161 Rn. 2, Vertretung richtet sich dann bereits nach KG-Recht (→ § 123 Rn. 20), es kann Ges. aber nicht auf spätere Handelsregistereintragung verweisen, um für Eintragung in Grundbuch die Vertretungsbefugnis zu belegen, OLG München ZIP 2015, 872.

C. **Umwandlung.** Umwandlung einer GmbH & Co ist kraft Gesetzes möglich (→ Einl. vor § 105 Rn. 21–22). Umwandlung einer GmbH & Co kraft Rechtsgeschäfts erlaubt das UmwG (→ Einl. vor § 105 Rn. 23–26, 2. UmwGÄndG 2007 erfasst GmbH & Co nicht). Praktisch wichtig ist die Verschmelzung der GmbH & Co KG auf ihre phG-GmbH, sie ist sowohl nach dem Anwachsungsmodell als auch nach dem UmwG möglich (→ Einl. vor § 105 Rn. 22, 25). Haftung des ehemaligen phG und jetzigen GmbHGeschäftsführers dauert anders als früher nicht unbegrenzt fort (§ 160 III nF 1994, dort → § 160 Rn. 7). Entsprechend nach § 224 UmwG (→ Einl. vor § 105 Rn. 25). Umwandlung in GmbH & Co kann den Gläubiger zur fristlosen Kündigung (§ 314 BGB) eines langfristigen Vertrags berechtigen, wenn der Schuldner ihm nicht von sich aus Mitteilung macht, BGH BB 1978, 982; zur Rechtsscheinhaftung in solchen

Fällen → § 15 Rn. 15. GmbHMantel s Komm. zu § 3 GmbHG, Vorrats-Mantelkauf wie Neugründung, → § 23 Rn. 4. Bei Formwechsel von GmbH & Co KG in eine GmbH ist für Bewertung des eingebrachten Unternehmens nach § 220 UmwG in erster Linie auf Ertragswert abzustellen OLG Frankfurt a. M. ZIP 2015, 1229, zur Gründung der GmbH & Co durch formwechselnde Umwandlung einer GmbH Westermann/Blaum I Rn. 3195.

15 **2) Haftung im Gründungsstadium und Kapitalerhaltung. A. Vor Eintragung.** Eröffnen die Gründer den Geschäftsbetrieb vor Eintragung der GmbH und der KG, besteht GbR, wenn der Betrieb nicht unter § 1 fällt (im Innenverhältnis unter den Gftern gilt trotzdem nicht das Recht der GbR, sondern der KG, str.), sonst hdlrechtliche PersonenGes. Diese ist **KG,** denn die (mit Abschluss des GmbHVertrags entstehende, selbst nicht eingetragene) **VorGmbH** kann bereits phG der KG sein (VorGmbH & Co, → § 105 Rn. 28), BGHZ 80, 132 gegen BGHZ 63, 47; noch offen in BGHZ 69, 95; 70, 132. Auf die VorGmbH finden weitgehend die für die spätere Rechtsform gültigen Rechtsgrundsätze Anwendung, stRspr, BGHZ 79, 241; 80, 132; 117, 326; BGH NJW 1998, 1079 (aktiv parteifähig); BGH NJW 2007, 589 (VorAG), bei EinpersonenVorGmbH (→ Rn. 6) aber ohne Haftungsbeschränkung, Ulmer/Ihrig GmbHR 1988, 382, str. Die **Vertretungsmacht** des Geschäftsführers der VorGmbH ist an sich durch deren Zweck begrenzt; bei Bargründung also idR auf Herbeiführung der Eintragung und ihrer Voraussetzungen (außer bei einer weitergehenden, nicht der Form des § 2 GmbHG bedürftigen Ermächtigung aller Gfter), BGHZ 80, 139; bei Sachgründung ist Fortführung des eingebrachten HdlGeschäfts gedeckt, BGH WM 1963, 249. Laufende Geschäfte namens der künftigen Ges. verpflichten aus der Sicht des Geschäftsgegners allerdings die VorGes, deren Verbindlichkeiten gehen nach Eintragung der GmbH auf diese über. Für Verbindlichkeiten der VorGmbH haften auch die Gründer (**Verlustdeckungshaftung** als Teil der einheitlichen **Gründerhaftung,** → Rn. 16), soweit sie den handelnden Geschäftsführer (auch stillschweigend) ermächtigt haben, der Ges. handelnd (bloße Innenhaftung wie → Rn. 16) persönlich und nicht begrenzt durch die Höhe ihrer Einlagen (wie → Rn. 16), BGHZ 134, 333, Teilaufgabe von BGHZ 65, 378; 72, 45; 80, 129; 91, 148. Die Verlustdeckungshaftung entfällt mit Eintragung der GmbH (→ Rn. 16). Sie entfällt auch dann, wenn bei Scheitern der Gründung der GmbH die Geschäftstätigkeit nicht sofort beendet und die VorGmbH abgewickelt wird; vielmehr haften dann die Gründer für sämtliche Verbindlichkeiten der VorGmbH, auch für die bis zum Scheitern entstandenen, wie PersonenGfter, BGH NJW 2003, 429.

Haben die **GmbH-Gfter** auch noch keinen Gesellschaftsvertrag abgeschlossen, handelt es sich um eine bloße **Vorgründungsgesellschaft.** Vorgründungsgesellschaft ist GbR, kann bei Betreiben eines Handelsgewerbes aber auch KG oder OHG sein. Werden die Gesellschafter bereits vor Abschluss des Gesellschaftsvertrags der GmbH tätig, entstehen besondere Probleme, insbesondere zum Haftungsübergang bei der Vorgründungsgesellschaft → Rn. 18. Nachdem nunmehr auch eine Außen-GbR als Komplementärin in eine KG bzw. OHG eintreten kann (→ § 161 Rn. 3, → § 105 Rn. 28) könnte ggf. bereits eine solche als KG im Rechtsverkehr auftreten, dies dann freilich mit der Folge der Anwendbarkeit des § 128 auf die künftigen GmbH-Gesellschafter, Westermann/Blaum I Rn. 3282.

16 B. **Nach Eintragung.** Mit Eintragung entsteht die GmbH; die VorGmbH und die persönliche Haftung der Gfter der VorGmbH fallen weg. Die Rechte und Pflichten aus Geschäften der VorGmbH gehen mit Eintragung der GmbH voll auf diese über (**Schuldenübergang ohne Vorbelastungsverbot),** BGHZ 80, 134, Gründe: Übergang auch aller Aktiva der VorGmbH auf die GmbH, Rechtsgedanke des früheren § 419 aF BGB; sehr str. Konsequent haften die Gfter

2. Abschnitt. Kommanditgesellschaft 17 **Anh § 177a**

der Ges. (Innenhaftung wie → Rn. 15, str., aA Kleindiek ZGR 1997, 436) anteilig für die Differenz, die sich durch solche Vorbelastungen zwischen dem Stammkapital und dem Wert des GesVermögens zum Zeitpunkt der Eintragung ergibt (**Vorbelastungs-** oder **Unterbilanzhaftung,** Teil der einheitlichen Gründerhaftung, → Rn. 15; Rechtsgedanke der Differenzhaftung nach § 9 GmbHG nF auch bei Bargründung), BGHZ 80, 140. Diese Haftung ist grundsätzlich wie Anspruch auf Leistung fehlender Bareinlagen zu behandeln, auch bezüglich der Kapitalaufbringungsregeln, BGHZ 165, 391. Die Haftung geht über Stammkapital und -einlage hinaus auf vollen Verlustausgleich (wie → Rn. 15), BGHZ 134, 333, WM 1982, 40. Sie verjährt wie Differenzhaftung (§ 9 II GmbHG), BGHZ 105, 300. Als Korrelat zu Schuldenübergang und Unterbilanzhaftung kommt es mit Eintragung der GmbH zum Erlöschen der Haftung der Gründer aus Verbindlichkeiten der VorGmbH (→ Rn. 15), BGHZ 80, 144, an ihre Stelle tritt die Vorbelastungshaftung. Zu ihrer Feststellung ist eine besondere Bilanz auf den Zeitpunkt der Eintragung der GmbH ins HdlReg aufzustellen (Vorbelastungsbilanz, vgl. → § 242 Rn. 1, 7), BGHZ 124, 285; 165, 391 (start-up-Unternehmen); Bewertung der VorGmbHUnternehmens nach Ertragswertmethode (→ Einl. vor § 1 Rn. 37), BGHZ 140, 35; analog § 252 I Nr. 2, bei negativer Fortbestehensprognose nach Veräußerungswerten (→ Einl. vor § 1 Rn. 36f), BGH NJW 1998, 233; Lit.: Meister FS Werner, 1984, 540; Schulze-Osterloh FS Goerdeler, 1987, 531.

Kein Sonderrecht für die **Kapitalaufbringung** bei der GmbH (§ 19 GmbHG) in der GmbH & Co, BGH ZIP 2008, 175 m. abl. Anm. K. Schmidt ZIP 2008, 481 mit Praxiswarnungen, aber → § 172a Rn. 1. Darlehensweise Überlassung des Stammkapitals an die KG bei vollwertigem, jederzeit fälligem oder fällig stellbarem Rückgewähranspruch (§ 19 V 1 GmbHG), Wachter GmbHR Sonderheft 10/2008, 91. Auch für die KG gelten die allgemeinen Regeln, GmbH entsteht auch wirksam, wenn die Kommanditisten die Haftsumme (im Handelsregister eingetragene Einlage) zum Zeitpunkt der Anmeldung bzw. Eintragung noch nicht aufgebracht haben.

Für die **Kapitalerhaltung** ist auf GmbH und KG abzustellen. Eine gegen § 30 GmbHG verstoßende Auszahlung liegt auch vor, wenn das Vermögen der GmbH durch Zahlungen der KG an einen Kommanditisten oder Gfter der Komplementär-GmbH unter die Stammkapitalziffer sinkt oder eine bilanzielle Überschuldung vertieft, BGH ZIP 2015, 322; 2017, 972; 2020, 514. Dies gilt unabhängig davon, ob der Kdtist auch an der GmbH beteiligt ist, aA Pöschke/Steenbreker NZG 2015, 618. Mit der Eintragung beider Ges. wird die KG, soweit nichts anderes vereinbart ist, Schuldnerin der namens der GmbH & Co eingegangenen Verbindlichkeiten; hierfür haftet die eingetragene GmbH nach § 128, BGHZ 69, 95; 76, 320. Bei KG keine Pflicht zur Kapitalerhaltung, aber ggf. Haftung ggü. Dritten, wenn Einlage nicht gewährt oder aber zurückgeleistet wurde, etwa weil Zahlung nicht aus Gewinn geleistet werden kann, → § 172 Rn. 4.

C. **Handelndenhaftung.** Persönliche Haftung der vor Eintragung rechts- **17** geschäftlich im Namen der GmbH Handelnden folgt aus **§ 11 II GmbHG;** der Sinn des II liegt nicht so sehr in der Beschaffung eines Ersatzschuldners vor Entstehen der GmbH, sondern in einem den Gläubigern gebührenden Ausgleich für die geringere rechtliche Kontrolle und Absicherung der Kapitalgrundlage der VorGes, BGHZ 80, 184 gegen BGHZ 65, 381. „Handelnder" ist eng auszulegen, BGHZ 65, 378; 66, 359; BGH WM 1980, 955; OLG Hamburg WM 1986, 738 (mindestens aktive Einflussnahme auf konkrete Geschäftsführung). Der Geschäftsführer der VorGmbH haftet persönlich nach § 11 II GmbHG, auch wenn er im Namen der KG handelt, aber dadurch die Haftung der VorGmbH nach § 128 auslöst, BGHZ 80, 133. § 11 II GmbHG greift erst nach notariellem Abschluss des GesVertrags bzw. Einpersonenerrichtungserklärung (§§ 1, 2 GmbHG), ohne den auch noch keine VorGes besteht, ein, BGHZ 91, 148; anders noch BGH NJW 1980, 287. Die Haftung aus § 11 II GmbHG greift nicht ein zugunsten eines GründungsGfters und seines Treugebers, auch nicht bei Erwerb einer Forderung gegen die Ges. als Drittgläubiger vor Eintragung der GmbH, BGHZ 76, 320. Die Haftung nach § 11 II GmbHG aus namens der Ges. mit Ermächtigung aller Gründer getätigten Geschäfte **erlischt** (bei Sach- und bei Bargründung gleichermaßen) **mit Eintragung der GmbH**, BGHZ 76, 320; 80, 143 (182); ebenso eine eventuelle Haftung aus § 179 BGB, BGHZ 76, 320 (vgl. BGHZ 63, 45 zu § 179 BGB; überholt).

18   D. **Haftung der Mitglieder der Vorgründungsgesellschaft.** Persönliche Haftung der Gründer als Mitglieder einer vor Abschluss des GmbHVertrags geschlossenen Vorgründungsgesellschaft: diese Ges. („GmbH in Gründung") ist entweder BGBGes oder, wenn sie bereits ein HdlGewerbe unter gemeinsamer Firma betreibt, eine OHG. Aus für sie abgeschlossenen Geschäften haften die Gfter persönlich unbeschränkt, BGH ZIP 1997, 926; eine anderweitige Vereinbarung folgt nicht schon aus dem Auftreten für die „GmbH in Gründung", BGH NJW 1983, 2822. Diese Haftung endet nicht mit Abschluss des GmbHVertrags und dadurch Entstehen der VorGmbH, trotz deren Haftung für dieselbe Verbindlichkeit; Grund: keine GesIdentität und keine befreiende Schuldübernahme ohne Zustimmung der Gläubiger. Die Haftung der VorgründungsGes endet anders als bei der VorGes und bei § 11 II GmbHG auch nicht mit Eintragung der GmbH, außer wenn das mit dem Gläubiger so vereinbart ist, BGH NJW 1982, 932 (iErg ja); BGH NJW 1983, 2822 (iErg nein), allerdings gute Gründe für den Übergang von Forderungen, Verbindlichkeiten und Vermögen auf die entstandene GmbH, Altmeppen/Roth GmbHG 8. Aufl. § 11 Rn. 75, Rechtsfortbildung (jedenfalls antizipierte Mitverpflichtung der GmbH) wünschenswert. Lit.: K. Schmidt GmbHR 1982, 6; Maulbetsch DB 1984, 1561.

19   E. **Haftung der Kommanditisten vor Eintragung.** Noch nicht im HdlReg eingetragene Kommanditisten haften richtigerweise nach § 176 I unbeschränkt, weil üblicherweise alle Gfter außer der KomplementärGmbH Kdtisten sind und der Verkehr das weiß (kein Vertrauenstatbestand, → § 176 Rn. 1), OLG Frankfurt a. M. ZIP 2007, 1809; Ebenroth/Strohn § 176 Rn. 22; K. Schmidt ZHR 144 (1980), 202; Priester BB 1980, 913, str.; dies gilt angesichts § 19 II (V aF) jedenfalls für Vorgänge ab 1.1.1981, offen BGH NJW 1983, 2260; aA für früher zB BGH NJW 1980, 54; 1983, 2260. Möglicher Ausweg ist Eintragung der KG vor der GmbH (→ Rn. 13), eingetragen werden kann als Komplementär auch die Vor-GmbH.

20   3) **Firma.** Die Firma der **GmbH & Co** ist in § 19 II geregelt, s. dort (→ § 19 Rn. 24–36), Firma muss eine Bezeichnung enthalten, welche die Haftungsbeschränkung kennzeichnet. Auch die **VorGmbH** kann wie spätere GmbH firmieren, auch wenn sie selbst kein HdlGewerbe betrieben, hL; das gilt nicht für **Vorgründungsgesellschaft.**

III. Rechtsverhältnisse der Gesellschafter untereinander

21   1) **Rechte und Pflichten der Gesellschafter.** A. **Grundlage im Recht der KG.** Die Rechte und Pflichten der Gfter bestimmen sich nach KGRecht; für die GmbH sind es die eines phG der KG. Doch können das Fehlen der unbeschränkt haftenden natürlichen Person und die besondere Erscheinungsform, zB personengleiche GmbH & Co (→ Rn. 6), zu Abweichungen und Anwendung von OHGRecht, zT auch von GmbH- und Aktienrecht (s. für die PublikumsGes → Rn. 53) führen, bei der Auslegung des GesVertrags, → Rn. 12, → § 119 Rn. 37. Die GmbH erhält häufig eine Vergütung oder Beteiligung am Vermögen und Gewinn der KG, dies aber nicht immer (str., ob bei UG & Co zulässig, → Rn. 11), weiter werden ihre Aufwendungen erstattet. Bereits Haftungsvergütung ist Einnahme aus gewerblicher Tätigkeit, BFH ZIP 2012, 2497 (Steuerberatungs- und Wirtschaftsprüfungs-KG). BGH verweist auch für die GmbH & Co. KG auf den Grundsatz der Selbstorganschaft, BGH ZIP 2015, 425, dieser gilt international nur als Regel bei der LLC, dazu → Vor § 105 Rn. 37, funktional wird Drittorganschaft ermöglicht, → Rn. 3.

B. Einzelne Rechte und Pflichten. a) Treuepflicht: Grundlegend ist auch bei der GmbH & Co die Treuepflicht der KGGfter (→ § 109 Rn. 23). Hängt nach dem GesVertrag der KG die Vergütung der GmbH von der Höhe ihres Stammkapitals ab, dürfen die KGGfter das Stammkapital nicht ohne sachlichen Grund ganz erheblich erhöhen, BGH WM 2006, 436 (um das 42-fache). Die gegenseitige Treuepflicht der Gfter der GmbH, die satzungsgemäß die Geschäfte der KG führt, verbietet es dem MehrheitsGfter, die GmbHGeschäftsführung zu nachteiligen Geschäften (Konzernumlage) zu Lasten der KG und ihrer TochterKG zu veranlassen; der MinderheitsGfter der GmbH und KG kann Schadensersatz nach § 280 BGB an die benachteiligten Ges. verlangen, BGHZ 65, 18 – ITT; dazu Schilling BB 1975, 1451; Rehbinder ZGR 1976, 386; Ulmer NJW 1976, 192; Westermann GmbHR 1976, 77; Wiedemann JZ 1976, 392.

b) Wettbewerbsverbot: Für die GmbH gilt wie für jeden phG §§ 112, 113, hL, aA OLG Frankfurt a. M. BB 1982, 1383. Bei bekannter Altkonkurrenz der GmbH kann, soweit nicht § 112 II eingreift, entweder Einstellung oder Fortführung gewollt sein (→ § 112 Rn. 10), Lüdtke-Handjery BB 1973, 69, ausdrückliche GesVertragsklausel empfiehlt sich. Für die Kdtisten der personengleichen GmbH & Co gelten §§ 112, 113 (→ § 165 Rn. 3), insbesondere, wenn sie aufgrund der Mehrheitsverhältnisse im Innenverhältnis über Wohl und Wehe der Gesellschaft entscheiden, Westermann/Blaum I Rn. 3245.

Ein Wettbewerbsverbot der GmbHGfter gegenüber der KG und den KGGftern besteht unmittelbar nicht (→ § 112 Rn. 2). Doch kann es je nach den Umständen mittelbar aus der Treuepflicht gegenüber der GmbH folgen, zB wenn der GmbHGfter und -Geschäftsführer auf Grund hoher Mehrheitsbeteiligungen an GmbH und KG die Ges. beherrscht (§§ 17 II, 18 I 3 AktG, anders bei bloßer Finanzbeteiligung), BGHZ 89, 162 – Heumann/Ogilvy. Geschäftsführer der GmbH → Rn. 27. Ist der beherrschende Gfter eine HoldingGes, deren sich hier MutterGes beim Erwerb jener Mehrheitsbeteiligungen bedient hat (mehrstufiger Konzern), kann auch die Mutter(Ober)Ges. dem Wettbewerbsverbot unterliegen (→ § 105 Rn. 103), BGHZ 89, 162; Wiedemann/Hirte ZGR 1986, 163; krit. Immenga JZ 1984, 579. Begründung im mehrstufigen Konzern ist str.: Treuepflicht der MutterGes gegenüber Tochter mit Schutzwirkung für Enkel, Treuepflicht und § 112 der Tochter gegenüber Enkel und Zurechnungsdurchgriff auf die Gfter der Tochter (Mutter), für Vertrag mit Schutzwirkung zugunsten Dritter in der KapitalGes & Co KG Weller ZHR 175 (2011), 133.

GesVertrag der KG kann Befreiung vom Wettbewerbsverbot durch Gfter-Beschluss mit Mehrheit vorsehen, aber ohne Stimmrecht des betroffenen Gfter und nur bei Rechtfertigung durch sachliche Gründe im Interesse der Ges., BGHZ 80, 69 (Süssen), Raiser FS Stimpel, 1985, 855; bei Begründung der Abhängigkeit genügt Mehrheitsbeschluss aber nicht (→ § 105 Rn. 103, → § 112 Rn. 12). Erwerbschancen der Ges. (corporate opportunity) → § 109 Rn. 26, → § 114 Rn. 13; Timm GmbHR 1981, 177. Kollision mit § 1 GWB → § 112 Rn. 15. Lit.: Röhricht WPg 1992, 766 (GmbH); Müller NJW 2007, 1724; Weller ZHR 175 (2011), 110; Hoffmann-Becking ZHR 175 (2011), 597.

c) Gewinn und Verlust, Kapitalerhaltung: s. §§ 167–169. Vertragsändernde Beschlüsse darüber sind grundsätzlich nur einstimmig möglich, zur zweistufigen Kontrolle von Mehrheitsbeschlüssen → § 119 Rn. 37. Zur Kapitalerhaltung bei der GmbH → Rn. 16.

25 d) Stimmrecht: Das Stimmrecht der GmbH kann soweit wie bei Kdtisten ausgeschlossen werden. Zulässig jedenfalls bei personengleicher GmbH & Co (→ Rn. 6), dort auch betr. Kernbereich (→ § 119 Rn. 36), BGH NJW 1993, 2100. Der Bestimmtheitsgrundsatz (zur Aufgabe → § 119 Rn. 37, 39) ist auch bei der GmbH & Co nicht anwendbar, BGH ZIP 2014, 2231. Insbesondere kann das Stimmrecht an die Kapitalanteile anknüpfen, häufig hält die GmbH keinen Kapitalanteil an der KG. Für die Mehrheit kommt es wie im KapitalGesRecht nur auf die abgegebenen Ja- oder Neinstimmen an (anders bei der OHG, → § 119 Rn. 41), vgl. BGHZ 71, 60. Stimmrecht in der Gesellschafterversammlung der GmbH richtet sich nach GmbH-Recht.

Gesetzliche Informationsrechte der **Kdtisten** bestehen nach **§ 166** (und nach anderen Rechtsgrundlagen, → § 166 Rn. 11–14) auch in der kapitalistischen GmbH & Co KG (→ Rn. 10), OLG München WM 2008, 2211; ZIP 2010, 1693. Als **GmbHGfter** (sonst nicht, str.) hat Kdtist daneben das **weitergehende** zwingende **Informationsrecht** aus **§ 51a GmbHG**, das sich auf die Angelegenheiten der KG erstreckt, BGH NJW 1989, 225; OLG Düsseldorf WM 1990, 1823, sowie deren (nahezu) 100%iger TochterGes, und durch Ausgliederung nicht tangiert werden kann, BGHZ 25, 118 (§ 166); OLG Hamm WM 1986, 740; weitergehende Erstreckung auch auf Angelegenheiten des verbundenen Unternehmens im GmbHKonzern OLG Köln ZIP 1985, 800, Schneider BB 1975, 1353. Die GmbH hat kein Zurückbehaltungsrecht wegen eigener Auskunfts- oder Zahlungsansprüche, OLG Frankfurt a. M. NZG 2008, 528, Grund: Informationszweck. Geheimhaltungsinteressen der Ges., OLG München NZG 2008, 878. Auch der ausgeschiedene Gfter, der jetzt bei einem Wettbewerber ist, hat das Recht, aber uU nur an einen Treuhänder (→ § 118 Rn. 9), Grenze erst § 51a II GmbHG, OLG München NZG 2008, 199. Informationsrechte bei verbundenen PersonenGes → § 166 Rn. 16–17. Der Gesellschaftsvertrag kann den Kdtisten weitergehende Informationsrechte zubilligen (→ § 166 Rn. 21) und so eine Angleichung an den Standard in der GmbH vornehmen, ggü. Vereinheitlichung durch Rechtsfortbildung hat das wg § 51a III GmbHG den Vorteil der Flexibilität. Lit.: Kort ZGR 1987, 46; Grunewald ZGR 1989, 545; Binz/Freudenberg/Sorg BB 1991, 785; Witte ZGR 1998, 151 (GmbH).

26 2) KGGeschäftsführung, GmbHGeschäftsführer. A. Geschäftsführung in der KG. Im Grundsatz gelten für die Geschäftsführung in der GmbH & Co die allgemeinen Regeln des KG-Rechts, danach sind die Kdtisten von der Geschäftsführung ausgeschlossen (§ 164) und kann die Gesellschafterversammlung der KG deshalb keine Entscheidungen in Geschäftsführungsfragen treffen, → § 164 Rn. 1. Dies gilt nach OLG Hamm ZIP 2016, 1073 auch in der beteiligungsgleichen GmbH & Co, so dass sich ggf. Regelung im GesVertrag empfiehlt. Bedarf an einer Rechtsfortbildung mit Änderung der Zuständigkeitsordnung erscheint aufgrund der geltenden Vertragsfreiheit und der praktisch wohl rglm Übernahme bzw. Genehmigung der Entscheidung gering, wenn auch Ergebnis praktisch bei Beschränkung der Haftung aller Gfter auf Einlage bzw. Stammkapital wenig einleuchtend erscheint. Als Geschäftsführung der GmbH gebilligt hat der BGH so auch die Verlängerung des Geschäftsführeranstellungsvertrags zwischen der KG und dem Geschäftsführer der Komplementär-GmbH durch Insichgeschäft des vom Verbot des Insichgeschäfts befreiten GmbH-Geschäftsführers, BGH ZIP 2016, 1332, eines Einverständnisses der Gesellschafterversammlung der KG bedürfe es nicht, auch nicht für den der GmbH wegen einer Entscheidung des Beirats und identischer Gesellschafterstruktur von KG und GmbH. Auch insoweit empfiehlt sich eine Regelung im Gesellschaftsvertrag.

Freie Regelung im GesVertrag (§§ 161 II, 109) und §§ 164 ff. Verbot des Selbstkontrahierens → Rn. 39. Der GmbH kann die Geschäftsführungsbefugnis nach § 117 entzogen werden; sie muss sich dabei das Handeln ihres Geschäfts-

2. Abschnitt. Kommanditgesellschaft 27, 28 Anh § 177a

führers zurechnen lassen, ohne dass stets vorrangig dessen Abberufung betrieben werden müsste, BGH NJW 1984, 173 mAnm Westermann ZIP 1983, 1070. Die Geschäftsführung kann dem Kdtisten allein übertragen, die Vertretungsmacht aber der GmbH nicht entzogen werden (→ § 164 Rn. 7, → § 170 Rn. 3), möglich ist aber Regelung der Willensbildung in der Einheitsgesellschaft, → Rn. 32. Grundlagengeschäfte sind kein Teil der Geschäftsführung (→ § 114 Rn. 3, dort auch zur Konzernierung), dies spielt nach OLG Zweibrücken NZG 2012, 508 für Eintragung in Register aber keine Rolle. Die geschäftsführende GmbH haftet der KG zwar grundsätzlich wie jeder phG nur für Sorgfalt wie in eigenen Angelegenheiten, MüKoBGB/Schäfer § 708 Rn. 5; aber bei kapitalistischer oder körperschaftlich strukturierter GmbH & Co (→ Rn. 10) und auf jeden Fall bei der PublikumsGes (→ Rn. 74, 75) haftet sie für jede Sorgfalt eines ordentlichen Geschäftsmannes (§ 43 I GmbHG), BGHZ 75, 327; 76, 166; 76, 338, dies gilt zutr auch für die persönlich strukturierte GmbH, BGH ZIP 2020, 2120. Dieser schärfere Sorgfaltsmaßstab gilt auch für den Gfter der KomplementärGmbH, der maßgeblichen Einfluss auf deren Geschäftsführung ausübt, BGH NJW 1976, 192 – ITT (→ § 114 Rn. 8). Beweislast liegt beim Geschäftsführer (→ § 114 Rn. 15).

B. **Geschäftsführer der GmbH.** Der GmbHGeschäftsführer steht im Dienstvertrag zur GmbH; nur bei besonderer Vertragsgestaltung wird er von der GmbH & Co angestellt und bezahlt, BAG WM 1983, 800 (mit Konsequenz für Kündigungsschutz); BAG ZIP 1992, 1496; OLG Celle GmbHR 1980, 32; zur Drittanstellung Fleck ZHR 149 (1985), 387; Wertenbruch NZG 2016, 1081. Auch die Übernahme der Vergütung des GmbH-GF als Aufwendungsersatz für die Geschäftsführung bedarf einer entspr. Abrede im GesVertr. Ein **Weisungsrecht** hat idR nur die GmbH (§§ 37 I, 45 GmbHG, „Angelegenheiten der Ges" ist auch die Geschäftsführung der KG), nicht die KG, BGHZ 75, 326; Esch NJW 1988, 1553. Aber bei personengleicher GmbH & Co (→ Rn. 6) sind die Kdtisten als GmbHGfter weisungsberechtigt. Auch sonst, sinnvoll vor allem bei der EinheitsGmbH & Co (→ Rn. 8), kann Weisungsrecht der KG oder eines Kdtisten im GesVertrag wirksam vereinbart werden, dazu Konzen NJW 1989, 2982, weiter kann einem Beirat ein Weisungsrecht verliehen werden. Für den GmbHGeschäftsführer gilt ein **Wettbewerbsverbot** gegenüber der GmbH und anders als nach dem Grundsatz (→ § 112 Rn. 2) und als für GmbHGfter (→ Rn. 23) auch gegenüber der KG (jedenfalls in den in → Rn. 28 genannten Fällen), MüKoHGB/Grunewald § 165 Rn. 15, Grund: Schutzwirkung für die KG (→ Rn. 28), nach aA § 112 analog, str., OLG Köln NZG 2009, 307; offen OLG Hamburg ZIP 2007, 1372 mAnm. Hellgardt ZIP 2007, 2248, iErg abl. OLG Koblenz NZG 2008, 423, zur AG & Co → § 112 Rn. 2, anders für die EinpersonenGes (→ Rn. 6), Röhricht WPg 1992, 766. Keine Arbeitnehmereigenschaft, str., → § 59 Rn. 26. Für einheitliches Schutzkonzept bei GmbH & Co KG, AG & Co KG, GmbH & Co KGaA und AG & Co KGaA zutr. Hoffmann-Becking ZHR 175 (2011), 597. Nachvertragliches Wettbewerbsverbot kann auch zugunsten der GmbH & Co durch Regelung im Anstellungsvertrag vorgesehen werden, die interessengerecht ausgestaltet sein muss.

Der Geschäftsführer der GmbH, deren wesentliche Aufgabe die Geschäftsführung der KG ist, haftet jedoch auch der KG aus Dienstvertrag mit der GmbH (und organschaftlich aus § 43 II GmbHG mit **Schutzwirkung für die KG;** ohne vorherige Beschlussfassung der GfterVersammlung entspr. § 46 Nr. 8 GmbHG), BGHZ 75, 321; 76, 327; 100, 193; BGH NJW 1995, 1357; ZIP 2009, 1164; 2013, 1713 (Organ- und Anstellungsverhältnis); OLG Koblenz NZG 2008, 423; OLG Köln NZG 2009, 307; 2009, 1223; KG NZG 2011, 430; OLG Karlsruhe NZG 2013, 1178, hL, Hüffer ZGR 1981, 351; Staub/Casper § 164 Rn. 57, 58; iErg auch Staub/Schilling § 164 Rn. 16, aber ohne Anknüpfung an den Dienstvertrag, auch KG NZG 2011, 429: Drittschutz auf Grund § 43 II

GmbHG; auch → Rn. 79. Dies gilt ebenso, wenn der Gesellschaftsvertrag der KG die Geschäftsführung durch eine Kommanditisten-GmbH vorsieht, OLG Hamburg ZIP 2022, 486 bzw. wenn die GmbH neben der Geschäftsführung für die KG auch andere Aufgaben wahrnimmt, MüKoHGB/Grunewald § 161 Rn. 86. **Der Geschäftsführer der GmbH haftet** der KG bei Untreue auch deliktisch (Verjährung nach §§ 195, 199 BGB), BGHZ 100, 190, zum Strafantrag OLG Celle ZIP 2013, 2362. Die Verletzung von Geschäftsführerpflichten kann beim GfterGeschäftsführer zugleich Verstoß gegen GfterPflichten sein; es gelten dann (aber nur insoweit) statt § 43 I, IV GmbHG (→ Rn. 26) § 708 BGB und §§ 195, 199 BGB, BGH NJW 1982, 2869 m. krit. Anm. Westermann. Schutzwirkung für die KG hat auch die Haftung des Gfter der KomplementärGmbH, der maßgeblichen Einfluss auf deren Geschäftsführung ausübt (→ Rn. 26). Einverständnis aller KG-Gfter schließt Anspruch der KG aus, BGH ZIP 2013, 1716, nicht Entlastung personenverschiedener GmbH-Gesellschafter, so aber Ristelhuber GWR 2016, 249, zum Mitverschuldenseinwand Bayer/Scholz GmbHR 2016, 841, zu Haftungsfreistellung und Entlastung Schneider GmbHR 2017, 680, zur Entlastung Lieder/Felzen NZG 2021, 6.

Die Durchsetzung der Haftung durch die Kdtisten ist im Einzelnen str. Nach der Rspr. möglich ist eine actio pro socio ggü. der Komplementär-GmbH, BGH ZIP 2018, 277, die sich Verschulden des GF nach § 31 BGB zurechnen lassen muss. Das Schrifttum lässt die actio pro socio direkt ggü. GF der KomplGmbH zu, K. Schmidt JZ 2018, 365; Mock ZGR 2018, 796; Grunewald/Otte ZIP 2017, 1740; Bachmann GmbHR 2018, 295; wohl auch LG Frankfurt a. M. GmbHR 2018, 805. Nach dem BGH fehlt es hierfür an dem hierfür angenommenen Bedürfnis, da Kdtisten aus Titel gegen GmbH in Anspruch aus § 43 II GmbHG vollstrecken können, BGH ZIP 2018, 277. Prämisse, dass es bei dem GF der GmbH um einen Dritten handelt, trifft aber so nicht zu. Die GmbH kann nur durch den GF ihre GesRechte ausüben und ihren Pflichten nachkommen. Actio pro socio, allg. → § 109 Rn. 32, greift zwar an sich nur unter Gftern, GmbH-GF als Organ des Komplementärs ist aber zutr. einbezogen, soweit GF für den Kompl handelt und die Schutzwirkung für die KG reicht. Auch im Rahmen der actio pro socio ist den Besonderheiten der GmbH & Co hinreichend Rechnung zu tragen, → § 109 Rn. 33. Entlastung der GmbH wirkt auch zugunsten des Geschäftsführers, BGH ZIP 2020, 2117.

29 **Haftungsrisiko** des GmbH-Geschäftsführers ist geringer als das einer natürlichen Person als Komplementär (phG) einer KG. Grundsätzlich keine **Eigenhaftung** des Geschäftsführers gegenüber Dritten, zB Vertragspartnern der GmbH oder KG, BGH NJW 1990, 389; WM 1991, 1548, aber → Rn. 44; → Einl. vor § 48 Rn. 9. Ausnahmsweise soll der Geschäftsführer persönlich nach § 823 I BGB als Garant bei Organisationspflicht haften, Bsp.: Vermeidung der Kollision zwischen dem verlängertem Eigentumsvorbehalt der Lieferanten der GmbH mit einem Abtretungsverbot ihrer Auftraggeber, so BGHZ 109, 297; zu Recht kritisch Dreher ZGR 1992, 22. Richtiger ist Eigenhaftung nur bei besonderem persönlichen Vertrauen des Dritten in den Geschäftsführer (§ 311 III 2 BGB, → Einl. vor § 48 Rn. 9) oder nach § 823 II BGB bei Schutzgesetzverletzung. Haftung auch ggü. Dritten bei Verletzung der **Insolvenzantragspflicht,** § 15a InsO. (Bilanzielle) Überschuldung der GmbH kann sich auch aus der Gefahr einer Inanspruchnahme nach § 128 HGB ergeben, Überschuldungszeitpunkt der GmbH kann so vor dem der KG liegen. Seit MoMiG ergibt sich Pflicht zur Stellung eines Insolvenzantrags rechtsformunabhängig aus § 15a InsO.

30 **Bestellung** des GmbHGeschäftsführers grds durch die GesVers der GmbH, gerichtliche Notbestellung nach § 29 BGB, OLG Düsseldorf ZIP 2021, 695. Die Bestellung des GmbHGeschäftsführer ist jederzeit widerruflich, außer wenn die Satzung dies auf wichtigen Grund beschränkt (§ 38 I, II GmbHG), letzterenfalls ist Widerruf aus wichtigem Grund auch bei Sonderrecht auf Geschäftsführung möglich. Kündigungsfrist nach § 622 I BGB gilt auch für den von der KG angestellten GmbHGeschäftsführer, soweit dieser nicht herrschender Gfter ist, BGH NJW 1987, 2073. **Abberufung** des GmbHGeschäftsführers bei der GmbH & Co, str., nach Rspr. reicht in Einheits-KG Kündigung im Namen der KG aus, OLG Hamburg ZIP 2013, 881, (zu) strikt nach § 46 Nr. 5 GmbHG (KG als AlleinGfterin der GmbH), BGH ZIP 2007, 1658 mAnm Gehrlein BB 2007, 1915, für Beschlüsse in KG und GmbH durch Kdtisten, K. Schmidt ZIP 2007, 2193, analog §§ 117, 127, Hopt ZGR 1979, 1; Hüffer ZGR 1981, 359; dagegen MüKoHGB/Grunewald § 161 Rn. 84, weil bei der GmbH & Co die Kdtisten-Rechte zurückgedrängt seien und §§ 117, 127, 140 gegen die GmbH ausreichten, letzteres trifft aber praktisch nicht zu, MüKoHGB/Grunewald § 161 Rn. 84 verweist nun auch auf eine actio pro socio. Bestellungswiderruf in GmbH mit zwei gleich hoch beteiligten Gftern s. BGHZ 86, 177; Schneider ZGR 1983, 535. Für Kündigung des Anstellungsvertrags nach den Erscheinungsformen differenzierend Werner NZG 2022, 441, auch bei Drittanstellung eine Kündigungskompetenz der GmbH annehmend öOGH BB 2021, 2638 mBespr Torggler/Stumpf BB 2021, 2632. Insolvenzsicherung für Ruhegeldansprüche des GmbHGeschäftsführers → § 59 Rn. 89. Stimmrechtsausübung bei der GmbH im Alleinbesitz ihrer KG s. Bülow GmbHR 1982, 121.

Lit.: Brandmüller, 18. Aufl. 2006; Drescher, 8. Aufl. 2019 (Haftung); Ek/Kock, 2. Aufl. 2020 (Haftung); Hoffmann/Liebs, 3. Aufl. 2009; Jula, 5. Aufl. 2019; Oppenländer/Trölitzsch, 2. Aufl. 2011; Tillmann/Mohr, 11. Aufl. 2020; Krebs, 1991 (Haftung bei GmbH & Co); Hoffmann-Becking FS Seibert, 2019, 359. RsprÜbersicht: Fleck WM 1985, 677 (Geschäftsführer). **Muster:** Hopt/Merkt VertrFormB/Weyland/Hoger, Form II. D.1.9 (Geschäftsordnung für GmbHGeschäftsführung).

3) Beirat, Aufsichtsrat und Prüfungsausschuss. Ein Beirat kann entweder **in der KG** (→ § 163 Rn. 12; PublikumsGes → Rn. 75) **oder in der GmbH** oder in beiden (dann möglichst in gleicher Besetzung) bestehen, grds. möglich ist auch ein Beirat für GmbH und KG, einschl. Staub/Casper § 161 Rn. 214, nicht bei sternförmiger GmbH & Co (→ Rn. 7). Der Beirat der GmbH ist vom (fakultativen) Aufsichtsrat derselben (§ 52 GmbHG) zu unterscheiden. Prozess über Zugehörigkeit zum Beirat der GmbH (und KG) ist möglich unter den GmbHGftern (Kdtisten), BGH WM 1977, 477 (→ § 109 Rn. 39). Einem Beirat können weitreichende Befugnisse übertragen werden, → § 163 Rn. 14. Haftung der GmbHBeiratsmitglieder gegenüber der KG wie → Rn. 28. Lit.: Hölters, 1979; Huber, 2004; Hölters DB 1980, 2225; Haack BB 1993, 1607; Bayer FS Schneider, 2011, 75; Werner GmbHR 2015, 577 (fehlerhafter Beschluss) und bei → § 163 Rn. 12. Vgl. **Muster:** Hopt/Merkt VertrFormB/Weyland/Hoger, Form II. D.1.4 (GmbH mit Aufsichtsrat); Hopt/Merkt VertrFormB/Scholz, Form II. E.9.2 (Geschäftsordnung für Aufsichtsrat einer AG).

Gesellschaftsvertrag kann statt eines Beirats auch einen **Aufsichtsrat** vorsehen (fakultativer, freiwilliger Aufsichtsrat), nach KG GmbHR 2016, 29 m. krit. Bespr. Otto GmbHR 2016, 19 keine Einrichtung durch einfachen Gesellschafterbeschluss bei entsprechender Öffnungsklausel im GesVertrag. Beschäftigt die GmbH & Co mehr als 2.000 Arbeitnehmer, kann ggf. aufgrund **gesetzlicher Anordnung** ein **Aufsichtsrat** zu bilden sein (obligatorischer Aufsichtsrat, auch in der Finanzindustrie). § 4 MitbestG sieht eine Zurechnung der Arbeitnehmer der KG zur GmbH vor, wenn die Mehrheit der Kommanditisten der KG die Mehrheit der Anteile des persönlich haftenden Gesellschafters halten und die GmbH keinen eigenen Geschäftsbetrieb mit in der Regel mehr als 500 Arbeitnehmern hat. Hat eine kapitalmarktorientierte GmbH & Co keinen Aufsichtsrat, ist aufgrund § 324 ein **Prüfungsausschuss** zu bilden.

32 **4) Gesellschafterversammlung.** Eine Gesellschafterversammlung ist im HGB nicht vorgesehen (anders §§ 48 ff. GmbHG), fördert aber klare Beschlüsse und die Integration der Gfter und ist deshalb für den Gesellschaftsvertrag zu empfehlen (Regelung entspr. GmbHRecht). Abzuhalten sind bei einer entsprechenden Regelung Gesellschafterversammlungen nicht nur in der GmbH, sondern auch in der KG. Dabei handelt es sich dann um zu unterscheidende Veranstaltungen. Bei personen- und beteiligungsgleicher GmbH & Co können Gesellschafterversammlungen am selben Tag und selben Ort stattfinden, jedenfalls Tagesordnungen und Beschlussfassungen sind zu unterscheiden und für jede Gesellschaft eigene Protokolle anzufertigen.

Bei der **EinheitsGmbH & Co** (→ Rn. 8) vollzieht sich die Willensbildung praktisch durch die **Kdtisten als GfterVersammlung,** rechtlich kann so die GfterVersammlung der GmbH aber nicht ersetzt werden, str.; die GmbH kann ihre GfterRechte nicht bei sich selbst in ihrer eigenen GfterVersammlung ausüben (und der GmbH-GF sich nicht selbst wählen und überwachen, str.), das können aber die von ihr bevollmächtigten Kdtisten, dazu ist entspr. Vertragsgestaltung nötig, zu diesen MüKoHGB/Grunewald § 161 Rn. 103, Schranken derselben s. Fleck FS Semler, 1993, 115, jedenfalls insoweit keine zwingende Selbstorganschaft. Nach dem Mauracher Entwurf zur Modernisierung des PerGesR sowie nunmehr dem **MoPeG** ist die Willensbildung durch die Kdtisten als GfterVersammlung der GmbH künftig gesetzlicher Regelfall, § 170 II HGB-MoPeG **(organschaftliche Lösung).** Die Kommanditisten können ihrerseits die Ausübung der Gfterrechte auf einen Beirat übertragen, OLG Celle ZIP 2016, 1728, Stimmbindung der GmbH gegenüber den Kdtisten (zB Wiederwahl des GmbHGeschäftsführers) ist wirksam (→ § 119 Rn. 17–18), OLG Köln WM 1988, 974, str. Rspr. lässt Vertr. der KG durch GmbH und dieser durch GmbH-GF zu, Kündigung des Anstellungsverhältnisses eines GF durch die Mit-GF, BGH ZIP 2007, 1658, Bestellung zum GF, KG ZIP 2019, 520; ZIP 2019, 1909. Lit.: Vogel, 1976; Eickhoff, 4. Aufl. 2006; von Bonin NZG 2016, 1299.

33 **5) Gesellschaftsvertragsänderung.** Änderung des Gesellschaftsvertrags als Grundlagengeschäft → § 105 Rn. 60; sonstige Grundlagengeschäfte (→ § 114 Rn. 3). In der personengleichen GmbH & Co (→ Rn. 6) liegt im einstimmigen Beschluss zur KGVertragsänderung die Gestattung des Selbstkontrahierens an den Kdtisten, der zugleich GmbHGeschäftsführer ist (→ § 119 Rn. 22), BGH BB 1976, 901. Bestehen mehrere Ges. mit denselben Gftern, so wird auch im Konzern nur GesVertrag der Ges. geändert, für die eine GesVersammlung abgehalten wird, OLG Hamm ZIP 2015, 973 (Motiv der Leitungsmacht in der Konzernspitze, Tönnies).

IV. Rechtsverhältnisse der Gesellschafter zu Dritten

34 **1) Rechtliche Selbstständigkeit der Gesellschaft. A. Wirksamkeit und Rechtsstellung der KG.** Für die Wirksamkeit der KG im Verhältnis zu Dritten gilt wie für die OHG § 123 I, II. Betreibt die KG kein HdlGewerbe, entsteht sie erst mit Eintragung (→ § 123 Rn. 3). KfmEigenschaft der GmbH (§ 6) ersetzt nicht die der KG, BayObLG NJW 1985, 982. **Inhaber** des HdlGeschäfts und Eigentümer des Geschäftsvermögens ist die KG (Verpachtung → § 1 Rn. 18, 30). Sie ist auch Besitzer der Sachen der Ges. (→ § 124 Rn. 36). Sie ist in die Handwerksrolle einzutragen (vgl. → § 1 Rn. 26). Die GmbH & Co (und andere KapitalGes) kann, wie sich seit HRefG schon aus § 279 II AktG ergibt, schon § 281 I AktG phG einer KGaA sein, zutr. BGHZ 134, 392; schon früher OLG Hamburg NJW 1969, 1030; aA früher üL, K. Schmidt ZHR 160 (1996), 265; Grund: außer § 279 II AktG Gestaltungsfreiheit bei phG der KGaA, Geschäftsleitung durch den Komplementär, wichtig für mittelständische Unternehmen.

2. Abschnitt. Kommanditgesellschaft 35–39 **Anh § 177a**

B. Prozess. Im Prozess der GmbH & Co ist der Geschäftsführer der GmbH als **35** Partei, nicht als Zeuge zu hören, LG Oldenburg BB 1975, 983 (→ § 124 Rn. 41–43). Titel gegen die GmbH trägt keine Vollstreckung gegen die KG (Einheits-GmbH & Co, → Rn. 8). Zustellung an GmbH & Co KG durch Zustellung an Komplementär-GmbH, OLG Düsseldorf ZIP 2015, 2093.

2) Vertretung, Selbstkontrahieren. A. Organschaftliche Vertretung. 36 Die Vertretung der KG kann organschaftlich oder rechtsgeschäftlich sein. Organschaftlich (also im gesetzlichen Regelfall, → Einl. vor § 48 Rn. 3) wird die KG durch die GmbH vertreten (§§ 125, 161 II, 170). Für die **GmbH** handeln, auch soweit sie als phG der KG für diese tätig wird, ihre gesetzlichen Vertreter, also der bzw. die **GmbHGeschäftsführer;** Abberufung → Rn. 30. Fällt der einzige GmbHGeschäftsführer weg, wird GmbH nach § 35 I 2 GmbHG führungslos und prozessunfähig, das gilt entsprechend für GmbH & Co, deren Komplementär-GmbH führungslos wird, BGH ZIP 2019, 610, Einlegung von Rechtsmitteln durch zuvor Bevollmächtigte bleibt möglich. Nach Löschung der GmbH ist die KG nicht mehr prozessfähig, OLG Zweibrücken ZIP 1983, 941. Bestellung eines Notliquidators (§§ 29, 48 I BGB) für die aufgelöste GmbH zur Sicherung von Vertretung und Geschäftsführung der nicht aufgelösten KG auf Antrag von Kdtisten, BayObLG DB 1976, 1571.

B. Rechtsgeschäftliche Vertretung. Für die rechtsgeschäftliche Vertretung **37** der KG gilt allgemeines Vertretungsrecht, insbes. § 181 BGB, zum Insichgeschäft Mielke BB 2017, 1734. Ein **Prokurist** der GmbH kann für die GmbH als Vertreter in der KG (dh mittelbar für die KG) handeln, OLG Hamm NJW 1967, 2163. Prokuristen der KG werden durch die GmbH bestellt (§§ 161 II, 126 I). Möglich ist auch gemischte Gesamtprokura für die KG mit Bindung an die Mitwirkung der GmbH (nicht deren Geschäftsführer) → § 48 Rn. 6–7. Auch die Geschäftsführer der GmbH können Prokura für die KG erhalten, OLG Hamm BB 1973, 354; BayObLG BB 1980, 1487. Auch **Kommanditisten** können trotz § 170 Prokura oder Vollmacht für die KG erhalten (→ § 170 Rn. 3). § 170 hindert nicht die Vertretung der GmbH & Co durch GmbH, für die ein Geschäftsführer handelt, der auch Kdtist ist, aA BPatG BB 1975, 1127; Kdtisten als solche sind aber von der organschaftlichen Vertretung ausgeschlossen (→ § 170 Rn. 1).

C. Vertretung der Kommanditisten. Die rechtsgeschäftliche Vertretung der **38** Kommanditisten persönlich durch die GmbH setzt deren Vollmacht voraus, zB Übernahme der persönlichen Haftung der Kdtisten für ein der KG zu gewährendes Bankdarlehen; zur Auslegung der von der GmbH vorformulierten Vollmacht, BGH DB 1980, 534.

D. Selbstkontrahieren. Selbstkontrahieren des GmbHGeschäftsführers kann **39** auf der Ebene der GmbH und der der KG relevant werden. Selbstkontrahieren des GmbHGeschäftsführers (als Vertreter der Ges. mit sich selbst) ist nur möglich bei bloßer Erfüllung einer Verbindlichkeit, zB Einlageschuld, oder bei Gestattung (§ 181 BGB; → § 119 Rn. 22). Bei Geschäften zwischen GmbH und KG Mehrvertretung, Hauschild ZIP 2014, 955. Selbst- und Mehrfachvertretung sowie die Norm des § 181 BGB führen insbes. bei der GmbH & Co zu Beratungsbedarf. Keine Befreiung nach § 181 BGB ist nötig, wenn zwei GF einer Komplementär-GmbH, die zugleich alleinige Kommanditisten der KG sind, sich gegenseitig eine Vergütung gewähren und bei KG ein entsprechender Grundsatzbeschluss der Gesellschafterversammlung vorliegt, BGH ZIP 2016, 1376.

a) Mit der GmbH: Eigene Rechtsgeschäfte des GmbHGeschäftsführers mit der GmbH erfordern Gestattung der GmbH. Das gilt auch für die EinpersonenGmbH, so § 35 III GmbHG (anders zu aF BGHZ 56, 97; 75, 358 für die GmbH & Co, 81, 367, aber strenge Beweisanforderungen, mindestens Verbuchung des Insichgeschäfts). Die generelle Befreiung des Geschäftsführers und AlleinGfters der EinpersonenGmbH ist nur im GesVertrag möglich oder aber nachträglich durch Satzungsänderung (nicht bloßen GfterBeschluss) und bedarf dann der Eintragung im HdlReg, BGHZ 87, 60; BayObLG NJW 1981, 1565; BB 1982, 577; OLG Düsseldorf AG 2010, 295 (vgl. → § 119 Rn. 22), str. Die Befreiung bleibt wirksam, auch wenn der Geschäftsführer AlleinGfter der GmbH wird, BGH WM 1991, 891. Befreiung durch GfterBeschluss ist bei Ermächtigung im GesVertrag zulässig und nach unterschriebener Niederschrift (§ 48 III GmbHG) im HdlReg einzutragen, BayObLG BB 1989, 2426. Beschränkung auf den AlleinGfter ist jedoch nicht eintragbar, da die Vertretungsmacht so nicht allein aus dem HdlReg ersichtlich ist, BGHZ 87, 63 (auch → § 8 Rn. 5), auch muss sich aus Eintragung ergeben, ob vom Verbot des Insichgeschäfts und/oder vom Verbot der Mehrfachvertretung befreit wird, OLG Nürnberg GmbHR 2015, 485. § 181 BGB gilt entspr., wenn der GmbHGeschäftsführer sich durch seinen Ehegatten vertreten lässt, OLG Hamm NJW 1982, 1105; auch bei anderen Unterbevollmächtigten, nicht aber bei Prokuristen, BGHZ 91, 336. Handelt der Geschäftsführer bewusst zum Nachteil der GmbH, ist die Willenserklärung nach § 138 BGB nichtig, OLG Karlsruhe ZIP 2021, 572. Lit.: Altmeppen NJW 1995, 1182; Bacher/von Blumenthal GmbHR 2015, 457; Bochmann FS K. Schmidt, 2019, Bd. 1, 117.

40 **b) Mit der KG:** Eigene Rechtsgeschäfte des GmbHGeschäftsführers mit der KG erfordern Gestattung der KG. Eine Gestattung auf den Einzelfall obliegt als Maßnahme der KGGeschäftsführung und -Vertretung allein der KomplementärGmbH; auch bei rechtlicher Verhinderung des GmbHGeschäftsführers sind dazu weder die Kdtisten noch die GmbHGfter befugt, BGHZ 58, 115; aA Frank NJW 1974, 1073. Möglich ist aber ein den GesVertrag für den Einzelfall ändernder Beschluss der Gfter der KG mit satzungsändernder Mehrheit; ist Einstimmigkeit nötig, liegt für den GmbHGeschäftsführer zugleich ein eigenes Rechtsgeschäft mit der GmbH vor (→ Rn. 39), BGHZ 58, 118, mit Sachverhaltsvariante OLG Düsseldorf NZG 2005, 131. Der GmbHGeschäftsführer kann namens der GmbH der Übertragung des (einzigen) Kommanditanteils auf ihn zustimmen, BayObLG WM 1977, 949. Wenn Befreiung von § 181 BGB nur im Verh. zu GmbH und Anstellungsvertrag mit KG geschlossen, bedarf es zur Erhöhung des Gehalts des GF eines Beschlusses der Gesellschafterversammlung der GmbH, BGH ZIP 2014, 1278; dazu Höpfner NZG 2014, 1174.

41 **3) Haftung gegenüber Dritten. A. Haftung der GmbH & Co.** Die GmbH & Co haftet unbeschränkt mit ihrem gesamten Vermögen. Für Handlungen ihres Geschäftsführers haftet die GmbH entspr. § 31 BGB (vgl. → § 124 Rn. 25).

42 **B. Haftung der Kommanditisten. a) Als Kommanditisten:** Die Kdtisten haften nach §§ 171 ff. Leistung der KG an die GmbH und dieser an einen Dritten, der dafür entsprechend an den Kdtisten leistet, ist Einlagenrückgewähr nach § 172 IV, BGHZ 47, 149. Keine Einlagenrückgewähr ist Bezug angemessener Tätigkeitsvergütung als GmbHGeschäftsführer durch Kdtisten, BAG WM 1983, 514; differenzierend Riegger DB 1983, 1909; Bork AcP 184 (1984), 465; → § 172 Rn. 6. Weder der unter Abbedingung des § 164 geschäftsführende Kdtist noch der EinpersonenGfter haftet als solcher unbeschränkt; zur Ausnahme Durchgriffshaftung → Rn. 51b. Zur beschränkten GfterHaftung in der PublikumsGbR OLG Köln NZG 2010, 102; gegen KG NZG 2010, 1265; Schäfer FS Nobbe, 2009, 909; NZG 2010, 241; auch → Einl. vor § 105 Rn. 14.

43 **b) Sonstige Haftungsgrundlagen:** Daneben werden besondere Haftungsgründe praktisch. **Finanzplankredite**, BGHZ 104, 33, → § 172a Rn. 1. **Verschulden bei Vertragsverhandlungen** wegen mangelnder Aufklärung eines

2. Abschnitt. Kommanditgesellschaft 44, 45 **Anh § 177a**

Kreditgebers (→ Rn. 44), BGH NJW 1984, 2284 m. krit. Anm. Wiedemann. **Rechtsscheinhaftung** der Kdtisten, die wie phG auftreten, → § 5 Rn. 9, → § 128 Rn. 5. Weiterhaftung nach § 15 bei Wechsel des phG in Kdtisten-Stellung (→ § 15 Rn. 4). Die Nachhaftung des früheren EinzelKfm und jetzigen Kdtisten für Altschulden ist begrenzt (§ 28 III, → § 28 Rn. 7). Bei Ausschluss der Verlustbeteiligung der GmbH trifft die Kdtisten nach GesVertrag bei Inanspruchnahme der GmbH nicht ohne weiteres eine **Freistellungspflicht,** diese setzt vielmehr eine klare Abbedingung des § 167 III (idR zu verneinen) voraus, OLG Karlsruhe BB 1982, 327; aA Buchheister BB 1973, 687. Haftung bei Geschäftsaufnahme vor Eintragung → Rn. 17–18, → § 176 Rn. 1. Bürgschaft von Kdtisten bei Scheingeschäften zur Umgehung der Bardepotpflicht, BGH NJW 1980, 1572.

C. Haftung des GmbHGeschäftsführers. Die Haftung des GmbHGe- **44** schäftsführers kann sich aus sehr unterschiedlichen Anlässen und Rechtsgrundlagen ergeben: im Gründungsstadium → Rn. 15 ff.; aus Prospekthaftung → Rn. 63; aus Rechtsscheinhaftung mangels Kennzeichnung der Haftungsbeschränkung → § 19 Rn. 24–30; aus § 826 BGB, BGH WM 1982, 740. Wichtig und gefährlich ist die **Eigenhaftung des GmbHGeschäftsführers** wegen Insolvenzverschleppung (verzögerter Insolvenzantrag, § 15a InsO). Sie ist möglich bei weiterer **Kreditinanspruchnahme trotz** einer für den Zeitpunkt der Rückzahlung abzusehenden **Zahlungsunfähigkeit oder** bloßer **Überschuldung** der Ges. (Überschuldungsbegriff § 19 II InsO, → Rn. 49c). Praktisch bedeutsam ist weiter eine Haftung wegen Nichtabführen von Sozialversicherungsbeiträgen, § 266a StGB. Die Eigenhaftung kann auch aus **Verschulden bei Vertragsverhandlungen** des Vertreters wegen mangelnder Aufklärung folgen, jedenfalls wenn der Kreditgeber in laufender Geschäftsbeziehung beim Alleingeschäftsführer und MehrheitsGfter anfragt (s. § 311 III 2 BGB, → Einl. vor § 48 Rn. 9), BGHZ 87, 27; BGH NJW 1988, 2234; aA Grunewald ZGR 1986, 580. Notwendig ist aber ein **besonderes Verhandlungsvertrauen,** BGH WM 1991, 1548 (iErg abl.; s. § 311 III 2 BGB, → Einl. vor § 48 Rn. 9: erste Fallgruppe). Ein **unmittelbares wirtschaftliches Eigeninteresse** des (die Verhandlung maßgeblich beeinflussenden) GmbHGeschäftsführers genügt dagegen für sich allein nicht, aA die frühere Rspr., BGH NJW 1988, 2234, inzwischen aber deutlich eingeschränkt (→ Einl. vor § 48 Rn. 9: zweite Fallgruppe). Nicht genügen jedenfalls bloße Beteiligung des Geschäftsführers an der GmbH (auch EinpersonenGmbH), BGH NJW 1986, 586 und gleichzeitig an der KG, BGH NJW 1989, 292; Sicherheitenbestellung, BGH NJW 1993, 2931. Bei Nichtoffenbarung in gravierenden Fällen greift **§ 826 BGB,** BGH WM 1991, 1548; OLG Düsseldorf WM 1993, 1747. Lit.: Steininger, 1986; Medicus FS Steindorff, 1990, 725; Ebenroth/Kräutter BB 1990, 569 (Anlagevermittlung).

V. Auflösung, Gesellschafterwechsel, Auseinandersetzung

1) Auflösung. A. KG. a) Auflösung der KG: Die GmbH & Co wird beim **45** Tod eines Kdtisten mangels abweichender vertraglicher Bestimmung mit dessen Erben fortgesetzt (§ 177 HGB, vgl. § 60 GmbHG). Erbfolge und TV s. Petzold GmbHR 1977, 32; Lenzen GmbHR 1977, 56. Auflösung der GmbH steht dem Tod eines phG nach § 131 III Nr. 1 nicht gleich (näher → § 131 Rn. 20), die GmbH behält bis zur Vollbeendigung ihre Alleinvertretungsbefugnis, BGHZ 75, 178; 96, 154; OLG Hamburg NJW 1987, 1896; Schlitt NZG 1998, 584; aA K. Schmidt BB 1980, 1497; MüKoHGB/K. Schmidt/Fleischer § 131 Rn. 69, für

Anh § 177a 45a 2. Buch. HandelsGes und stille Ges

Fälle des § 60 I Nr. 5, 7 GmbHG (Ablehnung der Eröffnung eines Insolvenzverfahrens mangels Masse, Löschen wegen Vermögenslosigkeit) Auflösung auch der KG annehmend Habersack/Schäfer § 131 Rn. 42, aber auch keine erweiternde Auslegung von § 131 II, näher → § 131 Rn. 20, 36. Insolvenzgrund ist nicht nur Zahlungsunfähigkeit (§ 17 InsO), sondern mangels einer natürlichen Person als phG auch Überschuldung (§ 19 III InsO, Überschuldungsbegriff § 19 II InsO, → Rn. 49c). Insolvenzantragsberechtigung s. § 15 III iVm I, II InsO, zur drohenden Zahlungsunfähigkeit OLG München ZIP 2013, 1124 (PublikumsGes) m. Bespr. Wertenbruch DB 2013, 1592 (GesBeschluss), → Rn. 49e. Insolvenzantragspflicht für die zahlungsunfähige oder überschuldete KG s. §§ 177a, 130a, 130b aF, seit MoMiG § 15a InsO → Rn. 49j, antragspflichtig sind die Geschäftsführer der GmbH, nach Auflösung der KG ihre Liquidatoren; dazu Blumers BB 1976, 1441; Mühlberger GmbHR 1977, 146. Bei Vollbeendigung Sperrjahr entspr. § 73 GmbHG, § 272 AktG, Staub/Habersack § 155 Rn. 17; K. Schmidt BB 2011, 707; D. Roth GmbHR 2017, 901; Danzeglocke/Fischer NZG 2019, 886. Haftung der Kdtisten in der Insolvenz der GmbH & Co, Aufrechnungsverbot, → § 171 Rn. 11. Lit.: Uhlenbruck, 1977; K. Schmidt GmbHR 2002, 1209 (Insolvenz, Insolvenzabwicklung). Für Auflösung gelten die allg. Grundsätze des Personengesellschaftsrechts, die GmbH & Co wird nach der Auflösung nicht mehr durch den Komplementär, sondern grds. durch alle Gesellschafter, also auch die Kommanditisten vertreten, OLG Düsseldorf ZIP 2016, 1583, s. § 157.

45a **b) Ausscheiden der GmbH (§ 131 III 1 Nr. 2 HGB):** Insolvenz der GmbH (zB bei Überschuldung der KG, wenn daraus wie idR die Überschuldung der persönlich haftenden GmbH folgt) führt zur Auflösung der GmbH (bei Fehlen anderw Regelung im GesVertr, → § 131 Rn. 22) und deren Ausscheiden aus der KG (§ 60 I Nr. 4 GmbHG, §§ 161 II, 131 III 1 Nr. 2 HGB), BGH ZIP 2004, 1047; 2008, 1677. Dies gilt auch bei (vertikaler) **Simultaninsolvenz** von GmbH und KG, BGH ZIP 2014, 1280; OLG Hamm ZIP 2003, 2264; Röhricht/Haas § 131 Rn. 29a; Hesselmann/Lüke Rn. 10.4; Bork/Jacoby ZGR 2005, 650; anders MüKoHGB/K. Schmidt/Fleischer § 131 Rn. 78; K. Schmidt GmbHR 2002, 1213; ZIP 2008, 2337; 2010, 1626; Staub/Schäfer § 131 Rn. 95: konsolidierte Abwicklung von KG und GmbH, so nach K. Schmidt auch für horizontale Simultaninsolvenz aller Gfter, bislang sehr str., § 131 Rn. 22, zur Insolvenzantragspflicht nach 15a InsO → Rn. 29, nunmehr **Koordinierung der Insolvenzverfahren** auch bei GmbH & Co möglich, §§ 3a, 3e, 269a InsO. Fortsetzungsbeschluss durch Berufung eines neuen phG ist möglich, BGHZ 8, 37; ZweipersonenGes → § 131 Rn. 19, 35, zur Vorbereitung einer Eigenverwaltung Kaiser ZIP 2019, 1597, zum Ausscheiden des letzten Komplementärs bzw. Kommanditisten Kaiser ZIP 2021, 1478. Ablehnung der Eröffnung des Insolvenzverfahrens mangels Masse (§ 26 InsO) bei der KG löst die KG auf (§ 131 II 1 Nr. 1); Abweisung des Antrags bei der GmbH führt nur zu deren Auflösung (§ 60 I Nr. 5 GmbHG), nicht zu ihrem Ausscheiden aus der KG (vgl. § 131 II Nr. 1, III Nr. 2) und nicht zur Auflösung der KG, str. (→ § 131 Rn. 15, 20, 22), BGHZ 75, 181, Schlitt NZG 1998, 584, hL, aA K. Schmidt BB 1980, 1497, MüKoHGB/K. Schmidt/Fleischer § 131 Rn. 75, Grund ua: Ges. in Liquidation kann nicht als phG fungieren. Ausscheiden aus KG auch bei Löschung wegen Vermögenslosigkeit, § 60 I Nr. 7 GmbHG, da Vollbeendigung der GmbH. Auch sonst entspricht bei Auflösung der GmbH mit BGH ZIP 2014, 1282 das Ausscheiden, ggf. der Austausch des Komplementärs den Interessen rglm besser als eine Auflösung der KG. Zutr. ist die Auflösung der GmbH als wichtiger Grund nach §§ 133, 140 anzusehen, → Rn. 47 und die Fortsetzung der GmbH & Co mit neuem phG möglich, → § 131 Rn. 18. Die KG kann nicht dauerhaft mit aufgelöster Komplementär-GmbH fortgeführt werden, → § 131 Rn. 36, 46.

B. GmbH. Die GmbH wird durch die Auflösung der GmbH & Co iZw nicht 46 aufgelöst, sie nimmt teil an der Auseinandersetzung der KG. Auflösung der GmbH richtet sich nach §§ 60 ff, 65 ff GmbHG, die Liquidation erfolgt grds. durch den GmbH-Geschäftsführer, bei Löschung wegen Vermögenslosigkeit ist ein Nachtragsliquidator zu bestellen, § 66 V GmbHG. Zur Auswahl des Nachtragsliquidators der GmbH s. OLG Düsseldorf ZIP 2015, 1975, zu berücksichtigen ist der Aufgabenkreis, Geschäftsführung für die KG bedingt Beteiligung auch der Kommanditistin am Verfahren und Berücksichtigung der Interessen der KG, nach hier vertretener Ansicht → Rn. 45 Ausscheiden der GmbH aus der KG. Für englische Limited mit in Deutschland belegenem Vermögen nimmt OLG Brandenburg ZIP 2016, 1872 bei Löschung im englischen Register das Fortbestehen als Spaltgesellschaft und keine persönliche Haftung an, str., Fortführung als Spaltgesellschaft neben Rest- bzw. Liquidationsgesellschaft und Einzelunternehmen im Ls. erwähnend BGH ZIP 2017, 493.

2) Gesellschafterwechsel. A. KG. Ausscheiden des phG oder von Kdtisten 47 aus der KG und die Übertragung von Kommanditanteilen richtet sich nach KGRecht (→ § 161 Rn. 8, → § 105 Rn. 70), OLG München NZG 2009, 25. Ausschließung geschäftsführender Gfter (GmbH, Kdtist) s. Tillmann DB 1974, 1705; Werner GmbHR 2018, 177 (PublikumsGes), etwa bei Auflösung der Komplementär-GmbH. Selbstkontrahieren bei Anteilsübertragung → Rn. 39. Kopplung der Übertragung der Kommandit- und GmbHAnteile → Rn. 48. Bei Zustimmungsklausel Verweigerung der Übertragung des KdtAneils nur nach pflichtgemäßem Ermessen, die Klausel kann aber auch wichtigen Grund vorsehen, OLG Bremen ZIP 2007, 1502; OLG München NZG 2009, 26; Weisner/Lindemann ZIP 2008, 766. Vereinigung aller GesAnteile der KG bei der GmbH hat Rechtsfolgen wie bei Ausschließung aus ZweipersonenGes (→ § 140 Rn. 25; Firmierung → § 24 Rn. 9). Haftung bei Übertragung der EinpersonenGmbH & Co (→ Rn. 6) s. Westerhoff DB 1975, 1973. Anmeldung der Übertragung des Kommanditanteils → § 162 Rn. 8. Lit.: Göz NZG 2004, 345 (Nachfolgeregelung in KG und GmbH). Eine unentgeltlich zugewandte Unterbeteiligung ist mit Abschluss eines Gesellschaftsvertrags iSv §§ 2301 II, 518 II BGB vollzogen, BGH ZIP 2012, 326.

B. GmbH. Ausscheiden von Gftern aus der GmbH und Übertragung von 48 GmbHAnteilen richtet sich nach GmbHRecht. Anzulegen und zum Handelsregister einzureichen ist nunmehr eine Gesellschafterliste, die seit dem MoMiG auch einen gutgläubigen Erwerb von Gesellschaftsanteilen ermöglicht, dies auch für GmbH als einzige Komplementärin einer KG. Nach dem Gesetz freie Übertragbarkeit der Anteile in der GmbH kann durch entsprechende Regelung im Gesellschaftsvertrag eingeschränkt und auf einen Gesellschafterwechsel in der KG abgestimmt werden, was insbesondere für die personen- und beteiligungsgleiche GmbH & Co (zur typischen GmbH & Co → Rn. 6) relevant ist, aber auch sonst Bedeutung hat. Erwirbt die KG die Anteile an der GmbH, so kann bei personengleicher GmbH & Co die Haftung nach § 172 IV wieder aufleben, wenn die KG den GmbH-Gesellschaftern und Kommanditisten einen überhöhten Kaufpreis zahlt, BGH ZIP 2017, 77.

Die Übertragung des GmbH-Anteils bedarf der notariellen Form, § 15 III GmbHG. Bei Verpflichtung zur Veräußerung der Gesamtbeteiligung gilt die Formvorschrift des § 15 IV GmbHG auch für den KdtAnteil, BGH NJW 1986, 2642, wenn dieser wie rglm der Übertragung des GmbH-Anteils zugrunde liegt, aber § 139 BGB gilt entsprechend. Heilung nach § 15 IV 2 GmbHG erfasst auch KdtAnteil, str. Lit.: Binz/Rosenbauer NZG 2015, 1136.

3) Auseinandersetzung (Liquidation). Einzug rückständiger Kommandit- 49 einlagen ist uU auch noch im Liquidationsstadium möglich, BGH NJW 1980, 1522 (→ § 149 Rn. 3, → § 235 Rn. 1). Ist die gelöschte Gesellschaft nicht vermögenslos, bleibt sie parteifähig, Verträge der gelöschten Gesellschaft werden in das Abwicklungsstadium versetzt, OLG Frankfurt a. M. NZG 2012, 233 (Ls.). Lit.: Binz/Sorg § 12 (Insolvenz); K. Schmidt GmbHR 1980, 261.

VI. Insolvenz und Reorganisation

49a **1) Regelung und Pflichten nach InsO sowie StaRUG.** Die ursprünglich im AktG, GmbH und HGB rechtsformabhängig geregelten Pflichten der Geschäftsleiter bei Zahlungsunfähigkeit und Insolvenz sind nunmehr rechtsformunabhängig in der InsO geregelt. Nach der Überführung der Insolvenzantragspflicht durch das MoMiG v. 23.10.2008, BGBl I 2026 und die rechtsformunabhängige Regelung in § 15a InsO trifft nun das Gesetz zur Fortentwicklung des Sanierungs- und Insolvenzrechts (SanInsFoG) v. 22.12.2020 mWz 1.1.2021 in § 15b InsO eine einheitliche Regelung auch für die Zahlungsverbote nach Insolvenzreife. Betroffen sind jeweils juristische Personen und Personen(handels)gesellschaften, bei denen kein persönlich haftendender Gfter eine natürliche Person ist. Das SanInsFoG hat die bisherige Regelung in § 130a HGB aufgehoben sowie die Insolvenzgründe neu gefasst. Zudem steht seit der Neuregelung durch das StaRUG auch ein vorinsolvenzliches Restrukturierungsverfahren zur Verfügung. Zu Insolvengründen die Empfehlungen des IDW S 11.

49b **2) Insolvenzgründe nach InsO. A. Zahlungsunfähigkeit.** Die Ges. ist zahlungsunfähig, wenn sie nicht in der Lage ist, die fälligen Zahlungspflichten zu erfüllen; Zahlungsunfähigkeit ist idR anzunehmen, wenn sie ihre Zahlungen eingestellt hat (§ 17 II 1, 2 InsO). Es muss sich dabei um fällige und durchsetzbare, nicht nur künftige Geldschulden handeln. Solche sind auch GfterAnsprüche aus Drittgeschäften (→ § 124 Rn. 52). Anzusetzen sind GfterDarlehen, soweit keine (stillschweigende) Stundung bzw. ein Rangrücktritt vorliegen. Die Geldschulden müssen ernsthaft angefordert sein, BGHZ 173, 286; BGH ZIP 2005, 706. Es genügt Unvermögen zur Zahlung des wesentlichen Teils dieser Verbindlichkeiten, BGH WM 1985, 396. Ganz geringfügige Liquiditätslücken und vorübergehende Zahlungsstockung sind noch keine Zahlungsunfähigkeit, RegE InsO S. 114. Vermutungen s. BGHZ 163, 134.

49c **B. Überschuldung.** Die Ermittlung der Überschuldung nach § 19 InsO erfolgt seit der Finanzkrise (wieder) gemäß modifiziertem zweistufigen Überschuldungsbegriff (zur Entwicklungsgeschichte → 40. Aufl. § 130a Rn. 3). Danach ist die Ges. überschuldet, wenn ihr Vermögen bei Ansatz von Liquidationswerten (unter Einbezug der stillen Reserven, ohne Rücksicht auf § 248 II) ihre Schulden nicht mehr deckt **(rechnerische Überschuldung)** und die Finanzkraft der Ges. nach überwiegender Wahrscheinlichkeit mittelfristig (laufendes und folgendes Geschäftsjahr) zur Fortführung des Unternehmens nicht ausreicht, also die Ertrags- bzw. Lebensfähigkeit der Ges. zu verneinen ist **(negative Überlebens- oder Fortbestehensprognose)**, BGHZ 119, 214 (Dornier); BGHZ 128, 153; BGH ZIP 2007, 676. Seit 2021 (Neufassung durch SanInsFoG) ist für die Fortbestehensprognose an sich ein **Prognosezeitraum** von **12 Monaten** maßgeblich, aber Verkürzung auf vier Monate nach § 4 COVInsAG für bestimmte Gesellschaften (für 2021), nun § 4 SanInsKG (für 2023). Notfalls muss sich der Vertreter fachkundig beraten lassen. Überwiegende Wahrscheinlichkeit heißt, dass die Fortführung nach den Umständen wahrscheinlicher ist als die Stillegung. Insoweit besteht ein eingeschränktes unternehmerisches Ermessen und eine entsprechende Einschätzungsprärogative der Geschäftsleiter, GroßKoAktG/Hopt/Roth § 93 Rn. 230. Risiko der Gläubiger ist es, wenn sich die Prognose als falsch erweist. Lit.: Bitter ZIP 2021, 321; Brinkmann ZIP 2020, 2361, VGR 2020, 93; Gehrlein GmbHR 2021, 183.

49d Der **Überschuldungsstatus** ist strikt **von der Jahresbilanz zu unterscheiden** (andere Funktion, andere Ansätze ua, → § 266 Rn. 17). Der Begriff Bewertung in § 19 II 2 InsO schließt auch den Ansatz im Überschuldungsstatus ein,

Bsp.: wertloser Gegenstand bleibt außer Ansatz, dh Bewertung mit Null (Rechtsausschuss). Zu den Ansätzen und der Bewertung im Überschuldungsstatus Groß-KoAktG/Habersack/Foerster § 92 Rn. 70 ff. Kredit Dritter berührt nur die Zahlungsunfähigkeit, nicht die Überschuldung. Der Überschuldungstatbestand ist objektiv, auf Kenntnis des jeweiligen Organwalters kommt es nicht an, Prognose ist unter InsO objektiv zu sehen.

C. Drohende Zahlungsunfähigkeit. Nach §§ 15, 18 InsO kann jeder organschaftliche Vertreter, Abwickler und zur Vertretung ermächtigte Gesellschafter einen Insolvenzantrag wegen drohender Zahlungsunfähigkeit stellen. **Drohende Zahlungsunfähigkeit,** wenn Eintritt der Zahlungsunfähigkeit wahrscheinlicher ist als ihre Vermeidung, BGH NZG 2014, 274, etwa bei zu erwartender Kreditkündigung. Seit der Neufassung 2021 durch das StaRuG ist ein Prognosezeitraum von 24 Monaten zugrunde zu legen, § 18 II 2 InsO. Gesellschaftsrechtlich ist der Insolvenzantrag wegen drohender Zahlungsunfähigkeit ein **Grundlagengeschäft,** das von den Gftern grds. einstimmig bzw. bei entsprechender Mehrheitsklausel mit der hierfür erforderlichen Mehrheit beschlossen werden muss, OLG München ZIP 2013, 1124; LG Frankfurt a. M. ZIP 2013, 1832 – Suhrkamp. Keines Gfterbeschlusses bedarf es bei Antragspflicht nach § 15a InsO, auch wenn neben drohender Zahlungsunfähigkeit zugleich der Insolvenzgrund der Zahlungsunfähigkeit oder Überschuldung begründbar ist, ausreichend ist die Vertretbarkeit. Da sich **drohende Zahlungsunfähigkeit** und **Überschuldung** zeitlich überschneiden, Brinkmann ZIP 2020, 2364, werden organschaftliche Vertreter häufig allein entscheiden können, zur AG (Vorstand) Markus Roth, 2001, S. 248, auch innen entsprechenden Antrag zu fordern wäre bloße Förmelei. Dies gilt auch, wenn Eigenverwaltung und Umwandlung in eine neue Rechtsform im Insolvenzplan angestrebt werden, str. Ein grundloser Insolvenzantrag verstößt gegen die Treuepflicht der Gfter, OLG München ZIP 2015, 825 (GbR). Kein Rechtsmissbrauch des Insolvenzantrags bei bestehender drohender Zahlungsunfähigkeit, Lang/Muschalle NZI 2013, 953 mit Schilderung Fall Suhrkamp.

3) Pflichten der Geschäftsführer nach InsO und StaRUG. A. Krisenfrüherkennung. Kernstück des SanInsFoG ist das Gesetz über den Stabilisierungs- und Restrukturierungsrahmen für Unternehmen **(StaRuG),** das der Umsetzung der RL 2019/1023 über präventive Restrukturierungsrahmen dient. § 1 I StaRUG sieht eine Pflicht zur Krisenfrüherkennung vor. Mitglieder des zur Geschäftsführung berufenen Organs einer juristischen Person sowie Geschäftsleiter von Personen(handels)gesellschaften, bei denen kein persönlich haftender Gfter eine natürliche Person ist, müssen nach § 1 I 1 StaRUG fortlaufend über Entwicklungen wachen, welche den Fortbestand der Gesellschaft gefährden können. Erkennen sie solche Entwicklungen, ergreifen sie geeignete Gegenmaßnahmen und erstatten den zur Überwachung der Geschäftsleitung berufenen Organen unverzüglich Bericht, § 1 I 2 StaRUG. Berühren die zu ergreifenden Maßnahmen die Zuständigkeit anderer Organe, wirken Geschäftsleiter unverzüglich auf deren Befassung hin, § 1 I 3 StaRUG.

B. Zahlungsverbot nach § 15b InsO. Das Sanierungs- und Insolvenzfortentwicklungsgesetz (SanInsFoG) sieht eine **rechtsformübergreifende Regelung** des Zahlungsverbots in der Insolvenzordnung vor, die für GmbH & Co im Wesentlichen die Regelung des § 130a aF übernimmt. Grundsätzlich dürfen die organschaftlichen Vertreter einer juristischen Person sowie einer Gesellschaft ohne Rechtspersönlichkeit, bei der kein (mittelbar) persönlich haftender Gesellschafter eine natürliche Person ist, nach Eintritt der Zahlungsunfähigkeit oder Überschuldung keine Zahlungen mehr leisten, §§ 15b I 1, VI, 15a I 3 InsO. Gestattet bleiben Zahlungen, die mit der Sorgfalt eines ordentlichen und gewissenhaften Geschäftsleiters vereinbar sind, § 15b I 2, V InsO. Als mit der Sorgfalt eines ordentlichen und gewissenhaften Geschäftsleiters vereinbar gelten Zahlungen zur Aufrechterhaltung des Geschäftsbetriebs, § 15b II InsO, sofern im Antragszeitraum sorgfältig die Beseitigung der Insolvenzreife oder die Vorbereitung des Insolvenzantrags betrieben wird bzw. der vorläufige Insolvenzverwalter zugestimmt hat. Nach Ablauf der Antragsfrist sind Zahlungen regelmäßig sorgfaltswidrig, § 15b III InsO. Der bislang in § 130a II geregelte Schadensersatzanspruch findet sich nun in § 15b IV InsO, allerdings wie bereits zuvor im GmbHG und im AktG nur für pflichtwidrige Zahlungen, nicht auch für Verstöße gegen die Insolvenzantragspflicht. Der Ersatzanspruch wird auf den Schaden der Gläubiger beschränkt, § 15b IV 2 InsO. Nicht geklärt werden soll der Streit um die Rechtsnatur des aus dem Zahlungsverbot folgenden Ersatzanspruchs. Lit.: Baumert NZG 2021, 443; Zahlungsverbote: Gehrlein DB 2020, 2405, NZG 2021, 59; Kupka ZIP 2021, 438 (Smart Contract).

49h Praktisch relevant verbietet § 15b I 1 InsO bei einer Ges., bei der kein Gfter eine natürliche Person ist, dem Antragspflichtigen im Grundsatz alle Zahlungen nach Eintritt der Zahlungsunfähigkeit oder Überschuldung (→ Rn. 2, 3); Ausnahme: im Interesse der Gläubiger liegende Zahlungen (I 2), zu Zahlungen im Konzern, BGH ZIP 2008, 1229 (§ 64 II 1, 2 aF GmbHG), str. Zahlungen sind nicht nur Geldzahlungen, sondern auch Hingabe von Sachen und Rechten ohne hinreichende Gegenleistung; auch der Scheckeinzug auf ein debitorisches Bankkonto der insolvenzreifen Ges., BGHZ 143, 184; BGH NJW 2001, 304 (GmbH). Zahlungsverbot beginnt mit der für den Geschäftsführer erkennbaren Zahlungsunfähigkeit oder Überschuldung der Ges., nicht erst ab Ende der Insolvenzfrist, Beweislast für fehlende Erkennbarkeit trifft den Geschäftsführer, BGHZ 143, 184; BGH NJW 2009, 2454 (§ 92 II 1 AktG); Bork NZG 2009, 775. Der Ersatzanspruch entfällt, wenn die Massekürzung anderweitig ausgeglichen und der Zweck der Ersatzpflicht erreicht wird, BGH ZIP 2015, 71 m. Bespr. K. Schmidt NZG 2015, 129, so bei erfolgreicher Anfechtung durch den Insolvenzverwalter, BGH ZIP 2014, 1523, oder wenn ein entsprechender Gegenwert in die Insolvenzmasse gelangt, BGH ZIP 2010, 2400, wie etwa bei einer Verarbeitung. Ausreichend ist bei einem revolvierenden Anspruch auf Darlehenshingabe, wenn innerhalb einer Woche ein neues Darlehen vereinbart und ausbezahlt wird, BGH ZIP 2015, 72, der Vorteil muss bei Insolvenzeröffnung nicht mehr vorhanden sein. Verschulden kann nach I 2 ausnahmsweise entfallen, wenn die Zahlung nicht die Masse verkürzt oder durch sie größere Nachteile für die Masse abgewendet werden, BGHZ 146, 275, oder wenn die Zahlung mit einem ernsthaften Sanierungsversuch verbunden ist, dann auch noch Ablauf der Dreiwochenfrist, OLG Hamburg ZIP 2010, 2448. Keine Haftung für Zahlung von Steuer- und Beitragsrückständen nach Insolvenzreife, BGH ZIP 2011, 422. Zuständigkeit der Gerichte des Staats, in dem Insolvenzverfahren eröffnet wurde, EuGH ZIP 2015, 196.

49i Entsprechendes gilt für Zahlungen an Gfter, soweit diese zur Zahlungsunfähigkeit der Ges. führen mussten, es sei denn, dies war auch bei Beachtung der in § 15b I 2 InsO bezeichneten Sorgfalt eines ordentlichen und gewissenhaften Geschäftsleiters nicht erkennbar **(§ 15b V 1 InsO)**. Das entspricht § 64 S. 3 GmbHG. Damit soll der Schutz der GesGläubiger gegen Vermögensverschiebungen zwischen Ges. und Gftern (ua §§ 129 ff. InsO, AnfG) ergänzt werden. I 3 richtet sich gegen den Abzug von Vermögenswerten, die die Ges. bei objektiver Betrachtung zur Erfüllung ihrer Verbindlichkeiten benötigt (Parallelen zum solvency test). § 15b V 1 InsO erfasst einen Teilbereich der Existenzvernichtungshaftung (→ § 177a Rn. 41b), diese und das Verhältnis zu § 15b V 1 InsO bleiben aber der Rechtsfortbildung überlassen (RegE zu § 64 GmbHG). Zahlungen iSv § 15b V 1 InsO sind nicht nur Geldzahlungen, sondern auch andere vergleichbare Leistungen zu Lasten des GesVermögens (RegE). Die Ersatzpflicht der Geschäftsleiter setzt Kausalität der Zahlungen an die Gfter (nicht an gesellschaftsfremde Dritte) für den Eintritt der Zahlungsunfähigkeit voraus („soweit ... führen mussten"), was bei entsprechenden liquiden Gegenleistungen nicht der Fall ist.

Mitkausalität genügt nicht, die Zahlung muss ohne Hinzutreten weiterer Kausalbeiträge zur Zahlungsunfähigkeit führen. Umgekehrt bleiben außergewöhnliche Umstände, die die Zahlungsfähigkeit hätten retten können, mit denen man aber bei Auszahlung nicht rechnen konnte, außer Betracht. § 15b V 1 InsO letzter Halbsatz ermöglicht Entlastungsbeweis bei Nichterkennbarkeit trotz der Sorgfalt eines ordentlichen und gewissenhaften Geschäftsleiters (§ 15a I 2 InsO).

C. Insolvenzantragspflicht bei Zahlungsunfähigkeit und Überschuldung. Nach § 15a I InsO haben die Mitglieder des Vertretungsorgans einer juristischen Person bei Zahlungsunfähigkeit und Überschuldung einen Insolvenzantrag zu stellen. Diese Insolvenzantragspflicht gilt nach § 15a I 3, II InsO entspr. für eine Ges. ohne Rechtspersönlichkeit, bei der kein (mittelbar) pers. haftender Gfter eine natürliche Person ist. Es kann Insolvenzantrag so sowohl in der GmbH als auch in der KG zu stellen sein. Betroffen ist die KG, wenn kein persönlich haftender Gesellschafter natürliche Person ist und auch keine natürliche Person einem persönlich haftenden Gesellschafter als persönlich haftender Gesellschafter angehört. Antragspflichtig ist auch der faktische Geschäftsführer der GmbH, BGH 104, 44; 150, 69; GroßKoAktG/Hopt/Roth § 93 Rn. 363. **49j**

D. Restrukturierung und Eigenverwaltung. Das Unternehmensstabilisierungs- und -restrukturierungsgesetz (StaRUG) setzt die EU-Restrukturierungsrichtlinie 2019/1023 um. Vorgesehen wird ein von der InsO unabhängiges Restrukturierungsverfahren vor einem Restrukturierungsgericht. Der StaRUG nennt als gestaltbare Rechtsverhältnisse neben den Forderungen gegen den Schuldner auch die Anteils- und Mitgliedschaftsrechte der Gfter, § 2 StaRUG. Ein Restrukturierungsplan bedarf grundsätzlich der Zustimmung von drei Vierteln der Stimmrechte der jeweils betroffenen Gruppe, § 25 StaRUG. Das Restrukturierungsgericht muss den Plan bestätigen, § 60 StaRUG und kann eine Stabilisierungsanordnung treffen. Stabilisierungsanordnungen sind nach § 49 I StaRUG Vollstreckungs- und Verwertungssperren. Es können Maßnahmen der Zwangsvollstreckung untersagt bzw. einstweilen eingestellt werden (Vollstreckungssperre). Weiter kann Gläubigern, die bei Eröffnung des Insolvenzverfahrens ein Aus- oder Absonderungsrecht hätten, untersagt werden, Rechte an Gegenständen des beweglichen Vermögens geltend zu machen (Veränderungssperre). **49k**

Die Restrukturierungssache wird mit der Anzeige des Restrukturierungsvorhabens beim Restrukturierungsgericht rechtshängig, § 31 I, III StaRUG. Beizufügen sind der Anzeige der Entwurf eines Restrukturierungsplans (zumindest ein Konzept), der auf Grundlage einer Beschreibung der Krise das Ziel der Restrukturierung und dafür in Aussicht genommene Maßnahmen beschreibt sowie insbesondere eine Darstellung des Stands der Verhandlungen mit Gläubigern, am Schuldner beteiligten Personen und Dritten enthält, § 31 II StaRUG. Anders als § 15a InsO trifft das StaRUG keine Aussage über die gesellschaftsrechtliche Zuständigkeit. § 43 StaRUG enthält nur allgemeine Aussagen über die Pflichten und Haftung der Geschäftsleiter im Restrukturierungsverfahren. Entsprechend allgemeinen Grundsätzen, den Angaben nach § 31 II StaRUG sowie den fortgeltenden Regeln zur Einberufung einer Haupt- bzw. Gfterversammlung nach §§ 92 AktG, 49 III GmbHG ist zumindest regelmäßig eine vorherige Information der Anteilseigner erforderlich. Nach Seibt DB 2020, 2236 bedarf ein im Außenverhältnis in die Kompetenz der Geschäftsleiter fallender Antrag auch der Zustimmung der GmbH-Gfter. In der PersGes kann im Einzelfall der zu erwartende Eingriff in die Rechtsposition der Gfter eine Zustimmung erfordern, so wohl allgemein Schäfer ZIP 2020, 2168, zu Rechten der Gesellschafter auch Gehrlein BB 2022, 1096. **49l**

4) Haftung für Zahlungen und Insolvenzverschleppung. A. Haftung für Zahlungen nach Insolvenzreife, § 15b IV InsO. Bei Verstoß gegen § 15b I **49m**

InsO ist der Erstattungsanspruch wie nach § 130a aF, § 64 GmbHG aF auf Erstattung der dem Verbot des I zuwider geleisteten Zahlungen gerichtet, noch zur alten Rechtslage BGH ZIP 2007, 1006; 2007, 1501 (GmbH & Co); BGHZ 146, 264 (GmbH). Der Schaden liegt hier schon im Abfluss der Mittel, nicht Differenzhypothese (Ersatzanspruch eigener Art, BGHZ 146, 278, oder iErg gleich Schadenersatzanspruch eigener Art, BGH ZIP 2007, 1006), BGH ZIP 2007, 1006; 2007, 1501; aA mit beachtlichen Gründen K. Schmidt ZIP 2005, 2177; 2008, 1401: statt strikte Erstattung einzelner Zahlungen besser Schadensersatz aus Insolvenzverschleppung. Zahlungen mit Kreditmitteln aus einem debitorisch geführten Bankkonto einer insolvenzreifen GmbH oder GmbH & Co fielen nicht unter die (dem Schutz ihrer Gläubigergesamtheit dienenden) § 130a I, II 1 HGB aF, § 64 GmbHG aF, sondern gehen allein zum Nachteil der Bank, BGH ZIP 2007, 1006, bloßer Gläubigertausch, BGHZ 143, 187; auch hier aA K. Schmidt ZIP 2008, 1401 gegen Verschiedenbehandlung debitorischer und kreditorischer Konten. Eine aus der Debeterhöhung resultierende höhere Zinsschuld der Ges. ist keine Zahlung iSv § 130a I HGB aF, § 64 GmbHG aF, BGHZ 43, 187; BGH ZIP 2007, 1007; ebenso wenig Zahlung auf Grund Zwangsvollstreckung, Kontopfändung, BGH NJW 2009, 1598; OLG München ZIP 2011, 277. Der Geschäftsführer der insolvenzreifen GmbH oder GmbH & Co (BGH ZIP 2020, 666) muss auf Grund seiner Massenerhaltungspflicht (BGHZ 146, 275) dafür sorgen, dass Zahlungen von GesSchuldnern nicht auf ein debitorisch geführtes Bankkonto der Ges. geleistet werden, sondern auf ein neues, kreditorisch eröffnetes Bankkonto bei einer anderen Bank (BGHZ 143, 88), sonst haftet er für die Zahlungen nach § 15b IV InsO, zu § 64 GmbHG aF BGH ZIP 2007, 1006.

49n § 15b IV InsO regelt die Haftung der Antragspflichtigen (auch faktischer Geschäftsführer) gegenüber der Ges. **§ 15b III InsO** enthält eine Beweislastumkehr und Vermutung, dass Zahlungen Verstreichen des für eine rechtmäßige Antragstellung maßgeblichen Zeitpunkts (in der Regel) nicht mit der Sorgfalt eines ordentlichen und gewissenhaften Geschäftsleiters vereinbar sind, zur Beweislastumkehr hinsichtlich der Fortbestehensprognose offen BGHZ 126, 200. Mitverschulden nach § 254 BGB. Die Haftung ist zwingend. Keine Haftungsbeschränkung aufgrund Befolgung des Beschlusses eines Organs der Ges. **(§ 15b IV 3 InsO)**. Verzicht und Vergleich der Ges. sind grundsätzlich ausgeschlossen, gewisse Ausnahmen im Gläubigerinteresse nach Zahlungsunfähigkeit **(§ 15 IV 4, 5)**. Verjährung in fünf Jahren **(§ 15b VII InsO)**. Lit.: Baumert NZG 2021, 433; Bitter ZIP 2021, 321; Brinkmann ZIP 2020, 2361, VGR 2020, 93.

49o B. **Haftung für verspätete Insolvenzantragstellung.** Anders als § 130a aF enthält § 15a InsO keine Regelung des Schadensersatzes der Gesellschaft, so bereits zuvor die Parallelnormen § 92 AktG, 64 GmbHG. Pflichtverletzung und Schadensersatzpflicht nun wie zuvor schon bei AG und GmbH aus allgemeinen Grundsätzen. Ein Schaden der Ges. kann auch in einer Vertiefung der Insolvenz liegen, Markus Roth 2001 S. 255, der sich allerdings schwerer berechnen lässt als Verstöße gegen das Zahlungsverbot nach § 15b InsO und desh. keine praktische Bedeutung hat. Gegenüber Dritten greift eine deliktische Haftung nach §§ 823 II, 826 BGB ein, Schutzgesetz iSv § 823 II BGB ist auch die Insolvenzantragsvorschrift, § 15a InsO, noch zur alten Rechtslage BGHZ 110, 360; 126, 199. Ansprüche der **Altgläubiger** sind beschränkt auf den **Umfang**, in dem durch die verzögerte Insolvenzverfahrenseröffnung die Befriedigung der Gläubiger verringert ist **(Quotenschaden;** § 287 ZPO), **anders Neugläubiger,** BGHZ 126, 181. Abgrenzung von Alt- und Neugläubiger richtet sich nach dem Entstehen des Anspruchs ohne Rücksicht auf Bestehen einer Geschäftsverbindung, BGH NJW 2007, 3130. Eine Bank, bei der die Ges. einen Kontokorrentkredit unterhält, ist Neugläubigerin, soweit sich das von der Ges. in Anspruch genommene Kreditvolumen während der Insolvenzverschleppung erhöht, auf zwischenzeitliche Rechnungsabschlüsse (→ § 355 Rn. 9) kommt es dabei nicht an, BGH ZIP 2007, 676. Der Geschäftsführer haftet (→ Rn. 7) für den Differenzschaden (negatives Interesse) ohne Kürzung um Insolvenzquote (gegen BGHZ 126, 201), aber Abtretung der Insolvenzforderung des Neugläubigers gegen Ges. (§ 255 BGB iVm §§ 273 f. BGB), BGH ZIP 2007, 676. Auch Ersatz von Rechtsverfolgungskosten, anderweitig entgangener Gewinn, BGH ZIP 2009, 1220. Der Insolvenzverwalter kann nur den einheitlichen Quotenschaden der Altgläubiger (Gesamtgläubigerschaden), nicht auch einen Quoten- oder sonstigen Schaden der Neugläubiger geltend machen, BGHZ 138, 211; Goette DStR 1998, 654; GroßKoAktG/Habersack/Foerster § 92 Rn. 112, str., Grund: der Neugläubigerschaden ist jeweils individuell, bei Bildung einer Sondermasse für Neugläubiger käme es zu Prozessverdopplungen. Zur Frage einer Vorteilsausgleichung BGH NJW 2007, 3130. Beschränkung der Haftung nach Rspr. auf Vertrauensschaden hat Folgen für deliktische Schäden von Neugläubigern, auch bei Entwendung bei späterem Insolvenzschuldner, BGH ZIP 2015, 269. Lit.: Bitter ZIP 2021, 321; Brinkmann ZIP 2020, 2361, VGR 2020, 93.

C. Verschulden bei Vertragsverhandlungen und Deliktshaftung. Der **Geschäftsführer** haftet unmittelbar gegenüber den Vertragspartnern der Ges. aus Verschulden bei Vertragsverhandlungen (§§ 280, 311 II, III BGB), → § 177a Rn. 44. Die Haftung nach §§ 823 II, 826 BGB bleibt unberührt. Schutzgesetze iSv § 823 II BGB ist auch Insolvenzantragspflicht nach § 15a InsO, zur Haftung für verspätete Insolvenzantragstellung → Rn. 49m.

Täter (Insolvenzantragspflicht) können nur Geschäftsführer sein (echtes Sonderdelikt). **Anstifter** oder **Gehilfen** haften nach §§ 830 II, 840 BGB (vorsätzlich bei vorsätzlicher Haupttat, vgl. §§ 26, 27 StGB), BGHZ 164, 50. Auch nicht antragsberechtigte Gfter können als Anstifter oder Gehilfen haften, BGHZ 75, 107; uU auch Dritte, zB Banken, Konzernmütter, K. Schmidt ZIP 1988, 1497, doch darf das iErg nicht wesentlich weiterführen als die sittenwidrige Insolvenzverschleppung nach § 826 BGB. Der Teilnehmer haftet für Neugläubigerschäden infolge krimineller Machenschaften des Geschäftsführers im Stadium der Insolvenzverschleppung (Exzess) nur bei Wissen davon, BGHZ 164, 50, Grund: Schutzzweck der Norm, kein Vertrauensschaden nichtvertraglicher Neugläubiger, insoweit nur Quotenschaden, Bayer/Lieder WM 2006, 1. Einschränkend auf Vorsatz Schulze-Osterloh AG 1984, 141. **Geltendmachung** des Gesamt(alt)gläubigerschadens in der Insolvenz durch Insolvenzverwalter (§ 92 InsO) im Gegensatz zum Individualschaden der Neugläubiger, BGHZ 126, 190; 138, 214; BGH ZIP 2007, 678.

5) Treupflicht der Gesellschafter im Insolvenzverfahren. Die Treupflicht der Gfter gilt auch noch im Insolvenzverfahren (BGH ZIP 2019, 668; Westermann NZG 2015, 138; K. Schmidt ZIP 2018, 854, str.) sowie gegebenenfalls in einer neuen Gesellschaftsform (→ § 109 Rn. 23 ff.). Praktisch bedeutsame Modifikationen gelten in der Eigenverwaltung und im Insolvenzplanverfahren, Eidenmüller NJW 2014, 18; ferner Thole ZIP 2013, 1941; Madaus ZIP 2014, 504; wohl strikter Schäfer ZIP 2013, 2243. Es kommt dann auch die Umwandlung in eine AG in Betracht, bei der der Vorstand von den Gftern unabhängiger ist. Der Minderheitsgfter muss das bei langanhaltenden Gfterstreitigkeiten dulden (aA Brinkmann ZIP 2014, 197), umgekehrt nicht zwingend Verstoß gegen Treupflicht, wenn Verhalten eines Gfters zur drohenden Zahlungsunfähigkeit beiträgt (LG Berlin ZIP 2014, 1391, anders bei Zahlungsunfähigkeit und Überschuldung, Stöber NZI 2013, 2464). Jedenfalls grundsätzlich müssen die alten Beteiligungsverhältnisse erhalten bleiben. Problematisch, wenn der vom Mehrheitsgfter vorgeschlagene **Insolvenzplan** eine Vinkulierung sowie einen Bezugsrechtsausschluss vorsieht (BGH ZIP 2014, 1448 nennt weiter die Umwandlung in die AG), dies ist aber nicht gesellschaftsrechtlich unzulässig iSv § 225a III InsO (so Schäfer ZIP 2014, 2417, auf werthaltige Mitgliedschaft und deren Schutz abstellend Schäfer ZIP 2016, 1914), sondern nach Abschluss des InsVerf ggf. gesellschaftsrechtlich geltend zu machen. Zutreffend besteht insoweit ein Vorrang insolvenzrechtlicher Spezialregelungen, die gerade auch eine strategische Insolvenzantragstellung ermöglichen, Seibt ZIP 2017, 357. Der Rechtsschutz im Insolvenzverfahren ist eingeschränkt, die sofortige Beschwerde gegen einen Insolvenzplan kann nach § 253 IV 1 InsO (dazu Vaske 2015) wegen Nachteilen bei einer Verzögerung zurückgewiesen werden, dies auch mit Blick auf Arbeitsplätze, LG Berlin ZIP 2014, 2199, auch bei voller Befriedigung der Gläubiger, nach § 238a InsO bleiben ferner Stimmrechtsbeschränkungen unbeachtet, Madaus ZIP 2014, 504. Verfassungsrechtlich wird der **beschränkte Rechtsschutz** gegen einen bestätigten Insolvenzplan gebilligt, BVerfG ZIP 2015, 79; krit. Schäfer ZIP 2015, 1208, de lege ferenda für Berücksichtigung des Minderheitenschutzes bei Eröffnung des Insolvenzverfahrens Böcker ZInsO 2015, 782.

49s 6) **COVID-19-Insolvenzaussetzungsgesetz.** Das **Gesetz** zur vorübergehenden **Aussetzung** der **Insolvenzantragspflicht** und zur Begrenzung der Organhaftung bei einer durch die COVID-19-Pandemie bedingten Insolvenz (COVInsAG, BGBl 2020 I 569) sah grds. eine Aussetzung der Insolvenzantragspflicht nach § 15a InsO bis zum 30. September 2020 vor, § 1 Satz 1 COVInsAG, jetzt § 1 I COVInsAG, dies rückwirkend für die Zeit ab dem 1. März 2020. Die Aussetzung der Insolvenzantragspflicht gilt nach § 1 I 2 COVInsAG nicht, wenn die Insolvenzreife nicht auf den Folgen der Verbreitung des SARS-Cov-2-Virus (COVID-19-Pandemie) beruht oder wenn keine Aussichten darauf bestehen, eine bestehende Zahlungsunfähigkeit zu beseitigen. Nach § 1 I 3 COVInsAG besteht die (widerlegliche) Vermutung, dass die Insolvenzreife auf den Auswirkungen der COVID-19-Pandemie beruht und Aussichten darauf bestehen, eine bestehende Zahlungsunfähigkeit zu beseitigen, wenn der Schuldner am 31.12.2019 nicht zahlungsunfähig war. Für bis Juni 2020 gestellte Gläubigerinsolvenzanträge sieht § 3 COVInsAG vor, dass der Eröffnungsgrund schon vor dem 1. März 2020 vorgelegen haben muss. Vom 1. Oktober 2020 bis zum 31. Dezember 2020 war sodann die Pflicht zur Stellung eines Insolvenzantrags wegen Überschuldung ausgesetzt, § 1 II CoVInsAG, vom 1. Januar 2021 bis zum 30. April 2021 galt eine Aussetzung der Pflicht zum Stellen eines Insolvenzantrags unter bestimmten weiteren Umständen, wenn ein Antrag im Rahmen staatlicher Hilfsprogramme gestellt wurde, § 1 III COVInsAG.

49t Ausgesetzt wurde durch § 1 COVInsAG nur die Pflicht zur Insolvenzantragstellung. Insolvenzreife und insbesondere die Überschuldung bzw. die Zahlungsunfähigkeit betroffener Unternehmen bestehen fort. Das machte flankierende Maßnahmen im Gesellschafts- und Insolvenzrecht notwendig. § 2 I Nr. 1 COVInsAG sah als Folge einer Aussetzung der Insolvenzantragspflicht vor, dass **Zahlungen,** die im ordnungsgemäßen Geschäftsgang erfolgen, als mit der Sorgfalt eines ordentlichen und gewissenhaften Geschäftsleiters vereinbar gelten (können). Nach dem Gesetzestext bleibt offen, ob Zahlungen stets als pflichtgemäß gelten. Nach § 2 I Nr. 1 COVInsAG soll das insbesondere der Fall sein, wenn sie der Aufrechterhaltung oder Wiederaufnahme des Geschäftsbetriebs oder der Umsetzung eines Sanierungskonzepts dienen. Lit.: Bitter GmbHR 2020, 797, ZIP 2020, 685; Gehrlein DB 2020, 713; Hölzle/Schulenberg ZIP 2020, 633; Römermann NJW 2020, 1108; Thole ZIP 2020, 650.

VII. Mitbestimmung, Rechnungslegung und Transparenz

50 Für PersonenGes sehen das DrittelbG und das MontanMitbest(Erg)G keine Mitbestimmungspflicht vor, so dass keine zwingende **Mitbestimmung** ab 500

2. Abschnitt. Kommanditgesellschaft 51 **Anh § 177a**

bzw. 1.000 (in Deutschland beschäftigten) Arbeitnehmern eingreift, sie fallen grds. auch nicht unter das MitbestG 1976. Hat die Mehrheit der Kdtisten aber die Mehrheit der Anteile oder Stimmen der GmbH inne, wird die Zahl der Arbeitnehmer der GmbH & Co der GmbH zugerechnet (§ 4 MitbestG); die KomplementärGmbH wird dann ab idR 2.000 Arbeitnehmern, einerlei ob bei ihr oder der KG, mitbestimmungspflichtig (außer bei eigenem Geschäftsbetrieb der GmbH mit idR mehr als 500 Arbeitnehmern), Zöllner ZGR 1977, 329; U. Schneider ZGR 1977, 342; Kunze ZGR 1978, 321. Ist die KG herrschendes Unternehmen eines Konzerns, gelten die Arbeitnehmer der Konzernunternehmen als solche der GmbH (§ 5 II MitbestG), Schneider ZGR 1978, 344. Versuche, der Mitbestimmung durch Einschaltung einer doppelstöckigen GmbH & Co (→ Rn. 9) zu entgehen (§ 4 MitbestG), sind rechtlich unbehelflich, zumindest unsicher, str. Die GmbH & Co kann auch Konzern iSv § 5 MitbestG sein, hL, str. Kdtist als herrschendes Unternehmens iSv § 5 MitbestG, Seibt ZIP 2011, 252. Zumindest noch möglich ist die Mitbestimmungsvermeidung durch eine SE & Co KG, LAG Hamburg ZIP 2021, 2025. Komm.: GroßKoAktG/Oetker (MitbestGe) 2018; Habersack/Henssler, 4. Aufl. 2018; zur GmbH & Co Zöllner ZGR 1977, 319; Wiesner GmbHR 1981, 36. Vgl. **Muster:** Hopt/Merkt VertrFormB/Weyland/Hoger, Form II. D.1.8 (mitbestimmte GmbH); Aufsichtsrat → Rn. 31. Lit.: Binz/Sorg § 14.

Die 4. EU-RL (Bilanzrichtlinie) erfasste die GmbH & Co nicht ausdrücklich, **51** aber ihrem Zweck nach (→ Einl. vor § 238 Rn. 6), Lutter DB 1979, 1285. Das BiRiLiG 1985 hatte die GmbH & Co trotzdem noch wie eine reine PersonenGes behandelt. Mit der (verspäteten) Umsetzung der Kapitalges & Co-Richtlinie 1990 durch das KapCoRiLiG 2000 unterfällt auch die GmbH & Co den **Rechnungslegungsvorschriften** der §§ 264 ff. für KapitalGes, sofern keine natürliche Person pHG ist (§ 264a I, → Einl. vor § 238 Rn. 8). Die GmbH & Co war zuvor nur ab entspr. Größe rechnungslegungspflichtig nach dem Publizitätsgesetz, dieses ist weiter für die unechte GmbH & Co relevant, s. Farr GmbHR 1996, 185; Veit DB 1996, 641; Herrmann WPg 2001, 271. Lit.: Binz/Sorg § 15; Theile GmbHR 2015, 281 (BilRUG).

Der Betrieb einer GmbH & Co ist insofern aufwändig, als neben dem Jahresabschluss für die KG auch ein Jahresabschluss für die GmbH zu erstellen ist. Für jede Gesellschaft bedarf es auch einer eigenen Buchführung. Die beiden Abschlüsse stehen durchaus in einer inneren Abhängigkeit. Die GmbH hat das Haftungsrisiko nach § 128 in ihrem Jahresabschluss abzubilden, wenn diesem kein durchsetzbarer Ausgleichsanspruch nach § 110 bzw. Aufwendungsersatzanspruch aus dem Gesellschaftsvertrag gegenübersteht. Wirtschaftliche Schwierigkeiten der KG schlagen so auf die Bilanz der GmbH durch und können sogar zu einer Überschuldung und Insolvenzantragspflicht führen, was auch bei der Festlegung der Kapitalausstattung einer GmbH zu beachten ist (→ Rn. 11, 12).

Aufstellung und Feststellung des Jahresabschlusses der GmbH & Co richtet sich nach KG-Recht, → § 164 Rn. 3. Danach ist die Aufstellung des Jahresabschlusses Sache des Komplementärs, also der GmbH, die Feststellung ist Grundlagengeschäft, an dem auch die Kommanditisten teilhaben. Mangels besonderer Regelung sind daher die Informationsrechte beschränkt, auch wenn explizit im GesVertrag die Vorlage des Jahresabschlusses vor der GesVersammlung vorgesehen wird, muss in der Publikumsges nicht zugleich auch der Prüfbericht übersandt werden, BGH ZIP 2015, 778. Eine explizite Regelung empfiehlt sich auch in der echten (personen- und beteiligungsgleichen) GmbH & Co sowie in der Einheitsgesellschaft, jedenfalls zur Klarstellung.

Transparenz hat mit Blick auf die GmbH & Co verschiedene Facetten, die ein einheitliches Begriffsverständnis verbieten. Traditionell von großer Bedeutung ist die steuerliche Transparenz. Dieser hergebrachte Begriff des Steuerrechts meint, dass durch die Gesellschaft (KG) durchgesehen wird und die Steuer nicht bei dieser, sondern direkt bei den Gesellschaftern, bei der GmbH & Co also im Wesentlichen bei den beschränkt haftenden Kommanditisten anfällt. Die handelsrechtliche Transparenz der Kommanditgesellschaft ist rechtsformtypisch eingeschränkt, aufgrund der Rechnungslegungsvorschriften allerdings zumindest punktuell der Publizität von Kapitalgesellschaften angenähert. Weiter nicht erforderlich ist die Einreichung eines Gesellschaftsvertrags der unternehmenstragenden KG in das Handelsregister, allg. → § 106 Rn. 2. Einzutragen sind lediglich Namen und Haftsumme der Kommanditisten, → § 162 Rn. 2. Aufgrund der Gestaltungsfreiheit im Personengesellschaftsrecht sind Rückschlüsse so nur begrenzt möglich. Seit 2017 Transparenzregister nach Geldwäschegesetz (wirtschaftlich Berechtigter bei Kontrolle von 25 Prozent der Stimmrechte, § 3 GwG), Mitteilungspflicht nach § 20 GwG, dazu Gätsch/Bode BB 2021, 138.

VIII. Die unterkapitalisierte GmbH & Co, allgemeine Durchgriffshaftung, Haftung aus existenzvernichtendem Eingriff

51a A. **Keine Ausdehnung auf Unterkapitalisierung ohne Gewährung von Gesellschafterdarlehen.** Weder § 172a aF (dort → § 172a Rn. 1) noch §§ 30, 31 GmbHG erfassten schon vor dem MoMiG die (von vornherein oder ab einem späteren Zeitpunkt) unterkapitalisierte GmbH bzw. GmbH & Co, sofern keine Gesellschafterdarlehen gewährt wurden. Der Gesetzgeber der GmbHNovelle 1980 hat sich zu einem eigenen Haftungstatbestand der Unterkapitalisierung nicht entschließen können, vgl. Herber GmbH-Rdsch 1978, 28. Gegen den Haftungsdurchgriff bei einer unterkapitalisierten EinpersonenGmbH BGHZ 68, 312 (VIII. ZS) mAnm K. Schmidt NJW 1977, 1451; abl. Emmerich NJW 1977, 2163; Fleck LM GmbHG § 30 Nr. 6; Kuhn WM 1978, 598 u. Sonderbeil. 1/1978, 16; Meyer-Cording JZ 1978, 10. Der II. (gesrechtliche) ZS hat offengelassen, ob dem „in Anbetracht neuerer, auch in der Rspr des II. ZS zu verzeichnender Tendenzen zu einem verstärkten Gläubigerschutz gefolgt werden kann", BGH NJW 1977, 1686, in BGHZ 69, 95 nicht abgedruckt; seine restriktiven Äußerungen in BGHZ 76, 335 beziehen sich nur auf §§ 30, 31 GmbHG.

51b B. **Allgemeine Haftungstatbestände, insbesondere Durchgriffshaftung.** Demgegenüber greift die Rspr. zT auf **§ 826 BGB,** zB BGH NJW 2005, 145 (planmäßige Entziehung von Vermögen für SchwesterGmbH), und auf die **allgemeine Durchgriffshaftung** bei sittenwidriger Einschaltung einer vermögenslosen GmbH durch den Gfter zurück. Die allgemeine zivilrechtliche Durchgriffshaftung findet nur in besonderen Ausnahmefällen statt, weil sonst die Rechtsform der juristischen Person und die damit bezweckte Haftungsbeschränkung der Gfter entwertet würde. Bspe: BGHZ 31, 271; 54, 222 (Durchgriff bei eV); BGHZ 68, 322 (willkürliche, von vornherein nicht praktikable Ausgliederung); BGHZ 78, 333 (Rechtsmissbrauch); BGHZ 95, 334 (Vermischung von Ges.- und Privatvermögen durch undurchsichtige Buchführung oder sonstige Verschleierung); BGHZ 125, 366 (Vermögensvermischung, dazu klarstellend BGHZ 165, 85); BGH NJW 1979, 2104 (§ 826 BGB bei krass nachteiligem Geschäft der beherrschenden Gfter mit GmbH & Co); BGHZ 85, 740 (restriktiv zur Vermögensvermengung); BGHZ 165, 85 (§ 128 analog wegen unkontrollierbarer „Vermögensvermischung", aber nicht schon mangels doppelter Buchführung und nur bei Verantwortlichkeit dafür als Allein- oder Mehrheits-Gfter, Verhaltens-, keine Zustandshaftung, Geltendmachung durch den Insolvenzverwalter nach § 93 InsO); BGH NJW-RR 1988, 1181 (§ 826 BGB bei Schädigungsabsicht auch ohne Verschleierung; problematisch); BGH ZIP 2008, 364 (Kolpingwerk, Verein, abl.) mAnm Reuter NZG 2008, 650; BGH NJW 2008, 2439 (GAMMA, abl.) mAnm. Veil NJW 2008, 3264 u. v. Kleindiek NZG 2008, 686; BSozG NJW 1984, 2117 (Missbrauch durch „Staffette" einer illiquiden GmbH nach der anderen); OLG Karlsruhe BB 1978, 1332; KG ZIP 2008, 1535. **Nicht:** Beherrschung einer rechtlich selbstständigen Ges. und entscheidende Beeinflussung ihrer Geschäftsführung, BGH NJW 1979, 1828; WM 1980, 956, auch nicht bei Einpersonen-Ges, BGH NJW 1981, 2811; einfache Unterkapitalisierung, hL, BGH stRspr, auch BAG NJW 1999, 740; 1999, 2299. Bei Durchgriffshaftung gilt § 129 I entspr., BGHZ 95, 330 – Autokran; BGHZ 165, 95, (§ 178 III InsO, aber rechtliches Gehör). Lit.: Bitter, 2000; Mülhens, 2006; Rehbinder FS Fischer, 1979, 579; Nirk FS Stimpel, 1985, 443; Ehricke AcP 199 (1999), 258; K. Schmidt ZIP 2007, 605 (Verein); Altmeppen ZIP 2008, 1201; Hofmeister ZIP 2009, 161; Steffek JZ 2009, 77.

C. Haftung aus existenzvernichtendem Eingriff. Bei Vermögenslosigkeit 51c einer abhängigen Ges. (GmbH) kam nach früherer konzernrechtlicher Rspr. auch Ausfallhaftung des herrschenden Konzernunternehmens entspr. §§ 303, 322 II, III AktG in Betracht, BGHZ 95, 330 – Autokran; BGHZ 115, 187 – Video; zutr. einschränkend BGHZ 122, 93 – TBB, sehr str.; dazu Stodolkowitz ZIP 1992, 1517; K. Schmidt ua ZIP 1993, 549 ff.; für AlleinGfter einer GmbH & Co BAG NJW 1991, 2923. Diese Rspr. hat der II. ZS 2001 durch das bahnbrechende Urteil zur **Haftung bei existenzvernichtendem Eingriff** zu Recht aufgegeben (bewusster „**Abschied vom qualifizierten faktischen Konzern**", Altmeppen NJW 2002, 321, krit. K. Schmidt § 39 III) und auf eine andere, konzernunabhängige Grundlage gestellt, BGHZ 149, 10 – Bremer Vulkan; BGHZ 150, 61; 151, 181 – KBV; BGH ZIP 2005, 117; 2005, 250; 2008, 308. Diese Rspr. wurde vorbereitet vom damaligen Senatspräsidenten Röhricht FS 50 Jahre BGH, I, 2000, 83; vgl. auch BGHSt NJW 2004, 1331 – Bremer Vulkan, ist aber unter seinem Nachfolger Goette dogmatisch und im Ergebnis völlig verändert worden, BGH NJW 2007, 2689 – Trihotel. Fortbestand **auch nach MoMiG,** OLG Stuttgart ZIP 2009, 1864.

a) Allgemeine Durchgriffs(außen)haftung 2001 bis 2006. Die Rspr. und 51d die zust. Lit. betrachteten diesen neuen Haftungstatbestand seit 2001 zunächst als Fall der Durchgriffshaftung neben einer möglichen Haftung aus § 826 BGB, BGHZ 151, 183. Entziehen die Gfter unter Außerachtlassung der gebotenen angemessenen Rücksichtnahme auf die Erhaltung der Fähigkeit der Ges. zur Bedienung ihrer Verbindlichkeiten in einem ins Gewicht fallenden Ausmaß Kapital, haften sie danach den GesGläubigern persönlich (außerhalb des Insolvenzverfahrens) wegen Rechtsmissbrauchs (Zweckbindung des Haftungsprivilegs des § 13 II GmbHG), soweit nicht der GmbH durch den Eingriff insgesamt zugefügte Nachteil bereits nach §§ 30, 31 GmbHG ausgeglichen werden kann. Die Gfter können aber die Existenz der Ges. jederzeit in einem geordneten Verfahren (freiwillige Liquidation oder Insolvenzverfahren) beenden.

b) Haftung aus § 826 BGB seit 2007. In einem bahnbrechenden Urteil von 51e **2007** hat der Senat an dieser Rspr. zwar festgehalten, sie aber zu Recht unter Preisgabe der Durchgriffsaußenhaftung auf die rechtssicherere dogmatische Grundlage der **Haftung aus § 826 BGB** gestellt, BGH NJW 2007, 2689 – Trihotel; BGH NJW 2008, 2437 – GAMMA. Missbräuchliche Schädigung des im Gläubigerinteresses zweckgebundenen Gesellschaftsvermögens ist damit nur noch eine besondere Fallgruppe des § 826 BGB (Entnahmesperre gegen Selbstbedienung der Gfter vor den Gläubigern). Das hat ganz erhebliche, **positive Auswirkungen:** (1) Der Gfter haftet nunmehr nur noch bei (bedingt) vorsätzlicher sittenwidriger Schädigung, also nicht mehr schon bei jedem objektiv vorliegenden existenzvernichtenden Eingriff. Für Erweiterung auf gröbliche Sorgfaltspflichtverletzung (§ 93 V 2, 3 AktG) Altmeppen NJW 2007, 2659. (2) Der Gfter haftet nur für die durch seinen Eingriff verursachten Schäden, während er bisher wegen des Durchgriffs grundsätzlich für alle Forderungen gegen die insolvente Ges. haftete. (3) Der Gfter haftet grundsätzlich nur der Ges. (Innenhaftung), nicht mehr wie an sich beim Haftungsdurchgriff unmittelbar allen Gläubigern

(Außenhaftung), vielmehr wird der Anspruch ohne Wettlauf der Gläubiger allein vom Insolvenzverwalter geltend gemacht (§ 92 InsO). Für §§ 93 V ua AktG analog üL. (4) Die Haftung ist nicht mehr nachrangig gegenüber der Haftung aus §§ 30, 31 GmbHG. (5) Die neue Rspr. bestätigt die dogmatisch und wirtschaftlich berechtigte große Zurückhaltung von Rspr. und Lehre gegenüber einem Haftungsdurchgriff und leistet dadurch auch einen Beitrag zur GmbHReform, die die GmbH attraktiver machen möchte (MoMiG). (6) In Fällen mit Auslandsbezug gilt für die Anknüpfung des § 826 BGB das allgemeine Deliktsstatut (Rom II-VO seit 11.1.2009, für Alt- und Spezialfälle Art. 40 EGBGB). Das gilt auch für ScheinauslandsGes, deren GesStatut sich in der EU nach dem Gründungsrecht richtet (→ Einl. vor § 105 Rn. 29), aA Greulich/Rau NZG 2008, 568.

51f c) **Haftung im Einzelnen.** Bei Vorliegen der Voraussetzungen des § 826 BGB kann jeder Gfter haften, auch GfterGfer, schon bisher jedenfalls bei beherrschendem Einfluss, BGH ZIP 2005, 117; auch Gfter, die nicht selbst etwas empfangen, aber durch ihr Einverständnis mit dem Vermögensabzug an dem existenzvernichtenden Eingriff mitgewirkt haben, haften, schon bisher BGHZ 150, 61; uU auch faktische Geschäftsführer, offen BGHZ 150, 69; fraglich bei SchwesterGmbH, BGH NJW 2005, 146 (aber § 826 BGB, → Rn. 51b). Die Haftung greift („erst recht") im Liquidationsstadium (§§ 69 ff., 73 GmbHG), auch ohne die Zusatzkriterien einer Insolvenzverursachung oder -vertiefung, BGH ZIP 2009, 802. Geltendmachung in Insolvenz nur durch Insolvenzverwalter, BGHZ 164, 50. Die allgemeine Durchgriffshaftung, etwa wegen Vermögensvermischung (→ Rn. 51b), galt schon bisher als durch diejenige bei existenzvernichtendem Eingriff nicht überholt, sondern steht neben dieser, BGHZ 165, 91. Lit.: Matschernus, 2007; Henze WM 2006, 1656; Altmeppen NJW 2007, 2657; Paefgen DB 2007, 1907; Wagner FS Canaris, II, 2007, 473 (§ 826 BGB); Weller, Ihrig DStR 2007, 1166 (1170); Weller ZIP 2007, 1681 u. DStR 2007, 1166; Dauner-Lieb ZGR 2008, 34; Gehrlein WM 2008, 761; Habersack ZGR 2008, 533; Hönn WM 2008, 769; Osterloh-Konrad ZHR 172 (2008), 274; Veil NJW 2008, 3264; Haas ZIP 2009, 1257; Steffek JZ 2009, 77; Strohn ZHR 173 (2009), 589; Kurzwelly FS Goette, 2011, 277; Schirrmacher ZGR 2021, 2.

51g D. **Qualifizierte Unterkapitalisierung.** Umstritten ist ein eigener Haftungstatbestand der (qualifizierten) Unterkapitalisierung, üL, s. zB Hach/Ulmer Anh. § 30; Lutter/Hommelhoff § 13 Rn. 9; Blaurock FS Stimpel, 1985, 553; iErg Stimpel FS Goederler, 1987, 601; aA BGH NJW 2008, 2437 (GAMMA) mAnm Kleindiek NZG 2008, 547; Ehricke AcP 199 (1999), 275; Annahme einer Pflicht zur angemessenen Kapitalausstattung der Ges. (dagegen BGHZ 76, 334) ist dafür unnötig. Die Rspr. zum existenzvernichtenden Eingriff (→ Rn. 51c) deckt die mit einem Haftungstatbestand der qualifizierten Unterkapitalisierung erfassten Fallgestaltungen nicht ab, zutr. BGH NJW 2008, 2437. Dort geht es um den Bestandsschutz der GmbH, der nicht kompensationslos zum Schaden der Gläubiger die Mittel zur Bedienung ihrer Verbindlichkeiten entzogen werden dürfen. Hier geht es um zu geringe Mittelausstattung von vornherein oder später. Beide Ansätze arbeiten aber mit dem Normzweck und dem Verlust des Haftungsprivilegs. Lehnt man dies ab, bleibt nur § 826 BGB, insoweit noch offen BGH NJW 2008, 2437 (iErg zugunsten der Arbeitnehmer wegen Täuschung bejahend), sowie, allgemeiner, Haftung als Geschäftsführer, wegen Masseschmälerung, Insolvenzverschleppung (§§ 15a InsO, 823 II BGB).

51h a) **Tatbestandsvoraussetzungen:** (1) qualifizierte, dh eindeutig unzureichende Kapitalausstattung der Ges. (Relation zwischen Eigenkapital und Geschäftsumfang je nach Geschäftsart und Finanzplan) von vornherein oder später und Unmöglichkeit einer Fremdfinanzierung (fehlende Kreditfähigkeit), Hach/ Ulmer Anh. § 30 Rn. 55; entfällt bei Vorhandensein einer natürlichen Person als phG (Rechtsgedanke der §§ 172a S. 2 aF, 129a S. 2 aF) und soweit eigenkapitalersetzende GfterDarlehen gewährt werden (wie Eigenkapital), vgl. BGHZ 31, 271; (2) als Folge davon Insolvenz der Ges.; nicht bei Insolvenz infolge ungewöhnlicher anderer Ereignisse; (3) Zurechenbarkeit; dafür genügt, dass der Gfter die Unterkapitalisierung mit ihren Folgen für die Gläubiger erkennen kann und muss, vgl. BGHZ 75, 339; entfällt uU für Gfter mit geringer Beteiligung oder ungenügendem internen Mitspracherecht. Einwendung bei bewusster Risikoübernahme des Dritten, zB Kenntnis, insbesondere Spekulationsabsicht, Hach/ Ulmer Rn. 65. Diese Tatbestandsvoraussetzungen sind zwar mangels Rspr. noch wenig konkret, aber doch schon hinreichend fassbar und praktikabel, str.

b) Rechtsfolgen: Verlust des Haftungsprivilegs der Gfter bei Insolvenz der 51i Ges. (Normzweck), also unbeschränkte, persönliche Ausfallhaftung der Gfter, und zwar Außenhaftung, str.

E. Sonderformen und Typenverbindungen mit anderen Gesellschaften. 51j **Eigenhaftung des GmbH-Geschäftsführers** → Rn. 44.

B. Publikumsgesellschaft (mit Prospekthaftung)

Schrifttum

a) Kommentare: s. Kommentare zum HGB und GmbHG sowie *Ebenroth(/Boujong/ Joost/Strohn)/Henze/Notz* Bd 1 4. Aufl 2020 Anh 2 nach § 177a. – *Henssler(/Strohn)/Servatius* Anhang Publikumsgesellschaft und GmbH & Co KG, 5. Aufl 2021. – *Oetker/Oetker* § 161 Rdn 122 ff.

b) Handbücher: Assmann/Schütze/Buck-Heeb/*Wagner*, Hdb des Kapitalanlagerechts, 5. Aufl 2020 § 17. – Münch. Hbd des GesR Bd 2 KG, GmbH & Co KG, Publikums-KG, StGes, 5. Aufl 2019, §§ 61–71.

c) Einzeldarstellungen und Sonstiges: *Wagner* 1985. – *Dietrich* 1988. – *Reusch* (stGes) 1989. – *Grundmann,* Treuhandvertrag 1997, S 482 (kupierte PublikumsKG). – *Lüdicke/Arndt* 6. Aufl 2013. – *Hopt* ZHR 141 (1977), 404. – *U. Schneider* ZHR 142 (1978), 228; ZGR 1978, 1. – *Hüffer* JuS 1979, 457. – *Reuter* ZGR 1979, 321. – *Stimpel* FS Fischer 1979, 771. – *Bälz* ZGR 1980, 1. – *Kraft* ZGR 1980, 399. – *Moll* BB Beil 3/1982. – *Graf v. Westphalen* DB 1983, 2745. – *Hopt, Kellermann, Krieger, Pleyer* FS Stimpel 1985, 265, 295, 307, 335. – *Crezelius* BB 1985, 209. – *Pleyer/Hegel* ZIP 1986, 1370. – *Nasall* BB 1988, 286. – *Reichert/ Winter* BB 1988, 981. – *Westermann* FS Fleck 1988, 423. – *Junker* DStR 1993, 1786. – *Kaligin* NJW 1994, 1456. – *Gehling* BB 2011, 73. – *Wagner* NZG 2011, 489. – *Stöber* NZG 2011, 738. – *Wiedemann* NZG 2013, 1041. – *Nobbe, Schneider, Schlitt* Bankrechtstag 2014. – *Schürnbrand* ZGR 2014, 256. – **Muster:** *Loritz/Wagner,* KonzeptionsHdb der steuerorientierten Kapitalanlage Bd 2 1995. – *Reinelt* NJW 2009, 1 (Kapitalanlagefonds). **RsprÜbersichten:** *Kellermann* 1980; *Schlarmann* BB 1979, 192; *Kraft* FS Fischer 1979, 321; *Brandes* WM 1990, 1230; 1994, 578; BGHFSWissII/*Hopt* 2000, 497; *Nobbe* WM 2013, 193; *Wagner* WM 2013, 1445 und NZG 2014, 408 (geschlossene Fonds); *Neumann* NZG 2014, 730 (Sanierung); *Schlick* WM 2016, 193, 241; *Drescher* WM 2020, 577. Schrifttum zur Prospekthaftung s Rn 61, 62; zur GmbH & Co s unter A vor Rn 1; zur GbR *Stenzel/Beckmann* BB 2011, 2507; zum Prospektrecht Einl 8 vor (14) BörsG.

I. Begriff, Sonderrecht

1) Begriff der Publikumsgesellschaft und KAGB. Publikumsgesell- 52 **schaft** (PublikumsKG, MassenKG) ist rechtlich eine PersonenGes, idR eine GmbH & Co KG (aber auch andere Formen, zB stGes, BGH ZIP 2012, 1869, → § 230 Rn. 3, auch ImmobilienGbR, Bsp. BGH WM 2005, 1698; 2006, 1673; 2007, 62), die zur Kapitalsammlung eine unbestimmte Vielzahl rein kapitalistisch beteiligter Kdtisten als AnlageGfter auf Grund eines fertig vorformulierten GesVertrags aufnehmen soll. Häufig war sie Abschreibungsgesellschaft zur Nutzung steuerlicher (Sonder-)Abschreibungen (→ Rn. 55). Die Initiatoren oder Gründungsgfter (idR die Gfter der GmbH) behalten fast immer die Herrschaft, die Kdtisten sind auf Kontrollrechte beschränkt, die sie häufig nur über einen Beirat oder einen Kdtistenvertreter (unechte Treuhand) ausüben können, OLG München WM 2008, 2212. Bei der echten Treuhand ist nur der Treuhänder Kdtist, die Anleger stehen nur zu ihm in rechtlicher Beziehung. Wirtschaftlich handelt es sich danach um eine KapitalGes (KGaA, str.) im Kleid einer PersonenGes (KG), OLG München WM 1991, 100, → Rn. 70. Über bzw. als Publikumsgesellschaften werden Beteiligungen etwa an geschlossenen Immobilienfonds (BGH ZIP 2012, 1231; 2012, 1342; 2012, 1505), Medienfonds (BGH WM 2011, 110; 2011, 640), Schiffen (BGH ZIP 1992, 836) und Windparks (BGH ZIP 2011, 957) vertrieben.

Die Publikumsgesellschaft ist nicht mit der (offenen oder gar börsennotierten) Aktiengesellschaft zu verwechseln, auch nicht mit Treuhand, die über Prospekt vertrieben werden, auch dort aber (Aufklärungspflichten der Banken, dazu BGH WM 2011, 2088) teilweise ähnliche Probleme, auch Prospektpflicht nach VermAnlG (§ 1 II Nr. 2 VermAnlG) und für Investmentvermögen nunmehr dem KAGB. Bei einer Anlage in Finanzinstrumente kann nach § 32 KWG erlaubnispflichtige Finanzportfolioverwaltung vorliegen, nach BVerwG NZG 2011, 114 sind für einen allein geschäftsführungsbefugten Ges. einer Publikums-GbR die übrigen GbR-Ges. andere iSv § 1 Ia 2 Nr. 3 KWG.

Für die Zwecke der Kommentierung sowie der praktischen Rechtsanwendung erforderlich ist eine **Abgrenzung der traditionellen Rechtsregeln** der Publikumsgesellschaft **zum** Geltungsbereich des **KAGB,** das im Jahre 2013 in Kraft getreten ist. Nach dem **Kapitalanlagegesetzbuch** (KAGB, dazu unten **Anhang C**) gelten nunmehr **kapitalmarktrechtliche Sonderregeln für Investmentvermögen** (Organismen für gemeinsame Anlagen, OGAW und Alternative Investmentfonds, AIF), § 1 KAGB, dazu → Rn. 88 ff. und ein **Sondergesellschaftsrecht für Investmentkommanditgesellschaften,** dazu näher → Rn. 95 ff. Für operativ tätige Unternehmen verbleibt es bei den für Publikumsgesellschaften entwickelten Regeln, die zudem für Altfälle und -gesellschaften sowie ggf. für kleinere Investmentfonds relevant bleiben.

Erwartet wird, dass die Bedeutung des bisherigen Rechts der PublikumsGes deutlich zurückgehen wird (so Casper ZHR 179 (2015), 49). Damit ist aber nicht vor Abwicklung der Altfälle zu rechnen. Zudem werden Immobilien, Medienprojekte, Schiffe und Windparks bereits heute zT als operativ tätige Unternehmen geführt (→ Rn. 86). Dies ist Publikumsgesellschaften auch künftig möglich, so dass die Entwicklung letztlich abzuwarten bleibt.

53 **2) Sonder(gesellschafts)recht.** Wegen dieser hybriden Stellung und erheblicher Missstände hat die Rspr., vor allem der II. ZS des BGH, seit 1972 (BGH NJW 1973, 1604) in rascher Folge ein **Sonderrecht** der PublikumsGes herausgebildet. Die Sonderregeln, die oft dem Recht der KapitalGes angenähert sind, beruhen einerseits auf der vom gesetzlichen Leitbild abweichenden, körperschaftlichen Struktur der PublikumsGes, andererseits auf dem öffentlichen Vertrieb der Anteile auf dem Kapitalmarkt an unbestimmte Anleger ähnlich Aktien. Im Übrigen gilt das Recht der GmbH & Co (→ Rn. 1–51), häufig bleibt jedoch für §§ 161 ff. kaum mehr Raum.

Anders als traditionell (→ § 119 Rn. 37) sonst im OHG- und KG-Recht galt (und wie nun auch dort gilt) der Bestimmtheitsgrundsatz nicht (→ Rn. 69a) und ist der Gesellschaftsvertrag objektiv auszulegen (→ Rn. 67). Die Kernbereichslehre (→ § 119 Rn. 36) wurde für die Publikumsgesellschaft entwickelt (→ Rn. 69d), ferner die allgemeine Prospekthaftung (→ Rn. 59 ff.) und die Aufklärungspflichten über Rückvergütungen und Innenprovisionen (→ Rn. 66d). Eine Verzahnung von Gesellschaftsrecht und Anleger- bzw. Verbraucherrecht erfolgt bei der Rückabwicklung eines fehlerhaften Beitritts, → Rn. 58, Ansprüche auf Schadensersatz wegen vorvertraglichem Aufklärungsverschulden und Rückabwicklung eines widerrufenen Finanzierungsvertrags bestehen nebeneinander, BGH ZIP 2016, 1825. Besonderheit auch, wenn wie bei GbR keine Haftungsbeschränkung entspr. der AG (GmbH wegen § 15 GmbHG anders als GbR und KG nicht kapitalmarktfähig); vorgeschlagen wurde Sonderregelung für geschlossene Immobilienfonds-GbR, Grobe WM 2011, 2079; allgemein für eine GbRmbH Beuthien WM 2012, 1.

3) Kapitalmarktrecht, Steuerrecht. A. Kapitalmarktrecht. Die Probleme 54 des Anlegerschutzes in der PublikumsGes stellen nur einen Teilaspekt der Regelungsprobleme auf dem (grauen) Kapitalmarkt dar. Die Regelung dieser Probleme erfolgt außer durch GesRecht vor allem durch das Kapitalmarktrecht, Hopt ZHR 141 (1977), 389, s. ua VerkProspG idF 1998, 2004 (aufgeh.), **(15a)** WpPG, **(15b)** VermAnlG (→ Rn. 59) und KAGB, **(16)** WpHG und § 264a StGB (Kapitalanlagebetrug), Schutzgesetz iSv § 823 II BGB, BGHZ 116, 7. Lit.: 51. DJT 1976 (GA Hopt), 64. DJT 2002 (GA Fleischer, Merkt), GroßKoAktG/Assmann 4. Aufl. Einl. C, Schwark, Kapitalmarktrechtskomm, und umfangreiches Schrifttum bei **(16)** WpHG Einl. vor § 1. RsprÜbersicht: Hopt BGHFSWissII, 2000, S. 497. Für die rechtliche Aufarbeitung fehlgeschlagener Investments in Publikumsgesellschaften zu unterscheiden sind insbesondere drei Phasen der Rechtsentwicklung: für echte Altfälle allein die von der Rechtsprechung entwickelten Regeln, ab 2005 auch das **(15b)** VermAnlG sowie ab Juli 2013 auch das KAGB. Vorläufiger Schlusspunkt der Rechtsentwicklung ist das Kleinanlegerschutzgesetz vom 3.7.2015, BGBl. I 1114, dazu Buck-Heeb NJW 2015, 2535; Bußalb/Vogel WM 2015, 1733 (1785); Casper ZBB 2015, 265; Wilhelmi/Seitz WM 2016, 101, geplant war die Übertragung der Aufsicht über Finanzanlagevermittler auf die BaFin, BTDrucks 19/18794. Werden ohne erforderliche Erlaubnis Bankgeschäfte getätigt, kann die BaFin nach § 37 KWG Einstellung des Geschäftsbetriebs und Rückabwicklung von Einlagen anordnen, gesellschaftsrechtliche Einlagepflicht geht aber in der Insolvenz vor, BGH ZIP 2020, 1811.

B. **Steuerrecht.** Die PublikumsGes und vor allem die AbschreibungsGes hän- 55 gen (hingen) maßgeblich vom Steuerrecht ab. Rechtsform der Personengesellschaft ermöglicht unmittelbare Besteuerung. § 15a EStG beschränkte jedoch 1980 insbesondere für Kommanditisten die Steuerwirksamkeit eines negativen Kapitalkontos (dh die buchmäßig auf einen Mitunternehmer entfallenden, seine Einlage übersteigenden Verluste). Weitere Einschränkungen brachte die Rspr. des BFH (GrS, 25.6.1984) NJW 1985, 93. Die wirtschaftliche Bedeutung und vor allem die Zahl der Neugründungen sind seither zurückgegangen. Besteuerung der GmbH & Co s. Binz/Sorg §§ 16 ff. Lit.: Komm. zu EStG.

C. **IPR. 55a**
Die **Prospekt- und sonstige Vertrauenshaftung** im Bereich des Kapitalmarkt- und Börsenrechts ist nicht vertraglich nach Rom I-VO, sondern nach der für die außervertraglichen Schuldverhältnisse geltenden Rom II-VO Art. 1 I 1 anzuknüpfen, von Hein Beiträge für Hopt, 2008, 371 (378); Weber WM 2008, 1584; Junker RIW 2010, 261; Reithmann/Martiny/Mankowski Rn. 2530; Freitag Rn. 1275; aA gesellschaftsrechtliche (Art. I II lit. d Rom II-VO) oder wertpapierrechtliche Anknüpfung (Art. 1 II lit. c Rom II-VO). Anzuknüpfen ist dabei an das Recht des Platzierungsorts (Marktanknüpfung, aber str., ob nach Art. 4 I oder besser III Rom II-VO), Grundmann RabelsZ 54 (1990), 304; Hopt FS Lorenz, 1991, 422; Weber WM 2008, 1587, anders mit guten Gründen (nicht Erfolgsort, sondern einheitliche Anknüpfung) von Hein Beiträge für Hopt, 2008, 392 u. ZEuP 2009, 12; Hellgardt/Ringe IPRax 173 (2009), 833: kapitalmarktrechtlich, und zwar akzessorisch zur Prospektpflicht (Art. 4 III Rom II-VO), vgl. Art. 6 I Prospekt-RL, Informationspflichten nach Art. 23 AIFM-RL. Für die spezielle börsen(zulassungs)rechtliche Prospekthaftung gilt das Recht der Börse des relevanten Marktortes, Spindler ZHR 165 (2001), 352.

II. Errichtung, Beitritt

56 **1) Errichtung.** Die **PublikumsGes wurde idR als GmbH & Co** errichtet (→ Rn. 12 ff.), nach dem **KAGB** können geschlossene Investmentvermögen als PersonenGes nach dem gesetzl Regelfall nur in der Rechtsform der **Investmentkommanditgesellschaft** gegründet werden, § 139 KAGB, dazu → Rn. 95 ff. Aber auch andere Formen (stGes, Kombination von Kdtisten und Stillen, GbR) kommen traditionell vor, bleiben bedeutsam (BGH NZG 2014, 904: KG) und werden praktisch weiter möglich sein. **Nur eingeschränkt gilt das KAGB** nach § 2 V KAGB, wenn eine AIF-**Kapitalverwaltungsgesellschaft weniger als 100 Mio. Euro** verwaltet, die Kapitalverwaltungsgesellschaft muss einen geschlossenen Publikumsfonds dann nicht als Investmentkommanditgesellschaft gründen. **Keine Anwendung** findet das KAGB **auf operativ tätige Unternehmen** außerhalb des Finanzsektors, § 1 I 1 KAGB, dazu Merkt DB 2015, 2988. Praktisch verwalteten die ganz überwiegende Mehrzahl der Fonds (nicht zwingend der Verwalter) weniger als 100 Mio. Euro. Inwieweit die **traditionelle PublikumsGes,** etwa als operativ tätiges Unternehmen, auch für Neuemissionen **bedeutsam bleibt,** wird sich zeigen. Soweit sie als Investmentvermögen (→ Rn. 86) zu qualifizieren ist, finden die kapitalmarktrechtlichen Bestimmungen des KAGB, → Rn. 88, Anwendung. **Muster:** Hopt/Merkt VertrFormB/Möritz, Form II. C.4 (Vertrag einer geschlossenen PublikumsGmbH & Co KG). Zum geschlossenen Immobilienfonds in der Form der GmbH & Co KG Koma BB 2012, 1423.

57 **2) Beitritt. A. Aufnahmeverträge.** Sie werden mit Kdtisten idR durch den phG (GmbH) im Namen auch der übrigen Gfter geschlossen (→ § 105 Rn. 70, → § 126 Rn. 3–4), BGH WM 1976, 15; 2003, 1818; 2011, 793. Der GesVertrag kann jedoch vorsehen, dass die KG selbst oder ein Treuhänder Aufnahmeverträge im eigenen Namen mit Wirkung für alle Gfter abschließt, BGH NJW 1978, 1000; dann kann die KG auch, sofern der Kdtist seine Beteiligung nicht finanzieren kann, wirksam ihrer Herabsetzung zustimmen, BGH NJW 1983, 1117. Beitrittserklärung unter Vorbehalt s. BGH NJW 1985, 1080, unter der aufschiebenden Bedingung der Erfüllung der Mittelfreigabekriterien, KG WM 2003, 1066. Gesellschaftsvertrag kann bei teilweiser Nichtleistung von Einlagen die Herabsetzung der Gesamteinlage vorsehen, BGH ZIP 2012, 2295 (strenge Anforderungen an entsprechende Auslegung). Auslegung der Annahmeerklärung des Beitritts (selbst, für Ges., im Namen der übrigen Gfter) auch mit Blick auf die Vertretungsmacht eines handelnden Komplementärs, BGH ZIP 2011, 957. Eingreifen kann eine Klauselkontrolle beim Erwerb einer Beteiligung (für GesVertrag Ausschluss nach § 310 IV 1 BGB). Erwerb unter aufschiebender Bedingung des Erreichens einer bestimmten Quote kein Verstoß gegen § 308 Nr. 3 BGB, BGH ZIP 2011, 321. Teilweise wird vorgesehen, dass nicht zugleich mit dem Beitritt die Einlage zu leisten ist, zu Anspamodellen Klöhn NZG 2019, 841.

58 **B. Fehlerhafter Beitritt.** Auch bei der PublikumsGes gelten grundsätzlich die Regeln über fehlerhafte Ges. und den fehlerhaften Beitritt (→ § 105 Rn. 75, 92, zur fehlerhaften Übertragung → § 105 Rn. 94), etwa wegen Verstoßes gegen das RBerG (jetzt RDG, dazu → Rn. 78a), oder bei fehlerhafter oder unzureichender Aufklärung, BGH ZIP 2019, 25 (stille Ges.), aber mit Besonderheiten. Bei Haustürgeschäft Widerruf nach §§ 312b, 355, 356 BGB mit der Folge eines fehlerhaften Beitritts, BGHZ 148, 201; BGH ZIP 2012, 1506 (zum Vorliegen einer Haustürsituation, auch bei Besuch aus Anlass einer anderen Fondsbeteiligung); BGH ZIP 2012, 1710 (zur Belehrung); BGH WM 2011, 655 (Nachbelehrung); OLG Stuttgart ZIP 2016, 863 (auch in Liquidation der Ges.), Rückgewähr bei nur mittelbarer Beteiligung → Rn. 81, ggf. vertragliches Widerrufsrecht, BGH ZIP 2012, 1510; NZG 2012, 1111 (Auslegung, zu Form und Frist BGH WM 2012, 1621 (1697)) bzw. Widerrufsrecht durch objektiv nicht erfor-

2. Abschnitt. Kommanditgesellschaft 59 **Anh § 177a**

derliche nachträgliche Widerrufserklärung, BGH WM 2012, 264 (im Fall verneint); Schäfer ZGR 2011, 352. Zu **Schneeballsystemen** BGH ZIP 2013, 1533, zur Berechnung einer entsprechenden Forderung BGH ZIP 2014, 1084. Sonderregeln nach **Verbraucherrecht** können eingreifen, nach EuGH ZIP 2014, 124 lösen ex nunc nur soweit kein pflichtwidriges Verhalten des Vertragspartners vorliegt, so EuGH ZIP 2010, 772 zu verstehen.

Nach zutreffender Ansicht finden die Grundsätze der fehlerhaften Gesellschaft bei einer fehlerhaften Übertragung keine Anwendung (→ § 105 Rn. 94, K. Schmidt AcP 186 (1986), 438; Staub/Schäfer § 105 Rn. 364; zur Publikumsgesellschaft schon Staub/Ulmer § 105 Rn. 377), jedenfalls grds. wird bei PublikumsGes ein derivater Erwerb vorliegen. Arglistige Täuschung des beitretenden Kdtisten durch den phG (GmbH) bzw. seiner Organvertreter (Geschäftsführer der GmbH) berechtigt den Getäuschten (auch schon vor HRefG, nunmehr → § 105 Rn. 93) ohne besondere Grundlage im GesVertrag zur fristlosen **außerordentlichen Kündigung** mit Wirkung des sofortigen Ausscheidens aus der fortbestehenden Ges. (also ohne Klage nach § 133), Anfechtung ist als Kündigung zu verstehen, BGHZ 63, 338; 148, 207; 153, 223; BGH NJW 1973, 1604; 1975, 1700; 1976, 894; WM 1976, 355; NJW 1978, 225; WM 1981, 452. Die Kündigung erfolgt gegenüber der KG, wenn diese selbst die Aufnahmeverträge abschließt (→ Rn. 57), BGHZ 63, 346. Nach Auflösung der Ges. ist im Interesse einer zügigen Liquidation keine solche Kündigung mehr möglich, BGH NJW 1979, 765; vgl. OLG Koblenz WM 1978, 856, vgl. → Rn. 84. Zur Unanwendbarkeit der Grundsätze des finanzierten Abzahlungskaufs (verbundenes Geschäft) schon BGH NJW 1981, 389, → **(7)** Bankgeschäfte Rn. G49. Zum Ganzen Loritz NJW 1981, 36. Die finanzierende Bank muss sich unrichtige Angaben des Anlagevermittlers nicht nach § 280 BGB entgegenhalten lassen, BGH NZG 2011, 193, bei einer Täuschung des Anlegers kommt aber neben einer Anfechtung des Beitritts sowie des Darlehensvertrags auch ein Anspruch aus Verschulden bei Vertragsschluss in Betracht, BGHZ 167, 251. Auch ein Rückforderungsdurchgriff nach §§ 813 I 1, 812 I 1 Alt. 1 BGB, wird durch Grundsätze der fehlerhaften Gesellschaft eingeschränkt, BGH ZIP 2011, 321. Widerruf eines verbundenen Geschäfts kann unzulässige Rechtsausübung darstellen, OLG Köln WM 2012, 1532 (7 Jahre nach beiderseitiger vollständiger Erfüllung). Nach Widerruf eines verbundenen Geschäfts besteht kein Anspruch auf Auseinandersetzung bzw. Auskunft über die Höhe eines Auseinandersetzungsguthabens, BGH ZIP 2017, 1110 (zu § 358 IV BGB aF).

III. Prospekthaftung und Vertrieb

1) Prospektpflicht und verschiedene Prospekthaftungstatbestände. 59 **Prospektpflicht** besteht nach Börsen- und Investmentrecht sowie für jedes erstmalige öffentliche Angebot von Wertpapieren, **(15a) WpPG** 22.6.2005 BGBl. I 1698 sowie für das Anbieten von Vermögensanlagen, § 6 VermAnlG 6.12.2011, BGBl. I 2481 (→ **(15b)** VermAnlG Einl. vor § 1 Rn. 1), Lit.: Assmann/Schlitt/ von Kopp-Colomb, 3. Aufl. 2017; Berrar/Meyer/Müller/Schnorbus/Singhof/ Wolf, Frankfurter Komm. z WpPG u. zur EU-ProspektVO, 2. Aufl. 2017; Holzborn, WpPG, 2. Aufl. 2014; Groß Kapitalmarktrecht, 7. Aufl. 2020; Just/Voß/ Ritz/Zeising, WpPG u. EU-ProspektVO, 2009; Unzicker VermAnlG, 2. Aufl. 2017; auch → **(14)** BörsG Einl. vor § 1 Rn. 15 sowie die Kommentierungen zu **(15a)** WpPG (§§ 21–25 WpPG) und **(15b)** VermAnlG (§§ 20–22 VermAnlG). Dasselbe gilt seit 2004 für **öffentlich angebotene nicht in Wertpapieren verbriefte Anteile,** darunter eine Beteiligung am Ergebnis eines Unternehmens gewähren, Treuhandvermögensanteile und Anteile an sonstigen geschlossenen Fonds. Einschlägig war zunächst das mWz 1.6.2012 aufgeh., aber in (anhängigen) Altfällen noch relevante **VerkProspG** (§ 8f VerkProspG idF AnSVG 2004, Prospektinhalt nach § 8g VerkProspG und **VermVerkProspV** 16.12.2004), sodann

(1.7.2012) das VermAnlG, dazu Wagner NZG 2011, 609 (RegE); Mattil DB 2011, 2533; Beck/Maier WM 2012, 1898; zum Informationsblatt Rinas/Pobortschana BB 2012, 1615; Suchomel NJW 2013, 1126 (Konkurrenz); für **Neu-Emissionen** ab Juli 2013 gilt auch das **Kapitalanlagegesetzbuch (KAGB)**. Beim öffentlichen Vertrieb von sonstigen Kapitalanlagen bestand eine solche ges. Prospektpflicht nicht, diese wurde 2015 durch das Kleinanlegerschutzgesetz aber weiter ausgeweitet. Für Verstöße ist eine **Prospekthaftung** vorgesehen (zunächst § 13 VerkProspG bei fehlerhaftem Prospekt, § 13a VerkProspG bei fehlendem Prospekt, sodann § 20 bzw. § 21 **(15b)** VermAnlG, nunmehr § 306 KAGB). Für Wertpapierprospekte vgl. **(15a)** WpPG §§ 20, 21 WpPG (fehlerhafter Prospekt) bzw. § 24 WpPG (fehlender Prospekt). Damit sind weite Teile des grauen Kapitalmarkts einschließlich der PublikumsGes erfasst und die seit langem kritisierte Lücke (ua Hopt DJT 1976), zu deren Füllung die Rspr. die allgemeine zivilrechtliche Prospekthaftung (→ Rn. 60 ff.) entwickelt hat, ist weitgehend geschlossen. Dennoch hat der Gesetzgeber des AnSVG sowie sodann des VermAnlG die allgemeine zivilrechtliche Prospekthaftung unangetastet gelassen, obschon die Harmonisierung der Prospekthaftung insgesamt seit langem gefordert wird (→ Rn. 61). Bis auf Weiteres gelten deshalb deren Grundsätze und die §§ 20, 21 **(15b)** VermAnlG (zuvor §§ 13, 13a VerkProspG) und die Vorschriften des Kapitalanlagegesetzbuchs **nebeneinander** weiter (→ Rn. 62), zumal beide Prospekthaftungen nicht deckungsgleich sind (→ Rn. 60 ff.). §§ 20 VI 2 VermAnlG, 306 V 2 KAGB lassen weiter gehende vertragliche und deliktische Ansprüche unberührt, dazu zählt auch die Haftung aus Verschulden bei Vertragsschluss, auf der die zivilrechtliche Prospekthaftung aufbaut (→ Rn. 60, 63). Eine Subsidiarität der allgemeinen zivilrechtlichen Prospekthaftung bei Deckungsgleichheit ist sinnvoll und wurde nun von der Rspr. anerkannt, → Rn. 62, so dass die **allgemeine zivilrechtliche Prospekthaftung** insbesondere **für Altfälle relevant** ist, weiter wenn über die standardisierte Information hinaus individuell Aufklärung oder Beratung geschuldet werden, Buck-Heeb/Diekmann ZIP 2022, 150 f. Die allgemeine zivilrechtliche und die börsen- und investmentrechtlichen Prospekthaftungen haben dagegen einen unterschiedlichen Anwendungsbereich (→ Rn. 61). **Prospektprüfung** → § 347 Rn. 29. Prospekt im Sinne der zivilrechtlichen Prospekthaftung kann ggf. auch ein getrenntes Schriftstück sein, zur Verantwortlichkeit eines ehemaligen Spitzenpolitikers und Lehrstuhlinhabers als Beiratsvorsitzendem, BGHZ 191, 310 − Rupert Scholz m. Bespr. Klöhn WM 2012, 97, näher → Rn. 60. Lit.: Mülbert/Steup WM 2005, 1633; Manzei WM 2006, 845; Benecke BB 2006, 2597; Mattil/Möslein WM 2007, 819; Voß ZBB 2010, 194 (ProspektRL nF); Schnauder NJW 2013, 3207; Hoffmeyer NZG 2016, 1133.

60 **2) Allgemeine zivilrechtliche und spezialgesetzliche Prospekthaftungen. A. Allgemeine zivilrechtliche Prospekthaftung.** Auch ohne arglistige Täuschung berechtigt schuldhafte Irreführung den beitretenden Kdtisten zum Schadensersatz nach §§ 280, 311 II, III BGB aus Verschulden bei Vertragsverhandlungen. Vor allem zur Publikumsgesellschaft hat die Rspr. hier die allgemeine **zivilrechtliche** Prospekthaftung entwickelt. Sie ist aus Verschulden bei Vertragsverhandlungen und Vertrauenshaftung hergeleitet und richtet sich in Anspruchsinhalt und Rechtsfolgen nach der Haftung für Rat und Auskunft (→ § 347 Rn. 8 ff., 23 ff.). Die Rspr. hat die Prospekthaftung zutreffend ausgedehnt auf **Bauherrenmodelle,** BGHZ 111, 314, und **Bauträgermodelle,** BGHZ 145, 121, was in der Praxis erhebliche Bedeutung gewonnen hat. Richtigerweise ist sie bei jedem öffentlichen Vertrieb von **Gesellschaftsanteilen, Vermögens- und Fondsanteilen** und anderen **Kapitalanlagen,** die unter Prospektherausgabe vertrieben werden, zu bejahen (soweit keine Sondervorschriften vorliegen, vgl. → Rn. 59, 61), zB bei Vertrieb von Aktien außerhalb der geregelten

Aktienmärkte, BGHZ 123, 106, stillen Beteiligungen an AG, OLG Celle AG 1996, 372; offen für Geldanlagen im Devisen- und Warentermingeschäft, BGH NJW 1995, 1025; aber iErg kein Unterschied, → § 347 Rn. 26. **Nicht:** Franchiseangebote, OLG München BB 2001, 1759. Die Prospekthaftung hat sich damit heute, zumal nach Erlass von zunächst §§ 8 f, 13, 13a VerkProspG und nunmehr des **(15b)** VermAnlG (→ Rn. 59) vom Recht der Publikumsgesellschaft gelöst; sie gehört **systematisch zur Haftung für unterlassene Aufklärung** (→ Rn. 61f, → § 347 Rn. 8 ff.), auch wenn dieser gegenüber Besonderheiten bestehen (zB zur Verjährung, → § 347 Rn. 39).

Rechtsprechung und Schrifttum unterscheiden zwischen der Prospekthaftung im engeren und im weiteren Sinne. Bei der **Prospekthaftung im engeren Sinne** handelt es sich um die Haftung für fehlerhafte oder unvollständige Schriftstücke, BGHZ 191, 315 – Rupert Scholz, bei der Prospekthaftung **im weiteren Sinne** um die Verletzung von Hinweis- und Aufklärungspflichten, diese setzt tatsächlich in Anspruch genommenes und nicht nur typisiertes Vertrauen voraus, BGH ZIP 2016, 28; 2018, 1687. Eine Prospekthaftung im engeren Sinne kommt nur in Betracht, wenn ein Initiator oder Hintermann nicht selbst Vertragspartner des Anlegers ist, aber ein sonst besonderes Vertrauen in Anspruch nimmt, BGHZ 159, 94. Zur Prospekthaftung im weiteren Sinne eines Gründungsgesellschafters zählt der (fehlende) Hinweis im Prospekt auf (zT einschlägige) Vorstrafen, KG NZG 2011, 1159 (Ls.), allg. zur Prospekthaftung im engeren Sinne Falschangaben im Prospekt sowie in zu diesem gehörenden Schriftstücken (Emissionsprospekt, Produktinformation und ggf. zusammen zur Werbung eingesetzte Presseartikel), BGHZ 191, 319. Der Anleger kann erwarten, dass er ein zutreffendes Bild über das Beteiligungsobjekt erhält, der Prospekt ihn über alle Umstände, die für seine Entschließung von wesentlicher Bedeutung sind oder sein können, sachlich richtig und vollständig unterrichtet, insbesondere über Tatsachen, die den Vertragszweck vereiteln können, BGHZ 79, 344. Abzustellen ist auf das Gesamtbild des Prospekts, BGH ZIP 2013, 773 und eine zu fordernde sorgfältige und eingehende Lektüre, BGH ZIP 2015, 433; 2017, 718. GründungsGftern gewährte Sondervorteile müssen offengelegt werden, BGH ZIP 2020, 166. Aufzuklären ist über das Risiko des Wiederauflebens der Kommanditistenhaftung, BGH ZIP 2016, 529, dabei muss die Haftungsnorm des § 172 IV nicht abstrakt erläutert werden. Hinzuweisen ist auch allgemein auf vertragl vorgesehene Rückzahlungspflichten, diese können nach KG ZIP 2019, → 918 konkret einem im Prospekt abgedruckten GesVertrag entnommen werden. Werden die nicht in das Anlageobjekt fließenden Kosten (Weichkosten) nur in Bezug auf die Gesamtausgaben angegeben, reicht das aus, wenn sich der Anteil am Eigenkapital durch einen einfachen Rechenschritt ermitteln lässt, BGH ZIP 2016, 1480. Ein Prospekt ist auch fehlerhaft, wenn Pflichten eines Mietgaranten nicht so eindeutig festgelegt sind, dass kein Streit entstehen kann, BGH ZIP 2013, 315, hingegen bedarf es keines Hinweises auf die §§ 30, 31 GmbHG, wenn die Unterdeckung des Stammkapitals der Komplementär-GmbH mehr als fernliegend ist, OLG Köln WM 2015, 872, aber wenn nach Anlagekonzept relevant, LG München WM 2015, 971; aA Baumann/Wagner WM 2015, 1370. Prospekthaftung greift unabhängig davon ein, ob eine direkte Beteiligung erfolgen soll oder nur Treugeberkommanditisten geworben werden, KG WM 2012, 127; BGH ZIP 2013, 1619. Neben einer spezialgesetzlichen Prospekthaftung weiter Anwendung findet die Prospekthaftung im weiteren Sinne, Staub/Casper § 161 Rn. 153, zwischen standardisierter Information (spezialgesetzliche Prospekthaftung) und Pflicht zu individueller Aufklärung oder Beratung (Prospekthaftung im weiteren Sinne) unterscheidend Buck-Heeb/Diekmann ZIP 2022, 145, ähnlich Klöhn NZG 2021, 1063.

61 B. **Spezialgesetzliche Prospekthaftung.** Von der allgemeinen zivilrechtlichen Prospekthaftung zu unterscheiden ist die an Bedeutung gewinnende besondere **börsen- und investmentrechtliche Prospekthaftung** (s. hierzu auch **(15a)** WpPG, §§ 8 ff., § 306 KAGB und **(15b)** VermAnlG, §§ 20, 21). Diese ist gesetzlich genau geregelt und 1998 novelliert (s. **(14)** BörsG §§ 44–47 mit bloßer Umnummerierung durch das 4. FinanzmarktfördG, § 127 InvG und für Prospekte seit 2005 dann zunächst §§ 13, 13a VerkProspG, sodann in §§ 20, 21 VermAnlG, nunmehr auch § 306 KAGB, → Rn. 59) und in Voraussetzungen, Anspruchsinhalt und Rechtsfolgen deutlich enger; eine punktuelle Annäherung beider folgt aus den BuM-Urteilen und der Novellierung 1998. Änderung 2012, dazu Bußalb/Vogel WM 2012, 1416; Friederichsen/Weisner ZIP 2012, 756. Nach § 267 KAGB bedarf es einer Genehmigung der Anlagebedingungen durch die BaFin (→ Rn. 90). Zu beachten ist auch § 264a StGB (Kapitalanlagebetrug), der Schutzgesetz iSv § 823 II BGB ist, BGHZ 116, 7; BGH NJW 2000, 3346; ZIP 2015, 1836. Für Angleichung der allgemeinen zivilrechtlichen und der spezialgesetzlichen Prospekthaftung 64. DJT ZIP 2002, 1782; vom AnsVG 28.10.2004 BGBl. I 2630 und auch vom **(15a)** WpPG (s. dort sowie → **(14)** BörsG Einl. vor § 1 Rn. 8) leider (noch) nicht aufgegriffen. Die EU-ProspektRL macht zur Prospekthaftung nur allgemeine Vorgaben, aus VermAnlG Hellgardt ZBB 2012, 73. Zur Haftung für **falsche und unterlassene Kapitalmarktinformationen** s. **(16)** WpHG §§ 97, 98 s. **(16b)** WpHG. Wenn Publikumsges sich an unkundiges Publikum wendet, gilt der Maßstab fehlender Spezialkenntnisse und Information allein aus Prospekt, BGH WM 2012, 2147. In Betracht kommt auch eine Haftung aus § 264a StGB iVm § 823 II BGB wegen Kapitalanlagebetrugs, BGH WM 2012, 260. Lit.: Fleischer DJTGA 64 (2002), F 41; Hopt/Voigt, Prospekt- und Kapitalmarktinformationshaftung, 2005 u. WM 2004, 1801; Koch BKR 2022, 271.

62 **3) Rechtsnatur der Prospekthaftung, Verhältnis.** Ihrem **Rechtscharakter** nach ist die allgemeine Prospekthaftung ein kapitalmarktrechtlicher Unterfall der Vertrauens- und Berufshaftung (→ § 347 Rn. 22), Hopt BGHFSWissII, 2000, S. 524. Sie wird durch die gesetzliche Prospekthaftung nach **(15a)** WpPG § 8 ff., § 306 KAGB, **(15b)** VermAnlG, §§ 20, 21; zuvor **(14)** BörsG §§ 44, 45, § 127 InvG (§§ 20, 21 VermAnlG, zuvor §§ 13, 13a VerkProspG; jeweils außerhalb ihres Anwendungsbereichs, in **(15a)** WpPG 2005 systemwidrig ausgespart) nicht ausgeschlossen, BGH BB 1978, 1033 (aber → Rn. 59). **In ihrem Anwendungsbereich verdrängt** die **spezialgesetzliche Prospekthaftung die allgemeine**, BGH ZIP 2019, 31 (zu § 127 InvG aF), BGH ZIP 2021, 793 (zu § 13 VerkProspG aF). Nach Buck-Heeb/Diekmann ZHR 184 (2020), 646 auch im Übrigen Gesamtanalogie mit abschließender Wirkung für die Prospekthaftung im engeren Sinne, nach dem LG Berlin AG 2021, 204 sind bei einem Initial Coin Offering (ICO), das weder dem WpPG noch dem VermAnlG unterliegt, die Grundsätze der Prospekthaftung im engeren Sinne anwendbar. Die Rechtsprechung ordnet die Prospekthaftung im weiteren Sinne als Unterfall der Verletzung vorvertraglicher Aufklärungspflichten, ein, auf §§ 280 I, III, 282, 241 II, 311 II BGB abstellend BGH ZIP 2013, 1616; 2017, 1268, auf §§ 311, 280, 241 BGB und Aufklärungspflicht wegen persönlich in Anspruch genommenen Vertrauens abstellend BGH ZIP 2016, 28, auf §§ 241 II, 311 II BGB abstellend BGH ZIP 2019, 515, generell auf Verschulden beim Vertragsschluss BGH ZIP 2016, 1479. Lit.: Köndgen, 1983 = AG 1983, 85 (120); Assmann, 1985; Hopt, Verantwortlichkeit der Banken bei Emissionen, 1991; Assmann/Schütze/Assmann, HdbKapitalanlagerecht, 4. Aufl. 2015, § 5; BankrechtsHdb/Siol § 45 II; Vortmann, Prospekthaftung und Anlageberatung, 2000; Ellenberger, 2001; Hopt FS Lorenz, 1991, 413 (IPR); Schwark FS Raisch, 1995, 269 (Kapitalerhaltung); Assmann FS Kübler, 1997, 317; Hopt FS Drobnig, 1998, 525 (3. FinanzmarktfördG). RsprÜbersicht: Wagner ZfBR 1991, 133 (VII. ZS, Baurecht); Wolf NJW 1994, 24; Hopt BGHFSWissII, 2000, S. 497.

4) Prospekthaftpflichtige. A. Prospekthaftpflichtige. Anspruchsgegner ist **63** zunächst der unmittelbar Irreführende, idR der den Aufnahmevertrag abschließende phG (GmbH). Der Kreis der aufgrund Prospekthaftung im engeren oder weiteren Sinne (zur Unterscheidung → Rn. 60, BGH ZIP 2016, 27) Haftenden reicht jedoch weit darüber hinaus. Alle das Management bildenden **Initiatoren, Gestalter und Gründer** der Ges. haften dem beigetretenen Kdtisten (idR aus Verschulden bei Vertragsverhandlungen) für Vollständigkeit und Richtigkeit der mit ihrem Wissen und Willen in Verkehr gebrachten (Werbe)Prospekte, BGHZ 71, 284; 111, 314; 115, 213 (Bauherrenmodell); BGH ZIP 2012, 1231 (Gründungsgesellschaft, Prospekthaftung im weiteren Sinne) zB die Geschäftsführer des phG (GmbH); die **hinter der Gesellschaft stehenden Personen,** die in der Ges. besonderen Einfluss ausüben und Mitverantwortung tragen, auch wenn sie nicht der Geschäftsleitung angehören, BGHZ 72, 382; 145, 125 (Bauträgermodell); BGH ZIP 2006, 420 (konzernbeherrschender Gfter); auch wenn sie dem Beitretenden im Einzelfall nicht bekannt werden (typisches Vertrauen), BGHZ 72, 387; 79, 342; auch wenn sie zugleich Kdtisten sind, BGH NJW 1985, 380; 1987, 2677, etwa GründungsKdtisten, BGH ZIP 2003, 1651; auch ohne Beteiligung als Gfter je nach Einzelfall bei Schlüsselfunktion, BGH NZG 2010, 1395 „normale" Ges., die zugleich als TreuhandKdtist eine Vergütung erhält, BGH ZIP 2013, 1618, allg. auf nicht rein kapitalistisch beteiligte Gründungs- bzw. AltGfter verweisend BGH ZIP 2019, 515. Ferner haften Rechtsanwälte, Wirtschaftsprüfer ua (**Garantenstellung als berufsmäßige Sachkenner** oder auf Grund ihrer besonderen wirtschaftlichen Stellung), wenn sie, ohne Vertreter der Ges. zu sein, durch ihr nach außen in Erscheinung tretendes Mitwirken am Prospekt einen konkreten **Vertrauenstatbestand** schaffen, BGHZ 77, 172; 111, 314; BGH WM 1992, 906; NJW 2004, 3420; WM 2007, 1503 (Wirtschaftsprüfer, daneben uU Vertrag mit Schutzwirkung, → § 347 Rn. 21); BGH WM 2008, 728; 2008, 1546; ZIP 2009, 1577 (iErg abl.); BGH NJW 2010, 1280; OLG Bamberg WM 2006, 960 (Wirtschaftsprüfer, Bestätigungsvermerk, Zusatzerklärung). Haftung aus culpa in contrahendo (§ 311 II Nr. 2, III BGB) auch ohne Prospekt oder über Prospekt hinaus bei persönlicher Information durch Organvertreter gegenüber Anlageinteressenten, BGH WM 2008, 1545 mAnm Mülbert/Leuschner JZ 2009, 158. Im Einzelfall in Betracht kommen kann auch die Haftung eines Beiratsmitglieds, BGHZ 191, 315 – Rupert Scholz. § 278 BGB findet Anwendung, BGH ZIP 2013, 1619, keine Haftung des Erwerbers eines Kommanditanteils für Aufklärungspflichtverletzungen des Veräußerers, BGH ZIP 2020, 2236. Mangels Schaffung eines Vertrauenstatbestands haften **nicht** die nicht im Prospekt, sondern nur in der Produktinformation Aufgeführten oder Zeitungsinterviewgeber, OLG Karlsruhe WM 2010, 1261; die Bank, die nur die Voraussetzungen für die Anlegergeldfreigabe zu überprüfen hat, BGH NJW 2004, 1376, Grund: keine Übernahme der Gesamtverantwortung (zur Problematik dieser Begründung → Rn. 64); der Wirtschaftsprüfer, der nur die Einzahlungen der Anleger und die Mittelverwendung regelmäßig überprüfen und dies bestätigen soll (aber Testatshaftung, → § 347 Rn. 21), BGHZ 145, 196; BGH WM 2007, 924 (s. aber Mittelverwendungskontrollvertrag, → Rn. 64); idR keine Garantenstellung haben auch Treuhänder bzw. TreuhandKdtisten, BGH BB 1984, 94; NJW 1987, 1264; 1995, 1025, dessen Geschäftsführer, BGH WM 1986, 583, aber uU weitergehende Haftung, vor allem Aufklärungspflichten, BGH NJW 2002, 1711; WM 2007, 927; ZIP 2017, 717 → Rn. 78 (dort auch Treugeber als Anspruchsberechtigter). Kapitalanlagevermittler s. BGHZ 74, 103; BGH BB 1978, 1031 (Handelsvertreter, Auslandsfondsanteile); **Banken** → Rn. 66a.

64 **B. Nicht Prospekthaftpflichtige.** Das sind im Rahmen der allgemeinen zivilrechtlichen Prospekthaftung

a) die **KG selbst,** BGHZ 71, 286; 93, 162; BGH ZIP 2004, 1406; krit. Klöhn VGR 2012, 159, zum KAGB → Rn. 61, und unten C, → Rn. 86 ff.

b) die vorhandenen **Kommanditisten (Anlagegesellschafter)** als solche. Die Täuschung durch die GmbH und ihren Geschäftsführer ist nur diesen selbst zuzurechnen, BGH NJW 1985, 380. Grund: der Anlegerschutz bei der PublikumsKG fordert Ausnahmen von § 278 BGB. Diese Ausnahme gilt nicht für den Kdtisten, der selbst täuscht, BGH WM 1992, 482, auch ein wirtschaftlich herrschender Kdtist haftet nach § 278 BGB, BGH NJW 1991, 1608, auch GründungsKdtist, BGH ZIP 2003, 1651 (Aufklärungspflicht als Vertragspartner), auch für spezialgesetzliche Prospekthaftung, BGH ZIP 2021, 2578; BGH NZG 2022, 673 XI ZB 1/21. Keine Haftung von Altgesellschaftern, die der Gesellschaft nach der Gründung rein kapitalistisch beigetreten sind, BGH ZIP 2017, 1268, aber eines in das Organisationsgefüge eines Fonds eingebundenen Treuhandkommanditisten ab Eintritt (Abschluss des Aufnahmevertrags) mit eigener Einlage auch gegenüber später eintretenden Direktkommanditisten, BGH ZIP 2017, 1516; 2018, 1131, auch bei sonstiger Einbindung und für spezialgesetzliche Prospekthaftung, BGH ZIP 2022, 945. Der getäuschte Kdtist kann deshalb auch nicht seine Schadensersatzforderung gegen die Einlageforderung der KG aufrechnen, BGH NJW 1973, 1604; 1978, 225; aA Moll BB Beil. 3/1982, 12; bei Beitritt unter Vorbehalt (zB einer bestimmten Verlustzuweisung) kann Einlageverpflichtung jedoch entfallen, BGH WM 1979, 612.

c) Nicht prospekthaftpflichtig sind ferner die nach außen nicht erwähnten Prospektverfasser, Konzeptionsplaner und Gutachter, BGH WM 1986, 904; **bloße Angestellte,** vgl. BGHZ 88, 67; 115, 219; HdlVertreter oder HdlMakler außer bei Inanspruchnahme eines besonderen persönlichen Vertrauens (§ 311 III 2 BGB), BGH WM 1971, 499; GmbHGfter und -Geschäftsführer, wenn keine PublikumsKG, sondern nur ein Warentermingeschäft mit seiner GmbH vorliegt (Grund: kein Durchgriff), BGH NJW 1981, 2810; WM 1983, 554, aber § 826 BGB, BGH WM 1986, 734; NJW-RR 1988, 1002; auch nicht jeder, der mit seiner Zustimmung als Kdtist und Beiratsmitglied im Prospekt genannt ist, BGHZ 79, 348.

d) Wirtschaftsprüfer und andere **Sachverständige,** die nicht für den gesamten Prospekt Verantwortung übernommen haben, haften **nur für** die von ihnen verantworteten Prospektaussagen bzw. **Teile,** BGH WM 1984, 20; 2006, 425; 2007, 1506; 2008, 728; NJW 2010, 1282 (iErg weiter); OLG Bamberg WM 2006, 960; Schwark FS Hadding, 2004, 1127, str. (→ **(15a)** WpPG § 9 Rn. 9b), also Beschränkung durch Stichtagsbezogenheit, Maßstab einer Rechnungslegungsprüfung und konkreter Testatinhalt, OLG Bamberg WM 2006, 960. Wirtschaftsprüfer als **Mittelverwendungskontrolleur,** Vertrag zugunsten der Anleger (→ § 347 Rn. 21), AGB-Kontrolle, BGH NJW 2010, 1277, Pflichtenumfang, BGH NJW 2010, 1279; KG WM 2010, 1221.

e) Personen, die an der Herausgabe oder Gestaltung des Prospekts bloß mitwirken, BGH WM 2008, 727. Keine Prospekthaftung, wenn sie überhaupt keinen Vertrauenstatbestand geschaffen haben (→ Rn. 63). **Richtigstellung** des irreführenden Prospekts ist bis zum Beitritt des Kdtisten möglich und schließt Haftung aus, BGHZ 72, 387.

65 **5) Anspruchsinhalt.** Anspruchsinhalt und andere schadensersatzrechtliche Probleme der Prospekthaftung s. ausführlich bei → § 347 Rn. 23 ff.; Verschuldens-, keine Garantiehaftung (→ § 347 Rn. 34). **Verjährung** idR 3 Jahre, bei bloß typischem Vertrauen im Gegensatz zu persönlichem Vertrauen ein Jahr (seit 4. FinanzmarktFördG, vorher 6 Monate) ab Kenntnis bis höchstens drei Jahre seit

2. Abschnitt. Kommanditgesellschaft 66 **Anh § 177a**

Beitritt zur Ges. (näher → § 347 Rn. 39), zur Kenntnis gehört auch ladungsfähige Anschrift des Anspruchgegners BGH ZIP 2013, 219 (auch zur Lektüre des Prospekts durch einen Ehegatten), ggf. Klage zur Hemmung erforderlich, OLG Frankfurt a. M. WM 2013, 1857. Beginn der Verjährung mit Entstehen des Anspruchs (Zustandekommen der Beteiligungsvereinbarung, BGH ZIP 2019, 807, als frühester Zeitpunkt, BGH ZIP 2019, 1323) und Kenntnis oder grob fahrlässiger Unkenntnis, nicht rglm mit Unterzeichnung der Beratungsdokumentation trotz unterlassener Lektüre der Prospektunterlagen, BGH ZIP 2017, 1719; 2019, 22, grobe Fahrlässigkeit nach § 199 I Nr. 2 BGB nur nach umfassender Würdigung der konkreten Umstände des Einzelfalls, vorformulierte Bestätigung der Kenntnis von Risikohinweisen ist nach § 309 Nr. 12 lit. b BGB unwirksam, BGH ZIP 2019, 376. Bei Unkenntnis gilt für Schadensersatz nach § 199 III BGB eine 10-jährige Verjährung ab Entstehen des Anspruchs, BGH ZIP 2018, 2421. Verjährung der Haftung nach § 264a StGB iVm § 823 II BGB beginnt bei nachträglicher Unrichtigkeit erst mit Verwendung des unrichtig gewordenen Prospekts, BGH WM 2014, 1474. Verkürzung der Verjährungsfrist in Emissionsprospekt unterliegt der Klauselkontrolle insbes. nach § 309 Nr. 7b BGB, BGH ZIP 2015, 2414. Abgrenzung von Prospekthaftung und Verschulden bei Vertragsverhandlungen s. BGH NJW 1984, 2523; ZIP 2018, 1688 (wirtschaftliches Eigeninteresse als Alleingfter des Gründungsgfters reicht nicht aus). Die Prospekthaftung begründet nur einen Schadensersatz-, keinen Unterlassungsanspruch, BGH WM 1980, 953. Der Anleger muss keine Alternativanlage darlegen, OLG München WM 2012, 1427, es erfolgt keine Anrechnung einer Steuerersparnis, wenn der Schadensersatzanspruch seinerseits zu versteuern ist, BGH ZIP 2013, 312; 2014, 468; OLG Frankfurt a. M. NZG 2013, 1230, konkrete Berechnung bei außergewöhnlich hohen Steuervorteilen KG WM 2013, 1605, zur Anrechnung von Steuervorteilen Einsiedler WM 2015, 958; Knops WM 2015, 993. Bei Rückabwicklung über darlehensgebende Bank ggf. Steuer, wenn sich Erwerber erzielte Steuervorteile anrechnen lässt, BGH WM 2012, 1790; aber BGH ZIP 2014, 460. Sonst können Vorteile angerechnet werden, bei einheitlicher Beratung und Zeichnung zweier Projekte die Gewinne aus dem positiv verlaufenden Geschäft, BGH ZIP 2018, 2485. Für die Darlegung eines Schadens greift keine Vermutung, dass sich ein Geldbetrag in Höhe zumindest des gesetzlichen Zinssatzes von vier Prozent verzinst, BGH NZG 2012, 832. Bei Anlegern als Streitgenossen greift die Möglichkeit der Bestimmung eines Gerichtsstands, BGH NZG 2011, 710.

Nach der Rspr. des BGH keine Aufrechnung der Treugeber-Anleger gegen 66 Freistellungsanspruch des Treuhandgesellschafters (betreffend Haftung nach §§ 171, 172) mit Anspruch aus Prospekthaftung, BGH ZIP 2011, 906 (Abtretung an Insolvenzverwalter, KG), BGH ZIP 2012, 1706, auch nicht aus Aufklärungspflichtverletzung, BGH BB 2011, 1807; ZIP 2012, 2246 (2250); krit. Klöhn VGR 2012, 143; Bitter/Thelen WuB II E § 128 HGB 1.2012; Zinger BB 2012, 458; zust. Wertenbruch NZG 2013, 285; Stumpf BB 2013, 148; Menkel NZG 2014, 1253. Die Treugeber hatten jeweils die Stellung von Quasi-Gesellschaftern, zudem sah der GesVertrag eine Freistellung bzw. persönliche Haftung durch die Treugeber-Anleger vor. Eine Übertragung auf andere Fallgruppen ohne entsprechende Grundlage im GesVertrag erscheint nicht angezeigt, zur Konstruktion der Pflichtenstellung im Vertragsnetz Markus Roth, Private Altersvorsorge, 2009, S. 369. Im Einzelfall zu prüfen ist, ob sich Treuhänder, die Gesellschaft bzw. Dritte auf die Haftung der Anleger berufen können, für einen Anspruch der Ges. spricht, dass diese traditionell keine Prospektverantwortung trifft, → Rn. 64. Zutr. eine Ausnahme für Ansprüche der Initiatoren annehmen Staub/Casper § 161 Rn. 255, bei Kollusion Zinger BB 2014, 458. Jedenfalls erscheint fraglich, ob die Rechtsprechung nach Inkrafttreten des Kapitalanlagegesetzbuches so noch aufrechterhalten werden kann, zum europarechtlichen Vorrang des Kapitalmarktrechts vor der Kapitalerhaltung Fleischer/Schneider/Thaten NZG 2012, 801. Die Prospektpflicht nach der AIFM-RL und die einheitliche Regelung der Fonds im KAGB sprechen für eine Angleichung der kapitalmarktrechtlichen Standards, umgekehrt eine Erstreckung der Grundsätze des fehlerhaften Verbands auf die Haftung für falsche Kapitalmarktinformation bei der AG fordernd Schäfer ZIP 2012, 2421.

Ein Güteantrag führt zur Unterbrechung der Verjährung, muss aber Anforderungen an Individualisierung des geltend gemachten prozessualen Anspruchs genügen, BGH ZIP 2015, 2325; 2015, 2483; 2016, 437 und darf nicht aussichtslos sein, etwa weil Antragsgegner im Vorfeld eindeutig mitgeteilt hat, sich auf eine außergerichtliche Einigung nicht einzulassen, BGH ZIP 2015, 2426. Aus (instanz)gerichtlicher Entscheidung muss deutlich werden, ob es sich um eine Prospekthaftung im engeren oder im weiteren Sinne mit ihren verschiedenen Voraussetzungen und Verjährungsfristen handeln soll, BGH ZIP 2016, 27 f.

Prozessual gilt der ausschließliche Gerichtsstand für falsche Kapitalmarktinformation nach § 32b ZPO auch für in Anspruch genommenen Treuhandkommanditisten, KG WM 2015, 1844. Das KapMuG findet auch bei fremdfinanzierter Beteiligung an geschlossenem Immobilienfonds Anwendung, BGH ZIP 2015, 2437, auch → Rn. 66 f. Trotz Musterverfahren kann entschieden werden, wenn es auf die Feststellung nicht ankommt, so etwa bei Entscheidungsreife wegen Verjährung, BGH ZIP 2016, 436. Bei Massenverfahren (Göttinger Gruppe) kann einzelne Klage einstweilen zurückgestellt werden und Musterverfahren betrieben, diese müssen aber hinreichend betrieben werden, sonst kommt unangemessene Verfahrensdauer in Betracht, BGH ZIP 2015, 897. Erlittener Nachteil (Herzinfakt) muss auf Verzögerung beruhen, BGH ZIP 2015, 900.

66a **6) Besondere Rechtspflichten der beteiligten Banken/beim Vertrieb.** Besondere Rechtspflichten treffen die **beteiligten Banken**, → (7) Bankgeschäfte Rn. A16–29. Prospekthaftung der Bank bei Finanzierungsgeschäften nur bei Aktivitäten über die Rolle als Kreditgeber hinaus (→ (7) Bankgeschäfte Rn. A25), BGHZ 93, 266; BGH NJW 1988, 1584; Hopt FS Stimpel, 1985, 288. Haftung der Bank zB bei Einverständnis mit ihrer Nennung als Referenz für Bauherrenmodell, BGH NJW 1992, 2148, aber nicht allein wegen Nennung für (richtige) Angaben zur Zwischenfinanzierung, OLG München WM 1991, 447, auch nicht allein wegen einer Schuldübernahme im Rahmen der Vertragsabwicklung, wenn Abstellen auf guten Namen im Prospekt ohne der Bank zurechenbaren Hinweis auf Prüfung des Prospekts, BGH ZIP 2019, 655, wegen Nennung als künftige Darlehensgeberin, Hausbank und Treuhandkontostelle, KG WM 2003, 1066. Zur Warn- und Schutzpflicht einer Bank als Hauptgläubigerin der KG gegenüber Kdtisten, die auf ihren Aufruf die KG mit von der Bank finanzierten Darlehen unterstützen, BGH NJW 1978, 2547; der Einwendungsdurchgriff (→ (7) Bankgeschäfte Rn. G36) soll nach BGH NJW 1981, 389 nicht durchgreifen. Haftung als Berater auch neben Haftung als Prospektverantwortlicher, BGH NZG 2012, 832. Lit.: Hopt, Verantwortlichkeit der Banken bei Emissionen, 1991; Graf v. Westphalen BB 1994, 85; Buck-Heeb ZIP 2013, 1401 (Anlageberatung); Winter WM 2014, 1606 (Innenprovision, Rückvergütung).

66b Der Grundsatz anleger- und objektgerechter Beratung, BGHZ 123, 126, bzw. der anleger- und anlagegerechten Beratung, BGH ZIP 2016, 1232, gilt auch für die Anlageberatung beim Publikumsfonds, BGHZ 178, 152; BGH NZG 2011, 1184. Dies betrifft die eigentliche Anlageberatung, keine Pflicht der darlehensgewährenden Bank, wenn zuvor schon Beitritt zum Fonds, BGH ZIP 2011, 1658; bespr Wagner NZG 2011, 1058. Zugunsten des Anlegers greift die Vermutung aufklärungsgemäßen Verhaltens, BGH WM 2012, 1337; ZIP 2014, 722 (Immobilienfonds). Der geschädigte Anleger muss (lediglich) den inhaltlichen Kernbereich eines Beratungsgesprächs wiedergeben, BGH WM 2013, 69. Str., ob offener Immobilienfonds Anfang 2008 noch als risikolose Anlage beworben werden konnte, so OLG Dresden ZIP 2013, 1211; nach BGH ZIP 2014, 1324; 2015, 1528; OLG Frankfurt a. M. ZIP 2013, 1214; OLG Dresden ZIP 2015, 1115 Aufklärung über mögliche Aussetzung der Anteilsrücknahme nötig, 2001 war die Bezeichnung als risikoarme Anlage vertretbar, OLG Frankfurt a. M. WM 2015, 965. Bei geschlossenem Immobilienfonds Hinweis nötig, dass Verkauf auf Zweitmarkt nur eingeschränkt möglich ist, BGH ZIP 2015, 432; Hinweis, dass derzeit kein Markt vorhanden, ist nicht irreführend, BGH ZIP 2015, 1981, es wird nicht unzutreffend der Eindruck eines absehbaren und vorübergehenden Zeitraums erweckt. Anlageberater muss über § 172 IV aufklären, auch bei Begrenzung der Haftung auf zehn Prozent des Anlagebetrags, BGH ZIP 2015, 79. Bei Vorliegen der subj Voraussetzungen kommt eine Beihilfe der Bank zu einer sittenwidrigen Schädigung des Anlegers in Betracht (BGH ZIP 2014, 65, im Fall verneint).

Der Anlagevermittler ist zur Plausibilitätsprüfung verpflichtet, BGH ZIP 2011, **66c** 816, dies mit üblichem kritischen Sachverstand, BGH ZIP 2013, 466. Die Prospektangaben müssen ex ante vertretbar sein, dabei auch Kontrolle der Berechnung, BGH WM 2012, 2375, fehlerhafte Angaben richtig gestellt werden, OLG Hamm WM 2013, 615. Aufklärungspflichten greifen auch bei Unterbeteiligung, BGH WM 2011, 2085. Aufklärungspflicht des Anlageberaters bei ihm bekannten strafrechtlichen Ermittlungsverfahren gegen Fondsverantwortliche, BGH WM 2011, 2353, wesentlichen Kooperationspartner, OLG Frankfurt a. M. BB 2014, 975 (Prospekt), nach OLG Celle nicht des Treuhandkommanditisten über Vorstrafen und negative Berichterstattung, WM 2012, 794, fraglich. Anlageberater kann auch bei Ablehnung der Entgegennahme des Emissionsprospekts nicht ohne weiteres davon ausgehen, dass der Anleger auf ein Beratungsgespräch verzichtet, ZIP 2019, 572. Erkennt Bank Unkenntnis eines wesentlichen Umstands, ist sie zur Aufklärung verpflichtet sein, OLG München WM 2012, 168. Die Bank haftet nicht, wenn sie ausreichend Zeit zur Lektüre eines Prospekts lässt, der Anleger aber sofort zeichnen will, OLG Frankfurt a. M. NJW-RR 2011, 1549. Fehlende Fungibilität der Anlage und mangelnde Eignung zur Altersvorsorge sind verschiedene Umstände, über die aufzuklären ist, mit der Folge jeweils eigenständigen Beginns der Verjährung, BGH ZIP 2015, 1491.

Die Pflicht zur ungefragten Offenlegung von Rückvergütungen und Innen- **66d** provision wurde bei Publikumsgesellschaften entwickelt, BGH WM 2004, 631 (Immobilienfonds, für Aktienfonds dann BGH WM 2007, 490) und ist noch immer insbesondere dort relevant (BGH WM 2009, 405; ZIP 2014, 1117, Medienfonds, BGH ZIP 2014, 381; OLG Bamberg WM 2011, 112 und OLG Frankfurt a. M. ZIP 2013, 1658 Immobilienfonds, OHG, KG), auch Unterscheidung von Innenprovision und Rückvergütung, BGH WM 2009, 2306; Jooß WM 2009, 1260. Rückvergütungen werden aus offen ausgewiesenen Provisionen wie Ausgabeaufschlag, Verwaltungsvergütung oder Vertriebskosten bezahlt, BGH ZIP 2014, 1165, Innenprovisionen aus dem Anlagevermögen, BGH NZG 2011, 1186 (1187, 1189). Wenn Umstand der Innenprovision bekannt Aufklärung nicht ohne Nachfrage, wenn Höhe innerhalb des Prospekts, BGH WM 2011, 527; auf Prospektangaben verweisend BGH ZIP 2014, 381. Bei Kenntnis von allgemeiner Bankpraxis auch Kenntnis für eigenen Fall, OLG Karlsruhe WM 2012, 2245, bei Rückvergütung Aufklärung entbehrlich, wenn für Anleger allein die Werthaltigkeit der Anlage entscheidend ist, OLG Frankfurt a. M. ZIP 2012, 210 (zur Zeichnung weitere Fondsanteile nach Kenntnis OLG Frankfurt a. M. WM 2013, 1857) ggf. Parteivernehmung (Bankmitarb) für Zeichnung trotz Rückvergütung, BGH NZG 2013, 504, wenn Anleger nachfragt und trotz ausdrücklicher Weigerung der Offenlegung zeichnet, BGH ZIP 2014, 1117. Verjährung beginnt mit Kenntnis der Rückvergütung, nach BGH ZIP 2013, 618; OLG Dresden WM 2015, 2282 nicht erforderlich ist Kenntnis auch der Höhe der Rückvergütung.

Anh § 177a 66e–67

Zu Klagen auf Auskunft und Herausgabe von Rückvergütungen Regenfus WM 2015, 169 (209). Krit ggü. rückwirkender Anwendung der Rspr. Loritz/Wagner NZG 2013, 367; Loritz NZG 2013, 411. Ab dem 1.8.2014 hat eine beratende Bank aufgrund von Anlageberatungsverträgen über den Empfang versteckter Innenprovisionen von Seiten Dritter unabhängig von deren Höhe aufzuklären, BGH ZIP 2014, 1418; dazu Buck-Heeb WM 2014, 1601. Soweit die Aufklärung über Innenprovisionen im Rahmen von Anlageberatungsverträgen vor dem 1.8.2014 unterblieben ist, handelte die Bank nach dem XI. Senat ohne Verschulden (BGH ZIP 2014, 1418; dazu Hoffmann/Bartlitz ZIP 2014, 1505), bei unterlassener Aufklärung über Rückvergütungen fehlt es seit 1985 an einem unvermeidbaren Rechtsirrtum, BGH ZIP 2014, 1672.

66e Bei freien, nicht bankmäßig gebundenen Anlageberatern keine Aufklärungspflicht, wenn Kunde selbst keine Provision bezahlt, Agio oder Kosten für Eigenkapitalbeschaffung offen ausgewiesen und Vertriebsprovision daraus aufgebracht wird, BGH WM 2010, 885; 2011, 640 (nach BGH auch wenn selbständiges Tochterunternehmen einer Finanzgruppe, BGH WM 2012, 1574, zweifelhaft, daran festhaltend BGH WM 2013, 119; aA OLG München WM 2013, 122), anders wenn die Provision 15 Prozent des vom Anleger einzubringenden Kapitals überschreitet, BGH NZG 2012, 80; ZIP 2017, 2305, oder wenn der Kunde für die Anlageberatung eine Vergütung bezahlt hat, OLG München WM 2011, 784.

66f Bei Garantiedividende für Kommanditisten kann ein erlaubnispflichtiges Bankgeschäft vorliegen, OLG Schleswig ZIP 2012, 1066. Ein Gründungsgesellschafter haftet ggf. nach § 278 BGB für Vertrieb, BGH ZIP 2012, 1289; 2017, 1665, ebenso ein Treuhandkommanditist, der auch eigene Anteile hält BGH ZIP 2013, 1616 (Aufklärungspflichtverletzungen). Anwendbar sein kann das KapMuG, BGH WM 2012, 2146; ZIP 2014, 2121; 2014, 2284; Schmitz/Rudolf NZG 2011, 1202; nicht im Fall BGH WM 2013, 110; diff. WM 2012, 115; zur Neufassung des KapMuG von Bernut/Kremer NZG 2012, 890; Söhner ZIP 2013, 7; Sustmann/Schmidt-Bendun NZG 2011, 1207 (RefE). Das BVerfG hat zum rechtlichen Gehör, BVerfG WM 2012, 1329 (1330) und zu Rückvergütungen entschieden, BVerfG WM 2012, 68. Bei gemeinsamer Klage gegen Fondsinitiator kann gebührenrechtlich eine Angelegenheit vorliegen, BGH ZIP 2014, 1144. Anschreiben der Anleger notleidender Fonds durch Anwalt nicht zwingend Verstoß gegen Verbot der Werbung um Praxis (§ 43b BRAO), BGH WM 2013, 2349. Verbraucherzentrale kann gegen unzulässige Werbung nach UKlaG vorgehen, OLG Nürnberg ZIP 2014, 1219. Verjährung von Schadensersatzansprüchen verschwiegener Rückvergütung ab Kenntnis, nicht ab Vermutung, OLG Düsseldorf ZIP 2014, 2023. Bei rechtskräftiger Abweisung auch keine Klage wegen anderer Prospektfehler, OLG München WM 2014, 743; zur Beratung BGH WM 2013, 2216; zu Verjährung und Rechtskrafterstreckung Grüneberg WM 2014, 1109.

IV. Gesellschaftsvertrag

67 **1) Gesellschaftsvertrag, insbesondere Auslegung.** Der GesVertrag ist **wie eine Satzung** nach dem objektiven Erklärungsbefund **auszulegen** (vgl. → § 105 Rn. 59), BGH NJW 1979, 2102; BB 1984, 170; WM 2007, 836, 2383; ZIP 2009, 864; 2009, 1008; 2011, 324; 2011, 770; 2014, 174; 2015, 1628; 2018, 930; 2018, 2026; Wiedemann DNotZ Sonderheft 1977, 99; Coing ZGR 1978, 674; Grunewald ZGR 1995, 89; krit. zur obj. Auslegung bei GmbH und AG Schockendorf ZGR 2013, 76. Das gilt auch für Emissionsprospekte, deren Inhalt in die vorformulierten Einzelverträge einbezogen ist, BGH NJW 2001, 1271. Weiter gilt nach der Rspr. bei Publikumsgesellschaften eine ähnliche Auslegung und Inhaltskontrolle (→ Rn. 68) wie bei AGB. Zweifel bei der Auslegung gehen entsprechend § 305c BGB zu Lasten des Verwenders. Nicht unmittelbar aus dem Gesetz folgende Rechte und Pflichten müssen sich klar aus dem GesVertrag

ergeben, BGH ZIP 2013, 1224; OLG Nürnberg ZIP 2015, 273 (Rückzahlung gewinnunabhängiger Auszahlung). Wegen objektiver Auslegung kann GesVertrag auch durch Revisionsgericht ausgelegt werden, BGH ZIP 2007, 812; 2015, 630.
Schiedsklauseln im GesVertrag gelten nur bei Wahrung der **Form** des § 1031 ZPO (→ Einl. vor § 1 Rn. 90), BGH NJW 1980, 1049; Rüppell BB 2014, 1091, Zulässigkeit von Schlichtungsklauseln im GesVertrag vor Eröffnung des Rechtswegs s. BGH NJW 1977, 2263, zum Schutz der Kditsten gelten inhaltliche Mindestanforderungen BGH ZIP 2017, 1026 – Schiedsfähigkeit III. Schiedsvereinbarungen der PublikumsGes mit Dritten → § 171 Rn. 3. Verpflichtungen der Ges. zum Vorteil von GründungsGftern (Bsp. Tätigkeitsvergütung) bedürfen der Festlegung im schriftlichen GesVertrag oder im ordnungsgemäß protokollierten GfterBeschluss, BGH BB 1976, 526 mAnm Heinze ZGR 1979, 106; das gilt auch, wenn die Anleger nicht unmittelbar an der KG beteiligt sind, sondern nur über einen TreuhänderKdtisten, BGH NJW 1978, 755. Diese Form gilt ihrem Sinn nach nicht auch für Vereinbarungen mit am Kapitalmarkt geworbenen Gftern, BGH NJW 1983, 1118. **Zustimmungspflicht** zur **Vertragsänderung** in besonderen Ausnahmefällen (→ § 105 Rn. 64), Sanieren oder Ausscheiden, BGH NJW 2010, 65 (Publikums GmbH & Co OHG); OLG Düsseldorf ZIP 2014, 2183 und BGH ZIP 2015, 1627 (GbR); OLG Karlsruhe NZG 2017, 260 (Kommanditist, GmbH & Co), näher → § 105 Rn. 66; vgl. OLG Stuttgart NZG 2010, 702; 2013, 1061; Dorka/Derwald NZG 2010, 694; Stupp DB 2010, 489; Schöne ZIP 2015, 501; Escher-Weingart WM 2016, 1569.

2) Inhaltskontrolle. Der fertig vorformulierte GesVertrag (einschließlich einbezogener Emissionsprospekte, → Rn. 67, sowie einer Treuhandabrede, → Rn. 77, 80) unterliegt wegen **(5)** § 310 IV 1 BGB zwar nicht der Kontrolle nach **(5)** §§ 305 ff. BGB, eine **gerichtliche Inhaltskontrolle** findet aber, da objektive Auslegung (→ Rn. 67), über § 242 BGB statt. Sie erfolgt jedoch wegen der Unterschiede von Ges.- und Austauschverträgen „mit Vorsicht" und uU einem „gewissen Vertrauensschutz" für die Gfter, die nicht mitformulierten, BGHZ 64, 241 (→ Rn. 75); BGHZ 84, 15 (→ Rn. 84); BGHZ 102, 172 (→ Rn. 74); BGHZ 104, 50; BGH NJW 1982, 2495 (→ Rn. 74); BGH NJW 2001, 1271; BGH ZIP 2009, 1008; nun formuliert BGH, dass **Gesellschaftsverträge** von Publikumsgesellschaften unabhängig davon, ob Bereichsausnahme des § 310 IV BGB eingreift, einer **ähnlichen Auslegung und Inhaltskontrolle wie AGB unterliegen,** BGH ZIP 2001, 244; 2004, 2097; 2012, 1346; 2016, 520. Rspr. folgert daraus in Anlehnung an § 305c II BGB, dass **Zweifel bei der Auslegung zu Lasten des Verwenders** gehen, BGH ZIP 2013, 1224; 2016, 520. Nach dem Abschluss des Gesellschaftsvertrags beitretende Kommanditisten müssen sich darauf verlassen können, nur solche **Leistungen** erbringen zu müssen, die **dem Vertragstext unmissverständlich zu entnehmen** sind, BGH ZIP 2016, 520; 2017, 2400; zu Nachschüssen und der Rückzahlung gewinnunabhängiger Auszahlungen → § 119 Rn. 39 f.; OLG Nürnberg ZIP 2017, 19; praktische Hinweise von Pöschke/Steenbreker NZG 2016, 841; krit. zur Auslegung des BGH Schäfer NZG 2016, 543. Die Inhaltskontrolle erstreckt sich auf die Treuhandabrede, auch wenn die Anleger nur mittelbar beteiligt sind (→ Rn. 80), BGHZ 104, 50. Die Auslegung (→ Rn. 79) geht jedoch der Inhaltskontrolle vor und macht diese zum Behelf für Notfälle, BGH NJW 1979, 2102. Die bloße Möglichkeit eines abändernden Mehrheitsbeschlusses (→ Rn. 69b) verdrängt die Inhaltskontrolle noch nicht. Inhaltskontrolle bei Mittelverwendungskontrollvertrag → Rn. 64. Lit.: Hille, 1986 (abl.); Schneider ZGR 1978, 1 u. ZHR 142 (1978), 228; Reuter AG 1979, 321; Graf v. Westphalen DB 1983, 2745; Heid DB Beil. 4/1985; Westermann FS Stimpel, 1985, 69.

69a **3) Gesellschaftsvertragsänderung ohne Bestimmtheitsgrundsatz. A. Keine Geltung des Bestimmtheitsgrundsatzes.** GesVertragsänderung durch Mehrheitsbeschluss ist möglich, wenn der GesVertrag das (auch stillschweigend) vorsieht; auch ohne dass der GesVertrag den Beschlussgegenstand näher bezeichnet (keine Geltung des Bestimmtheitsgrundsatzes, vgl. → § 119 Rn. 37; MüKoBGB/Schäfer § 709 Rn. 99; Wertenbruch ZIP 2007, 799; aA K. Schmidt ZGR 2008, 13, weil die PublikumsGes sonst in Krisen blockiert wäre), BGHZ 71, 53; dazu Hadding ZGR 1979, 636; Wiedemann JZ 1978, 612; K. Schmidt ZHR 158 (1994), 205. Das gilt auch für weitgehende Änderungen, zB Gegenstand der Ges. oder Geschäftsführung; überstimmte Kdtisten können dann aber ausscheiden, BGHZ 69, 165; für Umwandlung, BGHZ 85, 358 (für kapitalistische KG); für Verzicht auf Verzinsung von Kapitaleinlagen, BGH NJW 1985, 974.

69b **B. Mehrheitsbeschluss als Regel.** Zulässig ist Bestimmung im GesVertrag, wonach Kapitalerhöhung ohne feste Obergrenze für diese durch einfachen Mehrheitsbeschluss möglich ist, falls die Kdtisten keine Pflicht, sondern nur das Recht zur Teilnahme entspr. ihrer bisherigen Beteiligung haben, BGHZ 66, 82 m. krit. Anm. Wiedemann ZGR 1977, 690; der Schriftformklausel (→ § 105 Rn. 63) wird in diesem Fall uU schon durch privatschriftliche Beschlussprotokollierung genügt, BGHZ 66, 83 (bezüglich Kapitalerhöhung, nicht bezüglich Anteilszeichnung durch Gfter). Mehrheitsentscheidungen sind zum Anlegerschutz **auch ohne Zulassung im Gesellschaftsvertrag** möglich (Inhaltskontrolle, § 242 BGB), Staub/Casper § 161 Rn. 197; Stimpel FS Fischer, 1979, 779 (jedenfalls konkludente Zulassung); Reuter GmbHR 1981, 131 (entspr. § 278 AktG); offen BGHZ 76, 165; aA K. Schmidt ZGR 2008, 13; für Dreiviertelmehrheit bei Satzungsänderungen Priester DStR 2008, 1388. GesVertragsklausel über Änderungen des GesVertrag nur mit Zustimmung des phG kann einen solchen Mehrheitsbeschluss grundsätzlich nicht verhindern, Staub/Casper § 161 Rn. 197 (außer bei Eingriff in Rechtsstellung des phG), aA bei Eingriffen in das Recht zur gewöhnlichen Geschäftsführung BGHZ 76, 165. Für Änderungen des GesVertrags ist wie im KapitalGesRecht eine **qualifizierte Mehrheit** von drei Vierteln der abgegebenen Stimmen nötig. Dreiviertelmehrheit kann auch eingreifen, wenn zwar im Einzelfall größere Mehrheit, diese Voraussetzungen aber konkret nicht vorliegen, BGH ZIP 2013, 65 (68). Sonderfall der Beseitigung einer nicht praktikablen Einstimmigkeitsklausel, KG ZIP 2011, 659. **Sanieren oder Ausscheiden** → Rn. 67, → § 105 Rn. 66, → § 109 Rn. 12, auch bei PublikumsGbR, BGH ZIP 2015, 1627; 2015, 1822, ohne entspr. Regelung im GesVertrag.

69c **C. Einzelprobleme.** Vertragsänderung durch Übung ist denkbar (→ § 105 Rn. 62). Wirksame Vertragsänderung durch dazu ermächtigten Beirat s. BGH NJW 1985, 972, jedenfalls uU Zustimmungspflicht der Gfter (→ § 105 Rn. 64). Beschlüsse der GfterVersammlung sind trotz Ladungsmängeln wirksam, wenn sie darauf sicher nicht beruhen, BGH BB 1984, 170; WM 1987, 425; 1987, 928. Strengere Anforderungen an Zulassung eines Mehrheitsbeschlusses bei Nachschüssen oder sonstiger Gefahr persönlicher Haftung über die Einlage hinaus. Zum Austausch des die Geschäfte führenden Komplementärs gegen dessen Willen, etwa nach einer mehrheitlichen Übernahme von Komplementäranteilen, Neumann ZIP 2017, 1141.

V. Rechtsverhältnisse der Gesellschafter untereinander, Organe, Treuhänder

70 **1) Rechte und Pflichten der Kommanditisten. A. Beitragspflicht.** Besonderheiten gelten auch für die Beitrags- und Einlagepflichten der Kdtisten aus GesVertrag (→ § 109 Rn. 6). Die Rspr. bestimmt sie idR im Wege der Auslegung (→ Rn. 67), nicht der Inhaltskontrolle (→ Rn. 68). Wird die Leistung der Einlage zunächst (teilweise) nicht fällig gestellt (gestundet), kann sie später noch eingefordert werden. Eine bei Ausscheiden noch offene Einlageverpflichtung ist grundsätzlich rückständige Einlage nach § 167 III HGB, BGH NZG 2021, 737. Der Einlageanspruch besteht nicht, wenn der Beitritt unter **Bedingung** (Vorbehalt oä) der im Prospekt genannten Verlustzuweisung durch das Finanzamt erfolgt ist und die anerkannte Verlustzuweisung prospektwidrig die Einlagenhöhe nicht wesentlich übersteigt, BGH WM 1979, 612; 1986, 255 (iErg nein); OLG München WM 1984, 1335. Eine **Nachschussklausel** nur in denselben engen Grenzen wie bei OHG (→ § 109 Rn. 14), BGH WM 2005, 1608; 2006, 577; 2006, 774, 835; Nentwig WM 2011, 2168. Sie gilt iZw nur für solche Nachschüsse, die nicht der Drittgläubigerbefriedigung, sondern der Förderung des GesZwecks dienen, BGH NJW 1979, 419. Unzulässig ist Nachschusspflicht auf Verlangen eines NichtGfters (Bank), KG DB 1978, 1922; Kaligin DB 1981, 1172. Kdtistenhaftung bei Sanierung von SchifffahrtsGes Paul/Richter DB 2010, 2153, Rückforderung gewinnunabhängiger Auszahlung nur bei klarer Regelung, ZIP 2013, 1244 Rn. 67; 2017, 1285. Aus Treuepflicht keine Pflicht zur Zustimmung zu Kapitalerhöhung bei Einstimmigkeitserfordernis, wenn nicht zustimmende Teilhaber eine Verringerung ihres Beteiligungsverhältnisses hinzunehmen haben, BGH ZIP 2011, 768 (es verbleibt der Nichtzustimmende in der Ges.), anders wenn Ausscheiden bei Nichtteilnahme und zumindest gleichen Leistungspflichten in diesem Fall, BGH ZIP 2009, 2289.

Sanierende Kommanditisten, Treugeber oder stille Gesellschafter können bei Zahlungen an Dritte ggf. nach § 110, § 426 BGB Rückgriff nehmen, → Rn. 79, → § 110 Rn. 2, 5, Wertenbruch NZG 2016, 401. Sanierungswillige Kommanditisten konnten sich wegen § 1 I RBerG nicht einer neu gegründeten GbR zur Durchsetzung von Ansprüchen auch unbestimmt vieler weiterer Kommanditisten gegen sanierungsunwillige Kommanditisten bedienen, BGH ZIP 2011, 1202, auch zum RDG Mann ZIP 2011, 2393; BGH WM 2013, 1559. Besteht eine Nachschusspflicht etwa aus der Treuepflicht, so können nicht die treuepflichtwidrigen Gfter eine neue GbR gründen und die sanierungswilligen Gfter der Alt-GbR auf SchE in Anspruch nehmen, OLG München ZIP 2013, 165, diese können die Treuepflichtverletzung der Neu-GbR entgegenhalten, BGH ZIP 2014, 565 m. Bespr. Servatius NZG 2014, 537. Grundsätze „Sanieren oder Ausscheiden" gelten auch für Kommanditisten der Komplementär-KG, OLG Karlsruhe NZG 2017, 261. Kdtist haftet auf Auseinandersetzungsfehlbetrag, begrenzt auf Haftung als Kommanditist, nicht begrenzt auf Pflichteinlage (→ § 171 Rn. 1), OLG Karlsruhe NZG 2017, 261.

B. **Sonstige Leistungspflichten.** Im GesVertrag können auch andere als **71** Beitrags- und Einlagepflichten begründet werden (→ § 109 Rn. 11). Soll im GesVertrag die Pflicht des Kdtisten zur **Bürgschaftsübernahme** für Ges. begründet werden, muss der GesVertrag eine derart weitgehende Verpflichtung eindeutig erkennbar machen, BGH NJW 1979, 2102. Übernehmen Kdtisten neben Einlage- auch **Darlehens**pflichten, sind diese iZw ebenfalls Pflichten aus GesVertrag, str., die Darlehen sind also nicht gesondert kündbar, BGHZ 70, 61; 93, 161; BGH BB 1978, 1134; dann sind aber auch Zahlungen auf das Darlehen auf die Haftsumme nach §§ 171, 172 anzurechnen, BGH NJW 1982, 2253. Außerdem verpflichtet der GesVertrag die Kdtisten häufig über ihre Einlage hinaus zu **stillen Beteiligungen;** BGH BB 1978, 14; NJW 1980, 1523 (→ § 230 Rn. 3). Haben diese Darlehen und stillen Beteiligungen Eigenkapitalcharakter, entfällt Rückforderung im Insolvenzverfahren (→ § 124 Rn. 46, → § 236 Rn. 3, 5), zu beachten sind dazu die Grundsätze über **Finanzplankredite** (→ § 172a Rn. 1). Zur **Sittenwidrigkeit** einer Vereinbarung, dass der Kdtist eine Einlage durch Abtretung seines Zwischengewinns aus Beschaffung von Maschinen für das geplante Unternehmen erbringen soll, BGH WM 1978, 88. Globalabtretung aller Einlageforderungen gegen Kdtisten im Rahmen eines unechten Factoring (→ **(7)** Bankgeschäfte Rn. O4) kann bei Entstehung übermäßiger Abhängigkeit der Ges. sittenwidrig sein, BGH BB 1979, 12 (→ **(7)** Bankgeschäfte Rn. H3).

72   C. **Rechte. Informationsrechte** jedes Kdtisten bestehen nach § 166 (und weiteren Rechtsgrundlagen → § 166 Rn. 11–13, KG ZIP 2011, 661), BayObLG NJW 1986, 140, auch § 166 III OLG München WM 2008, 2211; 2009, 1228. Der Kdtist hat jedenfalls in der GfterVersammlung zwingend ein allgemeines Informationsrecht (→ § 166 Rn. 11), dessen Reichweite jedenfalls soweit wie §§ 131 ff. AktG geht. Die Informationsrechte sind auch ohne persönliches Erscheinen allein durch Sachverständige, bei großer Zahl der Gfter uU sogar nur durch gemeinsamen Kdtistenvertreter ausübbar (→ § 166 Rn. 7), OLG Celle BB 1983, 1451; offen OLG München WM 2008, 2213; entsprechende GesVertragsklausel ist wirksam, BGH NJW 1984, 2471, aber auch ohne solche können die Kdtisten kraft ihrer Treuepflicht zustimmungspflichtig sein. Die Vertreter- oder Beiratsklausel kann zwar auch auf das außerordentliche Informationsrecht (vgl. § 166 III) erstreckt werden, OLG München WM 2008, 2212, auch dann kann der Kdtist aber dieses zwingende Recht notfalls (wichtiger Grund) individuell wahrnehmen; nicht disponibel ist die Verfahrensvorschrift des § 166 III (→ § 166 Rn. 19). Zur Feststellung des Jahresabschlusses in der GmbH & Co KG → Rn. 51 und → § 164 Rn. 3. Bei Prüfung und Bestätigung des Jahresabschlusses durch Wirtschaftsprüfer kann das Informationsrecht nach § 166 I ausgeschlossen werden, OLG München ZIP 2018, 425.

Ein Recht auf **Mitteilung der Namen und Adressen der MitGfter** ist grundsätzlich zu bejahen (Grund: Quoren- und Mehrheitsbildung, Kdtistenschutz), grundsätzlich auch ohne Einwilligung des jeweiligen MitGfters; die Rspr. hält sogar Ausschluss dieses Rechts im GesVertrag für unwirksam, BGH NJW 2010, 439, (PublikumsGbR; AGBKontrolle, → Rn. 68); BGH NJW 2011, 921 (PublikumsGmbH & Co KG, Treugeber als InnenGbR, TreuhandKdtistin. Auskunftsanspruch mit BDSG und DSGVO vereinbar, OLG München ZIP 2015, 523; 2019, 368; BGH NZG 2020, 381; Grenze nur §§ 242, 226 BGB, krit. Nast NZG 2020, 827); BGH ZIP 2013, 570 u. ZIP 2015, 319 (PublikumsGmbH & Co KG, Treugeber den Gftern gleichgestellt), explizit gg Kritik am Auskunftsanspruch festhaltend BGH ZIP 2013, 622; 2015, 320, zur DSGVO Chatard/ Horn ZIP 2019, 2242. Herausgabe personenbezogener Daten kann auch bei entgegenstehendem Beschluss der Ges erfolgen, dieser ist unwirksam, KG NZG 2020, 985. Grenze ist nur unzulässige Rechtsausübung und Schikane, abstrakte Missbrauchsgefahr reicht nicht aus; vorsichtiger für Verein, BGH ZIP 2010, 2397 (2399) mAnm Römermann NZG 2011, 56 gegen OLG Hamburg NZG 2010, 1342; BGH ZIP 2015, 320. Auskunft darf nur verweigert werden, wenn an ihrer Erteilung kein vernünftiges Interesse besteht oder das Interesse so unbedeutend ist, dass es in keinem Verhältnis zu dem für die Erteilung erforderlichen Aufwand steht, BGH ZIP 2011, 326; OLG Stuttgart 2019, 2277. Nach OLG München NZG 2019, 577 Rechtsmissbrauch, wenn Prozessbevollmächtigter einen Gfter vom Kostenrisiko des Auskunftsverlangens freistellt, fraglich. Für PublikumsGes mit anonymen TreugeberKdtisten (→ Rn. 77) kann der weite Auskunftsanspruch aber jedenfalls dann nicht gelten, wenn sie nicht im GesVertrag einem Gfter gleichgestellt wurden oder auch sonst unter sich keine InnenGbR bilden (Vertragsgestaltung, K. Schmidt NZG 2011, 367; zur GbR/OHG sonst, → § 118 Rn. 3), insoweit noch offen BGH ZIP 2011, 322 mAnm. Altmeppen; BGH ZIP 2013, 570 mAnm. Altmeppen; zu BGH zust. Staub/Casper § 161 Rn. 251; Priester ZIP 2011, 697; krit. Altmeppen NZG 2010, 1321; Holler ZIP 2010, 2429; Sester/Voigt NZG 2010, 378; Markwardt BB 2011, 643; grundsätzlich K. Schmidt NZG 2011, 361; vgl. auch Hoeren ZIP 2010, 2436 (Datenschutz);

jedenfalls eine Anonymitätsklausel ist hier anzuerkennen, dann aber Pflicht, str., der PublikumsGes zur Ermöglichung der Quoren- und Mehrheitsbildung, zB durch Weiterleitungspflicht bzw. Internetforum entspr. dem Aktionärsforum (§ 127a AktG, dort allerdings BAnz.). Nach OLG Bamberg WM 2014, 1174 Rechtsmissbrauch wenn nur Rückgabe der Fondsanteile gewünscht und Anwalt Gelegenheit zur Mandantenakquise nutzen will. Streitwert einer Auskunftsklage richtet sich nach dem wirtschaftlichen Interesse und ist vom Gericht nach freiem Ermessen zu schätzen, BGH stellt auf Wert der Einlage und für Auskunft einen Bruchteil davon ab, BGH ZIP 2016, 70. Weiter Angabepflichten und **Transparenzregister** nach Geldwäschegesetz (wirtschaftlich Berechtigter bei Kontrolle von 25 Prozent der Stimmrechte, §§ 20 III, 3 GwG, seit 2017).

Sonderprüfungen sind möglich, § 142 AktG findet keine (entsprechende) Anwendung, OLG Hamm ZIP 2013, 976, grds. Entscheidung mit Mehrheit, für Minderheitenschutz Staub/Casper § 161 Rn. 206. Sie sind aber nicht an §§ 142 ff. AktG analog gebunden, BayObLG NJW 1986, 140, insbes. wird ein entspr. MinderheitenR abgelehnt, OLG Hamm NZG 2013, 422 (Ls.). **Entziehung der Geschäftsführung und Vertretungsmacht** geschieht anders als nach §§ 117, 127 nicht durch Gestaltungsklage, sondern durch Beschluss mit einfacher Mehrheit, so ohne weiteres bei Zulässigkeit von Mehrheitsbeschlüssen (→ Rn. 69), aber auch ohne diese, BGHZ 102, 172 (→ Rn. 74). Die Kdtisten haben ein **Einberufungsrecht** zur GfterVersammlung analog § 50 GmbHG, Reichert/Winter BB 1988, 985, Quorum von mehr als 10 % im GesVertr ist rglm unwirksam, Staub/Casper § 161 Rn. 195. **Anteilsübertragung** kann von Zustimmung des Komplementärs abhängig gemacht werden, OLG München NJW-Sp 2009, 17.

D. **Verfahrensrecht.** Streit über Gesellschaftsvertrag, zB Wirksamkeit von GfterBeschlüssen, ist mangels anderer Vereinbarung auch in der PublikumsGes unter den Gftern auszutragen (→ § 109 Rn. 38), BGHZ 85, 353; BGH WM 1983, 785; NJW 2003, 1729; 2006, 2854; aA Heymann/Emmerich § 109 Rn. 19; aber eine solche Vereinbarung (also Klage gegen Ges., → § 109 Rn. 44) kann uU durch ergänzende Vertragsauslegung gefunden werden, BGH NJW 1999, 3113; 2003, 1729; OLG Rostock WM 2009, 255; vgl. Stimpel FS Fischer, 1979, 781. Auch ist ein diesbezüglicher Mehrheitsbeschluss (→ Rn. 69) möglich und zu empfehlen, Staub/Casper § 161 Rn. 142. Für Klagen von Kdtisten auf Feststellung der Nichtigkeit des Ausschlusses anderer Kdtisten fehlt idR Feststellungsinteresse (§ 256 I ZPO), BGH NJW 2006, 2854.

2) Geschäftsführer. Bestellung, Abberufung: Bestellung eines umfassend zuständigen Fremdgeschäftsführers für Ges. (Immobilienfonds, PublikumsGbR; Organ, nicht Arbeitnehmer, → § 59 Rn. 26)) verstößt nicht gegen RBerG (jetzt: RDG), BGH WM 2005, 1698; 2006, 1673; Schimansky WM 2005, 2209; Altmeppen ZIP 2006, 1; aA Ulmer ZIP 2005, 1343; Habersack BB 2005, 1695, Abgrenzung zu Verstoß gegen RBerG bei Geschäftsbesorgung von Fondsbeitritt, BGH WM 2007, 62. Abberufung des Fremdgeschäftsführers der KG (aber auch des GfterGeschäftsführers) aus wichtigem Grund ist zwingend mit einfacher Mehrheit möglich, BGHZ 102, 172 (Treuhänder); BGH NJW 1982, 2495 (vgl. → Rn. 72). Offen ist, ob dies auch für Neubestellung gilt (aber zu bejahen, str.), jedenfalls ist Sperrminorität der GründerGfter bei Wahl des den Geschäftsführer kontrollierenden Aufsichtsrats unwirksam, BGH BB 1984, 169. Zur Abberufung des GmbHGeschäftsführers durch die Kdtisten der PublikumsGes Hopt ZGR 1979, 21; Stimpel FS Fischer, 1979, 781; Reichert/Martin BB 1988, 981; nur für §§ 117, 127 gegenüber der GmbH Ebenroth/Henze/Notz § 177a Anh. 1 98.

Geschäftsführung: Die Abgrenzung zwischen gewöhnlichen und außergewöhnlichen Geschäften ist dieselbe wie bei OHG und KG (→ § 116 Rn. 1–2, → § 164 Rn. 1–3), Staub/Casper § 161 Rn. 205, aA für weite Auslegung der

Ungewöhnlichkeit zwecks Anlegerschutz noch Staub/Schilling Anh. § 161 Rn. 31. Der GesVertrag kann den Geschäftsführer und die GmbH von § 181 BGB befreien, BGHZ 76, 163, der Anlegerschutz erfordert keine generelle Unwirksamkeit im Wege der Inhaltskontrolle (→ Rn. 68); Staub/Casper § 161 Rn. 204; aA noch Staub/Schilling Anh. § 161 Rn. 32; im Einzelfall kann die Berufung des Geschäftsführers darauf aber missbräuchlich sein (§ 242 BGB). Bei Überschreitung seiner Geschäftsführungsbefugnis haben die Kdtisten die Unterlassungsklage (→ § 116 Rn. 4), jedenfalls in der PublikumsGes, Staub/Schilling Anh. § 161 Rn. 34; allg. Staub/Casper § 161 Rn. 205, § 164 Rn. 16; aA BGHZ 76, 160.

Haftung: Der Geschäftsführer der GmbH, ob Kdtist oder Dritter, haftet **gegenüber der KG** (→ Rn. 28). Leichte Fahrlässigkeit genügt, § 708 BGB ist bei der PublikumsGes unanwendbar, BGHZ 75, 327. Wettbewerbsverbot des Geschäftsführers, Röhricht WPg 1992, 766. Haftung ggü. Gfter entspr. einem Neugläubiger, wenn durch Betrugstat die Ratenzahlung auf Einlage bei insolventer Ges. veranlasst wird, BGH ZIP 2019, 382. Eigenhaftung des Geschäftsführers **gegenüber Dritten** → Einl. vor § 48 Rn. 9. In der Versicherung des Gfter-Geschäftsführers, der Warenlieferant „bekomme sein Geld" auf jeden Fall, kann selbstständige Garantie (→ § 349 Rn. 15) liegen, BGH ZIP 2001, 1496. Durchsetzung durch Sondervertreter → Rn. 75.

75 **3) Aufsichtsorgane, Beirat.** In der PublikumsGes ist idR ein Aufsichtsorgan (Aufsichtsrat, Verwaltungsrat, Beirat) vorgesehen, der auch mit Nichtgesftern besetzt werden kann, → § 163 Rn. 13, str. Ohne Grundlage im GesVertrag lässt sich ein solches aber nicht im Wege der gerichtlichen Inhaltskontrolle (→ Rn. 68) schaffen, Stimpel FS Fischer, 1975, 776. Es ist iZw **Gesellschaftsorgan** (Einzelheiten → § 163 Rn. 12; Bestellung, Abberufung → § 163 Rn. 12, → Rn. 31). Befugnisse und Grenzen wie bei der KG (→ § 163 Rn. 11, 14), aber ohne Bestimmtheitsgrundsatz (→ Rn. 69); nach aA weniger enge Grenzen als bei der KG. Ermächtigung zu GesVertragsänderung → Rn. 57 und → § 163 Rn. 14. Zum Aufwendungsersatz ohne § 113 AktG s. BGH NJW 1998, 1946. Wirtschaftsprüfer, Sachverständige, Mittelverwendungskontrolleure → Rn. 64. Beirat als Sondervertreter der Ges. (→ § 124 Rn. 42), BGH ZIP 2010, 2345. GesVertr kann die Wahl juristischer Personen als Beiratsmitglied zulassen, OLG Stuttgart ZIP 2020, 1965.

Haftung: Besonderheiten gelten bei der PublikumsGes für Verantwortlichkeit und Haftung (der Mitglieder) des Aufsichtsorgans, von der Rspr. zwingend in Anlehnung an die der Aufsichtsratsmitglieder bei der AG ausgestaltet. Pflicht zur Überwachung der Geschäftsführung und zur Prüfung des Jahresabschlusses, dagegen nicht jeder einzelnen Geschäftsführungsmaßnahme, BGHZ 69, 207; BGH NJW 1978, 425; BB 1980, 546; OLG Düsseldorf WM 1984, 1080. Die Prüfung des Jahresabschlusses hat durch unabhängige Sachverständigen zu erfolgen, BGH WM 1977, 1448; Hüffer ZGR 1980, 330. Haftung uU schon aus Beteiligung an Beirat in dubioser Ges. (§ 826 BGB), BGH NJW 1985, 1900; im Übrigen Haftung gegenüber der Ges. entspr. §§ 116, 93 AktG ohne Milderung nach § 708 BGB, BGHZ 69, 207. Keine Haftung bei bindendem GfterBeschluss, außer bei Pflicht gerade zur Verhinderung des Beschlusses, BGHZ 69, 207. Am Schaden kann es fehlen, wenn Wiedereinziehung der zu Unrecht an Gfter ausgeschütteten Beträge möglich ist, BGH NJW 1978, 425. Die Beweislast liegt bei den Aufsichtsratsmitgliedern (§ 93 II 2 AktG). Die Verjährung dauert fünf Jahre (§ 93 VI AktG), BGHZ 64, 238; 87, 84. Der Schadensersatzanspruch steht grundsätzlich nur der Ges. zu (näher → § 163 Rn. 15). Haftung eines Bankenvertreters im Aufsichtsorgan trotz Interessenkollision, BGH NJW 1980, 1629 (für AG); Ulmer NJW 1980, 1603; Interessenkonflikte von Bankenvertretern im Aufsichtsrat s. Lutter, Werner ZHR 145 (1981), 224 (252). Lit.: Grote, 1995;

2. Abschnitt. Kommanditgesellschaft   76–78a   **Anh § 177a**

Hüffer ZGR 1980, 320; 1981, 348; Neumann/Böhme DB 2007, 844; Weipert/
Oepen ZGR 2012, 585, und → § 163 Rn. 12.

4) Gesellschafterversammlung. Eine Gesellschafterversammlung ist hier sat- 76
zungsmäßig idR vorgesehen (→ Rn. 32). Sie kann je nach Ausgestaltung eine der
Hauptversammlung der Aktionäre vergleichbare Funktion haben. Einberufung
und Abstimmung grds. wie im KapitalGesRecht; Enthaltungen zählen nicht mit,
BGH NJW 1998, 1946 (st. Ges.). Stellt der GesVertrag auf die anwesenden
Mitglieder ab, so sind dies bei schriftlicher Beschlussfassung die sich daran beteiligenden Gfter, BGH ZIP 2011, 1908. Streitwert bei Klage gg GfterBeschluss
nach § 247 AktG entsprechend, OLG Bremen NZG 2011, 312. Nach LG Freib
kein Mehrstimmrecht einer an Kapital, Gewinn und Verlust nicht beteiligten
Komplementärin, ZIP 2014, 523; anders OLG Karlsruhe ZIP 2014, 1929. Zu
Unrecht in das Handelsregister eingetragener Komplementär hat kein Einberufungsrecht, BGH ZIP 2017, 284, § 121 II 2 AktG ist auf die Publikumsgesellschaft nicht entsprechend anwendbar, krit. Bayer/Illhardt NZG 2017, 801. Bei
Veräußerung nahezu des gesamten Vermögens findet nach OLG Düsseldorf ZIP
2018, 72 mBespr Findeisen BB 2018, 585 § 179a AktG entspr. Anwendung, zutr.
handelt es sich dann um ein Grundlagengeschäft, → § 126 Rn. 3.

5) Treuhänder bei Publikumsgesellschaften und Anlagemodellen. 77
A. Treuhand bei der Publikumsgesellschaft. Zum Treuhänder in der OHG/
KG ausführlich → § 105 Rn. 31–37. In der PublikumsGes ist ein Treuhänder
(TreuhandKdtist) mit einer Vielzahl von Treugebern (Anlegern) besonders häufig
vorgesehen. Die Gründe liegen je nachdem mehr im Interesse der Ges., der
Anleger oder der Initiatoren: notwendige Mediatisierung der vielen Anleger
(vgl. Vertreterklausel bei der KG, → § 163 Rn. 10), effektivere Bündelung der
Treugeberinteressen, Zurückdrängung oder sogar Entrechtung der Anleger.
Auch bei **Anlagemodellen** ist Treuhand beliebt. Lit.: Blaurock, 1981; Maul-
betsch, 1984; Grundmann, Treuhänder, 1997, S. 489 ff.; Bälz ZGR 1980, 1;
Giesecke DB 1984, 970; Weipert ZHR 157 (1993), 513; Armbrüster, 2001;
Tebben VGR 2010, 161 (TreuhandKdtist); Wiedemann ZIP 2012, 1786; ferner
→ § 105 Rn. 31.

B. Begründung. Der Treuhänder kann zum Abschluss des Aufnahmevertrags 78
in die KG ermächtigt sein (→ Rn. 57). Der Treuhänder haftet uU für Verschulden der KG, wenn diese bei Abschluss des Treuhandvertrags im Verantwortungsbereich des Treuhänders tätig wird (§ 278 BGB), dann auch für ohne sein Wissen
vorgelegte **Prospekte,** BGHZ 84, 141; im Übrigen ist der Treuhänder vor allem
aufklärungspflichtig, BGHZ 84, 144; BGH NJW 2002, 1711; WM 2008,
1205 (regelwidrige Auffälligkeiten, Sondervorteile), BGH WM 2008, 2355;
BGH WM 2009, 593; ZIP 2010, 2459 (uU über Bedenken der BaFin, aber nicht
ohne weiteres § 826 BGB, → § 347 Rn. 18); BGH NZG 2010, 231; OLG Karlsruhe WM 2009, 2121 (uU über § 172 IV); OLG Karlsruhe ZIP 2017, 717
(Eignung zur Altersvorsorge). Prospekthaftung des Treuhänders → Rn. 63. **Interessenkonflikte,** vor allem auch solche bei Treuhändern, müssen im Prospekt
offengelegt werden (→ Rn. 79, → § 347 Rn. 30). Auch nur mittelbar beteiligte
Treugeber können eigene Ansprüche aus Prospekthaftung haben, BGH NJW
1987, 2677. Mittelverwendungskontrollpflicht besteht auch für die Zeit vor Abschluss des Treuhandvertrags, BGH ZIP 2003, 1844.

Treuhandvertrag (→ § 105 Rn. 31) kann **nichtig** sein nach § 134 BGB iVm 78a
Art. 1 § 1 I **RBerG** (seit 2008 RDG, Lettl WM 2008, 2233; Rehberg BB 2011,
453, nach BT-Drs. 16/3655, 46 Einschränkung der Rspr., nun wenig praktisch)
wegen geschäftsmäßiger Besorgung fremder Rechtsangelegenheiten (dazu auch
Vertragsschluss, Erlaubnistatbestände liegen idR nicht vor), BGHZ 145, 265 (IX
ZR), erstmals 2000, mittlerweile stRspr (aller ZS), BGH NJW 2001, 3774
(Beitritt zu geschlossenem Immobilienfonds); BGH NJW 2004, 839 (841, 844)

Anh § 177a 79 2. Buch. HandelsGes und stille Ges

(Bauherren-, Bauträgermodell); BGH ZIP 2009, 311 (stille Ges., Anleihe); Nichtigkeit erfasst **auch Vollmacht zum Beitritt,** stRspr, BGH NJW 2003, 2088 (2091); 2004, 2090; WM 2007, 110; NJW 2008, 3357, auch Prozessvollmacht, BGHZ 154, 283, nicht aber separate Vollmacht im formularmäßigen Zeichnungsschein (Frage des § 139 BGB), BGHZ 167, 228; WM 2007, 117, falls eine solche wirklich vorliegt, BGH WM 2008, 2362; 2009, 543. Vertrauensschutz gegen Rückwirkung, BGH NJW 2007, 1130. Aber Grundsätze über fehlerhaften Beitritt können anwendbar sein, BGHZ 153, 214; BGH ZIP 2003, 165. In Betracht kommen auch **Duldungsvollmacht** (Grenze bei Vollmachtsurkunde, → Einl. vor § 48 Rn. 5), BGH NJW 2002, 2325 (iErg abl.), **§§ 171 I, 172 I BGB** sowie **Rechtsscheinhaftung,** BGH (XI ZS) BGHZ 161, 15; BGH NJW 2003, 2091; 2004, 158; 2004, 844; 2004, 2090; 2004, 2378; 2004, 2745; 2005, 668; 2005, 2987; 2008, 3357; auch BGH (IV ZS) NJW 2004, 62; BGH (V ZS) NJW 2005, 820; das gilt **auch bei verbundenem Geschäft** (→ **(7)** Bankgeschäfte Rn. G/9, 36), BGH (XI ZS) BGHZ 167, 223; BGH NJW 2005, 666; 2005, 1578; 2006, 1957 (gegen BGH II ZS BGHZ 159, 301, aber II ZS hält daran wohl nicht mehr fest, BGH NJW 2006, 1957 li. Sp.; vgl. hier 32. Aufl.), auch wenn Verkäufer Erwerbsmodell initiiert und Treuhänder ausgesucht hat, BGH NJW 2008, 1585 – Crailsheimer Volksbank. Grenze: allgemeine Grundsätze des Vollmachtmissbrauchs (→ § 50 Rn. 4), BGH (XI ZS) NJW 2005, 664 (668), nicht ohne weiteres bei Interessenkonflikt des Treuhänders, BGH (XI ZS) BGHZ 161, 15; BGH NJW 2005, 668. §§ 171, 172 BGB setzen voraus, dass die Vollmachtsurkunde spätestens bei Abschluss des Vertrags, nicht erst bei Auszahlung des Darlehens vorliegt, BGH NJW 2008, 3355. Grund war regelm die Verknüpfung mit einer Kreditaufnahme, allein die Wahrnehmung der Gesellschafterrechte als Treuhänder schadet nicht, BGH NZG 2012, 78. Ob bzw. wann Verstoß gegen RDG (RBerG) **auch** den **Kreditvertrag** nichtig macht, ist str.; nur die Kreditgewährung ist (als solche) keine Beteiligung der Bank am Verstoß, BGH (XI ZS) BGHZ 159, 301 = NJW-RR 2003, 1203; BGH NJW 2004, 2090, Vorliegen eines einheitlichen Geschäfts ist Tatfrage (Parteiwille), BGH NJW 2007, 1131; näher zur Auswirkung des verbundenen Geschäfts auf die Bank → **(7)** Bankgeschäfte Rn. G/9. Bei Nichtigkeit nicht schon § 242 BGB, weil der Kreditnehmer auf Bitte der Bank einen eigenen Krediteröffnungsantrag gestellt oder der Ablösung des Kredits zugestimmt hat, BGH NJW 2008, 3357; anders uU wegen Treuepflicht der FondsGfter gegenüber FondsGbR, BGH WM 2007, 1648. Prozessuale Unterwerfung und § 242 BGB BGH NJW 2004, 59 (62); 2005, 2985; Nobbe WM Sonderbeil. 1/2007, 10. Bei Nichtigkeit von Treuhandvertrag und Vollmacht besteht keine Außenhaftung des Treugebers, → § 105 Rn. 34; auch ist Wissen des Treuhänders dem Treugeber bei Verjährung (§ 199 I Nr. 2 BGB) nicht zuzurechnen, BGH NJW 2007, 1584 mAnm. Witt. Bei Nichtigkeit nach RBerG (RDG) Rückabwicklung über Bereicherungsausgleich, BGH ZIP 2008, 1319 (auch → § 129 Rn. 6); Nobbe WM Sonderbeil. 1/2007, 7 und → **(7)** Bankgeschäfte Rn. G11, 12. Bei unwirksamer Zahlungsanweisung durch den Geschäftsbesorger (zB Nichteintritt einer Bedingung für Auszahlung) Nichtleistungskondiktion zwischen Bank und Zahlungsempfänger (→ Rn. C18), BGH WM 2004, 1230. Zur Bevollmächtigung des Treuhänders als Haustürgeschäft (§ 312b BGB) BGHZ 144, 223; BGH NJW 2000, 2270. Lit.: Mülbert/Hoger WM 2004, 2281; Hellgardt/Majer WM 2004, 2380; Nobbe WM Sonderbeil. 1/2007, 3; ferner bei → **(7)** Bankgeschäfte Rn. G/9.

79 C. **Rechtsstellung in der Gesellschaft.** Zur Rechtsstellung in der OHG/KG näher → § 105 Rn. 33; **keine Haftung der Treugeber nach §§ 128, 171, 172** → § 105 Rn. 34, aber analog § 128, wenn bei GbR nach Auslegung des Gesellschaftsvertrags der Treugeber Gesellschafter werden sollte, BGH ZIP 2011, 1657; Schäfer ZHR 177 (2013), 619, eine einem unmittelbaren Gesellschafter entsprechende Rechtsstellung erlangen, BGH ZIP 2015, 2269, Haftung für Altverbindlichkeiten danach billigend BVerfG ZIP 2012, 2437, bei Zahlungen ggü. Ges. dann Aufwendungsersatzanspruch nach § 110 und ggü. anderen Treugebern Ausgleichsanspruch aus § 426 BGB, BGH ZIP 2015, 2259, auch → § 110 Rn. 2, 5. In der PublikumsGes unterliegen GesVertrag (und Treuhandabrede) der **Inhaltskontrolle** (→ Rn. 68). Jedenfalls bei der PublikumsGes gilt als zentraler Grundsatz die **Unabhängigkeit des Treuhänders von der Geschäftsführung**, BGHZ 73, 299; Maulbetsch DB 1984, 2232. Verstoß dagegen **(Interessenkonflikte)** ist pflichtwidrig. Offenlegung → Rn. 78. **Haftung** des Geschäftsführers der TreuhänderGmbH hat Schutzwirkung (nicht nur für die PublikumsGes, → Rn. 28), sondern auch für die Anleger-Treugeber, OLG Düsseldorf WM 1984, 1080. Der **Einlageanspruch** der KG gegen den Treuhänder hängt von der Zahlung der Anleger-Treugeber an diesen ab, OLG München WM 1984, 810. Die KG hat im Grundsatz keine unmittelbaren Einlageansprüche gegen die Anleger-Treugeber, OLG Düsseldorf ZIP 1991, 1494. Anspruch auf Rückzahlung ungerechtfertigter Ausschüttungen (§§ 171, 172) nur gegen Treuhänder, nicht gegen anlegenden Treugeber, BGH ZIP 2011, 906. Soll der Treugeber aber die Stellung eines unmittelbaren Gesellschafters erhalten und unmittelbar zur Leistung der Einlage verpflichtet sein, kann bei einem in den Treuhandvertrag einbezogenen Gesellschaftsvertrag die Gesellschaft unmittelbar Leistung der Einlage verlangen, BGH ZIP 2012, 2291 mAnm Gottschalk NZG 2012, 461. Im GesVertrag vereinbarte Abtretung der Zahlungsansprüche des Treuhänders gegen die Anleger-Treugeber an die Ges. ungeachtet der Mittelfreigabevoraussetzungen für die Zahlung der Einlage verletzt § 399 BGB (Zweckbindung), BGH WM 1991, 1502; zulässig ist aber Abtretung des Freistellungsanspruchs des Treuhänders an die Ges., BGH ZIP 2010, 1295; 2011, 906; OLG Celle WM 2009, 936; OLG Nürnberg WM 2009, 942; OLG München ZIP 2010, 182 (iErg abl.), auch an GesGläubiger und unter Verzicht auf Einrede nach § 129 I, OLG Hamm ZIP 2018, 1239; auch Pfändung, OLG Köln NZG 2009, 543; gegen diesen kann der Anleger-Treugeber entspr. §§ 171 I, 172 IV 1 (Verlusttragung durch diesen, → Rn. 80) nicht mit einem Schadensersatzanspruch gegen den Treuhänder aufrechnen, BGH ZIP 2011, 906; OLG Frankfurt a.M. ZIP 2010, 673; OLG Stuttgart ZIP 2010, 1694; aA OLG Karlsruhe ZIP 2009, 1810. Zur Mittelfreigabe BGH WM 1992, 685; 2003, 2382. Auch bei drohendem Vermögensverfall der PublikumsKG ist der Treuhänder idR weder gegenüber der Ges. zur Zurückhaltung der Kdtisteneinlagen berechtigt noch gegenüber den Treugebern dazu verpflichtet, BGH NJW 1980, 1162. **Noteinberufung** der GfterVersammlung durch Anleger-Treugeber analog § 50 III GmbHG, BGHZ 102, 172 (GbR). Bei **Beschlüssen** kommt es auf den KdtVertrag mit der PublikumsKG an, ob die Kdtisten als materielle oder nur der Treuhänder als formaler Gfter stimmberechtigt sind. Im ersteren Fall kann der Treuhänder nur mit Vollmacht der Kdtisten abstimmen; dazu §§ 134, 135 AktG analog, str., OLG Koblenz ZIP 1989, 100, auch zum Stimmrecht von stillen Gesellschaftern und Unterbeteiligten Wertenbruch NZG 2017, 81. **Rückgewähransprüche** gegenüber der PublikumsGes → Rn. 81.

Treugeber kann im Innenverhältnis die Stellung eines unmittelbaren Gesellschafters haben, BGH ZIP 2011, 2299; 2012, 2291 (BGHZ 10, 50: „als ob") Quasi-Gesellschafter bei Verzahnung, BGH ZIP 2011, 2299, wenn Rechte und Pflichten der Anleger im Gesellschaftsvertrag geregelt sind.

D. **Treuhandverhältnis, Schutz der Treugeber.** Treuhandverhältnis bei OHG/KG → § 105 Rn. 35. In der PublikumsGes unterliegen außer dem GesVertrag auch die Treuhandabrede der **Inhaltskontrolle** (→ Rn. 68). Dabei gilt der Grundsatz, dass aus der nur mittelbaren Beteiligung dem Anleger **keine unnötigen Rechtsnachteile** entstehen dürfen, nämlich soweit sie nicht aus der

Zwischenschaltung des Treuhänders unvermeidlich folgen (→ § 105 Rn. 36), BGHZ 104, 50. Das Weisungsrecht darf nicht völlig ausgeschlossen werden. Der Treuhänder kann sich kein Veto bzw. keine Sperrminorität vorbehalten. Der Treuhänder muss auch ohne wichtigen Grund, auch durch Mehrheitsbeschluss abberufbar sein. Auch die nur mittelbare Beteiligung ist gegen einseitige Übernahme- und unberechtigte Abfindungsklauseln (→ § 131 Rn. 64) geschützt, BGHZ 104, 50. Nach OLG Hamm MDR 2011, 1248 Anspruch des Anlegers auf Rückzahlung der Einlage, wenn Treuhänder die Weiterleitung nicht beweisen kann. Verlusttragung idR allein durch die Anleger-Treugeber, dementspr Aufwendungsersatzanspruch des Treuhänders nach §§ 675, 670 BGB und zuvor schon Befreiungsanspruch nach § 257 BGB, BGH ZIP 2010, 1295 (1299). Auch Freistellungsanspruch des Treuhänders, abdingbar, abtretbar (§ 399 BGB steht nicht entgegen, → Rn. 79; → § 105 Rn. 34); Verjährung desselben nach § 199 I Nr. 1 BGB zum Schluss des Jahres, in dem die Forderung fällig wird, BGH ZIP 2010, 1295 m. abl. Anm. Rutschmann NZG 2010, 776, BGH BB 2018, 531 (bei zu erwartender Inanspruchnahme und Umwandlung in Zahlungsanspruch schon mit Schluss des Jahres, in welchem die Forderung entsteht) nach aA entspr. § 159 I (wie Hauptanspruch, → Rn. 79), OLG Nürnberg WM 2009, 946; OLG Stuttgart ZIP 2010, 1694; OLG Hamm ZIP 2018, 1241. Treuhänder muss Treugeber nicht entsprechend der Kapitalanteile in Anspruch nehmen, OLG Hamm ZIP 2018, 1237, ggf. Gesamtschuldnerinnenausgleich der Treugeber. Grundlagengeschäfte (→ § 164 Rn. 4) sind zustimmungspflichtig. § 164 S. 1 Hs. 2 ist jedenfalls abdingbar (→ § 164 Rn. 6), nach aA unabdingbar, nach aA gilt er in PublikumsGes überhaupt nicht (wie AG); Zustimmungsvorbehalt aber jederzeit wieder durch Mehrheitsbeschluss (→ Rn. 69). Lit.: Rutschmann DStR 2010, 555 (Außenhaftungsfreistellung); Tebben VGR 2010, 161 (TreuhandKdtist, Freistellung, Schadensersatz). Schadensersatzansprüche gegen Fondsinitiator in Insolvenz keine Insolvenzforderung, § 92 InsO gilt nicht, OLG Nürnberg ZIP 2011, 1016.

81 **E. Beendigung.** Bei fehlerhaftem Beitritt (zB Haustürgeschäft, → Rn. 58) Ausscheiden nach den Grundsätzen über die fehlerhafte PublikumsGes (→ Rn. 58), Rückgewähranspruch gegen die PublikumsGes und deren Gfter (→ § 128 Rn. 23), BGHZ 148, 201 (wirtschaftliche Betrachtungsweise). Abberufung des geschäftsführenden Treuhänders → Rn. 74. Auch ein nur mittelbar über einen Treuhänder beteiligter Anleger kann sich aus wichtigem Grund, zB grobe Pflichtverletzung des Treuhänders durch Übertragung der Treuhandbeteiligungen an ein Geschäftsführungsmitglied, von seiner „Beteiligung" völlig lösen, BGHZ 73, 294 mAnm Kraft ZGR 1980, 399. Der ausgeschiedene Anleger-Treugeber muss bis zur Höhe der ihm zurückgezahlten Einlage dem TreuhandKdtisten erstatten, was dieser wegen der wiederaufgelebten Haftung (→ § 172 Rn. 6) einem GesGläubiger leistet (§ 670 BGB), BGHZ 76, 127. Abfindungsklauseln im GesVertrag → Rn. 80.

82 Es reicht aus, dass Kapitalanleger bei schadensrechtlicher Rückabwicklung die Abtretung seiner Rechte anbietet, auch wenn Übertragung von Fondsanteilen von der Zustimmung Dritter abhängig ist, BGH ZIP 2012, 1598. Bindung von Kleinanleger für 31 Jahre ist unzulässige Kündigungsbeschränkung, BGH ZIP 2012, 1599 (§ 723 III BGB, GbR). Allein in der Insolvenz eines geschäftsführenden Gfters liegt aber noch kein wichtiger Grund für eine Kündigung durch den Anleger, BGH ZIP 2012, 2461 (Publikums-GbR).

VI. Rechtsverhältnisse der Gesellschafter zu Dritten

82a Für die Haftung ggü. Dritten gelten die allgemeinen Grundsätze. Besonderheiten der PublikumsGes ggü. der GmbH & Co (→ Rn. 1) sind in der Rspr. bisher kaum aufgetaucht. Der Kdtist haftet nach § 172; § 172 V ist nicht entspr. § 62 I,

III AktG einzuschränken, BGHZ 84, 386 mAnm K. Schmidt NJW 1982, 2501. Nach BGH ZIP 2011, 911 (915); NZG 2012, 703 kann die Haftung quotal beschränkt werden (GbR, Kenntnis auch des Darlehensgebers, auch → § 128 Rn. 38, zutr. und gem. RegE auch nach Inkrafttreten des MoPeG, BTDrucks 19/27635, 165), Bespr. Westermann NZG 2011, 1041. Verweist der Darlehensvertrag auf den Gesellschaftsvertrag, so gilt die dort genannte Quote, auch wenn der tatsächliche Anteil höher ist, BGH ZIP 2013, 266 (nicht alle Gesellschaftsanteile wurden gezeichnet).

Anlegern haften in erster Linie die Organe sowie die Prospektverantwortlichen. Als Dritte können den Gesellschaftern insbesondere Treuhänder und Mittelverwendungskontrolleur haften. Treuhänder ist kein Organ, auch nicht Mittelverwendungskontrolleur. Der Vertrag zwischen der PublikumsGes und dem Mittelverwendungskontrolleur kann echter Vertrag zugunsten der (potentiellen) Anleger (§ 328 BGB) sein, BGH ZIP 2018, 1185; OLG München ZIP 2008, 278, maßgebend ist stets Vertragsgestaltung im Einzelfall, BGH ZIP 2017, 2477 (zum Auskunftsanspruch BGH ZIP 2017, 2478 f.; aus Treu und Glauben BGH ZIP 2018, 1186, Einsicht nach § 166 III), die SchEAnspr der Gfter können dann auch in der Insolvenz der AnlageGes nicht vom InsolvVerw als Gesamtschaden nach § 92 InsO geltend gemacht werden, BGH WM 2013, 736. Lit.: Koch WM 2010, 1057, dazu auch → Rn. 64.

VII. Auflösung, Ausscheiden von Gesellschaftern, Liquidation

1) Auflösung. Die Auflösungsklage unter Beteiligung aller Gfter (→ § 133 Rn. 13) wirft bei der PublikumsGes erhebliche Schwierigkeiten auf, Abhilfe durch Mehrheitsbeschluss (→ Rn. 69b, 73); denkbar ist auch § 61 GmbHG analog, MüKoHGB/K. Schmidt/Fleischer § 133 Rn. 52; Staub/Casper § 161 Rn. 31. In der PublikumsGes ergab sich schon früher eine Fortsetzungsklausel fast immer aus GesVertrag, sonst aus ergänzender Vertragsauslegung, so für den Fall der außerordentlichen Kündigung (→ Rn. 84), BGHZ 63, 346; BGH NJW 1973, 1604, aber auch für andere Fälle; § 131 I idF HRefG hat diese Frage entschärft, die Fortsetzungsklausel behält eine eingeschränkte Bedeutung (→ § 131 Rn. 79). Massenaustritt (zB 86 von 91 Gftern) führt trotz Fortsetzungsklausel (§ 138 aF) zur Auflösung, OLG Stuttgart BB 1983, 12 mAnm Schneider JZ 1983, 768. Mit Auflösung erlischt Einzelgeschäftsführungs- und vertretungsbefugnis jedenfalls, wenn die Gesellschaft nicht kapitalistisch strukturiert ist, BGH ZIP 2011, 1865 (GbR), für die GmbH verlangt der BGH, dass sich der Wille zum Fortbestehen einer Alleinvertretung aus dem GesVertrag oder einem Gfterbeschluss ergibt, BGH ZIP 2009, 35.

2) Ausscheiden von Gesellschaftern. Automatisches Ausscheiden bei Verkauf, wenn nur Eigentümer Kdtisten einer EigentumswohnungsPublikumsGes sein können, BGH NJW 2003, 1729. Ausscheiden durch fristlose Kündigung wegen arglistiger Täuschung → Rn. 58. Bei Unerreichbarkeit des GesZwecks kann der Kdtist nur dann fristlos kündigen, wenn die Gfter einen Beschluss auf Zweckänderung (und ggf. weitere Umgestaltung) ohne seine Zustimmung treffen (→ Rn. 69b); ohne solchen Beschluss bleibt ihm nur die Auflösungsklage nach § 133 (Gedanke der Risikogemeinschaft), BGHZ 69, 160; BGH NJW 1978, 376; 1979, 765. Fristlose Kündigung wegen Pflichtverletzung des Treuhänders → Rn. 81. Der Kdtist kann selbst bei angemessener Abfindung nicht einseitig nach freiem Ermessen hinausgekündigt werden (→ § 140 Rn. 30), BGHZ 84, 15; 104, 50. Buchwertklausel wie bei normaler KG, Rasner NJW 1983, 2910, näher → § 131 Rn. 64. Für ein unabdingbares Austrittsrecht des Kdtisten (entspr. § 39 BGB) Reuter AG 1979, 324; AcP 181 (1981), 8, allgemeiner nach HRefG, str., → § 133 Rn. 1, 20. Nach OLG Frankfurt a.M. ZIP 2013, 975 liegt im freihändigen Verkauf des Anteils durch den Fonds beim Ausscheiden grds. kein

Verstoß gegen § 723 III BGB, wenn nach Vertragsschluss aber nur Erlös eines Bruchteils des Werts aber ergänzende Auslegung des GesVertrags.

85 **3) Liquidation.** Wer Liquidator bei der PublikumsGes ist streitig, für KomplementärGmbH, Scholz/K. Schmidt/Scheller GmbHG § 66 Rn. 1, 62, für § 265 AktG analog LG Nürnberg-Fürth NZG 2010, 1101, für § 275 AktG bzw. § 66 GmbHG analog Staub/Casper § 161 Rn. 233, jedenfalls bei Mehrheitsklausel Bestellung durch Mehrheitsbeschluss, KG NZG 2010, 1103; im Interesse der PublikumsGfter besser: gerichtlich zu bestellender Abwickler (§ 146 II auf Antrag eines einzelnen Gfters, → § 146 Rn. 5), Ebenroth/Henze/Notz § 177a Anh. 1 290, Bestellen eines Dritten mit Mehrheitsbeschluss, BGH NZG 2014, 304 (GbR). Beschluss über Liquidationsbilanz (→ § 154 Rn. 3). Bei Mehrheitsklausel ebenfalls durch Mehrheitsbeschluss, KG NZG 2010, 1103 gegen KG NZG 2010, 223, auch einfache Mehrheit, BGH ZIP 2012, 515 (523) (Liquidationseröffnungsbilanz). In der Liquidation können rückständige Kdtisteneinlagen erst eingezogen werden, wenn die Auseinandersetzungsrechnung einen Passivsaldo zu Lasten des Kdtisten ergibt, BGHZ 73, 302; BGH NJW 1978, 424 (→ § 149 Rn. 3). Einziehung rückständiger stiller Einlagen des Kdtisten-Stillen bei der PublikumsGes s. BGH NJW 1980, 1522 (vgl. → § 235 Rn. 1). Keine Aufrechnung des Kdtisten in der GesInsolvenz mit Anspruch, dessen Erfüllung Eigenkapitalrückgewähr war, BGHZ 93, 159. Nachtragsliquidator entspr. § 273 IV AktG, BGHZ 155, 121. In Publikumsgesellschaft sind Ansprüche der Gfter untereinander in Auseinandersetzungsbilanz einzustellen, BGH ZIP 2016, 217 (jedenfalls bei entspr. GfterBeschluss), auch bei Abwicklungsanordnung der BaFin nach § 38 KWG, BGH NZG 2018, 1067, sonst individuelle Geltendmachung (→ § 155 Rn. 2). Bei einer Auseinandersetzungsbilanz mit Passivsaldo kann sogleich ein höherer Nachschuss beschlossen werden, wenn Insolvenz einzelner Gesellschafter absehbar, BGH ZIP 2012, 515. Für Gesellschafterinnenausgleich wird keine Prozesskostenhilfe gewährt, OLG Köln ZIP 2020, 121.

C. KAGB und Investmentkommanditgesellschaft

Schrifttum

a) Kommentare und Handbücher: *Baur/Tappen/Merkhah* Investmentgesetze, 4. Aufl 2019. – *Dornseifer/Jesch/Klebeck/Tollmann* AIFM-Richtlinie, 2013. – *Emde/Dornseifer/Dreibus* 2. Aufl 2019. – *Moritz/Klebeck/Jesch* Bd 1 2016 f. – MüKo(HGB)/*Brungs* 5. Aufl 2022 Anh. § 161. – *Oetker/Oetker* § 161 Rn. 163 ff. – *Patzner/Döser/Kempf* Investmentrecht 3. Aufl 2017. – *Staub/Casper* § 161 Rn. 257 ff. – *Weitnauer/Boxberger/Anders* (WBA) KAGB, 3. Aufl 2021. – *Westermann/Stöber* § 54a.

b) Einzeldarstellungen und Sonstiges: Zur AIFM-RL *Weiser/Jang* BB 2011, 1219; *Kramer/Recknagel* DB 2011, 2077. – Zum KAGB *Herring/Loff* DB 2012, 2029 (DiskE); *Emde/Dreibus* BKR 2013, 89 u. *Freitag* NZG 2013, 329 (RegE); *Voigt/Busse* BKR 2013, 184 (Übergangsvorschriften RegE); *Niewerth/Rybarz* WM 2013, 1154 und *Hartrott/Goller* BB 2013, 1603 (Immobilienfonds); *Loritz/Rickmers* NZG 2014, 1241 (operativ tätige Unternehmen); *Zetzsche* AG 2013, 613; *Wallach* ZGR 2014, 289; *Casper* ZHR 179 (2015), 44; *Eichhorn* WM 2016, 110, 145 (offene InvestmentKG).

I. Das Kapitalanlagegesetzbuch

86 **1) Umsetzung der OGAW- und der AIFM-Richtlinie.** Das **Kapitalanlagegesetzbuch (KAGB)** v. 4.7.2013, BGBl. I 1961 und die zugrundeliegende Richtlinie über die Verwaltung Alternativer Investmentfonds (AIFM-RL) führen zu einer **deutlichen Verbesserung des Anlegerschutzes**. So sieht das KAGB neu Regelungen für offene Investmentkommanditgesellschaften (§§ 124 ff. KAGB) sowie für geschlossene inländische Investmentvermögen eine Beschränkung auf die Rechtsform der Investmentkommanditgesellschaft vor (für die vor-

liegende Kommentierung nicht praktisch ist die Investmentaktiengesellschaft), § 139 KAGB. Das KAGB fügt die Regelungen über Investmentvermögen (Investmentfonds und Alternative Investmentfonds (AIF)) in einem Gesetz zusammen. Nach § 1 I KAGB ist **Investmentvermögen** jeder Organismus für gemeinsame Anlagen, der von einer Anzahl von Anlegern Kapital einsammelt, um es gemäß einer festgelegten Anlagestrategie zum Nutzen dieser Anleger zu investieren und der **kein operativ tätiges Unternehmen** außerhalb des Finanzsektors ist. Letzteres kann zu Abgrenzungsproblemen führen. Nach dem BGH kann es sich bei einem Immobilienfonds um eine (Art der) Unternehmensbeteiligung (bei der das Risiko eines hohen oder vollständigen Kapitalverlusts gering ist) handeln, BGH NZG 2014, 907. Zum Begriff des Investmentvermögens auch das Auslegungsschreiben der BaFin, Loritz/Uffmann WM 2013, 2193.

Das KAGB ist zum 22.7.2013 vollständig in Kraft getreten. Übergangsregeln **87** für Verwalter und Vertrieb geschlossener Fonds in § 353 KAGB. Eine Umwandlung bestehender Publikumsgesellschaften in Investmentkommanditgesellschaften wird nicht vorgesehen, für Verwalter insbesondere auf das Tätigen zusätzlicher Anlagen abgestellt. Vor Inkrafttreten des KAGB waren Investmentfonds im Investmentgesetz (InvG, zuvor Kapitalanlagegesellschaftsgesetz, KAGG) geregelt, Alternative Investmentfonds weitgehend ungeregelt. Mit der **AIFM-Richtlinie** hat die EU auch Alternative Investmentfonds geregelt, nach der Finanzkrise sollten alle Kapitalmarktgeschäfte reguliert werden. Bei **Alternativen Investmentfonds** wurden als **Regulierungsansatz** die **Manager** (alternative investment fund manager, AIFM) gewählt. **Deutschland** hat aus Anlass der Umsetzung der AIFM-Richtlinie **Investmentfonds und Alternative Investmentfonds in einem Gesetz zusammengefasst,** was der Übersichtlichkeit nicht immer zuträglich ist, auch wegen des notwendigen Rekurses auf Europäisches Recht. Umgesetzt wird durch das KAGB so auch die OGAW-Richtlinie. OGAW sind Organismen für gemeinsame Anlage in Wertpapieren, Art. 1 II OGAW-RL.

2) Kapitalmarktrecht im KAGB. Die **kapitalmarktrechtlichen Bestim- 88 mungen** gelten nach § 2 V KAGB überwiegend **auch für kleinere Investmentvermögen** (verwaltete Vermögensgegenstände der AIF-Kapitalverwaltungsgesellschaft nicht mehr als 100 Mio. Euro) und damit **auch für andere Gesellschaften als** offene oder geschlossene **Investmentkommanditgesellschaften.** So greifen neben allgemeinen Bestimmungen für alle dem KAGB unterfallenden Investmentvermögen die Pflicht der Kapitalverwaltungsgesellschaft zur **Registrierung** bei der BaFin, § 44 I KAGB, und zur Erstellung, Prüfung und Veröffentlichung von **Jahresabschlüssen** nach §§ 45–48 KAGB. Weiter gelten die Regeln über **Verwahrstellen,** §§ 80 ff. KAGB und wesentliche Vorschriften über die **Vermögensanlage** und **Verkaufsprospekte.** Regelfall des KAGB ist die externe Kapitalverwaltungsgesellschaft (§ 18 KAGB), der Geschäftsbetrieb einer Kapitalverwaltungsgesellschaft bedarf der Erlaubnis der BaFin (§ 20 KAGB).

Die **Anlage** von geschlossenen Publikums-AIF regeln die §§ 261–272 KAGB. **89 Zulässige Vermögensgegenstände** sind nach § 261 KAGB als Sachwerte Immobilien, Schiffe, Luftfahrzeuge, Anlagen erneuerbarer Energie, Schienenfahrzeuge, Elektromobilität, Container, § 261 I Nr. 1, II KAGB. Es gilt der Grundsatz der **Risikomischung,** § 262 I KAGB, von dem nach § 262 II KAGB aber bei den meisten Anlagegegenständen abgewichen werden kann, wenn der Anleger einem semiprofessionellen Anleger weitgehend entspricht und etwa bei Investitionen in weniger als drei Sachwerte die **Abweichung kenntlich** gemacht wird. § 262 II 1 Nr. 2 KAGB verweist auf die Definition des semiprofessionellen Anlegers, verlangt statt der in § 1 IXX Nr. 33 lit. a, aa KAGB vorgesehenen Anlage von mindestens 200.000 Euro aber nur einen Anlagebetrag von 20.000 Euro.

90 Investmentvermögen in Form eines geschlossenen Publikumsfonds bedürfen einer **Genehmigung der Anlagebedingungen** durch die BaFin (§ 267 KAGB), müssen einen Verkaufsprospekt und wesentliche Anlegerinformationen erstellen (§ 268 I KAGB) und unterliegen einer Beschränkung der Kreditaufnahme (§ 263 KAGB). Allgemein greift eine **Prospekthaftung** (§ 306 KAGB), dazu Hanke BKR 2014, 441, sowie ein **Widerrufsrecht** für außerhalb der Geschäftsräume des Verkäufers oder Vermittlers geschlossener Verträge, § 305 KAGB. Die §§ 261–270, 271 I–IV, 272 KAGB finden auch Anwendung, wenn vom AIF-Manager weniger als 100 Mio. Euro verwaltet werden, § 2 V KAGB.

91 3) **OGAW und AIF als europäische Rechtsbegriffe.** Die **OGAW-Richtlinie** gilt nach Art. 3 lit. a OGAW nicht für Organismen für gemeinsame Anlagen des geschlossenen Typs, ferner nach Art. 3 lit. b OGAW-RL für Organismen für gemeinsame Anlagen, die sich Kapital beschaffen, ohne ihre Anteile beim Publikum in der Gemeinschaft oder einem Teil der Gemeinschaft zu vertreiben. Grundsätzlich sind OGAW iSd OGAW-Richtlinie Organismen, deren ausschließlicher Zweck es ist, **beim Publikum beschaffte Gelder** für **gemeinsame Rechnung** nach dem **Grundsatz der Risikostreuung** in Wertpapieren und/oder anderen in Art. 50 I OGAW-RL genannten liquiden Finanzanlagen zu investieren, und deren **Anteile** auf Verlangen der Anteilinhaber unmittelbar oder mittelbar zu Lasten des Vermögens dieser Organismen **zurückgenommen oder ausgezahlt** werden. Diesen Rücknahmen oder Auszahlungen gleichgestellt sind Handlungen, mit denen ein OGAW sicherstellen will, dass der Kurs seiner Anteile nicht erheblich von deren Nettoinventarwert abweicht, Art. 1 II OGAW-RL.

92 Nach Art. 4 I lit. a AIFM-RL ist **Alternativer Investmentfonds (AIF)** jeder Organismus für gemeinsame Anlagen einschließlich der Teilfonds, der von einer Anzahl von Anlegern Kapital einsammelt, um es gemäß einer festgelegten Anlagestrategie zum Nutzen dieser Anleger zu investieren und der **keiner Genehmigung nach der OGAW-RL** bedarf. Dabei spielt es keine Rolle, ob es sich um einen offenen oder um einen geschlossenen Fonds handelt, Art. 2 III AIFM-RL. Das KAGB unterscheidet weiter **Spezial-AIF** und **Publikums-AIF**. Anteile an Spezial-AIF dürfen nur von professionellen und semiprofessionellen Anlegern erworben werden, alle anderen AIF sind Publikumsinvestmentvermögen, § 1 VI KAGB.

93 4) **Begriff des offenen und geschlossenen Fonds.** Nach § 1 III KAGB sind **Alternative Investmentfonds (AIF)** alle Investmentvermögen, die keine OGAW sind. Bei offenen Investmentvermögen (OGAW) wurde angenommen, dass die Rücknahme jederzeit verlangt werden kann, WBA/Volhard/Jang KAGB § 1 Rn. 35. Das KAGB stellte zunächst darauf ab, ob die Anleger oder Aktionäre mindestens einmal pro Jahr das Recht zur Rückgabe gegen Auszahlung ihrer Anteile oder Aktien aus dem AIF haben; Mindesthaltefristen und die Möglichkeit der Aussetzung oder Beschränkung der Rücknahme wurden dabei nicht berücksichtigt. Nunmehr verweist § 1 IV Nr. 2 KAGB auf Art. 1 II der Delegierten Verordnung (EU) Nr. 694/2014 der Kommission vom 17.12.2013, ABl. L 183, 18, dazu Geurts/Schubert WM 2014, 2154. Nach dessen Unterabsatz 1 liegt ein **offener AIF** vor, wenn die **Anteile vor Beginn der Liquidations- oder Auslaufphase** auf Ersuchen eines Anteilseigners direkt oder indirekt aus den Vermögenswerten des AIF und nach den Verfahren und mit der Häufigkeit, die in den Vertragsbedingungen oder der Satzung, dem Prospekt oder den Emissionsunterlagen festgelegt sind, **zurückgekauft oder zurückgenommen werden**.

94 Nach § 1 V KAGB sind **geschlossene Alternative Investmentfonds** alle AIF, die keine offenen AIF sind, es darf also **keine Rücknahme** von Anteilen **vor Beginn der Liquidations- oder Auslaufphase** vorgesehen werden. Aufgrund der weiten Formulierung der delegierten Verordnung kann eine Anpas-

2. Abschnitt. Kommanditgesellschaft   95–97   **Anh § 177a**

sung der Ausgabebedingungen notwendig werden, zu den Folgen der Neudefinition geschlossener Fonds Geurts/Schubert WM 2014, 2154, § 353 XI KAGB. Insbesondere dürfen **offene InvKG** Anteile **nur** an **professionelle** und **semiprofessionelle Anleger** vertreiben, § 127 I KAGB, → Rn. 96. Für einen offenen Fonds bedarf es keiner Mindestzahl von Rücknahmeterminen, § 125 II 2 KAGB verweist nur auf das Recht der Anleger zur Rückgabe der Anteile. Diese erfolgt bei der offenen InvKG durch Kündigung, § 133 KAGB. Für den **Status als Altgesellschaft** gilt ein modifizierter Begriff des geschlossenen Fonds, nach Art. 1 V der delegierten VO kann eine geschlossene Gesellschaft angenommen werden, wenn eine Rücknahme erst nach fünf Jahren verlangt werden kann.

II. Offene Investmentkommanditgesellschaften

1) InvKG als Rechtsform für offene Investmentvermögen. Nach § 91 I   95
KAGB können offene inländische Investmentvermögen nur in Form eines Sondermögens nach §§ 92 ff. KAGB, als Investmentaktiengesellschaft nach §§ 108 ff. KAGB aufgelegt werden. Durch § 91 II KAGB neu eingeführt wird die **offene Investmentkommanditgesellschaft,** zugelassen für inländische Investmentvermögen, die keine OGAW sind, wenn nach dem Gesellschaftsvertrag Anteile ausschließlich von professionellen und semiprofessionellen Anlegern erworben werden dürfen. Nach § 124 I KAGB dürfen offene Investmentkommanditgesellschaften **nur in der Rechtsform der Kommanditgesellschaft** betrieben werden, auf die InvKG sind die Bestimmungen des HGB anzuwenden, soweit das KAGB nichts anderes bestimmt. Die Regelungen des KAGB lehnen sich an die Investmentaktiengesellschaft an. Offene Investmentkommanditgesellschaften sollen als Vehikel zur Durchführung betrieblicher Altersvorsorge dienen. International tätigen Unternehmen soll das pension pooling, die gemeinsame Anlage von Altersvorsorgevermögen für in verschiedenen Staaten zugesagte Betriebsrente ermöglicht werden. Die dafür notwendige steuerliche Flankierung ist durch das AIFM-Steuer-Anpassungsgesetz erfolgt. Firmierung als offene Investmentkommanditgesellschaft oder allgemein verständliche Abkürzung, § 134 KAGB, etwa offene InvKG.

2) Anlage in offenen InvKG. Das KAGB beschränkt den **Anlegerkreis** für   96
offene InvKG auf **professionelle und semiprofessionelle Anleger** (§ 127 I 1 KAGB). Ein Beitritt von Privatanlegern verstößt aufgrund der Regelungsanordnung der §§ 92 II, 125 II KAGB auch gegen den Gesellschaftsvertrag. Mit der Mindermeinung (Oetker/Oetker § 161 Rn. 177) ist dann von einem fehlerhaften Beitritt eines Privatanlegers zu einer offenen Investmentkommanditgesellschaft auszugehen (aA etwa Staub/Casper § 161 Rn. 276). Anlagebedingungen zusätzlich zum Gesellschaftsvertrag, § 126 KAGB. Anleger dürfen in der offenen InvKG nur unmittelbar als Kommanditisten beteiligt werden, § 127 I 2 KAGB, dadurch Ausschluss der Beteiligung als Treuhandkommanditist, zur geschlossenen InvKG → Rn. 99. Rückgewähr der Einlage nur mit Zustimmung des Kommanditisten, § 127 II KAGB. Keine Nachschusspflicht, § 127 III 3 KAGB. Wirksamkeit des Eintritts in bestehende InvKG erst mit Eintragung des Kdtsten in HReg, § 127 IV KAGB.

3) Gesellschaftsrecht offener InvKG. Der Gesellschaftsvertrag einer offenen   97
InvKG bedarf nach § 125 I KAGB der Schriftform. Anwendung finden die für Publikumsgesellschaften entwickelten Auslegungsgrundsätze (Oetker/Oetker § 161 Rn. 169) sowie eine Inhaltskontrolle (so für alle InvKG Staub/Casper § 161 Rn. 141). Der GesVertrag muss Unternehmensgegenstand vorsehen (näher § 125 II KAGB), ferner Ladung zu GfterVersammlung unter vollständiger Angabe der Beschlussgegenstände in Textform und Anfertigung eines schriftlichen Protokolls über Ergebnisse, das in Kopie den Anlegern zu übersenden ist, § 125 III KAGB, von der Fortführung der InvKG bei Insolvenz eines Gfters oder

Kündigung durch den Privatgläubiger eines Gfters nach § 131 III HGB darf nicht abgewichen werden, § 125 IV KAGB. Nach § 128 KAGB muss die Geschäftsführung aus mindestens zwei Personen bestehen.

III. Geschlossene Investmentkommanditgesellschaften

98 **1) InvKG als Rechtsform für geschlossene Investmentvermögen.** Geschlossene inländische Investmentvermögen dürfen nach § 139 KAGB nur als Investmentaktiengesellschaft oder als geschlossene Investmentkommanditgesellschaft aufgelegt werden. Geregelt ist die geschlossene InvKG in den §§ 149–161 KAGB. Als Gesellschaftsform zwingend ist die InvKG nur für geschlossene Publikumsfonds (zum Begriff → Rn. 93 f.) mit einem Gesamtanlagevermögen von mehr als 100 Mio. Euro, § 2 V KAGB. Es kann die AIF-Kapitalverwaltungsgesellschaft nach § 2 V 2 Nr. 3 KAGB aber beschließen, sich dem KAGB voll zu unterwerfen. Nach § 149 I KAGB dürfen geschlossene Investmentkommanditgesellschaften nur in der Rechtsform der Kommanditgesellschaft betrieben werden, auf die InvKG sind die Bestimmungen des HGB anzuwenden, soweit das KAGB nichts anderes bestimmt. Firmierung als geschlossene Investmentkommanditgesellschaft oder allgemein verständliche Abkürzung, § 157 KAGB (→ Rn. 94). Bei anderer Rechtsform und Anwendbarkeit des KAGB Anspruch der Anleger in Umwandlung in Investmentkommanditgesellschaft, Casper ZHR 179 (2015), 53.

99 **2) Anlage in geschlossene InvKG.** Bei geschlossenen InvKG nach § 152 KAGB keine Beschränkung des Anlegerkreises (zu offenen InvKG → Rn. 96). Anlagebedingungen zusätzlich zum Gesellschaftsvertrag, § 151 KAGB, nur Vorlage an BaFin, § 273 KAGB, ähnlich § 111 KAGB. Die Anleger sind grds. unmittelbar als Kommanditisten zu beteiligen, § 152 I 1 KAGB. Bei Publikumsgesellschaften ist auch eine mittelbare Beteiligung über einen Treuhandkommanditisten möglich, § 152 I 2 KAGB, der Anleger hat dann im Innenverhältnis die Stellung eines Kommanditisten, § 152 I 3 KAGB. Abschlussprüfung durch Abschlussprüfer, §§ 159, 136 KAGB, Offenlegung bei Publikums-InvG, § 160 KAGB.

100 Rückgewähr der Einlage nur mit Zustimmung des Kommanditisten, § 152 II 1 KAGB. Vor der Zustimmung ist der Kdtst darauf hinzuweisen, dass er den Gläubigern der Ges. unmittelbar haftet, soweit die Einlage durch die Rückgewähr oder Ausschüttung zurückbezahlt wird, bei mittelbarer Beteiligung über einen Treuhandkommanditisten muss auch der Anleger zustimmen, § 152 I 2, 3 KAGB. Keine Nachschusspflicht, § 152 III 3 KAGB, deshalb keine Anwendbarkeit der Grundsätze „Sanieren oder Ausscheiden", Staub/Casper § 161 Rn. 192. Wirksamkeit des Eintritts in bestehende InvKG erst mit Eintragung des Kdtsten in HReg, § 152 IV KAGB.

101 **3) Gesellschaftsrecht geschlossener InvKG.** Der GesVertrag einer geschlossenen InvKG bedarf nach § 150 I KAGB der Schriftform. Es gelten weiter die für Publikumsgesellschaften entwickelten Auslegungsgrundsätze sowie die Inhaltskontrolle, → Rn. 67, 68. Der GesVertrag muss Unternehmensgegenstand vorsehen, was insbes. für Spezial-AIF relevant ist (näher § 150 II KAGB), ferner Ladung zu GfterVersammlung unter vollständiger Angabe der Beschlussgegenstände in Textform und Anfertigung eines schriftlichen Protokolls über Ergebnisse, das in Kopie den Anlegern zu übersenden ist, § 150 III KAGB, von der Fortführung der InvKG bei Insolvenz eines Gfters oder Kündigung durch den Privatgläubiger eines Gfters nach § 131 III HGB darf nicht abgewichen werden, § 150 IV KAGB. Nach § 153 KAGB muss die Geschäftsführung aus mindestens zwei Personen bestehen. Keine Vertretung der geschlossenen InvKG durch externe KapitalverwaltungsGes, OLG München ZIP 2015, 2224.

3. Abschnitt. Stille Gesellschaft § 230

178-229 *(aufgehoben)*

Dritter Abschnitt. Stille Gesellschaft

Schrifttum

a) Lehr- und Handbücher, Kommentare: Außer dem allgemeinen Schrifttum (s. Einl vor § 105) *Blaurock*, 9. Aufl 2020. − Münch. Hbd des GesR Bd 2 KG, GmbH & Co KG, Publikums-KG, StGes, 5. Aufl 2019, §§ 72–95. − *MüKo(HGB)/K. Schmidt* Bd 3 4. Aufl 2019. − *Singhof/Seiler/Schlitt* 2004 (mittelbare GesBeteiligungen). − *Wiedemann* II § 10. − *Zacharias/Hebig/Rinnewitz*, Die atypisch stGes, 2. Aufl 2000.

b) Einzeldarstellungen und Sonstiges: *Blaurock*, Unterbeteiligung und Treuhand an GesAnteilen, 1981. − *Friehe*, Die Unterbeteiligung bei Personengesellschaften, 1974. − *Reusch*, Die stGes als PublikumspersonenGes, 1989. − *Schulze zur Wiesche*, GmbH & Still, 7. Aufl 2019. − *Thomsen*, Die Unterbeteiligung an einem Personengesellschaftsanteil, 1978. − *Mock* DStR 2008, 1645 (MoMiG). − *K. Schmidt*, ZHR 140 (1976), 475; DB 1976, 1705; KTS 1977, 1, 65; FS Bezzenberger 2000, 401; DB 2002, 829; ZHR 178 (2014), 10 (InnenKG). − *Wiedemann* WM 2014, 1985 (PublGes). − *Florstedt* FS K. Schmidt, 2019, Bd. 1, 339 (InnenKG). − *Hennrichs* FS K. Schmidt, 2019, Bd. 2, 435. − *Hopt/Merkt/Möritz*, Vertrags- und Formularbuch zum Hdl-, Ges- und Bankrecht, 5. Aufl 2022, Teil II.G (mit 6 Vertragsmustern). **RsprÜbersichten:** *Kuhn* WM 1968, 1114; 1975, 718; *U. Fischer* WM 1981, 638; *Brandes* WM 1989, 1357.

[Begriff und Wesen der stillen Gesellschaft]

230 (1) **Wer sich als stiller Gesellschafter an dem Handelsgewerbe, das ein anderer betreibt, mit einer Vermögenseinlage beteiligt, hat die Einlage so zu leisten, daß sie in das Vermögen des Inhabers des Handelsgeschäfts übergeht.**

(2) **Der Inhaber wird aus den in dem Betriebe geschlossenen Geschäften allein berechtigt und verpflichtet.**

Übersicht

	Rn
1) Begriff der stillen Gesellschaft	1–3
2) Abgrenzung gegenüber anderen Verträgen	4
3) Mögliche Gesellschafter	5–8
4) Gesellschaftsvertrag	9–12
5) Rechte und Pflichten des Inhabers	13–19
6) Rechte und Pflichten des Stillen	20–24
7) Rechtsverhältnis zu Dritten	25–28
8) Umwandlung von stiller und in stille Gesellschaft	29

1) Begriff der stillen Gesellschaft

A. §§ 230–237 (bis 1986 §§ 335–342, durch BiRiLiG ohne inhaltliche Änderung nach vorn versetzt) handeln von der Beteiligung als **stiller Gesellschafter** („Stiller") am HdlGewerbe eines anderen mit einer Vermögenseinlage; auch nur an einem Teil des **Handelsgeschäfts** (selbstständig abgrenzbaren Geschäftszweig), BFH GmbHR 1975, 188. Der Begriff der stGes ist aber nicht auf diese Fälle beschränkt. Er kann stille Beteiligungen an anderen Unternehmen und anders als mit solcher Einlage umfassen, auch dann können §§ 230 ff. (unmittelbar oder entspr.) anzuwenden sein, zB bei stiller Beteiligung an NichtHdlGewerbe (zB Landwirtschaft) oder freiem Beruf oder bei gesellschaftsmäßiger Beteiligung am Ertrag von HdlGewerbe oder anderen Unternehmen auf anderer Grundlage

§ 230 2, 3   2. Buch. Handelsgesellschaften und stille Gesellschaft

als einer Vermögenseinlage, str. Vgl. Fischer JR 1962, 202; Esch NJW 1964, 902; Schneider FS Möhring, 1965, 115. Andere partiarische Verhältnisse und Beteiligung an einzelnen Geschäften (Unterbeteiligung) → Rn. 4. Atypische stGes → Rn. 3. Steuerrecht s. Scheuffele BB 1979, 1026, zum stillen Gfter als Mitunternehmer BGH ZIP 2018, 319. Relevant war die stGes auch für die Bankenrettung nach der Finanzkrise, zum SoFFin etwa Zimmer/Bueren NZG 2011, 405.

2 B. Die stGes nach § 230 ist **Gesellschaft** (§ 705 BGB), vorausgesetzt wird die Verfolgung eines gemeinsamen Zwecks, BGH ZIP 2013, 21; BFH NZG 2020, 676; Unterscheidungen → Rn. 3, 4. Sie ist **Innengesellschaft** (→ Einl. vor § 105 Rn. 10), darum vom Gesetzgeber **nicht** als **Handelsgesellschaft** betrachtet; das vom Stillen dem Unternehmen zu widmende Vermögen wird nicht gemeinschaftliches GesVermögen iSv § 718 BGB, sondern ist dem Partner zu übertragen, der allein in seinem Namen das HdlGewerbe betreibt und daraus berechtigt und verpflichtet wird (I, II), vgl. RGZ 142, 21; 166, 162; BGHZ 7, 378. Die stGes als solche ist deshalb kein Unternehmensträger (→ Einl. vor § 1 Rn. 41). Zur Frage, ob es neben der stGes eine InnenGes (an einem HdlGeschäft), die nicht stGes ist, gibt, → Rn. 20 (betr. Beteiligung mit Diensten). Die stGes ist **Schuldverhältnis**, nicht Rechtserwerbs- und Verpflichtungsgemeinschaft; sie erscheint nicht im HdlReg (muss aber iZw nicht geheim bleiben); sie bleibt aber trotzdem Ges. im Rechtssinne, BGHZ 127, 184 (Konsequenz für AGB-Kontrolle → Rn. 9), nicht bereits bei zeitlich gestreckter Auszahlung des Auseinandersetzungsguthabens, BGH ZIP 2013, 1761.

3 C. Der Stille nimmt iZw gemäß §§ 231, 232 am GesVertrag am Gewinn und Verlust des HdlGeschäfts teil (**typische** stGes). Es können aber auch Gestaltungen mit weitergehenden Rechten des Stillen vereinbart werden (**atypische** stGes, wegen Vertragsfreiheit zu diesem Begriff krit. MüKoHGB/K. Schmidt Rn. 74). Atypischer stiller Gesellschafter in der Insolvenz wie Gesellschafter, wenn Stellung einem solchen angenähert ist, BGH ZIP 2012, 1871 m. Bespr. Mylich WM 2013, 1010 (der atypische Ges. als ergänzenden GesAnteil ansieht, ZGR 2018, 867). Bei atypischer stiller Gesellschaft kann erlaubnispflichtiges Betreiben eines Bankgeschäfts vorliegen, LG Göttingen ZIP 2012, 1169; grds. verneinend BGH ZIP 2013, 1761.

a) Beteiligung am Gesellschaftsvermögen: Bei dieser Hauptform der atypischen stGes wird im Verhältnis der Parteien (rein schuldrechtlich ohne dingliche Wirkung) das ganze Geschäftsvermögen, auch das vor der Einlage des Stillen vorhanden gewesene, als gemeinsames Vermögen behandelt, so dass der Stille bei der Auseinandersetzung nach Auflösung der stGes so zu stellen ist, als wäre er am ganzen Geschäftsvermögen gesamthänderisch beteiligt gewesen, die Wertänderungen des ganzen Geschäftsvermögens also ihm auch zukommen (vgl. → § 235 Rn. 1), RGZ 126, 390; 166, 160; BGHZ 7, 178; 7, 379; 8, 160. Der gesetzliche Abfindungsanspruch umfasst nicht nur den Buchwert, sondern ist wie das Auseinandersetzungsguthaben bei Ausscheiden aus OHG zu ermitteln (Abschichtungsbilanz, → § 131 Rn. 50, anders bei stG → § 235 Rn. 1), BGH WM 1995, 1277, sofern der GesVertrag nicht anderes bestimmt (Abfindungsklauseln → § 131 Rn. 58), BGH NJW 2001, 3778. Die (hierbei maßgebenden) „Anteile" des Stillen und des Inhabers müssen nicht nach den objektiven Werten des Altvermögens des Inhabers und der Einlage des Stillen, sondern können anders bestimmt werden, BGHZ 7, 179; bei Überschreitung der Grenze zur Schenkung aber (nach BGHZ 7, 179; 7, 380; dagegen → § 230 Rn. 10) nur in der Form gemäß § 518 I BGB. Die schuldrechtliche Vermögensbeteiligung kann zu einer **InnenKG** verstärkt werden, OLG Schleswig ZIP 2009, 422, so idR GmbH & Still, MüKoHGB/K. Schmidt Rn. 81; FS Bezzenberger, 2000, 405; Groh FS Kruse, 2001, 417; K. Schmidt NZG 2009, 361; ZHR (2014), 10, der Stille hat dann (nur) im Innenverhältnis Rechte und Pflichten wie ein Kdtist, BGH ZIP 2010, 1341 mAnm Blaurock NZG 2010, 974, also keine unmittelbare Haftung, auch nicht § 171 II (→ Rn. 27), zu BGH ZIP 2013, 2355 sowie zur Abwicklung K. Schmidt ZIP 2014, 1457.

b) Mitwirkungsbefugnisse: Die Mitwirkungsbefugnisse des atypisch Stillen sind trotz Beteiligung am GesVermögen nicht notwendig, OLG Dresden WM 2004, 726 (dann wie → Rn. 14). Werden sie vorgesehen, können sie von einem bloßen Widerspruchsrecht über Zustimmungsrechte bis hin zur Geschäftsführungsbefugnis reichen, BGH NJW 1992, 2696.

c) Verbindung mit anderen Gesellschaften oder Gesellschaftern: Als atypisch wird die stGes zT auch bezeichnet, wenn der Stille zugleich Kdtist ist (→ Anh. § 177a Rn. 71, zu unterscheiden: bloß wie ein Kdtist, → Rn. 3) oder wenn mehrere Stille in einem einzigen GesVerhältnis stehen (→ Rn. 7). Weitere Bspe s. MüKoHGB/K. Schmidt Rn. 72 ff. StGes an GmbH, AG (GmbH & Still, AG & Still) → Rn. 5. StGes kommt auch als **PublikumsGes** vor (dazu → Anh. § 177a Rn. 52 ff.), auch Kombination von Kdtisten und Stillen, BGH BB 1978, 14; NJW 1980, 1523; 1998, 1946; ZIP 2013, 1761; auch → § 235 Rn. 1; Lit.: Reusch, 1989; Schulze zur Wiesche GmbHR 1999, 902; Stenenbach DStR 2000, 1669 (mit Steuern); Bornemann ZHR 166 (2002), 211 (stPublikumsGes); Staub/Harbarth Rn. 109 ff.; Regelungsvorschlag von Kauffeld/Mock ZIP 2019, 1411. **Muster:** → Rn. 9. Bei PublikumsGes kommt eine Haftung des Vertriebs, BGH WM 2012, 24, 1482, der Anlageberater oder -vermittler BGH WM 2013, 68 in Betracht, → Anh. § 177a Rn. 66b.

2) Abgrenzung gegenüber anderen Verträgen

Von partiarischen Verträgen, bes. **partiarischen Darlehen** (Darlehen mit **4** Gewinnbeteiligung) unterscheidet sich die stGes durch die Verfolgung eines gemeinsamen Zwecks anstelle der Wahrnehmung ausschließlich eigener Interessen (zB Kreditaufnahme und -gewährung). Bei dieser Abgrenzung sind Vertragszweck und -inhalt und wirtschaftliche Ziele der Teilnehmer umfassend zu würdigen. Beachtlich sind ua: Bezeichnung (zB auch „Beteiligung"); Gründungs- oder spätere Zusatzfinanzierung, im ersten Fall liegt die Annahme der Ges. näher; Fehlen einer Kreditsicherung; lange feste Vertragsdauer; Informations- und Kontrollrechte des Geldgebers wie in § 233; Notwendigkeit seiner Zustimmung zu Änderung des Unternehmensgegenstandes oder Veräußerung, Verpachtung und Einstellung des Unternehmens; Möglichkeit seiner Einflussnahme auf die Geschäftsführung; Maß seiner Teilnahme an der Chance und am Risiko (dazu § 231 II); Beschränkung der Übertragbarkeit; nicht aussagekräftig zB: Erhebung einer Abschluss- und Verwaltungsgebühr. Zu den Abgrenzungskriterien BGHZ 3, 81; 127, 176; BGH BB 1967, 349; WM 1988, 172 (Umsatzmiete); BGH NJW 1990, 573; OLG Frankfurt a. M. WM 1982, 199. Immer für stGes Schön ZGR 1993, 210. Dem **partiarischen Dienstvertrag** ähnlich ist stGes mit Einlage von Diensten (→ Rn. 20), BGH NJW 1992, 2696, der Unterschied liegt in der Gleichordnung der Gfter. Ein Dienstverpflichteter, zB HdlGehilfe des Geschäftsinhabers, kann daneben (mit anderer Einlage als seinen Dienstvertrags-Diensten) stiller Gfter sein. Beteiligung des A **an einzelnen Geschäften,** die B im eigenen Namen für gemeinsame Rechnung ausführt, zB **a-metà-Geschäft** (ital: Hälfte; Lit.: Obermüller FS Werner, 1984, 611), ist nicht stGes, sondern GbR (InnenGes, → Einl. vor § 105 Rn. 10, und GelegenheitsGes, Regelung der InnenGes durch MoPeG als nicht rechtsfähige GbR), BGH DB 1964, 67; WM 1982, 1403; NJW 1990, 573. Der still Beteiligte kann die Ergebnisse zurückweisen, wenn der geschäftsführende Partner abredewidrig handelt, RG JW 1932, 1667. **Unterbeteiligung** (Beteiligung an Beteiligung) mit Mustern → § 105 Rn. 38.

3) Mögliche Gesellschafter

5 **A.** Der **Inhaber** muss **Kaufmann** sein, einerlei welcher Art, §§ 1–6, ein EinzelKfm oder eine HdlGes; OHG: RGZ 142, 21; BGH LM HGB § 128 Nr. 7; KG: BGH DB 1971, 189; AG, Bsp. OLG Celle NZG 2000, 85; OLG Köln NZG 2000, 89, aber Schranken aus §§ 293, 294 AktG (Teilgewinnabführungsvertrag), K. Schmidt ZGR 1984, 295; GmbH: „GmbH & Still", idR InnenKG (→ Rn. 3), MüKoHGB/K. Schmidt Rn. 87; Schulze zur Wiesche, 1984; Blaurock BB 1992, 1969; Weimar ZIP 1993, 1509; Morshäuser/Dietz-Vellmer NZG 2011, 1135 – Limited & Still; Blaurock FS Westermann, 2008, 821, heute auch eG, str.; auch Erbengemeinschaft, die das HdlGewerbe des Erblassers fortführt (→ § 1 Rn. 37). Zwischen einer Ges. iL und einem still an ihr Teilnehmenden ist keine stGes iSv §§ 230 ff. möglich, nur eine ihr ähnliche GbR, weil sie nicht werbend tätig ist, str. Ist der Inhaber eine OHG (KG), so tritt der Stille in das Rechtsverhältnis der stGes nur zu dieser Ges. (§ 124), nicht ihren Gftern, nimmt am GesVerhältnis unter diesen nicht teil; daher kann diesen Vertrag für die OHG (KG) der vertretende Gfter (unbeschadet § 116 II, s. dort) schließen wie andere Verträge mit Dritten, RGZ 153, 373 (gegen ältere Rspr.); RGZ 170, 105; BGH DB 1962, 1638; 1971, 189; für Ansprüche des Stillen haften (anders als für Ansprüche eines MitGfters in der OHG → § 128 Rn. 27) die Gfter der OHG auch persönlich nach § 128, BGH LM HGB § 128 Nr. 7. **Nicht möglich** ist stGes iSv §§ 230 ff. an stGes; am einzelnen Anteil (der Rechtsstellung) eines Gfters (einer OHG, KG, GmbH), str., vgl. → § 105 Rn. 38 (Unterbeteiligung). Typische (→ § 230 Rn. 3) stGes eines Nichtapprobierten mit Apotheker ist unzulässig (§ 8 S. 2 ApoG), so schon früher bei persönlicher und wirtschaftlicher Abhängigkeit des Apothekers durch unangemessene wirtschaftliche Bedingungen, dann § 134 BGB, BGHZ 75, 214 (→ Rn. 11); ebenso bei stGes mit Inkassounternehmen (RBerG), BGHZ 62, 238. Verhältnis stGes mit AG/Konzernrecht Schulze-Osterloh ZGR 1974, 427. Lit. über die Parteien der stGes s. K. Schmidt DB 1976, 1705.

6 **B. Stiller** Gfter kann grds. jedermann sein, Kfm. oder Nichtkfm (er wird nicht etwa durch die stille Beteiligung Kfm., die stGes ist nicht schon als solche beiderseitiges HdlGeschäft, vgl. → § 235 Rn. 2), jede HdlGes, UBG (§§ 3 ff., 8 UBGG), auch eine GbR, oder Erbengemeinschaft, RGZ 126, 390, auch ein Treuhänder (mit oder ohne Wissen des Inhabers), vgl. für die OHG → § 105 Rn. 31. Ggf. Umgehung des Verbots von Erfolgshonoraren durch stille Beteiligung eines Anwalts an prozessfinanzierender GmbH, OLG München ZIP 2012, 2400. Stiller Gfter kann in Ges. sozialverspfl beschäftigt werden, LSG Baden-Württemberg NZG 2011, 745. Stiller Gfter kann in der Zeit der Corona-Krise (COVID-19-Pandemie) auch der Wirtschaftsstabilisierungsfonds werden, § 10 WStabBG.

7 **C. Mehrere still** an einem HdlGeschäft **Beteiligte** können je für sich in einem GesVerhältnis gemäß § 230 zum Inhaber stehen oder zusammen mit dem Inhaber in einem einzigen GesVerhältnis (**mehrgliedrige** stGes, zT als atypische stGes bezeichnet, → Rn. 3) oder unter sich in einer GbR, die ihrerseits (vgl. → Rn. 2) in stGes mit dem Inhaber steht; BGHZ 125, 77; 127, 179; BGH NJW 1972, 338; Blaurock NJW 1972, 1119; oder es tritt für mehrere still Beteiligte (die untereinander eine GbR bilden) einer von ihnen oder ein Dritter als Treuhänder (→ Rn. 2) ins GesVerhältnis nach § 230 zum Inhaber, während die Unterbeteiligten oder Treugeber ohne unmittelbares Rechtsverhältnis zum Inhaber bleiben.

8 **D. Minderjährige** bedürfen zu stiller Beteiligung der Genehmigung des Betreuungsgerichts nach §§ 1643, 1852 Nr. 1b, 2 BGB, LG Bielefeld NJW 1969, 753; OLG Hamm BB 1974, 294, außer bei nur einmaliger Kapitaleinlage und

3. Abschnitt. Stille Gesellschaft 9–11 § 230

Ausschluss von Verlust und vom Geschäftsbetrieb, BGH JZ 1957, 382; Knopp NJW 1962, 2184; nach aA immer, GroßKo/Schilling Rn. 35, oder überhaupt nicht, Fischer JR 1962, 202. Dagegen bedarf es der Genehmigung nicht, wenn ein minderjähriger Geschäftsinhaber einen stillen Teilhaber aufnimmt, Fischer JR 1962, 202; aA Knopp NJW 1962, 2184. Unentgeltliche Beteiligung eines Kindes als Stiller, Tiedtke DB 1977, 1064. Bei Schenkung durch Eltern Bestellung eines Ergänzungspflegers und Genehmigung; §§ 181, 1852 Nr. 1b, 2 1809 I BGB. Vgl. für die OHG → § 105 Rn. 26–27, dort auch zur Haftungsbeschränkung bei Volljährigwerden (§ 1629a BGB).

4) Gesellschaftsvertrag

A. Der Vertrag über eine stille Beteiligung ist GesVertrag iSv § 705 BGB; zu **9** den Rechtsfragen → § 105 Rn. 47 ff. Auch der GesVertrag der stGes ist idR im Ganzen nach § 138 BGB nur nichtig, wenn ihr Zweck gegen die guten Sitten verstößt, nicht bei Übervorteilung des einen durch den andern Gfter, BGH DB 1973, 1739; 1976, 2106. Sittenwidrigkeit einzelner Bestimmungen → Rn. 11. Entsprechendes gilt in Bezug auf § 134 BGB (Gesetzwidrigkeit), BGH BB 1970, 1069. Auch → Rn. 4. Auf den GesVertrag der stGes, auch der typischen, ist wie bei jeder Ges. das **AGBRecht nicht** anwendbar, **(5)** § 310 IV 1 BGB, BGHZ 127, 183, üL, aA H. Schmidt ZHR 159 (1995), 734, Grund: Übergänge zu partiarischem Darlehen (→ Rn. 4); aber § 242 BGB kann eingreifen. Inhaber (und Bank) schulden bei (finanzierten) stillen Beteiligungen von Arbeitnehmern Aufklärung, BGHZ 72, 92; BGH NJW 1993, 2107. Bei PublikumsGes gilt Unklarheitenregel des § 305c II BGB entspr., BGH ZIP 2013, 1244. Änderung des Unternehmensgegenstands (Vertragsänderung) nur mit Zustimmung des Stillen, BGHZ 127, 180; 156, 44. **Muster:** Hopt/Merkt VertrFormB/Möritz, Form II. G.1, 2 (typische/atypische stGes).

B. Der Vertrag ist grundsätzlich **formfrei**, auch stillschweigend möglich, BGH **10** ZIP 2014, 913; BayObLG OLGE 38, 196, vgl. → § 105 Rn. 54 ff. Soll der Stille ein **Grundstück** einbringen, gilt § 311b I BGB. Unerheblich ist, was für Vermögen im HdlGeschäft liegt, da es Alleineigentum des Inhabers bleibt. Vorkaufsrecht für **GmbHAnteil** bedingt Form nach § 15 IV GmbHG. Formverstoß erfasst nicht unbedingt die gesamte stGes (§ 139 BGB), BGH DB 1976, 2107; NJW 1992, 2696.

Das Versprechen der **Schenkung** einer stillen Beteiligung bedarf der Form des § 518 I BGB. Der Formmangel wird durch die formlose (aber → Rn. 8) Begründung der Beteiligung geheilt (Vollzug iSv § 518 II BGB, BFH ZIP 2014, 2131 spricht vom Abschluss des GesVertrags, aA BGHZ 7, 179; 7, 380 (weil die Stille als InnenGfter nur schuldrechtliche Ansprüche habe, aber unvereinbar mit der Rspr. zur stillen Einlage, → Rn. 21), offen BGHZ 112, 46 wie hier bei mitgliedschaftlichen Rechten in der InnenGes BGH ZIP 2012, 329. **Freiwillige Sonderzahlung** an den Stillen im Hinblick auf eigene Refinanzierung und Reputation ist keine Schenkung (causa societatis), OLG Schleswig ZIP 2011, 517; aA OLG Hamburg ZIP 2011, 430 – HSH Nordbank; Bespr. Grunewald NZG 2011, 613; → § 105 Rn. 56.

C. Bei **Fehlerhaftigkeit** der stGes (in allen Formen) gelten zutr. dieselben **11** Grundsätze wie für OHG und KG (→ § 105 Rn. 75, 78), BGHZ 8, 157 (atypische stGes); BGHZ 55, 5 (typische stGes); BGHZ 62, 237; BGH NJW 1992, 2696 (ausdrücklich für beide); BGH NJW 1993, 2107 (für alle Formen der stGes); BGH NJW 2005, 1784; WM 2005, 278; 2005, 833; 2005, 838; 2005, 2228; ZIP 2013, 1762; 2013, 2355; 2018, 1749; OLG Frankfurt a.M. NJW-RR 2004, 36; OLG Celle WM 2005, 737; OLG München ZIP 2012, 2344 (2346); NZG 2012, 1302; OLG Hamburg ZIP 2013, 1864 und NZG 2013, 1391; OLG Dresden NZG 2013, 1143 (mehrgliedrige atypische); Staub/Zutt Rn. 68; Röhricht/Mock

§ 230 2. Buch. Handelsgesellschaften und stille Gesellschaft

Rn. 69; Ebenroth/Gehrlein Rn. 31; aA einige Instanzgerichte sowie ein Teil der Lehre wegen der Grundlage der Lehre von der fehlerhaften Ges. im Organisationsverhältnis (→ § 105 Rn. 76) mit Unterscheidung zT zwischen typischer und atypischer st. Ges., MüKoHGB/K. Schmidt Rn. 134, zT nach Bildung einer verbandsrechtlichen Struktur, Oetker/Wedemann Rn. 65, zT nach Bildung von Gesamthandsvermögen, Soergel/Hadding/Kießling § 705 Rn. 92, zT nach Zwei- oder Mehrgliedrigkeit, Bayer/Riedel NJW 2003, 2567; zutr. für Rechtsfolgen OLG München ZIP 2013, 416; Röhricht/Mock Rn. 219; generell Staub/Harbarth Rn. 176; Schäfer ZHR 170 (2006), 373; zu fehlerhaften Teilgewinnabführungsverträgen nach § 292 I Nr. 2 AktG GroßKoAktG/Mülbert § 293 Rn. 176 ff. Vergleich mit Gesellschaftsrecht greift zu kurz, auch im Arbeitsrecht ist der fehlerhafte Vertrag anerkannt, → § 59 Rn. 38. Wie dort muss die fehlerhafte Ges. in Vollzug gesetzt worden sein und dürfen der rechtlichen Anerkennung keine gewichtigen Interessen der Allgemeinheit entgegenstehen, Ebenroth/Gehrlein Rn. 31, → § 105 Rn. 75. In Frage kommende Fehler bei Abschluss des GesVertrag (Anlagemodellvertrieb), BGH NJW 2005, 1784. Aber die Grundsätze über die fehlerhafte stGes werden, da zweigliedrig, insoweit eingeschränkt, als Prospekt- und Informationshaftungsansprüche (§§ 311 II, 241 II bzw. 823 II, 826 BGB) geltend gemacht werden können (entweder direkt oder erst im Rahmen der Auseinandersetzung), BGH ZIP 2004, 1706 mAnm Hey NZG 2004, 1099; BGH WM 2005, 278; 2005, 833; 2005, 838; NJW 2005, 1784 – Göttinger Gruppe mAnm. Wertenbruch NJW 2005, 2823, offen, ob weitergehend für alle stGes, da diese anders als PublikumsGes idR zweigliedrig sind, aber in der Praxis bestehen vielfältige, auch mehrgliedrige Gestaltungen, auch Splittungen zwischen PublikumsKG- und stillen Anteilen (→ Rn. 3). **Rechtsfolgen:** Bei Nichtigkeits- oder Anfechtungsgrund ist (nach der Rspr. jede, nach der Lit. nur bestimmte) fehlerhafte stGes nur für die Zukunft vernichtbar, also nur Recht zur Auflösung ex nunc durch Kündigung; nicht wegen Sittenwidrigkeit einzelner Bedingungen (die nach Gesamtheit der Umstände zu beurteilen), wenn Vertrag vorsieht, dass Teilunwirksamkeit ihn nicht ganz entkräftet; BGH WM 1973, 901; wie bei Sittenwidrigkeit von Kernbestimmungen (Einlagenbewertung, Vermögens- und Ertragsanteil), BGH DB 1976, 2107. Ausnahmsweise keine Anwendung der Grundsätze über fehlerhafte stGes (§ 134 BGB), BGHZ 62, 234; 75, 214; BGH NJW 2005, 1785 (→ Rn. 5, 9). Beansprucht der Gfter Rückzahlung der Einlage (jedenfalls ohne weiteres bei mehrgliedriger stGes, OLG München ZIP 2013, 414), steht ihm ein Auseinandersetzungsguthaben gegen die Ges. nicht zu, denn er kann nicht gleichzeitig den Vertrag als wirksam behandeln, BGH WM 2005, 838 (841), daran ist er dann auch gegenüber den Prospekt- oder Vertriebsverantwortlichen gebunden, BGH WM 2006, 438. Nach Schenkung der stillen Beteiligung (→ Rn. 10) Nichteintritt der gewünschten Steuer-Wirkung, Folgen: Winterberg DB 1975, 1925. Lit.: Armbrüster/Joos ZIP 2004, 189; Hey NZG 2004, 1099; Gehrlein WM 2005, 1489 (bei allen Ges. Schadensersatz wegen Vertragsmangel ohne Durchsetzungssperre als Mindestanspruch der späteren Auseinandersetzung), Geibel BB 2005, 1009; Schäfer ZHR 170 (2006), 373; Schubert WM 2006, 1328; Konzen FS Westermann 2008, 1133; Westermann VGR 2008, 145; Blaurock/Gimmler ZGR 2014, 371; K. Schmidt ZIP 2014, 1458 („Innen-KG").

12 D. Streitigkeiten aus dem GesVertrag gehören wie bei OHG, KG, anders als bei GbR und anderen partiarischen Verträgen (vgl. → Rn. 4) mit NichtKflten, vor die **Kammer für Handelssachen** (obwohl die stGes nicht als solche beiderseitiges HdlGeschäft ist), so ausdrücklich § 95 I Nr. 4a GVG. Schiedsvereinbarungen → Einl. vor § 1 Rn. 88.

5) Rechte und Pflichten des Inhabers

A. Der **Inhaber** ist dem Stillen zur Führung (ggf. vorher zur Errichtung) des **13** HdlGeschäfts **für gemeinsame Rechnung** verpflichtet. Bei der Führung hat er einen großen kfm. Handlungsspielraum, auch bezüglich Ausdehnung und Einschränkung des HdlGeschäfts. Wesentliche Veränderungen, Veräußerung und Einstellung bedürfen aber der Zustimmung des Stillen, BGH WM 1963, 1210. Danach unberechtigte Geschäfte braucht der Stille nicht gegen sich gelten zu lassen. Der Inhaber hat die Einlage des Stillen bestimmungsgemäß zu verwenden. Er darf dem Unternehmen nicht bestimmungswidrig Vermögen entziehen. Verletzung gibt Schadensersatzanspruch des Stillen gemäß § 280 BGB auf Wiederzuführung entspr. Mittel an das Unternehmen (nicht unmittelbar an den Stillen, anders zB bei Verletzung seines Gewinnanspruchs), BGH NJW 1988, 413; Grunewald ZGR 1989, 434.

B. Recht und Pflicht zur **Geschäftsführung** (§§ 709 ff. BGB), bestehend im **14** Betrieb des HdlGeschäfts (→ Rn. 13), hat nach dem Gesetz nur der Inhaber. Dieses Recht ist unentziehbar, § 712 BGB unanwendbar, der Stille kann uU die Ges. kündigen, s. bei § 234. Der Stille kann aber Geschäftsführungsbefugnis und sogar Vertretungsbefugnis erhalten, MüKoHGB/K. Schmidt Rn. 77 f., auch sonst kann der Stille nach Vereinbarung am Betrieb des HdlGeschäfts des Inhabers teilnehmen, der Inhaber sich darin in grundsätzlich beliebiger Weise an ihn binden, BGHZ 8, 160; OLG Dresden WM 2004, 728, auch durch schlüssiges Verhalten, BGH DB 1966, 187. Atypische stGes → Rn. 3.

C. Der Inhaber darf iZw nicht ohne die Zustimmung des Stillen wesentliche **15** Grundlagen des Gewerbebetriebs ändern, BGH BB 1963, 1277, ebenso wenig die **Rechtsform** des Unternehmens ändern oder Dritte als **Teilhaber** aufnehmen, wohl auch nicht als stille Gfter. str. Dazu Sudhoff/Sudhoff GmbHR 1981, 235.

D. §§ 112, 113 betr. **Wettbewerb** gelten in der stGes nicht, anders uU für **16** atypisch stillen Gfter, BGHZ 89, 166; aber die Pflicht zum Geschäftsbetrieb zu gemeinsamen Nutzen (→ Rn. 13) und die **Treuepflicht** (→ § 109 Rn. 23) verbieten dem Inhaber konkurrierende, das HdlGeschäft (an dem die stille Beteiligung besteht) schädigende Tätigkeit. Grenzen setzt das Kartellrecht, → § 112 Rn. 15.

E. Der Inhaber schuldet **Sorgfalt** nach §§ 708, 277 BGB (→ § 109 Rn. 5); ist **17** er GmbH, dann gilt § 43 I GmbHG und für Geschäftsführerhaftung Schutzwirkung zugunsten des Stillen (wie bei GmbH & Co, → Anh. § 177a Rn. 28), BGH NJW 1995, 1353. Er darf vom Stillen (Anleger als GbR) nicht Einlagen einziehen, die vom Vertragszweck nicht gedeckt sind, OLG Düsseldorf NJW-RR 1986, 1294. Er darf das Geschäftsvermögen nicht schmälern und den Ges-Zweck nicht gefährden, BGH BB 1963, 1277; private Nutzung des Firmen-Kfz ist aber noch nicht treuwidrig, OLG Hamm BB 1978, 1585. Schadensersatzklage mehrerer Stiller, im konkreten Fall keine actio pro socio, s. BGH NJW 1995, 1355. Zur actio pro socio in der mehrgliedrigen stillen Ges. Mock/Cöster GmbHR 2018, 67.

F. Über Gewinn, Verlust, Entnahmen s. bei §§ 231, 232. Der Inhaber hat **18** mangels abweichender Vereinbarung iZw gegenüber dem Stillen kein weiteres Recht auf **Vergütung seiner Arbeit,** vgl. für geschäftsführende Gfter der OHG, KG → § 110 Rn. 19. Er hat Recht auf **Aufwendungsersatz** nach §§ 673, 670 BGB, vgl. → § 110 Rn. 1, bei den atypischen stGes (→ § 230 Rn. 3) auch auf **Verlustersatz** entspr. § 110 (→ § 110 Rn. 11), BGH ZIP 2002, 394 m. krit. Anm. K. Schmidt JuS 2003, 228, vgl. MüKoHGB/K. Schmidt Rn. 180.

19 G. Der Inhaber schuldet **Rechenschaft,** ist daher beweispflichtig für Verluste, BGH BB 1960, 15.

6) Rechte und Pflichten des Stillen

20 A. Der Stille hat eine **Vermögenseinlage** zum HdlGeschäft des Inhabers zu leisten. Die Einlage kann (wie die eines Kdtisten, → § 171 Rn. 6) in jedem mit einem Geldbetrag schätzbaren Vorteil bestehen, zB: Umwandlung einer Darlehensforderung in stille Beteiligung, BGHZ 7, 177, Know-how, BFH GmbHR 1975, 187, eine vermögenswerte Unterlassungspflicht, Kenntnis von Bezugsquellen; auch Geld- oder Warenkredit zu Sonderbedingungen; nicht Warenkredit, der nicht selbstständig bewertbar ist, RGZ 31, 74. Die Einlage kann vom Inhaber geschenkt sein (Verrechnung zwischen Schenk- und Einlageforderung), Hengeler ZHR 147 (1983), 329; aA Herrmann ZHR 147 (1983), 313: überhaupt keine stGes. Über Erhöhung der Einlage und Nachschüsse s. § 707 BGB, → § 109 Rn. 12, §§ 231, 232 (betr. Verluste). Die Vermögenseinlage kann auch in **Diensten** bestehen, § 706 III BGB, RGZ 142, 21; BGH BB 1966, 53 (nicht in früheren Diensten, RG LZ 1908, 158, wohl aber in der Forderung auf deren Vergütung). Doch spricht die Rspr. im Fall bloßer Dienstleistung, falls ein Ges-Verhältnis angenommen wird, lieber schlicht von „Innen-", statt von „stiller" Ges.; vgl. BGH FamRZ 1961, 212; 1967, 319; 1967, 618; 1968, 589 betr. Ehegatten; BGH FamRZ 1968, 194 betr. Vater und Sohn. Vermögenseinlagen des Stillen als haftendes Eigenkapital s. § 10 IV KWG. Nießbrauch → § 124 Rn. 44. Verjährung der Einlageforderung nach § 195 BGB (→ § 109 Rn. 9), bei GmbH & Still entspr. § 19 VI GmbHG, K. Schmidt NZG 2009, 363. **Muster:** Hopt/Merkt VertrFormB/Möritz, Form II. G.4 (Nießbrauch am GesAnteil).

21 B. Der Stille hat die Einlage so zu leisten, dass sie **in das Vermögen des Inhabers übergeht.** Dh idR: Übereignung vom Stillen an den Inhaber; der Stille behält obligatorisch, nicht dingliche Rechte (**Fremdkapital,** nicht Eigenkapital, Ausnahme → § 236 Rn. 3, 5); das Gesamtverhältnis ist aber anderer Art als ein Darlehen: Die Einlage des Stillen ist wirtschaftlich ein qualifizierter Kredit, rechtlich aber „verantwortliches Kapital"; er hat (vor Auflösung der stGes) keinen bloßen Vermögensanspruch, sondern ein Mitgliedschaftsrecht; RGZ 168, 286; BGHZ 4, 368; 51, 353 (Folgen für Vollzug der Schenkung → Rn. 10). Str., aA K. Schmidt ZHR 140 (1976), 475. Möglich auch Einlage eines Miteigentumsanteils (§ 1008 BGB) durch dessen Übertragung vom Stillen (bisher Alleineigentümer) an den Inhaber. Möglich auch Einlage von Benutzungsrechten, an Gegenstand im Eigentum des Stillen (zB Grundstück, Patent), auch an Gegenstand im Gesamthandseigentum von Stillem und Inhaber (nur das Benutzungsrecht, nicht das Miteigentum dieser Art ist dann Geschäftsvermögen). Vgl. hierzu → § 109 Rn. 6. Einschaltung von Treuhändern (→ § 105 Rn. 31), OLG Hamm GmbHR 1979, 255.

22 C. Die **Bewertung** des Eingebrachten steht den Parteien frei, doch ist Überbewertung uU Schenkung (und nach BGHZ 7, 179 formgebunden, → Rn. 10). Atypische stGes → Rn. 3. Auch Dienste (vgl. → Rn. 20) können Einlage sein und mit bestimmtem Betrag bewertet werden, BGH BB 1966, 53, dazu → § 120 Rn. 17, → § 235 Rn. 1.

23 D. Auch den Stillen trifft eine **Treuepflicht** (→ § 109 Rn. 23), OLG Hamm ZIP 2017, 1125, Kontrollrechte s. § 233. Ist der Stille nach Vereinbarung an der Geschäftsführung beteiligt, kann er nichtgeschäftsführenden Gftern der OHG (KG), die Inhaber des HdlGeschäfts sind, auskunftspflichtig sein, RG HRR 1933, 1447.

24 E. Gewinn, Verlust, Entnahmen s. §§ 231, 232. Leistung ohne Rechtsgrund bei stGes rglm keine Schenkung, BGH ZIP 2013, 19.

3. Abschnitt. Stille Gesellschaft § 231

7) Rechtsverhältnis zu Dritten

A. Das **Geschäftsvermögen** ist Alleinvermögen des Inhabers, die im Betrieb 25 geschlossenen Geschäfte (II) und alle andern Vorgänge im **Geschäftsbetrieb berechtigen** und **verpflichten** nur den Inhaber. Die stGes wird nicht im **Handelsregister** vermerkt, zur fehlenden Eintragungsfähigkeit von Teilgewinnabführungsverträgen ins HReg KG ZIP 2014, 968, zur fehlenden Eintragbarkeit der GmbH & Still K. Schmidt NZG 2014, 881. In der **Firma,** unter welcher der Inhaber das HdlGeschäft betreibt, darf der Stille nicht genannt, auf das Bestehen der stGes nicht hingewiesen werden (§ 18 II 1, → § 19 Rn. 16).

B. Dem Stillen kann Recht und Pflicht zur **Geschäftsführung** (Entschei- 26 dungspflicht und -befugnis) gegeben werden, auch in gleichem Umfang wie Inhaber, BGH BB 1961, 583 (andere InnenGes, → Einl. vor § 105 Rn. 10). **Vertretungsmacht** des Stillen für den Inhaber ist (nur) möglich durch besondere Vollmacht, auch Prokura, auch HdlVollmacht für Inhaber (nicht für die Ges.), BGH BB 1961, 583; vgl. → § 170 Rn. 3.

C. Der Stille haftet **Geschäftsgläubigern** nicht, auch nicht analog § 171 II 27 bei Kdtistenstellung im Innenverhältnis der atypischen stillen KG (→ Rn. 3), BGH ZIP 2010, 1341 mAnm Berninger DStR 2010, 2359; OLG Schleswig ZIP 2009, 421; OLG Celle WM 2009, 1328; K. Schmidt NZG 2009, 361; vgl. für Treugeber BGH WM 2008, 2359; 2009, 593 (→ § 105 Rn. 34, → Anh. § 177a Rn. 79). Er haftet unmittelbar nur aus besonderer Verpflichtung (zB Bürgschaft), BGH WM 1964, 296; 1966, 1221; ZIP 2010, 1341; Rechtsscheinhaftung, wenn er wie der Gfter einer OHG auftritt, BAG JZ 1955, 582 (Haftung für Gehalt des unter besonderer Mitwirkung des Stillen angestellten Geschäftsführers), BGH BB 1964, 327, → § 5 Rn. 9. Die **Einlagepflicht** des Stillen kann von den Geschäftsgläubigern nicht unmittelbar geltend gemacht, nur auf Grund Titels gegen den Inhaber gepfändet und ihnen überwiesen werden; der Stille behält gegenüber dem Gläubiger alle Einwendungen aus dem GesVertrag, zB uU das Recht, aus wichtigem Grunde (§ 723 BGB, s. bei § 234) die Ges. zu kündigen, so dass die Einlagepflicht entfällt.

D. **Gläubiger des Stillen** können in die in § 717 S. 2 BGB bezeichneten 28 Ansprüche des Stillen vollstrecken und haben nach Pfändung und Überweisung der Forderung des Stillen auf sein künftiges Auseinandersetzungsguthaben auch das Recht zur Kündigung der Ges. entspr. § 135 und Befriedigung aus dem so entstehenden Guthaben, § 234 I, → § 234 Rn. 10.

8) Umwandlung von stiller und in stille Gesellschaft

Die Umwandlung einer stGes und in eine stGes ist weder kraft Gesetzes noch 29 kraft Rechtsgeschäfts nach UmwG (numerus clausus des UmwG) vorgesehen. Möglich ist Auflösung und Neugründung (→ Einl. vor § 105 Rn. 27). Eine stille Beteiligung kann als Sacheinlage in eine GmbH eingebracht werden, BGH ZIP 2015, 2317. Als Sacheinlage eingebracht werden kann auch die typische stille Gesellschaft im Wege eines Debt-to-Equity Swaps, K. Schmidt NZG 2016, 7 mit Ausführungen auch zur Innen-KG.

[Gewinn und Verlust]

231 (1) Ist der Anteil des stillen Gesellschafters am Gewinn und Verluste nicht bestimmt, so gilt ein den Umständen nach angemessener Anteil als bedungen.

(2) Im Gesellschaftsvertrage kann bestimmt werden, daß der stille Gesellschafter nicht am Verluste beteiligt sein soll; seine Beteiligung am Gewinne kann nicht ausgeschlossen werden.

§ 232 1   2. Buch. Handelsgesellschaften und stille Gesellschaft

1) Beteiligungsmaßstab (I)

1   Die Bildung der **Gewinn- oder Verlustanteile** regelt in erster Linie der **Gesellschaftsvertrag**, hilfsweise gelten „den Umständen nach **angemessene** Anteile", in letzter Linie wohl **gleiche** Anteile, § 722 I BGB. Bei vertraglicher Bestimmung der Gewinn-, nicht der Verlustanteile, sind diese iZw gleich jenen, § 722 II BGB. Sollen die Gewinnanteile sich nach den Einlagen beider Teile richten, so bleibt das ursprüngliche Verhältnis maßgebend, auch wenn die Einlage des Stillen später in anderem Verhältnis zum (Gesamt-)Geschäftsvermögen steht, RGZ 25, 46.

2) Ausschluss der Beteiligung (II)

2   A. Der Vertrag kann die Beteiligung des Stillen am **Gewinn** anders gestalten, auch einschränken, zB durch Ausschluss des Gewinns aus bestimmte Geschäfte, Arten von Geschäften, der Geschäfte einer bestimmten Niederlassung, der bei Eingehung der stGes schwebenden Geschäfte, RG JW 1939, 490, auch durch Festsetzung eines Höchstzinses, BGHZ 156, 44, eines Höchst- oder Mindestbetrags, sonstige Einschränkung der Gewinnbeteiligung zB durch Vorwegabzüge des Inhabers. Sie kann aber **nicht ganz ausgeschlossen** werden (II Hs. 2). Fester Zins etwa durch eine Vorabvergütung, BGH ZIP 2018, 1746, ist nicht Beteiligung am Gewinn iSv § 231, RGZ 122, 390; ebenso bloße Umsatzbeteiligung. Eine „stGes" mit Ausschluss der Gewinnbeteiligung ist Darlehen (vgl. → § 230 Rn. 4), BGHZ 127, 181, oder GbR (anderer Art als die stGes).

3   B. Die Teilnahme des Stillen am **Verlust** kann im Vertrag anders geregelt, auch ganz **ausgeschlossen** werden (II Hs. 1), so idR bei Garantie eines Mindestgewinns. Wird nur Gewinn ausdrücklich geregelt, schließt das noch nicht Verlustbeteiligung aus, BGH NJW 1992, 2696.

[Gewinn- und Verlustrechnung]

232 (1) **Am Schlusse jedes Geschäftsjahrs wird der Gewinn und Verlust berechnet und der auf den stillen Gesellschafter fallende Gewinn ihm ausbezahlt.**

(2) ¹**Der stille Gesellschafter nimmt an dem Verluste nur bis zum Betrage seiner eingezahlten oder rückständigen Einlage teil.** ²**Er ist nicht verpflichtet, den bezogenen Gewinn wegen späterer Verluste zurückzuzahlen; jedoch wird, solange seine Einlage durch Verlust vermindert ist, der jährliche Gewinn zur Deckung des Verlustes verwendet.**

(3) **Der Gewinn, welcher von dem stillen Gesellschafter nicht erhoben wird, vermehrt dessen Einlage nicht, sofern nicht ein anderes vereinbart ist.**

1) Ermittlung des Gewinns oder Verlusts

1   A. Anders als die Gfter der OHG, KG (vgl. § 120) ist der Stille nicht am Geschäftsergebnis schlechthin beteiligt. Er ist iZw beteiligt an **Anlagevermögen**, die durch Aufwendung von GesMitteln herbeigeführt sind, RGZ 120, 410; BGHZ 7, 177; 7, 379, also am Wert von Investitionen mit Berücksichtigung nicht der steuerlich zulässigen, sondern der betriebswirtschaftlich richtigen Abschreibungen (insbesondere nicht hoher steuerlich zulässiger Erstjahresabschreibungen bei Auseinandersetzung einer nur einjährigen Ges.), BGH BB 1960, 15. Er ist dagegen iZw nicht beteiligt an anderen Wertänderungen im Anlagevermögen, zB nicht am Verkehrswertzuwachs unbebauter Grundstücke, nicht am Gewinn oder Verlust aus der Veräußerung von Anlagegütern, zB Grundstücken, Maschinen. Er ist beteiligt an Wertänderungen im **Umlaufvermögen**; iZw auch aus vor GesVertrag abgeschlossenen, aber erst nachher verwirklichten Geschäften, str. Diese Beschränkung der Teilnahme des Stillen am Geschäftsergebnis gilt für die Jahresabschlüsse sowie für die Auseinandersetzung nach Auflösung der stGes (→ § 235 Rn. 1). Anders bei atypischer stGes, → § 230 Rn. 3. Gewinnermittlung bei Beteiligung an Geschäftsteil → § 230 Rn. 4. Umlegung der Generalunkosten, BFH GmbHR 1975, 188.

B. Der Stille kann die Belastung mit dem Ergebnis von **Geschäften** ablehnen, **2** zu denen der Inhaber ihm gegenüber **nicht berechtigt** war, → § 230 Rn. 13, RGZ 92, 293; RG HRR 1933, 465. Umgekehrt ist der Stille nicht beteiligt an Gewinnen, die der Inhaber anders als durch den Betrieb des HdlGewerbes erzielt, RG JW 1939, 490.

C. Zur Ermittlung des Gewinns oder Verlusts bedarf es der Buchführung und **3** des regelmäßigen Jahresabschlusses des Inhabers, so nach § 238 für jeden Kfm. Probleme ergeben sich bei Inhabern, die kraft § 5 oder nur RechtsscheinKfm und als solche nicht buchführungspflichtig sind (→ § 238 Rn. 7), dazu → § 233 Rn. 3 und zur Wirkung des Rechtsscheins → § 5 Rn. 14 ff.

2) Auszahlung des Gewinnanteils (I)

A. Der **Stille** hat ähnlich dem Kdtisten (§ 169) kein Entnahmerecht unabhän- **4** gig vom Gewinn (§ 122), sondern kann nur **Auszahlung seines Gewinnanteils** fordern, I, außer soweit er zur Deckung eines ihm früher belasteten Verlusts benötigt wird, II 2 Hs. 2; aus Treuepflicht (→ § 109 Rn. 23) muss auch er (vgl. § 122 I) uU zur Verhütung von Schäden auf die Auszahlung verzichten. Das richtig Ausgezahlte braucht er nicht später zur Deckung von Verlusten zurückzuzahlen, II 2 Hs. 1. Die Auszahlung ist fällig nach Rechnungsabschluss oder sobald dieser im ordnungsmäßigen Geschäftsgang möglich. Zins, wenn der Stille Kfm. ist, ab Fälligkeit (§ 353), sonst ab Verzug (§§ 286, 288 BGB); Zinssatz s. § 352 HGB, § 288 I 2 BGB (nicht § 288 II BGB, da keine Entgeltforderung).

B. Der **Inhaber** kann über die Mittel des (ihm allein gehörenden) HdlGe- **5** schäfts grundsätzlich nach Belieben verfügen, dabei iZw auch Beliebiges für sich entnehmen, unbeschadet seiner Pflicht gegenüber dem Stillen, das HdlGeschäft zu gemeinsamem Nutzen ordnungsmäßig zu führen (→ § 230 Rn. 13).

3) Begrenzter Verlustanteil (II)

A. **Keine Nachschusspflicht:** II 1 begrenzt entspr. § 167 III den (endgülti- **6** gen) Verlustanteil des Stillen auf seine Einlage. Auch bei Ende der Ges. trifft ihn keine Nachschusspflicht, wenn nichts anderes vereinbart. Bloße Verlustbeteiligungsklausel, die II 1 ausgestaltet, ist zB: „Der Stille nimmt im Verhältnis am Verlust uneingeschränkt teil, jedoch unbeschadet seiner nur auf die Einlage beschränkten Haftung nach außen", OLG Karlsruhe ZIP 1986, 916. Nachschussklausel dagegen zB, wenn der Inhaber im Innenverhältnis von der Außenhaftung ganz oder teilweise freigestellt wird oder sonst eindeutig Zuzahlungen des Stillen vorgesehen sind. II 1 hindert also nicht die Bildung eines Passivsaldos auf dem Einlagekonto.

B. **Spätere Gewinne:** Ein Passivsaldo des Stillen ist (solange die stGes besteht) **7** durch spätere Gewinne auszugleichen, bevor diese wieder auszahlbar werden **(II 2)**. Bezogene Gewinne kann der Stille behalten.

4) Nicht abgehobener Gewinn (III)

Nicht erhobener Gewinn des Stillen erhöht iZw nicht seine Einlage, § 232 III, **8** ist daher gesondert zu buchen (zB auf Privatkonto, vgl. → § 120 Rn. 20) und berührt nicht die (nach dem GesVertrag) vom Betrag der Einlage abhängigen Rechte und Pflichten des Stillen (zB betr. Gewinn- und Verlustanteil). Stehenlassen im Einvernehmen mit dem Inhaber, besonders auf bestimmte längere Zeit, kann zusätzliche Einlage bedeuten. Vgl. hierzu → § 167 Rn. 3, 7 (Kdist).

[Kontrollrecht des stillen Gesellschafters]

233 (1) **Der stille Gesellschafter ist berechtigt, die abschriftliche Mitteilung des Jahresabschlusses zu verlangen und dessen Richtigkeit unter Einsicht der Bücher und Papiere zu prüfen.**

(2) **Die in § 716 des Bürgerlichen Gesetzbuchs dem von der Geschäftsführung ausgeschlossenen Gesellschafter eingeräumten weiteren Rechte stehen dem stillen Gesellschafter nicht zu.**

(3) Auf Antrag des stillen Gesellschafters kann das Gericht, wenn wichtige Gründe vorliegen, die Mitteilung einer Bilanz und eines Jahresabschlusses oder sonstiger Aufklärungen sowie die Vorlegung der Bücher und Papiere jederzeit anordnen.

Übersicht

	Rn
1) Das ordentliche Informationsrecht des Stillen (I)	1–5
A. Grundsatz und Reichweite	1, 2
B. Mitteilung des Jahresabschlusses	3
C. Einsichtsrecht	4
D. Ausübung	5
2) Das außerordentliche Informationsrecht (vgl. III)	6
3) Sonstige Informationsrechte (vgl. II)	7
4) Verfahren allgemein und nach III	8, 9
A. Allgemein	8
B. Sonderverfahren nach III	9
5) Die Informationsrechte bei verbundenen Personengesellschaften	10
6) Abweichende Vereinbarungen	11, 12
A. Einschränkung	11
B. Erweiterung	12
7) Das Informationsrecht des Unterbeteiligten	13

1) Das ordentliche Informationsrecht des Stillen (I)

1 **A. Grundsatz und Reichweite.** I, III (nF 1986, Anpassung an § 242 III) entsprechen wörtlich, und II (der statt § 166 HGB § 716 BGB, nennt, weil stGes Abart der GbR ist) entspricht sachlich **§ 166**; auf die Kommentierung dort ist voll zu verweisen. Das Gesetz zur Modernisierung des Personengesellschaftsrechts (MoPeG → Einl § 105 Rn. 42 ff) fasst zum 1.1.2024 auch das OHG-Recht sowie § 233 neu, verwiesen wird künftig auf das Informationsrecht des Kommanditisten nach § 166 HGB-MoPeG. Zur Textfassung des HGB-MoPeG s. → Anh. § 105. Das Informationsrecht richtet sich **gegen den Inhaber**. Ob der Stille seine Verpflichtungen erfüllt, namentlich seine Einlage geleistet hat, ist für die Rechte nach § 233 nicht wesentlich (→ § 118 Rn. 1), BayObLG KGJ 53 A 260. **Grenzen** aus Missbrauchsverbot und Treuepflicht (→ § 118 Rn. 1). Lit.: Schlitt, 1996; Kort DStR 1997, 1372.

2 **Auflösung der Gesellschaft:** § 233 gilt auch in der Liquidation bis zu deren Beendigung (→ § 234 Rn. 1), dann nicht mehr (wie → § 166 Rn. 2). § 233 gilt nicht für den ausgeschiedenen Stillen, BGHZ 50, 324; BGH DB 1969, 39; BB 1976, 11; aA betr. die Zeit vorher OLG Frankfurt a.M. BB 1967, 1182; Heymann/Wackerbarth Rn. 4. Der ausgeschiedene Stille hat indes betr. die Zeit vor seinem Ausscheiden die aus §§ 810 und 242 BGB folgenden Einsichts- und Auskunftsrechte (→ Rn. 7), BGHZ 50, 324; BGH DB 1969, 39; 1976, 41; 1976, 2107; OLG Hamburg ZIP 2004, 1099 (→ § 166 Rn. 2). Schwebende Geschäfte → § 235 Rn. 5.

3. Abschnitt. Stille Gesellschaft 3–8 **§ 233**

B. **Mitteilung des Jahresabschlusses.** Jahresabschluss s. § 242 III. I (nF 1986, **3** Anpassung an § 242 III) umfasst auch die Steuerbilanz, nach aA nur wenn die Ermittlung der Gewinnbeteiligung des Stillen auf deren Grundlage erfolgt; auch einen sonstigen Status (vgl. → § 242 Rn. 7), falls vereinbart oder wegen spezieller Gewinn- und Verlustbeteiligung des Stillen erforderlich oder bei einem nicht bilanzierungspflichtigen Inhaber (→ § 232 Rn. 3); **nicht** Zwischenabschlüsse, Prüfungsberichte, insoweit aber Einsichtsrecht (→ Rn. 4). Anspruch geht auf Mitteilung, nicht Aufstellung, insoweit aber Informationsrecht, OLG Hamburg ZIP 2004, 1099.

C. **Einsichtsrecht.** Der Stille kann die Richtigkeit des Jahresabschlusses unter **4** Einsicht der **Bücher und Papiere des Inhabers** prüfen. Bücher und Papiere des Inhabers → § 166 Rn. 4. Das Einsichtsrecht ist **auf die Kontrolle des Rechnungsabschlusses beschränkt** (anders § 118), BGHZ 25, 120; BGH BB 1984, 1273. **Zeit, Ort, Art und Weise** der Einsicht entspr. der Treuepflicht, keine Herausgabe, Mitnahme, Versendung (→ § 118 Rn. 4), BGH BB 1984, 1273. **Kosten** → § 118 Rn. 5.

D. **Ausübung.** Persönlich oder durch Dritte, ausnahmsweise nur durch Dritte **5** (wie → § 166 Rn. 5–7). Bei PublikumsGes (mit stillen Beteiligungen) idR Ausübung durch Vertreter oder Beirat (→ Anh. § 177a Rn. 72). Die Rechte aus § 233 sind nicht abtretbar. Bei der zulässigen Abtretung des Gewinnanteils (§ 717 S. 2 BGB) hat der Zessionar Anspruch gegen die Ges. auf Mitteilung von dessen Höhe (→ § 109 Rn. 20), BGH BB 1976, 11.

2) Das außerordentliche Informationsrecht (vgl. III)

Neben dem Informationsrecht nach I besteht ein außerordentliches Informati- **6** onsrecht, das nach üL aus III folgt, richtiger aber unabhängig von III (dann nur Verfahrensvorschrift) besteht, MüKoHGB/K. Schmidt Rn. 13 ff. Das außerordentliche Einsichtsrecht ist anders als I nicht auf die Kontrolle des Rechnungsabschlusses beschränkt. Ausübung persönlich oder durch Dritte → Rn. 5. Wichtiger Grund und Umfang → § 166 Rn. 9–10. Ein wichtiger Grund liegt jedenfalls dann vor, wenn die Belange des Stillen durch I nicht hinreichend gewahrt sind und Schädigung droht, BGH BB 1984, 1274. Informationserzwingungsverfahren nach OLG Düsseldorf ZIP 2016, 117 von Auskunftsklage zu unterscheiden, kann aber nach den allg. Voraussetzungen (Information zur Ausübung von Mitwirkungsrechten benötigt) auch zum Erhalt einer Liste aller atypisch stiller Gesellschafter genutzt werden.

3) Sonstige Informationsrechte (vgl. II)

Die Rechte des § 716 BGB, zB allgemeines Büchereinsichtsrecht, hat der **7** Kdtist nicht (II), BGH WM 1983, 911. Allgemeines Informationsrecht des Stillen über § 233 hinaus ist str., aber wie beim Kdtisten anzunehmen (→ § 166 Rn. 11), OLG Hamburg ZIP 2004, 1099; auf jeden Fall ist es funktionsgebunden, besteht also nicht zwecks Einwirkung auf die Geschäftsführung, BGH NJW 1990, 1890. Das Auskunftsrecht aus §§ 713, 666 BGB besteht auch bei der zweigliedrigen stGes (→ § 166 Rn. 12); aA MüKoHGB/K. Schmidt Rn. 20, der Unterschied zwischen Individual- und Kollektivrecht löst sich dabei allerdings auf. Einsichts- und Auskunftsrechte aus §§ 810, 242 BGB → § 166 Rn. 13.

4) Verfahren allgemein und nach III

A. **Allgemein.** Das ordentliche und das außerordentliche Informationsrecht **8** können durch (Leistungs- und Schadensersatz-)**Klage vor dem Prozessgericht** geltend gemacht werden, BGH BB 1984, 1273. Der Kdtist kann gleichzeitig auch nach III vorgehen (unterschiedliche Voraussetzungen), OLG Celle BB 1983, 1451. Vorläufiger Rechtsschutz ist möglich (→ § 166 Rn. 14), aA MüKoHGB/K.

Roth 1093

§ 234　　　2. Buch. Handelsgesellschaften und stille Gesellschaft

Schmidt Rn. 29. Zum Verfahren allgemein näher → § 166 Rn. 14. Vollstreckung → § 118 Rn. 15.

9　B. **Sonderverfahren nach III.** Verfahren nach FamFG, näher → § 166 Rn. 15.

5) Die Informationsrechte bei verbundenen Personengesellschaften

10　Bücher und Papiere der Ges., nicht nur solche über die inneren Angelegenheiten der Ges., sondern auch über ihre Konzernbeziehungen (→ § 105 Rn. 100), BGH BB 1984, 1274, näher → § 166 Rn. 16. Ein eigenes oder abgeleitetes Informationsrecht gegen selbstständige TochterGes hat der Stille nach I nicht, auch nicht gegen den Inhaber auf Ermöglichung solcher unmittelbarer Kontrolle, BGH BB 1984, 1272 (1274). Ausnahmen → § 166 Rn. 16. Inhaber als beherrschte Ges. → § 166 Rn. 17.

6) Abweichende Vereinbarungen

11　A. **Einschränkung.** I und II sind abdingbar, das außerordentliche Informationsrecht und die Verfahrensnorm des III sind zwingend (näher → § 166 Rn. 18–20).

12　B. **Erweiterung.** Erweiterungen von I und II sind ohne weiteres möglich (verbreitet vor allem bei der atypischen stGes), auch des außerordentlichen Informationsrechts (zB bezüglich des wichtigen Grundes). Das Verfahren nach III ist dagegen nicht disponibel.

7) Das Informationsrecht des Unterbeteiligten

13　§ 233 (einschließlich der Einschränkung des II) ist entspr. (nach aA unmittelbar) anwendbar auf Unterbeteiligung (→ § 105 Rn. 38), BGHZ 50, 323; MüKoHGB/K. Schmidt Rn. 33, nach aA weitergehend § 716 BGB, Heymann/Wackerbarth Rn. 12. § 233 gilt nicht für den ausgeschiedenen Unterbeteiligten (wie für Stillen, → Rn. 2), aA BGHZ 50, 324. Der Unterbeteiligte hat Anspruch gegen den Hauptbeteiligten auf Information über die Beteiligung an der anderen Ges., soweit deren berechtigte Interessen nicht entgegenstehen, BGH BB 1984, 1272 (stGes); OLG Karlsruhe BB 1984, 2016 (GmbHG). Ein Recht auf Mitteilung der Bilanzen und sonstiger Unterlagen der HauptGes braucht im Unterbeteiligungsvertrag nicht eigens vorgesehen zu sein, aA BGHZ 50, 316, setzt aber Zustimmung (nicht nur Zulassung oder Kenntnis der Unterbeteiligung) durch die HauptGes voraus, BGHZ 50, 316. Direkte Informationsrechte gegen die andere Ges. hat der Unterbeteiligte nicht (→ Rn. 10).

[Kündigung der Gesellschaft; Tod des stillen Gesellschafters]

234　(1) ¹**Auf die Kündigung der Gesellschaft durch einen der Gesellschafter oder durch einen Gläubiger des stillen Gesellschafters finden die Vorschriften der §§ 132, 134 und 135 entsprechende Anwendung.** ²**Die Vorschriften des § 723 des Bürgerlichen Gesetzbuchs über das Recht, die Gesellschaft aus wichtigen Gründen ohne Einhaltung einer Frist zu kündigen, bleiben unberührt.**

(2) **Durch den Tod des stillen Gesellschafters wird die Gesellschaft nicht aufgelöst.**

Übersicht

	Rn
1) Auflösung und Ende	1
2) Auflösungsgründe (außer Kündigung)	2–7
3) Kündigung	8–10
4) Reform des Personengesellschaftsrechts (MoPeG)	11

3. Abschnitt. Stille Gesellschaft 1–7 **§ 234**

1) Auflösung und Ende

Wie bei OHG, KG (→ § 131 Rn. 2) bedeutet auch bei der stGes **Auflösung** 1
noch nicht ohne weiteres das **Ende** der Ges., aA noch hL, BGH NJW 1982, 99;
das ist jedenfalls für mehrgliedrige stGes unabweisbar, MüKoHGB/K. Schmidt
Rn. 2, ebenso bei Innen-KG, K. Schmidt NZG 2016, 644; offen BGH ZIP
2016, 525 (grds. sofortige Beendigung); im Grds sofortige Beendigung annehmend Ebenroth/Gehrlein Rn. 3; allg. Blaurock/Pordzik NZG 2018, 82. Zwar
wirkt das GesVerhältnis gegenüber Dritten nach der Auflösung so wenig wie
vorher (da sie reine InnenGes ist, → § 230 Rn. 2, auf fehlende Verbindlichkeit
ggü. Dritten abstellend hL und BGH ZIP 2016, 525: grds. sofortige Vollbeendigung), aber bis zur Abwicklung der Geschäfte des Inhabers, an denen der Stille
noch Teil hat (§ 235 II, III), besteht das GesVerhältnis (jedenfalls bei mehrgliedrigen stGes) fort, nur mit geändertem Zweck (vgl. → § 131 Rn. 2): nicht mehr
zum Betrieb des HdlGewerbes im ganzen zu gemeinsamem Nutzen, sondern nur
noch zur Abwicklung der schwebenden Geschäfte zu gemeinsamem Nutzen, str.
Anders wenn der GesVertrag die Beteiligung an bei Auflösung der stGes schwebenden Geschäften (§ 235 II, III) ausschließt, dann ist Auflösung der stGes Ende
des GesVerhältnisses und bleibt nur die schlichte Forderung auf das Auseinandersetzungsguthaben (§ 235 I). Nimmt man Fortbestehen der stGes an, ist bis zur
Vollbeendigung **Fortsetzung** (→ § 131 Rn. 30) möglich, MüKoHGB/K.
Schmidt Rn. 3, zur Auseinandersetzung → § 235 Rn. 1.

2) Auflösungsgründe (außer Kündigung)

A. Die stGes kann gemäß **Vereinbarung** enden durch Ablauf ihrer verein- 2
barten Dauer, Eintritt vereinbarter auflösender Bedingung, unmittelbar auflösende Vereinbarung. Rückgewähr (einvernehmlich) der (ganzen) Einlage muss nicht
notwendig die Ges. auflösen (vgl. § 237 aF, der Rückgewähr ohne Auflösung als
möglich unterstellte), RG HRR 1941, 637.

B. Die stGes wird (anders als OHG, KG, s. bei § 131) aufgelöst durch **Errei-** 3
chen des vereinbarten Zwecks oder **Unmöglichwerden** der Erreichung dieses
Zwecks (§ 726 BGB). Unmöglichkeit der Zweckerreichung muss dauernd und
offenbar sein, nicht nur vorübergehend, BGHZ 84, 381. So zB wenn das
HdlGewerbe, auch aus in der Person des Inhabers liegenden Gründen, nicht
fortgeführt werden kann; nicht schon, wenn es ohne Gewinnaussicht erscheint,
dies kann Grund zur außerordentlichen Kündigung sein (→ Rn. 9).

C. **Tod** des Inhabers löst iZw die stGes auf (§ 727 I BGB, anders für OHG 4
und KG § 131 III 1 Nr. 1). Nach 234 II gilt das nicht beim Tode des Stillen,
die Ges. wird iZw mit seinen Erben fortgeführt. Ist der Inhaber eine HdlGes
(→ § 230 Rn. 5), steht deren Auflösung iZw nicht dem Tod gleich, doch kann
der Stille uU außerordentlich kündigen (→ Rn. 9), BGHZ 84, 380.

D. **Eröffnung des Insolvenzverfahrens** (beachte Änderungen von § 19 II 5
InsO zur Überschuldung, → Anh § 177a Rn. 49c) über das Vermögen des
Inhabers löst die stGes (zwingend) auf, BGHZ 51, 352, auch nach seinem Tode
(wenn dieser nicht schon die Ges. auflöst, → Rn. 4) bei Nachlassinsolvenz,
ebenso Eröffnung des Insolvenzverfahrens über das Vermögen des Stillen (auch
des Nachlassinsolvenzverfahrens), so § 728 BGB, RGZ 122, 72. Konsequenzen
im Insolvenzverfahren über das Vermögens des Inhabers s. § 236. Zur Auflösung
durch Insolvenz des Stillen K. Schmidt KTS 1977, 5.

E. Das früher mögliche Vergleichsverfahren gibt es so nicht mehr, an die Stelle 6
der VerglO ist mWv 1.1.1999 die InsO getreten (→ § 236 Rn. 1).

F. **Geschäftsübertragung:** Veräußert der Inhaber das Unternehmen oder 7
stellt es ein, ist das kein Auflösungsgrund; die stGes setzt sich mit dem bisherigen
Inhaber fort (nicht mit dem Übernehmer, § 25 ist nicht einschlägig), ausnahms-

§ 234 8–10   2. Buch. Handelsgesellschaften und stille Gesellschaft

weise liegt Zweckvereitelung vor (→ Rn. 3), idR Recht zur außerordentlichen Kündigung (→ Rn. 9). Dem Stillen kann ein Anspruch auf (auch unentgeltliche) Geschäftsübertragung eingeräumt werden, zB wenn der Stille das Unternehmen einrichtete und (ohne Gegenleistung) dem Inhaber überließ, BGHZ 62, 237 (vgl. bei OHG, KG § 140).

3) Kündigung

8   A. **Ordentliche Kündigung** einer auf bestimmte Zeit eingegangenen stGes durch den Inhaber oder Stillen ist nicht vor Ablauf dieser Zeit möglich, einer auf unbestimmte Zeit eingegangenen, auch einer auf Lebenszeit des Inhabers oder Stillen eingegangenen oder nach Ablauf bestimmter Zeit stillschweigend fortgesetzten, abweichend von § 723 I 1 BGB, mit Sechsmonatsfrist auf das Ende des Geschäftsjahrs (des Unternehmens des Inhabers) entspr. §§ 132, 134 (so **I 1**). Die ordentliche Kündigung kann bei der auf unbestimmte Zeit oder Lebenszeit geschlossenen stGes (auch der kapitalistischen) wie bei jeder andern InnenGes nicht vertraglich ausgeschlossen werden (§ 723 III BGB); das Gegenteil folgt nicht daraus, dass § 234 I nur für die außerordentliche, nicht die ordentliche Kündigung auf § 723 BGB verweist, BGHZ 23, 12; 50, 321; BGH NJW 1992, 2696. Dagegen kann ordentliche Kündigung für gewisse Zeit **ausgeschlossen,** die Ges. also auf diese bestimmte und danach auf weitere unbestimmte (oder Lebens-)Zeit (mit ordentlicher Kündigung) eingegangen werden, RG JW 1936, 1959; auch stillschweigend, wenn die Umstände zu dieser Auslegung nötigen. Grenzen vgl. → § 132 Rn. 12 ff. Unterstellen die Vertragsschließenden Unkündbarkeit des Lebenszeitvertrags (zB zwecks sicherer Versorgung des Stillen), so fehlt eine Geschäftsgrundlage und ist uU Anpassung des Vertrags (§ 313 BGB) durch solche Teilung der Vertragszeit geboten, BGH LM HGB § 339 Nr. 2. **Hinauskündigung** grundsätzlich auch nicht bei der atypischen stGes, BGHZ 125, 74 (→ § 140 Rn. 23 f.).

9   B. **Außerordentliche Kündigung** der stGes durch Inhaber oder Stillen ist möglich nach § 723 I 2, 3, II, III BGB (so ausdrücklich **I 2**). Es bedarf nicht der Klage entspr. § 133. Über wichtige Gründe vgl. → § 133 Rn. 5 ff.; aber wie schon zwischen phG und Kdtist (OGHZ 2, 261), so erträgt erst recht zwischen Inhaber und Stillem das idR weniger enge persönliche Verhältnis uU Dinge, die zwischen Gftern der OHG zur Auflösung zwängen. Auflösung des Inhabers (HdlGes) ist nicht immer wichtiger Grund für den Stillen, BGHZ 84, 382. Anders bei auf aktive Zusammenarbeit gerichteter (atypischer, vgl. → § 230 Rn. 3) stGes, BGH DB 1977, 88. Fristlose Kündigung des atypischen Stillen bei wesentlicher GesVertragsänderung ohne seine Zustimmung, BGH BB 1980, 958, → Anh. § 177a Rn. 69. Dauernde Ertragslosigkeit kann Grund zur außerordentlichen Kündigung sein, RG JW 1927, 1350. Umdeutung der außerordentlichen in ordentliche Kündigung ist möglich (§ 140 BGB), aber nur wenn dies gewollt und dem andern Teil erkennbar ist, BGH ZIP 1998, 509. Ausschluss oder Beschränkung des außerordentlichen Kündigungsrechts ist nichtig, § 723 III BGB (s. oben); Vereinbarung schiedsgerichtlicher Entscheidung über das Kündigungsrecht ist nicht Beschränkung, vgl. → § 133 Rn. 19 und KG HRR 1929, 743.

10   C. Kündigung durch einen **Gläubiger des Stillen** (ein Gläubiger des Inhabers hat ohnehin Zugriff auf das ganze Geschäftsvermögen) ist möglich nach fruchtloser Vollstreckung, Pfändung und Überweisung des Auseinandersetzungsguthabens mit Sechsmonatsfrist auf das Ende des Geschäftsjahrs (des Unternehmens des Inhabers) entspr. § 135 (so **I 1**). Dazu K. Schmidt KTS 1977, 5.

4) Reform des Personengesellschaftsrechts (MoPeG)

Das Gesetz zur Modernisierung des Personengesellschaftsrechts (MoPeG **11** → Einl § 105 Rn. 42 ff.) fasst zum 1.1.2024 auch das OHG-Recht sowie § 234 neu. In § 234 I 1 werden die Verweise an die Neufassung der §§ 105 ff. angepasst, § 234 I 2 entfällt. Zur Textfassung des HGB-MoPeG s. → Anh. § 105.

[Auseinandersetzung]

235 (1) **Nach der Auflösung der Gesellschaft hat sich der Inhaber des Handelsgeschäfts mit dem stillen Gesellschafter auseinanderzusetzen und dessen Guthaben in Geld zu berichtigen.**

(2) ¹Die zur Zeit der Auflösung schwebenden Geschäfte werden von dem Inhaber des Handelsgeschäfts abgewickelt. ²Der stille Gesellschafter nimmt teil an dem Gewinn und Verluste, der sich aus diesen Geschäften ergibt.

(3) Er kann am Schlusse jedes Geschäftsjahrs Rechenschaft über die inzwischen beendigten Geschäfte, Auszahlung des ihm gebührenden Betrags und Auskunft über den Stand der noch schwebenden Geschäfte verlangen.

1) Auseinandersetzung, Guthaben (I)

A. Die **Auseinandersetzung** ist im Falle der typischen stGes anderer Art als **1** bei (Außen-)GbR (vgl. → Einl. vor § 105 Rn. 11) und OHG, KG. Sie erfolgt bei diesen „in Ansehung des GesVermögens" (§ 730 I BGB), hier im (schuldrechtlichen) Verhältnis Inhaber-Stiller (§ 235 I). Dort werden grundsätzlich alle Ansprüche aus dem GesVerhältnis zwischen Ges. und Gftern und unter Gftern unselbstständige Rechnungsposten (vgl. → § 145 Rn. 6, → § 149 Rn. 3); hier ist das Endguthaben des Stillen (aus seiner Beteiligung) zu ermitteln, auf dessen Auszahlung er Anspruch hat (§ 235 I); diesem Anspruch können Ansprüche des Inhabers aus dem GesVerhältnis gegenüberstehen; so BGH BB 1968, 268 (Aufrechnung des Stillen; Zurückbehaltung; § 273 BGB, des Inhabers); **aA** BGH BB 1961, 583; WM 1972, 1056; DB 1977, 2040; NJW 1992, 2696; ZIP 2015, 1117; 2016, 525: auch **bei stGes Gesamtabrechnung;** anders soweit (Gesamt- oder Teil-)Anspruch des Stillen ohne weiteres klar (→ § 131 Rn. 44). Das aus der Auseinandersetzung folgende **Guthaben** des Stillen ist (ggf. mit Vorbehalt der Abrechnung über schwebende Geschäfte, II, III, → Rn. 4, 5) zu ermitteln idR durch vom Inhaber unverzüglich nach Auflösung auf den Auflösungstag (RG JW 1929, 321) aufzustellenden **Abschluss (Auseinandersetzungsbilanz,** Gewinnermittlungs- nicht Vermögensbilanz), BGH WM 1995, 1277; OLG München HRR 1939, 1299. Dieser entspricht dem Ermittlung des Guthabens eines aus OHG, KG ausscheidenden Gfters aufzustellenden (→ § 131 Rn. 50), jedoch bei der typischen stGes mit der für den Stillen (im Gegensatz zu den Gftern der OHG, KG) geltenden beschränkten Teilnahme an den Wertänderungen des Geschäftsvermögens, der typisch Stille ist also **nicht** am **Geschäftswert** des HdlGeschäfts und an den (zulässigerweise gebildeten) **stillen Reserven** beteiligt, BGHZ 127, 181 (auch → § 232 Rn. 1); anders im Falle der atypischen stGes (→ § 230 Rn. 3, dort Abschichtungs-, also Vermögensbilanz), doch sind auch andere Vereinbarungen möglich, OLG München WM 1993, 2126. Als Einlage geleistete **Dienste** des Stillen sind, soweit bewertet wie als Einlage gebucht (vgl. → § 230 Rn. 20, 22), als solche zu vergüten; sonst iZw nicht, § 733 II 3 BGB; anders wenn durch den Gewinnanteil nicht voll abgegolten und noch als greifbarer und messbarer Vermögenswert im Geschäft vorhanden; BGH NJW 1966, 501 (Teppichhandel, Einkaufstätigkeit, Gekauftes noch im Lager: Schätzung des noch vorhandenen Werts der Einkaufstätigkeit). Aber keine entsprechende Anwendung des § 89b (Ausgleichsanspruch für HdlVertreter), BGH BB 1978, 422. Einbeziehung der „atypisch" (→ § 230 Rn. 3) still an einer **Publikumsgesell-**

§ 235 2–5 2. Buch. Handelsgesellschaften und stille Gesellschaft

schaft (→ Anh. § 177a Rn. 52, → § 230 Rn. 3) Beteiligten gleich wie die Kdtisten, BGH BB 1978, 14, ebenso des über einen Treuhänder Beteiligten (→ § 105 Rn. 92), also Grundsätze über fehlerhaften Eintritt in Gesellschaft (mit Grenzen, → § 230 Rn. 11), BGH ZIP 2019, 24. Bei PublikumsKG mit Ges-Kapital aus Kommanditeinlagen und stillen Beteiligungen der Kdtisten kann § 235 unanwendbar sein, BGH NJW 1980, 1523. Nach OLG Hamburg ZIP 2015, 689 führt Liquidationsbeschluss bei mehrgliedriger stiller Ges. als InnenKG (dazu → § 230 Rn. 3) nicht zur Vollbeendigung, sondern zu einem Liquidationsverfahren. Zur Bedeutung von Auseinandersetzungsabsprachen OLG Frankfurt a. M. DB 1977, 1841. Unternehmenspacht mit stiller Ges. → Einl. vor § 1 Rn. 49.

2 B. Das Guthaben ist stets **in Geld** zu berichtigen, einerlei, was der Stille eingelegt hat. Barliquidation kann nur mit Zustimmung aller still Beteiligten durch Genussscheine ersetzt werden (Kernbereich, → § 119 Rn. 36), OLG Stuttgart ZIP 2007, 771. **Zins** nach Vereinbarung, sonst nur bei Verzug oder unter Kflten § 353 (→ § 232 Rn. 4). Zinssatz → § 232 Rn. 4; § 352 (5 %) nur, wenn die stGes auch für den Stillen HdlGeschäft ist, OGH Wien BB 1965, 100 (vgl. → § 230 Rn. 6, 12). Ein **Passivsaldo** verpflichtet den Stillen iZw nicht zur Nachzahlung, sondern wird gegenstandslos (→ § 232 Rn. 6), der Gesellschaftsvertrag kann aber vorsehen, dass dem Geschäftsherrn die Schuldentilgung durch die Rückzahlung der Gelder ermöglicht wird, die die stillen Gesellschafter nicht als Gewinn, sondern aus dem Vermögen der Gesellschaft erhalten haben, BGH ZIP 2016, 2264. **Fälligkeit** des Guthabens des Stillen idR erst nach Gesamtabrechnung, BGHZ ZIP 2017, 518, anders soweit schon vorher ein Zahlungsanspruch sicher erscheint, BGH DB 1977, 89 (vgl. für OHG, KG → § 145 Rn. 6). Die Gesamtabrechnung darf nicht ungebührlich hinausgezögert werden, BGH ZIP 2017, 518.

3 C. Der Stille kann **klagen** auf Zahlung, auf Rechnungslegung, RG JW 1926, 1812, auf Rechnungslegung und Zahlung nach § 254 ZPO (Stufenklage), ggf. schon vor Abwicklung der schwebenden Geschäfte, an denen er noch beteiligt ist. Kontrollrechte → § 233 Rn. 2, auch → § 118 Rn. 2 (OHG), → § 166 Rn. 2 (Kdtist). Der Stille, der die Richtigkeit des vom Inhaber zur Auseinandersetzung aufgestellten Abschlusses bestreitet, ist nicht auf (ihm idR unmögliche) Aufstellung einer Gegenrechnung zu verweisen, sondern kann Richtigstellung einzelner Unrichtigkeiten verlangen, BGH BB 1960, 15. Für behaupteten Verlust hat Inhaber die Beweislast auf Grund seiner Rechenschaftspflicht (→ § 230 Rn. 19). Der künftige Auseinandersetzungsanspruch ist abtretbar. Die Abtretung wirkt auch für den Erben des Stillen, wird jedoch hinfällig, wenn der Stille seine Beteiligung vor Entstehen des Anspruchs auf einen Dritten überträgt, BGH NJW 1997, 3370.

2) Ergebnis schwebender Geschäfte (II, III)

4 A. II und III entsprechen zwar § 740 BGB (→ § 131 Rn. 45), sind aber nicht ohne weiteres ebenso überholt wie dieser, Schulze-Osterloh ZGR 1986, 561, str. Nach II und III ist der Stille am Ergebnis schwebender Geschäfte iZw beteiligt (obwohl er am Geschäftswert als solchem idR gerade nicht beteiligt ist, → § 232 Rn. 1). Bedeutsam ua bei saisonabhängigem Betrieb (zB Getreidehandel). Abbedingung ist möglich, BGHZ 127, 181, zB Beteiligung nur am Ergebnis bis Stichtag der Auflösung nach gewöhnlicher Gewinn- und Verlustrechnung.

5 B. Ggf. hat der Stille die schwebenden Geschäfte abzuwickeln, es besteht noch ein GesVerhältnis zu beschränktem Zweck (→ § 234 Rn. 1), mit **Sorgfalts- und Treuepflicht** grundsätzlich wie vorher (vgl. → § 230 Rn. 13, 20). Der Inhaber darf zur Abwicklung der schwebenden auch neue Geschäfte eingehen (vgl. § 149 I 1). Über schwebende Geschäfte (II, III) ist gesondert abzurechnen außer-

halb der Auseinandersetzungsbilanz auf den Auflösungstag, BGH BB 1960, 15; DB 1976, 2107; ZIP 2016, 525. Der Stille hat die **Kontrollrechte** nach III, daneben, da das GesVerhältnis noch nicht zu Ende ist, wohl auch die nach § 233 (→ Rn. 3), beschränkt auf die Kontrolle der Abwicklung der schwebenden Geschäfte, str. Lit.: K. Schmidt DB 1983, 2401; Blaurock/Pordzik NZG 2018, 81.

[Insolvenz des Inhabers]

236 (1) **Wird über das Vermögen des Inhabers des Handelsgeschäfts das Insolvenzverfahren eröffnet, so kann der stille Gesellschafter wegen der Einlage, soweit sie den Betrag des auf ihn fallenden Anteils am Verlust übersteigt, seine Forderung als Insolvenzgläubiger geltend machen.**

(2) **Ist die Einlage rückständig, so hat sie der stille Gesellschafter bis zu dem Betrage, welcher zur Deckung seines Anteils am Verlust erforderlich ist, zur Insolvenzmasse einzuzahlen.**

1) Insolvenz des Inhabers; Forderung des Stillen (I)

A. § 236 idF EGInsO 1994. § 236 regelt die Insolvenz des Inhabers ohne 1 wesentliche Änderung durch die InsO (beachte Änderungen von § 19 II InsO zur Überschuldung, → Anh § 177a Rn. 49c). Das früher mögliche Vergleichsverfahren (VerglO) ist durch die InsO integriert, die VerglO ist mWv 1.1.1999 aufgehoben. Die stGes ist als reine InnenGes nicht insolvenzfähig. Deshalb gelten Sonderregeln für die Insolvenz des Inhabers, während es für die Insolvenz des Stillen bei den allgemeinen Regeln bleibt (Auflösung des stGes nach § 728 BGB, Auseinandersetzung nach § 84 InsO). Die Eröffnung des Insolvenzverfahrens über das Vermögen des Inhabers löst die stGes auf (§ 728 BGB, → § 234 Rn. 5). (Gemein)Schuldner ist nur der Inhaber, er allein hat die Schuldnerrechte. Auf den Tag der Eröffnung (und Auflösung der stGes) ist ein Abschluss aufzustellen und (unter Berücksichtigung seiner Beteiligung an den bis dahin eingetretenen Verlusten) das Guthaben des Stillen zu ermitteln (→ § 235 Rn. 1); mit diesem ist der Stille **Insolvenzgläubiger** wie die andern nicht bevorrechtigten Gläubiger. Ein Absonderungsrecht (etwa an dem von ihm Eingelegten) hat er nur, wenn sein Guthaben pfandgesichert, RG Gruch 1929, 996, oder durch eine andere Sicherheit gesichert ist; anders bei Rangrücktritt (§ 39 II InsO), vgl. OLG Hamm NJW-RR 1994, 672, oder wenn seine Einlage wie haftendes Eigenkapital zu behandeln ist (→ Rn. 3). Nur zum Gebrauch überlassene Gegenstände kann er aussondern. I regelt nur Einlagenrückzahlung; Schadensersatz wegen Verlusts der Einlage kann der Stille uneingeschränkt fordern (außer bei Vereinbarung nachrangiger Hafteinlagen, → Rn. 3), BGHZ 83, 344. Nach Beendigung des Insolvenzverfahrens gemäß Insolvenzplan können der Inhaber und der Stille gemäß Insolvenzplan die stGes fortsetzen, der Stille kann dann nicht als Insolvenzgläubiger seine Einlage zurückfordern, sondern nimmt an Verlust und eventuellem Sanierungsgewinn teil, vgl. auch BGHZ 51, 352. Lit.: K. Schmidt KTS 1977, 1 (65).

B. **Schwebende Geschäfte** nach § 235 II, III hat der Insolvenzverwalter 2 abzuwickeln (vgl. §§ 103 ff. InsO), ein Gewinnanteil des Stillen hieraus ist ebenfalls Insolvenzforderung.

C. Eine stille Einlage ist zwar grundsätzlich Fremdkapital (→ § 230 Rn. 21), 3 kann aber entgegen § 236 **gesellschaftsrechtlich als** Teil der **Eigenkapital**-grundlage des Inhabers (KG) **vereinbart** sein, so wenn die Erbringung der stillen Einlage gesellschaftsrechtliche Beitragspflicht eines Kdtisten ist, BGH NJW 1981, 2251, oder wenn Stiller wie Kdtist oder wie GmbHGfter mitbestimmt, BGHZ 106, 7; BGH NJW 1985, 1079; WM 2006, 691, aber nicht allgemein für atypische Stille, OLG Stuttgart NZG 2009, 259; aA OLG Frankfurt a. M. WM 1981, 1371; dann muss die stille Einlage als Haftungsmasse für die Gläubiger voll eingezahlt werden. Auch **schuldrechtlich** kann Behandlung wie Eigenkapital vereinbart sein (**Finanzplanvereinbarung**). Bei nachrangiger Hafteinlage bzw. **Rangrücktritt** kann der Stille die Einlage erst nach Befriedigung der Gläubiger zurückfordern, BGHZ 83, 344; 106, 9; 156, 44; OLG Hamm ZIP 1993, 1321; Habersack ZGR 2000, 400. Zur KG & Still Weimar DB 1987, 1077. Lit.: MüKoHGB/K. Schmidt § 230 Rn. 171 ff.; Schön ZGR 1990, 220.

Bei eigenkapitalähnlichem Charakter soll keine Haftung der Organe wegen verspäteter Insolvenzantragstellung eingreifen, AG Göttingen ZIP 2011, 475. Zutr. erfordert der Schutz sonstiger Gläubiger keinen vollständigen Ausschluss deliktischer Ansprüche und ist ein angemessener Schutz der Anleger in PublikumsGes sicherzustellen.

2) Einzahlungspflicht des Stillen (II)

4 Eine noch geschuldete Einlage hat der Stille in die Insolvenzmasse zu zahlen, aber erst bei Fälligkeit und nur (auch wenn er mit der Einzahlung im Verzug war) bis zu dem Betrag, der zur Deckung seines Anteils am Verlust benötigt wird. Wenn er am Verlust gar nicht beteiligt ist (§ 231 II), hat er nichts mehr einzuzahlen, RGZ 84, 436; voll zu leisten sind rückständige Einlagen, denen nach der vertraglichen Vereinbarung Eigenkapitalcharakter zukommt, BGH ZIP 2017, 1367 m. Bespr. Florstedt ZIP 2017, 2433. Noch zu erfüllende Sacheinlageschulden werden nicht Geldschuld, str. Der Stille kann gegen den Einzahlungsanspruch mit seinem Rückzahlungsanspruch aufrechnen, sofern dieser bereits feststeht.

3) Rückgewähr von Einlagen und Gesellschafterdarlehen entgegen § 32a III GmbHG aF, § 172a aF, § 134 InsO

5 § 32a GmbHG, § 172a sind durch MoMiG aufgehoben, jetzt insolvenzrechtliche Regelung, → § 172a Rn. 1. Das gilt auch für die Darlehen durch den atypisch stGfter, für GmbH & Still str., Mock DStR 2008, 1647. Zum alten Recht vor MoMiG s. 34. Aufl. Vgl. auch § 136 InsO über die Anfechtung bei einer stGes. Zum Ganzen Henssler/Servatius Rn. 16, 18, auch zu § 39 InsO. Für Altfälle können die Vorschriften weiter relevant sein, der stille Ges. kann Normadressat des § 32a III GmbHG aF sein, BGH ZIP 2013, 2400. Bei **Schneeballsystemen** kommt eine Insolvenzanfechtung wegen unentgeltlicher Leistung, **§ 134 InsO**, in Betracht, BGH ZIP 2013, 1533, eine solche ablehnend OLG Hamm ZIP 2017, 1125. Die bewusste Erfüllung einer nicht bestehenden Forderung (Gewinn(vor)auszahlung, wenn Einnahmen aus Schneeballsystem gewonnen) ist unentgeltlich. Von § 134 InsO ausgenommen sind Handlungen, die mehr als vier Jahre vor dem Antrag auf Eröffnung des Insolvenzverfahrens vorgenommen wurden. Eine Vorabvergütung bei ausbleibenden Gewinnen als unentgeltliche Leistung ansehend OLG Oldenburg ZIP 2017, 1296.

4) Besonderes Insolvenzanfechtungsrecht (§ 136 InsO)

6 A. **§ 136 I 1 InsO:** § 136 InsO ersetzt ohne größere sachliche Änderungen § 237 aF HGB. Neben dem allgemeinen Anfechtungsrecht nach §§ 129 ff. InsO hat der Insolvenzverwalter nach § 136 InsO ein besonderes Insolvenzanfechtungsrecht, das selbstständig neben die allgemeinen Anfechtungstatbestände (zB §§ 132, 134 InsO) tritt, ohne diese zu verdrängen. Grund für § 136 InsO sind das Insiderwissen des Stillen (vgl. § 233) und die typischerweise engen Beziehungen zwischen dem Inhaber und dem Stillen. Anfechtbar ist eine Rechtshandlung, durch die dem Stillen die **Einlage** ganz oder teilweise **zurückgewährt** oder sein **Anteil an dem entstandenen Verlust** ganz oder teilweise **erlassen** wird, wenn die **zugrundeliegende Vereinbarung im letzten Jahr vor dem Antrag** auf

3. Abschnitt. Stille Gesellschaft § 237

Eröffnung des Insolvenzverfahrens über das Vermögen des Inhabers oder nach diesem Antrag getroffen worden ist (I 1). Benachteiligungsabsicht ist nicht notwendig, das besondere Verhältnis zwischen Inhaber und Stillem in der stGes rechtfertigt hier rein objektive Anfechtungsvoraussetzungen (RegE). Der Rückgewähr steht hier jede andersartige Beseitigung des Zugriffs anderer Gläubiger (neben Leistung alle Leistungssurrogate, vor allem Aufrechnung), auch (nachträgliche) **Sicherung** des Stillen mit Gegenständen des Geschäftsvermögens, gleich, RGZ 84, 436. Keine derartige Vereinbarung liegt vor bei Rückgewähr auf Grund des GesVertrags, RGZ 84, 438, auch wenn er erst während des letzten Jahres vor Eröffnung des Insolvenzverfahrens eingegangen wurde; bei Rückgewähr nach Kündigung des GesVertrags durch den Stillen aus wichtigem Grunde, zB wegen Täuschung beim Vertragsschluss (→ § 105 Rn. 80), BGHZ 55, 10, oder nach sonst wirksamer Kündigung, BGH NJW 2001, 1270; bei Erlass einer Einlagepflicht, soweit die Einlage nicht zur Verlustdeckung benötigt wird (§ 236 II). Eigenkapitalersetzende GfterDarlehen des Stillen → Rn. 5. Die Anfechtung macht nicht das rückgewährende Rechtsgeschäft nichtig, sondern verpflichtet nur den Empfänger zur Rückgewähr (§ 143 InsO), BGH WM 1971, 183. § 136 InsO setzt als besonderer Fall der Insolvenzanfechtung Aktivlegitimation des Insolvenzverwalters wie zu §§ 129 ff. InsO voraus, zB für Ansprüche aus § 826 BGB nur bei Schädigung des Gemeinschuldners oder der zur gemeinsamen Befriedigung dienenden Insolvenzmasse, BGH NJW 1986, 1174.

B. § 136 I 2 InsO: Das Insolvenzanfechtungsrecht nach I 1 besteht **auch,** 7 **wenn** im Zusammenhang mit der Vereinbarung die stGes **aufgelöst** worden ist (I 2). Bsp.: Annahme einer nicht zulässigen Kündigung des Stillen durch den Inhaber, welche die Rückzahlungspflicht begründet.

C. § 136 II InsO: Die Anfechtung ist ausgeschlossen, wenn ein **Eröffnungs-** 8 **grund erst nach der Vereinbarung** iSv I **eingetreten** ist (II). Solche Eröffnungsgründe sind Zahlungsunfähigkeit, drohende Zahlungsunfähigkeit, bei juristischen Personen und Ges. ohne eine natürliche Person als phG auch Überschuldung (§§ 17–19 InsO, Überschuldungsbegriff § 19 II InsO, → § 177a Rn. 49c). Der Stille trägt die Beweislast, BGHZ 83, 346.
Vereinbarung von Kündigungsrechten schon in GesVertrag, dann auch im Fall der Kündigung zu kritischer Zeit keine Anfechtung, OLG München ZIP 2016, 268; so schon noch zu § 237 aF BGH ZIP 2001, 243.

237 *(aufgehoben)*

§ 237 über das besondere Insolvenzanfechtungsrecht bei der stillen Ges. ist 1 aufgehoben durch EGInsO 1994 und ersetzt worden durch § 136 InsO (→ § 236 Rn. 6). Hat ein Gfter die stille Beteiligung zusätzlich zu seiner Beteiligung als Gfter übernommen, findet die allgemeine Regel des § 135 InsO Anwendung und wird die stille Einlage einem Darlehen gleichgestellt, BGH ZIP 2017, 2481.

Drittes Buch. Handelsbücher

Einleitung vor § 238

Schrifttum

1) Kommentare: *Adler/Düring/Schmaltz* Rechnungslegung und Prüfung der Unternehmen, 6. Aufl von *Forster/Goerdeler ua*, 1994 ff (LBl.). – *Baetge/Kirsch/Thiele* Bilanzrecht Kommentar, 2002 ff (LBl.). – Beck'scher Bilanz-Kommentar, Handels- und Steuerbilanz, §§ 238 bis 339 HGB, 12. Aufl 2020. – *Bertram/Kessler/Müller* Haufe HGB Bilanz-Kommentar, 12. Aufl 2021. – *GemKom/HGB (Ensthaler)* 8. Aufl 2015. – GK/BilR (Staub, HGB), Bd. 5 (§§ 238 bis 289a) 2014, Bd. 6 (§§ 290 bis 315a) 2011, Bd. 7/1 (§§ 316 bis 330) 2010, Bd. 7/2 (§§ 331 bis § 342e), 2012. – *Hachmeister ua*, Bilanzrecht, 2. Aufl. 2020. – *HdlbgKo/HGB (Glanegger ua)* 8. Aufl 2020. – *Heymann* Handelsgesetzbuch, 3. Aufl 2019 f. – *Hoffmann/Lüdenbach* NWB Kommentar Bilanzierung, 13. Aufl 2022. – *KöKo(Rechnungslegung)* 2011. – *Koller/Kindler/Roth/ Drüen* HGB, 9. Aufl 2019. – *MüKo(AktG)* Band 5 (§§ 278–328) 5. Aufl 2020. – *Merkt/Bruckner/Fink* Rechnungslegung nach HGB und IFRS, 2. Aufl. 2022 – *MüKo (BilanzR)* Bd. 2 HGB (§§ 238–342e) 2013, fortgeführt in *Dicken/Fehrenbacher/Hennrichs/Kleindiek/Watrin*, BeckOGK HGB, Stand: 15.9.2021 – *MüKo(HGB)* 4. Aufl. 2020. – *Petersen/Zwirner* Bilanzrecht, 4. Aufl 2020. – *L. Schmidt* EStG, 41. Aufl 2022. – *Wiedmann/Böcking/Gros* 4. Aufl 2019. Zur AG s. MüHdBGesR IV AG *(Hoffmann-Becking)* 5. Aufl. 2020, §§ 44 ff. Zur GmbH s. besonders *Noack/Servatius/Haas (ehemals Baumbach/Hueck)* 23. Aufl 2022. – *Michalski/Heidinger/Leible/J. Schmidt (Sigloch/Keller/Meffert)* 3. Aufl 2017. – *Häublein/Hoffmann-Theinert* BeckOK HGB, 35. Ed. 2022. – *Ulmer/HGB-BilR*, TeilBd. 1 (§§ 238–289) 2002; TeilBd. 2 (§§ 290–342a) 2002.

2) Lehr- u Handbücher: *Baetge/Kirsch/Thiele* Bilanzen, 16. Aufl 2021. – *Baetge/Kirsch/Thiele* Konzernbilanzen, 14. Aufl 2021. – *Baetge/Kirsch/Thiele* Übungsbuch Bilanzen, 6. Aufl 2020. – *Baetge/Kirsch/Thiele* Übungsbuch Konzernbilanzen, 8. Aufl 2021. – *Bitz/Schneeloch/Wittstock* Der Jahresabschluss, 6. Aufl 2014. – *Winkeljohann/Förschle/Deubert* Sonderbilanzen, 6. Aufl 2021. – *Böcking/Gros/Oser/Scheffler/Thormann* Beck'sches HdB der Rechnungslegung, 66. Aufl 2021 (LBl.). – *Coenenberg/Haller/Schultze* Jahresabschluss und Jahresabschlussanalyse, 26. Aufl 2021. – *Hofbauer/Kupsch* HdB der Rechnungslegung, 2022 (LBl.). – *Knobbe-Keuk* Bilanz- und Unternehmenssteuerrecht, 9. Aufl 1993. – *Küting/Weber* HdB der Rechnungslegung, 2021 (LBl.). – *Küting* HdB der Konzernrechnungslegung, 2. Aufl 1998. – *Küting/Weber* Der Konzernabschluss, 14. Aufl 2018. – *Küting/Weber* Die Bilanzanalyse, 11. Aufl 2015. – *Moxter* Bilanzlehre Bd. II: Einführung in das neue Bilanzrecht, 3. Aufl 1984. – *Moxter* Grundsätze ordnungsgemäßer Rechnungslegung, 2003. – *Scherrer* Konzernrechnungslegung nach HGB, 3. Aufl 2012. – *Scherrer* Rechnungslegung nach neuem HGB, 3. Aufl 2011. – *Tanski* Jahresabschluss, 7. Aufl 2022 *Weber/Rogler* Betriebswirtschaftliches Rechnungswesen Bd. 1: Bilanz sowie Gewinn- und Verlustrechnung, 5. Aufl 2004. – *Weber-Grellet* Bilanzsteuerrecht, 19. Aufl 2021. – *Winnefeld* Bilanz-HdB, 5. Aufl 2015. – *Wirtschaftsprüfer-Handbuch* Bd. I 14. Aufl 2012, Bd. 2 14. Aufl 2014 (WP-HdB). – WP-Handbuch, WPH Ed., 17. Aufl 2020. – *Wöhe/Mock* Die Handels- und Steuerbilanz, 7. Aufl 2020. – *Schulze-Osterloh/Hennrichs/Wüstemann* HdB des Jahresabschlusses 2021 (LBl.). – *Petersen/Zwirner* BilR Praxiskommentar, 4. Aufl 2020. – *Falterbaum/Bolk/Reiß/Kirchner* Buchführung und Bilanz, 23. Aufl 2020. – *Marten/Quick/Ruhnke* Wirtschaftsprüfung, 6. Aufl 2016.

3) Einzeldarstellungen u Sonstiges: *Deimel* in: *Jannott/Frodermann* Handbuch der Europäischen Aktiengesellschaft, 2. Aufl 2014 (SE-Rechnungslegung). – *Ebner/Stolz/Mönning/Bachem* E-Bilanz, 2013. – *IDW* Fachgutachten und Stellungnahmen (LBl.). – *IDW* IDW Prüfungsstandards (IDW PS) jetzt: ISA (DE); IDW Stellungnahmen zur Rechnungslegung (IDW RS) (LBl.). – *Leffson* Die Grundsätze ordnungsmäßiger Buchführung, 7. Aufl. 1987. – *von Wysocki/Wohlgemuth/Brösel* Konzernrechnungslegung, 5. Aufl 2014. – *Prinz/Kanzler/Hannweber* HdB Bilanzsteuerrecht, 4. Aufl 2021; *Merkt* ZGR 2015, 215 (ISA). – *Merkt* ZHR 2015, 601 (Abschlußprüfungsreform). **Checklisten/Muster:** *Hopt/Merkt* Vertrags- und Formularbuch, 5. Aufl. 2022, Teil III. A.-K. – *Merkt/Bruckner/Fink* Rechnungslegung nach HGB und IFRS, 2022 Checklisten Anhang Kap. 12 E, Konzernanhang Kap. 16 D. – *Wollmert* Bilanz Check-up 2022, 11. Aufl 2022.

Einleitung vor § 238 **Einl v § 238**

4) **RsprÜbersichten:** *Moxter* BilanzRspr, 6. Aufl. 2007 (meist BFH). – *Buciek* DB 2010, 1029 (Bilanzsteuerrecht). – *Koch* BB 2014, 2603 (bilanzielle Aspekte Umwandlungssteuerrecht). – *Schnoor* StuB 2009, 845 (Bilanz- und ESt-Recht). – *Veit* BB 2009, 542; 2010, 751; 2011, 811; 2012, 691; 2013, 747; 2014, 939; 2015, 619; 2016, 747; 2017, 682; 2018, 683; 2019, 684, 2020, 683; 2021, 619; 2022, 559 (Bilanzierung betriebliche Altersversorgung). – *Schmittmann* StuB 2009, 543 (Offenlegung und Ordnungsgeld); VW 2010, 1390 (Praxisrelevante Steuerrechtsprechung Versicherungswirtschaft). – *Weber-Grellet* BB 2010, 43; 2011, 43; 2012, 43; 2013, 43; 2014, 42; 2015, 43; 2016, 43; 2017, 43; 2018, 43; 2019, 43; 2020, 43, 2021, 43; 2022, 43 (BFH-Rspr zum Bilanzsteuerrecht). – *Gänsler* BB 2018, 2539 (bilanzielle Aspekte des Umwandlungssteuerrechts). Wegner WpG 2020 1002 und 1070 (Sanktions- und berufsrechtliche und geheimnisbezogene Aspekte des Wirtschaftsprüfers)

Übersicht

	Rn
I. Die Bilanzrechtsreform 1985 durch das Bilanz-Richtlinie-Gesetz (BiRiLiG)	1–4
II. Das BilanzrechtsmodernisierungsG (BilMoG) 2009	5–8
III. Die Entwicklung seit dem BilMoG	9–25e
IV. Der Zweck von Rechnungslegung und Bilanzrecht	25f–25k
V. Der Inhalt des Dritten Buches	26–43
1) Überblick: Drittes Buch. Handelsbücher (§§ 238–342e)	26
2) Aufbauprinzipien und damit verbundene Sachentscheidungen:	27, 28
3) Definitionen und Größenmerkmale:	29–32
4) Die wichtigsten Sachentscheidungen des Dritten Buches:	33–43
VI. Bilanzrecht außerhalb des HGB	44
VII. Rechtsnatur und Auslegung des Bilanzrechts	45–46d
A. Rechtsnatur des Bilanzrechts:	45
B. Auslegung des Bilanzrechts:	46–46d
VIII. Internationales Bilanzrecht (Bilanzkollisionsrecht)	47
IX. Übergangsrecht (EGHGB)	48–83
1) Übergangsvorschriften in (1) EGHGB:	48
2) Übergangsvorschriften in (1) EGHGB Art. 48:	49
3) Übergangsvorschriften in (1) EGHGB Art. 49:	50
4) Übergangsvorschriften in (1) EGHGB Art. 50:	51
5) Übergangsvorschriften in (1) EGHGB Art. 51:	52
6) Übergangsvorschriften in (1) EGHGB Art. 54:	53
7) Übergangsvorschriften in (1) EGHGB Art. 55:	54
8) Übergangsvorschriften in (1) EGHGB Art. 56:	55
9) Übergangsvorschriften in (1) EGHGB Art. 57 u. 58:	56–58
10) Übergangsvorschriften in (1) EGHGB Art. 59:	59
11) Übergangsvorschriften in (1) EGHGB Art. 60:	60
12) Übergangsvorschriften in (1) EGHGB Art. 61:	61
13) Übergangsvorschriften in (1) EGHGB Art. 62:	62
14) Übergangsvorschriften in (1) EGHGB Art. 66:	63
15) Übergangsvorschriften in (1) EGHGB Art. 67:	64
16) Übergangsvorschriften in (1) EGHGB Art. 68:	65
17) Übergangsvorschriften in (1) EGHGB Art. 69:	66
18) Übergangsvorschriften in (1) EGHGB Art. 70:	67
19) Übergangsvorschriften in (1) EGHGB Art. 72:	68
20) Übergangsvorschriften in (1) EGHGB Art. 73:	69
21) Übergangsvorschriften in (1) EGHGB Art. 74:	70
22) Übergangsvorschriften in (1) EGHGB Art. 75:	71
23) Übergangsvorschriften in (1) EGHGB Art. 76:	72
24) Übergangsvorschriften in (1) EGHGB Art. 77:	73
25) Übergangsvorschriften in (1) EGHGB Art. 78:	74
26) Übergangsvorschriften in (1) EGHGB Art. 79:	75
27) Übergangsvorschriften in (1) EGHGB Art. 80:	76
28) Übergangsvorschriften in (1) EGHGB Art. 81:	77
29) Übergangsvorschriften in (1) EGHGB Art. 82:	78
30) Übergangsvorschriften in (1) EGHGB Art. 83:	79

	Rn
31) Übergangsvorschriften in (1) EGHGB Art. 84:	80
32) Übergangsvorschriften in (1) EGHGB Art. 85:	80a
33) Übergangsvorschriften in (1) EGHGB Art. 86:	81
34) Übergangsvorschrift in (1) Art. 87 EGHGB	82
35) Übergangsvorschrift in (1) Art. 88 EGHGB	83

I. Die Bilanzrechtsreform 1985 durch das Bilanz-Richtlinie-Gesetz (BiRiLiG)

1 1) Das heutige deutsche Bilanzrecht ist in seinen wesentlichen Grundentscheidungen unverändert geprägt durch das „G zur Durchführung der Vierten, Siebenten und Achten RL des Rates der Europäischen Gemeinschaften zur Koordinierung des Gesellschaftsrechts **(BiRiLiG)**" vom 19.12.1985 (BGBl. I 2355), materiell in Kraft ab 1.1.1986, das die **bis dahin einschneidendste Änderung des HGB** seit Herausnahme des Aktienrechts (Streichung von § 20 und Buch II Abschn. 3, 4) bei Erlass des AktG **1937** gebracht hat (zur 4., 7. und 8. EG-RL und zu den Reformzielen des BiRiLiG s. hier 33. Aufl. Rn. 4–13). Es hat neben kleineren Änderungen des HGB im Ersten und Zweiten Buch (§§ 8a, 9 II, 100 II, 118 I, 166; Aufhebung der §§ 38–47b; Umbenennung der §§ 335–342 in §§ 230–237) ein eigenes **neues Drittes Buch** des HGB mit 102 Paragraphen (Überschriften im Dritten Buch sind amtlich, im Übrigen HGB außerhalb des Dritten Buches außer bei einigen neueren Paragraphen nichtamtlich) geschaffen und gleichzeitig tiefe Einschnitte in zahlreiche andere Gesetze wie AktG, GmbHG, GenG, PublG, WPO und andere (s. hier 34. Aufl. Rn. 81) vorgenommen. **Lit.** MBF Kap. 1 Rn. 11 ff., 44 ff. Lit. zu maßgeblichen Entwicklungen seit 1980 Weber-Grellet BB 2021, 1415 ff.

2 In der Sache fasste das BiRiLiG das bis dahin höchst rudimentäre Buchführungs- und Bilanzrecht des HGB (§§ 38–47b aF, seither in §§ 238 ff. inkorporiert) und wesentliche Teile des früheren Rechnungslegungsrechts für AG (über die Aufstellung des Jahresabschlusses, über die Prüfung des Jahresabschlusses und über die Rechnungslegung im Konzern) in einem eigenen Buch des HGB zusammen. Dieses Dritte Buch bildet eine Art **Grundgesetz des Bilanzrechts** (Grundgesetz für Soll und Haben des Kfm.), das die wesentlichen Teile des Rechts der Buchführung, Bilanzierung und Rechnungslegung, Prüfung und Offenlegung enthält und für alle Kflte (1. Abschn.), KapitalGes. (2. Abschn.: AG, KGaA, GmbH) und eingetragene Genossenschaften (3. Abschn.) zusammenfassend zugänglich macht. Nur abgestimmt, aber nicht integriert in das HGB hatte das BiRiLiG 1985 im Wesentlichen nur das Bilanzrecht für GroßUnt., die nicht KapitalGes. sind (PublG).

3 Das **HGB** insgesamt erfuhr mit dem BiRiLiG nach einem jahrzehntelangen Aushöhlungsprozess eine enorme Aufwertung, die es in seiner Rolle **als das grundlegende privatrechtliche Gesetz für Kaufleute, HandelsGes. und Unt. bestätigt.**

4 Entwicklung von 1985 bis 2009: Siehe hier 38. Aufl. Rn. 4–21.

II. Das BilanzrechtsmodernisierungsG (BilMoG) 2009

5 1) Mit dem **BilMoG 2009** (RegE BT-Drs. 16/10067, Beschlussempfehlung und Bericht des BT-Rechtsausschusses BT-Drs. 16/12407) wurde das deutsche Bilanzrecht **grundlegend modernisiert.** International tätige Unt. müssen zunehmend **internationale Rechnungslegungsstandards** beachten, unabhängig davon, ob sie kapitalmarktorientiert sind. Jedoch ist die Anwendung der IFRS mit erheblichen Kosten und Publizitätspflichten verbunden, die besonders beim

Einleitung vor § 238

Mittelstand vielfach in keinem angemessenen Verhältnis zum Zusatznutzen informationsorientierter Rechnungslegung stehen. Der Gesetzgeber wollte den Unt. eine gleichwertige, aber einfachere und kostengünstigere **Alternative zur Rechnungslegung nach IFRS** eröffnen. Besonders kleine und mittelständische Unt. sollten wesentlich entlastet werden. Ferner sollten Lehren aus der Finanzkrise gezogen werden. Dabei verfolgte der Gesetzgeber im Einzelnen vier große Ziele: **1.** Die **Deregulierung der Publizitätspflichten** durch die Befreiung kleiner Einzelkaufleute von bestimmten Rechnungslegungspflichten und durch Anhebung der die einzelnen Größenklassen und damit Rechnungslegungspflichten bestimmenden Schwellenwerte; **2.** die **Verbesserung der Aussagekraft des HGB-Abschlusses** durch Annäherung der Abbildungsvorschriften an die IFRS. Dabei ging es vor allem um das Aktivierungswahlrecht bei selbst erstellten immateriellen Vermögensgegenständen des Anlagevermögens, die Bewertung von Finanzinstrumenten zum Marktwert bei Kreditinstituten, die marktnähere Bewertung von Rückstellungen sowie die Abschaffung einer Vielzahl nicht mehr zeitgemäßer Wahlrechte; **3.** Die **Erhöhung der Transparenz des HGB-Konzernabschlusses** durch eine veränderte Konzeption der Aufstellungspflicht und durch eine grundsätzliche Verpflichtung zur Konsolidierung sog. ZweckGes.; **4.** die **Umsetzung weiterer EU-Vorgaben und die Stärkung der Kontrollmechanismen** für die Einhaltung von Rechnungslegungsvorschriften. Das HGB blieb dabei Grundlage sowohl der Ausschüttungsbemessung als auch der steuerlichen Gewinnermittlung. Die Grundgedanken des Vorsichtsprinzips und des Gläubigerschutzes blieben – wenn auch mit gewissen Einschränkungen – weiter maßgebend. Weder das System der GoB noch die grundsätzliche Möglichkeit zur Erstellung einer Einheitsbilanz sollten aufgegeben werden. Der Grundsatz der umgekehrten Maßgeblichkeit wurde allerdings abgeschafft, die einfache Maßgeblichkeit wurde an vielen Stellen durchbrochen. **Lit.** Boecker/Froschammer IRZ 2010, 305; Ernst/Seidler BB 2009, 766; Fink StuB 2010, 734; Kleindiek GmbHR 2010, 1333; Lachnit/Wulf StuB 2010, 687; Lüdenbach/Hoffmann StuB 2009, 287; Melcher/Murer DB 2011, 2329; Oser PiR 2009, 121; Petersen/Zwirner KoR 2008, Beil. 1, Beil. 3; 2009, Beil. 1; StuB 2009, 335; BB 2010, 1651; Richter GmbHR 2010, 505; Wulf StuB 2010, 563; Zwirner NZG 2009, 530; StuB 2010, 493; DB 2010, 1653; KoR 2011, 1; StuB 2011, 643; Ballwieser Konzern 2014, 143; Prinz DB 2021, 9 (grundsätzlich zum Maßgeblichkeitsprinzip) MBF Kap. 1 Tz. 22 ff.

2) Mit dem BilMoG 2009 wurden zwei EU-RL umgesetzt: 1. Die RL 2006/46/EG vom 14.6.2006 zur Änderung der RL 78/660/EWG (4. gesellschaftsrechtliche Ri) über den Jahresabschluss von Ges. bestimmter Rechtsformen, 83/349/EWG über den konsolidierten Abschluss, 86/635/EWG über den Jahresabschluss und den konsolidierten Abschluss von Banken und anderen Finanzinstituten und 91/674/EWG über den Jahresabschluss und den konsolidierten Abschluss von VersicherungsUnt. **(EU-Abänderungs-Ri)** sowie 2. die RL 2006/43/EG vom 17.5.2006 über Abschlussprüfungen von Jahresabschlüssen und konsolidierten Abschlüssen zur Änderung der RL 78/660/EWG und 83/349/EWG zur Aufhebung der RL 84/253/EWG **(Abschlussprüfungs-RL)**. Die Umsetzung der Abänderungs-RL betraf vorrangig das Bilanzrecht und sollte zu einer Stärkung des Vertrauens des Kapitalmarktes in die Richtigkeit und Vollständigkeit der Rechnungslegung durch Aufwertung einzelner Anhangangaben im Bereich der EinzelGes. sowie konsolidierten Rechnungslegung führen. Die Umsetzung der Abschlussprüfungs-RL führte zu Änderungen im Recht der handelsrechtlichen Abschlussprüfung und diente der Harmonisierung der Abschlussprüfung auf europäischer Ebene. Beide RL wurden „eins zu eins" (kein gold-plating) in deutsches Recht umgesetzt. **Lit.** Petersen/Zwirner KoR 2008, Beil. 1, Beil. 3; 2009, Beil. 1.

Einl v § 238 7–11

7   3) Das **BilMoG 2009** betraf eine ganze Reihe von unterschiedlichen Regelungsbereichen. Im **Überblick**: Die **Publizitätspflichten** deutscher Unt. wurden weiter dereguliert. Der neu eingeführte § 241a ermöglicht kleinen Einzelkflten eine Befreiung von der Buchführungspflicht nach § 238, sofern diese an zwei aufeinander folgenden Abschlussstichtagen nicht mehr als 500.000 EUR Umsatzerlöse und nicht mehr als 50.000 Euro Jahresüberschuss ausweisen. Bei Neugründungen tritt eine Befreiung bereits ein, wenn die Werte am ersten Abschlussstichtag nach der Neugründung nicht überschritten werden. Für PersonenhandelsGes. gelten die genannten Kriterien nicht. Die Ergänzung in § 242 IV stellt zudem sicher, dass die Pflicht zur Aufstellung eines Jahresabschlusses nicht für Unt. gilt, die unter § 241a fallen. Hingegen werden die **Zwecke des HGB-Abschlusses** (Dokumentation, Rechenschaft, Kapitalerhaltung) durch das BilMoG nicht modifiziert, Baetge/Kirsch/Solmecke WPg 2009, 1211. Zur Auslegung des (Konzern-) Bilanzrechts nach dem BilMoG Hennrichs/Pöschke WPg 2009, 532; Gerhards DB 2020, 177 (kritisch zu Fehlentwicklungen).

8   Das **Maßgeblichkeitsprinzip** bleibt zwar grundsätzlich erhalten, wird aber **in weiten Teilen durchbrochen.** So besteht zB nach § 248 II ein Aktivierungswahlrecht für selbst erstellte immaterielle Vermögensgegenstände des Anlagevermögens, während § 5 II EStG weiterhin ein Ansatzverbot vorsieht. Das Prinzip der **umgekehrten Maßgeblichkeit** nach § 5 I 2 EStG aF wurde **aufgehoben**, dh steuerliche Wertansätze entfalten keine Geltung mehr für die handelsrechtl Rechnungslegung. §§ 247 III (steuerliche Sonderposten), 254 (steuerrechtliche Abschreibungen), 273 (Sonderposten mit Rücklageanteil), 279 II (Vornahme steuerrechtlicher Abschreibungen), 280 wurden aufgehoben. **Lit.** BMF-Schreiben BB 2010, 820; Richter GmbHR 2010, 505, Prinz DB 2021, 9 (grundsätzlich zum Maßgeblichkeitsprinzip). Zu Einzelheiten der Reform durch das BilMoG 2009 s. hier 36. Aufl Rn. 29–62.

III. Die Entwicklung seit dem BilMoG

9   1) Das Gesetz zur Umsetzung der RL 2012/6/EU des Europäischen Parlaments und des Rates vom 14.3.2012 zur Änderung der RL 78/660/EWG des Rates über den Jahresabschluss von Ges. bestimmter Rechtsformen hinsichtlich Kleinstbetrieben **(KleinstkapitalGes.-BilanzrechtsänderungsG – Micro-BilG)** hat für besonders kleine KapitalGes. Entlastungen von den umfangreichen Vorgaben für die Rechnungslegung auf EU-Ebene gebracht und dazu die Optionen der EU-RL 2012/6/EU vom 14.3.2012 zur Änderung der RL 78/660/EWG über den Jahresabschluss von Ges. bestimmter Rechtsformen hinsichtlich Kleinstbetrieben (Micro-Ri; ABl. 2012 L 81, 3) genutzt. **Lit.** Fey ua BB 2013, 107; Küting/Eichenlaub DStR 2012, 2615; dies/Strauß DStR 2012, 1670; Müller/Kreipl DB 2013, 73; Theile DB 2013, 469; Wader/Städle WPg 2013, 249; Zwirner BB 2012, 2231; MBF Kap. 1 Tz. 27 ff.

10   2) Durch das **AIFM-UmsetzungsG** v. 4.7.2013 BGBl. 2013 I 1981 (**Übergangsrecht (1)** EGHGB Art. 71 II), mit dem das InvestmentG aufgehoben und durch das KAGB ersetzt wurde, wurden die Konsolidierungsvorschriften in § 290 II sowie die zugehörigen Anhangsangaben in §§ 285 Nr. 26 u. 314 I Nr. 18 neu gefasst. Daneben wurden redaktionelle Änderungen des Bilanzrechts vorgenommen. Durch Änderung des § 290 II Nr. 4 S. 2 wurde das Nichtbestehen eines Mutter-Tochter-Verhältnisses auch auf ausländische Investmentvermögen ausgeweitet, die mit Spezial Sondervermögen iSv § 2 III InvG vergleichbar sind. **Lit.** Gaber/Groß/Heil BB 2013, 2667.

11   3) Mit dem Gesetz zur Umsetzung der Bilanz-RL 2013 = **BilRUG 2015** (**Übergangsrecht** in (1) EGHGB Art. 75 II) hat der Gesetzgeber in Umsetzung

Einleitung vor § 238   12–14   **Einl v § 238**

der neuen **Bilanz-RL** 2013/34/EU v. 26.6.2013 ABl. 2013 L 182, innerhalb kurzer Zeit nach dem BilMoG eine weitere umfangreiche Novellierung des 3. Buches vorgenommen. Ziel der Bilanz-RL 2013, die an die Stelle der bisherigen 4. Bilanz-RL 1978 und der 7. KonzernbilanzRL 1983 tritt, ist es, die bisher getrennten Regelungen für **Einzel- und Konzernabschlüsse zusammenzuführen** und vollständig zu harmonisieren, die **bürokratische Belastung** kleiner und mittlerer Unt. zu **verringern**, die Vergleichbarkeit der Jahres- und Konzernabschlüsse von KapitalGes. und bestimmten PersonenhandelsGes. in der EU zu erhöhen, die **Wesentlichkeit** (Materiality, Art. 6 I Buchst. j) und die **wirtschaftliche Betrachtungsweise** (Substance over Form, Art. 6 I Buchst. h) als verbindliche allgemeine Grundsätze zu implementieren und große Unt. und Unt. von öffentlichem Interesse in der mineralgewinnenden Industrie und in der Industrie des Holzeinschlags in Primärwäldern **stärkeren Transparenzanforderungen** hinsichtlich ihrer Zahlungen an staatliche Stellen durch jährliche Berichtspflichten (Country-by-Country Reporting, Art. 41–48) zu unterwerfen, um Korruption einzudämmen (RegE BilRuG 2015, 1 (50), BR-Drs. 23/15). Die Bilanz-RL 2013 enthält eine stärkere Systematisierung und legt die **Größenklassen** von Unt. fest. Schwellenwerte für kleine Unt. können mitgliedstaatlich weiter erhöht werden, solche für große Unt. und Konzerne werden nur leicht erhöht. Zudem führt sie den Grundsatz der Maximalharmonisierung bei den Anhangaben für kleine Unt. ein (Art. 16 III), in abgeschwächter Form auch bei der Anzahl der zum Abschluss gehörenden Unterlagen (Art. 4 I UAbs. 2) und den darin darzustellenden Angaben (Art. 4 V). Ebenso werden allgemeine Grundsätze in einem vor die Klammer gezogenen zentralen Kapitel 2 stärker verankert, etwa der Grundsatz der Wesentlichkeit (Art. 12 Nr. 16; Art. 6 I lit. j und Erwägungsgrund 17) und die wirtschaftliche Betrachtungsweise (Art. 6 I lit. h und Erwägungsgrund 6). **Lit.** Luttermann NZG 2013, 1128; Zwirner DStR 2014, 439; Lorson DB 2015, 695; Blöink/Knoll-Biermann Konzern 2015, 65; Zwirner DB 2015 Beil. 6; Zwirner/Busch Konzern 2016, 113; Weinert/Schwarz/Stein DB 2017, 737 (Referenzgröße Mitarbeiter); Gerhards DB 2020, 177 (kritisch zu Fehlentwicklungen).

Allerdings ergab sich aus dem neuen Grundsatz der Maximalharmonisierung **12** für kleine Unt. für das **HGB nur geringer Anpassungsbedarf** (zB neue Pflicht zur Darstellung der im Jahresdurchschnitt Beschäftigten bei gleichzeitigem Entfallen einiger bisheriger Pflichtangaben; zahlreiche kleiner Änderungen). Die EU-weit neu eingeführte Überprüfung der Angaben im Lagebericht gibt es im HGB seit langem.

Zur Stärkung der **Transparenz im Rohstoffsektor** (definiert in der Bilanz- **13** RL 2013 als Gewinnung mineralischer Rohstoffe einschließlich fossiler Energierohstoffe sowie Holzeinschlag in Primärwäldern) werden Unt. verpflichtet, jährlich eine gesonderte Darstellung der an staatliche Stellen weltweit geleisteten Zahlungen zu veröffentlichen (ggf. zusammengefasst für vergleichbare Sachverhalte bzw. projektspezifisch, allerdings nur Zahlungen ab 100.000 Euro), wobei im Konzern anstelle der Einzeldarstellung eine konsolidierte Darstellung des MutterUnt. verlangt wird. Durch Regelungen zur Gleichwertigkeit gesetzlicher Berichtspflichten in Drittstaaten will die Bilanz-RL europäischen Unt. bei Notierung an US-Börsen (dort gesetzliche Berichtspflichten für Unternehmen der mineralgewinnenden Industrie) **doppelte Berichtspflichten ersparen.** Die Gleichwertigkeit ist von der EU-Kommission in gesonderten Verfahren festzustellen.

Sonstige Änderungen im Bilanzrecht über die Umsetzung der Bilanz-RL **14** 2013 hinaus hat das BilRUG 2015 (**Übergangsrecht** in (1) EGHGB Art. 75 II) nur sehr begrenzt vorgenommen, so einzelne Präzisierungen und Verbesserungen, um die Anwendung der Vorschriften zu erleichtern und die Vergleichbarkeit zu erhöhen, etwa Harmonisierung der Vorschriften zur Befreiung bestimmter

Merkt 1107

TochterUnt. von Rechnungslegungspflichten, wenn sie in Konzernabschlüsse einbezogen sind (Änderungen von § 264 III u. IV, § 264b) sowie Vereinfachungen des § 292 sowie Aufhebung der KonzernabschlussbefreiungsVO; **Lit.** AK Bilanzrecht NZG 2014, 892; BB 2014, 2731; Blöink/Knoll-Biermann Konzern 2015, 65; Bode DB 2015, 816 (Offenlegung); Fink/Theile DB 2015, 753; Haaker DB 2015, 510 (Ausschüttungssperre nach § 272 V); StuB 2015, 11 (Problembereiche); Keller/Schmidt BB 2014, 2283; Jessen/Haaker DB 2013, 1617; Kleinmanns StuB 2014, 794 (GuV u. Zahlungsberichte); Kolb/Roß WPg 2014, 991 (MicroBilG); Kreipl/Müller ZCG 2014, 235; Lange/Müller KoR 2014, 482; Lüdenbach/Freiberg BB 2014, 2219 (RefE); BB 2015, 363 (RegE); Maas WPg 2014, Editorial Heft 18; Müller/Stawinoga BB 2014, 2411 (Schwellenwerterhöhung); Oser/Orth/Witz DB 2014, 1877 (RegE); Reitmeier/Deubert BB 2014, 2795 (Befreiungsmöglichkeiten für TochterGes); Roß BB 2014, I (= Die Erste Seite, Heft 37); Scheffler AG 2014, R234; Schulze-Osterloh BB 2015, I (= Die Erste Seite, Heft 7); Schütte DB 2014, 2237; Velte/Haaker EWS 2014, 204; Wirtz/Gersbacher StuB 2014, 711 (Definition Umsatzerlöse); Zwirner DStR 2014, 1784; 2014, 1843; 2014, 1889; 2015, 375; Zwirner BC 2014, 355; 2014, 363; Zwirner StuB 2014, 688; 2015, 123; Zwirner WPg 2015, 218; Zwirner/Boecker BC 2014, 460.

15 Nicht explizit in das BilRUG 2015 **Übergangsrecht** in **(1)** EGHGB Art. 75 II) aufgenommen worden sind der **Wesentlichkeitsgrundsatz** (Art. 6 I Buchst. j Bilanz-RL 2013), weil dieser Grundsatz bereits als GoB anerkant ist (§ 243 I) und in verschiedenen Einzelvorschriften zum Ausdruck kommt; der **Grundsatz der wirtschaftlichen Betrachtung** (Art. 6 I Buchst. h Bilanz-RL 2013), weil eine wirtschaftliche Betrachtungsweise schon zuvor zum methodischen Grundinstrumentarium des deutschen Bilanzrechts gehörte; die **True-and-Fair-View-Abweichungsfunktion** (Art. 4 IV Bilanz-RL 2013), weil auch insoweit das bisherige Recht der Anforderung durch die teleologische Auslegung genügt; die **Änderung der Rückstellungsbewertung** (Art. 12 XII UAbs. 3 Bilanz-RL 2013) (Problem der Zulässigkeit der Abzinsungsregelung in § 253 I 2; Problem des besten Schätzwerts, str., AK Bilanzrecht, BB 2014, 2732; Lüdenbach/Freiberg BB 2014, 2221); die **Ausschüttungssperre bei phasengleicher Dividendenaktivierung** (Art. 9 VII Buchst. c Bilanz-RL 2013); die verbreitet geforderte Abschaffung des **Wahlrechts zur Nichtpassivierung mittelbarer Pensionsverpflichtungen** in Art. 28 I EGHGB; **Lit.** AK Bilanzrecht BB 2014, 2732.

16 4) Parallel zur Reform des Bilanzrechts wurde von der EU der **Rechtsrahmen für die Abschlussprüfung** umfassend reformiert. Dazu erließ die EU eine **Änderungs-RL** 2014/56/EU v. 16.4.2014 ABl. 2014 L 158, 196 zur Abschlussprüfungs-RL von 2006 sowie eine neue **Abschlussprüfungs-VO** (EU) Nr. 537/2014 v. 16.4.2014 ABl. 2014 L 158, 77, die auf Unt. von öffentlichem Interesse beschränkt ist. Zentrale Punkte sind Etablierung einer klaren Rolle des Abschlussprüfers durch höhere Prüfungsqualität, gesteigerte Transparenz und Verantwortlichkeit, strengere Regeln zur Unabhängigkeit (zwingende Rotation nach max. 10 Jahren; Verbot bestimmter Nichtprüfungsleistungen, Art. 5 VO; Deckelung der Prüferhonorare für Nichtprüfungsleistungen, Art. 4 II VO); Schaffung eines dynamischeren und besser überwachten Abschlussprüfermarktes (Verbot von Big-4 Klauseln, verstärkte Aufsicht durch Einrichtung von Committee of European Auditing Oversight Bodies, CEAOB, Art. 30 VO). **Lit.** Bayer/Schmidt BB 2014, 1219; Geberth AG 2014, R 127; Klaas WPg 2014, 763; Köhler/Liu WPg 2014, 67 (Prüfungsforschung); Lanfermann BB 2014, 2348; Merkt ZHR 2015, 601; Ruhnke DB 2014, 2483; Scheffler AG 2014, R 304; Simon-Heckroth WPg 2014, 311; Velte DStR 2014, 1688.

17 5) Der deutsche Gesetzgeber hat diese Reform durch das Abschlussprüferaufsichtsreformgesetz **(APAReG)** v. 31.3.2016 (BGBl. I 518) und das Abschluss-

Einleitung vor § 238   18–20   **Einl v § 238**

prüfungsreformgesetz **(AReG)** v. 10.5.2016 (BGBl. I 1142) umgesetzt. Das AReG bringt eine Reihe von Änderungen, vor allem im Dritten Unterabschnitt des Dritten Buchs, §§ 316–324a. Sie betreffen insbesondere die Klarstellung der von der Abschlussprüfungs-VO erfassten Unt. in § 317 IIIa, die Pflichtrotation in § 318 Ia, die Erbringung von Nichtprüfungsleistungen in § 319a I a.F., den Prüfungsbericht in § 321, den Bestätigungsvermerk in § 322a, den Prüfungsausschuss in § 324 sowie Ausnahmen für Abschlussprüfung bei Sparkassen und Genossenschaften. **Lit.** Merkt ZHR 2015, 601; Blöink/Knoll-Biermann Konzern 2015, 65 (BilRUG 2015); Blöink/Kumm BB 2015, 1067 (AReG); Blöink/Woodtli Konzern 2016, 82; Quick DB 2016, 1205.

6) Mit der **TransparenzRi-ÄnderungsRL** (2013/50/EU) v. 22.10.2013, **18** ABl. 2013 L 294, 13 wollte der EU-Gesetzgeber ua die Regulierung bilanzrechtlicher **Transparenzanforderungen verbessern,** insbesondere durch die Vereinfachung der Berichtspflichten bestimmter Emittenten, um geregelte Märkte insbesondere für kleine und mittlere Emittenten attraktiver zu machen. Die TransparenzRi-ÄnderungsRL wurde umgesetzt durch das TransparenzRi-ÄnderungsRi-UmsetzungsG v. 20.11.2015 (**Übergangsrecht** in **(1)** EGHGB Art. 77). Änderungen im HGB betrafen die Anhebung der **Schwellenwerte** in § 292 III 3 u. § 327a (von 50.000 auf 100.000 Euro), § 335 I 4, § 335 Ia bis Id (Verschärfung der Sanktionen für unterlassene Offenlegung), § 341w I und § 342b II, IIa (Erweiterung der Kompetenz der DPR). **Lit.** Reitmeier/Rimmelspacher DB 2015 Beil. 5, 1 (3).

7) Zur weiteren Umsetzung der **TransparenzRi-ÄnderungsRL** wurde von **19** der BReg am 23.1.2020 ein Gesetzesentwurf im Hinblick auf ein einheitliches elektronisches Format für Jahresfinanzberichte (ReGE ESEF-UG) veröffentlicht. Überführt werden Vorschriften der Delegierten VO 2019/815 v. 17.12.2018, ABl. 2019 L 145, 85 in das deutsche Recht. Hiernach sind Inlandsemittenten, deren Wertpapiere an einem organisierten Markt zugelassen sind, verpflichtet, die betroffenen Rechnungslegungsunterlagen in einheitlichen europäischen elektronischen Berichtsformat (ESEF) offenlegen. Der Abschlussprüfer hat die Unterlagen zu prüfen und er hat im Bestätigungsvermerk darüber zu berichten. Kern des RegE sind Änderungen von § 328 und § 317. Nach dem neuen § 328 I 4 sind die Unterlagen im XHML-Format und der IFRS-Konzernabschluss unter Verwendung der XBRL-Taxonomie (Tagging) auszuzeichnen. Nach dem neuen § 317 IIIb hat der Abschlussprüfer die Offenlegungsdokumente auf Übereinstimmung mit den Offenlegungsanforderungen zu prüfen. Missachtung der Formatvorgaben ist nach entsprechend ergänztem § 334 bußgeldbewehrt. Betroffen sind alle Unt., die als Inlandsemittent Wertpapiere begeben und keine KapGes. iSd § 327a sind. **Lit.** Freiberg BB 2019, I (= Die Erste Seite, Heft 42); Zwirner/Lindmayr IRZ 2019, 284 (ESEFF); Faßhauer/Schmidt/Özcan Konzern 2019, 437 (ESEF); Henselmann/Vetter/Mielich WPg 2019, 719; Obst WPg 2019, 771; Orth/Obst BB 2019, 2603; Schmidt DB 2020, 513; Scheffler AG 2020, R41; Orth/Obst WPg 2020, 422.

8) Durch die **Corporate Social Responsibility-RL (CSR-Ri)** 2014/95/ **20** EU v. 22.10.2014 ABl. 2014 L 330, 1 wurde die Bilanz-RL 2013 um die Anforderung ergänzt, dass bestimmte große Unt. im Interesse der **Corporate Social Responsibility** eine nichtfinanzielle Erklärung zu Umwelt-, Sozial- und Arbeitnehmerbelangen, Achtung der Menschenrechte und Bekämpfung von Korruption und Bestechung in den (Konzern-)Lagebericht aufnehmen müssen (Art. 19a, 29a nF Bilanz-RL 2013). Diese Regelungen gelten nur für große Unt. mit mehr als 500 Mitarbeitern. Dazu zählen börsennotierte Unt., aber auch einige nicht börsennotierte Unt. von öffentlichem Interesse wie Banken und Versicherungen, die aufgrund der Art ihrer Tätigkeit, ihrer Größe oder der Zahl ihrer Beschäftigten von den Mitgliedstaaten benannt werden. Auf internationaler Ebene ist die

Global Reporting Initiative (GRI) an der Unterstützung der Nachhaltigkeitsberichterstattung aller Organisationen durch Erarbeitung eines umfassenden Berichtsrahmens und eines Leitfadens mit weltweiter Geltung bemüht. **Lit.** Bayer/Schmidt BB 2014, 1219; Simon-Heckroth WPg 2014, 311 (Nachhaltigkeitsberichterstattung); Velte NZG 2014, 1046; Voland DB 2014, 2815; Blöink/Knoll-Biermann Konzern 2015, 65 (BilRUG 2015); Eufinger EuZW 2015, 424; Maniora KoR 2015, 153; Müller/Velte DB 2015, 2217; IDW-AK Nachhaltigkeitsberichterstattung, Positionspapier zu Pflichten und Zweifelsfragen zur nichtfinanziellen Erklärung, 2017 und dazu Wambach/Maier BB 2017, 1987; Reustlen/Stawinoga DB 2019, 257 (anwender- bzw. branchenspezifische Nachhaltigkeitsberichterstattung).

21 **8)** Umgesetzt wurde die CSR-RL vom deutschen Gesetzgeber durch das **CSR-RUG** v. 11.4.2017 BGBl. I 802. Zur Erstanwendung AK Schmalenbach DB 2018, 2253. Das G bringt grundsätzlich eine eins zu eins Umsetzung: Große kapitalmarktorientierte KapitalGes. und haftungsbeschränkte PersonenGes. sowie große Kreditinstitute und VersicherungsUnt. mit mehr als 500 Arbeitnehmern müssen über **wesentliche nichtfinanzielle Belange** berichten (Non-Financial Information, NFI); die Berichterstattung umfasst mindestens Angaben zu Umwelt, Arbeitnehmer- und Sozialbelangen, zur Achtung der Menschenrechte und zur Bekämpfung von Korruption und Bestechung. Erforderlich sind eine Beschreibung des Geschäftsmodells sowie Angaben zu Konzepten und deren Ergebnissen, zu Due-Diligence-Prozessen, zu wesentlichen Risiken mit schwerwiegenden Auswirkungen auf nichtfinanzielle Belange, zu den bedeutsamsten nichtfinanziellen Leistungsindikatoren und gegebenenfalls zu im Jahresabschluss ausgewiesenen Beträgen. Zu berichten sind dabei Angaben, die für das Verständnis der Lage und der Auswirkungen der KapitalGes. erforderlich sind. Ferner müssen bestimmte Unt. ihre **Erklärung zur Unternehmensführung** durch präzisere Angaben zu den Diversitätskonzepten für Leitungsorgane der Unt. ergänzen. Bestehende **Straf- und Bußgeldvorschriften** werden auf Verstöße gegen die Berichtpflichten zu nichtfinanziellen Informationen erweitert. Das G übt zugleich Mitgliedstaatenoptionen aus, um für die Berichterstattung auf besondere Situationen einzugehen und die Belastung für Unt. zu reduzieren: Unt. in bestimmten, eng begrenzten Ausnahmesituationen dürfen nachteilige Informationen weglassen. Grund: Betriebs- und Geschäftsgeheimnisse der Unt. werden durch die Berichtspflicht berührt und es ist eine Interessenabwägung in Ausnahmefällen erforderlich. Das G übt außerdem die Mitgliedstaatenoption aus, Unt. das Wahlrecht einzuräumen, die nichtfinanziellen Informationen als nichtfinanzielle Erklärung im Lagebericht oder in einem **gesonderten nichtfinanziellen Bericht** darzustellen. Bei Wahl eines gesonderten nichtfinanziellen Berichts können sie weiter entscheiden, ob sie diesen mit dem Lagebericht oder auf ihrer Internetseite veröffentlichen. Für die gesonderte Veröffentlichung auf der Internetseite ist eine Frist von sechs Monaten ab Bilanzstichtag einzuhalten. **Lit.** Barckow BB 2017, Erste Seite; Blöink/Halbleib Konzern 2017, 182; Böcking DB 2017, M5; Böcking/Althoff Konzern 2017, 246; Haaker DB 2017, 922; Hachmeister/Burth/Holzmeier IRZ 2017, 215; Haaker DB 2017, 922 (Kritisch zur Integration des CSR-Berichts in den Lagebericht); Haaker StuB 2017, Heft 6, 1; Hennrichs/Pöschke NZG 2017, 121 (Pflicht des Aufsichtsrats); Hermeling/Meeh-Bunse/Schomaker DStR 2017, 1127; Holzmeier/Burth/Hachmeister IRZ 2017, 215; Kajüter DB 2017, 617; Kajüter IRZ 2017, 137; Kajüter DB 2017, 617; Lanfermann BB 2017, 747; Lanfermann BB 2017, 747 (Prüfung des CSR-Berichts durch Aufsichtsrat); Meeh-Bunse/Hermeling/Schomaker DStR 2017, 215; Richter/Johne/König WPg 2017, 566; Rimmelspacher/Schäfer/Schönberger KoR 2017, 225; Velte StuB 2017, 293; Velte KoR 2017, Heft 4, M3; Weller/Meyer PiR 2017, 125; Scheid/Kotlenga/Müller StuB 2018,

841 (bilanzpolitische Möglichkeiten der CSR-Berichterstattung); Wagner/Mayer/Kubessa WPg 2018, 935 (adressatengerechte CSR-Berichterstattung); Kempkes/Schalk/Suprano/Wömpener WPg 2019, 25 (Empirie).

9) Die Zeit seit Inkrafttreten der CSR-RL stand ganz im Zeichen der Umsetzung der RL und des RUG in der Praxis. Hier haben sich in der Anwendung zahlreichen **Themen und Fragen** eröffnet, etwa die konkrete Ausgestaltung der nichtfinanziellen Erklärung und der Diversity-Berichterstattung, die unterschiedlichen Optionen zur Darstellung und Veröffentlichung der Erklärung, die Befreiungsmöglichkeiten im Konzern, die Vergleichbarkeit nichtfinanzieller Erklärungen, die Änderungen an DRS 20 (Hilfestellung bei der Erfüllung der CSR-Berichtspflichten), Europäische Leitlinien als zusätzlicher Orientierungsmaßstab für die CSR-Berichterstattung deutscher Unt., Rahmenwerke für die nicht finanzielle Berichterstattung (GRI), die Bedeutung der Unternehmenspublizität für die Förderung sozialer Verantwortung, die europäische Initiative zu „Sustainable Finance" als neuer Treiber für verpflichtende CSR Berichterstattung, die Prüfung der nichtfinanziellen Berichterstattung und die möglichen Konsequenzen bei Verstößen gegen die CSR-Berichterstattungspflicht. Die EU-Kommission hat eine **High Level Expert Group on Sustainable Finance** (HLEG) eingerichtet, die Empfehlungen für die Integration von Nachhaltigkeitsthemen in das EU-Recht erarbeiten soll. In ihrem Interim Report 2017 erörtert die HLEG die Themenfelder Offenlegung, Unternehmensberichterstattung und Rechnungslegungsstandards und empfiehlt bessere Integration von Nachhaltigkeitsaspekten in Rechnungslegungsstandards sowohl hinsichtlich der Bewertung als auch der Offenlegung von nichtfinanziellen Informationen, ferner Sicherstellung, dass Rechnungslegungsstandards kein Hindernis für Nachhaltigkeit sind, sowie Zusammenführung von finanzieller und nichtfinanzieller Berichterstattung. **Lit.** IDW-AK Nachhaltigkeitsberichterstattung, Positionspapier zu Pflichten und Zweifelsfragen zur nichtfinanziellen Erklärung, 2017 und dazu Wambach/Maier BB 2017, 1987; Kirsch/Huter WPg 2017, 1017 (Prüfung); Lanfermann WPg 2017, 1250 (EU-Leitlinien); Mock DB 2017, 2144 (EU-Leitlinien); Müller/Scheid BC 2017, 457; Schmotz/Schmidt DB 2017, 2877; Velte DB 2017, 2813; AK Schmalenbach DB 2018, 2253 (Erstanwendung); Bachmann ZGR 2018, 231 (CSR-bezogene Organpflichten); Behncke/Wulf KoR 2018, 570 (Empirie Anwendung); Durchschein/Haller DB 2018, 1805 (integrierte Berichterstattung); Göck/Dresp WPg 2018, 1321 (Nachhaltigkeit); Hennrichs ZGR 2018, 206; Freidank/Scheffler/Simon-Heckroth WPg 2018, 683; Humbert ZGR 2018, 295; Ruhnke/Schmidt DB 2018, 2557 (Veröffentlichungs- und Prüfungspflichten); Scheid/Kotlenga/Müller StuB 2018, 1; Velte DB 2018, 2813; E. Vetter FS Marsch-Barner, 2018, 559 (CSR-bezogene Aufsichtsratspflichten); Wagner/Mayer/Kubessa WPg 2018, 935; Kempkes/Schalk/Suprano/Wömpener WPg 2019, 25 (empirische Analyse); Reustlen/Stawinoga DB 2019, 257 (anwender bzw. branchenspezifische Konkretisierung der CSR-Berichtspflichten); Naumann BB 2019, Heft 15, S. I (inflationäre Ausweitung der Berichterstattung), KPMG, Audit Committee Quarterly extra 2017; Reustlen/Stawinoga DB 2019, 257 (anwender- bzw. branchenspezifische Nachhaltigkeitsberichterstattung); Scheid/Kotlenga/Müller StuB 2018, 841 (bilanzpolitische Möglichkeiten der CSR-Berichterstattung); Wagner/Mayer/Kubessa WPg 2018, 935 (adressatengerechte CSR-Berichterstattung); Kempkes/Schalk/Suprano/Wömpener WPg 2019, 25 (Empirie); Lanfernmann BB 2019, 2219 (EU-Aktionsplan zu Sustainable Finance); Sopp/Baumüller DB 2019, 1801 (Nachtrag Leitlinien); Scheffler AG 2020, R73; IDW Positionspapier v. 16.10.2020 zur Zukunft der nichtfinanziellen Berichterstattung und deren Prüfung; dazu Scheid/Reinke/Müller DB 2021, 133; Velte DStR 2020 2034 (Vorschläge für ein CSR-RUG 2.0 anhand empirischer Untersuchungen); Lanfermann/Glöckner WPg 2020, 1227 (Pflicht zur Prüfung der nichtfinanzieller Berichterstattung durch Abschlussprüfer de lege ferenda); Baumüller/Scheid/Kotlenga, Konzern 2020, 386 (Klimaberichterstattung); Schmotz/Schwedler/Barckow, DB 2021, 797 (Drei Jahre CSR-RUG – Horizontalstudie zur Anwendungspraxis und Handlungsempfehlungen des DRSC).

22a Ein weiteres Beispiel, wie der Gesetzgeber den Lagebericht im Rahmen der Rechnungslegung zur indirekten Verhaltenssteuerung nutzt, stellt das im Jahr 2021 verabschiedete Gesetz zur Ergänzung und Änderung der Regelungen für die gleichberechtigte Teilhabe von Frauen an Führungspositionen in der Privatwirtschaft und im öffentlichen Dienst **(FüPOG II)** (BGBl. 2021, I, 3311; RegE, BT-Drucks. 19/26689) dar. Hierin ist geregelt, dass die Aufsichtsratsmitglieder bei der börsennotierten paritätisch mitbestimmten AG bei einer Vorstandsgröße über drei Personen mindestens eine Frau und einen Mann in den Vorstand bestellen müssen (§ 76 Abs. 3a AktG). Außerdem gibt es nunmehr eine sog. Mandatspause, § 84 Abs. 3 AktG. Im Rahmen der Rechnungslegung müssen in der Erklärung zur Unternehmensführung (§ 289 f HGB) bestimmte Unternehmen künftig z. B. Erklärungen darüber aufnehmen, wie sie Zielgrößen für Frauen für bestimmte Posten festlegen. Außerdem muss darüber berichtet werden, ob diese Zielgrößen erreicht wurden, und wenn nicht, müssen Angaben zu den Gründen gemacht werden (vgl. § 289f Abs. 2 Nr. 4-5a; Abs. 4 HGB). **Lit.:** Kocher DB 2022, 104; Seibt DB 2021, 438, Spindler WM 2021, 817; Rimmelspacher/Kliem WPg 2021, 1460 (FüPoG II: Geänderte Angaben zur Frauenförderung in der Erklärung zur Untenehmensführung).

22b Die neu ins Gesetz aufgenommene Verpflichtung zur nichtfinanziellen Berichterstattung wurde und wird auf EU-Ebene ergänzt durch die Offenlegungsverordnung [VO (EU) 2019/2088], die ESEF-VO [Delegierte VO (EU) 2019/815] sowie die EU-Taxonomie-Verordnung [VO (EU) 2020/852]. Die **Offenlegungsverordnung** betrifft insbesondere die Veröffentlichung von spezifischen Informationen auf der Internetseite eines Unternehmens. Nach Art. 3 Abs. 1 müssen Finanzmarktteilnehmer z. B. Informationen zu ihren Strategien zur Einbeziehung von Nachhaltigkeitsrisiken bei ihren Investitionsentscheidungsprozessen auf ihrer Homepage veröffentlichen. Unternehmen, die eine nichtfinanzielle (Konzern-)Erklärung nach §§ 289b und 315b erstellen und veröffentlichen müssen, haben ab dem Geschäftsjahr 2021 die **Taxonomie-Verordnung** zu beachten. Nach Art. 8 der Taxonomie-Verordnung müssen diese Unternehmen in ihren nichtfinanziellen Erklärungen Angaben darüber abgeben, wie und in welchem Umfang die Tätigkeiten des Unternehmens mit Wirtschaftstätigkeiten verbunden sind, die als ökologisch nachhaltige Wirtschaftstätigkeiten nach Art. 3 und Art. 9 der Taxonomie-Verordnung einzustufen sind. In diesen Vorschriften werden EU-weite Anforderungen an nachhaltige Investitionen definiert (ErwG 13). Unternehmen sollen durch die Berichterstattung über grüne Taxonomiequoten (grüne Anteile an Umsatz, Investitionen und Betriebsausgaben) stärker zur Berücksichtigung von Nachhaltigkeitsaspekten angehalten werden, Lanfermann/Scheid DB 2021, 741. Die Taxonomie-Verordnung wird durch zwei delegierte Verordnungen der Kommission ergänzt. In der **Delegierten Verordnung (EU) 2021/2139** sind vor allem technische Bewertungskriterien festgelegt, anhand deren bestimmt wird, unter welchen Bedingungen davon auszugehen ist, dass eine bestimmte Wirtschaftstätigkeit einen wesentlichen Beitrag zum Klimaschutz beziehungsweise zur Anpassung an den Klimawandel leistet. Die **Delegierte Verordnung (EU) 2021/2178** enthält ergänzende Ausführungen für Leistungsindikatoren von Finanzunternehmen (Kreditinstitute, Vermögensverwalter, Wertpapierfirmen und Versicherungs- und Rückversicherungsunternehmen). Darüber hinaus enthält diese Verordnung nähere Erläuterungen zum Inhalt und zur Darstellung der von allen Unternehmen offenzulegenden Informationen sowie zu den Methoden, die zur Gewährleistung dieser Offenlegung anzuwenden sind. Die neue EU-Taxonomie ist direkt mit der nichtfinanziellen Erklärung bzw. des geplanten Nachhaltigkeitsberichts verbunden, da die berichtspflichtigen Unternehmen ab dem Geschäftsjahr 2022 angeben müssen, wie und in welchem Umfang ihre Geschäftstätigkeit mit ökologisch nachhaltig eingestuften Aktivitäten verbunden sind, Velte DB 2021, 1054 f. Dies beinhaltet eine Angabe von drei grünen PerformanceKennzahlen („grüne" Umsatzerlöse sowie „grüne" Investitions und Betriebsausgaben) in der nichtfinanziellen Erklärung. **Lit.** Bardens/Wallek/Werth WPg 2022, 184 (Grundsätzlich zur EU-Taxonomie-Verordnung); Borcherding/Seufert WpG 2021, 1009 (Erleichterungen bei der erstmailigen Anwendung der Taxonomie-VO); Mit der **ESEF-VO** (EU) 2018/815) schreibt die EU für Emittenten bei der Erstellung ihrer Jahresfinanzberichte ein einheitliches elektronisches Berichtsformat (XHTML) vor. Die Vorschrift ergänzt die Transparenzrichtlinie und will sicherstellen, dass die veröffentlichten Informationen in einem für Menschen lesbaren Format einheitlich und öffentlich zugänglich gemacht werden (ErwG 2). Mit dem Gesetz zur weiteren Umsetzung der Transparenzrichtlinie-Änderungsrichtlinie im Hinblickauf ein einheitliches elektronisches Format für Jahresfinanzberichte vom 12.8.20201 (BGBl. I 2020, 1874) wurden konkretisierende Vorschriften für Inlandsemittenten zur Erstellung, Prüfung und Einreichung von Jahresfinanzberichte im ESEF-Format getroffen. **Lit.** Rabenhorst BB 2021, 1131 ff. (Erfahrungen mit der erstmaligen Durchführung der ESEF-Berichteratttung).

Die EU-Kommission hat in ihrem Arbeitsprogramm v 29.1.2020, COM (2020) 37 final eine weitere Überarbeitung der Regelungen zur nichtfinanziellen Berichterstattung angekündigt, (v. a. Maßnahmen zum Schutz des Klimas und soziale Aspekte) da die derzeitige Berichterstattung weder hinreichend vergleichbar und verlässlich, noch ausreichend sei. Am 21.4.2021 hat sie einen neuen Richtlinienvorschlag zur Änderung der Bilanzrichtlinie (und damit der CSR-Richtlinie) vorgebracht: **COM/2021/189 final** („EU-CSR-Richtlinie 2.0"). Sie wird auch Corporate Sustainability Reporting Directive (CSRD) genannt. Sie führt zur Verdrängung der jetzigen nichtfinanziellen Erklärung. Neben der geplanten Ausweitung des Kreises der berichtspflichtigen Unternehmen und der Inhaltskriterien für den „neuen" Nachhaltigkeitsbericht ist ein Pflichtausweis im Lagebericht und eine Pflichtprüfung durch den Prüfungsausschuss, den Abschlussprüfer und das Enforcement geplant. Zudem werden eigenständige EU-Rahmenwerke zur Berichterstattung und Prüfung durch die EU-Kommission angekündigt, Velte DB 2021, 1054, Hommelhoff DB 2021, 2437. Die bisherige Freiheit der Unternehmen, ob und welches Rahmenwerk sie für ihre nichtfinanzielle Berichterstattung nutzen, soll aufgehoben werden; künftig sollen die berichtspflichtigen Unternehmen Nachhaltigkeits-Informationen gem. einheitlichen Standards liefern, die die EU-Kommission in Form von delegierten Rechtsakten erlässt (Hommelhoff DB 2021, 2437). Der Abschlussprüfer soll diese auch inhaltlich prüfen und hierüber die Überwachungsstellen der Gesellschaft in einem Zusatzbericht informieren (Hommelhoff DB 2021, 2437). Die neue Bundesregierung unterstützt diesen Vorschlag im Grundsatz, Bravidor DB 2021, 2981 f.; vgl. Scheid/Reinke DB 2021, 1355 (Unternehmerische Nachhaltigkeitsberichterstattung in der deutschen Sustainable-Finance-Strategie); Müller/Needham/Reinke (Studie und Bericht zur Sustainable Finance Strategie der Bundesregierung). Teilweise werden die Vorgaben als zu undifferenziert und als Gefahr für den Mittelstand angesehen, Hommelhoff DB 2021, 2437. **Lit.** Velte DB 2021, 1054; Stawinoga/Velte DStR 2021, 2364; Hommelhoff DB 2021, 2437; Hartke WPg 2021, 1404 (Nachhaltigkeitsberichterstattung bald auch im Mittelstand); Lanfermann/Schwedler/Schmotz WPg 2021, 762 (Nachhaltigkeitsberichtsstandards im Fokus der EU-Gesetzgebung).

Die nichtfinanzielle Berichterstattung gewinnt auch im Rahmen der IFRS zunehmend eine wichtigere Bedeutung. **Lit.** Berger/Kiy BB 2022, 107; Hosp/

Einl v § 238 22e–24

Kraft WPg 2021, 1395 (Die IFRS-Foundation als neuer Standardsetzer für die Nachhaltigkeitsberichterstattung).

22e Im Dezember 2021 wurde außerdem eine Änderungsrichtlinie zur Bilanzrichtlinie veröffentlicht (public Country-by-Country Reporting-Richtlinie), **RL (EU) 2021/2101**. Mit dieser soll die Transparenz und die öffentliche Kontrolle der Ertragssteuerbelastung von multinationalen Unternehmen gefördert werden. Hierdurch soll die Compliance dieser Unternehmen in Steuerangelegenheiten sichergestellt werden. Die erste Berichtspflicht soll 2026 für das Geschäftsjahr 2025 erfolgen. **Lit.** Lanfermann/Götze BB 2022, 235.

23 10) Mit der **zweiten Aktionärsrechterichtlinie (2. AARL)** (2017/828/EU) v. 17.4.2017, ABl. 2017 L 132, 1 wollte der EU-Gesetzgeber eine weitere Verbesserung der Mitwirkung der Aktionäre bei börsennotierten Gesellschaften sowie eine Erleichterung der grenzüberschreitenden Information und Ausübung von Aktionärsrechten erreichen. Außerdem sollten der grenzüberschreitende Informationsaustausch und die Ausübung von Aktionärsrechten erleichtert werden. Zu diesem Zweck enthält die Richtlinie eine Reihe von Regelungen zu Mitspracherechten der Aktionäre bei der Vergütung von Aufsichtsrat und Vorstand („say on pay") und zu Geschäften mit der Gesellschaft nahestehenden Unternehmen und Personen („related party transactions"), zur besseren Identifikation und Information von Aktionären („know your shareholder"), dazu Merkt FS Eberhardt Vetter, 2019, 447, sowie zur Verbesserung der Transparenz bei institutionellen Anlegern, Vermögensverwaltern und Stimmrechtsberatern. Die 2. AARL wurde umgesetzt durch das **ARUG II** v. 12.12.2019 BGBl. I 2637 (**Übergangsrecht** in (1) EGHGB Art. 83). Änderungen im HGB betrafen die Vergütungsberichterstattung (Überführung in das aktienrechtliche Berichtsregime).

23a Vor dem ARUG II mussten kapital- und haftungsbeschränkte Personenhandelsgesellschaften die Gesamtvergütung der Mitglieder des Geschäftsführungs- und des Aufsichtsorgans im (Konzern-)Anhang angeben. Ferner waren börsennotierte Aktiengesellschaften handelsrechtlich dazu angehalten, die individuellen Bezüge jedes einzelnen, aktuellen Vorstandsmitglieds unter Namensnennung offenzulegen. Die Veröffentlichung dieser individualisierten Informationen konnte durch einen Beschluss der Hauptversammlung mit qualifizierter Mehrheit unterbleiben. Des Weiteren mussten börsennotierte Aktiengesellschaften bislang im (Konzern-)Lagebericht auf die Grundzüge des Vergütungssystems von Vorstand und Aufsichtsrat eingehen. In **§ 162 AktG** wird für börsennotierte Gesellschaften nun die Pflicht zur jährlichen **Erstellung eines separaten, gemeinsamen Vergütungsberichts** von Vorstand und Aufsichtsrat angeordnet. Dieser ist für mindestens zehn Jahre auf der Internetseite der Gesellschaft zu veröffentlichen. Die Möglichkeit, dass die Veröffentlichung dieses Berichts nach einem entsprechenden Hauptversammlungsbeschluss unterbleiben kann, wurde gestrichen. Der Vergütungsbericht muss nun unter namentlicher Nennung für jedes einzelne aktuelle oder frühere Vorstands- und Aufsichtsratsmitglied der Gesellschaft Informationen über die im letzten Geschäftsjahr gewährte und geschuldete Vergütung enthalten.

24 11) Zunehmend Aufmerksamkeit erlangt die **Rechnungslegung der öffentlichen Hand.** Hierzu hat das **International Public Sector Accounting Standards Board (IPSASB)** International Public Sector Accounting Standards **(IPSAS)** formuliert. Nachdem seit einiger Zeit im Zuge der Modernisierung des Haushaltswesens die Reform des Rechnungswesens der Gebietskörperschaften auf kommunaler und Landesebene vorangetrieben wird, bislang aber noch ein sehr uneinheitliches Bild bietet (s. aber die Standards staatlicher Doppik (**SsD**) iSd §§ 7a, 49a HGrG, abrufbar auf der Homepage des BMF, dazu Lorson/Haustein/Wigger KoR 2017, 576), hat sich die EU-Kommission, ausgelöst durch die Staatsschuldenkrise, für die Einführung europaweit harmonisierter, an der

Periodenrechnung orientierter Grundsätze des öffentlichen Rechnungswesens (**European Public Sector Accounting Standards, EPSAS**) ausgesprochen, bei denen die IPSAS einen geeigneten Bezugsrahmen darstellen könnten, Bericht v. 6.3.2013, COM(2013) 114 final.

In Deutschland gab es zunächst Kritik an dem EPSAS-Prozess, weil das Budgetrecht des Parlaments betroffen sei, eine zu enge Kooperation mit dem IPSASB angestrebt worden sei und mit dem System staatlicher Doppik bereits ein funktionierendes System zur Verfügung stehe, zusammenfassend seien Standards, die einen kapitalmarktrechtlichen Ursprung hätten, nicht für den öffentlichen Sektor geeignet. Schließlich wird vor den erheblichen Kosten bei der Einführung und Umsetzung von EPSAS gewarnt. Bis heute gibt es – wohl auch deshalb – noch keine EPSAS-Standards, keinen Beschluss der Kommission, EPSAS zu entwickeln und einzuführen, kein Steuerungsorgan und keine Rahmenverordnung für die EPSAS. Außerdem sind die Gesetzesgrundlagen für die Einführung von EPSAS weiterhin offen; die Frage ob die EU überhaupt eine Regelungskompetenz hat, ist unbeantwortet. Der Ausarbeitungs- und Einführungsprozess dauert indessen an. Streitpunkte sind v. a. wer Adressat der EPSAS Abschlüsse sein soll, ob und wie das Vorsichtsprinzip gelten soll, ob es eine Prinzipienhierarchie geben wird, welche Bewertungsmaßstäbe gelten sollen oder wie die Vermögenswerte definiert werden. Auch die Rolle von Wirtschaftsprüfungsgesellschaften im Rahmen einer Normsetzung für die Rechnungslegung der öffentlichen Hand ist streitig. **Lit.:** Weyland/Nowak Konzern 2016, 558; Nowak Konzern 2017, 96; Lorson/Haustein/Wigger KoR 2017, 576; Lorson/Haustein/Beske/Schult KoR 2018, 27; 2019, 32; Gatzer, Der Konzern, 2021, 262; Bott/Rüdiger, Der Konzern, DB 2021, 251; Böcking/Gros/Mala'ebeh, Der Konzern 2021, 229; Überblick bei Merkt/Bruckner/Fink, Kap. 1 Rn. 143a ff.

In **Deutschland** hat insbesondere das Land Hessen eine Vorreiterrolle beim Weg in die Doppik eingenommen. Im Jahr 2009 hat Hessen als erstes Flächenland z. B. eine nach kaufmännischen Grundsätzen erstellte Eröffnungsbilanz errichtet. Außerdem ist es das erste Land, welches einen durch unabhängige Abschlussprüfer testierten Konzernabschluss hat. Nach der Literatur hat sich der Gang in die Doppik für Hessen wohl bewährt. Hervorzuheben sei eine erweiterte Informationsbasis auf Grundlage von Vermögens-, Finanz-, und Ergebnisrechnung, die zunehmend in das Blickfeld der politischen Entscheider fällt.

Die Vermögensrechnung in Hessen ist nach den Grundsätzen der staatlichen Doppik (§§ 7a, 49a HGrG) aufzustellen. Diese ist eng an die Bestimmungen des nationalen Handelsrechts angelehnt. Für ihre Kommunen haben schon eine Vielzahl von Ländern ein doppisches Rechnungswesen vorgeschrieben, ohne bislang selbst eine entsprechende Umstellung vorgenommen bzw. angedacht zu haben. Die Bilanzierungsvorgaben sind dabei allerdings von Bundesland zu Bundesland unterschiedlich. Die aktuelle Diskussion um die EPSAS bieten ggf. eine Chance einer Standardisierung der öffentlichen Rechnungslegung auch innerhalb Deutschlands. **Lit.** Boddenberg, Der Konzern, 2021, 245; Böcking/Gros/Mala'ebeh, Der Konzern 2021, 229.

In Deutschland stehen Bundestag (BT-Drucks. 17/14148; BT-Drucks. 18/14182), Bundesrat (BR-Drucks. 811(13 (B) und die Rechnungshöfe der Einführung von verbindlichen, harmonisierten Rechnungslegungsstandards auf europäischer Ebene kritisch gegenüber (Vgl. Boddenberg, Der Konzern 2021, 245, 249). Demgegenüber hat im Jahr 2019 wiederum das Land Hessen im Rahmen eines Modellprojekts (**IPSAS-Projekt**) als erstes Bundesland einen einmaligen IPSAS-Abschluss erstellt. Es wurde getestet, welche Unterschiede sich für eine staatliche Gebietskörperschaft gegenüber einem nach § 322 HGB uneingeschränkt testierten Konzernabschluss ergeben. Das Land Hessen zog die Erkenntnis, dass sich das Objektivierungsprinzip und das Vorsichtsprinzip bei entsprechender Wahlrechtsausübung entgegen erster Vermutungen auch auf Basis der IPSAS umsetzen lassen. Auf die ausführlichen Auswertungen wird an dieser Stelle verwiesen. **Lit.** Boddenberg, Der Konzern 2021, 245 ff.; Bott/Rüdiger, Der Konzern 2021, 251 ff.; Müller-Marqués/Heiling, Der Konzern 2021, 238 ff.; Böcking/Gros/Mala'ebeh, Der Konzern 2021, 229 ff.

25 **12) Rechnungslegung und Digitalisierung:** In den Bereichen der Datenerhebung und -auswertung für Zwecke der Rechnungslegung hat die **Digitalisierung** zu einer fortschreitenden Automatisierung geführt. Digitalisierung gewährleistet eine höhere Flexibilität der Arbeitsprozesse, eine bessere Datenqualität und Vergleichbarkeit von Datenbeständen, einen schnelleren Datenzugang, eine Optimierung der Datenprozesse und der Datenanalyse. Inzwischen ist nahezu jedes Unt. im Bereich des **Rechnungswesens** umfassend mit Informationstechnologien ausgerüstet. Zudem hat die Ausweitung der Geschäftstätigkeit vieler Unt. auf eine globale Ebene zu einem starken Anwachsen der Datenmenge geführt, was digitale Verarbeitung unausweichlich macht. Dabei werden die Homogenisierung der Datensysteme, die Automatisierung der Datenverarbeitung und die Schaffung von neuen Schnittstellen in der Datenverarbeitung durch die großen Systementwickler unterstützt. Auch für die **Abschlussprüfung** hat dies Konsequenzen, denn vom Berufsstand der Wirtschaftsprüfer wird zum einen erwartet, dass man sich mit der Digitalisierung auseinandersetzt, um ein tiefgreifendes Verständnis für die neuen Technologien zu entwickeln. Zum anderen muss die Prüfungspraxis angemessene Lösungen finden und auf den Prüfungsprozess anwenden, um mit diesen Entwicklungen Schritt halten zu können (→ Vor § 316 Rn. 14). Dabei spielt der Einsatz der **Blockchain-Technologie** (als Spielart der Distributed Ledger Technologie, hier im Sinne des Konzepts einer vollständig vernetzten, sicheren und manipulationsfreien Finanzwelt) eine wachsende Rolle. In welcher Form und in welchem Umfang sich diese Technologie für Rechnungslegung und Abschlussprüfung einsetzen lässt, ist allerdings noch unklar. Möglich wäre etwa im Bankenbereich, Finanzinformationen in einer Blockchain mit Handelsregister und Aufsicht zu teilen. Ergebnisse der Abschlussprüfung könnten Bestandteil der Blockchain werden. Durch die Aufnahme von Teilen der Finanzberichterstattung in eine Blockchain könnten Bewertungsspielräume wegfallen, eine Abstimmung und eine Prüfung wären dann uU nicht mehr erforderlich. Ebenfalls könnten KI-basierte Assistenzsysteme zur Automatisierung bestimmter Prüfungsaktivitäten beitragen. Eigene und zum Teil neue Fragen wirft sodann die wachsende Verbreitung von **Kryptowährungen** wie etwa Bitcoins auf. Hier stellen sich komplexe Probleme sowohl beim Ansatz als auch bei Ausweis und Bewertung. **Lit.** Dueck, Transparenz durch digitale Datenanalyse, 2014; Göttsche/Steindl/Baier/Amann/Zipfel IRZ 2018, 401; Klauser IRZ 2018, 5; Knauf/Thelen WPg 2019, 18; Lieder/Goldshteyn WPg 2013, 53; IDW, Positionspapier: Auswirkungen der digitalen Transformation auf Finanzberichterstattung und Unternehmensbewertung, 2017; Klauser IRZ 2018, 5; Mellinger BC 2017, 321; Odenthal WPg 2017, 546; Ruhnke WPg 2019, 64; Ruhnke WPg 2017, 422; Sessar WPg 2018, 1110; Ummenhofer/Zeitler Konzern 2018, 442 (Kryptowährungen); Bünning/Park BB 2018, 1835 (steuerbilanzielle Behandlung); Sixt DStR 2019, 1766 (steuerbilanzielle Behandlung von Token beim Investor); Prinzi/Ludwig StuB 2019, 257 (Bitcoins, ICOs und Token im Steuerbilanzrecht); Marx/Dallmann StuB 2019, 217 (Bilanzierung u. Bewertung virtueller Währungen nach HGB und Steuerrecht); Sixt DStR 2020, 1871 (Initial Coin Offerings aus Sicht des Emittenten nach HGB); Ruh/Carifzadeh/Herberger WPg 2020, 1237 (Initial Coin Offerings aus Sicht des Emittenten nach IFRS); Blecher/Horx WPg 2020, 267 (Bilanzierung von Kryptowährungen nach GoB und IFRS); Weißenberger/Förster/Bravidor/Wesser WPg 2019, 118 (Auswirkungen auf Wirtschaftsprüfung); Thomas/Sack/Langhein/Feld/Remark/Rebstadt WPg 2020, 2 (Audit Clouds); Sellhorn/Kummer/Paulus/Brettschneider/

Groß/Vogl WPg 2020, 311; Thomas/Sack/Langhein/Feld/Remark/Rebstadt WPg 2020, 964 (Audit Clouds); Vogl/Esswein/Groß DB 2020, 2697 (E-Files im Kontext der Jahresabschlussprüfung); Kreher/Eichner WPg 2021 694 (Digitalisierung im Rechnungswesen).

Die **Digitalisierungsrichtlinie** RL (EU) 2019/1151 enthält Regeln zur 25a elektronischen Einreichung und Offenlegung von Urkunden und Informationen. Sie verfolgt das Ziel den grenzüberschreitenden Informationsaustausch über das Europäische System der Registervernetzung zu vereinfachen. In Deutschland wird die Digitalisierungsrichtlinie durch das **DiRUG**, BGBl. 2021 I, 3338, umgesetzt. Dabei werden die §§ 325 ff. angepasst, BT-Drucks. 19/28177, 15 ff.; 101 ff. Bisher müssen die Unterlagen der Rechnungslegung zunächst beim Betreiber des Bundesanzeigers eingereicht und im Bundesanzeiger bekannt gemacht werden. Erst danach werden sie vom Betreiber des Bundesanzeigers an das Unternehmensregister übermittelt. Dies wird nunmehr geändert. Die Unterlagen der Rechnungslegung sind künftig direkt an die das Unternehmensregister führenden Stelle zu übermitteln. Dort werden sie in das Unternehmensregister eingestellt. Sie sind fortan nur noch im Unternehmensregister abrufbar. Die Unterlagen müssen nicht mehr im Bundesanzeiger veröffentlicht werden. Dies vermeidet die nach dem bisherigen System bestehende Doppelpublizität und stärkt die Funktion des Unternehmensregisters als „One-Stop-Shop" für Unternehmensinformationen, BT-Drucks. 19/28177, 101 (→ vor § 316 Rn. 14).

13) Rechnungslegung in der Covid-19-Pandemie: Es stellen sich zahlrei- 25b che Fragen, z. B. Berichterstattung im Anhang und Lagebericht; die bilanzielle Abbildung von öffentlichen Unterstützungsmaßnahmen, Bewertung von Anlage- und Umlaufvermögen; Erleichterungen bei der Offenlegung, Auswirkungen der Pandemie auf die Risikobeurteilung des Abschlussprüfers und Festlegung der Wesentlichkeit, Auswirkungen auf die Abschlussprüfung selbst; die Beurteilung zukunftsbezogener Sachverhalte und der Going-Concern-Prämisse; die Berichterstattung über bestandsgefährdende- und entwicklungsbeeinträchtigende Tatsachen; die Abbildung besonders wichtiger Prüfungssachverhalte im Bestätigungsvermerk („KAM"), die Aufnahme besonderer Hinweise in den Bestätigungsvermerk; der Ausschluss des Abschlussprüfers, wenn er Coronahilfen beantragt. **Lit.** IDW Fachlicher Hinweis Teil 1 (4.3.2020); IDW Fachlicher Hinweis Teil 2 (25.3.2020) und IDW Fachlicher Hinweis Teil 3 (v. 8.4.2020; 1. Update [2.7.2020]; 2. Update [21.12.2020]; 3. Update [28.1.2020]; 4. Update [26.2.2021]; 5. Update [6.4.2021]); Böcking, Rechnungslegung in der Corona-Krise, 2020; Skoluda WPg 2021, 2 (Jahresabschlussprüfung 2020); Tiedemann/Ratzinger-Sakel WPg 2020, 791 (Finanzberichterstattung und Bestätigungsvermerke); Müller/Reinke BC 2020, 460; BC 2020, 523; BC 2020, 568; BC 2021, 20 (Handelsbilanzielle Auswirkungen); Rinker, BC 2020 520 (Vorratsvermögen); Schütte/Götz DStR 2021, 366 (zu einzelnen Posten im Jahresabschluss); Kubik/Münch BB 2021, 1387 (Ausgewählte Sanierungsmaßnahmen zur Bilanzverbesserung für betroffene Unternehmen der COVID-19-Pandemie, insb. Forderungsverzicht, Rangrücktritt, Genussscheine).

14) Im Nachgang zum **Fall Wirecard** trat am 1.7.2021 ein G zur Stärkung der 25c Finanzmarktintegrität (Finanzmarktintegritätsgesetz – FISG) in Kraft (BGBl. I 2021 S. 1534). Das Gesetzgebungsverfahren war begleitet von einer kontroversen Debatte darum, wie Bilanzskandale in Zukunft verhindert werden können. Dabei spielten Fragen zur Corporate Governance (Aufsichtsrat und Prüfungsausschuss), der Abschlussprüfung (Unabhängigkeit; Haftung) und der Bilanzkontrolle (zweistufiges Enforcement Verfahren durch BaFin und DPR) eine wesentliche Rolle. Vgl. ausführlich → Vor § 316 Rn. 15a ff.

25d 15) Im Zuge des Russland-Ukraine-Kriegs hat das IDW auf seiner Homepage einen fachlichen Hinweis zu den Auswirkungen auf die Rechnungslegung veröffentlicht.

25e Die neue Bundesregierung hat im **Koalitionsvertrag** auch einige Maßnahmen im Hinblick auf die Rechnungslegung geplant, Bravidor DB 2021, 2982. Sie unterstützt den neuen Vorschlag der EU-Kommission zur Änderung der Bilanzrichtlinie (und damit der CSR-Richtlinie) in Bezug auf Sustainable Reporting **COM (2021) 189 final**. Das Entgelttransparenzgesetz soll überarbeitet werden. Ein EU-Lieferkettengesetz soll auf den Weg gebracht werden. Die BaFin soll im Bereich des Bankensektors reformiert werden. Für gemeinnützige Unternehmen sollen neue Transparenz- und Publizitätspflichten zu Spendenstrukturen und Finanzierung für „größere Organisationen" eingeführt werden. Der Bund will erstmals eine Vermögensaufstellung vorlegen. So soll der „Verzehr und Aufbau öffentlichen Vermögens" dargestellt werden. Dies läuft auf die Einführung der Doppik auf Bundesebene hinaus. Die Unabhängigkeit der Prüfer soll im Laufe der Legislaturperiode gesteigert und die Konzentration auf dem Markt für Abschlussprüfungsleistungen gesenkt werden.

IV. Der Zweck von Rechnungslegung und Bilanzrecht

25f Der Zweck der Rechnungslegung ist bedeutsam für die **Auslegung** bilanzrechtlicher Vorschriften und für die **deduktive Gewinnung von GoB** (Baetge/Kirsch/Thiele, Bilanzen, 109 ff.). Der Zweck bildet auch eine wichtige Richtschnur für die **rechtspolitische Fortentwicklung** des Bilanzrechts durch den Gesetzgeber. Die Bestimmung ist komplex. Der Zweck hat sich im Laufe der Zeit gewandelt. Außerdem agieren unterschiedliche Normgeber auf nationaler, europäischer und internationaler Ebene. Sie haben unterschiedliche Vorstellungen vom Zweck der Rechnungslegung. Die wissenschaftliche Diskussion hat bislang keine Einigkeit darin erzielen können, wie Rechnungslegungszwecke zu bestimmen und zu strukturieren sind. Überblick bei Merkt MBF, Kap. 1 Rn. 193 ff.)

25g **Historisch** betrachtet zielten die bilanzrechtlichen Vorschriften des ADHGB von 1866 ohne Zweifel auf den **Schutz der Gläubiger** des Bilanzierenden vor Vermögensverlusten durch Insolvenz. Gewährleistet werden sollte dieser Schutz zum einen durch die Pflicht zur vollständigen Dokumentation und zum andern durch das Vorsichtsprinzip, das dem Kaufmann verbietet, sich reicher zu rechnen als er ist. Wegen Betrügereien sah der Gesetzgeber sich zur Einführung des Kapitalerhaltungsgrundsatzes gezwungen. Er fügte das Anschaffungskostenprinzip, das Herstellungskostenprinzip und das Realisationsgrundsatz in das gesetzliche Bilanzrecht ein. Seinerzeit bewertete man den daraus resultierenden niedrigen Ausweis von Reinvermögen und Gewinnen und den vergleichsweise weiten Ermessensspielraum der Unternehmensleitungen, in Bezug auf die weitere Absenkung dieser Größen, positiv. Erklären lässt sich das mit der in Deutschland seit der Gründerzeit starken Stellung der Hausbanken, die für die Gewinnung eines realistischen Bildes der Vermögens- und Ertragslage nicht auf die Bilanz angewiesen waren und der geringen Bedeutung der Eigenkapitalaufnahme über die Börsen. Logische Folge dieser Struktur waren ein niedriger Eigenkapitalausweis gekoppelt mit hohen Ausschüttungssperren. Im **angloamerikanischen Raum**, befanden sich Unternehmen traditionell sehr viel stärker im Streubesitz und finanzierten sich über Börsen. Die Rechnungslegung muss in einem solchen System geeignet sein, den potenziellen Anlegern die notwendigen Informationen für die Entscheidung über Beginn und Beendigung, Ausweitung bzw. Eingrenzung eines finanziellen Engagements zu vermitteln *(decision usefulnes)*. Rechnungslegung dient hier einer möglichst marktnahen Beurteilung der Chancen und

Risiken des Unternehmens. Im Mittelpunkt des Bilanzrechts steht das dort Informationsbedürfnis und daran gekoppelt der Schutz der Anleger. Die Internationalisierung und der weltweite Wettbewerb auf den Kapitalmärkten führte zu einem Anpassungsdruck. Diese Entwicklung wird gewiss noch längere Zeit in Anspruch nehmen. (vgl. insgesamt: Walz, Heymann, HGB, Band 3, 3. Aufl. 2019, Einl. 43 ff.; Merkt, MBF, Kap. 1 Rn. 194)

Im Laufe der Zeit wurden unterschiedliche sog. **Bilanztheorien** entwickelt. Sie fragen ebenfalls nach Sinn und Zweck von Jahresabschluss und Bilanzierung. Nach der sog. **statischen Bilanztheorie** wird dem Jahresabschluss die Aufgabe zugewiesen, das Reinvermögen des Kaufmanns, also das Vermögen unter Abzug des Fremdkapitals, zu einem bestimmten Stichtag in der Bilanz darzustellen (*Simon*, Die Bilanzen der Aktiengesellschaft, 4. Aufl. 1910). Das Vermögen wird zu einem Stichtag bewertet und den Verbindlichkeiten. Das zum Stichtag vorhandene Reinvermögen wird ermittelt und dessen Zusammensetzung aufgegliedert. Der Jahresüberschuss bzw. der Periodenerfolg folgt als Nebeneffekt aus der Vermögensermittlung als eine Saldogröße. Es werden zwei Ansätze differenziert. Die **Fortführungsstatik** bildet den Wert des Unternehmens bei Fortführung der Unternehmenstätigkeit ab. Die **Zerschlagungsstatik** bewertet und gliedert das Vermögen und die Schulden unter der Prämisse der hypothetischen Zerschlagung und Liquidation. Lit. *Moxter*, Bilanzlehre, Band I, 3. Aufl., Wiesbaden 1984, 6; Überblick bei Merkt, MBF, 1. Kap. Rn. 199 ff. Die **dynamische Bilanztheorie** sieht die wesentliche Funktion der Bilanz bzw. des Jahresabschlusses in der Ermittlung eines vergleichbaren Periodenerfolgs. Damit rückt der Gedanke der Rechenschaft gegenüber externen, ebenso wie internen Adressaten und ihrer Information über die abgelaufene Periode in den Mittelpunkt. Hingegen verliert der in der statischen Bilanztheorie bedeutsame Gedanke des Gläubigerschutzes gegenüber dem Ziel der zutreffenden Gewinnermittlung an Wichtigkeit. Die Theorie betont die Gebote der vorsichtigen Gewinnermittlung (Vorsichtsprinzip) und der bilanziellen Berücksichtigung allein solcher Erfolgsbeiträge, die sich durch Umsatz realisieren lassen (Realisationsprinzip). Lit. Schmalenbach, Grundlagen dynamischer Bilanzlehre, 11. Aufl., Köln 1953; Kosiol, Pagatorische Bilanz, Berlin 1976.

Moderne Bilanzauffassungen

Die Bilanztheorien sind zunehmend auf **Kritik** gestoßen. Bemängelt wird, dass als Zwecke der Bilanz nur die Vermögens- und Erfolgsermittlung Berücksichtigung fänden. Hingegen würden vielfältige Informationsbedürfnisse unterschiedlichster Adressatengruppen vernachlässigt. Ausgehend von dieser Kritik haben sich unterschiedliche moderne Bilanzauffassungen herausgebildet. Grundlage der **informationstheoretisch orientierten Bilanzauffassungen** bildet die Erkenntnis, dass Rechnungslegung und Bilanz einer Vielzahl potenzieller Adressatengruppen gewidmet sind, die unterschiedliche Informationsinteressen verfolgen (Heinen, Handelsbilanzen, 12. Aufl. 1986). Hier werden neben dem Kreis der aktuellen und potenziellen Eigen- wie Fremdkapitalgeber (Gesellschafter und Gläubiger) das Unternehmen selbst, der Fiskus, der Rechts- und Geschäftsverkehr sowie die Allgemeinheit genannt. Aus dieser Vielfalt von Adressatengruppen wird ein multiples System von Bilanzzwecken abgeleitet, das nach Bilanzzwecken aus der Sicht des Gesetzgebers und aus der Sicht des bilanzierenden Unternehmens gegliedert ist. Da es wegen der gesetzlichen Veröffentlichungspflichten etwa den (potenziellen) Anteilseignern möglich ist, die Jahresabschlussinformationen in ihre Anlageentscheidung aufzunehmen, und da auch die Gläubiger diese Informationen bei der Kreditwürdigkeitsentscheidung berücksichtigen, kann der Bilanzierende die Bilanz als Instrument der Entscheidungsbeeinflussung (Informationsmanipulation) nutzen. So kann durch gewinnsenkende bilanzpolitische Maßnahmen bei den Anteilseignern die Begehrlichkeit nach Ausschüttung vermindert werden. Zielkonflikte zwischen den unterschiedlichen Bilanzzwecken lassen sich dadurch bewältigen, dass unterschiedliche **zweckspezifische Bilanzen** erstellt werden.

Merkt 1119

Die **zukunftsorientierten** bzw. **kapitaltheoretischen Bilanztheorien** unterstellen, dass es Aufgabe der Bilanz ist, das zukunftsorientierte Erfolgskapital (Zukunftserfolgswert) auszuweisen, das als Summe der abgezinsten, zukünftigen Einzahlungsüberschüsse der Unternehmung bis zum Planungshorizont definiert wird (Honko, The Annual Income of an Enterprise and its Determination, Helsinki 1959; Hansen, The Accounting Concept of Profit, Kopenhagen 1962; *D. Schneider,* ZFhF 15 (1963), 457). Die zukünftigen Zahlungsströme müssen vom Bilanzierenden geschätzt werden. Als Ziel der Rechnungslegung wird die Festsetzung jener Einkommenszahlungen an die Eigenkapitalgeber angesehen, die maximal und dauerhaft jährlich geleistet werden können, ohne die Ertragskraft der Unternehmung zu beeinträchtigen. Dieser sogenannte ökonomische Gewinn entspricht somit dem jährlichen Anwachsen des Erfolgskapitals. Er stellt eine auf der Gesamtwertbetrachtung basierende subjektive und zukunftsbezogene Größe dar. Weil allerdings ökonomischer Gewinn und handelsrechtlicher Periodengewinn in der Regel voneinander abweichen, gilt das auf dem Vorsichtsprinzip basierende «Prinzip des doppelten Minimums», nachdem in jeder Periode nur der niedrigere der beiden Periodengewinne auszuschütten ist. Allerdings haben die zukunftsorientierten bzw. kapitaltheoretischen Bilanztheorien wegen des erheblichen Prognoseproblems keinen Eingang in das geltende Recht gefunden.

25j **Heute: Multifunktionale Auslegung**

Heute unterscheidet man vielfach folgende Zwecke: Dokumentation, Selbstinformation, Rechenschaft gegenüber Außenstehenden, Zahlungsbemessung mit den Unterfunktionen, Ausschüttungsbemessung, steuerliche Gewinnermittlung **(Gewinnanspruchsermittlungsfunktion).** Inzwischen besteht weitgehend Einigkeit darüber, dass Rechnungslegung und Bilanzrecht **multifunktional** angelegt sind (Jessen/Haaker, DB 2013, 1617, 1618). ErwG 4 der Bilanzrichtlinie besagt: «Mit Jahresabschlüssen werden verschiedene Ziele verfolgt, und sie bieten nicht lediglich Informationen für Anleger in Kapitalmärkten, sondern enthalten auch Angaben über frühere Geschäfte und unterstützen die gute Unternehmensführung.». Zu den einzelnen Zwecken ausführlich: Merkt, MBF, Kap. 1 Rn. 208 ff.; Wüstemann/Wüstemann/Müller, in HdJ, Gewinnrealisierung, S. 15 ff.

25k Darüber hinaus lässt sich ein Trend beobachten, wonach die Rechnungslegung immer häufiger genutzt wird, um dem Unternehmen indirekt Anreize zu setzen, die Geschäftspolitik nachhaltig zu entwickeln. Es geht mittlerweile also auch um indirekte Verhaltenssteuerung. Die CSR-Berichterstattungspflicht soll z. B. die Transformation zu einer nachhaltigen Wirtschaft beschleunigen (Lanfermann/Hommelhoff/Gundel BB 2021, 1195).

V. Der Inhalt des Dritten Buches

1) Überblick: Drittes Buch. Handelsbücher (§§ 238–342e)

26 1. *Abschn. Vorschriften für alle Kflte* (§§ 238–263)
   1. Unterabschn. Buchführung. Inventar (§§ 238–241a)
   2. Unterabschn. Eröffnungsbilanz. Jahresabschluss (§§ 242–256a)
      (Allgemeine Vorschriften §§ 242–245; Ansatzvorschriften §§ 246–251; Bewertungsvorschriften §§ 252–256a)
   3. Unterabschn. Aufbewahrung und Vorlage (§§ 257–261)
   4. Unterabschn. Landesrecht (§ 263)
2. *Abschn. Ergänzende Vorschriften für KapitalGes. (AG, KGaA und GmbH) sowie bestimmte PersonenGes.* (§§ 264–335c)
   1. Unterabschn. Jahresabschluss der KapitalGes. und Lagebericht (§§ 264–289f)

Einleitung vor § 238   27 **Einl v § 238**

(Allgemeine Vorschriften §§ 264, 265; Bilanz §§ 266–274a; Gewinn- und Verlustrechnung §§ 275–278; Bewertungsvorschriften §§ 279–283; Anhang §§ 284–288; Lagebericht §§ 289, 289f)
2. Unterabschn. Konzernabschluss und Konzernlagebericht (§§ 290–315e) (Anwendungsbereich §§ 290–293; Konsolidierungskreis §§ 294–296; Inhalt und Form des Konzernabschlusses §§ 297–299; Vollkonsolidierung §§ 300–307; Bewertungsvorschriften §§ 308–309; Anteilmäßige Konsolidierung § 310; Assoziierte Unt. §§ 311–312; Konzernanhang §§ 313–314; Konzernlagebericht §§ 315–315d; Konzernabschluss nach internationalen Rechnungslegungsstandards § 315e)
3. Unterabschn. Prüfung (§§ 316–324a)
4. Unterabschn. Offenlegung (Prüfung durch den Betreiber des Bundesanzeigers (§§ 325–329))
5. Unterabschn. Verordnungsermächtigung für Formblätter und andere Vorschriften (§ 330)
6. Unterabschn. Straf- und Bußgeldvorschriften. Ordnungsgelder (§§ 331–335c) (Straf- und Bußgeldvorschriften §§ 331–334; Ordnungsgelder §§ 335–335a; Gemeinsame Vorschriften für Straf- Bußgeld- und Ordnungsgeldverfahren §§ 335b–335c)
3. *Abschn. Ergänzende Vorschriften für eingetragene Genossenschaften* (§§ 336–339)
4. *Abschn. Ergänzende Vorschriften für Unt. bestimmter Geschäftszweige* (§§ 340–341y)
1. Unterabschn. Ergänzende Vorschriften für Kreditinstitute und Finanzdienstleistungsinstitute (§§ 340–340o) (Anwendungsbereich § 340; Jahresabschluss, Lagebericht, Zwischenbericht §§ 340a–340d; Bewertungsvorschriften §§ 340e–340g; Währungsumrechnung § 340h; Konzernabschluss, Konzernlagebericht, Konzernzwischenabschluss §§ 340i, 340j; Prüfung § 340k; Offenlegung § 340l; Straf- und Bußgeldvorschriften, Ordnungsgelder §§ 340m–340o)
2. Unterabschn. Ergänzende Vorschriften für VersicherungsUnt. und Pensionsfonds (§§ 341–341p) (Anwendungsbereich § 341; Jahresabschluss, Lagebericht § 341a; Bewertungsvorschriften §§ 341b–341d; Versicherungstechnische Rückstellungen §§ 341e–341h; Konzernabschluss, Konzernlagebericht §§ 341i, 341j; Prüfung § 341k; Offenlegung § 341l; Straf- und Bußgeldvorschriften, Ordnungsgelder §§ 341m–341p)
3. Unterabschn. Ergänzende Vorschriften für bestimmte Unt. des Rohstoffsektors (§§ 341q–341y) (Anwendungsbereich; Begriffsbestimmungen § 341q–341r; Zahlungsbericht, Konzernzahlungsbericht und Offenlegung §§ 341s–341w; Straf- und Bußgeldvorschriften, Ordnungsgelder §§ 341x–341y)
5. *Abschn. Privates Rechnungslegungsgremium; Rechnungslegungsbeirat* (§§ 342, 342a)
6. *Abschn. Prüfstelle für Rechnungslegung* (§§ 342b–342e) (durch FISG aufgehoben)

2) Aufbauprinzipien und damit verbundene Sachentscheidungen:

a) Formal folgt das Dritte Buch vier Aufbauprinzipien: **vom Einfachen** **27** **zum Komplizierten** (Kflte §§ 238–263, unabhängige KapitalGes. §§ 264–289a samt GmbH & Co §§ 264a–c, Konzern §§ 290–315a); **vom Allgemeinen zum Besonderen** (Vorschriften für alle Kflte einschließlich der KapitalGes. §§ 238–263, ergänzende Vorschriften für KapitalGes. §§ 264–335b, ergänzende Vorschriften für eG §§ 336–339, ergänzende Vorschriften für Unt. bestimmter Geschäftszweige §§ 340–341y); in zeitlicher Reihenfolge **vom Anfang zum Ende** (Buchführung §§ 238–241a, Bilanz und Jahresabschluss §§ 242–256a, Aufbewahrung und Vorlage §§ 257–261; Jahresabschluss §§ 264–289a, Prüfung §§ 316–324a, Offenlegung §§ 325–329) und **materielle Vorschriften** (§§ 238–341y) **vor institutionellen Regelungen** (§§ 342, 342a Privates Rechnungslegungsgremium; Rechnungslegungsbeirat; §§ 342b–342e Prüfstelle für

Merkt   1121

Rechnungslegung (durch FISG aufgehoben)). Aus Praktikabilitätsgründen wird davon innerhalb des 2. Abschn. vereinzelt abgewichen, zB werden die Gliederungsvorschriften für die Bilanz und die Gewinn- und Verlustrechnung zunächst für die großen KapitalGes. gebracht (§§ 266, 275) und dann erst die Erleichterungen dazu für kleine und mittelgroße KapitalGes. (§§ 266 I 3, 267, 276).

28 **b)** Mit dem formalen Aufbau des Dritten Buchs sind indessen wichtige **Sachentscheidungen verbunden.** Durch die klare Einteilung in einen 1. Abschn., der für EinzelKfte und PersonenGes. abschließend und darüber hinaus für alle anderen Kfte und gleichgestellte Ges. gilt, und einen 2. Abschn. für KapitalGes. und GmbH & Co soll ausdrücklich der früheren Tendenz nach Erlass des AktG 1965 Einhalt geboten werden, die strengen Rechnungslegungsvorschriften für KapitalGes. auf PersonenGes. und EinzelKfte entsprechend anzuwenden. Dieses Problem stellt sich in vergleichbarer Weise bei der zunehmenden Verwendung von IAS/IFRS im Mittelstand. Denn auch die IAS/IFRS sind ursprünglich für KapitalGes. und für große Unt. konzipiert und erfordern von kleineren Unt. teilweise unverhältnismäßigen Aufwand. Im MicroBilG 2012 ist der Gesetzgeber mit der Einführung einer neuen Größenkategorie am unteren Ende der Skala noch einen Schritt weitergegangen und hat Erleichterungen bzw. Befreiungen für sog. KleinstkapitalGes. (Definition in § 267a I: max. 350.000 Euro Bilanzsumme und 700.000 Euro Umsatz in den letzten 12 Monaten vor dem Stichtag und 10 Arbeitnehmer im Jahresdurchschnitt) in §§ 253 I 5, 264 I, II, 264c, 266 I, 267a, 275 V, 276, 325a II, 326 II, 328, 334, 335 vorgesehen. Im Dritten Buch des HGB sind die Regelvorschriften im 1. Abschn. weniger streng. Zugleich sollen es die Sondervorschriften des 2. Abschn. für KapitalGes. schwer haben, sich gegenüber der Regel zu behaupten (AmtlBegr). Methodisch ist das zwar nicht zwingend, kommt es doch bei einer Analogie nicht auf ein formales Regel-Ausnahme-Verhältnis an, sondern auf Sinn und Zweck der Regel bzw. der Ausnahme. In der Sache ist aber eine Entscheidung des Gesetzgebers, dass eine bestimmte Vorschrift des Dritten Buches nur für KapitalGes. gelten soll, zu respektieren (zB § 264 I 1 Aufstellung des Jahresabschlusses samt Anhang und Lagebericht gegenüber § 242). Damit wird jedoch nicht schlechthin jede Analogie vom 2. Abschn. auf den 1. Abschn. ausgeschlossen und erst recht bleibt es bei dem Postulat der einheitlichen Auslegung. Entscheidend ist die Teleologie des Gesetzes. So steht die systematische Platzierung des § 264 II im Abschnitt für KapitalGes. einer Erstreckung auf sonstige Kfte nicht entgegen. Ähnliches ist aus dem Grundsatz der Bilanzwahrheit auch für EinzelKfte und PersonenGes. zu folgern. Die Einschränkung stiller Reserven für KapitalGes. nach dem Vorbild des AktG hindert nicht, auch für EinzelKfte und PersonenGes. die geltenden Grundsätze ordnungsmäßiger Buchführung (GoB) dahin fortzuentwickeln, dass auch für diese stille Reserven einzuschränken sind (unklar AmtlBegr A IV 2, 3; → § 243 Rn. 2, → § 252 Rn. 13–17).

3) Definitionen und Größenmerkmale:

29 **a)** Das Dritte Buch gilt für **alle Kaufleute** (Überschrift des 1. Abschn.). Kfm. iSv § 238 sind die Kflte des § 1 (auch §§ 4, 5, 6). Auf den im RegE enthaltenen **Begriff des Unt. ist bewusst verzichtet** worden. Der Gesetzgeber des HGB hält sich also aus der Unternehmensrechtsdiskussion (→ Einl. vor § 1 Rn. 48 ff.) heraus, auch wenn das HGB in seiner heutigen Fassung im Ansatz um eine rechtsformunabhängigere Rechnungslegung (jedenfalls aller KapitalGes.) bemüht ist, die sich nach Inhalt und Umfang im Kern an der **Intensität der Marktteilnahme bzw. -beanspruchung** orientiert (vgl. Merkt Unternehmenspublizität, 2001 S. 358 ff.). Die sich unter § 1 stellenden Abgrenzungsschwierigkeiten (Gewinnerzielungsabsicht, freie Berufe, gesetz- oder sittenwidriger Betrieb) stellen sich auch hier (→ § 238 Rn. 7). Rechnungslegung von politischen Parteien IDW ERS HFA 12, WPg 2003, 821, Vereinen IDW ERS HFA 14, WPg 2004, 1397, Krankenhäusern IDW RS KHFA 1 nF, WPg 2004, 365, öffentlicher Verwaltung und IDW ERS ÖFA 1, WPg 2001, 1405, Gebietskörperschaften des öff Rechts Bott/Klier Konzern 2014, 501.

b) Der 2. Abschn. bringt ergänzende Vorschriften für **KapitalGes.** und bestimmte PersonenGes. KapitalGes. sind nach der Legaldefinition in der Überschrift **AG, KGaA und GmbH.** Wie KapitalGes. iSv §§ 264–335b werden auch die GmbH & Co und andere KapitalGes. & Co behandelt. Für die **eG** verweist der 3. Abschn. (§§ 336–339) im Wesentlichen auf den 2. Abschn. Ähnliches gilt für **bestimmte GroßUnt.** in der Rechtsform einer PersonenHdlGes., eines EinzelKfm ua (§§ 3 I, 5 PublG). Besonderheiten gelten für die Konzernrechnungslegung (2. Unterabschn), → § 290 Rn. 1. **30**

c) Das Dritte Buch differenziert in seinen Anforderungen je nach Größe der KapitalGes. und bildet dazu vier Größenklassen, die **KleinstkapitalGes.**, die **kleine**, die **mittelgroße** und die **große KapitalGes.**: § 267 umschreibt diese anhand von drei Merkmalen, von denen mindestens zwei vorliegen müssen (ähnliche Gesetzgebungstechnik wie im PublG und MitbestG). Diese Merkmale sind bei der **KleinstkapitalGes.:** max. 350.000 Euro Bilanzsumme, max. 700.000 Euro Umsatz, max. 10 Arbeitnehmer (§ 267a I); bei der **kleinen** KapitalGes.: max. 6 Mio. Euro Bilanzsumme, max. 12 Mio. Euro Umsatzerlöse, max. 50 Arbeitnehmer (§ 267 I); bei der **mittelgroßen** KapitalGes.: max. 20 Mio. Euro Bilanzsumme, max. 40 Mio. Euro Umsatzerlöse, max. 250 Arbeitnehmer (§ 267 II); bei der **großen** KapitalGes.: Bilanzsumme größer als 20 Mio. Euro, Umsatzerlöse höher als 40 Mio. Euro, Zahl der Arbeitnehmer mehr als 250 (§ 267 III). Bei Inanspruchnahme eines organisierten Marktes gilt eine KapitalG stets als große (§ 267 III 2). Die jeweiligen **Grenzwerte** sind also: **Bilanzsumme 0,35 Mio., 6 Mio. und 20 Mio. Euro; Umsatzerlöse 0,7 Mio., 10 Mio. und 40 Mio. Euro; Zahl der Arbeitnehmer: 10, 50 und 250.** Daneben gibt es die **Befreiung kleiner Einzelkaufleute** von der Pflicht zur Buchführung nach § 238, wenn diese an zwei aufeinander folgenden Abschlussstichtagen nicht mehr als 0,5 Mio. Euro Umsatzerlöse und nicht mehr als 0,05 Mio. Euro Jahresüberschuss ausweisen, § 241a. Für Personenhandelsges. gelten diese Kriterien nicht, → § 241a Rn. 1. **31**

d) Das HGB hält am handelsrechtlichen Begriff des **Vermögensgegenstandes** (zB §§ 240, 246, 248) fest und folgt weder dem steuerrechtlichen noch dem betriebswirtschaftlichen Begriff des Wirtschaftsgutes. Das erscheint zum einen unnötig, weil der BFH Wirtschaftsgut und Vermögensgegenstand gleichgesetzt hat. Zum anderen bildet der Begriff des Vermögensgegenstands im Interesse der Rechtssicherheit eine bedeutsame Orientierung für den steuerrechtlichen Begriff Wirtschaftsgut; steuerrechtliche Ausdehnungstendenz → § 246 Rn. 6. Das ist deshalb möglich, weil als Wirtschaftsgüter bei der Gewinnermittlung steuerrechtlich nur Vermögensgegenstände nach HGB berücksichtigt werden dürfen (**Maßgeblichkeitsgrundsatz,** → § 242 Rn. 4). **32**

4) Die wichtigsten Sachentscheidungen des Dritten Buches:

a) Die grundlegenden inhaltlichen Entscheidungen des Dritten Buches werden erst bei den einzelnen Vorschriften angesprochen. Im Überblick können aber die wichtigsten in 10 Gruppen (b–k) zusammengestellt werden (in der Reihenfolge des HGB, nicht nach Wichtigkeit): **33**

b) Der 1. Abschn. (§§ 238–263) enthält **allgemeine Buchführungs- und Bilanzierungsvorschriften** angereichert durch Bilanzierungs-, Ansatz- und Bewertungsvorschriften. Damit wird die Maßgeblichkeit der Handelsbilanz für die **34**

steuerrechtliche Gewinnermittlung verdeutlicht (aber → § 242 Rn. 44 ff. zu den Durchbrechungen des **Maßgeblichkeitsgrundsatzes**). Zu verfassungsrechtlichen Anforderungen an die gesetzliche Begrenzung der Maßgeblichkeit der HGB-Grundsätze ordnungsgemäßer Buchführung für die steuerliche Gewinnermittlung BVerfG DStRE 2009, 922. **Lit.** Küting StuB 2009, 829; Scheffler StuB 2010, 295; 2010 u. 836; BMF BB 2010, 820. Hervorzuheben ist: Aktivierungspflicht besteht auch für den derivativen (entgeltlich erworbenen) Firmenwert, der kraft Fiktion als zeitlich begrenzt abnutzbarer Vermögensgegenstand gilt; zur Abschreibung → § 253 Rn. 10. Aktivierungswahlrecht besteht für originäres immaterielles Anlagevermögen (§ 248 II). **Pensionen und ähnliche Verpflichtungen** sind zu passivieren (§ 249 I; § 266 III Passivseite B 1). **Lit.** Richter GmbHR 2010, 505; Ballwieser Konzern 2014, 143; Prinz DB 2021, 9 (grundsätzlich zum Maßgeblichkeitsprinzip).

35 c) Die meisten Sachentscheidungen finden sich im 2. Abschn. über den **Jahresabschluss der KapitalGes.** und auch bestimmte PersonenGes. (GmbH & Co). Davon ist vor allem die GmbH betroffen. **Grundsatznorm** ist **§ 264:** Der Jahresabschluss der KapitalGes. besteht neben Bilanz und Gewinn- und Verlustrechnung zusätzlich aus einem **Anhang** (§ 264 I 1). Die **Frist** für die Aufstellung des Jahresabschlusses ist grundsätzlich auf **die ersten drei Monate des nachfolgenden Geschäftsjahres** verkürzt (§ 264 I 2). Für kleine KapitalGes. (§ 267 I) gilt eine Erleichterung, falls dies einem ordnungsgemäßen Geschäftsgang entspricht, jedoch bis höchstens sechs Monate (§ 264 I 3). Kernstück ist § 264 II, der die **Vermittlung eines den tatsächlichen Verhältnissen entsprechenden Bildes der Vermögens-, Finanz- und Ertragslage** der KapitalGes. vorschreibt. Die Erwartung, dass damit die bisherige unter dem Gläubigerschutz- und Vorsichtsprinzip stehende Bilanzpraxis der GmbH zugunsten des angloamerikanischen **„true and fair view"**-Prinzips aufgegeben würde, wurde jedoch enttäuscht. Inwieweit sich dies durch die mit dem BilMoG 2009 verbundene Öffnung des HGB-Bilanzrechts für internationale Rechnungslegungsgrundsätze ändern wird, bleibt abzuwarten.

36 d) Für die **Bilanz** aller KapitalGes. ist ein **festes Gliederungsschema** vorgeschrieben (§ 266). Für kleine KapitalGes. (§ 267 I) genügt eine stark verkürzte Bilanz (§ 266 I 3). Das gilt auch für die kleine AG, was mit der Förderung der Risikokapitalausstattung der deutschen Wirtschaft begründet wird, aber doch eine bedenkliche Verringerung an Publizität bedeutet. **Wertberichtigungen** zu Aktivposten **auf der Passivseite** sind **nicht zulässig.** Auch die Pauschalwertberichtigung zu Forderungen muss auf der Aktivseite erfolgen. Bei jedem gesondert ausgewiesenen Posten ist der Betrag der Forderungen mit einer **Restlaufzeit** von mehr als einem Jahr und der Betrag der Verbindlichkeiten mit einer Restlaufzeit bis zu einem Jahr zu vermerken (§ 268 IV, V).

37 e) Auch für die **Gewinn- und Verlustrechnung** aller KapitalGes. ist ein **festes Gliederungsschema** vorgeschrieben (§ 275). Dabei besteht ein Wahlrecht zwischen dem Gesamtkostenverfahren und dem Umsatzkostenverfahren (§ 275 I 1). Kleine und mittelgroße KapitalGes. (§ 267) dürfen einen Teil der Posten zu einem Posten **„Rohergebnis"** zusammenfassen (§ 276). Nach dem Ergebnis der gewöhnlichen Geschäftstätigkeit (§ 275 II Nr. 14, III Nr. 13) ist ein **außerordentliches Ergebnis** auszuweisen (§ 275 II Nr. 15–17, III Nr. 14–16), das gegenüber der früheren Bilanzierungspraxis erheblich enger definiert ist (§ 277 IV).

38 f) Die auf den vorhergehenden Jahresabschluss angewandten **Bewertungsmethoden** sollen beibehalten werden **(Stetigkeitsgrundsatz);** davon darf nur in begründeten Ausnahmefällen abgewichen werden (§ 252 I Nr. 6 sieht das für alle Kflte vor). Höchstwertgrenzen und Mindestwertgrenzen werden nur ver-

einzelt vorgeschrieben (zB § 253 V) und gelten rechtsformunabhängig für alle Bilanzierenden. Damit werden die Möglichkeiten zur Bildung stiller Reserven (→ § 252 Rn. 13–17) erheblich eingeschränkt: außerplanmäßige Abschreibungen auf Anlagevermögen bei nur vorübergehender Wertminderung sind nur für Finanzanlagen zulässig, niedrigere Wertansätze dürfen grds. nicht beibehalten werden, wenn ihre Voraussetzungen entfallen sind (Wertaufholungsgebot).

g) Der **Anhang** besteht aus einer Erläuterung der Bilanz und der Gewinn- und Verlustrechnung, die ua Angaben über die Bilanzierungs- und Bewertungsmethoden und die Grundlagen der Währungsumrechnung (§ 284) enthält, sowie aus sonstigen Pflichtangaben in zahlreichen Berichtsgruppen. **39**

h) Im **Lagebericht,** der bei der KapitalGes. eine zwingende Ergänzung des Jahresabschlusses ist, sind der Geschäftsverlauf und die Lage der KapitalGes. so darzustellen, dass ein den tatsächlichen Verhältnissen entsprechendes Bild vermittelt wird (§ 289). Damit wird das true and fair view-Prinzip des § 264 II abgestützt. Der Lagebericht, der ebenso wie der Jahresabschluss prüfungspflichtig ist, ist deshalb ein wichtiges Instrument externer Unternehmungsanalyse. Eine wichtige Erweiterung der Lageberichterstattung besteht in der Pflicht zum Bericht über wesentliche nichtfinanzielle Aspekte (NRI, CSR-Reform 2017). **40**

i) Im **Konzern** muss das MutterUnt. einen Konzernabschluss und einen Konzernlagebericht aufstellen (§ 290). Bei beherrschendem Einfluss (→ § 290 Rn. 7) des MutterUnt. muss es die Aktiva und Passiva sowie die Erträge und Aufwendungen der TochterUnt. vollständig in die Weltbilanz einbeziehen ebenso wie bei einem einheitlichen Unt. Gewinne und Verluste, die zwischen den Konzern-Unt. entstehen, bleiben grundsätzlich unberücksichtigt. Von diesen umfangreichen Konzernrechnungslegungsregeln (§§ 290–315) gibt es größenabhängige Befreiungen (§ 293). Unt., die als Wertpapieremittenten an einem organisierten Kapitalmarkt auftreten, sind nach der IAS-VO verpflichtet, ihre Konzernabschlüsse nach IAS/IFRS zu erstellen (Zehnter Titel: Konzernabschluss nach internationalen Rechnungslegungsstandards, § 315e). Auch für die Konzernberichterstattung besteht eine wichtige Erweiterung in der Pflicht zum Bericht über wesentliche nichtfinanzielle Aspekte des Konzerns (NRI, CSR-Reform 2017). **41**

j) Der Jahresabschluss und der Lagebericht von KapitalGes. mit Ausnahme der kleinen iSv § 267 I unterliegen der **Prüfung** durch einen Abschlussprüfer (§ 316 I). Dasselbe gilt für den Konzernabschluss und den Konzernlagebericht (§ 316 II). **42**

k) Der Jahresabschluss der KapitalGes. (Bilanz, Gewinn- und Verlustrechnung, Anhang) mit dem Bestätigungsvermerk, der Lagebericht, der Bericht des Aufsichtsrates und die Ergebnisverwendung bedürfen der **Offenlegung** und sind spätestens zwölf Monate nach dem Geschäftsjahr beim Betreiber des elektronischen BAnz. in elektronischer Form einzureichen und unverzüglich dort bekannt machen zu lassen (§ 325). Bei großen KapitalGes. (§ 267 III) sind sie zunächst im BAnz. bekanntzumachen (§ 325 II), wobei wegen des Informationszwecks der offen zu legenden Abschlüsse und Lageberichte an die Stelle des Jahresabschlusses ein Einzelabschluss nach IAS/IFRS treten kann (§ 325 IIa iVm § 315e I). Die Bekanntmachungspflicht trifft auch Konzerne (§ 325 III), allerdings nicht für die Aufstellung des Anteilsbesitzes (§ 325 II 2). Mittelgroße KapitalGes. (§ 267 II) brauchen die Bilanz und den Anhang nur in verkürzter Form beim HdlReg einzureichen (§ 327). Im BAnz. wird nur die Einreichung zum HdlReg, nicht der Jahresabschluss usw selbst bekannt gemacht. Es genügt also die Einreichung der offen zu legenden Unterlagen beim HdlReg (reine Registerpublizität). Bei kleinen KapitalGes. (§ 267 I) verbleibt es ebenfalls bei der reinen Registerpublizität, allerdings mit erheblichen Einschränkungen. Gewinn- **43**

und Verlustrechnung und Lagebericht brauchen überhaupt nicht offen gelegt zu werden, die Bilanz und der Anhang nur in stark verkürzter Form (§§ 266 I 3, 288) sowie, falls daraus nicht ersichtlich, die Ergebnisverwendung (§ 326).

VI. Bilanzrecht außerhalb des HGB

44 Das **Bilanzrecht** jedenfalls für den befreienden Einzelabschluss ist heutzutage zwar **weitgehend im Dritten Buch des HGB** enthalten (für den Konzernabschluss kapitalmarktorientierter Unt. gilt nach § 315e die Pflicht zur Bilanzierung nach IAS/IFRS, näher § 315e). Doch sind **einige** – va rechtform- und branchenspezifische – **Normen nicht eingearbeitet**, sondern ua im AktG, GmbHG, GenG, PublG, in der WPO, im KWG, VAG und in der InsO enthalten. **Lit.** MBF Kap. 1 Tz. 66.

VII. Rechtsnatur und Auslegung des Bilanzrechts

45 A. **Rechtsnatur des Bilanzrechts:** Bilanzrecht ist nach modernem Verständnis **zwingendes Privatrecht der Kaufleute**, während früher herrschend war, dass Bilanzrecht zum öffentlichen Recht zählt. Für privatrechtliche Qualifizierung spricht vor allem, dass Bilanzrecht ganz überwiegend dem Interesse unterschiedlicher Gruppen von Privaten (Kfm., Gläubiger, Anleger, Vertragspartner, Arbeitnehmer, Wettbewerber etc.) dient, während der Schutz öffentlicher Interessen im Wesentlichen nur am Rande und indirekt über den Maßgeblichkeitsgrundsatz vermittelt wird. **Lit.** MBF Kap. 1 Tz. 178 ff.; Merkt ZGR 2017, 460 mit umfassenden Nachweisen.

46 B. **Auslegung des Bilanzrechts:** F. Für die Regelung zur Rechnungslegung gibt es keine einheitlichen Auslegungsprinzipien. Es ist zunächst nach der Regelungsebene (international, europäisch, national), sodann nach der Natur der Regelung (verbindlich bzw. zum positiven Recht gehörend oder unverbindlich bzw. außerrechtlich) zu unterscheiden. Soweit es sich bei den Normen der Rechnungslegung um Rechtsnormen iSv § 2 EGBGB handelt, folgt ihre Auslegung der allgemeinen **juristischen Auslegungslehre** und den Grundsätzen der Gesetzesauslegung. Die Gesetzesauslegung steht also nicht im Belieben des Regelanwenders. Auszulegen ist dementsprechend nach dem Wortsinn (**grammatische** Auslegung), nach dem Bedeutungszusammenhang (**systematisch-logische** Auslegung), nach der Normvorstellung des Gesetzgebers (**historische** Auslegung) und nach dem Zweck des Gesetzes (**teleologische** Auslegung). Ergänzt wird dieser klassische Kanon durch den Grundsatz der **verfassungskonformen** Auslegung und den Grundsatz der **richtlinienkonformen** Auslegung, soweit es sich um EU-harmonisiertes Recht handelt. Allerdings handelt es sich bei beiden um Sonder- bzw. Unterformen der systematisch-logischen Auslegung, denn in beiden Fällen wird die auszulegende Norm in den systematischen und logischen Zusammenhang mit anderen, in diesen Fällen höherrangigen Rechtnormen gestellt. Zur grammatischen und richtlinienkonformen Auslegung etwa EuGH Slg. 1997, I-6843 – Daihatsu. Im Rahmen der teleologischen Auslegung ist die **wirtschaftliche Betrachtungsweise** zu berücksichtigen, die sich an Buchführungs- und Jahresabschlusszwecken orientiert. So entscheidet für bilanzielle Zuordnung eines Vermögensgegenstands nicht allein das Zivilrecht, sondern auch (aber keineswegs ausschließlich), wer als wirtschaftlicher „Eigentümer" anzusehen ist, etwa → § 246 Rn. 14. Siehe auch EuGH Slg. 1996, I-3233 – Tomberger: Bei der Aktivierung von Dividendenforderungen entscheidet nicht die streng rechtliche Betrachtung, sondern die wirtschaftliche Betrachtung, wenn die Dividendenforderung am Abschlussstichtag dem Grunde nach so gut wie

sicher ist und durch den späteren Ausschüttungsbeschluss nur der Höhe nach konkretisiert werden muss. Bei der Auslegung besteht **keine freie Wahl** des Auslegungsgrundsatzes. Vielmehr bildet der Wortlaut den Ausgangspunkt. Es schließen sich in dieser Reihung die systematisch-logische, soweit möglich (in Abhängigkeit ergiebiger Quellen) die historische und die teleologische Auslegung an. In jedem Fall zu beachten ist die Verfassungs- und – soweit es um harmonisiertes Recht geht – die Richtlinienkonformität des Auslegungsergebnisses. Soweit die IFRS von der EU im Wege des Endorsements übernommen wurden und dadurch Teil des Gemeinschaftsrechts geworden sind, unterliegen sie den allgemeinen Auslegungsgrundsätzen, das heißt, es gibt **keine Sonderregeln** für die **Auslegung der IFRS. Lit.** Me/Bru/Fi Kap. 1 Tz. 144 ff.; Merkt ZfbF 2014, 477.

In jüngerer Zeit wird vermehrt diskutiert, ob dem Bilanzierenden bei der Anwendung auslegungsfähiger bzw. auslegungsbedürftiger Bilanzierungsnormen ein **„Auslegungsermessen"** zusteht (zum Folgenden: Merkt FS Böcking, 2021, 349, 356 ff.; Merkt, MBF, Kap. 1 Rn. 164a ff.). Konkret geht es um die Frage, ob für die Auslegung unklarer, auslegungsbedürftiger Bilanzierungsvorschriften die Auslegung und Anwendung des bilanzierenden Unternehmens akzeptiert werden muss und nicht als Verstoß gegen die betreffende Vorschrift qualifiziert werden darf, wenn die Rechtsansicht des Unternehmens zumindest nachvollziehbar und vertretbar ist. Für die Sicht, dass eine nachvollziehbare und vertretbare Auslegung zu akzeptieren ist, hat sich die Bezeichnung **„subjektiver Fehlerbegriff"** (dazu Hennrichs, FS Böcking, 2021, 279 ff.) eingebürgert. **46a**

Hier ist zunächst festzustellen, dass bei der Verwendung des Begriffs „Ermessen" im Zusammenhang mit der Auslegung von Rechtsvorschriften Vorsicht geboten ist. Denn Ermessen ist eine rechtliche Kategorie, die sowohl im Verwaltungsrecht (Verwaltungsermessen, etwa § 40 VwVfG) als auch im Unternehmensrecht (unternehmerisches Entscheidungsermessen, etwa § 93 Abs. 1 Satz 2 AktG) mit der Vorstellung verbunden ist, dass hier zugunsten eines Entscheidungsträgers, einer Verwaltungsbehörde oder einer Unternehmensleitung, ein Entscheidungsspielraum eröffnet wird, innerhalb dessen eine gerichtliche Überprüfung nicht oder nur sehr eingeschränkt vorgenommen werden kann. Zweck ist dabei sowohl im Verwaltungsrecht, als auch im Unternehmensrecht der Schutz des Entscheidungsträgers im Fall von Fehlentscheidungen. Der Entscheidungsträger soll davor geschützt werden, dass sich die von ihm unter Unsicherheit getroffene Entscheidung später und aus der Rückschau als unrichtig erweist und er dafür haftbar gemacht wird. Denn anderenfalls würde der Entscheidungsträger zu risikoaversem Verhalten veranlasst, was nicht im Interesse der Sache wäre.

Allerdings hat die Rechtsordnung die Privilegierung bewusst auf solche Sachverhalte beschränkt, in denen es um zukunftsgerichtete Entscheidungen geht. Die Normauslegung gehört nicht zum Kreis dieser Entscheidungen. Und daher ist die Vorstellung, bei der Normauslegung könne ein „Auslegungsermessen" geltend gemacht werden, das den Auslegenden vor einem Fehler bei der Auslegung schützt, jedenfalls aus rechtlicher Sicht verfehlt.

Damit ist aber auch bereits die Grundlage geschaffen für die Antwort auf die Frage, ob der bilanzrechtliche Fehlerbegriff ein subjektiver ist, der eine mit kaufmännischer Sorgfalt ermittelte, nachvollziehbare und vertretbare Auslegung zulässt, oder ob die durch das Gericht vorgenommene objektive Auslegung entscheidet. **Eine Ansicht** argumentiert zugunsten des subjektiven Fehlerbegriffs (Hennrichs, Tipke/Lang, Steuerrecht 23. Aufl. 2018, Rn 481, Pohl NWB 2017, 2848; Pöschke ZGR 2018, 647, 675 ff.). Auslegungs- oder Anwendungsunsicherheiten des Bilanzrechts dürften nicht zu Lasten der Unternehmen gehen. Mehr als eine abgewogene Berücksichtigung aller im Zeitpunkt der Bilanzerstellung bei pflichtgemäßer und gewissenhafter Prüfung erkennbaren Tatumstände und recht- **46b** lichen Gesichtspunkte könne von dem Bilanzersteller nach Handels- und Steuerrecht nicht verlangt werden. Ferner wird auf die Prangerwirkung der Anordnung der Veröffentlichung des Fehlers im Fall bestimmter kapitalmarktorientierter Unternehmen verwiesen. Es gehe nicht an, Unternehmen für „Bilanzfehler" an den Pranger zu stellen, obwohl die Rechtslage unklar sei und der Kaufmann eine vertretbare Rechtsauffassung eingenommen habe. Der **BFH** (BFHE 240, 162 Rn. 61) folgt dem objektiven Fehlerbegriff und begründet dies steuerrechtsspezifisch damit, dass das Finanzamt im Rahmen der ertragssteuerrechtlichen Gewinnermittlung auch dann nicht an die rechtliche Beurteilung durch den Bilanzierenden gebunden ist, wenn diese Beurteilung aus der Sicht eines ordentlichen und gewissenhaften Kaufmanns im Zeitpunkt der Bilanzaufstellung vertretbar war. Dabei hat der BFH mit einer auf das Steuerrecht bezogenen Begründung, insbesondere unter Berücksichtigung des Umstands, dass im Steuerrecht nach der Verfassung die steuerbegründenden Vorschriften dem Prinzip einer möglichst gleichmäßigen Belastung der Steuerpflichtigen Rechnung tragen müssen, auf die Verpflichtung von Verwaltung und Gerichten abgestellt, ihrer Entscheidung die objektiv richtige Rechtslage zugrunde zu legen und hierbei auf den allgemeinen Gleichheitssatz (Art. 3 GG) und auf das Rechtsstaatsprinzip (Art. 20 Abs. 3 GG) sowie für die Gerichte ergänzend auf Art. 97 Abs. 1 GG verwiesen, nach dem die Richter nur dem Gesetz unterworfen sind.

46c Außerhalb des steuerrechtlichen Zusammenhangs ist für das Handelsbilanzrecht ebenfalls vom objektiven Fehlerbegriff auszugehen. Denn auch im Bilanzrecht – wie auch sonst bei der Anwendung neuer Vorschriften – trägt allein der Rechtsanwender das Risiko, bei der Anwendung ein Verständnis zu Grunde zu legen, das sich bei späterer gerichtlicher Kontrolle als irrig und mithin rechtswidrig erweist. Nicht nur der Finanzrichter, sondern jeder Richter muss auf der Grundlage der objektiv richtigen Rechtslage entscheiden. Und selbstverständlich gelten auch außerhalb des Steuerrechts das Rechtsstaatsprinzip und der Gleichheitsgrundsatz. Die angesprochene Problematik ist auch beileibe kein Spezifikum des Bilanzrechts. Man denke nur an die vielfältigen Schwierigkeiten, die sich im Zusammenhang mit sogenannten Selbstbefreiungstatbeständen im Kapitalmarktrecht ergeben. Verwiesen sei exemplarisch auf die Ad-hoc-Mitteilungspflicht (nunmehr Art. 17 Abs. 4 MAR). Der Aufschub der Ad-hoc Mitteilungen zur Abwendung einer Gefährdung der Emittentin ist nur unter bestimmten Voraussetzungen zulässig, deren Vorliegen vom Unternehmen in eigener alleiniger Verantwortung zu prüfen ist. Ein geschütztes Beurteilungsermessen im Sinne einer legal judgment rule ist dem Unternehmen bzw. seiner Leitung durch Art. 17 Abs. 4 MAR nach hA nicht eingeräumt. Das ist gewiss für die betroffenen Unternehmen mit Härten und Risiken verbunden. Aber es ist niemand auf den Gedanken gekommen, dass das Unternehmen deshalb durch eine subjektive Auslegung privilegiert werden würde. Ob es aber zu einer **Haftung** des Vorstands kommt, wenn bei unklarer Rechtslage die Legalitätspflicht objektiv verletzt wird, ist eine davon **zu trennende Frage.** Hier kann die Legal Judgment Rule helfen, ein Rechtsirrtum bejaht werden und das Verschulden auszuschließen sein, vgl. Merkt NJW 2022, 574 f. m. w. N., Merkt Konzern 2017, 353, 360; Koch FS Bergmann, 413 ff.

46d Vom Streit um den subjektiven Fehlerbegriff im Bilanzrecht zu unterscheiden ist die Frage nach einer sog. **Accounting Judgment Rule** (Merkt NJW 2022, 574, 576). Es muss klar unterschieden werden: Auf der einen Seite steht die Auslegung von Bilanzierungsnormen, die anhand der Auslegungsmethoden zu erfolgen hat und bei der es kein Ermessen gibt. Hier kann allenfalls die Legal Judgment Rule in bestimmten Grenzen helfen. Auf der anderen Seite stehen echte Wahl- und Ermessensentscheidungen. Hierher gehören z. B. die Entscheidung über die Ausübung von Bilanzierungswahlrechten, bilanzrelevante Sachverhaltsgestaltungen, bilanzrechtliche Zuordnungen in der Entscheidung der Geschäftsleitung und Entscheidungen im Bereich der Organisation von Buchführung und Rechnungslegung- und Prüfung. In dieser zweiten Kategorie kann die Accounting Judgment Rule den Entscheidungsträger schützen (Merkt NJW 2022, 573, 575 f., Merkt Konzern 2017, 353, jeweils m. w. N.

VIII. Internationales Bilanzrecht (Bilanzkollisionsrecht)

Ob und nach welchen Regelungen der Einzelkaufmann oder die unternehmenstragende (PersGes.- oder KapGes.-) Ges. Rechnung zu legen hat, beurteilt sich nach dem Recht des Ortes, an dem der **Kaufmann seine Niederlassung** und die **Ges. ihren Sitz** hat. Die betrifft grundsätzlich **alle Aspekte der Rechnungslegung**, sowohl die materiellen als auch die formellen Anforderungen, den Einzel- und den Konzernabschluss. Das Niederlassungsrecht gilt ebenso für EU-ausländische Ges. mit Verwaltungssitz im Inland, denn diese Ges. unterliegen allen Pflichten inländischer Kaufleute in Bezug auf die Rechnungslegung. In gleicher Weise unterliegen inländische Zweigniederlassungen ausländischer Einzelkaufleute oder HandelsGes. dem Recht am Sitz der Zweigniederlassung. Dabei macht es keinen Unterschied, ob das HauptUnt. dem Recht eines Nicht-EU-Mitgliedstaates oder eines EU-Mitgliedstaates unterliegt. Insbesondere steht die EU-Zweigniederlassungsrichtlinie nicht entgegen. Auch die **Abschlussprüfung** unterliegt dem Recht am Ort der Niederlassung des Unt. Die **Konzernrechnungslegung** unterliegt dem Recht am Sitz der Niederlassung des MutterUnt. **Lit.** MBF Kap. 1 Tz. 184 ff.

IX. Übergangsrecht (EGHGB)

1) Übergangsvorschriften in (1) EGHGB:

a) (1) EGHGB Art. 23–47 siehe hier 38. Aufl. Rn. 59 ff.

2) Übergangsvorschriften in (1) EGHGB Art. 48:

Art. 48 enthält die Übergangsvorschriften zum **KapCoRiLiG** 2000.

3) Übergangsvorschriften in (1) EGHGB Art. 49:

Art. 49 enthält die Übergangsvorschriften zur der im **KapCoRiLiG** 2000 enthaltenen Anpassung der Abgrenzungsmerkmale für größenabhängige Befreiungen beim Konzernabschluss (§§ 290–293).

4) Übergangsvorschriften in (1) EGHGB Art. 50:

Art. 50 enthält die Übergangsvorschriften zu den Änderungen der Vorschriften über die Tätigkeit der Wirtschaftsprüfer in § 319 II 2 Nr. 2 und III 3 Nr. 7.

5) Übergangsvorschriften in (1) EGHGB Art. 51:

Art. 51 enthält die Übergangsvorschriften zu § 323 II betr. die Erhöhung der gesetzlichen Haftungsobergrenze und § 340k IV 4 betreffend die erleichterte Auswahl von Abschlussprüfern kleinerer Finanzdienstleistungsinstitute sowie zu §§ 325a I S. 3–5, 340 I 1, 2 S. 3, 4 IV 4 betr. ZwNl von KapitalGes. mit Sitz im Ausland.

6) Übergangsvorschriften in (1) EGHGB Art. 54:

Art. 54 enthält die Übergangsvorschrift zu verschiedenen Vorschriften betr. Pflichtangaben im Anhang (§§ 285, 286), Konzernabschluss (§§ 291 ff.), Prüfung (§§ 316 ff.) und Offenlegung (§ 325).

7) Übergangsvorschriften in (1) EGHGB Art. 55:

54 Art. 55 enthält Übergangsvorschriften zum **Wirtschaftsprüferexamens-Reformgesetz,** in denen es um die Anwendung und Berechnung der Verjährungsfristen geht.

8) Übergangsvorschriften in (1) EGHGB Art. 56:

55 Art. 56 enthält Übergangsvorschriften zum **BilKoG.** Dessen Bestimmungen sind erstmals anwendbar auf Abschlüsse des am 31.12.2004 oder später endenden Geschäftsjahres. Prüfungen iSv § 342b I nicht vor 1.7.2005.

9) Übergangsvorschriften in (1) EGHGB Art. 57 u. 58:

56 **a)** Art. 57 enthält Übergangsvorschriften zu Art. 4 **IAS-VO.** Geltung gem. Wahlrecht in Art. 9 VO für Geschäftsjahre beginnend nach dem 31.12.2006.

57 **b)** Art. 58 enthält Übergangsvorschriften zu den zahlreichen durch das **BilReG** vorgenommenen Änderungen im Bilanzrecht (Zusammenstellung → Einl. vor § 1 Rn. 8 ff., für die Abschlussprüfung → Einl. vor § 316 Rn. 1). I betrifft die Schwellenwerte nach § 267 I, II, 293 I. II betrifft die Änderungen auf Grund der Fair-Value-Ri. In III 1 finden sich Übergangsvorschriften ua zu § 321a (Offenlegung des Prüfungsberichts in besonderen Fällen) und § 322 (Bestätigungsvermerk); erstmals für das nach dem 31.12.2004 beginnende Geschäftsjahr. Abweichend davon findet § 315e III erstmals auf das nach dem 31.12.2006 beginnende Geschäftsjahr und § 318 III idF des BilReG erstmals auf Ersetzungsverfahren Anwendung, die nach dem 31.12.2004 beantragt werden. V betrifft die Fälle des Art. 57, VI betrifft § 292a aF.

58 **c)** Art. 58 IV fasst die Übergangsregelung für die Abschlussprüfung nach § 319 (Auswahl der Abschlussprüfer und Ausschlussgründe) und § 319a (Ausschlussgründe in besonderen Fällen) zusammen. Grundsätzlich ist gem. IV 1 das neue Recht erstmals auf das Geschäftsjahr 2005 bzw. die Prüfung des entsprechenden Abschlusses anzuwenden. VI 2 betrifft die letztmalige Anwendung von § 319 aF. IV 3 schiebt die Anforderungen von § 319 I 3 bezüglich der Qualitätskontrolle (außer für Ges. mit amtlich notierten Aktien) um ein Jahr hinaus. Nach IV 4 findet § 319a I 1 Nr. 1, 4 und S. 4 erstmals auf Abschlussprüfungen für das nach dem 31.12.2006 beginnende Geschäftsjahr Anwendung. IV 5 betrifft § 319 III Nr. 6 aF. IV 6 enthält **Übergangsrecht** zu §§ 319 III 1 Nr. 3, 319a 11 Nr. 2.

10) Übergangsvorschriften in (1) EGHGB Art. 59:

59 Art. 59 enthält Übergangsvorschriften zum VorstOG. Die Änderungen sind erstmals auf Jahres- und Konzernabschlüsse für das nach dem 31.12.2005 beginnende Geschäftsjahr anzuwenden.

11) Übergangsvorschriften in (1) EGHGB Art. 60:

60 Art. 60 enthält die Übergangsvorschriften zum ÜbernahmeRi-Umsetzungsgesetz. Die Änderungen sind erstmals auf Jahres- und Konzernabschlüsse für das nach dem 31.12.2005 beginnende Geschäftsjahr anzuwenden.

12) Übergangsvorschriften in (1) EGHGB Art. 61:

61 Art. 61 enthält die Übergangsvorschriften zum EHUG. Gem. V 1 sind die im 3. Buch vorgenommenen Änderungen erstmals auf Jahres- und Konzernabschlüsse für das nach dem 31.12.2005 beginnende Geschäftsjahr anzuwenden. Nach V 2 finden die Vorschriften in ihrer alten Fassung letztmalig Anwendung auf Jahres- und Konzernabschlüsse für das vor dem 1.1.2006 beginnende Geschäftsjahr.

13) Übergangsvorschriften in (1) EGHGB Art. 62:

62 Art. 62 enthält die Übergangsvorschriften zum Transparenz-Ri-Umsetzungsgesetz. Die Änderungen sind erstmals auf Jahres- und Konzernabschlüsse sowie

Lageberichte und Konzernlageberichte und Halbjahresfinanzberichte sowie Zwischenabschlüsse und Konzernzwischenabschlüsse für das nach dem 31.12.2006 beginnende Geschäftsjahr anzuwenden.

14) Übergangsvorschriften in (1) EGHGB Art. 66:
Übergangsrecht zum BilMoG 2009 in **(1)** EGHGB Art. 66. Grds. gilt: 63 Erleichterungen (zB §§ 241a, 267 nF) sind anzuwenden für Geschäftsjahre ab 1.1.2008 (I). Optionale Anwendung aller Änderungen ab 1.1.2009, dann Anhangangabe (III 5). Verpflichtende Anwendung der erweiterten Berichterstattungspflichten ab 1.1.2009 (II). Für alle anderen Änderungen Anwendung ab 1.1.2010 ((1) EGHGB Art. 66 III 1); zur Anwendung der §§ 246 I 4, 255 II s. III 2, 3; Anwendung der Änderungen bei den Konsolidierungspflichten s. III 4. Sonstige Änderungen: zum Prüfungsausschuss (§ 324 HGB) s. IV; letztmalige Anwendung alter Vorschriften s. V; zu Änderungen beim Ordnungsgeldverfahren (§ 335 HGB) s. VI. **Lit.** Zwirner/Künkele DB 2009, 1081.

15) Übergangsvorschriften in (1) EGHGB Art. 67:
(1) EGHGB Art. 67 enthält Erleichterungen hinsichtlich der Befolgung der 64 Übergangsregelungen nach **(1)** EGHGB Art. 66. Zuführung zu und Auflösung von Pensionsrückstellungen (I, II) → § 249 Rn. 14 ff. III regelt die Auflösung von Instandhaltungs- und Aufwandsrückstellungen. Beibehaltung von Abschreibungen nach altem Recht ist möglich (IV) ebenso Beibehaltung von aktivierten Bilanzierungshilfen nach § 269 aF HGB (V). Aufwendungen und Erträge aus geänderter Bilanzierung latenter Steuern sowie aus Einstellung in Gewinnrücklagen nach I–IV sind mit Gewinnrücklagen zu verrechnen (VI). Keine Beachtung des Stetigkeitsgrundsatzes (§ 253 I Nr. 6) bei erstmaliger Anwendung der neuen Regelungen und keine Angabe von Vorjahresvergleichszahlen (VII). **Lit.** Zwirner/Künkele DB 2009, 1081.

16) Übergangsvorschriften in (1) EGHGB Art. 68:
Übergangsregelungen zum Gesetz zur Angemessenheit der Vorstandsver- 65 gütung (VorstAG). Die zusätzlichen Angaben zu den Gesamtbezügen der Mitglieder der Geschäftsführungsorgane nach §§ 285 Nr. 9, 286 V 1 sowie zu den Grundzügen des Vergütungssystems nach § 289 II Nr. 5 und in vergleichbarer Form für den Konzernabschluss gem. § 314 I Nr. 6, II, § 315 II Nr. 4 sind erstmals auf Abschlüsse für das nach dem 31.12.2009 beginnende Geschäftsjahr anwendbar.

17) Übergangsvorschriften in (1) EGHGB Art. 69:
Angefügt durch das Gesetz zur Umsetzung der geänderten Banken-RL und 66 der geänderten Kapitaladäquanz-RL v. 19.11.2010 BGBl. I 1592 mit Wirkung v. 25.11.2010. Diese Änderungen sind erstmals auf Jahres- und Konzernabschlüsse für nach dem 31.12.2010 beginnende Geschäftsjahre anwendbar.

18) Übergangsvorschriften in (1) EGHGB Art. 70:
Übergangsbestimmungen zu den Erleichterungen des Kleinstkapitalges-Bilanz- 67 rechtsänderungsgesetz (MicroBilG) für KleinstkapitalGes. bei den Rechnungslegung nach §§ 264 I, 266, 267a, 275 V, 325a II, 326 II sowie Änderungen der §§ 8b, 9, 253, 264 II, 264c, 276, 328, 334 und 335. Die nF gilt für Jahres- und Konzernabschlüsse, die sich auf einen nach dem 30.12.2012 liegenden Abschlussstichtag beziehen. Für Jahres- und Konzernabschlüsse mit früherem Abschlussstichtag bleiben die genannten Vorschriften idF bis 27.12.2012 anwendbar. § 264 III und 290 idF des MicroBilG sind erstmals auf Jahres- und Konzernabschlüsse für Geschäftsjahre anzuwenden, die nach dem 31.12.2012 beginnen.

19) Übergangsvorschriften in (1) EGHGB Art. 72:

68 Übergangsvorschriften zum AIFM-Umsetzungsgesetz in **(1) EGHGB Art. 72.** Die in § 8b II Nr. 8, § 285 Nr. 26, § 290 II Nr. 4 S. 2 und § 314 I Nr. 18 jeweils in Bezug genommenen Bestimmungen des InvestG sind die bis 21.7.2013 geltenden Fassungen dieser Bestimmungen. § 285 Nr. 26, § 290 II Nr. 4 S. 2, § 314 I Nr. 18, § 341b II idF des AIFM-Umsetzungsgesetzes sind erstmals auf Jahres- und Konzernabschlüsse für nach dem 21.7.2013 beginnende Geschäftsjahre anzuwenden. Für Jahres- und Konzernabschlüsse für Geschäftsjahre, die vor dem 22.7.2013 beginnen, bleiben die Vorschriften idF bis 21.7.2013 weiterhin anwendbar.

20) Übergangsvorschriften in (1) EGHGB Art. 73:

69 Übergangsvorschriften zum Gesetz für die gleichberechtigte Teilhabe von Frauen und Männern an Führungspositionen in der Privatwirtschaft und im öffentlichen Dienst in **(1) EGHGB Art. 73.** § 289a II Nr. 4, auch in Verbindung mit III, und § 289a IV, auch in Verbindung mit § 336 II 1 sind erstmals anzuwenden auf Lageberichte, die sich auf Geschäftsjahre mit einem nach dem 30.9.2015 liegenden Abschlussstichtag beziehen. § 289a II Nr. 5, auch in Verbindung mit III ist erstmals anzuwenden auf Lageberichte, die sich auf Geschäftsjahre mit einem nach dem 31.12.2015 liegenden Abschlussstichtag beziehen.

21) Übergangsvorschriften in (1) EGHGB Art. 74:

70 Übergangsvorschriften zum Kleinanlegerschutzgesetz in **(1) EGHGB Art. 74.** § 335 I 4 idF des Kleinanlegerschutzgesetzes v. 3.7.2015 ist erstmals auf Jahres- und Konzernabschlüsse für Geschäftsjahre anzuwenden, die nach dem 31.12.2014 beginnen.

22) Übergangsvorschriften in (1) EGHGB Art. 75:

71 Übergangsvorschriften zum BilRUG 2015 u. WohnimmobilienkreditRi-UmsetzG 2016 in **(1) EGHGB Art. 75.** Grds. gilt, dass die durch das BilRUG geänderten Vorschriften erstmals auf Jahres- und Konzernabschlüsse sowie Lage- und Konzernlageberichte für das nach dem 31.12.2015 beginnende Geschäftsjahr anzuwenden sind **(I 1)**. Letztmalig sind diese Vorschriften sowie § 277 IV u. § 278 auf Abschlüsse für ein vor dem 1.1.2016 beginnendes Geschäftsjahr anzuwenden **(I 2)**. §§ 267, 267a I, 277 I u. § 293 dürfen erstmals auf Abschlüsse für das nach dem 31.12.2013 beginnende Geschäftsjahr angewendet werden, jedoch nur insgesamt **(II 1)**. Wird von dieser Möglichkeit kein Gebrauch gemacht, bleibt es auch insoweit bei I 1 **(II 2)**. § 8b u. §§ 341q–341y sind erstmals auf Zahlungsberichte und Konzernzahlungsberichte für ein nach dem 23.7.2015 beginnendes Geschäftsjahr anzuwenden **(III)**. § 253 III 3 idF BilRUG 2015 ist erstmals auf nach dem 31.12.2015 aktivierte immaterielle Vermögensgegenstände des Anlagevermögens anwendbar **(IV 1)**, § 253 III 4 erstmals auf Geschäfts- oder Firmenwerte, die aus Erwerbsvorgängen in Geschäftsjahren herrühren, die nach dem 31.12.2015 begonnen haben **(IV 2)**. Sonderregelungen in **V**. § 253 II, VI idF WohnimmobilienkreditRiUmsetzG 2016 erstmals auf Jahresabschlüsse für das nach dem 31.12.2015 endende Geschäftsjahr anzuwenden **(VI 1)**. Für vor dem 1.1.2016 endende Geschäftsjahre ist § 253 II aF weiter anzuwenden **(VI 2)**. Hinsichtlich § 253 II gelten VI 1, 2 für Konzernabschlüsse entsprechend **(VI 3)**. Für Geschäftsjahre, die nach dem 31.12.2014 beginnen und vor dem 1.1.2016 enden kann § 253 II idF WohnimmobilienkreditRiUmsetzG 2016 für den Jahresabschluss angewendet werden **(VII 1)**; in diesem Fall gilt § 253 VI entsprechend **(VII 2)**. VII 1 gilt für Konzernabschluss entsprechend **(VII 3)**. Pflichtangaben für mittelgroße u. große KapitalGes. in **VII 4**.

23) Übergangsvorschriften in (1) EGHGB Art. 76:

Übergangsvorschriften zum Bürokratieentlastungsgesetz in (1) EGHGB Art. 76. § 241a S. 1 idF des Bürokratieentlastungsgesetzes v. 28.7.2015 ist erstmals auf das nach 31.12.2015 beginnende Geschäftsjahr anzuwenden. § 241a S. 1 idF bis 31.12.2015 ist letztmals auf das vor dem 1.1.2016 beginnende Geschäftsjahr anzuwenden.

24) Übergangsvorschriften in (1) EGHGB Art. 77:

Übergangsvorschriften zum TransparenzRi-ÄnderungsRi-Umsetzungsgesetz in (1) EGHGB Art. 77. § 342b idF v. 26.11.2015 findet ab dem 1.1.2016 Anwendung.

25) Übergangsvorschriften in (1) EGHGB Art. 78:

Übergangsvorschriften zum Abschlussprüferaufsichtsreformgesetz in (1) EGHGB Art. 78. Für die Anwendung des § 319 I 3 idF ab 17.6.2016 gilt eine für den Abschlussprüfer geltende Teilnahmebescheinigung oder Ausnahmegenehmigung nach dem bis 16.6.2016 geltenden § 57a I WPO als Nachweis der Eintragung gemäß § 319 I 3 idF ab 17.6.2016, solange der Registerauszug über die Eintragung nach § 40 III WPO noch nicht erteilt worden ist.

26) Übergangsvorschriften in (1) EGHGB Art. 79:

Übergangsvorschriften zum Abschlussprüfungsreformgesetz in (1) EGHGB Art. 79. § 319a I, II und III sowie §§ 321 und 322 jeweils idF AReG sind erstmals auf Jahres- und Konzernabschlüsse für das nach dem 16.6.2016 beginnende Geschäftsjahr anzuwenden. § 319a I und II sowie die §§ 321 und 322 idF bis 16.6.2016 sind letztmals auf Jahres- und Konzernabschlüsse für vor dem 17.6.2016 beginnende Geschäftsjahre anzuwenden. § 324 II 2 idF AReG muss so lange nicht angewendet werden, wie alle Mitglieder des Prüfungsausschusses vor dem 17.6.2016 bestellt worden sind. Prüfungsmandate können entsprechend § 318 Ia auch verlängert werden, wenn die Wahl des Abschlussprüfers für das zwölfte oder dreizehnte Geschäftsjahr erfolgt, auf das sich die Prüfungstätigkeit des Abschlussprüfers erstreckt, und die Wahl des Abschlussprüfers für das nächste nach dem 16.6.2016 beginnende Geschäftsjahr erfolgt. Prüfungsmandate gem. § 318 Ia 2 können auch verlängert werden, wenn mehrere Wirtschaftsprüfer oder WirtschaftsprüfungsGes gemeinsam im zwölften oder dreizehnten Geschäftsjahr, auf das sich die Prüfungstätigkeit des Abschlussprüfers erstreckt, zum Abschlussprüfer bestellt werden und die gemeinsame Bestellung für das nächste nach dem 16.6.2016 beginnende Geschäftsjahr erfolgt.

27) Übergangsvorschriften in (1) EGHGB Art. 80:

Übergangsvorschriften zum CSR-RUG in (1) EGHGB Art. 80. §§ 264, 285, 289–289f, 291, 292, 294, 314–315e, 317, 320, 325, 331, 334, 335, 336, 340a, 340i, 340n, 341a, 341j, 341n und 342 idF CSR-RUG v. 11.4.2017 (BGBl. I 802) sind erstmals auf Jahres- und Konzernabschlüsse, Lage- und Konzernlageberichte für das nach dem 31.12.2016 beginnende Geschäftsjahr anzuwenden. Die genannten Vorschriften idF bis zum 18.4.2017 sind letztmals auf Lage- und Konzernlageberichte für das vor dem 1.1.2017 beginnende Geschäftsjahr anzuwenden.

28) Übergangsvorschriften in (1) EGHGB Art. 81:

Übergangsvorschriften als Folgeänderungen der Umsetzung der CSR-RL durch das CSR-RUG v. 11.4.2017. §§ 289b IV, 315b IV sind erstmals auf Jahres- und Konzernabschlüsse, Lage- und Konzernlageberichte für das nach dem 31.12.2018 beginnende Geschäftsjahr anzuwenden.

Merkt

29) Übergangsvorschriften in (1) EGHGB Art. 82:

78 § 339 III idF des G vom 17.7.2017, BGBl. I 2434 erstmals anzuwenden auf Jahresabschlüsse für nach dem 31.12.2017 beginnende Geschäftsjahre.

30) Übergangsvorschriften in (1) EGHGB Art. 83:

79 Übergangsvorschriften zum ARUG II in (1) EGHGB Art. 83. §§ 285, 286, 289a, 289f, 291, 314, 315a, 324, 325, 325a, 329 und 341s idF ARUG II v. 12.12.2019 (BGBl. I 2637) sind erstmals auf Jahres- und Konzernabschlüsse sowie Lage- und Konzernlageberichte für das nach dem 31.12.2020 beginnende Geschäftsjahr anzuwenden. Die genannten Vorschriften idF bis zum 31.12.2019 sind letztmals anzuwenden auf Jahres- und Konzernabschlüsse sowie Lage- und Konzernlageberichte für das vor dem 1.1.2021 beginnende Geschäftsjahr. § 340i VI und § 341j V idF ARUG II sind erstmals auf Konzernerklärungen zur Unternehmensführung für das nach dem 31. Dezember 2018 beginnende Geschäftsjahr anzuwenden. Die genannten Vorschriften können bereits auf Konzernerklärungen zur Unternehmensführung für die nach dem 31.12.2016 beginnenden Geschäftsjahre angewendet werden.

31) Übergangsvorschriften in (1) EGHGB Art. 84:

80 Übergangsvorschriften zum ESEF-UG in (1) EGHGB Art. 84. §§ 264, 289, 297, 315, 316, 317, 320, 322, 325, 328, 334, 336, 339, 340n, 341n, 341w und 342b idF ESEF-UG v. 12.8.2020 (BGBl. I 1874) sind erstmals auf Jahres-, Einzel- und Konzernabschlüsse, Lage- und Konzernlageberichte sowie Erklärungen nach § 264 II 3, § 289 I 5, § 297 II 4 und § 315 I 5 für das nach dem 31.12.2019 beginnende Geschäftsjahr anzuwenden. Die genannten Vorschriften idF bis zum 18.8.2020 sind letztmals anzuwenden auf Jahres-, Einzel- und Konzernabschlüsse, Lage- und Konzernlageberichte sowie Erklärungen nach § 264 II 3, § 289 I 5, § 297 II 4 und § 315 I 5 für das vor dem 1.1.2020 beginnende Geschäftsjahr.

32) Übergangsvorschriften in (1) EGHGB Art. 85:

80a Übergangsvorschrift zum Fondsstandortgesetz in (1) EGHGB Art. 85. § 285 Nummer 26, § 290 II Nr. 4 S. 2 und § 314 I Nr. 18 in der ab dem 2.8.2021 geltenden Fassung sind erstmals auf Jahres- und Konzernabschlüsse für das nach dem 31. Dezember 2020 beginnende Geschäftsjahr anzuwenden. Die in S. 1 genannten Vorschriften in der bis einschließlich 1. August 2021 geltenden Fassung sind letztmals anzuwenden auf Jahres- und Konzernabschlüsse für das vor dem 1.1.2021 beginnende Geschäftsjahr.

33) Übergangsvorschriften in (1) EGHGB Art. 86:

81 Übergangsvorschrift zum FISG in (1) EGHGB Art. 86. **I 1:** Art. 25 EGHGB und § 318 III, die §§ 319b, 323 II, § 334 II bis IIIa, § 340k I 1, II 3; III 2, § 340m II, die §§ 340n, 341k I 2 sowie § 341m II und § 341n II bis IIIa in der ab dem 1.7.2021 geltenden Fassung sind erstmals auf alle gesetzlich vorgeschriebenen Abschlussprüfungen für das nach dem 31.12.2021 beginnende Geschäftsjahr anzuwenden. **II 2:** Art. 25 des EGHGB und § 318 III, die §§ 319a, 319b, 323 II, § 334 II bis IIIa, § 340k I 1, II 3, III 2, § 340m II, die §§ 340n, 341k I 2, II sowie § 341m II und § 341n II bis IIIa in der bis einschließlich 30.6.2021 geltenden Fassung sind letztmals anzuwenden auf alle gesetzlich vorgeschriebenen Abschlussprüfungen für das vor dem 1.1.2022 beginnende Geschäftsjahr. **II:** Wenn die Voraussetzungen des § 318 Ia auch in Verbindung mit Artikel 79 III des EGHGB, bis zum Ablauf des 30.6.2021 vorliegen, kann ein Prüfungsmandat noch für das nach dem 30.6.2021 beginnende Geschäftsjahr und das unmittelbar auf dieses folgende Geschäftsjahr verlängert werden. **III 1:** § 324 I und III, § 340k V sowie § 341k III in der ab dem 1.7.2021 geltenden Fassung sind erstmals ab dem 1.1.2022 anzuwenden. **III 2:** Soweit § 324 II 2 in der ab dem

1.6.2021 geltenden Fassung auf § 100 V AktG verweist, ist die hierauf bezogene Übergangsregelung des § 12 VI des Einführungsgesetzes zum Aktiengesetz entsprechend anzuwenden. **IV:** Die §§ 333 und 342c in der bis einschließlich 31. Dezember 2021 geltenden Fassung sind auf die bei der Prüfstelle im Sinne von § 342b I 1 des Handelsgesetzbuchs Beschäftigten weiter anzuwenden. Auf die Finanzierung der Prüfstelle ist § 342d Satz 4 und 5 in der bis einschließlich 31.12.2021 geltenden Fassung für das Haushaltsjahr 2021 weiter anzuwenden. Die nach § 342b I in der bis zum 31.12.2021 geltenden Fassung als Prüfstelle anerkannte Einrichtung hat Unterlagen zu nach § 141 I des WpHG fortgeführten Prüfungen spätestens am 31.12.2051 zu vernichten und Unterlagen zu bis zum 31.12.2021 abgeschlossenen Prüfungen spätestens 30 Jahre nach dem jeweiligen Abschluss der Prüfung zu vernichten. **V:** § 264 III, §§ 264b, 340a II, § 341a II und § 341n I in der ab dem 1.7.2021 geltenden Fassung sind erstmals auf Jahresabschlüsse und Lageberichte für das nach dem 31.12.2020 beginnende Geschäftsjahr anzuwenden.

34) Übergangsvorschrift in (1) Art. 87 EGHGB

Übergangsvorschrift zum Gesetz zur Ergänzung und Änderung der Regelungen für die gleichberechtigte Teilhabe von Frauen an Führungspositionen in der Privatwirtschaft und im öffentlichen Dienst in (1) EGHGB Art. 87. Die §§ 289f, 334 Absatz 1, § 340n Absatz 1 und § 341n Absatz 1 des HGB in der ab dem 12. August 2021 geltenden Fassung sind erstmals auf Lage- und Konzernlageberichte, sowie Erklärungen zur Unternehmensführung nach § 289f Absatz 4 Satz 3 des Handelsgesetzbuchs für das nach dem 31. Dezember 2020 beginnende Geschäftsjahr anzuwenden. 82

35) Übergangsvorschrift in (1) Art. 88 EGHGB

Übergangsvorschrift zum Gesetz zur Umsetzung der Digitalisierungsrichtlinie **(DiRUG)** in (1) EGHGB Art. 88. § 9c I 1 bis 5 id ab dem 1.8.2022 geltenden Fassung ist erst ab dem 1.8.2023 anzuwenden. § 8b II 2 Nr. 4, 9 und 13, III 1, IV, § 9 VI 3 sowie die §§ 264, 325, 325a, 326, 327, 328, 329, 339, 340l, 340o, 341l und 341w id ab dem 1.8.2022 geltenden Fassung sind erstmals auf Rechnungslegungsunterlagen sowie Unternehmensberichte für das nach dem 31.12.221 beginnende Geschäftsjahr anzuwenden. Die gerade bezeichneten Vorschriften in der bis einschließlich 31.7.2022 geltenden Fassung sind letztmals anzuwenden auf Rechungslegungsunterlagen sowie Unternehmensberichte für das vor dem 1.1.2022 beginnende Geschäftsjahr. 83

Erster Abschnitt. Vorschriften für alle Kaufleute

Erster Unterabschnitt. Buchführung Inventar

Buchführungspflicht

238 (1) ¹Jeder Kaufmann ist verpflichtet, Bücher zu führen und in diesen seine Handelsgeschäfte und die Lage seines Vermögens nach den Grundsätzen ordnungsmäßiger Buchführung ersichtlich zu machen. ²Die Buchführung muß so beschaffen sein, daß sie einem sachverständigen Dritten innerhalb angemessener Zeit einen Überblick über die Geschäftsvorfälle und über die Lage des Unternehmens vermitteln kann. ³Die Geschäftsvorfälle müssen sich in ihrer Entstehung und Abwicklung verfolgen lassen.

Merkt

§ 238 1, 2

(2) **Der Kaufmann ist verpflichtet, eine mit der Urschrift übereinstimmende Wiedergabe der abgesandten Handelsbriefe (Kopie, Abdruck, Abschrift oder sonstige Wiedergabe des Wortlauts auf einem Schrift-, Bild- oder anderen Datenträger) zurückzubehalten.**

Übersicht

	Rn
1) Begriff, Bedeutung und Beweiswert der Handelsbücher	1–3
A. Begriff:	1
B. Bedeutung:	2
C. Beweiswert:	3
2) Rechtsgrundlagen der Buchführungspflicht nach Handels- und Steuerrecht	4–7
A. Handelsrechtliche Buchführungspflicht:	4
B. Steuerrechtliche Buchführungspflicht (§§ 140 ff. AO):	5, 6
C. Sonstige Buchführungspflichten:	7
3) Verpflichtete Personen (I 1)	8–11
A. Kfm.:	8
B. Organe, gesetzliche Vertreter, Amtspersonen:	9
C. Zweigniederlassungen:	10
D. Hilfspersonen, Buchführung außer Haus:	11
4) Art und Weise der Buchführung, GoB (I 1–3)	12–15
A. Grundsätze ordnungsmäßiger Buchführung (GoB, I 1):	12
B. Doppelte Buchführung:	13
C. Gegenstand der Buchungen, Realisationsprinzip:	14
D. Allgemeine materielle Anforderungen an Buchführung (I 2, 3):	15
5) Briefkopien (II)	16
6) Beginn und Ende der Buchführungspflicht	17, 18
7) Folgen der Verletzung der Buchführungspflicht	19–22
A. Strafrechtliche Sanktionen:	19
B. Zivilrechtliche Sanktionen:	20
C. Festsetzung von Zwangsgeld:	21
D. Steuerrecht:	22

1) Begriff, Bedeutung und Beweiswert der Handelsbücher

1   A. **Begriff:** § 238 entspricht § 38 aF. Das HGB setzt den Begriff der HdlBücher voraus. Welche Bücher HdlBücher iSv §§ 238 ff. und wie sie zu führen sind, ergibt sich aus den GoB (→ Rn. 12–15). HdlBuch ist auch das Verwahrungsbuch nach **(13)** DepotG § 14; **nicht** das Tagebuch des HdlMaklers nach § 100 (§ 100 II verweist nur auf §§ 239, 257), das Tagebuch des Kursmaklers, das Aktienbuch nach § 67 AktG. Die entspr. Anwendung einzelner Vorschriften des 1. Abschn. ist damit nicht ausgeschlossen (ausdrücklich zB § 100 II). Zu den Aufgaben des kfm. Rechnungswesens s. Moxter FS Goerdeler, 1987, 361. HdlBücher iSv HGB haben nichts mit dem HdlBuch nach KWG zu tun (s. **(7)** Bankgeschäfte A4). Über § 140 AO werden die handelsrechtlichen Buchführungspflichten zu solchen des Steuerrechts transformiert, BFH BStBl. II 2015, 519, FG Münster BeckRS 2018, 24578. Haftung des GmbH-Geschäftsführers gem. §§ 328, 329 iVm § 41 GmbHG BGHZ 217, 129. Zur Ordnungsmäßigkeit elektronischer Buchführung IDW RS FAIT 1 sowie Knauf/Thelen WPg 2019, 18. **Lit.** MBF Kap. 2 Tz. 1 ff.

2   B. **Bedeutung:** Die HdlBücher sind **Urkunden gemäß §§ 267 ff. StGB.** Fälschung vorhandener, nachträgliche Einfügung unrichtiger oder Beseitigung richtiger Eintragungen ist Urkundenfälschung, wenn ein anderer ein gesetzliches oder vertragliches Recht auf unveränderten Fortbestand der Bücher erlangt hat; der nachträgliche, als ursprünglich getarnte unrichtige Eintrag durch den Buchführer (oder einen Dritten) ist dann nicht straflose schriftliche Lüge, sondern

fälscht das Buch als Gesamturkunde, RGSt 69, 398; KG JW 1936, 1538. Das Vorhandensein auch nur eines HdlBuchs begründet den **Gerichtsstand des Vermögens** (§ 23 ZPO), RGZ 51, 165. HdlBücher sind **unpfändbar** (§ 811 I Nr. 11 ZPO) und unterliegen nicht dem Vermieterpfandrecht (§§ 562 ff. BGB). Sie fallen aber in die **Insolvenzmasse** (§ 36 II Nr. 1 InsO). Der Insolvenzverwalter darf sie nunmehr auch ohne Unternehmensveräußerung selbstständig verwerten, gesetzliche Aufbewahrungspflichten (§ 257; § 147 AO 1977 ua) bleiben aber unberührt (auch → Rn. 9).

C. **Beweiswert:** Im Erkenntnisverfahren sind HdlB Privaturkunden iSv § 416 **3** ZPO. Der Inhalt der HdlBücher ist im Zusammenhang mit dem sonstigen Verhandlungs- und Beweisaufnahmeergebnis frei zu würdigen (§ 286 ZPO, auch → § 257 Rn. 4), OLG Hamm NJW 1987, 965. Ordnungsmäßig geführte HdlBücher können eine erhebliche Wahrscheinlichkeit für die Richtigkeit der einzelnen Einträge und das Nichtbestehen auszuweisender, nicht ausgewiesener Vorgänge begründen. Sie liefern aber keinen Beweis des ersten Anscheins (prima-facie-Beweis) derart, dass zur Erschütterung ihrer Glaubwürdigkeit bestimmte widersprechende Tatsachen bewiesen werden müssten, BGH BB 1954, 1044. Für das Steuerrecht s. § 158 AO.

2) Rechtsgrundlagen der Buchführungspflicht nach Handels- und Steuerrecht

A. **Handelsrechtliche Buchführungspflicht:** Eine Buchführungspflicht folgt **4** aus dem allgemeinen Handelsrecht und den handelsrechtlichen Nebengesetzen. §§ 238 ff. werden durch AktG §§ 150 ff., GmbHG §§ 41 ff., GenG § 33 für AG, KGaA, GmbH und eG und durch das PublG für bestimmte GroßUnt. (→ Einl. vor § 238 Rn. 35) ergänzt. Besondere handelsrechtliche Buchführungsvorschriften s. § 100, (13) DepotG § 14, § 67 AktG (→ Rn. 1) ua. Buchführung in **Euro** ab 1.1.1999 zulässig, nach 31.12.2001 vorgeschrieben (Jahresabschluss → § 244 Rn. 2), Scheffler NJW 1998, 3174.

B. **Steuerrechtliche Buchführungspflicht (§§ 140 ff. AO):** Nach § 140 **5** **AO ist die nach anderen Gesetzen bestehende Buchführungspflicht** (also besonders die handelsrechtliche) **auch für die Besteuerung** zu erfüllen und dadurch offen für **steuerrechtliche Sanktionen** wie Zurückweisung schlecht geführter Bücher als Besteuerungsgrundlage oder Verlust gewisser Steuervorteile.

§ 141 AO verpflichtet **weitergehend** unter bestimmten Bedingungen ge- **6** werbliche Unt. und Land- und Forstwirte, auch soweit sie der handelsrechtlichen Buchführungspflicht nicht unterliegen, zu Buchführung und Jahresabschlüssen entspr. §§ 238, 240–242 I, 243–245 HGB. Zu beachten sind zusätzliche steuerrechtliche **Aufzeichnungspflichten.** § 142 AO verlangt von Land- und Forstwirten neben Inventar und Abschluss ein Anbauverzeichnis, §§ 143, 144 AO von gewerblichen Unt. Aufzeichnungen des Warenein- und -ausgangs. § 145 AO formuliert allgemeine Anforderungen an Buchführung und Aufzeichnung gemäß der AO. §§ 146, 147 AO geben Ordnungsvorschriften für Buchführung, Aufzeichnungen und Aufbewahrung von Unterlagen. § 148 AO erlaubt die Bewilligung von Erleichterungen. Weitere Aufzeichnungspflichten folgen zB aus UStG, ADS Rn. 62 ff. Insolvenzverwalter → Rn. 9.

C. **Sonstige Buchführungspflichten:** Eine Buchführungspflicht kann all- **7** gemeiner aus Gesetz oder Vertrag folgen, besonders **aus Pflicht zur Verwaltung fremden Vermögens und Rechnungslegung** hierüber, so für Beauftragte, Geschäftsbesorger, geschäftsführende Gfter (vgl. §§ 662, 666, 675, 713 BGB), Geschäftsführer ohne Auftrag (vgl. §§ 666, 681 BGB), Vormünder, Nachlassverwalter, Testamentsvollstrecker (vgl. §§ 1840 ff., 1985, 2215, 2218 BGB). Sie kann auch folgen aus Leistungspflichten, deren Erfüllung Buchführung voraussetzt, zB **aus Gewinn- oder Umsatzbeteiligungspflicht** (zB aus Lizenz-,

§ 238 8, 9   3. Buch. Handelsbücher

Darlehens-, Dienstvertrag). Sie kann durch solche und andere Verträge auch **ausdrücklich** begründet werden.

3) Verpflichtete Personen (I 1)

8   A. **Kfm.**: Die Buchführungspflicht nach § 238 galt vor Inkrafttreten des Bil-MoG 2009 für **jeden Kfm.** (§§ 1, 2, 3), auch HdlGes. (§ 6), eG (§ 17 II GenG), juristische Personen nach § 33, aber für Gebietskörperschaften, mit dem Recht abzuweichen (§ 263). Jetzt sieht § 241a eine Befreiung für EinzelKflte vor, die in zwei aufeinander folgenden Geschäftsjahren nicht mehr als 500.000 Euro Umsatzerlöse und 50.000 Euro Jahresüberschuss aufweisen. SollKflte, die nach § 262 (aufgehoben durch HRefG 1998) auch ohne Eintragung buchführungspflichtig waren, gibt es nicht mehr. Die Buchführungspflicht nach § 238 gilt **nicht** für NichtKflte, zB Kleingewerbetreibende und Freiberufler, auch wenn sie nach § 5 zu Unrecht (noch) im HdlReg als Kfm. eingetragen sind, OLG Celle NJW 1968, 2119 (→ § 5 Rn. 6), aA BeckBilKomm/Winkeljohann/Lewe Rn. 21, oder wenn sie als Kfm. aufgetreten sind (→ § 5 Rn. 16); erst recht nicht, wenn ein Minderjähriger ein HdlGeschäft ohne die erforderliche Genehmigung betreibt (§ 112 BGB, str., → § 1 Rn. 33), RGSt 45, 4, Grund: öffentlichrechtliche, strafbewehrte Pflicht (vgl. → § 5 Rn. 6). Der Kfm. ist buchführungspflichtig **nur mit** seinem **Betriebsvermögen** und den im Betrieb des Unt. begründeten Verbindlichkeiten (vgl. → § 25 Rn. 11), nicht mit dem Privatvermögen oder dem einem anderen Unt. gewidmeten Vermögen des EinzelKfms, Gfters einer OHG oder KG, Land- oder Forstwirts (§ 3), der juristischen Person (§ 33); → § 246 Rn. 14. Auch hiernach nicht buchführungspflichtige Personen können aber **steuerrechtlich** buchführungspflichtig sein, → Rn. 5. Auch im Verhältnis zwischen Ehegatten in Zugewinngem entscheidet für die Zuordnung eines Pkw zum Betriebsvermögen, wer die Aufwendungen tatsächlich trägt, BStBl. II 2015, 132. Zuordnung einer Beteiligung an Komplementär-GmbH zum notwendigen Betriebsvermögen scheitert nicht daran, dass Komplementär-GmbH weder zum BesitzUnt. noch zur Betriebs-KapitalGes. direkte Geschäftsbeziehungen unterhält, BFH BStBl. II 2013, 907. Zur Buchführungspflicht des MitUnt. Ley WPg 2006, 904.

9   B. **Organe, gesetzliche Vertreter, Amtspersonen:** Bei HdlGes. und eG sind die **zuständigen Organmitglieder** für die Erfüllung dieser Pflicht verantwortlich, zB Gesamtvorstand (§ 91 AktG), nicht nur das für Rechnungslegung zuständige Vorstandsmitglied, RGSt 45, 387: GmbHGeschäftsführer (§ 41 GmbHG), OLG Karlsruhe WM 1987, 536 (AG, Jahresabschluss). Liquidatoren; bei OHG und KG jeder phG (§ 245 S. 2), auch wenn nicht nur sie, sondern nur die geschäftsführenden Gfter die Bücher führen, hA, ADS Rn. 10. Die Arbeitsteilung mehrerer so Verantwortlicher ist zulässig, die nach der **Geschäftsverteilung** nicht zuständigen bleiben aber für sorgfältige Auswahl und Überwachung des zuständigen Organmitglieds verantwortlich (→ Rn. 11), BGH NJW 1986, 55. Auch nur tatsächliche Geschäftsführer ohne oder ohne wirksame Bestellung sind buchführungspflichtig, aber nicht strafrechtlich verantwortlich (Analogieverbot), im Einzelnen str., Lu/Ho Vor § 35 Rn. 12. Strafrechtlich verantwortlich (→ Rn. 19) ist der gesetzlich zur Buchführung Verpflichtete, auch das Organmitglied, ein **gesetzlicher Vertreter** eines anderen oder ein mit der Leitung des Betriebs oder der Erfüllung der Buchführungspflichten in eigener Verantwortung Beauftragter (vgl. § 14 StGB). Das betrifft ua auch **Testamentsvollstrecker** (→ § 1 Rn. 40) und **Insolvenzverwalter** (→ § 1 Rn. 47), einerlei, ob sie selbst Kfm. sind, hA, BeckBilKomm/Winkeljohann/Lewe Rn. 42, differenzierend GK BilR/Hüffer § 28 ff.

In der Insolvenz ändern sich die handels- und steuerrechtlichen Buchführungspflichten des Schuldners nicht. In Bezug auf die Insolvenzmasse hat sie aber nunmehr der Insolvenzverwalter zu erfüllen, vgl. BGHZ 74, 316, KG DB 1997, 1708, aber Beginn eines neuen Geschäftsjahrs mit Eröffnung des Insolvenzverfahrens und Bestellung des Abschlussprüfers nach § 318 durch das Registergericht auf Antrag des Insolvenzverwalters (§ 155 InsO).

C. **Zweigniederlassungen:** → § 13 Rn. 10. Der Kfm. ist für die Buchführung insgesamt, auch der ZwNl verantwortlich (aber → Rn. 9). §§ 238 ff. gelten auch für inländische ZwNl ausländischer Kflte; beachte aber Sondervorschriften für inländische ZwNl ausländischer Kredit- und VersicherungsUnt. (§ 53 II Nr. 2 KWG, §§ 106 ff. VAG). **10**

D. **Hilfspersonen, Buchführung außer Haus:** Die Buchführungspflicht trifft auch den dazu nicht fähigen Kfm. (Organmitglied ua). Der Buchführungspflichtige braucht aber die Bücher nicht persönlich zu führen, sondern darf sie Hilfspersonen übertragen oder auch außer Haus geben, und zwar unabhängig von der Größe des geführten Unt. (Fernbuchführung, → Rn. 4). Entspr. für Erstellung des Jahresabschlusses (→ § 264 Rn. 8). Buchführung im Ausland → § 239 Rn. 4. Geschäftsverteilung → Rn. 8. Er ist dann zivil- und strafrechtlich nur für sorgfältige Auswahl und Überwachung verantwortlich, BGH GmbHR 1953, 123 (Ls.). **11**

4) Art und Weise der Buchführung, GoB (I 1–3)

A. **Grundsätze ordnungsmäßiger Buchführung (GoB, I 1):** Das HGB hat nur einige Vorschriften über Buchführung (§§ 238 ff.) und verweist im Übrigen auf die GoB, so ausdrücklich I 1. Den GoB kommt damit zentrale Bedeutung zu. Sie gelten außer für die eigentliche Buchführung (GoB ieS, I 2) Buchführung mit EDV (§ 239 IV 1), auch **für** Art und Weise der **gesamten Rechnungslegung,** zB für Inventurverfahren (§ 241 I 2, II, III Nr. 2), Aufstellung der Bilanz (§ 243 I), Bewertungsverfahren (§ 256 S. 1), Aufbewahrung auf Bildträger (§ 257 III 1) und Inhalt der Bilanz (true and fair view, § 264 II 1). Dabei sind **formelle GoB** (Buchführungstechnik, zB doppelte Buchführung, → Rn. 13, und Bilanzierungstechnik, → § 243 Rn. 1), und **materielle GoB** (zB allgemeine Bilanzierungsgrundsätze, → Rn. 15, → § 243 Rn. 1–10, und besondere Regeln zu Gliederung, Ansatz und Bewertung) zu unterscheiden. Die **Rechtsnatur** der GoB (Gewohnheitsrecht, HdlBrauch, kfm. Standesrecht, außerrechtliche Fachnormen ua) ist umstritten; zutreffend sind sie herkömmlich zT Gewohnheitsrecht, zT HdlBrauch. Viel davon ist durch §§ 238 ff. nunmehr kodifiziert. Den Inhalt der GoB (**unbestimmter Rechtsbegriff**) ermitteln letztlich die Gerichte (revisionsrichterliche Prüfung), besonders der BFH (wegen des Grundsatzes der Maßgeblichkeit der HdlBilanz für die Steuerbilanz, → § 242 Rn. 4–5). Die GoB sind Regeln, nach denen der Kfm. zu verfahren hat, um zu einer dem **gesetzlichen Zweck** (für verschiedene Bilanzarten → § 242 Rn. 4–7) entspr. Buchführung (s. I 2, 3) und Bilanz (s. § 264 II) zu gelangen, nicht aber Regeln, die tatsächlich eingehalten werden; zwar kann für ihre Ermittlung die tatsächliche Übung der Kflte eine wichtige Erkenntnisquelle sein, aber sie vermag nicht GoB rechtsschöpferisch zu gestalten, BFH BStBl. III 1967, 609, GrS BStBl. II 1969, 292, hL (**deduktive Methode,** also Herleitung der GoB aus den tragenden Bilanzrechtsgrundsätzen; Gegensatz: induktive Methode, wonach die Anschauung ordentlicher, ehrenwerter Kflte festzustellen ist). Daran ändert sich auch durch das BilMoG 2009 gdss. nichts. Anhaltspunkte für GoB geben außer Gesetz und Rspr. (BGH, BFH, LG nach § 324 ua) zB die Fachgutachten und Stellungnahmen des IDW, die Fachliteratur (insbesondere die gesicherten Erkenntnisse der Betriebswirtschaftslehre), die Standards (DRS) des Deutschen Rechnungslegungs Standards Committee (DRSC) nach § 342 (speziell im Bereich der Konzernrechnungslegung). Zu Stellungnahmen der GoB mit EDV, BMF, Schreiben v. 28.11.2019, IV A 4 – S 0316/19/10003:001. **Lit.** Kirsch StuB 2008, 453; Henn- **12** richs FS K. Schmidt, 2009, 581; Moxter WPg 2009, 7; Rammert/Thies WPg 2009, 34; Hennrichs WPg 2011, 861; Glaser/Hachmeister DB 2015, 565 (true and fair view).

13 B. **Doppelte Buchführung:** Notwendig ist heute idR **doppelte** Buchführung (also Bestandskonten mit Gegenbuchung auf Erfolgskonten) oder eine gleichwertige kameralistische bei öffentlichen Körperschaften (aber auch hier zunehmend doppelte Buchführung, sogar zwingend, falls Wirtschaftsbetrieb der öffentlichen Hand in privater Trägerform); die Buchführungsform im Übrigen ist, sofern sie § 239 und GoB entspricht, frei. **Einfache** Buchführung (nur Bestandskonten) genügt nur unter besonderen Verhältnissen, etwa in Kleinbetrieben des Einzelhandels und Handwerks (die aber idR handelsrechtlich nicht buchführungspflichtig sind, § 4), sonst uU in Unt. mit ganz wenigen oder völlig gleichartigen Geschäftsvorfällen, hL, GK BilR/Hüffer § 239 Rn. 7, aA mit guten Gründen jedenfalls für KapitalGes. (§ 264 I 1) einfache Buchführung ungenügend. Bei der doppelten Buchführung werden sämtliche Geschäftsvorfälle (nach Aufstellung des systematisch in Konten aufgelösten Eröffnungsinventars) als „Tauschakte" dargestellt: Die **Konten** (Sach- und Personenkonten; Konten betr. Ausschnitte des Vermögens: zB Grundstücke, Maschinen, Waren, Kasse, Forderungen, Verbindlichkeiten; Konten betr. Eigenmittel: Kapitalkonto, Gewinn- und Verlustkonto) sind bei doppelter Buchführung so gebildet, dass jeder zu buchende Geschäftsvorfall zu Soll- und Haben-Buchungen (Tauschvorgang) in gleicher Höhe führt. Die Salden werden im Rechnungsabschluss (Bilanz oder GuV) zusammengefasst. Der Saldo des Abschlusses ist Gewinn oder Verlust. Die Gewinn- und Verlustrechnung nach §§ 275 ff. setzt idR doppelte Buchführung voraus.

14 C. **Gegenstand der Buchungen, Realisationsprinzip:** Gewohnheitsrechtlich (gegen Wortlaut des I 1) bucht der Kfm. **nicht unmittelbar seine Handelsgeschäfte, sondern nur die Änderungen der Lage seines Vermögens,** Bsp.: nicht schon Kaufabschluss, sondern erst Lieferung der Ware oder Kaufpreiszahlung. Bei Lieferung vor Zahlung: Warenabgang hier, -zugang dort und Entstehung der Preisforderung (die vorher als nicht buchbar behandelt wird) hier, der Preisschuld dort. Bei Zahlung: Geldzugang hier, -abgang dort und Tilgung der Forderung hier, der Schuld dort. Bei Zahlung vor Lieferung (Anzahlung, die wie Darlehen behandelt wird): Geldzugang hier, -abgang dort und entspr. Schuld hier, Forderung dort. Bei Lieferung: Warenabgang hier, -zugang dort und Tilgung der Schuld hier, Forderung dort. Die Buchungen müssen aber den Abschluss, aus dem sie hervorgehen, und den Geschäftspartner angeben. Der buchungsrechtliche Begriff der Änderung der Lage des Vermögens des Kfm. entspricht nicht den Vorschriften des BGB über Erwerb, Änderung und Verlust von Rechten, vielmehr gelten hier einfachere, am wirtschaftlichen Effekt orientierte Begriffe von **Zu- und Abgang von Vermögenswerten (Realisationsprinzip,** → § 252 Rn. 18–20). Bsp.: Sicherungsübereignung von im Betrieb des Kfm. bleibenden Waren ist nicht als Abgang der Ware (und beim Gläubiger als Zugang) zu buchen, vielmehr wird bis zur Verwertung der Sicherheit durch den Gläubiger nur die Schuldforderung gebucht.

15 D. **Allgemeine materielle Anforderungen an Buchführung (I 2, 3):** I 2, 3 entsprechen § 145 I 1, 2 AO. **I 2** verlangt, dass die Buchführung einem sachverständigen Dritten (nicht beliebiger Privatmann, aber auch nicht Wirtschaftsprüfer, sondern jemand, der Bilanzen lesen kann) innerhalb angemessener Zeit (hängt vom Fall ab) einen Überblick über die Geschäftsvorfälle und über die Lage des Unt. (schlechthin, nicht nur Vermögens-, Finanz- und Ertragslage, AmtlBegr) vermitteln kann. Darin kommt in allgemeinster Form die Ausrichtung auf Nachprüfbarkeit und Kontrolle durch Außenstehende zum Ausdruck. I 2 bedeutet des Näheren, dass die Buchführung richtig und vollständig (§ 239 II), klar und über-

1. Abschnitt. Vorschriften für alle Kaufleute   16–20 § 238

sichtlich sein muss. Die GoB verlangen nur eine **Einzelaufzeichnung** der Kassenvorgänge im Rahmen des nach Art und Umfang des Geschäfts Zumutbaren, BFH DStR 2015, 892 mit Anm. Heß BB 2015, 1202. I 3 verlangt, dass die Buchführung zeitlich fortlaufend (§ 239 II) ist, damit die Geschäftsvorfälle in ihrer Entstehung und Entwicklung verfolgt werden können. Eine rückwirkende Erfassung von Geschäftsvorfällen ist im Grundsatz ausgeschlossen, zu Ausnahmefällen siehe Bienert/Seidler BB 2020 1451 ff. Diese allgemeinen Grundsätze für die Buchführung schlagen sich in den gleichnamigen Grundsätzen ordnungsmäßiger Bilanzierung nieder und sind dort näher erläutert (→ § 243 Rn. 1–10). Frist → § 239 Rn. 2.

5) Briefkopien (II)

Der Kfm. muss Kopie, Abdruck, Abschrift oder sonstige Wiedergabe seiner 16
abgesandten HdlBriefe (Legaldefinition in § 257 II) zurückbehalten und aufbewahren (§ 257 I Nr. 3). Seit 1977 ist die Speicherung auf anderen Datenträgern als in Schrift oder Bild zugelassen.

6) Beginn und Ende der Buchführungspflicht

A. Die Buchführungspflicht **beginnt** mit dem ersten buchungspflichtigen Ge- 17
schäftsvorfall nach Aufnahme des HdlGewerbes durch den Kfm. (→ Rn. 8); bei FormKfltn nach Abschluss des GesVertrags (also VorGes.) ohne Rücksicht auf Eintragung, hL, und auf Aufnahme der Geschäftstätigkeit. Erster Geschäftsvorfall ist bei FormKfm schon die Entstehung der Einlageforderung, heute allgM.

B. Die Buchführungspflicht **endet** mit der KfmEigenschaft; bei PersonenGes. 18
und FormKflten mit Ende der Abwicklung ohne Rücksicht auf Löschung im HdlReg.

7) Folgen der Verletzung der Buchführungspflicht

A. **Strafrechtliche Sanktionen:** Die Verletzung der Buchführungspflicht 19
nach §§ 238 ff. ist sanktionsbewehrt (hA, aA Wiedmann Rn. 36): Sie kann (abgesehen von steuerrechtlichen ua Sanktionen, → Rn. 5) **strafbar** sein, so bei Zahlungseinstellung oder Insolvenz (§§ 283 VI, 283b III StGB) nach §§ 283 ff. StGB, sog. Insolvenzstraftaten, ua § 283 I Nr. 5, 6, 7 (Bankrott), § 283b I Nr. 1–3 (Verletzung der Buchführungspflicht). Dazu BGH NJW 1979, 1418; 1981, 2206; OLG Düsseldorf NJW 1980, 1292. Ein Verstoß gegen § 283 – 283b StGB kann zur Versagung der Restschuldbefreiung führen, § 290 Abs. 1 Nr. 1 InsO, Uhlander DB 2022, 485. Strafbarkeit entfällt bei rechtlicher oder tatsächlicher Unmöglichkeit zur Buchführung oder Bilanzierung, BGH NStZ 2012, 511. Unrichtige Darstellung kann nach § 331 HGB strafbar sein, **Ordnungswidrigkeiten** mit Geldbuße s. § 334 HGB. **Lit.** Pohl wistra 1996, 14; Wolf/Nagel StuB 2006, 621.

B. **Zivilrechtliche Sanktionen:** Die Missachtung der GoB kann in besonde- 20
ren Fällen zur **Nichtigkeit des Jahresabschlusses** führen (→ § 264 Rn. 22). Die Verletzung der Buchführungspflicht macht den Vorstand oder den Geschäftsführer der Ges. **schadensersatzpflichtig** nach § 93 II AktG, § 43 II GmbHG, BGH NJW 1974, 1468; 1986, 55. §§ 238 ff. sind **nicht Schutzgesetze nach § 823 II BGB** zugunsten Dritter bzw. bestimmter Personen, BGH AG 2019, 342; RGZ 73, 34. Gleiches gilt für die Bilanzierungspflichten BGH NJW 1989, 327. Wer sich im Vertrauen auf falsch geführte Bücher an einem HdlGeschäft beteiligt, kann für daraus folgende Verluste nicht einen ausgeschiedenen, früher für die Buchführung Verantwortlichen haftbar machen, BGH BB 1964, 1273; offen BGHZ 125, 377 (iErg abl.), str., differenzierend Baumert LMK 2019, 417143. Möglich ist aber Schadensersatzhaftung aus Auskunft, Bescheinigung ua (Vertrag, culpa in contrahendo gemäß § 311 II und III BGB, § 826 BGB; → § 347 Rn. 8–40).

Merkt   1141

§ 239 1   3. Buch. Handelsbücher

21   C. **Festsetzung von Zwangsgeld:** Ist nach § 335 möglich.

22   D. **Steuerrecht:** Die Verletzung der handelsrechtlichen Buchführungspflicht stellt wegen der Maßgeblichkeit zugleich eine **Verletzung der steuerrechtlichen Buchführungspflicht** dar. Eine Buchführung ist dann formell ordnungswidrig, wenn sie wesentliche Mängel aufweist oder die Gesamtheit aller unwesentlichen Mängel diesen Schluss fordert, maßgebend sind dabei die Umstände des Einzelfalles. Eine Buchführung kann trotz einzelner Mängel aufgrund der Gesamtwertung als formell ordnungsgemäß erscheinen, wobei der sachlichen Gewichtung der Mängel ausschlaggebende Bedeutung zukommt, FG Münster BB 2021, 1058. Mängel der Buchführung beeinträchtigen steuerrechtliche Beweiskraft der Bücher (Umkehrschluss aus § 158 AO). Folge: Steuerlicher Gewinn kann geschätzt werden (§ 162 II AO), FG München BeckRS 2005, 26018304. Zudem kann die Finanzverwaltung die Buchführungspflicht durch Zwangsgeld erwirken (§ 328 I AO). Vorsätzliche oder leichtfertige Verletzung der Buchführungspflicht ist Ordnungswidrigkeit (Steuergefährdung gemäß § 379 AO, soweit nicht leichtfertige Steuerverkürzung gemäß § 378). Zu verfassungsrechtlichen Anforderungen an gesetzliche Begrenzung der Maßgeblichkeit der HGB-Grundsätze ordnungsgemäßer Buchführung für steuerliche Gewinnermittlung BVerfG DStRE 2009, 922. Lit. Prinz DB 2021, 9 (grundsätzlich zum Maßgeblichkeitsprinzip).

Führung der Handelsbücher

239 (1) ¹Bei der Führung der Handelsbücher und bei den sonst erforderlichen Aufzeichnungen hat sich der Kaufmann einer lebenden Sprache zu bedienen. ²Werden Abkürzungen, Ziffern, Buchstaben oder Symbole verwendet, muß im Einzelfall deren Bedeutung eindeutig festliegen.

(2) **Die Eintragungen in Büchern und die sonst erforderlichen Aufzeichnungen müssen vollständig, richtig, zeitgerecht und geordnet vorgenommen werden.**

(3) ¹Eine Eintragung oder eine Aufzeichnung darf nicht in einer Weise verändert werden, daß der ursprüngliche Inhalt nicht mehr feststellbar ist. ²Auch solche Veränderungen dürfen nicht vorgenommen werden, deren Beschaffenheit es ungewiß läßt, ob sie ursprünglich oder erst später gemacht worden sind.

(4) ¹**Die Handelsbücher und die sonst erforderlichen Aufzeichnungen können auch in der geordneten Ablage von Belegen bestehen oder auf Datenträgern geführt werden**, soweit diese Formen der Buchführung einschließlich des dabei angewandten Verfahrens den Grundsätzen ordnungsmäßiger Buchführung entsprechen. ²Bei der Führung der Handelsbücher und der sonst erforderlichen Aufzeichnungen auf Datenträgern muß insbesondere sichergestellt sein, daß die Daten während der Dauer der Aufbewahrungsfrist verfügbar sind und jederzeit innerhalb angemessener Frist lesbar gemacht werden können. ³Absätze 1 bis 3 gelten sinngemäß.

1) Sprache und Schriftzeichen (I)

1   Nach **I 1** ist bei der Führung der HdlBücher und bei den sonst erforderlichen Aufzeichnungen für eine lebende Sprache verwendbar. Abw. vom Wortlaut des I 1 sind nur solche lebenden Sprachen verwendbar, deren Übertragung ins Deutsche (im Prozess, vgl. §§ 258–260, oder sonst wie im Rechtsverkehr) durch erreichbare Dolmetscher praktisch möglich ist (Grund § 238 I 2). Personen mit hinreichenden Deutschkenntnissen haben aus I 1 kein Wahlrecht auf Fremdsprache, str.; entscheidend ist dabei, wer die Bücher tatsächlich führt (→ § 238 Rn. 9). Zur Ordnungsmäßigkeit elektronischer Buchführung IDW RS FAIT 1 sowie Knauf/Thelen WPg 2019, 18. Nur Abkürzungen, Ziffern, Buchstaben und Symbole mit eindeutiger Bedeutung sind zulässig (**I 2**). Der Jahresabschluss ist demgegenüber in deutscher Sprache aufzustellen (§ 244). **Lit.** MBF Kap. 2 Tz. 39 ff.

2) Vollständigkeit, Richtigkeit, Zeitgerechtheit und Ordnung (II)

II entspricht § 146 I 1 AO. Er konkretisiert § 238 I 2, 3 (dort → § 238 Rn. 15), FG Münster 6 K 1929/15, BeckRS 2018, 24578. Die Eintragungen müssen **richtig** sein (Buchführungswahrheit, vgl. → § 243 Rn. 5). Konten auf falsche oder erdichtete Namen sind unzulässig (§ 154 I AO); Nummernkonto s. **(7)** Bankgeschäfte A47. **Vollständig** bedeutet lückenlose Erfassung aller Geschäftsvorfälle. Die Eintragungen müssen **zeitgerecht** erfolgen, also nicht sofort oder unverzüglich, auch nicht täglich (außer bare Einnahmen und Ausgaben), sondern in vernünftigen, kurzfristigen Buchungsintervallen. Starre Grenzen sind nicht angebracht, aber doch nicht später als einen Monat, BFH BB 1992, 1964. Entscheidend ist, dass die Buchführungs- und Bilanzierungszwecke ohne Weiteres erreicht werden. Kasseneinnahmen und Kassenausgaben sollen täglich festgehalten werden (§ 145 II AO). Zeitliche Grenzen für Inventur und Bilanz s. §§ 240 II 3, 243 III. **Geordnet** bedeutet heute nicht mehr fortlaufend gebunden, sondern eine Anordnung, die den zeitlichen Ablauf der Geschäftsvorgänge erkennen lässt (§ 238 I 3) und den Einblick nach § 238 I 2 ermöglicht. Geordnete Buchführung setzt Abstützung jeder Buchung durch einen **Buchungsbeleg** (§ 257 I Nr. 4) voraus, BGH BB 1954, 455, hL, aus dem sich die Art des Geschäftsvorfalls, Betrag bzw. Menge/Wert und Firma des Ausstellers, bei Eigenbelegen Name des Ausstellenden, ergeben. Die Buchung selbst muss das Datum, bei der doppelten Buchführung das Gegenkonto und die Belegnummer oä erkennen lassen. **Lit.** IDW ERS FN 2001, 141; BMF WPg 2001, 852; Bravidor/Mehnert StuB 2014, 596 (Bilanzwahrheit u. EuGH-Rspr.); Dziadkowski IStR 2014, 461 (EuGH in GIMLE S.A.); Hennrichs WPg 2015, 315 (EuGH in GIMLE S.A.); Müller BC 2016, 466 (Bilanzwahrheit und Pensionsrückstellungen).

3) Änderungen und Berichtigungen (III)

Änderungen sind nur zulässig, wenn sie den ursprünglichen Inhalt und die Tatsache späterer Änderung erkennen lassen. Das gilt auch für Buchführung mit EDV (→ Rn. 4). Änderung und Berichtigung des Jahresabschlusses → § 245 Rn. 3–5. **Lit.** Zepf DB 1995, 1039.

4) Buchführung mit EDV (IV)

Buchführung **mit EDV** ist nach IV als zulässig anerkannt, sofern sie den GoB (→ § 238 Rn. 12) entspricht (**IV 1**). Für fiskalische GuV ist demnächst elektronisch einzureichen, eBilanz. IV 2 verlangt speziell bei Führung der Bücher und Aufzeichnungen die Sicherstellung jederzeitiger Verfügbarkeit und prompter Lesbarkeit der Daten. I–III gelten sinngemäß (**IV 3**), also unter Berücksichtigung der Besonderheiten der EDV, zB bei III Änderungsprotokolle, Umbuchungslisten ua erforderlich. Nach IV sind statt Aufzeichnung in gebundenen Büchern auch **Loseblattbuchführung, Offene-Posten-Buchhaltung** (Anforderungen EStR R 5.2; ADS Rn. 50 ff.) und andere Buchführungsformen wie zB **EDV-gestützte Buchführungssysteme** zulässig, ADS Rn. 62. Buchführung **außer Haus** ist zulässig, auch im Ausland (anders für Steuerrecht § 146 II AO). Stellungnahmen IDW RS FAIT 2; BMF BStBl. I BMF, Schreiben v. 28.11.2019, IV A 4 – S 0316/19/10003:001 (Grundsätze zur ordnungsmäßigen Führung und Aufbewahrung von Büchern, Aufzeichnungen und Unterlagen in elektronischer Form sowie zum Datenzugriff (GoBD), tritt an die Stelle v. 2014, 1450). Der Inhalt der Bilanz sowie der GuV ist grundsätzlich von allen steuerpflichtigen Unt.

§ 240 1, 2

nach amtlich vorgeschriebenem Datensatz durch Datenfernübertragung zu übermitteln (**E-Bilanz**), BMF BStBl. I 855. Dafür wurde mit BMF-Schreiben vom 19.1.2010 BStBl. I 47 als Übermittlungsformat das XBRL-Format festgelegt. **Lit.** Dißars NWB 2015, 405; Goldshteyn/Thelen DStR 2015, 326; Goldshteyn/Jaob WPg 2015, 997; Roser GmbHR 2015, R 33; Burlein/Odenthal BBK 2015 Beil. 1; Groß/Heinrich/Brand/Möslein GoBD-Leitfaden Rn. 15; Herrfurth StuB 2015, 250; Knauf/Thelen WPg 2019, 18; Schiffers GmbHR 2020, 308 (GoBD).

Inventar

240 (1) **Jeder Kaufmann hat zu Beginn seines Handelsgewerbes seine Grundstücke, seine Forderungen und Schulden, den Betrag seines baren Geldes sowie seine sonstigen Vermögensgegenstände genau zu verzeichnen und dabei den Wert der einzelnen Vermögensgegenstände und Schulden anzugeben.**

(2) ¹Er hat demnächst für den Schluß eines jeden Geschäftsjahrs ein solches Inventar aufzustellen. ²Die Dauer des Geschäftsjahres darf zwölf Monate nicht überschreiten. ³Die Aufstellung des Inventars ist innerhalb der einem ordnungsmäßigen Geschäftsgang entsprechenden Zeit zu bewirken.

(3) ¹Vermögensgegenstände des Sachanlagevermögens sowie Roh-, Hilfs- und Betriebsstoffe können, wenn sie regelmäßig ersetzt werden und ihr Gesamtwert für das Unternehmen von nachrangiger Bedeutung ist, mit einer gleichbleibenden Menge und einem gleichbleibenden Wert angesetzt werden, sofern ihr Bestand in seiner Größe, seinem Wert und seiner Zusammensetzung nur geringen Veränderungen unterliegt. ²Jedoch ist in der Regel alle drei Jahre eine körperliche Bestandsaufnahme durchzuführen.

(4) Gleichartige Vermögensgegenstände des Vorratsvermögens sowie andere gleichartige oder annähernd gleichwertige bewegliche Vermögensgegenstände und Schulden können jeweils zu einer Gruppe zusammengefaßt und mit dem gewogenen Durchschnittswert angesetzt werden.

1) Inventarpflicht, Eröffnungsinventar (I)

1 A. Zur Buchführungspflicht (§ 238) gehört die Inventarpflicht. Konsequent gilt die durch BilMoG eingeführte Befreiung des § 241a für „kleine" Kflte auch hier. **Inventar** ist das genaue Verzeichnis aller Vermögensgegenstände und Schulden mit Angabe ihrer Werte (I). I spricht vom Anfangs- oder Eröffnungsinventar, das zu Beginn des HdlGewerbes (dh Beginn der Buchführungspflicht, → § 238 Rn. 17) aufzustellen und Grundlage der Eröffnungsbilanz (→ § 242 Rn. 1) ist. **II** regelt das Inventar zum Schluss des Geschäftsjahrs. **Lit.** MBF Kap. 2 Tz. 50 ff.; Quick, Inventur, 2000; Quick DStR 2000, 2201; Burghardt/Gliesche/Wolz DB 2006, 2245; Weidenbach-Koschinke BC 2007, 303; AWV-Schrift Nr. 03 6072; Eschborn Rn. 10.

2 B. Die **Inventur** ist die Aufstellung des Inventars. Sie verlangt herkömmlich bei körperlichen Gegenständen (Sachen, Urkunden) eine **körperliche Bestandsaufnahme am Stichtag (Stichtagsinventur);** das ist auch bei noch stichtagsbezogener Bestandsaufnahme (idR 10 Tage vorher oder nachher) erfüllt (sog. **ausgeweitete Stichtagsinventur**, hL, ADS Rn. 38 contra. Steuerrecht. Es gelten die Grundsätze ordnungsmäßiger Inventur (GoB, → § 238 Rn. 12), vor allem Klarheit, Wahrheit, Vollständigkeit (vgl. → § 243 Rn. 4–10) und im Ausgangspunkt Einzelerfassung und -bewertung. **III, IV und § 241** bringen bestimmte **Erleichterungen** von der körperlichen Bestandsaufnahme am Stichtag. Zur körperlichen Bestandsaufnahme im Rahmen von Inventurverfahren IDW-HFA 1/1990 WPg 1990, 143; zur IT-gestützten Datenerfassung mit mobilen

Endgeräten Kolb/Plömpel WPg 2020 1462 ff.; zur Prüfung der Inventur durch den Abschlussprüfer während der Corona-Pandemie, IDW-Fachlicher Hinweis v. 8.4.2020 (Teil 3, 4. Update Februar 2021), S. 36 f.

C. Der handelsrechtliche Begriff **Vermögensgegenstand** ist mit dem steuerrechtlichen des Wirtschaftsguts identisch (→ Einl. vor § 238 Rn. 32). Der Begriff umfasst nach HGB grundsätzlich nur Gegenstände der Aktivseite; passive Vermögensgegenstände werden deshalb idR als Schulden oder Verbindlichkeiten bezeichnet. Nicht Vermögensgegenstand sind der Geschäfts- oder Firmenwert (hA, aA HdlbgKo/Kirnberger Rn. 3; GK BilR/Kleindieck § 255 Rn. 413), der aber als solcher behandelt wird, § 246 I 4, sowie steuerliche Verlustvorträge (IDW-HFA FN 2001, 489). Vermögensgegenstand umfasst auch Nutzungsmöglichkeit als immaterielles Wirtschaftsgut (auch wenn nur schuldrechtlich und nicht dinglich begründet), BFH/NV 2006, 1812.

D. Inventarpflichtig sind grundsätzlich alle Vermögensgegenstände und Schulden (Vollständigkeitsgrundsatz); also nicht Aktivposten, die keine Vermögensgegenstände sind (zB §§ 250, 268 III, 274 I; Geschäfts- oder Firmenwert → § 246 Rn. 8), und Passivposten, die keine Schulden sind (zB §§ 249 I 2 Nr. 1, 266 III A); **Schulden** sind sowohl Verbindlichkeiten als auch Rückstellungen, BFH BStBl. II 1998, 249; vgl. entspr. zur Bilanzierungspflicht → § 246 Rn. 1 ff. Vermögenszuordnung → § 246 Rn. 14 ff. Schwebende Geschäfte → § 252 Rn. 21; Hoffmann StuB 2013, 677. Nicht entgeltlich erworbene immaterielle Vermögensgegenstände des Anlagevermögens waren bisher nicht bilanzierungsfähig (§ 248 II aF), aber inventarpflichtig, str. Nach Neufassung des § 248 (→ § 248 Rn. 3) besteht Aktivierungswahlrecht und gilt Inventarpflicht unabhängig von dessen Ausübung. Abgeschriebene Gegenstände des Anlagevermögens s. IDW-NA 2/1966 WPg 1966, 328.

E. Die **Bewertungsvorschriften** der §§ 252–256 für den Jahresabschluss (§ 242 III) gelten als zu einengend nicht unmittelbar für das Inventar (AmtlBegr, krit. GK BilR/Hüffer Rn. 37). Es gilt der Grundsatz der Einzelbewertung, → Rn. 7. Das Inventar muss datiert aber nicht unterzeichnet werden (§ 245 gilt nicht).

2) Jahresinventar, Inventurfrist (II)

Zum Schluss eines jeden Geschäftsjahrs (idR identisch mit dem Kalenderjahr) schreibt II eine Schlussinventur vor (**Jahresinventur**). Kfm. hat seine Vermögensgegenstände und somit auch Forderungen vollständig aufzunehmen, BFHE 260, 312. Das **Geschäftsjahr** darf kürzer als 12 Monate sein (Rumpfgeschäftsjahr), so das Erste, auch später bei Umstellung oder Geschäftsaufgabe, aber nicht regelmäßig, es darf aber nicht länger sein (**II 2**). Umstellung des Geschäftsjahrs aus sachlichem Grund ist zulässig, steuerlich Zustimmung des Finanzamts, bei KapitalGes. idR Satzungsänderung (§ 53 GmbHG), nach OLG Stuttgart WM 1993, 1754 durch Satzung der Geschäftsführung übertragbar, üL, str. Stichtagsprinzip (→ § 243 Rn. 12). II 3 schreibt die (Schluss)Inventurfrist nicht selbst vor, sondern verweist auf GoB. Fristen für die Bestandsaufnahme folgen schon aus dem Stichtagsprinzip und nach dem jeweiligen Inventurverfahren; II 3 behält praktische Bedeutung für Bewertung und Fertigstellung des Inventars, BeckBilKomm/Winkeljohann/Philipps Rn. 66. Da die Inventur unerlässliche Grundlage der Bilanz ist, muss so zeitig vorher inventarisiert werden, dass die Frist für die Bilanzaufstellung (→ § 243 Rn. 11) sicher eingehalten werden kann. II 3 gilt entspr. für die Anfangsinventur (→ Rn. 1–5).

3) Festbewertung (III)

Vermögensgegenstände sind einzeln zu bewerten (Grundsatz der **Einzelbewertung**, I aE). Davon gibt es zwei wichtige Ausnahmen (III, IV; vgl. auch

§ 256: Sammelbewertung wie Lifo ua). Vermögensgegenstände des Sachanlagevermögens (s. § 247 I) sowie Roh-, Hilfs- und Betriebsstoffe (§ 266 II B I Nr. 1, Teil des Umlaufvermögens, s. § 247 I) können nach **III 1** mit gleichbleibender Menge und gleich bleibendem Wert angesetzt werden **(Festbewertung).** Voraussetzung sind regelmäßige Ersetzung, nachrangig bedeutsamer Gesamtwert für das Unt. und nur geringe Veränderungen des Bestands in Größe, Wert und Zusammensetzung. Grund dafür ist, dass sich dann Zugänge und Abgänge in etwa entsprechen werden. Nachrangig ist unbestimmter Rechtsbegriff. Er bezieht sich auf jeden einzelnen, getrennt zu prüfenden Festwert, hL, ADS Rn. 79, aA Beck-BilKomm/Winkeljohann/Philipps Rn. 87, und kann nicht zahlenmäßig fixiert werden, str., offen ADS Rn. 80, aA alle in das Festbewertungsverfahren einbezogenen Vermögensgegenstände maximal 5% der Bilanzsumme (abzüglich des Betrags nach § 268 III), BeckBilKomm/Winkeljohann/Philipps Rn. 87; vielmehr sind die jeweiligen Bilanzrelationen entscheidend, GK BilR/Hüffer Rn. 55. Keine Festbewertung für besonders wertvolle Vermögensgegenstände. Zur Kontrolle ist aber nach **III 2** idR alle drei Jahre eine körperliche Bestandsaufnahme nötig. III ist auch auf den Jahresabschluss anwendbar (§ 256 S. 2). III ist praktisch vor allem für Sachanlagevermögen, zB Werkzeugbestände, Bahn- und Gleisanlagen. **Übergangsrecht** zu III, IV in **(1)** EGHGB Art. 24 I, III. **Lit.** Harrmann BB 1991, 303.

4) Gruppenbewertung (IV)

8 IV bringt eine weitere Ausnahme zur Einzelbewertung (→ Rn. 7). Gleichartige Vermögensgegenstände des Vorratsvermögens (§ 266 II B I, Teil des Umlaufvermögens, s. § 247 I) sowie andere gleichartige oder annähernd gleichwertige bewegliche Vermögensgegenstände (des Anlage- oder Umlaufvermögens, außer Vorratsvermögen) und Schulden (nF VersRiLiG 1994) können jeweils in einer Gruppe zusammengefasst werden. Gleichartigkeit bestimmt sich nach Warengattung oder Funktion und setzt zusätzlich annähernde Wertgleichheit voraus. Annähernde Gleichartigkeit gibt Spielraum bis etwa 20%, setzt aber zusätzlich zB Sortimentsgleichheit oä voraus. Allerdings erfasst Wahl der Gruppenbewertung zwingend alle gleichartigen Güter der Gruppe, BFHE 195, 172 (175). Für diese Vermögensgegenstände und Schulden gilt dann der **gewogene Durchschnittswert,** dh sie werden bewertet nach dem gewogenen (nicht auch sonst wie ermittelten oder bekannten) Mittel der zu Anfang des Geschäftsjahres vorhandenen und während des Geschäftsjahres erworbenen Vermögensgegenstände (sog. **Durchschnittsmethode**). Zulässig sind der einfache und der gleitende gewogene Durchschnittswert, BerechnungsBspe s. GK BilR/Hüffer Rn. 70. Korrekturen nach dem Niederstwertprinzip, ADS Rn. 136. Diese in IV geregelte Durchschnittsbewertung war schon früher im HdlRecht zulässig, im Steuerrecht war sie sogar die Regel. Sie darf nicht zu offenbar unrichtiger Bewertung führen, zB wenn der Bestand im Geschäftsjahr auf null sinkt (Durchschnittsbewertung dann nur für die später angeschafften Bestände) oder bei sinkenden Preisen im Laufe des Geschäftsjahrs (Niederstwertprinzip), Knobbe-Keuk § 5 III 2d aa. IV ist auch auf den Jahresabschluss anwendbar (§ 256 S. 2). Zur Bewertung von Bitcoins Ummenhofer/Zeitler Konzern 2018, 442 (449); Gerlach/Oser DB 2018, 1541 (1542). Angabe im Anhang § 284 II Nr. 4.

Inventurvereinfachungsverfahren

241 (1) [1]**Bei der Aufstellung des Inventars darf der Bestand der Vermögensgegenstände nach Art, Menge und Wert auch mit Hilfe anerkannter mathematisch-statistischer Methoden auf Grund von Stichproben ermittelt werden.** [2]**Das Verfahren muß den Grundsätzen ordnungsmäßiger Buchführung entsprechen.** [3]**Der Aussagewert des auf diese Weise aufgestellten**

1. Abschnitt. Vorschriften für alle Kaufleute 1–3 § 241

Inventars muß dem Aussagewert eines auf Grund einer körperlichen Bestandsaufnahme aufgestellten Inventars gleichkommen.

(2) Bei der Aufstellung des Inventars für den Schluß eines Geschäftsjahrs bedarf es einer körperlichen Bestandsaufnahme der Vermögensgegenstände für diesen Zeitpunkt nicht, soweit durch Anwendung eines den Grundsätzen ordnungsmäßiger Buchführung entsprechenden anderen Verfahrens gesichert ist, daß der Bestand der Vermögensgegenstände nach Art, Menge und Wert auch ohne die körperliche Bestandsaufnahme für diesen Zeitpunkt festgestellt werden kann.

(3) In dem Inventar für den Schluß eines Geschäftsjahrs brauchen Vermögensgegenstände nicht verzeichnet zu werden, wenn
1. der Kaufmann ihren Bestand auf Grund einer körperlichen Bestandsaufnahme oder auf Grund eines nach Absatz 2 zulässigen anderen Verfahrens nach Art, Menge und Wert in einem besonderen Inventar verzeichnet hat, das für einen Tag innerhalb der letzten drei Monate vor oder der ersten beiden Monate nach dem Schluß des Geschäftsjahrs aufgestellt ist, und
2. auf Grund des besonderen Inventars durch Anwendung eines den Grundsätzen ordnungsmäßiger Buchführung entsprechenden Fortschreibungs- oder Rückrechnungsverfahrens gesichert ist, daß der am Schluß des Geschäftsjahrs vorhandene Bestand der Vermögensgegenstände für diesen Zeitpunkt ordnungsgemäß bewertet werden kann.

1) Stichprobenverfahren (I)

I 1 erlaubt ein anerkanntes mathematisch-statistisches Stichprobenverfahren. **1** Voraussetzung ist, dass es den GoB (→ § 238 Rn. 12) entspricht (**I 2**) und ein Inventar mit dem gleichen Aussagewert wie bei körperlicher Bestandsaufnahme ermöglicht (**I 3**). Notwendig ist dazu, dass die Stichprobeninventur richtig, vollständig und nachprüfbar erfolgt. Gefordert wird Aussageäquivalenz, nämlich mit Sicherheitsgrad von 95%, relativer Stichprobenfehler von höchstens 1% des Werts der Grundgesamtheit, ADS Rn. 14. **Lit.** MBF Kap. 2 Tz. 70 ff.; Jasper DB 2004, 264; Jaspers/Meinor WPg 2005, 1077; Jaspers WPg 2010, 672; Jaspers WPg 2021, 142 (zur Bedeutung der Vollaufnahmeschicht); AWV Schrift Nr. 036072.

2) Permanente Inventur (II)

II erlaubt Inventur durch Fortrechnung des einmal festgestellten Istbestandes **2** auf Grund der Buchungsunterlagen. Der Sollbestand wird für den Istbestand genommen. Das geht nur, wenn das den GoB entsprechende Buchhaltungsverfahren eine solche Fortrechnung nach Art, Menge und Wert auch ohne körperliche Bestandsaufnahme zum Inventurzeitpunkt gestattet, zB nicht bei Materialien mit hoher Schwundquote oder sonst bei unkontrollierbaren Abgängen. II entbindet nicht von der Verpflichtung zur körperlichen Bestandsaufnahme (mindestens einmal jährlich), sondern nur von dieser Art der Aufnahme für den Zeitpunkt der Inventur. Die Anforderungen wie nach Steuerrecht (ua an Lagerbuchführung und jährliche körperliche Bestandsaufnahme) gelten auch für HdlRecht, sonst stellt die permanente Inventur kein „anderes" Verfahren iSv II dar, hL. Zur körperlichen Bestandsaufnahme bei automatisch gesteuerten Lagersystemen IDW PS 301 Rn. 27, jetzt ISA [DE] 501, WPg 2003, 715. **Lit.** Quick, Inventur, 2000, Rn. 57 ff.

3) Vor- oder nachverlagerte Stichtagsinventur (III)

III gestattet, die Inventur auch ohne mengenmäßige Bestandsfortschreibung **3** vom Bilanzstichtag wegzuverlagern. Erlaubt ist also wertmäßige Rückrechnung oder Fortschreibung des Bestands ohne ein zu einem einzigen Zeitpunkt erstelltes

Gesamtinventar. Voraussetzung sind ein besonders zeitnahes (drei Monate vor, zwei Monate nach Schluss des Geschäftsjahrs) Inventar, das entweder durch körperliche Bestandsaufnahme oder durch permanente Inventur nach II aufgestellt ist (Nr. 1) und Eignung des den GoB entsprechenden Buchhaltungsverfahrens für die ordnungsgemäße Bewertung des Bestands für diesen Zeitpunkt (Schluss des Geschäftsjahrs; Nr. 2). Grenzen wie nach II, ua bei unkontrollierbaren Abgängen. IDW-HFA 1/1990 WPg 1990, 143.

4) Kombinierte Verfahren

4   Die verschiedenen Inventurvereinfachungsverfahren dürfen auch kombiniert werden, IDW-HFA 1/1990 WPg 1990, 147; ADS § 240 Rn. 45, zB bei mehreren getrennten Lagern.

Befreiung von der Pflicht zur Buchführung und Erstellung eines Inventars

§ 241a [1] Einzelkaufleute, die an den Abschlussstichtagen von zwei aufeinander folgenden Geschäftsjahren nicht mehr als jeweils 600 000 Euro Umsatzerlöse und jeweils 60 000 Euro Jahresüberschuss aufweisen, brauchen die §§ 238 bis 241 nicht anzuwenden. [2] Im Fall der Neugründung treten die Rechtsfolgen schon ein, wenn die Werte des Satzes 1 am ersten Abschlussstichtag nach der Neugründung nicht überschritten werden.

1) Befreiungen für Einzelkaufleute

1   § 241a eingefügt durch BilMoG, **Übergangsrecht** in **(1)** EGHGB Art. 66, S. 1 Beiträge angehoben durch G v. 28.7.2015 (BGBl. I 1400) mWv 1.1.2016, sieht Befreiung bestimmter Einzelkfl von der Pflicht zur handelsrechtl Buchführung und zur Aufstellung des Inventars vor; sie brauchen §§ 238–241 nicht anzuwenden (Wahlrecht). Wahlentscheidung fällt erst mit Abschlusserstellung, nicht mit Aufstellung der Eröffnungsbilanz oder der Einrichtung der Buchführung BFH DStR 2009, 793. Bzgl. des Zeitpunkts der Wahlentscheidung ist zu differenzieren zwischen Buchführungspflicht, Inventarisierung und Aufstellung eines Jahresabschlusses. Auf Buchführung kann erst verzichtet werden, wenn Grenzwert an zwei Abschlussstichtagen unterschritten wurde, also erst ab Beginn des dritten Jahres, Traut DStR 2020, 2149 ff. Es gibt keine rückwirkende Befreiung für das zweite Jahr; im zweiten Jahr müssen also noch Bücher geführt werden, auch wenn es zu Beginn des zweiten Jahres schon möglich erscheint, dass am Ende Grenzwerte unterschritten werden. Wegen des Deregulierungszwecks des Gesetzes braucht aber für das zweite Jahr bei Unterschreitung der Grenzwerte nach Ablauf des zweiten Jahres kein Jahresabschluss und kein Inventar aufgestellt werden, Traut DStR 2020, 2149, 2154 ff. Befreiung auch bestimmter PersonenhandelsGes. war noch im RefE vorgesehen, wurde aber nicht Gesetz. § 241a ist § 141 I AO nachgebildet, aber nicht mit diesem kongruent. Konzeptionell ist er § 267 IV vergleichbar. Zwar führt Anhebung der Schwellenwerte zu gewissen Erleichterungen bei Rechnungslegung, Offenlegung und Prüfung, doch bringt erweiterte Definition von Umsatzerlösen zugleich Erschwerungen, Bauer WPg 2017, 882.

2   Voraussetzung für die Befreiung ist kumulativ, dass an den Stichtagen (→ § 243 Rn. 12) zweier aufeinander folgender Geschäftsjahre der Umsatzerlös nicht mehr als 600.000 Euro und der Jahresüberschuss nicht mehr als 60.000 Euro beträgt. (Beträge angehoben von 500.000 bzw. 50.000 Euro durch BürokratieentlastungG 2015, **Übergangsrecht** in **(1)** EGHGB Art. 76.) Dabei ist gem. BilRUG 2015 (**Übergangsrecht** in **(1)** EGHGB Art. 75 II) („jeweils" eingefügt) nicht auf die aufgerechneten Beträge zweier aufeinander folgender Geschäftsjahre, sondern auf die letzten 12 Monate vor Abschluss des Geschäftsjahrs abzustellen. Damit wird die zwingende Verknüpfung von Kfmseigenschaft und Buchführungs- und In-

1. Abschnitt. Vorschriften für alle Kaufleute   2a, 3   § 241a

ventarpflicht im Interesse von Kosteneinsparungen gelockert (krit. Schulze-Osterloh DStR 2008, 63, weil es für die Kfmseigenschaft gem. § 1 II auch auf das tatsächliche Erfordernis doppelter Buchführung ankomme). Die so von diesen Verpflichtungen befreiten Kfl können im nächsten Geschäftsjahr ihre Rechnungslegung auf Einnahmen-Überschuss-Rechnung gem. § 4 III EStG beschränken, RegE BilMoG 46; zur Frage, ob ein Übergangsverlust, der beim Wechsel von der Überschussrechnung nach § 4 III EStG zur Gewinnermittlung durch Bestandsvergleich nach §§ 4 I, 5 I EStG entsteht, auf das Jahr des Übergangs und die beiden Folgejahre zu verteilen ist, BFH BStBl. II 2013, 820. Das Erfordernis der Unterschreitung der Schwellenwerte in zwei aufeinander folgenden Geschäftsjahren dient der Eliminierung von Zufallsmomenten und der Kontinuität der Rechnungslegung und soll einen jährlichen Wechsel von handels- zu steuerlichrechtlichen Rechnungslegung verhindern, RegE BilMoG S. 46. Zur Feststellung, ob die Schwellenwerte in zwei aufeinander folgenden Geschäftsjahren überschritten wurden, genügt eine überschlägige Ermittlung nach den handelsrechtl Vorschriften und Grundsätzen; die Aufstellung eines Jahresabschlusses nach Maßgabe der §§ 238–241 zur Feststellung des Bestehens einer gesetzl Verpflichtung zur Buchführung und Inventaraufstellung ist nicht erforderlich. Die Vorschrift findet keine rückwirkende Anwendung, das Wahlrecht kann nur für künftige Rechnungslegungsperioden ausgeübt werden (arg. S. 2 „nach"), str., wie hier BeckBilKomm/ Winkeljohann/Lawall Rn. 4 ff.; aA Müller DStR 2015, 2732.

2a Nicht ausdrücklich geregelt ist in §§ 241a, 242 IV das Wiederaufleben der Rechnungslegungspflichten. Die Befreiungsmöglichkeit entfällt, wenn die Vss. des § 241a nicht mehr gegeben sind. Die Einzelheiten sind unklar: Fraglich ist, was z. B. für das vierte Jahr gilt, wenn bei einem nach § 241a befreiten Kaufmann im dritten Jahr die Schwellenwerte erstmalig überschritten worden sind. Möglich ist, dass die Befreiungen im vierten Jahr weiterhin in Anspruch genommen werden dürfen. Nach einer anderen Ansicht, müssen aber schon im vierten Jahr wieder Bücher geführt werden, wenn im dritten Jahr die Schwellenwerte (erstmalig) überschritten werden (Traut DStR 2020, 2211, 2213). Dann ist nach dieser Ansicht auch wieder ein Jahresabschluss und ein Inventar am Ende des vierten Jahres zu erstellen; zudem wird für den Beginn des vierten Jahres eine Eröffnungsbilanz und ein Eröffnungsinventar gefordert (Traut DStR 2020, 2211, 2214 mwN zum Streitstand).

3 Für Neugründungen genügt das einmalige Unterschreiten der Werte des S. 1 zum ersten Abschlussstichtag, S. 2. Zunächst besteht also stets Buchführungspflicht, Traut DStR 2020, 2211. Zur Aufstellung des Jahresabschlusses und des Inventars bei Neugründungen (→ § 242 Rn. 13). Die Rechtsfolgen des S. 1 treten aber im Falle von Neugründungen bereits bei einmaliger Unterschreitung der Schwellenwerte zum ersten Abschlussstichtag ein und führen so zur Befreiung in der nächsten Periode. Hierzu ist aber im ersten Geschäftsjahr erforderlich, dass die bis dahin verpflichtende Befolgung der §§ 238–241 keine Überschreitung der Schwellenwerte ergibt; eine überschlägige Rechnung reicht hier nicht aus. Der Ansicht, (Hoffmann/Lüdenbach, NWB Kommentar Bilanzierung, 11. Aufl. 2020, Rn. 5) welche argumentiert, dass schon uU im ersten Jahr keine Bücher zu führen sind, wenn die Schwellenwerte voraussichtlich unterschritten werden, ist nicht zu folgen. Ist das erste Geschäftsjahr ein Rumpfgeschäftsjahr (→ § 240 Rn. 6) kommt es – wie bei § 267 IV 2 (dort → § 267 Rn. 10) – auf die tatsächlichen Zahlen des verkürzten Jahres an, Hochrechnung auf 12 Monate ist unzulässig. Das gilt, obwohl es sich anders als bei § 267 IV 2 um eine umfassende Befreiung (und nicht nur um eine Erleichterung) handelt, denn nach S. 1 führt bereits die erstmalige Überschreitung der Schwellenwerte zum Wegfall der Befreiung. S. 2 nennt anders als § 267 IV 2 nicht die Umwandlung neben der Neugründung, sodass in diesem Fall zweimaliges Unterschreiten der Werte er-

§ 242

forderlich ist. **Lit.** MBF Kap. 2 Tz. 81 ff.; Schulze-Osterloh DStR 2008, 63; Ernst/Seidler ZGR 2008, 631; Kussmaul/Meyering DB 2008, 1445; Kersting BB 2008, 790; Oser/Ross/Wader/Drögemüller WPg 2008, 675; Schulze-Osterloh FS Hüffer, 2010, 917; Traut DStR 2020, 2149 und 2020, 2211.

Zweiter Unterabschnitt. Eröffnungsbilanz. Jahresabschluß

Erster Titel. Allgemeine Vorschriften

Pflicht zur Aufstellung

242 (1) ¹Der Kaufmann hat zu Beginn seines Handelsgewerbes und für den Schluß eines jeden Geschäftsjahrs einen das Verhältnis seines Vermögens und seiner Schulden darstellenden Abschluß (Eröffnungsbilanz, Bilanz) aufzustellen. ²Auf die Eröffnungsbilanz sind die für den Jahresabschluß geltenden Vorschriften entsprechend anzuwenden, soweit sie sich auf die Bilanz beziehen.

(2) Er hat für den Schluß eines jeden Geschäftsjahrs eine Gegenüberstellung der Aufwendungen und Erträge des Geschäftsjahrs (Gewinn- und Verlustrechnung) aufzustellen.

(3) Die Bilanz und die Gewinn- und Verlustrechnung bilden den Jahresabschluß.

(4) ¹Die Absätze 1 bis 3 sind auf Einzelkaufleute im Sinn des § 241a nicht anzuwenden. ²Im Fall der Neugründung treten die Rechtsfolgen nach Satz 1 schon ein, wenn die Werte des § 241a Satz 1 am ersten Abschlussstichtag nach der Neugründung nicht überschritten werden.

Übersicht

	Rn
1) Bilanz (I), insbesondere Eröffnungsbilanz	1–3
A. Aufstellung:	1
B. Begriff:	2
C. Rechtsnatur:	3
2) Bilanzarten, insbesondere Handels- und Steuerbilanz	4–8
A. Handels- und Steuerbilanz:	4–6
B. Weitere Bilanzarten:	7
C. Bilanzierungsfähiges Vermögen:	8
3) Gewinn- und Verlustrechnung; Stichtagsprinzip (II)	9
4) Jahresabschluss des Kfm. (III)	10–12
A. Begriff und Inhalt:	10
B. Prüfung:	11
C. Offenlegung:	12
5) Befreiung für Einzelkaufleute iSd § 241a (IV)	13

1) Bilanz (I), insbesondere Eröffnungsbilanz

1 A. **Aufstellung: I 1** enthält die grds. Pflicht jedes Kfm. (→ § 238 Rn. 8–11) zur Aufstellung der Eröffnungsbilanz und der Jahresabschlussbilanz und regelt ihren Inhalt, soweit alle Kflte betroffen sind. Kfm. hat seine Vermögensgegenstände und somit auch Forderungen vollständig aufzunehmen, BFHE 260, 312. Der durch BilMoG neu hinzugefügte **IV** sieht eine Befreiung für „kleine" Kfm. iSd § 241a vor (→ § 241a Rn. 1). Für KapitalGes. gelten weitergehende Anforderungen nach § 264. Grund und Folgen dieser Trennung zwischen §§ 242 ff. und §§ 264 ff. → Einl. vor § 238 Rn. 26–43. **Bilanzierungskompetenz** bei der KG, str., → § 164 Rn. 3. Der zu Beginn des HdlGewerbes (dh Beginn der Buch-

1. Abschnitt. Vorschriften für alle Kaufleute 2, 3 § 242

führungspflicht, im Einzelnen str., → § 238 Rn. 17) aufzustellende Abschluss (**Eröffnungsbilanz**) basiert auf dem Eröffnungsinventar (§ 240 I), der für den Schluss des Geschäftsjahrs aufzustellende Abschluss (Bilanz oder Jahresbilanz) auf dem Schlussinventar (§ 240 II). Zur bilanziellen Behandlung von zunächst unentdeckten Kiesvorkommen BFH BStBl. II 2016, 593; II 2016, 607 und Wichmann Stbg 2018, 460. Nach **I 2** sind auf die Eröffnungsbilanz die für den **Jahresabschluss** (III, → Rn. 10) geltenden Vorschriften **entsprechend** anzuwenden, soweit sie sich auf die Bilanz beziehen. Das gilt insbesondere für **Gliederung** und **Bewertung.** Zum **Inhalt** der Eröffnungsbilanz der GmbH, ua Sacheinlagen, Unternehmenseinbringung und Gründungskosten s. Lu/Ho §§ 42, 19 und 45; Crezelius DStR 1987, 743; Roß DB 2019, 197 (198). **Aufstellungsfrist** für Eröffnungsbilanz s. I 2, §§ 243 III, 264 I 2, Rodewald BB 1993, 1693; Fristverlängerung für kleine KapitalGes. nach § 264 I 3 gilt nicht für Eröffnungsbilanz, Grund: kein ordnungsgemäßer Geschäftsgang nach § 243 II; vgl. zur Inventurfrist → § 240 Rn. 6. **Feststellung** (→ § 264 Rn. 10, zum begrifflichen Unterschied zur Aufstellung GK BilR/Hüffer Rn. 16) der Eröffnungsbilanz fällt nicht unter § 46 Nr. 1 GmbHG, aber Weisungsrecht der GfterVersammlung im Hinblick auf Jahresabschluss, Lu/Ho § 42 Rn. 12. Keine Pflichtprüfung, → § 316 Rn. 1, 5. Keine Offenlegung, → § 325 Rn. 4. **Zusätzliche Bilanz** auf den **Zeitpunkt der Eintragung** der Ges. **im Handelsregister** ist wegen Differenzhaftung (→ Anh. § 177a Rn. 16) nach GmbHRecht nötig, BGHZ 80, 140. Die Pflicht zur Aufstellung besteht **bis zur Löschung** fort, unabhängig davon, ob die Ges. mangels Geschäftsbetriebs noch oder kein Gewerbe mehr betreibt, LG Bonn BeckRS 2013, 07734; OLG Köln GmbHR 2016, 1042. **Muster:** Hopt/Merkt Vertrags- und Formularbuch/Kraft/Link Form III.A.1 (Eröffnungsbilanz), Form III.A.2 (Bilanz einer PersonenHdlGes.). **Lit.** MBF Kap. 2 Tz. 92 ff.; Künkele/Zwirner DStR 2009, 917; Schneider PiR 2009, 351; Anzinger/Schleiter DStR 2010, 395; Fischer/Kalina-Kerschbaum DStR 2010, 399; Wehrheim Fross DStR 2010, 1348; zu **IV** Kersting BB 2008, 790; Schulze-Osterloh FS Hüffer, 2010, 917; Wüstemann/Backes/Schober BB 2017, 1963 (Prinzip der wirtschaftlichen Vermögenszugehörigkeit).

B. **Begriff:** Bilanz (spätlateinisch bilanx, Waage) iSv I ist der für den Schluss 2 eines jeden Geschäftsjahrs das Verhältnis des Vermögens und der Schulden des Kfm. darstellende Abschluss (Legaldefinition in I 1). Bilanz ist also ein Abschluss, der auf der linken oder Aktivseite das Vermögen (Summe aller Aktiva untergliedert in Anlage- und Umlaufvermögen, s. § 247 I) und auf der rechten oder Passivseite die Schulden (auch Kapital genannt, Summe aller Passiva, untergliedert in Eigenkapital und Fremdkapital, s. § 247 I) aufzeigt und gegenüberstellt. Aus der rechten Seite ist die Mittelherkunft (Eigenkapital, bei KapitalGes. vor allem Grundkapital bzw. gezeichnetes Kapital; Fremdkapital), aus der linken Seite die Mittelverwendung ersichtlich. Aktiv- und Passivseite der Bilanz sind definitionsgemäß stets gleich groß. Bilanztechnisch wird das durch Ansatz des Bilanzverlustes auf der Aktivseite bzw. des Bilanzgewinns auf der Passivseite oder durch Ansatz des Jahresüberschusses/Jahresfehlbetrags auf der Passivseite (§ 266 III A V) und des „nicht durch Eigenkapital gedeckten Fehlbetrags" auf der Aktivseite (§ 268 III) erreicht. Die sog. **Bilanzgleichung** lautet: **Aktiva = Passiva** oder Vermögensformen = Vermögensquellen oder Vermögen = Kapital. Die sog. **erweiterte Bilanzgleichung** lautet: **Vermögen = Eigenkapital + Fremdkapital.**

C. **Rechtsnatur:** Bilanz ist nach der Rspr. ein rechtsgeschäftliches Anerkennt- 3 nis iSv §§ 780, 781 BGB unter mehreren sie gemeinsam Feststellenden (vgl. § 245 S. 2), besser kausaler Feststellungsvertrag (→ § 164 Rn. 3, → § 114 Rn. 3), ebenso im Verhältnis zu Interessierten, denen sie mitzuteilen und mitgeteilt ist (Kdtist § 166 I, stiller Gfter § 233 I, vertraglich am Ergebnis Beteiligter). Sie ist formlos mitteilbar (§ 782), BGH LM HGB § 128 Nr. 7. Nach der Rspr. ist sie anfechtbar (§§ 119 ff. BGB) mit Wirkung des Wegfalls der Verbindlichkeit derjenigen Punkte, auf welche sich der Willensmangel bezieht, nicht der ganzen Bilanz, BGH LM HGB § 128 Nr. 7; besser Bindungswirkung entspr. § 779 BGB unter den sie gemeinsam Feststellenden (→ § 164 Rn. 3). Haftung → § 238 Rn. 19 f.

2) Bilanzarten, insbesondere Handels- und Steuerbilanz

4 A. **Handels- und Steuerbilanz:** Je nach dem Zweck der Bilanz sind nach Aufbau und Inhalt ganz unterschiedliche Bilanzen möglich. Die wichtigste Unterscheidung betrifft die HdlBilanz und die Steuerbilanz. Die HdlBilanz ist die des HGB (§§ 242 I 1, 266). Zwecke → Einl. vor § 238. Die Steuerbilanz ist die von der Finanzbehörde als Grundlage der steuerlichen Gewinnermittlung anerkannte Bilanz; das ist idR die HdlBilanz mit gewissen Abweichungen (**Grundsatz der Maßgeblichkeit der Handelsbilanz für die Steuerbilanz**, § 5 I EStG, einengend aber BFH, stRspr); uU eine unabhängig von der HdlBilanz aufgestellte Bilanz; dazu Schildbach BB 1989, 1443. Der Maßgeblichkeitsgrundsatz ist schon heute ganz erheblich durchlöchert, vgl. BFH DStRE 2010, 1435 („originär steuerrechtliche Auslegung des § 255") und lässt sich auf Dauer international nicht mehr halten, die umgekehrte Maßgeblichkeit (§ 5 I 2 EStG) wurde ebenfalls durch jüngste Rspr. in ihrer Wirkung eingeschränkt, BFH DStR 2008, 1870, und durch BilMoG 2009 nunmehr aufgegeben. Zur Frage, ob IFRS künftig für die Steuerbilanz maßgeblich sein können Kahle/Dahlke/Schulz StuW 2008, 266. Zu verfassungsrechtlichen Anforderungen an gesetzliche Begrenzung der Maßgeblichkeit der HGB-Grundsätze ordnungsgemäßer Buchführung für steuerliche Gewinnermittlung BVerfG DStRE 2009, 922. **Lit.** Theile/Hartmann DStR 2008, 2031; Künkele/Zwirner DStR 2009, 1277; Anzinger/Schleiter DStR 2010, 395; Fischer/Kalina-Kerschbaum DStR 2010, 399; Wehrtheim/Fross DStR 2010, 1348; Herzig DB 2012, 1343; Wüstemann/Wüstemann BB 2012, 2094 (Zurechnung); Zwirner/Endert/Sepetauz DStR 2012, 2094 (Rückstellungen); Zwirner DStR 2021, 202 (zum Maßgeblichkeitsgebot und dem Stetigkeitsgrundsatz), Prinz DB 2021, 9 (grundsätzlich zum Maßgeblichkeitsprinzip).

5 Der **Grundsatz der umgekehrten Maßgeblichkeit der Steuerbilanz für die Handelsbilanz,** wenn nämlich die steuerrechtliche Anerkennung zB einer Steuervergünstigung davon abhängt, dass von ihr auch in der HdlBilanz Gebrauch gemacht ist, wurde mit Änderung des § 5 I 2 EStG und der damit im Zusammenhang stehenden Normen des HGB (§§ 247 III, 254, 273, 279 II, 280 II, 281 I 1) durch das BilMoG 2009 aufgegeben. Grund: Die HdlBilanz wurde durch den Grundsatz der umgekehrten Maßgeblichkeit verfälscht (→ Rn. 4), was zT als europarechtswidrig gilt; krit. Knobbe-Keuk § 2 III, Schulze-Osterloh ZGR 2000, 603. **Lit.** AK HLRWiss. DStR 2008, 1057; Theile/Hartmann DStR 2008, 2031; Anzinger/Schleiter DStR 2010, 305, Prinz DB 2021, 9 (grundsätzlich zum Maßgeblichkeitsprinzip).

6 Die **Divergenzen** beider Bilanzen nach Ob (Ansatz) und Wie (Bewertung) der Bilanzierung sind erheblich; s. BayObLG NJW 1988, 917. HdlBilanz und Steuerbilanz können **getrennt** erstellt werden, so bei größeren Unt., **oder** die (alleinige) HdlBilanz berücksichtigt schon die steuerlichen Vorschriften **(Einheitsbilanz);** so bei Satzungsklausel „Bilanzierung muss nach Steuerrecht erfolgen". Einheitsbilanzklausel im GesVertrag ist (nur) als Anpassungsregel (vgl. → § 245 Rn. 3–5) zulässig. Satzung kann nicht HdlBilanz allgemein durch Steuerbilanz ersetzen, BayObLG NJW 1988, 916. Bildung der Einheitsbilanz nur unter Vorbehalt des zwingenden Handelsrechts, sonst Teilnichtigkeit, BGHZ 132, 270. Änderung von Jahresabschlüssen zur Anpassung an die Steuerbilanz → § 245 Rn. 5. Die Möglichkeit der Einheitsbilanz soll auch nach Inkrafttreten

1. Abschnitt. Vorschriften für alle Kaufleute 7–10 § 242

des BilMoG bestehen bleiben, RegE BilMoG 49, aber geringere Bedeutung, da Berücksichtigung steuerrechtlicher Vorschriften häufig handelsrechtliche Aktivirungspflichten entgegenstehen, Zwirner/Mugler DStR 2011, 1191. **Lit.** Herzig/Briesemeister DB 2009, 1; Neumayer BB 2011, 2411. **Muster:** Hopt/Merkt Vertrags- und Formularbuch/Kraft/Link Form III.J.1 (steuerliche Sonderbilanz), Form III.J.2 (steuerliche Ergänzungsbilanz).

B. **Weitere Bilanzarten:** Es gibt zahlreiche weitere Bilanzarten. Sie unter- 7
scheiden sich nach:

a) **Zeit:** Eröffnungsbilanz und Schlussbilanz (→ Rn. 1);

b) **abgebildete Periode:** Jahresbilanz, Halbjahres- o. Zwischenbilanz, Quartalsbilanz;

c) **Bilanzierungsanlass:** Abschlussbilanz (Jahresabschluss), Sonderbilanzen (zB Gründung, Umwandlung, Auseinandersetzung, Sanierung, Insolvenz), zB Vorbelastungsbilanz einer GmbH (Unterbilanzhaftung, → Anh. § 177a Rn. 16), dazu OLG Celle NJW-RR 2000, 1706, Liquidationsbilanzen. **Lit.** Winkeljohann/Förschle/Deubert, Sonderbilanzen, 5. Aufl. 2016.

d) **einbezogene Unternehmen:** Einzel-, Konzernbilanz (§ 290);

e) **Rechtsgrundlage:** Handels- und Steuerbilanz, Bilanzen für Unt. verschiedener Rechtsformen (EinzelKfm und PersonenGes., KapitalGes., → Rn. 1), branchenspezifische Bilanzen, zB Bankbilanzen (→ Einl. vor § 238). **Muster:** Hopt/Merkt Vertrags- und Formularbuch/Kraft/Link Form III.H.1–11 (Bilanzierung bei Strukturveränderungen: ua Verschmelzung, Aufspaltung, Abspaltung, Ausgliederung, Formwechsel, Eintritt in eine PersonenGes., Betriebsaufspaltung, Realteilung von PersonenGes.). **Lit.** Winkeljohann/Förschle/Deubert, Sonderbilanzen, 5. Aufl. 2016; Bilitewski/Roß/Weiser WPg 2014, 13; 2014, 73) (Handelsbilanzierung bei Verschmelzung nach IDW RS HFA 42); Meyer BB 2013, 683 (latente Steuern bei Verschmelzung); Heeb WPg 2014, 189 (Handelsbilanzierung bei Spaltung nach IDW RS HFA 43); Pilhofer/Lessel StuB 2013, 475 (Beteiligungsbilanzierung).

C. **Bilanzierungsfähiges Vermögen:** Bilanzierungsfähiges Vermögen und 8
Schulden des Kfm. → § 246 Rn. 2 ff. mit Begriff des Vermögensgegenstands und der Vermögenszuordnung.

3) Gewinn- und Verlustrechnung; Stichtagsprinzip (II)

Gewinn- und Verlustrechnung iSv II ist die für den Schluss eines jeden 9
Geschäftsjahrs (Stichtagsprinzip) aufzustellende Gegenüberstellung der Aufwendungen und Erträge des Geschäftsjahrs (Legaldefinition in II). II stellt die Pflicht zur Aufstellung nicht nur der Bilanz, sondern auch der Gewinn- und Verlustrechnung für jeden Kfm. ausdrücklich fest, OLG Hamburg AG 2006, 45. Das folgte schon vorher aus den GoB. Ausgenommen sind aber „kleine" Kflte iSd § 241a. §§ 242–256 enthalten keine Gliederungsvorschriften für die Gewinn- und Verlustrechnung des EinzelKfm und der PersonenGes. Stichtagsprinzip schließt nicht aus, nach Stichtag bekanntwerdende Aspekte als wertaufhellende Tatsachen in Bestimmung der Verwendungszwecksetzung einzubeziehen, OLG Dresden 8 U 576/16, = juris Rn. 78. §§ 275–278 gelten nur für KapitalGes. Eine Mindestgliederung verlangen aber die GoB, → § 247 Rn. 3. **Lit.** Kirsch StuB 2006, 651.

4) Jahresabschluss des Kfm. (III)

A. **Begriff und Inhalt:** Der Jahresabschluss des (bilanzierungspflichtigen) Ein- 10
zelKfm und der PersonenGes. besteht nach der Legaldefinition des III aus der **Bilanz** (I) **und** der **Gewinn- und Verlustrechnung** (II). Der mit der Bilanznichtigkeitsklage angreifbare Jahresabschluss umfasst Bilanz, GuV (§ 150 I 1

§ 242 11–13

AktG) und Anhang (§ 160 AktG, §§ 264 I 1, 284 ff.), OLG Dresden 9.2.2017 – 8 U 576/16, BeckRS 2017, 102414 = juris Rn. 52. Der Inhalt des Jahresabschlusses wird somit durch die Anforderungen an den Inhalt der Bilanz (zB § 247; Sondervorschriften → § 247 Rn. 3) und der Gewinn- und Verlustrechnung (→ Rn. 9) festgelegt. **Bei KapitalGes.** umfasst der Jahresabschluss **zusätzlich** den **Anhang** (§ 264 I 1, praktisch ein anderer erweiterter Begriff des Jahresabschlusses; Lagebericht → § 264 Rn. 5), bei kapitalmarktorientierten (§ 264d) auch **Kapitalflussrechnung** und **Eigenkapitalspiegel** (→ § 264 Rn. 6–7), sofern kein Konzernabschluss zu erstellen ist; Wahlrecht bzgl. Segmentberichterstattung. Auch die Anforderungen an den Inhalt sind weitaus strenger (§ 264 II). Es steht aber nichts entgegen, dass EinzelKflte oder PersonenGes. freiwillig den strengeren Vorschriften für KapitalGes. folgen, also zB einen Anhang als Teil des Jahresabschlusses aufstellen (AmtlBegr). Berichtigung und Änderung → § 245 Rn. 4–5. Der Insolvenzverwalter ist befugt, Nichtigkeitsklage nach § 256 VII 1, § 249 I 1 AktG zu erheben, soweit die Fehlerhaftigkeit des Jahresabschlusses die Insolvenzmasse betrifft, was anzunehmen ist, wenn der Insolvenzverwalter die Ersetzung des angegriffenen Jahresabschlusses durch einen für die Masse günstigeren Jahresabschluss erstrebt, BGH DStR 2021, 2918 Rn. 26. **Lit.** Bitz/Schneeloch/Wittstock, 3. Aufl. 2000; Boemle, 4. Aufl. 2001; Lehmann/Müller, 2002; Int-Veen, 3. Aufl. 2002; Endriss, 5. Aufl. 2002; Döring/Buchholz, 8. Aufl. 2003; Kersting BB 2008, 791; Oser/Roß/Wader/Drögemüller WPg 2008, 675.

11 B. **Prüfung:** Der Jahresabschluss des EinzelKfm und der PersonenGes. braucht nicht durch Abschlussprüfer geprüft zu werden, außer wenn sie Kreditinstitute sind (§ 340k), oder dem PublG unterfallen. Das gilt auch für kleine KapitalGes. (§ 316 I 1).

12 C. **Offenlegung:** Der Jahresabschluss des EinzelKfm und der PersonenGes. braucht nicht zum Betreiber des elektronischen BAnz. eingereicht und erst recht nicht im BAnz. bekannt gemacht zu werden (Ausnahmen für Kreditinstitute § 340 Buchst. l, VersicherungsUnt. § 341 Buchst. l und nach PublG, → Rn. 11). Anders für KapitalGes. §§ 325–329.

5) Befreiung für Einzelkaufleute iSd § 241a (IV)

13 Der durch BilMoG neu hinzugefügte **IV** sieht eine Befreiung für „kleine" Kfm. iSd § 241a vor. Unklar ist, ab welchem Zeitpunkt die Pflicht zur Aufstellung des Jahresabschlusses wegfällt. Es ist zu differenzieren bzgl. Wegfall der Buchführungspflicht (§ 241a HGB), Wegfall der Pflicht zur Aufstellung des Inventars und Pflicht zur Aufstellung des Jahresabschlusses nach IV. Buchführungspflicht entfällt erst für das dritte Jahr, wenn in den zwei Jahren zuvor die Schwellenwerte des § 241a unterschritten wurden. Für das zweite Jahr braucht allerdings wegen Deregulierungszwecken kein Jahrsabschluss mehr aufgestellt werden, wenn aus Buchführung ersichtlich ist, dass Grenzwerte am Ende des zweiten Jahres nicht überschritten werden. Gleiches gilt für Inventar am Ende des zweiten Jahres, ausf. Traut DStR 2020, 2149 ff. (→ vgl. § 241a Rn. 1).

Im Fall von Neugründungen entfällt die Buchführungspflicht bei Unterschreiten der Schwellenwerte nach dem ersten Abschlussstichtag (§ 241a Rn. 3). Ergibt die Rechnungslegung im ersten Jahr, dass die Schwellenwerte unterschritten sind, kann auf die Erstellung des Jahresabschlusses für den ersten Abschlussstichtag verzichtet werden. Voraussetzung ist, dass die Schwellenwerte anderweitig überprüft werden können (zB mit Blick in die Buchführung). Auch auf die Aufstellung eines Inventars zum ersten Abschlussstichtag kann dann verzichtet werden, ausf. Traut DStR 2020, 2211, 2212 f. Eine Eröffnungsbilanz und ein Eröffnungsinventar sind auf jeden Fall bei der Neugründung aufzustellen, Traut DStR 2020, 2211, 2213.

1. Abschnitt. Vorschriften für alle Kaufleute 1, 2 § 243

Aufstellungsgrundsatz

243 (1) **Der Jahresabschluß ist nach den Grundsätzen ordnungsmäßiger Buchführung aufzustellen.**

(2) **Er muß klar und übersichtlich sein.**

(3) **Der Jahresabschluß ist innerhalb der einem ordnungsmäßigen Geschäftsgang entsprechenden Zeit aufzustellen.**

Übersicht

	Rn
1) Aufstellung nach den Grundsätzen ordnungsmäßiger Buchführung (I), stille Reserven	1–3
A. Aufstellung nach GoB:	1
B. Stille Reserven:	2
C. Sondervorschriften:	3
2) Grundsätze ordnungsmäßiger Bilanzierung (II)	4–10
A. Bilanzklarheit (II):	4
B. Bilanzwahrheit:	5
C. Bilanzvollständigkeit:	6
D. Bilanzidentität:	7
E. Bilanzkontinuität:	8
F. Grundsatz der Vorsicht:	9
G. Wesentlichkeitsgrundsatz:	10
3) Aufstellungsfrist (III), Stichtagsprinzip	11–13
A. Aufstellungsfrist:	11
B. Stichtagsprinzip:	12, 13

1) Aufstellung nach den Grundsätzen ordnungsmäßiger Buchführung (I), stille Reserven

A. **Aufstellung nach GoB:** Nach I ist der Jahresabschluss (§ 242 III) nach den 1 GoB (näher → § 238 Rn. 12) aufzustellen. Die GoB beinhalten nicht nur Grundsätze für die Buchführung, sondern auch für die Bilanzierung; diese sind teilweise als eigene Grundsätze ordnungsmäßiger Bilanzierung normiert (II, auch anderwärts). Auch hier sind **formelle GoB** (zB Bilanzklarheit II, Verrechnungsverbot § 246 II 1, formelle Bilanzkontinuität § 265 I) und **materielle GoB** zu unterscheiden (zB Vollständigkeit § 246 I, Bilanzidentität § 252 I Nr. 1, Fortführungsprinzip § 252 I Nr. 2, Vorsichtsprinzip § 252 I Nr. 4). Wo es an speziellen Gliederungs- und Bewertungsvorschriften fehlt, ist auf die allgemeinen GoB zurückzugreifen, zB für den Zeitpunkt der Bilanzierung (Gewinnrealisierung, s. § 252 I Nr. 4 Hs. 2), insbesondere Bilanzierung bei Eigentumsvorbehalt und Sicherungsübereignung (→ § 252 Rn. 18 ff.), die Bilanzierung schwebender Geschäfte sowie überall dort, wo ein Beurteilungsspielraum besteht, zB wenn die Bewertung eine Schätzung erfordert. Dabei wird zT noch einmal besonders auf GoB verwiesen, zB § 256. Dass das zwingende Recht einzuhalten ist, folgt nicht erst aus GoB. Bedeutung von Sondervorschriften für GoB → Rn. 3. **Lit.** MBF Kap. 4 Tz. 67 ff.; Fülbier/Gassen DB 2007, 2605; Kirsch StuB 2008, 453; Moxter WPg 2009, 7; Hennrichs/Pöschke in Fink, Bilanzpolitik und Bilanzanalyse nach dem neuen Handelsrecht, 2010, S. 47; Almeling DB 2011, 1767; Hennrichs WPg 2011, 861; Hoffmann StuB 2013, 677 (Ende der Schwebe); Glaser/Hachmeister DB 2015, 565 (True and Fair View); Stefan Müller BC 2017, 263 (selbstgeschaffenes immaterielles Anlagevermögen).

B. **Stille Reserven:** § 243 verzichtet bewusst auf eine § 264 II entsprechende 2 Vorschrift, dass der Jahresabschluss ein den tatsächlichen Verhältnissen entsprechendes Bild der Vermögens-, Finanz- und Ertragslage zu vermitteln hat (AmtlBegr, aA RegE § 237), was auch durch BilMoG trotz Betonung der

§ 243 3–5   3. Buch. Handelsbücher

Informationsfunktion nicht verändert wurde. Allerdings entfallen die bisher bestehenden Möglichkeiten für EinzelKflte und PersonenGes. zur Bildung stiller Reserven (zB § 253 IV aF) und zur Anwendung von Vorschriften des Steuerrechts (zB § 254 aF), → § 242 Rn. 4 ff. Die Bildung stiller Reserven nach § 253 IV aF und der Grundsatz der umgekehrten Maßgeblichkeit (§ 5 I 2 EStG aF) wurden mit der starken Betonung des Gläubigerschutzes nach alter Rechtslage gerechtfertigt, mit der angestrebten Anhebung der Informationsfunktion war eine Beibehaltung aber nicht mehr zu vertreten (RegE BilMoG S. 57, 59); zu stillen Reserven → § 252 Rn. 13.

3   C. **Sondervorschriften:** Zu § 243 und §§ 242 ff. gibt es Sondervorschriften, vor allem für KapitalGes., §§ 264 ff. AktG, §§ 150 ff. GmbHG, §§ 42, 42a GenG, § 33 ua. Diese Sondervorschriften sind auch für die Auslegung des § 243, der §§ 242 ff. und der jeweils anderen Sondervorschriften bedeutsam, sie dürfen aber nach Erlass des BiRiLiG noch weniger als bisher pauschal als GoB (→ Rn. 1) für alle anderen Bilanzierungspflichtigen übernommen werden (Sperrfunktion des § 243 I), ADS Rn. 35; GK BilR/Hüffer Rn. 3, 20.

2) Grundsätze ordnungsmäßiger Bilanzierung (II)

4   A. **Bilanzklarheit (II):** Der Jahresabschluss muss nach II klar und übersichtlich sein. Buchführung und Jahresabschluss müssen einem sachverständigen Dritten (§ 238 I 2) verständlich sein. Notwendig sind ua die eindeutige Bezeichnung der einzelnen Bilanzposten, sachgerechte Gliederungen und das Unterlassen von Verrechnungen (Saldierungsverbot, § 246 II, mit Ausnahme für Pensionsverpflichtungen und vergleichbare langfristig fällige Verpflichtungen). Ausdrückliche Angaben der Bilanzierungs- und Bewertungsmethoden und der Abweichungen von ihnen gehören ebenfalls zum Bilanzklarheitsgrundsatz und wurden durch § 285 nF erheblich erweitert, sind aber gesetzlich nur für KapitalGes. vorgeschrieben. Ebenso wenig gibt es für Nicht-KapitalGes. ausdrückliche **Gliederungsvorschriften.** Aus II 1 und GoB folgt jedoch, dass auch der Jahresabschluss von EinzelKflten und PersonenGes. zumindest in seiner Grundform § 266 entsprechen muss (Knobbe-Keuk § 3 III 2, str., aA BeckBilKomm/Schmidt/Usinger Rn. 56: §§ 266, 275f sollten freiwillig eingehalten werden). Abweichungen von der Postenbezeichnung des § 266 sind wegen der Gefahr der Irreführung unzulässig, zB Ausweis von Rücklagen und Rückstellungen als Verbindlichkeiten, anders nur, wenn wegen Besonderheiten des Unt. für die Klarheit und Übersichtlichkeit des Abschlusses erforderlich (§ 265 IV). Der Grundsatz der Bilanzklarheit erlaubt bei KapitalGes. nicht ohne weiteres Abweichungen von den gesetzlichen Gliederungsvorschriften der §§ 265, 266, 268, 275–277; anders aber zB nach § 265 V bei nicht in das allgemeine Schema passenden Posten oder Besonderheiten des Geschäftszwigs; Formblätter s. § 330. **Lit.** Schüttler BC 2017, 411 (Begriffe „Verpflichtung" und „Risiko").

5   B. **Bilanzwahrheit:** In § 246 I in seiner Ausprägung als Vollständigkeitsgebot verankert. Der Jahresabschluss muss nicht nur formal, sondern auch materiell ordnungsmäßig sein. Es gilt der Grundsatz der Bilanzwahrheit. Bilanzwahrheit bedeutet aber nicht, dass die Bilanz der objektiven Wahrheit (wirkliche Vermögenslage) entspricht, ganz hL. Wahrheit ist vielmehr als Richtigkeit in Bezug auf den Bilanzzweck, die gesetzlichen Vorschriften und die GoB zu verstehen. Danach darf die Bilanz nichts Falsches enthalten. Vermögensgegenstände und Schulden dürfen nicht fingiert werden. Sie müssen vollständig aufgeführt werden (→ Rn. 6). Die Bewertung muss den Bewertungsvorschriften (§§ 252 ff.) und -grundsätzen entsprechen. Wo diese die Wahl zwischen Bewertungsmethoden, Bewertungsspielräumen und stillen Reserven zulassen, liegt kein Verstoß gegen die Bilanzwahrheit vor. Für KapitalGes. gelten weitergehende Anforderungen, die sich aber weniger aus dem true and fair view-Prinzip des § 264 II, als aus

1. Abschnitt. Vorschriften für alle Kaufleute   6–11   § 243

konkreten Einzelvorschriften wie zB §§ 253, 284, 285, 289 ergeben. Das Gebot der Bilanzwahrheit gilt auch für die GuV, OLG Hamburg AG 2006, 45 (48); Bravidor/Mehnert StuB 2014, 596 (Bilanzwahrheit u. EuGH-Rspr.); Dziadkowski IStR 2014, 461 (EuGH in GIMLE S. A.); Hennrichs WPg 2015, 315 (EuGH in GIMLE S. A.).

C. Bilanzvollständigkeit: Der Grundsatz der Bilanzvollständigkeit folgt aus **6** dem Grundsatz der Bilanzwahrheit und ist entsprechend zu verstehen (→ Rn. 5). Er ist in § 246 I besonders niedergelegt und nennt seit dem BilMoG die wirtschaftliche Betrachtungsweise als Zurechnungskriterium der Vermögensgegenstände, wobei dadurch eine Änderung des bisherigen Rechtszustandes nicht beabsichtigt ist (RegE BilMoG 47).

D. Bilanzidentität: Der Grundsatz der Bilanzidentität ist in § 252 I Nr. 1 **7** ausgesprochen. Er entspricht der fortlaufenden Buchführung.

E. Bilanzkontinuität: Die Grundsätze der formellen Bilanzkontinuität (Aus- **8** weiskontinuität, → § 252 Rn. 25) und der materiellen Bilanzkontinuität (Bewertungsstetigkeit, § 252 Nr. 6) dienen der Aussagekraft des Jahresabschlusses durch Vergleichbarkeit über den einen Abschluss hinaus, Löffler/Roß WPg 2012, 363 (Ansatz- u. Bewertungsstetigkeit nach IDW RS HFA 38).

F. Grundsatz der Vorsicht: Der Grundsatz der Vorsicht dient vor allem dem **9** Gläubigerschutz, leichte Einschränkungen durch BilMoG zugunsten der Informationsfunktion (zB §§ 246 I 4, 248). Er ist in § 252 I Nr. 4 näher geregelt. Ausprägungen des Grundsatzes der Vorsicht sind das **Imparitätsprinzip** (→ § 252 Rn. 11), das **Realisationsprinzip** (→ § 252 Rn. 18–23) und das **Niederstwertprinzip** (→ § 253 Rn. 11, 13).

G. Wesentlichkeitsgrundsatz: Auch der **Wesentlichkeitsgrundsatz** wird **10** zu den GoB gerechnet. Die Bilanz-RL 2013 enthält ihn in Art. 6 I Buchst. j. Entgegen Forderungen aus Wissenschaft und Praxis wurde er aber auch durch das BilRUG 2015 (**Übergangsrecht** in (1) EGHGB Art. 75 II) nicht ausdrücklich in das HGB aufgenommen, weil er schon heute als GoB anerkannt und in verschiedenen Einzelvorschriften des HGB differenziert ausgedrückt ist. In § 243 I und der dort normierten Bezugnahme auf die ungeschriebenen GoB kann man eine ausreichende Umsetzung der Vorgaben der Bilanz-RL 2013 sehen, krit. AK Bilanzrecht, NZG 2014, 892; BB 2014, 2731 (Gefahr, dass Wesentlichkeitsgrundsatz künftig im deutschen Bilanzrecht undifferenziert auch auf Ansatzfragen bezogen wird und unwesentliche Schulden nicht mehr passiviert werden).

Fraglich ist, ob aus dem Grundsatz der Wesentlichkeit in bestimmten Fällen ein Wahlrecht entsteht (dazu Weber-Grellet BB 2022, 43 f.). Dies war in einem BFH-Fall relevant, in dem der Bilanzierende für geringfügige Posten keinen aktiven Rechnungsabgrenzungsposten gebildet hatte. Der BFH hat trotz der geringen Bedeutung der Beträge eine Pflicht zur Bildung eines aktiven Rechnungsabgrenzungspostens postuliert und erklärt, dass es keine gesetzliche Grundlage für ein Wahlrecht gebe (BFH DStR 2021, 1126). Demgegenüber wurde in der Literatur auf den Grundsatz der Wesentlichkeit hingewiesen, welchem ein Wahlrecht immanent sei (Weber-Grellet BB 2022, 43 f.).

3) Aufstellungsfrist (III), Stichtagsprinzip

A. Aufstellungsfrist: III sieht für EinzelKflte und PersonenGes. anders als **11** § 264 I 2, 3 für KapitalGes. keine absoluten Aufstellungsfristen vor, sondern verlangt Aufstellung innerhalb der einem ordnungsmäßigen Geschäftsgang entsprechenden Zeit (aA RegE § 39 III 2: 5 Monate). Vgl. BVerfG BB 1978, 572: je nach den Verhältnissen des betroffenen Unt. Die Sechsmonatsfrist für kleine KapitalGes. (§ 264 I 3) gilt aber grundsätzlich entsprechend auch für EinzelKflte

Merkt   1157

und PersonenGes. und darf nur ausnahmsweise geringfügig überschritten werden, OLG Düsseldorf NJW 1980, 1292 (zu § 283b I Nr. 3b StGB); Satzung einer kleinen KapitalGes. ist unwirksam, soweit sie generell Frist von sechs Monaten vorsieht, BayObLG BB 1987, 869; auch (Krisen): offen BFH ZIP 1984, 882 (jedenfalls nicht über ein Jahr), aA ADS Rn. 41 ff.: 6–9 Monate. In Krisensituationen ist zeitnah und ohne schuldhaftes Zögern aufzustellen, zB 2–3 Monate, ADS Rn. 44; BeckBilKomm/ Schmidt/Usinger Rn. 95, sonst drohen Strafen (→ § 238 Rn. 19). RsprÜbersicht: GK BilR/Hüffer Rn. 38. Inventarfrist s. § 240 II 3. Fristüberschreitung ist Tatbestandsmerkmal in §§ 283 ff. StGB. **Lit.** Schoor StBP 1999, 216; Hüttche/Diemer BB 2000, 2035; Eggemann/Petry BB 2000, 1635 (zur beschleunigten Aufstellung – fast close – bes. bei an internationalen Kapitalmärkten agierenden Unt.).

12 B. **Stichtagsprinzip:** Der Jahresabschluss ist innerhalb der Aufstellungsfrist für einen bestimmten Stichtag aufzustellen. Bilanzstichtag ist der Schluss des Geschäftsjahres (§ 242 I, II). Das Geschäftsjahr darf zwölf Monate nicht überschreiten (§ 240 II 2), aber unterschreiten (sog. Rumpfgeschäftsjahr, zB bei Anpassung des Geschäftsjahres an das Kalenderjahr). Dem Geschäftsjahr entspricht steuerrechtlich das Wirtschaftsjahr (§ 4a EStG). Festsetzung und Änderung des Stichtags sind frei; die Umstellung des Wirtschaftsjahres auf einen vom Kalenderjahr abweichenden Zeitpunkt bedarf bei im HdlReg eingetragenen Gewerbetreibenden des Einvernehmens mit dem Finanzamt (§ 4a EStG). Bei Gewerbetreibenden gilt der Gewinn des Wirtschaftsjahres als in dem Kalenderjahr bezogen, in dem das Wirtschaftsjahr endet (§ 4a II Nr. 2 EStG). Nach dem Stichtagsprinzip sind tatsächliche Verhältnisse nach dem Stichtag nicht zu berücksichtigen, die bisherige Ausnahme des § 253 III 3 aF (Ausgleich von Wertschwankungen in nächster Zukunft mittels Abschreibung) wurde durch das BilMoG gestrichen, → § 253 Rn. 21. Aktivierung einer Forderung richtet sich nach objektiven Verhältnissen des jeweiligen Bilanzstichtages unter Beachtung der bis zur Bilanzaufstellung oder spätestens bis zu dem Zeitpunkt, zu dem die Bilanz im ordnungsgemäßen Geschäftsgang aufzustellen gewesen wäre, bekannt werdenden wertaufhellenden Umstände, BFHE 249, 83 Rn. 24 f.; 259, 104 Rn. 28. Stichtagsprinzip schließt nicht aus, nach Stichtag bekanntwerdende Aspekte als wertaufhellende Tatsachen in Bestimmung der Verwendungszwecksetzung einzubeziehen, OLG Dresden 8 U 576/16, ZIP 2017, 2003 = juris Rn. 78. Beginn des ersten Wirtschaftsjahres einer GmbH, BFH Konzern 2009, 629.

13 Bei nach dem Stichtag erlangten Kenntnissen des Kfm. ist zwischen sog. **wertaufhellenden Tatsachen,** die zum Stichtag bereits vorlagen, ohne dass der Kfm. das wusste, und wertbeeinflussenden Tatsachen, die erst nach dem Stichtag eingetreten sind, scharf zu unterscheiden. Erstere sind bis zur Aufstellung des Jahresabschlusses zu berücksichtigen (ausdrücklich § 252 I Nr. 4 für Risiken und Verluste); letztere müssen als nächsten Geschäftsjahr gehörend außer Betracht bleiben (aber → § 252 Rn. 11). Bsp.: Bekanntwerden einer schon vor dem Stichtag bestehenden Veräußerungsabsicht, OLG München WM 1994, 744. Zerstörung einer Maschine vor dem 31.12. und nach dem 31.12., was der Kfm. erst nach dem 31.12., aber vor Bilanzaufstellung erfährt. Das gilt entspr. für die Bewertung (→ § 252 Rn. 8–12). Ein zwischen Bilanzstichtag und Bilanzaufstellung getroffener Vergleich betr. strittige erfolgsabhängige Vergütung für Beratung ist wertaufhellend, FG Baden-Württemberg BB 2011, 303. Zieht sich die Bilanzaufstellung wie üblich über einen längeren Zeitraum hin, kommt es auf den Endzeitpunkt an, hA, BeckBilKomm/Winkeljohann/Büssow HGB § 252 Rn. 39. Für wesentliche Risiken und Wertminderungen ist der Berücksichtigungszeitraum entgegen dem Wortlaut auszudehnen, BeckBilKomm/Winkeljohann/Büssow HGB § 252 Rn. 39 **Lit.** Gschwendtner DStZ 2000, 648; Küting/Kaiser WPg 2000, 577; Hüttemann FS Priester, 2007, 301. Für Berück-

sichtigung wertaufhellender Tatsachen nur bis zur gesetzlich vorgeschriebenen Frist der Bilanzaufstellung FG Köln DStRE 2012, 265 – unzutreffend; Bienert/Seidler BB 2020 1451 (zu rückwirkender Erfassung von Geschäftsvorfällen).

Sprache. Währungseinheit

244 Der Jahresabschluß ist in deutscher Sprache und in Euro aufzustellen.

1) Sprache

Der Jahresabschluss (§ 242 III) ist in **deutscher Sprache** aufzustellen. Diese 1 Klarstellung ist für die zahlreichen ausländischen Kflte wichtig. Für die Buchführung sind dagegen auch andere lebende Sprachen zugelassen (§ 239 I). **Lit.** MBF Kap. 4 Tz. 67 ff.

2) Währungseinheit

§ 244 idF EuroEG 1998 verlangt die Aufstellung des Jahresabschlusses (auch 2 des Konzernabschlusses, § 298) **in Euro.** Die einzelnen Werte sind ggf. umzurechnen, zB ausländische Sachwerte und Beteiligungen. Das BilMoG führt mit § 256a erstmals eine Bilanzierungsnorm zur Währungsumrechnung ein und gibt damit der bisherigen Umrechnungspraxis eine gesetzliche Grundlage (→ § 256a Rn. 1). Die Geldentwertung (schleichende Inflation) bleibt nach dem deutschen Hdl- und Steuerbilanzrecht grundsätzlich unberücksichtigt (**Nominalwertprinzip:** Mark/Euro = Mark/Euro), um nicht zusätzliche Inflationsimpulse zu geben. Allerdings führt das zu Scheingewinnen ohne realen Vermögenszuwachs, deren Ausschüttung die Substanz antasten würde, und zur Außerachtlassung des gestiegenen Wiederbeschaffungswerts von Anlage- und Umlaufgütern. Eine besondere Substanzerhaltungsrücklage ist bisher rechtlich nicht anerkannt, erst recht nicht die sog. inflationsbereinigte Bilanz. Das BiRiLiG hat gegen die Möglichkeit der im Ausland verbreiteten Bilanzierung zu Wiederbeschaffungspreisen (Wahlrecht nach Art. 33 der 4. EG-Ri) optiert. Wegen des Nominalwertprinzips hat die Novation von Euro-Darlehen keine Gewinnauswirkungen, FG Niedersachsen EFG 2016, 883. Zur Währungsumrechnung bei grenzüberschreitendem Formwechsel Roß DB 2019, 197 (199) (für lineare Transformation ohne Ergebniswirksamkeit). **Übergangsrecht in (1)** EGHGB Art. 42–45.

Unterzeichnung

245 ¹Der Jahresabschluß ist vom Kaufmann unter Angabe des Datums zu unterzeichnen. ²Sind mehrere persönlich haftende Gesellschafter vorhanden, so haben sie alle zu unterzeichnen.

1) Unterzeichnung (Satz 1)

Persönliche Unterschrift des Kfm. (oder sämtlicher Geschäftsführer der Ges., 1 → Rn. 2) mit Datumsangabe ist nur für den Jahresabschluss (Bilanz und Gewinn- und Verlustrechnung, § 242 III; KapitalGes. s. § 264 I 1) und über § 242 I 2 auch für die Eröffnungsbilanz vorgeschrieben. Inventar → § 240 Rn. 1. Zu unterzeichnen ist der festgestellte (verbindliche) Jahresabschluss (der Ges.; beim Einzelkfm fallen Feststellung und Unterschrift idR zusammen, → Rn. 3), zur ausnahmsweise schon der nicht festgestellte, BGH BB 1985, 567; str. für Ges., GK BilR/Hüffer Rn. 5. Der Kfm. kann sich nicht vertreten lassen. Die Unterzeichnung ist öffentlichrechtliche Pflicht; Ordnungswidrigkeit § 334 I Nr. 1a. Sie hat bloße Beweisfunktion. Ihr Fehlen macht den Jahresabschluss nicht unwirksam, OLG Karlsruhe WM 1987, 536; OLG Frankfurt a. M. BB 1989, 395. **Lit.** MBF

Kap. 4 Tz. 67 ff.; Erle WPg 1987, 637; Küting/Kaiser WPg 2000, 577; Dilßner/ Müller BC 2017, 420.

2) Gesellschaftermehrheit (Satz 2), mehrere Organmitglieder

2 S. 2 beinhaltet eine öffentlichrechtliche Pflicht (Recht zur Mitwirkung an der Feststellung → § 114 Rn. 3, → § 164 Rn. 3). Fehlende Unterschrift eines phG → Rn. 1. Die Bilanz ist (mindestens im Innenverhältnis) gültig, sobald aus den Umständen der Gfterwille erhellt, sie als abschließende kontenmäßige Gegenüberstellung der Aktiva und Passiva der Ges. gelten zu lassen, BGH BB 1975, 1606. S. 2 gilt entspr. für mehrere zuständige Organmitglieder (→ § 238 Rn. 9) samt ihren Stellvertretern (s. zB § 94 AktG, § 44 GmbHG), OLG Karlsruhe AG 1989, 35.

3) Nichtigkeit, Berichtigung und Änderung des Jahresabschlusses

3 A. **Unverbindlichkeit noch nicht festgestellter oder nichtiger Jahresabschlüsse:** Bevor der Jahresabschluss nicht festgestellt ist (bei EinzelKfm idR mit Unterschrift, bei Ges. durch Beschluss der Gfter, bei AG nach §§ 172, 173 AktG), kann er jederzeit frei geändert werden. Das gilt auch für den nichtig aufgestellten oder wirksam angefochtenen Jahresabschluss (vgl. §§ 256, 257 AktG), aA für nach §§ 119, 123 BGB angefochtene Bilanz einer PersonenGes. BGH WM 1960, 189.

4 B. **Berichtigung:** Der wirksam festgestellte Abschluss ist für das Unt. bzw. die Ges. verbindlich, BGH WM 1985, 569. Berichtigung ist die **Beseitigung eines unrichtigen Bilanzansatzes,** ggf. schon der zugrundeliegenden Buchungen, auch einer unzulässigen Gliederung. Sie ist möglich (vgl. § 4 II 1 EStG), aber wenn sie in bestehende Rechte Dritter (zB die durch Gewinnverwendungsbeschluss entstandenen Gewinnansprüche) eingreift, nur mit deren Zustimmung, str. (auch → Rn. 5). Wird nicht berichtigt, ist der Fehler im nächsten Jahresabschluss unter Berücksichtigung der zwischenzeitigen Entwicklung (zB Abschreibungen, die hätten vorgenommen werden müssen) richtig zu stellen. Zum Fehlerbegriff s. BFH BStBl. II 2013, 217 mit Anm. Drüen GmbHR 2013, 505. Bei Berichtigung ist § 239 III zu beachten. **Lit.** Hoffmann StuB 2013, 357 (vertretbare vs. richtige Bilanzierung); Hoffmann StuB 2013, 397; 2013, 797 (objektiver/subjektiver Fehlerbegriff); Lüdenbach StuB 2014, 380 (objektiver Fehlerbegriff bei Tatfragen); Prinz WPg 2013, 650 (subjektiver Fehlerbegriff); BeckBilKoFriedl/ Buchner StuB 2014, 183; 2014, 211 (Verfahren der Fehlerkorrektur); Schulze-Osterloh ZHR 2015, 9 (Folgen für die HGB-Bilanz). **Muster:** Hopt/Merkt Vertrags- und Formularbuch/Kraft/Link Form III.A.6 (Bilanzberichtigung).

5 C. **Änderung:** Änderung ist der **Ersatz eines zulässig gewählten Bilanzansatzes** durch einen anderen (besonders hinsichtlich der Bewertung, §§ 252 ff.), ggf. schon der zugrundeliegenden Buchungen, auch einer zulässigen Gliederung. Sie ist nur bei wichtigem Grund, zB Fehlerhaftigkeit (zum Fehlerbegriff im Steuerbilanzrecht BFH GmbHR 2013, 547 mit Anm. Drüen GmbHR 2013, 505) oder steuerliche Gründe, und unter erneuter Aufstellung, Prüfung und Verabschiedung möglich, und nur wenn nicht die Dritten, in deren Rechte eingegriffen würde, zB bei HdlGes. die Gfter mit entstandenen Gewinnauszahlungsansprüchen, damit einverstanden sind. Steuerrechtlich ist Bilanzänderung (nicht bloße Bilanzberichtigung) nur in den Grenzen des § 4 II 2 EStG zulässig (Möglichkeit der Änderung nach Einreichung beim Finanzamt mit dessen Zustimmung (§ 4 II 2 EStG aF) ist durch SteuerentlastungsG und SteuerbereinigungsG 1999 beseitigt worden). § 4 II 2 EStG ist verfassungsgemäß, BFHE 269, 114 (1. LS und juris-Rn. 21 ff.); Zu den Grenzen einer Bilanzänderung nach § 4 II 2 EStG, BFHE 269, 114 (juris-Rn. 29 ff.). Änderung von Jahresabschlüssen und Anpassung der HdlBilanz an die Steuerbilanz, IDW RS HFA 6, Breker/Kuhn WPg

1. Abschnitt. Vorschriften für alle Kaufleute **1 § 246**

2007, 770. **Lit.** Rätke StuB 2008, 760; Hirschberger StuB 2008, 795; Friedl/Buchner StuB 2014, 183; 2014, 211 (Verfahren der Fehlerkorrektur). **Muster:** Hopt/Merkt Vertrags- und Formularbuch/Kraft/Link Form III.A.6 (Bilanzänderung).

Zweiter Titel. Ansatzvorschriften

Vollständigkeit. Verrechnungsverbot

246 (1) ¹Der Jahresabschluss hat sämtliche Vermögensgegenstände, Schulden, Rechnungsabgrenzungsposten sowie Aufwendungen und Erträge zu enthalten, soweit gesetzlich nichts anderes bestimmt ist. ²Vermögensgegenstände sind in der Bilanz des Eigentümers aufzunehmen; ist ein Vermögensgegenstand nicht dem Eigentümer, sondern einem anderen wirtschaftlich zuzurechnen, hat dieser ihn in seiner Bilanz auszuweisen. ³Schulden sind in die Bilanz des Schuldners aufzunehmen. ⁴Der Unterschiedsbetrag, um den die für die Übernahme eines Unternehmens bewirkte Gegenleistung den Wert der einzelnen Vermögensgegenstände des Unternehmens abzüglich der Schulden im Zeitpunkt der Übernahme übersteigt (entgeltlich erworbener Geschäfts- oder Firmenwert), gilt als zeitlich begrenzt nutzbarer Vermögensgegenstand.

(2) ¹Posten der Aktivseite dürfen nicht mit Posten der Passivseite, Aufwendungen nicht mit Erträgen, Grundstücksrechte nicht mit Grundstückslasten verrechnet werden. ²Vermögensgegenstände, die dem Zugriff aller übrigen Gläubiger entzogen sind und ausschließlich der Erfüllung von Schulden aus Altersversorgungsverpflichtungen oder vergleichbaren langfristig fälligen Verpflichtungen dienen, sind mit diesen Schulden zu verrechnen; entsprechend ist mit den zugehörigen Aufwendungen und Erträgen aus der Abzinsung und aus dem zu verrechnenden Vermögen zu verfahren. ³Übersteigt der beizulegende Zeitwert der Vermögensgegenstände den Betrag der Schulden, ist der übersteigende Betrag unter einem gesonderten Posten zu aktivieren.

(3) ¹Die auf den vorhergehenden Jahresabschluss angewandten Ansatzmethoden sind beizubehalten. ²§ 252 Abs. 2 ist entsprechend anzuwenden.

Übersicht

	Rn
1) Grundsatz der Vollständigkeit (I 1)	1
2) Vermögensgegenstände und Schulden (Aktivierbarkeit, Passivierbarkeit)	2–13
A. Ansatz- und Bewertungsvorschriften:	2
B. Aktivierbarkeit:	3–12
C. Passivierbarkeit:	13
3) Persönliche Zuordnung von Vermögensgegenständen (I 2)	14–23b
A. Maßgeblichkeit des wirtschaftlichen Eigentums:	14
B. Eigentumsvorbehalt, Pfandrecht, Sicherungsübertragung:	15
C. Weitere Einzelfälle:	16–23b
4) Sachliche Zuordnung bei Kaufleuten (Betriebsvermögen, Privatvermögen)	24
5) Verrechnungsverbot (II)	25–28
6) Ansatzstetigkeit (III)	29

1) Grundsatz der Vollständigkeit (I 1)

Der Grundsatz der Vollständigkeit ist eine Ausprägung des Grundsatzes der **1** Bilanzwahrheit (→ § 243 Rn. 5) bezogen auf die Bilanzansätze. Die Norm ist durch das BilMoG neu gefasst worden. **Übergangsrecht** in **(1)** EGHGB

§ 246 1

Art. 66 III. Erstmals wird der Grundsatz der wirtschaftlichen Betrachtungsweise gesetzlich verankert und damit der bisherigen Praxis Rechnung getragen. Die Beschränkung dieses Prinzips in I 2 und 3 aF auf Einzelfälle ist aufgehoben. I sieht eine umfassende Aktivierungs- und Passivierungspflicht für den Jahresabschluss, also Bilanz und Gewinn- und Verlustrechnung (§ 242 III), vor. Sämtliche Vermögensgegenstände (→ Rn. 3–12), Schulden (→ Rn. 13) und Rechnungsabgrenzungsposten (§ 250) sind in der Bilanz und sämtliche Aufwendungen und Erträge (vgl. §§ 275 II, III) in der GuV vollständig aufzuführen, BFHE 260, 312 Rn. 21, soweit gesetzlich nichts Anderes bestimmt ist, auch bestehende Zinsforderungen, Klube/Schröter/Weber WPg 2019, 213 (218). Zur Abbildung von Put-Optionen unter Zugrundelegung der „Zweivertragstheorie" des BFH Fuchs/Hargarten/Weinmann BB 2018, 2475. Die von einem Kfz-Händler beim Neuwagenverkauf eingegangenen Verpflichtungen sind sich wirtschaftlich und rechtlich selbständige Leistungen, die erst mit der Ausübung bzw. dem Verfall der korrespondierenden Rückverkaufsoption entfallen und erst dann erfolgswirksam auszubuchen sind, FG München BB 2015, 2992. Die noch im RegE BilMoG enthaltene Aktivierungspflicht für latente Steuern wurde wieder gestrichen. Gesetzliche Ausnahmen folgen aus Bilanzierungsverboten (zB § 248 II) sowie Aktivierungs- und Passivierungswahlrechten (→ § 264 Rn. 20), soweit nach dem BilMoG beibehalten (zB §§ 248 II, 250 III). Mittels einer Fiktion wird der entgeltlich erworbene Geschäfts- oder Firmenwert in I 4 zum aktivierungspflichtigen zeitlich begrenzt abnutzbaren Vermögensgegenstand erhoben. Abgeschriebene Werte sind als Erinnerungsposten mit 1 Euro weiterzuführen, RGZ 131, 197. Dass umgekehrt Vermögensgegenstände und Schulden nicht fingiert werden dürfen, folgt aus der Bilanzwahrheit (→ § 243 Rn. 5). Allein die Vermögenslosigkeit des Schuldners führt nicht dazu, dass eine rechtlich bestehende Verpflichtung aus dem Abschluss auszubuchen ist; gleiches gilt, wenn eine Rangrücktrittsvereinbarung die Verpflichtung bestehen lässt, die subordinierten Gesellschafterforderungen aus dem nach Begleichung der vorrangigen Ansprüche verbleibenden sog. freien Vermögen zu tilgen, BFH GmbHR 2017, 197. Beim kostenlosen oder verbilligten Erwerb eines Vermögensgegenstands von ihrem Gesellschafter hat die Ges. die Anschaffungskosten und nicht den Zeitwert anzusetzen, um einen nicht realisierten Ertragsausweis zu vermeiden, EuGH NZG 2014, 36 – GIMLE S. A. mit krit. Anm. Schulze-Osterloh NZG 2014, 1; s. a. Bravidor/Mehnert StuB 2014, 596; Dziadkowski IStR 2014, 461; Hennrichs WPg 2015, 315 (zu EuGH NZG 2014, 36 – GIMLE S. A.). Gegenüberstellung der Aktivierungspflicht privater und öffentlicher Unt. nach HGB, SsD, IAS und IPSAS bei Lorson/Haustein/Beske/Schult KoR 2019, 32 (33 ff.); 2017, 576. **Lit.** MBF Kap. 5 Tz. 1 ff.; Klein DStR 2010, 712 (Getränkepfandgelder); Deubert/Lewe DStR 2020 1975 (Getränkepfandgelder); Zwirner BC 2021, 18 (Getränkepfandgelder); Riehl StuB 2010, 131 (Altersversorgung); Mujanovic StuB 2010, 167; 2010, 268 (derivativer Geschäftswert); Kossow StuB 2010, 174 (Rücknahmeverpflichtungen); Hennrichs GmbHR 2010, 17; Weber-Grellet StuB 2010, 354; Lüdenbach StuB 2010, 630; Küting ua KoR 2010, 264 (Planvermögen); Ries WPg 2010, 811 (Arbeitszeitkonten); Scherff/Wielleke StuB 2010, 769 (Stetigkeit); Schülke DStR 2010, 992; Kruschwitz ua WPg 2010, 474 (bilanzielle Schulden und DCF-Theorie); Claßen/Schulz StuB 2011, 3 (Leasing); Thierer DB 2011, 189 (Rückdeckungsversicherungen); Kolb ua StuB 2011, 57 (Pensionsverpflichtungen); Löw/Künzel/Brixner WPg 2012, 40 (Bankenabgabe); Marx/Löffler DB 2012, 1337 (Franchising); Centrum für Bilanzierung Saarbrücken DB 2014, 1 (Firmenwert); Gimpel-Hennig/Ewelt-Knauer WPg 2014, 944 (Firmenwert); Bilitewski/Roß/Weiser WPg 2014, 13; 2014, 73 (Handelsbilanzierung bei Verschmelzung nach IDW RS HFA 42); Heeb WPg 2014, 189 (Handelsbilanzierung bei Spaltung nach IDW RS HFA 43); Hoffmann StuB 2013, 677 (Ende der Schwebezeit); Pilhofer/Lessel StuB 2013, 475 (Beteiligungsbilanzierung); Buck DB 2021, 1021

(Beteiligungsbilanzierung); Link BB 2014, 554 (Earn-out); Löffler/Roß WPg 2012, 363 (Ansatz- u. Bewertungsstetigkeit nach IDW RS HFA 38); Roos DStR 2015, 437 (Vertragsabschluss- u. Werbeprämien); Schmidt DStR 2014, 544 (Pharmaindustrie); Bott/Klier Konzern 2014, 501 (Pensionsverpflichtungen bei Gebietskörperschaften, IPSAS u. EPSAS); Lorson/Melcher/Zündorf DStR 2014, 2585 (kommunale Rechnungslegung); Lüdenbach/Freiberg BB 2014, 747 (Know-how-Erwerb gegen erfolgsabhängige Vergütung); Rspr.-Übersicht: Weber-Grellet BB 2014, 42; Bravidor/Mehnert StuB 2014, 596 (Bilanzwahrheit u. EuGH-Rspr.); Dziadkowski IStR 2014, 461 (EuGH in GIMLE S. A.); Hennrichs WPg 2015, 315 (EuGH in GIMLE S. A.); Ott StuB 2015, 43 (GmbH-Gesellschafterdarlehen); Scheffler Konzern 2016, 482 (484) (Unterschiede Ansatz u. Bewertung Aktiva); Dutzi/Leuveld/Rausch BB 2015, 2219 (Upstream Merger).

2) Vermögensgegenstände und Schulden (Aktivierbarkeit, Passivierbarkeit)

A. **Ansatz- und Bewertungsvorschriften:** Die **Ansatzvorschriften** (zB 2 §§ 246–251, 266–278) bestimmen, welche Posten in der Bilanz bzw. der Gewinn- und Verlustrechnung ausgewiesen werden dürfen (Bilanzierbarkeit, Bilanzfähigkeit) oder müssen (Bilanzpflichtigkeit). Sie regeln also das Ob. Die **Bewertungsvorschriften** (zB §§ 252–256) bestimmen, mit welchem Wert diese Posten angesetzt werden dürfen (Bewertungswahlrecht) oder müssen (gesetzlich vorgeschriebene Bewertung). Sie regeln also das Wie.

B. **Aktivierbarkeit: a) I 1** regelt die sogenannte **abstrakte Bilanzierungs-** 3 **bzw. Aktivierungsfähigkeit,** also die Frage, ob ein Vermögensgegenstand vorliegt. Aktivierbar ist nach I 1 das Vermögen des Kfm., also jeder **Vermögensgegenstand** (→ § 238 Rn. 32, dort auch zum steuerrechtlichen Begriff des Wirtschaftsguts). Der Begriff Vermögensgegenstand wird vom HGB nicht definiert, sondern vorausgesetzt (Einzelheiten str.). Nach hA liegt ein **Vermögensgegenstand** vor, wenn der Gegenstand selbstständig bewertbar, greifbar und verkehrsfähig ist sowie einen wirtschaftlichen Wert besitzt. Vorausgesetzt wird, dass der Gegenstand wirtschaftlich zum Vermögen des Kfm. gehört (→ Rn. 14–24) und kein Aktivierungsverbot besteht, das heißt, dass **konkrete Bilanzierungs- bzw. Aktivierungsfähigkeit** (siehe insbes. § 248 II) besteht **(wirtschaftliche Betrachtungsweise).** Zentrale Kriterien für wirtschaftliche Vermögenszugehörigkeit: „Substanz und Ertrag, vollständig und auf Dauer" BFH BB 1984, 1985; BGH NJW 1998, 1559. Zur Bedeutung von § 39 AO für die handelsrechtliche Zurechnung Wüstemann/Backes/Schober BB 2017, 1963 (keine gewohnheitsrechtliche Geltung). Der Grds. der wirtschaftlichen Zurechnung ist nach der Neufassung in **I 2** ausdrücklich normiert (→ Rn. 13). § 246 geht von Regel-Ausnahmeverhältnis aus, dass der Bilanzierende grds. Eigentümer des Vermögensgegenstands sein muss, es sei denn, nicht dem Eigentümer, sondern einem anderen ist das wirtschaftliche Eigentum zuzurechnen, LG Essen 8 O 1/15, BeckRS 2018, 11737 = juris Rn. 161. Wirtschaftliche Betrachtung darf nicht Blick dafür verstellen, dass Zugehörigkeit zu bestimmtem Vermögen primär vom Zivilrecht entschieden wird, das regelt, wer einen Gegenstand nutzen, als Kreditunterlage einsetzen und über ihn verfügen kann. Vernachlässigung der zivilrechtlichen Seite verstieße gegen Vorsichtsprinzip, BGH DStR 1996, 187.

Einzelfälle: Zum wirtschaftlichen Eigentum beim Sale-and-Buy-Back-Geschäft 3a IDW ERS HFA 13, zum Leasing BFHE 255, 386; FG Hamburg DStRE 2010, 687; Wüstemann/Backes/Schober BB 2017, 1963. Anspruch auf Investitionszulage ist als Forderung dem Umlaufvermögen zuzuordnen, BFHE 259, 104. Anspruch auf Investitionszulage ist in dem Jahr zu aktivieren, in dem die Anspruchsvoraussetzungen mit der Anschaffung/Herstellung des betreffenden Wirtschaftsguts erfüllt sind und die spätere Antragstellung bereits ernstlich beabsichtigt ist. Auf den förmlichen Antrag kommt es nicht an, BFHE 269, 114 (3. LS und juris-Rn. 41 ff.). Da Bitcoins offenkundig werthaltig sind und an aktivem Markt gehandelt werden, sind sie abstrakt bilanzierungsfähig, Lüdenbach PiR 2018, 104; Kirsch/v. Wieding BB 2017, 2733; Ummenhofer/Zeitler Konzern 2018, 442 (444); Blecher/Horx WPg 2020, 267, 269. Ausnahmsweise sind auch Nichtvermögensgegenstände aktivierbar (→ § 266 Rn. 3). Körperliche Gegenstände (§ 90 BGB) sind wenig problematisch, auch Miteigentumsanteile, selbstständige Anlagen und Gebäudeeinbauten (→ § 266 Rn. 6). Cannabispflanzen und Blüten sind abstrakt aktivierungsfungsfähig, da einzeln verwertbar. Sie sind dem Umlaufvermögen zuzuordnen, dort entweder den unfertigen Erzeugnissen oder je nach Geschäftsmodell den fertigen Erzeugnissen (Kirsch/Wieding/Nonnast DB 2021, 629). Bloße Erwerbschancen sind keine Vermögensgegenstände, deshalb § 248 I Nr. 1, Nr. 2. Nehmen Teilnehmer eines Mehrwegsystems mit Brunneneinheitsflaschen mehr Leergut zurück als sie zuvor als Vollgut ausgegeben hatten, sind weder Anschaffungskosten noch Forderungen gegen Kunden zu aktivieren, in Betracht kommt aber uU Aktivierung eines Nutzungsrechts, BFH DStR 2013, 957 mit Anm. Krieger DStR 2014, 1989. Wärmeenergie eines Blockheizkraftwerks mit Biogasanlage ist zwar grds. unselbstständiger wertbildender Faktor, wird aber durch Inverkehrbringen zum selbstständigen aktivierbaren Wirtschaftsgut, BFHE 268, 319 (Rn. 25 – 29). Keine Aktivierung eines regulatorischen Vermögensgegenstands, Freiberg/Amshoff WPg 2017, 1334 (1338). Keine Aktivierung von aufschiebend bedingter Forderung, weil sie erst mit Eintritt der Bedingung rechtlich und wirtschaftlich entsteht, anders, wenn die Forderung ausnahmsweise im Einzelfall hinreichend konkretisiert ist, etwa wenn der Bedingungseintritt so gut wie sicher ist, BFH BeckRS 2013, 95745. Sanierungszuschuss aus öff-rechtlichem Vertrag ist im Jahr der Entstehung mit Nennbetrag zu aktivieren (keine Abfindung auf Barwert); Unverzinslichkeit des Zuschusses lässt Teilwert nicht unter den Nennwert sinken, BFH BeckRS 2014, 94044. Rechtskräftiges Urteil, das zuvor bestrittene Forderung zuspricht, kann auf deren Aktivierung wegen Vorsichtsprinzip nicht werterhöhend, sondern nur wertbegründend einwirken, BFH BeckRS 2014, 95796. Unterbeteiligung an Gesellschaftsanteil, die keine atypische Unterbeteiligung ist, ist kein einheitlicher Vermögensgegenstand, sondern Bündel schuldrechtlicher Ansprüche, BFH NJW-RR 2008, 986. Grundlegend Kahle/Günter in Schmiel/Breithecker, Steuerliche Gewinnermittlung nach dem BilMoG, 2008, S. 69. Stille Beteiligung ist beim Beteiligungsgeber als Vermögensgegenstand zu aktivieren. Bei darlehensähnlichem Charakter erfolgt Ausweis je nach Ausgestaltung der Beteiligung entweder im Umlaufvermögen oder im Anlagevermögen. Bei gesellschafterähnlicher Ausgestaltung erfolgt Einordnung grds. unter dem Posten „Beteiligungen", Frieling/Verhofen KoR 2020 558; zur Bilanzierung der stillen Gesellschaft vgl. Braun/Herrmann/Kusch/Maiworm NWB 2020, 3348 (insb. zur Taxonomie). Insolvenzanfechtungsansprüche sind in der Eröffnungsbilanz für das mit Eröffnung des Insolvenzverfahrens neu beginnende Geschäftsjahr (§ 155 Abs. 2 S. 1 InsO) zu aktivieren (Uhländer, DB 2022, 485, 491). Gewährt der Empfänger einer anfechtbaren Leistung das Erlangte zurück, so lebt seine Forderung wieder auf (§ 144 Abs. 1 InsO) und aus Sicht des Schuldnerunternehmens entsteht wieder korrespondierend die Verbindlichkeit. Der Ausweis der Verbindlichkeit darf erst in der Insolvenzeröffnungsbilanz erfolgen; zur handelsrechtlichen Bilanzierung von Corona-Finanzhilfen mit Beispielen: DStR 2021, 933.

4 **b)** Problematischer sind dagegen **immaterielle Güter**. Hier ergeben sich erhebliche Änderungen durch das BilMoG. Das Aktivierungsverbot des § 248 II aF entfällt. Galt hiernach grds. ein Aktivierungsverbot für nicht entgeltlich erworbene Vermögensgegenstände des Anlagevermögens, besteht jetzt **Ansatzwahl-**

1. Abschnitt. Vorschriften für alle Kaufleute 5, 6 § 246

recht (→ § 248 Rn. 3), sofern es sich um einen Vermögensgegenstand handelt. Einschränkend erlaubt § 255 II 4 bei dessen Ausübung nur den Ansatz der Entwicklungs-, nicht aber der Forschungskosten und verbietet § 248 II 2 die Aktivierung bestimmter selbstgeschaffener immaterieller Güter. Bei Zuordnung von Gütern, die sowohl materielle als auch immaterielle Komponenten aufweisen, ist vorrangig auf das wirtschaftliche Interesse des potentiellen Käufers abzustellen. Relevant ist, wofür der Käufer den Preis im Wesentlichen bezahlt; außerdem ist von Relevanz, ob Verkörperung eigenständige Bedeutung hat oder ob sie lediglich als Träger fungiert, Zimmermann/Dorn/Bieschewski, NWB 2020, 3098, 3100. **Handelsrechtlich** setzt die Aktivierbarkeit immaterieller Güter voraus:

(1) **Selbstständige Bewertbarkeit:** Diese (auch Einzelbewertbarkeit) wurde ausschließlich bei entgeltlichem Erwerb als gegeben angesehen und wird bei derivativem Erwerb daher auch künftig stets erfüllt sein. Nach Streichung des Bilanzierungsverbots gem. § 248 II aF kann es darauf aber nicht mehr allein ankommen. Selbstständige Bewertbarkeit soll sich nach RegE BilMoG 50 bei originären immateriellen Gütern daher nun allein nach der selbstständigen Veräußerlichkeit und Verkehrsfähigkeit richten, jedoch stellt das Gesetz in § 248 II 2 selbst ausdrücklich auch weiterhin auf selbstständige Bewertbarkeit ab, indem dort genannte (zB Marke) und diesen vergleichbare nicht entgeltlich erworbene Güter von der Aktivierbarkeit ausgenommen werden, Hennrichs DB 2008, 537, nämlich solche, denen Herstellungskosten (§ 255 IIa) nicht zweifelsfrei zugerechnet werden können und die damit nicht selbstständig bewertbar sind, RegE BilMoG S. 50. Selbstständige Bewertbarkeit setzt daher künftig entweder derivativen Erwerb voraus oder, wenn es sich um originäre immaterielle Güter des Anlagevermögens handelt, Möglichkeit der klaren Zuordnung der Herstellungskosten zu diesem Gut (Einzelbewertungsgrundsatz).

(2) **Selbstständige Veräußerlichkeit bzw. Verkehrsfähigkeit:** Dieses 5 Merkmal war nach hL schon vor dem BilMoG unverzichtbar, denn es sondert entsprechend dem Vorsichtsprinzip (→ § 252 Rn. 10) nicht einzeln verwertbare Güter aus. Aktivierbar sind allerdings auch Nießbrauch ((obwohl nicht übertragbar, § 1059 S. 1 BGB), str., aA Ekkenga ZHR 161 (1997), 611: Nießbrauch und andere Nutzungsrechte aber wie immaterielles Gut zu behandeln), Urheberrecht (trotz § 29 UrhG) und Forderungen, deren Abtretung durch Vereinbarung mit dem Schuldner ausgeschlossen ist (§ 399 BGB). In all diesen Fällen liegt Verkehrsfähigkeit (selbstständige Veräußerlichkeit iwS) vor, weil diese Güter individuell wirtschaftlich nutzbar sind, wenn nicht durch rechtliche Veräußerung, so durch Überlassung zur Nutzung oder anderen Form der wirtschaftlichen Übertragung, zB bei Spielerlaubnis für Berufsfußballspieler, BFH NJW 1993, 222, bestätigt durch BFH DStR 2012, 229. Nach aA liegen insoweit Ausnahmen vor, die das Merkmal nicht in Frage stellen. Schadstoffimmissionsrechte: IDW RS HFA 15, WPg 2006, 574, Hommel/Wolf BB 2005, 1782; WPg 2005, 273. Realisationsprinzip und schwebende Geschäfte → § 252 Rn. 18–21; BFH HFR 2006, 353; Hoffmann StuB 2013, 677. Der Ausweis einer Forderung aus einem schwebenden Geschäft ist dann geboten, wenn das Gleichgewicht der Vertragsbeziehungen durch Vorleistungen oder Erfüllungsrückstände eines Vertragspartners gestört ist, BFH GrS BStBl. II 1997, 735, BFH BeckRS 2019, 29299. Zur Rechtslage nach dem BilMoG Hennrichs DB 2008, 537; Arbeitskreis Bilanzrecht BB 2008, 152; AK Immaterielle Werte im Rechnungswesen der SBG DB 2008, 1813; Hoffmann/Lüdenbach DStR 2008, Beihefter zu Heft 30, 49; Küting/Pfirrmann/Ellmann KoR 2008, 689; Hüttche StuB 2008, 163; Schülke DStR 2010, 992.

Steuerrechtlich sind immaterielle Wirtschaftsgüter des Anlagevermögens zu 6 aktivieren, wenn sie entgeltlich erworben wurden (§ 5 II EStG). Daraus folgert die hA ein ausdrückliches steuerliches **Aktivierungsgebot,** Weber-Grellet in Schmidt EStG § 5 Rn. 161. Fehlt Entgeltlichkeit, besteht steuerliches Aktivie-

§ 246 7, 7a

rungsverbot. Die Streichung des § 248 II aF wirkt sich steuerrechtlich nicht aus, RegE BilMoG S. 50. Für verdeckt eingelegte immaterielle Wirtschaftsgüter besteht Aktivierungspflicht nach § 6 I Nr. 5 EStG, BFH BStBl. II 1987, 455.

7 **Einzelfälle:** Nicht aktivierbar sind zB Ausgaben für einen einmaligen Werbefeldzug, BFH GrS BStBl. II 1969, 292; BStBl. II 1970, 37; entgeltlich erlangtes Wettbewerbsverbot, sehr str., aA BFH BStBl. II 1982, 57, Domain-Name ist Vermögensgegenstand, BFH BB 2007, 769, Kundenstamm und Know-how können einer sein (Kunden- oder Lieferantenliste), BFH DStR 2010, 371; aktivierbar sind Aufwendungen im Zusammenhang mit vereinnahmten Vorauszahlungen für noch nicht realisierte Provisionen, FG Münster BB 2012, 1018; ebenso bei Provisionen eines Versicherungsvermittlers, Nachbetreuung von Versicherungsverträgen, BFH BeckRS 2019, 29299. Keine Aktivierung eines regulatorischen Vermögensgegenstands, Freiberg/Amshoff WPg 2017, 1334 (1338). Ersatzteile Roos DB 2015, 813; Hageböke/Hasbach DB 2015, 1307. Kasuistik s. BeckBilKomm/Schubert/Waubke § 247 Rn. 383 ff.; Hommel Bilanzierung, 1998, passim; Niemann, Immaterielle Wirtschaftsgüter, 1999, passim; Lüdenbach BB 2014, 747 (Know-how); Schröder/Specht WPg 2020, 959. Spielertransfers sind im Profifußball aktivierbar. Neben entgeltlich erworbenen Spielervermögen ist in den Bilanzen von Fußballvereinen und Kapitalgesellschaften auch selbst geschaffenes Spielervermögen innerhalb der immateriellen Vermögensgegenstände des Anlagevermögens möglich (Busch, DStR 2022, 112, str. a. A. offenbar die DFL). Der Herstellungsprozess in diesem Sinne kann nicht auf technische Prozesse und industrielle Produktion beschränkt werden; auch Herstellung von Humankapital ist möglich (Busch, DStR 2022, 112); abstrakte Aktivierungsfähigkeit besteht aufgrund von exklusivem Nutzungsrecht; Aktivierungsverbot iSd § 248 II 2 HGB soll nicht greifen; Emissionszertifikate (EU-ETS und nationale Brennstoffemissionszertifikate des BEHG) zählen grds. zu den immateriellen Vermögensgegenständen, die dem Umlaufvermögen zuzuordnen sind (IDW RS HFA 15, Brüggemann/Polster DB 2021, 1077, 1080 f.) Werden die Zertifikate für den Produktionsprozess eingesetzt, sind sie unter den Vorräten auszuweisen, in allen anderen Fällen (z. B. Handel) als sonstige Vermögensgegenstände. Bei Emissionszertifikaten handelt es sich nicht um Wertpapiere i. S. d. § 2 Abs. 1 WpHG. Die Zugangs- und Folgebewertung der Emissionszertifikate folgt den allgemeinen Grundsätzen der Bewertung zu Anschaffungskosten. Grünstromzertifikate – und als eine Unterkategorie dieser, die nationalen Herkunftsnachweise – erfüllen das Kriterium der selbstständigen Verwertbarkeit, da grds. ein regulatorischer Rahmen zur Handelbarkeit geschaffen wurde und ein Markt für den An- und Verkauf besteht (Brüggemann/Polster DB 2021, 1077, 1083). Ähnlich wie die Emissionsberechtigungen gehören auch Herkunftsnachweise zu den immateriellen Vermögensgegenständen. Beim Anlagenbetreiber liegt ein selbst geschaffener immaterieller Vermögensgegenstand des Umlaufvermögens vor, für den ein Aktivierungsgebot zu den angefallenen Herstellungskosten besteht (Brüggemann/Polster DB 2021, 1077, 1083). Die spätere Veräußerung der Herkunftsnachweise an Energieversorger ist ergebniswirksam innerhalb der Umsatzerlöse zu buchen. Beim Energiehändler kann Ausweis unter den Vorräten erfolgen. Auf Ebene der Stromverbraucher mangelt es an der selbstständigen Verwertbarkeit, da die Grünstromeigenschaft selbst nicht mehr veräußert werden kann. Daher sind die zusätzlichen Kosten für die Herkunftsnachweise im Zeitpunkt des Stromverbrauchs aufwandswirksam zu erfassen (Brüggemann/Polster DB 2021, 1077, 1084).

7a Problematisch ist aktuell insbesondere die Frage nach der Bilanzierung von Kryptowerten und Kryptoassets: Ausführlich: Skauradszun DStR 2021, 1063 (Handels- und steuerrechtliche Bilanzierung von Kryptowerten und Kryptowertpapieren iSd § 1 XI 4 KWG und § 4 II eWpG-E); Rapp/Bongers DStR 2021, 2178 (Bilanzierung von Kryptokunst);

1. Abschnitt. Vorschriften für alle Kaufleute 8–11a § 246

c) Entgeltlich erworbener Geschäfts- oder Firmenwert: (1) **Ansatz-** 8
pflicht: I 4 erhebt den entgeltlich erworbenen Geschäfts- oder Firmenwert
mittels einer Fiktion zum aktivierungspflichtigen zeitlich begrenzt abnutzbaren
Vermögensgegenstand. Eine Änderung des Vermögensgegenstandsbegriffes ist
damit RegE BilMoG 48 nicht verbunden, krit. Kahle/Günter in: Schmiel/
Breithecker, Steuerliche Gewinnermittlung nach dem BilMoG, 2008, S. 69:
Beibehaltung des Aktivierungswahlrechts war mit dem Reformziel besserer Vergleichbarkeit nicht vereinbar. Übergangsvorschriften: **(1)** EGHGB Art. 66 III.
Lit. Oser/Roß/Wader/Drögemüller WPg 2008, 675; Hommel/Franke/Rössler
Konzern 2008, 157 (Minderheitengoodwill); Kleinmanns StuB 2014, 475.

(2) **Derivativer Geschäftswert:** Geschäftswert ist der Mehrwert eines leben- 9
den (bereits eröffneten) Unt. über den Substanzwert der einzelnen Vermögensgegenstände (Wirtschaftsgüter) abzüglich Schulden hinaus, BFH BB 1993, 1914.
Für den originären Geschäfts- oder Firmenwert besteht ein Aktivierungsverbot,
zB BFH/NV 2006, 822. Er ist, da zu unsicher, schon kein Vermögensgegenstand
(trotz § 266 II A I Nr. 3), hL, nach aA fällt er jedenfalls unter das Aktivierungsverbot des § 248 I Nr. 1 (auch → § 248 Rn. 1). Der derivative, also entgeltlich
erworbene Geschäfts- oder Firmenwert muss dagegen aktiviert werden. Entgeltlicher Erwerb → § 248 Rn. 4; steht Entgeltzahlung unter einer Bedingung darf erst
bei Bedingungseintritt aktiviert werden, BFH BeckRS 2010, 25016606;
DStR 2007, 2050. Angesetzt werden darf nur die Differenz zwischen dem
(höheren) Kaufpreis und dem Wert der einzelnen Vermögensgegenstände abzüglich der Schulden im Zeitpunkt der Übernahme, also nicht der Unternehmenswert insgesamt (dazu → Einl. vor § 1 Rn. 61–68). Statt des Verkehrswerts der
einzelnen Vermögensgegenstände darf der vom Erwerber fortgeführte Buchwert
angesetzt werden. Bei negativem Geschäftswert Ansatz zum Erinnerungswert und
Bildung eines passiven Ausgleichspostens für erhaltenes Aufgeld, BFH BStBl. II,
656; FG Düsseldorf DStR 2011, 112, str. **Lit.** Jessen/Weller DStR 2005, 489;
2005 u. 532; Wolf/Kurz StuB 2005, 484 (Überschuldungsbilanz); Lüdenbach
StuB 2010, 639; Mujkanovic StuB 2010, 167; 2010, 268; Weber-Grellet StuB
2010, 354; Preißer/Bressler BB 2011, 427 (negativer Geschäftswert).

(3) **Tilgungszeitraum:** Der aktivierungspflichtige Geschäfts- oder Firmen- 10
wert ist gem. § 253 III planmäßig (oder außerplanmäßig) abzuschreiben. Dabei
ist seine individuelle betriebliche Nutzungsdauer zugrunde zu legen, wie sie sich
sich zum Aktivierungszeitpunkt darstellt, RegE BilMoG S. 48. Wird planmäßig
über mehr als 5 Jahre abgeschrieben, ist dies im Anhang (§ 285 Nr. 13) begründet anzugeben. § 253 V 2 normiert ein Wertaufholungsgebot für den außerplanmäßig abgeschriebenen Geschäfts- oder Firmenwert, da eine später eintretende
Wertaufholung selbstgeschaffen und nicht entgeltlich erworben ist. Der nach
IFRS geltende Impairment-Only-Approach wird damit nicht übernommen.
Steuerrechtlich beträgt die betriebsgewöhnliche Nutzungsdauer des Geschäftsoder Firmenwerts 15 Jahre (§ 7 I 3 EStG).

d) Forderungen: Besonderheiten für Forderungen aus Austauschgeschäften 11
→ § 252 Rn. 19, andere Forderungen, zB Schadensersatzansprüche, → § 252
Rn. 20, und Forderungen aus schwebenden Geschäften, → § 252 Rn. 21, ferner
→ § 254 Rn. 2. Vgl. für Schulden → Rn. 13.

e) Zulagen: IDW hat sich zu Bilanzierungsfragen von Zuwendungen in IDW 11a
HFA 1/1984 geäußert. Unterschieden werden Investitionszulagen und Aufwandszulagen, je nachdem woran Zuwendung anknüpft. Praxisrelevant war bisher insb.
Investitionszulage nach **InvZulG:** Anspruch auf Investitionszulage ist als Forderung dem Umlaufvermögen zuzuordnen, BFHE 259, 104. Anspruch auf Investitionszulage ist in dem Jahr zu aktivieren, in dem die Anspruchsvoraussetzungen mit
der Anschaffung/Herstellung des betreffenden Wirtschaftsguts erfüllt sind und die
spätere Antragstellung bereits ernstlich beabsichtigt ist. Auf den förmlichen Antrag

kommt es nicht an, BFHE 269, 114 (3. LS und juris-Rn. 41 ff.). Am 1.1.2020 trat Gesetz zur steuerlichen Förderung v. Forschung und Entwicklung v. 14.12.2019 in Kraft (**FZulG**). IDW HFA 1/1984 ist anwendbar, Althoff/Ehsen-Rühl WPg 2020, 736 f. Gesetz gewährt Forschungszulage, die an die dem Lohnsteuerabzug unterliegenden Aufwendungen für Forschung u. Entwicklung oder an Eigenleistung eines Unternehmers oder an Auftragsforschung anknüpft und auf festgesetzte Einkommens- bzw. Körperschaftssteuer angerechnet wird. Deshalb ist str. ob bei PersG Betriebsvermögensmehrung vorliegt, ablehnend: Althoff/Ehsen-Rühl WPg 2020, 736, 737; Brunckhorst, DStR 2020, 2349, 2350 f. mwN zum Streit. Forschungszulage kommt Gesellschaftern unmittelbar zu, nicht Personengesellschaft selbst, Althoff/Ehsen-Rühl, WPg 2020, 736 ff. Bei Kapitalgesellschaft ist Zulage als Forderung zu aktivieren. Zeitpunkt d. Aktivierung, wenn sachliche Vss. des FZulG erfüllt sind (insb. Förderbescheinigung ausgestellt) und Antrag ernstlich beabsichtigt ist. Gegenbuchung str.: TvA: „sonstiger betrieblicher Ertrag" mit Anhangangabe nach § 285 Nr. 31 (dafür: Althoff/Ehsen-Rühl, DStR 2021, 330, 331 f.) oder „Steuern vom Einkommen und vom Ertrag" (dafür iE: Bärsch/Dreßler/Barbu/Schwechel DStR 2020, 1548, 1551). Ggf. auch offene Absetzung bei Aufwendungen, falls Zulage einzeln zugeordnet werden kann, vgl. Hanke BC 2020, 510, 512 mit Verweis auf IDWHFA 1/1984 2.d) d2); nach Anicht in der Lit auch Reduzierung der Rückstellungen für Körperschaftssteuer mgl., Brunckhorst, DStR 2020, 2349, 2352 f. Wenn Zulage für (separierbare) Entwicklungskosten geleistet wird, gilt folgendes: Sofern Aktivierung eines selbst geschaffenen immateriellen Vermögensgegenstands erfolgt, ist Zulage erfolgsneutral als Investitionszulage zu behandeln. Entweder sind Herstellungskosten zu mindern (Buchung der Zulage gegen konkreten Vermögensgegenstand) oder Bildung von separatem Passivposten (§ 265 V 2 HGB), welcher während der Nutzungsdauer erfolgswirksam aufgelöst wird. **Lit.** Hanke BC 2020, 510 (zur Buchungstechnik und Vergleich zu IFRS); Brunckhorst DStR 2020, 2349 (steuerliche Behandlung); Bärsch/Dreßler/Barbu/Schwechel, DStR 2020, 1548; Althoff/Ehsen-Rühl DStR 2021, 330; dies. WPg 2020, 736 (Bilanzierung von Forschungszulagen nach HGB); dies WPg 2020, 888 (Bilanzierung von Forschungszulagen nach IFRS).

11b f) Zahlungen im Kontext von öffentlichen **Unterstützungsmaßnahmen** im Zusammenhang mit **der Covid-19-Pandemie: Kurzarbeitergeld** stellt beim Arbeitgeber einen durchlaufenden Posten dar und wird nicht in GuV erfasst. Arbeitgeber ist als Treuhänder nur für Zahlungsabwicklung zuständig. Anspruch gegen Bundesagentur für Arbeit ist als Forderung in dem Zeitpunkt zu aktivieren, wenn Anspruchsvoraussetzungen erfüllt sind und Antrag bis zur Bilanzaufstellung gestellt ist oder mit an Sicherheit grenzender Wahrscheinlichkeit innerhalb von drei Monaten fristgerecht gestellt wird, IDW fachlicher Hinweis Teil 3, 4. Update, Frage 2.2.1. Arbeitgeber kann sich nach **§ 2 I KugV** von ihm allein zu tragenden Beiträge zur Sozialversicherung erstatten lassen. Dabei handelt es sich handelsrechtlich um nicht rückzahlbare Zuwendung, die erfolgswirksam in der Gewinn- und Verlustrechnung unter sonstigen betrieblichen Erträgen oder als Kürzung der Personalaufwendungen gebucht wird. Wenn Zuwendung ausbezahlt wird, bevor Voraussetzungen für Gewährung erfüllt sind, muss Betrag als sonstige Verbindlichkeit passiviert werden. **Aufstockungsbeiträge** zum Kurzarbeitergeld gelten als laufender Personalaufwand, aufgrund der Ausgeglichenheitsvermutung von Leistung u. Gegenleistung aus dem arbeitsrechtlichen Synallagma scheidet die Bildung einer Rückstellung aus. **November- und Dezemberhilfen** sind Billigkeits-Hilfen, auf die kein Rechtsanspruch besteht und die sich auf Zeitraum vor dem 31.12.2020 beziehen. Aktivierung eines Anspruchs auf Gewährung von Billigkeitsleistung („sonstige Vermögensgegenstände") möglich. Gegenbuchung unter sonstigen betrieblichen Ertrag. Aktivierung setzt voraus, dass sachl. Vss.

1. Abschnitt. Vorschriften für alle Kaufleute   12, 13   § 246

zum Abschlussstichtag erfüllt sind und zudem die Zuwendung bis zur Beendigung der Aufstellung des Abschlusses ohne Auszahlungsvorbehalt bewilligt ist oder Bewilligung „so gut wie sicher" ist, was in der Pandemie vertretbar angenommen werden kann. Schlussabrechnungsbescheid muss noch nicht vorliegen. Besonderheiten gelten, wenn EU-Kommission Zuwendung zustimmen muss. Abschlagszahlungen sind als sonstige Verbindlichkeiten zu passivieren, wenn zum Zeitpunkt der Beendigung der Aufstellung des Abschlusses keine hinreichend hohe Sicherheit bzgl. der Erfüllung der Antragsvoraussetzungen oder der späteren Entstehung des Rechtsanspruchs gegeben ist. Anhangangaben unter §§ 285 Nr. 31, 314 I Nr. 23 Lit. IDW-Fachlicher Hinweis v. 8.4.2020 (Teil 3, 4. Update Februar 2021); ausführlich zur Bilanzierung von Corona-Hilfen: Zwirner/Vodermeier/Krauß DStR 2021, 933 ff.

g) Aktivseite im Übrigen s. §§ 247 I, 266 II.   **12**

C. Passivierbarkeit: Passivierbar sind nach **I 1** die **Schulden** des Kfm. Sie   **13** sind stets in die Bilanz des Schuldners aufzunehmen, **I 3**, damit ist das Prinzip wirtschaftlicher Zurechnung für sie stark eingeschränkt, RegE BilMoG S. 47. Schuld ist bilanzrechtlich nicht die rechtlich bestehende Verbindlichkeit, sondern die den Kfm. wirtschaftlich belastende, erzwingbare, BFH BB 2006, 1623. Passivierbar ist also eine existente Verbindlichkeit, auch wenn die tatsächliche Inanspruchnahme ungewiss ist, BFH BB 2007, 494, ebenso wie eine rechtlich nicht existente Verbindlichkeit, der sich der Kfm. aber nicht entziehen kann; auch eine nicht durchsetzbare, wenn sich der Kfm. auf den Termin- oder Differenzeinwand oder die Verjährung (§ 214 BGB) nicht berufen will. Nicht passivierbar ist zB eine bestehende Verbindlichkeit, die der Kfm. mit an Sicherheit grenzender Wahrscheinlichkeit nicht erfüllen muss, BFH BB 1989, 664; bloßer Rangrücktritt rechtfertigt diese Annahme nicht, BFH DB 2005, 259, nach BFH DStR 2012, 450 jedoch dann, wenn Rückzahlung nur aus künftigen Gewinnen erfolgen darf, aber zu § 5 IIa EStG; für Handelsbilanz aber zweifelhaft, weil Scheingewinn ausgewiesen wird, wie hier ADS Rn. 141; BeckBilKomm/Schubert/Waubke § 247 Rn. 232. Eine Rangrücktrittserklärung, die die Erfüllung der Verpflichtung nicht nur aus künftigen Gewinnen und Einnahmen, sondern auch aus „sonstigem freien Vermögen" vorsieht, löst kein Passivierungsverbot aus, selbst wenn der Schuldner aufgrund einer fehlenden operativen Geschäftstätigkeit aus der Sicht des Bilanzstichtages nicht in der Lage ist, freies Vermögen zu schaffen, und eine tatsächliche Belastung des Schuldnervermögens voraussichtlich nicht eintreten wird, BFH DStR 2020, 2716, 2718 (Rn. 20); kritisch dazu Weber-Grellet BB 2021, 43, 44 (Rangrücktrittsvereinbarung sei ein verfügender Schuldänderungsvertrag, welcher Charakter u Inhalt der Vblk. ändere, BFH gehe zu Unrecht davon aus, dass der Inhalt der Verbindlichkeit nicht berührt werde). Bzgl. der Bilanzierung von Leergut gilt nach BFH DStR 2013, 957 folgendes: Für die Verpflichtungen, die erhaltenen Pfandgelder bei Rückgabe von Individualleergut an die Kunden zurückzuzahlen, ist eine Verbindlichkeit zu passivieren, die uU wegen Schwund zu mindern sein kann. Dagegen darf für die Verpflichtung zum Rückkauf von Einheitsleergut beim Abfüller keine Verbindlichkeit passiviert werden. Nach Auffassung des BFH liegt bei der späteren Rückgabe des Leerguts ein (Rück-)Kauf vor. Während des Schwebezustands ist aber noch keine Verbindlichkeit zu bilden, str. aA Deubert/Lewe DStR 2020, 1975. BMF-Schreiben hatte sich der differenzierten Sichtweise des BFH mit Schreiben vom 19.2.2019 angeschlossen. Mit neuem Schreiben vom 8.12.2020 wird allerdings Wahlrecht gestattet, wonach Einheitsleergut wie Individualleergut bilanziert werden darf, vgl. dazu Zwirner BC 2021, 18. Nicht passivierbar sind Verpflichtungen des Kfm. gegen sich selbst, zB Selbstversicherung. Bei auflösender Bedingung ist Verbindlichkeit zu passivieren; bei aufschiebender Bedingung grundsätzlich erst mit Bedingungseintritt, str., aber uU Rückstellung (→ § 249

Rn. 2 ff.). Ungewisse Verbindlichkeiten und drohende Verluste sind nicht zu passivieren, nur Rückstellung, s. § 249 I 1. Hingegen ist ggf. zu schätzende Optionsprämie für Rückverkaufsoption zugunsten des Vertragspartners bis zum Verfall als Verbindlichkeit auszuweisen, BFH DStR 2011, 353; unklar, ob erhöhtes Risiko bei drohender Ausübung der Option Verbindlichkeit erhöht oder als Rückstellung anzusetzen ist, Hahne BB 2011, 623. Realisationsprinzip und schwebende Geschäfte → § 252 Rn. 18–25. Erhaltene Anzahlungen → § 252 Rn. 22. Liquidation einer vermögenslosen KapGes., die noch (typischerweise mit Rangrücktritt versehene) Verbindlichkeit gegenüber MutterGes. hat, erzielt keinen außerordentlichen Ertrag im Zuge der Liquidation, OFD Frankfurt a. M. DStR 2017, 2056 und dazu Mayer/Wagner DStR 2017, 2025. Passivseite im Einzelnen s. §§ 247 I, 266 III. Rangrücktritt, Eigenkapital ersetzende GfterDarlehen → § 266 Rn. 21; Schüttler BC 2017, 411 (Begriffe „Verpflichtung" und „Risiko"); Für Einzahlungen gegen Ausgabe von Utility-Token, die als Gutschein ausgestaltet sind, ist beim Emittent Verbindlichkeit (erhaltene Anzahlung) zu bilden, Sixt DStR 2020, 1871, 1875 ff. vgl. auch → § 266 Rn. 18. Stille Beteiligungen sind beim Beteiligungsnehmer je nach Ausgestaltung entweder als Verbindlichkeit oder als Sonderposten innerhalb des Eigenkapitals auszuweisen, Frieling/Verhofen KoR 2020, 558; zur Bilanzierung der stillen Gesellschaft vgl. Braun/Herrmann/Kusch/Maiworm NWB 2020 3348 (insb. zur Taxomomie).

3) Persönliche Zuordnung von Vermögensgegenständen (I 2)

14 A. **Maßgeblichkeit des wirtschaftlichen Eigentums:** Die **Vermögenszugehörigkeit (Zurechnung)** bestimmt sich nicht einfach nach dem Sachenrecht des BGB (rechtliche Position als Eigentümer ua), sondern nach der wirtschaftlichen Inhaberschaft (sog. **wirtschaftliche Zurechnung**). Dies ist in I 2 normiert und entspricht der hL, BFH BStBl. II 2002, 741; BB 2008, 2288; BGHZ 137, 380 (Tomberger, phasengleiche Aktivierung von Tochtergewinnen bei Mutter) Lit. Roß WPg 2022, 23 (Phasengleiche Gewinnvereinnahmung bei Minderheitsgesellschaftern); vgl. EuGH ZIP 1996, 1168; NJW 1996, 459 (mit Eingrenzungen); BFH NJW 1992, 2047 (Mietkauf); aA Ekkenga ZGR 1997, 262. Vermögensgegenstände sind nun grds. in die Bilanz des Eigentümers aufzunehmen, jedoch dann nicht, wenn sie wirtschaftlich einem anderen zuzurechnen sind (zB Sicherungsgut, → Rn. 5); dann sind sie in dessen Bilanz auszuweisen. Wird ein Wirtschaftsgut aufgrund eines Werklieferungsvertrags angeschafft, kommt es für die Entscheidung, wann der Gefahr und den Erwerber übergeht, auf die vertraglichen Vereinbarungen an. Hat der Verkäufer als Werklieferant eine technische Anlage (Windenergieanlagen) zu übereignen, die vom Erwerber erst nach dem erfolgreichen Abschluss eines Probebetriebs abgenommen werden soll, geht das wirtschaftliche Eigentum an der technischen Anlage erst mit der nach dem durchgeführten Probebetrieb erfolgten Abnahme über, FG Münster 13 K 3059/19 Rn. 23, 25. Erst ab diesem Zeitpunkt können Abschreibungen durchgeführt oder Rückstellungen (z. B. für Abbauverpflichtungen bei einem Windenergierad) angesetzt werden.Zuzurechnen ist der Vermögensgegenstand dem, der die tatsächliche Herrschaft über ihn so ausübt, dass er den Eigentümer im Regelfall für die gewöhnliche Nutzungsdauer von der Einwirkung wirtschaftlich ausschließen kann (vgl. § 39 II Nr. 1 AO, BFH DB 1989, 410; 1996, 1448, aber HdlRecht bestimmt Vermögenszugehörigkeit selbstständig), BeckBilKomm/ Schmidt/Ries Rn. 5. Zum wirtschaftlichen Eigentum beim sog. cum/ex-Geschäft BFH DStR 2014, 2012. Zur Bilanzierung eines Erbbaurechts beim Erbbauberechtigten s. -verpflichteten Seidler BB 2014, 171. Bloßer Durchgangserwerb für logische Sekunde bewirkt keine Zuordnung für diesen Zeitpunkt, BFH DStR 2011, 730. Die Berechtigung zur Verwertung auf eigene Rechnung ist nicht nötig, str., IDW RS HFA 13 Rn. 6 ff.; WPg 2007, 69; ADS Rn. 19; offen BGH NJW 1996, 459. Option zum Aktienerwerb durch beurkundetes

1. Abschnitt. Vorschriften für alle Kaufleute 15–19 § 246

Verkaufsangebot genügt nicht für wirtschaftliches Eigentum an Aktien, BFH DStR 2008, 69. Allein das Tragen von Chancen und Risiken soll ausreichen, so wohl BeckBilKomm/Schmidt/Ries Rn. 8; ähnlich BFH DStR 2006, 2163, aber bedenklich, da I 2 Ausnahme ist und idR Chancen und Risiken Abweichung vom Grundsatz der Bilanzierung beim Rechtseigentümer nicht gestatten, ähnlich nunmehr BFH DStR 2011, 353: Zurechnung beim Erwerber trotz Rückverkaufsoption, krit. Hoffmann GmbHR 2011, 363. Beginn und Ende dieser Inhaberschaft → § 252 Rn. 18–23 (**Realisationsprinzip**). Buchung → § 238 Rn. 14. Verhältnis von I 2 zu § 39 AO sehr str., dazu etwa Wendt FR 2017, 531; Wüstemann/Backes/Schober BB 2017, 1963; offengelassen bei BFH IV R 55/16, BeckRS 2017, 145117 = juris Rn. 28. **Lit.** Küting/Tesche GmbHR 2008, 953; Schulze-Osterloh DStR 2008, 63; Ernst/Seidler ZGR 2008, 633; Hoffmann/Lüdenbach DStR 2008, Beihefter zu Heft 30, 49; Hoffmann StuB 2009, 1; Lüdenbach/Hoffmann DB 2009, 861 (nichtiges Sicherungsgeschäft); Henckel/Krenzer StuB 2009, 492; Wüstemann/Backes/Schober BB 2017, 1963 (Prinzip der wirtschaftlichen Vermögenszugehörigkeit).

B. **Eigentumsvorbehalt, Pfandrecht, Sicherungsübertragung:** Vermögensgegenstände, die unter Eigentumsvorbehalt erworben oder an Dritte für eigene oder fremde Verbindlichkeiten verpfändet oder in anderer Weise als Sicherheit übertragen worden sind, sind in die Bilanz des Sicherungsgebers aufzunehmen. Das gilt auch für die Sicherungsübereignung, die Sicherungszession und alle sonst vorkommenden Sicherungsformen unabhängig von den Besitzverhältnissen. Wirtschaftlich handelt es sich um ein Aktivum des Sicherungsgebers, also beim Eigentumsvorbehalt des Käufers und bei der Sicherungsübereignung des Schuldners, schon bisher hL. 15

C. **Weitere Einzelfälle: a) Grundstücksgeschäfte:** Beim Grundstückskauf ist das Grundstück mit Übergang der Verfügungsgewalt, zB tatsächliche Übernahme, dem Käufer zuzurechnen, auch wenn die Eintragung im Grundbuch noch aussteht. Bauten auf fremdem Grund (fest verbunden) gehören als wesentliche Grundstücksbestandteile dem Grundeigentümer. Bei bloß vorübergehender Errichtung auf Grund obligatorischen oder dinglichen Rechts können Bauten uU wirtschaftliches Eigentum des Errichtenden sein, ADS Rn. 408. Bei Erbbaurecht sind Gebäude wesentliche Bestandteile dieses Rechts. Wirtschaftliches Eigentum auch an bergfreien Bodenschätzen bei Übertragung von Bergwerkseigentum, wenn vollständige Hebung beabsichtigt, BFH DStRE 2013, 34. 16

b) Versendungskauf: Verfügungsgewalt liegt idR beim Absender, anders wenn der Empfänger bereits während des Transports über die Ware verfügen kann, zB mittels Traditionspapiers (→ § 363 Rn. 6). Das entspricht dem Realisationsprinzip (→ § 252 Rn. 18 f.), Ausbuchung durch den Verkäufer und Einbuchung durch den Käufer müssen aber nicht unbedingt zusammenfallen. **Lit.** Baumeister/Knobloch WPg 2016, 556 (käuferseitige Aktivierbarkeit beim Versendungskauf). 17

c) Kommission: Bei Ein- und Verkaufskommission Aktivum des Kommittenten; bei Wertpapieren praktisch mit Abrechnung der Bank (→ § 252 Rn. 19), also schon vor Eigentumsübergang zB nach **(13)** DepotG §§ 18 III, 24. 18

d) Treuhand: Aktivum des Treugebers (vgl. § 39 II Nr. 1 S. 2 AO), auch wenn Treuhänder das Treugut für den Treuhänder erworben hat. Treugeber darf dann statt Treugut den Herausgabeanspruch aktivieren, str. Erfassung als Aktivum auch beim Treuhänder in oder unter der Bilanz (ersterenfalls unter gleichzeitiger Bildung eines Passivpostens über Herausgabepflicht an Treugeber) ist nicht vorgeschrieben, BeckBilKomm/Schmidt/Ries Rn. 12, str., aber zu empfehlen. Treuhandverhältnis liegt nur dann vor, wenn die mit der Eigentümerstellung verbundene Verfügungsmacht des Treuhänders so sehr zugunsten des Treugebers 19

§ 246 20–23

eingeschränkt ist, dass rechtliches Eigentum als leere Hülle erscheint, BFH BeckRS 2014, 95796. Treuhandverhältnis an GmbH Geschäftsanteil kann auch vorliegen, wenn mehrere Treugeber Rechte gegenüber dem Treuhänder nur gemeinschaftlich ausüben können, BFH DStR 2014, 1868. Zur bilanziellen Behandlung stornobehafteter Provisionen eines Versicherungsvertreters OFD Niedersachsen DB 2014, 2077. Zur Verrechnung von Altersversorgunsverpflichtungen mittels doppelseitiger Treuhand → Rn. 23. Zur Mittelverwendungstreuhand BFHE 232, 93. Besonderheiten bei Kreditinstituten → § 330 Rn. 4. **Lit.** Mathews BB 1987, 642; Fischer DB Beil. 5/2001, 21 (doppelseitige Treuhand).

20 **e) Pensionsgeschäft:** Zu unterscheiden sind das unechte und das echte Pensionsgeschäft (s. § 340b III, II für das Pensionsgeschäft der Kreditinstitute): (1) Beim **unechten** Pensionsgeschäft (bloßes Rückgaberecht) ist das Wertpapier beim Pensionsnehmer als Aktivum zu verbuchen (für Kreditinstitute § 340b V), unstr. (2) Beim **echten** Pensionsgeschäft (Rückgabepflicht zu einem bestimmten oder vom Pensionsgeber zu bestimmenden Zeitpunkt, Konditionen fest vereinbart) rechnet § 340b für Kreditinstitute das wirtschaftliche Eigentum dem Pensionsgeber zu. Das Wertpapier ist danach weiter in der Bilanz des Pensionsgebers auszuweisen; in Höhe des erhaltenden Geldbetrags hat er eine Verbindlichkeit aufzunehmen (Bilanzverlängerung). Der Pensionsnehmer darf nicht das empfangene Wertpapier, sondern muss eine Forderung in Höhe des gezahlten Betrags aktivieren (Aktivtausch), str., nach aA wegen Eigentums auf Zeit Aktivum auch beim Pensionsnehmer. § 340b gilt zwar nur für Kreditinstitute, entspricht aber darüber hinaus richtiger Bilanzierung, str.

21 **f) Wertpapierleihe:** Die Wertpapierleihe (s. → (7) Bankgeschäfte T1) gilt als Sachdarlehen. Das Wertpapier ist danach als Eigentum des Wertpapierentleihers einzubuchen (idR zum Börsen- oder Marktpreis), hL, dieser passiviert eine entsprechende Rückgabeverpflichtung. Der Wertpapierverleiher bucht das Wertpapier zum Buchwert aus und eine entsprechende Sachdarlehensforderung ein, diese gehört als Surrogat für das Wertpapier zum Anlage- oder zum Umlaufvermögen. Nach aA Bilanzierung wie beim Pensionsgeschäft, Prahl/Naumann WM 1992, 1173.

22 **g) Factoring:** Beim echten wie beim unechten Factoring (s. → (7) Bankgeschäfte O1–4) Aktivum des Factors; Ausfallrisiko beim unechten Factoring ist bei Bewertung der Forderung des Factorkunden gegen den Factor zu berücksichtigen, nach Zahlung der Forderung Vermerk nach § 251, ADS Rn. 322; nach aA Behandlung des unechten Factoring als Darlehen, zutr. nur bei stiller Zession. Nach hA gelten Factoring-Grundsätze auch für Securization (asset-backed securities), IDW-RS HFA 8 WPg 2004, 138, ADS Rn. 326; aA Häuselmann DStR 1998, 826 (829); Dreyer/Schmidt/Kronat BB 2003, 91 (93); nach BFH DStR 2010, 2455 bleibt es beim Veräußerer, wenn Käufer bei Kaufpreisbemessung einen Risikobehalt vornimmt, der den erwartbaren Forderungsausfall deutlich übersteigt. Bei portfoliobezogenem variablem Kaufpreisabschlag kann Kreditversicherung dennoch zu Forderungsabgang führen, Rimmelspacher/Meyer/Girlich WPg 2019, 1147. Bei Währungsforderungen bleibt wirtschaftliches Eigentum ebenfalls beim Forderungsveräußerer, wenn er ein wesentliches Währungsrisiko zurückbehält, WP-HdB I F 1347.

23 **h) Leasing:** Bilanzierung beim Finanzierungsleasing (s. → (7) Bankgeschäfte P1–5) ist sehr str. Die Leasingsache ist dem Leasingnehmer zuzurechnen, wenn er der wirtschaftliche Inhaber ist, hL, die Verbindlichkeiten des Leasingnehmers sind voll zu passivieren (§ 253 I 2). Ist der Leasingnehmer nicht der wirtschaftliche Inhaber, ist die Leasingsache dem Leasinggeber zuzurechnen; beim Leasingnehmer erfolgt dann kein Ausweis im Einzelnen, str. Zur Bilanzierung beim Leasinggeber IDW-HFA 1/1989 WPg 1989, 625. Abgrenzung, wann **Leasingnehmer wirt-**

1. Abschnitt. Vorschriften für alle Kaufleute 23a, 23b § 246

schaftlicher Inhaber ist, ist sehr str., vgl. → **(7)** Bankgeschäfte P3 (wirtschaftliche Einheit). Bsp.: zu bejahen, wenn er die Leasingsache nach Ablauf der Grundmietzeit zu Eigentum erhält oder (unentgeltlich oder wesentlich unter Restwert) fordern kann; wenn er die Leasingsache (von vornherein oder mittels Verlängerungsrecht) über die nahezu ganze betriebsgewöhnliche Nutzungsdauer nutzen kann (Grundmietzeit bis zum Schrottwert); wenn Rückgabe wirtschaftlich sinnlos ist (Spezialleasing); wenn derartige Verlängerungs- oder Kaufoption besteht, dass mit Rückgabe nicht zu rechnen ist (Gegenleistung bei Optionsausübung von wesentlich geringerem Wert als Zeitwert der Leasingsache) bzw. Leasinggeber Andienungsrecht hat u. aufgrund des festgelegten (hohen) Verkaufspreises Andienung zu erwarten ist, FG Köln BB 2011, 3196. Ferner BFHE 255, 386; FG Hamburg DStRE 2010, 687. Zur Konsolidierungspflicht bei ZweckGes. als ObjektGes. im Leasingbereich Schüttler WPg 2018, 215; steuerrechtlich (Leasingerlasse) WP-HdB I E 27. **Lit.** Wüstemann/Backes/Schober BB 2017, 1963; Schüttler WPg 2018, 1352 (Spezialleasing bei Herstellerleasing); Vergleich Bilanzierung von Leasing nach HGB, IFRS und US-GAAP Ziegler/Blab IRZ 2019, 29.

 i) Software: Sofern Anwender gegen Zahlung eines fixen Entgelts eine unbefristete Softwarelizenz erwirbt, ohne dass weitere Leistungsverpflichtungen des Anbieters bestehen (Kauflizenz), hat er die Software als Eigentümer zu bilanzieren. Bei einer reinen Mietlizenz hingegen liegt schwebendes Geschäft vor, das nach GoB nur bei Vorleistung oder Erfüllungsrückstand in die Bilanz aufzunehmen ist, MüKoBilR/Hennrichs Rn. 72, 133. Besteht beim Software-Überlassungsvertrag allerdings Vereinbarung über ratierliches Entgelt und Grundmietzeit, erfolgt die Zurechnung des (wirtschaftlichen) Eigentums in entsprechender Anwendung der steuerrechtlichen Leasingerlasse, Deubert/Lewe BB 2019, 811, IDW RS HFA 11 nF., da Software als bewegliche Sache Leasinggegenstand sein kann, BGH NJW 1993, 2436. Ohne besondere Vereinbarungen (etwa günstige Erwerbsoption oder günstige Verlängerungsoption, vgl. hierzu Rn. 23) ist grds. auf Zuordnungsmerkmale von FinVerw abzustellen, zu Ausnahmen Hoffmann/Lüdenbach/Freiberg BB 2017, 874. Entscheidend für die Zurechnung ist hierbei Verhältnis von Grundmietzeit zu betriebsgewöhnlicher Nutzungsdauer; Grundmietzeit muss 90 % der betriebsgewöhnlichen Nutzungsdauer erreichen, da dann Herausgabeanspruch des Leasinggebers wirtschaftlich bedeutungslos, BeckBilKo/Schmidt/Ries Rn. 48, MüKoHGB/Ballwieser Rn. 51. Finanzverwaltung geht bei herkömmlicher ERP-Software von fünfjähriger Nutzungsdauer aus, BMF BB 2005, 2743, sodass bei Grundmietzeit von mehr als 54 Monaten von wirtschaftlichem Eigentum des Leasingnehmers auszugehen ist, **Lit:** Zimmermann/Dorn/Bieschweski NWB 2020, 3098, 3107 ff. (Aufwendungen für ERP-Systeme).

 j) Cloud Computing: Der im Jahr 2017 überarbeitete IDW RS HFA 11 beschäftigt sich zwar mit entgeltlich erworbener Software, stellt allerdings ausschließlich auf lokal genutzte Programme ab, Roos StuB 2020, 101. Praxis tendiert aber immer öfter zum sog. Cloud Computing und Konzept „Software as a Service (SaaS)ig ist. Häufig werden im Rahmen des sog. Customizing Anpassungen bei der standadisierten Software an die Anforderungen des Nutzers durchgeführt. Str. wie Vertragsbeziehung zw. Service Provider (Anbieter) u. Nutzer bilanziell zu erfassen sind. Möglich: Leasing-Sachverhalt, normales Dauerschuldverhältnis oder immaterieller Vermögensgegenstand. Einordnung erfolgt nach Art der Softwarelizenz, StuB 2020, 101, 103 f. Wenn feste Grundmietzeit und ratierliches Entgelt vereinbart, sollen steuerliche Leasingerlasse herangezogen werden, Deubert/Lewe BB 2019, 811, 813; Roos StuB 2020, 101, 103. Nach Deubert/Lewe BB 2019, 811, 813 ist Leasing-Zurechnungsschema für Vollamortisationsverträge anzuwenden, wobei wirt. Eigentum des Nutzers anzunehmen ist, wenn Grundmietzeit im Verhältnis zur betriebsgewöhnlichen Nutzungsdauer kleiner als 40 % oder größer als 90 % ist. Nach Roos StuB 2020, 101, 104 besteht

Merkt

faktisches Wahlrecht, da keine Zuordnung als Teil- oder Vollamortisationsvertrag möglich. Liegt wirtsch. Eigentum vor, zählen Customizing Ausgaben zu den Anschaffungskosten nach § 255 I 1. In der Praxis wird wirtschaftliches Eigentum an zugrundeliegender Software aber regelmäßig fehlen, Oser/Gerlach StuB 2020, 263. Dann ist str. wie Customizing-Ausgaben zu behandeln sind. Teilweise wird vertreten, dass Customizing-Ausgaben in diesem Fall wie „Mietereinbauten in eine Software" zu behandeln sind, Deubert/Lewe BB 2019, 815; Roos StuB 2020, 101, 105 f.; Böckem/Geuer, KoR 2019, 469 f. (IFRS), sodass eigenständiger immaterieller Vermögensgegenstand gebildet werden muss (§ 246 I 1). Der Analogie zu Mietereinbauten wird zT widersprochen Oser/Gerlach StuB 2020, 263 ff.: Rspr. zu Mietereinbauten soll auf Grundstücke zugeschnittenes Problem des automatischen Eigentumserwerbs des Vermieters nach § 93, 94 BGB begegnen, welches sich bei Customizing-Ausgaben nicht stellt. Customizing-Ausgaben sollen auch technisch keine „Einbauten" darstellen, sondern nur Zugangswege bzw. Einstellungen. Nach Ende des Mietverhältnisses kann Eigentümer Mietereinbauten grds. weiternutzen; dies ist einem Software-Anbieter nicht möglich. Schließlich fehlt Schuldendeckungspotential. Zudem ist Bildung von aktiven RAP unzulässig, Oser/Gerlach StuB 2020, 263, 264 f. FG München hat entschieden, dass Implementierungskosten nicht als eigenständiges Wirtschaftsgut aktiviert werden dürfen, wenn die Software selbst – wegen Vorliegen eines schwebenden Geschäfts – nicht aktiviert werden kann (FG München BB 2021, 1263, 1264).

4) Sachliche Zuordnung bei Kaufleuten (Betriebsvermögen, Privatvermögen)

24 Gegenstand der Bilanz des Kfm. sind nur „sein" Vermögen und „seine" Schulden (§ 242 I 1). Sein Vermögen, über das er Rechnung legen muss, ist nur das dem HdlGeschäft gewidmete Vermögen, also das Betriebsvermögen (→ § 238 Rn. 8, ebenso für Inventar → § 240 Rn. 1). Nicht dazu gehört das Privatvermögen des Kfm. sowie das einem anderen Unt. desselben Kfm. zugehörige Vermögen. Ebenso sind seine Schulden nur die im Betrieb des HdlGewerbes bzw. Unt. begründeten Verbindlichkeiten (→ § 238 Rn. 8). Diese bilanzrechtliche Unterscheidung zwischen Betriebsvermögen und Privatvermögen wird durch § 5 IV nF PublG (entspr. § 5 III aF PublG) bestätigt und gilt auch nach §§ 4 I, 5 EStG (steuerliche Gewinnermittlung durch Betriebsvermögensvergleich, Hoffmann DStR 2000, 15). Die Unterscheidung entfällt bei KapitalGes., die kein Privatvermögen haben; bei PersonenGes. ist Betriebsvermögen das Gesamthandsvermögen. In der Praxis kann die Zuordnung schwierig sein, nicht beim **notwendigen Betriebsvermögen** (zB Fabrikgebäude, Maschinen, Waren) und beim **notwendigen Privatvermögen** (zB Privatwohnung, Hausrat), aber bei Gütern, die erst durch die Zuordnungsentscheidung des Kfm. (Widmung) zu einem dem Betrieb dienenden Vermögen werden (**gewillkürtes Betriebsvermögen**). Dieses muss in einem gewissen objektiven Zusammenhang mit dem Betrieb stehen und ihn zu fördern bestimmt und geeignet sein. Bei zT betrieblicher, zT privater Nutzung ist bei Grundstücken eine Aufteilung zulässig, nicht aber bei beweglichen Gütern. Ein in das Betriebsvermögen eingebrachtes Gut (**Einlage**, § 4 I 5 EStG) kann idR dem Betrieb auch wieder entzogen werden (**Entnahme**, § 4 I 2 EStG), aber mit der steuerlichen Folge der Gewinnrealisierung. Änderung von Privat- in Betriebsschuld s. BFH BStBl. II 1985, 621.

5) Verrechnungsverbot (II)

25 A. Das Verrechnungs- oder Saldierungsverbot ist eine Ausprägung des Vollständigkeitsgebots (I). II 1 enthält ein Mindestverbot: Posten der Aktivseite dürfen nicht mit Posten der Passivseite verrechnet werden, Aufwendungen nicht mit Erträgen und Grundstücksrechte nicht mit Grundstückslasten. Nicht mehr ausdrücklich erwähnt, aber selbstverständlich ist das Verbot, nicht abgerechnete Leistungen nicht mit Anzahlungen zu verrechnen. Weitergehende Anforderungen gelten in Verbindung mit den Gliederungsvorschriften (§§ 266 ff., 275 ff.) für KapitalGes. Ausnahme für Kreditinstitute § 340a II 3. Bei Rückdeckungsversicherung für Pensionsverpflichtung sind Rückdeckungsanspruch und Pensionsverpflichtung unabhängig und unsaldiert zu erfassen, BFH BStBl. II 2004, 654. Ausweis negativer Zinsen durch Kreditinstitut auf ihre Forderungen als gesonderte Unterposten der Zinserträge und positive (anormale) Zinsaufwendungen aus ihren Verbindlichkeiten verstößt nicht gegen II, da wertverzehrend und damit Aufwendungen sind BFA des IDW, FN-IDW 2015, 448; Kögler DB 2018, 1289.

B. a) Gesetzliche Ausnahmen (II 2): Nach dem durch das BilMoG neu eingefügten II 2 sind Vermögensgegenstände, die ausschließlich der Erfüllung von Schulden aus eingegangenen Altersversorgungsverpflichtungen oder vergleichbaren langfristig fälligen Verpflichtungen dienen, mit diesen Schulden zu verrechnen (zB Aktiva aus Rückdeckungsversicherungen). Weitere Voraussetzung hierfür ist, dass sie dem Zugriff aller Gläubiger entzogen sind. Das ist der Fall, wenn die Vermögensgegenstände sowohl Gläubigern des Unt. als auch solchen eines unabhängigen Rechtsträgers, auf den die Vermögensgegenstände übertragen wurden, in Einzel- und Gesamtvollstreckung entzogen sind, was in jedem Einzelfall gesondert festzustellen ist, RegE BilMoG Rn. 48. Es soll aber regelmäßig der Fall sein, wenn § 7e II SGB IV erfüllt ist, BT-Drs. 16/12407. Sicher bei Vorliegen eines Aussonderungsrechts (§ 47 InsO), Absonderungsrecht (§ 49 InsO) kann genügen, wenn wirtschaftl. vergleichbarer Schutz gewährleistet ist, IDW RS HFA 30 Rn. 24, WPg 2010, 54. Ebenso wie mit Vermögensgegenständen ist mit den Aufwendungen und Erträgen aus der Abzinsung und aus dem verrechneten Vermögen zu verfahren, II 2 Hs. 2. Grund für die Verrechnungspflicht: Dieses Vermögen ist der Haftungsmasse des Unt. entzogen und die Schulden stellen keine Belastung für das Unt. dar. Ausweis in der Bilanz ist daher unnötig und untunlich. Zwar verbietet Art. 7 der Bilanz-RL grds. die Verrechnung, II 2 trägt aber ihrem Zweck Rechnung, ein den tatsächlichen Verhältnissen entsprechendes Bild der Vermögenslage des Unt. zu vermitteln. Dadurch zugleich angestrebte Annäherung an IFRS, RegE BilMoG Rn. 48. Zur Rechnungslegung der Treuhand an Unternehmensbeteiligungen im Jahres- und Konzernabschluss Eden Konzern 2018, 425.

Die der Erfüllung der Schulden dienenden Vermögensgegenstände sind mit dem beizulegenden Zeitwert (§ 255 IV) zu bewerten, § 253 I 4, begrenzt um den Erfüllungsbetrag (→ § 253 Rn. 2) der jeweiligen Schulden; ausgenommen sind vereinfacht bilanzierende KleinstKapitalGes. § 253 I 6. Für etwaige aus der Zeitwertbewertung resultierende Gewinne sieht § 268 VIII eine Ausschüttungssperre vor; der die Schulden übersteigende Betrag ist als gesonderter Verrechnungsposten zu aktivieren (Ausweis § 266 II E). Anschaffungskosten und beizulegender Zeitwert der Vermögensgegenstände sowie Erfüllungsbetrag der verrechneten Schulden sind im Anhang anzugeben, §§ 285 Nr. 25, 314 I Nr. 17. **Übergangsrecht** in **(1)** EGHGB Art. 66 III, V. **Lit.** Ernst/Seidler ZGR 2008, 631; Küting/Kessler/Keßler WPg 2008, 748; Pellens/Sellhorn/Strzyz DB 2008, 2373; Höfer/Hagemann DStR 2008, 1747; Hagemann/Oeking/Wunsch DB 2010, 1021; Küting/Scheren/Keßler KoR 2010, 264; Ries WPg 2010, 811 (Arbeitszeitkonten); Kolb/Neubeck/Bauschus StuB 2011, 57; Rspr.-Übersicht: Veit BB 2010, 751, 2022, 559 (Altersversorgung); Roß BB 2011, 1835; Zwirner BB 2011, 619 (Altersteilzeitvereinbarungen); Thaut DB 2013, 2693 (Aufstockungsleistungen bei Altersteilzeit); Pagels/Lüder DB 2016, 901 (Saldierung mit Planvermögen); Gerhards DB 2020, 177 (Fehlentwicklungen).

b) Sonstige Ausnahmen: II 1 gilt **nicht** bei (mindestens seitens des bilanzierenden Kfm.) aufrechenbaren Forderungen und Verbindlichkeiten zwischen den-

§ 247 1

selben Personen (§ 387 BGB), BFH BB 1991, 510; ebenso wenn die Zeitpunkte der Fälligkeit der Forderung und der Erfüllbarkeit der Verbindlichkeit auseinanderfallen (und damit Aufrechnung ausscheidet, § 387 BGB aE), aber nur unwesentlich und es bis zur Aufstellung der Bilanz zum Erlöschen kommt (str.). In diesen Fällen darf, aber muss nicht verrechnet werden. Keine Ausnahme zu II liegt beim Kontokorrent vor, wenn nur noch der Saldo geschuldet ist (§ 355). Offene Absetzung erhaltener Anzahlungen vom Posten „Vorräte" nach § 268 V 2; auch für Einzelkflte und PersonenGes. Saldierung bei latenten Steuern → § 274 Rn. 1. Saldierung in GuV s. § 275 II Rn. 2. **Wichtige Ausnahme von II enthält § 275 II Nr. 2 für kleine und mittlere KapitalGes.; das ist auf Einzelkflte und PersonenGes. auszudehnen.** Inwieweit vom Saldierungsverbot bei sog. durchlaufenden Posten (Fremdgelder, die vereinnahmt und in gleicher Höhe an Dritte weitergegeben werden) abgesehen werden darf, ist umstr., Roos DB 2013, 2758.

6) Ansatzstetigkeit (III)

29   III ergänzt das in § 252 I Nr. 6 verankerte Prinzip der Bewertungsstetigkeit um das Gebot der Ansatzstetigkeit zur Verbesserung der Transparenz des Abschlusses, das richtigerweise schon aus § 252 I Nr. 6 entnommen (→ § 252 Rn. 24), ADS Rn. 110, str. Bedeutung erlangt es unmittelbar hinsichtlich Ansatz originärer immaterieller Güter des Anlagevermögens, von Disagio (§ 250 III), Aktivierung latenter Steuern (§ 274 I) und Bildung von Pensionsrückstellungen ((1) EGHGB Art. 28 I). Diese Wahlrechte können künftig nur noch einheitlich ausgeübt werden. Abweichungen sind wegen des Verweises auf § 252 II aber in begründeten Ausnahmefällen zulässig. Bei Modifikation von Software ist anfallender Aufwand unabhängig davon zu bilanzieren, ob wirtschaftliches Risiko erfolgreicher Realisierung der Modifikation bei Softwareanwender oder bei Drittem liegt, IDW RS HFA 11 nF und dazu Beine/Roß WPg 2018, 283. **Lit.** Küting/Tesche/Tesche StuB 2008, 655; Scherff/Willeke StuB 2010, 769; Löffler/Roß WPg 2012, 363 (Ansatz- u. Bewertungsstetigkeit nach IDW RS HFA 38).

Inhalt der Bilanz

247 (1) **In der Bilanz sind das Anlage- und das Umlaufvermögen, das Eigenkapital, die Schulden sowie die Rechnungsabgrenzungsposten gesondert auszuweisen und hinreichend aufzugliedern.**

(2) **Beim Anlagevermögen sind nur die Gegenstände auszuweisen, die bestimmt sind, dauernd dem Geschäftsbetrieb zu dienen.**

1) Gesonderter Ausweis, hinreichende Aufgliederung (I)

1   A. **Gesonderter Ausweis:** Folgende Posten sind in der Bilanz gesondert auszuweisen: **Anlagevermögen,** (Definition in II), **Umlaufvermögen** (negativ definiert in II, → Rn. 4); **Eigenkapital** (vgl. § 266 III A; vgl. § 272 für KapitalGes.); **Schulden** (→ § 246 Rn. 13), soweit sie eine wirtschaftliche Belastung darstellen; das entfällt nur, wenn mit an Sicherheit grenzender Wahrscheinlichkeit davon auszugehen ist, dass die Gläubiger ihre Ansprüche nicht weiter verfolgen oder durchsetzen können, FG Bremen DStRE 2018, 129. Verbindlichkeit ist gem. I zu bilanzieren, wenn der Unternehmer zu einer dem Inhalt und der Höhe nach bestimmten Leistung an einen Dritten verpflichtet ist, die vom Gläubiger erzwungen werden kann und eine wirtschaftliche Belastung darstellt, BFH/NV 2007, 2252; BFH BStBl. II 2012, 332; BStBl. II 2015, 769. **Rechnungsabgrenzungsposten** (§ 250). Alle diese Posten finden sich als mit Großbuchstaben bezeichnete Oberbegriffe in der Bilanz der KapitalGes. (§ 266 II, III), mit Ausnahme der Rückstellungen (§ 266 III B). Nach § 249 müssen aber auch der

EinzelKfm bzw. die PersonenGes. bestimmte Rückstellungen bilden. Ausnahme von I für Kreditinstitute § 340a II 2. Ansatz von Eigenkapital bei PersonenGes. folgt anderen Regeln als bei der KapitalGes., nämlich §§ 120 ff. (→ § 120 Rn. 3), dabei ist strikt zwischen Kapitalkonto I, II und Privatkonto (Darlehenskonto) zu trennen (→ § 120 Rn. 18–20), BeckBilKomm/Schubert/Waubke Rn. 155 ff. **Lit.** MBF Kap. 5 Tz. 355 ff.; Theile BB 2000, 555 (GmbH & Co); Wergel DStR 2001, 1316 (Genussrechte); Peter DB 2003, 1341 (Software); Werheim BB 2003, 2508 (Vorführprodukte); Brüggemann/Lühn/Siegel KoR 2004, 340; 2004, 389 (hybride Finanzinstrumente nach HGB, IFRS und US-GAAP); Kaiser DB 2004, 1109 (Spielerwerte); Streck/Binnewies DB 2004, 1116 (Treibhausgasemissionen); Janssen BB 2005, 1895 (Verbindlichkeiten mit Rangrücktritt); Röhrig DStR 2006, 489 (PersonenHdlGes.); Bingel/Weidenhammer DStR 2006, 675 (PersonenHdlGes.); Hoffmann StuB 2008, 286 (Grundbesitz); Haase StuB 2009, 495 (Genussrechte); Kussmaul/Huwer DStR 2010, 2471; Blecher/Horx WPg 2020, 267 (Kryptowährungen).

B. **Hinreichende Aufgliederung der Bilanz:** I macht deutlich, dass die in dem gesonderten Ausweis der genannten Posten liegende Gliederung auch bei EinzelKfm und PersonenGes. nicht ausreicht („und hinreichend aufzugliedern", I aE). I ist somit eine Ausweisvorschrift, aber zugleich auch eine (Mindest)Gliederungsvorschrift (aA AmtlBegr). Wie tiefer zu gliedern ist, folgt aus dem Grundsatz der Bilanzklarheit und -übersichtlichkeit (→ § 243 Rn. 4) und den GoB. Diese beinhalten für EinzelKfm und PersonenGes. aber nicht dieselben Anforderungen wie für KapitalGes., § 266. Bilanz der EinzelKflte und PersonenGes. muss außer Angaben nach I Mindestgliederung, die § 266 II, III grundsätzlich bis zur Tiefe der römischen Ziffern einhalten (str.); für sie gilt also nach GoB dasselbe wie für kleine KapitalGes. nach § 266 I 3. **Muster:** Hopt/Merkt Vertrags- und Formularbuch/Kraft/Link Form III.A.2 (Einfache Bilanz einer PersonenHdlGes.).

C. **Hinreichende Aufgliederung der Gewinn- und Verlustrechnung:** § 247 bezieht sich nur auf die Bilanz. Eine Mindestgliederung der Gewinn- und Verlustrechnung (§ 242 II) folgt aber aus GoB. Danach sind mindestens auszuweisen das Ergebnis der gewöhnlichen Geschäftstätigkeit des Geschäftsjahrs, das außerordentliche Ergebnis des Geschäftsjahrs, periodenfremde Aufwendungen und Erträge. Die Erträge und die zugehörigen Aufwendungen dürfen saldiert werden (Nettomethode). Zulässig sind Staffel- und Kontoform, Gesamtkostenverfahren und Umsatzkostenverfahren. Strenger für die KapitalGes. § 275. **Muster:** Hopt/Merkt Vertrags- und Formularbuch/Kraft/Link Form III.B.1–5 (GuV). **Lit.** Kirsch StuB 2006, 651.

2) Anlagevermögen (II)

A. **Abgrenzung zum Umlaufvermögen:** Nach II können bei der Zuordnung zum Anlage- oder zum Umlaufvermögen ausnahmsweise auch vor oder nach dem Stichtag liegende Tatsachen berücksichtigt werden, allerdings nur, soweit sie die am Stichtag bestehende Funktionsbestimmung lediglich erhellen (wertaufhellende Tatsachen, → § 243 Rn. 13, → § 252 Rn. 8). Anlagevermögen bilden die Gegenstände, die bestimmt sind, dauernd dem Geschäftsbetrieb zu dienen (→ Rn. 5). Umlaufvermögen ist alles Vermögen, was nicht Anlagevermögen iSv II ist (oder zu den Rechnungsabgrenzungsposten gehört, § 250), zB das zum Verbrauch durch Verarbeitung oder Veräußerung bestimmte Vorratsvermögen, str. zB für Bilanzierung entbehrlicher Bauten bei Bauunternehmen, Rogler/Jacob BB 2000, 2407. Provisionsansprüche aus Vermittlungstätigkeit sind Umlaufvermögen: OLG Dresden ZIP 2017, 2003 = BeckRS 2017, 102414. Schadstoffimmissionsrechte: IDW ERS HFA 15, WPg 2005, 465, IDW RS HFA 15, WPg 2006, 273. Die Abgrenzung ist wichtig zB für die Bilanzierung immaterieller Vermögensgegenstände (§ 248), die Bewertung (§§ 252 ff.; § 6 EStG und im Subventionsrecht. Lit. Fischer/Vielmeyer BB 2001, 1294 (Kosten für Internetauftritt); Bräsick Konzern 2008, 275 (Gebäude); Kussmaul/Huwer DStR 2010, 2471; Flick/Mertes/Meyding-Metzger WPg 2019, 726 (Herabschreibungsanleihe); Sander DB 2019, 2081 (langfristiges Darlehen an Tochter).

5 B. **Dauernd zu dienen bestimmte Gegenstände:** Entscheidend ist nicht der rein subjektive Wille des Kfm. (so aber KöKo/Claussen AktG § 152 Rn. 2), sondern die sich objektiv betrieblich niederschlagende Zweckbestimmung zum maßgeblichen Zeitpunkt (→ Rn. 4), BFH BStBl. II 1975, 353, II 1977, 685, ZIP 1987, 861. Dauernd bedeutet nicht immer, sondern für eine bestimmte längere Zeit. Nicht dauernd zu dienen bestimmt sind Vermögensgegenstände, die zur Be- und Verarbeitung sowie zum Umsatz bestimmt sind, zB auch Anteile, die veräußert werden sollen. Einzige Immobilie einer ObjektGes. ist trotz mehrjähriger Vermietung Umlaufvermögen, wenn Verkauf von Anfang an geplant war, FG Düsseldorf EFG 2006, 834; bei Bitcoins etwa dann, wenn das Unt. Absicht hat, sie als strategische Investition (Spekulationsabsicht) langfristig zu halten, Hürde für Klassifizierung von Bitcoins als Anlagevermögen dürfte sehr hoch sein, Blecher/Horx WPg 2020, 267; Indiz für Anlagevermögen kann bei Utility Token eine Verweildauer im Unternehmen von über 12 Monaten sein, Downar/Keiling/Schramm DB 2019, 1913; Haufe Rn. 17; str., ob Ausweis generell unter immateriellen Vermögensgegenständen nach § 266 II A. I., so Kirsch/Wieding BB 2017, 2735, Blecher/Horx WPg 2020, 267 oder differenziert zwischen einerseits „Zahlungsmittel/über die Börse gekauft", dann § 266 II A. I., und andererseits „selbst im Wege des Mining erzeugt", dann Wahlrecht, ob § 266 II A. I. oder direkte aufwandswirksame Verbuchung der Aufwendungen, so Ummenhofer/Zeitler Konzern 2017, 442 (444). Sofern Bitcoins dem Umlaufvermögen zugeordnet werden, sind Bitcoins als sonstige Vermögensgegenstände zu bilanzieren, Gerlach/Oser DB 2018, 1541; Kirsch/v. Wieding BB 2017, 2731, Blecher/Horx WPg 2020, 267; vgl. insgesamt: Blecher/Hummel, WpG 2022, 339 (Klassifizierung von Utility-Token und ihre Bilanzierung im deutschen Handelsrecht). Demnach soll es fünf verschiedene Arten von Utility-Token geben, für die jeweils separat überlegt werden, muss, wie diese bilanziert werden. Bei Erwerb von Wirtschaftsgütern zum Zweck der Einbindung in bestehenden Geschäftsbetrieb aber Anlagevermögen, auch wenn kurze Zeit später Weiterveräußerung des gesamten Betriebs inkl. der Wirtschaftsgüter mit Weiterführungsabsicht erfolgt, BFH/NV 2006, 163. Umwidmung (Umgliederung) ist möglich, zB Aufteilung von Mietwohngrundstück in Eigentumswohnungen und Veräußerung, BFH BStBl. II 1972, 578, str. ab wann Umwidmung. Gegenstände nach § 266 II A. sind iZw solche des Anlagevermögens, andere Gegenstände sind iZw solche des Umlaufvermögens. Kreditinstitute → § 340e Rn. 1 f.; Roos DB 2015, 813 (Ersatzteile); Hageböke/Hasbach DB 2015, 1307 (Ersatzteile).

6 **Objektive Merkmale** sind zB Art des Vermögensgegenstands, der Verwendung im Unt., uU auch der Bilanzierung. Halten zB von Wertpapieren über einen längeren Zeitraum genügt allein nicht; auch nicht in der Praxis übliche Bezeichnungen, zB Wertpapiersonderbestand.

7 **Fiktives Anlagevermögen bei Miet- und Pachtverhältnissen:** Bei Miet- und Pachtverhältnissen sind solche Wirtschaftsgüter, die im Eigentum eines anderen stehen und bei unterstelltem Eigentum des Mieters dessen Anlagevermögen zuzuordnen sein müssen, sog. **fiktives Anlagevermögen,** ganz hM, BFH BStBl. II 1984, 17; BStBl. 1986 II 304; Schneider/Redeker DB 2017, 2254; teilweise a Kornwachs DStR 2017, 1568. Tatbestandsmerkmal der Miet- und Pachtverträge ist bei gemischten Verträgen problematisch, Schneider/Redeker DB 2017, 1049 (1051 f.). Annahme fiktiven Anlagevermögens ist nicht allein deshalb ausgeschlossen, weil Wirtschaftsgut nur kurzfristig angemietet wird. Maßgebend ist nicht tatsächliche Nutzungsdauer, sondern, ob anmietendes Unt. im

1. Abschnitt. Vorschriften für alle Kaufleute 1–3 § 248

Rahmen seines Geschäftsgegenstands entsprechendes Gut ständig für Gebrauch vorhalten würde, BFH BStBl. II 1973, 148 Rn. 12; BStBl. II 1994, 810 Rn. 1; DB 2017, 27; siehe aber auch BFH DB 2017, 1125 und dazu Werth StB kompakt, DB 2017, 1357; Schneider/Redeker DB 2017, 2254 (2255 ff.).

C. **Dem Geschäftsbetrieb dienend:** Nicht nur Sachanlagen wie Maschinen und immaterielle Vermögensgegenstände wie gewerbliche Schutzrechte, sondern auch Finanzanlagen (§ 266 II A) dienen dem Geschäftsbetrieb. Nicht zu veräußernde, sondern nur zu vermietende Gegenstände dienen nicht deshalb schon dem Geschäftsbetrieb, sondern können Umlaufvermögen sein, zB Kopiergeräte, Videokassetten, Leihfilme, str., aA bei langfristiger Bindung an den Betrieb BFH ZIP 1987, 861 (Leasing). Beteiligungen s. § 271. 8

Bilanzierungsverbote und -wahlrechte

248 (1) In die Bilanz dürfen nicht als Aktivposten aufgenommen werden:
1. **Aufwendungen für die Gründung eines Unternehmens,**
2. **Aufwendungen für die Beschaffung des Eigenkapitals und**
3. **Aufwendungen für den Abschluss von Versicherungsverträgen.**

(2) ¹ Selbst geschaffene immaterielle Vermögensgegenstände des Anlagevermögens können als Aktivposten in die Bilanz aufgenommen werden. ² Nicht aufgenommen werden dürfen selbst geschaffene Marken, Drucktitel, Verlagsrechte, Kundenlisten oder vergleichbare immaterielle Vermögensgegenstände des Anlagevermögens.

1) Aufwendungen für Unternehmensgründung und Eigenkapitalbeschaffung (I Nr. 1, I Nr. 2)

Aufwendungen für die **Unternehmensgründung** (zB Beratungs-, Sacheinlagenbewertungs-, Beurkundungs-, Gründungsprüfungskosten, auch sog. Gründerlohn) und die **Beschaffung des Eigenkapitals** (keine erweiternde Auslegung für Fremdkapital zulässig, str.) bei Gründung oder Kapitalerhöhung (zB Bankprovisionen, Aktien- und Prospektdruckkosten, GesSteuer; für die AG vgl. §§ 182–221 AktG) sind keine Vermögensgegenstände und deshalb nicht aktivierungsfähig. Auch bei reinen Abgrenzungsposten in Bezug auf Beschaffung des Eigenkapitals („IPO-Kosten") verbietet sich eine Aktivierung, Roß DB 2019, 197 (199). Zur Aktivierungsfähigkeit von Guthaben in Bitcoins bzw. Kryptowährungen Gerlach/Oser DB 2018, 1541; Kirsch/v. Wieding BB 2017, 2731; Zwirner BC 2019, 61. Passivposten bleiben möglich. Aufwendungen für die **Ingangsetzung und Erweiterung des Geschäftsbetriebs** fallen nach Streichung von § 269 ebenfalls unter das Verbot des I Nr. 1. Aufwendungen für die Beschaffung von Fremdkapital sind von I Nr. 2 nicht betroffen, Aktivierung uU nach §§ 250 III, 255 III 2. **Lit.** MBF Kap. 5 Tz. 400 ff. 1

2) Aufwendungen für den Abschluss von Versicherungsverträgen (Nr. 3)

Aufwendungen für den Abschluss von Versicherungsverträgen dürfen nicht aktiviert werden (Nr. 3 idF VersRiLiG 1994). 2

3) Immaterielles Anlagevermögen (II)

A. **Ansatzwahlrecht (II 1).** Mit Neufassung durch das BilMoG (**Übergangsrecht** in **(1)** EGHGB Art. 66 III, VII) wurde das Bilanzierungsverbot für selbstgeschaffene immaterielle Güter des Anlagevermögens (§ 248 II aF) gestrichen, für solche Güter gilt nun **Aktivierungswahlrecht,** sofern es sich um Vermögensgegenstände iSd § 246 I handelt (→ § 246 Rn. 4). Dies ist von Art. 9 der Bilanz-RL getragen. Grund ist die zunehmende Bedeutung immaterieller Güter im 3

Wirtschaftsleben einer wissensbasierten Ges. und das Bestreben, sie stärker als bisher in den Fokus der Abschlussadressaten zu rücken, die so ihre Außendarstellung verbessern können (RegE BilMoG 49). Das bisherige Aktivierungsverbot war dem Vorsichtsprinzip und Gläubigerschutz geschuldet, da selbstgeschaffenen immateriellen Gütern des Anlagevermögens auf Grund ihrer Unkörperlichkeit, unsicheren künftigen Nutzungsdauer und der oft nicht eindeutig zurechenbaren Herstellungskosten nur schwer ein objektiver Wert zugewiesen werden kann. Um hinreichenden Gläubigerschutz gleichwohl zu gewährleisten, wird gem. § 268 VIII eine Ausschüttungssperre an die Aktivierungsmöglichkeit gekoppelt. Zur Ausübung des Wahlrechts Merkt Konzern 2017, 353 (356). Sowohl Erstbewertung als auch Folgebewertung erfolgen wie bei anderen Vermögensgegenständen durch Ansatz der Herstellungskosten, §§ 253 I 1, 255 II 2 und 3, IIa, Vertriebs- und Forschungskosten (§ 255 IIa) sind gem. § 255 II 4 nicht aktivierbar. Entwicklungskosten können berücksichtigt werden, sofern sie von Forschungskosten getrennt werden können. Wenn Aktivierung ausgeschlossen ist, sind Herstellungsaufwendungen zu passivieren, BFH DStR 2011, 2186; so auch für Provisionen an Vermittler, wenn der Gegenstand unentgeltlich erworben wurde (hier: ablösefreier Wechsel eines Berufsfußballers) BFH DStR 2012, 229, a. A. Schröder/Specht WPg 2020, 959 f., auch → § 255 Rn. 2; bei Aufwendungen für gebundene Erfindungen (Diensterfindungen, Arbeitnehmererfindungen nach § 4 ArbnErfG) besteht unter bestimmten Voraussetzungen ein Aktivierungswahlrecht, OFD NRW BC 2017, 405. Flankiert wird das Wahlrecht durch das Gebot der Ansatzstetigkeit (§ 246 III). Allerdings handelt es sich bei immateriellen Gütern, insbesondere bei Forschungs- und Entwicklungsprojekten, oft um schwerlich vergleichbare singuläre Fälle; damit kann gem. §§ 246 III, 252 II eine begründete Ausnahme vom Stetigkeitsgebot vorliegen. Zur Bilanzierung immaterieller Vermögensgegenstände **DRS 24** und dazu Scheffler AG 2016, R 100; allg. Zimmermann/Dorn/Bieschewski NWB 2020 3098. Steuerrechtlich besteht Aktivierungsverbot (§ 5 II EStG). Wird in der Handelsbilanz von dem Wahlrecht Gebrauch gemacht und handelsrechtlich höherer Wert als in Steuerbilanz angesetzt, ist nach § 274 I 1 passive latente Steuer auszuweisen (→ § 274 Rn. 1 f.).
Übergangsrecht: (1) EGHGB Art. 66 III. **Lit.** AK Immaterielle Werte im Rechnungswesen der SBG DB 2008, 1813; Hennrichs DB 2008, 537; Kirsch PiR 2009, 185; Küting/Pfirmann/Ellmann KoR 2008, 689; Gabert StuB 2010, 891 (Filmrechte); Hennrichs GmbHR 2010, 17; Mindermann StuB 2010, 658; Schülke DStR 2010, 992; Weber-Grellet StuB 2010, 354; Schüttler/Berthold DStR 2011, 932 (Arzneimittel); Tran KoR 2011, 538 (Empirie); Löffler/Roß WPg 2012, 363 (Ansatz- u. Bewertungsstetigkeit nach IDW RS HFA 38); Schmidt DStR 2014, 544 (F&E-Ergebnisse in Pharmaindustrie). Zum Wahlrecht des § 248 I Eierle/Wencki DB 2014, 1029 (Nutzung durch den Mittelstand); Haaker PiR 2013, 160; Schmidt DB 2014, 1273 (Grundfragen); Eierle DB 2014, 1029 (Empirie); Kreide KoR 2015, 148 (Nicht-Aktivierungswahlrecht); Theile GmbHR 2015, 281 (GmbH- u. GmbH & Co KG-Abschluss nach BilRUG); Wirth/Weber/Dusemond/P. Küting DB 2015, 1053 (Kapitalkonsolidierung); Dutzi/Leuveld/Rausch BB 2015, 2219 (Verschmelzungen); Scheffler Konzern 2016, 482 (484); Lüdicke DB 2015, 1070 (Vermarktungskostenzuschuß bei Medienfonds); Rohleder DB 2016, 1645 (Anforderungen von KMU); Quick/Hahn WPg 2016, 1125 (Entwicklungskosten); Gersbacher-Volz/Koch BC 2017, 66 (selbst erstellte Software); Beine/Roß WPg 2018, 283 (Software); Lorson/Haustein/Beske/Schult KoR 2019, 32 (Vergleich Bilanzierung immaterieller Vermögensgegenstände und insbes. Software im privaten und im öffentl. Sektor); IDW RS HFA 11 nF DB 2018, 79 (Bilanzierung erworbener Software beim Anwender); Eierle/Ther DB 2018, 1741 (Entwicklungskosten); Ziskovsky Konzern 2019, 394 (KI); Zimmermann/Dorn/Bieschewski 2020, 3098 (ERP-Systeme); Rapp/Bongers DStR 2021, 2178 (Bilanzierung von Kryptokunst).

1. Abschnitt. Vorschriften für alle Kaufleute § 249

B. Ansatzverbote (II 2): Hiernach besteht Ansatzverbot für Marken, Drucktitel, Verlagsrechte, Kundenlisten oder vergleichbare **selbstgeschaffene** immaterielle Güter des Anlagevermögens. Ihnen sind Herstellungskosten teilweise nicht zweifelsfrei zuzurechnen, etwa Aufwand für Werbekosten, der sowohl der Marke als auch dem (ansatzpflichtigen, § 246 I 4) selbstgeschaffenen Geschäfts- oder Firmenwert zugerechnet werden kann. Erlaubt ist durch Wahlrecht lediglich die Aktivierung von Kosten, soweit diese auf die Entwicklungsphase eines Produkts oder einer intern geschützten Technologie entfallen, II 1 iVm § 255 IIa, Landgraf/Herrmann/Heßdörfer PiR 2018, 285. II 2 ist Ansatz-, nicht Bewertungsvorschrift, daher ist auch kein Erinnerungsposten zulässig. Vergleichbar sind immaterielle Güter des Anlagevermögens den enumerativ aufgezählten folglich dann, wenn sie nicht entgeltlich erworben sind und Herstellungskosten nicht zweifelsfrei ihnen, sondern etwa auch dem Firmenwert zugerechnet werden können; str. bei selbst ausgebildeten Fußballspielern (Busch DStR 2022, 112). 4

C. Derivativer Erwerb: Bei derivativem (früher: entgeltlichem, daran fehlt es etwa bei der Schenkung, s. § 255) Erwerb sind alle in II 2 genannten Güter zu aktivieren. Am Erwerb fehlt es nicht schon, weil der Vermögensgegenstand durch Einräumung eines Rechts erst geschaffen wird, BFH NJW 1993, 222; Gabert StuB 2010, 891 (Filmrechte); Mindermann StuB 2010, 658; Schülke DStR 2010, 992; aA BFH BStBl. II 1983, 38. **Entgelt** muss nicht Geld sein, zB bei Sacheinlage oder verdeckter Gewinnausschüttung, hL, aber nicht ein nur immaterieller, nach II 2 nicht aktivierbarer Tauschgegenstand, vgl. GK BilR/Kleindiek Rn. 14, str. Entgelt ist auch der im Gegenzug für eine Nutzungsmöglichkeit gezahlte Baukostenzuschuss, BFH/NV 2006, 1812. Investition ist aber kein Entgelt, wenn sie nach dem Vertragsinhalt nicht Gegenleistung für die Nutzungsüberlassung ist, FG Köln DStRE 2006, 579. Entgelt muss von Dritten gewährt worden sein. Eigene Aufwendungen des Kfm. sind kein Entgelt, hL. Dritter ist auch ein KonzernUnt. (§ 271 II), str., auch bei Beherrschungs- und Gewinnabführungsvertrag (§ 291 AktG; aA Geßler/Hefermehl/Kropff § 153 Rn. 48), jedoch darf nicht ohne weiteres das Entgelt, sondern nur der Teil, der am Markt bezahlt worden wäre (allgemeines Problem der konzerninternen Verrechnungspreise; vgl. auch § 313 AktG), angesetzt werden.

D. Immaterielles Umlaufvermögen: Dafür gilt II 2 nach Wortlaut und Sinn nicht; selbstständige Bewertbarkeit ist aber nötig (sonst kein Vermögensgegenstand, → § 246 Rn. 4). Software-Unt. müssen ihre Programme also aktivieren, auch wenn die Bewertung schwierig sein kann, IDW RS HFA 11 (Bilanzierung von Software beim Anwender) WPg 2004, 817. Aktivierung von Schadstoffimmissionsrechten: IDW ERS HFA 15, WPg 2005, 465, IDW RS HFA 15 WPg 2006, 273. **Lit.** Mujkanovic PiR 2013, 301 (Software als Bilanzierungsobjekt nach HGB und IFRS); Zimmermann/Dorn/Bieschewski NWB 2020, 3098. 5

Rückstellungen

249 (1) ¹Rückstellungen sind für ungewisse Verbindlichkeiten und für drohende Verluste aus schwebenden Geschäften zu bilden. ²Ferner sind Rückstellungen zu bilden für
1. im Geschäftsjahr unterlassene Aufwendungen für Instandhaltung, die im folgenden Geschäftsjahr innerhalb von drei Monaten, oder für Abraumbeseitigung, die im folgenden Geschäftsjahr nachgeholt werden,
2. Gewährleistungen, die ohne rechtliche Verpflichtung erbracht werden.

(2) ¹Für andere als die in Absatz 1 bezeichneten Zwecke dürfen Rückstellungen nicht gebildet werden. ²Rückstellungen dürfen nur aufgelöst werden, soweit der Grund hierfür entfallen ist.

§ 249 1–7   3. Buch. Handelsbücher

Übersicht

	Rn
1) Zweck und Arten von Rückstellungen	1–7
2) Rückstellungen für ungewisse Verbindlichkeiten (I 1 Alternative 1)	8–13
A. Voraussetzungen:	8–10a
B. Beispiele:	11, 12
C. Passivierungspflicht:	13
3) Pensionsrückstellungen (zu I 1 Alternative 1)	14–18
A. Neufälle:	14, 15
B. Altfälle:	16–18
4) Rückstellungen für drohende Verluste (I 1 Alternative 2)	19–26
A. Voraussetzungen:	19–22
B. Beispiele:	23–25
C. Passivierungspflicht:	26
5) Instandhaltungs- und Abraumbeseitigungsrückstellungen (I 2 Nr. 1, I 3 aF)	27–33
A. Voraussetzungen:	27, 28
B. Beispiele:	29, 30
C. Passivierungspflicht bzw. -wahlrecht:	31–33
6) Rückstellungen für Gewährleistungen ohne rechtliche Verpflichtung (I 2 Nr. 2)	34–36
A. Voraussetzungen:	34
B. Beispiele:	35
C. Passivierungspflicht:	36
7) Verbot sonstiger Rückstellungen, Auflösungsverbot	37, 38
A. Verbot sonstiger Rückstellungen:	37
B. Auflösungsverbot:	38

1) Zweck und Arten von Rückstellungen

1 Rückstellungen sind Passivposten mit dem Zweck, Aufwendungen, deren Existenz oder Höhe am Abschlussstichtag noch nicht sicher sind und die erst später zu einer Auszahlung führen, der Periode der Verursachung zuzurechnen. Sie sind aus dem Betriebsvermögen des Unt. ausgegliedert und werden dem Fremdkapital zugerechnet, BGHZ 139, 175 (für Pensionsrückstellungen: Sondervermögen des Arbeitgebers). Zum Übergang auf das BilMoG bei überdotierten Rückstellungen Zwirner BB 2010, 2747. Grds. besteht Passivierungspflicht (→ Rn. 8 ff.), teils Passivierungswahlrecht (dann keine steuerliche Anerkennung, → Rn. 34 ff.). Lit. MBF Kap. 5 Tz. 447 ff.; GK BilR/Kleindiek Rn. 7; Kahle DStR 2018, 976 (aktuelle Entwicklungen); Prinz WPg 2017, 1316 (Praxis Know-how); Prinz WPg 2019, 978 (Praxis Know-how); Wüstemann/Rost, HdJ, Rückstellungen, Rn. 9 ff.

2 § 249 anerkennt **abschließend** vier Fälle von Rückstellungen:

  a) für **ungewisse Verbindlichkeiten** (I 1 Alt. 1, → Rn. 8 ff.), wozu auch Pensionsrückstellungen gehören (→ Rn. 14 ff.);

3   **b)** für **drohende Verluste** (I 1 Alt. 2, → Rn. 19 ff.), ein Unterfall von Rückstellungen für ungewisse Verbindlichkeiten;

4   **c)** für Aufwendungen für im Geschäftsjahr unterlassene **Instandhaltung oder Abraumbeseitigung** (I 2 Nr. 1, → Rn. 27 ff.);

5   **d)** für **Gewährleistungen ohne rechtliche Verpflichtung** (I 2 Nr. 2, → Rn. 34 ff.), ebenfalls ein Unterfall von Rückstellungen für ungewisse Verbindlichkeiten;

6   **e)** Aufwandsrückstellungen nach II aF sind seit BilMoG unzulässig, da sie wirtschaftlich den Charakter von Rücklagen haben.

7 Für KapitalGes. Ausweis nach § 266 III B 1–3, Steuerabgrenzung (latente Steuern) nach § 274 und Angabe im Anhang § 285 Nr. 12; Ausnahmen für

1. Abschnitt. Vorschriften für alle Kaufleute 8 § 249

kleine KapitalGes. §§ 266 I 3, 288, für mittelgroße KapitalGes. bei der Offenlegung § 327 Nr. 2. Wenn keine Rückstellung zu bilden ist, kann doch Vermerk nach § 251 nötig sein. **Bewertung** von Rückstellungen s. § 253 I 2 (vgl. zur handelsrechtlichen Maßgeblichkeit für die Steuerbilanz bei der Bewertung von Rückstellungen → § 252 Rn. 2). **Lit.** Daub, Rückstellungen, 2000 (Vergleich HGB, IAS, US GAAP), IDW RS WPg 2000, 716; Marx/Köhlmann BB 2005, 2007 (Rücknahmeverpflichtung nach ElektroG); Fatouros DB 2005, 117 (ungewisse Verbindlichkeiten); Zülch/Willms DB 2005, 1178 (Entsorgung und Wiederherstellung/Umstellung HGB/IFRS); Kleinmanns StuB 2005, 204 (Unterschiede HGB–IFRS); Berger StuB 2005, 381 (Going Concern); Marx/Köhlmann StuB 2005, 653; 2005, 697 (Entsorgungsverpflichtungen HGB, IFRS); Vater StuB 2005, 1031 (Unternehmensbewertungen HGB, IFRS); Moxter BB 2006, 546; Berndt BB 2006, 1220 (Kenntnis des Geschädigten bei Patentverletzung); Ross/Drögemüller BB 2006, 1044 (Registrierungskosten wegen EU-Chemikalienverordnung); Herzig/Bohn BB 2006, 1551 (Einführungstarifverträge Metall- und Elektroindustrie); Marx/Berg DB 2006, 169 (Dokumentationsverpflichtungen); Binz/Mayer DB 2006, 1599 (FamilienGes.); IDW FN-IDW 2006, 273 (Emissionsberechtigungen); Berger/Kolb StuB 2006, 289 (Personenhandelsgesellschaftsanteile); Wolf StuB 2006, 449 (Risikobegriff); Führich WPg 2006, 1271; 2006, 1349 (Entsorgung von Kernbrennelementen); Weigl/Weber/Costa BB 2009, 1062 (BilMoG); Zülch/Hoffmann StuB 2009, 368 (BilMoG); Christiansen DStR 2009, 2213 (Realisationsprinzip bei Verbindlichkeiten); Döring/Heger DStR 2009, 2064 (Umkehrmaßgeblichkeit); Fink/Kunath DB 2010, 2345 (Bilanzpolitik); Funk/Müller BB 2010, 2163 (Produkthaftungsrückstellung nach HGB u. IFRS); Hagemann ua DB 2010, 1021 (Pensionsverpflichtungen); Wellisch ua BB 2010, 623 (Pensionsfonds); Veit BB 2010, 751, 2022, 559 (betriebliche Altersversorgung); Hruby DStR 2010, 127 (Mehrerlösabschöpfung); Wehrheim/Rupp DStR 2010, 821 (Rückstellungen für Innenverpflichtungen); Lühn PiR 2010, 97 (Kundenbindungsprogramme); Haaker/Hoffmann PiR 2010, 21 (Rückstellungsbeträge); Wolz/Oldewurtel StuB 2010, 424 (Pensionsrückstellungen); Lucius/Thurnes BB 2010, 3014 (Altersversorgungsverpflichtungen); Ries WPg 2010, 811 (Arbeitszeitkonten); Bertram ua WPg 2011, 811 (Altersversorgungsverpflichtungen); Oser StuB 2012, 571; Weber StuB 2013, 778 (Erfolgsprämien im Fußball). Rspr.-Übersicht: Weber-Grellet BB 2014, 42; Euler/Hommel BB 2014, 2475 (neue BFH-Rspr. zum Passivierungszeitpunkt von Rückstellungen); Ziegler/Renner DStR 2015, 1264 (Restrukturierungsrückstellungen); Prinz/Keller DStR 2015, 2224 (Restrukturierungsrückstellungen); Althoff DB 2016, 1893 (freiwillige Abschlussprüfung); Troost BBP 2016, 42 (VW-Abgas-Skandal); Cloer/Vogel IStR 2016, 531 (rechtswidrige steuerliche Beihilfe); Daubner/Eppinger/Frik DB 2017, 257 (Urlaubsrückstellungen); Kraft/Hohage DB 2017, 327 (Kompensationszahlungen für Wettbewerbsverbot im mit. Konzern); Brüggemann/Polster DB 2021, 1077, 1081 (Rückstellungen für die Verpflichtung zur Abgabe von Emissionszertifikaten an die DEHSt). Weindel DB 2021, 1689 (Rückstellung für Altlastensanierung bei Grundstücken vorrangig vor Abschreibung).Wüstemann/Rost HdJ, Rückstellungen, Rn. 9 ff.

2) Rückstellungen für ungewisse Verbindlichkeiten (I 1 Alternative 1)

A. **Voraussetzungen: a) Verbindlichkeit** ist eine Schuld gegenüber einem 8 Dritten (sog. Außenverpflichtung), keine bloße innerbetriebliche Verpflichtung, hA, BeckBilKomm/Schubert Rn. 26; aA Wehrheim/Rupp DStR 2010, 821; auch keine ausschließlich gesverträglich begründete Pflicht zur Prüfung des Jahresabschlusses, BFH DStR 2014, 1814. Nach wohl hA besteht Pflicht zur Passivierung einer Rückstellung für ungewisse Verbindlichkeiten, BeckBil-Komm/Schubert Rn. 100; IDW FN 2010, 2. Zu den Voraussetzungen der Rückstellungsbildung für ungewisse Verbindlichkeiten BFH BeckRS 2013,

96147; BFH DStR 2008, 915; BFHE 268, 180 (Rn. 18 ff.); auch tatsächliche Verpflichtung ohne rechtliche Verbindlichkeit (wirtschaftliche Betrachtungsweise), BGH NJW 1991, 1890 mAnm Claussen ZGR 1992, 255, vgl. I 2 Nr. 2, → Rn. 34 ff. Doch muss es so sein, dass Bestehen oder Entstehen der Verbindlichkeit und Inanspruchnahme objektiv wahrscheinlich sind, BFH BB 2006, 543; ADS Rn. 75; das ist nach BFH dann der Fall, wenn mehr Gründe für als gegen künftige Inanspruchnahme sprechen, BFHE 192, 64 (67 f.); 197, 530 (532); BFH BeckRS 2013, 96147; FG Köln EFG 2006, 648 (zur Wahrscheinlichkeit der Inanspruchnahme bei auflösend bedingter Rückzahlungsverpflichtung); vgl. OLG Celle BB 1983, 2233, aber mit Vorsichtsprinzip nicht vereinbar. Der Schuldner muss ernsthaft mit der Inanspruchnahme aus der Verbindlichkeit rechnen und die Geltendmachung muss nach den Verhältnissen am Bilanzstichtag wahrscheinlich sein, BFH BeckRS 2013, 96147. Beurteilung erfolgt auf Grundlage objektiver, am Bilanzstichtag vorliegender und spätestens bei Aufstellung der Bilanz erkennbarer Tatsachen aus Sicht eines sorgfältigen und gewissenhaften Kfm. und unter Berücksichtigung der betriebsindividuellen und branchenüblichen Erfahrungen, FG Hamburg BB 2008, 2680. Ansatz einer Rückstellung für bestrittene Steuerschulden hängt von den Erfolgsaussichten des gesamten Rechtswegs ab, HFA IDW Life 2017, 528. Der Ausweis einer Forderung aus einem schwebenden Geschäft ist dann geboten, wenn das Gleichgewicht der Vertragsbeziehungen durch Vorleistungen oder Erfüllungsrückstände eines Vertragspartners gestört ist, BFH GrS BStBl. II 1997, 735. Eine Rückstellung wegen Erfüllungsrückstands ist zu bilden, wenn ein Versicherungsvertreter die Abschlussprovisionen nicht nur für die Vermittlung der Versicherung, sondern auch für die weitere Betreuung des Versicherungsvertrags (Nachbetreuung) erhält, BFH BStBl. II 2012, 856; DStR 2014, 840; zu Nachbetreuungskosten Hoffmann StuB 2014, 509; zum Erfüllungsrückstand Tiedchen NZG 2017, 1007. Dies setzt voraus, dass der Steuerpflichtige zur Betreuung der Versicherung rechtlich verpflichtet ist, BFH BStBl. II 2012, 856. Leistungen, die ohne Rechtspflicht erbracht werden, sind für die Messung der Rückstellung irrelevant. Eine Rückstellung ist in diesem Falle nicht etwa dann ausgeschlossen, wenn der fragliche Betrag unwesentlich ist, BFH DStR 2014, 1593 (II. Senat); BFH BStBl. II 2012, 856 (X. Senat). Bei Versicherungsmaklern kommt als Rechtsgrund für die Rechtspflicht der Maklervertrag in Betracht, BFH DStR 2014, 1593. Wird die Bilanz einige Jahre später erstellt, ist maßgeblich, welche Tatsachen am Bilanzstichtag vorlagen und bis zu dem Zeitpunkt erkennbar waren, zu dem die Bilanz spätestens aufzustellen war, FG Düsseldorf EFG 2006, 25. Auch auf die vom BFH (etwa DStRE 2002, 541) geforderte (vorhandene oder unmittelbar bevorstehende) Kenntnis des Gläubigers kommt es nicht an, ADS Rn. 75. Bloß theoretische, wenngleich rechtlich begründbare Verpflichtung genügt nicht. Bei Dauerschuldverhältnissen (vgl. → § 252 Rn. 18) kommt es auf Bestehen eines Erfüllungsrückstandes bzw. einer Vorleistung an, BFH BB 1993, 900; ADS Rn. 60 (auch → Rn. 25). Versicherungsvertreter befindet sich nicht in Erfüllungsrückstand, wenn er dem VersicherungsUnt. gegenüber weder gesetzlich noch vertraglich verpflichtet ist, die von ihm vermittelten Verträge zu betreuen und abzuwickeln, BFH BeckRS 2009, 25016016. Behördliche Anweisung, dass ab bestimmtem Zeitpunkt ein festgelegter Emissionswert einzuhalten ist, kann idR nicht so verstanden werden, dass die Pflicht zur Einhaltung rechtlich bereits vor Ablauf des Zeitpunkts entsteht, BFH BeckRS 2013, 94958. Öff-rechtliche Verpflichtung zur Ermöglichung der objektiven Nutzbarkeit eines Wirtschaftsguts im Zeitraum nach Ablauf des Bilanzstichtags ist in der bis dahin abgeschlossenen Rechnungsperiode wirtschaftlich noch nicht verursacht. Ist die Verpflichtung am Stichtag bereits rechtlich entstanden, erübrigt sich Prüfung der wirtschaftlichen Verursachung, weil sie spätestens im Zeitpunkt ihrer Entstehung auch wirtschaftlich verursacht ist, BFH DStR 2013, 2745 (IV. Senat) mAnm Christi-

1. Abschnitt. Vorschriften für alle Kaufleute   9   § 249

ansen DStR 2014, 279 im Anschluss an BFH DStR 2013, 1018 [I. Senat] mAnm Hoffmann DStR 2018. Einer „wirtschaftlichen Entstehung" bedarf es daneben nicht; zur wirtschaftlichen Verursachung Hoffmann StuB 2014, 41. Rückstellung einer Verbindlichkeit (EU-Kartellbuße) kann ebenso wenig wie der betreffende Betriebsausgabenabzug über die steuerlichen Abzugsverbote und Grenzen hinausgehen, weil beide den gleichen tatbestandlichen Beschränkungen unterliegen, BFH BStBl. II 2014, 306. Bildung von Rückstellungen für Nachbetreuung von Versicherungsverträgen scheitert nicht daran, dass Steuerpflichtiger keine Aufzeichnungen über den Umfang der Forderung vorlegen kann, allerdings muss sich die dann vorzunehmende Aufwandsschätzung im unteren Rahmen bewegen, da Steuerpflichtigen insoweit Darlegungs- u. Beweislast trifft, BFH DStR 2014, 840. Kann Gläubiger eines Filmkredits nach vertraglicher Vereinbarung den Eintritt der Bedingung für die auflösend bedingte Rückzahlungsverpflichtung nicht einseitig herbeiführen, ist Rückzahlungsverpflichtung des Kreditnehmers noch nicht in voller Höhe wirksam entstanden und damit als ungewisse Verbindlichkeit einzuordnen, für die lediglich Rückstellung gebildet werden kann, BFH 2019, 24404. FG München BB 2018, 562. Zu Rückstellungen für öff-rechtliche Verpflichtungen Hoffmann StuB 2014, 81; zu Nachbetreuungskosten Hoffmann StuB 2014, 509. Bilanzierende, die § 274 (Latente Steuern) nicht anwenden, müssen für passive Steuerlatenzen eine Rückstellung gem. I 1 Alt. 1 bilden, IDW RS HFA 7 Rn. 26, str., dazu Pöschke NZG 2013, 646. Die Bildung einer Rückstellung wegen Erfüllungsrückstands für Nachbetreuungsleistungen an Werkzeugen durch den hauseigenen Zulieferer, ist auch steuerbilanziell zulässig, BFH BB 2022, 176. **Lit.** Freiberg/Amshoff WPg 2017, 1334 (1338); Altvater/Gehrer RdF 2019, 65 (Bilanzierung bei der Portionierung von Zinsderivat-Portfolien zwischen zentralen Gegenparteien); Penatzer DB 2018, 777 (Bilanzierung steuerlicher Risiken); Eppinger/Daubner/Frik WPg 2018, 91 (Rückstellung für Urlaubsansprüche); Deubert/Lewe BB 2018, 874 (Restrukturierungsrückstellungen); Brauchle/Spingler/Tenzer WPg 2019, 64, Petersen WPg 2019, 1079 (öffentlich-rechtliche Verpflichtungen).

b) Ungewiss ist die Verbindlichkeit, wenn sie in Grund (Existenz) oder Höhe   9 oder in Bezug auf den Zeitpunkt ihres Entstehens (BFH BB 2000, 1614) nicht feststeht, einerlei ob aus rechtlichen oder tatsächlichen Gründen, BFHE 197, 483 (485 f.). Ist die Inanspruchnahme bereits gewiss, ist keine Rückstellung zu bilden, sondern die Verbindlichkeit normal zu passivieren. Wird sie gewiss, ist umzubuchen. Wahrscheinlichkeitsurteil bei Inanspruchnahme auf Grund von Gewährleistungsverpflichtung bemisst sich nach den betriebsindividuellen und branchenüblichen Erfahrungen; ohne weitere Nachweise nur Gewährleistungsrückstellung iHv 0,5 % des Umsatzes, FG Berlin-Brandenburg GmbHR 2011, 670; sofern Gegenüber keine Kenntnis vom Mangel hat, kann nicht ernsthaft mit Inanspruchnahme gerechnet werden, BFH X B 48/18. Zur Frage, unter welchen Voraussetzungen nach Hinweisbeschluss des Gerichts im laufenden Schadensersatzprozess von der Beklagten Rückstellungen für Schadensersatz zu bilden sind, OLG Frankfurt a. M. ZIP 2013, 2403 – Kirch/Deutsche Bank. Ungewissheit bezieht sich sowohl auf den Grund als auch auf die Höhe, BFH/NV 2004, 271; BFH BB 2015, 2992. Voraussetzung ist entweder das Bestehen einer dem Betrag nach ungewissen, dem Grunde nach aber bestehenden Verbindlichkeit oder die hinreichende Wahrscheinlichkeit des künftigen Entstehens einer – ggf. zugleich ihrer Höhe nach noch ungewissen – Verbindlichkeit, BFH BStBl. II 2010, 614; FG Niedersachsen EFG 2016, 650. Dies ist ausnahmsweise anders, wenn mit an Sicherheit grenzender Wahrscheinlichkeit Inanspruchnahme des Schuldners nicht mehr zu erwarten ist, BFH/NV 1992, 741. Verjährte Ansprüche dürfen nicht mehr passiviert werden, wenn sich der Schuldner entschlossen hat, Verjährungseinrede zu erheben, oder wenn dies anzunehmen ist, BFH BStBl. II 1993, 543.

§ 249 10

Grad der Wahrscheinlichkeit: Üblicherweise stellt Rspr. auf **überwiegende Wahrscheinlichkeit** bzw. **51%-Wahrscheinlichkeit** ab, es müssen **mehr Gründe für als gegen den Eintritt** bestehen, BFH BB 1985, 243; 2015, 1839 mit Anm. Weber-Grellet BB 2016, 43 (45); BFHE 193, 406; BStBl. II 2015, 523; s. a. FG Sachsen-Anhalt 3 K 907/12 (juris). Auch die Inanspruchnahme aus der Verbindlichkeit muss nach den am Bilanzstichtag gegebenen Verhältnissen wahrscheinlich sein, wobei der Steuerpflichtige nicht die pessimistischste Alternative wählen darf, BFH BStBl. II 2006, 371 = NJW-RR 2006, 1039. Die Voraussetzungen der „ungewissen Verbindlichkeit" sind im Einzelfall auf Grundlage objektiver, am Bilanzstichtag vorliegender Tatsachen aus Sicht eines sorgfältigen und gewissenhaften Kfm. zu beurteilen, BFH BStBl. II 2003, 121; BStBl. II 2008, 516; BStBl. II 2011, 60; FG Münster EFG 2017, 149. **Einzelfälle:** Unzulässig ist Rückstellung für zukünftigen Prozessaufwand für einen am Stichtag noch nicht anhängigen Prozess, BFH/NV 2016, 387. Bei noch nicht bestehenden Verbindlichkeiten ist ein wirtschaftlicher Bezug der möglicherweise entstehenden Verbindlichkeit zum Zeitraum vor dem jeweiligen Bilanzstichtag erforderlich, BFH BStBl. II 2003, 121; BStBl. II 2008, 526; BStBl. II 2010, 614. Keine Rückstellung für ungewisse Verbindlichkeiten, wenn dafür weder vertragliche Vereinbarungen noch rechtliche Grundlagen erkennbar sind, FG München BB 2015, 2994. Keine Pflicht zur Rückstellungsbildung für ungewisse Verbindlichkeit wegen einer gegen den Kfm. geführten Klage, wenn nach einem von fachkundiger dritter Seite erstellten Gutachten sein Unterliegen im Prozess am Bilanzstichtag nicht überwiegend wahrscheinlich ist, BFH DStR 2015, 1358 mit Anm. Hennrichs BB 2015, 1841. Keine Rückstellungsbildung für Verbindlichkeit aus öff Recht, wenn Nichterfüllung sanktionslos ist, FG Düsseldorf BB 2015, 1712. Verbindlichkeiten aus schwebenden Geschäften dürfen grundsätzlich nicht ausgewiesen werden. Anders, wenn das Gleichgewicht der Vertragsbeziehungen durch Vorleistungen oder Erfüllungsrückstände einer Partei gestört ist; dann Bildung einer Rückstellung, etwa wenn Versicherungsvertreter Abschlussprovision nicht nur für Vermittlung, sondern auch für weitere Betreuung des Vertrages erhält, die er nicht nur freiwillig, sondern in Erfüllung einer Verpflichtung erbringt, BFH BStBl. II 2014, 675; BFH/NV 2015, 1676; FG Münster EFG 2016, 1888. Wegen Verpflichtung, eine am Stichtag bestehende Verbindlichkeit später höher zu verzinsen (Darlehen mit steigenden Zinssätzen), ist grundsätzlich Verbindlichkeit oder Rückstellung wegen wirtschaftlichen Erfüllungsrückstands auszuweisen, BFH BStBl. II 2016, 930; zum Erfüllungsrückstand Tiedchen NZG 2017, 1007. Ausnahmsweise keine Passivierung, wenn Inanspruchnahme mit an Sicherheit grenzender Wahrscheinlichkeit nicht zu erwarten ist, FG Hamburg 26.5.2016 – 6 K 148/14, BeckRS 2016, 95147. Gebildete Rückstellung bei Zivilklage erst nach rechtskräftiger Klageabweisung aufzulösen, BFH DStR 2002, 713 m. Anm. Hoffmann DStR 2002, 715 und m. Anm. Hommel BB 2002, 1141. Rückstellung für Rückforderung eines **öff Zuschusses** ist unzulässig, wenn es an einer Rückzahlungsverpflichtung fehlt, weil der Zuwendungsbescheid nicht widerrufen oder zurückgenommen worden ist und es auch nicht überwiegend wahrscheinlich ist, dass ein Widerruf erfolgt, FG Sachsen-Anhalt 29.4.2015 – 3 K 907/12 (juris). Diese Grundsätze gelten auch für Verbindlichkeiten aus **öff Recht**, soweit die Verpflichtung bereits hinreichend bestimmt, in zeitlicher Nähe zum Bilanzstichtag zu erfüllen sowie sanktionsbewehrt ist, BFH BStBl. II 2013, 686; BStBl. II 2014, 302. Passivierungsgebot für Verbindlichkeitsrückstellungen gehört zu den **GoB**, BFH BStBl. II 1969, 291; BStBl. II 2012, 122.

10   **c) Bis zum Bilanzstichtag wirtschaftlich verursacht** muss die Verbindlichkeit sein. Wirtschaftliche Verursachung ist ein unbestimmter Rechtsbegriff, der weiten Interpretationsraum lässt und Anlass für umfangreiche Rechtsprechung ist, näher Kahle DStR 2018, 976. Die Verbindlichkeit muss Vergangenes abgelten, sonst gehört sie nicht mehr in das Berichtsjahr, BGH NJW 1991, 1890. Die wirtschaftlich wesentlichen Tatbestandsmerkmale müssen aber bereits erfüllt sein, BFH BStBl. II 1985, 44; BB 1992, 1964; OLG Celle BB 1983, 2233. Erforderlich ist, dass die wirtschaftlich wesentlichen Tatbestandsmerkmale zum maßgeblichen Stichtag erfüllt sind und das Entstehen der Verbindlichkeit nur noch von wirtschaftlich unwesentlichen Tatbestandsmerkmalen abhängt. Maßgebend ist die wirtschaftliche Wertung des Einzelfalls im Lichte der rechtlichen Struktur des Tatbestands, mit dessen Erfüllung die Verbindlichkeit entsteht, BFHE 240, 252; 258, 8; 260, 45. Der rechtliche und wirtschaftliche Bezugspunkt der Verpflichtung muss in der Vergangenheit liegen, sodass die Verbindlichkeit nicht nur an vergangenes anknüpft, sondern auch vergangenes abgilt, BFHE 243, 256; 260, 45. Unerheblich ist hingegen der Grad der Wahrscheinlichkeit der Verwirklichung des betreffenden Tatbestandsmerkmals, BFHE 258, 8; 260, 45. Ist die Verpflichtung am Stichtag nicht nur der Höhe nach ungewiss, sondern auch dem Grunde nach noch nicht rechtlich entstanden, kann eine Rückstellung nur unter der weiteren Voraussetzung gebildet werden, dass sie wirtschaftlich in den bis zum Bilanzstichtag abgelaufenen Wirtschaftsjahren verursacht ist. Dies wiederum setzt voraus, dass die wirtschaftlich wesentlichen Tatbestandsmerkmale erfüllt sind und das Entstehen der Verbindlichkeit nur noch von wirtschaftlich unwesentlichen Tatbestandsmerkmalen abhängt, BFH BStBl. II 2013, 686; FG Münster BB 2015, 3055. Rückstellung für hinterzogene Steuern darf erst im Zeitraum gebildet werden, in dem mit Rückforderung ernsthaft gerechnet werden muss, BFHE 180, 110; 197, 349; 238, 173; BFH/NV 2020, 909, frühestes im Jahr der Selbstanzeige, FG Baden-Württemberg DStRE 2018, 1388. Pflicht zur Leistung eines Handwerkskammerbeitrags kann rechtlich nicht vor dem Zeitraum entstehen, auf den sich die Beitragspflicht bezieht, BFHE 257, 403 Rn. 29; dazu Kahle DStR 2018, 976 (977); Hommel/Ummenhofer BB 2017, 2219. Zum Bilanzstichtag noch nicht erhobene Mängelrügen können bei wertaufhellender Betrachtung den Ansatz einer Verbindlichkeitsrückstellung rechtfertigen. Objektiver Anknüpfungspunkt dafür ist ein bereits zum Stichtag vorliegender Mangel. Bei noch nicht gerügten Mängeln muss mit einer Inanspruchnahme ernsthaft zu rechnen sein. Ob ein zwar schon angelegter Werkmangel, der aufgrund der Betriebsabläufe am Bilanzstichtag jedoch noch nicht in Erscheinung getreten ist und daher auch noch nicht gerügt werden konnte, ausreichend erscheint, um die Ernsthaftigkeit der Inanspruchnahme annehmen zu wollen, bedarf einer Einzelfallwürdigung. Wenn die beiderseitige Unkenntnis maßgeblich auf dem Umstand beruht, dass der Mangel am Stichtag noch keine betriebsbeeinträchtigende Wirkung entfaltet und daher nicht erkennbar erschien, liegt es nahe, die Gefahr der Inanspruchnahme am Bilanzstichtag noch nicht als überwiegend anzusehen, BFH X B 48/18, BeckRS 2018, 31636. Wirtschaftliche Verursachung ist ein Merkmal, das nur bei künftig entstehender, nicht aber bei dem Grunde nach bereits bestehender Verpflichtung gilt, BFH (I. Senat) BFHE 196, 216 (219 f.); DStRE 2002, 1180; Christiansen DStR 2007, 127; 2009, 2213; aA BFH (VIII. Senat) BB 2003, 43; BMF DB 2003, 239; IDW-HFA FN 2002, 220; dazu Mayr BB 2002, 2323; Crezelius ZIP 2003, 461; Weber-Grellet BB 2003, 36 (39); Breidert/Moxter WPg 2007, 912; offen lassend BFH (IV. Senat) DStR 2008, 915; s. zur wirtschaftlichen Verursachung von Erfüllungsrückstand bei schwebenden Geschäften BFH BB 2006, 1623 m. krit. Anm. Wüstemann BB 2015, 1625; Hoffmann StuB 2013, 677; zum Erfüllungsrückstand Tiedchen NZG 2017, 1007. Der Ausweis einer Forderung aus einem schwebenden Geschäft ist dann geboten, wenn das Gleichgewicht der Vertragsbeziehungen durch Vorleistungen oder Erfüllungsrückstände eines Vertragspartners gestört ist, BFH GrS BStBl. II 1997, 735; BFH/NV 2006, 930; BStBl. II 2006, 866; FG München 2.11.2018 – 2 V 2082/18, BeckRS 2018, 36295 = juris Rn. 42. eine Rückstellung wegen Erfüllungsrückstands ist zu bilden, wenn ein Versicherungsvertreter die Abschlussprovision nicht für die Vermittlung der Versicherung, sondern auch für die weitere Betreuung des Versicherungsvertrags erhält, BFHE 244, 309; BFH 13.7.2017 – IV R 34/14, BeckRS 2017, 125098. Erfüllungsrückstand setzt danach voraus, dass der Steuerpflichtige zur Betreuung versicherungsrechtlich (vertraglich oder gesetzlich) verpflichtet ist. Leistungen, die ohne Rechtspflicht erbracht werden, sind für die Messung der Rückstellung irrelevant, BFHE 246, 45; BFH 13.7.2017 – IV R 34/14, BeckRS 2017, 125098. Rückstellung für Verpflichtung zur Aufbewahrung von Geschäftsunterlagen kann Finanzierungskosten (Zinsen) für die zur Aufbewahrung genutzten Räume bei Poolfinanzierung auch dann enthalten, wenn sie sich durch Kostenschlüsselung verursachungsgerecht zuordnen lassen, BFH SteuK 2013, 187. Übersicht zur BFH-Rspr. Rätke StuB 2008, 477; Engel-Ciric/Moxter BB 2012, 1143; Dziadkowski BB 2012, 2167.

10a d) **Negativmerkmal „eigenbetriebliches Interesse":** Nach st. Rspr. des BFH kann der Bildung einer Rückstellung für ungewisse Verbindlichkeiten ein sog. eigenbetriebliches Interesse entgegenstehen, BFHE 147, 8 (juris-Rn. 21); BGHE 193, 399 (juris-Rn. 23); BGHE 196, 216 (juris-Rn. 14); BFHE 243, 256 (juris-Rn. 27); BFHE 256, 270 (juris-Rn. 17). Dies gilt nach BFH insb. in Fällen, bei denen bestehende Außenverpflichtung durch ein eigenbetriebliches Interesse bei wirtschaftlicher Betrachtung vollständig überlagert wird und damit der Sache nach eine sog. Aufwandsrückstellung vorliegt BFHE 268, 180 (juris-Rn. 22 f.). Nach Ansicht des BFH besteht für das Negativmerkmal damit gesetzliche Grundlage, da die Außenverpflichtung zur Bildung einer Rückstellung eine wirtschaftliche Belastung auslösen muss und diese Frage nicht losgelöst von einem damit in unmittelbaren Zusammenhang stehenden eigenbetrieblichen Interesse beantwortet werden kann. Zur Abwägung zw. Außenverpflichtung u eigenbetrieblichem Interesse vgl. BFHE 269, 180 (juris-Rn. 26). In der Literatur wird diese Rspr. kritisiert, vgl. MüKoBilR/Hennrichs § 249 Rn 32; Tiedchen NZG 2020 1121; Weber-Grellet BB 2021, 43, 44 f. Insbesondere sei die Rechtsgrundlage für das Negativ-Merkmal nicht überzeugend. Es würde gegen den Vollständigkeitsgrundsatz verstoßen. Rspr. führt zu einem „schweren Verstoß gegen die Prinzipien des Bilanzrechts und gegen die Grundsätze ordnungsgemäßer Buchführung", Weber-Grellet BB 2021, 43, 44 f. Konkret durfte nach BFH z. B. keine Rückstellung gebildet werden für eine in Rahmenvertrag ggü Auftraggeber eingegangene Verpflichtung eines Gerüstbauers, wonach Gerüstbauer die vom Auftraggeber zur Verfügung gestellten Lager- u. Arbeitsplätze in ordnungsgemäßem Zustand erhalten muss und nach Ablauf des Vertrages wieder in ordnungsgemäßen Zustand versetzen muss. Verpflichtung würde von eigenbetrieblichem Interesse vollständig überlagert vgl. BFHE 268, 180 (juris-Rn. 26).

11 B. **Beispiele: Rückstellung zulässig** zB für rückzahlbare Abschlussgebühren, BFH BB 1991, 509 (510) (Bausspardarlehensverzicht); BFHE 197, 530 = DStR 2002, 713 m. Anm. Hoffmann DStR 2002, 715 (Klage gegen Kfm. bis zur letztinstanzlichen rechtskräftigen Abweisung); Lohnzahlungen bei Altersteilzeit BFH/NV 2006, 353 (Rückstellung ist ratierlich aufzubauen); für Altlastensanierung nur, wenn am Bilanzstichtag Anhaltspunkt für Inanspruchnahme bestand BFH/NV 2006, 1286, Beherrschungs- und Gewinnübernahmevertrag (Verlustübernahme § 302 AktG); für betriebliche Berufsausbildung (BerBG, → § 59 Rn. 12) wegen Pflicht des Arbeitgebers und Kündigungsschutz des Auszubildenden, üL, IDW-HFA FN 1982, 125, Nehm DB 1984, 2477, aA BFH BStBl. II 1984, 344; angeschaffte (entgeltlich erworbene) Drohverlustrückstellungen, BFH DStR 2010, 265; Fazilitäten (→ **(7)** Bankgeschäfte Rn. G33) können Kreditzusage oder Gewährleistung sein (so bei Anspruch auch Dritter), IDW-BFA 1/1987 WPg 1987, 301; Gewährleistungen, Garantien, und zwar als **Einzel- oder Pauschalrückstellung,** BFH BStBl. II 1984, 264; BB 1992, 1103 (Vertragshändleranspruch), mehrjährige Garantiefrist, BGH BStBl. II 1983, 104; kostenlo-

1. Abschnitt. Vorschriften für alle Kaufleute 11 § 249

se Nachbetreuung einer verkauften Hörhilfe, BFH BB 2002, 2436; Nachbetreuung für Wartung und Instandhaltung von Werkzeugen für Produktion von Zulieferteilen, FG Münster BeckRS 2019, 20955; drohende Inanspruchnahme aus Haftungsverhältnissen etwa aus Bürgschaft, Wechselobligo, Garantie ua, → § 251 Rn. 2; Gratifikationen, BeckBilKomm Rn. 100; Haftpflichtschäden (Kfz), ein für den Fall der Inanspruchnahme entstehender Haftpflichtversicherungsanspruch ist gegenüberzustellen, WP-HdB I E 128; drohende Haftung nach § 128 oder §§ 171, 172 als Gfter einer PersonenGes., IDW-HFA 3/1976 WPg 1976, 592; Handelsvertreterausgleichsansprüche (§ 89b) vor HVVertragsende, str., ja hL, sogar Rückstellungspflicht, ADS Rn. 133; offen BeckBilKomm Rn. 100, wohl nur Wahlrecht BGH NJW 1966, 2055, nein BFH stRspr BStBl. II 1983, 376, jedenfalls nach Klageerhebung, BGH BB 1989, 1518; nicht für zukünftige Gebühren- und Kostenverpflichtungen eines InkassoUnt., FG Nürnberg DStRE 2006, 1039; BFH BB 2008, 830. Jahresabschluss- und Prüfungskosten für das abgelaufene Jahr, BFH BStBl. II 1980, 298; Kosten der Aufbewahrung von Geschäftsunterlagen bei Aufbewahrungspflicht nach § 257 bzw. nach AO, BFHE 199, 561 (563); IDW RH-HFA 1009; Jubiläumszuwendungen, BFHE 194, 76; Döllerer ZGR 1988, 592, str., Rückstellung für Jubiläumsleistung setzt nicht voraus, dass sich Dienstberechtigter rechtsverbindlich, unwiderruflich und vorbehaltlos zu der Leistung verpflichtet hat, BFH DStR 2007, 385; zur pauschalen Bewertung von Jubiläumsrückstellungen BMF Schreiben v. 27.2.2020. Leasing (→ (7) Bankgeschäfte Rn. P3): Erwerbs- oder Behaltensrecht gegen höhere Leasingraten, BFH BB 1993, 1912; öffentlichrechtliche Pflichten, sofern hinreichend konkretisiert und sanktionsbewehrt, FG München EFG 2006, 1528, zB Buchführungsarbeiten für das Vorjahr, BFH BB 1992, 1964, Steuererklärungen für das Vorjahr, Verpflichtung zu Aufbewahrung von Geschäftsunterlagen, für die Kosten einer zukünftigen Betriebsprüfung bei einem Großbetrieb, BFH DStR 2012, 1790; FG Köln BB 2010, 3079; BMF, BStBl. I 20132013, 274; s. auch Peun DStR 2014, 1186 (Rückstellungen für Betriebsprüfungsrisiken); Petersen WPG 2019, 1079 (Öffentlichrechtliche Verbindlichkeiten); in HdlBilanz aber auch ohne genau fixierten Handlungszeitraum und Sanktionsbewehrung zu erwartende strafrechtliche Anordnung des Verfalls der Gewinne aus einer Straftat, BFHE 192, 64 (66 ff.), Recyclingkosten auf Grund öffentlich-rechtlicher Pflichten BFH BB 2006, 1678; harte Patronatserklärung, wenn Inanspruchnahme ernsthaft droht, was nicht der Fall ist, wenn SchwesterUnt. des konzerngebundenen SchuldnerUnt. die erforderliche Liquidität bereitstellen und auf Grund gesellschaftsrechtlicher Verbundenheit mit Geltendmachung von Ansprüchen der Schwester gegen die Mutter nicht zu rechnen ist, BFH DB 2007, 429, Pensionen → Rn. 14 ff.; uU künftige Beiträge an Pensionssicherungsverein, WP-HdB I E 143, str.; Produkthaftpflicht, Herzig/Hötzel BB 1991, 99, dabei auch Pauschalrückstellung, Funk/Müller BB 2010, 2163; aA wohl BFH BStBl. II 1984, 265; Prozesskosten für schwebende Prozesse, auch bei unmittelbarem Bevorstehen, aA BFH BStBl. II 1970, 802 nur bei Passivprozess, idR nur für das Kostenrisiko; drohende Verwaltungskosten, wenn diese unabwendbar anfallen, sofern sie nicht Herstellungskosten sind BFH DStR 2011, 2186; Rückgewähr empfangener Entgelte wie Rabatte, Warenrückvergütungen, Beitragsrückgewähr durch VersicherungsUnt. oder Vereine, BFH BB 1993, 1912; Steuererklärungskosten für Betriebssteuern für das abgelaufene Jahr, BFH BStBl. II 1984, 302; für Nachzahlungszinsen, allerdings frühstens nach Beginn des Zinslaufs, FG Münster DStRE 2019, 1502; für Steuernachforderungen, Rückstellung hierfür ist im Jahr der Steuerentstehung zu bilden, BFH BStBl. II 2012, 719, aA im Jahr der Beanstandung durch Prüfer, FG Münster DStRE 2019, 1502; Schadensersatzanspruch bei drohender Inanspruchnahme, BFH BStBl. II 1985, 46; BB 1993, 181; Patent- und Schutzrechtsverletzung, auch wenn noch ungewiss, aber nicht unwahrscheinlich, BFH BStBl. II 1982, 748; BeckBilKomm

§ 249 12

Rn. 100 für HdlBilanz, enger § 5 III EStG für Steuerbilanz: erst wenn Anspruch geltend gemacht oder damit ernsthaft zu rechnen ist, krit. Moxter BB 1982, 2084, Reaktion auf oder Kenntnis von Verletzung seitens des Patentinhabers ist aber nicht erforderlich, BFH BB 2006, 1217; für Schadensersatz für nicht vollständig zurückgegebenes Leergut nur bei positiver oder unmittelbar bevorstehender Kenntnis des Getränkeherstellers, BFH HFR 2006, 1087; Sozialplan (§§ 111, 112 BetrVG), bereits falls ernsthaft bevorstehend, WP-HdB I E 149; hat zuständige Behörde von Schadstoffbelastung und dadurch erforderlicher Sanierung erfahren, ist idR ernsthaft mit Inanspruchnahme aus Sanierungspflicht zu rechnen, BFHE 204, 135 (138). Steuerschulden für abgelaufene Geschäftsjahre vor rechtskräftiger Veranlagung samt Zuschreibung nach § 280 aF; gewinnabhängige Tantiemen wie Gratifikationen, zum Zeitpunkt der Aktivierung Hageböke Konzern 2014, 134; Umwelt(alt- und neu)lasten auch ohne Sanierungsverfügung, Crezelius DB 1992, 1359; aA BFH DB 1994, 18; Herzig, 1994. Rückstellung zur später notwendigen Sanierung von Altlasten bei Grundstücken vorrangig vor Abschreibung, sehr str., ausführlich, Weindel DB 2021, 1689 ff. **Lit.** Bach, 1996; Kupsch BB 1992, 2320; Siegel BB 1993, 326, s. öff-rechtliche Pflichten; Verlustübernahmeerklärung, OLG Celle BB 1983, 2232, s. auch Beherrschungsvertrag; bedingt rückzahlbare Zuschüsse, wenn Bedingungseintritt wahrscheinlich ist, zu Rückstellungen nach Inkrafttreten des USchadG Schubert WPg 2008, 505; Oser/Wirtz StuB 2017, 3 (Prozesskosten für noch nicht anhängigen Aktivprozess).

12 **Rückstellung unzulässig** zB für Hauptversammlungskosten, BeckBilKomm Rn. 100, fraglich; für freiwillige Prüfung des Jahresabschlusses FG Niedersachsen BB 2011, 2415, auch wenn gesellschaftsvertraglich vorgeschrieben, BFH ZIP 2014, 1879, aA IDW RH HFA 1.0009 Tz. 6; Verpflichtung zur Entsorgung eigenen Abfalls nach AbfG, wenn sowohl eine entsprechende behördliche Verfügung als auch eine Vereinbarung mit der Behörde fehlt, BFHE 193, 399; für nach dem Stichtag anfallende Recyclingkosten (bei RecyclingUnt.), wenn zeitnahes Recycling behördlich überprüft wird, BFH BB 2004, 1620; für Provisionsverpflichtungen vor Ausführung des vermittelten Geschäfts, BFH BStBl. II 1973, 482, sowie für nachträgliche Provisionszahlungen, wenn sie Gegenleistung für die Einhaltung eines nachvertraglichen Wettbewerbsverbotes darstellen, BFHE 195, 121 (125); für künftige Beiträge zu Garantiefonds (Volksbanken), BFH BB 1992, 243; für Weihnachtsgeld FG Rheinland-Pfalz DStRE 2007, 139; für ausgegebene Gutscheine, wenn sie Preisnachlass bei Inanspruchnahme künftiger Leistungen gewähren, BFH DStR 2012, 2166 krit. Hoffmann DStR 2012, 2171; für Gutscheine zur Verrechnung mit Entgelten aus zukünftigen Einkäufen (führen weder zu Verbindlichkeiten noch zu Rückstellungen im Ausgleichsjahr) BFH BeckRS 2013, 96147; weitere Kasuistik BeckBilKomm/Schubert Rn. 100; WP-HdB I E 105 ff.; für Gelder aus Steuerhinterziehung oder Geldwäsche, wenn Verfall wegen der Gesetze des Landes, in dem die Gelder angelegt sind, unwahrscheinlich, OLG Düsseldorf EFG 2006, 25; FG Köln DStR 2012, 265; für Verpflichtungen aus Altersteilzeit, BFH DStR 2018, 337, hierzu Bolik/Kummer BB 2018, 624; für hinterzogene Mehrsteuern, wenn Pflichtiger zum Stichtag noch nicht mit Aufdeckung rechnen musste, BFH BB 2012, 2747; Lehmann DB 2006, 1281 (zur Behandlung von Spenden; für **Steuerabgrenzung** s. § 274; Rückstellungspflicht für passive latente Steuern besteht unter den Voraussetzungen des **I 1** unabhängig von § 274, Einzelheiten sehr str., näher BeckBilKomm § 274a Rn. 7; Müller DStR 2011, 1046; v. Kanitz WPg 2011, 895; Kirsch/Hoffmann/Siegel DStR 2012, 1290; Karrenbrock BB 2013, 235; Pollanz DStR 2013, 63; gegen Rückstellungspflicht Hoffmann/Lüdenbach § 274a Rn. 3a. Keine Rückstellung für ungewisse Verbindlichkeiten gegenüber Entschädigungseinrichtung der WertpapierhandelsUnt. (EdW), FG München 7 K 1776/16, BeckRS 2018, 14569. Keine Rückstellung für die Kosten der Aufbewahrung von Mandanten-

1. Abschnitt. Vorschriften für alle Kaufleute   13, 14   **§ 249**

daten und Handakten bei einer Wirtschaftsprüfungs- und Steuerberatungsgesellschaft, da aus § 66 StBerG keine öffentlich-rechtliche Verpflichtung hierzu folgt, BFH XI R 42/17, BeckRS 2019, 16876, hierzu auch Meyering/Gröne FR 2020, 158. Für öffentlichrechtliche Rückstellungen Petersen WPg 2019, 1079.

C. **Passivierungspflicht:** Für Rückstellungen nach I 1 besteht nach Wortlaut **13** und Sinn kein Wahlrecht, sondern eine Passivierungspflicht (Ausnahme § 254), BGH NJW 1991, 1890, und zwar idR Einzelrückstellung. Ausnahmsweise **Pauschalrückstellung,** BFH BB 1989, 664, die mit der **4. EG-RL** vereinbar ist, EuGH DStRE 2003, 69 Rn. 108 ff., zB bei Garantieverpflichtungen, Bieg, Die externe Rechnungslegung der Kreditinstitute und Finanzdienstleistungsinstitute, 1999, und Produkthaftpflicht, BeckBilKomm/Schubert Rn. 100, str. Pauschalwertberichtigung → § 253 Rn. 26. Die ungewisse Verbindlichkeit ist grundsätzlich in vollem Umfang zu passivieren, noch nicht aktivierungsfähige Ansprüche gegen Dritte mindern nur dann, wenn der Eintritt des einen oder des anderen Sachverhalts unmöglich ist (wechselseitige Kausalität), IDW RS HFA 4 Tz. 18, anders bei Drohverlust (nur Saldo, → Rn. 19 ff.).

3) Pensionsrückstellungen (zu I 1 Alternative 1)

A. **Neufälle: a) Allgemein:** Ansprüche der Arbeitnehmer aus betrieblicher **14** Altersversorgung (→ § 59 Rn. 83–89) sind ungewisse Verbindlichkeiten (abhängig vom Eintritt des Versorgungsfalls). Sie fallen also ohne weiteres unter I 1 Alt. 1 (AmtlBegr). Es besteht also grds. **Passivierungspflicht** (→ Rn. 8), sie gehen bei Betriebsübergang gem. § 613a BGB auf das aufnehmende Unt. über und müssen als Verbindlichkeiten ausgewiesen werden, IDW HFA 30 nF, sie sind aber bei Eingreifen des § 246 II 2 mit ausschließlich ihrer Erfüllung dienenden Aktiva zu verrechnen (→ § 246 Rn. 26). Ein Verzicht auf die Passivierung von **Altzusagen** (Art. 28 I 1 EGHGB) ist wegen der Entgeltlichkeit des Rechtsgeschäfts nicht möglich. Erfolgt die Übertragung von Pensionsverpflichtungen im Rahmen eines **Schuldbeitritts mit Erfüllungsübernahme,** hat der Beitretende die Pensionsverpflichtungen zu passivieren, während der ursprünglich Verpflichtete diese ausbuchen kann. Bei einer **reinen Erfüllungsübernahme** bleibt die Passivierung der Pensionsverpflichtung beim ursprünglich verpflichteten Unt. unberührt, zusätzlich ist ein Freistellungsanspruch in Höhe des Buchwertes der bilanzierten Verpflichtung zu bilden, IDW HFA 30, Veit BB 2017, 682 (684). Pensionsrückstellungen sind zu bilden für laufende Pensionen und für Pensionsanwartschaften (→ § 59 Rn. 85), allgM, BGHZ 139, 172; BFHE 198, 420 (422); auch bei Bestehen einer selbstständigen Unterstützungseinrichtung, sobald persönliche Haftung des Arbeitgebers auf Nachschüsse (→ § 59 Rn. 84) droht; auch für künftige Ansprüche aus Vorruhestandsregelungen, IDW-HFA WPg 1984, 331, glA nunmehr IDW RS HFA 30 Rn. 8, WPg 2010, 54, BeckBilKomm Rn. 154. Rückstellungen zulässig für Verpflichtung zur zukünftigen Pensionszahlung an bei einer AG tätige freigestellte Beamte, FG Rheinland-Pfalz WPg 2006, 393. Zur durch BilMoG neugefassten **Bewertung** → § 253 Rn. 4. **Gesonderter Ausweis** nur nach § 266 III B 1 für KapitalGes. außer kleine (§ 266 I 3). **Steuerrechtlich** sind Pensionsrückstellungen **nur nach § 6a EStG zulässig.** Voraussetzungen sind ua Bestehen eines Rechtsanspruchs des Arbeitnehmers, Schriftform der Pensionszusage und Vorbehalte zur Kürzung oder zum Widerruf nur für Tatbestände, bei deren Vorliegen nach allgemeinen Rechtsgrundsätzen eine Minderung oder ein Entzug zulässig ist. Nachholung von in Vorjahren unterlassenen Zuführungen zur Pensionsrückstellung ist verboten, § 6 IV 1 EStG, auch bei formwechselnder Umwandlung, FG Niedersachsen EFG 2006, 717. Vorbehalte für Geschäftsaufgabe oder -übertragung oder Ausscheiden aus PersonenGes. können steuerschädlich sein (WP-HdB I E 178). Keine Rückstellung für künftige Beiträge an Pensionssicherungsverein, BFH BB 1992, 603. Keine

§ 249 15, 16 3. Buch. Handelsbücher

Rückstellung für Aktienoptionsprogramm, wenn Option nur ausgeübt werden kann, falls Verkehrswert der Aktien im Ausübungszeitpunkt bestimmten Wert (hier: 10% des Ausübungspreises) übersteigt, BFH BC 2017, 403. Fehlt Wahrscheinlichkeit der Inanspruchnahme, besteht handelsrechtliches Passivierungsverbot, das bereits wg des Maßgeblichkeitsprinzips (§ 5 I EStG) steuerrechtlich zu beachten ist, BFH BB 2006, 1626. Zu verfassungsrechtlichen Anforderungen an gesetzliche Begrenzung der Maßgeblichkeit der HGB-Grundsätze ordnungsgemäßer Buchführung für steuerliche Gewinnermittlung BVerfG DStRE 2009, 922. Besonderheiten auf Grund des Wegfalls der Umkehrmaßgeblichkeit Döring/Heger DStR 2009, 2064. Zu Abfindung und Ablösung von (übergeordneten) Pensionsrückstellungen für Gesellschafter-Geschäftsführer bei Veräußerung der Ges. BFH DStRE 2010, 976. Weder Passivierung noch Aktivierung eines Freistellungsanspruchs, wenn Schuldbeitritt und Schuldübernahme im Innenverhältnis, BFH DStR 2012, 1128. Rechtsprechungsübersicht bei Doetsch/Veit BB 2009, 542; Veit BB 2010, 751; 2011, 811; 2012, 691, 2022, 559. **Lit.** Hagemann/Oeking/Wunsch DB 2010, 1021 (IDW RS HFA 30); Wellisch/Gellrich/Quiring BB 2010, 623 (Auslagerung von Direktzusagen); Wolz/Oldewurtel StuB 2010, 424; Ries WPg 2010, 811 (Arbeitsteilzeitkonten); Bertram/Johannleweling/Ross/Weiser WPg 2011, 57 (IDW RS HFA 30); Thaut DB 2011, 1645; Thurnes/Vavra/Geilenkothen DB 2011, 2785; Thurnes/Vavra/Geilenkothen DB 2013, 2817; Geilenkothen/Ricken/Rasch DB 2021, 2701 (betriebliche Altersversorgung); Hoffjan/Hövelborn BB 2017, 1323 (preisrechtlicher Ansatz); Kälberer GStB 2020, 58 (Praxis Know-how); Grundlegend zur Bilanzierung von Pensionsrückstellungen IDW HFA 30 nF.

15 **b) Änderungen durch das BilMoG:** Durch § 253 II 2 erfolgte Veränderung der Bewertung von Rückstellungen für Pensionen und Anwartschaften, → § 253 Rn. 4. Um den daraus resultierenden Einmaleffekt nicht schon im Jahr der Umstellung voll ergebniswirksam berücksichtigen zu müssen, sieht **(1)** EGHGB Art. 67 I 1 ratierte Zuführung zu den Rückstellungen bis 31.12.2024 unter Berücksichtigung des Jahresergebnisses vor, dabei muss allerdings pro Geschäftsjahr mindestens $^{1}/_{15}$ des anzusammelnden Betrages zugeführt werden. Das erlaubt Zuführung sofort in vollem Umfang, in gleichmäßig bemessenen Raten bis zum 31.12.2024 oder in gleichmäßig oder ungleichmäßig selbstbemessenem kürzeren Zeitraum; Zuführung des Gesamtbetrages erst an 31.12.2024 ist aber ausgeschlossen. Die so nicht ausgewiesenen Rücklagen sind bei Eingreifen der Voraussetzungen des **(1)** EGHGB Art. 67 II im Anhang aufzuführen. Etwaige aufzulösende Rückstellungen können beibehalten werden (Wahlrecht), sofern die Auflösungsbeträge den Pensionsrückstellungen bis spätestens 31.12.2024 wieder zugeführt werden müssten, **(1)** EGHGB Art. 67 I 2, dann aber Angabe im Anhang, ansonsten sind sie unmittelbar in die Gewinnrücklagen einzustellen, **(1)** EGHGB Art. 67 I 3. Für die beibehaltenen Posten finden mit Ausnahmen grds. die bis zum Inkrafttreten des BilMoG geltenden Vorschriften Anwendung, **(1)** EGHGB Art. 67 III. **Lit.** Ernst/Seidler ZGR 2008, 631; Pellens/Sellhorn/Strzyz DB 2008, 2373; Kirsch DStR 2008, 1202; Küting/Kessler/Keßler WPg 2008, 749; Zwirner BB 2010, 2747.

16 B. **Altfälle: a) Vor BiRiLiG:** Unter Berufung auf BGHZ 34, 324, WM 1974, 392 wurde Passivierungspflicht verneint für die AG nach üL (dann aber Vermerk nach § 159 aF AktG), zT auch für die GmbH. Indessen ist mit Erlass des BetrAVG die Pensionsanwartschaft rechtlich verfestigt (→ § 59 Rn. 83–89); die Hoffnung auf Deckung durch die laufenden Pensionszahlungen ist keine solide Basis für mangelnde Vorsorge und der Schutz der Unt. vor Schwierigkeiten aus Passivierung ist weder berechtigt (Gläubigerschutz) noch iErg wirksam, da ein Passivierungswahlrecht für die Überschuldungsbilanz und für die Insolvenzantragspflicht (§ 92 II AktG, § 64 GmbHG, §§ 130a, 177a HGB) irrelevant wäre

(KöKo/Mertens AktG § 92 Anm. 17, str.) und es sich nur auf die Kapitalerhaltung nach § 30 GmbHG (vgl. § 172a) und die Verlustanzeigepflicht nach § 92 I AktG, § 49 III GmbHG auswirken würde (KöKo/Mertens AktG § 92 Anm. 3, str.). Die besseren Gründe sprachen also schon bisher für eine Passivierungspflicht nach GoB (IDW-HFA WPg 1976, 86, IDW WPg 1983, 20, Knobbe-Keuk § 4 V 5e). Auf jeden Fall durften einmal gebildete Pensionsrückstellungen nicht mehr frei aufgelöst werden, BFH BStBl. II 1977, 801, vgl. jetzt III 2.

b) Übergangsrecht (und zT Dauerregelung): Nach **(1)** EGHGB **Art.** 28 braucht für unmittelbare oder mittelbare (Haftung des Kfm.) laufende Pensionen und Pensionsanwartschaften und ähnliche Verpflichtungen (zB Übergangs- und Sterbegelder; nicht die arbeitsmarktpolitisch bedingten Vorruhestandsgelder, Knobbe-Keuk § 4 Vc dd, str.), die **vor dem 1.1.1987 erworben** oder vorher begründet, aber nach dem 31.12.1986 erhöht worden sind, keine Rückstellung nach § 249 I 1 gebildet zu werden (S. 1), keinesfalls für mittelbare Zusagen und pensionsähnliche Verpflichtungen (S. 2), aber **Passivierungswahlrecht**, BGHZ 139, 172 (ohne Begründung); Beiträge an Pensionssicherungsverein → Rn. 11; doch müssen KapitalGes. den Gesamtbetrag im (Konzern) Anhang angeben (II).

Beurteilung: Mit **(1)** EGHGB Art. 28 sollte das angeblich bestehende Passivierungswahlrecht aufrechterhalten werden (AmtlBegr). Der RefE zum BilMoG sah Streichung des I 2 vor, der RegE aber schon wieder nicht mehr. Indessen bestand richtiger Ansicht nach ein solches Wahlrecht schon bisher nicht. Es ist deshalb zu überlegen, **(1)** EGHGB Art. 28 einengend dahin auszulegen, dass er keine Festschreibung dahin beinhaltet, dass sich nicht auch für Altfälle im Laufe der Zeit GoB mit dem Inhalt einer Passivierungspflicht auch für Altfälle bilden können. Die Festschreibung eines „Grundsatzes ordnungswidriger Buchführung" (Döllerer BB 1982, 777) durch **(1)** EGHGB Art. 28 I 1 und besonders I 2 auf Dauer (so AmtlBegr zu § 249) wäre mit dem Gesetzeszweck unvereinbar. Diese teleologische Auslegung geht der historischen jedenfalls längerfristig vor. Sogar für Verfassungswidrigkeit Birk NJW 1984, 1329; Verstoß gegen EG-Ri, Knobbe-Keuk § 4 V 5e. Falls keine Rückstellungen gebildet werden, sollten die Haftungsverhältnisse jedenfalls unter der Bilanz vermerkt werden (aber → § 251 Rn. 1–3).

4) Rückstellungen für drohende Verluste (I 1 Alternative 2)

A. **Voraussetzungen:** Rückstellungen für drohende Verluste aus schwebenden Geschäften (→ § 252 Rn. 21) sind ein Unterfall von Rückstellungen für ungewisse Verbindlichkeiten (→ Rn. 8 ff.), hL, aA Groh BB 1988, 27; die dazu entwickelten Grundsätze gelten auch für I 1 Alt. 2. Der Ausweis einer Forderung aus einem schwebenden Geschäft ist dann geboten, wenn das Gleichgewicht der Vertragsbeziehungen durch Vorleistungen oder Erfüllungsrückstände eines Vertragspartners gestört ist, BFH GrS BStBl. II 1997, 735. Die Passivierungspflicht folgt aus dem Imparitätsprinzip, wonach nicht realisierte Verluste schon dann zu berücksichtigen sind, wenn ihr Eintritt droht (§ 252 I Nr. 4). Restwertrisiken eines Leasinggeschäfts werden hier besser abgebildet als durch außerplanmäßige Abschreibungen, OLG Düsseldorf NZG 2010, 1355. Passivierungspflicht aber auch dann, wenn sich aus gegenseitigem Vertrag zur Vermittlung und Betreuung von Lebensversicherungen ein Erfüllungsrückstand gebildet hat, BFH BB 2004, 2743. Andere Verpflichtungsgründe als gegenseitige Geschäfte (zB Haftung aus Gesetz, Schenkung, Unternehmensvertrag, § 128, Einlagepflicht eines Gfters) begründen keine Rückstellungen für drohende Verluste, aber ggf. für ungewisse Verbindlichkeiten. Schwebezustand beginnt mit dem rechtswirksamen Vertragsschluss, aber auch bindendes Angebot des Bilanzierenden genügt, letter of intent je nach Bindung (→ § 349 Rn. 22). Noch keine Rückstellung bei Gremienvorbehalt im Bereich des Bilanzierenden (noch keine Bindung), aber bei solchem im

§ 249 20–25 3. Buch. Handelsbücher

Bereich des Vertragspartners, IDW RS HFA 4 Tz. 6 ff. Beendigung des Schwebezustands → § 252 Rn. 21; Hoffmann StuB 2013, 677. Verlustfreie Bewertung von Vermögensgegenständen, zB gekaufte Sache, hat Vorrang vor der Bildung von Drohverlusten, IDW RS HFA 4 Tz. 20 ff. **Lit.** Jonas DB 1986, 1733; Groh BB 1988, 27; Maulshagen/Maulshagen BB 2000, 243 (Swap-Geschäfte); Christiansen DStR 2007, 869; Rinker NWB 2020, 4 (IBOR-Reform); Brüggemann/Polster DB 2020, 1073, 1081 (zur Frage einer Drohverlustrückstellung für Power Purchase Agreements). **Steuerrechtlich** sind Drohverlustrückstellungen aus schwebenden Geschäften unzulässig, § 5 IVa EStG, s. BFH/NV 2006, 167; anders bei einer Forderung aus einem schwebenden Geschäft, für die dann eine Rückstellung zu bilden ist, wenn das Gleichgewicht der Vertragsbeziehungen durch Vorleistungen oder Erfüllungsrückstände eines Vertragspartners gestört ist, BFH GrS BStBl. II 1997, 735.

20 **a) Verlust** ist der Mehrwert der eingegangenen Verbindlichkeit gegenüber der erworbenen Forderung (Verpflichtungsüberschuss). Er zeigt sich beim Vergleich der vom Kfm. zu erbringenden Hauptleistung mit der zu erwartenden Gegenleistung. Es findet also eine **Saldierung** statt unter Einbeziehung faktisch durchsetzbarer wirtschaftlicher Vorteile, nicht aber bloßer Hoffnungen wie Erwartung künftiger Markterträge beim Verkauf unter Einstandskosten zwecks Markterschließung (anders bei ungewisser Verbindlichkeit, → Rn. 8), zum Saldierungsbereich IDW RS HFA 4 Tz. 25 ff. Berechnungsbeispiele → Rn. 15 ff.

21 **b) Drohend** bedeutet, dass der Verlust nicht nur möglich, sondern einigermaßen wahrscheinlich ist (vgl. → Rn. 21). Allgemeine Risiken wie Geschäftsrisiko oder Exportrisiko (vgl. → (7) Bankgeschäfte N3 Hermes-Deckung) genügen nicht; anders bei konkreten Länderrisiken. Verpflichtungsüberschuss muss hinreichend wahrscheinlich sein, BFH DStR 2005, 238. Näher zu Zweifelsfragen zur Bilanzierung und Bewertung von Drohverlustrückstellungen IDW RS HFA 4.

22 **c) Bis zum Bilanzstichtag wirtschaftlich verursacht** → Rn. 10.

23 B. **Beispiele:** Bei **Beschaffungsgeschäften** des Kfm. errechnet sich ein Verlust, wenn der zulässige Bilanzwert (zB § 253 IV) der ausstehenden Ware am Bilanzstichtag niedriger ist als der geschuldete Kaufpreis (Verpflichtungsüberschuss), BFH BStBl. II 1988, 1000, ADS Rn. 152; BeckBilKomm Rn. 70. Zur Bewertung schwebender Beschaffungsgeschäfte IDW RS HFA 4 Tz. 29 ff.; Hoffmann StuB 2013, 677.

24 Bei **Absatzgeschäften** des Kfm. sind die Selbstkosten mit der Kaufpreisschuld zu vergleichen. Die Kaufpreisschuld ist zum Nennwert anzusetzen. Die Selbstkosten umfassen nicht nur die Herstellungskosten (→ § 255 Rn. 14–22), sondern auch künftige Lager- und Vertriebskosten; auch zu erwartende Preis- und Lohnerhöhungen, soweit sie der Kfm. nicht durch Tagespreisklauseln oä (s. aber § 309 Nr. 1 BGB) übergewälzt hat, str., Knobbe-Keuk § 4 VII 2, aA BFH BStBl. II 1983, 104, II 1987, 848, üL. Diese Kosten umfassen die anteiligen leistungsunabhängigen Fixkosten, zB Abschreibungen auf Maschinen ua, str.; für diesen **Vollkostenansatz** üL; nach aA bloße variable Kosten; wegen Vorsichtsprinzip (keine stille Lasten) kein Wahlrecht, IDW RS HFA 4 Tz. 35; aA bisher ADS § 253 Rn. 254: § 255 II 3 aF analog, der aber mit BilMoG entfallen ist. Vollkostenansatz auch bei insgesamt verlustbringenden Absatzgeschäften mit positivem Deckungsbeitrag zwecks Verbesserung der Kapazitätsauslastung, IDW RS HFA 4 Tz. 35; Kosten der Unterbeschäftigung (Leerkosten) sind Aufwand des jeweiligen Geschäftsjahrs, Tz. 37. Gewinnaufschlag ist nicht zulässig, BeckBilKomm Rn. 78, str. Rückstellungen sind auch bei gezieltem Unter-Selbstkosten-Verkauf zu bilden, str.

25 Bei **Dauerschuldverhältnissen,** zB Miete, Leasing, kommt es nicht auf einen Verlust insgesamt, sondern auf die noch ausstehenden Leistungen (Restwert- statt Gesamtwertbetrachtung), ADS § 253 Rn. 257, hL, aA BFH BB 1993, 895, an.

1. Abschnitt. Vorschriften für alle Kaufleute   26–35   § 249

C. **Passivierungspflicht:** → Rn. 4; Wahlrecht zwischen Voll- und Teilkostenansatz → Rn. 24. Saldierung → Rn. 20. Grundsätzlich Abzinsung der Drohverlustrückstellung, IDW RS HFA 4 Tz. 41. 26

5) Instandhaltungs- und Abraumbeseitigungsrückstellungen (I 2 Nr. 1, I 3 aF)

A. **Voraussetzungen: a) Instandhaltungsrückstellungen:** I 3 wurde durch BilMoG aufgehoben, → Rn. 26. Rechtslage **vor dem BilMoG (Übergangsrecht (1)** EGHGB Art. 66 III, 67): Aufwendungen für Instandhaltung sind, obwohl betrieblich geboten, unterlassen worden, werden aber im folgenden Geschäftsjahr nachgeholt (I 2, 3). Die Instandhaltungsrückstellungen nach I 2, 3 sind anders als die aus I 1 keine solchen mit Schuldcharakter, sondern solche wegen innerbetrieblicher Verpflichtungen (→ Rn. 4) und deshalb problematisch. Bei (ungewisser, → Rn. 9) tatsächlicher (→ Rn. 9) oder rechtlicher Pflicht zur Instandhaltung geht I 1 vor. Ebenso § 253 II 3, außerplanmäßige Abschreibung, soweit zwingend, sonst Wahlrecht, ADS Rn. 194. 27

b) Abraumbeseitigungsrückstellungen fallen bei (ungewisser, → Rn. 9) tatsächlicher (→ Rn. 9) oder (öff- oder privat-) rechtlicher Pflicht an sich schon unter I 1, aber → Rn. 27 ff. 28

B. **Beispiele: a)** Instandhaltungsrücklagen zB bei hinausgeschobenen Wartungs- und Reparaturarbeiten am Maschinenpark, Renovierung von Wohnungen. 29

b) Abraumbeseitigungsrücklage zB bei Berg(tage)bauUnt. 30

C. **Passivierungspflicht bzw. -wahlrecht: a)** Für Instandhaltungsaufwendungen ist zu unterscheiden. I 2 Nr. 1 sieht Passivierungspflicht nur vor, wenn sie in den ersten drei Monaten des folgenden Geschäftsjahres nachgeholt werden. Sonst bleibt es nach I 3 bei einem Passivierungswahlrecht. Diese Differenzierung ist mit Rücksicht auf BFH BStBl. II 1984, 278, stRspr erfolgt, wonach Instandhaltungsaufwendungen bei bloßem Wahlrecht nach HGB steuerrechtlich nicht anerkannt werden (AmtlBegr). Bei Instandhaltung nicht mehr im folgenden Geschäftsjahr gilt I 3 nicht, bereits erfolgte Rückstellung ist aufzulösen, wenn nicht II vorliegt. 31

b) Für im folgenden Geschäftsjahr nachgeholte (sonst wie → Rn. 28, str.) Abraumbeseitigungsrückstellungen besteht nach I 2 Passivierungspflicht. Das gilt anders als nach I 1 ohne Rücksicht auf ihr Drohen am Bilanzstichtag. 32

c) Für Rückstellungen aus I 2 ist **kein gesonderter Ausweis** nötig, aber bei erheblichem Umfang sind sie im Anhang zu erläutern, § 285 Nr. 12. 33

6) Rückstellungen für Gewährleistungen ohne rechtliche Verpflichtung (I 2 Nr. 2)

A. **Voraussetzungen:** Es handelt sich um einen Unterfall von Rückstellungen für ungewisse Verbindlichkeiten, GK BilR/Kleindiek Rn. 66, hL, Kulanzleistungen fallen entweder schon unter I 1 Alt. 1, wenn sie die Vermeidung von Rechtsstreitigkeiten bezwecken, oder unter I 2 Nr. 2, wenn sie eindeutig ohne rechtliche Verpflichtung, aber im Hinblick auf die Erhaltung der Geschäftsbeziehung erfolgen. Notwendig ist ein faktischer Leistungszwang. 34

B. **Beispiele:** Reparatur unter Selbstkosten trotz unsachgemäßer Behandlung der Kaufsache durch den Kunden oder klaren Verjährungseintritts. **Nicht:** Kulanzleistung ohne Bezug auf vorangegangenen Vertrag, zB Reparaturen an bei Dritten gekauften Produkten oder sonstige Dienstleistungen unter Selbstkosten zum Gewinnen von Kunden (auf die Zukunft gerichtete Werbemaßnahme), BFH BStBl. III 1965, 383. 35

Merkt   1195

§ 250 1   3. Buch. Handelsbücher

36   C. **Passivierungspflicht:** So klar I 2. Bei Kulanzleistungen ohne Bezug auf vorangegangenen Vertrag (→ Rn. 32) scheidet Passivierung überhaupt aus (III 1), also auch kein Passivierungswahlrecht, BeckBilKomm/Schubert Rn. 114. Kein gesonderter Ausweis, → Rn. 28.

7) Verbot sonstiger Rückstellungen, Auflösungsverbot

37   A. **Verbot sonstiger Rückstellungen:** Nach II 1 sind andere Rückstellungen als nach I unzulässig.

38   B. **Auflösungsverbot:** nach **II 2** dürfen Rückstellungen auch bei Passivierungswahlrecht nicht nach freier Wahl wieder aufgelöst werden, sondern nur soweit der Grund hierfür entfallen ist (oder Aufwendung entstanden ist). Ebenso für Pensionsrückstellungen, BGHZ 139, 175, auch schon vor dem BiRiLiG, → Rn. 14 (unbeschadet der Wahl, ob neu zugeführt werden soll). II 2 gilt auch für Pensionsrückstellungen, soweit ein fortdauerndes Passivierungswahlrecht anerkannt wird, → Rn. 15 II 2 räumt kein Beibehaltungswahlrecht ein; denn das würde zu mit dem Gesetzeszweck unvereinbaren stillen Reserven (→ § 252 Rn. 13 ff.) führen. Auflösung führt (Saldierungsverbot) zu sonstigen betrieblichen Erträgen (§ 275 II Nr. 4, III Nr. 6), bei Steuerrückstellung zu § 275 II Nr. 18, III Nr. 17. **Übergangsrecht** in (1) EGHGB Art. 24 III.

Rechnungsabgrenzungsposten

250 (1) Als Rechnungsabgrenzungsposten sind auf der Aktivseite Ausgaben vor dem Abschlußstichtag auszuweisen, soweit sie Aufwand für eine bestimmte Zeit nach diesem Tag darstellen.

(2) Auf der Passivseite sind als Rechnungsabgrenzungsposten Einnahmen vor dem Abschlußstichtag auszuweisen, soweit sie Ertrag für eine bestimmte Zeit nach diesem Tag darstellen.

(3) [1] Ist der Erfüllungsbetrag einer Verbindlichkeit höher als der Ausgabebetrag, so darf der Unterschiedsbetrag in den Rechnungsabgrenzungsposten auf der Aktivseite aufgenommen werden. [2] Der Unterschiedsbetrag ist durch planmäßige jährliche Abschreibungen zu tilgen, die auf die gesamte Laufzeit der Verbindlichkeit verteilt werden können.

1) Aktive Rechnungsabgrenzungsposten (I 1)

1   A. **Voraussetzungen:** Rechnungsabgrenzungsposten auf der Aktivseite ebenso wie auf der Passivseite sind keine Vermögensgegenstände oder Schulden, sondern dienen der periodengerechten Zuordnung von Einnahmen, wie die gesonderte Erwähnung neben Schulden in §§ 246 I, 247 I zeigt, BFH BB 2018, 2416; FG Rheinland-Pfalz ZEV 2018, 224 = juris Rn. 22. Nach früherer h. M. konnte in Fällen von geringer Bedeutung auf eine genaue Abgrenzung verzichtet werden (Bilanzierungswahlrecht), BFH/NV 2010, 1796; FG Baden-Württemberg BeckRS 2018, 37128; BeckBilKomm/Schubert/Waubke Rn. 28. Jüngst hat der BFH einem Bilanzierungswahlrecht eine Absage erteilt (BFH DStR 2021, 1226). Dem Gesetz könnte keine Grundlage für ein Bilanzierungswahlrecht entnommen werden. Auch für geringfügige Posten müsse ein aktiver Rechnungsabgrenzungsposten gebildet werden. Die Literatur leitet ein Wahlrecht hingegen aus dem Grundsatz der Wesentlichkeit (GoB) her (Weber-Grellet, BB 2022, 43 f.). Aktive Rechnungsabgrenzungsposten sind Ausgaben vor dem Abschlussstichtag, soweit sie Aufwand für eine bestimmte Zeit nachher darstellen (transitorische Posten ieS). **Ausgaben** sind Barausgaben, Buchungen von Verbindlichkeiten, Wechselhingabe. Abschlussstichtag → § 243 Rn. 11–13. Pflicht zur Bildung aktiver Rechnungsabgrenzungsposten bei verbilligter Abgabe von Mobiltelefonen bei gleichzeitigem Abschluss von Mobilverträgen BFH DStR 2013, 1774. **Bestimmte**

1. Abschnitt. Vorschriften für alle Kaufleute   2–5   § 250

Zeit bedeutet nicht notwendig kalendermäßige Fixierung, aA hL, ADS Rn. 36; BeckBilKomm/Schubert/Waubke Rn. 21; WP-HdB I E 207, 203 (Steuerrecht), sondern bestimmbarer Zeitraum, auch über mehrere Jahre hinweg, Moxter BilanzRspr Rn. 77, zT weitergehend BFH, zB BStBl. II 1995, 202; bestimmbarer Mindestzeitraum als „bestimmte Zeit", str., Stobbe FR 1995, 399; Tiedchen BB 1997, 2475; Marx/Löffler DB 2015, 2765. Zu Rechnungsabgrenzungsposten kommt es idR, wenn Leistung und Gegenleistung zeitlich auseinanderfallen. **Nicht** unter Rechnungsabgrenzung fallen **transitorische Posten im weiteren Sinne,** zB Forschungs- und Entwicklungskosten, Werbekosten, da sie künftigen Geschäften dienen, auch nicht **antizipative Posten,** bei denen der Zahlungsvorgang erst im neuen Geschäftsjahr liegt, diese sind als Verbindlichkeiten (bzw. als Forderungen) zu verbuchen. Der Ausweis als Forderung verdrängt die Rechnungsabgrenzung, FG Köln DStRE 2006, 579 (zur Behandlung von Mietereinbauten). **Lit.** MBF Kap. 5 Tz. 613 ff.; Heinhold/Coenenberg DB 2005, 2033 (Werbeaufwand); Egner/Heinz StuB 2005, 748 (Wandel-, Options-, Aktien- und Umtauschanleihen); Gelhausen/Rimmelspacher AG 2006, 729 (Wandel- und Optionsanleihen); Kupsch/Müller DB 2006, 1800 (Garantieversicherungsbeiträge); Pottgießer/Velte StuB 2006, 131 (Handy-Subventionen); Sultana/Willeke StuB 2006, 220 (Mezzanine-Kapital); Hahne StuB 2006, 295 (Options- und Wandelanleihen); Kolbe StuB 2009, 731 (Aufwandszuschüsse); Herzig/Joisten DB 2011, 1014 (Abschlussgebühren für Darlehensverträge); Marx/Löffler DB 2012, 1337 (Franchising); Hoffmann StuB 2013, 637; Euler/Hommel BB 2014, 2475 (Anpassungsrückstellung); Hommel BB 2019, 1259.

B. Beispiele: Noch im alten Jahr getätigte Vorauszahlungen von Versicherungsprämien, Miete, Beiträgen für das folgende Jahr; Emissionsdisagio (Emissionserlös unter pari), BFH DStR 2007, 573; auch Vorauszahlungen auf Dauermiete von Werbefläche, WP-HdB I E 208. **Nicht:** Kosten für Werbekampagne im alten Jahr (transitorisch iwS), im alten Jahr nicht mehr bezahlte Prämien und Mietzins für das alte Jahr (antizipativ); allgemeine Anzahlungen bei schwebenden Geschäften (→ § 252 Rn. 22), dazu Hoffmann StuB 2013, 677. 2

C. Aktivierungspflicht: so I 1 zwecks periodengerechter Erfolgsermittlung. 3

2) Zölle, Verbrauchssteuern, Umsatzsteuer (I 2 aF)

I 2 aF aufgehoben durch BilMoG. Grund: Anpassung an IFRS, wo aufwandswirksam zu erfassende Vertriebskosten nicht als Rechnungsabgrenzungsposten zeitweise „geparkt" werden dürfen, s. RegE BilMoG 51. I 2 aF erlaubte zwecks Einheitlichkeit von Handels- und Steuerbilanz Ansatz als aktive Rechnungsabgrenzungsposten **(Aktivierungswahlrecht).** Für ein nach dem 31.12.2008 endendes Geschäftsjahr gebildete Rechnungsabgrenzungsposten können beibehalten werden (Wahlrecht), **(1)** EGHGB Art. 66 I 1. **Lit.** Kirsch DStR 2008, 1202. 4

3) Passive Rechnungsabgrenzungsposten (II)

A. Voraussetzungen: Passive Rechnungsabgrenzungsposten sind Einnahmen vor dem Abschlussstichtag, soweit sie Ertrag für eine bestimmte Zeit nachher darstellen. Dies gilt als GoB auch für nicht gewerblich tätige Unt., auch für Landwirte, die ihren Gewinn durch Bestandsvergleich ermitteln, BFHE 261, 418. II soll gewährleisten, dass ein vorab vereinnahmtes Entgelt entsprechend dem Realisationsprinzip erst dann erfolgswirksam wird, wenn der Bilanzierende seine noch ausstehende Gegenleistung erbracht hat, BFHE 138, 443; 173, 393; 209, 248; 261, 418, bzw. die vom Bilanzierenden geschuldete Leistung so weit fortgeschritten ist, dass die Forderung auf die Gegenleistung (Zahlung) so gut wie sicher ist, BFH BB 2018, 1328. Beim Rechnungsabgrenzungsposten handelt es sich nicht um ein Wirtschaftsgut, sondern der außerordentliche Ertrag beruht auf 5

§ 250 5a, 5b 3. Buch. Handelsbücher

der Auflösung eines Bilanzpostens, der der periodengerechten Zuordnung von Einnahmen dient, BFHE 225, 144, bzw. um einen Korrekturposten, mit dessen Hilfe dem Realisationsprinzip sowie dem daraus folgenden Gebot periodengerechter Abgrenzung von Aufwendungen und Erträgen Rechnung getragen wird, FG Rheinland-Pfalz ZEV 2018, 224; GK BilR/Kleindiek § 250 Rn. 5. Rechnungsabgrenzungsposten stellen handelsrechtlich weder Vermögensgegenstände noch Schulden dar, Kirchhof/Crezelius EStG § 5 Rn. 87, wie die gesonderte Erwähnung der Rechnungsabgrenzungsposten neben den Schulden in § 246 I und § 247 I deutlich macht. Mit ihnen sollen Einnahmen dem Jahr zugeordnet werden, zu dem sie wirtschaftlich gehören. Ertragswirkung der Einnahmen sollen in die Periode verlagert werden, in der die korrespondierenden Aufwendungen fallen, BFH BStBl. II 2009, 781; BStBl. II 2017, 371; FG Rheinland-Pfalz ZEV 2018, 224. Anwendungsbereich der Rechnungsabgrenzung betrifft in erster Linie typische Vorleistungen eines Vertragspartners im Rahmen eines gegenseitigen Vertrags iSd §§ 320 ff. BGB, BFH/NV 2015, 1577; BFHE 209, 248. Abzugrenzen ist passiver Rechnungsabgrenzungsposten von der erhaltenen Anzahlung (Vblk) und von der Bildung einer Rückstellung. Auch mit diesen bilanziellen Instrumenten kann die Erfolgsneutralität einer Vorauszahlung neutralisiert werden (vgl. Weber-Grellet BB 2022, 43 f.). Nach der Rspr. wird der Tatbestand eines Rechnungsabgrenzungspostens in erster Linie bei Vorleistungen im Rahmen eines Dauerschuldverhältnisses erfüllt. Anzahlungen werden zumeist in Zusammenhang mit der Anschaffung von Vermögensgegenständen geleistet. Eine Rückstellung wird für ungewisse Verbindlichkeiten gebildet.

5a Rechnungsabgrenzungsposten sind nicht auf synallagmatische schuldrechtliche Leistungen beschränkt, sondern erfassen auch Fälle, in denen die gegenseitigen Verpflichtungen ihre Grundlage im öffentl. Recht haben, BFHE 261, 418.

5b Beispiele: Für Vorleistungen im Rahmen eines Grabpflegevertrages sind passive Rechnungsabgrenzungsposten zu bilden (Weber-Grellet BB 2022, 43 f.). Der Empfang von Subventionen kann zu einer passiven Rechnungsabgrenzung führen, sofern das vom Subventionsempfänger erwartete Verhalten wirtschaftlich als Gegenleistung aufgefasst werden kann, BFHE 225, 144. Da das bezogene Entgelt am jeweiligen Bilanzstichtag nur insoweit abzugrenzen ist, als Ertrag für eine bestimmte Zeit nach diesem Zeitpunkt darstellt, muss jedoch eine Verpflichtung zu einer nach diesen Bilanzstichtag zumindest zeitanteilig noch zu erbringenden Gegenleistung bestehen, BFH DStRE 2017, 296; BFH DStR 2017, 1473, wobei die Gegenleistung zeitraumbezogen sein muss, BFH DStR 1994, 744; FG Rheinland-Pfalz ZEV 2018, 224. Wenn Anspruch auf Investitionszulage aktiviert werden muss (→ § 246 Rn. 3), weil förderungsfähige Investition getätigt worden ist und Antrag ernstlich beabsichtigt ist, kann dafür kein passiver RAP gebildet werden, weil keine Verpflichtung zu einer Gegenleistung nach dem Aktivierungszeitpunkt besteht. Investitionszulage wird nämlich nicht als Gegenleistung für nachfolgendes zeitraumbezogenes Verhalten gewährt, sondern hängt von Anschaffung eines begünstigten Wirtschaftsguts ab, BFHE 269, 114 (juris-Rn. 50 ff.). Einnahmen sind Bareinnahmen, Buchungen von Forderungen, Entgegennahme eines Wechsels. Im Übrigen gilt (von der anderen Bilanzseite abgesehen) dasselbe wie für aktive Rechnungsabgrenzungsposten, → Rn. 1. Zum Ausweis eines passiven Rechnungsabgrenzungspostens bei Beteiligungserwerb gegen Zuzahlung s. BFH HFR 2006, 865. Zur Bildung eines passiven Rechnungsabgrenzungspostens bei Unterlassungsverpflichtung BFH BB 2017, 1839. Zum Ausweis von Vertragsabschluss- und Werbeprämien als Rechnungabgrenzungsposten Roos DStR 2015, 437. Für die Abgrenzung eines Rückversicherungsvertrags von einem Darlehensvertrag bei Lebensversicherungen kommt es darauf an, ob hinreichender Risikotransfer vom Erst- auf den Rückversicherer stattfindet (zu bejahen, wenn tatsächliche Möglichkeit eines nachteiligen Verlaufs des Erstversicherungsverhältnisses besteht) BFH NZG 2014, 1182. Für Einzahlu-

1. Abschnitt. Vorschriften für alle Kaufleute   1   **§ 251**

gen gegen Ausgabe eines Utility Tokes, der als Nutzungsrecht ausgestaltet ist, ist beim Emittent passiver RAP zu bilden, Sixt DStR 2020, 1871, 1877; → § 266 Rn. 3. Vgl. zur Klassifizierung und Bilanzierung verschiedener Arten von Utility Token: Blecher/Hummel WpG 2021, 339. **Lit.** Priester DB 2016, 1025; zur Bilanzierung von Corona-Hilfen: Zwirner/Vodermeier/Krauß DStR 2021, 933 ff.

B. **Beispiele:** Öffentlichrechtlicher Kostenzuschuss für die Stellung eines Ausbildungsplatzes über zwei aufeinander folgende Ausbildungsverhältnisse, BFH BB 1984, 1404; kapitalisiert ausgezahlter Zinszuschuss für Aufnahme eines langjährigen Kapitalmarktdarlehens BFH DStR 2009, 1629; noch im alten Jahr erhaltene Vorauszahlungen, → Rn. 2, wohl aA KG ZIP 2010, 1447 (Mietgarantiegebühren). **Nicht:** Vor dem Bilanzstichtag erfolgte vertragliche Aufhebung eines für bestimmte Zeit begründeten Schuldverhältnisses gegen Entschädigung, BFH BB 2005, 1160, Vergütung, die der Kreditgeber für seine Bereitschaft zu einer für ihn nachteiligen Änderung der Konditionen vom Kreditnehmer vereinnahmt hat, BFH DStR 2007, 1519. 6

C. **Passivierungspflicht:** vgl. → Rn. 3. 7

4) Disagio oder Damnum (III)

Die **Differenz zwischen Erfüllungsbetrag** einer Verbindlichkeit (Nennwert) **und** niedrigerem **Ausgabebetrag** heißt Disagio, Abgeld oder bei Hypotheken Damnum (vgl. → (7) Bankgeschäfte G4). Bsp.: Der Kfm. erhält nur 97%, muss aber 100% zurückbezahlen. Dem (Auszahlungs-)Disagio steht das (Rückzahlungs-)Agio oder Aufgeld gleich, so wenn nominal 97% bezahlt und geschuldet sind, aber ein Aufgeld von 3% hinzukommt. Disagio ist vorweg gezahlter Zins. III 1 räumt ein **Aktivierungswahlrecht** (bisher str.) ein, krit. Schaber/Amann WPg 2014, 938 (Widerspruch zum Verbot der Bilanzierung schwebender Geschäfte). Zur Ausübung des Wahlrechts Merkt Konzern 2017, 353 (356). Zulässig ist auch Aktivierung nur eines Teilbetrags. Wahlrecht im Ausgabejahr, keine spätere Nachholung, ADS Rn. 85. Bei Gebrauch von III 1 ist der aktivierte Betrag durch planmäßige **Abschreibungen** zu tilgen (III 2). Außerplanmäßige Abschreibungen zB bei vorzeitiger Rückzahlung, die auch freiwillig erfolgen kann, planmäßige Abschreibungen sind nur Mindestabschreibungen, ADS Rn. 99. Nach § 268 VI bei KapitalGes. wahlweise Angabe im Anhang. 8

Haftungsverhältnisse

251 ¹Unter der Bilanz sind, sofern sie nicht auf der Passivseite auszuweisen sind, Verbindlichkeiten aus der Begebung und Übertragung von Wechseln, aus Bürgschaften, Wechsel- und Scheckbürgschaften und aus Gewährleistungsverträgen sowie Haftungsverhältnisse aus der Bestellung von Sicherheiten für fremde Verbindlichkeiten zu vermerken; sie dürfen in einem Betrag angegeben werden. ²Haftungsverhältnisse sind auch anzugeben, wenn ihnen gleichwertige Rückgriffsforderungen gegenüberstehen.

1) Vermerkpflicht (Satz 1)

A. **Passivierung oder Vermerk:** Für KapitalGes. s. ergänzend § 268 VII. Haftungsverhältnisse iSd § 251 begründen Eventualverbindlichkeiten, mit deren Aktualisierung gerechnet werden muss. Soweit sie nicht als eigene Schuld (branchenübliche Herstellergarantie für eigene Schuld, → Rn. 2) oder als schon aktualisiert auf der Passivseite auszuweisen sind (→ § 266 Rn. 18), sind sie jedenfalls unter der Bilanz zu vermerken. Sie sind dann erkennbar, ohne sich doch auf die Gewinnermittlung auszuwirken; gilt insbesondere für harte interne Patronatserklärung, Kronner/Seidler BB 2019, 555 (558). Bewertung → § 253 Rn. 5. 1

Merkt 1199

§ 251 2–4

Ausnahme von § 251 für Kreditinstitute § 340a II 2. **Lit.** MBF Kap. 5 Tz. 670 ff.; Fey WPg 1992, 1; Ross, Treuhandverhältnisse, 1994; Schäfer WM 1999, 162 (Patronatserklärung); Scherff/Willeke StuB 2008, 740; Schüttler BC 2017, 411 (Begriffe „Verpflichtung" und „Risiko").

2 B. **Haftungsverhältnisse:** Diese sind abschließend aufgezählt: Obligo aus **Wechseln** als Aussteller (Art. 9 WG) oder Indossant (Art. 15 WG), auch Gefälligkeitsakzepte, aber gleichzeitige Aktivierung des Ausgleichsanspruchs, ADS Rn. 42; **Bürgschaften** (§ 765 BGB, → § 349 Rn. 1) s. BFH HFR 2006, 865; **Wechsel- und Scheckbürgschaften** (Art. 32 WG, Art. 27 ScheckG, → § 349 Rn. 21); **Gewährleistungsverträgen** zB aus Schuldbeitritt bei Erstattungsanspruch (sonst Passivierung), ADS Rn. 65, Garantie (auch für eigene Leistung wie Herstellergarantie, → § 349 Rn. 18, außer bei Branchenüblichkeit, ADS Rn. 62, WP-HdB I E 73); zB Kursgarantie, Mietertragsgarantie, feste Zusage der Belegung eines verkauften Hotels, Platzierungsgarantie, ADS Rn. 63, Delkredere (§ 394 I), rechtlich oder wirtschaftlich verbindliche Patronatserklärung (→ § 349 Rn. 22; IDW RH-HFA 1013), harte Patronatserklärung, wenn Inanspruchnahme ernsthaft droht, was nicht der Fall ist, wenn SchwesterUnt. des konzerngebundenen SchuldnerUnt. die erforderliche Liquidität bereitstellen und auf Grund gesellschaftsrechtlicher Verbundenheit mit Geltendmachung von Ansprüchen der Schwester gegen die Mutter nicht zu rechnen ist, BFH DB 2007, 429, Forderungsabkaufverpflichtung, ADS Rn. 72, Konzernverrechnungsklausel, ADS Rn. 75, **Haftungsverhältnis aus Bestellung** von Sicherheiten für **fremde** Verbindlichkeiten (auch Privatschuld des Kfm. oder Gfter, → § 246 Rn. 21, nicht für eigene), zB Grundpfandrecht an Grundstück des Kfm. für fremde Schuld, Haftung für Schuld eines verbundenen Unt. auf Grund Konzernklausel, ADS Rn. 94. Rangrücktritt → § 266 Rn. 18. **Nicht: Sonstige Haftungsverhältnisse,** sie sind als zu unbestimmt nicht erwähnt (AmtlBegr), aber bei KapitalGes. im Anhang anzugeben, falls für die Beurteilung der Finanzlage von Bedeutung (§ 285 Nr. 3, Nr. 1b, Nr. 9c); wenn KleinstKapitalGes. gem. § 264 I 5 keinen Anhang aufstellt, hat sie die nach § 285 Nr. 9c erforderlichen Angaben zu Haftungsverhältnissen unter der Bilanz zu machen. Unterlassene Pensionsrückstellungen (Altfälle → § 249 Rn. 16) sollen nicht unter S. 1 fallen (AmtlBegr, aber → § 249 Rn. 7); jedenfalls für die KapitalGes. greift § 285 Nr. 3a ein (anders AmtlBegr zu § 251). Nicht bezifferbare Risiken fallen unter § 285 Nr. 3a. Kreditinstitute → Rn. 1.

3 C. **Angabe:** Die Verbindlichkeiten dürfen in einem Betrag angegeben werden (S. 1 Hs. 2). Dabei ist der tatsächlich (eventual) geschuldete Betrag zugrunde zu legen (→ § 253 Rn. 10); bei Wechselobligen die Wechselsumme einschließlich bereits absehbarer Nebenkosten (Art. 48, 49 WG), sonst nur Pauschalrückstellung, aA sogar ohne diese ADS Rn. 41; bei Bürgschaft grundsätzlich der Betrag der am Bilanzstichtag noch valutierten Hauptverbindlichkeit (§ 767 BGB), ADS Rn. 52, BeckBilKomm/Grottel/Haußer Rn. 23, bei Höchstbetragsbürgschaft dagegen Höchstbetrag, nicht der zufällige Valutierungsbetrag, ADS Rn. 56, str., bei Teilbürgschaft nur anteiliger Betrag, bei Fremdwährung Umrechnung. Bei Gewährleistung für fremde Leistung idR nur der jeweilige Betrag der Hauptschuld am Bilanzstichtag, bei jederzeit möglicher Erhöhung der Hauptschuld und Gewährleistung des höheren Betrags dieser, str. Fehlanzeige ist unnötig.

2) Rückgriffsforderungen (Satz 2)

4 Der Vermerk nach S. 1 ist auch nötig, wenn dem Obligo eine gleichwertige Rückgriffsforderung gegenübersteht (Verrechnungsverbot, § 246 II 2). Die Rückgriffsforderung selbst ist nicht zu aktivieren; anders wenn das Obligo selbst passiviert wird (→ Rn. 1).

1. Abschnitt. Vorschriften für alle Kaufleute § 252

3) Sonstige Angaben unter der Bilanz, insbes. für KleinstKapitalGes.
Pflicht zu weiteren Angaben unter der Bilanz ergibt sich bei Inanspruchnahme 5
der gesetzlichen Erleichterungen für **KleinstKapitalGes.** (§ 267a) zur Aufstellung des Jahresabschlusses. § 264 I 5 ermöglicht Verzicht auf den Anhang, wenn bestimmte Informationen stattdessen unter der Bilanz gemacht werden. Das betrifft Angaben zu Haftungsverhältnissen iSv §§ 251, 268 VII, zu Vorschüssen und Krediten an Organmitglieder iSv § 285 Nr. 9 lit. c sowie über Transaktionen eigener Aktien iSv § 160 I 1 Nr. 2 AktG. Vermittelt wegen besonderer Umstände der Jahresabschluss abweichend von § 264 II 1 (und entgegen der Vermutung nach § 264 II 5) kein den **tatsächlichen Verhältnissen entsprechendes Bild** der Vermögens-, Finanz und Ertragslage, sind ferner die in diesem Fall nach § 264 II 2 erforderlichen Angaben statt im Anhang unter der Bilanz zu machen. In Betracht kommen Verzerrungen des Bildes aufgrund des Vorliegens alter Pensionszusagen gem. **(1) EGHGB Art. 28, RegE 17/11292 S. 16;** auch wegen verkürzt dargestellter Bilanz (§ 266 I 4) oder GuV (§ 275 V), aber **nur in atypischen Konstellationen,** weil andernfalls die verzichtbaren Gliederungsebenen unter der Bilanz wieder eingeführt werden, str. aA, Küting/Eichenlaub DStR 2012, 2615. Insofern sind auch die Wahlpflichtangaben nach §§ 268 I 2, 58 IIa 2 AktG, §§ 29 IV 2, 42 III GmbHG verzichtbar. Da weder ein freiwillig aufgestellter Anhang noch die Angaben unter der Bilanz von KleinstKapitalGes. gem. § 326 II zum elektronischen BAnz. einzureichen sind, erscheint restriktive Auslegung zum Erhalt des intendierten Vereinfachungseffekts geboten. **Lit.** Küting/Eichenlaub DStR 2012, 2615; Fey/Deubert/Lewe/Roland BB 2013, 107; Müller/Kreipl DB 2013, 73.

Dritter Titel. Bewertungsvorschriften

Allgemeine Bewertungsgrundsätze

252 (1) **Bei der Bewertung der im Jahresabschluß ausgewiesenen Vermögensgegenstände und Schulden gilt insbesondere folgendes:**
1. **Die Wertansätze in der Eröffnungsbilanz des Geschäftsjahrs müssen mit denen der Schlußbilanz des vorhergehenden Geschäftsjahrs übereinstimmen.**
2. **Bei der Bewertung ist von der Fortführung der Unternehmenstätigkeit auszugehen, sofern dem nicht tatsächliche oder rechtliche Gegebenheiten entgegenstehen.**
3. **Die Vermögensgegenstände und Schulden sind zum Abschlußstichtag einzeln zu bewerten.**
4. **Es ist vorsichtig zu bewerten, namentlich sind alle vorhersehbaren Risiken und Verluste, die bis zum Abschlußstichtag entstanden sind, zu berücksichtigen, selbst wenn diese erst zwischen dem Abschlußstichtag und dem Tag der Aufstellung des Jahresabschlusses bekanntgeworden sind; Gewinne sind nur zu berücksichtigen, wenn sie am Abschlußstichtag realisiert sind.**
5. **Aufwendungen und Erträge des Geschäftsjahrs sind unabhängig von den Zeitpunkten der entsprechenden Zahlungen im Jahresabschluß zu berücksichtigen.**
6. **Die auf den vorhergehenden Jahresabschluß angewandten Bewertungsmethoden sind beizubehalten.**

(2) **Von den Grundsätzen des Absatzes 1 darf nur in begründeten Ausnahmefällen abgewichen werden.**

§ 252   1, 2   3. Buch. Handelsbücher

Übersicht

	Rn
1) Die Bewertung beim Jahresabschluss (I) und anderen Bilanzen	1–5
A. Jahresabschluss:	1
B. Steuerbilanz:	2
C. Sonstige Bilanzen:	3
D. Privatbilanzen:	4
E. Bewertungsgrundsätze:	5
2) Bilanzidentität (I Nr. 1)	6
3) Fortführungs- oder going concern-Prinzip (I Nr. 2)	7–7b
4) Einzelbewertung zum Abschlussstichtag (I Nr. 3)	8, 9
A. Stichtagsprinzip:	8
B. Einzelbewertung:	9
5) Grundsatz der Vorsicht, Imparitätsprinzip (I Nr. 4); Unterbewertung	10–17
A. Grundsatz der Vorsicht:	10
B. Imparitäts- oder Verlustantizipationsprinzip:	11
C. Falschbewertung:	12
D. Stille Reserven:	13, 14
E. Beurteilung der stillen Reserven:	15, 16
F. Bildung stiller Reserven nach BilMoG	17
6) Realisationsprinzip (I Nr. 4 Hs. 2), schwebende Geschäfte, Anzahlungen, Periodenabgrenzung (I Nr. 5)	18–23
A. Realisationsprinzip:	18
B. Realisationszeitpunkt:	19, 20
C. Schwebende Geschäfte:	21
D. Anzahlungen:	22
E. Periodenabgrenzung:	23
7) Bewertungsstetigkeit (I Nr. 6)	24, 25
8) Weitere Bewertungsgrundsätze	26
9) Abweichen nur in begründeten Ausnahmefällen (II)	27
10) Bewertungswahlrechte	28
11) Rechtsfolgen des Verstoßes gegen Bewertungsgrundsätze	29

1) Die Bewertung beim Jahresabschluss (I) und anderen Bilanzen

1 A. **Jahresabschluss:** Der Wert der in der Bilanz auszuweisenden Vermögensgegenstände und Schulden ist keine feststehende Größe, sondern hängt davon ab, wie der Markt zum Bilanzstichtag ist, ob von der Fortführung oder der Zerschlagung des Unt. ausgegangen wird, ob die Gegenstände einzeln oder zusammen betrachtet werden, wie vorsichtig bewertet wird usw. Deswegen gibt es handelsrechtliche Bewertungsvorschriften (**§§ 252–256**; im Konzern **§§ 308–309**). Die Bewertung hängt vom Zweck und damit der Art der jeweiligen Bilanz ab (→ § 242 Rn. 4–7). §§ 252 ff. gelten für den normalen Jahresabschluss, also für die HdlBilanz und Gewinn- und Verlustrechnung (§ 242 III), bei dem es um die periodengerechte Aufteilung von Aufwänden und Erträgen auf die einzelnen Rechnungsperioden geht, also um die Ermittlung von Gewinn oder Verlust des einzelnen Geschäftsjahres (Gewinnermittlungs-, Erfolgs- oder dynamische Bilanz). Stichtagsprinzip → Rn. 8–9, → § 243 Rn. 11–12. Überbewertung und Unterbewertung (stille Reserven) → Rn. 10–17, → § 243 Rn. 2. **Übergangsrecht** in **(1) EGHGB Art. 24**. **Lit.** MBF Kap. 6 Tz. 1 ff., Kap. 9 Tz. 1 ff.; Volk DStR 2005, 752 (Unternehmensbewertung); Küting/Tesche DStR 2009, 1491 (Stetigkeit); Hüttche StuB 2009, 409; Christiansen DStR 2009, 2213 (Realisationsprinzip); Rogler KoR 2010, 163; 2010, 225; Scherff/Willeke StuB 2010, 769 (Stetigkeit); Zwirner StuB 2010, 763; Hommel/Berndt BB 2010, 2190 (Realisationsprinzip); Philipps StuB 2011, 203 (Empirie zur Ausübung von Wahlrechten); Glaser/Hachmeister DB 2015, 565 (true and fair view).

2 B. **Steuerbilanz:** Das Steuerrecht erkennt zwar grundsätzlich die HdlBilanz an (Maßgeblichkeitsgrundsatz, → § 242 Rn. 4). Für die Bewertung gilt jedoch der

Bewertungsvorbehalt nach § 5 VI EStG. Das Steuerrecht verfolgt dabei eigene fiskalische Zwecke und versucht ua die Unterbewertung (zu hohe Abschreibungen) zu verhindern und stille Rücklagen, verdeckte Gewinnausschüttungen ua zu erfassen (§§ 6–7 EStG). Speziell zur Bewertung von Rückstellungen hat der BFH entschieden, dass der handelsrechtliche Wert bei der Bewertung einer Rückstellung auch für die Steuerbilanz maßgeblich ist („Deckelung"), falls die Bewertung nach dem Steuerrecht höher ausfällt. Der BFH beruft sich dabei auf die Maßgeblichkeit der Handelsbilanz, BFHE 266, 241 (juris-Rn. 21 ff.). Die Bewertung von Wirtschaftsgütern folge den handelsrechtlichen Vorschriften, soweit dem steuerliche Vorschriften nicht entgegenstehen (§ 5 VI EStG). Für die Bewertung von Rückstellungen sieht § 6 Abs. 1 Nr. 3a EStG vor, dass diese „höchstens insbesondere" unter Berücksichtigung der in jener Norm aufgezählen Grundsätze anzusetzen ist, BFHE 266, 241 (juris-Rn. 23). Der BFH legt dies so aus, dass die Bewertung nach dem EStG den zulässigen Ansatz nach der Handelsbilanz nicht überschreiten darf, BFHE 266, 241 (juris-Rn. 24). Es gibt hier keine Durchbrechung des Maßgeblichkeitsgrundsatzes, BFHE 266, 241 (juris-Rn. 26), kritisch dazu Weber-Grellet BB2021, 43, 47 („Entscheidung widerspricht Bewertungsvorbehalt"; „existiert keine eigenständige Maßgeblichkeit iS der Maßgeblichkeit des Handelsrechts"; „§ 6 I Nr. 3a EStG ist vollkommen autonom"). Für die Vermögenssteuer, Grundsteuer, Gewerbesteuer, Grunderwerbssteuer und Erbschaftssteuer gilt unabhängig von der HdlBilanz das BewG (§ 17 BewG). **Lit.** Richter GmbHR 2010, 505; Zimmermann/Dorn 2020, 2462 (Überblick).

C. **Sonstige Bilanzen:** Für sonstige gesetzlich vorgesehene Bilanzen mit anderem Zweck als den Jahresabschluss (→ § 242 Rn. 7), zB Feststellung des Vermögenswerts am Bilanzstichtag (Wertfeststellungs-, Vermögens-, statische Bilanz) gelten §§ 252 ff. grundsätzlich nicht; doch kann etwas anderes bestimmt sein, zB für die Eröffnungsbilanz § 242 I 2 oder die Liquidationseröffnungsbilanz bei der AG § 270 II AktG.

D. **Privatbilanzen:** Für nicht gesetzlich vorgeschriebene, sondern auf Grund Vereinbarung, zB bei Unternehmenskauf (→ Einl. vor § 1 Rn. 61–68), oder aus Anlass des Ausscheidens eines Gfters bei Abfindungsklauseln (Abschichtungsbilanz, → § 138 Rn. 22) erstellte Bilanzen gelten §§ 252 ff. nicht, außer bei anderweitiger vertraglicher Vereinbarung. Die Errichtung einer solchen Privatbilanz ist Rechtsgeschäft und in den Grenzen der §§ 138, 826 BGB ua in der Bewertung frei.

E. **Bewertungsgrundsätze:** § 252 enthält (nicht nur, → Rn. 18, und nicht vollständig, → Rn. 21) die **Grundsätze** für die **Bewertung**. Diesen Grundsätzen entsprechen zT allgemeine Grundsätze für die **Bilanzierung** (→ § 243 Rn. 4–10), die im Folgenden mitberücksichtigt werden. **Lit.** W. Müller FS Goerdeler, 1987, 397 (Rangordnung).

2) Bilanzidentität (I Nr. 1)

Die Anfangsbilanz des neuen Jahres muss mit der Schlussbilanz des alten übereinstimmen. Das gilt für sämtliche Wertansätze (fortlaufende Buchführung). Dieser Grundsatz der Bilanzidentität (Bilanzzusammenhang, Bilanzverknüpfung) führt dazu, dass höhere oder niedrigere Wertansätze im alten Jahr sich entgegengesetzt im neuen Jahr auswirken (sog. **Zweischneidigkeit der Bilanz**). Bsp.: Schnellere Abschreibung in den ersten Jahren lässt weniger für die restlichen übrig, der Gewinn in den ersten Jahren ist also niedriger, der in den restlichen entsprechend höher. Damit kommt es jedenfalls über die Jahre hinweg tendenziell zur zutreffenden Erfassung des Gesamtgewinns (vgl. § 4 I 1 EStG). Wird ein Jahresabschluss, der mehrere Geschäftsjahre zurückliegt, durch Rückwärtsänderung korrigiert müssen wegen des Grundsatzes der Bilanzidentität alle folgenden

§ 252   7

Jahresabschlüsse ebenfalls geändert werden, auch wenn sie bereits festgestellt sein sollten. Eine Änderung der Handelsbilanz unter Durchbrechung des Bilanzzusammenhangs zwischen der handelsrechtlichen Schlussbilanz des Vorjahres und der Eröffnungsbilanz des darauffolgenden Geschäftsjahres verstößt gegen I Nr. 1 und ist handelsrechtlich unzulässig. Wird der Jahresabschluss geändert, ist entsprechend § 325 Ib die Änderung offenzulegen, Langholz/Langholz DB 2018, 781 (783). Die Praxis trägt dem Grundsatz der Bilanzidentität durch Saldovorträge Rechnung, Wirth/Dusemond/P. Küting DB 2018, 201 (210). Bilanzkontinuität → Rn. 19–20. Mitangabe der Vorjahreszahlen bei KapitalGes. s. § 265 II. **Ausnahmen** sind nach II in begründeten Ausnahmefällen möglich, Bspe: Verwendung des Bilanzergebnisses, Berücksichtigung von Umwandlungen, Übernahme oder Abgabe von Beteiligungen zum Abschlussstichtag, ADS Rn. 15 ff. Berichtigung und Änderung des Jahresabschlusses → § 245 Rn. 4–5. **Lit.** IDW HFA WPg 1992, 89; Küting/Kaiser WPg 2000, 577; Hommel/Berndt DStR 2000, 1745; Prinz FS Welf Müller, 2001, 687; Fischer-Böhnlein/Körner BB 2001, 191 (Insolvenz); IDW FN-IDW 2006, 619 (Änderung von Jahres- und Konzernabschlüssen); IDW RH HFA 1012, dazu Eisolt/Schmidt BB 2009, 654 (Insolvenz).

3) Fortführungs- oder going concern-Prinzip (I Nr. 2)

7   Bei der Jahresabschlussbewertung ist grundsätzlich von der Unternehmensfortführung (going concern) auszugehen (Vermutung), sofern dem nicht tatsächliche oder rechtliche Gegebenheiten entgegenstehen; von diesem Grundsatz darf nach **II** nur in begründeten Ausnahmefällen abgewichen werden, OLG Brandenburg 3 U 169/17, BeckRS 2018, 36501, ausführlicher Überblick jüngst Wehning, DStR 2021, 2257 ff. **I Nr. 2** gilt nach BFH nur für die Bewertung, nicht für den Ansatz, BFH DStR 2017, 1373; str. aA Kahle DStR 2018, 976 (977) mwN. Dies gilt selbst bei Zweifeln an der Überlebensfähigkeit so lange, wie nicht Umstände sichtbar werden, die die Fortführung unwahrscheinlich erscheinen lassen oder zweifelsfrei Unmöglichkeit der Fortführung bekannt ist, BGH DB 2017, 418, und sogar bei kritischer Unternehmenslage; zu weit (auch bei drohendem Unternehmenszusammenbruch) Moxter WPg 1980, 345. Ob I Nr. 2 Hs. 2 richtlinienkonform dahin auszulegen ist, dass von der Annahme der Unternehmensfortführung bei der Bilanzierung erst abzurücken sei, wenn der Geschäftsbetrieb tatsächlich am Stichtag bereits eingestellt worden sei oder die Beendigung zweifelsfrei fest- und unmittelbar bevorstehe, ist str., dafür Mader/Seitz DStR-Beiheft zu Heft 2/2018, 1, dagegen Hennrichs/Osterloh DStR 2018, 1731 mit Replik Mader/Seitz DStR 2018, 1933. Nur in begründeten Ausnahmefällen, wenn nämlich die **Fortführungsprognose** aus tatsächlichen oder rechtlichen Gegebenheiten negativ ist, dh wenn es objektiv fehlerhaft wäre, von der Aufrechterhaltung der Unternehmenstätigkeit auszugehen, BGH DB 2017, 418, sind Zerschlagungswerte anzusetzen. Tatsächliche oder rechtliche Gegebenheiten müssen sich derart konkretisieren, dass Einstellung der Tätigkeit unvermeidbar oder beabsichtigt ist, BGH DB 2017, 418. Dies erfordert Prognoseentscheidung, weil darauf abzustellen ist, ob Kfm. sein Gewerbe für überschaubaren Zeitraum, regelmäßig jedenfalls für das auf den Abschlussstichtag folgende Geschäftsjahr, fortsetzen wird, BGH DB 2017, 418. Der Kfm. hat im Rahmen der Bilanzerstellung zu prüfen, ob solche Gegebenheiten bestehen (enger ADS Rn. 25: nur, wenn konkrete Indizien dafür vorliegen). Solche **tatsächlichen Gegebenheiten** sind regelmäßig nicht nur Insolvenzgründe oder Geschäftsaufgabe, sondern auch sonstige zur stillen oder offenen Abwicklung zwingende wirtschaftliche und andere Schwierigkeiten, etwa bei Zahlungsunfähigkeit oder hälftigem Verlust des Kapitals. Darauf, ob die Geschäftsführung entsprechenden Beschluss fasst, kommt es nicht an. Umgekehrt bedingt ein vorliegender Insolvenzgrund nicht zwingend die Abkehr vom Fortführungsprinzip, sondern es entscheidet, ob eine Fortführung auch nach Eröffnung des Insolvenzverfahrens zu erwarten oder damit zu rechnen ist, dass das Unt. noch vor dem Insolvenzantrag, bereits im Insolvenzverfahren oder bald nach Verfahrenseröffnung stillgelegt werden muss. Daher kann trotz Insolvenzgrund weiter nach Fortführungswerten bilanziert werden, wenn (1) ein glaubhafter Fortführungsinsolvenzplan vorliegt, (2) eine übertragende Sanierung innerhalb des Prognosezeitraums angestrebt und möglich ist oder (3) anzunehmen ist, dass die Unternehmenstätigkeit auch nach Insolvenzeröffnung jedenfalls innerhalb des Prognosezeitraums fortgeführt wird. Allein die Tatsache, dass ein Unt. trotz bestehendem Insolvenzgrund weiter tätig ist, rechtfertigt nicht den weiteren Ansatz von Fortführungswerten, BGH DB 2017, 418. Entgegenstehende **rechtliche Gegebenheiten** sind Auflösungsgründe, auch wenn sie rechtlich noch nicht vorliegen, aber tatsächlich zu erwarten sind. Auflösung der Ges. durch Zeitablauf oder Auflösungsbeschluss allein genügen nicht, wenn die Auflösung nicht tatsächlich zu erwarten ist, ADS Rn. 30; I Nr. 2 gilt entspr. für Nichtfortführung einzelner Betriebsteile oder Werke, ADS Rn. 36. Die Prognose muss das Geschäftsjahr nach dem Bilanzstichtag abdecken, hA, Lück DB 2001, 1945. Maßgeblicher Zeitpunkt für die Prognose ist Abschlussstichtag. Bei Zweifeln an der Unternehmensfortführung Angabe im Lagebericht (§ 289 II Nr. 2), keine zusätzliche Begründungspflicht von KapitalGes. im Anhang (vgl. zu Informationen im Anhang des Jahresabschlusses → § 264 Rn. 20), sehr str. Auflösungsbeschluss führt in der Praxis regelm. zu Abkehr von Fortführungsannahme für alle Abschlüsse, die im ZP der Beschlussfassung noch nicht festgestellt sind, Bienert/Seidler BB 2020, 1451 f. **Ausnahmen** sind nach II möglich, aber neben Nr. 2 Hs. 2 nicht mehr nötig.

Nach Wegfall der Fortführungsannahme, tritt die Aufwands- und Ertragsperiodisierung in den Hintergrund und das primäre Ziel der Rechnungslegung besteht in der Feststellung des zum Abschlussstichtags vorhandenen Reinvermögens des Unternehmens, unter besonderer Berücksichtigung des Umstands, dass die Beendigung des Geschäftsbetriebs absehbar ist, IDW RS HFA 17 Tz. 4. Für den Bilanzansatz folgt daraus, dass nur noch bis zum Zeitpunkt der Beendigung des Geschäftsbetriebs verwertbare Vermögensgegenstände zu aktivieren und neben den bislang zu passivierenden Schulden auch solche Verpflichtungen zu berücksichtigen sind, die durch die Abkehr von der Going-Concern-Prämisse verursacht werden, IDW RS HFA 17 Tz. 4; Uhländer DB 2022, 485, 487. Die Bewertung des Vermögens erfolgt im Grundsatz unter Veräußerungsgesichtspunkten. Zahlreiche Einzelheiten müssen berücksichtigt werden, wie z. B. der Bilanzansatz von immateriellen Vermögensgegenständen, von Rechnungsabgrenzungsposten oder Rückstellungen. Die Auswirkungen sind insgesamt umstritten, vgl. zum Streitstand: Uhländer DB 2022, 485, 487 ff m. w. N. zu einzelnen Stellungnahmen. Umstritten ist ebenfalls, welche Auswirkungen die handelsrechtliche Abkehr vom Going-Concern-Ansatz für die Steuerbilanz hat, dazu ausführlich Uhländer, DB 2022, 485, 488 f.; **Lit.** Tettenborn/Morgenstern/Hinz DB 2021, 2369. 7a

Steuerberater ist ohne besondere Vereinbarung nicht verpflichtet, von sich aus die für die Fortführungsprognose erheblichen Tatsachen zu ermitteln, BGH DB 2017, 418. Grundsatz, dass der Ansatz einer Verbindlichkeit für eine aufschiebend bedingte Verpflichtung ausscheidet, muss für den Fall der Ausbuchung einer bereits passivierten Verbindlichkeit modifiziert werden, die Verbindlichkeit darf dann nur ausgebucht werden, wenn aus der Erlassvereinbarung insgesamt keine wirtschaftliche Belastung mehr resultiert, Pöschke NZG 2017, 1408. Ob das gegenwärtige Vermögen belastet ist, wenn eine Verbindlichkeit nur aus einem etwaigen Liquidationsüberschuss zu befriedigen ist (bzw. nur dann wieder auflebt, wenn ein Liquidationsüberschuss entsteht), ist str., Pöschke NZG 2017, 1408. **StB** muss anhand der ihm zur Verfügung gestellten Informationen und der ihm sonst (etwa aus Dauermandat) bekannten Umständen prüfen, ob sich ernsthafte 7b

§ 252 8

Hinweise auf möglichen Insolvenzgrund ergeben, die als tatsächliche Gegebenheiten Zweifel an der Fortführungsprognose wecken. Insbesondere ist Steuerberater verpflichtet, Kfm. über rechtliche oder tatsächliche Gegebenheiten zu unterrichten, die er bei Erstellung der Jahresbilanz erkennen muss und die Fortführung entgegenstehen können. Da I Nr. 2 auf Tätigkeit des Unt. abstellt und im Unterschied dazu §§ 17 ff. InsO Handlungspflichten für den Unternehmensträger bestimmen, liegt es für StB und Kfm. nahe, dass Steuerberater auf solche sich bei der Prüfung ergebende offenkundige Umstände hinweist, die für Mandanten Handlungspflichten begründen können, BGHZ 213, 374 Rn. 46. Hingegen ist Steuerberater nicht zu weitergehenden Überprüfungen verpflichtet, erst recht nicht, von sich aus eine Überschuldungsprüfung vorzunehmen. Wird ein **Wirtschaftsprüfer** mit der Erstellung (Abgrenzung zur Prüfung) des Jahresabschlusses beauftragt, gelten die Grundsätze und Hinweispflichten, die für den Steuerberater für die Erstellung des Jahresabschlusses gelten, auch für den Wirtschaftsprüfer (jetzt klargestellt durch RegE SanInsFoG Bt-Drucks. 19/24181 S. 188 und § 102 StaRUG). In jedem Fall hat der Wirschaftsprüfer auf bestandsgefährdende Risiken hinzuweisen, soweit er solche bei der Durchführung des Erstellungsauftrags festgestellt hat (RegE SanInsFoG Bt Drucks. 19/24181 S. 188), vgl. Schülke DStR 2021, 621, 626. Geschäftsführer hat, wenn ihm die entsprechenden Indizien genannt werden, erforderliche Überprüfung selbst vorzunehmen oder gesondert in Auftrag zu geben, BGH WM 2013, 802 Rn. 21. **Abschlussprüfer** ist ohne besondere Vereinbarung nicht verpflichtet, die für Fortführungsprognose erheblichen Tatsachen selbst zu ermitteln; Jahresabschluss kann bzw. darf er daher allein auf Grundlage der ihm zur Verfügung gestellten Unterlagen und der ihm bekannten Umstände erstellen. Etwaige tatsächliche oder rechtliche Gegebenheiten, die Unternehmensfortführung entgegenstehen könnten, hat er nur in diesem Rahmen zu prüfen, LG Düsseldorf 13 O 48/14, juris Rn. 40; bestätigt durch OLG Düsseldorf 10 U 70/18, ZIP 2019 2122, hierzu Juretzek NZI 2019, 740, zust. Gessner ZIP 2020, 544, 546 ff. **Lit.** IDW EPS 270 und dazu Peemöller BB 2018, 2795; IDW Praxishinweis 2/2018 Berücksichtigung des Verschuldungsgrads bei der Unternehmensbewertung und dazu Zwirner/Zimny DB 2019, 77. Berger StuB 2005, 381; Müller/Weller WPg 2008, 400 (Mezzanine Kapital in der Krise): Lilienbecker/Link/Rabenhorst BB 2009, 262; Zwirner StuB 2010, 763; Willeke StuB 2012, 858; Baumert ZInsO 2017, 486 (steuerberaterliche Hinweispflicht); Harrison/Solmecke WPg 2016, 1266; Zwirner/Zimny DB 2017, 84; Mader/Seitz DStR-Beiheft 2018, 1 (Hinweispflicht des Steuerberaters bei Jahresabschlusserstellung bei Insolvenzindizien betr. Fortführungsprognose; Hennrichs/Osterloh DStR 2018, 1731; Mader/Seitz DStR 2018, 1933; Pickerill NZG 2018, 609 (Patronatserklärung); Quick BB 2018, 363 (IDW EPS 270 zur Beurteilung der Fortführung der Unternehmenstätigkeit); Kronner/Seidler BB 2019, 555 (Patronatserklärung). Zu Besonderheiten aufgrund der Corona-Pandemie IDW Fachlicher Hinweis v. 4.3.2020; IDW Fachlicher Hinweis v. 25.3.2020; IDW Fachlicher Hinweis v. 8.4.2020 (Teil 3, 4. Update Februar 2021), S. 47 ff.; Müller/Reinke BC 2020, 460; Kirsch BBP 2020, 105; Rimmelspacher/Kliem WPg 2020, 381; Mujkanovic StuB 2020, 455; Gessner ZIP 2020, 544 (Haftung des Wirtschaftsprüfers bei unterlassenem Hinweis auf Insolvenzreife); Pföhler/Seidler BB 2021 299 (Aufgaben des Abschlussprüfers, Abgrenzung zur Fortbestehensprognose; Auswirkungen des SanInsFoG auf Prognosezeiträume); Wehning DStR 2021, 2257 (Praktische Herausforderungen bei der bilanziellen Umsetzung von going concern).

4) Einzelbewertung zum Abschlussstichtag (I Nr. 3)

8 A. **Stichtagsprinzip:** Nr. 3 enthält zwei Grundsätze: **Bewertung zum Abschlussstichtag** und **Einzelbewertung,** ADS Rn. 37. Das **Stichtagsprinzip** (→ § 243 Rn. 12, 13) gilt auch für die Bewertung. Veränderungen nach dem

Bilanzstichtag bis zur Bilanzaufstellung, zB Änderung des Marktpreises von Verkaufsware, dürfen nicht mehr berücksichtigt werden, aber → Rn. 14–15. Dagegen können und müssen im Rahmen der GoB bis zum Tag der Aufstellung des Jahresabschlusses gewonnene Erkenntnisse über den Wert am Bilanzstichtag berücksichtigt werden (**wertaufhellende Tatsachen**, → § 243 Rn. 13), zB wenn Veräußerungsabsicht erst jetzt bekannt wird, OLG München WM 1994, 742, wenn die Überschuldung eines Schuldners erst jetzt in Erscheinung tritt und sich auswirkt, aber schon damals einsetzte, oder wenn sich Waren als unverkäuflich herausstellen. Vgl. BGH NJW 1973, 511 (zu § 2311 BGB); BFH BB 1991, 1827; für die Abschichtungsbilanz bei der Abfindung → § 138 Rn. 22. Als wertaufhellend sind nur Umstände zu berücksichtigen, die zum Bilanzstichtag bereits objektiv vorlagen und nach dem Stichtag, aber vor der Bilanzerstellung lediglich bekannt oder erkennbar wurden. Der zu beurteilende Kenntnisstand zum Zeitpunkt der Bilanzerstellung ist daher auf die am Stichtag objektiv bestehenden Verhältnisse zu beziehen, BFH BStBl. II 2002, 688. Im Rahmen der Einzelbewertung nach I Nr. 3 iVm §§ 253 I 1, 255 I ist eine Provisionsforderung mit ihrem Barwert anzusetzen; etwaige Abzinsungen haben regelmäßig auf der Basis des üblichen Zinsfußes für festverzinsliche Wertpapiere zu erfolgen; zugleich ist die Erfassung der der Forderung individuell anhaftenden Risiken geboten, OLG Dresden ZIP 2017, 2003 = BeckRS BeckRS 2017, 102414. Geboten ist zugleich Erfassung der den Forderungen individuell anhaftenden Risiken, was Einzel- oder Pauschalwertberichtigungen bedingen kann, OLG Dresden ZIP 2017, 2003 = BeckRS BeckRS 2017, 102414; BeckBilKomm/Winkeljohann/Büssow Rn. 567 ff. Sind bezogen auf Bilanzstichtag bestimmte Umstände bekannt, die Schluss zulassen, dass eine Forderung nicht nur mit allgemeinen Risiken, sondern mit darüberhinausgehenden Realisierungsrisiken behaftet ist, sind Einzelabwertungen vorzunehmen. Sofern Risiken, insbesondere Ausfallrisiken, noch unbekannt sind, sich jedoch mit gewisser Wahrscheinlichkeit realisieren können, sind Pauschalwertberichtigungen angezeigt, insbesondere, wenn mit Forderungsausfall oder erheblichen Zahlungsverzögerungen zu rechnen ist, OLG Dresden ZIP 2017, 2003 = BeckRS BeckRS 2017, 102414; BeckBilKomm/Winkeljohann/Büssow Rn. 577 f. Anhaltspunkte dafür bestehen noch nicht, sofern nur allgemeine Geschäfts- und Konjunkturrisiken bestehen. Etwaige aufgrund konkreter Umstände vorzunehmende Pauschalwertberichtigungen sind danach zu bemessen, wie ein sorgfältiger Kaufmann die mutmaßliche Entwicklung beim Schuldner bzw. bei der künftigen Forderungsrealisierung einschätzt. Bei entsprechenden Einschätzungen zum Abwertungsbedarf ist primär Beurteilung des Unt. maßgebend, die jedoch von objektiven Gegebenheiten gestützt sein muss. Dabei kann insbesondere anhand von Erfahrungen der Vergangenheit auf die Möglichkeit künftiger Ausfälle geschlossen werden, wobei zukunftsbezogene Tendenzen gleichermaßen zu berücksichtigen sind, OLG Dresden ZIP 2017, 2003 = BeckRS BeckRS 2017, 102414; BeckBilKomm/Winkeljohann/Büssow Rn. 587 f. wird bewegliche Sache mit einer oder mehreren anderen beweglichen Sachen zu einer Anlage (hier Biogas) zusammengestellt, so ist wegen des Grundsatzes der Einzelbewertung zu entscheiden, ob es sich bei den einzelnen Gegenständen jeweils noch um selbstständige Wirtschaftsgüter handelt oder nur um unselbstständige Teile des anderen (verbundenen) Wirtschaftsguts; entscheidende Kriterien sind gemeinsamer Zweck, Grad der Festigkeit, Zeitraum der Verbindung sowie äußeres Erscheinungsbild, BFHE 196, 442; 233, 214. **Ausnahmen** zB bei § 253 III 3, IV, V; ferner nach II (→ Rn. 27), zB bei Rückbeziehung von Sanierungsmaßnahmen auf den Abschlussstichtag, ADS Rn. 47; vgl. OLG Düsseldorf WM 1986, 1568 (Werthaltigkeitsgarantie); Heinz/Sand BB 2011, 2795. Zur wertberichtigenden Erfassung des Länderrisikos im Auslandskreditgeschäft durch Rückstellung für unter dem Strich ausgewiesene Eventualverbindlichkeiten bei Tilgung zwischen Stichtag und Bilanzaufstellung EuGH BB 2003, 355. Die

§ 252 9, 10   3. Buch. Handelsbücher

Wertberichtigung von Forderungen ist auch dann zulässig, wenn sie nach dem Tag der Bilanzerstellung (teilweise) erfüllt worden sind und der Gläubiger den Schuldner weiterhin beliefert hat, BFHE 203, 319 (320). Ein zwischen Bilanzstichtag und Bilanzaufstellung getroffener Vergleich betr. strittige erfolgsabhängige Vergütung für Beratung ist wertaufhellend, FG Baden-Württemberg BB 2011, 303. Nicht zu berücksichtigen sind hingegen **wertbeeinflussende Tatsachen,** die sich nach dem Stichtag ereignen, aber keinen Rückschluss auf die Verhältnisse am Stichtag erlauben, zB die Ausübung des Wahlrechts zur Wandlung, auch wenn der Mangel schon am Stichtag bekannt war, BFHE 191, 339 (345); Zu weiteren möglichen Lockerungen bzw. zur ggf. möglichen rückwirkenden Erfassung bestimmter Geschäftsvorfälle siehe Bienert/Seidler BB 2020 1451 ff. **Lit.** Hoffmann BB 1996, 1157; Hüttemann FS Priester, 2007, 301; Schulze-Osterloh DStR 2007, 1006; Knobbe BB 2012, 2169; Lüdenbach StuB 2014, 29 (Wertaufhellungszeitraum bei verspätetem Jahresabsachluss); Wirth/Weber/Dusemond/P. Küting DB 2015, 1053 (Kapitalkonsolidierung); Hageböke/Hasbach DB 2015, 1307; Ohmen/Seidler BB 2015, 3051.

9   B. **Einzelbewertung:** Nach I Nr. 3 ist jeder Vermögensgegenstand und jeder Schuldposten für sich zu bewerten, also kein Ausgleich von Wertminderung bei einem Vermögensgegenstand mit Wertsteigerung beim anderen. Je nach Art der Nutzung oder Funktion kann aber auch ein zusammengesetztes Gut oder sogar eine Sachgesamtheit zulässige Bewertungseinheit sein, zB Maschinenanlage, ADS § 246 Rn. 34 f. Der Grundsatz der Einzelbewertung entspricht bezogen auf die Bewertung dem Verrechnungsverbot (§ 246 II 1). Der Anspruch auf eine Versicherungsentschädigung bildet ein gesondertes Wirtschaftsgut und ist einzeln zu bewerten, FG Schleswig-Holstein BeckRS 2017, 148413; FG München EFG 1998, 1312. Ansprüche aus Rückdeckungsversicherung für Pensionsverpflichtung sind in Höhe der vom Versicherungsnehmer geleisteten Sparanteile der Prämie zu bilanzieren, BFH BStBl. II 2004, 654. Provisionsansprüche Vermittlungstätigkeit unterliegen Einzelbewertungsgrundsatz, OLG Dresden ZIP 2017, 2003 = BeckRS BeckRS 2017, 102414. **Ausnahmen:** Bei Bildung von Bewertungseinheiten gem. § 254 ist I Nr. 3 nicht anzuwenden, pauschalierte Abzinsung von Pensionsrückstellungen (§ 253 II 2), zulässig sind auch die Festbewertung (§ 240 III), die Gruppenbewertung (§ 240 IV) und GoB-mäßige Bewertungsvereinfachungsverfahren wie Durchschnittsbewertung, fifo, lifo (§ 256); ferner noch II, wenn Einzelbewertung unmöglich oder nur mit unvertretbarem Zeit- oder Kostenaufwand möglich ist, zB bei Garantierückstellungen für Massenprodukte; inwieweit von der Einzelbewertung bei sog. durchlaufenden Posten (Fremdgelder, die vereinnahmt und in gleicher Höhe an Dritte weitergegeben werden) abgesehen werden darf, ist umstr., Roos DB 2013, 2758; bei Power Purchase Agreements ist Zusammenfassung einzelner Verträge zu Vertragsportfolien unter strengen Vss. möglich, Brüggemann/Polster DB 2020, 1073, 1081 mit Verweis auf IDW RS ÖFA 3 Tz. 17 ff.; beim Einsatz von Derivaten zur Absicherung → § 254 HGB; **pauschale Wertberichtigung** bei größerem Forderungsbestand, → § 253 Rn. 23. **Lit.** Rätke StuB 2005, 218; Siegel StuB 2005, 359 (Rückkaufverpflichtung); Wolf StuB 2006, 449 (Risikobegriff); Küting/Eichenlaub BB 2011, 1195.

5) Grundsatz der Vorsicht, Imparitätsprinzip (I Nr. 4); Unterbewertung

10   A. **Grundsatz der Vorsicht:** Er dient vor allem dem Gläubigerschutz, BGH NJW 1982, 2825 – BuM. Er gilt nicht nur für die Bewertung (I Nr. 4), sondern allgemeiner (→ § 243 Rn. 9) zB Bilanzierungs- bzw. Ansatzverbote, (§ 248), hat aber durch das BilMoG und zunehmender Betonung der Informationsfunktion des Abschlusses gewisse Einschränkungen erfahren, zB Aktivierungspflicht für den derivativen Geschäfts- oder Firmenwert, § 246 I 4, Aktivierungswahlrecht

1. Abschnitt. Vorschriften für alle Kaufleute · 11 · § 252

für selbstgeschaffene immaterielle Güter des Anlagevermögens, §§ 248, 255 IIa, Bildung von Bewertungseinheiten, § 254. Er ist auch im Imparitätsprinzip, im Realisationsprinzip (I Nr. 4 Hs. 2) und im Niederstwertprinzip (§ 253 III, IV) ausgeprägt. Bsp.: Ansatz bestrittener Forderungen idR erst nach Rechtskraft des Urteils bzw. Einigung mit dem Schuldner, BFH BB 1989, 1729. Keine Aktivierung von Ansprüchen auf Rückzahlung von Flaschenpfand wegen Mehrrücknahme, soweit solche Ansprüche am Stichtag noch nicht entstanden sind, BFH DStR 2013, 957. Realisationsprinzip verbietet Aktivierung von Steuererstattungsansprüchen, die am Bilanzstichtag noch bestritten werden, BFH BStBl. II 2014, 668. Gewinnrealisierung tritt bei Planungsleistungen eines Ingenieurs nicht erst mit der Abnahme oder Rechnungsstellung ein, sondern bereits mit der Entstehung des Anspruchs auf Abschlagszahlung, BFH DStR 2014, 2010. Allgemein zu **Abschlagszahlungen** Ortmann-Babel DB 2015, 1690; Jörg Müller WPg 2016, 474. Der Grundsatz der Vorsicht ist berechtigt (str.); rechtfertigt aber nicht beliebige Unterbewertung und stille Reserven, → Rn. 12; daher keine Rückstellung, weil nach allg. Erfahrung bei Betriebsprüfung mit Steuernachforderung zu rechnen sei, stRspr BFHE 197, 394 (398); s. auch Peun DStR 2014, 1186 (Rückstellungen für Betriebsprüfungsrisiken); Drohverlustrückstellung aber zulässig, wenn Kfz-Händler aus Rückkaufverpflichtung zu Fixpreis im Leasingvertrag Verlust droht, BFH BB 2001, 33. Der Grundsatz der Vorsicht geht den Grundsätzen der Bilanzklarheit, -wahrheit und -vollständigkeit (→ § 243 Rn. 4–6) nicht vor. Maßgeblicher Zeitpunkt → Rn. 11. Bei der Completed-Contract-Methode erfolgt der Gewinnausweis bei einem langristigen Auftrag entsprechend dem Realisationsprinzip erst bei Lieferung und Abnahme des Gesamtauftrags, Köhler StBp 2016, 93 (94). Thesaurierte Erträge des Unt. können dem Anleger (mit Ausnahme eines etwaigen Steuerguthabens) nicht zugerechnet werden, weil sie sich zwar regelmäßig auf den Kurs des Investmentanteils auswirken, aber die Realisierung erst im Zeitpunkt der Veräußerung oder Rückgabe eintritt, BFHE 258, 38 Rn. 15. Finanziert sich ein Unt. über ein Initial Coin Offering, scheidet eine Erfassung als Ertrag aufgrund der zum Zeitpunkt des Initial Coin Offering noch ausstehenden Leistung des Unt. gegenüber Investoren aus, Gerlach/Oser DB 2018, 1541. **Ausnahmen:** II ist hier ohne praktische Bedeutung; Ausnahmen sind idR nicht „begründet" oder entsprechen nicht den GoB. Im Sinne einer verlustfreien Bewertung von Forderungen und Wertpapieren sind Schätzungen so vorzunehmen, dass künftige Geschäftsjahre frei von Verlusten gehalten werden, Klube/Schröter/Weber WPg 2019, 213 (217). **Lit.** Wirth/Weber/Dusemond/P. Küting DB 2015, 1053 (Kapitalkonsolidierung); Schaflitzl/Crezelius DB 2016, 3; Wollny DStR 2016, 2415; Stefan Müller BC 2016, 466; Klube/Schröter/Weber WPg 2019, 213 (217) (Risikovorsorge nach IFRS 9 im HGB-Abschluss von Banken); Gaber WPg 2019, 1457 (Pauschalwertberichtigung von Kreditinstituten); Gehrer/Krakuhn/Guderjan IRZ 2020, 123 (Pauschalwertberichtigung von Kreditinstituten, IDW RS BFA 7); IDW Fachlicher Hinweis v. 25.3.2020 (Auswirkungen der Corona-Pandemie); Rimmelspacher/Kliem WPg 2020, 381.

B. Imparitäts- oder Verlustantizipationsprinzip: Nach dem Imparitätsprinzip sind Gewinne und Verluste bei der Bewertung nicht paritätisch, sondern verschieden zu behandeln. Während Gewinne nur zu berücksichtigen sind, wenn sie am Abschlussstichtag realisiert worden sind (I Nr. 4 Hs. 2, → Rn. 13–15), sind alle vorhersehbaren Risiken und Verluste, die bis zum Abschlussstichtag entstanden, wenn auch nicht realisiert sind, zu berücksichtigen. Noch nicht realisierte Verluste sind also in der Bilanz vorwegzunehmen (Verlustantizipation), phasengleiche Berücksichtigung von Verlusten aus stillen Beteiligungen, BFH BB 2012, 1466. Das Imparitätsprinzip gilt wie das Vorsichtsprinzip nicht nur für die Bewertung, sondern ist zB auch in der Rückstellungsvorschrift des § 249 I 1 ausgeprägt. Eine Verlustantizipation steckt ferner im Niederstwertprinzip (§ 253 III, IV). Dass die Verluste „bis zum Abschlussstichtag entstanden" sein müssen, bezieht sich auf die Periodenzuordnung (Stichtagsprinzip), wie aus der Präzisierung „selbst wenn diese erst zwischen dem Abschlussstichtag und dem Tag der Aufstellung des Jahresabschlusses bekannt geworden sind" hervorgeht. Maßgebender Realisierungszeitpunkt eines nach § 17 IV EStG zu berücksichtigenden Auflösungsverlust ist auch im Fall einer Nachtragsliquidation derjenige, in dem mit einer Auskehrung von Geschäftsvermögen an Gesellschafter und mit einer wesentlichen Änderung der beteiligungsbedingten Aufwendungen nicht mehr zu rechnen ist, BFH BeckRS 2014, 95706. Bsp.: Die Umstände, wegen derer eine Forderung des Kfm. praktisch nicht mehr zu realisieren ist, müssen noch vor dem Ende des Geschäftsjahres eingetreten sein; aber es genügt, wenn der Kfm. davon erst nachher, aber bis zur Aufstellung des Jahresabschlusses erfährt (**wertaufhellende** Tatsachen, → Rn. 18, → § 243 Rn. 11–13, § 249 Rn. 10). Nach dem Abschlussstichtag eintretende wertmindernde Umstände (**wertbeeinflussende** Tatsachen) sind nicht mehr wie noch nach § 253 III 3 aF berücksichtigungsfähig. Versagung einer Teilwertabschreibung für Verlustprodukte bei rentabel geführtem Betrieb verstößt nicht gegen Imparitätsprinzip, BFHE 189, 51 (56). **Lit.** Eibelshäuser Konzern 2006, 618 (Bilanzierungsgrundsätze); Wolf StuB 2006, 449 (Risikobegriff); Fülbier/Gassen DB 2007, 2605; Kirsch StuB 2008, 453.

12 C. **Falschbewertung: a) Überbewertung** von Bilanzposten, also Ansatz von Aktiva zu einem höheren Wert oder von Passiva zu einem niedrigeren Wert als nach Gesetz oder GoB vorgesehen, ist, wie auch I Nr. 4 zeigt, klar unzulässig und kann zur Nichtigkeit des Jahresabschlusses (für AG § 256 V Nr. 1 AktG, entspr. für GmbH) führen.

b) Unterbewertung, also Ansatz von Aktiva zu einem niedrigeren Wert oder von Passiva zu einem höheren Wert als nach Gesetz oder GoB vorgesehen, ist nur scheinbar durch I Nr. 4 gerechtfertigt. Keine Unterbewertungen im eigentlichen Sinn sind die Unterschiede zwischen dem wirklichen und dem gesetzlich vorgeschriebenen oder erlaubten Wert (zB Niederstwertprinzip, Ansatz- und Bewertungswahlrechte, → Rn. 13–15); die sich daraus ergebenden Reserven sind dementsprechend keine stillen Reserven im eigentlichen Sinn und ohne weiteres auch bei KapitalGes. zulässig. Echte Unterbewertungen und damit die Bildung echter stiller Reserven sind bei KapitalGes. unzulässig (§ 253 III 4, V rechtsformunabhängig), zustimmend OLG Dresden ZIP 2017, 2003 = BeckRS BeckRS 2017, 102414, Rn. 105; Rechtsfolge bei AG ist Nichtigkeit (§ 256 V Nr. 2 AktG, entspr. für GmbH), sonst Anfechtbarkeit des Jahresabschlusses. Bei EinzelKflten und PersonenGes. sind echte Unterbewertungen ebenfalls unzulässig. **Lit.** Friedl/Buchner StuB 2014, 211 (Änderung des Jahresabschlusses infolge Bilanzierungsfehlers).

13 D. **Stille Reserven. a) Begriff der stillen Reserven:** Stille Reserven im weiteren Sinn bilden die positive Differenz zwischen dem wahren Wert des Unt. und dem im Jahresabschluss angesetzten Buchwert. Sie entstehen durch Unterbewertung iwS, dh Ansatz von Aktiva zu einem niedrigeren Wert oder von Passiva zu einem höheren Wert als dem wahren Wert (→ Rn. 12). Dieser weite Begriff der stillen Reserven ist zB bei der Unternehmensbewertung vor einem Unternehmenskauf (→ Einl. vor § 1 Rn. 61–68) oder bei der Abfindung ausscheidender Gfter (→ § 138 Rn. 21) sinnvoll. Beschluss über Bildung stiller Reserven → § 120 Rn. 6. Zur Wirksamkeit von Buchwertklauseln (Abfindung ohne Beteiligung an den stillen Reserven) → § 138 Rn. 30. **Lit.** Siegel ua ZIP 1999, 2077 (Arten, Bildung, aktienrechtliche Transparenz); Binz/Mayer DB 2006, 1599 (Entscheidungskompetenz FamilienUnt.); Seidler BB 2014, 171 (Aufdeckung stiller Reserven durch erbrechtliche Gestaltung).

1. Abschnitt. Vorschriften für alle Kaufleute 14–18 § 252

b) Bei der Frage, inwieweit die Bildung stiller Reserven zulässig ist, geht es 14
um stille Reserven ieS. Stille Reserven iwS, dh Differenzen zwischen dem
wahren Wert und dem Buchwert, sind teils unvermeidlich (Schätzungsreserven
zB Bandbreite bei Schätzwerten), teils gesetzlich vorgeschrieben (Zwangsreserven,
Bspe: Bilanzierungsverbote § 248; Imparitätsprinzip, → Rn. 11; Niederstwertprinzip,
→ § 253 Rn. 1, 13, 15), teils gesetzlich erlaubt (spezielle Ermessensreserven,
zB Ansatzwahlrechte, → § 264 Rn. 24; Bewertungswahlrechte
→ Rn. 28; Wahl von Schätzungsverfahren zB Lifo, → § 256 Rn. 2). Problematisch
sind vielmehr die stillen Reserven im engeren Sinn (allgemeine Ermessensreserven),
dh die zusätzliche Differenz zwischen dem nach Gesetz oder GoB
vorgesehenen „normalen" Buchwert und dem durch **freie Unterbewertungsentscheidung
des Kfm.** weiter verringerten „tatsächlichen" Buchwert.

E. **Beurteilung der stillen Reserven: a) Für stille Reserven** wird vor- 15
gebracht, sie dienten der Unternehmenssicherung (Pufferfunktion), beschränkten
zu weit gehende Entnahmen (Thesaurierungsfunktion) und sorgten für eine
größere Stetigkeit des Unt. und der ausgewiesenen Jahresgewinne (Ergebnisglättungs-
bzw. Egalisierungsfunktion), Moxter BB 1985, 1103.

b) Gegen stille Reserven sprechen aber bessere Gründe, denn sie stellen ein 16
in mehrfacher Sicht gefährliches Instrument zur bilanzpolitischen Ergebnismanipulation
dar. Die **Selbstinformation** des Kfm. wird verfälscht, außer wenn
dieser Eigenbilanzen ohne stille Reserven führt und fortschreibt. Der **Gesellschafterschutz**
wird beeinträchtigt, weil der ausschüttungsfähige Bilanzgewinn
künstlich verringert und eine zutreffende Bewertung der Anteile am Markt
erschwert wird (Folge: erhöhte Kapitalkosten). Thesaurierung und Wiederauflösung
ohne Wissen und Willen der Gfter entmündigt sie zugunsten der Verwaltung
der Ges. Stille Reserven berühren aber auch den **Gläubigerschutz**:
Verluste werden durch Auflösung stiller Reserven verschleiert (Irreführung durch
Egalisierung), unfähige Verwaltungen nicht oder nicht rechtzeitig abgelöst, Vertrauenskrisen
und Runs bis Ende der stillen Reserven heraufbeschworen, obwohl
die notwendige Thesaurierung durch (offene) Gewinnrücklagen (§ 272 III) möglich
ist. Stille Reserven stören schließlich den Markt- und Allokationsmechanismus
(Funktionenschutz). Aus diesen Gründen bestand schon vor Inkrafttreten
des BilMoG ein Verbot zur Anwendung von § 253 IV für KapitalGes.
(279 I aF). **Lit.** Beisse FS Beusch, 1993, 77; Kübler ZHR 159 (1995), 550; Kleindiek
ZGR 1998, 466.

F. **Bildung stiller Reserven nach BilMoG.** Der Kritik entsprechend wurde 17
die Möglichkeit zur Bildung stiller Reservern durch **BilMoG** ganz erheblich
eingeschränkt. Weder § 243 noch das Vorsichtsprinzip (→ Rn. 10) ermächtigen
zur Bildung stiller Reserven.

**6) Realisationsprinzip (I Nr. 4 Hs. 2), schwebende Geschäfte,
Anzahlungen, Periodenabgrenzung (I Nr. 5)**

A. **Realisationsprinzip:** Das Realisations- oder Abgrenzungsprinzip regelt 18
den Ausweis der Aufwendungen und Erträge gemäß dem Zeitpunkt ihrer wirtschaftlichen
Verursachung. Es betrifft den Ansatz, aber auch die Bewertung (str.).
Gewinne sind nur zu berücksichtigen, wenn sie am Abschlussstichtag realisiert
sind, BFH BB 2017, 1839; FG Berlin-Brandenburg BeckRS 2018, 20204; gilt
auch für Forderungen, deren Aktivierung zu Gewinnausweis führt, BFH
BStBl. II 2001, 349. Dies ist der Fall, wenn Forderung am Abschlussstichtag
entweder rechtlich bereits entstanden ist oder die für die Entstehung wesentlichen
wirtschaftlichen Ursachen im abgelaufenen Geschäftsjahr gesetzt worden sind und
Kaufmann mit der künftigen rechtlichen Entstehung des Anspruchs fest rechnen
kann; genügt, wenn Anspruch, dessen Realisierung sich kein Kaufmann vernünftigerweise
entgehen lässt, geltend gemacht werden kann, BFH BStBl. II

1967, 763; BFH DStRE 2018, 331; FG Berlin-Brandenburg BeckRS 2018, 19059. Bei Veräußerungsgeschäften ist Zeitpunkt der Gewinnrealisierung frühestens der Preisgefahrenübergang, bei Dauerschuldverhältnissen erst Zeitablauf nach Maßgabe des Übergangs des Investitionsrisikos. Nicht erforderlich ist Fälligkeit, BFHE 226, 342; 261, 326. Aktivierung von Vermögensgegenständen bestimmt sich primär nicht nach rechtlichen, sondern nach wirtschaftlichen Gesichtspunkten **(wirtschaftliche Betrachtung).** Maßgeblich ist nicht, ob eine Forderung fällig oder ein Recht realisierbar ist, sondern ob Vermögensvorteil wirtschaftlich aus nutzbar ist und durchsetzbaren gegenwärtigen Vermögenswert darstellt. Daran fehlt es typischerweise bei bestrittenen Forderungen, BFHE 193, 406; 212, 535; 259, 104. Eine Investitionszulage ist – unabhängig von förmlichem Antrag – dann aktivierbar, wenn Investition getätigt worden ist und Antrag tatsächlich beabsichtigt ist, BFHE 269, 114 (3. LS und juris-Rn. 42). Einzubeziehen sind alle vorhersehbaren Risiken und Verluste, die bis zum Abschlussstichtag entstanden sind, selbst wenn sie erst zwischen dem Abschlussstichtag und dem Tag der Bilanzaufstellung bekannt geworden sind; dabei sind wertaufhellend Umstände zu berücksichtigen, die zum Bilanzstichtag bereits vorlagen und nach dem Stichtag, aber vor dem Tag der Erstellung der Bilanz bzw. spätestens an dem Tag an dem sie hätte erstellt werden müssen, lediglich bekannt oder erkennbar geworden sind, BFH/NV 2013, 545; FG Berlin-Brandenburg BeckRS 2018, 23864. Der Wertaufhellungszeitraum endet spätestens mit der gesetzlichen Frist für die Aufstellung des Jahresabschlusses, BFH/NV 2014, 1016. Sofern aus Sicht des Kaufmanns am maßgebenden Bilanzstichtag objektiv Ausfallrisiken bestanden haben, führt spätere vollständige oder teilweise Erfüllung der Forderung nicht zu Versagung der Wertberichtigung; Tatsache, dass Kunde trotz bestehender Zahlungsschwierigkeiten weiterhin beliefert wird, zB um ihm die nötige Solvenz zu verschaffen, begründet grundsätzlich weder Indiz noch widerlegbare Vermutung für die Werthaltigkeit der Forderung, BFH/NV 2013, 545. Das Realisationsprinzip ist Ausfluss des Vorsichtsprinzips (→ Rn. 10) und dient der richtigen Periodenabgrenzung, I Nr. 4 Hs. 2: Gewinn bzw. Ertrag darf erst ausgewiesen werden, wenn er durch Umsatz (entgeltlich, am Markt) realisiert worden ist, BFHE 190, 349 (354) (keine Aktivierung von Teilprovisionszahlung für Teilbearbeitungsleistung, die erst im folgenden Gewinnermittlungszeitraum zu erbringen ist); zulässig ist Teilgewinnrealisierung bei Inkassoprovision für eingetriebene Teilbeträge, FG Hamburg EFG 2006, 401; BFH BB 2008, 830. Str., ob „Gewinne" in Nr. 4 Hs. 2 wirklich Gewinne (so Kahle DStR 2018, 976 (977)) oder aber Erträge (so BFH DStR 2011, 2186; 2001, 1384) meint. Bis zur Realisation dürfen Vermögensgegenstände höchstens mit den Anschaffungs- oder Herstellungskosten angesetzt werden, auch wenn ihr Wert gestiegen ist. Bei Umsatzgeschäften ist regelmäßig an die Bewirkung der Hauptleistung durch den Leistungspflichtigen anzuknüpfen; hieraus resultierende Forderungen dürfen ab diesem Zeitpunkt grundsätzlich aktiviert werden, OLG Dresden ZIP 2017, 2003 = BeckRS BeckRS 2017, 102414; BeckBilKomm/Winkeljohann/Büssow Rn. 99. Anders uU bei schwebenden Geschäften, so dass ggf. nur erbrachte An- oder Teilzahlungen aktivierungsfähig. Anteilige Aktivierungen sind ferner im Zusammenhang mit Dauerschuldverhältnissen indiziert. Bei Rücktrittsrecht oder sonstigen Erlöschenstatbeständen können ebenfalls Aktivierungsbeschränkungen bestehen, OLG Dresden ZIP 2017, 2003 = BeckRS BeckRS 2017, 102414. Ausnahme bei Kreditinstituten für zu Handelszwecken erworbene Finanzinstrumente: Zeitwertbewertung, § 340e III, wonach auch nur realisierbare Gewinne anzusetzen sind. Bei Aktivierung einer Forderung sind noch nicht entstandene Rückgriffsansprüche nur zu berücksichtigen, wenn sie dem Forderungsausfall unmittelbar nachfolgen und unstreitig sind, BFH BB 2000, 718. Bestrittene Forderungen sind erst zu aktivieren, wenn sie rechtskräftig zuerkannt oder vom Schuldner anerkannt sind, BFH BB 2006, 1739. Auch Aufwendungen

1. Abschnitt. Vorschriften für alle Kaufleute 19 § 252

sind grundsätzlich erst bei Realisierung auszuweisen; bei Risiken und Verlusten geht aber das Imparitätsprinzip vor (→ Rn. 11). Forderungen und Verbindlichkeiten aus schwebenden Geschäften → Rn. 21, Anzahlungen → Rn. 22. RsprÜbersicht: Moxter, 6. Aufl. 2007 (BFH) § 5 I Nr. 4 gilt auch für bilanzierende Landwirte, BFHE 257, 244 Rn. 24. **Lit.** Gassen/Kawadias DB 2012, 125 (Erlösrealisierung im Netzbereich); Küting/Lam DStR 2012, 2348; Euler/Hommel BB 2014, 2475 (neue BFH-Rspr. zum Passivierungszeitpunkt von Rückstellungen); Hoffmann StuB 2014, 829 (Gewinnrealisierung bei Teilleistungen); Levedag GmbHR 2014, 336 (Gewinnrealisation bei mitunternehmerischen Übertragungsvorgängen); Wüstemann/Wüstemann/Müller, HdJ, Gewinnrealisierung, S. 17 ff. (zum Realisationsprinzip).

B. **Realisationszeitpunkt: a)** Der Anspruch auf die Gegenleistung muss hinreichend wahrscheinlich sein, also „so gut wie sicher" sein (Wüstemann/Wüstemann/Müller, HdJ, Gewinnrealisierung, Rn. 7). Der Zeitpunkt der Gewinnrealisierung hängt von der zugrundeliegenden zivilrechtlichen Ausgestaltung der Verträge ab (ausführlich: Wüstemann/Wüstemann/Müller, HdJ, Gewinnrealisierung, Rn. 16 ff.). **Austauschverträge (Umsatzgeschäfte):** Ein Gewinn (und damit auch eine Forderung) darf grundsätzlich nur ausgewiesen werden, wenn er durch Umsatz (Veräußerung oder sonstiger Leistungsaustausch) verwirklicht (disponibel) ist, BFH/NV 2013, 1566; FG München EFG 2016, 2038. Dies ist weder der Zeitpunkt des Vertragsschlusses (Erfüllung noch nicht gesichert) noch der Fälligkeit noch der Bezahlung (zu früh bei Anzahlung, zu spät bei Stundung) noch der Rechnungsstellung (so vielfach die kfm. Praxis, aber da Rechnungsstellung erst nach Bewirkung der Hauptleistung üblich ist, mit Ergebnis wie hier), sondern der Lieferung, also der (vollständigen) **Bewirkung der Hauptleistung** (BFH: „wirtschaftliche Erfüllung") des Sachleistungsverpflichteten (Leistungshandlung plus Übergang der Preisgefahr, nicht erst Annahme außer nach § 644 BGB; ohne Rücksicht auf Eigentumsvorbehalt s. § 246 I 2), BFH BStBl. II 2006, 20; BFH/NV 2010, 2033; 2011, 1343; FG Niedersachsen EFG 2016, 1158. Dann hat der Kfm. das Seine getan und kann mit Gegenleistung rechnen, die Kaufpreisforderung aktivieren. Sein Risiko reduziert sich darauf, dass Empfänger Gewährleistung geltend macht oder zahlungsunfähig wird. Damit ist Schwebezustand aus zugrundeliegendem Geschäft beendet und Gewinn daraus realisiert. Bspe: Beim Barkauf mit Erfüllung. Beim Versendungskauf (→ § 246 Rn. 17) im Zeitpunkt der Absendung der Ware (§ 447 BGB). Beim (unstreitigen) Annahmeverzug mit Gefahrübergang. Bei Rückgabevorbehalt erst mit Erlöschen des Rückgaberechts, ADS Rn. 82, aA auch bei statistisch geringer Rückgabequote, Piltz BB 1985, 1368. Keine Aktivierung der Kaufpreisforderung bei Rücktrittsrecht des Käufers, insbesondere, wenn mit seiner Ausübung bei Feststellung des Jahresabschlusses zu rechnen war, vgl. Dred BB 2006, 1606. Bei selbstständig abrechenbaren Teilleistungen (zB Miete, Pacht, Leasing → **(7)** Bankgeschäfte Rn. P1) mit ihrer Bewirkung. Bei Provisionsanspruch des Handelsvertreters nicht mit Abschluss des vermittelten Geschäfts, sondern erst im Zeitpunkt seiner Ausführung (bei Reisevertrag: Erbringung der Reiseleistungen), weil Anspruch vor Ausführung mit zu hohen Risiken belastet ist, stRspr BFH/NV 2014, 907; aA Korn/Schiffers EStG KStG § 5 Rn. 343. Str. bei sog. Mehrkomponentengeschäften (mehrere gleichzeitig oder zeitnah zu erbringende Leistungen an denselben Empfänger): Für Wahlrecht zwischen Methode des relativen fair value und Residualwertmethode Freiberg PiR 2013, 326. Bei Abschlussprovisionen, wenn Vermittlungsleistung erfüllt und Vertrag zustande gekommen ist, BFH DStRE 2005, 1371. Bei zu erstellenden Eigentumswohnungen ist Gewinn realisiert, wenn mindestens die Hälfte der Erwerber ausdrücklich oder konkludent (3 Monate rügelose Ingebrauchnahme) das Gemeinschaftseigentum abgenommen hat, BFH HFR 2006, 6. Bei Fremdwährungsverbindlichkeiten: Hat sich Kurs für Steuerpflichtigen günstig entwickelt, muss gleichwohl Wertansatz auf historische Anschaffungskosten beschränkt werden, FG Niedersachsen EFG 2016, 883. Bei **langfristiger Fertigung** (über das Geschäftsjahr hinaus), insbesondere bei Großprojekten (Industrieanlagenvertrag → Einl. vor § 373 Rn. 23) bleibt es grds. bei Gewinnrealisierung im Jahr der Erbringung der Sachleistung, vor BilMoG str., für § 269 aF analog (Bilanzierungshilfe, Wahlrecht) Knobbe-Keuk § 6 I 4, auch Berücksichtigung bei Bewertungswahlrechten nach § 255 II 3, 4, III 2 aF; aber Ausnahme vom Realisationsprinzip nach II zulässig unter der Voraussetzung endgültiger Teilabrechnungen, des Übergangs der Vertragsgegenstände und des Nichtdrohens von Verlusten in den Folgeperioden, BeckBilKomm/Winkeljohann/Büssow § 255 Rn. 461; ADS Rn. 87, str., aA jede Durchbrechung des Realisationsprinzips ablehnend GK BilR/Kleindiek Rn. 31; jedenfalls die noch weiter vorgezogene Teilgewinnrealisierung, in der Praxis auch ohne selbstständige Abrechnung von Teilleistungen, ist als zu riskant abzulehnen (dann aber uU § 264 II 2), sehr str., Knobbe-Keuk § 6 I 4, aA ADS Rn. 88 (aber andere einengende Voraussetzungen). **Lit.** Stewing BB 1990, 100. **Vermögenszugehörigkeit von Gütern** (Kaufsache, Leasingsache, Sicherungseigentum etc) → § 246 Rn. 14–23. Verbleibt das wirtschaftliche Eigentum an Leasinggegenständen bei Leasingnehmer, kann der dem Leasing zeitlich vorgelagerte Kauf mangels Übertragung des wirtschaftlichen Eigentums weder als gewinnrealisierender Umsatzakt durch den Leasingnehmer noch als Anschaffung durch den Leasinggeber gewertet werden, BFH DB 2017, 281.

20   **b) Andere Forderungen** (zB Ansprüche auf Schadensersatz, Rückgewähr, Dividendenzahlung, Zuschüsse) sind dann zu aktivieren, wenn sie für den Kfm. hinreichend sicher und konkretisiert sind; ob und wann die Forderung rechtlich entsteht, ist nicht ausschlaggebend (vgl. § 268 IV 2; → § 246 Rn. 14–23), BGHZ 137, 380 (Tomberger, → § 246 Rn. 11), str. Bspe: Aktivierung eines streitigen Schadensersatzanspruchs ab Schadensereignis, falls Geschädigter den Anspruch geltend machen will, ADS Rn. 84, aA erst mit rechtskräftigem Obsiegen, BFH BStBl. II 1974, 91; DB 1989, 1949: künftiger Dividendenanspruch, BGHZ 65, 234; 137, 381 (Konzernmutter); BFH BStBl. II 1981, 185; 1989, 717; Ansprüche aus Gewinnbeteiligung an KapitalGes., wenn Gewinnausschüttung beschlossen ist, bei Durchsetzbarkeit durch Konzernmutter schon früher, str., ADS Rn. 82; Forderung aus Rückdeckungsversicherung für Pensionsansprüche, BFH HFR 2006, 1087. Gewinnanspruch des PersonenHdlGfters erst, wenn er darüber individuell verfügen kann, auch vor Entstehen eines Rechtsanspruchs, idR zum Abschlussstichtag, jedoch nicht vor notwendigem GfterBeschluss, IDW-HFA 1/1991 WPg 1991, 334. Provisionen erst dann, wenn nicht mehr stornobehaftet FG Münster BB 2012, 1018.

21   **C. Schwebende Geschäfte:** Das sind solche gegenseitigen Geschäfte, bei denen die Hauptleistung, die Gegenstand des Geschäfts ist, noch nicht bewirkt ist (auch → § 249 Rn. 10), BFH GrS DStR 1997, 1442; BFHE 260, 312 Rn. 22; BeckBilKomm/Schubert § 249 Rn. 53; aA ADS § 249 Rn. 139; vgl. BFH BB 1993, 895, üL: solche, bei denen beide Leistungen noch nicht bewirkt sind (aber Anzahlungen → Rn. 22), vermittelnd IDW RS HFA 4 Tz. 11; kein schwebendes Geschäft ist einseitiges Leistungsversprechen wie zB Mietgarantie, FG Berlin-Brandenburg DStRE 2011, 665. Schwebezustand endet erst mit Erfüllung der Sachleistung, weil Geldleistung nur Vorauszahlung ist. Zulässige Teilleistungen beenden Schwebezustand insoweit. Bei **zeitraumbezogenen Dauerschuldverhältnissen** fehlt Erfüllungszeitpunkt, daher zeitproportionale Gewinnrealisierung, weil die zeitraumbezogene Leistung sich in jedem Augenblick des Vertragszeitraums und unabhängig von gesetzlichen oder vertraglichen Abrechnungszeiträumen für die Gegenleistung realisiert, BFH BStBl. II 1998, 505; FG München EFG 2016, 2038. Daher bleiben Dauerschuldverhältnisse, zB Miete, auch nach

1. Abschnitt. Vorschriften für alle Kaufleute 22, 23 § 252

teilweiser Erfüllung schwebend, aber kontinuierlicher Abbau mit Erbringung der Sachleistung. Erwerb eines Erbbaurechts ist schwebendes Geschäft, BFH BStBl. II 1985, 617. Erwerb des Eintrittsrechts in ein schwebendes Geschäft ist nicht schon deswegen selbst ein schwebendes Geschäft, BFH NJW 1993, 222. Arbeitsverhältnis/Altersteilzeit: Schwebendes Geschäft endet bei Eintritt des Arbeitnehmers in Freistellungsphase, BFH DB 2006, 535. Ansprüche aus schwebenden Geschäften dürfen nicht bilanziert werden, hL, stRspr, BFH BB 1991, 1623; 1993, 895; BFHE 260, 312 Rn. 22; denn vor Bewirkung der Hauptleistung besteht keine hinreichende Sicherheit der Erfüllung (Vorsichtsprinzip, → Rn. 10); ferner ist Kompensation der Rechte und Pflichten aus dem schwebenden Vertrag anzunehmen (Ausgeglichenheitsvermutung), BFH NJW 1993, 222; darüber hinaus besteht widerlegbare Vermutung, dass sich die wechselseitigen Rechte und Pflichten aus dem Vertrag wertmäßig ausgleichen. Bilanzausweis ist beim schwebenden Geschäft nur dann geboten, wenn und soweit das Gleichgewicht solcher Vertragsbeziehungen durch Vorleistungen oder Erfüllungsrückstände eines Vertragspartners „gestört" ist, BFHE 260, 312 Rn. 22, bzw. bei Zeitwertbilanzierung unterliegenden Derivaten bei Kreditinstituten gem. § 340e III. Das Verbot hindert nicht den Ausweis einer Verbindlichkeit, die erst nach Beendigung des Schwebezustands zu erfüllen ist (Verpflichtungsüberhang), BFHE 198, 420 (424), s. auch BFH/NV 2006, 1918. Für Erfüllungsrückstände (Verpflichtungen, die auf korrespondierenden Vorleistungen des Vertragspartners beruhen, BFHE 195, 567 (568 f.)) und drohende Verluste aus schwebenden Geschäften sind dagegen Rückstellungen zu bilden (→ § 249 Rn. 2 ff., 14) s. BFH DB 2006, 535; Angabepflicht im Anhang nach § 285 Nr. 3. Mit Bewirkung der Hauptleistung (→ Rn. 19) endet der Schwebezustand: Der Verkäufer bucht die Ware (zB 4.500 Euro) ab und die Kaufpreisforderung (zB 5.000 Euro) ein (Gewinnrealisierung, → Rn. 19). Financial Futures und Forward Rate Agreements, IDW-BFA 2/1993 WPg 1993, 517. Der Erwerb einer Software stellt ein schwebendes Geschäft dar, wenn sie durch laufende Nutzungsentgelte, sowie gegen Zahlung bestimmter Einmalvergütungen für die Implementierung von Hardware erworben wird (FG München, BB 2021, 1263, 1264). Deshalb können auch Einmalzahlungen für die Implementierung der Software nicht aktiviert werden. Die Implementierung an sich ist kein von dem angeschafften Nutzungsrecht zu unterscheidendes, eigenständiges Wirtschaftsgut (FG München BB 2021, 1263, 1264). **Lit.** Lüdenbach/Hoffmann DStR 2006, 1382 (Nutzungsrechte); Christiansen DStR 2007, 869; Hoffmann StuB 2013, 677 (Ende der Schwebezeit); Brüggemann/Polster DB 2020, 1071, 1080 ff. (Power Purchase Agreements); Wüstemann/Wüstemann/Müller, HdJ, Gewinnrealisierung, Rn. 16 ff.

D. Anzahlungen: Sie sind beim Zahlenden als „geleistete Anzahlungen" zu 22
aktivieren (vgl. § 266 II A I 3) und beim Zahlungsempfänger als „erhaltene Anzahlungen" (auf Bestellungen, vgl. § 266 III C Nr. 3) zu passivieren, also jeweils nur in Höhe des Anzahlungsbetrags. Die Auszahlung wird auf diese Weise erfolgsneutral behandelt. Die Bewirkung der Anzahlung führt also nicht zur Gewinnrealisierung (anders als die der Hauptleistung, zB Kaufsache, → Rn. 14). Das folgt schon daraus, dass hier das Geschäft noch schwebt (→ Rn. 21), nach üL (→ Rn. 21) ist eben beim einseitig erfüllten Geschäft zwischen Vorleistungen des Geldschuldners und des Sach-(Haupt-)schuldners zu unterscheiden; Knobbe-Keuk § 4 VII 3. Die mit den vereinbarten Anzahlungen zusammenhängenden Aufwendungen sind als unfertige Leistung gem. § 266 II B I 2 zu aktivieren FG Münster BB 2012, 1018. Rechnungsabgrenzungsposten s. § 250.

E. Periodenabgrenzung: Aufwendungen und Erträge sind unabhängig vom 23
Zahlungszeitpunkt im Geschäftsjahr ihrer wirtschaftlichen Verursachung zu verrechnen. Dieser Grundsatz der Periodenabgrenzung (Nr. 5) betrifft Ansatz, nicht Bewertung und steht mit den Grundsätzen nach Nr. 4, besonders Imparitäts- und

§ 252 24

Realisationsgrundsatz, in engstem Zusammenhang. **Ausnahmen** sind grds. möglich nach II, bestanden bisher aber schon nach anderen Vorschriften, str., ADS Rn. 102, zB Ansatz- und Bewertungswahlrechte (→ Rn. 28), die aber durch BilMoG überwiegend entfallen sind. Daneben ist II praktisch ohne Bedeutung, Kü/We Rn. 130. **Lit.** Hoffmann StuB 2013, 637.

7) Bewertungsstetigkeit (I Nr. 6)

24 A. Die Jahresabschlüsse verschiedener Geschäftsjahre sollen miteinander **vergleichbar** sein. Das erhöht auch die Aussagekraft der einzelnen Bilanz. Dem dient der Grundsatz der Bilanzidentität (I Nr. 1) und der Bilanzkontinuität. I Nr. 6 schreibt **materielle Bilanzkontinuität** (Bewertungsstetigkeit) vor (bisher str., ob GoB). Die auf den vorhergehenden Jahresabschluss angewandten Bewertungsmethoden, zB Abschreibungen (§§ 253 f.) oder Bewertungsvereinfachungsverfahren (§ 256), sollen beibehalten werden. I Nr. 6 erstreckt sich auch auf im Geschäftsjahr neu hinzugekommene Vermögensgegenstände und Schulden. Zeitmäßige Grenze gibt es nicht. I Nr. 6 erfasst auch die Ausübung von Bewertungswahlrechten, dagegen nicht die Inanspruchnahme steuerrechtlicher Bewertungswahlrechte und Sonderabschreibungen (§ 254 aF), nach aA doch, aber iErg ebenso, da jedes Jahr neue Wahl, ADS Rn. 105, Stetigkeitsgebot erfasst aber planmäßige Sonderabschreibungen für bestimmte Gruppen gleichartiger Vermögensgegenstände, IDW-HFA 3/1997 sub 2 (Standard ersetzt durch RS HFA 38, der das nicht mehr explizit, aber wohl noch implizit (insbes. RS HFA 38 Rn. 4) sagt; auch nicht zusätzliche Abschreibungen nach § 253 IV aF, IDW-HFA 3/1997. Bisher auch die Ausübung von Ansatzwahlrechten, ADS Rn. 110, str., aber Willkürverbot, durch BilMoG nun in § 246 III gesondert geregelt. Vor Geltung des BilMoG war Nr. 6 als Soll-Vorschrift ausgestaltet, von der aber ebenso wie bei Nr. 1–5 in begründeten **Ausnahme**fällen abgewichen werden durfte (II, → Rn. 22), BGHZ 132, 273. Die Neufassung als Ist-Vorschrift erfolgte allein aus redaktionellen Gründen. Die Abweichung ist nicht schon deshalb zulässig, weil sie im Anhang angegeben und begründet wird, vielmehr muss sie sachlich gerechtfertigt sein. IDW RS HFA 38 Rn. 14 (deutlich großzügiger ADS Rn. 113; dagegen GK BilR/Kleindiek Rn. 47). Solche Ausnahmen sind zB Änderung von Gesetz, Satzung, Rechtsprechung oder Steuerpraxis; Ergebnisse einer steuerlichen Betriebsprüfung; Einbeziehung in Konzernverbund; Gfter-Bestandsänderung; andere Unternehmenskonzeption etwa bei Wechsel des Managements; Nutzung ansonsten vom Verfall bedrohter steuerlicher Verlustvorträge, Kü/We Rn. 126, str.; grundlegende andere Einschätzung der Unternehmensentwicklung, ADS Rn. 113; Einleitung von Sanierungsmaßnahmen; Anpassung des Konzernabschlusses (§ 298 I) an konzerneinheitliche Bilanzierungsrichtlinien oder an international anerkannte Grundsätze, IDW RS HFA 38 Rn. 14. Durchbrechung der Stetigkeit löst Angabe- und Begründungspflicht im Anhang nach § 284 II Nr. 2 für jede einzelne Methodenänderung aus. Bei erheblichem Einfluss müssen nicht nur verbale, sondern auch zahlenmäßige Angaben zur besseren Abschätzung der VFE-Lage gemacht werden, Schütte/Götz DStR 2021, 366. **Nicht:** Vermeidung von § 92 I AktG, § 49 III GmbHG. Grund: Warnfunktion, § 284 II Nr. 3 genügt nicht, aA ADS Rn. 115; allgemeine Verfolgung geänderter Substanzerhaltungsziele, IDW RS HFA 38 Rn. 14. Bei Änderungen im Ansatz und in der Bewertung keine Anpassung der Vorjahreszahlen (§ 265 II 1), sondern erforderlichenfalls Angaben nach § 284 II Nr. 3, IDW RS HFA 38 Rn. 21. **Übergangsrecht** in **(1)** EGHGB Art. 24 V 1. **Lit.** Hennrichs, Wahlrechte, 1999, S. 305 ff.; IDW-HFA 3/1997; Küting/Tesche/Tesche StuB 2008, 655; Küting/Tesche DStR 2009, 1491; Scherff/Willeke StuB 2010, 769; zur Stetigkeit bei der Zugangs- und Folgebewertung von Grundstücken Willeke StuB 2015, 104; Pöschke ZGR 2018, 647 (661) (Stetigkeitsgebot und Entscheidungsermessen); Kubik/Münch BB 2019, 1194 (Umwandlung); Schütte/Götz

1. Abschnitt. Vorschriften für alle Kaufleute   25–28   § 252

DStR 2021, 366 (Stetigkeitsgrundsatz in der Corona-Pandemie); Zwirner DStR 2021, 202 (Zum Stetigkeitsgrundsatz in der Steuerbilanz)

B. Nach dem Grundsatz der **formellen Bilanzkontinuität (Ausweiskontinuität)**, der zwar für KapitalGes. in § 265 I näher ausgeformt ist, aber im Kern auch für EinzelKfm und PersonenGes. gilt, darf auch die Darstellungsform, also die einmal gewählte Gliederung der Bilanz und der Gewinn- und Verlustrechnung und die Benennung und Abgrenzung der Bilanzposten, nicht willkürlich geändert werden. 25

8) Weitere Bewertungsgrundsätze

§ 252 ist nicht abschließend. Weitere Bewertungsgrundsätze sind zB Anschaffungswertprinzip (§ 253 I 1), Niederstwertprinzip (§ 253 III 3, IV 1, 2), Planmäßigkeit der Abschreibung (§ 253 III 2), ferner Grundsätze der Methodenbestimmtheit (keine Mischwerte aus verschiedenen Methoden heraus), Grundsatz der Willkürfreiheit, Grundsatz der Wesentlichkeit (materiality, für die Adressaten des Jahresabschlusses Unwesentliches soll wegbleiben können). Reichweite im Einzelnen str., ADS Rn. 123 ff. 26

9) Abweichen nur in begründeten Ausnahmefällen (II)

Die Grundsätze von I gelten nicht starr. Vielmehr darf in begründeten Ausnahmefällen (§ 264 II 1) von ihnen abgewichen werden (II, s. jeweils zu Nr. 1–6, zB pauschale Wertberichtigung → Rn. 9). Die Abweichung nach II muss den GoB entsprechen. Bei der KapitalGes. (→ § 264 Rn. 1) muss uU sogar abgewichen werden (true and fair view, § 264 II), s. zu zulässiger Bewertungseinheit bei Mobilfunkverträgen Pottgießer/Velte StuB 2006, 131, aber idR genügt Angabe im Anhang (→ § 264 Rn. 9, 14). Abweichungen von Bilanzierungs- und Bewertungsmethoden sind von der KapitalGes. im Anhang zu erläutern (§ 284 II Nr. 3). Zur steuerbilanziellen (verlustverursachenden) Teilwertabschreibung auf Beteiligung an BgA nach HGB gem. II 2 Hs. 2 BFH BStBl. II 2015, 161. **Lit.** Wengerofsky DB 2015, 873 (Abweichungen v. Bilanz-RL 2013). Auswirkungen der Corona-Pandemie können Ausnahmen iSd Norm begründen, IDW Fachlicher Hinweis v. 25.3.2020. 27

10) Bewertungswahlrechte

Hier ergeben sich mit Geltung des BilMoG erhebliche Änderungen im Interesse besserer Vergleichbarkeit: Auch wenn §§ 252–256 aF und noch erheblich weiter gehend §§ 279–283 aF für KapitalGes. die freie Bewertung erheblich einschränkten, blieb Raum für Bilanzpolitik (→ § 264 Rn. 26, dort auch Bilanzierungswahlrechte) durch Ausübung der Bewertungswahlrechte. Folgende Bewertungswahlrechte entfallen nun: Abschreibungen auf Grund Steuerrechts (§ 254 aF), nach vernünftiger kfm. Beurteilung (§ 253 IV aF), solche auf den nahen Zukunftswert (§ 253 III 3 aF), Verkürzung des Abschreibungszeitraums bei Aktivierung eines derivativen Geschäfts- oder Firmenwerts (§ 255 IV 2 aF) und von Aufwendungen für Ingangsetzung und Erweiterung des Geschäftsbetriebs (§§ 269 aF, 282 aF), Verteilung der Abschreibung des Geschäfts- und Firmenwerts auf die Geschäftsjahre der voraussichtlichen Nutzung (§ 255 IV 3 aF). Das Wahlrecht für bestimmte außerplanmäßige Abschreibungen (§§ 253 II 3 aF, 279 I 2 aF) wird für alle Bilanzierenden auf Finanzanlagen beschränkt, § 253 III 4. **Wahlrecht** besteht künftig für pauschale Abzinsung von Pensionsverpflichtungen (§ 253 II 2), Einbeziehung von angemessenen Kosten der allgemeinen Verwaltung und sozialen Einrichtungen des Betriebs in die Herstellungskosten (§ 255 II 3) und unverändert Ansatz von Zinsen für Fremdkapital (§ 255 III 2). Anwendung von Bewertungsvereinfachungsverfahren (§ 256). **Lit.** Hennrichs, Wahlrechte, 1999; Göllert DB 2008, 1165; Hüttche StuB 2009, 409; 28

Merkt 1217

§ 253 3. Buch. Handelsbücher

Rogler KoR 2010, 163; 2010, 225; Philipps StuB 2011, 203; Eierle/Ther/ Klamer DB 2019, 677 (bilanzpolitische Motive KMU).

11) Rechtsfolgen des Verstoßes gegen Bewertungsgrundsätze

29 Die in § 252 enthaltenen Grundsätze sind als solche weder straf- noch ordnungswidrigkeitenrechtlich sanktionsbewehrt. Ein Verstoß gegen die gesetzlichen Bewertungsgrundsätze kann bei KapitalGes. (AG, KGaA, GmbH) ggf. zur **Nichtigkeit** des Jahresabschlusses führen, § 256 V Nr. 1, 2 AktG (analog für GmbH). Zwar setzt § 256 V AktG Verletzung der §§ 253–256 iVm §§ 279–283 voraus. Doch wird isolierte Verletzung von § 252 ohne gleichzeitige Verletzung zumindest einer dieser Vorschriften praktisch kaum vorkommen (ggf. Nichtigkeit analog § 256 V AktG, s. ADS Vor §§ 252–256 Rn. 31). § 256 V AktG setzt ferner vorsätzliche unrichtige Wiedergabe oder Verschleierung voraus. Bei bloßer Fahrlässigkeit (fristgebundene) Anfechtbarkeit des Feststellungsbeschlusses. Keine Anwendung des § 256 V AktG auf typische PersonenGes. Bei prüfungspflichtigen Ges. ist Versagung oder Einschränkung des Bestätigungsvermerks (§ 322) möglich. **Straf-** und **ordnungswidrigkeitenrechtliche Konsequenzen:** §§ 331, 334, 335b, § 20 PublG u. § 283 StGB.

Zugangs- und Folgebewertung

253 (1) ¹ Vermögensgegenstände sind höchstens mit den Anschaffungs- oder Herstellungskosten, vermindert um die Abschreibungen nach den Absätzen 3 bis 5, anzusetzen. ² Verbindlichkeiten sind zu ihrem Erfüllungsbetrag und Rückstellungen in Höhe des nach vernünftiger kaufmännischer Beurteilung notwendigen Erfüllungsbetrages anzusetzen. ³ Soweit sich die Höhe von Altersversorgungsverpflichtungen ausschließlich nach dem beizulegenden Zeitwert von Wertpapieren im Sinn des § 266 Abs. 2 A. III. 5 bestimmt, sind Rückstellungen hierfür zum beizulegenden Zeitwert dieser Wertpapiere anzusetzen, soweit er einen garantierten Mindestbetrag übersteigt. ⁴ Nach § 246 Abs. 2 Satz 2 zu verrechnende Vermögensgegenstände sind mit ihrem beizulegenden Zeitwert zu bewerten. ⁵ Kleinstkapitalgesellschaften (§ 267a) dürfen eine Bewertung zum beizulegenden Zeitwert nur vornehmen, wenn sie von einer der in § 264 Absatz 1 Satz 5, § 266 Absatz 1 Satz 4, § 275 Absatz 5 und § 326 Absatz 2 vorgesehenen Erleichterungen Gebrauch machen. ⁶ Macht eine Kleinstkapitalgesellschaft von mindestens einer der in Satz 5 genannten Erleichterungen Gebrauch, erfolgt die Bewertung der Vermögensgegenstände nach Satz 1, auch soweit eine Verrechnung nach § 246 Absatz 2 Satz 2 vorgesehen ist.

(2) ¹ Rückstellungen mit einer Restlaufzeit von mehr als einem Jahr sind abzuzinsen mit dem ihrer Restlaufzeit entsprechenden durchschnittlichen Marktzinssatz, der sich im Falle von Rückstellungen für Altersversorgungsverpflichtungen aus den vergangenen zehn Geschäftsjahren und im Falle sonstiger Rückstellungen aus den vergangenen sieben Geschäftsjahren ergibt. ² Abweichend von Satz 1 dürfen Rückstellungen für Altersversorgungsverpflichtungen oder vergleichbare langfristig fällige Verpflichtungen pauschal mit dem durchschnittlichen Marktzinssatz abgezinst werden, der sich bei einer angenommenen Restlaufzeit von 15 Jahren ergibt. ³ Die Sätze 1 und 2 gelten entsprechend für auf Rentenverpflichtungen beruhende Verbindlichkeiten, für die eine Gegenleistung nicht mehr zu erwarten ist. ⁴ Der nach den Sätzen 1 und 2 anzuwendende Abzinsungszinssatz wird von der Deutschen Bundesbank nach Maßgabe einer Rechtsverordnung ermittelt und monatlich bekannt gegeben. ⁵ In der Rechtsverordnung nach Satz 4, die nicht der Zustimmung des Bundesrates bedarf, bestimmt das Bundesministerium der Justiz und für

1. Abschnitt. Vorschriften für alle Kaufleute § 253

Verbraucherschutz im Benehmen mit der Deutschen Bundesbank das Nähere zur Ermittlung der Abzinsungszinssätze, insbesondere die Ermittlungsmethodik und deren Grundlagen, sowie die Form der Bekanntgabe.

(3) [1] Bei Vermögensgegenständen des Anlagevermögens, deren Nutzung zeitlich begrenzt ist, sind die Anschaffungs- oder die Herstellungskosten um planmäßige Abschreibungen zu vermindern. [2] Der Plan muss die Anschaffungs- oder Herstellungskosten auf die Geschäftsjahre verteilen, in denen der Vermögensgegenstand voraussichtlich genutzt werden kann. [3] Kann in Ausnahmefällen die voraussichtliche Nutzungsdauer eines selbst geschaffenen immateriellen Vermögensgegenstands des Anlagevermögens nicht verlässlich geschätzt werden, sind planmäßige Abschreibungen auf die Herstellungskosten über einen Zeitraum von zehn Jahren vorzunehmen. [4] Satz 3 findet auf einen entgeltlich erworbenen Geschäfts- oder Firmenwert entsprechende Anwendung. [5] Ohne Rücksicht darauf, ob ihre Nutzung zeitlich begrenzt ist, sind bei Vermögensgegenständen des Anlagevermögens bei voraussichtlich dauernder Wertminderung außerplanmäßige Abschreibungen vorzunehmen, um diese mit dem niedrigeren Wert anzusetzen, der ihnen am Abschlussstichtag beizulegen ist. [6] Bei Finanzanlagen können außerplanmäßige Abschreibungen auch bei voraussichtlich nicht dauernder Wertminderung vorgenommen werden.

(4) [1] Bei Vermögensgegenständen des Umlaufvermögens sind Abschreibungen vorzunehmen, um diese mit einem niedrigeren Wert anzusetzen, der sich aus einem Börsen- oder Marktpreis am Abschlussstichtag ergibt. [2] Ist ein Börsen- oder Marktpreis nicht festzustellen und übersteigen die Anschaffungs- oder Herstellungskosten den Wert, der den Vermögensgegenständen am Abschlussstichtag beizulegen ist, so ist auf diesen Wert abzuschreiben.

(5) [1] Ein niedrigerer Wertansatz nach Absatz 3 Satz 5 oder 6 und Absatz 4 darf nicht beibehalten werden, wenn die Gründe dafür nicht mehr bestehen. [2] Ein niedrigerer Wertansatz eines entgeltlich erworbenen Geschäfts- oder Firmenwertes ist beizubehalten.

(6) [1] Im Falle von Rückstellungen für Altersversorgungsverpflichtungen ist der Unterschiedsbetrag zwischen dem Ansatz der Rückstellungen nach Maßgabe des entsprechenden durchschnittlichen Marktzinssatzes aus den vergangenen zehn Geschäftsjahren und dem Ansatz der Rückstellungen nach Maßgabe des entsprechenden durchschnittlichen Marktzinssatzes aus den vergangenen sieben Geschäftsjahren in jedem Geschäftsjahr zu ermitteln. [2] Gewinne dürfen nur ausgeschüttet werden, wenn die nach der Ausschüttung verbleibenden frei verfügbaren Rücklagen zuzüglich eines Gewinnvortrags und abzüglich eines Verlustvortrags mindestens dem Unterschiedsbetrag nach Satz 1 entsprechen. [3] Der Unterschiedsbetrag nach Satz 1 ist in jedem Geschäftsjahr im Anhang oder unter der Bilanz darzustellen.

Übersicht

	Rn
1) Wertansatz der Vermögensgegenstände (I 1)	1
2) Wertansatz der Verbindlichkeiten (I 2)	2–6
A. Verbindlichkeiten:	2
B. Rückstellungen (I 2, I 3):	3–5
C. Haftungsverhältnisse:	6
3) Abzinsung von Rückstellungen und Rentenverpflichtungen (II)	7–9
A. Abzinsungsgebot:	7
B. Pensionsrückstellungen:	8
C. Pensionsverpflichtungen ohne Gegenleistung:	9

§ 253 1   3. Buch. Handelsbücher

                                                                Rn
4) Abschreibungen beim Anlagevermögen (III) 10–17
   A. Zweck und Arten der Abschreibung: 10
   B. Planmäßige Abschreibungen (III 1, 2): 11–14
   C. Außerplanmäßige Abschreibungen (III 3): 15
   D. Sofortige Abschreibungen: 16
   E. Selbstgeschaffene immaterielle Vermögensgegenstände;
      entgeltlich erworbener Geschäfts- oder Firmenwert: 17
5) Abschreibungen beim Umlaufvermögen (IV) 18–29
   A. Strenges Niederstwertprinzip: 18
   B. Börsen- oder Marktpreis: 19
   C. Am Abschlussstichtag beizulegender Wert: 20
   D. Wertschwankungen: 21
   E. Beispiele: 22–29
6) Abschreibungen nach vernünftiger kaufmännischer Beurteilung (IV), stille Reserven 30
7) Wertaufholungsgebot (V) 31, 32
8) Ausschüttungssperre (VI) 33

1) Wertansatz der Vermögensgegenstände (I 1)

1 Vermögensgegenstände sind nach I 1 höchstens mit den Anschaffungs- oder Herstellungskosten (§ 255), vermindert um Abschreibungen nach III und IV und uU erhöht um Zuschreibungen anzusetzen. I 1 geht also von dem **Anschaffungs-** oder **Kostenwertprinzip** aus und **korrigiert** dieses **durch** das **Niederstwertprinzip.** I 1 setzt damit (**"höchstens"**) nur eine **Wertobergrenze** (keine Überbewertung entspr. dem Vorsichtsprinzip, zB bei bestrittener Forderung, → § 252 Rn. 10), und zwar einheitlich für EinzelKfte und PersonenGes. wie für KapitalGes. I 1 ist allerdings nicht als Wahlrecht zugunsten eines beliebigen Wertes unterhalb der Höchstgrenze zu verstehen, allgA. Weder ein höherer Wiederbeschaffungspreis noch ein höherer möglicher Verkaufserlös rechtfertigen höhere Bewertung. Für die zur Veräußerung bestimmten Umlaufgüter bedeutet das, dass nur bereits realisierte (nicht bloß erwartete) Gewinne gebucht werden dürfen (→ § 252 Rn. 18). Forderungen aus Lieferung und Leistung gehören zum Umlaufvermögen und sind daher gem. I 1 grds. mit ihren Anschaffungs- oder Herstellungskosten anzusetzen. Diese beiden Begriffe passen allerdings für Forderungen nicht, weshalb diese im Ausgangspunkt mit dem Nennwert anzusetzen sind, BGH DB 2022, 519 f. Beim kostenlosen oder verbilligten Erwerb eines Vermögensgegenstands von ihrem Gesellschafter hat die Ges. die Anschaffungskosten und nicht den Zeitwert anzusetzen, um einen nicht realisierten Ertragsausweis zu vermeiden, EuGH NZG 2014, 36 – GIMLE S. A. mit krit. Anm. Schulze-Osterloh NZG 2014, 1; sa Bravidor/Mehnert StuB 2014, 596; Dziadkowski IStR 2014, 461; Henrichs WPg 2015, 315 (zu EuGH NZG 2014, 36 – GIMLE S. A.). Auch überhöhte, aber tatsächlich angefallene Anschaffungs- und Anschaffungsnebenkosten sind grundsätzlich zu aktivieren. Nach dem Prinzip der Erfolgsneutralität sollen Anschaffungsvorgänge in der Zugangsbewertung als bloße Vermögensumschichtungen abgebildet werden, da jede Auf- oder Abwertung Gewinnkonsequenzen hat. Die Aktivierbarkeit der Anschaffungs- und Anschaffungsnebenkosten im Rahmen der Zugangsbewertung schließt aber eine Wertberichtigung noch in der laufenden Abrechnungsperiode im Rahmen des folgenden Jahresabschlusses nicht aus. Liegen die Anschaffungskosten über dem Zeitwert des Vermögensgegenstandes und kommt es dadurch zu Überwertungen bei der Zugangsbewertung, ist im Rahmen des folgenden Jahresabschlusses zu prüfen, ob eine Abwertung nach § 253 III- V HGB zu erfolgen hat (BGH DStR 2021, 2919, 2921). Gesetzliche **Wertuntergrenzen** (Unterbewertung → § 252 Rn. 12) gelten für alle Bilanzierenden, V normiert rechtsformunabhängiges Wertaufholungsgebot. Niedrigere Wertansätze im Rahmen ver-

1. Abschnitt. Vorschriften für alle Kaufleute 2 § 253

nünftiger kfm. Beurteilung für EinzelKflte und PersonenGes. nach IV aF sind jetzt unzulässig, OLG Dresden ZIP 2017, 2003 = BeckRS 2017, 102414. I 1 gilt für alle Vermögensgegenstände. **Ausnahmen:** Vermögensgegenstände die gem. § 246 II 2 mit langfristigen (Altersversorgungs-)Verpflichtungen zu verrechnen sind, I 4; sie sind mit dem beizulegenden **Zeitwert** (§ 255 IV) anzusetzen, aber begrenzt durch den Erfüllungsbetrag (→ Rn. 2) der mit ihnen verrechneten Schulden, bei **KleinstKapitalGes.** (§ 267a) jedoch nur, wenn diese keinen Gebrauch von der Möglichkeit gemacht haben, ihren Jahresabschluss nicht um einen Anhang zu erweitern, die Bilanz und GuV vereinfacht darzustellen und den Jahresabschluss lediglich beim Betreiber des elektronischen BAnz. (bzw. nach DiRUG im Unternehmensregister) zu hinterlegen (I 5). Ferner bei Bildung von Bewertungseinheiten, § 254 III, IV trennen zwischen Anlage- und Umlaufvermögen wegen der ganz unterschiedlichen Liquidität dieser Vermögenswerte. Zu Pensionsrückstellungen **IDW RS HFA 30** dazu Zwirner/Lindmayr DB 2017, 743. **Übergangsrecht zu § 253** in (1) EGHGB Art. 24 (→ Einl. vor § 238 Rn. 61), 66 III, 67 IV. **Lit.** MBF Kap. 6 Tz. 73 ff.; Deubert/Meyer/Müller Konzern 2018, 96 (DRS 25 Währungsumrechnung im Konzernabschluss); Lorson/Haustein/Beske/Schult KoR 2019, 32 (Vergleich Bilanzierung immaterieller Vermögensgegenstände und insbes. Software im privaten und im öffentl. Sektor); Penatzer DB 2018, 777 (Bilanzierung Steuerrisiken Vergleich HGB-IFRIC-US-GAAP); Merkt Konzern 2017, 353 (Ermessensentscheidung); Roß DB 2019, 197 (Pensionsrückstellungsbewertung bei grenzüberschreitenden Formwechsel); Gerlach/Oser DB 2018, 1541 (Folgebewertung von Bitcoin-Guthaben); Blecher/Horx WPg 2020, 267 (Kryptowährung); Sixt DStR 2019, 1766 (Bilanzierung von Investment-Token); Blecher/Hummel, WpG 2022 339 (Klassifizierung von fünf verschiedenen Arten von Utility-Token und deren Bilanzierung im deutschen Handelsrecht). Kucher WPg 2019, 919 (Währungsumrechnung bei langfristigem Euro-Darlehen).

2) Wertansatz der Verbindlichkeiten (I 2)

A. **Verbindlichkeiten:** Verbindlichkeiten sind zu ihrem Erfüllungsbetrag anzusetzen. Dadurch wird klargestellt, dass erstens nicht ausschließlich durch Geldfluss entstandene Verbindlichkeiten erfasst sind (Alt. 1) und zweitens künftige Preis- und Kostensteigerungen bei der Rückstellungsbewertung zu berücksichtigen sind (Alt. 2, → Rn. 3). Ansatz zum Erfüllungsbetrag gilt auch für unverzinsliche Schulden (keine Abzinsung, Realisationsprinzip; aber § 250 III; steuerrechtlich sind unverzinsliche Verbindlichkeiten gem. § 6 I Nr. 3 EStG mit einem Satz von 5,5 % abzuzinsen) und für nicht marktüblich hoch verzinsliche Schulden (kein höherer Rückzahlungsbetrag, aber Rückstellung gem. § 249 I 1 Alt. 2: Barwert der Zinsdifferenz); für Wechselverbindlichkeiten, obwohl die Wechselsumme auch die Schuldzinsen enthalten kann; grundsätzlich auch für bestrittene Verbindlichkeiten, BGH BB 1958, 95, aber Grenze durch Verlustantizipation (→ § 252 Rn. 11), ggf. nur Rückstellung (→ Rn. 3). Anschaffungskosten schließen die durch den Erwerb veranlassten ANK und die nachträglichen Anschaffungskosten ein, die jeweils buchwerhöhend zu berücksichtigen sind, Bünning/Lorberg BB 2017, 2859. **Disagio** oder Damnum s. § 250 III (Aktivierungswahlrecht). Verbindlichkeiten iSv I 2 sind idR Geldschulden; **Sachschulden** sind häufig nicht zu passivieren (schwebendes Geschäft, → § 252 Rn. 21), sonst ist ein Erfüllungsbetrag wertend festzusetzen. Ungewisse oder **Eventualverbindlichkeiten** s. Rückstellungen (→ Rn. 3); **Haftungsverhältnisse** (§ 251) → Rn. 6. **Optionen** s. Bilanzierung von Optionsgeschäften IDW-BFA 2/1995; für die Verpflichtung des Stillhalters, den Gegenstand zu kaufen oder zu verkaufen, ist eine Verbindlichkeit in Höhe der Prämie auszuweisen, BFHE 201, 234 (236). Unterverzinsliche Optionsanleihe: Schuldverschreibung ist zum Rückzahlungsbetrag (zum Nominalbetrag) zu passivieren, BFH/NV 2006, 616.

2

Merkt 1221

§ 253 3

Fremdwährungsverbindlichkeiten sind im Zugangszeitpunkt mit dem Devisenkassamittelkurs anzusetzen und zum Bilanzstichtag zum dann jeweils geltenden Divisenkassamittelkurs umzurechnen, § 256a (Fremdwährungsforderungen → Rn. 27; Anschaffungskosten → § 255 Rn. 1f.). Keine Unterscheidung mehr in Brief- und Geldkurs. Zulässig ist unverändert die Kompensation von Devisenkursänderungen bei Deckungsgeschäften; auch sonst zwischen Verbindlichkeiten und Forderungen in derselben Währung, aber nur bei Betragsidentität und Fristenkongruenz (geschlossene Positionen), ADS Rn. 107, str. Seit BilMoG kein Beibehaltungswahlrecht, sondern zwingend Zuschreibungsgebot, V. Angabe im Anhang § 284 II Nr. 2. Sonderrecht für Kreditinstitute § 340h. Währungsumrechnung im Jahresabschluss s. IDW-HFA WPg 1986, 664; OECD, Foreign Currency Translation, 1986; GEFIU DB 1993, 745; Schlick DStR 1993, 254; DRS 25 Währungsumrechnung im Konzernabschluss Deubert/Meyer/Müller Konzern 2018, 96; Kucher WPg 2019, 919. Bei **Zerobonds** ist beim Emittenten der Ausgabebetrag zuzüglich der bis zum jeweiligen Bilanzstichtag aufgelaufenen Zinsen anzusetzen (Nettomethode), die Aktivierung eines Disagios nach § 253 III 1 scheidet aus, IDW-HFA 1/1986 WPg 1986, 248; ADS Rn. 86; BeckBilKomm/Schubert/Andrejewski Rn. 90, Forderung daraus → Rn. 25. Bilanzielle Behandlung des **Bondstripping** IDW RH BFA 1001. **Lit.** Hoffjan/Hövelborn BB 2017, 1323 (preisrechtlicher Ansatz von Pensionsrückstellungen); Tranacher DStR 2018, 2491 (Bilanzierung von Umtauschanleihen bei Emittentin); Klein DB 2017, 1789 (krit. zu IDW RS HFA 30 nF Bruttobilanzierung bei reiner Erfüllungsübernahme).

3 B. **Rückstellungen (I 2, I 3): a)** Sie sind nach § 249 vorgeschrieben oder zulässig. Nach I 2 sind sie nur in der Höhe des Betrags anzusetzen, der nach vernünftiger kfm. Beurteilung notwendig ist, also nicht einfach mit dem vollen Betrag der Eventualverbindlichkeit, sondern womit am ehesten zu rechnen ist (vernünftiges kfm. Ermessen). Auszugehen ist aber vom abgezinsten **Erfüllungsbetrag** (→ Rn. 2), dh es sind bei der Rückstellungsbewertung unter Einschränkung des Stichtagsprinzips (§ 253 I Nr. 3) künftige Preis- u. Kostenänderungen zu berücksichtigen. Bei gewissen Verbindlichkeiten gilt Anschaffungswert als Mindestwert (§ 252 I Nr. 4, II). Bei Ungewissheit des Grundes (Existenz), aber Gewissheit der Höhe (→ § 249 Rn. 2), ist idR voller Betrag anzusetzen, BGHZ 149, 276 (280); BeckBilKomm/Schubert/Andrejewski Rn. 155; aA KK/Ekkenga Rn. 47. Ansatz zum Erfüllungsbetrag verlangt aber zudem Berücksichtigung künftiger Kostensteigerungen. Dies war bisher umstr: dagegen (strenges Stichtagsprinzip) der BFH, etwa BB 1993, 900; richtigerweise wurde danach differenziert, ob sich Kostensteigerung beim Abschlussstichtag bereits objektivierbar abzeichnet, so GK BilR/Kleindiek Rn. 25 und wohl auch Schulze-Osterloh BB 2003, 351 (352). Die Neufassung der im internationalen Umfeld als Schwachpunkt deutscher Rechnungslegung gesehenen Norm beseitigt diese Unsicherheit im Interesse besserer Information der Abschlussadressaten über die tatsächlichen wirtschaftlichen Verhältnisse des Unt. (RegE BilMoG 52). Die Berücksichtigung der Kostenverhältnisse im Zeitpunkt des tatsächlichen Anfalls der Verbindlichkeiten nach vernünftiger kfm. Ermessen erfordert Dokumentation und gleichzeitig regelmäßige Anpassung der biometrischen Daten. Erfahrungswerte, Schätzwerte und Eintrittswahrscheinlichkeit sind zu berücksichtigen, müssen aber objektiv nachvollziehbar sein (zB durch mathematisch-statistische Auswertungen), KK/Ekkenga Rn. 46. Abzinsung und Rentenverpflichtungen s. II. Zur Pensionsrückstellungsbildung im Lichte der Rspr. des BAG zur dynamischen Verweisung auf die Regelaltersgrenze in der gesetzlichen Rentenversicherung Mayer/Dietrich DStR 2015, 136; zur Maßgeblichkeit der handelsbilanziellen Bewertung von Rückstellungen für die Steuerbilanz, BFHE 266, 241 und → § 252 Rn. 2. **Übergangsrecht** in **(1)** EGHGB Art. 66. **Lit.** Hoffjan/Hövelborn BB 2017, 1323

1. Abschnitt. Vorschriften für alle Kaufleute   4–7   § 253

(preisrechtlicher Ansatz bei Pensionsrückstellungen); Blecher/Fink WPg 2017, 1122 (partiarisches Nachrangdarlehen).

b) Für Rückstellungen aufgrund **Altersversorgungsverpflichtungen** oder 4 vergleichbarer langfristig fälliger Verpflichtungen gilt nicht Ansatz nach I 2, sondern **I 3**, wenn sich die Höhe dieser Rückstellungen ausschließlich nach Wertpapieren iSd § 266 II A III 5 richtet, die zum beizulegenden Zeitwert zu bewerten sind (sog. wertpapiergebundene Pensionszusagen). Die Rückstellungen sind dann ebenfalls zum beizulegenden Zeitwert dieser Wertpapiere zu bewerten, wenn der Zeitwert den garantieren Mindestbetrag der Verpflichtung übersteigt, I 3. Das erspart insoweit Kosten für Rückstellungsgutachten und trägt damit dem Reformziel des BilMoG Rechnung, kostengünstige Alternative zu IFRS zu sein. Rentenverpflichtungen mit noch laufender Gegenleistung (schwebendes Geschäft), zB Pensionsverpflichtungen bei aktivem Arbeitsverhältnis, sind nicht zum Barwert, sondern idR mit dem Teilwert (§ 6a III EStG, AmtlBegr) anzusetzen, ebenso BeckBilKomm/Schubert § 249 Rn. 198: Wahlrecht bzgl. Bewertungsmethode (Steuerrechtliche Bewertung BeckBilKomm/Schubert § 249 Rn. 211), aA BFH BB 2003, 467: idR Barwert, Ausnahme nur, wenn handelsrechtlicher Teilwert niedriger (Beweislast trägt Unt.). Rspr.-Übersicht: Veit BB 2010, 751; Veit BB 2011, 811; Veit BB 2012, 691, 2022, 559. **Lit.** IDW RS HFA 30 Rn. 71; Thaut DB 2011, 1645; Thurnes/Vavra/Geilenkothen DB 2011, 2785; Thurnes/Vavra/Geilenkothen DB 2012, 2883; Geilenkothen/Krönung/Lucius BB 2012, 2103; Zwirner/Lindmayr DB 2017, 743.

I 5, eingefügt duch MicroBilG 2012 (**Übergangsrecht (1)** EGHGB Art. 73 I 5 1), untersagt KleinstkapitalGes. bei Inanspruchnahme von mindestens einer (Wortlaut unklar, Kütig/Eichenlaub DStR 2012, 2619) der für sie vorgesehenen Erleichterungen gem. §§ 264 I 5, 266 I 4, 275 V, 326 II eine Bewertung zum beizulegenden Zeitwert (Grund: Gläubigerschutz). Sie müssen vielmehr nach I 1 Anschaffungs- oder Herstellungskosten ansetzen, **I 6. Lit.** Kußmaul/Huwer/Palm StuB 2013, 479.

C. **Haftungsverhältnisse:** Haftungsverhältnisse (s. § 251) sind in voller Höhe 6 anzugeben, auch bei Gesamtschuld, auch wenn Inanspruchnahme nicht droht. Droht diese, dann je nachdem Passivierung einer Verbindlichkeit oder Rückstellung, insoweit dann keine Angabe unter Haftungsverhältnis.

3) Abzinsung von Rückstellungen und Rentenverpflichtungen (II)

A. **Abzinsungsgebot: II** (II 1 idF WohnimmobilienkreditRLUmsetzG) regelt 7 die verpflichtende Abzinsung (Abzinsungsgebot) von Rückstellungen aller Art (Ausnahme: § 341e I 3), kritisch Zwirner StuB 2016, 207. Grund: Für Anhebung des Informationsniveaus muss berücksichtigt werden, dass in Rückstellungen gebundene Finanzmittel investiert und gewonnene Erträge realisiert werden können (RegE BilMoG 54). Die Pflicht zur Abzinsung betrifft nach **II 1** Rückstellungen mit Restlaufzeit von mehr als einem Jahr; bei kürzerer Restlaufzeit keine verpflichtende Abzinsung. Ergänzung von II 1 durch WohnimmobilienkreditRi-UmsetzG (**Übergangsrecht** in (1) EGHGB Art. 76 VI u. VII) verlangt, dass künftig bei Rückstellungen für Altersversorgungsverpflichtungen ein längerer Betrachtungszeitraum der letzten zehn Geschäftsjahre für die Ermittlung des durchschnittlichen Marktzinssatzes angewendet wird, es im Übrigen aber bei der Betrachtung über sieben Geschäftsjahre bleibt. Ziel ist, die negativen Auswirkungen der Niedrigzinsphase auf die Attraktivität der Direktzusagen von Betriebsrenten spürbar zu vermindern, BFHE 260, 431 Rn. 39. Zugleich wird sichergestellt, dass Ausdehnung des Betrachtungszeitraums bei Rückstellungen für Altersversorgungsverpflichtungen auch dann gilt, wenn Unt. vom Wahlrecht in § 253 II 2 Gebrauch macht (BT-Drs. 18/7584, 149). Abzinsung erfolgt über einen Zeitraum bis zur Erfüllung, FG Rheinland-Pfalz DStRE 2018, 577 = juris

§ 253 8

Rn. 16. Zugrunde zu legen ist durchschnittlicher **Marktzins;** damit keine Berücksichtigung des finanziellen Bonitätsrisikos des Unt., da dessen sinkende Bonität zu höheren Abzinsungssätzen und folglich zu erfolgswirksam zu berücksichtigenden Verminderungen des zurückgestellten Betrages führen würde. Der Zinssatz wird von der Deutschen **Bundesbank** ermittelt (II 4) und am Ende jeden Monats auf ihren Internetseiten bekanntgegeben. Der Zinskurve lässt sich der durchschnittliche Marktzins für Restlaufzeiten zwischen einem und 50 Jahren entnehmen; für Restlaufzeiten der Pensionsverpflichtungen ist er zu interpolieren. Sie berücksichtigt die Zinsentwicklung der vergangenen sieben Jahre und ist eine Null-Koupon-Zinskurve, berechnet aus auf Euro lautenden Festzinsswaps. Aus Vereinfachungsgründen gilt dieser Zinssatz auch für Rückstellungen für in fremder Währung zu erfüllende Verbindlichkeiten, sofern dies nicht zu einer Darstellung führt, die nicht der den tatsächlichen Verhältnissen entsprechenden Vermögens- und Ertragslage entspricht; dann ist der Abzinsungssatz selbst zu ermitteln oder zu beschaffen (RegE BilMoG 54). Aus Ab- oder Aufzinsung resultierende Erträge oder Aufwendungen sind in der GuV auszuweisen, § 277 V. Betrieblicher Versorgungsträger darf für Ermittlung des Barwerts künftiger Leistungen aus einer Direktzusage als Diskontierungszinssatz den Abzinsungsfaktor gem. II heranziehen, BGH NJW-RR 2016, 964; zur Bestimmung des maßgeblichen Rechnungszinses bei Bewertung von Pensionsrückstellungen OLG Frankfurt a. M. BeckRS 2017, 116037. Ansprüche aus der Rückdeckung von Pensionsverpflichtungen sind in der Bilanz als Forderung anzusetzen und mit Anschaffungskosten zu bewerten, FG München BeckRS 2017, 94736. **Übergangsrecht** s. (1) EGHGB Art. 66 III, V. **Lit.** Stefan Müller/Dilßer BB 2016, 2539 (Schätzungen stiller Reserven in Pensionsrückstellungen); Fuhrmann StuB 2016, 1568; Bolik/Selig-Kraft SteuK 2016, 245; Pradl GmbHR-Stpr 2016, 97; Pradl GStB 2015, 450; Pradl GStB 2016, 152; Kraft/Hohage DB 2016, 247 (RegE); Hommel/Rammert/Kiy DB 2016, 1585; Thurnes/Rasch/Geilenkothen DB 2016, 2913; Knobloch/Osinski BFuP 2016, 516 (Erwerb unbedingter Termingeschäfte); Fodor/Borst BB 2016, 2990; Thaut DB 2016, 2185; Oser/Wirtz DB 2017, 261; Freiberg/Amshoff WPg 2017, 1334 (Bilanzierung von Ansprüchen und Verpflichtungen aus Regulierungskonten); Merkt Konzern 2017, 353 (Ermessensentscheidung); Höfer/Hagemann/Neumeier DB 2017, 2685; 2018, 2709; 2020, 2417 (HGB-Rechnungszins); Thurnes/Rasch DB 2017, 2945 (HGB-Rechnungszins); Schulenburg/Hillebrandt DB 2019, 617 (Sterbetafeln); Geilenkothen/Rasch/Ricken DB 2019, 2809, DB 2020, 2701, DB 2021, 2983 (Zinssätze); Kiesewetter/Schätzlein Schmalenbach ZfbF 2019, 313 (Rechnungszins); Roß/Meyer/Hundgeburth WPg 2019, 1041 (Ewigkeitslasten); Fodor/Frölje BB 2019, 2923; Fodor/Puschinski BB 2020, 2795 (Rechnungszins).

8   B. **Pensionsrückstellungen: II 2** erlaubt (Wahlrecht) abweichend von II 1 und unter Einschränkung des Einzelbewertungsgrundsatzes pauschalierte Abzinsung bei der Bewertung von Rückstellungen für Altersversorgungsverpflichtungen und vergleichbare langfristig fällige Leistungen, und zwar mit dem durchschnittlichen Marktzinssatz, der sich bei einer angenommenen Laufzeit von 15 Jahren ergibt. Diese (für Pensionsrückstellungen geringe) Laufzeit will die demographische Entwicklung (Überzahl älterer Arbeitnehmer) berücksichtigen. Erforderlich für die Ausübung des Wahlrechts ist im Interesse einer den tatsächlichen Verhältnissen entsprechenden Darstellung daher, dass die unternehmensspezifische Altersstruktur der Arbeitnehmer diesem angenommenen Durchschnitt entspricht. Der damit verbundene erhebliche Beurteilungsspielraum wird durch das Stetigkeitsgebot (§ 252 Nr. 6) begrenzt. Das Inventurvereinfachungsverfahren nach § 241 III und R 6a XVIII EStR ermöglicht es Unternehmen, die zur Bewertung der Pensionsverpflichtung notwendigen Daten auch in einem Zeitraum von bis zu drei Monaten vor bzw. von zwei Monaten nach dem Bilanz-

1. Abschnitt. Vorschriften für alle Kaufleute 9, 10 § 253

stichtag zu erfassen. Zu Abfindung und Ablösung von (übergeordneten) Pensionsrückstellungen für Gesellschafter-Geschäftsführer bei Veräußerung der Ges. BFH DStRE 2010, 976. Für KapitalGes. Angabe im Anhang, § 285 Nr. 24; zur Bestimmung des maßgeblichen Rechnungszinses bei Bewertung von Pensionsrückstellungen OLG Frankfurt a. M. BeckRS 2017, 116037 Rn. 25 ff.; Nachinstanz: BGH NJW 2017, 3148. **Lit.** Höfer/Hagemann/Neumeier DB 2014, 2661; Blecher WPg 2014, 416 (variable Diskontierungszinssätze). Rspr.-Übersicht: Veit BB 2010, 751 (Altersversorgung); Roß DB 2019, 197 (Pensionsrückstellungsbewertung bei grenzüberschreitendem Formwechsel); Zwirner BC 2018, 358 (Pensionsrückstellung angesichts steigender Lebenserwartung).

C. **Pensionsverpflichtungen ohne Gegenleistung: II 3** erklärt im gesetz- 9 geberischen Bestreben nach einheitlichen Abzinsungssätzen für Rückstellungen und Rentenverpflichtungen II 1 und 2 für entsprechend anwendbar auf Rentenverpflichtungen, für die eine Gegenleistung nicht mehr zu erwarten ist, also falls Versorgungsfall eintritt (Rentenbarwert), Mitarbeiter ausscheidet (Anwartschaftsbarwert), Gegenleistung bereits erbracht ist (Anwartschafts- bzw. Rentenbarwert) oder Rentenverpflichtung ohne Gegenleistung entstanden ist (Anwartschaftsbzw. Rentenbarwert), ADS Rn. 167; zur Bestimmung des maßgeblichen Rechnungszinses bei Bewertung von Pensionsrückstellungen OLG Frankfurt a. M. BeckRS 2017, 116037 Rn. 25 ff.; Nachinstanz: BGH NJW 2017, 3148. Ansatz zum Erfüllungsbetrag (→ Rn. 2). Nach **II 4 u. 5** wird der Zinssatz von der Deutschen Bundesbank nach Maßgabe einer RechtsVO (ergangen als RückstellungsabzinsungsVO vom 18.11.2009, BGBl. I 3790 idF G vom 11.3.2016, BGBl. I 396) ermittelt und am Ende jeden Monats auf ihren Internetseiten bekanntgegeben. Der Zinskurve lässt sich der durchschnittliche Marktzins für Restlaufzeiten zwischen einem und 50 Jahren entnehmen; für Restlaufzeiten der Pensionsverpflichtungen ist er zu interpolieren. Sie berücksichtigt die Zinsentwicklung der vergangenen sieben Jahre und ist eine Null-Koupon-Zinskurve, berechnet aus auf Euro lautenden Festzinsswaps. Aus Vereinfachungsgründen gilt dieser Zinssatz auch für Rückstellungen für in fremder Währung zu erfüllende Verbindlichkeiten, sofern dies nicht zu einer Darstellung führt, die nicht der den tatsächlichen Verhältnissen entsprechenden Vermögens- und Ertragslage entspricht; dann ist der Abzinsungssatz selbst zu ermitteln oder zu beschaffen (RegE BilMoG 54). Aus Ab- oder Aufzinsung resultierende Erträge oder Aufwendungen sind in der GuV auszuweisen, § 277 V. Betrieblicher Versorgungsträger darf für Ermittlung des Barwerts künftiger Leistungen aus einer Direktzusage als Diskontierungszinssatz den Abzinsungsfaktor gem. II heranziehen, BGH NJW-RR 2016, 964. zur Bestimmung des maßgeblichen Rechnungszinses bei Bewertung von Pensionsrückstellungen OLG Frankfurt a. M. BeckRS 2017, 116037. V enthält eine VO-Ermächtigung **Lit.** IDW RS HFA 30, ADS Rn. 298 ff.; Schanz BB 2002, 2655; Küting/Keßler KoR 2006, 192 (Pensionsrückstellungen HGB/IFRS); Roß DB 2019, 197 (Pensionsrückstellungsbewertung bei grenzüberschreitendem Formwechsel).

4) Abschreibungen beim Anlagevermögen (III)

A. **Zweck und Arten der Abschreibung:** Vermögensgegenstände des Anla- 10 gevermögens (wegen § 246 I 4 also auch der derivative Geschäfts- oder Firmenwert, → § 246 Rn. 9) sind nach I 1 höchstens mit den Anschaffungs- oder Herstellungskosten anzusetzen. Die **Abschreibungen** sind die Beträge, um die diese Ausgangswerte im Jahresabschluss entsprechend der Wertminderung des Vermögensgegenstands vermindert werden (I 1). Zum Zweck der (kalkulatorischen) Abschreibungen BGHZ 105, 180. Abschreibungsmethode muss den Verlauf widerspiegeln, in dem der wirtschaftliche Wert des immateriellen Vermögenswerts bzw. -gegenstands für das Unt. abnimmt; dabei orientiert sich die

Merkt 1225

Obergrenze der Nutzungsdauer für Unternehmensmarken in der Praxis häufig an der steuerlichen Abschreibungsdauer für den Geschäfts- oder Firmenwert von 15 Jahren; wird für die Bilanzierung einer Marke von einer unbegrenzten Nutzungsdauer ausgegangen, so dürfen keine regelmäßigen Abschreibungen vorgenommen werden, DRS 24.108, Landgraf/Herrmann/Heßdörfer PiR 2018, 285. Nur (direkte) Abschreibungen sind zulässig, **nicht** auch **Wertberichtigungen** (indirekte Abschreibungen), welche die Wertminderung nicht durch Abschreibung auf der Aktivseite, sondern durch einen Gegenposten auf der Passivseite erfassen. Die Regel sind **planmäßige Abschreibungen,** so **bei zeitlich nur begrenzt nutzbaren Vermögensgegenständen (III 1, 2).** Bei voraussichtlich dauernder Wertminderung sind **außerplanmäßige Abschreibungen auch bei zeitlich unbegrenzt nutzbaren Vermögensgegenständen** erforderlich **(III 3).** Abschreibungen sind bei Immobilientransaktionen in Form eines Share Deal beim Erwerber der Anteile nicht möglich (nicht abschreibbares Wirtschaftsgut); es verbleibt bei den Abschreibungen auf Basis der ursprünglichen Anschaffungskosten der Immobiliengesellschaft. III betrifft nur das Anlagevermögen (§ 247 II), Umlaufvermögen s. IV. Bewertung von Beteiligungen → § 271 Rn. 1–8. Zu den Auswirkungen der Corona-Pandemie IDW Fachlicher Hinweis v. 25.3.2020. **Lit.** MBF Kap. 6 Tz. 596 ff.; Herzig/Briesemeister/Joisten/Vossel WPg 2010, 561 (Komponentenansatz); Husemann WPg 2010, 507 (Komponentenansatz); Zwirner StuB 2015, Beil. 2 S. 1 (BilRUG); Knobloch/Baumeister DB 2015, 2769; Behrendt-Geisler DB 2015, 8; Kahlenberg WPg 2016, 1151 (Maßgeblichkeit und Anti-BEPS-Ri); Zwirner/Busch/Boecker Konzern 2016, 287 (289) (Aufgaben des Aufsichtsrats); Knobloch/Osinski BFuP 2016, 516 (Erwerb unbedingter Termingeschäfte); Gersbacher-Volz/Koch BC 2017, 66; Merkt Konzern 2017, 353 (Ermessensentscheidung); Trancher DStR 2018, 2491 (Bilanzierung von Umtauschanleihen bei Emittentin); Rimmelspacher/Kliem WPg 2020, 381 (Auswirkungen der Corona-Pandemie); Sander DB 2019, 2081 (Unterstützungszahlungen an Tochter); Sixt DStR 2019, 1766 (steuerbilanzielle Behandlung von Token); Downar/Keiling/Schramm DB 2019, 1913 (Utility Token); Blecher/Hummel, WpG 2022 339 (Klassifizierung fünf verschiedener Arten von Utility-Token und deren Bilanzierung im deutschen Handelsrecht); Sixt DStR 2019, 1766 (Bilanzierung von Investment-Token).

11 B. **Planmäßige Abschreibungen (III 1, 2): a)** Diese sind nach **III 1** bei (aus wirtschaftlichen oder technischen Gründen) zeitlich nur begrenzt nutzbarem bzw. abnutzbarem Anlagevermögen zwingend vorgeschrieben. **Abnutzbar** sind grundsätzlich alle beweglichen und unbeweglichen Gegenstände des Sachanlagevermögens (§ 266 II A II); ausgenommen sind zB Grundstücke (auch diese aber zB bei Ausbeutung), geleistete Anzahlungen und Anlagen im Bau, Antiquitäten, soweit nicht im Gebrauch, BFH BB 1986, 716. Abnutzbar können auch immaterielle Vermögensgegenstände (§ 266 II A I) sein, wenn Ende der Verwertbarkeit absehbar ist; ausgenommen sind auch hier geleistete Anzahlungen; Geschäfts- oder Firmenwert ist zeitlich begrenzt abnutzbar s. § 246 I 4. Nicht absetzbar sind Finanzanlagen (§ 266 II A III). **Lit.** Kleinmanns StuB 2014, 475.

12 **b)** Notwendig ist nach **III 2** ein **Abschreibungsplan,** der die Anschaffungs- oder Herstellungskosten nach der gewählten Abschreibungsmethode auf die Zeit der voraussichtlichen Nutzungsdauer verteilt (jährliche Abschreibungen). Änderungen → Rn. 14. Die je nach Betrieb uU unterschiedliche wirtschaftliche (nicht technische) **Nutzungsdauer** ist vorsichtig (§ 252 I Nr. 4) zu schätzen. Die Praxis orientiert sich an den AfA-Tabellen. Beginn mit Lieferung oder Fertigstellung, spätere Inbetriebnahme und Stillstandzeiten bleiben außer Betracht; aber Vereinfachung auf volle Monate und bei beweglichen Anlagegütern auf Halbjahresbeginn ist erlaubt. Abzuschreiben ist auf Null, einen Erinnerungswert von 1 Euro oder einen Restwert (Veräußerungs-, Schrottwert). Für die Abschreibung ist irrelevant, ob der Wert des Vermögensgegenstands in einem bestimmten Jahr mehr oder weniger sinkt oder sogar steigt. Den planmäßigen Abschreibungen des III 1 entsprechen im **Steuerrecht** die **Absetzung für** betriebsgewöhnliche **Abnutzung (AfA,** § 7 I EStG) und für Substanzverringerung (AfS, § 7 VI EStG). Nach einem BMF-Schreiben v. 26.2.2021 (BStBl. I S. 298) wurde – als Investitionsanreiz in der Corona-Krise – für die Steuerbilanz zugelassen, für spezifische digitale Wirtschaftsgüter eine Nutzungdauer von 1 Jahr anzusetzen. Diese verkürzte Nutzungsdauer kann für die Handelsbilanz nicht angesetzt werden. Wird von der steuerrechtlichen Möglichkeit Gebrauch gemacht, sind handelsbilanziell passive latente Steuern zu bilden (IDW, Fachlicher Hinweis v. 8.4.2020, 5. Uptdate v. 6.4.2021, S. 29 ff.). Die Nutzungsdauer von Computerhardware und Software zur Dateneingabe und –verarbeitung wurde mit dem BMF-Schreiben v. 22.2.2022 neu definiert (BMF DStR 2022, 362).

c) III 2 schreibt keine bestimmte **Abschreibungsmethode** vor; doch kommen nur Methoden, die den GoB entsprechen, in Frage. Nach GoB muss die gewählte Abschreibungsmethode zu einer sinnvollen, nicht willkürlichen Verteilung der Anschaffungs- oder Herstellungskosten auf die Nutzungsdauer führen, GK BilR/Kleindiek Rn. 39. Das sind vor allem die **Zeitabschreibung** mit ihren Varianten der **linearen** (AfA in gleichbleibenden Jahresbeträgen; Jahresbetrag = Anschaffungs- oder Herstellungskosten geteilt durch Zahl der Jahre der Nutzung), der **geometrisch-degressiven** (Buchwertabschreibung; Abschreibung in ungleichmäßig fallenden Jahresbeträgen, anfangs höher, später entspr. niedriger; Jahresbetrag = gleichbleibender Prozentsatz des jeweiligen Restbuchwerts) und der **arithmetisch-degressiven** (oder digitalen; Abschreibung in gleichmäßig fallenden Jahresbeträgen) sowie die **Leistungsabschreibung** (entspr. der mit dem abzuschreibenden Vermögensgegenstand produzierbaren Leistung) und **Kombinationen** aus diesen Methoden. Die progressive Abschreibung (Abschreibung in ansteigenden Jahresbeträgen) ist unzulässig, einige Ausnahmen bei dementsprechendem wirtschaftlichen Entwertungsverlauf, zB erst langsam ansteigender Nutzbarkeit. Nach IDW RH HFA 1016, WPg 2009, 707 ist **komponentenweise** Abschreibung (gedankliche Aufspaltung eines Vermögensgegenstands in seine wesentlichen Komponenten unterschiedlicher Nutzungsdauer) möglich, wenn Komponenten physisch tatsächlich ausgetauscht werden und sie in Relation zum Gesamtgegenstand wesentlich sind. Vor Inkrafttreten des BilMoG wurde vergleichbarer wirtschaftlicher Effekt durch Möglichkeit zur Bildung von Aufwandsrückstellungen (§ 249 II aF) erreicht. **Steuerrechtlich** ist grundsätzlich linear abzuschreiben (§ 7 I EStG), für bewegliche Gegenstände uU auch degressiv und leistungsbedingt (§ 7 II, 1 6 EStG); Im Rahmen der Corona-Pandemie wurde für Wirtschaftsgüter des Anlagevermögens, die nach dem 31.12.2019 und vor dem 1.1.2022 angeschafft oder hergestellt worden sind, die geometrischdegressive Abschreibung (AfA) von 25 % p. a. vom jeweiligen Restwert (wieder) eingeführt, § 7 II EStG; weil es keine umgekehrte Maßgeblichkeit (mehr) gibt, kann diese Regelung nicht ohne Weiteres für die Handelsbilanz übernommen werden. Ein Umstieg ist dort am Gebot der sachlichen Bewertungsstetigkeit zu messen (§ 252 I Nr. 6) und kann widersprüchlich sein. Im Regelfall ist davon auszugehen, dass eine handelsbilanzielle Anwendung der geometrisch-degressiven AfA gem. § 7 II EStG nicht zulässig ist, sodass wegen der unterschiedlichen Wertansätze ggf. latente Steuern gebildet werden müssen, IDW Fachlicher Hinweis v. 8.4.2020 (Teil 3, 4. Update Februar 2021), S. 24 f. Übergang auf **BilMoG** IDW RH HFA 1015. **Lit.** Hageböke/Hasbach Konzern 2014, 493 (AfA-Berechtigung des „Noch-nicht-Eigentümers"); Freiberg PiR 2013, 326.

d) Änderungen: Die einmal gewählte Abschreibungsmethode kann nicht willkürlich gewechselt werden (Bewertungsstetigkeit, § 252 I Nr. 6, → § 252 Rn. 24–25; enger § 7 III EStG). Eine zeitweilige Aussetzung ist auf jeden Fall

Merkt

unzulässig. Ausnahmsweise muss sogar gewechselt werden, zB bei zu lang angesetzter Nutzungsdauer (Überbewertung → § 252 Rn. 12); uU auch bei zu kurz angesetzter Nutzungsdauer (Unterbewertung), so bei KapitalGes. und GmbH & Co nach § 264 II, oder bei sonstiger Verzerrung des Bildes des Unt.; Korrektur erfolgt durch neuen Abschreibungsplan für die restliche Nutzungsdauer, also nicht rückwirkend. Auswirkung auf festgestellten Jahresabschluss → § 252 Rn. 12.

15 C. **Außerplanmäßige Abschreibungen (III 3):** Diese waren nach II 3 aF bei abnutzbarem und nicht abnutzbarem Anlagevermögen möglich, wenn der Vermögensgegenstand am Abschlussstichtag einen niedrigeren Wert hatte (Bewertungswahlrecht; bei KapitalGes. nur für Finanzanlagen, § 279 I 2 aF), und zwingend vorzunehmen bei einer **voraussichtlich dauernden Wertminderung** (II 3 letzter Hs. aF), zB bei Zerstörung der Maschine oder Entwertung der Beteiligung (§ 271); Orientierungshilfe: BMF v. 2.9.2016. Mit Neufassung durch BilMoG gilt nach III 4 dieses **Wahlrecht nur noch für Finanzanlagen** (s. aber für Kreditinstitute § 340e I 3), das generelle Wahlrecht entfällt. Außerplanmäßige Abschreibungen sind damit im Falle anderen Anlagevermögens – weiterhin zwingend – bei voraussichtlich dauernder Wertminderung vorzunehmen, sonst bleibt es – nunmehr zwingend – bei den planmäßigen; letzteres ergibt sich zwar nicht aus III 3 selbst, aber aus der positiv formulierten Beschränkung des Wahlrechts auf Finanzanlagen in III 4. Dauernde Wertminderung liegt bei abnutzbaren Wirtschaftsgütern vor, wenn Wert des Wirtschaftsgutes den planmäßigen Rest des Buchwerts während eines erheblichen Teils der Nutzungsdauer im Unt. nicht erreichen wird (hM, s. BFH BB 2006, 1737; OLG Dresden ZIP 2017, 2003 = BeckRS 2017, 102414), wobei Wertminderung nur dauernd ist, wenn Teilwert des Wirtschaftsguts zum Bilanzstichtag mindestens für halbe Restnutzungsdauer unter planmäßigem Buchwert liegt (BFH BB 2006, 1737 mwN; BFH Konzern 2009, 379; DStR 2009, 1687). Der Begriff „dauerhaft" setzt ein anhaltendes Zeitmoment voraus, ist aber nicht im Sinne von „immer während" oder „endgültig" zu verstehen. Maßgebend in die Bewertung sind dabei Art und Charakteristik des zu bewertenden Gegenstands einzustellen, OLG Dresden ZIP 2017, 2003 = BeckRS 2017, 102414; BeckBilKomm/Schubert/Andrejewski Rn. 312, 351 für nicht abnutzbare Wirtschaftsgüter str., FG Köln DStRE 2006, 21 (mwN): für börsennotierte Aktien zu bejahen, wenn Teilwert voraussichtlich mind. fünf Jahre unter Buchwert liegt. Zur typisierenden Annahme einer dauernden Wertminderung bei börsennotierten Aktien FG Münster DStR 2010, 2430. Abschreibungen sind bezüglich des Anlagevermögens nach dem Niederstwertprinzip bezogen auf den Bilanzstichtag vorzunehmen. Dabei können die Veräußerungswert (Rückkaufswerte) zum Tragen kommen, OLG Dresden ZIP 2017, 2003 = BeckRS 2017, 102414. Voraussichtlich dauernde Wertminderung als Voraussetzung für Teilwertabschreibung aktiver Wirtschaftsgüter BFH StuB 2010, 110. Bei der Beurteilung der Vorhersehbarkeit („voraussichtlich") sind die am Bilanzstichtag gegebenen Umstände heranzuziehen, wobei nach den Grundsätzen über wertaufhellende Tatsachen auch bis zur Jahresabschlusserstellung bekannt gewordene Umstände zu berücksichtigen sein können, OLG Dresden ZIP 2017, 2003 = BeckRS 2017, 102414; BeckBilKomm/Schubert/Andrejewski Rn. 311. Unverzinslichkeit eines Sanierungszuschusses und Ratenauszahlung lassen Teilwert nicht unter Nennwert sinken, BFH BeckRS 2014, 94044. Bei Sanierungszuschüssen ist eine Teilwertabschreibung im Jahr des Zuschusses generell zu versagen. Hier gilt die Vermutung, dass der Teilwert im Zeitpunkt der Anschaffung den Anschaffungskosten entspricht, BFH BeckRS 2014, 95911. Eine auf Unverzinslichkeit einer Forderung beruhende Teilwertminderung ist keine voraussichtlich dauernde Wertminderung und erlaubt daher keine Teilwertabschreibung, BFH SteuK 2013, 54 mAnm. Happe. Zur Abgrenzung vorübergehender von dauernder Wertminderung Küting DB 2005, 1121. Für das Anlagevermögen gilt also anders als für das Umlaufvermögen (→ Rn. 18–29) nur das (seit BilMoG noch weiter) **gemilderte Niederstwertprinzip**. Maßgeblicher Wert ist der im Abschlussstichtag beizulegende Wert. Das ist hier ausnahmsweise zur baldigen Veräußerung vorgesehenem Anlagevermögen der Veräußerungswert, sonst idR der Wiederbeschaffungswert oder, falls ein Markt fehlt (zB Patent, Lizenz, Beteiligung), der Ertragswert, ADS Rn. 464. Beteiligung an PersonenHdlGes. s. IDW-HFA 1/1991. Angabe bei KapitalGes. § 277 III 1. Werden Vermögensgegenstände des Anlagevermögens absehbar nicht mehr gebraucht oder ist deren baldige Veräußerung geplant, kann außerplanmäßige Abschreibungsbedarf etwa auf Veräußerungswert entstehen, OLG Dresden ZIP 2017, 2003 = BeckRS 2017, 102414; BeckBilKomm/Schubert/Andrejewski Rn. 314. Im **Steuerrecht** entsprechenden außerplanmäßigen Abschreibungen die Absetzung für außergewöhnliche technische oder wirtschaftliche Abnutzung (AfA, § 7 I 7 EStG) und die Teilwertabschreibung (§ 6 I Nr. 1, 2 EStG). **Lit.** Schlotter BB 2006, 1738 (dauernde Wertminderung); IDW FN-IDW 2006, 625 (Personenhandelsgesellschaftsanteile); Hoffmann PiR 2007, 176 (Gebäude); StuB 2009, 327 (dauernde Wertminderung); Bruckmeier/Zwirner/Busch DStR 2010, 237 (Gesellschaftsanteile); Graf NZG 2011, 1334; Schmidt BB 2011, 2475; Zwirner/Künkele StuB 2012, 691 (Anteile an PersonenGes.); Hageböke/Hasbach Konzern 2014, 493 (AfA-Berechtigung des „Noch-nicht-Eigentümers"); zur Teilwertabschreibung, voraussichtlich dauernde Wertminderung u. Wertaufholungsgebot s. BMF-Schreiben 17.1.2014 – IV C 6, dazu Förster DB 2014, 382; Ummenhofer/Zeitler Konzern 2018, 442 (Folgebewertung von Bitcoins); Zwirner BC 2019, 61 (Bilanzierung von Bitcoins); Sixt DStR 2019, 1766 (Bilanzierung von Investment-Token); Müller/Reinke BC 2020, 460 (Besonderheiten bei der außerplanmäßigen Abschreibung in der Corona-Krise).

D. **Sofortige Abschreibungen:** Geringwertige bewegliche Vermögensgegenstände des Anlagevermögens sind zwar bei Erwerb als Zugang auszuweisen, können aber im Jahr des Zugangs voll abgeschrieben werden (Grundsatz der Wirtschaftlichkeit der Rechnung; § 243 II). Die Praxis orientiert sich auch für die HdlBilanz an § 6 II 1 EStG, wonach enge Grenzen gelten (abnutzbare bewegliche Wirtschaftsgüter des Anlagevermögens, die einer selbstständigen Nutzung fähig sind, nicht über 410 Euro, inzwischen 1.000 Euro, ebenso BeckBilKomm/Schubert/Andrejewski Rn. 434 u. 275 und Böhlmann/Keller DB 2007, 2734. Der Begriff der selbstständigen Nutzbarkeit wird konkret nach der betrieblichen Zweckbestimmung und eng ausgelegt (§ 6 II 2, 3 EStG), zB nicht Kinobestuhlung. Geringwertige Anlagegüter (Anschaffungs- oder Herstellungskosten bis zu 60 Euro netto) sowie kurzlebige Anlagegüter (Nutzungsdauer von 1 bis 2 Jahren) werden nicht als Zugang, sondern sofort als Aufwand behandelt, ADS Rn. 412. Kritik zur steuerlichen Sofortabschreibung in unbegrenzter Höhe bei Computerhard- und Software: Althoff BB 2021, 1066 ff.

E. **Selbstgeschaffene immaterielle Vermögensgegenstände; entgeltlich erworbener Geschäfts- oder Firmenwert:** Erweiterung v. III durch 3 u. 4 durch **BilRUG 2015** (**Übergangsrecht (1)** EGHGB Art. 75 IV) in Umsetzung der Bilanz-RL 2013 sieht für die Abschreibung selbstgeschaffener immaterieller Vermögensgegenstände des Anlagevermögens (**III 3**) sowie entgeltlich erworbener Geschäfts- oder Firmenwerte (**III 4**) eine Sonderregelung vor (BegrRegE 70). Höchstzulässiger Abschreibungszeitraum beträgt 10 Jahre, sofern sich verbleibende Nutzungsdauer nicht verlässlich schätzen lässt (sonst dieser kürzere Zeitraum). Der Zeitraum ist nach § 285 Nr. 13 im Anhang bzw. § 314 I Nr. 20 im Konzernanhang zu erläutern. Für Vermögensgegenständen des Anlagevermögens sieht **III 5** vor, dass bei ihnen ohne Rücksicht darauf, ob ihre Nutzung zeitlich begrenzt ist, bei voraussichtlich dauernder Wertminderung außerplanmäßige Abschreibungen vorzunehmen sind, um diese mit dem niedrigeren Wert anzusetzen, der ihnen am Abschlussstichtag beizulegen ist. Für Anteile an verbundenen Unternehmen (§ 271 II) und Beteiligungen (§ 271 I) ist dabei der beizulegende Wert unabhängig davon, ob die betreffenden Anteile öffentlich gehandelt werden oder nicht, über ein Zukunftserfolgswertverfahren zu ermitteln (Equity Value). Bei fortbestehender Beteiligungsabsicht und -fähigkeit spielt der Börsenkurs keine Rolle, da für die Bewertung der subjektive Unternehmenswert maßgeblich ist. Bei Veräußerungsabsicht ist der Bewertung allerdings der objektive Unternehmenswert zugrunde zu legen. Ein Börsenkurs dient nur der Plausibilisierung. Bei sonstigen Wertpapieren des Anlagevermögens, die nicht als Anteile an verbundenen Unternehmen gehalten werden und die nicht öffentlich gehandelt werden, gilt dasselbe. Wenn sie öffentlich gehandelt werden, ist als beizulegender Wert der Wert anzusetzen, den sie am letzten Handelstag der Berichtsperiode aufweisen, sofern das zusätzliche Kriterium der dauernden Wertminderung ebenfalls vorliegt, IDW Fachlicher Hinweis v. 8.4.2020 (Teil 3, 4. Update, Februar 2021) S. 26 f.; Nach III 6 können bei Finanzanlagen (Beteiligungen iSd § 271 I, s. dort) außerplanmäßige Abschreibungen auch bei voraussichtlich nicht dauernder Wertminderung vorgenommen werden; zur Folgebewertung s. IDW RS HFA 10; Zwirner/Zimny BB 2017, 942. **Lit.** Mujkanovic StuB 2014, 751; Haaker StuB 2015, 11; Oser/Orth/Wirtz DB 2015, 197; Zwirner StuB 2015, 11; Zwirner DStR 2015, 375; Theile GmbHR 2015, 281 (GmbH- u. GmbH & Co KG-Abschluss nach BilRUG); Lorson DB 2015, 695; Merkt Konzern 2017, 353 (Ermessensentscheidung); Ummenhofer/Zeitler Konzern 2018, 442 (Folgebewertung von Bitcoins); Zwirner BC 2019, 61 (Bilanzierung von Bitcoins); Wirth/Dusemond/P. Küting DB 2018, 201 ((Währungsumrechnung im Konzernabschluss E-DRS 33, DRS 23); Fuchs/Hargarten/Weinmann BB 2018, 2475 (Drohverluste im Konzernabschluss).

5) Abschreibungen beim Umlaufvermögen (IV)

A. Strenges Niederstwertprinzip: Vermögensgegenstände des Umlaufvermögens sind nach I 1 höchstens mit den Anschaffungs- oder Herstellungskosten anzusetzen. Für Umlaufvermögen gilt anders als für Anlagevermögen (→ Rn. 13) das strenge Niederstwertprinzip, dh niedrigere Stichtagswerte sind zwingend anzusetzen, auch wenn wieder mit einer Wertsteigerung zu rechnen ist. Es ist also auf einen niedrigeren Börsen- oder Marktpreis (→ Rn. 19) oder sonstigen Zeitwert (→ Rn. 20) abzuschreiben. Abschreibungen auf den niedrigeren steuerrechtlich zugelassenen Wert (§ 254 aF) sind seit dem BilMoG unzulässig. **Ausnahmen** vom Niederstwertansatz (aber auch dann kein höherer Ansatz als zu den Anschaffungs- oder Herstellungskosten) gelten, wenn die Verlustantizipation (→ § 252 Rn. 11) jeder Grundlage entbehrte, zB bei bindender Abnahmeverpflichtung zu einem höheren Preis oder speziell zuzuordnenden Deckungsgeschäften oder Garantien, ADS Rn. 538. Zuschreibung → Rn. 28. Sonderregeln für Kreditinstitute § 340e. Ob das Niederstwertprinzip die Bewertung von Verlustprodukten mit einem unter den Anschaffungskosten liegenden Zeit- oder Stichtagswert rechtfertigt, ist str.: dafür Groh StuW 1976, 32 (34); abl. GrS BFH BStBl. II 1997, 735; offen BFHE 189, 51 (57). Strenges Niederstwertprinzip auch bei Folgebilanzierung eigener Anteile im Umlaufvermögen zu beachten (Küting/Busch PiR 2006, 213 zur Bilanzierung eigener Anteile nach HGB/US-GAAP/IFRS). Zu den Auswirkungen der Corona-Pandemie IDW Fachlicher Hinweis. **Lit.** Knobloch/Baumeister DB 2015, 2769; Kahlenberg WPg 2016, 1151 (Maßgeblichkeit und Anti-BEPS-Ri) Knobloch/Osinski BFuP 2016, 516 (Erwerb unbedingter Termingeschäfte); Klube/Schröter/Weber WPg 2019, 213 (Risikovorsorge im Abschluss von Banken); Ummenhofer/Zeitler Konzern 2018, 442 (Folgebewertung von Bitcoins); Zwirner BC 2019, 61 (Bilanzierung von Bitcoins); Trancher DStR 2018, 2491 (Bilanzierung von Umtauschanleihen bei Emittentin); Sixt DStR 2019, 1766 (steuerbilanzielle

1. Abschnitt. Vorschriften für alle Kaufleute   19–21   § 253

Behandlung von Token); Mihm BB 2021 946 (Bilanzierung von hybriden Finanzinstrumenten; zugleich Anmerkung zu FG Berlin-Brandenburg BB 2021 944 (steuerrechtlich: Abschreibung je nach Ausgestaltung der Anleihebedingung).

B. Börsen- oder Marktpreis: Nach **IV 1** ist ein niedrigerer Börsen- oder 19 Marktpreis am Abschlussstichtag anzusetzen. Börsenpreis ist der im amtlichen oder im geregelten Markt festgestellte Preis (s. **(14)** BörsG § 24), nicht der sich im Telefonhandel ergebende Preis (dort → **(14)** BörsG § 24 Rn. 3). Das gilt entsprechend jedenfalls auch für EGBörsen; zutr. aber auch für andere ausländische Börsen, ADS Rn. 504. Entscheidend ist, an welcher Börse voraussichtlich gekauft oder verkauft würde. Marktpreis ist der Durchschnittspreis der Ware am jeweils relevanten Markt (ieS eines HdlPlatzes mit Preisfeststellung wie in § 373; Markt iwS s. IV 2). Relevanter Markt ist je nach Art des zu bewertenden Umlaufvermögens der Absatz- oder der Beschaffungsmarkt (→ Rn. 25). Anzusetzen ist nicht der Börsen- oder Marktpreis schlechthin, sondern der sich daraus ergebende Preis, also ab- bzw. zuzüglich noch entstehender Aufwendungen (zB am Absatzmarkt Verkaufsspesen, Transportkosten oder am Beschaffungsmarkt ANK). **Absatzmarkt** ist relevant für alle fertigen und unfertigen Erzeugnisse sowie für unfertige Leistungen, sofern kein Fremdbezug der Erzeugnisse möglich ist. Ebenso ist Absatzmarkt für Überbestände an Roh-, Hilfs- und Betriebsstoffen maßgebend. **Beschaffungsmarkt** wird herangezogen für Roh-, Hilfs- und Betriebsstoffe und für fertige und unfertige Erzeugnisse, für die auch Fremdbezug möglich ist. Der **niedrigere Wert** aus absatzmarkt- und beschaffungsmarktorientierter Bewertung gilt für Bewertung von Handelswaren und Überbeständen an unfertigen und fertigen Erzeugnissen. Absatzmarktorientierte Bewertung wird auch als **verlustfreie Bewertung** bezeichnet. Bei unfertigen und fertigen Erzeugnissen wird beizulegender Wert aus Verhältnissen am Absatzmarkt abgeleitet **(retrograde Bewertung).** Abgestellt wird dabei auf Verkaufserlös, mit dem Artikel voraussichtlich verkauft werden kann. Von diesem Wert sind bis zum Abschluss der Veräußerung entstehenden Aufwendungen abzusetzen. Dabei sind Skonti, Rabatte, Verpackungs- und Versandkosten, sonstige Vertriebskosten (zB Provisionen) sowie anteilige Verwaltungs- und zurechenbare Fremdkapitalkosten zu berücksichtigen. Bei unfertigen Erzeugnissen sind darüber hinaus noch die Aufwendungen abzusetzen, die bis zur Fertigstellung des Artikels anfallen werden. Due diligence-Kosten sind ANK des Beteiligungserwerbs, FG Köln BB 2011, 174, offen gelassen von BFH DStR 2013, 581. Auch bei Zufallskursen ist vom Preis am Abschlussstichtag auszugehen, selbst wenn er ungewöhnlich niedrig liegt; liegt er dagegen ungewöhnlich hoch, ist nach dem Vorsichtsprinzip ein niedrigerer Preis (analog III 2) anzusetzen; ADS Rn. 512. Bspe → Rn. 22–25. Bei Bitcoins ist auf den Marktpreis abzustellen, Ummenhofer/Zeitler Konzern 2018, 442 (448); Zwirner BC 2019, 61 (Bilanzierung von Bitcoins); ebenso bei Utility Token, Downar/Keiling/Schramm DB 2019, 1913; Blecher/Hummel, WpG 2022 339 (Klassifizierung von Utility-Token und ihre Bilanzierung im deutschen Handelsrecht); Zu ANK → § 255 Rn. 3.

C. Am Abschlussstichtag beizulegender Wert: Nach **IV 2** ist statt eines 20 nicht feststellbaren Börsen- oder Marktpreises der Wert, der den Vermögensgegenständen am Abschlussstichtag beizulegen ist, anzusetzen. Dieser beizulegende Wert richtet sich je nach Art des Vermögensgegenstands nach dem am Beschaffungs- oder am Absatzmarkt zu erzielenden Preis (→ Rn. 19, 25), hM, krit. GK BilR/Kleindiek Rn. 71. Im Übrigen gilt für IV 2 dasselbe wie für IV 1. Bspe → Rn. 22–25; Abgrenzung zum Marktpreis Haaker/Velte DStR 2014, 970.

D. Wertschwankungen: Nach **III 3 aF** konnte zur Verhinderung von Änderungen aufgrund von Wertschwankungen (künftige Wertminderung) auch ein unter dem Zeitwert am Abschlussstichtag (III 1, 2) liegender Wertansatz zulässig sein (Wahlrecht). Die Norm ist durch BilMoG ersatzlos gestrichen worden, da Abschreibungen willkürlich auf erwartete Verluste vorzunehmen mit dem Ziel, die Vermögens-, Finanz- und Ertragslagen den tatsächlichen Verhältnissen entsprechend darzustellen, nicht vereinbar ist, RegE BilMoG S. 56.

22 E. **Beispiele:** Der Niederstwert nach **IV** ist je nach Art des Umlaufvermögens (vgl. § 266 II B) weiter zu präzisieren. Dabei sind je nachdem der Absatz- oder der Beschaffungsmarkt oder beide maßgeblich, hL, ADS Rn. 488, aA: idR Absatzmarkt wegen Imparitätsprinzip, also Nettoerlös (sog. verlustfreie Bewertung).

23 **Roh-, Hilfs- und Betriebsstoffe** (§ 266 II B I 1) sind nach den Preisen am Beschaffungsmarkt zu bewerten, hL, str., auszunehmen sind Überbestände an Roh-, Hilfs- und Betriebsstoffen (Absatzmarkt), ADS Rn. 492, WP-HdB I E 428. → Rn. 19.

24 **Unfertige und fertige Erzeugnisse** (§ 266 II B I 2, 3) sind ebenso wie die genannten Überbestände an Rohstoffen zu Absatzmarktpreisen zu bewerten, wenn sie nicht auch am Markt beschafft werden können (sonst Beschaffungsmarkt), doch muss ein niedrigerer Preis am Beschaffungsmarkt angesetzt werden (doppelte Maßgeblichkeit), str., aA Wahlrecht. → Rn. 19.

25 Bei **Handelswaren** ist ebenfalls vom Absatzmarkt auszugehen, doch muss ein niedrigerer Preis am Beschaffungsmarkt angesetzt werden (doppelte Maßgeblichkeit), hL, ADS Rn. 514, WP-HdB I E 428, str. → Rn. 19.

26 **Forderungen** (§ 266 II B II) sind zum Nennwert anzusetzen. Zweifelhafte Forderungen sind nach ihrem wahrscheinlichen Wert anzusetzen, uneinbringliche Forderungen abzuschreiben (Einzelwertberichtigung); entspr. bedingte Forderungen. Teilwertabschreibung einer Forderung des BetriebsUnt. gegen das BesitzUnt. nur nach Gesamtbetrachtung der Ertragsaussichten beider, BFH DStR 2010, 152. **Pauschalwertberichtigung** von Forderungen ist (neben der Einzelwertberichtigung nur zur Erfassung weiterer Risiken) zulässig und ggf. geboten, und zwar auf der Aktivseite (Pauschalrückstellung → § 249 Rn. 2–6) und nur unter Vorsichtsprinzip (Erfahrungszeitraum idR 5 Jahre), BFH BB 1989, 664; ADS Rn. 533 (→ § 252 Rn. 10). Verzinsliche Forderungen sind nicht über Nennbetrag anzusetzen; unverzinsliche oder niedrige verzinsliche sind auf den Barwert abzuzinsen (bei Forderungen mit Restlaufzeit bis zu einem Jahr, nach aA nur bis zu 3 Monaten, Wahlrecht, ADS Rn. 532, str.); verjährte sind abzuschreiben, außer wenn mit Geltendmachung der Einrede nicht zu rechnen ist. Ist eine Forderung risikobehaftet, ist diesem Umstand durch eine Abschreibung nach § 252 I Nr. 4 Hs. 1, § 253 IV Rechnung zu tragen. Diese sog. zweifelhaften Forderungen sind mit ihrem wahrscheinlichen Wert anzusetzen (BGH DB 2022, 519 f. Rn. 23, BGH DB 2021, 2207 Rn. 30; BFH DB 2003 S. 2573). Dies ist der Wert, mit dem sie wahrscheinlich realisiert werden können, wobei grds. eine Einzelbewertung vorzunehmen ist. Ein (wegen Ausfallrisikos) unter dem Nennbetrag liegender Wert von Geldforderungen kann im Allgemeinen nur im Wege der Schätzung ermittelt werden. Dabei kommt dem Ermessen des Kaufmanns besondere Bedeutung zu. Maßgebend ist, ob ein vorsichtig bewertender Kaufmann nach der allgemeinen Lebenserfahrung aus den jeweiligen Umständen des Einzelfalles die Annahme eines – teilweisen – Forderungsausfalls herleiten darf. Die Zahlungsfähigkeit und die Zahlungswilligkeit (Bonität) eines Schuldners sind dabei individuell nach dessen Verhältnissen zu ermitteln. Allerdings muss die Schätzung eine objektive Grundlage in den am Abschlussstichtag gegebenen Verhältnissen finden. Schätzungen, die auf bloßen pessimistischen Prognosen zur zukünftigen Entwicklung beruhen, sind unbeachtlich, vgl. BGH DB 2022, 519 f. Rn. 23.

27 **Fremdwährungsforderungen** (Fremdwährungsverbindlichkeiten → Rn. 2) sind zu dem Devisenkassamittelkurs umzurechnen (s. § 256a), der zum Zeitpunkt

1. Abschnitt. Vorschriften für alle Kaufleute   28–31 § 253

ihrer Erstverbuchung galt. Nach dem Imparitätsprinzip ist aber ein niedrigerer Kurs am Abschlussstichtag maßgeblich, nach dem Realisationsprinzip dagegen nicht ein höherer, str. Kompensation wie bei Fremdwährungsverbindlichkeiten. Sonderrecht für Kreditinstitute § 340h.

Wertpapiere des Umlaufvermögens (§ 266 II B III) sind, wenn alsbaldige 28 Veräußerung bevorsteht, nach Absatzmarktpreisen unter Abzug der Verkaufsspesen zu bewerten; sonst zum Börsenkurs zuzüglich anteilig abgeschriebener ANK, BeckBilKomm/Schubert/Andrejewski Rn. 609; aA Wahlrecht ADS Rn. 502. Due diligence-Kosten sind ANK des Beteiligungserwerbs, FG Köln BB 2011, 174; offen gelassen von BFH DStR 2013, 581; keine voraussichtlich dauernde Wertminderung bei nicht bonitätsbedingten Kursverlusten festverzinslicher Wertpapiere, BFH DStR 2011, 1556. Zu ANK → § 255 Rn. 3. → Rn. 19.

Bei **Zerobonds** sind die jährlich laufenden Zinsen für die Erwerber jeweils 29 zusätzliche Anschaffungskosten, s. IDW-HFA 1/1986 WPg 1986, 248, BeckBilKomm/Schubert/Gadek § 255 Rn. 311, Verbindlichkeit daraus → Rn. 2.

6) Abschreibungen nach vernünftiger kaufmännischer Beurteilung (IV), stille Reserven

IV aF erlaubte vor Inkrafttreten des BilMoG Abschreibungen nach vernünfti- 30 ger kfm. Beurteilung und dadurch Bildung stiller Reserven (→ § 252 Rn. 13 ff.). Die Norm wurde im Interesse besserer Adressateninformation gestrichen. Für Kreditinstitute → § 340 f.

7) Wertaufholungsgebot (V)

A. V 1 normiert ein umfassendes (Ausnahme in V 2) rechtsformunabhängiges 31 Wertaufholungsgebot für außerplanmäßige Abschreibungen beim Anlagevermögen (III 3 und 4) und sämtliche Abschreibungen beim Umlaufvermögen (IV), wie es für KapGes schon vor Inkrafttreten des BilMoG bestand (§ 280 aF); für Kreditinstitute s. § 340 f. Grund ist die angestrebte Verhinderung von Ergebnisglättungen zur Verringerung des ausschüttungsfähigen Gewinns sowie die Herstellung besserer Vergleichbarkeit der Abschlüsse und Annäherung an IFRS. Niedrigere Wertansätze aufgrund dieser Abschreibungen dürfen nur solange beibehalten werden, als die Gründe für die niedrigeren Wertansätze andauern. Wurden für Goldvorräte über drei Jahre hinweg Teilwertabschreibungen vorgenommen und hat sich der Börsenkurs anschließend erholt gilt folgendes: Sofern der Börsenkurs am Bilanzstichtag immer noch unter den Anschaffungskosten liegt aber über dem gebuchten Teilwert der Vorjahre, ist eine Wertaufholung zu buchen. Börsenwert am Bilanzstichtag drückt Erwartung aus, dass dieser Kurs voraussichtlich dauerhaften Charakter habe, FG Hamburg 5 K 20/19 (juris-Rn. 27, 32 ff.), **Revision anhängig;** dazu Zwirner BC 2020 555. Zuzuschreiben ist (höchstens) der Betrag dieser Abschreibungen (nur) im Umfang der Werterhöhung unter Berücksichtigung der Abschreibungen, die inzwischen vorzunehmen gewesen wären. Das Wertaufholungsgebot ist verfassungsgemäß BFH DStR 2010, 1124. Zuzuschreiben ist in dem Geschäftsjahr, in dem sich die Werterhöhung herausstellt (jährlich zu prüfen), nicht auch für frühere Geschäftsjahre, FG München BB 2009, 602. Folge für GuV sind grundsätzlich sonstige betriebliche Erträge (§ 275 II Nr. 4, III Nr. 6). Die Zuschreibung kann zu Ausschüttungen führen, falls keine Gewinnrücklagen (§ 266 III A III) gebildet werden. Eine besondere Wertaufholungsrücklage ist nicht vorgesehen. **Übergangsrecht** s. (1) EGHGB Art. 66 VIII. **Lit.** Kahlenberg WPg 2016, 1151 (Maßgeblichkeit und Anti-BEPS-Ri); Knobloch/Osinski BFuP 2016, 516 (Erwerb unbedingter Termingeschäfte); Ummenhofer/Zeitler Konzern 2018, 442 (Folgebewertung von Bitcoins); Zwirner BC 2019, 61 (Bilanzierung von Bitcoins); Sixt

§ 254

DStR 2019, 1766 (steuerbilanzielle Behandlung von Token). Zu den Auswirkungen der Corona-Pandemie IDW Fachlicher Hinweis.

32 B. Von der Zuschreibungspflicht ist ein niedrigerer Wertansatz eines entgeltlich erworbenen Geschäfts- oder Firmenwertes (Ansatzpflicht gem. § 246 I 4) ausgenommen, es besteht Wertaufholungsverbot (V 2). Denn eine eingetretene Wertaufholung beruht hier nicht auf dem Wegfall der Abschreibungsgründe, sondern auf der Geschäftstätigkeit des erwerbenden Unt., weshalb Zuschreibung verbotene Aktivierung eines selbstgeschaffenen Geschäfts- oder Firmenwertes wäre (RegE BilMoG 57).

8) Ausschüttungssperre (VI)

33 VI neu angefügt durch WohnimmobilienkreditRiUmsetzG (Übergangsregelung in **(1)** EGHGB Art. 76 VI u. VII) ordnet eine **Ausschüttungssperre** an, um Rückstellungen für Altersversorgungsverpflichtungen zu schützen. Grund: Infolge der Niedrigzinsphase werden für die Absicherung wesentlich höhere Rückstellungen benötigt werden. Um die damit für Unt. verbundenen Nachteile abzumildern, wurde der Betrachtungszeitraum für die Berechnung des Durchschnittszinssatzes von sieben auf zehn Geschäftsjahre ausgedehnt (BT-Drs. 18/7584, 148 f.). Werden Rückstellungen für Altersversorgungsverpflichtungen gebildet, so ist der Unterschiedsbetrag zwischen dem Ansatz der Rückstellungen nach durchschnittlichem Marktzinssatzes aus den vergangenen zehn Geschäftsjahren und dem Ansatz der Rückstellungen nach Maßgabe von durchschnittlichem Marktzinssatzes aus den vergangenen sieben Geschäftsjahren in jedem Geschäftsjahr zu ermitteln und es dürfen Gewinne dürfen nur ausgeschüttet werden, wenn die nach der Ausschüttung verbleibenden frei verfügbaren Rücklagen zuzüglich eines Gewinnvortrags und abzüglich eines Verlustvortrags mindestens den ermittelten Unterschiedsbetrag decken (VI 1). Der Unterschiedsbetrag ist in jedem Geschäftsjahr im Anhang oder unter der Bilanz darzustellen (VI 2). IDW ERS HFA 7 nF Tz. 39a stellt klar, dass die nach VI 2 bei der Bewertung von Altersversorgungsverpflichtungen einer Ausschüttungssperre unterliegenden Unterschiedsbeträge aus der geänderten Bewertung den nach § 268 VIII ausschüttungsgesperrten Beträgen gleichgestellt sind, was bei Entnahme zur Kdtistenhaftung führt, Kampe/Dettmann/Plumeyer WPg 2018, 1074. Da eine korrespondierende Ergänzung des § 301 AktG unterblieben ist (unklar ob bewußt), unterliegen die ausschüttungsgesperrten Beträge **keiner (auch keine analoge) Abführungssperre**, str., Zwirner BC 2016, 372; Freiberg StuB 2016, 257; Thaut DB 2016, 2185; Kröner WPg 2017, 796; Petersen WPg 2018, 659. Lit. Oser/Wirtz StuB 2017, 3 (Abzinsung von Pensionsrückstellungen); Schulenburg/Hillebrandt DB 2019, 617 (Sterbetafeln); Hillebrandt/Schulenburg WPg 2019, 502 (Bewertung von Pensionsrückstellungen); Freiberg/Henckel BB 2020, 427 (Wechsel des baV-Durchführungswegs).

Bildung von Bewertungseinheiten

254 [1] Werden Vermögensgegenstände, Schulden, schwebende Geschäfte oder mit hoher Wahrscheinlichkeit erwartete Transaktionen zum Ausgleich gegenläufiger Wertänderungen oder Zahlungsströme aus dem Eintritt vergleichbarer Risiken mit Finanzinstrumenten zusammengefasst (Bewertungseinheit), sind § 249 Abs. 1, § 252 Abs. 1 Nr. 3 und 4, § 253 Abs. 1 Satz 1 und § 256a in dem Umfang und für den Zeitraum nicht anzuwenden, in dem die gegenläufigen Wertänderungen oder Zahlungsströme sich ausgleichen. [2] Als Finanzinstrumente im Sinn des Satzes 1 gelten auch Termingeschäfte über den Erwerb oder die Veräußerung von Waren.

1. Abschnitt. Vorschriften für alle Kaufleute 1, 2 **§ 254**

1) Bewertungseinheiten

A. **Kompensatorische Bewertung:** Die Vorschrift normiert die vorher als 1
GoB anerkannte und steuerrechtlich vorgesehene (§ 5 Ia EStG) Bilanzierung von
Bewertungseinheiten (auch als kompensatorische Bewertung bezeichnet). Änderung der bisherigen Bilanzierungspraxis (s. dazu MüKoAktG/J.Koch § 252
Rn. 30, Kü/We § 252 Rn. 70 ff.) ist nicht intendiert (RegE BilMoG 57, zweifelnd Meinert DStR 2017, 1401). Die Vorschrift normiert Wahlrecht, str., wie
hier BFH BStBl. II 2016, 831, IDW RS HFA 35, BeckBilKomm/Schmidt/
Usinger Rn. 5; Ho/Lü Rn. 7b; aA KK-Prinz Rn. 1; Glaser/Hachmeister BB
2011, 555; wohl auch Meinert DStR 2017, 1401. Bewertungseinheiten liegen
vor, wenn bei wirtschaftlicher Betrachtung bestimmte Risiken aus einem Grundgeschäft durch den Einsatz von Sicherungsinstrumenten neutralisiert werden.
Soweit und solange der Eintritt dieser Risiken ausgeschlossen ist, weil nicht
realisierte Gewinne in gleicher Höhe bestehen, erklärt die Norm die §§ 249 I,
252 I Nr. 3 und 4, 253 I 1 und 256a für unanwendbar. Damit brauchen für die
abgesicherten Risiken keine Rückstellungen gebildet und abgesicherte Wertverluste nicht abgeschrieben zu werden. So erfolgt Verzicht auf die Bilanzierung
nicht realisierter Verluste. Bei umgekehrter Entwicklung (Wertsteigerung der
abgesicherten Grundposition, Wertverlust des Sicherungsinstruments) kann auch
diese Wertsteigerung wegen Unanwendbarkeit von § 252 I Nr. 3 und 4 berücksichtigt werden. Sobald und soweit sich die gegenläufigen Wertänderungen der
Zahlungsströme nicht mehr ausgleichen, sind aber die allgemeinen Vorschriften
anzuwenden. Anhangangabe für KapitalGes. § 285 Nr. 23. Persönlicher Anwendungsbereich: alle Bilanzierungspflichten, die ihren Gewinn durch Betriebsvermögensvergleich ermitteln, Meinert DStR 2017, 1447. **Übergangsrecht (1)**
EGHGB Art. 66 III, V. Rechenbeispiele bei Hoffmann/Lüdenbach Rn. 68 ff.
Keine rückwirkende Anwendung der Vorschrift auf Zeit vor ihrem Inkrafttreten,
BFH BStBl. II 2016, 831. **Lit.** MBF Kap. 6 Tz. 596; Lüdenbach/Freiberg BB
2010, 2683 (IDW RS HFA 35); Driesch/vOertzen IRZ 2010, 345; Kopatschek/
Stuffert/Wolfgarten KoR 2010, 272; 2010, 328; Hennrichs WPg 2010, 1185
(Auslandsbeteiligungen); Barz/Weigel IRZ 2011, 227; Kümpel/Pollmann
DStR 2011, 1580; Rimmelspacher/Fey WPg 2011, 805; Weigel ua WPg 2012,
71 (123) (Kreditinstitute); Zwirner/Boecker BB 2012, 2935; Kleinmanns StuB
2014, 475; Bär/Kalbow/Vesper WPg 2014, 22 (Saldierung von Finanzinstrumenten); Freiberg StuB 2014, 264 (Devisentermingschäfte); Rimmelspacher/
Frey WPg 2013, 994 (Beendigung von Bewertungseinheiten); Schwabacher/
Mujkanovic StuB 2015, 163 (Beendigung von Bewertungseinheiten); Glaser/
Hachmeister DB 2015, 565 (true and fair view); Knobloch/Osinski BFuP 2016,
516 (Erwerb unbedingter Termingeschäfte); Altvater/Gehrer RdF 2018, 65 (Bilanzierung der Portierung von Zinsderivat-Portfolien zwischen zentralen Kontrahenten); Gröne StB 2018, 250; Pollmann BC 2018, 546.

B. **Grundpositionen.** Absicherungsfähig sind Vermögensgegenstände 2
(→ § 246 Rn. 3), nicht aber der derivative Geschäfts- oder Firmenwert, da
§ 246 I 4 nur Fiktion, Kü/We Rn. 57, und Schulden (→ § 246 Rn. 13), aber
auch grds. nicht bilanzierungsfähige schwebende Geschäfte (→ § 252 Rn. 21)
und mit hoher Wahrscheinlichkeit erwartete Transaktionen. Letztere sind ein
durch BilMoG eingeführtes Novum im Gesetz. Erwarteten Transaktionen fehlt
im Gegensatz zu schwebenden Geschäften noch der Vertragsschluss. Sie sind nur
absicherungsfähig, wenn ein Vertragsschluss mit hoher Wahrscheinlichkeit zu
erwarten ist (Vorsichts- und Realisationsprinzip sind auf Tatbestandsebene zu
beachten). Er muss dafür so gut wie sicher sein, allenfalls noch durch atypische
Einflüsse von außerhalb des Einflussbereichs des Bilanzierenden verhindert werden können (RegE BilMoG 58). Bestehende Ausfallrisiken bei Forderungen
stehen Einordnung als Grundgeschäft nach hA technisch nicht entgegen, aber

§ 255

Risikoberücksichtigung, BeckBilKomm/Schmidt/Usinger Rn. 14; offen Kü/We Rn. 63; aber unklar, wie dieses Risiko berücksichtigt werden soll (Bsp.: ausfallgefährdete Forderung, die gegen Währungsrisiken gesichert wird, trägt hinsichtlich Ausfallgefahr anderes Risiko; da beide Risiken (Ausfall/Währung) nicht vergleichbar sind, fehlt Risikozusammenhang, Kü/We: nur partielle Absicherung, dagegen: Ausfallgefahr ist ein nicht abspaltbares Risiko, zudem ist Ausfallgefahr eingepreist, da Forderung entsprechend abzuschreiben ist, BeckBilKomm/Schubert/Andrejewski § 253 Rn. 576 ff.).

3 **C. Sicherungspositionen.** Zur Absicherung können Finanzinstrumente und Warentermingeschäfte dienen. Der Begriff Finanzinstrumente ist im Hinblick auf § 340e III und nach dem gesetzgeberischen Willen dazu in Anlehnung an die IFRS und unter Rückgriff auf § 2 IV WpHG, § 1 XI KWG zu interpretieren (RefE BilMoG S. 105). Umfasst sind zB Wertpapiere, Geldmarktinstrumente, Devisen und Rechnungseinheiten sowie Derivate und nach S. 2 Warentermingeschäfte. Buchhalterische Erfassung eine Sicherungsposition kann durch Einfrierungs- oder Durchbuchungsmethode erfolgen, steuerlich ist Einfrierungsmethode vorzuziehen. **Lit.** Gröne StB 2018, 250; Pollmann BC 2018, 546.

2) „Sicherungsbilanzierung"

4 Die Zusammenfassung muss zur Absicherung der Risiken gebildet werden. Das setzt Absicherungsabsicht im Zeitpunkt der Bildung der Bewertungseinheit voraus sowie die Absicht, die Bewertungseinheit bis zur Zweckerreichung beizubehalten. Vorzeitige Beendigung möglich, dann aber Anwendung der allgemeinen Vorschriften ab diesem Zeitpunkt.

Möglich ist Absicherung eines einzelnen Grundgeschäfts durch ein einzelnes Sicherungsinstrument („micro-hedging"), Absicherung mehrerer gleichartiger Grundgeschäfte durch Sicherungsinstrumente („portfolio-hedging") oder Absicherung ganzer Gruppen jeweils gleichartiger Grundpositionen („macro-hedging", Zulässigkeit bisher str., MüKoHGB Ballwieser § 252 Rn. 29); auch nur partielle Absicherung hinsichtlich Umfang oder Zeitraum ist nach Wortlaut zulässig, Kü/We Rn. 72. Die Risiken für Grund- und Sicherungspositionen müssen aber vergleichbar sein. Das ist der Fall, wenn beide Positionen demselben Risiko ausgesetzt sind, BT-Drs. 16/12407, 112, sonst lässt sich die gegenläufige Entwicklung der Zahlungsströme nicht verlässlich messen und verhindern, dass sie sich zufällig ausgleichen. Zulässig ist damit bspw. Absicherung einer Verbindlichkeit in US-Dollar durch Divisentermingeschäft (Risiko ist Kursentwicklung des US-Dollar), unzulässig aber Absicherung des Zinsrisikos langfristig fälliger Forderungen durch Währungszinsswap.

Ob sich die gegenläufigen Zahlungsströme tatsächlich neutralisieren, ist zu jedem Bilanzstichtag positiv festzustellen. Das Gesetz schreibt hierfür kein Verfahren vor und überlässt die Wahl mithin den Unt. Gelingt keine verlässliche Beurteilung, ist nach den allgemeinen Vorschriften zu bilanzieren.

Bewertungsmaßstäbe

255 (1) ¹**Anschaffungskosten sind die Aufwendungen, die geleistet werden, um einen Vermögensgegenstand zu erwerben und ihn in einen betriebsbereiten Zustand zu versetzen, soweit sie dem Vermögensgegenstand einzeln zugeordnet werden können.** ²**Zu den Anschaffungskosten gehören auch die Nebenkosten sowie die nachträglichen Anschaffungskosten.** ³**Anschaffungspreisminderungen, die dem Vermögensgegenstand einzeln zugeordnet werden können, sind abzusetzen.**

(2) ¹**Herstellungskosten sind die Aufwendungen, die durch den Verbrauch von Gütern und die Inanspruchnahme von Diensten für die Herstellung eines**

1. Abschnitt. Vorschriften für alle Kaufleute § 255

Vermögensgegenstands, seine Erweiterung oder für eine über seinen ursprünglichen Zustand hinausgehende wesentliche Verbesserung entstehen. ²Dazu gehören die Materialkosten, die Fertigungskosten und die Sonderkosten der Fertigung sowie angemessene Teile der Materialgemeinkosten, der Fertigungsgemeinkosten und des Werteverzehrs des Anlagevermögens, soweit dieser durch die Fertigung veranlasst ist. ³Bei der Berechnung der Herstellungskosten dürfen angemessene Teile der Kosten der allgemeinen Verwaltung sowie angemessene Aufwendungen für soziale Einrichtungen des Betriebs, für freiwillige soziale Leistungen und für die betriebliche Altersversorgung einbezogen werden, soweit diese auf den Zeitraum der Herstellung entfallen. ⁴Forschungs- und Vertriebskosten dürfen nicht einbezogen werden.

(2a) ¹Herstellungskosten eines selbst geschaffenen immateriellen Vermögensgegenstands des Anlagevermögens sind die bei dessen Entwicklung anfallenden Aufwendungen nach Absatz 2. ²Entwicklung ist die Anwendung von Forschungsergebnissen oder von anderem Wissen für die Neuentwicklung von Gütern oder Verfahren oder die Weiterentwicklung von Gütern oder Verfahren mittels wesentlicher Änderungen. ³Forschung ist die eigenständige und planmäßige Suche nach neuen wissenschaftlichen oder technischen Erkenntnissen oder Erfahrungen allgemeiner Art, über deren technische Verwertbarkeit und wirtschaftliche Erfolgsaussichten grundsätzlich keine Aussagen gemacht werden können. ⁴Können Forschung und Entwicklung nicht verlässlich voneinander unterschieden werden, ist eine Aktivierung ausgeschlossen.

(3) ¹Zinsen für Fremdkapital gehören nicht zu den Herstellungskosten. ²Zinsen für Fremdkapital, das zur Finanzierung der Herstellung eines Vermögensgegenstands verwendet wird, dürfen angesetzt werden, soweit sie auf den Zeitraum der Herstellung entfallen; in diesem Falle gelten sie als Herstellungskosten des Vermögensgegenstands.

(4) ¹Der beizulegende Zeitwert entspricht dem Marktpreis. ²Soweit kein aktiver Markt besteht, anhand dessen sich der Marktpreis ermitteln lässt, ist der beizulegende Zeitwert mit Hilfe allgemein anerkannter Bewertungsmethoden zu bestimmen. ³Lässt sich der beizulegende Zeitwert weder nach Satz 1 noch nach Satz 2 ermitteln, sind die Anschaffungs- oder Herstellungskosten gemäß § 253 Abs. 4 fortzuführen. ⁴Der zuletzt nach Satz 1 oder 2 ermittelte beizulegende Zeitwert gilt als Anschaffungs- oder Herstellungskosten im Sinn des Satzes 3.

Übersicht

	Rn
1) Anschaffungskosten (I)	1–13
A. Begriff:	1
B. Erwerbs- und Inbetriebnahmekosten (I 1):	2
C. Zuschläge (Nebenkosten, nachträgliche Anschaffungskosten) (I 2):	3
D. Abzüge (Anschaffungspreisminderungen) (I 3):	4
E. Andere Erwerbsgeschäfte als Kauf:	5–11
F. Grund und Boden und Gebäude:	12
G. Konzern:	13
2) Herstellungskosten (II)	14–21
A. Begriff:	14, 15
B. Einzelkosten (II 1, 2):	16
C. Gemeinkosten (II 2–3):	17–20
D. Forschungs- und Vertriebskosten (II 4):	21
3) Herstellungskosten selbstgeschaffener immaterieller Güter des Anlagevermögens (IIa)	22

	Rn
4) Zinsen für Fremdkapital (III)	23, 24
A. Grundsatz:	23
B. Ausnahme:	24
5) Beizulegender Zeitwert (IV)	25–27
A. Mark to Market (VI 1)	25
B. Mark to Model (IV 2):	26
C. Bewertung zu Anschaffungs- oder Herstellungskosten (IV 3, 4):	27

1) Anschaffungskosten (I)

1 **A. Begriff:** I definiert die Anschaffungskosten (zB § 253 I 1) weitgehend entspr. der bisherigen Praxis. Nach I 1 sind Anschaffungskosten die geleisteten Erwerbs- und Inbetriebnahmekosten ohne Gemeinkosten, BFH/NV 2006, 40; hinzukommen die Nebenkosten sowie die nachträglichen Anschaffungskosten (I 2), BFH BStBl. II 2003, 574, abzusetzen sind Anschaffungspreisminderungen (I 3). Entscheidend sind wirtschaftliche Gesichtspunkte (Zweckbestimmung der Aufwendung), BFHE 197, 58 (62). Maßgeblich sind die tatsächlichen Anschaffungskosten für jeden einzelnen **Vermögensgegenstand** (Steuerrecht: Wirtschaftsgut), auch bei Wertpapieren gleicher Gattung; bei Unklarheit infolge Vermischung gattungsgleicher Sachen muss der Anschaffungspreis geschätzt werden; fehlen Anhaltspunkte für eine Schätzung, ist auf den Anschaffungspreis des vermischten Gesamtbestands abzustellen, der sich aus der Zusammenrechnung der Einzelkosten ergibt, BFH BStBl. II 2014, 578. Auch überhöhte, aber tatsächlich angefallene Anschaffungs- und Anschaffungsnebenkosten sind grundsätzlich zu aktivieren. Nach dem Prinzip der Erfolgsneutralität sollen Anschaffungsvorgänge in der Zugangsbewertung als bloße Vermögensumschichtungen abgebildet werden, da jede Auf- oder Abwertung Gewinnkonsequenzen hat. Die Aktivierbarkeit der Anschaffungs- und Anschaffungsnebenkosten im Rahmen der Zugangsbewertung schließt aber eine Wertberichtigung noch in der laufenden Abrechnungsperiode im Rahmen des folgenden Jahresabschlusses nicht aus. Liegen die Anschaffungskosten über dem Zeitwert des Vermögensgegenstandes und kommt es dadurch zu Überwertungen bei der Zugangsbewertung, ist im Rahmen des folgenden Jahresabschlusses zu prüfen, ob eine Abwertung nach § 253 III–V HGB zu erfolgen hat (BGH DStR 2021, 2919, 2921). Umstr. ist, ob **Vermögensgegenstand** erst entsteht, wenn er in den Verkehr gebracht wird (Verwertung), so hM, etwa BFH GrS BStBl. II 2007, 508; Knobbe-Keuk DB 1985, 144 (147), oder ob genügt, dass er in den Verkehr gebracht werden kann (Verwertbarkeit), so Wichmann Stbg 2018, 460 (462). Ob **Betriebsbereitschaft** zu verlangen ist, ist umstr, dagegen BFH DStRE 2015, 1455 Rn. 23 f. Anders BFH BeckRS 2018, 18610 Rn. 25: Betriebsbereitschaft setzt Nutzbarkeit entsprechend Zweckbestimmung voraus; zu Anschaffungskosten gehören auch Aufwendungen für bestimmungsgemäße Nutzung, über die Erwerber bestimmt; bei Grundstück erschöpft sich Nutzung nicht darin, dass es zur Erzielung von Einkünften im Rahmen einer bestimmten Einkunftsart genutzt werden soll und damit betriebsbereit wäre, wenn es dafür objektiv einsetzbar ist. Zweck der Nutzung stellt vielmehr auf konkret darauf ab, wie Erwerber das Grundstück nutzen will, dessen Betriebsbereitschaft allein durch Zustand und grundstücksbezogene Kriterien bestimmt wird, insbesondere durch Größe, Lage, Zuschnitt, Erschließung und Grad der Bebaubarkeit. Bleiben diese Merkmale unverändert, fehlt es am „Versetzen" in betriebsbereiten Zustand, so bereits BFHE 230, 392. Für Erfordernis der Betriebsbereitschaft auch Weber-Grellet BB 2016, 43 (44). Größere Instandsetzungen und laufende Reparaturkosten sind keine Anschaffungskosten, sondern nachträgliche Herstellungskosten iSv § 6 I Nr. 1a S. 1 EStG, FG München BeckRS 2015, 95684. Zur Abgrenzung von Aufwand und Anschaffungskosten

1. Abschnitt. Vorschriften für alle Kaufleute 2 **§ 255**

bei Ablösung eines Erbbaurechts BFH HFR 2011, 1204. BFH geht von „originärer steuerrechtlicher Auslegung" des § 255 aus, BFH DStRE 2010, 1435 (Zahlung für Übernahme einer Zufahrt als Anschaffungskosten von Grund und Boden). Entdeckte Bodenschätze sind als originär erworbene Bodenschätze nach den Grundsätzen über Herstellungskosten und nicht als Anschaffungskosten zu bilanzieren, BFH BStBl. II 2016, 593; BStBl. II 2016, 607. Bitcoins sind kein materieller, aber immaterieller Vermögensgegenstand, Kirsch/v. Wieding BB 2017, 2731; Gerlach/Oser DB 2018, 1541, Horx/Blecher WPg 2020, 267. Erbbauzinsen sind keine Anschaffungskosten, BFHE 260, 202. **Übergangsrecht zu § 255 in (1) EGHGB** Art. 24, 66 (→ Einl. vor § 238 Rn. 61). RsprÜbersicht: Moxter, 2. Aufl. 1985 (BFH), § 9. **Lit.** MBF Kap. 6 Tz. 660 ff.; Küting/Lauer DB 2013, 1185 (Anschaffungskostenprinzip u. seine Durchbrechung); Lüdenbach/Freiberg BB 2014, 747 (Anschaffungskosten bei Know-how-Erwerb gegen erfolgsabhängige Vergütung); zu ANK → § 255 Rn. 3; Dutzi/Leuveld/Rausch BB 2015, 2219 (Upstream Merger); Knobloch/Osinski BFuP 2016, 516 (Erwerb unbedingter Termingeschäfte); Gersbacher-Volz/Koch BC 2017, 66 (selbst erstellte Standardsoftware); Lüdenbach StuB 2016, 471 (Verzugsbedingte Zahlung des Lieferanten in der Bilanz des Bestellers); Sander DB 2019, 2081 (langjährige Unterstützungszahlungen an TochterGes.); Busch, DStR 2022, 112 (Ansatz und Bewertung selbst ausgebildete Lizenzfußballspieler).

B. **Erwerbs- und Inbetriebnahmekosten (I 1):** Bei entgeltlichem Erwerb 2 sind die Erwerbskosten der Kaufpreis; auch wenn überhöht, dann aber uU §§ 253 III 3, IV 1, 2, Konzernverrechnungspreise → Rn. 13; unentgeltliche und andere Verträge → Rn. 5 ff. Erwerbskosten (für Spielerlaubnis) sind zB Transferzahlungen für Berufsfußballspieler, BFH NJW 1993, 222, aA Schröder/Specht WPg 2020, 959 f. (nur Anschaffungsnebenkosten iSv I 2) Die Gegenleistung für den Erwerb von Bitcoins von Drittem sowie die Transaktionskosten dafür sind als Anschaffungskosten zu bilanzieren, Ummenhofer/Zeitler Konzern 2018, 442 (446). Gesamtkaufpreis ist aufzuteilen, maßgeblich ist vertragliche Vereinbarung, sofern wirtschaftlich vernünftig, sonst Verhältnis der Zeitwerte. Umfasst der Kaufpreis auch das Entgelt für andere Leistungen des Verkäufers, sind entspr. Abschläge zu machen. Die im Kaufpreis enthaltene **Umsatzsteuer** ist abzuziehen, soweit Vorsteuerabzug nach UStG möglich ist, IDW-HFA 1/1985 WPg 1985, 257. Doch kann auch entspr. § 9b EStG verfahren werden, ADS Rn. 20. Beim Zuschussgeber eines „Großmutterzuschusses" ist Einzelfallbetrachtung erforderlich um festzustellen, ob Zuschuss als nachträgliche Anschaffungskosten auf Beteiligung qualifiziert werden kann, Roß/Zilch BB 2014, 1579. Vereinbarung der Behandlung des Gesellschafterdarlehens „wie Eigenkapital" führt bei endgültigem Ausfall des Rückforderungsanspruchs zu nachträglichen Anschaffungskosten der Beteiligung, BFH DStR 2014, 1597. Gewährt nicht geschäftsführender 10%iger GmbH-Gesellschafter Darlehen und fällt er mit dem Rückzahlungsanspruch insolvenzbedingt aus, führt dies nicht zu nachträglichen Anschaffungskosten, da er nicht unter das Eigenkapitalersatzrecht fällt, BFH DStR 2015, 2217. Bei gleichzeitigem Erwerb sämtlicher Anteile an einer PersGes. sowie ihrer Wirtschaftsgüter nur Anschaffungsvorgang für Wirtschaftsgüter; Anteilserwerb kein eigenständiger Anschaffungsvorgang, s. BFH HFR 2006, 176. Ursprünglich angeschaffter Vermögensgegenstand kann durch mehrere andere ersetzt werden, so dass sich ursprüngliche Anschaffungskosten anteilig fortsetzen, BFHE 194, 182. **Anschaffungskosten in Fremdwährung** (Fremdwährungsverbindlichkeiten und -forderungen → § 253 Rn. 2, 27): Bei geleisteter Anzahlung und Barzahlung ist tatsächlicher Euro-Betrag maßgeblich, bei Kauf auf Ziel Kurs zum Anschaffungszeitpunkt, BeckBilKomm/Schubert/Gadek Rn. 55, aA Zeitpunkt der Erstverbuchung wie für die spätere Fremdwährungsverbindlichkeit ADS Rn. 63; spätere Wechselkursänderungen sind für Anschaffungskosten irrelevant, hL, anders für die Fremdwährungsverbindlichkeiten und -forderungen. **Betriebsbereitschaftskosten** (Kosten der Versetzung in betriebsbereiten Zustand) betreffen zB Transport, Transportversicherung (aA Nebenkosten, → Rn. 3), Montage; auch Umrüstung zur erstmaligen Versetzung in den betriebsbereiten Zustand; anschaffungsnahe Aufwendungen nach erstmaliger Versetzung in den betriebsbereiten Zustand können nachträgliche Anschaffungs- bzw. nachträgliche Herstellungskosten oder bloßer Erhaltungsaufwand sein, ADS Rn. 14 gegen BFH, Abgrenzung von beidem ADS Rn. 118. Kosten zur Herstellung der Funktionstüchtigkeit bzw. Betriebsbereitschaft gehören zu den originären Anschaffungskosten, BeckBilKomm/Schubert/Gadek Rn. 61 ff.; Kowanda DStR 2017, 2640. Bei Finanzanlagen sind regelmäßig die Erwerbspreise nebst Erwerbsnebenkosten maßgebend, OLG Dresden ZIP 2017, 2003 = BeckRS 2017, 102414; BeckBilKomm/Schubert/Gadek Rn. 175 ff., 250. **Gemeinkosten**, also die nicht angeschafften Vermögensgegenstand nicht einzeln zuzuordnenden Kosten (I 1 Hs. 2), sind **nicht** zu berücksichtigen, zB Kosten der Einkaufsabteilung. Zur Behandlung „negativer" Anschaffungskosten s. BFH HFR 2006, 865, Schiffers WPg 2006, 1279, Preißer/Bressler BB 2011, 427. Verzicht auf Avalprovision stellt keine Anschaffungskosten dar, FG Münster EFG 2005, 1874; Pagel/Tetzlaff StuB 2013, 451 (Wertansatz bei der Anwachsung).

3 **C. Zuschläge (Nebenkosten, nachträgliche Anschaffungskosten) (I 2):**
Zu den Anschaffungskosten gehören auch die mit dem Erwerb verbundenen **Nebenkosten**, zB Provisionen (auch Provision für nachträgliche Finanzierungsvermittlung, wenn bereits bei Projektbeginn zu erwarten, FG Köln DStRE 2011, 514), Beurkundungskosten, Grunderwerbsteuer (einschränkend aber BFHE 233, 393; BFH DStR 2011, 1169 für Fälle des § 1 III Nr. 1 GrEStG), Zölle, Vermittlungs-, Maklerkosten; Gutachterkosten im Zusammenhang mit Anschaffung von GmbH-Geschäftsanteilen, wenn sie nach Erwerbsentscheidung anfallen, BFH DStR 2007, 1027. Gesondertes Entgelt des Vermögensverwalters für die Auswahl der Gewinnstrategie ist den Anschaffungskosten der Anlage hinzuzurechnen, BFH BB 2010, 882. Aufwendungen, die dem Erwerb des Vermögensgegenstands (Anschaffungszeitpunkt) vorausgehen (Due Diligence-Kosten, Beratungskosten uä.), sind ANK, soweit sie dem anzuschaffenden Vermögensgegenstand wirtschaftlich zugeordnet werden können und der Steuerpflichtige bereits im Zeitpunkt der Beauftragung eines Beraters fest zum Erwerb entschlossen ist. Der Entschluss zum Erwerb liegt dabei nicht erst vor, wenn ein Angebot zum Erwerb abgegeben wird oder ein unterschriftsreifer Vertrag vorliegt, sondern im Moment, in dem der potentielle Erwerber sich entschließt, den Erwerb zu prüfen; dies gilt auch für vergeblich aufgewandte Beratungskosten, BFH BStBl. II 2004, 597; endgültige Erwerbsabsicht soll bereits bei Unterzeichnung eines letter of intent vorliegen, FG Köln BB 2011, 174 und dazu krit. Bünning/Lorberg BB 2017, 2859. Für ANK ist alleine maßgeblich, ob Aufwendungen dazu dienen, Betriebsbereitschaft herzustellen, um Werterhöhung zu bewirken, BFH BeckRS 2018, 18610. Provisionen für Spielervermittler für den entgeltlichen Erwerb der Spielerlaubnis im Profifußball, BFH DStR 2012, 229; zust. Schröder/Specht WPg 2020, 959 f.; krit. Schülke StB 2012, 121; Handgelder an Spieler selbst sind vorweggenommene Gehaltszahlungen und als aRAP zu erfassen, Schröder/Specht WPg 2020, 959 f. Zahlung bedingter Beraterhonorare (z. B. nur für den Fall, dass Spieler länger bei Verein bleibt) oder variable Transferentschädigungen an alten Verein, wenn bestimmte sportliche Ziele im neuen Verein erreicht werden, können nachträgliche Anschaffungskosten sein, Schröder/Specht WPg 2020, 959, 961. **Nicht** zu den ANK gehören zB Gemeinkosten; idR Prozesskosten, str.; ob interne ANK, die nicht dem Vermögensgegenstand einzeln zugeordnet werde können (für Anschaffungspreisminderungen hat der Gesetzgeber in I 3 eine Klarstellung geschaffen), als unechte Gemeinkosten zu aktivieren sind

oder ob es sich um sofort abzugsfähige Betriebsausgaben handelt, ist str., Saure DStR 2018, 1193. Nachträgliche Anschaffungskosten einer Beteiligung sind neben (verdeckten) Einlagen auch nachträgliche Aufwendungen auf die Beteiligung, wenn sie durch das Gesellschaftsverhältnis veranlasst sind und weder Werbungskosten bei Einkünften aus Kapitalvermögen noch Veräußerungs- oder Auflösungskosten sind, BFH BeckRS 2017, 120725. **Finanzierungskosten,** da sie im Zusammenhang mit einer Kreditaufnahme stehen und nicht Wert des angeschafften Vermögensgegenstands erhöhen, zB Bankkredit, Teilzahlungskredit, Verzugszinsen ua. Jedoch gewisser Gestaltungsspielraum, BeckBilKomm/Schubert/Gadek Rn. 501, zB Bauzeitzinsen als Teil des Veräußerungspreises; nicht kalkulatorische Zinsen auf Eigenkapital. Für Herstellungskosten ausdrücklich III 1, aber auch III 2, der aber gerade nicht für Anschaffungskosten gilt, großzügiger ADS Rn. 37. Soweit Kosten der logistischen Kette im Zusammenhang mit der Warenbeschaffung von anderem Unt. dem Kfm. berechnet werden, sind sie zu aktivieren, hM Saure DStR 2018, 1193 (1194). Zölle sind ebenfalls als ANK zu aktivieren, Saure DStR 2018, 1193 (1195). Auch **nachträgliche Anschaffungskosten** gehören dazu, zB Kaufpreiserhöhung nach Anpassung (→ Einl. vor § 343 Rn. 13–15) oder Rechtsstreit; auch wenn mit ihnen Aufwendungen, die erst längere Zeit nach dem Erwerb anfallen; auch wenn mit ihnen eine andere als die bisherige Nutzung ermöglicht wird, zB Straßenanlieger- und Erschließungsbeiträge nach Baurecht (Begr. E § 260), krit. IDW WPg 1984, 134 u. GK BilR/Kleindiek Rn. 11: keine Aufwendungen, soweit nachträgliche Kosten Vermögensgegenstand erweitern bzw. über seinen ursprünglichen Zustand hinaus verbessern. Nur kausaler oder zeitlicher Zusammenhang mit Anschaffung nicht ausreichend. Maßgeblich ist Zweckbestimmung der Aufwendung, BFH BB 2006, 548. Beiträge für Zweiterschließung eines Grundstücks sind nachträgliche Anschaffungskosten für Grund und Boden, wenn Wert aufgrund erweiterter Nutzbarkeit steigt, nicht hingegen, soweit Zweiterschließung die vorhandene Erschließungsanlage nur ersetzt oder verbessert, BFH/NV 2016, 1541. Leistungen, die dem lastenfreien Grundstückserwerb dienen, können nachträgliche Anschaffungskosten darstellen, BFH/NV 2016, 1446. Übernahme von eigenkapitalersetzender Bürgschaft für Ges., an der Anteilseigner nur mittelbar beteiligt ist, führt nicht zu nachträglichen Anschaffungskosten der (unmittelbaren) Beteiligung, BFH DStR 2008, 965. Der durch die voraussichtliche Inanspruchnahme aus Durchgriffshaftung entstehende Aufwand erhöht nicht die Anschaffungskosten für den GmbH-Anteil, BFHE 202, 128 (133); unklar seit MoMiG, da nunmehr bloß nachrangige Verbindlichkeit; steuerrechtliche Lösung bei Bode DStR 2009, 1781 (nicht ohne weiteres auf § 255 übertragbar); entscheidend dürfte sein, ob die Aufwendungen gesellschaftsrechtlich veranlasst waren und Fremdvergleich standhalten, so auch Heuermann DStR 2008, 2089. Gewähr einer Sicherheit für AG durch ihren Aktionär führt nur bei unternehmerischer Beteiligung zur Erhöhung der Anschaffungskosten, BFH DStR 2008, 1424. Gewährung eines krisenbestimmten Darlehens an die AG durch Aktionär, der zu diesem Zeitpunkt an der AG unternehmerisch beteiligt ist, führt zu nachträglichen Anschaffungskosten der Beteiligung, BFH NJW-RR 2017, 492. Zu ANK bei unentgeltlichem Erwerb BFH BStBl. II 2014, 878. Zum Verhältnis derVorschrift zu § 6 I Nr. 1a S. 1 EStG BFH BStBl. II 2016, 996. Zur Anwendung der für den Tausch entwickelten Bilanzierungsgrundsätze auf die Abwärtsspaltung mit Anteilsgewährung Deubert/Lewe BB 2017, 2603. **Lit.** Hoffmann PiR 2013, 169 (ANK auf Beteiligungen); Hoffmann PiR 2013, 299 (anschaffungsnahe Herstellungskosten); Rspr.-Übersicht: Pilhofer/Lessel StuB 2013, 11 (Beteiligungen); Kahle/Hiller DB 2014, 500 (ANK beim Beteiligungserwerb); Günther GStB 2015, 323; Lüdenbach StuB 2016, 471 (Verzugsbedingte Zahlung des Lieferanten in der Bilanz des Bestellers).

4 D. Abzüge (Anschaffungspreisminderungen) (I 3): Abzusetzen sind **Anschaffungspreisminderungen,** zB Rabatte, Skonti, andere Nachlässe; spätere Boni nur, wenn noch Einzelzuordnung (I 3 Hs. 2) möglich ist, zB nicht bei Treueprämie, idR auch nicht bei mengen- oder umsatzabhängigen Boni, str., aA ADS Rn. 53. Präzisierung des Wortlauts durch BilRUG 2015 (**Übergangsrecht (1) EGHGB** Art. 75 I 1) gem. Art. 2 Nr. 6 Bilanz-RL 2013, was für mengen- oder umsatzabhängige Boni von Bedeutung sein dürfte, die nur dann anschaffungspreismindern wirken, wenn Minderungen einzelnen Vermögensgegenständen zugeordnet werden können (BegrRegE 70, krit. Haaker StuB 2015, 13). Ein pauschaler Abzug der Anschaffungspreisminderung wegen nicht eindeutiger Gesetzeslage ist unzulässig, Saure DStR 2018, 1193. Vorschrift gilt nicht nur für Kaufpreisnachlässe, sondern nach ihrem Zweck ganz allgemein für Ermäßigungen der Anschaffungskosten und damit für Rückflüsse von im Zusammenhang mit dem Erwerb geleisteten Aufwendungen, die nicht sofort abziehbar, sondern auf die Nutzungsdauer zu verteilen gewesen wären, BFH BStBl. II 2002, 796; auch für Provision, für die Erwerber keine besondere Leistung erbringt, BFH DStR 2004, 803; HFR 2006, 438. Gewährter Vorteil mindert aber Anschaffungskosten nur, wenn (so gut wie) ausschließliche Zurechnung zum Anschaffungsvorgang möglich, BFH/NV 2006, 816. kehrt BeteiligungsUnt. Vermögen an Gesellschafter aus, ist zu prüfen, ob bei wirtschaftlicher Betrachtung eine Kapitalrückzahlung (Minderung von Anschaffungskosten der Beteiligung im Sinne des I 3) zu sehen ist, Deubert/Hoffmann Konzern 2014, 154. Geldwerter Vorteil aus verbilligtem Erwerb einer Beteiligung, der mit Blick auf spätere Geschäftsführertätigkeit gewährt wird, ist als Arbeitslohn zu berücksichtigen, BFH DStR 2014, 1713. Auf Schadensersatzanspruch eines Anlegers gegen Gründungsgesellschafter eines Immobilienfonds sind Steuervorteile, die sich aus der Berücksichtigung von Werbungskosten ergeben, grundsätzlich nicht schadensmindern anzurechnen, BGHZ 200, 51. Schadensersatz vom Steuerberater dafür, dass bei anderer als vorgeschlagene Gestaltung keine Grunderwerbsteuer angefallen wäre, sind nicht als Anschaffungspreisminderungen, sondern als steuerpflichtige Ertrag zu behandeln, BFH BStBl. II 1993, 96; FG Schleswig-Holstein BeckRS 2017, 148413; gilt ebenso, wenn ANK zurückgezahlt oder Anschaffungsausgaben durch Dritte erstattet oder vergütet werden, BFHE 154, 212; ob Minderung vorliegt, beurteilt sich nach Rechtsverhältnis, aufgrund dessen die Aufwendungen zu erbringen sind; werden Anschaffungskosten ganz oder teilweise zurückgezahlt, etwa infolge Nachlasses, Wandlung, Minderung oder Schadensersatz, kommt Herabsetzung der Anschaffungskosten in Betracht, BFH BStBl. II 1993, 96. Anschaffungspreisminderung kann auch darin liegen, dass ANK oder Anschaffungskosten Kosten von Dritten erstattet oder vergütet werden sofern dies nicht Entgelt für eine Leistung des Empfängers ist; Ermäßigung iSv I 3 setzt aber voraus, dass zwischen Schadensersatz und Anschaffungsvorgang hinreichender wirtschaftlicher Zusammenhang besteht, wenn also Anschaffung maßgebender Anlass für Minderung ist, sodass Zufluss von Gütern in Geld Rückführung von Anschaffungskosten darstellt, BFH BStBl. II 2017, 316. Sehr str. ist die Behandlung von **Zuwendungen Dritter.** Zuschüsse (steuerpflichtig) und Zulagen (steuerfrei) öffentlicher oder privater Dritter aus Anlass der Anschaffung mindern die Anschaffungskosten nicht (bei entspr. Verhaltenspflicht uU passiver Rechnungsabgrenzungsposten); aA BFH DB 1988, 2436 = BeckRS 1988, 22008603 mit Anm. Groh DB 1988, 2417; ADS Rn. 56; anders, wenn Zuwendung Entgelt- oder Schadensersatzcharakter hat, BFH BStBl. II 1992, 96; gegen sofortige vollständige Vereinnahmung (Verzerrung des Periodenergebnisses) und für wahlweise Anschaffungskostenminderung oder gesonderten Passivposten (§ 265 V 2), IDW-HFA 1/1984, WPg 1984, 612. Nach Steuerrecht besteht Wahlrecht zwischen sofortiger erfolgswirksamer Vereinnahmung und Anschaffungskostenminderung, krit. ADS Rn. 58. Zur Bilanzierung privater Zuschüsse IDW-HFA 2/

1996; je nachdem, ob Eigentum übergeht und Gegenleistungspflicht besteht. **Lit.** Theile GmbHR 2015, 281 (GmbH- u. GmbH & Co KG-Abschluss nach BilRUG); Lorson DB 2015, 695; Wirth/Weber/Dusemond/P. Küting DB 2015, 1053 (Kapitalkonsolidierung); Zwirner StuB 2015, Beil. 2 S. 1.

E. **Andere Erwerbsgeschäfte als Kauf: a)** Beim **Tausch** besteht Wahlrecht 5 zwischen der Fortführung des Buchwerts des hingegebenen Gegenstandes, Gewinnrealisierung bis zum Zeitwert des erworbenen Gegenstandes und Wahl eines Zwischenwertes zur Deckung der Ertragssteuer (sog. ergebnisneutrale Behandlung), ADS Rn. 92 f.; aA nur geschätzter Verkaufspreis des hingegebenen Gegenstands (Gewinnrealisierung). Ansatz von Zwischenwert ist unzulässig (Methodenbestimmtheit), WP-HdB I E 264. Erläuterung im Anhang (§ 284 II Nr. 1). Entgegennahme eines Fremdwährungsguthabens als Gegenleistung für Veräußerung von Wertpapieren stellt Tausch beider Wirtschaftsgüter dar, BFH DStR 2014, 582. Zur Anwendung der für den Tausch entwickelten Bilanzierungsgrundsätze auf die Abwärtsspaltung mit Anteilsgewährung Deubert/Lewe BB 2017, 2603, auf den Upsteam Merger Kronner/Seidler BB 2018, 1899, zur entsprechenden Anwendung auf die Bezahlung mit Kryptowährungen (Bitcoin, Ether) Gerlach/Oder DB 2018, 1541; Blecher/Horx WPg 2020, 267 (gegen Wahlrecht); zur Bewertung bei tauschähnlichem Vorgang, bei dem Forderung eingebracht wird, um stille Beteiligung zu erwerben, BFHE 266, 250 (juris-Rn. 47) und → Rn. 11.

b) Bei **Schenkung** besteht Aktivierungswahlrecht, WP-HdB I E 261, str. 6 Hintergrund: Bei unentgeltlichem Erwerb war früher streitig, ob überhaupt Aktivierung (Bilanzierung dem Grunde nach) zu erfolgen hat. Teilweise wurde vertreten, dass die Vermögensgegenstände zwar zu inventarisieren seien, „ein Wertansatz, selbst ein Merkposten [...] aber nicht verlangt werden" könne, ADS Rn. 83. Argument war insb. § 248 II aF (Aktivierungsverbot für unentgeltlich erworbene immaterielle Vermögensgegenstände). Heute geht Teil der Literatur im Grundsatz von Ansatzpflicht für unentgeltlich erworbene Vermögensgegenstände aus (Kahle, in: Baetge/Kirsch/Thiele, BilR 2017, Rn. 74; Böcking/Gros in: Wiedmann et al, BilR, 3. Aufl. Rn. 14; Wohlgemuth/Radde in Beck. Handb. Recchnungslegung, 6. EL. 2020 B162 Rn. 62). Andere plädieren für Wahlrecht analog § 248 II HGB; zweifelhaft seit BilMoG, da unklar, warum hier Ausnahme vom Vollständigkeitsgebot, ebenso Kü/We Rn. 108. Bilanzierung der Höhe nach (Bewertung) ist ebenfalls str. Konflikt zw. Vollständigkeitsprinzip, Anschaffungskostenwertprinzip, und Grundsatz des ergebnisneutralen Anschaffungsvorgangs, Scholz, DB 2021, 296, 298. Vorzugswürdig: Ansatz des Zeitwerts des unentgeltlich erworbenen Gegenstands, Grenze § 248 II; Gegen Ansatz zu fiktiven AK spricht Grundsatz ergebnisneutraler Behandlung (auch → Rn. 5 für Tausch); Ausnahme aber, wenn gewollte Verbesserung der Kapitalstruktur etc, BeckBilKomm/Schubert/Gadek Rn. 100 und KK/Ekkenga Rn. 102; andererseits ist Wertzuwachs im Unt. zu verzeichnen, der sich über Folgejahre durch Abschreibung neutralisiert. Bei gemischter Schenkung Aufteilung. Zur teilentgeltlichen Übertragung BFH BStBl. II 2014, 629. Zur Anwendung der für die Schenkung entwickelten Bilanzierungsgrundsätze auf den Downstream Merger Kronner/Seidler BB 2018, 1899. **Lit.** Schulze-Osterloh NZG 2014, 1. Schulz DB 2021, 296.

c) Beim **Darlehen** sind Anschaffungskosten für die **Forderung** die Geldhin- 7 gabe, auch bei fehlender oder niedriger Verzinslichkeit Nennbetrag ohne Abzinsung (da Anschaffung; anders laufende Bewertung → § 253 Rn. 21), BeckBilKomm/Schubert/Gadek Rn. 257; aA nur Barwert als Anschaffungskosten ADS Rn. 81.

d) Beim **Factoring** (s. (7) Bankgeschäfte O1) sind die abgetretenen Forderun- 8 gen beim Factor (Erwerber) zu bilanzieren, aus Praktikabilitätsgründen auch beim unechten Factoring, str., das unterschiedliche Risiko beim echten und beim unechten Factoring ist durch Vermerk nach § 251 bzw. bei drohendem Ausfall durch Rückstellung zu berücksichtigen, ADS § 246 Rn. 321, str., aA für unechtes Factoring Döllerer ZGR 1988, 589 und WP-HdB I E 45.

9 e) Beim (Finanzierungs-)**Leasing** (s. **(7)** Bankgeschäfte P1) richten sich, falls der Leasinggegenstand beim Leasingnehmer anzusetzen ist (→ § 246 Rn. 23), die Anschaffungskosten nach dem abgezinsten Barwert (ohne Kreditkosten, → Rn. 3) des Leasingentgelts; umfasst dieses auch das Entgelt für andere Leistungen des Leasinggebers, zB Reparaturen, sind entspr. Abzüge zu machen; IDW-HFA 1/1973 WPg 1973, 102, str.

10 f) Bei Erwerb in **Zwangsversteigerung** und Verwertung von Sicherungsgut umfassen die Erwerbskosten auch die ausgefallene, nicht mehr realisierbare Forderung bis zur Höhe des Zeitwerts des Vermögensgegenstands, ADS Rn. 76, str.

10a g) **Erbschaft:** Beim Erwerb durch Erbgang sind grds Buchwerte des Erblassers fortzuführen, da Gesamtrechtsnachfolge gegeben ist. Es liegen keine Anschaffungskosten vor (Beck Bil-Komm/Schubert/Gadek HGB, Rn. 102); aA Schulz DB 2021, 169, 299 f. (Erbschaft ist einlageähnlicher Vorgang, weshalb im Grundsatz mehrere Ansätze möglich seien, alles denkbar von Null-Wert bis zum vorsichtig ermittelten Zeitwert. Fortführung des bisherigen Buchwerts wäre zufällig denkbar, ist aber nicht zwingend, Plädoyer für Abstellen auf den vorsichtig ermittelten Zeitwert).

10b h) **Zuschüsse:** vgl. IDW Standards HFA 1/1984; HFA 2/1996 und IDW RS HFA 21. Zuwendungen ohne Zweckbindung können nach eA unmittelbar erfolgswirksam erfasst werden (Backhaus/Adrian NWB 2020, 3551 f.); nach aA erst bei tatsächlicher Verwendung (IDW RS HFA 21 Tz. 17), mangels Leistungsaustausch nicht unter Umsatzerlösen, sondern als gesonderter Posten. Bei Zuwendung mit Zweckbindung für Aufwendungen: zunächst Erfassung als sonstige Verbindlichkeit, weil Verwendungspflicht ggü Zuwendungsgeber und ggf. Rückzahlungspflicht besteht. Bei späterer Verwendung kann erfolgswirksame Vereinnahmung erfolgen, Backhaus/Adrian NWB 2020, 3551 f. Bei Verwendung zur Anschaffung von Anlagevermögen: entweder Absetzung der Zuwendung von den Anschaffungskosten oder Sonderposten auf Passivseite, der korrespondierend zum Aufwand aus Abschreibung des Anlageguts erfolgswirksam als Zuwendungsertrag aufzulösen ist, Backhaus/Adrian NWB 2020, 3551, 3552 f.; Zuwendung auch als zweckgebundene Zuwendung zur Stärkung des Eigenkapitals möglich. Erfassung erfolgt dann in Kapitalrücklage. Wird (privater) Zuschuss nicht in Geld gewährt, Ansatz „höchstens zum Zeitwert, IDW HFA 2/1996 idF 2013 Abschn. 2.2., wobei nach einer Ansicht in der Lit damit nicht Wahlrecht zw. Null und Zeitwert gemeint ist, sondern vorsichtig ermittelter Zeitwert, Schulz DB 2021, 296, 299, str.; **Lit.:** Farwick BC 2016, 562 (Buchungstechnik bei Zuschüssen der öffentlichen Hand für Investitonen); Backhaus/Adrian NWB 2020, 3551 (Bilanzierung öff. Zuwendungen bei Fehlbedarfsfinanzierung); Schulz DB 2021, 296; zu Forschungszulagen → vgl. § 246 Rn. 11a;

11 i) **Sonstige: Sacheinlagen;** bei Einbringen von Forderung zum Erwerb von stiller Einlage: Wird eine Forderung eingebracht, um eine stille Beteiligung zu erwerben, muss stille Beteiligung mit dem gemeinen Wert der eingebrachten Forderung zum Zeitpunkt der Einbringung der Forderung bewertet werden, BFHE 266, 250 (juris-Rn. 47); allgemein zu Zuwendungen von Gesellschaftern vgl. Bünning BB 2020, 2155; bei **Umwandlung,** insbesondere Verschmelzung (Upstream-, Downstream Merger) und Spaltung, gelten neben dem Wahlrecht zur Buchwertfortführung nach § 24 UmwG die allgemeinen Vorschriften (§§ 253 I, 255 I), WP-HdB I E 266, unentschieden ADS Rn. 98; Zweifelsfragen bei Formwechsel IDW RS HFA 41, dazu Skoluda/Janitschke WPg 2013, 521;

1. Abschnitt. Vorschriften für alle Kaufleute 12–14 § 255

Zweifelfragen bei Verschmelzung IDW RS HFA 42, dazu Bilitewski/Roß/ Weiser WPg 2014, 13; 2014, 73; Meyer BB 2013, 683 (latente Steuern bei Verschmelzung); Dutzi/Leuveld/Rausch BB 2015, 2219; Zweifelsfrage bei Spaltung IDW RS HFA 43, dazu Heeb WPg 2014, 189; Verschmelzungsmehrwert → § 266 Rn. 5.

F. **Grund und Boden und Gebäude:** Grundstücke und darauf stehende **12** Gebäude sind als zwei verschiedene Vermögensgegenstände zu behandeln und getrennt zu bewerten. Die Aufteilung eines Gesamtanschaffungspreises erfolgt nach den Wertvorstellungen der Parteien. Das gilt auch bei Bebauung eines erworbenen Grundstücks. Dazu ADS Rn. 104. Aufwendungen zur Herstellung eines vermietbaren Zustands sind Anschaffungskosten, BFHE 200, 227 (229). Aufwendungen für den Einbau neuer Gegenstände in vorhandene Installation eines Wohnhauses: Herstellungskosten nur bei deutlicher Erweiterung des Gebrauchswerts, BFHE 200, 231 (233). Kosten der Räumung einer zur Vermietung erworbenen besetzten Freifläche sind Anschaffungskosten, BFH BStBl. II 2004, 872. Dingliche Belastung begründet keine Verbindlichkeit, deren Übernahme zu Anschaffungskosten führt, BFH DB 2005, 422. Anschaffungs- und Herstellungskosten bei Grundstücken und Gebäuden Glanegger DB 1987, 2115 (2173); IDW ERS IFA 1 (Austausch einer Gebäudekomponente mit physischer Substanz kein Erhaltungsaufwand, sondern zu aktivieren) mAnm Haaker PiR 2013, 320; IDW ERS IFA 2 mit Anm. Willeke StuB 2015, 104.

G. **Konzern:** Die Anschaffungskosten sind auch hier grundsätzlich die tatsäch- **13** lichen, auch überhöhten Ausgaben (→ Rn. 2), außer wenn sie offensichtlich höher sind als der Zeitwert des Vermögensgegenstands, ADS Rn. 71, aA: nicht bei verdeckter Gewinnausschüttung und Vermögensbewegungen zwischen KonzernUnt.; Eliminierung von Zwischengewinnen und -verlusten erfolgt nach § 304. Auch beim Erwerb von **Beteiligungen** und GesAnteilen sind die Anschaffungskosten die tatsächlichen Ausgaben, BeckBilKomm/Schubert/Gadek Rn. 141.

2) Herstellungskosten (II)

A. **Begriff:** II definiert die Herstellungskosten (zB § 253 I 1) weitgehend **14** entspr. der bisherigen Praxis; kleinere Abweichungen s. IDW WPg 1984, 134. Für Erstbewertung selbstgeschaffener immaterieller Vermögensgegenstände des Anlagevermögens (→ § 248 Rn. 3) gilt II a. Nach II 1 sind Herstellungskosten die Aufwendungen aus Verbrauch von Gütern und Inanspruchnahme von Diensten für die Herstellung des Vermögensgegenstands. Herstellung umfasst auch Erweiterung und über den ursprünglichen Zustand hinausgehende wesentliche Verbesserung, etwa wenn in der Mehrzahl der Wohnungsbereiche einer Immobilie der Standard angehoben wird, BFH BB 2003, 572; BFH/NV 2006, 40. Wesentlich ist Verbesserung bei deutlicher, über zeitgemäße Erneuerung hinausgehender Erhöhung des Gebrauchswerts eines Wirtschaftsguts; zu bejahen, wenn bisherige Nutzbarkeit verbessert, aber auch wenn andere Gebrauchs- oder Verwendungsmöglichkeit geschaffen wird, BFH HFR 2006, 978, dabei kann die betriebliche Zielsetzung von Bedeutung sein, BFH DStR 2008, 90. Das Merkmal der Erweiterung tritt im Fall des Einbaus neuer Gegenstände hinter das Merkmal der wesentlichen Verbesserung zurück, BFH BB 2003, 575. Hausanschlusskosten gehören zu den Herstellungskosten, soweit die Kosten für Anlagen auf privatem Grund und nicht für solche der Gemeinden enstanden sind, BFH DStRE 2020, 324. II 2 erwähnt als Hauptbeispiele der Herstellungskosten die Materialeinzelkosten, die Fertigungseinzelkosten und die Sonderkosten der Fertigung. Seit BilMoG im Interesse besserer Informationsvermittlung auch anteilig Materialgemeinkosten, Fertigungsgemeinkosten und Wertverzehr des Anlagevermögens, soweit durch Fertigung veranlasst (bisher Wahlrecht). Umfasst werden darüber

§ 255 15

hinaus auch die Kosten, die in engem sachlichen und zeitlichen Zusammenhang, dh zwangsläufig mit der Herstellung anfallen; Herstellung endet, wenn Wirtschaftsgut bestimmungsgemäß nutzbar ist, BFHE 197, 58 (60). Vertriebskosten dürfen nicht einbezogen werden (II 4). Für Beginn des Herstellungszeitraums genügt noch nicht allein die Beschaffung von Werkstoffen. Technischer Produktionsstillstand unterbricht Herstellung nicht, Herstellungskosten sind zB auch Kosten für Baustellenüberwachung während Winterpause; ebenso können Abbruchkosten Herstellungskosten eines Neubaus sein, wenn der Altbau nicht der Einkünfteerzielung diente oder Abriss Voraussetzung für Errichtung des neuen Wirtschaftsguts ist, stRspr, BFH BStBl. II 2002, 805; WPg 2006, 622; auch Ablösung dinglicher Nutzungsrechte zählt zu Herstellungskosten, wenn Ablöse in Zusammenhang mit Abbruch des Altgebäudes und Neuerrichtung steht, BFH WPg 2006, 622. Versicherungsentschädigung ist kein Zuschuss von dritter Seite, der Herstellungskosten mindert, weil Versicherer mit Entschädigung lediglich Rechtspflicht erfüllt, BFHE 136, 90; BStBl. 1993, 96. Erweiterung eines Gebäudes iSv II liegt vor, wenn durch Baumaßnahmen nutzbare Fläche vergrößert, Substanz vermehrt oder bisher nicht vorhandene Bestandteile eingebaut werden; wesentliche Erweiterung ist dabei nicht erforderlich, geringfügige Vergrößerung reicht aus, FG Berlin-Brandenburg BeckRS 2017, 140711. Wird asphaltierte Hoffläche eines landwirtschaftlichen Betriebes erneuert, liegt Erweiterung oder wesentliche Verbesserung eines Gegenstands vor, FG Münster BB 2020 816, str. vgl. Tanski DStR 2020 2284 (Herstellung eines neuen Gegenstandes). Entdeckte Bodenschätze sind als originär erworbene Bodenschätze nach den Grundsätzen über Herstellungskosten zu bilanzieren, BFH BStBl. II 2016, 593; BStBl. II 2016, 607. Werden Bitcoins im Rahmen von Mining-Aktivitäten vom Kfm. selbst generiert, sind bei der Zugangsbewertung die Grundsätze der Bewertung nach Herstellungskosten anzuwenden, Gerlach/Oser DB 2018, 1541; problematisch ist, dass sich bei Bitcoins der Herstellungszeitraum nicht bedingt bestimmen lässt, weil er von Rechenleistung des gesamten Bitcoin-Systems abhängt, Ummenhofer/Zeitler Konzern 2018, 442 (446 f.); Richter/Augel FR 2017, 942. Wenn Bitcoin-Betrag an Erfüllung statt angenommen wurde, erfolgt Ansatz in Höhe der bestehenden Euro-Forderung; bei bloßer Vereinbarung als Zahlungsmittel liegt Tauschgeschäft vor, Blecher/Horx WPg 2020, 267. Zur Frage, ob der Prozess des Mining von Bitcoins als Herstellung immaterieller Vermögensgegenstände zu qualifizieren ist, Gerlach/Oser DB 2018, 1541, bejahend Sixt DStR 2019, 1766. Bei Modifikation von Software ist anfallender Aufwand unabhängig davon zu bilanzieren, ob wirtschaftliches Risiko erfolgreicher Realisierung der Modifikation bei Softwareanwender oder bei Drittem liegt, IDW RS HFA 11 nF und dazu Beine/Roß WPg 2018, 283. Zur Abgrenzung zw. nachträglichen Herstellungskosten und Herstellung eines neuen Gebäudes bei Umbau eines Altbaus s. BFH HFR 2006, 185. Zur Aktivierung von Herstellungskosten (ua Abgrenzung von Einzel- und Gemeinkosten), IDW RS HFA 31 nF und dazu Zwirner DB 2018, 848. RsprÜbersicht: Moxter, 6. Aufl. 2007 (BFH), § 12. **Lit.** Scheffler Konzern 2016, 482; Rohleder DB 2016, 1645; Wichmann DB 2016, 2493 (Nachträgliche Anschaffung- und Herstellung); Koch/Gersbacher-Volz BC 2016, 459 (Bilanzielle Behandlung von App-Entwicklungen); Lüdenbach StuB 2019, 481 (Bilanzierung unvermuteter, anschaffungsnaher Aufwendungen).

15 Eine über den ursprünglichen Zustand hinausgehende **wesentliche Verbesserung** setzt voraus, dass die Verbesserung den Gegenstand nicht lediglich in Teilen (dann bloßer Erhaltungsaufwand), sondern als Ganzes verändert, nicht also etwa bloß normalerweise anfallende Gebäudeinstandsetzung oder Modernisierung, es sei denn, der Gebrauchswert des Gebäudes erhöht sich dadurch deutlich, BFH BStBl. II 2002, 756. Entscheidend sind nicht subjektive Vorstellungen, sondern die objektive Auswirkung auf den Nutzwert des Gebäudes, BFHE 201, 256 (258). Werden Gebäudeteile aber unterschiedlich genutzt, kann uU jedes für

1. Abschnitt. Vorschriften für alle Kaufleute 16–18 § 255

sich verbessert werden mit der Folge nachträglicher Herstellungskosten, BFH DStR 2008, 90. Anschaffungsnahe Aufwendungen sind nur dann Herstellungskosten, wenn sie zu wesentlicher Verbesserung führen, BFHE 198, 74 (77) u. 85, 88 unter Aufgabe von BFHE 86, 792. Wesentliche Verbesserung eines Wohngebäudes liegt vor, wenn drei von vier wesentlichen Bereichen auf höheren Standard gehoben werden, BFHE 201, 124 (150). Nutzungsänderungsbedingte Stellplatzkosten sind Herstellungskosten, wenn die zur Änderung führende Baumaßnahme Herstellung ist, BFHE 202, 305 (306). Aufwendungen für die Ablösung der Verpflichtung zur Herstellung von Stellplätzen als Herstellungskosten. Vergebliche Planungskosten für Gebäude nur keine Herstellungskosten, wenn geplantes und errichtetes Gebäude völlig verschiedene Bauwerke, BFH/NV 2006, 295. Aufwendungen für Güterverbrauch und Inanspruchnahme von Diensten eines Bauunternehmers sind Herstellungskosten, selbst wenn sie aufgrund von Mangelhaftigkeit beseitigt werden müssen, BFH/NV 2006, 2072. Bei Umbau eines Großraumbüros in mehrere Einzelbüros liegt Erweiterung vor, die zu nachträglichen Herstellungskosten führt, LG Düsseldorf EFG 2006, 571. Zu den Herstellungskosten und zur Bewertung beim Cannabis-Anbau: Kirsch/Wieding/Nonnast DB 2021, 629 ff.

B. **Einzelkosten (II 1, 2):** Sie gehören zwingend zu den Herstellungskosten. **16** Auch überhöht angefallene Einzelkosten sind in ihrer tatsächlichen Höhe zu aktivieren, BFH BStBl. II 1992, 806. Einzelkosten sind alle dem Erzeugnis direkt zurechenbaren Aufwendungen, insbesondere (II) **Materialkosten,** zB Roh-, Hilfs- und Betriebsstoffe, Verpackung nur ausnahmsweise, soweit Produkt erst dadurch verkäuflich wird, zB Bier, Wein, dann auch Abfüllkosten; **Fertigungskosten,** zB Lohnkosten samt Sozialabgaben; **Sonderkosten der Fertigung** (Sondereinzelkosten der Fertigung und Entwicklungs-, Versuchs- und Konstruktionskosten), zB Kosten für Spezialwerkzeuge, Modelle, Patent- und Lizenzgebühren für das spezielle Produkt, nicht Kosten für Grundlagenforschung. Dazu gehören auch Zölle und Verbrauchssteuern, zB Bier-, Branntwein-, Mineralöl-, Tabaksteuer, IDW RS HFA 31 nF und dazu Zwirner DB 2018, 848; sonst nur insoweit Rechnungsabgrenzungsposten zulässig, → § 250 Rn. 5.

C. **Gemeinkosten (II 2–3):** Gemeinkosten sind solche, die sich nicht dem **17** Vermögensgegenstand einzeln zuordnen lassen, sondern nachträglich über Schlüsselung oder Verteilung ein einzelnen Objekten zugeordnet werden, BFH DB 1994, 121; BeckBilKomm/Schubert/Gadek Rn. 354. Sie können fix oder variabel sein. Sie sind aber dem Erzeugnis unmittelbar zurechenbar, da sie in Abhängigkeit von der Erzeugnismenge variieren. Seit Inkrafttreten des BilMoG besteht daher Einrechnungspflicht für alle Gemeinkosten.

a) **Fertigungsgemeinkosten (II 2):** Als solche einzuberechnen sind an- **18** gemessene Teile (1) der notwendigen Materialgemeinkosten (zB Kosten der Einkaufsabteilung, Lagerhaltung), (2) der notwendigen Fertigungsgemeinkosten (zB technische Leitung, Fertigungskontrolle, Lohnbüro, allgemeine Energiekosten, allgemeine Instandhaltung der Produktion, Steuer und Versicherung auf Produktionsanlagen) sowie (3) des Wertverzehrs des Anlagevermögens (zB Wertminderung der Fertigungsanlagen), aber nur soweit durch die Fertigung veranlasst, nicht bei Einwirkung von außen, angemessen sind hier nur die planmäßigen Abschreibungen (§ 253 III 1, 2) nicht die außerplanmäßigen (§ 253 III 3). II 2 gilt nur für angemessene Teile der für die Herstellung „notwendigen" Kosten, ADS Rn. 160. Unterbeschäftigungskosten **(Leerkosten)** sind bei dauerhafter und offenbarer Kapazitätsunterauslastung zu eliminieren, BeckBilKomm/Schubert/Gadek Rn. 439, nicht bei Normalbeschäftigung mit branchentypischen Schwankungen, IDW RS HFA 31 nF und dazu Zwirner DB 2018, 848. Abgrenzung und Kostenbestimmung sind in der Praxis schwierig. Zu Leerkosten während der Corona-Pandemie Müller/Reinke BC 2020, 523 f.

19 **b) Verwaltungsgemeinkosten (II 3):** Für Kosten der allgemeinen Verwaltung (zB Lohnkosten der Verwaltung, Telefon, EDV, Aufsichtsrat, Abschlussprüfung) sowie Aufwendungen für soziale Einrichtungen des Betriebs (Kantine, Freizeitgestaltung), für freiwillige soziale Leistungen (Jubiläumsgeschenke, Wohnungsbeihilfen) und für betriebliche Altersversorgung besteht Einberechnungswahlrecht, soweit sie auf den Zeitraum der Herstellung entfallen.

20 **c) Zeitraum der Herstellung (II 5):** Gemeinkosten, die nicht auf den Zeitraum der Herstellung entfallen, scheiden aus.

21 D. **Forschungs- und Vertriebskosten (II 4):** Forschungskosten (IIa) und Vertriebskosten (zB Verpackung, aber → Rn. 16; Versand; Werbung; Lohnkosten für Versandabteilung) dürfen nicht in die Herstellungskosten einbezogen werden. II 4 gilt für die Sondereinzelkosten des Vertriebs, zB Fracht, Transportversicherung, Provisionen, ADS Rn. 211, str. **Lit.** Hageböke/Hasbach DB 2015, 1070 (Vermarktungskostenzuschuss bei Medienfonds); Koch/Gersbacher-Volz BC 2016, 459 (Bilanzielle Behandlung von App-Entwicklungen).

3) Herstellungskosten selbstgeschaffener immaterieller Güter des Anlagevermögens (IIa)

22 Nach IIa 1 dürfen seit dem BilMoG 2009 die bei der Entwicklung anfallenden Aufwendungen **(Entwicklungskosten)** originärer immaterieller Güter des Anlagevermögens aktiviert werden; hingegen dürfen Forschungs- und Vertriebskosten unverändert nicht einbezogen werden (II 4). Eine Aktivierung von selbstgeschaffenen Marken, Drucktiteln, Verlagsrechten, Kundenlisten und vergleichbaren immateriellen Vermögensgegenständen des Anlagevermögens ist unverändert ausgeschlossen, da sich regelmäßig Abgrenzungsprobleme zum selbstgeschaffenen Geschäfts- und Firmenwert ergeben, RegBegr BilMoG 50; Landgraf/Herrmann/Heßdörfer PiR 2018, 285 (287). Abgrenzung zwischen Entwicklungs- und Forschungskosten richtet sich nach IIa 2 und 3: Forschung ist eigenständige und planmäßige Suche nach wissenschaftlichen oder technischen Erkenntnissen, Entwicklung die Anwendung dieser oder anderer Erkenntnisse. Die Abgrenzung muss verlässlich erfolgen können, sonst „Aktivierungsverbot", IIa 4 (besser „Einbeziehungsverbot", da IIa keine Aktivierungsvorschrift, BT-Drs. 16/12407, 112). Entscheidend für die Abgrenzung ist, ob sich Aufwendungen bereits einem bestimmten Vermögensgegenstand zuordnen lassen (→ § 246 Rn. 3). Nach RegE BilMoG 60 setzt dies voraus, dass mit hoher Wahrscheinlichkeit ein einzeln verwertbarer Vermögensgegenstand zur Entstehung gelangen wird, Herstellungskosten sollen damit schon berücksichtigt werden können, bevor Ansatz des Vermögensgegenstandes möglich ist, Lüdenbach/Hoffmann StuB 2009, 287. Das ist nicht unproblematisch: Nur wenn die Entstehung schon so sicher ist, dass es sich bereits um einen Vermögensgegenstand handelt, liegt ein Bezugsobjekt vor, dem die Kosten zugeordnet werden können, KK/Ekkenga Rn. 135; will man darauf verzichten, müsste IIa entweder als Aktivierungsvorschrift gesehen werden, was Systematik und gesetzgeberischem Willen nicht entspricht, BT-Drs. 16/12407, 112, oder die Kosten einem nicht aktivierungsfähigen künftigen Gut zugeordnet werden. Dessen Existenz ergibt sich dann nur aus der wegen IIa 4 zu Abschlussprüfungszwecken erforderlichen Dokumentation. Wie die Praxis verfahren wird, bleibt abzuwarten. Zu Forschungszulagen und deren bilanzieller Behandlung → § 246 Rn. 11a. Werden Bitcoins zum Zwecke dauerhafter Nutzung durch das Unt. erzeugt, beschränken sich Herstellungskosten auf die bei Entwicklung anfallenden Aufwendungen ohne die bereits im Rahmen des Forschungsprozesses vorgenommenen Ausgaben, Ummenhofer/Zeitler Konzern 2018, 442 (448). Grundsätzlich sind „PoW-Coins" als originärer immaterieller bzw. sonstiger Vermögensgegenstand und „PoS-Coins" als derivativ erworbener immaterieller bzw. sonstiger Vermögensgegenstand auszuweisen, Trautmann BB

2019, 1401. **Lit.** Schmidt DStR 2014, 544 (Pharmaindustrie); DB 2014, 1273 (Grundfragen); Theile GmbHR 2015, 281 (GmbH- u. GmbH & Co KG-Abschluss nach BilRUG); Koch/Gersbauer-Volz BC 2016, 459 (Bilanzierung von App-Entwicklungen); Rohleder DB 2016, 1645; Hageböke/Hasbach DB 2015, 1070 (Vermarktungskostenzuschuß bei Medienfonds); Koch/Gersbacher-Volz BC 2016, 459 (Bilanzielle Behandlung von App-Entwicklungen); Lorson/Haustein/Beske/Schult KoR 2019, 32 (Vergleich F&E-Kostenbilanzierung im privaten und im öffentl. Sektor); Eierle/Bamberg DB 2018, 1741; Sixt DStR 2019, 1766 (steuerbilanzielle Behandlung von Token).

4) Zinsen für Fremdkapital (III)

A. **Grundsatz:** Nach III 1 gehören Zinsen für Fremdkapital nicht zu den Herstellungskosten. Das gilt recht für kalkulatorische Zinsen auf Eigenkapital. Entsprechendes gilt für die Anschaffungskosten (→ Rn. 3). 23

B. **Ausnahme:** Nach III 2 gilt eine Ausnahme, wenn das Fremdkapital zur Finanzierung der Herstellung des Vermögensgegenstands verwendet wird und die Fremdkapitalzinsen auf den Zeitraum der Herstellung entfallen, so zB bei Objektfinanzierung. Liegt keine Objektfinanzierung vor, ist die Zurechenbarkeit eng auszulegen, IDW RS HFA 31 nF und dazu Zwirner DB 2018, 848. Steuerbilanz enger ADS Rn. 206: nachweisbarer unmittelbarer wirtschaftlicher Zusammenhang mit der Herstellung und Erstreckung der Herstellung. Voraussetzung ist nach Steuerrecht Berücksichtigung in der HdlBilanz. III 2 trägt dem Rechnung. Bei KapitalGes. Angabe im Anhang § 284 II Nr. 5. **Lit.** Jessen/Weller DStR 2005, 532 (Bilanzrechtsmodernisierung); Rohleder DB 2016, 1645. 24

5) Beizulegender Zeitwert (IV)

A. **Mark to Market (VI 1).** IV definiert den in § 253 I 3, 4 bezeichneten beizulegenden Zeitwert, der für die Bewertung bestimmter Altersversorgungsverpflichtungen und nach § 246 II 2 für außerrechnender Vermögensgegenstände gilt; ferner gilt er für Kreditinstitute, die zu Handelszwecken erworbene Finanzinstrumente zum Zeitwert bewerten müssen (§ 340e III). Nach I 1 ist dieser Zeitwert der Marktpreis, wie er auf einem aktiven Markt (I 2) ermittelt wird (Mark to Market). Auf aktivem Markt ermittelt er sich, wenn er (1) an Börse, von Brokern, Händlern, Branchengruppen, einem Preisberechnungsservice oder einer Aufsichtsbehörde (2) leicht und regelmäßig erhältlich ist und (3) auf Markttransaktionen (4) zwischen unabhängigen Dritten beruht, RegE BilMoG 61; die Voraussetzungen entsprechen denen in **IAS 39.A71**. Fehlt eines der vier Merkmale, scheidet IV 1 aus. Es kommt auf den notierten Marktpreis an, Paketzu- und Abschläge sind nicht vorzunehmen. RsprÜbersicht: Veit BB 2010, 751, BB 2022, 559 (Altersversorgung). **Lit.** IDW RS-HFA 9; IDW-FN 2007, 326; Thiele FS Baetge, 2008, 625 (Fair Value); Böcking/Dreisbach/Gros Konzern 2008, 207; Böcking/Torabian BB 2008, 265; Wiechens/Helke DB 2008, 1333; Lorenz/Wiechens IRZ 2008, 505 (IDW-HFA 22); M. Schmidt KoR 2008, 1; Gemeinhardt/Bode StuB 2008, 170; Bertram/Johannleweling/Ross/Weiser WPg 2011, 57; Küting/Lorson/Eichenlaub/Toebe GmbHR 2011, 1; Kolb/Neubeck/Bauschus StuB 2011, 57; Küting StuB 2009, 829; krit. Schildbach DStR 2010, 69; Sander DB 2019, 2081 (Unterstützungszahlungen an Tochter). 25

B. **Mark to Model (IV 2):** Besteht kein aktiver Markt und lässt sich der Preis nicht Mark to Market ermitteln, ist Berechnung aufgrund anerkannter Bewertungsmethoden (mathematische bzw. Schätzmethoden) vorzunehmen. Ein bestimmtes Verfahren ist nach HGB nicht vorgeschrieben. Mark to Model-Bewertung ist aber den IFRS bekannt. Dort nennt IAS 39.A74 beispielhaft Rückgriff auf unlängst aufgetretene Geschäftsvorfälle zwischen sachverständigen, vertragswilligen Geschäftspartnern, Vergleich mit im Wesentlichen identischen anderen 26

§ 256 1, 2

Finanzinstrumenten, CDF-Verfahren und Optionspreismodelle als Bewertungsmethoden. Nach IAS 39.A76 sind alle Faktoren zu berücksichtigen, die Marktteilnehmer bei der Festlegung des Preises berücksichtigen würden; die Bewertungsmethode muss mit anerkannten wirtschaftlichen Preisfindungsmethoden konsistent sein. Wegen IV 3 muss sich der Zeitwert verlässlich ermitteln lassen. Die gewählte Methode ist wegen des Stetigkeitsgebots (§ 253 I Nr. 6) grds. beizubehalten.

27 C. **Bewertung zu Anschaffungs- oder Herstellungskosten (IV 3, 4):** I 3 regelt den Fall, dass sich der beizulegende Zeitwert weder nach I 1 noch I 2 verlässlich ermitteln lässt. Anzusetzen sind dann die fortgeschriebenen (§ 253 IV) Anschaffungs- oder Herstellungskosten. Deren Höhe richtet sich nach dem zuletzt verlässlich ermittelten beizulegenden Zeitwert. **Lit.** Haaker/Velte DStR 2014, 970 (Abgrenzung beizulegender Zeitwert vom Marktpreis); Wichmann DB 2016, 2493 (Nachträgliche Anschaffung und Herstellung).

Bewertungsvereinfachungsverfahren

256 [1] Soweit es den Grundsätzen ordnungsmäßiger Buchführung entspricht, kann für den Wertansatz gleichartiger Vermögensgegenstände des Vorratsvermögens unterstellt werden, daß die zuerst oder daß die zuletzt angeschafften oder hergestellten Vermögensgegenstände zuerst verbraucht oder veräußert worden sind. [2] § 240 Abs. 3 und 4 ist auch auf den Jahresabschluß anwendbar.

1) Verbrauchsfolgeverfahren (Satz 1)

1 A. **Ausnahmen vom Grundsatz der Einzelbewertung:** § 256 (zur gesetzgeberischen Zielsetzung grdl. BFHE 192, 502 (507 ff.)) enthält drei Ausnahmen vom Grundsatz der Einzelbewertung (§ 252 I Nr. 3), der vor allem bei Preisschwankungen der Anschaffungs- oder Herstellungskosten im Geschäftsjahr zu einem unnützen Arbeitsaufwand führen kann. S. 1 erlaubt bestimmte Verbrauchsfolgeverfahren, S. 2 die Fest- und die Gruppenbewertung. Nach Satz 1 kann im Rahmen der GoB für den Wertansatz gleichartiger Vermögensgegenstände des Vorratsvermögens (§ 266 II B I, Teil des Umlaufvermögens, s. § 247 I; Gleichartigkeit: → § 240 Rn. 8; nicht auch Wertpapiere, krit. WPK/IDW WPg 1985, 540) eine bestimmte Verbrauchs- oder Veräußerungsfolge unterstellt werden. In der HdlBilanz sind Fifo und Lifo (→ Rn. 2) nach S. 1 zulässig, das Gesetz sieht aber keine anderen als die ausdrücklich genannten Verbrauchs- oder Veräußerungsfolgen vor. Für Konzerne gibt es Kifo (Konzern in – first out) und Kilo. In der Steuerbilanz sind all diese Fiktionen grundsätzlich unzulässig, auflockernd für Lifo bei Glaubhaftmachung zB nach Art der Lagerung, ADS Rn. 76. Handelsrechtlich kommt es nicht auf die tatsächliche Handhabung an, es bedarf also keiner Glaubhaftmachung, aber die Verbrauchsfolge darf nicht für Betrieb dieser Art tatsächlich undenkbar sein (seltene Ausnahme, zB Saisonbetriebe). Zur Vorratsbewertung BeckBilKomm/Schubert/Andrejewski § 253 Rn. 521 ff. Angabe im Anhang § 284 II Nr. 4. **Übergangsrecht** in (1) EGHGB Art. 24 (→ Einl. vor § 238 Rn. 61). **Lit.** MBF Kap. 6 Tz. 756 ff.; Kessler/Suchan DStR 2003, 345 (Lifo), Jessen/Weller DStR 2005, 532 (Bilanzrechtsmodernisierung); Köhler StBp 2016, 249 (Lifo).

2 B. **Fifo- und Lifo-Verfahren:** Beim **Fifo-**Verfahren (first in – first out) wird unterstellt, dass die zuerst angeschafften oder hergestellten Vermögensgegenstände zuerst veräußert oder verbraucht werden. Beim **Lifo-**Verfahren (last in – first out) wird dies für die zuletzt angeschafften oder hergestellten Vermögensgegenstände unterstellt. Lifo setzen kumulativ voraus: Vorliegen gleichartiger Wirtschaftsgüter des Vorratsvermögens und Entsprechung dieses Bewertungsverfahrens mit den

1. Abschnitt. Vorschriften für alle Kaufleute 1, 2 **§ 256a**

GoB, BFH BStBl. II 2001, 636; zur Kritik Hoffmann StuB 2014, 749. Fifo (Lifo) führt bei steigenden (fallenden) Preisen zur Höherbewertung und damit zu Scheingewinnen, bei fallenden (steigenden) Preisen zu niedrigerer Bewertung und damit zu stillen Reserven iwS, BerechnungsBspe Bitz/Schneeloch/Wittstock, 3. Aufl. 2000, Rn. 203 f.; für Lifo Küting/Weber/Mayer-Wegelin Rn. 44 ff. Grenze bei Überbewertung nach Niederstwertprinzip § 253 III. **Lit.** Köhler StBp 2016, 249 (Lifo); Gerlach/Oser DB 2018, 1541 (Folgebewertung bei Bitcoin-Verkäufen und -Beständen); Ummenhofer/Zeitler Konzern 2018, 442 (449) (Bewertung von Bitcoin-Erwerbungen); Merkt Konzern 2017, 353 (356) (Ausübung des Wahlrechts gem. § 256).

2) Festbewertung und Gruppenbewertung (Satz 2)

S. 2 stellt klar, dass die beim Inventar erlaubten Verfahren der Festbewertung 3 (§ 240 III) und der Gruppenbewertung (§ 240 IV) auch für den Jahresabschluss zulässig sind.

Währungsumrechnung

256a ¹ Auf fremde Währung lautende Vermögensgegenstände und Verbindlichkeiten sind zum Devisenkassamittelkurs am Abschlussstichtag umzurechnen. ² Bei einer Restlaufzeit von einem Jahr oder weniger sind § 253 Abs. 1 Satz 1 und § 252 Abs. 1 Nr. 4 Halbsatz 2 nicht anzuwenden.

1) Umrechnung der Vermögensgegenstände und Verbindlichkeiten

Die Norm (eingefügt durch BilMoG, **Übergangsrecht (1)** EGHGB Art. 66 1 III, V) regelt die bilanzielle Behandlung von Fremdwährungsforderungen und -verbindlichkeiten zum Abschlussstichtag Der Ausweis von Erträgen bzw. Aufwendungen, die durch Umrechnung entstehen, ist in § 277 V 2 geregelt. (Sonderrecht für Kreditinstitute s. § 340h). Zur Aufstellung des Jahresabschlusses in Euro → § 244 Rn. 2. **Fremdwährungsverbindlichkeiten** (→ § 253 Rn. 2) waren vor der durch die Euro-Einführung bedingten Währungsumstellung zu dem Ankaufskurs (Briefkurs) umzurechnen, der zum Zeitpunkt der Erstverbuchung (nach aA Entstehung) galt. Erhaltene Anzahlungen wurden demgegenüber mit dem Geldkurs (Angebotskurs) umgerechnet. Durch die Währungsumstellung war dann der Briefkurs der Kurs für die Nachfrage in Euro, während der Geldkurs der Angebotskurs von Euro war. **Fremdwährungsforderungen** (→ § 253 Rn. 27) waren zum Geldkurs umzurechnen, str., unter Berücksichtigung Imparitäts- und Realisationsprinzip. § 256a wird mittelbar durch DRS 25 konkretisiert, der Umrechnung von Fremdwährungsverbindlichkeiten in der Handelsbilanz II behandelt, Deubert/Meyer/Müller Konzern 2018, 96. § 256a gilt trotz Währungsähnlichkeit mangels Eigenschaft als gesetzliche Währung nicht für Bitcoin-Guthaben, Gerlach/Oser DB 2018, 1541. Siehe auch DRS 25 „Währungsumrechnung im Konzernabschluss". **Lit.** MBF Kap. 6 Tz. 791 ff.; Hiller StuB 2016, 476; Dathe/Schilde BB 2016, 2859; Neufang/Schäfer StuB 2016, 128; Kliem/Deubert WPg 2018, 1418 (Währungsumrechnung im Konzern); Deubert/Meyer/Müller DB 2018, 96 (Währungsumrechnung im Konzernabschluss nach DRS 25); Scheffler Konzern 2018, 151 (Differenzbeträge aus Währungsumrechnung); Wirth/Dusemond/P. Küting DB 2018, 137 (E-DRS 33, DRS 23); Kucher WPg 2019, 919 (Währungsumrechnung bei langfristigem Euro-Darlehen); Farwick StuB 2021, 58.

Seit **BilMoG** schreibt S. 1 nunmehr Umrechnung zum **Devisenkassamittel-** 2 **kurs,** also dem arithmetischen Mittelwert aus Brief- und Geldkurs, am Abschlussstichtag sowohl für Fremdwährungsforderungen als auch -verbindlichkeiten vor. Unterscheidung bei An- und Verkauf in Brief- und Geldkurs entfällt damit. S. 2 stellt klar, dass höherer Ansatz als zu Anschaffungskosten nicht in Frage kommt

§ 257

(Imparitäts- und Realisationsprinzip), außer bei Restlaufzeit von weniger als einem Jahr. Dem Wortlaut nach betrifft die Norm die Folgebewertung. Aus dem Zusammenhang mit dem Anschaffungskostenprinzip ergibt sich aber, dass auch die Erstbewertung zum Devisenkassamittelkurs zu erfolgen hat. Währungsumrechnung im Jahresabschluss bisher s. IDW-HFA WPg 1986, 664; OECD, Foreign Currency Translation 1986; GEFIU DB 1993, 745; Schlick DStR 1993, 254.

3 § 256a Satz 1 HGB wird für die Steuerbilanz durch § 6 EStG überlagert, BFH, DStR 2021, 2513 Rn. 25. Danach sind Fremdwährungsverbindlichkeiten im Grundsatz mit dem Rückzahlungsbetrag zu bewerten. Der Rückzahlungsbetrag ändere sich, wenn sich der Wechselkurs der Währung, die einer Fremdwährungsverbindlichkeit zugrunde liegt, dauerhaft ändere. Bei Verbindlichkeiten ist dann eine Teilwertzuschreibung durchzuführen. Eine Wertveränderung ist von Dauer, wenn sich die wirtschaftlichen und/oder finanzpolitischen Daten im Verhältnis des Euro zu einem anderen Währungszeitraum in fundamentaler Weise änderten (BFH DStR 2021, 2518, Leitsatz 1). Jedenfalls liegt eine dauernde Werterhöhung vor, wenn die Notenbank eines Fremdwährungsstaates die Absicht äußere, Stützkäufe zu tätigen BFH DStR 2021, 2513 Leitsatz 2.

Dritter Unterabschnitt. Aufbewahrung und Vorlage

Aufbewahrung von Unterlagen. Aufbewahrungsfristen

257 (1) **Jeder Kaufmann ist verpflichtet, die folgenden Unterlagen geordnet aufzubewahren:**
1. Handelsbücher, Inventare, Eröffnungsbilanzen, Jahresabschlüsse, Einzelabschlüsse nach § 325 Abs. 2a, Lageberichte, Konzernabschlüsse, Konzernlageberichte sowie die zu ihrem Verständnis erforderlichen Arbeitsanweisungen und sonstigen Organisationsunterlagen,
2. die empfangenen Handelsbriefe,
3. Wiedergaben der abgesandten Handelsbriefe,
4. Belege für Buchungen in den von ihm nach § 238 Abs. 1 zu führenden Büchern (Buchungsbelege).

(2) Handelsbriefe sind nur Schriftstücke, die ein Handelsgeschäft betreffen.

(3) [1] Mit Ausnahme der Eröffnungsbilanzen und Abschlüsse können die in Absatz 1 aufgeführten Unterlagen auch als Wiedergabe auf einem Bildträger oder auf anderen Datenträgern aufbewahrt werden, wenn dies den Grundsätzen ordnungsmäßiger Buchführung entspricht und sichergestellt ist, daß die Wiedergabe oder die Daten
1. mit den empfangenen Handelsbriefen und den Buchungsbelegen bildlich und mit den anderen Unterlagen inhaltlich übereinstimmen, wenn sie lesbar gemacht werden,
2. während der Dauer der Aufbewahrungsfrist verfügbar sind und jederzeit innerhalb angemessener Frist lesbar gemacht werden können.

[2] Sind Unterlagen auf Grund des § 239 Abs. 4 Satz 1 auf Datenträgern hergestellt worden, können statt des Datenträgers die Daten auch ausgedruckt aufbewahrt werden; die ausgedruckten Unterlagen können auch nach Satz 1 aufbewahrt werden.

(4) **Die in Absatz 1 Nr. 1 und 4 aufgeführten Unterlagen sind zehn Jahre, die sonstigen in Absatz 1 aufgeführten Unterlagen sechs Jahre aufzubewahren.**

(5) **Die Aufbewahrungsfrist beginnt mit dem Schluß des Kalenderjahrs, in** dem die letzte Eintragung in das Handelsbuch gemacht, das Inventar aufgestellt, die Eröffnungsbilanz oder der Jahresabschluß festgestellt, der Einzel-

1. Abschnitt. Vorschriften für alle Kaufleute　　　　1–4　§ 257

abschluss nach § 325 Abs. 2a oder der Konzernabschluß aufgestellt, der Handelsbrief empfangen oder abgesandt worden oder der Buchungsbeleg entstanden ist.

1) Aufzubewahrende Unterlagen (I, II)

I sagt, was geordnet (vgl. → § 239 Rn. 2) aufzubewahren ist, und gibt dabei 1 einen Überblick über die verschiedenen kfm. Unterlagen, zB HdlBücher, HdlBriefe, Buchungsbelege. II definiert HdlBriefe: nur Schriftstücke, die ein HdlGeschäft betreffen, also zB Offerte und Annahme, Mängelrüge ua bezüglich eines HdlGeschäfts iSv §§ 343, 344. Zum Begriff Geschäftsbrief s. §§ 37a, 125a. Aufgelöste HdlBücher s. § 157 II, III HGB, §§ 273 II, III AktG, § 74 GmbHG, § 93 GenG. Aufbewahrung beim HdlReg s. § 8a II, Einreichung von Jahres- und Konzernabschlüssen samt Unterlagen zum HdlReg auch auf Bild- oder Datenträgern s. §§ 8a I, 12. Lit. MBF Kap. 2 Tz. 112 ff.; Zepf WPg 1999, 569; Schuppenhauer WPg 2000, 128; Widmann WPg 2002, 166; Bernütz/Weinreich WPg 2002, 403; Ross/Drögenmüller WPg 2003, 219 (Rückstellung aufgrund Aufbewahrungsfristen); Meyering/Gröne FR 2020, 158 (Rückstellungen für Aufbewahrungskosten).

2) Aufbewahrungsform (III)

III erlaubt für alle aufzubewahrenden Unterlagen mit Ausnahme der Eröff- 2 nungsbilanzen und Abschlüsse (weitergehend § 8a I) verschiedene Weisen der Aufbewahrung, auch als Wiedergabe auf einem Bild- oder anderen Datenträger, soweit dies den GoB (→ § 238 Rn. 12) entspricht und Übereinstimmung mit dem Original, jederzeitige Verfügbarkeit und prompte Lesbarkeit sichergestellt sind. GoB bei Einsatz von Informationstechnologie allg. IDW RS FAIT 1; Aufbewahrungspflichten beim Einsatz von elektronischen Archivierungsverfahren IDW RW FAIT 3.

3) Aufbewahrungsfrist (IV, V)

IV nF SteuerÄndG 19.12.1998 BGBl. 3816, V regeln die Aufbewahrungsfrist: 3 zehn Jahre für HdlBücher, Inventare, Bilanzen, Lageberichte nebst Organisationsunterlagen (Verweis auf I Nr. 1) und seit 1998 auch für Buchungsbelege (Verweis auf I Nr. 4, Übergangsvorschrift (1) EGBGB Art. 47; im Übrigen sechs Jahre. Steuerrecht: grundsätzlich zehn bzw. sechs Jahre, § 147 III AO, aber ohne Verkürzung der hdlrechtlichen Aufbewahrungsfristen und zT mit Sondervorschriften ua betreffs Ablaufhemmung, ADS Rn. 68. Liste der Aufbewahrungsfristen für einzelne Unterlagen bei BeckBilKomm/Winkeljohann/Philipps Rn. 27. Die Aufbewahrungsfrist kann Auskunftsansprüche begrenzen, OLG Hamm NZG 2006, 620, und als Richtwert für Verwirkung von Ansprüchen aus Bankgeschäften herangezogen werden, OLG München WM 2006, 523.

4) Beweiswert

Auf Vorlegungsantrag (§ 421 ZPO) betreffs Urkunde, die der Gegner nach 4 § 257 aufzubewahren verpflichtet ist, und Erklärung des Gegners, er besitze sie nicht mehr, kann das Gericht auch ohne förmliches Beweisverfahren den behaupteten möglichen Inhalt als bewiesen ansehen, OLG Düsseldorf MDR 1973, 592, vgl. § 444 ZPO. Umgekehrt kann sich bei Vernichtung nach Ablauf der Aufbewahrungsfrist die Beweislast umkehren, BGH WM 1972, 281 (zu (13) DepotG § 2), OLG Bamberg WM 1995, 918; offen gelassen OLG Bamberg WM 2006, 907; aber Sparbuch s. (7) Bankgeschäfte B3. Allgemeiner für HdlBücher → § 238 Rn. 3. Gerichtsvollzieher darf Unterlagen, für die Aufbewahrungspflicht nach § 257 besteht, nicht nach § 885 IV 2 ZPO vernichten, LG Koblenz MDR 2006, 473.

§ 260

Vorlegung im Rechtsstreit

258 (1) **Im Laufe eines Rechtsstreits kann das Gericht auf Antrag oder von Amts wegen die Vorlegung der Handelsbücher einer Partei anordnen.**

(2) **Die Vorschriften der Zivilprozeßordnung über die Verpflichtung des Prozeßgegners zur Vorlegung von Urkunden bleiben unberührt.**

1) Anordnung der Vorlegung (I)

1 I erlaubt über §§ 422, 423 ZPO hinaus dem Gericht, zur Klärung erheblicher streitiger Tatsachen die Vorlegung der HdlBücher (nicht HdlBriefe usw, § 257 I) einer kfm. Partei anzuordnen, auch von Amts wegen und nicht nur in HdlSachen. Anordnung auch nach Fristablauf (§ 257 IV). § 258 gilt analog im aktienrechtlichen Spruchstellenverfahren, BayObLG ZIP 1993, 675. **Lit.** MBF Kap. 2 Tz. 112 ff.

2) Sonstige Vorlegungspflichten (II)

2 §§ 422, 423 ZPO verpflichten Prozeßparteien zur Vorlegung von Urkunden, auch von HdlBüchern, HdlBriefen und anderen kfm. Unterlagen (§ 257 I). § 422 ZPO setzt aber eine Vorlegungspflicht nach bürgerlichem Recht voraus, § 423 ZPO erfasst nur die in den Händen des Gegners befindlichen Urkunden, auf die er im Prozess zur Beweisführung Bezug genommen hat. Bürgerlichrechtliche Pflichten zur Herausgabe oder Vorlegung (vgl. § 422 ZPO) begründen ua §§ 809, 810 BGB. Zum Verfahren OLG Frankfurt a. M. WM 1980, 1246. Bei Leugnen des Besitzes oder Nichtvorlegung: §§ 426 f. ZPO. Vorlegungspflicht für Steuerzwecke § 97 AO.

Auszug bei Vorlegung im Rechtsstreit

259 ¹ **Werden in einem Rechtsstreit Handelsbücher vorgelegt, so ist von ihrem Inhalt, soweit er den Streitpunkt betrifft, unter Zuziehung der Parteien Einsicht zu nehmen und geeignetenfalls ein Auszug zu fertigen.** ² **Der übrige Inhalt der Bücher ist dem Gericht insoweit offenzulegen, als es zur Prüfung ihrer ordnungsmäßigen Führung notwendig ist.**

1) Umfang des Einsichtsrechts

1 § 259 regelt das Verfahren bei Vorlegung von HdlBüchern im Rechtsstreit. Nur die **auf den Streitpunkt bezüglichen** Stellen, die vom Beweisführer bzw. im Fall der Beiziehung vAw (vgl. § 258) vom Gericht bezeichnet werden, sind unter Zuziehung der Parteien einzusehen; nur insoweit ist geeignetenfalls auch ein Auszug zu fertigen (S. 1). Der übrige Inhalt ist nur, soweit zur Prüfung ihrer ordnungsmäßigen Führung notwendig (keine Ausforschung durch den Gegner), und nur dem Gericht ohne Zuziehung der Parteien offen zu legen (S. 2). Das Gericht kann mit der Einsicht auch einen Sachverständigen betrauen, dieser muss ebenso wie das Gericht die Parteien zuziehen, RG JW 1927, 2416. Vorlegung vor dem Prozessgericht oder dem kommissarischen Richter s. §§ 355, 434 ZPO. **Lit.** MBF Kap. 2 Tz. 112 ff.

Vorlegung bei Auseinandersetzungen

260 **Bei Vermögensauseinandersetzungen, insbesondere in Erbschafts-, Gütergemeinschafts- und Gesellschaftsteilungssachen, kann das Gericht die Vorlegung der Handelsbücher zur Kenntnisnahme von ihrem ganzen Inhalt anordnen.**

1. Abschnitt. Vorschriften für alle Kaufleute 1, 2 § 263

1) Befasstes Gericht

In den in § 260 bezeichneten Sachen kann jedes befasste Gericht nach seinem 1
Ermessen die Vorlegung von HdlBüchern zwecks Kenntnisnahme von ihrem
ganzen Inhalt (anders § 259) anordnen. **Lit.** MBF Kap. 2 Tz. 112 ff.

Vorlegung von Unterlagen auf Bild- oder Datenträgern

261 **Wer aufzubewahrende Unterlagen nur in der Form einer Wiedergabe auf einem Bildträger oder auf anderen Datenträgern vorlegen kann, ist verpflichtet, auf seine Kosten diejenigen Hilfsmittel zur Verfügung zu stellen, die erforderlich sind, um die Unterlagen lesbar zu machen; soweit erforderlich, hat er die Unterlagen auf seine Kosten auszudrucken oder ohne Hilfsmittel lesbare Reproduktionen beizubringen.**

1) Analog für ZPO, BGB und StPO

Vgl. §§ 238 II, 257 III. § 261 gilt entspr. auch bei Urkundenvorlegung nach 1
§§ 422, 423 ZPO oder § 810 BGB oder Urkundenherausgabe nach Beschlagnahme (§ 95 StPO); G über Entschädigung von Zeugen und Sachverständigen ist nicht anwendbar, OLG Bremen NJW 1976, 685 (Bankkontounterlagen). **Lit.** MBF Kap. 2 Tz. 112 ff.

Vierter Unterabschnitt. Landesrecht

262 *(aufgehoben)*

1) § 262 über Buchführungspflicht der SollKflte aufgehoben durch HRefG 1998 (→ § 238 Rn. 8).

Vorbehalt landesrechtlicher Vorschriften

263 **Unberührt bleiben bei Unternehmen ohne eigene Rechtspersönlichkeit einer Gemeinde, eines Gemeindeverbands oder eines Zweckverbands landesrechtliche Vorschriften, die von den Vorschriften dieses Abschnitts abweichen.**

1) Geltung auch für die öffentliche Hand

Aus § 263 folgt, dass wie schon nach bisheriger Rspr. auch die öffentliche 1
Hand bei Betätigung wie Kfm. dem 1. Abschn. unterliegt. Diese Gleichstellung mit anderen im Bereich der Rechnungslegung ist aus Wettbewerbsgründen unerlässlich. Änderungen folgen daraus für die Praxis jedoch kaum, insbesondere keine Publizitäts- und Prüfungspflichten (2. Abschn.). **Lit.** MBF Kap. 2 Tz. 135 ff.

2) Ausnahmen

Abweichungen vom 1. Abschn. sind nach § 263 nur noch auf Grund bestehen- 2
den Landesrechts für Unt. ohne eigene Rechtspersönlichkeit einer Gemeinde, eines Gemeindeverbands oder eines Zweckverbands, also insbesondere für gemeindliche Eigenbetriebe, zulässig, zB kameralistische Rechnungsabschlüsse. Für KapitalGes in öffentlicher Hand, auch 100%ige, gilt dagegen nicht nur der 1., sondern auch der 2. Abschn. (§§ 264 ff.).

Merkt 1255

§ 264

Zweiter Abschnitt. Ergänzende Vorschriften für Kapitalgesellschaften (Aktiengesellschaften, Kommanditgesellschaften auf Aktien und Gesellschaften mit beschränkter Haftung) sowie bestimmte Personenhandelsgesellschaften

Erster Unterabschnitt. Jahresabschluß der Kapitalgesellschaft und Lagebericht

Erster Titel. Allgemeine Vorschriften

Pflicht zur Aufstellung; Befreiung

264 (1) ¹Die gesetzlichen Vertreter einer Kapitalgesellschaft haben den Jahresabschluß (§ 242) um einen Anhang zu erweitern, der mit der Bilanz und der Gewinn- und Verlustrechnung eine Einheit bildet, sowie einen Lagebericht aufzustellen. ²Die gesetzlichen Vertreter einer kapitalmarktorientierten Kapitalgesellschaft, die nicht zur Aufstellung eines Konzernabschlusses verpflichtet ist, haben den Jahresabschluss um eine Kapitalflussrechnung und einen Eigenkapitalspiegel zu erweitern, die mit der Bilanz, Gewinn- und Verlustrechnung und dem Anhang eine Einheit bilden; sie können den Jahresabschluss um eine Segmentberichterstattung erweitern. ³Der Jahresabschluß und der Lagebericht sind von den gesetzlichen Vertretern in den ersten drei Monaten des Geschäftsjahrs für das vergangene Geschäftsjahr aufzustellen. ⁴Kleine Kapitalgesellschaften (§ 267 Abs. 1) brauchen den Lagebericht nicht aufzustellen; sie dürfen den Jahresabschluß auch später aufstellen, wenn dies einem ordnungsgemäßen Geschäftsgang entspricht, jedoch innerhalb der ersten sechs Monate des Geschäftsjahres. ⁵Kleinstkapitalgesellschaften (§ 267a) brauchen den Jahresabschluss nicht um einen Anhang zu erweitern, wenn sie

1. die in § 268 Absatz 7 genannten Angaben,
2. die in § 285 Nummer 9 Buchstabe c genannten Angaben und
3. im Falle einer Aktiengesellschaft die in § 160 Absatz 3 Satz 2 des Aktiengesetzes genannten Angaben

unter der Bilanz angeben.

(1a) ¹In dem Jahresabschluss sind die Firma, der Sitz, das Registergericht und die Nummer, unter der die Gesellschaft in das Handelsregister eingetragen ist, anzugeben. ²Befindet sich die Gesellschaft in Liquidation oder Abwicklung, ist auch diese Tatsache anzugeben.

(2) ¹Der Jahresabschluß der Kapitalgesellschaft hat unter Beachtung der Grundsätze ordnungsmäßiger Buchführung ein den tatsächlichen Verhältnissen entsprechendes Bild der Vermögens-, Finanz- und Ertragslage der Kapitalgesellschaft zu vermitteln. ²Führen besondere Umstände dazu, daß der Jahresabschluß ein den tatsächlichen Verhältnissen entsprechendes Bild im Sinne des Satzes 1 nicht vermittelt, so sind im Anhang zusätzliche Angaben zu machen. ³Die Mitglieder des vertretungsberechtigten Organs einer Kapitalgesellschaft, die als Inlandsemittent (§ 2 Absatz 14 des Wertpapierhandelsgesetzes) Wertpapiere (§ 2 Absatz 1 des Wertpapierhandelsgesetzes) begibt und keine Kapitalgesellschaft im Sinne des § 327a ist, haben in einer dem Jahresabschluss beizufügenden schriftlichen Erklärung zu versichern, dass der

2. Abschnitt. Ergänzende Vorschriften für Kapitalgesellschaften § 264

Jahresabschluss nach bestem Wissen ein den tatsächlichen Verhältnissen entsprechendes Bild im Sinne des Satzes 1 vermittelt oder der Anhang Angaben nach Satz 2 enthält. ⁴ Macht eine Kleinstkapitalgesellschaft von der Erleichterung nach Absatz 1 Satz 5 Gebrauch, sind nach Satz 2 erforderliche zusätzliche Angaben unter der Bilanz zu machen. ⁵ Es wird vermutet, dass ein unter Berücksichtigung der Erleichterungen für Kleinstkapitalgesellschaften aufgestellter Jahresabschluss den Erfordernissen des Satzes 1 entspricht.

(3) ¹ Eine Kapitalgesellschaft, die nicht im Sinne des § 264d kapitalmarktorientiert ist und als Tochterunternehmen in den Konzernabschluss eines Mutterunternehmens mit Sitz in einem Mitgliedstaat der Europäischen Union oder einem anderen Vertragsstaat des Abkommens über den Europäischen Wirtschaftsraum einbezogen ist, braucht die Vorschriften dieses Unterabschnitts und des Dritten und Vierten Unterabschnitts dieses Abschnitts nicht anzuwenden, wenn alle folgenden Voraussetzungen erfüllt sind:
1. alle Gesellschafter des Tochterunternehmens haben der Befreiung für das jeweilige Geschäftsjahr zugestimmt;
2. das Mutterunternehmen hat sich bereit erklärt, für die von dem Tochterunternehmen bis zum Abschlussstichtag eingegangenen Verpflichtungen im folgenden Geschäftsjahr einzustehen;
3. der Konzernabschluss und der Konzernlagebericht des Mutterunternehmens sind nach den Rechtsvorschriften des Staates, in dem das Mutterunternehmen seinen Sitz hat, und im Einklang mit folgenden Richtlinien aufgestellt und geprüft worden:
   a) Richtlinie 2013/34/EU des Europäischen Parlaments und des Rates vom 26. Juni 2013 über den Jahresabschluss, den konsolidierten Abschluss und damit verbundene Berichte von Unternehmen bestimmter Rechtsformen und zur Änderung der Richtlinie 2006/43/EG des Europäischen Parlaments und des Rates und zur Aufhebung der Richtlinien 78/660/EWG und 83/349/EWG des Rates (ABl. L 182 vom 29.6.2013, S. 19), die zuletzt durch die Richtlinie 2014/102/EU (ABl. L 334 vom 21.11.2014, S. 86) geändert worden ist,
   b) Richtlinie 2006/43/EG des Europäischen Parlaments und des Rates vom 17. Mai 2006 über Abschlussprüfungen von Jahresabschlüssen und konsolidierten Abschlüssen, zur Änderung der Richtlinien 78/660/EWG und 83/349/EWG des Rates und zur Aufhebung der Richtlinie 84/253/EWG des Rates (ABl. L 157 vom 9.6.2006, S. 87), die durch die Richtlinie 2013/34/EU (ABl. L 182 vom 29.6.2013, S. 19) geändert worden ist;
4. die Befreiung des Tochterunternehmens ist im Anhang des Konzernabschlusses des Mutterunternehmens angegeben und
5. für das Tochterunternehmen sind nach § 325 Absatz 1 bis 1b offengelegt worden:
   a) der Beschluss nach Nummer 1,
   b) die Erklärung nach Nummer 2,
   c) der Konzernabschluss,
   d) der Konzernlagebericht und
   e) der Bestätigungsvermerk zum Konzernabschluss und Konzernlagebericht des Mutterunternehmens nach Nummer 3.

² Hat bereits das Mutterunternehmen einzelne oder alle der in Satz 1 Nummer 5 bezeichneten Unterlagen offengelegt, braucht das Tochterunternehmen die betreffenden Unterlagen nicht erneut offenzulegen, wenn sie im *Bundesanzeiger [ab 1.8.2022: Unternehmensregister]* unter dem Tochterunternehmen auffindbar sind; § 326 Absatz 2 ist auf diese Offenlegung nicht anzuwenden. ³ Satz 2 gilt nur dann, wenn das Mutterunternehmen die betreffende Unterlage in deutscher oder in englischer Sprache offengelegt hat oder das

§ 264 1, 2

Tochterunternehmen zusätzlich eine beglaubigte Übersetzung dieser Unterlage in deutscher Sprache nach § 325 Absatz 1 bis 1b offenlegt.

(4) Absatz 3 ist nicht anzuwenden, wenn eine Kapitalgesellschaft das Tochterunternehmen eines Mutterunternehmens ist, das einen Konzernabschluss nach den Vorschriften des Publizitätsgesetzes aufgestellt hat, und wenn in diesem Konzernabschluss von dem Wahlrecht des § 13 Absatz 3 Satz 1 des Publizitätsgesetzes Gebrauch gemacht worden ist; § 314 Absatz 3 bleibt unberührt.

Übersicht

	Rn
1) Anwendungsbereich und Gliederung des 2. Abschnitts	1, 2
A. Anwendungsbereich:	1
B. Gliederung:	2
2) Jahresabschluss und Lagebericht (I)	3–10
A. Begriffe:	3–7
B. Aufstellung:	8
C. Aufstellungsfrist:	9
D. Feststellung:	10
3) Identifikation (Ia)	11
4) Vermittlung eines den tatsächlichen Verhältnissen entsprechenden Bildes der Vermögens-, Finanz- und Ertragslage (II 1)	12–22
A. Generalklausel:	12
B. Vermögens-, Finanz- und Ertragslage:	13–16
C. Den tatsächlichen Verhältnissen entsprechendes Bild:	17–21
D. Rechtsfolgen:	22
5) Angabepflicht bei besonderen Umständen (II 2, 4 (5))	23–26
A. Grundsatz:	23
B. Anwendungsfälle:	24–26
6) Bilanzpolitik (Bilanzierungs- und Bewertungswahlrechte)	27
7) Bilanzeid (II 3)	28
8) KleinstKapitalGes. (II 4)	29
9) Erleichterungen für Tochterunternehmen konzernabschlusspflichtiger Mutterunternehmen (III)	30
10) Erleichterungen für Tochterunternehmen von nach dem PublG konzernabschlusspflichtigen Mutterunternehmen (IV)	31

1) Anwendungsbereich und Gliederung des 2. Abschnitts

1 A. **Anwendungsbereich:** Der 2. Abschn. (§§ 264–335b), der den 1. Abschn. ergänzt, gilt für KapitalGes. und bestimmte PersonenGes. **KapitalGes.** sind laut Überschrift AG, KGaA und GmbH. Der 2. Abschn. gilt **auch für** KapitalGes. & Co, insbesondere **GmbH & Co** (→ Einl. vor § 238 Rn. 41 f., 44 f.), s. § 264a. Erstreckung auf Kreditinstitute § 340c, auf VersicherungsUnt. § 341a. Mittelbar Geltung kraft Verweisung für eG und bestimmte GroßUnt. → Einl. vor § 238 Rn. 35. Zusätzliche rechtsformspezifische Vorschriften gibt es außerhalb des HGB, zB im AktG, GmbHG ua. Zur Rechnungslegung und Prüfung Spenden sammelnder Organisationen IDW RS HFA 21. Zum Ganzen 2. Abschn. ist die Vorlagepflicht an den EuGH zu beachten (Art. 267 AEUV, → Einl. vor § 238 Rn. 5). Zeitlich: Die Offenlegungspflicht besteht **bis zur Löschung** fort, unabhängig davon, ob die Ges. mangels Geschäftsbetriebs noch oder kein Gewerbe mehr betreibt, LG Bonn BeckRS 2013, 07734; OLG Köln GmbHR 2016, 1042. **Lit.** MBF Kap. 3 Tz. 7 ff.; Kap. 4 Tz. 1 ff., 67 ff.; Kap. 7 Tz. 281 ff.; Kap. 11 Tz. 1; Langemann/Wilking BB 2017, 501 (Entgelttransparenz); Kolb/Heinek WPg 2017, 1243 (Entgelttransparenz); L. Müller BB 2017, 2101 (Entgelttransparenz); Kliem/Rimmelspacher DB 2018, 265 (Entgelttransparenz); Knauf/Thelen WPg 2019, 18 (elektronische Buchführung Vergleich HGB-Steuerrecht-Haushaltsrecht); Schweigert/Burth/Hachmeister IRZ 2020, 73 (Entgelttransparenz).

2 B. **Gliederung:** → Einl. vor § 238 Rn. 26.

2. Abschnitt. Ergänzende Vorschriften für Kapitalgesellschaften 3–8 **§ 264**

2) Jahresabschluss und Lagebericht (I)

A. **Begriffe: a)** Der **Jahresabschluss** besteht nach der auch für KapitalGes. 3
gültigen Legaldefinition des § 242 III aus Bilanz und Gewinn- und Verlustrechnung.

b) Der **Anhang** (§§ 284–288), der den Jahresabschluss erläutert und bestimm- 4
te Pflichtangaben enthält, bildet mit I 1 mit diesem eine Einheit. Mit dieser
Formulierung wird einerseits die Legaldefinition des § 242 III durchgehalten,
andererseits der Sache nach für KapitalGes. der Anhang als Teil des Jahresabschlusses gekennzeichnet. Wenn im 3. Buch vom Jahresabschluss der KapitalGes. die Rede ist, bedeutet das also außer Bilanz und Gewinn- und Verlustrechnung auch den Anhang, so zB in I 2 für die Aufstellungsfrist. **Lit.** Farr AG 2000, 1 ff. (Checklisten).

c) Der **Lagebericht** (§ 289), der zusätzliche Informationen zu Geschäftsver- 5
lauf und Lage der KapitalGes. enthält, ist nicht Teil des Jahresabschlusses (samt
Anhang). Ist im 3. Buch und anderen Gesetzen, zB §§ 256 f. AktG, nur von
Jahresabschluss die Rede, ist damit der Lagebericht grundsätzlich nicht automatisch mit angesprochen.

d) Die **Kapitalflussrechnung** ist im HGB nicht legaldefiniert. Nach IAS 7 6
dient sie der Darstellung der historischen Bewegungen der Zahlungsmittel und
Zahlungsmitteläquivalente eines Unt. Dazu werden die Zahlungsströme einer
Periode nach betrieblichen Tätigkeiten sowie Investitions- und Finanzierungstätigkeiten eingeteilt, s. auch DRS 2. Bitcoins sind kein Zahlungsmittel in diesem
Sinn, Gerlach/Oser DB 2018, 1541.

e) Der **Eigenkapitalspiegel** (oder Eigenkapitalveränderungsrechnung) stellt 7
die Veränderung des Eigenkapitals einer Periode dar und zeigt ihre Ursachen.
Keine inhaltliche Konkretisierung des Rechenwerkes im HGB, aber in DRS 7
und IAS 1.96 ff.

B. **Aufstellung: I 1, 2** erweitert für KapitalGes. § 242. Die gesetzlichen Ver- 8
treter der KapitalGes. (idR Vorstand der AG, phG der KGaA, Geschäftsführer der
GmbH; GmbH & Co s. § 264a II) haben den Jahresabschluss um einen Anhang
zu erweitern und müssen außerdem einen Lagebericht aufstellen (I 1). Deren
Inhalt ergibt sich aus §§ 284 ff. und § 289. Kein **Anhang** für KleinstKapitalGes.
(§ 267a), wenn die in I 5 genannten Angaben unter der Bilanz ausgewiesen
werden; das sind Angaben zu Haftungsverhältnissen iSv §§ 251, 268 VII, Vorschüssen und Krediten an Organmitglieder iSv § 285 Nr. 9 lit. c sowie über
Transaktionen eigener Aktien iSv § 160 I 1 Nr. 2 AktG, ferner die ggf. nach II 2
erforderlichen Angaben (→ Rn. 23 ff.). Kein **Lagebericht** nach **I 4** bei kleinen
KapitalGes. (§ 267 I), außer wenn satzungsrechtlich vorgeschrieben (dann auch,
wenn KapitalGes. ursprünglich nicht klein war, BGH DStR 2008, 629). Ist die
KapitalGes. kapitalmarktorientiert (§ 264d) und nicht zur Aufstellung eines Konzernabschlusses verpflichtet (§ 290), verlangt **I 2** zudem Aufstellung einer Kapitalflussrechnung und eines Eigenkapitalspiegels, die mit Bilanz, GuV und Anhang
eine Einheit bilden, um insoweit eine Gleichlauf aller kapitalmarktorientierten
KapitalGes. und Annäherung an IFRS zu erreichen, Küting/Pfitzer/Weber
S. 516 ff.; für Konzernabschlusspflichtige gilt die erweiterte Aufstellungspflicht
schon gem. § 315e und IFRS. Eine nach IFRS verbindliche Erweiterung auch
um eine Segmentberichterstattung (s. dazu DRS 3, umfassend überarbeitet durch
DRS 28; zu IFRS 8 (Geschäftssegmente) s. MBF Kap. 11 Tz. 106; Kap. 13
Tz. 211) ist aus Kostengründen ins Belieben gestellt (RegE BilMoG 63). Die
Aufstellung ist Teil der Geschäftsführung (grundsätzlich einstimmig). Die Pflicht
trifft alle Organmitglieder, OLG Karlsruhe WM 1987, 536, Geschäftsverteilung
→ § 238 Rn. 9, Einschaltung von Hilfspersonen, auch von Wirtschaftsprüfern, ist
zulässig (vgl. → § 238 Rn. 11); aber Entscheidung über die Vorlage bleibt Sache

aller gesetzlichen Vertreter, Lu/Ho § 42 Rn. 12. Grundsätze für die Erstellung von Jahresabschlüssen durch Wirtschaftsprüfer IDW S 7, Scherf/Willeke StuB 2009, 12; Gewehr/Harrison WPg 2010, 1053. Weisungsrecht der Gfter je nach GesForm, so zB bei GmbH (vgl. § 46 Nr. 1 GmbHG), Lu/Ho § 42 Rn. 12. Vorlage an den Abschlussprüfer s. § 320 I 1; Rückwirkende Eintragung einer Geschäftsjahresänderung nach Ablauf des schon angemeldeten Rumpfgeschäftsjahrs durch Insolvenzverwalter unzulässig, OLG Frankfurt a. M. NZG 2014, 866. Feststellung → Rn. 10; Offenlegung s. §§ 325 ff. **Lit.** Almeling DB 2011, 1761; Zwirner/Petersen/König KoR 2012, 26; StuB 2012, 503 (Sonderrechnungen); Meyer BB 2014, 1131 (EU-rechtliche Zweifelsfragen).

9 C. **Aufstellungsfrist:** Diese beträgt für KapitalGes. nach I 3 höchstens die ersten drei Monate des neuen Geschäftsjahres. I 4 nF mildert dies für kleine KapitalGes. (§ 267 I), also auch für kleine AG, gilt aber nicht für Kreditinstitute (§ 340a I). Die Sechsmonatsfrist des I 3 Hs. 2 ist für diese aber nicht die zulässige Regel, sondern die äußerste Grenze. Eine generell sechs Monate vorsehende Satzungsbestimmung ist unwirksam, BayObLG WM 1987, 502. Liquidator tritt in die laufende Frist ein, BayObLG BB 1990, 600. I 3 verlangt Aufstellung innerhalb der einem ordnungsgemäßen Geschäftsgang entsprechenden Zeit; diese kann nach GoB unter sechs Monaten liegen. EinzelKfte und PersonenGes. → § 243 Rn. 11. Stichtagsprinzip → § 243 Rn. 12 f. Schadensersatzpflicht → § 238 Rn. 20. Ordnungsgeld nach § 335 I 5 eingefügt durch MicroBilG 2012 (**Übergangsrecht (1)** EGHGB Art. 73 I 1). Danach müssen KleinstKapGes. im Einklang mit Art. 36 I lit. b Bilanz-RL 2013 unter bestimmten Umständen den Jahresabschluss nicht um einen Anhang erweitern, insbesondere, sofern unter der Bilanz Angaben zu eigenen Aktien zu machen sind. Durch BilRUG 2015 (**Übergangsrecht (1)** EGHGB Art. 75 I 1) wurden diese Voraussetzungen auf AGs beschränkt und es wurde die Erfassung von KGaAs zum Zweck der weiteren Entlastung kleinster KapGes. gestrichen, BegrRegE 71. **Lit.** Kolb/Roß WPG 2014, 991 (Zweifelsfragen zum MicroBilG); Fink/Theile DB 2015, 753.

10 D. **Feststellung:** Aufstellung und Feststellung sind streng zu unterscheiden. Erst mit wirksamer Feststellung wird der Jahresabschluss verbindlich (→ § 245 Rn. 4). Zuständigkeit für Feststellung je nach GesForm zB AktG §§ 172, 173, § 46 Nr. 1 GmbHG.

3) Identifikation (Ia)

11 Ia eingefügt durch BilRUG 2015 (**Übergangsrecht (1)** EGHGB Art. 75 I 1) setzt Art. 5 Bilanz-RL 2013 um und verlangt im Jahresabschluss Angaben zur Identifikation der KapitalGes. (Firma, Sitz, Register), zB in der Überschrift des Abschlusses, auf gesondertem Deckblatt oder an anderer herausgehobener Stelle, BegrRegE 71. **Lit.** Theile GmbHR 2015, 281 (GmbH- u. GmbH & Co KG-Abschluss nach BilRUG); Wulf DStZ 2015, 825; Zwirner AR 2016, 2 (BilRUG).

4) Vermittlung eines den tatsächlichen Verhältnissen entsprechenden Bildes der Vermögens-, Finanz- und Ertragslage (II 1)

12 A. **Generalklausel:** II 1 enthält das auf britisches Recht zurückgehende, dort als overriding principle ausgestaltete **true and fair view**-Prinzip als Generalklausel für den Jahresabschluss der KapitalGes. (Einblicksgebot). Für EinzelKfte und PersonenGes. gilt dieses Prinzip nicht, doch müssen sie im Einzelfall gleiche Anforderungen aus dem Grundsatz der Bilanzwahrheit folgen (→ § 243 Rn. 5). Der Jahresabschluss muss unter Beachtung (nicht nur im Rahmen) der GoB ein den tatsächlichen Verhältnissen entsprechendes Bild der Vermögens-, Finanz- und Ertragslage der KapitalGes. (nicht nur einen möglichst sicheren Einblick in die Vermögens- und Ertragslage der Ges.) vermitteln. Sonst sind zusätzliche Angaben

2. Abschnitt. Ergänzende Vorschriften für Kapitalgesellschaften 13–17 § 264

im Anhang nötig (II 2). Das Gebot des II 1 richtet sich aber nur an den Jahresabschluss insgesamt (Bilanz, GuV und Anhang als Einheit, I 1), nicht an jeden Teil, hL, das starre Zahlenwerk der Bilanz und GuV wird idR durch den flexibleren Anhang in das richtige Licht gestellt (→ Rn. 14), ADS Rn. 47, 62, dann aber 93 ff., vgl. auch → § 252 Rn. 22. Aber die Versuche der üL, II herunterzuspielen, sind seit EuGH ZIP 1996, 1168, aber 1997, 1374 – Tomberger, nicht mehr haltbar, vielmehr zentrale Vorschrift mit unmittelbarer bilanzrechtlicher Bedeutung, Klinke ZGR 1998, 231, str. Die verbreitete Abkoppelungsthese (II nur für Anhang relevant; Moxter, Beisse) ist damit unvereinbar, Kleindiek ZGR 1998, 475. **Lit.** Philipps StuB 2011, 203; Küting/Eichenlaub DStR 2012, 2615 (MicroBilG); Fey/Deubert/Lewe/Roland BB 2013, 107 (MicroBilG); Müller/Kreipl DB 2013, 73 (MicroBilG); Bravidor/Mehnert StuB 2014, 596 (Bilanzwahrheit u. EuGH-Rspr.); Dziadkowski IStR 2014, 461 (zu EuGH NZG 2014, 36 – GIMLE S. A.); Hennrichs WPg 2015, 315 (zu EuGH NZG 2014, 36 – GIMLE S. A.); Glaser/Hachmeister DB 2015, 565 (true and fair view für Nicht-KapitalGes. aus EU-Sicht); Merkt Konzern 2017, 353 (Beschränkung der Ausübung von Wahlrechten durch true and fair view).

B. **Vermögens-, Finanz- und Ertragslage:** Nach II 1 sind drei Lagen, 13 soweit möglich, einzeln als Teillagen (aber Interdependenz) und ohne festes Rangverhältnis (hM, ADS Rn. 60) zu bestimmen.

a) Die **Vermögenslage** ist das Verhältnis des Vermögens des Kfm. und seiner 14 Schulden (§ 242 I 1), nach aA enger auf Aktivseite bezogen. Ihre Darstellung ergibt sich aus der Gegenüberstellung in der Bilanz und den dazu gehörenden Angaben im Anhang. II 1 fordert, dass (nur) die bilanzielle Vermögenslage den tatsächlichen Verhältnissen entsprechend abgebildet ist, also nach Aufbau, Fristigkeit und Relationen von Vermögen und Kapital, so wie nach den Bilanzierungsregeln im Gesetz und GuV vorgeschrieben. Die darin liegenden bilanziellen Grenzen der Aussage (zB Bilanzierungsverbot für den originären Geschäfts- oder Firmenwert § 246 I 4, für bestimmtes nicht entgeltlich erworbenes immaterielles Anlagevermögen § 248 II, Stichtagsprinzip, Anschaffungswerte ohne Berücksichtigung der Inflation, überhaupt Ableitung des Jahresabschlusses aus der Buchführung ua) stellt II 1 nicht in Frage.

b) Die **Finanzlage** betrifft die Finanzierung und vor allem die künftige Liqui- 15 dität der Ges. Ihre Darstellung ergibt sich vor allem aus der Bilanz, aber auch aus der GuV mit den jeweils dazugehörenden Angaben im Anhang. Die bilanzielle Finanzlage resultiert ua aus Höhe, Fälligkeit und Relation von Forderungen (und flüssigen Mitteln) und Verbindlichkeiten (§ 268 IV 1, V 1, § 285 Nr. 1a, 2) und aus den in der Bilanz nicht zum Ausdruck kommenden sonstigen Verpflichtungen (§ 285 Nr. 3a); Erleichterungen für kleine Ges. § 288. Eine umfassendere Darstellung der wirtschaftlichen Lage, zB eine (vergangenheitsbezogene) Kapitalflussrechnung oder eine (zukunftsbezogener) Finanzplan, ist wünschenswert (→ § 284 Rn. 8) und wird auch schrittweise verwirklicht (Kapitalflussrechnung, s. I 2 und § 297 I 2), aber von II 1 nicht umfassend vorgeschrieben.

c) Die **Ertragslage** (Erfolgslage) betrifft Höhe und Zustandekommen des 16 Erfolgs (Jahresüberschuss bzw. -fehlbetrag der abgelaufenen Rechnungsperiode) und ihre Komponenten Aufwand und Ertrag samt Struktur und Veränderungen). Ihre Darstellung ergibt sich vor allem aus der GuV und den dazu gehörenden Angaben im Anhang.

C. **Den tatsächlichen Verhältnissen entsprechendes Bild:** II 1 geht davon 17 aus, dass das den tatsächlichen Verhältnissen entsprechende Bild sich grundsätzlich **schon aus dem Jahresabschluss** ergibt, wenn er gemäß den Einzelvorschriften der §§ 238 ff. und anderen Rechtsnormen sowie den GoB („unter Beachtung der GoB", noch einmal klargestellt in II 1) aufgestellt ist. Das zeigt auch II 2

(Korrektur bei „besonderen Umständen"). II 1 erlaubt es also nicht, den Inhalt und Umfang des Jahresabschlusses abweichend von den gesetzlichen Vorschriften zu bestimmen oder ganz allgemein zusätzliche Anforderungen für alle oder bestimmte Unt. zu begründen (Begr. E § 237).

18 **a)** II 1 ist danach in erster Linie eine **Auslegungshilfe,** wenn die Einzelnormen auslegungsbedürftig und lückenhaft sind (Begr. E § 237). Das gilt vor allem für den Anhang als Korrektiv des Zahlenwerks von Bilanz und GuV (→ Rn. 12). Aber II 1 ist nicht nur dem Anhang zugewiesen (Abkoppelungsthese, str.), → Rn. 12.

19 **b)** Bei **Schätzungen,** zB § 253 I 2, III 2, ist Maßstab die vernünftige kfm. Beurteilung. Diese muss sich im Rahmen des jeweiligen Normzwecks halten, zB Vorsichtsprinzip bei Rückstellungen; sie darf den danach eventuell bestehenden Beurteilungsspielraum aber voll ausnutzen (kein Verstoß gegen II 1). II 1 kann aber eingreifen, zB wenn bei schlechtem Ertrag günstiger geschätzt wird als zuvor bei gutem, ADS Rn. 106.

20 **c)** Ebenso dürfen **Ansatz- und Bewertungswahlrechte** grundsätzlich voll ausgeschöpft werden, ohne dass II 1 eingreift, sehr str., ADS Rn. 107, denn der Anhang informiert über die angewandten Bilanzierungs- und Bewertungsmethoden (§ 284 II Nr. 1). In Ausnahmefällen reicht aber § 284 II Nr. 1 nicht aus, dann kann II 1 eingreifen, vgl. BeckBilKomm/Winkeljohann/Schellhorn Rn. 30, 34 (missbräuchliche Ausnutzung). Nach aA ist zwischen echten Wahlrechten und bloß in Frage kommenden unterschiedlichen Vorgehensweisen zu unterscheiden, von letzteren darf stets nur gemäß II 1 Gebrauch gemacht werden, Kü/We Rn. 36.

21 **d) Sonderposten eigener Art,** zB §§ 274 I 2, 255 IV aF, 269 aF, und die Passivierungs- und Abschreibungsrechte aus Steuergründen (**umgekehrte Maßgeblichkeit,** → § 242 Rn. 5) können uneingeschränkt in Anspruch genommen werden, ganz hL (sind aber durch BilMoG (BT-Drs. 16/10067, 47) weitgehend **abgeschafft**). Denn sie sind nicht nur klar auszuweisen, sondern auch im Anhang zu erläutern. Das gilt auch für das Passivierungswahlrecht bei Altfällen von Pensionen (→ § 249 Rn. 1 ff., 14 ff.).

22 D. **Rechtsfolgen:** Vermittelt der Jahresabschluss bei besonderen Umständen nicht schon nach Einzelvorschriften und GoB das nach II 1 geforderte Bild, dann greift II 2 mit Pflicht zu Angaben im Anhang ein (→ Rn. 23–25). Verstoß gegen I 1, 3 führt zu Einschränkung des Testats nach § 322 IV. Der festgestellte Jahresabschluss kann nach § 256 I Nr. 1 AktG (entspr. für GmbH) nichtig sein, aber nur, wenn die Bilanz, die GuV oder der Anhang selbst Gläubigerschutzbestimmungen verletzen, insbesondere bei Aufbau- oder Gliederungsfehlern und bei fehlerhaften Ansätzen oder Bewertungen; § 256 I 1 Nr. 1 AktG wird aber insoweit durch § 256 IV, V AktG eingeschränkt, BGHZ 124, 117; 137, 384 (Tomberger, → § 246 Rn. 14); 142, 384; auch ADS Rn. 138: jedenfalls nur in Extremfällen.

5) Angabepflicht bei besonderen Umständen (II 2, 4 (5))

23 A. **Grundsatz:** II 2 verlangt **zusätzliche Angaben im Anhang,** also über die Pflichtangaben hinaus, wenn auf Grund **besonderer Umstände** der Jahresabschluss trotz Anwendung der gesetzlichen Vorschriften und GoB (→ Rn. 17–21) hinter der Aussagekraft eines Jahresabschlusses dieses Unt. unter normalen Umständen iSv II 1 zurückbleibt (Begr. E § 237). II 2 schließt an II 1 an. Greift schon dieser nicht ein, ist erst recht II 2 nicht einschlägig. II 2 betrifft also nicht die immanenten buchführungsmäßigen und bilanziellen Grenzen des Jahresabschlusses (→ Rn. 12–21). Diskrepanzen zwischen dem wirklichen und dem zulässigen Buchwert zB auf Grund des Niederstwertprinzips oder der Bewertungswahlrechte (→ § 252 Rn. 28) lösen die Angabepflicht nach II 2 nicht aus. Dagegen genügt unrichtiges Bild schon hinsichtlich einer der drei „Lagen" (→ Rn. 13–16). II 4, 5 idF MicroBilG 2013 (**Übergangsrecht (1)** EGHGB Art. 70) erlauben **KleinstKapitalGes.** (§ 267a) die erforderlichen Angaben unter der Bilanz zu machen, weil für sie der Anhang fakultativ ist (→ Rn. 8). Gem. II 5 wird aber widerleglich vermutet, dass der unter Einhaltung der Vereinfachungsmöglichkeiten aufgestellte Jahresabschluss den Erfordernissen des II 1 entspricht. Angabepflicht nach II 4, 5 daher nur in Ausnahmefällen (→ § 251 Rn. 5).

B. Anwendungsfälle: a) Korrektur eines zu günstigen Bildes: zB ungewöhnliche, rein bilanzpolitische Maßnahmen, uU Sale-and-lease-back-Verfahren, ADS Rn. 117; Verbergen von Entwicklungstendenzen, ADS Rn. 99; Irreführung durch Nominalwertprinzip bei erheblicher Geldwertveränderung, GK BilR/Hüttemann Rn. 54; Betriebe in Hochinflationsländern mit entspr. Scheingewinnen; Wegfall von bilanziell nicht auszuweisenden Vorteilen, die wesentliche Grundlage der Ertragslage sind, etwa wichtiges selbst geschaffenes Patent oder Gefährdung der Rohstoffzulieferung infolge Ausfalls eines nicht ersetzbaren Lieferanten, ADS Rn. 120; wesentliche Tätigkeit in politisch gefährdeten Ländern; Teilliquidation von Filialen, Werken oder Betriebsabteilungen, die nach Fortführungswerten bilanzieren. **Nicht:** Zweifel an Fortsetzung der Unternehmenstätigkeit, ohne dass Voraussetzungen des § 252 I Nr. 2 entfallen sind, sehr str., aA BeckBilKomm/Winkeljohann/Büssow § 252 Rn. 15; idR nicht bei unüblicher Ausübung von Ansatzwahlrechten (→ Rn. 20), sehr str., aA Schulze-Osterloh ZHR 150 (1986), 564; aber uU irreführende heimliche Auflösung (auch → § 252 Rn. 13 ff.); Zweifel über wesentliche Bilanzierungsfragen, zB bei schwankender Rspr. oder neuen Bilanzierungsproblemen, aA BeckBilKomm/Winkeljohann/Schellhorn Rn. 53; zur Berichtspflicht bei Bestehen wesentlicher Unsicherheit über Unternehmensfortführung Braun/Geppert BB 2021, 811, 812 ff.

b) Korrektur eines zu ungünstigen Bildes: zB langfristige Fertigung in erheblichem Umfang, etwa im Anlagen- und Schiffsbau, hL, → § 252 Rn. 19; ADS Rn. 122; uU bei zu ungünstiger kumulierter Anwendung des Vorsichts-, Imparitäts- und Realisationsprinzips (→ § 252 Rn. 10–11, 18 ff.), Moxter FS Goerdeler, 1987, 373; Irreführung durch Nominalwertprinzip bei erheblicher Geldwertveränderung, WP-HdB I F 841; bei Angaben über nicht bilanzierungsfähige Risiken nach § 285 Nr. 3a uU auch Angabe nicht bilanzierungsfähiger positiver Erwartungen.

c) Gesellschaftsrechtliche Sonderfälle: nur ausnahmsweise bei verdeckten Gewinnausschüttungen oder verdeckten Einlagen; im Vertragskonzern und im faktischen Konzern, ADS Rn. 127.

6) Bilanzpolitik (Bilanzierungs- und Bewertungswahlrechte)

II steht einer Bilanzpolitik durch Ausnutzung aller zulässigen Bilanzierungs- und Bewertungswahlrechte, soweit nach BilMoG überhaupt noch vorhanden, nicht entgegen. **Bilanzierungswahlrechte** (Ansatzwahlrechte) sind Aktivierungswahlrechte (zB Disagio § 250 III; Bilanzierungshilfe nach § 274 I) oder Passivierungswahlrechte (zB das nach BGH angeblich bestehende bei Pensionszusagen für Altfälle, → § 249 Rn. 1 ff., 14 ff.). **Bewertungswahlrechte** → § 252 Rn. 28. **Darstellungs- und Gliederungswahlrechte** → § 265 Rn. 9. Grenzen der Wirksamkeit bilanzpolitisch motivierter Rechtsgeschäfte, Kropff ZGR 1993, 41. **Lit.** Küting DB 2008, 1330; Göllert DB 2008, 1167; Eierle/Ther/Klamer DB 2019, 677 (bilanzpolitische Motive KMU).

7) Bilanzeid (II 3)

Nach II 3 idF TUG 2007 (**Übergangsrecht** in (1) EGHGB Art. 62), geändert durch ESEF-UG 2020 (**Übergangsrecht** in (1) EGHGB Art. 84), sind die gesetzlichen Vertreter börsennotierter KapitalGes. verpflichtet, die Einhaltung der für den Jahresabschluss geltenden Vorgaben gem. II 1 u. 2 bei Unterzeichnung des Jahresabschlusses schriftlich zu bestätigen. Entsprechende Erklärungspflichten gelten gem. § 289 I 5, § 297 II 4, § 315 I 6 für Lagebericht, Konzernabschluss und Konzernlagebericht auch dann, wenn das Unt. oder MutterUnt. nach internationalen Standards bilanziert, §§ 315e I, 325 II a. Die nach US-amerikanischem Vorbild (s. Sec. 302 Sarbanes-Oxley Act 2002) geschaffene Regelung setzt Art. 4 II c der EU-TransparenzRL 2004/109/EG v. 15.12.2004 ABl. 2004 L 390, 38 um. Durch ESEF-UG ist der Wortlaut enger an den des **(16b) WpHG** § 114 I 1 angepasst worden. Betroffen sind nur KapitalGes., die Inlandsemittenten iSv **(16b)** § 2 XIV WpHG sind. Ausgenommen sind nur KapitalGes. iSv § 327a (emittieren keine Aktien, sondern nur hoch gestückelte Schuldtitel). Gem. II 3 muss der Bilanzeid von den gesetzlichen Vertretern des Emittenten (Vorstand der AG, § 94 AktG) geleistet werden. Bilanzeid ist nicht Teil des Abschlusses. Auf den einschränkenden Zusatz „nach bestem Wissen" (Art. 4 II Buchst. c EU-TransparenzRi) könnte verzichtet werden, da Strafbarkeit wegen falschen Bilanzeids gem. § 331 ohnehin wissentliche Begehung voraussetzt. Beschränkung auf vorhandenes Wissen genügt nicht. Vorstand muss sich grundsätzlich um möglichst vollständiges Wissen bemühen, s. Begr. Finanzauschuss BT-Drs. 16/3444, 80. Versicherung muss bei Unterzeichnung des Jahresabschlusses schriftlich (s. § 126 I BGB) abgegeben werden. Das meint den festgestellten Abschluss, nicht den bloß aufgestellten, str., aA DAV-Handelsrechtsausschuss NZG 2006, 655. Wegen höchstpersönlicher Natur des Bilanzeids ist Stellvertretung unzulässig. Nicht richtige Abgabe des Bilanzeids steht unter Strafe, § 331 Nr. 3a, s. dort. Zivilrechtliche Haftung nicht aus Garantie, aber aus § 823 II BGB iVm II 3 bzw. § 331 Nr. 3a sowie aus § 826 BGB (Vorsatznachweis!). **Lit.** Heldt/Ziemann NZG 2006, 652 (Strafrecht).

8) KleinstKapitalGes. (II 4)

29   Nach **II 4** Vermutung, dass der Jahresabschluss unter Nutzung der Erleichterungen für KleinstKapitalGes. (§ 267a, s. dort) den Anforderungen nach II 1 genügt. Erleichterungen für KleinstKapitalGes. ergeben sich bei der Gliederung der Bilanz (§ 266 I 4), der Darstellung der GuV (§ 275 V), der Pflicht, den Jahresabschluss um einen Anhang zu erweitern (§ 264 I 5) sowie den Offenlegungspflichten (§ 326 II). **Lit.** Kolb/Roß WPG 2014, 991 (Zweifelsfragen zum MicroBilG).

9) Erleichterungen für Tochterunternehmen konzernabschlusspflichtiger Mutterunternehmen (III)

30   § 264 enthält neben der Pflicht zur Aufstellung auch **Befreiungsvorschriften** in III und IV (daher klarstellende Ergänzung „Befreiung" in der Überschrift von § 264 durch BilRUG 2015 (**Übergangsrecht (1)** EGHGB Art. 75 I 1)). III idF MicroBilG 2013 (**Übergangsrecht (1)** EGHGB Art. 70), Neufassung durch BilRUG 2015 (**Übergangsrecht (1)** EGHGB Art. 75 I 1) zur Bereinigung von Redaktionsversehen, sprachlicher Verbesserung und Beseitigung von Zweifelsfragen, angepasst durch FISG (**Übergangsrecht (1)** EGHGB Art. 86) zur Klarstellung; enthält Erleichterungen für TochterKapitalGes. eines nach § 290 oder entsprechenden Regelungen eines EU/EWR Mitgliedstaates (für nicht-inländische Mütter geöffnet durch MicroBilG 2013 aufgrund EuGH DStR 2014, 436 – Mömax/Bundesamt für Justiz; zuvor BVerfG NZG 2013, 464) konzernabschlusspflichtigen MutterUnt., dem Wortlaut nach zudem für TochterKapitalGes. von Konzernmüttern, die freiwillig einen Konzernabschluss aufstellen, bspw. in der Rechtsform einer PersonenGes., oder die als Einzelkfm betriebene MutterUnt. sind; krit. deshalb Theile DB 2013, 469, weil deren Bilanzrecht nicht zwingend europäisch harmonisiert ist, insofern besteht eine Sonderregelung mit § 264b I

Nr. 2 nur für Ges. iSv § 264a I. Durch das **FISG** wurde mit Blick auf Art. 40 S. 1 BilanzRL klargestellt, dass KapGes, die im Sinne von § 264d kapitalmarktorientiert sind, die für Tochterunternehmen geltende Befreiung nicht in Anspruch nehmen können, BT-Drucks. 19/29879 S. 173. Die von der Norm erfassten TochterKapitalGes. brauchen die Vorschriften über Inhalt, Prüfung und Offenlegung des Jahresabschlusses (2. Abschn. Unterabschn. 1, 3, 4) unter den in III genannten fünf Voraussetzungen (präzisiert durch BilRUG 2015 (**Übergangsrecht (1)** EGHGB Art. 75 I 1) nicht anzuwenden: **Erstens** müssen alle Gfter der Tochter der Befreiung für das jeweilige Geschäftsjahr (str., ob auch im Voraus für weitere Geschäftsjahre) zugestimmt (auch formlos, nicht notwendig durch Beschluss, nicht erst nachträglich nach Feststellung) und dies nach § 325 offen gelegt haben (**III 1 Nr. 1); zweitens** muss sich die Mutter bereit erklärt haben, für die von der Tochter eingegangenen Verpflichtungen aus dem jeweiligen Geschäftsjahr einzustehen (**III 1 Nr. 2),** dh, Vertragspartner u. Kreditgeber der Tochter sind so zu stellen, dass es für ihre Forderungen im Wesentlichen auf die Vermögensverhältnisse der Mutter ankommt, was zumindest bedeutet, dass die Mutter etwaige Verluste der Tochter (Jahresfehlbeträge) wie nach § 302 AktG ausgleicht u. darüber hinaus Engpässe in der Liquidität der Tochter ausgleicht, auch wenn die Tochter einen Jahresüberschuss ausgewiesen hat. Unmittelbarer Schuldbeitritt mit Außenwirkung ist hingegen nicht erforderlich, anders noch RefE. Offenzulegen ist „die Erklärung", das soll Wiedergabe des wesentlichen Inhalts bedeuten, nicht vollständigen Wortlaut; bloße Wiederholung des Gesetzeswortlauts soll nicht genügen, Oser/Ollinger DB 2017, 2045. Ob eine bloß formale Erklärung ausreicht oder ob die Mutter tatsächlich hinreichende Bonität haben muss, ist ungeklärt; Beurteilung der Bonität obliegt damit Adressaten des befreienden Konzernabschlusses u. -lageberichts, Oser/Ollinger DB 2017, 2045. Fraglich, ob auch gesamtschuldnerische Haftung für Verbindlichkeiten der TochterGes. nach § 322 I AktG bei Eingliederung (§ 319 AktG) den Anforderungen von III 1 Nr. 2 genügt, dafür Oser/Ollinger DB 2017, 2045, weil Eingliederungshaftung umfassender. Str., ob Verlustübernahmeerklärung das Geschäftsjahr betrifft, für dessen Vorjahr von Erleichterung Gebrauch gemacht wird, so Lit. und Bilanzierungspraxis, siehe etwa Roß BB 2018, 427; Petersen WPg 2018, 1493, oder ob sich die Erklärung auch auf das Geschäftsjahr erstrecken muss, für dessen Jahresabschluss die Erleichterung in Anspruch genommen werden soll, so OLG Köln NZG 2018, 1261 in Bestätigung LG Bonn BeckRS 2018, 149328. Die Verpflichtung der Mutter kann durch Nachschusspflicht oder (harte) Patronatserklärung gegenüber der Tochter begründet werden, RegBegr S. 72. Die Befreiung setzt im mehrstufigen Konzern voraus, dass die Mutter gegenüber der Enkelin zur Verlustübernahme verpflichtet ist, und zwar auch dann, wenn die Mutter eine offenlegungspflichtige PersonenhandelsGes. ist, LG Bonn DStR 2013, 2352; Renner/Theile KoR 2015, 215; daher soll im mehrstufigen Konzern auf Existenz einer geschlossenen Kette von Einstandspflichten (unter Identifizierung der Gesellschaften) hingewiesen werden, BeckBilKomm/Winkeljohann/Schellhorn Rn. 196. **Drittens** müssen der Konzernabschluss u. -lagebericht der Mutter nach deren Sitzrecht in Einklang mit der Bilanz-RL 2013 (idF RL 2014/95/EU) und der AbschlussprüferRL 2006 aufgestellt und geprüft werden (**III 1 Nr. 3a) u. b))** Nach Brexit und Ablauf des Übergangszeitraums zum 31.12.2020 kann ein Konzernabschluss und Konzernlagebericht eines Mutterunternehmens mit Sitz in UK zum Stichtag 31.12.2020 noch befreiende Wirkung nach § 264 III, § 264b und § 291 HGB haben. Übergangsfrist hat erst mit Ablauf des 31.12.2020 geendet, sodass die Bedingung (Sitz des Unternehmens in EU-Mitgliedstaat zum 31.12.2020) noch erfüllt war. Unerheblich ist, ob Prüfung des Abschlusses durch britischen Abschlussprüfer erst nach diesem Stichtag erfolgt. Ab 1.1.2021 würde eine Mutter mit Sitz in UK die Voraussetzungen für eine Befreiung aber nicht mehr erfüllen, sofern EU und UK nichts

Gegenteiliges vereinbaren, Busch BC 2021, 18. Soweit die Mutter diese Unterlagen bereits offengelegt hat, muss die Tochter die Unterlagen nicht mehr offenlegen, wenn sie im BAnz. (bzw. nach DiRUG im Unternehmensregister) unter der Tochter auffindbar ist **(III 2)**, allerdings nur, wenn die Mutter die Unterlagen in deutscher oder englischer Sprache offengelegt hat oder die Tochter zusätzlich eine beglaubigte deutsche Übersetzung offenlegt **(III 3)**, Einzelheiten bei Bode DB 2015, 816. Zu beachten ist, dass der in englischer Sprache offengelegte Konzernabschluss und -lagebericht zum einen die Voraussetzungen nach III, und nach ARUG II auch die Voraussetzungen der § 291 I 1 und § 325 I 1 erfüllt. Nunmehr können befreiende Konzernabschlüsse- und lageberichte nach § 291 I 1 und 292 auch in englischer Sprache im BAnz (bzw. nach DiRUG im Unternehmensregister) veröffentlicht werden; zur Rechtlage vor ARUG II kritisch Oser/Ollinger DB 2017, 2045. Die Tochter bleibt auf jeden Fall buchführungspflichtig und muss einen Jahresabschluss aufstellen (§§ 238–263). **Viertens** muß die Befreiung der TochterGes. im Anhang des Konzernabschlusses der MutterGes. angegeben werden **(III Nr. 4)**. **Fünftens** muss für die TochtergGes. offengelegt werden: a) der Beschluss nach III Nr. 1, b) die Erklärung nach III Nr. 2, c) der Konzernabschluss, d) der Konzernlagebericht und e) der Bestätigungsvermerk zum Konzernabschluss nach III Nr. 3 III gilt auch in mehrstufigen Konzern bei Unternehmensverträgen zwischen allen Stufen, hM, BeckBilKomm/Winkeljohann/Schellhorn Rn. 135; GK BilR/Hüttemann Rn. 65. Analog anwendbar auch auf Konzernabschlüsse nach §§ 291, 315e, Schindler/Rabenhorst BB 1998, 1893; Dörner/Wirth DB 1998, 1527. Ausdehnung von III auf PublG → Rn. 25. Keine uneingeschränkte Anwendung auf **Kreditinstitute** und VersicherungsUnt. (§§ 340a II 4, 341a II 4). Prüfungshinweis IDW FN 2000, 52. Zur **Frist für die Offenlegung** nach II 1 Nr. 5 und die Folgen der Fristversäumnis Oser StuB 2018, 369. Modell zur haftungsrisikolosen Publizitätsvermeidung: Mutter hält Kapitalgesellschaft, welche nur als Holdinggesellschaft agiert und Holdinggesellschaft nutzt § 264 III. Die Holdinggesellschaft muss zu 100% als Kommanditist an operativ tätiger KG und zu 100% an Komplementär-GmbH beteiligt sein. Für KG wird von § 264b Gebrauch gemacht; Nur Komplementär-GmbH ist als Kleinstkapitalgesellschaft weiter publizitätspflichtig, allerdings nur eingeschränkt. Steuerliche und zivilrechtliche Vorteile können so erhalten bleiben, Mylich ZIP 2020, 2102 ff. **Lit.** Zwirner BC 2016, 264; Zwirner/Busch BC 2016, 509 (BilRUG); Zwirner/Busch/Boecker Konzern 2016, 287; Hargarten/Rabenhorst/Schieler WPg 2016, 1340 (Veräußerung Teilkonzern); Hargarten/Seidler BB 2016, 2795; Zwirner AR 2016, 2 (BilRUG); Oser WPg 2017, 691 (Befreiungsvoraussetzungen für TochterKapGes.); Schüttler BC 2017, 411; Zwirner WPg 2017, 184 (BilRUG, Audit-Check); Petersen WPg 2018, 1410; Mylich ZIP 2020, 2102; Mylich ZGR 2021, 86; (Strategien zur Vermeidung von Bilanzpublizität).

10) Erleichterungen für Tochterunternehmen von nach dem PublG konzernabschlusspflichtigen Mutterunternehmen (IV)

31 IV idF KapCoRiLiG 2000, geändert duch BilRUG 2015 (**Übergangsrecht (1)** EGHGB Art. 75 I 1). III gilt auch für TochterKapitalGes. einer nach § 11 PublG konzernabschlusspflichtigen Mutter, soweit im Konzernabschluss von dem Wahlrecht nach § 13 III 1 PublG nicht Gebrauch gemacht worden ist. Seit dem MicroBilG 2013 stellt IV damit Verschärfung für MutterUnt. iSd § 11 PublG gegenüber solchen Konzernmüttern dar, die freiwillig einen Konzernabschluss aufstellen (→ Rn. 31). Entspr. für TochterUnt., die keine KapitalGes. sind (§ 5 VI PublG), Giese/Rabenhorst/Schindler BB 2001, 511. Änderung durch BilRUG 2015 (**Übergangsrecht (1)** EGHGB Art. 75 I 1) stellt klar, dass Befreiung von bestimmten Vorgaben der Rechnungslegung auch dann gilt, wenn Mutter Konzernabschluss freiwillig aufstellt. Stellt Mutter Konzernabschluss nach PublG auf und weicht dabei gem. § 13 III 1 PublG von der Pflicht zur Darstellung der Organbezüge ab, ist Tochter nicht nach III befreit. Unberührt bleibt § 314 III, RegBegr BilRUG 73. **Lit.** Blöink/Knoll-Biermann Konzern 2015, 65 (BilRUG 2015); Lüdenbach/Freiberg BB 2014, 2219 (BilRUG 2015); Oser/Orth/Wirtz DB 2015, 197 (BilRUG 2015); Oser/Schosser/Klipfel DB 2014, 1390 (Anwendung von § 264 IV auf TochterGes.); Petersen WPg 2018, 1410.

Anwendung auf bestimmte offene Handelsgesellschaften und Kommanditgesellschaften

§ 264a (1) **Die Vorschriften des Ersten bis Fünften Unterabschnitts des Zweiten Abschnitts sind auch anzuwenden auf offene Handelsgesellschaften und Kommanditgesellschaften, bei denen nicht wenigstens ein persönlich haftender Gesellschafter**

1. **eine natürliche Person oder**
2. **eine offene Handelsgesellschaft, Kommanditgesellschaft oder andere Personengesellschaft mit einer natürlichen Person als persönlich haftendem Gesellschafter**

ist oder sich die Verbindung von Gesellschaften in dieser Art fortsetzt.

(2) **In den Vorschriften dieses Abschnitts gelten als gesetzliche Vertreter einer offenen Handelsgesellschaft und Kommanditgesellschaft nach Absatz 1 die Mitglieder des vertretungsberechtigten Organs der vertretungsberechtigten Gesellschaften.**

1) Anwendbarkeit auf bestimmte OHG und KG, insbesondere GmbH & Co (I)

§§ 264a–c idF KapCoRiLiG 2000 setzen die GmbH & Co-Richtlinie (→ Einl. 1 vor § 238 Rn. 6) um und stellen bestimmte OHG und KG, insbesondere **GmbH & Co**, den KapitalGes. nach §§ 264 ff. gleich. § 264a I geht im Anwendungsbereich über diese EG-RL (→ Einl. vor § 238 Rn. 6) hinaus, die NichtKapital-Ges. & Co von vornherein nicht erfasst. Die Vorschriften des 1.–5. Unterabschn des 2. Abschn. (§§ 264–330; 6. Unterabschn §§ 331–335b s. § 335a) sind auch auf OHG und KG anwendbar, bei denen nicht wenigstens ein phG entweder eine natürliche Person (I Nr. 1) oder eine OHG, KG oder andere PersonenGes. (zB PartG) mit einer natürlichen Person als phG (Nr. 2) ist oder sich die Verbindung von Ges. in dieser Art fortsetzt. In diesen Fällen kommt es zur Abschlusspublizität nach §§ 264 ff. als notwendigem Ausgleich für die Haftungsbeschränkung (RegE). I erfasst somit mangels Haftung einer natürlichen Person systemgerecht KapitalGes. & Co ebenso wie **NichtKapitalGes. & Co**, zB Stiftung & Co oder eG & Co (vgl. → Anh. § 177a Rn. 11), und behandelt sie wie eine KapitalGes. Für eine analoge Anwendung der Norm, um den Regelungsgehalt des 272 Ia auch auf PerGes. mit unbeschränkt haftendem Gesellschafter zugänglich zu machen (keine Aktivierbarkeit des Mehrabfindungsbetrags als Anschaffungskosten für eigene Anteile), Müller Konzern 2019, 304. Fällt Haftungsprivileg durch späteren Eintritt von phG weg, entfällt Offenlegungspflicht auch rückwirkend, LG Osnabrück BB 2005, 2461. Str. ob Einsatz eines mittellosen phG ausreicht, um Offenlegungspflicht zu verhindern, kritisch dazu Mylich, ZGR 2021, 86, 91 ff. Zur möglichen **Konzernabschlusspflicht** der KomplementärGes. → § 290 Rn. 7. **Lit.** MBF Kap. 3 Tz. 91 ff.; Eierle/Wencki DB 2014, 1029; Schütte DB 2014, 2237 (indirekte Abschreibungen); Wirtz/Gersbacher StuB 2014, 711 (Umsatzerlöse); Henkel/Rimmelspacher DB 2015, Beil. Heft 36, 37 (BilRUG); Hanke BC 2018, 262 (IDW RS HFA 7).

I Nr. 1 u. 2 ordnet Anwendung der §§ 264–330 auf OHG und KG an, wenn 2 kein persönlich haftender Gfter eine natürliche Person oder eine PersonenGes.

mit einer natürlichen Person ist. Für die Nachfrist zur Erfüllung der Offenlegungspflicht aus § 325 kommt es nur darauf an, ob im Zeitraum zwischen Zustellung der Androhungsverfügung und Ablauf der Nachfrist eine natürliche Person phG war, LG Bonn NZG 2010, 36; LG Osnabrück GmbHR 2005, 1618 mAnm. Schmidt. Die Fälle des § 176 (persönliche Kommanditistenhaftung aus Geschäftsbeginn vor Eintragung) begründen nicht das Vorhandensein eines persönlich haftenden Gesellschafters iSv I, LG Bonn DStR 2013, 1847. **I Nr. 2** bezieht auch **mehrstöckige** Ges. ein, aber wegen der EG-RL weitergehend als § 19 II (vgl. → § 19 Rn. 25). I ist streng nach dem Wortlaut auszulegen (RegE), Grund: EG-Ri. Nach I Nr. 2 sowie dem letzten Hs. („oder sich die Verbindung von Gesellschaften in dieser Art fortsetzt", vgl. § 130a IV) ist zwar eine PersonenGes., bei der im Rahmen eines mehrstufigen GesVerhältnisses eine natürliche Person phG ist, von §§ 264 ff. befreit. Das gilt aber nur, solange nicht auf einer GesEbene ausschließlich NichtPersonenGes. phG sind. So wird zB eine OHG, deren Gfter aus einer GmbH und einer KG, deren einziger phG eine KGaA ist, bestehen, auch dann erfasst, wenn der phG der KGaA eine natürliche Person ist (RegE).

2) Gesetzliche Vertreter (II)

3   II stellt klar, dass iSd 2. Abschn. (→ Rn. 1), zB in § 264 I 1, als gesetzliche Vertreter der OHG und KG nach I die Mitglieder des vertretungsberechtigten Organs der vertretungsberechtigten Ges. gelten, also bei der GmbH & Co die Geschäftsführer der GmbH. Das gilt bei mehrstöckigen Ges. entspr. auf den zwei oder mehr Ebenen unter der GmbH & Co bzw. PersonenGes. iSv I.

Befreiung der offenen Handelsgesellschaften und Kommanditgesellschaften im Sinne des § 264a von der Anwendung der Vorschriften dieses Abschnitts

264b Eine Personenhandelsgesellschaft im Sinne des § 264a Absatz 1, die nicht im Sinne des § 264d kapitalmarktorientiert ist, ist von der Verpflichtung befreit, einen Jahresabschluss und einen Lagebericht nach den Vorschriften dieses Abschnitts aufzustellen, prüfen zu lassen und offenzulegen, wenn alle folgenden Voraussetzungen erfüllt sind:
1. die betreffende Gesellschaft ist einbezogen in den Konzernabschluss und in den Konzernlagebericht
    a) eines persönlich haftenden Gesellschafters der betreffenden Gesellschaft oder
    b) eines Mutterunternehmens mit Sitz in einem Mitgliedstaat der Europäischen Union oder einem anderen Vertragsstaat des Abkommens über den Europäischen Wirtschaftsraum, wenn in diesen Konzernabschluss eine größere Gesamtheit von Unternehmen einbezogen ist;
2. die in § 264 Absatz 3 Satz 1 Nummer 3 genannte Voraussetzung ist erfüllt;
3. die Befreiung der Personenhandelsgesellschaft ist im Anhang des Konzernabschlusses angegeben und
4. für die Personenhandelsgesellschaft sind der Konzernabschluss, der Konzernlagebericht und der Bestätigungsvermerk nach § 325 Absatz 1 bis 1b offengelegt worden; § 264 Absatz 3 Satz 2 und 3 ist entsprechend anzuwenden.

1) Erleichterungen für PersonenGes.

1   § 264b idF EHUG 2006, sprachlich vereinfacht und an Art. 38 II Bilanz-RL 2013 angepasst durch BilRUG 2015 (**Übergangsrecht (1)** EGHGB Art. 75 I 1), erneut angepasst durch FISG (**Übergangsrecht (1)** EGHGB Art. 86; entspricht systematisch § 264 III, verzichtet aber auf § 264 III Nr. 1–2 und modifiziert § 264 III Nr. 3–5 durch § 264b Nr. 2–4. § 264b befreit die PersonenGes. iSv § 264a I unter bestimmten Voraussetzungen von der Pflicht, den Jahresabschluss

2. Abschnitt. Ergänzende Vorschriften für Kapitalgesellschaften § 264c

und Lagebericht wie eine KapitalGes. nach §§ 264 ff. aufzustellen, prüfen zu lassen und offenzulegen. Die beiden Voraussetzungen, die gem. BilRUG 2015 (**Übergangsrecht (1)** EGHGB Art. 75 I 1) ausdrücklich kumulativ erfüllt sein müssen, sind: Die betreffende Ges. ist einbezogen in den Konzernabschluss und in den Konzernlagebericht eines phG (**Nr. 1a**) oder einer Mutter mit Sitz in EU oder EWR, wenn in diesen Konzernabschluss eine größere Gesamtheit von Unt. (mindestens 3, BegrRegE BilRUG 73) einbezogen ist (**Nr. 1b**)) und die in § 264 III 1 Nr. 3–5 genannten Voraussetzungen erfüllt sind, wobei § 264 III 2 und 3 entsprechend anzuwenden ist (**Nr. 2**). Norm gilt nicht für Ges, die iSd § 264d kapitalmarktorientiert ist. Der Konzernabschluss ist für die Tochter im BAnz. (bzw. ab DiRUG im Unternehmensregister) offenzulegen (Nr. 2 iVm § 264 III 1 Nr. 5). Zur Frage, ob Offenlegung des verkürzten Konzernabschlusses genügt Petersen WPg 2018, 1410. Erleichterungen für § 264 III 2 u. 5 gelten auch für PersonenhandelsGes. (BegrRegE BilRUG 73). Die Befreiung von der Prüfungs- und Offenlegungspflicht gilt auch bei freiwilliger Aufstellung eines Jahresabschlusses. Die Befreiung nach § 264b lässt die Pflicht, wie alle Kflte einen Abschluss nach §§ 238–263 aufzustellen, unberührt. **Lit.** MBF Kap. 3 Tz. 107 ff.; Zwirner/Busch BC 2016, 509 (BilRUG); Zwirner/Busch/Boecker Konzern 2016, 287; Zwirner AR 2016, 2 (BilRUG); Zwirner WPg 2017, 184 (Audit-Check); Schüttler BC 2017, 411; Oser/Ollinger DB 2017, 2045; Zwirner/Busch DB 2017, 1535 (IDW ERS HFA 7 nF); Hanke BC 2018, 262 (IDW RS HFA 7); Mylich ZGR 2021, 86, (103 ff.).

Besondere Bestimmungen für offene Handelsgesellschaften und Kommanditgesellschaften im Sinne des § 264a

264c (1) ¹Ausleihungen, Forderungen und Verbindlichkeiten gegenüber Gesellschaftern sind in der Regel als solche jeweils gesondert auszuweisen oder im Anhang anzugeben. ²Werden sie unter anderen Posten ausgewiesen, so muss diese Eigenschaft vermerkt werden.

(2) ¹§ 266 Abs. 3 Buchstabe A ist mit der Maßgabe anzuwenden, dass als Eigenkapital die folgenden Posten gesondert auszuweisen sind:
I. Kapitalanteile
II. Rücklagen
III. Gewinnvortrag/Verlustvortrag
IV. Jahresüberschuss/Jahresfehlbetrag.
²Anstelle des Postens „Gezeichnetes Kapital" sind die Kapitalanteile der persönlich haftenden Gesellschafter auszuweisen; sie dürfen auch zusammengefasst ausgewiesen werden. ³Der auf den Kapitalanteil eines persönlich haftenden Gesellschafters für das Geschäftsjahr entfallende Verlust ist von dem Kapitalanteil abzuschreiben. ⁴Soweit der Verlust den Kapitalanteil übersteigt, ist er auf der Aktivseite unter der Bezeichnung „Einzahlungsverpflichtungen persönlich haftender Gesellschafter" unter den Forderungen gesondert auszuweisen, soweit eine Zahlungsverpflichtung besteht. ⁵Besteht keine Zahlungsverpflichtung, so ist der Betrag als „Nicht durch Vermögenseinlagen gedeckter Verlustanteil persönlich haftender Gesellschafter" zu bezeichnen und gemäß § 268 Abs. 3 auszuweisen. ⁶Die Sätze 2 bis 5 sind auf die Einlagen von Kommanditisten entsprechend anzuwenden, wobei diese insgesamt gesondert gegenüber den Kapitalanteilen der persönlich haftenden Gesellschafter auszuweisen sind. ⁷Eine Forderung darf jedoch nur ausgewiesen werden, soweit eine Einzahlungsverpflichtung besteht; dasselbe gilt, wenn ein Kommanditist Gewinnanteile entnimmt, während sein Kapitalanteil durch Verlust unter den Betrag der geleisteten Einlage herabgemindert ist, oder soweit durch die Entnahme der Kapitalanteil unter den bezeichneten Betrag herab-

§ 264c 1, 2

gemindert wird. ⁸ Als Rücklagen sind nur solche Beträge auszuweisen, die auf Grund einer gesellschaftsrechtlichen Vereinbarung gebildet worden sind. ⁹ Im Anhang ist der Betrag der im Handelsregister gemäß § 172 Abs. 1 eingetragenen Einlagen anzugeben, soweit diese nicht geleistet sind.

(3) ¹ Das sonstige Vermögen der Gesellschafter (Privatvermögen) darf nicht in die Bilanz und die auf das Privatvermögen entfallenden Aufwendungen und Erträge dürfen nicht in die Gewinn- und Verlustrechnung aufgenommen werden. ² In der Gewinn- und Verlustrechnung darf jedoch nach dem Posten „Jahresüberschuss/Jahresfehlbetrag" ein dem Steuersatz der Komplementärgesellschaft entsprechender Steueraufwand der Gesellschafter offen abgesetzt oder hinzugerechnet werden.

(4) ¹ Anteile an Komplementärgesellschaften sind in der Bilanz auf der Aktivseite unter den Posten A. III.1 oder A. III.3 auszuweisen. ² § 272 Abs. 4 ist mit der Maßgabe anzuwenden, dass für diese Anteile in Höhe des aktivierten Betrags nach dem Posten „Eigenkapital" ein Sonderposten unter der Bezeichnung „Ausgleichsposten für aktivierte eigene Anteile" zu bilden ist.

(5) ¹ Macht die Gesellschaft von einem Wahlrecht nach § 266 Absatz 1 Satz 3 oder Satz 4 Gebrauch, richtet sich die Gliederung der verkürzten Bilanz nach der Ausübung dieses Wahlrechts. ² Die Ermittlung der Bilanzposten nach den vorstehenden Absätzen bleibt unberührt.

1) Ausleihungen, Forderungen und Verbindlichkeiten gegenüber Gesellschaftern (I)

1 § 264c idF MicroBilG 2013 fasst die besonderen Bestimmungen, die für die PersonenGes. iSv § 264a wegen ihrer Struktur als PersonenGes. notwendig sind, zwecks besserer Übersicht in einer Vorschrift zusammen. I entspricht GmbHG § 42 III. Ausleihungen, Forderungen und Verbindlichkeiten gegenüber Gftern sind idR als solche jeweils gesondert auszuweisen oder im Anhang anzugeben **(I 1)**. Bei Ausweis unter einem anderen Posten ist diese Eigenschaft zu vermerken **(I 2)**. Grund (RegE): Solche Rechtsbeziehungen zwischen PersonenGes. und Gfter (zB Zinsen für GfterDarlehen, feste und gewinnabhängige Tätigkeitsvergütungen, Miete oder Pacht für überlassene Grundstücke) können gesellschafts- oder schuldrechtlich vereinbart sein. Im ersteren Fall sind sie bei der Ergebnisverteilung zu berücksichtigen, im letzteren Fall als Aufwendungen oder Erträge in der GuV. Je nach Vertragsgestaltung ergeben sich also unterschiedliche Auswirkungen auf die Darstellung des Ergebnisses bzw. die Vermögens-, Finanz- und Ertragslage des Unt. GfterStellung muss zum Bilanzstichtag vorliegen; bei GmbH genügt mangels Anmeldung nach § 16 GmbHG auch anderweitige Kenntniserlangung der Ges., str. Ausleihungen sind längerfristige Darlehen ohne Rücksicht auf Restlaufzeit. Forderungen sind die übrigen Geld- oder in Geld bewertbaren Ansprüche der Ges. gegen den Gfter, entspr. Verbindlichkeiten der Ges. gegen Gfter. Gesonderter Ausweis in Bilanz und Angabe im Anhang **(I 1)** sind gleichwertige Alternativen mit Vorrang gegenüber Vermerk bei anderen Posten **(I 2)**, üL, aA Lu/Ho § 42 Rn. 29; Vorrang von Ausweis in Bilanz. Angaben im Anhang über I 1 hinaus über Art der Vertragsgestaltung sind nicht notwendig. **Lit.** MBF Kap. 3 Tz. 124 ff.; Theile BB 2000, 555 (Ausweisfragen); Ott StuB 2015, 43 (Gesellschafterdarlehen); Kolb/Roß WPg 2014, 991 (Zweifelsfragen nach MicroBilG); Kolb/Neubeck StuB 2015, 97 (DRS 20); Riepolt DStR 2014, 113 (Davon-Vermerke mit MicroBilG) sowie die Angaben bei → § 264a Rn. 1; Hanke BC 2018, 262 (IDW RS HFA 7).

2) Eigenkapital (II)

2 Die Gliederung der Bilanz für den Posten A Eigenkapital (§ 266 III A.I.–V. mit § 272) ist auf KapitalGes. abgestellt. II überträgt das auf die PersonenGes. Als

2. Abschnitt. Ergänzende Vorschriften für Kapitalgesellschaften 3, 4 § 264c

Eigenkapital sind bei ihr auszuweisen: I. Kapitalanteile, II. Rücklagen, III. Gewinnvortrag/Verlustvortrag (dazu Mock FS Ebke, S. 685 ff.), IV. Jahresüberschuss/Jahresfehlbetrag **(II 1)**. Soweit im Jahresabschluss nach Gesetz (zB I 3, §§ 120, 167) oder GesVertrag Teile des Jahresüberschusses/Jahresfehlbetrags den GfterKonten zu- oder abzuschreiben sind, ist § 268 I anwendbar (RegE). II 2–5 sind § 286 II AktG (phG der KGaA) nachgebildet. Statt des Postens „Gezeichnetes Kapital" (→ § 266 Rn. 16) sind die Kapitalanteile der phG (→ § 120 Rn. 12) auszuweisen, zulässigerweise auch zusammengefasst **(II 2)**; unter Kapitalanteile sind nach RegE unabhängig von ihrer Benennung (vgl. → § 120 Rn. 12) nur solche auszuweisen, die gesellschaftsrechtlich vereinbart wurden und Eigenkapitalcharakter haben, dh Mittel, die dem Unt. dauerhaft zur Verfügung stehen, mit künftigen Verlusten des Unt. zu verrechnen sind und im Insolvenzfall zumindest hinter die Forderungen der GesGläubiger zurücktreten. Die Kapitalanteile aller phG (bzw. aller Kdtisten, II 6) können jeweils zusammengefasst werden. Der auf den Kapitalanteil eines phG für das Geschäftsjahr entfallende Verlust (→ § 120 Rn. 22, → § 121 Rn. 9) ist von dem Kapitalanteil abzuschreiben **(II 3)**. Soweit der Verlust den Kapitalanteil übersteigt und (ausnahmsweise) eine Zahlungspflicht des Gfters besteht, ist er auf der Aktivseite als „Einzahlungsverpflichtungen von phG" unter den Forderungen gesondert auszuweisen **(II 4)**. Mangels Zahlungspflicht des Gfters (→ § 120 Rn. 22) ist der Betrag als „Nicht durch Vermögenseinlagen gedeckter Verlustanteil von phG" gemäß § 268 III (nicht durch Eigenkapital gedeckter Fehlbetrag, → § 268 Rn. 3) auszuweisen **(II 5)**. II 2–5 gelten entspr. auch für Einlagen von Kdtisten: diese sind insgesamt gesondert gegenüber den Kapitalanteilen der phG (also getrennt, ebenfalls insgesamt) auszuweisen **(II 6)**, ein gesonderter Ausweis des jeweiligen Gewinn- und Verlustanteils ist nicht erforderlich; Forderungen dürfen nur bei entspr. Einzahlungspflicht (gesellschaftsrechtlich vereinbarte Pflichteinlage, nicht Hafteinlage nach § 172 I) ausgewiesen werden **(II 7)**. Als Rücklagen (vgl. bei KapitalGes. § 272 II–IV) sind nur die Beträge auszuweisen, die auf Grund einer gesellschaftsrechtlichen Vereinbarung gebildet worden sind **(II 8)**. Der Betrag der im HdlReg nach § 172 I eingetragenen Einlagen (Haftsumme, → § 172 Rn. 1) ist im Anhang anzugeben, soweit diese nicht geleistet sind **(II 9)**.

3) Privatvermögen der Gesellschafter (III)

Das sonstige Vermögen der Gfter (Privatvermögen) darf nicht in die Bilanz 3 und darauf entfallende Aufwendungen und Erträge dürfen nicht in die GuV aufgenommen werden **(III 1)**. Persönliche Steuern der Gfter dürfen also nicht als Steueraufwand der Ges. erfasst werden. Jedoch Wahlrecht auf Fortführung der GuV nach der Position „Jahresüberschuss/Jahresfehlbetrag", dort darf ein dem Steuersatz der KomplementärGes. entsprechender Steueraufwand der Gfter offen abgesetzt oder hinzugerechnet werden **(III 2)**. Das dient der Vergleichbarkeit des Abschlusses der PersonenGes. mit der einer KapitalGes., bei der der auf den Gewinn entfallende Körperschaftsteueranteil schon ertragsmindernd berücksichtigt ist (RegE).

4) Anteile an KomplementärGes. (IV)

Anteile an KomplementärGes. (idR KapitalGes.) sind in der Bilanz auf der 4 Aktivseite unter A. III.1 (Anteile an verbundenen Unt.) oder A. III.3 (Beteiligungen) auszuweisen **(IV 1)**. Als Rücklage für Anteile iSv § 272 IV (→ § 272 Rn. 11) ist nach dem Posten „Eigenkapital" ein entspr. Sonderposten „Ausgleichsposten für aktivierte eigene Anteile" zu bilden **(IV 2)**. Dieser passivische Sonderposten tritt an die Stelle einer für PersonenHdlGes. ungewöhnlichen ausschüttungsgesperrten Rücklage. Damit werden zB bei wechselseitigen Beteiligungen der GmbH & Co KG, wenn die GmbH außer dem KGAnteil keine eigenen Vermögenswerte hat, scheinbare Kapitalvermehrungen verhindert. **Per-**

§ 265

sonenGes. iSv § 264a können eine Bilanzierungshilfe nach § 274 I 2 nur in Anspruch nehmen, wenn ein Sonderposten in Höhe der aktivierten Bilanzierungshilfen angesetzt ist, § 266 II D. Ausweis erfolgt gesondert in GuV (§ 274 II 3). **Lit.** Zeyer BB 2008, 1442.

5) Modifizierte Erleichterungen des § 266 I 3, 4

5 V idF MicroBilG 2013 (**Übergangsrecht (1)** EGHGB Art. 70) verlangt von Ges. iSv § 264a I, die von Befreiungen für kleine KapitalGes. (§ 267) und KleinstKapitalGes. (§ 267a) bei der Gliederung ihrer Bilanz Gebrauch machen wollen, Berücksichtigung der besonderen Bestimmungen der I–IV. Die Gliederungstiefe muss gleichwohl nur § 266 I 3 (kleine KapitalGes.) oder 4 (KleinstKapitalGes.) entsprechen.

Kapitalmarktorientierte Kapitalgesellschaft

264d Eine Kapitalgesellschaft ist kapitalmarktorientiert, wenn sie einen organisierten Markt im Sinn des § 2 Absatz 11 des Wertpapierhandelsgesetzes durch von ihr ausgegebene Wertpapiere im Sinn des § 2 Absatz 1 des Wertpapierhandelsgesetzes in Anspruch nimmt oder die Zulassung solcher Wertpapiere zum Handel an einem organisierten Markt beantragt hat.

1) Kapitalmarktorientierte KapitalGes.

1 Die Norm legt fest, wann eine KapitalGes. kapitalmarktorientiert ist; der Tatbestand entspricht § 267 III 2 aF. Das sind KapitalGes., die mit von ihnen ausgegebenen Wertpapieren einen organisierten Markt in Anspruch nehmen (entspr. nach § 315e, aber dort auch Ausgabe durch TochterUnt.). Ges. iSd Norm sind nicht nur börsennotierte AG nach § 3 II AktG oder weiter KapitalGes. mit börsennotierten Wertpapieren, sondern alle Ges., die einen organisierten Markt (s. **(16b)** WpHG § 2 XI) durch von ihnen ausgegebene Wertpapiere (s. **(16b)** WpHG § 2 I) in Anspruch nehmen oder Zulassung beantragt haben. Bitcoins sind kein Wertpapier, Gerlach/Oser DB 2018, 1541. **Organisierter Markt** ist der regulierte Markt (FRUG), dagegen nicht der Freiverkehr (→ **(14)** BörsG §§ 32 ff., 48 Rn. 1). Börsennotierung oder Inanspruchnahme eines sonstigen organisierten Marktes in einem anderen Mitgliedstaat der EG bzw. des EWR und außerhalb stehen gleich. Vgl. für Konzernabschluss → § 293 Rn. 5. **Lit.** MBF Kap. 3 Tz. 159 ff.; Zwirner PiR 2010, 93; Theile StuB 2013, 411 (Prüfung der Größenkriterien).

Allgemeine Grundsätze für die Gliederung

265 (1) ¹Die Form der Darstellung, insbesondere die Gliederung der aufeinanderfolgenden Bilanzen und Gewinn- und Verlustrechnungen, ist beizubehalten, soweit nicht in Ausnahmefällen wegen besonderer Umstände Abweichungen erforderlich sind. ²Die Abweichungen sind im Anhang anzugeben und zu begründen.

(2) ¹In der Bilanz sowie in der Gewinn- und Verlustrechnung ist zu jedem Posten der entsprechende Betrag des vorhergehenden Geschäftsjahrs anzugeben. ²Sind die Beträge nicht vergleichbar, so ist dies im Anhang anzugeben und zu erläutern. ³Wird der Vorjahresbetrag angepaßt, so ist auch dies im Anhang anzugeben und zu erläutern.

(3) Fällt ein Vermögensgegenstand oder eine Schuld unter mehrere Posten der Bilanz, so ist die Mitzugehörigkeit zu anderen Posten bei dem Posten, unter dem der Ausweis erfolgt ist, zu vermerken oder im Anhang anzugeben,

2. Abschnitt. Ergänzende Vorschriften für Kapitalgesellschaften 1, 2 § 265

wenn dies zur Aufstellung eines klaren und übersichtlichen Jahresabschlusses erforderlich ist.

(4) ¹Sind mehrere Geschäftszweige vorhanden und bedingt dies die Gliederung des Jahresabschlusses nach verschiedenen Gliederungsvorschriften, so ist der Jahresabschluß nach der für einen Geschäftszweig vorgeschriebenen Gliederung aufzustellen und nach der für die anderen Geschäftszweige vorgeschriebenen Gliederung zu ergänzen. ²Die Ergänzung ist im Anhang anzugeben und zu begründen.

(5) ¹Eine weitere Untergliederung der Posten ist zulässig; dabei ist jedoch die vorgeschriebene Gliederung zu beachten. ²Neue Posten und Zwischensummen dürfen hinzugefügt werden, wenn ihr Inhalt nicht von einem vorgeschriebenen Posten gedeckt wird.

(6) Gliederung und Bezeichnung der mit arabischen Zahlen versehenen Posten der Bilanz und der Gewinn- und Verlustrechnung sind zu ändern, wenn dies wegen Besonderheiten der Kapitalgesellschaft zur Aufstellung eines klaren und übersichtlichen Jahresabschlusses erforderlich ist.

(7) Die mit arabischen Zahlen versehenen Posten der Bilanz und der Gewinn- und Verlustrechnung können, wenn nicht besondere Formblätter vorgeschrieben sind, zusammengefaßt ausgewiesen werden, wenn

1. sie einen Betrag enthalten, der für die Vermittlung eines den tatsächlichen Verhältnissen entsprechenden Bildes im Sinne des § 264 Abs. 2 nicht erheblich ist, oder

2. dadurch die Klarheit der Darstellung vergrößert wird; in diesem Falle müssen die zusammengefaßten Posten jedoch im Anhang gesondert ausgewiesen werden.

(8) Ein Posten der Bilanz oder der Gewinn- und Verlustrechnung, der keinen Betrag ausweist, braucht nicht aufgeführt zu werden, es sei denn, daß im vorhergehenden Geschäftsjahr unter diesem Posten ein Betrag ausgewiesen wurde.

1) Ausweiskontinuität (I)

I normiert für KapitalGes. den Grundsatz der **formellen Bilanzkontinuität** 1 oder Darstellungs- bzw. Darstellungsstetigkeit (→ § 252 Rn. 24 auch zur materiellen Kontinuität). Die Darstellungsform (zB Gliederung des Jahresabschlusses, Benennung und Abgrenzung der Bilanzposten) ist, sofern überhaupt Wahlrecht besteht, beizubehalten. I gilt auch für Anhang, str., nicht aber für Lagebericht, ADS Rn. 14, str. Abweichungen sind nur in Ausnahmefällen und falls wegen besonderer Umstände (zB Produktionsänderungen) erforderlich, zugelassen (**I 1**). Abweichungen sind im Anhang anzugeben und zu begründen (**I 2**, vgl. § 284 II Nr. 3, 4). Vgl. auch VIII. **Übergangsrecht** in (1) EGHGB Art. 48 IV, 67 VIII (→ Einl. vor § 238 Rn. 72, 87). **IFRS** s. IAS 1.45. **Lit.** MBF Kap. 10 Tz. 1 ff.; Küting/Dürr DStR 2005, 938 (Genussrechte); IDW FN-IDW 2006, 273 (Emissionsberechtigungen).

2) Mitangabe der Vorjahreszahlen (II)

In der Bilanz und GuV sind zu jedem Posten die entsprechenden Vorjahres- 2 zahlen anzugeben (**II 1**). Das erhöht über Bilanzidentität und Bilanzkontinuität (→ § 252 Rn. 6, 24–29) hinaus die Vergleichbarkeit der Jahresabschlüsse verschiedener Geschäftsjahre. II 1 gilt im Fall des VII Nr. 2 auch für Anhang, str. Auf- und Abrundungen sind nicht ausgeschlossen. Die Mitangabe ist auch erlaubt, wenn die Zahlen nicht vergleichbar sind, und die Vorjahreszahlen dürfen angepasst werden. In beiden Fällen aber Offenlegungspflicht (**II 2, 3**). Keine

Änderung der Vorjahreszahlen bei Änderungen gemäß § 252 I Nr. 6 (dort → § 252 Rn. 24). Str., ob bei unterjähriger Konzernierung bzw. bei unterjährigem grenzüberschreitendem Formwechsel aus Einheits- oder Vollständigkeitsgrundsatz folgt, dass für Zeitraum zwischen Jahresbeginn und Konzernierungseintritt hinsichtlich Strom- und Bewegungsgrößen auf einzelbilanzielle Zahlen der MutterGes. zurückzugreifen ist, so IDW RS HFA 44 und Skoluda/Janitschke WPg 2013, 521 (527), oder ob Konzerneröffnungsbilanz auf Zeitpunkt der Konzernierung zu erstellen ist bzw. Vorjahreszahlen angegeben werden sollten, so Lüdenbach/Freiberg BB 2018, 939 und Roß DB 2019, 197 (200). **Übergangsrecht** in **(1)** EGHGB Art. 42 II (Umstellung auf Euro). **Lit.** IDW RS HFA 39; WPg 2012, 90.

3) Vermerk der Mitzugehörigkeit (III)

3 Bei Zugehörigkeit zu verschiedenen Bilanzposten ist dort auszuweisen, wozu die Zugehörigkeit enger ist; bei gleich enger Zugehörigkeit besteht ein Wahlrecht. Die Mitzugehörigkeit ist aber nach III 1 zu vermerken, falls die Bilanzklarheit (§ 243 II) dies erfordert; auf jeden Fall nach § 42 III Hs. 2 nF GmbHG. Ausweis eigener Anteile (bisher III 2) s. § 272 Ia 1. III gilt auch für Forderungen und Verbindlichkeiten gegenüber verbundenen Unt. III gilt nicht für GuV, ADS Rn. 41, aA bei erheblicher Auswirkung BeckBilKomm/Winkeljohann/Büssow Rn. 9. GmbHG § 42 III geht vor.

4) Gliederung bei mehreren Geschäftszweigen (IV)

4 Unterfällt die KapitalGes. bei Betätigung in mehreren Geschäftszweigen verschiedenen Gliederungsvorschriften (zB für Kreditinstitute oder Versicherungs-Unt.), dann ist die Gliederung zugrunde zu legen, die den tatsächlichen Verhältnissen am ehesten entspricht (§ 264 II; also idR kein Wahlrecht), und nach der anderen zu ergänzen **(IV 1)**. Die Art der Ergänzung ist zu wählen, die der Bilanzklarheit (§ 243 II) am besten dient. Angabe- und Begründungspflicht s. **IV 2**.

5) Weitere Untergliederung, neue Posten (V)

5 Die nach §§ 266, 275 (und anderweitig, ADS Rn. 54, 63) vorgeschriebene Gliederung darf in den Grenzen der Bilanzklarheit (§ 243 II) erweitert, aber nicht sonst abgeändert werden, zustimmend Ummenhofer/Zeitler Konzern 2018, 442 (449). Zulässig sind also weitere Untergliederungen, neue Posten und Zwischensummen (letzteres eingefügt durch BilRUG 2015 – **Übergangsrecht** in **(1)** EGHGB Art. 75 II)) jedoch nur, wenn ihr Inhalt nicht von einem vorgeschriebenen Posten gedeckt wird **(V 2)**. Wird er nur teilweise gedeckt und ein neuer Posten eingesetzt, gilt III. Formen der Untergliederung sind Aufteilung eines Postens (zB in § 266 II A.II.1 bebaute und unbebaute Grundstücke), Ausgliederung aus Sammelposten mit Vor- bzw. Hauptspalte oder Davon-Vermerk, Bsp. ADS Rn. 56. Untergliederung unwesentlicher Posten ist unzulässig, str. Untergliederung von mit Großbuchstaben oder römischen Zahlen versehenen Bilanzpostengruppen ist grundsätzlich unzulässig, nicht aber entspr. Hinzufügen neuer Posten, ADS Rn. 60, 65, str. Ausnahmsweise kann sich V 2 zur Pflicht verdichten, zB bei als Eigenkapital zu qualifizierendem Genussscheinkapital; dazu Angabe im Anhang. Zur Frage, ob weitestgehend anerkannte und hoch liquide Kryptowährungen (Bitcoin, Ether) in einem neuen Posten iSv V ausgewiesen werden dürfen Gerlach/Oser DB 2018, 1541, Ummenhofer/Zeitler Konzern 2018, 442 (449) und Downar/Keiling/Schramm DB 2019, 1913. Bei Herabschreibungsanleihen („CoCo-Bonds") wird vom BFA ein Ausweis in neu hinzuzufügenden Posten „Instrumente des zusätzlichen aufsichtsrechtlichen Kernkapitals" empfohlen; bei Herabschreibung bzw. (Wieder)Hochschreibung ist hiernach bei getätigtem Ausweis im genannten neu hinzuzufügenden Posten gem

2. Abschnitt. Ergänzende Vorschriften für Kapitalgesellschaften 6–10 § 265

340a II iVm 265 V 2 entsprechend ein Posten „Erträge aus Herabschreibungen auf Instrumente des zusätzlichen aufsichtsrechtlichen Kernkapitals" bzw. „Aufwendungen aus Hochabschreibungen auf Instrumente des zusätzlichen aufsichtsrechtlichen Kernkapitals" hinzuzufügen; bei Ausweis unter den „Nachrangigen Verbindlichkeiten" soll die Erfassung im sonstigen betrieblichen Ergebnis erfolgen. **Lit.** Zwirner StuB 2015, Beil. 2 Heft 21, 1 (Zwischensummen in Bilanz und GuV); Farwick BC 2016, 562; Kleinmanns BB 2016, 2543 (Genussrechte); Hermes DStR 2018, 1878 (Nießbrauchsrecht); Braun/Herrmann/Kusch/Maiworm NWB 2020 3348 (stille Gesellschaft).

6) Anpassung an Besonderheiten (VI)

Gliederung und Bezeichnung (Benennung und Abgrenzung) der mit arabischen Zahlen (nur diese) versehenen Posten in den auf Industrie- und Handels-Unt. zugeschnittenen §§ 266, 275 sind, falls die Bilanzklarheit (§ 243 II) dies erfordert, den branchenspezifischen Besonderheiten der KapitalGes. anzupassen (kein Wahlrecht), um so eine unternehmensspezifischere Aussage im Jahresabschluss zu ermöglichen. VI ist praktisch wichtig zB für Energieversorgungs-, Mineralöl-, Bau-, Leasing-, Holding- und DienstleistungsUnt. Außerhalb des VI gibt es Änderungswahlrechte, zB Kurzbezeichnungen, kommentierende Zusätze, engere Bezeichnungen (Mutter bzw. Tochter statt verbundene Unt.), aber nicht beliebig abweichende Begriffe; ADS Rn. 78. Ausnahme für Kreditinstitute § 340a II 1.

7) Zusammenfassung von Posten (VII)

VII erlaubt die Zusammenfassung von mit arabischen Zahlen versehenen Posten in §§ 266, 275 (außer wenn besondere Formblätter vorgeschrieben sind, s. § 330), falls die Zusammenfassung entweder die Aussagekraft iSv § 264 II (true and fair view) nicht berührt (Nr. 1: „nicht erheblich") oder die Bilanzklarheit (§ 243 II) vergrößert (Nr. 2, dann aber gesonderter Ausweis der zusammengefassten Posten im Anhang). Praktisch wichtig ist Nr. 2. Dabei handelt es sich nur um eine Verlagerung von Abgaben innerhalb des Jahresabschlusses (von Bilanz und GuV in Anhang). Deshalb erscheint die Verkürzung auf die für kleine KapitalGes. erlaubte Form (§ 266 I 3) allgemeiner zulässig, ADS Rn. 93, str.; entspr. bei GuV. Für Angaben im Anhang gelten aber I, II 1. VII enthält ein Wahlrecht (Ermessen), das aber in seltenen Fällen (Ermessensmissbrauch) zur Zusammenfassungspflicht zusammenschrumpfen kann (wohl aA Begr. E § 238). Problematisch erscheint es in Bezug auf Rückstellungen, wenn VII und § 285 Nr. 12 unterschiedlich interpretiert werden, weil so nur unzureichende Informationsbereitstellung gewährleistet ist, vgl. dazu Götz/Schütte/Zimmermann, DB 2021, 237 ff. Ausnahme für Kreditinstitute § 340a II 1.

8) Weglassen von Leerposten (VIII)

Nach VIII dürfen Leerposten (Nullbetrag, nicht schon geringfügiger Betrag) erst im zweiten Jahr weggelassen werden. VIII entspricht insoweit II. Vermerke, zB nach § 251, fallen nicht unter VIII, können also sofort weggelassen werden.

9) Darstellungs- und Gliederungswahlrechte

Außer nach I–VIII zB nach §§ 266 I 3, 268 V 2, 275 II, III, sowie in vielen Fällen Möglichkeit der Angabe im Anhang statt des Ausweises in Bilanz oder GuV.

10) Rechtsfolgen von Verletzungen

Ordnungswidrigkeit § 334 I Nr. 1c. Bei wesentlichen Verstößen kann Jahresabschluss nach § 256 IV AktG (entspr. für GmbH) nichtig sein.

§ 266

Zweiter Titel. Bilanz

Gliederung der Bilanz

266 (1) ¹Die Bilanz ist in Kontoform aufzustellen. ²Dabei haben mittelgroße und große Kapitalgesellschaften (§ 267 Absatz 2 und 3) auf der Aktivseite die in Absatz 2 und auf der Passivseite die in Absatz 3 bezeichneten Posten gesondert und in der vorgeschriebenen Reihenfolge auszuweisen. ³Kleine Kapitalgesellschaften (§ 267 Abs. 1) brauchen nur eine verkürzte Bilanz aufzustellen, in die nur die in den Absätzen 2 und 3 mit Buchstaben und römischen Zahlen bezeichneten Posten gesondert und in der vorgeschriebenen Reihenfolge aufgenommen werden. ⁴Kleinstkapitalgesellschaften (§ 267a) brauchen nur eine verkürzte Bilanz aufzustellen, in die nur die in den Absätzen 2 und 3 mit Buchstaben bezeichneten Posten gesondert und in der vorgeschriebenen Reihenfolge aufgenommen werden.

(2) Aktivseite

A. Anlagevermögen:
  I. Immaterielle Vermögensgegenstände:
   1. Selbst geschaffene gewerbliche Schutzrechte und ähnliche Rechte und Werte;
   2. entgeltlich erworbene Konzessionen, gewerbliche Schutzrechte und ähnliche Rechte und Werte sowie Lizenzen an solchen Rechten und Werten;
   3. Geschäfts- oder Firmenwert;
   4. geleistete Anzahlungen;
  II. Sachanlagen:
   1. Grundstücke, grundstücksgleiche Rechte und Bauten einschließlich der Bauten auf fremden Grundstücken;
   2. technische Anlagen und Maschinen;
   3. andere Anlagen, Betriebs- und Geschäftsausstattung;
   4. geleistete Anzahlungen und Anlagen im Bau;
  III. Finanzanlagen:
   1. Anteile an verbundenen Unternehmen;
   2. Ausleihungen an verbundene Unternehmen;
   3. Beteiligungen;
   4. Ausleihungen an Unternehmen, mit denen ein Beteiligungsverhältnis besteht;
   5. Wertpapiere des Anlagevermögens;
   6. sonstige Ausleihungen.
B. Umlaufvermögen:
  I. Vorräte:
   1. Roh-, Hilfs- und Betriebsstoffe;
   2. unfertige Erzeugnisse, unfertige Leistungen;
   3. fertige Erzeugnisse und Waren;
   4. geleistete Anzahlungen;
  II. Forderungen und sonstige Vermögensgegenstände:
   1. Forderungen aus Lieferungen und Leistungen;
   2. Forderungen gegen verbundene Unternehmen;
   3. Forderungen gegen Unternehmen, mit denen ein Beteiligungsverhältnis besteht;
   4. sonstige Vermögensgegenstände;
  III. Wertpapiere:
   1. Anteile an verbundenen Unternehmen;
   2. sonstige Wertpapiere;

2. Abschnitt. Ergänzende Vorschriften für Kapitalgesellschaften § 266

    IV. **Kassenbestand, Bundesbankguthaben, Guthaben bei Kreditinstituten und Schecks.**
C. **Rechnungsabgrenzungsposten.**
D. **Aktive latente Steuern.**
E. **Aktiver Unterschiedsbetrag aus der Vermögensverrechnung.**

(3) **Passivseite**
A. **Eigenkapital:**
    I. **Gezeichnetes Kapital;**
    II. **Kapitalrücklage;**
    III. **Gewinnrücklagen:**
        1. **gesetzliche Rücklage;**
        2. **Rücklage für Anteile an einem herrschenden oder mehrheitlich beteiligten Unternehmen;**
        3. **satzungsmäßige Rücklagen;**
        4. **andere Gewinnrücklagen;**
    IV. **Gewinnvortrag/Verlustvortrag;**
    V. **Jahresüberschuß/Jahresfehlbetrag.**
B. **Rückstellungen:**
    1. **Rückstellungen für Pensionen und ähnliche Verpflichtungen;**
    2. **Steuerrückstellungen;**
    3. **sonstige Rückstellungen.**
C. **Verbindlichkeiten:**
    1. **Anleihen,**
        davon konvertibel;
    2. **Verbindlichkeiten gegenüber Kreditinstituten;**
    3. **erhaltene Anzahlungen auf Bestellungen;**
    4. **Verbindlichkeiten aus Lieferungen und Leistungen;**
    5. **Verbindlichkeiten aus der Annahme gezogener Wechsel und der Ausstellung eigener Wechsel;**
    6. **Verbindlichkeiten gegenüber verbundenen Unternehmen;**
    7. **Verbindlichkeiten gegenüber Unternehmen, mit denen ein Beteiligungsverhältnis besteht;**
    8. **sonstige Verbindlichkeiten,**
        davon aus Steuern,
        davon im Rahmen der sozialen Sicherheit.
D. **Rechnungsabgrenzungsposten.**
E. **Passive latente Steuern.**

Übersicht

	Rn
1) Kontoform, Erleichterungen (I)	1, 2
A. Kontoform:	1
B. Erleichterungen:	2
2) Aktivseite (II): Überblick	3, 4
3) Immaterielle Vermögensgegenstände (Aktivseite A I)	5
4) Sachanlagen (Aktivseite A II)	6
5) Finanzanlagen (Aktivseite A III)	7
6) Vorräte (Aktivseite B I)	8
7) Forderungen und sonstige Vermögensgegenstände (Aktivseite B II)	9
8) Wertpapiere (Aktivseite B III)	10
9) Kassenbestand, Bankguthaben, Schecks (Aktivseite B IV)	11
10) Aktive latente Steuern (Aktivseite D)	12
11) Unterschiedsbetrag aus Vermögensverrechnung (Aktivseite E)	13
12) Passivseite (III): Überblick	14, 15

Merkt   1277

	Rn
13) Eigenkapital (Passivseite A)	16
14) Rückstellungen (Passivseite B)	17
15) Verbindlichkeiten (Passivseite C)	18–22
16) Rechnungsabgrenzungsposten	23
17) Passive latente Steuern	24

1) Kontoform, Erleichterungen (I)

1 A. **Kontoform:** § 266 enthält die **Gliederung der Bilanz** der KapitalGes.; Ausnahme für Kreditinstitute § 340a II 2. **Kontoform:** I 1 schreibt die Kontoform vor (also Trennung in Aktiv- und Passivseite); die im Ausland gebräuchliche Staffelform (4. EG-RL Art. 10) hat I 1 nicht zugelassen. § 266 enthält das Gliederungsschema für die Bilanz. Es ist für große und mittelgroße KapitalGes. (§ 267 II, III) nach Sonderung und Reihenfolge der in II und III angegebenen Posten verbindlich **(I 2);** für kleine KapitalGes. gelten dagegen Erleichterungen (→ Rn. 2). Auch für große und mittelgroße KapitalGes. gelten aber **einzelne** Abweichungswahlrechte und sogar -pflichten (§ 265), zB zusätzliche Posten § 265 V; Postenbezeichnung s. § 265 VI. **Muster:** Hopt/Merkt Vertrags- und Formularbuch/Kraft/Link Form III.A.3 und 4 (Kurz- und Langfassung einer Bilanz); Küting/Pfitzer/Weber S. 48. **Lit.** MBF Kap. 10 Tz. 48 ff.; AK Schmalenbach DB 2008, 1813; Küting/Reuter StuB 2008, 495 (eigene Anteile); Küting/Reuter StuB 2008, 535 (Eigenkapitalausweis); Wertheim/Rupp DStR 2008, 1977 (Gewinnrücklagen); Loitz DB 2008, 1389 (latente Steuern); Kussmaul/Huwer DStR 2010, 2471.

2 B. **Erleichterungen: I 3, 4** sehen Erleichterungen von dem Gliederungsschema nur für kleine KapitalGes. (§ 267 I) und KleinstKapitalGes. (§ 267a) vor, also einschließlich AG. Die verkürzte Bilanz der kleinen KapitalGes. reicht nur bis zur Tiefe der römischen Ziffern, die der KleinstKapitalGes. bis zur Tiefe der mit Buchstaben bezeichneten Posten. Für EinzelKfte und PersonenGes. folgt eine entsprechende Mindestgliederung aus GoB (→ § 247 Rn. 2). Erleichterungen (auch für die mittelgroße KapitalGes.) bei der Offenlegung s. § 327 I 3 lässt weitergehende gesetzliche Auskunftsrechte der Gfter unberührt (§ 131 I 3 AktG; bei GmbH § 51a I GmbHG iVm GesVertrag). **Lit.** Farr GmbHR 1996, 92. **Muster:** Hopt/Merkt Vertrags- und Formularbuch/Kraft/Link Form III.A.5 (Bilanz einer kleinen Ges.); Kolb/Roß WPG 2014, 991 (Zweifelsfragen zum MicroBilG).

2) Aktivseite (II): Überblick

3 A. II enthält das Gliederungsschema für die Aktivseite. Gesondert und in dieser Reihenfolge sind aufzunehmen: A. Anlagevermögen (Begriff → § 247 Rn. 4), B. Umlaufvermögen (Begriff → § 247 Rn. 4), C. Rechnungsabgrenzungsposten (s. § 250). Das Anlagevermögen ist zu untergliedern in immaterielle Vermögensgegenstände, Sachanlagen und Finanzanlagen (→ Rn. 5–7), das Umlaufvermögen in Vorräte, Forderungen und sonstige Vermögensgegenstände, Wertpapiere und Schecks ua (→ Rn. 8–11). Voraussetzung der Aufnahme in die Aktivseite der Bilanz ist, dass ein Aktivposten gegeben ist. Dies ist **abgesehen von Ausnahmen** (zB Rechnungsabgrenzungsposten § 250 I, III; bestimmte Bilanzierungshilfen zB §§ 255 IV 1 aF, 269 aF, 274 I, auch → Rn. 4; nicht durch Eigenkapital gedeckter Fehlbetrag § 268 II) ein **Vermögensgegenstand** (→ § 246 Rn. 3), der dem Vermögen des Kfm. zuzurechnen ist (→ § 246 Rn. 14). Zeitpunkt der Zurechnung (Realisationsprinzip) → § 252 Rn. 19–23. Schwebende Geschäfte → § 252 Rn. 21. Zur Frage, ob für (weitestgehend anerkannte und hoch liquide) **Kryptowährungen** (Bitcoin, Ether) vom Gesetzgeber ein neuer Bilanzposten „Virtuelle Währungen" geschaffen werden sollte Gerlach/Oser DB 2018, 1541; Ummenhofer/Zeitler Konzern 2018, 442 (449). Zu den bei Utility Token aufgrund verschiedenartiger Ausgestaltungsmöglichkeiten entsprechend unterschiedlichen Ausweisungen Downar/Keiling/Schramm DB 2019, 1913; Blecher/Hummel, WpG 2022 339 (Klassifizierung von Utility-Token und ihre Bilanzierung im deutschen Handelsrecht).

B. Zusätzliche Aktivposten über II hinaus: zB §§ 268 III, VI, 272 I 3 Hs. 1, 272 I 3 Hs. 3, 274 I 2, GmbHG § 42 II 2, III.   4

3) Immaterielle Vermögensgegenstände (Aktivseite A I)

A umfasst nur das **Anlagevermögen** (§ 247 II, dort → § 247 Rn. 4–7). Auf der Aktivseite unter A I Nr. 1–4 werden die immateriellen Vermögensgegenstände des Anlagevermögens ausgewiesen, soweit sie aktivierbar sind (→ § 246 Rn. 4–7, → § 248 Rn. 3). **Nr. 1:** Selbstgeschaffene gewerbliche Schutzrechte und ähnliche Rechte und Waren, sofern nicht Verbot nach § 248 II. **Nr. 2:** Entgeltlich erworbene Konzessionen (öffentlichrechtliche Erlaubnis zur Ausübung einer bestimmten wirtschaftlichen Tätigkeit, zB nach § 2 GastG, KWG, s. **(7)** Bankgeschäfte A4–5); gewerbliche Schutzrechte, zB Patent, Marken, Urheber-, Verlagsrecht; ähnliche Rechte, zB Nutzungs-, Vertriebsrechte, Zuteilungsquoten, Wettbewerbsverbote, ADS Rn. 28; ähnliche Werte, zB ungeschützte Erfindungen, Herstellungsverfahren, Know-how (→ Einl. vor § 1 Rn. 51), Kundenkarteien (vgl. → § 86 Rn. 17, → § 86a Rn. 5); Lizenzen (Nutzungsrecht) an solchen Rechten und Werten: bei Einmalbetrag für mehrere Jahre der Lizenz. Software soll im Gegensatz zu Hardware immateriell sein, BFH BStBl. II 1987, 278, str. Kryptowährung (Bitcoins, Ether ua): Wenn sie dauerhaft dem Geschäftsbetrieb dienen sollen, Zwirner BC 2019, 61, Blecher/Horx WPg 2020. 267. **Nr. 3:** Geschäfts- oder Firmenwert, s. § 246 I 4. Verschmelzungsmehrwert ist nach UmwG (→ § 255 Rn. 11) nicht mehr vorgesehen, ggf. unmittelbar § 246 I 4; nach § 24 UmwG Wahlrecht zwischen Buchwert- und Neubewertungsmethode; bei Buchwertmethode ist Verschmelzungsmehrwert in Kapitalrücklagen einzustellen.   5

Nr. 4: Geleistete Anzahlungen, → § 252 Rn. 22, BeckBilKomm/Schubert/Waubke Rn. 64.

4) Sachanlagen (Aktivseite A II)

Nr. 1: Die Grundstücke ua sind in einem Posten zusammengefasst. Grundstücke, auch Wohnungseigentum; grundstücksgleiche Rechte, zB Erbbaurecht; Bauten einschließlich der Bauten auf fremden Grundstücken, letztere ohne weiteres bei Eigentum des Bauenden (§ 95 I 1 BGB), aber auch bei bloßem Wegnahmerecht (§ 539 II BGB), OLG Hamm BB 1993, 1332, aber nicht bei bloßem Verwendungsersatzanspruch. Zur Bewertung von Grundstücken s. IDW ERS IFA 2 u. dazu Willeke StuB 2015, 104. **Nr. 2:** technische Anlagen und Maschinen; auch wenn fest eingebaut bzw. im Grundstück verankert, auch bei Sicherungsübereignung, → § 246 Rn. 15. **Nr. 3:** andere Anlagen als technische (Nr. 2), Betriebs- und Geschäftsausstattung, zB Büroausstattung, Transportmittel, aber nicht Privatwagen (→ § 247 Rn. 4–7); nicht Vorräte, zB Betriebsstoffe, s. Umlaufvermögen B I Nr. 1. Geringwertige Güter (nicht über 150 EUR, BeckBilKomm/Schubert/Andrejewski § 253 Rn. 275) können weggebleiben. **Nr. 4:** Geleistete Anzahlungen auf Sachanlagen, → § 252 Rn. 22; Anlagen im Bau (beim wirtschaftlichen Inhaber; Forderungen aus solchen Anlagen → § 252 Rn. 19).   6

5) Finanzanlagen (Aktivseite A III)

Nr. 1: Anteile (zB Aktien, GmbHAnteile, auch unverbriefte Kapitalanteile) an verbundenen Unt. iSv § 271 II. **Nr. 2:** Ausleihungen an verbundene Unt. iSv § 271 II (dort → § 271 Rn. 9), auch nur indirekt verbundene. Liegt sowohl § 271 II als auch I vor, ist Nr. 1 lex specialis zu Nr. 3. **Nr. 2:** Ausleihungen sind auf längere Zeit angelegte Darlehen, keine Mindestlaufzeit, aber idR nicht unter   7

1 Jahr, sonst keine Daueranlageabsicht, ADS Rn. 76; also Finanz- und Kapitalforderungen, idR nicht Forderungen aus Lieferungen und Leistungen, ADS Rn. 77. Entscheidend ist die ursprüngliche, nicht die Restlaufzeit, str. **Nr. 3:** Beteiligungen iSv § 271 I (dort → § 271 Rn. 2), soweit nicht Anteile an verbundenen Unt. (s. Nr. 1). **Nr. 4:** Ausleihungen an Unt. mit Beteiligungsverhältnis, s. Nr. 3; Nr. 4 erfasst beide Seiten: das die Beteiligung haltende Unt. und das, an dem die Beteiligung gehalten wird, hL. Zu Eigenkapital ersetzenden Darlehen → Rn. 21. **Nr. 5:** Wertpapiere des Anlagevermögens, also Wertpapiere (Aktien, Obligationen, Investmentanteile, Mischformen) die nicht unter Nr. 1–4 fallen; Wertpapiere des Umlaufvermögens nach B III → Rn. 10. **Nr. 6:** Sonstige Ausleihungen, s. Nr. 2. Hierher gehören alle Finanzanlagen, die nicht unter Nr. 1–5 fallen, zB auch unverbriefte Geschäftsanteile, die nicht Beteiligungen iSv Nr. 3 sind, unter Namenspapiere, falls nicht unter Nr. 5 (str.) gebucht; auch Genussrechte, wenn nicht oder als Namenspapier verbrieft, IDW-HFA 1/1994 WPg 1994, 422. Bitcoins sind nicht als finanzielle Vermögensgegenstände zu bilanzieren, Kirsch/v. Wieding BB 2017, 2731; aA bei Invstmenttoken Sixt DStR 2019, 1766. **Lit.** Pilhofer/Lessel StuB 2013, 11 (Beteiligungen); Ott StuB 2015, 43 (Gesellschafterdarlehen).

6) Vorräte (Aktivseite B I)

8 B umfasst nur das **Umlaufvermögen** (→ § 247 Rn. 4). Zum Umlaufvermögen gehören vor allem die Vorräte. **Nr. 1:** Roh-, Hilfs- und Betriebsstoffe (→ § 255 Rn. 16), zu unterscheiden von Betriebs- und Geschäftsausstattung, die zum Anlagevermögen gehört, → Rn. 6 Nr. 3. **Nr. 2:** unfertige Erzeugnisse und Leistungen, halbfertige Bauten bei BauUnt., BMF BB 2000, 145. Zum Realisationszeitpunkt der Forderung für Teilleistungen → § 252 Rn. 18–19. „Unfertige Leistung" setzt Wirtschaftsgüterfähigkeit voraus und dient nicht vorrangig der Aufwandsstornierung im Rahmen der Erstellung von Dienstleistungen, weil nicht Aufwendungen zu aktivieren sind, sondern nur das durch Aufwendungen erlangte Wirtschaftsgut, BFHE 261, 326; BFH BeckRS 2018, 38447. **Nr. 3:** fertige Erzeugnisse und Waren, dh es fehlen nur noch die Versandarbeiten. **Nr. 4:** geleistete Anzahlungen auf Vorräte, → § 252 Rn. 22. Tritt Unt. als Händler auf, in dem es über Handelsplattform Bitcoins an- und verkauft, um dadurch Gewinn aus Preisdifferenz zu erzielen, bzw. erzeugt Unt. Bitcoins im Rahmen gewerblicher Mining-Aktivitäten, um sie danach über die entsprechende Plattform zu veräußern, sind die Bitcoins als Vorrat auszuweisen; werden Bitcoins hingegen nicht zu Handelsaktivitäten gehalten, so sind aufgrund unterschiedlicher Verwendungszwecke (Nutzung als Zahlungsmittel, halten zu Spekulationszwecken, Liquiditätsreserve) mehrere Ausweispositionen innerhalb des Umlaufvermögens denkbar, Ummenhofer/Zeitler Konzern 2018, 442 (444); Gerlach/Oser DB 2018, 1541; Kirsch/v. Wieding BB 2017, 2731; Sixt DStR 2019, 1766.

7) Forderungen und sonstige Vermögensgegenstände (Aktivseite B II)

9 Zum Umlaufvermögen gehören auch bestimmte Forderungen und sonstige Vermögensgegenstände, soweit nicht anderswo auszuweisen, zB Bankguthaben (B IV). **Nr. 1:** Forderungen aus Lieferungen und Leistungen stammen aus Umsatzgeschäften, die bereits von einer Seite erfüllt sind (Bewirkung der Hauptleistung, → § 252 Rn. 19), vorher handelt es sich um nicht bilanzierbare schwebende Geschäfte (→ § 252 Rn. 21). Unter Nr. 1 gehören auch Warenwechsel, ADS Rn. 126, str. Factoring → § 246 Rn. 22. Bei Forderungen mit Restlaufzeit von mehr als einem Jahr Vermerk (§ 268 IV 1). Forderungen nach Nr. 2 und 3 sind zu Nr. 1 zu vermerken (§ 265 III 1). **Nr. 2:** Forderungen gegen verbundene Unt. iSv § 271 II (s. dort Nr. 9). Liegt sowohl § 271 II als auch I vor, ist Nr. 2 lex specialis zu Nr. 3, ADS Rn. 132. **Nr. 3:** Forderungen gegen Unt. im Beteiligungsverhältnis iSv § 271 I (s. dort Nr. 2). **Nr. 4:** Sonstige Vermögensgegenstände, zB Schadensersatzforderungen, GesAnteile, soweit nicht Beteiligung nach A III 3; Realisationszeitpunkt → § 252 Rn. 19. Bausparguthaben gehören wegen Langfristigkeit hierher, nicht unter B IV. Eingeforderte Nachschüsse bei GmbH s. § 42 II nF GmbHG. Ausleihungen und Forderungen gegenüber GmbHGftern s. § 42 III nF GmbHG. Kryptowährung (Bitcoins, Ether ua): Wenn sie nur dem kurzfristigen Geschäftsbetrieb dienen sollen, Zwirner BC 2019, 61; Sixt DStR 2019, 1766; Blecher/Horx WPg 2020, 267.

8) Wertpapiere (Aktivseite B III)

Hierher gehören nur die Wertpapiere des Umlaufvermögens, solche des Anlagevermögens gehören zu den Finanzanlagen nach A III (→ Rn. 3, 7). **Nr. 1:** Anteile an verbundenen Unt. iSv § 271 II, Aktien, auch GmbH-Anteile, ADS Rn. 138, str. Eigene Anteile s. § 272 Ia, Ib. **Nr. 2:** Sonstige Wertpapiere, zB Finanzwechsel, Bundesschatzwechsel, Certificates of Deposit ua; Warenwechsel sind nicht gesondert, sondern in Form der zugrundeliegenden Forderungen auszuweisen (→ Rn. 9 Nr. 1). 10

9) Kassenbestand, Bankguthaben, Schecks (Aktivseite B IV)

Ausweis in einem Posten. Bankguthaben s. (7) Bankgeschäfte B1, C1. Zu den Bankguthaben gehören auch die bei der Postbank (Postgiroguthaben) in KapCoRiLiG 2000 eigens erwähnt). Bausparguthaben gehören unter B II Nr. 4, → Rn. 9. Bitcoins können weder Kassenbestand noch Bankguthaben sein, Gerlach/Oser DB 2018, 1541; Kirsch/v. Wieding BB 2017, 2731; noch erfüllen Bitcoins die Eigenschaft eines Schecks, Blecher/Horx WPg 2020, 267. 11

10) Aktive latente Steuern (Aktivseite D)

Werden latente Steuern aktiviert (Wahlrecht, § 274 I 2), sind sie hier auszuweisen. 12

11) Unterschiedsbetrag aus Vermögensverrechnung (Aktivseite E)

Bei der nach § 246 II 2, 3 vorzunehmenden Verrechnung von Schulden aus Altersversorgungsverpflichtungen mit Vermögensgegenständen, die allein der Erfüllung dieser Schulden dienen, kann sich ein aktiver Unterschiedsbetrag ergeben, der hier als Verrechnungsposten auszuweisen ist. Ausschüttungssperre gem. § 268 VIII 3. 13

12) Passivseite (III): Überblick

A. **III** enthält das Gliederungsschema für die Passivseite. Gesondert und in dieser Reihenfolge sind aufzunehmen: A. Eigenkapital (→ Rn. 16), B. Rückstellungen (→ Rn. 17), C. Verbindlichkeiten (→ Rn. 18 ff.), D. Rechnungsabgrenzungsposten (→ Rn. 23). Voraussetzung der Aufnahme in die Passivseite der Bilanz ist, dass ein Passivposten gegeben ist, was bei Verbindlichkeiten zweifelhaft sein kann (Passivierbarkeit, Zurechnung zu den Schulden des Kfm., → § 246 Rn. 13, 24). Zeitpunkt der Zurechnung (Realisationsprinzip) → § 252 Rn. 19–20. Schwebende Geschäfte → § 252 Rn. 21. Gilt auch für Ermittlung des anzusetzenden Geschäftswerts von KapGesAnteilen für Erstellung eines Vermächtnisses durch Notar nach § 54 S. 1 GNotKG, Notar hat kein Ermessen, LG Leipzig 3.8.2017 – 2 OH 89/15 (juris). 14

B. **Zusätzliche Passivposten** über III hinaus: zB §§ 268 I 2, 272 I 2, 272 Ia, Ib, § 274 I 1, GmbHG §§ 29 IV, 42 II 3. 15

13) Eigenkapital (Passivseite A)

Sämtliche Eigenkapitalposten unter Einbeziehung des Jahresgewinns oder -verlusts sowie von Gewinn- und Verlustvorträgen sind in einer Gruppe aus- 16 zuweisen. Die Eigenkapitalverhältnisse des Unt. werden dadurch klarer dargestellt. **A I:** Gezeichnetes Kapital ist das Stamm- bzw. Grundkapital, s. § 272 I 1. Ausstehende Einlagen s. § 272 I 3. Bei **atypischer stiller Beteiligung** (→ § 230 Rn. 3) ist angesichts der (schuldrechtlichen) Beteiligung am gesamten Geschäftsvermögen samt stiller Reserven Ausweis als Eigenkapital geboten (Sonderposten „Kapital des stillen Gesellschafters" nach dem gezeichneten Kapital), GK BilR/Hüttemann § 271 Rn. 6; ADS Rn. 189; enger ADS § 246 Rn. 91; aA Verbindlichkeit BeckBilKomm/Schubert/Waubke Rn. 192. Typische stGes → Rn. 18. **A II:** Kapitalrücklage, s. § 272 II. **A III:** Gewinnrücklagen, s. § 272 III; Rücklage für eigene Anteile, s. § 272 IV, die eigenen Anteile selbst sind auf der Aktivseite als Umlaufvermögen (B III 1) auszuweisen. **A IV:** Gewinnvortrag, Verlustvortrag aus dem Vorjahr (dazu Mock FS Ebke, S. 685 ff.); vgl. § 174 II Nr. 4 AktG zum Gewinnvortrag. Ausweis in der Bilanz. **A V:** Jahresüberschuss, Jahresfehlbetrag (vgl. § 158 nF AktG, → § 275 Rn. 21 f.). Änderung bei Einbeziehung der Ergebnisverwendung § 268 I. Entgeltlich begebene **Genussrechte** sind trotz Rückzahlbarkeit je nach Ausgestaltung (ua Nachrangabrede, Teilnahme am Verlust bis zur vollen Höhe, Vergütung nur aus Bilanzgewinn, ein erfolgsabhängig, längerfristige Kapitalüberlassung, kein fester Mindestzeitraum, ADS Rn. 195, zT wird 5-jährige Laufzeit mit mindestens 2-jähriger Kündigungsfrist verlangt, Küting/Kessler BB 1994, 2112) funktional Eigenkapital und in einem Eigenkapitalsonderposten nach den Gewinnrücklagen (aA nach gezeichnetem Kapital, aA als letzter Posten des Eigenkapitals) zu passivieren, anders nach Kündigung bzw. 2 Jahre vor Fälligkeit (vgl. § 10 V KWG), Lutter DB 1993, 2441; Jasper WiB 1994, 102; nach aA genereller als Verbindlichkeiten, Groh BB 1995, 559. Zur Behandlung von Genussrechten im Jahresabschluss von KapitalGes. IDW-HFA 1/1994, 419 mit WPg 1998, 891; bei der Emittentin je nach Sachverhalt als Fremdkapital zu passivieren, unmittelbar in das Eigenkapital einzustellen oder erfolgswirksam zu vereinnahmen. Bei Ausgabe von Kryptowährungs-Token (zB Bitcoins) im Rahmen eines Initial Coin Offering kommt ein Ausweis als bilanzielles Eigenkapital allenfalls bei Vorliegen der Voraussetzungen für Genusskapital in Betracht, Gerlach/Oser DB 2018, 1541; Sixt DStR 2020, 1871, 173 f. (Eigenkapital, falls Investment-Token wie Genussrecht ausgestaltet). Aufgeld (Agio) für Investment Token ist nicht in Kapitalrücklage nach § 272 II Nr. 1, 3 und 4 zu bilanzieren, sondern entweder weitere Untergliederung der Kapitalrücklage gem § 265 V mit „davon Vermerk" oder innerhalb neu geschaffenen EK-Posten, Sixt DStR 2020, 1871, 1874. Disagio stellt Vergütung des Investors dar, sodass Token mit Abschlag in neu geschaffene Position einzustellen ist und ratierlich zu Lasten des Aufwandspostens zu erhöhen ist, Sixt DStR 2020, 1871, 1874. Herabschreibungsanleihen (AT1-Instrument Typ A) kommt kein Eigenkapitalcharakter zu und sind in einem neu hinzuzufügenden Posten „Instrumente des zusätzlichen aufsichtsrechtlichen Kernkapitels" auszuweisen (näher § 265 Rn. 5) **Lit.** Decker/Weitz BB 2015, 556 (Gewinnvortrag bei GmbH & Co KG); Flick/Mertes/Meyding-Metzger WPg 2019, 726 (Bilanzierung Colo-Bonds); Küting/Grau DB 2014, 729 (nicht eigenkapitalgedeckter Fehlbetrag); Glasenapp BB 2020, 2666 (Bilanzielle Behandlung einer Kapitalherabsetzung, bei unterschiedlichen Geschäftsanteilen); Eigenkapitalersetzende Darlehen → Rn. 21. **GmbH & Co** → § 264c Rn. 2; Mock FS Ebke, S. 685 ff. (zu Gewinn- und Verlustvorträgen)

14) Rückstellungen (Passivseite B)

Rückstellungen s. § 249. **Nr. 1:** Rückstellungen für Pensionen und ähnliche Verpflichtungen, → § 249 Rn. 14 f., aber nur für Neufälle; Altfälle und Übergangsregelung → § 249 Rn. 16–18, sehr str. **Nr. 2:** Steuerrückstellungen (§ 249 I 1, → § 249 Rn. 8 ff.); davon gesondert auszuweisende Steuerabgrenzung s. § 274; zurückzustellen sind die Beträge, die bis zum Ablauf des Geschäftsjahres als Steuerschuld entstanden sind, was sich nach Steuerrecht beurteilt. **Nr. 3:** sonstige Rückstellungen, abschließend (§ 249 II 1) → § 249 Rn. 37. Weitere Untergliederung s. § 265 V. Angabe im Anhang s. § 285 Nr. 12.

15) Verbindlichkeiten (Passivseite C)

Verbindlichkeiten sind unter Passivseite C nur auszuweisen, wenn sie passivierbar, also wirtschaftlich real sind (→ § 246 Rn. 13, nicht soweit Rückstellung) und wenn sie zu den Schulden des Kfm. gehören, also nicht Schulden Dritter und nicht Privatschulden sind (→ § 246 Rn. 14–23a); schwebende Geschäfte → § 252 Rn. 21. Aufwendungen eines Reisebüros, die im wirtschaftlichen Zusammenhang mit am Stichtag noch nicht realisierten Provisionserlösen stehen, sind weder unter dem Gesichtspunkt eines schwebenden Geschäfts noch als unfertige Leistungen zu aktivieren, FG Niedersachsen EFG 2016, 1158. Einzahlungen für Emission von als Gutschein ausgestaltetem Utility-Token sind beim Emittenten zunächst erfolgsneutral als Verbindlichkeit zu passivieren, zweckmäßigerweise unter § 266 III C Nr. 3 (erhaltene Anzahlungen). Erfolgswirksame Auflösung, wenn Emittent dem Token-Inhaber Produkt liefert, Sixt DStR 2020, 1871, 1875 f.; anders wenn Utility Token als Nutzungsrecht ausgestaltet: Wenn Plattform, für die Nutzungsrecht gewährt wird, noch nicht hergestellt ist, ist Verbindlichkeit als erhaltene Anzahlung (§ 266 III C Nr. 3) zu buchen. Wenn Plattform schon erstellt, sind Einzahlungen für Utility Token wie Einnahmen vor Abschlussstichtag zu behandeln, für die nach § 266 III D passiver Rechnungsabgrenzungsposten gebildet werden muss, Sixt DStR 2020, 1871, 1876 f. Einzahlungen für Currency Tokens sind beim Emittenten sofort erfolgswirksam zu erfassen, Sixt DStR 2020, 1871, 1877 f.; vgl. Blecher/Hummel, WpG 2022 339 (Klassifizierung von Utility-Token und ihre Bilanzierung im deutschen Handelsrecht)Erlassene Verbindlichkeiten sind auszubuchen. Verbindlichkeiten, die nur **aus künftigen Gewinnen zu tilgen** sind, belasten die KapitalGes. jetzt nicht und sind deshalb nicht zu passivieren, BFH DStR 2012, 450 → § 246 Rn. 13, so vor allem bei Sanierung, zB je nach Ausgestaltung beim **Besserungsschein** (als Erlass mit bedingtem Wiederaufleben der Naturalobligation), BFH BStBl. II 1986, 70; ADS § 246 Rn. 148, anders das bei bloßer Stundung. Werden nicht nur künftige Gewinne, sondern auch das sonstige Vermögen belastet, zB je nach Ausgestaltung bei **Rangrücktritt** (als pactum de non petendo), ist die Verbindlichkeit im Jahresabschluss zu passivieren, BFH DStR 2020, 2716, 2718 (Rn. 20); im Überschuldungsstatus ist Vblk hingegen nicht zu passivieren, vgl. zur Insolvenzvorsorge durch Rangrücktritt umfassend: Bitter ZHR 181 (2017), 428 ff. **Nachrangige** Vermögensgegenstände und Schulden bei Kreditinstituten → § 330 Rn. 2 f. Verbindlichkeiten gegenüber GmbHGftern s. § 42 III nF GmbHG. **Stille Beteiligung** ist idR Verbindlichkeit (typische stGes., → § 230 Rn. 3), anders bei atypischer stGes., → Rn. 16. **Umtauschanleihe:** Anleiheverbindlichkeiten ist unter II C. 1. und Umtauschkomponente als sonstige Verbindlichkeiten unter II C. 8. auszuweisen, Tranacher DStR 2018, 2491. Ob stille Einlagen des Wirtschaftsstabilisierungsfonds (Teil der Corona-Hilfe) als Fremd- oder Eigenkapital auszuweisen sind, muss anhand des konkreten Vertrages geprüft werden. Als Eigenkapital dürfen sie nur ausgewiesen werden, wenn sie in der Insolvenz nachrangig sind, die Vergütung erfolgsabhängig erfolgt, die Einlage am Verlust teilnimmt und die Kapitalüberlassung längerfristig erfolgt (IDW, Fachlicher Hinweis v. 8.4.2020, 5. Update v. 6.4.2021, S. 31 f.). **Genussrechte** → Rn. 16.

Eine rechtlich entstandene Verbindlichkeit muss passiviert werden, entweder als Verbindlichkeit (wenn Höhe gewiss ist) oder als Rückstellung (wenn Höhe ungewiss ist). Dies gilt auch dann, wenn die Verbindlichkeit wirtschaftlich durch Ereignisse verursacht wird, die in einem späteren Zeitpunkt eintreten. Fallen rechtliche Entstehung und wirtschaftliche Verursachung zeitlich auseinander, entscheidet bilanzrechtlich der frühere Zeitpunkt, BFH BStBl. II 1970, 104. Rechtlich entstanden ist die Verbindlichkeit, sobald alle Voraussetzungen erfüllt sind, von denen Gesetz, Satzung oder Vertrag die Entstehung abhängig machen, BFH BStBl. II 1992, 177. Wirtschaftliche Verursachung liegt vor, wenn ungeachtet der rechtlichen Gleichwertigkeit aller Tatbestandsmerkmale die wesentlichen Merkmale des Tatbestands bereits erfüllt sind, sodass das Entstehen nur noch von wirtschaftlich unwesentlichen Merkmalen abhängt, BFH BStBl. II 2014, 302. **Lit.** Euler/Hommel BB 2014, 2477.

20 Nicht endgültig geklärt ist, was die **rechtliche Entstehung einer Verbindlichkeit** ausmacht, dh welcher Zeitpunkt für die Passivierung maßgeblich ist. Das gilt insbesondere, wenn das Gesetz oder die Behörde dem Unt. eine Verpflichtung auferlegt, die erst nach dem Bilanzstichtag zu erfüllen ist. Umstritten ist, ob die rechtliche Entstehung den Fristablauf bedingt. Zunächst entschied der I. Senat des BFH, dass der in der Verfügung vorgegebene Termin lediglich den bilanzsteuerlich nicht entscheidenden Zeitpunkt der Fälligkeit der Verpflichtung bestimme. Daher war die Verpflichtung trotz einer am Stichtag noch laufenden Übergangsfrist rechtlich entstanden und zu passivieren, BFH BStBl. II 2003, 121. Anders I. BFH-Senat 2013: Verwaltungsakt bindet das Unt. lediglich nach außen, bilanzrechtlich entscheidet innere Wirksamkeit, dh der Zeitpunkt, zu dem die in der Regelung enthaltene materielle Rechtsfolge ausgelöst wird, ist damit der Zeitpunkt des Fristablaufs, BFH BStBl. II 2013, 686, ebenso IV. BFH-Senat, BFH BStBl. II 2014, 302. **Lit.** Euler/Hommel BB 2014, 2475.

21 Für **Gesellschafterdarlehen** gelten keine Besonderheiten, weil das auf Analogie zu §§ 30, 31 GmbHG basierende Eigenkapitalersatzrecht inzwischen zugunsten einer Nachrang- und Anfechtungslösung im Insolvenzverfahren (§§ 39 I Nr. 5, 135 InsO) ersetzt wurde. **Lit.** Ott StuB 2015, 43.

22 **C 1:** Anleihen, davon konvertibel, letzteres betrifft Fremdwährungsanleihen. **C 2:** Verbindlichkeiten gegenüber Kreditinstituten, auch ausländischen; auch Bausparkassen, anders zu Aktivseite B IV, → Rn. 9 Nr. 4. **C 3:** Erhaltene Anzahlungen auf Bestellungen (→ § 252 Rn. 22); für die Umsatzsteuer darf Rechnungsabgrenzungsposten gebildet werden, s. § 250 I 2 Nr. 2. **C 4:** Verbindlichkeiten aus Lieferungen und Leistungen, vgl. Aktivseite B II Nr. 1. **C 5:** Verbindlichkeiten aus der Annahme gezogener Wechsel (Art. 28 WG) und der Ausstellung eigener Wechsel (Solawechsel, Aussteller verspricht selbst Zahlung); Haftung als Aussteller, Indossant, Wechselbürge fallen als Eventualverbindlichkeiten idR nur unter § 251 (Bilanzvermerk). **C 6:** Verbindlichkeiten gegenüber verbundenen Unt. iSv § 271 II, vgl. Aktivseite A III Nr. 2, B II Nr. 2. **C 7:** Verbindlichkeiten gegenüber Unt. mit Beteiligungsverhältnis iSv § 271 I, vgl. Aktivseite A III Nr. 4, B II Nr. 3. **C 8:** Sonstige Verbindlichkeiten, davon aus Steuern, davon im Rahmen der sozialen Sicherheit; vgl. Aktivseite A III Nr. 6, B II Nr. 4. Zu den „Schulden" iSd Erbschaftssteuerrechts gehören alle in C. 1–8. aufgezählten Verbindlichkeiten, da bilanzrechtlicher Schuldenbegriff Oberbegriff für Verbindlichkeiten u. Rückstellungen ist, FG Rheinland-Pfalz ZEV 2018, 224; BeckBilKomm/Schubert/Waubke § 247 Rn. 201.

16) Rechnungsabgrenzungsposten

23 Sie können aktivisch (Aktivseite C) oder passivisch (Passivseite D) sein; s. § 250.

17) Passive latente Steuern

24 Nach § 274 I 1 Passivierungspflicht passiver latenter Steuern, hier Ausweis der entsprechenden Beträge.

2. Abschnitt. Ergänzende Vorschriften für Kapitalgesellschaften § 267

Umschreibung der Größenklassen

267 (1) Kleine Kapitalgesellschaften sind solche, die mindestens zwei der drei nachstehenden Merkmale nicht überschreiten:
1. 6 000 000 Euro Bilanzsumme.
2. 12 000 000 Euro Umsatzerlöse in den zwölf Monaten vor dem Abschlußstichtag.
3. Im Jahresdurchschnitt fünfzig Arbeitnehmer.

(2) Mittelgroße Kapitalgesellschaften sind solche, die mindestens zwei der drei in Absatz 1 bezeichneten Merkmale überschreiten und jeweils mindestens zwei der drei nachstehenden Merkmale nicht überschreiten:
1. 20 000 000 Euro Bilanzsumme.
2. 40 000 000 Euro Umsatzerlöse in den zwölf Monaten vor dem Abschlußstichtag.
3. Im Jahresdurchschnitt zweihundertfünfzig Arbeitnehmer.

(3) [1] Große Kapitalgesellschaften sind solche, die mindestens zwei der drei in Absatz 2 bezeichneten Merkmale überschreiten. [2] Eine Kapitalgesellschaft im Sinn des § 264d gilt stets als große.

(4) [1] Die Rechtsfolgen der Merkmale nach den Absätzen 1 bis 3 Satz 1 treten nur ein, wenn sie an den Abschlußstichtagen von zwei aufeinanderfolgenden Geschäftsjahren über- oder unterschritten werden. [2] Im Falle der Umwandlung oder Neugründung treten die Rechtsfolgen schon ein, wenn die Voraussetzungen des Absatzes 1, 2 oder 3 am ersten Abschlußstichtag nach der Umwandlung oder Neugründung vorliegen. [3] Satz 2 findet im Falle des Formwechsels keine Anwendung, sofern der formwechselnde Rechtsträger eine Kapitalgesellschaft oder eine Personenhandelsgesellschaft im Sinne des § 264a Absatz 1 ist.

(4a) [1] Die Bilanzsumme setzt sich aus den Posten zusammen, die in den Buchstaben A bis E des § 266 Absatz 2 aufgeführt sind. [2] Ein auf der Aktivseite ausgewiesener Fehlbetrag (§ 268 Absatz 3) wird nicht in die Bilanzsumme einbezogen.

(5) Als durchschnittliche Zahl der Arbeitnehmer gilt der vierte Teil der Summe aus den Zahlen der jeweils am 31. März, 30. Juni, 30. September und 31. Dezember beschäftigten Arbeitnehmer einschließlich der im Ausland beschäftigten Arbeitnehmer, jedoch ohne die zu ihrer Berufsausbildung Beschäftigten.

(6) Informations- und Auskunftsrechte der Arbeitnehmervertretungen nach anderen Gesetzen bleiben unberührt.

Übersicht

	Rn
1) Kleine KapitalGes. (I)	1–3
A. Unterscheidung nach Größenklassen:	1
B. Berechnung:	2
C. Erleichterungen:	3
2) Mittelgroße KapitalGes. (II)	4–6
A. Mittlere Größenklasse:	4
B. Berechnung:	5
C. Erleichterungen:	6
3) Große KapitalGes. (III)	7–9
A. Große Größenklasse:	7
B. Berechnung:	8
C. Börsennotierung:	9

	Rn
4) Mindestdauer (IV)	10
5) Begriff „Bilanzsumme" (IVa)	11
6) Berechnung der durchschnittlichen Arbeitnehmerzahl (V)	12
7) Informations- und Auskunftsrechte nach anderen Gesetzen (VI)	13

1) Kleine KapitalGes. (I)

1 A. **Unterscheidung nach Größenklassen:** Das Dritte Buch differenziert in seinen Anforderungen entspr. der 4 EG-RL (s. hier 38. Aufl. Einl. vor § 238 Rn. 4; deren Größenklassen sind alle fünf Jahre zu prüfen und ggf. anzupassen, Art. 53 II) je nach Größe der KapitalGes. KleinstKapitalGes. s. § 267a; Einzelkfl s. § 241a. § 267 enthält dazu die Umschreibung der Größenklassen. Die Größen entsprechen den durch die EG-RL 17.6.1999 ABl. 1999 L 162, 65 erhöhten Beträgen (KapCoRiLiG 2000, → Einl. vor § 238 Rn. 6), die durch das Euro-BilG 2001 (**Übergangsrecht** in (1) Art. 51) von DM auf Euro umgestellt, durch Rundung geglättet, durch das BilReG 2004 (**Übergangsrecht** in (1) Art. 58 I) erneut um weitere 20%, durch BilMoG 2009 (**Übergangsrecht** in (1) Art. 66 V) und schließlich durch das BilRUG 2015 (**Übergangsrecht** in (1) EGHGB Art. 75 I 1) in Umsetzung der Bilanz-RL 2013 erhöht wurden. § 267 umschreibt die Größenklassen anhand von drei Merkmalen, von denen mindestens zwei vorliegen müssen (ähnliche Gesetzgebungstechnik wie im PublG und MitbG). Diese sind bei den **kleinen** KapitalGes.: **Bilanzsumme nicht größer als 6 Mio. Euro, Umsatzerlöse nicht höher als 12 Mio. Euro, Zahl der Arbeitnehmer nicht mehr als 50.** Sonderregeln für kleine UnternehmensbeteiligungsGes. § 8 I UBGG. § 267 gilt nicht für Kreditinstitute (§ 340a II 1), sie sind größenunabhängig rechnungslegungspflichtig. **Übergangsrecht** in (1) EGHGB Art. 48. **Lit.** MBF Kap. 3 Tz. 170 ff.; Röser/Roland/Rimmelspacher DB 2015, Beil. Heft 36, 4 (Schwellenwertanhebung); Wengerofsky/Scharf StuB 2015, 651; Zwirner StuB 2015, Beil. 2, 1; Nemet/Zilch WPg 2016, 843 (Zweifelsfragen Größenklassifizierung); Muraz WPg 2016, 1023 (Schwellenwertanhebung); Zwirner/Busch/Boecker Konzern 2016, 287 (Schwellenwertanhebung); Zwirner AR 2016, 2 (Schwellenwertanhebung); Zwirner BC 2016, 264 (Erstanwendung Schwellenwertänderung); Zwirner WPg 2017, 184 (Audit-Check); IDW Fachlicher Hinweis (Auswirkungen Corona-Pandemie).

2 B. **Berechnung:** Die Bilanzsumme ist die Summe der Aktivseite der Bilanz (§ 267 II) nach Abzug eines auf der Aktivseite eventuell ausgewiesenen, nicht durch Eigenkapital gedeckten Fehlbetrags (§ 268 III), so Nr. 1. Die Umsatzerlöse (Nr. 2) sind ohnehin in der GuV anzugeben (§ 275 II Nr. 1, III Nr. 1). Maßgeblich sind nach Nr. 2 die Umsatzerlöse in den letzten 12 Monaten vor dem Abschlussstichtag (nicht unbedingt identisch mit dem normalen Geschäftsjahr oder dem Kalenderjahr, zB bei Rumpfgeschäftsjahr). Ob bei einem unterjährigen Asset Deal die anteiligen Umsatzerlöse dem übertragenden oder übernehmenden Rechtsträger, der hierdurch wirtschaftlich neu gegründet wird, zugerechnet werden, ist str., Hargarten/Claßen BB 2020, 299 (übernehmender Rechtsträger); Joswig BB 2007, 764 (übertragender Rechtsträger). Die Zahl der Arbeitnehmer nach Nr. 3 ist nach dem Jahresdurchschnitt zu rechnen (vgl. Angabe im Anhang § 285 Nr. 7), dazu V. Die Arbeitnehmereigenschaft folgt aus dem Arbeitsrecht (vgl. → § 59 Rn. 23–31b, der Begriff des Handlungsgehilfen ist enger). Die gesetzlichen Vertreter der KapitalGes., also die Mitglieder der Geschäftsführung mit Organstellung, sind nicht mitzuzählen. Teilzeitbeschäftigte sind voll zu zählen. **Lit.** Farr GmbHR 1996, 185; Veit DB 1996, 641; Hargarten/Claßen BB 2020, 299.

3 C. **Erleichterungen:** Für kleine KapitalGes. (zur kleinen AG BGH DStR 2008, 629), gelten viele Erleichterungen: zB längere Frist zur Aufstellung

2. Abschnitt. Ergänzende Vorschriften für Kapitalgesellschaften 4–10 § 267

des Jahresabschlusses, § 264 I 3; stark verkürzte Bilanzgliederung, § 266 I 3; verkürzte GuV beginnend mit dem Rohergebnis, § 276; viel weniger Angaben im Anhang, § 288 I; keine Prüfung durch Abschlussprüfer, § 316 I 1; stark reduzierte Offenlegung, § 326 I, also nur stark verkürzt Bilanz und Anhang, überhaupt nicht GuV und Bestätigungsvermerk, dagegen vollständig Ergebnisverwendung (Vorschlag und Beschluss); Kreditinstitute → Rn. 1.

2) Mittelgroße KapitalGes. (II)

A. **Mittlere Größenklasse:** Bei den mittelgroßen KapitalGes. sind die drei 4 Merkmale, von denen mindestens zwei vorliegen müssen: Bilanzsumme nicht größer als 20 Mio. Euro, Umsatzerlöse nicht höher als 40 Mio. Euro, Zahl der Arbeitnehmer nicht mehr als 250. Aus dieser Abgrenzung gegenüber großer KapitalGes. und der aus I folgenden gegenüber kleinen KapitalGes. ergeben sich als jeweilige **Grenzwerte: Bilanzsumme 4,84 Mio.–19,25 Mio. Euro, Umsatzerlöse 9,68 Mio.–38,5 Mio. Euro, Zahl der Arbeitnehmer: 50–250.**

B. **Berechnung:** → Rn. 2. 5

C. **Erleichterungen:** Für mittelgroße KapitalGes. gelten Erleichterungen: bei 6 GuV (beginnend mit Rohergebnis), § 276; weniger Angaben im Anhang, § 288 II; verkürzte Offenlegung, § 327, nämlich verkürzt Bilanz, GuV und Anhang; Kreditinstitute → Rn. 1.

3) Große KapitalGes. (III)

A. **Große Größenklasse:** Bei den großen KapitalGes. sind die drei Merkmale, 7 von denen mindestens zwei vorliegen müssen: **Bilanzsumme größer als 19,25 Mio. Euro, Umsatzerlöse höher als 38,5 Mio. Euro, Zahl der Arbeitnehmer mehr als 250.**

B. **Berechnung:** → Rn. 1–2. 8

C. **Börsennotierung: III 2** idF BilMoG 2009 (**Übergangsrecht** in (1) 9 Art. 66 V). Kapitalmarktoriente KapitalGes. iSv § 264d, die mit von ihnen ausgegebenen Wertpapieren einen organisierten Markt in Anspruch nehmen, **gelten** nach **III 2** (entspr. nach 315c, aber dort auch Ausgabe durch TochterUnt.) wegen der Schutzbedürftigkeit des als Anlegerschaft angesprochenen breiten Publikums und des Funktionsschutzes von Kapitalmarkt und Wirtschaft **stets als große,** auch wenn sie nach den Größenmerkmalen mittelgroße oder kleine wären. Damit entfallen für sie die Erleichterungen bei der Aufstellung und Offenlegung und die Befreiung von der Pflichtprüfung. Vgl. für Konzernabschluss → § 293 Rn. 5.

4) Mindestdauer (IV)

Zufallsausschläge in einem Jahr sollen nicht maßgeblich sein. Die Merkmale 10 nach I–III müssen an den Abschlussstichtagen von zwei aufeinander folgenden Geschäftsjahren erfüllt sein **(IV 1).** Das gilt nicht bei Umwandlung (→ Einl. vor § 105 Rn. 23) und Neugründung wie auch bei erstmaligem Unterfallen unter das Gesetz (zB § 264a I), weil mit Veränderung dabei kein Zufallsausschlag ist **(IV 2);** maßgeblich ist in diesen Fällen das Über- oder Unterschreiten am ersten Stichtag nach Neugründung oder Umwandlung; diese Regelung soll auch für wirtschaftliche Neugründungen gelten (Stichtag ist erster Abschlussstichtag nach wirtschaftlicher Neugründung), Hargarten/Claßen BB 2020, 299; von IV 2 macht **IV 3,** eingefügt durch BilRUG 2015 (**Übergangsrecht (1)** EGHGB Art. 75 I 1), für Formwechsel eine Ausnahme, so dass insoweit wieder die allgemeine Regelung (Kontinuität über zwei aufeinander folgende Geschäftsjahre) gilt (RegBegr S. 75). Bsp. zu IV 1: Sind die Merkmale nach I jeweils zum Stichtag erfüllt: a) 2007 und Vorjahre ja, 2008 nein, dann ist die KapitalGes. 2008 iSv I eine kleine; b) 2007 und Vorjahre nein, 2008 ja, dann ist

§ 267a

die KapitalGes. 2008 iSv I keine kleine; c) 2007 und Vorjahre ja, 2008 nein, 2009 nein, dann ist die KapitalGes. iSv I eine kleine 2008, aber nicht mehr 2009; d) 2007 und Vorjahre nein, 2008 ja, 2009 ja, dann ist die KapitalGes. iSv I keine kleine 2008, jedoch 2009. Zur Bilanzierung bei Umwandlung auch → § 255 Rn. 11. **Lit.** Blöink/Knoll-Biermann Konzern 2015, 65 (BilRUG 2015); Lüdenbach/Freiberg BB 2014, 2219 (BilRUG 2015); Oser/Orth/Wirtz DB 2015, 197 (BilRUG 2015); Bauer WPg 2017, 882 (Änderungen durch BilRUG und Bürokratieentlastungs G).

5) Begriff „Bilanzsumme" (IVa)

11   IVa, eingefügt durch BilRUG 2015 (**Übergangsrecht (1)** EGHGB Art. 75 I 1), dient für alle Unternehmenskategorien der Klarstellung des Begriffs „Bilanzsumme" iSv Art. 3 IX Bilanz-RL 2013. Nach § 274 angesetzte aktive latente Steuern sind in die Berechnung der Bilanzsumme einzubeziehen. Ein auf der Aktivseite nach § 268 III ausgewiesener Fehlbetrag wird hingegen in Bilanzsumme nicht einbezogen. **Lit.** Blöink/Knoll-Biermann Konzern 2015, 65 (BilRUG 2015); Lüdenbach/Freiberg BB 2014, 2219 (BilRUG 2015); Oser/Orth/Wirtz DB 2015, 197 (BilRUG 2015).

6) Berechnung der durchschnittlichen Arbeitnehmerzahl (V)

12   Bei der Berechnung des Durchschnitts sind die im Ausland beschäftigten Arbeitnehmer mitzuzählen, nicht aber die zu ihrer Berufsausbildung Beschäftigten (BerBG, vgl. bei § 82a). Als Durchschnittszahl gilt ein Viertel der addierten Vierteljahresstichtagszahlen.

7) Informations- und Auskunftsrechte nach anderen Gesetzen (VI)

13   Informations- und Auskunftsrechte nach anderen Gesetzen, zB Recht der Arbeitnehmer auf Erläuterung des Jahresabschlusses nach § 108 V BetrVG, bleiben unberührt.

Kleinstkapitalgesellschaften

267a (1) ¹Kleinstkapitalgesellschaften sind kleine Kapitalgesellschaften, die mindestens zwei der drei nachstehenden Merkmale nicht überschreiten:
1. 350 000 Euro Bilanzsumme;
2. 700 000 Euro Umsatzerlöse in den zwölf Monaten vor dem Abschlussstichtag;
3. im Jahresdurchschnitt zehn Arbeitnehmer.

² § 267 Absatz 4 bis 6 gilt entsprechend.

(2) **Die in diesem Gesetz für kleine Kapitalgesellschaften (§ 267 Absatz 1) vorgesehenen besonderen Regelungen gelten für Kleinstkapitalgesellschaften entsprechend, soweit nichts anderes geregelt ist.**

(3) **Keine Kleinstkapitalgesellschaften sind:**
1. **Investmentgesellschaften im Sinne des § 1 Absatz 11 des Kapitalanlagegesetzbuchs,**
2. **Unternehmensbeteiligungsgesellschaften im Sinne des § 1a Absatz 1 des Gesetzes über Unternehmensbeteiligungsgesellschaften oder**
3. **Unternehmen, deren einziger Zweck darin besteht, Beteiligungen an anderen Unternehmen zu erwerben sowie die Verwaltung und Verwertung dieser Beteiligungen wahrzunehmen, ohne dass sie unmittelbar oder mittelbar in die Verwaltung dieser Unternehmen eingreifen, wobei die Ausübung der ihnen als Aktionär oder Gesellschafter zustehenden Rechte außer Betracht bleibt.**

2. Abschnitt. Ergänzende Vorschriften für Kapitalgesellschaften § 268

1) Größenmerkmale

Die durch das MicroBilG 2013 (**Übergangsrecht (1)** EGHGB Art. 70) eingeführte Vorschrift setzt Vorgaben der MicroRiLi (2012/6/EU) um und führt die Größenklasse KleinstKapitalGes. ins HGB ein. KleinstKapitalGes. sind kleine KapitalGes. iSv § 267 I (vgl. II), die zusätzlich zwei der drei Voraussetzungen des I 1 erfüllen. Diese sind: **Bilanzsumme** (Begriff § 267 IVa) darf 350.000 Euro nach Abzug eines nicht durch Eigenkapital gedeckten Fehlbetrages iSv § 268 III nicht übersteigen (Nr. 1); aktive latente Steuern können außer Betracht bleiben. **Umsatzerlöse** der letzten 12 Monate vor dem Abschlussstichtag dürfen **700.000** nicht übersteigen (Nr. 2); die Ges. darf im Jahresdurchschnitt nicht mehr als **zehn Arbeitnehmer** beschäftigt haben (Nr. 3); für Berechnung gilt § 267 V entsprechend. Maßgeblicher Zeitpunkt und erforderliche Dauer des Vorliegens der Merkmale nach I 1 richtet sich gem. I 3 nach § 267 IV. KapitalGes. gem. § 264d gelten stets als große (I 3 iVm § 267 III 2) und erfüllen damit nie die Voraussetzungen des I 1. HoldingGes. haben mitunter keine Umsatzerlöse und keine Mitarbeiter und sind damit per Definition KleinstKapitalGes.; dann aber Konzernabschlusspflicht. Sonderregeln für Kreditinstitute (§ 340a), Versicherungs-Unt. (§ 341a), KapitalanlageGes. (§ 19d InvG) und UnternehmensbeteiligungsGes. (§ 8 UBGG). **Lit.** MBF Kap. 3 Tz. 213 ff.; Fey/Deubert/Lewe/Roland BB 2013, 107; Müller/Kreipl DB 2013, 73; Müller/Stawinoga BB 2014, 2411 (Rückwirkung der Schwellenwerterhöhung); Henckel/Rimmelspacher DB 2015, Beil. Heft 36, 37 (BilRUG); Oser/Orth/Wirtz DB 2015, 1729 (BilRUG); Zwirner StuB 2015, Beil. 2, 1 (BilRUG). 1

2) Erleichterungen

Erleichterungen für KleinstKapitalGes. ergeben sich bei der Gliederung der Bilanz (§ 266 I 4), der Darstellung der GuV (§ 275 V), der Pflicht, den Jahresabschluss um einen Anhang zu erweitern (§ 264 I 5) sowie den Offenlegungspflichten (§ 326 II). Als zugleich kleine KapitalGes. gilt für sie die längere Frist zur Aufstellung des Jahresabschlusses nach § 264 I 4 Hs. 2 und die Befreiung von der Prüfungspflicht gem. § 316 I 1. **III,** angefügt durch BilRUG 2015 (**Übergangsrecht (1)** EGHGB Art. 75 I 1), stellt klar, dass mögliche Erleichterungen für KleinstKapitalGes. bei der Bilanzierung und Offenlegung bei InvestmentGes. (**III Nr. 1**) und BeteiligungsGes., die gem. Art. 36 VII unter die Bilanz-RL 2013 fallen, nicht gelten (**III Nr. 2**). Zugleich wird gem. Art. 2 Nr. 15 iVm Art. 36 VII Bilanz-RL der Kreis der erfassten BeteiligungsGes. um Ges. erweitert, deren einziger Zweck es ist, Beteiligungen (Begriff in § 271 I) an anderen Unt. zu erwerben sowie die Verwaltung und Verwertung dieser Beteiligungen wahrzunehmen, ohne dass sie mittel- oder unmittelbar in die Verwaltung dieser Unt. eingreifen, wobei Eingriffsrechte die nach Gesetz oder Vertrag als Gfter zustehen, außer Betracht bleiben (**III Nr. 3**). Typischer Anwendungsfall: Holding-KapitalGes., sofern sie nicht schon die Voraussetzungen nach § 267a III Nr. 2 erfüllt; nicht hingegen, wenn sie bspw. nach GesVertrag die Führung für das andere Unt. ausübt (dann wird sie gem. § 267a I KleinstKapitalGes. sein), RegBegr S. 75 f. **Lit.** Blöink/Knoll-Biermann Konzern 2015, 65 (BilRUG 2015); Lüdenbach/Freiberg BB 2014, 2219 (BilRUG 2015); Oser/Orth/Wirtz DB 2015, 197 (BilRUG 2015); Zwirner Stbg 2019, 17; Zwirner BC 2018, 316. 2

Vorschriften zu einzelnen Posten der Bilanz. Bilanzvermerke

268 (1) ¹Die Bilanz darf auch unter Berücksichtigung der vollständigen oder teilweisen Verwendung des Jahresergebnisses aufgestellt werden. ²Wird die Bilanz unter Berücksichtigung der teilweisen Verwendung des Jahresergebnisses aufgestellt, so tritt an die Stelle der Posten „Jahresüberschuß/Jahresfehlbetrag" und „Gewinnvortrag/Verlustvortrag" der Posten „Bilanzgewinn/Bilanzverlust"; ein vorhandener Gewinn- oder Verlustvortrag ist in den Posten „Bilanzgewinn/Bilanzverlust" einzubeziehen und in der Bilanz gesondert anzugeben. ³Die Angabe kann auch im Anhang gemacht werden.

(2) *[aufgehoben]*

(3) Ist das Eigenkapital durch Verluste aufgebraucht und ergibt sich ein Überschuß der Passivposten über die Aktivposten, so ist dieser Betrag am Schluß der Bilanz auf der Aktivseite gesondert unter der Bezeichnung „Nicht durch Eigenkapital gedeckter Fehlbetrag" auszuweisen.

(4) ¹Der Betrag der Forderungen mit einer Restlaufzeit von mehr als einem Jahr ist bei jedem gesondert ausgewiesenen Posten zu vermerken. ²Werden unter dem Posten „sonstige Vermögensgegenstände" Beträge für Vermögensgegenstände ausgewiesen, die erst nach dem Abschlußstichtag rechtlich entstehen, so müssen Beträge, die einen größeren Umfang haben, im Anhang erläutert werden.

(5) ¹Der Betrag der Verbindlichkeiten mit einer Restlaufzeit bis zu einem Jahr und der Betrag der Verbindlichkeiten mit einer Restlaufzeit von mehr als einem Jahr sind bei jedem gesondert ausgewiesenen Posten zu vermerken. ²Erhaltene Anzahlungen auf Bestellungen sind, soweit Anzahlungen auf Vorräte nicht von dem Posten „Vorräte" offen abgesetzt werden, unter den Verbindlichkeiten gesondert auszuweisen. ³Sind unter dem Posten „Verbindlichkeiten" Beträge für Verbindlichkeiten ausgewiesen, die erst nach dem Abschlußstichtag rechtlich entstehen, so müssen Beträge, die einen größeren Umfang haben, im Anhang erläutert werden.

(6) Ein nach § 250 Abs. 3 in den Rechnungsabgrenzungsposten auf der Aktivseite aufgenommener Unterschiedsbetrag ist in der Bilanz gesondert auszuweisen oder im Anhang anzugeben.

(7) Für die in § 251 bezeichneten Haftungsverhältnisse sind
1. die Angaben zu nicht auf der Passivseite auszuweisenden Verbindlichkeiten und Haftungsverhältnissen im Anhang zu machen,
2. dabei die Haftungsverhältnisse jeweils gesondert unter Angabe der gewährten Pfandrechte und sonstigen Sicherheiten anzugeben und
3. dabei Verpflichtungen betreffend die Altersversorgung und Verpflichtungen gegenüber verbundenen oder assoziierten Unternehmen jeweils gesondert zu vermerken.

(8) ¹Werden selbst geschaffene immaterielle Vermögensgegenstände des Anlagevermögens in der Bilanz ausgewiesen, so dürfen Gewinne nur ausgeschüttet werden, wenn die nach der Ausschüttung verbleibenden frei verfügbaren Rücklagen zuzüglich eines Gewinnvortrags und abzüglich eines Verlustvortrags mindestens den insgesamt angesetzten Beträgen abzüglich der hierfür gebildeten passiven latenten Steuern entsprechen. ²Werden aktive latente Steuern in der Bilanz ausgewiesen, ist Satz 1 auf den Betrag anzuwenden, um den die aktiven latenten Steuern die passiven latenten Steuern übersteigen. ³Bei Vermögensgegenständen im Sinn des § 246 Abs. 2 Satz 2 ist Satz 1 auf den Betrag abzüglich der hierfür gebildeten passiven latenten Steuern anzuwenden, der die Anschaffungskosten übersteigt.

1) Bilanzgewinn, Bilanzverlust (I)

1   Nach dem Gliederungsschema des § 266 III A wird die Bilanz vor bzw. ohne Berücksichtigung der Verwendung des Jahresergebnisses aufgestellt. Unter Passivseite A V wird nur der Jahresüberschuss bzw. Jahresfehlbetrag ausgewiesen. I 1

gestattet, die Gliederung der Bilanz an die den KapitalGes. freistehende Art des Ausweises der **Ergebnisverwendung** (auch → § 275 Rn. 22) anzupassen. Das ist sinnvoll, wenn der Jahresabschluss nach teilweiser oder vollständiger Ergebnisverwendung aufgestellt wird, wie bei AG wegen § 58 AktG üblich. Der Posten Jahresüberschuss bzw. Jahresfehlbetrag wird nach **I 2** bei teilweiser Ergebnisverwendung durch den Posten Bilanzgewinn bzw. Bilanzverlust (unter Einbeziehung von Gewinn- oder Verlustvortrag und seiner gesonderten Angabe) ersetzt; bei vollständiger Ergebnisverwendung kann er ersatzlos entfallen. Im Regelfall besteht Pflicht zum Ausweis in der Bilanz; KapitalGes. haben aber die Wahl, Angaben stattdessen im Anhang zu machen, RegBegr BilRUG, 76. Mit einer Klage gegen die Feststellung des Abschlusses einer GmbH & Co KG kann nicht geltend gemacht werden, dass tatsächlich angefallene, in die GuV eingestellte Aufwandspositionen sachlich ungerechtfertigt seien, BGH DStR 2007, 494. **Lit.** MBF Kap. 10 Tz. 180 ff.; Wulf DStZ 2015, 825 (BilRUG); Zwirner StuB 2015, Beil. 2, 1 (BilRUG); Bünning BB 2015, 2795 (unterjährige Beendigung von Gewinnabführungsverträgen); Moser/Siegel WPg 2017, 503 (Berücksichtigung der Ergebnisverwendung in GmbH-Bilanz); IDW-Fachlicher Hinweis v. 8.4.2020 (Teil 3, 4. Update Februar 2021) (zu Abschlagszahlungen an Aktionäre nach § 59 AktG und § 1 IV COVMG); Mock FS Ebke, S. 685 ff (zu Gewinn- und Verlustvorträgen).

2) Anlagenspiegel oder Anlagengitter (II aF)

Da nach Art. 17 I Buchst. a Bilanz-RL Angaben über Anschaffungs- u. Herstellungskosten zwingend im Anhang darzustellen sind, muss für mittelgroße und große KapitalGes. sichergestellt werden, dass die Angaben im Anhang gemacht werden, weshalb II aF durch das BilRUG 2015 (**Übergangsrecht (1)** EGHGB Art. 75 I 1) ersatzlos gestrichen wurde (RegBegr S. 76). Vorgaben sind seither in § 284 III konzentriert. **Lit.** Schütte DB 2014, 2237 (indirekte Abschreibungen); Theile GmbHR 2015, 281 (GmbH- u. GmbH & Co KG-Abschluss nach BilRUG); Zwirner StuB 2015, Beil. 2, 1 (BilRUG).

3) Nicht durch Eigenkapital gedeckter Fehlbetrag (III)

Eigenkapital ist nach § 266 III A Nr. 1–5 zu gliedern. Nur dort, also auf der Passivseite, sind auch ein Verlustvortrag und ein Jahresfehlbetrag auszuweisen. Davon macht III eine enge Ausnahme. Nur im Fall eines das gesamte Eigenkapital übersteigenden Fehlbetrags ist dieser auf der Aktivseite am Schluss auszuweisen. Sonst entstünde auf der Passivseite ein Minusbetrag. Der Posten „Nicht durch Eigenkapital gedeckter Fehlbetrag" ist kein Vermögensgegenstand, sondern zeigt nur die buchmäßige Überschuldung des Unt. an. **Lit.** Küting/Grau DB 2014, 729; Zwirner StuB 2015, Beil. 2, 1 (BilRUG).

4) Bestimmte Forderungen und Vermögensgegenstände (IV)

IV 1 bringt eine Vermerkpflicht für jeden Posten der Aktivseite B II Nr. 1–3 bei Restlaufzeit von über einem Jahr. Ausnahme für Kreditinstitute § 340a II 1. **IV 2** betrifft die sog. antizipativen Rechnungsabgrenzungsposten, die nicht unter § 250 fallen (dort zugelassen nur die sog. transitiven ieS). Werden sie nach GoB unter sonstige Vermögensgegenstände (Aktivseite B II Nr. 4) ausgewiesen, sind größere Erträge, die erst nach dem Abschlussstichtag rechtlich entstehen, im Anhang zu erläutern. IV 2 gilt nicht für kleine KapitalGes. (§ 274a). **Lit.** Riepolt DStR 2014, 113 (Davon-Vermerke nach MicroBilG).

5) Bestimmte Verbindlichkeiten und Anzahlungen (V)

V 1 bringt eine Vermerkpflicht für jeden Posten der Passivseite C bei Restlaufzeit bis zu einem Jahr und mit Restlaufzeit von mehr als einem Jahr, letzteres eingefügt durch BilRUG 2015 (**Übergangsrecht (1)** EGHGB Art. 75 I 1).

§ 268 6–9 3. Buch. Handelsbücher

Beachte für kleine KapitalGes. auch das Wahlrecht in § 266 I 3. Gesondert auszuweisen ist der Gesamtposten nach § 266 III C. KapitalGes. können diese Vorgaben auch dadurch erfüllen, dass sie einen Verbindlichkeitenspiegel iSv § 266 III C mit mindestens den dort genannten Posten und den Vorjahreszahlen nach § 265 II erstellen (RegBegr BilRUG 77). Vorgabe für Anhang in § 285 Nr. 1 Buchst. a bleibt unberührt. Der Gesamtbetrag der Verbindlichkeiten mit Restlaufzeit von über fünf Jahren und der dinglich gesicherten Verbindlichkeiten ist im Anhang anzugeben (§ 285 Nr. 1a). Ausnahme für Kreditinstitute § 340a II 1. Das Gliederungswahlrecht des **V 2** erlaubt, erhaltene Anzahlungen auf aktivierte Vorräte von diesen (Aktivseite B I) offen abzusetzen. Im Übrigen sind erhaltene Anzahlungen auf Bestellungen unter Verbindlichkeiten gesondert auszuweisen (Passivseite C Nr. 3). Ausnahme für Kreditinstitute § 340a II 1. **V 3** entspricht für die Passivseite IV 2. Er betrifft Aufwendungen größeren Umfangs vor dem Abschlussstichtag, die erst nach diesem Tag rechtlich entstehen, aber Aufwand des Geschäftsjahrs darstellen. V 3 gilt nicht für kleine KapitalGes. (§ 274a). **Lit.** Riepolt DStR 2014, 113 (Davon-Vermerke nach MicroBilG); Wulf DStZ 2015, 825 (BilRUG); Zwirner StuB 2015, Beil. 2, 1 (BilRUG).

6) Disagio oder Damnum (VI)

6 Nach **VI** ist das Disagio, falls es nach § 250 III als aktiver Rechnungsabgrenzungsposten aufgenommen wird, entweder in der Bilanz gesondert auszuweisen oder im Anhang anzugeben. VI gilt nicht für kleine KapitalGes. (§ 274a).

7) Haftungsverhältnisse (VII)

7 **VII** ergänzt für KapitalGes. § 251. Haftungsverhältnisse sind danach gesondert im Anhang anzugeben, und zwar mit Angaben zu nicht auf der Passivseite auszuweisenden Vebindlichkeiten oder Haftungsverhältnissen (**VII Nr. 1**), wobei Haftungsverhältnisse jeweils gesondert mit den gewährten Pfandrechten und sonstigen Sicherheiten anzugeben sind (**VII Nr. 2**) und Verpflichtungen betreffend Altersversorgung gegenüber verbundenen oder assoziierten Unt. jeweils gesondert zu vermerken sind (**VII Nr. 3),** RegBegr BilRUG 77. Haftungsverhältnisse gegenüber verbundenen Unt. (§ 271 II) sind gesondert anzugeben. Ausnahme für Kreditinstitute § 340a II 2. **Lit.** Wulf DStZ 2015, 825 (BilRUG); Zwirner StuB 2015, Beil. 2, 1 (BilRUG); Schüttler BC 2017, 411.

8) Bilanzvermerke

8 Bei einzelnen Bilanzposten s. zB §§ 253 I 5, 265 III 1, 268 I 2, II 3, IV 1, V 1, 285 S. 1 Nr. 2, GmbHG 42 III. Angaben unter der Bilanz s. VII.

9) Ausschüttungssperre (VIII)

9 A. **Überblick: VIII,** eingefügt durch BilMoG 2009 (**Übergangsrecht** in (1) Art. 66 V), normiert eine Ausschüttungssperre für Gewinne, die aus der Aktivierung selbstgeschaffener immaterieller Güter des Anlagevermögens (§§ 246, 248), latenter Steuern (§ 274) oder der aus der Bewertung von Planvermögen iSd § 246 II 2 zum Zeitwert resultieren und trägt so dem Gläubigerschutz Rechnung; § 301 S. 1 AktG verbietet die Abführung der so gesperrten Beträge, hingegen muss § 302 AktG nicht um gesperrte Beträge erhöht werden, Küting/Laorsen/Eichenlaub/Toebe GmbHR 2011, 1. VIII gilt nur für KapitalGes., da Einzelkfm und Gfter von PersonenGes. ohnehin unbeschränkt haften, der Kommanditist jedenfalls bei Ausschüttung des gesperrten Betrages, § 172 IV 3 nF (für analoge Anwendung auf PersonenGes. iSv § 264a aber Wehrheim/Rupp DB 2009, 356). Angabe des gesperrten Gesamtbetrages im Anhang (§ 285 Nr. 28). Nach IDW RS HFA 11 nF erhöhen Aufwendungen für eine Modifikation von Software, die bereits zu einem früheren Zeitpunkt entweder durch Erwerb oder als selbstgeschaffene Software aktiviert wurde nachträglich den Restbuchwert der

2. Abschnitt. Ergänzende Vorschriften für Kapitalgesellschaften § 270

bereits aktivierten Software. Die aktivierten Aufwendungen für die Medikation erworbener Software unterliegen hierbei nicht der Ausschüttungssperre nach VIII, Zwirner DB 2018, 79. **Lit.** Bünning BB 2015, 2795 (unterjährige Beendigung von Gewinnabführungsverträgen); Lüdicke DB 2015, 1070 (Vermarktungskostenzuschuß bei Medienfonds); Theile GmbHR 2015, 281 (GmbH- u. GmbH & Co KG-Abschluss nach BilRUG); Eden Konzern 2018, 425 (Treuhand); Kröner WPg 2017, 796 (Gewinnabführung bei OrganGes.); Beine/Roß WOPg Online 2018, 283 (Software); Petersen WPG 2018, 59 (Heilung von Bilanzierungsfehlern bei Organschaft); Kronner/Seidler BB 2019, 555 (558) (harte interne Patronatserklärung); Gerhards DB 2020, 177 (kritisch zu Fehlentwicklungen).

B. Ermittlung der gesperrten Beträge: Höhe der ausschüttungsgesperrten Beträge richtet sich nach Ansatz der jeweiligen Vermögensgegenstände und latenten Steuern. Bei originären immateriellen Gütern des Anlagevermögens ergibt sich als Rechnung aus **S. 1:** Fragliche Bilanzposition abzüglich dafür gebildeter latenter Steuern ergibt Saldo A. Alle frei verfügbaren Rücklagen zuzüglich eines Gewinnvortrages und abzüglich eines Verlustvortrages ergibt Saldo B. Wenn B größer A, ergibt der ermittelte positive Überschuss den ausschüttungsfähigen Betrag. Die Formulierung „insgesamt angesetzten Beträge" ist zwar insoweit unklar, als so Bezug zur Bilanzposition selbstgeschaffenes immaterielles Anlagevermögen fehlt; eine andere Auslegung würde aber nicht zu dem gesetzgeberischen Ziel (BT-Drs. 16/12407, 113) führen, eine Ausschüttungssperre in Höhe der aktivierten Vermögensgegenstände zu schaffen. Rechnung bei latenten Steuern, **S. 2:** Ergibt Abzug der Position passive latente Steuern von Position aktive latente Steuern positiven Saldo, ist dies der Saldo A iSv S. 1. Ob Saldo A um latente Steuern für originäre Immaterialgüter erhöht werden muss, ist str., BeckBilKomm/Grottel/Waubke Rn. 143. Bei Erträgen aus Verrechnung iSv § 246 II 2, **S. 3:** Hier ist Parallelrechnung erforderlich, in der nicht verrechnet, sondern entsprechend dem Einzelbewertungsgrundsatz der Unterschiedsbetrag zwischen der Bewertung der Vermögensgegenstände zum beizulegenden Zeitwert und zu Anschaffungswerten ermittelt wird. Dieser Betrag abzüglich hierfür gebildeter passiver latenter Steuern ergibt Saldo A iSv S. 1.

269 *(aufgehoben)*

1) § 269 (Aufw für Ingangsetzg und Erweiterg des GeschBetr) ersatzlos aufgehoben durch BilMoG 2009, → Einl. vor § 238 Rn. 22; **Übergangsrecht** in **(1)** EGHGB Art. 66 V, 67 V 1.

Bildung bestimmter Posten

270 (1) **Einstellungen in die Kapitalrücklage und deren Auflösung sind bereits bei der Aufstellung der Bilanz vorzunehmen.**

(2) **Wird die Bilanz unter Berücksichtigung der vollständigen oder teilweisen Verwendung des Jahresergebnisses aufgestellt, so sind Entnahmen aus Gewinnrücklagen sowie Einstellungen in Gewinnrücklagen, die nach Gesetz, Gesellschaftsvertrag oder Satzung vorzunehmen sind oder auf Grund solcher Vorschriften beschlossen worden sind, bereits bei der Aufstellung der Bilanz zu berücksichtigen.**

1) Bildung der Kapitalrücklage (I)

Veränderungen der Kapitalrücklage (§ 272 II) sind nach **I** bereits bei der Aufstellung (nicht erst Feststellung, → § 245 Rn. 3–5) der Bilanz vorzunehmen. Zuständig ist grundsätzlich, wer den Jahresabschluss aufzustellen hat (§ 264 I 1).

Merkt 1293

§ 271 1

Auflösung ist grundsätzlich Sache der GfterVersammlung der GmbH. **I 2 aF** aufgeh. durch BilMoG. **Lit.** MBF Kap. 10 Tz. 241 ff.; Dieterlein/Haun BB 1999, 2020; Freidank StB 2000, 44 (84, 128).

2) Bildung der Gewinnrücklagen (II)

2   Wird die Bilanz unter Berücksichtigung der Verwendung des Jahresergebnisses aufgestellt (Wahlrecht nach § 268 I), sind die Entnahmen aus Gewinnrücklagen (§ 272 III) sowie bestimmte Einlagen (auf Grund von Gesetz, zB § 150 II AktG oder GesVertrag, zB §§ 150 II Nr. 1, 58 I, II AktG) bereits bei der Aufstellung der Bilanz zu berücksichtigen. Zuständigkeit nach GesRecht, grundsätzlich GfterVersammlung der GmbH, da Ergebnisverwendung.

Beteiligungen. Verbundene Unternehmen

271 (1) ¹Beteiligungen sind Anteile an anderen Unternehmen, die bestimmt sind, dem eigenen Geschäftsbetrieb durch Herstellung einer dauernden Verbindung zu jenen Unternehmen zu dienen. ²Dabei ist es unerheblich, ob die Anteile in Wertpapieren verbrieft sind oder nicht. ³Eine Beteiligung wird vermutet, wenn die Anteile an einem Unternehmen insgesamt den fünften Teil des Nennkapitals dieses Unternehmens oder, falls ein Nennkapital nicht vorhanden ist, den fünften Teil der Summe aller Kapitalanteile an diesem Unternehmen überschreiten. ⁴Auf die Berechnung ist § 16 Abs. 2 und 4 des Aktiengesetzes entsprechend anzuwenden. ⁵Die Mitgliedschaft in einer eingetragenen Genossenschaft gilt nicht als Beteiligung im Sinne dieses Buches.

(2) Verbundene Unternehmen im Sinne dieses Buches sind solche Unternehmen, die als Mutter- oder Tochterunternehmen (§ 290) in den Konzernabschluß eines Mutterunternehmens nach den Vorschriften über die Vollkonsolidierung einzubeziehen sind, das als oberstes Mutterunternehmen den am weitestgehenden Konzernabschluß nach dem Zweiten Unterabschnitt aufzustellen hat, auch wenn die Aufstellung unterbleibt, oder das einen befreienden Konzernabschluß nach den § 291 oder 292 aufstellt oder aufstellen könnte; Tochterunternehmen, die nach § 296 nicht einbezogen werden, sind ebenfalls verbundene Unternehmen.

1) Beteiligungen (I)

1   **A. Definition:** Der **Begriff der Beteiligung** kommt ua vor in §§ 266 II A. III. Nr. 3, 4, B II Nr. 3, III C Nr. 7, 275 II Nr. 9, III Nr. 8, 311, 312, 327 Nr. 1 A III 3, 4, B II 3, C 7, Beteiligungen gehören zum Anlagevermögen (Finanzanlagen), Abschreibungen §§ 253 III; Anlagenspiegel § 268 II. **I 1 definiert** Beteiligung für die Jahresabschlüsse aller KapitalGes., GmbH & Co s. § 264c IV. **I 1** kann über die KapitalGes. hinaus auch für EinzelKflte und PersonenGes. Bedeutung haben (AmtlBegr). Der Anteilsbesitz muss der Herstellung einer dauernden Verbindung zu dem anderen Unt. zu dienen bestimmt sein. **Lit.** MBF Kap. 10 Tz. 255 ff.; IDW HFA 1/1993 WPg 1993, 441 (joint ventures); 1/1994 WPg 1994, 419 (Genussrechte); IDW RS HFA 10 (Beteiligungen und sonstige Unternehmensanteile); Kupke/Nestler BB 2003, 2671 (Unternehmensbeteiligungen); Müller NZG 2004, 1037 (Unternehmensverbund); Naumann/Naumann WPg-Sonderheft 2004, 130 (Beteiligungen); IDW FN-IDW 2006, 625; Berger/Kolb StuB 2006, 289 (PersonenGesAnteile); Großfeld/Stöver/Tönnes NZG 2006, 521 (Unternehmensbewertung); Pilhofer/Lessel StuB 2013, 11 (Rechtsprechung); Müller/Wobbe StuB 2014, 83 (assoziierte Unt.); Zwirner/Zimny BB 2017, 942 (Beteiligungsbewertung); Deubert/Lewe BB 2019, 2155;

2020 2859; 2021 2283 (Beteiligungsbewertung); Buck DB 2021, 1021 (Beteiligungsbewertung);

a) Voraussetzung ist ein **Anteil** an KapitalGes. (zB AG, GmbH) oder PersonenGes. (zB KG) oder einem anderen Unt. (zB GbR, juristische Person des öffentlichen Rechts; nicht nur buchführungspflichtige Unt., ADS Rn. 11, BeckBilKomm/Grottel/Kreher Rn. 11, str., anders für II, → Rn. 9); auch stille Beteiligung (§ 230), falls der Stille im Innenverhältnis Mitverwaltungsrecht hat, Verlustbeteiligung genügt allein nicht, str., auch nicht jede atypische stille Ges. (→ § 230 Rn. 3), ADS Rn. 7. Ein GesVerhältnis muss vorliegen, partiarisches Darlehen mit Einwirkungsrechten genügt nicht; auch personelle und wirtschaftliche Einflussmöglichkeiten auf das Unt. reichen allein nicht aus. Eine Mindesthöhe der Beteiligung ist nicht erforderlich, in Sonderfällen können zwischen 5 und 10 % ausreichen. Bewertung von Beteiligungen an KapitalGes. 2

b) Herstellung einer dauernden Verbindung zu dem anderen Unt. bedeutet zunächst Daueranlageabsicht wie bei Anlagevermögen (→ § 247 Rn. 5 f.). Diese reicht aber nicht aus, I geht über § 247 II hinaus (sonst unnötig), str., aA BFH BB 1989, 1676 (für Kreditinstitute, GewSt); HdJ/Bieg Rn. 15. Handelt es sich bei dem Anteil um Treugut, das dem Geschäftsbetrieb des Treugebers durch Herstellung der dauerhaften Verbindung dienen soll, ist er vom Treugeber als Beteiligung zu bilanzieren, und zwar sowohl Anteil an KapGes. als auch an PersGes., Eden Konzern 2018, 425 (433). Die Absicht unternehmerischer Einflussnahme ist allerdings nicht nötig, Gegenschluss aus § 311 I 1, hL, ADS Rn. 18, str. Notwendig und ausreichend ist vielmehr Absicht, die über bloßen Anteilsbesitz aus Anlage- und Renditegründen hinausgeht, ADS Rn. 18; GK BilR/Hüttemann Rn. 8. Indizien können danach sein, uU auch je für sich, zB personelle Verflechtungen, Zusammenarbeit bei Produktion, Forschung und Entwicklung, Personalwesen, Vertrieb ua, vertragliche und faktische Mitsprachemöglichkeiten, längerfristige Lieferungs- oder Leistungsverträge, gegenseitige Auftragsvergabepraxis, Koordination im Wettbewerb ua, all dies auch konzernweit, im Einzelnen str., weitere Bspe ADS Rn. 19. 3

c) Der Anteil muss **bestimmt sein,** dem eigenen Geschäftsbetrieb durch Herstellung einer solchen dauernden Verbindung **zu dienen.** Diese Bestimmung ist eine unternehmerische Entscheidung. Insofern ist Beteiligungsabsicht notwendig, hL, str., nach aA rein objektive Abgrenzung, offen BGHZ 101, 13; BB 1979, 388. Ob diese Absicht vorliegt, ist allerdings nicht aus verbalen Erklärungen des Kfm., sondern in erster Linie aus den objektiven Umständen zu entnehmen, BGHZ 101, 14, → Rn. 3. Dauer der Inhaberschaft und Vertretung im Aufsichtsrat genügen allein nicht, aber zusammen mit weiteren Merkmalen, zB Branchenverwandtschaft, BGHZ 101, 13, Bewertungseinheit besteht nur so lange, wie einzelne Aktien der Herstellung einer dauernden Verbindung am Unt. dienen. Bei Widmung einzelner Aktien für andere Zwecke endet Bewertungseinheit, FG Köln HFR 2006, 19. 4

B. Verbriefung der Anteile: I 2 stellt klar, dass auch unverbriefte Anteile unter den Begriff der Beteiligungen fallen, zB GmbHAnteil. 5

C. Beteiligungsvermutung: I 3 begründet eine Vermutung für Beteiligung bei über 20 % Anteil am Nennkapital einer KapitalGes. Die Vermutung ist widerleglich (im Zweifel), aber idR nicht durch bloße verbale Erklärungen, es fehle an einer Beteiligungsabsicht uä (formaler § 37 III GWB: Bankenklausel mit Jahresfrist). Vermutung kann widerlegt werden, wenn trotz der Kapitalbeteiligung keine dauernde Verbindung angestrebt wird, RegBegr BilRUG 78. Branchenfremdheit besagt darüber nichts, BGHZ 101, 14. Für PersonenGes. gilt I 1 ohne Vermutung, Anteile an ihnen sind aber nicht automatisch Beteiligungen, zB nicht ohne weiteres bei PublikumsGes. (→ Anh. § 177a Rn. 52), ADS Rn. 23. 6

§ 272

7   D. **Berechnung der Anteile:** I 4 verweist für die Berechnung nach I 3 auf § 16 II, IV AktG; über § 16 IV AktG werden auch indirekte Beteiligungen, zB „Enkel"unternehmen, erfasst.

8   E. **Genossenschaftsanteile:** I 5 verhindert, dass bei Kreditinstituten in der Form der eG normale Kredite als Forderungen und Verbindlichkeiten gegenüber verbundenen Unt. ausgewiesen werden müssen (§ 290 I).

2) Verbundene Unternehmen (II)

9   Der **Begriff der verbundenen Unternehmen** kommt ua vor in §§ 266 II A III Nr. 1, 2, B II Nr. 2, B III Nr. 1, C Nr. 6, 268 VII, 275 II Nr. 9–11, 13, III Nr. 8–10, 12, 327 Nr. 1 A III 1, 2, B II 2, B III 1, C 6. Soweit mit einem verbundenen Unt. zugleich ein Beteiligungsverhältnis besteht, geht I als lex specialis gegenüber II vor, ADS Rn. 32 II bringt eine auf die Rechnungslegung (Drittes Buch des HGB) beschränkte, **von § 15 AktG abweichende und unabhängige Definition** der verbundenen Unt. (so genügen für II nicht Unternehmensvertrag ohne Beherrschung und wechselseitige Beteiligung, anders als §§ 15, 19 AktG). Die Definition des § 15 AktG gilt auch für das übrige Konzernrecht. Die Aufstellung eines Konzernabschlusses erlaubt also nicht den Schluss, dass zB Abhängigkeit (§ 17 AktG) vorliegt (Begr. EK § 236). Unt. iSv II sind hier anders als in I (→ Rn. 2) nur buchführungspflichtige, also nicht Privatpersonen ohne KfmEigenschaft, aA ADS Rn. 37, 10. II definiert die verbundenen Unt. von der vorgeschriebenen Einbeziehung von Mutter- und TochterUnt. in einen Konzernabschluss her, aber ohne dass es auf die tatsächliche Aufstellung des Konzernabschlusses oder Einbeziehung ankommt, insoweit kommt es auf §§ 290, 291, 292, 296 an, GK BilR/Hüttemann Rn. 24, inzwischen hA, krit. BeckBilKomm/Grottel/Kreher Rn. 35, abw. ADS Rn. 57 (richtlinienkonforme einschränkende Auslegung des II: auf Aufstellungs- bzw. Einbeziehungspflicht kommt es nicht an). Verbundene Unt. nach II sind also Mutter- oder TochterUnt. nach § 290 I, II, die in den Konzernabschluss eines MutterUnt. einzubeziehen sind, der nach §§ 290 ff. (Vollkonsolidierung) aufzustellen ist oder nach §§ 291, 292 befreien würde. Auch für treuhänderisch verwaltete Anteile kommt Ausweis nach II in Betracht, Eden Konzern 2018, 425 (433). TochterUnt., die nach § 296 nicht einbezogen wurden, sind dennoch verbundene Unt., ADS Rn. 42. Gleichordnungskonzerne → § 290 Rn. 7. Ob § 291 III vorliegt, ist irrelevant, str. Auch größenabhängige Befreiung nach § 293 ist irrelevant, str. – Formulierung „am weitestgehenden" in II ist sprachl. zweifelh, wohl Redaktionsversehen.

10   **Nicht** verbundene Unt. sind zB TochterGes. einer MutterGes., die nicht KapitalGes. im Inland ist und keine eigenen TochterUnt. hat; sog. SchwesterUnt. (→ § 290 Rn. 7), str., aA ADS Rn. 47 ff.; Unt. nach § 310, ADS Rn. 41, außer wenn die Voraussetzungen der Vollkonsolidierung vorliegen (→ § 310 Rn. 1); assoziierte Unt. nach § 311.

Eigenkapital

272 (1) ¹Gezeichnetes Kapital ist mit dem Nennbetrag anzusetzen. ²Die nicht eingeforderten ausstehenden Einlagen auf das gezeichnete Kapital sind von dem Posten „Gezeichnetes Kapital" offen abzusetzen; der verbleibende Betrag ist als Posten „Eingefordertes Kapital" in der Hauptspalte der Passivseite auszuweisen; der eingeforderte, aber noch nicht eingezahlte Betrag ist unter den Forderungen gesondert auszuweisen und entsprechend zu bezeichnen.

(1a) ¹Der Nennbetrag oder, falls ein solcher nicht vorhanden ist, der rechnerische Wert von erworbenen eigenen Anteilen ist in der Vorspalte offen von dem Posten „Gezeichnetes Kapital" abzusetzen. ²Der Unterschiedsbetrag zwischen dem Nennbetrag oder dem rechnerischen Wert und den Anschaffungskosten der eigenen Anteile ist mit den frei verfügbaren Rücklagen zu verrechnen. ³Aufwendungen, die Anschaffungsnebenkosten sind, sind Aufwand des Geschäftsjahrs.

(1b) ¹Nach der Veräußerung der eigenen Anteile entfällt der Ausweis nach Absatz 1a Satz 1. ²Ein den Nennbetrag oder den rechnerischen Wert übersteigender Differenzbetrag aus dem Veräußerungserlös ist bis zur Höhe des mit den frei verfügbaren Rücklagen verrechneten Betrages in die jeweiligen Rücklagen einzustellen. ³Ein darüber hinausgehender Differenzbetrag ist in die Kapitalrücklage gemäß Absatz 2 Nr. 1 einzustellen. ⁴Die Nebenkosten der Veräußerung sind Aufwand des Geschäftsjahrs.

(2) Als Kapitalrücklage sind auszuweisen
1. der Betrag, der bei der Ausgabe von Anteilen einschließlich von Bezugsanteilen über den Nennbetrag oder, falls ein Nennbetrag nicht vorhanden ist, über den rechnerischen Wert hinaus erzielt wird;
2. der Betrag, der bei der Ausgabe von Schuldverschreibungen für Wandlungsrechte und Optionsrechte zum Erwerb von Anteilen erzielt wird;
3. der Betrag von Zuzahlungen, die Gesellschafter gegen Gewährung eines Vorzugs für ihre Anteile leisten;
4. der Betrag von anderen Zuzahlungen, die Gesellschafter in das Eigenkapital leisten.

(3) ¹Als Gewinnrücklagen dürfen nur Beträge ausgewiesen werden, die im Geschäftsjahr oder in einem früheren Geschäftsjahr aus dem Ergebnis gebildet worden sind. ²Dazu gehören aus dem Ergebnis zu bildende gesetzliche oder auf Gesellschaftsvertrag oder Satzung beruhende Rücklagen und andere Gewinnrücklagen.

(4) ¹Für Anteile an einem herrschenden oder mit Mehrheit beteiligten Unternehmen ist eine Rücklage zu bilden. ²In die Rücklage ist ein Betrag einzustellen, der dem auf der Aktivseite der Bilanz für die Anteile an dem herrschenden oder mit Mehrheit beteiligten Unternehmen angesetzten Betrag entspricht. ³Die Rücklage, die bereits bei der Aufstellung der Bilanz zu bilden ist, darf aus vorhandenen frei verfügbaren Rücklagen gebildet werden. ⁴Die Rücklage ist aufzulösen, soweit die Anteile an dem herrschenden oder mit Mehrheit beteiligten Unternehmen veräußert, ausgegeben oder eingezogen werden oder auf der Aktivseite ein niedrigerer Betrag angesetzt wird.

(5) ¹Übersteigt der auf eine Beteiligung entfallende Teil des Jahresüberschusses in der Gewinn- und Verlustrechnung die Beträge, die als Dividende oder Gewinnanteil eingegangen sind oder auf deren Zahlung die Kapitalgesellschaft einen Anspruch hat, ist der Unterschiedsbetrag in eine Rücklage einzustellen, die nicht ausgeschüttet werden darf. ²Die Rücklage ist aufzulösen, soweit die Kapitalgesellschaft die Beträge vereinnahmt oder einen Anspruch auf ihre Zahlung erwirbt.

Übersicht

	Rn
1) Gezeichnetes Kapital (I–Ib)	1–5
A. Definition und Ansatz:	1
B. Nicht eingeforderte ausstehende Einlagen:	2
C. Eingeforderte, aber nicht einbezahlte Einlagen:	3
D. Eigene Anteile:	4, 5
2) Kapitalrücklage (II)	6–9
3) Gewinnrücklagen (III)	10

	Rn
4) Rücklage für Anteile an herrschendem oder mit Mehrheit beteiligtem Unternehmen (IV)	11
5) Beteiligungen (V)	12
6) Rechtsfolgen eines Verstoßes gegen § 272	13

1) Gezeichnetes Kapital (I–Ib)

1 A. **Definition und Ansatz:** § 272 idF BilMoG 2009 (**Übergangsrecht** in (1) Art. 66 V), I 1 und 2 (aufgeh.) idF AktienRNovelle 2016, regelt das Eigenkapital (§ 266 Passivseite A I–V). Gezeichnetes Kapital (Passivseite A I) ist das Haft(ungs-fonds)kapital der KapitalGes. (**I 1**), gleichbedeutend bisher Grundkapital oder Stammkapital. Die neuere Bezeichnung soll im Interesse der Lesbarkeit des Jahresabschlusses auch für Ausländer verdeutlichen, dass es um gezeichnetes, nicht notwendig eingezahltes Kapital geht. Nach I 1, ehem. I 2 (§ 283 aF) ist es zum Nennbetrag anzusetzen. **GmbH & Co** → § 264c Rn. 2, 4. **Lit.** MBF Kap. 7 Tz. 1 ff.; Kühnberger BB 2011, 1387; Haisch/Renner BB 2012, 135 (Basel III); Ott StuB 2015, 43 (Gesellschafterdarlehen); Roß/Zilch BB 2014, 1579 („Großmutterzuschuss"); Glasenapp BB 2020, 2666 (Bilanzierung bei Kapitalherabsetzung zum Zweck der Auszahlung an Gesellschafter).

2 B. **Nicht eingeforderte ausstehende Einlagen:** Nach **I 3 Hs. 1** (zT alternativ dazu I 3 Hs. 3) steht auf der Passivseite: „Gezeichnetes Kapital (zB 100)", davon offen abgesetzt „Nicht eingeforderte Einlagen (zB 40)". Seit BilMoG 2009 (**Übergangsrecht** in (1) Art. 66 V) kein Ausweis mehr auf der Aktivseite (bisher vor dem Anlagevermögen: „Ausstehende Einlagen (zB 40); davon eingefordert (zB 10)"). Der verbleibende Betrag (zB 60) ist in der Hauptspalte der Passivseite als Posten „Eingefordertes Kapital" auszuweisen.

3 C. **Eingeforderte, aber nicht einbezahlte Einlagen:** Eingeforderte, aber nicht einbezahlte Einlagen stehen nach I 3 Hs. 2 auf der Aktivseite unter den Forderungen. Sie sind dort auch entsprechend zu bezeichnen.

4 D. **Eigene Anteile: a) Rückerwerb eigener Anteile (Ia):** Mit BilMoG 2009 (**Übergangsrecht** in (1) Art. 66 V) wurden die rechtsformabhängige Differenzierung sowie die Differenzierung nach Erwerbstatbeständen des I 4–6 aF aufgegeben. Ia 1 regelt nun, wie bei Rückerwerb eigener Anteile zu verfahren ist.

(1) Abweichend vom bisherigen Recht sieht Ia keine rechtsformabhängige Differenzierung nach eigenen Aktien und eigenen Anteilen mehr vor. Sonderregelungen für AG (I 4–6 aF) entfallen damit. Grund hierfür ist der einheitliche Charakter des Rückerwerbs eigener Anteile und Aktien als Auskehrung frei verfügbarer Rücklagen, RegE BilMoG 65. Die Abschaffung der Differenzierung nach Erwerbstatbeständen bei der AG aus demselben Grund.

(2) Eigene Anteile sind auf der **Passivseite** als Korrekturposten zum Eigenkapital auszuweisen (zur steuerlichen Behandlung BMF GmbHR 2014, 108). Dazu wird der Nennbetrag oder, falls nicht vorhanden, der rechnerische Wert der Anteile offen vom Eigenkapital abgesetzt dargestellt. Der Unterschiedsbetrag zwischen dem (rechnerischen) Nennwert und den Anschaffungskosten (der Sache nach ist das Kapitalrückzahlung) ist mit den frei verfügbaren Rücklagen zu verrechnen. Verwendung des Begriffes frei verfügbare Rücklagen anstelle „anderer Gewinnrücklagen iSd § 266 III A. III.4" wird vorgenommen, weil bspw. auch Kapitalrücklagen berücksichtigt werden können sollen, RegE BilMoG 66. Aufwendungen, die ANK (§ 255 I 2) sind, zB Provisionen, sind dagegen wie bisher Aufwand des Geschäftsjahres und nicht mit frei verfügbaren Rücklagen zu verrechnen. Due diligence-Kosten sind ANK des Beteiligungserwerbs, FG Köln BB 2011, 174; offen gelassen von BFH DStR 2013, 581. Vorspaltenausweis beim gezeichneten Kapital entfällt bei Einziehung eigener Aktien im Wege des ordentlichen Einziehungsverfahrens (§ 237 II 1 AktG), Seidler/Thiere BB 2019, 2091;

ADS Rn. 26. Für eine analoge Anwendung der Norm, um den Regelungsgehalt des 272 Ia auch auf PerGes. mit unbeschränkt haftendem Gesellschafter zugänglich zu machen (keine Aktivierbarkeit des Mehrabfindungsbetrags als Anschaffungskosten für eigene Anteile), Müller Konzern 2019, 304. Ob beim Terminkauf eigener Anteile oder dem Eingehen einer Stillhalter-Position im Rahmen einer Put-Option auf eigene Anteile bereits bei Abschluss des Verpflichtungsgeschäfts die Erfassung einer Verbindlichkeit für den (Brutto-)Kaufpreis geboten ist oder ob der Terminkauf eigener Anteile alternativ als schwebendes Geschäft angesehen werden kann und daher keine (Brutto-)Verpflichtung anzusetzen ist, wird nicht einheitlich beantwortet, dazu BeckBilKomm/Winkeljohann/K.Hoffmann Rn. 137 und Fuchs/Hargarten/Weinmann BB 2018, 2475. Für Verrechnungslösung bei Abfindungen über Buchwert an ausgeschiedenen Gesellschafter einer PersGes. mit natürlich haftendem Gesellschafter in Anlehnung an Ia bei Erwerb eigener Anteile einer KapGes., von Kanitz WPg 2018, 486; Müller Konzern 2019, 302. **Lit.** Müller/Reinke DStR 2014, 711 (eigene Anteile); Schiffers GmbHR 2014, 79 (eigene Anteile); Seidler/Thiere BB 2019, 2091 (Einziehung eigner Anteile).

b) Wiederveräußerung (Ib): Ib regelt Ausweis bei Wiederveräußerung eigener Anteile. Nach Ib 1 ist der Ausweis nach Ia 1 bei Wiederveräußerung rückgängig zu machen. Entsprechend dem Verständnis des Erwerbs eigener Anteile als Kapitalrückzahlung ist Wiederveräußerung Kapitalerhöhung, RegE BilMoG 66. Das gezeichnete Kapital ist daher nach Wiederveräußerung um den Nennbetrag der (falls nicht vorhanden) den rechnerischen Wert zu erhöhen, der Vorspaltenausweis insoweit bzw. ganz aufzulösen. Ein Differenzbetrag zum Veräußerungserlös ist nach Ib 2 bis zur Höhe des mit den frei verfügbaren Rücklagen bei Erwerb verrechneten Betrages (also des Kaufpreises) in die Rücklagen einzustellen. Bei höherem Differenzbetrag ist der Rest in die Kapitalrücklage gem. II Nr. 1 einzustellen, Ib 3. Nebenkosten der Veräußerung sind bei der Verrechnung nicht zu berücksichtigen, sondern sind Aufwand des Geschäftsjahres, Ib 4. Zu ANK → § 255 Rn. 3.

2) Kapitalrücklage (II)

A. Zu den Kapitalrücklagen gehören alle Einlagen, die nicht gezeichnetes Kapital oder Einlagen und Kapitalanteile von phG sind. Ob beim Debt-Equity-Swap die Forderung als Gegenstand der Einlage mit dem Nennbetrag oder ihrem tatsächlichen Wert auf die Einlageverpflichtung anzurechnen ist, ist str., Pöschke NZG 2017, 1408 (1409), kommt aber wegen des Grundsatzes der realen Kapitalaufbringung nur in Höhe des tatsächlichen Werts in Betracht; Differenz zum Buchwert ist dann in Kapitalrücklage nach II Nr. 4 zu verbuchen, Schulze-Osterloh NZG 2017, 641. Das sind nach **Nr. 1:** das Aufgeld bei der Ausgabe von Anteilen sowie von Bezugsanteilen, Ausgabekosten sind nicht abziehbar (für GmbH bisher str.). Sonderposten nach § 340g sind keine (Kapital-) Rücklage, LG Kiel BKR 2018, 292 = juris Rn. 67 ff.; LG Düsseldorf BKR 2019, 306 = juris Rn. 114, → § 340g Rn. 1. **Lit.** Hennrichs FS Hoffmann-Becking, 2013, 511. Zur Zuordnung von Anschaffungskosten bei Aufgeld im Rahmen einer Kapitalerhöhung BFH Konzern 2010, 77; Deubert/Lewe/Roland BB 2017, 554 (Gesamtanschaffungskosten bei Umwandlungen); Johannemann/Herr BB 2015, 2158 (Rückkauf eigener Aktien); Kubik/Münch BB 2019, 1194 (Formwechsel GmbH & Co. KG in GmbH); Karl GmbHR 2020, 9 (Sacheinlagen bei UG und GmbH).

B. Nach **Nr. 2:** der bei Ausgabe von Wandlungs- und Optionsrechten zum Erwerb von Aktien (s. § 221 AktG, nicht bei nur unverbrieftem Optionsrecht, BFH DStR 2010, 2453) erzielte Betrag, zB die Differenz zwischen höherem Ausgabe- und niedrigerem Rückzahlungsbetrag der Schuldverschreibung, aber auch die in der Einräumung eines unter dem Kapitalmarktzins liegenden Zins-

§ 272 8, 9   3. Buch. Handelsbücher

satzes bestehende Gegenleistung (AmtlBegr), sog. Aufgeld, bleibt auch bei Nichtausübung der Option in der Kapitalrücklage. Kein Ausweis bei Aktienoptionen an Mitarbeiter, weil künftige Dienstleistung nicht einlagefähig, BFHE 231, 57. Kein Gewinn, relevant ist nur der bei Ausgabe erzielte Betrag. GuV wird nicht berührt, BFH/NV 2006, 616; BFH HFR 2006, 245; OFD München/Nürnberg BB 2000, 2628; auch bei Zwischenschaltung von TochterGes. **Lit.** Kobe StuB 2011, 727 (unverbriefte Aktienoptionen); Oser WPg 2014, 555 (Entnahmen aus GmbH).

8   C. Nach **Nr. 3**: Zuzahlungen von Gftern gegen Gewährung eines Vorzugs für ihre Anteile.

9   D. Nach **Nr. 4**: sonstige Zuzahlungen der Gfter in das Eigenkapital. Die Zuzahlungen nach Nr. 4 müssen gewollt (freiwillig) sein und ohne Gegenleistung der Ges. erfolgen BFH DStR 2010, 2453; verdeckte Einlagen und verlorene Zuschüsse sind nicht ohne weiteres erfasst (AmtlBegr). Zur Zuordnung von Anschaffungskosten bei Aufgeld im Rahmen einer Kapitalerhöhung BFH Konzern 2010, 77. Die Zuzahlungen nach Nr. 4 sind nicht in die gesetzliche Rücklage nach AktG § 150 einbezogen. Zusatzangaben bei AG: Einstellungen und Entnahmen minus Kapitalrücklage, AktG § 152 II. Eingeforderte Nachschüsse bei GmbH s. § 42 II nF GmbHG. GfterDarlehen → § 266 Rn. 21. Einstellung in Kapitalrücklagen ist zwingend, bei Verstoß ist Jahresabschluss der KapitalGes. nichtig, entspr. § 256 I Nr. 4 AktG. Beim kostenlosen oder verbilligten Erwerb eines Vermögensgegenstands von ihrem Gesellschafter hat die Ges. die Anschaffungskosten und nicht den Zeitwert anzusetzen, um einen nicht realisierten Ertragsausweis zu vermeiden, EuGH NZG 2014, 36 – GIMLE S. A. mit krit. Anm. Schulze-Osterloh NZG 2014, 1; sa Bravidor/Mehnert StuB 2014, 596; Dziadkowski IStR 2014, 461; Hennrichs WPg 2015, 315 (EuGH in GIMLE S. A.). Beim sanierenden Forderungserlass des Gläubiger-Gesellschafters gegenüber der Kapitalgesellschaft, der durch GesVerhältnis motiviert ist, entscheidet Zweckbestimmung seitens verzichtendem Gesellschafter: Ist Leistung in das Kapital beabsichtigt, muss in Kapitalrücklage nach II Nr. 4 gegengebucht werden; ist hingegen Ertragszuschuss gewollt, ist Forderung erfolgswirksam auszubuchen (§§ 275 II Nr. 4, III Nr. 6), hA etwa Pöschke NZG 2018, 1408 (1411), Kubik/Mönch, BB 2022, 555; aA Schulze-Osterloh NZG 2017, 641. Zum Forderungsverzicht gegenüber einer Personengesellschaft: Kubik, Mönch BB 2022, 555, 556. Bei der Abwärtsspaltung ohne Anteilsgewährung stellt Vermögensübergang beim übernehmenden Rechtsträger eine durch das GesVerhältnis veranlasste Sachzuzahlung in die Kapitalrücklage dar, IDW RS HFA 42 Rn. 46; Deubert/Lewe BB 2017, 2603 (2605). Die freiwillige und ohne Gewährung von Vorzügen seitens der KapGes. erbrachte Einzahlung eines Gesellschafters in die Kapitalrücklage ist Zuzahlung iSv Nr. 4, BFHE 231, 57; 262, 135. Beim Zuschussempfänger eines „Großmutterzuschusses" wird Zuschuss regelmäßig zu Erhöhung der Kapitalrücklage führen. Dass Zuschussgeber nicht unmittelbar Gesellschafter des Empfängers ist, steht nicht entgegen; Ansatz: Grs vorsichtig geschätzter Zeitwert, Roß/Zilch StuB 2014, 1579. Zuständigkeit → § 270 Rn. 2. Nicht Nr. 4 sondern ertragswirksamer Zuschuss liegt vor, wenn als Zwecksetzung die Deckung oder die Vermeidung eines Jahresfehlbetrages oder Bilanzverlusts vereinbart ist; faktisches Wahlrecht, Bünning BB 2020, 2155. 1. **Lit.** Theile StuB 2013, 411 (Prüfung der Größenkriterien); Ekkenga Ubg 2009, 761 (Sanierungsgewinne bei Kapitalumschichtung); Theile StuB 2013, 411 (Prüfung der Größenkriterien); Oser WPg 2014, 555 (Entnahmen aus GmbH); Zwirner StuB 2015, Beil. 2, 1 (BilRUG); Bünning/Stoll BB 2016, 555 (Kapitalrücklagen bei Gewinnabführungsvertrag); Schnorbus/Plassmann ZIP 2016, 693 (schuldrechtlicher Agio); Müller BB 2016, 491 (Qualifizierter Rangrücktritt); Seidler/Thiere BB 2019, 2091 (Einziehung eigener Anteile); Bünning BB 2020, 2155 (Ertragszuschüsse u.

2. Abschnitt. Ergänzende Vorschriften für Kapitalgesellschaften 10–12 § 272

Erfolgsbeiträge durch Gesellschafter); Kubik/Münch BB 2021, 1387 (Ausgewählte Sanierungsmaßnahmen zur Bilanzverbesserung, insb. Forderungsverzicht, Rangrücktritt, Genussscheine).

3) Gewinnrücklagen (III)

Gewinnrücklagen sind die aus dem Geschäftsergebnis gebildeten Rücklagen (III 1). Der Ausdruck verdeutlicht dies besser als der bisherige „offene Rücklagen". Davon zu unterscheiden sind Kapitalrücklagen (II). Gewinnrücklagen sind nach III 2, § 266 III A.III: die gesetzliche Rücklage (s. AktG § 150; bei GmbH nicht geregelt); Rücklage für eigene Anteile (IV); satzungsmäßige Rücklagen (Rücklagen, die nach der Satzung gebildet werden müssen, AktG § 58 I, auch § 29 I GmbHG); andere Gewinnrücklagen (Rücklagen, die freiwillig ohne Grundlage in Gesetz oder Satzung oder mit bloßer Satzungsermächtigung gebildet werden; dazu AktG § 58 II, IIa, § 29 IV GmbHG). Zusatzangaben bei AG s. AktG § 152 III. Zuständigkeit → § 270 Rn. 2. Sonderposten nach § 340g ist keine (Gewinn-) Rücklage, LG Kiel 6 O 447/16, BKR 2018, 292 = juris Rn. 67 ff.; LG Düsseldorf 10 O 159/17, BKR 2019, 306 = juris Rn. 114, → § 340g Rn. 1. **Lit.** Oser WPg 2014, 555 (Entnahmen aus GmbH). 10

4) Rücklage für Anteile an herrschendem oder mit Mehrheit beteiligtem Unternehmen (IV)

Der neue **IV** verlangt Bildung einer Rücklage für Anteile an einem anderen Unt., das an dem erwerbenden Unt. (TochterGes.) selbst mehrheitlich beteiligt ist oder es sogar beherrscht (§§ 16, 17 AktG). Grund: Diese Anteile waren eigenen Anteilen bisher gleichgestellt, daher war Rücklage nach IV aF erforderlich. Anders als eigene Anteile (s. Ia) sind diese Anteile, soweit sie wirtschaftlich nicht der MutterGes. zuzurechnen sind, als Vermögensgegenstände des Erwerbenden zu aktivieren; Ausweis s. § 266 II B. III.1 oder 3; Ausweis im Anlagevermögen (§ 266 II A. III.3) nur, wenn hinreichende Anhaltspunkte dafür bestehen, dass ein mögliches Recht (§ 71d AktG) des herrschenden bzw. mehrheitlich beteiligten Unt., jederzeit den Übertrag verlangen zu können, nicht ausgeübt wird. Die bei Aufstellung der Bilanz (IV 3) zu bildende Rücklage muss den aktivierten Beträgen entsprechen (IV 2). Sie kann entweder aus dem Jahresergebnis oder aus frei verfügbaren Rücklagen gebildet werden (IV 3). Auflösung entsprechend der Veränderung auf Aktivseite durch Veräußerung, Ausgabe, Einziehung oder niedrigerem Ansatz (zB nach Abschreibug, § 253 IV). Verstoß gegen IV ist Nichtigkeitsgrund (§ 256 I Nr. 4 AktG, entspr. für GmbH). **GmbH & Co** s. § 264c IV, dort → § 264c Rn. 4. 11

5) Beteiligungen (V)

V angefügt durch BilRUG 2015 (**Übergangsrecht (1)** EGHGB Art. 75 I 1) setzt Art. 9 VII Buchst. c Bilanz-RL 2013 um. Der Ausweis des auf die Beteiligung entfallenden Teils des Ergebnisses unter einem gesonderten Posten mit entsprechender Bezeichnung in der GuV gem. Vierter (Bilanz-)RL von 1978 ist nach Art. 27 VI Bilanz-RL 2013 nur noch für den Konzernabschluss vorgesehen (so schon § 312 IV 2). Ferner folgt aus Art. 9 VII Buchst. b und c Bilanz-RL 2013 der Grundsatz, dass phasengleiche Gewinnausschüttung bei der Beteiligung und dem beteiligten Unt. (insbesondere im Mutter-Tochter-Verhältnis) möglich ist. **Lit.** Roß WPg 2022, 23 (Phasengleiche Gewinnvereinnahmung bei Minderheitsgesellschaftern). Von dieser Option der Beschränkung des Ausweises der Erträge auf bereits gezahlte oder auf Forderung entstandene Dividenden u. Gewinnanteile macht das HGB auch weiterhin keinen Gebrauch. Daher ist der Unterschiedsbetrag, um den der Gewinnanteil aus der Beteiligung die schon eingegangenen Zahlungen und entstandenen Forderungen auf Gewinnausschüttungen übersteigt, in eine Rücklage einzustellen und eine Ausschüttung unzuläs- 12 sig, RegBegr S. 78; krit. Haaker DB 2015, 510; Theile GmbHR 2015, 281 (GmbH- u. GmbH & Co KG-Abschluss nach BilRUG); Hermesmeier/Heinz DB 2015, Beil. Heft 36, 20 (BilRUG); Oser/Orth/Wirtz DB 2015, 1729 (BilRUG); Reitmeier/Rimmelspacher DB 2015, Beil. Heft 36, 1 (BilRUG); Zwirner BC 2016, 264 (Erstanwendung BilRUG); Zwirner/Busch/Boecker Konzern 2016, 287 (Aufgaben des Aufsichtsrats); Oser WPg 2017, 691 (Befreiungsvoraussetzungen für TochterKapGes.).

6) Rechtsfolgen eines Verstoßes gegen § 272

13 Der Verstoß gegen § 272 stellt eine Ordnungswidrigkeit nach § 334 I Nr. 1c dar. Es kann auch Vergehen nach § 331 I Nr. 1 vorliegen, sofern die Verhältnisse der Ges. unzutreffend oder verschleiert wiedergegeben werden. Im Fall der unzutreffenden Angabe des gezeichneten Kapitals ist der Jahresabschluss der AG idR nach § 256 I Nr. 1 oder 4 AktG nichtig (für GmbH grds. analog).

273 *(aufgehoben)*

1) § 273 aufgehoben durch BilMoG 2009 (**Übergangsrecht** in (**1**) Art. 66 V) in Folge der Streichung des § 247 III, → Einl. vor § 238 Rn. 11 (**Übergangsrecht** in (**1**) EGHGB Art. 66 V, Art. 67 III, IV).

Latente Steuern

274

(1) ¹Bestehen zwischen den handelsrechtlichen Wertansätzen von Vermögensgegenständen, Schulden und Rechnungsabgrenzungsposten und ihren steuerlichen Wertansätzen Differenzen, die sich in späteren Geschäftsjahren voraussichtlich abbauen, so ist eine sich daraus insgesamt ergebende Steuerbelastung als passive latente Steuern (§ 266 Abs. 3 E.) in der Bilanz anzusetzen. ²Eine sich daraus insgesamt ergebende Steuerentlastung kann als aktive latente Steuern (§ 266 Abs. 2 D.) in der Bilanz angesetzt werden. ³Die sich ergebende Steuerbe- und die sich ergebende Steuerentlastung können auch unverrechnet angesetzt werden. ⁴Steuerliche Verlustvorträge sind bei der Berechnung aktiver latenter Steuern in Höhe der innerhalb der nächsten fünf Jahre zu erwartenden Verlustverrechnung zu berücksichtigen.

(2) ¹Die Beträge der sich ergebenden Steuerbe- und -entlastung sind mit den unternehmensindividuellen Steuersätzen im Zeitpunkt des Abbaus der Differenzen zu bewerten und nicht abzuzinsen. ²Die ausgewiesenen Posten sind aufzulösen, sobald die Steuerbe- oder -entlastung eintritt oder mit ihr nicht mehr zu rechnen ist. ³Der Aufwand oder Ertrag aus der Veränderung bilanzierter latenter Steuern ist in der Gewinn- und Verlustrechnung gesondert unter dem Posten „Steuern vom Einkommen und vom Ertrag" auszuweisen.

1) Passive Steuerabgrenzung (I 1)

1 **A. Ansatz als Sonderposten:** Mit dem BilMoG wurde die formelle und die umgekehrte Maßgeblichkeit abgeschafft. Seither hat die Bilanzierung latenter Steuern als Schnittstelle zwischen Handels- und Steuerbilanz enorm an Bedeutung gewonnen, Kahle/Kopp DB 2022, 341. Zum theoretischen Konzept: Ist beispielsweise der Gewinn aufgrund von Ansatz- und Bewertungswahlrechten in der Handelsbilanz höher als in der Steuerbilanz, muss in Zukunft mit Steuerverpflichtungen gerechnet werden, wofür ein Posten für passive latente Steuerverpflichtungen zu bilden ist. Ist der Gewinn in der Steuerbilanz höher als nach

2. Abschnitt. Ergänzende Vorschriften für Kapitalgesellschaften 1a–2 § 274

der Handelsbilanz, wurden tendenziell zu viel Steuern bezahlt, weshalb ein Posten für aktive latente Steuererstattungen (also latente Forderungen) gebildet werden kann, wenn die jeweiligen Voraussetzungen vorliegen: Hierzu zählt, dass sich die Differenzen im Zeitablauf abbauen. Latente Steuervorteile erfüllen weder das Kriterium eines Vermögensgegenstands (fehlende Einzelverwertbarkeit) noch das Kriterium eines aktiven Rechnungsabgrenzungspostens (RAP). Latente Steuern werden als „Sonderposten eigener Art" eingeordnet.

1a Der zukünftige Steuermehr- bzw. Steuerminderaufwand soll in der Periode der wirtschaftlichen Verursachung im handelsrechtlichen Jahresabschluss erfasst werden. Er soll nicht erst zu dem Zeitpunkt erfasst werden, in dem sich die Differenzen wieder auflösen bzw. eine Verlustverrechnung erfolgt. Die Bilanzierung latenter Steuern soll nach dieser statischen, bilanzorientierten Sichtweise die Informationsfunktion der Handelsbilanz stärken. Sie kann als eine Art Korrektiv für das Auseinanderfallen von Handels- und Steuerbilanz gesehen werden. **Lit.** Kahle/Kopp DB 2022, 341.

1b Nach **I 1** ist im Falle künftiger Steuerbelastung bei Periodenverschiebung Ansatz passiver latenter Steuern als **Sonderposten** (§ 266 III E) erforderlich. Voraussetzung für I 1 ist, dass in dem Geschäftsjahr und früheren Geschäftsjahren der Wertansatz der Vermögensgegenstände, Schulden und Rechnungsabgrenzungsposten in der Steuerbilanz niedriger ist als der Ansatz in der HdlBilanz und dass sich diese Differenz später voraussichtlich ausgleicht. Demnach sind alle **Bilanzierungs- und Bewertungsdifferenzen** zwischen Handels- u. Steuerbilanz in die Ermittlung latenter Steuern einzubeziehen (**temporary concept;** anders bisher das **timing concept,** nach dem Vergleich von Steuer- und HdlBilanzgewinn maßgeblich war). So ermittelte aktive und passive latente Steuern sind zu saldieren („insgesamt"), RegE BilMoG 67, bisher str., aber unsaldierter Ausweis möglich, I 2. Verbleiben nach Saldierung passive latente Steuern, sind diese unter dem Sonderposten auszuweisen. Dass eine Rückstellung nach § 249 I 1 zu bilden ist (Rückstellung für Steuerabgrenzung, **Passivierungspflicht**), sagt I 1 nicht mehr und ist auch nach dem gesetzgeberischen Willen (RegE BilMoG 67) nicht intendiert; vielmehr sollen passive latente Steuern ein Sonderposten eigener Art sein und nur als solcher ausgewiesen werden. Nicht unter I 1 fallen zeitlich unbegrenzte Unterschiede zwischen Handels- und Steuerbilanz (zB steuerfreie Zinsen, Sanierungszinsen), weil es bei diesen am späteren Ausgleich fehlt. **Ausnahme** für kleine KapitalGes. (§ 274a Nr. 5). Bilanzierende, die § 274 nicht anwenden, müssen für passive Steuerlatenzen eine Rückstellung gem. I 1 Alt. 1 bilden, IDW RS HFA 7 Rn. 26, str., dazu Pöschke NZG 2013, 646. **Lit.** MBF Kap. 8 Tz. 1 ff.; Spengel/Evers/Meier DB 2015, 7 (Empirie); Köstler/Dietrich WPg 2015, 81 (steuerliche Gewinnermittlung und latente Steuern); Lüdenbach StuB 2016, 867 (Steuerlatenz bei Immobilien); Bolik/Burek DStR 2016, 1624 (außerbilanzieller Merkposten nach § 4f EStG); Atilgan NWB 2016, 936 (latente Steuern); Deubert/Lewe BB 2017, 2603 (Abwärtsabspaltungen mit und ohne Anteilsgewährung); Merkt Konzern 2017, 353 (Ausübung des Bilanzierungswahlrechts nach § 274 I); Eden Konzern 2018, 475 (481) (Rechnungslegung der Treuhand an UntBeteiligungen); Müller/Reinke/Scheid DStR 2020, 402 (E-DRÄS 11). Kahle/Kopp DB 2022, 341; Gehrs/Wörmann Latente Steuern im Konzern WPg 2021, 1128.

2 B. **Beispiele:** Ansatz originärer immaterieller Anlagegüter nach HGB, aber nicht nach § 5 II EStG; Diskrepanz aus der Fifo-Methode und der steuerrechtlich vorgeschriebenen Durchschnittsbewertung (→ § 256 Rn. 2–3); steuerrechtlich zulässige Rücklagen (zB § 6b III EStG), die nach Aufgabe der Umkehrmaßgeblichkeit nicht in die HdlBilanz gehören. Weitere echte und vermeintliche Bspe s. BeckBilKomm/Grottel/Larenz Rn. 21.

2) Aktive Steuerabgrenzung (I 2)

3 **A. Aktivischer Abgrenzungsposten: I 2** erlaubt die aktivische Steuerabgrenzung in Form einer Bilanzierungshilfe **(Aktivierungswahlrecht).** Voraussetzung ist, dass die Berechnung nach I 1 (→ Rn. 1) nach den Saldierungen einen höheren Ansatz in der Steuerbilanz ergibt. Nach I 4 sind Verlustvorträge in der Höhe der innerhalb der nächsten fünf Jahre zu erwartenden Verlustverrechnung zu berücksichtigen, dabei aber Beachtung des Vorsichtsprinzips (§ 252 I Nr. 4). Ausweis unter Sonderposten (§ 266 II D.). Zu den Auswirkungen der Corona-Pandemie IDW Fachlicher Hinweis. **Lit.** Jödicke/Jödicke KoR 2011, 153; Karrenbrock BB 2011, 683; Kahle/Kopp DB 2022, 341.

4 **B. Beispiele:** Disagio (Aktivierungswahlrecht nach § 250 III, steuerlich Aktivierungspflicht und Abschreibung während der Laufzeit, → § 250 Rn. 8); Bewertungsvereinfachungsverfahren nach § 256, wenn sie im Einzelfall zu rascherer Abschreibung führen als die steuerrechtliche Durchschnittsbewertung; Pensionsrückstellungen (nach § 249 großzügiger als in der Steuerbilanz, → § 249 Rn. 14 ff.), weitere Bspe BeckBilKomm/Grottel/Larenz Rn. 31 ff.; Ho/Lü Rn. 14 ff.

3) Bewertung, Ausweis, Auflösung des Sonderpostens (I 3, II)

5 **A. Unverrechneter Ansatz (I 3).** Nach I 3 können latente Steuern im Interesse besserer Adressateninformation auch unverrechnet angesetzt werden.

6 **B. Bewertung (II 1).** Nach II 1 sind die sich aus der Steuerbe- und -entlastung ergebenden Beträge mit dem unternehmensindividuellen Steuersatz zu bewerten, der zum Zeitpunkt der Umkehrung voraussichtlich gelten wird; ist dieser (noch) nicht hinreichend bekannt, ist der zum Stichtag geltende individuelle Steuersatz zu nehmen (RegE BilMoG 68). Die Beträge sind wegen ihres Charakters als Sonderposten eigener Art nicht abzuzinsen, II 1 Hs. 2 stellt dies im Hinblick auf die Ähnlichkeit passiver latenter Steuern mit Rückstellungen klar. Bei Veränderung des Ansatzes entstehender Aufwand und Ertrag ist in der GuV unter dem Posten „Steuern vom Einkommen und vom Ertrag" (§ 275 II Nr. 18, III Nr. 17) gesondert auszuweisen, II 3. **Lit.** Theile GmbHR 2015, 281 (GmbH- u. GmbH & Co KG-Abschluss nach BilRUG).

7 **C. Gewinnausschüttungssperre:** Ausschüttungssperre in § 268 VIII, dort → § 268 Rn. 9.

8 **D. Auflösung:** Der Sonderposten ist aufzulösen, sobald die latente Steuerbe- oder -entlastung eintritt oder mit ihr nicht mehr zu rechnen ist. Denn § 274 dient der Periodenabgrenzung, erlaubt aber keine Bildung stiller Reserven oder Lasten. **Lit.** Oser/Kropp BB 2016, 875 (Auflösung latenter Steuern der OrganGes.).

Größenabhängige Erleichterungen

§ 274a Kleine Kapitalgesellschaften sind von der Anwendung der folgenden Vorschriften befreit:

1. § 268 Abs. 4 Satz 2 über die Pflicht zur Erläuterung bestimmter Forderungen im Anhang,
2. § 268 Abs. 5 Satz 3 über die Erläuterung bestimmter Verbindlichkeiten im Anhang,
3. § 268 Abs. 6 über den Rechnungsabgrenzungsposten nach § 250 Abs. 3,
4. § 274 über die Abgrenzung latenter Steuern.

1 1) § 274a eingefügt durch G 25.7.1994, geändert durch BilRUG 2015 (**Übergangsrecht (1)** EGHGB Art. 75 I 1); Nr. 4 geändert durch BilMoG 2009 (**Übergangsrecht** in **(1)** Art. 66 V) und durch ARUG. Kleine KapitalGes. s. § 267 I. **Lit.** MBF Kap. 3 Tz. 225.

2. Abschnitt. Ergänzende Vorschriften für Kapitalgesellschaften § 275

Dritter Titel. Gewinn- und Verlustrechnung

Gliederung

275 (1) ¹Die Gewinn- und Verlustrechnung ist in Staffelform nach dem Gesamtkostenverfahren oder dem Umsatzkostenverfahren aufzustellen. ²Dabei sind die in Absatz 2 oder 3 bezeichneten Posten in der angegebenen Reihenfolge gesondert auszuweisen.

(2) Bei Anwendung des Gesamtkostenverfahrens sind auszuweisen:
1. Umsatzerlöse
2. Erhöhung oder Verminderung des Bestands an fertigen und unfertigen Erzeugnissen
3. andere aktivierte Eigenleistungen
4. sonstige betriebliche Erträge
5. Materialaufwand:
   a) Aufwendungen für Roh-, Hilfs- und Betriebsstoffe und für bezogene Waren
   b) Aufwendungen für bezogene Leistungen
6. Personalaufwand:
   a) Löhne und Gehälter
   b) soziale Abgaben und Aufwendungen für Altersversorgung und für Unterstützung,

davon für Altersversorgung

7. Abschreibungen:
   a) auf immaterielle Vermögensgegenstände des Anlagevermögens und Sachanlagen
   b) auf Vermögensgegenstände des Umlaufvermögens, soweit diese die in der Kapitalgesellschaft üblichen Abschreibungen überschreiten
8. sonstige betriebliche Aufwendungen
9. Erträge aus Beteiligungen,

davon aus verbundenen Unternehmen

10. Erträge aus anderen Wertpapieren und Ausleihungen des Finanzanlagevermögens,

davon aus verbundenen Unternehmen

11. sonstige Zinsen und ähnliche Erträge,

davon aus verbundenen Unternehmen

12. Abschreibungen auf Finanzanlagen und auf Wertpapiere des Umlaufvermögens
13. Zinsen und ähnliche Aufwendungen,

davon an verbundene Unternehmen

14. Steuern vom Einkommen und vom Ertrag
15. Ergebnis nach Steuern
16. sonstige Steuern
17. Jahresüberschuss/Jahresfehlbetrag.

(3) Bei Anwendung des Umsatzkostenverfahrens sind auszuweisen:
1. Umsatzerlöse
2. Herstellungskosten der zur Erzielung der Umsatzerlöse erbrachten Leistungen
3. Bruttoergebnis vom Umsatz
4. Vertriebskosten
5. allgemeine Verwaltungskosten

§ 275

6. sonstige betriebliche Erträge
7. sonstige betriebliche Aufwendungen
8. Erträge aus Beteiligungen,
   davon aus verbundenen Unternehmen
9. Erträge aus anderen Wertpapieren und Ausleihungen des Finanzanlagevermögens,
   davon aus verbundenen Unternehmen
10. sonstige Zinsen und ähnliche Erträge,
    davon aus verbundenen Unternehmen
11. Abschreibungen auf Finanzanlagen und auf Wertpapiere des Umlaufvermögens
12. Zinsen und ähnliche Aufwendungen,
    davon an verbundene Unternehmen
13. Steuern vom Einkommen und vom Ertrag
14. Ergebnis nach Steuern
15. sonstige Steuern
16. Jahresüberschuss/Jahresfehlbetrag.

(4) Veränderungen der Kapital- und Gewinnrücklagen dürfen in der Gewinn- und Verlustrechnung erst nach dem Posten „Jahresüberschuß/Jahresfehlbetrag" ausgewiesen werden.

(5) Kleinstkapitalgesellschaften (§ 267a) können anstelle der Staffelungen nach den Absätzen 2 und 3 die Gewinn- und Verlustrechnung wie folgt darstellen:

1. Umsatzerlöse,
2. sonstige Erträge,
3. Materialaufwand,
4. Personalaufwand,
5. Abschreibungen,
6. sonstige Aufwendungen,
7. Steuern,
8. Jahresüberschuss/Jahresfehlbetrag.

Übersicht

	Rn
1) Staffelform, Verfahrenswahlrecht (I)	1–3
A. Staffelform:	1
B. Verfahrenswahlrecht:	2
C. Mindestgliederung:	3
2) Erfolgsquellen und Zwischensummen in II und III	4
3) Einzelne Posten beim Gesamtkostenverfahren (II)	5–23
A. Umsatzerlöse (Nr. 1):	5
B. Bestandsveränderungen (Nr. 2):	6
C. Andere aktivierte Eigenleistungen (Nr. 3):	7
D. Sonstige betriebliche Erträge (Nr. 4):	8
E. Materialaufwand (Nr. 5):	9
F. Personalaufwand (Nr. 6):	10
G. Abschreibungen (Nr. 7):	11
H. Sonstige betriebliche Aufwendungen (Nr. 8):	12
I. Erträge aus Beteiligungen (Nr. 9):	13
J. Erträge aus anderen Wertpapieren und Ausleihungen des Finanzanlagevermögens (Nr. 10):	14
K. Sonstige Zinsen und ähnliche Erträge (Nr. 11):	15
L. Abschreibungen auf Finanzanlagen und auf Wertpapiere des Umlaufvermögens (Nr. 12):	16

2. Abschnitt. Ergänzende Vorschriften für Kapitalgesellschaften 1–4 § 275

Rn

    M. Zinsen und ähnliche Aufwendungen (Nr. 13): 17
    N. Steuern vom Einkommen und vom Ertrag (Nr. 14): 18
    O. Ergebnis nach Steuern (Nr. 15): 19
    P. Sonstige Steuern (Nr. 16): 20
    Q. Jahresüberschuss/Jahresfehlbetrag (Nr. 17): 21
    R. Ergebnisverwendung bei der AG: 22
    S. Zusatzposten: 23
  4) Einzelne Posten beim Umsatzkostenverfahren (III) 24–30
    A. Abweichungen von II: 24
    B. Herstellungskosten (Nr. 2): 25
    C. Bruttoergebnis vom Umsatz (Nr. 3): 26
    D. Vertriebskosten (Nr. 4): 27
    E. Allgemeine Verwaltungskosten (Nr. 5): 28
    F. Sonstige betriebliche Erträge (Nr. 6): 29
    G. Sonstige betriebliche Aufwendungen (Nr. 7): 30
  5) Rücklagenveränderungen (IV) 31
  6) Erleichterungen für KleinstKapitalGes. (V) 32
  7) Rechtsfolgen eines Verstoßes gegen § 275 33

1) Staffelform, Verfahrenswahlrecht (I)

A. Staffelform: § 275 bringt die Gliederung der Gewinn- und Verlustrech- **1** nung von KapitalGes.; Ausnahme von § 275 für Kreditinstitute § 340a II 2. **Staffelform:** § 275 sieht Verfahrenswahlrecht (auch Umsatzkostenverfahren) und verkürztes Gliederungsschema vor. Zulässig ist nur die Staffelform, nicht die Kontoform. **Lit.** MBF Kap. 10 Tz. 283 ff.; Theile GmbHR 2015, 281 (GmbHu. GmbH & Co KG-Abschluss nach BilRUG); Zwirner StuB 2015, Beil. 2, 1 (BilRUG).

B. Verfahrenswahlrecht: Zulässig sind das Gesamtkostenverfahren (Produkti- **2** onskostenverfahren, II) und das international gebräuchlichere Umsatzkostenverfahren (III), damit sich Unt. ohne zweite Gewinn- und Verlustrechnung international vergleichbarer darstellen können. Das **Gesamtkostenverfahren** stellt den Umsatzerlösen (II Nr. 1) die Gesamtkosten der Betriebsleistung der Periode gegenüber, muss dann allerdings die Bestandsveränderungen an Halb- und Fertigfabrikaten sowie andere aktivierte Eigenleistungen (II Nr. 2, 3) bei der Ermittlung des Betriebsergebnisses eigens berücksichtigen. Dies muss das **Umsatzkostenverfahren** nicht, denn es stellt den Umsatzerlösen (III Nr. 1) die Selbstkosten der abgesetzten Betriebsleistung (Umsatzkosten; III Nr. 2, auch III Nr. 4, 5) gegenüber. Der beim Gesamtkostenverfahren erscheinende Material- und Personalaufwand (II Nr. 5, 6) erscheint beim Umsatzkostenverfahren nur im Anhang (§ 285 Nr. 8). Das Gesamtkostenverfahren arbeitet mit den Primärkosten, die direkt aus dem Rechnungswesen ersichtlich sind. Das Umsatzkostenverfahren gliedert demgegenüber nach Funktionsbereichen bzw. Produktgruppen. Jahresergebnis nach § 275 u. nicht steuerliches Jahresergebnis ist bei BgA ohne Rechtspersönlichkeit maßgebend für Gewinnermittlung nach § 20 EStG 2002/BFH BStBl. II 2015, 161. **Muster:** Hopt/Merkt Vertrags- und Formularbuch/Kraft/Link Form. III. B.1, 2 (GuV – Gesamtkostenverfahren, Lang- und Kurzfassung), Form III. B.3, 4 (GuV Umsatzkostenverfahren, Lang- und Kurzfassung).

C. Mindestgliederung: Nach **I 2** sind die Posten und die Reihenfolge von II **3** oder III zwingend. Zusätzliche Posten und weitere Untergliederungen sind dagegen fakultativ (§ 265 V).

2) Erfolgsquellen und Zwischensummen in II und III

II u. **III** infolge Streichung der Angaben zu außerordentlichen Erträgen und **4** außerordentlichen Aufwendungen angepasst – zT umnummeriert – durch BilRUG 2015 (**Übergangsrecht (1)** EGHGB Art. 75 I 1), krit. Haaker StuB 2015,

11; außerordentliche Posten dürfen gem. Art. 13 I Bilanz-RL 2013 nicht in der GuV ausgewiesen werden; ebenso ist eine weitere Untergliederung oder neue Posten gem. Art. 9 II Bilanz-RL 2013 zum Ausweis außerordentlicher Erträge oder Aufwendungen unzulässig; Erträge oder Aufwendungen von außergewöhnlicher Größenordnung oder Bedeutung sind nach Art. 16 I Buchst. b Bilanz-RL 2013 im Anhang auszuweisen. Für Kreditinstitute und VersicherungsUnt. bleibt aufgrund besonderer EU-Vorgaben der Ausweis außerordentlicher Posten in der GuV zulässig. In der GuV sind in Staffelform gesondert auszuweisen das **Betriebsergebnis** (II Nr. 1–8; III Nr. 1–7) und das **Finanzergebnis** (II Nr. 9–13; III Nr. 8–12), ferner die **Steuern** vom Einkommen und vom Ertrag (II Nr. 14; III Nr. 13), das **Ergebnis nach Steuern** (II Nr. 15; III Nr. 14) und die **sonstigen Steuern** (II Nr. 16; III Nr. 15), schließlich der **Jahresüberschuss/Jahresfehlbetrag** (II Nr. 17; III Nr. 16). Nicht mehr besonders ausgewiesen, aber ohne weiteres zu errechnen sind (beim Gesamtkostenverfahren) die Gesamtleistung (bestehend aus II Nr. 1–3) und der Rohertrag/Rohaufwand (bestehend aus Gesamtleistung abzüglich Materialaufwand, also II Nr. 1–3 minus II Nr. 5). Das Rohergebnis nach § 276, das kleine und mittelgroße KapitalGes. zusammenfassen dürfen, umfasst beim Gesamtkostenverfahren zusätzlich II Nr. 4. Beim Umsatzkostenverfahren besteht es aus III Nr. 1–3 und 6. **Lit.** Oser WPg 2014, 555 (Entnahmen aus GmbH); Kleinmanns StuB 2014, 794 (BilRUG-Änderungen); Deubert/Hoffmann Konzern 2014, 154 (Vermögensauskehrung von BeteiligungsUnt.); Lorson DB 2015, 695; Penatzer DB 2018, 777 (Unterschiede der Bilanzierung steuerlicher Risiken nach HGB, IFRIC und US-GAAP).

3) Einzelne Posten beim Gesamtkostenverfahren (II)

5 A. **Umsatzerlöse (Nr. 1):** s. § 277 I. Ausweis netto ohne Umsatzsteuer, IDW-HFA 1/1985 WPg 1986, 257.

6 B. **Bestandsveränderungen (Nr. 2):** s. § 277 II.

7 C. **Andere aktivierte Eigenleistungen (Nr. 3):** Nr. 3 ist auf der Ertragsseite notwendig, weil die Aufwendungen für diese aktivierten Eigenleistungen in Nr. 5, 6 als Material- und Personalaufwand mit enthalten sind. Nr. 3 betrifft nur aktivierte Eigenleistungen (Aktivierungsverbote s. § 248). Nr. 3 hat gegenüber Nr. 2 Auffangfunktion. Bspe: Bestandsveränderungen selbst erzeugter Roh-, Hilfs- und Betriebsstoffe, soweit diese nicht fertige oder unfertige Erzeugnisse (s. Nr. 2) sind; Leistungen in das eigene Anlagevermögen, zB Reparaturen, Eigenbau von Anlagen; in den aktivierten Eigenleistungen enthaltene Aufwendungen für bezogene Materialien und bezogene Leistungen, aber Zulieferungen Dritter nur, wenn nicht erheblich, Eigenleistung muss für Nr. 3 überwiegen BeckBilKomm/Schmidt/Peun Rn. 81 (Bruttomethode, bei Überwiegen von Fremdleistungen und Fremdlieferungen Nettomethode).

8 D. **Sonstige betriebliche Erträge (Nr. 4):** Nr. 4 ist ein Sammelposten für alle Erträge aus der gewöhnlichen Geschäftstätigkeit, die nicht unter Nr. 1–3, 9–11 fallen. Auch periodenfremde Erträge können dazu gehören (→ § 277 Rn. 4). Unter Nr. 4 fallen zB: Erträge aus Abgängen und Zuschreibungen im Anlagevermögen, str. ob auch aus Abgängen und Zuschreibungen im Finanzanlagevermögen (denn Abschreibungen darauf fallen unter Nr. 12; das spräche für Nr. 9–11); Erträge aus der Herabsetzung der Pauschalwertberichtigung zu Forderungen; Erträge aus der Auflösung von Rückstellungen (→ § 249 Rn. 38). Umrechnungsdifferenzen aus Folgebewertung nicht monetärer und monetärer Vermögensgegenstände und Verbindlichkeiten sind erfolgswirksam in der GuV zu erfassen und unter „sonstige betriebliche Erträge" (II Nr. 4) bzw. „sonstige betriebliche Aufwendungen" (II Nr. 8) auszuweisen, Deubert/Meyer/Müller Konzern 2018, 96 (99). Beim sanierenden Forderungserlass des Gläubiger-Gesellschafters, der durch GesVerhältnis motiviert ist, entscheidet Zweckbestimmung

2. Abschnitt. Ergänzende Vorschriften für Kapitalgesellschaften 9–13 § 275

seitens verzichtendem Gesellschafter: Ist Leistung in das Kapital beabsichtigt, muss in Kapitalrücklage nach § 272 II Nr. 4 gegengebucht werden; ist hingegen Ertragszuschuss gewollt, ist Forderung erfolgswirksam auszubuchen (II Nr. 4, III Nr. 6), hA etwa Pöschke NZG 2018, 1408 (1411), aA Schulze-Osterloh NZG 2017, 641. Zu außergewöhnlichen Erträgen nach § 277 IV aF → § 277 Rn. 4.

E. **Materialaufwand (Nr. 5): Nr. 5a:** Aufwendungen für Roh-, Hilfs- und **9** Betriebsstoffe und für bezogene Waren errechnen sich aus: Anfangsbestand + Zugänge − Endbestand. Die Bestände sind mit dem Bilanzwert anzusetzen (s. §§ 252–256), also unter Berücksichtigung der üblichen Abschreibungen (bei der KapitalGes. unübliche s. Nr. 7). **Nr. 5b:** Aufwendungen für bezogene Leistungen (Fremdleistungen) müssen Materialaufwand sein, zB Fremdleistungen im Rahmen der Produktion; nicht: solche für Verwaltung und Vertrieb (unter Nr. 8), Fremdreparaturen, da nicht notwendig absatzbezogen (unter Nr. 8, str.), Lizenzgebühren.

F. **Personalaufwand (Nr. 6):** Besonderheit ggü. Umsatzkostenverfahren, **10** vgl. III. Ausgabe von Aktienoptionen im Rahmen eines Aktienoptionsplans führt im Zeitpunkt der Einräumung der Bezugsrechte nicht zu gewinnwirksamem Personalaufwand BFH DStR 2010, 2453.

G. **Abschreibungen (Nr. 7):** In **Nr. 7a** sind Abschreibungen auf Teile des **11** Anlagevermögens (immaterielle Vermögensgegenstände und Sachanlagen, § 266 II A. I., II.) geregelt. Abschreibungen auf Finanzanlagen (§ 266 II A. III.) fallen unter Nr. 12. Die Beträge nach Nr. 7a und § 268 II 3 (Anlagenspiegel) entsprechen sich. **Nr. 7b** betrifft nur einen Teil des Umlaufvermögens (Vermögensgegenstände; Abschreibungen auf Wertpapiere fallen unter Nr. 12) und nur einen Teil der Abschreibungen auf das Umlaufvermögen (nur die über die in der KapitalGes. üblichen Abschreibungen hinausgehenden Abschreibungen; andere fallen unter Nr. 2, s. § 277 II, Nr. 5 oder Nr. 8). Nach **§ 277 III 1** sind außerplanmäßige Abschreibungen beim Anlagevermögen (§ 253 III 3 und 4) jeweils gesondert auszuweisen oder im Anhang anzugeben. **Lit.** Deubert/Meyer/Müller Konzern 2018, 96 (99) (Umrechnungsdifferenzen in der Währungsumrechnung im Konzernabschluss).

H. **Sonstige betriebliche Aufwendungen (Nr. 8):** Nr. 5 ist ein Sammel- **12** posten für alle Aufwendungen der gewöhnlichen Geschäftstätigkeit, die nicht unter Nr. 5–7, 12, 13 fallen. Vgl. entspr. sonstige betriebliche Erträge (Nr. 4). Unter Nr. 8 fallen zB: Verluste aus dem Abgang von Umlaufvermögen außer Vorräten, aus dem Abgang von Anlagevermögen. Umrechnungsdifferenzen aus Folgebewertung nicht monetärer und monetärer Vermögensgegenstände und Verbindlichkeiten sind erfolgswirksam in der GuV zu erfassen und unter „sonstige betriebliche Erträge" (II Nr. 4) bzw. „sonstige betriebliche Aufwendungen" (II Nr. 8) auszuweisen, Deubert/Meyer/Müller Konzern 2018, 96 (99). Beim Bitcoin-Mining anfallende Kosten (da weder Herstellung selbst geschaffener immaterieller Vermögensgegenstände des Anlagevermögens noch Vorräte), Gerlach/Oser DB 2018, 1541. Abschreibungen → Rn. 11. Zu außergewöhnlichen Aufwendungen nach § 277 IV aF → § 277 Rn. 4.

I. **Erträge aus Beteiligungen (Nr. 9):** Mit Nr. 9 beginnen die Posten des **13** Finanzergebnisses (→ Rn. 4). Begriff der Beteiligung s. § 271 I. Erträge aus verbundenen Unt. (§ 271 II) sind gesondert zu vermerken. Erträge aus Gewinngemeinschaft, Gewinnabführungs- oder Teilgewinnabführungsvertrag sind nicht als Erträge aus Beteiligungen, sondern gesondert auszuweisen (§ 277 III 2). Erträge sind zB Dividenden, Gewinnanteile, Ausschüttungen, Entnahmen bei PersonenGes.; auch Anrechnungsbetrag auf Körperschaftssteuer nach EStG; nicht tatsächliche Vorteile in der Form günstigerer Verrechnungspreise als am Markt (kaum fassbar), str., ADS Rn. 147. Zum Zeitpunkt der Aktivierung des Betei-

§ 275 14–24

ligungsertrags aus AG, GmbH, PersonenGes. BeckBilKomm/Schmidt/Peun Rn. 177. Saldierung von Erträgen und Verlusten aus verschiedenen Beteiligungen ist unzulässig, letztere fallen unter Nr. 12. Die Erträge sind brutto auszuweisen ohne Absetzung einbehaltener Kapitalertragsteuer, diese unter Nr. 18, ADS Rn. 146.

14 J. **Erträge aus anderen Wertpapieren und Ausleihungen des Finanzanlagevermögens (Nr. 10):** Hierher gehören die Erträge des Finanzanlagevermögens (§ 266 II A. III.), soweit es nicht Beteiligungen betrifft (dann Nr. 9). Erträge aus verbundenen Unt. (§ 271 II) sind gesondert zu vermerken. Unter Nr. 10 fallen auch Erträge aus periodischer Aufzinsung abgezinster langfristiger Ausleihungen, ADS Rn. 155, str.; auch → Rn. 13.

15 K. **Sonstige Zinsen und ähnliche Erträge (Nr. 11):** Hierher gehören alle Zinsen, die nicht unter Nr. 9, 10 fallen. Saldierung von Zinserträgen und -aufwendungen ist unzulässig, letztere fallen unter Nr. 13. Ähnliche Erträge sind zB Agio, Disagio, Kreditprovisionen. Erträge aus verbundenen Unt. (§ 271 II) sind gesondert zu vermerken.

16 L. **Abschreibungen auf Finanzanlagen und auf Wertpapiere des Umlaufvermögens (Nr. 12):** Finanzanlagen s. § 266 II A. III., einschließlich Beteiligungen (ohne Trennung wie auf der Ertragsseite, Nr. 9, 10). Außerplanmäßige Abschreibungen nach § 253 III 3 und 4 sind jeweils gesondert auszuweisen oder im Anhang anzugeben (§ 277 III 1). Zuschreibungen → Rn. 8. **Lit.** Deubert/Meyer/Müller Konzern 2018, 96 (99) (Umrechnungsdifferenzen in der Währungsumrechnung im Konzernabschluss).

17 M. **Zinsen und ähnliche Aufwendungen (Nr. 13):** Aufwendungen an verbundene Unt. (§ 271 II) sind gesondert zu vermerken. Zinszahlungen auf Fremdkapital sind grundsätzlich als Aufwand iSv II Nr. 13, III Nr. 12 zu qualifizieren, Pöschke NZG 2017, 1408.

18 N. **Steuern vom Einkommen und vom Ertrag (Nr. 14):** Unter Nr. 14 fallen Körperschaftsteuer, Kapitalertragsteuer, Gewerbeertragsteuer. Die Beträge sind auszuweisen, welche die KapitalGes. als Steuerschuldner zu entrichten hat. Berechnung erfolgt nach BilRUG unabhängig von der Ergebnisverhandlung (§ 278 aufgehoben, dort → § 278 Rn. 1). Die Körperschaftsteuer ist brutto auszuweisen, ADS Rn. 192. Zusatzangabe im Anhang s. § 285 Nr. 31. Steuerabgrenzung s. § 274.

19 O. **Ergebnis nach Steuern (Nr. 15):** Ergibt sich aus dem Gewinn nach Abzug der Ertragssteuern (→ Rn. 18).

20 P. **Sonstige Steuern (Nr. 16):** Unter Nr. 16 fallen zB Grundsteuer, Gewerbekapitalsteuer, Erbschaftssteuer, Schenkungssteuer.

21 Q. **Jahresüberschuss/Jahresfehlbetrag (Nr. 17):** Der Jahresüberschuss ist der im Geschäftsjahr neu erzielte Gewinn vor Ergebnisverwendung (→ Rn. 19). Nr. 17 entspricht § 266 III A. V.

22 R. **Ergebnisverwendung bei der AG:** Bei der AG ist die Gewinn- und Verlustrechnung nach Nr. 17 um fünf weitere Posten zu ergänzen, die die Ergebnisverwendung (auch → § 268 Rn. 1) darstellen und zum Bilanzgewinn/Bilanzverlust führen, s. AktG § 158. Ferner IV (→ Rn. 31).

23 S. **Zusatzposten:** Zwingend s. § 277 III 2. Freiwillig → Rn. 3. **GmbH & Co** s. § 264c III, dort → § 264c Rn. 3.

4) Einzelne Posten beim Umsatzkostenverfahren (III)

24 A. **Abweichungen von II:** Die Posten II Nr. 1, 4, 8–17 finden sich hier als III Nr. 1, 6, 7–16. Unterschiede ergeben sich also nur bei der Ermittlung des Betriebsergebnisses (→ Rn. 4). Statt II Nr. 2, 3 finden sich III Nr. 2–5. Die

Posten II Nr. 5–7 fehlen ganz (aber statt II Nr. 5, 6 Ausweis im Anhang nach § 285 Nr. 8); ihr Inhalt geht im Wesentlichen in III Nr. 2, 4, 5 ein. Zu beachten ist allerdings, dass je nach Auslegung von III Nr. 2–5, insbesondere der Herstellungskosten nach III Nr. 2, trotz formaler Postenentsprechung zwischen II und III inhaltliche Unterschiede bestehen können, → Rn. 25. Überblick über Umsatzkostenverfahren → Rn. 2, 4. Probleme des Umsatzkostenverfahrens GK BilR 9, BeckBilKomm/Schmidt/Peun Rn. 34; HdR 17.

B. **Herstellungskosten (Nr. 2):** Die Herstellungskosten der zur Erzielung der 25 Umsatzerlöse (Nr. 1) erbrachten Leistungen (→ Rn. 2) sind für Bilanz und Gewinn- und Verlustrechnung gleich (§ 255 II). Aktivierungsfähige Steuern, zB Verbrauchssteuern, gehören danach zu den Herstellungskosten (→ § 255 Rn. 14 f.), also nicht unter Nr. 15 (sonstige Steuern, vgl. aber → Rn. 20); **Lit.** Deubert/Meyer/Müller Konzern 2018, 96 (99) (Umrechnungsdifferenzen in der Währungsumrechnung im Konzernabschluss).

C. **Bruttoergebnis vom Umsatz (Nr. 3):** Es ist die Zwischensumme aus 26 Nr. 1 und 2 und informiert über das Kosten-Leistungsverhältnis des Unt. Genauere Informationen ergibt eine fakultative (→ Rn. 3) weitere Aufgliederung zu Nr. 1 und 2 nach Produktgruppen, Auslands- und Inlandsabsatz, Absatzmärkten (→ Rn. 2).

D. **Vertriebskosten (Nr. 4):** → § 255 Rn. 21. Sondereinzelkosten des Ver- 27 triebs fallen unter Herstellungskosten (Nr. 2), str., → § 255 Rn. 21. Nr. 4 erfasst die Vertriebskosten allgemein, auch soweit nicht den Umsatzerlösen nach Nr. 1 zugeordnet.

E. **Allgemeine Verwaltungskosten (Nr. 5):** → § 255 Rn. 19. Unter Nr. 5 28 fallen nur die nicht nach § 255 II 2 als Herstellungskosten angesetzten Verwaltungskostenteile; auch ohne Zuordnung zu den Umsatzerlösen (→ Rn. 30).

F. **Sonstige betriebliche Erträge (Nr. 6):** Nr. 6 ist ein Sammelposten für alle 29 betrieblichen Erträge, die nicht unter Nr. 1, 8–10 fallen. Nr. 6 entspricht II Nr. 4 (→ Rn. 8), die dazu ausgewiesenen Beträge decken sich aber wegen der Unterschiede der jeweils vorausgehenden Posten nicht. Beim sanierenden Forderungserlass des Gläubiger-Gesellschafters, der durch GesVerhältnis motiviert ist, entscheidet Zweckbestimmung seitens verzichtendem Gesellschafter: Ist Leistung in das Kapital beabsichtigt, muss in Kapitalrücklage nach § 272 IV Nr. 4 gegengebucht werden; ist hingegen Ertragszuschuss gewollt, ist Forderung erfolgswirksam auszubuchen (II Nr. 4, III Nr. 6), hA etwa Pöschke NZG 2018, 1408 (1411), aA Schulze-Osterloh NZG 2017, 641.

G. **Sonstige betriebliche Aufwendungen (Nr. 7):** Nr. 7 ist ein Sammel- 30 posten für alle betrieblichen Aufwendungen, die nicht unter Nr. 2, 4, 5, 11, 12 fallen. Nr. 7 entspricht II Nr. 8 (→ Rn. 12) ohne Gleichheit der Beträge (→ Rn. 32). Zinszahlungen auf Fremdkapital sind grundsätzlich als Aufwand iSv II Nr. 13, III Nr. 12 zu qualifizieren, Pöschke NZG 2017, 1408.

5) Rücklagenveränderungen (IV)

Veränderungen der Kapital- und Gewinnrücklagen (§ 266 III A. II., III., § 272 31 II, III) dürfen erst nach dem Jahresüberschuss/Jahresfehlbetrag (II Nr. 17, III Nr. 16) ausgewiesen werden. Bei AG müssen sie es nach AktG § 158 (→ Rn. 22). Sonderposten nach § 340g keine Rücklage, LG Kiel 6 O 447/16, BKR 2018, 292 = juris Rn. 67 ff.; LG Düsseldorf 10 O 159/17, BKR 2019, 306 = juris Rn. 114, → § 340g Rn. 1.

6) Erleichterungen für KleinstKapitalGes. (V)

KleinstKapitalGes. (§ 267a) dürfen vereinfachte GuV-Staffelung in der von V 32 vorgesehenen Form wählen. Insbesondere können die Erträge zu dem Posten

§ 277

„sonstige Erträge" zusammengefasst werden; bei daraus resultierender erheblich verzerrter Darstellung der Ertragslage uU aufgegliederte Angabe unter der Bilanz erforderlich (→ § 264 Rn. 29). Kumulation dieser Vereinfachung mit § 276 scheidet aus. **Lit.** Kolb/Roß WPG 2014, 991 (Zweifelsfragen zum MicroBilG).

7) Rechtsfolgen eines Verstoßes gegen § 275

33 Unzutreffende Wiedergabe bzw. Verschleierung im Jahresabschluss und damit auch in der GuV ist von § 331 Nr. 1 unter Strafe gestellt. Außerdem sieht § 334 I Nr. 1c die Ahndung als Ordnungswidrigkeit vor. Ferner führt der Verstoß gegen die Gliederungsvorschrift des § 275 bei der AG gemäß § 256 IV AktG (bei der GmbH: in analoger Anwendung) zur Nichtigkeit des Jahresabschlusses, sofern Klarheit und Übersichtlichkeit wesentlich beeinträchtigt werden. Mit einer Klage gegen die Feststellung des Abschlusses einer GmbH & Co KG kann nicht geltend gemacht werden, dass tatsächlich angefallene, in die GuV eingestellte Aufwandspositionen sachlich ungerechtfertigt seien, BGH DStR 2007, 494.

Größenabhängige Erleichterungen

276 ¹Kleine und mittelgroße Kapitalgesellschaften (§ 267 Abs. 1, 2) dürfen die Posten § 275 Abs. 2 Nr. 1 bis 5 oder Abs. 3 Nr. 1 bis 3 und 6 zu einem Posten unter der Bezeichnung „Rohergebnis" zusammenfassen. ²Die Erleichterungen nach Satz 1 gelten nicht für Kleinstkapitalgesellschaften (§ 267a), die von der Regelung des § 275 Absatz 5 Gebrauch machen.

1 Satz 1 mildert § 275 für kleine und mittelgroße KapitalGes. (§ 267 I, II). Diese brauchen insbesondere ihre Umsatzerlöse nicht auszuweisen, sondern nur einen Sammelposten „Rohergebnis" (bestehend aus den Posten § 275 II Nr. 1–5 oder III Nr. 1–3, 6). Der Betrag dieses Postens ist je nach Wahl des Gesamtkostenverfahrens oder Umsatzkostenverfahrens unterschiedlich. Die Bezeichnung „Rohergebnis" ist deshalb ohne Angabe des gewählten Verfahrens ohne Aussagekraft, wenn nicht irreführend. § 276 betrifft die interne, den Gftern vorzulegende Gewinn- und Verlustrechnung; größenabhängige Erleichterungen der Offenlegung nach außen s. §§ 326, 327. Ausnahme für Kreditinstitute § 340a II 1. Ges., die Erleichterungen nach § 276 in Anspruch nehmen und in ihrer GuV nur das Rohergebnis zeigen, müssen auch im Anhang und im Lagebericht keine Erläuterungen zu den Umsatzerlösen machen, Zwirner/Boecker BC 2017, 570. **Satz 2 aF** aufgehoben durch BilRUG 2015 (**Übergangsrecht (1)** EGHGB Art. 75 I 1). **Satz 2 nF (Satz 3 aF)** verbietet kumulative Anwendung mit § 275 V. **Lit.** MBF Kap. 10 Tz. 293 ff.

Vorschriften zu einzelnen Posten der Gewinn- und Verlustrechnung

277 (1) Als Umsatzerlöse sind die Erlöse aus dem Verkauf und der Vermietung oder Verpachtung von Produkten sowie aus der Erbringung von Dienstleistungen der Kapitalgesellschaft nach Abzug von Erlösschmälerungen und der Umsatzsteuer sowie sonstiger direkt mit dem Umsatz verbundener Steuern auszuweisen.

(2) Als Bestandsveränderungen sind sowohl Änderungen der Menge als auch solche des Wertes zu berücksichtigen; Abschreibungen jedoch nur, soweit diese die in der Kapitalgesellschaft sonst üblichen Abschreibungen nicht überschreiten.

(3) ¹Außerplanmäßige Abschreibungen nach § 253 Absatz 3 Satz 5 und 6 sind jeweils gesondert auszuweisen oder im Anhang anzugeben. ²Erträge und Aufwendungen aus Verlustübernahme und auf Grund einer Gewinngemein-

2. Abschnitt. Ergänzende Vorschriften für Kapitalgesellschaften 1, 2 § 277

schaft, eines Gewinnabführungs- oder eines Teilgewinnabführungsvertrags erhaltene oder abgeführte Gewinne sind jeweils gesondert unter entsprechender Bezeichnung auszuweisen.

(4) *[aufgehoben]*

(5) ¹**Erträge aus der Abzinsung sind in der Gewinn- und Verlustrechnung gesondert unter dem Posten „Sonstige Zinsen und ähnliche Erträge" und Aufwendungen gesondert unter dem Posten „Zinsen und ähnliche Aufwendungen" auszuweisen.** ²**Erträge aus der Währungsumrechnung sind in der Gewinn- und Verlustrechnung gesondert unter dem Posten „Sonstige betriebliche Erträge" und Aufwendungen aus der Währungsumrechnung gesondert unter dem Posten „Sonstige betriebliche Aufwendungen" auszuweisen.**

1) Umsatzerlöse (I)

Umsatzerlöse iSv § 275 II Nr. 1, III Nr. 1 sind die Erlöse aus dem Verkauf **1** und der Vermietung oder Verpachtung von Produkten (sowohl Waren als auch Dienstleistungen, RegBegr BilRUG 2015, 79) sowie aus der Erbringung von Dienstleistungen der KapitalGes. nach Abzug der Erlösschmälerungen und der Umsatzsteuer sowie sonstiger direkt mit dem Umsatz verbundener Steuern. Im Unterschied zum früheren Recht und gem. Art. 2 Nr. 5 Bilanz-RL 2013 generiert auch der Verkauf von Produkten oder die Erbringung von Dienstleistungen außerhalb der gewöhnlichen Geschäftstätigkeit Umsatzerlöse und keine sonstigen betrieblichen Erträge, s. BilRUG 2015 (**Übergangsrecht (1) EGHGB Art. 75 I 1**). Erlösschmälerungen sind zB Preisnachlässe und zurückgewährte Entgelte, entsprechende Rückstellungen, ADS Rn. 30, oder Bonusleistungen (zB Miles & More-Leistungen), Küting/Pilhofer BB 2002, 2058. Abzug der Umsatzsteuer schon bisher nach hL; entspr. Abzug der Umsatzsteuer bei Anschaffungskosten (→ § 255 Rn. 2). Aufgliederung der Umsatzerlöse im Anhang s. § 285 Nr. 4. Ausnahme von I, II, III 1 für Kreditinstitute s. § 340a II 1. – Formulierung „sowie aus *von*" in I ist wohl Redaktionsversehen. Kryptowährungen (Bitcoins, Ether ua) sind kein gesetzliches Zahlungsmittel; vielmehr tauscht Miner Rechenleistung gegen (eventuell zu erhaltende) Bitcoins, sodass kein Umsatzerlös iSv I entsteht, Gerlach/Oser DB 2018, 1541. **Lit.** MBF Kap. 9 Tz. 1, Kap. 10 Tz. 330 ff.; Theile GmbHR 2015, 281 (GmbH- u. GmbH & Co KG-Abschluss nach BilRUG); Lorson DB 2015, 695; Oser/Orth/Wirtz DB 2015, 1729 (BilRUG); Peun/Rimmelspacher DB 2015, Beil. Heft 36, 12 (BilRUG); Zwirner StuB 2015, Beil. 2, 1 (BilRUG); Zwirner/Busch/Boecker DB 2015, Beil. Heft 36, 4 (Größenklassen nach BilRUG); Röser/Roland/Rimmelspacher WuW 2015, 523 (Umsatzbegriff und Fusionskontrolle); Hargarten/Schieler BB 2017, 299 (konzerninterne Dienstleistungen); Oser WPg 2017, 691 (Befreiungsvoraussetzungen für TochterKapGes.); Zwirner WPg 2017, 184 (BilRUG); Bauer WPg 2017, 882 sowie Pilhofer/Herr/Dömling DB 2018, 1353 (Auswirkungen des BilRUG und des Bürokratieentlastungsgesetz auf die Bilanzierung nach § 277); Pellens/Küting/Schmidt DB 2019, 2473 (Transferentgelte im Profi-Fußball); Pellens/Küting/Schmidt DB 2019, 2529 (Transferentgelte im Profi-Fußball).

2) Bestandsveränderungen (II)

II betrifft nur das Gesamtkostenverfahren (§ 275 I, II). Bestandsveränderungen **2** (Erhöhung oder Verminderung des Bestands an fertigen und unfertigen Erzeugnissen, § 275 II Nr. 2) umfassen Mengen- und Wertänderungen sowie die in der KapitalGes. sonst üblichen Abschreibungen. Unübliche Abschreibungen fallen unter § 275 II Nr. 7b. Kreditinstitute → Rn. 1.

3) Besondere Abschreibungen, Ergebnisübernahme aus Unternehmensverträgen (III)

3 III betrifft: außerplanmäßige Abschreibungen beim Anlagevermögen (§ 253 III 5 und 6); Erträge und Aufwendungen aus Verlustübernahme (zB §§ 302, 324 II AktG); auf Grund von Gewinngemeinschaft oder -abführungsvertrags erhaltene oder abgeführte Gewinne (s. §§ 291, 292 AktG). Nach III 1 sind die Abschreibungen jeweils gesondert auszuweisen oder im Anhang anzugeben. Kreditinstitute → Rn. 1. Nach III 2 ist gesonderter Ausweis nötig (→ § 275 Rn. 16). Zur Bilanzierung des von der MutterGes. an die nicht beherrschenden Gesellschafter zu zahlenden festen Ausgleichs nach § 304 AktG Bohnefeld/Ebeling WPg 2017, 375.

4) Außerordentliche Erträge/Aufwendungen (IV)

4 IV aufgehoben durch BilRUG 2015 (**Übergangsrecht (1)** EGHGB Art. 75 I 1) wegen Erweiterung der Definition der Umsatzerlöse in **I**. Die in **IV 2 aF** enthaltene Erläuterungspflicht für außerordentliche Aufwendungen und Erträge entfällt und wird durch eine Erläuterungspflicht zu Erträgen und Aufwendungen von außergewöhnlicher Größenordnung oder Bedeutung ersetzt. Die Erläuterungspflicht gem. **IV 3 aF** zu periodenfremden Aufwendungen ist durch reine Anhangangabe nach § 285 Nr. 32 ersetzt. Rückstellungen für steuerliche Risiken sind idR periodenfremd, weshalb bei größeren Beträgen gem. IV Erläuterung im Anhang vorzunehmen ist, Penatzer DB 2018, 777. **Lit.** Theile GmbHR 2015, 281 (GmbH- u. GmbH & Co KG-Abschluss nach BilRUG).

5) Erträge/Aufwendungen aus Abzinsung und Währungsumrechnung (V)

5 V (eingefügt durch BilMoG 2009 (**Übergangsrecht** in (1) EGHGB Art. 66 III)) dient der besseren Adressateninformation: Auszuweisen sind hier Erträge und Aufwendungen aus der Abzinsung von Rückstellungen (§ 253 II) unter gesondertem Posten „Sonstige Zinsen und ähnliche Erträge/Aufwendungen"; unklar, ob auch Effekte aus Aufzinsung zu berücksichtigen sind, dafür BeckBilKomm/Schmidt/Peun Rn. 26, ausführlich Ross/Philippsen DB 2010, 1252; Petersen/Zwirner BilMoG Erläuterungen zu § 277 (abrufbar über Beck-Online), aA aber wohl Lüdenbach/Hoffmann NWB-Kommentar § 277 Rn. 60; aus dem Sinn der Neuregelung folgt, Effekte aus der geänderten Rückstellungsbewertung gesondert auszuweisen und damit auch Aufwendungen aus Aufzinsung zu erfassen (s. aber RegE: Pflicht zum gesonderten Ausweis „der Erträge und Aufwendungen aus der Abzinsung", aber bloße Empfehlung zur Bildung eines Rückstellungsspiegels, „der auch die Effekte aus der Ab- und Aufzinsung gesondert darstellt", RegE BilMoG BT-Drs. 16/10067).

Erträge und Aufwendungen aus Währungsumrechnung (§ 256a) unter dem Posten „Sonstige betriebliche Erträge/Aufwendungen". Umrechnungsdifferenzen aus Folgebewertung monetärer und nicht monetärer Vermögensgegenstände und Verbindlichkeiten sind stets erfolgswirksam in der GuV zu erfassen und gem. V iVm § 298 I gesondert unter „Sonstige betriebliche Erträge" bzw. „Sonstige betriebliche Aufwendungen" gem. § 275 II Nr. 8 auszuweisen (DRS 25.33 f.), Deubert/Meyer/Müller Konzern 2018, 96. Nach DRS 25.77 gehören auch Erträge und Aufwendungen aus der Auflösung von der EK-Differenz nach § 308a S. 4 zu den Erträgen und Aufwendungen iSv V 2 iVm 298 I, Deubert/Meyer/Müller Konzern 2018, 96 (102). Währungsbedingte Erträge und Aufwendungen gehören zu den nach V 2 angabepflichtigen Beträgen; ebenso ist der Ausweis von Umrechnungsdifferenzen aus währungsbedingten Auf- und Abwertungen in der GuV gem. V 2 unter „Sonstige betriebliche Erträge bzw Aufwendungen" zu erfolgen (DRS 33.33), Wirth/Dusemond/P. Küting DB 2018, 137 (138). V gilt nicht für Kryptowährungen (Bitcoins, Ether ua), da keine gesetzliche Währung,

2. Abschnitt. Ergänzende Vorschriften für Kapitalges. **§ 284**

Gerlach/Oser DB 2018, 1541. **Lit.** Ross/Philippsen DB 2010, 1252; Zwirner/Künkele/Froschhammer BB 2011, 1323; Farwick NWB 2020, 58.

278 *(aufgehoben)*

Aufgehoben durch BilRUG 2015 (**Übergangsrecht (1)** EGHGB Art. 75 I 2), 1 weil die Vorschrift seit dem Steuersenkungsgesetz vom 23.10.2001 BGBl. I 1433 nur noch für Altfälle Bedeutung hatte, für die inzwischen ebenfalls ausschüttungsunabhängige Auszahlungsregelungen gelten.

Vierter Titel. *(aufgehoben)*
279-283 *(aufgehoben)*

1) §§ 279–283 aufgehoben durch BilMoG 2009 (**Übergangsrecht** in **(1)** 1 Art. 66 V). § 282 aF war mit Aufhebung des § 269 obsolet. § 283 aF inhaltsgleich in § 272 I 2 nF übernommen.

Fünfter Titel. Anhang

Erläuterung der Bilanz und der Gewinn- und Verlustrechnung

284

(1) ¹In den Anhang sind diejenigen Angaben aufzunehmen, die zu den einzelnen Posten der Bilanz oder der Gewinn- und Verlustrechnung vorgeschrieben sind; sie sind in der Reihenfolge der einzelnen Posten der Bilanz und der Gewinn- und Verlustrechnung darzustellen. ²Im Anhang sind auch die Angaben zu machen, die in Ausübung eines Wahlrechts nicht in die Bilanz oder in die Gewinn- und Verlustrechnung aufgenommen wurden.

(2) Im Anhang müssen
1. die auf die Posten der Bilanz und der Gewinn- und Verlustrechnung angewandten Bilanzierungs- und Bewertungsmethoden angegeben werden;
2. Abweichungen von Bilanzierungs- und Bewertungsmethoden angegeben und begründet werden; deren Einfluß auf die Vermögens-, Finanz- und Ertragslage ist gesondert darzustellen;
3. bei Anwendung einer Bewertungsmethode nach § 240 Abs. 4, § 256 Satz 1 die Unterschiedsbeträge pauschal für die jeweilige Gruppe ausgewiesen werden, wenn die Bewertung im Vergleich zu einer Bewertung auf der Grundlage des letzten vor dem Abschlußstichtag bekannten Börsenkurses oder Marktpreises einen erheblichen Unterschied aufweist;
4. Angaben über die Einbeziehung von Zinsen für Fremdkapital in die Herstellungskosten gemacht werden.

(3) ¹Im Anhang ist die Entwicklung der einzelnen Posten des Anlagevermögens in einer gesonderten Aufgliederung darzustellen. ²Dabei sind, ausgehend von den gesamten Anschaffungs- und Herstellungskosten, die Zugänge, Abgänge, Umbuchungen und Zuschreibungen des Geschäftsjahrs sowie die Abschreibungen gesondert aufzuführen. ³Zu den Abschreibungen sind gesondert folgende Angaben zu machen:
1. die Abschreibungen in ihrer gesamten Höhe zu Beginn und Ende des Geschäftsjahrs,
2. die im Laufe des Geschäftsjahrs vorgenommenen Abschreibungen und
3. Änderungen in den Abschreibungen in ihrer gesamten Höhe im Zusammenhang mit Zu- und Abgängen sowie Umbuchungen im Laufe des Geschäftsjahrs.

§ 284 1–3

⁴ Sind in die Herstellungskosten Zinsen für Fremdkapital einbezogen worden, ist für jeden Posten des Anlagevermögens anzugeben, welcher Betrag an Zinsen im Geschäftsjahr aktiviert worden ist.

Übersicht

	Rn
1) Rechtsnatur und Funktion des Anhangs	1, 2
A. Rechtsnatur:	1
B. Funktion:	2
2) Pflichtangaben und Wahlpflichtangaben im Anhang (I 1, 2)	3–7
A. Nach HGB:	3, 4
B. Nach (1) EGHGB:	5
C. Nach AktG:	6
D. Nach GmbHG:	7
3) Freiwillige Angaben	8
4) Gliederung und Darstellung	9, 10
A. Gliederung:	9
B. Darstellung:	10
5) Bilanzierungs- und Bewertungsmethoden (II Nr. 1)	11
6) Abweichungen von Bilanzierungs- und Bewertungsmethoden (II Nr. 2)	12
7) Unterschiedsbeträge bei Bewertungsmethoden nach §§ 240 IV, 256 S. 1 (II Nr. 3)	13
8) Einbeziehung von Fremdkapitalzinsen in Herstellungskosten (II Nr. 4)	14
9) Einzeldarstellung zu Posten des Anlagevermögens (III)	15

1) Rechtsnatur und Funktion des Anhangs

1 **A. Rechtsnatur:** Der Anhang ist Teil des Jahresabschlusses der KapitalGes. neben Bilanz und Gewinn- und Verlustrechnung (§ 264 I 1). Insofern ist er mit dem Geschäftsbericht nach § 160 aF AktG nicht zu vergleichen, obwohl er inhaltlich in weitem Umfang an dessen Stelle tritt.

2 **B. Funktion:** Der Anhang dient der Erläuterung der Bilanz und der Gewinn- und Verlustrechnung. Die Vermittlung eines den tatsächlichen Verhältnissen entsprechenden Bildes der Vermögens-, Finanz- und Ertragslage der KapitalGes. (§ 264 II 1) wird vollends erst durch die Angaben im Anhang möglich. Zu unterscheiden sind: Pflichtangaben im Anhang (in jedem Anhang, → Rn. 3–7), Wahlpflichtangaben im Anhang oder sonst im Jahresabschluss (→ Rn. 3–7), freiwillige Angaben (→ Rn. 8). Die Pflicht- und Wahlpflichtangaben gehen insgesamt weit über den Erläuterungsbericht nach § 160 II, III, V aF AktG hinaus. Größenabhängige Erleichterungen s. § 288. **Lit.** MBF Kap. 12 Tz. 1 ff.; Wulf DStZ 2015, 825 (BilRUG); Zwirner StuB 2015, Beil. 2, 1 (BilRUG); Zwirner AR 2016, 2 (BilRUG); Zwirner WPg 2017, 184 (BilRUG Audit-Check); Hermes DStR 2018, 1881 (mitgliedschaftliches Nießbrauchsrecht); Kögler DB 2018, 1289 (negative Zinsen bei Industrie- und HandelsUnt.).

2) Pflichtangaben und Wahlpflichtangaben im Anhang (I 1, 2)

3 **A. Nach HGB:** Der Anhang hat die Angaben zu enthalten, die zu einzelnen Posten der Bilanz oder der GuV vorgeschrieben sind, wobei neben den Angaben nach HGB und EGHGB auch solche nach AktG und GmbHG erfasst sind. Gem. Art. 15 der Bilanz-RL 2013 sind die Angaben in der Reihenfolge der Bilanz und der GuV zu machen, BilRUG 2015 (**Übergangsrecht (1)** EGHGB Art. 75 I 1); zur Reform durch das BilRUG Fink/Theile DB 2015, 753. **Angaben nach HGB: a)** § 264 II 2 (zusätzliche Angaben zwecks true and fair view); § 265 I 2 (Abweichungen von Ausweiskontinuität, **Übergangsrecht (1)** EGHGB Art. 48 IV, 67 VIII); § 265 II 2 (mangelnde Vergleichbarkeit der Vorjahreszahlen);

2. Abschnitt. Ergänzende Vorschriften für Kapitalges. 4 § 284

§ 265 II 3 (Anpassung der Vorjahreszahlen); § 265 III 1 (Mitzugehörigkeit zu anderem Bilanzposten; **oder** in Bilanz); § 265 IV 2 (Gliederungsergänzung bei mehreren Geschäftszweigen); § 265 VII Nr. 2 (Postenzusammenfassung); § 268 I 2 (Gewinn- oder Verlustvortrag bei Bilanzaufstellung unter teilweiser Ergebnisverwendung; **oder** in Bilanz); § 268 II 1 (Anlagenspiegel; **oder** in Bilanz); § 268 II 3 (Abschreibungen des Geschäftsjahrs auf die Posten des Anlagenspiegels; **oder** in Bilanz); § 268 IV 2 (größere antizipative Rechnungsabgrenzungsposten unter „sonstige Vermögensgegenstände"); § 268 V 3 (größere antizipative Rechnungsabgrenzungsposten unter „Verbindlichkeiten"); § 268 VI (aktiviertes Disagio; **oder** in Bilanz); § 268 VII (Haftungsverhältnisse; **oder** unter Bilanz); § 274 II 2 (Beträge aus der sich ergebenden küftigen Steuerbe- und entlastung), § 277 III 1 (außerplanmäßige Abschreibungen beim Anlagevermögen; **oder** in Gewinn- und Verlustrechnung); § 277 IV 2 (außerordentliche Erträge, außerordentliche Aufwendungen); § 277 IV 3 (periodenfremde Erträge und Aufwendungen, soweit nicht von untergeordneter Bedeutung).

b) Hinzu kommen die **Angaben nach II Nr. 1–4** (Nr. 2 aF aufgehoben 4 durch BilRUG 2015, aus Nr. 3–5 aF wurden Nr. 2–4 nF), § 285 Nr. 1–34 sowie § 286: § 284 II Nr. 1 (Bilanzierungs- und Bewertungsmethoden); § 284 II Nr. 2 (Abweichungen von Bilanzierungs- und Bewertungsmethoden, Angabe ihres Einflusses auf Vermögens-, Finanz- und Ertragslage, dazu IDW-SABI 2/1987 WPg 1988, 48); § 284 II Nr. 3 (pauschale Unterschiedsbeträge bei bestimmten Bewertungsvereinfachungen); § 284 II Nr. 4 (Einbeziehung von Fremdkapitalzinsen in Herstellungskosten). § 285 Nr. 1a (Gesamtbetrag der Verbindlichkeiten mit Restlaufzeit über 5 Jahren); § 285 Nr. 1b (Gesamtbetrag der besicherten Verbindlichkeiten, Art und Form der Sicherheiten); § 285 Nr. 2 (Aufgliederung der Angaben zu § 285 Nr. 1 für jeden Posten der Verbindlichkeiten; **oder** in Bilanz); § 285 Nr. 3 (Art, Zweck, Risiken, Vorteile nicht in der Bilanz enthaltener Geschäfte, soweit für die Beurteilung der Finanzlage von Bedeutung); § 285 Nr. 3a (Gesamtbetrag der nicht ausgewiesenen oder vermerkten sonstigen finanziellen Verpflichtungen, falls für Beurteilung der Finanzlage von Bedeutung; gesonderte Verpflichtungen gegenüber verbundenen Unt.); § 285 Nr. 4 (Aufgliederung der Umsatzerlöse nach Tätigkeitsbereichen sowie nach geographisch bestimmten Märkten); § 285 Nr. 6 (Aufteilung der Einkommens- und Ertragssteuerbelastung); § 285 Nr. 7 (Zahl der Arbeitnehmer); § 285 Nr. 8a, b (Material- und Personalaufwand bei Umsatzkostenverfahren); § 285 Nr. 9a, b (Gesamtbezüge tätiger und früherer Organmitglieder jeweils für jede Personengruppe); § 285 Nr. 9c (Vorschüsse und Kredite an Organmitgliedergruppen sowie Haftungsverhältnisse zu ihren Gunsten); § 285 Nr. 10 (Angaben zu Organmitgliedern); § 285 Nr. 11 u. 11a (Angaben zu Anteilsbesitz ab 20 % bzw. Stellung als unbeschr haftender Gfter, **oder** in Beteiligungsliste nach § 287); § 285 Nr. 12 (in Bilanz nicht ausgewiesene, nicht unerhebliche sonstige Rückstellungen); § 285 Nr. 13 (Gründe für mehr als fünfjährige Nutzungsdauer des Geschäfts- oder Firmenwerts nach § 246 I 4); § 285 Nr. 14 (Angaben zu MutterUnt.); § 286 III 3 (Anwendung der Schutzklausel bei Angaben zu Anteilsbesitz nach § 285 Nr. 11); § 285 Nr. 15 (dort → § 285 Rn. 18); § 285 Nr. 16 (Entsprechenserklärung zum Corporate Governance Codex); § 285 Nr. 17 (Abschlussprüferhonorar, soweit nicht im Konzernabschluss angegeben); § 285 Nr. 18 (Buchwert und Zeitwert der Finanzinstrumente bei nach § 253 III 4 unterlassener Abschreibung, Gründe für das Unterlassen); § 285 Nr. 19 (nicht zum beizulegenden Zeitwert bewertete derivative Finanzinstrumente); § 285 Nr. 20 (zur Wertermittlung verwendete Methode und Kategorie der Finanzinstrumente mit fehlendem Marktpreis); § 285 Nr. 21 (Geschäfte mit nahe stehenden Unt. und Personen, zumindest wenn Bedingungen nicht marktüblich); § 285 Nr. 22 (Forschungs- und Entwicklungskosten); § 285 Nr. 23 (Zuordnung von Sicherheiten und Risiken bei Bewertungseinheiten, soweit nicht im Lagebericht erfolgt); § 285 Nr. 24 (Annahmen und Berechnungsverfahren bei Pensionsrückstellungen); § 285 Nr. 25 (Werte gem. § 246 II 2 verrechneter Vermögensgegenstände und Schulden und die verrechneten Aufwendungen und Erträge); § 285 Nr. 26 (stille Reserven in Investmentvermögen, an denen Beteiligung besteht); § 285 Nr. 27 (ungewisse Verbindlichkeiten, Haftungsverhältnisse nach § 251); § 285 Nr. 28 (gem. § 268 VIII ausschüttungsgesperrte Erträge), § 285 Nr. 29, 30 (latente Steuern), § 285 Nr. 31 (außergewöhnliche Erträge und Aufwendungen), § 285 Nr. 32 (Periodenfremde Erträge und Aufwendungen), § 285 Nr. 33 (Vorgänge von besonderer Bedeutung), § 285 Nr. 34 (Vorschlag oder Beschluss über Ergebnisverwendung). Lit. Dilßner/Müller/Saile StuB 2018, 435 (sonstige Rückstellungen). Zu Besonderheiten aufgrund der Corona-Pandemie; IDW Fachlicher Hinweis v. 8.4.2020; Rimmelspacher/Kliem WPg 2020, 381.

5   B. **Nach (1) EGHGB:** Art. 24 III (Übernahme der Buchwerte als ursprüngliche Anschaffungs- oder Herstellungskosten im Anlagenspiegel; Art. 28 II (Betrag nicht passivierter Pensionsverpflichtungen). Vgl. auch Art. 48 IV, 67 VIII.

6   C. **Nach AktG:** § 58 II a 2 AktG (andere Gewinnrücklagen aus Einstellung des Eigenkapitalanteils von Wertaufholungen und steuerlichen Passivposten; **oder** in Bilanz); § 152 II AktG (Veränderungen der Kapitalrücklage; **oder** in Bilanz); § 152 III AktG (Veränderungen der Gewinnrücklage; **oder** in Bilanz); § 158 I 2 (Ergänzung der Gewinn- und Verlustrechnung bei AG; **oder** in Gewinn- und Verlustrechnung); § 160 I Nr. 1 AktG (Vorratsaktien); § 160 I Nr. 2 AktG (eigene Aktien); § 160 I Nr. 3 AktG (Aktiengattungen); § 160 I Nr. 4 AktG (genehmigtes Kapital); § 160 I Nr. 5 AktG (Wandelschuldverschreibungen und vergleichbare Wertpapiere); § 160 I Nr. 6 AktG (Genussrechte, Besserungsschein und ähnliche Rechte); § 160 I Nr. 7 AktG (wechselseitige Beteiligungen); § 160 I Nr. 8 AktG (nach § 20 AktG mitgeteilte Beteiligungen); § 240 S. 3 AktG (Verwendung der aus Kapitalherabsetzung und aus Auflösung offener Rücklagen gewonnenen Beträge); § 261 I 3, 4 AktG (Sonderprüfung wegen unzulässiger Unterbewertung).

7   D. **Nach GmbHG:** § 29 IV 2 GmbHG (andere Gewinnrücklagen aus Einstellung des Eigenkapitalanteils von Wertaufholungen und steuerlichen Passivposten; **oder** in Bilanz); § 42 III GmbHG (Ausleihungen, Forderungen und Verbindlichkeiten gegenüber Gftern; **oder** in Bilanz).

3) Freiwillige Angaben

8   I regelt nur den Mindestinhalt des Anhangs (Pflichtangaben und Wahlpflichtangaben, → Rn. 3–7). Die KapitalGes. darf, soweit nicht irreführend (§ 264 II 1), weitere freiwillige Angaben machen, entweder im Anhang oder im Lagebericht, zB Angaben über die Arbeitnehmerschaft u. Arbeitsbedingungen, Berichterstattung über die Behandlung derivativer Finanzinstrumente, Kapitalflussrechnung (DRS 2) und Finanzplan (→ § 264 Rn. 14, aber s. § 297 I 2 für Konzernanhang börsennotierter MutterUnt.), Segmentbericht (DRS 3, umfassend überarbeitet durch DRS 28), Eigenkapitalveränderungsrechnung (DRS 7), Substanzerhaltungsrechnung u. Kapitalerhaltungsrechnung. EinzelKflte und PersonenGes. dürfen einen Anhang ohne bestimmte Mindestangaben machen (anders E § 270); er ist aber nicht Teil des Jahresabschlusses (§ 242 III) und darf nicht irreführen. Kapitalflussrechnung als Ergänzung des Jahres- und Konzernabschlusses DRS 2.

4) Gliederung und Darstellung

9   A. **Gliederung:** Eine bestimmte Gliederung ist nicht vorgeschrieben. Die gewählte Gliederung muss aber den §§ 243 II, 264 II, 265 entsprechen. Gliederungsvorschlag MBF Kap. 12 Tz. 10 und 167, Kap. 16 Tz. 151; Hopt/Kraft/Link Form III.C.1 (Anhang).

2. Abschnitt. Ergänzende Vorschriften für Kapitalges. 10–15 § 284

B. Darstellung: Auch die Darstellung ist frei, sofern sie klar und übersichtlich 10
ist (§ 243 II) und nicht irreführt (§ 264 II). Das gilt auch für graphische Darstellungen und Bilder. **Muster:** MBF Kap. 12 Tz. 10 und 167, Kap. 16 Tz. 151;
Hopt/Merkt Vertrags- und Formularbuch/Kraft/Link Form III.C.1 (Anhang).

5) Bilanzierungs- und Bewertungsmethoden (II Nr. 1)

II Nr. 1 betrifft auch die Bilanzierungsmethoden und lässt Bezugnahme auf 11
Erläuterung früherer Geschäftsjahre nicht mehr zu. Anzugeben sind die auf Bilanz
und Gewinn- und Verlustrechnung angewandten Bilanzierungsmethoden (zB
Ausübung von Ansatzwahlrechten wie § 248 II) und Bewertungsmethoden (zB
Abschreibungsmethoden, § 253 II 2, III 4; Methode der angesetzten Anschaffungs- und Herstellungskosten, § 255; Bewertungsvereinfachungsverfahren,
§ 256). Die BStBK fordert in Reaktion auf BFH DStR 2017, 942 im Anhang bei
der Angabe der angewandten Bewertungsmethode unter der Darstellung der
Bilanzierungs- und Bewertungsgrundsätze auch die Annahme der Unternehmensfortführung zu begründen bzw. auf die Bestandsgefährdung hinzuweisen,
BStBK Hinweise v. 13./14.3.2018; ähnlich auch IDW PS 270 nF Tz. 9, der
allerdings umfangreichere Angaben mit lageberichtstypischen Elementen fordert.
Lit. Fink/Theile DB 2015, 754 (Änderungen durch BilRUG 2015); Zwirner/
Boecker BC 2016, 363 (BilRUG); Schüttler StuB 2019, 438 (Anhangangabe bei
Bestandsgefährdung).

**6) Abweichungen von Bilanzierungs- und Bewertungsmethoden
(II Nr. 2)**

II Nr. 2 ergänzt ua § 252 I Nr. 6, II. Dazu IDW ERS HFA 38, WPg 2010, 12
88. Abweichung zB bei Übergang von Einzel- zu Gruppenbewertung nach
§ 240 IV. Zum Einfluss auf die Vermögens-, Finanz- und Ertragslage sind idR
zahlenmäßige Angaben nötig, anders nur bei geringer Bedeutung, ADS Rn. 106;
aA BeckBilKomm/Grottel Rn. 143, 170. **Übergangsrecht (1)** EGHGB Art. 48
IV, 67 VIII, → Einl. vor § 238 Rn. 64. **Lit.** Zwirner/Boecker BC 2016, 363
(BilRUG); Hermes DStR 2018, 1881 (mitgliedschaftliches Nießbrauchsrecht).

**7) Unterschiedsbeträge bei Bewertungsmethoden nach §§ 240 IV, 256
S. 1 (II Nr. 3)**

Anzugeben sind bei Anwendung der Bewertungsvereinfachungen nach §§ 240 13
IV, 256 S. 1 (Gruppenbewertung, fiktive Verbrauchs- oder Veräußerungsfolge
wie Fifo, Lifo) die Unterschiedsbeträge zur Stichtagspreisbewertung pauschal für
die jeweilige Gruppe. Kleine KapitalGes. s. § 288. Ausnahme für Kreditinstitute
§ 340a II 1.

8) Einbeziehung von Fremdkapitalzinsen in Herstellungskosten (II Nr. 4)
II Nr. 4 ergänzt § 255 III 2. 14

9) Einzeldarstellung zu Posten des Anlagevermögens (III)

III angefügt durch BilRUG 2015 (**Übergangsrecht (1)** EGHGB Art. 75 I 1) 15
als Folgeänderung zur Aufhebung von § 268 II. Einzeldarstellung zu den Posten
des Anlagevermögens ist zwingend als Anhangangabe ausgestaltet, die Möglichkeit des Ausweises in der Bilanz entfällt. Aus systematischen Gründen wird
§ 268 II aF in § 284 III verschoben, RegBegr S. 80. Verlangt wird Darstellung
der Entwicklung der einzelnen Posten in gesonderter Aufgliederung, dh ein
Bruttoanlagenspiegel, der statt vom Buchwert zu Beginn des Geschäftsjahrs von
den gesamten (historischen) Anschaffungs- und Herstellungskosten, nach Zu-,
Abgängen, Umbuchungen, Zuschreibungen des Geschäftsjahrs sowie Abschreibungen ausgeht (direkte Bruttomethode, **III 1 u. 2**). Dabei ist die Entwicklung
der einzelnen Posten des Anlagevermögens darzustellen (Anlagenspiegel oder

Anlagengitter). Der Anlagenspiegel ist zwingend im Anhang darzustellen. Die Abschreibungen des Geschäftsjahrs sind im Anhang auszuweisen. Einbeziehung in den Anlagenspiegel führt zu **Neun-Spalten-Schema:** Zu gliedern ist zB: Anschaffungs- oder Herstellungskosten (kumuliert)/(+) (mengenmäßige) Zugänge/(–) mengenmäßige Abgänge/(+/–) Umbuchungen/(+) Zuschreibungen/(–) Gesamte Abschreibungen/(–) Abschreibungen des Geschäftsjahres (I 3)/Buchwert (31.12. Geschäftsjahr)/Buchwert (31.12. Vorjahr, § 265 II). Zugänge, Abgänge und Umbuchungen sind nur für das Geschäftsjahr (nicht kumuliert) und mit den (historischen) Anschaffungs- oder Herstellungskosten auszuweisen, ADS Rn. 59. Zuschreibungen (Wertaufholungen nach früheren Abschreibungen, s. zB § 253 V) sind (nur) für das Geschäftsjahr auszuweisen. Diese Zuschreibungen des Jahres werden erst im folgenden Jahr mit den kumulierten Abschreibungen saldiert. Nachaktivierungen in der Form der Zuschreibung (str.) werden dagegen zu Beginn des folgenden Jahres in den Anschaffungs- und Herstellungskosten umgebucht, ADS Rn. 62. Bei geringwertigen Vermögensgegenständen kann nach GoB sofortiger Abgang unterstellt werden (AmtlBegr) (sofortige Abschreibung → § 253 Rn. 14). III gilt nicht für kleine KapitalGes. (§ 274a). Bei Abschreibungen sind die Abschreibungen in ihrer gesamten Höhe zu Beginn und Ende des Geschäftsjahrs anzugeben **(III 3 Nr. 1),** ferner die im Laufe des Geschäftsjahrs vorgenommenen Abschreibungen **(III 3 Nr. 2)** sowie Änderungen in den Abschreibungen in ihrer gesamten Höhe im Zusammenhang mit Zu- und Abgängen sowie Umbuchungen im Laufe des Geschäftsjahrs **(III 3 Nr. 3).** Bei Einbeziehung der Zinsen für Fremdkapital in die Herstellungskosten muss gem. Art. 17 I Buchst. a vi Bilanz-RL 2013 für jeden Posten des Anlagevermögens der im Geschäftsjahr aktivierte Betrag an Zinsen angegeben werden **(III 4). Lit.** Rimmelspacher/Meyer DB 2015, Beil. Heft 36, 23 (BilRUG).

Sonderregelung für Kreditinstitute § 340a II 2. Die **Übergangsvorschrift** des **(1)** EGHGB Art. 24 III gestattet eine indirekte Bruttomethode derart, dass beim ersten Mal unter engen Voraussetzungen statt historischer Wertansätze die bisherigen Buchwerte zulässig sind. **Muster:** Hopt/Kraft/Link Form III.A.6 (Anlagenspiegel).

Sonstige Pflichtangaben

285 Ferner sind im Anhang anzugeben:
1. zu den in der Bilanz ausgewiesenen Verbindlichkeiten
   a) der Gesamtbetrag der Verbindlichkeiten mit einer Restlaufzeit von mehr als fünf Jahren,
   b) der Gesamtbetrag der Verbindlichkeiten, die durch Pfandrechte oder ähnliche Rechte gesichert sind, unter Angabe von Art und Form der Sicherheiten;
2. die Aufgliederung der in Nummer 1 verlangten Angaben für jeden Posten der Verbindlichkeiten nach dem vorgeschriebenen Gliederungsschema;
3. Art und Zweck sowie Risiken, Vorteile und finanzielle Auswirkungen von nicht in der Bilanz enthaltenen Geschäften, soweit die Risiken und Vorteile wesentlich sind und die Offenlegung für die Beurteilung der Finanzlage des Unternehmens erforderlich ist;
3a. der Gesamtbetrag der sonstigen finanziellen Verpflichtungen, die nicht in der Bilanz enthalten sind und die nicht nach § 268 Absatz 7 oder Nummer 3 anzugeben sind, sofern diese Angabe für die Beurteilung der Finanzlage von Bedeutung ist; davon sind Verpflichtungen betreffend die Altersversorgung und Verpflichtungen gegenüber verbundenen oder assoziierten Unternehmen jeweils gesondert anzugeben;

4. die Aufgliederung der Umsatzerlöse nach Tätigkeitsbereichen sowie nach geografisch bestimmten Märkten, soweit sich unter Berücksichtigung der Organisation des Verkaufs, der Vermietung oder Verpachtung von Produkten und der Erbringung von Dienstleistungen der Kapitalgesellschaft die Tätigkeitsbereiche und geografisch bestimmten Märkte untereinander erheblich unterscheiden;
5. *[aufgehoben]*
6. *[aufgehoben]*
7. die durchschnittliche Zahl der während des Geschäftsjahrs beschäftigten Arbeitnehmer getrennt nach Gruppen;
8. bei Anwendung des Umsatzkostenverfahrens (§ 275 Abs. 3)
   a) der Materialaufwand des Geschäftsjahrs, gegliedert nach § 275 Abs. 2 Nr. 5,
   b) der Personalaufwand des Geschäftsjahrs, gegliedert nach § 275 Abs. 2 Nr. 6;
9. für die Mitglieder des Geschäftsführungsorgans, eines Aufsichtsrats, eines Beirats oder einer ähnlichen Einrichtung jeweils für jede Personengruppe
   a) die für die Tätigkeit im Geschäftsjahr gewährten Gesamtbezüge (Gehälter, Gewinnbeteiligungen, Bezugsrechte und sonstige aktienbasierte Vergütungen, Aufwandsentschädigungen, Versicherungsentgelte, Provisionen und Nebenleistungen jeder Art). In die Gesamtbezüge sind auch Bezüge einzurechnen, die nicht ausgezahlt, sondern in Ansprüche anderer Art umgewandelt oder zur Erhöhung anderer Ansprüche verwendet werden. Außer den Bezügen für das Geschäftsjahr sind die weiteren Bezüge anzugeben, die im Geschäftsjahr gewährt, bisher aber in keinem Jahresabschluss angegeben worden sind. Bezugsrechte und sonstige aktienbasierte Vergütungen sind mit ihrer Anzahl und dem beizulegenden Zeitwert zum Zeitpunkt ihrer Gewährung anzugeben; spätere Wertveränderungen, die auf einer Änderung der Ausübungsbedingungen beruhen, sind zu berücksichtigen;
   b) die Gesamtbezüge (Abfindungen, Ruhegehälter, Hinterbliebenenbezüge und Leistungen verwandter Art) der früheren Mitglieder der bezeichneten Organe und ihrer Hinterbliebenen. Buchstabe a Satz 2 und 3 ist entsprechend anzuwenden. Ferner ist der Betrag der für diese Personengruppe gebildeten Rückstellungen für laufende Pensionen und Anwartschaften auf Pensionen und der Betrag der für diese Verpflichtungen nicht gebildeten Rückstellungen anzugeben;
   c) die gewährten Vorschüsse und Kredite unter Angabe der Zinssätze, der wesentlichen Bedingungen und der gegebenenfalls im Geschäftsjahr zurückgezahlten oder erlassenen Beträge sowie die zugunsten dieser Personen eingegangenen Haftungsverhältnisse;
10. alle Mitglieder des Geschäftsführungsorgans und eines Aufsichtsrats, auch wenn sie im Geschäftsjahr oder später ausgeschieden sind, mit dem Familiennamen und mindestens einem ausgeschriebenen Vornamen, einschließlich des ausgeübten Berufs und bei börsennotierten Gesellschaften auch der Mitgliedschaft in Aufsichtsräten und anderen Kontrollgremien im Sinne des § 125 Abs. 1 Satz 5 des Aktiengesetzes. Der Vorsitzende eines Aufsichtsrats, seine Stellvertreter und ein etwaiger Vorsitzender des Geschäftsführungsorgans sind als solche zu bezeichnen;
11. Name und Sitz anderer Unternehmen, die Höhe des Anteils am Kapital, das Eigenkapital und das Ergebnis des letzten Geschäftsjahrs dieser Unternehmen, für das ein Jahresabschluss vorliegt, soweit es sich um Beteiligungen im Sinne des § 271 Absatz 1 handelt oder ein solcher Anteil von einer Person für Rechnung der Kapitalgesellschaft gehalten wird;

§ 285

11a. Name, Sitz und Rechtsform der Unternehmen, deren unbeschränkt haftender Gesellschafter die Kapitalgesellschaft ist;

11b. von börsennotierten Kapitalgesellschaften sind alle Beteiligungen an großen Kapitalgesellschaften anzugeben, die 5 Prozent der Stimmrechte überschreiten;

12. Rückstellungen, die in der Bilanz unter dem Posten „sonstige Rückstellungen" nicht gesondert ausgewiesen werden, sind zu erläutern, wenn sie einen nicht unerheblichen Umfang haben;

13. jeweils eine Erläuterung des Zeitraums, über den ein entgeltlich erworbener Geschäfts- oder Firmenwert abgeschrieben wird;

14. Name und Sitz des Mutterunternehmens der Kapitalgesellschaft, das den Konzernabschluss für den größten Kreis von Unternehmen aufstellt, sowie der Ort, wo der von diesem Mutterunternehmen aufgestellte Konzernabschluss erhältlich ist;

14a. Name und Sitz des Mutterunternehmens der Kapitalgesellschaft, das den Konzernabschluss für den kleinsten Kreis von Unternehmen aufstellt, sowie der Ort, wo der von diesem Mutterunternehmen aufgestellte Konzernabschluss erhältlich ist;

15. soweit es sich um den Anhang des Jahresabschlusses einer Personenhandelsgesellschaft im Sinne des § 264a Abs. 1 handelt, Name und Sitz der Gesellschaften, die persönlich haftende Gesellschafter sind, sowie deren gezeichnetes Kapital;

15a. das Bestehen von Genussscheinen, Genussrechten, Wandelschuldverschreibungen, Optionsscheinen, Optionen, Besserungsscheinen oder vergleichbaren Wertpapieren oder Rechten, unter Angabe der Anzahl und der Rechte, die sie verbriefen;

16. dass die nach § 161 des Aktiengesetzes vorgeschriebene Erklärung abgegeben und wo sie öffentlich zugänglich gemacht worden ist;

17. das von dem Abschlussprüfer für das Geschäftsjahr berechnete Gesamthonorar, aufgeschlüsselt in das Honorar für
    a) die Abschlussprüfungsleistungen,
    b) andere Bestätigungsleistungen,
    c) Steuerberatungsleistungen,
    d) sonstige Leistungen,
    soweit die Angaben nicht in einem das Unternehmen einbeziehenden Konzernabschluss enthalten sind;

18. für zu den Finanzanlagen (§ 266 Abs. 2 A. III.) gehörende Finanzinstrumente, die über ihrem beizulegenden Zeitwert ausgewiesen werden, da eine außerplanmäßige Abschreibung nach § 253 Absatz 3 Satz 6 unterblieben ist,
    a) der Buchwert und der beizulegende Zeitwert der einzelnen Vermögensgegenstände oder angemessener Gruppierungen sowie
    b) die Gründe für das Unterlassen der Abschreibung einschließlich der Anhaltspunkte, die darauf hindeuten, dass die Wertminderung voraussichtlich nicht von Dauer ist;

19. für jede Kategorie nicht zum beizulegenden Zeitwert bilanzierter derivativer Finanzinstrumente
    a) deren Art und Umfang,
    b) deren beizulegender Zeitwert, soweit er sich nach § 255 Abs. 4 verlässlich ermitteln lässt, unter Angabe der angewandten Bewertungsmethode,
    c) deren Buchwert und der Bilanzposten, in welchem der Buchwert, soweit vorhanden, erfasst ist, sowie

2. Abschnitt. Ergänzende Vorschriften für Kapitalges. § 285

  d) die Gründe dafür, warum der beizulegende Zeitwert nicht bestimmt werden kann;
20. für mit dem beizulegenden Zeitwert bewertete Finanzinstrumente
    a) die grundlegenden Annahmen, die der Bestimmung des beizulegenden Zeitwertes mit Hilfe allgemein anerkannter Bewertungsmethoden zugrunde gelegt wurden, sowie
    b) Umfang und Art jeder Kategorie derivativer Finanzinstrumente einschließlich der wesentlichen Bedingungen, welche die Höhe, den Zeitpunkt und die Sicherheit künftiger Zahlungsströme beeinflussen können;
21. zumindest die nicht zu marktüblichen Bedingungen zustande gekommenen Geschäfte, soweit sie wesentlich sind, mit nahe stehenden Unternehmen und Personen, einschließlich Angaben zur Art der Beziehung, zum Wert der Geschäfte sowie weiterer Angaben, die für die Beurteilung der Finanzlage notwendig sind; ausgenommen sind Geschäfte mit und zwischen mittel- oder unmittelbar in 100-prozentigem Anteilsbesitz stehenden in einen Konzernabschluss einbezogenen Unternehmen; Angaben über Geschäfte können nach Geschäftsarten zusammengefasst werden, sofern die getrennte Angabe für die Beurteilung der Auswirkungen auf die Finanzlage nicht notwendig ist;
22. im Fall der Aktivierung nach § 248 Abs. 2 der Gesamtbetrag der Forschungs- und Entwicklungskosten des Geschäftsjahrs sowie der davon auf die selbst geschaffenen immateriellen Vermögensgegenstände des Anlagevermögens entfallende Betrag;
23. bei Anwendung des § 254,
    a) mit welchem Betrag jeweils Vermögensgegenstände, Schulden, schwebende Geschäfte und mit hoher Wahrscheinlichkeit erwartete Transaktionen zur Absicherung welcher Risiken in welche Arten von Bewertungseinheiten einbezogen sind sowie die Höhe der mit Bewertungseinheiten abgesicherten Risiken,
    b) für die jeweils abgesicherten Risiken, warum, in welchem Umfang und für welchen Zeitraum sich die gegenläufigen Wertänderungen oder Zahlungsströme künftig voraussichtlich ausgleichen einschließlich der Methode der Ermittlung,
    c) eine Erläuterung der mit hoher Wahrscheinlichkeit erwarteten Transaktionen, die in Bewertungseinheiten einbezogen wurden,
    soweit die Angaben nicht im Lagebericht gemacht werden;
24. zu den Rückstellungen für Pensionen und ähnliche Verpflichtungen das angewandte versicherungsmathematische Berechnungsverfahren sowie die grundlegenden Annahmen der Berechnung, wie Zinssatz, erwartete Lohn- und Gehaltssteigerungen und zugrunde gelegte Sterbetafeln;
25. im Fall der Verrechnung von Vermögensgegenständen und Schulden nach § 246 Abs. 2 Satz 2 die Anschaffungskosten und der beizulegende Zeitwert der verrechneten Vermögensgegenstände, der Erfüllungsbetrag der verrechneten Schulden sowie die verrechneten Aufwendungen und Erträge; Nummer 20 Buchstabe a ist entsprechend anzuwenden;
26. zu Anteilen an Sondervermögen im Sinn des § 1 Absatz 10 des Kapitalanlagegesetzbuchs oder Anlageaktien an Investmentaktiengesellschaften mit veränderlichem Kapital im Sinn der §§ 108 bis 123 des Kapitalanlagegesetzbuchs oder vergleichbaren EU-Investmentvermögen oder vergleichbaren ausländischen Investmentvermögen von mehr als dem zehnten Teil, aufgegliedert nach Anlagezielen, deren Wert im Sinn der §§ 168, 278 des Kapitalanlagegesetzbuchs oder des § 36 des Investmentgesetzes in der bis zum 21. Juli 2013 geltenden Fassung oder vergleich-

§ 285

barer ausländischer Vorschriften über die Ermittlung des Marktwertes, die Differenz zum Buchwert und die für das Geschäftsjahr erfolgte Ausschüttung sowie Beschränkungen in der Möglichkeit der täglichen Rückgabe; darüber hinaus die Gründe dafür, dass eine Abschreibung gemäß § 253 Absatz 3 Satz 6 unterblieben ist, einschließlich der Anhaltspunkte, die darauf hindeuten, dass die Wertminderung voraussichtlich nicht von Dauer ist; Nummer 18 ist insoweit nicht anzuwenden;

27. für nach § 268 Abs. 7 im Anhang ausgewiesene Verbindlichkeiten und Haftungsverhältnisse die Gründe der Einschätzung des Risikos der Inanspruchnahme;
28. der Gesamtbetrag der Beträge im Sinn des § 268 Abs. 8, aufgegliedert in Beträge aus der Aktivierung selbst geschaffener immaterieller Vermögensgegenstände des Anlagevermögens, Beträge aus der Aktivierung latenter Steuern und aus der Aktivierung von Vermögensgegenständen zum beizulegenden Zeitwert;
29. auf welchen Differenzen oder steuerlichen Verlustvorträgen die latenten Steuern beruhen und mit welchen Steuersätzen die Bewertung erfolgt ist;
30. wenn latente Steuerschulden in der Bilanz angesetzt werden, die latenten Steuersalden am Ende des Geschäftsjahrs und die im Laufe des Geschäftsjahrs erfolgten Änderungen dieser Salden;
31. jeweils der Betrag und die Art der einzelnen Erträge und Aufwendungen von außergewöhnlicher Größenordnung oder außergewöhnlicher Bedeutung, soweit die Beträge nicht von untergeordneter Bedeutung sind;
32. eine Erläuterung der einzelnen Erträge und Aufwendungen hinsichtlich ihres Betrags und ihrer Art, die einem anderen Geschäftsjahr zuzurechnen sind, soweit die Beträge nicht von untergeordneter Bedeutung sind;
33. Vorgänge von besonderer Bedeutung, die nach dem Schluss des Geschäftsjahrs eingetreten und weder in der Gewinn- und Verlustrechnung noch in der Bilanz berücksichtigt sind, unter Angabe ihrer Art und ihrer finanziellen Auswirkungen;
34. der Vorschlag für die Verwendung des Ergebnisses oder der Beschluss über seine Verwendung.

Übersicht

	Rn
1) Verbindlichkeiten mit Restlaufzeit von über fünf Jahren, Sicherheiten (Nr. 1)	1
2) Aufgliederung der Angaben zu Nr. 1 (Nr. 2)	2
3) Sonstige finanzielle Verpflichtungen (Nr. 3)	3, 4
4) Aufgliederung der Umsatzerlöse (Nr. 4)	5
5) Ergebnisbeeinflussung durch steuerrechtliche Bewertung (Nr. 5 aF)	6
6) Aufteilung der Einkommen- und Ertragsteuerbelastung (Nr. 6 aF)	7
7) Zahl der Arbeitnehmer (Nr. 7)	8
8) Material- und Personalaufwand bei Umsatzkostenverfahren (Nr. 8)	9
9) Gesamtbezüge der Organmitglieder, Organkredite (Nr. 9)	10
10) Angaben zu Organmitgliedern (Nr. 10)	11
11) Angaben zu Anteilsbesitz (Nr. 11)	12
12) Angaben zu Unternehmen, deren unbeschränkt haftender Gesellschafter die KapitalGes. ist (Nr. 11a)	13
13) Beteiligungen an großen KapitalGes. (Nr. 11b)	14
14) Rückstellungen (Nr. 12)	15
15) Angabe des Abschreibungszeitraums (Nr. 13)	16

2. Abschnitt. Ergänzende Vorschriften für Kapitalges.   1–3   § 285

	Rn
16) Angaben zu Mutterunternehmen (Nr. 14 und 14a)	17
17) Angaben bei GmbH & Co ua (Nr. 15)	18
18) Fremdgehaltene/eigene Aktien und Bezugsrechte (15a)	19
19) Entsprechenserklärung (Nr. 16)	20
20) Angaben zum Abschlussprüferhonorar bei großen Ges. (Nr. 17)	21
21) Finanzinstrumente (Nr. 18–Nr. 20)	22
22) Nahestehende Unternehmen und Personen (Nr. 21)	23
23) Forschungs- und Entwicklungskosten (Nr. 22)	24
24) Bewertungseinheiten (Nr. 23)..............................	25
25) Pensionsrückstellungen und ähnliche Verpflichtungen (Nr. 24)	26
26) Verrechnung (Nr. 25)	27
27) Anteile und Anlageaktien (Nr. 26)	28
28) Ausweis unter der Bilanz (Nr. 27)	29
29) Gesamtbetrag der Beträge (Nr. 28)	30
30) Latente Steuern (Nr. 29)	31
31) Ab-/Aufbau latenter Steuern (Nr. 30)	32
32) Erträge/Aufwendungen von außerordentlicher Größe/Bedeutung (Nr. 31)...	33
33) Periodenfremde Aufwendungen/Erträge (Nr. 32)	34
34) Wesentliche Ereignisse nach dem Bilanzstichtag (Nr. 33)	35
35) Ergebnisverwendung (Nr. 34)...............................	36

1) Verbindlichkeiten mit Restlaufzeit von über fünf Jahren, Sicherheiten (Nr. 1)

1 Nr. 1a) erfordert Angaben des Gesamtbetrags langfristiger Verbindlichkeiten **1** (maßgebend Restlaufzeit), **1 Nr. 1b)** Gesamtbetrag der besicherten Verbindlichkeiten sowie Art und Form der Sicherheiten. Ausnahme für Kreditinstitute § 340a II 2. **Lit.** MBF Kap. 12 Tz. 23 ff.; Eden Konzern 2018, 425 (Berichtspflicht bei Treuhand im Anhang des Treugebers); Kronner/Seidler BB 2019, 555 (559) (harte interne Patronatserklärung).

2) Aufgliederung der Angaben zu Nr. 1 (Nr. 2)

→ Rn. 1. Angabe im Anhang oder in Bilanz. Kleine KapitalGes. s. § 288 I. **2** Ausnahme für Kreditinstitute § 340a II 2; Eden Konzern 2018, 425 (Berichtspflicht bei Treuhand im Anhang des Treugebers).

3) Sonstige finanzielle Verpflichtungen (Nr. 3)

Nr. 3 idF BilMoG 2009 (**Übergangsrecht in (1)** EGHGB Art. 66 II), NF **3** durch BilRUG 2015 (**Übergangsrecht in (1)** EGHGB Art. 75 I 1) nach Art. 17 I Buchst. p Bilanz-RL 2013, erfordert Angabe von Art und Zweck sowie Risiken, Vorteilen und finanziellen Auswirkungen von nicht in der Bilanz erscheinenden Geschäfte, soweit sie wesentlich sind und die Offenlegung für die Beurteilung der Finanzlage notwendig ist; lex specialis zu Nr. 3a). Erfasst sind damit Transaktionen, die von vornherein keinen dauerhaften Eingang in die Bilanz finden oder den dauerhaften Abgang von Vermögensgegenständen und Schulden nach sich ziehen; das können schwebende Geschäfte (→ § 252 Rn. 21) sein, heißt aber Angabepflicht derselben nur, wenn dauerhaft schwebend (RegE BilMoG 69). Bspe für Nr. 3: Geschäfte in Zusammenhang mit Gründung von ZweckGes., Forderungsverbriefungen, Leasing- oder Pensionsgeschäfte. Leasingnehmer muss Leasinggut mangels Anschaffung nicht bilanzieren, muss aber für das nicht bilanzierte Geschäft im Anhang Art, Zweck, Risiken, Vorteile und finanzielle Auswirkungen angeben, Schüttler WPg 2018, 1362. Zu den Auswirkungen der Corona-Pandemie IDW Fachlicher Hinweis. **Lit.** Fink/Theile

DB 2015, 754; Wulf DStZ 2015, 835 (BilRUG); Knobloch/Baumeister DB 2015, 2769; Müller/Ziegler BC 2017, 28; Schüttler BC 2017, 411.

4 Nach **Nr. 3a,** NF durch BilRUG 2015 (**Übergangsrecht** in (**1**) EGHGB Art. 75 I 1) nach Art. 16 I Buchst. a, Art. 17 I Buchst. d Bilanz-RL 2013, ist der Gesamtbetrag der sonstigen nicht in der Bilanz erscheinenden (also weder als Verbindlichkeit noch als Rückstellung passivierten), auch nicht als Haftungsverhältnisse (§ 268 VII) und nicht nach Nr. 3 angegebenen finanziellen Verpflichtungen anzugeben; gesondert anzugeben sind Verpflichtungen betreffend Altersversorgung sowie gegenüber verbundenen/assoziierten Unt. (§ 271 II); anders, wenn Angabe für die Beurteilung der Finanzlage ohne Bedeutung ist. Bspe: Mehrjährige Verpflichtungen aus Miet- oder Leasingverträgen (s. **(7)** Bankgeschäfte P1), aus begonnenen Investitionsvorhaben, künftigen Großreparaturen und aus notwendig werdenden Umweltschutzmaßnahmen; aus Beteiligung als phG an PersonenHdlGes., IDW RS HFA 18, WPg 2006, 1302, aus sonstigen Dauerschuldverhältnissen, also vor allem Verpflichtungen aus schwebenden Geschäften (→ § 252 Rn. 21) und künftige Ausgaben, für die eine Rückstellung nicht zulässig oder nicht gewählt ist. Nicht passivierte Pensionsverpflichtungen fallen nicht unter Nr. 3, sondern (**1**) EGHGB Art. 28 II. Kleine und mittlere KapitalGes. s. § 288 I, II. Beim Leasing scheidet Angabe als sonstige finanzielle Verpflichtung iSv Nr. 3a aus, falls Leasingverhältnis bilanzpolitisch motiviert ist, Schüttler WPg 2018, 1362. Zu den Auswirkungen der Corona-Pandemie IDW Fachlicher Hinweis. **Lit.** Heeb WPg 2014, 189; Lüdenbach/Freiberg BB 2014, 2219 (BilRUG 2015); Blöink/Knoll-Biermann Konzern 2015, 65 (BilRUG 2015); Oser/Orth/Wirtz DB 2015, 197 (BilRUG 2015); Fink/Theile DB 2015, 754; Wulf DStZ 2015, 835 (BilRUG); Knobloch/Baumeister DB 2015, 2769; Müller/Ziegler BC 2017, 28; Schüttler BC 2017, 411.

4) Aufgliederung der Umsatzerlöse (Nr. 4)

5 **Nr. 4,** NF durch BilRUG 2015 (**Übergangsrecht** in (**1**) EGHGB Art. 75 I 1) nach Art. 18 I Buchst. a, Art. 2 Nr. 5 Bilanz-RL 2013, verlangt Aufgliederung der Umsatzerlöse nach Tätigkeitsbereichen und geographisch bestimmten Märkten, wenn sie sich unter Berücksichtigung der Organisation des Verkaufs, der Vermietung oder Verpachtung von Produkten und der Erbringung von Dienstleistungen der KapitalGes. die Tätigkeitsbereiche und Märkte untereinander erheblich unterscheiden. Das ist anhand der für die KapitalGes. typischen Erzeugnis- und Dienstleistungsgruppen unter Berücksichtigung ihrer Verkaufsorganisation zu beurteilen. Geographisch bestimmte Märkte können Ländergruppen, einzelne Länder und Binnenregionen bis zu einzelnen Gemeinden sein. Nr. 4 gilt nur für große KapitalGes. (§ 288 II), und auch diese können sich noch auf die Schutzklausel (§ 286 II) berufen. Ausnahme für Kreditinstitute § 340a II 2. **Lit.** Blöink/Knoll-Biermann Konzern 2015, 65 (BilRUG 2015); Lüdenbach/Freiberg BB 2014, 2219 (BilRUG 2015); Oser/Orth/Wirtz DB 2015, 197 (BilRUG 2015); Fink/Theile DB 2015, 754; Kleinmanns StuB 2014, 794; Wulf DStZ 2015, 835 (BilRUG).

5) Ergebnisbeeinflussung durch steuerrechtliche Bewertung (Nr. 5 aF)

6 Nr. 5 aufgehoben durch BilMoG 2009 (**Übergangsrecht** in (**1**) EGHGB Art. 66 V).

6) Aufteilung der Einkommen- und Ertragsteuerbelastung (Nr. 6 aF)

7 Nr. 6 aufgehoben durch BilRUG 2015 (**Übergangsrecht** in (**1**) EGHGB Art. 75 I 1) nach Art. 16 I Buchst. f Bilanz-RL 2013.

7) Zahl der Arbeitnehmer (Nr. 7)

8 Berechnung auch für Nr. 7 nach § 267 V. Kleine KapitalGes. s. § 288 I.

2. Abschnitt. Ergänzende Vorschriften für Kapitalges.   9, 10   § 285

8) Material- und Personalaufwand bei Umsatzkostenverfahren (Nr. 8)
Die Posten Materialaufwand und Personalaufwand erscheinen in der Gewinn- 9
und Verlustrechnung nur bei Entscheidung für das Gesamtkostenverfahren
(§ 275 II Nr. 5, 6). Bei Wahl des Umsatzkostenverfahrens (§ 275 I, III) sind
dieselben Informationen im Anhang zu geben. Kleine KapitalGes. brauchen den
Materialaufwand nicht anzugeben (§ 288 I; Grund § 276). Ausnahme für Kreditinstitute § 340a II 1.

9) Gesamtbezüge der Organmitglieder, Organkredite (Nr. 9)
Nr. 9, NF durch Bilanz-RL 2015 (**Übergangsrecht** in (1) EGHGB Art. 75 I   10
1) nach Art. 16 I Buchst. e BilRL 2013, geändert durch ARUG II 2019 (**Übergangsrecht** in (1) EGHGB Art. 83) betrifft die Mitglieder des Geschäftsführungsorgans (Vorstand der AG, Geschäftsführer der GmbH), eines Aufsichtsrats, eines Beirats der KapitalGes. oder einer ähnlichen Einrichtung und verlangt aggregierte Angaben jeweils für jede Personengruppe (nicht Einzelangaben zu jedem Mitglied). Nach **Nr. 9a** idF ARUG II sind die Gesamtbezüge (Legaldefinition mit Einrechnungsvorschrift nach Nr. 9a S. 2, Zusatzangabe nach Nr. 9a S. 3) der tätigen Organmitglieder (hinzugefügt „sonstige aktienbasierte Vergütungen" durch TransPuG 2002, **Übergangsrecht** in (1) EGHGB Art. 54) anzugeben. Durch das Gesetz über die Offenlegung der Vorstandsvergütungen (VorstOG) vom 3.8.2005 (**Übergangsrecht** in (1) EGHGB Art. 59) wurde in Nr. 9a die Pflicht zur Offenlegung von Aktienoptionen (beizulegenden Zeitwert mit späteren Änderungen) und Vorstandsbezügen börsennotierter AG (Einzelbezüge mit Namensnennung, aufgegliedert nach erfolgsabhängigen und -unabhängigen sowie langfristig Anreizwirkung entfaltenden Bestandteilen) erweitert. Seit VorstAG 2009 (**Übergangsrecht** in (1) EGHGB Art. 68) detaillierte Angaben über (zugesagte) Leistungen sowohl für den Fall regulärer als nun auch vorzeitiger Beendigung der Tätigkeit sowie Pflicht zur Angabe bei Änderung solcher Zusagen. Nr. 9a gilt auch, wenn Vorstand der Ges. nur aus einer Person besteht, OLG Frankfurt a. M. AG 2013, 50. Einzelheiten DRS 17. Nr. 9a S. 5–8 aF (Zusatzangaben bei börsennotierte Ges.) wurden durch das ARUG II gestrichen und ihr Regelungsinhalt in § 162 AktG überführt, RegE 138, dazu Needham/Müller IRZ 2019, 79. **Lit.** Nach **Nr. 9b** sind die Gesamtbezüge der früheren Organmitglieder (mit Zusatzangabe nach Nr. 9b S. 3 über die Beträge der für sie gebildeten und der nicht gebildeten Pensionsrückstellungen, → § 249 Rn. 14–18) anzugeben. Die von verbundenen Unt. erhaltenen Bezüge brauchen nur im Konzernabschluss angegeben zu werden. Befreiung von Nr. 9a, b nach § 286 IV, wenn sich sonst die Bezüge eines einzelnen Organmitglieds feststellen lassen. Entsprechende Anwendung der mit dem VorstOG eingeführten weiteren Offenlegungspflichten bei börsennotierten AG nur für Abfindungen und verwandte Leistungen. **Nr. 9c** verlangt detaillierte Angaben zu den Organkrediten iwS (vgl. §§ 89, 115 AktG; anders § 43a GmbHG), wobei neben den Angaben zu zurückgezahlten Beträgen seit BilRUG 2015 (**Übergangsrecht** in (1) EGHGB Art. 75 I 1) in Umsetzung von Art. 16 I Buchst. e Bilanz-RL 2013 auch Angaben zu erlassenen Beträgen verlangt werden. Haftungsverhältnisse sind alle die KapitalGes. jetzt, später oder bedingt belastenden Drittverbindlichkeiten zugunsten eines Organmitglieds (vgl. §§ 251, 285 Nr. 3a). Kleine KapitalGes. brauchen nur Angaben nach Nr. 9c zu machen (§ 288). Ausnahme von Nr. 9c für Kreditinstitute § 340a II 2. **Lit.** Blöink/Knoll-Biermann Konzern 2015, 65 (BilRUG 2015); Lüdenbach/Freiberg BB 2014, 2219 (BilRUG 2015); Oser/Orth/Wirtz DB 2015, 197 (BilRUG 2015); Wulf DStZ 2015, 835 (BilRUG); Böcking/Bundle Konzern 2018, 496 (Vergleich mit ARUG II); Orth/Oser/Philippsen/Sultana DB 2019, 2814; Stöber DStR 2020, 391.

10) Angaben zu Organmitgliedern (Nr. 10)

11 Nr. 10 S. 1 idF KonTraG 1998: Namensangaben nach 1 samt der tatsächlich ausgeübten hauptberuflichen Tätigkeit und bei börsennotierten Ges. (§ 3 II AktG, → Rn. 12, vgl. → § 267 Rn. 9) auch Aufsichtsrats- und andere Kontrollgremienmandate iSv § 125 I 3 AktG; Funktionsangaben nach S. 2.

11) Angaben zu Anteilsbesitz (Nr. 11)

12 Nr. 11 idF KonTraG 1998, NF durch BilRUG 2015 (**Übergangsrecht** in (1) EGHGB Art. 75 I 1) in Umsetzung von Art. 17 I Buchst. g 1. UAbs. Bilanz-RL 2013, verlangt Angaben zum Anteilsbesitz. Anteil an jedem anderen Unt. ist erfasst, Rechtsform und Sitz im In- oder Ausland sind unerheblich. Nicht erfasst sind idR GbR (aber ErwerbsGes.) und stGes. (vgl. → § 271 Rn. 2), str. Anteilsbesitz ist auch solcher über Strohmänner, Treuhänder ua (für Rechnung der KapitalGes.) sowie indirekter Anteilsbesitz (Nr. 11 Hs. 2 iVm § 16 IV AktG). Berechnung entspr. § 16 II, IV AktG. Anzugeben sind außer der Höhe des Anteilsbesitzes Name, Sitz, Eigenkapital und Ergebnis des letzten Geschäftsjahrs des anderen Unt. Von börsennotierten KapitalGes. (§ 3 II AktG, auch geregelter Markt, nicht Freiverkehr, vgl. → § 267 Rn. 9) sind zusätzlich alle Beteiligungen an großen KapitalGes. (§ 267 III) mit über 5 % der Stimmrechte anzugeben (Nr. 11 letzter Hs.); ebenso für Kreditinstitute § 340a IV Nr. 2. Erleichterungen s. § 286 III. Wechselseitige Beteiligung bei AG ist nach § 160 I Nr. 7 AktG anzugeben. **Muster:** Hopt/Merkt Vertrags- und Formularbuch/Kraft/Link Form III.C.1 (Beteiligungsliste, Aufstellung des Anteilsbesitzes). **Lit.** Blöink/Knoll-Biermann Konzern 2015, 65 (BilRUG 2015); Lüdenbach/Freiberg BB 2014, 2219 (BilRUG 2015); Oser/Orth/Wirtz DB 2015, 197 (BilRUG 2015); Fink/Theile DB 2015, 754; Wulf DStZ 2015, 835 (BilRUG); Eden Konzern 2018, 425 (Berichtspflicht bei Treuhand im Anhang des Treugebers).

12) Angaben zu Unternehmen, deren unbeschränkt haftender Gesellschafter die KapitalGes. ist (Nr. 11a)

13 Nr. 11a idF KapCoRiLiG 2000: Name, Sitz (→ § 106 Rn. 8) und Rechtsform der Unt., deren unbeschränkt haftender Gfter die KapitalGes. ist, zB GmbH & Co und andere KapitalGes. & Co (enger als § 264a I, dort → § 264a Rn. 1). Erleichterungen s. § 286 III. IDW ERS HFA 7 WPg 2001, 1393.

13) Beteiligungen an großen KapitalGes. (Nr. 11b)

14 Nr. 11b, eingefügt durch BilRUG 2015 (**Übergangsrecht** in (1) EGHGB Art. 75 I 1) zur Verbesserung der Lesbarkeit von Nr. 11, indem die bisher in Nr. 11 enthaltene Angabepflicht ausgegliedert und in eine neue Nr. 11b überführt wird. Sie tritt für börsennotierte KapitalGes. neben die für mittelgroße und große KapitalGes. geltenden Vorgaben aus Nr. 11, RegBegr S. 82. **Lit.** Blöink/Knoll-Biermann Konzern 2015, 65 (BilRUG 2015); Lüdenbach/Freiberg BB 2014, 2219 (BilRUG 2015); Oser/Orth/Wirtz DB 2015, 197 (BilRUG 2015); Wulf DStZ 2015, 835 (BilRUG); Eden Konzern 2018, 425 (Berichtspflicht bei Treuhand im Anhang des Treugebers).

14) Rückstellungen (Nr. 12)

15 In der Bilanz unter den sonstigen Rückstellungen (§ 266 III B. Nr. 3) nicht gesondert ausgewiesene, nicht unerhebliche Rückstellungen sind zu erläutern. Auch bei Rückstellungen, für deren Entstehen im wirtschaftlichen Sinn der laufende Betrieb ursächlich ist (Ansammlungsrückstellungen), ist das Stichtagsprinzip zu beachten. Wird eine vertragliche Beseitigungspflicht durch Vertragsänderung über das ursprüngliche Vertragsende hinaus fortgesetzt, ist der verlängerte Nutzungszeitraum auch dem Rückstellungsausweis zu Grunde zu legen, BFH DStR 2014, 1961. Zur Erstellung eines Rückstellungsspiegels Pollarz

DStR 2009, 1824. Kleine KapitalGes. s. § 288 I. Ausnahme für Kreditinstitute § 340a II 1. **Lit.** Blöink/Knoll-Biermann Konzern 2015, 65 (BilRUG 2015); Lüdenbach/Freiberg BB 2014, 2219 (BilRUG 2015); Oser/Orth/Wirtz DB 2015, 197 (BilRUG 2015).

15) Angabe des Abschreibungszeitraums (Nr. 13)

Nr. 13, NF durch BilMoG 2009 (**Übergangsrecht** in (1) EGHGB Art. 66 III) sowie durch BilRUG 2015 (**Übergangsrecht** in (1) EGHGB Art. 75 I 1) in Umsetzung von Art. 12 IX UAbs. 2 S. 3 Bilanz-RL 2013, verlangt jeweils eine Erläuterung des Zeitraums, über den ein entgeltlich erworbener Geschäfts- oder Firmenwert abgeschrieben wird. Ein maximaler Abschreibungszeitraum ist nicht festgelegt. **Lit.** Blöink/Knoll-Biermann Konzern 2015, 65 (BilRUG 2015); Lüdenbach/Freiberg BB 2014, 2219 (BilRUG 2015); Oser/Orth/Wirtz DB 2015, 197 (BilRUG 2015); Theile GmbHR 2015, 281 (GmbH- u. GmbH & Co KG-Abschluss nach BilRUG); Wulf DStZ 2015, 835 (BilRUG).

16) Angaben zu Mutterunternehmen (Nr. 14 und 14a)

Nr. 14, NF, und **Nr. 14a**, eingefügt durch BilRUG 2015 (**Übergangsrecht** in (1) EGHGB Art. 75 I 1) beruhen auf der Ausübung des Mitgliedstaatenwahlrechts gem. Art. 16 II iVm 17 I Buchst. m S. 3 Bilanz-RL 2013. Danach dürfen die Mitgliedstaaten von kleinen Ges. Angaben zur Ges., die den Konzernabschluss für den kleinsten Kreis von Unt. aufstellt, verlangen, nicht aber zur Ges., die den Abschluss für den größten Kreis von Unt. aufstellt. Für kleine KapitalGes. entfällt diese in Nr. 14 verbleibende Angabepflicht, indem § 288 I entsprechend ergänzt wird. Von einer nach EU-Recht möglichen Befreiung kleiner Unt. von Angaben zur Ges., die den Konzernabschluss für den kleinsten Kreis von Unt. aufstellt, sieht das HGB zur bürokratischen Entlastung ab, RegBegr S. 82. **Lit.** Blöink/Knoll-Biermann Konzern 2015, 65 (BilRUG 2015); Lüdenbach/Freiberg BB 2014, 2219 (BilRUG 2015); Oser/Orth/Wirtz DB 2015, 197 (BilRUG 2015); Fink/Theile DB 2015, 754; Wulf DStZ 2015, 835 (BilRUG).

17) Angaben bei GmbH & Co ua (Nr. 15)

Nr. 15 idF KapCoRiLiG 2000: bei PersonenGes. iSv § 264a I (weiter als Nr. 11a: GmbH & Co, Stiftung & Co ua, → Rn. 13, → § 264 Rn. 1 f.) sind im Anhang ihres Jahresabschlusses anzugeben: Name und Sitz der KomplementärGes. sowie deren gezeichnetes Kapital. Nr. 15 erfasst alle KomplementärGes., nicht nur KapitalGes., zB PersonenGes., Stiftung ua, auch wenn sie kein gezeichnetes Kapital haben, dann kommt § 264a II 2 analog in Betracht.

18) Fremdgehaltene/eigene Aktien und Bezugsrechte (15a)

Nr. 15a, eingefügt durch BilRUG 2015 (**Übergangsrecht** in (1) EGHGB Art. 75 I 1) in Umsetzung von Art. 17 Buchst. i und j Bilanz-RL 2013, stellt klar, dass AGs und KGaAs nach § 160 AktG zusätzliche Anhangangaben zu Bestand und Bestandsveränderungen, insbesondere an fremdgehaltenen und eigenen Aktien und Bezugsrechten zu machen haben. Nr. 15a gilt nicht für andere Rechtsformen, insbesondere GmbH oder PersonenhandelsGes. Hingegen können nach anderen KapitalGes. wie AGs Genussrechte oder ähnliche Rechte auf Gewinnbezug einräumen, deren Angabe Art. 17 I Buchst. Bilanz-RL ebenfalls verlangt. Daher reicht eine Regelung im AktG nicht aus und es bedarf einer Vorschrift im HGB. **Lit.** Blöink/Knoll-Biermann Konzern 2015, 65 (BilRUG 2015); Lüdenbach/Freiberg BB 2014, 2219 (BilRUG 2015); Oser/Orth/Wirtz DB 2015, 197 (BilRUG 2015); Wulf DStZ 2015, 835 (BilRUG).

19) Entsprechenserklärung (Nr. 16)

20 Nr. 16 angefügt durch TransPuG 2002, geändert durch BilMoG 2009 (**Übergangsrecht** in (1) EGHGB Art. 54, 66 II): Ergänzt AktG § 161 zur Abgabe der sog. Entsprechenserklärung zum Corporate Governance Kodex und wo diese öffentlich zugänglich ist; Inhalt der Erklärung wird allerdings nicht zum Gegenstand des Anhangs und ist auch nicht Gegenstand der Prüfung, BT-Drs. 14/8769, 25. Ausnahme für kleine und mittlere KapitalGes. § 288 I, II. **Lit.** Ruhnke/M. Schmidt DB 2017, 2557.

20) Angaben zum Abschlussprüferhonorar bei großen Ges. (Nr. 17)

21 Nr. 17 angefügt durch BilREG 2004, geändert durch BilMoG 2009 (**Übergangsrecht** in (1) EGHGB Art. 58 II, 66 II): Gibt erforderliche Information zur Abschlussprüfervergütung; anzugeben sind Vergütung und weitere Vergütungsbestandteile (AmtlBegr BT-Drs. 15/3419, 29); s. auch die korrespondierenden Regelungen zur Vereinbarkeit bestimmter Beratungsdienste mit der Abschlussprüfung in §§ 319 III 1 Nr. 3 u. dazu → § 319 Rn. 19 ff. **Lit.** Zwirner/Boecker DB 2017, 1223 (IDW RS HFA 36 nF); Giese/Seidler BB 2017, 2795; Quick BB 2018, 2411 (2412).

21) Finanzinstrumente (Nr. 18–Nr. 20)

22 Nr. 18, NF durch BilRUG 2015 (**Übergangsrecht** in (1) EGHGB Art. 75 I 1), Nr. 19, angefügt durch BilReG 2004, geändert, Nr. 20, eingefügt durch BilMoG 2009 (**Übergangsrecht** in (1) EGHGB Art. 58 II, 66 II), auf alle zum beizulegenden Zeitwert bewerteten Finanzinstrumente erweitert durch CSR-RUG v. 11.4.2017 (**Übergangsrecht** in (1) EGHGB Art. 80); übernehmen Vorgaben der Modernisierungs-RL und der Fair-Value-Richtlinie. Angabepflicht gilt auch für Kreditinstitute und Finanzdienstleistungsinstitute, s. § 340a I, sowie für VersicherungsUnt. und Pensionsfonds, s. § 341a I. Nr. 18 stellt auf das Wahlrecht ab, bei Finanzanlagen eine außerplanmäßige Abschreibung auf Grund einer voraussichtlich vorübergehenden Wertminderung vorzunehmen oder zu unterlassen. Nr. 19 ergänzt für nicht zum beizulegenden Zeitwert bewertete Finanzinstrumente Pflicht zur Angabe der angewandten Bewertungsmethode, wodurch die anzugebenden Zahlen für Bilanzleser an Wert gewinnen, aber Ausnahme für kleine KapitalGes. § 288 I. Nr. 20 verpflichtet für zum Zeitwert bilanzierte Finanzinstrumente zur Angabe der Bewertungsmethoden, die im Falle eines fehlenden Marktpreises der Berechnung nach § 255 IV 2 zugrunde gelegt wurden und zur Kategorisierung der Finanzinstrumente auf Grund der ihnen zugrundeliegenden Basiswerte oder abgesicherten Risiken; ferner Angabe, welchen Risiken die jeweilige Kategorie ausgesetzt sind. Zu den Auswirkungen der Corona-Pandemie IDW Fachlicher Hinweis. **Lit.** Bischof/Hettich WPg 2012, 689.

22) Nahestehende Unternehmen und Personen (Nr. 21)

23 Nr. 21 eingefügt durch BilMoG 2009 (**Übergangsrecht** in (1) EGHGB Art. 66 II); verlangt Angabe aller wesentlichen Geschäfte mit nahestehenden Unt. oder Personen, soweit diese nicht zu marktüblichen Bedingungen zustande gekommen sind und ermöglicht Angabe, wenn Marktüblichkeit vorliegt. Der Begriff Geschäft ist weit zu verstehen und erfasst alle Transaktionen, die sich auf die Finanzlage auswirken können. Marktüblichkeit liegt vor, wenn das Geschäft in jeder Hinsicht auch mit einem unabhängigen Dritten möglich wäre; sie muss im Zeitpunkt des Zustandekommens des Geschäfts vorliegen, BeckBilKomm/Grottel Rn. 375. Nahe stehend ist iSv IAS 24 zu verstehen (RegE BilMoG 72), Aufzählung in IAS 24.9. Ausnahme für kleine und mittlere KapitalGes. § 288 I, II. Allerdings verlangt 2. AktionärsrechteRL von 2017 eine Bekanntmachung von Geschäften mit nahestehenden Personen bereits spätestens zum Zeitpunkt ihres Abschlusses, umgesetzt durch § 48a WpHG („unverzügliche Bekanntmachung"),

Seulen DB 2018, 2915 (2918). **Lit.** Lanfermann BB 2018, 2860 (Vergleich mit ARUG II); Böcking/Bundle Konzern 2018, 496 (Vergleich mit ARUG II); Geißler DB 2021, 1699 (ausführlich zu konzerninternen Verrechnungspreisen).

23) Forschungs- und Entwicklungskosten (Nr. 22)

Nr. 22 eingefügt durch BilMoG 2009 (**Übergangsrecht** in **(1)** EGHGB Art. 66 III); Angabepflicht aller Forschungs- und Entwicklungskosten (s. § 255 IIa) des Geschäftsjahrs; Unterteilung in solche, die auf selbstgeschaffene immaterielle Vermögensgegenstände des Anlagevermögens entfallen und sonstige, jeweils differenziert nach Forschungs- und Entwicklungskosten. Ausnahme für kleine KapitalGes. § 288 I. Wird Aktivierungswahlrecht nach § 248 II 1 ausgeübt, ist Gesamtbetrag der F&E-Aufwendungen des Geschäftsjahres und der davon aktivierte Betrag nach Nr. 22 anzugeben; kleine KapGes. iSv § 267 I sind davon gem. § 288 I Nr. 1 befreit, Eierle/Ther DB 2018, 1741. **Lit.** Schmidt DStR 2014, 544 (F&E-Ergebnisse in Pharmaindustrie).

24) Bewertungseinheiten (Nr. 23)

Nr. 23 eingefügt durch BilMoG 2009 (**Übergangsrecht** in **(1)** EGHGB Art. 66 V), geändert durch ARUG (**Übergangsrecht** in **(1)** EGHGB Art. 66 III); Angabe der Höhe der Beträge von Grund- und Sicherungspositionen sowie der Risiken; Angabe, welche Risiken durch welche Sicherungsinstrumente abgesichert werden, Art des Hedging; Stellungnahme zur Effektivität der Absicherung (Eintrittswahrscheinlichkeit des Risikos); für Dritte nachvollziehbare Erläuterung der Eintrittswahrscheinlichkeit des Vertragsschlusses bei antizipierten Bewertungseinheiten; keine Angabe, wenn schon im Lagebericht gem. § 289 II Nr. 2a.

25) Pensionsrückstellungen und ähnliche Verpflichtungen (Nr. 24)

Nr. 24 eingefügt durch BilMoG 2009 (**Übergangsrecht** in **(1)** EGHGB Art. 66 III); lex specialis zu § 284 II Nr. 4. Pflicht zur Angabe der grundlegenden Annahmen der Berechnung, ua der Sterbetafeln, Oser/Bischof BB 2018, 2352; Zwirner BC 2018, 577; Schulenburg/Hillebrandt DB 2019, 617. Zur Ableitung des Zinses für ähnliche Verpflichtungen aus einem Zehnjahresdurchschnitt gem. § 253 II 1 Höfer/Hagemann/Neumeier DB 2018, 2709.

26) Verrechnung (Nr. 25)

Nr. 25 eingefügt durch BilMoG 2009 (**Übergangsrecht** in **(1)** EGHGB Art. 66 III), betrifft Ausnahme vom Verrechnungsverbot gem. § 246 II 2; Angabe der Anschaffungskosten und der beizulegenden Zeitwerts der Vermögensgegenstände; insoweit entsprechende Anwendung von Nr. 20; Angabe des Erfüllungsbetrages der mit ihnen zu verrechnenden Schulden sowie der verrechneten Aufwendungen und Erträge.

27) Anteile und Anlageaktien (Nr. 26)

Nr. 26 idF AIFM-UmsG (**Übergangsrecht** in **(1)** EGHGB Art. 71); Anpassung durch Gesetz zur Stärkung des Fondstandorts Deutschland u. A. (**Übergangsrecht** in **(1)** EGHGB Art. 85). Angabe von stillen Reserven und Lasten, die in solchen Sondervermögen gem. § 1 X KAGB oder Anlageaktien an InvestmentGes. mit veränderlichem Kapital gem. §§ 108 ff. KAGB bzw. vergleichbaren ausländischen oder EU-Investmentvermögen enthalten sind, an denen 10 % der Anteile oder Anlageaktien gehalten werden. Hierfür Gegenüberstellung der bilanziellen Buchwerte und des Werts der Anteile oder Anlageaktien nach §§ 168, 278 KAGB (zur Fortgeltung des § 36 InvG s. § 245 KAGB und **(1)** EGHGB Art. 71 I) oder vergleichbaren ausländischen Vorschriften zur Ermittlung des Marktwertes; Aufgliederung nach Anlagezielen. Ferner Angabe der im Geschäftsjahr erfolgten Ausschüttung; über eine mögliche Beschränkung der täglichen Rückgabe; Gründe, warum eine außerplanmäßige Abschreibung nach § 253 III 4 unterblieben ist und weshalb diese Wertminderung voraussichtlich nicht von Dauer ist.

28) Ausweis unter der Bilanz (Nr. 27)

29 Nr. 27 eingefügt durch BilMoG 2009 (**Übergangsrecht** in (1) EGHGB Art. 66 III); geändert durch TransparenzRiLi-AnderungsRiLi-UmsetzungsG (**Übergangsrecht** in (1) EGHGB Art. 77); erfordert Angabe zu Haftungsverhältnissen und (Eventual-)Verbindlichkeiten, die nach § 251 unter der Bilanz als Gesamtsumme ausgewiesen werden. Erforderlich ist Abschätzung und Angabe des Risikos der Inanspruchnahme und der stützenden Gründe, warum kein Ausweis als Passivposten erfolgt. Zu den Auswirkungen der Corona-Pandemie IDW Fachlicher Hinweis. **Lit.** Schüttler BC 2017, 411.

29) Gesamtbetrag der Beträge (Nr. 28)

30 Nr. 28 eingefügt durch BilMoG 2009 (**Übergangsrecht** in (1) EGHGB Art. 66 III); ergänzt § 268 VIII durch Angabe aller hiernach ausschüttungsgesperrten Beträge.

30) Latente Steuern (Nr. 29)

31 Angabe (**Übergangsrecht** in (1) EGHGB Art. 66 III) der Differenzen zwischen HdlBilanz und Steuerbilanz sowie der steuerlichen Verlustvorträge die zur Bildung latenter Steuern führen; werden (passive) latente Steuern nicht ausgewiesen: Angabe, auf Grund welcher Differenzen Ausweis unterbleibt. Befreiung für kleine und mittelgroße Ges. gem. § 288 I, II. **Lit.** Petersen WPg 2011, 255; Prystawik/Schauf DB 2011, 313; Müller/Panzer/Reinke StuB 2012, 937.

31) Ab-/Aufbau latenter Steuern (Nr. 30)

32 **Nr. 30,** eingefügt durch BilRUG 2015 (**Übergangsrecht** in (1) EGHGB Art. 75 I 1) in Umsetzung von Art. 17 I Buchst. f Bilanz-RL 2013, erweitert die Angabepflicht nach Nr. 29 um quantitative Angaben zu latenten Steuersalden und ihre Bewegungen im Geschäftsjahr, insbesondere zum Ab- und Aufbau latenter Steuern. Nr. 30 ist geg. der Bilanz-RL 2013 auf angesetzte latente Steuern beschränkt. Kleine KapitalGes. sind von der Erläuterungspflicht nach Nr. 29 und 30 befreit, auch dann, wenn sie freiwillig § 274 anwenden. Mittelgroße KapitalGes. sind von Nr. 29 befreit, müssen aber Nr. 30 anwenden, RegBegr S. 83. **Lit.** Lüdenbach/Freiberg BB 2014, 2219 (BilRUG 2015); Blöink/Knoll-Biermann Konzern 2015, 65 (BilRUG 2015); Oser/Orth/Wirtz DB 2015, 197 (BilRUG 2015); Kleinmanns StuB 2014, 794; Theile GmbHR 2015, 281 (GmbH- u. GmbH & Co KG-Abschluss nach BilRUG); Wulf DStZ 2015, 835 (BilRUG); Zwirner/Boecker BC 2016, 363 (BilRUG); Kirsch KoR 2020, 507 (Fallstudie).

32) Erträge/Aufwendungen von außerordentlicher Größe/Bedeutung (Nr. 31)

33 **Nr. 31,** eingefügt durch BilRUG 2015 (**Übergangsrecht** in (1) EGHGB Art. 75 I 1), flankiert die Umsetzung von Art. 16 I Buchst. f Bilanz-RL 2013 in § 275 und § 277 (Aufgabe der Unterscheidung zwischen gewöhnlicher und außerordentlicher Geschäftstätigkeit), indem er als Ort für die Angabe von Erträgen und Aufwendungen von außerordentlicher Größenordnung oder Bedeutung allein den Anhang vorschreibt. Diese Pflicht erfasst auch kleine KapitalGes. Die betreffenden Posten sind einzeln darzustellen. Ein Gesamtbetrag in der GuV dürfte anders als füher nicht mehr genügen, BegrRegE 83. Die außergewöhnliche Größenordnung richtet sich nach den das Unt. ansonsten prägenden Größenordnungen, kann aber auch Erträge aus gewöhnlicher Geschäftstätigkeit erfassen.

Die außerordentliche Bedeutung orientiert sich an das Unt. prägende Vorgänge. Dazu kann die von der Praxis entwickelte Abgrenzung nach der gewöhnlichen Geschäftstätigkeit als Indiz herangezogen werden, zumal § 277 IV aF in der Praxis häufig teleologisch reduziert worden sein dürfte, BegrRegE 84. Pflicht zur Prüfung, ob erfolgswirksame Erfassung des Unterschiedsbetrags nach Nr. 31 angabepflichtig ist, Oser/Bischof BB 2018, 2352. **Lit.** Lüdenbach/Freiberg BB 2014, 2219 (BilRUG 2015); Blöink/Knoll-Biermann Konzern 2015, 65 (BilRUG 2015); Oser/Orth/Wirtz DB 2015, 197 (BilRUG 2015); Fink/Theile DB 2015, 754; Theile GmbHR 2015, 281 (GmbH- u. GmbH & Co KG-Abschluss nach BilRUG); Wulf DStZ 2015, 835 (BilRUG); Zwirner BC 2018, 577 (Sterbetafeln); Schulenburg/Hillebrandt DB 2019, 617 (Sterbetafeln); Dilßner/Müller/Peters BC 2020, 181 (außergewöhnliche Erträge und Aufwendungen).

33) Periodenfremde Aufwendungen/Erträge (Nr. 32)

Nr. 32, eingefügt durch BilRUG 2015 (**Übergangsrecht** in (1) EGHGB Art. 75 I 1), übernimmt § 277 IV 3 aF inhaltlich unverändert. Kleine KapitalGes. sind von der Angabe befreit, s. § 288 I. Pflicht zur Erläuterung einzelner Aufwendungen und Erträge nach Betrag und Art, die einem anderen Geschäftsjahr zuzurechnen sind (soweit nicht unwesentlich), Oser/Bischof BB 2018, 2352. **Lit.** Lüdenbach/Freiberg BB 2014, 2219 (BilRUG 2015); Blöink/Knoll-Biermann Konzern 2015, 65 (BilRUG 2015); Oser/Orth/Wirtz DB 2015, 197 (BilRUG 2015); Fink/Theile DB 2015, 754; Wulf DStZ 2015, 835 (BilRUG); Zwirner BC 2018, 577 (Sterbetafeln); Schulenburg/Hillebrandt DB 2019, 617 (Sterbetafeln).

34) Wesentliche Ereignisse nach dem Bilanzstichtag (Nr. 33)

Nr. 33, eingefügt durch BilRUG 2015 (**Übergangsrecht** in (1) EGHGB Art. 75 I 1) in Umsetzung von Art. 17 I Buchst. q Bilanz-RL 2013, verlangt Angaben zu wesentlichen Ereignissen nach dem Bilanzstichtag, die weder in der Bilanz noch in der GuV berücksichtigt sind, unter Darstellung ihrer Art und ihrer finanziellen Auswirkungen (vergleichbare Angabepflicht in § 289 II Nr. 1 aF aufgehoben). Allerdings müssen Vorgänge von besonderer Bedeutung, die in der Bilanz oder der GuV schon berücksichtigt sind, nicht erneut im Anhang dargestellt werden. **Lit.** Lüdenbach/Freiberg BB 2014, 2219 (BilRUG 2015); Blöink/Knoll-Biermann Konzern 2015, 65 (BilRUG 2015); Oser/Orth/Wirtz DB 2015, 197 (BilRUG 2015); Fink/Theile DB 2015, 754; Wulf DStZ 2015, 835 (BilRUG). Zu Ausmaß, Ausgestaltung und Inhalt eines Nachtragsberichts aufgrund der Corona-Pandemie IDW Fachlicher Hinweis v. 4.3.2020 (Teil 1); IDW Fachlicher Hinweis v. 25.3.2020 (Teil 2), insbesondere IDW Fachlicher Hinweis v. 8.4.2020 (Teil 3, 5. Update April 2021); Kirsch BBP 2020, 105; Rimmelspacher/Kliem WPg 2020, 381; Schumann GmbH StB 2020, 108.

35) Ergebnisverwendung (Nr. 34)

Nr. 34, eingefügt durch BilRUG 2015 (**Übergangsrecht** in (1) EGHGB Art. 75 I 1) in Umsetzung von Art. 17 I Buchst. o Bilanz-RL 2013, verlangt Aufnahme des Vorschlags für die Verwendung des Ergebnisses oder des Beschlusses über seine Verwendung in den Anhang (Offenlegungspflicht folgt bereits aus § 325 I). Da die Angaben schon zu einem Zeitpunkt zu machen sind, zu dem die Verfahren zur Prüfung, Billigung oder Feststellung noch nicht eingeleitet werden können, dürfte im Anhang idR nur ein Vorschlag für die Ergebnisverwendung darstellbar sein, RegBegr 84. Nr. 34 beschränkt sich inhaltlich auf die Ergebnisverwendung, wobei darzustellen sein dürfte, wie das gesamte Ergebnis verwendet wird. Wird eine Gewinnausschüttung vorgeschlagen, dürfte die Angabe genügen, welcher Teil des Gewinns ausgeschüttet werden soll. Angaben zu den Bezugsberechtigten sind wohl nicht verlangt (Datenschutz). Bezüge einzelner

§ 286 1, 2

natürlicher Personen aus ihrer GesStellung müssen nicht offengelegt werden. Sind KapitalGes. bezugsberechtigt, lassen sich aus ihren Jahresabschlüssen Angaben zu Erträgen aus den Beteiligungen ableiten. Für kleine KapitalGes. darf gem. Art. 16 III und Art. 4 II Bilanz-RL 2013 eine entsprechende Anhangangabe oder eine bilanzrechtliche Pflicht zur Vorlage des Beschlusses oder des Vorschlags nicht vorgesehen werden. Unberührt davon bleiben steuer- und gesellschaftsrechtliche Vorgaben, da es auch für kleine KapitalGes. von Bedeutung ist, wie das Ergebnis verwendet wird. **Lit.** Lüdenbach/Freiberg BB 2014, 2219 (BilRUG 2015); Blöink/Knoll-Biermann Konzern 2015, 65 (BilRUG 2015); Oser/Orth/Wirtz DB 2015, 197 (BilRUG 2015); Fink/Theile DB 2015, 754; Wulf DStZ 2015, 835 (BilRUG); Zwirner/Krauß BC 2020, 166 (nachträgliche Änderung des Ergebnisverwendungsvorschlags).

Unterlassen von Angaben

286 (1) **Die Berichterstattung hat insoweit zu unterbleiben, als es für das Wohl der Bundesrepublik Deutschland oder eines ihrer Länder erforderlich ist.**

(2) **Die Aufgliederung der Umsatzerlöse nach § 285 Nr. 4 kann unterbleiben, soweit die Aufgliederung nach vernünftiger kaufmännischer Beurteilung geeignet ist, der Kapitalgesellschaft einen erheblichen Nachteil zuzufügen; die Anwendung der Ausnahmeregelung ist im Anhang anzugeben.**

(3) ¹**Die Angaben nach § 285 Nr. 11 und 11b können unterbleiben, soweit sie**
1. **für die Darstellung der Vermögens-, Finanz- und Ertragslage der Kapitalgesellschaft nach § 264 Abs. 2 von untergeordneter Bedeutung sind oder**
2. **nach vernünftiger kaufmännischer Beurteilung geeignet sind, der Kapitalgesellschaft oder dem anderen Unternehmen einen erheblichen Nachteil zuzufügen.**

²**Die Angabe des Eigenkapitals und des Jahresergebnisses kann unterbleiben, wenn das Unternehmen, über das zu berichten ist, seinen Jahresabschluß nicht offenzulegen hat und die berichtende Kapitalgesellschaft keinen beherrschenden Einfluss auf das betreffende Unternehmen ausüben kann.** ³**Satz 1 Nr. 2 ist nicht anzuwenden, wenn die Kapitalgesellschaft oder eines ihrer Tochterunternehmen (§ 290 Abs. 1 und 2) am Abschlussstichtag kapitalmarktorientiert im Sinne des § 264d ist.** ⁴**Im Übrigen ist die Anwendung der Ausnahmeregelung nach Satz 1 Nr. 2 im Anhang anzugeben.**

(4) **Bei Gesellschaften, die keine börsennotierten Aktiengesellschaften sind, können die in § 285 Nr. 9 Buchstabe a und b verlangten Angaben über die Gesamtbezüge der dort bezeichneten Personen unterbleiben, wenn sich anhand dieser Angaben die Bezüge eines Mitglieds dieser Organe feststellen lassen.**

1) Schutzklausel im Staatsinteresse (I)

1   I entspricht wie § 160 II AktG dem strafrechtlichen Staatsschutz (§§ 93, 97 StGB), erlaubt also den zuständigen Organen der KapitalGes. nicht Bestimmung des öffentlichen Interesses darüber hinaus nach eigenem Ermessen. Liegt I vor, darf auch nicht das Gebrauchmachen von I offenbart werden. **Lit.** MBF Kap. 12 Tz. 151 ff.; Zwirner/Boecker BC 2017, 570.

2) Schutzklausel im Unternehmensinteresse zu § 285 Nr. 4 (II)

2   II, NF durch BilRUG 2015 (**Übergangsrecht** in (1) EGHGB Art. 75 I 1) in Umsetzung von Art. 18 II 1 Bilanz-RL 2013, dispensiert von der Aufgliederung der Umsatzerlöse nach § 285 Nr. 4, wenn durch die Angabe der KapitalGes. objektiv (nach vernünftiger kfm. Beurteilung) ein erheblicher Nachteil droht.

2. Abschnitt. Ergänzende Vorschriften für Kapitalges. **§ 288**

Eine akute Gefahr ist nicht nötig („geeignet" zur Nachteilszufügung), aber sie muss ernsthaft sein. Über die Anwendung der Ausnahme ist gem. Art. 18 II 2 Bilanz-RL 2013 zu berichten. Keine Ausnahmemöglichkeit mehr für den Fall, dass einem Unt., von dem die KapitalGes. mindestens den fünften Teil der Anteile besitzt, ein Nachteil droht. **Lit.** Zwirner/Boecker BC 2016, 363 (BilRUG 2015).

3) Schutzklausel im Unternehmensinteresse zu § 285 Nr. 11, 11a (III)

III 1, angepasst an die Änderung von § 285 Nr. 11 (Aufteilung in Nr. 11 und 3 11b) durch BilRUG 2015 (**Übergangsrecht** in **(1)** EGHGB Art. 75 I 1) zum Teil in Umsetzung von Art. 17 I Buchst. g UAbs. 1 Bilanz-RL 2013, dispensiert von den Angaben über Beteiligungsbesitz nach § 285 Nr. 11 und Nr. 11b, wenn sie für § 264 II von untergeordneter Bedeutung sind (III 1 Nr. 1) oder der KapitalGes. objektiv ein erheblicher Nachteil droht (III 1 Nr. 2, → Rn. 1). Kleine KapitalGes. nach § 288 I sind von diesen Angaben befreit. **III 2** dispensiert von der Angabe des Eigenkapitals und des Jahresergebnisses nach § 285 Nr. 11, wenn die berichtende KapitalGes. keinen beherrschenden Einfluss auf das betreffende Unt. ausüben kann und dieses Unt. seine Bilanz nicht offenlegen muss. **III 3** u. **4** idF TransPuG 2002 (**Übergangsrecht** in **(1)** EGHGB Art. 54) beschränken Schutzklausel des **III 1 Nr. 2** auf Unt., die nicht kapitalmarktorientiert (§ 264d) sind. **Lit.** Wulf DStZ 2015, 825 (BilRUG 2015). **Muster:** Hopt/Merkt Vertrags- und Formularbuch/Kraft/Link Form III.C.2 (Unterlassen von Angaben).

4) Schutzklausel zu § 285 Nr. 9a, b (IV)

IV dispensiert von der Angabe der Gesamtbezüge nach § 285 Nr. 9a, b (nach 4 dem VorstOG, → § 285 Rn. 10, nur für nicht börsennotierte AG), wenn sich sonst die Bezüge eines einzelnen Organmitglieds feststellen lassen. Nach BMJ-Schreiben v. 6.3.1995 FN 1995, 145 soll Angabe immer dann unterbleiben können, wenn die Größenordnung eines Mitglieds geschätzt werden kann, aA ADS Rn. 56a. Ein durch das VorstOG von 2005 in einer als **V** angefügten Regelung, die die Erweiterung der Offenlegung in § 285 Nr. 9a S. 5–8 zur Disposition der Hauptversammlung (sog. opt-out) stellte, ist infolge ersatzloser Streichung der Vorschrift im Zuge des ARUG II nicht mehr möglich, RegE BT-Drs. 19/9739, 21, 107. Das heißt, dass nunmehr individuelle Angaben über die Vergütung jedes einzelnen gegenwärtigen oder früheren Vorstands- oder Aufsichtsratsmitglieds gemacht werden müssen, dazu Needham/Müller, IRZ 2019, 79; Habersack, NZG 2018, 133; Böcking/Bundle, Konzern 2018, 496 (500).

287 *(aufgehoben)*

1) § 287 aufgehoben durch BilMoG 2009 (**Übergangsrecht** in **(1)** EGHGB Art. 66 V).

Größenabhängige Erleichterungen

288 (1) **Kleine Kapitalgesellschaften (§ 267 Absatz 1) brauchen nicht**
1. **die Angaben nach § 264c Absatz 2 Satz 9, § 265 Absatz 4 Satz 2, § 284 Absatz 2 Nummer 3, Absatz 3, § 285 Nummer 2, 3, 4, 8, 9 Buchstabe a und b, Nummer 10 bis 12, 14, 15, 15a, 17 bis 19, 21, 22, 24, 26 bis 30, 32 bis 34 zu machen;**
2. **eine Trennung nach Gruppen bei der Angabe nach § 285 Nummer 7 vorzunehmen;**
3. **bei der Angabe nach § 285 Nummer 14a den Ort anzugeben, wo der vom Mutterunternehmen aufgestellte Konzernabschluss erhältlich ist.**

Merkt 1335

§ 289

3. Buch. Handelsbücher

(2) ¹Mittelgroße Kapitalgesellschaften (§ 267 Absatz 2) brauchen die Angabe nach § 285 Nummer 4, 29 und 32 nicht zu machen. ²Wenn sie die Angabe nach § 285 Nummer 17 nicht machen, sind sie verpflichtet, diese der Wirtschaftsprüferkammer auf deren schriftliche Anforderung zu übermitteln. ³Sie brauchen die Angaben nach § 285 Nummer 21 nur zu machen, sofern die Geschäfte direkt oder indirekt mit einem Gesellschafter, Unternehmen, an denen die Gesellschaft selbst eine Beteiligung hält, oder Mitgliedern des Geschäftsführungs-, Aufsichts- oder Verwaltungsorgans abgeschlossen wurden.

1 1) § 288, NF durch BilRUG 2015 (**Übergangsrecht** in **(1)** EGHGB Art. 75 I 1) in Umsetzung von Art. 16 III Bilanz-RL 2013, vor allem um kleine KapitalGes. von weiteren Pflichtangaben im Anhang zu befreien (zu Einzelheiten s. RegBegr S. 86 f.). **I** bringt Erleichterungen für kleine KapitalGes. (§ 267 I) bei den Angaben nach §§ 264c, 265, 284, 285 (**Nr. 1**), eine Befreiung von der Trennung nach Gruppen bei § 285 Nr. 7 (**Nr. 2**) und bei der Angabe nach § 285 Nr. 14a (**Nr. 3**); **II** für mittelgroße Ges. (§ 267 II) bezüglich der Angaben im Anhang gem. § 285. Erleichterungen bezüglich Bilanz, Gewinn- und Verlustrechnung und Offenlegung s. §§ 266 I 3, 276, 326, 327. Ausnahme für Kreditinstitute § 340a II 1. **Lit.** MBF Kap. 12 Tz. 163 ff.; Zwirner/Boecker BC 2016, 576 (BilRUG 2015); IRZ 2017, 8 (Abschlussprüferhonorar); Quick BB 2018, 2411 (Befreiung für kleine KapGes. und mittelgroße KapG iSv § 267 I).

Sechster Titel. Lagebericht

Inhalt des Lageberichts

289 (1) ¹Im Lagebericht sind der Geschäftsverlauf einschließlich des Geschäftsergebnisses und die Lage der Kapitalgesellschaft so darzustellen, dass ein den tatsächlichen Verhältnissen entsprechendes Bild vermittelt wird. ²Er hat eine ausgewogene und umfassende, dem Umfang und der Komplexität der Geschäftstätigkeit entsprechende Analyse des Geschäftsverlaufs und der Lage der Gesellschaft zu enthalten. ³In die Analyse sind die für die Geschäftstätigkeit bedeutsamsten finanziellen Leistungsindikatoren einzubeziehen und unter Bezugnahme auf die im Jahresabschluss ausgewiesenen Beträge und Angaben zu erläutern. ⁴Ferner ist im Lagebericht die voraussichtliche Entwicklung mit ihren wesentlichen Chancen und Risiken zu beurteilen und zu erläutern; zugrundeliegende Annahmen sind anzugeben. ⁵Die Mitglieder des vertretungsberechtigten Organs einer Kapitalgesellschaft, die als Inlandsemittent (§ 2 Absatz 14 des Wertpapierhandelsgesetzes) Wertpapiere (§ 2 Absatz 1 des Wertpapierhandelsgesetzes) begibt und keine Kapitalgesellschaft im Sinne des § 327a ist, haben in einer dem Lagebericht beizufügenden schriftlichen Erklärung zu versichern, dass im Lagebericht nach bestem Wissen der Geschäftsverlauf einschließlich des Geschäftsergebnisses und die Lage der Kapitalgesellschaft so dargestellt sind, dass ein den tatsächlichen Verhältnissen entsprechendes Bild vermittelt wird und dass die wesentlichen Chancen und Risiken im Sinne des Satzes 4 beschrieben sind.

(2) ¹Im Lagebericht ist auch einzugehen auf:

1. a) die Risikomanagementziele und -methoden der Gesellschaft einschließlich ihrer Methoden zur Absicherung aller wichtigen Arten von Transaktionen, die im Rahmen der Bilanzierung von Sicherungsgeschäften erfasst werden, sowie
   b) die Preisänderungs-, Ausfall- und Liquiditätsrisiken sowie die Risiken aus Zahlungsstromschwankungen, denen die Gesellschaft ausgesetzt ist,

jeweils in Bezug auf die Verwendung von Finanzinstrumenten durch die Gesellschaft und sofern dies für die Beurteilung der Lage oder der voraussichtlichen Entwicklung von Belang ist;
2. den Bereich Forschung und Entwicklung sowie
3. bestehende Zweigniederlassungen der Gesellschaft.
4. *[aufgehoben]*
² Sind im Anhang Angaben nach § 160 Absatz 1 Nummer 2 des Aktiengesetzes zu machen, ist im Lagebericht darauf zu verweisen.

(3) Bei einer großen Kapitalgesellschaft (§ 267 Abs. 3) gilt Absatz 1 Satz 3 entsprechend für nichtfinanzielle Leistungsindikatoren, wie Informationen über Umwelt- und Arbeitnehmerbelange, soweit sie für das Verständnis des Geschäftsverlaufs oder der Lage von Bedeutung sind.

(4) Kapitalgesellschaften im Sinn des § 264d haben im Lagebericht die wesentlichen Merkmale des internen Kontroll- und des Risikomanagementsystems im Hinblick auf den Rechnungslegungsprozess zu beschreiben.

1) Bericht über Geschäftsverlauf einschließlich Geschäftsergebnis und -lage (I)

§ 289 NF durch BilReG 2004 gem. Vorgaben der Modernisierungs-Ri, → Einl. vor § 238 Rn. 12, sodann NF durch BilRUG 2015 (**Übergangsrecht** in (1) EGHGB Art. 75 I 1) und anschließend durch CSR-RUG v. 11.4.2017 (**Übergangsrecht** in (1) EGHGB Art. 80). Änderungen in I 5 durch ESEF-UG 2020 (**Übergangsrecht** in (1) EGHGB Art. 84). Der Lagebericht ist nicht Teil des Jahresabschlusses (→ § 264 Rn. 5). Die Aufstellungspflicht folgt aus § 264 I. Der Lagebericht hat dem Erfordernis einer gewissenhaften und getreuen Rechenschaft zu entsprechen; daraus folgen die Grundsätze der Lageberichterstattung, nämlich Vollständigkeit, Richtigkeit, Klarheit und Übersichtlichkeit, ADS Rn. 38; zu den Anforderungen auch OLG Dresden 8 U 1020/18, BeckRS 2019, 4774. Kleine KapitalGes. (§ 267 I) brauchen den Lagebericht nicht aufzustellen (§ 264 I 3), zur kleinen AG BGH DStR 2008, 629; Abschlussprüfer kann sich aber dennoch schadensersatzpflichtig machen, wenn sich eine Prüfungspflicht aus prospektgesetzlichen Vorschriften ergibt, OLG Dresden 8 U 1020/18, BeckRS 2019, 4774, mAnm Meyer BKR 2019, 372. Die Schutzklausel des § 286 I gilt analog für den Lagebericht, ADS Rn. 54. Für die Fälle von § 286 II, III gilt das nicht, Kü/We Rn. 29, aber § 131 III AktG analog, MK/Lange Rn. 47, wohl auch insoweit aA ADS Rn. 54; Küting/Hütten AG 1997, 255. Auf jeden Fall darf durch den Lagebericht kein falsches Bild erweckt werden (vgl. zur Prospektherausgabe → § 347 Rn. 32). Das wäre auch bei völligem Verschweigen eines Risikos der Fall. **I 1** verlangt zusätzliche Informationen zum Jahresabschluss, mindestens über Geschäftsverlauf einschließlich des Geschäftsergebnisses und Lage der KapitalGes. (idR Aufgliederung in Wirtschaftsbericht und Sozialbericht, ferner Berichtsteile nach II), IDW RH HFA 1007, WPg 2005, 1234. **I 2** gibt zusätzliche Orientierung zum Umfang der erwarteten Erläuterungen, die nach Größe und Charakter der Ges. unterschiedlich detailliert sein können. **I 3** verlangt eine Analyse zu den hauptsächlichen finanziellen Leistungsmerkmalen (Ergebnisentwicklung, -komponenten, Liquidität u. Kapitalausstattung) sowie Hinweise zum Abschluss, soweit dies dem Verständnis dient. Daraus folgt, dass eine Verdopplung von Angaben in Abschluss und Lagebericht vermeidbar ist, wenn eine eindeutige Bezugnahme des Lageberichts auf den Abschluss genügt. Der Abschluss dient primär der Darstellung, der Lagebericht mehr der Analyse und Kommentierung; näher IDW RH HFA 1007, WPg 2005, 1234. Nach **I 4** ist auf die Risiken und zusätzlich auf die Chancen der künftigen Entwicklung sowie auf wesentliche Ziele und Strategien der Ges. einzugehen. Dieser **Prognosebericht** ist auch bei kompli-

§ 289 1

zierter wirtschaftlicher Gesamtsituation (Finanzkrise) unverzichtbar, OLG Frankfurt a. M. NZG 2010, 63. Zur Berichterstattung bei wesentlicher Unsicherheit: Braun/Geppert BB 2021, 811 ff.; IDW PS 270 n. F. Rn. 9; zusätzlich Angabe im Anhang. Auch über Risiken im Zusammenhang mit der Lieferkette ist hinzuweisen. An dieser Stelle ist neuerdings für bestimmte Unternehmen zusätzlich ein eigenständiger Bericht nach dem Lieferkettensorgfaltspflichtengesetz zu erstellen (§ 10 II LkSG). Man spricht von sog. Human Rights Reporting, Dutzi/ Schneider/Hasenau Konzern 2021, 454. Für den Konzernlagebericht (§ 315) enthält DRS 20 Regelungen für die Prognoseberichterstattung, die auch auf die Prognoseberichterstattung im Rahmen des § 289 HGB aufstrahlen. Zur empirischen Untersuchung: Müller/Seebeck/Weeger DB 2021, 2505; Bei Prüfung der Prognoseberichterstattung bei KMU wird IDW PS 350 nF. angewendet, vgl. dazu ausführlich Schorn/Babicheva WPg 2021 208. Ziele und Strategien sind in ihren wesentlichen Elementen entsprechend dem international üblichen Verständnis einer Geschäftsentwicklungs- und -lageanalyse darzustellen. Ferner sind wesentliche Prämissen, die den zukunftsbezogenen Aussagen zugrunde liegen, transparent zu machen, AmtlBegr BilReG BT-Drs. 15/3419, 30. Zentral sind dabei bestandsgefährdende Risiken (going concern), aber auch über sonstige Risiken mit wesentlichem Einfluss auf die Vermögens-, Finanz- und Ertragslage ist zu berichten. Nicht nur Risiken aus den betrieblichen Funktionsbereichen, sondern auch aus externen Umweltfaktoren (auch Politik, Recht und Gesellschaft) sind einzubeziehen. Zu berichten ist nicht nur über vorhersehbare Risiken (bereits § 252 I Nr. 4), sondern auch weiter entfernte, aber nicht rein theoretische, Küting/Hütten AG 1997, 252. Maßgeblich ist ein überschaubarer Zeitraum, idR 2 Jahre. Durch **I 5** – eingefügt durch TUG 2007 (**Übergangsrecht** in **(1)** EGHGB Art. 62), geändert durch ESEF-UG 2020 (**Übergangsrecht** in **(1)** EGHGB Art. 84) – wird der Bilanzeid gem. § 264 II auf den Lagebericht erstreckt. Danach werden die Mitglieder des vertretungsberechtigten Organs einer KapitalGes., die nach § 264 II 3 Inlandsemittentin iSv (**16b**) WpHG § 2 XIV ist, verpflichtet, die Einhaltung der für den Lagebericht geltenden Vorgaben in I 1 u. 4 zu versichern. Lageberichtseid bedarf der Schriftform. Bilanzeid gem. § 264 II 3 und Lageberichtseid können als einheitliche Erklärung abgegeben werden, BT-Drs. 19/17343, 20. **Muster**: Hopt/Merkt Vertrags- und Formularbuch/Kraft/Link Form III.D.1 (Lagebericht zum Jahresabschluss einer GmbH); IDW RS HFA 1 Anlage. Über I und II hinausgehende freiwillige Informationen sind üblich und erwünscht (zB Kapitalflussrechnung, Segmentberichterstattung, Sozialbilanz, → § 284 Rn. 8). **Lit.** MBF Kap. 13 Tz. 1 ff.; Barth/Thormann DB 2015, 993 (Enforcement Lageberichterstattung); Pollmann/Seubert DStR 2015, 959 (DRS 20); Boecker/Zwirner SteuK 2016, 426 (RegE CSR-RUG); Hinze WPg 2016, 1168 (CSR-RL u. DRS 20); Scheffler AG 2016, R318 (RegE CSR-RUG); Seibt DB 2016, 2707 (RegE CSR-RUG); Boecker/Zwirner BB 2017, 2155 (CSR-RUG); Langemann/Wilking BB 2017, 501 (RegE EntgelttransparenzG); Kolb/Heinek WPg 2017, 1243 (Entgelttransparenz); L. Müller BB 2017, 2101 (Entgelttransparenz); Mock ZIP 2017, 1195 (CSR-RUG); Müller/Scheid BB 2017, 1835 (DRS 20); Wermelt/Scheffler WPg 2017, 925 (Risikomanagement, IDW PS 981); Schüttler BC 2017, 411; Kliem/Rimmelspacher DB 2018, 265 (Entgelttransparenz); Reustlen/Stawinoga DB 2019, 257 (anwender- bzw. branchenspezifische Nachhaltigkeitsberichterstattung); Gerhards DB 2020, 177 (kritisch zu Fehlentwicklungen); Schweigert/ Burth/Hachmeister IRZ 2020, 73 (Entgelttransparenz); Link/Scheffler/Oehlmann (Prüfung Corporate Governance Systeme, IDW PS 980. 981. 982, 983). Zu Besonderheiten aufgrund der Corona-Pandemie IDW Fachlicher Hinweis; Rimmelspacher/Kliem WPg 2020, 381; Kirsch BBP 2020, 105; Schorn/Babicheava WPg 2021, 208; Berger/Alberti BB 2021, 2027 (zur Überarbeitung des IFRS Practice Statement 1 zum „Management Commentary").

2. Abschnitt. Ergänzende Vorschriften für Kapitalges. 2–4 § 289

2) Nachtragsbericht, Entwicklungsprognose, Forschung und Entwicklung (II)

II (nF durch BilReG 2004) ist durch die Neufassung des BilRUG 2015 (**Übergangsrecht** in (1) EGHGB Art. 75 I 1) von einer bloßen Sollvorschrift in eine Berichtspflicht umgewandelt worden. II Nr. 1 aF durch BilRUG 2015 ersatzlos gestrichen, da die Bilanz-RL 2013 nicht mehr erlaubt, dass mittelgroße Kapital-Ges. von einzelnen Anforderungen des § 285 Nr. 3 entlastet werden; infolgedessen II Nr. 2–5 aF zu II S. 1 Nr. 1–4 nF umnummeriert. Die im Rahmen des Berichts über Risikomanagementziele und -methoden (**II S. 1 Nr. 1a und b**) zu erläuternden Methoden der Absicherung in Bezug auf die Verwendung von Finanzinstrumenten sind insbesondere sog. Hedge-Geschäfte (Angabe von Systematik, Art und Kategorien). Einzugehen ist auch auf den für Prognose der zukünftigen Entwicklung wichtigen Bereich der FuE (**II S. 1 Nr. 2**). Auch bestehende ZwNl sind erfasst (**II S. 1 Nr. 3** nF G 22.7.1993 BGBl. 1282, → § 13 Rn. 2), auch ausländische. **II** 2 eingefügt durch BilRUG 2015 zur Klarstellung hinsichtlich der Verweisung auf Anhangangaben. Spezialgesetzliche Angabepflichten im Lagebericht s. IDW RS HFA 1 Tz. 50. Die Sonderregelung für börsennotierte AG in **II S. 1 Nr. 4 aF** wurde durch das CSR-RUG v. 11.4.2017 (Übergangsregelung in (1) EGHGB Art. 80) in einen neuen § 289a II verschoben (s. dort). **Lit.** Schmidt DStR 2014, 544 (Pharmaindustrie); Lüdenbach/Freiberg BB 2014, 2219 (BilRUG 2015); Pauli/Albrecht BB 2014, 1195 (Ausstrahlung von DRS 20 auf Lagebericht nach § 289); Fink/Theile DB 2015, 754; Oser/Orth/Wirtz DB 2015, 197 (BilRUG 2015); Blöink/Knoll-Biermann Konzern 2015, 65 (BilRUG 2015); Schäfer/Rimmelspacher DB 2015, 57 (BilRUG 2015); Zwirner StuB 2015, Beil. 2, 1 (BilRUG 2015); Zwirner AR 2016, 2 (Aufgaben des Aufsichtsrats); Zwirner/Boecker BC 2016, 363 (BilRUG 2015) Wermelt/Scheffler WPg 2017, 925 (Risikomanagement, IDW PS 981).

3) Nichtfinanzielle Leistungsindikatoren bei großen KapitalGes. (III)

III (angefügt durch BilReG 2004) bringt hinsichtlich der im Lagebericht verlangten Analyse nichtfinanzieller Leistungsindikatoren eine größenabhängige Differenzierung, die von der Bilanz-RL vorgegeben ist: Nur große KapitalGes. müssen über die genannten ökologischen und sozialen Belange berichten. Der Wortlaut („von Bedeutung") weicht zwar von dem des § 289c III („erforderlich") ab, damit soll aber ebenfalls in Einklang mit § 329c III die Erforderlichkeit für das Verständnis gemeint sein, BT-Drs. 18/9982, 48. Die Aufzählung ist nicht abschließend und zwingt auch nicht zu entsprechender Schwerpunktsetzung; weitere mögliche Berichtsgegenstände: Entwicklung des Kundenstamms, Humankapital, Forschung und Entwicklung, durch Sponsoring oder karitative Zuwendungen geförderte gesellschaftliche Reputation, AmtlBegr S. 31. Grenze der (zusätzlichen) Berichterstattung bildet allerdings die Klarheit und Übersichtlichkeit des Lageberichts, BeckBilKomm/Grottel Rn. 10. Zu Umweltbelangen s. Empfehlung der Kommission vom 30.5.2001 zur Berücksichtigung von Umweltaspekten in Jahresabschluss und Lagebericht von Unternehmen, ABl. 2001 L 156, 33. **Lit.** Hinze WPg 2016, 1168 (CSR-RL u. DRS 20); Seibt DB 2016, 2707 (RegE CSR-RUG); Schmotz/Schmidt DB 2017, 2877; Velte DB 2017, 2813; AK Schmalenbach DB 2018, 2253 (Erstanwendung); Hennrichs ZGR 2018, 206; Freidank/Scheffler/Simon-Heckroth WPg 2018, 683; E. Vetter FS Marsch-Barner, 2018, 559 (CSR-Aufsichtsratspflichten); Behncke/Wulf KoR 2018, 570 (Empirie Anwendung); Röttgen/Hund Konzern 2019, 201 (rechtliche Anforderungen an Bericht).

4) Internes Kontroll- und Risikomanagementsystem (IV)

Kapitalmarktorientierte KapitalGes. (§ 264d) haben nach IV (eingefügt durch BilMoG, **Übergangsrecht** in (1) EGHGB Art. 66 III, durch CSR-RUG v.

§ 289a

11.4.2017 (**Übergangsrecht** in (1) EGHGB Art. 80) in IV umnummeriert, IV aF nunmehr § 289a I)) über die wesentlichen Merkmale ihres internen Kontroll- und Risikomanagementsystems, soweit es die Rechnungslegung betrifft, zu berichten. Nach dem FISG (**Übergangsrecht** in (1) EGBGB Art. 86) wurde in § 91 III AktG eine gesetzliche Pflicht zur Einrichtung sowohl eines angemessenen und wirksamen internen Kontrollsystems als auch eines entsprechenden Risikomanagementsystems für börsennotierte Aktiengesellschaften festgelegt. Die Berichtspflicht bedeutet die Darstellung der Strukturen und Prozesse des bestehenden Systems. Das Frühwarnsystem für bestandsgefährdende Risiken nach § 91 II AktG ist ein Teilausschnitt dieses internen Kontrollsystems. Für diesen Teilausschnitt gelten bei der Abschlussprüfung weitergehende Anforderungen nach § 317 IV. Speziell zur Darstellung von IT-Risiken: Quick/Gauch DB 2022, 414

Ergänzende Vorgaben für bestimmte Aktiengesellschaften und Kommanditgesellschaften auf Aktien

289a ¹Aktiengesellschaften und Kommanditgesellschaften auf Aktien, die einen organisierten Markt im Sinne des § 2 Absatz 7 des Wertpapiererwerbs- und Übernahmegesetzes durch von ihnen ausgegebene stimmberechtigte Aktien in Anspruch nehmen, haben im Lagebericht außerdem anzugeben:

1. die Zusammensetzung des gezeichneten Kapitals unter gesondertem Ausweis der mit jeder Gattung verbundenen Rechte und Pflichten und des Anteils am Gesellschaftskapital;
2. Beschränkungen, die Stimmrechte oder die Übertragung von Aktien betreffen, auch wenn sie sich aus Vereinbarungen zwischen Gesellschaftern ergeben können, soweit sie dem Vorstand der Gesellschaft bekannt sind;
3. direkte oder indirekte Beteiligungen am Kapital, die 10 Prozent der Stimmrechte überschreiten;
4. die Inhaber von Aktien mit Sonderrechten, die Kontrollbefugnisse verleihen, und eine Beschreibung dieser Sonderrechte;
5. die Art der Stimmrechtskontrolle, wenn Arbeitnehmer am Kapital beteiligt sind und ihre Kontrollrechte nicht unmittelbar ausüben;
6. die gesetzlichen Vorschriften und Bestimmungen der Satzung über die Ernennung und Abberufung der Mitglieder des Vorstands und über die Änderung der Satzung;
7. die Befugnisse des Vorstands insbesondere hinsichtlich der Möglichkeit, Aktien auszugeben oder zurückzukaufen;
8. wesentliche Vereinbarungen der Gesellschaft, die unter der Bedingung eines Kontrollwechsels infolge eines Übernahmeangebots stehen, und die hieraus folgenden Wirkungen;
9. Entschädigungsvereinbarungen der Gesellschaft, die für den Fall eines Übernahmeangebots mit den Mitgliedern des Vorstands oder mit Arbeitnehmern getroffen sind.

²Die Angaben nach Satz 1 Nummer 1, 3 und 9 können unterbleiben, soweit sie im Anhang zu machen sind. ³Sind Angaben nach Satz 1 im Anhang zu machen, ist im Lagebericht darauf zu verweisen. ⁴Die Angaben nach Satz 1 Nummer 8 können unterbleiben, soweit sie geeignet sind, der Gesellschaft einen erheblichen Nachteil zuzufügen; die Angabepflicht nach anderen gesetzlichen Vorschriften bleibt unberührt.

2. Abschnitt. Ergänzende Vorschriften für Kapitalges. 1 § 289a

1) Ergänzende Angabepflichten für AG u. KGaA, die einem organisierten Markt angehören

Vorschrift (eingeführt als § 289 IV aF durch ÜbernahmeRL-UmsetzungsG 1 2006, **Übergangsrecht (1)** EGHGB Art. 60, ausgegliedert und redaktionell überarbeitet als neuer § 289a I durch CSR-RUG v. 11.4.2017, **Übergangsrecht (1)** EGHGB Art. 80; bisheriger § 289a aF mit der Erklärung zur Unternehmensführung in § 289f nF verschoben) verpflichtet **AG und KGaA**, die einen **organisierten Markt** iSd § 2 VII WpÜG durch von ihnen ausgegebene stimmberechtigte Aktien in Anspruch nehmen, zu zusätzlichen **CSR-Angaben im Lagebericht.** Grund: Potentielle Bieter sollen ein möglichst umfassendes Bild von der Ges., ihrer Struktur und über etwaige Übernahmehindernisse erhalten, RegBegr BT-Drs. 16/1003, 24. I gilt nicht für Unt., die nur durch Schuldverschreibungen oder Genussscheine den organisierten Markt in Anspruch nehmen. Zusätzlich sind anzugeben: die Zusammensetzung des gezeichneten Kapitals; bei verschiedenen Aktiengattungen sind für jede Gattung die damit verbundenen Rechte und Pflichten und der Anteil am Gesellschaftskapital anzugeben **(I 1 Nr. 1)**; Beschränkungen, die Stimmrechte oder die Übertragung von Aktien betreffen, auch wenn sie sich aus Vereinbarungen zwischen Gesellschaftern ergeben, soweit sie dem Vorstand der Ges. bekannt sind **(I 1 Nr. 2)**; direkte oder indirekte Beteiligungen am Kapital, die 10 Prozent der Stimmrechte überschreiten **(I 1 Nr. 3)**; die Inhaber von Sonderrechtsaktien, die Kontrollbefugnisse verleihen (mit Beschreibung der Sonderrechte) **(I 1 Nr. 4)**; die Art der Stimmrechtskontrolle, wenn Arbeitnehmer am Kapital beteiligt sind und ihre Kontrollrechte nicht unmittelbar ausüben **(I 1 Nr. 5)**; die Regelungen im Gesetz und in der Satzung über die Ernennung und Abberufung der Vorstandsmitglieder und über Satzungsänderungen **(I 1 Nr. 6)**; die Befugnisse des Vorstands insbesondere hinsichtlich der Möglichkeit, Aktien auszugeben oder zurückzukaufen **(I 1 Nr. 7)**; wesentliche Vereinbarungen der Ges. für den Fall eines übernahmebedingten Kontrollwechsels und die daraus folgenden Wirkungen (Angabe kann unterbleiben, soweit sie der Ges. einen erheblichen Nachteil zufügen kann); Angabepflicht nach anderen gesetzlichen Vorschriften bleibt unberührt **(I 1 Nr. 8)**; Entschädigungsvereinbarungen der Ges. mit den Mitgliedern des Vorstands oder Arbeitnehmern für den Fall eines Übernahmeangebots **(I 1 Nr. 9).** Angabe nach Nr. 1, Nr. 3 und Nr. 9 kann bei Pflicht zur Angabe im Anhang unterbleiben, dann aber Verweis auf Anhangangabe erforderlich **(II 2 u. 3)**; Angabepflicht nach anderen Vorschrift bleibt unberührt **(I 4)**. **Lit.** MBF Kap. 13 Tz. 144 ff.; AK-Bilanzrecht NZG 2016, 1337 (RegE); Boecker/Zwirner SteuK 2016, 426; Haaker StuB 2016, 319 (RefE); Kajüter IRZ 2016, 507; Lanfermann BB 2016, 1131 (CSR und Aufsichtsrat); Nietsch NZG 2016, 1330 (RegE); Nietsch/Munerotto CB 2016, 177 (RefE); Seibt DB 2016, 2707; Sommer RdA 2016, 291 (CSR-RL und Betriebsverfassung); Stawinoga/Velte DB 2016, 841; Wulf/Niemöller IRZ 2016, 245; Barckow BB 2017, Erste Seite; Blöink/Halbleib Konzern 2017, 182; Böcking DB 2017, M5; Böcking/Althoff Konzern 2017, 246; Haaker DB 2017, 922; Hachmeister/Burth/Holzmeier IRZ 2017, 215; Haaker DB 2017, 922 (Kritisch zur Integration des CSR-Berichts in den Lagebericht); Haaker StuB 2017, Heft 6, 1; Hennrichs/Pöschke NZG 2017, 121 (Pflicht des Aufsichtsrats); Hermeling/Meeh-Bunse/Schomaker DStR 2017, 1127; Holzmeier/Burth/Hachmeister IRZ 2017, 215; Kajüter DB 2017, 617; Kajüter IRZ 2017, 137; Kajüter DB 2017, 617; Lanfermann BB 2017, 747; Lanfermann BB 2017, 747 (Prüfung des CSR-Berichts durch Aufsichtsrat); Meeh-Bunse/Hermeling/Schomaker DStR 2017, 215; Richter/Johne/König WPg 2017, 566; Rimmelspacher/Schäfer/Schönberger KoR 2017, 225; Velte StuB 2017, 293; Velte KoR 2017, Heft 4, M3; Weller/Meyer PiR 2017, 125; Mock WPg 2018, 1594 (Ad-hoc-Publizitätspflicht); Needham/Müller IRZ 2019,

§ 289b

79; Böcking/Bundle Konzern 2018, 496; Scheid/Kotlenga/Müller StuB 2018, 841 (bilanzpolitische Möglichkeiten der CSR-Berichterstattung); Wagner/Mayer/Kubessa WPg 2018, 935 (adressatengerechte CSR-Berichterstattung); Kempkes/Schalk/Suprano/Wömpener WPg 2019, 25 (Empirie).

2 **II aF** (eingefügt durch CSR-RUG v. 11.4.2017 (**Übergangsrecht** in **(1)** EGHGB Art. 80, vorher § 289 II 4) verlangte für **börsennotierte AG** im Lagebericht zusätzlich, auf die Grundzüge des Vergütungssystems für die Gesamtbezüge iSv § 285 Nr. 9 einzugehen, wurde aber durch das ARUG II 2019 (**Übergangsrecht** in **(1)** EGHGB Art. 83) zugunsten der in der 2. ARRL vorgesehenen Publizitätslösung gestrichen. **Lit.** Orth/Oser/Philippsen/Sultana DB 2019, 2814 (ARUG II).

Pflicht zur nichtfinanziellen Erklärung; Befreiungen

289b (1) ¹Eine Kapitalgesellschaft hat ihren Lagebericht um eine nichtfinanzielle Erklärung zu erweitern, wenn sie die folgenden Merkmale erfüllt:

1. die Kapitalgesellschaft erfüllt die Voraussetzungen des § 267 Absatz 3 Satz 1,
2. die Kapitalgesellschaft ist kapitalmarktorientiert im Sinne des § 264d und
3. die Kapitalgesellschaft hat im Jahresdurchschnitt mehr als 500 Arbeitnehmer beschäftigt.

²§ 267 Absatz 4 bis 5 ist entsprechend anzuwenden. ³Wenn die nichtfinanzielle Erklärung einen besonderen Abschnitt des Lageberichts bildet, darf die Kapitalgesellschaft auf die an anderer Stelle im Lagebericht enthaltenen nichtfinanziellen Angaben verweisen.

(2) ¹Eine Kapitalgesellschaft im Sinne des Absatzes 1 ist unbeschadet anderer Befreiungsvorschriften von der Pflicht zur Erweiterung des Lageberichts um eine nichtfinanzielle Erklärung befreit, wenn

1. die Kapitalgesellschaft in den Konzernlagebericht eines Mutterunternehmens einbezogen ist und
2. der Konzernlagebericht nach Nummer 1 nach Maßgabe des nationalen Rechts eines Mitgliedstaats der Europäischen Union oder eines anderen Vertragsstaats des Abkommens über den Europäischen Wirtschaftsraum im Einklang mit der Richtlinie 2013/34/EU aufgestellt wird und eine nichtfinanzielle Konzernerklärung enthält.

²Satz 1 gilt entsprechend, wenn das Mutterunternehmen im Sinne von Satz 1 einen gesonderten nichtfinanziellen Konzernbericht nach § 315b Absatz 3 oder nach Maßgabe des nationalen Rechts eines Mitgliedstaats der Europäischen Union oder eines anderen Vertragsstaats des Abkommens über den Europäischen Wirtschaftsraum im Einklang mit der Richtlinie 2013/34/EU erstellt und öffentlich zugänglich macht. ³Ist eine Kapitalgesellschaft nach Satz 1 oder 2 von der Pflicht zur Erstellung einer nichtfinanziellen Erklärung befreit, hat sie dies in ihrem Lagebericht mit einer Erläuterung anzugeben, welches Mutterunternehmen den Konzernlagebericht oder den gesonderten nichtfinanziellen Konzernbericht öffentlich zugänglich macht und wo der Bericht in deutscher oder englischer Sprache offengelegt oder veröffentlicht ist.

(3) ¹Eine Kapitalgesellschaft im Sinne des Absatzes 1 ist auch dann von der Pflicht zur Erweiterung des Lageberichts um eine nichtfinanzielle Erklärung befreit, wenn die Kapitalgesellschaft für dasselbe Geschäftsjahr einen gesonderten nichtfinanziellen Bericht außerhalb des Lageberichts erstellt und folgende Voraussetzungen erfüllt sind:

2. Abschnitt. Ergänzende Vorschriften für Kapitalges.   1   § 289b

1. der gesonderte nichtfinanzielle Bericht erfüllt zumindest die inhaltlichen Vorgaben nach § 289c und
2. die Kapitalgesellschaft macht den gesonderten nichtfinanziellen Bericht öffentlich zugänglich durch
   a) Offenlegung zusammen mit dem Lagebericht nach § 325 oder
   b) Veröffentlichung auf der Internetseite der Kapitalgesellschaft spätestens vier Monate nach dem Abschlussstichtag und mindestens für zehn Jahre, sofern der Lagebericht auf diese Veröffentlichung unter Angabe der Internetseite Bezug nimmt.

²Absatz 1 Satz 3 und die §§ 289d und 289e sind auf den gesonderten nichtfinanziellen Bericht entsprechend anzuwenden.

(4) Ist die nichtfinanzielle Erklärung oder der gesonderte nichtfinanzielle Bericht inhaltlich überprüft worden, ist auch die Beurteilung des Prüfungsergebnisses in gleicher Weise wie die nichtfinanzielle Erklärung oder der gesonderte nichtfinanzielle Bericht öffentlich zugänglich zu machen.

Übersicht

	Rn
1) Vorbemerkung	1, 1a
2) Pflicht zur nichtfinanziellen Erklärung (I)	2
3) Befreiungstatbestände (II)	3
4) Befreiung bei gesondertem nichtfinanziellem Bericht (III)	4, 4a
5) Prüfung der Nichtfinanziellen Erklärung	4b, 4c
6) Pflicht zur Veröffentlichung des Prüfungsergebnisses (IV)	5
7) Ausweitung der Berichtspflichten auf EU-Ebene	6, 7
8) Reform durch CSRD-Richtlinie	8

1) Vorbemerkung

Die mit dem CSR-RUG v. 11.4.2017 (**Übergangsrecht** in (1) EGHGB Art. 80) neu eingeführten §§ 289b–289e setzen Art. 19a der BilanzRL 2013/34/EU in der Fassung der CSR-RL 2014/95/EU um und führen eine **nichtfinanzielle Erklärung** ein, die Bestandteil des Lageberichts bestimmter großer Unt. ist. Zur Erstanwendung AK Schmalenbach DB 2018, 2253. Recht zur nichtfinanziellen Berichterstattung wird stetig weiterentwickelt: Weil CSR-Richtlinie nur Prinzipien und keine eindeutigen Berichterstattungsfordernisse beinhaltet, hat Kommission unverbindliche Leitlinien veröffentlicht, ABlEU Nr. C 215/01 v. 5.7.2017 und Nachtrag, ABlEU Nr. C 209/01 v. 20.6.2019. Außerdem haben zahlreiche internationae Standardsetzer Rahmenwerke für die nichtfinanzielle Berichterstattung vorgelegt (→ § 289d). Standardsetzer arbeiten zT auch zusammen. Bspw. wurde Ende 2020 von fünf bedeutenden Standardsetzern gemeinsam Prototyp für die klimabezogene Finanzberichterstattung veröffentlicht, vgl. WPg 2021, 13. Zur Abschlussprüfung in Deutschland gibt das IDW Hinweise in PS 350 nF: Demnach müssen lageberichtstypische Angaben mit hinreichender Sicherheit durch den Abschlussprüfer geprüft werden. Im Oktober 2020 wurde außerdem ein Prüfungshinweis zur nichtfinanziellen Berichterstattung (IDW PH 9.350.2) veröffentlicht. Von der Bundesregierung wurde jüngst ein „Sustainable-Finance-Beirat" eingesetzt, dessen Fokus auf der Einführung einer CO2- und Klimaberichterstattung liegt. Die EU-Kommission arbeitet außerdem am „EU Green Deal" (COM (2019) 640 final v. 11.12.2019) und an „Sustaibable-Finance-Aktionsplan". Seit 2020 laufen intensive Arbeiten an der Überarbeitung der CSR-Richtlinie. Die CSR-Pflicht soll auf weitere Unternehmen ausgeweitet werden. Außerdem gibt es Vorarbeiten für Entwicklung europäischer Standards für die nichtfinanzielle Berichterstattung, wobei europ. Standardsetzer EFRAG involviert ist. Seitens der IFRS Foundation gibt es ebenfalls Überlegungen zur Entwicklung

§ 289b 1a

globaler Standards für CSR-Berichterstattung (vgl. zur Entwicklung Schneider/Müller, Konzern 2021, 26 und → vor § 238 Rn. 22). Generell ist auch im Rahmen der IFRS eine Fokussierung auf die nichtfinanzielle Berichterstattung zu beobachten, Berger/Kiy BB 2022, 107 **Lit.** Blöink/Halbleib Konzern 2017, 182; Boecker/Zwirner BB 2017, 2155 (CSR-RUG); IDW-AK Nachhaltigkeitsberichterstattung, Positionspapier zu Pflichten und Zweifelsfragen zur nichtfinanziellen Erklärung, 2017 und dazu Wambach/Maier BB 2017, 1987; Kirsch/Huter WPg 2017, 1017 (Prüfung); Mock ZIP 2017, 1195 (CSR-RUG); Lanfermann WPg 2017, 1250 (EU-Leitlinien); Mock DB 2017, 2144 (EU-Leitlinien); Müller/Scheid BB 2017, 1835 (DRS 20); Müller/Scheid BC 2017, 457 (Ausstrahlung auf KMU); Ruhnke/Schmidt DB 2017, 2557; Schmotz/Schmidt DB 2017, 2877; Velte DB 2017, 2813; AK Schmalenbach DB 2018, 2253 (Erstanwendung); Bachmann ZGR 2018, 231 (CSR-bezogene Vorstands- und Aufsichtsratspflichten); Behncke/Wulf KoR 2018, 570 (Empirie Anwendung); Böcking/Althoff WPg 2017, 1450 (DRS 20); Durchschein/Haller DB 2018, 1805 (integrierte Berichterstattung und ihre Prüfung); Freidank/Scheffler/Simon-Heckroth WPg 2018, 683; Hennrichs ZGR 2018, 206; Humbert ZGR 2018, 295; Scheid/Kotlenga/Müller StuB 2018, 841 (bilanzpolitische Möglichkeiten der CSR-Berichterstattung); Reustlen/Stawinoga DB 2019, 257 (anwender- bzw. branchenspezifische Nachhaltigkeitsberichterstattung); E. Vetter FS Marsch-Barner, 2018, 559 (CSR-Aufsichtsratspflichten); Wagner/Mayer/Kubessa WPg 2018, 935 (Adressatenausrichtung des CSR-Berichts); Kempkes/Schalk/Suprano/Wömpener WPg 2019, 25 (Empirie); Schmidt/Strenger NZG 2019, 481; Rabenhorst/Schmidt/Speiser DB 2019, 857 (IDWPS 350 n f.); Lenger/Maniora/Pott WPg 2019, 779 (Empirie MDAX); IDW Positionspapier v. 16.10.2020 zur Zukunft der nichtfinanziellen Berichterstattung und deren Prüfung; dazu Scheid/Reinke/Müller DB 2021, 133; Velte, (Vorschläge für ein CSR-RUG 2.0 anhand empirischer Untersuchungen); Lanfermann/Glöckner WPg 2020, 1227 (Pflicht zur Prüfung der nichtfinanzieller Berichterstattung durch Abschlussprüfer de lege ferenda); Baumüller/Scheid/Kotlenga, Konzern 2020, 386 (Klimaberichterstattung) sowie → § 289 Rn. 1; Velte DB 2021, 1054 (CSR im Aktien- und Bilanzrecht); Schmotz/Schwedler/Barckow, DB 2021, 797 (Drei Jahre CSR-RUG – Horizontalstudie zur Anwendungspraxis und Handlungsempfehlungen des DRSC).

1a   Grundnorm der nichtfinanziellen Berichterstattung im HGB ist § 289b, § 289c soll die Regelungen der Richtlinie über den Inhalt der Erklärung umsetzen, § 289d regelt die Nutzung von Rahmenwerken für die Berichterstattung und § 289e enthält das Wahlrecht, bestimmte nachteilige Informationen ausnahmsweise wegzulassen. Für die Konzernerklärung gilt § 315b. Die nichtfinanzielle (Konzern-)Erklärung kann auf unterschiedliche Weise veröffentlicht werden: entweder **(Option I)** im (Konzern-)Lagebericht in besonderem Abschnitt, §§ 289b I, 315b I oder **(Option II)** in gesondertem nichtfinanziellem (Konzern-)Bericht, §§ 289b III, 315b III iVm DRS 20 Rn. 241c, dieser wiederum kann entweder **(Option II 1)** zusammen mit dem Lagebericht offengelegt werden, §§ 289b III Nr. 2a, 315b III Nr. 2a, DRS 20.246 (a) oder **(Option II 2)** auf der Internet-Seite des Unt. (in diesem Fall ist **(Option II 2a)** entweder im Bericht Hinweis auf Internetquelle aufzunehmen, §§ 289b III Nr. 2b, 315b III Nr. 2b, DRS 20.246 (b)) oder **(Option II 2b)** als besonderer Abschnitt in einem anderen Konzernbericht (zB als Nachhaltigkeits- oder CSR-Bericht), §§ 289b III Nr. 2b, 315b III Nr. 2b, DRS 20.252(c). Nach DRS 20.252 ist weitere Möglichkeit **(Option III)** Integration in den anderen Konzernbericht. Ob Offenlegungspflicht auch genügt wird, wenn **(Option IV)** nichtfinanzielle Erklärung im Lagebericht keinen eigenen Abschnitt bildet, sondern im Lagebericht integriert wird, ist str.; dazu und allgemein zur Darstellungsweise Ruhnke/Schmidt DB 2017, 2557 (2561); Seidler BB 2018, 1067. Im Fall der Integration soll nach DRS 20.242 angegeben werden, an welchen Stellen sich die Angaben befinden, etwa durch tabellarische Übersicht in Anlehnung an GRI Content Index. Möglich ist ferner eine Mischung aus eigenem Teilbericht und Integration einzelner Angaben, Schmidt/Strenger NZG 2019, 481. Die nichtfinanzielle Erklärung gehört zu den vom Abschlussprüfer nicht inhaltlich zu prüfenden lageberichtstypischen Angaben iSv IDW PS 350 nF, Seidler BB 2018, 1067 (1071). Allerdings hat der Aufsichtsrat nach § 171 I 1 und 4 AktG die nichtfinanzielle (Konzern-)Erklärung bzw. den gesonderten nichtfinanziellen Bericht inhaltlich zu prüfen, vgl. dazu Simon-Heckroth/Borcherding WPg 2020, 1104. Eine Doppelung der Berichterstattung ist nicht zu befürchten, da § 289b I 3, III 2, 315b I 3, III 2 Verweisungen auf andere Stellen im Lagebericht erlauben, BT-Drs. 18/9982, 44, 47, 47 und Hennrichs ZGR 2018, 206 (216 f.) mit Ausführungen zur eingeschränkten Prüfbarkeit der CSR-Berichterstattung.

2) Pflicht zur nichtfinanziellen Erklärung (I)

I regelt, welche Unt. eine **nichtfinanzielle Erklärung** erstellen müssen, und übernimmt dazu 1:1 den Anwendungsbereich der BilanzRL (→ Rn. 1). Berichtspflichtig sind KapitalGes. und (haftungsbeschränkte) PersonenhandelsGes. iSv § 264a, die die Voraussetzungen des § 267 III 1, IV u. V erfüllen, dh „**groß**" sind, wenn sie mehr als 500 Arbeitnehmer beschäftigen und zugleich kapitalmarktorientiert iSv § 264d sind. Größenkriterien nach § 267 III 1 müssen tatsächlich erfüllt sein; Fiktion nach § 267 III 2, nach der eine kapitalmarktorientierte KapitalGes. iSv § 264d automatisch als „groß" gilt, ist insoweit nicht anwendbar. Erfordernis der Kapitalmarktorientierung entspricht Art. 2 I Buchst. a der Bilanz-RL. Für Kreditinstitute und VersicherungsUnt. s. Spezialvorschriften in §§ 340a und 341a. Für SE gelten §§ 289b–289e gem. Art. 61 SE-VO (EG) Nr. 2157/2001 v. 8.10.2001 entsprechend.

Mit der Schwelle von 500 Arbeitnehmern folgt I ebenfalls der Ri. Für den Schwellenwert gilt § 267 IV u. V entsprechend: IdR sind zwei aufeinanderfolgende Abschlussstichtage zu betrachten, bei Neugründungen und Umwandlungen ist nur ein Abschlussstichtag maßgeblich. Keine Ausweitung der Regelungen auch auf kleinere Unt. mit bis zu 500 Arbeitnehmern, um Belastungen für Mittelstand zu begrenzen, RegBegr S. 44. Abstufung von Berichtsanforderungen nach Unternehmensgröße und nach Erwartungen der Rechnungslegungsadressaten rechtfertigt, bei anderen als den nach § 289b I erfassten Unt. ganz auf eine nichtfinanzielle Erklärung zu verzichten. IU haben alle großen KapitalGes. iSv § 267 III nichtfinanzielle Belange in ihren Lageberichten zu berücksichtigen, § 289 III. Zur Vermeidung von Mehrfachberichten kann in der nichtfinanziellen Erklärung oder in dem gesonderten nichtfinanziellen Bericht auf nichtfinanzielle Angaben im Lagebericht verwiesen werden, §§ 289b I 3, 315b I 3, → Rn. 1. In jedem Fall müssen die inhaltlichen Vorgaben der §§ 289c–289e beachtet werden, RegBegr S. 44. Aus Fehlerhaftigkeit oder Unvollständigkeit der CSR-Berichterstattung folgt nicht Nichtigkeit des Abschlusses, Hennrichs ZGR 2018, 206 (225). **Lit.** Blöink/Halbleib Konzern 2017, 182; Boecker/Zwirner BB 2017, 2155 (CSR-RUG); Mock ZIP 2017, 1195 (CSR-RUG); Müller/Scheid BB 2017, 1835 (DRS 20); Schmotz/Schmidt DB 2017, 2877; Velte DB 2017, 2813; AK Schmalenbach DB 2018, 2253 (Erstanwendung); Hennrichs ZGR 2018, 206; Freidank/Scheffler/Simon-Heckroth WPg 2018, 683; E. Vetter FS Marsch-Barner, 2018, 559 (CSR-Aufsichtsratspflichten); Behncke/Wulf KoR 2018, 570 (Empirie Anwendung); Müller/Scheid BC 2017, 457 (Ausstrahlung auf KMU) sowie → § 289 Rn. 1.

3) Befreiungstatbestände (II)

II setzt Art. 19a III der BilanzRL in der Fassung der CSR-RL um und enthält **Befreiungstatbestände** bezüglich der Pflicht zur Erstellung einer nichtfinanziellen Erklärung. TochterGes. muss allerdings in den Konzernlagebericht einer

MutterGes. mit Sitz in EU- oder EWR-Mitgliedstaat einbezogen sein und dieser Konzernlagebericht muss eine nichtfinanzielle Erklärung enthalten, die den Vorgaben des auf die MutterGes. anwendbaren nationalen Rechts im Einklang mit den genannten RL entspricht. Hat MutterGes. stattdessen einen gesonderten nichtfinanziellen **Konzernbericht** erstellt und veröffentlicht, genügt Einbeziehung der TochterGes. in diesen Bericht. Nach allgemeinen handelsbilanzrechtlichen Grundsätzen (§ 290) ist maßgeblich, ob MutterGes. auf TochterGes. beherrschenden Einfluss ausüben kann. Im **mehrfach gestuften Konzern** kann es für den Nutzer der nichtfinanziellen Informationen schwierig sein, schnell den Konzernlagebericht oder den gesonderten nichtfinanziellen Konzernbericht zu ermitteln, der Informationen über die TochterGes. enthält. Daher soll die KapitalGes., die eigentlich eine nichtfinanzielle Erklärung erstellen müsste, in ihrem Lagebericht darauf Bezug nehmen und angeben, welche MutterGes. den Bericht erstellt und bei welchem Register bzw. auf welcher Internetseite dieser Bericht in Deutsch oder Englisch offengelegt oder veröffentlicht wird. IdR wird der Konzernlagebericht schon gem. § 264 III 1 Nr. 5 S. 2 u. 3 für die befreite TochterGes. beim BAnz. offenzulegen oder dort in Deutsch oder Englisch unter der TochterGes. auffindbar sein. Andernfalls hat TochterGes., die Befreiung nach II Anspruch nehmen will, dafür zu sorgen, dass eine deutsche oder englische Übersetzung der nichtfinanziellen Konzernerklärung oder des gesonderten nichtfinanziellen Konzernberichts öffentlich verfügbar ist. Befreiung nach II kommt nur dann zur Anwendung, wenn das TochterUnt. nach I zur Erstellung einer nichtfinanziellen Erklärung verpflichtet ist. Diese Pflicht besteht nicht, wenn das TochterUnt. nach den seit langem geltenden allgemeinen bilanzrechtlichen **Befreiungsregelungen** des § 264 III von der Aufstellung eines Lageberichts absieht. Es fehlt dann bereits an einem Lagebericht der TochterGes., der um eine nichtfinanzielle Erklärung erweitert werden könnte. Befreiung nach II wird durch die Befreiung nach § 264 III aber nicht entbehrlich. Vielmehr sind Fälle denkbar, in denen ein TochterUnt. zwar einen eigenen Lagebericht aufzustellen hat, weil die Voraussetzungen nach § 264 III nicht erfüllt sind, dabei aber von der Pflicht zur Erstellung einer nichtfinanziellen Erklärung gemäß II befreit ist. § 289b II sieht nämlich abweichende und weniger strenge Voraussetzungen für die Befreiung von der Berichtspflicht vor, RegBegr S. 44 f. **Lit.** Blöink/Halbleib Konzern 2017, 182 sowie → § 289 Rn. 1; Müller/Scheid BC 2017, 457 (Ausstrahlung auf KMU).

4) Befreiung bei gesondertem nichtfinanziellem Bericht (III)

4 Durch III übt der Gesetzgeber die Mitgliedstaatenoption aus Art. 19a IV der BilanzRL idF der CSR-RL aus. Eine KapitalGes. kann ihre aus I folgende Pflicht zur Erstellung einer nichtfinanziellen Erklärung im Lagebericht auch dadurch erfüllen, dass sie einen **gesonderten nichtfinanziellen Bericht** veröffentlicht. Diese Option wird in der Praxis regelmäßig gewählt (Brüggemann/Polster DB 2021, 1077, 1085). Der neue Entwurf für die Corporate Sustainability Reporting Directive der EU will allerdings, dass die Berichterstattung künftig ausschließlich im Lagebericht erfolgt. Nach Meinung der EU-Kommission verhindere ein separater nichtfinanzieller Bericht die Verfügbarkeit relevanter bzw. entscheidungsnützlicher Informationen (Müller/Scheid/Baumüller BB 2021, 1312, 1327);

4a Die §§ 289c–289e gelten für den gesonderten nichtfinanziellen Bericht entsprechend. Der gesonderte nichtfinanzielle Bericht muss die **gleichen Inhalte** aufweisen, die für die nichtfinanzielle Erklärung nach § 289c vorgeschrieben sind, er kann aber auch – wie die nichtfinanzielle Erklärung – weitere Angaben enthalten. Zudem muss der gesonderte nichtfinanzielle Bericht zusammen mit dem Lagebericht nach § 325 im BAnz. offengelegt oder auf der Internetseite der KapitalGes. veröffentlicht werden. Macht die KapitalGes. von der Veröffentlichung im Internet Gebrauch, hat sie aber gemäß III 1 Nr. 2 Buchst. b die in der Richtlinie vorgegebene **Frist von sechs Monaten** ab dem Abschlussstichtag einzuhalten und den Bericht mindestens für eine Dauer von zehn Jahren auf der Internetseite verfügbar zu halten. Zusätzlich ist bei der Veröffentlichung im Internet in den Lagebericht ein Bezug auf diese Veröffentlichung aufzunehmen. Dabei ist die Internet-Adresse anzugeben, unter der die Veröffentlichung erfolgt. In jedem Fall muss die Veröffentlichung im Internet für eine **gewisse Dauer** erfolgen. Daher wird in Anlehnung an die Vorgaben für das Vorhalten zB von Jahresfinanzberichten im Unternehmensregister in § 24 der WpAIV eine Frist von 10 Jahren für die Verfügbarkeit vorgeschrieben. Zu den **unterschiedlichen Optionen** für die Veröffentlichung → Rn. 1. Erfüllt die KapitalGes. die in III für den gesonderten nichtfinanziellen Bericht vorgesehenen Anforderungen nicht, zB weil sie den gesonderten Bericht erst nach mehr als 6 Monaten veröffentlicht, hat sie die Befreiung nach III nicht wirksam ausgeübt. Dann bleibt sie nach I verpflichtet, eine nichtfinanzielle Erklärung in den Lagebericht aufzunehmen. Fehlt diese Erklärung, kann dies ein OWi-Verfahren nach § 334 auslösen, Reg-Begr S. 45 f. **Lit.** Blöink/Halbleib Konzern 2017, 182; Boecker/Zwirner BB 2017, 2155 (CSR-RUG); Kirsch/Huter WPg 2017, 1017 (Prüfung); Mock ZIP 2017, 1195 (CSR-RUG); Müller/Scheid BB 2017, 1835 (DRS 20); Müller/Scheid BC 2017, 457 (Ausstrahlung auf KMU); Schmotz/Schmidt DB 2017, 2877; Velte DB 2017, 2813; AK Schmalenbach DB 2018, 2253 (Erstanwendung); Althoff/Wirth WPg 2018, 1138 sowie → § 289 Rn. 1; Behncke/Wulf KoR 2018, 570 (Empirie Anwendung); Freidank/Scheffler/Simon-Heckroth WPg 2018, 683; Hennrichs ZGR 2018, 206; Needham/Müller IRZ 2018, 345 (Diversity-Reporting); Velte WPg 2018, 477 (Gender-Diversity-Bericht); E. Vetter FS Marsch-Barner, 2018, 559 (CSR-Aufsichtsratspflichten); Hommelhoff FS Seibert, 2019, 371.

5) Prüfung der Nichtfinanziellen Erklärung

Nach § 171 I 4 AktG hat der Aufsichtsrat die nichtfinanzielle Erklärung bzw. den gesonderten nichtfinanziellen Berichts zu prüfen. Es hat sich eine Diskussion über den Umfang bzgl. dieser Prüfungspflicht herausgebildet (Velte DB 2021, 1054; Hommelhoff NZG 2017, 1362). Die Stellungnahmen im Schrifttum zur Reichweite der Prüfung der nichtfinanziellen Erklärung durch den Aufsichtsrat reichen von einer regelmäßigen Begrenzung auf Plausibilitätschecks bis zur gleichwertigen Prüfungstiefe analog zur Prüfung der Finanzberichte. Die überwiegende Mehrheit des juristischen Schrifttums möchte die Prüfung der nichtfinanziellen Erklärung durch den Aufsichtsrat auf ein kritisches Lesen und Plausibilitätsbeurteilungen, sowie aktives Nachfragen und Nachgehen von Unklarheiten und Widersprüchen begrenzen. Die Intensität der Prüfung der nichtfinanziellen Erklärung durch den Aufsichtsrat soll eindeutig geringer ausfallen als beim Jahresabschluss (sog. „gespaltene Prüfungsintensität").Zur Abmilderung möglicher Haftungs- und Reputationsrisiken kann AR nichtfinanzielle Berichterstattung inhaltlich extern überprüfen zu lassen. **Lit.** Velte DB 2021, 1054, 1058 f.

Die nichtfinanzielle Erklärung muss bislang vom Abschlussprüfer nach § 317 II 4 nicht inhaltlich beurteilt werden. Der Abschlussprüfer muss nur beurteilen, ob die nichtfinanzielle Erklärung bzw. der gesonderte Bericht erstellt und veröffentlicht wurde (formelle Prüfung). Wegen der Prüfungspflicht der CSR-Berichte durch AR in § 171 I 4 AktG bestehen Aufsichtsräte vielfach noch eine freiwillige materielle Prüfung der Informationen durch eine unternehmensexterne Instanz, z. B. durch den bestehenden Abschlussprüfer. Vgl. aber zu den vorgesehenen Änderungen durch die geplante Corporate Social Reporting Directive: Lanfermann/Scheid DB 2021, 1213.

§ 289b 5, 6

6) Pflicht zur Veröffentlichung des Prüfungsergebnisses (IV)

5   IV, neu durch CSR-RUG v. 11.4.2017 und anzuwenden ab 1.1.2019 (**Übergangsrecht** in (1) EGHGB Art. 80), setzt Art. 19a V BilanzRL idF der CSR-RL um und sieht vor, dass die nichtfinanzielle Erklärung und der gesonderte nichtfinanzielle Bericht **nur eingeschränkt in die Abschlussprüfung** einzubeziehen sind. Diese Vorgabe wird in § 317 II 4 umgesetzt (s. dort). Wird aber auf Veranlassung des Unt. zusätzlich eine externe inhaltliche Überprüfung der nichtfinanziellen Erklärung beziehungsweise des gesonderten nichtfinanziellen Berichts vorgenommen, ist eine Aussage darüber wichtig für die Nutzer des Berichts. Eine externe inhaltliche Überprüfung, insbesondere durch den Abschlussprüfer, kann das Vertrauen in die nichtfinanziellen Informationen erhöhen. Daher muss nach Überzeugung des Gesetzgebers in diesem Fall das Prüfungsurteil mit der nichtfinanziellen Erklärung oder dem gesonderten nichtfinanziellen Bericht **gemeinsam öffentlich zugänglich** gemacht werden. Nach diesem Zweck kommt eine Publikation allerdings nur in Betracht, wenn Person des zur Unterstützung des mandatierten Sachverständigen zur Abschlussprüfung befähigt ist, Hommelhoff FS Seibert, 2019, 371. In dem Prüfungsurteil sind auch solche Informationen anzugeben, die eine Einschätzung der Überprüfungsleistung ermöglichen (zum Beispiel Prüfungsmethoden, Prüfungsumfang, Prüfungsmaßnahmen und der Überprüfung zugrundeliegende Regeln und Standards). Entscheidet sich das Unt. gegen eine solche Überprüfung, muss es das nicht gesondert bekanntgeben, Reg-Begr S. 46. Schon eine Prüfung einzelner Bestandteile der CSR-Berichterstattung führt zur Publizitätspflicht, Hommelhoff FS Seibert, 2019, 371. **Lit.** Blöink/Halbleib Konzern 2017, 182; Boecker/Zwirner BB 2017, 2155 (CSR-RUG); Mock ZIP 2017, 1195 (CSR-RUG); Müller/Scheid BB 2017, 1835 (DRS 20); Müller/Scheid BC 2017, 457 (Ausstrahlung auf KMU); Kirsch/Huter WPg 2017, 1017 (Prüfung) sowie → § 289 Rn. 1; Kempkes/Schalk/Suprano/Wömpener WPg 2019, 25 (Empirie).

7) Ausweitung der Berichtpflichten auf EU-Ebene

6   Die Verpflichtung zur nichtfinanziellen Berichterstattung wird auf EU-Ebene ergänzt durch die Offenlegungsverordnung [VO (EU) 2019/2088], die ESEF-VO [Delegierte VO (EU) 2019/815] sowie die EU-Taxonomie-Verordnung [VO (EU) 2020/852]. Die Offenlegungsverordnung betrifft insbesondere die Veröffentlichung von spezifischen Informationen auf der Internetseite eines Unternehmens. Nach Art. 3 Abs. 1 müssen Finanzmarktteilnehmer z. B. Informationen zu ihren Strategien zur Einbeziehung von Nachhaltigkeitsrisiken bei ihren Investitionsentscheidungsprozessen auf ihrer Homepage veröffentlichen. Unternehmen, die eine nichtfinanzielle (Konzern-)Erklärung nach §§ 289b und 315b erstellen und veröffentlichen müssen, haben ab dem Geschäftsjahr 2021 die Taxonomie-Verordnung zu beachten. Nach Art. 8 der Taxonomie-Verordnung müssen diese Unternehmen in ihren nichtfinanziellen Erklärungen Angaben darüber abgeben, wie und in welchem Umfang die Tätigkeiten des Unternehmens mit Wirtschaftstätigkeiten verbunden sind, die als ökologisch nachhaltige Wirtschaftstätigkeiten nach Art. 3 und Art. 9 der Taxonomie-Verordnung einzustufen sind. In diesen Vorschriften werden EU-weite Anforderungen an nachhaltige Investitionen definiert (ErwG 13). Für die Unternehmenspraxis von besonderer Bedeutung sind die Berechnungsgrundlagen für die Taxonomiequoten, d. h. der auf grüne Aktivitäten entfallende Anteil am Umsatz, an den Investitionen sowie an den Betriebsausgaben, Lanfermann/Scheid DB 2021, 741. Insgesamt werden in der EU-Taxonomie sechs Umweltziele definiert, anhand derer in den kommenden Jahren die ökologische Nachhaltigkeit von Wirtschaftstätigkeiten mithilfe wissenschaftlich orientierter, technischer Bewertungskriterien zu bestimmen (Art. 3 Taxonomie-VO) und zu berichten sein wird (Lanfermann BB

2. Abschnitt. Ergänzende Vorschriften für Kapitalges.   7, 8   § 289b

2021, 2859). Die Berechnungsgrundlagen sind nach Art. 8 Taxonomie-VO von der EU-Kommission bis zum Juni 2021 mittels einer weiteren Rechtsverordnung zu konkretisieren. In der Delegierten Verordnung (EU) 2021/2139 sind vor allem technische Bewertungskriterien festgelegt, anhand deren bestimmt wird, unter welchen Bedingungen davon auszugehen ist, dass eine bestimmte Wirtschaftstätigkeit einen wesentlichen Beitrag zum Klimaschutz, beziehungsweise zur Anpassung an den Klimawandel leistet. Die Delegierte Verordnung (EU) 2021/2178 enthält ergänzende Ausführungen für Leistungsindikatoren von Finanzunternehmen (Kreditinstitute, Vermögensverwalter, Wertpapierfirmen und Versicherungs- und Rückversicherungsunternehmen). Darüber hinaus enthält diese Verordnung nähere Erläuterungen zum Inhalt und zur Darstellung der von allen Unternehmen offenzulegenden Informationen, sowie zu den Methoden, die zur Gewährleistung dieser Offenlegung anzuwenden sind. Die Taxonomie-Verordnung soll künftig im Rahmen der Corporate Social Responsibility Reporting Directive integriert werden (Lanfermann BB 2021, 2895, 2861). Lit. Lanfermann/Scheid DB 2021, 741 (zu den Vorgaben für die Berechnung der grünen Taxonomiequoten); Lanfermann, BB 2021 2895 (Aktuelle Entwicklungen und Umsetzungsfragen zur EU-Taxonomie zu grünen Wirtschaftstätigkeiten); Ipsen/Röh ZIP 2020, 2001 (Was ist eine ökologisch nachhaltige Wirtschaftstätigkeit?); Borcherding/Seufert WpG 2021, 1009 Erleichterungen bei der erstmaligen Anwendung der Taxonomie-VO); Bardens/Wallek/Werth WPg 2022, 184 (Grundsätzlich zur EU-Taxonomie-Verordnung).

Mit der **ESEF-VO** (EU) 2018/815) schreibt die EU für Emittenten, bei der   7 Erstellung ihrer Jahresfinanzberichte, ein einheitliches elektronisches Berichtsformat (XHTML) vor. Die Vorschrift ergänzt die Transparenzrichtlinie und will sicherstellen, dass die veröffentlichten Informationen in einem für Menschen lesbaren Format einheitlich und öffentlich zugänglich gemacht werden (ErwG 2). Mit dem Gesetz zur weiteren Umsetzung der Transparenzrichtlinie-Änderungsrichtlinie im Hinblick auf ein einheitliches elektronisches Format für Jahresfinanzberichte vom 12.8.20201 (BGBl. I 2020, 1874) wurden konkretisierende Vorschriften für Inlandsemittenten zur Erstellung, Prüfung und Einreichung von Jahresfinanzberichten im ESEF-Format getroffen. **Lit.** Rabenhorst BB 2021, 1131 ff. (Erfahrungen mit der erstmaligen Durchführung der ESEF-Berichterstattung).

8) Reform durch CSRD-Richtlinie

Am 21.4.2021 hat die EU-Kommission ihren Entwurf zur **Corporate Sustai-**   8 **nability Reporting Directive** (CSRD) veröffentlicht, COM(2021) 189 final (→ vor § 238 Rn. 22c). Der Richtlinienvorschlag soll verschiedene europäischer Rechtsakte – darunter die Bilanz-Richtlinie (2013/34/EU) – abändern. Sie stellt inhaltlich eine Neuaufstellung der Berichtsanforderungen zur Nachhaltigkeitsberichterstattung dar. Die neue „Nachhaltigkeitsberichterstattung" löst damit die bisherige „nichtfinanzielle Berichterstattung" ab, welche mit der CSRRichtlinie (2014/95/EU) aus dem Jahr 2014 inhaltlich eher flexibel ausgestaltet war. Die Berichtspflichten sollen für Unternehmen ab 250 Mitarbeitern gelten. Insgesamt sollen ca. 14500 Unternehmen betroffen sein (Hommelhoff BB 2021, 2437). Die bisher gegebene Möglichkeit, selbst zu entscheiden, anhand welchen Standards die nichtfinanzielle Berichterstattung erfolgt, wird durch zwingende Vorgaben durch delegierte Rechtsakte der EU Kommission ersetzt. Der Abschlussprüfer soll die Nichtfinanzielle Berichterstattung zwingend prüfen müssen und AR und Prüfungsausschus in einem Zusatzbericht unterrichten. Ob der derzeitige Richtlinienentwurf mit Primärrecht (Verhältnismäßigkeitsgebot, Wesentlichkeitsprinzip) vereinbar ist, ist umstritten. Dies gilt insbesondere im Hinblick auf die Größenklassen der Unternehmen und der Frage, ob es der EU-Gesetzgeber der Kommission überlassen darf, differenzierende Standards zu entwickeln, ausführlich Hommelhoff BB 2021, 2347. **Lit.** Lanfermann/Scheid, DB 2021, 1213; Hommellhoff DB 2021, 2437, Stawinoga/Velte DStR 2021, 2364 ff., Hartke WPg 2021, 1404 (Nachhaltigkeitsberichterstattung bald auch im Mittelstand, zur CSRD Richtlinie); Lanfermann/Schwedler/Schmotz WPg 2021, 762 (Nachhaltigkeitsberichtsstanards im Fokus der EU-Gesetzgebung); Lanfermann/Baumüller/Scheid Konzern 2021, 500 (Größenabhängige Ausgestaltung der Berichtspflichten im Rahmen der zukünftigen europäischen Nachhaltigkeitsberichterstattung).

Inhalt der nichtfinanziellen Erklärung

289c (1) In der nichtfinanziellen Erklärung im Sinne des § 289b ist das Geschäftsmodell der Kapitalgesellschaft kurz zu beschreiben.

(2) Die nichtfinanzielle Erklärung bezieht sich darüber hinaus zumindest auf folgende Aspekte:
1. Umweltbelange, wobei sich die Angaben beispielsweise auf Treibhausgasemissionen, den Wasserverbrauch, die Luftverschmutzung, die Nutzung von erneuerbaren und nicht erneuerbaren Energien oder den Schutz der biologischen Vielfalt beziehen können,
2. Arbeitnehmerbelange, wobei sich die Angaben beispielsweise auf die Maßnahmen, die zur Gewährleistung der Geschlechtergleichstellung ergriffen wurden, die Arbeitsbedingungen, die Umsetzung der grundlegenden Übereinkommen der Internationalen Arbeitsorganisation, die Achtung der Rechte der Arbeitnehmerinnen und Arbeitnehmer, informiert und konsultiert zu werden, den sozialen Dialog, die Achtung der Rechte der Gewerkschaften, den Gesundheitsschutz oder die Sicherheit am Arbeitsplatz beziehen können,
3. Sozialbelange, wobei sich die Angaben beispielsweise auf den Dialog auf kommunaler oder regionaler Ebene oder auf die zur Sicherstellung des Schutzes und der Entwicklung lokaler Gemeinschaften ergriffenen Maßnahmen beziehen können,
4. die Achtung der Menschenrechte, wobei sich die Angaben beispielsweise auf die Vermeidung von Menschenrechtsverletzungen beziehen können, und
5. die Bekämpfung von Korruption und Bestechung, wobei sich die Angaben beispielsweise auf die bestehenden Instrumente zur Bekämpfung von Korruption und Bestechung beziehen können.

(3) Zu den in Absatz 2 genannten Aspekten sind in der nichtfinanziellen Erklärung jeweils diejenigen Angaben zu machen, die für das Verständnis des Geschäftsverlaufs, des Geschäftsergebnisses, der Lage der Kapitalgesellschaft sowie der Auswirkungen ihrer Tätigkeit auf die in Absatz 2 genannten Aspekte erforderlich sind, einschließlich
1. einer Beschreibung der von der Kapitalgesellschaft verfolgten Konzepte, einschließlich der von der Kapitalgesellschaft angewandten Due-Diligence-Prozesse,
2. der Ergebnisse der Konzepte nach Nummer 1,
3. der wesentlichen Risiken, die mit der eigenen Geschäftstätigkeit der Kapitalgesellschaft verknüpft sind und die sehr wahrscheinlich schwerwiegende negative Auswirkungen auf die in Absatz 2 genannten Aspekte haben oder haben werden, sowie die Handhabung dieser Risiken durch die Kapitalgesellschaft,
4. der wesentlichen Risiken, die mit den Geschäftsbeziehungen der Kapitalgesellschaft, ihren Produkten und Dienstleistungen verknüpft sind und die

sehr wahrscheinlich schwerwiegende negative Auswirkungen auf die in Absatz 2 genannten Aspekte haben oder haben werden, soweit die Angaben von Bedeutung sind und die Berichterstattung über diese Risiken verhältnismäßig ist, sowie die Handhabung dieser Risiken durch die Kapitalgesellschaft,

5. der bedeutsamsten nichtfinanziellen Leistungsindikatoren, die für die Geschäftstätigkeit der Kapitalgesellschaft von Bedeutung sind,
6. soweit es für das Verständnis erforderlich ist, Hinweisen auf im Jahresabschluss ausgewiesene Beträge und zusätzliche Erläuterungen dazu.

(4) Wenn die Kapitalgesellschaft in Bezug auf einen oder mehrere der in Absatz 2 genannten Aspekte kein Konzept verfolgt, hat sie dies anstelle der auf den jeweiligen Aspekt bezogenen Angaben nach Absatz 3 Nummer 1 und 2 in der nichtfinanziellen Erklärung klar und begründet zu erläutern.

Übersicht

	Rn
1) Vorbemerkung	1
2) Beschreibung des Geschäftsmodells (I)	2
3) Reichweite der Berichterstattung (II)	3–8
A. Überblick:	3
B. Umweltbelange II Nr. 1:	4
C. Arbeitnehmerbelange II Nr. 2:	5
D. Sozialbelange II Nr. 3:	6
E. Achtung der Menschenrechte II Nr. 4:	7, 7a
F. Bekämpfung von Korruption und Bestechung II Nr. 5:	8
4) Konkrete Fragen (III)	9–15
A. Verfolgte Konzepte III Nr. 1:	10
B. Ergebnisse der Konzepte III Nr. 2:	11
C. Wesentliche Risiken III Nr. 3:	12
D. Wesentliche Risiken, die mit den Produkten, Dienstleistungen und Geschäftsbeziehungen der KapitalGes. verknüpft sind III Nr. 4:	13
E. Bedeutsamste nichtfinanzielle Leistungsindikatoren III Nr. 5:	14
F. Hinweise auf im Jahresabschluss ausgewiesene Beträge III Nr. 6:	15
5) „Comply or Explain" (IV)	16

1) Vorbemerkung

Die Vorschrift, neu eingeführt durch das CSR-RUG v. 11.4.2017 (**Übergangsrecht** in (1) EGHGB Art. 80) enthält **Vorgaben für den Inhalt der nichtfinanziellen Erklärung.** Sie soll die Vergleichbarkeit von nichtfinanziellen Angaben der Unt. verbessern, ohne die Grundsätze der bisherigen Finanzberichterstattung zu verlassen. Zur Orientierung über den Gegenstand einer solchen Berichterstattung können nach Art. 19a I UAbs. 5 BilanzRL idF der CSR-RL **Rahmenwerke** genutzt werden. Nationale, internationale und europäische Rahmenwerke (zB Leitsätze der OECD für multinationale Unt., GRI G4, der Deutsche Nachhaltigkeitskodex, das Umweltmanagement- und Betriebsprüfungssystem EMAS, der UN Global Compact, die VN Leitprinzipien für Wirtschaft und Menschenrechte, die ISO 26000 der Internationalen Organisation für Normung, die Dreigliedrige Grundsatzerklärung über multinationale Unt. und Sozialpolitik der Internationalen Arbeitsorganisation) können Rahmen darstellen, an denen sich KapitalGes. bei der Berichterstattung orientieren können. Best-Practice der DAX Unternehmen ist wohl Orientierung an GRI-Standard, Velte DStR 2020, 2034, 2036. Da manche Rahmenwerke allerdings nur Teilaspekte abdecken, müssen die KapitalGes. sicherstellen, dass sie in der Berichterstattung

alle gesetzlich geforderten Berichtselemente abdecken. KapitalGes. können die nichtfinanzielle Erklärung auch ohne Bezugnahme auf ein Rahmenwerk erstellen, § 289d. § 289c sieht zT zwingende Vorgaben und zT beispielhafte Aufzählungen vor. Die Mindestvorgaben dienen dazu, die Vergleichbarkeit der Berichterstattung zu verbessern, ohne die notwendige Flexibilität der Regelungen im Hinblick auf unterschiedliche Geschäftsmodelle, Märkte und Länder sowie auf bereits von Unt. bei der Berichterstattung genutzte Rahmenwerke zu reduzieren, RegBegr S. 46. Eine über die Mindestanforderungen hinausgehende Berichterstattung ist allein durch das Erfordernis beschränkt, dass die Klarheit der Darstellung nicht beeinträchtigt werden darf, BeckBilKomm/Grottel § 289 Rn. 10. Als Orientierungshilfe für die Berichterstattung erließ die EU-Kommission 2017 (unverbindliche) Leitlinien, um eine relevante, zweckdienliche und vergleichbare Abgabe nichtfinanzieller Informationen durch Unt. zu erleichtern (vgl. Art. 2 RL 2014/95/EU), ABl. 2017 C 215, 1, Ergänzung durch ABl. 2019 C 209, 1. **Lit.** Blöink/Halbleib Konzern 2017, 182 sowie → § 289 Rn. 1; Reustlen/Stawinoga DB 2019, 257 (anwender- bzw. branchenspezifische Nachhaltigkeitsberichterstattung); Müller/Scheid BC 2017, 457 (Ausstrahlung auf KMU); Schneider Konzern 2019, 214 (Leitlinien der EU); Vette/Stauinoga WPg 2019, 879 (Ergänzung der EU-Leitlinien); Sopp/Baumüller DB 2019, 1801 (Ergänzung der EU-Leitlinien); Erben/Zülch DB 2019, 2193 (CSR-Performance-Cycle); Erben/Zülch DB 2019, 2249 (CSR-Performance-Cycle); Velte/Stawinoga WPg 2019, 879 (Ergänzung der EU-Leitlinien); IDW Positionspapier v. 16.10.2020 zur Zukunft der nichtfinanziellen Berichterstattung und deren Prüfung; dazu Scheid/Reinke/Müller DB 2021, 133.

2) Beschreibung des Geschäftsmodells (I)

2   **I** setzt Art. 19a I der BilanzRL idF der CSR-RL um. Eine kurze **Beschreibung des Geschäftsmodells** wird in der Praxis schon heute regelmäßig im Lagebericht vorgenommen und von I auf die nichtfinanzielle Erklärung ausgeweitet. Da das Geschäftsmodell gegenüber nichtfinanziellen Aspekten eigenständig ist, bietet sich eine herausgehobene Regelung an, RegBegr S. 47. **Lit.** Blöink/Halbleib Konzern 2017, 182 sowie → § 289 Rn. 1; Boecker/Zwirner BB 2017, 2155; Böcking/Althoff WPg 2017, 1450 (DRS 20).

3) Reichweite der Berichterstattung (II)

3   A. **Überblick:** Durch **II** wird Art. 19a I UAbs. 1 der BilanzRL idF der CSR-RL im Hinblick auf die **Reichweite der Berichterstattung** umgesetzt. Die Reihenfolge der vorgesehenen nichtfinanziellen Aspekte orientiert sich an der Ri, ist aber nicht iSd Festlegung einer Priorität zu verstehen, dh die Unt. haben insoweit die Wahl. Wenn eine Information mehrere Aspekte berührt, spricht idR nichts dagegen, die Angaben zusammenhängend darzustellen und an anderer Stelle in der nichtfinanziellen Erklärung darauf zu verweisen. Insgesamt muss die nichtfinanzielle Erklärung die Aspekte aber vollständig abdecken und in einer übersichtlich strukturierten Weise darstellen. Um Wiederholungen zu vermeiden, kann in der nichtfinanziellen Erklärung zudem auf entsprechende Angaben verwiesen werden, die an anderer Stelle im Lagebericht (einschließlich der Erklärung zur Unternehmensführung) enthalten sind. II soll prinzipienorientierte, aber gegenüber dem Richtlinientext konkretisierte Regelungen aufnehmen (s. Erwägungsgründe der CSR-Ri). Die Regelung sieht daher **keine abschließende Checkliste** vor, die das berichtspflichtige Unt. nur ausfüllen muss. Grund: Gesetzgeber meint, mit Checklisten würde das mittelbare Ziel verfehlt, Unt. über den Weg der Berichterstattung stärker dazu zu bewegen, ihre gesellschaftliche und ökologische Verantwortung zu erkennen und wahrzunehmen, RegBegr S. 47. Daher benennt II **beispielhaft konkrete Themen** innerhalb der einzelnen nichtfinanziellen Aspekte, mit denen sich das berichtspflichtige Unt. aus-

2. Abschnitt. Ergänzende Vorschriften für Kapitalges.   4–7   § 289c

einandersetzen sollte, und gibt durch die Betonung dieser Themen eine Orientierung, was unter den genannten Berichtsfeldern aus der Perspektive der Allgemeinheit wesentlich sein könnte. Die konkretisierenden Beispiele sind dabei nicht als zwingende Mindestinhalte der Berichterstattung zu verstehen. Die KapitalGes. hat in jedem Fall die in III-IV geregelten Vorgaben zu beachten und sollte daher stets bestimmen, was für ihr Geschäftsmodell wesentlich ist. III stellt dabei darauf ab, dass es auf das konkrete Unt. ankommt und auch in der nichtfinanziellen Berichterstattung der Wesentlichkeits- und Verhältnismäßigkeitsgrundsatz gelten soll. Nr. 1–5 enthalten zu den einzelnen nichtfinanziellen Aspekten eine an den Erwägungsgründen der CSR-RL angelehnte weitere Konkretisierung. Das DRSC hat mit dem DRÄS 8 das Ziel verfolgt, den DRS an die CSR-RL anzupassen, Böcking/Althoff WPg 2017, 1450. **Lit.** Blöink/Halbleib Konzern 2017, 182 sowie → § 289 Rn. 1; Boecker/Zwirner BB 2017, 2155; Böcking/Althoff WPg 2017, 1450 (DRS 20); Hommelhoff FS Seibert, 2019, 371; Sopp/Baumüller DB 2019, 1801 (Ergänzung der EU-Leitlinien); Velte/Stawinoga WPg 2019, 879 (Ergänzung der EU-Leitlinien).

B. **Umweltbelange II Nr. 1:** In Betracht kommt unter anderem eine Bericht- 4 erstattung über die **Treibhausgasemissionen** oder den **Wasserverbrauch** einer KapitalGes., über die durch die KapitalGes. verursachte **Luftverschmutzung,** über die Nutzung von erneuerbaren und nicht erneuerbaren Energien, über den Schutz der biologischen Vielfalt oder über Einzelheiten der aktuellen und vorhersehbaren Auswirkungen der Geschäftstätigkeit auf die Umwelt. Das schließt weitere Angaben, etwa zu Auswirkungen der Geschäftstätigkeit der KapitalGes. auf die Gesundheit und die Umweltsicherheit oder auf Bodenbelastungen, nicht aus, RegBegr S. 47. **Lit.** Blöink/Halbleib Konzern 2017, 182; Baumüller/Scheid/Kotlenga, Konzern 2020, 386; sowie → § 289 Rn. 1.

C. **Arbeitnehmerbelange II Nr. 2:** Etwa Einhaltung von Rechtsvorschriften 5 und anerkannten Standards oder getroffene Maßnahmen, die Arbeitnehmerrechte und Arbeitnehmerinteressen betreffen, zB Angaben zu Maßnahmen zur Gewährleistung der **Geschlechtergleichstellung,** zu Arbeitsbedingungen, zur Umsetzung der grundlegenden Übereinkommen der Internationalen Arbeitsorganisation (ILO Kernarbeitsnormen), zur Achtung der Rechte der Arbeitnehmerinnen und Arbeitnehmer, informiert und konsultiert zu werden, zur Mitbestimmung, zum sozialen Dialog, zur Achtung der Rechte der Gewerkschaften, zum Gesundheitsschutz oder zur Sicherheit am Arbeitsplatz, RegBegr S. 48. Allerdings paßt die Vorschrift hinsichtlich der **Mitbestimmung** für deutsche Unt. nur sehr eingeschränkt, denn bei Unt., die der gesetzlichen (betrieblichen oder unternehmerischen) Mitbestimmung unterliegen, kommt eine CSR-Berichterstattung über gesetzliche Pflichten nicht in Betracht, da es insoweit schlicht um die Erfüllung gesetzlicher Pflichten und nicht um die Wahrnehmung „gesellschaftlicher und ökologischer Verantwortung" geht. **Lit.** Blöink/Halbleib Konzern 2017, 182 sowie → § 289 Rn. 1.

D. **Sozialbelange II Nr. 3:** Etwa Angaben zum Dialog auf regionaler und 6 kommunaler Ebene, etwa mit lokalen Gemeinschaften wie Kommunen, oder zu den zur Sicherstellung des Schutzes und der Entwicklung dieser Gemeinschaften ergriffenen Maßnahmen, RegBegr S. 48. **Lit.** Blöink/Halbleib Konzern 2017, 182 sowie → § 289 Rn. 1.

E. **Achtung der Menschenrechte II Nr. 4:** ZB Angaben zur Vermeidung 7 von Menschenrechtsverletzungen, RegBegr S. 48. Ungeklärt ist insoweit allerdings aus **verfasungsrechtlicher Sicht,** inwieweit KapitalGes. als Privatrechtssubjekte überhaupt Adressaten von Grund- bzw. Menschenrechten sind. **Lit.** Blöink/Halbleib Konzern 2017, 182 Wiedmann/Hoppmann CCZ 2020, 225

§ 289c 7a–9

(Best-Practiceses der Berichterstattung der DAX Unternehmen); Velte DStR 2020, 2034 (Lieferkette) sowie → § 289 Rn. 1.

7a In diesem Zusammenhang sind auch die neuen Gesetze zur Regulierung der Lieferketten zu betrachten: Lit. Jungkind/Raspé/Terbrack Konzern 2021, 445 (zum Lieferkettensorgfaltspflichtengesetz); Dutzi/Schneider/Hasenau Konzern 2021, 454 (Lieferkettenregulierung und Risk Governance).

8 F. **Bekämpfung von Korruption und Bestechung II Nr. 5:** Etwa Berichterstattung über bestehende Instrumente zur Bekämpfung von Korruption und Bestechung, dazu gehören Maßnahmen und Prozesse der KapitalGes. zur Vermeidung und Aufdeckung von Korruption und Bestechung. **Lit.** Blöink/Halbleib Konzern 2017, 182; sowie → § 289 Rn. 1.

4) Konkrete Fragen (III)

9 III regelt in Umsetzung von Art. 19a I UAbs. 1 Buchst. b–e der BilanzRL idF der CSR-Ri, welche **konkreten Fragen** zu den einzelnen nichtfinanziellen Aspekten in der nichtfinanziellen Erklärung anzusprechen sind. Angaben sind nicht nur pauschal, sondern konkret **für jeden in II genannten nichtfinanziellen Aspekt einzeln** zu machen. Reihenfolge der Angaben ist nicht zwingend. So kann sinnvoll sein, in der Berichterstattung mit der Darstellung der ermittelten wesentlichen Risiken zu beginnen, RegBeg S. 48. Kreis der Angaben ist auf diejenigen beschränkt, die für das Verständnis des Geschäftsverlaufs, der Lage und Entwicklung sowie der Auswirkungen auf die nichtfinanziellen Belange erforderlich sind. Begriff „**erforderlich**" wurde wörtlich aus der CSR-RL übernommen. Zwar weicht dieser Wortlaut von § 289 III („von Bedeutung") ab; aber schon in der Begründung zum BilReG ist im Hinblick auf § 289 III klargestellt worden, dass damit ebenfalls die Erforderlichkeit für das Verständnis gemeint ist (BT-Drs. 15/3419, 31). Die Wesentlichkeitsformel des § 289 III wird in § 289c III aber insoweit modifiziert, als die Angabe zugleich („sowie") auch für das Verständnis der Auswirkungen der Geschäftstätigkeit auf nichtfinanzielle Belange erforderlich sein muss (zweistufige Wesentlichkeitsbeurteilung). Es reicht damit nicht aus, dass die nichtfinanzielle Information nur für das Verständnis von Lage und Entwicklung der KapitalGes., nicht aber auch für die Auswirkungen ihrer Geschäftstätigkeit erforderlich ist. Solche Angaben müssen schon heute im Lagebericht nach § 289 III im Zusammenhang mit nichtfinanziellen Leistungsindikatoren berichtet werden, RegBegr S. 48. IdR werden beide Voraussetzungen gleichermaßen erfüllt sein. So dürften ressourcenwirksame Entwicklungen nicht nur Umwelt oder Arbeitnehmer, sondern zugleich auch die künftige Entwicklung der KapitalGes. betreffen. Andauernde schwere Menschenrechtsverletzungen, die durch die Geschäftstätigkeit der KapitalGes. gefördert werden, dürften das Risiko eines gravierenden Imageverlusts und von Absatzeinbrüchen beinhalten, die Auswirkungen auf das Geschäftsmodell haben können. Das kumulative Verständnis wurde durch die Leitlinien der Kommission in Frage gestellt, Sopp/Baumüller DB 2019, 1801; Schneider DK 2019, 214; Hell IRZ 2019, 527; DRSC Stellungnahme v. 14.3.2019; Überblick bei Lanfermann BB 2020, 2347 f. Die Wesentlichkeit ist aus der Perspektive der Adressaten der Offenlegung zu beurteilen, ABl. 2017 C 215, 1, 9. Das CSR-RUG fordert weder explizit die Durchführung einer formalen Wesentlichkeitsanalyse noch die Darlegung des Prozesses zur Feststellung der Wesentlichkeit, sodass es im Ermessen des Berichtspflichtigen liegt, bereits Angaben gemacht werden können oder ob zusätzliche Analysen notwendig sind, DNK v. Januar 2018, 17. Zur besseren Orientierung kann sich die KapitalGes. bei der Berichterstattung auf anerkannte Rahmenwerke zur Berichterstattung stützen, § 289d; die Rahmenwerke setzen den Begriff der Wesentlichkeit unterschiedlich um, Überblick bei Lanfermann BB 2020, 2347 ff. **Lit.** Blöink/Halbleib Konzern 2017, 182; Boecker/Zwirner BB

2017, 2155; Müller/Scheid BC 2017, 457 (Ausstrahlung auf KMU); Bürkle Vers 2017, 717; Schmotz/Schmidt DB 2017, 2877; Velte DB 2017, 2813; AK Schmalenbach DB 2018, 2253 (Erstanwendung); Behncke/Wulf KoR 2018, 570 (Empirie Anwendung); Freidank/Scheffler/Simon-Heckroth WPg 2018, 683; Hennrichs ZGR 2018, 206; Kajüter/Wirth DB 2018, 1605; E. Vetter FS Marsch-Barner, 2018, 559 (CSR-Aufsichtsratspflichten); Röttgen/Hund Konzern 2018, 201; Schneider Konzern 2019, 214; Hommelhoff FS Seibert, 2019, 371 sowie → § 289 Rn. 1.

A. Verfolgte Konzepte III Nr. 1: Etwa Ausführungen dazu, welche **Ziele** sich die KapitalGes. in Bezug auf einen **nichtfinanziellen Aspekt** setzt, welche Maßnahmen sie dazu in welchem Zeitraum treffen will, wie die Unternehmensführung in diese Maßnahmen eingebunden ist und welche Prozesse, etwa auch zur Beteiligung von Arbeitnehmerinnen und Arbeitnehmern und anderen Interessenträgern, sie durchführen will (zur Mitbestimmung zuvor → Rn. 5). Die Regelung stellt zudem entsprechend der ausdrücklichen Vorgabe der Richtlinie klar, dass die Berichterstattung über die Konzepte auch die von der KapitalGes. angewandten Due-Diligence-Prozesse umfasst, RegBegr S. 49. **Lit.** Blöink/Halbleib Konzern 2017, 182 sowie → § 289 Rn. 1.

B. Ergebnisse der Konzepte III Nr. 2: Etwa feststellbare **Auswirkungen der Anwendung der Konzepte.** Hat ein Konzept noch nicht zu feststellbaren Auswirkungen geführt, ist auch das als Ergebnis zu berichten. Eine nähere Erläuterung dieser Ergebnisse ist nicht vorgeschrieben, dürfte aber häufig von Interesse für die Nutzer der Informationen und damit sinnvoll sein. Es ist daher mit der Regelung vereinbar, wenn eine KapitalGes. zusätzliche Erläuterungen zu den Ergebnissen aufnimmt, RegBegr S. 50. **Lit.** Blöink/Halbleib Konzern 2017, 182 sowie → § 289 Rn. 1.

C. Wesentliche Risiken III Nr. 3: Zu berichten sind Risiken, die sich aus der Geschäftstätigkeit der KapitalGes. für die in II genannten nichtfinanziellen Aspekte ergeben. Das umfasst nicht nur solche Risiken, die die KapitalGes. selbst (bewusst) setzt, sondern iSv III Nr. 4 auch Risiken, die sich **aus den eigenen Produkten oder Dienstleistungen** der KapitalGes. ergeben. Risikobegriff iSd der Norm kann nicht allein bilanzrechtlich bestimmt werden (vgl BT-Drs. 18/9982, 50), DRS 20.11 kann deshalb nur als Anknüpfungspunkt dienen. Eine reine Differenzbetrachtung (negative Abweichung der Prognose) erscheint mit Blick auf die gesetzgeberische Intention verfehlt, sodass eine absolute Betrachtung negativer Auswirkungen vorzuziehen ist, Huter WPg 2019, 603. Risiken mit Nachhaltigkeitsbezug sind nicht berichtspflichtig. Zu berichten ist sowohl über mögliche künftige als auch bereits verwirklichte Risiken („haben und haben werden"). Entgegen dem Prognosehorizont nach DRS 20.127 von mindestens einem Jahr ab dem letzten Abschlussstichtag wird im Rahmen der nichtfinanziellen Berichterstattung regelmäßig ein längerer Zeitraum erforderlich sein. EU-Kommission empfiehlt hierzu die kurz-, mittel- und langfristigen Risiken anzugeben, ABl. 2017 C 215, 1. Darüber hinaus sind nach III Nr. 4 auch Risiken zu berichten, die mit den eigenen Geschäftsbeziehungen der KapitalGes. zu anderen Unt. – auch außerhalb der eigenen Konzernstruktur – verknüpft sind, etwa den Geschäftsbeziehungen mit Lieferanten. Im Hinblick auf diese Aspekte, insbesondere nichtfinanzielle Risiken in der **Lieferkette und der Kette von Subunternehmern,** ist III Nr. 4 die Spezialregelung zu III Nr. 3. Andererseits wird der Risikobegriff begrenzt: Zu berichten sind nur wesentliche Risiken, also solche, die sehr wahrscheinlich schwerwiegende negative Auswirkungen auf die nichtfinanziellen Aspekte haben werden oder bereits zu solchen Auswirkungen geführt haben. Konkretisierung der (zweidimensionalen) Begriffsbestimmung findet sich in DRS 20.277 und DRS 20.278 (für eine weitere Begriffsbestimmung Huber WPg 2019, 603). Die Schwere der Auswirkungen soll nach ihrem Ausmaß und ihrer Intensität beurteilt werden. Insbesondere im Hinblick auf Risiken aus Geschäftsbeziehungen werden zudem in III Nr. 4 entsprechend der CSR-RL die Relevanz und die Verhältnismäßigkeit der Berichterstattung zu einer weiteren ausdrücklichen Voraussetzung der Berichtspflicht erhoben, RegBegr S. 50. Ob Risiken und Risikobegrenzungsmaßnahmen seperat anzugeben sind (Bruttobetrachtung) oder eine Verrechnungsmöglichkeit (Nettobetrachtung), regelt das Gesetz nicht ausdrücklich, DRS 20.281 gewährt Unternehmen Wahlrecht der Berichtsmethode. Inwieweit III Nr. 3 auf KMU ausstrahlt, ist noch unklar, Schaefer/Schröder WPg 2017, 1324. **Lit.** Blöink/Halbleib Konzern 2017, 182 Huber WPg 2019, 603; Schmidt/Strenger NZG 2019, 481 sowie → § 289 Rn. 1.

13 **D. Wesentliche Risiken, die mit den Produkten, Dienstleistungen und Geschäftsbeziehungen der KapitalGes. verknüpft sind III Nr. 4:** Insbesondere wesentliche Angaben über die **Lieferkette und die Kette von Subunternehmern.** Die Ausgliederung dieser Definition aus III Nr. 3 in eine eigene Nummer soll die Lesbarkeit verbessern. Die grundsätzlichen Darlegungen, etwa zur Wesentlichkeit und zum Risikobegriff, gelten daher entsprechend. Für die Allgemeinheit ist es nach Überzeugung des Gesetzgebers wichtig, zu erfahren, ob die berichtende KapitalGes. aufgrund ihres Geschäftsmodells eine Lieferkette eingerichtet hat und bis zu welcher Tiefe der Lieferkette nichtfinanzielle Angaben gemacht werden. Nach Erwägungsgrund 8 der CSR-RL soll die Berichterstattung über die Lieferkette ausdrücklich **nicht zu übermäßigem Verwaltungsaufwand** für kleine und mittelgroße Unt. in der Lieferkette oder der Kette von Subunternehmern der berichtspflichtigen KapitalGes. führen. Berichtspflichtige Unt. sollten daher ihre Berichterstattungspflicht nicht pauschal an kleine und mittlere Unt. weitergeben, sondern insbesondere anhand einer Risiko- und Wesentlichkeitseinschätzung entscheiden, welche Informationen von den Unt. verlangt werden. Dabei sollten die berichtspflichtigen Unt. auch prüfen, ob die Berichterstattung über die Lieferkette im Hinblick auf die Anforderungen an kleine und mittlere Unt. verhältnismäßig ist, RegBegr S. 51. Die Schwellenwerte für die Berichterstattung über die Lieferkette wurden im Vergleich zu den eigenen Geschäftsrisiken in Nr. 3 zusätzlich erhöht. Die Risiken in Bezug auf die Lieferkette müssen zum einen von Bedeutung sein und außerdem muss eine Berichterstattung verhältnismäßig sein. Bei Abwägung ist insb. Schadenswahrscheinlichkeit und Kostenabschätzung relevant, Velte DStR 2020, 2034, 2035; vgl. außerdem DRS 20.280. Mit Berichtspflicht ist ggü Lieferanten kein Auskunftsrecht verbunden, weshalb dieses vertraglich begründet werden muss. Falls keine Informationen erhaltbar, muss U auf öffent. Informationen u. sonstige bekannte Tatsachen zurückgreifen und in Erklärung auf diese besonderen Umstände hinweisen, Velte DStR 2020, 2034, 2035. Inwieweit III Nr. 4 auf KMU ausstrahlt, ist noch unklar, Schaefer/Schröder WPg 2017, 1324. **Lit.** Blöink/Halbleib Konzern 2017, 182; Huber WPg 2019, 603; Lenger/Manoira/Pott WPg 2019, 779 (empirische Analyse MDAX); Velte DStR 2020, 2034 („Lieferkette" im Fokus der nichtfinanziellen Berichterstattung) sowie → § 289 Rn. 1; Jungkind/Raspé/Terbrack Konzern 2021, 445 (zum Lieferkettensorgfaltspflichtengesetz);

14 **E. Bedeutsamste nichtfinanzielle Leistungsindikatoren III Nr. 5:** Diese Regelung geht über die Regelung in § 289 III hinaus, da die Leistungsindikatoren nicht mehr nur im Rahmen der Analyse des Geschäftsverlaufs und der Geschäftsentwicklung zu berücksichtigen, sondern selbstständig darzustellen sind. Welche Leistungsindikatoren zu berichten sind, hängt vom **Geschäftsmodell** der KapitalGes. ab. Zur Nutzung von Rahmenwerken s. § 289 c. Unt. sollten dabei auch die weiteren Prozesse auf europäischer Ebene beobachten, da die Europäische Kommission nach Art. 2 der CSR-RL unverbindliche Leitlinien zur Methode der Berichterstattung unter anderem zu sog. **nichtfinanziellen Leis-**

2. Abschnitt. Ergänzende Vorschriften für Kapitalges. **§ 289d**

tungsindikatoren (Non-Financial Performance Indicators, NFPI) entwickeln soll. Beispiele für nichtfinanzielle Leistungsindikatoren sind nach DRS 20.107 im Hinblick auf Umweltbelange etwa **Emissionswerte** und **Energieverbrauch**, RegBegr S. 51; Böcking/Althoff Konzern 2017, 246. **Lit.** Blöink/Halbleib Konzern 2017, 182 sowie → § 289 Rn. 1.

F. **Hinweise auf im Jahresabschluss ausgewiesene Beträge III Nr. 6:** In Umsetzung von Art. 19a I UAbs. 3 der BilanzRL idF der CSR-RL verlangt III Nr. 6 Hinweise auf im Jahresabschluss ausgewiesene Beträge und zusätzliche Erläuterungen, RegBegr S. 52. Allerdings gilt das nur, soweit solche Hinweise für das Verständnis des Geschäftsverlaufs, des Geschäftsergebnisses und der Lage der Ges. sowie der Auswirkungen ihrer Tätigkeit auf die in II genannten Aspekte erforderlich sind. **Lit.** Blöink/Halbleib Konzern 2017, 182 sowie → § 289 Rn. 1; Böcking/Althoff WPg 2017, 1450 (DRS 20). 15

5) „Comply or Explain" (IV)

IV setzt Artikel 19a I UAbs. 2 der BilanzRL idF der CSR-RL um und führt den Ansatz **„Comply or Explain"** auch in der nichtfinanziellen Erklärung ein, s. bereits § 161 AktG. Unt. können sich dort für oder gegen bestimmte Empfehlungen entscheiden, müssen aber erklären, warum sie sich gegen eine bestimmte Empfehlung entscheiden. Im Rahmen § 289c wird der Ansatz auf die Frage begrenzt, ob sich die KapitalGes. dafür entscheidet, ein Konzept zum Umgang mit einem nichtfinanziellen Aspekt zu entwickeln. Hat sie ein Konzept, muss sie das Konzept und seine Ergebnisse nach III Nr. 1 u. 2 darstellen. Hat sie kein Konzept, muss sie das unter Angabe von Gründen erläutern, § 289c IV. Damit ist als Mindestinhalt der nichtfinanziellen Erklärung zu jedem der in II Nr. 1–5 genannten Aspekte eine Erläuterung im Hinblick auf vorhandene (oder gegebenenfalls nicht vorhandene) Konzepte erforderlich. Hat die KapitalGes. keine Due-Diligence-Prozesse eingerichtet, ist eine Erläuterung nicht erforderlich, da sich IV – entsprechend der RL – nur auf das **vollständige Fehlen eines Konzepts** und nicht auch auf das **Fehlen von Teilen** eines Konzepts beziehen kann. Ist die KapitalGes. zu dem Schluss gelangt, in Bezug auf einen oder mehrere von II Nr. 1–5 genannte nichtfinanzielle Aspekte sei kein Konzept erforderlich, muss sie das hingegen unter Angabe von Gründen erläutern. Auf die **Risikoberichterstattung** wirkt sich IV nicht aus. Wesentliche Risiken sind auch dann zu berichten, wenn die KapitalGes. kein Konzept zum Umgang mit einem oder mehreren nichtfinanziellen Aspekten hat. Hat die KapitalGes. für einen nichtfinanziellen Aspekt kein wesentliches Risiko ermittelt, muss sie das nicht erläutern, vielmehr reicht die Berichterstattung über die wesentlichen Risiken aus. Oft wird aber im Rahmen der Darstellung der Gründe, aus denen die KapitalGes. in einem Bereich kein Konzept verfolgt, auch darauf einzugehen sein, ob mit der Geschäftstätigkeit der KapitalGes. wesentliche Risiken verbunden sind oder nicht, RegBegr S. 52. **Lit.** Blöink/Halbleib Konzern 2017, 182 sowie → § 289 Rn. 1; Boecker/Zwirner BB 2017, 2155. 16

Nutzung von Rahmenwerken

289d ¹Die Kapitalgesellschaft kann für die Erstellung der nichtfinanziellen Erklärung nationale, europäische oder internationale Rahmenwerke nutzen. ²In der Erklärung ist anzugeben, ob die Kapitalgesellschaft für die Erstellung der nichtfinanziellen Erklärung ein Rahmenwerk genutzt hat und, wenn dies der Fall ist, welches Rahmenwerk genutzt wurde, sowie andernfalls, warum kein Rahmenwerk genutzt wurde.

§ 289d 1–3

1 Die Vorschrift, neu eingeführt durch das CSR-RUG v. 11.4.2017 (Übergangsregelung in (1) EGHGB Art. 80) setzt Art. 19a I UAbs. 5 der BilanzRL idF der CSR-RL um. **Nationale, internationale und europäische Rahmenwerke** (etwa die Leitsätze der OECD für multinationale Unt., die GRI G4, der Deutsche Nachhaltigkeitskodex, das Umweltmanagement- und -betriebsprüfungssystem EMAS, der UN Global Compact, die VN Leitprinzipien für Wirtschaft und Menschenrechte, die ISO 26000 der Internationalen Organisation für Normung, die Dreigliedrige Grundsatzerklärung über multinationale Unt. und Sozialpolitik der Internationalen Arbeitsorganisation) können Rahmen darstellen, an denen sich die KapitalGes. bei der Berichterstattung orientieren kann. Die Praxis nutzt zurzeit meist die Standards der GRI (Global Reporting Initiative) (Brüggemann/Polster DB 2021, 1077, 1085). Der GRI Standard gilt als einer der am breitesten aufgestellten und international anerkanntesten Standards, Borcherding/Beck WPg 2022, 336. Für klimabezogene Berichterstattung wurde Ende 2021 Prototyp für gemeinsamen Standard des GRI, CDP, CDSB, IIRC, SASB veröffentlicht. KapitalGes. müssen dabei aber sicherstellen, dass sie in der Berichterstattung **alle vom Gesetz geforderten Berichtselemente** abdecken. KapitalGes. sind nicht dazu verpflichtet, ein (bestimmtes) Rahmenwerk zu nutzen. Verwenden sie ein Rahmenwerk, ist das in der Erklärung anzugeben. Dem Gedanken, ein bestimmtes Rahmenwerk für die Berichterstattung vorzugeben, um die Vergleichbarkeit zu verbessern, steht der Wortlaut der CSR-RL entgegen, der den Mitgliedstaaten aufgibt, den Unt. die **Wahlfreiheit** zu überlassen. Zudem ist die verbindliche Entscheidung für ein bestimmtes Rahmenwerk gegenwärtig noch nicht möglich, da das von der CSR-RL umfasste Spektrum nichtfinanzieller Aspekte nur von einigen der bestehenden Rahmenwerke abgedeckt wird, andere Rahmenwerke aber spezifischere und für wesentliche Zielgruppen genauere Informationen erlauben. Die Rahmenwerke setzen den Wesentlichkeitsbegriff (→ § 289c Rn. 9) teilweise unterschiedlich um, Überblick bei Lanfermann BB 2020, 2347 ff. Um dennoch die Vergleichbarkeit der Berichterstattung zu verbessern, sieht § 289c II Konkretisierungen hinsichtlich der erfassten Belange vor, RegBegr S. 52. Die in der rechtspolitischen Diskussion der CSR-Umsetzung geforderte nationale, verbindliche Vorgabe eines bestimmten Rahmenwerks begegnet verfassungsrechtlichen Bedenken (grds. Unzulässigkeit der sog. dynamischen Verweisung). Insgesamt besteht keine Pflicht für die Gesellschaft, überhaupt ein Rahmenwerk zu nutzen. Allerdings muss der Verzicht auf ein Rahmenwerk begründet werden. Hieraus ergibt sich, dass auch ein „nicht anerkanntes" Rahmenwerk genutzt werden kann, wobei dann ebenfalls die Pflicht zur Begründung besteht, warum keines der sog. anerkannten (etablierten) Rahmenwerke genutzt wurde.

2 Die CSR-RL listet in ErwG 9 selbst beispielhaft Rahmenwerke auf: Hierzu zählen (1) das Umweltmanagement- und -betriebsprüfungssystem (Eco-Management and Audit Scheme EMAS); (2) Global Compact der Vereinten Nationen (VN); (3) die VN-Leitprinzipien für Unternehmen und Menschenrechte; (4) die Leitlinien der Organisation für wirtschaftliche Zusammenarbeit und Entwicklung (OECD) für multinationale Unternehmen; (5) die ISO 26000:2010 der Internationalen Organisation für Normung (Leitfaden zur gesellschaftlichen Verantwortung; übernommen in DIN ISO 26000:2011-01); (6) die dreigliedrige Grundsatzerklärung der Internationalen Arbeitsorganisation (ILO) zu multinationalen Unternehmen und zur Sozialpolitik; (7) die Global Reporting Initiative (GRI) mit den GRI-Standards des Global Sustainability Standards Board und (8) der deutsche Nachhaltigkeitskodex (DNK) des Rats für Nachhaltige Entwicklung (RNE). **Lit.** Borcherding/Beck WPg 2022, 336 (zum GRI Standard).

3 Außerdem gibt es noch viele andere Leitfäden und Rahmenwerke. Sie sind zum Teil thematisch aufgebaut. Hierzu zählen: (1) CDP Disclosure Insight Action (ehemals Carbon Disclosure Project) mit Leitfäden (und umfangreicher Datensammlung) zur Klimaberichterstattung; (2) Climate Disclosure Standards Board

(CDSB) mit dem CDSB Framework zur klimabezogenen Berichterstattung als Teil der Finanzberichterstattung; (3) European Federation of Financial Analysts Societies (EFFAS) mit der Commission on ESG (CESG) und ihren ESG-Indikatoren; (4) International Integrated Reporting Council (IIRC) mit dem Framework for Integrated Reporting; (5) Sustainability Accounting Standards Board (SASB; US-amerikanische Nonprofit-Organisation) mit seinen branchenspezifischen Standards; (6) Task Force on Climate-related Financial Disclosures (TCFD) mit ihren Empfehlungen zu klimabezogenen Angaben (Recommendations of the Task Force on Climate-related Financial Disclosures), an denen sich auch die von der Europäischen Kommission veröffentlichten EU-Leitlinien orientieren. Mit dem GRI 207 gibt es neuerdings auch einen Standard für steuerliche Themen in der nichtfinanziellen Berichterstattung, Hülsmann DB 2022, 1765.

Auf allen Ebenen werden derzeit die Rahmenwerke und Leitlinien erarbeitet **4** und verfeinert. Zwischen den Standard Settern ist eine Art Wettbewerb zu beobachten. Fraglich bleibt, welches Rahmenwerk sich am Ende in der Praxis durchsetzt. Die Erfahrungen der ersten Jahre nach Inkrafttreten des CSR-RL-Umsetzungsgesetzes zeigen, dass in der nichtfinanziellen (Konzern-)Berichterstattung der Unternehmen im DAX, MDAX, SDAX und TecDAX die GRI-Standards das mit großem Abstand meistgenutzte Rahmenwerk darstellen, Beck-OGK/Kleindiek Rn. 16. Die IFRS Foundation hat kürzlich ein International Sustainability Standards Board (ISSB) gegründet, Hosp/Kraft WPg 2021, 1395 (Die IFRS-Foundation als neuer Standardsetzer für die Nachhaltigkeitsberichterstattung). Es tritt ab 2022 seine Arbeit an, die Finanzberichterstattung um global akzeptierte Mindeststandards für Nachhaltigkeitsinformationen zu ergänzen, Sellhorn/Wagner, DB 2022, 1 ff. Ob es in einen Verdrängungswettbewerb zu den GRI tritt, bleibt abzuwarten.

Lit. Kumm/Woodtli Konzern 2016, 218 (RefE); Nietsch NZG 2016, 1330 **5** (RegE); Scheffler AG 2016, R.318 (RegE); Stawinoga/Velte DB 2016, 841 (RefE u. DNK); Blöink/Halbleib Konzern 2017, 182; Böcking/Althoff WPg 2017, 1459 (DRS 20); IDW-AK Nachhaltigkeitsberichterstattung, Positionspapier zu Pflichten und Zweifelsfragen zur nichtfinanziellen Erklärung, 2017 und dazu Wambach/Maier BB 2017, 1987; Kirsch/Huter WPg 2017, 1017 (Prüfung); Lanfermann BB 2017, 747; Schmotz/Schmidt DB 2017, 2877 (Nachhaltigkeitsberichterstattung); Reustlen/Stawinoga DB 2019, 257 (anwender- bzw. branchenspezifische Nachhaltigkeitsberichterstattung); Böcking/Althoff WPg 2017, 1450 (DRS 20); Müller/Lindner IRZ 2020, 139 (GRI als Rahmenwerk); IDW Positionspapier v. 16.10.2020 zur Zukunft der nichtfinanziellen Berichterstattung und deren Prüfung; dazu Scheid/Reinke/Müller DB 2021, 133 sowie → § 289 Rn. 1; Sellhorn/Wagner, DB 2022, 1 ff.Großkopf/Sellhorn/Wagner/Weiß, DB 2021, 1621; Feldmann, KoR 2022, 105 (Inkorporation der ISSB-Standards in das Unionsrecht).

Weglassen nachteiliger Angaben

289e (1) Die Kapitalgesellschaft muss in die nichtfinanzielle Erklärung ausnahmsweise keine Angaben zu künftigen Entwicklungen oder Belangen, über die Verhandlungen geführt werden, aufnehmen, wenn

1. die Angaben nach vernünftiger kaufmännischer Beurteilung der Mitglieder des vertretungsberechtigten Organs der Kapitalgesellschaft geeignet sind, der Kapitalgesellschaft einen erheblichen Nachteil zuzufügen, und
2. das Weglassen der Angaben ein den tatsächlichen Verhältnissen entsprechendes und ausgewogenes Verständnis des Geschäftsverlaufs, des Geschäftsergebnisses, der Lage der Kapitalgesellschaft und der Auswirkungen ihrer Tätigkeit nicht verhindert.

§ 289f

(2) **Macht eine Kapitalgesellschaft von Absatz 1 Gebrauch und entfallen die Gründe für die Nichtaufnahme der Angaben nach der Veröffentlichung der nichtfinanziellen Erklärung, sind die Angaben in die darauf folgende nichtfinanzielle Erklärung aufzunehmen.**

1   Die Vorschrift, neu eingeführt durch das CSR-RUG v. 11.4.2017 (**Übergangsregelung** in (1) EGHGB Art. 80) setzt Art. 19a I UAbs. 4 der BilanzRL idF der CSR-RL um. Sie gestattet Unt. den Verzicht auf bestimmte nachteilige Informationen. Sie wird in I als **Unternehmenswahlrecht** ausgestaltet, überlässt es also der KapitalGes., auch **überobligatorisch zu berichten**. Die Zuständigkeit für die Entscheidung richtet sich gem. der CSR-RL nach den nationalen Rechtsvorschriften. **Zuständig** ist damit das vertretungsberechtigte Organ der KapitalGes., also der Vorstand beziehungsweise die Geschäftsführung. **I Nr. 1** sieht durch die CSR-RL bedingte Begrenzungen des Wahlrechts vor. Ein Weglassen von Angaben ist nur möglich, wenn die Berichterstattung der KapitalGes. einen erheblichen Nachteil zufügen würde (s. Wortlaut v. § 286 II), etwa dann, wenn eine Information zwar wesentlich im Sinne von § 289c III für das Verständnis des Geschäftsverlaufs, des Geschäftsergebnisses, der Lage der KapitalGes. sowie der Auswirkungen ihrer Tätigkeit ist und damit grundsätzlich berichtet werden müsste, dabei die Information aber nicht so bedeutsam ist, dass ihr Weglassen ein ausgewogenes Gesamtverständnis vollständig ausschließt, **I Nr. 2.** Etwaige anderweitig bestehende Informationspflichten außerhalb der nichtfinanziellen Erklärung bleiben unberührt, RegBegr S. 53. **Lit.** Boecker/Zwirner SteuK 2016, 426 (RegE); Kajüter IRZ 2016, 507 (RegE); Kumm/Woodtli Konzern 2016, 218 (RefE); Scheffler AG 2016, R318 (RefE); Blöink/Halbleib Konzern 2017, 182 sowie → § 289 Rn. 1.

2   Macht eine KapitalGes. von I Gebrauch und **entfallen die Gründe** für die Nichtaufnahme der Angaben zu einem späteren Zeitpunkt, sieht II vor, dass die KapitalGes. die Angaben in der nächsten zu erstellenden nichtfinanziellen Erklärung aufnehmen muss. Diese Regelung soll sicherstellen, dass eine KapitalGes. nicht willkürlich von der Berichterstattung über bestimmte Informationen absieht. Gleichzeitig soll es den Nutzern der Informationen ermöglicht werden, die Angaben im Nachhinein nachzuvollziehen, RegBegr S. 53. **Lit.** Boecker/Zwirner SteuK 2016, 426 (RegE); Kajüter IRZ 2016, 507 (RegE); Kumm/Woodtli Konzern 2016, 218 (RefE); Scheffler AG 2016, R318 (RefE); Blöink/Halbleib Konzern 2017, 182 sowie → § 289 Rn. 1; Böcking/Althoff WPg 2017, 1450 (1454); Scheid/Kotlenga/Müller StuB 2018, 841.

Erklärung zur Unternehmensführung

289f (1) ¹**Börsennotierte Aktiengesellschaften sowie Aktiengesellschaften, die ausschließlich andere Wertpapiere als Aktien zum Handel an einem organisierten Markt im Sinn des § 2 Absatz 11 des Wertpapierhandelsgesetzes ausgegeben haben und deren ausgegebene Aktien auf eigene Veranlassung über ein multilaterales Handelssystem im Sinn des § 2 Absatz 8 Satz 1 Nummer 8 des Wertpapierhandelsgesetzes gehandelt werden, haben eine Erklärung zur Unternehmensführung in ihren Lagebericht aufzunehmen, die dort einen gesonderten Abschnitt bildet.** ²**Sie kann auch auf der Internetseite der Gesellschaft öffentlich zugänglich gemacht werden.** ³**In diesem Fall ist in den Lagebericht eine Bezugnahme aufzunehmen, welche die Angabe der Internetseite enthält.**

(2) **In die Erklärung zur Unternehmensführung sind aufzunehmen**
1. **die Erklärung gemäß § 161 des Aktiengesetzes;**

2. Abschnitt. Ergänzende Vorschriften für Kapitalges. § 289f

1a. eine Bezugnahme auf die Internetseite der Gesellschaft, auf der der Vergütungsbericht über das letzte Geschäftsjahr und der Vermerk des Abschlussprüfers gemäß § 162 des Aktiengesetzes, das geltende Vergütungssystem gemäß § 87a Absatz 1 und 2 Satz 1 des Aktiengesetzes und der letzte Vergütungsbeschluss gemäß § 113 Absatz 3 des Aktiengesetzes öffentlich zugänglich gemacht werden;
2. relevante Angaben zu Unternehmensführungspraktiken, die über die gesetzlichen Anforderungen hinaus angewandt werden, nebst Hinweis, wo sie öffentlich zugänglich sind;
3. eine Beschreibung der Arbeitsweise von Vorstand und Aufsichtsrat sowie der Zusammensetzung und Arbeitsweise von deren Ausschüssen; sind die Informationen auf der Internetseite der Gesellschaft öffentlich zugänglich, kann darauf verwiesen werden;
4. bei Aktiengesellschaften im Sinne des Absatzes 1, die nach § 76 Absatz 4 und § 111 Absatz 5 des Aktiengesetzes v
erpflichtet sind, Zielgrößen für den Frauenanteil und Fristen für deren Erreichung festzulegen und die Festlegung der Zielgröße Null zu begründen, die vorgeschriebenen Festlegungen und Begründungen und die Angabe, ob die festgelegten Zielgrößen während des Bezugszeitraums erreicht worden sind, und, wenn nicht, Angaben zu den Gründen;
5. bei börsennotierten Aktiengesellschaften, die nach § 96 Absatz 2 und 3 des Aktiengesetzes bei der Besetzung des Aufsichtsrats jeweils einen Mindestanteil an Frauen und Männern einzuhalten haben, die Angabe, ob die Gesellschaft im Bezugszeitraum den Mindestanteil eingehalten hat, und, wenn nicht, Angaben zu den Gründen; bei börsennotierten Europäischen Gesellschaften (SE) tritt an die Stelle des § 96 Absatz 2 und 3 des Aktiengesetzes § 17 Absatz 2 oder § 24 Absatz 3 des SE-Ausführungsgesetzes;
5a. bei börsennotierten Aktiengesellschaften, die nach § 76 Absatz 3a des Aktiengesetzes mindestens eine Frau und mindestens einen Mann als Vorstandsmitglied bestellen müssen, die Angabe, ob die Gesellschaft im Bezugszeitraum diese Vorgabe eingehalten hat, und, wenn nicht, Angaben zu den Gründen; bei börsennotierten Europäischen Gesellschaften (SE) tritt an die Stelle des § 76 Absatz 3a des Aktiengesetzes § 16 Absatz 2 oder § 40 Absatz 1a des SE-Ausführungsgesetzes;
6. bei Aktiengesellschaften im Sinne des Absatzes 1, die nach § 267 Absatz 3 Satz 1 und Absatz 4 bis 5 große Kapitalgesellschaften sind, eine Beschreibung des Diversitätskonzepts, das im Hinblick auf die Zusammensetzung des vertretungsberechtigten Organs und des Aufsichtsrats in Bezug auf Aspekte wie beispielsweise Alter, Geschlecht, Bildungs- oder Berufshintergrund verfolgt wird, sowie der Ziele dieses Diversitätskonzepts, der Art und Weise seiner Umsetzung und der im Geschäftsjahr erreichten Ergebnisse.

(3) Auf börsennotierte Kommanditgesellschaften auf Aktien sind die Absätze 1 und 2 entsprechend anzuwenden.

(4) ¹ Andere Kapitalgesellschaften haben in ihren Lagebericht als gesonderten Abschnitt eine Erklärung zur Unternehmensführung mit den Festlegungen, Begründungen und Angaben nach Absatz 2 Nummer 4 aufzunehmen, wenn sie nach § 76 Absatz 4 oder § 111 Absatz 5 des Aktiengesetzes oder nach § 36 oder § 52 Absatz 2 des Gesetzes betreffend die Gesellschaften mit beschränkter Haftung verpflichtet sind, Zielgrößen für den Frauenanteil und Fristen für deren Erreichung festzulegen und die Festlegung der Zielgröße Null zu begründen. ² Absatz 1 Satz 2 und 3 gilt entsprechend. ³ Kapitalgesellschaften, die nicht zur Aufstellung eines Lageberichts verpflichtet sind, haben eine Erklärung mit den Festlegungen, Begründungen und Angaben des Sat-

Merkt 1361

§ 289f 1, 2

zes 1 zu erstellen und auf der Internetseite der Gesellschaft zu veröffentlichen. ⁴Sie können diese Pflicht auch durch Offenlegung eines unter Berücksichtigung von Satz 1 aufgestellten Lageberichts erfüllen.

(5) Wenn eine Gesellschaft nach Absatz 2 Nummer 6, auch in Verbindung mit Absatz 3, kein Diversitätskonzept verfolgt, hat sie dies in der Erklärung zur Unternehmensführung zu erläutern.

Übersicht

	Rn
1) Vorbemerkung	1
2) Erklärungspflichtige Unternehmen (I)	2
3) Erklärungsinhalt (II)	3–8
A. Entsprechenserklärung (II Nr. 1):	3
B. Verlinkungslösung (II Nr. 1a):	4
C. Unternehmensführungspraktiken (II Nr. 2):	4a
D. Arbeitsweise (II Nr. 3):	5
E. Zielgröße für den Frauenanteil (II Nr. 4):	6
F. Fixe Geschlechterquote im Aufsichtsrat (II Nr. 5):	7, 7a
G. Diversitätskonzept (II Nr. 6):	8
4) Börsennotierte KGaA (III)	9
5) Andere Unternehmen mit Erklärungspflicht (IV)	10
6) Erläuterung bei fehlendem Diversitätskonzept (V)	11

1) Vorbemerkung

1 Die früher in § 289a aF enthaltenen Vorgaben über die Erklärung zur Unternehmensführung wurden durch das CSR-RUG v. 11.4.2017 (**Übergangsrecht** in **(1)** EGHGB Art. 80) in § 289f nF verschoben und zugleich ergänzt, sodann geändert durch ARUG II (**Übergangsrecht** in **(1)** EGHGB Art. 83) Die Vorschrift wurde in II Nr. 4 und 5 und in IV im Jahr 2020 erneut geändert durch das Gesetz zur Ergänzung und Änderung der Regelungen für die gleichberechtigte Teilhabe von Frauen an Führungspositionen in der Privatwirtschaft und im öffentlichen Dienst (**FüPoG II**) (vgl. dazu BT-Drs. 19/26689 und BGBl. 2020 I 3311) (**Übergangsrecht** in **(1)** EGHGB Art. 87). Die Verweise auf **(16b)** WpHG wurden redaktionell angepasst durch G vom 10.7.2018, BGBl. I 1102.
Lit. Blöink/Halbleib Konzern 2017, 182 sowie → § 289 Rn. 1; Böcking/Althoff WPg 2017, 1450 (DRS 20); AK Schmalenbach DB 2018, 2125; Giedinghagen/Neuhoff GmbHR 2020, 100 (FüPoG II).

2) Erklärungspflichtige Unternehmen (I)

2 **Erklärung zur Unternehmensführung** (Corporate Governance Erklärung) mit § 289a aF eingefügt durch BilMoG 2009 (**Übergangsrecht** in **(1)** EGHGB Art. 66 III); **Erklärungspflichtig** iSv I 1 sind alle börsennotierten AG; ferner solche AG, die ausschließlich andere Wertpapiere als Aktien zum Handel (im Inland, in EWR-Staaten oder in Vertragsstaaten des Abkommens über den EWR) an einem **organisierten Markt** ((16b) § 2 XI WpHG) ausgegeben haben und deren Aktien mit Wissen der Ges. lediglich im Freiverkehr über ein multilaterales Handelssystem (**16b**) § 2 VIII Nr. 8 WpHG) gehandelt werden; erfolgt Handel nicht auf Veranlassung der Ges. folgert das Gesetz daraus Nichtwissen und sieht von der Erklärungspflicht ab (RegE BilMoG 77). Die Erklärung ist entweder in den Lagebericht aufzunehmen oder auf ihrer **Internetseite** (dann aber mit Hinweis darauf im **Lagebericht,** I 3) zu veröffentlichen. Keine Befreiung, wenn AG als **TochterUnt.** in den Abschluss einer anderen AG einbezogen wird, BeckBilKomm/Grottel Rn. 8. **Erklärendes Organ**: Vorstand, da abweichende Autorenschaft (etwa Vorstand und Aufsichtsrat gemeinsam, so noch Voraufl.) besonderer gesetzlicher Anordnung bedarf, die fehlt, BeckBilKomm/Grottel Rn. 35; GK AktG/Leyens § 161 Rn. 424 mwN. **Turnus der Erklärung:**

Jährlich (da im Lagebericht). Keine unterjährige Aktualisierungspflicht. Die Erklärung zur Unternehmensführung gehört zu den nicht inhaltlich zu prüfenden lageberichtstypischen Angaben iSv IDW PS 350 nF, Seidler BB 2018, 1067 (1071). **Lit.** Boecker/Zwirner SteuK 2016, 426 (RegE); Kajüter IRZ 2016, 507 (RegE); Kumm/Woodtli Konzern 2016, 218 (RefE); Lanfermann BB 2016, 1131 (RefE); Scheffler AG 2016, R318 (RefE); Wulf/Niemöller IRZ 2016, 245 (RefE); Blöink/Halbleib Konzern 2017, 182; Richter/Johne/König WPg 2017, 566; Velte WPg 2018, 477; Mock WPg 2018, 1594 (Ad-hoc-Publizitätspflicht) Seidler BB 2018, 1067 (IDW PS 350 nF); Rabenhorst/Schmidt/Speiser DB 2019, 857 (IDW PS 350 nF).

3) Erklärungsinhalt (II)

A. **Entsprechenserklärung (II Nr. 1):** Nach II Nr. 1 Erklärung iSv § 161 AktG, dass nämlich den Empfehlungen des Deutschen Corporate Governance-Kodex entsprochen wurde oder in welchen Punkten und weshalb hiervon abgewichen wurde. **Lit.** Blöink/Halbleib Konzern 2017, 182 sowie → § 289 Rn. 1; Ruhnke/Schmidt DB 2017, 2557; AK Schmalenbach DB 2018, 2125.

B. **Verlinkungslösung (II Nr. 1a):** Das ARUG II 2019 (**Übergangsrecht** in (1) EGHGB Art. 83) hat §§ 289a II (und § 315a II) aufgehoben, um einheitliche aktienrechtliche Umsetzung der Publizitätsvorschriften der 2. ARRL zu erreichen. Dafür Publizitätskonzept der 2. ARRL in § 289f II Nr. 1a mit Verlinkungslösung; II Nr. 1a ist nunmehr Bindeglied zwischen aktienrechtlicher und handelsrechtlicher Publizität ohne Doppelung von Angaben. Erklärung zur Unternehmensführung muss Bezugnahme enthalten, dh Link auf die Internetseite der Ges., auf der der Vergütungsbericht über das letzte Geschäftsjahr gem. § 162 AktG, das gültige Vergütungssystem gem. § 87a I und II AktG und gültiger Vergütungsbeschluss gem. § 113 III AktG veröffentlicht ist. Link muss nicht, kann aber, wenn technisch möglich, elektronischer URL-Hyperlink sein. „Öffentlich zugänglich gemacht wird" stellt klar, dass Bezugnahme auf Internetseite auch dann ausreicht, wenn auf ihr erst später im Laufe des Geschäftsjahres Vergütungsbericht veröffentlicht wird. Grund: unterschiedliche Fristläufe der Publizitätsinstrumente im AktG und HGB, RegE 139, dazu Needham/Müller IRZ 2019, 79; Orth/Oser/Philippsen/Sultana DB 2019, 1011.

C. **Unternehmensführungspraktiken (II Nr. 2):** II Nr. 2 verlangt Angabe zu solchen Unternehmensführungspraktiken, die über die gesetzl Anforderungen hinausgehen. Das gilt aber nur, **soweit sie eine Relevanz für das gesamte Unt.** haben. Das sind zB in der Unternehmenswelt gültige ethische Standards, Arbeits- und Sozialstandards (RegE BilMoG 78) oder Verschärfungen bei der Besetzung des Aufsichtsrates und seiner Ausschüsse hinsichtlich der Unabhängigkeit der Mitglieder, Melcher/Mattheus DB 2008, Beil. 7, 54, nicht aber etwa alle internen organisatorischen Regelungen und Vorschriften des Unt. **Lit.** Blöink/Halbleib Konzern 2017, 182 sowie → § 289 Rn. 1.

D. **Arbeitsweise (II Nr. 3):** Bericht über die **Arbeitsweise von Aufsichtsrat und Vorstand und die Zusammensetzung ihrer Ausschüsse** nach II Nr. 3; Besetzung von Aufsichtsrat und Vorstand bereits nach § 285 Nr. 10. Das sind zB Informationen in § 171 II 2 AktG, in den § 285 Nr. 10 vergleichbare Angaben und solche, die sich aus den Empfehlungen der Kommission zu den Aufgaben von Aufsichtsratsmitgliedern und Ausschüssen (ABl. 2005 L 52, 51) ergeben. Statt Angabe Verweis auf Internetseite möglich, wenn die Informationen dort öffentlich zugänglich. **Lit.** Blöink/Halbleib Konzern 2017, 182 sowie → § 289 Rn. 1; AK Schmalenbach DB 2018, 2125.

E. **Zielgröße für den Frauenanteil (II Nr. 4):** Eingeführt durch Gleichber-TeilhabeG v. 24.4.2015 (**Übergangsrecht** in (1) EGHGB Art. 73); geändert

§ 289f 7, 7a

durch FüPoG II (**Übergangsrecht** in (1) EGHGB Art. 87). Börsennotierte AG, deren Aufsichtsrat und Vorstand verpflichtet sind, **Zielgrößen zur Erhöhung des Frauenanteils in den Führungsebenen** und Fristen zu deren Erreichung nach § 111 V AktG bzw. § 76 IV AktG festzulegen, haben diese Festlegungen in die Erklärung zur Unternehmensführung aufzunehmen und darüber zu berichten, ob die Zielgrößen erreicht wurden bzw. auf welchen Gründen die Nichterreichung beruht, RegBegr S. 164. Mit dem **FüPoG II** wurde Nr. 4 zur besseren Übersichtlichkeit neu gefasst. Dabei wurde zum einen klargestellt, dass die Berichtspflicht für alle von I erfassten börsennotierten und kapitalmarktorientierten Aktiengesellschaften gilt, die in den Anwendungsbereich der § 76 IV AktG und § 111 V AktG fallen. Zum anderen wird die Berichtspflicht erweitert um die in § 76 IV und § 111 V vorgeschriebenen Begründungen bei Festlegung der Zielgröße Null zur Beteiligung von Frauen in Aufsichtsrat, Vorstand und den beiden Führungsebenen unterhalb des Vorstands. Die Angabe der Begründungen zusammen mit den Zielgrößen gewährleistet, dass die Entwicklung des Frauenanteils an Führungspositionen in den einzelnen Gesellschaften durch eine breite Öffentlichkeit wahrgenommen werden kann (vgl. RegE FüPoG, BT-Drs. 19/26689, 80). Ein Verstoß gegen die Berichtspflicht ist unter bestimmten Voraussetzungen nach § 334 bußgeldbewährt, Kocher DB 2022, 104, 106 **Lit.** Blöink/Halbleib Konzern 2017, 182 sowie → § 289 Rn. 1; Velte WPg 2018, 477; Rimmelspacher/Kliem WPg 2021, 1460 (FüPoG II: Geänderte Angaben zur Frauenförderung in der Erklärung zur Unternehmensführung).

7   F. **Fixe Geschlechterquote im Aufsichtsrat (II Nr. 5):** Eingeführt durch GleichberTeilhabeG v. 24.4.2015 (**Übergangsrecht** in (1) EGHGB Art. 73). Vorschrift erweitert Angaben für börsennotierte AG, die der paritätischen Mitbestimmung unterliegen und deshalb nach § 96 II o. III AktG verpflichtet sind, **eine feste Mindestquote im Aufsichtsrat** einzuhalten. Erfasst werden ferner börsennotierte SE, die nach § 17 II o. § 24 III SE-AusführungsG bei der Besetzung des Aufsichtsorgans oder des Verwaltungsrats mit Frauen und Männern jeweils Mindestanteile einzuhalten haben (Art. 61 SE-VO). Berichtspflicht umfasst Angabe, ob die Mindestquote eingehalten wurde beziehungsweise die Angabe der Gründe für das Zurückbleiben hinter der Mindestquote. Quote gilt nur dann als eingehalten, wenn die gesetzlichen Vorgaben für die Mindestbesetzungen beider Bänke im Aufsichtsrat objektiv gewahrt sind. Empfehlenswert ist Angabe, wie viele Mitglieder jeden Geschlechts in dem Aufsichtsrat auf jeder Bank vertreten sind, RegBegr S. 165. Mit dem FüPoG wurde auch Nr. 5 geändert. Die Norm ist jetzt in seiner Struktur dem II Nr. 4 nachgebildet, gilt aber nur für börsennotierte Aktiengesellschaften, die unmittelbar aufgrund des § 96 II und III AktG (und nicht erst in Verbindung mit § 393a II Nr. 2 AktG) bei der Besetzung des Aufsichtsrats jeweils einen Mindestanteil an Frauen und Männern einzuhalten haben. Für Europäische Gesellschaften (SE), auf die gemäß Artikel 61 der Verordnung (EG) Nummer 2157/2001 des Rates vom 8. Oktober 2001 über das Statut der Europäischen Gesellschaft (SE) (ABl. 2001 L 294, 1) § 289f I ebenfalls anwendbar ist, verbleibt es bei der klarstellenden Bezugnahme auf die entsprechenden Regelungen im SEAG. **Lit.** Blöink/Halbleib Konzern 2017, 182 sowie → § 289 Rn. 1; Velte WPg 2018, 477.

7a   Mit dem **FüPoG** wurde **Nr. 5a** ins Gesetz eingeführt. Dies war Folge der erstmaligen gesetzlichen Regelung einer Vorgabe zu einer Mindestbeteiligung von Frauen und Männern bei der Besetzung des Vorstands. Diejenigen börsennotierten Aktiengesellschaften, die unmittelbar aufgrund des § 76 IIIa AktG (und nicht erst in Verbindung mit § 393a II Nr. 1 AktG) künftig mindestens eine Frau und einen Mann als Vorstandsmitglied bestellen müssen, werden verpflichtet, in der Erklärung zur Unternehmensführung zu berichten, ob sie diese aktienrechtliche Vorgabe eingehalten haben, oder Gründe für die Nichteinhaltung anzugeben. Für Europäische Gesellschaften (SE) erfolgt wiederum eine klarstellende Bezugnahme auf die einschlägigen Regelungen im SEAG.

G. Diversitätskonzept (II Nr. 6): Eingeführt durch CSR-RUG v. 11.4.2017 **8** (**Übergangsrecht** in (**1**) EGHGB Art. 80). Vorschrift setzt Art. 20 I Buchst. g BilanzRL idF der CSR-RL um, wonach große kapitalmarktorientierte Unt. in ihrer Erklärung zur Unternehmensführung auch **Angaben zum Diversitätskonzept** bei der Besetzung von Aufsichts-, Verwaltungs- und Leitungsorganen zu machen haben. Diversität wird beispielhaft durch einige in der RL genannten Kriterien erläutert, etwa **Geschlecht**. Soweit die Erklärung zur Unternehmensführung nach II Nr. 2 bereits Angaben zum Diversitätskonzept enthält, kann auf diese Angaben verwiesen werden. Der Anwendungsbereich wird im Einklang mit den Vorgaben der RL wie schon bisher für die Angaben zur Zusammensetzung und Arbeitsweise von Vorstand und Aufsichtsrat auf AG iSd I (insbesondere auf börsennotierte AG) beschränkt. Gem. III ist die Regelung auf große börsennotierte KGaA entsprechend anzuwenden. Dasselbe gilt nach Art. 61 SE-VO für große börsennotierte SE. Anders als bei der nichtfinanziellen Erklärung wird entsprechend der RL keine Schwelle von 500 Arbeitnehmern vorgegeben. Der Anwendungsbereich von II Nr. 6 unterscheidet sich zudem in folgenden Punkten von dem Anwendungsbereich der nichtfinanziellen Erklärung nach § 289b I: Erstens erfasst II Nr. 6 nicht alle KapitalGes., sondern nur die Rechtsformen der AG, der KGaA und der SE (nicht: GmbH). Zweitens verpflichtet II Nr. 6 nicht alle kapitalmarktorientierten KapitalGes. im Sinne von § 264d, sondern nur börsennotierte Ges. sowie bestimmte, in I näher bezeichnete kapitalmarktorientierte Ges., RegBegr 54. **Lit.** Boecker/Zwirner SteuK 2016, 426 (RegE); Kajüter IRZ 2016, 507 (RegE); Kumm/Woodtli Konzern 2016, 218 (RefE); Lanfermann BB 2016, 1131 (RefE); Scheffler AG 2016, R318 (RefE); Wulf/Niemöller IRZ 2016, 245 (RefE); Blöink/Halbleib Konzern 2017, 182; Richter/Johne/König WPg 2017, 566; Schmotz/Schmid DB 2017, 2877; Velte WPg 2018, 477.

4) Börsennotierte KGaA (III)

Eingeführt durch GleichberTeilhabeG v. 24.4.2015 (**Übergangsrecht** in (**1**) **9** EGHGB Art. 73). Vorschrift dient Klarstellung, dass I u. II insgesamt auch auf **börsennotierte KGaA** entsprechend Anwendung finden. **Lit.** Blöink/Halbleib Konzern 2017, 182 sowie → § 289 Rn. 1.

5) Andere Unternehmen mit Erklärungspflicht (IV)

Eingeführt durch GleichberTeilhabeG v. 24.4.2015 (**Übergangsrecht** in (**1**) **10** EGHGB Art. 73), redaktionelle Änderung durch ARUG II 2019 (**Übergangsrecht** in (**1**) EGHGB Art. 83); Neufassung durch FüPoG (**Übergangsrecht** in (**1**) EGHGB Art. 87). Norm wurde zur besseren Übersichtlichkeit neu gefasst. Die Vorschrift soll die kohärente Anwendung der Vorgaben des § 289f II Nr. 4 HGB auf andere Kapitalgesellschaften außerhalb des Anwendungsbereichs des I und III HGB sicherstellen. Erfasst werden insbesondere nicht börsennotierte und nicht kapitalmarktorientierte Aktiengesellschaften, Kommanditgesellschaften auf Aktien und Europäische Gesellschaften (SE) sowie Gesellschaften mit beschränkter Haftung, sofern und soweit die einschlägigen gesellschaftsrechtlichen Vorschriften über Zielgrößen auf sie anwendbar sind. Für Versicherungsvereine auf Gegenseitigkeit bedarf es aus rechtssystematischen Gründen an dieser Stelle keiner Regelung; die Berichtspflicht ergibt sich über den Verweis in § 172 S. 2 VAG auf § 341a I 1 iVm IV. **Lit.** Blöink/Halbleib Konzern 2017, 182 sowie → § 289 Rn. 1.

6) Erläuterung bei fehlendem Diversitätskonzept (V)

Eingeführt durch CSR-RUG v. 11.4.2017 (**Übergangsrecht** in (**1**) EGHGB **11** Art. 80). Vorschrift führt in Umsetzung v. Art. 20 I Buchst. g 2 der BilanzRL idF

§ 290

der CSR-RL den Ansatz „**Comply or Explain**" auch in Bezug auf das Diversitätskonzept ein, RegBegr S. 54. **Lit.** Boecker/Zwirner SteuK 2016, 426 (RegE); Kajüter IRZ 2016, 507 (RegE); Kumm/Woodtli Konzern 2016, 218 (RefE); Lanfermann BB 2016, 1131 (RefE); Scheffler AG 2016, R318 (RefE); Wulf/Niemöller IRZ 2016, 245 (RefE); Blöink/Halbleib Konzern 2017, 182; Richter/Johne/König WPg 2017, 566; AK Schmalenbach DB 2018, 2125.

Zweiter Unterabschnitt. Konzernabschluß und Konzernlagebericht

Erster Titel. Anwendungsbereich

Pflicht zur Aufstellung

290 (1) ¹Die gesetzlichen Vertreter einer Kapitalgesellschaft (Mutterunternehmen) mit Sitz im Inland haben in den ersten fünf Monaten des Konzerngeschäftsjahrs für das vergangene Konzerngeschäftsjahr einen Konzernabschluss und einen Konzernlagebericht aufzustellen, wenn diese auf ein anderes Unternehmen (Tochterunternehmen) unmittelbar oder mittelbar einen beherrschenden Einfluss ausüben kann. ²Ist das Mutterunternehmen eine Kapitalgesellschaft im Sinn des § 325 Abs. 4 Satz 1, sind der Konzernabschluss sowie der Konzernlagebericht in den ersten vier Monaten des Konzerngeschäftsjahrs für das vergangene Konzerngeschäftsjahr aufzustellen.

(2) Beherrschender Einfluss eines Mutterunternehmens besteht stets, wenn
1. ihm bei einem anderen Unternehmen die Mehrheit der Stimmrechte der Gesellschafter zusteht;
2. ihm bei einem anderen Unternehmen das Recht zusteht, die Mehrheit der Mitglieder des die Finanz- und Geschäftspolitik bestimmenden Verwaltungs-, Leitungs- oder Aufsichtsorgans zu bestellen oder abzuberufen, und es gleichzeitig Gesellschafter ist;
3. ihm das Recht zusteht, die Finanz- und Geschäftspolitik auf Grund eines mit einem anderen Unternehmen geschlossenen Beherrschungsvertrages oder auf Grund einer Bestimmung in der Satzung des anderen Unternehmens zu bestimmen oder
4. es bei wirtschaftlicher Betrachtung die Mehrheit der Risiken und Chancen eines Unternehmens trägt, das zur Erreichung eines eng begrenzten und genau definierten Ziels des Mutterunternehmens dient (Zweckgesellschaft). Neben Unternehmen können Zweckgesellschaften auch sonstige juristische Personen des Privatrechts oder unselbständige Sondervermögen des Privatrechts sein, ausgenommen als Sondervermögen aufgelegte offene inländische Spezial-AIF mit festen Anlagebedingungen im Sinn des § 284 des Kapitalanlagegesetzbuchs oder vergleichbare EU-Investmentvermögen oder ausländische Investmentvermögen, die den als Sondervermögen aufgelegten offenen inländischen Spezial-AIF mit festen Anlagebedingungen im Sinn des § 284 des Kapitalanlagegesetzbuchs vergleichbar sind, oder als Sondervermögen aufgelegte geschlossene inländische Spezial-AIF oder vergleichbare EU-Investmentvermögen oder ausländische Investmentvermögen, die den als Sondervermögen aufgelegten geschlossenen inländischen Spezial-AIF vergleichbar sind.

(3) ¹Als Rechte, die einem Mutterunternehmen nach Absatz 2 zustehen, gelten auch die einem anderen Tochterunternehmen zustehenden Rechte und die den für Rechnung des Mutterunternehmens oder von Tochterunternehmen handelnden Personen zustehenden Rechte. ²Den einem Mutter-

2. Abschnitt. Ergänzende Vorschriften für Kapitalges. **§ 290**

unternehmen an einem anderen Unternehmen zustehenden Rechten werden die Rechte hinzugerechnet, über die es selbst oder eines seiner Tochterunternehmen auf Grund einer Vereinbarung mit anderen Gesellschaftern dieses Unternehmens verfügen kann. ³ Abzuziehen sind Rechte, die

1. mit Anteilen verbunden sind, die von dem Mutterunternehmen oder von dessen Tochterunternehmen für Rechnung einer anderen Person gehalten werden, oder
2. mit Anteilen verbunden sind, die als Sicherheit gehalten werden, sofern diese Rechte nach Weisung des Sicherungsgebers oder, wenn ein Kreditinstitut die Anteile als Sicherheit für ein Darlehen hält, im Interesse des Sicherungsgebers ausgeübt werden.

(4) ¹ Welcher Teil der Stimmrechte einem Unternehmen zusteht, bestimmt sich für die Berechnung der Mehrheit nach Absatz 2 Nr. 1 nach dem Verhältnis der Zahl der Stimmrechte, die es aus den ihm gehörenden Anteilen ausüben kann, zur Gesamtzahl aller Stimmrechte. ² Von der Gesamtzahl aller Stimmrechte sind die Stimmrechte aus eigenen Anteilen abzuziehen, die dem Tochterunternehmen selbst, einem seiner Tochterunternehmen oder einer anderen Person für Rechnung dieser Unternehmen gehören.

(5) Ein Mutterunternehmen ist von der Pflicht, einen Konzernabschluss und einen Konzernlagebericht aufzustellen befreit, wenn es nur Tochterunternehmen hat, die gemäß § 296 nicht in den Konzernabschluss einbezogen werden brauchen.

Übersicht

	Rn
1) Anwendungsbereich, Gliederung, Geltung, Reform des 2. Unterabschnitts	1–6
A. Anwendungsbereich:	1
B. Gliederung:	2
C. Übergangsrecht:	3
D. Reform:	4–6
2) Aufstellungspflicht (I)	7, 8
A. Voraussetzungen:	7
B. Folgen:	8
3) Unwiderleglich vermutet beherrschender Einfluss (II)	9–13
4) Indirekte Kontrollrechtsstellungen (III)	14
5) Berechnung der Stimmrechtsmehrheit (IV)	15
6) Verzicht auf Einbeziehung (V)	16

1) Anwendungsbereich, Gliederung, Geltung, Reform des 2. Unterabschnitts

A. Anwendungsbereich: Der 2. Unterabschn (§§ 290–315e) über die Konzernrechnungslegung ist Teil des 2. Abschn. und gilt wie dieser **nur für KapitalGes.** (AG, KGaA, GmbH) und für KapitalGes. & Co, insbesondere GmbH & Co (→ § 264 Rn. 1). Die bei einer KapitalGes. zu konsolidierenden Unt. können jedoch auch andere Rechtsformen haben. Für die **eG** verweist der 3. Abschn. auf den 2. Abschn. ohne den 2. Unterabschn (§§ 336–339). §§ 11–15 PublG enthalten eigene Konzernrechnungslegungsvorschriften für **bestimmte Großunternehmen** in der Rechtsform einer PersonenHdlGes., eines EinzelKfm ua (§§ 3 I, 5 PublG), die aber zu Art und Weise der Konzernrechnungslegung weithin auf den 2. Unterabschn verweisen. Sondervorschriften für **Kreditinstitute und Finanzdienstleistungsinstitute und für VersicherungsUnt.**, die unter den 2. Unterabschn fallen, enthalten §§ 340i, j und §§ 341i, j. Der 2. Unterabschn betrifft nur Konzernabschluss und Konzernlagebericht (entspr. dem 1. Unterabschn für KapitalGes.); die 3.–6. Unterabschn über Prüfung, Offenle-

1

§ 290 2–6

gung ua enthalten speziellere Vorschriften auch für die Konzernrechnungslegung. §§ **290–293** regeln speziell den Anwendungsbereich (Regel § 290, Befreiungen §§ 291–293). Anwendbares Recht bei internationalen Sachverhalten MBF Kap. 1 Tz. 190 ff. **Lit.** MBF Kap. 14–16; Gaber/Groß/Heil BB 2013, 2667 (AIFM-UmsetzungsG); Kühnberger/Thurmann Konzern 2013, 540 (Konsoldierungskreis u. InvestmentGes.); Hencke/Rimmelspacher/Schäfer Konzern 2014, 386 (DRS 20); Kajüter/Hannen/Huth DB 2014, 2841 (DRS 20); Kohl/Meyer NZG 2014, 1361 (Vergleich § 290 mit IFRS 10); Marbler/Oser DStR 2014, 2474 (Konzernrechnungslegungspflicht der GmbH & Co KG); Müller-Marqués-Berger/Braun WPg 2014, 200 (Konzernrechnungslegungspflicht der öff Hand, IFRS 10, 11 (12) durch IPSAS); Pollmann DStR 2014, 1732 (Behandlung nicht einbezogener Töchter im Konzernabschluss); Philipps DB 2015, 445 (DRS 20); Theile GmbHR 2015, 281 (GmbH- u. GmbH & Co KG-Abschluss nach BilRUG); Ehsen/Rühl/Althoff WPg 2016, 497 (Vergleich Beherrschung iSv § 290 und DRS 19 mit IFRS 10 hinsichtlich potenzieller Stimmrechte); Hayn DB 2016, Heft 46, M5.

2 B. **Gliederung:** → Einl. vor § 238 Rn. 40.

3 C. **Übergangsrecht:** Zwingend **erstmals für das nach dem 31.12.1989 beginnende Geschäftsjahr, (1)** EGHGB Art. 23 II 1; erleichterte freiwillige Umstellung schon vorher, **(1)** EGHGB Art. 23 II 2, 3.

4 D. **Reform: a) TransPuG 2002** (sog. **kleine Reform der Konzernrechnungslegung**) (**Übergangsrecht** in **(1)** EGHGB Art. 54) hat im Rahmen der 7. EG-RL zahlreiche Vorschriften der Konzernrechnungslegung entsprechend den Gesetzesvorschlägen des DRSC 8.10.2001 geändert, darunter die Regelungen über den Anwendungsbereich (§ 291), den Inhalt (§§ 297, 299), die Kapitalkonsolidierung (§ 301), die Zwischengewinneliminierung (§ 304), die einheitliche Bewertung (§ 308), den Konzernanhang (§§ 313, 314), die Prüfung (§§ 316, 317, 321) und die Offenlegung (§ 325). Nicht übernommen wurden die Vorschläge des DRSC zur Änderung der Aufstellungspflicht (§ 290) und zur Aufhebung der Einbeziehungsrechte bei erheblicher Beschränkung der Rechte des MutterUnt. und bei einem Anteilsbesitz zum Zweck der Weiterveräußerung (§ 296 I).

5 **b) BilMoG 2009** (**Übergangsrecht** in **(1)** EGHGB Art. 66 V) brachte auch im Konzernabschluss erhebliche Neuerungen. Abschaffung des Beteiligungskriteriums für die Einbeziehungspflicht und Wechsel vom Konzept der einheitlichen Leitung zum Control-Konzept (§ 290 I 1), Einbeziehung von ZweckGes. in den Konsolidierungskreis (§ 290 II Nr. 4), Abschaffung von Wahlrechten, zB zwingende Anwendung der Neubewertungsmethode bei der Vollkonsolidierung (§ 301 I 2) und der Buchwertmethode beim Wertansatz der Beteiligung an assoziierten Unt. (§ 312 I). Ferner Anpassungen auf Grund der Änderungen im Einzelabschluss, bspw. bei § 306 zur Steuerabgrenzung, Einführung des § 308a zur Währungsumrechnung und Erweiterung der Anhangangaben (§ 314). **Lit.** Oser PiR 2009, 121; Petersen/Zwirner StuB 2009, 335.

6 **c) BilRUG 2015** (**Übergangsrecht** in **(1)** EGHGB Art. 75 I 1) hat in Umsetzung der Bilanz-RL 2013 zahlreiche vor allem durch die Bilanz-RL 2013 veranlasste Detailänderungen mit sich gebracht, insbesondere bei § 291 (befreiende Wirkung von EU/EWR-Konzernabschlüssen), § 292 (befreiende Wirkung von Konzernabschlüssen aus Drittstaaten), § 293 (größenabhängige Befreiungen), § 313 (Erläuterung der Konzernbilanz und der Konzern-GuV, Angaben zum Beteiligungsbesitz) u. § 314 (sonstige Pflichtangaben), **Lit.** Blöink/Knoll-Biermann Konzern 2015, 65 (BilRUG 2015); Lüdenbach/Freiberg BB 2014, 2219 (BilRUG 2015); Oser/Orth/Wirtz DB 2015, 197 (BilRUG 2015).

2) Aufstellungspflicht (I)

A. Voraussetzungen: I 1 stellt seit BilMoG 2009 (**Übergangsrecht** in (1) 7 EGHGB Art. 66 V) darauf ab, ob die Tochter unter unmittelbar oder mittelbar beherrschendem Einfluss der Mutter steht, gleichgültig auf welcher Beteiligungsstufe (sog. Stufen- oder Tannenbaumprinzip); ob der beherrschende Einfluss auch ausgeübt wird, ist unerheblich (BT-Drs. 16/12407, 117). Das Konzept der einheitlichen Leitung und das Beteiligungskriterium wurden zugunsten der Annäherung an die IFRS (IAS 27, SIC 12) aufgegeben. Von einem beherrschenden Einfluss ist daher auszugehen, wenn ein Unt. die Möglichkeit hat, die Geld- und Finanzpolitik eines anderen Unt. dauerhaft zu bestimmen, DRS Rn. 19 Rn. 11, BeckBilKomm/Grottel/Kreher Rn. 25. Nicht ausreichend ist die nur kurzfristige und zufällige Möglichkeit zur Einflussausübung; sie muss zukunftsgerichtet feststellbar sein, DRS Rn. 19 Rn. 12. Indiz für beherrschenden Einfluss kann Möglichkeit zur Nutzziehung eines Unt. aus der Tätigkeit eines anderen sein, DRS Rn. 19 Rn. 15. Ob Rechte und Partizipationsmöglichkeiten Dritter beherrschenden Einfluss hindern, ist im Einzelfall anhand der Reichweite der jeweiligen Drittpositionen zu bestimmen. Zu berücksichtigen sind Art und Zahl davon betroffener Geschäfte und deren Relation zur gesamten Geschäftstätigkeit des Unt., DRS Rn. 19 Rn. 14. Auch die KomplementärKapitalGes. einer KapitalGes. & Co kann unter I fallen. Bei der typischen GmbH & Co KG übt die GmbH, die alleinige uneingeschränkte Geschäftsführungs- und Vertretungsmacht hat, regelmäßig beherrschenden Einfluss aus, maßgebend ist aber gesvertragliche Ausgestaltung, MüKoBilR/Senger/Hoehne Rn. 22; ggf. bzw. häufig Befreiung gem. §§ 293, 296. Die bereits dem Control-Konzept folgenden Tatbestände des II aF wurden erweitert und konkretisieren nun I 1. Das MutterUnt. muss Sitz im Inland haben, die TochterUnt. können auch Sitz im Ausland haben. I greift nicht bei beherrschendem Einfluss einer inländischen NichtKapitalGes. oder eines ausländischen MutterUnt. über mehrere unverbundene inländische TochterUnt.; dann auch kein befreiender Konzernabschluss nach § 291. Die Frist für die Aufstellung beträgt weiterhin grundsätzlich 6 Monate. Durch das EHUG 2006 wurde die Frist für MutterUnt. in der Form einer KapitalGes. im Sinn des § 325 IV 1 auf 4 Monate verkürzt, wodurch die Frist an die Offenlegungsfrist gem. § 325 IV 1 angeglichen wurde. **Lit.** Kühnberger/Thurmann Konzern 2013, 540 (Konsoldierungskreis u. InvestmentGes.); Kohl/Meyer NZG 2014, 1361 (Vergleich Beherrschung iSv § 290 mit IFRS 10); Ehsen/Rühl/Althoff WPg 2016, 497 (Vergleich Beherrschung iSv § 290 und DRS 19 mit IFRS 10 hinsichtlich potenzieller Stimmrechte), Gehrs/Wörmann WPg 2018, 1559; Müller/Reinke BB 2018, 811 (DRS 34 und 35).

B. Folgen: Liegen die Voraussetzungen vor, haben die gesetzlichen Vertreter 8 des MutterUnt. innerhalb der ersten **fünf Monate** des neuen Konzerngeschäftsjahrs einen **Konzernabschluss** (§ 297 I) **und** einen **Konzernlagebericht** (§ 315) aufzustellen.

3) Unwiderleglich vermutet beherrschender Einfluss (II)

II knüpft an bestimmte Kontrollelemente (wie auch schon vor dem BilMoG, 9 GroßKoHGB/Kindler Rn. 34 ff.) an. Beherrschender Einfluss liegt stets, aber nicht ausschließlich, bei Eingreifen der Nr. 1–4 vor. Formale Interpretation, auch bei Insolvenz eines Tochterunternehmens, dann aber § 296 I Nr. 1 HGB, str. (→ § 296 Rn. 2). **Lit.** Schüttler Konzern 2018, 475 (Treuhand an GesAnteilen im Konzernabschluss); Gehrs/Wörmann WPg 2018, 1559.

Nr. 1: Stimmrechtsmehrheit (nicht Anteilsmehrheit, nicht Präsenzmehrheit) 10 in den wesentlichen (nicht erforderlich: in allen) Entscheidungsbereichen, GroßKoHGB/Kindler Rn. 37. Bei **Entherrschungsvertrag** kann Vorliegen einer Stimmrechtsmehrheit verneint werden, str., wie hier ADS AktG § 17 Rn. 116,

OLG Köln WM 1993, 647, jedenfalls aber § 296 I Nr. 1, aA GroßKoHGB/ Kindler Rn. 40. Berechnung s. IV.

11 **Nr. 2:** Recht zur Bestellung oder Abberufung der Mehrheit des Verwaltungs- oder Leitungs- oder Aufsichtsorgans, aber nur bei gleichzeitiger GfterStellung (unabhängig von Kapitalanteil). Mehrheit des Aufsichtsrats bezieht sich auf die Gesamtzahl der Mitglieder, nicht nur die der Anteilseignerseite. Anpassung durch Gesetz zur Stärkung des Fondstandorts Deutschland u. A. (**Übergangsrecht** in **(1)** EGHGB Art. 85).

12 **Nr. 3:** Recht auf Ausübung eines beherrschenden Einflusses kraft Beherrschungsvertrag (§§ 18 I 2, 291 I 1, 308 ff. AktG) oder Satzungsbestimmung (einer KapitalGes., nicht nur AG, sondern zB auch GmbH, vgl. BGH WM 1988, 1819). TochterUnt. ist zB auch selbstständige Arbeitsgemeinschaft. Zu II IDW-SABI 1/1988 WPg 1988, 341. **Muster:** Hopt/Herfs/Scholz Form II. I.1 (Beherrschungs- und Ergebnisabführungsvertrag).

13 **Nr. 4:** Einbeziehung von ZweckGes. seit BilMoG 2009 (**Übergangsrecht** in **(1)** EGHGB Art. 66 V); das sind Unt. (auch sonstige juristische Personen oder unselbstständige Sondervermögen des Privatrechts, Nr. 2 S. 2), die der Erreichung eines begrenzten, genau definierten Ziels der Mutter dienen, deren **Chancen und Risiken** bei wirtschaftlicher Betrachtung aber (absolut mehrheitlich) die Mutter selbst trägt; bei ungleicher Chancen- und Risikoverteilung ist auf die Verteilung der Risiken abzustellen. Qualifizierung kann durch Rückgriff auf SIC 12 erfolgen. Ziele der Mutter iSv Nr. 4 können Leasinggeschäfte, ausgelagerte Forschungs- und Entwicklungstätigkeiten oder Verbriefungsgeschäfte sein, BT-Drs. 16/12407, 117. Risiken sind nach Grund oder Höhe unsichere negative, Chancen nach Grund oder Höhe unsichere positive Auswirkungen auf die Vermögens-, Finanz- und Ertragslage des Konzerns, die sich aus der Geschäftstätigkeit oder der Beziehung zur ZweckGes. ergeben, DRS Rn. 19 Rn. 51 ff. Möglichkeit eines Reputationsschadens oder -gewinns idR nicht ausreichend, DRS Rn. 19 Rn. 53. Beurteilung der Risiko- und Chancenverteilung hat anhand **qualitativer Gesamtbetrachtung** zu erfolgen; auch nicht quantifizierbare Risiken/Chancen sind zu würdigen; sie sind zu gewichten, nicht bloß abzuzählen DRS Rn. 19 Rn. 57 II Nr. 4 ist zwar kein GoB, denn er gilt nicht rechtsformneutral, aber er ist konform zum GoB betreffend die persönliche Zurechnung eines Vermögensgegenstands im Jahresabschluss: Ist ein Vermögensgegenstand nicht dem Eigentümer, sondern einem anderen wirtschaftlich zuzurechnen, hat dieser ihn zu bilanzieren, § 246 I 1 Hs. 2. Trägt MutterUnt. Mehrheit der Chancen und Risiken, dann besteht für Leasinganbieter Konsolidierungswahlrecht und für MutterUnt. Konsolidierungspflicht (teleologische Reduktion des II); trägt MutterUnt. keine Mehrheit der Chancen und Risiken, fehlt Mehr-Mütter-Beziehung der ZweckGes., die erst Anlass zur teleologischen Reduktion gibt, weshalb Stimmrechtsmehrheit Leasinggeber zur Konsolidierung verpflichtet, Schüttler WPg 2018, 215. **Lit.** Kühnberger/Thurmann Konzern 2013, 540 (Konsolidierungskreis u. InvestmentGes.).

4) Indirekte Kontrollrechtsstellungen (III)

14 **III** mit Klarstellungen im Wortlaut durch BilRUG 2015 ergänzt II zT entspr. § 16 IV AktG. Rechte (iSv II) eines anderen TochterUnt. (unabhängig von Nichteinbeziehung nach § 296; vgl. → § 271 Rn. 9 f.) oder der für Rechnung des Mutter- oder des TochterUnt. handelnden Personen gelten als Rechte des MutterUnt. (**III 1**). Das gilt auch für Rechte, über die die Mutter selbst oder eines ihrer TochterUnt. kraft Vereinbarung mit anderen Gftern dieses Unt. verfügen kann (**III 2**). Erfasst sind damit die Stimmrechtsüberlassung in Satzungsbestimmungen, Stimmbindungsverträgen (→ § 119 Rn. 17) ua. Für Zurechnung kommt nach DRS 19.63 insbesondere treuhänderisch gehaltene Beteiligung in

2. Abschnitt. Ergänzende Vorschriften für Kapitalges. **§ 291**

Betracht. Wegen Vielzahl möglicher Treuhandvarianten ist im Einzelfall zu prüfen, ob III erfüllt ist. Da Hinzurechnung neben Stimmrechten auch Bestellungs- oder Abberufungsrechte von Organmitgliedern sowie Rechte aufgrund vertraglicher Vereinbarungen umfasst, muss darüber hinaus festgestellt werden, wie sich solche Beherrschungsrechte des Treuhänders auf den Konsolidierungskreis auswirken, Eden Konzern 2018, 475. So wie nach III 1, 2 zuzurechnen ist, sind nach **III 3** abzurechnen die vom MutterUnt. oder dessen TochterUnt. ür Dritte gehaltenen Anteile (**Nr. 1**) und die als Sicherheit gehaltenen, aber für den Sicherungsgeber ausgeübten Anteilsrechte (**Nr. 2**). III gilt nur für II; I erfasst indirekte Beteiligungen über den beherrschenden Einfluss. **Lit.** Wirth/Weber/Dusemond/Küting DB 2015, 1053 (Kapitalkonsolidierung).

5) Berechnung der Stimmrechtsmehrheit (IV)

IV ergänzt II Nr. 1 zT entspr. § 16 III AktG. 15

6) Verzicht auf Einbeziehung (V)

Keine Aufstellung von Konzernabschluss und -lagebericht erforderlich, wenn 16 alle Töchter nach § 296 nicht einbezogen werden brauchen. Das gilt für kapitalmarktorientierte auch für die Aufstellungspflicht nach IFRS.

Befreiende Wirkung von EU/EWR-Konzernabschlüssen

291 (1) ¹Ein Mutterunternehmen, das zugleich Tochterunternehmen eines Mutterunternehmens mit Sitz in einem Mitgliedstaat der Europäischen Union oder in einem anderen Vertragsstaat des Abkommens über den Europäischen Wirtschaftsraum ist, braucht einen Konzernabschluß und einen Konzernlagebericht nicht aufzustellen, wenn ein den Anforderungen des Absatzes 2 entsprechender Konzernabschluß und Konzernlagebericht seines Mutterunternehmens einschließlich des Bestätigungsvermerks oder des Vermerks über dessen Versagung nach den für den entfallenden Konzernabschluß und Konzernlagebericht maßgeblichen Vorschriften in deutscher oder englischer Sprache offengelegt wird. ²Ein befreiender Konzernabschluß und ein befreiender Konzernlagebericht können von jedem Unternehmen unabhängig von seiner Rechtsform und Größe aufgestellt werden, wenn das Unternehmen als Kapitalgesellschaft mit Sitz in einem Mitgliedstaat der Europäischen Union oder in einem anderen Vertragsstaat des Abkommens über den Europäischen Wirtschaftsraum zur Aufstellung eines Konzernabschlusses unter Einbeziehung des zu befreienden Mutterunternehmens und seiner Tochterunternehmen verpflichtet wäre.

(2) ¹Der Konzernabschluß und Konzernlagebericht eines Mutterunternehmens mit Sitz in einem Mitgliedstaat der Europäischen Union oder in einem anderen Vertragsstaat des Abkommens über den Europäischen Wirtschaftsraum haben befreiende Wirkung, wenn

1. das zu befreiende Mutterunternehmen und seine Tochterunternehmen in den befreienden Konzernabschluß unbeschadet des § 296 einbezogen worden sind,
2. der befreiende Konzernabschluss nach dem auf das Mutterunternehmen anwendbaren Recht im Einklang mit der Richtlinie 2013/34/EU oder im Einklang mit den in § 315e Absatz 1 bezeichneten internationalen Rechnungslegungsstandards aufgestellt und im Einklang mit der Richtlinie 2006/43/EG geprüft worden ist,
3. der befreiende Konzernlagebericht nach dem auf das Mutterunternehmen anwendbaren Recht im Einklang mit der Richtlinie 2013/34/EU aufgestellt und im Einklang mit der Richtlinie 2006/43/EG geprüft worden ist,

§ 291 1

4. der Anhang des Jahresabschlusses des zu befreienden Unternehmens folgende Angaben enthält:
   a) Name und Sitz des Mutterunternehmens, das den befreienden Konzernabschluß und Konzernlagebericht aufstellt,
   b) einen Hinweis auf die Befreiung von der Verpflichtung, einen Konzernabschluß und einen Konzernlagebericht aufzustellen, und
   c) eine Erläuterung der im befreienden Konzernabschluß vom deutschen Recht abweichend angewandten Bilanzierungs-, Bewertungs- und Konsolidierungsmethoden.

²Satz 1 gilt für Kreditinstitute und Versicherungsunternehmen entsprechend; unbeschadet der übrigen Voraussetzungen in Satz 1 hat die Aufstellung des befreienden Konzernabschlusses und des befreienden Konzernlageberichts bei Kreditinstituten im Einklang mit der Richtlinie 86/635/EWG des Rates vom 8. Dezember 1986 über den Jahresabschluß und den konsolidierten Abschluß von Banken und anderen Finanzinstituten (ABl. EG Nr. L 372 S. 1) und bei Versicherungsunternehmen im Einklang mit der Richtlinie 91/674/EWG des Rates vom 19. Dezember 1991 über den Jahresabschluß und den konsolidierten Jahresabschluß von Versicherungsunternehmen (ABl. EG Nr. L 374 S. 7) in ihren jeweils geltenden Fassungen zu erfolgen.

(3) Die Befreiung nach Absatz 1 kann trotz Vorliegens der Voraussetzungen nach Absatz 2 von einem Mutterunternehmen nicht in Anspruch genommen werden, wenn

1. das zu befreiende Mutterunternehmen einen organisierten Markt im Sinn des § 2 Absatz 11 des Wertpapierhandelsgesetzes durch von ihm ausgegebene Wertpapiere im Sinn des § 2 Absatz 1 des Wertpapierhandelsgesetzes in Anspruch nimmt,
2. Gesellschafter, denen bei Aktiengesellschaften und Kommanditgesellschaften auf Aktien mindestens 10 vom Hundert und bei Gesellschaften mit beschränkter Haftung mindestens 20 vom Hundert der Anteile an dem zu befreienden Mutterunternehmen gehören, spätestens sechs Monate vor dem Ablauf des Konzerngeschäftsjahrs die Aufstellung eines Konzernabschlusses und eines Konzernlageberichts beantragt haben.

1) Offenlegung eines befreienden EU/EWR-Konzernabschlusses in Deutsch (I)

1 § 291 idF KapAEG 1998, geändert durch ARUG II 2019 (**Übergangsrecht in (1) EGHGB Art. 83**). **I 1** befreit jedes MutterUnt. iSv § 290 (KapitalGes. mit Sitz im Inland und mit TochterUnt., str.), das zugleich TochterUnt. eines anderen MutterUnt. mit **Sitz** in der BRD oder einem anderen **EU/EWR-Mitgliedstaat** ist (Erweiterung auf EWR-Staaten durch EWRG 1993, in Kraft seit 1.1.1994 BGBl. 1993 I 2436), von der eigenen Aufstellung eines Konzernabschlusses und Konzernlageberichts (Tannenbaum-Prinzip). Voraussetzung ist, dass das andere MutterUnt. einen **befreienden** Konzernabschluss (→ Rn. 3–6) und Konzernlagebericht einschließlich Bestätigungs- bzw. Versagungsvermerk **in deutscher oder englischer Sprache** offenlegt. BilRUG eröffnete mit 264 III erstmals die Möglichkeit, einer befreienden Konzernrechnungslegung in englischer Sprache; eine entsprechende Änderung des I 1 blieb aus, hierzu kritisch Oser/Ollinger DB 2017, 2045. ARUG II beseitigt die Diskriminierung, vgl BT-Drs. 19/9739, 120. Diese Befreiungsmöglichkeit ist bei mehrstufigen Konzernen zur Vermeidung einer Vielzahl von Stufenabschlüssen (Stufenprinzip, → § 290 Rn. 7–13) unerlässlich. Den befreienden Konzernabschluss kann nicht nur die Konzernspitze (mit Wirkung auch für EnkelUnt.) aufstellen, sondern jedes TochterUnt., das seinerseits MutterUnt. anderer TochterUnt. ist, mit Wirkung für

2. Abschnitt. Ergänzende Vorschriften für Kapitalges. 2–5 § 291

diese (befreiender Teilkonzernabschluss). I 1 verlangt keine Währungsumrechnung, Beglaubigung der Übersetzung und sonstige Anpassung, doch ist Offenlegung nach den für den entfallenden Konzernabschluss maßgeblichen Vorschriften nötig, also nach deutschem Recht (§§ 325 ff.). Zur befreienden Wirkung bei Einbeziehung in den Konzernabschluss eines Mutterunternhemens mit Sitz in UK nach Brexit (→ § 264 Rn. 30).Anwendbares Recht bei internationalen Sachverhalten MBF Kap. 1 Tz. 190 ff. **Lit.** MBF Kap. 14 Tz. 75 ff.; Hargarten/Rabenhorst/Schieler WPg 2016, 1340 (Veräußerung eines Teilkonzerns); Petersen WPg 2019, 335; Orth/Oser/Philippsen/Sultana DB 2019, 2814 (ARUG II).

Nach **I 2** kann ein befreiender Konzernabschluss rechtsform- und größenunab- 2
hängig (auch freiwillig) aufgestellt werden, wenn das Unt. als KapitalGes. geführt werden könnte und dann konzernrechnungslegungspflichtig wäre; Privatpersonen, Bund, Länder und Gemeinden scheiden damit als MutterUnt. aus (AmtlBegr).

2) Anforderungen an den befreienden Konzernabschluss (II)

II 1, geändert durch BilRUG 2015 (**Übergangsrecht** in **(1)** EGHGB 3
Art. 75 I 1), stellt drei Anforderungen. **II 1 Nr. 1:** Der befreiende Konzernabschluss muss sich (außer unter den Voraussetzungen der § 296) auf das zu befreiende MutterUnt. und dessen TochterUnt. erstrecken. Durch den Verweis bzgl § 296 gelten die Konsolidierungswahlrechte auch für den befreienden Konzernabschluss. BilanzRL sieht bzgl Implementierung der Einbeziehungswahlrechte und -verbote nur Wahlrecht für mittelgroße Ges. vor. Daraus resultierende Unterschiede in den nationalen Regeln stehen befreiender Wirkung nicht entgegen. Str. ob eine Einbeziehung des zu befreienden untergeordneten MutterUnt. in den übergeordneten Konzernabschluss erfolgen muss oder ob § 296 auch für das untergeordnete MutterUnt. anwendbar ist; für eine solche Befreiungswirkung trotz Nichteinbeziehung Petersen WPg 2019, 335.

II 1 Nr. 2 (NF durch BilRUG 2015 **Übergangsrecht** in **(1)** EGHGB 4
Art. 75 I 1) und zur Klarstellung auf Nr. 2 und neue Nr. 3 aufgeteilt): Befreiender **Konzernabschluss** muss im Einklang mit der BilRL 2013 in der Form des jeweils für das aufstellende MutterUnt. maßgeblichen Rechts, also je nachdem deutsches oder anderes EU/EWR-Mitgliedsstaatsrecht, oder im Einklang mit den in § 315e I bezeichneten internationalen Rechnungslegungsstandards aufgestellt und in Einklang mit der Abschlussprüfungs-RL 2006 geprüft sein. Das (ausländische) Recht bestimmt auch über den Kreis der einzubeziehenden TochterUnt., sowie über die materielle Ausgestaltung von KA und KLB. Der maßgebliche Rechtsrahmen richtet sich nach dem Sitz der befreienden MutterUnt. Wegen des eindeutigen Wortlauts von II 1 Nr. 2 hat ein vom ausländischen MutterUnt. aus Praktikabilitätsgründen (zB nach Heimatrecht keine Pflicht zur Konzernrechnungslegung, Tätigkeitsschwerpunkt bes. in Deutschland) unmittelbar nach HGB erstellter Konzernabschluss keine befreiende Wirkung, GK BilR/Kindler Rn. 33, str. **Lit.** Lüdenbach/Freiberg BB 2014, 2219 (BilRUG 2015); Blöink/Knoll-Biermann Konzern 2015, 65 (BilRUG 2015); Deubert/Lewe DB 2015, 49 (BilRUG 2015); Oser/Orth/Wirtz DB 2015, 197 (BilRUG 2015); Zwirner StuB 2015, Beil. 2/2015, 1 (BilRUG 2015); Zwirner AR 2016, 2 (Aufgaben des Aufsichtsrats); Petersen WPg 2019, 335.

Befreiender **Konzernlagebericht (II 1 Nr. 3 neu,** klarstellend eingefügt durch 5
BilRUG 2015) muss nach dem auf das MutterUnt. anwendbaren Recht und in Einklang mit der Bilanz-RL 2013 aufgestellt und gem. AbschlußprüfungsRL 2006 geprüft sein. Grund: IFRS enthalten keine Vorgaben für den Konzernlagebericht, RegBegr S. 88. Voraussetzung ist aber, dass nach dem Recht des übergeordneten MutterUnt. eine eigenständige Pflicht zur Aufstellung eines Konzernlageberichts besteht. Ein inländisches übergeordnetes MutterUnt. hat Konzernlagebericht nach deutschem Recht aufzustellen; DRS 20 ist unter Berücksichtigung der individuellen Verhältnisse des Konzerns zu beachten, Petersen WPg 2019, 335. Soweit bei

EU/EWR-Staaten eine Aufstellungspflicht besteht, sind die formellen und inhaltlichen Vorgaben des Rechts des Übergeordneten MutterUnt. in Übereinstimmung mit der BilanzRL zu beachten. Die Prüfung des Konzernlageberichts ist auch durchzuführen, wenn das Befreiende MutterUnt. ansonsten keiner Prüfungspflicht unterliegt. Erforderlich ist eine abgeschlossene Prüfung, die mit einem Ergebnis beendet wurde. Ein uneingeschränkter Bestätigungsvermerk ist nicht erforderlich, auch Versagung entfaltet grds. befreiende Wirkung, es sei denn Versagung bezieht sich auf fehlerhafte oder Nichtanwendung der nationalen Normen bzw der Bilanz-RL. **Lit.** Lüdenbach/Freiberg BB 2014, 2219 (BilRUG 2015); Blöink/Knoll-Biermann Konzern 2015, 65 (BilRUG 2015); Oser/Orth/Wirtz DB 2015, 197 (BilRUG 2015); Petersen WPg 2019, 335.

6   **II 1 Nr. 4a)–c):** Angaben über Name und Sitz des aufstellenden MutterUnt. und Hinweis auf Befreiung sowie Erläuterung der vom deutschen Recht abweichend angewandten Bilanzierungs-, Bewertungs- und Konsolidierungsmethoden zwecks angemessener Unterrichtung des deutschen Bilanzlesers.

7   **II 2** bringt Klarstellungen für Kreditinstitute und VersicherungsUnt.

3) Ausnahmen zum Schutz von Minderheitsgesellschaftern (III)

8   **III Nr. 1,** eingefügt durch TransPuG 2002 (**Übergangsrecht** in (1) EGHGB Art. 54), nF durch das BilReG zur Anpassung an Vorgabe der Modernisierungs-Ri, → Einl. vor § 238 Rn. 12 (**Übergangsrecht** in (1) EGHGB Art. 58), BilMoG 2009 (**Übergangsrecht** in (1) EGHGB Art. 66) und BilRUG 2015 (**Übergangsrecht** in (1) EGHGB Art. 75 I 1) schließt die Befreiung für Ges. aus, deren Wertpapiere (§ 2 I WpHG) an einem geregelten Markt iSd WertpapierdienstleistungsRL (§ 2 XI WpHG, gleitende Verweisung, AmtlBegr BilReG 2004 BT-Drs. 15/3419, 31) in der EU oder im EWR zugelassen sind.

9   Nach **III Nr. 2** entfällt die Befreiung bei rechtzeitigem Antrag einer Minderheit (10% bei AG, KGaA, 20% bei GmbH) der Gfter des zu befreienden MutterUnt.

Befreiende Wirkung von Konzernabschlüssen aus Drittstaaten

292 (1) Ein Mutterunternehmen, das zugleich Tochterunternehmen eines Mutterunternehmens mit Sitz in einem Staat, der nicht Mitglied der Europäischen Union und auch nicht Vertragsstaat des Abkommens über den Europäischen Wirtschaftsraum ist, braucht einen Konzernabschluss und einen Konzernlagebericht nicht aufzustellen, wenn dieses andere Mutterunternehmen einen dem § 291 Absatz 2 Nummer 1 entsprechenden Konzernabschluss (befreiender Konzernabschluss) und Konzernlagebericht (befreiender Konzernlagebericht) aufstellt sowie außerdem alle folgenden Voraussetzungen erfüllt sind:

1. der befreiende Konzernabschluss wird wie folgt aufgestellt:
   a) nach Maßgabe des Rechts eines Mitgliedstaats der Europäischen Union oder eines anderen Vertragsstaats des Abkommens über den Europäischen Wirtschaftsraum im Einklang mit der Richtlinie 2013/34/EU,
   b) im Einklang mit den in § 315e Absatz 1 bezeichneten internationalen Rechnungslegungsstandards,
   c) derart, dass er einem nach den in Buchstabe a bezeichneten Vorgaben erstellten Konzernabschluss gleichwertig ist, oder
   d) derart, dass er internationalen Rechnungslegungsstandards entspricht, die gemäß der Verordnung (EG) Nr. 1569/2007 der Kommission vom 21. Dezember 2007 über die Einrichtung eines Mechanismus zur Festlegung der Gleichwertigkeit der von Drittstaatemittenten angewandten Rechnungslegungsgrundsätze gemäß den Richtlinien 2003/71/EG und

2. Abschnitt. Ergänzende Vorschriften für Kapitalges. § 292

2004/109/EG des Europäischen Parlaments und des Rates (ABl. L 340 vom 22.12.2007, S. 66), die durch die Delegierte Verordnung (EU) Nr. 310/2012 (ABl. L 103 vom 13.4.2012, S. 11) geändert worden ist, in ihrer jeweils geltenden Fassung festgelegt wurden;

2. der befreiende Konzernlagebericht wird nach Maßgabe der in Nummer 1 Buchstabe a genannten Vorgaben aufgestellt oder ist einem nach diesen Vorgaben aufgestellten Konzernlagebericht gleichwertig;
3. der befreiende Konzernabschluss ist von einem oder mehreren Abschlussprüfern oder einer oder mehreren Prüfungsgesellschaften geprüft worden, die auf Grund der einzelstaatlichen Rechtsvorschriften, denen das Unternehmen unterliegt, das diesen Abschluss aufgestellt hat, zur Prüfung von Jahresabschlüssen zugelassen sind;
4. der befreiende Konzernabschluss, der befreiende Konzernlagebericht und der Bestätigungsvermerk sind nach den für den entfallenden Konzernabschluss und Konzernlagebericht maßgeblichen Vorschriften in deutscher oder englischer Sprache offengelegt worden.

(2) ¹Die befreiende Wirkung tritt nur ein, wenn im Anhang des Jahresabschlusses des zu befreienden Unternehmens die in § 291 Absatz 2 Satz 1 Nummer 4 genannten Angaben gemacht werden und zusätzlich angegeben wird, nach welchen der in Absatz 1 Nummer 1 genannten Vorgaben sowie gegebenenfalls nach dem Recht welchen Staates der befreiende Konzernabschluss und der befreiende Konzernlagebericht aufgestellt worden sind. ²Im Übrigen ist § 291 Absatz 2 Satz 2 und Absatz 3 entsprechend anzuwenden.

(3) ¹Ist ein nach Absatz 1 zugelassener Konzernabschluß nicht von einem in Übereinstimmung mit den Vorschriften der Richtlinie 2006/43/EG zugelassenen Abschlußprüfer geprüft worden, so kommt ihm befreiende Wirkung nur zu, wenn der Abschlußprüfer eine den Anforderungen dieser Richtlinie gleichwertige Befähigung hat und der Konzernabschluß in einer den Anforderungen des Dritten Unterabschnitts entsprechenden Weise geprüft worden ist. ²Nicht in Übereinstimmung mit den Vorschriften der Richtlinie 2006/43/EG zugelassene Abschlussprüfer von Unternehmen mit Sitz in einem Drittstaat im Sinn des § 3 Abs. 1 Satz 1 der Wirtschaftsprüferordnung, deren Wertpapiere im Sinn des § 2 Absatz 1 des Wertpapierhandelsgesetzes an einer inländischen Börse zum Handel am regulierten Markt zugelassen sind, haben nur dann eine den Anforderungen der Richtlinie gleichwertige Befähigung, wenn sie bei der Wirtschaftsprüferkammer gemäß § 134 Abs. 1 der Wirtschaftsprüferordnung eingetragen sind oder die Gleichwertigkeit gemäß § 134 Abs. 4 der Wirtschaftsprüferordnung anerkannt ist. ³Satz 2 ist nicht anzuwenden, soweit ausschließlich Schuldtitel im Sinne des § 2 Absatz 1 Nummer 3 des Wertpapierhandelsgesetzes

1. mit einer Mindeststückelung zu je 100 000 Euro oder einem entsprechenden Betrag anderer Währung an einer inländischen Börse zum Handel am regulierten Markt zugelassen sind oder
2. mit einer Mindeststückelung zu je 50 000 Euro oder einem entsprechenden Betrag anderer Währung an einer inländischen Börse zum Handel am regulierten Markt zugelassen sind und diese Schuldtitel vor dem 31. Dezember 2010 begeben worden sind.

⁴Im Falle des Satzes 2 ist mit dem Bestätigungsvermerk nach Absatz 1 Nummer 4 auch eine Bescheinigung der Wirtschaftsprüferkammer gemäß § 134 Absatz 2a der Wirtschaftsprüferordnung über die Eintragung des Abschlussprüfers oder eine Bestätigung der Wirtschaftsprüferkammer gemäß § 134 Absatz 4 Satz 8 der Wirtschaftsprüferordnung über die Befreiung von der Eintragungsverpflichtung offenzulegen.

§ 292 1–6

1) Befreiung für bestimmte KonzernGes. mit MutterGes. außerhalb der EU (I)

1 § 292 beruht auf der in Art. 11 der RL 83/349/EWG von 1983 vorgesehenen Option für die Mitgliedstaaten, MutterUnt., die gleichzeitig TochterUnt. eines übergeordneten MutterUnt. mit Sitz in einem Drittstaat sind, unter bestimmten Voraussetzungen von der Pflicht zur Aufstellung, Prüfung und Offenlegung eines Konzernabschlusses und -lageberichts zu befreien. Ergänzende Bestimmungen zu § 292 waren in der KonzernabschlussbefreiungsVO vorgesehen. In Art. 23 VIII Bilanz-RL 2013 wurde klargestellt, dass der übergeordnete Konzernabschluss nicht nur nach der Bilanz-RL oder gleichwertigen Vorgaben, sondern auch nach den von der EU gem. der IAS-VO angenommenen IFRS aufgestellt worden sein kann, um befreiend zu wirken. Art. 23 VIII UAbs. 2 iVm Art. 23 IV Buchst. c Bilanz-RL 2013 sieht ferner vor, dass der Bestätigungsvermerk offengelegt werden muss und ein Versagungsvermerk für die Befreiungswirkung nicht mehr ausreicht. Anstelle einer komplizierten Änderung, sowohl des § 292 als auch der KonzernabschlussbefreiungsVO, hat das BilRUG 2015 (Übergangsrecht in **(1)** EGHGB Art. 75 I 1) die KonzernabschlussbefreiungsVO aufgehoben und ihren verbliebenen Regelungsgehalt in § 292 aufgenommen. Subjektive Voraussetzung der Befreiung ist gem. I zunächst, dass es sich bei dem zu befreienden Unt. um ein MutterUnt. handelt, das zugleich TochterUnt. eines anderen MutterUnt. mit Sitz außerhalb von EU/EWR ist, wenn dieses andere MutterUnt. einen § 291 II Nr. 1 entsprechenden befreienden Konzernabschluss und – lagebericht aufstellt. Ergänzende Voraussetzungen enthält – unter Übernahme der früheren Regelungen in der KonzernabschlussbefreiungsVO – I Nr. 1–4 u. II. **Lit.** MBF Kap. 14 Tz. 95 ff.; Lüdenbach/Freiberg BB 2014, 2219 (BilRUG 2015); Blöink/Knoll-Biermann Konzern 2015, 65 (BilRUG 2015); Deubert/Lewe BB 2015, 49 (BilRUG 2015); Oser/Orth/Wirtz DB 2015, 197 (BilRUG 2015); Zwirner StuB 2015, Beil. 2, 1 (BilRUG 2015); Deubert/Lewe BB 2016, 1260 (Gleichwertigkeit Swiss GAAP FER).

2) Voraussetzungen der Befreiung (I Nr. 1–4)

2 Neben den subjektiven Voraussetzungen nach I 1 müssen für die Befreiungswirkung kumulativ die weiteren Voraussetzungen nach **I Nr. 1–4** erfüllt sein. **Lit.** Blöink/Knoll-Biermann Konzern 2015, 65 (BilRUG 2015); Theile GmbHR 2015, 281 (GmbH- u. GmbH & Co KG-Abschluss nach BilRUG):

3 Der **befreiende Konzernabschluss (I Nr. 1)** muss in Einklang mit dem Recht eines EU/EWR-Mitgliedstaats und der Bilanz-RL 2013 **(I Nr. 1a)** sowie den in § 315e I bezeichneten IFRS aufgestellt sein **(I Nr. 1b)**, und zwar derart, dass er einem nach dem I Nr. 1a erstellten Abschluss gleichwertig ist **(I Nr. 1c)** oder derart, dass er den von der EU-Kommission nach der VO (EG) Nr. 1569/2007 festgelegten internationalen Rechnungslegungsstandards in ihrer jeweils geltenden Fassung (dynamische Verweisung) entspricht **(I Nr. 1d)**. **Lit.** Deubert/Lewe BB 2016, 1260 (Gleichwertigkeit Swiss GAAP FER).

4 Der **befreiende Lagebericht** wird nach Maßgabe der in I Nr. 1a genannten Vorgaben aufgestellt oder ist einem nach diesen Vorgaben aufgestellten Lagebericht gleichwertig **(I Nr. 2)**.

5 Der **befreiende Konzernabschluss und -lagebericht** sind einer Abschlussprüfung durch einen oder mehrere nach dem maßgeblichen einzelstaatlichen Recht (dem das Unt. unterliegt, das den Abschluss aufgestellt hat) zugelassene Prüfer der PrüfungsGes. unterzogen worden **(I Nr. 3)**.

6 Der **befreiende Konzernabschluss und -lagebericht** sowie der Bestätigungsvermerk sind nach den für den entfallenden Konzernabschluss und -lagebericht maßgeblichen Vorschriften in deutscher oder englischer Sprache offengelegt worden **(I Nr. 4)**. Die mit ARUG II eröffnete Möglichkeit befreiender Konzern-

2. Abschnitt. Ergänzende Vorschriften für Kapitalges.   § 293

rechnungslegungsunterlagen auch in englischer Sprache soll einen Gleichlauf mit der Regelung in § 291 I 1 erreichen, BT-Drs. 19/15153, 58. § 292 scheint aufgrund später Änderung im Gesetzgebungsverfahren in der Übergangsregelung (**Übergangsrecht** in (1) EGHGB Art. 83) vergessen worden zu sein. **Lit.** Orth/Oser/Philippsen/Sultana DB 2019, 2814 (ARUG II).

3) Ergänzende Voraussetzungen (II nF)

Ergänzend verlangt **II** (eingefügt durch BilRUG 2015) für den Eintritt der Befreiungswirkung nach I, dass im Anhang des Abschlusses des zu befreienden Unt. die in § 291 II 1 Nr. 4 genannten Angaben (Name und Sitz des MutterUnt., Hinweis auf Befreiung von der Aufstellungspflicht, Erläuterung zu Abweichungen vom deutschen Recht) gemacht werden und zusätzlich angegeben wird, nach welchen in I Nr. 1 genannten Vorgaben sowie ggf. nach welchem nationalen Recht der befreiende Konzernabschluss und –lagebericht aufgestellt worden ist, wobei § 291 II 2 u. III entsprechend gelten. **Lit.** Lüdenbach/Freiberg BB 2014, 2219 (BilRUG 2015); Blöink/Knoll–Biermann Konzern 2015, 65 (BilRUG 2015); Oser/Orth/Wirtz DB 2015, 197 (BilRUG 2015); Deubert/Lewe BB 2015, 49 (BilRUG 2015); Zwirner StuB 2015, Beilage 2/2015, 1 (BilRUG 2015).

7

4) Ausnahmen (III nF)

Ist der nach I zugelassene Konzernabschluss nicht von einem nach Maßgabe der AbschlussprüfungsRL 2006 zugelassenen Prüfer geprüft worden, erlangt er Befreiungswirkung gem. **III nF** (II aF) ausnahmsweise dann, wenn der Prüfer eine den Anforderungen der RL gleichwertige Befähigung hat und der Abschluss gem. den Anforderungen der §§ 316–324a geprüft worden ist (**III 1 nF**). Für nicht gem. Abschlussprüfungs-RL 2006 zugelassene Prüfer von Unt. mit Sitz in Drittstaaten (§ 3 I 1 WPO), die an einer Inlandsbörse im regulierten Markt gehandelt werden, gelten besondere Anforderungen (Eintragung bei WP-Kammer oder Anerkennung der Gleichwertigkeit, **III 2 nF** mit Ausnahme in **III 3 nF**; Anhebung Beträge von 50.000 Euro auf 100.000 Euro durch Transparenz-Ri-ÄnderungsRi-Umsetzungsgesetz v. 20.11.2015 (BGBl. I 2029), jetzt idF APAReG (zeitliche und betragsmäßige Differenzierung). **Lit.** Lüdenbach/Freiberg BB 2014, 2219 (BilRUG 2015); Blöink/Knoll–Biermann Konzern 2015, 65 (BilRUG 2015); Oser/Orth/Wirtz DB 2015, 197 (BilRUG 2015); Zwirner StuB 2015, Beilage 2/2015, 1 (BilRUG 2015).

8

5) Ermächtigung und Verfahren der KonzernabschlussbefreiungsVO (III aF u. IV aF)

III aF u. **IV aF** ersatzlos gestrichen durch BilRUG 2015 (**Übergangsrecht** in (1) EGHGB Art. 75 I 1).

292a *(aufgehoben)*

Größenabhängige Befreiungen

293 (1) ¹Ein Mutterunternehmen ist von der Pflicht, einen Konzernabschluß und einen Konzernlagebericht aufzustellen, befreit, wenn
1. am Abschlußstichtag seines Jahresabschlusses und am vorhergehenden Abschlußstichtag mindestens zwei der drei nachstehenden Merkmale zutreffen:
    a) Die Bilanzsummen in den Bilanzen des Mutterunternehmens und der Tochterunternehmen, die in den Konzernabschluß einzubeziehen wären, übersteigen insgesamt nicht 24 000 000 Euro.

b) Die Umsatzerlöse des Mutterunternehmens und der Tochterunternehmen, die in den Konzernabschluß einzubeziehen wären, übersteigen in den zwölf Monaten vor dem Abschlußstichtag insgesamt nicht 48 000 000 Euro.

c) Das Mutterunternehmen und die Tochterunternehmen, die in den Konzernabschluß einzubeziehen wären, haben in den zwölf Monaten vor dem Abschlußstichtag im Jahresdurchschnitt nicht mehr als 250 Arbeitnehmer beschäftigt;

oder

2. am Abschlußstichtag eines von ihm aufzustellenden Konzernabschlusses und am vorhergehenden Abschlußstichtag mindestens zwei der drei nachstehenden Merkmale zutreffen:

a) Die Bilanzsumme übersteigt nicht 20 000 000 Euro.

b) Die Umsatzerlöse in den zwölf Monaten vor dem Abschlußstichtag übersteigen nicht 40 000 000 Euro.

c) Das Mutterunternehmen und die in den Konzernabschluß einbezogenen Tochterunternehmen haben in den zwölf Monaten vor dem Abschlußstichtag im Jahresdurchschnitt nicht mehr als 250 Arbeitnehmer beschäftigt.

²Auf die Ermittlung der durchschnittlichen Zahl der Arbeitnehmer ist § 267 Abs. 5 anzuwenden.

(2) Auf die Ermittlung der Bilanzsumme ist § 267 Absatz 4a entsprechend anzuwenden.

(3) *[aufgehoben]*

(4) ¹Außer in den Fällen des Absatzes 1 ist ein Mutterunternehmen von der Pflicht zur Aufstellung des Konzernabschlusses und des Konzernlageberichts befreit, wenn die Voraussetzungen des Absatzes 1 nur am Abschlußstichtag oder nur am vorhergehenden Abschlußstichtag erfüllt sind und das Mutterunternehmen am vorhergehenden Abschlußstichtag von der Pflicht zur Aufstellung des Konzernabschlusses und des Konzernlageberichts befreit war. ²§ 267 Abs. 4 Satz 2 und 3 ist entsprechend anzuwenden.

(5) Die Absätze 1 und 4 sind nicht anzuwenden, wenn das Mutterunternehmen oder ein in dessen Konzernabschluss einbezogenes Tochterunternehmen am Abschlussstichtag kapitalmarktorientiert im Sinn des § 264d ist oder es den Vorschriften des Ersten oder Zweiten Unterabschnitts des Vierten Abschnitts unterworfen ist.

1) Größenabhängige Befreiung nach der Brutto- oder Nettomethode (I)

§ 293 sieht (ähnlich wie § 267 für die Jahresrechnungslegung) eine größenabhängige Befreiung von der Pflicht zur Konzernrechnungslegung nach §§ 290 ff. vor. Die Größenbestimmung erfolgt wahlweise nach der **Bruttomethode** (Nr. 1) oder der **Nettomethode** (Nr. 2). Bei der Bruttomethode richten sich die Größen nach den summierten Einzelabschlüssen, bei der Nettomethode nach dem (konsolidierten) Konzernabschluss. Vorteil der Bruttomethode: man braucht nicht erst einen Konzernabschluss aufzustellen um festzustellen, ob ein solcher überhaupt nötig ist; Nachteil: die Größenmerkmale der Bilanzsumme und des Umsatzerlöses sind jeweils rund 20 % höher. I idF KapCoRiLiG 2000 (→ Einl. vor § 238 Rn. 4) und EuroBilG 2001 (**Übergangsrecht** in (1) EGHGB Art. 51) umschreibt die Höchstgrößen für die Befreiung anhand von drei Merkmalen (Euro-Beträge durch das BilReG 2004 (**Übergangsrecht** in (1) EGHGB Art. 58 I), BilMoG 2009 (**Übergangsrecht** in (1) EGHGB Art. 66 I) und BilRUG (**Übergangsrecht** in (1) EGHGB Art. 75 II 1) erhöht), von denen mindestens zwei vorliegen müssen. Diese sind bei der Bruttomethode (Nettomethode): **Bilanzsumme(n)** (ohne Abzug eines etwaigen Fehlbetrags auf der Aktivseite, s. Anpassung an § 267 IVa, RegBegr BilRUG 89) **24 (20) Mio. Euro, Umsatzerlöse 48 (40) Mio. Euro, Zahl der Arbeitnehmer 250** (Berechnung nach § 267 V). Diese Voraussetzungen müssen für zwei aufeinander folgende Abschlussstichtage vorliegen, damit die Befreiung eintritt (genauer I, IV, → Rn. 4). Folge der durch EG-RL gebotenen, starken Herabsetzung der Grenzwerte ist eine **erheblich** größere Zahl konzernabschlusspflichtiger Unt. Besonders wichtig deshalb das **Übergangsrecht** in **(1)** EGHGB Art. 49. **Lit.** MBF Kap. 14 Tz. 113 ff.; Theile GmbHR 2015, 281 (GmbH- u. GmbH & Co KG-Abschluss nach BilRUG); Deubert/Lewe DB 2015, 49 (BilRUG 2015); Röser/Roland/Rimmelspacher DB 2015, 4 (BilRUG 2015); Theile GmbHR 2015, 281 (GmbH- u. GmbH & Co KG-Abschluss nach BilRUG); Zwirner StuB 2015, Beilage 2/2015, 1 (BilRUG 2015); Bauer WPg 2017, 882.

2) Maßgeblichkeit auch für Konzernabschlüsse (II nF)

II nF, eingefügt durch BilRUG 2015 (**Übergangsrecht** in **(1)** EGHGB Art. 75 II) zur Klarstellung, dass die Definition der Bilanzsumme in § 267 IVa für die Konzernrechnungslegung entsprechend gilt. **Lit.** Blöink/Knoll-Biermann Konzern 2015, 65 (BilRUG 2015); Lüdenbach/Freiberg BB 2014, 2219 (BilRUG 2015); Oser/Orth/Wirtz DB 2015, 197 (BilRUG 2015); Kleinmanns StuB 2014, 896 (CSR Berichterstattung); Müller/Stawinoga BB 2015, 241 (Rückwirkung BilRUG-Änderungen); Röser/Roland/Rimmelspacher DB 2015, 4 (BilRUG 2015); Theile BBK 2015, 702 (BilRUG 2015); Zwirner StuB 2015, Beilage 2/2015, 1 (BilRUG 2015); Zwirner AR 2016, 2 (Aufgaben des Aufsichtsrats).

3) Sonderregeln für Versicherungsunternehmen (III aF)

III aF aufgehoben durch VersRiLiG 1994 (→ § 341 Rn. 1).

4) Befreiung auch bei nur einmaliger Größenüberschreitung (IV)

IV 1 besagt (missverständlich), dass die Größenmerkmale nach I an zwei aufeinander folgenden Abschlussstichtagen überschritten sein müssen, damit die Befreiung entfällt (einmaliges Überschreiten schadet nicht). Das gilt nach I, IV aber auch umgekehrt (einmaliges Unterschreiten nützt nichts). IV 2 idF BilRUG 2015 erklärt § 267 IV 2 u. 3 (dort → § 267 Rn. 10) für entsprechend anwendbar, also bei Umwandlung oder Neugründung schon einmaliges Über- oder Unterschreiten der Schwellenwerte nach I für ausreichend. Ausgenommen hiervon sind durch den neu eingefügten Verweis auf § 267 IV 3 Kapital- und PersonenGes. iSd § 264a I. **Lit.** Deubert/Lewe DB 2015, 49 (BilRUG 2015); Röser/Roland/ Rimmelspacher DB 2015, 4 (BilRUG 2015); Zwirner StuB 2015, Beilage 2/ 2015, 1 (BilRUG 2015).

5) Keine Befreiung bei Börsennotierung (V)

V idF BilMoG 2009 (**Übergangsrecht** in **(1)** EGHGB Art. 66 V). Eine größenabhängige Befreiung scheidet aus, wenn am Abschlussstichtag das MutterUnt. oder ein in den Konzernabschluss (tatsächlich) einbezogenes (nicht nur einzubeziehendes) TochterUnt. kapitalmarktorientiert iSv § 264d (dort → § 264d Rn. 1) oder §§ 340–340o oder §§ 341–341p unterworfen ist. **Lit.** Deubert/Lewe DB 2015, 49 (BilRUG 2015); Röser/Roland/Rimmelspacher DB 2015, 4 (BilRUG 2015); Zwirner StuB 2015, Beilage 2/2015, 1 (BilRUG 2015).

§ 294 1–3

Zweiter Titel. Konsolidierungskreis

Einzubeziehende Unternehmen. Vorlage- und Auskunftspflichten

294 (1) In den Konzernabschluß sind das Mutterunternehmen und alle Tochterunternehmen ohne Rücksicht auf den Sitz und die Rechtsform der Tochterunternehmen einzubeziehen, sofern die Einbeziehung nicht nach § 296 unterbleibt.

(2) Hat sich die Zusammensetzung der in den Konzernabschluß einbezogenen Unternehmen im Laufe des Geschäftsjahrs wesentlich geändert, so sind in den Konzernabschluß Angaben aufzunehmen, die es ermöglichen, die aufeinanderfolgenden Konzernabschlüsse sinnvoll zu vergleichen.

(3) ¹Die Tochterunternehmen haben dem Mutterunternehmen ihre Jahresabschlüsse, Einzelabschlüsse nach § 325 Abs. 2a, Lageberichte, gesonderten nichtfinanziellen Berichte, Konzernabschlüsse, Konzernlageberichte, gesonderten nichtfinanziellen Konzernberichte und, wenn eine Abschlussprüfung stattgefunden hat, die Prüfungsberichte sowie, wenn ein Zwischenabschluß aufzustellen ist, einen auf den Stichtag des Konzernabschlusses aufgestellten Abschluß unverzüglich einzureichen. ²Das Mutterunternehmen kann von jedem Tochterunternehmen alle Aufklärungen und Nachweise verlangen, welche die Aufstellung des Konzernabschlusses, des Konzernlageberichts und des gesonderten nichtfinanziellen Konzernberichts erfordert.

1) Weltabschluss (I)

1 §§ 294–296 stecken den **Konsolidierungskreis** der in den Konzernabschluss einzubeziehenden Unt. ab. § 294 enthält die Regel, § 296 ein Einbeziehungswahlrecht. § 294 I verlangt Einbeziehung des MutterUnt. (mit Sitz im Inland, § 290 I, II) und aller, auch den ausländischen TochterUnt. (Begriff → § 290 Rn. 7–13) ohne Rücksicht auf den Sitz und – eingefügt durch BilRUG 2015 (**Übergangsrecht** in (1) EGHGB Art. 75 II) – die Rechtsform und unbeschadet § 296 (Vollständigkeitsgebot, Weltabschluss). Einzubeziehen sind auch alle mittelbaren TochterUnt. (EnkelUnt.); umgekehrt gilt ein Verbot der freiwilligen Vollkonsolidierung von Nicht-TochterUnt., ADS Rn. 9. Zurechnung nach § 290 I, II oder III. Zur Aufstellungspflicht für einen Konzernabschluss und zur Abgrenzung des Konsolidierungskreises IDW-SABI 1/1988. **Übergangsrecht** in (1) EGHGB Art. 23 II 3 (→ Einl. vor § 238 Rn. 60). Lit. MBF Kap. 14 136 ff.; Müller, Stefan/Wobbe StuB 2014, 83 (assoziierte Unt.).

2) Vergleichbarkeit aufeinander folgender Konzernabschlüsse (II)

2 Bei **wesentlicher Veränderung des Konsolidierungskreises** sind zwecks sinnvoller Vergleichbarkeit der aufeinander folgenden Konzernabschlüsse (Bilanzkontinuität, → § 243 Rn. 8; auch §§ 297 III 2–5, 313 I Nr. 3) in den Konzernabschluss (§ 297 I, also idR Konzernanhang) entsprechende Angaben aufzunehmen **(II 1)**. II 2 aF, der erlaubte, statt die Änderungen und ihre Auswirkungen zu erläutern, die entsprechenden Vorjahreszahlen anzupassen (vgl. §§ 298 I, 265 II), wurde durch BilMoG 2009 (**Übergangsrecht** in (1) EGHGB Art. 66 V) im Interesse besserer Abschlussvergleichbarkeit aufgehoben. Änderung liegt vor, wenn sich Zusammensetzung der in den Konzernabschluss einbezogenen vollkonsolidierten Töchter durch Zu- oder Abgang geändert hat, IDW-HFA 3/1995.

3) Einreichungs- und Auskunftspflichten der Tochterunternehmen (III)

3 III hat mit dem Wechsel zum Control-Konzept (→ § 290 Rn. 7) durch das BilMoG 2009 (**Übergangsrecht** in (1) EGHGB Art. 66 V) erheblich an Bedeutung gewonnen. Die umfassende Auskunftspflicht ausländischer TochterUnt. nach III 2 kann zu **Kollisionen** mit entgegenstehendem Auslandsrecht (Abwehr-

gesetze ua), aber auch mit anderweitigen Geheimhaltungspflichten des TochterUnt. nach deutschem Recht führen. Dann ist Interessenabwägung bei grundsätzlicher Vorrangigkeit des Rechnungslegungsinteresses geboten.

295 *(aufgehoben)*

Verzicht auf die Einbeziehung

296
(1) **Ein Tochterunternehmen braucht in den Konzernabschluß nicht einbezogen zu werden, wenn**
1. **erhebliche und andauernde Beschränkungen die Ausübung der Rechte des Mutterunternehmens in bezug auf das Vermögen oder die Geschäftsführung dieses Unternehmens nachhaltig beeinträchtigen,**
2. **die für die Aufstellung des Konzernabschlusses erforderlichen Angaben nicht ohne unverhältnismäßig hohe Kosten oder unangemessene Verzögerungen zu erhalten sind oder**
3. **die Anteile des Tochterunternehmens ausschließlich zum Zwecke ihrer Weiterveräußerung gehalten werden.**

(2) ¹**Ein Tochterunternehmen braucht in den Konzernabschluß nicht einbezogen zu werden, wenn es für die Verpflichtung, ein den tatsächlichen Verhältnissen entsprechendes Bild der Vermögens-, Finanz- und Ertragslage des Konzerns zu vermitteln, von untergeordneter Bedeutung ist.** ²**Entsprechen mehrere Tochterunternehmen der Voraussetzung des Satzes 1, so sind diese Unternehmen in den Konzernabschluß einzubeziehen, wenn sie zusammen nicht von untergeordneter Bedeutung sind.**

(3) **Die Anwendung der Absätze 1 und 2 ist im Konzernanhang zu begründen.**

1) Einbeziehungswahlrecht in engen Ausnahmefällen (I)

I begründet in drei engen und abschließenden Ausnahmefällen zur Einbeziehungspflicht nach § 294 I ein Einbeziehungswahlrecht. Dieses sollte schon nach Einführung des § 290 II aF, also bei Konzernabschlusspflicht trotz fehlender einheitlicher Leitung, Milderung schaffen (AmtlBegr); es bleibt auch nach dem Wechsel vom Control-Konzept durch BilMoG 2009 (**Übergangsrecht** in **(1)** EGHGB Art. 66 V) erhalten. Voraussetzungen der Wahlrechte sind zu jedem Stichtag erneut zu prüfen. I steht ebenso wie II unter dem Vorbehalt von § 297 II (true and fair view-Prinzip; Amtl. Begr.). Zur Konsolidierung von GemeinschaftsUnt. und zur Bewertung von assoziierten Unt. DRS 34 und 35 und dazu Müller/Reinke BB 2018, 811. **Lit.** MBF Kap. 14 Tz. 161 ff.; Theile StuB 2010, 211 (Übergang auf BilMoG im Konzernabschluss); Kühnberger/Thurmann Konzern 2013, 540 (Konsolidierungskreis u. InvestmentGes.); Kohl/Meyer NZG 2014, 1361 (Vergleich § 290 u. IFRS 10); Marbler/Oser DStR 2014, 2474 (Konzernrechnungslegung GmbH & Co KG); Pollmann DStR 2014, 1732 (HGB u. IFRS); Gehrs/Wörmann WPg 2018, 1559.

Nr. 1 gibt ein Wahlrecht (allerdings praktisch nur für § 290 II, da dort beherr- 2 schender Einfluss vermutet wird), wenn das MutterUnt. infolge erheblicher und andauernder Beschränkungen in der Ausübung seiner Rechte bezüglich Vermögen oder Geschäftsführung des TochterUnt. nachhaltig beeinträchtigt ist. Ein Beispiel für WahlR ist Insolvenz des TochterUnt., str. vgl. Mantke WPg 2020, 621, 627 (Im Regelverfahren mit Liquidationsabsicht wegen Beherrschungsverlust Entkonsolidierung; bei Eigenverwaltung mit beabsichtigter Sanierung weitere Einbeziehung in Koknzernabschluss geboten). Weiteres Beispiel: Unterstellung

§ 297
3. Buch. Handelsbücher

unter andauernde staatliche Treuhänderschaft ua; aber nicht schon bei üblichen Einschränkungen und Beeinträchtigungen der Einflussnahme auf ausländische TochterUnt., zB betr. Transferierbarkeit und Konvertierbarkeit, sondern erst, wenn das MutterUnt. andauernd nicht mehr imstande ist, nachhaltig über Fortbestand und Entwicklung des TochterUnt. zu entscheiden, seine Konzerngeschäftspolitik durchzusetzen oder die Rechte nach § 290 II auszuüben, IDW-SABI 1/1988 WPg 1988, 342; Maßstab: zukunftsorientierte Sichtweise, str., wie hier GK BilR/Kindler Rn. 8. Str., ob für Berufung auf Nr. 1 erforderlich ist, dass nächste Wahl des Aufsichtsrats in unkündbare Mindestlaufzeit fällt oder unkündbare Mindestlaufzeit von fünf Jahren bei Vertragsschluss ausreicht, Gehrs/Wörmann WPg 2018, 1559 (1562) (zu Entherrschungs- und Stimmbindungsverträgen bei KapGes.).

3 **Nr. 2** soll den Grundsatz der Wesentlichkeit konkretisieren (Begr. EK § 280). Nr. 2 ist deshalb einschränkend auszulegen (teleologische Reduktion). Entgegen dem Wortlaut genügen unverhältnismäßige Kosten oder unangemessene (letztere Einschränkung eingefügt durch BilRUG 2015) Verzögerungen allein nicht. Vielmehr ist zusätzlich erforderlich, dass die Nichteinbeziehung im Lichte des true and fair view-Prinzips (§ 297 II 2) unwesentlich ist und dass die Erschwernisse nicht dem MutterUnt. selbst zuzurechnen sind. Mängel im konzerninternen Informationssystem tragen also das Wahlrecht keinesfalls. So verstanden hat Nr. 2 neben II kaum eine eigenständige Bedeutung. Nach IDW können Auswirkungen der Corona-Pandemie (zB Personalmangel) Voraussetzungen der Vorschrift erfüllen; zu weiteren Besonderheiten durch Corona-Pandemie IDW Fachlicher Hinweis, dazu Schumann GmbH StB 2020, 108; Rimmelspacher/Kliem WPg 2020, 381.

4 **Nr. 3** ist ebenfalls eng auszulegen. Die Absicht, Anteile ausschließlich zwecks Weiterveräußerung zu halten, ist in erster Linie objektiven Umständen zu entnehmen (vgl. → § 271 Rn. 4), zB bei Emissionskonsortien, bei Paketübernahme durch ein Kreditinstitut zwecks Platzierung. Sanierungsbeteiligungen von Kreditinstituten s. § 340j. Vgl. auch schon § 290 III 3.

2) Einbeziehungswahlrecht bei untergeordneter Bedeutung (II)

5 TochterUnt., die (kumuliert, II 2) für das den tatsächlichen Verhältnissen entsprechende Bild des Konzerns (§ 297 II 2) von untergeordneter Bedeutung sind, brauchen nicht einbezogen zu werden (Grundsatz der Wesentlichkeit, vgl. → § 303 Rn. 2). Ob II vorliegt, bestimmt sich nicht formalistisch nur aus einzelnen Verhältniszahlen. **Lit.** GK BilR/Kindler Rn. 17 ff.; Hoffmann StuB 2014, 397 (fehlerhafte Organbilanzen).

3) Begründungspflicht (III)

6 III verlangt Begründung der Anwendung von I oder II im Konzernanhang. Begründung kann für einander entsprechende Töchter zusammenfassend erfolgen, BeckBilKomm/Winkeljohann/Deubert Rn. 42, str.

Dritter Titel. Inhalt und Form des Konzernabschlusses

Inhalt

297 (1) ¹Der Konzernabschluss besteht aus der Konzernbilanz, der Konzern-Gewinn- und Verlustrechnung, dem Konzernanhang, der Kapitalflussrechnung und dem Eigenkapitalspiegel. ²Er kann um eine Segmentberichterstattung erweitert werden.

(1a) ¹Im Konzernabschluss sind die Firma, der Sitz, das Registergericht und die Nummer, unter der das Mutterunternehmen in das Handelsregister

2. Abschnitt. Ergänzende Vorschriften für Kapitalges. 1 § 297

eingetragen ist, anzugeben. ² Befindet sich das Mutterunternehmen in Liquidation oder Abwicklung, ist auch diese Tatsache anzugeben.

(2) ¹ Der Konzernabschluß ist klar und übersichtlich aufzustellen. ² Er hat unter Beachtung der Grundsätze ordnungsmäßiger Buchführung ein den tatsächlichen Verhältnissen entsprechendes Bild der Vermögens-, Finanz- und Ertragslage des Konzerns zu vermitteln. ³ Führen besondere Umstände dazu, daß der Konzernabschluß ein den tatsächlichen Verhältnissen entsprechendes Bild im Sinne des Satzes 2 nicht vermittelt, so sind im Konzernanhang zusätzliche Angaben zu machen. ⁴ Die Mitglieder des vertretungsberechtigten Organs eines Mutterunternehmens, das als Inlandsemittent (§ 2 Absatz 14 des Wertpapierhandelsgesetzes) Wertpapiere (§ 2 Absatz 1 des Wertpapierhandelsgesetzes) begibt und keine Kapitalgesellschaft im Sinne des § 327a ist, haben in einer dem Konzernabschluss beizufügenden schriftlichen Erklärung zu versichern, dass der Konzernabschluss nach bestem Wissen ein den tatsächlichen Verhältnissen entsprechendes Bild im Sinne des Satzes 2 vermittelt oder der Konzernanhang Angaben nach Satz 3 enthält.

(3) ¹ Im Konzernabschluß ist die Vermögens-, Finanz- und Ertragslage der einbezogenen Unternehmen so darzustellen, als ob diese Unternehmen insgesamt ein einziges Unternehmen wären. ² Die auf den vorhergehenden Konzernabschluß angewandten Konsolidierungsmethoden sind beizubehalten. ³ Abweichungen von Satz 2 sind in Ausnahmefällen zulässig. ⁴ Sie sind im Konzernanhang anzugeben und zu begründen. ⁵ Ihr Einfluß auf die Vermögens-, Finanz- und Ertragslage des Konzerns ist anzugeben.

1) Begriff des Konzernabschlusses (I), Funktion

A. **Begriff:** §§ 297–299 regeln **Inhalt und Form** des Konzernabschlusses. 1 § 297 I 1 (zT entspr. § 329 I 1) nF durch BilReG 2004 (→ Einl. vor § 328 Rn. 10, **Übergangsecht** in (1) EGHGB Art. 58 III) definiert den Konzernabschluss sowie §§ 242 III, 264 I 1 den Jahresabschluss von KapitalGes. und KapitalGes. & Co (→ § 290 Rn. 1). Der **Konzernabschluss** besteht aus **Konzernbilanz, Konzern-Gewinn- und Verlustrechnung,** dem **Konzernanhang** (§ 313), der **Kapitalflussrechnung** und dem **Eigenkapitalspiegel**. Soweit das MutterUnt. als Wertpapieremittentin am geregelten Markt auftritt, folgt die Erweiterung des Konzernabschlusses um Kapitalflussrechnung, Segmentberichterstattung und Eigenkapitalspiegel aus IAS 1.10 (d), IAS 1111 (Kapitalflussrechnung), IFRS 8 (Geschäftssegmente) und IAS 1.8 (o), IAS 1106–110 (Eigenkapitalspiegel). Nach I 2 bildet die Segmentberichterstattung, die häufig besonders sensitive Informationen enthält, einen lediglich optionalen Bestandteil des Konzernabschlusses. Die Pflicht zur Segmentberichterstattung nach IAS/IFRS bleibt dort, wo die Standards nach der IAS-VO oder nach § 315c anzuwenden sind, unberührt. Das HGB enthält für Kapitalflussrechnung, Eigenkapitalspiegel und Segmentbericht erst seit dem BilMoG 2009 (**Übergangsrecht** in (1) EGHGB Art. 66 V) Regelungen in § 266 I (dort → § 266 Rn. 16 f.), aber ohne inhaltliche Konkretisierung. S. aber DRS Nr. 2 und 3 (umfassend überarbeitet durch DRS 28) (in Anlehnung an IAS 7, s. MBF Kap. 11 Tz. 47 ff. u. IFRS 8, s. MBF Kap. 11 Tz. 106 ff. u. Kap. 13 Tz. 211 ff.) für die Kapitalflussrechnung und den Segmentbericht. Lit. MBF Kap. 11 Tz. 1 ff. u. 79 ff.; Kap. 14 Tz. 205 ff.; Freiberg PiR 2013, 64 (Anforderungen Segmentbericht inhaltlich u. zeitlich); Freiberg PiR 2013, 64 (Anforderungen Segmentbericht inhaltlich u. zeitlich); Eiselt/Müller BB 2013, 2155 (Kapitalflussrechnung, E-DRS 28); Eiselt/Müller BB 2014, 1067 (DRS 21); Scheffler AG 2016, R100 (DRS 22 und 24). **Muster:** Hopt/Merkt Vertrags- und Formularbuch/Kraft/Link Form III.G.1 (Konzernbilanz); Form III.G.2 (Konzern-GuV), Form III.G.3 (Konzernanhang); Tallau/Bankamp DB 2017, 2237 (Empirie zur Kapitalflussberichterstattung mit DRS 21).

§ 297 2–5 3. Buch. Handelsbücher

2   B. **Funktion:** Der Konzernabschlusses dient ganz primär der Informationsvermittlung (Vermittlung eines den tatsächlichen Verhältnissen entsprechenden Bildes der Vermögens-, Finanz- u. Ertragslage der größeren Wirtschaftseinheit Konzern), BeckBilKomm/Winkeljohann/Rimmelspacher Rn. 1; im Unterschied zum Einzelabschluss dient der Konzernabschluss indes nicht der Ausschüttungsbemessung oder -sperre oder der Zuordnung von Gläubigeransprüchen (bleiben stets gegen einzelne konzernzugehörige Unt. gerichtet). Informationsfunktion wird durch Vorlage an Gesellschafter und Aufsichtsrat erfüllt (s. § 42a IV, I GmbHG, § 337 AktG). Konzernabschluss hat keine unmittelbare Bedeutung für steuerliche Zwecke, insoweit nur Jahresabschluss maßgeblich (§ 5 EStG). Konzernabschluss kann Hinweise für Bedingungen konzerninterner Lieferungen u. Leistungen geben, GK BilR/Kraft Rn. 9 f.

2) Angaben zur Identifikation (Ia)

3   **Ia,** eingefügt durch BilRUG 2015 (**Übergangsrecht** in (1) EGHGB Art. 75 II) in Umsetzung von Art. 24 I iVm Art. 5 Bilanz-RL 2013, schreibt vor, dass der Konzernabschluss die Firma, den Sitz und Angaben zum Register zur Identifizierung des MutterUnt. enthalten muss. **Lit.** Lüdenbach/Freiberg BB 2014, 2219 (BilRUG 2015); Blöink/Knoll-Biermann Konzern 2015, 65 (BilRUG 2015); Oser/Orth/Wirtz DB 2015, 197 (BilRUG 2015); Theile GmbHR 2015, 281 (GmbH- u. GmbH & Co KG-Abschluss nach BilRUG).

3) Vermittlung eines den tatsächlichen Verhältnissen entsprechenden Bildes, Bilanzklarheit (II)

4   II 1 verlangt Bilanzklarheit auch für den Konzernabschluss (wie § 243 II). **II 2, 3** wiederholen die Generalklausel des § 264 II (true and fair view-Prinzip), → § 264 Rn. 12 ff.; aber Grundsatz der Wesentlichkeit (→ § 303 Rn. 2), WPK/IDW WPg 1985, 544 (auch für Einzelabschluss zu § 264 II). II 2 tritt subsidiär hinter GoB zurück, hA, BeckBilKomm/Winkeljohann/Rimmelspacher 186. Zu DRS 22 und 23 Bohnefeld/Ebeling WPg 2017, 375. Durch **II 4** – eingefügt durch TUG 2007 (**Übergangsrecht** in (1) EGHGB Art. 62) – wird der Bilanzeid gem. § 264 II auf den Konzernabschluss erstreckt. Danach werden die gesetzlichen Vertreter einer MutterGes., die nach § 264 II 3 Inlandsemittentin iSv **(16b) WpHG** § 2 XIV ist, verpflichtet, die Einhaltung der für den Konzernabschluss geltenden Vorgaben in II 2 u. 3 zu versichern. Änderung durch ESEF-UG 2020 (**Übergangsrecht** in (1) EGHGB Art. 84) zur Angleichung des Wortlauts an **(16b) WpHG** § 114 I 1 iVm § 117 Nr. 1. Konzernbilanzeid ist eigenständige Erklärung, die sich auf den Inhalt des Konzernabschlusses bezieht, aber nicht Teill dessen ist, BT-Drs. 19/17343.

4) Vermittlung eines Bildes wie von einem einzigen Unternehmen, Konsolidierungsstetigkeit (III)

5   **III 1** präzisiert II 2. Die KonzernUnt. sind im Konzernabschluss so darzustellen, dass das Bild eines rechtlich einheitlichen Unt. entsteht (Einheitstheorie, krit. BeckBilKomm/Winkeljohann/Rimmelspacher Rn. 190: Fiktion der wirtschaftlichen statt rechtlichen Einheit genügt). Das ist nur mit bestimmten Einschränkungen möglich und nötig: zB Einbeziehungswahlrecht (§ 296), Stichtagsunterschiede (§ 299), Wahlrechte in § 304, anteilsmäßige Konsolidierung nach § 310 ua. Zum Ausweis des bei Gewinnabführungsvertrag an nicht beherrschenden Gesellschaftern zu zahlenden festen Ausgleichs im Konzernabschluss DRS 23; zur Frage, ob DRS 23 mit DRS 22 in Konflikt steht Bohnefeld/Ebeling WPg 2017, 375. **III 2–5** regeln die Stetigkeit der angewandten Konsolidierungsmethoden (Teil der Bilanzkontinuität, → § 243 Rn. 8; ähnlich Bewertungsstetigkeit, § 252 I Nr. 6, II); s. auch § 313 I Nr. 3. **Lit.** Müller, Stefan/Wobbe StuB 2014, 83

1384   *Merkt*

(assoziierte Unt.); Pilhofer/Herr/Dömling DB 2017, 857 (bilanzanalytische Behandlung von Minderheitsanteilen).

Anzuwendende Vorschriften. Erleichterungen

298 (1) **Auf den Konzernabschluß sind, soweit seine Eigenart keine Abweichung bedingt oder in den folgenden Vorschriften nichts anderes bestimmt ist, die §§ 244 bis 256a, 264c, 265, 266, 268 Absatz 1 bis 7, die §§ 270, 271, 272 Absatz 1 bis 4, die §§ 274, 275 und 277 über den Jahresabschluß und die für die Rechtsform und den Geschäftszweig der in den Konzernabschluß einbezogenen Unternehmen mit Sitz im Geltungsbereich dieses Gesetzes geltenden Vorschriften, soweit sie für große Kapitalgesellschaften gelten, entsprechend anzuwenden.**

(2) ¹Der Konzernanhang und der Anhang des Jahresabschlusses des Mutterunternehmens dürfen zusammengefaßt werden. ²In diesem Falle müssen der Konzernabschluß und der Jahresabschluß des Mutterunternehmens gemeinsam offengelegt werden. ³Aus dem zusammengefassten Anhang muss hervorgehen, welche Angaben sich auf den Konzern und welche Angaben sich nur auf das Mutterunternehmen beziehen.

1) Anzuwendende Vorschriften (I)

Nach I gelten für den Konzernabschluss grundsätzlich die Vorschriften für den Jahresabschluss von großen KapitalGes. mit den entsprechenden Sonderregeln für Rechtsform und Geschäftszweig, insoweit kann hier verwiesen werden. Die Vorschriften über den Anhang sind in der Aufzählung des I ausgespart, insoweit gelten speziell §§ 313, 314. Der Verweis auf § 268 VIII wurde durch das BilRUG 2015 (**Übergangsrecht** in **(1)** EGHGB Art. 75 II) gestrichen, weil der Konzernabschluss nicht als Grundlage der Ausschüttungsbemessung dient. Zugleich wurde § 264c ergänzt, um klarzustellen, dass die für PersonenhandelsGes. bestehenden Besonderheiten auch im Konzernabschluss anzuwenden sind, sofern das Mutter-Unt. eine PersonenhandelsGes. iSd § 264a ist. Jüngst ist Frage aufgekommen, ob es eine Konzernbuchführungspflicht gibt, vgl. dazu Müller AG 2020, 83; Lüdenbach/Freiberg BB 2020, 811; Deubert/Lewe, Konzern 2020, 456. **Lit.** MBF Kap. 14 Tz. 257 ff.; Henckel/Rimmelspacher/Schäfer Konzern 2014, 386 (erstmalige Anwendung DRS 20); Kleinmanns StuB 2014, 475; Lüdenbach/Freiberg BB 2014, 2219 (BilRUG 2015); Blöink/Knoll-Biermann Konzern 2015, 65 (BilRUG 2015); Deubert/Lewe DB 2015, 49 (BilRUG 2015); Oser/Orth/Wirtz DB 2015, 197 (BilRUG 2015); Theile GmbHR 2015, 281 (GmbH- u. GmbH & Co KG-Abschluss nach BilRUG); Wirth/Weber/Dusemond/P. Küting DB 2015, 1053 (Kapitalkonsolidierung); Zwirner/Busch/Boecker Konzern 2016, 287 (Aufgaben des Aufsichtsrats).

2) Erleichterungen (II nF)

II nF entspricht III aF, der an die Stelle des durch BilRUG 2015 (**Übergangsrecht** in **(1)** EGHGB Art. 75 II) ersatzlos gestrichenen II aF getreten ist (s. RegBegr S. 90) und erlaubt die Zusammenfassung des Konzernanhangs und des Anhangs des Jahresabschlusses des MutterUnt. samt Prüfungsberichten und Bestätigungsvermerken. Doch sind dann Konzernabschluss und Jahresabschluss gemeinsam offen zu legen. §§ 243 II, 297 II 1 gelten auch hier. Vgl. auch § 315 III. **Lit.** Deubert/Lewe DB 2015, 49 (BilRUG 2015); Theile GmbHR 2015, 281 (GmbH- u. GmbH & Co KG-Abschluss nach BilRUG); Zwirner/Busch/Boecker Konzern 2016, 287 (Aufgaben des Aufsichtsrats).

§ 299 1–3

Stichtag für die Aufstellung

299 (1) Der Konzernabschluss ist auf den Stichtag des Jahresabschlusses des Mutterunternehmens aufzustellen.

(2) ¹Die Jahresabschlüsse der in den Konzernabschluß einbezogenen Unternehmen sollen auf den Stichtag des Konzernabschlusses aufgestellt werden. ²Liegt der Abschlußstichtag eines Unternehmens um mehr als drei Monate vor dem Stichtag des Konzernabschlusses, so ist dieses Unternehmen auf Grund eines auf den Stichtag und den Zeitraum des Konzernabschlusses aufgestellten Zwischenabschlusses in den Konzernabschluß einzubeziehen.

(3) Wird bei abweichenden Abschlußstichtagen ein Unternehmen nicht auf der Grundlage eines auf den Stichtag und den Zeitraum des Konzernabschlusses aufgestellten Zwischenabschlusses in den Konzernabschluß einbezogen, so sind Vorgänge von besonderer Bedeutung für die Vermögens-, Finanz- und Ertragslage eines in den Konzernabschluß einbezogenen Unternehmens, die zwischen dem Abschlußstichtag dieses Unternehmens und dem Abschlußstichtag des Konzernabschlusses eingetreten sind, in der Konzernbilanz und der Konzern-Gewinn- und Verlustrechnung zu berücksichtigen oder im Konzernanhang anzugeben.

1) Stichtagswahlrecht für den Konzernabschluss (I)

1 Nach I idF TransPuG 2002 (**Übergangsrecht** in (1) EGHGB Art. 54) kommt es für den Abschlussstichtag des Konzernabschlusses nur noch auf den Stichtag des MutterUnt. an. Damit entfällt auch die Notwendigkeit der Begründung und Erläuterung von Abweichungen im Konzernanhang. **Lit.** MBF Kap. 14 Tz. 296 ff.

2) Zwischenabschlüsse (II)

2 II fordert zwar einheitliche Stichtage für die Jahresabschlüsse aller in den Konzernabschluss einbezogenen Unt. (II 1). Obligatorisch ist aber ein Zwischenabschluss (ein auf den Stichtag und den Zeitraum des Konzernabschlusses aufgestellter zusätzlicher Abschluss) nur, wenn der Abschlussstichtag des Unt. mehr als drei Monate vor dem Stichtag des Konzernabschlusses liegt (II 2). Die darin liegende Beeinträchtigung der Aussagefähigkeit des Konzernabschlusses soll durch Angaben nach III und uU Ergänzungen des Bestätigungsvermerks nach § 322 II (Hinweis auf Unsicherheiten infolge Fehlens des Zwischenabschlusses, AmtlBegr) aufgefangen werden. Für den Zwischenabschluss gelten im Übrigen dieselben Regeln wie für den Jahresabschluss. Differenzen aufgrund abweichender Abschlussstichtage einzelner KonzernUnt. können durch einen Zwischenabschluss des TochterUnt. zum Stichtag des Konzernabschlusses vermieden werden, Scheffler Konzern 2018, 151 (Schuldenkonsolidierung).

3) Angaben bei Nichtaufstellung von Zwischenabschlüssen (III)

3 Liegen die Abschlussstichtage nur bis zu drei Monate auseinander und sieht deshalb das MutterUnt. von der Aufstellung eines Zwischenabschlusses nach II 2 zulässigerweise ab, sind die zwischen den Abschlussstichtagen eingetretenen Vorgänge von besonderer Bedeutung im Konzernabschluss zu berücksichtigen. Es genügt Angabe im Konzernanhang. **Lit.** Scheffler Konzern 2018, 151 (Schuldenkonsolidierung).

2. Abschnitt. Ergänzende Vorschriften für Kapitalges. 1, 2 § 300

Vierter Titel. Vollkonsolidierung

Konsolidierungsgrundsätze. Vollständigkeitsgebot

300 (1) ¹In dem Konzernabschluß ist der Jahresabschluß des Mutterunternehmens mit den Jahresabschlüssen der Tochterunternehmen zusammenzufassen. ²An die Stelle der dem Mutterunternehmen gehörenden Anteile an den einbezogenen Tochterunternehmen treten die Vermögensgegenstände, Schulden, Rechnungsabgrenzungsposten und Sonderposten der Tochterunternehmen, soweit sie nach dem Recht des Mutterunternehmens bilanzierungsfähig sind und die Eigenart des Konzernabschlusses keine Abweichungen bedingt oder in den folgenden Vorschriften nichts anderes bestimmt ist.

(2) ¹Die Vermögensgegenstände, Schulden und Rechnungsabgrenzungsposten sowie die Erträge und Aufwendungen der in den Konzernabschluß einbezogenen Unternehmen sind unabhängig von ihrer Berücksichtigung in den Jahresabschlüssen dieser Unternehmen vollständig aufzunehmen, soweit nach dem Recht des Mutterunternehmens nicht ein Bilanzierungsverbot oder ein Bilanzierungswahlrecht besteht. ²Nach dem Recht des Mutterunternehmens zulässige Bilanzierungswahlrechte dürfen im Konzernabschluß unabhängig von ihrer Ausübung in den Jahresabschlüssen der in den Konzernabschluß einbezogenen Unternehmen ausgeübt werden. ³Ansätze, die auf der Anwendung von für Kreditinstitute oder Versicherungsunternehmen wegen der Besonderheiten des Geschäftszweigs geltenden Vorschriften beruhen, dürfen beibehalten werden; auf die Anwendung dieser Ausnahme ist im Konzernanhang hinzuweisen.

1) Grundsatz der Vollkonsolidierung (I)

§§ 300–307 legen das **Konsolidierungsverfahren** im Einzelnen fest. Das 1 Ziel, den Konzern so darzustellen, als ob die einbezogenen Unt. ein einziges Unt. wären (§ 297 III 1), wird am besten mit **Vollkonsolidierung** erreicht. Die **anteilsmäßige Konsolidierung oder Quotenkonsolidierung** ist nur bei GemeinschaftsUnt. vorgesehen (§ 310), die **Equity-Konsolidierung** nur bei assoziierten Unt. (§§ 311, 312). § 300 **I 1** enthält das Gebot der Konsolidierung der verschiedenen Jahresabschlüsse. Nach **I 2** ist für die Vollkonsolidierung die Beteiligung des MutterUnt. bilanziell durch die Vermögensgegenstände, Schulden und anderen Bilanzposten der TochterUnt. zu ersetzen. Entscheidung, ob Bilanzposten angesetzt werden muss oder darf, richtet sich nach dem Recht des MutterUnt. (I 2 letzter Hs., → Rn. 2–4). **Lit.** MBF Kap. 14 Tz. 314 ff.; Wirth/Weber/Dusemond/P. Küting DB 2015, 1053 (Kapitalkonsolidierung); Pilhofer/Herr/Dömling DB 2017, 857 (bilanzanalytische Behandlung von Minderheitsanteilen).

2) Neuaufstellung nach dem Recht des Mutterunternehmens (II)

II stellt wie schon I aE klar, dass bei der Vollkonsolidierung nach I nicht 2 einfach die Ansätze und Werte aus den einzelnen Jahresabschlüssen übernommen werden dürfen oder sogar müssen. Vielmehr geht es um eine **Neuaufstellung** des Konzernabschlusses nach dem Recht des MutterUnt. (Grundsatz der **Unabhängigkeit** der Konzernbilanzierung). Die einzelnen Jahresabschlüsse sind also entsprechend anzupassen und zu vereinheitlichen (Grundsatz der **Einheitlichkeit** der Bilanzierung). Damit ergeben sich im Einzelfall zT erhebliche Unterschiede, die teils zwingend (zB Bilanzierungsunfähigkeit nach I 2, Vollständigkeitsgebot nach II 1), teils fakultativ sind (zB eigene Bewertungswahlrechte des MutterUnt., II 2, die im Konzernabschluss anders als im Jahresabschluss der einbezogenen Unt.

§ 301

ausgeübt werden dürfen). Weitere Unterschiede folgen aus der Art und Weise der Vollkonsolidierung im Einzelnen (§§ 301 ff.).

3 II 1 enthält ein **Vollständigkeitsgebot** für Vermögensgegenstände, Schulden und Rechnungsabgrenzungsposten (nicht Bilanzierungshilfen und Sonderposten) sowie Erträge und Aufwendungen. Der Ansatz von Sonderposten mit Rücklageanteil im Konzernabschluss ist seit Inkrafttreten des TransPuG 2002 (**Übergangsrecht** in (1) EGHGB Art. 54) durch Änderung des § 298 I nicht mehr zulässig. Die Vollständigkeit beurteilt sich nach dem Recht des MutterUnt., ebenso Bilanzierungsverbote und Bilanzierungswahlrechte. Die Bilanzposten sind grundsätzlich mit ihrem Gesamtbetrag aufzunehmen (nicht nur anteilsmäßig, → Rn. 1).

4 II 2 erlaubt, **Bilanzierungswahlrechte** unabhängig (dh uU abweichend) von ihrer Ausübung in den einzubeziehenden Jahresabschlüssen (der TochterUnt., aber auch des MutterUnt. selbst) **neu auszuüben;** dabei ist § 297 III 1 (Darstellung als rechtliche Einheit) zu beachten (AmtlBegr). Bspe: Ansatzwahlrecht nach § 248 II bei originären immateriellen Gütern des Anlagevermögens, obschon das MutterUnt. dieses Wahlrecht im eigenen Jahresabschluss bereits in eine Richtung betätigt hat. Bewertungswahlrechte s. § 308 I 2.

5 II 3 idF VersRiLiG 1994 räumt Beibehaltungswahlrecht ein für Ansätze auf Grund von Sondervorschriften für Kreditinstitute oder VersicherungsUnt. Dann aber Hinweis im Konzernanhang.

Kapitalkonsolidierung

301 (1) ¹Der Wertansatz der dem Mutterunternehmen gehörenden Anteile an einem in den Konzernabschluß einbezogenen Tochterunternehmen wird mit dem auf diese Anteile entfallenden Betrag des Eigenkapitals des Tochterunternehmens verrechnet. ²Das Eigenkapital ist mit dem Betrag anzusetzen, der dem Zeitwert der in den Konzernabschluß aufzunehmenden Vermögensgegenstände, Schulden, Rechnungsabgrenzungsposten und Sonderposten entspricht, der diesen an dem für die Verrechnung nach Absatz 2 maßgeblichen Zeitpunkt beizulegen ist. ³Rückstellungen sind nach § 253 Abs. 1 Satz 2 und 3, Abs. 2 und latente Steuern nach § 274 Abs. 2 zu bewerten.

(2) ¹Die Verrechnung nach Absatz 1 ist auf Grundlage der Wertansätze zu dem Zeitpunkt durchzuführen, zu dem das Unternehmen Tochterunternehmen geworden ist. ²Können die Wertansätze zu diesem Zeitpunkt nicht endgültig ermittelt werden, sind sie innerhalb der darauf folgenden zwölf Monate anzupassen. ³Stellt ein Mutterunternehmen erstmalig einen Konzernabschluss auf, sind die Wertsätze zum Zeitpunkt der Einbeziehung des Tochterunternehmens in den Konzernabschluss zugrunde zu legen, soweit das Tochterunternehmen nicht in dem Jahr Tochterunternehmen geworden ist, für das der Konzernabschluss aufgestellt wird. ⁴Das Gleiche gilt für die erstmalige Einbeziehung eines Tochterunternehmens, auf die bisher gemäß § 296 verzichtet wurde. ⁵In Ausnahmefällen dürfen die Wertansätze nach Satz 1 auch in den Fällen der Sätze 3 und 4 zugrunde gelegt werden; dies ist im Konzernanhang anzugeben und zu begründen.

(3) ¹Ein nach der Verrechnung verbleibender Unterschiedsbetrag ist in der Konzernbilanz, wenn er auf der Aktivseite entsteht, als Geschäfts- oder Firmenwert und, wenn er auf der Passivseite entsteht, unter dem Posten „Unterschiedsbetrag aus der Kapitalkonsolidierung" nach dem Eigenkapital auszuweisen. ²Der Posten und wesentliche Änderungen gegenüber dem Vorjahr sind im Konzernanhang zu erläutern.

(4) Anteile an dem Mutterunternehmen, die einem in den Konzernabschluss einbezogenen Tochterunternehmen gehören, sind in der Konzern-

2. Abschnitt. Ergänzende Vorschriften für Kapitalges.   1, 2   § 301

bilanz als eigene Anteile des Mutterunternehmens mit ihrem Nennwert oder, falls ein solcher nicht vorhanden ist, mit ihrem rechnerischen Wert, in der Vorspalte offen von dem Posten „Gezeichnetes Kapital" abzusetzen.

1) Überblick

§ 301 betrifft die Kapitalkonsolidierung (Konsolidierung der Anteile des MutterUnt. an einem TochterUnt.). Dabei geht es um Kapitalkonsolidierung im Rahmen der Vollkonsolidierung (im Unterschied zur Quoten- und zur Equity-Konsolidierung (→ § 300 Rn. 1). **§ 301** schreibt zwingend die **erfolgswirksame Erstkonsolidierung (angelsächsische Methode** im Gegensatz zur pooling of interests-Methode) vor. Bei § 301 erfolgt die Verrechnung des Beteiligungswerts mit dem anteiligen Eigenkapital des TochterUnt. **nicht jährlich (deutsche Methode), sondern nur einmal,** also wie wenn der Beteiligungserwerb eine Fusion zwischen Mutter- und TochterUnt. darstellte. Für das im Erstkonsolidierungszeitpunkt vorhandene Eigenkapital bestimmt sich historischer Kurs aufgrund Erwerbsfiktion von I aus Sicht des MutterUnt., nicht des TochterUnt., Deuber/Meyer/Müller Konzern 2018, 96. Dies kommt dem Ziel des § 297 III 1 (Darstellung des Konzerns als rechtliche Einheit) am nächsten. Die aktiven oder passiven Aufrechnungsdifferenzen (Unterschiedsbeträge, III), zu denen es bei dieser einmaligen Verrechnung kommt **(erfolgswirksame Erstkonsolidierung),** zwingen auch in den Folgejahren zu Fortschreibungen. Deswegen sind Erstkonsolidierung und **Folgekonsolidierungen** zu unterscheiden. Bei der erfolgswirksamen Erstkonsolidierung ist seit BilMoG 2009 **(Übergangsrecht in (1)** EGHGB Art. 66 V) allein die Neubewertungsmethode zulässig. Zur angelsächsischen Methode Küting/Zündorf BB 1985, 1166; zu den Methoden nach § 301 ADS Rn. 38, WP-HdB I M 339. **Übergangsrecht** in **(1)** EGHGB Art. 27, 66 (→ Einl. vor § 238 Rn. 48, 63). **Lit.** MBF Kap. 14 Tz. 334 ff.; Wirth/Weber/Dusemond/P. Küting DB 2015, 1053 (Kapitalkonsolidierung); Deubert/Lewe DB 2015, 49 (BilRUG 2015); Oser/Orth/Wirtz DB 2015, 1729 (BilRUG 2015); Theile BBK 2015, 702 (BilRUG 2015); Zwirner StuB 2015, Beilage 2/2015, 1 (BilRUG 2015); Busch/Zwirner DB 2016, 1772 (DRS 23); Kirsch IRZ 2016, 461 (Kapitalkonsolidierung mit nichtbeherrschenden Anteilen nach DRS 23); Kirsch/Engelke/Faber WPg 2016, 603 (Folgebewertung nach DRS 23 bei Geschäft- oder Firmenwertaufteilung); Pöller BC 2016, 451 (Passiver Unterschiedsbetrag nach BilRUG und DRS 23); Scheffler AG 2016, R84 (DRS 23); Zwirner AR 2016, 2 (Aufgaben des Aufsichtsrats); Kliem/Deubert WPg 2018, 1418 sowie Deubert/Meyer/Müller Konzern 2018, 96 (DRS 23, Währungsumrechnung im Konzernabschluss); Schild/Follert WPg 2017, 1065 (sukzessive Erwerbe); Stoek/Nikolaus IRZ 2019, 111 (Unternehmenstransaktionen und DRS 23). Zu Besonderheiten durch Corona-Pandemie IDW, Fachlicher Hinweis.

2) Erfolgswirksame Erstkonsolidierung (I)

A. Nach **I 1** ist bei der erstmaligen Kapitalkonsolidierung der Wertansatz der dem MutterUnt. gehörenden gesellschaftsrechtlichen **Anteile** (nicht schuldrechtliche Titel wie Wandelschuldverschreibungen, Genussrechte, Optionsanleihen uä) an dem TochterUnt. **mit** dem entsprechenden Betrag des **Eigenkapitals** des TochterUnt. **zu verrechnen.** Der Aktivposten Anteilsbesitz wird also gegen den Passivposten Eigenkapital gesetzt, und nur der Unterschiedsbetrag geht in die Konzernbilanz ein. Erfasst werden **alle Anteile** des MutterUnt. **an dem TochterUnt.;** auch die indirekten (→ § 290 Rn. 14), die im Jahresabschluss des MutterUnt. nicht ausgewiesenen; nicht die direkten und indirekten eigenen Anteile an dem MutterUnt. (IV). Zur Frage, ob „MutterUnt." das unmittelbar beteiligte oder das konzernbilanzierende oberste Unt. meint, einerseits Wirth/Dusemond/P. Küting DB 2017, 2493 anderseits Theile BBK 2017, 4. Ob bei

Merkt 1389

Erwerb eines bisher nicht in den Konzernabschluss einbezogenen TochterUnt. durch ein bereits einbezogenes TochterUnt. die unmittelbare Beteiligung des erwerbenden TochterUnt. an dem erworbenen TochterUnt. mit dem anteiligen neubewerteten Eigenkapital des erworbenen TochterUnt. zu verrechnen ist (additive Methode), so DRS 23.194, ist str., dagegen Wirth/Dusemond/P. Küting DB 2017, 2493 (DRS 23), will faktisches Methodenwahlrecht eingeschränken. **Lit.** BeckBilKomm/Winkeljohann/Deubert Rn. 10 ff.; Kirsch IRZ 2016, 461 (Kapitalkonsolidierung mit nichtbeherrschenden Anteilen nach DRS 23); Pöller BC 2016, 451 (Passiver Unterschiedsbetrag nach BilRUG und DRS 23); Scheffler AG 2016, R84 (DRS 23); Deubert/Lewe BB 2018, 2155 (DRS 23); Steinkamp/ Dabow KoR 2020, 231 (Grundlagen zur multiplikativen und additiven Methode und Fallstudie).

3   B. **Eigenkapital** des TochterUnt. s. §§ 266 III A I–V, 272. **I 2** regelt, dass dieses Eigenkapital nach der Neubewertungsmethode (→ Rn. 8–9) zu bewerten ist; nicht mehr zulässig ist Bewertung anhand der Buchwertmethode.

4   C. **Rückstellungsbewertung** richtet sich nicht nach I 1, sondern nach § 253 I 2, 3 **(I 3)**, dort → § 253 Rn. 3; ansonsten wären sie mit dem zum Marktzins abgezinsten Erfüllungsbetrag anzusetzen, was bei der Konsolidierung zu Anpassungsschwierigkeiten führen würde. Für **latente Steuern** verweist I 3 daher auch auf § 274 II (keine Abzinsung).

3) Bewertung zur Anteilswert- oder Neubewertungsmethode (I 2)

5   A. **Anteilswertansatz:** Nach **I 2** ist das Eigenkapital des TochterUnt. mit dem Betrag anzusetzen, der dem beizulegenden Zeitwert aller in den Konzernabschluss aufzunehmenden Aktiva und Passiva des TochterUnt. entspricht. Der Zeitwert ist der Wert nach § 255 IV an dem nach II gewählten Stichtag. Das Wahlrecht des I 2 aF zwischen Neubewertungs- und Buchwertmethode (s. hier 36. Aufl. Rn. 5) wurde durch BilMoG 2009 (Übergangsrecht in **(1)** EGHGB Art. 66 V) aufgehoben. Grund: nach der Buchwertmethode keine Aufdeckung aller stiller Reserven und Lasten, sie widerspricht daher dem Reformziel besserer Adressateninformation. Nach der Neubewertungsmethode können nun auch Minderheitsgesellschafter der TochterUnt. besser an der Informationsfunktion des Konzernabschlusses partizipieren (RegE BilMoG 80). Bei konzerninternen Beteiligungen werden nicht eingeforderte ausstehende Einlagen im Rahmen der Kapitalkonsolidierung durch Verrechnung mit den übrigen Eigenkapitalpositionen eliminiert. Anders als bei eingeforderten Einlagen, die Forderungscharakter haben, überwiegt bei nicht eingeforderten Einlagen Charakter eines Korrekturpostens zum gezeichneten Kapital; sie werden vom gezeichneten Kapital des Mutter- oder TocherUnt. offen abgesetzt und kürzen das im Rahmen der Kapitalkonsolidierung zu berücksichtigende Eigenkapital, Scheffler Konzern 2018, 151. Bei TochterUnt. außerhalb der Euro-Zone wird Neubewertungsbilanz in der jeweiligen Fremdwährung aufgestellt, wobei auch stille Reserven und Lasten im Vermögen des TochterUnt. in Fremdwährung ermittelt und mit Devisenkassamittelkurs im Erstkonsolidierungszeitpunkt umgerechnet werden. **Lit.** Deubert/Meyer/Müller Konzern 2018, 96 (Währungsumrechnung im Konzernabschluss nach DRS 25); Busch/Zwirner Konzern 2018, 339 (passive Unterschiedsbeträge aus Konsolidierung und DRS 23); Lüdenbach/Freiberg DB 2021, 2573 (Rechnungsabgrenzungsposten bei der Erstkonsolidierung).

6   B. **Rechenbeispiele:** Küting/Zündorf BB 1985, 1166; Stoek/Nikolaus IRZ 2019, 111 (negative Unterschiedsbeträge bei Unternehmenstransaktionen); Scholz StuB 2019, 595 (mehrstufige Kapitalkonsolidierung).

4) Zeitpunkt der Wertansätze (II)

II 1 normiert für die Bestimmung des Zeitpunkts der nach I zu verrechnenden Wertansätze den **Beginn der Mutter-Tochter-Beziehung** (§ 290 I, II). Das Wahlrecht, auch den Zeitpunkt der erstmaligen Einbeziehung des TochterUnt. oder den des Anteilserwerbs zu nehmen, wurde durch BilMoG 2009 (**Übergangsrecht** in **(1)** EGHGB Art. 66 V) aufgehoben, da eine Beteiligung keine zwingende Voraussetzung mehr für die Einbeziehung ist (→ § 290 Rn. 5). Können zum Beginn der Mutter-Tochterbeziehung die Wertansätze noch nicht endgültig ermittelt werden, sieht **II 2** nun eine **Erleichterung** dergestalt vor, dass sie auch noch während der folgenden 12 Monate (erfolgsneutral) angepasst werden können. Ist in einem Geschäftsjahr erstmals ein Konzernabschluss aufzustellen, kommt es auf die Wertansätze zum Zeitpunkt der Einbeziehung an, und zwar auch dann, wenn der Erwerb der Anteile an der Tochter oder der Eigenschaft TochterUnt. schon länger zurückliegt, bevor erstmals ein Konzernabschluss aufgestellt wird, **II 3**, (vereinfacht durch BilRUG 2015). (**Übergangsrecht** in **(1)** EGHGB Art. 75 II) unter Nichtausübung des Mitgliedstaatenwahlrechts in Art. 24 III Buchst. b Bilanz-RL 2013 zur Vereinfachung der erstmaligen Konsolidierung, RegBegr S. 90 f. (kein Rückgriff auf ursprüngliche Buchwerte). Regelungen zur Abweichung vom Stichtag nach II für erstmalige Aufstellung des Konzernabschlusses sind in DRS 34.40 ff. übernommen, Müller/Reinke BB 2018, 811 (814). Entsprechendes gilt auch dann, wenn das TochterUnt. erstmals einbeziehungspflichtig wird, weil bisher die Befreiung nach § 296 griff (**II 4**). Nach **II 5** darf der Wertansatz nach II 1 in Ausnahmefällen, wenn die vom Gesetz bezweckte Vereinfachung der Kapitalkonsolidierung nicht erreicht wird, auch in den Fällen II 3 und 4 zugrunde gelegt werden. Durch BilRUG 2015 (**Übergangsrecht** in **(1)** EGHGB Art. 75 II) wurde § 312 II 3 eingeführt, wonach II 3–5 ausdrücklich entsprechend auch auf Beteiligungen an assoziierten Unt. Anwendung findet (retrograde Wertermittlung). Vereinfachte Wertermittlung für Beteiligungen an assoziierten Unt. ist zum Zeitpunkt ihres erstmaligen Ausweises und der Bewertung „at equity" vorzunehmen, Mantke WPg 2017, 1378. **Lit.** Lüdenbach/Freiberg BB 2014, 2219 (BilRUG 2015); Blöink/Knoll-Biermann Konzern 2015, 65 (BilRUG 2015); Deubert/Lewe DB 2015, 49 (BilRUG 2015); Oser/Orth/Wirtz DB 2015, 1729 (BilRUG 2015); Theile BBK 2015, 702 (BilRUG 2015); Theile GmbHR 2015, 281 (GmbH- u. GmbH & Co KG-Abschluss nach BilRUG); Wirth/Weber/Dusemond/P. Küting DB 2015, 1053 (Kapitalkonsolidierung); Zwirner StuB 2015, Beilage 2/2015, 1 (BilRUG 2015); Zwirner AR 2016, 2 (Aufgaben des Aufsichtsrats).

5) Unterschiedsbetrag (III)

III betrifft mögliche Unterschiedsbeträge aus der Verrechnung nach I 1. Unterschiedsbeträge aus Einbeziehung mehrerer TochterUnt. werden zu einem einheitlichen Unterschiedsbetrag zusammengefasst. Ist der Unterschiedsbetrag aktivisch, ist er als Geschäfts- oder Firmenwert auszuweisen. Ist er passivisch, ist er als Unterschiedsbetrag aus der Kapitalkonsolidierung auszuweisen (**III 1**). Erläuterung im Konzernanhang nach **III 2**. Abschreibung bzw. Auflösung des Unterschiedsbetrags richtet sich gem. § 309 nach § 253. Die Möglichkeit der Saldierung von aktivischen und passivischen Unterschiedsbeträgen (Ausweiswahlrecht, III 3 aF) wurde mit BilMoG 2009 (**Übergangsrecht** in **(1)** EGHGB Art. 66 V) aufgehoben. Die Beträge selbst sind getrennt fortzuschreiben (unterschiedlich erfolgswirksame Auflösungen). Geschäfts- oder Firmenwert bzw. passiver Unterschiedsbetrag aus Kapitalkonsolidierung nach III ergibt sich technisch durch Kapitalaufrechnung und entsteht somit, auch für TochterUnt. außerhalb Euro-Zone, in Euro. **Lit.** Kleinmanns StuB 2014, 475; Kirsch IRZ 2016, 461 (Kapital-

§ 303 1

konsolidierung mit nichtbeherrschenden Anteilen nach DRS 23); Pöller BC 2016, 451 (Passiver Unterschiedsbetrag nach BilRUG und DRS 23).

6) Anteile an dem MutterUnt, Rückbeteiligungen (IV)

9   IV idF BilMoG 2009 (**Übergangsrecht** in **(1)** EGHGB Art. 66 V) regelt die Bilanzierung von Anteilen am MutterUnt. Eigene Anteile des MutterUnt., und zwar nach IV auch Rückbeteiligungen, sind gem. § 272 Ia mit ihrem Nennwert oder – falls nicht vorhanden – mit ihrem rechnerischen Wert in der Vorspalte offen vom gezeichneten Kapital (→ § 272 Rn. 1) abzusetzen. Die Tochter selbst hat Rückbeteiligungen im Einzelabschluss zwar zu aktivieren und eine entsprechende Rücklage zu bilden (→ § 272 Rn. 10), im Konzernabschluss werden Rückbeteiligungen jedoch, weil wirtschaftlich der Mutter zuzurechnen (§ 297 III 1), wie eigene Anteile der Mutter behandelt. Vgl. § 314 I Nr. 7 (Konzernanhang).

7) Folgekonsolidierung

10 § 301 spricht unmittelbar nur von der Erstkonsolidierung. Die Kapitalkonsolidierung nach I bleibt aber nicht ohne Auswirkung auf die Folgejahre. Insbesondere sind bei der Beilegung des Zeitwerts nach der Anteilswertmethode, wenn es sich um abnutzbare Vermögensgegenstände handelt, in den Folgejahren zusätzliche Abschreibungen notwendig (Grundsatz der **Erfolgswirksamkeit** der Folgekonsolidierung). Abschreibung des nach III auszuweisenden Geschäfts- oder Firmenwerts in den Folgejahren s. § 309 I; Auflösung des passivischen Unterschiedsbetrags s. § 309 II. Anteilige Fremdzurechnung der Abschreibungen → § 307 Rn. 2. **Lit.** Kirsch/Engelke/Faber WPg 2016, 603 (Folgebewertung nach DRS 23 bei Geschäfts- oder Firmenwertaufteilung); Pöller BC 2016, 451 (Passiver Unterschiedsbetrag nach BilRUG und DRS 23); Scheffler AG 2016, R84 (DRS 23); Roos DStR 2020, 2806 (Auswirkungen auf die Folgekonsolidierung bei Veränderung des konsolidierungspflichtigen Kapitals nach erstmaliger Konsolidierung, insb. bei Kapitalerhöhungen aus Gesellschaftsmitteln und Rücklagenverminderungen zur Verlustdeckung oder zur Ausschüttung).

302 *(aufgehoben)*

1   1) § 302 ersatzlos aufgehoben durch BilMoG 2009 (**Übergangsrecht** in → **(1)** EGHGB Art. 66 V).

Schuldenkonsolidierung

303 (1) **Ausleihungen und andere Forderungen, Rückstellungen und Verbindlichkeiten** zwischen den in den Konzernabschluß einbezogenen Unternehmen sowie entsprechende Rechnungsabgrenzungsposten sind wegzulassen.

(2) **Absatz 1 braucht nicht angewendet zu werden, wenn die wegzulassenden Beträge für die Vermittlung eines den tatsächlichen Verhältnissen entsprechenden Bildes der Vermögens-, Finanz- und Ertragslage des Konzerns nur von untergeordneter Bedeutung sind.**

1) Schuldenkonsolidierung durch Weglassung (I)

1   Alle Forderungen und Verbindlichkeiten (samt der anderen genannten Posten) sind wegzulassen, wenn sie auf konzerninternen Beziehungen beruhen, denn sie würden sich bei einem einzigen Unt. (§ 297 III 1) aufheben. Problematisch sind die Fälle, in denen sich konzerninterne Forderung und Verbindlichkeit nicht

völlig decken (Aufrechnungsdifferenzen), BeckBilKomm/Winkeljohann/Deubert Rn. 50 ff. (für ergebniswirksame Behandlung im Entstehungsjahr, hA); die Verrechnung solcher Restbeträge ist aber möglich; umstritten ist, wie sich Aufrechnungsdifferenzen im Folgejahr auswirken, vgl. MüKoHGB/Haller Rn. 50 und GK BilR/Kraft Rn. 43 I gilt nicht für sich entsprechende Forderungen und Verbindlichkeiten verschiedener KonzernUnt. gegenüber Dritten, str., nach zutreffender Ansicht ist gem. § 297 III 1 wie bei einem einzigen Unt. zu verfahren, also Verrechnungsverbot (§ 246 II) mit engen Ausnahmen zB bei aufrechenbarem Gegenüberstehen (→ § 246 Rn. 25–28). **Übergangsrecht** in (1) EGHGB Art. 27 IV, → Einl. vor § 238 Rn. 48. **Lit.** MBF Kap. 14 Tz. 457 ff.; Pollmann BC 2016, 271 (Aufrechnungsdifferenzen); Kliem/Deubert WPg 2018, 1418 und Deubert/Meyer/Müller Konzern 2018, 96 (Währungsumrechnung im Konzernabschluss nach DRS 25); Bohnefeld/Ebeling WPg 2017, 375 (DRS 22 und 23); Scheffler Konzern 2018, 151.

2) Wahlrecht bei untergeordneter Bedeutung (II)

Beträge, die (kumuliert) für das den tatsächlichen Verhältnissen entsprechende Bild des Konzerns (§ 297 II 2) von untergeordneter Bedeutung sind, brauchen nicht eliminiert zu werden. Vgl. § 296 II sowie §§ 304 II, 305 II, 308 II 3, 311 II, 313 II Nr. 4 S. 2 (Grundsatz der Wesentlichkeit). 2

Behandlung der Zwischenergebnisse

304 (1) **In den Konzernabschluß zu übernehmende Vermögensgegenstände, die ganz oder teilweise auf Lieferungen oder Leistungen zwischen in den Konzernabschluß einbezogenen Unternehmen beruhen, sind in der Konzernbilanz mit einem Betrag anzusetzen, zu dem sie in der auf den Stichtag des Konzernabschlusses aufgestellten Jahresbilanz dieses Unternehmens angesetzt werden könnten, wenn die in den Konzernabschluß einbezogenen Unternehmen auch rechtlich ein einziges Unternehmen bilden würden.**

(2) **Absatz 1 braucht nicht angewendet zu werden, wenn die Behandlung der Zwischenergebnisse nach Absatz 1 für die Vermittlung eines den tatsächlichen Verhältnissen entsprechenden Bildes der Vermögens-, Finanz- und Ertragslage des Konzerns nur von untergeordneter Bedeutung ist.**

1) Eliminierung von Zwischengewinnen und -verlusten (I)

§ 304 regelt die Eliminierung von Zwischenergebnissen, anders als bisher auch von Zwischenverlusten. Bei **konzerninternen Lieferungen und Leistungen** kommt es zu Bilanzwertunterschieden bei den beiden Vertragspartnern, zB niedrigere Herstellungskosten beim Veräußerer, höherer Kaufpreis und damit Anschaffungskosten beim Erwerber. Solche Gewinne (Verluste) kämen innerhalb eines einzigen Unt. (zB zwischen dessen verschiedenen Betrieben) nicht zum Ansatz und müssen deshalb eliminiert werden (§§ 297 III 1, 304 I aE). Die Pflicht zur Herausrechnung von Zwischenergebnissen umfasst Gegenstände des Umlauf- und des Anlagevermögens, nicht hingegen Schuldposten. **I** bewirkt die Eliminierung durch Festsetzung von Wertober- und -untergrenzen für die in den Konzernabschluss zu übernehmenden Vermögensgegenstände. In der Konzernbilanz sind sie zum Stichtag nach den für das MutterUnt. geltenden Bewertungsregeln neu zu bewerten, so als bestünde ein einziges Unt. Das MutterUnt. hat dabei im Rahmen von Bilanzierungswahlrechten die Möglichkeit, die Werte nach oben oder nach unten zu setzen (konzerninterne Herstellungskosten, § 255 II; §§ 252–256 (ohne § 254)), und dadurch den Umfang der Eliminierung zu beeinflussen. Aus der Behandlung wie ein einziges Unt. folgt, dass zB Verpackungs- und Transportkosten (obwohl beim Veräußerer nicht ansetzbare Vertriebskosten, 1

§ 305 1, 2

→ § 255 Rn. 21) ansetzbar sind, Lizenzgebühren für konzerninterne Schutzrechte dagegen nicht, BeckBilKomm/Winkeljohann/Schellhorn Rn. 15. Konzerninterne Gemeinkosten sind, soweit nicht für bestimmte (zB Fertigungsgemeinkosten) Einrechnungspflicht nach § 255 II 2 besteht, nicht ansetzbar. Das gilt auch für Kosten allein infolge der rechtlichen Selbstständigkeit der KonzernUnt., zB Gebühren und Steuern bei Grundstücks- und Wertpapiergeschäften. Technik der Zwischenergebniseliminierung ADS Rn. 55. Währungsumrechnung s. WP-HdB I M 265. Die Erleichterung für die Zwischenerfolgseliminierung nach II aF wurde durch das TransPuG 2002 ersatzlos gestrichen (**Übergangsrecht** in **(1)** EGHGB Art. 54), weil sie mit der Zielsetzung des Konzernabschlusses unvereinbar und international unbekannt ist, BT-Drs. 14/8769, 26. **Übergangsrecht** in **(1)** EGHGB Art. 27 IV, → Einl. vor § 238 Rn. 48. **Lit.** MBF Kap. 14 Tz. 478 ff.; Theile GmbHR 2015, 281 (GmbH- u. GmbH & Co KG-Abschluss nach BilRUG); Wirth/Weber/Dusemond/P. Küting DB 2015, 1053 (Kapitalkonsolidierung); Kliem/Deubert WPg 2018, 1418 und Deubert/Meyer/Müller Konzern 2018, 96 (Währungsumrechnung im Konzernabschluss nach DRS 25).

2) Wahlrecht bei untergeordneter Bedeutung (II)

2 → § 303 Rn. 2.

Aufwands- und Ertragskonsolidierung

305 (1) In der Konzern-Gewinn- und Verlustrechnung sind
1. bei den Umsatzerlösen die Erlöse aus Lieferungen und Leistungen zwischen den in den Konzernabschluß einbezogenen Unternehmen mit den auf sie entfallenden Aufwendungen zu verrechnen, soweit sie nicht als Erhöhung des Bestands anfertigen und unfertigen Erzeugnissen oder als andere aktivierte Eigenleistungen auszuweisen sind,
2. andere Erträge aus Lieferungen und Leistungen zwischen den in den Konzernabschluß einbezogenen Unternehmen mit den auf sie entfallenden Aufwendungen zu verrechnen, soweit sie nicht als andere aktivierte Eigenleistungen auszuweisen sind.

(2) Aufwendungen und Erträge brauchen nach Absatz 1 nicht weggelassen zu werden, wenn die wegzulassenden Beträge für die Vermittlung eines den tatsächlichen Verhältnissen entsprechenden Bildes der Vermögens-, Finanz- und Ertragslage des Konzerns nur von untergeordneter Bedeutung sind.

1) Eliminierung von Zwischenaufwendungen und -erträgen (I)

1 § 305 regelt (wie § 304 für die Konzernbilanz) die Behandlung konzerninterner Lieferungen und Leistungen für die Konzern-Gewinn- und Verlustrechnung. Zwischenaufwendungen und -erträge (Begriffe entspr. § 304) sind bei den Umsatzerlösen und anderen Erträgen (§ 275 II, III) zu verrechnen, soweit keine Bestandserhöhung anfertigen und unfertigen Erzeugnissen oder andere aktivierte Eigenleistungen vorliegen. Eine nur teilkonsolidierte oder nur in vereinfachter Form aufgestellte Konzern-Gewinn- und Verlustrechnung ist unzulässig. Die Verrechnung der Erträge erfolgt mit den auf sie entfallenden Aufwendungen (idR des Empfängers, in Sonderfällen des Leistenden). Zur vollkonsolidierten Konzern-Gewinn- und Verlustrechnung ADS Rn. 6 ff., zu den erfolgsneutral zu verrechnenden Posten BeckBilKomm/Winkeljohann/Schellhorn Rn. 11. **Lit.** MBF Kap. 14 Tz. 500 ff.; Bohnefeld/Ebeling WPg 2017, 375 (DRS 22 und 23).

2) Wahlrecht bei untergeordneter Bedeutung (II)

2 → § 303 Rn. 2.

2. Abschnitt. Ergänzende Vorschriften für Kapitalges. 1, 2 § 306

Latente Steuern

306 ¹ Führen Maßnahmen, die nach den Vorschriften dieses Titels durchgeführt worden sind, zu Differenzen zwischen den handelsrechtlichen Wertansätzen der Vermögensgegenstände, Schulden oder Rechnungsabgrenzungsposten und deren steuerlichen Wertansätzen und bauen sich diese Differenzen in späteren Geschäftsjahren voraussichtlich wieder ab, so ist eine sich insgesamt ergebende Steuerbelastung als passive latente Steuern und eine sich insgesamt ergebende Steuerentlastung als aktive latente Steuern in der Konzernbilanz anzusetzen. ² Die sich ergebende Steuerbe- und die sich ergebende Steuerentlastung können auch unverrechnet angesetzt werden. ³ Differenzen aus dem erstmaligen Ansatz eines nach § 301 Abs. 3 verbleibenden Unterschiedsbetrages bleiben unberücksichtigt. ⁴ Das Gleiche gilt für Differenzen, die sich zwischen dem steuerlichen Wertansatz einer Beteiligung an einem Tochterunternehmen, assoziierten Unternehmen oder einem Gemeinschaftsunternehmen im Sinn des § 310 Abs. 1 und dem handelsrechtlichen Wertansatz des im Konzernabschluss angesetzten Nettovermögens ergeben. ⁵ § 274 Abs. 2 ist entsprechend anzuwenden. ⁶ Die Posten dürfen mit den Posten nach § 274 zusammengefasst werden.

1) Handelsbilanzielle Steuerabgrenzung

A. § 306 ergänzt § 274 für den Konzernabschluss. § 274 iVm § 298 I betrifft **1** die **latenten Steuern** aus den dem Konzernabschluss zugrundeliegenden Jahresabschlüssen einschließlich ihrer Anpassung nach § 308. § 306 betrifft die nur infolge der Einbeziehung in den Konzernabschluss entstehenden latenten Steuern, zB bei erfolgswirksamen Konsolidierungsmaßnahmen (→ § 301 Rn. 2–4). Seit BilMoG 2009 (**Übergangsrecht** in (1) EGHGB Art. 66 V) gilt auch hier das temporary concept. Aktivische Unterschiedsbeträge (künftige Steuerentlastungen) zwischen den Wertansätzen nach Handels- und Steuerbilanz zwingen (anders § 274 I, Wahlrecht) zur Bildung eines aktivischen Bilanzpostens (§ 266 II D), passive (künftige Steuerbelastung) zur Bildung eines passiven (§ 266 III E). Voraussetzung ist, dass sich die Differenzen in späteren Geschäftsjahren voraussichtlich ausgleichen. Unverrechneter Ansatz möglich, aber nicht zwingend, S. 2. Vgl. auch → § 274 Rn. 1–7. Unterschiedsbeträge als Folge von § 301 III bleiben unberücksichtigt, ebenso solche wegen verschiedenem Ansatz nach Handels- und Steuerbilanz aus der Beteiligung an assoziierten, Tochter- oder Gemeinschafts-Unt., S. 3. Entsprechende Anwendung von § 274 II (dort → § 274 Rn. 6). Zusammenfassung mit dem Posten nach § 274 möglich. **Lit.** MBF Kap. 8 Tz. 43 ff.; Theile GmbHR 2015, 281 (GmbH- u. GmbH & Co KG-Abschluss nach BilRUG); Wirth/Weber/Dusemond/F. Küting DB 2015, 1053 (Kapitalkonsolidierung); Bolik/Burek DStR 2017, 1624 (Hebung stiller Lasten nach §§ 4f u. 5 VII EStG).

B. Anders als das HGB unterschied der mittlerweile von DRS 18 abgelöste **2** **DRS 10** (Latente Steuern im Konzernabschluss) nicht zwischen der Steuerabgrenzung im Jahres- und im Konzernabschluss, sondern folgt **einstufigem Ansatz:** Vergleich Wertansätze der Vermögensgegenstände bzw. Schuldposten im Konzernabschluss mit denen in den Steuerbilanzen der einbezogenen Unt. Das führt zu umfassender Steuerabgrenzung, jedoch sind nach DRS 10.4 im Grundsatz nur ergebniswirksam entstandene Zeitdifferenzen einzubeziehen, deren Auflösung voraussichtlich zu Steuerbe- oder -entlastung führt. Dies entspricht dem **timing concept** (§§ 274 aF, 306 aF). Hingegen folgen der bilanzorientierte Ansatz des DRS, die Ausnahmeregel des DRS 10.16 (ergebnisneutral entstandene Zeitdifferenzen werden in die Steuerabgrenzung einbezogen) und die Berücksichtigung quasi-permanenter Differenzen nach DRS 10.5 dem international üblichen und nun auch vom HGB übernommenen **temporary concept.** Im Jahr 2010 wurde **DRS 10 durch DRS 18 ersetzt,** dazu Loitz DB 2010, 2177. Am 16.11.2020 wurde DRÄS 11 verabschiedet, am 2.6.2021 im BAnz veröffentlicht, zum Entwurf: Müller/Reinke/Scheid DStR 2020, 402 (E-DRÄS 11). Mit DRÄS 11 wird das Ziel verfolgt, Anwendungsfragen zu DRS 18 (latente Steuern) zu adressieren und Unklarheiten zu bereinigen. Außerdem erfolgen redaktionelle Änderungen an DRS 23 und DRS 26. DRÄS 11 ist erstmals zu beachten für das nach dem 31.12.2021 beginnende Geschäftsjahr, wobei auch eine frühere Anwendung zulässig ist. **Lit.** MBF Kap. 8 Tz. 1 ff.; BeckBilKomm/Grottel/Larenz Rn. 4; Zur Behandlung von Aufrechnungsdifferenzen, Scheffler Konzern 2018, 151; Kirsch KoR 2020, 506 (Fallstudie); Gehrs/Wörmann WPg 2021, 1128 (Latente Steuern im Konzern).

Anteile anderer Gesellschafter

307 (1) **In der Konzernbilanz ist für nicht dem Mutterunternehmen gehörende Anteile an in den Konzernabschluß einbezogenen Tochterunternehmen ein Ausgleichsposten für die Anteile der anderen Gesellschafter in Höhe ihres Anteils am Eigenkapital unter dem Posten „nicht beherrschende Anteile" innerhalb des Eigenkapitals gesondert auszuweisen.**

(2) **In der Konzern-Gewinn- und Verlustrechnung ist der im Jahresergebnis enthaltene, anderen Gesellschaftern zustehende Gewinn und der auf sie entfallende Verlust nach dem Posten „Jahresüberschuß/Jahresfehlbetrag" unter dem Posten „nicht beherrschende Anteile" gesondert auszuweisen.**

1) Anteile anderer Gesellschafter am Kapital (I)

1 Hält das MutterUnt. weniger als 100 % der Anteile des in den Konzernabschluss einbezogenen (s. § 296) TochterUnt., muss dies in der Konzernbilanz zum Ausdruck kommen. **I** schreibt deshalb insoweit die **Bildung eines Ausgleichspostens** unter dem Posten „nicht beherrschende Anteile" (eingefügt durch BilRU 2015, **Übergangsrecht** in (1) EGHGB Art. 73 II) für die Anteile der anderen Gfter in Höhe ihres Anteils am Eigenkapital vor **(I).** Indirekte Anteile des MutterUnt. stehen direkten gleich (→ § 290 Rn. 14). Im mehrstufigen Konzern erfolgt die Konsolidierung durch Ketten- oder Simultankonsolidierung. Dabei sind Anschaffungskosten, die eine obere Tochter für Vermögensgegenstände, Geschäfts- oder Firmenwert und Schulden einer unteren Tochter (Enkelin) aufwendet (Anschaffungskosten der Beteiligung) für deren Bewertung im Konzern maßgebend (BeckBilKomm/Winkeljohann/K.Hoffmann Rn. 37, str.). Bei der Auf- und Abstockung von Anteilen an GemeinschaftsUnt. handelt es sich nach DRS 23.171 nicht um Transaktionen mit anderen Gesellschaftern gem. § 307, sondern um Transaktionen mit konzernfremden Dritten, deren Reinvermögen (bisher) auch nicht im Konzernabschluss enthalten ist. Aus Konzernsicht erfolgt daher ein Erwerb bzw. eine Veräußerung von Konzernvermögen mit entsprechender Abbildung, Müller/Reinke BB 2018, 811 (813). **Lit.** MBF Kap. 14 Tz. 59 ff.; Scholz BB 2014, 1003 (Minderheitsbeteiligung bei Ergebnisabführungsvertrag); Busch/Zwirner DB 2015, 1772 (DRS 23); Theile GmbHR 2015, 281 (GmbH- u. GmbH & Co KG-Abschluss nach BilRUG); Kirsch IRZ 2016, 461 (Kapitalkonsolidierung mit nichtbeherrschenden Anteilen nach DRS 23); Pöller BC 2016, 451 (Passiver Unterschiedsbetrag nach BilRUG und DRS 23); Pilhofer/Herr/Dömling DB 2017, 857 (bilanzanalytische Behandlung von Minderheitsanteilen); Bohnefeld/Ebeling WPg 2017, 375 (DRS 22 und 23); Scholz StuB 2019, 595 (Beispiel mehrstufige Kapitalkonsolidierung).

2. Abschnitt. Ergänzende Vorschriften für Kapitalges. § 308

2) Anteiliger Gewinn oder Verlust anderer Gesellschafter (II)

II korrigiert die Konzern-Gewinn- und Verlustrechnung. Der im Jahresergeb- 2
nis enthaltene anteilige Gewinn oder Verlust anderer Gfter ist nach dem Posten
„Jahresüberschuss/Jahresfehlbetrag" (§ 275 II Nr. 20, III Nr. 19) gesondert auszuweisen. Bei der Aufdeckung stiller Reserven, auch soweit sie auf andere Gfter entfallen, nach der Anteilswert- oder Neubewertungsmethode (→ § 301 Rn. 5) sind Abschreibungen in den Folgejahren den anderen Gftern anteilig zuzurechnen (Folgekonsolidierung, → § 301 Rn. 10).

Fünfter Titel. Bewertungsvorschriften

Einheitliche Bewertung

308 (1) ¹Die in den Konzernabschluß nach § 300 Abs. 2 übernommenen **Vermögensgegenstände und Schulden der in den Konzernabschluß einbezogenen Unternehmen sind nach den auf den Jahresabschluß des Mutterunternehmens anwendbaren Bewertungsmethoden einheitlich zu bewerten.** ²**Nach dem Recht des Mutterunternehmens zulässige Bewertungswahlrechte können im Konzernabschluß unabhängig von ihrer Ausübung in den Jahresabschlüssen der in den Konzernabschluß einbezogenen Unternehmen ausgeübt werden.** ³**Abweichungen von den auf den Jahresabschluß des Mutterunternehmens angewandten Bewertungsmethoden sind im Konzernanhang anzugeben und zu begründen.**

(2) ¹**Sind in den Konzernabschluß aufzunehmende Vermögensgegenstände oder Schulden des Mutterunternehmens oder der Tochterunternehmen in den Jahresabschlüssen dieser Unternehmen nach Methoden bewertet worden, die sich von denen unterscheiden, die auf den Konzernabschluß anzuwenden sind oder die von den gesetzlichen Vertretern des Mutterunternehmens in Ausübung von Bewertungswahlrechten auf den Konzernabschluß angewendet werden, so sind die abweichend bewerteten Vermögensgegenstände oder Schulden nach den auf den Konzernabschluß angewandten Bewertungsmethoden neu zu bewerten und mit den neuen Wertansätzen in den Konzernabschluß zu übernehmen.** ²**Wertansätze, die auf der Anwendung von für Kreditinstitute oder Versicherungsunternehmen wegen der Besonderheiten des Geschäftszweigs geltenden Vorschriften beruhen, dürfen beibehalten werden; auf die Anwendung dieser Ausnahme ist im Konzernanhang hinzuweisen.** ³**Eine einheitliche Bewertung nach Satz 1 braucht nicht vorgenommen zu werden, wenn ihre Auswirkungen für die Vermittlung eines den tatsächlichen Verhältnissen entsprechenden Bildes der Vermögens-, Finanz- und Ertragslage des Konzerns nur von untergeordneter Bedeutung sind.** ⁴**Darüber hinaus sind Abweichungen in Ausnahmefällen zulässig; sie sind im Konzernanhang anzugeben und zu begründen.**

1) Einheitliche Bewertung durch das MutterUnt. (I)

A. Einheitliche Bewertung: Vollkonsolidierung nach § 300 bedeutet Neu- 1
aufstellung des Konzernabschlusses nach dem Recht des MutterUnt. (→ § 300
Rn. 2–5). Dementsprechend sind nach I 1 die nach 300 II übernommenen
Vermögensgegenstände und Schulden der in den Konzernabschluss einbezogenen
Unt. (TochterUnt. u. MutterUnt.) einheitlich nach dem Recht des MutterUnt.
zu bewerten (Einheitstheorie). I 1 erlaubt also sämtliche für den Jahresabschluss
des MutterUnt. zulässigen Bewertungsmethoden auch für den Konzernabschluss,
also nach §§ 252–256. Damit soll der Aufwand für die Neubewertung nach II
möglichst gering gehalten werden (Begr. E I § 289). Dies entspricht auch der
Darstellung des Konzerns wie ein einziges Unt. (§ 297 III 1). **Übergangsrecht**

§ 308 2–8 3. Buch. Handelsbücher

in **(1)** EGHGB Art. 23 II 3, 27 IV, → Einl. vor § 238 Rn. 48. **Lit.** MBF Kap. 14 Tz. 545 ff.; Drewes DB 2012, 241 (Bewertungseinheiten); Scheffler Konzern 2018, 151 (Schuldenkonsolidierung).

2   B. **Bewertungswahlrechte:** Sie brauchen nur dann nicht einheitlich ausgeübt zu werden, wenn sie auch im Jahresabschluss eines einzigen Unt. unterschiedlich ausgeübt werden können (Begr. EK § 289), zB unterschiedlicher Wertansatz bei gleichartigen Produkten verschiedener TochterUnt. Die Bewertungswahlrechte entstehen neu, unabhängig von ihrer Ausübung in den einzelnen Jahresabschlüssen (auch des MutterUnt.), I 2. Die Neuausübung ist idR nur zum Zweck der Einheitlichkeit der Bewertung zulässig. Dies und die Neubewertung nach II können zu erheblichen Unterschieden zwischen Konzernabschluss und den zugrundeliegenden Jahresabschlüssen führen mit Konsequenzen für die Folgejahre (vgl. → § 301 Rn. 10). Dann wird eine spezielle Konzernbuchführung notwendig.

3   C. **Angabepflicht:** Abweichungen von den Bewertungsmethoden im Konzernabschluss gegenüber denen im Jahresabschluss des MutterUnt. (nicht der TochterUnt.) sind nach I 1 erlaubt (kein Verstoß gegen die Bewertungsstetigkeit, §§ 252 I Nr. 6, 297 II 2), aber nach **I 3** im Konzernanhang anzugeben und zu begründen; pauschale Begründungen (zB „auf Grund von Sonderfällen") sind unzureichend, BeckBilKomm/Grottel/F. Huber Rn. 17, str.).

2) Neubewertung in den zugrundeliegenden Jahresabschlüssen (II)

4   A. **Neubewertung:** II stellt die einheitliche Bewertung nach I sicher. Je nach den für das MutterUnt. geltenden Bewertungsvorschriften besteht Neubewertungspflicht oder Neubewertungswahlrecht. Diese Neubewertung erstreckt sich auf alle in den Konzernabschluss aufzunehmenden Vermögensgegenstände und Schulden sowohl des MutterUnt. als auch der TochterUnt. Die Neubewertung ist in den einzelnen Jahresabschlüssen, also nicht sofort im Konzernabschluss, vorzunehmen und von dort erst in den Konzernabschluss zu übertragen **(II 1).**

5   B. **Besondere Geschäftszweige:** II 2 begründet ein Beibehaltungswahlrecht für die nach Sondervorschriften des Geschäftszweigs gebildeten Wertansätze bei Kreditinstituten und VersicherungsUnt. (s. §§ 340e–g und vor Einführung der §§ 341 ff. noch § 56 I VAG aF), zB stille Reserven, versicherungstechnische Rückstellungen. Aber Hinweis im Konzernanhang, II 2 Hs. 2.

6   C. **Beibehaltungswahlrecht bei untergeordneter Bedeutung:** Zu II 3 vgl. → § 303 Rn. 2.

7   D. **Unbestimmte Ausnahmen:** II 4 erlaubt darüber hinaus Abweichungen in nicht näher konkretisierten Ausnahmefällen, aber unter Angabe- und Begründungspflicht. Gesetzgeberische Vorstellungen dazu bestanden offenbar nicht (Übernahme aus EG-Ri). In Betracht kommen Unmöglichkeit oder wirtschaftliche Unzumutbarkeit der Neubewertung oder unverhältnismäßige Verzögerung durch die Neubewertung, BeckBilKomm/Grottel/F. Huber Rn. 32 II 4 ist nach dem Zweck der Konzernrechnungslegung eng auszulegen. II 4 kommt zB in Frage, wenn bei einem neu erworbenen TochterUnt. die Bewertungsanpassung zu einer unverhältnismäßigen Verzögerung und damit zur Nichteinbeziehung (§ 296 I Nr. 2) führen würde, ADS Rn. 50.

3) Ausschluss der Umkehrmaßgeblichkeit im Konzernabschluss

8   Die nach III aF zulässige Übernahme der zu übernehmenden Gegenstände oder Schulden im Jahresabschluss eines in den Konzernabschluss einbezogenen Unt. mit einem nur nach Steuerrecht (vor BilMoG 2009 (**Übergangsrecht** in **(1)** EGHGB Art. 66 V) zulässigen Bilanzwert wurde für den Konzernabschluss

2. Abschnitt. Ergänzende Vorschriften für Kapitalges.   1, 2   § 308a

schon durch das TransPuG 2002 ersatzlos gestrichen (**Übergangsrecht** in (1) EGHGB Art. 54). Dadurch soll die international unübliche Beeinträchtigung der Aussagekraft der Handelsbilanz durch steuerliche Bewertungsregeln vermindert werden, BT-Drs. 14/8769, 26.

Umrechnung von auf fremde Währung lautenden Abschlüssen

308a [1] Die Aktiv- und Passivposten einer auf fremde Währung lautenden Bilanz sind, mit Ausnahme des Eigenkapitals, das zum historischen Kurs in Euro umzurechnen ist, zum Devisenkassamittelkurs am Abschlussstichtag in Euro umzurechnen. [2] Die Posten der Gewinn- und Verlustrechnung sind zum Durchschnittskurs in Euro umzurechnen. [3] Eine sich ergebende Umrechnungsdifferenz ist innerhalb des Konzerneigenkapitals nach den Rücklagen unter dem Posten „Eigenkapitaldifferenz aus Währungsumrechnung" auszuweisen. [4] Bei teilweisem oder vollständigem Ausscheiden des Tochterunternehmens ist der Posten in entsprechender Höhe erfolgswirksam aufzulösen.

1) Umrechnung nach modifizierter Stichtagsmethode:

§ 308a wurde eingefügt durch BilMoG 2009 (**Übergangsrecht** in (1) 1 EGHGB Art. 66 III) und ergänzt § 256a nF um Regelungen zur Währungsumrechnung im Konzernabschluss. Vorher waren keine gesetzl Regelungen vorhanden, aber **DRS 14** (seither aufgehoben). Umrechnung in Euro aller auf fremde Währung lautender Aktiva und Passiva erfolgt am Bilanzstichtag zum Divisenkassamittelkurs (→ § 256a Rn. 2) mit Ausnahme des Eigenkapitals, das zum historischen Kurs umzurechnen ist (S. 1). Dieses Verfahren entspricht der modifizierten Stichtagsmethode; sie geht davon aus, dass das ausländische TochterUnt. bei wirtschaftlicher Betrachtung von der Mutter unabhängig und selbstständig tätig wird, Baetge/Kirsch/Theile Konzernbilanzen Rn. 184. Das Gegenmodell, nämlich wenn die Tochter als Betriebsstätte der Mutter einzustufen wäre, verlangt schon Buchung in Euro (Zeitbezugsmethode). Ob das eine oder das andere der Fall ist, soll sich gemäß der Konzeption der funktionalen Währung danach richten, ob Mutter und Tochter ihre Geschäfte in derselben Währung abwickeln. Jedoch führt die Zeitbezugsmethode zu praktischen Schwierigkeiten und einigen Ungenauigkeiten, vgl. Baetge/Kirsch/Theile Konzernbilanzen Rn. 186 ff., weshalb der Gesetzgeber mit § 308a nun grds. die Stichtagsmethode vorschreibt, RegE BilMoG 84. Keine Anwendung der Norm auf Abschlüsse aus Hochinflationsländern, RegE BilMoG 84. Lit. MBF Kap. 14 Tz. 571 ff.; Roos DStR 2014, 1508 (Umrechnung bei at equity bilanzierten Auslandsbeteiligungen); Pöller BC 2017, 178 (Währungsumrechnung nach DRS 23); Kliem/Deubert WPg 2018, 1418 und Deubert/Meyer/Müller Konzern 2018, 96 (DRS 25); Wirth/Duesemond/P. Küting DB 2018, 201 (DRS 23 u. 33); Pöller BC 2019, 18 (Praxisfall zu DRS 25); Scheffler Konzern 2018, 151 (Schuldenkonsolidierung); Kucher WPg 2019, 919 (langfristiges Euro-Darlehen).

2) GuV-Posten nach Durchschnittskurs:

Umrechnung der Posten aus GuV erfolgt nach S. 2 nicht wie beim Eigen- 2 kapital zum (systematisch richtigen) historischen Kurs, sondern aus Vereinfachungsgründen zum Durchschnittskurs. Weil es bei der Umrechnung auf das Verhältnis der Konzernwährung zur Fremdwährung und nicht auf das Verhältnis der Hauswährung des Beteiligungsunternehmens zur Fremdwährung ankommt, können dabei unzutreffende Ergebnisse entstehen, die ggf. korrigiert werden müssen. Zu den Korrekturmöglichkeiten: Kucher WPg 2020, 744. Eine sich aus der Umrechnung ergebende Eigenkapitaldifferenz ist innerhalb des Konzern-

Merkt   1399

eigenkapitals nach den Rücklagen unter gesondert bezeichnetem Posten auszuweisen, S. 3, dieser Posten bei teilweisem oder vollständigem Ausscheiden der Tochter erfolgswirksam aufzulösen, S. 4.

Behandlung des Unterschiedsbetrags

309 (1) **Die Abschreibung eines nach § 301 Abs. 3 auszuweisenden Geschäfts- oder Firmenwertes bestimmt sich nach den Vorschriften des Ersten Abschnitts.**

(2) **Ein nach § 301 Absatz 3 auf der Passivseite auszuweisender Unterschiedsbetrag kann ergebniswirksam aufgelöst werden, soweit ein solches Vorgehen den Grundsätzen der §§ 297 und 298 in Verbindung mit den Vorschriften des Ersten Abschnitts entspricht.**

1) Abschreibung (I)

1   Ein bei der ertragswirksamen Erstkonsolidierung nach § 301 I entstehender **aktivischer Unterschiedsbetrag** ist nach § 301 III als Geschäfts- oder Firmenwert auszuweisen (→ § 301 Rn. 8). Dieser gilt gem. § 246 I 4 als begrenzt abnutzbarer Vermögensgegenstand und ist folglich planmäßig oder außerplanmäßig abzuschreiben (→ § 246 Rn. 10). I stellt klar, dass sich dies auch für den Fall des § 301 III nach den Vorschriften des ersten Abschnitts, also §§ 246 I 4, 253 richtet (dort → § 246 Rn. 8 ff., 26). Wertaufholungsverbot nach § 253 V 2; Angabe im Anhang bei Abschreibung über mehr als fünf Jahre (§ 314 I Nr. 20). Zur Umstellung zuvor unwesentlicher Beteiligungen an assoziierten Unt. auf die Equity-Methode und die Behandlung des Unterschiedsbetrags Mantke WPg 2017, 1378. **Lit.** MBF Kap. 14 Tz. 592 ff.; Kleinmanns StuB 2014, 475; Zwirner StuB 2015, Beilage 2/2015, 1 (BilRUG 2015); Kirsch IRZ 2016, 461 (Kapitalkonsolidierung mit nichtbeherrschenden Anteilen nach DRS 23); Kirsch/Engelke/Faber WPg 2016, 603 (Folgebewertung nach DRS 23 bei Geschäfts- oder Firmenwertaufteilung); Scheffler AG 2016, R 84.

2) Auflösung (II)

2   II regelt die Übertragung eines negativen Unterschiedsbetrags aus der Kapitalkonsolidierung (in der Regel eines Geschäfts- oder Firmenwertes) auf die KonzernGuV nach § 301 I, III. Anders als nach früherem Recht (hier 36. Aufl. Rn. 2) ist die Übertragung immer dann möglich und sinnvoll, wenn die ergebniswirksame Vereinnahmung den allgemeinen Bewertungsgrundsätzen und -methoden entspricht. Die Änderung durch das BilRUG 2015 (**Übergangsrecht** in (1) EGHGB Art. 75 II) beruht auf der insoweit geänderten Fassung der Bilanz-RL 2013 (Art. 24 III Buchst. f), RegBegr S. 91. **Lit.** Lüdenbach/Freiberg BB 2014, 2219 (BilRUG 2015); Blöink/Knoll-Biermann Konzern 2015, 65 (BilRUG 2015); Deubert/Lewe DB 2015, 49 (BilRUG 2015); krit. Haaker StuB 2015, 11; Oser/Orth/Wirtz DB 2015, 197 (BilRUG 2015); Theile GmbHR 2015, 281 (GmbH- u. GmbH & Co KG-Abschluss nach BilRUG); Theile BBK 2015, 702 (BilRUG 2015); Zwirner StuB 2015, Beilage 2/2015, 1 (BilRUG 2015); Kirsch IRZ 2016, 461 (Kapitalkonsolidierung mit nichtbeherrschenden Anteilen nach DRS 23); Pöller BC 2016, 451 (Passiver Unterschiedsbetrag nach BilRUG und DRS 23); Scheffler AG 2016, R84; Zwirner AR 2016, 2 (Aufgaben des Aufsichtsrats); Mantke WPg 2017, 1378 (DRS 23); Busch/Zwirner Konzern 2018, 339 und Busch/Zwirner IRZ 2019, 10 (DRS 23).

Sechster Titel. Anteilmäßige Konsolidierung

Anteilmäßige Konsolidierung

310 (1) Führt ein in einen Konzernabschluß einbezogenes Mutter- oder Tochterunternehmen ein anderes Unternehmen gemeinsam mit einem oder mehreren nicht in den Konzernabschluß einbezogenen Unternehmen, so darf das andere Unternehmen in den Konzernabschluß entsprechend den Anteilen am Kapital einbezogen werden, die dem Mutterunternehmen gehören.

(2) Auf die anteilmäßige Konsolidierung sind die §§ 297 bis 301, §§ 303 bis 306, 308, 308a, 309 entsprechend anzuwenden.

1) Voraussetzungen der Quotenkonsolidierung (I)

Die **anteilmäßige oder Quotenkonsolidierung** (6. Titel, § 310) bedeutet 1 im Gegensatz zur Vollkonsolidierung Einbeziehung der Aktiva und Passiva des TochterUnt. in den Konzernabschluss nur quotal, also nur entsprechend dem Anteil des MutterUnt. Dieses Konsolidierungsverfahren führt zu Verzerrungen und ist deshalb nach § 300 grundsätzlich von sich bisher **unzulässig**. § 310 macht eine **Ausnahme für GemeinschaftsUnt.**, also ein Unt., das von zwei oder mehreren Gftern idR zu gleichen Anteilen (Berechnung § 271 I 4 HGB, § 16 IV AktG) und mit gleichen Rechten geführt wird. Das GemeinschaftsUnt. kann auf der Ebene des MutterUnt. oder eines TochterUnt. (jeweils nur Kapital-Ges.) bestehen. Das GemeinschaftsUnt. selbst ist nicht TochterUnt. seiner Gfter (Begr. EK § 291). Begriff des GemeinschaftsUnt. s. GK BilR/Kraft Rn. 12. Einer der Gfter des GemeinschaftsUnt. muss ein nicht in den Konzernabschluss einbezogenes Unt. sein. Das Quotenkonsolidierungsverfahren ist eine Alternative zur Equity-Konsolidierung (§§ 311, 312), nicht zur Vollkonsolidierung (AmtlBegr). Liegen die **Voraussetzungen der Vollkonsolidierung** vor, folgt, dass das **Wahlrecht des § 310 entfällt**, ADS Rn. 6, WP-HdB I M 73, nach aA kann das GemeinschaftsUnt. § 290 gar nicht erfüllen, BeckBilKomm/Winkeljohann/Lewe Rn. 5, str. Beherrschender Einfluss iSv § 290 I (→ § 290 Rn. 9–13) kann aber auch durch zwei oder mehrere MutterUnt. bei einem GemeinschaftsUnt. gegeben sein. BGHZ 74, 367; 80, 73, GK BilR/Kindler § 290 Rn. 73. Konsequent fallen diese Fälle nicht unter § 310. Vielmehr verbleiben nur solche GemeinschaftsUnt., bei denen zB mangels einigermaßen beständig gleichgerichteten Interessenlagen der Gfter eine einheitliche Leitung zu verneinen ist; aA AmtlBegr: Vollkonsolidierung bei je 50%igen GemeinschaftsUnt. führe durch die aufgeblähte Bilanzsumme und Umsatzerlöse irre. Liegen die Voraussetzungen der Equity-Konsolidierung (§§ 311, 312) und nicht der Vollkonsolidierung vor, kann statt ihrer die Quotenkonsolidierung gewählt werden. Konkretisierungen zur anteilmäßigen Konsolidierung in DRS 35 und dazu Gloth/Becker DB 2018, 913. **Lit.** MBF Kap. 15 Tz. 1 ff.; Küting DB 2011, 2821; Pollmann DStR 2014, 1732 (nicht einbezogene Töchter im Konzernabschluss).

2) Durchführung der Quotenkonsolidierung (II)

Die Durchführung richtet sich nach §§ 297–301, 303–306, 308, 308a (Bil- 2 MoG 2009, **Übergangsrecht** in (1) EGHGB Art. 66 V), 309. Nur bezieht sich die Konsolidierung (des Kapitals, der Schulden, der Zwischenergebnisse, der Aufwände und Erträge) allein auf die Quote. Technik der Quotenkonsolidierung ADS Rn. 27. Angaben über anteilmäßig einbezogene Unt. im Konzernanhang nach §§ 313, 314. **Lit.** Roos DStR 2014, 1508 (Währungsumrechnung bei at equity bilanzierten Auslandsbeteiligungen).

Merkt

§ 311

Siebenter Titel. Assoziierte Unternehmen

Definition. Befreiung

311 (1) ¹Wird von einem in den Konzernabschluß einbezogenen Unternehmen ein maßgeblicher Einfluß auf die Geschäfts- und Finanzpolitik eines nicht einbezogenen Unternehmens, an dem das Unternehmen nach § 271 Abs. 1 beteiligt ist, ausgeübt (assoziiertes Unternehmen), so ist diese Beteiligung in der Konzernbilanz unter einem besonderen Posten mit entsprechender Bezeichnung auszuweisen. ²Ein maßgeblicher Einfluß wird vermutet, wenn ein Unternehmen bei einem anderen Unternehmen mindestens den fünften Teil der Stimmrechte der Gesellschafter innehat.

(2) Auf eine Beteiligung an einem assoziierten Unternehmen brauchen Absatz 1 und § 312 nicht angewendet zu werden, wenn die Beteiligung für die Vermittlung eines den tatsächlichen Verhältnissen entsprechenden Bildes der Vermögens-, Finanz- und Ertragslage des Konzerns von untergeordneter Bedeutung ist.

1) Ausweis als assoziiertes Unt. (I)

A. Definition: I 1 enthält eine Legaldefinition des assoziierten Unt., sa Müller, Stefan/Wobbe StuB 2014, 83. Konkretisierung durch DRS 26.7 und dazu Roß/Behr WPg 2018, 1347; zu DRS 26 u. 27 Behr DB 2018, 1102; Müller/Reinke BB 2018, 811; Gehrs/Wörmann/Peters WPg 2019, 262. Erforderlich sind danach:

a) Ausübung eines maßgeblichen Einflusses durch ein in den Konzernabschluss einbezogenes Unt. (KapitalGes.) auf die Geschäfts- und Finanzpolitik eines anderen Unt. (auch NichtKapitalGes.);

b) Beteiligung des Einfluss nehmenden Unt. an dem anderen iSv § 271 I;

c) Nichteinbeziehung des beeinflussten Unt. in den Konzernabschluss **mittels Vollkonsolidierung** (§ 300) **oder Quotenkonsolidierung** (§ 310). Das letztere Merkmal spiegelt das Rangverhältnis der Konsolidierungsverfahren nach §§ 300, 310, 311 (→ § 300 Rn. 1) wider; § 311 ist ihnen gegenüber ein **Auffangtatbestand**. Damit ist zugleich klargestellt, dass die **maßgebliche Einflussnahme** ein Minus zum beherrschenden Einfluss (→ § 290 Rn. 9–13) ist. Nach I 1 muss der Einfluss maßgeblich sein, also auf gewisse Dauer angelegt und ein solcher von einer gewissen Bedeutung, so wie ihn idR eine mindestens 20%ige Beteiligung (vgl. Vermutung nach I 2) gibt. Eine gesellschaftsrechtliche Vermittlung des Einflusses wie beim beherrschenden Einfluss (→ § 290 Rn. 9–13) ist nicht nötig; wirtschaftlicher Einfluss (finanzielle oder personelle Verflechtung, maßgebliche Kreditbeziehung, technologische Abhängigkeit ua) ist ausreichend. Eine Sperrminorität genügt nicht. Einflussnahme nur gelegentlich reicht nicht aus. Der maßgebliche Einfluss muss sich nach I 1 **auf die Geschäfts- und Finanzpolitik** des anderen Unt. beziehen. Das ist nicht kumulativ gemeint (DRS 26.19b) „Geschäfts- oder Finanzpolitik"). Einfluss auf die Finanzpolitik kann uU ausreichen, wenn letztere besonders bedeutsam und/oder der Einfluss besonders ausgeprägt ist, ADS Rn. 22, str., aA GK/Marsch-Barner Rn. 6. Umgekehrt ist nicht Einfluss auf alle wesentlichen Geschäftsbereiche nötig. Der Einfluss muss **ausgeübt** werden. Bloße Möglichkeit der Einflussnahme genügt nicht. Indirekter maßgeblicher Einfluss → § 312 Rn. 9. **Lit.** MBF Kap. 16 Tz. 1 ff.; Pollmann DStR 2014, 1732 (nicht einbezugene Töchter im Konzernabschluss); Beyer/Hachmeister WPg 2015, 27 (proportionale Kapitalerhöhung bei assoziierten Unt.); Fröhlich IRZ 2017, 22 (Anteilsbewertung bei wechselseitigen Beteiligungen).

2. Abschnitt. Ergänzende Vorschriften für Kapitalges. § 312

B. Ausweis: Die Beteiligung nach I 1 ist in der Konzernbilanz unter dem 2
Posten „Beteiligungen an assoziierten Unternehmen" auszuweisen und entsprechend zu bezeichnen. **Übergangsrecht** in (1) EGHGB Art. 23 II 3, 27 III,
→ Einl. vor § 238 Rn. 48.

C. Vermutung: Bei einem Stimmrechtsanteil von mindestens 20% wird nach 3
I 2 der maßgebliche Einfluss (widerleglich) vermutet. Diese Vermutung wird
durch den Nachweis widerlegt, dass ein maßgeblicher Einfluss tatsächlich nicht
ausgeübt wird, aber idR nicht durch bloße verbale Erklärungen (vgl. → § 271
Rn. 4). Zur Widerlegung genügt aber auch schon, dass die für die Anwendung
der Equity-Methode erforderlichen Angaben nicht erhältlich sind (Bspe für
Informationshindernisse bei BeckBilKomm/Winkeljohann/Lewe Rn. 18) oder
die Rechte aus der Beteiligung nicht geltend gemacht werden können (Begr. EK
§ 292: Ratsprotokollvermerk).

2) Wahlrecht bei untergeordneter Bedeutung (II)

Vgl. → § 303 Rn. 2. **Lit.** Müller, Stefan/Wobbe StuB 2014, 83; Pollmann 4
DStR 2014, 1732 (nicht einbezogene Töchter im Konzernabschluss); Mantke
WPg 2017, 1378 (Umstellung auf Equity-Methode).

Wertansatz der Beteiligung und Behandlung des Unterschiedsbetrags

312 (1) ¹Eine Beteiligung an einem assoziierten Unternehmen ist in der
Konzernbilanz mit dem Buchwert anzusetzen. ²Der Unterschiedsbetrag zwischen dem Buchwert und dem anteiligen Eigenkapital des assoziierten Unternehmens sowie ein darin enthaltener Geschäfts- oder Firmenwert
oder passiver Unterschiedsbetrag sind im Konzernanhang anzugeben.

(2) ¹Der Unterschiedsbetrag nach Absatz 1 Satz 2 ist den Wertansätzen der
Vermögensgegenstände, Schulden, Rechnungsabgrenzungsposten und Sonderposten des assoziierten Unternehmens insoweit zuzuordnen, als deren beizulegender Zeitwert höher oder niedriger ist als ihr Buchwert. ²Der nach
Satz 1 zugeordnete Unterschiedsbetrag ist entsprechend der Behandlung der
Wertansätze dieser Vermögensgegenstände, Schulden, Rechnungsabgrenzungsposten und Sonderposten im Jahresabschluss des assoziierten Unternehmens im Konzernabschluss fortzuführen, abzuschreiben oder aufzulösen.
³Auf einen nach Zuordnung nach Satz 1 verbleibenden Geschäfts- oder Firmenwert oder passiven Unterschiedsbetrag ist § 309 entsprechend anzuwenden. ⁴§ 301 Abs. 1 Satz 3 ist entsprechend anzuwenden.

(3) ¹Der Wertansatz der Beteiligung und der Unterschiedsbetrag sind auf
der Grundlage der Wertansätze zu dem Zeitpunkt zu ermitteln, zu dem das
Unternehmen assoziiertes Unternehmen geworden ist. ²Können die Wertansätze zu diesem Zeitpunkt nicht endgültig ermittelt werden, sind sie innerhalb der darauf folgenden zwölf Monate anzupassen. ³§ 301 Absatz 2 Satz 3
bis 5 gilt entsprechend.

(4) ¹Der nach Absatz 1 ermittelte Wertansatz einer Beteiligung ist in den
Folgejahren um den Betrag der Eigenkapitalveränderungen, die den dem
Mutterunternehmen gehörenden Anteilen am Kapital des assoziierten Unternehmens entsprechen, zu erhöhen oder zu vermindern; auf die Beteiligung
entfallende Gewinnausschüttungen sind abzusetzen. ²In der Konzern-Gewinn- und Verlustrechnung ist das auf assoziierte Beteiligungen entfallende
Ergebnis unter einem gesonderten Posten auszuweisen.

(5) ¹Wendet das assoziierte Unternehmen in seinem Jahresabschluß vom
Konzernabschluß abweichende Bewertungsmethoden an, so können abweichend bewertete Vermögensgegenstände oder Schulden für die Zwecke der

§ 312 1–4 3. Buch. Handelsbücher

Absätze 1 bis 4 nach den auf den Konzernabschluß angewandten Bewertungsmethoden bewertet werden. ²Wird die Bewertung nicht angepaßt, so ist dies im Konzernanhang anzugeben. ³Die §§ 304 und 306 sind entsprechend anzuwenden, soweit die für die Beurteilung maßgeblichen Sachverhalte bekannt oder zugänglich sind.

(6) ¹Es ist jeweils der letzte Jahresabschluß des assoziierten Unternehmens zugrunde zu legen. ²Stellt das assoziierte Unternehmen einen Konzernabschluß auf, so ist von diesem und nicht vom Jahresabschluß des assoziierten Unternehmens auszugehen.

1) Equity- oder Eigenkapitalmethode (I)

1 § 312 regelt die Equity- oder Eigenkapitalmethode trotz der Parallelen zur Kapitalkonsolidierung nach der Methode der Vollkonsolidierung (§ 301) selbstständig ohne Verweisung auf diese. Die Equity-Methode ist eine vereinfachte, angelsächsische Konsolidierungsform, die die Konsolidierung auf die Beteiligung (und zT auf die Eliminierung von Zwischenergebnissen, V 3) beschränkt. Dabei wird beim ersten Mal der Wertansatz der Beteiligung (idR Anschaffungskosten) in der Bilanz des MutterUnt. mit dem anteiligen Eigenkapital des assoziierten Unt. verglichen und danach der Wertansatz in der Konzernbilanz gebildet. Seit BilMoG 2009 (Übergangsrecht in (1) EGHGB Art. 66 V) ist allein die Buchwertmethode zulässig. In den Folgejahren werden Veränderungen des Eigenkapitals des assoziierten Unt. jeweils im Konzernabschluss dem Wertansatz der Beteiligung erfolgswirksam zu- oder abgeschrieben; Dividenden werden abgesetzt (IV). Die Equity-Methode versucht also den Wert der Beteiligung und seine jährlichen Veränderungen zu zeigen und die Beteiligungserträge periodengerecht auszuweisen. **Lit.** MBF Kap. 16 Tz. 41 ff.; Beyer/Hachmeister WPg 2015, 27 (proportionale Kapitalerhöhung bei assoziierten Unt.); Deubert/Lewe DB 2015, 49 (BilRUG 2015); Zwirner StuB 2015, Beilage 2/2015, 1 (BilRUG 2015); Zwirner AR 2016, 2 (Aufgaben des Aufsichtsrats); Zwirner/Busch/Boecker Konzern 2016, 287 (Aufgaben des Aufsichtsrats); Kliem/Deubert WPg 2018, 1418 (Equity-Methode); Wirth/Dusemond/P. Küting DB 2018, 137 (E-DRS 33 und DRS 23).

2) Buchwertmethode (I 1)

2 **A. Buchwertansatz:** Nach **I 1** ist die Beteiligung in der Konzernbilanz mit dem Buchwert, also idR Anschaffungskosten, anzusetzen. I 1 gestattet also die Beibehaltung des Buchwerts aus der Bilanz des MutterUnt. (anders § 301: angepasste Buchwerte aus der Bilanz des TochterUnt., → § 301 Rn. 5). Die Möglichkeit der Wahl auch der Kapitalanteilsmethode wurde durch BilMoG 2009 (**Übergangsrecht** in **(1) EGHGB** Art. 66 V) aufgehoben. Die Entscheidung zugunsten der Buchwertmethode wird damit begründet, sie sei die in Deutschland praktisch anerkannte, RegE BilMoG 85. Nach IFRS ist allerdings allein die Kapitalanteilsmethode vorgesehen.

3 **B. Unterschiedsbetrag:** Nach **I 2** ist der Unterschiedsbetrag zwischen dem Buchwert nach I 1 und dem anteiligen Eigenkapital des assoziierten Unt. sowie ein darin enthaltener Geschäfts- oder Firmenwert gesondert kenntlich zu machen (Angabe im Konzernanhang) und wie bei Vollkonsolidierung auf anteilige stille Reserven und Geschäfts- oder Firmenwert aufzuteilen, II 1.

3) Unterschiedsbetrag (II)

4 Nach **II 1** ist der Unterschiedsbetrag nach I 2 den Wertansätzen von Vermögensgegenständen und Schulden des assoziierten Unt. zuzuordnen. Zu diesem Zweck sind die Gründe für den Unterschiedsbetrag (stille Reserven ua) zu ermitteln. Liegen diese bei verschiedenen Posten, so ist der Unterschiedsbetrag auf diese entsprechend zu verteilen. Nach **II 2** ist der nach II 1 zugeordnete Betrag in den **Folgejahren** im Konzernabschluss entsprechend zu behandeln wie die zugehörigen Wertansätze im Jahresabschluss des assoziierten Unt. Er ist also parallel dazu fortzuführen, abzuschreiben oder aufzulösen. Nach **II 3** ist ein Unterschiedsbetrag, der nach Zuordnung nach II 1 verbleibt, entsprechend § 309 zu behandeln, also Abschreibung, Auflösung nach den Vorschriften des ersten Abschnitts, nach II 4, der auf § 301 I 3 verweist, unter Berücksichtigung der besonderen Regeln für Rückstellungen (§ 253 I 2, 3) und latenten Steuern (§ 274 II). **Lit.** Roos DStR 2014, 1508 (Währungsumrechnung bei at equity bilanzierten Auslandsbeteiligungen).

4) Zeitpunkt der Wertansätze (III)

III 1 sieht für die Bestimmung des Werts der Beteiligung den Zeitpunkt vor, zu dem das Unt. ein assoziiertes geworden ist. Lässt er sich noch nicht ermitteln, ist er innerhalb der nächsten 12 Monate anzupassen **(III 2)**. Das entspricht § 301 II nF (dort → § 301 Rn. 7). Um Schwierigkeiten zu vermeiden, die für assoziierte Unt. im Fall der schon früher bestehenden Beteiligung bei der erstmaligen Aufstellung des Konzernabschlusses aus der zwingenden Anwendung der Wertansätze zum Zeitpunkt der Entstehung der Assoziierung resultieren können, hat das BilRUG 2015 (**Übergangsrecht** in (1) EGHGB Art. 75 II) in Einklang mit Art. 27 II UAbs. 1 Bilanz-RL 2013 für diese Fälle die Erleichterungen des § 301 II 3 u. 4 für entsprechend anwendbar erklärt (**III 3**). **Lit.** Lüdenbach/Freiberg BB 2014, 2219 (BilRUG 2015); Müller, Stefan/Wobbe StuB 2014, 83 (assoziierte Unt., BilRUG); Roos DStR 2014, 1508 (At Equity bilanzierte Auslandsbeteiligung); Blöink/Knoll-Biermann Konzern 2015, 65 (BilRUG 2015); Deubert/Lewe DB 2015, 49 (BilRUG 2015); Oser/Orth/Wirtz DB 2015, 197 (BilRUG 2015); Theile GmbHR 2015, 281 (GmbH- u. GmbH & Co KG-Abschluss nach BilRUG); Theile BBK 2015, 702 (BilRUG 2015); Zwirner StuB 2015, Beilage 2/2015, 1 (BilRUG 2015); Zwirner AR 2016, 2 (Aufgaben des Aufsichtsrats); Zwirner/Busch/Boecker Konzern 2016, 287 (Aufgaben des Aufsichtsrats); Mantke WPg 2017, 1378 (Umstellung auf Equity-Methode).

5) Fortschreibung des Wertansatzes der Beteiligung (IV)

Der im ersten Jahr nach I ermittelte Wertansatz der Beteiligung ist in den **Folgejahren** in der Konzernbilanz jeweils entsprechend den Veränderungen des Eigenkapitals des assoziierten Unt. fortzuschreiben, also erfolgswirksam im erhöhen oder zu vermindern. Dividenden sind abzusetzen **(IV 1)**. Diese Fortschreibung ist auch im Konzernanlagenspiegel (§§ 313 IV, 284 III nF) vorzunehmen; zu den Zuordnungsproblemen dabei DTG S 203. Nach **IV 2** ist das anteilige Jahresergebnis des assoziierten Unt. in der Konzern-Gewinn- und Verlustrechnung gesondert auszuweisen. Saldierung von anteiligen Jahresüberschüssen und Jahresfehlbeträgen verschiedener assoziierter Unt. setzt Aufgliederung dieser Beträge im Konzernanhang voraus. Sa DRS 25.92 und dazu Deubert/Meyer/Müller Konzern 2018, 96 (104). **Lit.** MBF Kap. 16 Tz. 69 ff.; Roos DStR 2014, 1508 (At Equity bilanzierte Auslandsbeteiligung); Beyer/Hachmeister WPg 2015, 27 (proportionale Kapitalerhöhung bei assoziierten Unt.); Mantke WPg 2017, 1378 (Umstellung auf Equity-Methode).

6) Neubewertungswahlrecht zwecks einheitlicher Bewertung (V 1, 2)

V zielt auf einheitliche Bewertungsmethoden im Jahresabschluss des assoziierten Unt. und im Konzernabschluss. Abweichend bewertete Vermögensgegenstände oder Schulden des assoziierten Unt. können für die Zwecke von I–IV nach den Methoden des Konzernabschlusses bewertet werden (Wahlrecht, **V 1**; anders § 308). Wird Nichtanpassung gewählt, ist dies im Konzernanhang anzugeben **(V 2)**.

§ 313

7) Eliminierung von Zwischenergebnissen und -verlusten (V 3, 4 nF)

8 V 3 verweist auf § 304. Danach ist die Eliminierung von Zwischenergebnissen zwischen dem MutterUnt. und dem assoziierten Unt. zwingend, außer bei Wahlrecht nach § 304 II, III. V 3 macht eine weitere Ausnahme, soweit die für die Beurteilung maßgeblichen Sachverhalte nicht bekannt oder nicht zugänglich sind. V 3 betrifft die Lieferungs- und Leistungsbeziehungen zwischen dem MutterUnt. und dem assoziierten Unt., auch die unter mehreren in die Konzernbilanz einbezogenen assoziierten Unt. (str.); nicht solche mit anderen vollkonsolidierten Unt. Durch das BilRUG 2015 (**Übergangsrecht** in (**1**) EGHGB Art. 75 II) und in Umsetzung von Art. 27 VII, Art. 24 VII Buchst. c der Bilanz-RL 2015 wurde das Wahlrecht, die Zwischenergebnisse anteilig entsprechend den dem MutterUnt. gehörenden Anteil am Kapital des assoziierten Unt. wegzulassen (V 4 aF), ersatzlos gestrichen. Da durch das BilRUG die Konzeption des Ansatzes latenter Steuern in der Konzernbilanz nicht geändert wurde und die Praxis § 306 auf assoziierte Unt. anwendet, schreibt das Gesetz ergänzend zu § 304 auch die entsprechende Anwendung von § 306 vor (**V 4 nF**). **Lit.** Lüdenbach/Freiberg BB 2014, 2219 (BilRUG 2015); Müller/Wobbe StuB 2014, 83 (assoziierte Unt., BilRUG 2015); Beyer/Hachmeister WPg 2015, 27 (proportionale Kapitalerhöhung bei assoziierten Unt.); Blöink/Knoll-Biermann Konzern 2015, 65 (BilRUG 2015); Deubert/Lewe DB 2015, 49 (BilRUG 2015); Oser/Orth/Wirtz DB 2015, 197 (BilRUG 2015); Theile GmbHR 2015, 281 (GmbH- u. GmbH & Co KG-Abschluss nach BilRUG); Theile BBK 2015, 702 (BilRUG 2015); Zwirner DStR 2015, 375 (BilRUG); Zwirner StuB 2015, Beilage 2, 1 (BilRUG 2015); Zwirner AR 2016, 2 (Aufgaben des Aufsichtsrats); Zwirner/Busch/Boecker Konzern 2016, 287 (Aufgaben des Aufsichtsrats); Müller/Reinke BB 2018, 811 (814) (Equity-Methode).

8) Letzter Jahresabschluss, Konzernabschluss des assoziierten Unt. (VI)

9 Nach **VI 1** ist (abw. von § 299) jeweils der letzte Jahresabschluss des assoziierten Unt. zugrunde zu legen. Nach **VI 2** ist ggf. vom Konzernabschluss des assoziierten Unt. auszugehen (indirekter maßgeblicher Einfluss). Wird der Equity-Bewertung nach VI 2 der Konzernabschluss des assoziierten Unt. zugrunde gelegt, soll eine dort ausgewiesene EK-Differenz aus der Währungsumrechnung anteilig in Konzernabschluss des MutterUnt. übernommen werden, DRS 25.93 und dazu Kliem/Deubert WPg 2018, 1418. **Lit.** Lüdenbach StuB 2014, 341 (Minderheitsbeteiligung bei assoziierten Unt.); Müller/Reinke BB 2018, 811 (814) (Equity-Methode).

Achter Titel. Konzernanhang

Erläuterung der Konzernbilanz und der Konzern-Gewinn- und Verlustrechnung. Angaben zum Beteiligungsbesitz

313 (1) ¹In den Konzernanhang sind diejenigen Angaben aufzunehmen, die zu einzelnen Posten der Konzernbilanz oder der Konzern-Gewinn- und Verlustrechnung vorgeschrieben sind; diese Angaben sind in der Reihenfolge der einzelnen Posten der Konzernbilanz und der Konzern-Gewinn- und Verlustrechnung darzustellen. ²Im Konzernanhang sind auch die Angaben zu machen, die in Ausübung eines Wahlrechts nicht in die Konzernbilanz oder in die Konzern-Gewinn- und Verlustrechnung aufgenommen wurden. ³Im Konzernanhang müssen

1. die auf die Posten der Konzernbilanz und der Konzern-Gewinn- und Verlustrechnung angewandten Bilanzierungs- und Bewertungsmethoden angegeben werden;

2. Abschnitt. Ergänzende Vorschriften für Kapitalges. **§ 313**

2. Abweichungen von Bilanzierungs-, Bewertungs- und Konsolidierungsmethoden angegeben und begründet werden; deren Einfluß auf die Vermögens-, Finanz- und Ertragslage des Konzerns ist gesondert darzustellen.

(2) Im Konzernanhang sind außerdem anzugeben:
1. ¹Name und Sitz der in den Konzernabschluß einbezogenen Unternehmen, der Anteil am Kapital der Tochterunternehmen, der dem Mutterunternehmen und den in den Konzernabschluß einbezogenen Tochterunternehmen gehört oder von einer für Rechnung dieser Unternehmen handelnden Person gehalten wird, sowie der zur Einbeziehung in den Konzernabschluß verpflichtende Sachverhalt, sofern die Einbeziehung nicht auf einer der Kapitalbeteiligung entsprechenden Mehrheit der Stimmrechte beruht. ²Diese Angaben sind auch für Tochterunternehmen zu machen, die nach § 296 nicht einbezogen worden sind;
2. ¹Name und Sitz der assoziierten Unternehmen, der Anteil am Kapital der assoziierten Unternehmen, der dem Mutterunternehmen und den in den Konzernabschluß einbezogenen Tochterunternehmen gehört oder von einer für Rechnung dieser Unternehmen handelnden Person gehalten wird. ²Die Anwendung des § 311 Abs. 2 ist jeweils anzugeben und zu begründen;
3. Name und Sitz der Unternehmen, die nach § 310 nur anteilmäßig in den Konzernabschluß einbezogen worden sind, der Tatbestand, aus dem sich die Anwendung dieser Vorschrift ergibt, sowie der Anteil am Kapital dieser Unternehmen, der dem Mutterunternehmen und den in den Konzernabschluß einbezogenen Tochterunternehmen gehört oder von einer für Rechnung dieser Unternehmen handelnden Person gehalten wird;
4. Name und Sitz anderer Unternehmen, die Höhe des Anteils am Kapital, das Eigenkapital und das Ergebnis des letzten Geschäftsjahrs dieser Unternehmen, für das ein Jahresabschluss vorliegt, soweit es sich um Beteiligungen im Sinne des § 271 Absatz 1 handelt oder ein solcher Anteil von einer Person für Rechnung des Mutterunternehmens oder eines anderen in den Konzernabschluss einbezogenen Unternehmens gehalten wird;
5. alle nicht nach den Nummern 1 bis 4 aufzuführenden Beteiligungen an großen Kapitalgesellschaften, die 5 Prozent der Stimmrechte überschreiten, wenn sie von einem börsennotierten Mutterunternehmen, börsennotierten Tochterunternehmen oder von einer für Rechnung eines dieser Unternehmen handelnden Person gehalten werden;
6. Name, Sitz und Rechtsform der Unternehmen, deren unbeschränkt haftender Gesellschafter das Mutterunternehmen oder ein anderes in den Konzernabschluss einbezogenes Unternehmen ist;
7. Name und Sitz des Unternehmens, das den Konzernabschluss für den größten Kreis von Unternehmen aufstellt, dem das Mutterunternehmen als Tochterunternehmen angehört, und im Falle der Offenlegung des von diesem anderen Mutterunternehmen aufgestellten Konzernabschlusses der Ort, wo dieser erhältlich ist;
8. Name und Sitz des Unternehmens, das den Konzernabschluss für den kleinsten Kreis von Unternehmen aufstellt, dem das Mutterunternehmen als Tochterunternehmen angehört, und im Falle der Offenlegung des von diesem anderen Mutterunternehmen aufgestellten Konzernabschlusses der Ort, wo dieser erhältlich ist.

(3) ¹Die in Absatz 2 verlangten Angaben brauchen insoweit nicht gemacht zu werden, als nach vernünftiger kaufmännischer Beurteilung damit gerechnet werden muß, daß durch die Angaben dem Mutterunternehmen, einem Tochterunternehmen oder einem anderen in Absatz 2 bezeichneten Unternehmen erhebliche Nachteile entstehen können. ²Die Anwendung der Aus-

§ 313 1–3

nahmeregelung ist im Konzernanhang anzugeben. ³ Satz 1 gilt nicht, wenn ein Mutterunternehmen oder eines seiner Tochterunternehmen kapitalmarktorientiert im Sinn des § 264d ist. ⁴ Die Angaben nach Absatz 2 Nummer 4 und 5 brauchen nicht gemacht zu werden, wenn sie für die Vermittlung eines den tatsächlichen Verhältnissen entsprechenden Bilds der Vermögens-, Finanz- und Ertragslage des Konzerns von untergeordneter Bedeutung sind. ⁵ Die Pflicht zur Angabe von Eigenkapital und Ergebnis nach Absatz 2 Nummer 4 braucht auch dann nicht erfüllt zu werden, wenn das in Anteilsbesitz stehende Unternehmen seinen Jahresabschluss nicht offenlegt.

(4) § 284 Absatz 2 Nummer 4 und Absatz 3 ist entsprechend anzuwenden.

Übersicht

	Rn
1) Rechtsnatur und Funktion des Konzernanhangs	1, 2
A. Rechtsnatur:	1
B. Funktion:	2
2) Pflichtangaben und Wahlpflichtangaben im Anhang (I 1)	3–6
A. Nach HGB:	3–5
B. Nach (1) EGHGB, AktG, GmbHG:	6
3) Freiwillige Angaben	7
4) Gliederung und Darstellung	8
5) Bilanzierungs- und Bewertungsmethoden (I 3 Nr. 1)	9
6) Abweichungen von Bilanzierungs- und Bewertungsmethoden (I 3 Nr. 2)	10
7) Name, Sitz, Kapitalanteil an anderen Unt. (II)	11
8) Schutzklausel im Unternehmensinteresse (III)	12
9) Entsprechende Anwendung von § 284 II Nr. 4 u. III (IV)	13

1) Rechtsnatur und Funktion des Konzernanhangs

1   **A. Rechtsnatur:** Der Konzernanhang ist Teil des Konzernabschlusses des MutterUnt. neben Konzernbilanz und Konzern-Gewinn- und Verlustrechnung (§ 297 I). Insofern ist er mit dem Konzerngeschäftsbericht nach § 334 aF AktG nicht zu vergleichen. Auch inhaltlich geht er zT erheblich weiter.

2   **B. Funktion:** Der Anhang dient der Erläuterung der Konzernbilanz und der Konzern-Gewinn- und Verlustrechnung. Die Vermittlung eines den tatsächlichen Verhältnissen entsprechenden Bildes der Vermögens-, Finanz- und Ertragslage des Konzerns (§ 297 II 2) wird erst vollends durch die Angaben im Anhang möglich. Unterscheidung von Pflicht-, Wahlpflicht- und freiwilligen Angaben → § 284 Rn. 3 ff. Größenabhängige Erleichterungen gibt es nicht (abw. § 288). **Muster:** Hopt/Merkt Vertrags- und Formularbuch/Kraft/Link Form III.G.3 (Konzernanhang); Farr, Checklisten für die Aufstellung und Prüfung des Konzernanhangs, 2002. **Lit.** MBF Kap. 16 Tz. 151 ff.; Fink/Theile DB 2015, 754 (BilRUG); Rimmelspacher/Meyer DB 2015, 23 (BilRUG 2015); Zwirner StuB 2015, Beilage 2/2015, 1 (BilRUG 2015); Zwirner AR 2016, 2 (Aufgaben des Aufsichtsrats).

2) Pflichtangaben und Wahlpflichtangaben im Anhang (I 1)

3   **A. Nach HGB:** § 313 nF durch das BilRUG 2015 (**Übergangsrecht** in **(1)** EGHGB Art. 73 II) in Umsetzung von Art. 28 Bilanz-RL 2013, der stärker als das frühere Recht die entsprechende Anwendung der Vorschriften über den Anhang im Einzelabschluss auf den Anhang im Konzernabschluss verlangt. **Nach HGB: a)** alle Angaben wie im Anhang, und zwar in der Reihenfolge der Konzernbilanz oder der Konzern-GuV, eingefügt durch BilRUG 2015 (**I 1 Hs. 2 nF, Übergangsrecht** in **(1)** EGHGB Art. 75 II), **soweit § 298 I** für den Konzernabschluss **auf Jahresabschlussrecht** (§§ 244–247 I, II, §§ 248–253, 255,

256, 265, 266, 268–272, 274, 275, 277–279 I) **verweist,** das Angabepflichten enthält (→ § 284 Rn. 3). **Lit.** Lüdenbach/Freiberg BB 2014, 2219 (BilRUG 2015); Blöink/Knoll-Biermann Konzern 2015, 65 (BilRUG 2015); Oser/Orth/ Wirtz DB 2015, 197 (BilRUG 2015); Fink/Theile DB 2015, 754; Rimmelspacher/Meyer DB 2015, 23 (BilRUG 2015); Zwirner StuB 2015, Beilage 2/2015, 1 (BilRUG 2015); Zwirner AR 2016, 2 (Aufgaben des Aufsichtsrats).

b) §§ 296 III; 297 II 3, III 4, 5; 299 I Hs. 2; 300 II 3 Hs. 2; 304 II 2; 308 I 3, II 2 Hs. 2, 4 Hs. 2, III 2; 312 I 2, V 2, 3; 328 IV.   4

c) Hinzu kommen die **Angaben nach § 313** I 3 Nr. 1 u. 2, II Nr. 1–8, III 2   5
und **§ 314** I Nr. 1–26, II u. III.

B. **Nach (1) EGHGB, AktG, GmbHG:** vgl. → § 284 Rn. 5–7.   6

3) Freiwillige Angaben
→ § 284 Rn. 8.   7

4) Gliederung und Darstellung
→ § 284 Rn. 9–10.   8

5) Bilanzierungs- und Bewertungsmethoden (I 3 Nr. 1)
I 3 Nr. 1 entspricht § 284 II Nr. 1 (→ § 284 Rn. 11); Konkretisierung in   9
DRS 25.105 ff.; zur Währungsumrechnung Deubert/Meyer/Müller Konzern 2018, 96 (104) u. Wirth/Dusemond/P. Küting DB 2018, 137 (142 ff.)

6) Abweichungen von Bilanzierungs- und Bewertungsmethoden (I 3 Nr. 2)
I 3 Nr. 2 entspricht § 284 II Nr. 3 (→ § 284 Rn. 12).   10

7) Name, Sitz, Kapitalanteil an anderen Unt. (II)
II Nr. 1 betrifft die in den Konzernabschluss einbezogenen Unt. (§ 294), aber   11
auch die nach § 296 nicht einbezogenen TochterUnt. Vgl. beim Einzelabschluss § 285 Nr. 11, 14. **Nr. 2** betrifft die assoziierten Unt. (§ 311 I). Die Nichteinbeziehung nach § 311 II ist jeweils anzugeben und zu begründen (Nr. 2 S. 2). **Nr. 3** betrifft die GemeinschaftsUnt. (§ 310). **Nr. 4–8:** nF (Nr. 4) bzw. eingefügt (Nr. 5–8) durch BilRUG 2015 (**Übergangsrecht** in (1) EGHGB Art. 73 II) im Zuge der stärkeren Angleichung der EU-Vorgaben für den Konzernanhang an diejenigen für den Anhang zum Einzelabschluss. Anzugeben sind: Bei Beteiligungen iSv § 271 I Name und Sitz der Unt., an denen die Beteiligung besteht, die Höhe des Anteils am Kapital, das Eigenkapital und das Ergebnis des letzten Geschäftsjahrs, für das ein Jahresabschluss vorliegt (**Nr. 4;** die in Nr. 4 aF auch geregelten Befreiungstatbestände wurden in den bestehenden Befreiungskatalog in § 313 III aufgenommen) die nach Nr. 4 aF bestehenden Vorgaben für Fälle mit börsennotierten Mutter- und TochterUnt. (**Nr. 5**); Name, Sitz und Rechtsform der Unt., deren unbeschränkt haftender Gesellschafter das MutterUnt. oder ein in den Konzernabschluss einbezogenes Unt. ist **(Nr. 6);** Name und Sitz des Unt., das den Konzernabschluss für den größten **(Nr. 7)** und den kleinsten Kreis **(Nr. 8)** von Unt. aufstellt, dem das MutterUnt. als TochterUnt. angehört, und im Fall der Offenlegung des Konzernabschlusses dieses andere MutterUnt. der Ort, wo dieser erhältlich ist. **Lit.** Lüdenbach/Freiberg BB 2014, 2219 (BilRUG 2015); Blöink/Knoll-Biermann Konzern 2015, 65 (BilRUG 2015); Fink/Theile DB 2015, 754 (BilRUG 2015); Oser/Orth/Wirtz DB 2015, 197 (BilRUG 2015); Rimmelspacher/Meyer DB 2015, 23 (BilRUG 2015); Zwirner StuB 2015, Beilage 2/2015, 1 (BilRUG 2015); Zwirner AR 2016, 2 (Aufgaben des Aufsichtsrats); Eden Konzern 2018, 475 (Rechnungslegung der Treuhand an Untbeteiligungen).

8) Schutzklausel im Unternehmensinteresse (III)

12 Für alle Angaben nach II (→ Rn. 11) gilt gemäß III 1 eine Schutzklausel im Unternehmensinteresse (vgl. zT abw. § 286 II, III; auch § 314 II). Der Gebrauch der Schutzklausel ist nach III 2 im Anhang anzugeben. Allerdings ist diese Schutzklausel durch Einfügung von III 3 durch das TransPuG 2002 (**Übergangsrecht** in **(1)** EGHGB Art. 54) in Übereinstimmung mit international anerkannten Grundsätzen allen kapitalmarktorientierten Unt. iSv § 264d verwehrt. Gem. **III 4,** angefügt durch BilRUG 2015 (**Übergangsrecht** in **(1)** EGHGB Art. 75 II) Befreiung von den Angaben nach II Nr. 4 u. 5, wenn sie für die Vermittlung eines den tatsächlichen Verhältnissen entsprechenden Bildes der Vermögens-, Finanz- u. Ertragslage des Konzerns von untergeordneter Bedeutung sind. Weitere Befreiung von der Pflicht zur Angabe von Eigenkapital und Ergebnis gem. **III 5,** ebenfalls neu durch BilRUG 2015, wenn das in Anteilsbesitz stehende Unt. seinen Einzelabschluss nicht offenlegt. **Lit.** Lüdenbach/Freiberg BB 2014, 2219 (BilRUG 2015); Blöink/Knoll-Biermann Konzern 2015, 65 (BilRUG 2015); Fink/Theile DB 2015, 754 (BilRUG 2015); Oser/Orth/Wirtz DB 2015, 197 (BilRUG 2015); Rimmelspacher/Meyer DB 2015, 23 (BilRUG 2015); Zwirner StuB 2015, Beilage 2/2015, 1 (BilRUG 2015); Zwirner AR 2016, 2 (Aufgaben des Aufsichtsrats).

9) Entsprechende Anwendung von § 284 II Nr. 4 u. III (IV)

13 **IV,** angefügt durch BilRUG 2015 (**Übergangsrecht** in **(1)** EGHGB Art. 73 II), trägt Art. 28 I iVm 17 I Buchst. a sowie 28 I iVm Art. 12 VIII BilRL 2013 Rechnung. § 284 II Nr. 4 u. III macht für den Anhang des Einzelabschlusses detaillierte Vorgaben, die auf den Anhang erstreckt werden, wobei den wesentlichen Bedingungen Rechnung zu tragen ist, die sich aus den Besonderheiten des Konzernabschlusses ergeben, s. Art. 28 I BilRL 2013, RegBegr S. 93. **Lit.** Lüdenbach/Freiberg BB 2014, 2219 (BilRUG 2015); Blöink/Knoll-Biermann Konzern 2015, 65 (BilRUG 2015); Oser/Orth/Wirtz DB 2015, 197 (BilRUG 2015); Fink/Theile DB 2015, 754 (BilRUG 2015).

Sonstige Pflichtangaben

314 (1) Im Konzernanhang sind ferner anzugeben:

1. er Gesamtbetrag der in der Konzernbilanz ausgewiesenen Verbindlichkeiten mit einer Restlaufzeit von mehr als fünf Jahren sowie der Gesamtbetrag der in der Konzernbilanz ausgewiesenen Verbindlichkeiten, die von in den Konzernabschluß einbezogenen Unternehmen durch Pfandrechte oder ähnliche Rechte gesichert sind, unter Angabe von Art und Form der Sicherheiten;
2. Art und Zweck sowie Risiken, Vorteile und finanzielle Auswirkungen von nicht in der Konzernbilanz enthaltenen Geschäften des Mutterunternehmens und der in den Konzernabschluss einbezogenen Tochterunternehmen, soweit die Risiken und Vorteile wesentlich sind und die Offenlegung für die Beurteilung der Finanzlage des Konzerns erforderlich ist;
2a. der Gesamtbetrag der sonstigen finanziellen Verpflichtungen, die nicht in der Konzernbilanz enthalten sind und die nicht nach § 298 Absatz 1 in Verbindung mit § 268 Absatz 7 oder nach Nummer 2 anzugeben sind, sofern diese Angabe für die Beurteilung der Finanzlage des Konzerns von Bedeutung ist; davon sind Verpflichtungen betreffend die Altersversorgung sowie Verpflichtungen gegenüber Tochterunternehmen, die nicht in den Konzernabschluss einbezogen werden, oder gegenüber assoziierten Unternehmen jeweils gesondert anzugeben;

3. die Aufgliederung der Umsatzerlöse des Konzerns nach Tätigkeitsbereichen sowie nach geografisch bestimmten Märkten, soweit sich unter Berücksichtigung der Organisation des Verkaufs, der Vermietung oder Verpachtung von Produkten und der Erbringung von Dienstleistungen des Konzerns die Tätigkeitsbereiche und geografisch bestimmten Märkte untereinander erheblich unterscheiden;
4. die durchschnittliche Zahl der Arbeitnehmer der in den Konzernabschluss einbezogenen Unternehmen während des Geschäftsjahrs, getrennt nach Gruppen und gesondert für die nach § 310 nur anteilmäßig konsolidierten Unternehmen, sowie, falls er nicht gesondert in der Konzern-Gewinn- und Verlustrechnung ausgewiesen ist, der in dem Geschäftsjahr entstandene gesamte Personalaufwand, aufgeschlüsselt nach Löhnen und Gehältern, Kosten der sozialen Sicherheit und Kosten der Altersversorgung;
5. *[aufgehoben]*
6. für die Mitglieder des Geschäftsführungsorgans, eines Aufsichtsrats, eines Beirats oder einer ähnlichen Einrichtung des Mutterunternehmens, jeweils für jede Personengruppe:
   a) die für die Wahrnehmung ihrer Aufgaben im Mutterunternehmen und den Tochterunternehmen im Geschäftsjahr gewährten Gesamtbezüge (Gehälter, Gewinnbeteiligungen, Bezugsrechte und sonstige aktienbasierte Vergütungen, Aufwandsentschädigungen, Versicherungsentgelte, Provisionen und Nebenleistungen jeder Art). In die Gesamtbezüge sind auch Bezüge einzurechnen, die nicht ausgezahlt, sondern in Ansprüche anderer Art umgewandelt oder zur Erhöhung anderer Ansprüche verwendet werden. Außer den Bezügen für das Geschäftsjahr sind die weiteren Bezüge anzugeben, die im Geschäftsjahr gewährt, bisher aber in keinem Konzernabschluss angegeben worden sind. Bezugsrechte und sonstige aktienbasierte Vergütungen sind mit ihrer Anzahl und dem beizulegenden Zeitwert zum Zeitpunkt ihrer Gewährung anzugeben; spätere Wertveränderungen, die auf einer Änderung der Ausübungsbedingungen beruhen, sind zu berücksichtigen;
   b) die für die Wahrnehmung ihrer Aufgaben im Mutterunternehmen und den Tochterunternehmen gewährten Gesamtbezüge (Abfindungen, Ruhegehälter, Hinterbliebenenbezüge und Leistungen verwandter Art) der früheren Mitglieder der bezeichneten Organe und ihrer Hinterbliebenen; Buchstabe a Satz 2 und 3 ist entsprechend anzuwenden. Ferner ist der Betrag der für diese Personengruppe gebildeten Rückstellungen für laufende Pensionen und Anwartschaften auf Pensionen und der Betrag der für diese Verpflichtungen nicht gebildeten Rückstellungen anzugeben;
   c) die vom Mutterunternehmen und den Tochterunternehmen gewährten Vorschüsse und Kredite unter Angabe der gegebenenfalls im Geschäftsjahr zurückgezahlten oder erlassenen Beträge sowie die zugunsten dieser Personen eingegangenen Haftungsverhältnisse;
7. der Bestand an Anteilen an dem Mutterunternehmen, die das Mutterunternehmen oder ein Tochterunternehmen oder ein anderer für Rechnung eines in den Konzernabschluß einbezogenen Unternehmens erworben oder als Pfand genommen hat; dabei sind die Zahl und der Nennbetrag oder rechnerische Wert dieser Anteile sowie deren Anteil am Kapital anzugeben;
7a. die Zahl der Aktien jeder Gattung der während des Geschäftsjahrs im Rahmen des genehmigten Kapitals gezeichneten Aktien des Mutterunternehmens, wobei zu Nennbetragsaktien der Nennbetrag und zu Stückaktien der rechnerische Wert für jede von ihnen anzugeben ist;

§ 314

7b. das Bestehen von Genussscheinen, Wandelschuldverschreibungen, Optionsscheinen, Optionen oder vergleichbaren Wertpapieren oder Rechten, aus denen das Mutterunternehmen verpflichtet ist, unter Angabe der Anzahl und der Rechte, die sie verbriefen;
8. für jedes in den Konzernabschluss einbezogene börsennotierte Unternehmen, dass die nach § 161 des Aktiengesetzes vorgeschriebene Erklärung abgegeben und wo sie öffentlich zugänglich gemacht worden ist;
9. das von dem Abschlussprüfer des Konzernabschlusses für das Geschäftsjahr berechnete Gesamthonorar, aufgeschlüsselt in das Honorar für
    a) die Abschlussprüfungsleistungen,
    b) andere Bestätigungsleistungen,
    c) Steuerberatungsleistungen,
    d) sonstige Leistungen;
10. für zu den Finanzanlagen (§ 266 Abs. 2 A. III.) gehörende Finanzinstrumente, die in der Konzernbilanz über ihrem beizulegenden Zeitwert ausgewiesen werden, da eine außerplanmäßige Abschreibung gemäß § 253 Absatz 3 Satz 6 unterblieben ist,
    a) der Buchwert und der beizulegende Zeitwert der einzelnen Vermögensgegenstände oder angemessener Gruppierungen sowie
    b) die Gründe für das Unterlassen der Abschreibung einschließlich der Anhaltspunkte, die darauf hindeuten, dass die Wertminderung voraussichtlich nicht von Dauer ist;
11. für jede Kategorie nicht zum beizulegenden Zeitwert bilanzierter derivativer Finanzinstrumente
    a) deren Art und Umfang,
    b) deren beizulegender Zeitwert, soweit er sich nach § 255 Abs. 4 verlässlich ermitteln lässt, unter Angabe der angewandten Bewertungsmethode,
    c) deren Buchwert und der Bilanzposten, in welchem der Buchwert, soweit vorhanden, erfasst ist, sowie
    d) die Gründe dafür, warum der beizulegende Zeitwert nicht bestimmt werden kann;
12. für mit dem beizulegenden Zeitwert bewertete Finanzinstrumente
    a) die grundlegenden Annahmen, die der Bestimmung des beizulegenden Zeitwertes mit Hilfe allgemein anerkannter Bewertungsmethoden zugrunde gelegt wurden, sowie
    b) Umfang und Art jeder Kategorie derivativer Finanzinstrumente einschließlich der wesentlichen Bedingungen, welche die Höhe, den Zeitpunkt und die Sicherheit künftiger Zahlungsströme beeinflussen können;
13. zumindest die nicht zu marktüblichen Bedingungen zustande gekommenen Geschäfte des Mutterunternehmens und seiner Tochterunternehmen, soweit sie wesentlich sind, mit nahe stehenden Unternehmen und Personen, einschließlich Angaben zur Art der Beziehung, zum Wert der Geschäfte sowie weiterer Angaben, die für die Beurteilung der Finanzlage des Konzerns notwendig sind; ausgenommen sind Geschäfte zwischen in einen Konzernabschluss einbezogenen nahestehenden Unternehmen, wenn diese Geschäfte bei der Konsolidierung weggelassen werden; Angaben über Geschäfte können nach Geschäftsarten zusammengefasst werden, sofern die getrennte Angabe für die Beurteilung der Auswirkungen auf die Finanzlage des Konzerns nicht notwendig ist.
14. im Fall der Aktivierung nach § 248 Abs. 2 der Gesamtbetrag der Forschungs- und Entwicklungskosten des Geschäftsjahres der in den Konzernabschluss einbezogenen Unternehmen sowie der davon auf die selbst

geschaffenen immateriellen Vermögensgegenstände des Anlagevermögens entfallende Betrag;
15. bei Anwendung des § 254 im Konzernabschluss,
    a) mit welchem Betrag jeweils Vermögensgegenstände, Schulden, schwebende Geschäfte und mit hoher Wahrscheinlichkeit erwartete Transaktionen zur Absicherung welcher Risiken in welche Arten von Bewertungseinheiten einbezogen sind sowie die Höhe der mit Bewertungseinheiten abgesicherten Risiken;
    b) für die jeweils abgesicherten Risiken, warum, in welchem Umfang und für welchen Zeitraum sich die gegenläufigen Wertänderungen oder Zahlungsströme künftig voraussichtlich ausgleichen einschließlich der Methode der Ermittlung;
    c) eine Erläuterung der mit hoher Wahrscheinlichkeit erwarteten Transaktionen, die in Bewertungseinheiten einbezogen wurden,
    soweit die Angaben nicht im Konzernlagebericht gemacht werden;
16. zu den in der Konzernbilanz ausgewiesenen Rückstellungen für Pensionen und ähnliche Verpflichtungen das angewandte versicherungsmathematische Berechnungsverfahren sowie die grundlegenden Annahmen der Berechnung, wie Zinssatz, erwartete Lohn- und Gehaltssteigerungen und zugrunde gelegte Sterbetafeln;
17. im Fall der Verrechnung von in der Konzernbilanz ausgewiesenen Vermögensgegenständen und Schulden nach § 246 Abs. 2 Satz 2 die Anschaffungskosten und der beizulegende Zeitwert der verrechneten Vermögensgegenstände, der Erfüllungsbetrag der verrechneten Schulden sowie die verrechneten Aufwendungen und Erträge; Nummer 12 Buchstabe a ist entsprechend anzuwenden;
18. zu den in der Konzernbilanz ausgewiesenen Anteilen an Sondervermögen im Sinne des § 1 Absatz 10 des Kapitalanlagegesetzbuchs oder Anlageaktien an Investmentaktiengesellschaften mit veränderlichem Kapital im Sinn der §§ 108 bis 123 des Kapitalanlagegesetzbuchs oder vergleichbaren EU-Investmentvermögen oder vergleichbaren ausländischen Investmentvermögen von mehr als dem zehnten Teil, aufgegliedert nach Anlagezielen, deren Wert im Sinne der §§ 168, 278 oder 286 Absatz 1 des Kapitalanlagegesetzbuchs oder vergleichbarer ausländischer Vorschriften über die Ermittlung des Marktwertes, die Differenz zum Buchwert und die für das Geschäftsjahr erfolgte Ausschüttung sowie Beschränkungen in der Möglichkeit der täglichen Rückgabe; darüber hinaus die Gründe dafür, dass eine Abschreibung gemäß § 253 Absatz 3 Satz 6 unterblieben ist, einschließlich der Anhaltspunkte, die darauf hindeuten, dass die Wertminderung voraussichtlich nicht von Dauer ist; Nummer 10 ist insoweit nicht anzuwenden;
19. für nach § 268 Abs. 7 im Konzernanhang ausgewiesene Verbindlichkeiten und Haftungsverhältnisse die Gründe der Einschätzung des Risikos der Inanspruchnahme;
20. jeweils eine Erläuterung des Zeitraums, über den ein entgeltlich erworbener Geschäfts- oder Firmenwert abgeschrieben wird;
21. auf welchen Differenzen oder steuerlichen Verlustvorträgen die latenten Steuern beruhen und mit welchen Steuersätzen die Bewertung erfolgt ist;
22. wenn latente Steuerschulden in der Konzernbilanz angesetzt werden, die latenten Steuersalden am Ende des Geschäftsjahrs und die im Laufe des Geschäftsjahrs erfolgten Änderungen dieser Salden;
23. jeweils den Betrag und die Art der einzelnen Erträge und Aufwendungen von außergewöhnlicher Größenordnung oder außergewöhnlicher Bedeutung, soweit die Beträge nicht von untergeordneter Bedeutung sind;

§ 314 1

24. eine Erläuterung der einzelnen Erträge und Aufwendungen hinsichtlich ihres Betrages und ihrer Art, die einem anderen Konzerngeschäftsjahr zuzurechnen sind, soweit die Beträge für die Beurteilung der Vermögens-, Finanz- und Ertragslage des Konzerns nicht von untergeordneter Bedeutung sind;
25. Vorgänge von besonderer Bedeutung, die nach dem Schluss des Konzerngeschäftsjahrs eingetreten und weder in der Konzern-Gewinn- und Verlustrechnung noch in der Konzernbilanz berücksichtigt sind, unter Angabe ihrer Art und ihrer finanziellen Auswirkungen;
26. der Vorschlag für die Verwendung des Ergebnisses des Mutterunternehmens oder gegebenenfalls der Beschluss über die Verwendung des Ergebnisses des Mutterunternehmens.

(2) Mutterunternehmen, die den Konzernabschluss um eine Segmentberichterstattung erweitern (§ 297 Abs. 1 Satz 2), sind von der Angabepflicht gemäß Absatz 1 Nr. 3 befreit.

(3) Für die Angabepflicht gemäß Absatz 1 Nummer 6 Buchstabe a und b gilt § 286 Absatz 4 entsprechend.

Übersicht

	Rn
1) Allgemeines	1, 2
2) Verbindlichkeiten über noch fünf Jahre, Sicherheiten (I Nr. 1)	3
3) Sonstige finanzielle Verpflichtungen (I Nr. 2, Nr. 2a)	4
4) Aufgliederung der Umsatzerlöse (I Nr. 3)	5
5) Zahl der Arbeitnehmer, Personalaufwand (I Nr. 4)	6
6) Ergebnisbeeinflussung durch steuerrechtliche Bewertung (I Nr. 5)	7
7) Gesamtbezüge der Organmitglieder, Organkredite (I Nr. 6)	8
8) Anteile an dem MutterUnt. (I Nr. 7)	9
9) Aktien, Genussrechte etc (I Nr. 7a u. 7b)	10
10) Entsprechenserklärung (I Nr. 8)	11
11) Angaben zum Abschlussprüferhonorar bei großen Gesellschaften (I Nr. 9a–d)	12
12) Finanzinstrumente (I Nr. 10a und b, I Nr. 11a–d, I Nr. 12a–d)	13
13) Geschäfte mit nahestehenden Personen (I Nr. 13)	14
14) Forschungs- und Entwicklungskosten (I Nr. 14)	15
15) Bewertungseinheiten (I Nr. 15)	16
16) Pensionsrückstellungen (I Nr. 16)	17
17) Verrechnete Vermögensgegenstände und Schulden (I Nr. 17)	18
18) Anteile und Anlageaktien (I Nr. 18)	19
19) Ausweis unter der Bilanz (I Nr. 19)	20
20) Abschreibung Geschäfts- oder Firmenwert (I Nr. 20)	21
21) Latente Steuern (I Nr. 21 u. Nr. 22)	22
22) Außerordentliche Gewinne u. Erträge (I Nr. 23)	23
23) Außerordentliche Gewinne u. Erträge (I Nr. 24)	24
24) Außerordentliche Gewinne u. Erträge (I Nr. 25)	25
25) Vorschlag für die Ergebnisverwendung (I Nr. 26)	26
26) Schutzklausel im Unternehmensinteresse zu I Nr. 3 (II, III)	27

1) Allgemeines

1   Gem. § 314 sind weitere Pflichtangaben im Konzernanhang zu machen, die Posten der Konzernbilanz oder der Konzern-GuV erläutern. Die bereits zuvor umfangreichen Angabepflichten wurden durch das BilMoG 2009 (**Übergangsrecht** in (1) EGHGB Art. 66 II) erweitert und ergänzt, Änderungen in I Nr. 6a durch ARUG II 2019 (**Übergangsrecht** in (1) EGHGB Art. 83). Die weiteren Angaben sind zum Teil in Zahlenform, zum Teil in Textform zu machen. Eine

2. Abschnitt. Ergänzende Vorschriften für Kapitalges. 2–8 § 314

bestimmte Reihenfolge gibt das Gesetz für den Anhang nicht vor. Allerdings sind die Einzelangaben gesondert darzustellen.

§ 314 bildet § 285 für den Konzernanhang **nach,** daher Neufassung des § 314 2 spiegelbildlich zur Neufassung des § 285 durch das BilRUG 2015 (**Übergangsrecht** in (**1**) EGHGB Art. 75 II), allerdings mit **Ausnahmen** (keine Aufgliederung des Gesamtbetrags der Verbindlichkeiten mit Restlaufzeit von mehr als fünf Jahren und der gesicherten Verbindlichkeiten, keine Angaben zu Ertragssteuerspaltung, zu Materialaufwand bei Umsatzkostenverfahren, keine Angaben zu Mitgliedern des Geschäftsführungsorgans und des Aufsichtsrats, keine Zusatzangaben zu persönlich haftenden KapitalGes., keine Angaben zu nicht gesondert ausgewiesenen sonstigen Rückstellungen, keine Angabe zu Name und Sitz des MutterUnt., keine Zusatzangaben für KapitalGes. & Co sowie keine Angabe des Gesamtbetrags der ausschüttungsgesperrten Beträge). **Lit.** MBF Kap. 16 Tz. 151 ff.; Rimmelspacher/Meyer DB 2015, 23 (BilRUG 2015); Zwirner StuB 2015, Beilage 2/2015, 1 (BilRUG 2015); Lenz DB 2016, 2555 (Berichtspflicht über Honorare); Zwirner AR 2016, 2 (Aufgaben des Aufsichtsrats); Zwirner/Boecker IRZ 2017, 8 (Berichtspflicht über Honorare und Marktkonzentration); Oser/Bischof BB 2018, 2352 (Sterbetafeln).

2) Verbindlichkeiten über noch fünf Jahre, Sicherheiten (I Nr. 1)

I Nr. 1 entspricht § 285 Nr. 1. 3

3) Sonstige finanzielle Verpflichtungen (I Nr. 2, Nr. 2a)

I Nr. 2, Nr. 2a geändert durch BilMoG 2009 (**Übergangsrecht** in (**1**) 4 EGHGB Art. 66 II), neugefasst durch BilRUG 2015 (**Übergangsrecht** in (**1**) EGHGB Art. 75 II), entsprechen § 285 Nr. 3, Nr. 3 a. Nr. 2: Angabe zu bestimmten Geschäften, die nicht in der Bilanz erscheinen; gesondert anzugeben sind nach Nr. 2a Verpflichtungen gegenüber nicht in den Konzernabschluss einbezogenen TochterUnt. (I Nr. 2 Hs. 2, folgt aber schon aus §§ 298 I, 268 VII Hs. 2). **Lit.** Rimmelspacher/Meyer DB 2015, 23 (BilRUG 2015); Zwirner StuB 2015, Beilage 2/2015, 1 (BilRUG 2015).

4) Aufgliederung der Umsatzerlöse (I Nr. 3)

I Nr. 3, neugefasst durch BilRUG 2015 (**Übergangsrecht** in (**1**) EGHGB 5 Art. 75 II), entspricht § 285 S. 1 Nr. 4. **Lit.** Kleinmanns StuB 2014, 896 (CSR Berichterstattung); Rimmelspacher/Meyer DB 2015, 23 (BilRUG 2015); Zwirner StuB 2015, Beilage 2/2015, 1 (BilRUG 2015).

5) Zahl der Arbeitnehmer, Personalaufwand (I Nr. 4)

I Nr. 4, neugefasst durch BilRUG 2015 (**Übergangsrecht** in (**1**) EGHGB 6 Art. 75 II), entspricht § 285 S. 1 Nr. 7, 8b. Gesonderte Angabe der Durchschnittszahl der Arbeitnehmer von GemeinschaftsUnt. nach § 310 (I Nr. 4 Hs. 2). **Lit.** Rimmelspacher/Meyer DB 2015, 23 (BilRUG 2015); Zwirner StuB 2015, Beilage 2/2015, 1 (BilRUG 2015).

6) Ergebnisbeeinflussung durch steuerrechtliche Bewertung (I Nr. 5)

I Nr. 5, aufgehoben durch TransPuG 2002 als Folge der Änderung von 7 § 298 I und der Aufhebung von § 308 III (**Übergangsrecht** in (**1**) EGHGB Art. 54).

7) Gesamtbezüge der Organmitglieder, Organkredite (I Nr. 6)

I Nr. 6 (a. S. 1 idF KapCoRiLiG 2000, klarstellend: auch Bezugsrechte), ent- 8 spricht § 285 Nr. 9. Mit dem Gesetz über die Offenlegung der Vorstandsvergütungen (VorstOG) vom 3.8.2005 (**Übergangsrecht** in (**1**) EGHGB Art. 59) wird – wie auch bei § 285 Nr. 9a und b, → § 285 Rn. 10 – in **Nr. 6a** u. **b** die Pflicht zur Offenlegung von Aktienoptionen (beizulegender Zeitwert mit späteren Änderungen) und Vorstandsbezügen börsennotierter AG (Einzelbezüge mit Namensnennung, aufgegliedert nach erfolgsabhängigen und -unabhängigen sowie langfristig als Anreiz wirkenden Bestandteilen) erweitert. Nr. 6a S. 5–8 aufgehoben durch ARUG II 2019 (**Übergangsrecht** in (1) EGHGB Art. 83), Grund: Neuordnung des aktienrechtlichen Berichtsregimes anläßlich 2. ARRL, RegE 139. **Nr. 6c** geändert durch BilRUG 2015 (**Übergangsrecht** in (1) EGHGB Art. 75 II), so dass bei der Angabe von Vorschüssen und Krediten nur die gewährten Beträge, nicht die Zinsen und die wesentlichen Bedingungen anzugeben sind (s. Art. 28 I Buchst. c BilRL 2013). Nr. 6 gilt auch, wenn das Organ nur aus einem Mitglied besteht, OLG Frankfurt a. M. AG 2013, 50. **Lit.** Blöink/Knoll-Biermann Konzern 2015, 65 (BilRUG 2015); Fink/Theile DB 2015, 754 (BilRUG 2015); Oser/Orth/Wirtz DB 2015, 197 (BilRUG 2015); Rimmelspacher/Meyer DB 2015, 23 (BilRUG 2015); Zwirner StuB 2015, Beilage 2/2015, 1 (BilRUG 2015); Needham/Müller IRZ 2019, 79 (ARUG II); Orth/Oser/Philippsen/Sultana DB 2019, 2814 (ARUG II).

8) Anteile an dem MutterUnt. (I Nr. 7)

9   Vgl. → § 301 Rn. 9.

9) Aktien, Genussrechte etc (I Nr. 7a u. 7b)

10   I Nr. 7a u. 7b, eingefügt durch BilRUG 2015 (**Übergangsrecht** in (1) EGHGB Art. 75 II) in Umsetzung von Art. 28 I iVm Art. 17 I Buchstaben i u. j BilRL 2013, um eine gem. § 160 AktG für den Einzelabschluss von AG und KGaA entsprechende Regelung für den Konzernabschluss zu schaffen. Nr. 7a mit Pflicht zur Angabe der Zahl der Aktien je Gattung gilt für AG und KGaA, Nr. 7b mit Pflicht zur Angabe von Genussrechten und vergleichbaren Rechten gilt auch für andere GesFormen. **Lit.** Lüdenbach/Freiberg BB 2014, 2219 (BilRUG 2015); Blöink/Knoll-Biermann Konzern 2015, 65 (BilRUG 2015); Fink/Theile DB 2015, 754 (BilRUG 2015); Oser/Orth/Wirtz DB 2015, 197 (BilRUG 2015); Rimmelspacher/Meyer DB 2015, 23 (BilRUG 2015); Zwirner StuB 2015, Beilage 2/2015, 1 (BilRUG 2015).

10) Entsprechenserklärung (I Nr. 8)

11   I Nr. 8 eingefügt durch TransPuG 2002, geändert durch BilMoG 2009 (**Übergangsrecht** in (1) EGHGB Art. 66 II); AktG § 161 und § 285 Nr. 16. **Lit.** Ruhnke/Schmidt DB 2017, 2557.

11) Angaben zum Abschlussprüferhonorar bei großen Gesellschaften (I Nr. 9a–d)

12   I Nr. 9a–d, eingefügt durch BilReG 2004 (→ Einl. vor § 238 Rn. 4; **Übergangsrecht** in (1) EGHGB Art. 58 III), geändert durch BilMoG 2009 (**Übergangsrecht** in (1) EGHGB Art. 66 II); entspricht der korrespondierenden Regelung für den Lagebericht beim EinzelUnt., → § 285 Rn. 21. Definition „Leistung des Abschlussprüfers", „Prüfungsleistungen" s. IDW RS HFA 36 nF u. Giese/Seidler BB 2017, 2795. **Lit.** Lenz DB 2016, 2555 (Berichtspflicht über Honorare); Zwirner/Boecker IRZ 2017, 8 (Berichtspflicht über Honorare und Marktkonzentration); Zwirner/Boecker DB 2017, 1223 (IDW RS HFA 36 nF); Giese/Seidler BB 2017, 2795; Quick BB 2018, 2411 (2412).

12) Finanzinstrumente (I Nr. 10a und b, I Nr. 11a–d, I Nr. 12a–d)

13   I Nr. 10a u. b, 11a–d, 12a–d idF BilMoG 2009 (**Übergangsrecht** in (1) EGHGB Art. 66 III), Nr. 10 geändert durch BilRUG 2015 (**Übergangsrecht** in (1) EGHGB Art. 75 II), Nr. 12 geändert durch CSR-RUG v. 11.4.2017 (**Übergangsrecht** in (1) EGHGB Art. 80) entsprechen den korrespondierenden Regelungen für den Anhang beim EinzelUnt., → § 285 Rn. 22. **Lit.** Rimmelspa-

cher/Meyer DB 2015, 23 (BilRUG 2015); Zwirner StuB 2015, Beilage 2/2015, 1 (BilRUG 2015).

13) Geschäfte mit nahestehenden Personen (I Nr. 13)

I Nr. 13, eingefügt durch BilMoG 2009 (**Übergangsrecht** in (1) EGHGB Art. 66 III), geändert durch BilRUG 2015 (**Übergangsrecht** in (1) EGHGB Art. 75 II), entspricht § 285 Nr. 21 (dort → § 285 Rn. 23). Für börsennotierte AGs sind in Umsetzung von Art. 9c II 2. ARRL durch das ARUG II 2019 (**Übergangsrecht** in (1) EGHGB Art. 83) ergänzend die deutlich strengeren („spätestens zum Zeitpunkt des Abschlusses") Offenlegungspflichten nach § 111c iVm § 111b AktG zu beachten, Ausnahmen in § 111a II u. III AktG. **Lit.** Theile GmbHR 2015, 281 (GmbH- u. GmbH & Co KG-Abschluss nach BilRUG); Rimmelspacher/Meyer DB 2015, 23 (BilRUG 2015); Zwirner StuB 2015, Beilage 2/2015, 1 (BilRUG 2015); Seulen DB 2018, 2915 (2918) (ARUG II); Lanfermann BB 2018, 2859 (ARUG II). 14

14) Forschungs- und Entwicklungskosten (I Nr. 14)

I Nr. 14, korrespondiert mit der Aufhebung des Aktivierungsverbots nach § 248 II aF durch BilMoG 2009 (**Übergangsrecht** in (1) EGHGB Art. 66 III) und entspricht § 285 Nr. 22 (dort → § 285 Rn. 24). 15

15) Bewertungseinheiten (I Nr. 15)

I Nr. 15, eingefügt durch BilMoG 2009 (**Übergangsrecht** in (1) Art. 66 V), geändert durch ARUG (**Übergangsrecht** in (1) EGHGB Art. 66 III), entspricht § 285 Nr. 23 und verlangt Angaben bei Anwendung des § 254 (→ § 285 Rn. 25). 16

16) Pensionsrückstellungen (I Nr. 16)

I Nr. 16, eingefügt durch BilMoG 2009 (**Übergangsrecht** in (1) EGHGB Art. 66 III), entspricht § 285 Nr. 24 (→ § 285 Rn. 26). 17

17) Verrechnete Vermögensgegenstände und Schulden (I Nr. 17)

I Nr. 17, eingefügt durch BilMoG 2009 (**Übergangsrecht** in (1) EGHGB Art. 66 III), verlangt Angabe hinsichtlich zu verrechnender Vermögensgegenstände und Schulden, → § 285 Rn. 27. 18

18) Anteile und Anlageaktien (I Nr. 18)

I Nr. 18, eingefügt durch BilMoG 2009 (**Übergangsrecht** in (1) EGHGB Art. 66 III), entspricht § 285 Nr. 26 (→ § 285 Rn. 28); Anpassung durch Gesetz zur Stärkung des Fondstandorts Deutschland u. A. (**Übergangsrecht** in (1) EGHGB Art. 85). 19

19) Ausweis unter der Bilanz (I Nr. 19)

I Nr. 19, eingefügt durch BilMoG 2009 (**Übergangsrecht** in (1) EGHGB Art. 66 III), geändert durch BilRUG 2015 (**Übergangsrecht** in (1) EGHGB Art. 75 II), entspricht § 285 Nr. 27 (→ § 285 Rn. 29). 20

20) Abschreibung Geschäfts- oder Firmenwert (I Nr. 20)

I Nr. 20, eingefügt durch BilMoG 2009 (**Übergangsrecht** in (1) EGHGB Art. 66 III), geändert durch BilRUG 2015 (**Übergangsrecht** in (1) EGHGB Art. 75 II) spiegelbildlich zur Änderung von § 285 Nr. 13, entspricht § 285 Nr. 13. **Lit.** Rimmelspacher/Meyer DB 2015, 23 (BilRUG 2015); Theile GmbHR 2015, 281 (GmbH- u. GmbH & Co KG-Abschluss nach BilRUG). 21

21) Latente Steuern (I Nr. 21 u. Nr. 22)

22 I Nr. 21, eingefügt durch BilMoG 2009 (**Übergangsrecht** in (1) EGHGB Art. 66 III), entspricht § 285 Nr. 29. I Nr. 22, eingefügt durch BilRUG 2015 (**Übergangsrecht** in (1) EGHGB Art. 75 II), ergänzt die Erläuterungspflicht zu latenten Steuern in Umsetzung von Art. 28 I iVm Art. 17 I Buchst. f u. Art. 24 XIII BilRL 2013 um qualitative Angaben zu latenten Steuersalden am Geschäftsjahresende und zu ihren Bewegungen im Geschäftsjahr, insbesondere zu ihrem Auf- u. Abbau, allerdings nur hinsichtlich der in der Konzernbilanz angesetzten latenten Steuerschulden, RegBegr S. 94. Für Steuerabgrenzung bleibt es bei § 306. **Lit.** Lüdenbach/Freiberg BB 2014, 2219 (BilRUG 2015); Blöink/Knoll-Biermann Konzern 2015, 65 (BilRUG 2015); Fink/Theile DB 2015, 754 (BilRUG 2015); Oser/Orth/Wirtz DB 2015, 197 (BilRUG 2015); Rimmelspacher/Meyer DB 2015, 23 (BilRUG 2015); Zwirner StuB 2015, Beilage 2/2015, 1 (BilRUG 2015).

22) Außerordentliche Gewinne u. Erträge (I Nr. 23)

23 I Nr. 23, eingefügt durch BilRUG 2015 (**Übergangsrecht** in (1) EGHGB Art. 75 II), beruht auf Art. 28 I iVm 16 I Buchst. f BilRL 2013 und führt dazu, dass außerordentliche Aufwendungen und Erträge künftig nicht mehr in der Konzern-GuV auszuweisen sind. Außerordentliche Posten sind nicht als solche, sondern nur Posten von außerordentlicher Größenordnung oder Bedeutung einzeln und mit Erläuterung anzugeben, was spiegelbildlich § 285 Nr. 31 entspricht. **Lit.** Theile GmbHR 2015, 281 (GmbH- u. GmbH & Co KG-Abschluss nach BilRUG); Rimmelspacher/Meyer DB 2015, 23 (BilRUG 2015); Zwirner StuB 2015, Beilage 2/2015, 1 (BilRUG 2015); Dißner/Müller/Peters BC 2020, 181 (außergewöhnliche Erträge und Aufwendungen).

23) Außerordentliche Gewinne u. Erträge (I Nr. 24)

24 I Nr. 24, eingefügt durch BilRUG 2015 (**Übergangsrecht** in (1) EGHGB Art. 75 II), entspricht inhaltlich der in § 298 I iVm § 277 IV 3 aF enthaltenen Vorgabe, im Konzernanhang periodenfremde Erträge und Aufwendungen darzustellen und zu erläutern, und wurde parallel zur Aufhebung von § 277 IV in Nr. 24 überführt. **Lit.** Kleinmanns StuB 2014, 896 (CSR Berichterstattung); Lüdenbach/Freiberg BB 2014, 2219 (BilRUG 2015); Blöink/Knoll-Biermann Konzern 2015, 65 (BilRUG 2015); Fink/Theile DB 2015, 754 (BilRUG 2015); Oser/Orth/Wirtz DB 2015, 197 (BilRUG 2015); Rimmelspacher/Meyer DB 2015, 23 (BilRUG 2015); Zwirner StuB 2015, Beilage 2/2015, 1 (BilRUG 2015)

24) Außerordentliche Gewinne u. Erträge (I Nr. 25)

25 I Nr. 25, eingefügt durch BilRUG 2015 (**Übergangsrecht** in (1) EGHGB Art. 75 II), beruht auf Art. 28 I iVm Art. 17 I BilRL 2013 und verlangt, dass Angaben zu wesentlichen Ereignissen nach dem Abschlussstichtag des Konzernabschlusses nicht mehr im Konzernlagebericht, sondern im Konzernanhang dargestellt werden, allerdings beschränkt auf Vorgänge, die nicht schon in der Konzernbilanz oder in der Konzern-GuV berücksichtigt sind. **Lit.** Lüdenbach/Freiberg BB 2014, 2219 (BilRUG 2015); Blöink/Knoll-Biermann Konzern 2015, 65 (BilRUG 2015); Fink/Theile DB 2015, 754 (BilRUG 2015); Oser/Orth/Wirtz DB 2015, 197 (BilRUG 2015); Rimmelspacher/Meyer DB 2015, 23 (BilRUG 2015); Zwirner StuB 2015, Beilage 2/2015, 1 (BilRUG 2015). Zu Besonderheiten durch Corona-Pandemie IDW Fachlicher Hinweis; Kirsch BBP 2020, 105; Rimmelspacher/Kliem WPg 2020, 381; Schumann GmbH StB 2020, 108.

2. Abschnitt. Ergänzende Vorschriften für Kapitalges. § 315

25) Vorschlag für die Ergebnisverwendung (I Nr. 26)
I Nr. 26, eingefügt durch BilRUG 2015 (**Übergangsrecht** in (1) EGHGB 26
Art. 75 II), beruht auf Art. 28 I iVm Art. 17 I Buchst. o BilRL 2013 und sieht
vor, dass im Konzernanhang auch der Vorschlag für die Ergebnisverwendung des
MutterUnt. sowie in besonderen Fällen der Verwendungsbeschluss darzustellen
sind, was spiegelbildlich § 285 Nr. 34 entspricht. **Lit.** Lüdenbach/Freiberg BB
2014, 2219 (BilRUG 2015); Fink/Theile DB 2015, 754 (BilRUG 2015); Blöink/
Knoll-Biermann Konzern 2015, 65 (BilRUG 2015); Oser/Orth/Wirtz DB 2015,
197 (BilRUG 2015); Rimmelspacher/Meyer DB 2015, 23 (BilRUG 2015);
Zwirner StuB 2015, Beilage 2/2015, 1 (BilRUG 2015).

26) Schutzklausel im Unternehmensinteresse zu I Nr. 3 (II, III)
II entspricht § 286 II; vgl. auch § 313 III. Aber Angabe der Anwendung der 27
Ausnahme im Konzernanhang nach **III** (entspricht II 2 aF, geändert durch
BilRUG 2015 (**Übergangsrecht** in (1) EGHGB Art. 75 II) unter Ausübung des
Mitgliedstaatenwahlrechts in Art. 28 I iVm Art. 17 I Buchst. d UAbs. 2 BilRL
2013, wobei Verweis auf § 286 IV dem Schutz personenbezogener Daten einzelner Mitglieder der Organe des MutterUnt. in deren Konzernanhang dient, sofern
sich anhand der Angaben der finanzielle Status eines Mitglieds feststellen ließe.
Lit. Lüdenbach/Freiberg BB 2014, 2219 (BilRUG 2015); Blöink/Knoll-Biermann Konzern 2015, 65 (BilRUG 2015); Oser/Orth/Wirtz DB 2015, 197
(BilRUG 2015); Fink/Theile DB 2015, 754 (BilRUG 2015); Rimmelspacher/
Meyer DB 2015, 23 (BilRUG 2015).

Neunter Titel. Konzernlagebericht

Inhalt des Konzernlageberichts

315 (1) ¹Im Konzernlagebericht sind der Geschäftsverlauf einschließlich des Geschäftsergebnisses und die Lage des Konzerns so darzustellen, dass ein den tatsächlichen Verhältnissen entsprechendes Bild vermittelt wird. ²Er hat eine ausgewogene und umfassende, dem Umfang und der Komplexität der Geschäftstätigkeit entsprechende Analyse des Geschäftsverlaufs und der Lage des Konzerns zu enthalten. ³In die Analyse sind die für die Geschäftstätigkeit bedeutsamsten finanziellen Leistungsindikatoren einzubeziehen und unter Bezugnahme auf die im Konzernabschluss ausgewiesenen Beträge und Angaben zu erläutern. ⁴Ferner ist im Konzernlagebericht die voraussichtliche Entwicklung mit ihren wesentlichen Chancen und Risiken zu beurteilen und zu erläutern; zugrundeliegende Annahmen sind anzugeben. ⁵Die Mitglieder des vertretungsberechtigten Organs eines Mutterunternehmens im Sinne des § 297 Abs. 2 Satz 4 haben zu versichern, dass nach bestem Wissen im Konzernlagebericht der Geschäftsverlauf einschließlich des Geschäftsergebnisses und die Lage des Konzerns so dargestellt sind, dass ein den tatsächlichen Verhältnissen entsprechendes Bild vermittelt wird, und dass die wesentlichen Chancen und Risiken im Sinne des Satzes 4 beschrieben sind. ⁵Die Mitglieder des vertretungsberechtigten Organs eines Mutterunternehmens, das als Inlandsemittent (§ 2 Absatz 14 des Wertpapierhandelsgesetzes) Wertpapiere (§ 2 Absatz 1 des Wertpapierhandelsgesetzes) begibt und keine Kapitalgesellschaft im Sinne des § 327a ist, haben in einer dem Konzernlagebericht beizufügenden schriftlichen Erklärung zu versichern, dass im Konzernlagebericht nach bestem Wissen der Geschäftsverlauf einschließlich des Geschäftsergebnisses und die Lage des Konzerns so dargestellt sind, dass ein den tatsächlichen Verhältnissen entsprechendes Bild vermittelt wird und dass die wesentlichen Chancen und Risiken im Sinne des Satzes 4 beschrieben sind.

§ 315

(2) Im Konzernlagebericht ist auch einzugehen auf:
1. a) die Risikomanagementziele und -methoden des Konzerns einschließlich seiner Methoden zur Absicherung aller wichtigen Arten von Transaktionen, die im Rahmen der Bilanzierung von Sicherungsgeschäften erfasst werden, sowie
b) die Preisänderungs-, Ausfall- und Liquiditätsrisiken sowie die Risiken aus Zahlungsstromschwankungen, denen der Konzern ausgesetzt ist, jeweils in Bezug auf die Verwendung von Finanzinstrumenten durch den Konzern und sofern dies für die Beurteilung der Lage oder der voraussichtlichen Entwicklung von Belang ist;
2. den Bereich Forschung und Entwicklung des Konzerns und
3. für das Verständnis der Lage des Konzerns wesentliche Zweigniederlassungen der insgesamt in den Konzernabschluss einbezogenen Unternehmen.

²Ist das Mutterunternehmen eine Aktiengesellschaft, hat es im Konzernlagebericht auf die nach § 160 Absatz 1 Nummer 2 des Aktiengesetzes im Anhang zu machenden Angaben zu verweisen.

(3) Absatz 1 Satz 3 gilt entsprechend für nichtfinanzielle Leistungsindikatoren, wie Informationen über Umwelt- und Arbeitnehmerbelange, soweit sie für das Verständnis des Geschäftsverlaufs oder der Lage des Konzerns von Bedeutung sind.

(4) Ist das Mutterunternehmen oder ein in den Konzernabschluss einbezogenes Tochterunternehmen kapitalmarktorientiert im Sinne des § 264d, ist im Konzernlagebericht auch auf die wesentlichen Merkmale des internen Kontroll- und Risikomanagementsystems im Hinblick auf den Konzernrechnungslegungsprozess einzugehen.

(5) § 298 Absatz 2 über die Zusammenfassung von Konzernanhang und Anhang ist entsprechend anzuwenden.

1) Die Vorschrift, die sich als Dauerbaustelle der Bilanzgesetzgebung erweist (Änderungen etwa durch BilReG, VorstOG, ÜbernahmeRi-UmsetzungsG, TUG, BilMoG 2009, **Übergangsrecht** in (1) EGHGB Art. 66 V), wurde 2017 erneut grundlegend überarbeitet, umgegliedert und zum Teil inhaltlich geändert durch CSR-RUG v. 11.4.2017 (**Übergangsrecht** in (1) EGHGB Art. 80). Grund: Vereinfachung und Angleichung des Konzernlageberichts an die Änderungen durch die CSR-Ri-Umsetzung im Bereich des Lageberichts (§§ 289 ff.), RegBegr S. 54. Der zuvor auf eine Vorschrift beschränkte neunte Titel wurde in mehrere Vorschriften gegliedert. Änderung durch durch ESEF-UG 2020 (**Übergangsrecht** in (1) EGHGB Art. 84).

Lit. MBF Kap. 13 Tz. 175 ff.; Hinze WPg 2016, 1168 (CSR-RL, DRS 20); Scheffler AG 2016, R318 (RegE CSR-UmsetzungsG); Velte BB 2016, Nr. 42 Die erste Seite (RegE CSR-UmsetzungsG); Wulf/Niemöller IRZ 2016, 245 (RefE CSR-UmsetzungsG); Zwirner AR 2016, 2 (Aufgaben des Aufsichtsrats); IDW-AK Nachhaltigkeitsberichterstattung, Positionspapier zu Pflichten und Zweifelsfragen zur nichtfinanziellen Erklärung, 2017 und dazu Wambach/Maier BB 2017, 1987; Wermelt/Scheffler WPg 2017, 925 (Risikomanagement, IDW PS 981); Scheid/Kotlenga/Müller StuB 2018, 841 (bilanzpolitische Möglichkeiten der CSR-Berichterstattung; Reustlen/Stawinoga DB 2019, 257 (anwenderbzw. branchenspezifische Nachhaltigkeitsberichterstattung); Wagner/Mayer/Kubessa WPg 2018, 935 (adressatengerechte CSR-Berichterstattung); Kempkes/Schalk/Suprano/Wömpener WPg 2019, 25 (Empirie); Schall/Figlin IRZ 2020, 129 (Analyse Geschäftsberichte SDAX); Berger, BB 2020, 876 (Auswirkungen des neuen Coronavirus auf die Rechnungslegung); Orth/Oppermann, DB 2020, 401 (Neue Herausforderungen bei der Erstellung und Prüfung des Lageberichts).

2. Abschnitt. Ergänzende Vorschriften für Kapitalges. 2–4 § 315

Muster: Hopt/Merkt Vertrags- und Formularbuch Form III.G.4 (Konzernlagebericht), sa DRS 20 zur Konzernlageberichterstattung.

2) Inhalt des Konzernlageberichts (I). I enthält – im Anschluss an § 290, der 2 die Konzernlageberichtserstattung vorschreibt – die **allgemeinen inhaltlichen Anforderungen** an die Berichterstattung. Auslegungshilfe durch **DRS 20 „Konzernlagebericht"** (zuletzt geändert durch DRÄS 9 v. 25.10.2019). Befolgung führt zur Vermutung, dass GoB zur Konzernrechnungslegung beachtet worden sind, Hachmeister/Kahle/Mock/Schüppen/*Dobler* Rn. 8, 14 (zur Bedeutung des DRS 20) und Rn. 18 ff. (Grundsätze nach DRS 20). Verlangt wird eine Darstellung des Geschäftsverlaufs einschließlich des Geschäftsergebnisses und der Lage des Konzerns unter Beachtung eines den tatsächlichen Verhältnissen entsprechenden Bildes der Vermögens-, Finanz- und Ertragslage, **I 1**. Ziel ist eine ausgewogene und umfassende, dem Umfang und der Komplexität der Geschäftstätigkeit entsprechende **Analyse des Geschäftsverlaufs und der Lage des Konzerns, I 2**. Einzubeziehen sind die für die Geschäftstätigkeit bedeutsamsten finanziellen Leistungsindikatoren. Dabei ist auf in dem Konzernabschluss ausgewiesene Beträge und Angaben Bezug zu nehmen, **I 3**. Darüber hinaus sind die voraussichtliche Entwicklung mit ihren wesentlichen Chancen und Risiken zu beurteilen und zu erläutern, wobei zugrundeliegende Annahmen anzugeben sind, **I 4**. Von den Mitgliedern des vertretungsberechtigten Organs des MutterUnt. iSv § 297 II 4 wird verlangt, zu versichern, dass nach bestem Wissen im Konzernlagebericht der Geschäftsverlauf einschließlich des Geschäftsergebnisses und die Lage des Konzerns so dargestellt sind, dass ein den tatsächlichen Verhältnissen entsprechendes Bild vermittelt wird, und dass die wesentlichen Chancen und Risiken iSv I 4 beschrieben sind. Konzernbilanzeid gem. § 297 II 4 und Konzernlageberichtseid können zusammengefasst als einheitliche Erklärung abgegeben werden, BT-Drs. 19/17343, 20, **I 5** (neugefaßt durch CSR-RUG v. 11.4.2017 (**Übergangsrecht** in **(1)** EGHGB Art. 80), geändert durch ESEF-UG 2020 (**Übergangsrecht** in **(1)** EGHGB Art. 84). **Lit.** Blöink/Halbleib Konzern 2017, 182; Scheffler AG 2020, R 41 sowie → § 289 Rn. 1.

3) Weitere Angaben (II). II idF CSR-RUG führt **ergänzende Angaben** 3 auf, die der Konzernlagebericht enthalten muss, nämlich **II Nr. 1a** die Risikomanagementziele und -methoden des Konzerns einschließlich seiner Methoden zur Absicherung aller wichtigen Arten von Transaktionen, die im Rahmen der Bilanzierung von Sicherungsgeschäften erfasst werden, sowie **II Nr. 1b)** die Preisänderungs-, Ausfall- und Liquiditätsrisiken sowie die Risiken aus Zahlungsstromschwankungen, denen der Konzern ausgesetzt ist, und zwar jeweils in Bezug auf die Verwendung von Finanzinstrumenten durch den Konzern und soweit dies für die Beurteilung der Lage oder der voraussichtlichen Entwicklung von Belang ist, sodann **II Nr. 2** Angaben zum Bereich der Forschung und Entwicklung des Konzerns und schließlich **II Nr. 3** Angaben zu für das Verständnis der Lage des Konzerns wesentlichen Zweigniederlassungen der insgesamt in den Konzernabschluss einbezogenen Unt. Eine AG als MutterGes. hat – in Umsetzung von Art. 29 I iVm Buchst. c BilanzRL – zusätzlich nach § 160 I Nr. 2 AktG im Anhang zu machenden Angaben zu verweisen, II 2. **Lit.** Blöink/Halbleib Konzern 2017, 182; Wermelt/Scheffler WPg 2017, 925 (Risikomanagement, IDW PS 981); Quick/Pappert/Meier-Scheuven, Der Konzern 2020, 294 (Empirie zur F&E Berichterstattung) und DRS 20.48–52 (Berichterstattung zu F&E) sowie → § 289 Rn. 1.

4) Nichtfinanzielle Leistungsindikatoren (III). III, geändert durch CSR- 4 RUG übernimmt unverändert I 4 aF (**Übergangsrecht** in **(1)** EGHGB) Art. 80) und erstreckt I 3 auf nichtfinanzielle Leistungsindikatoren, wie Informationen über Umwelt, und Arbeitnehmerbelange, soweit sie für das Verständnis des Geschäftsverlaufs oder der Konzernlage von Bedeutung sind. Nach III sind bedeutsame

§ 315a

nichtfinanzielle Leistungsindikatoren auch in die Analyse gem. I 2 einzubeziehen, wenn sie für das Verständnis des Geschäftsverlaufs oder der Lage von Bedeutung sind. Durch Vorschrift werden Informationen über Umwelt- und Arbeitnehmerbelange hervorgehoben. In DRS 20.107 sind weitere Beispiele genannt. Dazu gehören: gesellschaftliche Reputation des Konzerns oder Kundenbelange iSv. Kundenzufriedenheit. Einzubeziehen sind auch die Leistungsindikatoren, die zur internen Steuerung des Konzerns verwendet werden, Hachmeister/Kahle/Mock/Schüppen/*Dobler*, Rn. 60. Lit. Blöink/Halbleib Konzern 2017, 182; Wermelt/Scheffler WPg 2017, 925 (Risikomanagement, IDW PS 981); Althoff/Wirth WPg 2018, 1138 (nichtfinanzielle Konzernerklärung) sowie → § 289 Rn. 3.

5 **5) Kapitalmarktorientierte Unt. (IV).** In IV, neu eingeführt durch CSR-RUG v. 11.4.2017 (**Übergangsrecht** in (1) EGHGB Art. 80), wird für kapitalmarktorientierte MutterUnt. bzw. in den Konzernabschluss einbezogene kapitalmarktorientierte TochterUnt. iSd § 264d zusätzlich verlangt, im Konzernlagebericht auf die wesentlichen Merkmale des internen Kontroll- und Risikomanagementsystems im Hinblick auf den Konzern-Rechnungslegungsprozess einzugehen. Geboten sind eine Darstellung und Erläuterung unter der Zielsetzung, einem verständigen Adressaten eine (zumindest grobe) Einschätzung der mit dem Konzernrechnungslegungsprozess zusammenhängenden Risiken zu erlauben. Auf die Maßnahmen, Strukturen und Prozesse der relevanten Teile der internen Kontroll- und Risikomanagementsysteme ist problemorientiert einzugehen. Ausführungen zu deren Effizienz oder Effektivität sind nicht gefordert. DRS 20.K168-K178 legen die gesetzliche Vorschrift aus, Hachmeister/Kahle/Mock/Schüppen/*Dobler*, Rn. 62. Nach DRS 20.116 ist auch auf IT-Risiken einzugehen, ausführlich dazu Quick/Gauch DB 2022, 414 ff. Lit. Blöink/Halbleib Konzern 2017, 182; Schmotz/Schmidt DB 2017, 2877; Velte DB 2017, 2813; AK Schmalenbach DB 2018, 2253 (Erstanwendung); Hennrichs ZGR 2018, 206; Freidank/Scheffler/Simon-Heckroth WPg 2018, 683; E. Vetter FS Marsch-Barner, 2018, 559 (CSR-Aufsichtsratspflichten); Behncke/Wulf KoR 2018, 570 (Empirie Anwendung) sowie → § 289 Rn. 1.

6 **6) Zusammenfassung von Konzernanhang und Lagebericht (V).** V (bis zur CSR-Reform 2017 III) stellt klar, dass § 298 II über die Zusammenfassung von Konzernanhang und Anhang entsprechend anzuwenden ist. Lit. Blöink/Halbleib Konzern 2017, 182 sowie → § 289 Rn. 1.

7 **7) Prüfung:** Konzernlagebericht wird im Rahmen der Abschlussprüfung geprüft (§ 316 II 1; § 317 II 4). Die Prüfung wird in den Standards IDW PS 350 nF v. 12.12.2017 näher geregelt. Lit. Hachmeister/Kahle/Mock/Schüppen/*Dobler*, § 315 Rn. 9.

Ergänzende Vorschriften für bestimmte Aktiengesellschaften und Kommanditgesellschaften auf Aktien

§ 315a

¹Mutterunternehmen (§ 290), die einen organisierten Markt im Sinne des § 2 Absatz 7 des Wertpapiererwerbs- und Übernahmegesetzes durch von ihnen ausgegebene stimmberechtigte Aktien in Anspruch nehmen, haben im Konzernlagebericht außerdem anzugeben:
1. die Zusammensetzung des gezeichneten Kapitals unter gesondertem Ausweis der mit jeder Gattung verbundenen Rechte und Pflichten und des Anteils am Gesellschaftskapital;
2. Beschränkungen, die Stimmrechte oder die Übertragung von Aktien betreffen, auch wenn sie sich aus Vereinbarungen zwischen Gesellschaftern ergeben können, soweit die Beschränkungen dem Vorstand der Gesellschaft bekannt sind;

2. Abschnitt. Ergänzende Vorschriften für Kapitalges. 1, 2 § 315a

3. direkte oder indirekte Beteiligungen am Kapital, die 10 Prozent der Stimmrechte überschreiten;
4. die Inhaber von Aktien mit Sonderrechten, die Kontrollbefugnisse verleihen, und eine Beschreibung dieser Sonderrechte;
5. die Art der Stimmrechtskontrolle, wenn Arbeitnehmer am Kapital beteiligt sind und ihre Kontrollrechte nicht unmittelbar ausüben;
6. die gesetzlichen Vorschriften und Bestimmungen der Satzung über die Ernennung und Abberufung der Mitglieder des Vorstands und über die Änderung der Satzung;
7. die Befugnisse des Vorstands insbesondere hinsichtlich der Möglichkeit, Aktien auszugeben oder zurückzukaufen;
8. wesentliche Vereinbarungen des Mutterunternehmens, die unter der Bedingung eines Kontrollwechsels infolge eines Übernahmeangebots stehen, und die hieraus folgenden Wirkungen;
9. Entschädigungsvereinbarungen des Mutterunternehmens, die für den Fall eines Übernahmeangebots mit den Mitgliedern des Vorstands oder mit Arbeitnehmern getroffen sind.

²Die Angaben nach Satz 1 Nummer 1, 3 und 9 können unterbleiben, soweit sie im Konzernanhang zu machen sind. ³Sind Angaben nach Satz 1 im Konzernanhang zu machen, ist im Konzernlagebericht darauf zu verweisen. ⁴Die Angaben nach Satz 1 Nummer 8 können unterbleiben, soweit sie geeignet sind, dem Mutterunternehmen einen erheblichen Nachteil zuzufügen; die Angabepflicht nach anderen gesetzlichen Vorschriften bleibt unberührt.

1) Die Vorschrift ist zwar neu eingeführt durch CSR-RUG (**Überleitungsrecht** in **(1)** EHGB) Art. 80), geändert durch ARUG II 2019 (**Übergangsrecht** in **(1)** EHGB Art. 83), enthält aber nahezu unverändert die zuvor in § 315 IV aF enthaltenen **zusätzlichen Vorgaben für MutterUnt.**, die einen **organisierten Markt** iSd § 2 VII WpÜG durch von ihnen ausgegebene Aktien in Anspruch nehmen. **Lit.** Scheffler AG 2016, R318 (RegE CSR-RUG); Blöink/Halbleib Konzern 2017, 182. 1

2) 1 listet als **ergänzende Berichtsgegenstände** auf: **Nr. 1** die Zusammensetzung des gezeichneten Kapitals unter gesondertem Ausweis der mit jeder Gattung verbundenen Rechte und Pflichten und des Anteils am Gesellschaftskapital; **Nr. 2** Beschränkungen, die Stimmrechte oder die Übertragung von Aktien betreffend, auch wenn sie sich aus Vereinbarungen zwischen Gesellschaftern ergeben können, soweit die Beschränkungen dem Vorstand der Ges. bekannt sind; **Nr. 3** direkte oder indirekte Beteiligungen am Kapital, die 10 Prozent der Stimmrechte überschreiten; **Nr. 4** die Inhaber von Aktien mit Sonderrechten, die Kontrollbefugnisse verleihen, und eine Beschreibung dieser Sonderrechte; **Nr. 5** die Art der Stimmrechtskontrolle, wenn Arbeitnehmer am Kapital beteiligt sind und ihre Kontrollrechte nicht unmittelbar ausüben; **Nr. 6** die gesetzlichen Vorschriften und Bestimmungen der Satzung über die Ernennung und Abberufung der Mitglieder des Vorstands und über die Änderung der Satzung; **Nr. 7** die Befugnisse des Vorstands insbesondere hinsichtlich der Möglichkeit, Aktien auszugeben oder zurückzukaufen; **Nr. 8** wesentliche Vereinbarungen des MutterUnt., die unter der Bedingung eines Kontrollwechsels infolge eines Übernahmeangebots stehen, und die hieraus folgenden Wirkungen; **Nr. 9** Entschädigungsvereinbarungen des MutterUnt., die für den Fall eines Übernahmeangebots mit den Mitgliedern des Vorstands oder mit Arbeitnehmern getroffen sind. Nach 2 können die Angaben gem. 1 Nr. 1, 3 u. 9 unterbleiben, soweit sie im Konzernanhang zu machen sind. Soweit Angaben nach 1 im Konzernanhang zu machen, ist gem. 3 im Konzernlagebericht darauf zu verweisen. Und gem. 4 können Angaben nach 1 Nr. 8 unterbleiben, soweit sie geeignet sind, dem MutterUnt. 2

Merkt

§ 315b

einen erheblichen Nachteil zuzufügen; die Angabepflicht nach anderen gesetzlichen Vorschriften bleibt unberührt. **II aF** aufgehoben durch ARUG II 2019 (**Übergangsrecht** in (1) EGHGB Art. 83) zugunsten der Publizitätslösung der 2. ARRL, die durch § 162 AktG nF umgesetzt ist. **Lit.** Blöink/Halbleib Konzern 2017, 182.

Pflicht zur nichtfinanziellen Konzernerklärung; Befreiungen

315b (1) ¹Eine Kapitalgesellschaft, die Mutterunternehmen (§ 290) ist, hat ihren Konzernlagebericht um eine nichtfinanzielle Konzernerklärung zu erweitern, wenn die folgenden Merkmale erfüllt sind:
1. die Kapitalgesellschaft ist kapitalmarktorientiert im Sinne des § 264d,
2. für die in den Konzernabschluss einzubeziehenden Unternehmen gilt:
   a) sie erfüllen die in § 293 Absatz 1 Satz 1 Nummer 1 oder 2 geregelten Voraussetzungen für eine größenabhängige Befreiung nicht und
   b) bei ihnen sind insgesamt im Jahresdurchschnitt mehr als 500 Arbeitnehmer beschäftigt.

²§ 267 Absatz 4 bis 5 sowie § 298 Absatz 2 sind entsprechend anzuwenden. ³Wenn die nichtfinanzielle Konzernerklärung einen besonderen Abschnitt des Konzernlageberichts bildet, darf die Kapitalgesellschaft auf die an anderer Stelle im Konzernlagebericht enthaltenen nichtfinanziellen Angaben verweisen.

(2) ¹Ein Mutterunternehmen im Sinne des Absatzes 1 ist unbeschadet anderer Befreiungsvorschriften von der Pflicht zur Erweiterung des Konzernlageberichts um eine nichtfinanzielle Konzernerklärung befreit, wenn
1. das Mutterunternehmen zugleich ein Tochterunternehmen ist, das in den Konzernlagebericht eines anderen Mutterunternehmens einbezogen ist, und
2. der Konzernlagebericht nach Nummer 1 nach Maßgabe des nationalen Rechts eines Mitgliedstaats der Europäischen Union oder eines anderen Vertragsstaats des Abkommens über den Europäischen Wirtschaftsraum im Einklang mit der Richtlinie 2013/34/EU aufgestellt wird und eine nichtfinanzielle Konzernerklärung enthält.

²Satz 1 gilt entsprechend, wenn das andere Mutterunternehmen im Sinne des Satzes 1 einen gesonderten nichtfinanziellen Konzernbericht nach Absatz 3 oder nach Maßgabe des nationalen Rechts eines Mitgliedstaats der Europäischen Union oder eines anderen Vertragsstaats des Abkommens über den Europäischen Wirtschaftsraum im Einklang mit der Richtlinie 2013/34/EU erstellt und öffentlich zugänglich macht. ³Ist ein Mutterunternehmen nach Satz 1 oder 2 von der Pflicht zur Erstellung einer nichtfinanziellen Konzernerklärung befreit, hat es dies in seinem Konzernlagebericht mit der Erläuterung anzugeben, welches andere Mutterunternehmen den Konzernlagebericht oder den gesonderten nichtfinanziellen Konzernbericht öffentlich zugänglich macht und wo der Bericht in deutscher oder englischer Sprache offengelegt oder veröffentlicht ist.

(3) ¹Ein Mutterunternehmen im Sinne des Absatzes 1 ist auch dann von der Pflicht zur Erweiterung des Konzernlageberichts um eine nichtfinanzielle Konzernerklärung befreit, wenn das Mutterunternehmen für dasselbe Geschäftsjahr einen gesonderten nichtfinanziellen Konzernbericht außerhalb des Konzernlageberichts erstellt und folgende Voraussetzungen erfüllt:
1. der gesonderte nichtfinanzielle Konzernbericht erfüllt zumindest die inhaltlichen Vorgaben nach § 315c in Verbindung mit § 289c und

2. das Mutterunternehmen macht den gesonderten nichtfinanziellen Konzernbericht öffentlich zugänglich durch
   a) Offenlegung zusammen mit dem Konzernlagebericht nach § 325 oder
   b) Veröffentlichung auf der Internetseite des Mutterunternehmens spätestens vier Monate nach dem Abschlussstichtag und mindestens für zehn Jahre, sofern der Konzernlagebericht auf diese Veröffentlichung unter Angabe der Internetseite Bezug nimmt.

²Absatz 1 Satz 3, die §§ 289d und 289e sowie § 298 Absatz 2 sind auf den gesonderten nichtfinanziellen Konzernbericht entsprechend anzuwenden.

(4) Ist die nichtfinanzielle Konzernerklärung oder der gesonderte nichtfinanzielle Konzernbericht inhaltlich überprüft worden, ist auch die Beurteilung des Prüfungsergebnisses in gleicher Weise wie die nichtfinanzielle Konzernerklärung oder der gesonderte nichtfinanzielle Konzernbericht öffentlich zugänglich zu machen.

1) Die Vorschrift wurde durch das CSR-RUG v. 11.4.2017 (**Übergangsrecht** in (1) EGHGB Art. 80, 81) neu eingeführt und setzt Art. 29a BilanzRL idF der CSR-RL betreffend den Anwendungsbereich der Pflicht zu einer **nichtfinanziellen Erklärung auf Konzernebene** um. Zur Erstanwendung AK Schmalenbach DB 2018, 2253. Dabei folgt § 315b weitgehend der Struktur des § 289b und weicht nur ab, wo die RL oder der Bezug zur Konzernebene es erfordert. Die Vorgaben für die nichtfinanzielle Konzernerklärung und den gesonderten nichtfinanziellen Konzernbericht richten sich nach deutschem Recht, auch wenn ein Teil der einbezogenen TochterUnt. den Sitz im Ausland hat. Im Zusammenhang mit der nichtfinanziellen Berichterstattung spielen neben der CSR-Richtlinie 2014/95/EU auch andere **EU-Rechtsakte** eine Rolle: Seit dem 10.3.2021 ist die **Offenlegungsverordnung** EU 2019/2088 unmittelbar zu beachten. Daneben müssen Unternehmen, die eine Verpflichtung zur Erstellung und Veröffentlichung einer nichtfinanziellen (Konzern-)Erklärung iSd §§ 289b, 315b trifft, erstmals für das Geschäftsjahr 2021 erweiterte Angaben nach der **EU-Taxonomie-VO** (EU) 2020/852 machen (→ vgl. § 289b Rn. 1, 289c Rn. 1). **Lit.** Kajüter IRZ 2016, 507 (RegE CSR-RUG); Kajüter DB 2017, 617; Kumm/Woodtli Konzern 2016, 218 (RefE CSR-Ri-UmsetzungsG); Lanfermann BB 2016, 1131 (RefE CSR-RUG); Nietsch NZG 2016, 1330 (RegE CSR-RUG); Scheffler AG 2016, R318 (RegE CSR-RUG); Blöink/Halbleib Konzern 2017, 182; Böcking DB 2017, M5; Lanfermann BB 2017, 747 (CSR und Aufsichtsrat); Haaker DB 2017, 922 (krit. zur Integration der CSR-Erklärung in den (Konzern-)Lagebericht); Hennrichs/Pöschke NZG 2017, 121 (CSR und Aufsichtsrat); Holzmeier/Burth/Hachmeister IRZ 2017, 215; Rimmelspacher/Schäfer/Schönberger KoR 2017, 225; Müller/Scheid BB 2017, 1835; Mock ZIP 2017, 1195; Lanfermann WPg 2017, 1250 (EU-Leitlinien); Mock DB 2017, 2144 (EU-Leitlinien); Ruhnke/Schmidt DB 2017, 2557; Schmotz/Schmidt DB 2017, 2877; Velte DB 2017, 2813; AK Schmalenbach DB 2018, 2253 (Erstanwendung); Althoff/Wirth WPg 2018, 1138; Behncke/Wulf KoR 2018, 570 (Empirie Anwendung); Böcking/Althoff WPg 2017, 1450 (Anpassung von DRS 20 an CSR-Reform); Freidank/Scheffler/Simon-Heckroth WPg 2018, 683; Hennrichs ZGR 2018, 206; E. Vetter FS Marsch-Barner, 2018, 559 (CSR-Aufsichtsratspflichten); IDW PH 9.350.2; Bardens/Wallek/Werth WPg 2022, 184 (Grundsätzlich zur EU-Taxonomie-Verordnung); Borcherding/Seufert WPg 2021, 1009 (Erleichterungen bei der erstmaligen Anwendung der Taxonomie-VO).

2) Nach I berichtspflichtig sind **MutterUnt.**, die **selbst kapitalmarktorientierte** KapitalGes. iSd § 264d sind, **I 1 Nr. 1**. Die weiteren Voraussetzungen für die Berichtspflicht sind auf Konzernebene zu bestimmen: Zum einen müssen die Umsatzerlöse oder die Bilanzsumme bei einer Konzernbetrachtung die in § 293 I geregelten Schwellenwerte überschreiten, **I 1 Nr. 2a)**. Berichtspflicht nach I besteht also nur dann, wenn im Konzern bei Addition der Werte des MutterUnt. sowie der einzubeziehenden TochterUnt. mindestens zwei der drei Größenkriterien nach § 293 I 1 Nr. 1 (Brutto-Methode) oder bei konsolidierter Betrachtung mindestens zwei der drei Größenkriterien nach § 293 Absatz I 1 Nr. 2 (Netto-Methode) überschritten sind. Welche Methode anzuwenden ist, richtet sich nach der Ausübung des Wahlrechts durch das MutterUnt. Zum anderen müssen die in den Konzernabschluss einzubeziehenden Unt. einschließlich des MutterUnt. insgesamt im Jahresdurchschnitt mehr als 500 Arbeitnehmer beschäftigen (**I 1 Nr. 2b)**. Für die Schwellenwerte gilt § 267 IV–V entsprechende. Berichtspflicht nach I besteht nicht, wenn die Voraussetzungen der §§ 291, 292 vorliegen. Dann ist das MutterUnt. von der Pflicht zur Aufstellung eines Konzernlageberichtes befreit, sodass – wie im Rahmen von § 289b I im Hinblick auf die Befreiungsregelung in § 264 III – bereits die Tatbestandsvoraussetzungen des I erfüllt sind. Entsprechend V (bis zur CSR-Reform § 315 III aF) für den Lagebericht stellt **I 2** klar, dass auch für die nichtfinanzielle Konzernerklärung (und in Verbindung mit § 315b III für den gesonderten nichtfinanziellen Bericht) eine Zusammenfassung analog § 298 II ausreicht. Dies dient der Vermeidung von Doppelangaben, Verweisen und Wiederholungen. Das MutterUnt. darf damit unter den in § 298 II geregelten Voraussetzungen die eigene nichtfinanzielle Erklärung mit der nichtfinanziellen Konzernerklärung zusammenfassen. Insbesondere muss in entsprechender Anwendung des § 298 II 3 aus der zusammengefassten Erklärung hervorgehen, welche Angaben sich auf den Konzern und welche sich auf das MutterUnt. beziehen. Auch in der nichtfinanziellen Konzernerklärung oder in dem gesonderten nichtfinanziellen Konzernbericht kann zur Vermeidung von Doppelungen auf nichtfinanzielle Angaben im Konzernlagebericht verwiesen werden, **I 3**. Lit. Blöink/Halbleib Konzern 2017, 182; Schmotz/Schmidt DB 2017, 2877; Velte DB 2017, 2813; AK Schmalenbach DB 2018, 2253 (Erstanwendung); Behncke/Wulf KoR 2018, 570 (Empirie Anwendung); Freidank/Scheffler/Simon-Heckroth WPg 2018, 683; Hennrichs ZGR 2018, 206; Kajüter/Wirth DB 2018, 1605; E. Vetter FS Marsch-Barner, 2018, 559 (CSR-Aufsichtsratspflichten) sowie → Rn. 1.

3 3) Nach **II** ist – in Umsetzung von Art. 29a III BilanzRL idF der CSR-RL – ein MutterUnt. **von der Berichtspflicht befreit,** wenn es zugleich TochterUnt. eines anderen MutterUnt. ist und das befreite MutterUnt. und seine TochterUnt. in die nichtfinanzielle Erklärung dieses anderen MutterUnt. einbezogen sind. Weitere Voraussetzung ist, dass die nichtfinanzielle Erklärung des anderen MutterUnt. den Anforderungen des auf das andere MutterUnt. anwendbaren nationalen Rechts im Einklang mit der RL entspricht. Ohne nichtfinanzielle Erklärung auf oberster Konzernebene ergibt sich daher keine Befreiung nach II. Zugleich stellt **II 2** klar, dass die befreiende Wirkung auch einem von dem anderen MutterUnt. erstellten gesonderten nichtfinanziellen Konzernbericht zukommt, wenn die gleichen inhaltlichen Anforderungen erfüllt werden. Dabei geht der Gesetzgeber davon aus, dass häufig zugleich die Voraussetzungen des § 291 erfüllt sein werden, der auf Art. III u. IV der Bilanz-RL II zurückgeht aber über § 291 hinaus, indem er auf dessen engeren Voraussetzungen (zB das Einverständnis der Aktionäre zur Befreiung) verzichtet. Wie auch § 289b II 3 dient II 3 dazu, den Nutzern das Auffinden des Konzernlageberichts zu erleichtern, der die Informationen über das befreite TochterUnt. enthält. **Lit.** Blöink/Halbleib Konzern 2017, 182 sowie → Rn. 1.

4 4) Mit **III** wird die Option aus Art. 29a IV BilanzRL idF der CSR-RL ausgeübt, einen **gesonderten nichtfinanziellen Konzernbericht** zuzulassen. Die Regelung ist spiegelbildlich zu § 289b III (siehe dort). **III 2** (zunächst als IV vorgesehen) über die **Veröffentlichung eines Prüfurteils über eine freiwil-**

2. Abschnitt. Ergänzende Vorschriften für Kapitalges. 1 § 315c

lige Überprüfung der nichtfinanziellen Erklärung oder des gesonderten Berichts entspricht § 289b III 2. Dazu DRS 20: Die verpflichtende kurze Erläuterung des Geschäftsmodells verlangt nach DRS 20.257 iVm DRS 20.37 Bezugnahme auf wesentliche nichtfinanzielle Aspekte, etwa Beschreibung der rechtlichen, politischen, wirtschaftlichen, ökologischen oder sozialen Rahmenbedingungen, soweit für Verständnis des Geschäftsmodells erforderlich. **Lit.** Blöink/Halbleib Konzern 2017, 182; Schmotz/Schmidt DB 2017, 2877; Velte DB 2017, 2813; AK Schmalenbach DB 2018, 2253 (Erstanwendung); Althoff/Wirth WPg 2018, 1138; Behncke/Wulf KoR 2018, 570 (Empirie Anwendung); Durchschein/ Haller DB 2018, 1805 (integrierte Berichterstattung); Freidank/Scheffler/Simon-Heckroth WPg 2018, 683; Hennrichs ZGR 2018, 206; Kajüter/Wirth DB 2018, 1605; E. Vetter FS Marsch-Barner, 2018, 559 (CSR-Aufsichtsratspflichten) sowie → Rn. 1.

Inhalt der nichtfinanziellen Konzernerklärung

315c (1) **Auf den Inhalt der nichtfinanziellen Konzernerklärung ist § 289c entsprechend anzuwenden.**

(2) **§ 289c Absatz 3 gilt mit der Maßgabe, dass diejenigen Angaben zu machen sind, die für das Verständnis des Geschäftsverlaufs, des Geschäftsergebnisses, der Lage des Konzerns sowie der Auswirkungen seiner Tätigkeit auf die in § 289c Absatz 2 genannten Aspekte erforderlich sind.**

(3) **Die §§ 289d und 289e sind entsprechend anzuwenden.**

Die Vorschrift − neu eingeführt durch das CSR-RUG v. 11.4.2017 (**Über-** 1 **gangsrecht** in (1) EGHGB Art. 80) − enthält die Vorgaben für den **Inhalt der nichtfinanziellen Konzernerklärung**. Dabei kann nach I und III im Wesentlichen auf die spiegelbildlichen Vorgaben für die nichtfinanzielle Erklärung in den §§ 289c−289e verwiesen werden. Allerdings stellt § 315c II klar, dass die Bestimmung der Wesentlichkeit von nichtfinanziellen Informationen im Rahmen der nichtfinanziellen Konzernerklärung mit Blick auf die Lage und Entwicklung des Konzerns insgesamt zu erfolgen hat. Gemäß **II** sind zu den nichtfinanziellen Aspekten (Umweltbelangen, Arbeitnehmerbelangen, Sozialbelangen, Achtung der Menschenrechte sowie Bekämpfung von Korruption und Bestechung) diejenigen Angaben zu machen, die für das Verständnis des Geschäftsverlaufs, des Geschäftsergebnisses, der Lage des Konzerns sowie der Auswirkungen seiner Tätigkeit auf die nichtfinanziellen Aspekte erforderlich sind. Durch Zusatz „sowie" hat Gesetzgeber Angabepflichten eindeutig auf diejenigen Informationen begrenzt, die für das Verständnis a) des Geschäftsverlaufs und zugleich b) des Geschäftsergebnisses und zugleich c) der Lage und zugleich d) der Auswirkungen auf die nichtfinanziellen Aspekte erforderlich sind. Bei den geforderten Angaben handelt es sich nur um einen Teil der bereits nach früherem Recht zu berichtenden Informationen, Kajüter DB 2017, 620; Böcking/Althoff WPg 2017, 1450; Wagner/Mayer/Kubessa WPg 2018, 935. **Lit.** Kajüter IRZ 2016, 507 (RegE CSR-Ri-UmsetzungsG); Lanfermann BB 2016, 1131 (RefE CSR-Ri-UmsetzungsG); Nietsch NZG 2016, 1330 (RegE CSR-Ri-UmsetzungsG); Blöink/ Halbleib Konzern 2017, 182; Böcking/Althoff WPg 2017, 1452; Holzmeier/ Burth/Hachmeister IRZ 2017, 215; Kajüter DB 2017, 617; Lanfermanns BB 2017, 747 (CSR und Aufsichtsrat); Müller/Scheid BB 2017, 1835; Rimmelspacher/Schäfer/Schönberger KoR 2017, 225; Schmotz/Schmidt DB 2017, 2877; AK Schmalenbach DB 2018, 2253 (Erstanwendung CSR-RL-UmsetzungsG); Althoff/Wirth WPg 2018, 1138; Freidank/Scheffler/Simon-Heckroth WPg 2018, 683; Hennrichs ZGR 2018, 206; Huber WPg 2019, 603.

§ 315d 1

2 Nach der **EU-Taxonomie-VO (EU)** 2020/852 muss (→ § 315b Rn. 1) der Konzern in seiner nichtfinanziellen Berichterstattung Angaben darüber aufnehmen, wie und in welchem Umfang die Tätigkeiten des Konzerns mit ökologisch nachhaltigen Wirtschaftstätigkeiten verbunden sind: Hierzu zählen (1) der Anteil der Umsatzerlöse, der mit Produkten und Dienstleistungen erzielt wird, die mit ökologisch nachhaltigen Wirtschaftstätigkeiten verbunden sind; (2) der Anteil der Investitionsausgaben im Zusammenhang mit Vermögensgegenständen oder Prozessen, die mit ökologisch nachhaltigen Wirtschaftstätigkeiten verbunden sind; (3) Anteil der Betriebsausgaben im Zusammenhang mit Vermögensgegenständen oder Prozessen, die mit ökologisch nachhaltigen Wirtschaftstätigkeiten verbunden sind.

Nach Art. 3 EU-Tax-VO gilt eine Wirtschaftstätigkeit als ökologisch nachhaltig, wenn sie vier Voraussetzungen erfüllt: (1) Sie muss einen wesentlichen Beitrag (Art. 10 bis 16 EU-Tax-VO) zur Verwirklichung eines oder mehrerer Umweltziele (Art. 9 EU-Tax-VO) leisten; (2) Sie darf nicht zu einer erheblichen Beeinträchtigung (Art. 17 EU-Tax-VO) eines oder mehrerer Umweltziele führen; (3) Sie muss den Mindestschutz des Art. 18 EU-Tax-VO einhalten; (4) Sie muss den technischen Bewertungskriterien, die die EU-Kommission festgelegt hat, entsprechen.

Eine **Konkretisierung** der Angaben erfolgt **durch die EU-Kommission** durch einen an sie delegierten Rechtsakt gem. Art. 8 IV der EU-Taxonomie-VO. Auf das Spezialschrifttum sei verwiesen. **Lit.** Bardens/Wallek/Werth WPg 2022, 184 (Grundsätzlich zur EU-Taxonomie-Verordnung)

Konzernerklärung zur Unternehmensführung

315d ¹Ein Mutterunternehmen, das eine Gesellschaft im Sinne des § 289f Absatz 1 oder Absatz 3 ist, hat für den Konzern eine Erklärung zur Unternehmensführung zu erstellen und als gesonderten Abschnitt in den Konzernlagebericht aufzunehmen. ²§ 289f ist entsprechend anzuwenden.

1 Die Vorschrift wurde durch das CSR-RUG v. 11.4.2017 (**Übergangsrecht** in **(1)** EGHGB Art. 80) neu eingeführt, enthält aber in der Sache den durch das BilRUG eingeführten § 315 V aF. Durch die Ausgliederung soll deutlicher werden, dass die **Konzernerklärung zur Unternehmensführung auch außerhalb des Konzernlageberichts** stehen kann, und um auch insoweit eine systematische Annäherung an die spiegelbildliche Regelung für die Erklärung zur Unternehmensführung zu erreichen. Gleichzeitig wird klargestellt, dass wie schon vom BilRUG beabsichtigt die Vorschrift auch für KommanditGes. auf Aktien als MutterUnt. gilt. Art. 29 u. 20 I Buchst. g Bilanz-RL idF der CSR-RL erfordern die Ergänzung der Vorgaben für die schon heute verpflichtende Konzernerklärung zur Unternehmensführung um die Angabepflicht zum Diversitätskonzept, die durch die Bezugnahme auf § 289f sichergestellt wird. Die Inhalte der Konzernerklärung zur Unternehmensführung ergeben sich damit auch weiterhin aus § 161 AktG in Verbindung mit den Empfehlungen des Deutschen Corporate-Governance-Kodex und den übrigen Vorgaben des § 289 f. **Lit.** Blöink/Halbleib Konzern 2017, 182; Hennrichs/Pöschke NZG 2017, 121 (CSR und Aufsichtsrat); Kajüter DB 2017, 617; Müller/Scheid BB 2017, 1835; Rimmelspacher/Schäfer/Schönberger KoR 2017, 225; Ruhnke/Schmidt DB 2017, 2557; Needham/Müller IRZ 2018, 345 (Empirie Diversity Reporting) sowie → § 315b Rn. 1.

2. Abschnitt. Ergänzende Vorschriften für Kapitalges. 1 § 315e

Zehnter Titel. Konzernabschluss nach internationalen Rechnungslegungsstandards

[Konzernabschluss nach internationalen Rechnungslegungsstandards]

315e (1) Ist ein Mutterunternehmen, das nach den Vorschriften des Ersten Titels einen Konzernabschluss aufzustellen hat, nach Artikel 4 der Verordnung (EG) Nr. 1606/2002 des Europäischen Parlaments und des Rates vom 19. Juli 2002 in der jeweils geltenden Fassung verpflichtet, die nach den Artikeln 2, 3 und 6 der genannten Verordnung übernommenen internationalen Rechnungslegungsstandards anzuwenden, so sind von den Vorschriften des Zweiten bis Achten Titels nur § 294 Abs. 3, § 297 Absatz 1a, 2 Satz 4, § 298 Abs. 1, dieser jedoch nur in Verbindung mit den §§ 244 und 245, ferner § 313 Abs. 2 und 3, § 314 Abs. 1 Nr. 4, 6, 8 und 9, Absatz 3 sowie die Bestimmungen des Neunten Titels und die Vorschriften außerhalb dieses Unterabschnitts, die den Konzernabschluss oder den Konzernlagebericht betreffen, entsprechend anzuwenden.

(2) Mutterunternehmen, die nicht unter Absatz 1 fallen, haben ihren Konzernabschluss nach den dort genannten internationalen Rechnungslegungsstandards und Vorschriften aufzustellen, wenn für sie bis zum jeweiligen Bilanzstichtag die Zulassung eines Wertpapiers im Sinne des § 2 Absatz 1 des Wertpapierhandelsgesetzes zum Handel an einem organisierten Markt im Sinne des § 2 Absatz 11 des Wertpapierhandelsgesetzes im Inland beantragt worden ist.

(3) [1] Mutterunternehmen, die nicht unter Absatz 1 oder 2 fallen, dürfen ihren Konzernabschluss nach den in Absatz 1 genannten internationalen Rechnungslegungsstandards und Vorschriften aufstellen. [2] Ein Unternehmen, das von diesem Wahlrecht Gebrauch macht, hat die in Absatz 1 genannten Standards und Vorschriften vollständig zu befolgen.

1) Grundlagen

A. **Gesetzeshistorie:** § 315e, eingefügt als § 315a aF durch das BilReG 2004 1 (**Übergangsrecht** in (1) EGHGB Art. 58 III), redaktionell leicht geändert durch BilRUG 2015 (**Übergangsrecht** in (1) EGHGB Art. 75 II), umnummeriert durch das CSR-RUG (**Übergangsrecht** in (1) EGHGB Art. 80), Verweis in **II** auf **(16b)** WpHG redaktionell angepasst durch G vom 10.7.2018, BGBl. I 1102, bildet den neuen 10. Titel des Unterabschnitts über die Konzernrechnungslegung und ergänzt die IAS-VO von 2002 (→ Einl. vor § 238 Rn. 4); er bildet mit dieser zusammen den Rechtsrahmen der Konzernrechnungslegung nach internationalen Standards. **Lit.** ADS Rechnungslegung nach Internationalen Standards (Loseblatt); Baetge ua, Rechnungslegung nach IFRS Kommentar (Loseblatt); Lüdenbach/Hoffmann, IFRS Kommentar; MBF, Kap. 3 Tz. 232 ff.; Ballwieser, IFRS-Rechnungslegung; Beck'sches IFRS-Handbuch; Buchholz, Internationale Rechnungslegung; IDW, International Financial Reporting Standards; Pellens ua, Internationale Rechungslegung; Ruhnke/Simons, Rechnungslegung nach IFRS und HGB; Wagenhofer, Internationale Rechnungslegungsstandards; Hencke/Rimmelspacher/Schäfer Konzern 2014, 386 (DRS 20); Lanfermann BB 2014, 235 (Maystadt-Bericht); Lüdenbach StuB 2014, 698 (Rückkehr vom IFRS- zum HGB-Konzernabschluss); Blöink/Halbleib Konzern 2017, 182; Müller/Scheid BB 2017, 1835 sowie → § 315b Rn. 1.; Brune/Hayn DStR 2019, 810; 2019, 1479; 2019, 2161; 2020, 1635; 2020 2624; 2021, 304; 2021, 1009; 2021, 1833; 2021, 2545; 2022 224 (Aktuelle Entwicklungen in der internaionalen Rechnungslegung); Lüdenbach/Schubert BB 2021 3051 (BB-IFRS-Report 2021);

Berger/Alberti BB 2021, 2027 (zur Überarbeitung des IFRS Practice Statement 1 zum „Management Commentary").

2 **B. Vorgängerregelung des § 292a aF:** Bereits nach der Vorgängerregelung, dem § 292a aF, die als Übergangsregelung bis zum 31.12.2004 befristet galt (Art. 5 KapAEG, → Einl. vor § 238 Rn. 4), durften MutterUnt., die als Wertpapieremittenten an einem geregelten Markt auftraten oder die Zulassung einer entsprechenden Emission beantragt haben, ihren Konzernabschluss unter bestimmten Voraussetzungen, insbesondere unter Beachtung der 7. RL (→ Einl. vor § 238 Rn. 4), nach international anerkannten Grundsätzen (IAS/IFRS, US-GAAP) aufstellen. Gleiches gilt, wenn ein konzernzugehöriges Unt. als Emittentin tätig wird. Mit der IAS-VO wurden die IAS/IFRS für Konzernabschlüsse kapitalmarktorientierter Unt. in der EU vom 1.1.2005 an verbindlich. Im Unterschied zu § 292a kommt nach § 315e nur noch die Anwendung der IAS/IFRS in Betracht. Die alternative Anwendung der **US-GAAP** ist **nicht mehr vorgesehen**.

3 **C. Anwendungsbereich: a)** Der Anwendungsbereich der IAS-VO ist enger als der des aufgehobenen § 292a. Er beschränkt sich nach Art. 4 der IAS-VO auf die Fälle, in denen die **Konzernmutter als Wertpapieremittentin** auftritt. Weder ein Auftreten einer Konzerntochter als Emittentin noch ein von der Mutter gestellter Antrag auf Börsenzulassung lösen nach der IAS-VO eine Pflicht zur Rechnungslegung nach internationalen Standards aus. Art. 5 Buchst. b der IAS-VO eröffnet den Mitgliedstaaten jedoch die Option, die IAS-Anwendung auch für die Konzernabschlüsse sonstiger Unt. zuzulassen oder vorzuschreiben. Von dieser Option macht das HGB mit § 315e III 1 Gebrauch. Da die internationalen Standards ein dem HGB-Lagebericht vergleichbares zwingendes Berichtsinstrument nicht kennen, ist der Konzernlagebericht nach § 315e grundsätzlich unter Anwendung von § 315 aufzustellen, OLG Frankfurt a. M. WpÜG 1/16, NZG 2017, 507 (Ls).

4 **b)** Von der Umstellung auf IAS/IFRS ab 1.1.2005 sind zunächst alle deutschen Unt. mit Kapitalmarktorientierung betroffen, die zur Aufstellung eines Konzernabschlusses verpflichtet und deren **Aktien zum Handel zugelassen** sind: am amtlichen Markt, am geregelten Markt (Frankfurter Wertpapierbörse und Regionalbörsen), an der Terminbörse EUREX sowie am Start Up Market (Hamburg). Nicht erfasst werden Unt., deren Titel im lediglich privatrechtlich organisierten Freiverkehr gehandelt werden, ebenso wenig Unt., die lediglich Schuldtitel (zB Anleihen, Genussscheine, Pfandbriefe) an den oben genannten Börsen handeln oder nach US-GAAP bilanzieren (nebst Notierung an der New York Stock Exchange oder NASDAQ): Umstellung auf IAS/IFRS erst ab 1.1.2007 Pflicht. Der in I durch TUG 2007 (**Übergangsrecht** in (**1**) EGHGB Art. 62) eingefügte Verweis auf § 297 II 4 stellt klar, dass von der Pflicht zur Abgabe des Bilanzeids gem. §§ 297 II 4, 264 II auch die gesetzlichen Vertreter eines MutterUnt. erfasst werden, das den Konzernabschluss nach den internationalen Standards aufzustellen hat.

2) Pflichtinhalt nach der IAS-VO (I)

5 **A. Auf MutterUnt. anzuwendende IAS/IFRS: I** betrifft die Unt., die nach §§ 290–293 konsolidierungspflichtig sind und dabei gem. IAS-VO ihren Abschluss nach internationalen Standards aufzustellen haben. Nach Art. 4 IAS-VO, der ohne weitere Umsetzung unmittelbar gilt, sind dies alle konsolidierungspflichtigen Unt., deren Wertpapiere an einem geregelten Markt zugelassen sind. Welches MutterUnt. einen Konzernabschluss zu erstellen hat, richtet sich nach §§ 290–293. Anzuwenden sind nur solche Standards der IAS/IFRS, die durch die EU im Wege des Komitologieverfahrens (Endorsement) förmlich übernommen worden sind. Neben den Standards bleiben bestimmte Vorschriften des HGB anwendbar.

2. Abschnitt. Ergänzende Vorschriften für Kapitalges.   6–9 § 315e

B. Anwendung der HGB-Vorschriften in von den IAS nicht abgedeck- 6
ten Bereichen: Die internationalen Standards bilden grundsätzlich ein in sich
geschlossenes und abgeschlossenes Regelwerk, das die Transparenzanforderungen
umfassend beschreibt. Die Zulassung zusätzlicher oder abweichender mitglied-
staatlicher Transparenzanforderungen widerspräche dem Ziel, für Abschlüsse
kapitalmarktorientierter Unt. im Binnenmarkt ein Höchstmaß an Vergleichbarkeit herzustellen. Dies gilt nicht für von den internationalen Standards nicht
abgedeckte Bereiche. Dies betrifft gem. der von Rat und Kommission anlässlich
der Verabschiedung der Modernisierungs-RL (→ Einl. vor § 238 Rn. 4) abgegebenen Gemeinsamen Erklärung im Wesentlichen: 1) Vorschriften darüber,
welche Unt. konzernabschlusspflichtig sind, 2) bestimmte Angaben im Anhang
zum Konzernabschluss, 3) den Konzernlagebericht, 4) die Prüfung des Konzernabschlusses und des Konzernlageberichts, 5) die Offenlegung des Konzernabschlusses, des Konzernlageberichts und ergänzender Unterlagen. Demgemäß
bestimmt I für IAS-pflichtige MutterUnt., dass neben den IAS anwendbar bleiben: § 294 III (Mitwirkungspflichten der TochterUnt. bei der Konzernrechnungslegung), § 298 I (soweit auf die §§ 244, 245 betreffend Sprache, Währung
und Unterzeichnung verwiesen wird), § 313 II (erforderliche Angaben
im Konzernanhang oder in einer Aufstellung des Anteilsbesitzes; § 313 III ist
zwar für kapitalmarktorientierte Unt. nicht anwendbar, kann aber für freiwillig
nach IAS bilanzierende Unt. bedeutsam sein), § 314 I Nr. 4 und 6 (Angaben zur
Beschäftigtenzahl, zum Personalaufwand, zu den Bezügen der Organmitglieder
und zu den diesen gewährten Vorschüssen und Krediten), § 314 I Nr. 8 (Compliance-Erklärung gem. § 161 AktG), § 314 I Nr. 9 (Vergütung des Abschlussprüfers) sowie § 315 (Konzernlagebericht) und die außerhalb des 2. Unterabschnitts (§§ 290–315a) den Konzernabschluss oder den Konzernlagebericht
betreffenden Vorschriften (insbesondere zu Prüfung und Offenlegung).

3) Über die IAS-VO hinausgehende Anforderungen (II)

II schreibt – über den Anwendungsbereich der IAS-VO hinausgehend – die 7
Anwendung der von der EU übernommenen internationalen Standards und der
in I genannten ergänzenden Vorschriften des HGB für Fälle vor, in denen bis
zum Bilanzstichtag die Zulassung eines Wertpapiers zum Handel am inländischen
amtlichen oder geregelten Markt beantragt worden ist. Vorbilder: § 267 III 2,
§ 292a I 2 (aufgehoben), § 293 V, § 297 I 2, die ebenfalls die Qualifikation als
kapitalmarktorientiert zeitlich vorverlagern. Allerdings stellt § 315e II lediglich
auf einen Zulassungsantrag der Konzernmutter ab; der Antrag eines TochterUnt.
löst keine IAS-Pflicht aus.

4) Nicht von der IAS-VO erfasste MutterUnt. (III)

III 1 gibt dem nicht kapitalmarktorientierten (nicht bereits von der IAS-VO 8
oder von II erfassten) MutterUnt. in Ausübung der Mitgliedstaatenwahlrechte
gem. Art. 5b IAS-VO die Möglichkeit, seinen Konzernabschluss freiwillig nach
den internationalen Standards aufzustellen. Dies trifft auch für Unt. zu, die
während der zweijährigen Übergangsfrist gem. **(1)** EGHGB Art. 51 I die Standards noch nicht anwenden müssen. III 2 stellt klar, dass die ins EU-Recht
übernommenen Standards sowie die in I genannten ergänzenden Vorschriften des
HGB vollständig zu befolgen sind, sofern von dem Wahlrecht Gebrauch gemacht
wird. Der Konzernabschluss kann also auch bei freiwilliger Anwendung der IAS
nicht bloß teilweise nach den Standards oder einem Teil der in das EU-Recht
übernommenen Standards aufgestellt werden (s. auch IAS 1.15).

5) Erstmalige Anwendung der IAS/IFRS

Der Übergang vom HGB-Abschluss zum IAS/IFRS-Abschluss richtet sich 9
nach IFRS 1 (→ Einl. vor § 238 Rn. 56, 48), der allgemein die erstmalige

Einl v § 316 1 3. Buch. Handelsbücher

Anwendung der Standards regelt. **Lit.** Lüdenbach StuB 2014, 698 (Rückkehr vom IFRS- zum HGB-Konzernabschluss).

Dritter Unterabschnitt. Prüfung

Einleitung vor § 316

Schrifttum

S. allgemein Einl vor § 238, dort auch Komm zu §§ 316 ff, ua. – IDW Prüfungsstandards, Stellungnahmen zur Rechnungslegung (IDW Verlautbarungen), Bd I (IDW PS, IDW PH), Bd II, III (LBl) (74. Aktualisierung; 2019). – **Kommentare:** ADS 6. Aufl Teil Bd 7 2000, ErgBd 2001. – BeckBilKomm 12. Aufl 2020. – GK(HGB, Ensthaler)/*Marsch-Barner* 8. Aufl 2015. – KöKoRechnungslegungsrecht 2011. – MBF 2017 Kap 17. – MüKoHGB/*Ebke* Bd 4 34. Aufl 2020. – Staub/Habersack/Schürnbrand 5. Aufl 2008 ff, Bd 7 I (§§ 316–330) 2010. – **Monografien:** Speziell zur Abschlussprüfung IDW, 50 Jahre Wirtschaftsprüferberuf, 1981. – Marten/Quick/Ruhnke 5. Aufl 2015. – Niemann 4. Aufl 2011. – Förschle/Peemöller, Wirtschaftsprüfung und interne Revision, 2004. – Koziol/W. Doralt Wien 2004. – W. Doralt, Haftung der Abschlussprüfer, Wien 2005. – Schattka, Europäisierung der Abschlussprüferhaftung, 2012. – Meixner/Schröder, WPHaftung, 2013. – Wirtschaftsprüfer-Handbuch, 16. Aufl 2019 (WP-Hdb). – **Aufsätze:** *Pfitzer/Oser/Orth* DB 2004, 2593 (BilReG). – *Ring* WPg 2005, 197 (BilReG Unabhängigkeit). – *Scheffler* WPg 2005, 477 (Corporate Governance). – *Habersack* in Bayer/Habersack, Aktienrecht im Wandel 2007, 681 (Geschichte). – *Merkt* FS Priester 2007, 467 (öffentliche Unt.). – *Erchinger/Melcher* DB Beil 5/2009, 91 (Prüfung nach BilMoG). – *Mattheus* in Hommelhoff/Hopt/v Werder, Handbuch Corporate Governance 2. Aufl 2009, 563 ff. – *Ebke* FS Hopt 2010, 559 (Insolvenz). – *Hommelhoff* FS Hoffmann-Becking 2013, 547 (Aufsichtsratsentscheid über prüfungsfremde Leistungen). – *Scheffler* AG 13–14/ 2014, R 196, 20/2014, R 304 (Reform 2014). – *Backhaus/Kirsch/Kraft* IDW-FN Beiheft 2/ 2015 (Berufsstand 2025). – *AKBR* BB 2015, 555 und *Hommelhoff/Lanfermann* FS Haarmann 2015, 73 (mehrjährige Bestellperiode). – *Hopt, Hennrichs, Böcking/Gros, W. Doralt* ZGR 2015, 186 ff. – *Blöink* BB 2015, 1067. – *Velte* WPg 2015, 482, *DAV-Handelsrechtsausschuss* NZG 2015, 752. – *Lanfermann/Maul* BB 2015, 1003. – IDW Positionspapiere v. 16.4.14 und 25.6.15 (abrufbar auf der IDW-Homepage). – *Merkt* ZHR 179 (2015), 601 (Reform 2014). – *Merkt* ZGR 2015, 215 (ISA). – IDW Fachlicher Hinweis v. 4.3.2020, IDW Fachlicher Hinweis v. 25.3.2020; IDW Fachlicher Hinweis v. 8.4.2020. **Muster:** *Hopt/Merkt* Vertrags- und Formularbuch, 5. Aufl 2022, Teil III.A.–K., speziell III.E.1–6 (Bestätigungsvermerk).

Übersicht

	Rn
1) Die §§ 316–324a über die Prüfung und ihre Reformen	1–3
2) Die §§ 316–324a im europäischen und internationalen Umfeld	4–15e
A. Europäische Vorgaben, insbesondere die Abschlussprüferreform 2014:	4–10
B. Abschlussprüfung, Corporate Governance und internationales Umfeld:	11–13
C. Abschlussprüfung und Digitalisierung:	14
D. Abschlussprüfung und Corona-Pandemie:	15
E. Abschlussprüfung nach Wirecard:	15a–15e

1) Die §§ 316–324a über die Prüfung und ihre Reformen

1 Der 3. Unterabschnitt über die Prüfung des Jahres- und des Konzernabschlusses einschließlich des Lage- und des Konzernlageberichtes von (nicht kleinen, § 267 I) KapitalGes. geht wie das ganze Dritte Buch auf das BiRiLiG v. 19.12.1985 BGBl. 2355 zurück, nachdem vorher nur eine rudimentäre Regelung im AktG 1965 vorhanden war. Seither sind zahlreiche weitere wichtige Reformen ergangen (HGB Gesamtübersicht → Einl. vor § 1 Rn. 11), vor allem durch das **KonTraG** 27.4.1998 BGBl. 786 (§§ 315, 317, 318, 319, 321, 322, 323); **KapCoRi-**

2. Abschnitt. Erg. Vorschriften f. Kapitalges.   **2–4 Einl v § 316**

LiG 24.2.2000 BGBl. 154 (§§ 318, 319); **WPOÄG** 19.12.2000 BGBl. 1769 **2**
(§§ 319 II 2, III Nr. 7, 323 I 1 Hs. 2); **EuroBilG** 10.12.2001
BGBl. 3414 (§§ 313 II Nr. 4 S. 2, 319 II 2, 323 II 1, 2); **4. FinanzmarktfördG**
21.6.2002 BGBl. 2010 (§§ 317 IV, 319 III Nr. 6, 323 II 2); **TransPuG**
19.7.2002 BGBl. 2681 (§§ 316 II 2, 317 IV, 321 I 3, II); **WPRefG** 1.12.2003
BGBl. 2446 (§ 323 V; sog. 5. WPO-Novelle), **BilKoG** 15.12.2004 BGBl. 3408;
APAG 27.12.2004 BGBl. 3846; **APAReG** 31.3.2016 BGBl. I 518 und **AReG**
10.5.2016 BGBl. I 1142; in Planung: RefE FISG vom 26.10.2020; näher → **(2a)**
WPO Einl. vor § 1 Rn. 19.

Einschneidende Änderungen vor allem durch Stärkung der Unabhängigkeit **2**
der Abschlussprüfer hat das **BilReG** 4.12.2004 BGBl. 3166 gebracht (§§ 317 II
1, 2, 318 III, 319, 319a, 321 II 3, III 2, 321a, 322, 324a). §§ 319, 319a orientieren
sich an der Unabhängigkeitsempfehlung der EU-Kommission und bereits am
Vorschlag der 8. EU-RL (→ Rn. 4) und haben die US-amerikanische Gesetzgebung
im Blick (RegE). Ziel ist die Wiederherstellung des Vertrauens in das
Funktionieren der Kapitalmärkte und die Unabhängigkeit der Abschlussprüfer.
Das BilReG beschränkt sich auf ein Selbstprüfungsverbot und schließt anders als
der Sarbanes-Oxley Act (→ Rn. 12) die Erbringung von Rechtsberatungs- und
Expertenleistungen ohne Verbindung mit der Prüftätigkeit nicht aus. Ob es
dabei bleibt, hängt vom Anwendungsverhalten des Berufstands und der geprüften
Unt. ab (RegE). Der Abschlussprüferunabhängigkeit dient auch § 285 Nr. 17 nF
für Unt., die einen organisierten Markt iSv **(16b)** WpHG § 2 XI in Anspruch
nehmen. Vorgeschrieben sind danach weitere Anhangsangaben über die Honorare
des Abschlussprüfers für die Abschlussprüfung sowie sonstige Bestätigungs-
oder Bewertungs-, Steuerberatungs- und andere Leistungen.

Weitere einschneidende Änderungen auch zu den Prüfungsvorschriften der **3**
§§ 316 ff. hat – in Umsetzung der Abschlussprüfungs-RL 2006 (→ Rn. 4) und
mit zusätzlichen Prüfungs- und Unabhängigkeitsanforderungen – das BilMoG
2009 (**Übergangsrecht** in **(1)** EGHGB Art. 66 III) gebracht (317 II 2, III 2, 3,
V, VI, 318 III 1, VIII, 319a I 1, Nr. 4, S. 4, II 2, 319b, 320 IV, 321 IVa, 324). Sie
betreffen ua die Nichterstreckung der Prüfung auf die Erklärung zur Unternehmensführung
nach § 289a nF, die Verwertung der Arbeit eines anderen
Prüfers, die Anwendung internationaler Prüfungsstandards und die Zulässigkeit
weiterer Prüfungsanforderungen (alles § 317), die Benachrichtigung der WPK
bei Kündigung oder Widerruf des Prüfungsauftrags (§ 318 VIII), die Verpflichtung
zur internen Rotation und die netzwerkweite Prüferunabhängigkeit
(§ 319b), ein Informationsrecht des neuen gegen den alten Abschlussprüfer
(§ 320 IV), die Bestätigung seiner Unabhängigkeit durch den Abschlussprüfer
(§ 321 IV a) und die ersatzlose Abschaffung des bisherigen § 324 über Meinungsverschiedenheiten zwischen einem Prüfer und dem zu prüfenden Unt. Besonders
hervorzuheben ist § 324 nF in Umsetzung der Abschlussprüfungs-RL, wonach
kapitalmarktorientierte KapitalGes. iSv § 264d (neu BilMoG 2009 **Übergangsrecht** in **(1)** EGHGB Art. 66 III), die keinen Aufsichts- oder Verwaltungsrat
haben, der die Voraussetzungen des § 100 V AktG (neu BilMoG) erfüllen muss,
einen **Prüfungsausschuss** einzurichten haben, der sich insbesondere mit den in
§ 107 III 2 AktG (neu BilMoG) beschriebenen Aufgaben befasst (Ausnahmen
§ 324 I 2; weitreichende nähere Anforderungen in § 324 II). **Übergangsrecht**
in **(1)** EGHGB Art. 66, 67. Stichtag (für §§ 317 ff.): grundsätzlich das nach dem
31.12.2008 beginnende Geschäftsjahr (Art. 66 II); verschiedene Ausnahmen:
§ 319a I Hs. 1 a. F. (31.12.2009, Art. 66 III), §§ 318 III, 319a I 1 Hs. 1 (1.1.2010,
Art. 66 V) und § 324 (1.1.2010, Art. 66 IV Hs. 1, beachte auch Hs. 2).

2) Die §§ 316–324a im europäischen und internationalen Umfeld

A. **Europäische Vorgaben, insbesondere die Abschlussprüferreform 4
2014:** Wesentliche Vorgaben kommen aus dem europäischen Recht. Der erste

Merkt 1433

Schritt war die **Abschlussprüfungs-RL** v. 10.4.1984 (8. EU-Ri, vgl. → Einl. vor § 105 Rn. 36), ABl. 1984 L 126, 20, **ÄnderungsRL und Abschlussprüfungs-VO 2014** (→ Rn. 7 ff.). Nach ihrem **Grünbuch** über Rolle, Stellung und Haftung des Abschlussprüfers in der EU ABl. 1996 C 321, 1 hat die EU-Kommission 1998 eine **Mitteilung** über **Die Abschlussprüfung in der EU: künftiges Vorgehen** veröffentlicht, ABl. 1998 C 143, 12. Inzwischen liegen vor: **Empfehlung** der Kommission über **Mindestanforderungen an Qualitätssicherungssysteme für die Abschlussprüfung in der EU**, ABl. 2001 L 91, 91; **Empfehlung** der Kommission 16.5.2002 zur **Unabhängigkeit des Abschlussprüfers in der EU – Grundprinzipien**, ABl. 2002 L 191, 22; **Mitteilung** der Kommission 21.5.2003 ABl. C 236, 2 **zur Stärkung der Abschlussprüfung in der EU.**

5   RL über Abschlussprüfungen von Jahresabschlüssen und konsolidierten Abschlüssen, zur Änderung der RL 78/660/EWG und 83/349/EWG des Rates und zur Aufhebung der RL 84/253/EWG des Rates, 17.5.2006 ABl. 2006 L 157, 87. Diese sog. **Abschlussprüfungs-RL 2006** (ÄnderungsRL 2014 → Rn. 7) hat die 8. EU-RL aufgehoben und die Abschlussprüfung umfassend geregelt, nämlich: Zulassung, kontinuierliche Fortbildung und gegenseitige Anerkennung (Kap. II), Registrierung (Kap. III), Berufsgrundsätze, Unabhängigkeit, Unparteilichkeit, Verschwiegenheit und Berufsgeheimnis (Kap. IV; Art. 22: „unabhängig und nicht in das Treffen von dessen Entscheidungen eingebunden"; „(k)eine finanzielle oder geschäftliche Beziehung, (k)ein Beschäftigungsverhältnis oder eine sonstige Verbindung", „wozu auch die Erbringung zusätzlicher Leistungen ... zählt", die ihre Unabhängigkeit gefährden könnte), Prüfungsstandards und Bestätigungsvermerk (Kap. V), Qualitätssicherung (Kap. VI), Untersuchungen und Sanktionen (Kap. VII), Öffentliche Aufsicht und gegenseitige Anerkennung der mitgliedstaatlichen Regelungen (Kap. VIII), Bestellung und Abberufung (Kap. IX), Besondere Bestimmungen für die Abschlussprüfung bei Unt. von öffentlichem Interesse (Kap. X; breite Definition dieser Unt. in Art. 2 Nr. 13; Art. 42: interne Rotation des Prüfers nach höchstens 7 Jahren, Abkühlungsphase (cooling off) von 2 Jahren; außerdem obligatorischer Prüfungsausschuss nach Art. 41 bei Unt. von öffentlichem Interesse), Internationale Aspekte (Kap. XI). Die Kommission prüft ferner den Bedarf für ein generelles Verbot prüfungsfremder Leistungen für Mandanten. Umsetzung durch BilMoG 2009 (**Übergangsrecht** in **(1)** EGHGB Art. 66 III) (→ Rn. 3) und die **7. WPO-Novelle** (→ **2a**) WPO Einl. Rn. 9). **Empfehlung** der Kommission **zur Beschränkung der zivilrechtlichen Haftung** von Abschlussprüfern und PrüfungsGes., 5.6.2008 ABl. L 162, 39, mit drei Methoden zur Wahl: finanzieller Höchstbetrag, Beschränkung der Haftung auf den tatsächlichen Beitrag zum Schaden, oder Haftungsbeschränkungsvereinbarung, letztere allerdings unter gerichtlicher Kontrolle, Billigung der Aktionäre und Veröffentlichung im Anhang des Abschlusses. **Empfehlung** der Kommission **zur externen Qualitätssicherung** bei Abschlussprüfern und PrüfungsGes., die Unt. von öffentlichem Interesse prüfen, 6.5.2008 ABl. L 120, 20.

Grünbuch, Weiteres Vorgehen im Bereich der Abschlussprüfung: Lehren aus der Krise, 13.10.2010, KOM(2010) 561 endg. Die Kommission hat die Abschlussprüfung darin in 8 Themenkreisen mit 38 Fragen umfassend auf den Prüfstand gestellt: Informationen an die Interessengruppen und die ISA, Governance und Unabhängigkeit, Beaufsichtigung, Marktkonzentration, Schaffung eines Europäischen Markts, KMU, KMP und die internationale Zusammenarbeit bei der Aufsicht. Die Reaktion auf die zT extremen Vorstellungen (staatliche Mandatsvergabe und Honorarfestsetzungen) war deutlich, zB AK Bilanzrecht Hochschullehrer Rechtswiss NZG 2012, 147, DAV HdlRechtsausschuss NZG 2011, 16.

Lit. Eisenhardt/Wader DStR 2010, 2532; IDW IDW-FN 2011, 13; MPI-Arbeitsgruppe ZIP 2011, 459; Niemann DStR 2010, 2368; Ergebnisse NZG 2011,

224; Wild/Scheithauer WPg 2012, 186 (Konzentration); Böcking/Gros/Wallek/ Worret WPg 2011, 1159 (Kritik an der Konsultationsauswertung).

Reformvorschläge der Kommission von 2011: Vorschläge für eine Reform der Abschlussprüfungs-RL und eine Abschlussprüfungs-VO 30.11.2011 KOM(2011) 778, 779. Die Vorschläge für **Änderungen der RL** betrafen ua: erweiterter Begriff der Abschlussprüfung, Pass für PrüfungsGes. und Abschlussprüfer, internationale Prüfungsstandards, Erleichterungen für KMU. Der Vorschlag einer **Abschlussprüfungs-VO** enthielt strengere Anforderungen an die Abschlussprüfung bei Unt. von öffentlichem Interesse: zur Unabhängigkeit und Vermeidung von Interessenkonflikten (Verbot bzw. Untersagung bestimmter prüfungsfremder Leistungen, Höchstgrenze von 10 % des Prüfungshonorars von dem Unt. für prüfungsverwandte Leistungen für das Unt., Bestätigung der Unabhängigkeit durch den Prüfungsausschuss, Anforderungen an die interne Organisation, Karenzzeit bei Einstellung von früheren Abschlussprüfern oder Mitarbeitern von zwei Jahren); Durchführung der Abschlussprüfung; erhöhte Transparenz und externe Rotation (Erstbestellung für mindestens zwei Jahre, Wiederbestellung nur bis zu insgesamt sechs Jahren, ausnahmsweise Verlängerung auf acht Jahre; bei Befassung von zwei Abschlussprüfern neun Jahren, ausnahmsweise zwölf Jahre; dann Karenzzeit von vier Jahren, Übergabebericht an den neuen), zudem Einschaltung auch der ESMA und ihre Ermächtigung zu Leitlinien. Besonders strittig waren die Inkompatibilitäten (Verbot der Simultanberatung und Gebot reiner PrüfungsGes. mit Prüfungseinnahmen von mehr als 1,5 Mrd. Euro) und die externe Rotation.

Verabschiedete EU-Reform 2014: Die Reform der **Abschlussprüfungs-RL** (Abschlussprüfungsänderungs-RL 16.4.2014 ABl. L 158, 196 ff.) beinhaltet unter anderem einen weiteren Begriff der Abschlussprüfung, einen europäischen Pass, das Bestehen auf einer „kritischen Grundhaltung", Vorgaben zur internen Organisation und Arbeitsorganisation, Prüfung und Bestätigungsvermerk gemäß den internationalen Prüfungsstandards und Erleichterungen für kleine und mittlere Unt., sofern diese nicht Unt. von öffentlichem Interesse sind. Die eigentlichen Probleme liegen jedoch in der **Abschlussprüfungs-VO** 16.4.2014 ABl. L 158, 77, ber. ABl. L 170, 66. Hier wurden die Anforderungen an die Abschlussprüfung bei Unt. von öffentlichem Interesse (public interest companies, PIE: kapitalmarktorientierte Unt., Kreditisntitute, Versicherungen) ganz erheblich verschärft, so zur **externen Rotation** (Prüferwechsel grundsätzlich nach 10 Jahren; → § 318 Rn. 5, 6), **interne Rotation** (verantwortlicher Prüfungspartner: nach sieben Jahren für mindestens drei Jahre; beteiligtes Führungspersonal: angemessenes graduelles Rotationssystem), schärfere Bestimmungen über **Unabhängigkeit** und **Vermeidung von Interessenkonflikten** und erhöhte Anforderungen an die **Durchführung der Abschlussprüfung** (Organisation, Ressourcen, Qualitätssicherung, kritische Grundhaltung, Bestätigungsvermerk, zusätzlicher Bericht an den Prüfungsausschuss, erhöhte Transparenz, Meldungen an die Behörde, Empfehlung des Prüfungsausschusses zur Bestellung der Abschlussprüfer ua). Vor allem aber sind sie mit dem Übergang auf die Rechtsform der **europäischen VO unmittelbar unionsrechtlich geregelt.** Das ist eine in den letzten Jahren besonders im Bank- und Kapitalmarktrecht aufgekommene Praxis, zu der vorhergesagt wird, dass sie künftig „ein Großteil des Kapitalmarktrechts" als VO erlassen werden wird. Diese Praxis sorgt zwar für größere Rechtseinheitlichkeit, aber um den Preis, dass sie den Mitgliedstaaten die Möglichkeit systemkonformer Umsetzung in das nationale Recht entzieht und die unvermeidlichen Auslegungsprobleme direkt auf die europäische Ebene hinaufschiebt. Der Rechtsausschuss des Europäischen Parlaments hatte deswegen in seinem Bericht vom 15.4.2013 vorgesehen, dass ein Teil der Artikel aus der VO in die RL überführt werden sollte. Die nunmehr zustande gekommene Abschlussprüferreform war bis zuletzt strittig und wird dementsprechend, was ihre Sinnhaftigkeit und ihre Auswirkungen auf die Praxis angeht, diametral unterschiedlich bewertet. Für Deutschland sind durch die externe Rotation rund 1.600 Unt. betroffen, da über 800 nichtkapitalmarktorientierte Banken und Versicherungen ebenfalls erfasst sind, in der EU mehr als 30.000. Für Deutschland, wo im Zeitpunkt der Reform 24 der DAX 30-Unt. seit mehr als 20 Jahren denselben Prüfer hatten, kam es auf die Umsetzung der RL und die Ausübung des Mitgliedstaatenwahlrechts durch den Gesetzgeber an, wobei das deutsche berufsständische System, was die Aufsicht angeht, nicht unverändert beibehalten werden konnte. Die Umsetzung erfolgte durch das **AReG** und das **APAReG,** dazu näher unten. **Lit.** (Stellungnahmen zum RegE) IDW, WPK, Merkt ZHR 179 (2015), 601. **Übersichten:** vor der Reform 2014 s. hier 36. Aufl.; nach der Reform Scheffler AG 13–14/2014, R 196, 20/2014, R 304; Köhler/Gehring BB 2015, 235; Hopt ZGR 2015, 186; Merkt ZHR 179 (2015), 601 (AReG); **allgemeiner** IDW WPg-Sh 1/2012 Die Zukunft der Abschlussprüfung (ua zu Beratungsverbot, externe Rotation, Honorare, einheitliche Prüfungsnormen); Böcking/Gros/Worret Jb. für Controlling und Rechnungswesen 2013, 449; Knauer/Gold/Pott WPg 2013, 125 (Rotation, rvgl und empirisch); Erfkamp/Janke WPg 2013, 264 (empirisch); Köhler/Liu WPg 2014, 985 (Nichtprüfungsleistungen); Wolz/Tilmann/Widmann KoR 2015, 622 (Untersuchung der Zielerreichung); Bürkle VersR 2016, 1145; Weber/Velte/Stock WPg 2016, 660 (Auswirkungen der Pflichtrotation auf Prüfungsmarkt); Hennrichs WPg 2018, 1057 (Nichtprüfungsleistungsverbot und Bagatellgrenze); Bose/Lilienbecker BB 2019, 746 (Nichtprüfungsleistungen).

8 Ob es auf Dauer bei der bloß allgemeinen Vorgabe des Art. 30 II nF 2014 der RL („wirksame, verhältnismäßige und abschreckende Sanktionen" für Abschlussprüfer, die sich nicht an die RL halten) bleibt, ist offen. Eine Studie über zivilrechtliche Haftungssysteme für die EU-Kommission von 2001 betont die nationalen Unterschiede, eine weitere Studie hat London Economics im Auftrag der EU Kommission 2005 vorgelegt, Klaas WPg 2006, 1489; MüKoHGB/Ebke § 323 Rn. 253. Die Konsequenz ist, dass die EU-Kommission vor der Harmonisierung der Abschlussprüferhaftung zurückscheut und die **Abschlussprüferreform 2014** stattdessen die verwaltungsrechtlichen Untersuchungen und Sanktionen ganz erheblich ausgebaut hat (Abschlussprüfungs-RL Art. 30 ff. idF 2014, → Einl. vor § 316 Rn. 7). MüKoHGB/Ebke § 323 Rn. 235 ff.; Merkt ZHR 179 (2015), 601 (AReG); Hopt ZGR 2015, 186 (Kernbereichsharmonisierung); Doralt ZGR 2015, 266 (Haftung, rvgl).

9 Der **deutsche Gesetzgeber** hat die EU-Reform durch das **Abschlussprüfungsreformgesetz (AReG)** v. 10.5.2016 zum 17.9.2016 umgesetzt (RL) bzw. ausgeführt (VO); **Übergangsrecht** zu AReG **(1)** EGHGB Art. 79, zu APAReG **(1)** EGHGB Art. 78. Der RefE v. 27.3.2015 und der RegE v. 16.12.2015 strebten im Wesentlichen eine 1:1-Umsetzung an (RefE 1). Die Änderungen betreffen insbesondere die Klarstellung der von der VO erfassten Unt. in § 317 IIIa, die sog. Pflichtrotation in § 318 Ia, die Erbringung von Nichtprüfungsleistungen in § 319a I (bis zum FISG), den Prüfungsbericht in § 321, den Prüfungsausschuss in § 324, Straf- bzw. Bußgeldsanktionen für die Verletzung von Pflichten bei der Abschlussprüfung in §§ 333a, 334 IIa, 335c, 340m, 340n, 341m, 341n sowie Ausnahmen für Abschlussprüfungen bei Sparkassen und Genossenschaften (AReG RefE 1). **Lit.** Hopt ZGR 2015, 186; Blöink BB 2015, 1067; Velte WPg 2015, 482; DAV-Handelsrechtsausschuss NZG 2015, 752; Lanfermann/Maul BB 2015, 1003; IDW Positionspapiere v. 16.4.2014 und 25.6.2015 (abrufbar auf der IDW-Homepage); Merkt ZHR 179 (2015), 601 (Reform 2014/2016); Schmidt DB 2016, 1945 (Umsetzung); Hennrichs WPg 2018, 1057 (Nichtprüfungsleistungsverbot und Bagatellgrenze).

10 Parallel dazu ist die Aufsicht über die Abschlussprüfer reformiert worden durch das **Gesetz zur Umsetzung und Ausführung der aufsichts- und berufsrechtlichen Regelungen der EU-Abschlussprüfungsreform (APAReG).**

Die Aufsicht wurde insgesamt neu strukturiert und gestärkt; gleichzeitig wurden Regelungen des Berufsrechts (WPO) unter weitestmöglichem Erhalt der beruflichen Selbstverwaltung angepasst. Ziel: Stärkung des Vertrauens der Anleger in die Ordnungsgemäßheit und Zuverlässigkeit der Untabschlüsse; Erhöhung der Wirksamkeit und Transparenz der Aufsicht. Führung der Aufsicht zukünftig durch berufsstandsunabhängige und selbständige Abschlussprüferaufsichtsstellen beim Bundesamt für Wirtschaft und Ausfuhrkontrolle (BAFA). Durch weitestmögliche gesetzliche Übernahme des Personals der bisherigen Abschlussprüferaufsichtskommission (APAK) soll Kontinuität gewahrt werden. Ein Teil der Aufgaben wurde auf die Selbstverwaltung der Wirtschaftsprüfer in der WP-Kammer übertragen. Nunmehr gelten strenge Vorgaben für Qualitätssicherungssystem, Unabhängigkeitsanforderungen an Abschlussprüfer und Dokumentationspflichten. Erleichterungen gibt es für kleinere und mittelgroße Prüferpraxen, für vereidigte Buchprüfer wurde Möglichkeit zur verkürzten Prüfung zum Wirtschaftsprüfer wiedereingeführt. Sanktionen können nunmehr auch gegen PrüfungsGes. verhängt werden und bereits Berufspflichtverstöße, die bei einer Qualitätskontrolle festgestellt werden, können zu berufsaufsichtlichen Verfahren und Sanktionen führen. Schwerpunkt der Reform liegt in **(2a)** WPO, im HGB betroffen §§ 292 III 3; 319 I 3; 340k; 340l II 3; 342b VIII 2 (durch FISG aufgehoben) (s. jeweils dort). Durch APAReG und damit verbundene Anpassungen der WPO sowie Überarbeitung der Berufssatzung für WP/vBP wurden Änderungen in der Ausgestaltung der Qualitätssicherungssysteme für WP erforderlich. WP haben gemäß § 55b I WPO in ihrer Praxis Regelungen zu schaffen, die die Einhaltung der Berufspflichten gewährleisten, sowie die Anwendung der genannten Regelung zu überwachen und durchzusetzen. Die Ausgestaltung des internen QSS ist in Abhängigkeit von Umfang und Komplexität der beruflichen Tätigkeit vorzunehmen. Internes QSS ist zu dokumentieren und den Mitarbeitern einer WP-Praxis zur Kenntnis zu geben. Konkretisierung der Anforderungen durch angemessene Grundsätze und Verfahren zur ordnungsgemäßen Abwicklung der QSS in IDW EQS 1 und dazu Marten WPg 2017, 428. **Lit.** Lücke/Stöbener/Giesler BB 2015, 1578; Farr WPg 2016, 762 (Änderung WPO und Berufssatzung WP/vBP).

B. Abschlussprüfung, Corporate Governance und internationales Umfeld: Die Reform 2014/16 (→ Rn. 7 ff.) und die nicht realisierten Reformvorschläge der Kommission, dazu Hopt ZGR 2015, 186, sind nicht nur komplementär zur Anwendung internationaler Rechnungslegungsstandards ab 2005 IAS-VO 19.7.2002 ABl. 2002 L 243, 1 zu sehen, sondern stehen auch im Zusammenhang des Aktionsplans: Europäisches Gesellschaftsrecht und Corporate Governance 12.12.2012, COM(2012) 740/2 (→ Einl. vor § 105 Rn. 36), dazu Hopt ZGR 2013, 165. Die Abschlussprüfung ist für die **Corporate Governance** zentral, wie auch der **Deutsche Corporate Governance Kodex** (Abschn. 7 Rechnungslegung und Abschlussprüfung) zeigt (AktG § 161 nF mit wesentlichen Änderungen durch BilMoG 2009, dazu GroßKoAktG/Leyens, 2012), der laufend überprüft und fortentwickelt wird (vgl. auch → § 319 Rn. 10, 13); zur dort vorgesehenen Unabhängigkeitserklärung (→ § 319 Rn. 13), zur Prüfung der Entsprechenserklärung (→ § 317 Rn. 7). Die Abschlussprüfung steht zwischen interner und externer Corporate Governance, Hopt in IDW, Kapitalmarktorientierte Unternehmensüberwachung, 2001, S. 27; Mattheus in Hommelhoff ua, HdB Corporate Governance, 2. Aufl. 2009, 563. Zum pre-approval durch den Prüfungsausschuss (→ § 318 Rn. 1); zur hoch strittigen Frage der Trennung von Prüfung und Beratung (→ § 319 Rn. 5). **Lit.** Hopt ZGR 2013, 165 (2. Aktionsplan der Kommission 2012); Merkt ZHR 179 (2015), 601.

Abschlussprüfung und Corporate Governance in Deutschland und Europa sind durch die Erfahrungen mit **Enron** und dem US-amerikanischen **Sarbanes-**

Einl v § 316 13, 14   3. Buch. Handelsbücher

Oxley Act 30.7.2002 nebst Folgeregelungen (SEC, NYSE) beeinflusst, aber nicht geprägt worden, vgl. Ring WPg 2005, 198 (→ Rn. 2). Letzterer geht weit in den Unabhängigkeitsanforderungen und der (noch bloß internen) Trennung von Prüfung und Beratung (Liste in Sec. 201). Vgl. auch APAG und PCAOB, → **(2a)** WPO Einl. vor § 1 Rn. 9. Zur Einrichtung von **Prüfungsausschüssen** (→ Rn. 6) nach dem Vorbild der audit committees Scheffler ZGR 2003, 236; Altmeppen/Schäfer ZGR 2004, 390 (416); Pohle/v. Werder DB 2005, 237 (best practice) u. §§ 107 III 2, IV, 124 III 3, 171 I 2 AktG, 324 HGB (s. dort) idF BilMoG 2009 (**Übergangsrecht** in **(1)** EGHGB Art. 66 III), Habersack AG 2008, 98. Auch künftig ist damit zu rechnen, dass die Abschlussprüfung durch die europäische und internationale Corporate Governance-Bewegung maßgeblich beeinflusst wird. Die Arbeit an ihrer Verbesserung ist eine dauerhafte, internationale und interdisziplinäre Aufgabe. **Lit.** Scheffler AG 20/2014, R 304 (Prüfungsausschss); Hopt ZGR 2015, 186 (Reform 2014, Harmonisierung, Internationalisierung); Merkt ZHR 179 (2015), 601.

13   Parallel zur Internationalisierungstendenz im Bereich der Rechnungslegung (IAS, IFRS) ist seit längerer Zeit ebenfalls eine Tendenz zur Internationalisierung bzw. zur weltweiten Harmonisierung der Abschlussprüfung zu beobachten. Trägerorganisation dieser Bemühungen ist die **International Federation of Accountants** (IFAC), eine internationale Vereinigung der Wirtschaftsprüfer, die im Jahre 1977 in München gegründet wurde und ihren Sitz in New York hat. In ihr vereinigen sich 157 Mitgliedsorganisationen aus 123 Ländern. Damit repräsentiert sie nach eigenen Angaben 2,5 Millionen Wirtschaftsprüfer. Die IFAC bestellt das International Auditing and Assurance Standards Board (IAASB), das für die Entwicklung und Weiterentwicklung der **International Standards on Auditing (ISA)** zuständig ist. Diese Standards werden – wie IFRS – zunächst als Entwurf (Exposure Draft, ED) in englischer Sprache[1] veröffentlicht und nach einer Phase der öffentlichen Diskussion in endgültiger Fassung bekanntgegeben. Die ISA sind wie folgt gegliedert: Introduction, Objective, Definitions, Requirements und Application and Other Explanatory Material. Nachdem lange Zeit unklar war, inwieweit die ISA auf die Grundsätze und Vorschriften der Prüfung im deutschen Recht ausstrahlen kann. einwirken, hat sich das IDW entschlossen, ein sog. **Integrationsmodell** (dazu Gewehr/Moser WPg 2018, 193) zu verfolgen, bei dem die einzelnen ISA in die vom IDW festgestellten Grundsätze ordnungsgemäßer Abschlussprüfung zu übernehmen, siehe etwa ISA 720 (Verantwortlichkeit des Prüfers in Bezg auf sonstige Informationen) integriert in IDW PS 202 (jetzt ISA [DE] 720) und dazu Stibi WPg 2018, 602. **Lit.** MBF Kap. 1 Tz. 139; Merkt ZGR 2015, 215.

14   C. **Abschlussprüfung und Digitalisierung:** Wie die Rechnungslegung (dazu → Einl. vor § 238 Rn. 48) wird auch die Abschlussprüfung stark durch die Digitalisierung beeinflusst. Dabei geht es um Prozessoptimierung, neue Geschäftsmodelle und Produkte des Berufsstands, gesteigerte Erwartungen an den Berufsstand. Wie weit **Big Data Analytics** die Abschlussprüfung gravierend verändern wird, ist noch nicht abzusehen. Die Entwicklungsgeschwindigkeit neuer Verfahren ist hoch. Allerdings ist unwahrscheinlich, dass das individuelle Urteilsvermögen des Prüfers vollständig automatisierbar ist. Der Wirtschaftsprüfer wird auch künftig nicht ersetzt, er kann sich aber Dank der Digitalisierung auf die kritischen Bereiche konzentrieren, in denen er seine Kompetenzen – verknüpft mit den Fähigkeiten fortgeschrittener Datenanalyseverfahren – effizient einsetzen kann. Speziell für **Krypto-Assets** und damit verbundene Transaktionen gilt, dass sie mit speziellen Prüfungsrisiken verbunden sind. Dies bedingt eine hohe Technik-Affinität sowie Spezialkenntnisse beim Prüfer. Die **Blockchain-Technolo-**

---

[1] Deutsche Übersetzung in *IDW*, International Standards on Auditing (ISAs) – IDW Textausgabe Englisch-Deutsch, 2011.

gie bringt nicht nur Herausforderungen mit sich, sondern ermöglicht in gewissen Bereichen günstigere und schnellere Prüfungen. Drittbestätigungen (Banken, Debitoren, Kreditoren) sind bei allen Nicht-Blockchain-Basierten Revisionen aufwändig und kostenintensiv. Solche Drittbestätigungen können möglicherweise in der Zukunft obsolet werden. So können bereits heute Transaktionen auf der Blockchain ohne Zutun des Mandanten durch den Prüfer öffentlich nachvollzogen werden. Weitere Digitalisierung durch ESEF-UG 2020 (**Übergangsrecht in (1) EGHGB Art. 84**): Jahresfinanzberichte sind ab 1.1.2020 in EU-standarisierter Digitalsprache (iXBRL und XHTML) aufzustellen. Damit ist auch Voraussetzung für maschinelle Auslesbarkeit geschaffen. Diese Berichterstattungsart eröffnet weitere Möglichkeiten, daher dürften mittelfristig wohl auch Nicht-Emittenten die neue Berichterstattungsform nutzen können, Zwirner/Lindmayr IRZ 2019, 284. **Umsetzung der Digitalisierungsrichtlinie:** Die Richtlinie EU 2019/1151 des Europäischen Parlaments und des Rates vom 20.6.2019 zur Änderung der Richtlinie (EU) 2017/1132 im Hinblick auf den Einsatz digitaler Werkzeuge und Verfahren im Gesellschaftsrecht (ABl. L. 186 vom 11.7.2019, („**DigRL**") muss bis zum 1.8.2021 bzw. bis zum 1.8.2022 umgesetzt werden. Gesetzesentwurf zum **DiRUG** (BT-Drucks. 19/28177) und Ausschussbericht (BT-Drucks. 19/30523) wurden am 10.6.2021 im BT angenommen. Die Neuregelungen zur rechnungslegungsbezogenen Publizität gelten erstmals für das nach dem 31.12.2021 beginnende Geschäftsjahr (**Übergangsrecht (1) EGHGB**). Die DigRL enthält u. A. Regeln zur elektronischen Einreichung und Offenlegung von Urkunden und verfolgt das Ziel des grenzüberschreitenden Informationsaustauschs über das Europäische System der Registervernetzung. Im BilanzR werden insb. die §§ 325 ff. angepasst (vgl. BT-Drucks. 19/28177, S. 15 ff.; 101 ff.). Die wohl wichtigste Vorgabe der GesRRL ist, dass das derzeit geltende Offenlegungssystem umgedreht wird. Bisher müssen die Unterlagen der Rechnungslegung zunächst beim Betreiber des Bundesanzeigers eingereicht und im Bundesanzeiger bekannt gemacht werden. Erst danach werden sie vom Betreiber des Bundesanzeigers an das Unternehmensregister übermittelt. Dies wird nunmehr geändert. Die Unterlagen der Rechnungslegung sind künftig direkt bei das Unternehmensregister führenden Stelle zur Erstellung in das Unternehmensregister zu übermitteln. Sie sind ausschließlich im Unternehmensregister abrufbar. Es wird darauf verzichtet, dass die im Unternehmensregister eingestellten Unterlagen an den Betreiber des Bundesanzeigers weitergeleitet werden sollen. Dies vermeidet die nach dem bisherigen System bestehende Doppelpublizität und stärkt die Funktion des Unternehmensregisters als „One-Stop-Shop" für Unternehmensinformationen (BT-Drucks. 19/28177, S. 101).
Lit. Dueck, Transparenz durch Digitale Datenanalyse, 2014; Göttsche/Steindl/Baier/Amann/Zipfel IRZ 2018, 401; Groß/Kummer/Oberwallner/Selhorn/Vogl WPg 2018, 127; Hemmerle/Langer IRZ 2019, 171; Kempf WPg 2017, 1299; Lieder/Goldshteyn WPg 2013, 53; IDW, Positionspapier: Auswirkungen der digitalen Transformation auf Finanzberichterstattung und Untbewertung, 2017; Mellinger BC 2017, 321; Odenthal WPg 2017, 546; Ruhnke WPg 2019, 64; Ruhnke WPg 2017, 422; Schrey/Thalhofer NJW 2017, 1431; Gerlach/Oser DB 2018, 1541 (Kryptowährungen): Marten/Harder WPg 2019, 761 (Digitalisierung); Fülber/Seitz/Fridgen DB 2019, 1337 (Blockchain im Rechnungswesen); Ernstberger/Keiling/Reuter/Romeike WPg 2019, 488 (Blockchain in Rechnungswesen und Wirtschaftsprüfung); Seebeck/Froh WPg 2019, 438 (Automatisierte Klassifizierung von KAM); Zwirner/Lindmayr IRZ 2019, 284 (ESEFF); Faßhauer/Schmidt/Özcan Konzern 2019, 437 (ESEF); Henselmann/Vetter/Mielich WPg 2019, 719; Obst WPg 2019, 771; Orth/Obst BB 2019, 2603; Weißenberger/Förster/Bravidor/Wesser WPg 2019, 118 (Digitalisierung); Schmidt DB 2020, 513; Scheffler AG 2020, R41; Orth/Obst WPg 2020, 422; Thomas/Sack/Langhein/Feld/Remark/Rebstadt WPg 2020, 2 (Audit Clouds);

Sellhorn/Kummer/Paulus/Brettschneider/Groß/Vogl WPg 2020, 311; Thomas/Sack/Langhein/Feld/Remark/Rebstadt WPg 2020, 964 (Audit Clouds); Marten/Harder WPg 2020, 11 (Digitalisierung); Vogl/Esswein/Groß DB 2020, 2697 (E-Files im Kontext der Jahresabschlussprüfung); Kolb/Plömpel WPg 2020 1462 (zur Inventur mit mobilen Endgeräten und deren Bedeutung bei der Abschlussprüfung); Kreher/Eichner WPg 2021 694 (Digitalisierung im Rechnungswesen).

15 **D. Abschlussprüfung und Corona-Pandemie:** Weltweite Ausbreitung der Corona-Pandemie hat erhebliche wirtschaftliche Auswirkungen auf Unternehmen, zB. in Form von Handels- und Produktionseinschränkungen als Folge von Reisebeschränkungen und vorübergehenden Schließungen und Produktionsstopps. Wirtschaftliche Auswirkungen der Pandemie haben auch Folgen für die Prüfung von Abschlüssen und Lageberichten der betroffenen Unternehmen sowie der Kommunikations- und Berichterstattungspflichten des Abschlussprüfers. Betroffen sind zunächst Abschlüsse auf den 31.12.2019. Folgen der Pandemie betreffen neben Inhalt der Abschlüsse auch die Arbeitsweise des Abschlussprüfers selbst, da Informationsbeschaffung und -auswertung vor neuen Herausforderungen steht. IDW hat als Orientierungshilfe fachliche Hinweise zu den möglichen „Auswirkungen der Ausbreitung des Coronavirus auf die Rechnungslegung und deren Prüfung" veröffentlicht (IDW Fachlicher Hinweis. Wegen Unvorhersehbarkeit der weiteren Entwicklung fordert IDW Abschlussprüfer und zuständige Unternehmensorgane zu stetiger Prüfung der vorhandenen Informationen und deren Auswirkungen auf Abschluss und Lagebericht auf. **Lit.** Kirsch BBP 2020, 105; Rimmelspacher/Kliem WPg 2020, 381; Schumann GmbH StB 2020, 108.

15a **E. Abschlussprüfung nach Wirecard: Gesetzgebung:** Im Nachgang zum Fall *Wirecard* haben das BMF und das BMJV am 26.10.2020 einen RefE für ein G zur Stärkung der Finanzmarktintegrität **(Finanzmarktintegritätsgesetz – FISG)** veröffentlicht. Am 16.12.2020 folgte der Regierungsentwurf. Am 1.1.2021 startete das Gesetzgebungsverfahren mit der Übersendung des Entwurfs durch die Bundesregierung an den Bundesrat (BR-Drucks. 9/21). Der Bundesrat nahm am 12.2.2021 Stellung (BR-Drucks. 9/21 (B)). Am 24.2.2021 wurde der Regierungsentwurf in den Bundestag eingebracht (BT-Drucks. 19/26966). Der Regierungsentwurf verfolgte verschiedene Ziele: Erstens sollte das derzeitige zweistufige Bilanzkontrollsystem mehr staatlich-hoheitlich ausgestaltet werden, da es bei betrügerischen Strukturen mit internationalen Dimensionen an seine Grenzen stoße. Dazu sollten die Rechte der BaFin gestärkt werden; diese sollte unmittelbar mit hoheitlichen Befugnissen ggü. Kapitalmarktunternehmen auftreten dürfen (vgl. §§ 107, 108, 109 WpHG idF FISG) und allein zuständig für Anlassprüfungen sein. Die Bedeutung der privaten Kontrolle sollte auf Stichproben reduziert werden, nach dem ursprünglichen Entwurf allerdings beibehalten werden. Ein „Blame-Shifting", also der Abschiebung von Verantwortung sollte dennoch durch die Reform erschwert werden, Hennrichs DB 2021, 268 f. Im Aktienrecht sollten die Vorgaben zum Prüfungsausschuss verschärft werden, von Keitz DB 2021, 3041. Zweitens sollte die Unabhängigkeit der Abschlussprüfer ausgebaut werden, zB durch Verkürzung der Höchstlaufzeiten der Mandate auf 10 Jahre und durch strengere Grenzen beim Verbot von Nicht-Prüfungsleistungen. Drittens sollte auch die Prüferhaftung verschärft werden, indem Höchstgrenzen nur noch für leichte Fahrlässigkeit gelten sollten und erhöht werden sollten. Viertens sollte das Bilanzstrafrecht verschärft werden und hier insbesondere eine neue Strafnorm für einen falsche Bilanzeid geschaffen und der Strafrahmen für einen vorsätzlich falsch erteilten Bestätigungsvermerk erhöht werden. In beiden Fällen wurde auch eine Strafbarkeit für leichtfertiges Verhalten eingeführt (§ 332 III). Schließlich sollte die Corporate Governance der Unternehmen gestärkt werden (§ 324 HGB idF FISG-E).

2. Abschnitt. Erg. Vorschriften f. Kapitalges.   15b–15d   **Einl v § 316**

Im Bundestag und im federführenden Finanzausschuss wurde der Regierungs- **15b**
entwurf kontrovers diskutiert, vgl. dazu der Bericht zum Gesetzgebungsverfahren (BT-Drucks. 19/29879, S. 137 ff.). Der Regierungsentwurf wurde weitgehend übernommen, an verschiedenen Stellen aber angepasst. Die größte Änderung betraf das System der Bilanzkontrolle. Der Rechtsausschuss favorisierte eine Bilanzkontrolle „aus einer Hand", die bei der BaFin angesiedelt wird. Das dualistische System und die private Prüfstelle werden abgeschafft. Damit wird gewährleistet, dass künftig für sämtliche Bilanzprüfungen eine staatliche Stelle mit hoheitlichen Befugnissen zuständig ist (BT-Drucks. 19/29879, S. 166). Es wurde ein Ende des „Kompetenzwirrwarrs" angestrebt (BT-Drucks. 19/29879, S. 151). Die zweite Änderung besteht in einer Erweiterung der Rotationspflichten für Wirtschaftsprüfer. Hierzu wurde § 43 VI der WPO ergänzt, wonach eine interne Rotation bereits nach fünf Jahren vorgeschrieben wird. Außerdem wurden die Berufspflichten des Abschlussprüfers in § 43 WPO normiert. Viertens wurden die Regeln zur Haftung der Wirtschaftsprüfer weiter ausdifferenziert (§ 323 HGB). Schließlich kann eine namentliche Benennung des Prüfers und der Prüfungsgesellschaft bei schwerwiegenden Pflichtverstößen erfolgen (§ 69 I 2 WPO).

Gerichtliche Aufarbeitung: Zur **Haftung der DPR** und der **BaFin** im **15c**
Zusammenhang mit Wirecard vgl. LG Wuppertal v. 10.9.2021, BB 2022, 431 ff. Zur Haftung des **Vorstands:** LG München 1.12.2021 3 O 18014/20 dazu OLG München, Beschl. v. 27.1.2022 8 W 1818/21. Zur **Haftung des Abschlussprüfers:** OLG Stuttgart v. 28.6.2021, 12 AR 6/21 (Die von der beklagten Wirtschaftsprüfungsgesellschaft verantworteten Bestätigungsvermerke auf den Konzernabschlüssen der Wirecard AG stellen öffentliche Kapitalmarktinformationen dar, die den Anwendungsbereich des § 32b Abs. 1 Nr. 1 ZPO eröffnen, sehr str.; Nach Ansicht des OLG Stuttgart hat das LG München I als zuständiges Gericht über Schadensersatzklagen von Aktionären der Wirecard AG mit Sitz in München zu entscheiden, auch wenn die Klagen nur gegen die Ernst & Young GmbH mit Sitz in Stuttgart gerichtet sind und nicht zugleich die Wirecard AG verklagt wird; OLG München v. 9.12.2021, 8 U 6063/21 (Hinweisbeschluss: Klagen wegen der Haftung des Abschlussprüfers für Testate über die Bilanzen der Wirecard AG bedürfen voraussichtlich einer umfangreichen Beweisaufnahme, Rn. 50, Ein Verfahren nach dem KapMuG erscheint möglich, sehr str.) OLG München v. 13.12.2021 3 U 6014/21 (Einemögliche Haftung aus § 826 BGB wegen vorsätzlicher sittenwidriger Schädigung gegen einen Wirtschaftsprüfer kommt in Betracht, wenn der Bestätigungsvermerk nicht nur unrichtig ist, sondern der Wirtschaftsprüfer seine Aufgabe nachlässig erledigt hat, zum Beispiel durch unzureichende Ermittlungen oder durch Angaben ins Blaue hinein, und er dabei eine Rücksichtslosigkeit an den Tag gelegt hat, die angesichts der Bedeutung des Bestätigungsvermerks für die Entscheidung Dritter als gewissenlos erscheint) OLG München v. 20.12.2021 8 U 6063/21.

Wissenschaftliche Debatte: Arbeitskreis Bilanzrecht Hochschullehrer **15d**
Rechtswissenschaft NZG 2020, 938 (Bekämpfung von Unregelmäßigkeiten bei der Rechnungslegung einschließlich Betrug); dies. BB 2020, 2731 (Stellungnahme zum RegE zum FISG); Hommelhoff BB 2020, 2284 (zusätzliche Missbrauchskontrolle; Plädoyer für eine „Manipulationsprüfer"); Allgemein: Schüppen DStR 2021, 246 (zum RegE zum FISG); Bormann/Böttger NZG 2021, 330 (Abschlussprüfung im Blick des FISG-RegE – Bilanzbetrug adé?); Gros/Velte, Der Konzern 2020, 436 (zum RefE FISG); Mülbert ZHR 185 (2021) 2 (Wirecard 4.0); Rinker IRZ 2020, 405 (Wirecard – Erläuterungen zum KPMG-Bericht); Quick DB 2021, 125 (zum RegE zum FISG); Farr WPg 2021 66 (Aufdeckung doloser Handlungen nach ISA [DE] 240 in der Abschlussprüfung); Hennrichs DB 2021, 273 (grds. Zustimmung zum FISG, Verschärfung der Haftung bei grober Fahrlässigkeit sollte überdacht werden); Lenz KoR 2020, 546 (Verantwortung des

Abschlussprüfers zur Aufdeckung von Bilanzdelikten, Täuschungen und Vermögensschädigungen am Beispiel von Wirecard); Quick/Toledano/Toledano WPg 2020 867 (Erwartungen der Öffentlichkeit an den Abschlussprüfer); WPK BB 2021, 1322 (FISG verfehlt selbstgesteckte Ziele); vgl. insgesamt die Anhörungen im Bundestag, Überblick bei BT-Drucks. 19/29879 S. 147; Eichholz/Beck BB 2021, 1899 (Überblick über die wichtigsten Änderungen im Recht der Abschlussprüfung); speziell zur **Governance:** Hopt/Kumpan AG 2021, 129 (zur Governance in börsennotierten und anderen bedeutenden Aktiengesellschaften); Quick WPg 2020, 1095 (Verbot von Nicht-Prüfungsleistungen); Schockenhoff/ Hoffmann ZGR 2021, 201 (Compliance Verantwortung des Aufsichtsrats – ein Wachstumsmodell); Fischer/Schuck NZG 2021, 534 (Die Errichtung von Governance-Systemen nach dem FISG); Arbeitskreis Corporate Governance, DB 2021, 550 (12 Thesen zur Stärkung der Corporate Governance); von Keitz DB 2021 3041 (zum Prüfungsausschuss); Velte DStR 2021, 1497 (Beeinflusst das Besetzungsprofil von Prüfungsausschüssen das Auftreten von Unregelmäßigkeiten in der Rechnungslegung); speziell zur **Haftung;** Schüppen DB 2020 2641 (Sollte die Haftung des Abschlussprüfers verschärft werden?); Dauner-Lieb ZIP 2021, 391 (kritisch zur geplanten Reform des § 323 HGB durch das FISG); Nietsch WM 2021, 158 (Abschlussprüferhaftung nach Wirecard); Markworth BKR 2020, 438 (Kapitalmarktinformationshaftung wegen Bilanzmanipulation, ggü Gesellschaft, Organe und Abschlussprüfer); Lenz BB 2021, 683 (Haftung und Strafbarkeit des Abschlussprüfers im FISG-RegE); speziell zum **Bilanzkontrollverfahren:** Loy/Steuer KoR 2020, 413 (Wirecard und die aufsichtsrechtliche Bilanzkontrolle); U. H. Schneider NZG 2020 1401 (BaFin kann auch bei Vorliegen einer Bilanzmanipulation die Bilanzkontrolle nicht unter Umgehung der DPR an sich ziehen; auch im Rahmen einer Marktmissbrauchskontrolle nach § WpHG kann keine Bilanzprüfung durchgeführt werden); dagegen: Klöhn ZIP 2021, 381 (War die BaFin wirklich nicht für die Kontrolle der Wirecard-Bilanzen zuständig; verneint Sperrwirkung der §§ 106 ff. WpHG gegenüber § 6 WpHG bei Untersuchungen wegen Marktmanipulation).

15e Zur Bilanzkontrolle durch die BaFin: Das deutsche Enforcementsystem war bislang zweistufig konzipiert. Die DPR prüfte auf der ersten und die BaFin auf der zweiten Stufe. Die DPR hat ihre Tätigkeit zum Jahresende 2021 eingestellt. Zum 1.1.2022 wurde die sog. Bilanzkontrolle durch das FISG in ein einstufiges Verfahren, in der alleinigen Zuständigkeit der BaFin überführt. Zu diesem Zeitpunkt bei der DPR anhängige Verfahren werden von der BaFin fortgeführt (§ 141 Abs. 1 WpHG). Bei der BaFin wurde zur Durchführung der Enforcementverfahren eine Gruppe Bilanzkontrolle eingeführt. Sie soll ca. 60 Beschäftigte umfassen; dies entspricht in etwa einer Verdopplung der zuvor bei BaFin und DPR zusammen für diese Zwecke zur Verfügung stehenden Personalressourcen. Prüfungen werden von der BaFin – wie bisher von der DPR – weiterhin sowohl anlassbezogen als auch stichprobenbasiert angeordnet (§ 107 Abs. 1 WpHG). Bei Bedarf kann die BaFin dabei forensische Untersuchungen durchführen. Die ESMA und die BaFin werden weiterhin im vorab ihre Prüfungsschwerpunkte kommunizieren. Es ist davon auszugehen, dass die BaFin ihre Prüfungen nicht auf die veröffentlichten Prüfungsschwerpunkte beschränken wird, sondern auch andere für die Finanzberichterstattung des geprüften Unternehmens besonders relevante Themen berücksichtigen wird. Lit. Kliem/Kosma/Optenkamp, DB 2021, 1518 (ausführlich zum Ablauf des Verfahrens bei der BaFin). Bischof/Staß/ Schönfeld DB 2022, 137 (Prüfungsschwerpunkte 2022); Haegler/Deike BB 2021, 2987 (Enforcement-Prüfungsschwerpunkte 2022); Haegler BB 2021, 1838 (Anforderungen an die Unternehmen beim neuen Enforcement-Verfahren nach dem FISG; auch zum Überblick über das neue einstufige Verfahren bei der BaFin); Wirth Konzern 2021, 506 (BaFin-Enforcement und Prüferhaftung im Lichte des FISG).

2. Abschnitt. Ergänzende Vorschriften für Kapitalges. 1 § 316

Pflicht zur Prüfung

316 (1) ¹Der Jahresabschluß und der Lagebericht von Kapitalgesellschaften, die nicht kleine im Sinne des § 267 Abs. 1 sind, sind durch einen Abschlußprüfer zu prüfen. ²Hat keine Prüfung stattgefunden, so kann der Jahresabschluß nicht festgestellt werden.

(2) ¹Der Konzernabschluß und der Konzernlagebericht von Kapitalgesellschaften sind durch einen Abschlußprüfer zu prüfen. ²Hat keine Prüfung stattgefunden, so kann der Konzernabschluss nicht gebilligt werden.

(3) ¹Werden der Jahresabschluß, der Konzernabschluß, der Lagebericht oder der Konzernlagebericht nach Vorlage des Prüfungsberichts geändert, so hat der Abschlußprüfer diese Unterlagen erneut zu prüfen, soweit es die Änderung erfordert. ²Über das Ergebnis der Prüfung ist zu berichten; der Bestätigungsvermerk ist entsprechend zu ergänzen. ³Die Sätze 1 und 2 gelten entsprechend für diejenige Wiedergabe des Jahresabschlusses, des Lageberichts, des Konzernabschlusses und des Konzernlageberichts, welche eine Kapitalgesellschaft, die als Inlandsemittent (§ 2 Absatz 14 des Wertpapierhandelsgesetzes) Wertpapiere (§ 2 Absatz 1 des Wertpapierhandelsgesetzes) begibt und keine Kapitalgesellschaft im Sinne des § 327a ist, für Zwecke der Offenlegung erstellt hat.

1) Prüfung des Jahresabschlusses und des Lageberichts (I)

A. **Jahresabschlussprüfung (I 1):** Der 3. Unterabschnitt (§§ 316–324) entspricht im Großen und Ganzen §§ 162–169 aF AktG, Pflichtprüfung seit 1931. Seit BiRiLiG 1985 zT wesentliche Änderungen, ua durch KonTraG, KapCoRiLiG, 3. WPOÄndG, 4. FinanzmarktfördG, TransPuG und BilReG (→ Einl. vor § 1 Rn. 12), insbesondere betr. Corporate Governance, Unabhängigkeit und Bestätigungsvermerk. Weitere Änderungen brachten im Juni 2016 in Umsetzung der **EU-Abschlussprüferreform 2014** das **AReG (Übergangsrecht in (1)** EGHGB Art. 79) und das **APAReG** (→ Einl. Rn. 18, **Übergangsrecht in (1)** EGHGB Art. 78) und 2020 das ESEF-UG (**Übergangsrecht in (1)** EGHGB Art. 84). Die Pflichtprüfung hat Kontroll-, Informations- und Beglaubigungsfunktion, MüKoHGB/Ebke Rn. 24. **Prüfungspflichtig** sind rechtsform- und größenabhängig **nur die mittelgroßen und großen KapitalGes.** (§ 267 II, III), also neben solchen AG und KGaA anders als bisher auch solche GmbH, jedoch nicht mehr kleine AG. Befreiung bei überschaubaren GesVerhältnissen nach § 71 III GmbHG, § 270 III AktG, auch im Insolvenzverfahren, entspr. für GmbH & Co, OLG München ZIP 2008, 219. Ausnahme uU gemäß § 264 III (neu KapAEG 1998) für TochterGes., § 264, dort → § 264 Rn. 30. Auch prüfungspflichtig sind durch Einführung von § 264a (KapCoRiLiG 2000) alle **OHG** und **KG**, die nicht kleine Ges. iSv § 267 I sind und bei denen nicht wenigstens ein phG eine natürliche Person bzw. eine PersonenGes. mit einer natürlichen Person als phG ist. Branchenabhängig prüfungspflichtig sind ohne Rücksicht auf Rechtsform oder Größe alle **Kredit- und Finanzdienstleistungsinstitute** (§ 340k IV) und alle **VersicherungsUnt.** und **Pensionsfonds** (§ 341k). Weitere prüfungspflichtige Unttypen: Publizitätspflichtige Ges. s. BeckBilKomm/Schmidt/Küster Rn. 3 ff. Emittenten nach **(16b)** WpHG für den Jahresfinanzbericht und Konzernabschluss (soweit nicht schon prüfungspflichtig); für die Halbjahres- und Quartalsfinanzberichte nur fakultative prüferische Durchsicht (s. **(16b)** WpHG §§ 114 I, 117 Nr. 1; §§ 115 V 1, 116 III 3). Prüfung auf Verlangen der mit Mehrheit beteiligten Gebietskörperschaft (**§ 53 HGrG**) ist nach hL trotz „Kann"-Bestimmung Pflichtprüfung, aA Kersting ZIP 2014, 2420. Für Ges. in **Liquidation** besteht Prüfungspflicht fort. Prüfung auch bei Unt. in **Insolvenz**, Ebke FS Hopt, 2010, 571. Befreiung uU nach § 270 III 3 AktG,

§ 71 III GmbHG. **Übergangsrecht** in **(1)** EGHGB Art. 23 III (→ Einl. vor § 238 Rn. 48). **I 1** sieht **Prüfung des** aufgestellten **Jahresabschlusses** (§ 264 I 1) **und des Lageberichts** (§ 289) vor, auch für Rumpfgeschäftsjahre, **nicht** aber der Eröffnungsbilanz (→ § 242 Rn. 1). Änderungen → Rn. 4. Zu prüfen ist durch einen (oder mehrere) Abschlussprüfer (§§ 318, 139). Gemeinschaftsprüfungen (Joint Audit) → § 317 Rn. 6. Zu beachtende Zeiträume folgen aus §§ 264 I, 290 I, 320, AktG § 171. Erfüllungsort der vom Abschlussprüfer geschuldeten Leistungen ist vorbehaltlich anderweitiger Bestimmungen einheitlich der Sitz der zu prüfenden Gesellschaft, BayObLG 1 AR 87/19, BeckRS 2019, 20913. An die Annahme einer vertraglichen Einbeziehung eines Dritten in den Schutzbereich des Prüfvertrages sind sowohl bei Pflichtprüfung als auch bei freiwilliger Prüfung strenge Anforderungen zu stellen, OLG Köln BeckRS 2016, 6014. Zu den Aspekten, die bei Feststellung und Beurteilung von Risiken wesentlicher falscher Angaben bzw. Darstellung im Zusammenhang mit der Corona-Pandemie vom Abschlussprüfer besonders zu würdigen sein können, IDW Fachlicher Hinweis v. 4.3.2020 (Teil 1), IDW Fachlicher Hinweis v. 25.3.2020 (Teil 2); IDW Fachlicher Hinweis v. 8.4.2020 (Teil 3, 4. Update, Februar 2021); Skoluda WPg 2021, 2 (zur Auftragsannahme, Planung und Durchführung der Prüfung sowie Berichterstattung in Zeiten von Corona). Lit. MBF Kap. 17 Tz. 1 ff.; Martin Schmidt DB 2016, 1945 (AReG); Farr WPg 2016, 762 (Vier-Augen-Prinzip); Lenz BB 2018, 2027 (Nutzen und Kosten der Abschlussprüfung); Hartlieb/Eierle WPg 2019, 655 (Analyse von Geschlecht, Honorar und Prüfungsdauer); Arbeitskreis Bilanzrecht Hochschullehrer Rechtswissenschaft NZG 2020, 938, 939 (Zur Einordnung der Abschlussprüfung in das System der Corporate Governance).

2 B. **Rechtsfolgen (I 2):** I 2 macht die Prüfung zur Voraussetzung für die Feststellung des Jahresabschlusses (§§ 172, 173 AktG, § 42a GmbHG), verweigerter Bestätigungsvermerk steht nicht entgegen. Ohne Prüfung (mindestens Prüfungshandlungen, wenngleich unvollständig, Prüfungsbericht und Erteilung oder Versagung des Bestätigungsvermerks durch den Abschlussprüfer) oder bei Nichteinhaltung der Mindestanforderungen an diese ist der festgestellte, prüfungspflichtige Jahresabschluss **nichtig** (§ 256 I Nr. 2 AktG, analog für GmbH, hL, Geßler FS Goerdeler, 1987, 136, auch für KapitalGes. & Co iSv § 264a, für nach PublG prüfungspflichtige Ges. § 10 I Nr. 1 PublG), OLG Stuttgart DB 2009, 1521, allgM. Zur Nachtragsprüfung → Rn. 4. Zur Prüfung unter Verstoß gegen § 319 I, **(1)** EGHGB Art. 25 → § 319 Rn. 3, 30. Folgeabschlüsse sind nach ohne weiteres nichtig, Hense WPg 1993, 716. Mangelnde Unterschrift → § 322 Rn. 19. Nichtiger Jahresabschluss kann nicht offengelegt werden. Bei nichtigen Jahresabschlüssen besteht grundsätzlich Pflicht zur Rückwärtsänderung, bei fehlerhaften, aber nicht nichtigen kann in laufender Rechnung korrigiert werden, IDW RS HFA 6 WPg 2006, nF (6.9.2006) WPg 2006, 1298.

2) Prüfung im Konzern (II)

3 Zu prüfen sind gemäß **II 1** der Konzernabschluss (§ 297 I, auch der aufgestellte befreiende nach § 292a) und der Konzernlagebericht (§ 315). Prüfungspflicht nach II 1 und I 1 sind voneinander unabhängig. Prüfungspflicht nach II 1 besteht für MutterUnt. in der Rechtsform der GmbH, AG, KGaA, KapGes. & Co, Kredit- und Finanzdienstleistungsinstitute, VersicherungsUnt. und Pensionsfonds sowie deren HoldingGes. in jeder Rechtsform und Größe und für publizitätspflichtige Unt. Größenabhängige Befreiungen s. schon § 293. **II 2** idF TransPuG 2002 (**Übergangsrecht** in **(1)** EGHGB Art. 54) macht die Prüfung zur Voraussetzung für die förmliche Billigung des Konzernabschlusses (§ 171 II 5, 4 nF AktG); das entspricht I 2 (→ Rn. 2). Unklar, ob sich aus Billigung oder ihrer Versagung andere Rechtsfolgen ergeben als aus Feststellung nach I 2, Busse v. Colbe BB 2002, 1586, offen auch MüKoHGB/Ebke Rn. 15.

3) Nachtragsprüfung (III)

Maßgeblicher Zeitpunkt ist der Abschluss der Prüfung durch Vorlage des **4** Prüfungsberichts. Änderungen des Jahresabschlusses und Lageberichts während der Prüfung sind möglich, der Abschlussprüfer wird sie ggf. sogar anregen. Änderungen der nach I, II zu prüfenden Unterlagen **nach Vorlage des Prüfungsberichts,** zB auch Umarbeitung des geprüften Jahresabschlusses in einen solchen nach Gewinnverwendung (§ 268 I), machen dagegen eine erneute Prüfung (Nachtragsprüfung) notwendig, soweit es die Änderung erfordert **(III 1),** uU auch schon zwischen Beendigung und Vorlage, ADS Rn. 66 str. Änderung iSv III ist weit zu verstehen, also Änderung ieS und Berichtigung (→ § 245 Rn. 3–5) und auch bloß geringfügige Änderung, str. Als Änderungen iSv III 1 kommen in Betracht: Textliche Änderungen (mit Ausnahme der Korrektur von Rechtschreib- und Zeichensetzungsfehlern); Änderungen im Zahlenwerk; wertaufhellende Ereignisse, die Änderung des Zahlenwerks erforderlich machen, OLG Düsseldorf NZG 2002, 342; Änderungen des Gewinnverwendungsvorschlags. Zulässigkeit der Änderung → § 245 Rn. 5. Erneute Prüfung, soweit es die Änderung erfordert, beschränkt den Abschlussprüfer nicht darauf, wenn er bei der ersten Prüfung zu beanstandende Punkte übersehen hat, OLG Hamm GI 1999, 248. Ohne Nachtragsprüfung ist der festgestellte, nachtragsprüfungspflichtige Jahresabschluss nichtig (→ Rn. 2). Die Nachtragsprüfung kann nur durch den bestellten Abschlussprüfer durchgeführt werden, IDW PS 400 Tz. 105. Sonderregelung bei Änderung durch Hauptversammlung AktG § 173 III; analog für GmbH, str. Berichtspflicht s. **III 2 Hs. 1.** Der zuvor erteilte Bestätigungsvermerk ist nicht ohne weiteres unwirksam, genügt aber nicht entsprechend zu ergänzen **(III 2 Hs. 2).** Einzelheiten IDW PS 450 Tz. 144 ff. (jetzt ISA [DE] 260), IDW PS 400 Tz. 105 ff. Nachtragsprüfung ist grds. auch dann erforderlich, wenn die für die Offenlegung erstellten elektronischen Wiedergaben von Abschlüssen und Lageberichte der WpHG-Inlandsemittenten nach Vorlage des Prüfungsberichts geändert werden. Prüfungsrelevante Änderungen können bei einem Konzernabschluss Änderungen der Auszeichnung sein, BT-Drs. 19/17343, 20. Ist von einer prüfungspflichtigen Änderung die offenzulegende Wiedergabe des Abschlusses und nicht zugleich der aufgestellte Abschluss betroffen, so kann der aufgestellte Abschlusses ohne eine zuvor abgeschlossene Nachtragsprüfung festgestellt oder gebilligt werden, s. **III 3** (eingefügt durch ESEF-UG 2020 (**Übergangsrecht** in **(1)** EGHGB Art. 84). Zur Nachtrags-Prüfung des ESEF-Berichts → § 317 Rn. 13.

4) Freiwillige Prüfung

Freiwillige (Begriff missverständlich, präziser: ohne gesetzliche Verpflichtung **5** erfolgende, s. § 317 II 2 Fall 2) Abschlussprüfung mit Bestätigungsvermerk für kleine KapitalGes. und von § 264a nicht erfassten PersonenGes. sowie Einzelkaufleuten gem. Satzung oder nach Vereinbarung, zB auf Grund von Kreditvertrag oder bei Unternehmensübernahmen, ist möglich, BGH ZIP 1991, 1427. Keine gerichtliche Ersetzung wie nach § 318 III, allgM. Bestätigungsvermerk ist aber nur zulässig bei Prüfung, die nach Art und Umfang der Pflichtprüfung entspricht, MüKoHGB/Ebke Rn. 12, sonst nur Bescheinigung, OLG Düsseldorf WM 1995, 1841; OLG München BB 1996, 1824; GK/Marsch-Barner § 316 Rn. 9, str., also auch Ausschlussgründe des § 319, OLG Hamm NZG 2009, 1078, auf jeden Fall muss der Jahresabschluss trotz der für kleine Ges. geltenden Erleichterungen den Anforderungen des § 264 II 1 entsprechen. Sonst darf er nur eine Bescheinigung ausstellen. Die Grundsätze ordnungsmäßiger Berichterstattung bei Abschlussprüfungen IDW PS 450 (jetzt ISA [DE] 260) gelten auch für freiwillige Prüfungen, die diesen Prüfungen nach Art und Umfang entsprechen (Tz. 3 iVm IDW PS 200 Tz. 5; jetzt ISA [DE] 200), dann (so Tz. 20) auch

Merkt

§ 316a 1, 2

Bestätigungsvermerk nach den Grundsätzen IDW PS 400; mangels Entsprechung nur Bescheinigung (→ § 322 Rn. 1), OLG Düsseldorf WM 1995, 1840; OLG München BB 1996, 1824. Freiwillige Prüfung von Kapitalanlageangeboten → § 347 Rn. 28. Freiwillige Prüfung bei Börsengang (comfort letters), IDW PS 910; Ebke/Siegel WM Sonderbeil. 2/2001, 3; Meyer WM 2003, 1745; Ha/Mü/Schl/Kunold § 34, s. auch (15a) WpPG § 20. Freiwillige Prüfung von Patronatserklärungen (→ § 349 Rn. 22), IDW RH HFA 1013. **Prüferische Durchsicht** von Abschlüssen, IDW PS 900, Schindler WPg 2002, 1121. **Lit.** Weik/Eierle/Ketterer DB 2017, 2429 (Empirie).

Abschlussprüfung bei Unternehmen von öffentlichem Interesse

316a [1] Auf die Abschlussprüfung bei Kapitalgesellschaften, die Unternehmen von öffentlichem Interesse sind, sind die Vorschriften dieses Unterabschnitts nur insoweit anzuwenden, als nicht die Verordnung (EU) Nr. 537/2014 des Europäischen Parlaments und des Rates vom 16. April 2014 über spezifische Anforderungen an die Abschlussprüfung bei Unternehmen von öffentlichem Interesse und zur Aufhebung des Beschlusses 2005/909/EG der Kommission (ABl. L 158 vom 27.5.2014, S. 77; L 170 vom 11.6.2014, S. 66) anzuwenden ist. [2] Unternehmen von öffentlichem Interesse sind Unternehmen, die

1. kapitalmarktorientiert sind im Sinne des § 264d,
2. CRR-Kreditinstitute sind im Sinne des § 1 Absatz 3d Satz 1 des Kreditwesengesetzes, mit Ausnahme derjenigen Institute, die in § 2 Absatz 1 Nummer 1 und 2 des Kreditwesengesetzes und in Artikel 2 Absatz 5 Nummer 5 der Richtlinie 2013/36/EU des Europäischen Parlaments und des Rates vom 26. Juni 2013 über den Zugang zur Tätigkeit von Kreditinstituten und die Beaufsichtigung von Kreditinstituten und Wertpapierfirmen, zur Änderung der Richtlinie 2002/87/EG und zur Aufhebung der Richtlinien 2006/48/EG und 2006/49/EG (ABl. L 176 vom 27.6.2013, S. 338; L 208 vom 2.8.2013, S. 73; L 20 vom 25.1.2017, S. 1; L 203 vom 26.6.2020, S. 95), die zuletzt durch die Richtlinie (EU) 2019/2034 (ABl. L 314 vom 5.12.2019, S. 64) geändert worden ist, genannt sind, oder
3. Versicherungsunternehmen sind im Sinne des Artikels 2 Absatz 1 der Richtlinie 91/674/EWG.

1) Verweis auf AbschlussprüferVO:

1 Die Vorschrift wurde neu eingefügt durch FISG, **Übergangsrecht** in (1) EGHGB Art. 86. Satz 1 der neuen Vorschrift übernimmt den bisherigen Regelungsgehalt von § 317 Absatz 3a HGB. Es wird ausdrücklich normiert, dass die AbschlussprüferVO Vorrang für alle Kapitalgesellschaften von öffentlichem Interesse hat. Insoweit hat Satz 1 lediglich deklaratorische Wirkung.

2) Definition

2 In Satz 2 wird der **Begriff „Unternehmen von öffentlichem Interesse"** (Public Interest Entity – PIE) **definiert.** Dieser Begriff entstammt Artikel 2 Nummer 13 der Richtlinie 2006/43/EG des Europäischen Parlaments und des Rates vom 17. Mai 2006 über Abschlussprüfungen von Jahresabschlüssen und konsolidierten Abschlüssen, zur Änderung der Richtlinien 78/660/EWG und 83/349/EWG des Rates und zur Aufhebung der Richtlinie 84/253/EWG des Rates (ABl. L 157 vom 9.9.2006, S. 87), die zuletzt durch die Richtlinie 2014/56/ EU (ABl. L 158 vom 27.5.2014, S. 196) geändert worden ist („Abschlussprüferrichtlinie"). Die Legaldefinition steht am Anfang der Vorschriften über die Abschlussprüfung. Sie ist „vor die Klammer" gezogen. Insgesamt dient die Vor-

2. Abschnitt. Ergänzende Vorschriften für Kapitalges. § 317

schrift dem besseren Verständnis und der Systematisierung des Gesetzes. Es wird eine übersichtlichere Gestaltung von Rechtsvorschriften ermöglicht, weil in anderen Vorschriften auf den Begriff des „Unternehmens von öffentlichem Interesse" verwiesen werden kann. Besonders relevant ist die Differenzierung zwischen der Prüfung eines PIE einerseits und eines Non-PIE andererseits bspw. bei der zivilrechtlichen Haftung von Abschlussprüfern (§ 323 II 1), der Strafbarkeit des Abschlussprüfers (§ 332 II 2) sowie im Ordnungswidrigkeitenrecht (§ 334 II, III) (Eichholz/Beck BB 2021, 1899). Damit folgt das Gesetz einer Empfehlung, die im Gesetzgebungsverfahren zum Abschlussprüfungsreformgesetz ausgesprochen worden war (Bundestagsdrucksache 18/7902, S. 52). Lit. Eichholz/Beck BB 2021, 1899

Unternehmen von öffentlichem Interesse sind zum einen **kapitalmarktorientierte Unternehmen** im Sinne des § 264d HGB **(Nr. 1)**. Außerdem zählen auch **CRR-Kreditinstitute** im Sinne des § 1 Absatz 3d Satz 1 KWG dazu **(Nr. 2)**. Eine Ausnahme besteht für diejenigen Institute, die in § 2 Absatz 1 Nummer 1 und 2 KWG und in Artikel 2 Absatz 5 Nummer 5 der Richtlinie 2013/36/EU des Europäischen Parlaments und des Rates vom 26. Juni 2013 über den Zugang zur Tätigkeit von Kreditinstituten und die Beaufsichtigung von Kreditinstituten und Wertpapierfirmen, zur Änderung der Richtlinie 2002/87/EG und zur Aufhebung der Richtlinien 2006/48/EG und 2006/49/EG (ABl. L 176 vom 27.6.2013, S. 338; L 208 vom 2.8.2013, S. 73; L 20 vom 20.1.2017, S. 1; L 203 vom 26.6.2020, S. 95), die zuletzt durch die Richtlinie (EU) 2019/2034 (ABl. L 314 vom 5.12.2019, S. 64) geändert worden ist, genannt sind. Unter § 316a HGB fallen schließlich auch **Versicherungsunternehmen (Nr. 3)** im Sinne des Artikels 2 Absatz 1 der Richtlinie 91/674/EWG des Rates vom 19. Dezember 1991 über den Jahresabschluss und den konsolidierten Abschluss von Versicherungsunternehmen (ABl. L 374 vom 31.12.1991, S. 7), die zuletzt durch die Richtlinie 2006/46/EG (ABl. L 224 vom 16.8.2006, S. 1) geändert worden ist. 3

Die **Kreditanstalt für Wiederaufbau** und weitere bestimmte **Förderbanken** sind keine Unternehmen von öffentlichem Interesse nach § 316a Satz 2 Nummer 2 HGB.: Artikel 2 Absatz 5 Nummer 5 der Richtlinie 2013/36/EU wurde mit der Richtlinie (EU) 2019/878 vom 20. Mai 2019 zur Änderung der Richtlinie 2013/36/EU im Hinblick auf von der Anwendung ausgenommene Unternehmen, Finanzholdinggesellschaften, gemischte Finanzholdinggesellschaften, Vergütung, Aufsichtsmaßnahmen und -befugnisse und Kapitalerhaltungsmaßnahmen neu gefasst und nimmt die der Kreditanstalt für Wiederaufbau weitere explizit aufgeführte Förderbanken von der Anwendung der Richtlinie 2013/36/EU aus. 4

Gegenstand und Umfang der Prüfung

317 (1) ¹In die Prüfung des Jahresabschlusses ist die Buchführung einzubeziehen. ²Die Prüfung des Jahresabschlusses und des Konzernabschlusses hat sich darauf zu erstrecken, ob die gesetzlichen Vorschriften und sie ergänzende Bestimmungen des Gesellschaftsvertrags oder der Satzung beachtet worden sind. ³Die Prüfung ist so anzulegen, daß Unrichtigkeiten und Verstöße gegen die in Satz 2 aufgeführten Bestimmungen, die sich auf die Darstellung des sich nach § 264 Abs. 2 ergebenden Bildes der Vermögens-, Finanz- und Ertragslage der Kapitalgesellschaft wesentlich auswirken, bei gewissenhafter Berufsausübung erkannt werden.

(2) ¹Der Lagebericht und der Konzernlagebericht sind darauf zu prüfen, ob der Lagebericht mit dem Jahresabschluß, gegebenenfalls auch mit dem Einzelabschluss nach § 325 Abs. 2a, und der Konzernlagebericht mit dem Konzernabschluß sowie mit den bei der Prüfung gewonnenen Erkenntnissen des

§ 317

Abschlußprüfers in Einklang stehen und ob der Lagebericht insgesamt ein zutreffendes Bild von der Lage der Kapitalgesellschaft und der Konzernlagebericht insgesamt ein zutreffendes Bild von der Lage des Konzerns vermittelt. ²Dabei ist auch zu prüfen, ob die Chancen und Risiken der künftigen Entwicklung zutreffend dargestellt sind. ³Die Prüfung des Lageberichts und des Konzernlageberichts hat sich auch darauf zu erstrecken, ob die gesetzlichen Vorschriften zur Aufstellung des Lage- oder Konzernlageberichts beachtet worden sind. ⁴Im Hinblick auf die Vorgaben nach den §§ 289b bis 289e und den §§ 315b und 315c ist nur zu prüfen, ob die nichtfinanzielle Erklärung oder der gesonderte nichtfinanzielle Bericht, die nichtfinanzielle Konzernerklärung oder der gesonderte nichtfinanzielle Konzernbericht vorgelegt wurde. ⁵Im Fall des § 289b Absatz 3 Satz 1 Nummer 2 Buchstabe b ist vier Monate nach dem Abschlussstichtag eine ergänzende Prüfung durch denselben Abschlussprüfer durchzuführen, ob der gesonderte nichtfinanzielle Bericht oder der gesonderte nichtfinanzielle Konzernbericht vorgelegt wurde; § 316 Absatz 3 Satz 2 gilt entsprechend mit der Maßgabe, dass der Bestätigungsvermerk nur dann zu ergänzen ist, wenn der gesonderte nichtfinanzielle Bericht oder der gesonderte nichtfinanzielle Konzernbericht nicht innerhalb von vier Monaten nach dem Abschlussstichtag vorgelegt worden ist. ⁶Die Prüfung der Angaben nach § 289f Absatz 2 und 5 sowie § 315d ist darauf zu beschränken, ob die Angaben gemacht wurden.

(3) ¹Der Abschlußprüfer des Konzernabschlusses hat auch die im Konzernabschluß zusammengefaßten Jahresabschlüsse, insbesondere die konsolidierungsbedingten Anpassungen, in entsprechender Anwendung des Absatzes 1 zu prüfen. ²Sind diese Jahresabschlüsse von einem anderen Abschlussprüfer geprüft worden, hat der Konzernabschlussprüfer dessen Arbeit zu überprüfen und dies zu dokumentieren.

(3a) Bei einer Kapitalgesellschaft, die als Inlandsemittent (§ 2 Absatz 14 des Wertpapierhandelsgesetzes) Wertpapiere (§ 2 Absatz 1 des Wertpapierhandelsgesetzes) begibt und keine Kapitalgesellschaft im Sinne des § 327a ist, hat der Abschlussprüfer im Rahmen der Prüfung auch zu beurteilen, ob die für Zwecke der Offenlegung erstellte Wiedergabe des Jahresabschlusses und die für Zwecke der Offenlegung erstellte Wiedergabe des Lageberichts den Vorgaben des § 328 Absatz 1 entsprechen. ²Bei einer Kapitalgesellschaft im Sinne des Satzes 1 hat der Abschlussprüfer des Konzernabschlusses im Rahmen der Prüfung auch zu beurteilen, ob die für Zwecke der Offenlegung erstellte Wiedergabe des Konzernabschlusses und die für Zwecke der Offenlegung erstellte Wiedergabe des Konzernlageberichts den Vorgaben des § 328 Absatz 1 entsprechen.

(4) Bei einer börsennotierten Aktiengesellschaft ist außerdem im Rahmen der Prüfung zu beurteilen, ob der Vorstand die ihm nach § 91 Abs. 2 des Aktiengesetzes obliegenden Maßnahmen in einer geeigneten Form getroffen hat und ob das danach einzurichtende Überwachungssystem seine Aufgaben erfüllen kann.

(4a) Soweit nichts anderes bestimmt ist, hat die Prüfung sich nicht darauf zu erstrecken, ob der Fortbestand der geprüften Kapitalgesellschaft oder die Wirksamkeit und Wirtschaftlichkeit der Geschäftsführung zugesichert werden kann.

(5) Bei der Durchführung einer Prüfung hat der Abschlussprüfer die internationalen Prüfungsstandards anzuwenden, die von der Europäischen Kommission in dem Verfahren nach Artikel 26 Absatz 3 der Richtlinie 2006/43/EG des Europäischen Parlaments und des Rates vom 17. Mai 2006 über Abschlussprüfungen von Jahresabschlüssen und konsolidierten Abschlüssen, zur

2. Abschnitt. Ergänzende Vorschriften für Kapitalges. 1, 1a § 317

Änderung der Richtlinien 78/660/EWG und 83/349/EWG des Rates und zur Aufhebung der Richtlinie 84/253/EWG des Rates (ABl. EU Nr. L 157 S. 87), die zuletzt durch die Richtlinie 2014/56/EU (ABl. L 158 vom 27.5.2014, S. 196) geändert worden ist, angenommen worden sind.

(6) **Das Bundesministerium der Justiz und für Verbraucherschutz wird ermächtigt, im Einvernehmen mit dem Bundesministerium für Wirtschaft und Energie durch Rechtsverordnung, die nicht der Zustimmung des Bundesrates bedarf, zusätzlich zu den bei der Durchführung der Abschlussprüfung nach Absatz 5 anzuwendenden internationalen Prüfungsstandards weitere Abschlussprüfungsanforderungen vorzuschreiben, wenn dies durch den Umfang der Abschlussprüfung bedingt ist und den in den Absätzen 1 bis 4 genannten Prüfungszielen dient.**

Übersicht

	Rn
1) Gegenstand und Umfang der Prüfung des Jahresabschlusses und des Konzernabschlusses (I)	1–6
A. Grundlagen:	1, 1a
B. Gegenstand der Prüfung (I 1):	2
C. Prüfungsziele (I 2, 3):	3–5a
D. Person des Prüfers:	6
2) Prüfung des Lageberichts und des Konzernlageberichts (II)	7
3) Erstreckung der Prüfung des Konzernabschlusses auf einbezogene Jahresabschlüsse (III)	8–10
4) ESEF-konforme Prüfung bei WpHG-Inlandsemittenten (IIIa nF)	11–13
5) Prüfung des Überwachungssystems bei der börsennotierten AG (IV)	13a, 14
6) Prüfung des internen Kontroll- und Risikomanagementsystems (§ 93 III AktG nF)	14a, 14b
7) Umfang der Abschlussprüfung (IVa)	15
8) Anwendung der internationalen Prüfungsstandards, ISA (V)	15a–16c
9) Ermächtigung zu RechtsVO (VI)	17

1) Gegenstand und Umfang der Prüfung des Jahresabschlusses und des Konzernabschlusses (I)

A. **Grundlagen:** § 317 idF KonTraG 1998, II 1, 2 idF BilReG 2004, II 3, III 1 2 idF BilMoG 2009 (**Übergangsrecht** in (**1**) EGHGB Art. 66 III), III 3 aufgehoben, V, VI neu BilMoG (**Übergangsrecht** in (**1**) EGHGB Art. 66 II). Änderungen resultieren aus der **europäischen Abschlussprüferreform 2014** und ihrer Umsetzung in das deutsche Recht durch das AReG (Abschlussprüfungs-RL Art. 26, 27 ua idF 2014, → Einl. vor § 316 Rn. 7 ff.) sowie durch das CSR-RL UmsetzungsG v. 11.4.2017 (**Übergangsrecht** in (**1**) EGHGB Art. 80). IIIb eingefügt durch durch ESEF-UG 2020 (**Übergangsrecht** in (**1**) EGHGB Art. 84). I 3 und II, IVa geändert, IIIa jetzt in § 316a geregelt und IIIb aF in IIIa nF verschoben durch FISG (**Übergangsrecht** in (**1**) EGHGB Art 86).

§ 317 umschreibt den gesetzlichen Prüfungsumfang neu und erweitert ihn. 1a Grund: stärkere Problemorientierung der Prüfung, bessere Beurteilungsmöglichkeit für den Aufsichtsrat (RegE). Nach dem KonTraG ist der Abschlussprüfer, ohne Organ der KapitalGes. zu sein (→ § 318 Rn. 2), Partner des Aufsichtsrats; die Prüfung ist Teil der Unternehmenskontrolle (corporate governance), Hommelhoff BB 1998, 2568; Mattheus ZGR 1999, 682; IDW Symposion WPg-Sh 2001; Scheffler WPg 2002, 1289. Dazu viele IDW Prüfungsstandards (**IDW PS**) und Standards (**IDW S**), zu den internationalen Prüfungsstandards **International Standards of Auditing (ISA)** → Rn. 16. Für die Prüfung von Abschlüssen für Zeiträume, die am oder nach dem 15.12.2021 beginnen, sollen neuerdings nach

§ **317** 2, 3

Auffassung des IDW auch die sog. **ISA [DE]** zu beachten sein. Bei den ISA [DE] handelt es sich um die übersetzten Fassungen der vom IAASB verabschiedeten ISA, bei denen die zu beachtenden nationalen Besonderheiten entweder als sog. „D-Textziffern" oder in eckige Klammer ergänzt sind. Insgesamt gibt es damit einen Übergang von den IDW PS auf die ISA [DE]. Materiell dürfte sich nichts ändern. Einige IDW PS bleiben allerdings weiterhin anwendbar, insbesondere weil die nationalen Besonderheiten bei der Prüfung so besonders wären, dass eine Anpassung des ISA nicht sinnvoll erschien oder weil es keinen ISA zu einer bislang national durchgeführten Maßnahme gibt. Demnach gibt es nun vier Gruppen von Standards, welche die vom IDW festgestellten deutschen GoA bilden: (1) ISA [DE], (2) für die Prüfung des Abschlusses relevate IDW PS, (3) Für die Prüfung des Lageberichts relevante IDW PS, (4) Anforderungen an die Wirtschaftsprüferpraxis (IDW QS 1). Zu den GoA Niemann DStR 2003, 1454. Zusammenstellung auch bei MüKoHGB/Ebke Rn. 22 ff. Die **aktuellen Fassungen** finden sich in der Sammlung IDW Prüfungsstandards, IDW Stellungnahmen zur Rechnungslegung (LBl., 3 Bde.). Zu den Aspekten, die bei der Feststellung und Beurteilung von Risiken wesentlicher falscher Angaben bzw. Darstellung im Zusammenhang mit der Corona-Pandemie vom Abschlussprüfer mit besonderem Augemerk zu würdigen sein können, IDW Fachlicher Hinweis v. 4.3.2020 (Teil 1), IDW Fachlicher Hinweis v. 25.3.2020 (Teil 2); IDW Fachlicher Hinweis v. 8.4.2020 (Teil 3, 4. Update, Februar 2021); Skoluda WPg 2021, 2 (zur Auftragsannahme, Planung und Durchführung der Prüfung sowie Berichterstattung in Zeiten von Corona). **Lit.** MBF Kap. 17 Tz. 18 ff.; Needham/Müller IRZ 2019, 79 (ARUG II).

2   B. **Gegenstand der Prüfung (I 1):** Zu prüfen sind der **Jahresabschluss** und der **Lagebericht** sowie der **Konzernabschluss** samt einbezogener Jahresabschlüsse und der **Konzernlagebericht** (näher zum Gegenstand der Prüfung → § 316 Rn. 1 f. und → § 317 Rn. 4, 7 ff.). Nach **I 1** ist die **Buchführung** (§§ 238–241, einschließlich Nebenbuchführung) und das **Inventar** (§ 240), letzteres str., mitzuprüfen, Kostenrechnung nur, soweit Grundlage für Ermittlung der Herstellungskosten. Anhangsprüfung s. Farr AG 2000, 1. Zu prüfen ist auf Einhaltung der Vorschriften aus Gesetz (vor allem 3. Buch) und GesVertrag bzw. Satzung **(I 2)**. Die Prüfung erstreckt sich danach grundsätzlich auf die Einhaltung aller für die Rechnungslegung der Ges. geltenden Regeln einschließlich der GoB. Die Prüfung erstreckt sich auch auf das **interne Kontrollsystem** (zu unterscheiden von IV, → Rn. 13; 14 a f.), ADS Rn. 16, Lenz KoR 2020, 546, 550; vgl. auch IDW PS 261 (jetzt ISA [DE] 200, 315, 330) (→ Rn. 14), und die **Fortführungsprognose** (going concern, → Rn. 5), also ob diese realistisch ist, GK/Marsch-Barner Rn. 5; Lilienbecker/Link/Rabenhorst BB 2009, 262; dazu Arbeitskreis Bilanzrecht Hochschullehrer Rechtswissenschaft NZG 2020, 938, 940. Mit heranzuziehen sind die Unternehmensplanungsunterlagen (→ § 321 Rn. 1). Zur Durchführung der Prüfung gibt das **IDW** mit seinen **Prüfungsstandards** die Leitlinien vor (→ Rn. 1), vgl. zur Prüfungsmethodologie: Freichel/Folz/Lorinser DStR 2021, 812 ff. Erfüllungsort der vom Abschlussprüfer vertraglich zu erbringenden Leistung ist, vorbehaltlich anderweitiger Bestimmungen, einheitlich der Sitz der zu prüfenden Gesellschaft, BayObLG 1 AR 87/19, BeckRS 2019, 20913. **Lit.** Wermelt/R. Scheffler WPg 2017, 925 (IDW PS 981).

3   C. **Prüfungsziele (I 2, 3):** Die Prüfung ist so anzulegen, dass Unrichtigkeiten und Verstöße gegen Gesetz und GesVertrag bzw. Satzung **(I 2)**, die sich auf die Darstellung des Bildes nach § 264 II (Vermögens-, Finanz- und Ertragslage, → § 264 Rn. 12 ff.) wesentlich auswirken, bei gewissenhafter Berufsausübung erkannt werden (**I 3 nF**, im Hinblick auf die sog. Erwartungslücke), BGH WM 2006, 426; auch OLG Düsseldorf ZIP 1997, 788 mAnm. Heni, aber iErg problematisch (trotz Testatverweigerung des Vorgängers keine Unterschlagungsprüfung). Zu diesem **Grundsatz der Wesentlichkeit** (international: principle of audit materiality) MüKoHGB/Ebke Rn. 67; Nietsch WM 2021, 158, 161. Besonders zu beachten ist dabei § 264 II 2 und entspr. für Konzern § 297 II 2; zu § 264 II 1 → § 264 Rn. 12. Unrichtigkeiten und Verstöße umfassen solche durch Tun und durch Unterlassen, vorsätzliche und fahrlässige, mit und ohne Folge rechtswidriger Vermögensschädigung. Das Risiko, dass solche Unrichtigkeiten und Verstöße vorliegen und nicht ohne weiteres erkannt werden, ist bei der Prüfungsplanung einzukalkulieren, bei Anhaltspunkten höherer Risiken ist diesen nachzugehen, GK/Marsch-Barner Rn. 8 f. Die Vermeidung und Aufdeckung von Unrichtigkeiten und Verstößen ist Sache der gesetzlichen Vertreter des Unt., die Abschlussprüfung ist auf **hinreichende (nicht absolute) Sicherheit** auszurichten und ist keine Garantie, keine Unterschlagungsprüfung (→ Rn. 5), näher IDW PS 200 Tz. 24 ff., IDW PS 210 Tz. 8 ff., 18 Vgl. jetzt ISA [DE] 200, 240, 250; zum Grundsatz der Wesentlichkeit während der Corona-Pandemie vgl. IDW IDW-Fachlicher Hinweis v. 8.4.2020 (Teil 3, 4. Update Februar 2021) S. 33 f.; Nietsch WM 2021, 158, 161 (zur Ausgestaltung der Prüfung im Hinblick auf hinreichende Sicherheit)

Zielsetzung der Abschlussprüfung kann **keine lückenlose Prüfung sein.** Prüfung in **Stichproben** der weitaus meisten Prüffelder ist üblich und zulässig, OLG Düsseldorf BB 1996, 2615; MüKoHGB/Ebke Rn. 45, allgM. Prüfung mit wechselnden Prüfungsschwerpunkten ist jedenfalls bei einem angemessenen mehrjährigen Prüfungsplan in Ordnung, MüKoHGB/Ebke Rn. 47. Bei Anzeichen für Unrichtigkeiten und Verstöße durch die gesetzlichen Vertreter oder Mitarbeiter der Ges. besteht eine erweiterte Prüfungspflicht, es sind ergänzende Prüfungshandlungen vorzunehmen und die Prüfungsnachweise im Hinblick auf den Verdacht gezielt zu würdigen, IDW PS 210 Tz. 44 ff. (vgl. jetzt ISA [DE] 240, 250). Nach dem Fall Wirecard wurde häufig argumentiert, dass eine Abschlussprüfung nicht darauf angelegt sei, nach Betrug zu forschen. De lege lata verlangt § 317 I 3 nach der Gesetzesbegründung zum KonTraG v. 27.4.1998 allerdings schon, dass die Prüfung auf das Erkennen von Unrichtigkeiten und Verstößen auszurichten ist. Konkretisiert wurde diese Aussage durch IDW PS 210 (vgl. jetzt ISA [DE] 240, 250) zur Aufdeckung von Unregelmäßigkeiten im Rahmen der Abschlussprüfung. In Rn. 14 und in 43 IV WPO wird außerdem eine **kritische Grundhaltung** gefordert (zu diesem Begriff ausführlich: Marten DB 2022, 69). Durch **FISG (Übergangsrecht (1)** EGHGB Art. 86) wurde § 43 WPO um zahlreiche einzelne Pflichten ergänzt. Nach Art. 7 der AbschlussprüferVO besteht eine Informationspflicht, zunächst ggü. dem Unternehmen und nach II ggü. näher bestimmten Behörden, wenn Unregelmäßigkeiten wie Betrug im Zusammenhang mit der Abschlussprüfung eintreten, vgl. dazu ausführlich Arbeitskreis Bilanzrecht Hochschullehrer Rechtswissenschaft NZG 2020, 938, 941, auch zu Vorschlägen de lege ferenda, wonach noch klarer als bisher ausgedrückt werden sollte, dass es zu den gesetzlichen Aufgaben des Abschlussprüfers zählt, etwaigen Hinweisen auf möglicherweise vorsätzliche Verstöße von Rechnungslegungsvorschriften nachzugehen; vgl. auch Lenz KoR 546, 549 ff. (Verantwortung des Abschlussprüfers zur Aufdeckung von Bilanzdelikten, Täuschungen und Vermögensschädigungen am Fallbeispiel Wirecard). Zur Beurteilung des Risikos von **fraud** außerdem Schruff WPg 2005, 207; Berndt/Jeiker BB 2007, 2615. Werden Verstöße oder Fehler aufgedeckt, Ausdehnung der Prüfungshandlung, soweit noch keine abschließende Beurteilung möglich. Die Einholung einer **Vollständigkeitserklärung** der KapitalGes. über Buchführung und Jahresabschluss ist üblich, aber kein Ersatz für Prüfungshandlungen, BGH NJW 2010, 1811; OLG Düsseldorf BB 1996, 2614; Verantwortlichkeit des Abschlussprüfers (§ 323) bleibt unberührt. Die Ges. ist zur Abgabe nicht verpflichtet (→ § 320 Rn. 2). Bei unzutreffender Vollständigkeitserklärung kann der Bestätigungsver-

§ 317 5–6

merk widerrufen werden (→ § 322 Rn. 14). Zur Vollständigkeitserklärung IDW PS 303 nF Tz. 23 ff. (jetzt ISA [DE] 580).

5 **Keine umfassende Rechts- und Wirtschaftlichkeitsprüfung, nur Rechnungslegungsprüfung** (BGH NZG 2020 1030 (Rn. 28): Randscharfe Trennung ist aber häufig schwierig, da es viele Überschneidungen gibt (zur Grauzone: Nietsch WM 2021, 158, 160). Die Prüfung erstreckt sich **nicht** auf die Einhaltung aller steuerrechtlicher Vorschriften, anders soweit sich aus ihrer Nichtbeachtung Risiken ergeben, denen Rechnung zu tragen ist, zB § 274, GK/Marsch-Barner Rn. 4; aller sonstigen rechtlichen Verhältnisse, str., anders soweit Lagebericht betroffen ist oder soweit sich Risiken für das Unt. ergeben; auf die allgemeine Geschäftsführung, anders soweit sich aus Verstößen (zB Einlagenrückgewähr, verdeckte Gewinnausschüttung, Unterschlagung) zu bilanzierende Ansprüche der KapitalGes. ergeben; außer bei AG nach IV (→ Rn. 9) auf die Einhaltung der Pflichten bei Verlust, Überschuldung (Überschuldungsbegriff § 19 II InsO, → § 130a Rn. 3) oder Zahlungsunfähigkeit (§ 92 AktG, § 64 GmbHG), anders soweit nicht mehr von Fortführung (going concern, § 252 I Nr. 2) auszugehen ist, was zu prüfen ist (→ Rn. 2); auf die wirtschaftliche Lage der Ges. (bloße Rechnungslegungsprüfung) BGHZ 16, 23; WM 2006, 426; OLG Karlsruhe WM 1985, 942. Aber erweiterte Berichts- und Redepflicht § 321 I 4, II. Praktisch wichtig ist die Prüfung des internen Kontrollsystems, vor allem bei Einsatz von EDV IDW PS 261 (jetzt ISA [DE] 200, 315, 330), interne Revision und Abschlussprüfung IDW PS 321 (jetzt ISA [DE] 610). Ziele und Gegenstand der Abschlussprüfung IDW PS 200 Tz. 8 ff. (jetzt ISA [DE] 200), Art und Umfang der Prüfungshandlungen IDW PS 200 Tz. 18 ff. (jetzt ISA [DE] 200).

5a Im Rahmen der Jahresabschlussprüfung wendet der Abschlussprüfer regelmäßig den risikoorientierten Prüfungsansatz i. S. d. IDW PS 261 (jetzt ISA [DE] 200, 315, 339) an (Feststellung und Beurteilung von Fehlerrisiken und Reaktionen des Abschlussprüfers auf die beurteilten Fehlerrisiken). Nur so kann er seine Prüfung effizient planen und durchführen. Vgl. zum Risikoorientierten Prüfungsvorgehen im Detail BeckBilKomm/Schmidt/Almeling Rn. 100 ff.; Freichel/Folz/Loriser DStR 2021, 812 (Die Prüfungsmethodologie im Rahmen der Jahres- und Konzernabschlussprüfung).

6 **D. Person des Prüfers:** Der Abschlussprüfer darf **Hilfspersonen** heranziehen, prüft aber in eigener Verantwortung. Er darf sich nicht einfach auf Prüfungsergebnisse und Untersuchungen **Dritter** verlassen, darf sie aber verwerten. Prüfungsergebnisse anderer, auch ausländischer Abschlussprüfer darf er übernehmen, falls keine Anhaltspunkte für ihre Unrichtigkeit vorliegen, OLG Düsseldorf ZIP 1997, 789, und bei Ausländern die Berufsqualifikation und Unabhängigkeit der deutschen vergleichbar ist (vgl. → Rn. 10). Prüfung durch zwei oder mehrere bestellte Abschlussprüfer **(Gemeinschaftsprüfung, Joint Audit)** ist möglich, dann großzügigere externe Rotation (Abschlussprüfungs-VO Art. 17 IV lit. b für Unt. von öff Interesse, → Einl. vor § 316 Rn. 5 f.), ein uneingeschränkter Bestätigungsvermerk nur durch einen von ihnen reicht aber nicht aus, MüKoHGB/Ebke § 318 Rn. 17, IDW IDW-FN 2011, 17, str. Parallele, unabhängig voneinander erfolgende Abschlussprüfungen sind gesetzlich nicht zulässig, Staub/Habersack/Schürnbrand § 318 Rn. 19, str. Durchführung von Gemeinschaftsprüfungen (Joint Audit) IDW PS 208 Stand 2010. Interne Revision und Prüfung IDW PS 321 (jetzt ISA [DE] 610), Verwertung der Arbeit von Sachverständigen IDW EPS 322 Stand 2012, Jobst/Kapoor WM 2013, 686, Bestätigungen Dritter bei Kredit- und Finanzdienstleistungsinstituten IDW PH 9302.1, bei VersicherungsUnt. IDW PH 9302.2, Ratings, Schaub/Schaub ZIP 2013, 662; Externe Bestätigungen s. Rabenhorst WPg 2002, 16;; Lenz BB 2018, 2027 (Nutzen und Kosten der Abschlussprüfung); Mantke WPg 2019, 205 (Folgewirkungen nicht korrigierter Fehler).

2. Abschnitt. Ergänzende Vorschriften für Kapitalges. 7 **§ 317**

2) Prüfung des Lageberichts und des Konzernlageberichts (II)
Der (Konzern)Lagebericht ist auf Einklang mit dem Jahres(Konzern)abschluss, 7 gegebenenfalls auch mit dem Einzelabschluss nach § 325 IIa (so II idF BilReG), sowie den bei der Prüfung gewonnenen Erkenntnissen des Abschlussprüfers zu prüfen (**II 1 Hs. 1 nF**). Zu den Erkenntnissen gehören auch solche aus früheren Prüfungen, Verwertung sonstiger Kenntnisse (→ § 321 Rn. 6). Er ist weiter darauf zu prüfen, ob er insgesamt, also nicht nur die sonstigen Angaben in ihm (§§ 289 II, 315 II), ein zutreffendes Bild von der Lage des Unt. (Konzern) vermittelt (**II 1 Hs. 2 nF**). Insbesondere ist zu prüfen, ob die **Chancen und Risiken** der zukünftigen Entwicklung, auf die der Lagebericht besonders eingehen muss (§ 289 I 5, § 315 I 5 idF BilReG), zutreffend dargestellt sind (**II 2 idF BilReG**). Dabei gilt der Grundsatz, dass für die Darstellung der Lage des Unt. die Geschäftsführung allein verantwortlich ist (prognostische Elemente, pflichtgemäßes Ermessen). Der Prüfer kann nur die Richtigkeit und Vollständigkeit dieser Darstellung prüfen, also ob alle verfügbaren Informationen verwandt wurden, die grundlegenden Annahmen realistisch und in sich widerspruchsfrei sind und Prognoseverfahren richtig gehandhabt wurden (**Plausibilitätsprüfung**, RegE), MüKoHGB/Ebke Rn. 75, auch → § 321 Rn. 1. Allerdings darf sich der Prüfer nicht darauf beschränken, passiv die Lagebeurteilung der Geschäftsführung zu billigen, sondern er hat eigene Plausibilitätsbeurteilung abzugeben, Hommelhoff BB 1998, 2570, ähnlich IDW PS 350 über Prüfung des Lageberichts. Pflicht zur positiven Aussage zum Lagebericht geht über Art. 34 Bilanz-RL 2013 (**Übergangsrecht** in (**1**) EGHGB Art. 75 II) hinaus, ist nur Prüfung mit begrenzter Sicherheit (= negative Aussage) verlangt, Kajüter/Nienhaus/Nienaber WPg 2017, 801. Bericht auch über eingeleitete und auch erst beabsichtigte Maßnahmen der Geschäftsführung gegen ungünstige künftige Entwicklungen, GK/Marsch-Barner Rn. 13; Quick BB 2018, 363 (Fortführungsprognose). Saldierung der Chancen und Risiken ist ausgeschlossen, zu berichten ist über Risiken auch, wenn die Chancen überwiegen, das Informationsinteresse hat „fast ausnahmslos" Vorrang, Küting/Hütten AG 1997, 255, auch Baetge/Schulze DB 1998, 943, für Einzelfallabwägung MüKoHGB/Ebke Rn. 78 (Zielkonflikt). Die Erklärung zum Corporate Governance Kodex (AktG § 161, → Einl. vor § 316 Rn. 11) erfolgt im Lagebzw. Konzernlagebericht (§§ 285 Nr. 1 Nr. 8 AktG), zu den Pflichten des Abschlussprüfers und zu seiner Unabhängigkeitserklärung nach Ziff. 7.2.1 DCGK IDW PS 345 Stand 6.12.2013 IDW-FN 2014, 122.

II 3 idF BilRUG bestimmt aufgrund Europarechts, dass die Prüfung des Lageberichts und des Konzernlageberichts sich auch darauf zu erstrecken hat, ob die gesetzlichen Vorschriften zur Aufstellung des Lage- oder Konzernlageberichts beachtet worden sind. Entsprechend ist § 322 geändert, damit die Änderungen auch im Bestätigungsvermerk des Abschlussprüfers berücksichtigt werden. Der nach II 3 erweiterte Prüfungsumfang bezieht sich auf die in § 289 und § 315 I–IV (nicht § 315 V, dazu sogleich II 4) genannten Angaben. II 3 nF führt jedoch nicht zu sachlichen Änderungen des Prüfungsumfangs, denn die Prüfungsberichte musste die Gesetzmäßigkeit schon bisher feststellen (§ 321 II 1), was eine entsprechende Prüfung voraussetzt.

II 4–6 idF nF durch CSR-RL-UmsetzungsG v. 11.4.2017 (Übergangsrecht in (**1**) EGHGB Art. 80) ersetzt II 4 aF idF BilMoG 2009 (**Übergangsrecht** in (**1**) EGHGB Art. 66 III) und BilRUG 2015 (**Übergangsrecht** in (**1**) EGHGB Art. 66 III) und setzt Art. 19a V, 20 III, 29a V Bilanz-RL idF der CSR-RL um zum Zweck der Ergänzung der schon heute bestehenden Regelungen zur Erklärung zur Unternehmensführung. Geprüft wird nach **II 4** nur, ob die **nichtfinanzielle Erklärung** bzw. Konzernerklärung oder der gesonderte nichtfinanzielle Bericht bzw. Konzernbericht vorgelegt wurde, vgl. auch IDW PH 9.350.2 Rn. 22. Konkrete Leitlinien, wie diese **Vollständigkeitsprüfung** durchgeführt

Merkt 1453

werden soll oder welcher Tiefgang gefordert wird, ergeben sich nicht aus dem Gesetz. Eine Pflicht zur inhaltlichen Prüfung durch den Abschlussprüfer besteht nicht, das folgt aus dem umfassenden Verweis auf §§ 289b–289e, RegBegr Trans-PuG 63. Allerdings hat der Aufsichtsrat nach § 171 I 1 und 4 AktG die nichtfinanzielle Erklärung bzw. den gesonderten nichtfinanziellen Bericht inhaltlich zu prüfen, vgl. dazu Simon-Heckroth/Borcherding WPg 2020, 1104 (zur Frage, ob der Aufsichtsrat CSR-Sachverstand haben muss). Der Aufsichtsrat kann auch externe inhaltliche Prüfung in Auftrag geben, § 111 II 4 AktG, dann aber Pflicht zur Offenlegung des Berichts, Gundel WPg 2018, 108; Ruhnke/Schmidt DB 2017, 2557; Hennrichs ZGR 2018, 206 (220 ff.). Formelle Prüfung durch Abschlussprüfer soll „kritisches Lesen und Würdigen" einschließen; werden dabei Unrichtigkeiten erkannt, besteht Redepflicht, uU in gravierenden Fällen Hinweispflicht im Bestätigungsvermerk auf sog. „sonstigen nicht prüfungspflichtigen Sachverhalt", Hennrichs ZGR 2018, 206 (221); Runke/Schmidt DB 2017, 2557; Seidler BB 2018, 1067 (IDW PS 350). Weitere Hinweise zur Prüfung gibt der im Herbst 2020 verabschiedete IDW PH 9.350.2. Zu „nicht inhaltlich zu prüfenden lageberichtstypischen Angaben" (IDW PS 350) gehören nichtfinanzielle Erklärung (§ 289b I) und Erklärung zur Unternehmensführung (§ 289f I 1). Für sie ist im Bestätigungsvermerk darauf hinzuweisen, dass die Angaben nicht geprüft wurden und Prüfungsurteil sich nicht auf sie erstreckt, Seidler BB 2018, 1067. Entgeltbericht ist kein Lageberichtsbestandteil, kann aber dazu gemacht werden und damit lageberichtsfremde Angabe iSv IDW PS 350 werden.

Um praktische Probleme im Hinblick auf einen gem. § 289b III 1 Nr. 2b) erst zu einem späteren Zeitpunkt veröffentlichten gesonderten nichtfinanziellen Bericht oder Konzernbericht zu vermeiden, ist gem. **II 5** in derartigen Fällen eine ergänzende Prüfung – und für den Fall, dass der Bericht nicht innerhalb von sechs Monaten nach dem Abschlussstichtag vorgelegt wird, entsprechend § 316 III 2 die Ergänzung des Bestätigungsvermerks – vorgesehen, IDW PH 9.350.2 Rn. 22. Formulierungsbeispiel bei IDW PH 9.350.2 (Anlage). Hinsichtlich der Wirksamkeit des ursprünglichen Bestätigungsvermerks gelten dieselben Grundsätze wie nach § 316 III, so dass der ursprüngliche Bestätigungsvermerk im Falle der Nachtragsprüfung grundsätzlich wirksam bleibt. Eine weitergehende Prüfung der Vorgaben der §§ 289b–289e sowie der §§ 315b und 315c unterbleibt, Gundel WPg 2018, 108 (109), dort sowie bei Hennrichs ZGR 2018, 206 (222 f.) u. Althoff/ Wirth WPg 2018, 1138 (1147) auch zum Streit, mit welcher Intensität der Aufsichtsrat die CSR-Berichterstattung zu prüfen hat (reasonable asurance, limited assurance, Plausibilitätsprüfung oder Prüfung wie Jahresabschluss und übriger Lagebericht). Darüber hinaus prüft der Abschlussprüfer wie schon heute vorgegeben, ob die in § 289f II u. § 315d geforderten Angaben gemacht wurden, **II 6**, allerdings reduzierter Prüfungsumfang: lediglich Prüfung, ob Angaben vorhanden sind, Böcking/Bundle Konzern 2018, 496; Rabenhorst/Schmidt/Speiser DB 2019, 857. **Lit.** Baumüller/Follert IRZ 2017, 473; Blöink/Halbleib Konzern 2017, 182; Böcking/Althoff WPg 2017, 1450; Haaker DB 2017, 922; Heinrichs/ Pöschke NZG 2017, 121; Kajüter DB 2017, 617; Kajüter/Nienhaus/Nienaber WPg 2017, 801; Kirsch/Huter WPg 2017, 1017; Lanfermann BB 2017, 747; Naumann WPg 2017, 1170; Rimmelspacher/Schäfer/Schönberger KoR 2017, 225; Ruhnke/Schmidt DB 2017, 2557; Velte DB 2017, 2819 (Tendenz der Gesetzgebung zur Geschäftsführungsprüfung); Wermelt/R. Scheffler WPg 2017, 925 (IDW PS 981); Baumüller/Follert WPg 2018, 1205; Gundel WPg 2018, 108; IDW AK WPg 2018, 850 (IDW PS 350); Rimmelspacher DB 2018, 265 (Entgeltbericht); Velte WPg 2018, 477 (Gender-/Diversity-Berichterstattung); Velte/ Scheid DStR 2018, 1681 (Empirie); E. Vetter FS Marsch-Barner, 2018, 559 (CSR-Aufsichtsratspflichten); Rabenhorst/Schmidt/Speiser DB 2019, 857 (IDW PS 350); Schmidt/Strenger NZG 2019, 481; IDW PH 9.350.2; Lanfermann/

Glöckner WPg 2020, 1227 (Pflicht zur Prüfung der nichtfinanziellen Berichterstattung durch Abschlussprüfer de lege ferenda).

3) Erstreckung der Prüfung des Konzernabschlusses auf einbezogene Jahresabschlüsse (III)

Der Gegenstand der Prüfung folgt aus § 316 I, II, nämlich Jahres(Konzern-)abschluss und (Konzern-)Lagebericht. Das wird erweitert auf die im Konzernabschluss zusammengefassten Jahresabschlüsse, insbesondere die konsolidierungsbedingten Anpassungen (**III 1** nF). Zu den konsolidierten Anpassungen gehören auch Änderungen in der HdlBilanz II auf Grund Einheitlichkeit von Bilanzansatz und Bewertung im Konzernabschluss (Begr. RegE), ferner Prüfung der HdlBilanz II. Vollprüfung der einbezogenen Jahresabschlüsse iSv I 1, insoweit aber aus Konzernsicht.

Sind diese Jahresabschlüsse von einem anderen Abschlussprüfer geprüft worden, so hat der Konzernabschlussprüfer dessen Arbeit zu überprüfen und dies zu dokumentieren (**III 2** idF BilMoG). Die zuvor geltende Einschränkung, dass geprüfte Jahresabschlüsse nur dann erneut geprüft werden müssen, wenn der Bestätigungsvermerk versagt oder eingeschränkt worden ist, str., oder wenn Anhaltspunkte für die Unrichtigkeit des Testats vorliegen, ist weggefallen (III 2 aF, ebenso die Einschränkung bezüglich ausländischer Prüfungen bei in den Konzernabschluss einbezogenen TochterUnt. mit Sitz im Ausland, III 3 aF). Vielmehr ist nunmehr der Konzernabschlussprüfer bei der Abschlussprüfung der konsolidierten Abschlüsse eines Konzerns für seinen Bestätigungsvermerk zu den konsolidierten Abschlüssen voll verantwortlich (Abschlussprüfungs-RL, Einl. vor § 316). Das entspricht weitestgehend schon der heutigen Praxis (Begr. RegE). Zweck des III 2 nF ist allein bessere Qualität der Konzernabschlussprüfung, die Abschlussprüfung von Mutter- und TochterUnt. durch verschiedene Abschlussprüfer bleibt weiterhin zulässig (ausdrücklich Begr. RegE).

Was III 2 konkret verlangt bzw. in welchem Ausmaß und mit welcher Gewichtung der Konzernabschlussprüfer auf die Prüfung eines anderen externen Prüfers zurückgreifen kann, hängt von den Umständen ab, insbesondere von der fachlichen Kompetenz und beruflichen Qualifikation dieses Prüfers, daneben auch von der Bedeutung der von diesem geprüften Teileinheit für das Gesamturteil des Konzernabschlussprüfers (RegE). Letzteres kann allein der Konzernabschlussprüfer beurteilen. Ersteres, also die fachliche Kompetenz und die berufliche Qualifikation, kann der Konzernabschlussprüfer jedenfalls bei Prüfern aus EU/EWR-Staaten und der Schweiz annehmen (RegE). Bei Prüfern aus Drittstaaten gilt das bei Eintragung nach § 134 I WPO oder Feststellung der Gleichwertigkeit nach § 134 IV WPO, aber auch dann nur, soweit die fachliche Kompetenz und die berufliche Qualifikation „im Einzelfall offensichtlich vorliegen" (RegE). Sonst muss der Konzernabschlussprüfer diese beiden Voraussetzungen nach Maßgabe der an ihn gestellten Anforderungen im Hinblick auf Unabhängigkeit, Gewissenhaftigkeit, Unparteilichkeit, Unbefangenheit und Eigenverantwortlichkeit beurteilen (RegE). Die Praxis hat dazu schon Erfahrungen entwickelt (→ Rn. 9), die weiter verfeinert werden müssen. Auch nach dem, was der RegE ausführt, bleibt es bei dem in III 2 festgestellten Grundsatz, dass der Konzernabschlussprüfer der Arbeit des anderen externen Prüfers „überprüfen und dies dokumentieren" muss. **Lit.** Petersen/Zwirner WPg 2008, 968; Erchinger/Melcher DB Beil. 5/2009, 92.

4) ESEF-konforme Prüfung bei WpHG-Inlandsemittenten (IIIa nF)

Urspr. IIIb aF, nach FISG (**Übergangsrecht** in (**1**) EGHGB Art 86) in IIIa verschoben, erweitert Gegenstand und Umfang der Abschlussprüfung. Vorschrift wurde allerdings trotz FISG inhaltlich beibehalten. IIIa aF, welcher mit dem AReG (→ Einl. vor § 316 Rn. 9, **Übergangsrecht** in (**1**) EGHGB Art. 79)

§ 317 12–13a 3. Buch. Handelsbücher

eingeführt wurde und auf die EU-Abschlussprüfungs-VO 2014 hingewiesen hat, ist nunmehr in eigenem § 316a nF geregelt.

12 Inhaltlich regelt IIIa nF folgendes: Bei einem von § 327a nicht erfassten WpHG-Inlandsemittent hat der Abschlussprüfer zu prüfen, ob die für Zwecke der Offenlegung erstellten elektronischen Wiedergaben der Abschlüsse und Lageberichte ESEF-konform erstellt worden sind. Der Abschlussprüfer hat im ersten Schritt zu überprüfen, ob die Offenlegungsdokumente mit den Aufstellungsdokumenten hinsichtlich Vollständigkeit und Richtigkeit übereinstimmen. Sodann hat er im zweiten Schritt zu begutachten, ob die Wiedergaben den Offenlegungsanforderungen in § 328 I 4 genügen. Prüfvorgehen entspricht CEAOB Guidelines v. 28.11.2019. **Lit.** Scheffler AG 2020, R41; Schmidt DB 2020, 513.

13 Die ESEF-Unterlagen mussten in Deutschland im Rahmen der Abschlussprüfung dem Abschlussprüfer zur Prüfung vorgelegt werden (§ 320 I i. V. m. § 317 IIIa), Orth/Obst BB 2021, 2091. Einzelheiten zur **ESEF-Prüfung** können dem Prüfungsstandard IDW PS 410 entnommen werden. Werden die ESEF-Unterlagen nach Vorlage des Prüfungsberichts geändert (oder erstmals zur Prüfung vorgelegt) hat der Abschlussprüfer eine Nachtragsprüfung durchzuführen, Rabenhorst BB 2021, 1131, 1132. Fraglich ist, ob nach einer Nachtragsprüfung eine erneute Feststellung des Jahresabschlusses erforderlich wird. Nach einer Ansicht ist dies nicht der Fall, weil der Gesetzgeber beim ESEF eine „Offenlegungslösung" anstelle einer Aufstellungslösung gewählt habe (Rabenhorst BB 2021, 1131, 1133). Streitig ist darüber hinaus – trotz Offenlegungslösung – der Umfang der Verantwortlichkeit des Aufsichtsrats nach § 171 I AktG. Während dieser die ESEF- Unterlagen nicht prüfen muss, unterliegt der gesamte Rechnungslegungsprozess seiner Aufsicht (§ 111 I AktG). Deshalb wird von einer Ansicht eine gewisse Verantwortung des Aufsichtsrats auch für die ESEF-Unterlagen befürwortet (Rabenhorst BB 2021, 1131, 1133). **Lit.** Orth/Obst, BB 2021, 2091 (Ausgestaltung und Kontrollen zur Qualitätssicherung offenzulegender ESEF-Unterlagen).

5) Prüfung des Überwachungssystems bei der börsennotierten AG (IV)

13a Der Vorstand der AG hat nach **§ 91 II AktG** geeignete Maßnahmen zu treffen, insbesondere ein Überwachungssystem einzurichten, damit Risiken und Fehlentwicklungen, die den Fortbestand der AG gefährden, frühzeitig erkannt werden **(Frühwarnsystem)**. Fehlt Dokumentation, ist Entlastung des Vorstands anfechtbar, BGH ZIP 2009, 460. Zur ordnungsgemäßen Dokumentation (Handakten, Arbeitspapiere) MüKoHGB/Ebke Rn. 84 ff. Konkretisierung von § 91 II für Aktienbanken anhand § 25a KWG, LG Berlin AG 2002, 683; Hüffer NZG 2007, 49, nach aA für alle AG. **IV** idF TransPuG 2002 (**Übergangsrecht** in **(1)** EGHGB Art. 54) erstreckt die Prüfung auf das Frühwarnsystem börsennotierter AG (entspr. § 321 IV; vorher zu eng nur bei amtlicher Notierung, vgl. → § 321 Rn. 10). **Börsennotierte AG** sind AG, deren Aktien zu einem Markt zugelassen sind, der von staatlich anerkannten Stellen geregelt und überwacht wird, regelmäßig stattfindet und für das Publikum mittelbar oder unmittelbar zugänglich ist (§ 3 II AktG). Bei solchen AGs muss der Prüfer im Rahmen der Prüfung beurteilen, ob der Vorstand diese Maßnahmen in einer geeigneten Form getroffen hat und ob das Überwachungssystem seine Aufgaben erfüllen kann. Näheres zu dieser Prüfung ist in IDW PS 340 nF geregelt, kritisch dazu Berger et. al. DB 2022, 2709. Es ist anerkannt, dass es sich nur um eine Systemprüfung handelt; Ausführungen zur Einschätzung der Effektivität des internen Kontroll- und Risikomanagementsystems sind nicht erforderlich, Hopt/Kumpan AG 2021, 132 (de lege ferenda eine volle Prüfung fordernd). IV gilt nicht für AGs mit nur im Freiverkehr gehandelten Aktien (s. **(14)** BörsG § 48) und erst recht nicht für GmbHs (aber → Rn. 1), dann auch nicht § 321 IV, aber stattdessen § 321 I 3 (→ § 321 Rn. 10). Allerdings erwartet der Gesetzgeber, dass § 91 II AktG Aus-

2. Abschnitt. Ergänzende Vorschriften für Kapitalges. 14, 14a § 317

strahlungswirkung auf Ges. anderer Rechtsformen entfaltet, BT-Drs. 13/9712, IDW PS 340 Tz. 1.
Die Abschlussprüfung erstreckt sich nicht auf die unternehmerische Zweck- **14** mäßigkeit (→ § 321 Rn. 1), das ist Sache des Aufsichtsrats (§ 111 AktG), GK/ Marsch-Barner Rn. 20, str. Die Risiken sind solche, die einzeln oder im Zusammenwirken mit anderen Risiken dem Ziel der Unternehmensfortführung entgegenstehen (bestandsgefährdende Entwicklung), IDW EPS 340 nF Tz. 8b, 9. Dazu gehört auf jeden Fall die Prüfung der internen Revision (Heranziehung der Revisionsberichte unerlässlich), IDW PS 321 (jetzt ISA [DE] 610), aber je nachdem auch anderer Bereiche wie Controlling ua, also das interne Kontrollsystem, IDW PS 261 (jetzt ISA [DE] 200, 315, 330), GK/Marsch-Barner Rn. 21; Withus WPg 2009, 858. Mögliche bestandsgefährdende Auswirkungen können nur im Vergleich mit der individuellen Risikotragfähigkeit des Unt. bestimmt werden, IDW EPS 340 nF Tz. 10, 15. Zur Risikobewertung gehört auch die Befassung mit der Risikosteuerung, IDW EPS 340 nF Tz. A 17. Die Prüfung nach IV ist eine **Systemprüfung, nicht** eine **Geschäftsführungsprüfung,** IDW PS 340 Rn. 19 S. 2, auch OLG Düsseldorf BB 1996, 2614; OLG Karlsruhe WM 1985, 942, str. Sie ist umfassende als die Prüfung des internen Kontrollsystems im Rahmen der Jahresabschlussprüfung. Der Abschlussprüfer muss sich dabei auch ein Bild des Risikobewusstseins der Unternehmensleitung und der Mitarbeiter verschaffen, IDW EPS 340 nF Tz. 34. Die Prüfung ist eine **Eignungsprüfung** und eine **Funktionsprüfung** (Wortlaut des IV). Eignung setzt ua voraus, dass klare Verwertungszuweisungen für Informationsweitergabe und Risikobeurteilung bestehen und, dass noch rechtzeitig Gegenmaßnahmen getroffen werden können. Bei der Funktionsprüfung werden idR typische Risiken (zB Fremdwährung, Produkthaftung, Bonität) untersucht, GK/Marsch-Barner Rn. 23. Gesetzlicher Prüfungsumfang umfasst nicht das Compliance. Managementsystem des Unternehmens das allein aufgrund einer (freiwilligen) Sondervereinbarung auf Grundlage des IDW PS 980 zum Prüfungsgegenstand werden kann. Bei Konzernen ist das Überwachungssystem konzernweit zu prüfen (RegE) unbeschadet der Prüfung des Überwachungssystems bei den einzelnen KonzernmitgliedGes. Prüfung nach IV bei Konzernen s. IDW PS 340 Tz. 34 ff. Das Ergebnis der Beurteilung ist in einem besonderen Teil des Prüfungsberichts darzustellen einschließlich notwendiger Systemverbesserungsmaßnahmen (§ 321 IV 1, 2). Weitergehende Prüfung bei Kreditinstituten (§§ 28 ff. KWG, **(16b)** WpHG § 89 III 2) und allgemeiner bei WPDienstleistungsUnt. (s. **(16b)** WpHG § 89), IDW PS 521, für Ausdehnung auf Nichtkreditinstitute GK/ Marsch-Barner Rn. 25, Beurteilung des Risikomanagements von Kreditinstituten, IDW PS 525, Prüfung bei Kreditinstituten und VersicherungsUnt., WP-HdB 2012 I J, K. **Lit.** IDW PS 340, PS, PS 261; Marten ua, Wirtschaftsprüfung; Wermelt/R. Scheffler WPg 2017, 925 (IDW PS 981); Dreher VerS 2019, 781; Wermelt/Oehlmann WPg 2019, 1026 (IDW EPS 340 nF).

6) Prüfung des internen Kontroll- und Risikomanagementsystems (§ 93 III AktG nF)

Vom Überwachungssystem nach § 91 II AktG, auf welches sich die Abschluss- **14a** prüfung nach § 317 IV bezieht, ist das interne Kontroll- und Risikomanagementsystem (§ 91 III AktG nF) zu unterscheiden. Das Überwachungssystem nach § 91 II deckt lediglich einen Teil des Umfangs eines umfassenden Kontroll- und Risikomanagementsystems ab, RegE FISG BT-Drucks, 19/26966 S. 4 f. Nach § 289 IV müssen die wesentlichen Merkmale des internen Kontroll- und Risikomanagementsystems im Hinblick auf den Rechnungslegungsprozess im Lagebericht beschrieben werden. Über wesentliche Schwächen dieser Systeme bezogen auf den Rechnungslegungsprozess hat der Abschlussprüfer dem Aufsichtsrat gemäß § 171 Absatz 1 Satz 2 AktG zu berichten. Eine im AktG nor-

Merkt 1457

mierte gesetzliche Pflicht zur Einrichtung solcher Systeme gab es bisher nicht, diese konnte bislang allenfalls aus § 76, 93 AktG folgen (RegE FISG BT-Drucks. 19/26966 S. 115); Hopt/Kumpan AG 2021, 129, 130. Im Rahmen des risikoorienterten Prüfungsansatzes zur Abschlussprüfung ist ein internes Kontrollsystem allerdings schon bisher ein bedeutender Gesichtspunkt (vgl. → Rn. 2). Durch das FISG wurde nun in § 91 III AktG ausdrücklich eine gesetzliche Pflicht zur Einrichtung sowohl eines angemessenen und wirksamen internen Kontrollsystems, als auch eines entsprechenden Risikomanagementsystems für börsennotierte Aktiengesellschaften festgelegt (FISG RegE BT-Drucks. 19/26966 S. 115). Eine weitergehende Pflicht zu einem Compliance Management System wurde aber nicht normiert, Hopt/Kumpan AG 2021, 129, 140.

14b Bzgl. des Umfangs der Prüfung ist zu differenzieren, ob der Wirtschaftsprüfer als Abschlussprüfer tätig wird, oder den Aufsichtsrat bei der Erfüllung seiner Überwachungspflichten unterstützt. Im Rahmen der Abschlussprüfung gilt: Die Prüfung des internen Kontrollsystems zählt weiterhin zur Regelprüfung nach I (→ Rn. 2; Nietsch WM 2021, 158, 160). Der Abschlussprüfer muss dem Aufsichtsrat nach § 171 I 2 AktG über wesentliche Schwächen dieser Systeme bezogen auf die Rechnungslegungsprozesse berichten, Hopt/Kumpan AG 2021, 129, 132, → Rn. 2 und 14a. Eine darüberhinausgehende Prüfung für das interne Kontroll- und Risikomanagementsystems nach IV besteht weiterhin nicht, krit. Schüppen DStR 2021, 246. Aber allg. Redepflicht (→ Rn. 5). Davon zu unterscheiden: Nach § 107 III AktG obliegt die Überwachung der Corporate Governance Systeme einer Gesellschaft grundsätzlich dem Aufsichtsrat. Zum Corporate Governance System zählt das Compliance-Management System, das Risiko-Managmentsystem, das interne Kontrollsystem und das interne Revisionssystem. Diese Aufgabe darf durch den Aufsichtsrat nicht auf Dritte übertragen werden (§ 111 VI AktG), allerdings darf der Aufsichtsrat externen Rat von Sachverständigen einholen, typischerweise von Wirtschaftsprüfern. Für die Prüfung in diesem Rahmen gelten für den Wirtschaftsprüfer die Standards IDW PS 980, 981, 982 und 983 (dazu ausführlich Link/Scheffler/Oehlmann WPg 2020, 937 ff.). Diese Prüfungen im Rahmen des § 107 III AktG gehen im Umfang weit über den Umfang dessen hinaus, was der gesetzliche Abschlussprüfer im Rahmen der Prüfung des Jahresabschlusses (§ 317 I und IV) erfasst.

7) Umfang der Abschlussprüfung (IVa)

15 Mit dem AReG (→ Einl. vor § 316 Rn. 9, **Übergangsregelung** in (1) EGHGB Art. 79) wurde **IVa** eingefügt, der in Umsetzung von Art. 25a der EU-Abschlussprüfungs-RL 2014 den Umfang der Abschlussprüfung klarstellt. Vorschrift soll Verantwortungsbreiche des Prüfers und der Geschäftsführung abgrenzen. Prüfer soll mit dem Bestätigungsvermerk weder den Fortbestand des geprüften Unt. noch die Effizienz oder Wirksamkeit zusichern, mit der die Geschäfte des Unt. bisher geführt wurden oder zukünftig werden (Begr. RefE 23). **Lit.** Schüttler DStR 2018, 932 (IKS-Prüfung); Quick BB 2018, 363 (IDW EPS 270, Fortführungsprognose).

8) Anwendung der internationalen Prüfungsstandards, ISA (V)

15a Seit einiger Zeit bemüht man sich um die Schaffung internationaler Abschlussprüfungsstandards. Trägerorganisation dieser Bemühungen ist die International Federation of Accountants (IFAC), eine internationale Vereinigung der Wirtschaftsprüfer, die im Jahre 1977 in München gegründet wurde und ihren Sitz in New York hat. In ihr vereinigen sich 157 Mitgliedsorganisationen aus 123 Ländern. Damit repräsentiert sie nach eigenen Angaben 2,5 Millionen Wirtschaftsprüfer. Die IFAC bestellt das International Auditing and Assurance Standards Board (IAASB), das für die Entwicklung und Weiterentwicklung der International Standards on Auditing (ISA) zuständig ist. Diese Standards werden –

2. Abschnitt. Ergänzende Vorschriften für Kapitalges. **§ 318**

wie IFRS – zunächst als Entwurf (Exposure Draft, ED) in englischer Sprache veröffentlicht und nach einer Phase der öffentlichen Diskussion in endgültiger Fassung bekanntgegeben. Von 2004 bis 2009 unterzog das IAASB alle bis dahin veröffentlichten Standards einer Überprüfung auf Klarheit und Verständlichkeit (Clarity Project). Zudem wurde eine einheitliche Struktur für alle Standards eingeführt. Die ISA sind seither wie folgt gegliedert: (1) Introduction, (2) Objective (3) Definitions, (4) Requirements, (5) Application and Other Explanatory Material.

Fraglich ist, inwiefern die ISA für die deutsche Abschlussprüfung relevant sind. **16** Nach **V** hat der Abschlussprüfer bei der Durchführung einer Prüfung die internationalen Prüfungsstandards anzuwenden, die von der europäischen Kommission in dem Verfahren nach Art. 26 Abs. 3 der AbschlussprüferRL angenommen worden sind. Bisher hat die Europäische Kommission die ISA allerdings noch nicht angenommen. Sie sind damit (noch) nicht unmittelbar zu beachten.

Weil bisher noch keine internationalen Prüfungsstandards von der EU-Kom- **16a** mission übernommen wurden, sollen nach einer Ansicht in der Literatur die Prüfungsstandards des IDW, die bei der Abschlussprüfung zu beachtenden Grundsätze ordnungsgemäßer Abschlussprüfung i. S. d. § 317 HGB konkretisieren. Bisher waren hier v. a. die IDW PS-Standards, sowie die ISA [DE] relevant (→ Rn. 1).

Wenn die Europäische Kommission Internationale Standards anerkennt, stellt **16b** sich schließlich die Frage, wie diese sich dann mit den Prüfungsstandards verhalten, welche vom IDW ausgearbeitet wurden bzw. angepasst wurden. Aufgrund der gesetzlichen Bindungswirkung des **V** würden in jedem Fall der Regelungen des internationalen Prüfungsstandards vorgehen. Sofern eine Annahme einzelner internationaler Prüfungsstandards noch aussteht oder die internationalen Prüfungsstandards für bestimmte Bereiche der Abschlussprüfung, die auf nationale Besonderheiten zurückgehen, keine Regelung enthalten, ist die bisherige berufsständische Regelung zu beachten.

Die ISA erweisen sich zunehmend als zu kompliziert für die Prüfung von **16c** kleineren, weniger komplexen Unt. (Less Complex Entities, LSE), weshalb das IAASB an Erleichterungen für die Prüfung kleinerer Unt. arbeitet. **Lit.** Schindler/Haußen WPg 2014, 977 (ISA 315 und ISA 330); Merkt ZGR 2015, 215 (ISA Anwendungsprobleme); Köhler ZGR 2015, 204 (IAASB) u. WPg 2015, 109.

9) Ermächtigung zu RechtsVO (VI)

VI idF BilMoG, redaktionelle Änderungen durch AReG (→ Einl. vor § 316 **17** Rn. 9, **Übergangsregelung** in (1) EGHGB Art. 79), enthält eine Ermächtigung an das BMJV, zusätzlich zu den internationalen Prüfungsstandards nach V weitere Abschlussprüferanforderungen oder die Nichtanwendung von Teilen der internationalen Prüfungsstandards vorzuschreiben (letzteres nach Art. 26 EU-Abschlussprüfungs-RL 2014 nicht länger möglich, Begr. AReG RefE 23), wenn dies durch den Umfang der Abschlussprüfung bedingt ist und den in I bis IV genannten Prüfungszielen dient. VI betrifft nur Abschlussprüferanforderungen, nicht Abschlussprüferverfahren, diese und die Prüfungsmethodik entwickelt der Berufsstand selbst (RegE).

Bestellung und Abberufung des Abschlußprüfers

318 (1) ¹**Der Abschlußprüfer des Jahresabschlusses wird von den Gesellschaftern gewählt; den Abschlußprüfer des Konzernabschlusses wählen die Gesellschafter des Mutterunternehmens.** ²**Bei Gesellschaften mit beschränkter Haftung und bei offenen Handelsgesellschaften und Kommanditgesellschaften im Sinne des § 264a Abs. 1 kann der Gesellschaftsvertrag etwas anderes bestimmen.** ³**Der Abschlußprüfer soll jeweils vor Ablauf des Geschäftsjahrs gewählt werden, auf das sich seine Prüfungstätigkeit erstreckt.**

§ 318

⁴ Die gesetzlichen Vertreter, bei Zuständigkeit des Aufsichtsrats dieser, haben unverzüglich nach der Wahl den Prüfungsauftrag zu erteilen. ⁵ Der Prüfungsauftrag kann nur widerrufen werden, wenn nach Absatz 3 ein anderer Prüfer bestellt worden ist.

(1a) Eine Vereinbarung, die die Wahlmöglichkeiten nach Absatz 1 auf bestimmte Kategorien oder Listen von Prüfern oder Prüfungsgesellschaften beschränkt, ist nichtig.

(2) ¹ Als Abschlußprüfer des Konzernabschlusses gilt, wenn kein anderer Prüfer bestellt wird, der Prüfer als bestellt, der für die Prüfung des in den Konzernabschluß einbezogenen Jahresabschlusses des Mutterunternehmens bestellt worden ist. ² Erfolgt die Einbeziehung auf Grund eines Zwischenabschlusses, so gilt, wenn kein anderer Prüfer bestellt wird, der Prüfer als bestellt, der für die Prüfung des letzten vor dem Konzernabschlußstichtag aufgestellten Jahresabschlusses des Mutterunternehmens bestellt worden ist.

(3) ¹ Auf Antrag der gesetzlichen Vertreter, des Aufsichtsrats oder von Gesellschaftern, deren Anteile bei Antragstellung zusammen den zwanzigsten Teil der Stimmrechte oder des gezeichneten Kapitals oder einen Börsenwert von 500 000 Euro erreichen, hat das Gericht nach Anhörung der Beteiligten und des gewählten Prüfers einen anderen Abschlussprüfer zu bestellen, wenn

1. dies aus einem in der Person des gewählten Prüfers liegenden Grund geboten erscheint, insbesondere, wenn ein Ausschlussgrund nach § 319 Absatz 2 bis 5 oder nach § 319b besteht oder ein Verstoß gegen Artikel 5 Absatz 4 Unterabsatz 1 Satz 1 oder Absatz 5 Unterabsatz 2 Satz 2 der Verordnung (EU) Nr. 537/2014 vorliegt, oder
2. die Vorschriften zur Bestellung des Prüfers nach Artikel 16 der Verordnung (EU) Nr. 537/2014 oder die Vorschriften zur Laufzeit des Prüfungsmandats nach Artikel 17 der Verordnung (EU) Nr. 527/2014 nicht eingehalten worden sind.

² Der Antrag ist binnen zwei Wochen nach dem Tag der Wahl des Abschlussprüfers zu stellen; Aktionäre können den Antrag nur stellen, wenn sie gegen die Wahl des Abschlussprüfers bei der Beschlussfassung Widerspruch erklärt haben. Wird ein Grund zur Bestellung eines anderen Abschlussprüfers nach Satz 1 erst nach der Wahl bekannt oder tritt ein solcher Grund erst nach der Wahl ein, ist der Antrag binnen zwei Wochen nach dem Tag zu stellen, an dem der Antragsberechtigte Kenntnis von den antragsbegründenden Umständen erlangt hat oder ohne grobe Fahrlässigkeit hätte erlangen müssen. ⁴ Stellen Aktionäre den Antrag, so haben sie glaubhaft zu machen, dass sie seit mindestens drei Monaten vor dem Tag der Wahl des Abschlussprüfers Inhaber der Aktien sind. ⁵ Zur Glaubhaftmachung genügt eine eidesstattliche Versicherung vor einem Notar. ⁶ Unterliegt die Gesellschaft einer staatlichen Aufsicht, so kann auch die Aufsichtsbehörde den Antrag stellen. ⁷ Der Antrag kann nach Erteilung des Bestätigungsvermerks, im Fall einer Nachtragsprüfung nach § 316 Abs. 3 nach Ergänzung des Bestätigungsvermerks nicht mehr gestellt werden. ⁸ Gegen die Entscheidung ist die Beschwerde zulässig.

(4) ¹ Ist der Abschlußprüfer bis zum Ablauf des Geschäftsjahrs nicht gewählt worden, so hat das Gericht auf Antrag der gesetzlichen Vertreter, des Aufsichtsrats oder eines Gesellschafters den Abschlußprüfer zu bestellen. ² Gleiches gilt, wenn ein gewählter Abschlußprüfer die Annahme des Prüfungsauftrags abgelehnt hat, weggefallen ist oder am rechtzeitigen Abschluß der Prüfung verhindert ist und ein anderer Abschlußprüfer nicht gewählt worden ist. ³ Die gesetzlichen Vertreter sind verpflichtet, den Antrag zu stellen. ⁴ Gegen die Entscheidung des Gerichts findet die Beschwerde statt; die Bestellung des Abschlußprüfers ist unanfechtbar.

2. Abschnitt. Ergänzende Vorschriften für Kapitalges.   1, 1a   § 318

(5) ¹Der vom Gericht bestellte Abschlußprüfer hat Anspruch auf Ersatz angemessener barer Auslagen und auf Vergütung für seine Tätigkeit. ²Die Auslagen und die Vergütung setzt das Gericht fest. ³Gegen die Entscheidung findet die Beschwerde statt; die Rechtsbeschwerde ist ausgeschlossen. ⁴Aus der rechtskräftigen Entscheidung findet die Zwangsvollstreckung nach der Zivilprozeßordnung statt.

(6) ¹Ein von dem Abschlußprüfer angenommener Prüfungsauftrag kann von dem Abschlußprüfer nur aus wichtigem Grund gekündigt werden. ²Als wichtiger Grund ist es nicht anzusehen, wenn Meinungsverschiedenheiten über den Inhalt des Bestätigungsvermerks, seine Einschränkung oder Versagung bestehen. ³Die Kündigung ist schriftlich zu begründen. ⁴Der Abschlußprüfer hat über das Ergebnis seiner bisherigen Prüfung zu berichten; § 321 ist entsprechend anzuwenden.

(7) ¹Kündigt der Abschlußprüfer den Prüfungsauftrag nach Absatz 6, so haben die gesetzlichen Vertreter die Kündigung dem Aufsichtsrat, der nächsten Hauptversammlung oder bei Gesellschaften mit beschränkter Haftung den Gesellschaftern mitzuteilen. ²Den Bericht des bisherigen Abschlußprüfers haben die gesetzlichen Vertreter unverzüglich dem Aufsichtsrat vorzulegen. ³Jedes Aufsichtsratsmitglied hat das Recht, von dem Bericht Kenntnis zu nehmen. ⁴Der Bericht ist auch jedem Aufsichtsratsmitglied oder, soweit der Aufsichtsrat dies beschlossen hat, den Mitgliedern eines Ausschusses auszuhändigen. ⁵Ist der Prüfungsauftrag vom Aufsichtsrat erteilt worden, obliegen die Pflichten der gesetzlichen Vertreter dem Aufsichtsrat einschließlich der Unterrichtung der gesetzlichen Vertreter.

(8) Die Wirtschaftsprüferkammer ist unverzüglich und schriftlich begründet durch den Abschlussprüfer und die gesetzlichen Vertreter der geprüften Gesellschaft von der Kündigung oder dem Widerruf des Prüfungsauftrages zu unterrichten.

Übersicht

	Rn
1) Wahl des Abschlussprüfers (I)	1–4
2) Verbot von Vertragsklauseln zur Beeinflussung der Prüferwahl (Ia)	5–7
3) Konzernabschlussprüfer (II)	8
4) Gerichtliche Ersetzung des Abschlussprüfers (III)	9–15
A. Voraussetzungen des III:	9–11a
B. Verfahren mit III:	12–15
5) Gerichtliche Bestellung des Abschlussprüfers (IV)	16
6) Rechtsstellung des gerichtlich bestellten Abschlussprüfers (V)	17
7) Kündigung durch den Abschlussprüfer (VI), einvernehmliche Vertragsaufhebung	18
A. Kündigung durch den Abschlussprüfer:	18
B. Einvernehmliche Vertragsaufhebung:	
8) Bericht des kündigenden Abschlussprüfers (VII)	19
9) Unterrichtung der Wirtschaftsprüferkammer (VIII)	20

1) Wahl des Abschlussprüfers (I)

§ 318 III 1, VIII idF BilMoG, (**Übergangsrecht** in (1) EGHGB Art. 66 II, V). Ia aufgehoben, Ib in Ia nF verschoben und III geändert durch FISG (**Übergangsrecht** in (1) EGHGB Art. 86).   1

Nach **I 1 wählen die Gfter** (Gfter des MutterUnt., § 290 I; der Gfter-Geschäftsführer kann mitstimmen, ADS Rn. 118) den Abschlussprüfer des Jahres-(Konzern)abschlusses, in der AG **auf Vorschlag allein** des **Aufsichtsrats** (§ 124 III 1 AktG); das ist außer bei der GmbH, OHG und KG iSv § 264a   1a

§ 318 1a

(Satzungsautonomie) zwingend (I 2); bei AG verstößt gemeinsamer oder auch nur gleich lautender Vorschlag von Aufsichtsrat und Vorstand gegen § 124 III 1 AktG (Verhinderung der Beeinflussung bei der Auswahl der Prüfer durch Vorstand), darauf ergehender Beschluss der Hauptversammlung ist anfechtbar, BGHZ 153, 32 (Hypo-Vereinsbank, HVB). Vorherige Zustimmung (pre-approval) des Prüfungsausschusses des Aufsichtsrats ist international üblich und entspricht guter Corporate Governance (→ Einl. vor § 316 Rn. 11). Wahl zwingend jeweils nur für ein Jahr, aber Wiederwahl ist zulässig, OLG Naumburg OLGR 2005, 275, und allgemein üblich, längere Bestellperiode wäre sinnvoll, AKBR BB 2015, 555; Hommelhoff/Lanfermann FS Haarmann, 2015, 73. Bei GmbH (nur durch **Satzung**) können einzelne Gfter (auch MehrheitsGfter), GfterAusschuss, Aufsichtsrat, Beirat oder Dritter zuständig sein, Staub/Habersack/Schürnbrand Rn. 7, ADS Rn. 118, aA, wenn der MehrheitsGfter zugleich GmbH-Geschäftsführer ist, Lu/Ho Anh. § 42 Rn. 16, ADS Rn. 118. Sondervorschriften in § 30 I AktG (erstes Voll- oder Rumpfgeschäftsjahr), § 6 III PublG, § 28 KWG, § 58 VAG. Zusätzliche persönliche Anforderungen an den Abschlussprüfer durch Satzung sind auch über I 2 hinaus analog § 100 IV AktG (für Aufsichtsratsmitglieder) zulässig. Doch muss eine echte Wahl möglich bleiben. Der Aufsichtsrat prüft vor Unterbreitung des Wahlvorschlags die Auswahlvoraussetzungen (§ 319 I) und Eignung des vorgesehenen Prüfers und insbesondere auch seine Unabhängigkeit (§§ 319 II, III, 319a) und holt bei Befolgung des Deutschen Corporate Governance Kodex eine Unabhängigkeitserklärung ein (→ § 319 Rn. 13). Öffentliche Unternehmen müssen bei der Ausschreibung der Abschlussprüfung das Vergaberecht nicht beachten (str.), da das Bestellungsverfahren der Abschlussprüfer vorrangig ist, Kraßnig WPg 2020 715. Mit Eröffnung des Insolvenzverfahrens liegt nach § 155 III 1 InsO Zuständigkeit nicht mehr bei Gesellschaftern, sondern Bestellung kann nur auf Antrag des Insolvenzverwalters durch Gericht erfolgen; gilt bei Eigenverwaltung nach §§ 270 ff. InsO entspr. und bei Insolvenz von KapGes. bei angeordneter Eigenverwaltung mit der Maßgabe, dass Bestellung ausschließlich durch Amtsgericht auf Antrag der Schuldnerin erfolgt, § 281 III 1, § 270 I InsO, BGH DStR 2018, 1931 Rn. 7; aA BeckBilKomm/Schmidt/Heinz Rn. 149. Kein generelles Sonderkündigungsrecht des Insolvenzverwalters gegenüber dem nach § 1 bereits vor Insolvenzeröffnung bestellten Prüfers für die von ihm noch nicht erledigten vorinsolvenzlichen Prüfungsaufträge, OLG Karlsruhe NZG 2017, 1036, dazu Singer StuB 2018, 403. Bei Versicherungsunternehmen und Pensionsfonds wird aufgrund des FISG künftig der Abschlussprüfer des Jahresabschlusses und des Konzernabschlusses nicht mehr vom Aufsichtsrat bestimmt (§ 341k II a. F.), sondern – wie bei prüfungspflichtigen Kapitalgesellschaften allgemein – von den Anteilseignern gewählt (§ 318 I 1). Auch die aufsichtsrechtlichen Bestimmungen zur Bestellung des Prüfers wurde angepasst: Künftig kann die Aufsichtsbehörde den Prüfer nicht mehr selbst bestimmen, wenn sie Bedenken gegen den vom Versicherungsunternehmen oder Pensionsfonds bestellten Prüfer hat und diesen Bedenken nicht abgeholfen wird. Nach § 36 Ia VAG ist für die Bestellung eines anderen Abschlussprüfers fortan das Gericht zuständig. Damit wird eine Angleichung der aufsichtsrechtlichen Regelung zur Prüferbestellung an die für Kreditinstitute und andere Finanzdienstleister geltenden Regelungen (vgl. § 28 II KWG und § 23 II ZAG) erzielt, Eichholz/Beck BB 2021, 1899. **I 3** ist eine Sollvorschrift zum Zeitpunkt der Wahl, dazu Singhof FS Marsch-Barner, 2018, 539; s. dazu IV. **I 4** idF KonTraG 1998 betrifft die **Erteilung des Prüfungsauftrags.** Diese war bis zum KonTraG Vollzug der Wahl ohne eigene Entscheidungsbefugnis der zuständigen Organs, in der AG hat aber der Aufsichtsrat, dessen Partner der Abschlussprüfer ist (§ 111 II 3 AktG), nach I 4 eine gewisse Gestaltungsmöglichkeit, zB Festlegung besonderer Prüfungsschwerpunkte oder zusätzlicher Prüfungsgegenstände und kann dadurch seine Überwachungstätigkeit intensivieren, also den Prüfungsauftrag erweitern, nicht aber einschrän-

2. Abschnitt. Ergänzende Vorschriften für Kapitalges. 2–4 § 318

ken, Staub/Habersack/Schürnbrand Rn. 26, ADS Rn. 173. Er kann die Erteilung auch auf den Prüfungsausschuss delegieren (§ 107 III 3 AktG), üL, GK/Marsch-Barner Rn. 3, str. Der Wirtschaftsprüfer kann frei und ohne Begründung (anders nach LG Köln DB 1992, 265 bei Ablehnung wegen Bestehens von Hinderungsgründen, str.) ablehnen (aber unverzüglich, sonst Schadensersatz, **(2a)** § 51 WPO, § 663 S. 1 BGB). Bestellung von mehr als einem Abschlussprüfer **(Gemeinschaftsprüfung, Joint Audit)** ist möglich, liegt aber nicht schon vor, wenn ein namentlich benannter und gewählter Abschlussprüfer einer Sozietät angehört; zur Gemeinschaftsprüfung → § 317 Rn. 6. Der Prüfungsauftrag umfasst auch eine Nachtragsprüfung (§ 316 III, dort → § 316 Rn. 4), BGH WM 1991, 1952. **Lit.** MBF Kap. 17 Tz. 48 ff.; IDW PS 220, PS 450 Tz. 21 ff. (jetzt ISA [DE] 210); Kompenhans/Buhleier/Splinter WPg 2013, 59 (Festlegung der Prüfungsschwerpunkte); Simons WPg 2018, 713.

Erst mit Annahme wird der Wirtschaftsprüfer zum **Abschlussprüfer** der 2 KapitalGes. Der Abschlussprüfer ist **nicht Organ** der KapitalGes., BayObLG WM 1987, 1365; OLG Düsseldorf NZG 2006, 759; MüKoHGB/Ebke § 316 Rn. 33; Ebke in Hopt/Wymeersch, Capital Markets and Company Law 2003, 182 (rvgl); aA BGHZ 16, 25; WM 1980, 527, auch keine bloße Hilfsperson des Aufsichtsrats (aber Zusammenarbeit mit ihm, → Einl. vor § 317 Rn. 1), MüKoHGB/Ebke Rn. 34, sondern außenstehende Kontrollinstanz mit öff Funktion, str. (vgl. → § 317 Rn. 1), auch Hellgardt, Kapitalmarktdeliktsrecht, S. 304: gatekeeper-Funktion, vgl. für die USA: public watch dog, MüKoHGB/Ebke Rn. 37 f. Konsequent ist es dann, zwischen dem **schuldrechtlichen Prüfungsvertrag** (→ Rn. 3) und der **korporationsrechtlichen Bestellung** zu unterscheiden, letztere wird von der Unwirksamkeit des ersteren nicht unmittelbar berührt, was ua Folgen für die Verantwortlichkeit hat (→ § 323 Rn. 1), zutr. Staub/Habersack/Schürnbrand Rn. 1.

Der dem Prüfungsauftrag zugrundeliegende (str., Baumb/Hueck/Schulze- 3 Osterloh 18. Aufl. 85) **Prüfungsvertrag** zwischen Abschlussprüfer und Kapital-Ges. ist Geschäftsbesorgungsvertrag mit **Werkvertragscharakter** (§§ 675, 631 BGB), also Werkvertragsgewährleistung, BGH NJW 2000, 1107; Staub/Habersack/Schürnbrand Rn. 26, str. (Als Dienstvertrag, wegen gesetzlicher Typisierung kaum relevant), der uU vorausgegangene Beratervertrag ein Dienstvertrag (§§ 675, 611 BGB); überlagert jeweils von den Allgemeinen Auftragsbedingungen (s. **(2b)** AAB-WP mit Nr. 9 Haftungsbegrenzung gemäß **(2a)** § 54a I WPO, Fassung 21.8.2002), die ihrerseits der **AGB-Inhaltskontrolle** nach **(5)** §§ 307 ff. BGB unterliegen, Brandner ZIP 1984, 1186; JZ 1989, 757; Hopt FS Pleyer, 1986, 367; Ho/Li/Pf/Hau/Stoffels Anh. § 310 R. 1 ff.; Graf v. Westphalen/Schäfer Rn. 2; näher → **(2b)** AAB-WP Einl. vor Nr. 1 Rn. 2; auch → § 323 Rn. 11. Erfüllungsort ist, vorbehaltlich anderweitiger Bestimmungen, einheitlich der Sitz der zu prüfenden Gesellschaft, BayObLG 1 AR 87/19, BeckRS 2019, 20913. Anspruch auf Erteilung des Bestätigungsvermerks, wenn keine Einwendungen zu erheben sind (→ § 322 Rn. 7). Zur Einbeziehung Dritter in den Schutzbereich des Prüfungsvertrags → § 323 Rn. 8 u. **(2b)** AAB-WP Einführung. Vertrag mit Wirtschaftsprüfer über interne Revision ist Dienstvertrag (§§ 675, 631, 627 I BGB), BGH NJW 2011, 3575.

Der (erteilte und angenommene) Prüfungsauftrag (die Bestellung, Staub/Ha- 4 bersack/Schürnbrand Rn. 34) kann nach **I 5** von der KapitalGes. nur nach gerichtlicher Bestellung eines anderen Prüfers nach III (und ggf. IV) **widerrufen** werden, Grund: Verhinderung einer Abschlussprüferlosigkeit, LG München I AG 2000, 235 (Hypo-Vereinsbank, HVB), sowie Stärkung der Unabhängigkeit des Prüfers. Widerruf ist Sonderfall der Kündigung aus wichtigem Grund, OLG Düsseldorf ZIP 1996, 1041. Wichtiger Grund ist insbesondere ein Ausschlussgrund nach §§ 319 II–V, 319a und 319b (s. III). Kündigung durch den Abschlussprüfer nur bei wichtigem Grund, s. VI, ebenso einvernehmliche Vertrags-

§ 318 5, 6   3. Buch. Handelsbücher

aufhebung, → Rn. 18. Bei nur satzungsmäßigen Prüfungen gilt I 5 (und VI) nicht; doch kann Widerruf ohne berechtigten Grund treuwidriges GfterVerhalten sein, BGH WM 1991, 1951.

2) Verbot von Vertragsklauseln zur Beeinflussung der Prüferwahl (Ia)

5   Der mit dem AReG eingefügte **Ia** (früher Ib) (**Übergangsrecht** in **(1)** EGHGB Art. 79) setzt Art. 37 III EU-Abschlussprüfungsänderungs-RL 2014 um. Mit dem FISG (**Übergangsrecht** in **(1)** EGHGB Art. 86) wurde der bisherige Ia mit Regelungen zur Pflichtrotation aufgehoben. Dort hatte der Gesetzgeber von einem Wahlrecht Gebrauch gemacht, wonach die Höchstlaufzeit für das Prüfungsmandat 20 Jahre betragen durfte. Nach dem FISG soll die maximale Höchstfrist 10 Jahre betragen (Eichholz/Beck BB 2021, 1899, 1900). Der **bisherige Ib wurde als neuer Ia** normiert. Die an Unt. von öff Interesse gerichtete inhaltsgleiche Vorschrift in Art. 16 VI VO gilt bereits unmittelbar. Die Regelung verbietet Vertragsklauseln, die ein Dritter mit dem geprüften Unt. vereinbart, um die Auswahl des Prüfers zu beeinflussen. Erfasst sind der Prüfer des Einzel- (§ 318 I 1 Hs. 1) ebenso wie des Konzernabschlusses (§ 318 I 1 Hs. 2). Eine Ausnahme vom Gleichlauf des Ia nF mit der VO für Unt. v. öff Interesse bildet die Mitteilungspflicht gegenüber der Aufsicht nach Art. 16 VI UAbs. 2 VO. Allerdings steht es sonstigen Unt. frei, sich an die Aufsichtsbehörde zu wenden (AReG Begr. RegE 46). **Lit.** Petersen/Zwirner/Boecker DStR 2016, 984.

6   Zu **Ia aF,** aufgehoben durch das **FISG Übergangsrecht** in **(1)** EGHGB Art 86): Vorschrift zur Pflichtrotation wurde ursprünglich infolge der in Art. 17 EU-Abschlussprüfungs-VO 2014 für Unt. von öff Interesse normierten verpflichtenden externen Rotation durch das AReG eingeführt (**Übergangsrecht** in **(1)** EGHGB Art. 79). In Ia aF wurde die mit Art. 17 IV VO eröffneten Möglichkeiten zur Ausdehnung der Rotationsfristen für kapitalmarktorientierte Unt., die keine Kreditinstitute oder Versicherungen sind, vollumfänglich genutzt. Solche Unt. konnten danach maximale Mandatsdauer individuell verlängern, indem sie entweder eine Ausschreibung gem. Art. 16 II VO durchgeführt haben oder mehrere Prüfer für gemeinsame Prüfung (Joint Audit) bestellt haben. Grund für Ausnutzung der Fristausdehnung war, dass die externe Rotation Gefahr des Informationsverlusts mit negativen Folgen für die Prüfungsqualität birgt (Begr. RegE 45). Nach **Ia 1** in der Fassung bis zur Abschaffung durch das FISG hat sich die in Art. 17 I UAbs. 1 VO vorgegebene 10-jährige Höchstlaufzeit für ein Mandat um weitere 10 Jahre verlängert, wenn der Wahl für das elfte Geschäftsjahr in Folge, auf das sich die Prüfertätigkeit erstreckt, ein gem. Art. 16 II-V VO durchgeführtes Auswahlverfahren vorausgegangen ist. Vorgaben der VO zur Prüferbestellung mussten dabei nur für das elfte Jahr erfüllt sein. Nach **Ia 2** aF hat sich die Höchstlaufzeit auf 24 Jahre verlängert, wenn spätestens ab dem elften Geschäftsjahr in Folge, auf das sich die Prüfertätigkeit bezog, ein Joint Audit vorgelegen hat. Keine Bedeutung hatte insoweit, ob schon früher Joint Audits stattgefunden haben. Entscheidend war nur, ob ab dem elften Jahr ununterbrochen ein Joint Audit stattfand. Anderenfalls war der Prüfer zu wechseln. Dadurch sollte ein Anreiz für Joint Audits gesetzt und es soll kleineren WirtschaftsprüfungsGes. der Marktzutritt erleichtert werden, RegE 46. Anders als nach I 1 musste bei der Bestellung nach I 2 nicht den Verfahrensanforderungen des Art. 16 VO entsprochen werden. **Lit.** Merkt ZHR 179 (2015), 601 (Reform 2014/16); Bode BB 2016, 1707 (Auswahlverfahren); Bürkle VersR 2016, 1145; Kelm/Schmitz-Herkendell DB 2016, 2365 (IDW-Positionspapier); Petersen/Zwirner/Boecker DStR 2016, 984; Quick DB 2016, 1205; Velte DStR 2016, 1944 (externe Rotation); Velte/Stawinoga StuB 2016, 297; Baumann/Ratzinger-Sakel WPg 2019, 254 (Empirie); Kaspar WPg 2019, 1019 (Erfahrungsbericht); Irblich/Jacob/Cebulla-Voges WPg 2019, 1054 (Erfahrungsbericht).

2. Abschnitt. Ergänzende Vorschriften für Kapitalges. 6a–9 § 318

Nach Streichung des Ia aF verbleibt es für Unternehmen künftig grundsätzlich **6a** bei der Regelung des Art. 17 I Unterabsatz 2 der AbschlussprüferVO, der die **Höchstlaufzeit des Mandats** auf **zehn Jahre** begrenzt (→ klarstellend § 316a I 1). Mit dieser **Verschärfung** der Vorgaben zur sogenannten **externen Rotation** soll der Gefahr einer zu großen Nähe der Abschlussprüfer zu dem geprüften Unternehmen entgegengewirkt und die Unabhängigkeit von Abschlussprüfern gestärkt werden. Zugleich wird ein Gleichlauf mit den Pflichten zur externen Rotation bei Kreditinstituten und Versicherungen erzielt, bei denen ebenfalls eine zehnjährige Höchstlaufzeit für Abschlussprüfungsmandate gilt.

Weiterhin möglich bleibt die Verlängerung der Höchstlaufzeit nach Maßgabe **6b** von Artikel 17 Absatz 6 der Abschlussprüferverordnung. Hiernach kann die zuständige Behörde – in Deutschland die APAS – auf Antrag des Unternehmens von öffentlichem Interesse in Ausnahmefällen gestatten, dass der Abschlussprüfer nach Ablauf der Höchstlaufzeit für höchstens zwei Jahre bestellt wird, sofern die Voraussetzungen des Art. 17 IV Buchst. a oder b der AbschlussprüferVO erfüllt sind, also entweder ein öffentliches Ausschreibungsverfahren im Einklang mit Artikel 16 Absatz 2 bis 5 der AbschlussprüferVO durchgeführt oder eine Gemeinschaftsprüfung beauftragt wurde.

Durch das **FISG** wurden gleichzeitig die Vorgaben zur **internen Prüfer- 7 rotation** in § 43 VI WPO **(2a)** verschärft. Bei Unternehmen von öffentlichem Interesse iSd § 316a 2 müssen die verantwortlichen Prüfungspartner ihre Teilnahme an der Abschlussprüfung spätestens nach 5 Jahren beenden. Bisher galt eine Höchstfrist von sieben Jahren. Mit dem FISG werden Rotationsvorgaben erstmals auch für bestimmte Non-PIE eingeführt. Sie gelten für solche Non-PIE, die der BaFin unterliegen. Gemeint sind Kredit- und Finanzdienstleistungsinstitute (§ 29 KWG), externe Kapitalverwaltungsgesellschaften (§ 38 Abs. 3 und 4 KAGB), Zahlungs- und E-Geld-Institute (§ 24 ZAG) und Versicherungsunternehmen und Pensionsfonds (§ 35 VAG). Der Gesetzgeber hält auch bei diesen Unternehmen eine Rotation des Abschlussprüfers nach zehn Jahren für erforderlich. **Lit.** Eichholz/Beck BB 2021, 1899, 1901.

3) Konzernabschlussprüfer (II)

Auch die Wahl des Konzernabschlussprüfers erfolgt nach I 1 (s. Hs. 2). Unter- **8** bleibt diese, greift II (entspr. § 336 I 2, 3 aF AktG) ein. Der Jahresabschlussprüfer des MutterUnt. wird auch ihr Konzernabschlussprüfer.

4) Gerichtliche Ersetzung des Abschlussprüfers (III)

A. **Voraussetzungen des III:** III idF BilMoG 2009, inhaltliche Klarstellung **9** durch FISG (**Übergangsrecht** in **(1)** EGHGB Art 86). Die gerichtliche Ersetzung beseitigt die rechtliche Stellung als Abschlussprüfer, davon zu unterscheiden ist Widerruf des Prüfungsauftrags (→ Rn. 4). Sie ist nur zulässig bei gesetzlich vorgeschriebenen Prüfungen (freiwillige Prüfung → § 316 Rn. 5) und wenn sie aus einem **in der Person des gewählten Abschlussprüfers liegenden Grund** geboten ist. Bsp.: fehlende Qualifikation, aber nicht schon ohne weiteres fehlerhafte Vornahme früherer Prüfungen, jedenfalls nicht bei Selbstaufdeckung, im Einzelfall anders bei Vertuschungsgefahr, MüKoHGB/Ebke Rn. 58, str.; anhängiger oder drohender Rechtsstreit zwischen dem Abschlussprüfer und der Ges., aber nicht schon bloße Meinungsverschiedenheit über die Prüfung betreffende Fragen; frühere gutachterliche Tätigkeit mit Auswirkung auf den Jahres- oder Konzernabschluss, OLG Hamburg BB 1992, 1533; Überlastung und ungenügende Ausstattung nur, wenn nicht behebbar, MüKoHGB/Ebke Rn. 62; schwerer Vertrauensbruch; **insbesondere** aber ein **Ausschlussgrund nach §§ 319 II–V, 319b** (letzteres idF FISG). §§ 319 II–V, 319b setzen dabei Art. 5 Abs. 1 der VO (EU) Nr. 537/2014 (AbschlussprüferVO) um (BT-Drucks. 19/29879 S. 174). Daneben nimmt Nr. 3 jetzt auch Art. 5 IV Unterabs. 1 S. 1 und V Unterabs. 2

S. 2 der AbschlussprüferVO in Bezug. Bspe: wenn der Abschlussprüfer eines verschmolzenen Unt. zuvor ein Verschmelzungswertgutachten erstellt hat, aus dessen mangelhafter Erstellung erheblicher Berichtigungsbedarf resultiert, BGHZ 153, 32 (Hypo-Vereinsbank, HVB). Dafür können im Einzelfall auch schon Mandate der KapGes. an die AbschlussprüferGes. zur laufenden steuerlichen und wirtschaftsrechtlichen Beratung oder an deren Vorstand in seiner Eigenschaft als Rechtsanwalt genügen, üL im Gesellschaftsrecht.

10 Mit den durch das AReG vorgenommenen (→ Einl. vor § 316 Rn. 9, **Übergangsregelung** in **(1)** EGHGB Art. 79) Änderungen in III werden die nach Art. 38 III der EU-Abschlussprüfungsänderungs-RL 2014 geltenden **Vorgaben zum Antrag auf Abberufung des Prüfers** umgesetzt. Diese Vorgaben gelten nur für Unt. von öff Interesse. Der Anwendungsbereich von III bleibt jedoch unberührt. Die bestehende Rechtslage bleibt nach Art. 1 Nr. 31 der EU-Abschlussprüfungsänderungs-RL 2014 aufrechterhalten (Grundsatz der Mindestharmonisierung). Verändert werden allerdings die Voraussetzungen für einen von Gfterseite gestellten Antrag. Für einen zulässigen Antrag soll zukünftig erforderlich sein, dass die Anteile der antragstellenden Gfter zusammen 5% des gezeichneten Kapitals erreichen. Dabei werden Anteile an Stimmrechten den Anteilen am gezeichneten Kapital gleichgesetzt. Mit dem FISG wurde der Begriff des „Grundkapital" in III aF durch den Begriff „gezeichnetes Kapital" als Bezugsgröße des 5-Prozent-Quorums für die Antragsberechtigung ersetzt. Damit wird die Anwendung der Vorschrift auf andere Gesellschaften als Aktiengesellschaften, die in den Anwendungsbereich fallen und kein Grundkapital haben, erleichtert. Dies ist z. B. bei der GmbH (Stammkapital) oder bei einer Personenhandelsgesellschaft iSd § 264a I HGB (Kapitalanteile) der Fall. Beibehalten wird die Alternative des Erreichens eines Börsenwertes von 500.000 EUR. Insofern wird von der Möglichkeit Gebrauch gemacht, den Gftern weitergehende Antragsrechte einzuräumen.

11 Nach Art. 38 III der EU-Abschlussprüfungsänderungs-RL 2014 ist Anteilseignern, die mindestens 5% der Stimmrechte oder des gezeichneten Kapitals halten, das Recht einzuräumen, vor einem nationalen Gericht die Abberufung des Prüfers zu beantragen, falls triftige Gründe vorliegen. Eine EU-rechtliche Konkretisierung der triftigen Gründe fehlt. Diese Lücke schließt III 1, indem er bestimmt, dass nur ein in der Person des gewählten Prüfers liegender Grund zur gerichtlichen Bestellung eines anderen Prüfers führen kann. Als Beispiele werden die Ausschlussgründe nach § 319 II–V sowie § 319b genannt. Diese Normen nehmen auch Art. 5 I der AbschlussprüferVO in Bezug (BT-Drucks. 19/29785 S. 174). Ein solcher Verstoß liegt vor, wenn ein Abschlussprüfer eines Unternehmens von öffentlichem Interesse eine verbotene Nichtprüfungsleistung erbringt. Die Möglichkeit, in diesen Fällen ein gerichtliches Ersetzungsverfahren zu beantragen, steht im Einklang mit der AbschlussprüferVO. Aus Artikel 6 Absatz 1 Buchstabe a der AbschlussprüferVO ist zu schließen, dass der Abschlussprüfer ein Prüfungsmandat nicht annehmen oder fortsetzen darf, wenn er die Anforderungen des Artikels 5 der AbschlussprüferVO nicht erfüllt (RegE BT-Drucks. 19/26966 S. 101). Daneben gelten nach der Norm nun auch die Ausschlussgründe nach Art. 5 IV Unterabsatz 1 Satz 1 und V Unterabs. 2 Satz 2 der AbschlussprüferVO. Näheres zur Antragstellung regeln III 2 Hs. 2 und 4 sowie 5. **Lit.** Petersen/Zwirner/Boecker DStR 2016, 984; Schürnbrand AG 2016, 70 (Rechtsfolgen bei Verstoß gegen Art. 16).

11a In den parlamentarischen Beratungen zum FISG war umstritten, ob gesetzlich geregelt werden sollte, dass ein Grund zur Bestellung eines anderen Abschlussprüfers durch das Gericht nach § 318 III 1 Nr. 1 vorliegt, wenn der Abschlussprüfer oder ein Mitglied des Netzwerks, dem er angehört, gegen das in Art. 5 Abs. 1 Abschlussprüferverordnung geregelte Verbot der Erbringung bestimmter Nichtprüfungsleistungen für das geprüfte Unternehmen, dessen Mutterunterneh-

2. Abschnitt. Ergänzende Vorschriften für Kapitalges. 12–15 § 318

men oder ein Tochterunternehmen mit Sitz in der EU verstoßen hat (zum Streitstand: Eichholz/Beck BB 2021, 1899). Die BReg hatte eine entsprechende Ergänzung des § 318 III 1 Nr. 1 vorgeschlagen; Der Finanzausschuss hat empfohlen, von einer gesetzlichen Regelung abzusehen, weil die fraglichen Fälle anhand der bestehenden Vorschriften (§§ 319 II–V, 319b) angemessen gelöst werden können. Problematisch ist insbesondere, wie mit Bagatellverstößen umzugehen ist. (Überblick bei Eichholz/Beck BB 2021, 1899, 1900).

B. Verfahren nach III: Das Ersetzungsverfahren war bereits vor dem BilReG 12 unabhängig von einer Anfechtungsklage gegen den Wahlbeschluss der Hauptversammlung (§§ 243 ff. AktG), BGHZ 153, 32 (Hypo-Vereinsbank, HVB), str., aA MüKoHGB/Ebke (1. Aufl.) Rn. 54. Ab 1.1.2005 (**Übergangsrecht:** § 17 EGAktG idF BilReG) ist es **nicht mehr** möglich, **Anfechtungs- und Nichtigkeitsklagen** auf Gründe zu stützen, die ein Verfahren nach § 318 III HGB rechtfertigen (§§ 243 III Nr. 2, 249 I 1 AktG idF BilReG, auch nach Änderung des § 249 I 1 AktG durch UMAG, mangelnde Verweisung ist Redaktionsversehen, MüKoHGB/Ebke Rn. 52, hL), OLG München WM 2009, 265. Das ist eine im Interesse des Rechtsverkehrs und aller Beteiligten begrüßenswerte, rechtssicherere Konzentration auf ein einziges Verfahren.

Das Gericht (AG, s. § 23a GVG idF FGG-RR, (3) FamFG §§ 374 ff., Richter 13 § 17 Nr. 2a RPflG) wird **nur auf Antrag** tätig, Verfahren nach FamFG, Auswahlermessen des Gerichts ohne Bindung an die Anträge der Parteien. Bei Verstößen liegt erste Beurteilung bei Aufsichtsrat, der entscheidet, ob Antrag gestellt wird. **Antragsberechtigung** wie nach III 1, kein Antragsrecht des Abschlussprüfers selbst, allgM; auch der Aufsichtsbehörde nach III 6 (unabhängig davon Rechte nach § 28 KWG, § 58 VAG). Antragsrecht **von Aktionären** s. III 1, 2, 3, 4; der Schwellenwert ist auf 5 % des gezeichneten Kapitals oder 500.000 Euro Börsenwert herabgesetzt (III 1 idF BilReG, vgl. § 122 AktG; zum Börsenwert s. §§ 5, 6 WpÜG-AngebotsVO); mehrere Aktionäre können sich zur Erreichung des Schwellenwerts zusammenschließen (RegE). Bei Legitimationsübertragung (§ 129 III AktG) ist nur der Legitimationsaktionär (§ 185 BGB) antragsberechtigt, BayObLG WM 1987, 1363. In der **Insolvenz** Neubestellung durch das Gericht auf Antrag des Insolvenzverwalters, vor der Eröffnung des Verfahrens bereits Bestellter bleibt im Amt (§ 155 III 1, 2 InsO). Abberufung durch den Insolvenzverwalter nicht nach § 155 InsO (klarer Wortlaut, ganz hA, etwa BGH DStR 2018, 1931 (aA noch OLG Dresden NZG 2010, 396), aber unter den engen Voraussetzungen von §§ 318 III, 319, 319a, 319b, BGH DStR 2018, 1931; Klerx ZIP 2003, 944; für mindestens subsidiäre Zuständigkeit des Insolvenzverwalters auch bei dem vor Insolvenz bestellten Prüfer entspr. III samt Frist Ebke FS Hopt, 2010, 579. **Lit.** Kaiser/Berbuer ZIP 2017, 161; Kaiser WPg 2018, 1331; Lanfermann BB 2017, 2989 (Handlungsrahmen des Aufsichtsrats).

Antragsfrist: zwei Wochen nach der Wahl (III 2), **Ausschlussfrist** bei 14 Bekanntwerden oder Eintritt von **Befangenheitsgrund erst nach der Wahl** (möglich nach §§ 319 III, 319a): zwei Wochen nach Kenntnis oder grob fahrlässiger Unkenntnis von den befangenheitsbegründenden Umständen (III 3 nF BilReG). Durch FISG wurde in III 3 nF klargestellt, dass ein nachträglicher Ersetzungsantrag aus sämtlichen Gründen möglich ist, die nach § 318 Absatz 3 Satz 1 Nr 1 oder 2 HGB zur Ersetzung des Abschlussprüfers führen können. Materiell **verfahrensbeteiligt** sind der gewählte und bereits beauftragte Prüfer, der Antragsteller und die Ges., dagegen nicht Aufsichtsrat und Gfter, wenn sie nicht Antragsteller sind, BayObLG WM 1987, 1361. Rechtsmittel: Beschwerde (III 8). Nach Erteilung des Bestätigungsvermerks Erledigung in der Hauptsache, § 146 AktG gilt nicht analog, BayObLG AG 2003, 94, str.

Spätere Wahl lässt den Antrag unbegründet werden; sie ist unwirksam, wenn 15 der gerichtliche **Ersetzungsbeschluss** bereits ergangen ist. Nach der Wahl

Merkt 1467

erfolgender Ersetzungsbeschluss ist mangels Zuständigkeit nichtig, str. Der gerichtliche Ersetzungsbeschluss gestaltet die Rechtslage **ex nunc** (anders früher Anfechtungsklage). Die Wahl des Abschlussprüfers und seine bis zum Ersetzungsbeschluss vorgenommenen Prüfungshandlungen bleiben deshalb grundsätzlich wirksam. Nach Erteilung des Bestätigungsvermerks bzw. seiner Ergänzung (§ 316 III) kann deshalb ein Antrag auf Ersetzung nicht mehr gestellt werden (III 7 idF BilReG), ebenso schon OLG Düsseldorf ZIP 1996, 1040. Zur Bindung an Bestellung des Abschlussprüfers in der Insolvenz BGH II ZB 17/17, DStR 2018, 1931 = juris Rn. 16. **Übergangsrecht** in (1) EGHGB Art. 58 III 3.

5) Gerichtliche Bestellung des Abschlussprüfers (IV)

16 IV sieht gerichtliche Bestellung auf Antrag vor, wenn anders als nach III bis zum Ablauf des Geschäftsjahrs kein wirksam bestellter Abschlussprüfer da ist: zB wegen nicht rechtzeitiger Wahl entgegen I 3 (IV 1); Nichtannahme des Prüfungsauftrags nach I 4, Wegfall (durch Kündigung VI, Tod ua, nicht durch Umwandlung und Gesamtrechtsnachfolge, LG München AG 2012, 386) oder Verhinderung am rechtzeitigen Prüfungsabschluss (Zeitmangel, Krankheit ua) und nicht rechtzeitige Ersatzwahl (IV 2); auch nichtige Wahl, OLG Frankfurt a. M. ZIP 2004, 1114, Grund: sonst Nichtigkeit des festgestellten Jahresabschlusses (§ 256 I Nr. 3 AktG), Heilung erst nach § 256 VI AktG. IV gilt entspr. bei laufender Anfechtungsklage gegen den Prüfer, dann ist auf Antrag Bestellung eines zusätzlichen Prüfers möglich (unabhängige, doppelte Prüfung), Lutter FS Semler, 1993, 835; zustimmend OLG Karlsruhe NZG 2016, 64 u. Henrichs WPg 2017, 482, bei nicht in der Person des Prüfers liegenden Gründen auch nochmalige Bestellung desselben Prüfers, von Falkenhausen/Kocher ZIP 2005, 602. IV gilt nicht für Prüfer nur kraft Satzung, BGH WM 1991, 1951. Gericht und Verfahren (→ Rn. 9). Antragspflicht der gesetzlichen Vertreter (IV 3), Antragsrecht (anders als nach III) auch eines einzelnen Aktionärs (IV 1). Rechtsmittel der Beschwerde nur gegen Ablehnung der Bestellung (IV 4), aber Rechtsbeschwerde zulässig, wenn Beschwerdegericht die registergerichtliche Bestellung des Abschlussprüfers aufgehoben hat, OLG Köln NJW-RR 2000, 844. Bestellung ist dagegen unanfechtbar (IV 3 Hs. 2), OLG Düsseldorf WM 1998, 2021. Während des schwebenden Verfahrens kann vorsorglich ein anderer Abschlussprüfer bestellt werden, AG Wolfsburg AG 1992, 205; zust. GK/Marsch-Barner Rn. 11; zweifelnd MüKoHGB/Ebke Rn. 77; Henrichs WPg 2017, 482 (analoge Anwendung bei anhängiger Anfechtungsklage).

6) Rechtsstellung des gerichtlich bestellten Abschlussprüfers (V)

17 Die gerichtliche Bestellung bedarf der Annahme des Prüfers (vgl. I 4), die der Ges., nicht dem Gericht gegenüber zu erklären ist, str. Der Prüfer hat dann mangels anderer Vergütungsvereinbarung mit der KapitalGes. Vergütungsanspruch nach V 1 und rasche Durchsetzungsmöglichkeit nach V 3.

7) Kündigung durch den Abschlussprüfer (VI), einvernehmliche Vertragsaufhebung

18 A. **Kündigung durch den Abschlussprüfer:** Dieser kann **nur aus wichtigem Grund kündigen** (VI 1), zB nachträgliches Eintreten von Ausschlussgründen nach § 319 II–IV, in äußersten Fällen schwerwiegende persönliche Differenzen zwischen Abschlussprüfer und GesOrganen, etwa bei Täuschung(sversuch) oder kriminellen Machenschaften, MüKoHGB/Ebke Rn. 86, str. Dagegen genügen nicht schon Meinungsverschiedenheiten über den Bestätigungsvermerk (VI 2); auch nicht Verletzung von Auskunftspflichten (§ 320 II), MüKoHGB/Ebke Rn. 86, str., dann vielmehr Nichterteilungsvermerk (§ 322 V 1, II 1 Nr. 4) oder je nach Schwere sogar Einschränkung oder Versagung des Bestätigungsvermerks. Der Abschlussprüfer muss die Kündigung schriftlich begründen und über das

Ergebnis seiner bisherigen Prüfung berichten (VI 3, 4). Damit wird die Stellung des Abschlussprüfers gegenüber der KapitalGes. gestärkt und verhindert, dass Probleme bei der KapitalGes. einfach durch einverständliche Kündigung unterdrückt werden oder dass der Prüfer unter Umgehung einer gerichtlichen Entscheidung zum Schutz seines Rufes einfach von sich aus kündigt, RegE. Die Bezugnahme auf § 321 in VI 4 Hs. 2 bedeutet, dass der Bericht in Prüfungsberichtsform erstattet werden muss (wie in § 320 IV Hs. 2). Zur Berichterstattung bei Kündigung von Prüfungsaufträgen IDW PS 450 Tz. 150 ff. (jetzt ISA [DE] 260).

B. **Einvernehmliche Vertragsaufhebung:** Diese ist ebenfalls nur unter den Voraussetzungen des VI zulässig, sonst könnte VI leicht umgangen werden, MüKoHGB/Ebke Rn. 36; Staub/Habersack/Schürnbrand Rn. 34; str. Widerruf durch die Ges. (→ Rn. 4).

8) Bericht des kündigenden Abschlussprüfers (VII)

VII ergänzt VI durch Mitteilungs- und Vorlagepflichten an Aufsichtsrat und Gfter, VII 4, 5 idF KonTraG 1998. Mitzuteilen ist nur die Kündigung als solche, nicht die Begr., str. Der Bericht ist, wenn der Aufsichtsrat nichts anderes beschlossen hat, jedem Aufsichtsratsmitglied auszuhändigen; der Aufsichtsrat kann die Aushändigung aber auf Mitglieder eines Ausschusses beschränken (VII 4). VII trägt der Verantwortung des einzelnen Aufsichtsratsmitglieds nach § 111 AktG Rechnung. 19

9) Unterrichtung der Wirtschaftsprüferkammer (VIII)

VIII nF BilMoG soll verhindern, dass das geprüfte Unt. und der Abschlussprüfer sich während der Laufzeit des Prüfungsvertrags von der öff Aufsichtsinstanz, also der für die Berufsaufsicht zuständigen WPK, unbemerkt trennen. Eine solche, in der Praxis sehr seltene Trennung liegt bei Meinungsverschiedenheiten der beiden nahe und ist deshalb nur sehr eingeschränkt zulässig, nämlich durch Widerruf (I 5, III, → Rn. 4, 6) und durch Kündigung aus wichtigem Grund, wozu solche Meinungsverschiedenheiten gerade gehören (VI 1, 2, → Rn. 18). Die WPK ist unverzüglich (ohne schuldhaftes Zögern, § 121 I 1 BGB) und schriftlich begründet durch den Abschlussprüfer und die gesetzlichen Vertreter der geprüften Ges. von der Kündigung oder dem Widerruf des Prüfungsauftrags zu unterrichten, jeweils eigene Schreiben sind aber nicht notwendig, auch übereinstimmender, von beiden unterzeichneter Text genügt, MüKoHGB/Ebke Rn. 95. Die Begründung muss insbesondere die für die Trennung maßgebenden Gründe angeben und im Übrigen so konkret sein, dass die WPK hinreichend prüfen kann. Zur Unterrichtung sind beide Parteien verpflichtet, damit die WPK die Zulässigkeit der Trennung in Würdigung beider Standpunkte prüfen kann. **Lit.** Petersen/Zwirner WPg 2008, 971. 20

Auswahl der Abschlussprüfer und Ausschlussgründe

319 (1) ¹**Abschlussprüfer können Wirtschaftsprüfer und Wirtschaftsprüfungsgesellschaften sein.** ²**Abschlussprüfer von Jahresabschlüssen und Lageberichten mittelgroßer Gesellschaften mit beschränkter Haftung (§ 267 Abs. 2) oder von mittelgroßen Personenhandelsgesellschaften im Sinne des § 264a Abs. 1 können auch vereidigte Buchprüfer und Buchprüfungsgesellschaften sein.** ³**Die Abschlussprüfer nach den Sätzen 1 und 2 müssen über einen Auszug aus dem Berufsregister verfügen, aus dem sich ergibt, dass die Eintragung nach § 38 Nummer 1 Buchstabe h oder Nummer 2 Buchstabe f der Wirtschaftsprüferordnung vorgenommen worden ist; Abschlussprüfer, die erstmalig eine gesetzlich vorgeschriebene Abschlussprüfung nach § 316 des Handelsgesetzbuchs durchführen, müssen spätestens sechs Wochen**

§ 319

nach Annahme eines Prüfungsauftrages über den Auszug aus dem Berufsregister verfügen. ⁴Die Abschlussprüfer sind während einer laufenden Abschlussprüfung verpflichtet, eine Löschung der Eintragung unverzüglich gegenüber der Gesellschaft anzuzeigen.

(2) Ein Wirtschaftsprüfer oder vereidigter Buchprüfer ist als Abschlussprüfer ausgeschlossen, wenn während des Geschäftsjahres, für dessen Schluss der zu prüfende Jahresabschluss aufgestellt wird, oder während der Abschlussprüfung Gründe, insbesondere Beziehungen geschäftlicher, finanzieller oder persönlicher Art, vorliegen, nach denen die Besorgnis der Befangenheit besteht.

(3) ¹Ein Wirtschaftsprüfer oder vereidigter Buchprüfer ist insbesondere von der Abschlussprüfung ausgeschlossen, wenn er oder eine Person, mit der er seinen Beruf gemeinsam ausübt,

1. Anteile oder andere nicht nur unwesentliche finanzielle Interessen an der zu prüfenden Kapitalgesellschaft oder eine Beteiligung an einem Unternehmen besitzt, das mit der zu prüfenden Kapitalgesellschaft verbunden ist oder von dieser mehr als zwanzig vom Hundert der Anteile besitzt;
2. gesetzlicher Vertreter, Mitglied des Aufsichtsrats oder Arbeitnehmer der zu prüfenden Kapitalgesellschaft oder eines Unternehmens ist, das mit der zu prüfenden Kapitalgesellschaft verbunden ist oder von dieser mehr als zwanzig vom Hundert der Anteile besitzt;
3. über die Prüfungstätigkeit hinaus bei der zu prüfenden oder für die zu prüfende Kapitalgesellschaft in dem zu prüfenden Geschäftsjahr oder bis zur Erteilung des Bestätigungsvermerks
    a) bei der Führung der Bücher oder der Aufstellung des zu prüfenden Jahresabschlusses mitgewirkt hat,
    b) bei der Durchführung der internen Revision in verantwortlicher Position mitgewirkt hat,
    c) Unternehmensleitungs- oder Finanzdienstleistungen erbracht hat oder
    d) eigenständige versicherungsmathematische oder Bewertungsleistungen erbracht hat, die sich auf den zu prüfenden Jahresabschluss nicht nur unwesentlich auswirken,
sofern diese Tätigkeiten nicht von untergeordneter Bedeutung sind; dies gilt auch, wenn eine dieser Tätigkeiten von einem Unternehmen für die zu prüfende Kapitalgesellschaft ausgeübt wird, bei dem der Wirtschaftsprüfer oder vereidigte Buchprüfer gesetzlicher Vertreter, Arbeitnehmer, Mitglied des Aufsichtsrats oder Gesellschafter, der mehr als zwanzig vom Hundert der den Gesellschaftern zustehenden Stimmrechte besitzt, ist;
4. bei der Prüfung eine Person beschäftigt, die nach den Nummern 1 bis 3 nicht Abschlussprüfer sein darf;
5. in den letzten fünf Jahren jeweils mehr als dreißig vom Hundert der Gesamteinnahmen aus seiner beruflichen Tätigkeit von der zu prüfenden Kapitalgesellschaft und von Unternehmen, an denen die zu prüfende Kapitalgesellschaft mehr als zwanzig vom Hundert der Anteile besitzt, bezogen hat und dies auch im laufenden Geschäftsjahr zu erwarten ist; zur Vermeidung von Härtefällen kann die Wirtschaftsprüferkammer befristete Ausnahmegenehmigungen erteilen.

²Dies gilt auch, wenn der Ehegatte oder der Lebenspartner einen Ausschlussgrund nach Satz 1 Nr. 1, 2 oder 3 erfüllt.

(4) ¹Wirtschaftsprüfungsgesellschaften und Buchprüfungsgesellschaften sind von der Abschlussprüfung ausgeschlossen, wenn sie selbst, einer ihrer gesetzlichen Vertreter, ein Gesellschafter, der mehr als zwanzig vom Hundert der den Gesellschaftern zustehenden Stimmrechte besitzt, ein verbundenes

2. Abschnitt. Ergänzende Vorschriften für Kapitalges. 1, 2 § 319

Unternehmen, ein bei der Prüfung in verantwortlicher Position beschäftigter Gesellschafter oder eine andere von ihr beschäftigte Person, die das Ergebnis der Prüfung beeinflussen kann, nach Absatz 2 oder Absatz 3 ausgeschlossen sind. ² Satz 1 gilt auch, wenn ein Mitglied des Aufsichtsrats nach Absatz 3 Satz 1 Nr. 2 ausgeschlossen ist oder wenn mehrere Gesellschafter, die zusammen mehr als zwanzig vom Hundert der den Gesellschaftern zustehenden Stimmrechte besitzen, jeweils einzeln oder zusammen nach Absatz 2 oder Absatz 3 ausgeschlossen sind.

(5) Absatz 1 Satz 3 sowie die Absätze 2 bis 4 sind auf den Abschlussprüfer des Konzernabschlusses entsprechend anzuwenden.

Übersicht

	Rn
1) Allgemeine Abschlussprüferfähigkeit, Auswahlvoraussetzungen (I)	1–3
A. Allgemeine Abschlussprüferfähigkeit (I 1, 2):	1
B. Qualitätskontrolle (I 3):	2
C. Rechtsfolgen bei Verstoß gegen I:	3
2) Ausschluss von Wirtschaftsprüfern und vereidigten Buchprüfern bei Gründen für Besorgnis der Befangenheit (II, Generalklausel)	4–13
A. Unabhängigkeit der Abschlussprüfer:	4, 4a
B. Keine generelle Trennung von Prüfung und Beratung:	5
C. II im Verhältnis zu III und § 318 III:	6
D. Mögliche Gründe für Besorgnis der Befangenheit:	7–11
E. Offenlegung:	12
F. Unabhängigkeitserklärung:	13
3) Ausschlussgründe für Wirtschaftsprüfer und vereidigte Buchprüfer (III)	14–26
A. Konkretisierung der Generalklausel des II (III):	14–16
B. Direkte oder indirekte Beteiligung (III 1 Nr. 1):	17
C. Personelle Verflechtung (III 1 Nr. 2):	18
D. Selbstprüfung (III 1 Nr. 3):	19–23
E. Zwischenschaltung von Arbeitnehmern (III 1 Nr. 4):	24
F. Finanzielle Abhängigkeit (III 1 Nr. 5):	25
G. Enge familiäre Beziehung (III 2):	26
4) Ausschlussgründe für Wirtschafts(buch-)prüfungsGes. (IV)	27, 28
5) Auswahl und Ausschlussgründe für Konzernabschlussprüfer (V)	29
6) Rechtsfolgen bei Verstößen	30–32
A. Nichtigkeit des Wahlbeschlusses und des Jahresabschlusses:	30
B. Nur Ersetzungsverfahren bei Verstoß gegen Unabhängigkeitsvorschriften:	31
C. Prüfungsvertrag, Schadensersatzpflicht:	32

1) Allgemeine Abschlussprüferfähigkeit, Auswahlvoraussetzungen (I)

A. Allgemeine Abschlussprüferfähigkeit (I 1, 2): § 319 idF BilReG 2004 **1** mit wesentlichen Verschärfungen sowie mit Ergänzung durch AReG (→ Einl. vor § 316 Rn. 9, **Übergangsrecht** in (1) EGHGB Art. 79). Wirtschaftsprüfer und WirtschaftsprüfungsGes. (s. **(2a)** § 1 WPO) haben uneingeschränkte Abschlussprüferfähigkeit **(I 1)**, vereidigte Buchprüfer und BuchprüfungsGes. (§ 128 WPO) nur eine auf Einzelabschlüsse (keine Konzernabschlüsse) mittelgroßer (§ 267 II) GmbHs (nicht allgemein mittelgroßer KapitalGes., zB AG) und mittelgroßer PersonenHdlGes. iSv § 264a I beschränkte Abschlussprüferfähigkeit **(I 2 idF KapCoRiLiG 2000)**.

B. Qualitätskontrolle (I 3): Weitere Auswahlvoraussetzung neben I 1, 2 ist **2** grundsätzlich der wirksame Nachweis der Qualitätskontrolle nach **(2a)** WPO

§ 319 3–4a 3. Buch. Handelsbücher

§ 57a **(I 3)**. Im Zuge der Reform durch das APAReG (→ Einl. vor § 316 Rn. 10, **Übergangsrecht** in **(1)** EGHGB Art. 78) wurde das Erfordernis der Teilnahmebescheinigung in I 3 Hs. 1 ersetzt durch **I 3 Hs. 1 nF** mit dem Erfordernis eines Auszugs aus dem Berufsregister, aus dem sich ergibt, dass die Eintragung für den Wirtschaftsprüfer (§ 38 Nr. 1 lit. h **(2a)** WPO) bzw. die WirtschaftsprüfungsGes. (§ 38 Nr. 2 lit. f **(2a)** WPO) vorgenommen worden ist. Darüber hinaus besteht nunmehr nach **I 3 Hs. 2 nF** eine Verpflichtung, während einer laufenden Abschlussprüfung eine Löschung der Eintragung unverzüglich gegenüber der Ges. anzuzeigen, IDW PS 140. Wird die Teilnahmebescheinigung widerrufen, bleibt der Honoraranspruch für bereits durchgeführte Prüfungsleistungen erhalten. Befristete Ausnahmegenehmigung nach I 3 Hs. 2 etwa, wenn erstmals gesetzliche Abschlussprüfung durchgeführt wird oder bei Existenzgründern, um Marktzutritt durch Qualitätskontrolle nicht zu erschweren (RegE zu II 2 Nr. 2 idF WPOÄG). **Übergangsrecht** in **(1)** EGHGB Art. 58 IV 3. **Lit.** MBF Kap. 17 Tz. 84 ff.; Lücke/Stöbener/Giesler BB 2015, 1578 (APAReG); Bruckner/Schmidt WPg 2017, 58 (Überarbeitung IDW PS 140); Gundel/Hommelhoff/Lanfermann DB 2017, 2338 (Prüferauswahl im PIE-Konzern); Lenz DB 2019, 1857 (Empirie externe Qualitätskontrolle); Lenz DB 2019, 2137 (externe Qualitätskontrolle).

3   C. **Rechtsfolgen bei Verstoß gegen I:** Verstoß gegen I (auch gegen I 3, früher anders, → Rn. 2) führt zur **Nichtigkeit** des festgestellten Jahresabschlusses (§ 256 I Nr. 3 AktG idF BilReG, → Rn. 30); Heilung nach sechs Monaten (§ 256 VI 1b AktG, entspr. für GmbH), aber Schadensersatz für erneute Prüfung der Bilanzwerte, auch bei Verstoß gegen I 3, BGH ZIP 2013, 1577 mAnm Schmid BB 2013, 2032.

2) Ausschluss von Wirtschaftsprüfern und vereidigten Buchprüfern bei Gründen für Besorgnis der Befangenheit (II, Generalklausel)

4   A. **Unabhängigkeit der Abschlussprüfer:** Die Abschlussprüfung macht nur dann Sinn, wenn der Abschlussprüfer unabhängig ist. Sonst sind Kontrolle und gute Corporate Governance (→ Einl. vor § 316 Rn. 11) nicht nur nicht gewährleistet, sondern sogar beeinträchtigt, weil das Testat dann unberechtigt Vertrauen erweckt, OLG Düsseldorf WM 1996, 1779. Die Unabhängigkeit der Abschlussprüfer ist seit Langem ein hoch kontroverses Thema. Im Kern geht es um die Unvereinbarkeit von Unternehmensberatung und -prüfung (sog. Inhabilität) und die Gefahr der Beeinträchtigung der Qualität der Corporate Governance durch Interessenkonflikte bei der Abschlussprüfung, deutlich geworden durch die Enronkrise in den USA und die Rechtsetzungsreaktionen in der EU und den USA darauf (→ Einl. vor § 316 Rn. 12). Die Unabhängigkeit der Wirtschaftsprüfer ist ua in III und iwS in **(2a)** WPO §§ 43 ff., insbesondere § 49 näher geregelt. Hinzu kommt Standesrecht. II–V, betreffen nur die Bestellung zum Abschlussprüfer, nicht Bestellung des Abschlussprüfers im **Spruchstellenverfahren,** zum Verschmelzungs- und zum Vertragsprüfer, OLG Düsseldorf WM 2006, 2137. **Lit.** Lanfermann BB 2017, 2989 (Handlungsrahmen Aufsichtsrat); Quick/Krones/ Pappert DB 2021 2913 (Maßnahmen zur Stärkung der Unabhängigkeit von Abschlussprüfern).

4a   Zur **Auslegung:** Nach Auffassung des Rechtsausschusses im Bundestag (BT-Drucks. 19/29879) müssen die §§ 319 II–V und § 319b **im Lichte der AbschlussprüferVO** ausgelegt werden. Maßgeblich erscheint insbesondere Artikel 5 Absatz 5 Unterabsatz 3 AbschlussprüferVO. Nach dessen lit. a ist die Erbringung der in Artikel 5 Absatz 1 Unterabsatz 2 lit. b, c und e aufgeführten verbotenen Nachprüfungsleistungen „auf jeden Fall" als Gefährdung der Unabhängigkeit anzusehen, die auch nicht durch Schutzmaßnahmen vermindert werden kann. Die Vorschrift gilt für Nichtprüfungsleistungen, die von einem Netzwerkmitglied für ein in einem Drittstaat ansässiges Tochterunternehmen des geprüften Unternehmens erbracht werden (Fälle des Artikel 5 Absatz 5 AbschlussprüferVO). Werden die gleichen verbotenen Nichtprüfungsleistungen für das geprüfte Unternehmen oder dessen Mutterunternehmen oder für ein Tochterunternehmen mit Sitz in der Europäischen Union erbracht (Fälle des Artikel 5 Absatz 1 AbschlussprüferVO), kann aber nichts anderes gelten. Im Falle der Erbringung von in Art. 5 I Unterabsatz 2 lit. b, c und e aufgeführten verbotenen Nichtprüfungsleistungen dürfte daher von der Inhabilität des Abschlussprüfers auszugehen sein. Eine Inhabilität des Abschlussprüfers stellt einen Ersetzungsgrund dar.

Die Beurteilung der Erbringung der Übrigen in Art. 5 I Unterabsatz 2 der AbschlussprüferVO genannten verbotenen Nichtprüfungsleistungen für das geprüfte Unternehmen, dessen Mutterunternehmen oder ein Tochterunternehmen in der Europäischen Union muss ebenfalls in **europarechtskonformer Auslegung** der §§ 319 II–V, 319b HGB erfolgen. Führt die Beurteilung des Einzelfalls zur Inhabilität des Abschlussprüfers, stellt dies einen Ersetzungsgrund nach § 318 III 1 Nr. 1 dar. Es erscheint aber denkbar, dass ausreichende Schutzmaßnahmen angewendet wurden, die geeignet sind, eine Gefährdung der Unabhängigkeit im konkreten Einzelfall abzuschwächen. So liegt es auch für Fälle, in denen diese Nichtprüfungsleistungen von einem Netzwerkmitglied für ein in einem Drittstaat ansässiges Tochterunternehmen des geprüften Unternehmens erbracht werden (Art. 5 Unterabsatz 3 lit. b der AbschlussprüferVO; vgl. BT-Drucks. 19/29879 S. 174).

B. **Keine generelle Trennung von Prüfung und Beratung:** Der deutsche 5 Gesetzgeber hat anders als bestimmte ausländische bewusst auf eine obligatorische Trennung von Prüfung und Beratung verzichtet. Beratung des Auftraggebers in wirtschaftlichen, rechtlichen und steuerlichen Angelegenheiten und spätere Abschlussprüfung durch denselben Wirtschaftsprüfer sind danach aber (trotz der Maßgeblichkeit der engen Verbindung von Handels- und Steuerbilanz, → § 242 Rn. 4) grundsätzlich vereinbar, hL. Allerdings wurde dieses Prinzip mit dem FISG eingeschränkt (vgl. RegE FISG, BT-Drucks. 19/26966, S. 56). Allgemein zum Ausschluss von der Abschlussprüfung führen **nur** die in **III 1 Nr. 3a–d** genannten Tätigkeiten, und auch diese nur, wenn sie nicht nur von untergeordneter Bedeutung sind. Spezieller für Unt. von öff Interesse sah **§ 319a I Nr. 2** aF bis zum FISG einen besonderen Ausschlussgrund vor, der auch Rechts- und Steuerberatungsleistungen erfasst, aber ebenfalls nur unter bestimmten Voraussetzungen. Diese Norm begünstigte bestimmte Beratungsleistungen im Vergleich zur AbschlussprüferVO. Mit dem FISG wurde diese Begünstigung nun aufgehoben (RegE BT-Drucks. 19/26966, S. 102). **Im Einzelfall** ist es allerdings möglich, dass eine nicht unter III 1 Nr. 3a–d fallende Tätigkeit für die zu prüfende KapitalGes. **nach II** eine Beziehung geschäftlicher oder finanzieller Art darstellt, die Grund für die Besorgnis der Befangenheit gibt. Der Gesetzgeber hat damit das Problem erkannt und moderat gelöst. **Reform:** Rechtspolitisch lässt sich das auf Dauer nicht durchhalten, die Diskussion weist deutlich in Richtung auf eine klarere Trennung, s. 64. DJT 2002 Abteilung Wirtschaftsrecht, Beschluss 1.14. Weitergehender Vorschlag der EU-Kommission 2011, → Einl. vor § 316 Rn. 6 und **Abschlussprüferreform 2014** (Abschlussprüfungs-VO für Unt. von öff Interesse, Art. 5 Verbot der Erbringung von Nichtprüfungsleistungen, → Einl. vor § 316 Rn. 7). Zur Begrenzung von gleichzeitigen Beratungsleistungen Hennrichs ZGR 2015, 261; Hennrichs WPg 2018, 1057 (Nichtprüfungsleistungsverbot und Bagatellgrenze); Verschärfung jetzt durch das FISG.

C. **II im Verhältnis zu III und § 318 III:** Der Abschlussprüfer muss un- 6 abhängig sein (→ Rn. 4). III (iVm IV, V) enthält deshalb allgemeine und besondere Ausschlussgründe, die erheblich strenger sind als II, III aF (idF WPOÄG 2000). **Zuerst** muss immer **III** geprüft werden. III enthält absolute Ausschlussgründe, BayObLGZ 1987, 297 (zu II, III aF). Soweit III nicht eingreift, kann in den dort geregelten Sachverhalten **dann** immer noch die Besorgnis der Befangenheit nach **II** vorliegen, aA ADS Rn. 50 (zu § 319 aF). Der Rückgriff auf II wird also nicht gesperrt. **II** ist vielmehr die **Generalklausel,** wie auch in III klar zum Ausdruck kommt („insbesondere", → Rn. 15; sog. Kombinationsmodell II, III), MüKoHGB/Ebke Rn. 3. Ein Ausschluss nach II ist gegeben, wenn objektive **Gründe** vorliegen, nach denen die **Besorgnis der Befangenheit** besteht. Eine Aufzählung, welche Gründe das über III hinaus sein können, ist schwierig (→ Rn. 7 ff.). Auslegung der Norm soll im Lichte der AbschlussprüferVO erfolgen. Normen nehmen nach Ansicht des Rechtsausschusses Art. 5 I der AbschlussprüferVO in sich auf (→ Rn. 4). Wenn darüber unterschiedliche Meinungen bestehen, müssen alle diese Befangenheitsgründe (II, III), um rechtswirkam zu werden, nötigenfalls im gerichtlichen **Ersetzungsverfahren nach § 318 III** auf Antrag verschiedenster Antragsteller (→ § 318 Rn. 9) geklärt und festgestellt werden. Ersetzung nach § 318 III ist aber nicht nur bei Vorliegen eines Ausschlussgrundes nach II, III (iVm IV, V) möglich, sondern auch aus einem anderen in der Person des Abschlussprüfers liegenden Grund (auch in § 318 III 1 aE: „insbesondere"). Unberührt bleiben die Verfahren nach § 318 IV und § 334 II (Ordnungswidrigkeit).

7   D. **Mögliche Gründe für Besorgnis der Befangenheit:** Ein Ausschluss nach II ist gegeben, wenn im maßgeblichen Zeitraum (dazu → Rn. 8) objektive **Gründe** vorliegen, nach denen die **Besorgnis der Befangenheit** besteht. Die Besorgnis der Befangenheit allein reicht also nicht aus, sondern es müssen Gründe dafür vorliegen. Der Maßstab ist also grundsätzlich ein objektiver, nämlich die Sicht eines vernünftigen und verständigen Dritten; ob der Abschlussprüfer tatsächlich befangen ist oder sich für befangen hält (innere Unabhängigkeit), ist für II nicht maßgeblich (RegE). **II** gibt selbst **Beispiele** für solche Gründe, nämlich **Beziehungen geschäftlicher, finanzieller oder persönlicher Art.** Doch können auch andere Beziehungen und Gründe relevant werden, wie II selbst (auch hier: „insbesondere") klarstellt. Die Gründe können auch von einem Partner des Abschlussprüfers herrühren, auch die Sozietätsklausel des III 1 vor Nr. 1 (→ Rn. 16) sperrt nicht II. Die Beurteilung erfordert eine **Abwägung im Einzelfall** unter Berücksichtigung der zur Reduzierung erkannter Risiken getroffenen Maßnahmen (also keine Vermutung, schon gar nicht unwiderlegliche Vermutung). Beziehungen zu nahe stehenden Personen im Rahmen der Abschlussprüfung, IDW PS 255 (jetzt ISA [DE] 550).

8   Die EU-AbschlußprüfungsRL 2014 verlangt in Art. 22 I UAbs. 2 Unabhängigkeit des Prüfers zumindest sowohl für den Zeitraum, auf den sich die zu prüfenden Abschlüsse beziehen, als auch für die Dauer der Prüfung. Diese **Regelung zum letztmöglichen Zeitpunkt,** zu dem die Besorgnis der Befangenheit zum Ausschluss des Abschlussprüfers führen kann, wurde im AReG durch Ergänzung des **II** umgesetzt (→ Einl. vor § 316 Rn. 9, **Übergangsrecht** in **(1)** EGHGB Art. 79). Sie steht in Einklang mit III 2 u. 7, wonach auch ein nach der Wahl des Abschlussprüfers eingetretener Befangenheitsgrund zu einer Ersetzung des Abschlussprüfers führen kann, wogegen ein Antrag auf einer Ersetzung nach Erteilung des Bestätigungsvermerks (im Falle einer Nachtragsprüfung nach III nach Ergänzung des Bestätigungsvermerks) nicht mehr gestellt werden kann, AReG Begr. RegE 48. Lit. Petersen/Zwirner/Boecker DStR 2016, 984.

9   **EU-Empfehlung:** Besondere Umstände, die Gründe für Besorgnis der Befangenheit abgeben können, sind nach der EU-Empfehlung 2002 (dort unter B.1–9 **„Besondere Umstände"** mit ausführlichen Erläuterungen; → Einl. vor § 316 Rn. 5): 1. Finanzielle Beteiligungen, 2. Geschäftliche Beziehungen (ua unübliche Beziehungen, Einschüchterung), 3. Beschäftigung beim Mandanten (ua Wechsel eines Mitglieds des Prüfungsteams zum Prüfungsmandanten; bei Innehabung einer Schlüsselfunktion in der PrüfungsGes. und dann beim Man-

danten zweijährige cooling off-Periode, B.3.4, 4. Übernahme einer Führungs- oder Kontrollfunktion beim Mandanten, 5. Aufnahme einer Tätigkeit bei einer PrüfungsGes., 6. Verwandtschaftliche und sonstige persönliche Beziehungen, 7. Nichtprüfungsleistungen (Erstellung von Buchungsunterlagen und Jahresabschlüssen, Entwicklung und Umsetzung von Finanzinformationssystemen, Bewertungsleistungen, Beteiligung an der Innenrevision des Mandanten, Auftreten für den Mandanten bei der Beilegung von Rechtsstreitigkeiten, Einstellung von Führungskräften), 8. Honorare für Prüfungs- und Nichtprüfungleistungen, 9. Rechtsstreitigkeiten, 10. Über einen langen Zeitraum tätige leitende Mitarbeiter. Für den Fall der Nichtprüfungsleistungen kommen Sicherungs- oder **Schutzmaßnahmen** (safeguards) in Betracht: getrennte Verantwortlichkeiten und Kenntnisse bei der Durchführung spezieller Nichtprüfungsaufträge (Chinese walls), routinemäßige Unterrichtung des Unabhängigkeitsbeauftragten in der PrüfungsGes., Nachschau der Pflichtprüfung durch unbeteiligten Prüfungspartner (interne Review, → Rn. 19 ff.), externe Nachschau durch einen anderen Abschlussprüfer oder Beratung durch die Aufsichtsbehörde (B.7.1.). **Lit.** Hennrichs WPg 2018, 1057 (Nichtprüfungsleistungsverbot und Bagatellgrenze); Bose/Lilienbecker BB 2019, 746 (Begrenzung von Nichtprüfungsleistungen).

Für Besorgnis der Befangenheit sprechende Umstände: Besorgnis der 10 Befangenheit kann insbesondere in fünf Fällen bestehen (RegE zu II, eigenständig, aber unter Berücksichtigung von EU-Recht, → Rn. 7), so wenn der Abschlussprüfer 1. ein **wirtschaftliches oder sonstiges Eigeninteresse von nicht nur untergeordneter Bedeutung am Ergebnis der Prüfung** hat, 2. im Rahmen der Prüfung Darstellungen im Abschluss zu beurteilen hat, an deren Gestaltung er mitgewirkt hat **(Überprüfung eigener Leistungen)**, 3. als Interessenvertreter für oder gegen die zu prüfende KapitalGes. tätig ist, 4. **nahe Beziehungen zur Untleitung** unterhält, die ein übermäßiges Vertrauen begründen, oder 5. **besonderen Einflussnahmen durch die zu prüfende Gesellschaften** unterliegt, die seine Objektivität beeinträchtigen. Auch die Einschüchterung des Prüfers durch den Mandanten stellt einen solchen Umstand dar (RegE, EU-Empfehlung → Rn. 9). Auch nichtübliche geschäftliche Beziehungen des Abschlusspüfers zu der zu prüfenden Ges. oder einem ihrer gesetzlichen Vertreter, zB Bezug von Gütern oder Dienstleistungen nicht zu üblichen Bedingungen (at arm's length) oder in ungewöhnlichem Ausmaß, fallen darunter (RegE, auch EU-Empfehlung → Rn. 9). Auch der Wechsel eines Partners oder sonstigen an der Prüfung beteiligten, leitenden Mitarbeiters einer WirtschaftsprüfungsGes. in leitende Stellung bei dem zu prüfenden Unt. kommt in Frage (RegE, strenger EU-Empfehlung → Rn. 9, deshalb in RegE Anregung für Deutschen Corporate Governance Kodex, → Einl. vor § 316 Rn. 11). Auch die gerichtliche Vertretung der zu prüfenden KapitalGes. während des Geschäftsjahrs oder bis zur Erteilung des Bestätigungsvermerks (Rechtsausschuss, auch EU-Empfehlung → Rn. 8; noch weiter Bundesrat: gesamte rechtliche Interessenvertretung, zB auch gegenüber Finanzverwaltung, dies trotz der anwaltlichen Berufsanforderungen. Neben diesen fünf Fällen sind weitere denkbar („insbesondere"). **Fehlleistungen** des Abschlussprüfers können Befangenheitsgrund sein, BGHZ 153, 42 (Hypo-Vereinsbank, HVB); Knorr FS Röhricht, 2005, 935, doch kommt es auf die Wahrscheinlichkeit des Bestehens von Schadensersatzansprüchen an, BGH ZIP 2009, 469 (iErg abl.).

Die Besorgnis der Befangenheit eventuell ausräumende, interne 11 **Schutzmaßnahmen:** Bei der Abwägung im Einzelfall sind die vom Abschlussprüfer bzw. der WirtschaftsprüfungsGes. getroffenen internen Maßnahmen zur Reduzierung erkannter Risiken und zur Wahrung der Objektivität zu berücksichtigen (zurückhaltend RegE: „mag unter Umständen im Einzelfall ausgeräumt werden können"). Beispiele gibt die EU-Empfehlung (→ Rn. 9). Solche Umstände sind aber nur unter II relevant, nicht unter III.

12 E. **Offenlegung:** Der Abschlussprüfer selbst ist verpflichtet, das Vorliegen eines Ausschlussgrundes nach III **von sich aus** offenzulegen, LG Köln DB 1992, 265 (zu II, III aF); GK/Marsch-Barner Rn. 5. Er hat auch später während der Prüfung auftretende mögliche Ausschluss- oder Befangenheitsgründe unverzüglich offenzulegen (Pflicht als Abschlussprüfer, auch aus Prüfungsvertrag, → § 318 Rn. 2, 3). Darüber hinaus ist er nach den BerufsRL der WPK auch verpflichtet, im Einzelfall zu prüfen, ob er wegen seiner beratenden Tätigkeit von der Prüfung wegen Besorgnis der Befangenheit ausgeschlossen ist (AmtlBegr KonTraG).

13 F. **Unabhängigkeitserklärung:** Bei deutschen börsennotierten AGs holt der Aufsichtsrat bzw. der Prüfungsausschuss vor Unterbreitung des Wahlvorschlags eine Unabhängigkeitserklärung des vorgesehenen Prüfers ein (Ziffer 7.2.1 Deutscher Corporate Governance Kodex, AktG § 161; → Einl. vor § 316 Rn. 11). Sie betrifft die beruflichen, finanziellen und sonstigen Beziehungen zwischen dem Prüfer und seinen Organen und Prüfungsleitern einerseits und dem zu prüfenden Unt. und seinen Organmitgliedern andererseits, die Zweifel an seiner Unabhängigkeit begründen können. Sie erstreckt sich auch darauf, in welchem Umfang im vorausgegangenen Geschäftsjahr andere Leistungen für das Unt., insbesondere auf dem Beratungssektor, erbracht wurden bzw. für das folgende Jahr vertraglich vereinbart sind. Der Aufsichtsrat vereinbart mit dem Abschlussprüfer, dass dieser auch während der Prüfung auftretende mögliche Ausschluss- oder Befangenheitsgründe unverzüglich mitteilt, was die ohnehin bestehende Offenlegungspflicht (→ Rn. 12) bestätigt und konkretisiert. IDW PS 345 Stand 2013 mit Anhang 2 Formulierung der Unabhängigkeitserklärung. **Lit.** Probst/Szondy WPg 2017, 176 (Überarbeitung IDW PS 345).

3) Ausschlussgründe für Wirtschaftsprüfer und vereidigte Buchprüfer (III)

14 A. **Konkretisierung der Generalklausel des II (III):** III konkretisiert die Generalklausel des II über Befangenheitsgründe, die einen Ausschlussgrund für Wirtschaftsprüfer und vereidigte Buchprüfer darstellen, dort mehrere **unwiderlegliche gesetzliche Vermutungen** (RegE unter Bezug auf EU-Recht, → Einl. vor § 316 Rn. 5; auch **absolute Ausschlussgründe** genannt). III 1 nennt **fünf Fallkonstellationen:** III 1 Nr. 1 direkte oder indirekte Beteiligung, Nr. 2 personelle Verflechtung, Nr. 3 selbstständige Beratungstätigkeit, Nr. 4 Beschäftigung einer unter Nr. 1–3 fallenden Person bei der Prüfung und wesentliche Honorarbezüge von der zu prüfenden KapitalGes. und von Unt., an denen diese wesentlich beteiligt ist. **III 2** dehnt dies für die Fälle der III 1 Nr. 1–3 auf **Ehegatten** und Lebenspartner aus. III iVm IV ist strenger als II, III aF. In diesen fünf Fallkonstellationen ist der Ausschluss auch nicht durch Schutzmaßnahmen beseitigbar, MüKoHGB/Ebke Rn. 45. **Lit.** Lanfermann BB 2017, 2989 (Handlungsrahmen Aufsichtsrat).

15 Wichtig ist, dass der **Rückgriff auf II nicht ausgeschlossen** ist („insbesondere"). III enthält zwar einen abschließenden Katalog der absoluten Ausschlussgründe für die Abschlussprüfertätigkeit, OLG Köln WM 1996, 482, aber eben nur für diese, nicht auch für Befangenheitsgründe nach II, GK/Marsch-Barner Rn. 6. Wenn ein Fall von III 1, 2 nicht mehr erfasst wird, zB weil die dort angegebenen Schwellenwerte nicht erreicht werden, etwa nicht mehr als 20% Anteilsbesitz iSv III 1 Nr. 1 oder nicht mehr als 30% der Gesamthonorarbezüge iSv III 1 Nr. 5, sperrt das nicht die Generalklausel des II, wenn im Einzelfall trotzdem ein Grund vorliegt, nach dem die Besorgnis der Befangenheit besteht.

16 Nach III 1 ist auch schädlich, wenn der Ausschlussgrund nicht bei dem Abschlussprüfer selbst vorliegt, sondern nur bei einer Person, mit der er seinen Beruf gemeinsam ausübt (**Sozietätsklausel, III 1 vor Nr. 1,** vgl. **(2a)** WPO

§ 44b). Diese Sozietätsklausel betrifft, da vorab stehend, alle fünf Ausschlussgründe nach III.

B. Direkte oder indirekte Beteiligung (III 1 Nr. 1): III 1 Nr. 1 nennt als 17 Ausschlussgrund: Anteile oder andere nicht nur unwesentliche finanzielle Interessen an der zu prüfenden KapitalGes. oder eine Beteiligung (§ 271 I) an einem Unt. (auch Gfter einer PersonenGes., Rechtsausschuss), das mit der KapitalGes. verbunden ist (nach üL § 271 II, aber → Rn. 4 ff., 27) oder von dieser mehr als 20 % der Anteile besitzt. Die 20 %-Schranke gilt nur für die genannten Unt. Anteilsbesitz ist jede, auch kleinste, direkte Beteiligung („unwesentlich" bezieht sich nur auf finanzielle Interessen, klarstellend Rechtsausschuss); Anteile auch bei bloß treuhänderischer Inhaberschaft. Zu den finanziellen Interessen gehören zB Schuldverschreibungen, Schuldscheine, Optionen sowie alle sonstigen Wertpapiere und Finanzinstrumente (RegE, vgl. § 1 XI 1 KWG bei → (7) Bankgeschäfte Rn. A4). Mittelbarer Besitz etwa über Investmentfonds ist zwar kein Anteilsbesitz an der KapitalGes., ADS Rn. 71, kann aber ein nicht nur unwesentliches finanzielles Interesse darstellen. Nicht unter III 1 Nr. 1 fallen laufende Vergütungsansprüche, laufende Verzinsung von Bankguthaben (Rechtsausschuss), kapitalersetzende Darlehen.

C. Personelle Verflechtung (III 1 Nr. 2): III 1 Nr. 2 betrifft die direkte 18 personelle Verflechtung auf Organebene bzw. als Arbeitnehmer. Erfasst sind **gesetzliche Vertreter, Aufsichtsratsmitglieder** oder **Arbeitnehmer** der zu prüfenden KapitalGes. sowie eines Unt., das mit der KapitalGes. verbunden ist (nach üL § 271 II, BGHZ 159, 234 (X ZS), richtiger → Rn. 26, wie → Rn. 16) oder von dieser mehr als 20 % der Anteile besitzt (letzteres wie Nr. 1). III 1 Nr. 2 übernimmt nur zur Sprachvereinfachung nicht jede Einzelkonstellation von II Nr. 2, 3 aF, sie greift aber uU III ein (RegE, vgl. → Rn. 26). Analogie zu III 1 Nr. 2 scheidet jedenfalls mangels Übertragung von Kompetenzen (Teilnahme an executive meetings) aus, BGH WM 2004, 1494. Beendete Verflechtung etwa aus den letzten drei Jahren schadet unter III 1 Nr. 2 nicht (anders II 1 Nr. 2 aF, BGHZ 153, 38), kann aber unter II relevant werden.

D. Selbstprüfung (III 1 Nr. 3): III 1 Nr. 3 erfasst die Mitwirkung bei der 19 Erstellung der zu prüfenden Unterlagen über die Prüfungstätigkeit hinaus (Mitwirkungs- und Selbstprüfungsverbot), Extremfall: Erstellung durch den Wirtschaftsprüfer selbst (→ § 264 Rn. 8), dazu ausführlich MüKoHGB/Ebke Rn. 53 ff. III 1 Nr. 3 benennt folgende Tätigkeiten über die Prüfungstätigkeit hinaus, die die Besorgnis der Befangenheit begründen können, nämlich

a) Mitwirkung bei der Führung der Bücher oder der Aufstellung des zu prüfenden Jahresabschlusses (III 1 Nr. 3a entspr. § 319 II 1 Nr. 5 aF), (→ Rn. 24);

b) Mitwirkung bei der **Durchführung der internen Revision** in verantwortlicher Position, Grund: diese betrifft idR auch die Wirksamkeit des internen Kontrollsystems; nur in verantwortlicher Position, Überprüfung des internen Kontrollsystems auf Schwachstellen fällt nicht (ohne weiteres) darunter, Ring WPg 2005, 199;

c) Erbringung von **Unternehmensleitungs- oder Finanzdienstleistungen,** Grund: dann besonders enge Verbindung mit dem Mandanten, häufig auch nach außen; oder

d) Eigenständige versicherungsmathematische oder Bewertungleistungen, die sich auf den zu prüfenden Jahresabschluss nicht unwesentlich auswirken. Bewertungsleistungen iSv lit. d sind nur solche, bei denen die Bewertungsleistung eigenständig erbracht und die für die Bewertung erforderlichen Annahmen vom Bewertenden selbst festgelegt werden (RegE). Weitergehende Regelungen nach

§ 319 20–23

anderen Gesetzen bleiben unberührt, zB Ausschluss nach KWG schon bei jeder Mitwirkung des Abschlussprüfers bei der Innenrevision. **Übergangsrecht** in (1) EGHGB Art. 58 IV 6.

20 **Mitwirkung bei der Aufstellung des zu prüfenden Jahresabschlusses** (einschließlich des Lageberichts, hL, str.) ist nicht schon Einwirkung (zB Änderungsverlangen) im Rahmen der Prüfungstätigkeit, um ein Testat erteilen zu können, oder Korrektur einzelner Fehler im Vorgriff auf spätere Prüfung, BGH NJW 1992, 2021. Mitwirkung an der Aufstellung des zu prüfenden Jahresabschlusses kommt aber in Betracht bei Mitwirkung auf der Grundlage eines nicht prüffähigen Jahresabschlusses, OLG Brandenburg BB 2001, 1949 Ls. Erstellung eines **Verschmelzungswertgutachtens** und Ermittlung der Verschmelzungswertrelation ist keine Mitwirkung iSv III 1 Nr. 3 lit. a, hindert also nicht die nachfolgende Abschlussprüfung bei der aus der Verschmelzung hervorgegangenen Ges., BGHZ 153, 38 (Hypo-Vereinsbank, HVB, zu § 319 II 1 Nr. 1 aF); ebenso Prüfung parallel zur Erstellung des Berichts durch den Hauptaktionär beim Squeeze-out (§ 327c II 1, 2 AktG), OLG Stuttgart AG 2004, 105. III I Nr. 3 erfasst auch nicht schon allgemeine Beratung außerhalb der Buchführung und des Jahresabschlusses (Grenzziehung ist schwierig), BGH NJW 1992, 2021; in diesem Rahmen sind dann auch konkrete, alternativlose Entscheidungsvorschläge unschädlich, BGHZ 135, 265 (Allweiler), str.

21 Beratungsleistungen können aber je nach Art und Umfang im Einzelfall eine **unzulässige Mitwirkung** darstellen, so wenn sie über die Darstellung von Alternativen im Sinne einer Entscheidungshilfe hinausgehen, besonders wenn die **funktionale Entscheidungskompetenz nicht mehr beim Beratenen** verbleibt, BGHZ 118, 142; 135, 260 – Allweiler (gegen OLG Karlsruhe WM 1996, 481); BGHZ 153, 40 – Hypo-Vereinsbank (HVB); BGHZ 159, 240; OLG Frankfurt a. M. ZIP 2004, 1114; OLG Hamm NZG 2009, 1078; ADS Rn. 119 ff., str., für die strengere Distanzlehre Hommelhoff ZGR 1997, 550. Der von dieser Rspr. entwickelte Grundsatz der funktionalen Entscheidungskompetenz als Maßstab für unerlaubte Selbstprüfung ist damit nicht für alle anderen Unt. gesperrt, sondern auch unter dem neuen III 1 Nr. 3 nF (entspr. § 319 II 1 Nr. 5 aF) weiterhin relevant. Bspe: wenn der Wirtschaftsprüfer zu prüfende Bilanzposten im Vorjahr wie ein Abschlussaufsteller maßgeblich mitgestaltet hat, OLG Köln BB 1992, 2108; auch bei einer von ihm ganz oder teilweise aufgestellten Einheitsbilanz (→ § 242 Rn. 6), Hommelhoff ZGR 1997, 561, offen BGHZ 135, 266, aber nicht schon bei steuerlicher Beratung der Ges., BGHZ 135, 265 (Allweiler); Staub/Habersack/Schürnbrand Rn. 55; GK/Marsch-Barner Rn. 12, aA wegen enger Verbindung zwischen Hdl- und Steuerbilanz, sehr str. Beantragt der Abschlussprüfer für den Prüfungsmandanten Corona-Überbrückungshilfen, führt das nicht zu einem Ausschluss, wenn der Wirtschaftsprüfer die Angaben des Antragstellers auf Grundalge ihm von diesem zur Verfügung gestellten Informationen auf ihre Nachvollziehbarkeit würdigt („prüfender Dritter") und nicht selbst ermittelt. Dann liegt keine verbotene Selbstprüfung vor, IDW Fachlicher Hinweis v. 8.4.2020 (Teil 3, 4. Update Februar 2021), S. 62.

22 Für alle vier Untergruppen setzt III 1 Nr. 3 voraus, dass diese Tätigkeiten **nicht nur** von **untergeordneter Bedeutung** sind **(III 1 Nr. 3 vorletzter Teilsatz)**.

23 Der Ausschluss gilt nicht nur für den Fall, dass der Abschlussprüfer diese Tätigkeiten selbst erbringt. Erfasst sind auch Tätigkeiten, die von einem Unt. für die zu prüfende KapitalGes. erbracht werden, bei dem der Abschlussprüfer mehr als 20% der Stimmrechte besitzt oder gesetzlicher Vertreter, Aufsichtsratsmitglied oder Arbeitnehmer ist **(mittelbare Verflechtung, III 1 Nr. 3 letzter Teilsatz)**. Die 20%-Schwelle ist an § 271 I 3 orientiert (RegE, parallel IV 2). Zu beachten ist, dass dies enger ist als die entsprechenden Tatbestände der III 1 Nr. 1, 2 und 3. So kommt es zB hier auf die Stimmrechte, in III 1 Nr. 1 auf die Anteile an. Auch die Unternehmenszurechnungstatbestände decken sich nicht völlig.

2. Abschnitt. Ergänzende Vorschriften für Kapitalges. 24–27 § 319

E. **Zwischenschaltung von Arbeitnehmern (III 1 Nr. 4):** III 1 Nr. 4 24 enthält als Ausschlussgrund die **Beschäftigung einer Person** bei der Prüfung, für die ein **Ausschlussgrund nach Nr. 1–3** bestehen würde. Damit sollen Umgehungen von Nr. 1–3 über Arbeitnehmer erfasst werden, die bei der Prüfung eingesetzt werden. Bei der Prüfung beschäftigt sind nicht nur Mitglieder des Prüfungsteams, sondern auch andere im Zusammenhang mit der Prüfung eingesetzte Personen, zB Prüfungspartner, im Rahmen einer internen Review (RegE, EU-Empfehlung → Rn. 9).

F. **Finanzielle Abhängigkeit (III 1 Nr. 5):** III 1 Nr. 5 (entspr. I Nr. 8 aF) 25 regelt den Fall, dass der Abschlussprüfer einen wesentlichen Teil seiner Einkünfte aus Mandatsverhältnissen mit demselben Auftraggeber bezieht und ihn deshalb eine Beendigung des Auftragsverhältnisses finanziell stark treffen würde. Einkünfte umfassen nicht nur solche aus Prüfung und aus Beratung (so I Nr. 8 aF), sondern allgemein aus der beruflichen Tätigkeit des Abschlussprüfers. Mandate von verbundenen und anderen (mehr als 20 % Anteilsbesitz, vgl. Nr. 3, 4) Unt. stehen dem gleich. Der wesentliche Teil ist im Hinblick auf den internationalen Standard auf jeweils mehr als 30 % (vorher: die Hälfte) der Gesamteinnahmen in den letzten fünf Geschäftsjahren (des Prüfers, nicht der Ges., str.) festgesetzt. Einnahmen sind die Umsatzerlöse, nicht Rechnungserteilung oder Zahlungseingänge, Grund: keine Manipulation, str. Ausnahmegenehmigungen in Härtefällen, zB bei Berufsanfängern und Prüfern am Ende ihres Berufslebens mit nur noch wenigen Mandaten, sind befristet möglich (Nr. 5 letzter Hs.).

G. **Enge familiäre Beziehung (III 2):** III 2 dehnt die Ausschlussgründe 26 von III 1 Nr. 1–3 auf die Fälle aus, in denen diese zwar nicht in der Person des Wirtschaftsprüfers oder vereidigten Buchprüfers selbst, aber bei seinem **Ehegatten oder Lebenspartner** (nur wenn eingetragen) erfüllt sind. Die Ehe oder Lebenspartnerschaft muss nicht bestehen (anders Bundesrat); wenn sie besteht, hindert das, auch bei längerem Getrenntleben, MüKoHGB/Ebke Rn. 71. Andere Verwandte und Veschwägerte in gerader Linie sind nicht erfasst (anders Bundesrat). Erfasst werden sollen mit III 2 nur Fälle von wesentlichen Beteiligungen, leitenden Arbeitnehmerpositionen oder selbstständigen Beratungstätigkeiten solcher nahen Familienangehörigen für die geprüfte Ges. (RegE). Im Gegenschluss ist es zB kein Ausschlussgrund, wenn der Ehegatte oder Lebenspartner selbst Einkünfte gemäß III 1 Nr. 5 bezogen hat. Auch solche Fälle können aber problematisch sein (vgl. EU-Empfehlung 2002 unter B.6 Ziffer 1d iVm B.2, → Rn. 9) und die Besorgnis der Befangenheit begründen. III 2 sperrt also nicht die Generalklausel des II. III 2 erfasst nur die Fälle von Ehegatten oder Lebenspartnern des Abschlussprüfers nach III 1, nicht auch die Person, mit der der Abschlussprüfer seinen Beruf gemeinsam ausübt (Sozietätsklausel, → Rn. 16, Wortlaut aber nicht eindeutig), strenger Staub/Habersack/ Schürnbrand Rn. 37. Weiterreichende Ausschlussgründe nach Standesrecht, etwa zB auch wenn ein naher Verwandter des Prüfers in dem zu prüfenden Unt. Leitungs- oder Aufsichtsfunktionen innehat, haben nur standesrechtliche Folgen.

4) Ausschlussgründe für Wirtschafts(buch-)prüfungsGes. (IV)

IV entspricht im Wesentlichen II und III für Wirtschaftsprüfungs- und Buch- 27 prüfungsGes. (→ Rn. 4–26). IV ist gegenüber III aF sprachlich vereinfacht, soll aber in der Sache weitgehend zu gleichen Ergebnissen führen (RegE, sonst uU II, vgl. → Rn. 15). Die Ausschlussgründe nach II und III gelten nicht nur für die Ges. selbst, sondern auch, wenn nach II, III einer ihrer gesetzlichen Vertreter, ein Gfter mit mehr als 20 % der Stimmrechte (nicht Anteile), ein verbundenes Unt., ein bei der Prüfung in veranwortlicher Position beschäftiger Gfter oder eine andere von der Ges. beschäftigte Person, die das Ergebnis der Prüfung beein-

§ 319 28–32

flussen kann, ausgeschlossen sind **(IV 1)**. Begriff der verbundenen Unt. bestimmt sich nach üL hier wie in III 1 Nr. 2, 3 (→ Rn. 18, 19) nach § 271 II, BGHZ 159, 234; ADS Rn. 97, 176; krit. MüKoHGB/Ebke Rn. 51; aA GroßKoAktG/Röhricht § 33 Rn. 31: nach § 15 AktG, also einschließlich Gebietskörperschaften, zB BRD (vgl. BGHZ 69, 334, VEBA) und wechselseitig beteiligten Unt. nach § 19 AktG, auch MutterGes. im Ausland, W. Müller NZG 2004, 1037.

28 Satz 1 gilt auch, wenn ein Aufsichtsratsmitglied der Ges. nach III 1 Nr. 2 ausgeschlossen ist oder wenn mehrere Gfter, die zusammen mehr als 20 % der Stimmrechte besitzen, jeweils einzeln oder zusammen nach II oder III ausgeschlossen sind **(IV 2,** vgl. III 1 Nr. 3 letzter Teilsatz, → Rn. 23). IV 2 soll Umgehung durch verschachtelte Eigentümerkonstruktionen vorbeugen (Rechtsausschuss mit Beispiel). Abgrenzung ist problematisch.

5) Auswahl und Ausschlussgründe für Konzernabschlussprüfer (V)

29 Die Auswahlvoraussetzung des I 3 (Qualitätskontrollbescheinigung) und die Ausschlussgründe von II–IV für Abschlussprüfer gelten für Konzernabschlussprüfer (§ 316 II) entsprechend (V wie IV aF).

6) Rechtsfolgen bei Verstößen

30 **A. Nichtigkeit des Wahlbeschlusses und des Jahresabschlusses:** Die Wahl oder Bestellung einer Person oder Ges. zum Prüfer, die nach I (auch I 3, → Rn. 3) oder **(1)** EGHGB Art. 25 nicht Abschlussprüfer sind oder aus anderen Gründen als einem Verstoß gegen II, III, IV nicht zum Abschlussprüfer bestellt sind, ist nichtig und macht auch den festgestellten Jahresabschluss nichtig (für AG und KGaA: § 256 I Nr. 3 AktG idF BilReG, für GmbH entspr.). Daraus folgt zugleich umgekehrt, dass ein **Verstoß gegen die Unabhängigkeitsvorschriften** der II, III, IV den festgestellten Jahresabschluss **nicht nichtig** macht. Dies ist zu begrüßen, weil solche Verstöße für das Unt. und den Rechtsverkehr nicht ohne weiteres erkennbar sind, BGHZ 118, 146; 135, 262 (zu II Nr. 5 aF). Entscheidend ist der Zeitpunkt der Bestellung, eine rückwirkende Heilung gibt es nicht. Die Nichtigkeit muss innerhalb von sechs Monaten nach Bekanntmachung des Jahresabschlusses geltend gemacht werden, sonst tritt Heilung ein (§ 256 VI AktG).

31 **B. Nur Ersetzungsverfahren bei Verstoß gegen Unabhängigkeitsvorschriften:** Mit Wirkung ab 1.1.2005 (→ § 318 Rn. 7) sind **Anfechtungs- und Nichtigkeitsklagen gegen den Beschluss** der Hauptversammlung **zur Wahl des Abschlussprüfers ausgeschlossen,** soweit sie auf (Befangenheits-)Gründe gestützt werden, die ein gerichtliches Ersetzungsverfahren nach § 318 III rechtfertigen (§§ 243 II, 249 I 1 AktG idF BilReG, → § 318 Rn. 12), zur aF offen BGHZ 135, 262. Das gilt insbesondere für Ausschlussgründe nach §§ 319 II–IV, 319a I (§ 318 III 1 aE). Sie können nur im Ersetzungsverfahren nach § 318 II geltend gemacht werden, und auch dann nicht mehr, wenn der Bestätigungsvermerk bzw. seine Ergänzung bereits erteilt ist (§ 318 III 7, → § 318 Rn. 15). Anfechtungs- und Nichtigkeitsklage bleiben für andere Fälle, zB bei Fehlern der Bekanntmachung des Tagesordnungspunktes „Wahl des Abschlussprüfers" in der Einberufung (RegE zu § 243 III AktG).

32 **C. Prüfungsvertrag, Schadensersatzpflicht:** Ausschlussgründe nach I, aber auch die Befangenheitsgründe nach II–IV (gesetzliche Verbote iSv § 134 BGB) machen den **Prüfungsvertrag** nichtig (RegE), BGHZ 118, 142; ZIP 2010, 434 (freiwillige Prüfung, anders bei vorangehendem Vertragsschluss, dann Unmöglichkeit); Ring WPg 2005, 200; Bormann DStR 2010, 1386 (1430); vgl. auch → **(2a)** WPO Einl. vor § 1 Rn. 4. Ein Vergütungsanspruch besteht ebenso wenig wie ein Anspruch aus GoA oder Kondiktion (§ 817 S. 2 BGB), BGHZ 118, 142; OLG Köln BB 1992, 2108. Bei nachträglich eintretender Befangenheit soll nach

einer Ansicht der Prüfungsvertrag ex nunc nichtig werden, nach einer anderen nur Ersetzungsverfahren (§ 318 III) und Kündigung aus wichtigem Grund (§ 318 VI), Gelhausen/Heinz WPg 2005, 702, Honoraranspruch für bereits geleistete Arbeit bleibt erhalten, BGH ZIP 2010, 435, nach aA § 812 BGB. Den Wirtschaftsprüfer trifft neben den Folgen aus § 334 II uU eine **Schadensersatzpflicht** aus § 823 II BGB iVm §§ 319, 319a bzw. aus § 311a BGB. Bei Vorliegen von Ausschlussgründen nach II–V ist der Beschluss der Hauptversammlung zur Wahl des Abschlussprüfers bis zu einem gerichtlichen Ersetzungsbeschluss (→ § 318 Rn. 15) wirksam. Das wird man auch für den Prüfungsvertrag annehmen müssen, anders zu II, III aF BGHZ 118, 142. Unberührt bleiben die allgemeinen zivilrechtlichen Rechtsbehelfe wie insbesondere Schadensersatz, wenn der Abschlussprüfer den Ausschlussgrund nicht offengelegt hat (→ Rn. 12). Hinzu treten berufsrechtliche und berufsgerichtliche Folgen nach **(2a)** WPO §§ 67 ff.

Besondere Ausschlussgründe bei Unternehmen von öffentlichem Interesse

319a

Die Vorschrift wurde durch FISG aufgehoben (**Übergangsrecht** in **(1)** 1 EGHGB Art 86). In § 319a aF hatte der Gesetzgeber zwei in der AbschlussprüferVO vorgesehene Mitgliedstaatenwahlrechte ausgeübt. Erstens hat er geregelt, dass die Erbringung von bestimmten Steuerberatungsleistungen und von Bewertungsleistungen, die jeweils zu den nach der Abschlussprüferverordnung verbotenen Nichtprüfungsleistungen gehören, nur bei Nichtvorliegen der Voraussetzungen des Artikels 5 Absatz 3 AbschlussprüferVO oder – im Falle der Steuerberatungsleistungen – der fehlenden Zustimmung des Prüfungsausschusses zu einem Ausschluss des Abschlussprüfers von der Abschlussprüfung geführt hat. Außerdem wurde das Mitgliedstaatenwahlrecht des Artikels 4 Absatz 2 Unterabsatz 3 der AbschlussprüferVO teilweise ausgeübt, um in Ausnahmesituationen in gewissem Umfang und für eine gewisse Zeit eine Überschreitung der Honorargrenze („Fee Cap") nach Artikel 4 Absatz 2 Unterabsatz 1 AbschlussprüfungsVO für erlaubte, aber weder nach Unionsrecht noch nach nationalem Recht erforderliche Nichtprüfungsleistungen zu ermöglichen.

Von diesen Mitgliedstaatenoptionen nahm der Gesetzgeber mit Einführung 2 des FISG Abstand. Die aus Nichtprüfungsleistungen bei Unternehmen von öffentlichem Interesse erwachsenden Risiken für Interessenkonflikte sollen vermindert werden. Die Unabhängigkeit des Abschlussprüfers soll damit gestärkt werden. Gleichzeitig werden so Auslegungsschwierigkeiten zu der Frage vermieden, wann Steuerberatungs- und Bewertungsleistungen sich auf den zu prüfenden Abschluss „unmittelbar und nicht nur unwesentlich auswirken". Künftig ist der in Art. 5 I Unterabsatz 2 der AbschlussprüferVO enthaltene Katalog an verbotenen Nichtprüfungsleistungen uneingeschränkt anwendbar. Es ist auch keine ausnahmsweise Überschreitung des Fee Cap mehr zulässig.

Durch die Streichung des § 319a wächst künftig **die Bedeutung der Ab-** 3 **schlussprüferVO** (→ § 319 Rn. 5a) (zur Geltung der AbschlussprüferVO klarstellend jetzt → § 316a I 1). Bestimmungen zum Honorar finden sich in Art. 4 der VO. Die **verbotenen Nichtprüfungsleistungen sind in Art. 5 der AbschlussprüferVO** geregelt; zur Normierung der **internen Rotation** (bisher in § 319a I 1 Nr. 4 aF) nach sieben Jahren in Art. 17 VII; Verschärfung in § 43 VI WPO **(2a):** Rotation bei Unternehmen von öffentlichem Interesse nach 5 Jahren.

§ 319b 1–4

Netzwerk

319b (1) ¹Ein Abschlussprüfer ist von der Abschlussprüfung ausgeschlossen, wenn ein Mitglied seines Netzwerks einen Ausschlussgrund nach § 319 Abs. 2, 3 Satz 1 Nr. 1, 2 oder Nr. 4, Abs. 3 Satz 2 oder Abs. 4 erfüllt, es sei denn, dass das Netzwerkmitglied auf das Ergebnis der Abschlussprüfung keinen Einfluss nehmen kann. ²Er ist ausgeschlossen, wenn ein Mitglied seines Netzwerks einen Ausschlussgrund nach § 319 Abs. 3 Satz 1 Nr. 3 erfüllt. ³Ein Netzwerk liegt vor, wenn Personen bei ihrer Berufsausübung zur Verfolgung gemeinsamer wirtschaftlicher Interessen für eine gewisse Dauer zusammenwirken.

(2) Absatz 1 ist auf den Abschlussprüfer des Konzernabschlusses entsprechend anzuwenden.

1) Unabhängigkeit und Netzwerkabhängigkeiten

1 § 319b idF des BilMoG **Übergangsrecht** in (1) EGHGB Art. 66 II.; geändert durch FISG (**Übergangsrecht** in (1) EGHGB Art. 86). § 319b dehnt die Unabhängigkeitsvorschriften in Umsetzung von Art. 22 II der Abschlussprüfungs-RL (→ Einl. vor § 316 Rn. 4) auf Netzwerkabhängigkeiten aus. Nach der RL ist ein Ausschluss vorgesehen, wenn zwischen dem Abschlussprüfer und der PrüfungsGes. oder ihrem Netzwerk und dem geprüften Unt. unmittelbar oder mittelbar eine finanzielle oder geschäftliche Beziehung, ein Beschäftigungsverhältnis oder eine sonstige Verbindung besteht, aus der ein objektiver, verständiger und informierter Dritter schließen würde, dass ihre Unabhängigkeit gefährdet ist; eine sonstige Verbindung besteht auch bei Erbringung zusätzlicher Leistungen, die keine Prüfungsleistungen sind (Art. 22 II 1). § 319b geht über die bereits bestehenden, weitgehenden, auch Sozietäten erfassenden Unabhängigkeitserfordernisse (§§ 319, (2a) WPO § 43 sowie §§ 2, 20ff. BS WP/vBP) hinaus, ist dabei aber im Interesse der mittelständischen Abschlussprüfer für Netzwerke weniger streng als für die Unabhängigkeitserfordernisse im Übrigen (RegE; → Rn. 2, 3, 4). **Lit.** MBF Kap. 17 Tz. 138ff.; Petersen/Zwirner WPg 2008, 970; Petersen/Zwirner/Boecker WPg 2010, 464.

2) Ausschluss bei Zugehörigkeit zu einem Netzwerk (I 1 Hs. 1)

2 Ein Abschlussprüfer ist von der Abschlussprüfung ausgeschlossen, wenn ein Mitglied seines Netzwerks einen Ausschlussgrund nach § 319 II, III 1 Nr. 1, 2 oder 4, III 2 oder IV erfüllt (I 1 Hs. 1) vorbehaltlich einer Entlastungsmöglichkeit (→ Rn. 3). Finanzielle Abhängigkeit nach § 319 III 1 Nr. 5 führt nicht zum Ausschluss nach I 1 Hs. 1, der RegE gibt dafür Praktikabilitätsgründe an (Schwierigkeiten bei der Ermittlung der 30%-Umsatzgrenze).

3) Entlastungsmöglichkeit (I 1 Hs. 2)

3 Von dem Ausschluss nach I 1 Hs. 1 ist eine Entlastungsmöglichkeit vorgesehen, wenn das Netzwerkmitglied auf das Ergebnis der Abschlussprüfung keinen Einfluss nehmen kann (I 1 Hs. 2, vgl. § 340k II 3). Diese Entlastungsmöglichkeit ist nur für Netzwerkabhängigkeiten vorgesehen, sodass im konkreten Fall die Unabhängigkeit des Abschlussprüfers selbst zu verneinen, die als Netzwerkmitglied dagegen zu bejahen sein kann. Das Vorliegen der Entlastungsmöglichkeit ist vom Abschlussprüfer darzulegen („es sei denn").

4) Ausschluss der Entlastung (I 2)

4 Die Entlastung ist ausgeschlossen, wenn das Netzwerkmitglied einen Ausschlussgrund nach § 319 III 1 Nr. 3 erfüllt (I 2). Diese Ausschlussgründe betreffen die Selbstprüfung (→ § 319 Rn. 19). Diese sind besonders gravierend, da sie sich unmittelbar und ohne weiteres Zutun des Netzwerkmitglieds auf den Jahres-

bzw. Konzernabschluss auswirken. I 2 sieht deshalb eine unwiderlegliche Vermutung der Befangenheit vor.

5) Legaldefinition von Netzwerk in I 3 und in Art. 2 Nr. 7 der Abschlussprüfungs-RL

Ein Netzwerk liegt nach der **Legaldefinition in I 3** vor, wenn Personen bei ihrer Berufsausübung zur Verfolgung gemeinsamer wirtschaftlicher Interessen für eine gewisse Dauer zusammenwirken. Dies **weicht von der Legaldefinition der Abschlussprüfungs-RL ab. Art. 2 Nr. 7** lautet: *„Netzwerk" ist die breitere Struktur, – die auf Kooperation ausgerichtet ist und der ein Abschlussprüfer oder eine Prüfungsgesellschaft angehört und – die eindeutig auf Gewinn- und Kostenteilung abzielt oder durch gemeinsames Eigentum, gemeinsame Kontrolle oder gemeinsame Geschäftsführung, gemeinsame Qualitätssicherungsmaßnahmen und -verfahren, eine gemeinsame Geschäftsstrategie, die Verwendung einer gemeinsamen Marke oder durch einen wesentlichen Teil gemeinsamer fachlicher Ressourcen miteinander verbunden ist.*" Laut RegE soll I 3 mit seiner allgemeinen Formulierung all das abdecken. Das ist nicht unproblematisch. I 3 ist nur mit der RL vereinbar, wenn sich die Auslegung von I 3 exakt an den in Art. 2 Nr. 7 enthaltenen Kriterien ausrichtet. Praktisch kommt der Rechtsanwender also ohne den Wortlaut von Art. 2 Nr. 7 nicht aus, sodass eine wörtliche Übernahme in den deutschen Gesetzestext zwar weniger elegant, aber bei weitem sicherer gewesen wäre. Jede selbständige Auslegung von I 3 kann danach vor den EuGH zur Prüfung der Vereinbarkeit mit Art. 2 Nr. 7 gebracht werden (→ Einl. vor § 1 Rn. 28, → § 84 Rn. 3). Einzelheiten bei MüKoHGB/Ebke Rn. 3 ff., selbst für eine Gesamtschau, 14. Lit. Haßlinger/Haßlinger/Weinmann DB 2018, 2941 (Abgrenzung Netzwerk zu gemeinsamer Berufsausübung).

6) Die einzelnen Tatbestandsmerkmale der Netzwerkdefinition in I 3 im Lichte von Art. 2 Nr. 7 der Abschlussprüfungs-RL

Zusammenwirken für eine gewisse Dauer: „Breitere Struktur" und „auf Kooperation ausgerichtet" soll in dem Merkmal von I 3 „für eine gewisse Dauer zusammenwirken" abgebildet werden, Kooperation beinhalte eine bestimmte Dauer. Für ein Zusammenwirken kommt es nicht auf die rechtliche Ausgestaltung des Netzwerks an, jede Art des Zusammenwirkens genügt, es muss aber intendiert sein (RegE). Das Zusammenwirken muss von einer gewissen Dauer sein, ein einmaliges oder nur gelegentliches Zusammenwirken genügt nicht (RegE). Gemeinsame Aktivitäten (Prüfungen, Gutachten, Fortbildungsveranstaltungen ua) begründen für sich allein kein Netzwerk (RegE).

In Verfolgung gemeinsamer wirtschaftlicher Interessen: Gemeinsame wirtschaftliche Interessen liegen vor, wenn die Netzwerkmitglieder mit ihrem Zusammenwirken eines der in Art. 2 Nr. 7 der Abschlussprüfungs-RL genannten Kriterien (→ Rn. 5) verfolgen (so ausdrücklich RegE). Das ist bei einem eindeutigen Abzielen auf Gewinn- und Kostenteilung ohne weiteres der Fall, aA MüKoHGB/Ebke Rn. 21. Der RegE formuliert dazu allerdings, weil zu unscharf, potentiell richtlinienwidrig: („Bei einer Gewinn- und Kostenteilung ist regelmäßig von der Verfolgung gemeinsamer wirtschaftlicher Interessen auszugehen": aber „eindeutig"? „regelmäßig"? richtiger: Gewinn- oder Kostenteilung). Die Verfolgung gemeinsamer wirtschaftlicher Interessen ist auch und nur anzunehmen, wenn die breitere Struktur „durch gemeinsames Eigentum, gemeinsame Kontrolle oder gemeinsame Geschäftsführung, gemeinsame Qualitätssicherungsmaßnahmen und -verfahren, eine gemeinsame Geschäftsstrategie, die Verwendung einer gemeinsamen Marke oder durch einen wesentlichen Teil gemeinsamer fachlicher Ressourcen miteinander verbunden ist". Auch das ist zT enger, zT weiter als die Begründung im RegE.

8 **Zusammenwirken von Personen bei ihrer Berufsausübung:** Personen sind sowohl natürliche als auch juristische Personen sowie teilrechtsfähige Personenvereinigungen. Diese müssen bei ihrer Berufsausübung zusammenwirken, also zB nicht nur durch ihre auch dauerhafte Mitgliedschaft in Berufsverbänden, etwa die Mitgliedschaft genossenschaftlicher Prüfungsverbände in einem Spitzenverband (RegE).

9 **Verwendung des Begriffs Netzwerk, network oder ähnlicher Begriffe:** Ein Ausschluss kann sich daraus ergeben, dass der Begriff „Netzwerk" „network" oder ähnliche Begriffe im Verkehr von Wirtschaftsprüfern bzw. WirtschaftsprüfungsGes. verwandt werden. Das kann im Verkehr die Besorgnis der Befangenheit nach der Generalklausel des § 319 II begründen (→ § 319 Rn. 6). Dabei kommt es aber auf die konkreten Umstände an (Abwägung im Einzelfall, → § 319 Rn. 7).

7) Ausschluss auch des Abschlussprüfers des Konzernabschlusses (II)

10 Der Ausschluss nach I gilt entsprechend auch für den Abschlussprüfer des Konzernabschlusses (§ 316 II).

Vorlagepflicht. Auskunftsrecht

320 (1) ¹Die gesetzlichen Vertreter der Kapitalgesellschaft haben dem Abschlußprüfer den Jahresabschluß, den Lagebericht und den gesonderten nichtfinanziellen Bericht unverzüglich nach der Aufstellung vorzulegen. ²Sie haben ihm zu gestatten, die Bücher und Schriften der Kapitalgesellschaft sowie die Vermögensgegenstände und Schulden, namentlich die Kasse und die Bestände an Wertpapieren und Waren, zu prüfen. ³Die gesetzlichen Vertreter einer Kapitalgesellschaft, die als Inlandsemittent (§ 2 Absatz 14 des Wertpapierhandelsgesetzes) Wertpapiere (§ 2 Absatz 1 des Wertpapierhandelsgesetzes) begibt und keine Kapitalgesellschaft im Sinne des § 327a ist, haben dem Abschlussprüfer auch die für Zwecke der Offenlegung nach den Vorgaben des § 328 Absatz 1 erstellte Wiedergabe des Jahresabschlusses und die nach diesen Vorgaben erstellte Wiedergabe des Lageberichts vorzulegen.

(2) ¹Der Abschlußprüfer kann von den gesetzlichen Vertretern alle Aufklärungen und Nachweise verlangen, die für eine sorgfältige Prüfung notwendig sind. ²Soweit es die Vorbereitung der Abschlußprüfung erfordert, hat der Abschlußprüfer die Rechte nach Absatz 1 Satz 2 und nach Satz 1 auch schon vor Aufstellung des Jahresabschlusses. ³Soweit es für eine sorgfältige Prüfung notwendig ist, hat der Abschlußprüfer die Rechte nach den Sätzen 1 und 2 auch gegenüber Mutter- und Tochterunternehmen.

(3) ¹Die gesetzlichen Vertreter einer Kapitalgesellschaft, die einen Konzernabschluß aufzustellen hat, haben dem Abschlußprüfer des Konzernabschlusses den Konzernabschluß, den Konzernlagebericht, den gesonderten nichtfinanziellen Konzernbericht, die Jahresabschlüsse, Lageberichte, die gesonderten nichtfinanziellen Berichte und, wenn eine Prüfung stattgefunden hat, die Prüfungsberichte des Mutterunternehmens und der Tochterunternehmen vorzulegen. ²Der Abschlußprüfer hat die Rechte nach Absatz 1 Satz 2 und nach Absatz 2 bei dem Mutterunternehmen und den Tochterunternehmen, die Rechte nach Absatz 2 auch gegenüber den Abschlußprüfern des Mutterunternehmens und der Tochterunternehmen. ³Die gesetzlichen Vertreter einer Kapitalgesellschaft, die als Inlandsemittent (§ 2 Absatz 14 des Wertpapierhandelsgesetzes) Wertpapiere (§ 2 Absatz 1 des Wertpapierhandelsgesetzes) begibt und keine Kapitalgesellschaft im Sinne des § 327a ist, haben dem Abschlussprüfer auch die für Zwecke der Offenlegung nach den

2. Abschnitt. Ergänzende Vorschriften für Kapitalges. 1, 2 **§ 320**

Vorgaben des § 328 Absatz 1 erstellte **Wiedergabe des Konzernabschlusses und die nach diesen Vorgaben erstellte Wiedergabe des Konzernlageberichts** vorzulegen.

(4) Der bisherige Abschlussprüfer hat dem neuen Abschlussprüfer auf schriftliche Anfrage über das Ergebnis der bisherigen Prüfung zu berichten; § 321 ist entsprechend anzuwenden.

(5) ¹Ist die Kapitalgesellschaft als Tochterunternehmen in den Konzernabschluss eines Mutterunternehmens einbezogen, das seinen Sitz nicht in einem Mitgliedstaat der Europäischen Union oder einem anderen Vertragsstaat des Abkommens über den Europäischen Wirtschaftsraum hat, kann der Prüfer nach Absatz 2 zur Verfügung gestellte Unterlagen an den Abschlussprüfer des Konzernabschlusses weitergeben, soweit diese für die Prüfung des Konzernabschlusses des Mutterunternehmens erforderlich sind. ²Die Übermittlung personenbezogener Daten muss im Einklang mit den Vorgaben der Verordnung (EU) 2016/679 und den allgemeinen datenschutzrechtlichen Vorschriften stehen.

1) Vorlagepflicht (I)

Eigentliche **Vorlagepflicht** folgt aus I 1 (ergänzt um gesonderten nichtfinanziellen Bericht durch CSR-Reform 2017, **Übergangsrecht** in (1) EGHGB Art. 80), Pflicht zur **Gestattung der Einsichtnahme** an Ort und Stelle aus **I 2**. Das Prüfungsrecht nach I 2 umfasst Bücher (gesamte Buchhaltung einschließlich Planungs- und Investitionsrechnung), Schriften (§ 257 I Nr. 2–4 einschließlich Vorstands- und Aufsichtsratsprotokollen und ggf. Personalunterlagen), Vermögensgegenstände (dh hier alle Posten der Aktivseite, hL) und Schulden (dh hier alle Posten der Passivseite); ferner die Unterlagen zu den Angaben im Anhang und Lagebericht; Bsp. s. ADS Rn. 18. Gem. I 3 (eingefügt durch ESEF-UG 2020, **Übergangsrecht** in (1) EGHGB Art. 84) erstreckt sich die Vorlagepflicht der gesetzlichen Vertreter eines WpHG-Inlandsemittenten auch auf die elektronische Wiedergabe von Abschluss und Lagebericht. **Lit.** MBF Kap. 17 Tz. 151 ff.; Scheffler AG 2020, R 41 (ESEF). 1

2) Auskunftsrecht (II)

Der Abschlussprüfer hat über I hinaus Recht auf Mithilfe der gesetzlichen Vertreter (aller, nicht einzelner Mitglieder; nicht sonstige Mitarbeiter der Ges.). Soweit zur Erreichung des Prüfungszwecks nötig (Grenze), müssen diese, auch schon vor Aufstellung des Jahresabschlusses (zB für vorgelagerte Zwischenprüfungen), alle Aufklärungen und Nachweise liefern (II 1, 2). Diese Rechte hat der Abschlussprüfer auch gegen Mutter- und TochterUnt. (§ 290), so II 3, auch gegenüber Unt. mit Sitz im Ausland, MüKoHGB/Ebke Rn. 18, ggf. Auswirkung auf Prüfungsbericht und Bestätigungsvermerk; er hat aber nicht das Recht eigener örtlicher Einsichtnahme wie nach I 2 gegenüber dem KonzernUnt., Staub/Habersack/Schürnbrand Rn. 16. Unter II fallen insbesondere Vorlage von Saldenbestätigungen der Geschäftspartner der Ges., IDW PS 300 Tz. 33 (Prüfungsnachweise) (jetzt ISA [DE] 500), dagegen nicht Abgabe einer Vollständigkeitserklärung (→ § 317 Rn. 4), MüKoHGB/Ebke Rn. 16, str., aA Staub/Habersack/Schürnbrand Rn. 12, auf deren Verweigerung ist dann allerdings im Prüfungsbericht hinzuweisen, die Auftragsbedingungen der WP sehen jedoch auf Verlangen des Abschlussprüfers einen solchen Anspruch vor. Einklagbarer Anspruch des Abschlussprüfers gegen die Ges. besteht nicht, MüKoHGB/Ebke Rn. 24; aA Staub/Habersack/Schürnbrand Rn. 32, aber keine Pflicht des Abschlussprüfers dazu. Durchsetzung durch Zwangsgeld § 335 idF KapCoRiLiG 2000 (dort → § 335 Rn. 2) auf Antrag, auch des Abschlussprüfers, str., auch 2

Merkt 1485

§ 321

§ 321 I 3 und ggf. § 322 IV. Unrichtige Angaben sind strafbar, § 331 Nr. 4. Näher IDW PS 200, PS 201, PS 303 (jetzt ISA [DE] 200, 580).

3) Konzernabschluss (III)

3 III (ergänzt um gesonderten nichtfinanziellen Konzernbericht und die gesonderten nichtfinanziellen Berichte durch CSR-Reform 2017, **Übergangsrecht** in **(1)** EGHGB Art. 80, erweitert um ESEF-Offenlegungsdokumente durch ESEF-UG 2020, **Übergangsrecht** in **(1)** EGHGB Art. 84) gibt die Rechte des I, II auch dem Konzernabschlussprüfer gegen alle (nicht nur die in den Konzernabschluss einbezogenen, AmtlBegr) Mutter- und TochterUnt., also auch Recht auf eigene örtliche Einsichtnahme nach I 2 (III 2, weiter als II), auch gegenüber den Abschlussprüfern dieser Unt., sowie Vorlagepflicht von ESEF-Offenlegungsdokumenten.

4) Bericht an den neuen Abschlussprüfer (IV)

4 IV idF BilMoG. Der bisherige Abschlussprüfer hat dem neuen Abschlussprüfer auf schriftliche Anfrage über das Ergebnis der bisherigen Prüfung zu berichten; § 321 ist entsprechend anzuwenden. IV begründet sowohl ein Recht des neuen als auch eine Pflicht des alten Abschlussprüfers. IV geht damit über die bisherigen §§ 318 VI 4, 320 I 2 hinaus, die aber weiterhin unabhängig von IV anwendbar bleiben. IV erfasst jeden Abschlussprüferwechsel, also den vorzeitigen ebenso wie den regulären, hL. Der alte Abschlussprüfer braucht nicht unaufgefordert zu berichten, vielmehr muss erst der neue schriftlich anfragen. Die Anfrage ist unverzüglich (ohne schuldhaftes Zögern, § 121 I 1 BGB) zu beantworten (RegE). Das steht zwar nicht in IV, ergibt sich aber aus allgemeinen Grundsätzen. Haftung bei Pflichtverletzung nach § 323 I 2 (→ § 323 Rn. 6). Die Bezugnahme auf § 321 in IV Hs. 2 bedeutet, dass der Bericht in Prüfungsberichtsform erstattet werden muss (wie in § 318 VI 4 Hs. 2). Der Bericht an den neuen Abschlussprüfer nach IV und an die Organe der Ges. nach § 318 VI 4 wird sich also idR decken können. Geschuldet ist nur ein Bericht, nicht etwa die Gestattung der Einsichtnahme oder gar die Herausgabe der Arbeitspapiere des bisherigen Abschlussprüfers (RegE). Das allgemeine Recht auf Auskunftsverweigerung bei Gefahr der Selbstbelastung soll nach dem RegE unberührt bleiben. **Übergangsrecht** in **(1)** EGHGB Art. 66 II. **Lit.** Petersen/Zwirner WPg 2008, 971; Erchinger/Melcher DB Beil. 5/2009, 94.

5) Weitergabe von Unterlagen an Konzernprüfer in Drittland

5 Die mit dem AReG (→ Einl. vor § 316 Rn. 9, **Übergangsrecht** in **(1)** EGHGB Art. 79) in einem neuen **V** (**V 2** geändert durch G vom 17.7.2017, BGBl. I 2541 zur Anpassung an die EU-DatenschutzgrundVO) geregelte Zulassung der **Übermittlung von Prüfungsunterlagen** durch den Abschlussprüfer der TochterGes. an den Prüfer in einem Drittland ansässigen MutterGes. setzt Art. 23 V UAbs. 1 und 3 VO um und enthält nur eine Befugnis (Ermessen), keine Pflicht. Unterliegen die Unterlagen im Ursprungsland einer Geheimhaltungspflicht und würden sie im Drittland dem Zugriff von Behörden unterfallen, muss der Prüfer berücksichtigen, ob die Unterlagen bei der Behörde im Drittland hinreichender Geheimhaltung unterliegen, vgl. §§ 57 IX 2, 66c VI WPO, Begr. RegE 50. **Lit.** Petersen/Zwirner/Boecker DStR 2016, 984.

Prüfungsbericht

321 (1) ¹Der Abschlußprüfer hat über Art und Umfang sowie über das Ergebnis der Prüfung zu berichten; auf den Bericht sind die Sätze 2 und 3 sowie die Absätze 2 bis 4a anzuwenden. ²Der Bericht ist schriftlich und mit der gebotenen Klarheit abzufassen; in ihm ist vorweg zu der Beurteilung der Lage der Kapitalgesellschaft oder Konzerns durch die gesetzlichen Vertreter Stellung zu nehmen, wobei insbesondere auf die Beurteilung des Fortbestandes und der künftigen Entwicklung der Kapitalgesellschaft unter Berücksichtigung des Lageberichts und bei der Prüfung des Konzernabschlusses von Mutterunternehmen auch des Konzerns unter Berücksichtigung des Konzernlageberichts einzugehen ist, soweit die geprüften Unterlagen und der Lagebericht oder der Konzernlagebericht eine solche Beurteilung erlauben. ³ Außerdem hat der Abschlussprüfer über bei Durchführung der Prüfung festgestellte Unrichtigkeiten oder Verstöße gegen gesetzliche Vorschriften sowie Tatsachen zu berichten, die den Bestand der geprüften Kapitalgesellschaft oder des Konzerns gefährden oder seine Entwicklung wesentlich beeinträchtigen können oder die schwerwiegende Verstöße der gesetzlichen Vertreter oder von Arbeitnehmern gegen Gesetz, Gesellschaftsvertrag oder die Satzung erkennen lassen.

(2) ¹ Im Hauptteil des Prüfungsberichts ist festzustellen, ob die Buchführung und die weiteren geprüften Unterlagen, der Jahresabschluss, der Lagebericht, der Konzernabschluss und der Konzernlagebericht den gesetzlichen Vorschriften und den ergänzenden Bestimmungen des Gesellschaftsvertrags oder der Satzung entsprechen. ² In diesem Rahmen ist auch über Beanstandungen zu berichten, die nicht zur Einschränkung oder Versagung des Bestätigungsvermerks geführt haben, soweit dies für die Überwachung der Geschäftsführung und der geprüften Kapitalgesellschaft von Bedeutung ist. ³ Es ist auch darauf einzugehen, ob der Abschluss insgesamt unter Beachtung der Grundsätze ordnungsmäßiger Buchführung oder sonstiger maßgeblicher Rechnungslegungsgrundsätze ein den tatsächlichen Verhältnissen entsprechendes Bild der Vermögens-, Finanz- und Ertragslage der Kapitalgesellschaft oder des Konzerns vermittelt. ⁴ Dazu ist auch auf wesentliche Bewertungsgrundlagen sowie darauf einzugehen, welchen Einfluss Änderungen in den Bewertungsgrundlagen einschließlich der Ausübung von Bilanzierungs- und Bewertungswahlrechten und der Ausnutzung von Ermessensspielräumen sowie sachverhaltsgestaltende Maßnahmen insgesamt auf die Darstellung der Vermögens-, Finanz- und Ertragslage haben. ⁵ Hierzu sind die Posten des Jahres- und des Konzernabschlusses aufzugliedern und ausreichend zu erläutern, soweit diese Angaben nicht im Anhang enthalten sind. ⁶ Es ist darzustellen, ob die gesetzlichen Vertreter die verlangten Aufklärungen und Nachweise erbracht haben.

(3) ¹ In einem besonderen Abschnitt des Prüfungsberichts sind Gegenstand, Art und Umfang der Prüfung zu erläutern. ² Dabei ist auch auf die angewandten Rechnungslegungs- und Prüfungsgrundsätze einzugehen.

(4) ¹ Ist im Rahmen der Prüfung eine Beurteilung nach § 317 Abs. 4 abgegeben worden, so ist deren Ergebnis in einem besonderen Teil des Prüfungsberichts darzustellen. ² Es ist darauf einzugehen, ob Maßnahmen erforderlich sind, um das interne Überwachungssystem zu verbessern.

(4a) Der Abschlussprüfer hat im Prüfungsbericht seine Unabhängigkeit zu bestätigen.

(5) ¹ Der Abschlußprüfer hat den Bericht unter Angabe des Datums zu unterzeichnen und den gesetzlichen Vertretern vorzulegen; § 322 Absatz 7 Satz 3 und 4 gilt entsprechend. ² Hat der Aufsichtsrat den Auftrag erteilt, so ist der Bericht ihm und gleichzeitig einem eingerichteten Prüfungsausschuss vorzulegen. ³ Im Fall des Satzes 2 ist der Bericht unverzüglich nach Vorlage dem Geschäftsführungsorgan mit Gelegenheit zur Stellungnahme zuzuleiten.

§ 321 1   3. Buch. Handelsbücher

Übersicht

	Rn
1) Berichtspflicht (I 1, 2)	1
2) Rede- und Warnpflicht (I 3)	2–7
A. Rede- und Warnpflicht:	2
B. Unrichtigkeiten oder Verstöße gegen gesetzliche Vorschriften (I 3 Hs. 1):	3
C. Tatsachen (I 3 Hs. 2):	4, 5
D. Bei Durchführung der Prüfung:	6
E. Einzelheiten der Rede- und Warnpflicht:	7
3) Hauptteil des Prüfungsberichts (II)	8
4) Eigener Berichtsabschnitt über Gegenstand, Art und Umfang der Prüfung (III)	9
5) Eigener Berichtsteil über Prüfung des Überwachungssystems bei der börsennotierten AG (IV)	10
6) Bestätigung der Unabhängigkeit (IVa)	11
7) Unterzeichnung und Vorlage (V)	12

1) Berichtspflicht (I 1, 2)

1   § 321 nF KonTraG 1998, IVa neu BilMoG, Änderungen II u. V durch AReG (→ Einl. vor § 316 Rn. 9, **Übergangsrecht** in **(1)** EGHGB Art. 79). Zusätzlicher Bericht an den Prüfungsausschuss und ggf. die Aufsichtsbehörde bei Unt. öff Interesse infolge der **europäischen Abschlussprüferreform 2014** (Abschlussprüfungs-VO Art. 11, 12, → Einl. vor § 316 Rn. 7 ff.). § 321 wendet sich gegen eine verbreitete Praxis von wenig aussagekräftigen, bloß erläuternden und nur für Sachkundige verständlichen Prüfungsberichten und zählt damit zum großen Kreis der vielfältigen gesetzgeberischen Bemühungen um eine Verbesserung der Unternehmensführung und -kontrolle. **I 1** (bei vorheriger Kündigung § 318 VI 4) verlangt schriftlichen Bericht über Art und Umfang und über das Ergebnis der bisherigen Prüfung. Das **Klarheitsgebot** ist in I 1 ausdrücklich angesprochen, gemeint ist damit Verständlichkeit auch für nicht sachverständige Aufsichtsratsmitglieder (RegE), dies, obwohl § 321 auch für GmbH ohne Aufsichtsrat gilt. Es gelten die Grundsätze der Wahrheit, Vollständigkeit, Klarheit (→ § 323 Rn. 1), IDW PS 450 Tz. 8 ff. Verständlichkeit des Prüfungsberichts aus sich heraus ohne weitere Dokumente und für den jeweiligen Adressaten des Prüfungsberichts, aber Grundverständnis ist vorauszusetzen. Verbleibende Fragen sind in der Bilanzsitzung zu klären (vgl. § 171 I 2 AktG, § 42a III GmbHG). Mit der Reform durch das AReG (→ Einl. vor § 316 Rn. 9, **Übergangsrecht** in **(1)** EGHGB Art. 79) wurden die Wörter „schriftlich und mit der gebotenen Klarheit" aus I 1 in I 2 verschoben und in I 1 durch Verweis auf I 2 u. 3 sowie II-IVa ersetzt. Nunmehr wird nach Art des geprüften Unt. unterschieden: Unt. von öff. Interesse unterliegen Art. 11 II UAbs. 1 der EU-AbschlussprüfungsVO, für andere Unt. gelten I 2 u. 3 sowie II–IVa. Weitere (rein) redaktionelle Änderungen durch FISG (**Übergangsrecht** in **(1)** EGHGB Art. 86). Während Bestätigungsvermerk einheitlich bleibt, gibt es beim Prüfungsbericht keinen vollständigen Gleichlauf, Begr. RegE S. 50. Der Prüfungsbericht muss vorweg (**Vorweg-Berichterstattung,** Eingangsteil des Berichts) zur Beurteilung der Lage des Unt. oder Konzerns durch die gesetzlichen Vertreter Stellung nehmen; dabei ist besonders auf die Beurteilung des Fortbestandes und der künftigen Entwicklung des Unt. einzugehen, soweit das die geprüften Unterlagen und der (Konzern-)Lagebericht erlauben **(I 2).** Welche Unterlagen zu prüfen sind und dann geprüft werden, ergibt sich aus § 317 (dort → § 317 Rn. 2 ff.); die Unterlagen der Unternehmensplanung gehören dazu, GK/Marsch-Barner Rn. 8. Der Prüfer kann und soll also nur die eigene Beurteilung des Vorstands (§ 289 I Hs. 2) überprüfen, bewerten und uU in Frage stellen, nicht stattdessen eine eigene Prognose abgeben (→ § 317 Rn. 4, 7), OLG Düsseldorf WM 2006, 2138. Einzelheiten in Grundsätze ordnungsmäßiger Be-

2. Abschnitt. Ergänzende Vorschriften für Kapitalges. 2, 3 § 321

richterstattung bei Abschlussprüfungen IDW PS 450, PS 470 (mündliche Berichterstattung an den Aufsichtsrat), PS 900 (Grundsätze der prüferischen Abschlussdurchsicht), PS 521 (Finanzdienstleister), PS 522 (Adressenausfallrisiken und Kreditgeschäft von Kreditinstituten). Der Prüfungsbericht ist für die Ges. (→ Rn. 12), nicht für die Öffentlichkeit bestimmt (anders Bestätigungsvermerk § 325, → § 322 Rn. 1–4). Kein Anspruch auf Herausgabe von eigenen Notizen und internen **Arbeitspapieren** des WP nach I 1, aber von Handakten nach **(2a)** WPO § 51b, aber WPK, Gutman BB 2010, 171, für Steuerberater BGH NJW 1988, 2607. Zusätzliche Berichtspflichten s. ua § 29 KWG, § 57 VAG, auch für Wirtschaftsbetriebe der öff Hand (§ 53 HGrG), s. WP-HdB 2012 I L. **Management Letter** des Abschlussprüfers nach Abschluss der Prüfung an die Unternehmensleitung ist üblich und zulässig (kein Teil des Prüfungsberichts), befreit aber nicht von Berichts- und ggf. Warnpflicht (→ Rn. 7), IDW PS 450 Tz. 17, Hommelhoff BB 1998, 2630, MüKoHGB/Ebke Rn. 27, **Muster:** Hopt/Merkt Vertrags- und Formularbuch/Kraft/Link Form. III. E.6 (Management Letter). **Lit.** MBF Kap. 17 Tz. 178 ff.; Ratzinger-Sakel WPg 2016, 1217 (Änderungen durch AReG/APAReG); Quick BB 2018, 363 (IDW EPS 270, Fortführungsprognose); Schmid/Deicke WPg 2018, 1266 (IDW PS 450 u. 470); Quick BB 2018, 363 (IDW EPS 270 u. Angaben zur Fortführungsprognose).

2) Rede- und Warnpflicht (I 3)

A. **Rede- und Warnpflicht:** I 3 idF TransPuG 2002 (**Übergangsrecht** in (1) **2** EGHGB Art. 54) beinhaltet eine besondere, über den eigentlichen Prüfungsauftrag hinausgehende **Rede- und Warnpflicht** des Abschlussprüfers, sie wird durch § 322 II 3 ergänzt. Nach I 3 hat der Prüfer über die bei Durchführung der Prüfung (→ Rn. 6) festgestellte Unrichtigkeiten oder Verstöße gegen gesetzliche Vorschriften (→ Rn. 3) sowie Tatsachen zu berichten, die für das geprüfte Unt. oder den Konzern bestandsgefährdend sind oder seine Entwicklung wesentlich beeinträchtigen können (→ Rn. 4) oder die schwerwiegende Verstöße gegen Gesetz, GesVertrag oder Satzung erkennen lassen (→ Rn. 5). Nach I 3 muss der Prüfer positiv über entsprechende Feststellungen berichten **(Positiverklärung),** nicht ob er festgestellt hat (Negativerklärung nach aF), eine Einschränkung des Prüfungsinhalts ist damit aber nicht verbunden, RegE. Berichtspflicht nicht erst über Tatsachen, die solche Verstöße „darstellen", sondern bereits Tatsachen, die solche Verstöße „erkennen lassen". Wenn keine solche Tatsachen festgestellt worden sind, ist Negativerklärung im Prüfungsbericht nicht erforderlich, aber zulässig, aA Staub/Habersack/Schürnbrand Rn. 25. Rede- und warnpflichtig ist der Prüfer nicht auf Grund einer Organstellung (aA BGHZ 16, 25, → § 318 Rn. 2), sondern als außenstehende Kontrollinstanz mit Schutzzielen über die KapitalGes. hinaus. I 3 ist Teil eines gesetzlichen Frühwarnsystems (klargestellt durch RegE SanInsFoG, BT-Drucks. 19/24181 S. 186). In § 102 StaRUG wurde über die Rede- und Warnpflicht im Rahmen der Abschlussprüfung auch eine Rede- und Warnpflicht eingeführt, falls Wirtschaftsprüfer mit der „Erstellung" des Jahresabschlusses beauftragt wird. Gesetzgeber nimmt Bezug auf BGH, Urt. v. 26.1.2017 IX ZR 285/14 Rn. 14, 38, 44 ff. und kodifiziert entsprechende Pflichten für Erstellung des Jahresabschlusses durch WP im Vorfeld der Insolvenz (RegE SanInsFoG, BT-Drucks. 19/24181 S. 185 ff.), vgl. Schülke DStR 2021, 621, 626. I 3 in der Insolvenz schützt selbst str., abl. Ebke FS Hopt, 2010, 586, da Insolvenz bereits eingetreten, nach aA Hinweis auf Masseunzulänglichkeit. **Lit.** Zwirner/Zimny DStR 2015, 2510 (Auswirkungen des Energieaudits).

B. **Unrichtigkeiten oder Verstöße gegen gesetzliche Vorschriften (I 3** **3** **Hs. 1):** Als solche sind Widersprüche zu den Rechnungslegungsgrundsätzen iSv § 317 I 2 zu verstehen. Zu Begriff und Behandlung von Unregelmäßigkeiten: IDW PS 210 Tz. 7 (jetzt ISA [DE] 240, 250), IDW PS 450 Tz. 42 ff.; Bantleon/

§ 321 4–6 3. Buch. Handelsbücher

Bühner DStR 2007, 1978. Dazu gehören auch die GoB. Schwerwiegende Verstöße iSv I 3 Hs. 2 → Rn. 5.

4 C. **Tatsachen (I 3 Hs. 2): a) Solche, die den Bestand des** geprüften (nicht auch eines verbundenen außer bei entspr. Rückwirkung) **Unt.** oder des Konzerns **gefährden,** zB drohende Insolvenzreife, **oder seine Entwicklung wesentlich beeinträchtigen können;** also nicht erst bei eingetretener Beeinträchtigung oder konkreter Gefährdung, sondern bereits wenn diese ernsthaft die Folge sein können, IDW PS 450 Tz. 35 ff. Bspe: erhebliche Verluste (nicht erst solche nach § 92 I AktG), Verlust von Großkunden, Abzug von Bankkrediten (soweit symptomatisch, nicht schon von jedem Großkredit, enger GK/Marsch-Barner Rn. 11; wenn keine Aussicht auf neue Kredite besteht). Drohen einschneidender Prozesse, Gefährdung wichtiger Schutzrechte und Lizenzen, drohender Verlust von Märkten, Unterlassung notwendiger Investitionen, Forschung und Entwicklung; auch drohende Abhängigkeit von einem anderen Unt., aA Staub/Habersack/Schürnbrand Rn. 28, üL: die Mitteilungspflicht nach § 20 AktG reiche aus, aber diese greift erst ab 25%, Mitteilungspflicht nach **(16b)** WpHG § 33 bezieht sich nur auf börsennotierte Ges.; wegen der Vertrauensschäden uU auch verbotene Insidergeschäfte (s. **(16b)** WpHG §§ 25 ff. u. MAR) und andere schwerwiegende Verstöße anderer Unternehmensangehöriger und Gfter als nach b). Zur Beurteilung der Fortführung der Unternehmenstätigkeit: IDW PS 270. Zur Frage, ob bzw. wann in der Corona-Pandemie eine entwicklungsbeeinträchtigende Tatsache und wann eine bestandsgefährdende Tatsache vorliegt und welche Konsequenzen dies jeweils nach sich zieht, vgl. IDW Fachlicher Hinweis v. 8.4.2020 (Teil 3, 4. Update, Februar 2021) S. 57 f.

5 b) Solche, die **schwerwiegende Verstöße der gesetzlichen Vertreter oder von Arbeitnehmern gegen Gesetz, Gesellschaftsvertrag oder Satzung** darstellen. Schwerwiegende Verstöße gegen Gesetz iSv I 3 Hs. 2 sind nicht Verstöße gegen Buchführungs- und Bilanzierungsvorschriften (bereits I 3 Hs. 1), sondern solche gegen andere Rechtsvorschriften, zB Hdl-, Ges.-, Arbeits-, Steuer- und Sozialversicherungsrecht; Bspe: Verstoß gegen §§ 92, 93 I 2, 93 III AktG, §§ 30, 33, 43a, 49 III GmbHG, ungenehmigte verdeckte Gewinnausschüttung, Insidergeschäfte für eigene Rechnung und für die Ges., unerlaubte Eigengeschäfte, Schmiergeldannahme, Unterschlagung, OLG Düsseldorf ZIP 1997, 787, sonstige Verstöße außerhalb des Prüfungsumfangs (§ 317), zB gegen Steuerrecht, UWG, GWB, Verstöße gegen Aufstellungs- und Publizitätspflichten im Zusammenhang mit Konzern- bzw. Vorjahresabschlüssen, IDW PS 450 Tz. 50. Verstöße gegen GesVertrag oder Satzung sind vor allem etwa Nichtbeachtung von Zustimmungsvorbehalten, auch solchen, die nur in der Geschäftsordnung enthalten sind, GK/Marsch-Barner Rn. 10, str. Nicht notwendig ist, dass der Verstoß bedeutende Nachteile für die Ges. hat, zB schwerwiegende Steuerhinterziehung. Keine eigenständige Ermittlungspflicht, doch darf sich der Prüfer solchen Erkenntnissen auch nicht verschließen, OLG Düsseldorf ZIP 1997, 787.

6 D. **Bei Durchführung der Prüfung:** I 3 spricht von Feststellung „bei Durchführung der Prüfung"; damit ist nur gemeint, dass die Prüfung problemorientiert anzulegen ist (vgl. § 317), aber nicht gezielt auf diese Tatsachen durchgeführt werden muss (anders bei hinreichendem Verdacht). Die Prüfung ist **keine** gezielte betriebliche **Unterschlagungsprüfung** (→ Rn. 3). Verwertet werden sollen nur solche Erkenntnisse, die sich bei der gesetzlich vorgeschriebenen Prüfung ergeben (RegE KonTraG S. 28). Diese Einschränkung ist missverständlich. Richtig ist nur, dass der Prüfer sich im Rahmen seiner Prüfungsaufgabe halten muss, also nicht zB auf eigene Faust eine Sonderprüfung veranstalten darf, insoweit also nur Recht und uU Pflicht, eine solche bei Vorstand und Aufsichtsrat anzuregen. Nach Sinn und Zweck der Prüfung als Hilfestellung für den Aufsichtsrat (→ § 317 Rn. 1) fallen aber auch solche Erkenntnisse, die der Prüfer außerhalb der Wahr-

2. Abschnitt. Ergänzende Vorschriften für Kapitalges.   7, 8   § 321

nehmung seiner Aufgaben als Prüfer, also bei beruflicher Tätigkeit für Dritte oder privat, festgestellt hat, unter die Rede- und Warnpflicht, ADS Rn. 70, außer für rein private Kenntnisse, aA allgemeiner für Kenntnisse aus Berufstätigkeit für Dritte, WP-HdB 2012 I Q Rn. 141, str.; diese zurückzuhalten ist pflichtwidrig. Selbstverständlich darf der Prüfer dabei, die gesetzliche Verschwiegenheitspflicht gegenüber Dritten nicht verletzen, eine allgemein gehaltene Warnung wird dies aber idR nicht tun. Auch Tatsachen nach dem Bilanzstichtag fallen unter Rede- und Warnpflicht, ADS Rn. 71.

E. **Einzelheiten der Rede- und Warnpflicht:** Der Abschlussprüfer muss 7 (gerade) auch dann nach I 3 reden bzw. darstellen, wenn die Unrichtigkeiten oder Verstöße sowie Tatsachen den GesOrganen **bekannt** sind, hL. Die Warnung nach I 3 muss als solche (also nicht nach I 4) gekennzeichnet sein, str. Sie muss **klar** und deutlich sein, falsche Schonung ist mit I 3 nicht vereinbar, BGHZ 16, 26. In Einzelfällen kann besonderer Bericht **(Teilbericht)** vorweg, ggf. unmittelbar an Aufsichtsratsvorsitzenden oder GmbHGfter, nötig sein, dessen Ergebnis dann in den Prüfungsbericht aufzunehmen ist (Grundsatz der Berichtseinheit), IDW PS 450 Tz. 41, 17, Hommelhoff BB 1998, 2629. In den Fällen von I 3 hat der Abschlussprüfer von VersicherungsUnt. die Aufsichtsbehörde (BaFin) unverzüglich zu unterrichten (§ 341k III). Vorschläge, den Bericht gesondert vom Prüfungsbericht zu erstatten und dem Aufsichtsrat, nicht auch sonstigen Adressaten wie Finanzamt, BaFin (soweit nicht besonders vorgeschrieben) oder Banken zugänglich zu machen, hat das TransPuG zu Recht nicht aufgenommen, RegE. Warnung nach I 3 nur innerhalb der Ges., außerhalb → § 323 Rn. 2–4.

3) Hauptteil des Prüfungsberichts (II)

II idF TransPuG 2002 (**Übergangsrecht** in (1) EGHGB Art. 54), II 3 idF 8 BilReG 2004. Im **Hauptteil** des Prüfungsberichts ist festzustellen (nicht: darzustellen, Unwesentliches ist damit verzichtbar, RegE), ob die Prüfungsgegenstände den gesetzlichen Vorschriften und den ergänzenden Bestimmungen des GesVertrags bzw. der Satzung entsprechen (§ 317 I 2) **(II 1).** Als Prüfungsgegenstände werden genannt: die Buchführung und die weiteren geprüften Unterlagen, Jahresabschluss, Lagebericht, Konzernabschluss und Konzernlagebericht. Im Rahmen von II 1 ist auch über Beanstandungen zu berichten, die nicht zur Einschränkung oder Versagung des Bestätigungsvermerks geführt haben, soweit dies für die Überwachung der Geschäftsführung des geprüften Unt. von Bedeutung ist **(II 2).** Der Bericht soll so problemorientierter (vgl. § 322 II 1) werden. Der Bericht muss auch darauf eingehen, ob der Abschluss insgesamt unter Beachtung der GoB oder sonstiger maßgeblicher Rechnungslegungsgrundsätze (s. §§ 315e, 325 IIa) das nach § 264 II 1 geforderte Bild (**Einblicksgebot, true and fair view,** § 317 I 3, dort → § 317 Rn. 1) der KapitalGes. oder des Konzerns vermittelt (**II 3** wie II 2 aF). Dazu ist auch auf wesentliche Bewertungsgrundlagen, zum Begriff Rabenhorst DStR 2003, 438, sowie darauf einzugehen, welchen Einfluss Änderungen in den Bewertungsgrundlagen einschließlich der Ausübung von Bilanzierungs- und Bewertungswahlrechten und der Ausnutzung von Ermessensspielräumen sowie sachverhaltsgestaltenden Maßnahmen insgesamt auf die Darstellung der Vermögens-, Finanz- und Ertragslage haben (**II 4**). Der Abschlussprüfer muss wesentliche, vor allem bei schlechter wirtschaftlicher Entwicklung vorgenommene Abschreibungen oder auch deren Unterlassen erläutern, wobei auch die Angemessenheit der vom Vorstand zugrunde gelegten Ertragsaussichten zu berücksichtigen sind, RegE. Er muss darstellen, wenn Rückstellungen in größerem Umfang aufgelöst worden sind und dies auf einer geänderten Beurteilung der Wahrscheinlichkeit der Inanspruchnahme beruht, RegE. Darzustellende sachverhaltsgestaltende Maßnahmen können zB sale-and-leaseback-Geschäfte (→ **(7)** Bankgeschäfte Rn. P1) sein (RegE), Einsatz von special purpose entities, Tauschumsätze (Barter-Geschäfte), konzerninterne Transaktionen und solche mit nahestehenden Personen, Rabenhorst DStR 2003, 439 mit weiteren Bspe. Die Posten des Jahres(Konzern)abschlusses sind aufzugliedern und ausreichend zu erläutern, soweit diese Angaben nicht im Anhang enthalten sind (**II 5** ohne die Einschränkung in II 3 aF, insoweit jetzt II 4). Darzustellen ist auch, ob die gesetzlichen Vertreter die verlangten Aufklärungen und Nachweise (vgl. § 320 II; auch Vollständigkeitserklärung (→ § 317 Rn. 4), wohl auch GK/Marsch-Barner Rn. 16, obwohl kein Anspruch darauf besteht, aA Staub/Habersack/Schürnbrand Rn. 49, → § 320 Rn. 2) erbracht haben (**II 6**). Für die **Konzernabschlussprüfung** gelten die allgemeinen Grundsätze, Besonderheiten s. IDW PS 450 Tz. 125 ff. **Lit.** Quick BB 2018, 363 (IDW EPS 270, Fortführungsprognose).

4) Eigener Berichtsabschnitt über Gegenstand, Art und Umfang der Prüfung (III)

9   Gegenstand, Art und Umfang der Prüfung müssen in einem besonderen Abschnitt des Prüfungsberichts erläutert werden (**III 1**), bloßer Überblick genügt nicht. Einzugehen ist auch auf die angewandten Rechnungslegungs- und Prüfungsgrundsätze (**III 2** idF BilReG 2004 entspr. § 322 I 2 idF BilReG). Dies soll die Beurteilung der vom Prüfer geleisteten Arbeit erleichtern. Näher IDW PS 450 Tz. 51 ff. Ob der Prüfer über die Einholung einer Vollständigkeitserklärung (→ § 317 Rn. 4) berichtet, steht in seinem Ermessen, aA Baumüller/Follert WPg 2018, 1205 (1209): Pflicht zum Bericht über Vollständigkeitsprüfung. Wird der nichtfinanzielle Bericht erst nach Erstellung des Prüfberichts vorgelegt, muss Prüfer Prüfbericht nachträglich ergänzen, Baumüller/Follert WPg 2018, 1205 (1209). Zur Frage, ob Übertragung negativen Reinvermögens im Rahmen einer Verschmelzung Verstoß gegen § 30 I GmbHG darstellt, über den Prüfer nach III zu berichten hat, Kronner/Seidler BB 2018, 1899 (1901). **Lit.** Schmid/Deicke WPg 2018, 1266 (IDW PS 450 u. 470).

5) Eigener Berichtsteil über Prüfung des Überwachungssystems bei der börsennotierten AG (IV)

10 Bei börsennotierten AG muss der Prüfungsbericht einen besonderen Berichtsteil über das Ergebnis der **Prüfung des Überwachungssystems** in der Ges. (§ 91 II AktG) enthalten (**IV 1** im Anschluss an § 317 IV, näher dort → § 317 Rn. 12). Der Prüfungsbericht muss dazu Stellung nehmen, ob das interne Überwachungssystem seine Aufgabe erfüllt oder verbessert werden muss und welche Maßnahmen dazu notwendig sind (**IV 2**). Das ist als zentral wichtige Hilfe für den Aufsichtsrat bei der Erkennung möglicher Fehlerquellen und Schwachstellen gedacht (→ § 317 Rn. 1). Sind Verbesserungen notwendig, müssen die Schwachstellen beschrieben werden, eigene konkrete Verbesserungsvorschläge sind aber nicht Sache des Abschlussprüfers, IDW PS 450 Tz. 106. Fehlt ein Überwachungssystem völlig, ist dies als wesentlicher Verstoß gegen § 91 II AktG in den Bericht aufzunehmen, GK/Marsch-Barner Rn. 18; strenger Hommelhoff BB 1998, 2625 (Sofort- sowie Nachbericht). Bei nicht börsennotierten AG gilt IV nicht, aber entspr. Berichtspflicht über Verstöße gegen § 91 II AktG nach I 3, ggf. auch bei GmbH (Ausstrahlungswirkung), IDW PS 450 Tz. 107. **Lit.** IDW PS 340, IDW PS 450; Huth BB 2007, 2167.

6) Bestätigung der Unabhängigkeit (IVa)

11 IVa neu BilMoG. Der Abschlussprüfer (jeder, nicht nur bei Unt. von öff Interesse, wie von der Abschlussprüfungs-RL gefordert) hat im Prüfungsbericht seine Unabhängigkeit zu bestätigen. IVa bezweckt, dass der Abschlussprüfer während der gesamten Dauer der Abschlussprüfung seine Unabhängigkeit sicherstellt und dies auch überwacht. Das ist nicht überzogen und, obschon eine ex

post-Bestätigung, sinnvoll, offen MüKoHGB/Ebke Rn. 83. IVa lässt offen, wie und an welcher Stelle des Prüfungsberichts die Bestätigung erfolgen soll. Die Erklärung kann, aber braucht nicht in einem besonderen Abschnitt des Prüfungsberichts stehen (anders noch RegE). IVa wird durch **(2a)** WPO § 51b IV 2 (neu BilMoG) mit Dokumentationspflichten der Wirtschaftsprüfer zu ihrer Unabhängigkeit ergänzt. Zur Einholung einer Unabhängigkeitserklärung des vorgesehenen Prüfers durch den Aufsichtsrat bzw. den Prüfungsausschuss nach dem Deutschen Corporate Governance Kodex Ziffer 7.2.1 → § 319 Rn. 13. **Übergangsrecht** in **(1)** EGHGB Art. 66 II. **Lit.** Petersen/Zwirner WPg 2008, 972; Erchinger/Melcher DB Beil. 5/2009, 94.

7) Unterzeichnung und Vorlage (V)

Vorlage des unterzeichneten, gesiegelten (→ § 322 Rn. 18) sowie datierten (Ergänzung durch AReG, → Einl. vor § 316 Rn. 9, **Übergangsrecht** in **(1)** EGHGB Art. 79) Berichts an die gesetzlichen Vertreter **(V 1)**, an alle, auf Verlangen an jeden einzelnen gesetzlichen Vertreter, str. V gilt nicht nur für Unt. von öff Interesse. Mit dieser Vorlage ist die Prüfung abgeschlossen; das ist der entscheidende Zeitpunkt für Änderungen (→ § 316 Rn. 9). Die gesetzlichen Vertreter haben den Bericht weiter vorzulegen an Aufsichtsrat (AktG § 170 I) und Gfter (GmbHG § 42a I 2). Durch AReG (→ Einl. vor § 316 Rn. 9, **Übergangsrecht** in **(1)** EGHGB Art. 79) wurde die Pflicht zur Vorlage des Prüfungsberichts auch an den Prüfungsausschuss eingeführt, sofern er eingerichtet ist. Damit soll Informationsgefälle zulasten des Aufsichtsrats vermieden werden, Begr. RegE 51. Ferner wurde durch AReG in Ausübung des Mitgliedstaatenwahlrechts aus Art. 11 I UAbs. 2 S. 2 EU-Abschlussprüfungs-VO die in **V 2** aF enthaltene Pflicht abgeschafft, Vorstand Gelegenheit zur Stellungnahme zum endgültigen Bericht zu geben. Vorlage an den Aufsichtsratsvorsitzenden, der den Bericht an die Aufsichtsratsmitglieder weiterreicht (AktG § 170 III 1, 2), genügt idR, anders wenn dies nicht gewährleistet ist. Der Aufsichtsrat kann aber beschließen, dass Aushändigung nur an die Mitglieder eines Ausschusses zu erfolgen hat (AktG § 170 III 2 Hs. 2). **V 3** (neu durch AReG) stellt klar, dass alle Geschäftsführungsorgane unverzüglich nach Vorlage des Prüfungsberichts Gelegenheit haben, zu diesem Bericht Stellung zu nehmen. Erweiterung des Kreises der Anspruchsberechtigten um die Geschäftsführung mitbestimmter GmbH. Neuregelung soll bislang bestehende Unsicherheit beenden, ob sich Recht der gesetzlichen Vertreter zur Stellungnahme auf endgültige Fassung oder Entwurfsfassung des Berichts bezieht. Zukünftig ist Gegenstand der Stellungnahme der finale (unterzeichnete) Bericht. Für möglicherweise zirkuliertes Vorab-Exemplar sollen laut Begr. RefE 28 allgemeine Grundsätze gelten: Offenlegung eines Entwurfs des Berichts gegenüber dem Geschäftsführungsorgan auch bei Erteilung des Prüfungsauftrags durch den Aufsichtsrat zulässig, solange Vorlage im noch nicht abgeschlossenen Prüfungsverfahren erfolgt. Änderung der Praxis, gesetzlichen Vertreter vorab vollständigen Entwurf des Prüfungsberichts zuzuleiten, ist mit Neuregelung nicht beabsichtigt. Fortlaufende Kommunikation zwischen Abschlussprüfer und Prüfungsausschuss ist grundsätzlich zu begrüßen, RegE 51, ebenso Erwägungsgrund 14 der EU-Abschlussprüfungs-VO. Zu AktG § 170 III 2 Bormann/Gucht BB 2003, 1887. Keine Offenlegungspflicht wie für Jahresabschlüsse (§ 325), BGH WM 2015, 763 Rn. 14. **Lit.** Petersen/Zwirner/ Boecker DStR 2016, 984; Velte/Stawinoga StuB 2016, 297.

Offenlegung des Prüfungsberichts in besonderen Fällen

321a (1) ¹Wird über das Vermögen der Gesellschaft ein Insolvenzverfahren eröffnet oder wird der Antrag auf Eröffnung des Insolvenzverfahrens mangels Masse abgewiesen, so hat ein Gläubiger oder Gesell-

§ 321a 1

schafter die Wahl, selbst oder durch einen von ihm zu bestimmenden Wirtschaftsprüfer oder im Falle des § 319 Abs. 1 Satz 2 durch einen vereidigten Buchprüfer Einsicht in die Prüfungsberichte des Abschlussprüfers über die aufgrund gesetzlicher Vorschriften durchzuführende Prüfung des Jahresabschlusses der letzten drei Geschäftsjahre zu nehmen, soweit sich diese auf die nach § 321 geforderte Berichterstattung beziehen. ²Der Anspruch richtet sich gegen denjenigen, der die Prüfungsberichte in seinem Besitz hat.

(2) ¹Bei einer Aktiengesellschaft oder einer Kommanditgesellschaft auf Aktien stehen den Gesellschaftern die Rechte nach Absatz 1 Satz 1 nur zu, wenn ihre Anteile bei Geltendmachung des Anspruchs zusammen den einhundertsten Teil des Grundkapitals oder einen Börsenwert von 100 000 Euro erreichen. ²Dem Abschlussprüfer ist die Erläuterung des Prüfungsberichts gegenüber den in Absatz 1 Satz 1 aufgeführten Personen gestattet.

(3) ¹Der Insolvenzverwalter oder ein gesetzlicher Vertreter des Schuldners kann einer Offenlegung von Geheimnissen, namentlich Betriebs- oder Geschäftsgeheimnissen, widersprechen, wenn die Offenlegung geeignet ist, der Gesellschaft einen erheblichen Nachteil zuzufügen. ² § 323 Abs. 1 und 3 bleibt im Übrigen unberührt. ³Unbeschadet des Satzes 1 sind die Berechtigten nach Absatz 1 Satz 1 zur Verschwiegenheit über den Inhalt der von ihnen eingesehenen Unterlagen nach Absatz 1 Satz 1 verpflichtet.

(4) Die Absätze 1 bis 3 gelten entsprechend, wenn der Schuldner zur Aufstellung eines Konzernabschlusses und Konzernlageberichts verpflichtet ist.

1) Einsichtnahme bei Insolvenz (I)

1 § 321a nF BilReG 2004 erlaubt die Offenlegung des Prüfungsberichts in besonderen Fällen ungeachtet der gesetzlichen Verschwiegenheitspflicht des Abschlussprüfers (§ 323 I 1). Bei Unternehmensschieflagen ua kommt es im Nachhinein leicht zu sonst kaum zu entkräftigenden Vermutungen oder Vorwürfen wegen mangelhafter Prüfung oder Berichterstattung, etwa wie der Abschlussprüfer zum Lagebericht der gesetzlichen Vertreter der Ges. (insbesondere Fortbestand und künftige Entwicklung des Unt., § 321 I 2) Stellung genommen hat oder ob er seiner Rede- und Warnpflicht (§ 321 I 3) nachgekommen ist. § 321a schützt somit das Vertrauen in die Abschlussprüfung durch zusätzliche Publizität gerade in kritischen Fällen und stärkt insbesondere § 321 I 2, 3. Der einzelne Abschlussprüfer ist mitgeschützt (arg. e II 2). Offenlegung nach **I 1** kommt nur für Ges., die der Pflichtprüfung unterliegen (→ § 316 Rn. 1), in Betracht und setzt Eröffnung des Insolvenzverfahrens (§§ 27, 30 InsO) oder Abweisung der Verfahrenseröffnung mangels Masse (§ 26 InsO, auch § 207 InsO) voraus. Einsichtsberechtigt sind sowohl Gläubiger als auch Gfter, die typischerweise ein Interesse an den Ursachen der Insolvenz haben, das jedoch nicht besonders nachgewiesen werden muss. Diese Personen (nicht sonstige, die Prüfungsberichte in Händen halten, zB Bank, Finanzamt, ehemalige Organmitglieder, str.) können selbst oder durch einen Wirtschaftsprüfer oder eine WirtschaftsprüfungsGes. (nach § 319 I 2 auch vereidigte Buchprüfer bzw. BuchprüfungsGes.) ihrer Wahl Einsicht in die Prüfungsberichte (nebst Anlagen) des Abschlussprüfers der letzten drei Jahre nehmen, nicht Hand- und Belegexemplare des Prüfers, Arbeitspapiere, Management Letter. Das gilt aber nur bei gesetzlicher Prüfung des Jahresabschlusses (nicht nur freiwilliger, → § 316 Rn. 5) und nur für die nach § 321 geforderten Berichtsteile (also nicht branchen- und rechtsformspezifische Berichtsteile wie zB nach § 29 IV KWG iVm PrüfungsberichtsVO). Einsichtnahme am Sitz des Anspruchsgegners und auf Kosten des Anspruchstellers. Anspruchsgegner ist, wer die Prüfungsberichte in seinem Besitz hat (**I 2**), bei Insolvenz idR der Insolvenzverwalter (Geschäftsbücher des Schuldners, § 36 II Nr. 1 InsO), später andere Personen. **Lit.** MBF Kap. 18 Tz. 104 ff.; Marten DB 2020, 1857.

2. Abschnitt. Ergänzende Vorschriften für Kapitalges. § 322

2) Schwelle bei Aktionären, Erläuterungsrecht (II)

Um den Aufwand für die Ges. in Grenzen zu halten, ist für die Gfter nach I 1 **2** ein Schwellenwert von 1 % des Grundkapitals oder Börsenwert von 100.000 Euro festgesetzt (**II 1**, vgl. §§ 142 II, 148 AktG idF UMAG 2005). Mehrere Gfter können sich zusammenschließen, um die Schwelle zu erreichen (RegE), die Schwelle kann auch erst während des Insolvenzverfahrens und auch gezielt erreicht werden (e contrario § 142 II 2 AktG für die Sonderprüfung). Aber auch wenn dieser Schwellenwert nicht erreicht wird, ist der Abschlussprüfer, ohne dass § 323 I 1 entgegensteht, gegenüber allen Anspruchsberechtigten nach I 1 zur Erläuterung des Prüfungsberichts berechtigt (**II 2**). Das Erläuterungsrecht wird wegen der Verschwiegenheitspflicht eng ausgelegt, also zwar auch im Falle des II gegenüber allen Anspruchsberechtigten aus I 1, aber nur soweit das Einsichtsrecht geltend gemacht wird und nur hinsichtlich der Berichtsteile, die von der Einsicht betroffen sind, Staub/Habersack/Schürnbrand Rn. 17, str. Das Erläuterungsrecht besteht zwar im Interesse des Abschlussprüfers, das stellt ihn aber bei Fehlinformation nicht von Haftung nach anderen Vorschriften frei, aA Forster/Gelhausen/Möller WPg 2007, 199. **Lit.** Marten DB 2020, 1857, 1859 f.

3) Widerspruch gegen Offenlegung (III)

III enthält eine Schutzklausel zur Wahrung von Betriebs- oder Geschäfts- **3** geheimnissen. Der Insolvenzverwalter oder ein gesetzlicher Vertreter des Schuldners kann der Offenlegung nach I widersprechen, wenn die Offenlegung geeignet ist, der Ges. einen erheblichen Nachteil zuzufügen (**III 1**, vgl. § 131 III 1 Nr. 1 AktG, der weitergehend auch verbundene Unt. schützt). Die Verschwiegenheitspflicht des Abschlussprüfers nach § 323 I, III bleibt im Übrigen unberührt (**III 2**). Die Einsichtsberechtigten nach I 1 trifft eine Verschwiegenheitspflicht (**III 3**).

4) Konzernabschluss und Konzernlagebericht (IV)

I–III gelten entspr. für Konzernabschluss und Konzernlagebericht (§ 316 II). **4**

Bestätigungsvermerk

322 (1) ¹Der Abschlussprüfer hat das Ergebnis der Prüfung schriftlich in einem Bestätigungsvermerk zum Jahresabschluss oder zum Konzernabschluss zusammenzufassen. ²Der Bestätigungsvermerk hat Gegenstand, Art und Umfang der Prüfung zu beschreiben und dabei die angewandten Rechnungslegungs- und Prüfungsgrundsätze anzugeben; er hat ferner eine Beurteilung des Prüfungsergebnisses zu enthalten. ³In einem einleitenden Abschnitt haben zumindest die Beschreibung des Gegenstands der Prüfung und die Angabe zu den angewandten Rechnungslegungsgrundsätzen zu erfolgen. ⁴Über das Ergebnis der Prüfung nach § 317 Absatz 3a ist in einem besonderen Abschnitt zu berichten.

(1a) Bei der Erstellung des Bestätigungsvermerks hat der Abschlussprüfer die internationalen Prüfungsstandards anzuwenden, die von der Europäischen Kommission in dem Verfahren nach Artikel 26 Absatz 3 der Richtlinie 2006/43/EG angenommen worden sind.

(2) ¹Die Beurteilung des Prüfungsergebnisses muss zweifelsfrei ergeben, ob
1. ein uneingeschränkter Bestätigungsvermerk erteilt,
2. ein eingeschränkter Bestätigungsvermerk erteilt,
3. der Bestätigungsvermerk aufgrund von Einwendungen versagt oder
4. der Bestätigungsvermerk deshalb versagt wird, weil der Abschlussprüfer nicht in der Lage ist, ein Prüfungsurteil abzugeben.

²Die Beurteilung des Prüfungsergebnisses soll allgemein verständlich und problemorientiert unter Berücksichtigung des Umstandes erfolgen, dass die

§ 322

gesetzlichen Vertreter den Abschluss zu verantworten haben. ³ Auf Risiken, die den Fortbestand der Kapitalgesellschaft oder eines Konzernunternehmens gefährden, ist gesondert einzugehen. ⁴ Auf Risiken, die den Fortbestand eines Tochterunternehmens gefährden, braucht im Bestätigungsvermerk zum Konzernabschluss des Mutterunternehmens nicht eingegangen zu werden, wenn das Tochterunternehmen für die Vermittlung eines den tatsächlichen Verhältnissen entsprechenden Bildes der Vermögens-, Finanz- und Ertragslage des Konzerns nur von untergeordneter Bedeutung ist.

(3) ¹ In einem uneingeschränkten Bestätigungsvermerk (Absatz 2 Satz 1 Nr. 1) hat der Abschlussprüfer zu erklären, dass die von ihm nach § 317 durchgeführte Prüfung zu keinen Einwendungen geführt hat und dass der von den gesetzlichen Vertretern der Gesellschaft aufgestellte Jahres- oder Konzernabschluss aufgrund der bei der Prüfung gewonnenen Erkenntnisse des Abschlussprüfers nach seiner Beurteilung den gesetzlichen Vorschriften entspricht und unter Beachtung der Grundsätze ordnungsmäßiger Buchführung oder sonstiger maßgeblicher Rechnungslegungsgrundsätze ein den tatsächlichen Verhältnissen entsprechendes Bild der Vermögens-, Finanz- und Ertragslage der Kapitalgesellschaft oder des Konzerns vermittelt. ² Der Abschlussprüfer kann zusätzlich einen Hinweis auf Umstände aufnehmen, auf die er in besonderer Weise aufmerksam macht, ohne den Bestätigungsvermerk einzuschränken.

(4) ¹ Sind Einwendungen zu erheben, so hat der Abschlussprüfer seine Erklärung nach Absatz 3 Satz 1 einzuschränken (Absatz 2 Satz 1 Nr. 2) oder zu versagen (Absatz 2 Satz 1 Nr. 3). ² Die Versagung ist in den Vermerk, der nicht mehr als Bestätigungsvermerk zu bezeichnen ist, aufzunehmen. ³ Die Einschränkung oder Versagung ist zu begründen; Absatz 3 Satz 2 findet Anwendung. ⁴ Ein eingeschränkter Bestätigungsvermerk darf nur erteilt werden, wenn der geprüfte Abschluss unter Beachtung der vom Abschlussprüfer vorgenommenen, in ihrer Tragweite erkennbaren Einschränkung ein den tatsächlichen Verhältnissen im Wesentlichen entsprechendes Bild der Vermögens-, Finanz- und Ertragslage vermittelt.

(5) ¹ Der Bestätigungsvermerk ist auch dann zu versagen, wenn der Abschlussprüfer nach Ausschöpfung aller angemessenen Möglichkeiten zur Klärung des Sachverhalts nicht in der Lage ist, ein Prüfungsurteil abzugeben (Absatz 2 Satz 1 Nr. 4). ² Absatz 4 Satz 2 und 3 gilt entsprechend.

(6) ¹ Die Beurteilung des Prüfungsergebnisses hat sich auch darauf zu erstrecken, ob der Lagebericht oder der Konzernlagebericht nach dem Urteil des Abschlussprüfers mit dem Jahresabschluss und gegebenenfalls mit dem Einzelabschluss nach § 325 Abs. 2a oder mit dem Konzernabschluss in Einklang steht, die gesetzlichen Vorschriften zur Aufstellung des Lage- oder Konzernlageberichts beachtet worden sind und der Lage- oder Konzernlagebericht insgesamt ein zutreffendes Bild von der Lage der Kapitalgesellschaft oder des Konzerns vermittelt. ² Dabei ist auch darauf einzugehen, ob die Chancen und Risiken der zukünftigen Entwicklung zutreffend dargestellt sind.

(6a) ¹ Wurden mehrere Prüfer oder Prüfungsgesellschaften gemeinsam zum Abschlussprüfer bestellt, soll die Beurteilung des Prüfungsergebnisses einheitlich erfolgen. ² Ist eine einheitliche Beurteilung ausnahmsweise nicht möglich, sind die Gründe hierfür darzulegen; die Beurteilung ist jeweils in einem gesonderten Absatz vorzunehmen. ³ Die Sätze 1 und 2 gelten im Fall der gemeinsamen Bestellung von

1. Wirtschaftsprüfern oder Wirtschaftsprüfungsgesellschaften,
2. vereidigten Buchprüfern oder Buchprüfungsgesellschaften sowie
3. Prüfern oder Prüfungsgesellschaften nach den Nummern 1 und 2.

2. Abschnitt. Ergänzende Vorschriften für Kapitalges. § 322

(7) ¹Der Abschlussprüfer hat den Bestätigungsvermerk oder den Vermerk über seine Versagung unter Angabe des Ortes der Niederlassung des Abschlussprüfers und des Tages der Unterzeichnung zu unterzeichnen; im Fall des Absatzes 6a hat die Unterzeichnung durch alle bestellten Personen zu erfolgen. ²Der Bestätigungsvermerk oder der Vermerk über seine Versagung ist auch in den Prüfungsbericht aufzunehmen. ³Ist der Abschlussprüfer eine Wirtschaftsprüfungsgesellschaft, so hat die Unterzeichnung zumindest durch den Wirtschaftsprüfer zu erfolgen, welcher die Abschlussprüfung für die Prüfungsgesellschaft durchgeführt hat. ⁴Satz 3 ist auf Buchprüfungsgesellschaften entsprechend anzuwenden.

Übersicht

	Rn
1) Bestätigungsvermerk zum Jahres- bzw. Konzernabschluss (I)	1, 2
A. Bestätigungsvermerk (I 1):	1
B. Reichweite des Bestätigungsvermerks (I 2, 3):	2
2) Beachtlichkeit EU-seitig übernommener ISA (Ia)	3
3) Fassung und Aussage sowie Darstellung der Beurteilung des Prüfungsergebnisses; bestandsgefährdende Risiken (II)	4–6
A. Vier Arten der Beurteilung des Prüfungsergebnisses (II 1):	4
B. Allgemeinverständlichkeit und Problemorientiertheit (II 2):	5
C. Bestandsgefährdende Risiken (II 3, 4):	6
4) Uneingeschränkter Bestätigungsvermerk (III)	7–9
A. Uneingeschränkter Bestätigungsvermerk (III 1):	7
B. Ergänzungen (III 2):	8
C. Besonderer Abschnitt (III 3):	9
5) Einschränkung und Versagung (IV), Widerruf	10–14
A. Negatives Prüfungsergebnis, Versagung (IV):	10
B. Bezeichnung, Begründung (IV 2, 3):	11
C. Eingeschränkter Bestätigungsvermerk (IV 4):	12, 13
D. Widerruf:	14
6) Versagung bei Unmöglichkeit der Abgabe eines Prüfungsurteils (V)	15
7) Beurteilung des Lageberichts, Risiken der künftigen Entwicklung (VI)	16, 17
A. Beurteilung des Lageberichts (VI 1):	16
B. Risiken der künftigen Entwicklung (VI 2):	17
8) Gemeinsame Bestellung zum Abschlussprüfer (Joint Audit) (VIa)	18
9) Unterzeichnung, Aufnahme in den Prüfungsbericht (VII)	19

1) Bestätigungsvermerk zum Jahres- bzw. Konzernabschluss (I)

A. Bestätigungsvermerk (I 1): § 322 idF KonTraG 1998, BilReG 2004 und BilRUG 2015. Änderungen aufgrund der **Abschlussprüferreform 2014** (Abschlussprüfungs-RL Art. 28 idF 2014, Abschlussprüfungs-VO Art. 10 für Un von öff Interesse, → Einl. vor § 316 Rn. 7 ff.) brachte das AReG (→ Einl. vor § 316 Rn. 9, **Übergangsrecht** in **(1)** EGHGB Art. 79). III 3 eingefügt durch ESEF-UG 2020, **Übergangsrecht** in **(1)** EGHGB Art. 84. Redaktionell geändert durch FISG (**Übergangsrecht** in **(1)** EGHGB Art. 86). Die Regelungen für den Bestätigungsvermerk für Unt. von öff Interesse in Art. 10 Abschlussprüfer-VO führen zu einer Spaltung bei den Vorgaben. Einheitlichkeit des Bestätigungsvermerks zwar vorzugswürdig und Ausdehnung der Grundsätze für Unt. von öff Interesse auf andere Unt. gut begründbar (und nach VO möglich), doch sollen sich neue Grundsätze erst praktisch bewähren, Begr. RegE 54. Der Bestätigungsvermerk ist Gesamturteil auf Grund der Prüfung, das gegenüber Ges., Gftern sowie mit Wirkung nach außen abgegeben wird. Ziel des Bestätigungsvermerks ist es deshalb, wesentliche Unrichtigkeiten und Verstöße gegen Rechnungs-

§ 322 2

legungsvorschriften offenzulegen, BGH WM 2014, 598. Er ist **keine** unmittelbare **Beurteilung der wirtschaftlichen Lage und der Geschäftsführung des geprüften Unt. als solche,** IDW PS 400 Tz. 8, BGH WM 2014, 598 und auch kein „Gütesiegel", MüKoHGB/Ebke Rn. 17, auch → § 317 Rn. 5. Rein rechtlich ist seine Bedeutung begrenzt (§ 316 I 2 fordert nur Prüfung, nicht Erteilung des uneingeschränkten Bestätigungsvermerks), tatsächlich ist sie groß. I setzt an die Stelle des früher vorgeschriebenen sog. Formeltestats (Abweichungen von der einheitlichen Kernfassung nur als Ergänzungen oder Einschränkungen) eine Testatform, die der durch Gesetz und GoB eingegrenzten Aussagekraft des Bestätigungsvermerks Rechnung trägt und das **Ergebnis der Prüfung** des Jahresabschlusses oder Konzernabschlusses (§ 242 III) schriftlich (und zwar eigenhändig und auf dem in Papierform vorliegenden Jahres- oder Konzernabschluss oder einem Dokument, das fest damit verbunden ist; Schriftlichkeitserfordernis eingeführt durch AReG (→ Einl. vor § 316 Rn. 9, **Übergangsrecht** in **(1)** EGHGB Art. 79) in Umsetzung von Art. 28 II UAbs. 1 EU-Abschlussprüfungsänderungs-RL 2014; formale Ergänzung der schon bisher an Vermerke gestellte Anforderungen, AReG Begr. RegE 52) **zusammenfasst (I 1).** Der Sache nach ist das ein wesentlich auch an IAS/IFRS orientierter **Bestätigungsbericht** mit einem **Gesamturteil.** Diese Anforderung geht über Art. 28 I 1 EU-Abschlussprüfungsänderungs-RL 2014 (dort verlangt bloß Darlegung der Ergebnisse der Abschlussprüfung) – zulässigerweise – hinaus, AReG Begr. RegE 52. Der uneingeschränkte Bestätigungsvermerk ist zu erteilen (Rechtsanspruch → Rn. 7), wenn nach dem abschließenden Ergebnis der Prüfung keine (wesentlichen, → Rn. 7) Einwendungen zu erheben sind (II 1 Nr. 1, III, → Rn. 7), bei Einwendungen kann ein Bestätigungsvermerk als eingeschränkter erteilt oder ganz versagt werden, ebenso, wenn der Abschlussprüfer nicht in der Lage ist, ein Prüfungsurteil abzugeben (II 1 Nr. 2–4, → Rn. 10, 15). Einzelheiten in Grundsätze für die ordnungsmäßige Erteilung von Bestätigungsvermerken bei Abschlussprüfungen IDW PS 400. Der Bestätigungsvermerk ist anders als der Prüfungsbericht (§ 321) auch für die Öffentlichkeit bestimmt, BayObLG WM 1987, 1363; s. § 325, → Einl. vor § 238 Rn. 4, Straftatbestand § 332. Eine Einstandspflicht des Abschlussprüfers gegenüber Anlegern kommt deshalb nach § 823 II BGB iVm 332 in Betracht, OLG Dresden 8 U 1020/18, BeckRS 2019, 4774 (selbst wenn Prüfungspflicht allein propektgesetzlich besteht), mAnm Meyer BKR 2019, 372. Für Prüfung mit einem abweichenden Prüfungsgegenstand oder einem geringeren Umfang darf kein Bestätigungsvermerk, sondern nur **Bescheinigung** erteilt werden, IDW PS 400 Tz. 5; freiwillige Prüfungen → § 316 Rn. 5. **Muster:** IDW PS 400 Anhang (14 Muster); Hopt/Merkt Vertrags- und Formularbuch/ Kraft/Link Form III.E.1–4 (Bestätigungsvermerk bei Pflichtprüfung einer KapitalGes., eingeschränkter Bestätigungsvermerk, Versagung des Bestätigungsvermerks, Bestätigungsvermerk bei nicht prüfungspflichtigen Unt.), Form III.E.5 (bei § 9 PublG). **Lit.** MBF Kap. 17 Tz. 221ff.; Köhler WPg 2015, 109; Petersen/Zwirner/Boecker DStR 2016, 984 (AReG); Ratzinger-Sakel WPg 2016, 1217 (Änderungen durch AReG/APAReG); AKEU BB 2017, 107; Henselmann/Seebeck WPg 2017, 237 (empirische Analyse); Muraz BB 2017, 2542 (Empirie); Skirk WPg 2017, 57 (IDW Prüfungsstandards); Zwirner WPg 2017, 184 (Änderung durch BilRUG); Quick BB 2018, 363 (verbesserter Informationswert des Abschlussvermerks); Schmid/Götz BB 2019, 2283 (IDW PS 400 nF); zu Besonderheiten aufgrund der Corona-Pandemie IDW Fachlicher Hinweis v. 4.3.2020; IDW Fachlicher Hinweis v. 25.3.2020; IDW Fachlicher Hinweis v. 8.4.2020; zur Ausgestaltung des Bestätigungsvermerks im Zusammenhang mit der nichtfinanziellen Berichterstattung vgl. IDW PH 9.350.2., Rn. 31 ff.

2   B. **Reichweite des Bestätigungsvermerks (I 2, 3):** Der Bestätigungsvermerk muss **Gegenstand, Art und Umfang der Prüfung** beschreiben, das sind

die **Kernelemente** des Bestätigungsvermerks. Er muss dabei auch die angewandten Rechnungslegungs- und Prüfungsgrundsätze angeben (I 2 Hs. 1 idF BilReG). Er muss außerdem eine **Beurteilung des Prüfungsergebnisses** enthalten (I 2 Hs. 2). Diese Vorgaben werden nun auch EU-rechtlich verlangt, s. Art. 28 II lit. a EU-Abschlussprüfungsänderungs-RL 2014. Ein einleitender Abschnitt muss außerdem mindestens die Beschreibung des Gegenstands der Prüfung und die Angabe zu den angewandten Rechnungslegungsgrundsätzen enthalten (I 3 aufgrund BilRUG, schon bisher ganz überwiegende Praxis). Textvorschlag für den einleitenden Abschnitt: IDW PS 400 Tz. 27.

2) Beachtlichkeit EU-seitig übernommener ISA (Ia)
Im Zuge der Reform durch das AReG (→ Einl. vor § 316 Rn. 9, **Übergangs-** 3 **regelung** in **(1) EGHGB Art.** 79) und im Umsetzung des Art. 28 I 2 der EU-Abschlussprüfungsänderungs-RL 2014 wurde Ia eingefügt, der Abschlussprüfer verpflichtet, die **internationalen Prüfungsstandards** (International Standards on Auditing, ISA) anzuwenden, die von der EU-Kommission im Wege des Endorsements (Verfahren nach Art. 26 III der EU-Abschlussprüfungsänderungs-RL 2006, RL 2006/43/EG) angenommen wurden. Dabei bleibt abzuwarten, ob und ggf. in welchem Umfang die EU-Kommission von der Ermächtigung zur Annahme internationaler Prüfungsstandards Gebrauch machen wird, RegE 52.
Lit. Merkt FS Wymeersch, 2009, 244; Köhler/Böhm WPg 2009, 997; Plath WPg 2012, 175; Naumann/Feld WPg 2013, 641; Kunellis WPg 2013, 791; Merkt ZGR 2015, 215; Petersen/Zwirner/Boecker DStR 2016, 984 (AReG).

3) Fassung und Aussage sowie Darstellung der Beurteilung des Prüfungsergebnisses; bestandsgefährdende Risiken (II)
A. **Vier Arten der Beurteilung des Prüfungsergebnisses (II 1):** II 1 stellt 4 klar und erfordert, dass die Beurteilung des Prüfungsergebnisses nur in einer von vier Arten tenoriert werden kann (Schlussvermerk) und die jeweilige Art zweifelsfrei erkennen lassen muss, nämlich ob

1. ein uneingeschränkter Bestätigungsvermerk erteilt wird,
2. ein eingeschränkter Bestätigungsvermerk erteilt wird,
3. der Bestätigungsvermerk auf Grund von Einwendungen versagt wird oder
4. der Bestätigungsvermerk deshalb versagt wird, weil der Abschlussprüfer nicht in der Lage ist, ein Prüfungsurteil abzugeben.

II 1 sagt selbst nichts darüber aus, wann welche der vier Arten der Beurteilung des Prüfungsergebnisses die Richtige ist. Das ergibt sich für den uneingeschränkten Bestätigungsvermerk aus II, für den eingeschränkten aus III 1, 3, für die Versagung auf Grund von Einwendungen aus IV 1 und für die Versagung wegen Unmöglichkeit der Abgabe eines Prüfungsurteils (disclaimer) aus V. **Lit.** Hanke BC 2019, 10; Reichel/Brösel DStR 2019, 1222 (Grundsätze ordnungsgem. Berichterstattung).

B. **Allgemeinverständlichkeit und Problemorientiertheit (II 2):** Die Be- 5 urteilung des Prüfungsergebnisses (I 2 Hs. 2) soll allgemeinverständlich und problemorientiert sein und dem Umstand Rechnung tragen, dass die gesetzlichen Vertreter den Abschluss zu verantworten haben (II 2). Das entspricht den an die Berichtspflicht insgesamt gestellten Anforderungen (→ § 321 Rn. 1) und auch EU-rechtlichen Vorgaben (siehe Erwägungsgrund 11 der EU-Abschlussprüfungsänderungs-RL 2014), ist aber nur als Sollvorschrift formuliert. Ergänzungen (III 2) (→ Rn. 8).

C. **Bestandsgefährdende Risiken (II 3, 4):** Der Bestätigungsvermerk muss 6 auf bestandsgefährdende Risiken des Unt. oder KonzernUnt. (§ 321 I 3 Alt. 1) **gesondert** eingehen **(II 3).** II 3 ist im Gegensatz zu II 2 eine Mussvorschrift. Hat die Ges. zulässigerweise keinen Lagebericht aufgestellt, ist der Abschlussprüfer nicht verpflichtet, auf bestehende bestandsgefährdende Risiken hinzuweisen, IDW PS 400 Tz. 79, aber Auswirkungen auf den Bericht IDW PS 450 Tz. 34. Kritik in der Literatur wegen self-fulfilling prophecy, MüKoHGB/Ebke Rn. 50. Haftungsrisiko für den Abschlussprüfer, Hommelhoff BB 1998, 2630. **II 4** (entspr. 296 II) stellt für Risiken, die den Fortbestand eines TochterUnt. gefährden, darauf ab, welche Bedeutung das TochterUnt. für den Konzernabschluss des MutterUnt. hat, je nachdem ist ein gesonderter Hinweis im Konzernabschluss der MutterGes. notwendig oder (bei nur untergeordneter Bedeutung) verzichtbar. Entscheidend ist auf jeden Fall, dass der Konzernabschluss ein den tatsächlichen Verhältnissen entsprechendes Bild der Vermögens-, Finanz- und Ertragslage (§ 264 II 1) vermittelt. Gedanke, dass auf Risiken, die den Fortbestand eines TochterUnt. von untergeordneter Bedeutung gefährden, im Bestätigungsvermerk zum Konzernabschluss nicht einzugehen ist, spiegelt Art. 28 II UAbs. 1 lit. f iVm V 1 EU- Abschlussprüfungs-RL wider, wonach der Bestätigungsvermerk zum Konzernabschluss den Anforderungen an den Bestätigungsvermerk zum Jahresabschluss zu genügen hat und darin nur auf wesentliche Unsicherheiten in Verbindung mit Ereignissen oder Gegebenheiten, die erhebliche Zweifel an der Fähigkeit des Unt. zur Fortführung der Unternehmenstätigkeit aufwerfen können, einzugehen ist, im Falle eines Konzerns damit also auch nur die für das MutterUnt. bestandsgefährdenden Risiken, AReG Begr. RegE 53. Für **Unt. von öffentlichem Interesse (PIE)** ist gem. Abschlussprüfungs-VO 2014 (Art. 10 lit. c) der Bestätigungsvermerk um besonders wichtige Prüfungssachverhalte **(Key Audit Matters, KAM)** zu erweitern, um externen Adressaten Einblicke in komplexe und ermessensbehaftete Sachverhalte, Handlungen und Feststellungen zu vermitteln, dazu konkretisierend IDW PS 401, der sich an ISA 701 orientiert, Bravidor/Rupertus WPg 2018, 272, empirisch zur KAM-Berichterstattung Forstmann/Heilmann/Höfmann DB 2020, 2477. Zur Frage, ob die Entwicklungen in der Corona-Pandemie Auswirkungen auf die Berichterstattung über KAM haben, vgl. IDW-Fachlicher Hinweis v. 8.4.2020 (Teil 3, 4. Update Februar 2021), S. 59 ff. **Lit.** Seidler BB 2017, 1131; Quick BB 2018, 363 (IDW EPS 270, Fortführungsprognose); Reisch/Schmidt DB 2018, 2829 (Spezifika des Vermerks bein DAX-, MDAX-, TecDAX- u. SDAX-Unt.); Abbou/Bernhardt/Koch WPg 2019, 512 (Bestätigungsvermerk bei Kreditinstituten); Quick WPg 2019, 321 (KAM bei HDAX-Unternehmen); Schmid/Götz BB 2019, 2283 (IDW PS 400 nF); Aschfalk-Evertz IRZ 2020, 95 (KAM bei DAX-30-Unternehmen).

4) Uneingeschränkter Bestätigungsvermerk (III)

A. **Uneingeschränkter Bestätigungsvermerk (III 1): a) Grundsatz:** III 1 nF BilReG (entspr. I 3 aF) regelt Inhalt und Formulierung des uneingeschränkten Bestätigungsvermerks nach **II 1 Nr. 1** des Näheren. Sind vom Abschlussprüfer keine Einwendungen zu erheben (sonst IV, → Rn. 10), ist der Bestätigungsvermerk (uneingeschränkter Bestätigungsvermerk) in der gesetzlich umschriebenen Kernfassung zu erteilen. Unter diesen Voraussetzungen hat die KapitalGes. einen Anspruch auf Erteilung aus dem Prüfungsvertrag (→ § 318 Rn. 3), KG WPg 2001, 618. Für einen uneingeschränkten Bestätigungsvermerk ist nicht erforderlich, dass der Jahresabschluss mit absoluter Sicherheit keine Falschdarstellungen enthält; ausreichend ist, dass die Prüfungsnachweise überzeugend („persuasiv") sind. Sie müssen nicht zwingend („conclusive") sein. Die Prüfungsnachweise müssen Schlussfolgerunen nahelegen, „ohne einen endgültigen Beweis zu liefern", IDW PS 200 Tz. 26 (jetzt ISA [DE] 200); Lenz KoR 2020, 546, 549. Bei einer gewissenhaften und mit kritischer Grundhaltung durchgeführten Prüfung, die keine gegenteiligen Erkenntnisse erbracht hat, kann der Abschlussprüfer grds. auch von der Echtheit der vorgelegten Dokumente ausgehen, IDW PS 200 Tz. 50 (jetzt ISA [DE] 200). **Lit.** Muraz BB 2017, 2542 (Empirie); Quick BB

2018, 363 (IDW EPS 270, Fortführungsprognose); IDW PS 400 nF u. 740 (Prüfungsvermerk bei Prüfung von Stiftungen); Seidler BB 2018, 1067 (IDW PS 350 nF, Berücksichtigung nicht inhaltlich zu prüfender lageberichtstypischer Angaben im Vermerk); Hanke BC 2019, 10; Schmid/Götz BB 2019, 2283 (IDW PS 400 nF).

b) Kernfassung: Die Erklärung muss zwei Aussagen enthalten: 1) dass nach der von ihm nach § 317 durchgeführten Prüfung **keine Einwendungen** zu erheben waren und 2) dass der Abschluss auf Grund der bei der Prüfung gewonnenen Erkenntnisse des Abschlussprüfers nach seiner Beurteilung **den gesetzlichen Vorschriften entspricht und** unter Beachtung der GoB oder sonstiger maßgeblicher Rechnungslegungsgrundsätze (§§ 315e, 325 II a) **ein den tatsächlichen Verhältnissen entsprechendes Bild der Vermögens-, Finanz- und Ertragslage** des Unt. bzw. Konzerns vermittelt. Beide Teile der zweiten Aussage sind unverzichtbar. Die Aussage, dass die gesetzlichen Anforderungen erfüllt sind, beinhaltet zB bei einem IAS-Abschluss, dass die in EU-Recht übernommenen IFRS vollständig angewendet und die ggf. ergänzend anwendbaren Vorschriften nach HGB berücksichtigt worden sind (RegE). Unverzichtbar ist also die Aussage, ob der Jahresabschluss ein den tatsächlichen Verhältnissen entsprechendes Bild vermittelt (Einblicksgebot, true and fair view, § 317 I 3, § 321 II 3, § 264 II 1); ist das nicht der Fall und fehlen auch die Angaben nach § 264 II 2, ist grundsätzlich nach IV zu verfahren, also einzuschränken oder zu versagen (anders bei freiwilligen Prüfungen bei NichtkapitalGes., da dann § 264 II nicht gilt, → § 243 Rn. 2, 5; dann nur abgeänderter Vermerk nach I 2).

c) Grundbestandteile im Einzelnen: Die Grundbestandteile des Bestätigungsvermerks im Einzelnen sind: Überschrift, einleitender Abschnitt, beschreibender Abschnitt (I 2 Hs. 1), Beurteilung des Prüfungsergebnisses durch den Abschlussprüfer (I 2 Hs. 2), ggf. Hinweis zur Beurteilung des Prüfungsergebnisses, ggf. Hinweise auf Bestandsgefährdungen (II 3), näher IDW PS 400 Tz. 17 ff. Über Prüfung des Überwachungssystems nach § 91 II AktG ist nicht im Bestätigungsvermerk, sondern in einem besonderen Berichtsteil (§ 321 IV) zu berichten. **Muster:** Hopt/Merkt Vertrags- und Formularbuch/Kraft/Link Form III.E.1–5 (Bestätigungsvermerk); IDW PS 400 Tz. 42 ff., 46 mit den Anhängen 1 ff. (uneingeschränkter Vermerk), Tz. 50–64 (eingeschränkter Vermerk) mit Anhängen 8 ff., Tz. 65 ff. und Anhänge 13, 14 (Versagungsvermerk); WPg 2005, 1382; Giese/Seidler BB 2017, 2795 (Leistungen des Abschlussprüfers in Anhang oder Bestätigungsvermerk); Schmid BB 2017, 2539 (Bsp. des IDW zu Bestätigungsvermerken).

B. **Ergänzungen (III 2):** Der Abschlussprüfer kann zusätzlich zu dem uneingeschränkten Bestätigungsvermerk Hinweise auf Umstände aufnehmen, auf die er in besonderer Weise aufmerksam macht, ohne den Bestätigungsvermerk einzuschränken (III 2 nF BilReG). Solche Ergänzungen können ausnahmsweise sinnvoll oder sogar notwendig sein, IDW PS 400 Tz. 33, 70 ff., BeckBilKomm/Schmidt/Küster Rn. 36 f., zB Beachtung von Bestimmungen in GesVertrag oder Satzung, bei Ausstehen von HVBeschluss bzw. Eintragung in das HdlReg (Sanierung) oder fehlender Prüfung oder Feststellung eines Vorjahresbeschlusses, Ergänzung bei **Nachtragsprüfung** s. § 316 III 2. Entdeckt Prüfer bei der kritischen Lektüre der Erklärung zur Unternehmensführung Widersprüche oder Fehler und verweigert Unt. Korrektur, so hat Prüfer in Bestätigungsvermerk ergänzenden Hinweis nach III 2 aufzunehmen, Ruhnke/Schmidt DB 2017, 2557; zur Aufnahme eines Hinweises zur Hervorhebung eines Sachverhalts im Zusammenhang mit Corona-Pandemie, IDW Fachlicher Hinweis v. 8.4.2020 (Teil 3, 4. Update Februar 2021), S. 61 ff.

9   **C. Besonderer Abschnitt (III 3):** Nach dem durch ESEF-UG eingefügten III 3 hat der Abschlussprüfer über die Prüfung der ESEF-Offenlegungsdokumente in einem separaten Abschnitt zu berichten. Vorgaben entsprechen CEAOB-Guidelines v. 28.11.2019. Erst nach Überprüfung sowohl der Aufstellungs- als auch der Offenlegungsdokumente kann der Abschlussprüfer den Vermerk erteilen. Eine zeitversetzte Prüfung der erstellten Aufstellungsdokumente und nachgelagerter Offenlegung ist nicht möglich, Schmidt DB 2020, 513.

5) Einschränkung und Versagung (IV), Widerruf

10 **A. Negatives Prüfungsergebnis, Versagung (IV):** IV regelt den Fall, dass der Abschlussprüfer zu einem **negativen Prüfungsergebnis** kommt. Sind (nicht nur geringfügige, unwesentliche) Einwendungen zu erheben, was sich nach Umfang und Gegenstand der Pflichtprüfung (§ 317) beurteilt, ist nach **IV 1** die Erklärung nach III 1 je nach Art und Schwere der Einwendungen entweder einzuschränken (eingeschränkter Bestätigungsvermerk, II 1 Nr. 2) oder ganz zu versagen (Versagungsvermerk, II 1 Nr. 3), BGH WM 2014, 598. Nur diese beiden Möglichkeiten gibt es bei einem negativen Prüfungsergebnis. Ein bloßer Nichterteilungsvermerk, wie international verbreitet, ist unzulässig, GK/Marsch-Barner Rn. 11. Ein aufschiebend bedingter Bestätigungsvermerk ist zulässig, aber noch nicht erteilt (der entsprechende Jahresabschluss ist also noch nicht geprüft) oder als eingeschränkter Bestätigungsvermerk zu erteilen, IDW PS 400 Tz. 98 ff.; denkbar ist auch bloße Ankündigung des Bestätigungsvermerks, IDW PS 400 Tz. 104, 14. Maßgebender Zeitpunkt ist Beendigung der Prüfung (vgl. → § 321 Rn. 12). Bspe für (un)wesentliche Einwendungen s. ADS Rn. 220. Ihr Vorliegen ist Rechtsfrage, str., aA pflichtgemäßes Ermessen, differenzierend ADS Rn. 224f, die Entscheidung zwischen bloßer Einschränkung und Versagung dagegen Frage des pflichtgemäßen Ermessens, 163; in diesem Umfang hat die Ges. einen (vor dem Prozessgericht) einklagbaren Anspruch er Erteilung des Bestätigungsvermerks. Bloß **einzuschränken** ist bei einem negativen Prüfungsergebnis nur unter besonderen, in IV 4 (→ Rn. 11) näher präzisierten Voraussetzungen möglich, sonst ist zu versagen. Zu **versagen** ist insbesondere, wenn Positivbefund zu wesentlichen Teilen der Rechnungslegung nicht mehr möglich ist, so bei Fehlen des Anhangs (Nichtigkeitsgrund), aber idR auch bei Fehlen des Lageberichts, str., und bei nicht behebbaren Mängeln in der Nachprüfbarkeit des Jahresabschlusses (mangelhafte Buchführung) oder bei Verletzung wesentlicher Vorlage- und Auskunftspflichten; IDW PS 400 Tz. 65. Versagung oder Einschränkung ist auch dann vorzunehmen, wenn die Klarheit und Übersichtlichkeit des Lageberichts durch lageberichtsfremde Angaben wesentlich beeinträchtigt ist, IDW PS 350 nF. Zu Formulierungen für Einschränkung (dieses Wort ist unverzichtbar) und Versagung (→ Rn. 6). Zur Frage, ob Übertragung negativen Reinvermögens im Rahmen einer Verschmelzung Verstoß gegen § 30 I GmbHG darstellt, der zur Einschränkung des Vermerks führt, Kronner/Seidler BB 2018, 1899 (1901).

11 **B. Bezeichnung, Begründung (IV 2, 3):** IV 2, 3 sorgen dafür, dass die Dinge deutlich beim Namen genannt werden. Der Versagungsvermerk ist als solcher (also nicht mehr als Bestätigungsvermerk) zu bezeichnen, der eingeschränkte Bestätigungsvermerk muss das Wort „Einschränkung" enthalten, IDW PS 400 Tz. 19, 59. Beides, Einschränkung oder Versagung, ist zu begründen. **Muster:** Hopt/Merkt Vertrags- und Formularbuch/Kraft/Link Form III.E.2 (Eingeschränkter Bestätigungsvermerk) und → Rn. 7.

12 **C. Eingeschränkter Bestätigungsvermerk (IV 4):** Ein eingeschränkter Bestätigungsvermerk darf nur unter besonderen Voraussetzungen erteilt werden (**IV 4 nF BilReG**). Unverzichtbar ist nämlich, dass der geprüfte Abschluss unter Beachtung der vom Abschlussprüfer vorgenommenen Einschränkung ein den tatsächlichen Verhältnissen im Wesentlichen entsprechendes Bild der Ver-

mögens-, Finanz- und Ertragslage (§ 264 II 1) vermittelt; dabei muss die Einschränkung in ihrer Tragweite erkennbar sein. Vermittelt der Abschluss dieses Bild nicht oder kann die Einschränkung in ihrer Tragweite nicht erkennbar gemacht werden, so ist der Bestätigungsvermerk ganz zu versagen (je nachdem II 1 Nr. 3 oder Nr. 4).

Einzuschränken ist zB bei wesentlichen Beanstandungen gegen abgrenzbare Teile der Rechnungslegung, bei Prüfungshemmnissen bezüglich wesentlicher abgrenzbarer Teile, bei Nichtvermittlung (oder Nichtbeurteilbarkeit) des Einblicks nach § 264 II 1, IDW PS 400 Tz. 50 ff. Vorjahresmängel führen im Folgejahr nur dann zu Einschränkung, wenn die Mängel fortbestehen oder die Durchführung der Korrektur zu beanstanden ist oder der Abschlussprüfer dies nicht beurteilen kann, IDW PS 400 Tz. 52. Unter den Voraussetzungen von IV 4 kommt eine bloße Einschränkung auch in Frage, wenn der Abschlussprüfer einzelne abgrenzbare Teile der Rechnungslegung nach Ausschöpfung aller angemessenen Möglichkeiten zur Klärung des Sachverhalts nicht mit hinreichender Sicherheit beurteilen kann (andernfalls Versagung nach V).

D. **Widerruf:** Der Widerruf des Bestätigungsvermerks gegenüber dem Auftraggeber ist möglich, wenn der Abschlussprüfer Fehlen der Voraussetzungen für die Erteilung erkennt und die Ges. den Abschluss nicht ändern und entsprechend informieren will, IDW PS 400 Tz. 111 ff., zB bei unrichtiger Vollständigkeitserklärung (→ § 317 Rn. 4), auch bei eigenem Fehler des Abschlussprüfers, KG WPg 2001, 619; nicht schon bei bloßen Zweifeln an der Richtigkeit des Testats, str. nicht nur Recht, sondern grundsätzlich Pflicht zum Widerruf, str., KG WPg 2001, 617, IDW PS 400 Tz. 111, Grund: Gewährleistungsfunktion, aA Ermessen, GK/Marsch-Barner Rn. 15; denkbare Ausnahmen, IDW PS 400 Tz. 112, str., ADS Rn. 366 f. Bei Fehlerfeststellung durch die DPR bzw. die BaFin je nachdem Widerruf oder bloße Fehlerkorrektur, IDW PH 9400.11. Widerruf schriftlich und mit Begründung (IV 3; § 321 V entspr.), KG WPg 2001, 617. Adressat ist der Aufsichtsrat (s. § 111 II 3 AktG). Ggf. ist dann eingeschränkter Bestätigungsvermerk nach II 1 Nr. 2, IV 4 zu erteilen; vgl. IDW PS 400 Tz. 113. **Lit.** Quick BB 2018, 363 (IDW EPS 270, Fortführungsprognose).

6) Versagung bei Unmöglichkeit der Abgabe eines Prüfungsurteils (V)

Der Bestätigungsvermerk ist nicht nur bei einem negativen Prüfungsurteil (IV) zu versagen, sondern nach **V 1** nF BilReG auch dann, wenn der Abschlussprüfer nicht in der Lage ist, ein Prüfungsurteil abzugeben (**Nichterteilungsvermerk, disclaimer** nach II 1 Nr. 4). Denkbar bei Verletzung der Auskunftspflichten bezüglich wesentlicher Sachverhalte nach § 320, MüKoHGB/Ebke Rn. 44. Das setzt allerdings voraus, dass er vorher alle angemessenen Möglichkeiten zur Klärung des Sachverhalts ausgeschöpft hat. Alle angemessenen Möglichkeiten heißt alle rechtlich zulässigen und wirtschaftlich vertretbaren Möglichkeiten (RegE). Eine Versagung nach V kommt nur in Frage, wenn eine Einschränkung des Prüfungsurteils, also ein eingeschränkter Bestätigungsvermerk (II 1 Nr. 2) nicht ausreicht; ob das der Fall ist, ist nach IV 4 zu beurteilen. **V 2** nF BilReG stellt klar, dass auch diese Versagung in den Schlussvermerk aufzunehmen (IV 2) und zu begründen ist (IV 3).

7) Beurteilung des Lageberichts, Risiken der künftigen Entwicklung (VI)

A. **Beurteilung des Lageberichts (VI 1):** VI idF BilReG (wie III aF) stellt Anforderungen an die Beurteilung des Konzernlageberichts (§ 317 II). Die Beurteilung des Prüfungsergebnisses hat sich auch darauf zu erstrecken, ob der Konzernlagebericht nach der Beurteilung des Abschlussprüfers mit dem Jahresabschluss und ggf. mit dem Einzelabschluss nach § 325 IIa oder mit dem Konzernabschluss in Einklang steht, die gesetzlichen Vorschriften zur Aufstellung des Lage- oder Konzernlageberichts beachtet worden sind und der Lage- oder Konzernlagebericht (dieser Hs. durch BilRUG eingefügt) insgesamt ein zutreffendes Bild von der Lage vermittelt (VI 1). Erweckt der Lagebericht oder Konzernlagebericht keine zutreffende Vorstellung, ist nach IV zu verfahren, denn dann sind Einwendungen zu erheben. Eine Aussage nach VI unterbleibt, wenn ein Lage- bzw. Konzernlagebericht zulässigerweise nicht erstellt wurde, IDW PS 400 Tz. 43. Zur Ausgestaltung des Bestätigungsvermerks je nach Art und Zeit der nichtfinanziellen Berichterstattung vgl. IDW PH 9.350.2., Rn. 31 ff. **Lit.** Schmid BB 2017, 2539 (Bsp. des IDW zu Bestätigungsvermerken); Quick BB 2018, 363 (IDW EPS 270 und Fortführungsprognose).

17 B. **Risiken der künftigen Entwicklung (VI 2):** Der Bestätigungsvermerk muss auch darauf eingehen, ob die Chancen und Risiken der künftigen Entwicklung (§ 321 I 3 Alt. 2) zutreffend dargestellt sind (VI 2). Ein gesondertes Eingehen wie auf bestandsgefährdende Risiken ist aber nicht notwendig.

8) Gemeinsame Bestellung zum Abschlussprüfer (Joint Audit) (VIa)

18 Im Zuge der Reform durch das AReG (→ Einl. vor § 316 Rn. 9, **Übergangsregelung** in (1) EGHGB Art. 79) wurde **VIa** eingefügt, mit dem in Umsetzung von Art. 28 III der EU-Abschlussprüfungsänderungs-RL 2014 eine **gemeinsame Bestellung zum Abschlussprüfer (Joint Audit)** gesetzlich verankert wird. Im Falle einer gemeinsamen Bestellung soll die Beurteilung des Prüfungsergebnisses einheitlich erfolgen, und zwar jeweils in einem gesonderten Absatz **(VIa 1)**. Falls eine einheitliche Beurteilung ausnahmsweise nicht möglich ist, ist dies zu begründen **(VIa 2)**. Diese Anforderungen gelten für Wirtschaftsprüfer und WirtschaftsprüfungsGes. **(VIa 3 Nr. 1)**, für vereidigte Buchprüfer oder BuchprüfungsGes. **(VIa Nr. 2)** und für Prüfer oder Ges. nach den Nr. 1 u. 2 **(VIa 3 Nr. 3)**. Die Prüfer stellen in allen drei Fällen und auch im Fall einer Kombination aus Zugehörigen mehrerer dieser Gruppen den einzigen Abschlussprüfer iSd gesetzlichen Vorschriften dar. Nicht von den gesetzlichen Regelungen erfasst sind andere (rechtlich zulässige) Fallkonstellationen mit mehreren Prüfern wie etwa die freiwillige Bestellung eines weiteren Prüfers als sogenannter „Ersatzprüfer". In solchen Fällen bleibt es bei den allgemeinen Vorschriften. Es besteht **keine Pflicht zum Joint Audit,** dh es steht den Unt. auch zukünftig frei, einen oder mehrere Prüfer zu bestellen, AReG Begr. RegE 53. **Lit.** Petersen/Zwirner/Boecker DStR 2016, 984 (AReG).

9) Unterzeichnung, Aufnahme in den Prüfungsbericht (VII)

19 Der Bestätigungs- (bzw. Versagungs-) vermerk, der unabhängig vom Prüfungsbericht und zeitgleich mit diesem unter Angabe von Ort und Tag vom Prüfer unterzeichnet zu erteilen ist **(VII 1)**, ist auf dem Jahresabschluss anzubringen oder mit ihm und ggf. dem Lagebericht fest zu verbinden. Durch das AReG wurde VII 1 im Umsetzung von Art. 28 III EU-Abschlussprüfungsänderungs-RL 2014 um den neuen Hs. 2 ergänzt, der für den Fall des Joint Audit (VIa) die Unterzeichnung durch alle beteiligten Personen vorschreibt, AReG Begr. RegE 53. Bei der gesetzlichen Abschlussprüfung von PIE bzw. kapitalmarktorientierten Unt. zusätzlich zur Unterzeichnung eine namentliche Nennung des verantwortlichen WP erforderlich, IDW PS 400 nF, Downar/Ernstberger/Koch WPg 2019, 594. Aufnahme in den Prüfungsbericht (§ 321) und Unterzeichnung (§ 126 BGB) **(VII 2),** sonst nichtig. Die Vorgaben zur Unterzeichnung werden bereits durch **(2a)** WPO § 32 und durch § 27a I iVm § 24a II Satzung der WP-Kammer ergänzt. In Umsetzung von Art. 28 II UAbs. 1 lit. g EU-Abschlussprüfungsänderungs-RL 2014 wurde im Zuge der Reform durch AReG (→ Einl. vor § 316 Rn. 9, **Übergangsrecht** in (1) EGHGB Art. 79) klargestellt, dass die erforderliche Ortsangabe den Ort der Niederlassung meint, was derzeit üblicher Praxis entspricht. Bei gemeinsamer Abschlussprüfung sind gegebenenfalls unterschiedliche Niederlassungsorte und Unterzeichnungsdaten anzugeben. Berufssie-

2. Abschnitt. Ergänzende Vorschriften für Kapitalges. **§ 323**

gel, **(2a)** WPO § 48, ohne Nichtigkeitsfolge, OLG Stuttgart DB 2009, 1521); s. sodann § 321 V, Offenlegung § 325 I 2. Der Bestätigungsvermerk ist auch dann wirksam, wenn er nur in den Prüfungsbericht aufgenommen und nicht in einem eigenen Dokument enthalten ist, Unterzeichnung des Prüfungsberichts genügt dann, OLG Stuttgart DB 2009, 1526. Datierung auf den Tag, an dem die Prüfung materiell abgeschlossen ist und eine zeitnahe Vollständigkeitserklärung vorliegt, IDW PS 400 Tz. 81; bei späterer Auslieferung muss der Abschlussprüfer klären, ob Aussage so stehen bleiben kann, danach nicht mehr, Tz. 82, 104. Werden dem Abschlussprüfer **nach Auslieferung Tatsachen bekannt,** die schon damals bestanden und zu Einschränkung oder Versagung geführt hätten, muss er die Ges. veranlassen, den Abschluss zu ändern, Tz. 104, dann Nachtragsprüfung (§ 316 III). Durch BilRUG wurden in **VII** 3 und 4 neue Klarstellungen vorgenommen, die auf Art. 35 der BilanzRL 2013/34/EU gründen. Danach ist im Fall der Prüfung durch eine WirtschaftsprüfungsGes. zumindest durch den Prüfer zu unterzeichnen, der die Prüfung für die WirtschaftsprüfungsGes. durchgeführt hat **(VII 3).** Entsprechendes gilt nunmehr auch für BuchprüfungsGes. **(VII 4).**

Verantwortlichkeit des Abschlußprüfers

323 (1) ¹**Der Abschlußprüfer, seine Gehilfen und die bei der Prüfung mitwirkenden gesetzlichen Vertreter einer Prüfungsgesellschaft sind zur gewissenhaften und unparteiischen Prüfung und zur Verschwiegenheit verpflichtet; gesetzliche Mitteilungspflichten bleiben unberührt.** ²**Sie dürfen nicht unbefugt Geschäfts- und Betriebsgeheimnisse verwerten, die sie bei ihrer Tätigkeit erfahren haben.** ³**Wer vorsätzlich oder fahrlässig seine Pflichten verletzt, ist der Kapitalgesellschaft und, wenn ein verbundenes Unternehmen geschädigt worden ist, auch diesem zum Ersatz des daraus entstehenden Schadens verpflichtet.** ⁴**Mehrere Personen haften als Gesamtschuldner.**

(2) ¹**Die Ersatzpflicht der in Absatz 1 Satz 1 genannten Personen für eine Prüfung ist vorbehaltlich der Sätze 2 bis 4 wie folgt beschränkt:**
1. **bei Kapitalgesellschaften, die ein Unternehmen von öffentlichem Interesse nach § 316a Satz 2 Nummer 1 sind: auf sechzehn Millionen Euro;**
2. **bei Kapitalgesellschaften, die ein Unternehmen von öffentlichem Interesse nach § 316a Satz 2 Nummer 2 oder 3 sind, aber nicht nach § 316a Satz 2 Nummer 1 sind: auf vier Millionen Euro;**
3. **bei Kapitalgesellschaften, die nicht in den Nummern 1 und 2 genannt sind: auf eine Million fünfhunderttausend Euro.**

²Dies gilt nicht für Personen, die vorsätzlich gehandelt haben, und für den Abschlussprüfer einer Kapitalgesellschaft nach Satz 1 Nummer 1, der grob fahrlässig gehandelt hat. ³Die Ersatzpflicht des Abschlussprüfers einer Kapitalgesellschaft nach Satz 1 Nummer 2, der grob fahrlässig gehandelt hat, ist abweichend von Satz 1 Nummer 2 auf zweiunddreißig Millionen Euro für eine Prüfung beschränkt. ⁴Die Ersatzpflicht des Abschlussprüfers einer Kapitalgesellschaft nach Satz 1 Nummer 3, der grob fahrlässig gehandelt hat, ist abweichend von Satz 1 Nummer 3 auf zwölf Millionen Euro für eine Prüfung beschränkt. ⁵Die Haftungshöchstgrenzen nach den Sätzen 1, 3 und 4 gelten auch, wenn an der Prüfung mehrere Personen beteiligt gewesen oder mehrere zum Ersatz verpflichtende Handlungen begangen worden sind, und ohne Rücksicht darauf, ob andere Beteiligte vorsätzlich oder grob fahrlässig gehandelt haben.

(3) **Die Verpflichtung zur Verschwiegenheit besteht, wenn eine Prüfungsgesellschaft Abschlußprüfer ist, auch gegenüber dem Aufsichtsrat und den Mitgliedern des Aufsichtsrats der Prüfungsgesellschaft.**

(4) Die Ersatzpflicht nach diesen Vorschriften kann durch Vertrag weder ausgeschlossen noch beschränkt werden.

(5) Die Mitteilung nach Artikel Unterabsatz 2 der Verordnung (EU) Nr. 537/2014 ist an die Bundesanstalt für Finanzdienstleistungsaufsicht zu richten, bei dem Verdacht einer Straftat oder Ordnungswidrigkeit auch an die für die Verfolgung jeweils zuständige Behörde.

Übersicht

	Rn
1) Verhaltenspflichten (I)	1–6
A. Pflicht zur gewissenhaften und unparteiischen Prüfung (I 1 Fall 1):	1
B. Verschwiegenheitspflicht (I 1 Fall 2):	2–4
C. Verwertungsverbot (I 2):	5
D. Sonstige Verhaltenspflichten des Wirtschaftsprüfers:	6
2) Haftung auf Schadensersatz (I 3, 4)	7–8e
A. Haftung gegenüber der Ges.:	7–7g
B. Dritthaftung:	8–8e
3) Gesetzliche Haftungsobergrenze (II)	9–9e
4) Schweigepflicht innerhalb der PrüfungsGes. (III)	10
5) Keine Freizeichnung (IV), Berufshaftpflichtversicherung	11
6) Mitteilungspflichten (V)	11a
7) Verjährung	12

1) Verhaltenspflichten (I)

1 **A. Pflicht zur gewissenhaften und unparteiischen Prüfung (I 1 Fall 1):** § 323 nF 2003 (→ Rn. 12), 2007 (→ Rn. 9) regelt Pflichten und Haftung des Abschlussprüfers (nur Pflichtprüfung, → Rn. 6, → § 316 Rn. 1). Grundlegende Änderungen und Verschärfungen durch FISG (**Übergangsrecht** in (**1**) EGHGB Art. 86). Pflichten folgen aus seiner Funktion und korporationsrechtlichen Stellung als Prüfer (→ § 318 Rn. 2), werden also von der Unwirksamkeit des Prüfungsvertrags nicht unmittelbar berührt, Staub/Habersack/Schürnbrand Rn. 7, iErg auch Hellgardt, Kapitalmarktdeliktsrecht, S. 304 (gatekeeper, deliktisch), str. Der Abschlussprüfer, seine (prüfungsspezifische, andere wie zB Büroangestellte nicht, str., aber § 278 BGB. → Rn. 7) Gehilfen (auch anderer Berufe, Art der Tätigkeit spielt keine Rolle, str.) und die bei der Prüfung (auch nur durch Aufsicht oder sonst, weit auszulegen) mitwirkenden gesetzlichen Vertreter einer PrüfungsGes. haben auf Grund ihrer Rechtsstellung (→ § 318 Rn. 1–4) zwingend die Pflicht, gewissenhaft (vgl. §§ 317, 320–322) und unparteiisch (über § 319 II hinaus, → § 319 Rn. 13–28 zu prüfen (**I; (2a)** WPO § 43 I). Teil der unparteiischen und unbefangenen Prüfung ist, dass der Prüfer eine kritische Grundhaltung einnimmt, Marten DB 2022, 69. Hierbei handelt es sich um einen unbestimmten Rechtsbegriff, welcher konkretisiert werden muss, Marten DB 2022, 69; grundlegend: Nelson, Auditing: A Journal of Practice & Theory 2009 S. 1–34. In Deutschland ist Begriff näher in § 43 Abs 4 WPO definiert. Bilanzierung unter Beachtung der höchstrichterlichen Rspr., insbesondere des BFH. Diese Pflicht beschränkt sich nicht auf die Prüfung ieS, sondern umfasst die Berufspflichten des Abschlussprüfers insgesamt (vgl. „seine Pflichten"), MüKoHGB/Ebke Rn. 24, hL. Im Einzelnen nicht nur bei der Berichtspflicht (→ § 321 Rn. 1) Pflichten zur Wahrheit, Vollständigkeit, Klarheit, uU Berichtigung, Hopt WPg 1986, 503 (FS Pleyer, 1986, 364), näher → § 347 Rn. 24–28. Grundsätze ordnungsmäßiger Beurteilung von Verkaufsprospekten über öff angebotene Vermögensanlagen, IDW S 4 Stand 18.5.2006 WPg 2006, 919, → § 347 Rn. 29. Der Abschlussprüfer muss sich Kenntnisse über die Geschäftstätigkeit sowie das wirtschaftliche und rechtliche Umfeld des zu prüfenden Unt. verschaffen, IDW PS 230 (jetzt ISA [DE] 315). Allgemeine Berufspflichten und

2. Abschnitt. Ergänzende Vorschriften für Kapitalges. 2 **§ 323**

Eigenverantwortlichkeit s. **(2a)** WPO §§ 43, 44. Die Konkretisierungen der Verhaltenspflichten durch die Standesorganisationen (WPK, IDW ua, MüKoHGB/Ebke Rn. 27 ff.) sind nicht unmittelbar (haftungs)rechtlich verbindlich (nur: persuasive), MüKoHGB/Ebke Rn. 32, aber wirken praktisch, vor allem im Rechtsstreit, oft (nicht automatisch) als Mindestanforderungen, ADS Rn. 21; nur scheinbar aA BeckBilKomm/Schmidt/Feldmüller Rn. 12, Beachtung wird idR entlasten, Nichtbeachtung wird überzeugend begründet werden müssen. Haftung I 3, Strafnorm § 332. § 323 gilt auch für die **prüferische Durchsicht** nach **(16)** WpHG §§ 115 V 7, 116 III 3, Verstoß gegen die Pflicht zu gewissenhafter Berufsausübung kann auch von Berufsaufsicht (WPK/APAS) sanktioniert werden. Wenn WPG/APAS der Ansicht sind, es liege Berufspflichtverletzung vor, ist Rüge auszusprechen, worüber gerichtlich Berufsgericht zu entscheiden hat (Wegner WPg 2020, 1002 f.). Für Sanktion müssen zwingend Anknüpfungstatsachen für Wesentlichkeit u Gewicht der vorgeworfenen Handlung mitgeteilt werden. (Wegner WPg 2020, 1002 f.) Im berufsrechtl. Verf. gilt sanktionsrechtlicher Grundsatz „in dubio pro reo" (VG Berlin, BeckRS 2018, 46679; Wegner WPg 2020, 1002 ff.). **Lit.** MBF Kap. 20 Tz. 14 ff.; Wenzel NWB 2017, 190; Nietsch WM 2021, 158.

B. **Verschwiegenheitspflicht (I 1 Fall 2):** Die genannten Personen unterliegen zeitlich unbegrenzt der beruflichen Verschwiegenheitspflicht, namentlich soweit ihnen Betriebs- oder Geschäftsgeheimnisse bei der Prüfung bekannt geworden sind (**I 1**, dazu Straftatbestand § 333 I, III; **(2a) WPO § 57b ist lex specialis,** I 1 Hs. 2 nF 2000). Daneben können Art. 7 ff., insbesondere 14 MAR eingreifen, von Falkenhausen/Widder BB 2004, 165 (zu § 14 WpHG aF). Verschwiegenheitspflicht ist grundsätzlich gerechtfertigt, weil Abschlussprüfer umfassendes Einsichts- und Auskunftsrecht ggü Unternehmen hat (→ § 320 HGB), Marten DB 2020, 1857 f. Durch das **FISG** wurde aber 2). Bislang war dies nur für 57b WPO ausdrücklich normiert. Nach der RegE zum FISG fallen unter die „gesetzlichen Mitteilungspflichten" auch die Pflichten in § 107 V 1 WpHG nF, nach § 341k II HGB nF und § 35 IV 4 VAG, § 29 III KWG, nach § 258 V 2 iVm § 145 II 2 AktG sowie nach Art. 7 Unterabs. 2 und Art. 12 I Unterabs. 1 und 2 der Abschlussprüfer2). Die Praxis der Abschlussprüfung bei Unt., die den US-amerikanischen Kapitalmarktrecht unterliegen, ist durch Maßnahmen des US-Gesetzgebers zur Bewältigung der Bilanzierungskrise nach Enron (Sarbanes-Oxley-Act) vor die schwierige Frage gestellt worden, ob die Verschwiegenheitspflicht gegenüber dem uU sehr weitreichenden Auskunftsverlangen der ausländischen Aufsichtsbehörde geltend gemacht werden kann. Diese Frage ist noch weitgehend ungeklärt, H. Buxbaum IPRax 2003, 78; Schwarz/Holand ZIP 2002, 1661; Kersting ZIP 2003, 233. Geschützt sind Geheimnisse und vertrauliche Angaben, die nach dem Willen der Ges. Dritten nicht weitergegeben werden sollen, ADS Rn. 31. Auch noch nicht allgemein bekannte Tatsachen können Geheimnis sein, auch nach einer (nicht von der Ges. ausgehenden) Presseveröffentlichung. Es entscheiden die gesetzlichen Vertreter. Zeugnisverweigerungsrecht nach § 383 I Nr. 6 ZPO (§ 53 I Nr. 3 StPO, § 102 I Nr. 3b AO ua), BGH WM 1983, 653. Der Verschwiegenheitspflicht entspricht eine Zeugnisverweigerungspflicht. Die Verschwiegenheitspflicht besteht auch gegenüber einzelnen Aufsichtsratsmitgliedern (vgl. e contrario § 318 VII 3, 4; nicht gegenüber den gesetzlichen Vertretern der Ges. und dem Aufsichtsrat insgesamt, vgl. § 321 V, §§ 170 III 2, 171 I 2 AktG), der Hauptversammlung (aber Auskunftsrecht im Rahmen von § 42a III GmbHG) und einzelnen Aktionären (vgl. § 176 II 2 AktG, auch § 42a III GmbHG), dem Aufsichtsrat der eigenen PrüfungsGes. (III, nicht deren Vorstand), sofern die gesetzlichen Vertreter nicht von der Verschwiegenheitspflicht entbunden haben (§ 53 II 1 StPO; nur soweit für die Ges. disponibel, Staub/Habersack/Schürnbrand Rn. 21; Peters/Klingberg ZWH 2012,

§ 323 2a–2c

11); Zu Reformanregungen bzgl. der Verschwiegenheitspflicht ggü Ermittlungsbehörden Arbeitskreis Bilanzrecht Hochschullehrr Rechtswissenschaft NZG 2020, 938, 942.

2a Von der Verschwiegenheitspflicht des gesetzlichen Abschlussprüfers gibt es Ausnahmen gegenüber dem Konzernabschlussprüfer, dem Sonderprüfer einer AG nach §§ 258 V 2, 145 II AktG, ggü der BaFin und der deutschen Bundesbank nach § 29 III KWG, bei der Offenlegung des Prüfungsberichts nach § 321a HGB, bei der Abgabe einer Verdachtsanzeige im Hinblick auf Geldwäsche nach § 11 III GwG, bei Berufsaufsichtsverfahren nach § 62b WPO und gegenüber der BaFin im Endorsement-Verfahren nach § 37o IV 1 WpHG, vgl. insb. die im FISG aufgezählten Ausnahmen → Rn. 2. Hinzuweisen ist insbesondere auf das neu eingeführte Auskunftsrecht der BaFIN in § 107 V WpHG, vgl. dazu Arbeitskreis Bilanzrecht Hochschullehrer Rechtswissenschaft BB 2020, 2731 („keine Verschwiegenheitspflicht"). Auch bei erheblichen eigenen schutzwürdigen Interessen des Abschlussprüfers (Interessenabwägung mit Interessen der Ges.) kann Schweigen unzumutbar sein (§§ 34, 193 StGB), ADS Rn. 60; KöKoRechnungslegung/Claussen/Korth Rn. 9; MüKoHGB/Ebke Rn. 57; Staub/Habersack/Schürnbrand Rn. 26, zB Einklagung von Honorarforderungen, Regressprozesse und sonstige Verfahren gegen den Abschlussprüfer, in aller Regel nicht schon bei Pressekampagnen, ADS Rn. 36. Offenlegungsansprüche in der Insolvenz s. § 321a. Im Übrigen kann der Abschlussprüfer auch von der Schweigepflicht entbunden werden. **Lit.** Marten DB 2020, 1857

2b Zur Verschwiegenheitspflicht und zum Auskunftsverweigerungsrecht **gegenüber der WPK:** Nach § 62 I 1 WPO haben WPs als Mitglieder der WPK in Aufsichts- u. Beschwerdesachen vor der WPK zu erscheinen, wenn sie zur Anhörung geladen werden. Auf Verlangen haben sie der WPK Auskunft zu erteilen u. Handakten u. sonstige Unterlagen (ggf. auch elektronisch) vorzulegen (§ 62 I 2 u. 3 WPO). Verweigerung nach § 62 II WPO möglich, wenn Verschwiegenheitspflicht verletzt würde oder wenn Möglichkeit besteht, dass WP wg. Straftat, OWi oder Berufspflichtverletzung verfolgt würde und WP sich hierauf beruft (§ 62 II 2 WPO). Die richtige und vollständige Auskunft und Vorlage von Unterlagen kann nicht von denjenigen Mitgliedern der Wirtschaftsprüferkammer verweigert werden, die zur Durchführung gesetzlich vorgeschriebener Abschlussprüfungen befugt sind oder solche ohne diese Befugnis tatsächlich durchführen, wenn die Auskunft und die Vorlage von Unterlagen im Zusammenhang mit der Prüfung eines der gesetzlichen Pflicht zur Abschlussprüfung unterliegenden Unternehmens stehen, § 62 II 1 WPO. In diesem Fall geht die Berufsaufsicht der Verschwiegenheit vor (Wegner WPg 2020, 1070, 1072). Verpflichtung zur Herausgabe der Unterlagen ist mit Nemo-Tenetur Grundsatz vereinbar und auch verhältnismäßig (VG Berlin, BeckRS 2018 46743). Weil WP eher mit Notar statt mit RA und StB vergleichbar ist, stellen strengere Vorlagepflichten beim WP als bei StB und RA auch kein Verstoß gegen Art. 3 GG dar (VG Berlin, BeckRS 2018, 46743). **Lit.** Wegner WPG 2020, 1070 (Rechtsprechungsübersicht).

2c WP kann im **Zivilprozess** uU als **Zeugen** benannt werden: § 376 I ZPO betrifft nur der Amtsverschwiegenheit best. Personen (Richter, Beamte, Pers. d. öff. Dienstes) und gilt nicht für WP. § 383 I Nr. 6 ZPO gewährt WP Zeugnisverweigerungsrecht nur, wenn sich WP ausdrücklich darauf beruft. § 383 III ZPO grenzt nur mögliche Fragen ein. Verschwiegenheitspflicht des WP aus WPO schützt nur Auftraggeber. An Weitergabe von Tatsachen, die allein Dritte betreffen, zu denen kein Mandatsverhältnis besthet, ist WP nicht gehindert. Auch kein Schutz, wenn BaFin sich WP zur Durchführung von Prüfungen bei einer AG (zB nach § 35 I WpHG, 44 I KWG) bedient und WP dabei Erkenntnisse gewinnt, welche nicht die BaFin betreffen u an deren Geheimhaltung die BaFin kein schutzwürdiges Eigeninteresse hat (BGH NZG 2016, 1159 (LS);

Wegner WPg 2020, 1070, 1073 ff. (Rechtsrechungsübersicht). Wenn der geschützte Mandant den WP als Geheimnisträger als Zeugen benennt, liegt darin eine konkludente Entbindung von der Schweigepflicht (OLG Hamburg, BeckRS 2018, 43346); Lit. Wegner WPG 2020, 1070 (Rechtsprechungsübersicht).

Insolvenzverwalter kann von ehem. StB und WP des Unternehmens grds. **Herausgabe** der und Einsicht in die für das Unternehmen geführten **Handakten** aus §§ 675 I, 666, 667 BGB iVm. § 51b WPO bzw. § 66 III StBerG verlangen. Umfasst ist gesamter drittgerichteter Schriftverkehr, den Berater für Auftraggeber geführt hat, dh die dem Berater zugegangenen Schriftstücke u. Kopien eigener Schreiben. Erfasst sind auch Notizen über Besprechungen, die – wie im Regelfall anzunehmen – nicht bloße interne Arbeitshilfe des Beraters sind, sondern auch Interessen des Auftraggebers dienen. Herausgabeanspr. **Nicht erfasst** sind aber Aufzeichnungen über persönliche Eindrücke des Beraters u. gesammelte vertrauliche Hintergrundinformationen. Auch Briefwechsel zw. Berater und Insolvenzschuldnerin, sowie Notizen über Gespr. mit Insolvenzschuldnerin sind nicht umfasst. Zu internen Zwecken gefertigte Arbeitspapiere d. Beraters sind nicht umfasst, da allein eigenem Interesse dienend u. nicht im Interesse des Mandanten gefertigt, LG Stuttgart DStRE 2019, 852; vgl. Wegner WPg 2020, 1070 ff. (Rechtsprechungsübersicht). **2d**

Streitig war, ob der Insolvenzverwalter in der **Insolvenz** einer Gesellschaft für die **Entbindung** des ehem. Abschlussprüfers von der **Verschwiegenheitspflicht** zuständig ist. Dies wurde vom OLG Oldenburg ZIP 2004, 1968 vertreten; auch betr. den Prüfer einer juristischen Person im Strafverfahren gegen deren Geschäftsführer, OLG Nürnberg ZIP 2010, 386; Priebe ZIP 2011, 312, str. stillschweigendes Einverständnis zu peer review, ADS Rn. 52. Eine andere Ansicht ging davon aus, dass es nicht ausreichend ist, wenn allein der Insolvenzverwalter die ehem. Abschlussprüfer von ihrer Schweigepflicht entbindet (OLG Zweibrücken, WiStra 2017, 288). Die dem WP als Geheimnisträger anvertrauten und bekannt gewordenen Tatsachen über die jur. Pers. seien durch Verhalten d. formellen/fakt. Organe bestimmt worden und beträfen jedenfalls im Verfahren gegen sie, deren persönliche Verantwortlichkeit. Diese seien vom Mandatsverhätnis mitumfasst. Relevant wurde die Frage jüngst im Wirecard-Fall, als die Abschlussprüfer des Unternehmens nicht vor dem Untersuchungsausschuss im Bundestag als Zeugen aussagen wollten und sich auf ihre Verschwiegenheitspflicht berufen hatten. Der 3. Strafsenat hat zu § 53 StPO (Zeugnisverweigerungsrecht des Wirtschaftsprüfers wegen Verschwiegenheitspflicht) erkannt, dass grundsätzlich diejenigen Personen befugt sind, einen Berufsgeheimnisträger von seiner Verschwiegenheitspflicht zu entbinden, die zu jenem in einer geschützten Vertrauensbeziehung stehen. Hierunter fallen im Rahmen eines Mandatsverhältnisses mit einem Wirtschaftsprüfer regelmäßig nur der oder die Auftraggeber. Handelt es sich hierbei um eine juristische Person, können für diese diejenigen die Entbindungserklärung abgeben, die zu ihrer Vertretung zum Zeitpunkt der Zeugenaussage berufen sind. Ist über das Vermögen der juristischen Person das Insolvenzverfahren eröffnet und ein Insolvenzverwalter bestellt worden, ist dieser berechtigt, soweit das Vertrauensverhältnis Angelegenheiten der Insolvenzmasse betrifft. (BGH, Beschl. v. 27.1.2021 – StB 43/20; 44/20 und 48/20, vgl. auch die Pressemitteilung des BGH v. 12.2.2021 Nr. 35/2021), zuvor schon BGH, NZG 2016, 1159 (obiter); OLG Hamm, NStZ 2018, 421; zur Offenlegung des Prüfungsberichts in der Insolvenz (→ § 321a). **2e**

Verschwiegenheitspfl. des WP schützt nicht **Auftraggeber** vor Informationspflichten: Beauftragt BReg WP-Gesellschaft zur Einsehung von Dateien und Arbeitsunterlagen bei der Bahn AG, kann sich BReg bei parl. Auskunftsverlangen deshalb nicht auf Verschwiegenheitspfl. des WP berufen (BVerfG NVwZ 2018, 51; Wegner WPg 2020, 1002, 1004 f.). Verschwiegenheitspflicht des WP gilt dann nicht, wenn Mandant selbst einer Auskunftspflicht unterliegt. Beauftragt **2f** daher eine nach dem IFG grunds. auskunftsverpflichtete Bundesbehörde einen WP und ist sie im Verhältnis zum WP allein Herrin des Geheimnisses, kann sich Behörde nicht auf Berufsgeheimnis des WP berufen, wenn Dritter Informationen von der Behörde verlangt (VG Berlin BeckRS 2018 35730); **Lit.** Wegner WPG 2020, 1002.

3 In engen Grenzen besteht auch ein **Recht** zum Reden kraft Nothilfe, also über § 321 II (nur intern) und § 322 (auch extern, s. § 325) hinaus, zB bei groß angelegten, sonst nicht mehr zu verhindernden Kurs- und anderen Betrügereien.

4 Wegen der öff Funktion des Abschlussprüfers (→ § 318 Rn. 2) kann dieses Recht ausnahmsweise zur **Pflicht** werden. Besondere Rede- und Anzeigepflichten des Prüfers bestehen bei besonderen Gefahren und schwerwiegenden Verstößen (vgl. § 321 I 3), zB nach § 29 III KWG (unverzüglich an BAKred und DBBk), § 341k III (unverzüglich an Aufsichtsbehörde), allgemein nach § 138 StGB.

5 **C. Verwertungsverbot (I 2):** Nach I 2 dürfen die unter I 1 fallenden Personen Geschäfts- und Betriebsgeheimnisse, die sie bei ihrer Tätigkeit (nicht privat) erfahren haben, nicht unbefugt für sich oder andere verwerten. Eigennütziges Handeln ist nicht erforderlich. Die gesetzlichen Vertreter können den Abschlussprüfer zwar von der Schweigepflicht entbinden (→ Rn. 2), ihm nicht aber eigennützige Verwertung zB von Insiderinformationen an der Börse gestatten, str. § 323 I 2 ist (unabhängig von Art. 8 II, III; 14 MAR) ein klares gesetzliches **Verbot der Ausnutzung von Insiderinformationen** (→ § 347 Rn. 31), zust. MüKoHGB/Ebke Rn. 66; ADS Rn. 72; GK/Marsch-Barner Rn. 3, daneben kann Verstoß gegen Insiderrecht nach Art. 7 ff., 14 MAR vorliegen, Staub/ Habersack/Schürnbrand Rn. 28. Geschäfts- und Betriebsgeheimnis ist zwar nicht jedes Geheimnis der KapitalGes. (Grund § 333 I), aber doch weit zu verstehen, BeckBilKomm/Schmidt/Feldmüller Rn. 51 I 2 verbietet nicht nur Transaktionen zum eigenen Vorteil, sondern auch solche zum Vorteil Dritter (sog. Tippen); auch darin liegt ein Verwerten, wenn die Weitergabe nicht völlig uneigennützig erfolgt (dann aber Verstoß gegen I 1). Rechtsfolgen des Verstoßes sind § 333 I 2 (Straftat, aber nur Antragsdelikt), Haftung auf Schadensersatz nach I 3 und Gewinnabführung nach § 667 (wie für Schmiergelder). Ein Verstoß gegen I 2 (gesetzestechnisch Grundlage für § 333 I 2) ist häufig zugleich ein Geheimnisbruch nach I 1, immer aber eine Berufspflichtverletzung gegenüber dem Unt. nach I 1 (ebenso wie bei Vorstands- und Aufsichtsratsmitgliedern nach §§ 93 I 1, 116 AktG).

6 **D. Sonstige Verhaltenspflichten des Wirtschaftsprüfers:** § 323 betrifft nach seinem Wortlaut nur den Pflichtprüfer mit allen (aA: nur den in I genannten) Verhaltenspflichten bei der Pflichtprüfung nach §§ 316 ff. Verhaltenspflichten im Vorfeld der Pflichtprüfung (→ Rn. 8); Verhaltenspflichten der Wirtschaftsprüfer nicht als Pflichtprüfung, sondern bei Prospektprüfung, Beratungstätigkeit und treuhänderischer Vermögensverwaltung s. Hopt WPg 1986, 498, sowie → § 347 Rn. 8–40. Verhaltenspflichtverletzungen außerhalb von Pflichtprüfungen unterliegen deshalb den Grenzen des § 323 grundsätzlich nicht, Canaris ZHR 163 (1999), 206 (234); M. Weber NZG 1999, 12, str. Rechte und Pflichten der Wirtschaftsprüfer sind auch in **(2a)** WPO §§ 43–56 geregelt. Dort ist insbesondere die sog. kritische Grundhaltung normiert, dazu Marten, DB 2022, 69. In § 102 StaRUG wurde über die Rede- und Warnpflicht im Rahmen der Abschlussprüfung eine allg. Rede- und Warnpflicht eingeführt, falls Wirtschaftsprüfer mit der „Erstellung" des Jahresabschlusses beauftragt wird. Gesetzgeber nimmt Bezug auf BGH, Urt. v. 26.1.2017 IX ZR 285/14 Rn. 14, 38, 44 ff. und kodifiziert entsprechende Pflichten für Erstellung des Jahresabschlusses durch WP,RegE SanInsFoG, BT-Drucks. 19/24181 S. 185 ff. Der mit der Erstellung eines Jahresabschlusses beauftrage Wirtschaftsprüfer ist verpflichtet, zu

2. Abschnitt. Ergänzende Vorschriften für Kapitalges. 7–7b § 323

prüfen, ob sich auf der Grundlage der ihm zur Verfügung stehenden Unterlagen und der ihm sonst bekannten Umstände tatsächliche oder rechtliche Gegebenheiten ergeben, die einer Fortführung der Unternehmenstätigkeit entgegenstehen könnten. Hingegen ist er nicht verpflichtet, von sich aus eine Fortführungsprognose zu erstellen und die hierfür erheblichen Tatsachen zu ermitteln. Eine Haftung des WP setzt voraus, dass der Jahresabschluss angesichts einer bestehenden Insolvenzreife der Gesellschaft objektiv zu Unrecht von Fortführungswerten ausgeht. Der mit der Erstellung des JA beauftragte Wirtschaftsprüfer hat die Mandantin auf einen möglichen Insolvenzgrund und die daran anknüpfende Prüfungspflicht ihres Geschäftsführers hinzuweisen, wenn entsprechende Anhaltspunkte offenkundig sind und er annehmen muss, dass die mögliche Insolvenzreife der Mandantin nicht bewusst ist, vgl. Uhländer DB 2022, 485, 487 (analog zum StB).

2) Haftung auf Schadensersatz (I 3, 4)

A. **Haftung gegenüber der Ges.**: Jeder Verhaltenspflichtverstoß des Abschlussprüfers führt zu Schadensersatzhaftung nach I 3, nicht nur solcher bei der Prüfung ieS, sondern irgendeiner im Zusammenhang mit der Prüfung (→ Rn. 1–6), auch soweit in I 1, 2 nicht ausdrücklich genannt, aA enger Beck-BilKomm/Schmidt/Feldmüller Rn. 101, auch pflichtwidrige Verzögerung oder Verweigerung des Bestätigungsvermerks (→ § 322 Rn. 1), auch bei Bilanzierung zu Fortführungswerten trotz Insolvenzreife, OLG Düsseldorf NZI 2019, 757, LG Düsseldorf NZI 2018, 332, dazu Juretzek NZI 2019, 740; Gessner ZIP 2020, 544. Der Sachkapitalerhöhungsprüfer haftet in Höhe der Differenz des testierten zum tatsächlichen Wert der Sacheinlage, KG BeckRS 2017, 155078. Außerhalb der Prüfung übernommene, vertragliche Pflicht (→ Rn. 6); zur Haftung der DPR und der BaFin im Zusammenhang mit Wirecard vgl. LG Wuppertal BB 2022, 431 ff. 7

Die Haftung nach **I 3** besteht **nur gegenüber** der **Ges.** und, wenn ein verbundenes Unt. (nach üL § 271 II, richtiger wie in → § 319 Rn. 17, 26) geschädigt worden ist, auch diesem gegenüber, anderen gegenüber nicht, hL. Es genügt leichte Fahrlässigkeit. Sofern der Abschlussprüfer aber nachweisen kann, dass die Prüfung in Übereinstimmung mit den gesetzlichen Vorschriften und den deutschen Grundsätzen ordnungsgemäßer Abschlussprüfung (GoA) (vgl. dazu IDW PS 201 Rn. 20, 22, jetzt ISA [DE] 200) durchgeführt wurde, spricht in der Praxis viel dafür, dass er Falschdarstellungen im Jahresabschluss im Grundsatz nicht zu vertreten hat, Lenz KoR 2020, 546, 549 (vgl. rechtlichen und faktischen Wirkung des Berufsstandards → Rn. 1). 7a

Für den Abschlussprüfer ist die sog. **Audit Judgment Rule** anzuerkennen, ausführlich: Merkt NJW 2022, 574 (vgl. zum subjektiven Fehlerbegriff, zur Legal Judgment Rule und zur Accounting Judgment Rule → vor § 238 Rn. 46a ff.). Bei der Planung und Durchführung einer Abschlussprüfung ebenso wie bei der Bildung seines Prüfungsurteils in Gestalt des Bestätigungsvermerks, hat der Abschlussprüfer pflichtgemäßes Ermessen auszuüben, ISA 200.4.3. Ermessen bezieht sich auf den gesamten Prozess der Prüfung von ihrer Vorbereitung über ihre Durchführung bis hin zu ihrem Abschluss unter Einschluss des Prüferurteils. Der Abschlussprüfer hat bspw. abzuwägen, ob Bestätigungen Dritter als aussagebezogene Prüfungshandlungen einzuholen sind und wer als geeignete bestätigende Person ausgewählt wird. Audit Judgment Rule ist notwendig, um das Problem von Rückschauverzerrungen bei gerichtlichen Prüfungen ex post (hindsight bias) zu begegnen. Die Audit Judgment Rule ist **dogmatisch** als **allgemeiner Grundsatz** berufsständischen Entscheidens anzusehen. Wie die Business Judgment Rule, die Legal Judgment Rule (Verse ZGR 2017, 174), die Accounting Judgment Rule (dazu Merkt Konzern 2017, 353) die Insolvency Judgment Rule (eingeschränkt, aber im Grundsatz Ermessensspielraum anerkennend: BGHZ 7b

§ 323 7c, 7d

225, 90) und die Medical Judgment Rule für andere Berufsträger zeigen, gibt es jeweils nuancierte berufsspezifische Entscheidungsprivilegierungen, die im Grundsatz auch für den Abschlussprüfer anzuerkennen sind. Die Frage, ob ein haftungsrelevantes Verhalten bzw. eine Verletzung der Pflicht zur gewissenhaften Berufsausübung vorliegt, ist restriktiv auszulegen. Dem Prüfer ist ein gewisser pflichtgemäßer Ermessensspielraum einzuräumen. Dieser darf nicht durch zu strenge gerichtliche Kontrolle unterlaufen werden; im Gegenteil ist er anzuerkennen. Aus einer Fahrlässigkeitshaftung darf keine verschuldensunabhängige Gefährdungshaftung werden. Ein „normaler" Fehler, wie er immer einmal passieren kann, bleibt zwar ein Fehler, der jedoch nicht haftungsrechtlich sanktioniert wird, wenn die Vorgaben der Audit Judgment Rule eingehalten wurden. Der Fehler fällt dann nicht in die Kategorie „objektive Verletzung der Pflicht zur gewissenhaften Berufsausübung". Ein rügewürdiger Pflichtverstoß setzt voraus, dass die Handhabung des Abschlussprüfers nicht nur falsch, sondern unvertretbar und grob fehlerhaft war, diese Unvertretbarkeit für den Abschlussprüfer offensichtlich war bzw. sich ihm aufdrängen musste, den Verstößen ein gewisses Gewicht zukommt, das die Bagatellgrenze überschreitet und von ihm als nach allgemeinen Rechtsgrundsätzen vorwerfbar (vorsätzlich oder fahrlässig) begangen worden sind (LG Berlin, 12.3.2004 – WiL 19/03; 22.4.2004 – WiL 17/03; 20.3.2009, WiL 18/08 BeckRS 2010, 5932; 20.5.2011 – WiL 11/10; 22.11.2013 – WiL 2/13; 12.12.2014 – WiL, 3/14 wistra 2016, 47; insgesamt: Merkt NJW 2022, 574, 578). Liegen diese Tatbestandselemente kumulativ vor, scheidet der Vorwurf einer objektiven Verletzung der Pflicht zur gewissenhaften Berufsausübung aus.

7c   Kritisch zu prüfen ist im Übrigen, welche Schäden der falsche Bestätigungsvermerk kausal für das Unternehmen verursacht hat. Die Kausalitätsfrage dürfte häufig entscheidend für eine Haftung sein.

7d   Der Abschlussprüfer haftet gesamtschuldnerisch (I 4) für jeden aus der Pflichtverletzung entstehenden Schaden der Ges. (→ § 347 Rn. 35), auch Folgeschäden. **Mitverschulden** der gesetzlichen Vertreter ist strenger als sonst (→ § 347 Rn. 36) nur in engen Ausnahmefällen anzuerkennen (Grund: nicht nur Eigenverantwortlichkeit der Unterorgane, sondern besondere Kontrollaufgabe des Abschlussprüfers); BGH NJW 2010, 1812, Hopt WPg 1986, 461, zB bei vorsätzlicher Irreführung des Prüfers, auch dann entfällt der Ersatzpflicht aber nicht wie sonst ohne weiteres gänzlich, vielmehr Gesamtschau, auch der Verursachungsbeiträge des Geschäftsführers vor der Prüfung, BGH NJW 2010, 1812 (iErg Mitverschulden von $^2/_3$), auch BGH WM 2012, 959. Mitverschulden auch bei einfacher Fahrlässigkeit (Aufstellung des Jahresabschlusses durch Steuerberater, verspäteter Insolvenzantrag), BGH ZIP 2013, 1332. Bei vorsätzlicher Bilanzfälschung durch den Geschäftsführer soll Haftung des Abschlussprüfers ganz zurücktreten, außer bei grober Fahrlässigkeit, OLG Saarbrücken DB 2013, 2324, OLG Köln DStR 2014, 1895 (40 % WP). Die Kontrollaufgabe auch zugunsten Dritter und der rechtsvergleichende Befund sprechen aber gegenüber dem Abschlussprüfer eher dafür, den Mitverschuldenseinwand umgekehrt zurückzudrängen, ja sogar grundsätzlich überhaupt auszuschließen, öOGH AG 2002, 573; Heck AcP 140 (1935), 164; Bärenz BB 2003, 1784; Koziol/W. Doralt FS Doralt, 2004, 337; W. Doralt ZGR 2015, 280; nur bei § 320 II; Staub/Habersack/Schürnbrand Rn. 37.

Insgesamt ergeben sich damit folgende im Grundsatz zu differenzierenden Fälle (vgl. BeckOGK/Bormann § 323 Rn. 109 ff.). (1) Unternehmen bzw. seine Organe handeln vorsätzlich, Abschlussprüfer nur fahrlässig. Hier kann Mitverschulden des Unternehmens berücksichtigt werden und zum vollständigen Ausschluss der Haftung führen. (2) Wenn der Abschlussprüfer vorsätzlich handelt und dem geprüften Unternehmen nur Fahrlässigkeit nachgewiesen werden kann, kommt eine Minderung der Haftung grundsätzlich nicht in Betracht. (3) Handeln sowohl das geprüfte Unternehmen als auch der Abschlussprüfer vorsätzlich, soll das Mitverschulden im Grundsatz berücksichtigt werden können. Im Zweifel kann es zu einer Quote von 50:50 kommen. (4) Sofern sowohl das geprüfte Unternehmen als auch der Abschlussprüfer nur fahrlässig handeln, ist strittig, ob der Mitverschuldenseinwand zulässig ist.

I 1, 3 sieht eine Haftung auch der Gehilfen und der Vertreter der Prüfungsgesellschaft vor. Hiernach haften der geprüften Ges. auch die Gehilfen und die bei der Prüfung mitwirkenden gesetzlichen Vertreter einer Prüfungsgesellschaft für Pflichtverletzungen aus dem Prüfungsvertrag persönlich. Bei der eigenständigen Gehilfenhaftung nach § 323 I 1, 3 handelt es sich um eine atypische außervertragliche Haftungserweiterung, die bei anderen freien Berufen nicht existiert (Eichholz/Beck BB 2021, 1902; MüKoHGB/Ebke, § 323 Rn. 14).

Für Gehilfen und die bei der Prüfung mitwirkenden gesetzlichen Vertreter einer Prüfungsgesellschaft, gelten in Zukunft die Haftungshöchstgrenzen wie im Falle einfacher Fahrlässigkeit, auch wenn sie grob fahrlässig handeln. Dies ergibt sich daraus, dass II 3, welcher eine Erhöhung der Höchstgrenze vorsieht, nur für den „Abschlussprüfer", nicht aber für seine Gehilfen oder die gesetzlichen Vertreter vorsieht. Bei Vorsatz gibt es keine Haftungshöchstgrenzen (Stüttgen, ZIP 2022, 300). Bei der Prüfung des Jahresabschlusses eines nicht-kapitalmarktorientierten CRR-Kreditinstituts muss deshalb differenziert werden: Hat der verantwortliche Prüfungspartner grob fahrlässig seine Pflichten gegenüber dem geprüften Unternehmen verletzt gilt folgendes: Der verantwortliche Prüfungspartner haftet gegenüber dem geprüften Unternehmen als Gehilfe des Abschlussprüfers max auf 4 Mio. Euro (§ 323 Abs. 2 S. 1 Nr. 2 HGB i. V. m. § 340k Abs. 1 S. 1 HGB). Die WP-Gesellschaft (Abschlussprüfer) haftet hingegen max iHv 32 Mio. Euro (§ 323 Abs. 2 S. 3 HGB i. V. m. § 340k Abs. 1 S. 1 HGB). Ihr wird das Verschulden des verantwortlichen Prüfungspartners analog § 31 BGB als eigenes (grob fahrlässiges) Verschulden zugerechnet (→ Rn. 7f). (Beispiele nach Eichholz/Beck BB 2021, 1899, 1902).

Haftung der PrüfungsGes. für gesetzliche Vertreter und verfassungsmäßig berufene Vertreter nach § 31 BGB, ihr Vorsatz wird der Ges. zugerechnet. **Haftung für** (auch nicht prüfungsspezifische, aber vgl. → Rn. 1) **Gehilfen nach § 278 BGB** zusammen mit dem Prüfungsvertrag (→ § 318 Rn. 1–4), §§ 31, 831 BGB. Vorsätzliches Handeln des Gehilfen wird dem Abschlussprüfer nicht zugerechnet Staub/Habersack/Schürnbrand Rn. 49, str.

Beweislast nach allgemeinen Grundsätzen (§ 280 I 2 BGB, näher → § 347 Rn. 37), der Prüfer muss bei pflichtwidrigem Handeln beweisen, dass ihn und seine Gehilfen kein Verschulden trifft, Staub/Habersack/Schürnbrand Rn. 42, auch Anscheinsbeweis, Staub/Habersack/Schürnbrand Rn. 41, str. Das gilt auch für die Frage, ob der Prüfer vorsätzlich gehandelt hat, Staub/Habersack/Schürnbrand Rn. 42; abw. KG 12 U 16/14, BeckRS 2017, 155078 = juris Rn. 38, da kein Auftragverhältnis mit Ges., doch auch zum Verhältnis von II zu § 839a BGB, der von II verdrängt wird, da II lex specialis. Der angestellte Prüfungsgehilfe ist vor einer Ausgleichspflicht uU durch arbeitsrechtliche Grundsätze geschützt, BAG NZA 1994, 1082.

B. **Dritthaftung:** Im KonTraG bewusst nicht geregelt (Rechtsausschuss gegen BR). Allgemeine dogmatische Ansätze können sein: (konkludenter) Auskunftsvertrag, Sachwalter- oder Expertenhaftung, Vertrag mit Schutzwirkung zu Gunsten Dritter, Schutzgesetzverletzung iSd § 823 II BGB oder eine Haftung nach § 826 BGB. Rspr. ist häufig von Sonderfällen außerhalb der Pflichtprüfung geprägt (zB wenn Abschlussprüfer in den Anlagevertrieb einbezogen wurde), Nietsch WM 2021, 158, 163. Der typische Sachverhalt stellt aber die Erteilung des Testats der §§ 316 ff. HGB dar. Lit. Gehrlein DStR 2022, 377, 383 ff. (Deliktische Haftung des Abschlussprüfers).

8a Grundsätzlich sind an die Annahme der Dritthaftung sowohl bei **Pflichtprüfung** als auch bei **freiwilliger Prüfung** strenge Maßstäbe zu stellen, BGH ZIP 2006, 854; 2006, 954; ZIP 2009, 1166; BGH BeckRS 2008, 24194. Eine Haftung besteht grundsätzlich nur gegenüber der Gesellschaft. Sofern ein verbundenes Unternehmen geschädigt worden ist, kann eine Haftung auch diesem gegenüber bestehen. Eine Haftung gegenüber den Anteilseignern und sonstigen Gläubigern der Gesellschaft besteht im Grundsatz nicht. Schutzpflicht gegenüber Dritten kann zwar **vertraglich** begründet werden, doch steht gesetzgeberischer Wille, Haftungsrisiko angemessen zu begrenzen, der Einbeziehung einer unbekannten Vielzahl von Gläubigern, Gesellschaftern oder Anteilserwerbern in den Schutzbereich des Prüfungsauftrags entgegen. Nach der Grundsatzentscheidung des BGH (BGHZ 138, 257 = NZG 1998, 437) schießt die gesetzgeberische Wertung des § 323 I 3 es nicht generell aus, von einem Vertrag mit Schutzwirkung zu Gunsten Dritter auszugehen, allerdings sind die Voraussetzungen sehr streng zu prüfen. Es könne regelmäßig nicht angenommen werden, dass der Abschlussprüfer dazu bereit sei, ein Haftungsrisiko gegenüber Dritten zu übernehmen. Auch FISG hat an diesem Grundsatz nichts geändert, Hennrichs BB 2021, 263, 274 f. Dass Prüfer bereit ist, ein so weitgehendes Risiko zu übernehmen, kann regelmäßig nicht angenommen werden. Anders, wenn beide Vertragsteile übereinstimmend davon ausgehen, dass Prüfung auch im Drittinteresse durchgeführt werden und dem Dritten als Entscheidungsgrundlage dienen soll, BGH ZIP 1998, 826. Wird ein VSD angenommen, können die Höchstgrenzen nach II auch in diesem Fall greifen, BGH, a. a. O. Bestätigt Prüfer, dass eine freiwillige Prüfung nach § 317 erfolgt, rechtfertigt dies Annahme, dass Dritter billigerweise keinen weitergehenden Schutz als bei Pflichtprüfung erwarten darf, OLG Köln BeckRS 2016, 6014. Auch nachträglicher Auftrag zur Erstellung einer **Kurzfassung des Prüfberichts** zur Unterrichtung der Gesellschafter führt nicht zu drittschützender Wirkung des ursprünglichen Auftrags, wenn Prüfbericht bereits bei Beauftragung der Kurzfassung erstellt und an Auftraggeber abgeliefert und Auftrag damit erfüllt war, OLG Köln BeckRS 2016, 6014. Aus Auftrag zur Erstellung einer Kurzfassung des Prüfberichts selbst kann sich zwar drittschützende Wirkung zugunsten der Gesellschafter ergeben, wenn Bericht der Unterrichtung der Gesellschafter dient, jedoch fehlt es an Pflichtverletzung, wenn im Kurzbericht zutreffend Ergebnisse der Langfassung wiedergegeben werden, OLG Köln BeckRS 2016, 6014. Für Annahme einer stillschweigenden vertraglichen Einbeziehung eines Dritten in den Schutzbereich des Prüfvertrages muss dem Prüfer erkennbar sein, dass von ihm im Drittinteresse eine besondere Leistung erwartet wird, die über die der Erbringung der gesetzlich vorgeschriebenen Pflichtprüfung hinausgeht, BGH NJW 2012, 3165; OLG Düsseldorf DStR 2015, 1774. Wird der Prüfer gesondert beauftragt, eine kreditgebende Bank des geprüften Unternehmens vorab über die Ergebnisse der Prüfung zu informieren, so wird dadurch kein weiterer Vertrag mit Schutzwirkung zugunsten der finanzierenden Bank oder gesonderten Sorgfaltsanforderungen für den Abschlussprüfer geschlossen, OLG Düsseldorf DStR 2015, 1774.

8b Ein Prüfer kann nach **§ 826 BGB** gegenüber Dritten für fehlerhafte Testate oder sonstige bei der Prüfung abgegebenen Erklärungen haften. Auf den ersten Blick scheint Dritthaftung aus § 826 BGB wegen Vorsatzerfordernis weniger problematisch. Dieser Schein trügt, weil schon „möglich halten und billigend inkaufnehmen" für Vorsatz ausreicht. Eine besonders schwerwiegende Verletzung der Sorgfaltspflicht des Abschlussprüfers kann sittenwidrig i. S. d. § 826 BGB sein. Als sittenwidrig ist dabei zu beurteilen, dass der Abschlussprüger aufgrund des Expertenstatus ein besonderes Vertrauen für sich in Anspruch nimmt, selbst aber nicht im Mindesten den an einen Experten zu richtenden Maßstäben genügt. Rechtsprechung ist insgesamt um einschränkende Konkretisierung bemüht. Der Sittenverstoß setzt ein leichtfertiges und gewissenloses Verhalten des Abschlussprüfers voraus. Die Vorlage eines unrichtigen Bestätigungs-

2. Abschnitt. Ergänzende Vorschriften für Kapitalges. 8c § 323

vermerks allein reicht dabei nicht aus. Erforderlich ist vielmehr, dass der Abschlussprüfer seine Aufgabe qualifiziert nachlässig erledigt, z. B. durch unzureichende Ermittlungen oder durch Angaben ins Blaue hinein, und dabei eine Rücksichtslosigkeit an den Tag legt, die angesichts der Bedeutung des Bestätigungsvermerks für die Entscheidung Dritter als gewissenlos erscheint (BGH vom 20.1.2022 – III ZR 194/19, DB 2022, 519; vgl. BGH vom 12.3.2020 – VII ZR 236/19, DB 2020 S. 1114 Rn. 35; BGH vom 19.11.2013 – VI ZR 336/12, DB 2013 S. 2923 Rn. 10, und BGH vom 26.9.2000 – X ZR 94/98, BGHZ 145 S. 187 [202]), Gehrlein DStR 2022, 377, 383. Sittenwidrigkeit kann auch vorliegen, wenn der Abschlussprüfer durch unzutreffende Angaben Anschein erweckt, er habe Grundlagen seiner Expertise geprüft, bewusst auf eine unerlässliche eigene Prüfung verzichtet, sich grob fahrlässig der Einsicht in die Unrichtigkeit des Testats verschließt oder durch fehlerhafte Äußerungen ohne Rücksicht auf Dritte eigenen Vorteil sucht, OLG Düsseldorf BeckRS 2019, 36560, OLG Dresden 8 U 1020/18, BeckRS 2019, 4774, OLG Düsseldorf DStR 2015, 1774. Prüfer muss mindestens mit bedingtem Vorsatz handeln, der aber durch Art und Weise des Sittenverstoßes bewiesen werden kann, OLG Düsseldorf DStR 2015, 1774. Notwendig ist Gesamtbetrachtung. Jedenfalls muss geprüft werden, ob und in welchen Punkten der Jahresabschluss objektive Fehler enthält, BGH, vom 20.1.2022 – III ZR 194/19, DB 2022, 519. Vereinzelte Pflichtverletzungen sind jedenfalls nicht gewissenlos, wenn mit ihnen keine gleichgültige Schädigung Dritter bewusst in Kauf genommen wird, Nietsch WM 2021, 158, 165., vgl. BGH WM 2020, 987, 989. Insgesamt ist aber problematische Tendenz zu beobachten, dass bei Normanwendung Vorsatz und sorgfaltswidriges Handeln, sowie rechtliche- und wirtschaftliche Prüfung vermischt werden, weshalb strengere Prüfung der Voraussetzungen des § 826 BGB gefordert wird, Nietsch WM 2021, 158, 168; vgl. zu einem Fall, in welchem im Lagebericht eine Änderung des Geschäftsmodells nicht erklärt worden war: BGH v. 12.3.2020 – VII ZR 236/19, DStRE 2021, 60; Gehrlein DStR 2022, 37, 383 f.

§ 323 I ist kein **Schutzgesetz** iSv § 823 II BGB, OLG Karlsruhe WM 1985, 8c 944; LG Hamburg WM 1999, 143, hL, auch nicht **(2a)** § 43 I 1 WPO, aber **§§ 332, 333**, BGH BB 1961, 652 (zu § 302 Nr. 1 aF AktG) und § 264a StGB (Kapitalanlagebetrug), BGH WM 2013, 1016 Rn. 37. Zur Einordnung des § 332 als Schutzgesetz jüngst wieder: BGH ZIP 2020, 1024 f. Rn. 14, krit. dazu Wöstmann, WPg 2020, 1386, 1389 (Voraussetzungen eines Schutzgesetzes bei § 332 „zweifelhaft"). § 332 I ist nicht verletzt, wenn keine Pflichtprüfung durchgeführt werden musste, weil die Gesellschaft zB als kleine Kapitalgesellschaft gemäß § 316 I nicht prüfungspflichtig war. Grund: Der Prüfer kommt bei gesetzlich nicht vorgeschriebenen Prüfungen keine besondere Funktion als Kontrollorgan zu, Nietsch WM 2021, 158, 163. Eine gesetzlich vorgeschriebene Pflichtprüfung, die dazu führt, dass § 332 HGB einschlägig wäre, liegt auch nicht vor, wenn die Prüfung des Jahresabschlüsses und der Lageberichte lediglich auf der Grundlage wertpapierrechtlicher Vorschriften über den notwendigen Inhalt eines Prospekts für die Emission einer Orderschuldverschreibung erforderlich ist (BGH ZIP 2020 1024 f. Rn. 18). Keine analoge Anwendung des § 332 HGB auf freiwillige Prüfungen. Eine Haftung nach § 826 BGB bleibt mögl. (BGH ZIP 2020 1024 f. Rn. 17). § 403 AktG, § 314 UmwG sind Schutzgesetze zugunsten der Aktionäre und Gläubiger der Ges. Mit dem FISG wurde § 332 HGB um die Tatbestandsvariante der leichtfertigen Tatbegehung erweitert. Dies könnte auch den Maßstab für die Schutzgesetzverletzung reduzieren. Allerdings ist zu berücksichtigen, dass nicht jeder unrichtige oder unvollständige Bestätigungsvermerk den Tatbestand des § 332 erfüllt. Voraussetzung ist eine subjektiv determinierte Unehrlichkeit des Abschlussprüfers. Eine „leichtfertige Unehrlichkeit" gibt es allerdings nicht, sodass abzuwarten bleibt, inwieweit die Verschärfung des § 332 die Außenhaftung des Abschlussprüfers beeinflussen wird.

Merkt 1515

§ 323 8d

8d I 3 lässt andere Haftungsgrundlagen unberührt, zB Prüfungsvertrag, OLG Zweibrücken VersR 2014, 257 (Rechenschaftsbericht einer politischen Partei), §§ 823 II, 826 BGB, dazu BGH ZIP 2013, 417 (pflichtwidriger Bestätigungsvermerk, Schaden) und OLG Dresden 8 U 1020/18, BeckRS 2019, 4774 (Einstandpflicht gegenüber kleiner AG mit Prüfungspflicht prospektgesetzlicher Prüfungspflicht), BGH NJW 2014, 383 (irreführende Verkaufsargumente für geprüftes Unt.), OLG Karlsruhe WM 1985, 940, OLG Dresden WM 2014, 598 (gewissenlos unzureichende Prüfung); **Bspe für § 826 BGB** BeckBilKomm/Schmidt/Feldmüller Rn. 184; Nietsch WM 2021, 158, 164 f. Eine Vertrauens- oder Berufshaftung (→ § 347 Rn.) gegenüber irgendwelchen auf das Testat vertrauenden Dritten wird durch § 323 ausgeschlossen, hL, aA OLG Hamm BB 1996, 2297, ebenso Vertrag mit Schutzwirkung zugunsten Dritter (→ § 347 Rn. 21), aber nur innerhalb des Geltungsbereichs von § 323, also beschränkt auf Pflichtprüfung, anders bei gesetzlich nicht vorgeschriebenen Prüfungen, zB von Gewinnprognosen, BGH NJW 2014, 2345 Rn. 21 mAnm Ebke ZGR 2015, 325 (auch → Rn. 9). Ebensowenig wird ein verbundenes Unt. in den Drittschutz des Prüfvertrags einbezogen, wenn nicht für Abschlussprüfer erkennbar ist, dass von ihm im Drittinteresse eine besondere Leistung erwartet wird, OLG Düsseldorf 16 O 72/18, OLG Hamburg 9 U 136/18, LG Hamburg 322 O 504/17, dazu Schröder/Kraus WPg 2020, 250. **Dritthaftung außerhalb der Pflichtprüfung** (zu dieser → Rn. 7) sowie bei Leistung über diese hinaus, OLG Köln ZIP 2012, 1084, aber auch im Vorfeld derselben, zB Ankündigung eines unrichtigen Testats als Entscheidungshilfe für Dritte, oder unter Einbeziehung Dritter in den Schutzbereich des Prüfvertrags über die Pflichtprüfung nach §§ 316 ff. durch die Parteien (Vertrag mit Schutzwirkung zugunsten Dritter) bleibt **unberührt,** BGHZ 138, 259; NJW 2012, 3167, aber keine Schutzwirkung des Prüfungsvertrags mit Bestätigungsvermerk im Verkaufsprospekt für Börsengang einer AG, Pflichtanwesenheit des Prüfers in diesbezüglicher Aufsichtsratssitzung (§ 171 I 2 AktG) trägt konkludente Erweiterung nicht, BGHZ 167, 155 mAnm Lettl NJW 2006, 2817, arg. e I 3 und Reformgeschichte; diese strengen Anforderungen, BGH WM 2009, 1133, gelten dann auch für die Annahme eines Auskunftsvertrags des Abschlussprüfers mit einem Anlagevermittler, BGH NJW 2009, 512. Eine Haftung des Abschlussprüfers nach § 823 II BGB iVm § 332 I (Verletzung der Berichtspflicht) setzt voraus, dass Gegenstand der Prüfung eine nach Maßgabe des Handelsrechts vorgeschriebene Pflichtprüfung ist. Eine solche Pflichtprüfung liegt nicht vor, wenn die Prüfung der Jahresabschlüsse und der Lageberichte lediglich auf der Grundlage wertpapierrechtlicher Vorschriften über den notwendigen Inhalt eines Prospekts für Emission einer Orderschuldverschreibung erforderlich ist (BGH ZIP 2020 1024 (1. LS). Haftung nach § 826 BGB ist in diesem Fall möglich, wenn der in einem Wertpapierprospekt enthaltene Bestätigungsvermerk nicht nur unrichtig ist, sondern der WP seine Aufgabe nachlässig erledigt, zB durch unzureichende Ermittlungen oder durch Angaben ins Blaue hinein u. dabei Rücksichtslosigkeit an den Tag legt, die angesichts der Bedeutung des Bestätigungsvermerks für Entscheidung Dritter als gewissenlos erscheint [BGH ZIP 2020 1024 (2. LS), Anschluss an BGH NJW 2014, 383 Rn. 23–44]. Zur Kausalität greifen die Grundsätze über die Beeinflussung der Anlageentscheidung durch Prospektfehler. Es entspricht der Lebenserfahrung, dass Prospektfehler auch ohne Kenntnisnahme d. Prospekts durch Anleger für Anlageentscheidung ursächlich wird, wenn Prospekt entsprechend dem Vertriebskonzept verwendet wird, weil Anleger dann auf andere als im Prospekt genannten Risiken nicht hingewiesen worden sind. Dies gilt auch für unrichtige Bestätigungsvermerke, die in Prospekten Verwendung gefunden haben. (BGH ZIP 2020, 1028, 1024 (Rn. 39); kritisch dazu Wöstermann WPg 2020, 1386, 1390 f. **Zur Dritthaftung des Wirtschaftsprüfers** allgemeiner BGH NJW 2012, 3165 bei GmbH-Insolvenzreifeprüfung auch zugunsten der GmbHGfter, **näher** → § 347 **Rn. 21,** jedenfalls keine Sperrwirkung Staub/Habersack/Schürnbrand Rn. 52 ff.; enger Mü-KoHGB/Ebke Rn. 85 ff. **Dritthaftung im IPR** MüKoHGB/Ebke Rn. 171 ff.; Kalss, Der Gesellschafter 2020, 300 (Dritthaftung des Abschlussprüfers in Österreich nach den Grundsätzen des Vertrages mit Schutzwirkung zugunsten Dritter) **Lit.** MüKoHGB/Ebke vor § 323; WP-HdB I A 661 ff.; Wagner in Callies, Transnationales Recht, 2014, 307 (Dritthaftung mit Haftungsbegrenzung); W. Doralt ZGR 2015, 266 (Mitverschulden, Dritthaftung, Haftungsbegrenzung); Ebke ZGR 2015, 325; Hennrichs BB 2021, 268, 274 f.; Nietsch WM 2021, 158, 163 ff. (Überblick zur Dritthaftung), Markworth BKR 2020, 438 (zur Haftung bei fehlerhafter Regelpublizität; insb. Kapitalmarktinformationshaftung des Emittenten).

Streitig ist, ob die Dritthaftung de lege ferenda gesetzlich normiert werden soll. **8e** Ein Vorschlag besteht darin, sich an der Haftung der Rating-Agenturen in Art. 35a Rating-VO (AU/46/2013) zu orientieren (Mock ECFR 2021, 519) Uhlmann ZHR 185 (2021), 669, 710 ff.).

3) Gesetzliche Haftungsobergrenze (II)

II 1, 2 idF KonTraG 1998 und EuroBilG 2001, II 2 idF (nur redaktionell) 4. **9** FinanzmarktfördG 2002, FinanzmarktRLUmsetzungsG 2007. Die Ersatzpflicht war **bis zum FISG** auf einen **Höchstbetrag** von einer Mio. Euro (RegE KonTraG vier Mio. DM) für eine Pflichtprüfung seitens aller **fahrlässig** handelnden Personen insgesamt beschränkt (II 1 aF). Bei der Prüfung einer AG, deren Aktien zum Handel im regulierten Markt zugelassen sind, betrug die Haftungshöchstgrenze 4 Mio. Euro, II 2 aF. Durch das **FISG (Übergangsrecht (1)** EGHGB Art. 86) wurden diese Höchstgrenzen angehoben. Nach der Regierungsbegründung erfolgte die Anhebung der Haftungshöchstgrenzen vor dem Hintergrund, dass die bisherigen Grenzen seit 1998 unverändert bestanden. Im internationalen Vergleich seien sie zu niedrig. In den anderen EU-Mitgliedsstaaten gebe es teilweise überhaupt keine Haftungshöchstgrenzen. Darüberhinaus bestehe ein Konflikt einer niedrigen Haftungshöchstgrenze mit der Ausgleichsfunktion des Haftungsrechts, da schwerwiegende Prüffehler – insbesondere im Zusammenhang mit mutmaßlichen Bilanzmanipulationen – hohe Schäden bei den geprüften Unternehmen und in der Konsequenz auch bei dessen Gläubigern und Anteilseignern verursachen können. Die niedrigen Höchstgrenzen wurden schon vor dem FISG auch im Interesse des Berufsstands als zu niedrig kritisiert (→ 40. Aufl.), deren II hat die strenge, unbegrenzte Wirtschaftsprüferhaftung außerhalb § 323 (→ § 347 Rn. 21) mitverursacht. Die Haftungshöchstbeträge wurden mit dem FISG nun ausdifferenziert und erhöht (**Übergangsrecht** in **(1) EGHGB** Art. 86). Gleichzeitig wurde an Haftungshöchstgrenzen grundsätzlich festgehalten, um die Versicherbarkeit des Haftungsrisikos zu gewährleisten. **Lit.** W. Doralt ZGR 2015, 266 (Haftungsbegrenzung, rvgl); kritisch zur Abschaffung der Haftungshöchstgrenze bei grober Fahrlässigkeit: Dauner-Lieb ZIP 2021, 391; Hennrichs DB 2021, 268, 273; Arbeitskreis Bilanzrecht Hochschullehrer Rechtswissenschaften BB 2020, 2732, 2734; Nietsch WM 2021, 158, 169; Wirth Konzern 2021, 506..

II 1 Nr. 1–3 idF des FISG, Übergangsrecht in **(1) EGHGB** Art. 86: das **9a** Gesetz differenziert drei Arten von Unternehmen und verschiedene Verschuldensgrade: Nach I 1 Nr. 1 gilt bei der Prüfung von Kapitalgesellschaften, die Unternehmen von öffentlichem Interesse nach § 316a Satz 2 Nummer 1 HGB, also kapitalmarktorientiert im Sinne des § 264d HGB sind, eine Haftungshöchstgrenze bei fahrlässig begangenen Pflichtverletzungen von **16 Mio.** Euro. Die Anhebung der Haftungshöchstgrenze bei der Prüfung kapitalmarktorientierter Kapitalgesellschaften wurde damit gerechtfertigt, dass bei diesen Unternehmen häufig ein besonders großer Adressatenkreis auf eine sorgfältige Prüfung des Abschlussprüfers vertraut. Eine sorgfaltswidrige Prüfung kann in diesen Fällen

§ 323 9b, 9c 3. Buch. Handelsbücher

häufig zu außergewöhnlich hohen Schäden bei der geprüften Gesellschaft führen. Grund dafür ist, dass diese sich infolge einer Pflichtverletzung des Abschlussprüfers selbst Schadensersatzansprüchen von Anlegern ausgesetzt sehen kann. Wird die Pflichtverletzung vorsätzlich oder grob fahrlässig begangen gibt es bei diesen Unternehmen keine Haftungshöchstgrenze. Nach I 1 Nr. 2 gilt eine mittlere Haftungshöchstgrenze von 4 Mio. Euro für die Prüfung von Kapitalgesellschaften, die Unternehmen von öffentlichem Interesse nach § 316a Satz 2 Nummer 2 oder 3 sind, also Kreditinstitute oder Versicherungsunternehmen, ohne kapitalmarktorientiert zu sein. Wird vorsätzlich gehandelt, haftet der Abschlussprüfer hier unbegrenzt; bei grober Fahrlässigkeit liegt die Höchstgrenze bei 32 Mio. Euro. Für die Prüfung von Kapitalgesellschaften, die keine Unternehmen von öffentlichem Interesse nach § 316a Satz 2 sind, gilt bei fahrlässig begangenen Pflichtverstößen eine Haftungshöchstgrenze von 1,5 Mio. Euro, II 1 Nr. 3. Die Anhebung der Haftungshöchstgrenze auf 1,5 Mio Euro bei der Prüfung von Kapitalgesellschaften, die nicht Unternehmen von öffentlichem Interesse sind, ist moderat. Wird hier grob fahrlässig gehandelt, haftet der Abschlussprüfer begrenzt auf 12 Mio. Euro. Bei Vorsatz haftet er unbegrenzt. Die Differenzierung beim Verschuldensgrad war bisher (vor dem FISG) vor allem im Bereich des Mitverschuldens relevant (→ Rn. 7c). Nunmehr spielt die Abgrenzung auch bei den Haftungshöchstgrenzen eine bedeutende Rolle (→ Rn. 9b). Die Differenzierung dürfte in der Praxis Schwierigkeiten bereiten, da die Grenzen fließend sind und bislang keine klar justiziablen Kriterien zur Abgrenzung im Fall der Abschlussprüfung existieren.

9b II 2 regelt **Ausnahmen zur Haftungsgrenze** nach II 1. Nach dem ursprünglichen Regierungsentwurf sollten die Haftungsgrenzen generell nicht greifen, wenn die betroffenen Personen vorsätzlich oder grob fahrlässig gehandelt haben. In den Genuss der Haftungsbeschränkung kam nur, wer einfach fahrlässig gehandelt hat. Die Regelung wurde im Gesetzgebungsverfahren intensiv diskutiert. Gegenüber dem Regierungsentwurf wurde die Vorschrift durch den Rechtsausschuss differnzierter ausgestaltet. Für Abschlussprüfer einer kapitalmarktorientierten Kapitalgesellschaft, die grob fahrlässig oder vorsätzlich gehandelt haben gibt es – wie bereits im Regierungsentwurf vorgesehen – keine Haftungshöchstgrenzen mehr, II 2. Dies trägt dem Umstand Rechnung, dass bei kapitalmarktorientierten Kapitalgesellschaften ein oftmals besonders großer Adressatenkreis auf eine sorgfältige Prüfung des Abschlussprüfers vertraut und eine sorgfaltswidrige Prüfung in diesen Fällen außergewöhnlich hohe Schäden bei der geprüften Gesellschaft verursachen kann. Eine der Höhe nach unbeschränkte Haftung ist erforderlich, um die notwendigen Anreize zu einer besonders sorgfältigen Prüfung zu setzen. Nach **II 3** und **II 4** werden für Abschlussprüfer, die bei Prüfung einer KapGes nach II 1 Nr. 2 oder 3 grob fahrlässig gehandelt haben, künftig im Vergleich zur Haftung für einfache Fahrlässigkeit erhöhte Haftungshöchstgrenzen gelten. Die höhere Vorwerfbarkeit des Pflichtenverstoßes bei einem grob fahrlässigen Verhalten spiegelt sich dann im Rahmen der Haftungsregelung wider. Gleichzeitig hält das Gesetz – abweichend vom RegE – für diesen Bereich an den (erhöhten) Haftungshöchstgrenzen fest. Damit soll der Gefahr einer Marktkonzentration auf dem Abschlussprüfermarkt in diesem Marktsegment entgegengewirkt werden. Für Gehilfen und die bei der Prüfung mitwirkenden gesetzlichen Vertreter einer Prüfungsgesellschaft gelten im Falle grob fahrlässigen Verhaltens auch zukünftig die in II 1 vorgesehenen (und gegenüber der bisherigen Rechtslage angepassten) Haftungshöchstgrenzen. Hierdurch wird der Gefahr eines übermäßigen Haftungsrisikos für natürliche Personen entgegengewirkt. Bei der Änderung in **II 5** handelt es sich um eine Folgeänderung zur Änderung in II 3 und 4.

9c Die Haftungsbeschränkung nach II 1, 2–4 gilt ohne Rücksicht darauf, ob **mehrere Pflichtverstöße** vorliegen (II 5). Die Höchstgrenzen für den Abschlussprüfer gelten auch in dem Fall, in welchem der Abschlussprüfer zwar

1518 Merkt

fahrlässig gehandelt hat, Erfüllungsgehilfen allerdings vorsätzlich oder grob fahrlässig gehandelt haben. Es findet **keine Zurechnung nach § 278 BGB** statt. Dies folgt aus der Formulierung, dass die Haftungshöchstgrenzen „ohne Rücksicht darauf, ob andere Beteiligte vorsätzlich oder grob fahrlässig gehandelt haben" gelten. Im Referentenentwurf zum FISG wurde hier noch eine Verschärfung der Haftung angedacht: Die Abweichung von § 278 BGB erschien dem Gesetzgeber zunächst nicht mehr sachgerecht. Laut RefE sollte „der in § 278 1 BGB niederlegelgte Grundgedanke auch im Rahmen des § 323 voll Anwendung finden (RefE FISG, S. 103). Kritisch zu dieser Verschärfung: Arbeitskreis Bilanzrecht Hochschullehrer Rechtswissenschaft BB 2020, 2731, 2734. Der Vorschlag im RefE wurde im FISG schließlich nicht mehr umgesetzt.

Mitverschulden mindert nur den Ersatzanspruch, nicht die Haftungsobergrenze (→ Zum Mitverschulden Rn. 7). II erstreckt sich auf die vertragliche- und deliktische Haftung gegenüber dem zu prüfenden Unt.; nach BGHZ 138, 266 auch auf abgeleitete Drittansprüche, was allerdings für Vertrauens- und Berufshaftung (→ § 347 Rn. 22) nicht zutrifft, aber, soweit es um Pflichtprüfungen geht, anzuerkennen ist; nicht aber auf Ansprüche aus Vertrag über zusätzliche und andere Leistungen als Pflichtprüfungen sowie Drittansprüche aus §§ 823 II, 826 BGB, zutr. Staub/Habersack/Schürnbrand Rn. 61, und überhaupt nicht auf die Haftung für andere Tätigkeiten als Pflichtprüfung (→ Rn. 6), GK/Marsch-Barner Rn. 7.

Die Änderungen gelten auch für Abschlussprüfer von Kapitalgesellschaften **9d** gleichgestellten Personenhandelsgesellschaften (§ 264a I 1), für die Abschlussprüfer von Kreditinstituten, die nicht in der Rechtsform einer Kapitalgesellschaft oder Personenhandelsgesellschaft im Sinne § 264a Absatz 1 HGB betrieben werden (§ 340k I 1), für die Abschlussprüfer von Versicherungsunternehmen, die nicht in der Rechtsform einer Kapitalgesellschaft betrieben werden (§ 341k I 1) sowie für die Abschlussprüfer von Unternehmen, die nach dem Publizitätsgesetz Rechnung legen (§§ 6 I 2, 14 I 2 PublG). In jenen Normen wird auf § 323 verwiesen.

Im Vergleich zum RefE ist Haftung nach dem RegE zum FISG und dem **9e** späteren Gesetz abgemeldet. Im RefE waren noch höhere Höchstgrenzen (20 Mio. bzw. 2 Mio) vorgesehen. Um die Höchstgrenze nutzen zu können, hätte der Abschlussprüfer nach dem RefE beweisen müssen, dass er nicht vorsätzlich oder grob fahrlässig gehandelt hat. Die Höchstgrenzen hätten auch dann nicht gelten sollen, wenn Gehilfen vorsätzlich oder grob fahrlässig handeln, weil insoweit eine Zurechnung nach § 278 BGB angedacht war (→ vgl. dazu Rn. 9c). Im Rechtsausschuss wurde die Haftung nochmals abgemildert (→ Rn. 9b).

4) Schweigepflicht innerhalb der PrüfungsGes. (III)

III stellt zu I 1 (→ Rn. 2) klar, dass das Berufsgeheimnis auch gegenüber **10** Aufsichtsrat(smitgliedern) der PrüfungsGes. selbst gilt.

5) Keine Freizeichnung (IV), Berufshaftpflichtversicherung

§ 323 ist zwingend. Freizeichnung von § 323 ist wirkungslos. IV gilt aber nur **11** für die Haftung aus § 323, nicht auch aus anderen Tätigkeiten als Pflichtprüfung (→ Rn. 7), dort aber AGB-Inhaltskontrolle nach **(5)** §§ 305 ff. BGB (→ § 318 Rn. 3). Berufshaftpflichtversicherung ist durch **(2a)** WPO § 54 vorgeschrieben. Zur Berufshaftpflichtversicherung WP-HdB I A 243, MüKoHGB/Ebke Rn. 9.

6) Mitteilungspflichten (V)

Absatz 5 wurde durch das FISG eingeführt (**Übergangsrecht** in **(1)** EGHGB **11a** Art. 86). Die Vorschrift dient der Konkretisierung europarechtlicher Vorgaben. Die Vorschrift benennt die verantwortlichen Stellen im Sinne des Artikels 7 Unterabsatz 2 der AbschlussprüferVO, welche der Abschlussprüfer oder die

§ 324   3. Buch. Handelsbücher

Prüfungsgesellschaft unter den in der Verordnung näher dargelegten Voraussetzungen zu informieren hat. In erster Linie besteht eine Informationspflicht gegenüber der BaFin als Marktaufsichtsbehörde. Falls der Verdacht einer Straftat besteht, beispielsweise einer unrichtigen Darstellung nach § 331 HGB oder einer unrichtigen Versicherung nach § 331a HGB, ist zusätzlich die jeweils für die Strafverfolgung zuständige Staatsanwaltschaft zu informieren. Im Falle des Verdachts einer Ordnungswidrigkeit ist – falls nicht die BaFin zuständig ist – die zuständige Verwaltungsbehörde zu unterrichten. Die Meldung von Unregelmäßigkeiten gemäß Artikel 7 Unterabsatz 2 der AbschlussprüferVO entbindet den Abschlussprüfer oder die Prüfungsgesellschaft gleichwohl nicht von der Pflicht zur gewissenhaften Prüfung nach § 323 I 1 HGB.

7) Verjährung

12 V aF mit fünfjähriger Sonderverjährung (ab Anspruchsentstehung) ist durch WPRefG v. 1.12.2003 BGBl. 2446 aufgehoben, **Übergangsvorschrift** in **(1)** EGHGB Art. 55. Gleichzeitig ist die parallele Sonderverjährungsvorschrift des **(2a)** WPO § 51a aufgehoben worden, **Übergangsvorschrift** in **(1)** EGHGB Art. 55 Rn. 1. Es gilt nunmehr die dreijährige Regelverjährung (§ 195 BGB). Verjährungsbeginn § 199 I Nr. 1 und 2 BGB (→ Einl. vor § 343 Rn. 16). Höchstfrist in Kombination von 10- und 30-Jahresfrist (Entstehung des Anspruchs bzw. schadensstiftende Handlung), maßgeblich ist die früher endende Frist (§ 199 III). Entstehung des Anspruchs iSv § 199 I Nr. 1, III 1 Nr. 1 BGB idR mit Ablieferung des Prüfungsberichts, bloße Gefahr reicht dafür nicht aus. Haftet der Abschlussprüfer für Ausweis eines nicht bestehenden Gewinns in der Bilanz der AG, ist für die Verjährung nicht schon die Ablieferung des Prüfungsberichts, sondern erst der Gewinnverwendungsbeschluss der Hauptversammlung maßgeblich, BGHZ 124, 27.

Prüfungsausschuss

324 (1) ¹Kapitalgesellschaften, die Unternehmen von öffentlichem Interesse (§ 316a Satz 2) sind und keinen Aufsichts- oder Verwaltungsrat haben, der die Voraussetzungen des § 100 Absatz 5 des Aktiengesetzes erfüllen muss, sind verpflichtet, einen Prüfungsausschuss nach Absatz 2 einzurichten, der sich insbesondere mit den in § 107 Absatz 3 Satz 2 und 3 des Aktiengesetzes beschriebenen Aufgaben befasst. Dies gilt nicht für Kapitalgesellschaften im Sinne des Satzes 1,

1. deren ausschließlicher Zweck in der Ausgabe von Wertpapieren im Sinne des § 2 Absatz 1 des Wertpapierhandelsgesetzes besteht, die durch Vermögensgegenstände besichert sind;
2. die Kreditinstitute im Sinne des § 340 Absatz 1 sind und einen organisierten Markt im Sinne des § 2 Absatz 11 des Wertpapierhandelsgesetzes nur durch die Ausgabe von Schuldtiteln im Sinne des § 2 Absatz 1 Nummer 3 Buchstabe a des Wertpapierhandelsgesetzes in Anspruch nehmen, soweit deren Nominalwert 100 Millionen Euro nicht übersteigt und keine Verpflichtung zur Veröffentlichung eines Prospekts nach der Verordnung (EU) 2017/1129 des Europäischen Parlaments und des Rates vom 14. Juni 2017 über den Prospekt, der beim öffentlichen Angebot von Wertpapieren oder bei deren Zulassung zum Handel an einem geregelten Markt zu veröffentlichen ist und zur Aufhebung der Richtlinie 2003/71/EG (ABl. L 168 vom 30.6.2017, S. 12), die zuletzt durch die Verordnung (EU) 2019/2146 (ABl. L 325 vom 16.12.2019, S. 43) geändert worden ist, besteht;
3. die Investmentvermögen im Sinne des § 1 Absatz 1 des Kapitalanlagegesetzbuchs sind.

2. Abschnitt. Ergänzende Vorschriften für Kapitalges. 1 § 324

Im Fall des Satzes 2 Nummer 1 ist im Anhang darzulegen, weshalb ein Prüfungsausschuss nicht eingerichtet wird.

(2) ¹Die Mitglieder des Prüfungsausschusses sind von den Gesellschaftern zu wählen. ²Die Mehrheit der Mitglieder, darunter der Vorsitzende, muss unabhängig sein; im Übrigen ist § 100 Absatz 5 des Aktiengesetzes entsprechend anzuwenden. ³Der Prüfungsausschuss hat den Gesellschaftern einen Vorschlag für die Wahl des Abschlussprüfers zu machen, wenn die Kapitalgesellschaft keinen Aufsichts- oder Verwaltungsrat hat oder wenn der Aufsichts- oder Verwaltungsrat für den Vorschlag nicht zuständig ist. ⁴Der Vorsitzende des Prüfungsausschusses darf nicht mit der Geschäftsführung betraut sein. ⁵§ 107 Absatz 3 Satz 8, § 124 Abs. 3 Satz 2 und § 171 Abs. 1 Satz 2 und 3 des Aktiengesetzes sind entsprechend anzuwenden.

(3) ¹Die Abschlussprüferaufsichtsstelle beim Bundesamt für Wirtschaft und Ausfuhrkontrolle kann zur Erfüllung ihrer Aufgaben gemäß Artikel 27 Absatz 1 Buchstabe c der Verordnung (EU) Nr. 537/2014 von einer Kapitalgesellschaft, die ein Unternehmen von öffentlichem Interesse (§ 316a Satz 2) ist, eine Darstellung und Erläuterung des Ergebnisses sowie der Durchführung der Tätigkeit seines Prüfungsausschusses verlangen. ²Die Abschlussprüferaufsichtsstelle soll zunächst auf Informationen aus öffentlich zugänglichen Quellen zurückgreifen.

Übersicht

	Rn
1) Hintergrund von § 324	1
2) KapitalGes., die einen Prüfungsausschuss nach II einrichten müssen (I 1)	1a–3a
3) Ausnahmen von der Pflicht, einen Prüfungsausschuss einzurichten (I 2 Nr. 1, 2 und 3)	4
4) Aufgaben des Prüfungsausschusses nach I 1 letzter Hs.	5
5) Wahl des Prüfungsausschusses und Anforderungen an diesen (II)	6–10
6) Überwachung durch die Aufsichtsbehörde (III nF)	11, 11a

1) Hintergrund von § 324

§ 324 neu durch BilMoG; Änderungen durch **Abschlussprüferreform 2014** 1 (Art. 39 EU-Abschlussprüfungsänderungs-RL 2014, → Einl. vor § 316 Rn. 7 f.) und insbesondere durch AReG (→ Einl. vor § 316 Rn. 9, **Übergangsrecht** in **(1)** EGHGB Art. 79) für Unt. von öff Interesse. § 324 regelt den **Prüfungsausschuss,** dessen Einrichtung die Abschlussprüfungs-RL (→ Einl. vor § 316 Rn. 4) in Art. 41 I 1 für Unt. von öff Interesse (Art. 2 Nr. 13) verlangt hat. Der Sache nach ist § 324 eine gesellschaftsrechtliche Vorschrift, die Ges. der verschiedensten Art betrifft und deshalb hier platziert wurde nicht ist. Die primäre Umsetzung von Art. 2 Nr. 13 ist aber in §§ 100 V, 107 III 2, IV, 124 III 2, 171 I 2, 3 ua AktG (neu BilMoG) erfolgt. § 324 hat danach nur Auffangfunktion und einen nur beschränkten Anwendungsbereich, Habersack AG 2008, 101, und ist nur zusammen mit diesen Normen verständlich (vgl. insoweit die aktienrechtlichen Kommentare). Der Standort der Regelung ist deshalb problematisch, Begründung aber bei Ernst/Seidler ZGR 2008, 668Die Reform durch AReG (→ Einl. vor § 316 Rn. 9, **Übergangsrecht** in **(1)** EGHGB Art. 79) dient der Umsetzung von Art. 1 EU-Abschlussprüfungsänderungs-RL 2014, der Kapitel X der EU-Abschlussprüfungs-RL 2006 durch einen neuen Art. 39 zum Prüfungsausschuss ersetzt hat. **Übergangsrecht: (1)** EGHGB Art. 66 IV. Änderungen durch FISG (**Übergangsrecht** in **(1)** EGHGB Art. 86). FISG sieht vor, dass künftig alle **Unternehmen von öffentlichem Interesse** (Legaldefinition in § 316a HGB) im Anwendungsbereich der AbschlussprüferRL einen Prüfungsausschuss haben.

§ 324 1a–3

Dies ist in § 107 Abs. 4 AktG geregelt. Lit. MBF Kap. 17 Tz. 272 ff.; Meyer/Mattheus DB 2016, 695; Nonnenmacher/Wemmer/v. Werder DB 2016, 2826 (Leitfaden für Prüfungsausschüsse); Schilha ZIP 2016, 1316; AKEIÜ DB 2017, 47 (Auswirkungen der Reform); Dolzer Audit Committee Quarterly IV/2019, 1; von Keitz DB 2021, 3041 (zu den neuen Vorschriften nach FISG und empirische Studie). Velte DStR 2021, 1497 (Zur Reform der Besetzungsanforderungen des Prüfungsausschusses durch FISG).

2) KapitalGes., die einen Prüfungsausschuss nach II einrichten müssen (I 1)

1a   Nach § 107 Abs. 4 AktG müssen Unternehmen von öffentlichem Interesse nach § 316a S. 2 HGB einen Prüfungsausschuss iSd § 107 III 2 AktG einrichten. Die Norm wurde durch das FISG neu eingeführt. In § 324 Abs. 1 HGB sind darüber hinaus die Gesellschaften definiert, welche ebenfalls einen Prüfungsausschuss einrichten müssen. Durch das FISG (**Übergangsrecht** in **(1)** EGHGB Art. 86) ist Präzisierung erfolgt. Vorschrift erfasst nach Systematik (Regelung im Zweiten Abschnitt des Drittes Buchs des HGB zu Kapitalgesellschaften) im Grundsatz zunächst nur Kapitalgesellschaften. Wegen § 264 I ist die Vorschrift aber auch auf die dort näher bezeichneten Personenhandelsgesellschaften anwendbar. Bisher waren von Vorschrift nur kapitalmarktorientierte Gesellschaften iSd § 264d erfasst. Durch FISG wurde Anwendungsbereich der Vorschrift erweitert, als nunmehr alle Kapitalgesellschaften (und diesen gleichgestellten Personenhandelsgesellschaften im Sinne des § 264a Absatz 1 HGB), die Unternehmen von öffentlichem Interesse nach § 316a Satz 2 HGB sind und keinen Aufsichts- oder Verwaltungsrat haben, der die Voraussetzungen des § 100 Absatz 5 AktG erfüllt. Die Vorschrift stellt nunmehr sicher, dass alle Unternehmen von öffentlichem Interesse im Anwendungsbereich der Abschlussprüferrichtlinie einen Prüfungsausschuss einzurichten haben. Sie ist zusammen mit den weiteren Regelungen in § 53 Absatz 3 des Genossenschaftsgesetzes (GenG), § 340k Absatz 5 HGB und § 341k Absatz 3 HGB sowie 6 Absatz 1 Satz 2 des PublG zu lesen. **Wichtigster Anwendungsfall** dürfte aber auch nach FISG weiterhin das **kapitalmarktorientierte Unternehmen** sein, weil § 316 I S. 2 Nr. 1 auf § 264d HGB verweist. Neben den bereits in § 107 Abs. 4 AktG geregelten „Fall" betrifft § 324 I nunmehr insbesondere das mitbestimmungsfreie Unternehmen von öffentlichem Interesse in der Rechtsform der GmbH bzw. GmbH & Co. KG/OHG i. S. d. § 316 S. 2. Auch für CRR-Kreditinstitute (§ 340k V) bzw. auf Versicherungsvereine auf Gegenseitigkeit (§ 341 IV) und bestimmte Genossenschaften (§ 53 III GenG) ist § 324 aufgrund von Verweisen anwendbar (BeckOK-HGB/Reinhardt, § 324 Rn. 2).

2   Mittlere und kleinere Unt. können die Prüfungsaufgaben auch durch den Aufsichts- oder Verwaltungsrat selbst ohne eigenen Prüfungsausschuss erfüllen (Mitgliedstaatenwahlrecht nach Art. 41 I UAbs. 2 der Abschlussprüfungs-RL). § 324 trägt dem Rechnung, indem er nur Unternehmen von öffentlichem Interesse (→ § 316a HGB) erfasst, die keinen Aufsichts- oder Verwaltungsrat haben, der die Voraussetzungen des § 100 V AktG erfüllen muss. Der Prüfungsausschuss nach § 324 wird deshalb auch als **„alleinstehender"** Prüfungsausschuss bezeichnet (RegE, auch: „isolierter"). Er ist ein **eigenständiges Organ der Ges.**, Habersack AG 2008, 100. Damit sind folgende Voraussetzungen für die Pflicht, einen Prüfungsausschuss nach II einzurichten, gegeben. Zunächst muss es sich um **Unternehmen von öffentlichem Interesse** handeln (→ § 316a).

3   Nur solche KapitalGes. sind erfasst, die **keinen Aufsichts- oder Verwaltungsrat haben, der die Voraussetzungen des § 100 V AktG erfüllen muss.** Einen solchen Aufsichts- oder Verwaltungsrat müssen die AG, die KGaA, die dualistisch verfasste SE, die mitbestimmte GmbH und die als GmbH verfasste KAG haben. Entsprechendes gilt für die Genossenschaft, die Europäische Genos-

senschaft und die monistisch verfasste SE. All diese Ges. fallen nicht unter § 324 mit der Folge, dass sie einen alleinstehenden Prüfungsausschuss nach § 324 weder einrichten müssen.Bei ihnen ist nach §§ 100 V, 107 III, IV AktG bzw. Parallelvorschriften (zB §§ 36 IV, 38 Ia GenG, aber auch § 53 III GenG, alle neu BilMoG) zu beurteilen, ob sie einen Prüfungsausschuss bilden müssenalso kein Wahlrecht der Ges., Habersack AG 2008, 102.

Für die **Auffangvorschrift** des § 324 bleiben damit vor allem die **mitbestim-** 3a **mungsfreie kapitalmarktorientierte GmbH** (näher § 52 I 1 GmbHG, neu BilMoG), also sofern die Satzung von § 100 V AktG und § 107 IV AktG abweichende vertragliche Vereinbarungen vorsieht oder es völlig an einem Aufsichtsorgan wie Beirat oder einem ähnlichen Organ, das die Aufgaben eines Prüfungsausschusses wahrnehmen kann, mangelt (RegE). Erfasst werden auch OHG und KG iSv § 264a (GmbH & Co ua) sowie kapitalmarktorientierte Kreditinstitute in der Rechtsform einer PersonenHdlGes. und VersicherungsUnt. in der Rechtsform des VVaG (§§ 340k V, 341k IV, neu BilMoG), RegE, ferner bestimmte Gen (§ 53 III GenG, neu BilMoG). **Lit.** Bürkle VersR 2016, 1145; Petersen/Zwirner/Boecker DStR 2016, 984 (Reform durch AReG); Zwirner/Busch/Boecker Konzern 2016, 287.

3) Ausnahmen von der Pflicht, einen Prüfungsausschuss einzurichten (I 2 Nr. 1, 2 und 3)

I 2 Nr. 2 geändert mWv 21.7.2019 durch Art. 8 Abs. 4 G v. 8.7.2019 (BGBl. I 4 1002), **Übergangsrecht** in **(1)** EGHGB Art. 83 I; erneute Änderungen durch FISG (**Übergangsrecht** in **(1)** EGHGB Art. 86). Die in I 2 Nr. 1 und 2 aufgeführten KapitalGes. und Kreditinstitute iSv § 340 I sind von der Pflicht, einen Prüfungsausschuss nach I, II einzurichten, ausgenommen (Mitgliedstaatenwahlrecht nach Art. 41 VI lit. c und d der Abschlussprüfer-RL; zu Art. 41 VI lit. a und b näher RegE). Bei ersteren handelt es sich typischerweise um Kapital-Ges., die asset backed securities emittieren, bei letzteren setzen der Gesamtnominalwert der umlaufenden Schuldtitel und das Erfordernis, dass kein Prospekt nach der VO 2017/1129 ausgegeben werden muss, enge Grenzen. Mit dem AReG (→ Einl. vor § 316 Rn. 9, **Übergangsrecht** in **(1)** EGHGB Art. 79) und in Umsetzung von Art. 39 III lit. b EU-Abschlussprüfungsänderungs-RL 2014 wurde eine **Nr. 3** neu eingefügt, die auch Investmentvermögen iSv § 1 I KAGB von der Pflicht ausnimmt (sie wären wegen Erweiterung des persönlichen Anwendungsbereichs von § 324 auf „Unternehmen" grundsätzlich erfasst, Begr. RegE AReG 55).

4) Aufgaben des Prüfungsausschusses nach I 1 letzter Hs.

Die Aufgaben des Prüfungsausschusses nach § 324 sind nicht näher umschrieben. Der Prüfungsausschuss muss sich aber „insbesondere" mit den in § 107 III 2 AktG (neu BilMoG; Art. 41 II–IV der Abschlussprüfungs-RL) beschriebenen Aufgaben befassen (I 1 letzter Hs.). Das sind die Überwachung des Rechnungslegungsprozesses, die Wirksamkeit des internen Kontrollsystems, des Risikomanagementsystems und des internen Revisionssystems sowie der Abschlussprüfung, hier insbesondere der Unabhängigkeit des Abschlussprüfers und der vom Abschlussprüfer zusätzlich erbrachten Leistungen. Zu §§ 124 III 2 nF, 171 I 2, 3 nF AktG (→ Rn. 10). Das Gesetz geht davon aus, dass sich der Prüfungsausschuss nicht mit diesen Aufgaben begnügt, sondern, soweit angezeigt, weitere Prüfungsaufgaben erfüllt („insbesondere"). Zu den Aufgaben des Prüfungsausschusses nach § 107 III 2 AktG Habersack AG 2008, 99; Eibelshäuser/Stein Konzern 2008, 489; Lanfermann/Röhricht BB 2009, 889; Meyer/Mattheus DB 2016, 695; Link/Scheffler/Oehlmann WPg 2020 937 (zu IDW PS 980, 981, 982 und 983 zur der Prüfung der Corporate Governance Systeme) und die aktienrechtlichen Kommentare.

5) Wahl des Prüfungsausschusses und Anforderungen an diesen (II)

6 Einrichtung und Organisation des Prüfungsausschusses sind in II nur sehr sparsam geregelt. Die Abschlussprüfungs-RL gibt dazu nur wenig vor (Art. 41 I UAbs. 1). Die Mitglieder des Prüfungsausschusses sind unmittelbar **von den Gesellschaftern** mit einfacher Mehrheit **zu wählen (II 1).** Ein Aufsichts- oder Verwaltungsrat, der den Prüfungsausschuss und seine Mitglieder aus seiner Mitte bestellen könnte (vgl. § 107 III AktG), gibt es, wie I 1 Hs. 1 voraussetzt, gerade nicht. Die Gfter können nur wählen, nicht die Aufgaben des Prüfungsausschusses selbst übernehmen. Lit. Meyer/Mattheus DB 2016, 695 (Mehrstufigkeit des Auswahlverfahrens).

7 Ursprünglich musste nur ein Mitglied des Prüfungsausschusses die Voraussetzungen des § 105 V AktG (neu BilMoG, vgl. § 107 IV AktG) erfüllen, also unabhängig sein und (kumulativ bei demselben Mitglied, ebenso Habersack AG 2008, 105) über Sachverstand auf dem Gebiet der Rechnungslegung oder Abschlussprüfung verfügen **(II 2).** Diese Voraussetzungen wurden ausgeweitet: Erstens wurde in Umsetzung von Art. 39 I UAbs. 4 EU-Abschlussprüfungsänderungs-RL 2014 mit dem AReG (→ Einl. vor § 316 Rn. 9, **Übergangsrecht** in **(1)** EGHGB Art. 79) das Erfordernis der Unabhängigkeit auf die Mehrheit der Mitglieder des Prüfungsausschusses, zu denen zumindest auch der Vorsitzende zählen muss, erstreckt, AReG Begr. RegE 55. Weder die Abschlussprüfungs-RL noch § 105 V noch § 324 II 2 definieren **Unabhängigkeit,** zutr. krit. Habersack AG 2008, 105; Gruber NZG 2008, 12. An dieser fehlt es ohne weiteres bei Zugehörigkeit zur Geschäftsführung. Mangelnde Unabhängigkeit kann aber auch insbesondere bei unmittelbaren oder mittelbaren geschäftlichen, finanziellen oder persönlichen Beziehungen zur Geschäftsführung vorliegen. Der RegE zu § 105 V AktG erwähnt dazu den Deutschen Corporate Governance Kodex (→ Einl. vor § 316 Rn. 11 f.) sowie die Empfehlung der EU-Kommission 15.2.2005 ABl. L 52, 51 Ziff. 13 und Anh. II, Hopt ZIP 2005, 468 (vgl. → Einl. vor § 105 Rn. 36). Danach ist die cooling off-Periode von fünf bzw. drei Jahren relevant und vor allem Ziff. 1 lit. d des Anhangs II der Empfehlung, wonach der Vertreter eines Anteilseigners mit Kontrollbeteiligung normalerweise nicht unabhängig ist, Staub/Habersack/Schürnbrand Rn. 18: „pausibel"; auch Ziff. 5.4.2 DCGK: Interessenkonflikt wegen Beziehung zu einem kontrollierenden Aktionär, vgl. auch Ziff. 5.4.1 UAbs. 2, 4 und 5 DCGK. Der Kriterienkatalog in Anh. II ist aber nicht letztentscheidend, vielmehr beurteilt nach der Empfehlung der Aufsichtsrat, ob Unabhängigkeit vorliegt oder nicht. Die Konkretisierung zu II 2 wird zu § 105 V AktG erfolgen (vgl. Kommentare dazu, Staake ZIP 2010, 1013).

8 Zum **Sachverstand** im Prüfungsausschuss: **Ursprünglich** (bis zum FISG) musssste mindestens ein Mitglied über Sachverstand auf den Gebieten der Rechnungslegung **oder** der Abschlussprüfung verfügen. II 2 aF war damit enger („oder") als die Anforderungen des Deutschen Corporate Governance Kodex an den Vorsitzenden des Prüfungsausschusses (nach Ziff. 5.3.2 „besondere Kenntnisse und Erfahrungen in der Anwendung von Rechnungslegungsgrundsätzen und internen Kontrollverfahren", Kremer in Ringleb/Kremer/Lutter/von Werder, Deutscher Corporate Governance Kodex zu 5.3.2), OLG München ZIP 2010, 1082. II 2 erwähnt weder besondere Erfahrungen noch interne Kontrollverfahren. Nach dem RegE war jedoch vorausgesetzt, dass zumindest ein Mitglied des Aufsichtsrats (nicht notwendigerweise der Vorsitzende) beruflich mit Rechnungslegung und/oder (insoweit zutr. krit. Habersack AG 2008, 103; Erchinger/Melcher DB Beil. 5/2009, 97) Abschlussprüfung befasst ist oder war, was nicht nur bei Steuer- und Wirtschaftsberatern bzw. Personen mit einer speziellen beruflichen Ausbildung der Fall sein könne, sondern auch bei Finanzvorständen, fachkundigen Angestellten aus den Bereichen Rechnungswesen und

2. Abschnitt. Ergänzende Vorschriften für Kapitalges.   8a–11   § 324

Controlling, Analysten und langjährigen Mitgliedern in Prüfungsausschüssen oder Betriebsräten, die sich diese Fähigkeit im Zuge ihrer Tätigkeit durch Weiterbildung angeeignet haben, OLG München ZIP 2010, 1082. Durch das **FISG** (**Übergangsrecht** in (1) EGHGB Art. 86) wurden die Anforderungen an den nötigen Sachverstand verschärft. Nach der RegBegr. müssen im Prüfungsausschuss nunmehr zwei Finanzexperten vertreten sein. Einer muss Sachverstand bzgl. der Rechnungslegung haben, der andere bzgl. der Abschlussprüfung. Dies wird durch den Verweis in § 324 II 2 auf § 100 V AktG nF (idF des FISG) sichergestellt. Außerdem müssen die Mitglieder in ihrer Gesamtheit mit dem Sektor, in dem die Kapitalgesellschaft tätig ist, vertraut sein. Vorschrift wird kritisiert, weil Vorstand selbst kein Experte sein muss, *Hopt* Stellungnahme zum FISG S. 2.

II 3 wurde durch das **FISG** eingefügt. (**Übergangsrecht** in (1) EGHGB **8a** Art. 86). Er dient der Klarstellung, dass der Prüfungsausschuss den Gesellschaftern den Vorschlag zur Wahl eines Abschlussprüfers unterbreitet, wenn ein Aufsichts- oder Verwaltungsrat fehlt (vgl. BT-Drucks. 18/7219, S. 49). Gleiches gilt, falls der Aufsichts- oder Verwaltungsrat für den Vorschlag nicht zuständig ist.

Der **Vorsitzende** des Prüfungsausschusses darf **nicht mit der Geschäfts- 9 führung betraut** sein (**II 4**); redaktionell geändert durch das **FISG** (**Übergangsrecht** in (1) EGHGB Art. 86), mindestens dieser, die Besetzung mit weiteren nicht der Geschäftsleitung angehörenden Mitgliedern kann angezeigt sein, nicht aber mit Mitgliedern der Geschäftsleitung selbst (Inkompatibilität, richtlinienkonforme Auslegung), Hommelhoff/Mattheus BB 2007, 2790, Kö-KoRechnungslegung/Burg/W. Müller Rn. 55. Notwendige Unabhängigkeit und Sachverstand, Staub/Habersack/Schürnbrand Rn. 17. Die notwendigen Einzelheiten zu der Wahl, der Amtsperiode, den Rechten und Pflichten des Prüfungsausschusses und der Beendigung der Mitgliedschaft sind entweder in der Satzung bzw. dem GesVertrag zu regeln oder durch Rückgriff auf die entsprechenden Regelungen im AktG zu ermitteln, RegE, Habersack AG 2008, 100.

Nach **II 5** redaktionell geändert durch ARUG II 2019 (**Übergangsrecht** in **10** (1) EGHGB Art. 83); erneut redaktionell geändert durch das **FISG** (**Übergangsrecht** in (1) EGHGB Art. 86) sind § 107 III 8, § 124 III 2 und § 171 I 2, 3 AktG entsprechend anzuwenden. Letzteres betrifft die Teilnahme- und Berichtspflicht des Abschlussprüfers bei den Verhandlungen des Prüfungsausschusses über den Jahresabschluss oder Konzernabschluss sowie bestimmte Informationen zur Unabhängigkeit und zu Leistungen über die Abschlussprüferleistungen hinaus. Im Zuge der Reform durch AReG (→ Einl. vor § 316 Rn. 9, **Übergangsrecht** in (1) EGHGB Art. 79) wurde II 4 in Umsetzung von Art. 39 VI lit. a EU-Abschlussprüfungsänderungs-RL 2014 um eine Verweisung auf § 107 III 4 AktG ergänzt. Diese Vorschrift findet zwar nur auf Unt. Anwendung, die keinen Aufsichts- oder Verwaltungsrat haben, der die Voraussetzungen des § 100 V AktG erfüllen muss. Sofern jedoch ein (nicht entsprechend den aktienrechtlichen Vorgaben besetzter) Aufsichts- oder Verwaltungsrat eingerichtet ist, ist auch dieser über die Arbeit des Prüfungsausschusses zu unterrichten. Hat ein Unt. demgegenüber keinen Aufsichts- oder Verwaltungsrat, geht die Verweisung ins Leere, AReG Begr. RegE 56.

6) Überwachung durch die Aufsichtsbehörde (III nF)

Im Zuge der Reform durch das AReG (→ Einl. vor § 316 Rn. 9, **Übergangs- 11 recht** in (1) EGHGB Art. 79) wurde § 324 um III neu erweitert. Damit wurde die erforderliche Grundlage für die Überwachungstätigkeit der Abschlussprüferaufsicht geschaffen. Zur Bewertung der Tätigkeit und Ergebnisse der Prüfungsausschüsse der Unt. von öff Interesse im Rahmen der Überwachung der Entwicklung auf dem Markt der Abschlussprüfer bedarf die Aufsicht einer Dar-

§ 324a 1, 2　　　　　　　　　　3. Buch. Handelsbücher

stellung und Erläuterung über die vom Prüfungsausschuss vorgenommenen Arbeiten und ihrer Resultate. III enthält die zur Beschaffung solcher Informationen erforderliche Ermächtigungsgrundlage, AReG Begr. RegE 56. **Lit.** Petersen/Zwirner/Boecker DStR 2016, 984 (AReG); Zwirner/Busch/Boecker Konzern 2016, 287.

11a　　Durch das **FISG** (**Übergangsrecht** in (1) EGHGB Art. 86) wurden in **III** redaktionelle Änderung vorgenommen und Satz 3 aF gestrichen. Außerdem wurde klargestellt, dass die Vorschrift einen **Auskunftsanspruch** der APAS nur gegenüber Kapitalgesellschaften und diesen gleichgestellten Personenhandelsgesellschaften (§ 264a Absatz 1 HGB) begründet, die Unternehmen von öffentlichem Interesse nach § 316a Satz 2 HGB sind. Gegenüber den anderen Unternehmen von öffentlichem Interesse im Anwendungsbereich der Abschlussprüferverordnung kann ein entsprechendes Auskunftsverlangen nach § 340k V 1 oder auf § 341k III 1 und 3, jeweils in Verbindung mit § 324 III, gestützt werden. Dies gilt nicht im Falle des § 340k V 3, der ein Auskunftsverlangen gegenüber Genossenschaftsbanken, Sparkassen und sonstigen landesrechtlichen öffentlich-rechtlichen Kreditinstituten ausschließt.

Anwendung auf den Einzelabschluss nach § 325 Abs. 2a

§ 324a　(1) ¹**Die Bestimmungen dieses Unterabschnitts, die sich auf den Jahresabschluss beziehen, sind auf einen Einzelabschluss nach § 325 Abs. 2a entsprechend anzuwenden.** ²**An Stelle des § 316 Abs. 1 Satz 2 gilt § 316 Abs. 2 Satz 2 entsprechend.**

(2) ¹**Als Abschlussprüfer des Einzelabschlusses nach § 325 Abs. 2a gilt der für die Prüfung des Jahresabschlusses bestellte Prüfer als bestellt.** ²**Der Prüfungsbericht zum Einzelabschluss nach § 325 Abs. 2a kann mit dem Prüfungsbericht zum Jahresabschluss zusammengefasst werden.**

1) Anwendung der §§ 316 ff. auch auf den Einzelabschluss nach § 325 IIa (I)

1　§ 324a nF BilReG wegen § 325 II a nF BilReG. Die Prüfungsvorschriften der §§ 316 ff. sind auch auf einen IAS-Einzelabschluss anzuwenden, der nach § 325 IIa freiwillig offengelegt wird **(I 1)**. Nach **I 2** genügt für einen IAS-Abschluss die Billigung durch den Aufsichtsrat wie beim Konzernabschluss (§ 316 II 2), Grund: wie dieser dient der IAS-Einzelabschluss nur Informationszwecken, nicht der Kapitalerhaltung und Ausschüttungsbemessung, er braucht also ebenso wenig wie dieser von der Hauptversammlung festgestellt zu werden (§ 316 I 2). **Lit.** MBF Kap. 17 Tz. 296 ff.

2) Gleicher Prüfer und Zusammenfassung der Prüfungsberichte (II)

2　Der für die Prüfung des Jahresabschlusses bestellte Prüfer gilt für den Fall eines Einzelabschlusses nach § 325 IIa von Gesetzes wegen auch als Abschlussprüfer für einen solchen IAS-Abschluss **(II 1)**. Damit soll die einheitliche Prüfung beider Abschlüsse gewährleistet werden, was schon im Hinblick auf den einheitlichen Lagebericht (§ 325 II a 4) sinnvoll ist (RegE). Beide Prüfungsberichte nach § 321 können zusammengefasst werden **(II 2)**.

2. Abschnitt. Ergänzende Vorschriften für Kapitalges. **§ 325**

Vierter Unterabschnitt. Offenlegung. Prüfung durch den Betreiber des Bundesanzeigers [ab 1.8.2022: die das Unternehmensregister führende Stelle]

Offenlegung

325 (1) ¹Die Mitglieder des vertretungsberechtigten Organs einer Kapitalgesellschaft haben für die Gesellschaft folgende Unterlagen, sofern sie aufzustellen oder zu erstellen sind, in deutscher Sprache offenzulegen:
1. den festgestellten Jahresabschluss, den Lagebericht, den Bestätigungsvermerk oder den Vermerk über dessen Versagung und die Erklärungen nach § 264 Absatz 2 Satz 3 und § 289 Absatz 1 Satz 5 sowie
2. den Bericht des Aufsichtsrats und die nach § 161 des Aktiengesetzes vorgeschriebene Erklärung.

²Die Unterlagen sind der das Unternehmensregister führenden Stelle elektronisch zur Einstellung in das Unternehmensregister zu übermitteln.

(1a) ¹Die Unterlagen nach Absatz 1 Satz 1 sind spätestens ein Jahr nach dem Abschlussstichtag des Geschäftsjahrs zu übermitteln, auf das sie sich beziehen. ²Liegen die Unterlagen nach Absatz 1 Satz 1 Nummer 2 nicht innerhalb der Frist vor, sind sie unverzüglich nach ihrem Vorliegen nach Absatz 1 offenzulegen.

(1b) ¹Wird der Jahresabschluss oder der Lagebericht geändert, so ist auch die Änderung nach Absatz 1 Satz 1 offenzulegen. ²Ist im Jahresabschluss nur der Vorschlag für die Ergebnisverwendung enthalten, ist der Beschluss über die Ergebnisverwendung nach seinem Vorliegen nach Absatz 1 Satz 1 offenzulegen.

(2) [aufgehoben]

(2a) ¹Bei der Offenlegung nach Absatz 1 in Verbindung mit § 8b Absatz 2 Nummer 4 kann bei großen Kapitalgesellschaften (§ 267 Absatz 3) an die Stelle des Jahresabschlusses ein Einzelabschluss treten, der nach den in § 315e Absatz 1 bezeichneten internationalen Rechnungslegungsstandards aufgestellt worden ist. ²Ein Unternehmen, das von diesem Wahlrecht Gebrauch macht, hat die dort genannten Standards vollständig zu befolgen. ³Auf einen solchen Abschluss sind § 243 Abs. 2, die §§ 244, 245, 257, § 264 Absatz 1a, 2 Satz 3, § 285 Nr. 7, 8 Buchstabe b, Nr. 9 bis 11a, 14 bis 17, § 286 Absatz 1 und 3 anzuwenden. ⁴Die Verpflichtung, einen Lagebericht offenzulegen, bleibt unberührt; der Lagebericht nach § 289 muss in dem erforderlichen Umfang auch auf den Einzelabschluss nach Satz 1 Bezug nehmen. ⁵Die übrigen Vorschriften des Zweiten Unterabschnitts des Ersten Abschnitts und des Ersten Unterabschnitts des Zweiten Abschnitts gelten insoweit nicht. ⁶Kann wegen der Anwendung des § 286 Abs. 1 auf den Anhang die in Satz 2 genannte Voraussetzung nicht eingehalten werden, entfällt das Wahlrecht nach Satz 1.

(2b) Die befreiende Wirkung der Offenlegung des Einzelabschlusses nach Absatz 2a tritt ein, wenn
1. statt des vom Abschlussprüfer zum Jahresabschluss erteilten Bestätigungsvermerks oder des Vermerks über dessen Versagung der entsprechende Vermerk zum Abschluss nach Absatz 2a in die Offenlegung nach Absatz 1 einbezogen wird,
2. der Vorschlag für die Verwendung des Ergebnisses und gegebenenfalls der Beschluss über seine Verwendung unter Angabe des Jahresüberschusses

§ 325

oder Jahresfehlbetrags in die Offenlegung nach Absatz 1 einbezogen werden und
3. der Jahresabschluss mit dem Bestätigungsvermerk oder dem Vermerk über dessen Versagung in deutscher Sprache nach Maßgabe des Absatzes 1a Satz 1 und des Absatzes 4 der das Unternehmensregister führenden Stelle elektronisch zur Einstellung in das Unternehmensregister durch dauerhafte Hinterlegung übermittelt wird.

(3) Die Absätze 1 bis 2 und 4 Satz 1 gelten entsprechend für die Mitglieder des vertretungsberechtigten Organs einer Kapitalgesellschaft, die einen Konzernabschluss und einen Konzernlagebericht aufzustellen haben.

(3a) Wird der Konzernabschluss zusammen mit dem Jahresabschluss des Mutterunternehmens oder mit einem von diesem aufgestellten Einzelabschluss nach Absatz 2a offengelegt, können die Vermerke des Abschlussprüfers nach § 322 zu beiden Abschlüssen zusammengefasst werden; in diesem Fall können auch die jeweiligen Prüfungsberichte zusammengefasst werden.

(4) ¹Bei einer Kapitalgesellschaft im Sinn des § 264d beträgt die Frist nach Absatz 1a Satz 1 längstens vier Monate. ²Für die Wahrung der Fristen nach Satz 1 und Absatz 1a Satz 1 ist der Zeitpunkt der Übermittlung der Unterlagen maßgebend.

(5) Auf Gesetz, Gesellschaftsvertrag oder Satzung beruhende Pflichten der Gesellschaft, den Jahresabschluss, den Einzelabschluss nach Absatz 2a, den Lagebericht, den Konzernabschluss oder den Konzernlagebericht in anderer Weise bekannt zu machen, einzureichen oder Personen zugänglich zu machen, bleiben unberührt.

(6) Die §§ 11 und 12 Absatz 2 gelten entsprechend für die Unterlagen, die an die das Unternehmensregister führende Stelle zur Einstellung in das Unternehmensregister zu übermitteln sind; § 325a Absatz 1 Satz 5 und § 340l Absatz 2 Satz 6 bleiben unberührt.

Übersicht

	Rn
1) Funktionen der Offenlegung; Anwendungsbereich der §§ 325 ff.	1
2) Verfassungsmäßigkeit der Publizitätspflicht auch für kleine KapitalGes.; Umsetzung der EG-Richtlinien	2
3) Gegenstand, Art, Frist der Offenlegung (I–Ib)	3, 4
A. Legaldefinition der Offenlegung:	3
B. Gegenstand:	4
4) Bekanntmachung im BAnz. (II aF) (durch DiRUG aufgehoben)	5
5) Einzelabschluss nach IAS/IFRS (IIa)	6, 7
A. Unternehmenswahlrecht:	6
B. Pflicht zum Einzelabschluss nach HGB:	7
6) Befreiende Wirkung der Offenlegung des Einzelabschlusses nach IAS/IFRS (IIb)	8
7) Konzernabschluss (III)	9
8) Verbundene Berichterstattung über Jahres- und Konzernrechnungslegung (IIIa)	10
9) Kapitalmarktorientierte Ges. (IV)	11
10) Sonstige Offenlegungspflichten (V)	12
11) Elektronische Registerführung (VI)	13
12) Rechtsfolgen bei unterlassener Offenlegung	14

2. Abschnitt. Ergänzende Vorschriften für Kapitalges.   1, 2   § 325

1) Funktionen der Offenlegung; Anwendungsbereich der §§ 325 ff.

Funktion der Offenlegung ist zum einen der **Funktionsschutz** des Marktes 1 und zum anderen der **Individualschutz** der Marktteilnehmer. Offenlegung bzw. **Publizität** bildet damit das **Korrelat der Marktteilnahme**, grdl. Merkt Unternehmenspublizität S. 332 ff., ihm folgend Baums (Hrsg.), Bericht der Regierungskommission Corporate Governance, 2001, Rn. 251; s. auch LG Bonn BeckRS 2016, 18169. § 325 konstituiert als zentrale Grundnorm eine Offenlegungspflicht für alle Typen von KapitalGes.; sie besteht auch noch in der Insolvenz, LG Bonn NZI 2008, 503. Seit dem BiRiLiG 1985 gilt für sie eine allein nach den Größenklassen der §§ 267, 267a abgestufte Publizitätspflicht. Differenzierungskriterium ist also die typischerweise von der Unternehmensgröße abhängige Intensität der Beanspruchung der Märkte, v. a. des (Eigen- und Fremd-) Kapitalmarktes. In den **Anwendungsbereich** einbezogen wurden durch das KapCoRiLiG 2000 (Einfügung des § 264a) endlich auch die OHG und die KG, soweit nicht wenigstens ein phG eine natürliche Person ist oder – im Falle mehrstufiger GesVerhältnisse – wiederum eine OHG oder KG oder andere Personen-Ges. mit einer natürlichen Person als phG, denn dann ist § 264a I 1 Nr. 1 nicht mehr erfüllt, weshalb §§ 325 ff. keine Anwendung mehr finden. Befreiung von Offenlegungspflicht (§ 264 III) setzt im mehrstufigen Konzern voraus, dass die Mutter gegenüber der Enkelin zur Verlustübernahme verpflichtet ist, und zwar auch dann, wenn die Mutter eine offenlegungspflichtige PersonenhandelsGes. ist, LG Bonn DStR 2013, 2352. Nicht anwendbar sind §§ 325 ff., wenn ein befreiender Konzernabschluss gem. § 264 III u. § 264b aufgestellt wird, wodurch TochterGes. unter bestimmten Voraussetzungen von der Aufstellung und Offenlegung eines eigenen Jahresabschlusses befreit sind (dann aber gem. §§ 285 Nr. 11, 313 II Nr. 4 Pflicht der MutterGes. zur Aufnahme von Angaben über TochterGes. in den Einzel- oder Konzernabschluss, sofern MutterGes. oder eine für sie handelnde Person mindestens 20% der Anteile an der TochterGes. hält). Andererseits sollen auch **EU-AuslandsGes. mit Verwaltungssitz im Inland** den §§ 325 ff. unterliegen (Schluss a minore ad maius aus § 325a: Inlandsbezug bei bei AuslandsGes. mit Verwaltungssitz in Deutschland noch größer als bei bloßer inländischer Zweigniederlassung). §§ 325 ff. sind Marktverhaltensregelungen iSd § 3a UWG, LG Bonn BeckRS 2016, 18169. Lit. MBF Kap. 18 Tz. 1 ff.; Keitz/Gloth DB 2014, 76 (Empirie); Gehrs/Wörmann WPg 2018, 1559 (Strategien zur Steuerung des Umfangs offenzulegender Informationen); Kajüter/Wirth DB 2018, 1605 (CSR-Berichterstattung); Dilßner/Müller BC 2017, 564 (Gründe für verzögerte Offenlegung bei KMU); Fülbier/Wittmann/Brauder DB 2019, 797 /Empirie bzgl. nicht kapitalmarktorientierter Unternehmen).

2) Verfassungsmäßigkeit der Publizitätspflicht auch für kleine KapitalGes.; Umsetzung der EG-Richtlinien

Gegen die gesetzliche Verpflichtung einer KapGes. zur Offenlegung ihres 2 Jahresabschlusses bestehen keine verfassungsrechtlichen Bedenken, auch dann nicht, wenn in einem bestimmten Marktsegment die Erfüllung der Offenlegungspflicht besondere Belastungen für die betroffene Ges. verursacht, OLG Köln GmbHR 2015, 1086. Die Publizitätspflicht nach § 325 verletzt im Fall von KapitalGes. auch unterhalb der Schwelle der Größenmerkmale von § 1 PublG weder den Grundsatz der Gleichbehandlung (gegenüber Kfm., PersonenhdlGes.), Art. 3 GG, noch die Berufsfreiheit, Art. 12 GG, hA, aA Friauf GmbHR 1991, 397. Vielmehr ist die Publizität durch das Gebot des Gläubigerschutzes (bzw. Markt- und Marktteilnehmerschutzes) gerechtfertigt, OLG Köln GmbHR 1991, 423; BayObLG BB 1995, 353. Zur Frage der Prüfung der EG-rechtlichen Publizität am Maßstab des deutschen Verfassungsrechts kritisch de Weerth BB 1998, 366. Auch an der Vereinbarkeit der gesetzlichen Offenlegungspflicht für

§ 325 3, 4

KapitalGes. & Co und des Jedermann-Einsichtsrechts mit dem Gemeinschaftsrecht (freie Berufsausübung, freie Meinungsäußerung, Gleichbehandlung) bestehen keine ernst zu nehmenden Zweifel, EuGH BB 2004, 2413 – Axel Springer AG mit Anm. Schulze-Osterloh BB 2004, 2461 unter Berufung auf EuGH Slg. 1997, I-6843 – Daihatsu; sie verstößt auch nicht gegen das Persönlichkeitsrecht der Gesellschafter, LG Köln BB 2009, 211 mit krit. Anmerkung Grashoff, str. aA, Starck DStR 2008, 2035. Keine gemeinschaftsrechtliche Staatshaftung der Bundesrepublik Deutschland wegen Anlegerverlust bei zwischenzeitlich insolventer GmbH aus unzureichender Umsetzung der EG-Richtlinien, BGH NJW 2006, 690.

3) Gegenstand, Art, Frist der Offenlegung (I–Ib)

3 A. **Legaldefinition der Offenlegung:** Vor Inkrafttreten des DiRUG verstand man unter Offenlegung die Einreichung zum elektronischen BAnz. sowie die Bekanntmachung im elektronischen BAnz. Durch das **DiRUG (Übergangsrecht (1)** EGHGB Art. 88) wurde das System der Offenlegung ab 2022 geändert. Die Offenlegung erfolgt nun durch die Übermittlung der Unterlagen an die das Unternehmensregister führende Stelle nach I 2; eine Einreichung beim Bundesanzeiger und eine Bekanntmachung über diesen bedarf es nicht mehr. Die Offenlegung ist zu **unterscheiden von Veröffentlichung** und **Vervielfältigung** (§ 328). I und Ia sowie Ib eingefügt durch BilRUG 2015 (**Übergangsrecht** in **(1)** EGHGB Art. 75 II), regeln die Einreichung (ab DiRUG: Übermittlung), II hat früher die Bekanntmachung geregelt. Hier schlägt sich die Änderung durch das DiRUG nieder. II wurde aufgehoben. Nach I 2 setzt Erfüllung der Offenlegungspflicht für nach dem 31.12.2021 beginnende Geschäftsjahre voraus, dass die Rechnungslegungsunterlagen der das Unternehmensregister führenden Stelle zur Einstellung in das Unternehmensregister übermittelt werden. Die Einstellung in das Unternehmensregister führt dazu, dass die übermittelten Rechungslegungsunterlagen über die Internetseite des Unternehmensregisters zugänglich gemacht werden, § 8b II Nr. 4 HGB. **Erleichterungen für kleine und mittlere** KapitalGes. sind in **§§ 326, 327** geregelt. Durchsetzung durch Zwangsgeld § 335 idF MicroBilG (**Übergangsrecht** in **(1)** EGHGB Art. 70). Rspr. Überblick bei Schmidtmann StuB 2009, 543. Lit. Petersen WPg 2018, 1410 (Publizitätspflichten nach § 264 III u. IV); Zwirner Stbg 2019, 17 (BilRUG).

4 B. **Gegenstand: I,** nF durch BilRUG 2015 (**Übergangsrecht** in **(1)** EGHGB Art. 75 II), Ergänzung durch ESEF-UG 2020 (**Übergangsrecht** in **(1)** EGHGB Art. 84); Änderung durch DiRUG (**Übergangsrecht in (1)** EGHGB Art. 88) sieht als **Gegenstand** der Offenlegung (in deutscher Sprache, auch bei ausländischen Ges., Offenlegung in anderen Sprachen s. VI iVm §§ 11 u. 12) vor: Jahresabschluss und Lagebericht samt Bestätigungsvermerk (oder Versagungsvermerk) sowie Bilanzeid und Lageberichtseid (**I 1 Nr. 1),** Bericht des (außer bei KapCoGes. auch nur fakultativen, BeckBilKomm/Grottel Rn. 6) Aufsichtsrats sowie Entsprechenserklärung gem. § 161 AktG (**I 1 Nr. 2**); unterbleibt Bildung des Aufsichtsrats pflichtwidrig, kann Nichtvorlage eines Aufsichtsratsberichts nicht mit Ordnungsgeld nach § 335 sanktioniert werden, BVerfG DStR 2014, 540. Nicht dazu gehört Eröffnungsbilanz (→ § 242 Rn. 1). Pflicht zur Offenlegung besteht auch bei dadurch bedingter Selbstbelastung des Geschäftsführers, LG Bonn DStR 2014, 156. Keine Fristwahrung durch rechtzeitige Übermittlung des ungeprüften Jahresabschlusses nebst ungeprüftem Lagebericht und verspätete Nachreichung des Bestätigungsvermerks; möglich bleibt aber die Übermittlung sonstiger offenzulegender Unterlagen nach Fristablauf. **I 1** bestimmt die **Zuständigkeit:** Die Pflicht trifft die Mitglieder des vertretungsberechtigten Organs, redaktionelle Anpassung durch CSR-RUG (**Übergangsrecht** in **(1)** EGHGB

2. Abschnitt. Ergänzende Vorschriften für Kapitalges. 5 § 325

Art. 80). **I 2** bestimmte vor dem DiRUG als **Art und Ort der Offenlegung** ausschließlich Einreichung dieser Unterlagen beim Betreiber des elektronischen BAnz., also **zentrale Publizität beim elektronischen BAnz.** Mit dem DiRUG (→ vgl. Einl. § 316 Rn. 14; BT-Drucks. 19/28177) (**Übergangsrecht** in (1) EGHGB Art. 88) wurden Art und Ort der Offenlegung grundsätzlich geändert. **I 2** wurde **neu gefasst.** Die Erfüllung er Offenlegungspflicht setzt zukünftig voraus, dass die Rechnungslegungsunterlagen der das Unternehmensregiste führenden Stelle elektronisch zur Einstellung in das Unternehmensregister übermittelt werden. Die Einstellung in das Unternehmensregister führt grundsätzlich dazu, dass die übermittelten Rechnungslegungsunterlagen über die Internetseite des Unternehmensregisters zugänglich gemacht werden (§ 8b II Nr. 4) (BT-Drucks. 19/28177 S. 103). Das bisher in der Bundesrepublik Deutschland geltende Offenlegungssystem wurde grundlegend geändert: Bisher mussten die Unterlagen zunächst beim Betreiber des Bundesanzeigers eingereicht und im Bundesanzeiger bekannt gemacht werden. Erst danach wurden diese vom Betreiber des Bundesanzeigers an das Unternehmensregister übermittelt. Die Unterlagen der Rechnungslegung sind nunmehr direkt der das Unternehmensregister führenden Stelle zur Einstellung in das Unternehmensregister zu übermitteln. Sie sind ausschließlich im Unternehmensregister abrufbar. Das Unternehmensregister muss die Unterlagen nicht mehr an den Betreiber des Bundesanzeigers übermitteln. Damit vermeidet die neue Regelung die nach dem bisherigen System bestehende Doppelpublizität und stärkt die Funktion des Unternehmensregisters als „One-Stop-Shop" für Unternehmensinformationen. Damit entfällt zugleich der Notwendigkeit einer Regelung zur Bekanntmachung der Rechnungslegungsunterlagen im Bundesanzeiger, wie sie früher noch in II vorgesehen war. Die Unterlagen müssen nicht analog eingereicht werden, sondern elektronisch zur Einstellung in das Unternehmensregister übermittelt werden. **Ia 1** bestimmt als **Frist** der Übermittlung Unverzüglichkeit (§ 121 I 1 BGB) nach Vorlage des Jahresabschlusses an die Gfter (nicht erst nach Feststellung des Jahresabschlusses, str.), spätestens aber (in Übereinstimmung mit Art. 30 I Bilanz-RL 2013) vor Ablauf des zwölften Monats des neuen Geschäftsjahrs. Bei Fristversäumnis sind die Unterlagen unverzüglich nach ihrem Vorliegen offenzulegen (**Ia 2,** Rechtsfolgen → Rn. 14). **Ib** erstreckt die Regelungen für die Übermittlung von Jahresabschluss und Lagebericht auf deren Änderung (**Ib 1**). Enthält der Abschluss nur den Vorschlag für die Ergebnisverwendung, ist der Beschluss über die Ergebnisverwendung nach seinem Vorliegen gem. I 1 offenzulegen (**Ib 2**). Ob eine **Null-Bilanz**, in der alle Zifferneinträge auf Null lauten, der Veröffentlichungspflicht genügt, ist str., bejahend LG Bonn NZG 2013, 1157 gegen Bundesamt für Justiz, näher Merkt/ Osbahr DB 2018, 1477; Schneider DB 2018, 2946; Zwirner/Vordermeier BC 2018, 436; zweifelnd Fülbier/Wittmann/Brauder DB 2019, 797 Mylich ZGR 2021, 94 ff. Durch Konzernbildung mit vielen kleinen Gesellschaften iSd § 267 I HGB ist Publizitätsvermeidung begrenzt möglich, insb. kombiniert mit unterjähriger Gewinnausschüttung, Mylich ZGR 2021, 108 ff. Weiteres Modell zur haftungsrisikolosen Publizitätsvermeidung: Mylich ZIP 2020, 2102 ff. **Lit.** Blöink/Knoll-Biermann Konzern 2015, 65 (BilRUG 2015); Zwirner StuB 2015, Beilage 2, 1; Zwirner/Busch/Boecker Konzern 2016, 287; Zwirner Aufsichtsrat 2016, 2; Zwirner Stbg 2019, 17 (BilRUG); Mylich ZIP 2020, 2; Mylich ZGR 2021, 86 (Strategien zur Vermeidung von Bilanzpublizität); Zwirner/ Vodermeier WPg 2020, 1486 (Überblick zur Offenlegung des Jahresabschlusses).

4) Bekanntmachung im BAnz. (II aF) (durch DiRUG aufgehoben)

II wurde mit dem DiRUG aufgehoben. Die Vorschrift lautete: „Die Mitglieder 5 des vertretungsberechtigten Organs der Kapitalgesellschaft haben für diese die in Abs. 1 bezeichneten Unterlagen jeweils unverzüglich nach der Einreichung im Bundesanzeiger bekannt machen zu lassen." Nach dem **DiRUG** müssen die in

Abs. 1 genannten Unterlagen nur noch an das Unternehmensregister übermittelt werden; auf eine Einreichung an den Bundesanzeiger wurde verzichtet (→ Rn. 4).

5) Einzelabschluss nach IAS/IFRS (IIa)

6 A. **Unternehmenswahlrecht: IIa**, eingefügt durch BilReG 2004 (→ Einl. vor § 238 Rn. 4, **Übergangsrecht** in (1) EGHGB Art. 58 III), redaktionell geändert durch BilRUG 2015 (**Übergangsrecht** in (1) EGHGB Art. 75 II), begründet für große KapitalGes. iSd § 267 III ein Unternehmenswahlrecht, bei der Offenlegung für die **IAS/IFRS-Anwendung** in einem nur Informationszwecken dienenden, vom Jahresabschluss zu unterscheidenden Einzelabschluss zu optieren. Für die gesellschaftsrechtliche Kapitalerhaltung und Ausschüttungsbemessung, die Besteuerung und die staatliche Beaufsichtigung bestimmter Branchen (insbesondere Kredit- und Versicherungsbranche) wird weiterhin ein HGB-Abschluss verlangt. Daher setzt das Wahlrecht erst bei den Vorschriften über die Publizität der Rechnungslegung an. Stellt das Unt. einen Einzelabschluss nach den in das EU-Recht übernommenen und von **IIa 1** iVm § 315e I in Bezug genommenen IAS/IFRS auf, so kann es diesen IAS/IFRS-Abschluss offenlegen. Die Offenlegung des Einzelabschlusses nach IIa hat unter den in IIb genannten Voraussetzungen befreiende Wirkung. Zwar muss der Jahresabschluss nach IIb Nr. 3 immer noch offengelegt werden, allerdings reduziert sich dabei die Anforderungen an die Publizität (BT-Drucks. 19/28177 S. 102). Zur begrenzten Wirkung dieser befreienden Wirkung → Rn. 7 f. Bedeutsam ist das etwa für Unt., die an die Börse gehen wollen oder die sich ausländischen Geschäftspartnern oder Kreditinstituten gegenüber mit einem internationalen Abschluss präsentieren wollen. Der in **IIa 3** durch TUG 2007 (**Übergangsrecht** in (1) EGHGB Art. 62) eingefügte Verweis auf § 264 II stellt klar, dass die gesetzlichen Vertreter einer KapitalGes. den Bilanzeid gem. § 264 II 3 auch dann abzugeben haben, wenn ein informatorischer Einzelabschluss nach den internationalen Standards aufgestellt und offengelegt wird.

7 B. **Pflicht zum Einzelabschluss nach HGB:** Der Jahresabschluss behält seine Bedeutung in **gesellschaftsrechtlichen, steuerrechtlichen und aufsichtsrechtlichen Zusammenhängen** und ist dabei wie bisher nach HGB aufzustellen und durch einen Abschlussprüfer zu prüfen. Selbst wenn vom Wahlrecht nach IIa Gebrauch gemacht werden soll und nur der Einzelabschluss offengelegt werden soll, muss der Jahresabschluss ebenfalls noch offengelegt werden, allerdings werden die Anforderungen an die Publizität des Jahresabschlusses gesenkt (→ Rn. 8). Für die Offenlegung des Jahresabschlusses gelten dann die Erleichterungen in IIb Nr. 3. Er muss der das Unternehmensregister führenden Stelle „zur dauerhaften Hinterlegung" übermittelt werden. In diesem Fall kann er nicht von jedermann kostenlos auf der Homepage des Unternehmensregisters eingesehen werden, sondern nur kostenpflichtig auf Antrag durch die Übermittlung einer Kopie (§ 9 VI 3) (BT-Drucks. 19/28177 S. 102).Der im HGB verwendete Begriff des Jahresabschlusses bleibt für den HGB-Einzelabschluss reserviert, während der IAS/IFRS-Abschluss als Einzelabschluss nach internationalen Rechnungslegungsstandards (Einzelabschluss nach § 325 II a) bezeichnet wird. **IIa 2** stellt klar, dass die in das EU-Recht übernommenen Standards vollständig zu befolgen sind (keine gemischte HGB-IAS-Bilanzierung). Nach **IIa 3** (redaktionell geändert durch ARUG II 2019 (**Übergangsrecht** in (1) EGHGB Art. 83) bleiben einige Vorschriften des HGB neben den internationalen Standards anwendbar. **IIa 3–5** dienen – ähnlich wie § 315e für die Konzernrechnungslegung – der Klarstellung, welche Vorschriften des 2. Unterabschnitts des 3. Buches des HGB auf den Einzelabschluss nach internationalen Standards sowie auf den Lagebericht in diesen Fällen Anwendung finden: § 285 Nr. 7, 8 und 8a (Angaben zur Beschäftigtenzahl und zum Personal- und Materialaufwand), § 285 Nr. 9

(Angaben zu den Organmitgliedern, zu deren Bezügen und zu den diesen gewährten Vorschüssen und Krediten), § 285 Nr. 11 und Nr. 11a (Angaben über Unt., an denen das bilanzierende Unt. zu 20% oder mehr beteiligt ist), § 285 Nr. 14 (Angaben zu einem Konzern, dem das bilanzierende Unt. angehört), § 286 III, V (Einschränkung der Angabepflichten zum Anteilsbesitz oder Beteiligung als persönlich haftender Gesellschafter sowie zu Bezügen der Organmitglieder, wenn HV Einschränkung beschlossen hat), § 289 (Lagebericht). Aus dem 2. Unterabschnitt des 1. Abschnitts erklärt 3 einige Bestimmungen für auf den IAS/IFRS-Abschluss anwendbar, die unabhängig von den maßgeblichen Rechnungslegungsgrundsätzen Geltung beanspruchen: § 243 II (Grundsatz der Klarheit und Übersichtlichkeit), § 244 (Sprache und Währung), § 245 (Unterzeichnung), § 257 (Aufbewahrung). Die weiteren in 3 genannten Vorschriften dienen entweder dem öffentlichen Interesse (§ 286 I) oder der Vervollständigung der Angaben, die für den Abschlussnutzer relevant sind; § 285 Nr. 10 (namentliche Aufstellung der Organmitglieder), § 285 Nr. 15 (Angaben zu den persönlich haftenden Gesellschaftern bei Unt., die § 264a unterfallen), § 285 Nr. 16 (Angaben zur compliance-Erklärung nach AktG § 161), § 285 Nr. 17 (Angaben zur Vergütung des Abschlussprüfers). Nach **IIa 4** id nF durch die CSR-Reform 2017 **(Übergangsregelung)** in (1) EGHGB Art. 80) dient der Klarstellung, dass auch bei einer befreienden Offenlegung eines nach den internationalen Rechnungslegungsstandards (IFRS) aufgestellten Einzelabschlusses der Lagebericht offenzulegen ist. Die Entscheidung des Unt. für die IFRS führt nicht dazu, dass es keinen Lagebericht erstellen muss. Auch die Verpflichtung, in den Lagebericht eine nichtfinanzielle Erklärung aufzunehmen, bleibt davon unberührt. Nach **IIa 6** ist die befreiende Offenlegung eines IAS/IFRS-Abschlusses nicht möglich, wenn das durch § 286 I geschützte öffentliche Interesse einer nach IAS/IFRS erforderlichen Berichterstattung entgegensteht.

6) Befreiende Wirkung der Offenlegung des Einzelabschlusses nach IAS/IFRS (IIb)

II b macht die befreiende Wirkung des IAS/IFRS-Abschlusses von folgenden formalen Voraussetzungen abhängig: **Nr. 1** stellt klar, dass bei Anwendung des II a der Bestätigungsvermerk des Prüfers zu dem IAS/IFRS-Einzelabschluss an Stelle des Bestätigungsvermerks zum Jahresabschluss bekannt zu machen ist. Den in **Nr. 2** verlangten Angaben über das handelsrechtliche Jahresergebnis und dessen Verwendung kommt im Hinblick auf die zu erwartende Ausschüttung erhebliche Bedeutung für die Einschätzung der Situation des Unt. zu, weshalb sie in die volle BAnz.-Publizität bzw. Unternehmensregister-Publizität einbezogen sind. Nach **IIb Nr. 3** (idF des DiRUG) tritt die begrenzte befreiende Wirkung der Offenlegung des Einzelabschlusses nach IIa ein, wenn der Jahresabschluss mit dem Bestätigungsvermerk oder dem Vermerk über dessen Versagung „in deutscher Sprache nach Maßgabe des Ia 1 und IV der das Unternehmensregister führenden Stelle elektronisch zur Einstellung in das Unternehmensregister durch dauerhafte Hinterlegung übermittelt wird". Erstens wird an der grundsätzlichen Pflicht zur Offenlegung des Jahresabschlusses festgehalten. Allerdings werden im Falle der Offenlegung eines befreienden Einzelabschlusses nach IIa die Anforderungen an die Publizität des Jahresabschlusses abgesenkt. Nach IIb Nr. 3 nF tritt die befreiende Wirkung schon ein, wenn der Jahresabschluss innerhalb der gesetzlichen Frist in der Weise offengelegt wird, dass der da der unternehmensführenden Stelle elektronisch zur Einstellung in das Unternehmensregister durch dauerhafte Hinterlegung übermittelt wird. Der Jahresabschluss kann in diesem Fall nur kostenpflichtig auf Antrag durch die Übermittlung einer Kopie eingesehen werden, BT-Drucks. 19/28177 S. 102. **Lit.** Schmid DB 2017, 377; Zwirner WPg 2017, 184.

7) Konzernabschluss (III)

9 III, redaktionell geändert durch BilRUG 2015 (**Übergangsrecht** in (1) EGHGB Art. 75 II) und CSR-Reform 2017 (**Übergangsrecht** in (1) EGHGB Art. 80), erklärt I, II und IV 1 für entsprechend anwendbar auf den Konzernabschluss. Da der Konzernabschluss jedoch nicht festzustellen ist und auch nicht über Gewinnverwendung zu beschließen ist, erübrigt sich die Einreichung und Bekanntmachung entsprechender Unterlagen. **Gegenstand** der Offenlegung sind demnach nur Konzernabschluss (bestehend aus Konzernbilanz, Konzern-GuV und Konzernanhang) und Konzernlagebericht samt Bestätigungs- bzw. Versagungsvermerk ohne Beteiligungsliste (§ 313 IV) sowie Konzernbilanzeid und Konzernlageberichtseid. **Frist** wie in I. **III 2** und **3 aF** aufgehoben durch EHUG 2006. **Lit.** Zwirner Stbg 2019, 17 (BilRUG).

8) Verbundene Berichterstattung über Jahres- und Konzernrechnungslegung (IIIa)

10 III a, geändert durch EHUG 2006 (**Übergangsrecht** in (1) EGHGB Art. 61 V) und durch DiRUG (**Übergangsrecht** in (1) EGHGB Art. 88), sieht Offenlegungserleichterungen bei verbundener Berichterstattung über die Jahres- und Konzernrechnungslegung vor und erlaubt die Offenlegung eines zusammengefassten Bestätigungsvermerks zum Einzel- und Konzernabschluss, wenn diese gleichzeitig offengelegtwerden. Macht das MutterUnt. von dieser Option Gebrauch, so können nach **Hs.** 2 – außerhalb des Kreises der offen zu legenden Unterlagen – auch die jeweiligen Prüfungsberichte zusammengefasst werden.

9) Kapitalmarktorientierte Ges. (IV)

11 IV idF EHUG 2006 (**Übergangsrecht** in (1) EGHGB Art. 61 V) redaktionell geändert durch DiRUG, enthält eine Fristverkürzung für KapitalmarktUnt. (§ 264d), die sich auf I 2 bezieht. Wegen der in Art. 4 I EU-TransparenzRL vorgesehenen 4-Monats-Frist für die Veröffentlichung der Jahresfinanzberichte erscheint es ausreichend, wenn für die Offenlegung der Jahresabschlüsse von kapitalmarktorientierten Unt. ebenfalls eine 4-Monats-Frist vorgesehen wird. Dies vermeidet unnötige Belastung der Unt. durch unterschiedliche Fristen, Begr. RegE BT-Drs. 16/960, 48. Betroffen sind nur Unt., die einen EU- oder EWR-Kapitalmarkt nutzen. Nutzung von Drittland-Kapitalmärkten verkürzt die Frist nicht. **Lit.** Kliem/Rimmelspacher DB 2018, 265 (Entgeltbericht).

10) Sonstige Offenlegungspflichten (V)

12 V geändert durch BilReG 2004; sonstige gesetzliche und gesellschaftsvertragliche Offenlegungspflichten bleiben unberührt.

11) Elektronische Registerführung (VI)

13 VI, redaktionell geändert durch BilRUG 2015 (**Übergangsrecht** in (1) EGHGB Art. 75 II) und durch ARUG II 2019 (**Übergangsrecht** in (1) EGHGB Art. 83), enthält Folgeänderungen mit Blick auf die elektronische Registerführung. Erneute Anpassung erfolgte durch **DiRUG**. Die gem. § 245 bzw. § 322 VII zu unterzeichnenden Unterlagen können als elektronische Aufzeichnungen übermittelt werden.

12) Rechtsfolgen bei unterlassener Offenlegung

14 Unterlassen der Offenlegung ist weder Grund zur Anfechtung des Jahresabschlusses noch Nichtigkeitsgrund, ADS Rn. 146. Jedoch stellt der Verstoß gegen Form oder Inhalt der Pflicht nach § 325 eine Ordnungswidrigkeit gemäß § 334 I Nr. 5 dar mit der Folge eines Bußgeldverfahrens in der Zuständigkeit des Bundesamtes für Justiz, § 334 IV. Überblick zum Bußgeldverfahren bei Zwirner/Vodermeier WPg 2020, 1486, 1489 ff. Täter kann der zur Offenlegung verpflichtete gesetzliche Vertreter, nicht indes ein Mitglied des Aufsichtsrats sein. Subjektiv ist Vorsatz erforderlich (§ 10 OWiG). Für die Nachfrist zur Erfüllung der Offenlegungspflicht aus § 325 kommt es im Fall der §§ 264 I, 264a I Nr. 1 nur darauf an, ob im Zeitraum zwischen Zustellung der Androhungsverfügung und Ablauf der Nachfrist eine natürliche Person persönlich haftender Gesellschafter war, LG Bonn NZG 2010, 36; LG Osnabrück GmbHR 2005, 1618 mAnm. Schmidt. Die Fälle des § 176 (persönliche Kommanditistenhaftung aus Geschäftsbeginn vor Eintragung) begründen nicht das Vorhandensein eines persönlich haftenden Gesellschafters iSv § 264 I, weshalb keine Befreiung von der Offenlegungspflicht gem. § 264a I Nr. 1 greift, LG Bonn DStR 2013, 1847. Das Verschulden ihres Steuerberaters ist der offenlegunspflichtigen Ges. nicht zuzurechnen, LG Bonn BeckRS 2013, 12682. Den Mitgliedern des Vertretungsorgans droht bei pflichtwidrigem Unterlassen ein deliktischer Schadensersatzanspruch seitens der Gläubiger, die Gesellschafter haften gemäß § 830 BGB uU als Mittäter oder Beteiligte, Lu/Ho Anh. § 42a Rn. 46. Sondervorschriften für Kreditinstitute (§ 340l) und VersicherungsUnt. (§ 341o). Ausnahmsweise kann Vertretenmüssen der Offenlegungspflicht ausscheiden, wenn Gründe vorliegen, die Nichteinhaltung der Pflicht entschuldigen, OLG Köln I-28 Wx 2/18, NZG 2018, 1261 = juris Rn. 21. Nach Ansicht des IDW sollten Verzögerungen bei der Aufstellung der Offenlegungsdokumente aufgrund der durch die Corona-Pandemie ausgelösten weitreichenden und unvorhersehbaren Folgen unverschuldete Behinderung darstellen, IDW Fachlicher Hinweis v. 25.3.2020. BfJ hat in Abstimmung mit BMJV erklärt, vor dem 1.3.2021 kein Ordnungsgeldverfahren nach § 335 einzuleiten, Zwirner/Kleeberg BC 2021, 13 f.; IDW-Fachlicher Hinweis v. 8.4.2020 (Teil 3, 4. Update Feburar 2021), S. 24. **Feststellungs- bzw. Beweislast** für Erfüllung der Offenlegungspflicht vor oder binnen Nachfrist trifft Offenlegungspflichtigen, LG Bonn BeckRS 2017, 149046; Nachinstanz OLG Köln BeckRS 2017, 150970. Ob eine **Null-Bilanz**, in der alle Ziffereinträge auf Null lauten, der Veröffentlichungspflicht genügt, ist str., bejahend LG Bonn NZG 2013, 1157 gegen Bundesamt für Justiz, näher Merkt/Osbahr DB 2018, 1477; Schneider DB 2018, 2946; Zwirner/Vordermeier BC 2018, 436; zweifelnd Fülbier/Wittmann/Brauder DB 2019, 79; Mylich, ZGR 2021, 86, 94 ff. **Lit.** Schülke NZG 2013, 1375; Markworth DKR 2020, 438, 441 ff (Haftung für fehlerhafte Regelpublizität).

Zweigniederlassungen von Kapitalgesellschaften mit Sitz im Ausland

325a (1) ¹**Bei inländischen Zweigniederlassungen von Kapitalgesellschaften mit Sitz in einem anderen Mitgliedstaat der Europäischen Union oder Vertragsstaat des Abkommens über den Europäischen Wirtschaftsraum haben die in § 13e Abs. 2 Satz 4 Nr. 3 genannten Personen oder, wenn solche nicht angemeldet sind, die gesetzlichen Vertreter der Gesellschaft für diese die Unterlagen der Rechnungslegung der Hauptniederlassung, die nach dem für die Hauptniederlassung maßgeblichen Recht erstellt, geprüft und offengelegt oder hinterlegt worden sind, nach den §§ 325, 327a und 328 offenzulegen; § 329 ist anzuwenden.** ²**Bestehen mehrere inländische Zweigniederlassungen derselben Gesellschaft, brauchen die Unterlagen der Rechnungslegung der Hauptniederlassung nur von den nach Satz 1 verpflichteten Personen einer dieser Zweigniederlassungen offengelegt zu werden.** ³**In diesem Fall beschränkt sich die Offenlegungspflicht der übrigen Zweigniederlassungen auf die Angabe des Namens der Zweigniederlassung, des Registers sowie der Registernummer der Zweigniederlassung, für die die Offenlegung gemäß Satz 2 bewirkt worden ist.** ⁴**Die Unterlagen sind in deutscher Sprache zu übermitteln.** ⁵**Soweit dies nicht die Amtssprache am**

§ 325a 1

Sitz der Hauptniederlassung ist, können die Unterlagen der Hauptniederlassung auch
1. in englischer Sprache oder
2. in einer von dem Register der Hauptniederlassung beglaubigten Abschrift oder,
3. wenn eine dem Register vergleichbare Einrichtung nicht vorhanden oder diese nicht zur Beglaubigung befugt ist, in einer von einem Wirtschaftsprüfer bescheinigten Abschrift, verbunden mit der Erklärung, dass entweder eine dem Register vergleichbare Einrichtung nicht vorhanden oder diese nicht zur Beglaubigung befugt ist,

übermittelt werden; von der Beglaubigung des Registers ist eine beglaubigte Übersetzung in deutscher Sprache zu übermitteln.

(2) Diese Vorschrift gilt nicht für Zweigniederlassungen, die von Kreditinstituten im Sinne des § 340 oder von Versicherungsunternehmen im Sinne des § 341 errichtet werden.

(3) ¹Bei der Anwendung von Absatz 1 ist für die Einstufung einer Kapitalgesellschaft als Kleinstkapitalgesellschaft (§ 267a) und für die Geltung von Erleichterungen bei der Rechnungslegung das Recht des anderen Mitgliedstaates der Europäischen Union oder das Recht des Vertragsstaates des Abkommens über den Europäischen Wirtschaftsraum maßgeblich. ²Darf eine Kleinstkapitalgesellschaft nach dem für sie maßgeblichen Recht die Offenlegungspflicht durch die Hinterlegung der Bilanz erfüllen, darf sie die Offenlegung nach Absatz 1 ebenfalls durch Hinterlegung bewirken. ³ § 326 Absatz 2 gilt entsprechend.

(4) Die das Unternehmensregister führende Stelle fordert die Kapitalgesellschaft zur unverzüglichen Offenlegung der Änderung der Unterlagen der Rechnungslegung gemäß Absatz 1 auf, wenn zum Zeitpunkt eines Dateneingangs nach § 9b Absatz 4 Satz 2 die Änderung noch nicht offengelegt worden ist.

1) Zweigniederlassungen von KapitalGes. mit Sitz im Ausland (I)

1 § 325a idF MicroBilG 2013 (**Übergangsrecht** in (1) EGHGB Art. 70) schließt an §§ 13d–13f und speziell § 13e an und verlangt bei inländischen ZwNl von KapitalGes. mit Sitz in einem EU-Mitgliedstaat oder EWR-Vertragsstaat (Begriffe → § 13d Rn. 1–3) Offenlegung bzw. Hinterlegung (§ 326 II) der Unterlagen der Rechnungslegung der HauptNl, die nach dem für die HauptNl maßgeblichen Recht erstellt, geprüft und offengelegt worden sind (**I 1**). Norm setzt WahlR nach Art. 31 II GesRRL um. Regelung dient dem Schutz von Gläubigern und weiteren Personen, die über eine inländische Zweigniederlassung mit einer Kapitalgesellschaft mit Sitz im Ausland in Beziehung treten. Deren Rechnungslegungsunterlagen können derzeit kostenfrei im Unternehmensregister abgerufen werden, BT-Drucks. 19/28177, S. 102. Hauptniederlassung ist bei I 1 immer – auch bei ScheinauslandsGes. – im Gründungstaat, LG Bonn BeckRS 2013, 17332. Sitz iSv I 1 ist der Satzungs-, nicht der Verwaltungssitz, Eidenmüller/Rehberg ZVglRWiss 2006, 427. Nach **I 2** (neu eingefügt durch ARUG II 2019, **Übergangsrecht** in (1) EGHGB Art. 83) müssen die Unterlagen der Rechnungslegung der HauptNl bei Bestehen mehrere inländische ZwNl derselben Ges. nur von den nach I 1 verpflichteten Personen einer dieser ZwNl offengelegt werden. Übermittelt nämlich eine von mehreren inländischen ZwNl die Rechnungslegungsunterlagen derselben ausländischen HauptNl dem Betreiber des Unternehmensregisters, fehlt es an der Notwendigkeit der erneuten Übermittlung durch die übrigen ZwNl, sofern die übrigen ZwNl gem. I 3 (neu eingefügt durch ARUG II 2019, **Übergangsrecht** in (1) EGHGB Art. 83) auf

die Offenlegung der anderen ZwNl unter Bezugnahme auf den Namen der ZwNl, des Registergerichts sowie der Registernummer der ZwNl, die die Offenlegung gemäß I 2 vorgenommen hat, verweisen. Die Unterlagen sind nach **I 4, 5** grundsätzlich in deutscher Sprache zu übermitteln. Ist dies nicht die Amtssprache am Sitz der HauptNl, können die Unterlagen in englischer Sprache, **I 5 Nr. 1**, oder in einer vom Register der HauptNl beglaubigten Abschrift, dh in der Amtssprache am Sitz der HauptNl, **I 5 Nr. 2**, oder, wenn eine dem Register vergleichbare Einrichtung nicht vorhanden oder diese nicht zur Beglaubigung befugt ist, in einer von einem Wirtschaftsprüfer bescheinigten Abschrift, **I 5 Nr. 3**, übermittelt werden. Lit. MBF Kap. 18 Tz. 26 ff.

2) Zweigniederlassungen bestimmter Branchen (II)

Für ZwNl von Kreditinstituten iSv § 340 oder VersicherungsUnt. iSv § 341 gilt nicht § 325a (so II), sondern Sonderrecht. Offenlegung bei Kreditinstituten s. § 340l.

3) Niederlassungen von KleinstKapitalGes. (III)

Bisher brauchten KleinstKapitalGes. (§ 267a) die Unterlagen nach § 325 I nicht im elektronischen BAnz. bekanntmachen zu lassen, sondern konnten sie bei dessen Betreiber lediglich hinterlegen (§ 326 II). Das galt auch für die Offenlegungspflicht von ZwNl. Mit dem **DiRUG** (**Übergangsrecht** in (1) EGHGB Art. 88) wurde die Norm angepasst. KleinstKapitalGes. haben nunmehr lediglich ihre Bilanz an das Unternehmensregister zu übermitteln. Dabei können sie die Einstellung in das Unternehmensregister durch dauerhafte Hinterlegung beantragen. Dies hat zur Folge, dass die Bilanz nicht auf der Internetseite des Unternehmensregisters frei zugänglich ist, sondern nur kostenpflichtig auf Antrag durch die Übermittlung einer Kopie eingesehen werden kann, § 9 VI Satz 3 HGB. **III** bestimmt für die Einstufung als KleinstKapitalGes. das **Recht der HauptNl** in einem EU/EWR-Mitgliedstaat zum maßgeblichen Recht. Lit. Küting/Eichenlaub DStR 2012, 2615; Zwirner BB 2012, 2231.

4) Änderungen und Aktualisierungen

Mit dem **DiRUG** (**Übergangsrecht** in (1) EGHGB Art. 88) wurde ein neuer **IV** eingefügt. Die Norm dient der Umsetzung von Artikel 30a Unterabsatz 2 zweiter Halbsatz GesRRL im Hinblick auf Änderungen der Unterlagen der Rechnungslegung bei der ausländischen Kapitalgesellschaft. Er ergänzt § 9b IV 2 HGB-E. GesRRL verlangt, dass eine Änderung von Unterlagen der Rechnungslegung einer Kapitalgesllschaft, die dem Recht eines anderen Mitgliedstaates der Europäischen Union oder eines anderen Vertragsstaates des Europäischen Wirtschaftsraums unterliegt und die eine Zweigniederlassung im Inland unterhält, unverzüglich aktualisiert wird. Aus diesem Grund fordert die das Unternehmensregister führende Stelle die Gesellschaft auf, unverzüglich der Offenlegungspflicht nach § 325a I 1 iVm 1b 1 nachzukommen, wenn zum Zeitpunkt eines Dateneingangs nach § 9b IV 2 HGB-E die Änderung noch offengelegt worden ist (BT-Drucks. 19/18177, S. 103).

Größenabhängige Erleichterungen für kleine Kapitalgesellschaften und Kleinstkapitalgesellschaften bei der Offenlegung

326

(1) ¹Auf kleine Kapitalgesellschaften (§ 267 Abs. 1) ist § 325 Abs. 1 mit der Maßgabe anzuwenden, daß die gesetzlichen Vertreter nur die Bilanz und den Anhang *einzureichen [ab 1.8.2022: zu übermitteln]* haben. ²Der Anhang braucht die die Gewinn- und Verlustrechnung betreffenden Angaben nicht zu enthalten.

§ 326   1, 2

(2) ¹Die gesetzlichen Vertreter von Kleinstkapitalgesellschaften (§ 267a) können ihre sich aus § 325 Absatz 1 bis 2 ergebenden Pflichten auch dadurch erfüllen, dass sie die Bilanz in elektronischer Form zur dauerhaften Hinterlegung beim Betreiber des Bundesanzeigers einreichen und einen Hinterlegungsauftrag erteilen. *[Ab 1.8.2022:] ¹Auf Kleinstkapitalgesellschaften (§ 267a) ist § 325 Absatz 1 mit der Maßgabe anzuwenden, dass die gesetzlichen Vertreter nur die Bilanz zu übermitteln haben und dabei die Einstellung in das Unternehmensregister durch dauerhafte Hinterlegung verlangen können. ²§ 325 Absatz 1 Satz 2, Absatz 1a und 1b ist entsprechend anzuwenden. [Entfällt ab 1.8.2022]* ³Kleinstkapitalgesellschaften dürfen von dem in Satz 1 geregelten Recht nur Gebrauch machen, wenn sie gegenüber *dem Betreiber des Bundesanzeigers [ab 1.8.2022: der das Unternehmensregister führenden Stelle]* mitteilen, dass sie zwei der drei in § 267a Absatz 1 genannten Merkmale für die nach § 267 Absatz 4 maßgeblichen Abschlussstichtage nicht überschreiten.

1   1) **I** idF KapCoRiLiG 2000, redaktionelle Änderungen durch das DiRUG. Für kleine KapitalGes. (§ 267 I) gelten folgende Erleichterungen bei der Offenlegung gegenüber § 325. Zum **Gegenstand:** Nur Bilanz und Anhang; also nicht Gewinn- und Verlustrechnung, Lagebericht und Bericht des Aufsichtsrats. Bestätigungsvermerk entfällt mangels Prüfungspflichtigkeit der kleinen KapitalGes. (§ 316 I 1). Zum **Umfang:** Die Angaben im Anhang, die die Gewinn- und Verlustrechnung betreffen, können wegbleiben. Bilanz und Anhang dürfen bereits in verkürzter Form aufgestellt werden (§ 266 I 3, 288 S. 1). Zur **Frist:** 12 Monate (§ 325 I 1). Für die **Art** der Offenlegung verbleibt es beim Grundtatbestand des § 325 I, II: Elektronische Übermittlung der Unterlagen an den Betreiber des Unternehmensregisters. Dies hat zur Folge, dass nach § 8b II Nr. 4 die Unterlage auf der Internetseite des Unternehmensregisters zugänglich gemacht wird. Bei einer KleinstKapGes., die nicht von ihrem Recht auf Hinterlegung nach § 326 Gebrauch gemacht hat, sondern alle ihre Jahresabschlussunterlagen veröffentlicht hat, scheidet eine direkte Anwendung der Sonderregelungen in § 335 IV 2 Nr. 1 aus. Eine analoge Anwendung ist nicht zulässig, da es an der erforderlichen planwidrigen Regelungslücke fehlt, OLG Köln DStR 2016, 1875. **Lit.** MBF Kap. 18 Tz. 36 ff.; Zwirner Stbg 2019, 17 (BilRUG); Zwirner/Vodermeier WPg 2020, 1486, 1487 ff. (Überblick zu größenabhängigen Erleichterungen).

2   2) **II** idF DiRUG (Übergangsrecht in (1) EGHGB Art. 88): Die gesetzlichen Vertreter von KleinstKapitalGes. (§ 267a) können ihrer Offenlegungspflicht nach § 325 I dadurch genügen, dass nur die Bilanz an den Betreiber des Unternehmensregisters „zur dauerhaften Hinterlegung" übermittelt wird. **Gegenstand:** Zu übermitteln ist nur die Bilanz. Unklar ist, ob dazu auch die Angaben unter der Bilanz (→ § 251 Rn. 5) gehören, die sonst Teil des offenlegungspflichtigen Jahresabschlusses sind. Informationswert der Bilanz spricht dafür, Haller/Groß DB 2012, 2110, Wortlaut dagegen. Aus der Tatsache, dass die Angaben stattdessen auch im Anhang gemacht werden könnten, der seinerseits für KleinstKapitalGes. nicht offenlegungspflichtig ist, folgt, dass die Angaben unter der Bilanz als dessen Substitut nicht veröffentlich werden müssen, iE so auch Küting/Eichenlaub DStR 2012, 2615. **Frist:** Es gilt die Frist des § 325 Ia. **Art:** Elektronische Form zur dauerhaften Hinterlegung; bestimmtes Dateiformat ist bewusst nicht vorgegeben, ggf. wandelt der Betreiber des Unternehmensregister führenden Stelle entsprechend um. Es ist ein Hinterlegungsauftrag zu erteilen. Einstellung in das Unternehmensregister „durch dauerhafte Hinterlegung" hat zur Folge, dass die Bilanz nicht über die Internetseite des Unternehmensregisters frei zugänglich ist, sondern nur kostenpflichtig auf Antrag durch die Übermittlung einer Kopie eingesehen werden kann (§ 9 VI 3 HGB), vgl. BT-Drucks. 19/28177, S. 103.

2. Abschnitt. Ergänzende Vorschriften für Kapitalges. 1, 2 § 327

Größenabhängige Erleichterungen für mittelgroße Kapitalgesellschaften bei der Offenlegung

327 ¹Auf mittelgroße Kapitalgesellschaften (§ 267 Abs. 2) ist § 325 Abs. 1 mit der Maßgabe anzuwenden, daß die gesetzlichen Vertreter
1. die Bilanz nur in der für kleine Kapitalgesellschaften nach § 266 Abs. 1 Satz 3 vorgeschriebenen Form *beim Betreiber des Bundesanzeigers einreichen [ab 1.8.2022: der das Unternehmensregister führenden Stelle übermitteln]* müssen. ²In der Bilanz oder im Anhang sind jedoch die folgenden Posten des § 266 Abs. 2 und 3 zusätzlich gesondert anzugeben:

Auf der Aktivseite
A I 1   Selbst geschaffene gewerbliche Schutzrechte und ähnliche Rechte und Werte;
A I 2   Geschäfts- oder Firmenwert;
A II 1   Grundstücke, grundstücksgleiche Rechte und Bauten einschließlich der Bauten auf fremden Grundstücken;
A II 2   technische Anlagen und Maschinen;
A II 3   andere Anlagen, Betriebs- und Geschäftsausstattung;
A II 4   geleistete Anzahlungen und Anlagen im Bau;
A III 1 Anteile an verbundenen Unternehmen;
A III 2 Ausleihungen an verbundene Unternehmen;
A III 3 Beteiligungen;
A III 4 Ausleihungen an Unternehmen, mit denen ein Beteiligungsverhältnis besteht;
B II 2   Forderungen gegen verbundene Unternehmen;
B II 3   Forderungen gegen Unternehmen, mit denen ein Beteiligungsverhältnis besteht;
B III 1 Anteile an verbundenen Unternehmen.

Auf der Passivseite
C 1   Anleihen,
         davon konvertibel;
C 2   Verbindlichkeiten gegenüber Kreditinstituten;
C 6   Verbindlichkeiten gegenüber verbundenen Unternehmen;
C 7   Verbindlichkeiten gegenüber Unternehmen, mit denen ein Beteiligungsverhältnis besteht;

2. den Anhang ohne die Angaben nach § 285 Nr. 2 und 8 Buchstabe a, Nr. 12 beim Betreiber des Bundesanzeigers einreichen dürfen.

1) Verkürzter Umfang der Bilanz (Nr. 1)

Für mittelgroße KapitalGes. (§ 237 II) bringt § 327 Erleichterungen beim **Umfang** der Offenlegung gegenüber § 325. Sie brauchen die Bilanz nicht im vollen Umfang, wie nach § 266 I 2 aufgestellen, sondern nur in der verkürzten Form wie für kleine KapitalGes. (§ 266 I 3) offen zu legen (also nur bis zur Tiefe der römischen Ziffern, → § 266 Rn. 2), S. 1. Nach S. 2 sind dann aber einige der dadurch weggefallenen Posten der Aktiv- und Passivseite in der Bilanz oder Anhang gesondert anzugeben. Redaktionelle Anpassung durch **DiRUG (Übergangsrecht (1)** EGHGB Art. 88). Lit. MBF Kap. 18 Tz. 47 ff.; Zwirner Stbg 2019, 17 (BilRUG); Zwirner/Vodermeier WPg 2020, 1486, 1487 ff. (Überblick zu größenabhängigen Erleichterungen).

2) Verkürzter Umfang des Anhangs (Nr. 2)

Wegbleiben dürfen die Angaben nach §§ 285 Nr. 2, 8a, 12, s. dort.

§ 328

3) Prüfung und Feststellung auch der verkürzten Form

3 Klarzustellen ist, dass der Jahresabschluss bei Inanspruchnahme der Erleichterungen des § 327 auch in der verkürzten Form geprüft und festgestellt werden muss, auch wenn daneben ein unverkürzter Jahresabschluss für interne Zwecke aufgestellt, geprüft und festgestellt ist (AmtlBegr).

Erleichterung für bestimmte kapitalmarktorientierte Kapitalgesellschaften

327a § 325 Abs. 4 Satz 1 ist auf eine Kapitalgesellschaft nicht anzuwenden, wenn sie ausschließlich zum Handel an einem organisierten Markt zugelassene Schuldtitel im Sinn des § 2 Absatz 1 Nummer 3 des Wertpapierhandelsgesetzes mit einer Mindeststückelung von 100 000 Euro oder dem am Ausgabetag entsprechenden Gegenwert einer anderen Währung begibt.

1 1) § 327a eingefügt durch EHUG 2006 (**Übergangsrecht** in (1) EGHGB Art. 61 V) auf Anregung des Rechtsausschusses; Vorschrift befreit bestimmte KapitalGes., die keine Aktien, sondern nur zum Handel an einem organisierten Markt zugelassene Schuldtitel (Schuldverschreibungen oder andere übertragbare Forderungen in verbriefter Form mit Ausnahme von Wertpapieren, die Aktien gleichgestellt sind, mit einer Mindeststückelung von 50.000 Euro (Anhebung des Betrags auf 100.000 Euro durch TransparenzRL-ÄndRL-UmsG vom 20.11.2015 (**Übergangsrecht** in (1) EGHGB Art. 77) oder dem entsprechenden Wert einer anderen Währung) ausgeben, von der durch § 325 IV 1 auf vier Monate verkürzten Offenlegungsfrist für börsennotierte KapitalGes.

Form, Format und Inhalt der Unterlagen bei der Offenlegung, Veröffentlichung und Vervielfältigung

328 (1) ¹Bei der Offenlegung des Jahresabschlusses, des Einzelabschlusses nach § 325 Absatz 2a, des Konzernabschlusses, des Lage- oder Konzernlageberichts oder der Erklärungen nach § 264 Absatz 2 Satz 3, § 289 Absatz 1 Satz 5, § 297 Absatz 2 Satz 4 oder § 315 Absatz 1 Satz 5 sind diese Abschlüsse, Lageberichte und Erklärungen so wiederzugeben, dass sie den für ihre Aufstellung maßgeblichen Vorschriften entsprechen, soweit nicht Erleichterungen nach den §§ 326 und 327 in Anspruch genommen werden oder eine Rechtsverordnung des Bundesministeriums der Justiz und für Verbraucherschutz nach Absatz 4 hiervon Abweichungen ermöglicht. ²Sie haben in diesem Rahmen vollständig und richtig zu sein. ³Die Sätze 1 und 2 gelten auch für die teilweise Offenlegung sowie für die Veröffentlichung oder Vervielfältigung in anderer Form auf Grund des Gesellschaftsvertrages oder der Satzung. ⁴Eine Kapitalgesellschaft, die als Inlandsemittent (§ 2 Absatz 14 des Wertpapierhandelsgesetzes) Wertpapiere (§ 2 Absatz 1 des Wertpapierhandelsgesetzes) begibt und keine Kapitalgesellschaft im Sinne des § 327a ist, hat offenzulegen:

1. die in Absatz 1 Satz 1 bezeichneten Unterlagen in dem einheitlichen elektronischen Berichtsformat nach Maßgabe des Artikels 3 der Delegierten Verordnung (EU) 2019/815 der Kommission vom 17. Dezember 2018 zur Ergänzung der Richtlinie 2004/109/EG des Europäischen Parlaments und des Rates im Hinblick auf technische Regulierungsstandards für die Spezifikation eines einheitlichen elektronischen Berichtsformats (ABl. L 143 vom 29.5.2019, S. 1; L 145 vom 4.6.2019, S. 85) in der jeweils geltenden Fassung;

2. Abschnitt. Ergänzende Vorschriften für Kapitalges. § 328

2. den Konzernabschluss mit Auszeichnungen nach Maßgabe der Artikel 4 und 6 der Delegierten Verordnung (EU) 2019/815.

(1a) ¹Das Datum der Feststellung oder der Billigung der in Absatz 1 Satz 1 bezeichneten Abschlüsse ist anzugeben. ²Wurde der Abschluss auf Grund gesetzlicher Vorschriften durch einen Abschlussprüfer geprüft, so ist jeweils der vollständige Wortlaut des Bestätigungsvermerks oder des Vermerks über dessen Versagung wiederzugeben; wird der Jahresabschluss wegen der Inanspruchnahme von Erleichterungen nur teilweise offengelegt und bezieht sich der Bestätigungsvermerk auf den vollständigen Jahresabschluss, ist hierauf hinzuweisen. ³Bei der Offenlegung von Jahresabschluss, Einzelabschluss nach § 325 Absatz 2a oder Konzernabschluss ist gegebenenfalls darauf hinzuweisen, dass die Offenlegung nicht gleichzeitig mit allen anderen nach § 325 offenzulegenden Unterlagen erfolgt.

(2) ¹Werden Abschlüsse in Veröffentlichungen und Vervielfältigungen, die nicht durch Gesetz, Gesellschaftsvertrag oder Satzung vorgeschrieben sind, nicht in der nach Absatz 1 vorgeschriebenen Form oder dem vorgeschriebenen Format wiedergegeben, so ist jeweils in einer Überschrift darauf hinzuweisen, daß es sich nicht um eine der gesetzlichen Form oder dem gesetzlichen Format entsprechende Veröffentlichung handelt. ²Ein Bestätigungsvermerk darf nicht beigefügt werden, wenn die Abschlüsse nicht in der nach Absatz 1 vorgeschriebenen Form wiedergegeben werden. ³Ist jedoch auf Grund gesetzlicher Vorschriften eine Prüfung durch einen Abschlußprüfer erfolgt, so ist anzugeben, zu welcher der in § 322 Abs. 2 Satz 1 genannten zusammenfassenden Beurteilungen des Prüfungsergebnisses der Abschlussprüfer in Bezug auf den in gesetzlicher Form erstellten Abschluss gelangt ist und ob der Bestätigungsvermerk einen Hinweis nach § 322 Abs. 3 Satz 2 enthält. ⁴Ferner ist anzugeben, ob die Unterlagen *bei dem Betreiber des Bundesanzeigers eingereicht [ab 1.8.2022: der das Unternehmensregister führenden Stelle übermittelt]* worden sind.

(3) ¹Absatz 1 Satz 1 bis 3 ist auf den Vorschlag für die Verwendung des Ergebnisses und den Beschluss über seine Verwendung entsprechend anzuwenden. ²Werden die in Satz 1 bezeichneten Unterlagen oder der Lage- oder Konzernlagebericht nicht gleichzeitig mit dem Jahresabschluß oder dem Konzernabschluß offengelegt, so ist bei ihrer nachträglichen Offenlegung jeweils anzugeben, auf welchen Abschluß sie sich beziehen und wo dieser offengelegt worden ist; dies gilt auch für die nachträgliche Offenlegung des Bestätigungsvermerks oder des Vermerks über seine Versagung.

(4) Die Rechtsverordnung nach § 330 Abs. 1 Satz 1, 4 und 5 kann *dem Betreiber des Bundesanzeigers [ab 1.8.2022: der das Unternehmensregister führenden Stelle]* Abweichungen von der Kontoform nach § 266 Abs. 1 Satz 1 gestatten.

(5) Für die Hinterlegung der Bilanz einer Kleinstkapitalgesellschaft (§ 326 Absatz 2) gelten Absatz 1 Satz 1 bis 3 und Absatz 1a Satz 1 entsprechend.

---

1) I aF zur Sicherstellung der Einhaltung der Offenlegungsfrist nach § 325 Ia neu gefasst und zur besseren Lesbarkeit aufgeteilt in I und Ia nF durch BilRUG 2015 (**Übergangsrecht** in (1) EGHGB Art. 75 II) sowie II regeln Form, Format und Inhalt bei der Unterlagen bei der Offenlegung (→ § 325 Rn. 1) und bei der Veröffentlichung oder Vervielfältigung in anderer Form nach GesVertrag, um jede Irreführung zu verhindern. Redaktionelle Anpassung durch **DiRUG** (**Übergangsrecht (1)** EGHGB Art. 88). **I** (erweitert durch ESEF-UG 2020, **Übergangsrecht** in (1) EGHGB Art. 84) betrifft die allgemeinen Anforderungen an die offenzulegenden Unterlagen sowie die besonderen für die genannten Kapitalmarktakteure, **Ia** die mit der Feststellung und Billigung der Unterlagen

Merkt 1541

verbundenen speziellen Fragen. Da der ordnungsgemäß festgestellte oder gebilligte Jahres- oder Konzernabschluss innerhalb der Jahresfrist offenzulegen ist, kann es eine fristwahrende Offenlegung vor Festellung oder Billigung nicht geben, RegBegr S. 99. Zulassung von Abweichungen durch RechtsVO des BMJ, eingefügt durch EHUG 2006 (**Übergangsrecht** in **(1)** EGHGB Art. 61 V), soll adäquate Darstellung der Bilanz auf Bildschirmen ermöglichen (Staffel- oder sonstige Form statt Kontenform), Begr. RegE BT-Drs. 16/960, 49. Gem. **V** idF MircoBilG 2013 gilt I für die Hinterlegung der Bilanz von KleinstKapital-Ges. nach §§ 325, 326 II entsprechend. **II** regelt die freiwilligen (nicht durch Gesetz oder GesVertrag vorgeschriebenen) Bekanntmachungen; diese brauchen nicht I, Ia und III zu entsprechen, aber Hinweis. **III** erstreckt I auf die anderen offenzulegenden Unterlagen, vor allem den Vorschlag über die Ergebnisverwendung und den Ergebnisverwendungsbeschluss. Auf Lage- und Konzernlageberichte ist I unmittelabr anwendbar, BT-Drs. 19/17343, 22. Der Verweis stellt klar, dass die Formatvorgaben in I 4 nicht für die von III 1 erfassten Unterlagen gelten. **IV** (neu eingefügt durch EHUG 2006, redaktionell geändert durch ARUG II 2019 (**Übergangsrecht** in **(1)** EGHGB Art. 83). Ordnungswidrigkeit § 334 I Nr. 5. **Muster:** Hopt/Merkt Vertrags- und Formularbuch/Kraft/Link Form III.F.1 (elektronische Einreichung der offenzulegenden Unterlagen beim Betreiber des BAnz.), **V** (geändert durch ESEF-UG 2020, **Übergangsrecht** in **(1)** EGHGB Art. 84) regelt, welche Vorschriften des § 328 für KleinstKapGes. gelten. **Lit.** MBF Kap. 18 Tz. 67 ff.; Blöink/Knoll-Biermann Konzern 2015, 65 (BilRUG 2015); Zwirner/Vodermeier WPg 2020, 1486, 1491 f. (Offenlegung nach ESEF).

Prüfungs- und Unterrichtungspflicht der das Unternehmensregister führenden Stelle

329 (1) ¹**Die das Unternehmensregister führende Stelle prüft, ob die zu übermittelnden Unterlagen fristgemäß und vollzählig übermittelt worden sind.** ²**Soweit dies für die Erfüllung der Aufgaben nach Satz 1 erforderlich ist, darf die das Unternehmensregister führende Stelle die von den Landesjustizverwaltungen nach § 8b Absatz 3 Satz 2 übermittelten Daten verwenden.**

(2) ¹**Gibt die Prüfung Anlass zu der Annahme, dass von der Größe der Kapitalgesellschaft abhängige Erleichterungen oder die Erleichterung nach § 327a nicht hätten in Anspruch genommen werden dürfen, kann die das Unternehmensregister führende Stelle von der Kapitalgesellschaft innerhalb einer angemessenen Frist die Mitteilung der Umsatzerlöse (§ 277 Abs. 1) und der durchschnittlichen Zahl der Arbeitnehmer (§ 267 Abs. 5) oder Angaben zur Eigenschaft als Kapitalgesellschaft im Sinn des § 327a verlangen.** ²**Unterlässt die Kapitalgesellschaft die fristgemäße Mitteilung, gelten die Erleichterungen als zu Unrecht in Anspruch genommen.**

(3) **In den Fällen des § 325a Absatz 1 Satz 5 und des § 340l Absatz 2 Satz 6 kann im Einzelfall die Vorlage einer Übersetzung in die deutsche Sprache verlangt werden.**

(4) **Ergibt die Prüfung nach Absatz 1 Satz 1, dass die offen zu legenden Unterlagen nicht oder unvollständig übermittelt wurden, wird die jeweils für die Durchführung von Ordnungsgeldverfahren nach den §§ 335, 340o und 341o zuständige Verwaltungsbehörde unterrichtet.**

1) Die Norm wurde durch das **DiRUG** (**Übergangsrecht** in **(1)** EGHGB Art. 88) ebenfalls angepasst. Die Neufassung des § 325 I 2 macht die Änderung notwendig, weil nicht mehr der Betreiber des Bundesanzeigers, sondern die das

2. Abschnitt. Ergänzende Vorschriften für Kapitalges.   § 330

Unternehmensregister führende Stelle die Aufgaben nach § 329 I 1 zu erfüllen hat. Inhaltlich dürfte sich nichts ändern. geprüft wird neben der Vollständigkeit auch die Fristmäßigkeit der Übermittlung der Unterlagen als Voraussetzung für die Meldung der Nichtbefolgung der Offenlegungspflichten bei der überwachenden Behörde (Bundesamt für Justiz bzw. bei Kredit- und Finanzdienstleistungsinstituten gem. §§ 340n IV, 341n IV BaFin) und die anschließende Einleitung des Bußgeldverfahrens. Gem. **I 1** prüft der Betreiber des Unternehmensregisters nur, ob es sich überhaupt um die zu übermittelnden Unterlagen (→ § 328 Rn. 1) handelt und ob sie vollzählig sind. Auf offensichtliche Nichtigkeit (zB Fehlen der Abschlussprüfung, → § 317 Rn. 1; auch → § 319 Rn. 1) braucht der Betreiber der das Unternehmensregister führenden Stelle nicht zu prüfen, bei Fehlen der gesetzlichen Abschlussprüfung sind aber die Unterlagen nicht vollständig (§ 322). Auch eine inhaltliche Prüfung und eine Prüfung der Einhaltung von § 328 finden nicht statt. Nach dem **DiRUG** werden die bisherigen I 2 und I 3 redaktionell zusammengeführt. I 2 a. F., wonach der Betreiber des BAnz. dem Betreiber des Unternehmensregisters bestimmte Informationen zur Aufgabenerledigung zur Verfügung stellen musste, wird obsolet, weil die Unterlagen nun direkt an das Unternehmensregister zu übermitteln sind, **II** regelt das Verfahren bei Zweifeln des Unternehmensregisters an der Berechtigung der Inanspruchnahme größenabhängiger Erleichterungen oder der Erleichterung für bestimmte kapitalmarktorientierte KapitalGes. (§ 327a nF) (zweigniederlassungsbezogene Mitteilung § 325a 1). Keine analoge Anwendung, wenn Erleichterung irrtümlich und versehentlich nicht in Anspruch genommen worden ist, dh wenn sich Ges. versehentlich „größer" gemacht hat als sie ist, LG Bonn NZG 2016, 1155. **II 1** betrifft nur die Vollzähligkeit der Unterlagen (Verweis auf I), nicht inhaltliche Erleichterungen (§ 266 I 3, 276, 288, 327). Die Angaben nach II werden nicht zu den nach § 9 einsehbaren HdlRegUnterlagen genommen (Begr. E § 284). **Weitere Prüfungen**, etwa der inhaltlichen Richtigkeit dieser Angaben, finden **nicht** statt. Durchsetzung durch Ordnungsgeldverfahren, § 335; Fiktion nach **II 2**, aber Wirkung begrenzt, insbesondere führt II 2 nicht zu Prüfungspflicht. Auch bei Publizitätsverweigerung keine Amtslöschung (insbes. nach **(3)** § 394 FamFG, nur vermögenslose KapitalGes. und Genossenschaft); zu den Sanktionen Jansen DStR 2000, 596. Nach **III** (eingefügt durch EuroBilG 2001) kann im Einzelfall über § 325a 4 hinaus Übersetzung in deutscher Sprache verlangt werden, insbesondere falls es für die Prüfung geboten ist. **IV** ist Teil des durch das EHUG 2006 neu geregelten Sanktionssystems bei unzureichender oder fehlender Offenlegung: Ergibt die Prüfung nach I 1, dass die offenzulegenden Unterlagen nicht oder unvollständig übermittelt wurden, wird die jeweils für die Durchführung von Ordnungsgeldverfahren nach den §§ 335, 340o und 341o zuständige Verwaltungsbehörde unterrichtet. **Lit.** MBF Kap. 18 Tz. 80 ff.

Fünfter Unterabschnitt. Verordnungsermächtigung für Formblätter und andere Vorschriften

[Verordnungsermächtigung für Formblätter und andere Vorschriften]

330 (1) ¹Das Bundesministerium der Justiz und für Verbraucherschutz wird ermächtigt, im Einvernehmen mit dem Bundesministerium der Finanzen und dem Bundesministerium für Wirtschaft und Energie durch Rechtsverordnung, die nicht der Zustimmung des Bundesrates bedarf, für Kapitalgesellschaften Formblätter vorzuschreiben oder andere Vorschriften für die Gliederung des Jahresabschlusses oder des Konzernabschlusses oder den Inhalt des Anhangs, des Konzernanhangs, des Lageberichts oder des Konzernlageberichts zu erlassen, wenn der Geschäftszweig eine von den

§ 330

§§ 266, 275 abweichende Gliederung des Jahresabschlusses oder des Konzernabschlusses oder von den Vorschriften des Ersten Abschnitts und des Ersten und Zweiten Unterabschnitts des Zweiten Abschnitts abweichende Regelungen erfordert. ²Die sich aus den abweichenden Vorschriften ergebenden Anforderungen an die in Satz 1 bezeichneten Unterlagen sollen den Anforderungen gleichwertig sein, die sich für große Kapitalgesellschaften (§ 267 Abs. 3) aus den Vorschriften des Ersten Abschnitts und des Ersten und Zweiten Unterabschnitts des Zweiten Abschnitts sowie den für den Geschäftszweig geltenden Vorschriften ergeben. ³Über das geltende Recht hinausgehende Anforderungen dürfen nur gestellt werden, soweit sie auf Rechtsakten des Rates der Europäischen Union beruhen. ⁴Die Rechtsverordnung nach Satz 1 kann auch Abweichungen von der Kontoform nach § 266 Abs. 1 Satz 1 gestatten. ⁵Satz 4 gilt auch in den Fällen, in denen ein Geschäftszweig eine von den §§ 266 und 275 abweichende Gliederung nicht erfordert.

(2) ¹Absatz 1 ist auf folgende Institute ungeachtet ihrer Rechtsform nach Maßgabe der Sätze 3 und 4 anzuwenden:

1. auf Kreditinstitute im Sinne des § 1 Absatz 1 des Kreditwesengesetzes, soweit sie nach dessen § 2 Absatz 1, 4 oder 5 von der Anwendung nicht ausgenommen sind,
2. auf Finanzdienstleistungsinstitute im Sinne des § 1 Absatz 1a des Kreditwesengesetzes, soweit sie nach dessen § 2 Absatz 6 oder 10 von der Anwendung nicht ausgenommen sind,
3. auf Wertpapierinstitute im Sinne des § 2 Absatz 1 des Wertpapierinstitutsgesetzes, soweit sie nach dessen § 3 von der Anwendung nicht ausgenommen sind, sowie
4. auf Institute im Sinne des § 1 Absatz 3 des Zahlungsdiensteaufsichtsgesetzes.

²Satz 1 ist auch auf Zweigstellen von Unternehmen mit Sitz in einem Staat anzuwenden, der nicht Mitglied der Europäischen Gemeinschaft und auch nicht Vertragsstaat des Abkommens über den Europäischen Wirtschaftsraum ist, sofern die Zweigstelle nach § 53 Abs. 1 des Gesetzes über das Kreditwesen als Kreditinstitut oder als Finanzinstitut gilt. ³Die Rechtsverordnung bedarf nicht der Zustimmung des Bundesrates; sie ist im Einvernehmen mit dem Bundesministerium der Finanzen und im Benehmen mit der Deutschen Bundesbank zu erlassen. ⁴In die Rechtsverordnung nach Satz 1 können auch nähere Bestimmungen über die Aufstellung des Jahresabschlusses und des Konzernabschlusses im Rahmen der vorgeschriebenen Formblätter für die Gliederung des Jahresabschlusses und des Konzernabschlusses sowie des Zwischenabschlusses gemäß § 340a Abs. 3 und des Konzernzwischenabschlusses gemäß § 340i Abs. 4 aufgenommen werden, soweit dies zur Erfüllung der Aufgaben der Bundesanstalt für Finanzdienstleistungsaufsicht oder der Deutschen Bundesbank erforderlich ist, insbesondere um einheitliche Unterlagen zur Beurteilung der von den Kreditinstituten und Finanzdienstleistungsinstituten durchgeführten Bankgeschäfte und erbrachten Finanzdienstleistungen sowie der von Wertpapierinstituten erbrachten Wertpapierdienstleistungen zu erhalten.

(3) ¹Absatz 1 ist auf Versicherungsunternehmen nach Maßgabe der Sätze 3 und 4 ungeachtet ihrer Rechtsform anzuwenden. ²Satz 1 ist auch auf Niederlassungen im Geltungsbereich dieses Gesetzes von Versicherungsunternehmen mit Sitz in einem anderen Staat anzuwenden, wenn sie zum Betrieb des Direktversicherungsgeschäfts der Erlaubnis durch die deutsche Versicherungsaufsichtsbehörde bedürfen. ³Die Rechtsverordnung bedarf der Zustimmung des Bundesrates und ist im Einvernehmen mit dem Bundesministerium der Finanzen zu erlassen. ⁴In die Rechtsverordnung nach Satz 1 können auch

nähere Bestimmungen über die Aufstellung des Jahresabschlusses und des Konzernabschlusses im Rahmen der vorgeschriebenen Formblätter für die Gliederung des Jahresabschlusses und des Konzernabschlusses sowie Vorschriften über den Ansatz und die Bewertung von versicherungstechnischen Rückstellungen, insbesondere die Näherungsverfahren, aufgenommen werden. ⁵ Die Zustimmung des Bundesrates ist nicht erforderlich, soweit die Verordnung ausschließlich dem Zweck dient, Abweichungen nach Absatz 1 Satz 4 und 5 zu gestatten.

(4) ¹ In der Rechtsverordnung nach Absatz 1 in Verbindung mit Absatz 3 kann bestimmt werden, daß Versicherungsunternehmen, auf die die Richtlinie 91/674/EWG nach deren Artikel 2 in Verbindung mit den Artikeln 4, 7 und 9 Nummer 1 und 2 sowie Artikel 10 Nummer 1 der Richtlinie 2009/138/EG des Europäischen Parlaments und des Rates vom 25. November 2009 betreffend die Aufnahme und Ausübung der Versicherungs- und der Rückversicherungstätigkeit (Solvabilität II) (ABl. L 335 vom 17.12.2009, S. 1) nicht anzuwenden ist, von den Regelungen des Zweiten Unterabschnitts des Vierten Abschnitts ganz oder teilweise befreit werden, soweit dies erforderlich ist, um eine im Verhältnis zur Größe der Versicherungsunternehmen unangemessene Belastung zu vermeiden; Absatz 1 Satz 2 ist insoweit nicht anzuwenden. ² In der Rechtsverordnung dürfen diesen Versicherungsunternehmen auch für die Gliederung des Jahresabschlusses und des Konzernabschlusses, für die Erstellung von Anhang und Lagebericht und Konzernanhang und Konzernlagebericht sowie für die Offenlegung ihrer Größe angemessene Vereinfachungen gewährt werden.

(5) Die Absätze 3 und 4 sind auf Pensionsfonds (§ 236 Absatz 1 des Versicherungsaufsichtsgesetzes) entsprechend anzuwenden.

1) Kapitalgesellschaften (I)

§ 330 I enthält Verordnungsermächtigung für geschäftszweigbezogene Formblätter und für andere Vorschriften allgemein für KapitalGes. Betroffen sind herkömmlich vor allem Kreditinstitute, Finanzinstitute und VersicherungsUnt. Rechtsverordnungen gibt es ua über die Rechnungslegung der Kreditinstitute und Finanzdienstleistungsinstitute (RechKredV, → Rn. 3) und von VersicherungsUnt. (RechVersV, → Rn. 4), über die Gliederung des Jahresabschlusses von VerkehrsUnt. sowie weitere VO betr. WohnungsUnt., Krankenhaus-Buchführung, Pflegeeinrichtungen. Lit. MBF Kap. 18 Tz. 92 ff.

2) Kreditinstitute und Finanzdienstleistungsinstitute (II)

II gibt für Kreditinstitute und Finanzdienstleistungsinstitute eine einheitliche Rechtsgrundlage. II 1 erstreckt I rechtsformunabhängig auf Kreditinstitute und Finanzdienstleistungsinstitute nach KWG (→ § 340 Rn. 3) sowie Zahlungsinstitute nach ZAG (ZDUmsG 2009). II 2 erstreckt I auf Zweigstellen von Unt. aus Drittstaaten (außerhalb EG und EWR), die nach § 53 I KWG für die Zwecke der Bankenaufsicht als Kreditinstitute oder Finanzinstitute gelten. Aufgrund von II erging die RechKredV (→ Rn. 3).

3) Verordnung über die Rechnungslegung der Kreditinstitute und Finanzdienstleistungsinstitute (RechKredV)

Für Kreditinstitute und Finanzdienstleistungsinstitute gilt die VO über die Rechnungslegung der Kreditinstitute und Finanzdienstleistungsinstitute (**RechKredV**) idF 11.12.1998 (BGBl. I 3658) → § 340 Rn. 5 ff. Erläuterung in WP-HdB 2006 I J 23 ff., 292 ff. Für **Banken** ist am 17.12.1998 (BGBl. I 3690) die PrüfungsberichtsVO (PrüfbV) auf der Grundlage von § 29 IV KWG ergangen. Für **WertpapierdienstleistungsUnt.** ist am 6.1.1999 (BGBl. I 4) die VO über

§ 331

die Prüfung von WertpapierdienstleistungsUnt. auf der Grundlage von § 89 WpHG ergangen.

4) Versicherungsunternehmen (III, IV)

4   III, IV neu VersRiLiG 1994 (→ § 341 Rn. 1); **IV 1** idF AReG. Dazu VO über die Rechnungslegung von VersicherungsUnt. **(RechVersV)** 8.11.1994 (BGBl. I 3378) → § 341 Rn. 3. Erläuterung in WP-HdB 2006 I K 63 ff.

5) Pensionsfonds (V)

5   V neu eingefügt durch AVmG 2001. Bislang wurde von der Ermächtigung noch kein Gebrauch gemacht.

Sechster Unterabschnitt.

Erster Titel. Straf- und Bußgeldvorschriften

Unrichtige Darstellung

331 (1) Mit Freiheitsstrafe bis zu drei Jahren oder mit Geldstrafe wird bestraft, wer

1. als Mitglied des vertretungsberechtigten Organs oder des Aufsichtsrats einer Kapitalgesellschaft die Verhältnisse der Kapitalgesellschaft in der Eröffnungsbilanz, im Jahresabschluß, im Lagebericht einschließlich der nichtfinanziellen Erklärung, im gesonderten nichtfinanziellen Bericht oder im Zwischenabschluß nach § 340a Abs. 3 unrichtig wiedergibt oder verschleiert,

1a. als Mitglied des vertretungsberechtigten Organs einer Kapitalgesellschaft zum Zwecke der Befreiung nach § 325 Abs. 2a Satz 1, Abs. 2b einen Einzelabschluss nach den in § 315e Abs. 1 genannten internationalen Rechnungslegungsstandards, in dem die Verhältnisse der Kapitalgesellschaft unrichtig wiedergegeben oder verschleiert worden sind, offen legt,

2. als Mitglied des vertretungsberechtigten Organs oder des Aufsichtsrats einer Kapitalgesellschaft die Verhältnisse des Konzerns im Konzernabschluß, im Konzernlagebericht einschließlich der nichtfinanziellen Konzernerklärung, im gesonderten nichtfinanziellen Konzernbericht oder im Konzernzwischenabschluß nach § 340i Abs. 4 unrichtig wiedergibt oder verschleiert,

3. als Mitglied des vertretungsberechtigten Organs einer Kapitalgesellschaft zum Zwecke der Befreiung nach § 291 Abs. 1 und 2 nach § 292 einen Konzernabschluß oder Konzernlagebericht, in dem die Verhältnisse des Konzerns unrichtig wiedergegeben oder verschleiert worden sind, offenlegt, oder

4. als Mitglied des vertretungsberechtigten Organs oder als Mitglied des vertretungsberechtigten Organs oder als vertretungsberechtigter Gesellschafter eines ihrer Tochterunternehmen (§ 290 Abs. 1, 2) in Aufklärungen oder Nachweisen, die nach § 320 einem Abschlußprüfer der Kapitalgesellschaft, eines verbundenen Unternehmens oder des Konzerns zu geben sind, unrichtige Angaben macht oder die Verhältnisse der Kapitalgesellschaft, eines Tochterunternehmens oder des Konzerns unrichtig wiedergibt oder verschleiert.

(2) Handelt der Täter in den Fällen des Absatzes 1 Nummer 1a oder 3 leichtfertig, so ist die Strafe Freiheitsstrafe bis zu einem Jahr oder Geldstrafe.

2. Abschnitt. Ergänzende Vorschriften für Kapitalges. 1 § 331a

1) §§ 331–333, nF durch BilReG 2004 (→ Einl. vor § 238 Rn. 4, **Übergangsregelung** in **(1)** EGHGB Art. 58 III), nF durch CSR–RUG v. 11.4.2017 (**Übergangsrecht** in **(1)** EGHGB Art. 80) enthalten Straftatbestände, § 334 Ordnungswidrigkeitstatbestände und § 335 die Möglichkeit, Ordnungsgeld festzusetzen. Modifikation durch FISG, insb. wurde IIIa aufgehoben und in § 331a als eigener Straftatbestand für falschen Bilanzeid geregelt; (**Übergangsrecht** in **(1)** EGHGB Art. 84). § 331 Nr. 1, 2 idF KWGÄndG 1992, Nr. 3 idF KapAEG 1998, Nr. 3a eingefügt durch TUG 2007 (**Übergangsrecht** in **(1)** EGHGB Art. 62). § 331 ist Schutzgesetz iSv § 823 II BGB, LG Bonn AG 2001, 486. Quartalsberichte geben die Verhältnisse der Ges. iSv § 331 Nr. 1 wieder, wenn sie ein Gesamtbild über die wirtschaftliche Lage der Ges. ermöglichen und den Eindruck der Vollständigkeit erwecken (BGH AG 2005, 162 – EM.TV). Unrichtigkeit iSv Nr. 1 liegt vor, „wenn die Darstellung mit den objektiven Gegebenheiten am Maßstab konkreter Rechnungslegungsnormen und den Grundsätzen ordnungsgemäßer Buchführung nicht übereinstimmt", BGH 1 StR 306/16, NStZ 2018, 540 = juris Rn. 31; nicht jede Verletzung von Rechnungslegungsvorschriften erfüllt § 331, vielmehr muss es sich um eine Verletzung handeln, die Interessen der Gläubiger, der Arbeitnehmer oder der Gesellschafter berührt, BVerfG NJW-RR 2006, 1625; unzutreffende Buchung von Eigenkapital betrifft gesamtes Bilanzergebnis (Verletzung von § 331 gegeben), BGH NStZ 2018, 540. Ob eine **Null-Bilanz,** in der alle Zifferneinträge auf Null lauten, der Veröffentlichungspflicht genügt, ist str., bejahend LG Bonn NZG 2013, 1157 gegen Bundesamt für Justiz, näher Merkt/Osbahr DB 2018, 1477; Schneider DB 2018, 2946; Zwirner/Vordermeier BC 2018, 436; zweifelnd Fülbier/Wittmann/Brauder DB 2019, 79; Mylich, ZGR 2021, 86, 94 ff. Die in § 331 HGB geregelten Straftatbestände stellen **unterschiedliche Anforderungen** an die **innere Tatseite.** Nach den Nummern 1, 2, 3a und 4 wird nur vorsätzliches Verhalten unter Strafe gestellt, während nach den Nummern 1a und 3 auch ein leichtfertiges Verhalten des Strafbarkeit begründet. Differenzierung auch auf Rechtsfolgenseite. So wird unterschiedlichem Handlungsunwert von vorsätzlichem und fahrlässigem Verhalten Rechnung getragen. Bei vorsätzlichem Verhalten bleibt es beim bisherigen Strafrahmen von bis zu drei Jahren Freiheitsstrafe, während bei Leichtfertigkeit maximal eine einjährige Freiheitsstrafe verhängt werden kann (RegE FISG BT-Drucks. 5). **Lit.** MBF Kap. 21 TZ 9 ff.; Boeker/Zwirner SteuK 2016, 426; Kajüter IRZ 2016, 507 (CSR-RL); Nietsch NZG 2016, 1330; Holzmeier/Burth/Hachmeister IRZ 2017, 215; Ruhnke/Schmidt DB 2017, 2557 (Erklärung zur Unternehmensführung und nichtfinanzielle Erklärung); Röttgen/Hund Konzern 2019, 201; Markworth BKR 2020. 438, 441 ff. (Haftung für fehlerhafte Regelpublizität).

Unrichtige Versicherung

331a (1) **Mit Freiheitsstrafe bis zu fünf Jahren oder mit Geldstrafe wird bestraft, wer entgegen § 264 Absatz 2 Satz 3, auch in Verbindung mit § 325 Absatz 2a Satz 3, entgegen § 289 Absatz 1 Satz 5, auch in Verbindung mit § 325 Absatz 2a Satz 4 zweiter Halbsatz, oder entgegen § 297 Absatz 2 Satz 4 oder § 315 Absatz 1 Satz 5, jeweils auch in Verbindung mit § 315e Absatz 1, eine unrichtige Versicherung abgibt.**

(2) **Handelt der Täter leichtfertig, so ist die Strafe Freiheitsstrafe bis zu zwei Jahren oder Geldstrafe.**

Vorschrift wurde mit dem FISG neu eingeführt (**Übergangsrecht** in **(1)** 1 EGHGB Art. 86). Sie ersetzt § 331 Nr. 3a aF, geht allerdings über diesen hinaus. Die Norm enthält einen neuen Straftatbestand für unrichtige Versicherungen

§ 332

nach § 264 II 3. Nach dieser Vorschrift haben die Mitglieder des vertretungsberechtigten Organs einer Kapitalgesellschaft, die als Inlandsemittent (§ 2 Absatz 14 des Wertpapierhandelsgesetzes) Wertpapiere (§ 2 Absatz 1 des Wertpapierhandelsgesetzes) begibt und keine Kapitalgesellschaft im Sinne des § 327a ist in einer dem Jahresabschluss beizufügenden schriftlichen Erklärung zu versichern, dass der Jahresabschluss nach bestem Wissen ein den tatsächlichen Verhältnissen entsprechendes Bild im Sinne des Satzes 1 vermittelt oder der Anhang Angaben nach Satz 2 enthält. Täter iSd Vorschrift sind die Mitglieder des vertretungsberechtigten Organs der jeweiligen Kapitalgesellschaft. Tatobjekt ist eine unrichtige Versicherung iSd genannten Normen. In § 331a I wird außer auf § 264 II 3 auch auf § 325 II 3 und 4, als auch auf § 315e I 1verwiesen. Hiermit wird klargestellt, dass auch eine Versicherung, die sich auf einen nach den internationalen Rechnungslegungsvorschriften (IAS und IFRS) aufgestellten Einzelabschluss oder auf den zugehörigen Lagebericht bzw. Konzernlagebericht bezieht, den Straftatbestand einer unrichtigen Versicherung erfüllen kann. Tathandlung ist die unrichtige Versicherung. Ein Unterlassen der Abgabe der Versicherung führt nicht zur Strafbarkeit nach § 331a), kann allerdings eine Ordnungswidrigkeit nach § 335 I darstellen, weil die Erklärungen nach § 264 II 3, § 289 I 5, § 297 II 4 und § 315 I 5 zu den offenlegungspflichtigen Rechnungslegungsunterlagen nach § 325 I 1 Nr. 1 und III gehören.

2 Zum Strafrahmen: Für die Fälle vorsätzlichen Handelns ist eine Erhöhung des Strafrahmens auf bis zu fünf Jahre Freiheitsstrafe vorgesehen. Dies ist erforderlich, um das gegenüber der vorsätzlich unrichtigen Darstellung gesteigerte Unrecht einer vorsätzlich unrichtigen öffentlichen Bekräftigung der Richtigkeit einer solchen Darstellung angemessen ahnden zu können. Dabei ist auch zu berücksichtigen, dass durch eine unrichtige Versicherung das Vertrauen eines – aufgrund der Kapitalmarktorientierung – typischerweise großen Adressatenkreises erschüttert wird. Die Erhöhung des Strafrahmens soll für den potenziellen Täterkreis zudem eine Appell-, Warn- und Abschreckungsfunktion entfalten und zu einer inhaltlich richtigen Versicherung anhalten. Die in § 331 II eingeführte Differenzierung im Strafrahmen wird auch in § 331a II nachvollzogen, indem für die leichtfertige unrichtige Versicherung eine Strafe von bis zu zwei Jahren Freiheitsstrafe oder Geldstrafe vorgesehen wird.

Verletzung der Berichtspflicht

332 (1) **Mit Freiheitsstrafe bis zu drei Jahren oder mit Geldstrafe wird bestraft, wer als Abschlußprüfer oder Gehilfe eines Abschlußprüfers über das Ergebnis der Prüfung eines Jahresabschlusses, eines Einzelabschlusses nach § 325 Abs. 2a, eines Lageberichts, eines Konzernabschlusses, eines Konzernlageberichts einer Kapitalgesellschaft oder eines Zwischenabschlusses nach § 340a Abs. 3 oder eines Konzernzwischenabschlusses gemäß § 340i Abs. 4 unrichtig berichtet, im Prüfungsbericht (§ 321) erhebliche Umstände verschweigt oder einen inhaltlich unrichtigen Bestätigungsvermerk (§ 322) erteilt.**

(2) **Handelt der Täter gegen Entgelt oder in der Absicht, sich oder einen anderen zu bereichern oder einen anderen zu schädigen, so ist die Strafe Freiheitsstrafe bis zu fünf Jahren oder Geldstrafe. Ebenso wird bestraft, wer einen inhaltlich unrichtigen Bestätigungsvermerk zu dem Jahresabschluss, zu dem Einzelabschluss nach § 325 Abs. 2a oder zu dem Konzernabschluss einer Kapitalgesellschaft erteilt, die ein Unternehmen von öffentlichem Interesse nach § 316a Satz 2 ist.**

(3) **Handelt der Täter in den Fällen des Absatzes 2 Satz 2 leichtfertig, so ist die Strafe Freiheitsstrafe bis zu zwei Jahren oder Geldstrafe.**

2. Abschnitt. Ergänzende Vorschriften für Kapitalges. 1–3 § 332

1) I idF BilReG 2004. Verletzung der Berichtspflicht → § 323 Rn. 1. Notwendig ist Erheblichkeit (nicht nur bei I Alternative 2: Umstände). § 332 setzt Vorsatz voraus. § 332 ist lex specialis zu § 403 AktG. § 332 ist Schutzgesetz iSv § 823 II BGB, BGH, WM 2013, 689; BGH WM 2020, 987; OLG Karlsruhe WM 1985, 944, → § 323 Rn. 8. Str. ist, ob dies auch für III gilt (→ Rn. 3). Vom Schutzbereich des 332 I sind Gesellschaft, Gesellschafter sowie aktuelle und potentielle Gesellschaftsgläubiger sowie auch sonstige Dritte, die in rechtlichen Beziehungen zur Gesellschaft stehen oder treten wollen, OLG Dresden, 8 U 1020/18, BeckRS 2019, 4774, OLG Hamm 8 U 47/10, MüKoHGB/ Quendenfeld Rn. 17. Erfüllung des Straftatbestands kommt nur bei Pflichtprüfungen nach § 316 ff. in Betracht; analoge Anwendung ist ausgeschlossen, BGH WM 2020, 987, Gehrlein DStR 2022, 377, 383. Grund dafür ist, dass bei freiwilligen Prüfungen dem Prüfer keine besondere Funktion als Kontrollorgan zugewiesen ist (Gehrlein DStR 2022, 377, 383). Voraussetzung für Strafbarkeit ist, sog. subjektive Unrichtigkeit. Bezugspunkt ist nicht Fehlerhaftigkeit der Prüfung, sondern nur Abweichung des Berichts von den tatsächlich erhobenen Feststellungen des Prüfers, Nietsch WM 2021, 158, 163; MüKoHGB/Ebke § 323 Rn. 19u 29; Ein mit dem Ergebnis einer fehlerhaften Prüfung übereinstimmender Bericht ist deswegen nicht strafbar. Unter die Norm fallen nur Fälle, in denen der Prüfer bewusst von den gemachten Feststellungen abweicht. Die Norm sanktioniert nicht die etwaige Verletzung von Prüfungspflichten, sondern nur die Unehrlichkeit des Prüfers, Schüppen DStR 2021 246, 251. Regelfall der Norm dürfte damit das kollusive Zusammenwirken des Abschlussprüfers und der Organe der Ges. sein., Nietsch WM 2021, 158, 163. **Lit.** MBF Kap. 21 Tz. 90 ff.; Pickerill NZG 2018, 609 (619 f.) (Patronatserklärung).

Durch **FISG** (**Übergangsrecht** in **(1)** EGHGB Art. 86) wurde in § **332 II 2** **2** ein **Qualifikationstatbestand** mit einem Strafrahmen von bis zu fünf Jahren Freiheitsstrafe für bestimmte Fälle eingeführt. Dieser gilt, wenn ein Abschlussprüfer (vorsätzlich) einen inhaltlich **unrichtigen Bestätigungsvermerk** zu dem Jahres-, Einzel- oder Konzernabschluss einer Kapitalgesellschaft erteilt, die ein **Unternehmen von öffentlichem Interesse** nach § 316a Satz 2 HGB ist. § 332 HGB n. F. schützt als Rechtsgut das Vertrauen in die Richtigkeit und Vollständigkeit der gewissenhaft und unparteiisch, durch ein unabhängiges Kontrollorgan, geprüften Abschlüsse und Lageberichte (Stüttgen ZIP 2022, 300, 304). Die Strafschärfung ist nach RegE nötig, um das Vertrauen in die Richtigkeit des offengelegten und damit für jedermann einsehbaren Bestätigungsvermerks bei der Prüfung von Unternehmen von öffentlichem Interesse mit großem Adressatenkreis zu gewährleisten. Eine Unredlichkeit des Prüfers in diesen Fällen ist besonders verwerflich ist (RegE FISG BT-Drucks. 19/26966 S. 6). Problematisch ist, ob sich mit dem neuen II 2 die Haftung nach § 823 II HGB verschärfen könnte. Während in I über das „Ergebnis der Prüfung" unrichtig berichtet werden muss, stellt II den Wortlaut nach auf „einen inhaltlich unrichtigen Bestätigungsvermerk zu dem Jahresabschluss" ab, was als Abkehr vom subjektiven Verständnis des I (→ Rn. 1) auf Tatbestandsebene gewertet werden könnte. Gegen eine derartige Verschärfung spricht aber, dass dem Regierungsentwurf keine Anhaltspunkte für eine Abkehr von der bisherigen Voraussetzung einer bewussten Diskrepanz zwischen Prüfungsergebnis und Berichterstattung zu entnehmen ist. Es kommt weiterhin auf die Richtigkeit der subjektiven Feststellungen über die Prüfung an und nicht, wie die Begründung des FISG-E suggeriert, auf die objektive Richtigkeit und Vollständigkeit der Prüfungsberichte an (Stüttgen, ZIP 2022, 300, 304). Nur die „unehrliche" Berichterstattung ist strafbar.

In **III nF,** eingeführt durch FISG, **Übergangsrecht** in **(1)** EGHGB Art. 86 **3** wird die leichtfertige Erteilung eines unrichtigen Bestätigungsvermerks zu dem Abschluss eines Unternehmens von öffentlichen Interesse unter Strafe gestellt.

Grund ist, dass nur so eine hinreichende Abschreckung ermöglicht werden kann. Der geringere Handlungsunwert eines leichtfertigen Verhaltens spiegelt sich in einer niedrigeren Strafandrohung von höchstens zwei Jahren Freiheitsstrafe oder Geldstrafe wider; kritisch Hennrichs BB 2021, 269, 273 f. („in mehrfacher Hinsicht misslungen"). Die Norm wird kritisiert, könnte sogar gegen Art. 103 GG verstoßen. Der objektive Tatbestand des II setzt subjektive Unrichtigkeit voraus, also dass der Abschlussprüfer unehrlich gehandelt hat (→ Rn. 2). Deshalb muss die in III vorgesehene Erstreckung des Straftatbestandes auf Leichtfertigkeit aus Gründen der Logik ausscheiden, weil es eine „leichtfertige Unehrlichkeit" nicht gibt, Schüppen DStR 2021, 246, 251; Stüttgen ZIP 2022, 300, 302, Hennrichs DB 2021, 268, 273; a. A. Lenz BB 2021, 683, 687. Ob auch III ein Schutzgesetz darstellt, ist fraglich, weil dann schon bei grober Fahrlässigkeit eine Außenhaftung ggü Dritten gegeben sein könnte, kritisch: Hennrichs BB 2021, 268, 274; Nietsch WM 2021, 158, 167 (Widerspruch zum Konzept der Binnenhaftung).

Verletzung der Geheimhaltungspflicht

333 (1) **Mit Freiheitsstrafe bis zu einem Jahr oder mit Geldstrafe wird bestraft, wer ein Geheimnis der Kapitalgesellschaft, eines Tochterunternehmens (§ 290 Abs. 1, 2), eines gemeinsam geführten Unternehmens (§ 310) oder eines assoziierten Unternehmens (§ 311), namentlich ein Betriebs- oder Geschäftsgeheimnis, das ihm in seiner Eigenschaft als Abschlußprüfer oder Gehilfe eines Abschlußprüfers bei Prüfung des Jahresabschlusses, eines Einzelabschlusses nach § 325 Abs. 2a oder des Konzernabschlusses bekannt geworden ist, unbefugt offenbart.**

(2) ¹**Handelt der Täter gegen Entgelt oder in der Absicht, sich oder einen anderen zu bereichern oder einen anderen zu schädigen, so ist die Strafe Freiheitsstrafe bis zu zwei Jahren oder Geldstrafe.** ²**Ebenso wird bestraft, wer ein Geheimnis der in Absatz 1 bezeichneten Art, namentlich ein Betriebs- oder Geschäftsgeheimnis, das ihm unter den Voraussetzungen des Absatzes 1 bekannt geworden ist, unbefugt verwertet.**

(3) **Die Tat wird nur auf Antrag der Kapitalgesellschaft verfolgt.**

1) → § 323 Rn. 2–8. § 333 (I nF durch BilKoG 2004; modifiziert durch FISG) ist Vorsatzstraftat und Antragsdelikt; lex specialis zu § 404 AktG. Abschlussprüfer einer EmissionsGes. kann bei Verstoß gegen **I** wegen Schutzgesetzverletzung nach § 823 II BGB schadensersatzpflichtig sein, OLG Dresden ZIP 2019, 613 = BeckRS 2019, 4774 mAnm. Pöschke DStR 2019, 1278 (auch zum Rückgriff auf I bei Prüfung kleiner AG nach § 267 I, wenn sich Prüfpflicht aus Prospektrecht ergibt). **Lit.** MBF Kap. 21 Tz. 117 ff.

Verletzung der Pflichten bei Abschlussprüfungen

333a **Mit Freiheitsstrafe bis zu einem Jahr oder mit Geldstrafe wird bestraft, wer als Mitglied eines nach § 324 Absatz 1 Satz 1 eingerichteten Prüfungsausschusses**
1. **eine in § 334 Absatz 2a bezeichnete Handlung begeht und dafür einen Vermögensvorteil erhält oder sich versprechen lässt oder**
2. **eine in § 334 Absatz 2a bezeichnete Handlung beharrlich wiederholt.**

1) Vorschrift neu durch AReG (Inkrafttreten am 17.6.2016, → Einl. vor § 316 Rn. 9). Strafsanktionen für **besonders schwere Verstöße** gegen prüfungsbezogene Pflichten der Mitglieder des Prüfungsausschusses (Verstoß gegen Gewäh-

2. Abschnitt. Ergänzende Vorschriften für Kapitalges. § 334

rung oder Versprechen eines Vermögensvorteils oder beharrliche Wiederholung). Flankierend Owi-Tatbestand in § 334 IIa für einfache Pflichtverletzungen. Strafrahmen: Freiheitsstrafe bis zu einem Jahr oder Geldstrafe; ergänzend nach § 70 StGB Berufsverbot bis zu fünf Jahre, Begr. RegE 57 f. **Lit.** MBF Kap. 21 Tz. 152 ff.; Velte/Stawinoga StuB 2016, 297.

Bußgeldvorschriften

334 (1) ¹**Ordnungswidrig handelt, wer als Mitglied des vertretungsberechtigten Organs oder des Aufsichtsrats einer Kapitalgesellschaft**
1. **bei der Aufstellung oder Feststellung des Jahresabschlusses einer Vorschrift**
    a) **des § 243 Abs. 1 oder 2, der §§ 244, 245, 246, 247, 248, 249 Abs. 1 Satz 1 oder Abs. 2, des § 250 Abs. 1 oder 2, des § 251 oder des § 264 Absatz 1a oder Absatz 2 über Form oder Inhalt,**
    b) **des § 253 Absatz 1 Satz 1, 2, 3, 4, 5 oder Satz 6, Abs. 2 Satz 1, auch in Verbindung mit Satz 2, Absatz 3 Satz 1, 2, 3, 4 oder Satz 5, Abs. 4 oder 5, des § 254 oder des § 256a über die Bewertung,**
    c) **des § 265 Abs. 2, 3, 4 oder 6, der §§ 266, 268 Absatz 3, 4, 5, 6 oder Absatz 7, der §§ 272, 274, 275 oder des § 277 über die Gliederung oder**
    d) **des § 284 oder des § 285 über die in der Bilanz, unter der Bilanz oder im Anhang zu machenden Angaben,**
2. **bei der Aufstellung des Konzernabschlusses einer Vorschrift**
    a) **des § 294 Abs. 1 über den Konsolidierungskreis,**
    b) **des § 297 Absatz 1a, 2 oder 3 oder des § 298 Abs. 1 in Verbindung mit den §§ 244, 245, 246, 247, 248, 249 Abs. 1 Satz 1 oder Abs. 2, dem § 250 Abs. 1 oder dem § 251 über Inhalt oder Form,**
    c) **des § 300 über die Konsolidierungsgrundsätze oder das Vollständigkeitsgebot,**
    d) **des § 308 Abs. 1 Satz 1 in Verbindung mit den in Nummer 1 Buchstabe b bezeichneten Vorschriften, des § 308 Abs. 2 oder des § 308a über die Bewertung,**
    e) **des § 311 Abs. 1 Satz 1 in Verbindung mit § 312 über die Behandlung assoziierter Unternehmen oder**
    f) **des § 308 Abs. 1 Satz 3, des § 313 oder § 314 über die im Konzernanhang zu machenden Angaben,**
3. **bei der Aufstellung des Lageberichts oder der Erstellung eines gesonderten nichtfinanziellen Berichts einer Vorschrift der §§ 289 bis 289b Absatz 1, §§ 289c, 289d, 289e Absatz 2, auch in Verbindung mit § 289b Absatz 2 oder 3, oder des § 289f über den Inhalt des Lageberichts oder des gesonderten nichtfinanziellen Berichts,**
3a. **bei der Erstellung einer Erklärung zur Unternehmensführung einer Vorschrift des § 289f Absatz 4 Satz 3 in Verbindung mit Satz 1 und Absatz 2 Nummer 4 über den Inhalt,**
4. **bei der Aufstellung des Konzernlageberichts oder der Erstellung eines gesonderten nichtfinanziellen Konzernberichts einer Vorschrift der §§ 315 bis 315b Absatz 1, des § 315c, auch in Verbindung mit § 315b Absatz 2 oder 3, oder des § 315d über den Inhalt des Konzernlageberichts oder des gesonderten nichtfinanziellen Konzernberichts,**
5. **bei der Offenlegung, Hinterlegung, Veröffentlichung oder Vervielfältigung einer Vorschrift des § 328 über Form, Format oder Inhalt oder**
6. **einer auf Grund des § 330 Abs. 1 Satz 1 erlassenen Rechtsverordnung, soweit sie für einen bestimmten Tatbestand auf diese Bußgeldvorschrift verweist,**

§ 334

zuwiderhandelt. ²In den Fällen des Satzes 1 Nummer 3 und 3a wird eine Zuwiderhandlung gegen eine Vorschrift des § 289f Absatz 2 Nummer 4, auch in Verbindung mit Absatz 3 oder 4, nicht dadurch ausgeschlossen, dass die Festlegungen oder Begründungen nach § 76 Absatz 4 oder § 111 Absatz 5 des Aktiengesetzes oder nach § 36 oder § 52 Absatz 2 des Gesetzes betreffend die Gesellschaften mit beschränkter Haftung ganz oder zum Teil unterblieben sind. ³In den Fällen des Satzes 1 Nummer 4 wird eine Zuwiderhandlung gegen eine Vorschrift des § 315d in Verbindung mit § 289f Absatz 2 Nummer 4 nicht dadurch ausgeschlossen, dass die Festlegungen oder Begründungen nach § 76 Absatz 4 oder § 111 Absatz 5 des Aktiengesetzes ganz oder zum Teil unterblieben sind.

(2) Ordnungswidrig handelt, wer einen Bestätigungsvermerk nach § 322 Absatz 1 erteilt zu dem

1. einer Kapitalgesellschaft, die ein Unternehmen von öffentlichem Interesse nach § 316a Satz 2 Nummer 1 ist, oder
2. einer Kapitalgesellschaft, die nicht in Nummer 1 genannt ist

obwohl nach § 319 Absatz 2 oder 3, jeweils auch in Verbindung mit Absatz 5, oder nach § 319a Absatz 1 Satz 1 oder 2, jeweils auch in Verbindung mit Absatz 2, er oder nach § 319 Absatz 4 Satz 1, auch in Verbindung mit Satz 2, oder nach § 319a Absatz 1 Satz 1 oder 2, jeweils auch in Verbindung mit Absatz 2, die Wirtschaftsprüfungsgesellschaft oder der Buchführungsgesellschaft, für die er tätig wird, nicht Abschlussprüfer sein darf.

Ordnungswidrig handelt auch, wer einen Bestätigungsvermerk nach § 322 Absatz 1 erteilt zu dem Abschluss einer Kapitalgesellschaft, die ein Unternehmen von öffentlichem Interesse nach § 316a Satz 2 Nummer 1 ist, obwohl

1. er oder die Prüfungsgesellschaft, für die er tätig wird, oder ein Mitglied des Netzwerks, dem er oder die Prüfungsgesellschaft, für die er tätig wird, angehört, einer Vorschrift des Artikels 5 Absatz 4 Unterabsatz 1 Satz 1 oder Absatz 5 Unterabsatz 2 Satz 2 der Verordnung (EU) Nr. 537/2014 des Europäischen Parlaments und des Rates vom 16. April 2014 über spezifische Anforderungen an die Abschlussprüfung bei Unternehmen von öffentlichem Interesse und zur Aufhebung des Beschlusses 2005/909/EG der Kommission (ABl. L 158 vom 27.5.2014; S. 77, L 170 vom 11.6.2014, S. 66) zuwiderhandelt oder
2. er oder die Prüfungsgesellschaft, für die er tätig wird, nach Artikel 17 Absatz 3 der Verordnung (EU) Nr. 537/2014 für die Abschlussprüfung nicht durchführen darf.

Abschluss im Sinne der Sätze 1 und 2 ist ein Jahresabschluss, ein Einzelabschluss nach § 325 Absatz 2a oder ein Konzernabschluss, der aufgrund gesetzlicher Vorschriften zu prüfen ist.

(2a) Ordnungswidrig handelt, wer als Mitglied eines nach § 324 Absatz 1 Satz 1 eingerichteten Prüfungsausschusses einer Kapitalgesellschaft

1. die Unabhängigkeit des Abschlussprüfers oder der Prüfungsgesellschaft nicht nach Maßgabe des Artikels 4 Absatz 3 Unterabsatz 2, des Artikels 5 Absatz 4 Unterabsatz 1 Satz 1 oder des Artikels 6 Absatz 2 der Verordnung (EU) Nr. 537/2014 überwacht,
2. eine Empfehlung für die Bestellung eines Abschlussprüfers oder einer Prüfungsgesellschaft vorlegt, die den Anforderungen nach Artikel 16 Absatz 2 Unterabsatz 2 oder 3 der Verordnung (EU) Nr. 537/2014 nicht entspricht oder der ein Auswahlverfahren nach Artikel 16 Absatz 3 Unterabsatz 1 der Verordnung (EU) Nr. 537/2014 nicht vorangegangen ist, oder
3. den Gesellschaftern einen Vorschlag für die Bestellung eines Abschlussprüfers oder einer Prüfungsgesellschaft vorlegt, der den Anforderungen

2. Abschnitt. Ergänzende Vorschriften für Kapitalges. § 334

nach Artikel 16 Absatz 5 Unterabsatz 1 der Verordnung (EU) Nr. 537/2014 nicht entspricht.

(3) Die Ordnungswidrigkeit kann in den Fällen des Absatzes 2 Satz 1 Nummer 1 und Satz 2 sowie des Absatzes 2a mit einer Geldbuße bis zu fünfhunderttausend Euro, in den Fällen der Absätze 1 und 2 Satz 1 Nummer 2 mit einer Geldbuße bis zu fünfzigtausend Euro geahndet werden. ²Ist die Kapitalgesellschaft kapitalmarktorientiert im Sinne des § 264d, beträgt die Geldbuße in den Fällen des Absatzes 1 höchstens den höheren der folgenden Beträge:
1. zwei Millionen Euro oder
2. das Zweifache des aus der Ordnungswidrigkeit gezogenen wirtschaftlichen Vorteils, wobei der wirtschaftliche Vorteil erzielte Gewinne und vermiedene Verluste umfasst und geschätzt werden kann.

(3a) Wird gegen eine kapitalmarktorientierte Kapitalgesellschaft im Sinne des § 264d in den Fällen des Absatzes 1 eine Geldbuße nach § 30 des Gesetzes über Ordnungswidrigkeiten verhängt, beträgt diese Geldbuße höchstens den höchsten der folgenden Beträge:
1. zehn Millionen Euro,
2. 5 Prozent des jährlichen Gesamtumsatzes, den die Kapitalgesellschaft in dem der Behördenentscheidung vorausgegangenen Geschäftsjahr erzielt hat oder
3. das Zweifache des aus der Ordnungswidrigkeit gezogenen wirtschaftlichen Vorteils, wobei der wirtschaftliche Vorteil erzielte Gewinne und vermiedene Verluste umfasst und geschätzt werden kann.

(3a) In den Fällen des Absatzes 3 Satz 1 in Verbindung mit Absatz 2 Satz 1 Nummer 1 oder Satz 2 ist § 30 Absatz 2 Satz 3 des Gesetzes über Ordnungswidrigkeiten anzuwenden.

(3b) Gesamtumsatz im Sinne des Absatzes 3a Satz 1 Nummer 2 ist der Betrag der Umsatzerlöse nach § 277 Absatz 1 oder der Betrag der Nettoumsatzerlöse nach Maßgabe des auf das Unternehmen anwendbaren nationalen Rechts im Einklang mit Artikel 2 Nummer 5 der Richtlinie 2013/34/EU. Handelt es sich bei der Kapitalgesellschaft um ein Mutterunternehmen oder ein Tochterunternehmen im Sinne des § 290, ist anstelle des Gesamtumsatzes der Kapitalgesellschaft der Gesamtumsatz im Konzernabschluss des Mutterunternehmens maßgeblich, der für den größten Kreis von Unternehmen aufgestellt wird. Wird der Konzernabschluss für den größten Kreis von Unternehmen nicht nach den in Satz 1 genannten Vorschriften aufgestellt, ist der Gesamtumsatz nach Maßgabe der den Umsatzerlösen vergleichbaren Posten des Konzernabschlusses zu ermitteln. Ist ein Jahres- oder Konzernabschluss für das maßgebliche Geschäftsjahr nicht verfügbar, ist der Jahres- oder Konzernabschluss für das unmittelbar vorausgehende Geschäftsjahr maßgeblich; ist auch dieser nicht verfügbar, kann der Gesamtumsatz geschätzt werden.

(4) ¹Verwaltungsbehörde im Sinne des § 36 Absatz 1 Satz 1 des Gesetzes über Ordnungswidrigkeiten ist
1. die Bundesanstalt für Finanzdienstleistungsaufsicht in den Fällen des Absatzes 1 bei Kapitalgesellschaften, die kapitalmarktorientiert im Sinne des § 264d sind,
2. das Bundesamt für Justiz
   a) in den Fällen des Absatzes 1, in denen nicht die Bundesanstalt für Finanzdienstleistungsaufsicht nach Nummer 1 Verwaltungsbehörde ist, und
   b) in den Fällen des Absatzes 2a,
3. die Abschlussprüferaufsichtsstelle beim Bundesamt für Wirtschaft und Ausfuhrkontrolle in den Fällen des Absatzes 2.

§ 334   1, 1a   3. Buch. Handelsbücher

(5) **Die Absätze 1 bis 4 sind nicht anzuwenden auf:**
1. **Kreditinstitute im Sinne des § 340 Absatz 1 Satz 1,**
2. **Finanzdienstleistungsinstitute im Sinne des § 340 Absatz 4 Satz 1,**
3. **Wertpapierinstitute im Sinne des § 340 Absatz 4a Satz 1,**
4. **Institute im Sinne des § 1 Absatz 3 des Zahlungsdiensteaufsichtsgesetzes,**
5. **Versicherungsunternehmen im Sinne des § 341 Absatz 1 und**
6. **Pensionsfonds im Sinne des § 341 Absatz 4 Satz 1.**

1   1) Vorsatztat, Näheres s. OwiG. Redaktionelle Anpassungen durch BilMoG 2009. I Nr. 1, Nr. 5 idF MicroBilG 2013 (**Übergangsrecht** in (1) EGHGB Art. 70), Änderungen bzw. Ergänzungen in I Nr. 3, 4, III, IIIb idF des CSR-RUG v. 11.4.2017 (**Übergangsrecht** in (1) EGHGB Art. 80), Ergänzung in **IIa neu** durch AReG (in Kraft am 17.6.2016): Owi-Tatbestände für einfache Verletzung prüfungsbezogener Pflichten von Mitgliedern des Prüfungsausschusses (paralleler Straftatbestand für schwere Pflichtverletzung geplant in § 333a). I, IV ergänzt und neu gefasst durch ESEF-UG 2020 (**Übergangsrecht** in (1) EGHGB Art. 84) um Verstöße gegen Formatvorgaben von WpHG-Inlandsemittenten und deren Ahndung durch BaFin. Weitere Änderungen und Ergänzungen in § 334 II, IIa, III, IIIa, IIIb, IV und V durch FISG (**Übergangsrecht** in (1) EGHGB Art. 86). Weitere Änderungen durch das FüPoG (**Übergangsrecht** in (1) EGHGB Art. 87). Keine gemeinschaftsrechtliche Staatshaftung der Bundesrepublik Deutschland wegen Anlegerverlust bei zwischenzeitlich insolventer GmbH aus unzureichender Umsetzung der EG-Richtlinien, BGH NJW 2006, 690. Ob eine **Null-Bilanz,** in der alle Zifferneinträge auf Null lauten, der Veröffentlichungspflicht genügt, ist str., bejahend LG Bonn NZG 2013, 1157 gegen Bundesamt für Justiz, näher Merkt/Osbahr DB 2018, 1477; Schneider DB 2018, 2946; Zwirner/Vordermeier BC 2018, 436; zweifelnd Fülbier/Wittmann/Brauder DB 2019, 79; Mylich, ZGR 2021, 86, 94 ff.. **Lit.** MBF Kap. 21 Tz. 159 ff.; Kumm/Woodtli Konzern 2016, 218; Lanfermann/Maul BB 2016, 363; Nietsch NZG 2016, 1330; Quick DB 2016, 1205; Seibt DB 2016, 2707; Holzmeier/Burth/Hachmeister IRZ 2017, 215; Zwirner BC 2019, 17 (BilRUG); Röttgen/Hund Konzern 2019, 201.

1a   Durch das **FüPoG** (**Übergangsrecht** in (1) EGHGB, Art. 87) wurde I um Nr. 3a egänzt. Mit der Ergänzung soll klargestellt werden, dass auch Zuwiderhandlungen gegen § 289f IV 3 als Ordnungswidrigkeit geahndet werden können. Wer als Mitglied des vertretungsberechtigten Organs oder des Aufsichtsrats einer Kapitalgesellschaft eine Erklärung zur Unternehmensführung nach § 289f IV 3 nicht richtig oder nicht vollständig erstellt, muss künftig mit einem Bußgeld rechnen.

Außerdem wurde I um S. 2 und 3 ergänzt: Das bestehende Sanktionsregime knüpft in I Nr. 3 und 4 unter anderem an eine Zuwiderhandlung gegen die in den §§ 289f und 315d normierten Berichtspflichten an. Eine solche Zuwiderhandlung liegt vor, wenn die nach diesen Vorschriften erforderliche (Konzern-)Erklärung zur Unternehmensführung fehlt oder wenn erforderliche Angaben nicht vollständig oder nicht richtig aufgenommen werden. Die Frage, ob eine Zuwiderhandlung gegen § 289f II Nr. 4, gegebenenfalls iVm § 289f IV, auch dann anzunehmen ist, wenn die zuständigen Organe entgegen der bestehenden gesellschaftsrechtlichen Verpflichtung keine Zielgrößen und/oder keine Fristen für deren Erreichung festgelegt haben, wird im Schrifttum unterschiedlich beurteilt. Die Änderung dient der Klarstellung, dass durch solche pflichtwidrigen Unterlassungen eine Zuwiderhandlung gegen die Berichtspflicht nicht ausgeschlossen wird. Die Berichtspflicht wird auch nicht dadurch erfüllt, dass in der (Konzern-)Erklärung zur Unternehmensführung über die pflichtwidrigen Unterlassungen wahrheitsgemäß berichtet wird. Die Klarstellung bezieht ausdrücklich

2. Abschnitt. Ergänzende Vorschriften für Kapitalges. § 334

auch die künftig gesellschaftsrechtlich vorgeschriebenen Begründungen bei der Festlegung der Zielgröße Null mit ein. Werden diese Begründungen künftig unterlassen, bleibt eine Zuwiderhandlung gegen die Berichtspflicht auch dann möglich, wenn wahrheitsgemäß berichtet wird, dass keine Begründungen festgelegt wurden.

Wichtigste **Änderungen durch das FISG:** §§ 334 II Satz 2 sieht eine Bußgeldsanktion wegen unbefugter Erteilung des Bestätigungsvermerks für die Fälle vor, in denen die Erteilung des Bestätigungsvermerks erfolgt, obwohl ein Verstoß gegen das Verbot der Erbringung von Nichtprüfungsleistungen oder gegen die Vorschriften der AbschlussprüferVO zur externen Prüferrotation vorliegt. Die genannten Vorschriften der AbschlussprüferVO dienen der Sicherung der Unabhängigkeit des Abschlussprüfers, der die Abschlussprüfung bei einem Unternehmen von öffentlichem Interesse durchführt. Bei Verstößen gegen die genannten Vorschriften besteht keine Befugnis zur Erteilung des Bestätigungsvermerks. Zum Schutz des Vertrauens der Abschlussadressaten in die Richtigkeit und Vollständigkeit der Prüfung durch ein unabhängiges Kontrollorgan wurde die Bußgeldbewehrung daher entsprechend erweitert. Zur internen Rotation wurde in § 43 VI WPO eine eigene Regel aufgenommen. Verstöße hingegen führen zu eigenständigen berufsrechtlichen Sanktionen, BT-Drucks. 19/29879 S. 175.

Für Verstöße gegen die Bußgeldtatbestände des § 334 II HGB gilt: Wird der Bestätigungsvermerk unbefugt zu dem Abschluss einer Kapitalgesellschaft erteilt, die ein Unternehmen von öffentlichem Interesse nach § 316a Satz 2 Nr. 1 ist, kann künftig ein Bußgeld bis zu 500 000 Euro festgesetzt werden. Handelt es sich bei dem zu prüfenden Unternehmen nicht um eine Kapitalgesellschaft, die ein Unternehmen von öffentlichem Interesse ist, verbleibt es bei der bisherigen maximalen Bußgeldhöhe von 50 000 Euro. Diese Abstufung berücksichtigt, dass die unbefugte Erteilung eines Bestätigungsvermerks schwerer wiegt, wenn sie sich auf ein Unternehmen von öffentlichem Interesse – mit typischerweise breitem Adressatenkreis – bezieht. Zugleich wird ein Gleichlauf mit § 68 Absatz 1 Nummer 2 WPO erzielt. Im Ergebnis wird die Unterscheidung nach der Art des geprüften Unternehmens damit nicht nur in den Bereichen der zivilrechtlichen Haftung und des Strafrechts, sondern auch im Bereich des Ordnungswidrigkeitenrechts nachvollzogen.

Bei Verstößen gegen § 334 II kann nach **IIIa 2 nF** nunmehr eine **Verbandsgeldbuße** gemäß § 30 I OWiG gegen die als Abschlussprüfer bestellte Prüfungsgesellschaft festgesetzt werden, wenn eine Leitungsperson der Gesellschaft den Bestätigungsvermerk erteilt, obwohl bei dieser oder der Prüfungsgesellschaft ein Ausschlussgrund vorliegt. Durch den Verweis auf § 30 Absatz 2 Satz 3 OWiG beträgt das Höchstmaß der zu verhängenden Geldbuße **fünf Millionen** Euro in den Fällen, in denen der Bestätigungsvermerk zu dem Abschluss einer Kapitalgesellschaft erteilt wird, die ein Unternehmen von öffentlichem Interesse nach § 316a Satz 2 Nummer 1 HGB-E ist. Diese Verschärfung ermöglicht es, dass auch gegen insoweit typischerweise mit der Prüfung beauftragte finanzstarke Prüfungsgesellschaften Bußgelder in angemessener Höhe festgesetzt werden können.

Für Verstöße gegen die Bußgeldtatbestände des § 334 **IIa** wurde die maximale Bußgeldhöhe von bislang 50 000 Euro auf nunmehr 500 000 Euro angehoben. Der Grund dafür ist, dass die Adressaten eines zu verhängenden Bußgeldes ausschließlich die Mitglieder eines Prüfungsausschusses einer Kapitalgesellschaft sind, die ein Unternehmen von öffentlichem Interesse nach § 316a Satz 2 Nummer 1 HGB-E ist. Der Gleichlauf der Sanktionierung der Abschlussprüfer einerseits und der Prüfungsausschussmitglieder andererseits, entspricht den Vorgaben der Abschlussprüferrichtlinie, die für die Verstöße gegen die Vorgaben der Abschlussprüferverordnung insgesamt abschreckende Sanktionen verlangt, ohne dabei hinsichtlich der Höhe der Sanktionen zwischen den Abschlussprüfern und den Mitgliedern des Prüfungsausschusses zu differenzieren.

Merkt

§ 335

Zweiter Titel. Ordnungsgelder

Festsetzung von Ordnungsgeld; Verordnungsermächtigungen

335 (1) ¹Gegen die Mitglieder des vertretungsberechtigten Organs einer Kapitalgesellschaft, die

1. § 325 über die Pflicht zur Offenlegung des Jahresabschlusses, des Lageberichts, des Konzernabschlusses, des Konzernlageberichts und anderer Unterlagen der Rechnungslegung oder
2. § 325a über die Pflicht zur Offenlegung der Rechnungslegungsunterlagen der Hauptniederlassung

nicht befolgen, ist wegen des pflichtwidrigen Unterlassens der rechtzeitigen Offenlegung vom Bundesamt für Justiz (Bundesamt) ein Ordnungsgeldverfahren nach den Absätzen 2 bis 6 durchzuführen; im Fall der Nummer 2 treten die in § 13e Abs. 2 Satz 5 Nummer 3 genannten Personen, sobald sie angemeldet sind, an die Stelle der Mitglieder des vertretungsberechtigten Organs der Kapitalgesellschaft. ²Das Ordnungsgeldverfahren kann auch gegen die Kapitalgesellschaft durchgeführt werden, für die die Mitglieder des vertretungsberechtigten Organs die in Satz 1 Nr. 1 und 2 genannten Pflichten zu erfüllen haben. ³Dem Verfahren steht nicht entgegen, dass eine der Offenlegung vorausgehende Pflicht, insbesondere die Aufstellung des Jahres- oder Konzernabschlusses oder die unverzügliche Erteilung des Prüfauftrags, noch nicht erfüllt ist. ⁴Das Ordnungsgeld beträgt mindestens zweitausendfünfhundert und höchstens fünfundzwanzigtausend Euro. ⁵Eingenommene Ordnungsgelder fließen dem Bundesamt zu.

(1a) ¹Ist die Kapitalgesellschaft kapitalmarktorientiert im Sinne des § 264d, beträgt das Ordnungsgeld höchstens den höheren der folgenden Beträge:
1. zehn Millionen Euro,
2. 5 Prozent des jährlichen Gesamtumsatzes, den die Kapitalgesellschaften im der Behördenentscheidung vorausgegangenen Geschäftsjahr erzielt hat, oder
3. das Zweifache des aus der unterlassenen Offenlegung gezogenen wirtschaftlichen Vorteils; der wirtschaftliche Vorteil umfasst erzielte Gewinne und vermiedene Verluste und kann geschätzt werden.

²Wird das Ordnungsgeld einem Mitglied des gesetzlichen Vertretungsorgans der Kapitalgesellschaft angedroht, beträgt das Ordnungsgeld abweichend von Satz 1 höchstens den höheren der folgenden Beträge:
1. zwei Millionen Euro oder
2. das Zweifache des aus der unterlassenen Offenlegung gezogenen Vorteils; der wirtschaftliche Vorteil umfasst erzielte Gewinne und vermiedene Verluste und kann geschätzt werden.

(1b) ¹Gesamtumsatz im Sinne des Absatzes 1a Satz 1 Nummer 2 ist
1. im Falle von Kreditinstituten, Zahlungsinstituten und Finanzdienstleistungsinstituten im Sinne des § 340 der sich aus dem auf das Institut anwendbaren nationalen Recht im Einklang mit Artikel 27 Nummer 1, 3, 4, 6 und 7 oder Artikel 28 Nummer B1, B2, B3, B4 und B7 der Richtlinie 86/635/EWG des Rates vom 8. Dezember 1986 über den Jahresabschluss und den konsolidierten Abschluss von Banken und anderen Finanzinstituten (ABl. L 372 vom 31.12.1986, S. 1) ergebende Gesamtbetrag, abzüglich der Umsatzsteuer und sonstiger direkt auf diese Erträge erhobener Steuern,
2. im Falle von Versicherungsunternehmen der sich aus dem auf das Versicherungsunternehmen anwendbaren nationalen Recht im Einklang mit

2. Abschnitt. Ergänzende Vorschriften für Kapitalges. § 335

Artikel 63 der Richtlinie 91/674/EWG des Rates vom 19. Dezember 1991 über den Jahresabschluss und den konsolidierten Abschluss von Versicherungsunternehmen (ABl. L 374 vom 31.12.1991, S. 7) ergebende Gesamtbetrag, abzüglich der Umsatzsteuer und sonstiger direkt auf diese Erträge erhobener Steuern,
3. im Übrigen der Betrag der Umsatzerlöse nach § 277 Absatz 1 oder der Nettoumsatzerlöse nach Maßgabe des auf das Unternehmen anwendbaren nationalen Rechts im Einklang mit Artikel 2 Nummer 5 der Richtlinie 2013/34/EU.

²Handelt es sich bei der Kapitalgesellschaft um ein Mutterunternehmen oder um ein Tochterunternehmen im Sinne von § 290, ist anstelle des Gesamtumsatzes der Kapitalgesellschaft der Gesamtumsatz im Konzernabschluss des Mutterunternehmens maßgeblich, der für den größten Kreis von Unternehmen aufgestellt wird. ³Wird der Konzernabschluss für den größten Kreis von Unternehmen nicht nach den in Satz 1 genannten Vorschriften aufgestellt, ist der Gesamtumsatz nach Maßgabe der den in Satz 1 Nummer 1 bis 3 vergleichbaren Posten des Konzernabschlusses zu ermitteln. ⁴Ist ein Jahresabschluss oder Konzernabschluss für das maßgebliche Geschäftsjahr nicht verfügbar, ist der Jahres- oder Konzernabschluss für das unmittelbar vorausgehende Geschäftsjahr maßgeblich; ist auch dieser nicht verfügbar, kann der Gesamtumsatz geschätzt werden.

(1c) Soweit dem Bundesamt Ermessen bei der Höhe eines Ordnungsgeldes zusteht, hat es auch frühere Verstöße der betroffenen Person zu berücksichtigen.

(1d) ¹Das Bundesamt unterrichtet die Bundesanstalt für Finanzdienstleistungsaufsicht unverzüglich über jedes Ordnungsgeld, das gemäß Absatz 1 gegen eine Kapitalgesellschaft im Sinne des § 264d oder gegen ein Mitglied ihrer Vertretungsorgane festgesetzt wird. ²Wird gegen eine solche Ordnungsgeldfestsetzung Beschwerde eingelegt, unterrichtet das Bundesamt die Bundesanstalt für Finanzdienstleistungsaufsicht über diesen Umstand sowie über den Ausgang des Beschwerdeverfahrens.

(2) ¹Auf das Verfahren sind die §§ 15 bis 19, § 40 Abs. 1, § 388 Abs. 1, § 389 Abs. 3, § 390 Abs. 2 bis 6 des Gesetzes über das Verfahren in Familiensachen und in den Angelegenheiten der freiwilligen Gerichtsbarkeit sowie im Übrigen § 11 Nr. 1 und 2, § 12 Abs. 1 Nr. 1 bis 3, Abs. 2 und 3, §§ 14, 15, 20 Abs. 1 und 3, § 21 Abs. 1, §§ 23 und 26 des Verwaltungsverfahrensgesetzes nach Maßgabe der nachfolgenden Absätze entsprechend anzuwenden. ²Das Ordnungsgeldverfahren ist ein Justizverwaltungsverfahren. ³Zur Vertretung der Beteiligten sind auch Wirtschaftsprüfer und vereidigte Buchprüfer, Steuerberater, Steuerbevollmächtigte, Personen und Vereinigungen im Sinn des § 3 Nr. 4 des Steuerberatungsgesetzes sowie Gesellschaften im Sinne des § 3 Nr. 2 und 3 des Steuerberatungsgesetzes, die durch Personen im Sinne des § 3 Nr. 1 des Steuerberatungsgesetzes handeln, befugt.

(2a) Die Akten einschließlich der Verfahrensakten in der Zwangsvollstreckung werden elektronisch geführt. Auf die elektronische Aktenführung und die elektronische Kommunikation ist § 110c des Gesetzes über Ordnungswidrigkeiten entsprechend anzuwenden, jedoch dessen Satz 1
1. nicht in Verbindung mit dessen Satz 2 und § 32b der Strafprozessordnung auf
   a) die Androhung eines Ordnungsgeldes nach Absatz 3 Satz 1,
   b) die Kostenentscheidung nach Absatz 3 Satz 2 und
   c) den Erlass von Zwischenverfügungen;

§ 335

2. nicht in Verbindung mit den §§ 32d und 32e Absatz 3 Satz 1 und 2 der Strafprozessordnung auf das Verfahren insgesamt sowie
3. einschließlich dessen Sätze 2 und 3 nicht auf die Beitreibung nach dem Justizbeitreibungsgesetz.

Satz 2 gilt entsprechend auch für Verfügungen im Sinne der Absätze 3 und 4, die automatisiert erlassen werden können.

(3) ¹Den in Absatz 1 Satz 1 und 2 bezeichneten Beteiligten ist unter Androhung eines Ordnungsgeldes in bestimmter Höhe aufzugeben, innerhalb einer Frist von sechs Wochen vom Zugang der Androhung an ihrer gesetzlichen Verpflichtung nachzukommen oder die Unterlassung mittels Einspruchs gegen die Verfügung zu rechtfertigen. ²Mit der Androhung des Ordnungsgeldes sind den Beteiligten zugleich die Kosten des Verfahrens aufzuerlegen. ³Der Einspruch kann auf Einwendungen gegen die Entscheidung über die Kosten beschränkt werden. ⁴Der Einspruch gegen die Androhung des Ordnungsgeldes und gegen die Entscheidung über die Kosten hat keine aufschiebende Wirkung. ⁵Führt der Einspruch zu einer Einstellung des Verfahrens, ist zugleich auch die Kostenentscheidung nach Satz 2 aufzuheben.

(4) ¹Wenn die Beteiligten nicht spätestens sechs Wochen nach dem Zugang der Androhung der gesetzlichen Pflicht entsprochen oder die Unterlassung mittels Einspruchs gerechtfertigt haben, ist das Ordnungsgeld festzusetzen und zugleich die frühere Verfügung unter Androhung eines erneuten Ordnungsgeldes zu wiederholen. ²Haben die Beteiligten die gesetzliche Pflicht erst nach Ablauf der Sechswochenfrist erfüllt, hat das Bundesamt das Ordnungsgeld wie folgt herabzusetzen:

1. auf einen Betrag von 500 Euro, wenn die Beteiligten von dem Recht einer Kleinstkapitalgesellschaft nach § 326 Absatz 2 Gebrauch gemacht haben;
2. auf einen Betrag von 1 000 Euro, wenn es sich um eine kleine Kapitalgesellschaft im Sinne des § 267 Absatz 1 handelt;
3. auf einen Betrag von 2 500 Euro, wenn ein höheres Ordnungsgeld angedroht worden ist und die Voraussetzungen der Nummern 1 und 2 nicht vorliegen, oder
4. jeweils auf einen geringeren Betrag, wenn die Beteiligten die Sechswochenfrist nur geringfügig überschritten haben.

³Bei der Herabsetzung sind nur Umstände zu berücksichtigen, die vor der Entscheidung des Bundesamtes eingetreten sind.

(5) ¹Waren die Beteiligten unverschuldet gehindert, in der Sechswochenfrist nach Absatz 4 Einspruch einzulegen oder ihrer gesetzlichen Verpflichtung nachzukommen, hat ihnen das Bundesamt auf Antrag Wiedereinsetzung in den vorigen Stand zu gewähren. ²Das Verschulden eines Vertreters ist der vertretenen Person zuzurechnen. ³Ein Fehlen des Verschuldens wird vermutet, wenn eine Rechtsbehelfsbelehrung unterblieben ist oder fehlerhaft ist. ⁴Der Antrag auf Wiedereinsetzung ist binnen zwei Wochen nach Wegfall des Hindernisses schriftlich beim Bundesamt zu stellen. ⁵Die Tatsachen zur Begründung des Antrags sind bei der Antragstellung oder im Verfahren über den Antrag glaubhaft zu machen. ⁶Die versäumte Handlung ist spätestens sechs Wochen nach Wegfall des Hindernisses nachzuholen. ⁷Ist innerhalb eines Jahres seit dem Ablauf der Sechswochenfrist nach Absatz 4 weder Wiedereinsetzung beantragt noch die versäumte Handlung nachgeholt worden, kann Wiedereinsetzung nicht mehr gewährt werden. ⁸Die Wiedereinsetzung ist nicht anfechtbar. ⁹Haben die Beteiligten Wiedereinsetzung nicht beantragt oder ist die Ablehnung des Wiedereinsetzungsantrags bestandskräftig geworden, können sich die Beteiligten mit der Beschwerde nicht mehr darauf berufen, dass sie unverschuldet gehindert waren, in der Sechswochen-

2. Abschnitt. Ergänzende Vorschriften für Kapitalges. § 335

frist Einspruch einzulegen oder ihrer gesetzlichen Verpflichtung nachzukommen.

(6) ¹Liegen dem Bundesamt in einem Verfahren nach den Absätzen 1 bis 5 keine Anhaltspunkte über die Einstufung einer Gesellschaft im Sinne des § 267 Absatz 1 bis 3 oder des § 267a vor, kann es den in Absatz 1 Satz 1 und 2 bezeichneten Beteiligten aufgeben, die Bilanzsumme nach Abzug eines auf der Aktivseite ausgewiesenen Fehlbetrags (§ 268 Absatz 3), die Umsatzerlöse (§ 277 Absatz 1) und die durchschnittliche Zahl der Arbeitnehmer (§ 267 Absatz 5) für das betreffende Geschäftsjahr und für diejenigen Geschäftsjahre, die für die Einstufung erforderlich sind, anzugeben. ²Unterbleiben die Angaben nach Satz 1, so wird für das weitere Verfahren vermutet, dass die Erleichterungen der §§ 326 und 327 nicht in Anspruch genommen werden können. ³Die Sätze 1 und 2 gelten für den Konzernabschluss und den Konzernlagebericht entsprechend mit der Maßgabe, dass an die Stelle der §§ 267, 326 und 327 der § 293 tritt.

(7) ¹Das Bundesministerium der Justiz und für Verbraucherschutz kann zur näheren Ausgestaltung der elektronischen Aktenführung und elektronischen Kommunikation nach Absatz 2a in der ab dem 1. Januar 2018 geltenden Fassung durch Rechtsverordnung, die nicht der Zustimmung des Bundesrates bedarf,
1. die Weiterführung von Akten in Papierform gestatten, die bereits vor Einführung der elektronischen Aktenführung in Papierform angelegt wurden,
2. die organisatorischen und dem Stand der Technik entsprechenden technischen Rahmenbedingungen für die elektronische Aktenführung einschließlich der einzuhaltenden Anforderungen des Datenschutzes, der Datensicherheit und der Barrierefreiheit festlegen,
3. die Standards für die Übermittlung elektronischer Akten zwischen dem Bundesamt und einer anderen Behörde oder einem Gericht näher bestimmen,
4. die Standards für die Einsicht in elektronische Akten vorgeben,
5. elektronische Formulare einführen und
   a) bestimmen, dass die in den Formularen enthaltenen Angaben ganz oder teilweise in strukturierter maschinenlesbarer Form zu übermitteln sind,
   b) eine Kommunikationsplattform vorgeben, auf der die Formulare im Internet zur Nutzung bereitzustellen sind, und
   c) bestimmen, dass eine Identifikation des Formularverwenders abweichend von Absatz 2a in Verbindung mit § 110c des Gesetzes über Ordnungswidrigkeiten und § 32a Absatz 3 der Strafprozessordnung durch Nutzung des elektronischen Identitätsnachweises nach § 18 des Personalausweisgesetzes, § 12 des eID-Karte-Gesetzes oder § 78 Absatz 5 des Aufenthaltsgesetzes erfolgen kann,
6. Formanforderungen und weitere Einzelheiten für den automatisierten Erlass von Entscheidungen festlegen,
7. die Einreichung elektronischer Dokumente, abweichend von Absatz 2a in Verbindung mit § 110c des Gesetzes über Ordnungswidrigkeiten und § 32a der Strafprozessordnung, erst zum 1. Januar des Jahres 2019 oder 2020 zulassen und
8. die Weiterführung der Akten in der bisherigen elektronischen Form bis zu einem bestimmten Zeitpunkt vor dem 1. Januar 2026 gestatten.

²Das Bundesministerium der Justiz und für Verbraucherschutz kann die Ermächtigungen des Satzes 1 durch Rechtsverordnung ohne Zustimmung des Bundesrates auf das Bundesamt für Justiz übertragen.

§ 335 1

1) Anwendungsbereich

1 § 335 wurde als zentrale Vorschrift zur Sanktionierung der Offenlegungspflicht des § 325 im Zuge der **Reform durch das EHUG 2006 (Übergangsrecht** in **(1)** EGHGB Art. 61 V) grundlegend **verschärft**. Der Gesetzgeber reagierte damit auf zweierlei: Erstens waren in § 335 aF die **EG-Vorgaben** der RL 21.12.1989 ABl. L 395, 36 unzureichend umgesetzt, EuGH Slg. 1997, I-6843 – Daihatsu mAnm Schulze-Osterloh ZIP 1997, 2157; Leible ZHR 162 (1998), 594; Schön JZ 1998, 194; Crezelius ZGR 1999, 252; Hirte NJW 1999, 36 und EuGH ZIP 1998, 1716 mAnm. Schulze-Osterloh (Schlussanträge Cosmas ZIP 1997, 1330), da das an Anträge bestimmter Personen bzw. Gruppierungen gebundene Zwangsgeldverfahren iSv § 335 aF nicht mit der EG-RL konform war. Zu den Voraussetzungen, unter denen die fehlerhafte Umsetzung der RL einen Schadensersatzanspruch begründet LG Berlin DB 2002, 258. Zweitens wurden §§ 325 ff. von den zur Offenlegung verpflichteten Ges. größtenteils ignoriert. Schätzungen zufolge erfüllten vor 2007 nur etwa 5 % aller von §§ 325 ff. erfassten Ges. ihre Offenlegungspflicht, Liebscher/Scharff NJW 2006, 3745 (3750). Bei dauerhafter Zuwiderhandlung gegen die Offenlegungspflicht von KapGes. ist auch die Verhängung von im Betrag hohen Folgeordnungsgeldern zulässig, auch wenn sich mit zeitlichem Abstand zum Geschäftsjahr das Interesse an der Offenlegung für Marktteilnehmer verringert, weil insoweit dem Ordnungsgeld auch ein Sanktions- und Beugecharakter zukommt, OLG Köln GmbHR 2015, 1086. Durch G vom 10.12.2007 (BGBl. I 2833) wurde **IIa** eingefügt, Rechtsgrundlage zur Durchführung der elektronischen Aktenführung der Behörde. Die durch das **BilMoG 2009 (Übergangsrecht** in **(1)** EGHGB Art. 66 VI) mit V 2 und 3 aF geschaffene Verordnungsermächtigung für zuständige Landesbehörden zur Übertragung der gerichtlichen Zuständigkeit bei Überlastung an andere LG sowie Zuständigkeitsregeln für sofortige Beschwerde nach V 11 aF wurden durch **G v. 4.10.2013 (Übergangsrecht** in **(1)** EGHGB Art. 70 III) in § 335a neu gefasst. Verfassungsrechtlich unbedenklich, dass § 335 Festsetzung eines Ordnungsgeldes an Versäumung der Offenlegungsfrist gem. § 325 I 2 und der Nachfrist gem. § 335 III 1 anknüpft (dh Ordnungsgeld auch dann, wenn Offenlegung verspätet, aber Ordnungsgeld noch nicht festgesetzt) BVerfG NZG 2009, 515. Keine gemeinschaftsrechtliche Staatshaftung der Bundesrepublik Deutschland wegen Anlegerverlust bei zwischenzeitlich insolventer GmbH aus unzureichender Umsetzung der EG-Richtlinien, BGH NJW 2006, 690. Va aF (jetzt § 335a IV) entsprach II a. Rspr.-Übersicht: Schmittmann StuB 2009, 543. **I** geändert und **Ia-Id** eingefügt durch TransparenzRLÄndRL-UmsG vom 20.11.2015 (**Übergangsrecht** in **(1)** Art. 77), **I 1, Ia 1 Nr. 2, Ib 2** geändert durch CSR-RUG v. 11.4.2017 (**Übergangsrecht** in **(1)** EGHGB Art. 80). **Ia** erweitert den Ordnungsgeldrahmen für die Sanktionierung der versäumten Offenlegung durch kapitalmarktorientierte KapitalGes. Statt des allgemeinen Höchstbetrags von 25.000 Euro gilt nun der höhere Wert aus 10 Mio. Euro, 5 % des jährlichen Gesamtumsatzes und dem zweifachen Wert des wirtschaftlichen Vorteils aus der versäumten Offenlegung. Bei natürlichen Personen gilt als Obergrenze der höhere Wert aus 2 Mio. Euro und dem zweifachen Wert des wirtschaftlichen Vorteils. **Ib** enthält die Definition des bei KapitalGes. zu berücksichtigenden Gesamtumsatzes. **Ic** stellt klar, dass insbesondere auch frühere Verstöße der betroffenen Person zu berücksichtigen sind. **Id** sieht Unterrichtung der BaFin über nach Ia festgesetzte Ordnungsgelder vor zur Vorbereitung der Bekanntmachung dieser Maßnahmen bzw. etwaiger Änderungen infolge von Rechtsbehelfen durch die BaFin gem. § 124 WpHG. **IIa** neugefasst mWv 1.1.2018, **VII** angefügt mWv 13.7.2017 durch Art. 10 G v. 5.7.2017 (BGBl. I 2208) im Zuge der Einführung elektronischer Akten in der Justiz, ergänzt mWv 1.11.2019 durch Art. 5 Abs. 13 G v. 21.6.2019 (BGBl. I 846). Auswirkungen der Corona-Pandemie sollten nach

2. Abschnitt. Ergänzende Vorschriften für Kapitalges. 2, 3 § 335

IDW zu unverschuldeter Behinderung iSd V führen, IDW Fachlicher Hinweis v. 25.3.2020. **Lit.** MBF Kap. 21 Tz. 206 ff.; Blöink/Halbleib Konzern 2017, 182; Lenz BB 2018, 2027 (zum Durchsetzungsdefizit).

2) Funktion

Die Androhung und Festsetzung von Ordnungsgeld dient der **Erzwingung** 2 **der Offenlegung** gem. § 325 von Jahresabschluss, Konzernabschluss, Lagebericht, Konzernlagebericht und anderen Unterlagen (**I 1 Nr. 1**) sowie gem. § 325a der Rechnungslegungsunterlagen der HauptNl (**I 1 Nr. 2**). Sie ist verfassungsmäßig, BVerfG NJW 2009, 2588. Inanspruchnahme der Erleichterungen iSv §§ 326, 327 iVm 267 I bis III für KleinstKapitalGes., kleine u. mittelgroße Ges. s. **VI 2.** Ein aufgestellter, aber nichtiger Abschluss rechtfertigt keine Zwangmaßnahme, BayObLG NJW-RR 2000, 1350 (zu § 335 aF; offen, ob auch bei Feststellung der Nichtigkeit gemäß § 256 VII AktG). **Lit.** MBF Kap. 21 Tz. 206 ff.; Petersen/Busch/Froschhammer WPg 2013, 905.

3) Verfahren

Nach dem neuen **Ordnungsgeldverfahren** des § 335 (Justizverwaltungsverfahren, **II 2**) hat der Betreiber des elektronischen BAnz. bzw. nach dem DiRUG 3 der Betreiber der das Unternehmensregister führenden Stelle **von Amts wegen** nach § 329 I 1 zu prüfen, ob die einzureichenden bzw. zu übermittelnden Unterlagen fristgemäß und vollständig eingereicht worden sind. **Feststellungsbzw. Beweislast.** Für Erfüllung der Offenlegungspflicht vor oder binnen Nachfrist im Verfahren nach §§ 325, 325a trifft Offenlegungspflichtigen, LG Bonn BeckRS 2017, 149046; Nachinstanz: OLG Köln BeckRS 2017, 150970. Zum Gläubigerbenachteiligungsvorsatz LG Bonn BeckRS 2017, 151171. Für das Verfahren einschließlich des Zwangsvollstreckungsverfahrens ist **elektronische Aktenführung** vorgeschrieben, **IIa 1.** Ergibt die Prüfung, dass die einzureichenden bzw. übermittelten Unterlagen nicht oder nicht vollständig eingereicht wurden, muss dies gem. § 329 IV an das Bundesamt für Justiz (bei Kredit- und Finanzdienstleistungsinstituten gem. §§ 340n IV, 341n IV an die BaFin) gemeldet werden. Die Behörde droht gem. **I 1 u. II** den Mitgliedern des vertretungsberechtigten Organs der Ges. (**I 1**) oder der Ges. selbst (**I 2**) ein Ordnungsgeld zwischen 2.500 und 25.000 Euro (**I 4**) an und erlegt diesen zugleich die Verfahrenskosten auf (**III 1 u. 2**). Nicht entgegen steht, dass eine der Offenlegung vorausgehende Pflicht, insbesondere die Pflicht zur Aufstellung des Abschlusses, nicht erfüllt ist, **I 3.** Einspruch gegen die Androhung und die Kostenentscheidung hat keine aufschiebende Wirkung (**III 6**). Wird die gesetzliche Pflicht nicht innerhalb von sechs Wochen nach Zugang der Androhung erfüllt oder mittels Einspruchs gerechtfertigt, wird das Ordnungsgeld festgesetzt; zugleich wird die frühere Verfügung unter Androhung eines erneuten Ordnungsgeldes wiederholt; die Frist ist auch gewahrt, wenn die eingereichten Unterlagen lediglich nicht bearbeitbar sind, LG Bonn NZG 2008, 517. Wird die Sechswochenfrist zwar **überschritten,** der Offenlegungspflicht aber vor der Festsetzung des Ordnungsgeldes (**IV 3**) entsprochen, setzt Bundesamt das Ordnungsgeld gem. **IV 2 Nr. 1–4** herab. Dies beträgt dann für **KleinstKapGes.** (§ 267a) 500 Euro, sofern die Erleichterung nach § 326 II in Anspruch genommen wurde, dem Betreiber des BAnz. bzw. des Unternehmensregisters also Hinterlegungsauftrag (→ § 326 Rn. 2) erteilt wurde (**Nr. 1**). Bei KleinstKapGes. ist Nr. 1 auch dann anzuwenden, wenn Ges. nicht von der Möglichkeit gem. § 326 II Gebrauch gemacht hat, LG Bonn DStR 2017, 338. Für andere **kleine Ges.** (§ 267 I) wird das Ordnungsgeld auf 1.000 Euro herabgesetzt (**Nr. 2**). Bei einer KleinstKapGes., die nicht von ihrem Recht auf Hinterlegung nach Nr. 2 Gebrauch macht, scheidet direkte Anwendung aus; Analogie ist unzulässig, da keine planwidrige Regelungslücke, OLG Köln DStR 2016, 1875. Grundsätzlich kann die später tatsächlich noch erfolgte

§ 335a

Offenlegung nichts an der Berechtigung der Festsetzung eines Ordnungsgeldes, das sowohl Beuge- als auch Sanktionsfunktion hat, ändern, OLG Köln BeckRS 2016, 17329. Für andere Ges. wird das Ordnungsgeld auf 2.500 Euro herabgesetzt, sofern das zuvor festgesetzte Ordnungsgeld über diesem Wert lag (**Nr. 3**). Wurde die Frist nur um wenige Tage (BT-Drs. 17/13221, 9) überschritten, wird der Betrag zusätzlich verringert (**Nr. 4**). Da das Bundesamt für Justiz im Verfahren nach **IV 3** an einer Berücksichtigung von nach seiner Entscheidung eintretenden Umständen gehindert ist, gilt dies entsprechend für das im (Rechts-) Beschwerdeverfahren später befasste Gericht, OLG Köln BeckRS 2016, 17329. Mit „vor der Entscheidung" iSv IV 3 kann ersichtlich nur die „interne" Entscheidung des Bundesamtes als letzter Willensbildungsakt gemeint sein, OLG Köln BeckRS 2016, 17329. Bei unverschuldetem Überschreiten der Sechswochenfrist für Offenlegung oder Einspruch nach **IV 1** ist binnen eines Jahres auf Antrag **Wiedereinsetzung in den vorigen Stand** vorgesehen, **V 1**. Das erscheint zB möglich infolge von Krankheit oder Tod des Alleingeschäftsführers, Verlust der Rechnungs- und Buchführungsunterlagen infolge von Naturereignissen oder falls sie sich (unberechtigt) im Besitz Dritter befinden, BT-Drs. 17/13221, 7. Für Herabsetzung des Ordnungsgeldes aus Billigkeitsgründen ist nach Neuregelung des IV kein Raum mehr, OLG Köln GmbHR 2016, 885. Gesetzgeber hat in §§ 335, 335a bewusst zwischen **Wiedereinsetzungs-** und **Beschwerdeverfahren** getrennt und **Verschuldensfragen** in das Wiedereinsetzungsverfahren ausgelagert. Daher ist es iZw aus verfassungsrechtlichen Gründen geboten, Beschwerdevorbringen entsprechend §§ 133, 157 BGB als konkludenten Wiedereinsetzungsantrag zu behandeln, wenn und soweit Verschuldensfragen aufgeworfen sind, OLG Köln GmbHR 2016, 1042. Fehlendes Verschulden wird bei fehlerhafter oder unterbliebener Rechtsbehelfsbelehrung vermutet, **V 2**. Vorschrift ist verfassungskonform so auszulegen, dass lediglich Verschulden des gesetzlichen Vertreters bzw. des in innerbetriebliche Organisation eingebundenen und intern beauftragten Mitarbeiters zuzurechnen ist, nicht Verschulden eines extern beuftragten Dritten (zB Steuerberater), LG Bonn DStR 2017, 1444. Nach **V 9** können sich Beteiligte dann, wenn Wiedereinsetzung in Sechswochenfrist nicht beantragt worden ist, mit Beschwerde nicht mehr darauf berufen, unverschuldet daran gehindert gewesen zu sein, innerhalb Sechswochenfrist Einspruch eingelegt zu haben oder gesetzlicher Verpflichtung nachzukommen, OLG Köln BeckRS 2017, 150970. Es gelten gem. **II 1** die Vorschriften des FamFG (§§ 15–19, 40 I, 388 I, 389 III, 390 II–VI) und des VwVfG (§§ 11 Nr. 1 u. 2, 12 I Nr. 1–3, II u. III, 14, 15 (20) I u. III, 21 I, 23 und 26). Zur Vertretung der Beteiligten in dem Verfahren sind auch Wirtschaftsprüfer, vereidigte Buchprüfer, Steuerberater u. Steuerbevollmächtigte befugt, **II 3**. Rechtsmittel: **§ 335a**, hier bei erstmaligem Vorbringen wegen Bestandskraft der Androhung keine Überprüfung mehr der Offenlegungspflicht selbst, LG Bonn BB 2008, 2120. Rspr. Übersicht bei Stollenwerk/Kurpat BB 2009, 150, Schmidtmann StuB 2009, 543. **Lit.** Gehm StuB 2016, 388 (Verfahren); Zwirner/Vodermeier WPg 2020, 1486, 1489 ff. (Verfahren).

Beschwerde gegen die Festsetzung von Ordnungsgeld; Rechtsbeschwerde; Verordnungsermächtigung

335a (1) ¹Gegen die Entscheidung, durch die das Ordnungsgeld festgesetzt oder der Einspruch oder der Antrag auf Wiedereinsetzung in den vorigen Stand verworfen wird, sowie gegen die Entscheidung nach § 335 Absatz 3 Satz 5 findet die Beschwerde nach den Vorschriften des Gesetzes über das Verfahren in Familiensachen und in den Angelegenheiten der freiwilligen Gerichtsbarkeit statt, soweit sich aus Satz 2 oder den nachstehen-

§ 335a

den Absätzen nichts anderes ergibt. ² Die Beschwerde hat aufschiebende Wirkung, wenn sie die Festsetzung eines Ordnungsgeldes zum Gegenstand hat.

(2) ¹ Die Beschwerde ist binnen einer Frist von zwei Wochen einzulegen; über sie entscheidet das für den Sitz des Bundesamtes zuständige Landgericht. ² Zur Vermeidung von erheblichen Verfahrensrückständen oder zum Ausgleich einer übermäßigen Geschäftsbelastung wird die Landesregierung des Landes, in dem das Bundesamt seinen Sitz unterhält, ermächtigt, durch Rechtsverordnung die Entscheidung über die Rechtsmittel nach Satz 1 einem anderen Landgericht oder weiteren Landgerichten zu übertragen. ³ Die Landesregierung kann diese Ermächtigung auf die Landesjustizverwaltung übertragen. ⁴ Ist bei dem Landgericht eine Kammer für Handelssachen gebildet, so tritt diese Kammer an die Stelle der Zivilkammer. ⁵ Entscheidet über die Beschwerde die Zivilkammer, so sind die §§ 348 und 348a der Zivilprozessordnung entsprechend anzuwenden; über eine bei der Kammer für Handelssachen anhängige Beschwerde entscheidet der Vorsitzende. ⁶ Das Landgericht kann nach billigem Ermessen bestimmen, dass den Beteiligten die außergerichtlichen Kosten, die zur zweckentsprechenden Rechtsverfolgung notwendig waren, ganz oder teilweise aus der Staatskasse zu erstatten sind. ⁷ Satz 6 gilt entsprechend, wenn das Bundesamt der Beschwerde abhilft. ⁸ § 91 Absatz 1 Satz 2 und die §§ 103 bis 107 der Zivilprozessordnung gelten entsprechend. ⁹ § 335 Absatz 2 Satz 3 ist anzuwenden.

(3) ¹ Gegen die Beschwerdeentscheidung ist die Rechtsbeschwerde statthaft, wenn das Landgericht sie zugelassen hat. ² Für die Rechtsbeschwerde gelten die Vorschriften des Gesetzes über das Verfahren in Familiensachen und in den Angelegenheiten der freiwilligen Gerichtsbarkeit entsprechend, soweit sich aus diesem Absatz nichts anderes ergibt. ³ Über die Rechtsbeschwerde entscheidet das für den Sitz des Landgerichts zuständige Oberlandesgericht. ⁴ Die Rechtsbeschwerde steht auch dem Bundesamt zu. ⁵ Vor dem Oberlandesgericht müssen sich die Beteiligten durch einen Rechtsanwalt vertreten lassen; dies gilt nicht für das Bundesamt. ⁶ Absatz 1 Satz 2 und Absatz 2 Satz 6 und 8 gelten entsprechend.

(4) Auf die elektronische Aktenführung des Gerichts und die Kommunikation mit dem Gericht nach den Absätzen 1 bis 3 sind die folgenden Vorschriften entsprechend anzuwenden:

1. § 110a Absatz 1 Satz 1 und § 110c des Gesetzes über Ordnungswidrigkeiten sowie
2. § 110a Absatz 1 Satz 2 und 3, Absatz 2 Satz 1 und § 134 Satz 1 des Gesetzes über Ordnungswidrigkeiten mit der Maßgabe, dass die Landesregierung des Landes, in dem das Bundesamt seinen Sitz hat, die Rechtsverordnung erlässt und die Ermächtigungen durch Rechtsverordnung auf die Landesjustizverwaltung übertragen kann.

---

1) Vorschrift eingefügt durch G v. 4.10.2013, **Übergangsrecht** in (1) EGHGB Art. 70 III, bestimmt Rechtsmittel gegen die Festsetzung von Ordnungsgeld gem. § 335 IV, die Entscheidung über den Antrag auf Wiedereinsetzung in den vorigen Stand gem. § 335 V und die Aufhebung der Kostenentscheidung gem. § 335 III 5. Statthaft ist nach I 1 **Beschwerde** entsprechend §§ 58 ff. FamFG, die innerhalb von zwei Wochen einzulegen ist, II 1; zuständig ist das **LG Bonn**. Gegen Festsetzung von Ordnungsgeld hat sie gem. I 2 (eingefügt durch ESEF-UG 2020, **Übergangsrecht** in (1) EGHGB Art. 84) aufschiebende Wirkung. Festgesetztes Ordnungsgelds kann nicht vollstreckt oder deren Vollstreckung fortgesetzt werden, BT-Drs. 19/17343, 23. Ebenso ruht Verjährung in dieser Zeit, Art. 9 II 4 Nr 1 EGStGB. Gegen die Beschwerdeentscheidung ist

§ 335c 1

die **Rechtsbeschwerde** (§§ 70 ff. FamFG) zum OLG (Köln) statthaft, wenn das LG sie zugelassen hat (vgl. § 70 II FamFG); sie muss für die offenlegungspflichtige Ges. durch Rechtsanwalt eingelegt werden. Die Beschwerde steht auch dem Bundesamt zu. Dadurch soll eine einheitliche Gerichtspraxis gewährleistet werden (BT-Drs. 17/13221, 10). Gesetzgeber hat in §§ 335, 335a bewusst zwischen **Wiedereinsetzungs-** und **Beschwerdeverfahren** getrennt und **Verschuldensfragen** in das Wiedereinsetzungsverfahren ausgelagert. Daher ist es iZw aus verfassungsrechtlichen Gründen geboten, Beschwerde entsprechend §§ 133, 157 BGB als konkludenten Wiedereinsetzungsantrag zu behandeln, wenn und soweit Verschuldensfragen aufgeworfen sind, OLG Köln GmbHR 2016, 1042. **IV** neugefasst mWv 1.1.2018 durch Art. 10 G v. 5.7.2017 (BGBl. I 2208). **Feststellungs- bzw. Beweislast** für Erfüllung der Offenlegungspflicht vor oder binnen Nachfrist im Verfahren nach §§ 325, 325a trifft Offenlegungspflichtigen, LG Bonn BeckRS 2017, 149046; Nachinstanz: OLG Köln BeckRS 2017, 150970. **Lit.** MBF Kap. 21 Tz. 206 ff.

Dritter Titel. Gemeinsame Vorschriften für Straf-, Bußgeld- und Ordnungsgeldverfahren

Anwendung der Straf- und Bußgeld- sowie der Ordnungsgeldvorschriften auf bestimmte offene Handelsgesellschaften und Kommanditgesellschaften

335b [1] Die Strafvorschriften der §§ 331 bis 333a, die Bußgeldvorschrift des § 334 sowie die Ordnungsgeldvorschrift des § 335 gelten auch für offene Handelsgesellschaften und Kommanditgesellschaften im Sinn des § 264a Abs. 1. [2] Das Verfahren nach § 335 ist in diesem Fall gegen die persönlich haftenden Gesellschafter oder gegen die Mitglieder der vertretungsberechtigten Organe der persönlich haftenden Gesellschafter zu richten. [3] Es kann auch gegen die offene Handelsgesellschaft oder gegen die Kommanditgesellschaft gerichtet werden. [4] § 335a ist entsprechend anzuwenden.

1   **1)** § 335b idF 2013 (**Übergangsrecht** in **(1)** EGHGB Art. 70 III), S. 1 idF AReG, bezieht die OHG und KG iSv § 264a I in den Anwendungsbereich der §§ 331, 333, 334 und 335, seit AReG mWv 17.6.2016 auch § 333a ein, was zur genauen Bezeichnung der Adressaten der Straf-, Buß-, Zwangs- und Ordnungsgeldvorschriften notwendig ist. **Lit.** MBF Kap. 21 Tz. 228 ff.

Mitteilungen an die Abschlussprüferaufsichtsstelle

335c (1) Das Bundesamt für Justiz übermittelt der Abschlussprüferaufsichtsstelle beim Bundesamt für Wirtschaft und Ausfuhrkontrolle alle Bußgeldentscheidungen nach § 334 Absatz 2a.

(2) [1] In Strafverfahren, die eine Straftat nach § 332, § 333 oder § 333a zum Gegenstand haben, übermittelt die Staatsanwaltschaft im Falle der Erhebung der öffentlichen Klage der Abschlussprüferaufsichtsstelle die das Verfahren abschließende Entscheidung. [2] Ist gegen die Entscheidung ein Rechtsmittel eingelegt worden, ist die Entscheidung unter Hinweis auf das eingelegte Rechtsmittel zu übermitteln.

1   **1)** Vorschrift neu durch AReG (Inkrafttreten am 17.6.2016, → Einl. vor § 316 Rn. 9) setzt Art. 30 I, 30a I lit. b, 30c und 30f Abschlussprüfungsänderungs-RL 2014 im Hinblick auf prüfungsbezogene Pflichten der Mitglieder des nach § 324 I 1 gebildeten Prüfungsausschusses um. Zentrale Veröffentlichung der verhängten rechtskräftigen Sanktionen durch APAS beim BAFA (die bereits die von

3. Abschnitt. Ergänzende Vorschriften für eG § 337

ihr getroffenen berufsaufsichtsrechtlichen Maßnahmen nach § 69 **(2a)** WPO idF APAReG – voraussichtlich in Kraft ab 17.6.2016 – vornehmen wird) zur Erleichterung der Informationsbeschaffung (Bündelung, einheitliche Informationsplattform), Begr. RegE AReG 59. **Lit. MBF** Kap. 21 Tz. 230 ff.

Dritter Abschnitt. Ergänzende Vorschriften für eingetragene Genossenschaften

Pflicht zur Aufstellung von Jahresabschluß und Lagebericht

336 (1) ¹Der Vorstand einer Genossenschaft hat den Jahresabschluß (§ 242) um einen Anhang zu erweitern, der mit der Bilanz und der Gewinn- und Verlustrechnung eine Einheit bildet, sowie einen Lagebericht aufzustellen. ²Der Jahresabschluß und der Lagebericht sind in den ersten fünf Monaten des Geschäftsjahrs für das vergangene Geschäftsjahr aufzustellen. ³Ist die Genossenschaft kapitalmarktorientiert im Sinne des § 264d und begibt sie nicht ausschließlich die von § 327a erfassten Schuldtitel, beträgt die Frist nach Satz 2 vier Monate.

(2) ¹Auf den Jahresabschluss und den Lagebericht sind, soweit in diesem Abschnitt nichts anderes bestimmt ist, die folgenden Vorschriften entsprechend anzuwenden:
1. § 264 Absatz 1 Satz 4 erster Halbsatz und Absatz 1a, 2,
2. die §§ 265 bis 289e, mit Ausnahme von § 277 Absatz 3 Satz 1 und § 285 Nummer 17,
3. § 289f Absatz 4 nach Maßgabe des § 9 Absatz 3 und 4 des Genossenschaftsgesetzes.

²Sonstige Vorschriften, die durch den Geschäftszweig bedingt sind, bleiben unberührt. ³Genossenschaften, die die Merkmale für Kleinstkapitalgesellschaften nach § 267a Absatz 1 erfüllen (Kleinstgenossenschaften), dürfen auch die Erleichterungen für Kleinstkapitalgesellschaften nach näherer Maßgabe des § 337 Absatz 4 und § 338 Absatz 4 anwenden.

(3) § 330 Abs. 1 über den Erlaß von Rechtsverordnungen ist entsprechend anzuwenden.

1) Für die eG gelten Abschn. 1 und ergänzend Abschn. 3 mit §§ 336–339. **1** Diese machen einen Teil der Vorschriften des Abschn. 2 (KapitalGes.) auf die eG anwendbar und tragen im Übrigen den Besonderheiten der eG Rechnung. **I** entspricht § 264 I für KapitalGes., verlängert aber die Aufstellungsfrist. **II** (1 idF BilReG 2004) verweist auf den Abschn. 2 (auch Wahlrecht nach § 264 I 4 Hs. 1, nicht auch Verlängerung nach Hs. 2), nimmt aber bestimmte Angabepflichten aus; Erleichterungen für KleinstKapGes. (§ 267a) sind ausgeschlossen. **III** nF BankBiRiLiG 1990 (→ § 340 Rn. 1). **Lit.** Henckel/Rimmelspacher DB 2015, 37 (Kleinstgenossenschaften); Zwirner StuB 2015, Beilage 2, 1 (Genossenschaften).

Vorschriften zur Bilanz

337 (1) ¹An Stelle des gezeichneten Kapitals ist der Betrag der Geschäftsguthaben der Mitglieder auszuweisen. ²Dabei ist der Betrag der Geschäftsguthaben der mit Ablauf des Geschäftsjahrs ausgeschiedenen Mitglieder gesondert anzugeben. ³Werden rückständige fällige Einzahlungen auf Geschäftsanteile in der Bilanz als Geschäftsguthaben ausgewiesen, so ist der entsprechende Betrag auf der Aktivseite unter der Bezeichnung „Rückständi-

§ 338

ge fällige Einzahlungen auf Geschäftsanteile" einzustellen. ⁴Werden rückständige fällige Einzahlungen nicht als Geschäftsguthaben ausgewiesen, so ist der Betrag bei dem Posten „Geschäftsguthaben" zu vermerken. ⁵In beiden Fällen ist der Betrag mit dem Nennwert anzusetzen. ⁶Ein in der Satzung bestimmtes Mindestkapital ist gesondert anzugeben.

(2) An Stelle der Gewinnrücklagen sind die Ergebnisrücklagen auszuweisen und wie folgt aufzugliedern:
1. Gesetzliche Rücklage;
2. andere Ergebnisrücklagen; die Ergebnisrücklage nach § 73 Abs. 3 des Genossenschaftsgesetzes und die Beträge, die aus dieser Ergebnisrücklage an ausgeschiedene Mitglieder auszuzahlen sind, müssen vermerkt werden.

(3) Bei den Ergebnisrücklagen sind in der Bilanz oder im Anhang gesondert aufzuführen:
1. Die Beträge, welche die Generalversammlung aus dem Bilanzgewinn des Vorjahrs eingestellt hat;
2. die Beträge, die aus dem Jahresüberschuß des Geschäftsjahrs eingestellt werden;
3. die Beträge, die für das Geschäftsjahr entnommen werden.

(4) Kleinstgenossenschaften, die von der Erleichterung für Kleinstkapitalgesellschaften nach § 266 Absatz 1 Satz 4 Gebrauch machen, haben den Betrag der Geschäftsguthaben der Mitglieder sowie die gesetzliche Rücklage in der Bilanz im Passivposten A Eigenkapital wie folgt auszuweisen:

Davon:

Geschäftsguthaben der Mitglieder

gesetzliche Rücklage.

1 1) § 337 enthält Sondervorschriften für die Bilanz der eG zu §§ 266 III Posten A I, III, 272 I, III. I idF G zur Einf. der Eur. Genossenschaft u. zur Änderung des Genossenschaftsrechts 2006 betrifft das gezeichnete Kapital (bei eG Geschäftsguthaben der Genossen). II über die Gewinnrücklagen (bei eG Ergebnisrücklagen) § 33d I B II GenG. III idF KapCoRiLiG 2000 verlangt Darstellung der Entwicklung der Ergebnisrücklagen in der Bilanz oder im Anhang wie bei AG nach AktG § 152 II. **Lit.** Henckel/Rimmelspacher DB 2015, 37 (Kleinstgenossenschaften).

Vorschriften zum Anhang

338 (1) ¹Im Anhang sind auch Angaben zu machen über die Zahl der im Laufe des Geschäftsjahrs eingetretenen oder ausgeschiedenen sowie die Zahl der am Schluß des Geschäftsjahrs der Genossenschaft angehörenden Mitglieder. ²Ferner sind der Gesamtbetrag, um welchen in diesem Jahr die Geschäftsguthaben sowie die Haftsummen der Mitglieder sich vermehrt oder vermindert haben, und der Betrag der Haftsummen anzugeben, für welche am Jahresschluß alle Mitglieder zusammen aufzukommen haben.

(2) Im Anhang sind ferner anzugeben:
1. Name und Anschrift des zuständigen Prüfungsverbandes, dem die Genossenschaft angehört;
2. alle Mitglieder des Vorstands und des Aufsichtsrats, auch wenn sie im Geschäftsjahr oder später ausgeschieden sind, mit dem Familiennamen und mindestens einem ausgeschriebenen Vornamen; ein etwaiger Vorsitzender des Aufsichtsrats ist als solcher zu bezeichnen.

3. Abschnitt. Ergänzende Vorschriften für eG   1   § 339

(3) ¹An Stelle der in § 285 Nr. 9 vorgeschriebenen Angaben über die an Mitglieder von Organen geleisteten Bezüge, Vorschüsse und Kredite sind lediglich die Forderungen anzugeben, die der Genossenschaft gegen Mitglieder des Vorstands oder Aufsichtsrats zustehen. ²Die Beträge dieser Forderungen können für jedes Organ in einer Summe zusammengefaßt werden.

(4) Kleinstgenossenschaften brauchen den Jahresabschluss nicht um einen Anhang zu erweitern, wenn sie unter der Bilanz angeben:
1. die in den §§ 251 und 268 Absatz 7 genannten Angaben und
2. die in den Absätzen 1, 2 Nummer 1 und Absatz 3 genannten Angaben.

1) § 338 (III 1 idF BilReG 2004) enthält Sondervorschriften für den Anhang   1
der eG zu §§ 284–288.

Offenlegung

339 (1) ¹Der Vorstand hat unverzüglich nach der Generalversammlung über den Jahresabschluß, jedoch spätestens vor Ablauf des zwölften Monats des dem Abschlussstichtag nachfolgenden Geschäftsjahrs, den festgestellten Jahresabschluß, den Lagebericht, die Erklärungen nach § 264 Absatz 2 Satz 3 und § 289 Absatz 1 Satz 5 und den Bericht des Aufsichtsrats *beim Betreiber des Bundesanzeigers elektronisch einzureichen [ab 1.8.2022: in deutscher Sprache der das Unternehmensregister führenden Stelle elektronisch zur Einstellung in das Unternehmensregister zu übermitteln]*. ²Ist die Erteilung eines Bestätigungsvermerks nach § 58 Abs. 2 des Genossenschaftsgesetzes oder nach Artikel 10 Absatz 1 der Verordnung (EU) Nr. 537/2014 vorgeschrieben, so ist dieser mit dem Jahresabschluß *einzureichen [ab 1.8.2022: zu übermiteln];* hat der Prüfungsverband die Bestätigung des Jahresabschlusses versagt, so muß dies auf dem eingereichten Jahresabschluß vermerkt und der Vermerk vom Prüfungsverband unterschrieben sein. ³Ist die Prüfung des Jahresabschlusses im Zeitpunkt der Einreichung *[ab 1.8.2022: Übermittlung]* der Unterlagen nach Satz 1 nicht abgeschlossen, so ist der Bestätigungsvermerk oder der Vermerk über seine Versagung unverzüglich nach Abschluß der Prüfung *einzureichen [ab 1.8.2022: zu übermitteln]*. ⁴Wird der Jahresabschluß oder der Lagebericht nach der *Einreichung [ab 1.8.2022: Übermittlung]* geändert, so ist auch die geänderte Fassung *einzureichen [ab 1.8.2022: zu übermitteln]*.

(2) ¹§ 325 Absatz 1 Satz 2, Absatz 2, 2a, 4 und 6 sowie die §§ 326 bis 329 sind entsprechend anzuwenden. ²Hat eine Kleinstgenossenschaft von der Erleichterung für Kleinstkapitalgesellschaften nach § 326 Absatz 2 Gebrauch gemacht, gilt § 9 Absatz 6 Satz 3 entsprechend.

[Ab 1.8.2022:]

(2) § 325 Absatz 2a, 2b, 4 und 6 sowie die §§ 326 bis 329 sind entsprechend anzuwenden.

(3) ¹Die §§ 335 und 335a finden mit den Maßgaben entsprechende Anwendung, dass sich das Ordnungsgeldverfahren gegen die Mitglieder des Vorstands der Genossenschaft richtet und nur auf Antrag des Prüfungsverbandes, dem die Genossenschaft angehört, oder eines Mitglieds, Gläubigers oder Arbeitnehmers der Genossenschaft durchzuführen ist. ²Das Ordnungsgeldverfahren kann auch gegen die Genossenschaft durchgeführt werden, für die die Mitglieder des Vorstands die in Absatz 1 genannten Pflichten zu erfüllen haben.

1) § 339 idF EHUG 2006 (**Übergangsrecht** in (1) EGHGB Art. 61 V), I 2   1
idF ESEF-UG 2020, **Übergangsrecht** in (1) EGHGB Art. 84), enthält Sonder-

Merkt

§ 340

vorschriften für die Offenlegung der eG zu §§ 325–329. Durch das **DiRUG** (**Übergangsrecht** in (1) EGHGB Art. 88) erfolgen Anpassungen an das neue System der Offenlegung. Es soll ein Gleichlauf mit § 325 I 2 angestrebt werden (BT-Drucks. 19/28177, S. 104). Statt einer Einreichung der Unterlagen beim Betreiber des Bundesanzeigers ist eine elektronische Übermittlung in deutscher Sprache an die das Unternehmensregister tragende Stelle zur Einstellung in das Unternehmensregister notwendig. Der eG kommen vor allem auch die größenabhängigen Erleichterungen zugute. Durch das EHUG 2006 wurde die Vorschrift auf den Betreiber des elektronischen BAnz. umgestellt, da auch das Genossenschaftsregister von der Aufgabe der Registerführung entlastet werden soll. Nach dem DiRUG wird die Vorschrift auf die das Unternehmensregister führende Stelle umgestellt; die Verweiskette in II wird angepasst. Klarstellend wird nun auch auf § 225 IIb verwiesen, vgl. BT-Drucks. 19/28177 S. 104. **III** angefügt durch G zur Erleichterung unternehmerischer Initiativen aus bürgerschaftlichem Engagement und zum Bürokratieabbau bei Genossenschaften v. 17.7.2017, BGBl. I 2434 (**Übergangsrecht** in (1) EGHGB Art. 82) enthält einen Verweis auf die §§ 335 und 335a und stellt damit klar, dass auch ein Ordnungsgeldverfahren gegen die Mitglieder des Vorstands der Genossenschaft möglich ist, wenn die Offenlegungspflicht nicht erfüllt wird, BT-Drs. 18/11506, 32.

Vierter Abschnitt. Ergänzende Vorschriften für Unternehmen bestimmter Geschäftszweige

Erster Unterabschnitt. Ergänzende Vorschriften für Kreditinstitute und Finanzdienstleistungsinstitute

Erster Titel. Anwendungsbereich

[Anwendungsbereich]

340 (1) ¹Dieser Unterabschnitt ist auf Kreditinstitute im Sinne des § 1 Abs. 1 des Gesetzes über das Kreditwesen anzuwenden, soweit sie nach dessen § 2 Abs. 1, 4 oder 5 von der Anwendung nicht ausgenommen sind, sowie auf CRR-Kreditinstitute im Sinne des § 1 Absatz 3d Satz 1 des Kreditwesengesetzes, soweit sie nicht nach § 2 Absatz 1 Nummer 1 und 2 des Kreditwesengesetzes von der Anwendung ausgenommen sind, und auf Zweigniederlassungen von Unternehmen mit Sitz in einem Staat, der nicht Mitglied der Europäischen Gemeinschaft und auch nicht Vertragsstaat des Abkommens über den Europäischen Wirtschaftsraum ist, sofern die Zweigniederlassung nach § 53 Abs. 1 des Gesetzes über das Kreditwesen als Kreditinstitut gilt. ²§ 340l Abs. 2 und 3 ist außerdem auf Zweigniederlassungen im Sinne des § 53b Abs. 1 Satz 1 und Abs. 7 des Gesetzes über das Kreditwesen, auch in Verbindung mit einer Rechtsverordnung nach § 53c Nr. 1 dieses Gesetzes, anzuwenden, sofern diese Zweigniederlassungen Bankgeschäfte im Sinne des § 1 Abs. 1 Satz 2 Nr. 1 bis 5 und 7 bis 12 dieses Gesetzes betreiben. ³Zusätzliche Anforderungen auf Grund von Vorschriften, die wegen der Rechtsform oder für Zweigniederlassungen bestehen, bleiben unberührt.

(2) Dieser Unterabschnitt ist auf Unternehmen der in § 2 Abs. 1 Nr. 4 und 5 des Gesetzes über das Kreditwesen bezeichneten Art insoweit ergänzend anzuwenden, als sie Bankgeschäfte betreiben, die nicht zu den ihnen eigentümlichen Geschäften gehören.

4. Abschnitt. Ergänzende Vorschriften für best. Geschäftszweige **1, 2** **§ 340**

(3) Dieser Unterabschnitt ist auf Wohnungsunternehmen mit Spareinrichtung nicht anzuwenden.

(4) ¹Dieser Unterabschnitt ist auch auf Finanzdienstleistungsinstitute im Sinne des § 1 Abs. 1a des Gesetzes über das Kreditwesen anzuwenden, soweit sie nicht nach dessen § 2 Abs. 6 oder 10 von der Anwendung ausgenommen sind, sowie auf Zweigniederlassungen von Unternehmen mit Sitz in einem anderen Staat, der nicht Mitglied der Europäischen Gemeinschaft und auch nicht Vertragsstaat des Abkommens über den Europäischen Wirtschaftsraum ist, sofern die Zweigniederlassung nach § 53 Abs. 1 des Gesetzes über das Kreditwesen als Finanzdienstleistungsinstitut gilt. ²§ 340c Abs. 1 ist nicht anzuwenden auf Finanzdienstleistungsinstitute und Kreditinstitute, soweit letztere Skontroführer im Sinne des § 27 Abs. 1 Satz 1 des Börsengesetzes und nicht CRR-Kreditinstitute im Sinne des § 1 Abs. 3d Satz 1 des Gesetzes über das Kreditwesen sind. ³Zusätzliche Anforderungen auf Grund von Vorschriften, die wegen der Rechtsform oder für Zweigniederlassungen bestehen, bleiben unberührt.

(4a) ¹Dieser Unterabschnitt ist auch auf Wertpapierinstitute im Sinne des § 2 Absatz 1 des Wertpapierinstitutsgesetzes anzuwenden, soweit sie nicht nach dessen § 3 von der Anwendung ausgenommen sind. ²§ 340c Absatz 1 ist nicht anzuwenden auf Wertpapierinstitute, wenn diese Skontroführer im Sinne des § 27 Absatz 1 Satz 1 des Börsengesetzes sind. ³Zusätzliche Anforderungen auf Grund von Vorschriften, die wegen der Rechtsform oder für Zweigniederlassungen bestehen, bleiben unberührt.

(5) ¹Dieser Unterabschnitt ist auch auf Institute im Sinne des § 1 Absatz 3 des Zahlungsdiensteaufsichtsgesetzes anzuwenden. ²Zusätzliche Anforderungen auf Grund von Vorschriften, die wegen der Rechtsform oder für Zweigniederlassungen bestehen, bleiben unberührt.

1) Das Bankbilanzrichtlinie-Gesetz (BankBiRiLiG) und der Vierte Abschnitt (§§ 340 ff.)

Der 4. Abschn. enthält ergänzende Vorschriften für Unt. bestimmter Geschäftszweige (Kreditinstitute und Finanzdienstleistungsinstitute sowie VersicherungsUnt. und Pensionsfonds). Der 1. Unterabschnitt (§§ 340–340o) enthält ergänzende Vorschriften für Kreditinstitute und Finanzdienstleistungsinstitute unabhängig von ihrer Rechtsform. Er ist eingeführt durch das **BankBiRiLiG** 30.11.1990 BGBl. I 2570, in Kraft 1.1.1991. Nach der Konzeption des BankBiRiLiG findet sich das gesamte Rechnungslegungsrecht für Kreditinstitute und Finanzdienstleistungsinstitute im Dritten Buch des HGB. Im KWG bleiben nur noch Rechnungslegungsvorschriften, die in unmittelbarem Zusammenhang mit der Bankenaufsicht stehen. Die frühere sehr unübersichtliche Rechtslage (§§ 25a–29 KWG aF, PublG, Landesrecht für Sparkassen und andere öffentlich-rechtliche Kreditinstitute) wurde damit wesentlich verbessert. Das BankBiRiLiG wird ergänzt durch die VO über die Rechnungslegung der Kreditinstitute und Finanzdienstleistungsinstitute (RechKredV, → Rn. 5). **Übergangsrecht** in (1) EGHGB Art. 30, 31 (dazu → Einl. vor § 238 Rn. 48). **Lit.** Bieg/Waschbusch Bankenbilanzierung nach HGB und IFRS; Gaber, Bankbilanz nach HGB; Scharpf/Schaber, Handbuch Bankbilanz; Helms WPg 2019, 98 (Offenlegungsbericht). **1**

2) Die EG-Bankbilanz- und die Bankzweigniederlassungs-Richtlinien

Das BankBiRiLiG hat die **Bankbilanz-RL** 8.12.1986 ABl. 1986 L 372, 1, ber. ABl. 1988 L 316, 51, und die **Bankzweigniederlassungs-RL** 13.2.1989 ABl. 1989 L 44, 40 umgesetzt. Die letztere setzte an die Stelle der früheren eigenständigen Rechnungslegungsvorschriften für ausländische ZwNl die Offen- **2** legung der von der HauptNl aufzustellenden Rechnungsunterlagen durch die ZwNl. Die grundlegende Bankbilanz-RL erstreckte die 4. und 7. EG-RL (→ Einl. vor § 238 Rn. 4) auf Kreditinstitute, aber rechtsformunabhängig (mit Ausnahme der EinzelKflte), ohne Größenunterscheidung und rechtsformbezogene Erleichterungen und mit Abweichungen für branchenspezifische Besonderheiten. Folge ist vor allem eine wesentlich erweiterte und veränderte Konzernrechnungslegung. Soweit die Bankbilanz-RL stille Reserven für Kreditinstitute erlaubt, ua Art. 37 II (s. § 340f), war sie in der EG sehr umstritten und soll nach Art. 48 auf Vorschlag der Kommission 1998 überprüft werden.

3) Anwendungsbereich des 1. Unterabschnitts (§ 340)

3   A. Der 1. Titel mit § 340 steckt den **Anwendungsbereich des Sonderbilanzrechts für Kreditinstitute und Finanzdienstleistungsinstitute** ab. **I 1 (idF AReG), IV 1** erfassen die Kreditinstitute und Finanzdienstleistungsinstitute iSv § 1 I, 1a I KWG (s. **(7)** Bankgeschäfte A4; Ausnahmen § 2 I, IV, V, VI, X KWG, insbesondere DBBk und Kreditanstalt für Wiederaufbau) sowie die entsprechend tätigen Zweigstellen von Unt. aus Drittstaaten (außerhalb EG und EWR), die nach § 53 I KWG für die Zwecke der Bankenaufsicht als Kreditinstitute oder Finanzdienstleistungsinstitute gelten (Gesetz und Kommentierung sprechen pars pro toto von Kreditinstituten, dazu ist immer § 340 IV mitzulesen). Damit wird das Bilanzrecht der in- und ausländischen Kreditinstitute und Finanzdienstleistungsinstitute übersichtlich in §§ 340 ff. konzentriert und einheitlich für all diese Institute rechtsform- und größenunabhängig (aber § 340 lit. l II–IV für Offenlegung) geregelt. I 1 erfasst mWv 17.6.2016 (AReG) auch CRR-Kreditinstitute iSd § 1 IIId KWG, soweit nicht nach § 2 I Nr. 1 und 2 KWG von der Anwendung ausgenommen. Erfasst sind jedoch nicht Unt., die, ohne sonst Kreditinstitut oder Finanzdienstleistungsinstitut zu sein, Factoring oder Leasing betreiben (s. **(7)** Bankgeschäfte O1, P1). Weiterer Begriff des Kreditinstituts (BankholdingUnt.) in § 340i III nur für Konzernrechnungslegung. Zweigstellen von Einlagenkreditinstituten und WertpapierhandelsUnt. mit Sitz in der EG oder dem EWR iSv § 53b I 1, VII KWG fallen unter die Aufsicht dort; §§ 340 ff. sind deshalb mit Ausnahme von § 340l II–IV (Offenlegung) nicht anzuwenden (**I 2**).

4   B. **II** erfasst privat- und öffentlich-rechtliche VersicherungsUnt. und Unt. des Pfandleihgewerbes (§ 2 I Nr. 4, 5 KWG), soweit sie über die ihnen eigentümlichen Geschäfte hinaus Bankgeschäfte betreiben. **III** nimmt WohnungsUnt. mit Spareinrichtung aus. **IV 2** idF CRDIV-UmsetzungsG nimmt Finanzdienstleistungsinstitute und Skontroführer (s. **(14)** BörsG §§ 27 ff.) von § 340c aus, soweit sie nicht CRR-Kreditinstitute (§ 1 IIId 1 KWG) sind. **V** (eingef mit UmsG zur 2. E-GeldRiLi 2011) bezieht Zahlungsinstitute gemäß ZAG ein. Offenlegung nach § 340l nur bei Finanzdienstleistungsinstituten (und Instituten iSv § 1 II a ZAG, V 2) in der Form von KapGes (schon bisher § 325).

4) Verordnung über die Rechnungslegung der Kreditinstitute und Finanzdienstleistungsinstitute (RechKredV 1998)

5   A. Für Kreditinstitute und Finanzdienstleistungsinstitute gilt (statt der alten FormblattVO 14.9.1987 BGBl. 2169) auf Grund von § 330 der VO über die Rechnungslegung der Kreditinstitute und Finanzdienstleistungsinstitute **(RechKredV)** 10.2.1992 BGBl. 203, nF 11.12.1998 BGBl. I 3658. Die RechKredV regelt ihren Anwendungsbereich wie nach § 340 I 1 unter Ausschluss von WohnungsUnt. mit Spareinrichtung. Es folgen gemeinsame Vorschriften für Bilanz und GuV, Vorschriften zu den einzelnen Posten der Bilanz (Formblatt 1) und der GuV (Formblatt 2 Kontoform, überwiegend üblich; Formblatt 3 Staffelform) sowie Vorschriften zum Anhang und zur Konzernrechnungslegung. **Lit.** Bieg/Waschbusch Bankenbilanzierung nach HGB und IFRS.

4. Abschnitt. Ergänzende Vorschriften für best. Geschäftszweige § 340a

B. Wichtig ist ua die Ansatzvorschrift des RechKredV § 6 über **Treuhand-** 6
geschäfte (Vermögensgegenstände und Schulden, die ein Institut im eigenen
Namen, aber für fremde Rechnung hält; Vollrechtstreuhand). Der Gesamtbestand
ist unter den Posten „Treuhandvermögen" und „Treuhandverbindlichkeiten" in
der Bilanz des Instituts auszuweisen und im Anhang aufzugliedern. Für Nichtinstitute ist das nicht zulässig (Ausweis nur in der Bilanz des Treugebers), → § 246
Rn. 19.

C. Besonders geregelt sind auch die **nachrangigen Vermögensgegenstände** 7
und Schulden (RechKredV § 4). Sie liegen vor, wenn sie als Forderungen oder
Verbindlichkeiten im Fall der Liquidation oder der Insolvenz erst nach den
Forderungen der anderen Gläubiger erfüllt werden dürfen (§ 4 I). Nachrangige
Vermögensgegenstände sind auf der Aktivseite der Bilanz gesondert auszuweisen
oder im Anhang anzugeben (§ 4 II). Für Nichtinstitute → § 266 Rn. 16.

D. **Eventualverbindlichkeiten** (RechKredV § 26) sowie bestimmte andere 8
Verbindlichkeiten, nämlich Rücknahmepflichten aus unechten Pensionsgeschäften, Platzierungs- und Übernahmeverpflichtungen (zB aus Nils oder Rufst, **(7)**
Bankgeschäfte G33) und **unwiderrufliche Kreditzusagen** (alle unwiderruflichen Verpflichtungen, die Anlass zu einem Kreditrisiko geben können, Rech-
KredV § 27 II) sind in zwei eigene Posten unter dem Strich der Bilanz (Formblatt
1) aufzunehmen. **Termingeschäfte,** Swaps und Optionen brauchen dagegen
nur in eine Aufstellung im Anhang aufgenommen zu werden (näher § 36).

Zweiter Titel. Jahresabschluß, Lagebericht, Zwischenabschluß

Anzuwendende Vorschriften

340a (1) ¹Kreditinstitute, auch wenn sie nicht in der Rechtsform einer
Kapitalgesellschaft betrieben werden, haben auf ihren Jahresabschluß die für große Kapitalgesellschaften geltenden Vorschriften des Ersten Unterabschnitts des Zweiten Abschnitts anzuwenden, soweit in den Vorschriften dieses Unterabschnitts nichts anderes bestimmt ist. ²Kreditinstitute
haben außerdem einen Lagebericht nach den für große Kapitalgesellschaften
geltenden Bestimmungen aufzustellen.

(1a) ¹Ein Kreditinstitut hat seinen Lagebericht um eine nichtfinanzielle
Erklärung zu erweitern, wenn es in entsprechender Anwendung des § 267
Absatz 3 Satz 1 und Absatz 4 bis 5 als groß gilt und im Jahresdurchschnitt
mehr als 500 Arbeitnehmer beschäftigt. ²Wenn die nichtfinanzielle Erklärung
einen besonderen Abschnitt des Lageberichts bildet, darf das Kreditinstitut
auf die an anderer Stelle im Lagebericht enthaltenen nichtfinanziellen Angaben verweisen. ³§ 289b Absatz 2 bis 4 und die §§ 289c bis 289e sind entsprechend anzuwenden.

(1b) ¹Ein Kreditinstitut, das nach Absatz 1 in Verbindung mit § 289f Absatz 1 eine Erklärung zur Unternehmensführung zu erstellen hat, hat darin
Angaben nach § 289f Absatz 2 Nummer 6 aufzunehmen, wenn es in entsprechender Anwendung des § 267 Absatz 3 Satz 1 und Absatz 4 bis 5 als groß
gilt. ²Ein Kreditinstitut, das eine Genossenschaft ist, hat § 289f Absatz 4 nach
Maßgabe des § 9 Absatz 3 und 4 des Genossenschaftsgesetzes anzuwenden.

(2) ¹§ 264 Absatz 3, §§ 264b, 265 Absatz 6 und 7, §§ 267, 268 Abs. 4 Satz 1,
Abs. 5 Satz 1 und 2, §§ 276, 277 Abs. 1, 2, 3 Satz 1, § 285 Absatz 2 Num-
mer 3, § 285 Nr. 8 und 12, § 288 sind nicht anzuwenden. ²An Stelle von § 247
Abs. 1, §§ 251, 266, 268 Absatz 7, §§ 275, 284 Absatz 3, § 285 Nummer 1, 2,
4, 9 Litabe c und Nummer 27 sind die durch Rechtsverordnung erlassenen
Formblätter und anderen Vorschriften anzuwenden. ³§ 246 Abs. 2 ist nicht

Merkt

§ 340a 1, 2

anzuwenden, soweit abweichende Vorschriften bestehen. ⁴§ 285 Nummer 31 ist nicht anzuwenden; unter den Posten „außerordentliche Erträge" und „außerordentliche Aufwendungen" sind Erträge und Aufwendungen auszuweisen, die außerhalb der gewöhnlichen Geschäftstätigkeit anfallen. ⁵ Im Anhang sind diese Posten hinsichtlich ihres Betrags und ihrer Art zu erläutern, soweit die ausgewiesenen Beträge für die Beurteilung der Ertragslage nicht von untergeordneter Bedeutung sind.

(3) ¹ Sofern Kreditinstitute einer prüferischen Durchsicht zu unterziehende Zwischenabschlüsse zur Ermittlung von Zwischenergebnissen im Sinne des Artikels 26 Absatz 2 der Verordnung (EU) Nr. 575/2013 des Europäischen Parlaments und des Rates vom 26. Juni 2013 über Aufsichtsanforderungen an Kreditinstitute und Wertpapierfirmen und zur Änderung der Verordnung (EU) Nr. 646/2012 (ABl. L 176 vom 27.6.2013, S. 1) aufstellen, sind auf diese die für den Jahresabschluss geltenden Rechnungslegungsgrundsätze anzuwenden. ² Die Vorschriften über die Bestellung des Abschlussprüfers sind auf die prüferische Durchsicht entsprechend anzuwenden. ³ Die prüferische Durchsicht ist so anzulegen, dass bei gewissenhafter Berufsausübung ausgeschlossen werden kann, dass der Zwischenabschluss in wesentlichen Belangen den anzuwendenden Rechnungslegungsgrundsätzen widerspricht. ⁴ Der Abschlussprüfer hat das Ergebnis der prüferischen Durchsicht in einer Bescheinigung zusammenzufassen. ⁵ § 320 und § 323 gelten entsprechend.

(4) Zusätzlich haben Kreditinstitute im Anhang zum Jahresabschluß anzugeben:
1. alle Mandate in gesetzlich zu bildenden Aufsichtsgremien von großen Kapitalgesellschaften (§ 267 Abs. 3), die von gesetzlichen Vertretern oder anderen Mitarbeitern wahrgenommen werden;
2. alle Beteiligungen an großen Kapitalgesellschaften, die fünf vom Hundert der Stimmrechte überschreiten.

1) Rechtsformunabhängige Rechnungslegungspflicht (I)

1 Der 2. Titel (Überschrift idF KWGÄndG 1992) mit §§ 340a–340d betrifft das **Sonderrecht der Kreditinstitute für Jahresabschluss, Lagebericht und Zwischenabschluss.** Hinzu kommt die RechKredV (→ § 340 Rn. 5). Nach **I Hs. 1** sind die Kreditinstitute grundsätzlich rechtsformunabhängig rechnungslegungspflichtig wie große KapGes. (§§ 264–289; §§ 238–263 gelten schon wegen KfmEigenschaft). Aktienrechtliche Auskunftspflicht der Bank s. BGHZ 101, 1 mAnm Niehus ZIP 1987, 1245.

2) Große Kreditinstitute (Ia)

2 **Ia,** neu eingefügt durch CSR-RL-UmsetzungG v. 11.4.2017 (**Übergangsrecht** in (1) EGHGB Art. 80) setzt Art. 19a I, Art. 2 II lit. b der Bilanz-RL idF der CSR-RL um, die verlangen, dass auch bestimmte **große Kreditinstitute in der Rechtsform einer KapitalGes.** eine nichtfinanzielle Erklärung zu erstellen haben. Zugleich ordnet die Bankbilanz-RL 86/635/EWG v. 8.12.1986 an, dass auch Kreditinstitute anderer Rechtsformen die für KapitalGes. geltenden Rechnungslegungsvorgaben anzuwenden haben, soweit die RL keine Sonderregelungen enthält. Ziel dieser Regelungen ist es, für Kreditinstitute **keinen Wettbewerb über die Rechtsform** zu ermöglichen. Daher sollten grundsätzlich alle Kreditinstitute den gleichen bilanzrechtlichen Vorgaben unterliegen, wenn sie der von der CSR-RL definierten Größenklasse angehören. Ia verpflichtet Kreditinstitute, die **mehr als 500 Arbeitnehmer** beschäftigen und die zugleich mindestens eines der für große KapitalGes. geltenden Größenkriterien (analog § 267 III 1) überschreiten (**Bilanzsumme über 20 Mio. Euro** oder **Umsatzerlöse über 40 Mio. Euro**), eine nichtfinanzielle Erklärung zu erstellen. De-

4. Abschnitt. Ergänzende Vorschriften für best. Geschäftszweige 3–6 § 340a

finition „Arbeitnehmerzahl" und „Bilanzsumme" s. § 267 IVa, V. Darüber hinaus sieht Ia vor, dass § 267 IV entsprechend anzuwenden ist, der im Regelfall eine Betrachtung von zwei aufeinanderfolgenden Geschäftsjahren vorsieht, wenn das Kreditinstitut nicht neu gegründet oder aus einer Umwandlung entstanden ist. Kreditinstitute dieser Größenklasse müssen eine nichtfinanzielle Erklärung in ihren Lagebericht aufnehmen. Dabei gelten die Befreiungstatbestände des § 289b II, III, die Regelung des § 289b IV sowie die inhaltlichen Vorgaben der §§ 289c–289e entsprechend. **Lit.** Blöink/Halbleib Konzern 2017, 182; Rimmelspacher/Schäfer/Schönberger KoR 2017, 225; Mehrimg/Hartke/Pieper WPg 2018, 494 (CSR-Berichterstattung Regionalbanken).

3) Börsennotierte Kreditinstitute (Ib)

Ib, neu eingefügt durch CSR-RL-UmsetzungG v. 11.4.2017 (**Übergangsrecht** in **(1)** EGHGB Art. 80) setzt Art. 20 I lit. g der Bilanz-RL idF der CSR-RL um und verlangt, dass Kreditinstitute unter bestimmten Voraussetzungen in ihre Erklärung zur Unternehmensführung Angaben zu ihrem **Diversitätskonzept** aufzunehmen haben. Im Einklang mit der CSR-RL ist diese Vorgabe für Kreditinstitute auf bestimmte, insbesondere **börsennotierte AG und KGaA** begrenzt (Rechtsgrundverweisung auf § 289f) und es wird zugleich klargestellt, dass kleine und mittelgroße Kreditinstitute – wie auch im Rahmen von § 289f II Nr. 6 – ausgenommen sind. Anders als bei Ia kommt der Arbeitnehmerzahl keine zentrale Bedeutung zu, vielmehr sind die Größenkriterien des § 267grundsätzlich anzuwenden. **Lit.** Blöink/Halbleib Konzern 2017, 182; Rimmelspacher/Schäfer/Schönberger KoR 2017, 225.

3

4) Ausnahmen (II)

II idF des BilReG 2004, modifiziert durch FISG (**Übergangsrecht (1)** EGHGB Art. 86) macht gegenüber §§ 264–289 für Kreditinstitute eine Reihe von Ausnahmen (s. dort). II gilt auch für Kreditinstitute, die KapitalGes. sind. II 1 führt die nichtanwendbaren Vorschriften auf, II 2 diejenigen, für welche die RechKredV (→ § 340 Rn. 5) vorgeht. Die Befreiungen des § 264 III und § 264b für TochterUnt. konzernabschlusspflichtiger MutterUnt. beschränken sich für Kreditinstitute auf die Offenlegung des Jahresabschlusses (II 4, §§ 325–329).

4

5) Zwischenabschlüsse (III)

III idF CRDIV-UmsetzungsG trägt Art. 26 II VO 575/2013, ABl. 2013 L 176, 1 Rechnung, wonach Kreditinstitute Zwischengewinne für die Bemessung der Eigenmittel dem Kernkapital zurechnen können, wenn die entsprechende behördliche Erlaubnis vorliegt. Sie wird erteilt, wenn vorhersehbare Abgaben und Dividenden von den Zwischengewinnen abgezogen wurden und diese auf Grund von Zwischenabschlüssen ermittelt sind, die den Anforderungen an den Jahresabschluss entsprechen und durch den Abschlussprüfer geprüft sind. Diese Zwischenabschlüsse sind anders als die nach § 299 II nicht obligatorisch. Konzernzwischenabschlüsse s. § 340i IV.

5

6) Bankenbeteiligungen (IV)

IV idF KonTraG 1998 macht Bankenbeteiligungen transparenter. Kreditinstitute, auch Nichtaktienbanken, haben aus Gläubigerschutzgründen im Anhang alle Mandate ihrer gesetzlichen Vertreter und anderer Mitarbeiter in großen KapitalGes. (§ 267 III) anzugeben (IV Nr. 1). Erfasst sind nur Mandate in gesetzlich zu bildenden Aufsichtsgremien, also nicht in freiwilligen Aufsichtsräten und anderen Gremien, wie Beiräten. Außerdem sind alle Beteiligungen an großen KapitalGes., auch an nicht börsennotierten, über 5 % der Stimmrechte anzugeben (IV Nr. 2, vgl. § 285 Nr. 11). Das geht über die Mitteilungspflichten nach **(16)** WpHG § 33 hinaus. **Übergangsrecht** in **(1)** EGHGB Art. 46 I.

6

Merkt

§ 340b

Pensionsgeschäfte

340b (1) Pensionsgeschäfte sind Verträge, durch die ein Kreditinstitut oder der Kunde eines Kreditinstituts (Pensionsgeber) ihm gehörende Vermögensgegenstände einem anderen Kreditinstitut oder einem seiner Kunden (Pensionsnehmer) gegen Zahlung eines Betrags überträgt und in denen gleichzeitig vereinbart wird, daß die Vermögensgegenstände später gegen Entrichtung des empfangenen oder eines im voraus vereinbarten anderen Betrags an den Pensionsgeber zurückübertragen werden müssen oder können.

(2) Übernimmt der Pensionsnehmer die Verpflichtung, die Vermögensgegenstände zu einem bestimmten oder vom Pensionsgeber zu bestimmenden Zeitpunkt zurückzuübertragen, so handelt es sich um ein echtes Pensionsgeschäft.

(3) Ist der Pensionsnehmer lediglich berechtigt, die Vermögensgegenstände zu einem vorher bestimmten oder von ihm noch zu bestimmenden Zeitpunkt zurückzuübertragen, so handelt es sich um ein unechtes Pensionsgeschäft.

(4) ¹Im Falle von echten Pensionsgeschäften sind die übertragenen Vermögensgegenstände in der Bilanz des Pensionsgebers weiterhin auszuweisen. ²Der Pensionsgeber hat in Höhe des für die Übertragung erhaltenen Betrags eine Verbindlichkeit gegenüber dem Pensionsnehmer auszuweisen. ³Ist für die Rückübertragung ein höherer oder ein niedrigerer Betrag vereinbart, so ist der Unterschiedsbetrag über die Laufzeit des Pensionsgeschäfts zu verteilen. ⁴Außerdem hat der Pensionsgeber den Buchwert der in Pension gegebenen Vermögensgegenstände im Anhang anzugeben. ⁵Der Pensionsnehmer darf die ihm in Pension gegebenen Vermögensgegenstände nicht in seiner Bilanz ausweisen; er hat in Höhe des für die Übertragung gezahlten Betrags eine Forderung an den Pensionsgeber in seiner Bilanz auszuweisen. ⁶Ist für die Rückübertragung ein höherer oder ein niedrigerer Betrag vereinbart, so ist der Unterschiedsbetrag über die Laufzeit des Pensionsgeschäfts zu verteilen.

(5) ¹Im Falle von unechten Pensionsgeschäften sind die Vermögensgegenstände nicht in der Bilanz des Pensionsgebers, sondern in der Bilanz des Pensionsnehmers auszuweisen. ²Der Pensionsgeber hat unter der Bilanz den für den Fall der Rückübertragung vereinbarten Betrag anzugeben.

(6) Devisentermingeschäfte, Finanztermingeschäfte und ähnliche Geschäfte sowie die Ausgabe eigener Schuldverschreibungen auf abgekürzte Zeit gelten nicht als Pensionsgeschäfte im Sinne dieser Vorschrift.

1) Begriff des Pensionsgeschäfts (I)

1 I enthält für das Bilanzrecht eine EG-rechtlich vorgegebene Definition des Pensionsgeschäfts von Kreditinstituten und ihren Kunden (allgemeiner s. **(7)** Bankgeschäfte J/5). Das Pensionsgeschäft ist die Vollrechtsübertragung von Vermögensgegenständen, zB Wechsel oder Wertpapiere, für einen begrenzten Zeitraum. Dabei definiert I auch den **Pensionsgeber** (übertragende Partei) und den **Pensionsnehmer** (empfangende Partei). Das Pensionsgeschäft nach I ist entweder ein echtes (II) oder ein unechtes (III). Zwischenformen wie bisher sind nicht mehr zulässig. Pensionsgeschäft unter Privaten → § 246 Rn. 20. Abgrenzung des Pensionsgeschäfts (Ausgestaltung als Kauf und Stück- oder Gattungsrückkauf) zur **Wertpapierleihe** (Darlehen) s. **(7)** Bankgeschäfte T1, T2; Vermögenszugehörigkeit bei der Wertpapierleihe → § 246 Rn. 21. § 340b gilt, obwohl nur im Unterabschnitt für Kreditinstitute und Finanzdienstleistungsinstitute kodifiziert, allgemein als GoB, IdW WPg 1989, 378. **Lit.** Sandleben/Wittmann IRZ 2015, 139 (Bilanzierung).

4. Abschnitt. Ergänzende Vorschriften für best. Geschäftszweige **§ 340c**

2) Echtes Pensionsgeschäft (II)

Das echte Pensionsgeschäft ist durch die **Rückübertragungspflicht** des Pensionsnehmers gekennzeichnet. Der Zeitpunkt kann von vornherein bestimmt sein oder erst vom Pensionsgeber bestimmt werden.

2

3) Unechtes Pensionsgeschäft (III)

Beim unechten Pensionsgeschäft hat der Pensionsnehmer **nur** ein **Rückübertragungsrecht**, aber keine Rückübertragungspflicht. Zeitpunkt wie (→ Rn. 2).

3

4) Vermögenszugehörigkeit beim echten Pensionsgeschäft (IV)

Beim echten Pensionsgeschäft bleiben die übertragenen Vermögensgegenstände wirtschaftlich Eigentum des Pensionsgebers (→ § 246 Rn. 20); sie sind wirtschaftlich wie eine Sicherheit des Pensionsgebers für ein vom Pensionsnehmer gewährtes Darlehen anzusehen. Sie sind deshalb weiterhin in der Bilanz des Pensionsgebers auszuweisen (IV 1). Dieser muss in Höhe des für die Übertragung erhaltenen Betrags eine Verbindlichkeit gegenüber dem Pensionsnehmer ausweisen (IV 2). Die Differenz zwischen dem Hingabe- und dem Rückübertragungsbetrag ist über die Laufzeit des Pensionsgeschäfts zu verteilen (IV 3); es besteht keine Verpflichtung, einen höheren Rückzahlungsbetrag gleich in voller Höhe zu passivieren (Ausnahme vom Imparitätsgrundsatz des § 252 I Nr. 4). Angabe des Buchwerts im Anhang beim Pensionsgeber (IV 4). Spiegelbildlich stellt sich die Zurechnung beim Pensionsnehmer dar. Er darf die Vermögensgegenstände nicht in seiner Bilanz ausweisen, sondern muss in Höhe des für die Übertragung gezahlten Betrags eine Forderung an den Pensionsgeber ausweisen (IV 5). Ebenso Verteilung des Differenzbetrags über die Laufzeit des Pensionsgeschäfts (IV 6).

4

5) Vermögenszugehörigkeit beim unechten Pensionsgeschäft (V)

Beim unechten Pensionsgeschäft werden die übertragenen Vermögensgegenstände wirtschaftlich Eigentum des Pensionsnehmers (→ § 246 Rn. 20). Sie sind deshalb nicht mehr in der Bilanz des Pensionsgebers, sondern des Pensionsnehmers auszuweisen (V 1). Der Pensionsgeber muss unter der Bilanz den für den (mangels Rückgabepflicht unsicheren) Fall der Rückübertragung vereinbarten Betrag (Eventualverbindlichkeit) angeben (V 2).

5

6) Ausnahmen (VI)

Nicht Pensionsgeschäfte iSv § 340b sind **Devisen- und Finanztermingeschäfte** (s. **(16b)** WpHG § 2 III Nr. 1) und ähnliche Geschäfte sowie Ausgabe eigener Schuldverschreibungen auf abgekürzte Zeit. VI ist nur klarstellend.

6

Vorschriften zur Gewinn- und Verlustrechnung und zum Anhang

340c (1) ¹Als Ertrag oder Aufwand des Handelsbestands ist der Unterschiedsbetrag aller Erträge und Aufwendungen aus Geschäften mit Finanzinstrumenten des Handelsbestands und dem Handel mit Edelmetallen sowie der zugehörigen Erträge aus Zuschreibungen und Aufwendungen aus Abschreibungen auszuweisen. ²In die Verrechnung sind außerdem die Aufwendungen für die Bildung von Rückstellungen für drohende Verluste aus den in Satz 1 bezeichneten Geschäften und die Erträge aus der Auflösung dieser Rückstellungen einzubeziehen.

(2) ¹Die Aufwendungen aus Abschreibungen auf Beteiligungen, Anteile an verbundenen Unternehmen und wie Anlagevermögen behandelte Wertpapiere dürfen mit den Erträgen aus Zuschreibungen zu solchen Vermögensgegenständen verrechnet und in einem Aufwand- oder Ertragsposten ausgewiesen werden. ²In die Verrechnung nach Satz 1 dürfen auch die Aufwendungen und

§ 340d

Erträge aus Geschäften mit solchen Vermögensgegenständen einbezogen werden.

(3) Kreditinstitute, die dem haftenden Eigenkapital nicht realisierte Reserven nach § 10 Abs. 2b Satz 1 Nr. 6 oder 7 des Gesetzes über das Kreditwesen in der bis zum 31. Dezember 2013 geltenden Fassung zurechnen, haben den Betrag, mit dem diese Reserven dem haftenden Eigenkapital zugerechnet werden, im Anhang zur Bilanz und zur Gewinn- und Verlustrechnung anzugeben.

1) Verrechnung bei Eigenhandelsgeschäften (Finanzgeschäften, I)

1 § 340c verfolgt das Ziel einer transparenten Erfolgslage in der GuV von Kreditinstituten, krit. Böcking ua WPg 1995, 466, Homölle ua WPg 1997, 626. Er enthält Sondervorschriften zur GuV (I, II) und zum Anhang (III). § 340c ist für die stille Bildung und Auflösung der für allgemeine Bankrisiken gebildeten Vorsorgereserve zentral (Bewertung s. §§ 340e–340g; allgemein zu stillen Reserven → § 252 Rn. 13–17). Die Gliederungsschemata sind in der RechKredV geregelt (→ § 340 Rn. 5, Konto- oder Staffelform). Nach **I** sind die Eigenhandelsgeschäfte der Kreditinstitute in der Erfolgsrechnung gesondert, aber verrechnet zu erfassen (Durchbrechung des Saldierungsverbots, § 246 II, dort → § 246 Rn. 26). I besagt, welche Erträge und Aufwendungen in den Posten (Netto)Ertrag oder (Netto) Aufwand aus Finanzgeschäften (Nr. 7 der GuV Staffelform, RechKredV Formblatt 3) eingestellt und damit **verrechnet** werden dürfen (Ausweis nur des Unterschiedsbetrags). Verrechnet werden Erträge und Aufwendungen aus Geschäften mit Finanzinstrumenten des HdlBestands (→ § 340e Rn. 6 f.) und Edelmetallen sowie aus Zu- und Abschreibungen bei diesen Vermögensgegenständen (I 1). Hierin einbezogen werden die Beträge für Rückstellungen für drohende Verluste (§ 249 I 1) aus den in I 1 bezeichneten Geschäften bzw. aus der Auflösung dieser Rückstellungen (I 2). Unter Abschreibungen sind auch nicht endgültige zu verstehen, also Einzel- und Pauschalwertberichtigungen (RegE, keine Wertberichtigungen als Passivposten in der Bilanz, → § 253 Rn. 26). Die Zinsen aus Finanzinstrumenten des HdlBestands werden nicht in diesem Posten, sondern als Zinserträge ausgewiesen.

2) Verrechnung bei Finanzanlagen (II)

2 II 1 erlaubt (Wahlrecht) die Verrechnung bei Finanzanlagen, nämlich bei Abschreibungen (und Wertberichtigungen, → Rn. 1) auf Beteiligungen (§ 271 I), Anteile an verbundenen Unt. (§ 271 II) und wie Anlagevermögen behandelte Wertpapiere (§ 340e I), sowie bei Zuschreibungen dazu und den Ausweis in einem Aufwand- oder Ertragposten (Nr. 15, 16 der GuV Staffelform, RechKredV Formblatt 3). Aufwendungen und Erträge aus Geschäften damit dürfen mitverrechnet werden (II 2).

3) Nicht realisierte Reserven (III)

3 III idF CRDIV-UmsetzungsG trägt noch dem zum 1.1.2014 außer Kraft getretenen § 10 IIb 1 Nr. 6 oder 7 KWG Rechnung, der nicht realisierte Reserven in bestimmtem Umfang als Bestandteil des Ergänzung(eigen)kapitals anerkennt. Höhe und Zusammensetzung des haftenden Eigenkapitals müssen aus dem Jahresabschluss ersichtlich sein; der Betrag ist deshalb im Anhang anzugeben.

Fristengliederung

§ 340d

[1] Die Forderungen und Verbindlichkeiten sind im Anhang nach der Fristigkeit zu gliedern. [2] Für die Gliederung nach der Fristigkeit ist die Restlaufzeit am Bilanzstichtag maßgebend.

4. Abschnitt. Ergänzende Vorschriften für best. Geschäftszweige § 340e

1) § 340d enthält Sonderrecht für die **Fristengliederung.** Die Forderungen 1
und Verbindlichkeiten sind im Anhang nach Fristigkeit zu gliedern (S. 1). Dabei
ist die Restlaufzeit am Bilanzstichtag maßgebend (S. 2, Grund: Beurteilung der
Liquiditätslage), statt wie früher die vereinbarte Laufzeit oder Kündigungsfrist
(Ursprungslaufzeit, aber weiterhin für die monetäre Analyse der DBBK anzugeben). Einzelheiten in § 9 RechKredV (→ § 340 Rn. 5).

Dritter Titel. Bewertungsvorschriften

Bewertung von Vermögensgegenständen

340e (1) ¹Kreditinstitute haben Beteiligungen einschließlich der Anteile an verbundenen Unternehmen, Konzessionen, gewerbliche Schutzrechte und ähnliche Rechte und Werte sowie Lizenzen an solchen Rechten und Werten, Grundstücke, grundstücksgleiche Rechte und Bauten einschließlich der Bauten auf fremden Grundstücken, technische Anlagen und Maschinen, andere Anlagen, Betriebs- und Geschäftsausstattung sowie Anlagen im Bau nach den für das Anlagevermögen geltenden Vorschriften zu bewerten, es sei denn, daß sie nicht dazu bestimmt sind, dauernd dem Geschäftsbetrieb zu dienen; in diesem Falle sind sie nach Satz 2 zu bewerten. ²Andere Vermögensgegenstände, insbesondere Forderungen und Wertpapiere, sind nach den für das Umlaufvermögen geltenden Vorschriften zu bewerten, es sei denn, daß sie dazu bestimmt werden, dauernd dem Geschäftsbetrieb zu dienen; in diesem Falle sind sie nach Satz 1 zu bewerten. ³§ 253 Absatz 3 Satz 6 ist nur auf Beteiligungen und Anteile an verbundenen Unternehmen im Sinn des Satzes 1 sowie Wertpapiere und Forderungen im Sinn des Satzes 2, die dauernd dem Geschäftsbetrieb zu dienen bestimmt sind, anzuwenden.

(2) ¹Abweichend von § 253 Abs. 1 Satz 1 dürfen Hypothekendarlehen und andere Forderungen mit ihrem Nennbetrag angesetzt werden, soweit der Unterschiedsbetrag zwischen dem Nennbetrag und dem Auszahlungsbetrag oder den Anschaffungskosten Zinscharakter hat. ²Ist der Nennbetrag höher als der Auszahlungsbetrag oder die Anschaffungskosten, so ist der Unterschiedsbetrag in den Rechnungsabgrenzungsposten auf der Passivseite aufzunehmen; er ist planmäßig aufzulösen und in seiner jeweiligen Höhe in der Bilanz oder im Anhang gesondert anzugeben. ³Ist der Nennbetrag niedriger als der Auszahlungsbetrag oder die Anschaffungskosten, so darf der Unterschiedsbetrag in den Rechnungsabgrenzungsposten auf der Aktivseite aufgenommen werden; er ist planmäßig aufzulösen und in seiner jeweiligen Höhe in der Bilanz oder im Anhang gesondert anzugeben.

(3) ¹Finanzinstrumente des Handelsbestands sind zum beizulegenden Zeitwert abzüglich eines Risikoabschlags zu bewerten. ²Eine Umgliederung in den Handelsbestand ist ausgeschlossen. ³Das Gleiche gilt für eine Umgliederung aus dem Handelsbestand, es sei denn, außergewöhnliche Umstände, insbesondere schwerwiegende Beeinträchtigungen der Handelbarkeit der Finanzinstrumente, führen zu einer Aufgabe der Handelsabsicht durch das Kreditinstitut. ⁴Finanzinstrumente des Handelsbestands können nachträglich in eine Bewertungseinheit einbezogen werden; sie sind bei Beendigung der Bewertungseinheit wieder in den Handelsbestand umzugliedern.

(4) ¹In der Bilanz ist dem Sonderposten „Fonds für allgemeine Bankrisiken" nach § 340g in jedem Geschäftsjahr ein Betrag, der mindestens 10 vom Hundert der Nettoerträge des Handelsbestands entspricht, zuzuführen und dort gesondert auszuweisen. ²Dieser Posten darf nur aufgelöst werden

§ 340e 1–6   3. Buch. Handelsbücher

1. zum Ausgleich von Nettoaufwendungen des Handelsbestands sowie
2. zum Ausgleich eines Jahresfehlbetrags, soweit er nicht durch einen Gewinnvortrag aus dem Vorjahr gedeckt ist,
3. zum Ausgleich eines Verlustvortrags aus dem Vorjahr, soweit er nicht durch einen Jahresüberschuss gedeckt ist, oder
4. soweit er 50 vom Hundert des Durchschnitts der letzten fünf jährlichen Nettoerträge des Handelsbestands übersteigt.

³ Auflösungen, die nach Satz 2 erfolgen, sind im Anhang anzugeben und zu erläutern.

1) Bewertung wie Anlage- oder wie Umlaufvermögen (I)

1 A. Der 3. Titel mit §§ 340e–340g räumt den Kreditinstituten bei der **Bewertung** einen deutlich größeren Spielraum als anderen Unt. ein. Es geht um die sog. stillen Reserven der Kreditinstitute, die in Deutschland Tradition haben, in der EG dagegen auf Ablehnung stoßen und jetzt nur noch eingeschränkt und bis auf weiteres zulässig sind (→ § 340 Rn. 2). § 340e enthält Sonderrecht für Kreditinstitute hinsichtlich der Bewertung von Vermögensgegenständen. I geht davon aus, dass bei Kreditinstituten die Unterscheidung zwischen Anlage- und Umlaufvermögen anders als bei Industrie- und HdlUnt. kaum Bedeutung hat (RegE; aber Wertpapierbestand der Kreditinstitute). In der Bankpraxis sind Wertpapiere für die Zuordnung der Aufwendungen und Erträge in drei Gruppen aufzuteilen: HdlBestand (→ Rn. 3), Beteiligungen und Wertpapiere, die der Vermögensanlage dienen und deshalb wie Anlagevermögen zu behandeln sind (→ Rn. 2) und Liquiditätsreserve (→ Rn. 4, § 340f). Zur bilanziellen Behandlung der in ihrer Vielfalt und Komplexität rasch zunehmenden derivativen Finanzinstrumente (Bilanzierung nach GoB kann unrichtig iSd § 264 II sein) MüKoHGB/Böcking/Benecke Rn. 61 ff.

2 B. I 1 bestimmt deshalb, dass Beteiligungen einschließlich der Anteile an verbundenen Unt. (§ 271 I, II) und bestimmte andere Vermögensgegenstände nach § 266 II A (Anlagevermögen) nach den Vorschriften für Anlagevermögen (§ 253 III, gemildertes Niederstwertprinzip) zu bewerten sind **(wie Anlagevermögen)**, außer wenn sie nicht dazu bestimmt sind, dauernd dem Geschäftsbetrieb zu dienen. Die Zweckbestimmung von Beteiligungen und Wertpapieren, dauernd dem Geschäftsbetrieb zu dienen (→ § 247 Rn. 5–7; → § 271 Rn. 4), setzt eine aktenkundig zu machende Entscheidung der zuständigen Stelle voraus; in der Praxis übliche Bezeichnungen (zB Sonderbestand, gesperrter Bestand, Sekretariatsbestand) erlauben keine unwiderlegbaren Schlüsse auf Anlagevermögen (RegE). Andernfalls ist nach I 2 zu bewerten.

3 C. I 2 bestimmt für andere Vermögensgegenstände als nach I 1, insbesondere Forderungen und Wertpapiere des HdlBestands (→ § 340f Rn. 1), dass sie nach den Vorschriften für das Umlaufvermögen (§ 253 IV, strenges Niederstwertprinzip) zu bewerten sind **(wie Umlaufvermögen).**

4 Wertpapiere, die weder wie Anlagevermögen behandelt werden noch HdlBestand sind, sondern **Liquiditätsreserve** (Wertpapiere, die der Risikovorsorge dienen), dürfen aber nach § 340f niedriger als nach § 253 IV bewertet werden.

5 D. I 3 schränkt das bei Finanzanlagen bestehende Bewertungswahlrecht des § 253 III 4 für Kreditinstitute rechtsformunabhängig auf Beteiligungen und Anteile an verbundenen Unt. (§ 271) ein.

2) Hypothekendarlehen und andere Forderungen (II)

6 II 1 durchbricht das Anschaffungswertprinzip des § 253 I 1, der auch für Wertpapiere gilt, für **Hypothekendarlehen** und andere Forderungen, soweit der Unterschiedsbetrag zwischen Nennbetrag und Auszahlungsbetrag/Anschaffungskosten Zinscharakter hat. Diese dürfen (Wahlrecht) mit ihrem Nenn- bzw. Rückzahlungsbetrag angesetzt werden (brutto statt netto, **Nominalwertbilanzierung**). Korrelat dazu ist die bilanzielle Behandlung des Unterschiedsbetrags (II 2), nämlich Aufnahme in den Rechnungsabgrenzungsposten auf der Aktiv- bzw. Passivseite (§ 250), planmäßige Auflösung, Angabe in Bilanz oder Anhang. II 1 soll nur Buchforderungen, die das Kreditinstitut begründet hat, nicht auch nachträglich erworbene Forderungen erfassen (RegE), aA GK/Schröer Rn. 9.

3) Finanzinstrumente (I 3):

A. Zu Handelszwecken erworbene Finanzinstrumente sind mit dem beizulegenden **Zeitwert** anzusetzen. Die Neufassung des III 1 durch das BilMoG führt damit die Zeitwertbewertung ins HGB ein. Das entspricht für Finanzinstrumente üblicher Praxis. Zeitwert ist Marktpreis, § 255 IV 1. Änderungen des Zeitwerts sind erfolgswirksam in der GuV zu erfassen. Mit der Neufassung geht Ausdehnung des Realisationsprinzips (→ § 252 Rn. 18) und Einschränkung des Anschaffungskostenprinzips sowie des Grundsatzes der Nichtbilanzierung schwebender Geschäfte (→ § 252 Rn. 21). IV verlangt zwecks eines „Risikopuffers" Zuführung von 10 % des aus dem Ansatz von Finanzinstrumenten zum Zeitwert resultierenden Nettoertrages eines Geschäftsjahrs zum Sonderposten „Fonds für allgemeine Risiken" nach § 340g I und dort gesonderten Ausweis („Davon-Vermerk"). Auflösung nur zum Ausgleich von Nettoaufwendungen des HdlBestandes oder soweit der gesonderte Posten die Hälfte der Erträge, wie sie im Durchschnitt der letzten fünf Jahre erzielt wurden, übersteigt. **Übergangsrecht** in **(1)** EGHGB Art. 66 III. **Lit.** Böcking/Dreisbach/Gros Konzern 2008, 207; Böcking/Torabian BB 2008, 265; Wiechens/Helke DB 2008, 1333; Lorenz/Wiechens IRZ 2008, 505; M. Schmidt KoR 2008, 1; Gemeinhardt/Bode StuB 2008, 170; Scharpf/Schaber DB 2008, 2552; Ernst/Seidler BB 2009, 766; Mujkanovic StuB 2009, 329.

B. I 3 enthält keine Legaldefinition des Begriffs **Finanzinstrumente**. Nach dem gesetzgeberischen Willen ist er in Anlehnung an die IFRS (IAS 32, und IAS 39), und unter Rückgriff auf § 2 IV WpHG, § 1 XI KWG zu interpretieren (RefE BilMoG S. 105). Umfasst sind zB Wertpapiere, Geldmarktinstrumente, Devisen und Rechnungseinheiten. Auch Derivate, im RegE definiert als schwebendes Vertragsverhältnis, dessen Wert auf Änderungen des Wertes eines Basisobjektes reagiert, bei dem Anschaffungskosten nicht oder nur in sehr geringem Umfang anfallen und das erst in Zukunft erfüllt wird, zB Optionen, Futures, Swaps, Forwards, Warenkontakte (RegE BilMoG 53). Zur Klassifizierung als Derivat ist Einzelfallprüfung anhand des wirtschaftlichen Gehalts vorzunehmen.

C. Zu **Handelszwecken** müssen die Finanzinstrumente (oder Portfolios solcher) erworben sein. Erwerb meint jede rechtsgeschäftliche Transaktion, nicht bloß aktivierende Finanzinstrumente (zB Handelspassiva des Emittenten). Handelszweck liegt vor bei Absicht, aus kurzfristigen Preisschwankungen Gewinne zu erzielen und setzt voraus, dass die Finanzinstrumente auf aktivem Markt (§ 255 IV 1) gehandelt werden (s. IDW RS-HFA 9); für Rückgriff auf § 1a I 1 KWG (Handelsabsicht) zur Begriffsbestimmung Küting/Pfitzer/Weber Rn. 217. Zeitpunkt des erstmaligen Bilanzansatzes ist maßgebend. **Umgliederung aus** dem HdlBestand (→ § 340f Rn. 1) ausgeschlossen (III 2), **Umgliederung in** den HdlBestand in Ausnahmefällen möglich (III 3), nämlich wenn fehlende Handelbarkeit schließlich zur Aufgabe der HdlsAbsicht führt, dann Zugangsbewertung mit fortgeschriebenen Anschaffungs- oder Herstellungskosten, dann aber **Anhangangabe** mit Begründung nach § 35 I Nr. 6b RechKredV. Nachträgliche Einbeziehung in Bewertungseinheiten möglich, III 4, → § 254 Rn. 1–3. **Lit.** BMF-Schreiben DB 2015, 1810 (steuerrechtlicher Aspekt der Umgliederung) hierzu Anmerkung von Mihm DB 2015, 1969; Altvater/Gehrer RdF 2019, 65

(Bilanzierung der Portionierung von Zinsderivat-Portfolien zwischen zentralen Kontrahenten).

Vorsorge für allgemeine Bankrisiken

340f (1) ¹Kreditinstitute dürfen Forderungen an Kreditinstitute und Kunden, Schuldverschreibungen und andere festverzinsliche Wertpapiere sowie Aktien und andere nicht festverzinsliche Wertpapiere, die weder wie Anlagevermögen behandelt werden noch Teil des Handelsbestands sind, mit einem niedrigeren als dem nach § 253 Abs. 1 Satz 1, Abs. 4 vorgeschriebenen oder zugelassenen Wert ansetzen, soweit dies nach vernünftiger kaufmännischer Beurteilung zur Sicherung gegen die besonderen Risiken des Geschäftszwegs der Kreditinstitute notwendig ist. ²Der Betrag der auf diese Weise gebildeten Vorsorgereserven darf vier vom Hundert des Gesamtbetrags der in Satz 1 bezeichneten Vermögensgegenstände, der sich bei deren Bewertung nach § 253 Abs. 1 Satz 1, Abs. 4 ergibt, nicht übersteigen. ³Ein niedrigerer Wertansatz darf beibehalten werden.

(2) *[aufgehoben]*

(3) Aufwendungen und Erträge aus der Anwendung von Absatz 1 und aus Geschäften mit in Absatz 1 bezeichneten Wertpapieren und Aufwendungen aus Abschreibungen sowie Erträge aus Zuschreibungen zu diesen Wertpapieren dürfen mit den Aufwendungen aus Abschreibungen auf Forderungen, Zuführungen zu Rückstellungen für Eventualverbindlichkeiten und für Kreditrisiken sowie mit den Erträgen aus Zuschreibungen zu Forderungen oder aus deren Eingang nach teilweiser oder vollständiger Abschreibung und aus Auflösungen von Rückstellungen für Eventualverbindlichkeiten und für Kreditrisiken verrechnet und in der Gewinn- und Verlustrechnung in einem Aufwand- oder Ertragsposten ausgewiesen werden.

(4) Angaben über die Bildung und Auflösung von Vorsorgereserven nach Absatz 1 sowie über vorgenommene Verrechnungen nach Absatz 3 brauchen im Jahresabschluß, Lagebericht, Konzernabschluß und Konzernlagebericht nicht gemacht zu werden.

1) Bewertung mit einem niedrigeren Wert, Obergrenze für solche Vorsorgereserven (I)

1 A. § 340f (früher § 26a KWG aF) gibt den Kreditinstituten ein in der EG sehr umstrittenes (→ § 340 Rn. 2) und eindeutig gegen den internationalen Trend zu Publizität und Transparenz laufendes Wahlrecht für die Bildung von stillen Reserven (statt eines offen auszuweisenden Passivpostens wie im Ausland) als Vorsorge für allgemeine Bankrisiken, krit. MüKoHGB/Böcking/Nowak Vor §§ 340f, g Rn. 1 ff. Nach **I** dürfen Kreditinstitute bestimmte Forderungen und Wertpapiere, die weder wie Anlagevermögen behandelt werden (→ § 340e Rn. 2, 4) noch Teil des HdlBestandes sind (also Liquiditätsreserve, → § 340e Rn. 4), **mit einem niedrigeren Wert** als dem nach § 253 I 1, IV vorgeschriebenen oder zugelassenen Wert ansetzen. Voraussetzung ist, dass dies nach vernünftiger kfm. Beurteilung (anders Art. 37 II a Bankbilanz-RL: „aus Gründen der Vorsicht") zur Sicherung gegen die besonderen Risiken des Geschäftszwegs der Kreditinstitute notwendig ist. HdlBestand ist ein vom Kreditinstitut zu bestimmender Bestand an Wertpapieren, den es für den Betrieb seines Wertpapierhandels vorhält. Zur Sonderbehandlung der Kreditinstitute s. BGHZ 1986, 12. § 340f ist enger als § 253 IV aF: Zulässig sind stille Reserven nur bei Forderungen und Wertpapieren des Umlaufvermögens, nicht beim sonstigen Umlaufvermögen und beim Anlagevermögen, und nur, soweit zur Sicherung gegen die besonderen

4. Abschnitt. Ergänzende Vorschriften für best. Geschäftszweige **§ 340g**

Bankgeschäftsrisiken notwendig. Seit BilMoG 2009 sind solche Abschreibungen aber nur noch für Kreditinstitute zulässig, → § 253 Rn. 30. **Lit.** Gaber WM 2018, 105 u. 153; Waschbusch/Berg/Lang WPg 2019, 35.

B. **I 2** setzt als **Obergrenze** für derartige Vorsorgereserven **4 %** des sich bei Bewertung nach § 253 I 1, IV ergebenden Betrags an (anders → § 340g Rn. 2).

2) Beibehaltung eines niedrigeren Wertansatzes (I 3)

I 3 erlaubt abweichend vom Wertaufholungsgebot des § 253 V die Beibehaltung eines niedrigeren Wertansatzes nach I 1, 2.

3) Überkreuzkompensation (III)

III erlaubt mit Einschränkungen gegenüber früher die traditionelle Überkreuzkompensation der Kreditinstitute und Ausweis in einem Aufwand- oder Ertragsposten in der GuV (Nr. 13, 14 der GuV Staffelform, RechKredV Formblatt 3). Erträge und Aufwendungen aus Geschäften mit Wertpapieren, die dem HdlBestand zuzurechnen sind (→ Rn. 1), sind nicht hier, sondern im Posten Ertrag bzw. Aufwand aus Finanzgeschäften der GuV zu verrechnen (→ § 340c Rn. 1).

4) Keine Angabepflicht (IV)

Über die Bildung oder Auflösung von Vorsorgereserven nach I 1, 2 sowie Verrechnungen nach III brauchen **keine Angaben** gemacht zu werden **(IV)**, also auch im Anhang insoweit keine Angaben über die Bilanzierungs- und Bewertungsmethoden (§ 284 II Nr. 1).

Sonderposten für allgemeine Bankrisiken

340g (1) Kreditinstitute dürfen auf der Passivseite ihrer Bilanz zur Sicherung gegen allgemeine Bankrisiken einen Sonderposten „Fonds für allgemeine Bankrisiken" bilden, soweit dies nach vernünftiger kaufmännischer Beurteilung wegen der besonderen Risiken des Geschäftszweigs der Kreditinstitute notwendig ist.

(2) **Die Zuführungen zum Sonderposten oder die Erträge aus der Auflösung des Sonderpostens sind in der Gewinn- und Verlustrechnung gesondert auszuweisen.**

1) Sonderposten „Fonds für allgemeine Bankrisiken" (I)

Nach **I** darf auf der Passivseite der Bilanz ein **Sonderposten mit der einheitlichen Bezeichnung „Fonds für allgemeine Bankrisiken"** gebildet werden. Er dient ausschließlich der Sicherung gegen allgemeine Bankrisiken und ist nur zulässig, soweit dies nach vernünftiger kfm. Beurteilung (anders Art. 37 II a Bankbilanz-RL: „aus Gründen der Vorsicht") wegen der besonderen Risiken des Geschäftszweigs der Kreditinstitute notwendig oder nach § 340e IV bestimmt ist. Die Einstellung von Beträgen in den Sonderposten ist nicht Teil der Beschlussfassung über die Ergebnisverwendung; § 58 AktG, § 29 GmbHG sind also nicht anzuwenden (RegE). Der Fonds für allgemeine Bankrisiken stellt keine Rücklage im bilanzrechtlichen Sinn dar und hat lediglich eigenkapitalähnlichen Charakter, ist aber kein Eigenkapital; seine Dotierung gehört zur Gewinnermittlung, nicht zur Gewinnverwendung, weshalb Gesellschafter wie Genussrechtsinhaber und auch stiller Gesellschafter keine Mitsprache bei der Dotierungsentscheidung haben (§ 58 AktG und § 29 GmbHG ausgeschlossen), hA Schleswig-Holsteinisches OLG WM 2019, 1166; LG Kiel BKR 2018, 292; LG Düsseldorf WM 2019, 498; Mülbert/Sanjovits WM 2017, 1725; Gaber WM 2018, 105 u. 153; Fest, WM 2019, 1094; Merkt BKR 2019, 261, vgl. auch Gesetzesbegründung zu § 340g

§ 340i

BT-Drs. 11/6275, 23. **Lit.** Fest WM 2019, 1094 (Auslegung bilanzspezifischer Rechtsbegriffe in Genussrechtsbedingungen).

2) Gesonderter Ausweis von Zuführungen oder Erträgen (II)

2   Ein wesentlicher Unterschied zu § 340f (dort stille Reserven, → Rn. 1) folgt aus **II**, wonach die Zuführungen zu dem Sonderposten oder die Erträge aus seiner Auflösung in der GuV gesondert auszuweisen sind (offene Risikoreserven). Auf der anderen Seite gilt bei § 340g nicht die Obergrenze von 4%, wie für stille Reserven nach § 340f. Unter Honorargrenze fallen nur die erlaubten, aber nach Unions- oder nationalem Recht nicht erforderlichen Nichtprüfungsleistungen. Die hiernach erforderlichen Nichtprüfungsleistungen dürfen dagegen unbegrenzt erbracht werden. Abzustellen ist bei der Einhaltung des Fee Cap auf die rechtliche Einheit (Abschlussprüfer oder Wirtschaftsprüfergesellschaft). Bei Berechnung des Fee Cap kommt es auf das Geschäftsjahr des PIE an.

Vierter Titel. Währungsumrechnung

Währungsumrechnung

340h § 256a gilt mit der Maßgabe, dass Erträge, die sich aus der Währungsumrechnung ergeben, in der Gewinn- und Verlustrechnung zu berücksichtigen sind, soweit die Vermögensgegenstände, Schulden oder Termingeschäfte durch Vermögensgegenstände, Schulden oder andere Termingeschäfte in derselben Währung besonders gedeckt sind.

1) Umrechnungskurse (I)

1   § 340h idF BilMoG 2009 erklärt § 256a grds. für entsprechend anwendbar, lässt abweichend aber Berücksichtigung von Erträgen aus der Währungsumrechnung zu, soweit besondere Deckung in derselben Währung vorliegt. Besondere Deckung entspricht Bewertungseinheit nach § 254, dort → § 254 Rn. 1, 4. **Übergangsrecht** in (1) EGHGB Art. 66 III. **Lit.** Scharpf IRZ 2011, 13.

Fünfter Titel. Konzernabschluß, Konzernlagebericht, Konzernzwischenabschluß

Pflicht zur Aufstellung

340i (1) [1]**Kreditinstitute, auch wenn sie nicht in der Rechtsform einer Kapitalgesellschaft betrieben werden, haben unabhängig von ihrer Größe einen Konzernabschluß und einen Konzernlagebericht nach den Vorschriften des Zweiten Unterabschnitts des Zweiten Abschnitts über den Konzernabschluß und Konzernlagebericht aufzustellen, soweit in den Vorschriften dieses Unterabschnitts nichts anderes bestimmt ist.** [2]**Zusätzliche Anforderungen auf Grund von Vorschriften, die wegen der Rechtsform bestehen, bleiben unberührt.**

(2) [1]**Auf den Konzernabschluß sind, soweit seine Eigenart keine Abweichung bedingt, die §§ 340a bis 340g über den Jahresabschluß und die für die Rechtsform und den Geschäftszweig der in den Konzernabschluß einbezogenen Unternehmen mit Sitz im Geltungsbereich dieses Gesetzes geltenden Vorschriften entsprechend anzuwenden, soweit sie für große Kapitalgesellschaften gelten.** [2]**Die §§ 293, 298 Absatz 1, § 314 Abs. 1 Nr. 1, 3, 6 Buchstabe c und Nummer 23 sind nicht anzuwenden.** [3]**In den Fällen des § 315e Abs. 1 finden von den in Absatz 1 genannten Vorschriften nur die §§ 290 bis 292, 315e Anwendung; die Sätze 1 und 2 dieses Absatzes sowie § 340j sind nicht anzuwenden.** [4]**Soweit § 315e Absatz 1 auf § 314 Absatz 1 Nummer 6**

4. Abschnitt. Ergänzende Vorschriften für best. Geschäftszweige 1, 2 § 340i

Buchstabe c verweist, tritt an dessen Stelle § 34 Absatz 2 Nummer 2 in Verbindung mit § 37 der Kreditinstituts-Rechnungslegungsverordnung in der Fassung der Bekanntmachung vom 11. Dezember 1998 (BGBl. I S. 3658), die zuletzt durch Artikel 8 Absatz 13 des Gesetzes vom 17. Juli 2015 (BGBl. I S. 1245) geändert worden ist, in der jeweils geltenden Fassung. [5] Im Übrigen findet die Kreditinstituts-Rechnungslegungsverordnung in den Fällen des § 315e Absatz 1 keine Anwendung.

(3) Als Kreditinstitute im Sinne dieses Titels gelten auch Mutterunternehmen, deren einziger Zweck darin besteht, Beteiligungen an Tochterunternehmen zu erwerben sowie die Verwaltung und Verwertung dieser Beteiligungen wahrzunehmen, sofern diese Tochterunternehmen ausschließlich oder überwiegend Kreditinstitute sind.

(4) [1] Sofern Kreditinstitute einer prüferischen Durchsicht zu unterziehende Konzernzwischenabschlüsse zur Ermittlung von Konzernzwischenergebnissen im Sinne des Artikels 26 Absatz 2 in Verbindung mit Artikel 11 der Verordnung (EU) Nr. 575/2013 aufstellen, sind auf diese die für den Konzernabschluss geltenden Rechnungslegungsgrundsätze anzuwenden. [2] Die Vorschriften über die Bestellung des Abschlussprüfers sind auf die prüferische Durchsicht entsprechend anzuwenden. [3] Die prüferische Durchsicht ist so anzulegen, dass bei gewissenhafter Berufsausübung ausgeschlossen werden kann, dass der Zwischenabschluss in wesentlichen Belangen den anzuwendenden Rechnungslegungsgrundsätzen widerspricht. [4] Der Abschlussprüfer hat das Ergebnis der prüferischen Durchsicht in einer Bescheinigung zusammenzufassen. [5] § 320 und § 323 gelten entsprechend.

(5) [1] Ein Kreditinstitut, das ein Mutterunternehmen (§ 290) ist, hat den Konzernlagebericht um eine nichtfinanzielle Konzernerklärung zu erweitern, wenn auf die in den Konzernabschluss einzubeziehenden Unternehmen die folgenden Merkmale zutreffen:
1. sie erfüllen die in § 293 Absatz 1 Satz 1 Nummer 1 oder 2 geregelten Voraussetzungen für eine größenabhängige Befreiung nicht und
2. bei ihnen sind insgesamt im Jahresdurchschnitt mehr als 500 Arbeitnehmer beschäftigt.

[2] § 267 Absatz 4 bis 5, § 298 Absatz 2, § 315b Absatz 2 bis 4 und § 315c sind entsprechend anzuwenden. [3] Wenn die nichtfinanzielle Konzernerklärung einen besonderen Abschnitt des Konzernlageberichts bildet, darf das Kreditinstitut auf die an anderer Stelle im Konzernlagebericht enthaltenen nichtfinanziellen Angaben verweisen.

(6) Ein Kreditinstitut, das nach Absatz 1 in Verbindung mit § 315d eine Konzernerklärung zur Unternehmensführung zu erstellen hat, hat darin Angaben nach § 315d in Verbindung mit § 289f Absatz 2 Nummer 6 aufzunehmen, wenn die in den Konzernabschluss einzubeziehenden Unternehmen die in § 293 Absatz 1 Satz 1 Nummer 1 und 2 geregelten Voraussetzungen für eine Befreiung nicht erfüllen.

1) Pflicht zur Aufstellung (I)

Der 5. Titel (Überschrift idF KWGÄndG 1992) mit §§ 340i–340j betrifft die Besonderheiten der **Konzernrechnungslegung** der Kreditinstitute. § 340i I 1 verlangt von Kreditinstituten rechtsform- und größenunabhängig die Aufstellung eines Konzernabschlusses und eines Konzernlageberichts nach §§ 290–315.

2) Anzuwendende Vorschriften (II)

II 1 verweist für den Konzernabschluss entsprechend auf §§ 340a–340g über den Jahresabschluss und weitere Vorschriften. Davon nimmt **II 2** einzelne Vorschriften aus. Klarstellung in **II 3** (eingefügt zusammen mit **II 4** durch BilReG 2004, **Übergangsrecht** in **(1)** EGHGB Art. 58 III, geändert durch CSR-RUG v. 11.4.2017, **Übergangsrecht** in **(1)** EGHGB Art. 80), dass § 315e auch für Kreditinstitute gilt. **II 5**, redaktionell geändert durch CSR-RUG v. 11.4.2017, **Übergangsrecht** in **(1)** EGHGB Art. 80) schließt für IAS/IFRS-Konzernabschlüsse die Anwendung der RechKredV im Übrigen aus.

3) Bankholdingunternehmen (III)

3   **III** erweitert den Begriff des Kreditinstituts für §§ 340i–340j. Konzernrechnungslegungspflichtig sind danach auch BankholdingUnt., die selbst keine Kreditinstitute iSv § 340 I 1 sind, wenn ihr einziger Zweck im Erwerb von Beteiligungen an TochterUnt. und der Verwaltung und Verwertung dieser Beteiligungen besteht. Die nachgeordneten Unt. brauchen nur überwiegend Kreditinstitute zu sein.

4) Konzernzwischenabschlüsse (IV)

4   **IV** gilt für die fakultativen Konzernzwischenabschlüsse nach Art. 26 II iVm Art. 11 VO 575/2013 und entspricht § 340a III, s. dort.

5) Nichtfinanzielle Konzernerklärung (V)

5   **V,** neu durch CSR-RUG v. 11.4.2017 (**Übergangsrecht** in **(1)** EGHGB Art. 80), schafft spiegelbildlich zur Rechnungslegung auf Unternehmensebene (§ 340a) eine Ergänzung der Regelungen für die Konzernrechnungslegung der Kreditinstitute. Art. 29a Bilanz-RL idF der CSR-RL ist auch auf Kreditinstitute anzuwenden, so dass eine **nichtfinanzielle Konzernerklärung** zu erstellen ist. Berichtspflichtig sind **MutterUnt., die selbst KreditUnt.** sind. Die weiteren Voraussetzungen für die Berichtspflicht sind auf Konzernebene zu bestimmen: Zum einen müssen die Umsatzerlöse oder die Bilanzsumme bei einer Konzernbetrachtung die in § 293 geregelten Schwellenwerte überschreiten, **V 1 Nr. 1.** Eine Berichtspflicht nach V iVm § 315b I besteht also nur dann, wenn im Konzern mindestens zwei der drei Größenkriterien nach § 293 I 1 Nr. 1 oder mindestens zwei der drei Größenkriterien nach § 293 I 1 Nr. 2 überschritten sind. Welche Methode zur Anwendung kommt, richtet sich nach der Ausübung des Wahlrechts durch das MutterUnt. Zum anderen müssen die in den Konzernabschluss einzubeziehenden Unt. insgesamt im Jahresdurchschnitt mehr als 500 Arbeitnehmer beschäftigen, **V 1 Nr. 2.** Für weitere Regelungen verweist das Gesetz auf §§ 315b und 315c. **Lit.** Blöink/Halbleib Konzern 2017, 182; Mehring/Hartke/Pieper WPg 2018, 494 (CSR-Berichterstattung Regionalbanken).

6) Angaben zum Diversitätskonzept (VI)

6   **VI,** neu durch CSR-RUG v. 11.4.2017 (**Übergangsrecht** in **(1)** EGHGB Art. 80), geändert durch ARUG II 2019 (**Übergangsrecht** in **(1)** EGHGB Art. 83) zur Bereinigung eines Redaktionsversehens, um klarzustellen, dass Merkmal „groß" auf Konzernebene und nicht lediglich auf Mutter-Ebene zu bestimmen ist, RegE 140, sieht in Umsetzung von Art. 29 I iVm Art. 20 I lit. g Bilanz-RL idF der CSR-RL und iVm der Bankbilanz-RL 86/635/EWG vor, dass bestimmte Kreditinstitute, insbesondere **börsennotierte AG und KGaA** (Rechtsgrundverweisung auf § 315d iVm § 289f II Nr. 6) als MutterUnt. in der Konzernerklärung zur Unternehmensführung **Angaben zum Diversitätskonzept** aufzunehmen haben. Im Einklang mit der CSR-RL wird auch für Kreditinstitute geregelt, dass kleine und mittelgroße Kreditinstitute ausgenommen sind. Die Größenkriterien des § 267 gelten entsprechend. **Lit.** Blöink/Halbleib Konzern 2017, 182.

4. Abschnitt. Ergänzende Vorschriften für best. Geschäftszweige § 340k

Einzubeziehende Unternehmen

340j Bezieht ein Kreditinstitut ein Tochterunternehmen, das Kreditinstitut ist, nach § 296 Abs. 1 Nr. 3 in seinen Konzernabschluß nicht ein und ist der vorübergehende Besitz von Aktien oder Anteilen dieses Unternehmens auf eine finanzielle Stützungsaktion zur Sanierung oder Rettung des genannten Unternehmens zurückzuführen, so hat es den Jahresabschluß dieses Unternehmens seinem Konzernabschluß beizufügen und im Konzernanhang zusätzliche Angaben über die Art und die Bedingungen der finanziellen Stützungsaktion zu machen.

1) Finanzielle Stützungsaktion für ein Tochterkreditinstitut (I)

§ 340j idF des BilReG 2004 (**Übergangsrecht** in (1) EGHGB Art. 58 III) **1** verlangt von einem Kreditinstitut, das ein Tochterkreditinstitut nach § 296 I Nr. 3 nicht in den Konzernabschluss einbeziehen, wenn der vorübergehende Aktien- oder Anteilsbesitz auf eine finanzielle Stützungsaktion zurückzuführen ist, dennoch die Beifügung des Jahresabschlusses der Tochter sowie zusätzliche Angaben im Konzernanhang. Lit. Simons WPg 2018, 713 (Bestimmung des Abschlussprüfers).

Sechster Titel. Prüfung

[Prüfung]

340k (1) ¹Kreditinstitute haben unabhängig von ihrer Größe ihren Jahresabschluß und Lagebericht sowie ihren Konzernabschluß und Konzernlagebericht unbeschadet der Vorschriften der §§ 28 und 29 des Gesetzes über das Kreditwesen nach den Vorschriften des Dritten Unterabschnitts des Zweiten Abschnitts über die Prüfung prüfen zu lassen; § 319 Absatz 1 Satz 2 ist nicht anzuwenden. ²Die Prüfung ist spätestens vor Ablauf des fünften Monats des dem Abschlußstichtag nachfolgenden Geschäftsjahrs vorzunehmen. ³Der Jahresabschluß ist nach der Prüfung unverzüglich festzustellen. ⁴Die Vorschriften des Dritten Unterabschnitts des Zweiten Abschnitts sind auf Kreditinstitute, die Unternehmen von öffentlichem Interesse nach § 316a Satz 2 Nummer 1 oder 2 sind, nur insoweit anzuwenden, als nicht die Verordnung (EU) Nr. 537/2014 anzuwenden ist.

(2) ¹Ist das Kreditinstitut eine Genossenschaft oder ein rechtsfähiger wirtschaftlicher Verein, so ist die Prüfung abweichend von § 319 Abs. 1 Satz 1 von dem Prüfungsverband durchzuführen, dem das Kreditinstitut als Mitglied angehört, sofern mehr als die Hälfte der geschäftsführenden Mitglieder des Vorstands dieses Prüfungsverbandes Wirtschaftsprüfer sind. ²Hat der Prüfungsverband nur zwei Vorstandsmitglieder, so muß einer von ihnen Wirtschaftsprüfer sein. ³§ 319 Abs. 2 und 3 ist auf die gesetzlichen Vertreter des Prüfungsverbandes und auf alle vom Prüfungsverband beschäftigten Personen, die das Ergebnis der Prüfung beeinflussen können, entsprechend anzuwenden; § 319 Abs. 3 Satz 1 Nr. 2 ist auf Mitglieder des Aufsichtsorgans des Prüfungsverbandes nicht anzuwenden, sofern sichergestellt ist, dass der Abschlussprüfer die Prüfung unabhängig von den Weisungen durch das Aufsichtsorgan durchführen kann. ⁴§ 319 Absatz 1 Satz 3 und 4 gilt entsprechend mit der Maßgabe, dass der Prüfungsverband über einen Auszug hinsichtlich seiner Eintragung nach § 40a der Wirtschaftsprüferordnung verfügen muss, bei erstmaliger Durchführung einer Prüfung nach Absatz 1 Satz 1 spätestens sechs Wochen nach deren Beginn. ⁵Ist das Mutterunternehmen eine Genossenschaft, so ist der Prüfungsverband, dem die Genossenschaft angehört,

unter den Voraussetzungen der Sätze 1 bis 4 auch Abschlußprüfer des Konzernabschlusses und des Konzernlageberichts.

(2a) ¹Bei der Prüfung des Jahresabschlusses der in Absatz 2 bezeichneten Kreditinstitute durch einen Prüfungsverband darf der gesetzlich vorgeschriebene Bestätigungsvermerk nur von Wirtschaftsprüfern unterzeichnet werden. ²Die im Prüfungsverband tätigen Wirtschaftsprüfer haben ihre Prüfungstätigkeit unabhängig, gewissenhaft, verschwiegen und eigenverantwortlich auszuüben. ³Sie haben sich insbesondere bei der Erstattung von Prüfungsberichten unparteiisch zu verhalten. ⁴Weisungen dürfen ihnen hinsichtlich ihrer Prüfungstätigkeit von Personen, die nicht Wirtschaftsprüfer sind, nicht erteilt werden. ⁵Die Zahl der im Verband tätigen Wirtschaftsprüfer muss so bemessen sein, dass die den Bestätigungsvermerk unterschreibenden Wirtschaftsprüfer die Prüfung verantwortlich durchführen können.

(3) ¹Ist das Kreditinstitut eine Sparkasse, so dürfen die nach Absatz 1 vorgeschriebenen Prüfungen abweichend von § 319 Abs. 1 Satz 1 von der Prüfungsstelle eines Sparkassen- und Giroverbands durchgeführt werden. ²Die Prüfung darf von der Prüfungsstelle jedoch nur durchgeführt werden, wenn der Leiter der Prüfungsstelle die Voraussetzungen des § 319 Abs. 1 Satz 1 und 2 erfüllt; § 319 Absatz 2, 3 und 5 sowie Artikel 5 Absatz 1, 4 Unterabsatz 1 und Absatz 5 der Verordnung (EU) Nr. 537/2014 sind auf alle vom Sparkassen- und Giroverband beschäftigten Personen, die das Ergebnis der Prüfung beeinflussen können, entsprechend anzuwenden. ³Auf die Prüfungsstellen findet Artikel 5 der Verordnung (EU) Nr. 537/2014 keine Anwendung. ⁴Außerdem muß sichergestellt sein, daß der Abschlußprüfer die Prüfung unabhängig von den Weisungen der Organe des Sparkassen- und Giroverbands durchführen kann. ⁵Soweit das Landesrecht nichts anderes vorsieht, findet § 319 Absatz 1 Satz 3 und 4 mit der Maßgabe Anwendung, dass die Prüfungsstelle über einen Auszug hinsichtlich ihrer Eintragung nach § 40a der Wirtschaftsprüferordnung verfügen muss, bei erstmaliger Durchführung einer Prüfung nach Absatz 1 Satz 1 spätestens sechs Wochen nach deren Beginn.

(4) ¹Ist das Kreditinstitut eine Sparkasse, finden Artikel 4 Absatz 3 Unterabsatz 2 sowie die Artikel 16, 17 und 19 der Verordnung (EU) Nr. 537/2014 keine Anwendung. ²Artikel 4 Absatz 3 Unterabsatz 1 sowie Artikel 10 Absatz 2 Buchstabe g der Verordnung (EU) Nr. 537/2014 finden auf alle vom Sparkassen- und Giroverband beschäftigten Personen, die das Ergebnis der Prüfung beeinflussen können, entsprechende Anwendung. ³Auf die Prüfungsstellen finden Artikel 4 Absatz 2 und 3 Unterabsatz 1 sowie Artikel 10 Absatz 2 Buchstabe g der Verordnung (EU) Nr. 537/2014 keine Anwendung.

(5) ¹Kreditinstitute, die Unternehmen von öffentlichem Interesse nach § 316a Satz 2 Nummer 1 oder 2 sind und keinen Aufsichts- oder Verwaltungsrat haben, der die Voraussetzungen des § 100 Absatz 5 des Aktiengesetzes erfüllen muss, haben § 324 anzuwenden, auch wenn sie nicht in der Rechtsform einer Kapitalgesellschaft oder einer Personenhandelsgesellschaft im Sinne des § 264a Absatz 1 betrieben werden. ²Dies gilt für Sparkassen im Sinn des Absatzes 3 sowie sonstige landesrechtliche öffentlich-rechtliche Kreditinstitute nur, soweit das Landesrecht nichts anderes vorsieht. ³§ 36 Absatz 4 und § 53 Absatz 3 des Genossenschaftsgesetzes bleiben unberührt. ⁴§ 324 Absatz 3 Satz 1 ist nicht anwendbar auf Kreditinstitute in der Rechtsform der Genossenschaft, auf Sparkassen und auf sonstige landesrechtliche öffentlich-rechtliche Kreditinstitute.

1 1) Der 6. Titel mit § 340k (wesentliche Änderungen durch APAReG und AReG, beide in Kraft ab 17.6.2016) betrifft die Prüfung von Kreditinstituten. Vorschrift wurde durch **FISG** in I, II, III und V geändert, (**Übergangsrecht** in

4. Abschnitt. Ergänzende Vorschriften für best. Geschäftszweige 1 § 340k

(1) EGHGB Art. 86). **I** sieht die Prüfungspflicht rechtsform- und größenunabhängig und unbeschadet der Prüfung nach §§ 28–29 KWG (Prüfung in besonderen Fällen; VO über den Inhalt der Prüfungsberichte zu den Jahresabschlüssen und Zwischenabschlüssen der Kreditinstitute, PrüfbV, v. 17.12.1998 BGBl. 3690) grundsätzlich nach den Vorschriften der §§ 316–324 vor. **I 2 neu AReG** stellt klar, dass CRR-Kreditinstitute iSd § 1 IIId 1 KWG nur erfasst sind, soweit nicht VO (EU) 537/2014 anzuwenden. Wird die Frist nach I 2 überschritten droht ein Ordnungsgeld, weil gleichzeitig § 26 I 3 KWG verletzt wird. Danach muss der Prüfungsbericht unverzüglich nach Beendigung und Prüfung sowohl bei der Bundesanstalt als auch bei der Deutschen Bundesbank eingereicht werden. Es handelt sich um zwei Pflichten, die jede für sich sanktionsbewert ist, § 56 II Nr. 11 lit. b KWG, OLG Frankfurt ZIP 2020, 1408, dazu Wegner WPg 2021, 50. **I 4**, geändert durch FISG, stellt klar, dass die Abschlussprüferverordnung auch dann vorrangig anwendbar ist, wenn das Kreditinstitut ein Unternehmen von öffentlichem Interesse nach § 316a Satz 2 Nummer 1 HGB, also kapitalmarktorientiert im Sinne des § 264d HGB ist. Dies gilt auch für Finanzdienstleistungsinstitute iSv § 340 IV 1 HGB sowie die Institute im Sinne des § 1 Absatz 3 ZAG. Für die Prüfung dieser Institute gelten die Vorgaben der Abschlussprüferrichtlinie, soweit die Prüfung der Abschlüsse unionsrechtlich vorgeschrieben ist. Sind die Institute darüber hinaus kapitalmarktorientiert im Sinne des § 264d HGB und damit zugleich Unternehmen von öffentlichem Interesse nach § 316a Satz 2 Nummer 1 HGB, sind auch die Vorgaben der Abschlussprüferverordnung zu beachten. **II** (1 idF KapCoRiLiG 2000, 3 idF BilReG 2004, 4 neu durch APAReG) betrifft Genossenschaftsbanken und Kreditinstitute als rechtsfähige wirtschaftliche Vereine (§ 22 BGB), **IIa** idF BilMoG 2009 stellt klar, dass Kreditinstitute iSv II nur von Wirtschaftsprüfern verantwortlich geprüft werden dürfen (s. Übergangsrecht in **(1)** EGHGB Art. 25 II). **III** (2 idF BilReG 2004, 4 idF APAReG) betrifft Sparkassen; ihnen bleibt nach II und III unter bestimmten Voraussetzungen die Prüfung durch den Prüfungsverband bzw. die Prüfungsstelle eines Sparkassen- und Giroverbands erhalten. III 5, ehem. (idF BilReG 2004, **Übergangsrecht** in **(1)** EGHGB Art. 58 III) trägt der Einf. der Qualitätskontrolle gemäß **(2a)** WPO § 57a Rechnung, → § 319 Rn. 2, und verlangt, dass die Prüfungsstelle an der Qualitätskontrolle nach **(2a)** WPO § 57h teilgenommen hat. **IV** idF UmsG zur 2. E-GeldRL 2011 enthält eine Ausnahme für Finanzdienstleistungs- u. Institute iSv § 1 II a ZAG mit einer bestimmten Obergrenze der Bilanzsumme. **V** Vorschrift wurde durch FISG neu gefasst. Der Anwendungsbereich der Vorschrift wurde präzisiert. Danach haben Kreditinstitute, die Unternehmen von öffentlichem Interesse nach § 316a Satz 2 Nr 1 oder 2 sind und keinen Aufsichts- oder Verwaltungsrat haben, der die Voraussetzungen des § 100 V AktG erfüllen muss, einen Prüfungsausschuss nach § 324 I und II HGB auch dann einzurichten, wenn sie nicht in der Rechtsform einer Kapitalgesellschaft oder einer Personenhandelsgesellschaft im Sinne des § 264a I betrieben werden. Für Kreditinstitute, die Kapitalgesellschaften oder Personenhandelsgesellschaften im Sinne des § 264a I HGB sind, folgt diese Verpflichtung unmittelbar aus § 324 I 1. Da die Vorschriften über Kreditinstitute auch für Finanzdienstleistungsinstitute im Sinne des § 340 IV 1 HGB sowie gemäß § 340 V HGB für die Institute im Sinne des § 1 III ZAG anwendbar sind, gilt das Vorstehende gleichermaßen für diese Institute. Auch diese Institute haben unter den Voraussetzungen des § 340k V 1 einen Prüfungsausschuss einzurichten. § 340k V 3 hat klarstellende Funktion. Für Kreditinstitute in der Rechtsform der Genossenschaft, die keinen Aufsichtsrat haben, verweist die insoweit speziellere § 53 III GenG auf § 324 I und II HGB, allerdings mit der Maßgabe, dass es ausreicht, wenn mindestens ein Mitglied über Sachverstand, RegE FISG BT-Drucks 19/26966, S. 8 f. **Lit.** Quick DB 2016, 1205 (AReG); Schmidt DB 2016, 1945; Simons WPg 2018, 713 (Bestimmung des Abschlussprüfers).

Siebenter Titel. Offenlegung

[Offenlegung]

3401 (1) ¹Kreditinstitute haben den Jahresabschluß und den Lagebericht sowie den Konzernabschluß und den Konzernlagebericht und die anderen in § 325 bezeichneten *Unterlagen nach § 325 Abs. 2 bis 5, §§ 328, 329 Abs. 1 und 4 offenzulegen [ab 1.8.2022: Unterlagen, sofern sie zu erstellen sind, in deutscher Sprache nach § 325 Absatz 1 Satz 2 und Absatz 1a bis 5 sowie den §§ 327 und 328 offenzulegen; § 329 Absatz 1, 2 und 4 ist entsprechend anzuwenden].* ²Kreditinstitute, die nicht Zweigniederlassungen sind, haben die in Satz 1 bezeichneten Unterlagen außerdem in jedem anderen Mitgliedstaat der Europäischen Gemeinschaft und in jedem anderen Vertragsstaat des Abkommens über den Europäischen Wirtschaftsraum offenzulegen, in dem sie eine Zweigniederlassung errichtet haben. ³Die Offenlegung nach Satz 2 richtet sich nach dem Recht des jeweiligen Mitgliedstaats oder Vertragsstaats.

(2) ¹Zweigniederlassungen im Geltungsbereich dieses Gesetzes von Unternehmen mit Sitz in einem anderen Staat haben die in Absatz 1 Satz 1 bezeichneten Unterlagen ihrer Hauptniederlassung, die nach deren Recht aufgestellt und geprüft worden sind, nach *§ 325 Abs. 2 bis 5, §§ 328, 329 Abs. 1, 3 und 4 offenzulegen [ab 1.8.2022: § 325 Absatz 1 Satz 2 und Absatz 1a bis 5 sowie den §§ 327a und 328 offenzulegen; § 329 ist entsprechend anzuwenden].* ²Unternehmen mit Sitz in einem Drittstaat im Sinn des § 3 Abs. 1 Satz 1 der Wirtschaftsprüferordnung, deren Wertpapiere im Sinn des § 2 Absatz 1 des Wertpapierhandelsgesetzes an einer inländischen Börse zum Handel am regulierten Markt zugelassen sind, haben zudem eine Bescheinigung der Wirtschaftsprüferkammer gemäß § 134 Abs. 2a der Wirtschaftsprüferordnung über die Eintragung des Abschlussprüfers oder eine Bestätigung der Wirtschaftsprüferkammer gemäß § 134 Abs. 4 Satz 8 der Wirtschaftsprüferordnung über die Befreiung von der Eintragungsverpflichtung offenzulegen. ³Satz 2 ist nicht anzuwenden, soweit ausschließlich Schuldtitel im Sinne des § 2 Absatz 1 Nummer 3 des Wertpapierhandelsgesetzes

1. mit einer Mindeststückelung zu je 100 000 Euro oder einem entsprechenden Betrag anderer Währung an einer inländischen Börse zum Handel am regulierten Markt zugelassen sind oder
2. mit einer Mindeststückelung zu je 50 000 Euro oder einem entsprechenden Betrag anderer Währung an einer inländischen Börse zum Handel am regulierten Markt zugelassen sind und diese Schuldtitel vor dem 31. Dezember 2010 begeben worden sind.

⁴Zweigniederlassungen im Geltungsbereich dieses Gesetzes von Unternehmen mit Sitz in einem Staat, der nicht Mitglied der Europäischen Gemeinschaft und auch nicht Vertragsstaat des Abkommens über den Europäischen Wirtschaftsraum ist, brauchen auf ihre eigene Geschäftstätigkeit bezogene gesonderte Rechnungslegungsunterlagen nach Absatz 1 Satz 1 nicht offenzulegen, sofern die nach den Sätzen 1 und 2 offenzulegenden Unterlagen nach einem an die Richtlinie 86/635/EWG angepaßten Recht aufgestellt und geprüft worden sind oder den nach einem solchen Rechte aufgestellten Unterlagen gleichwertig sind. ⁵Die Unterlagen sind in deutscher Sprache *einzureichen [ab 1.8.2022: zu übermitteln].* ⁶Soweit dies nicht die Amtssprache am Sitz der Hauptniederlassung ist, können die Unterlagen der Hauptniederlassung auch

1. in englischer Sprache oder
2. in einer von dem Register der Hauptniederlassung beglaubigten Abschrift oder,

4. Abschnitt. Ergänzende Vorschriften für best. Geschäftszweige 1 § 3401

3. wenn eine dem Register vergleichbare Einrichtung nicht vorhanden oder diese nicht zur Beglaubigung befugt ist, in einer von einem Wirtschaftsprüfer bescheinigten Abschrift, verbunden mit der Erklärung, dass entweder eine dem Register vergleichbare Einrichtung nicht vorhanden oder diese nicht zur Beglaubigung befugt ist,

eingereicht *[ab 1.8.2022: übermittelt]* werden; von der Beglaubigung des Registers ist eine beglaubigte Übersetzung in deutscher Sprache *einzureichen [ab 1.8.2022: zu übermitteln]*.

(3) § 339 ist auf Kreditinstitute, die Genossenschaften sind, nicht anzuwenden.

(4) Macht ein Kreditinstitut von dem Wahlrecht nach § 325 Absatz 2a Satz 1 Gebrauch, sind § 325 Absatz 2a Satz 3 und 5 mit folgenden Maßgaben anzuwenden:

1. Die in § 325 Abs. 2a Satz 3 genannten Vorschriften des Ersten Unterabschnitts des Zweiten Abschnitts des Dritten Buchs sind auch auf Kreditinstitute anzuwenden, die nicht in der Rechtsform einer Kapitalgesellschaft betrieben werden.
2. § 285 Nummer 8 Buchstabe b findet keine Anwendung; der Personalaufwand des Geschäftsjahres ist jedoch im Anhang zum Einzelabschluss nach § 325 Absatz 2a gemäß der Gliederung nach Formblatt 3 im Posten Allgemeine Verwaltungsaufwendungen Unterposten Buchstabe a Personalaufwand der Kreditinstituts-Rechnungslegungsverordnung in der Fassung der Bekanntmachung vom 11. Dezember 1998 (BGBl. I S. 3658) in der jeweils geltenden Fassung anzugeben, sofern diese Angaben nicht gesondert in der Gewinn- und Verlustrechnung erscheinen.
3. An Stelle des § 285 Nr. 9 Buchstabe c gilt § 34 Abs. 2 Nr. 2 der Kreditinstituts-Rechnungslegungsverordnung in der Fassung der Bekanntmachung vom 11. Dezember 1998 (BGBl. I S. 3658) in der jeweils geltenden Fassung.
4. Für den Anhang gilt zusätzlich die Vorschrift des § 340a Abs. 4.
5. Im Übrigen finden die Bestimmungen des Zweiten bis Vierten Titels dieses Unterabschnitts sowie der Kreditinstituts-Rechnungslegungsverordnung keine Anwendung.

1) Der 7. Titel mit § 340l betrifft die Offenlegung. Erweiterung auf EWR-Staaten durch EWRG 1993, in Kraft 1.1.1994 BGBl. 1993 I 2436. Änderungen durch **DiRUG** (**Übergangsrecht (1)** EGHGB Art. 88). **I** 1 erstreckt die Offenlegungspflicht, die nur für KapitalGes. gilt, rechtsformunabhängig auf Kreditinstitute (aber keine Totalverweisung auf §§ 325–329). Kreditinstitute haben den Jahresabschluss und den Lagebericht sowie den Konzernabschluss und den Konzernlagebericht und die anderen in § 325 bezeichneten Unterlagen, sofern sie zu erstellen sind, in deutscher Sprache nach § 325 I 1 und Ia bis V sowie nach §§ 327a und 328 offenzulegen. § 329 I 1 und 4 sind entsprechend anzuwenden. Es handelt sich zum einen um eine Folgeänderung zur Aufhebung des § 325 II. Zum anderen erfolgen redaktionelle Klarstellungen, BT-Drucks. 19/28177 S. 17, 104. **I 2, 3** (eingefügt durch BilMoG 2009, **Übergangsrecht** in **(1)** EGHGB Art. 66 II) dienen der Durchsetzung der Eintragungspflicht für Abschlussprüfer gem. § 134 WPO, die Bestätigungsvermerk für Abschlüsse bestimmter Unt. aus Drittländern erteilen. **I 4, 5** betreffen Kreditinstitute mit Zweigstellen innerhalb EG/EWR, sie müssen auch am Ort der Zweigstelle offenlegen (→ § 340 Rn. 3). **II** betrifft deutsche Zweigstellen von Unt. mit Sitz in einem anderen Staat und differenziert dabei zwischen EG/EWRStaaten und Drittstaaten (→ § 340 Rn. 3). Redaktionelle Anpassungen durch **DiRUG** (**Übergangsrecht (1)** EGHGB

§ 340m

Art. 88). **II 3** und **4** idF KapCoRiLiG 2000 u. EuroBilG 2001 (**Übergangsrecht in (1)** EGHGB Art. 51) u. EHUG 2006 (**Übergangsrecht in (1)** EGHGB Art. 61 V), **II 3** idF APAReG, verlangen grundsätzlich deutsche Sprache; nur wenn dies nicht Amtssprache am Sitz der HauptNl ist, darf auch in englischer Sprache oder in einer vom Register der HauptNl beglaubigten Abschrift eingereicht werden oder wenn eine dem Register vergleichbare Einrichtung nicht vorhanden oder diese nicht zur Beglaubigung befugt ist, in einer von einem Wirtschaftsprüfer bescheinigten Abschrift, verbunden mit der Erklärung, dass entweder eine dem Register vergleichbare Einrichtung nicht vorhanden oder diese nicht zur Beglaubigung befugt ist (vgl. § 325a I 3, 4). **III** gilt für Genossenschaftsbanken. **IV** idF BilReG 2004 (**Übergangsrecht in (1)** EGHGB Art. 58 Rn. III) tritt an Stelle des **IV** aF und regelt Besonderheiten beim IAS/IFRS-Einzelabschluss von Kreditinstituten: **IV Nr. 1** entspricht § 340a I, der für den IAS/IFRS-Einzelabschluss nicht gilt. **IV Nr. 2** trägt dem Umstand Rechnung, dass im Kontext der Erfolgsrechnung der Kreditinstitute nicht von einem Umsatzkostenverfahren gesprochen wird. **IV Nr. 3** berücksichtigt, dass der durch § 285 Nr. 9c umgesetzte Art. 43 I Nr. 33 Bankbilanz-RL durch Art. 40 VII Bankbilanz-RL modifiziert wird. **IV Nr. 4** beinhaltet ein zusätzliches, für die Beurteilung des IAS/IFRS-Abschlusses relevantes Transparenzerfordernis (Beteiligungsbesitz des Kreditinstituts sowie die Mitwirkung des Personals im Aufsichtsgremium anderer Kreditinstitute). **IV Nr. 5** stellt sicher, dass die internationalen Standards nicht durch andere als die nach § 325 IIa, § 340l I 1, IV Nr. 1–4 anwendbaren nationalen Bestimmungen überlagert werden. **Ausnahmen:** § 340 II, V 2. **Lit.** Meyding-Metzger/Weigel DB 2015, 61 (Neuregelungen durch BilRUG).

Achter Titel. Straf- und Bußgeldvorschriften, Ordnungsgelder

Strafvorschriften

340m

(1) ¹Die Strafvorschriften der §§ 331 bis 333 sind auch auf nicht in der Rechtsform einer Kapitalgesellschaft betriebene Kreditinstitute, auf Finanzdienstleistungsinstitute im Sinne des § 340 Absatz 4, auf Wertpapierinstitute im Sinne des § 340 Absatz 4a Satz 1 sowie auf Institute im Sinne des § 340 Absatz 5 anzuwenden. ²§ 331 ist darüber hinaus auch anzuwenden auf die Verletzung von Pflichten durch

1. den Geschäftsleiter (*§ 1 Absatz 2 Satz 1 des Kreditwesengesetzes [ab 1.8.2022: § 1 Absatz 2 des Kreditwesengesetzes]*) eines nicht in der Rechtsform der Kapitalgesellschaft betriebenen Kreditinstituts oder Finanzdienstleistungsinstituts im Sinne des § 340 Absatz 4 Satz 1,
1a. den Geschäftsleiter (§ 2 Absatz 36 des Wertpapierinstitutsgesetzes) eines nicht in der Rechtsform der Kapitalgesellschaft betriebenen Wertpapierinstituts im Sinne des § 340 Absatz 4a Satz 1,
2. den Geschäftsleiter (§ 1 Absatz 8 Satz 1 und 2 des Zahlungsdiensteaufsichtsgesetzes) eines nicht in der Rechtsform der Kapitalgesellschaft betriebenen Instituts im Sinne des § 340 Absatz 5,
3. den Inhaber eines in der Rechtsform des Einzelkaufmanns betriebenen Finanzdienstleistungsinstituts im Sinne des § 340 Absatz 4 Satz 1 oder Wertpapierinstituts im Sinne des § 340 Absatz 4a Satz 1 und
4. den Geschäftsleiter im Sinne des § 53 Absatz 2 Nummer 1 des Kreditwesengesetzes.

(2) **Mit Freiheitsstrafe bis zu einem Jahr oder mit Geldstrafe wird bestraft, wer als Mitglied eines nach § 340k Absatz 5 Satz 1 in Verbindung mit § 324**

4. Abschnitt. Ergänzende Vorschriften für best. Geschäftszweige § 340n

Absatz 1 Satz 1 eingerichteten Prüfungsausschusses eines Kreditinstituts im Sinne des § 340 Absatz 1 Satz 1, eines Finanzdienstleistungsinstituts im Sinne des § 340 Absatz 4 Satz 1, *eines Wertpapierinstituts im Sinne des § 340 Absatz 4a Satz 1 [ab 1.8.2022]* oder eines Instituts im Sinne des § 1 Absatz 3 des Zahlungsdiensteaufsichtsgesetzes
1. eine in § 340n Absatz 2a bezeichnete Handlung begeht und dafür einen Vermögensvorteil erhält oder sich versprechen lässt oder
2. eine in § 340n Absatz 2a bezeichnete Handlung beharrlich wiederholt.

(3) § 335c Absatz 2 gilt in den Fällen des Absatzes 1 Satz 1 in Verbindung mit § 332 oder § 333 und des Absatzes 2 entsprechend.

1) Der 8. Titel mit §§ 340m–340o bezweckt, §§ 331–335b, die nur für KapitalGes. gelten, rechtsformunabhängig auch auf Kreditinstitute sowie auf Finanzdienstleistungsinstitute iSv § 340 IV 1 (→ § 340 Rn. 1, 3) zu erstrecken. § 340m (**II und III** neu durch AReG, in Kraft 17.6.2016) dehnt die Strafvorschriften der §§ 331–333 auch auf nicht als KapitalGes. betriebene Kreditinstitute sowie Institute iSv § 1 IIa ZAG (I 1) und § 331 auch auf Geschäftsleiter (§§ 1 II 1, 53 II Nr. 1 KWG, § 1 VIII 1 und 2 ZAG) und Inhaber von Privatbanken (als EinzelKfm betriebenes Kreditinstitut) aus (I 2). II neu (AReG) erfasst Mitglieder der Prüfungsausschüsse von CRR-Kreditinstituten. II und III wurden durch FISG angepasst (**Übergangsrecht** in (1) EGHGB Art. 86). 1

Bußgeldvorschriften

340n (1) ¹Ordnungswidrig handelt, wer als Geschäftsleiter im Sinne des § 1 Abs. 2 Satz 1 oder des § 53 Abs. 2 Nr. 1 des Kreditwesengesetzes oder als Inhaber eines in der Rechtsform des Einzelkaufmanns betriebenen Finanzdienstleistungsinstituts im Sinne des § 340 Abs. 4 Satz 1, oder als Geschäftsleiter im Sinne des § 2 Absatz 36 des Wertpapierinstitutsgesetzes, oder als Inhaber eines in der Rechtsform des Einzelkaufmanns betriebenen Wertpapierinstituts im Sinne des § 340 Absatz 4a Satz 1, oder als Geschäftsleiter im Sinne des § 1 Absatz 8 Satz 1 und 2 des Zahlungsdiensteaufsichtsgesetzes eines Instituts im Sinne des § 340 Absatz 5 oder als Mitglied des Aufsichtsrats eines der vorgenannten Unternehmen

[ab 1.8.2022:] ¹Ordnungswidrig handelt, wer als Geschäftsleiter im Sinne des § 1 Absatz 2 oder des § 53 Absatz 2 Nummer 1 des Kreditwesengesetzes eines Kreditinstituts oder Finanzdienstleistungsinstituts im Sinne des § 340 Absatz 4 Satz 1 oder als Geschäftsleiter im Sinne des § 2 Absatz 36 des Wertpapierinstitutsgesetzes eines Wertpapierinstituts im Sinne des § 340 Absatz 4a Satz 1 oder als Geschäftsleiter im Sinne des § 1 Absatz 8 Satz 1 und 2 des Zahlungsdiensteaufsichtsgesetzes eines Instituts im Sinne des § 340 Absatz 5 oder als Inhaber eines in der Rechtsform des Einzelkaufmanns betriebenen Finanzdienstleistungsinstituts im Sinne des § 340 Absatz 4 Satz 1 oder Wertpapierinstituts im Sinne des § 340 Absatz 4a Satz 1 oder als Mitglied des Aufsichtsrats eines der vorgenannten Unternehmen

1. bei der Aufstellung oder Feststellung des Jahresabschlusses oder bei der Aufstellung des Zwischenabschlusses gemäß § 340a Abs. 3 einer Vorschrift
   a) des § 243 Abs. 1 oder 2, der §§ 244, 245, 246 Abs. 1 oder 2, dieser in Verbindung mit § 340a Abs. 2 Satz 3, des § 246 Abs. 3 Satz 1, des § 247 Abs. 2 oder 3, der §§ 248, 249 Abs. 1 Satz 1 oder Abs. 2, des § 250 Abs. 1 oder Abs. 2, des § 264 Absatz 1a oder Absatz 2, des § 340b Abs. 4 oder 5 oder des § 340c Abs. 1 über Form oder Inhalt,
   b) des § 253 Abs. 1 Satz 1, 2, 3 oder 4, Abs. 2 Satz 1, auch in Verbindung mit Satz 2, Absatz 3 Satz 1, 2, 3, 4 oder Satz 5, Abs. 4 oder 5, der §§ 254, 256a, 340e Abs. 1 Satz 1 oder 2, Abs. 3 Satz 1, 2, 3 oder 4 Halb-

Merkt 1591

§ 340n

satz 2, Abs. 4 Satz 1 oder 2, des § 340f Abs. 1 Satz 2 oder des § 340g Abs. 2 über die Bewertung,
c) des § 265 Abs. 2, 3 oder 4, des § 268 Abs. 3 oder 6, der §§ 272, 274 oder des § 277 Abs. 3 Satz 2 über die Gliederung,
d) des § 284 Absatz 1, 2 Nummer 1, 2 oder Nummer 4, Absatz 3 oder des § 285 Nummer 3, 3a, 7, 9 Buchstabe a oder Buchstabe b, Nummer 10 bis 11b, 13 bis 15a, 16 bis 26, 28 bis 33 oder Nummer 34 über die im Anhang zu machenden Angaben,
2. bei der Aufstellung des Konzernabschlusses oder des Konzernzwischenabschlusses gemäß § 340i Abs. 4 einer Vorschrift
a) des § 294 Abs. 1 über den Konsolidierungskreis,
b) des § 297 Absatz 1a, 2 oder Absatz 3 oder des § 340i Abs. 2 Satz 1 in Verbindung mit einer der in Nummer 1 Buchstabe a bezeichneten Vorschriften über Form oder Inhalt,
c) des § 300 über die Konsolidierungsgrundsätze oder das Vollständigkeitsgebot,
d) des § 308 Abs. 1 Satz 1 in Verbindung mit den in Nummer 1 Buchstabe b bezeichneten Vorschriften, des § 308 Abs. 2 oder des § 308a über die Bewertung,
e) des § 311 Abs. 1 Satz 1 in Verbindung mit § 312 über die Behandlung assoziierter Unternehmen oder
f) des § 308 Abs. 1 Satz 3, des § 313 oder des § 314 über die im Konzernanhang zu machenden Angaben,
3. bei der Aufstellung des Lageberichts oder der Erstellung eines gesonderten nichtfinanziellen Berichts einer Vorschrift des § 289 oder des § 289a, des § 289f, auch in Verbindung mit § 340a Absatz 1b, oder des § 340a Absatz 1a, auch in Verbindung mit § 289b Absatz 2 oder 3 oder mit den §§ 289c, 289d oder § 289e Absatz 2, über den Inhalt des Lageberichts oder des gesonderten nichtfinanziellen Berichts,
4. bei der Aufstellung des Konzernlageberichts oder der Erstellung eines gesonderten nichtfinanziellen Konzernberichts einer Vorschrift des § 315 oder des § 315a, des § 315d, auch in Verbindung mit § 340i Absatz 6, oder des § 340i Absatz 5, auch in Verbindung mit § 315b Absatz 2 oder 3 oder § 315c, über den Inhalt des Konzernlageberichts oder des gesonderten nichtfinanziellen Konzernberichts,
5. bei der Offenlegung, Veröffentlichung oder Vervielfältigung einer Vorschrift des § 328 über Form, Format oder Inhalt oder
6. einer auf Grund des § 330 Abs. 2 in Verbindung mit Abs. 1 Satz 1 erlassenen Rechtsverordnung, soweit sie für einen bestimmten Tatbestand auf diese Bußgeldvorschrift verweist,

zuwiderhandelt. ²In den Fällen des Satzes 1 Nummer 3 wird eine Zuwiderhandlung gegen eine Vorschrift des § 289f Absatz 2 Nummer 4, auch in Verbindung mit Absatz 3 oder 4 Satz 1, nicht dadurch ausgeschlossen, dass die Festlegungen oder Begründungen nach § 76 Absatz 4 oder § 111 Absatz 5 des Aktiengesetzes, nach § 36 oder § 52 Absatz 2 des Gesetzes betreffend die Gesellschaften mit beschränkter Haftung oder nach § 9 Absatz 3 oder 4 des Genossenschaftsgesetzes ganz oder zum Teil unterblieben sind. ³In den Fällen des Satzes 1 Nummer 4 wird eine Zuwiderhandlung gegen eine Vorschrift des § 315d in Verbindung mit § 289f Absatz 2 Nummer 4 nicht dadurch ausgeschlossen, dass die Festlegungen oder Begründungen nach § 76 Absatz 4 oder § 111 Absatz 5 des Aktiengesetzes ganz oder zum Teil unterblieben sind.

(2) ¹Ordnungswidrig handelt, wer einen Bestätigungsvermerk nach § 322 Absatz 1 erteilt zu dem Abschluss

4. Abschnitt. Ergänzende Vorschriften für best. Geschäftszweige § 340n

1. eines Instituts, das ein Unternehmen von öffentlichem Interesse nach § 316a Satz 2 Nummer 1 oder 2 ist, oder
2. eines Instituts, das nicht in Nummer 1 genannt ist,

obwohl nach § 319 Absatz 2 oder 3, jeweils auch in Verbindung mit Absatz 5, oder nach § 319b Absatz 1 Satz 1 oder 2, jeweils auch in Verbindung mit Absatz 2, er, nach § 319 Absatz 4 Satz 1 oder 2, jeweils auch in Verbindung mit Absatz 5, oder nach § 319b Absatz 1 Satz 1 oder 2, jeweils auch in Verbindung mit Absatz 2, die Wirtschaftsprüfungsgesellschaft oder die Buchführungsgesellschaft, für die er tätig wird, oder nach § 340k Absatz 2 Satz 1 und 2 oder Absatz 3 Satz 2 erster Halbsatz der Prüfungsverband oder die Prüfungsstelle, für den oder für die er tätig wird, nicht Abschlussprüfer sein darf. ²Ordnungswidrig handelt auch, wer einen Bestätigungsvermerk nach § 322 Absatz 1 erteilt zu dem Abschluss eines Instituts, das ein Unternehmen von öffentlichem Interesse nach § 316a Satz 2 Nummer 1 oder 2 ist, obwohl

1. er oder die Prüfungsgesellschaft, für die er tätig wird, oder ein Mitglied des Netzwerks, dem er oder die Prüfungsgesellschaft, für die er tätig wird, angehört, einer Vorschrift des Artikels 5 Absatz 4 Unterabsatz 1 Satz 1 oder Absatz 5 Unterabsatz 2 Satz 2 der Verordnung (EU) Nr. 537/2014 zuwiderhandelt oder
2. er oder die Prüfungsgesellschaft, für die er tätig wird, nach Artikel 17 Absatz 3 der Verordnung (EU) Nr. 537/2014 die Abschlussprüfung nicht durchführen darf.

³Abschluss im Sinne der Sätze 1 und 2 ist ein Jahresabschluss, ein Einzelabschluss nach § 325 Absatz 2a oder ein Konzernabschluss, der aufgrund gesetzlicher Vorschriften zu prüfen ist. ⁴Institut im Sinne der Sätze 1 und 2 ist ein Kreditinstitut im Sinne des § 340 Absatz 1 Satz 1, ein Finanzdienstleistungsinstitut im Sinne des § 340 Absatz 4 Satz 1, ein Wertpapierinstitut im Sinne des § 340 Absatz 4a Satz 1 oder ein Institut im Sinne des § 1 Absatz 3 des Zahlungsdiensteaufsichtsgesetzes.

(2a) Ordnungswidrig handelt, wer
1. als Mitglied eines nach § 324 Absatz 1 Satz 1, auch in Verbindung mit § 340k Absatz 5 Satz 1, eingerichteten Prüfungsausschusses eines Instituts im Sinne des Absatzes 2 Satz 4, das keine Sparkasse ist,
   a) die Unabhängigkeit des Abschlussprüfers oder der Prüfungsgesellschaft nicht nach Maßgabe des Artikels 4 Absatz 3 Unterabsatz 2, des Artikels 5 Absatz 4 Unterabsatz 1 Satz 1 oder des Artikels 6 Absatz 2 der Verordnung (EU) Nr. 537/2014 überwacht,
   b) eine Empfehlung für die Bestellung eines Abschlussprüfers oder einer Prüfungsgesellschaft vorlegt, die den Anforderungen nach Artikel 16 Absatz 2 Unterabsatz 2 oder 3 der Verordnung (EU) Nr. 537/2014 nicht entspricht oder der ein Auswahlverfahren nach Artikel 16 Absatz 3 Unterabsatz 1 der Verordnung (EU) Nr. 537/2014 nicht vorangegangen ist, oder
   c) den Gesellschaftern oder der sonst für die Bestellung des Abschlussprüfers zuständigen Stelle einen Vorschlag für die Bestellung eines Abschlussprüfers oder einer Prüfungsgesellschaft vorlegt, der den Anforderungen nach Artikel 16 Absatz 5 Unterabsatz 1 der Verordnung (EU) Nr. 537/2014 nicht entspricht, oder
2. als Mitglied eines nach § 340k Absatz 5 in Verbindung mit § 324 Absatz 1 Satz 1 eingerichteten Prüfungsausschusses eines Instituts im Sinne des Absatzes 2 Satz 4, das eine Sparkasse ist, die Unabhängigkeit der in § 340k Absatz 3 Satz 2 zweiter Halbsatz genannten Personen nicht nach Maßgabe

§ 340n

des Artikels 5 Absatz 4 Unterabsatz 1 Satz 1 der Verordnung (EU) Nr. 537/2014 in Verbindung mit § 340k Absatz 3 Satz 2 oder nach Maßgabe des Artikels 6 Absatz 2 der Verordnung (EU) Nr. 537/2014 überwacht.

(3) ¹Die Ordnungswidrigkeit kann in den Fällen des Absatzes 2 Satz 1 Nummer 1 und Satz 2 sowie des Absatzes 2a mit einer Geldbuße bis zu fünfhunderttausend Euro, in den Fällen der Absätze 1 und 2 Satz 1 Nummer 2 mit einer Geldbuße bis zu fünfzigtausend Euro geahndet werden. ²Ist das Kreditinstitut kapitalmarktorientiert im Sinne des § 264d, beträgt die Geldbuße in den Fällen des Absatzes 1 höchstens den höheren der folgenden Beträge:

1. zwei Millionen Euro oder
2. das Zweifache des aus der Ordnungswidrigkeit gezogenen wirtschaftlichen Vorteils, wobei der wirtschaftliche Vorteil erzielte Gewinne und vermiedene Verluste umfasst und geschätzt werden kann.

(3a) ¹Wird gegen ein Kreditinstitut, das kapitalmarktorientiert im Sinne des § 264d ist, in den Fällen des Absatzes 1 eine Geldbuße nach § 30 des Gesetzes über Ordnungswidrigkeiten verhängt, beträgt diese Geldbuße höchstens den höchsten der folgenden Beträge:

1. zehn Millionen Euro,
2. 5 Prozent des jährlichen Gesamtumsatzes, den das Kreditinstitut im der Behördenentscheidung vorausgegangenen Geschäftsjahr erzielt hat oder
3. das Zweifache des aus der Ordnungswidrigkeit gezogenen wirtschaftlichen Vorteils, wobei der wirtschaftliche Vorteil erzielte Gewinne und vermiedene Verluste umfasst und geschätzt werden kann.

²In den Fällen des Absatzes 3 Satz 1 in Verbindung mit Absatz 2 Satz 1 Nummer 1 oder Satz 2 ist § 30 Absatz 2 Satz 3 des Gesetzes über Ordnungswidrigkeiten anzuwenden.

(3b) ¹Als Gesamtumsatz ist anstelle des Betrags der Umsatzerlöse der sich aus dem auf das Kreditinstitut anwendbaren nationalen Recht im Einklang mit Artikel 27 Nummer 1, 3, 4, 6 und 7 oder Artikel 28 Buchstabe B Nummer 1, 2, 3, 4 und 7 der Richtlinie 86/635/EWG des Rates vom 8. Dezember 1986 über den Jahresabschluss und den konsolidierten Abschluss von Banken und anderen Finanzinstituten (ABl. L 372 vom 31.12.1986, S. 1; L 316 vom 23.11.1988, S. 51), die zuletzt durch die Richtlinie 2006/46/EG (ABl. L 224 vom 16.8.2006, S. 1) geändert worden ist, ergebende Gesamtbetrag, abzüglich der Umsatzsteuer und sonstiger direkt auf diese Erträge erhobener Steuern, maßgeblich. ²Handelt es sich bei dem Kreditinstitut um ein Mutterunternehmen oder um ein Tochterunternehmen im Sinne des § 290, ist anstelle des Gesamtumsatzes des Kreditinstituts der jeweilige Gesamtbetrag im Konzernabschluss des Mutterunternehmens maßgeblich, der für den größten Kreis von Unternehmen aufgestellt wird. ³Wird der Konzernabschluss für den größten Kreis von Unternehmen nicht nach den in Satz 1 genannten Vorschriften aufgestellt, ist der Gesamtumsatz nach Maßgabe der Posten des Konzernabschlusses zu ermitteln, die mit den von Satz 1 erfassten Posten vergleichbar sind. ⁴Ist ein Jahres- oder Konzernabschluss für das maßgebliche Geschäftsjahr nicht verfügbar, ist der Jahres- oder Konzernabschluss für das unmittelbar vorausgehende Geschäftsjahr maßgeblich; ist auch dieser nicht verfügbar, kann der Gesamtumsatz geschätzt werden.

(4) Verwaltungsbehörde im Sinn des § 36 Abs. 1 Nr. 1 des Gesetzes über Ordnungswidrigkeiten ist in den Fällen der Absätze 1 und 2a die Bundesanstalt für Finanzdienstleistungsaufsicht, in den Fällen des Absatzes 2 die Abschlussprüferaufsichtsstelle beim Bundesamt für Wirtschaft und Ausfuhrkontrolle.

4. Abschnitt. Ergänzende Vorschriften für best. Geschäftszweige § 340o

(5) **Die Bundesanstalt für Finanzdienstleistungsaufsicht übermittelt der Abschlussprüferaufsichtsstelle beim Bundesamt für Wirtschaft und Ausfuhrkontrolle alle Bußgeldentscheidungen nach Absatz 2a.**

1) § 340n enthält Ordnungswidrigkeitentatbestände für Geschäftsleiter, Inhaber von Privatbanken und Aufsichtsratsmitglieder (**I**, → § 340m Rn. 1) und für Prüfer (**II**). **I Nr. 1** idF BilMoG 2009; **I 2** idF KWGÄndG 1992; **I Nr. 3, 4** geändert durch CSR-RUG, erfassen seither auch Verstöße der Mitglieder des vertretungsberechtigten Organs der Geschäftsleiter von Kreditinstituten und deren ZwNl in Bezug auf die Erstellung der nichtfinanziellen Erklärung oder eines gesonderten nichtfinanziellen Berichts sowie auf die entsprechende Berichterstattung auf Konzernebene; I Nr. 5 idF ESEF-UG; **II** idF BilMoG 2009, angepasst durch FISG (**Übergangsrecht (1)** EGHGB Art. 86); **IIa** und **V** neu und weitere Änderungen durch AReG. Bußgeldrahmen in **III-IIIb**, neu durch CSR-RUG. Vorsatztat, Näheres s. OwiG; **IV** eingefügt durch EHUG 2006, geändert durch AReG, begründet bei Kreditinstituten die Zuständigkeit der BaFin anstelle des BAFA, dem jedoch die Fälle des **II** zugewiesen sind. II, IIa, III, IIIa wurden durch FISG geändert u. angepasst. Lit. Blöink/Halbleib Konzern 2017, 182; Holzmeier/Burth/Hachmeister IRZ 2017, 215.

Festsetzung von Ordnungsgeld

340o ¹**Personen, die**

1. **als Geschäftsleiter im Sinne des** *§ 1 Absatz 2 Satz 1 des Kreditwesengesetzes [ab 1.8.2022: § 1 Absatz 2 des Kreditwesengesetzes]* **eines Kreditinstituts oder Finanzdienstleistungsinstituts im Sinne des § 340 Absatz 4 Satz 1, oder als Geschäftsleiter im Sinne des § 2 Absatz 36 des Wertpapierinstitutsgesetzes eines Wertpapierinstituts im Sinne des § 340 Absatz 4a Satz 1, oder als Geschäftsleiter im Sinne des § 1 Absatz 8 Satz 1 und 2 des Zahlungsdiensteaufsichtsgesetzes eines Instituts im Sinne des § 340 Absatz 5 oder als Inhaber eines in der Rechtsform des Einzelkaufmanns betriebenen Finanzdienstleistungsinstituts im Sinne des § 340 Absatz 4 Satz 1 oder Wertpapierinstituts im Sinne des § 340 Absatz 4a Satz 1 den § 340l Absatz 1 Satz 1 in Verbindung mit** *§ 325 Absatz 2 bis 5, die §§ 328, 329 Absatz 1 [ab 1.8.2022: § 325 Absatz 1 Satz 2 und Absatz 1a bis 5]* **über die Pflicht zur Offenlegung des Jahresabschlusses, des Lageberichts, des Konzernabschlusses, des Konzernlageberichts und anderer Unterlagen der Rechnungslegung oder**
2. **als Geschäftsleiter von Zweigniederlassungen im Sinn des § 53 Abs. 1 des Kreditwesengesetzes § 340l Abs. 1 oder Abs. 2 über die Offenlegung der Rechnungslegungsunterlagen**

nicht befolgen, sind hierzu vom Bundesamt für Justiz durch Festsetzung von Ordnungsgeld anzuhalten. ²**Die §§ 335 bis 335b sind entsprechend anzuwenden.**

1) § 340o idF 2013 (**Übergangsrecht** in **(1)** EGHGB Art. 70 III) regelt die Festsetzung von Ordnungsgeld; dabei gelten §§ 335–335b idF 2013. Anpassungen durch **DiRUG** (**Übergangsrecht (1)** EGHGB Art. 88).

Zweiter Unterabschnitt. Ergänzende Vorschriften für Versicherungsunternehmen und Pensionsfonds

Erster Titel. Anwendungsbereich

[Anwendungsbereich]

341 (1) ¹Dieser Unterabschnitt ist, soweit nichts anderes bestimmt ist, auf Unternehmen, die den Betrieb von Versicherungsgeschäften zum Gegenstand haben und nicht Träger der Sozialversicherung sind (Versicherungsunternehmen), anzuwenden. ²Dies gilt nicht für solche Versicherungsunternehmen, die auf Grund von Gesetz, Tarifvertrag oder Satzung ausschließlich für ihre Mitglieder oder die durch Gesetz oder Satzung begünstigten Personen Leistungen erbringen oder als nicht rechtsfähige Einrichtungen ihre Aufwendungen im Umlageverfahren decken, es sei denn, sie sind Aktiengesellschaften, Versicherungsvereine auf Gegenseitigkeit oder rechtsfähige kommunale Schadenversicherungsunternehmen.

(2) ¹Versicherungsunternehmen im Sinne des Absatzes 1 sind auch Niederlassungen im Geltungsbereich dieses Gesetzes von Versicherungsunternehmen mit Sitz in einem anderen Staat, wenn sie zum Betrieb des Direktversicherungsgeschäfts der Erlaubnis durch die deutsche Versicherungsaufsichtsbehörde bedürfen. ²Niederlassungen von Versicherungsunternehmen mit Sitz in einem Mitgliedstaat der Europäischen Union oder einem anderen Vertragsstaat des Abkommens über den Europäischen Wirtschaftsraum, die keiner Erlaubnis zum Betrieb des Direktversicherungsgeschäfts durch die deutsche Versicherungsaufsichtsbehörde bedürfen, haben die ergänzenden Vorschriften über den Ansatz und die Bewertung von Vermögensgegenständen und Schulden des Ersten bis Vierten Titel dieses Unterabschnitts und der Versicherungsunternehmens-Rechnungslegungsverordnung in ihrer jeweils geltenden Fassung anzuwenden.

(3) Zusätzliche Anforderungen auf Grund von Vorschriften, die wegen der Rechtsform oder für Niederlassungen bestehen, bleiben unberührt.

(4) ¹Die Vorschriften des Ersten bis Siebenten Titels dieses Unterabschnitts sind mit Ausnahme von Absatz 1 Satz 2 auf Pensionsfonds (§ 236 Absatz 1 des Versicherungsaufsichtsgesetzes) entsprechend anzuwenden. ²§ 341d ist mit der Maßgabe anzuwenden, dass Kapitalanlagen für Rechnung und Risiko von Arbeitnehmern und Arbeitgebern mit dem Zeitwert unter Berücksichtigung des Grundsatzes der Vorsicht zu bewerten sind; §§ 341b, 341c sind insoweit nicht anzuwenden.

1) Das Versicherungsbilanzrichtlinie-Gesetz 1994 (VersRiLiG)

1 Der 2. Unterabschnitt (§§ 341–341o) enthält ergänzende Vorschriften für VersicherungsUnt. unabhängig von ihrer Rechtsform. Er wurde eingefügt durch das **VersicherungsbilanzrichtlinieG** 24.6.1994 BGBl. I 1377, in Kraft ab 1.7.1994. Nach der Konzeption des VersRiLiG (entspr. wie BankBiRiLiG) findet sich das gesamte Rechnungslegungsrecht für VersicherungsUnt. im Dritten Buch des HGB und dem dazu gehörenden VORecht (§ 330 IV nF). **Übergangsrecht** in **(1)** EGHGB Art. 31, 33. II 2 eingefügt durch JahressteuerG 2010, BGBl. I 1768, in Kraft ab 14.12.2010.

2) Die EG-Versicherungsbilanz-Richtlinie

2 Das VersRiLiG hat die **EG-Versicherungsbilanz-Richtlinie** 19.12.1991 ABl. 1991 L 374, 7 umgesetzt.

4. Abschnitt. Ergänzende Vorschriften für best. Geschäftszweige § 341a

3) Verordnung über die Rechnungslegung der Versicherungsunternehmen (RechVersV)

Für VersicherungsUnt. gilt auf Grund von § 330 die VO über die Rechnungslegung von VersicherungsUnt. **(RechVersV)** 8.11.1994 BGBl. 3378, idF 9.6.1998 BGBl. 1249.

Zweiter Titel. Jahresabschluß, Lagebericht

Anzuwendende Vorschriften

341a (1) ¹Versicherungsunternehmen haben einen Jahresabschluß und einen Lagebericht nach den für große Kapitalgesellschaften geltenden Vorschriften des Ersten Unterabschnitts des Zweiten Abschnitts in den ersten vier Monaten des Geschäftsjahres für das vergangene Geschäftsjahr aufzustellen und dem Abschlußprüfer zur Durchführung der Prüfung vorzulegen; die Frist des § 264 Abs. 1 Satz 3 gilt nicht. ²Ist das Versicherungsunternehmen eine Kapitalgesellschaft im Sinn des § 325 Abs. 4 Satz 1 und nicht zugleich im Sinn des § 327a, beträgt die Frist nach Satz 1 vier Monate.

(1a) ¹Ein Versicherungsunternehmen hat seinen Lagebericht um eine nichtfinanzielle Erklärung zu erweitern, wenn es in entsprechender Anwendung des § 267 Absatz 3 Satz 1 und Absatz 4 bis 5 als groß gilt und im Jahresdurchschnitt mehr als 500 Arbeitnehmer beschäftigt. ²Wenn die nichtfinanzielle Erklärung einen besonderen Abschnitt des Lageberichts bildet, darf das Versicherungsunternehmen auf die an anderer Stelle im Lagebericht enthaltenen nichtfinanziellen Angaben verweisen. ³§ 289b Absatz 2 bis 4 und die §§ 289c bis 289e sind entsprechend anzuwenden.

(1b) Ein Versicherungsunternehmen, das nach Absatz 1 in Verbindung mit § 289f Absatz 1 eine Erklärung zur Unternehmensführung zu erstellen hat, hat darin Angaben nach § 289f Absatz 2 Nummer 6 aufzunehmen, wenn es in entsprechender Anwendung des § 267 Absatz 3 Satz 1 und Absatz 4 bis 5 als groß gilt.

(2) ¹§ 264 Absatz 3, § 265 Absatz 6, §§ 267, 268 Abs. 4 Satz 1, Abs. 5 Satz 1 und 2, §§ 276, 277 Abs. 1 und 2, § 285 Nr. 8 Buchstabe a und § 288 sind nicht anzuwenden. ²Anstelle von § 247 Abs. 1, §§ 251, 265 Abs. 7, §§ 266, 268 Absatz 7, §§ 275, 284 Absatz 3, § 285 Nummer 4 und 8 Buchstabe b sowie § 286 Abs. 2 sind die durch Rechtsverordnung erlassenen Formblätter und anderen Vorschriften anzuwenden. ³§ 246 Abs. 2 ist nicht anzuwenden, soweit abweichende Vorschriften bestehen. ⁴§ 285 Nr. 3a gilt mit der Maßgabe, daß die Angaben für solche finanzielle Verpflichtungen nicht zu machen sind, die im Rahmen des Versicherungsgeschäfts entstehen. ⁵§ 285 Nummer 31 ist nicht anzuwenden; unter den Posten „außerordentliche Erträge" und „außerordentliche Aufwendungen" sind Erträge und Aufwendungen auszuweisen, die außerhalb der gewöhnlichen Geschäftstätigkeit anfallen. ⁶Im Anhang sind diese Posten hinsichtlich ihres Betrags und ihrer Art zu erläutern, soweit die ausgewiesenen Beträge für die Beurteilung der Ertragslage nicht von untergeordneter Bedeutung sind.

(3) Auf Krankenversicherungsunternehmen, die das Krankenversicherungsgeschäft ausschließlich oder überwiegend nach Art der Lebensversicherung betreiben, sind die für die Rechnungslegung der Lebensversicherungsunternehmen geltenden Vorschriften entsprechend anzuwenden.

(4) Auf Versicherungsunternehmen, die nicht Aktiengesellschaften, Kommanditgesellschaften auf Aktien oder kleinere Vereine sind, sind § 152 Abs. 2 und 3 sowie die §§ 170 bis 176 des Aktiengesetzes entsprechend anzuwenden.

§ 341b 1

(5) ¹Bei Versicherungsunternehmen, die ausschließlich die Rückversicherung betreiben oder deren Beiträge aus in Rückdeckung übernommenen Versicherungen die übrigen Beiträge übersteigen, verlängert sich die in Absatz 1 Satz 1 erster Halbsatz genannte Frist von vier Monaten auf zehn Monate, sofern das Geschäftsjahr mit dem Kalenderjahr übereinstimmt; die Hauptversammlung oder die Versammlung der obersten Vertretung, die den Jahresabschluß entgegennimmt oder festzustellen hat, muß abweichend von § 175 Abs. 1 Satz 2 des Aktiengesetzes spätestens 14 Monate nach dem Ende des vergangenen Geschäftsjahres stattfinden. ²Die Frist von vier Monaten nach Absatz 1 Satz 2 verlängert sich in den Fällen des Satzes 1 nicht.

1   1) Ia, Ib eingeführt durch CSR-RL-UmsetzungG v. 11.4.2017 (**Übergangsrecht** in (1) EGHGB Art. 80). Lit. Boeker/Zwirner SteuK 2016, 426; Seibt DB 2016, 2707; Blöink/Halbleib Konzern 2017, 182; Rimmelspacher/Schäfer/Schönberger KoR 2017, 225.

Dritter Titel. Bewertungsvorschriften

Bewertung von Vermögensgegenständen

341b (1) ¹Versicherungsunternehmen haben immaterielle Vermögensgegenstände, soweit sie entgeltlich erworben wurden, Grundstücke, grundstücksgleiche Rechte und Bauten einschließlich der Bauten auf fremden Grundstücken, technische Anlagen und Maschinen, andere Anlagen, Betriebs- und Geschäftsausstattung, Anlagen im Bau und Vorräte nach den für das Anlagevermögen geltenden Vorschriften zu bewerten. ²Satz 1 ist vorbehaltlich Absatz 2 und § 341c auch auf Kapitalanlagen anzuwenden, soweit es sich hierbei um Beteiligungen, Anteile an verbundenen Unternehmen, Ausleihungen an verbundene Unternehmen oder an Unternehmen, mit denen ein Beteiligungsverhältnis besteht, Namensschuldverschreibungen, Hypothekendarlehen und andere Forderungen und Rechte, sonstige Ausleihungen und Depotforderungen aus dem in Rückdeckung übernommenen Versicherungsgeschäft handelt. ³§ 253 Absatz 3 Satz 6 ist nur auf die in Satz 2 bezeichneten Vermögensgegenstände anzuwenden.

(2) Auf Kapitalanlagen, soweit es sich hierbei um Aktien einschließlich der eigenen Anteile, Anteile oder Aktien an Investmentvermögen sowie sonstige festverzinsliche und nicht festverzinsliche Wertpapiere handelt, sind die für das Umlaufvermögen geltenden § 253 Abs. 1 Satz 1, Abs. 4 und 5, § 256 anzuwenden, es sei denn, dass sie dazu bestimmt werden, dauernd dem Geschäftsbetrieb zu dienen; in diesem Fall sind sie nach den für das Anlagevermögen geltenden Vorschriften zu bewerten.

(3) § 256 Satz 2 in Verbindung mit § 240 Abs. 3 über die Bewertung zum Festwert ist auf Grundstücke, Bauten und im Bau befindliche Anlagen nicht anzuwenden.

(4) Verträge, die von Pensionsfonds bei Lebensversicherungsunternehmen zur Deckung von Verpflichtungen gegenüber Versorgungsberechtigten eingegangen werden, sind mit dem Zeitwert unter Berücksichtigung des Grundsatzes der Vorsicht zu bewerten; die Absätze 1 bis 3 sind insoweit nicht anzuwenden.

1   1) IV eingef durch BilMoG 2009.

4. Abschnitt. Ergänzende Vorschriften für best. Geschäftszweige § 341e

Namensschuldverschreibungen, Hypothekendarlehen und andere Forderungen

341c (1) Abweichend von § 253 Abs. 1 Satz 1 dürfen Namensschuldverschreibungen mit ihrem Nennbetrag angesetzt werden.

(2) ¹Ist der Nennbetrag höher als die Anschaffungskosten, so ist der Unterschiedsbetrag in den Rechnungsabgrenzungsposten auf der Passivseite aufzunehmen, planmäßig aufzulösen und in seiner jeweiligen Höhe in der Bilanz oder im Anhang gesondert anzugeben. ²Ist der Nennbetrag niedriger als die Anschaffungskosten, darf der Unterschiedsbetrag in den Rechnungsabgrenzungsposten auf der Aktivseite aufgenommen werden; er ist planmäßig aufzulösen und in seiner jeweiligen Höhe in der Bilanz oder im Anhang gesondert anzugeben.

(3) Bei Hypothekendarlehen und anderen Forderungen dürfen die Anschaffungskosten zuzüglich oder abzüglich der kumulierten Amortisation einer Differenz zwischen den Anschaffungskosten und dem Rückzahlungsbetrag unter Anwendung der Effektivzinsmethode angesetzt werden.

Anlagestock der fondsgebundenen Lebensversicherung

341d Kapitalanlagen für Rechnung und Risiko von Inhabern von Lebensversicherungsverträgen, bei denen das Anlagerisiko vom Versicherungsnehmer getragen wird, sind mit dem Zeitwert unter Berücksichtigung des Grundsatzes der Vorsicht zu bewerten; die §§ 341b, 341c sind nicht anzuwenden.

Vierter Titel. Versicherungstechnische Rückstellungen

Allgemeine Bilanzierungsgrundsätze

341e (1) ¹Versicherungsunternehmen haben versicherungstechnische Rückstellungen auch insoweit zu bilden, wie dies nach vernünftiger kaufmännischer Beurteilung notwendig ist, um die dauernde Erfüllbarkeit der Verpflichtungen aus den Versicherungsverträgen sicherzustellen. ²Dabei sind mit Ausnahme der Vorschriften der §§ 74 bis 87 des Versicherungsaufsichtsgesetzes die im Interesse der Versicherten erlassenen aufsichtsrechtlichen Vorschriften über die bei der Berechnung der Rückstellungen zu verwendenden Rechnungsgrundlagen einschließlich des dafür anzusetzenden Rechnungszinsfußes und über die Zuweisung bestimmter Kapitalerträge zu den Rückstellungen zu berücksichtigen. ³Die Rückstellungen sind nach den Wertverhältnissen am Abschlussstichtag zu bewerten und nicht nach § 253 Abs. 2 abzuzinsen.

(2) Versicherungstechnische Rückstellungen sind außer in den Fällen der §§ 341f bis 341h insbesondere zu bilden

1. für den Teil der Beiträge, der Ertrag für eine bestimmte Zeit nach dem Abschlußstichtag darstellt (Beitragsüberträge);
2. für erfolgsabhängige und erfolgsunabhängige Beitragsrückerstattungen, soweit die ausschließliche Verwendung der Rückstellung zu diesem Zweck durch Gesetz, Satzung, geschäftsplanmäßige Erklärung oder vertragliche Vereinbarung gesichert ist (Rückstellung für Beitragsrückerstattung);
3. für Verluste, mit denen nach dem Abschlußstichtag aus bis zum Ende des Geschäftsjahres geschlossenen Verträgen zu rechnen ist (Rückstellung für drohende Verluste aus dem Versicherungsgeschäft).

(3) Soweit eine Bewertung nach § 252 Abs. 1 Nr. 3 oder § 240 Abs. 4 nicht möglich ist oder der damit verbundene Aufwand unverhältnismäßig wäre, können die Rückstellungen auf Grund von Näherungsverfahren geschätzt werden, wenn anzunehmen ist, daß diese zu annähernd gleichen Ergebnissen wie Einzelberechnungen führen.

Deckungsrückstellung

341f (1) [1] Deckungsrückstellungen sind für die Verpflichtungen aus dem Lebensversicherungs- und dem nach Art der Lebensversicherung betriebenen Versicherungsgeschäft in Höhe ihres versicherungsmathematisch errechneten Wertes einschließlich bereits zugeteilter Überschußanteile mit Ausnahme der verzinslich angesammelten Überschußanteile und nach Abzug des versicherungsmathematisch ermittelten Barwerts der künftigen Beiträge zu bilden (prospektive Methode). [2] Ist eine Ermittlung des Wertes der künftigen Verpflichtungen und der künftigen Beiträge nicht möglich, hat die Berechnung auf Grund der aufgezinsten Einnahmen und Ausgaben der vorangegangenen Geschäftsjahre zu erfolgen (retrospektive Methode).

(2) Bei der Bildung der Deckungsrückstellung sind auch gegenüber den Versicherten eingegangene Zinssatzverpflichtungen zu berücksichtigen, sofern die derzeitigen oder zu erwartenden Erträge der Vermögenswerte des Unternehmens für die Deckung dieser Verpflichtungen nicht ausreichen.

(3) [1] In der Krankenversicherung, die nach Art der Lebensversicherung betrieben wird, ist als Deckungsrückstellung eine Alterungsrückstellung zu bilden; hierunter fallen auch der Rückstellung bereits zugeführte Beträge aus der Rückstellung für Beitragsrückerstattung sowie Zuschreibungen, die dem Aufbau einer Anwartschaft auf Beitragsermäßigung im Alter dienen. [2] Bei der Berechnung sind die für die Berechnung der Prämien geltenden aufsichtsrechtlichen Bestimmungen zu berücksichtigen.

Rückstellung für noch nicht abgewickelte Versicherungsfälle

341g (1) [1] Rückstellungen für noch nicht abgewickelte Versicherungsfälle sind für die Verpflichtungen aus den bis zum Ende des Geschäftsjahres eingetretenen, aber noch nicht abgewickelten Versicherungsfällen zu bilden. [2] Hierbei sind die gesamten Schadenregulierungsaufwendungen zu berücksichtigen.

(2) [1] Für bis zum Abschlußstichtag eingetretene, aber bis zur inventurmäßigen Erfassung noch nicht gemeldete Versicherungsfälle ist die Rückstellung pauschal zu bewerten. [2] Dabei sind die bisherigen Erfahrungen in bezug auf die Anzahl der nach dem Abschlußstichtag gemeldeten Versicherungsfälle und die Höhe der damit verbundenen Aufwendungen zu berücksichtigen.

(3) [1] Bei Krankenversicherungsunternehmen ist die Rückstellung anhand eines statistischen Näherungsverfahrens zu ermitteln. [2] Dabei ist von den in den ersten Monaten des nach dem Abschlußstichtag folgenden Geschäftsjahres erfolgten Zahlungen für die bis zum Abschlußstichtag eingetretenen Versicherungsfälle auszugehen.

(4) Bei Mitversicherungen muß die Rückstellung der Höhe nach anteilig zumindest derjenigen entsprechen, die der führende Versicherer nach den Vorschriften oder der Übung in dem Land bilden muß, von dem aus er tätig wird.

(5) Sind die Versicherungsleistungen auf Grund rechtskräftigen Urteils, Vergleichs oder Anerkenntnisses in Form einer Rente zu erbringen, so müs-

sen die Rückstellungsbeträge nach anerkannten versicherungsmathematischen Methoden berechnet werden.

Schwankungsrückstellung und ähnliche Rückstellungen

341h (1) Schwankungsrückstellungen sind zum Ausgleich der Schwankungen im Schadenverlauf künftiger Jahre zu bilden, wenn insbesondere
1. nach den Erfahrungen in dem betreffenden Versicherungszweig mit erheblichen Schwankungen der jährlichen Aufwendungen für Versicherungsfälle zu rechnen ist,
2. die Schwankungen nicht jeweils durch Beiträge ausgeglichen werden und
3. die Schwankungen nicht durch Rückversicherungen gedeckt sind.

(2) Für Risiken gleicher Art, bei denen der Ausgleich von Leistung und Gegenleistung wegen des hohen Schadenrisikos im Einzelfall nach versicherungsmathematischen Grundsätzen nicht im Geschäftsjahr, sondern nur in einem am Abschlußstichtag nicht bestimmbaren Zeitraum gefunden werden kann, ist eine Rückstellung zu bilden und in der Bilanz als „ähnliche Rückstellung" unter den Schwankungsrückstellungen auszuweisen.

Fünfter Titel. Konzernabschluß, Konzernlagebericht

Aufstellung, Fristen

341i (1) ¹Versicherungsunternehmen, auch wenn sie nicht in der Rechtsform einer Kapitalgesellschaft betrieben werden, haben unabhängig von ihrer Größe einen Konzernabschluß und einen Konzernlagebericht aufzustellen. ²Zusätzliche Anforderungen auf Grund von Vorschriften, die wegen der Rechtsform bestehen, bleiben unberührt.

(2) Als Versicherungsunternehmen im Sinne dieses Titels gelten auch Mutterunternehmen, deren einziger oder hauptsächlicher Zweck darin besteht, Beteiligungen an Tochterunternehmen zu erwerben, diese Beteiligungen zu verwalten und rentabel zu machen, sofern diese Tochterunternehmen ausschließlich oder überwiegend Versicherungsunternehmen sind.

(3) ¹Die gesetzlichen Vertreter eines Mutterunternehmens haben den Konzernabschluß und den Konzernlagebericht abweichend von § 290 Abs. 1 innerhalb von zwei Monaten nach Ablauf der Aufstellungsfrist für den zuletzt aufzustellenden und in den Konzernabschluß einzubeziehenden Abschluß, spätestens jedoch innerhalb von zwölf Monaten nach dem Stichtag des Konzernabschlusses, für das vergangene Konzerngeschäftsjahr aufzustellen und dem Abschlußprüfer des Konzernabschlusses vorzulegen; ist das Mutterunternehmen eine Kapitalgesellschaft im Sinn des § 325 Abs. 4 Satz 1 und nicht zugleich im Sinn des § 327a, tritt an die Stelle der Frist von längstens zwölf eine Frist von längstens vier Monaten. ²§ 299 Abs. 2 Satz 2 ist mit der Maßgabe anzuwenden, daß der Stichtag des Jahresabschlusses eines Unternehmens nicht länger als sechs Monate vor dem Stichtag des Konzernabschlusses liegen darf.

(4) Der Konzernabschluß und der Konzernlagebericht sind abweichend von § 175 Abs. 1 Satz 1 des Aktiengesetzes spätestens der nächsten nach Ablauf der Aufstellungsfrist für den Konzernabschluß und Konzernlagebericht einzuberufenden Hauptversammlung, die einen Jahresabschluß des Mutterunternehmens entgegennimmt oder festzustellen hat, vorzulegen.

Merkt

§ 341j 1

Anzuwendende Vorschriften

341j (1) ¹Auf den Konzernabschluß und den Konzernlagebericht sind die Vorschriften des Zweiten Unterabschnitts des Zweiten Abschnitts über den Konzernabschluß und den Konzernlagebericht und, soweit die Eigenart des Konzernabschlusses keine Abweichungen bedingt, die §§ 341a bis 341h über den Jahresabschluß sowie die für die Rechtsform und den Geschäftszweig der in den Konzernabschluß einbezogenen Unternehmen mit Sitz im Geltungsbereich dieses Gesetzes geltenden Vorschriften entsprechend anzuwenden, soweit sie für große Kapitalgesellschaften gelten. ²Die §§ 293, 298 Absatz 1 sowie § 314 Absatz 1 Nummer 3 und 23 sind nicht anzuwenden. ³§ 314 Abs. 1 Nr. 2a gilt mit der Maßgabe, daß die Angaben für solche finanzielle Verpflichtungen nicht zu machen sind, die im Rahmen des Versicherungsgeschäfts entstehen. ⁴In den Fällen des § 315e Abs. 1 finden abweichend von Satz 1 nur die §§ 290 bis 292, 315e Anwendung; die Sätze 2 und 3 dieses Absatzes und Absatz 2, § 341i Abs. 3 Satz 2 sowie die Bestimmungen der Versicherungsunternehmens-Rechnungslegungsverordnung vom 8. November 1994 (BGBl. I S. 3378) und der Pensionsfonds-Rechnungslegungsverordnung vom 25. Februar 2003 (BGBl. I S. 246) in ihren jeweils geltenden Fassungen sind nicht anzuwenden.

(2) § 304 Abs. 1 braucht nicht angewendet zu werden, wenn die Lieferungen oder Leistungen zu üblichen Marktbedingungen vorgenommen worden sind und Rechtsansprüche der Versicherungsnehmer begründet haben.

(3) Auf Versicherungsunternehmen, die nicht Aktiengesellschaften, Kommanditgesellschaften auf Aktien oder kleinere Vereine sind, ist § 170 Abs. 1 und 3 des Aktiengesetzes entsprechend anzuwenden.

(4) ¹Ein Versicherungsunternehmen, das ein Mutterunternehmen (§ 290) ist, hat den Konzernlagebericht um eine nichtfinanzielle Konzernlageerklärung zu erweitern, wenn auf die in den Konzernabschluss einzubeziehenden Unternehmen die folgenden Merkmale zutreffen:
1. sie erfüllen die in § 293 Absatz 1 Satz 1 Nummer 1 oder 2 geregelten Voraussetzungen für eine größenabhängige Befreiung nicht und
2. bei ihnen sind insgesamt im Jahresdurchschnitt mehr als 500 Arbeitnehmer beschäftigt.

²§ 267 Absatz 4 bis 5, § 298 Absatz 2, § 315b Absatz 2 bis 4 und § 315c sind entsprechend anzuwenden. ³Wenn die nichtfinanzielle Erklärung einen besonderen Abschnitt des Konzernlageberichts bildet, darf das Versicherungsunternehmen auf die an anderer Stelle im Konzernbericht enthaltenen nichtfinanziellen Angaben verweisen.

(5) Ein Versicherungsunternehmen, das nach Absatz 1 in Verbindung mit § 315d eine Konzernerklärung zur Unternehmensführung zu erstellen hat, hat darin Angaben nach § 315d in Verbindung mit § 289f Absatz 2 Nummer 6 aufzunehmen, wenn die in den Konzernabschluss einzubeziehenden Unternehmen die in § 293 Absatz 1 Satz 1 Nummer 1 oder 2 geregelten Voraussetzungen für eine Befreiung nicht erfüllen.

1   1) I 4 redaktionell geändert, IV, V neu angefügt durch CSR-RL-UmsetzungG v. 11.4.2017 (**Übergangsrecht** in (1) EGHGB Art. 80). V geändert durch ARUG II 2019 (**Übergangsrecht** in (1) EGHGB Art. 83) zur Bereinigung eines Redaktionsversehens, um klarzustellen, dass das Merkmal „groß" auf Konzernebene und nicht lediglich auf Mutter-Ebene zu bestimmen ist, RegE 140. **Lit.** Blöink/Halbleib Konzern 2017, 182.

4. Abschnitt. Ergänzende Vorschriften für best. Geschäftszweige § 3411

Sechster Titel. Prüfung

[Prüfung]

341k (1) ¹Versicherungsunternehmen haben unabhängig von ihrer Größe ihren Jahresabschluß und Lagebericht sowie ihren Konzernabschluß und Konzernlagebericht nach den Vorschriften des Dritten Unterabschnitts des Zweiten Abschnitts prüfen zu lassen. ²§ 319 Absatz 1 Satz 2 ist nicht anzuwenden. ³Hat keine Prüfung stattgefunden, so kann der Jahresabschluß nicht festgestellt werden. ⁴Die Vorschriften des Dritten Unterabschnitts des Zweiten Abschnitts sind auf Versicherungsunternehmen, die Unternehmen von öffentlichem Interesse nach § 316a Satz 2 Nummer 1 oder 3 sind, nur insoweit anzuwenden, als nicht die Verordnung (EU) Nr. 537/2014 anzuwenden ist.

(2) ¹den Fällen des § 321 Abs. 1 Satz 3 hat der Abschlußprüfer die Aufsichtsbehörde unverzüglich zu unterrichten.

(3) ¹Versicherungsunternehmen, die Unternehmen von öffentlichem Interesse nach § 316a Satz 2 Nummer 1 oder 3 sind und keinen Aufsichts- oder Verwaltungsrat haben, der die Voraussetzungen des § 100 Absatz 5 des Aktiengesetzes erfüllen muss, haben § 324 anzuwenden, auch wenn sie nicht in der Rechtsform einer Kapitalgesellschaft betrieben werden." ²Dies gilt für landesrechtliche öffentlich-rechtliche Versicherungsunternehmen nur, soweit das Landesrecht nichts anderes vorsieht. § 324 Absatz 3 ist auf Versicherungsunternehmen anzuwenden, auch wenn sie nicht in der Rechtsform einer Kapitalgesellschaft betrieben werden.

1) **I** 2 (geändert), **I** 3 (neu), **IV** 1 (geändert) idF AReG, in Kraft ab 17.6.2016. **1**
Lit. Bürkle VersR 2016, 1145; Zander WPg 2017, 133 (Prüf-V); geändert durch
FISG (**Übergangsrecht** in (1) EGHGB Art. 86). Hierdurch wurde eine nach
bisherigem Recht für Versicherungsunternehmen bestehende Besonderheit, beseitigt, wonach die Wahl des Abschlussprüfers durch den Aufsichtsrat (statt der Hauptversammlung) erfolgen konnte, Schüppen DStR 2021, 246.
Bei Versicherungsunternehmen und Pensionsfonds wird aufgrund des FISG künftig der Abschlussprüfer des Jahresabschlusses und des Konzernabschlusses nicht mehr vom Aufsichtsrat bestimmt (§ 341k II a. F.), sondern – wie bei prüfungspflichtigen Kapitalgesellschaften allgemein – von den Anteilseignern gewählt (§ 318 I 1). Auch die aufsichtsrechtlichen Bestimmungen zur Bestellung des Prüfers wurden angepasst: Künftig kann die Aufsichtsbehörde den Prüfer nicht mehr selbst bestimmen, wenn sie Bedenken gegen den vom Versicherungsunternehmen oder Pensionsfonds bestellten Prüfer hat und diesen Bedenken nicht abgeholfen wird. Nach § 36 Ia VAG ist für die Bestellung eines anderen Abschlussprüfers fortan das Gericht zuständig. Damit wird eine Angleichung der aufsichtsrechtlichen Regelung zur Prüferbestellung an die für Kreditinstitute und andere Finanzdienstleister geltenden Regelungen (vgl. § 28 II KWG und § 23 II ZAG) erzielt, Eichholz/Beck BB 2021, 1899.

Siebenter Titel. Offenlegung

[Offenlegung]

3411 (1) ¹Versicherungsunternehmen haben den Jahresabschluß und den Lagebericht sowie den Konzernabschluß und den Konzernlagebericht und die anderen in § 325 bezeichneten *Unterlagen nach § 325 Abs. 2 bis 5, §§ 328, 329 Abs. 1 und 4 offenzulegen [ab 1.8.2022: Unterlagen, sofern sie zu erstellen sind, in deutscher Sprache nach § 325 Absatz 1 Satz 2 und Absatz 1a bis 5*

Merkt 1603

§ 341m

sowie den §§ 327a und 328 offenzulegen; § 329 Absatz 1, 2 und 4 ist entsprechend anzuwenden]. ²Von den in § 341a Abs. 5 genannten Versicherungsunternehmen ist § 325 Abs. 1 mit der Maßgabe anzuwenden, dass die Frist für die Einreichung der Unterlagen beim Betreiber des Bundesanzeigers 15 Monate, im Fall des § 325 Abs. 4 Satz 1 vier Monate beträgt; § 327a ist anzuwenden. *[ab 1.8.2022:] ²Von einem in § 341a Absatz 5 Satz 1 genannten Versicherungsunternehmen ist Satz 1 mit der Maßgabe anzuwenden, dass die Frist zur Offenlegung 15 Monate beträgt, es sei denn, das Versicherungsunternehmen ist kapitalmarktorientiert im Sinne des § 264d und begibt nicht ausschließlich die von § 327a erfassten Schuldtitel; in diesem Fall beträgt die Frist zur Offenlegung gemäß Satz 1 in Verbindung mit § 325 Absatz 4 Satz 1 vier Monate.*

(2) Die gesetzlichen Vertreter eines Mutterunternehmens haben abweichend von § 325 Abs. 3 unverzüglich nach der Hauptversammlung oder der dieser entsprechenden Versammlung der obersten Vertretung, welcher der Konzernabschluß und der Konzernlagebericht vorzulegen sind, jedoch spätestens vor Ablauf des dieser Versammlung folgenden Monats den Konzernabschluß mit dem Bestätigungsvermerk oder dem Vermerk über dessen Versagung und den Konzernlagebericht mit Ausnahme der Aufstellung des Anteilsbesitzes beim Betreiber des Bundesanzeigers elektronisch einzureichen. [Entfällt ab 1.8.2022]

(3) Soweit Absatz 1 Satz 1 auf § 325 Abs. 2a Satz 3 und 5 verweist, gelten die folgenden Maßgaben und ergänzenden Bestimmungen:

1. Die in § 325 Abs. 2a Satz 3 genannten Vorschriften des Ersten Unterabschnitts des Zweiten Abschnitts des Dritten Buchs sind auch auf Versicherungsunternehmen anzuwenden, die nicht in der Rechtsform einer Kapitalgesellschaft betrieben werden.
2. An Stelle des § 285 Nr. 8 Buchstabe b gilt die Vorschrift des § 51 Abs. 5 in Verbindung mit Muster 2 der Versicherungsunternehmens-Rechnungslegungsverordnung vom 8. November 1994 (BGBl. I S. 3378) in der jeweils geltenden Fassung.
3. § 341a Abs. 4 ist anzuwenden, soweit er auf die Bestimmungen der §§ 170, 171 und 175 des Aktiengesetzes über den Einzelabschluss nach § 325 Abs. 2a dieses Gesetzes verweist.
4. Im Übrigen finden die Bestimmungen des Zweiten bis Vierten Titels dieses Unterabschnitts sowie der Versicherungsunternehmens-Rechnungslegungsverordnung keine Anwendung.

Achter Titel. Straf- und Bußgeldvorschriften, Ordnungsgelder

Strafvorschriften

341m (1) ¹Die Strafvorschriften der §§ 331 bis 333 sind auch auf nicht in der Rechtsform einer Kapitalgesellschaft betriebene Versicherungsunternehmen und Pensionsfonds anzuwenden. ²§ 331 ist darüber hinaus auch anzuwenden auf die Verletzung von Pflichten durch den Hauptbevollmächtigten (§ 68 Absatz 2 des Versicherungsaufsichtsgesetzes).

(2) Mit Freiheitsstrafe bis zu einem Jahr oder mit Geldstrafe wird bestraft, wer als Mitglied eines nach § 341k Absatz 3 Satz 1 in Verbindung mit § 324 Absatz 1 Satz 1 eingerichteten Prüfungsausschusses eines Versicherungsunternehmens

1. eine in § 341n Absatz 2a bezeichnete Handlung begeht und dafür einen Vermögensvorteil erhält oder sich versprechen lässt oder
2. eine in § 341n Absatz 2a bezeichnete Handlung beharrlich wiederholt.

4. Abschnitt. Ergänzende Vorschriften für best. Geschäftszweige **§ 341n**

(3) § 335c Absatz 2 gilt in den Fällen des Absatzes 1 Satz 1 in Verbindung mit § 332 oder § 333 und des Absatzes 2 entsprechend.

1) **II** und **III** neu mWv 17.6.2016 durch AReG; Angepasst durch FISG, (**Übergangsrecht** in (1) EGHGB Art. 86). Lit. Bürkle VerS 2016, 1145.

Bußgeldvorschriften

341n (1) ¹Ordnungswidrig handelt, wer als Mitglied des vertretungsberechtigten Organs oder des Aufsichtsrats eines Versicherungsunternehmens oder eines Pensionsfonds oder als Hauptbevollmächtigter (§ 68 Absatz 2 des Versicherungsaufsichtsgesetzes)

1. bei der Aufstellung oder Feststellung des Jahresabschlusses einer Vorschrift
   a) des § 243 Abs. 1 oder 2, der §§ 244, 245, 246 Abs. 1 oder 2, dieser in Verbindung mit § 341a Abs. 2 Satz 3, des § 246 Abs. 3 Satz 1, des § 247 Abs. 3, der §§ 248, 249 Abs. 1 Satz 1 oder Abs. 2, des § 250 Abs. 1 oder Abs. 2, des § 264 Absatz 1a oder Absatz 2, des § 341e Abs. 1 oder 2 oder der §§ 341f, 341g oder 341h über Form oder Inhalt,
   b) des § 253 Abs. 1 Satz 1, 2, 3 oder Satz 4, Abs. 2 Satz 1, auch in Verbindung mit Satz 2, Absatz 3 Satz 1, 2, 3, 4 oder Satz 5, Abs. 4, 5, der §§ 254, 256a, 341b Abs. 1 Satz 1 oder des § 341d über die Bewertung,
   c) des § 265 Abs. 2, 3 oder 4, des § 268 Abs. 3 oder 6, der §§ 272, 274 oder des § 277 Abs. 3 Satz 2 über die Gliederung,
   d) der §§ 284, 285 Nr. 1, 2 oder Nr. 3, auch in Verbindung mit § 341a Absatz 2 Satz 4, oder des § 285 Nummer 3a, 7, 9 bis 14a, 15a, 16 bis 33 oder Nummer 34 über die im Anhang zu machenden Angaben,
2. bei der Aufstellung des Konzernabschlusses einer Vorschrift
   a) des § 294 Abs. 1 über den Konsolidierungskreis,
   b) des § 297 Absatz 1a, 2 oder Absatz 3 oder des § 341j Abs. 1 Satz 1 in Verbindung mit einer der in Nummer 1 Buchstabe a bezeichneten Vorschriften über Form oder Inhalt,
   c) des § 300 über die Konsolidierungsgrundsätze oder das Vollständigkeitsgebot,
   d) des § 308 Abs. 1 Satz 1 in Verbindung mit den in Nummer 1 Buchstabe b bezeichneten Vorschriften, des § 308 Abs. 2 oder des § 308a über die Bewertung,
   e) des § 311 Abs. 1 Satz 1 in Verbindung mit § 312 über die Behandlung assoziierter Unternehmen oder
   f) des § 308 Abs. 1 Satz 3, des § 313 oder des § 314 in Verbindung mit § 341j Abs. 1 Satz 2 oder 3 über die im Konzernanhang zu machenden Angaben,
3. bei der Aufstellung des Lageberichts oder der Erstellung eines gesonderten nichtfinanziellen Berichts einer Vorschrift des § 289 oder des § 289a, des § 289f, auch in Verbindung mit § 341a Absatz 1b, oder des § 341a Absatz 1a, auch in Verbindung mit § 289b Absatz 2 oder 3 oder mit den §§ 289c, 289d oder § 289e Absatz 2, über den Inhalt des Lageberichts oder des gesonderten nichtfinanziellen Berichts,
4. bei der Aufstellung des Konzernlageberichts oder der Erstellung eines gesonderten nichtfinanziellen Konzernberichts einer Vorschrift des § 315 oder des § 315a, des § 315d, auch in Verbindung mit § 341j Absatz 5, oder des § 341j Absatz 4, auch in Verbindung mit § 315b Absatz 2 oder 3 oder § 315c, über den Inhalt des Konzernlageberichts oder des gesonderten nichtfinanziellen Konzernberichts,

§ 341n

5. bei der Offenlegung, Veröffentlichung oder Vervielfältigung einer Vorschrift des § 328 über Form, Format oder Inhalt oder
6. einer auf Grund des § 330 Abs. 3 und 4 in Verbindung mit Abs. 1 Satz 1 erlassenen Rechtsverordnung, soweit sie für einen bestimmten Tatbestand auf diese Bußgeldvorschrift verweist,

zuwiderhandelt. ²In den Fällen des Satzes 1 Nummer 3 wird eine Zuwiderhandlung gegen eine Vorschrift des § 289f Absatz 2 Nummer 4, auch in Verbindung mit Absatz 4 Satz 1, nicht dadurch ausgeschlossen, dass die Festlegungen oder Begründungen nach § 76 Absatz 4 des Aktiengesetzes, auch in Verbindung mit § 188 Absatz 1 Satz 2 des Versicherungsaufsichtsgesetzes, oder nach § 111 Absatz 5 des Aktiengesetzes, auch in Verbindung mit § 189 Absatz 3 Satz 1 des Versicherungsaufsichtsgesetzes, ganz oder zum Teil unterblieben sind. ³In den Fällen des Satzes 1 Nummer 4 wird eine Zuwiderhandlung gegen eine Vorschrift des § 315d in Verbindung mit § 289f Absatz 2 Nummer 4 nicht dadurch ausgeschlossen, dass die Festlegungen oder Begründungen nach § 76 Absatz 4 oder § 111 Absatz 5 des Aktiengesetzes ganz oder zum Teil unterblieben sind.

(2) ¹Ordnungswidrig handelt, wer einen Bestätigungsvermerk nach § 322 Absatz 1 erteilt zu dem Abschluss

1. eines Versicherungsunternehmens, das ein Unternehmen von öffentlichem Interesse nach § 316a Satz 2 Nummer 1 oder 3 ist, oder
2. eines Versicherungsunternehmens, das nicht in Nummer 1 genannt ist,

obwohl nach § 319 Absatz 2 oder 3, jeweils auch in Verbindung mit Absatz 5, oder nach § 319b Absatz 1 Satz 1 oder 2, jeweils auch in Verbindung mit Absatz 2, er oder nach § 319 Absatz 4 Satz 1 oder 2, jeweils auch in Verbindung mit Absatz 5, oder nach § 319b Absatz 1 Satz 1 oder 2, jeweils auch in Verbindung mit Absatz 2, die Wirtschaftsprüfungsgesellschaft oder die Buchführungsgesellschaft, für die er tätig wird, nicht Abschlussprüfer sein darf. ²Ordnungswidrig handelt auch, wer einen Bestätigungsvermerk nach § 322 Absatz 1 erteilt zu dem Abschluss eines Versicherungsunternehmens, das ein Unternehmen von öffentlichem Interesse nach § 316a Satz 2 Nummer 1 oder 3 ist, obwohl

1. er oder die Prüfungsgesellschaft, für die er tätig wird, oder ein Mitglied des Netzwerks, dem er oder die Prüfungsgesellschaft, für die er tätig wird, angehört, einer Vorschrift des Artikels 5 Absatz 4 Unterabsatz 1 Satz 1 oder Absatz 5 Unterabsatz 2 Satz 2 der Verordnung (EU) Nr. 537/2014 zuwiderhandelt oder
2. er oder die Prüfungsgesellschaft, für die er tätig wird, nach Artikel 17 Absatz 3 der Verordnung (EU) Nr. 537/2014 die Abschlussprüfung nicht durchführen darf.

³Abschluss im Sinne der Sätze 1 und 2 ist ein Jahresabschluss, ein Einzelabschluss nach § 325 Absatz 2a oder ein Konzernabschluss, der aufgrund gesetzlicher Vorschriften zu prüfen ist.

(2a) Ordnungswidrig handelt, wer als Mitglied eines nach § 324 Absatz 1 Satz 1, auch in Verbindung mit § 341k Absatz 3 Satz 1, eingerichteten Prüfungsausschusses eines Versicherungsunternehmens

1. die Unabhängigkeit des Abschlussprüfers oder der Prüfungsgesellschaft nicht nach Maßgabe des Artikels 4 Absatz 3 Unterabsatz 2, des Artikels 5 Absatz 4 Unterabsatz 1 Satz 1 oder des Artikels 6 Absatz 2 der Verordnung (EU) Nr. 537/2014 überwacht,
2. dem Verwaltungs- oder Aufsichtsorgan eine Empfehlung für die Bestellung eines Abschlussprüfers oder einer Prüfungsgesellschaft vorlegt, die den Anforderungen nach Artikel 16 Absatz 2 Unterabsatz 2 oder 3 der Verord-

nung (EU) Nr. 537/2014 nicht entspricht oder der ein Auswahlverfahren nach Artikel 16 Absatz 3 Unterabsatz 1 der Verordnung (EU) Nr. 537/2014 nicht vorangegangen ist, oder
3. den Gesellschaftern oder der sonst für die Bestellung des Abschlussprüfers zuständigen Stelle einen Vorschlag für die Bestellung eines Abschlussprüfers oder einer Prüfungsgesellschaft vorlegt, der den Anforderungen nach Artikel 16 Absatz 5 Unterabsatz 1 der Verordnung (EU) Nr. 537/2014 nicht entspricht.

(3) ¹Die Ordnungswidrigkeit kann in den Fällen des Absatzes 2 Satz 1 Nummer 1 und Satz 2 sowie des Absatzes 2a mit einer Geldbuße bis zu fünfhunderttausend Euro, in den Fällen der Absätze 1 und 2 Satz 1 Nummer 2 mit einer Geldbuße bis zu fünfzigtausend Euro geahndet werden. ²Ist das Versicherungsunternehmen kapitalmarktorientiert im Sinne des § 264d, beträgt die Geldbuße in den Fällen des Absatzes 1 höchstens den höheren der folgenden Beträge:
1. zwei Millionen Euro oder
2. das Zweifache des aus der Ordnungswidrigkeit gezogenen wirtschaftlichen Vorteils, wobei der wirtschaftliche Vorteil erzielte Gewinne und vermiedene Verluste umfasst und geschätzt werden kann.

(3a) ¹Wird gegen ein Versicherungsunternehmen, das kapitalmarktorientiert im Sinne des § 264d ist, in den Fällen des Absatzes 1 eine Geldbuße nach § 30 des Gesetzes über Ordnungswidrigkeiten verhängt, beträgt diese Geldbuße höchstens den höchsten der folgenden Beträge:
1. zehn Millionen Euro,
2. 5 Prozent des jährlichen Gesamtumsatzes, den das Versicherungsunternehmen in der Behördenentscheidung vorausgegangenen Geschäftsjahr erzielt hat oder
3. das Zweifache des aus der Ordnungswidrigkeit gezogenen wirtschaftlichen Vorteils, wobei der wirtschaftliche Vorteil erzielte Gewinne und vermiedene Verluste umfasst und geschätzt werden kann.

²In den Fällen des Absatzes 3 Satz 1 in Verbindung mit Absatz 2 Satz 1 Nummer 1 oder Satz 2 ist § 30 Absatz 2 Satz 3 des Gesetzes über Ordnungswidrigkeiten anzuwenden.

(3b) ¹Als Gesamtumsatz ist anstelle des Betrags der Umsatzerlöse der sich aus dem auf das Versicherungsunternehmen anwendbaren nationalen Recht im Einklang mit Artikel 63 der Richtlinie 91/674/EWG des Rates vom 19. Dezember 1991 über den Jahresabschluss und den konsolidierten Abschluss von Versicherungsunternehmen (ABl. L 374 vom 31.12.1991, S. 7), die zuletzt durch die Richtlinie 2006/46/EG (ABl. L 224 vom 16.8.2006, S. 1) geändert worden ist, ergebende Gesamtbetrag, abzüglich der Umsatzsteuer und sonstiger direkt auf diese Erträge erhobener Steuern, maßgeblich. ²Handelt es sich bei dem Versicherungsunternehmen um ein Mutterunternehmen oder um ein Tochterunternehmen im Sinne des § 290, ist anstelle des Gesamtumsatzes des Versicherungsunternehmens der jeweilige Gesamtbetrag im Konzernabschluss des Mutterunternehmens maßgeblich, der für den größten Kreis von Unternehmen aufgestellt wird. ³Wird der Konzernabschluss für den größten Kreis von Unternehmen nicht nach der in Satz 1 genannten Vorschrift aufgestellt, ist der Gesamtumsatz nach Maßgabe der Posten des Konzernabschlusses zu ermitteln, die mit den von Satz 1 erfassten Posten vergleichbar sind. ⁴Ist ein Jahres- oder Konzernabschluss für das maßgebliche Geschäftsjahr nicht verfügbar, ist der Jahres- oder Konzernabschluss für das unmittelbar vorausgehende Geschäftsjahr maßgeblich; ist auch dieser nicht verfügbar, kann der Gesamtumsatz geschätzt werden.

§ 341p 1

(4) ¹Verwaltungsbehörde im Sinne des § 36 Abs. 1 Nr. 1 des Gesetzes über Ordnungswidrigkeiten ist in den Fällen der Absätze 1 und 2a die Bundesanstalt für Finanzdienstleistungsaufsicht für die ihrer Aufsicht unterliegenden Versicherungsunternehmen und Pensionsfonds. ²Unterliegt ein Versicherungsunternehmen und Pensionsfonds der Aufsicht einer Landesbehörde, so ist diese in den Fällen der Absätze 1 und 2a zuständig. ³In den Fällen des Absatzes 2 ist die Abschlussprüferaufsichtsstelle beim Bundesamt für Wirtschaft und Ausfuhrkontrolle zuständig.

(5) Die nach Absatz 4 Satz 1 oder 2 zuständige Verwaltungsbehörde übermittelt der Abschlussprüferaufsichtsstelle beim Bundesamt für Wirtschaft und Ausfuhrkontrolle alle Bußgeldentscheidungen nach Absatz 2a.

1 1) I, II idF BilMoG 2009. I Nr. 3, 4 geändert durch CSR-RL-Umsetzung 2017 (**Übergangsrecht** in **(1)** EGHGB Art. 80). **I Nr. 5** geändert durch ESEF-UG 2020 (**Übergangsrecht** in **(1)** EGHGB Art. 84). **II** geändert durch FISG (**Übergangsrecht (1)** EGHGB Art. 86). **IIa** neu durch AReG 2016, geändert durch G vom 21.7.2017 zur Umsetzung der Zweiten ZahlungsdiensteistungsRL. **III–IIIb** geändert bzw. neu idF CSR-RL-Umsetzung 2017 (**Übergangsrecht** in **(1)** EGHGB Art. 80). **IV** idF EHUG 2006 (**Übergangsrecht** in **(1)** EGHGB Art. 61 V) und AReG 2016 (**IV 3** neu). **V** neu durch AReG 2016. Änderungen durch AReG 2016. II, IIa, III, IIIa geändet und modifiziert durch FISG, (**Übergangsrecht** in **(1)** EGHGB Art. 86). Lit. Bürkle VerS 2016, 1145 (AReG); Blöink/Halbleib Konzern 2017, 182; Holzmeier/Burth/Hachmeister **IRZ** 2017, 215.

Festsetzung von Ordnungsgeld

§ 341o ¹Personen, die

1. als Mitglieder des vertretungsberechtigten Organs eines Versicherungsunternehmens oder eines Pensionsfonds § 341l in Verbindung mit § 325 über die Pflicht zur Offenlegung des Jahresabschlusses, des Lageberichts, des Konzernabschlusses, des Konzernlageberichts und anderer Unterlagen der Rechnungslegung oder
2. als Hauptbevollmächtigter (§ 68 Absatz 2 des Versicherungsaufsichtsgesetzes) § 341l Abs. 1 über die Offenlegung der Rechnungslegungsunterlagen

nicht befolgen, sind hierzu vom Bundesamt für Justiz durch Festsetzung von Ordnungsgeld anzuhalten. ²Die §§ 335 bis 335b sind entsprechend anzuwenden.

1 1) § 341o idF 2013 (**Übergangsrecht** in **(1)** EGHGB Art. 70 III) regelt die Festsetzung von Ordnungsgeld; dabei gelten §§ 335–335b idF 2013 (s. dort).

Anwendung der Straf- und Bußgeld- sowie der Ordnungsgeldvorschriften auf Pensionsfonds

§ 341p
Die Strafvorschriften des § 341m Absatz 1, die Bußgeldvorschrift des § 341n Absatz 1 und 2 sowie die Ordnungsgeldvorschrift des § 341o gelten auch für Pensionsfonds im Sinn des § 341 Abs. 4 Satz 1.

1 1) § 314p (jetzt idF AReG 2016) war erstmalig anzuwenden auf Jahres- und Konzernabschlüsse für das nach dem 31.12.2001 beginnende Geschäftsjahr.

4. Abschnitt. Ergänzende Vorschriften für best. Geschäftszweige **§ 341r**

Dritter Unterabschnitt. Ergänzende Vorschriften für bestimmte Unternehmen des Rohstoffsektors

Erster Titel. Anwendungsbereich; Begriffsbestimmungen

Anwendungsbereich

341q ¹Dieser Unterabschnitt gilt für Kapitalgesellschaften mit Sitz im Inland, die in der mineralgewinnenden Industrie tätig sind oder Holzeinschlag in Primärwäldern betreiben, wenn auf sie nach den Vorschriften des Dritten Buchs die für große Kapitalgesellschaften geltenden Vorschriften des Zweiten Abschnitts anzuwenden sind. ²Satz 1 gilt entsprechend für Personenhandelsgesellschaften im Sinne des § 264a Absatz 1.

1) Der durch das BilRUG 2015 (**Übergangsrecht** in (1) EGHGB Art. 75 II) neu eingefügte Dritte Unterabschnitt des Vierten Abschnitts des Dritten Buchs des HGB dient der Umsetzung von Kapitel 10 der Bilanz-RL 2013 über die Transparenz von bestimmten Unt. des Rohstoffsektors über ihre Zahlungen an staatliche Stellen (County-by-Country Reporting) und gliedert sich in drei Titel (Anwendungsbereich u. Begriffsbestimmung; Zahlungsbericht, Konzernzahlungsbericht u. Offenlegung; Bußgeldvorschriften, Ordnungsgelder). Neu eingeführte Terminologie (Zahlungsbericht, Konzernzahlungsbericht) grenzt von anderen Bestandteilen der Rechnungslegung ab und verdeutlicht, dass es auf tatsächliche Bewirkung der Zahlung ankommt (Zahlungsfluss), RegBegr 103. **Lit.** Blöink/Knoll-Biermann Konzern 2015, 65 (BilRUG 2015); Kleinmanns StuB 2014, 794; Oser/Wirtz DB 2015, 1729; Zwirner StuB 2015, Beilage 2, 1; DB Dossier Ausgabe 15/2017 „Country-by-Country Reporting"; IDW Praxishinweis 1/17 DB 2017, 1404.

2) Nach § 341q unterfallen dem Dritten Unterabschnitt: Gem. **1** alle großen KapitalGes. iSd § 267 III 1 sowie Kreditinstitute, Finanzdienstleistungsinstitute, VersicherungsUnt. und Pensionsfonds, die gem. § 340a I und § 341a I die für große KapitalGes. geltenden Vorschriften anzuwenden haben (branchenspezifische Sondervorschriften u. Ausnahmen sind für Einstufung unbeachtlich), dh es werden nur KapitalGes. und PersonenhandelsGes. iSv § 264a erfasst. Kreditinstitute und VersicherungsUnt. anderer Rechtsform sind keine KapitalGes. iSd § 341q. **2** enthält für große PersonenhandelsGes. iSv § 264a I eine ausdrückliche Rechtsgrundverweisung für den Dritten Unterabschnitt. Ob ein Unt. in der mineralgewinnenden Industrie tätig ist oder Holzeinschlag betreibt, bestimmt sich nach § 341r Nr. 1 u. 2; Blöink/Knoll-Biermann Konzern 2015, 65 (BilRUG 2015).

Begriffsbestimmungen

341r Im Sinne dieses Unterabschnitts sind

1. **Tätigkeiten in der mineralgewinnenden Industrie:** Tätigkeiten auf dem Gebiet der Exploration, Prospektion, Entdeckung, Weiterentwicklung und Gewinnung von Mineralien, Erdöl-, Erdgasvorkommen oder anderen Stoffen in den Wirtschaftszweigen, die in Anhang I Abschnitt B Abteilung 05 bis 08 der Verordnung (EG) Nr. 1893/2006 des Europäischen Parlaments und des Rates vom 20. Dezember 2006 zur Aufstellung der statistischen Systematik der Wirtschaftszweige NACE Revision 2 und zur Änderung der Verordnung (EWG) Nr. 3037/90 des Rates sowie einiger Verordnun-

gen der EG über bestimmte Bereiche der Statistik (ABl. L 393 vom 30.12.2006, S. 1) aufgeführt sind;
2. Kapitalgesellschaften, die Holzeinschlag in Primärwäldern betreiben: Kapitalgesellschaften, die auf den in Anhang I Abschnitt A Abteilung 02 Gruppe 02.2 der Verordnung (EG) Nr. 1893/2006 aufgeführten Gebieten in natürlich regenerierten Wäldern mit einheimischen Arten, in denen es keine deutlich sichtbaren Anzeichen für menschliche Eingriffe gibt und die ökologischen Prozesse nicht wesentlich gestört sind, tätig sind;
3. Zahlungen: als Geldleistung oder Sachleistung entrichtete Beträge im Zusammenhang mit Tätigkeiten in der mineralgewinnenden Industrie oder dem Betrieb des Holzeinschlags in Primärwäldern, wenn sie auf einem der nachfolgend bezeichneten Gründe beruhen:
    a) Produktionszahlungsansprüche,
    b) Steuern, die auf die Erträge, die Produktion oder die Gewinne von Kapitalgesellschaften erhoben werden; ausgenommen sind Verbrauchsteuern, Umsatzsteuern, Mehrwertsteuern sowie Lohnsteuern der in Kapitalgesellschaften beschäftigten Arbeitnehmer und vergleichbare Steuern,
    c) Nutzungsentgelte,
    d) Dividenden und andere Gewinnausschüttungen aus Gesellschaftsanteilen,
    e) Unterzeichnungs-, Entdeckungs- und Produktionsboni,
    f) Lizenz-, Miet- und Zugangsgebühren sowie sonstige Gegenleistungen für Lizenzen oder Konzessionen sowie
    g) Zahlungen für die Verbesserung der Infrastruktur;
4. staatliche Stellen: nationale, regionale oder lokale Behörden eines Mitgliedstaats der Europäischen Union, eines anderen Vertragsstaats des Abkommens über den Europäischen Wirtschaftsraum oder eines Drittstaats einschließlich der von einer Behörde kontrollierten Abteilungen oder Agenturen sowie Unternehmen, auf die eine dieser Behörden im Sinne von § 290 beherrschenden Einfluss ausüben kann;
5. Projekte: die Zusammenfassung operativer Tätigkeiten, die die Grundlage für Zahlungsverpflichtungen gegenüber einer staatlichen Stelle bilden und sich richten nach
    a) einem Vertrag, einer Lizenz, einem Mietvertrag, einer Konzession oder einer ähnlichen rechtlichen Vereinbarung oder
    b) einer Gesamtheit von operativ und geografisch verbundenen Verträgen, Lizenzen, Mietverträgen oder Konzessionen oder damit verbundenen Vereinbarungen mit einer staatlichen Stelle, die im Wesentlichen ähnliche Bedingungen vorsehen;
6. Zahlungsberichte: Berichte über Zahlungen von Kapitalgesellschaften an staatliche Stellen im Zusammenhang mit ihrer Tätigkeit in der mineralgewinnenden Industrie oder mit dem Betrieb des Holzeinschlags in Primärwäldern;
7. Konzernzahlungsberichte: Zahlungsberichte von Mutterunternehmen über Zahlungen aller einbezogenen Unternehmen an staatliche Stellen auf konsolidierter Ebene, die in Zusammenhang mit ihrer Tätigkeit in der mineralgewinnenden Industrie oder mit dem Betrieb des Holzeinschlags in Primärwäldern stehen;
8. Berichtszeitraum: das Geschäftsjahr der Kapitalgesellschaft oder des Mutterunternehmens, das den Zahlungsbericht oder Konzernzahlungsbericht zu erstellen hat.

1) § 341r, eingefügt durch BilRUG 2015 (**Übergangsrecht** in (1) EGHGB Art. 75 II) enthält die für den Dritten Unterabschnitt erforderlichen Begriffsbestimmungen für das Country-by-Country Reporting und orientiert sich an

4. Abschnitt. Ergänzende Vorschriften für best. Geschäftszweige **§ 341t**

Art. 41 Bilanz-RL 2013. **Nr. 1** u. **Nr. 2** entsprechen wörtlich Art. 41 Nr. 1 u. 2 Bilanz-RL 2013, ergänzt um die Definition von Primärwald nach Erwägungsgrund 44 Bilanz-RL 2013. **Nr. 3–5** setzen Art. 41 Nr. 3–5 Bilanz-RL 2013 um. **Nr. 6** und **Nr. 7** enthalten Definitionen der Begriffe Zahlungsbericht und Konzernzahlungsbericht. **Nr. 8** legt fest, dass der Berichtszeitraum das Geschäftsjahr ist. **Lit.** Blöink/Knoll-Biermann Konzern 2015, 65 (BilRUG 2015); Kleinmanns StuB 2014, 794; Oser/Wirtz DB 2015, 1729; DB Dossier Ausgabe 15/2017 „Country-by-Country Reporting".

Zweiter Titel. Zahlungsbericht, Konzernzahlungsbericht und Offenlegung

Pflicht zur Erstellung des Zahlungsberichts; Befreiungen

341s (1) Kapitalgesellschaften im Sinne des § 341q haben jährlich einen Zahlungsbericht zu erstellen.

(2) ¹Ist die Kapitalgesellschaft in den von ihr oder einem anderen Unternehmen mit Sitz in einem Mitgliedstaat der Europäischen Union oder einem anderen Vertragsstaat des Abkommens über den Europäischen Wirtschaftsraum erstellten Konzernzahlungsbericht einbezogen, braucht sie keinen Zahlungsbericht zu erstellen. ²In diesem Fall hat die Kapitalgesellschaft im Anhang des Jahresabschlusses anzugeben, bei welchem Unternehmen sie in den Konzernzahlungsbericht einbezogen ist und wo dieser erhältlich ist.

(3) ¹Hat die Kapitalgesellschaft einen Bericht im Einklang mit den Rechtsvorschriften eines Drittstaats, dessen Berichtspflichten die Europäische Kommission im Verfahren nach Artikel 47 der Richtlinie 2013/34/EU als gleichwertig bewertet hat, erstellt und diesen Bericht nach § 341w offengelegt, braucht sie den Zahlungsbericht nicht zu erstellen. ²Auf die Offenlegung dieses Berichts ist § 325a Absatz 1 Satz 5 entsprechend anzuwenden.

1) § 341s, eingefügt durch BilRUG 2015 (**Übergangsrecht** in (1) EGHGB **1** Art. 75 II) ist die Grundsatznorm für die Pflicht zur Erstellung von Country-by-Country-Zahlungsberichten und setzt Art. 42 I Bilanz-RL 2013 um. Nach **I** sind die Berichte von KapitalGes. iSv § 341q jährlich zu erstellen. **II** u. **III** (dieser redaktionell geändert durch ARUG II 2019 (**Übergangsrecht** in (1) EGHGB Art. 83) enthalten Befreiungen in Übereinstimmung mit Art. 42 I u. Art. 46 I Bilanz-RL 2013. **Lit.** Blöink/Knoll-Biermann Konzern 2015, 65 (BilRUG 2015); Kleinmanns StuB 2014, 794; DB Dossier Ausgabe 15/2017 „Country-by-Country Reporting"; Sopp/Baumüller WPg 2019, 271 (Vorschlag Global Reporting Initiative 2018).

Inhalt des Zahlungsberichts

341t (1) ¹In dem Zahlungsbericht hat die Kapitalgesellschaft anzugeben, welche Zahlungen sie im Berichtszeitraum an staatliche Stellen im Zusammenhang mit ihrer Geschäftstätigkeit in der mineralgewinnenden Industrie oder mit dem Betrieb des Holzeinschlags in Primärwäldern geleistet hat. ²Andere Zahlungen dürfen in den Zahlungsbericht nicht einbezogen werden. ³Hat eine zur Erstellung eines Zahlungsberichts verpflichtete Kapitalgesellschaft in einem Berichtszeitraum an keine staatliche Stelle berichtspflichtige Zahlungen geleistet, hat sie im Zahlungsbericht für den betreffenden Berichtszeitraum nur anzugeben, dass eine Geschäftstätigkeit in der mineralgewinnenden Industrie ausgeübt oder Holzeinschlag in Primärwäldern betrieben wurde, ohne dass Zahlungen geleistet wurden.

§ 341u

(2) Die Kapitalgesellschaft hat nur über staatliche Stellen zu berichten, an die sie Zahlungen unmittelbar erbracht hat; das gilt auch dann, wenn eine staatliche Stelle die Zahlung für mehrere verschiedene staatliche Stellen einzieht.

(3) Ist eine staatliche Stelle stimmberechtigter Gesellschafter oder Aktionär der Kapitalgesellschaft, so müssen gezahlte Dividenden oder Gewinnanteile nur berücksichtigt werden, wenn sie

1. nicht unter denselben Bedingungen wie an andere Gesellschafter oder Aktionäre mit vergleichbaren Anteilen oder Aktien gleicher Gattung gezahlt wurden oder
2. anstelle von Produktionsrechten oder Nutzungsentgelten gezahlt wurden.

(4) ¹Die Kapitalgesellschaft braucht Zahlungen unabhängig davon, ob sie als eine Einmalzahlung oder als eine Reihe verbundener Zahlungen geleistet werden, nicht in dem Zahlungsbericht zu berücksichtigen, wenn sie im Berichtszeitraum 100 000 Euro unterschreiten. ²Im Falle einer bestehenden Vereinbarung über regelmäßige Zahlungen ist der Gesamtbetrag der verbundenen regelmäßigen Zahlungen oder Raten im Berichtszeitraum zu betrachten. ³Eine staatliche Stelle, an die im Berichtszeitraum insgesamt weniger als 100 000 Euro gezahlt worden sind, braucht im Zahlungsbericht nicht berücksichtigt zu werden.

(5) ¹Werden Zahlungen als Sachleistungen getätigt, werden sie ihrem Wert und gegebenenfalls ihrem Umfang nach berücksichtigt. ²Im Zahlungsbericht ist gegebenenfalls zu erläutern, wie der Wert festgelegt worden ist.

(6) ¹Bei der Angabe von Zahlungen wird auf den Inhalt der betreffenden Zahlung oder Tätigkeit und nicht auf deren Form Bezug genommen. ²Zahlungen und Tätigkeiten dürfen nicht künstlich mit dem Ziel aufgeteilt oder zusammengefasst werden, die Anwendung dieses Unterabschnitts zu umgehen.

1 1) § 341t, eingefügt durch BilRUG 2015 (**Übergangsrecht** in (1) EGHGB Art. 75 II) regelt in Umsetzung von Art. 43 I, III u. IV sowie Erwägungsgrund 48 Bilanz-RL 2013 den Inhalt des Country-by-Country-Zahlungsberichts. Erfasst sind nach **I** nur Zahlungen von mindestens 100.000 Euro (**IV**, entscheidend ist Summe gleichartiger und miteinander verbundener Zahlungen) an staatliche Stellen in Zusammenhang mit einer Tätigkeit in der mineralgewinnenden Industrie oder dem Betrieb des Holzeinschlags in Primärwäldern. Allerdings ist ein Bericht zu erstellen, wenn im Berichtszeitraum keine Zahlungen geleistet wurden. **II** stellt klar, dass es nur um Zahlungsabflüsse geht. **III** nimmt Dividendenzahlungen an staatliche Gesellschafter unter bestimmten Voraussetzungen aus. **V** (zu Art. 41 Nr. 5 u. Art. 43 III Bilanz-RL 2013) legt fest, welche Angaben bei Zahlungen in Form von Sachleistungen zu machen sind. **VI** verlangt Berücksichtigung des wirtschaftlichen Gehalts der Zahlungsvereinbarung und verbietet Umgehungen. **Lit.** Blöink/Knoll-Biermann Konzern 2015, 65 (BilRUG 2015); Kleinmanns StuB 2014, 794; Oser/Wirtz DB 2015, 1729; DB Dossier Ausgabe 15/2017 „Country-by-Country Reporting".

Gliederung des Zahlungsberichts

341u (1) ¹Der Zahlungsbericht ist nach Staaten zu gliedern. ²Für jeden Staat hat die Kapitalgesellschaft diejenigen staatlichen Stellen zu bezeichnen, an die sie innerhalb des Berichtszeitraums Zahlungen geleistet hat. ³Die Bezeichnung der staatlichen Stelle muss eine eindeutige Zuordnung ermöglichen. ⁴Dazu genügt es in der Regel, die amtliche Bezeichnung der staatlichen Stelle zu verwenden und zusätzlich anzugeben, an welchem Ort und in welcher Region des Staates die Stelle ansässig ist. ⁵ Die Kapitalgesellschaft braucht die Zahlungen nicht danach aufzugliedern, auf welche Rohstoffe sie sich beziehen.

(2) Zu jeder staatlichen Stelle hat die Kapitalgesellschaft folgende Angaben zu machen:
1. den Gesamtbetrag aller an diese staatliche Stelle geleisteten Zahlungen und
2. die Gesamtbeträge getrennt nach den in § 341r Nummer 3 Buchstabe a bis g benannten Zahlungsgründen; zur Bezeichnung der Zahlungsgründe genügt die Angabe des nach § 341r Nummer 3 maßgeblichen Buchstabens.

(3) Wenn Zahlungen an eine staatliche Stelle für mehr als ein Projekt geleistet wurden, sind für jedes Projekt ergänzend folgende Angaben zu machen:
1. eine eindeutige Bezeichnung des Projekts,
2. den Gesamtbetrag aller in Bezug auf das Projekt an diese staatliche Stelle geleisteten Zahlungen und
3. die Gesamtbeträge getrennt nach den in § 341r Nummer 3 Buchstabe a bis g benannten Zahlungsgründen, die an diese staatliche Stelle in Bezug auf das Projekt geleistet wurden; zur Bezeichnung der Zahlungsgründe genügt die Angabe des nach § 341r Nummer 3 maßgeblichen Buchstabens.

(4) Angaben nach Absatz 3 sind nicht erforderlich für Zahlungen zur Erfüllung von Verpflichtungen, die der Kapitalgesellschaft ohne Zuordnung zu einem bestimmten Projekt auferlegt werden.

1) § 341u, eingefügt durch BilRUG 2015 (**Übergangsrecht** in (1) EGHGB Art. 75 II) in Umsetzung von Art. 43 II Bilanz-RL 2013 bildet das Kernstück der Pflicht zum sog. Country-by-Country Reporting und regelt die nach Staaten unterteilte Gliederung des Zahlungsberichts. **Lit.** Blöink/Knoll-Biermann Konzern 2015, 65 (BilRUG 2015); Kleinmanns StuB 2014, 794; DB Dossier Ausgabe 15/2017 „Country-by-Country Reporting".

Konzernzahlungsbericht; Befreiung

341v (1) ¹Kapitalgesellschaften im Sinne des § 341q, die Mutterunternehmen (§ 290) sind, haben jährlich einen Konzernzahlungsbericht zu erstellen. ²Mutterunternehmen sind auch dann in der mineralgewinnenden Industrie tätig oder betreiben Holzeinschlag in Primärwäldern, wenn diese Voraussetzungen nur auf eines ihrer Tochterunternehmen zutreffen.

(2) Ein Mutterunternehmen ist nicht zur Erstellung eines Konzernzahlungsberichts verpflichtet, wenn es zugleich ein Tochterunternehmen eines anderen Mutterunternehmens mit Sitz in einem Mitgliedstaat der Europäischen Union oder in einem anderen Vertragsstaat des Abkommens über den Europäischen Wirtschaftsraum ist.

(3) In den Konzernzahlungsbericht sind das Mutterunternehmen und alle Tochterunternehmen unabhängig von deren Sitz einzubeziehen; die auf den Konzernabschluss angewandten Vorschriften sind entsprechend anzuwenden, soweit in den nachstehenden Absätzen nichts anderes bestimmt ist.

(4) ¹Unternehmen, die nicht in der mineralgewinnenden Industrie tätig sind und keinen Holzeinschlag in Primärwäldern betreiben, sind nicht nach Absatz 3 einzubeziehen. ²Ein Unternehmen braucht nicht in den Konzernzahlungsbericht einbezogen zu werden, wenn es

§ 341w 1

1. nach § 296 Absatz 1 Nummer 1 oder 3 nicht in den Konzernabschluss einbezogen wurde,
2. nach § 296 Absatz 1 Nummer 2 nicht in den Konzernabschluss einbezogen wurde und die für die Erstellung des Konzernzahlungsberichts erforderlichen Angaben ebenfalls nur mit unverhältnismäßig hohen Kosten oder ungebührlichen Verzögerungen zu erhalten sind.

(5) ¹Auf den Konzernzahlungsbericht sind die §§ 341s bis 341u entsprechend anzuwenden. ²Im Konzernzahlungsbericht sind konsolidierte Angaben über alle Zahlungen an staatliche Stellen zu machen, die von den einbezogenen Unternehmen im Zusammenhang mit ihrer Tätigkeit in der mineralgewinnenden Industrie oder mit dem Holzeinschlag in Primärwäldern geleistet worden sind. ³Das Mutterunternehmen braucht die Zahlungen nicht danach aufzugliedern, auf welche Rohstoffe sie sich beziehen.

1   1) § 341v, eingefügt durch BilRUG 2015 (**Übergangsrecht** in (1) EGHGB Art. 73 II) in Umsetzung von Art. 44 Bilanz-RL 2013 regelt spiegelbildlich zum Bericht des EinzelUnt. die Country-by-Country-Berichterstattung auf konsolidierter Ebene. **Lit.** Blöink/Knoll-Biermann Konzern 2015, 65 (BilRUG 2015); DB Dossier Ausgabe 15/2017 „Country-by-Country Reporting".

Offenlegung

341w (1) ¹Die gesetzlichen Vertreter von Kapitalgesellschaften haben für diese den Zahlungsbericht spätestens ein Jahr nach dem Abschlussstichtag elektronisch in deutscher Sprache beim Betreiber des Bundesanzeigers einzureichen und unverzüglich nach Einreichung im Bundesanzeiger bekannt machen zu lassen. *[Ab 1.8.2022:] Die Mitglieder des vertretungsberechtigten Organs einer Kapitalgesellschaft im Sinne des § 341q haben für diese den Zahlungsbericht spätestens ein Jahr nach dem Abschlussstichtag in deutscher Sprache der das Unternehmensregister führenden Stelle elektronisch zur Einstellung in das Unternehmensregister zu übermitteln.* ²Im Falle einer Kapitalgesellschaft im Sinne des § 264d beträgt die Frist abweichend von Satz 1 sechs Monate nach dem Abschlussstichtag; § 327a gilt entsprechend *[entfällt ab 1.8.2022]*.

(2) Absatz 1 gilt entsprechend für die gesetzlichen Vertreter von Mutterunternehmen, die einen Konzernzahlungsbericht zu erstellen haben.

[Ab 1.8.2022:]
(2) Absatz 1 gilt entsprechend für die Mitglieder des vertretungsberechtigten Organs eines Mutterunternehmens im Sinne des § 341v, das einen Konzernzahlungsbericht zu erstellen hat.

(3) § 325 Absatz 1 Satz 2 und Absatz 6 *[ab 1.8.2022: § 325 Absatz 6]* sowie § 328 Absatz 1 Satz 1 bis 3, Absatz 1a bis 4 und § 329 Absatz 1, 3 und 4 gelten entsprechend.

1   1) § 341w, eingefügt durch BilRUG 2015 (**Übergangsrecht** in (1) EGHGB Art. 75 II) in Umsetzung von Art. 45 Bilanz-RL 2013, Änderung (eigene 6-Monats-Frist für KapitalGes iSd § 264d) durch **TransparenzRL-ÄndRL-UmsG** v. 20.11.2015 (**Übergangsrecht** in (1) EGBGB Art. 77), regelt die Einzelheiten der Pflicht zur Offenlegung des Country-by-Country-Zahlungsberichts. Durch das **DiRUG** (**Übergangsrecht** (1) EGHGB Art. 88) werden Anpassungen vorgenommen, vgl. BT-Drs. 19/28177, 17 und S. 105 f. **Lit.** Blöink/Knoll-Biermann Konzern 2015, 65 (BilRUG 2015); Kleinmanns StuB 2014, 794; Oser/Wirtz DB 2015, 1729; DB Dossier Ausgabe 15/2017 „Country-by-Country Reporting".

4. Abschnitt. Ergänzende Vorschriften für best. Geschäftszweige **1** **§ 341y**

Dritter Titel. Bußgeldvorschriften, Ordnungsgelder

Bußgeldvorschriften

341x (1) Ordnungswidrig handelt, wer als Mitglied des vertretungsberechtigten Organs oder des Aufsichtsrats einer Kapitalgesellschaft

1. bei der Erstellung eines Zahlungsberichts einer Vorschrift des § 341t Absatz 1, 2, 3, 5 oder Absatz 6 oder des § 341u Absatz 1, 2 oder Absatz 3 über den Inhalt oder die Gliederung des Zahlungsberichts zuwiderhandelt oder
2. bei der Erstellung eines Konzernzahlungsberichts einer Vorschrift des § 341v Absatz 4 Satz 1 in Verbindung mit § 341t Absatz 1, 2, 3, 5 oder Absatz 6 oder mit § 341u Absatz 1, 2 oder Absatz 3 über den Inhalt oder die Gliederung des Konzernzahlungsberichts zuwiderhandelt.

(2) Die Ordnungswidrigkeit kann mit einer Geldbuße bis fünfzigtausend Euro geahndet werden.

(3) Verwaltungsbehörde im Sinne des § 36 Absatz 1 Nummer 1 des Gesetzes über Ordnungswidrigkeiten ist in den Fällen des Absatzes 1 das Bundesamt für Justiz.

(4) Die Bestimmungen der Absätze 1 bis 3 gelten auch für die Mitglieder der gesetzlichen Vertretungsorgane von Personenhandelsgesellschaften im Sinne des § 341q Satz 2.

1) § 341x, eingefügt durch BilRUG 2015 (**Übergangsrecht** in (1) EGHGB **1**
Art. 75 II) sieht in Anlehnung an § 334 die Einstufung bestimmter Verstöße gegen die Vorgaben des Dritten Unterabschnitts als OWi und deren Ahndung vor. **Lit.** Blöink/Knoll-Biermann Konzern 2015, 65 (BilRUG 2015).

Ordnungsgeldvorschriften

341y (1) ¹Gegen die Mitglieder des vertretungsberechtigten Organs einer Kapitalgesellschaft im Sinne des § 341q oder eines Mutterunternehmens im Sinne des § 341v, die § 341w hinsichtlich der Pflicht zur Offenlegung des Zahlungsberichts oder Konzernzahlungsberichts nicht befolgen, hat das Bundesamt für Justiz in entsprechender Anwendung der §§ 335 bis 335b ein Ordnungsgeldverfahren durchzuführen. ²Das Verfahren kann auch gegen die Kapitalgesellschaft gerichtet werden.

(2) ¹Das Bundesamt für Justiz kann eine Kapitalgesellschaft zur Erklärung auffordern, ob sie im Sinne des § 341q in der mineralgewinnenden Industrie tätig ist oder Holzeinschlag in Primärwäldern betreibt, und eine angemessene Frist setzen. ²Die Aufforderung ist zu begründen. ³Gibt die Kapitalgesellschaft innerhalb der Frist keine Erklärung ab, wird für die Einleitung des Verfahrens nach Absatz 1 vermutet, dass die Gesellschaft in den Anwendungsbereich des § 341q fällt. ⁴Die Sätze 1 bis 3 sind entsprechend anzuwenden, wenn das Bundesamt für Justiz Anlass für die Annahme hat, dass eine Kapitalgesellschaft ein Mutterunternehmen im Sinne des § 341v Absatz 1 ist.

(3) Die vorstehenden Absätze gelten entsprechend für Personenhandelsgesellschaften im Sinne des § 341q Satz 2.

1) § 341y, eingefügt durch BilRUG 2015 (**Übergangsrecht** in (1) EGHGB **1**
Art. 75 II) ergänzt § 341y und sanktioniert Verletzungen der Offenlegungspflicht iSd § 341w mit einem Ordnungsgeld. Vorgesehen ist ferner in **II,** dass das Bundesamt für Justiz Unt. bei Anhaltspunkten von Rechtsverstößen zu einer

Merkt   1615

§ 342 1, 2

Erklärung über deren Tätigkeit in der mineralgewinnenden Industrie oder im Holzeinschlag in Primärwäldern auffordern kann. **Lit.** Blöink/Knoll-Biermann Konzern 2015, 65 (BilRUG 2015).

Fünfter Abschnitt. Privates Rechnungslegungsgremium; Rechnungslegungsbeirat

Privates Rechnungslegungsgremium

342 (1) ¹Das Bundesministerium der Justiz und für Verbraucherschutz kann eine privatrechtlich organisierte Einrichtung durch Vertrag anerkennen und ihr folgende Aufgaben übertragen:
1. Entwicklung von Empfehlungen zur Anwendung der Grundsätze über die Konzernrechnungslegung,
2. Beratung des Bundesministeriums der Justiz und für Verbraucherschutz bei Gesetzgebungsvorhaben zu Rechnungslegungsvorschriften,
3. Vertretung der Bundesrepublik Deutschland in internationalen Standardisierungsgremien und
4. Erarbeitung von Interpretationen der internationalen Rechnungslegungsstandards im Sinn des § 315e Absatz 1.

²Es darf jedoch nur eine solche Einrichtung anerkannt werden, die aufgrund ihrer Satzung gewährleistet, daß die Empfehlungen und Interpretationen unabhängig und ausschließlich von Rechnungslegern in einem Verfahren entwickelt und beschlossen werden, das die fachlich interessierte Öffentlichkeit einbezieht. ³Soweit Unternehmen oder Organisationen von Rechnungslegern Mitglied einer solchen Einrichtung sind, dürfen die Mitgliedschaftsrechte nur von Rechnungslegern ausgeübt werden.

(2) **Die Beachtung der die Konzernrechnungslegung betreffenden Grundsätze ordnungsmäßiger Buchführung wird vermutet, soweit vom Bundesministerium der Justiz und für Verbraucherschutz bekanntgemachte Empfehlungen einer nach Absatz 1 Satz 1 anerkannten Einrichtung beachtet worden sind.**

1   **1)** Abschnitt 5 §§ 342, 342a idF KonTraG 1998 regeln nach internationalem Vorbild ein privates Rechnungslegungsgremium und hilfsweise einen Rechnungslegungsbeirat beim BMJ als Standard Setter. Letzterer ist nur für den Fall vorgesehen, dass es zu keiner Anerkennung eines privaten Rechnungslegungsgremiums kommt; er hat dann dieselben Aufgaben wie ersteres. Das private Rechnungslegungsgremium ist dem International Accounting Standards Committee (IASC) nachempfunden, in den USA auch Financial Accounting Standards Board (FASB). Es wird vom BMJ durch Vertrag (Vorbild: der zwischen dem BMWi und dem Deutschen Institut für Normung (DIN) eV 1975 geschlossene Vertrag) anerkannt und erhält die nach **I 1 Nr. 1–4** vorgesehenen Aufgaben (vgl. auch → § 292 Rn. 2). **Lit.** MBF Kap. 16 Tz. 112 ff.; Stefan Müller BC 2018, 227.

2   Die Entwicklung von Rechnungslegungsempfehlungen (Deutsche Rechnungslegungsstandards, **DRS**) ist nach **I Nr. 1** hinsichtlich HGB bewusst auf die Konzernrechnungslegung beschränkt, was jedenfalls auf Dauer international nicht ausreicht. Daher erfolgte durch BilMoG 2009 mit **I Nr. 4** Erweiterung der Kompetenz auf Interpretationen zu den IFRS. Gleichem Zweck folgt **I Nr. 3**, der die Vertretung deutscher Rechnungslegungsinteressen in internationalen Gremien als Aufgabe des DRSC vorsieht. Ansonsten kann das Gremium außer

der Beratung nach **I Nr. 2** Stellungnahmen gegenüber anderen abgeben (Rechtsausschuss), dann allerdings ohne Wirkung nach II. I 2, 3 enthalten Mindestanforderungen an das Gremium.

Nach § 342 ist das DRSC – Deutsches Rechnungslegungs-Standards Committee eV, Berlin (GASC – German Accounting Standards Committee) durch Standardisierungsvertrag 3.9.1998 vom BMJ anerkannt worden. Nach Beendigung dieses Vertrages 2010 und einigen Neustrukturierungen wurde am 2.12.2011 ein neuer Standardisierungsvertrag mit unbestimmter Laufzeit abgeschlossen. Zur Urheberrechtsschutzfähigkeit der DRS OLG Köln NJW-RR 2001, 1199. **Lit.** Lorson ua ZGR 2015, 887; Schmidt/Schmotz Konzern 2017, 476 (Beteiligung der Öffentlichkeit an Standardsetzung); Stefan Müller BC 2018, 227. 3

2) Werden die vom Rechnungslegungsgremium entwickelten Empfehlungen **(I 1 Nr. 1)** und Interpretationen **(I 1 Nr. 4)** vom BMJ bekannt gemacht, haben sie die **Vermutung der Richtigkeit** für sich; wurden sie beachtet, wird vermutet, dass die die Konzernrechnungslegung betreffenden GoB beachtet sind **(II)**. Die Standards erlangen also mit offizieller Bekanntmachung zwar nicht Gesetzeskraft, aber die Qualität von GoB für KonzernUnt., jedenfalls soweit sie Gesetzeslücken ausfüllen oder gesetzliche Vorschriften auslegen (zB befreiender Konzernabschluss nach § 315e, Kapitalflussrechnung, Segmentberichterstattung, Risikoberichterstattung), nicht hingegen, soweit sie gesetzliche Wahlrechte einschränken (zB Wahlrechte im Bereich der Konsolidierung, Grund: keine Kompetenz des DRSC zur Außerkraftsetzung von Gesetzen, s. IDW PS 450, WPg 1999, 601 Tz. 113) und auch nicht, soweit sie über das Gesetz hinausgehen (zB Zwischenberichte), Wiedmann Rn. 8–10. Aus den DSR können sich HdlBräuche iSv § 346 entwickeln, die allerdings §§ 290 ff. nicht widersprechen dürfen (→ § 346 Rn. 10 f.). Die Wirkung der Vermutung nach II ist str., krit. Hommelhoff/Schwab BFuP 1998, 42, wohl nur Beweiserleichterung und Gegenbeweis zulässig. II schließt nicht aus, dass das Gremium Empfehlungen selbst bekanntmacht, dann aber ohne Wirkung nach II. **Lit.** Weber KoR 2010, 631; Weber 2011, 49 (Risikoberichterstattung von Kreditinstituten); zur Ausstrahlung von DRS 20 auf den Lagebericht des EinzelUnt. Müller/Scheid BB 2017, 1835. 4

Rechnungslegungsbeirat

342a (1) Beim Bundesministerium der Justiz und für Verbraucherschutz wird vorbehaltlich Absatz 9 ein Rechnungslegungsbeirat mit den Aufgaben nach § 342 Abs. 1 Satz 1 gebildet.

(2) **Der Rechnungslegungsbeirat setzt sich zusammen aus**
1. **einem Vertreter des Bundesministeriums der Justiz und für Verbraucherschutz als Vorsitzendem sowie je einem Vertreter des Bundesministeriums der Finanzen und des Bundesministeriums für Wirtschaft und Energie,**
2. **vier Vertretern von Unternehmen,**
3. **vier Vertretern der wirtschaftsprüfenden Berufe,**
4. **zwei Vertretern der Hochschulen.**

(3) [1]**Die Mitglieder des Rechnungslegungsbeirats werden durch das Bundesministerium der Justiz und für Verbraucherschutz berufen.** [2] **Als Mitglieder sollen nur Rechnungsleger berufen werden.**

(4) [1]**Die Mitglieder des Rechnungslegungsbeirats sind unabhängig und nicht weisungsgebunden.** [2] **Ihre Tätigkeit im Beirat ist ehrenamtlich.**

(5) **Das Bundesministerium der Justiz und für Verbraucherschutz kann eine Geschäftsordnung für den Beirat erlassen.**

§§ 342b–342e 1   3. Buch. Handelsbücher

(6) Der Beirat kann für bestimmte Sachgebiete Fachausschüsse und Arbeitskreise einsetzen.

(7) ¹Der Beirat, seine Fachausschüsse und Arbeitskreise sind beschlußfähig, wenn mindestens zwei Drittel der Mitglieder anwesend sind. ²Bei Abstimmungen entscheidet die Stimmenmehrheit, bei Stimmengleichheit die Stimme des Vorsitzenden.

(8) Für die Empfehlungen des Rechnungslegungsbeirats gilt § 342 Abs. 2 entsprechend.

(9) Die Bildung eines Rechnungslegungsbeirats nach Absatz 1 unterbleibt, soweit das Bundesministerium der Justiz und für Verbraucherschutz eine Einrichtung nach § 342 Abs. 1 anerkennt.

1   1) § 342a nF KonTraG 1998 (Beiratsmodell) ist subsidiär zu § 342 (Anerkennungsmodell), dort → § 342 Rn. 1. Der Rechnungslegungsbeirat hat dieselben Aufgaben wie das private Rechnungslegungsgremium. **Lit.** MBF Kap. 16 Tz. 149 ff.

Sechster Abschnitt. Prüfstelle für Rechnungslegung

342b–342e *(aufgehoben)*

1   1) Sechster Abschnitt, §§ 342b–342e sind durch Art. 11 FISG v. 3.6.2021 (BGBl. I 1534) mit Ablauf des 31.12.2021 aufgehoben worden. **Übergangsrecht: (1)** EGHGB Art. 86.

Viertes Buch. Handelsgeschäfte

Einleitung vor § 343

Schrifttum

a) Einzeldarstellungen: Canaris, Vertrauenshaftung, 1971. – Schaefer, HRefG, 1999. – Schumacher, HRefG, 1998. – Unidroit, Grundregeln der internationalen Handelsverträge/ Principles of International Commercial Contracts, 2016. – Gildeggen/Willburger, Internationale HdlGeschäfte, 5. Aufl. 2018. – Leuschner, Vertragsabschlusspraxis deutscher Unternehmen, 2016 (empirisch). **b) Muster:** Hopt/Merkt, Vertrags- und Formularbuch zum Hdl-, Ges- und Bankrecht, 5. Aufl. 2022, Teil I.A–M (mit 58 Vertragsmustern und Formularen). **c) RsprÜbersichten:** Schiedsspruchsammlung HK Hbg: https://www.ihk.de/hamburg/ (fortlaufend); zuvor: Straatmann/Ulmer Bd. 1 1975, Bd. 2 1982. – Straatmann/Ulmer/ Timmermann Bd. 3 1984, Bd. 4 1988. – HK Hbg Bd. 4 1988, Bd. 5 1994, Bd. 6 1998, keine weiteren Bde.

Übersicht

	Rn
1) Handelsgeschäfte und anwendbares Recht	1, 2
A. Handelsgeschäfte und Handelsgewerbe:	1
B. Voraussetzung für die Anwendbarkeit von Handelsrecht:	2
2) Geschäftsverbindung	3
3) Geschäfte ohne Rechtsbindungswillen	4, 5
4) Abschlussfreiheit, Kontrahierungszwang	6, 7
A. Abschlussfreiheit:	6
B. Kontrahierungszwang:	7
5) Formfreiheit, Schriftformklausel	8–10
A. Formfreiheit, Formvorschriften:	8
B. Schriftformklausel:	9
C. Fremdsprachen:	10
6) Inhaltsfreiheit, Auslegung, Treu und Glauben	11–15
A. Inhaltsfreiheit:	11
B. Auslegung:	12
C. Treu und Glauben, Neuverhandlungspflicht, Störung der Geschäftsgrundlage, gerichtliche Anpassung:	13–15
7) Verjährung	16
8) Internationaler Verkehr	17
9) Corona-Pandemie	18–21

1) Handelsgeschäfte und anwendbares Recht

A. Handelsgeschäfte und Handelsgewerbe: Die **Handelsgeschäfte** iSv 1 Buch IV sind im Gegensatz zum HdlGeschäft (oder kurz Geschäft) iSv §§ 21 ff. nicht das Unternehmen des Kfm. (→ Einl v § 1 Rn. 31–41), sondern die Einzelnen von ihm vorgenommenen (Rechts-)Geschäfte (mit näherer Abgrenzung durch §§ 343–345). Das HGB kennt im Gegensatz zum Code de Commerce und ADHGB keine „absoluten" HdlGeschäfte, die nach ihrer Art dem HdlRecht unterliegen, gleich von wem vorgenommen. Der Begriff HdlGeschäft iSv Buch IV wird in § 343 vielmehr von den Begriffen **Kaufmann** und **Handelsgewerbe** (§§ 1 ff.; subjektives System, → Einl v § 1 Rn. 1) abgeleitet und hat neben diesen keine große Funktion, manche Vorschriften gehen unmittelbar auf diese zurück (§§ 348, 354, 355–357, 362, 363–365, 366, 367). Reform: K. Schmidt FS Horn, 2006, 557.

2 **B. Voraussetzung für die Anwendbarkeit von Handelsrecht:** Ob ein Geschäft HdlGeschäft ist, ist von Bedeutung für die Anwendbarkeit von **Handelsrecht** ua nach §§ 349, 350, 352, 353, 358, 368, 369–372 HGB, § 95 GVG. Ferner setzt die Anwendung der besonderen Vorschriften in Buch IV Abschn. 2–7 voraus, dass das Geschäft mindestens für eine Seite (§ 345), uU für beide Seiten (zB §§ 377, 379) HdlGeschäft ist. HdlGeschäfte unterliegen, soweit das HGB nicht abweicht, dem **allgemeinen bürgerlichen Recht** (→ Einl v § 1 Rn. 2–3).

2) Geschäftsverbindung

3 Die **(laufende) Geschäftsverbindung** ist der nicht nur auf ein Einmalgeschäft angelegte rechtsgeschäftliche (offen BGH WM 1988, 1135) Kontakt zwischen zwei Kflten oder Unternehmensträgern (→ Einl v § 1 Rn. 71), der den einzelnen Verträgen ihre rechtliche Selbstständigkeit belässt, BGHZ 87, 32. Sie ist weder ein bloß tatsächliches Verhältnis noch ein Vertragsverhältnis (Vorvertrag, → § 105 Rn. 58; **Rahmenvertrag**, zB Rahmenliefervertrag, Budde/Geks ZVertriebsR 2012, 37, Bankvertrag, str., → **(7)** Bankgeschäfte Rn. A6, Leasingrahmenvertrag → Rn. P6), sondern ein gesetzliches Schuldverhältnis ohne primäre Leistungspflicht, das als „geschäftlicher Kontakt" iSv § 311 II Nr. 3 BGB verstanden werden kann (nach der Gesetzesbegründung zum SMG, BT-Drs. 14/6040, 163 sollte aber auch mit § 311 II Nr. 3 nur eine bisherige Fallgruppe der culpa in contrahendo kodifiziert werden, gedacht war offenbar an Bankauskünften, vgl. MüKoBGB/Emmerich § 311 Rn. 50). Dieses Verhältnis trägt besondere Schutzpflichten der Parteien nach § 241 II BGB gegeneinander und kann Grundlage einer Vertrauenshaftung sein; Canaris, Bankvertragsrecht S. 14; Hopt, Kapitalanlegerschutz S. 404. Gesetzliche Anwendungsfälle im HdlRecht sind §§ 355, 362; s. ferner Schweigen im HdlVerkehr (→ § 346 Rn. 30–31), Auskunftshaftung (→ § 347 Rn. 16–18, → **(7)** Bankgeschäfte Rn. A14–29), stillschweigende Einbeziehung von AGB (s. **(5)** § 305 II BGB), Überlagerung von § 15 II durch Hinweispflicht bei Rechts- und Registereintragsänderungen (→ § 15 Rn. 15), Anscheinsvollmacht (→ Einl v § 48 Rn. 6), Abgrenzung vom Gefälligkeitsbereich (→ Rn. 5), Bestimmung des Vertragsinhalts durch Geschäftsverbindungsbrauch der jeweiligen Partei. Die Geschäftsverbindung setzt keine bestimmte Mindestdauer voraus, schon das erste Geschäft in stillschweigender Erwartung weiterer genügt; kürzere Unterbrechungen schaden nicht; BGH WM 1964, 610; 1967, 1078. Die Geschäftsverbindung wird rechtsgeschäftlich (entspr. §§ 164 ff. BGB) begründet. Die besondere Bedeutung der Geschäftsverbindung liegt in ihrer **pflichtenbegründenden Funktion** (vgl. § 241 II BGB), unabhängig von der Rechtsnatur und Wirksamkeit der in ihrem Rahmen geschlossenen Einzelverträge. Bsp.: Pflichten schon vor Abschluss und nach Erfüllung des Einzelvertrags, Schutz auch des Geschäftsunfähigen; Interessenwahrungspflicht zB aus Bankvertrag, die dem Typ Kaufvertrag (Effekten-Propergeschäft) fremd wäre (str., → **(7)** Bankgeschäfte Rn. A19). Schutzpflichtverletzung führt wie bei Ansprüchen nach §§ 280, 311 II Nr. 1 und 2, 241 II BGB aus Verschulden bei Vertragsverhandlungen idR zum negativen Interesse, ausnahmsweise zum positiven. Ein Vertrauenselement wird dabei nicht ohne Weiteres vorausgesetzt, BGHZ 190, 94 (Rücksichtspflicht im Vergabeverfahren). Die Vertrauenshaftung kann einseitig ausgeschlossen werden, Gerhardt JZ 1970, 537. Zur Beendigung der Geschäftsverbindung vgl. **(8)** AGB-Banken Nr. 18, 19; allgemeiner zur Auflösung eines Dauerschuldverhältnisses § 314 BGB. **Lit.:** Philipowski, 1963; Müller-Graff, 1974 u. JZ 1976, 153.

3) Geschäfte ohne Rechtsbindungswillen

4 A. **Geschäfte ohne Rechtsbindungswillen:** Diese sind gentlemen's agreements, Absichtserklärungen, je nachdem Patronatserklärungen (→ § 349 Rn. 22), letter of intent, memorandum of understanding, instruction to proceed (Hertel BB 1983, 1824), nomination letter (→ Einl v § 373 Rn. 30). Abbruch der Vertragsverhandlungen nach letter of intent, OLG München ZIP 2013, 23. Dennoch kann ihnen je nach Einzelfall rechtliche Bedeutung insbesondere auf Grund Vertrauenshaftung, ausnahmsweise auch Vertrag, zukommen. **Lit.**: Willoweit, 1969; Canaris, Vertrauenshaftung, 1971; → § 347 Rn. 22. Solche Geschäfte („Frühstückskartelle", aufeinander abgestimmtes Verhalten; nicht schon bloßes bewusstes Parallelverhalten, str.) können kartellrechtlich relevant werden, zB § 1 GWB, → Einl v § 1 Rn. 77. **Lit.:** → § 349 Rn. 22. **Muster:** Hopt/Merkt, VertrFormB/Fabritius/Kogge, Form I. K.7 (Letter of Intent).

B. **Gefälligkeitsverhältnisse:** Gefälligkeitsverhältnisse (Zusagen, Gestattungen) sind keine rechtsgeschäftlichen, sondern außerrechtliche Verhältnisse. Ein Anspruch auf Erfüllung besteht nicht, doch kann Haftung außer nach §§ 823 ff. BGB im Einzelfall auch als Vertrauenshaftung, vor allem nach §§ 280, 311 II Nr. 3 BGB, gegeben sein, BGHZ 21, 107 (Stellung eines unzuverlässigen LKW-Fahrers, keine Haftungsmilderung). Gefälligkeitsverträge sind dagegen rechtlich bindende, wenngleich aus Gefälligkeit eingegangene Verträge, zB §§ 516, 598, 662, 690 BGB. Zusage einer Kulanzregelung ist idR rechtlich verbindlich, wenn sie zur Vermeidung eines Rechtsstreits getroffen wird, OLG München NJW 2011, 1369; auch OLG Köln DB 1975, 2271. Im HdlRecht spielen die echten Gefälligkeitsverhältnisse nur eine geringe Rolle, idR liegt Geschäftsverbindung vor (→ Rn. 3).

4) Abschlussfreiheit, Kontrahierungszwang

A. **Abschlussfreiheit:** Der Kfm. ist wie jeder Verbraucher grundsätzlich frei, ob, mit wem und mit welchem Inhalt er Verträge schließen will (**Privatautonomie:** Abschluss- und Inhaltsfreiheit, vgl. → Rn. 11). Bsp.: Der Einzelhändler kann einzelne Käufer ohne Belieben abweisen, OLG Hamm BB 1964, 940; OLG Celle WuW/E OLG 1306. Der Abbruch der Vertragsverhandlungen ist zulässig, auch bei Kenntnis, dass der andere Teil in Erwartung des Vertragsschlusses bereits Aufwendungen gemacht hat, BGH NJW 1975, 43; WM 1977, 620; doch kann die schuldhafte Erweckung des Vertrauens auf sicheren Abschluss als Verschulden bei Vertragsverhandlungen nach §§ 280, 311 II BGB zum Schadensersatz (negatives Interesse) verpflichten, BGHZ 71, 395; ebenso für Vertragsverlängerung, OLG München BeckRS 2019, 4388.

B. **Kontrahierungszwang:** Ausnahmsweise gilt Abschluss- bzw. Kontrahierungszwang. Bspe:

a) besondere gesetzliche Abschlusspflichten, zB § 5 II PflVG sowie vereinzelt noch im Transportrecht;

b) das kartellrechtliche Diskriminierungsverbot (§ 20 GWB) für marktbeherrschende Unternehmen, Kartelle und Preisbinder und für sonstige Unternehmen, von denen Anbieter oder Nachfrager ohne zumutbare Ausweichmöglichkeit abhängig sind; zB BGHZ 49, 98; BGH NJW 1976, 801 – Rossignol; BGH BB 1979, 797 – Nordmende; BGH BB 1980, 1117 – Modellbauartikel II; vgl. → Einl v § 1 Rn. 77;

c) § 826 BGB bei rechtlicher oder tatsächlicher Monopolstellung, RGZ 133, 391, aber heute nur noch, soweit nicht wie meist § 20 GWB eingreift.

d) Etwas anderes ist die Abschlusspflicht auf Grund eines zuvor frei geschlossenen **Rahmenvertrags**, zB Bankvertrag (str., → Rn. 3 und → **(7)** Bankgeschäfte Rn. A6, dort auch zum umstrittenen Recht auf ein Girokonto). Zur Gegenseitigkeit der wechselseitigen Pflichten aus den Einzelverträgen BGH WM 2007, 303. **Lit.:** Busche, 1999; Bydlinski AcP 180 (1980), 1 u. JZ 1980, 378; Kilian AcP 180 (1980), 47.

5) Formfreiheit, Schriftformklausel

8 **A. Formfreiheit, Formvorschriften:** HdlGeschäfte sind wie andere bürgerlich-rechtliche Rechtsgeschäfte grundsätzlich **formfrei**. Die besonderen **Formvorschriften** des BGB und anderer Gesetze gelten auch für sie; Ausnahme § 350, vgl. auch § 1031 (V) nF ZPO (→ Einl v § 1 Rn. 89). Besonders bedeutsam sind zB § 311b I BGB (Grundstücke), → § 93 Rn. 17, → § 105 Rn. 55. Ebenso gelten idR andere, die Form der Rechtsgeschäfte betreffende Grundsätze. Doch ist der kaufmännische strenger als der allgemeine Geschäftsverkehr. Der **(Firmen-)Stempel** zu einer Unterschrift des Gfters weist denjenigen, der die Unterschrift geleistet hat, als unterschriftsberechtigt für die Ges. aus, BGH NZG 2013, 383 (zu § 550 BGB).

9 **B. Schriftformklausel:** Eine **Schriftformklausel** (nach der vom Vertrag abweichende mündliche Absprachen, uU nur solche von Vertretern, unwirksam sein oder von schriftlicher Bestätigung abhängen sollen) ist in Individualverträgen grundsätzlich wirksam (§ 127 BGB), kann aber, einerlei ob deklaratorisch oder konstitutiv, formlos und sogar konkludent abbedungen werden, BGHZ 66, 380. Individualvertragliche **qualifizierte Schriftformklausel** (Schriftform auch für Aufhebung der Schriftform) ist unter Kflten zulässig, offen ob auch sonst, BGHZ 66, 378. Als **AGB** hängt ihre Wirksamkeit von der Ausgestaltung und dem Anwendungsbereich der konkreten Klausel ab, BGHZ 145, 206. AGB-Schriftformklauseln, die für Vertragsänderungen konstitutiv die Beachtung der Schriftform verlangen, sind unwirksam (s. **(5)** BGB § 305b und 307), hL. Schriftformklausel darf nicht Eindruck erwecken, nur mündliche, insbesondere nach Vertragsschluss getroffene Abreden seien allgemein unwirksam, BGHZ 145, 206. Nachträgliche mündliche Individualabrede hat auf jeden Fall Vorrang auch vor wirksamer Schriftformklausel, **(5)** 305b BGB (→ Einl v § 343 Rn. 9), auch vor doppelter Schriftformklausel, BGH NJW 2017, 1017, auch in Formularverträgen über langfristige Geschäftsraummietverhältnisse, BGHZ 164, 133, auch unter Kflten, BGH NJW-RR 1995, 179; auch stillschweigend, uU auch wenn an die Schriftformklausel gar nicht gedacht worden ist. **Vollständigkeitsklauseln** sind grundsätzlich unbedenklich, BGHZ 79, 287; 93, 60; BGH NJW 2000, 207. Grund: bloße Wiederholung der Vermutung der Vollständigkeit des schriftlichen Vertrags. Beinhalten sie jedoch eine unwiderlegliche Vermutung, sind sie unwirksam. **Bestätigungsklauseln,** die die Verbindlichkeit eines mündlichen Abschlusses von einer schriftlichen Bestätigung abhängig machen, sind unwirksam, BGH NJW 1982, 1389; 1983, 1853. Bestätigungsklauseln, die die Verbindlichkeit von Zusagen von Vertretern oder Hilfspersonen von einer schriftlichen Bestätigung des Vertragspartners (Verwender der AGB) oder eines besonders qualifizierten Vertreters abhängig machen, sind dagegen grundsätzlich wirksam. Schriftformklauseln in AGB vgl. **(5)** §§ 305b, 307, 309 Nr. 13 BGB; dazu Komm. zu BGB; Leuschner/Sajnovits Schriftformklauseln; Ul/Br/He/H. Schmidt (40) Schriftformklauseln Rn. 1 ff. **Lit.:** Bloching/Ortolf NJW 2009, 3393 (BGH, BAG) u. BB 2011, 2571.

10 C. **Fremdsprachen:** Dazu Reinhardt RIW 1977, 16. Betr. AGB s. **(5)** § 305 II BGB, AGB im internationalen Geschäftsverkehr und Sprachenproblem, Besonderheiten gelten aber für Unternehmer als Kunden, s. Ul/Br/He/H. Schmidt BGB Anh. zu § 305 Rn. 16, zu restriktiv Ul/Br/Ernst (43) Softwareverträge Rn. 30 ff.

6) Inhaltsfreiheit, Auslegung, Treu und Glauben

11 A. **Inhaltsfreiheit:** Die Privatautonomie des Kfm. umfasst die Inhaltsfreiheit (→ Rn. 6). Diese stößt jedoch rascher als die Abschlussfreiheit an rechtliche Grenzen. Auch HdlGeschäfte sind bei Verstoß gegen ein **gesetzliches Verbot** oder gegen die **guten Sitten** nichtig (§§ 134, 138 BGB). Bsp.: Wert der Leistung doppelt so hoch wie Wert der Gegenleistung, BGHZ 146, 302; BGH NJW 2014, 1652 (bei Grundstückskauf +/- 90%); Darlehen zu überhöhten Zinsen, → **(7) Bankgeschäfte** Rn. G6–10. Kflte (und andere Unternehmer; auch → § 1 Rn. 5) sind aber idR weniger schutzwürdig als Verbraucher, → Einl v § 1 Rn. 4. Grobes Missverhältnis reicht bei Internetauktion (eBay) aber nicht aus, BGH NJW 2012, 2723; WM 2015, 402.

B. **Auslegung:** Die Auslegung bestimmt sich auch bei HdlGeschäften nach 12 §§ 133, 157 BGB. Der Kfm. ist aber rascher und unbedingter „im Wort" als Verbraucher. Vor allem gelten für die Auslegung die HdlBräuche (→ § 346 Rn. 1–11). Auslegung von AGB s. **(5)** § 305c II BGB. Auslegung von GesVerträgen → § 105 Rn. 59, → Anh. § 177a Rn. 67.

C. **Treu und Glauben, Neuverhandlungspflicht, Störung der Geschäfts-** 13 **grundlage, gerichtliche Anpassung:** Treu und Glauben beherrschen den HdlVerkehr ebenso wie den allgemeinen Rechtsverkehr. § 242 BGB gilt auch für HdlGeschäfte. Nachsorgende Vertragspflichten, Binder AcP 211 (2011), 587. Verhandlungspflichten bei Störung der Geschäftsgrundlage (§ 313 BGB), Lüttringhaus AcP 213 (2013), 266.

Im HdlVerkehr spielt der Vertrauensschutz eine noch größere Rolle als sonst, 14 → Einl v § 1 Rn. 7, → § 5 Rn. 8, 17 f., → § 15 passim. Aus Treu und Glauben kann sich eine **Neuverhandlungspflicht** ergeben, in internationalen Verträgen häufig besonders vereinbart; Nelle, 1994; Horn AcP 181 (1981), 256; vgl. IntHK, Einheitliche Regeln über Vertragshilfe (Anpassung von Verträgen), 1978 (IntHK-Publikation Nr. 326, Sprache engl., frz.). Zu Neuverhandlungs- und Anpassungsklauseln s. R. Schwarze, 2001; Steindorff BB 1983, 1127; Horn NJW 1985, 1118; Berger RIW 2000, 1; Lüttringhaus AcP 213 (2013), 266; Thole WM 2013, 1005; JZ 2014, 464 (krit.); Schwenzer/Muñoz IHR 2020, 510 (vergleichend); Vogenauer IWRZ 2021, 3 (5-tlg., int. Hdlkauf). Neuverhandlungsklauseln in Zulieferverträgen → Einl v § 373 Rn. 32 ff.

Die Rspr. ist mit **gerichtlicher Anpassung** nach § 313 BGB wegen **Störung** 15 **der Geschäftsgrundlage** (mangels vertraglicher Anpassungsklausel) **sehr zurückhaltend;** Opfergrenze ist bei Kostenanstieg um 150% zu ziehen, also Kaufkraftschwund des Entgelts um mehr als 60%, BGHZ 90, 229; 94, 260; 119, 220 (Erbbauzins); großzügiger bei vertraglicher Anpassungsklausel, BGH WM 1992, 1321 (Erbbauzins, mehr als 20%). Anpassungspflichten bei Vertragsdurchführungshindernissen, zB Versagung behördlicher Genehmigung, BGHZ 67, 36; 87, 165; Härteklauseln (hardship clauses) im internationalen Verkehr, Böckstiegel RIW 1984, 1; Vogenauer IWRZ 2021, 3 (5-tlg.). Keine Anpassung bei Gesetzesänderungen mit angemessenen Überleitungsregeln, BGH NJW 2008, 2428. Etwas anderes ist die vertraglich vereinbarte Anpassung auf Grund einer Indexierungsklausel (→ Einl v § 373 Rn. 4). Wird die Mitwirkung verweigert, kann auf Zustimmung zur Anpassung oder unmittelbar auf Leistung geklagt werden, BGHZ 191, 139. Zu Mitwirkungspflichten bei § 313 BGB BGHZ 191, 139; zu Verhandlungspflichten bei § 313 BGB Lüttringhaus AcP 213 (2013), 266, sehr str. (auch → Rn. 14). Zu **Preisanpassungsklauseln** → § 346 Rn. 40 Preisvorbehalt. **Lit.:** Kuntz WM 2009, 1257 (Finanzkrise).

7) Verjährung

Es gelten auch für den HdlVerkehr grundsätzlich die §§ 194 ff. BGB. Die 16 **regelmäßige Verjährungsfrist** wurde durch das SMG von 30 auf **3 Jahre** verkürzt (§ 195 BGB), abweichend geregelt sind weiterhin insbesondere die Mängelansprüche (§§ 438, 634a BGB). Die regelmäßige Verjährungsfrist beginnt mit dem Schluss des Jahres, in dem der Anspruch entstanden ist und der Gläubiger von den anspruchsbegründenden Umständen und der Person des Schuldners Kenntnis erlangt hat oder ohne grobe Fahrlässigkeit hätte erlangen müssen

(§ 199 I BGB, bei Anlageberatung → § 347 Rn. 39); kenntnisunabhängig gelten Höchstfristen von 10, bei Personenschäden von 30 Jahren (§ 199 II–IV BGB). **Sonderverjährungsfristen** (für die § 199 BGB nicht gilt, s. § 200 BGB) **im HGB** enthalten: §§ 61 II, 113 III, 439, 463, 475a. Das **Verjährungsanpassungsgesetz** 9.12.2004 BGBl. 3214 hat dazu einzelne Änderungen gebracht sowie zahlreiche Sonderverjährungen außerhalb des BGB zugunsten der Regelverjährung aufgehoben; dagegen blieb es bei der börsen-, kapitalmarkt- und investmentrechtlichen Sonderverjährung und der fünfjährigen Nachhaftungsbegrenzung (§§ 26 I, 28 III, 159, 160 HGB). Anders als zu **(16)** WpHG § 37a aF hatte das SchVG 2009 noch entgegen der Anregung des BRats an der börsen- und investmentrechtlichen Sonderverjährung festgehalten. Grund: dort Beweiserleichterungen für den Anspruchsteller (BReg), doch ist diese Sonderverjährung im **(15b)** VermAnlG 2011 §§ 20–22 und im geänderten **(15a)** WpPG §§ 21–25 nicht mehr enthalten, krit. DAI NZG 2010, 780. Konsequenzen für die Verjährung allgemeiner Prospekthaftungsansprüche → § 347 Rn. 39. Die früher für das HdlRecht zu beachtenden Sonderregeln über die zwei- bzw. vierjährige Verjährung der Entgeltforderungen von Kflten ua nach **§ 196 I, II aF BGB** (dazu hier 30. Aufl. Einl v § 343 Rn. 17 f.) sind ersatzlos **entfallen**. Nach Art. 229 § 6 III, IV EGBGB sind sie sinngleich nur noch in Übergangsfällen für den Günstigkeitsvergleich mit der Verjährungsfrist des neuen Rechts heranzuziehen. War die Verjährung bereits vor dem 1.1.2002 (Inkrafttreten des SMG) nach altem Recht eingetreten, bleibt es dabei. Übergangsrecht zum Verjährungsanpassungsgesetz Art. 229 § 12 EGBGB, Thiessen NJW 2005, 2120. **Lit.:** Mansel NJW 2002, 89; Mansel/Budzikiewicz NJW 2005, 321.

8) Internationaler Verkehr

17 Für HdlGeschäfte im internationalen Verkehr gilt die **Rom I-VO** seit 17.12.2009 statt Art. 27–37 EGBGB (→ Einl v § 1 Rn. 24). Bestätigungsschreiben im internationalen Verkehr → § 346 Rn. 29. Schweigen im internationalen Hdl- und Berufsverkehr → § 346 Rn. 38, → § 362 Rn. 8. Rat, Auskunft und Aufklärung → § 347 Rn. 41. Bürgschaft → § 349 Rn. 23. Internationaler Kauf → Einl v § 373 Rn. 45 ff. Internationales Abladegeschäft → Einl v § 373 Rn. 50. Kommission → § 383 Rn. 30. **Lit.:** Komm. zu Rom I-VO, abgedruckt und kommentiert bei Grüneberg/Thorn Anh. zu Art. 26 EGBGB; Reithmann/Martiny/Martiny Rn. 1.49; Bomsdorf/Finkelmeier RIW 2021, 350 (Gerichtsstand, Rechtswahl, AGB).

9) Corona-Pandemie

18 Art. 240 § 3 EGBGB (idF **COVID-19-Pandemie-Gesetz** 27.3.2020 BGBl 569) regelt Moratorium bei durch die Pandemie bedingtem Leistungshindernis zugunsten Verbraucher und Kleinstunternehmer (weniger als 10 Beschäftigte und Jahresumsatz bzw. -bilanz unter 2 Mio. Euro). Das Leistungsverweigerungsrecht gilt nur für sog. wesentliche Dauerschuldverhältnisse, die vor dem 8.3.2020 geschlossen wurden, und es kann nur bis zum 30.6.2020 ausgeübt werden. Wesentlich sind Leistungen, soweit sie zur angemessenen Daseinsvorsorge oder zur angemessenen Fortsetzung des Erwerbsbetriebs erforderlich sind. Dies betrifft Grundversorgung mit Strom, Gas, Telekommunikation, ggf. Wasser; RegE 1, 3, 39. Sonderregeln gelten für Miete, Pacht und Verbraucherdarlehen (s. → **(7)** Bankgeschäfte Rn. A3b; Rn. G36). Im Übrigen keine Änderungen für Handelsgeschäfte; zum Handelskauf → Einl v 377 Rn. 52. Eine Staatshaftung für Folgen der Pandemieabwehr scheidet aus, BGH NJW 2022, 2252 (Betriebsschließung).

19 Der **Vorrang der Parteiabrede** gilt in Bezug auf Risikoverteilung und unerwartete Ereignisse, insbesondere bei Klausel zu höherer Gewalt (force majeure → § 346 Rn. 40), die durch die Pandemie ausgelöst sein kann, Wagner/Holtz/

Dötsch, BB 2020, 845; Liebscher/Zeyher/Steinbrück ZIP 2020, 852, 861 zu CISG. Begriff und Folgen **höherer Gewalt** (force majeure → § 346 Rn. 40) sind weder in BGB, noch HGB abschließend geregelt. Einzelregelungen zur Rücktrittsmöglichkeit enthält § 651h III, IV 2 Nr. 2 BGB (§ 650j BGB aF); dazu Führich NJW 2022, 1641. Als höhere Gewalt gilt ein Ereignis, das von außen kommt, keinen betrieblichen Zusammenhang aufweist und durch die äußerste vernünftigerweise zu erwartende Sorgfalt nicht abwendbar ist, RGZ 101, 94 f.; RGZ 117, 12 f.; BGH NJW 1987, 1938. Bspe.: Epidemie Sars-CoV 1 China 2003, AG Augsburg BeckRS 2004, 16212 (Reisevertrag); Vulkanausbruch Eyjafjallajökull Island 2010, BGH NJW 2017, 2677 (Flugreise). Grundgedanke ist das fehlende Kontrollmöglichkeit, derjenigen Partei, die sich darauf beruft (vgl. § 651h III 2 BGB), aber erhöhte Sorgfalt im HandelsR (→ § 347 Rn. 1). Parteiabrede kann abweichen (s. Garantie → § 429 Rn. 15); bei Verwendung von ICC-Klausel Anwendungsbereich weiter als bei Unmöglichkeit, Ziff. 1 ICC Force Majeure and Hardship Clauses, 3/2020 (engl., dt.). Zur Neuverhandlungspflicht → Rn. 14, 21.

Bei **endgültiger Unmöglichkeit** entfällt die (Gegen-)Leistungspflicht, §§ 275 **20** I, 326 I 1; der Gläubiger kann ohne Fristsetzung zurücktreten, § 326 V BGB; erbrachte Leistungen können gem. § 326 IV BGB nach §§ 346–348 BGB zurückgefordert werden; zur ratio MüKoBGB/Ernst § 326 Rn. 103, 107. Die (voraussichtlich bloß) **vorübergehende Unmöglichkeit** gibt dem Schuldner ein Leistungsverweigerungsrecht aus § 275 I BGB analog, BGH NJW 2013, 3437; der Gläubiger braucht die (weitere) Gegenleistung nach § 320 I 1 BGB nur Zug-um-Zug zu erbringen, (erbrachte) Leistungen kann er aber erst nach Vertragsaufhebung, also nicht vorläufig zurückfordern, MüKoBGB/Ernst § 275 Rn. 154. Das **vorübergehende Erfüllungshindernis steht dem dauernden gleich,** wenn die Erreichung des Vertragszwecks infrage gestellt ist und die Erbringung der (Gegen-)Leistung unzumutbar ist; kein Anspruch auf Vertragsanpassung nach § 313 I BGB im Geltungsbereich des spezielleren Art. 240 § 5 Abs. 2 EGBGB (Gutscheinlösung), BGH NJW 2022, 2024 Rn. 20, 33 (Rückgewähr der Beiträge für Fitnessstudio wegen rechtlicher Unmöglichkeit durch pandemiebedingte Schließungsanordnung, § 275 I BGB); m. zust. Anm. Englich/Weinert NJW 2022, 1987; Jänsch COVuR 2021, 578; Longrée/Podann MDR 2022, 798. Für Schadensersatz wegen Unmöglichkeit oder **Verzug** wird es in Pandemie häufig am Vertretenmüssen fehlen, §§ 280 I 2, 283 S. 1, 286 IV BGB; verschuldensunabhängig aber Rücktritt nach §§ 323 I BGB oder beim Fixhandelskauf nach → § 376 I Rn. 10. **Nicht zu vertreten** ist behördliche Untersagung, zB Ausfuhrverbot für Schutzkleidung nach §§ 4, 6 AWG, Anordnung eines Produktionsstops, die eigenverantwortliche Schließung aber nur, wenn der im Verkehr erforderlichen Sorgfalt entsprechend; Weller/Lieberknecht/Habrich NJW 2020, 1017, 1019; auch Liebscher/Zeyher/Steinbrück ZIP 2020, 852, 857 ff.

Eine **Störung der Geschäftsgrundlage** mit der Folge Vertragsanpassung **21** (Neuverhandlung → Rn. 14) oder Rücktritt bzw. Kündigung nach § 313 BGB bleibt Ausnahme; Überschneidung mit § 275 II BGB (wirtschaftliche Unmöglichkeit) denkbar; Abgrenzung schwierig, zum Stand zB BGH NJW 2022, 1370 Rn. 41 (Mietanpassung für Einzelhandelsgeschäft bei pandemiebedingter Schließungsanordnung, § 313 I BGB). HdlKlauseln zu höherer Gewalt (force majeure) und wirtschaftlicher Härte (hardship) gehen vor (→ § 346 Rn. 40). Eine Äquivalenzstörung iSv § 313 BGB tritt ein bei Erhöhung des Leistungsaufwands, entsprechender Steigerung des Gläubigerinteresses (sonst § 275 II BGB) und einer Gegenleistung, die hierzu nicht im Verhältnis steht; BeckOK BGB/Lorenz § 313 Rn. 23. Denkbar ist exzessiver Beschaffungsaufwand bei steigendem Weltmarktpreis, zB bei im Ausland produzierten pharmazeutischen Grundstoffen und globalem Angebotsrückgang infolge von Ausfuhrbeschränkungen; ähnlich Weller/

Lieberknecht/Habrich NJW 2020, 1017, 1022; offen Jung JZ 2020, 715 und Kumkar/Voß, ZIP 2020, 893. Einzelfallabwägung ist erforderlich bzgl. Tatbestand, ggf. auch unter Berücksichtigung von Versicherbarkeit, und auch bzgl. Rechtsfolge; ebenso Art. 13 ELI Principles for the COVID-19 Crisis, ZEuP 2020, 729; Wagner ZEuP 2020, 531.

Lit.: s. weiter → Einl v § 373 Rn 54 (Handelskauf). COVuR (Zeitschrift 2020 ff); ELI Principles for the COVID-19 Crisis, ZEuP 2020, 729, dazu Wagner ZEuP 2020, 531; Koppmann BB 2020, 856 (zu Checklisten). Zum **COVID-19-Pandemie-Gesetz** Fritz, COVAbmildG, 2. Aufl. 2022 (Kommentar); Römermann, Leitfaden für Unternehmen in der Covid-19-Pandemie, 2020 (mit Gesetzesmaterialien); Fröhling/Issmer WM 2020, 669; Schmidt-Kessel/Möllnitz NJW 2020, 1103. **Rspr.Übersicht:** Weber/Discher COVuR 2022, 205 (gewerbl. Miete); R. Zuck/H. Zuck NJW 2020, 2302 (BVerfG Eilrechtsschutzanträge). **Muster:** ICC Force Majeure and Hardship Clauses, 3/2020 (engl., dt.). Zu **Moratorium und Insolvenz** Frind BB 2020, 1346; Rüfner JZ 2020, 443; Ellers DB 2020, 2114 (COVInsAG-ÄnderungsG); spezieller Gehrlein WM 2021, 1 (Gläubigergefährdung und Insolvenzverschleppung durch Bankkredite, § 826 BGB/COVInsAG). Zu **Leistungsstörungen im Überblick** Bacher MDR 2020, 514 (weitere im H.), Wagner/Holtz/Dötsch BB 2020, 845, Liebscher/Zeyher/Steinbrück ZIP 2020, 852 (mit CISG, CMR) und Weller/Lieberknecht/Habrich NJW 2020, 1017; **Geschäftsgrundlage:** Jung JZ 2020, 715, DB 2021, 329, Kumkar/Voß ZIP 2020, 893; Scholz NJW 2020, 2209 (Betriebsuntersagung); **Vertragsgestaltung:** Mann/Waschkowski BB 2022, 1283; Rothermel IHR 2020, 89. **Einzelfragen** bei Meier/Kirschhöfer BB 2020, 967 und Herdegen WM 2021, 465 (Darlehen); Dehio/Rinne/Schmitt WM 2020, 819 und Möller/Habermann NZG 2020, 816 (Finanzierung, Finanzsektor); Mylich ZIP 2020, 1097 und Samhat WM 2020, 865 (Kreditsicherheiten); Anzinger/Strahl ZIP 2020, 1833, Klein BB 2021, 962, Päßler/Scholz ZIP 2020, 1633, Schall JZ 2020, 388, und Weller/Thomale BB 2020, 962 (Miete); Zehelein, Miete in Zeiten von Corona, 2021 (mit Leasing); Spenner/Estner BB 2020, 852, Weller/Schwemmer NJW 2020, 2985 und Woitkewitsch MDR 2020, 1217–1221 (Veranstaltungen).

Erster Abschnitt. Allgemeine Vorschriften

[Begriff der Handelsgeschäfte]

343 (1) Handelsgeschäfte sind alle Geschäfte eines Kaufmanns, die zum Betriebe seines Handelsgewerbes gehören.

(2) *(aufgehoben)*

1) Geschäfte eines Kaufmanns (Halbsatz 1)

1   A. **Geschäfte:** HdlGeschäfte iSv § 343 setzen zunächst überhaupt „Geschäfte" voraus. Geschäfte sind **Rechtsgeschäfte,** rechtsgeschäftsähnliche Handlungen und Unterlassungen, zB Mahnung nach § 286 I 1 BGB, Leistung und ihre Annahme, Schweigen im HdlVerkehr, Geschäftsführung ohne Auftrag (§ 677 BGB); auch Geschäfte ohne Gewinnerzielungsabsicht und unerlaubte Geschäfte, Oetker/Pamp Rn. 4; **nicht** zB Vermischung und Verarbeitung (§§ 946 ff. BGB), Oetker/Pamp Rn. 7; Rö/Steimle/Dornieden Rn. 8 (seit 5. Aufl., 2019); aA BeckOGK HGB/Beurskens Rn. 15; unerlaubte Handlungen, Ansprüche aus §§ 823 ff. BGB, auch nicht, wenn sie in einem inneren Zusammenhang mit einem HdlGeschäft stehen, BGH NJW 2018, 2197 (auch → § 353 Rn. 1), üL; §§ 3 ff. UWG, aA Rö/Steimle/Dornieden Rn. 9; Halten, Fahren, Fahrenlassen von Kfz; Ansprüche aus Zusammenstoß der Kfz zweier Kflte auf Betriebsfahrt

1. Abschnitt. Allgemeine Vorschriften 1 § 344

trägt also nicht Zins nach § 353 und gehört nicht nach § 95 Nr. 1 GVG vor die KfH (→ Einl v § 1 Rn. 83).

B. Geschäfte eines Kaufmanns: HdlGeschäfte sind Geschäfte eines Kauf- 2 manns, auch Kfm. kraft Eintragung nach § 5. Keine HdlGeschäfte sind Geschäfte eines NichtKfm, nach aA jedes Unternehmensträgers (→ § 1 Rn. 10). Doch können einzelne Vorschriften über HdlGeschäfte entspr. auf NichtKflte anzuwenden sein, im Einzelnen str. (Auflistung → § 1 Rn. 10). Im Fall der Rechtsscheinhaftung muss auch der NichtKfm seine Geschäfte als HdlGeschäfte behandeln lassen (→ § 5 Rn. 9–17). Die KfmEigenschaft muss vor Abgabe der Willenserklärung erworben sein (Schutzzweck), Canaris § 20 II Rn. 4, für § 130 II BGB analog, Rö/Steimle/Dornieden Rn. 22; aA Oetker/Pamp Rn. 14.

2) Zum Betrieb des Handelsgewerbes gehörend (Halbsatz 2; II aF)

A. Zum Betrieb des Handelsgewerbes gehörend: HdlGeschäfte sind die 3 zum Betrieb des HdlGewerbes des Kfms gehörenden Geschäfte, dh alle, die dem Interesse des HdlGewerbes, der Erhaltung seiner Substanz und Erzielung von Gewinn dienen sollen, BGH NJW 1960, 1853; entfernter, lockerer Zusammenhang genügt, BGHZ 63, 35; BGH NJW 1997, 1779; also auch bei Anschaffung eines Gegenstandes sowohl für den Geschäfts- als auch im Privatbereich. Auch **Hilfs- und Nebengeschäfte**, zB betr. Personal, Einrichtung und Ausstattung des Betriebs, Bau von Gebäuden, BGHZ 63, 35, Finanzierung, Geldanlage (s. RG JW 1904, 496: Wertpapierkäufe), Rechtsschutz, Beteiligung an anderen Unternehmen, Aufnahme von Teilhabern usw. Auch nach Art des Betriebs **ungewöhnliche** Geschäfte, RGZ 87, 331 (Bauunternehmer nahm Wertpapiere ins Depot), RG HRR 1932, 1645; RGZ 130, 235 (Geschäft für eigene statt fremde Rechnung); auch freigiebige Akte, BGH WM 1976, 424. Auch **vorbereitende** Geschäfte sind HdlGeschäfte, RG JW 1908, 148 (Bierlieferungsvertrag für zu errichtendes Hotel); RG JW 1908, 206 (Ladenmiete); RG HRR 1931, 528; OGHZ 1, 62 (Erwerb eines HdlGeschäfts); RG Recht 1932, 409. Auch **abwickelnde** Geschäfte, auch die Veräußerung des Unternehmens im Ganzen, RGZ 72, 436. Vgl. die Rspr. zum (verwandten, nicht gleichen) Begriff der im Betrieb eines HdlGeschäfts begründeten Verbindlichkeiten iS §§ 25, 28. Die **Merkmale** für Hdl- oder Privatgeschäft sind objektiv zu verstehen, die Meinung der Beteiligten entscheidet nicht, kann aber mit ins Gewicht fallen, RGZ 33, 110 (Gefälligkeitsgeschäfte). **Nicht:** Abschluss eines OHGVertrags (→ § 105 Rn. 49); reine Privatgeschäfte des Kfm.

B. II aF: § 343 II aF, aufgehoben durch HRefG 1998 als Folge der Abschaf- 4 fung des Katalogs der Grundhandelsgeschäfte (§ 1 II aF), war irreführend. Alle branchenfremden, aber im Betrieb des HdlGewerbes vorgenommenen Geschäfte sind HdlGeschäfte.

[Vermutung für das Handelsgeschäft]

344 (1) **Die von einem Kaufmanne vorgenommenen Rechtsgeschäfte gelten im Zweifel als zum Betriebe seines Handelsgewerbes gehörig.**

(2) **Die von einem Kaufmanne gezeichneten Schuldscheine gelten als im Betriebe seines Handelsgewerbes gezeichnet, sofern nicht aus der Urkunde sich das Gegenteil ergibt.**

1) Vom Kaufmann vorgenommene Geschäfte (I)

A. Im Zweifel zum Betrieb des Handelsgewerbes gehörig: Die Rechts- 1 geschäfte des Kfm. gelten **im Zweifel als zum Betrieb seines Handelsgewerbes gehörig** (I). Die Vermutung der Betriebszugehörigkeit gilt, wenn Handeln im HdlGewerbe oder privates Handeln in Frage steht. Die Vermutung gilt nicht im Verhältnis von HdlGewerbe und nicht-kfm. gewerblichem Betrieb, zB für den Kfm., der zugleich Landwirt ist, RG JW 1932, 50; nicht im Verhältnis von eigenem Betrieb des Handelnden zum Betrieb einer Ges., deren Geschäfte er auch führt, RG JW 1932, 50. Die Vermutung ist gegenstandslos für **Handelsgesellschaften** (aller Art), alle ihre Geschäfte sind im Betrieb ihres HdlGewerbes vorgenommen, zutr. BGH NJW 1960, 1852 (Handelsgesellschaft ohne private Rechtssphäre); das gilt auch bei branchenfremden Nebengeschäften, BGH NJW 2011, 3435; unnötige Anwendung von § 344 in BGHZ 179, 126 Rn. 22. Beim **Gfter-Kfm.** (Gfter der OHG, phG der KG vgl. → § 105 Rn. 19) kommt es auf Vornahme für die Ges. oder für ihn persönlich an, was nach § 164 I 2, II BGB zu beurteilen ist, BGH NJW 1960, 1852. Bei rechtsgeschäftlichem **Handeln des Einzelkaufmanns als natürliche Person** findet § 344 I keine Anwendung, weil §§ 13, 14 Abs. 1 BGB für die Einordnung als Verbraucher- oder Unternehmerhandeln vorrangig sind, BGHZ 232, 1 Rn. 48 mAnm. Looschelders NJW 2022, 659 Rn. 3, aA bzgl MüKoHGB/Maultzsch Rn. 25. Grund: Unionsrechtlicher Verbraucherschutz insoweit vollharmonisierend, lex posterior. Es erfolgt **keine analoge Anwendung** im Rahmen der §§ 13, 14 BGB. Rechtsgeschäfte eines Unternehmers (Kleingewerbe iSv § 2, Freiberufler) sind also nicht im Zweifel dem Unternehmensbereich zuzuordnen, BGH NJW 2018, 150 Rn. 37 ff., EBJS/Fest Rn. 18, str.

2 B. **Alle Geschäfte:** I spricht nur von „Rechtsgeschäften". Gleiches muss aber für alle Geschäfte iSv § 343 I gelten, denn im Verhältnis zu diesen erfüllt § 344 eine Hilfsfunktion, EBJS/Fest Rn. 8.

3 C. **Widerlegbare Vermutung:** Die Regel des I gilt nur im Zweifel, die Vermutung ist also widerlegbar. Der **Gegenbeweis** muss die Zugehörigkeit des Geschäfts zum Gewerbebetrieb des Kfms widerlegen. Nicht entscheidend ist Abschluss unter bürgerlichem Namen statt Firma, RGZ 59, 213. Die Widerlegung zum Nachteil des Geschäftspartners setzt voraus, dass dieser den privaten Charakter des Geschäfts kannte oder kennen musste, BGH WM 1976, 424; OLG Köln MDR 1972, 865; EBJS/Fest Rn. 34f.; Oetker/Pamp Rn. 12; aA Weyer WM 2005, 500 (jeweiliger Normzweck, Betriebszugehörigkeit).

2) Vom Kaufmann gezeichnete Schuldscheine (II)

4 Der Begriff **Schuldschein** (§§ 371, 952 I BGB) umfasst jede vom Schuldner zum Zwecke des Beweises für das Bestehen einer Schuld unterzeichnete Urkunde, einerlei ob die Schuld begründet oder bestätigt wird, zB Bürgschaftsurkunde, BGH NJW 1997, 1779; Wechsel, die in § 363 genannten Papiere, Schlussscheine, andere schriftliche Vertragsbestätigung, RGZ 120, 89; auch eine Mehrheit von Urkunden, RGZ 131, 6. Die **von einem Kaufmann gezeichneten** Schuldscheine gelten als im Betrieb seines HdlGewerbes gezeichnet, nicht nur iZw wie nach I, sondern soweit sich nicht aus der Urkunde das Gegenteil ergibt. Ergibt sich das nicht, steht die Betriebszugehörigkeit unwiderlegbar fest; ob kraft Fiktion, so OLG Hamm ZIP 1982, 50, oder verstärkter (nicht nur „im Zweifel" wie in I) Vermutung ist belanglos. Zeichnung soll Schriftform (§ 126 BGB) voraussetzen, Faksimile soll nicht genügen, BGH NJW 1970, 1080; Oetker/Pamp Rn. 17; aA MüKoHGB/Maultzsch Rn. 18. Der **Gegenbeweis** ist aus dem Inhalt der Urkunde zu führen, aus Angaben der Urkunde über den Schuldgrund, uU aus dem Inhalt der Schulderklärung, uU aus anderen Angaben der Urkunde. Bei Darlehensschuldschein auf Geschäftspapier wird uU die Vermutung nicht entkräftet durch Angabe des privaten Zweck des Darlehens, Zeichnung mit bürgerlichem Namen, Mitzeichnung der Ehefrau, Sicherungsübereignung privaten Vermögens, OLG Nürnberg BB 1961, 1178. Ist in der Urkunde selbst ein Schuldgrund außerhalb des Geschäfts angegeben, kann noch dargetan werden (aber ohne Vermutung), dass der Kfm. die Verbindlichkeit auf das Geschäft nahm,

1. Abschnitt. Allgemeine Vorschriften § 346

RGZ 56, 197. II greift nicht ein, wenn der andere Teil von der Nichtzugehörigkeit zum Betrieb des HdlGewerbes positiv weiß (vgl. → § 5 Rn. 14), BGH NJW 1997, 1780, Kennenmüssen genügt nicht; jedenfalls Arglisteinrede (§ 242 BGB), RGZ 56, 198, hL.

[Einseitige Handelsgeschäfte]

345 Auf ein Rechtsgeschäft, das für einen der beiden Teile ein Handelsgeschäft ist, kommen die Vorschriften über Handelsgeschäfte für beide Teile gleichmäßig zur Anwendung, soweit nicht aus diesen Vorschriften sich ein anderes ergibt.

1) Einseitiges Handelsgeschäft:

Nach § 345 gelten, wo nichts anderes gesagt ist, die Vorschriften über HdlGeschäfte auch dann, wenn das Geschäft nur für einen der beiden Beteiligten HdlGeschäft ist (einseitiges Handelsgeschäft), wenn also der andere nicht Kfm. ist oder wenn er zwar Kfm. ist, das Geschäft aber nicht zum Betrieb seines HdlGewerbes gehört. **Anwendbar** sind in diesen Fällen namentlich §§ 352 II (Zinshöhe), §§ 355–357 (Kontokorrent), §§ 358–361 (Zeit und Art der Leistung), §§ 363–365 (Indossierung gewisser Papiere), §§ 366, 367 (Schutz des guten Glaubens), ferner die Vorschriften über HdlKauf (ausgenommen §§ 377, 379), Kommissions-, Speditions-, Lager-, Frachtgeschäft, Eisenbahnbeförderung. **Unanwendbar** bzw. nur für die kfm. Vertragspartei anwendbar sind insbesondere §§ 346–352 I, 353, 354, 368–372, 377, 379, 391. Verbraucherrecht geht ggf. vor, Koller/Roth Rn. 3 mit Bsp., iÜ rechtspolitisch akzeptabel, Oetker/Pamp Rn. 1, str.; noch weitergehend Oetker/Koch Vor §§ 373–381 Rn. 10; auch → Einl v § 373 Rn. 8, 10. 1

2) Beiderseitiges Handelsgeschäft:

Nicht nur ein einseitiges, sondern ein beiderseitiges HdlGeschäft wird ua in §§ 346, 353, 369, 377, 379, 391 vorausgesetzt. Dafür ist notwendig, dass beide Teile Kflte sind und das Geschäft für beide Teile ein HdlGeschäft iSv §§ 343, 344 ist. 2

[Handelsbräuche]

346 Unter Kaufleuten ist in Ansehung der Bedeutung und Wirkung von Handlungen und Unterlassungen auf die im Handelsverkehre geltenden Gewohnheiten und Gebräuche Rücksicht zu nehmen.

Übersicht

	Rn
1) Begriff, Geltung	1–11
A. Begriff:	1, 2
B. Geltung unter (Nicht)Kaufleuten:	3–6
C. Beschränkte Geltung:	7
D. Geltung ohne Kenntnis:	8, 9
E. Verhältnis zu Rechtsnormen:	10
F. Missbrauch:	11
2) Herausbildung, Feststellung, Beispiele	12–15
A. Herausbildung:	12
B. Feststellung:	13, 14
C. Beispiele:	15
3) Kaufmännisches und berufliches Bestätigungsschreiben	16–29
A. Auftragsbestätigung, Bestätigungsschreiben:	16, 17
B. Persönliche Reichweite:	18, 19

	Rn
C. Sachliche Voraussetzungen:	20–25
D. Schutzgrenzen, Anfechtbarkeit:	26–28
E. Internationaler Verkehr:	29
4) Schweigen im Handels- und Berufsverkehr	30–38
A. Schweigen im Rechtsverkehr:	30–32
B. Zurechnung, Anfechtbarkeit:	33
C. Schweigen auf Auftragsbestätigung:	34
D. Schweigen auf Rechnung (Faktura):	35
E. Schweigen auf Vertragsangebot:	36
F. Schweigen auf Rechnungsabschluss:	37
G. Internationaler Verkehr:	38
5) Handelsklauseln	39, 40
A. Handelsbedingungen und Handelsklauseln:	39
B. Liste einzelner Handelsklauseln:	40

1) Begriff, Geltung

1 A. **Begriff:** Die „im Handelsverkehre geltenden Gewohnheiten und Gebräuche" **(Handelsbräuche)** sind die Verkehrssitte des Handels (vgl. §§ 157, 242 BGB, → Einl v § 343 Rn. 12–15). Notwendig ist verpflichtende Regel, die auf einer gleichmäßigen, einheitlichen und freiwilligen Übung der beteiligten Kreise für vergleichbare Geschäftsvorfälle über einen angemessenen Zeitraum hinweg beruht und der eine einheitliche Auffassung der Beteiligten zugrunde liegt, BGH NJW 1994, 659; 2001, 2465; WM 1984, 1002; NJW 2018, 1959 Rn. 30. HdlBrauch nicht schon wegen Gebrauchs in einer Vielzahl gleichartiger Verträge, auf schriftliche Fixierung kommt es nicht an, entscheidend ist freiwillige Befolgung, BGH NJW 2017, 2986 Rn. 57; WM 2017, 1652 Rn. 63. § 346 gilt sowohl (§§ 133, 157 BGB ergänzend) für die **Auslegung** von Willenserklärungen (und die Würdigung eines Verhaltens als Willenserklärung) als auch (nachgiebiges Recht idR verdrängend, vgl. → Rn. 9) für **Rechtsfolgen** von Willenserklärungen und anderen Handlungen und Unterlassungen (nicht nur im Schuldrechtsbereich), BGH BB 1973, 636.

2 Nicht HdlBrauch sind, weil ohne verpflichtende Regel, zB **Handelsübung,** dh was sich nach allgemeiner Auffassung der Verkehrskreise im Rahmen vernünftiger kfm. Gepflogenheit hält, also ohne selbst eingebürgerte Missbräuche, BGH NJW 1987, 1887; **AGB,** die eine Vertragspartei der anderen stellt und die bei wirksamer Unterwerfung als Vertragsbedingungen gelten; so auch Vereinbarung über bestimmte Anwendung von HdlBrauch, dieser wird dadurch vertraglich fixiert und zu AGB; s. **(5)** § 305 II BGB. Abgrenzung zu Berufsgewohnheiten und -anschauungen (die zur Anwendung von § 3 UWG bedeutsam sein können) s. BGH NJW 1969, 1293. Lit.: Sonnenberger, 1969; Lißner, 1999; Selke, 2001; Pflug ZHR 135 (1971), 12; Basedow ZHR 150 (1986), 469; Hellwege AcP 214 (2014), 853 (HdlBrauch und Verkehrssitte als Vertragsinhalt, Geltung nur kraft normativer Auslegung); Leyens AcP 215 (2015), 612, 624 (auch Selbstbindung an Kodex).

3 B. **Geltung unter (Nicht)Kaufleuten:** HdlBräuche gelten nach § 346 **unter Kaufleuten,** und zwar für ihr HdlGewerbe (nicht privat), also für ihre (beiderseitigen) HdlGeschäfte und für andere Vorgänge ihres Gewerbebetriebs (auf beiden Seiten). Kfm. ist jeder Kfm. nach §§ 1–6, auch der Kfm. nach § 5.

4 **Unter Nichtkaufleuten** und im Verkehr mit ihnen gelten sie,

a) wenn ein gleicher Brauch (**Verkehrssitte,** vgl. → Rn. 1) auch in diesem Verkehr besteht, OLG Koblenz NJW-RR 1988, 1306 – Tegernseer Gebräuche. Das ist aber besonders festzustellen. Dabei ist vorsichtig zu verfahren; es ist unstatthaft, NichtKflte an ihnen unbekannte HdlBräuche zu binden, wenn das Erwachsen eines solchen Brauchs in eine allgemeine Verkehrssitte nicht einwandfrei feststeht;

1. Abschnitt. Allgemeine Vorschriften 5–10 § 346

b) wenn im Vertrag zwischen Kfm. und NichtKfm oder zwischen NichtKflten **5 Unterwerfung** unter einen HdlBrauch ausgesprochen oder anzunehmen ist, zB zwischen Filmvermittler (Kfm.) und (nicht eingetragenem) Filmproduzenten (NichtKfm) bei branchenüblichem Abschluss, besonders wenn der Produzent seit Jahren in der Branche tätig ist und ihre Gewohnheiten kennt, BGH NJW 1952, 257;

c) UU zugunsten des NichtKfms gegen Kfm. zur Milderung von (diesem **6** besser bekanntem) Spezialrecht, BGH BB 1970, 151 (Verjährung der Frachtnachforderung unter § 84 GüKG aF).

C. Beschränkte Geltung: HdlBräuche **gelten** meist nicht allgemein wie **7** HdlGesetze, sondern **beschränkt,** zB auf einzelne Geschäftszweige, Gruppen in einem Geschäftszweig (BGH LM HGB § 346 (F) Nr. 1 betr. größeren Kunsthandel), Gebiete, Orte, Börsen („Platzusancen"). Vgl. BGH NJW 1977, 386: Brauch (betr. Rücktritt von Reservierung) zwischen Hotels und Reisebüros? Hotels und andern Kunden? Der speziellere HdlBrauch geht vor. Örtlicher HdlBrauch gilt gegenüber nicht am Platz ansässiger Kflten nur, wenn besondere Gründe für die Annahme der Unterwerfung sprechen, BGH NJW 1983, 1268; OLG Hamburg RIW 1982, 283. Für Vertragsleistungen gelten die HdlBräuche am Erfüllungsort: so im Inland, bei ausländischem HdlBrauch, der dem inländischen entspricht, und bei internationalen HdlBräuchen; sonst nur wenn sich Kfm. auf ausländischen Brauch eingelassen hat, BGH WM 1984, 1003. Der HdlBrauch am Ort des Maklers gilt idR auch für eine auswärtige Partei, RGZ 97, 218, mindestens wenn diese widerspruchslos Schlussscheine mit entspr. Hinweis annimmt, OGHZ 4, 248: Schlussscheine mit der Klausel „Hamburger freundschaftliche Arbitrage und Schiedsgericht" (→ Rn. 40 „Arbitrage") unterwerfen unter Hamburger Usance, allerdings wohl nur bezüglich Arbitrage- und Schiedsgerichtsfragen. Für die Wirkung einer Handlung (Unterlassung) gilt idR der Brauch am Ort der Handlung (Unterlassung, zB Nichtaufnahme und Bezahlung von Dokumenten am Käufersitz), uU aber der am Ort des Schwerpunkts (iSv IPR) des Geschäfts, zB des HauptHdlPlatzes der Branche, wo auch das Geschäft geschlossen und wohin die Ware lief, Feststellung des HauptHdlPlatzes ähnlich der des HdlBrauchs (vgl. → Rn. 13); BGH BB 1973, 636; 1976, 480.

D. Geltung ohne Kenntnis: HdlBräuche gelten normativ, also auch ohne **8** Kenntnis oder Unterwerfungswillen der Parteien (anders HdlÜbung, → Rn. 2), OLG Frankfurt a. M. WM 1986, 839, also auch, wenn beide Parteien sie nicht kennen, aA Hellwege AcP 214 (2014), 86. Der Brauch gilt auch gegen Kfm., der erstmals einschlägig tätig wird, BGH BB 1973, 635; OLG Frankfurt a. M. AWD 1977, 236. Wer sich einem Brauch nicht unterwerfen will, muss seiner Geltung vor oder bei Vertragsschluss ausdrücklich widersprechen, Bestreiten des Bestehens des Brauchs genügt dazu idR nicht, BGH MDR 1952, 155; NJW 1966, 502. Doch ist auch eine vom HdlBrauch abweichende, vertragliche Einigung möglich, auch konkludent, zB bei bestimmtem Vertragszweck, BGH WM 1984, 1002; OLG München WM 1996, 2337. Über HdlÜbung, die nicht normativ gilt, muss sich der Kfm. bei Anhaltspunkten uU erkundigen, vgl. SchiedsG Dt. Kaffee-Verbd, HK Hmb. BD 5 D 1c Nr. 16. Erkennt der eine Teil, dass der andere den HdlBrauch nicht kennt, gilt § 242 BGB, auch aA culpa in contrahendo oder Geltung des Gewollten ohne HdlBrauch (§ 133 BGB), Koller/Roth Rn. 11.

Irrtumsanfechtung wegen Unkenntnis ist nicht möglich, str.; vgl. Canaris **9** Vertrauenshaftung S. 227; Flume II § 21, Rn. 9c; auch → Rn. 32, 39.

E. Verhältnis zu Rechtsnormen: HdlBräuche gelten nicht gegenüber **zwin- 10 gendem Recht,** zB nicht soweit durch sie eine verbotene Kartellabrede praktiziert wird, BGHZ 62, 82 (IATA-Übung betr. Provisionsverzicht von Reisebüros im Zulassungsverfahren). Sie gehen **nachgiebigem Recht** idR vor, BGH LM

§ 346 11–13   4. Buch. Handelsgeschäfte

BGB § 675 Nr. 3 (vgl. → § 384 Rn. 14); BGH NJW 1966, 502; BB 1973, 636. HdlBräuche gelten kraft gesetzlicher Verweisung und fallen deshalb selbst **nicht unter (5)** §§ 305 ff. BGB, BGH BB 1986, 1395 – Tegernseer Gebräuche (→ Rn. 15); Ul/Br/He/Habersack BGB § 305 Rn. 181; aber AGB sind nur ausnahmsweise HdlBrauch, zB Tegernseer Gebräuche, aber nicht **(8)** AGB-Banken, **(18)** ADSp. HdlBräuche können aber gegen **§ 242 BGB** verstoßen (→ Rn. 11), K. Schmidt § 1 III Rn. 62; aA Canaris § 22 Rn. 37: Auslegung. Verstöße gegen das Transparenzgebot (AGB) entsprechen nicht den Gebräuchen im HdlVerkehr, BGH NJW 2012, 54; zu HdlBräuchen und AGB Drettmann FS v. Westphalen, 2010, 73.

11 F. **Missbrauch:** Ein Missbrauch des Handels (§ 242 BGB, → Rn. 10), zB ein gegen Treu und Glauben verstoßender HdlBrauch, ist unbeachtlich, OLG München BB 1955, 748 (behaupteter Ausschluss jeder Untersuchungsobliegenheit nach § 377 beim Südfrüchteimport). Das gilt aber nicht schon bei einem mit der Sicherheit des Verkehrs unverträglichen Brauch, aA RGZ 114, 14. Eine Inhaltskontrolle entspr. (5) § 307 BGB findet nicht statt.

2) Herausbildung, Feststellung, Beispiele

12 A. **Herausbildung:** Zur Herausbildung eines HdlBrauchs braucht es einen gewissen **Zeitraum,** die **Zustimmung** der Beteiligten und die **tatsächliche Übung,** RGZ 110, 48; BGH NJW 1952, 257. Nach Art des Gegenstands kann die Zahl der festzustellenden Anwendungsfälle sehr verschieden sein, OLG Hamburg MDR 1963, 849; BGH NJW 1966, 502 (Schiffsverkäufe). RGZ 118, 140 verneinte mit Recht die Bildung eines auf wertbeständige Zahlung gerichteten HdlBrauchs in den unruhigsten Zeiten der Geldentwertung. Einzelne AGBKlauseln können zu HdlBrauch werden, aber nur wenn sie auch ohne besondere Vereinbarung oder Empfehlung freiwillig befolgt würden, BGH BB 1980, 1552. Einseitige Übung von Importeuren ohne Anerkennung durch die ausländischen Lieferer ist kein HdlBrauch, OLG München BB 1955, 748 (betr. Untersuchungspflichten beim Südfrüchteimport). Ein HdlBrauch erlischt nicht dadurch, dass einschlägige Geschäfte eine Zeit lang wegen besonderer Umstände nicht geschlossen werden, wohl aber wenn diese Geschäfte dann in ganz anderer Weise wieder aufgenommen werden, BGH NJW 1952, 257 betr. Filmvermittlung. Nachweis einer Verkehrsauffassung, zB bzw. Mehrwertsteuer-Erstattungspflicht, ist noch nicht Beweis entspr. (wirklich geübten) HdlBrauchs.

13 B. **Feststellung:** Wer sich auf einen HdlBrauch beruft, muss sein Bestehen und seinen Inhalt **behaupten** und bei Bestreiten **beweisen,** BGH NJW 1955, 866; DB 1962, 197 (ausländischer Brauch); BGH BB 1972, 1117 (Auslegung typischer Klausel). Dass die meisten Beteiligten eine Frage ausdrücklich regeln, schließt die Annahme eines HdlBrauchs nicht aus, BGH NJW 1994, 659. Den **Kammern für Handelssachen** (§ 114 GVG, → Einl v § 1 Rn. 84) ist ausdrücklich die Feststellung von HdlBräuchen auf Grund eigener Sachkunde und Wissenschaft zugestanden, dem OLG, auch den Zivilkammern des LG (wenn solche Frage vor sie kommt) ist sie nicht verboten wie allgemein die Feststellung gerichtsbekannter Tatsachen (§ 291 ZPO). Erforderlich ist aber ausreichende Sachkunde des Gerichts im Geschäftszweig, sonst wird Zuziehung von Sachverständigen nötig, BGH NJW 1991, 1292. **Ein Gutachten** der **Industrie- und Handelskammer** ist idR erforderlich und ausreichend; das Gericht hat es auf Schlüssigkeit seiner Begründung zu prüfen; BGH NJW 1966, 502. Zu enge Fragestellung des Gerichts, zu weite Umfrage der Kammer: BGH NJW 1977, 386 (Rücktritt von Zimmerreservierung durch Reisebüro). Die Kammer muss klar sagen, ob und auf Grund welcher Unterlagen sie einen HdlBrauch feststellt oder ob sie nur eine Rechtsansicht äußert (etwa beruhend auf häufig angewandten AGB), BGH MDR 1964, 48. UU bedarf es der Anhörung des Sachbearbeiters der Kammer über die Grundlagen ihres Gutachtens (§ 411 III ZPO), BGH BB 1976, 480. Die IHK und andere Stellen (zB Wirtschaftsverbände) zeichnen HdlBräuche auf und erteilen Auskünfte und Gutachten über ihr Bestehen, vgl. ausführlich **Merkblatt** für die Feststellung von „HdlBräuchen" durch IHK, herausgegeben vom DIHT: I Einführung, II Wesen des Handelsbrauchs, III Feststellungsverfahren (ua: idR Befragung kompetenter Unternehmen, nicht Verbände; dazu OLG Hamburg MDR 1963, 849), IV Kammergutachten. Lit.: Wagner NJW 1969, 1282; Scholl DB 1970, 35 (Demoskopie); Oestmann JZ 2003, 285.

Bestehen, Inhalt, Geltungsbereich eines HdlBrauchs sind Tatfrage, daher in der **14** **Revision** nicht nachprüfbar, BGH MDR 1952, 155; NJW 1966, 502; LM HGB§ 346 (F) Nr. 1; WM 1973, 363 (anders HdlKlauseln → Rn. 39–40 und AGB mit Geltung über einen OLGBezirk hinaus); aA Oestmann JZ 2003, 285 (Normen iSv § 293 ZPO). Anders Begriff des HdlBrauchs (vgl. → Rn. 1–12), Verfahren seiner Feststellung (vgl. → Rn. 13), BGH NJW 1977, 386.

C. **Beispiele:** Diese finden sich vor allem bei den nationalen und internationalen HdlKlauseln (→ Rn. 39). Ferner zB betr. Leistungszeit § 359 I. Ohne **15** entspr. Vereinbarung und ohne Vorbenachrichtigung ist Nachnahmesendung nicht zulässig, IHK OLG München BB 1950, 225. Die **Trade Terms** (→ **(6)** Incoterms Einl. Rn. 4) sind zT HdlBrauch, anders grundsätzlich die **Incoterms** (AGB, → **(6)** Incoterms Einl. Rn. 14). Hotelreservierungsvertrag ist bis 3 Wochen vor Ankunft kostenfrei stornierbar, OLG Frankfurt a. M. WM 1986, 838. Auch die **Börsenusancen** sind zT HdlBrauch, str. (→ **(14)** BörsG § 16 Rn. 4). Im WeinHdl ist Vereinbarung der Lieferung und Zahlung mangels abw. Vereinbarung des Wohnsitz des Verkäufers Erfüllungsort, LG Landau NJW 1952, 789. Im BuchHdl ist Vereinbarung des Gerichtsstands durch einseitige Fakturenklausel HdlBrauch, OLG Freiburg NJW 1952, 1416. Im HolzHdl gelten die **„Tegernseer Gebräuche"** (Neufassung 1985) als HdlBrauch, BGH BB 1986, 1395; OLG München RdTW 2016, 2 = MDR 2015, 1310; LG Köln BB 1988, 1139; von Renthe gen. Fink BB 1982, 80; sie gelten auch unter NichtKflten als Verkehrssitte, OLG Koblenz BB 1988, 1138. Im Schmuckhandel liegt Risiko des zufälligen Verlusts der Ware beim Weiterveräußerer-Kommissionär, OLG Karlsruhe BB 1982, 704. In der Versicherungsbranche gelten die **ADS** als HdlBrauch, Ul/Br/He/Habersack BGB § 305 Rn. 181, str. HdlBrauch ist, Sonderverpackung bei Versand gesondert zu berechnen, OLG Köln DB 1963, 860. Bedeutung der kfm. **Rechnung** (Faktura), ua nach HdlBrauch, s. Dauses DB 1972, 2145. HdlBrauch rechtfertigt uU Beeinträchtigung fremden **Eigentums,** BGH LM BGB § 1004 Nr. 27 (Verwendung fremder Flaschen durch Getränkehersteller). HdlBrauch kann die **Form** von Rechtsgeschäften regeln, → Einl v § 343 Rn. 8. Bei branchentypischen Geschäften auch stillschweigende **Schiedsvereinbarung** (§ 1027 II aF ZPO) kraft HdlBrauch, BGH NJW 1993, 1798 mAnm. Berger DZWir 1993, 465, aber jetzt § 1031 nF ZPO.

3) Kaufmännisches und berufliches Bestätigungsschreiben

A. **Auftragsbestätigung, Bestätigungsschreiben:** Beide sind im kfm. Verkehr im Zusammenhang mit Vertragsabschlüssen üblich. Rechtlich sind beide **16** **streng zu unterscheiden;** die Bezeichnung im HdlVerkehr ist unmaßgeblich und oft unrichtig, BGHZ 112, 211.

a) Die **Auftragsbestätigung** schließt Vorverhandlungen, die noch nicht zum Vertragsschluss geführt haben, ab. Mit der Auftragsbestätigung nimmt der Kfm. ein ihm gemachtes Angebot („Auftrag") an und macht dadurch idR den Vertrag perfekt. Weicht die Auftragsbestätigung vom Angebot ab, gilt dies als Ablehnung und neuer Antrag (§ 150 II BGB → Rn. 34). Dieser neue Antrag bedarf der Annahme, **Schweigen** darauf **genügt** grundsätzlich **nicht** (→ Rn. 34). **Annah-**

§ 346   17, 18   4. Buch. Handelsgeschäfte

me eines Angebots (des A durch B) mit **Abweichungen** (zB modifizierte **Auftragsbestätigung**) ist Ablehnung mit neuem Angebot (§ 150 II BGB); dieses führt zum Abschluss idR nur durch Annahme A, die B zugeht. Der Zugang darf fehlen in den Fällen § 151 S. 1 BGB. Telegraphische Annahme mit Zusatz „Brief folgt" ist iZw noch keine bindende Annahme, OLG Hamm DB 1983, 2619.

17   b) Das **Bestätigungsschreiben** hält demgegenüber nach Vorverhandlungen, die (tatsächlich oder zumindest aus Sicht des Bestätigenden) zum Vertragsschluss geführt haben, den bereits (formlos) zustande gekommenen Vertrag gegenüber dem anderen Teil schriftlich fest. Das Bestätigungsschreiben ist also idR bloße Beweisurkunde. Im Interesse des **Verkehrsschutzes** (anders Canaris § 23 Rn. 9: Vertrauensschutz) muss aber weitergehend der Empfänger, der das Bestätigungsschreiben widerspruchslos hinnimmt, dessen Inhalt als richtig gegen sich gelten lassen. **Schweigen** auf das Bestätigungsschreiben gilt also **als Zustimmung** (→ Rn. 31): Der vorher nicht perfekte Abschluss wird es dadurch, der mit einem anderen Inhalt bekommt den des Schreibens; hL, stRspr, BGHZ 7, 187; 11, 3; 18, 216; 25, 149; 40, 42; 54, 239; aA Bydlinski FS Flume, I, S. 335 (für Österreich). Das beruht nicht auf Schweigen als Willenserklärung (→ Rn. 32) oder als Folge einer Pflicht- oder Obliegenheitsverletzung, sondern gilt ursprünglich aufgrund HdlBrauchs, BGHZ 40, 45, und ist inzwischen Gewohnheitsrecht zum Schutz des Hdl- und Berufsverkehrs, str. Das wirksame Bestätigungsschreiben hat die **Vermutung der Vollständigkeit** für sich; das schließt nicht Nachweis (gleich durch welche Partei) aus, dass die Parteien zusätzliche (dem Bestätigungsschreiben nicht widersprechende) Abreden getroffen haben, BGHZ 67, 381; BGH NJW 1964, 589; WM 1986, 168; → Rn. 26–28. Bei nachträglicher **Verweisung auf AGB** im Bestätigungsschreiben (selbst, nicht nur Beilage der AGB) können diese Vertragsbestandteil werden; auch wenn sie nicht Gegenstand der Vertragsverhandlungen waren, BGH NJW 1978, 2244; 1982, 1751, und nicht beigefügt sind, BGHZ 7, 190; 18, 216; Coester DB 1982, 1551; krit. Lindacher WM 1981, 707 für konstitutive Bestätigungsschreiben. Das Erfordernis des Einverständnisses nach **(5)** § 305 II BGB (aber § 310 I 1 gegenüber Unternehmer iSv § 14 BGB) hindert die Einbeziehung nicht; Grenze → Rn. 27. Auch **(5)** § 305b BGB hindert Bestätigungsschreiben mit erstmaligem Hinweis auf AGB nicht, aA Batsch NJW 1980, 1731; differenzierend Coester DB 1982, 1551. Lit.: zum Bestätigungsschreiben Diederichsen JuS 1966, 129; Walchshöfer BB 1975, 719; Hopt AcP 183 (1983), 691; von Dücker BB 1996, 3; Thamm/Dezer DB 1997, 213; Deckert JuS 1998, 121; K. Schmidt FS Honsell, 2002, 99; Kröll/Hennecke RabelsZ 67 (2003), 448 (CISG); Kollrus BB 2014, 779.

18   B. **Persönliche Reichweite:** Diese Regeln über das Bestätigungsschreiben galten ursprünglich als HdlBrauch nur unter Kflten, heute gelten sie als zum Gewohnheitsrecht erstarkte Verkehrssitte auch unter anderen Berufstätigen.

a) Der **Empfänger** des Bestätigungsschreibens kann auch ein NichtKfm sein, der ähnlich einem Kfm. am Geschäftsleben teilnimmt und von dem erwartet werden kann, dass er nach kfm. Sitte verfährt, also dem Bestätigungsschreiben wenn nötig widerspricht; zB Grundstücksmakler, BGHZ 40, 43; Architekt, BGH WM 1973, 1376; Rechtsanwalt, OLG Bamberg BB 1973, 1372; Insolvenzverwalter, BGH NJW 1987, 1940; GmbHGeschäftsführer bei persönlicher Bürgschaft für GesSchuld, OLG Hamburg ZIP 2004, 1211 (Ls.); nicht Legationsrat, BGH WM 1981, 335. Das bedeutet eine Teilnahme am Geschäfts- oder Berufsverkehr in größerem, aber nicht unbedingt (voll)kfm. Umfang, BGH NJW 2011, 1965, minderkfm Umfang (§ 4 aF) kann aber im Einzelfall nicht ausreichen, vgl. BGHZ 11, 3 (nicht eingetragener Schrotthändler); BGH BB 1967, 186 (Sägerei); andererseits OLG Frankfurt a. M. MDR 1966, 512 (kleiner Färber); Gemeinden und Behörden im fiskalischen Tätigkeitsbereich, BGH NJW 2011, 1966; öffentliche Unternehmen s. BGH NJW 1964, 1223. Weiter muss das bestätigte Geschäft zu den kaufmännischen bzw. Berufsgeschäften des Bestätigungsempfängers gehören (§ 344 I gilt nicht entspr.); Grundstückserwerb durch Gastwirt kann kfm Hilfsgeschäft sein, BGH NJW 1974, 462; Erwerb von GrundstücksGesAnteilen durch Gastwirt genügt nicht, OLG Stuttgart 29.12.1982 – 4 U 138/82, nv. Wenn es dazu gehört, kann es aber auch ein für den Empfänger unübliches Geschäft sein, BGH WM 1969, 993; 1975, 325. Bloße Vertretung durch einen Rechtsanwalt genügt nicht, BGH NJW 1975, 1358; vielmehr kommt es auf die Parteien an, vgl. BGH BB 1976, 664. Zur Ausdehnung auf den nichtkfm Berufsverkehr s. Hopt AcP 183 (1983), 691; Deckert JuS 1998, 121.

b) Der **Absender** des Bestätigungsschreibens könnte, da durch die Rechtsfolge nur begünstigt, an sich auch bloßer Verbraucher sein, aber der Empfänger muss bei Absendung durch einen Verbraucher nicht mit dieser Rechtsfolge rechnen, BGH NJW 1975, 1359, deshalb für den Absender gleiche Anforderungen wie für den Empfänger (→ Rn. 18, vgl. → § 362 Rn. 3), Oetker/Pamp Rn. 53. Vgl. BGHZ 40, 44; WM 1962, 301 (Vorstandsmitglied gegenüber seiner AG); BGH WM 1973, 1376.

C. Sachliche Voraussetzungen: a) Vorverhandlungen: Dem Schreiben muss eine hinreichend konkretisierte ernsthafte Verhandlung (aus Sicht des Bestätigenden ein Abschluss) vorausgegangen sein, wofür der Bestätigende beweispflichtig ist, BGH DB 1970, 1777; NJW 1974, 991; 1975, 1358; 1990, 386; OLG Düsseldorf DB 1982, 592. Voraussetzung ist eine mündliche, telefonische, telegraphische usw, aber nicht briefliche Vorverhandlung (so dass der Vertragsinhalt im Bestätigungsschreiben erstmals schriftlich niedergelegt erscheint). Der Grundsatz ist aber uU auch anwendbar, wenn ein Teil schon schrieb, jedenfalls wenn jetzt der andere (der vorher nur telefonierte) brieflich bestätigt, BGHZ 54, 240; krit. Lieb JZ 1971, 135. S. auch BGH DB 1970, 1777. Er gilt **nicht** bei Schriftformklausel iSv § 127 BGB (→ Einl v § 343 Rn. 9), oder wenn Empfänger der Bestätigung den Vertragsschluss von seiner schriftlichen Annahme abhängig gemacht hat, BGH NJW 1970, 2104; auch wenn der Bestätigende zugleich erklärt, er nehme an, der andere habe diesen Vorbehalt fallen lassen, offen BGH BB 1970, 1324. Mit Klausel „Verkäufers Kontrakt folgt" in der Schlussnote behält sich der Verkäufer eigene Bestätigung vor, SchiedsG Waren-Verein Hmb. Börse, Hmb. VI D 1b Nr. 42.

b) Unmittelbar nachfolgendes Bestätigungsschreiben: Das Schreiben braucht die Verhandlungen nicht ausdrücklich zu erwähnen, BGHZ 54, 239, aber es muss der Verhandlung **zeitlich** unmittelbar folgen, es kommt für die Frist auf den Fall an (Verstreichen weniger Tage muss nicht schaden), BGH WM 1975, 325. Nicht entscheidend ist die Bezeichnung des Schreibens (zB „Auftragsbestätigung", vgl. → Rn. 16), BGHZ 54, 241; BGH BB 1971, 1479; NJW 1974, 992; WM 1979, 19 (laut späterem Schreiben: „Vorabbestellung"); BGH NJW 1987, 1941 (auch ohne das Wort „Bestätigung"). Das Schreiben muss aber **erkennbar** bestimmt sein, einen erfolgten Abschluss und seinen Inhalt verbindlich festzulegen, BGH BB 1961, 271; 1963, 918; 1967, 978; das ist uU der Fall auch bei weitgehender Bezugnahme auf ein Schreiben des Empfängers, BGHZ 54, 241, oder Verwendung von Kurzformeln, deren genaue Bedeutung durch zumutbare Rückfrage aufklärbar, BGH BB 1971, 1479; Verhandlungsprotokoll über bereits geschlossenen Vertrag, auch bei Entsendung eines Vertreters ohne Vertretungsmacht, BGH NJW 2011, 1966; nicht genügt bloße Bezugnahme auf die Verhandlung ohne Äußerung des Festlegungswillens. Zweifel gehen zu Lasten des Absenders, OLG Karlsruhe BB 2011, 770. Hat der Bestätigende um **Gegenbestätigung** gebeten, so ist uU ohne diese die Bestätigung unwirksam, das Schweigen des Partners nicht Zustimmung, maßgebend ist der Parteiwille im

Einzelfall, BGH NJW 1964, 1270; WM 2007, 305; ebenso, wenn Zusatzabrede nicht bestätigt, sondern vorgeschlagen wird, BGH NJW 1972, 820.

22 Bei sich **kreuzenden,** inhaltlich verschiedenen Bestätigungsschreiben, tritt die Rechtswirkung nicht ein, Widerspruch ist nicht erforderlich, BGH BB 1961, 954; anders wenn die Abweichung nur eine ohnehin zu erwartende Vertragsergänzung betrifft, BGH NJW 1966, 1070. Für sich kreuzende Bestätigungsschreiben mit Bezugnahme auf **unterschiedliche AGB** gelten die allgemeinen Regeln für sich widersprechende AGB unter **(5)** § 305 II BGB, Ul/Br/He/Habersack BGB § 305 Rn. 183; aA wohl BGH NJW 1982, 1751. Bei sich widersprechenden AGB ist maßgeblich idR nicht die zeitlich letzte Verweisung (§ 150 II BGB) und die Vertragsdurchführung durch die andere Partei als stillschweigende Annahme (Theorie des letzten Worts), vielmehr werden die AGB beider nur, soweit sie miteinander vereinbar sind, Vertragsbestandteil. Trotz des im Übrigen vorliegenden Dissenses (§§ 154, 155 BGB) ist iZw anzunehmen, dass beide Parteien auch ohne diese AGBTeile am Vertrag festhalten wollen (Widerlegung des § 154 I 1 BGB), statt der sich widersprechenden AGB gilt dann nach **(5)** § 306 II BGB Gesetzesrecht, hL, BGHZ 61, 288; BGH NJW 1985, 1839; aA Leuschner/Leuschner § 305 BGB Rn. 215 (wechselseitige Neutralisierung auch bei Teilkongruenz). Auch eine in das Bestätigungsschreiben aufgenommene Klausel kann AGB sein, aA OLG Hamburg RIW 1981, 262.

23 Das Schreiben muss **zugehen** (§ 130 BGB), BGHZ 20, 149 (auch bei Unterschlagung durch Empfangsvertreter); BGHZ 70, 232 (Beweislast beim Absender); ggf. jemandem mit (passiver) Vertretungsmacht (vgl. ua § 164 III BGB, § 125 II 3 HGB, § 35 II 2 GmbHG, § 78 II 2 AktG), dazu RG JW 1927, 1675.

24 Nicht wesentlich ist, ob für Empfänger ein **Vertreter** verhandelte; auch wenn dieser, dem Bestätigenden unbekannt (OLG Hamburg MDR 1964, 502), ohne Vollmacht war (vorausgesetzt das Schreiben nimmt wirksamen Abschluss an, ist also nicht Aufforderung zur Genehmigung iSv § 177 II BGB); BGHZ 7, 187; 20, 149; BGH NJW 1964, 1951; 1975, 1358; 1990, 386; 2007, 987; auch wenn ein Unbefugter unter dem Namen des Empfängers auftrat, OLG Celle MDR 1967, 1016 (Sohn des Inhabers).

25 c) **Schweigen des Empfängers:** Zur Entkräftung des Schreibens muss **rechtzeitiger Widerspruch,** dh ohne schuldhaftes Zögern erfolgen (unverzüglich, § 121 I 1 BGB, aber Risiko des Kfm. zB bei Organisationsmängeln); BGHZ 11, 3; 18, 216; BGH NJW 1962, BGHZ 104, 246. Nach OLG Köln BB 1971, 286 entspr. § 147 BGB bis zum Zeitpunkt, in dem eine Antwort unter regelmäßigen Umständen zu erwarten. Widerspruch mehr als eine Woche nach Empfang der Bestätigung wohl meist zu spät, BGH NJW 1962, 246; BB 1966, 425; 1969, 933; bei einfachem Abschluss im Warengroßhandel uU nach drei Tagen zu spät, RGZ 105, 390; BGH NJW 1962, 246; keine Erleichterung für Insolvenzverwalter, BGH NJW 1987, 1940. Einzelfall beachtlich (weitgehend Tatrichterermessen), zB dass Widersprechender noch nie gleiche Ware kaufte, daher Zeit brauchte zur Erlangung verlässlicher Marktauskunft, BGH NJW 1962, 246. Widerspruch ist idR der Gegenpartei zu erklären, nicht dem Makler (→ § 94 Rn. 3), im Einzelfall kann aber auch Erklärung gegenüber dem Makler (der die falsch bestätigte Verhandlung mitführte) genügen, BGH BB 1967, 186; WM 1983, 684 (→ § 94 Rn. 3). Der Beweis des Zugangs des Schreibens, erforderlichenfalls auch des Zeitpunkts des Zugangs, obliegt dem Bestätigenden, BGHZ 70, 232, der des rechtzeitigen Widerspruchs dem Empfänger, RGZ 114, 282; BGH NJW 1962, 104. Zur Bindung an ein im Widerspruch liegendes neues Angebot s. OLG Frankfurt a. M. BB 1982, 1510. Im Widerspruchsschreiben kann uU **gegenläufiges Bestätigungsschreiben** liegen, auf das dann die Gegenpartei ihrerseits reagieren muss, weil sonst ihr Schweigen als Zustimmung gilt (→ Rn. 17), OLG Hamburg BB 1955, 847.

1. Abschnitt. Allgemeine Vorschriften   26–29   § 346

D. Schutzgrenzen, Anfechtbarkeit: a) Bei **bewusst unrichtiger** oder entstellender „**Bestätigung**" bleibt das Schweigen ohne Rechtswirkung, BGH BB 1955, 941; 1967, 978; MDR 1967, 918; DB 1969, 125; 1970, 1778.   **26**

b) Ebenso, praktisch wichtiger, wenn die Bestätigung sich (auch ohne Unredlichkeit oder Kenntnis) vom wirklichen Verhandlungsergebnis **so weit entfernt, dass der Bestätigende verständigerweise nicht mit dem Einverständnis des anderen rechnen kann,** BGHZ 7, 190; 11, 4; 40, 44; 54, 242; 61, 286; 93, 343; 101, 365; BGH BB 1971, 1480; WM 1973, 1376; NJW 1974, 992; 1982, 1751; WM 1984, 641; NJW 1987, 1942; 1994, 1288: wenn sie eine neue Bedingung einführt, mit der Empfänger nicht zu rechnen braucht, BGHZ 54, 242; BGH NJW 1966, 1070 oder die nach dem Geschäftsgegenstand unzumutbar ist, BGH BB 1968, 398; oder wenn die Bestätigung mit Zusatzforderungen verbunden ist, BGH BB 1972, 418 (zur Frage der Einigung über diese durch Nichtablehnung → Rn. 34). Für solchen (Ausnahme-)Tatbestand ist Empfänger beweispflichtig, BGH NJW 1974, 991. Verhandelte für den Bestätigenden ein Vertreter, kommt es idR auf dessen Verhalten an, gleich ob er selbst oder der Vertretene bestätigte (vgl. § 166 I BGB); anders, wenn dieser (vom Vertreter falsch unterrichtet) gutgläubig und andererseits Empfänger bei der Verhandlung den Schein der Einigung wie bestätigt schuf (zB durch Zeichnung eines so verstehbaren Schriftstücks), BGHZ 11, 4; 40, 48. Das Bestätigungsschreiben wirkt (ohne Widerspruch), auch soweit es **zusätzliche Bedingungen** einführt, sofern solche zumutbar und von der Art sind, dass Empfänger mit ihnen rechnen muss. Bspe: Einführung üblicher Verbandlieferbedingungen (mit Haftungsausschlussklausel), BGHZ 54, 242, einer im Geschäftszweig gebräuchlichen Schiedsvereinbarung, BGH DB 1970, 1777 („Garnschlussbriefe" aus Wien); OLG Hamburg RIW 1981, 263 (Selbstlieferungsvorbehalt). Bei **Verweisung auf AGB** gilt das auch für im Geschäftszweig gebräuchliche AGB (→ Rn. 17); anders wegen **(5)** § 305 II BGB bei AGB mit erheblichen Abweichungen vom dispositiven Recht, sowie nach **(5)** § 305c I BGB bei einzelnen überraschenden AGB; Ul/Br/He/Schäfer BGB § 305c Rn. 56.   **27**

c) Zur Frage der **Anfechtung** durch Empfänger, der sich verschwieg, → Rn. 33. Auf die Wirkung des Bestätigungsschreibens können sich beide Parteien berufen, also kein Wahlrecht.   **28**

E. Internationaler Verkehr: Ob Schweigen rechtsgeschäftliche Wirkung hat, bestimmt sich, obschon seit der Rom I-VO grundsätzlich das Vertragsstatut anwendbar ist, wie bisher kraft Sonderanknüpfung nach dem gewöhnlichem Aufenthaltsort des Schweigenden (Art. 31 II aF EGBGB, Art. 10 II Rom I-VO), BGHZ 135, 137; OLG Hamburg NJW 1980, 1232; OLG Frankfurt a. M. WM 1983, 129; OLG Köln NJW 1988, 2182; OLG Karlsruhe RIW 1994, 1047; OLG Köln NJW-RR 1997, 182, str., aA nach einzelfallorientierter Kumulierung der Rechtsordnungen, also auch Vertragsstatut, zugunsten des Schweigenden, Reithmann/Martiny/Martiny Rn. 3.10. Bei Verkehrsgeschäften im Lande des Gegners des Schweigenden gilt jedenfalls das Vertragsstatut, Grund: dann kann der Schweigende nicht damit rechnen, dass sein Verhalten nach seinem Heimatrecht beurteilt wird, Reithmann/Martiny/Martiny Rn. 3.16 f. So kann es auch bei entsprechender bisheriger Geschäftspraxis zwischen den Parteien liegen. Auch nach internationalem HdlBrauch gilt Schweigen auf das kfm. Bestätigungsschreiben als Zustimmung, OLG Köln NJW 1988, 2182, SchiedsG Dt. Kaffee-Verbd, HK Hmb., Bd. 6, C 4 Nr. 19. Zum Bestätigungsschreiben → Rn. 38. Das Bestätigungsschreiben muss in der Verhandlungssprache bei Kaufabschluss abgefasst sein, sonst hat es nicht die Wirkung nach → Rn. 16–17; OLG Hamburg NJW 1980, 1232; OLG Frankfurt a. M. DB 1981, 1612 Anm Reinhart IPRax 1982, 226; für das Sprachrisiko gilt also grundsätzlich das Vertragsstatut, vgl. OLG Stuttgart RIW 1989, 56; Reithmann/Martiny/Martiny Rn. 3.25, nach aA Son-   **29**

deranknüpfung wie für das Schweigen, vgl. für AGB **(5)** § 305 II BGB, → **(8)** AGB-Banken Nr. 1 Rn. 5, → **(18)** ADSp Einl v § 1 Rn. 2. Das Bestätigungsschreiben wirkt im Anwendungsbereich des UN-Kaufrechts (CISG) nur, soweit ein entsprechender HdlBrauch feststellbar ist (→ Einl v § 373 Rn. 49). Lit.: Reithmann/Martiny/Martiny Rn. 3.07; Ul/Bra/He/H. Schmidt BGB Anh. § 305 Rn. 18; Ebenroth ZVglRWiss 1978, 161; Sandrock RIW 1986, 849; Schwenzer IPRax 1988, 86; Esser ZfRVgl 1988, 167; Rothermel/Dahmen RIW 2018, 179 (IPR, Rvgl.).

4) Schweigen im Handels- und Berufsverkehr

30   A. **Schweigen im Rechtsverkehr:** Im **bürgerlichen Recht** ist Schweigen idR überhaupt keine Willenserklärung, also **weder Annahme noch Ablehnung,** Flume II § 5 2 b. Schweigen ist aber ein Element der Auslegung nach §§ 133, 157 BGB und kann ausnahmsweise auch eine Willenserklärung darstellen, Staub/Canaris Anh. § 362 Rn. 3. Auch besteht uU eine Widerspruchspflicht nach § 242 BGB, deren Verletzung allerdings nicht zur Erfüllung, sondern nur zum Schadensersatz verpflichtet. Auch besteht in bestimmten Fällen eine Anzeigepflicht bei Nichtannahme, ihre Verletzung verpflichtet ebenfalls nur zum Ersatz des negativen Interesses (§ 663 BGB).

31   **Im Handelsrecht** und im Berufsverkehr gelten strengere Anforderungen. Schweigen des Kfm. auf Geschäftsbesorgungsantrag gilt nach § 362 als Annahme (s. dort). § 362 enthält einen allgemeinen Rechtsgedanken für das Schweigen im HdlVerkehr, Staub/Canaris Anh. § 362 Rn. 21: verallgemeinerungsfähig.

32   In vielen anderen Fällen ist Schweigen nach **Handelsbrauch** bedeutsam. Qui tacet consentire videtur (wer schweigt gilt als zustimmend) gilt im HdlVerkehr, der mehr Zusammenspiel fordert, öfter als in anderem Rechtsverkehr, aber auch im HdlVerkehr doch nur ganz ausnahmsweise, BGHZ 61, 285; BGH NJW 1981, 44; NJW-RR 1994, 1165; NJW 2018, 296 Rn. 21. Schweigen soll nach der Rspr. uU als **Zustimmung** gelten, wo nach der Lage des Einzelfalls entspr. der Übung ordentlicher Kflte bei Ablehnung ausdrücklicher Widerspruch zu erwarten ist, BGHZ 1, 355 (nach Staub/Canaris Anh. § 362 Rn. 16: Leitentscheidung); BGHZ 7, 189; 11, 3; 18, 216; BGH NJW 1995, 1281; OLG Düsseldorf DB 1982, 592; enger Flume AcP 161 (1962), 52; dagegen Fischer ZHR 125 (1963), 209; diese Formel ist aber gefährlich weit, nötig ist vorsichtige Fallgruppenbildung. Die ständige Geschäftsverbindung (→ Einl v § 343 Rn. 3) verlangt zB eher eine klärende Äußerung als die einmalige, OGHZ 3, 237; BGHZ 1, 355. Akte des einen Teils, die gerade der Klarstellung der Rechtslage dienen, verlangen in besonderem Maße die prompte Stellungnahme, OLG Düsseldorf DB 1982, 593, zB **kaufmännisches Bestätigungsschreiben** (→ Rn. 25), **Schlussnoten des Handelsmaklers** (→ § 94 Rn. 2), feststellende **Mitteilungen, Abrechnungen** (dazu → Rn. 37). Unbeachtlich sind Mitteilungen in **unüblicher Form,** zB mündlich durch Familienmitglieder oder Hauspersonal, auf Drucksachen, Geschäftsbriefen usw durch kleine, leicht übersehbare Vermerke (oder am Rand, auf der Ecke, auf der Rückseite), auf Katalogen usw über Fragen, die nicht hineingehören (→ Rn. 36). Lit.: Sonnenberger, 1970; Staub/Canaris Anh. § 362; Canaris FS Wilburg, 1975, 77.

33   B. **Zurechnung, Anfechtbarkeit:** Will in solchem Fall der Schweigende Zustimmung ausdrücken, ist es echte Willenserklärung; will er es nicht, wird ihm **ohne Willenserklärung** der objektive Erklärungswert seines Verhaltens nach § 242 BGB **zugerechnet.** Zur Anfechtung gelten dieselben Grundsätze wie zu § 362 (dort → § 362 Rn. 6). Daher **keine Anfechtung** wegen Irrtums über die Bedeutung des Schweigens, zB darüber, dass das widerspruchslos hingenommene Bestätigungsschreiben (→ Rn. 16–29) für den Vertragsinhalt maßgebend wird, BGHZ 11, 5; 20, 154; BGH NJW 1969, 1711, auch nicht wegen irriger

Annahme der Übereinstimmung solchen Schreibens mit der Verhandlung, BGH NJW 1972, 45; das gilt selbst bei Unkenntnis des Zugangs des Bestätigungsschreibens (→ Rn. 23), Verschulden ist nicht unerlässlich, aA Flume, II, § 36 Rn. 7, der Kfm. trägt sein unternehmerisches Organisationsrisiko (→ § 362 Rn. 5). Dagegen ist Anfechtung möglich analog § 119 BGB bei Irrtum in der (vorausgegangenen) Verhandlung oder über den Inhalt der Bestätigung, str., dahingestellt von BGH NJW 1969, 1711; 1972, 45. Das Schweigen muss schlüssig sein, in eine Erklärung bestimmten Inhalts übersetzt werden können, RGZ 97, 195 (GegenBsp: Schweigen auf eine Frage). Prinzipielle Zweifel: Bickel NJW 1972, 607. Lit.: Mues, 2004 (Irrtumsanfechtung im Hdlverkehr).

C. **Schweigen auf Auftragsbestätigung:** Ein solches Schweigen (→ Rn. 16) **34** ist idR **nicht** Annahme; die Situation ist anders als beim kfm. Bestätigungsschreiben (→ Rn. 17), das einen schon erfolgten Abschluss festhalten soll, BGH NJW 1988, 2106; 1995, 1672. **Ausnahmen** gelten (abgesehen vom einfachen Eigentumsvorbehalt, da Eigentumsübergang einseitig ausgeschlossen werden kann, BGHZ 104, 137) bei ganz besonderen Umständen, zB wenn Auftragsbestätigung zugleich Einzelheiten aus mündlicher Vorverhandlung festhält (insofern ähnlich kfm. Bestätigung), BGHZ 18, 216; 61, 285; BGH BB 1973, 2135; 1974, 1136; DB 1977, 1311; WM 1986, 527 (Schwesterfirmen mit ähnlicher Firma im selben Markt); BGH NJW 1995, 1672; NJW-RR 2000, 1155. Abweichung muss in Annahmeerklärung des B klar zum Ausdruck kommen, sonst kommt Vertrag mit Inhalt des Angebots des A zustande, BGH WM 1983, 313. Annahme ist uU widerspruchslose Entgegennahme gekaufter Ware, besonders wenn der Verkäufer deutlich machte, er liefere nicht anders als zu seinen Bedingungen, BGHZ 61, 287; BGH DB 1977, 1311; zur beiderseitigen Bezugnahme auf sich widersprechende AGB s. **(5)** § 305 II BGB und → Rn. 22. Wer auf Preisliste, Katalog und dergl bestellt, genehmigt deren Inhalt, soweit er in eine Preisliste, einen Katalog usw hineingehört. Bspe.: Angaben über Preis, Beschaffenheit der Ware, Versendungsart, Zahlungsweise (zB Nachnahme), nicht aber dort abgedruckte AGB des Anbieters, s. **(5)** § 305 II BGB.

D. **Schweigen auf Rechnung (Faktura):** Ein solches Schweigen ohne Ver- **35** tragsgrundlage ist iZw **nicht Annahme** eines darin enthaltenen Vertragsangebots, BGH BB 1959, 827; OLG Köln NJW-RR 1997, 182. Schweigen auf außerhalb des Rechnungszwecks liegende **Vermerke** in der Rechnung ist idR nicht Zustimmung zur Vertragsänderung, BGH BB 1959, 827; NJW 1997, 1578. **Ausnahmen** zB, wenn die Rechnung Teil eines Bestätigungsschreibens ist (→ Rn. 16–29); wenn bei dauernder Geschäftsverbindung frühere Abreden wiederholt sind, OLG Köln NJW-RR 1997, 182; bei handelsüblichen Vermerken, etwa über die Verpackung; wenn die Rechnung dem Besteller Vergünstigungen, etwa Preisnachlass, gewährt, weil dann die Zustimmung des Empfängers ohne Weiteres anzunehmen ist, RGZ 95, 120. Durch widerspruchslose Entgegennahme und Bezahlung einer Vielzahl von Rechnungen während längerer Zeit (hier zwei Jahre) verliert Empfänger das Recht zur Beanstandung der Rechnungen; auch bei Zahlung mit Vorbehalt der Rechnungsprüfung, wenn er nicht in angemessener (kürzerer) Zeit prüft und reklamiert, OLG Düsseldorf DB 1973, 1064.

E. **Schweigen auf Vertragsangebot:** Ein solches Schweigen ist idR auch im **36** kfm. Verkehr **nicht Zustimmung**, auch nicht unter Anwesenden. **Ausnahmen,** wenn Treu und Glauben oder die Verkehrssitte Widerspruch verlangen; zB bei alter Geschäftsverbindung, RGZ 84, 325, vor allem, wenn schon früher Verträge durch Schweigen zustande gekommen sind; nach Vorverhandlungen bei abschlussreifem, inhaltlich festgelegtem Vertrag, BGH BB 1955, 1068; wenn A anträgt und B verspätet annimmt (§ 150 I BGB), A schweigt und kein besonderer Anlass für ihn zu neuer anderer Entschließung, BGH NJW 1951, 313; wenn A

Ware „freibleibend" (ohne Bindung an sein Angebot) anbietet und auf eine dem Angebot genau entspr. Bestellung des B schweigt, RGZ 102, 229; wenn es um die Auflösung oder Änderung eines zwischen den Parteien bestehenden Vertrags geht und der Anbietende für den Gegner erkennbar ein Interesse an baldiger Antwort hat, BGHZ 1, 353, 355 = NJW 1951, 711; wenn es um die Abwicklung eines bestehenden Schuldverhältnisses geht, eine vernünftige Abwicklung vorgeschlagen wird und der Auftragsempfänger auf Frage, ob er widerspreche, weiter schweigt, BGH BB 1962, 1056; idR nicht gegenüber dem Angebot einer dem Empfänger des Angebots nachteiligen Änderung eines bestehenden Vertrags, BGH LM HGB§ 346 (D) Nr. 7; Nr. 7b. IdR hat, auch unter Kaufleuten (bei Lieferung an Verbraucher gilt § 241a BGB), nicht angenommen, wer **unbestellt zugesandte Ware** nicht zurücksendet oder ablehnt (zur Mehrlieferung → § 377 Rn. 19). Auch Einlösung einer unbestellten Nachnahmesendung ist noch nicht Annahme. Anders zB, wenn im laufenden Geschäftsverkehr zugesandt, wenn unbestellte Ware bereits früher abgenommen, uU auch wenn unbestellte der bestellten Ware beigefügt, RG LZ 1919, 966, wenn durch wiederholte Sendung der Irrtum des anderen Teils klar wurde, BGH LM BGB (Gb) § 157 Nr. 4.

37   F. **Schweigen auf Rechnungsabschluss:** Ein solches Schweigen ist **nicht Anerkennung;** gleich, ob im Kontokorrent, auch nicht stillschweigend, anders nur unter besonderen Umständen, BGH WM 1973, 1014 (iErg nein).

38   G. **Internationaler Verkehr:** Die Grundsätze für das Bestätigungsschreiben gelten auch für das Schweigen nach § 362 (dort → § 362 Rn. 8) und allgemeiner im Hdl- und Berufsverkehr, also Sonderanknüpfung nach dem Ort des gewöhnlichen Aufenthalts des Schweigenden (Art. 10 II Rom I-VO, → Rn. 29); BGHZ 57, 77; 136, 137; BGH NJW 1976, 2075; OLG Hamburg NJW 1980, 1232; OLG Frankfurt a. M. WM 1983, 129; OLG Köln NJW 1988, 2182; OLG München IPRax 1991, 49; OLG Karlsruhe RIW 1994, 1047. Das gilt auch hier nicht bei Verkehrsgeschäften im Lande des Gegners der Schweigenden oder wenn der Schweigende, etwa angesichts einer bisherigen Geschäftspraxis mit dem Erklärenden, nicht darauf vertrauen kann, dass sein Verhalten nach seinem Heimatrecht beurteilt wird, Reithmann/Martiny/Martiny Rn. 3.22 f. (→ Rn. 29). Die Wirkung im Anwendungsbereich des UN-Kaufrechts (CISG) ist eingeschränkt (→ Einl v § 373 Rn. 49). Lit.: Reithmann/Martiny/Martiny Rn. 3.19; Ul/Bra/He/H. Schmidt BGB Anh. § 305 Rn. 18; von Hoffmann RabelsZ 36 (1972), 510; Schwenzer IPRax 1988, 86.

5) Handelsklauseln

39   A. **Handelsbedingungen und Handelsklauseln:** Der Handelsverkehr läuft vielfach nach standardisierten Bedingungen und Klauseln ab. Manchmal sind das ganze Klauselwerke, zB allgemeine Verkaufs-, Lieferungs-, Einkaufs- oder Beschaffungsbedingungen. Manchmal werden auch nur einzelne Handelsklauseln vereinbart. Klauselwerke und die einzelnen Handelsklauseln sind AGB, die den Anforderungen und der Inhaltskontrolle nach **(5)** §§ 305–310 BGB unterliegen. **Muster:** Hopt/Merkt, VertrFormB/Graf v. Westphalen, Form. I.J.1 (Allg. Verkaufsbedingungen), Form. I.J.2 (Allgemeine Lieferbedingungen), Form. I.J.3 (Allg. Einkaufsbedingungen), Form. I.J.4 (Patent-, Know-how-Lizenzvertrag), Form. I.J.5 (Allg. Beschaffungsbedingungen Industrie-Anlagen, Anlagenteile), Form. I.J.6 (Vertrag über Planung und Errichtung einer Industrieanlage), Form. I.J.7 (Qualitätssicherungsvereinbarung).

Der lange Sprüche scheuende HdlVerkehr verwendet gern **Abkürzungen**. Bsp. hier und vor allem auch bei **(6) Incoterms** und beim **internationalen Abladegeschäft** (→ Einl v § 373 Rn. 50). **Auslegung** iZw nach HdlBrauch; uU verschieden nach Ort, Branche, Beteiligten; aber grundsätzlich keine ergänzende Auslegung; revisibel (unbeschadet der Pflicht zur Beweisaufnahme über einschlägigen HdlBrauch, vgl. → Rn. 13–14); BGHZ 14, 61; BGH WM 1956, 230; 1966, 219; 1973, 363; BB 1970, 984; 1972, 1117. Wo ein (ohne Unterwerfung im Einzelfall wirkender) HdlBrauch fehlt, können AGB (s. **(5)** § 305 II BGB) die Bedeutung solcher Klauseln klären, Bsp.: **(6)** Incoterms. Doch sind ua **(5)** § 307 BGB und (außer gegenüber Unternehmern, **(5)** § 310 I 1 iVm § 14 BGB) die Klauselverbote der **(5)** §§ 308, 309 BGB zu beachten (s. dort). Irrtum des Erklärenden über die Bedeutung der Formel kann Anfechtung begründen (§ 119 I BGB), so auch bei Irrtum beider Teile, BGH BB 1961, 844 (nicht Nichtigkeit), OLG Stuttgart BB 1966, 675 (vgl. „Netto ab Werk"); anders aber bei verkehrsüblichen (durch HdlBrauch typisierten) Klauseln, RGZ 42, 146 – cif; OLG Hamburg AWD 1966, 120 (Hmb. frdsch Arbitr); → Rn. 10, 32. Dazu Liesecke WM Sonderbeil. 3/1978, 6. **RsprÜbersicht:** Rothermel/Dahmen IHR 2022, 89 (unzulässige Klauseln in Vertriebsverträgen). **Schiedsgerichtspraxis** s. St/Ul, St/Ul/Ti, HK Hmb. Klauseln in **M&A-Verträgen** bilden einen eigenständigen Rechtsbereich: Hopt ZHR 186 (2022), 7 (40).

B. **Liste einzelner Handelsklauseln: Abholklausel:** s. Ab Werk. **40**
Ab Kai: s. Geliefert ab Kai.
Ab Lager: Die Kosten der Verpackung trägt beim Versendungskauf der Käufer, Abweichungen nach Vereinbarung, Incoterms und HdlBrauch (näher → § 380 Rn. 6).
Ab Schiff: s. Geliefert ab Schiff.
Ab Station: LG Oldenburg RIW 1976, 454: Pflicht zur Übernahme und Prüfung der Ware am angegebenen Stationsort. S. dazu auch **(17)** CMR Art. 8 Abs. 1b.
Ab Werk (benannter Ort): s. **(6)** Incoterms EXW Nr. 1. Typische Abholklausel. „Netto ab Werk": Berechnung der Frachtkosten von dem den Artikel herstellenden Werk des Verkäufers, auch wenn Käufer an ein anderes (näheres) Werk dachte, andererseits auch wenn Verkäufer im Einzelfall bei einem Dritten (noch ferner) herstellen ließ und dessen Werk meinte, OLG Stuttgart BB 1966, 675. „Ab Werk" (oder „Anlieferung unfrei") belässt Versendungskosten beim Käufer (vgl. § 448 I BGB), gibt diesem kein Recht auf Selbstabholung, OLG Köln MDR 1973, 590.
Akkreditiv: Käufer muss durch Akkreditiv zahlen. Dazu → **(7)** Bankgeschäfte Rn. K1, **(11)** ERA 600 zum Dokumentenakkreditiv.
Ankunftsklausel: Auch Klausel „(glückliche) Ankunft vorbehalten". Alle D-Klauseln der → **(6)** Incoterms DAP, DPU, DDP Nr. 5–7 sind Ankunftsklauseln (Fern- oder Ankunftsvertrag).
Anpassungsklausel (adaptation clause, review clause): Vertragsanpassungsklausel, Sammelbegriff. Pflicht zur Anpassung von Preis oder Leistungsmenge nach bestimmter Maßgabe, Formel oder Drittbestimmung im Falle einer spezifischen Störung der Vertragsäquivalenz, zB infolge dynamischer Marktpreisentwicklung, Inflation, Währungsschwankung oder bei wesentlicher nachteiliger Veränderung (→ MAC, Unternehmenskauf-, Kreditverträge). Vielfältige Gestaltungen, ua → Preisvorbehalt zur Anpassung an Marktpreis zur Lieferzeit, Indexierungsklauseln zur Kopplung des Preises an Index, zB Stahlpreisindex. Bei Valuta-, Währungs-, Preis- und Wertsicherungsklauseln (currency clause, value maintenance clause etc.) bestimmt sich Höhe der Geldschuld nach Referenzwert wie Kurs einer anderen Währung. UU besteht auch ohne solche Abreden eine Neuverhandlungspflicht nach § 242 BGB (→ Einl v § 343 Rn. 14). Im Vergleich dazu und zu allgemeinen Härteklauseln (→ hardship) führen Anpassungsklauseln zu vorhersehbareren Ergebnissen. **Lit.:** Leuschner/Baumann/Renzing Zahlungsklauseln; Salje NZG 1998, 161 (2-tlg.); Vogenauer IWRZ 2021, 112 (5-tlg.).
Arbitrage: „Hamburger (freundschaftliche) Arbitrage" mit oder ohne „und Schiedsgericht" verweist auf § 20 der Platzusance für den hamburgischen Waren-

handel und ist nicht nur Schiedsgutachterklausel oder auf Qualitätsfragen beschränkte Schiedsvereinbarung (vgl. → Einl v § 1 Rn. 88–95), sondern Schiedsvereinbarung für alle Streitigkeiten, OGHZ 4, 249, auch ohne die in diesem Falle noch zugefügten Worte „und Schiedsgericht", BGH BB 1960, 679, ermächtigt das Schiedsgericht auch zur Entscheidung über seine eigene Zuständigkeit und ist unabhängig von der Gültigkeit des Vertrags im Übrigen, BGH BB 1952, 529. Die „Qualitätsarbitrage" wird idR als Schiedsgutachten (von Arbitratoren) abgesondert (nicht nur bei „HdlKammer-Arbitrage" nach § 20 VII Platzusance hamb. Warenhandel), bei dessen Nichtbefolgung folgt Schiedsgerichtsverfahren (durch Arbiter). Benennung der Schiedsgutachter und Schiedsrichter nach § 20 II Platzusance hamb. Warenhandel, idR im Einklang mit § 1035 ZPO, nicht nur wenn auf Schiedsgutachter zur „Qualitätsarbitrage" bezüglich, BGH BB 1960, 679. Wirksam ist auch die Zuweisung der Entscheidung über Schiedsrichterablehnung (§ 1037 ZPO) an die HdlKammer Hmb., § 20 III 3 Platzusance hamb. Warenhandel, OLG Hamburg MDR 1950, 560. Übersicht der in Hamburg und Bremen gebräuchlichen Klauseln und der ihnen entspr. Verfahren, BB 1951, 709. „Berliner Arbitrage" s. KG JW 1924, 1182.

arrival: s. Ankunftsklausel.

Baisseklausel: Käufer darf zurücktreten, wenn er von anderer Seite billiger beziehen kann (mindestens bei Dauervertrag); muss darlegen, dass fremdes Angebot ernst und Erfüllung versprechend, OLG Hamburg HRR 1932, 2284.

Baldmöglichst: s. „so schnell wie möglich".

bar: s. „Zahlung".

Besichtigung („wie besichtigt", „wie besehen" usw): Ausschluss der Haftung (§§ 437 ff. BGB) wegen Mängeln, die bei (idR gemeinsamer) Besichtigung erkannt wurden (so schon § 442 I 1 BGB) oder ohne leichte Fahrlässigkeit (§ 442 I 2 BGB: ohne grobe Fahrlässigkeit) erkennbar waren, nicht wegen arglistig verschwiegener oder solcher Mängel, deren Fehlen garantiert war (vgl. §§ 276 I 1, 442 I 2, 444 BGB, zu diesem → § 349 Rn. 15); dabei trägt iZw der Verkäufer die Beweislast für die Kenntnis oder fahrlässige Unkenntnis des Käufers, OLG Frankfurt a.M. DB 1980, 779. Trotz der Besichtigung vor Zahlung ausschließenden Akkreditivabrede darf Käufer vor Zahlung besichtigen, wenn das Vorleistungsverlangen missbräuchlich ist, so uU eine zweite Teillieferung nach Mangelhaftigkeit der ersten, BGH BeckRS 1963, 31190231 = AWD 1963, 213 mit Hinweis auf § 13 III Bedingungen des Waren-Vereins Hbger Börse (bei besonderen Umständen, die das Zahlungsverlangen arglistig erscheinen lassen).

Besserung (Stundung „auf Besserung", „Besserungsschein", meist noch näher formuliert) verpflichtet Schuldner zur Zahlung, wenn und soweit er ohne Gefährdung seiner wirtschaftlichen Existenz zahlen kann, RGZ 94, 290; Gläubiger hat das zu beweisen, nach Verstreichen einer Zeit, in der Besserung zu erwarten war, Schuldner das Gegenteil. Die eingetretene Fälligkeit entfällt nicht, wenn die Lage des Schuldners sich wieder verschlechtert, OLG Hamburg HRR 1932, 2. Betriebseinstellung des Schuldners lässt Stundung „auf Besserung" erlöschen, OLG München SeuffA 68 (1913) Nr. 96.

brutto für netto: Berechnung des Kaufpreises nach Gewicht der Ware ohne Abzug der Verpackung (Tara).

CAD: cash against documents; s. Kasse gegen Dokumente.

cash against documents: s. Kasse gegen Dokumente.

C&F: s. CFR.

CFR: Cost and Freight/Kosten und Fracht (benannter Bestimmungshafen); → **(6)** Incoterms CFR Nr. 10.

CIF: Cost, Insurance, Freight/Kosten, Versicherung, Fracht frei (benannter Bestimmungshafen); → **(6)** Incoterms CIF Nr. 11. Beim cif-Abladegeschäft (→ Einl v § 373 Rn. 50) hat Verkäufer nicht die Ware selbst, sondern kontraktmäßige Dokumente anzubieten, Käufer diese „aufzunehmen" und den Kaufpreis zu zahlen, BGH LM HGB § 373 Nr. 3. Dabei gilt nicht Dokumentenstrenge wie beim Akkreditivgeschäft (→ **(7)** Bankgeschäfte Rn. K1), Dokumente mit vom Vertrag abweichender und nicht sachlich gleichbedeutender Bezeichnung der Ware darf aber Käufer abweisen, BGH LM HGB § 373 Nr. 3.

CIP: Carriage and Insurance Paid To/Frachtfrei versichert (Begünstigter und Bestimmungsort benannt); → **(6)** Incoterms CIP Nr. 4.

circa, ca. (Toleranz): Zulässig ist eine, nach HdlBrauch oder Geschäftsumständen im Einzelfall zu bemessende Abweichung von der geschuldeten Menge nach oben oder unten. Circa neben Mengenangabe mit Spielraum (ca. 25–30 Tonnen) gestattet idR, nicht notwendig, gewisse (nach Branche verschiedene) Unter- und Überschreitung der Mindest- und Höchstmenge. Die Klausel ist in verschiedenen Zusammenhängen uU enger oder weiter auszulegen, BGH MDR 1964, 48 (Abladegeschäft, → Einl v § 373 Rn. 50). IdR wird Abweichung bis zu 5 % angenommen, zT auch bis 10 %, → **(11)** ERA 600 Art. 30, uU zB bei Fristtoleranzen auch mehr. Die Toleranzrechte können durch grobe Abweichung ganz verwirkt werden, BGH LM BGB (Ge) § 157 Nr. 2. Nach RG JW 1917, 971 haftet bei Circa-Liefervertrag der nicht liefernde Verkäufer nur wegen der Mindestmenge, der vertragsuntreue Käufer wegen der Höchstmenge, aA OLG Düsseldorf NJW 1991, 679; entspr. für die abstrakte Schadensberechnung OLG München NJW-RR 1994, 886. Das ist dann richtig, wenn der Verkäufer im Circa-Raum ganz frei, nicht wenn er an objektive Maßstäbe (zB noch zu klärende Größe oder einen „Partie", Abrufe von Dritten) gebunden sein sollte. Es kommt also auf die Auslegung der Circa-Klausel an, MüKoHGB/Maultzsch Rn. 73, aA stets volle Vertragsmenge ohne Toleranz, Wo/Li/Pf/H. Schmidt Handelsklauseln H79. Circa-Klausel bei vertraglicher Mengenabgabe gilt nicht für Rückhandeln der Ware (Differenzanspruch) und für Schadensersatz statt der Leistung. Lit.: Thamm DB 1982, 417.

COD: cash on delivery, **nicht** etwa cash on documents, BGH NJW 1985, 550; s. Nachnahme.

Compliance-Klauseln verpflichten zur Einhaltung von rechtlichen Vorgaben oder außerrechtlichen Standards (zB Ethikregeln), ggf. zum bloßen Bemühen (Bemühensklausel), ggf. mit Pflicht zur Erstreckung auf eigene Vertragspartner (Weitergabeklausel, Kaskadenwirkung). Bekannte Gegenstände betreffen Kartell- und Korruptionsstrafrecht, ggf. nach schärferem ausländischen Recht, insbesondere US Foreign Corrupt Practices Act. **Muster:** ICC Anticorruption Clause (ICC Business Integrity Compendium, 2017, S. 160). In Wertschöpfungsketten zunehmend wichtiger ist Corporate Social Responsibility (CSR-Klausel) zum Schutz von Menschenrechts-, Umwelt- bzw. Nachhaltigkeitsbelangen. Compliance-Klausel und Weitergabeklausel sind verpflichtend nach **(2)** LkSG § 6 IV Nr. 2 (hierzu → **(2) LkSG** § 6 Rn. 7), insoweit kein unzulässiger Vertrag zulasten Dritter, aber AGB-Kontrolle insgesamt noch unsicher, weil Compliance-Klausel ein noch junges Phänomen ist (Rn. 88). **Lit.:** Leuschner/Wilhelm Verhaltensrichtlinien Rn. 2, 5, 88; Wilhelm AcP 221 (2021), 657 (666, 668).

Container: s. FCL.

CPT: Carriage Paid To/Frachtfrei (benannter Bestimmungsort); → **(6)** Incoterms CPT Nr. 3. „Unfrei": Hinweis darauf, dass Abbedingung des § 448 I BGB nicht erfolgt, OLG Köln BB 1973, 496; → § 421 Rn. 3.

D/A: documents against acceptance; s. Dokumente gegen Akzept.

DAF: Delivered at Frontier/Geliefert Grenze (benannter Ort); enthalten in Fassung von 2000, s. 34. Aufl. **(6)** Incoterms Nr. 9. Nach den Incoterms 2010 ist diese Klausel in den beiden neuen Klauseln DAT und DAP aufgegangen, s. 39 Aufl. **(6)** Incoterms DAT Nr. 5 und DAP Nr. 6. Durch die Neufassung von 2020 ist DAT in DPU aufgegangen → **(6)** Incoterms DPU Nr. 6.

DAP: Delivered at Place/Geliefert benannter Ort, eingeführt 2010 → **(6)** Incoterms DAP Nr. 5.

DAT: Delivered at Terminal/Geliefert Terminal, eingeführt 2010, s. 39. Aufl. **(6)** Incoterms Nr. 5; aufgegangen 2020 in → **(6)** Incoterms DPU Nr. 6.

D/C: documents against cash; s. Kasse gegen Dokumente.

DDP: Delivered Duty Paid/Geliefert verzollt (benannter Bestimmungsort); s. **(6)** Incoterms DDP Nr. 7.

DDU: Delivered Duty Unpaid/Geliefert unverzollt (benannter Bestimmungsort); s. 34. Aufl. **(6)** Incoterms Nr. 12; nach den Incoterms 2010 ersetzt durch die Klausel DDU (geliefert verzollt), s. 39. Aufl. **(6)** Incoterms Nr. 12; seit 2020 → **(6)** Incoterms DDP Nr. 7.

DEQ: Delivered at Quay/Geliefert ab Kai (verzollt) (benannter Bestimmungshafen); s. 34. Aufl. **(6)** Incoterms Nr. 11. Nach den Incoterms 2010 ist diese Klausel in den beiden neuen Klauseln DAT und DAP aufgegangen, s. 39 Aufl. **(6)** Incoterms DAT Nr. 5 und DAP Nr. 6. Durch die Neufassung von 2020 ist DAT in DPU aufgegangen → **(6)** Incoterms DPU Nr. 6. Unter Berücksichtigung der Trade Terms Haage BB 1956, 195.

DES: Delivered Ex Ship/Geliefert ab Schiff (benannter Bestimmungshafen); s. 34. Aufl. **(6)** Incoterms Nr. 10. Nach den Incoterms 2010 ist diese Klausel in den beiden neuen Klauseln DAT und DAP aufgegangen, s. 39 Aufl. **(6)** Incoterms DAT Nr. 5 und DAP Nr. 6. Durch die Neufassung von 2020 ist DAT in DPU aufgegangen → **(6)** Incoterms DPU Nr. 6.

Dokumente gegen Akzept (d, documents against acceptance): Vereinbarung der (Kaufpreis-)Finanzierung durch Wechselrembours im Außenhandel, der Verkäufer erhält Akzept bzw. Diskonterlös gegen Verladedokumente, → **(7)** Bankgeschäfte Rn. G26, K25, M5.

Dokumente gegen unwiderruflichen Zahlungsauftrag: ähnlich wie „Dokumente gegen Akzept", aber ohne dieselbe Sicherheit für den Verkäufer, außer bei eigenem Anspruch des Verkäufers gegen Bank (Vertrag zugunsten Dritter). Lit.: Graf von Bernstorff NJW 1985, 14.

D/P: documents against payment; s. Kasse gegen Dokumente.

DPU: Delivered at Place Unloaded/Geliefert benannter Ort entladen. Die 2020 eingeführte Klausel → **(6)** Incoterms DPU Nr. 6 ersetzt die Klausel DAT der Incoterms 2010. DPU stellt klar, dass jeder Bestimmungsort in Betracht kommt, nicht nur ein Terminal. Anders als bei DAP trifft den Verkäufer eine Entladepflicht.

Eskalationsklausel: gestufter Sanktionseintritt, hauptsächlich im internationalen Wirtschaftsverkehr, Kröll ZVerglRWiss 2015, 568.

eta (expected oder estimated time of arrival), mit Datum, „Erwartungsklausel": „unechtes Abladegeschäft", dh Erfüllungs- und Leistungsort des Verkäufers ist der Bestimmungshafen (nicht der „Abladeort", → Einl v § 373 Rn. 50); nicht ohne Weiteres Fixgeschäft; OLG Celle MDR 1973, 412; vgl. OLG Hamburg MDR 1975, 845 – cif; vgl. → § 376 Rn. 8. S. auch 39. Aufl. → **(6)** Incoterms 2010 DAT Nr. 5 Rn. 5.

EXS, ex ship: s. DES.

EXW: Ex Works/Ab Werk (benannter Ort); → **(6)** Incoterms EXW Nr. 1.

FAS: Free Alongside Ship/Frei Längsseite Schiff (benannter Verschiffungshafen); → **(6)** Incoterms 2020 FAS Nr. 8.

FCA: Free Carrier/Frei Frachtführer (benannter Ort); → **(6)** Incoterms FCA Nr. 2.

FCL: full container load, Gegensatz LCL (less than container load). FCL/FCL bedeutet Sendung im versiegelten Container von der Tür des Abladers bis vor die Tür des Empfängers (ein Ablader, ein Empfänger). LCL/LCL bedeutet Anlieferung Containerfrachtstation (nur für Seetransport im Container) und Auslieferung in Containerfrachtstation des Bestimmungshafens an die Empfänger (mehrere Ablader, mehrere Empfänger). FCL/LCL: ein Ablader, mehrere Empfänger; LCL/FCL: mehrere Ablader, ein Empfänger. Untersuchungspflicht bei FCL/

FCL erst ab Eintreffen des Containers am Lager zur Verfügung des Käufers, SchiedsG WV Hmb. Börse, St/Ul/Ti (84) E 6b Nr. 79. Auch → **(6)** Incoterms 2020 FCA Nr. 2 Rn. 1.

Festpreis: Risikoübernahme hinsichtlich zukünftiger Preisschwankungen, Vorrang gegenüber Anpassung nach § 313 I BGB; BGH NJW 2013, 2746. Festpreisgeschäft s. → § 383 Rn. 8, → **(8a)** AGB-WPGeschäfte Rn. 5.

FIO: Free in and out; → **(6)** Incoterms DAP Nr. 5 Rn. 3.

FIOST: Free in and out stowed and trimmed; → **(6)** Incoterms DAP Nr. 5 Rn. 3.

fix: Fixklauseln und andere Leistungszeitklauseln zum Fixgeschäft → § 376 Rn. 8.

FOB: Free on Board/Frei an Bord (benannter Verschiffungshafen); → **(6)** Incoterms FOB Nr. 9.

FOB Flughafen (benannter Abgangsflughafen): s. 28. Aufl. **(6)** Incoterms Nr. 11; → **(6)** Incoterms FCA Nr. 2 Rn. 1, 2.

FOC: free of charge, ohne Transportkosten, im Übrigen kein fest definierter Inhalt, OLG Stuttgart IHR 2012, 236. S. auch „frei".

force majeure: Dauerhafte oder vorübergehende Befreiung von Leistungspflicht und Sekundäransprüchen bei unverschuldeter (dauerhafter oder vorübergehender) Unmöglichkeit infolge höherer Gewalt (force majeure). Anders: Störung des wirtschaftlichen Gleichgewichts (→ hardship), aber gemeinsamer Grundgedanke der fehlenden Kontrollmöglichkeit. Begriff und Folgen **höherer Gewalt** werden durch BGB und HGB nicht abschließend geregelt (Rücktrittsmöglichkeit: § 651h III, IV 1 Nr. 2 BGB, § 650j BGB aF); s. aber Art. 79 I CISG. Als höhere Gewalt gilt ein Ereignis, das von außen kommt, keinen betrieblichen Zusammenhang aufweist und durch die äußerste vernünftigerweise zu erwartende Sorgfalt nicht abwendbar ist, RGZ 101, 94 f.; RGZ 117, 12 f.; BGH NJW 1987, 1938. Bspe.: Epidemie Sars-CoV 1 China 2003, AG Augsburg BeckRS 2004, 16212 (Reisevertrag); Vulkanausbruch Eyjafjallajökull Island 2010, BGH NJW 2017, 2677 (Flugreise); zum Ukraine-Krieg Bernardi RIW 2022, 180; zur Corona-Pandemie → Einl v § 343 Rn. 19. **Rechtsfolgen** der Befreiung von (Gegen-)Leistungspflicht und Sekundäransprüchen ergeben sich aus Unmöglichkeitsrecht, §§ 275 I, 311a II 2, 326 I 1 BGB, ebenso nach Art. 7.1.7 IV PICC und ICC Force Majeure and Hardship Clauses, 3/2020 (engl., dt.), nach missglücktem Wortlaut des Art. 79 V CISG nur Entfallen der Schadensersatzpflicht, im ausländischen Recht Tatbestand und Rechtsfolgen stark unterschiedlich. **Klauselpraxis** unterschiedlich, je nach anwendbarem Recht (→ Einl v § 373 Rn. 45) und Vertragstyp, häufig mit vergleichbaren Funktionen zur Störung des wirtschaftlichen Gleichgewichts (→ hardship). Bspe: St/Ul/Ti (88) E 4d Nr. 24 ff.; ICC Force Majeure and Hardship Clauses, 3/2020 (engl., dt.), nach Ziff. 1 Anwendungsbereich weiter als Unmöglichkeit. **Lit.:** s. auch bei hardship; zu AGB Leuschner/Bach Höhere-Gewalt-Klauseln.

FOR/FOT: Free on Rail/Free on Truck/frei (franko) Waggon (benannter Abgangsorts); s. 28. Aufl. **(6)** Incoterms Nr. 2; → **(6)** Incoterms 2020 FCA Nr. 2 Rn. 2.

frachtfrei (benannter Bestimmungsort): s. CPT.

frachtfrei versichert (benannter Bestimmungsort): s. CIP.

Frachtparität, Frachtbasis Versand-(Empfangs-)Station X: Wählt Verkäufer (Käufer) eine andere Versand-(Empfangs-)Station als X, gehen Mehr- oder Minderkosten zu Lasten oder zugunsten des Verkäufers (Käufers). So jedenfalls im Holzhandel, § 8 Gebräuche betr. Grubenholz, § 10 Nr. 7 Tegernseer Gebräuche.

frei (frachtfrei, franko) mit Angabe des Bestimmungsorts hat im HdlVerkehr keinen eindeutigen Inhalt. Die Klausel bezieht sich jedenfalls auf die Transportkosten (Spesenklausel), kann aber auch Gefahrtragung des Verkäufers bis zu dem

genannten Ort bedeuten; BGH NJW 1984, 567. Transportrecht → § 421 Rn. 3. S. auch FOC.
frei an Bord (benannter Verschiffungshafen): s. FOB.
freibleibend, ohne Obligo kann bedeuten: a) **Keine Bindung an den Antrag** (auch „unverbindlich"): (1) **Kein eigenes Angebot:** Häufig ist das freibleibende Angebot gar kein Antrag iSv § 145 BGB, sondern nur Aufforderung zur Angebotsabgabe durch den Gegner, RGZ 102, 229, dessen Angebot muss dann aber unverzüglich abgelehnt werden, sonst gilt es als durch Schweigen angenommen, RGZ 105, 12; RG JW 1922, 23. (2) **Bis zur Annahme widerrufliches Angebot:** Das freibleibende Angebot kann aber auch bereits Antrag, aber mit Widerrufsvorbehalt (Ausschluss der Gebundenheit, § 145 BGB) sein, BGH NJW 1984, 1887. b) **Keine Bindung an** den Vertrag. Dabei kann sich die Freizeichnung beziehen: (1) auf die **Lieferverpflichtung.** Hier hat sie, wenn nur auf Unmöglichkeit und Unzumutbarkeit bezogen, idR keinen Sinn, weil die Lieferverpflichtung ohne Weiteres durch Unmöglichkeit oder Unzumutbarkeit nach Treu und Glauben (§ 275 I, II, III BGB) ausgeschlossen ist. Oft wird darum mehr gemeint sein, nämlich Befreiung für den Fall, dass der Lieferer des Verpflichteten nicht liefert, vgl. RG HRR 1930, 1040, oder dass der Verpflichtete alles getan hat, was man erwarten durfte, OLG Hamburg HRR 1928, 1215, oder dass bei nicht voraussehbarem Unvermögen zu rechtzeitiger Lieferung keine Rechte aus verspäteter Lieferung herzuleiten sind, RGZ 132, 307 („Lieferungsmöglichkeit vorbehalten"; sah Verkäufer sein Unvermögen voraus: Einwand der Arglist, Rechtsgedanke des § 444 BGB, zu diesem → § 349 Rn. 15). (2) auf die **Lieferzeit.** Dann muss sie der Verkäufer nach billigem Ermessen bestimmen, § 315 BGB, RGZ 105, 371. (3) auf den **Preis.** S. unten bei „Preisvorbehalt". (4) auf die **Menge.** Dann ist der Verpflichtete frei, wenn er nicht liefern kann. Grenzen wie bei (2); s. unten bei „Vorrat". Schranken ua nach **(5) AGB-Recht** § 10 Nr. 3 § 308 Nr. 3 BGB s. bei Klausel „Liefermöglichkeit". **(5)** § 309 Nr. 1 BGB verbietet nicht, Preise oder Nebenkosten offenzulassen.
frei Frachtführer (benannter Ort): s. FCA.
Freigabe: Freigabeklauseln bei Sicherungsübereignung und Globalzession → **(7)** Bankgeschäfte Rn. H4; bei Übersicherung → **(8)** AGB-Banken Nr. 16 Rn. 2.
Freight prepaid (im Konnossement) ist keine Quittung für die Fracht (die uU noch nicht bezahlt ist), sondern soll nur Empfänger vor Frachtforderung und Pfandrecht des Verfrachters schützen, BGH WM 1987, 1198.
frei Haus ist kraft HdlBrauch Kosten- und Gefahrtragungsklausel, SchiedsG HK Hmb. (77) St/Ul II F 3 Nr. 3, aA SchiedsG WV Hmb. Börse St/Ul II **(74)** J 2 Nr. 15 m. abl. Anm. Timmermann. Verkäufer übernimmt nur Kosten von Fracht und Versicherung, nicht das Abladen (§ 412 I: Absenderpflicht), OLG Köln NJW-RR 1995, 736 später anfallende Zölle und Abgaben wie EinfuhrUSt, anders nur bei „frei (franco) verzollt", str., offen BGHZ 114, 251.
frei im Container gestaut: vgl. „frei Frachtführer"; zur Untersuchungspflicht BGH DB 1981, 1816, → § 377 Rn. 8, 24.
frei Längsseite Schiff (benannter Verschiffungshafen): s. FAS.
Geliefert ab Kai (verzollt) (benannter Bestimmungshafen): s. DEQ.
Geliefert ab Schiff (benannter Bestimmungshafen): s. DES.
Geliefert Grenze (benannter Ort): s. DAF.
Geliefert unverzollt (benannter Bestimmungsort): s. DDU.
Geliefert verzollt (benannter Bestimmungsort): s. DDP.
Getreue Hände: s. zu getreuen Händen.
Glückliche Ankunft vorbehalten: s. Ankunftsklausel.
hardship (auch Wirtschaftsklausel): Nachträgliche Anpassung der vertraglichen Leistungspflicht durch Neuverhandlung, ggf. nach bestimmten Maßgaben oder Drittbestimmung, wenn Erbringung der Leistung aufgrund unvorhergesehener

und unvermeidbarer nachträglicher Umstände mit unzumutbarer Härte verbunden. Anders: Unmöglichkeit infolge von höherer Gewalt (→ force majeure), aber gemeinsamer Grundgedanke der fehlenden Kontrollmöglichkeit, Erstreckung auf vorhersehbare Störungen ist möglich (dann Mischform → MAC). Stets Vorrang der Individualabrede vor AGB zu beachten, BGH NJW 2013, 2745 (Festpreis), aber im Anwendungsbereich Verdrängung von § 313 BGB (Störung der Geschäftsgrundlage) wegen Spezifikation von Voraussetzungen und Folgen (→ Anpassungsklausel), umgekehrt keine Anpassung, wenn Risiko der Sphäre einer Partei zugeordnet ist, BGH WM 1978, 1389; NJW 2013, 2746 (Festpreis). Ohne Abrede ergibt sich **Pflicht zur Vertragsanpassung** aus § 313 I BGB (Neuverhandlung → Einl v § 343 Rn. 14), Rücktritt bzw. Kündigung bleibt nach § 313 III BGB Ausnahme, Überschneidung mit § 275 II BGB (wirtschaftliche Unmöglichkeit) denkbar, Abgrenzung insoweit schwierig, ausländisches Recht tlwse stark abweichend. Int. HdlKauf: Art. 79 I CISG (nur Unmöglichkeit, hardship nicht vorgesehen). Int. HdlVerträge: Art. 6.2.1–6.2.3 Unidroit, Grundregeln der internationalen Handelsverträge/Principles of International Commercial Contracts (PICC), 2010 (primär Neuverhandlung); Vogenauer, Commentary (on PICC) 2d ed 2015. **Klauselpraxis** unterschiedlich, je nach anwendbarem Recht (→ Einl v § 373 Rn. 45) und Vertragstyp, häufig vergleichbare Funktionen wie bei Klauseln über höhere Gewalt (→ force majeure), Gründe und Modalitäten der Anpassung können näher ausgestaltet sein (→ Anpassungsklausel, → Wirtschaftsklausel). Üblich bei **Int. HdlVerträgen** sind ICC Force Majeure and Hardship Clauses, 3/2020 (engl./dt., primär Neuverhandlung). Lit.: Baur FS Steindorff, 1990, 509; Böckstiegel RIW 1984, 1; Büdenbender FS Baur, 2002, 415; Salje NZG 1998, 161 ff. (2-tlg.), 161 (Vertragspraxis), 361 (Wirtschafts- und Loyalitätsklauseln); Vogenauer IWRZ 2021, 3 ff. (5-tlg.), 3 (Rechtsvergleichung, Einheitsrecht), 57 (Vertragsgestaltung, Klauselarten), 112 (force majeure, MAC, weitere), 147 (Muster, Rechtsfolgen), 209 (Grenzen).

Härteklausel: s. force majeure, hardship; Neuverhandlungspflicht → Einl v § 343 Rn. 14.

höhere Gewalt: s. force majeure, hardship, Härteklausel.

Indexierung (indexation): Kopplung des Preises an Index, zB Stahlpreisindex; s. Anpassungsklausel. Indexierungsverbote nach Preisrecht (→ Einl v § 373 Rn. 4).

Kasse, Kasse gegen Dokumente: auch D/C, D/P; besonders mit Fälligkeitsangabe (sofort, 30 Tage nach) u. Klausel Zug-um-Zug-Papier-Übergabe (Kasse gegen Faktura, gegen Dokumente): echte Fälligkeitsregelung, begründet beiderseitige Vorleistungspflicht: des Verkäufers betr. Dokumentenvorlage, des Käufers betr. Zahlung ohne Erhalt und Untersuchung der Ware, BGHZ 41, 221; 134, 46; BGH NJW 1988, 2609; ferner idR Barzahlungsabrede, dh Ausschluss sonst zulässiger Zurückbehaltung oder Aufrechnung, auch bei vertragswidriger Beschaffenheit der Ware, BGHZ 14, 61; 23, 131; 94, 76; 134, 46; BGH NJW 1985, 550; 1987, 2435; Grenze: Rechtsmissbrauch, aber nicht schon bei Verdacht auf minderwertige Ware, sondern nur bei liquide beweisbarer Mängelhaftung. Die Klausel gibt aber keinen Vertrauensschutz über § 407 I BGB hinaus (kein Legitimationspapier), BGHZ 134, 39. Gegenüber dem Schadensersatzanspruch des Verkäufers aus § 281 BGB kann sich der Käufer jedoch auf Rücktrittsrecht berufen, BGH NJW 1987, 2435. Die Klausel begründet (anders als bei Nachnahme) keine Geldeinziehungsbefugnis des abliefernden Frachtführers oder Spediteurs, OLG Frankfurt a. M. TranspR 1985, 140. Sie gilt auch für Zessionar des Verkäufers (finanzierende Bank), grundsätzlich auch, wenn Verkäufer insolvent ist, Käufer also mit Gegenanspruch ausfällt, BGHZ 14, 61, idR auch, wenn die Ware ohne Verladepapiere ausgehändigt wurde, BGHZ 23, 136. Auch → Einl v § 373 Rn. 50 zum Abladegeschäft, **(6)** Incoterms CIF Nr. 11, → **(7)** Bankgeschäfte Rn. G/6, K25, M5. Über Ausschluss des Rechts zur Besichtigung und

§ 346   40

Untersuchung der Ware vor Zahlung → § 377 Rn. 22. Verzicht auf Untersuchung liegt in Empfang der Dokumente „zu getreuen Händen". Der Käufer kann die Dokumente nicht mehr zurückweisen, wenn auch ohne sein Wissen und Wollen sein Nachkäufer die Ware „angefasst" hat, SchiedsG Dtsch Kaffee-Verband, St/Ul/Ti (84) E 4a Nr. 32. – „Kasse gegen Duplikatfrachtbrief": in Übergabe des Doppels liegt Abtretung des Anspruchs auf Herausgabe, § 931 BGB, RGZ 102, 97. – „Kasse gegen Lieferschein" (im Sinn der Anweisung an den Besitzer zur Lieferung an Käufer): Verkäufer erfüllt erst mit Auslieferung durch den Besitzer; Zahlung aber gegen Aushändigung des Scheins, die aber iZw nicht den Anspruch auf Herausgabe abtritt, RGZ 103, 153. – „Kasse nach Lieferung", „Kasse nach Empfang" berechtigt den Verkäufer nicht zur Zurückhaltung der Ware bis Eingang. – S. auch „Netto" Kasse. **(5)** § 309 Nr. 2 BGB gilt für Kflte auch nicht über **(5)** § 307 BGB, Ausschluss der §§ 320, 273 BGB ist unter Kflten idR wirksam, BGHZ 115, 327; OLG Frankfurt a. M. NJW-RR 1988, 1458; aA Graf von Westphalen NJW 2002, 20 (infolge des SMG Lieferung einer mangelhaften Sache jetzt Nichterfüllung), dagegen MüKoBGB/Wurmnest § 309 Nr. 2 Rn. 20: auch „Kasse gegen Dokumente". Grenze bei eigenen groben Verstößen des Verwenders; Grenze auch bei unstreitigen oder rechtskräftig festgestellten Forderungen, BGHZ 115, 327, was in der Klausel besonders aufgeführt werden müsse, zutr. krit. Ul/Br/He/Schäfer BGB § 309 Nr. 2 Rn. 21. **(5)** § 309 Nr. 3 BGB gilt zwar über **(5)** § 307 BGB auch für den kfm. (unternehmerischen, **(5)** § 310 I 2 iVm § 14 BGB) Verkehr, BGHZ 91, 384; 92, 316, steht aber den idR einen Aufrechnungsausschluss beinhaltenden HdlKlauseln wie „Kasse gegen Rechnung", „Kasse gegen Dokumente" nicht entgegen; Grenze auch hier bei unstreitigen oder rechtskräftig festgestellten Forderungen, was nach BGHZ 91, 375; 92, 312 besonders gesagt werden muss, zutr. krit. Ul/Br/He/Hensen/Schäfer BGB § 309 Nr. 2 Rn. 21. – **Vorkasse:** AGB über Vertragsschluss durch Vorkasse ist unwirksam, OLG Frankfurt a. M. BB 2012, 2592.

Kosten und Fracht (benannter Bestimmungshafen): s. CFR.

Kosten, Versicherung, Fracht (benannter Bestimmungshafen): s. CIF.

Lager: „ab Lager" bedeutet idR nicht, dass der Kaufvertrag sich auf eine bestimmte eingelagerte Partie beschränkt, sondern bestimmt nur den Erfüllungsort, SchiedsG WV Hmb. Börse (72) St/Ul I E 4b Nr. 12.

LCL: s. FCL.

Liefermöglichkeit: Klausel „Lieferung vorbehalten" uä (nicht völlig gleich „Selbstbelieferung vorbehalten", s. dort) bietet Rücktrittsvorbehalt, aber keinen Freibrief auszusteigen. Sie soll den Verkäufer im Wesentlichen nur vor der Haftung wegen Übernahme eines Beschaffungsrisikos (§ 276 I 1 BGB) insbesondere bei Gattungsware schützen, BGHZ 124, 358. Sie befreit von Lieferpflicht nur nach erfolgloser zumutbarer Anstrengung zur Beschaffung der Ware, auch verteuert, OGHZ 1, 179; BGHZ 49, 392; BGH WM 1958, 1136; 1968, 400 und setzt (idR) Abschluss eines kongruenten Deckungsgeschäfts mit einem Vorlieferanten voraus, RGZ 97, 328; BGHZ 124, 359. Bei nur teilweiser Liefermöglichkeit Pflicht zur Lieferung pro rata. Reicht verfügbarer Warenbestand nicht für alle Käufer aus, muss Verkäufer grundsätzlich der Reihe der Bestellungen nach liefern, RGZ 103, 116; OLG München WM 1985, 362; s. auch „Selbstbelieferung", „Vorrat". **(5)** § 308 Nr. 3 BGB gilt nicht schlechthin über **(5)** § 307 BGB auch für Kflte (Unternehmer), BGHZ 92, 399. Unter Kflten ist eher eine sachliche Rechtfertigung des Rücktritts anzunehmen (handelsübliche Lieferung, Vorbehalte). Auch kann eine handelsübliche, unbestimmtere Fassung ausreichen; Vorbehalte ohne oder ohne genügend bestimmten Grund sind aber auch unter Kflten nicht wirksam, str. Zulässig sind danach unter Kflten für den Privatrechtsverkehr umstrittene Klauseln wie uneingeschränkte Selbstbelieferungsklausel, BGHZ 49, 388; 92, 399; „freibleibend", „Lieferung vorbehalten", OLG München WM 1985, 363; „solange Vorrat reicht"; Arbeitskampfklauseln ua. Grenze:

wenn Verwender die Nichtbelieferung zu vertreten oder sich nicht genügend um anderweitige Beschaffung bemüht hat. Lit.: zu **(5)** § 308 Nr. 3 BGB Salger WM 1985, 625.

Lieferzeit: Zulieferung „Ende Nov./Anfang Dez." in Lohnfertigungsvertrag bedeutet Lieferung spätestens am dritten Werktag des Dezember; der Zusatz „ungefähr" verlängert diese Frist um zwei Werktage, SchiedsG HK (77) St/Ul II F Nr. 3. „Mitte Mai eintreffend" ist verbindlich, „Mitte Mai erwartet" ist rein informatorisch. Pflicht des Käufers zur rechtzeitigen Destination bei Geschäft „frei Haus Bundesrepublik", SchiedsG WV Hmb. Börse (74) St/Ul II E 1e Nr. 9.

MAC (material adverse change): Bedingung des Ausbleibens bestimmter wesentlicher Verschlechterungen, besonders bei M&A-Transaktionen (→ Einl v § 1 Rn. 64), Übernahmeangeboten, Kreditverträgen (Bonitätsverschlechterung), häufiger Streitpunkt in Schiedsverfahren. Anders: Unmöglichkeit infolge von höherer Gewalt (→ force majeure) und abweichend von unzumutbarer Härte (→ hardship) keine Neuverhandlungspflicht, sondern Rücktrittsrecht bei tatbestandlich weniger einschneidenden Veränderungen. Deshalb gilt MAC als Mischform. Lit.: Hopt ZHR 186 (2022), 7 (53); FS K. Schmidt, 2009, 681; Vogenauer IWRZ 2021, 112 (5-tlg.)

Meistbegünstigungsklausel (most favoured/favored clause): Dem betreffenden Vertragspartner werden (mindestens) dieselben Bedingungen eingeräumt wie anderen Vertragspartnern.

Nachnahme: „Zusendung per Nachnahme", „cash on delivery" (C. O. D.), „pay on delivery" (P. O. D.) uä begründen eine Vorleistungspflicht ohne Untersuchungs- und Einwendungsmöglichkeit; aus der Barzahlungspflicht folgt Aufrechnungsausschluss, BGHZ 139, 193; BGH NJW 1985, 550 mAnm Lebuhn IPRax 1986, 19. Auch → § 422 Rn. 1. **(5)** § 309 Nr. 2, 3 BGB stehen der Klausel im unternehmerischen Verkehr nicht entgegen, aber nach Rspr. muss Aufrechnung mit unstreitigen oder rechtskräftig festgestellten Forderungen besonders ausgenommen sein (s. bei „Kasse gegen Dokumente").

netto (rein netto), oft mit „Kasse" (s. dort): Ohne Zahlungsskonto, → § 358 Rn. 2.

ohne Obligo: vgl. „Freibleibend". Bankauskunft s. **(8)** AGB-Banken Nr. 2 II–IV und → **(7)** Bankgeschäfte Rn. A14.

Option: mehrdeutig. Gewollt ist entweder ein Gestaltungsrecht, durch einseitige Erklärung einen aufschiebend bedingten Vertrag zustande zu bringen, oder ein langfristig bindendes Vertragsangebot, BGHZ 97, 152; praktischer Unterschied: etwaiger Formzwang erfasst nicht Gestaltungserklärung, aber die Vertragsannahme. Lit.: Henrich, 1965; Casper, 2005.

Order: „Oder an Ihre Order" kann je nach Lage des Falls die rechtliche Orderklausel darstellen oder die einfache Wiederholung der selbstverständlichen Abtretungsmöglichkeit; bei Kflten ist nicht vorauszusetzen, dass sie derartige überflüssige Ausdrücke vermeiden, RGZ 119, 122.

P. O. D.: pay on delivery; s. Nachnahme.

Preisvorbehalt, „Preis freibleibend", Preisanpassungsklauseln uä: wenn im Vertrag (nicht nur im Angebot) gebraucht, Kauf für beide Teile bindend, aber Preis soll nach Marktpreis zur Lieferzeit bestimmt werden (→ Anpassungsklausel). Auch möglich (zB in AGB, auf die Bezug genommen ist) neben Nennung eines bestimmten Preises („Richtpreis"). Die Vereinbarung ist idR so zu verstehen, dass Verkäufer den Preis bis zur nach billigem Ermessen so erhöhen darf, dass er mit dem Marktpreis zur Lieferzeit übereinstimmt, BGHZ 1, 354 mit RGZ 103, 415; 104, 307; OGHZ 4, 168; der Richtpreis bildet die untere Grenze, muss also bei Sinken des Marktpreises nicht gesenkt werden, OGHZ 4, 176. Ausnahmsweise kann der Preisvorbehalt auch so zu verstehen sein, dass Lieferer bei Erhöhung des Marktpreises den ursprünglichen Vertrag fallen lassen

§ 346 40

und ein neues Angebot machen darf, das Käufer annehmen oder ablehnen kann, BGHZ 1, 354. Ein als **„Festpreis"** bezeichneter Preis schließt den Vorbehalt aus. Fordert Verkäufer kurz vor der Lieferung auf Grund des Preisvorbehalts eine bestimmte Erhöhung des ursprünglich vereinbarten Preises, erbietet er sich zB zur Lieferung gegen bestimmten erhöhten Preis, so soll damit das Recht zur Preiserhöhung „erschöpft" sein und später nicht nochmals Erhöhung verlangt werden können, RGZ 104, 171; OGHZ 4, 174; es kommt wohl darauf an, aus welchen Gründen sich die Lieferung dann abermals verzögert hat. − Schranken bei AGB, EuGH EuZW 2013, 461 (Gaspreis), nach **(5)** § 307 I BGB und Spezialvorschriften, zB BGH NJW 2013, 3647 (Gaspreisänderungsklausel); dazu Büdenbender NJW 2013, 3601 (gravierend); BGH NJW 2016, 936 (AGB wirksam); BGH WM 2017, 974 (ergänzende Vertragsauslegung); Besonderheiten im kfm. Geschäftsverkehr, BGH NJW 2014, 2708 Rn. 41; 2015, 2566; 2017, 325 (Sonderkündigungsrecht kompensiert nicht), **(5)** § 309 Nr. 1 BGB, das aber wegen der starren Viermonatsfrist für den HdlVerkehr nicht über **(5)** § 307 BGB gilt, BGHZ 92, 206 (aber BGHZ 93, 35); BGHZ 93, 260, hL. Für Zulässigkeit einer **Preiserhöhungsklausel** uU auch ohne besondere Konkretisierung sprechen zB gleichgerichtete Interessen der Vertragsparteien am Absatz an Endverbraucher, erhebliche Vorleistungen des Verwenders bei langfristigem Bezugsvertrag, Preisüberwälzungsmöglichkeit, Unsicherheit der Entwicklung in der Branche (Mineralölmarkt), BGHZ 93, 257. Zulässig ist auch einseitige (nicht nur beiderseitige) Preisanpassung, str., anders bei Markt- und Börsenpreisen, Wolf ZIP 1987, 351. Kostensteigerungen können idR zulässig übergewälzt werden. Gegenüber Verbrauchern verstößt eine an § 675g II 1 BGB orientierte **Zustimmungsfiktion** zur Änderung von Entgelten für Bankleistungen in AGB gegen § 307 I 1, II Nr. 1 BGB, weil wesentlich vom Grundsatz abgewichen wird, dass dem Schweigen kein Erklärungswert zukommt, BGHZ 229, 344 Rn. 22 (Postbank); Herresthal ZHR 186 (2022), 373; Übertragung auf unternehmerischen Verkehr wäre verfehlt, ist aber zu befürchten, Lang/Kühler NJW 2022, 2145 → **(7)** Bankgeschäfte Rn. C31a. Einräumung eines völlig freien Preiserhöhungsrechts ist aber auch unter Kflten (Unternehmern) unwirksam; auch wenn Ausübung dieses Rechts an billiges Ermessen (§ 315 I BGB) gebunden wird, BGHZ 93, 35 (Vertragshändler). **Preisänderungsklausel** darf auch unter Kflten nicht ohne Weiteres zu nachträglichen Gewinnerhöhungen benutzt werden, Wolf ZIP 1987, 347, sehr str. **RsprÜbersicht:** Leuschner/Baumann/Renzing Zahlungsklauseln Rn. − **Lit.:** Hilber BB 2011, 2691; Büdenbender/Gromm BB 2011, 2883 (Fernwärmelieferung, BGHRspr); Kühne NJW 2015, 2546; Büdenbender NJW 2017, 299; ZIP 2017, 1041.

Qualitätszertifikat: Ist „final gemäß Qualitätszertifikat" verkauft, so ist das Qualitätszertifikat als Schiedsgutachten für beide Parteien verbindlich außer bei offenbarer Unrichtigkeit, SchiedsG Hmb. frdsch Arbitr (65) St/Ul I E 6b Nr. 11 mAnm. Timmermann; → Einl v § 1 Rn. 93−95.

Selbstbelieferung: Klausel „richtige und rechtzeitige Selbstbelieferung vorbehalten" oä (nicht völlig gleich „Liefermöglichkeit vorbehalten", s. dort) befreit Verkäufer von Lieferpflicht, wenn er ein kongruentes Deckungsgeschäft abgeschlossen hat und aus diesem ohne sein Verschulden (nicht nur in Fällen höherer Gewalt; → force majeure) nicht beliefert wird; sie gilt auch für Gattungskäufe (nicht etwa muss Käufer zuerst zumutbare andere Deckungsmöglichkeit erschöpfen); BGHZ 49, 391; 92, 399; 124, 358; BGH BB 1968, 398. Kongruenz des Deckungsgeschäfts ist objektiv nach den Verträgen zu bestimmen, BGHZ 92, 402; BGH WM 1992, 356 (gleicher Fall); BGH NJW 1995, 1959; OLG München BB 1991, 648, aber bei leichtfertiger Auswahl eines unzuverlässigen Deckungsgeschäftspartners keine Berufung auf Ausbleiben der Selbstbelieferung (§ 242 BGB), BGHZ 92, 402. Erntevorbehalt ist qualifizierter Selbstbelieferungsvorbehalt, SchiedsG WV, HK Hmb., Bd. 6, J 4 Nr. 46. Verkäufer braucht nicht erst Deckungsgeschäftspartner zu verklagen. Bei teilweiser Nichtbelieferung muss Verkäufer pro rata liefern; reicht Warenbestand nicht für alle Käufer, idR Pflicht zur Belieferung der Reihe nach (s. oben „Liefermöglichkeit"). Die Klausel berechtigt Verkäufer nicht zu mangelhafter oder vom Vertrag abweichender Lieferung, OLG Hamburg MDR 1964, 601 (Übersee-Import-Abladegeschäft, Weiterverkauf im Inland). Verkäufer muss Käufer prompt die eigene Nichtbelieferung anzeigen, OLG Celle BB 1974, 201; Rüge des Käufers muss er unverzüglich an den Vorverkäufer weitergeben. Der frei werdende Verkäufer muss dem Käufer den Deckungsvertrag vorlegen und die Rechte aus diesem abtreten, BGH DB 1973, 911; OLG Hamburg BB 1955, 942; doch können diese Pflichten aus Wettbewerbsgründen entfallen (§ 242 BGB), OLG Celle BB 1974, 201. Fraglich ist auch, ob ggf. Mitverschulden des Käufers anzunehmen ist (§ 254 BGB), wenn er Ware, die er nur unter Selbstlieferungsvorbehalt an der Hand hatte, ohne solchen weiterverkaufte, OLG Celle BB 1974, 201. Unter dem Stichwort „Lieferzeit" beschränkt uU sich die Klausel auf Freizeichnung von den Folgen verspäteter Lieferung, BGHZ 24, 42. Schranken ua nach **(5)** § 308 Nr. 3 BGB s. bei Klausel „Liefermöglichkeit".

Skonto: Bei vorzeitiger oder pünktlicher Zahlung kann der Käufer einen vereinbarten Abzug machen (echtes Skonto bzw. Zahlungsskonto; ohne solchen Zahlungszeitbezug unechtes Skonto bzw. Warenskonto). Rechtzeitige Zahlung bei Skonto, BGH NJW 1998, 1302; OLG Stuttgart NJW 2012, 2360, aber → **(7)** Bankgeschäfte Rn. C108. Auslegung der Skontoklausel im Lichte der Vertragsverhandlungen, widersprüchliches Verhalten, OLG Frankfurt a. M. NJW 2016, 647. Lit.: Beater AcP 191 (1991), 346.

(Lieferung) **so schnell wie möglich** bedeutet entweder angemessene kurze Lieferfrist ohne Stundung, so schnell wie im ordentlichen Geschäftsverkehr tunlich, RG HRR 1929, 1934, oder Lieferungszeit im Belieben (nach billigem Ermessen, § 315 BGB) des Lieferers, OLG München BB 1954, 116.

Spannungsklausel: bezogen auf Wertmesser, nicht auf Preis (s. Preisvorbehalt), im unternehmerischen Verkehr zulässig (§§ 307, 310 I BGB, Gaspreis), BGH NJW 2014, 3508, anders idR gegenüber Verbrauchern, BGH NJW 2010, 2789 Rn. 30, 36; 2010, 2793; 2014, 2708; WM 2015, 299.

tel quel, telle quelle (franz. „wie es ist"; namentlich bei Waren, die unterwegs sind; uU „laut Muster t. q."): gestattet Lieferung der geringsten Qualität der ausbedungenen (durch das Muster bestimmten) Gattung, schließt Haftung für (durch besondere Abrede neben der Klausel) garantierte Beschaffenheit nicht aus, RG JW 1938, 2411; BGH NJW 1954, 385.

Toleranz: s. circa.
unfrei (zB „Anlieferung unfrei"): auf Kosten des Bestellers, vgl. zu „Ab Werk".
verkauft wie besichtigt: s. Besichtigung.
Vorbehalt: „Erntevorbehalt" s. SchiedsG Hmb. frdsch Arbitr St/Ul II (77) E 4b Nr. 17, SchiedsG WV Hmb. Börse St/Ul II (77) J 4 Nr. 30, 33; „Wettervorbehalt" s. SchiedsG Hmb. frdsch Arbitr St/Ul I (71) E 4b Nr. 9. S. auch „Liefermöglichkeit", „Preisvorbehalt", „Selbstbelieferung".
Vorkasse: s. Kasse.
Vorrat: „Solange Vorrat reicht"; geht Vorrat aus, braucht sich Verkäufer nicht uU teurer neu einzudecken, sondern wird frei. Bei nur noch teilweisem Ausreichen Recht zur Lieferung pro rata. Kein Freibrief zu beliebiger Verteilung unter Bestellern, sondern Versprechen zu angemessener Behandlung der Bestellungen, idR der Reihe nach, vgl. RGZ 103, 116; OLG München WM 1985, 363. Schranken ua nach **(5)** § 308 Nr. 3 BGB s. bei Klausel „Liefermöglichkeit".
wash-out: Solche Vereinbarung bedeutet idR, dass der Verkäufer dem nicht belieferten Käufer den Schaden ersetzt, der durch Steigen des Marktpreises seit Abschluss des Kaufvertrags entstanden ist, SchiedsG WV, HK Hmb., Bd. 6, E 5b

§ 347

Nr. 98. Das kann durch Deckungsgeschäft zur Schadensermittlung und Rückkauf des Verkäufers geschehen, SchiedsG WV, HK Hmb., Bd. 5, E 5b Nr. 82.

Wirtschaftsklausel: auch Wirtschaftlichkeitsklausel, meist bei längerfristigen Lieferverträgen, regelt Vertragsanpassung bei grundlegender Veränderung der Verhältnisse, geht gegenüber § 313 BGB (Störung der Geschäftsgrundlage) vor, also keine Anpassung, wenn danach ein Risiko in die Sphäre einer Partei fällt, BGH WM 1978, 1389; NJW 2013, 2746. Übergreifend → hardship (Lit. dort); → Anpassungsklausel; → Festpreisklausel kann Vorrang haben.

Zahlung „bar" hat im Geschäftsleben keine feste Bedeutung, KG JW 1933, 1468; häufig ist damit nur sofortige Zahlung (ohne Kreditierung) gemeint, Zahlung durch Überweisung ist damit nicht ausgeschlossen, vgl. → **(7)** Bankgeschäfte Rn. C106; Zahlung „nach Belieben", „Zahlung nach Bequemlichkeit", „wenn sich die Verhältnisse bessern": gewährt Stundung, es ist eine angemessene Zeit zu warten. Klage auf künftige Leistung (§ 259 ZPO), wenn Schuldner bestreitet, RGZ 90, 180.

zu(ge)treuen Händen, bei Andienung von Dokumenten durch Inkassobank oder Verkäufer, ist einseitiger Vorbehalt, berechtigt den Treuhandempfänger nicht seinerseits zur Weitergabe zu getreuen Händen, vielmehr muss er die Dokumente mangels voller Leistung des Gegenwerts in der bestimmten Frist zurückgeben, kein Zurückbehaltungsrecht, auch nicht bei Vermögensverfall; OLG Hamburg ZIP 1983, 153; Nielsen ZIP 1983, 535.

zoll- und steuerfrei „auf Zollerlaubnisschein" (in Heizölliefervertrag): keine Grundlage für Preisaufschlag zur Deckung später eingeführter Mineralölsteuer, BGH LM HGB§ 346 (Ed) Nr. 6. S. auch DDP.

Zwischenverkauf vorbehalten: Bindung des Verkäufers, soweit er nicht vor Annahme des Vertragsantrags anderweit verkauft, OLG Hamburg BB 1960, 383.

[Sorgfaltspflicht]

347 (1) **Wer aus einem Geschäfte, das auf seiner Seite ein Handelsgeschäft ist, einem anderen zur Sorgfalt verpflichtet ist, hat für die Sorgfalt eines ordentlichen Kaufmanns einzustehen.**

(2) Unberührt bleiben die Vorschriften des Bürgerlichen Gesetzbuchs, nach welchen der Schuldner in bestimmten Fällen nur grobe Fahrlässigkeit zu vertreten oder nur für diejenige Sorgfalt einzustehen hat, welche er in eigenen Angelegenheiten anzuwenden pflegt.

Übersicht

	Rn
1) Sorgfalt eines ordentlichen Kaufmanns (I)	1–4a
A. Maßstab:	1
B. Reichweite:	2–4
C. Lieferkette:	4a
2) Haftungsbeschränkung (II)	5–7
A. Durch Gesetz:	5
B. Durch Vertrag:	6
C. Freizeichnung im kaufmännischen (unternehmerischen) Verkehr:	7
3) Rat, Auskunft, Aufklärung, Zeugnis, Prospekt: Haftungsgründe, Dritthaftung	8–22
A. Haftungsgründe:	8–12
B. Haftung aus Vertrag:	13–15
C. Haftung aus Gesetz:	16–18
D. Dritthaftung:	19–21
E. Vertrauens- und Berufshaftung:	22

1. Abschnitt. Allgemeine Vorschriften 1–3 § 347

Rn
4) Rat, Auskunft, Aufklärung, Zeugnis, Prospekt: Verhaltens-
pflichten, Haftungsfolgen 23–40
   A. Eigenverantwortung und Aufklärungspflichtigkeit: 23–23c
   B. Verhaltenspflichten im Einzelnen: 24–33
   C. Einfache Fahrlässigkeit: 34
   D. Kausal herbeigeführter Schaden: 35
   E. Mitverschulden: 36
   F. Beweislast: 37
   G. Freizeichnung: 38, 38a
   H. Verjährung: 39
   J. Gerichtsstand: 40
5) Internationaler Verkehr 41

1) Sorgfalt eines ordentlichen Kaufmanns (I)

A. **Maßstab:** § 347 ergänzt § 276 II BGB (im Verkehr erforderliche Sorgfalt) **1**
und regelt wie dieser **nur** den **Sorgfaltsmaßstab,** nicht Voraussetzungen und
Inhalt der Verantwortlichkeit des Kfm., § 347 ist also selbst **keine Anspruchs-
grundlage.** Es gibt nach § 347 eine besondere **Sorgfalt des ordentlichen
Kaufmanns,** eines Idealtyps, den das HGB nicht näher beschreibt, so wenig das
BGB den gewöhnlichen ordentlichen Rechtsgenossen beschreibt, den es als
Teilnehmer des Verkehrs iSv § 276 II BGB voraussetzt. Jedenfalls ist die von
jenem verlangte Sorgfalt vielfach größer als die von diesem verlangte. Der für die
Sorgfaltsforderung maßgebende Idealtyp wird durch die **Art des Geschäfts**
spezialisiert, vgl. RGZ 64, 257, gefordert ist zB Sorgfalt eines ordentlichen Verfrachters (ausdrücklich § 498), Groß- oder Einzelhändlers der Sparte X, Bankiers,
Fabrikanten, Verlegers usw. Grundsätzlich obliegt **großen** und **kleinen** Kflten
desselben Geschäftszweigs dieselbe Sorgfalt, uU sind Unterschiede möglich, so
RGZ 105, 389 betr. Briefverkehr. Bspe: Sorgfalt bei Behandlung der Korrespondenz, RG JW 1927, 1708, bei Aufbewahrung von Stempeln, RG JW 1927, 262;
1934, 3196, bei Prüfung von Unterschriften auf Schecks, OLG Nürnberg BB
1958, 323, Einrichtung eines Kontos für kfm. Angestellten als für einen Kfm.,
RGZ 166, 102. Personenidentitätsprüfung durch Kfm. **(Händler),** der auf Grund
Vertrags Darlehensanträge für Bank (zwecks Kunden-Kauf-Finanzierung) entgegennimmt, OLG Düsseldorf WM 1972, 816. Spezialisierte Sorgfaltsanforderungen des kfm. Verkehrs können zu spezialisierten HdlBräuchen führen
(→ § 346 Rn. 6).

B. **Reichweite: a)** § 347 gilt auch **außerhalb vollendeter Vertragsverhält-** **2**
nisse, zB für Haftung aus Verschulden bei Vertragsverhandlungen, RGZ 107,
362, zB zwischen Importeur und kaufbereitem Händler, wenn eine Bewirtschaf-
tungsbehörde dem Importeur bewirtschaftete Waren zum Verkauf an den Händler zugewiesen hat, BGH NJW 1951, 437, auch in den Fällen der §§ 122 II, 179
III 1 BGB (fahrlässiges Vertrauen auf Vertragswirksamkeit bzw. Vollmacht), auch
für andere außervertragliche Verantwortlichkeit im Geschäftsverkehr, wohl auch
(anders als die Rechtsscheinwirkungen, mindestens die gesetzlich festgelegten,
§§ 5, 15) für Beziehungen öffentlichen Rechts und strafrechtlicher Haftung aus
Rat, Empfehlung, Auskunft → Rn. 8 ff. Verschulden bei Vertragsverhandlungen
durch Verschweigen von dem anderen Teil erkennbar wichtigen Umständen,
RGZ 151, 361, 367; BGH BB 1955, 1008; 1956, 938. UU sogar Pflicht zur
Aufklärung gegenüber dem branchenunkundigen, eine Ware zu billig anbietenden Verkäufer, RG HRR 1930, 37.

b) § 347 gilt für die Haftung des Kfms aus eigenem Handeln und aus dem **3**
Handeln seiner **gesetzlichen Vertreter** oder **Erfüllungsgehilfen** (§ 278 BGB)
oder (ggf., vgl. §§ 428, 462) seiner **Leute** oder **Bediensteten.**

4   c) § 347 gilt nicht nur für EinzelKflte, sondern auch für die **Geschäftsführer von Handelsgesellschaften** (OHG, KG, AG, KGaA, GmbH) und anderer am HdlVerkehr teilnehmender juristischer Personen und Vereinigungen (eG, unter § 33 fallende juristische Personen). Inhaltlich übereinstimmend verlangen §§ 93 I 1, 116 S. 1 AktG von Vorstands-, Aufsichtsratsmitglied der AG, KGaA „Sorgfalt eines ordentlichen und gewissenhaften Geschäftsleiters", § 43 I GmbHG von Geschäftsführern der GmbH „Sorgfalt eines ordentlichen Geschäftsmannes".

4a   C. **Lieferkette:** Die Sorgfaltspflichten des Unternehmens (nicht nur des Kfm.) können sich auf Zulieferer in der Lieferkette erstrecken (→ **(2)** LkSG).

2) Haftungsbeschränkung (II)

5   A. **Durch Gesetz:** Eine Haftungsbeschränkung tritt im HdlRecht entsprechend dem bürgerlichen Recht ein

a) auf **grobe Fahrlässigkeit,** dh besonders starkes Verabsäumen der im Verkehr gebotenen Sorgfalt, zB beim Annahmeverzug des Gläubigers, § 300 BGB, §§ 373, 375 HGB; bei unentgeltlichen Leistungen, §§ 521, 599, 968 BGB; bei Geschäftsführung ohne Auftrag zur Abwendung drohender Gefahr, § 680 BGB.

b) auf die **Sorgfalt wie in eigenen Angelegenheiten (§ 277 BGB)** bei unentgeltlicher Verwahrung, § 690 BGB, die im HdlVerkehr selten vorkommt; bei Gfter für Erfüllung der ihm nach GesVertrag obliegenden Pflichten, § 708 BGB, → § 109 Rn. 5. Unerlaubte Handlung schließt diese Haftungsbeschränkung aus.

6   B. **Durch Vertrag:** Vertraglicher Ausschluss der Haftung aus Pflichtverletzung **(Freizeichnung)** ist nach § 276 III BGB unmöglich für Haftung des Schuldners selbst aus Vorsatz (anders für gesetzliche Vertreter und Erfüllungsgehilfen, § 278 S. 2 BGB); ansonsten im Einzelvertrag möglich im Rahmen des § 138 BGB. Auch Haftungsfreizeichnung zugunsten Dritter ist möglich, Blaurock ZHR 146 (1982), 238. Über Freizeichnung in AGB s. **(5)** §§ 307, 309 Nr. 7, 8 BGB. Nachgiebig ist idR auch die gesetzliche Regelung der **Beweislast** für Haftung, daher abweichende Individualvereinbarung idR wirksam. Über AGB s. **(5)** §§ 307, 309 Nr. 12 BGB.

7   C. **Freizeichnung im kaufmännischen (unternehmerischen) Verkehr: (5)** § 309 Nr. 7 BGB (kein Haftungsausschluss bei Verletzung von Leben, Körper, Gesundheit und bei grobem Verschulden auch von bloßen Erfüllungsgehilfen) gilt nicht schlechthin über **(5)** § 307 BGB auch unter Kflten (Unternehmern, §§ 310 i iVm 14 BGB), hat dort aber indizielle Bedeutung, BGHZ 103, 328 (X ZS), Einzelheiten sehr str., Ul/Br/He/Christensen BGB § 309 Nr. 7 Rn. 43 ff. Richtigerweise ist entsprechend den Umständen und Besonderheiten des jeweiligen HdlGeschäfts zu **differenzieren:**

a) **Unwirksam** sind jedenfalls Ausschluss und Beschränkung der Haftung aus **eigener grober Fahrlässigkeit** und solcher von **leitenden** Angestellten (entspr. Repräsentanten gemäß Versicherungsrecht, vgl. BGHZ 11, 123) bei Vertragserfüllung, BGHZ 20, 164; 38, 185; 54, 243; 70, 365; 89, 366; 95, 183, insbesondere bei schweren Organisationsmängeln, BGH NJW 1973, 2155 (ADSp); 1974, 901 (Garage). Die Haftung bleibt also nach Grund und Höhe unberührt.

b) **Unwirksam** ist die Freizeichnung auch **bei** der Verletzung **vertragswesentlicher Pflichten,** und zwar bei **eigener leichter Fahrlässigkeit** des Kfm. oder seiner **leitenden** Angestellten sowie bei **grober Fahrlässigkeit nicht leitender** Erfüllungsgehilfen, BGHZ 89, 366 (Kaltlagerung); BGH NJW 1985, 914 (Tankscheck); BGH NJW 1985, 3018 (Textilveredelung); BGH NJW 1993, 335 (Baustoffberatung); BGH NJW 2007, 3774; OLG Frankfurt a. M. ZIP 1984, 976 (Wirtschaftsauskunftei); Ul/Br/He/Christensen BGB § 309 Nr. 7 Rn. 45. Der Verwender (zB Spediteur oder Lagerhalter) kann den Kunden hier auch nicht auf den Abschluss einer Versicherung verweisen, BGHZ 20, 167; 33, 220; 38, 186; 89, 369; BGH NJW 1978, 1918; WM 1980, 288.

c) **Wirksam** können aber hier (in allen Fällen zu oben b, str.; nach aA nur bei leichter Fahrlässigkeit nicht leitender Erfüllungsgehilfen) unter Kflten **Haftungsbegrenzungen** der Höhe nach (ausnahmsweise uU auch Haftungsausschluss) sein, str., dazu Ul/Br/He/Christensen BGB § 309 Nr. 7 Rn. 46: vertragstypische Vorhersehbarkeit als entscheidendes Kriterium. Besonderheiten der Branche, eigener Gewahrsam des Kunden bzw. Möglichkeit zumutbarer eigener Schutzmaßnahmen und Versicherbarkeit des Risikos spielen eine wesentliche Rolle, BGHZ 103, 329. Das gilt auch bei handelsüblichen branchentypischen Freizeichnungen zB nach ADSp (→ (18) ADSp Einl v § 1 Rn. 5). Bsp.: vertragsuntypische und daher vom Verwender kaum vorhersehbare Schäden, Höchstsummen, BGH NJW 1993, 335; Ausschluss des entgangenen Gewinns; s. BGHZ 77, 133 (15facher Reinigungspreis bei Angebot angemessener Versicherung), offen BGH NJW 1985, 3018; Haftungsausschluss für grobe Fahrlässigkeit einfacher Erfüllungsgehilfen im Werftwerkvertrag, BGHZ 103, 316. Freizeichnung in Luftfahrt, BGHZ 86, 297.

3) Rat, Auskunft, Aufklärung, Zeugnis, Prospekt: Haftungsgründe, Dritthaftung

Schrifttum

Assmann/Schütze/Buck-Heeb, Hdb des Kapitalanlagerechts, 5. Aufl. 2020, § 3; BankrechtsHdb/*Hannöver/Walz* 5. Aufl. 2017, § 110; MüKoHGB/*Zahrte* 4. Aufl Bd. 6 2019 Bankvertragsrecht (Anlageberatung); Staub/*Grundmann* 5. Aufl Bd. 10/1 2016, 2/24; *Henssler/Gehrlein/Holzinger/Bearbeiter* 2017 (Hdb Beraterhaftung). **Aufsätze:** *Hopt* Bankrechtstag 1992, 1993, 1 = FS Gernhuber 1993, 169; *Mülbert* WM 2007, 1149 (Zertifikate); *Möllers* WM 2008, 93 (Vermögensverwaltung); *Reinelt* NJW 2009, 1 (Kapitalanlagefonds); *Nasall* NJW 2011, 2323 (freier Anlageberater); *Stackmann* NJW 2011, 2616 (Finanzberater); *Veil* WM 2012, 1607 und *Grundmann* WM 2012, 1745 (Anlageberatung unter MiFID II); *Clouth* ZHR 177 (2013), 212; *Hopt* WM 2013, 101 (Kapitalmarktinformationshaftung); *Buck-Heeb* ZHR 177 (2013), 310; ZIP 2013, 1401 (Kritik am Beratungsvertrag); *Brencke* WM 2014, 1749 (Risikopräsentation bei Anlageberatung); *Kayser* ZIP 2014, 597 (Beraterhaftung bezüglich Insolvenzreife); *Balzer* ZBB 2016, 226 (MiFID II); *Hoffmeyer* NZG 2016, 1133 (Prospekthaftung); *Beckmann/Kaletsch* NJW 2021, 3353 (unwirksame AGB). **RsprÜbersicht:** Zur **Haftung bei Anlageberatung, Kapitalanlagen:** *Grüneberg,* Bankenhaftung bei Kapitalanlagen, 2017; *Zoller,* Haftung bei Kapitalanlagen, 4. Aufl. 2019. Aufsätze: *Schlick* WM 2015, 261, 309 (III. ZS); *Wiechers/Henning* WM Sonderbeil 4/2015; *Buck-Heeb* NZG 2016, 1125 (Kapitalmarktinformation, OLG-Rspr); *Herrmann/Reiter* WM 2018, 545 (III. ZS); *Remmert* WM 2019, 237 (III. ZS); *Buck-Heeb* BKR 2021, 317 (Prospekthaftung EuGH, BGH); *Herrmann* WM 2022, 205; 2021, 261; 2017, 1137 (III. ZS); *Koch* BKR 2022, 271; *Stackmann* NJW 2022, 224; 2021, 211; 2020, 196; 2019, 188. Zur **Rechtsanwalts- und Steuerberaterhaftung:** *Zugehör* WM Sonderbeil 1/2010; 3/2006 (Rechtsanwälte, Steuerberater); *Müller-Christmann* WM 2013, 1965; BrV 2012, 1 (Steuerberater); *Fischer* DB 2019, 2562; WM Beil 1/2019 (Rechtsanwälte, Steuerberater); *Gehrlein* DStR 2022, 377; 2020, 305; 2016, 339; 434; 2014, 226, 281 (Steuerberater); *Jungk* NJW 2021, 3630 (Rechtsanwalt). Zur **(Börsen-)Prospekthaftung** s **(15).**

A. **Haftungsgründe:** Auch für den Kfm. gilt grundsätzlich **§ 675 II BGB.** Wer einem anderen einen Rat oder eine Empfehlung erteilt, ist, unbeschadet der sich aus einem Vertragsverhältnis, einer unerlaubten Handlung oder einer sonstigen gesetzlichen Bestimmung ergebenden Verantwortlichkeit, zum Ersatz des aus der Befolgung des Rates oder der Empfehlung entstehenden Schadens nicht verpflichtet. Doch spielt § 675 II BGB heute praktisch keine Rolle mehr.

Die **Rechtsprechung** hat die Voraussetzungen der Haftung für **Rat** weiter präzisiert, stellt die **Auskunft** (Tatsachenmitteilung) dem Rat gleich, RGZ 148, 293; BGH BB 1963, 1076, und macht keinen wesentlichen Unterschied mehr zwischen positiv erteiltem unrichtigen Rat und unrichtiger oder überhaupt man-

§ 347 10–13 4. Buch. Handelsgeschäfte

gelnder **Aufklärung**. Sie nimmt nämlich Aufklärungs-, Auskunfts- und Beratungspflichten **pragmatisch** je nach den Umständen an und stützt diese dann (vielfach miteinander austauschbar) auf (Auskunfts-)Vertrag (→ Rn. 13), Geschäftsverbindung, Verschulden bei Vertragsverhandlungen oder unerlaubte Handlung (→ Rn. 17–18).

10 Die neuere **Lehre** und der Sache nach auch die neuere Rspr. vor allem zur Prospekthaftung sehen den Haftungsgrund in einer **Vertrauens- und Berufshaftung** (→ Rn. 22), was Konsequenzen für die Einbeziehung Dritter in den Schutzbereich der Auskunft und Beratung (dazu → **(7)** Bankgeschäfte Rn. A30–35) hat.

11 **Inhalt und Umfang der Haftung** bestimmen sich heute weitgehend **unabhängig davon, welche Haftungsgrundlage** der Haftung gewählt wird (→ Rn. 23–40).

12 Entsprechend Haftung aus Erteilung einer erkennbar wichtigen **Bescheinigung** an X auf Veranlassung des Y, BGH BB 1967, 1450, aus **Gutachten** und **Testat**. Haftung gegenüber Dritten aus grob unrichtigem (Dienstleistungs-) **Zeugnis** mangels Warnung, BGHZ 74, 281. Neuerdings auch **Prospekthaftung** nach → **(15a)** WpPG §§ 9 ff. und → **(15b)** VermAnlG §§ 20 ff. und bei PublikumsGes (→ Anh. § 177a Rn. 60), Überblick s → **(15)** Prospekthaftung. Auskunft und Rat durch **Banken** → **(7)** Bankgeschäfte Rn. A14–29, **(8)** AGB-Banken Nr. 2, 3.

13 B. **Haftung aus Vertrag:** Grundlage der Haftung für Schaden aus Rat, Empfehlung, Auskunft kann ein Vertrag sein, dessen Haupt- oder Nebenpflicht auf eine einmalige oder dauernde Rat- oder Auskunftserteilung geht:

a) Ein **Auskunftsvertrag** (auch → Rn. 14; in der Sache oft fiktiv, → Rn. 22) auf die (konkrete, einmalige) Erteilung des Rats oder der Auskunft kann **auch konkludent** (stillschweigend) zustande kommen, besonders wenn (1) der Befragte zur Auskunft durch (tatsächliche oder vorgegebene) Sachkunde besonders geeignet ist, (2) die Auskunft für den Fragenden, dem Befragten erkennbar, von wesentlicher Bedeutung ist, zB als Grundlage beabsichtigter Vermögensdisposition, erst recht wenn noch (3) der Auskunftgeber selbst wirtschaftlich interessiert ist; das Fehlen sonstiger vertraglicher Beziehungen und der Berechnung einer Gebühr schließt einen derartigen haftungsbegründeten Auskunftsvertrag nicht aus; entscheidend sind aber die Gesamtumstände; stRspr, BGHZ 7, 374; 74, 106; 100, 118 (Anlagevermittler); BGHZ 158, 116; BGH NJW 1970, 1737; 1979, 1596; 1986, 181; WM 1986, 517 („bankgeprüfte" Investition); BGH NJW 1989, 1029 (nicht schon aus Herstellergebrauchsanweisung); BGH NJW 1989, 2884 (Kreditablösung, iErg abl.); BGH NJW 1992, 2080 (iErg abl.); 1992, 3167 (unter Aktienzeichnern); BGH NJW 2002, 2641 (Anlagevermittler); BGH WM 1992, 1246 (ausnahmsweise auch zwischen (Baustoff-)Hersteller und Endabnehmer); BGH WM 1993, 1238; 2000, 426; 2005, 1219 (Anlagevermittler); BGH WM 2009, 400 (nur technische Funktionen beim Anlagebetrieb, iErg abl.). Auskunftsvertrag unmittelbar **mit Dritten** → Rn. 19. **Bspe:** zwischen Bank und Kunde/Nichtkunde, der zB nach Kreditwürdigkeit eines Kunden fragt oder Kenntnisse und Verbindungen der Bank für seine Anlageentscheidung in Anspruch nehmen will, BGHZ 100, 117; BGH WM 1958, 1080; NJW 1970, 1737; 1972, 1200; für zwei Banken BGH NJW 1990, 513; für Rechtsanwalt, Notar, Wirtschaftstreuhänder BGHZ 7, 375; BGH NJW 1972, 680, auch wenn Anlagevermittler zugleich als selbstständiger „Repräsentant" einer Bank auftritt, BGH NJW 2007, 1362; 2007, 3701; für telefonische Auskunft eines Steuerberaters, BGH NJW 2009, 1141. Geltung von **(8)** AGB-Banken (vgl. dort Nr. 1, 2) bei solchem (Nur-)Auskunftsvertrag mit Nicht-Bankier-Anfrager (Nichtkunde) idR nur bei besonderer Bezugnahme, mit Bankier-Anfrager (auch als Vertreter eines Dritten) ohne sie, BGH WM 1970, 632; 1972, 1201. Unerheblich ist, ob die der Auskunft

1. Abschnitt. Allgemeine Vorschriften 14, 15 § 347

Erteilende von der Bank ausdrücklich zu Auskünften ermächtigt ist; es genügt, dass er mit ihrem Wissen Tätigkeiten ausübt, die die Auskunftserteilung umfassen, BGH WM 1973, 635. Die Erklärung, die Auskunft sei „unverbindlich", hindert idR nicht Annahme des Auskunftsvertrags, bedeutet nur **Freizeichnung von Haftung,** soweit zulässig, BGH WM 1970, 1022; 1973, 636. Lit.: Musielak WM 1999, 1593; Dörr WM 2010, 533 (Fondsbeteiligungsvermittler); Schnauder JZ 2007, 1009; 2013, 120 (Auskunfts- und Beratungsvertrag).

b) Bei der eigentlichen **Beratung** (bei Banken auch ohne Vergütung, OLG Celle WM 2008, 1270) ist die Rat- oder Auskunftserteilung Hauptpflicht aus einem **Beratungsvertrag** (häufig, aber nicht notwendig Dauerschuldverhältnis), zB Anlage- oder Finanzierungsberatungsvertrag, BGH stRspr BGHZ 123, 128; 156, 371; BGH WM 2011, 2261 (2268) − Lehman-Zertifikate (→ Rn. 30c); BGH WM 2014, 1621; NJW 2015, 2248 Rn. 23; 2018, 848 mAnm. Buck-Heeb und Buck-Heeb ZIP 2018, 705 (Finanzierungsberatungsvertrag); Lang WM Sonderbeil. 9/1988, 18; Raeschke-Kessler WM 1993, 1830; Weller ZBB 2011, 191 (Anlageberatungsvertrag); Buck-Heeb WM 2012, 625 (Anlageberatungsvertrag) oder Steuerberatervertrag. Je nach Abrede Einmal- oder Dauerberatung, einfacher Beratungsvertrag beinhaltet keine fortdauernden Überwachungspflichten, BGH NJW 2006, 2041, Dauerberatungsvertrag muss ausdrücklich geschlossen werden, BGH NJW 2015, 2248 Rn. 24. Denkbar sind auch andere Verträge, in denen die Beratung eine Hauptpflicht unter mehreren ist, zB Werbeberatung durch Werbeagentur, BGHZ 61, 120 (Haftung wegen Nichtunterrichtung über rechtliche Schranken der Werbung, bei Schaden Beweislast der Agentur dafür, dass Partner bei solcher Warnung nicht anders gehandelt hätte). Auch selbstständiger Beratungsvertrag neben anderem Vertrag ist möglich, BGHZ 140, 111 (Steuersparimmobilienkauf); BGHZ 156, 371 (Immobilienrentierlichkeitsberechnung); BGH NJW 2003, 1811; 2004, 1868 (Empfehlung von Bauherrnmodell durch kreditgebende Bank); BGH NJW 2005, 820; 2005, 983; bei Kauf aber nur, wenn die Beratung deutlich über bloße Beratung zur sachgemäßen Anwendung der Ware hinausgeht, BGH NJW 1999, 3192; 2004, 2301; WM 2008, 1590 (fehlerhaftes Berechnungsbeispiel bei Anlageimmobilie). Ein Vermittler kann bei Beratung über Immobilienkauf zugleich im eigenen und fremden (des Verkäufers) Namen handeln, BGH NJW 2013, 1873 (Doppelfunktion wie bei Makler). Konkludente Außenvollmacht zum Abschluss eines Beratungsvertrags, BGH WM 2015, 528. Umfang der Beratung bei Wirtschaftsprüfer, BGH WM 2012, 954 (Verschmelzung). Warn- und Hinweispflicht (des Rechtsanwalts) **außerhalb des** erteilten **Mandats** nur, wenn er die tatsächlichen und rechtlichen Gegebenheiten für die dem Mandanten drohende Gefahr kannte oder wenn diese offenkundig waren, BGH ZIP 2019, 521. Abonnement eines (privaten) **Börsendienstes** mit Anlageempfehlungen ist **gemischter Vertrag** (Kauf und entgeltliche Beratung); Haftung des Herausgebers bei fahrlässiger Empfehlung, BGHZ 70, 360; Köndgen JZ 1978, 389; Hopt FS Fischer, 1979, 237; aA Schröder NJW 1980, 2279. **Mittelverwendungskontrollvertrag,** BGB NJW 2013, 1434. **Vermögensverwaltungsvertrag** → (7) Bankgeschäfte Rn. U1.

c) Die Erteilung von Rat oder Auskunft kann auch **Nebenpflicht aus Kauf oder einem anderen Vertrag** sein. Bsp.: Ertragsfähigkeit bei Grundstückskauf, BGH NJW 2013, 1807, Auskunft bei Wertpapierkauf, RGZ 126, 52; Rat betr. Stundung bei Inkassoauftrag an Bank, BGHZ 13, 200; Auskunft über Steuersituation bei Herausstellen von Steuervorteilen des Geschäfts, Haftung nach § 278 BGB auch für besonders fachkundigen Verhandlungsgehilfen, BGHZ 114, 268; Immobilienverkauf (Finanzierung, Wiederverkäuflichkeit), BGH WM 2005, 69. In diesen Fällen uU nach § 249 BGB Anspruch des falsch Beratenen auf Freistellung von Pflichten aus dem Hauptgeschäft, Ergebnis ähnlich Anfechtung dieses wegen Täuschung (§ 123 BGB), aber Fahrlässigkeit ausreichend, kurze

Frist (§ 124 BGB) unanwendbar, BGH NJW 1962, 496; 1968, 986; 1974, 852; Larenz FS Ballerstedt, 1975, 397.

16 C. **Haftung aus Gesetz:** Haftungsgrundlage kann außer aus Spezialgesetzen, zB Art. 35a EU-RatingVO, OLG Düsseldorf WM 2018, 01 (auch → Rn. 21), auch

a) die **Geschäftsverbindung** (→ Einl v § 343 Rn. 3) sein. Aus dem durch diese begründeten Vertrauensverhältnis folgt die Nebenpflicht, richtig und vollständig Auskunft zu geben (zB zwischen Bank und Kunden, zwischen zwei Banken), RGZ 126, 52; BGHZ 13, 200; 49, 168; BGH LM BGB § 157 (Ga) Nr. 3; WM 1956, 1056; BB 1969, 382. Das gilt bereits für das erste Geschäft bei Beginn der Geschäftsverbindung, BGH WM 1976, 630. Die Geschäftsverbindung, die man als „geschäftlichen Kontakt" iSv § 311 II Nr. 3 BGB verstehen kann, erweist sich dabei als rechtliche Sonderverbindung der gleichen Art wie die eigentlichen Fälle des Verschuldens bei Vertragsverhandlungen (§§ 280, 311 II Nr. 1 und 2, 241 II BGB). Die Geschäftsverbindung ist ein gesetzliches Schuldverhältnis, das vertragsähnlich begründet wird und für das § 278 BGB gilt, also zB Haftung der Bank für Fahrlässigkeit jedes Angestellten, zB BGHZ 49, 170; Haftung unter Heizölfirmen A, B in 10-jähriger Verbindung mit über die Warengeschäfts-Abwicklung hinausgehender Hilfeleistung (zB Aushelfen mit Waren, gegenseitiger Kundenschutz, gelegentlich Gespräch über Bonität von Kunden), wenn A der B einen Kunden zuführt und als gut bezeichnet, den sie selbst wegen seiner Schulden nicht mehr beliefert, BGH BB 1969, 382. Auskunftsanspruch, soweit notwendig und zumutbar, allgemeiner bei **gesetzlichen Schuldverhältnissen,** BGHZ 81, 24; 95, 287; 126, 113; 152, 316; BGH NJW 2007, 1806.

17 **b)** Während die Rspr. vor allem für Rat und Auskünfte von Banken (ua aus historischen Gründen) die Geschäftsverbindung als Haftungsgrundlage bevorzugt, greift sie neuerdings häufiger auf Verschulden bei Vertragsverhandlungen **(§§ 280, 311 II Nr. 1 und 2, 241 II BGB)** zurück, zB für die **Eigenhaftung des Vertreters (§ 311 III 1, 2 BGB),** → Einl v § 48 Rn. 9, des Kapitalanlagevermittlers, BGHZ 74, 108, des Vermittlers von Warentermingeschäften (auch wenn nicht Kommission, sondern Kauf), BGHZ 80, 80, des GmbHGeschäftsführers, BGHZ 87, 32; aber keine eigene Haftung unselbstständig auftretender Hilfspersonen, OLG Bremen WM 1990, 1703; auch **Prospekthaftung → (15),** insbesondere bei PublikumsGes (→ Anh. § 177a Rn. 60). Nach neuerer Rspr. ist **Restanwendungsbereich der bürgerlich-rechtlichen Prospekthaftung unsicher,** denn die spezialgesetzliche Prospekthaftung verdrängt in ihrem Anwendungsbereich nicht nur eine Haftung von Kapitalanlagegesellschaft und Gründungsgesellschafter aus bürgerlich-rechtlicher Prospekthaftung ieS (typisiertes Vertrauen), sondern auch aus bürgerlich-rechtlicher Prospekthaftung iwS (konkretes Vertrauen), ausf. → **(15) Prospekthaftung** Rn. 5. Grund: Jeweils prospektbezogene Informationspflichtverletzung im Anbahnungsstadium entweder durch die Kapitalanlagegesellschaft als Vertragspartnerin iRd der investmentrechtlichen Sondervermögensstruktur oder durch Gründungsgesellschafter als künftige Vertragspartner; spezialgesetzliche Haftungsentlastung von einfach fahrlässiger Unkenntnis von Unrichtigkeit oder Unvollständigkeit (ua § 45 I BörsG aF); außerdem kurze Sonderverjährung (ua § 46 BörsG aF). Für die Haftung aus § 280 BGB bleiben unrichtige mündliche Zusicherungen oder irreführende Vertragsgestaltungen; BGHZ 220, 100 Rn. 55 (§ 127 I InvG aF); BGHZ 228, 237 Rn. 26 (§§ 13 VerkProspG, 44 ff. BörsG aF) mAnm. Ott (Dreiklang der Prospekthaftung beendet); Koch BKR 2022, 271, aber offener Anm Fohrer BKR 2021, 377 (Einzelfallprüfung). Restanwendungsbereich der Prospekthaftung iwS bei Inanspruchnahme persönlichen Vertrauens durch Gründer, unrichtiger Zusicherung, Fehlberatung durch Dritte (außerhalb KAGB), Grüneberg WM 2022,

153 (160) (RsprÜbersicht BankR); Klöhn NZG 2021, 1063; Buck-Heeb/Dieckmann ZIP 2022, 145. Sieht man die **Geschäftsverbindung als „ähnlichen geschäftlichen Kontakt"** iSv § 311 II Nr. 3 BGB an (→ Rn. 16), verliert die Abgrenzung zu den unmittelbar auf Vertragsverhandlungen bzw. die Vertragsanbahnung bezogenen Fallgruppen (§ 311 II Nr. 1, 2 BGB) wegen der grundsätzlich identischen Rechtsfolgen (Verweisung auf § 241 II BGB) an Bedeutung; eine Abstufung der Schutzpflichten nach der Intensität des geschäftlichen Kontakts bleibt aber möglich.

c) Haftung aus **unerlaubter Handlung** (für Bank → **(7)** Bankgeschäfte Rn. A35): **§ 823 II BGB** iVm Schutzgesetz, zB § 264a StGB (Kapitalanlagebetrug), BGHZ 116, 7; BGH NZG 2013, 436; 2014, 1470; ZIP 2015, 1835; OLG Dresden AG 2018, 804; zwar keine Bindung an Strafurteil, auch nicht idR, aber gesteigerte Erwiderungslast, BGH WM 2021, 1937 Rn. 11 f. (widerrufenes Geständnis). In der Rspr. **zunehmend wichtiger ist § 826 BGB:** in Gesamtschau aller Umstände **vorsätzliche (auch bedingt) sittenwidrige Schädigung** begeht auch, wer sich der Kenntnis bewusst verschließt (Schluss von sittenwidrigem, bedenken- und gewissenlosem Verhalten auf Schädigungsvorsatz), BGHZ 129, 175; BGH WM 2008, 1256; 2010, 749; 2010, 1593; 2010, 2459; ZIP 2015, 2169 (Schwindelunternehmen); BGH NJW 2021, 1759 (Schneeballsystem, sekundäre Darlegungslast); zu weite Ausdehnung aber fiktiv und wegen Verlusts des Haftpflichtversicherungsschutzes nach § 103 VVG problematisch, strenger Maßstab, OLG Braunschweig ZIP 2016, 414 Rn. 51 (unterlassene Ad-hoc-Mitteilung, Porsche). Abgrenzung bedingter Vorsatz/Fahrlässigkeit, BGH WM 2012, 60. **Bsp.:** Vorstand beeinflusst vorsätzlich (auch Eventualdolus) unlauter das Sekundärmarktpublikum durch wiederholte grob unrichtige ad-hoc-Mitteilung, BGHZ 160, 134 (149); BGH NJW 2004, 2668 – Infomatec; BGH NJW 2005, 2450 – EM. TV. Bank rät A, gefährlichen Kredit an B zu gewähren, um eigene Forderung gegen B zu stärken, BGHZ 13, 202; BGH NJW 1992, 3167 (unter Aktienzeichnern); grob anstößiges, gewerbsmäßiges Ausnutzen des eigenen Wissens- und Erfahrungsvorsprungs unter Zuschieben des ganzen Verlustrisikos an andere (zB bei Warentermin- oder Aktienoptionen), BGH NJW 1982, 2816; 1991, 1107; Vermittlung von in der Gesamtinvestition für den Anleger chancenlosen Geschäften ausschließlich zum eigenen Vorteil, BGH WM 2010, 751; 2010, 1593; 2010, 2217; Wiechers WM 2011, 151; vgl. auch → **(7)** Bankgeschäfte Rn. A29 (Swapgeschäfte). Der wesentlich falschen steht die **gewissenlos leichtfertige Auskunft** gleich (ins Blaue hinein), BGHZ 159, 12; BGH NJW 1986, 181; 1991, 3282 (iErg abl.); OLG Frankfurt a. M. WM 1989, 1618 (Bilanztestat). Bei zeitlichem Auseinanderfallen von Handlung und Schaden kann Verhalten gegenüber einem zuerst Geschädigten sittenwidrig sein, gegenüber einem sodann Geschädigten nicht, wenn bis dahin Verhaltensänderung erfolgte, BGH WM 2021, 50 Rn. 12 (Diesel, dazwischentretende Ad-hoc-Mitteilung). **Weitere Voraussetzungen:** Handlung des Kaufmanns selbst, gesetzlichen Vertreters, „verfassungsmäßig berufenen" Vertreters (§ 31 BGB, dazu → § 124 Rn. 26), zB phG einer Bank, BGH WM 1974, 153, Bank-, Auskunftei-Filialleiters oder gleichzustellenden leitenden Angestellten, BGHZ 13, 203; 49, 21; uneinheitliche Rspr zu Auslösern sekundärer Darlegungslast, ua BGH GmbHR 2022, 354 (Diesel) mAnm Lempp NZV 2021, 245; für andere Hilfspersonen nach § 831 BGB, also Entlastungsmöglichkeit außer bei Organisationsmangel, vgl. → § 124 Rn. 28. Sittenwidrigkeit und Schädigungsvorsatz des § 826 BGB sind nicht durch Wissenszurechnung begründbar, BGH NJW 2017, 250. Auch der gesetzliche Vertreter, zB GmbHGeschäftsführer, kann selbst haften, ua wegen eigenen Unterlassens (Garantenpflicht), BGH ZIP 2014, 2506 (iErg abl.), nach § 826 BGB, BGHZ 124, 162; BGH NJW 2002, 2777, oder wegen Beihilfe dazu (§§ 830, 840 BGB); BGH WM 2005, 28. Beihilfe ausländischer Broker, BGH WM 2010, 749;

2010, 1593; 2010, 2214; 2011, 543 (548, 645, 649) (Schiedsklausel); 2011, 735; 2011, 1028. **Lit.**: Wiechers WM 2011, 151; Lorenz/Wittinghofer NZG 2010, 1096; Thole ZBB 2011, 399 (EuGVVO, → Einl v § 1 Rn. 87); Schäfer FS Hoffmann-Becking, 2013, 1008 (Vorsatz bei Rückvergütung); Oechsler AcP 214 (2014), 542 (Teilnehmerhaftung).

19 D. **Dritthaftung:** Praktisch wichtig, aber dogmatisch weiterhin unsicher ist die Erstreckung des Schutzes gegen unrichtigen Rat und Auskunft auf Dritte, die darauf vertrauen und Schaden erleiden. Der Deliktsrechtsschutz gilt als zu eng (kein allgemeiner Vermögensschutz, § 831 BGB, Beweislast). Die Rspr. scheut sich bisher, offen direkte Beziehungen zwischen Auskunftsgeber und Drittem aus gesetzlicher Sonderverbindung (→ Rn. 22) anzunehmen, sondern arbeitet (iErg häufig ähnlich) mit Vertragskonstruktionen, dazu Leyens JuS 2018, 217; RsprÜbersicht Zugehör NJW 2000, 1601.

a) Ein **Auskunftsvertrag** kann auch unmittelbar **mit Dritten** zustande kommen (→ Rn. 13), in aller Regel aber mangels eigener Gewährübernahme nicht gegenüber offenem Adressatenkreis. Bsp.: bei Teilnahme eines sachverständigen Dritten an Vertragsverhandlung als neutrale Person oder auf Verlangen der Gegenpartei, bei Übernahme eigener Verantwortung wie Nachprüfungen der Aussagen der eigenen Partei, BGH NJW 1992, 2082; OLG Düsseldorf WM 2017, 532 (iErg abl., → Einl v § 48 Rn. 9; bei Vorlage einer Bankbescheinigung an Dritten, BGH NJW 1999, 211 Ls. (auch → Rn. 21). Bei für Bankkunden eingeholter **Bank-zu-Bank-Auskunft** kommt es zwar auf den jeweiligen Erklärungswert der Auskunft an (Auftrag, Wortlaut der Auskunft ua, §§ 133, 157 BGB), Lang WM 1988, 1007; idR ist aber Vertrag zwischen den beteiligten Banken gewollt, BGH WM 1991, 1629; aber BGH WM 1974, 685. Doch bleibt dann immer noch Vertrag mit Drittschutzwirkung möglich (→ Rn. 21). Bei Auskunftsvertrag „im Kundeninteresse" zwischen den Banken kann der Schutz auf Kunden beschränkt sein (also ohne Eigengeschäfte der die Auskunft einholenden Bank), BGH WM 1991, 1629; Breinersdorfer WM 1992, 1557. **Nicht:** bei Gebrauchsanweisung des Herstellers für Endabnehmer, BGH ZIP 1989, 317; Montageanleitung (bzw. öffentliche Äußerungen) des Herstellers können aber für die Sachmängelhaftung des Verkäufers Bedeutung erlangen, § 434 I Alt. 3, II Nr. 3, III 1 (bzw. bei) Nr. 4, IV Nr. 2 BGB (Umsetzung WKRL, 1.1.2022, → Einl v § 373 Rn. 36, → § 377 Rn. 12; § 434 I 2 (bzw. 3) BGB aF); „Auskunft an den, den es angeht", BGH NJW 1979, 1595 (am Kapitalmarkt verbreitete Bankauskunft); BGH NJW 1983, 276 (Versicherungsbestätigung); mit unselbstständig auftretenden Hilfspersonen (nur § 278 BGB), zB bei Weitergabe von Umsatz- und Gewinnzahlen durch Steuerberater als verlängerter Arm des Unternehmensverkäufers, BGH NJW 1986, 180; besonders wenn auch die Gegenpartei Berater bezieht, BGH NJW 1992, 2081; Wirtschaftsprüfertestat, BGH NJW 1973, 322; OLG Saarbrücken BB 1978, 1434 (aber → Rn. 21).

20 **b) Eigenhaftung des Vertreters** (§ 311 III 1, 2 BGB, → Einl v § 48 Rn. 9) und **Prospekthaftung** führen der Sache nach ebenfalls zu einer Dritthaftung (→ Rn. 17, 22), erstere zB bei Zuziehung einer Vertrauensperson zu Verhandlungen, letztere zB hinsichtlich berufsmäßiger Garanten (→ Anh. § 177a Rn. 63). Für fehlerhafte Anlageberatung namens einer Ges. haftet der Berater also idR nicht persönlich, BGH NJW 1990, 389 (GmbHGeschäftsführer); OLG Koblenz WM 2003, 186; anders zB bei persönlicher Information durch Organvertreter einer kapitalsuchenden Ges. gegenüber Anlageinteressenten, BGH WM 2008, 1545 mAnm. Mülbert/Leuschner JZ 2009, 158; weitergehend Kersting JR 2009, 221. Gerichtliche Sachverständige haften den Verfahrensbeteiligten nur bei grober Fahrlässigkeit und gerichtlicher Entscheidung (**§ 839a BGB**), auch Zwangsversteigerungsverfahren, BGHZ 166, 313; analog bei Vergleich, BGHZ 226, 116,

1. Abschnitt. Allgemeine Vorschriften 21 § 347

mAnm. Finkelmeier (contra legem); § 826 BGB bleibt unberührt; Kilian VersR 2003, 683; Spickhoff FS Heldrich, 2005, 419.

c) Da direkte Vertragsbeziehungen mit Dritten häufig fiktiv sind, zieht die 21 Rspr. **abgeleitete Beziehungen vertraglicher Art** vor. Eine **Drittschadensliquidation,** die vereinzelt für möglich gehalten wird, zB für Bank-zu-Bank-Auskunft (→ Rn. 19) bei mittelbarer Stellvertretung, BGH NJW 1972, 1201, ist jedoch **nicht möglich.** Grund: Risikohäufung (zB Bank und Bankkunde), nicht bloße Risikoverlagerung. Möglich ist **aber** ein **Vertrag mit Schutzwirkung für Dritte,** und zwar grundsätzlich (nicht immer) trotz Gegenläufigkeit der Interessen des Auftraggebers und des Dritten, stRspr, heute hL (Rspr. lässt Herleitung offen, erg. Vertragsauslegung §§ 133, 157, 242 BGB, Rechtsfortbildung aus § 242 BGB, partiell Gewohnheitsrecht, wohl nicht § 328 BGB analog). In Betracht kommt auch ein **vorvertraglicher Drittschutz nach § 311 III 1 BGB,** wobei aber nicht ein abgeleiteter, sondern ein **eigener Anspruch des Dritten** anzunehmen ist (was richtiger erscheint → Rn. 22; dafür spricht auch § 311 III 2 BGB, mit dem SMG der Rechtsprechung eine Alternative zur Annahme eines Auskunftsvertrages aufzeigen wollte, BT-Drs. 14/6040, 163).

Beispiele: zusammenfassend BGH ZIP 2016, 1586 (Fall Mappus, Anwalt, iErg abl.); **Vermögensübersicht** eines Wirtschaftsprüfers im Auftrag des Kreditnehmers für Bank, BGH WM 1986, 711; zur Vorlage bei Kreditgeber, BGH NJW 1987, 1758; WM 1989, 375; 1993, 897; NJW 2012, 3167; WM 2013, 689; OLG Düsseldorf WM 2009, 2375 (RsprÜbersicht, iErg abl.); Prüfung von für Anleger bestimmten **Prospektangaben** (→ Rn. 29), BGH NJW 2004, 3420; 2014, 2345 (neben Prospekthaftung, → Anh. § 177a Rn. 63), insoweit keine Sperrwirkung von § 323 BGB, BGH NJW 2014, 2345 Rn. 21 mAnm. Ebke ZGR 2015, 325 (→ § 323 Rn. 8); Drittschutz bei Gewähübernahme für Richtigkeit durch nach außen in Erscheinung tretendes Mitwirken, maßgeblich bei **Testat eigens für Prospekt,** BGH NJW 2012, 758 Rn. 19; NJW 2001, 360, juris Rn. 40 f.; von Steuerberater erstellter **Jahresabschluss** zur Vorlage an Kreditinstitut, BGH NJW 1997, 1235; Prüftestat über **Kontenkontrolle bei Kapitalanlagemodell,** BGHZ 145, 187; **Ankündigung eines unrichtigen Pflichttestats** gegenüber Dritten als Entscheidungsgrundlage für Anteilserwerb (keine Sperrwirkung von § 323, dort → § 323 Rn. 8), BGHZ 138, 257; **Insolvenzreifeprüfung** bei GmbH auch zugunsten der GmbHGfter und des Geschäftsführers, BGH NJW 2012, 3167; ZIP 2016, 1588 Rn. 23.

Keine Schutzwirkung des **Abschluss(pflicht)prüfungsvertrags** (→ § 323 Rn. 8), des Prüfungsvertrags nach § 44 I 2 KWG, BGH WM 2009, 1128; krit. Binder WM 2010, 145 (→ **(7)** Bankgeschäfte Rn. A5), des Prüfungsvertrags mit Bestätigungsvermerk im Verkaufsprospekt für Börsengang einer AG, BGHZ 167, 155 (III ZS, näher → § 323 Rn. 8), also strenge Voraussetzungen für Drittschutzwirkung (gilt auch für Annahme eines Auskunftsvertrags des Abschlussprüfers gegenüber Anlagevermittler), BGH WM 2007, 1503 (1507); DB 2007, 2703; NJW 2009, 512; OLG Stuttgart WM 2009, 2382; OLG Köln ZIP 2012, 1084 (s. auch zuletzt zu Wirtschaftsprüfertestaten → Rn. 38), dann auch nicht bei **freiwilliger Jahresabschlussprüfung,** BGHZ 167, 163; BGH WM 2006, 423; WM 2020, 987 (Emission Schuldverschreibung); **Mittelverwendungskontrolleurvertrag** bei Kapitalanlagemodell, BGH NJW 2010, 1279; KG WM 2010, 1221; OLG Stuttgart DB 2011, 1919; Dörr WM 2010, 540; aA für Vertrauenshaftung Koch WM 2010, 1057 (→ Anh. § 177a Rn. 64); **Ratingvertrag** zwischen Agentur und Emittent bei Unternehmensrating, OLG Düsseldorf NJW 2018, 1615 mAnm. Amort. Schroeter ZBB 2018, 353, üL; evtl. aber bei Emissionsrating, LG Berlin WM 2021, 444 (nicht rechtskräftig), str.

Wertgutachten zu Grundstück zur Vorlage bei Kreditgeber oder Erwerber, BGHZ 127, 378; 159, 1; BGH NJW 1982, 2431 u. WM 1985, 450 („dänischer

Leyens 1661

Konsul"); BGH NJW 1984, 355; 1998, 1059; Rechtsanwalts- und Steuerberaterexposé bei GfterBeitritt, OLG Koblenz WM 2012, 316; Bauschadensbericht des Bauherrnarchitekten an Veräußerer (zugunsten der Erwerber), wenn als Grundlage für Ratenauszahlung der Bank, BGH NJW 2009, 217; Schutz der Gfter bei Gutachten des Steuerberaters einer OHG, BGH NJW 1988, 556; BB 1993, 244, des Geschäftsführers bei Umsatzsteuermandat der GmbH, BGH NZG 2011, 1384; aber differenzierend OLG Schleswig NZG 2012, 307; OLG Köln NZG 2012, 504; eines Wirtschaftsprüfers oder Rechtsanwalts für KapitalGes, BGH NJW 1983, 1054; 2000, 725; OLG Düsseldorf ZIP 1985, 1394; Arzt als **Versicherungsgutachter,** BGH NJW 2002, 3625; Baufortschrittsanzeige eines Architekten als **Kreditgrundlage,** OLG Hamm WM 1987, 851; BGH NJW 1991, 352 (iErg abl.); auch nicht öffentlich-rechtlich bestellter Bodensachverständiger, BGH NJW 2001, 516 (Vertrag mit Schutzwirkung für Dritte, dann auch ohne Vertrauenstatbestand); nicht **Sonderprüfer nach KWG,** BGH NJW 2001, 3117 m. krit. Anm. Kannowski/Zumbansen NJW 2001, 3102, da nur intern für BaFin bestimmt. Keine drittschützende Pflicht des Steuerberaters zum Hinweis auf Insolvenzgefahr, auch nicht bei Dauermandat, BGH ZIP 2013, 829; aA Zugehör WM 2013, 1965. Keine drittschützende Pflicht des **Rechtsanwalts** gegenüber dem Mandanten nahestehenden Dritten, BGH NJW 2020, 3169, oder dem Vertreter seines Mandaten, BGH ZIP 2016, 1586, es sei denn bei Vertragsschluss deutlich, OLG Köln NZG 2021, 1642 (insolvenzrechtliche Beratung, Hftg. GmbHGeschäftsführer).

Eigener Beratungsvertrag oder Schutzwirkung bei **Beratung von Bankkunden** für Dritten (falls nicht schon § 164 BGB), OLG München WM 2010, 1798; Drittschutzwirkung bei **Bankauskunft** möglich, auch bei Bank-zu-Bank-Auskunft (→ Rn. 19), aber nur, wenn die Auskunft ersichtlich im Interesse des Dritten bzw. Bankkunden eingeholt wird (nach heutiger Bankpraxis klarzustellen, → **(7)** Bankgeschäfte Rn. A15, BGHZ 133, 36; BGH WM 1990, 1991). Ein besonderes Interesse des Auskunftsempfängers am Schutz des Dritten (**Fürsorgepflicht,** für Wohl und Wehe verantwortlich) ist **nicht nötig,** BGH NJW 1984, 356. Der Sachverständige muss nur die Bestimmung der Auskunft für die Dritten kennen, nicht auch ihre Zahl und Namen; vielmehr genügt, dass die zu schützende Personengruppe objektiv abgrenzbar ist; eine Drittschutzpflicht darf aber den Sachverständigen nicht mit unzumutbaren Risiken belasten, BGHZ 138, 262. Entscheidend ist die konkrete **Gewährübernahme,** die nur bei Teilnahme am rechtsgeschäftlichen Verkehr, nicht bei privaten Äußerungen vorliegt. Leitgedanke: keine Ausweitung des Haftungsrisikos, wenn nicht mehr kalkulierbar, BGHZ 159, 9. In **Grundstückserwerbsfällen** droht eine solche **Schadenshäufung** nicht, wenn allein der erste Erwerber in der Kette geschützt wird; auch nicht in Anleihefällen bei namentlich nicht bekannter Vielzahl privater Kreditgeber oder Kapitalanleger, wenn der Gutachter mit Vorlage an sie rechnen musste, BGHZ 159, 1 (X ZS); BGH NJW 2004, 3703 Ls. Grund: Eingrenzung durch Grundpfandrechtssicherung. In **Kreditfällen** beschränkt sich der Schutz auf die konkret anstehenden Kreditgeber, auch mehrere, auch die Kreditbürgen, BGH NJW 1998, 1059; beliebige künftige sind nicht geschützt (s. aber zuvor zur Schadenshäufung). Bei **Wirtschaftsprüfertestaten** sind nicht beliebige Dritte am Kapitalmarkt geschützt (näher schon oben), außer wenn sie mit dem Testat zum Beitritt geworben werden (Prospekthaftung, → Anh. § 177a Rn. 63 f.). Einwände aus dem Vertrag selbst, zB arglistige Herbeiführung des Gutachtens durch den Verkäufer, treffen den Dritten entgegen **§ 334 BGB** nicht (stillschweigende Abbedingung), BGHZ 127, 378; BGH NJW 1998, 1059, str., iErg zutr., aber richtiger → Rn. 22). Diese Grundsätze gelten auch für die **third party legal opinion,** Maier-Reimer NJW 2014, 2613; **Mittelverwendungskontrollvertrag** (§ 335 BGB), BGH NJW 2013, 1434; WM 2013, 1016. Nicht **Ratingvertrag** über Unternehmensrating zwischen Ratingagentur und Emittent, Anlegerkreis zu unbestimmt, OLG Düsseldorf NJW 2018, 1615 mAnm. Amort; Schroeter ZBB 2018, 353, üL; anders evtl. bei Emissionsrating, Schutzwirkung und Haftung bei Unvertretbarkeit, LG Berlin WM 2021, 444 (nicht rechtskräftig), str. **Mitverschulden** des Vertragspartners muss sich der Dritte bei dieser Rechtsfigur zurechnen lassen, BGHZ 127, 384; BGH NJW 1998, 1059; 2012, 3139, richtiger nur eigenes Mitverschulden, → Rn. 22 und ausführlich → Rn. 36. Abredewidrige oder sonst missbräuchliche Verwendung der Auskunft bzw. des Testats beseitigt die Haftung grundsätzlich nicht, Canaris ZHR 163 (1999), 206 (239), aber Einschränkung der Gewährübernahme und **Freizeichnung** bei Dritthaftung ist möglich und dringend anzuraten (→ Rn. 38). Grundsätze für die Erstellung von **Fairness Opinions, IDW S 8,** WP-HdB 2014 II E 417 ff. (→ Rn. 29, → § 317 Rn. 1, → Einl v § 1 Rn. 47); zu IDW PS 910 und comfort letters Döpfner WPg 2016, 884.

Lit.: Kersting, 2007; Leyens, Informationsintermediäre, 2017 (Abschlussprüfung, Rating, Finanzanalyse); Esser/Lobe/Röder, 2008 (Fairness Opinion). **Aufsätze:** Schulze JuS 1983, 81; Hopt FS Pleyer, 1986, 350 u. NJW 1987, 1745 (Wirtschaftsprüfer); Lang WM 1988, 1001 u. WPg 1989, 57; Canaris JZ 1995, 441 (Gegenläufigkeit der Interessen); 1998, 603; Canaris, Schneider, Bosch ZHR 163 (1999), 206 (246, 274); Canaris FS Schimansky, 1999, 43 (Finanzierungsbestätigung); Zugehör WM Sonderbeil. 4/2000, 32; Möllers JZ 2001, 909 (Wirtschaftsprüfer); Schiessl ZGR 2003, 850 (fairness opinion); Finn NJW 2004, 3752; Koch WM 2005, 1208 (third party legal opinion); Hasselbach/Alles DB 2021, 3015 (Business Judgment Rule, Fairness Opinion); Lobe/Essler/Röder WPg 2007, 468 (fairness opinion, Praxis); Zugehör NJW 2008, 1105 (krit. zu Uneinheitlichkeit der Senate); WM Sonderbeil. 1/2010; Fleischer FS Hopt, 2010, 2753; ZIP 2011, 201 (fairness opinion, s. auch IDW S 8, → § 317 Rn. 1); Seibt CFL 2011, 237 (fairness/inadequacy opinions); Seibt/Wollenschläger DB 2011, 1378 (Dritthaftung, Abschlussprüfer); Fischer DB 2012, 1489; VersR 2013, 535 (Dritthaftung); Maier-Reimer NJW 2014, 2613 (third party legal opinion); Schultheiß BKR 2015, 133 (Dritthaftung, KAGB); *Döpfner* WPg 2016, 884 (comfort letter); s. auch → Rn. 22 und → § 323 Rn. 8.

E. **Vertrauens- und Berufshaftung:** Dogmatisch wird die Haftung zunehmend einer Vertrauenshaftung (des Dritten, nicht gegenüber Dritten) zugeordnet, Canaris ZHR 163 (1999), 206 (220) (dritte Spur zwischen Vertrags- und Deliktshaftung, Dritthaftung aus culpa in contrahendo, seit SMG § 311 III 2 BGB, → § 5 Rn. 13, → Einl v § 343 Rn. 3, MüKoBGB/Emmerich § 311 Rn. 206, 216), und, soweit Rat und Auskunft beruflich erteilt werden, der Sachwalter- und Berufshaftung (Kriterium: **selbstständiges berufliches Auftreten am Markt**), was gegenüber culpa in contrahendo keinen Gegensatz, sondern eine Konkretisierung des Inhalts der gesetzlichen Schuldverhältnisses (§ 241 II BGB) darstellt. Das erleichtert zugleich eine sachgerechte Einbeziehung der Geschädigten (Kriterium: **berufliche Gewährübernahme**) in den Schutzbereich der Aufklärungs-, Auskunfts- und Beratungspflichten statt fiktiver Auskunftsverträge, Vertrag mit Schutzwirkung zugunsten Dritter oder Drittschadensliquidation (→ Rn. 19–21) und erklärt, warum ihre Ansprüche selbstständig sind (nicht vom Hauptvertrag abhängen, → Rn. 21). Die Haftungsgründe (Vertrag, Geschäftsverbindung, Delikt, → Rn. 13–18) verlieren dabei zugunsten des Haftungsstandards (→ Rn. 23–40) an Bedeutung.

Aus der Rspr.: BGHZ 70, 360 (Börsendienst); BGHZ 74, 103 (Kapitalanlagevermittler); BGHZ 74, 281 (Zeugnis, eingeschränkte Fahrlässigkeitshaftung iVm § 278 BGB aus rechtlicher Sonderverbindung außerhalb Delikt und Vertrag); BGHZ 145, 187 (Wirtschaftsprüfer); BGH NJW 1979, 1595 u. 1983, 276 (Auskunft an offenen Adressatenkreis); BGH NJW 1996, 2928 („Berufshaftung" für Rechtsanwälte, Sachverständige, Steuerberater, Wirtschaftsprüfer). **Rspr-**

Übersicht: Zugehör NJW 2000, 1601 (berufliche Dritthaftung von Anwälten, Steuerberater, Wirtschaftsprüfern, Notaren), Gehrlein DStR 2012, 377 (432) (IX ZS Steuerberater). **Lit.:** schon → Rn. 21; Assmann, Prospekthaftung, 1985 (kapitalmarktbezogene Verkehrspflichten); Hirte, Berufshaftung, 1996; Karampatzos, 2005; Kersting, 2007; Leyens, Informationsintermediäre, 2017 (Abschlussprüfung, Rating, Finanzanalyse); Lorenz FS Larenz, 1973, 575 (Kreditauskunft); Hopt, Kapitalanlegerschutz (Banken), 1975; FS Fischer, 1979, 237 (Anlageberater); AcP 183 (1983), 705 (Berufshaftung); FS Pleyer, 1986, 350 (Wirtschaftsprüfer); FS Gernhuber, 1993, 169; Mertens AcP 178 (1978), 227 (Fortentwicklung des § 823 BGB); Lammel AcP 179 (1979), 337 (allgemeine berufliche Auskunftshaftung aus Gesetz); Hohloch NJW 1979, 2369 (Vertrauenshaftung); Grunewald JZ 1982, 627 (Fachleutehaftung); Lang WM 1988, 1006 (berufliches Handeln am Markt); Damm JZ 1991, 373 (Expertenhaftung); Lang WM Sonderbeil. 4/2000 (Steuerberater); Ganter WM Sonderbeil. 6/2001 (Rechtsanwälte); Lang AcP 201 (2001), 451; Hopt/Voigt WM 2004, 1801 (Kapitalmarktinformation); Gräfe DStR 2010, 618 und 669 (Steuerberater, Wirtschaftsprüfer). Ebenso **(13)** DepotG § 31. Bankenhaftung → **(7)** Bankgeschäfte Rn. A29 und vor U1.

4) Rat, Auskunft, Aufklärung, Zeugnis, Prospekt: Verhaltenspflichten, Haftungsfolgen

23 A. **Eigenverantwortung und Aufklärungspflichtigkeit: a)** Im Geschäftsverkehr muss sich **grundsätzlich jeder selbst** vergewissern, ob ein Vertrag für ihn von Vorteil ist, BGHZ 158, 119 (aber → Rn. 30); kein Anspruch zB des Käufers auf Erwerb zum Verkehrswert, Grenze nur § 138 BGB (zB Kaufpreis erhebl. über obj. Wert infolge Provision, BGH WM 2020, 1862). **Keine Aufklärungspflicht** (zu unterscheiden von positiver Falschinformation) hat also zB Verkäufer (auch bei Finanzierungsberatung) über Wirtschaftlichkeit des Erwerbs und Angemessenheit des Kaufpreises, BGH NJW 2005, 983; 2008, 507, auch bei erheblicher Differenz zwischen Preis und Wert, BGHSt WM 2015, 2295; über die eigene Gewinnmarge der Bank (→ Rn. 25); der Vermieter von Gewerberaum über Konkurrenzschutzklausel mit Dritten, BGH NJW 1982, 376; der einen Rabatt einräumende Händler über Senkung des Herstellerlistenpreises nach Vertragsverhandlungen, aber vor Unterzeichnung, BGH NJW 1983, 2493; der Kfz-Käufer über Wiederverkaufsabsicht (Vertriebsbindung), BGHZ 117, 280; der Gläubiger bei Bürgschaftsabschluss, → **(7)** Bankgeschäfte Rn. A25; der Bankkunde über allgemeine Einkommens- und Lebensrisiken, → **(7)** Bankgeschäfte Rn. G/8; der Leasinggeber über Inhalt und Folgen des Leasing, → **(7)** Bankgeschäfte Rn. P6 ff.; der Bieter hinsichtlich der Kalkulation, BGHZ 139, 188 (mit Grenzen). Insbesondere besteht grundsätzlich keine Aufklärungs- und Warnpflicht über einen auf bestimmte Aufgaben beschränkten Auftrag hinaus, BGHZ 128, 358 (Steuerberater, aber s. sogleich b). Beim Unternehmens- und Unternehmensanteilskauf soll Verkäufer eine **gesteigerte Aufklärungspflicht** haben, BGH NJW 2001, 2163, iErg richtig (drohende Zahlungsunfähigkeit), aber Ls. in dieser Allgemeinheit nicht unproblematisch, Käufer muss sich in erster Linie selbst kümmern (eigene Fragen, due diligence, → Einl v § 1 Rn. 46, → Einl v § 373 Rn. 3), BGH NJW 2002, 1042 (iErg abl.); anders bei Mitteilung unrichtiger Unternehmenskennzahlen, OLG München ZIP 2006, 1911 Ls.; uU beseitigt auch Übergabe von Geschäftsunterlagen vorausgegangene Irreführung nicht, OLG München NZG 2021, 423 (Arglist, § 123 I BGB) mAnm Leuering/Rubner NJW-Spezial 2021, 176 (Kausalitätsfrage).

Eigenverantwortung übernimmt auch ein Kunde, der sich gegenüber der Bank **als erfahren** und nicht aufklärungsbedürftig **geriert,** BGHZ 142, 355; OLG Celle ZIP 2017, 229 (iErg abl.) oder den die Bank als solchen kennt, BGH ZIP 2015, 572 Rn. 21 m. zust. Anm. Herresthal, oder der mit einem **Discount-Broker,** der sich ohne individuelle Aufklärung nur an gut informierte und erfahrene Anleger wendet, abschließt, BGHZ 142, 345; BGH ZIP 2013, 870 mAnm. Bracht ZBB 2013, 252; 2013, 2451; OLG Düsseldorf ZIP 2014, 2434; OLG Karlsruhe WM 2016, 600 (**Direktbank**, execution-only, → **(7)** Bankgeschäfte Rn. A29; Buck-Heeb ZIP 2013, 1405 u. KSzW 2015, 131. Zum Hinweis auf mögliche Strafbarkeit, OLG Karlsruhe ZIP 2017, 366 (iErg abl.). Keine Aufklärungspflicht über das **allgemeine Emittentenrisiko** (→ Rn. 30), wenn der konkrete Anleger das generelle Gegenparteirisiko bei Zertifikaten zB aus seinem bisherigen Anlageverhalten kennt oder er sich insoweit als erfahren geriert, BGH NJW 2013, 1223. Nicht aufklärungsbedürftige Kunden brauchen nicht vor sich selbst geschützt zu werden, BGHZ 147, 349; die Bank darf auch **objektiv unvernünftige Aufträge** hinreichend informierter Kunden ausführen, BGHZ 147, 349. Ablehnung der Entgegennahme eines Emissionsprospekts als „Papierkram" ist aber noch nicht ohne Weiteres **Verzicht auf Beratung**, BGH NJW 2019, 1137 (auch → Rn. 23c).

Dieser Grundsatz der **Eigenverantwortung ist jedoch heute vielfach durchbrochen.** Auskunftsanspruch aus § 242 BGB (nicht: Auskunftsvertrag, → Rn. 13) ist subsidiär zu vertraglichen und nicht auf § 242 BGB gestützten gesetzlichen Auskunftsansprüchen gegen andere, BGH WM 2018, 508 (Mittelverwendungskontrolle).

b) Bestand und Intensität der Pflichten hängen insbesondere von der **beruflichen Sachkunde des einen** und der **Aufklärungsbedürftigkeit des anderen** ab, BGH NJW 1982, 2816 (Ausnutzung des eigenen Wissens- und Erfahrungsvorsprungs auf Kosten unerfahrener, auf Fairness angewiesener anderer), BGHZ 72, 92 (stille Beteiligungen von Arbeitnehmern an Arbeitgeberfirma); BGH NJW 1981, 1440 (Kfm., mittelständischer Unternehmer); BGH WM 1986, 1047 (Organmitglied); BGH WM 1987, 103 (auch ehemaliger Rechtsanwalt und Notar, aber nach Aufklärung nicht erneut für Folgegeschäft); BGH WM 1988, 41 (nicht aufklärungsbedürftige Bank); BGH NJW 1991, 1106 (VersVertreter); BGH WM 1992, 432 (Mitarbeiter des Vertreibers); BGHZ 117, 135 (erfahrener Anleger in Optionen); BGH ZIP 2003, 2242 (auch Wirtschaftsprüfer); BGH NJW 2004, 3628 (auch Rechtsanwalt und Notar bei Börsentermingeschäften); BGH WM 2011, 682 mAnm. Wiechers (VorsRi XI ZS) WM 2012, 478 (Zinsswap, DiplVolkswirtin). **Warnpflicht** eines bei Unternehmenskauf zugezogenen Steuerberaters, BGH WM 1984, 465; OLG Koblenz WM 2010, 453 (Bilanzbuchhalter); auch außerhalb des beschränkten Mandatsgegenstands bei offenkundiger, dem Mandanten nicht bekannter Gefahr, BGH WM 2017, 383 Rn. 44 (Steuerberater, Insolvenzgefahr trotz richtiger Bilanz; anders noch BGH WM 2013, 802 Rn. 19; ganz ausnahmsweise auch außerhalb seines Auftrags, Voraussetzungen: Fehlentscheidung des Mandanten für durchschnittlichen Berater auf den ersten Blick ersichtlich und positive Kenntnis der Sach- und Rechtslage seitens des Beraters persönlich, BGHZ 128, 358; uU sogar Warnung vor wirtschaftlicher Fehlentscheidung, BGH WM 1987, 662. Aufklärungs- als auch **Folgenbeseitigungspflicht** kann sich uU hinsichtlich der Unwirksamkeit eigener AGB ergeben, BGHZ 229, 266 (Pflicht des Versicherers aus § 8 I UWG); offen, ob des verallgemeinerbar für Dauerschuldverhältnisse mit besonderer Rücksichtnahmepflicht (§ 242 BGB), dafür Beckmann/Kaletsch NJW 2021, 3353 Rn. 6.

Vom **Anlageberater** kann der Aufklärungsbedürftige nach der Rspr. **mehr** erwarten **als** vom normalen **Anlagevermittler**, BGH NJW 1982, 1096; WM 1993, 1238, zur **schwierigen Abgrenzung** Schlick WM 2011, 154 (auch → Rn. 30, 36). **Viele andere Berufe** wie Treuhänder (→ Anh. § 177a Rn. 77 ff.), Rechtsanwälte, Steuerberater oder Ärzte haben ebenfalls weit reichende Aufklärungs- und Beratungspflichten, diese gehören zum jeweiligen Berufsrecht und werden im Folgenden nicht nachgewiesen. Die Aufklärung muss der Aufklärungsbedürftigkeit entsprechen. Eine Bank (nicht ohne Weiteres auch ein Berater im erweiterten Familienkreis, BGH WM 2007, 1020) muss daher bei der Anlageberatung den ggf. zu erfragenden Wissensstand des Kunden über Anlagegeschäfte der vorgesehenen Art und dessen Risikobereitschaft berücksichtigen (**anlegergerechte Beratung**), und das danach empfohlene Anlageobjekt muss dem Rechnung tragen (**objektgerechte Beratung**), BGHZ 123, 126 – Bond; Heinsius ZBB 1994, 52; Koller FS Huber, 2006, 840; Veil WM 2007, 1821; Ellenberger FS Nobbe, 2009, 523. Die Bond-Rspr. ist auch nach MiFiD relevant, BGH NJW 2012, 71 („eindeutig"); 2012, 2875; Veil WM 2012, 1610, hL, aA Mülbert WM 2007, 1156; ZHR 172 (2008), 183; Grundmann WM 2012, 1752, vgl. auch Harnos ZEuP 2015, 546; Vorlage an den EuGH ist unausweichlich, Grundmann WM 2012, 1755; Herresthal WM 2012, 2261 u. ZBB 2012, 89 (auch → Rn. 30). Rspr. seit Bond Lang/Balzer FS Nobbe, 2009, 639; Schwintowski FS Hopt, 2010, 2507.

23b Keine **anlegergerechte Beratung** gegenüber einer Stiftung ist die Empfehlung einer risikoreichen Fondsbeteiligung, trotz Beratungsgesprächs mit dem Stiftungsvorstand, der Wirtschaftsprüfer und Steuerberater ist, OLG Frankfurt a. M. ZIP 2015, 821. Zwecks anlegergerechter Beratung muss die Bank die **Risikobereitschaft des Anlegers erfragen,** außer wenn diese ihr aus der Geschäftsbeziehung oder dem bisherigen Anlageverhalten des Anlegers bekannt ist, BGH WM 2011, 682 (**Zinsswap**, DBk, → Rn. 26). Bei einem von einem Vermögensberater betreuten Kunden mit Vorwissen braucht die Bank bei der Anlageberatung nicht dessen Wissensstand zu erfragen, BGH NJW 1996, 1744; auch nicht, wenn der Kunde mit deutlichen Vorstellungen von dem gewünschten Anlagegeschäft an die Bank herantritt, BGH ZIP 2015, 572 Rn. 19 (Cross-Currency-Swap, Fremdwährungs-, Kursschwankungsrisiko). Dagegen darf die Bank einen unerfahrenen Kunden nicht zur Aktienspekulation auf Kredit verleiten, BGH NJW 1997, 1361, und idR keine Risikoanlagen zur Altersversorgung empfehlen, OLG Jena ZIP 2005, 1913. Bei Unternehmensbeteiligung an Hotelbetrieb Hinweis auf Totalverlustrisiko, nicht unbedingt bei geschlossenem Immobilienfonds, OLG Karlsruhe NZG 2015, 635 Ls. Auch **Anleger mit großer Kenntnis** sind über ihnen bislang unbekannte Anlageformen zu unterrichten, BGH WM 2008, 725. Sorgfältige und eingehende Lektüre des Prospekts seitens der Anleger kann vorausgesetzt werden, BGH WM 2008, 726. Durchschnittsleser des Emissionsprospekts, KG WM 2005, 1748. Im Falle der Vertretung des Anlegers kommt es nicht auf seine, sondern die **Kenntnisse und Erfahrungen des Vertreters** in Wertpapiergeschäften an, BGHZ 147, 353.

23c Zur **objektgerechten Beratung** gehören die **speziellen Risiken der konkreten Anlageempfehlung** (zB aus der Unternehmenssphäre, besondere Technik und Kosten des Geschäfts) ebenso wie die allgemeinen (zB Konjunktur, Börsen- und außerbörslicher Handel, Kurs-, Zins-, Währungsrisiko), speziell für Zinsswaps Wiechers WM 2012, 479 (→ Rn. 26). Entscheidend ist eine sorgfältige, tatsachengestützte, vertretbare **Prognose,** die dann auch optimistisch sein kann, BGH WM 2009, 2303; 2012, 1294, für Prognoseerläuterung Klöhn WM 2010, 289, Mietprognosen, OLG München WM 2010, 1834, Projektentwicklungsprognose, OLG Naumburg WM 2015, 613. Das Risiko des Nichteintretens trägt dann der Anleger, BGH WM 2012, 1295. Erklärung der Anlagestrategien „Wachstum" und „Chance" mit Renten als „konservativ" und Aktien als „spekulativ" ist zu pauschal, OLG Stuttgart ZIP 2014, 213. Die Bank kann ihrer Aufklärungspflicht **auch durch die rechtzeitige Übergabe eines Verkaufsprospekts** erfüllen, BGH WM 2012, 1337 Rn. 20; 2015, 1055 Rn. 27; OLG Frankfurt a. M. WM 2017, 770. Lehnt der Anleger die Entgegennahme des (Emissions-)Prospekts als „Papierkram" ab, wird allein dadurch der Pflichtumfang des Anlageberaters nicht reduziert, BGH NJW 2019, 1137 (auch → Rn. 23). Die Pflicht muss **betrieblich und finanziell tragbar** sein, vgl.

BGHZ 70, 363 (Börsendienst, Überprüfung von Grundbesitz der empfohlenen AG); OLG Frankfurt a. M. WM 2017, 770 (zumutbarer Prüfungsaufwand); LG Lübeck NJW 1982, 1108 (keine Kuponkontrollpflicht des Pfandbriefschuldners). Die einzelnen Verhaltenspflichten sind ihrer Natur nach nicht abschließend festgelegt und werden heute von der Rspr. rasch weiterentwickelt, → Rn. 24 ff. Sie gehen aber grundsätzlich nicht soweit, dass die Bank bei einem ihr angetragenen Geschäft, dessen Risiko sie nicht abschließend beurteilen kann, den Geschäftsabschluss verweigern müsste; sie muss dann aber auf ihre fehlende Sachkunde hinweisen, BGH NJW 1998, 2675; Informationslücken → Rn. 25.

B. Verhaltenspflichten im Einzelnen: RsprÜbersicht: Lang/Balzer FS Nobbe, 2009, 639 (Wertpapierhandelsrecht). **24**

a) Pflicht zur **Wahrheit**, zB BGHZ 74, 110; BGH NJW 1984, 866 (Sicherung durch Anderkonto); BGH WM 1985, 381 (Kreditauskunft, Bilanzvorlage); BGH WM 2006, 2301 (Bezeichnung als „sichere" Anlage trotz Risikoprofil „gewinnorientiert" und „risikobewusst"); BGH NJW 2010, 2506 (angebliche Erfahrungswerte der Vergangenheit); BGH WM 2010, 972 (Anschlussförderung werde „gewährt", obwohl nur zu erwarten); **Prospektprognose** braucht nicht einzutreten, aber muss kfm. vertretbar gewesen sein, BGH NJW 2008, 3059 (3060); 2010, 2506; 2018, 1675 Rn. 28; OLG Karlsruhe WM 2010, 1264 („Garantiefonds"); auch richtiges **Rechtsanwaltskurzgutachten** über Ges. in unrichtigem Prospekt kann irreführen, BGHZ 77, 177; auch **schönende Erläuterung** eines richtigen Prospekts, BGH WM 2007, 1606 (1608); Umhängung im Konzern von Mutter auf Tochter als normaler Verkauf, BGH NJW 2015, 236 Rn. 20 – Telekom. Nicht eine isolierte Formulierung, sondern das dem Anleger vermittelte **Gesamtbild ist maßgeblich,** BGH NJW 1982, 2826 – BuM; BGH WM 2013, 734 (Prospekt); für Anlageentscheidung ist die Bonität der Emittentin, nicht ihre unrichtige Bezeichnung als US-Bank wesentlich, BGH WM 2013, 836. **Täuschung durch Unterlassen** bei vorausgegangenem gefährlichem Tun (Ingerenz), BGH ZIP 2017, 1164 (Betrug zulasten von Fondsanlegern).

b) Pflicht zur **Vollständigkeit**, also Mitteilung aller entscheidungserheblichen **25** Umstände, BGHZ 116, 12; 145, 198; BGH WM 2008, 726, dazu gehören zunächst **alle gesetzlich vorgeschriebenen Angaben,** so bei Prospekten der Prospektinhalt, anderenfalls droht Prospekthaftung, s → Anh. § 177a Rn. 59, → **(15) Prospekthaftung** Rn. 1; sodann auch ohne solche Gesetzesvorgaben **nach der Rechtsprechung** zB besondere **Risiken** einer Anlage wie Fehlen eines hinreichend breiten Sekundärmarktes mit realistischer Preisbildung (penny stocks), BGH NJW 1991, 1108, auch bei Immobilien-KG, BGH BB 2007, 465, sogar erschwerte Handelbarkeit nicht börsennotierter Aktien, OLG Oldenburg NJW-RR 2003, 179; Bilanzverluste, BGH NJW 1973, 456; ständig zunehmende, den Anfragezweck gefährdende Kreditüberziehung, BGH WM 1974, 686; erhebliche dingliche Belastungen, falls Grundbesitz erwähnt wird, BGH NJW 1979, 1596; Umfang von Abnahmezusagen, BGH NJW 1983, 1731; unbegrenzte Verlustübernahmezusage der AnlageGes, OLG Stuttgart WM 2005, 2382; Wiederaufleben der Kommanditistenhaftung (§ 172 IV), BGH ZIP 2015, 79; WM 2016, 504 (iErg aA); Fehlen einer ordnungsgemäßen Buchhaltung, BGH BB 1984, 653; Zweifel an Seriosität des vermittelten Optionspartners, BGH WM 1984, 767; einschlägige Vorstrafen des Vermögensverwalters bei Anlagegesellschaft, jedenfalls soweit sie die Zuverlässigkeit erschüttern, BGH ZIP 2013, 1616; Ermittlungsverfahren gegen Fondsverantwortliche, BGH WM 2011, 2353; schlechtes Rating der Anleihe (→ Rn. 26); Zurückfließen wesentliche Teile der vom Anleger aufgebrachten Kapitals an den Initiator statt Verfügbarkeit für die beworbene Investition, BGH NJW 2000, 3346; Änderung der Marktverhältnisse vor Prospektherausgabe so, dass mangels zeitgerechter Projektumsetzung Investitionsmittel für Funktionsträger eingesetzt werden, BGH NJW 2000, 3346 (Kabelfernsehen). Umfangreiche Rspr. zu **Prospektangaben**, die der Anleger aber sorgfältig durchlesen muss, BGH WM 2016, 504 Rn. 22, s. auch → **(15) Prospekthaftung** Rn. 13. Im Prospekt kann die Angabe von Bewertungsansatz und angewandten Bewertungsmethoden für maßgeblichen Grundstücksbesitz in der Bilanz notwendig sein, aber Grundstücksbewertung ist im Rahmen zulässiger Toleranz nicht fehlerhaft, BGHZ 203, 1 = NJW 2015, 236 – Telekom; BGHZ 213, 65 = NZG 2017, 378 – Telekom (Clusterbewertung); bei Immobilienanlageprospekt unmissverständliche Angaben über Wohnflächen und deren Berechnung, BGHZ 145, 121; konkreter, behördlich festgestellter Altlastenverdacht, KG WM 2015, 2365 (aber ohne Wissenszurechnung, BGH NJW 2017, 250, → **(7) Bankgeschäfte** Rn. A16); bei offenem Immobilienfonds Möglichkeit der zeitweiligen Aussetzung der Anteilsrücknahme, BGH NJW 2014, 2945 mAnm. Sieg/Wendt BKR 2014, 485; OLG Düsseldorf WM 2016, 1387; bei Prospekt über geschlossenen Immobilienfonds deren besondere Risiken, etwa kein funktionierender Zweitmarkt (Fungibilität), BGH WM 2015, 128; ZIP 2015, 1981; widersprüchlicher Prospekt eines geschlossenen Immobilienfonds, OLG München NZG 2016, 1423; Schiffspool, OLG Hamburg WM 2017, 1096 (iErg zutr. abl.); OLG München WM 2017, 1107 (nicht über loan-to-value-Klausel); Risiken der nachhaltigen Einnahmenerzielung, BGH NJW 2004, 2228, auch sonstige **„weiche Kosten"**, die die Rentabilität mindern, BGH ZIP 2009, 1057; NZG 2010, 232; WM 2016, 1487; unrealistische Rentabilitätsprognose (Mieteinnahmen, Unterhaltungskosten, Wiederverkauf), BGHZ 156, 378; BGH NJW 2005, 983; ZIP 2017, 181 (Eigentumswohnung als Kapitalanlage); Sicherheitsabschlag bei Winderträgen, BGH WM 2008, 1116; bei Prospektangabe über eine Absicherung nähere Darlegung und uU Angabe der Gegenleistung, OLG München WM 2008, 872 (Medienfonds); bei Kapitalanlagemodell Bestehen eines Verlustübernahmevertrags, BGH WM 2008, 391; bei Mietpoolvertrag nicht Verlustrisiken, BGH NJW 2008, 3059 (3060), aber Beteiligung am Leerstandsrisiko aller, BGH NJW 2007, 1874 und fehlende Einkalkulierung des Mietausfallrisikos, BGH NJW 2008, 649; bei Wohnungskauf Zinssubventionierung, falls nicht über die gesamte Laufzeit, BGH NJW 2008, 506; bei Filmfonds steuerliche Anerkennungsfähigkeit, Lizenzgebühren, BGH WM 2015, 2238; bei Wirtschaftsprüfertestat über Kontenkontrolle prospektwidrige Beschränkung des Kontrollauftrags auf einzelne Stufen des Kapitalanlagegeldflusses, Warnpflicht bei Unregelmäßigkeiten, BGHZ 145, 187; besondere Risiken wegen Marktenge, BGH NJW 2002, 1868; Auslegungsrisiken in uneindeutigem Prospekt, BGH WM 2013, 258; Aufklärung bei Treuhandkonto (→ **(10)** AGB-Anderkonten Einl. Rn. 1), OLG Karlsruhe WM 2013, 643; Bestehen von relevanten **Informationslücken** (auch → Rn. 27), BGH NJW 1982, 1096; WM 1985, 1530; 1993, 1238; OLG Koblenz WM 2003, 189; OLG Stuttgart WM 2007, 593; Unterlassen mindestens einer Plausibilitätsprüfung der Unterlagen über in das Beratungsprogramm der Bank aufgenommene Anlagen, BGHZ 100, 117; 123, 126; BGH WM 2000, 426 (→ Rn. 27), bankübliche Überprüfung aber auch bei Bankempfehlung ohne solche Aufnahme; keine bloße Plausibilitätsprüfung bei Beratungsvertrag (→ Rn. 14, anders → Rn. 13), insbesondere bei ins eigene Anlageprogramm der Bank aufgenommenen Objekten (→ Rn. 27), BGH NJW 2008, 3700. Pflicht zum Hinweis auch auf bedeutsame **Gesetzesänderungen**, BGH NJW 2012, 380, und andere **rechtliche Tatsachen**, OLG Hamburg WM 1986, 1431 (Steuerabsetzung), ernsthafte steuerliche Projektunsicherheit, BGH ZIP 2003, 1651; WM 2014, 2075, ernsthafte bankrechtliche Bedenken gegen Anlageform, BGH WM 2013, 1742, ernsthafte Auseinandersetzungen mit Aufsichtsbehörde, vgl. BGH ZIP 2010, 2459 (→ Anh. § 177a Rn. 78); OLG Stuttgart WM 2005, 2382; nach Rspr. Information anhand der amtlichen Sammlungen und „einschlägigen Fachzeitschriften", je nach Einzelfall sogar Spezialzeitschriften, BGH NJW 2015, 770 Rn. 12, Pflichten bei **absehbarer Änderung der höchstrichterlichen Rechtsprechung,** BGH NJW 2015, 770 (Steuerberater, iErg abl.), Nachforschung dazu → Rn. 27.

Kein Verstoß bei mangelnder Aufklärung über Zusammensetzung des Kaufpreises, etwa bei Fehlvorstellungen über die Werthaltigkeit einer Immobilie, BGHZ 158, 119; BGH WM 2003, 62; 2003, 1688; 2010, 1455; bei **Nichtoffenlegung der eigenen Gewinnmarge,** BGH NJW 2013, 3575 Rn. 23, zB keine Haftung bei korrektem Prospekt im Übrigen, BGH WM 2009, 2306, bei Vertrieb eines eigenen Finanzprodukts bzw. im Festpreisgeschäft, OLG Düsseldorf WM 2009, 1410; OLG Celle WM 2009, 2171; ZIP 2010, 876; OLG Hamburg WM 2010, 1029; OLG Karlsruhe ZIP 2010, 2442; Spindler WM 2009, 1821; Habersack WM 2010, 1245; Lang/Bausch WM 2010, 2101 (**aber** bei Hinzutreten schwerwiegender besonderer Umstände, zB **Interessenkonflikte,** s. Rspr. zu Provision als Kaufkommittentin von beiden Seiten, **Innenprovisionen** und **Rückvergütungen,** vgl. → Rn. 30 ff., und zu **Schrottimmobilien,** → **(7)** Bankgeschäfte Rn. A25, G/9b–d; Wiechers WM 2011, 150); idR Nichtweitergabe kritischer Pressestimmen in Branchendiensten, OLG Stuttgart WM 2006, 1100; bloße Übergabe des Emissionsprospekts, in dem die Risiken dargestellt sind, ohne weitere Erläuterungen, anders bei Verharmlosung der Risiken, OLG Stuttgart WM 2006, 1100. Lehman-Zertifikate → Rn. 30c, → **(7)** Bankgeschäfte Rn. A29. Für die Richtigkeit und Vollständigkeit kommt es nicht nur auf die (im Prospekt wiedergegebenen) Einzeltatsachen, sondern auch auf das erweckte **Gesamtbild** an, BGH NJW 1982, 2824; WM 2008, 726. Nicht unbedingt gesonderter Ausweis der Höhe der Eigenkapitalvermittlungsprovisionen im Emissionsprospekt, BGH ZIP 2014, 381. Zu den Pflichten einer Emissionsbank bei Prognosen → **(15a)** WpPG § 21 Rn. 4; außerbörslich LG Frankfurt a. M. NJW 1992, 1460.

c) Pflicht zur **Klarheit,** äußerlich (zB in der drucktechnischen Präsentation) und innerlich in der gedanklichen Ordnung, zB unmißverständliche Benachrichtigung über Verfall von Rechten aus Optionsscheinen (→ **(8)** AGB-WPGeschäfte Nr. 15 Rn. 1), BGHZ 151, 5, Klarheit über die **"weichen Kosten"** des Anlageprojekts, BGH NJW 2004, 2229; 2006, 2042; WM 2008, 1205. Das gilt im Vergleich zum normalen Effektengeschäft der Banken gesteigert bei der gewerblichen Vermittlung von Finanztermingeschäften, BGH NJW 1998, 2675, und bei Betreuungsvertrag, BGH WM 2004, 1132. Zur Klarheit gehören zB Erläuterung des Rating (→ Rn. 25); Darlegung der **Höhe eines Aufschlags** auf die Optionsprämie und dass dieser die Chance, in die Gewinnzone zu kommen, verschlechtert, BGHZ 124, 155; auf jeden Fall Offenlegung ungewöhnlich hoher Aufschläge auf Optionsprämie, BGHZ 80, 80; BGH NJW 1991, 1106 (Aktienoption) oder höherer Provisionen als üblich, BGH NJW 1992, 1879 (Warentermindirektgeschäft); BGH NJW 1993, 257 (Stillhalteroption); BGH WM 2007, 1503 (1507) (Erlösausfallversicherung); BGH WM 2012, 1577 (1579, 1582) (anteilsgebundene Lebensversicherung wie Anlagegeschäft); Offenlegung, dass die ausgewiesenen Baukosten erhöht wurden, um Mietausfallgarantie zu ermöglichen (geschlossener Immobilienfonds), BGH NJW 1995, 130 mAnm. Gehrlein NJW 1995, 110. Optionsunerfahrene Kunden sind klar darauf hinzuweisen, dass Aufschläge auf die Börsenoptionsprämie das Chancen-Risiko-Verhältnis aus dem Gleichgewicht bringen, BGHZ 124, 161; BGH NJW 2002, 2777.

Geschäfts- und kundengerechte, klare Aufklärung vor allem bei hochkomplexen Produkten wie **Zinssatzswapgeschäften,** keine Verharmlosung eines nach oben unbegrenzten Risikos, BGH WM 2011, 682 (CMS Spread Ladder Swap, DBk, „Zinswette"; schwerer Interessenkonflikt → Rn. 30) mAnm. Wiechers (VorsRi XI ZS) WM 2012, 477; krit. Nobbe BKR 2011, 303; Lehmann JZ

2011, 749; Köndgen BKR 2011, 283 u. JZ 2012, 260; Koch BKR 2012, 485 (information overload); Grigoleit Schr. BrV Bd. 34 (2012), 25 (überzogen); Schäfer BrV Bd. 34 (2012), 65; Lehmann NJW 2016, 2913; zust. Klöhn ZIP 2011, 762; Spindler NJW 2011, 1920; Brenncke ZBB 2014, 366; BGH ZIP 2015, 572 (Cross-Currency-Swap) m. zust. Anm. Herresthal; BGH NJW 2015, 2248 Rn. 39 (Swapgeschäft mit Gemeinde; Konnexität) mAnm. Lehmann ZBB 2015, 282; BGH NJW 2016, 2949; vgl. auch OLG Stuttgart WM 2012, 890; OLG München WM 2012, 1716 (Cross Currency Swaps); OLG München WM 2013, 369 („gewöhnliche" Währungsswaps, schon Bond-Rspr., → Rn. 23); OLG Stuttgart WM 2012, 1829 (Swap zur Absicherung); OLG München WM 2016, 414 (Currency-Related Swap); OLG Hamm WM 2017, 575; Kropf ZIP 2013, 401; Findeisen WM 2016, 444; Becker/Follner ZIP 2016, 2400; über öffentlichrechtliche Restriktionen ist nicht aufzuklären, OLG Bamberg WM 2009, 1082.

Bei Waren- und Devisentermingeschäften muss die Aufklärung grundsätzlich **schriftlich** erfolgen, BGHZ 105, 108; 124, 151; BGH NJW 1995, 322 (iErg abl.); BGH WM 2006, 84 (gilt auch für Kreditinstitute), str.; das gilt auch für andere neue Finanzprodukte, Raeschke-Kessler WM 1993, 1836; aA Drygala WM 1992, 1213; ZHR 159 (1995), 729, nicht aber für normale bankmäßige Effektengeschäfte, BGH NJW 1998, 2675; Assmann FS Kübler, 1997, 350, und Geschäfte mit Aktienanleihen, BGHZ 150, 164; aber Kreditinstitute, Anwälte und Steuerberater haben (anders als Ärzte) keine allgemeine Dokumentationspflicht (→ Rn. 37). Die **Warnwirkung** darf nicht durch die Gestaltung der Broschüre relativiert werden (besonders erste Seite, Blickfang), BGH NJW 1994, 998. Verbraucher auf Aktienoptionsgeschäfte hinzuweisen, ist nicht ohne Weiteres pflichtwidrig, vgl. BGHZ 107, 192 für nicht börsentermingeschäftsfähige (s. **(14)** BörsG § 53 aF) Kunden. Aufklärungspflicht bei Warenterminoptionsgeschäft auch gegenüber einem Kfm. und mittelständischen Unternehmer, BGH NJW 1981, 1440; WM 1984, 960. Auch § 826 BGB kann vorliegen (→ Rn. 18). **Lit.:** zu Warenterminoptionen Bundschuh WM 1985, 249; vgl. Ellenberger WM Sonderbeil. 2/1999.

27 **d) Pflicht zu zeitnahen Nachforschungen und Überprüfungen,** BGHZ 70, 362; 74, 111; 123, 126 – Bond; BGH WM 1988, 1685; NJW 1990, 2464; OLG Karlsruhe WM 1992, 1101; OLG Koblenz WM 2003, 189; OLG Frankfurt a. M. WM 2018, 461 (erst bei Anhaltspunkten im Prospekt), aber zu Recht gegen überzogene Anforderungen OLG Frankfurt a. M. ZIP 2017, 1513; uU auch im Ausland, BGHZ 123, 129 (DM-Auslandsanleihe); BGH WM 2010, 1934 (Anlage mit Auslandsbezug, aber iErg abl.). So muss ein Kapitalanlagevermittler das Anlagekonzept, über das er Auskunft erteilt, auf wirtschaftliche **Plausibilität** überprüfen, BGH WM 2000, 426; 2007, 873; 2011, 505, Plausibilitätskontrolle auf Seriosität und Bonität, Schlick WM 2011, 155, Reichweite, Eiben/Boesenberg NJW 2013, 1398, dabei kann von einem spezialisierten Anlagevermittler mehr Wissen verlangt werden, BGH WM 2009, 739 (Windkraftanlagen), konkret banküblicher kritischer Sachverstand, BGH WM 2020, 2411 (Anzahl Stellplätze/ Baugenehmigungen); bei Auskunft über Sicherheit der Kapitalanlage kein ungeprüfter Verweis auf Angaben des Kapitalsuchenden, jedenfalls muss dieser Umstand ungefragt offengelegt werden (→ Rn. 25), BGH WM 2003, 2064. Zumal wenn eine Bank das Anlageobjekt in ihr Anlageprogramm aufnimmt, hat sie sich über dessen Güte zu informieren und es einer eigenen Prüfung zu unterziehen, auch bei Auslandsanleihen, BGHZ 123, 126, sonst muss sie mitteilen, dass die Prüfung unterblieben ist, OLG München ZIP 2017, 1409. Die Börsenzulassung (keine Bonitätsprüfung) und Jahresabschlüsse (mit anderer Zielsetzung und idR nicht zeitnah) und erst recht Angaben des Emittenten ersetzen diese Prüfung nicht. Auf jeden Fall ist die **Wirtschaftspresse** (Börsen-Zeitung, frühere FTD, Handelsblatt, FAZ, BGH NJW 2008, 3702; ZIP 2009, 1332; WM

1. Abschnitt. Allgemeine Vorschriften 28 **§ 347**

2009, 2362) auszuwerten, aber nicht die gesamte Wirtschaftspresse, sondern nur geeignete Auswahl und nicht sämtliche Brancheninformationsdienste, je nach Inhalt des Berichts anders bei Kenntnis, gehäufte Warnungen in der Fachpresse, und dies zeitnah (spätestens innerhalb von drei Tagen), BGH NJW 2008, 3702; WM 2010, 1933; ZIP 2009, 1332; NJW 2012, 381; Zetzsche WM 2009, 1020; Schlick WM 2011, 155 (jedenfalls Handelsblatt).
Nachforschungspflichten bei **absehbarer Änderung der höchstrichterlichen Rechtsprechung,** BGH NJW 2015, 770 (Steuerberater, iErg abl., auch → Rn. 25); Absehbarkeit von Gemeinschaftsrechts- oder Verfassungswidrigkeit erst bei Vorlage eines (Finanz-)Gerichts an den EuGH, das BVerfG oder gleichstarkem Hinweis, nicht schon bei Kontroverse, BGH DStR 2010, 2374, m. zust. Anm. Waclawik (EuGH-Vorlage); OLG Düsseldorf DStRE 2020, 1273 (BVerfG-Vorlage Ehegattensplitting) m. zust. Anm. Meixner/Schröder DStR 2020, 1068. Auszuwerten sind auch die anerkannten Ratings (zB Standard & Poors, Moody's). Die Nachforschungspflicht darf **aber nicht überspannt** werden, sondern muss sich im Rahmen des Zumutbaren halten, BGH NJW 1990, 506 (Anlagevermittler, → Rn. 23), zB keine Pflicht zur Einsicht in die Jahresberichte des BFH, da keine amtliche Sammlung und keine Fachzeitschrift (→ Rn. 25), BGH NJW 2015, 770 Rn. 15 (Steuerberater), bei steuerrechtlich sachverständig entwickelter Anlageform keine Pflicht zur vorherigen Abstimmung mit der zuständigen Finanzverwaltung, BGH NJW 1993, 199, keine eigene Nachfrage bei der BaFin, BGH WM 2010, 1933, ohne Anlass keine Erkundigung über nur gutachterlich zu klärende Rechtsfragen, BGH NJW 2012, 380 (→ Rn. 25). **Übernahme von geprüften Bilanzen und Testaten** ist idR ohne Weiteres möglich; aber nur, wenn hinreichend zeitnah und nicht ohne eigene Plausibilitätsprüfung, BGHZ 100, 123; auch nicht, wenn berechtigte Zweifel nahe liegen, so schon bei Ausnutzung aller gerade noch legalen Möglichkeiten der Bilanzkosmetik, BGH NJW 1982, 2825; redliche Übernahme von fehlerhaftem Wirtschaftsprüfertestat kann vorsatzausschließenden Tatbestandsirrtum begründen, BGH NJW 2022, 2262 (zu § 264a StGB). Übernahme **von Notarauskunft,** zB zu Formfragen, ist nicht pflichtwidrig, BGH NJW 1992, 3296 (aber → Rn. 34). Inwieweit sonstige Angaben Dritter überprüft werden müssen, hängt davon ab, wieweit das schutzwürdige Vertrauen des Auskunftsempfängers reicht, BGHZ 110, 80. Eine Erkundigungspflicht trifft die Bank nicht nur über das Anlageobjekt, sondern auch über **Informationsstand, Anlageziel** (sichere oder mehr spekulative Geldanlage) und ggf. die diesbezüglichen **Verhältnisse des Kunden,** BGHZ 123, 126. Vor allem Pflicht, sich Gewissheit über die Risikobereitschaft des Kunden zu verschaffen, BGH WM 2019, 1203. **Organisationspflichten** ua zu geeigneter Schulung, Organisation und Einrichtung eines internen Informationssystems, Heinsius ZBB 1994, 55.

e) **Maßgeblicher Zeitpunkt** für Pflichterfüllung bzw. -verletzung ist grund- 28 sätzlich der der **Erteilung** von Rat, Auskunft, Aufklärung bzw. der Prospektvorlage, Beurteilung also ex ante, BGH NJW 2012, 68; 2012, 2874 (Lehman-Zertifikate, → Rn. 30c); BGH NJW 2006, 2041 m. krit. Anm. Puszkajler/Weber ZIP 2007, 401; OLG Düsseldorf WM 2003, 1263. Das Risiko, dass sich die Anlageentscheidung trotz ex ante richtigen Rats im Nachhinein als falsch erweist, trägt der Anleger, BGH NJW 2012, 68; 2012, 2874. Nachträglich eingetretene, wesentliche Änderungen bis dahin machen **Nachtrag** erforderlich, bei Verkaufsprospekten während der ganzen Dauer des öffentlichen Angebots (§ 16 WpPG, § 11 VermAnlG), BGHZ 71, 291; 123, 110 (115); 139, 232; BGH NJW 2002, 1712; WM 2004, 379; OLG München AG 2005, 168 (169, 171); Maas/Voß BB 2008, 2302. Auch nach diesem Zeitpunkt kann **Pflicht zur Berichtigung** (schuldlos) unrichtiger Angaben bestehen; in engen Grenzen (grobe bzw. die Aussage im Kern berührende Unrichtigkeit, drohender schwerer Schaden, Leichtigkeit der Warnung) sogar Pflicht zur Berichtigung ursprünglich richtiger, später unrichtig gewordener Mitteilungen, BGHZ 61, 179 (Scheckauskunft); BGH BB 1984, 94 (Bauherrenmodelltreuhänder); OLG München WM 1980, 505 (Kreditauskunft) und sogar gegenüber Dritten, BGHZ 74, 281 (Zeugnis, Warnung wohl nur bei Bewusstwerden der Unrichtigkeit); vgl. auch BGHZ 70, 337 („nachvertragliche" Vertrauenshaftung). **Prospektaktualisierungspflichten** übergreifend → **(15) Prospekthaftung** Rn. 7. Keine Aktualisierungspflicht des Abschlussprüfers bei bloßem Bestätigungsvermerk, auch bei freiwilliger Prüfung, BGH WM 2006, 423, aber uU fortwirkendes Vertrauen der Anleger auch bei überholtem Stichtag mit tatsächlicher Vermutung (→ Rn. 37), BGH WM 2013, 689. Fortdauernde Überwachungspflichten nur bei entsprechender Abrede (→ Rn. 14). Berichtigung und Schaden → Rn. 35. Lit.: Binder AcP 211 (2011), 588 (nachwirkende Vertragspflichten?).

29 f) Eine Rechtspflicht zur Veranlassung einer **Prospektprüfung** durch Wirtschaftsprüfer besteht nicht; wird aber mit Prospektprüfung geworben, sind die Grundsätze ordnungsmäßiger Beurteilung von Verkaufsprospekten über öffentlich angebotene Vermögensanlagen zu beachten, IDW S 4 (→ § 323 Rn. 1), dazu Küting DStR 2006, 1007; OLG Düsseldorf ZIP 1982, 852; Grotherr DB 1988, 741; Wagner BFuP 2000, 594; auch Grundsätze für die Erstellung von **Fairness Opinions,** IDW S 8, WP-HdB 2014 II E 417 ff. (→ Rn. 21, → § 317 Rn. 1, → Einl v § 1 Rn. 47). Haftung des Wirtschaftsprüfers bei **Prospektprüfung** → Rn. 21 und BGHZ 145, 187; BGH NJW 2004, 3420; Hopt FS Pleyer, 1986, 350; Ebke/Scheel WM 1991, 389. Durchführung der Prospektprüfung durch Treuhänder statt durch unabhängigen Wirtschaftsprüfer ist bedenklich. Zur Haftung des Wirtschaftsprüfers aus Testaten s. § 323.

30 g) **Interessenkonflikte:** Der Grundsatz der Priorität des Empfängerinteresses ist heute allgemein anerkannt, Heinsius ZBB 1994, 50. Interessenkollision entlastet nicht, vgl. BGH NJW 1980, 1630 (Aufsichtsratsmitglied zweier Gesellschaften). Zumindest ist **Offenlegung** notwendig, außer bei Offenkundigkeit wie bei einem reinen Gewinnerzielungsinteresse (→ Rn. 25), sehr wohl dagegen bei Hinzutreten besonderer Umstände, zB bewusst zu Lasten des Anlegers gestaltete Risikostruktur, BGH WM 2011, 682 (CMS Spread Ladder Swap) mAnm. Wiechers (VorsRi XI ZS) WM 2012, 479 (**Zinssatzswap,** einstrukturierter anfänglicher negativer Marktwert und sofortige Weitergabe des Risikos durch Hedgegeschäft, → Rn. 26), OLG Hamm WM 2017, 575; Provision der Bank als Kaufkommissionärin von Kunden und Emittentin des Wertpapiers, BGH NJW 2013, 3574; auch geplante **Kurspflegemaßnahmen** sind offenzulegen, jedenfalls soweit mit privaten Vorteilen verbunden oder sonst ungewöhnlich, BGHZ 123, 110. **„Vorlaufen"** (Frontrunning, Scalping) von Anlageberatern (Privatkäufe vor objektiv guten Kauftipps und Verkauf nach Kursanstieg) Hopt FS Fischer, 1979, 248; BGHSt 48, 373 = NJW 2004, 302, → (16a) MAR Art. 7 Rn. 12. Aufklärung über wesentliche kapitalmäßige und personelle **Verflechtung**en zwischen den verschiedenen Projektpartnern, zB KomplementärGmbH, Generalunternehmer, Hauptmieter und vor allem Treuhänder (und ihren jeweiligen Geschäftsführern und beherrschenden Gftern), BGHZ 79, 337; BGH NJW 1980, 1162; 1987, 1817; WM 2010, 1540; 2010, 1642; ZIP 2010, 1132; BeckRS 2019, 39519 (Beteiligungsprospekt); Sondervorteile für GründungsGfter, BGH NJW 1995, 130; NZG 2020, 263; häufige Mandatsbeziehungen der Anwaltssozietät zum Gegner, BGH NJW 2008, 1307 m. krit. Anm. Henssler/Deckenbrock NJW 2008, 1275; Grunewald JZ 2008, 691; aber Aufgabenkreis entscheidend, BGH WM 2020, 2028 (kein Konflikt des Sicherheitentreuhänders aus Vorabbefassung mit Prospektbilligung). **Sonstige schwerwiegende Interessenkonflikte,** etwa Verlagerung des eigenen notleidenden Kreditengagements auf den Erwerber, auch ohne drohende Insolvenz und in der Gruppe, BGH WM 2011,

876. Je nachdem sogar Pflicht zu Hinweis auf eigene Kreditunwürdigkeit, BGH NJW 1983, 677; Pflicht zu Hinweis auf eigene einschlägige Verfehlungen (sog. **Sekundärhaftung** mit eigener Verjährung, → Rn. 39), so außer für Architekten für Anwälte und Steuerberater gegenüber Mandanten, BGHZ 83, 23; 94, 380; 114, 150; 129, 392; BGH NJW 2008, 2041; Bruns NJW 2003, 1498, nicht für Abschlussprüfer, BGH NJW 2010, 1808 mAnm. Pöschke DStR 2010, 775, seit VerjährungsanpassungsG 2004 (→ Einl v § 343 Rn. 16, → § 347 Rn. 39) ist aber Grund für die verjährungsrechtliche Sekundärhaftung weggefallen, Mansel NJW 2005, 325, str., offen BGH NJW 2010, 1810; aber BGH ZIP 2015, 1684 Rn. 85 ff., bei Anlageberatung → Rn. 39.

Sondervorteile für Gründungsgesellschafter sind im Emissionsprospekt eines geschlossenen Immobilienfonds offenzulegen, BGH NJW-RR 2003, 1054. **Provisionen** für Wirtschaftsprüfer und Steuerberater (uU Untreue, uU § 138 BGB, KG WM 2008, 1445) sind offenzulegen, BGHZ 78, 268, und wegen der Gefährdung des Auftraggebers diesem herauszugeben (§ 667 BGB), BGH NJW 1991, 1224; auch bei Zahlung an Ges., an der der Steuerberater maßgeblich beteiligt ist, BGHZ 95, 81; auch bei Provisionsbeteiligung des Vermögensverwalters des Kunden durch die Bank, BGHZ 146, 235; ebenso Provisionen an Berater, Sachwalter, zukünftige Baubetreuer, BGHZ 114, 87, auch pauschale Kick-backs, BGH WM 1989, 1047; 1990, 462; Schmiergeldzahlung an Verhandlungsvertreter, wenn der Geschäftsherr selbst abschließt, BGH NJW 2001, 1065.

Bei der **Kapitalanlageberatung** (zu unterscheiden von der Finanzierungsberatung (→ **(7)** Bankgeschäfte Rn. A25) gibt es eine umfangreiche Rspr. zu den **Rückvergütungen** (dh Vertriebsprovisionen, die aus den offen ausgewiesenen Ausgabeaufschlägen oder Verwaltungskosten bezahlt werden, Folge: Interessenkonflikt und Fehlvorstellung über Neutralität der Beratung), BGH WM 2009, 2306; 2010, 1694; ZIP 2014, 1165; NJW 2014, 2947 Rn. 17, und **Innenprovisionen** (Vertriebsprovisionen, die, nicht ausgewiesen, aus dem Anlagevermögen gezahlt werden, Folge: größenabhängig Gefahr von Fehlvorstellungen über die Werthaltigkeit der Anlage; aber nunmehr ebenfalls Interessenkonflikt, BGH NJW 2014, 2947. Zur Sinnhaftigkeit dieser Unterscheidung BGH WM 2011, 925 = NJW 2011, 3227; Wiechers WM 2011, 154 und 2012, 482 unter Zurückweisung der Kritik von Nobbe BKR 2011, 302. Beides wurde früher (näher 36. Aufl.) von der Rspr. unterschiedlich behandelt: Volle Aufklärung der Banken bei Rückvergütungen (kick-backs), erst ab 15 % von der Gegenleistung des Anlegers bei Innenprovisionen, da als Geschäftsgewinn angesehen.

Neue Rechtslage: Seit **Stichtag 1.8.2014** gilt laut BGH NJW 2014, 2947 **(Grundsatzurteil)** mAnm. Hoffmann/Bartlitz ZIP 2014, 1505 („Zeitenwende") im Anschluss an öffentlich-rechtliche Transparenzvorschriften ein allgemeines, nahezu **flächendeckendes privatrechtliches Transparenzprinzip,** wonach der Anleger **mangels abweichender Vereinbarungen** nicht mit Zuwendungen Dritter an die **beratende Bank** rechnen muss. Der Anleger darf danach zwar nicht erwarten, dass alle öffentlich-rechtlichen Pflichten der Bank auch Vertragsinhalt werden, wohl aber die tragenden Grundprinzipien des Aufsichtsrechts (§§ 133, 157 BGB), BGH NJW 2014, 2947 Rn. 37; aA dezidiert noch BGH WM 2013, 1983 Rn. 15 ff.; Wiechers WM 2014, 146. Diese Begründung ist rechtsunsicher und lädt geradezu zu weiteren Klagen ein, auch wenn es bei der ablehnenden Rspr. zur Schutzgesetzeigenschaft von entsprechenden Vorschriften des **(16b)** WpHG bleibt. Für die nicht bankgebundenen **freien Anlageberater und -vermittler** hat der BGH XI ZS das nicht ausgesprochen, sondern die geltende 15 %-Rspr. (s. unten) erwähnt, BGH NJW 2014, 2947 Rn. 30; der III ZS führt seine Rspr. fort, BGH NJW 2016, 3024; WM 2017, 2191 (Agio einzubeziehen), stRspr: auch bei Vermittlung einer Kapitalanlage in Form einer Eigentumswohnung und unabhängig von Prospekt. Grund: Selbständiges Vertragsverhältnis zwischen Anlageberater bzw. -vermittler und Anleger (dagegen Kaufvertrag ohne entspr. Nebenpflicht).

§ 347   30b–30d   4. Buch. Handelsgeschäfte

Für Beibehaltung der bisherigen Rspr. gibt es Gründe (s. unten bei Rückvergütungen und Innenprovisionen), aber die neue Argumentation (allgemeines Prinzip, Vertragsauslegung) spricht für Ausdehnung. Nicht sicher ist auch, ob die bisherige Ausnahme für steuersparende Bauherrenmodelle bestehen bleibt. Zu dieser RsprÄnderung: krit. Buck-Heeb WM 2014, 1601 (1606); Heun-Rehn/Lang/ Ruf NJW 2014, 2909; Hoffmann/Bartlitz ZIP 2014, 1505. Zurechnung von Vermittlerhandeln, BGH WM 2017, 846. Auskunft und Herausgabe von Rückvergütungen, Regenfus WM 2015, 169 (209).

30b   Rückvergütungen, alte Rechtslage bis 31.7.2014: Die Kapitalanlageberatung darf die Bank sich zwar auf hauseigene (wohl iSv Konzern) Produkte beschränken, muss aber verdeckte Rückvergütungen (Kick-backs, Definition: BGH WM 2011, 925 Rn. 25; Wiechers WM 2012, 481) aus den Ausgabeaufschlägen und jährlichen Verwaltungsgebühren offenlegen (versteckte Innenprovisionen kommen dagegen aus dem Anlagevermögen, BGH NJW 2012, 2876); BGH NJW 2007, 1876; ZIP 2009, 455; 2009, 1264; 2010, 2339 u. WM 2010, 1694 (XI ZS; kein Rechtsirrtum, → Rn. 34); BGH WM 2011, 925; 2011, 1506; 2011, 1804; NJW 2012, 2428, verfassungsgemäß, BVerfG NJW 2012, 443; dazu Brocker BKR 2007, 365; Koller ZBB 2007, 197; Elixmann BB 2007, 904; Nikolaus/d'Oleire WM 2007, 2129; Lang/Balzer ZIP 2009, 456; Assmann ZIP 2009, 2125; Casper ZIP 2009, 2409; Habersack WM 2010, 1245. Grund: Gefährdungssituation für den Kunden betr. unbeeinflusste Beratung; auch bei Medienfonds, BGH NJW 2009, 1416 mAnm. Dieckmann/Langen. Aber **nicht bei** nicht bankmäßig gebundenen, **freien Anlageberatern** (auch → Rn. 23, 36). Grund: keine kostenlose Dienstleistung, BGH WM 2010, 885 (III ZS) mAnm. Brocker/Klebeck ZIP 2010, 1369; ZIP 2011, 607; NJW 2012, 2952; krit. OLG Düsseldorf ZIP 2010, 1583; OLG Frankfurt a. M. ZIP 2010, 2039. Unerheblich ist, ob die Zahlung des Anlegers über die Bank oder direkt an die Anlagegesellschaft erfolgt, BGH NJW 2012, 2429; OLG Stuttgart WM 2011, 360; 2012, 1719. Die Aufklärung kann auch bereits im Prospekt erfolgen, in dem die beratende Bank in der Höhe korrekt als Empfängerin der Vertriebsprovision ausdrücklich genannt ist, doch muss dieser rechtzeitig, nicht erst bei der Zeichnung übergeben werden, BGH NJW 2011, 3231; 2012, 2429. Authentisch der Rspr. über Rückvergütungen Wiechers (VorsRi XI ZS) WM 2012, 481. RsprBericht Jordans BKR 2011, 456. Gegen Vereinbarkeit dieser Rspr. mit Europarecht Herresthal WM 2012, 2261 u. ZBB 2012, 89 (auch → Rn. 23).

30c   Nach wie vor gilt, dass beim normalem **Eigengeschäft** aber **keine Aufklärung über Eigengeschäftscharakter und Gewinnmarge** und, falls über Möglichkeiten des Totalverlusts (allgemeines Emittentenrisiko, dazu BGH NJW 2013, 1223, → Rn. 23) aufgeklärt wurde, auch nicht über fehlende Einlagensicherung stattfinden muss, BGH WM 2011, 2261 für Basketzertifikate, sowie die **Piloturteile** zu **Lehman Brothers:** BGH WM 2011, 2261 (2268) = NJW 2012, 66 mAnm. Wiechers (VorsRi XI ZS) WM 2012, 481; 2012, 1520 (auch → **(8)** AGB-WP Nr. 1 Rn. 5, Eigengeschäfte) für Indexzertifikate, zust. BVerfG NJW 2013, 2957; BGH WM 2013, 1983; NJW 2015, 398 (Sonderkündigungsrecht); NJW 2015, 2251 Rn. 37; Klöhn ZIP 2011, 2244; Bausch NJW 2012, 354; Schäfer WM 2012, 199; Mann WM 2013, 727; aA zT Buck-Heeb WM 2012, 633; Herresthal ZBB 2012, 101; differenzierend W.-H. Roth ZBB 2012, 429; Prüfpflichten von Zertifikate-Emittenten Möllers/Puhle JZ 2012, 592. Eine **Ausnahme** gilt wegen des schwerwiegenden Interessenkonflikts bei reinen Zinswetten, also allen Swapgeschäften, BGH NJW 2011, 1949; 2015, 2248 Rn. 38 f. Gewinninteresse ist aber nicht schon aus Konzernverbund zwischen der beratenden Bank und der Fondsgesellschaft erkennbar, also Offenlegung von Provisionen, OLG Frankfurt a. M. ZIP 2013, 1658.

30d   Innenprovisionen, alte Rechtslage bis 31.7.2014: Aufklärungspflicht des Geschäftsbesorgers bei prospektgestütztem Kapitalanlagevertrieb **ab 15 % (von**

1. Abschnitt. Allgemeine Vorschriften   30e, 30f   § 347

der **Gegenleistung des Anlegers**) BGHZ 158, 121; BGH NJW 2005, 3208; 2006, 668; WM 2007, 873; 2008, 1208; 2009, 597 (III ZS), str.; diese Eingrenzung gilt aber nur bei Anlagevermittlungs- und Auskunftsvertrag, nicht bei Beratungsvertrag einer Bank, BGH NJW 2009, 1416 (XI ZS); OLG Frankfurt a. M. WM 2010, 1313, **nicht bei** einem **freien Anlageberater,** BGH WM 2010, 885 (III ZS); BGH ZIP 2011, 607; WM 2011, 927; 2011, 1507; Schlick WM 2011, 158 (sonst praktisch Offenlegung der gesamten Einkommenssituation), jedenfalls freier Anlageberater mit jährlicher Vergütung, OLG Stuttgart WM 2010, 1170 (1174), aA wenn bereits für die Anlageberatung eine Vergütung bezahlt wurde, OLG München WM 2011, 784. Banktochter, an die die Beratung ausgesourct ist, ist kein freier Anlageberater und bleibt aufklärungspflichtig, OLG München NJW 2011, 2814; ZIP 2011, 2139; WM 2013, 122; aA BGH NJW 2012, 2952; WM 2013, 119 (III ZS, für 100%ige Sparkassentochter), dann aber RückvergütungsRspr durch einfache Umorganisation leerlaufend. Die **Abgrenzung zwischen Anlagevermittler** (geringere Anforderungen) **und Anlageberater** (höhere Anforderungen) ist in der Praxis **schwierig,** Schlick WM 2011, 154; krit. OLG Stuttgart ZIP 2010, 1389; 2011, 219 (auch → Rn. 23, 36). Bei mündlicher Beratung keine Aufklärung über externe Entgelte, auch nicht nur über 15 %, BGH NJW 2005, 822. Grund: Leistungspaket. Zu Aufklärungspflichten und Interessenkonflikten bei Projekt- und Immobilienfinanzierung → **(7)** Bankgeschäfte Rn. A25. Die **Rechtsprechung** ist **uneinheitlich,** Rücknahme auf für den Anleger nicht erkennbare Eigeninteressen der Bank wäre sinnvoll, so OLG Stuttgart ZIP 2010, 1388 (nicht erkennbares, besonderes Interesse, schmiergeldähnlich), vgl. BGH WM 2009, 2306 (XI ZS, „hinter seinem Rücken"), dann keine Aufklärungspflicht bei Konzernverbund, Beschränkung auf hauseigene Produkte und unentgeltliche Beratung, Habersack WM 2010, 1245.

Ausnahmen: Die Aufklärungsgrundsätze bei Anlageberatung sind nicht auf **30e** Finanzierungsberatung übertragbar, Provision der Bank als **Versicherungsvermittlerin** ist offensichtlich, BGH NJW 2014, 3360, ebenso bei Renten- und Lebensversicherung, OLG Karlsruhe WM 2017, 772. Bei steuersparenden **Bauherren-, Bauträger- und Erwerbermodellen** muss das finanzierende Kreditinstitut (anders als ein Anlagevermittler) dagegen grundsätzlich nicht über versteckte Innenprovisionen aufklären, BGH NJW 2003, 424; 2004, 2378; 2010, 1453; ZIP 2011, 369 (XI ZS), allgemeiner bei Immobilien, BGH NJW 2003, 1811 (V ZS). Grund: in Kaufpreis einkalkulierter Teil der Vertriebskosten, aA Gallandi WM 2000, 279. Auch nicht ab 15 %, BGH NJW 2004, 2378. Grund: nicht Sache der finanzierenden Bank. Anders bei sittenwidriger Übervorteilung (näher → **(7)** Bankgeschäfte Rn. A25).

Herausgabepflicht (§ 667 BGB) bei Provisionen an Steuerberater (auch über **30f** Strohmann), BGH WM 1987, 781, bei Schmiergeldern an Vorstand, BGH NJW 2001, 2476; für den Kommissionär → § 384 Rn. 9.

Behaltensklauseln: Herausgabepflicht entfällt bei zulässigen Behaltensklauseln (→ § 384 Rn. 9), BGH NJW 2014, 924; OLG Frankfurt a. M. ZIP 2012, 2337; Mülbert WM 2009, 481, nicht ohne Weiteres schon wegen Offenlegung (hängt aber vom Verbotsinhalt ab); aA Hadding ZIP 2008, 529; zur Behaltensklausel Hadding FS Nobbe, 2009, 565. Lit.: Taupitz, 1989 (Offenbarung eigenen Fehlverhaltens); Kumpan, Der Interessenkonflikt im Deutschen Privatrecht, 2014; Hopt FS Heinsius, 1991, 289; ZGR 2004, 1 (Interessenkonflikte) u. FS Doralt, 2004, 213 (Prävention, Sanktionen); Mülbert WM 2007, 1149 (FRUG, Zertifikate); Ellenberger FS Nobbe, 2009, 523; Schäfer FS Nobbe, 2009, 725; Sethe FS Nobbe, 2009, 769; Herrestal ZBB 2009, 348 (europarechtswidrig); 2010, 305; Habersack WM 2010, 1245 (Rückvergütungen); Koch BKR 2010, 177 (Rückvergütungen); Buck-Heeb BKR 2010, 309 (Rückvergütungen); Fullenkamp NJW 2011, 421; Koller ZBB 2011, 361 (uneigennützige Beratung); Nobbe BKR 2011, 302; Wiechers (VorsRi XI ZS) WM 2012, 477; 2013, 343; Grundmann

WM 2012, 1748 (Interessenkonflikte); Wiechers/Henning WM Sonderbeil. 4/ 2015, 10.

31 h) **Insiderinformationen:** Zu unterscheiden sind (1) **Eigengeschäfte und Tipps von Insidern:** Hier besteht unter miteinander verhandelnden Vertragspartnern bei WPGeschäften Aufklärungspflicht, an der Börse str., s. früher **(16b)** WpHG § 12 ff., jetzt **(16a)** MAR Art. 7 ff., Organmitglieder und Wirtschaftsprüfer verletzen durch Insidergeschäfte ihre Pflichten gegenüber der Ges. (→ § 323 Rn. 5); ebenso Anleger bei Warentermingeschäftssammeldepot (keine GbR, nur parallele Verträge mit Treuhänder) gegenüber den Mitanlegern, Drittschadensliquidation des Treuhänders (auch bei Unwirksamkeit der Verträge), BGH WM 1987, 581.

32 (2) **Prospektherausgabe** (→ Anh. § 177a Rn. 59, 60 ff., → **(15) Prospekthaftung** Rn. 11, → **(15a) WpPG** § 9 Rn. 3, → **(15b) VermAnlG** § 20 Rn. 3): Hier muss das Gesamtbild objektiv richtig sein, BGH NJW 1982, 2826 – BuM; BGH WM 2013, 734; das zwingt zur Berücksichtigung (nicht Benennung) von Insiderinformationen, andernfalls muss Mitwirkung an Prospektherausgabe abgelehnt werden.

33 (3) **Anlageberatung:** Berücksichtigung von Insiderinformationen str., s. Heinsius ZHR 145 (1981), 193 (nein); Kübler ZHR 145 (1981), 209 (uU ja).

34 C. **Einfache Fahrlässigkeit:** Diese ist notwendig (nach aA Garantiehaftung für Tatsachenangaben, Köndgen AG 1983, 97), aber auch genügend, hL u. Rspr., zB BGHZ 79, 345. Ausnahmsweise enger BGHZ 70, 362 (Börsendienst); unklar BGHZ 74, 281 (Zeugnis); bei nicht überzogenen Anforderungen an Pflicht (→ Rn. 24) und berufs- und situationsgebundener Sorgfalt besteht aber kein praktischer Unterschied zur einfachen Fahrlässigkeit. **Rechtsirrtum** (dann kein Vorsatz) entschuldigt nur, wenn unvermeidbar, dazu strenge Maßstäbe (sorgfältige Prüfung; soweit erforderlich Einholung von Rechtsrat, auch → Rn. 27), BGH NJW 2010, 2339, bei **Rückvergütungen** jedenfalls für die Zeit nach 1984 nicht unvermeidbar, so ausdrücklich BGH NJW 2014, 2951, zuvor schon (ab 1990), BGH NJW 2010, 2339; WM 2010, 1694; 2011, 1507; OLG Stuttgart WM 2009, 976; dazu Wiechers WM 2011, 153; Buck-Heeb BKR 2011, 441 (Informationspflichten und -organisation), Schäfer WM 2012, 1022 (Vorsatz); bei **Innenprovisionen** gilt für die RsprÄnderung verschuldensausschließend der Stichtag 1.8.2014, BGH NJW 2014, 2947 (→ Rn. 30). Zurechnung nach **§ 278 BGB**, auch Verhalten und Erklärungen rechtlich selbständiger Vermittler und von diesen eingesetzter Untervermittler, BGH WM 2012, 1582 (Strukturvertrieb von Versicherungen), entspr. für eingeschaltete Makler, OLG Karlsruhe WM 2012, 2095.

35 D. **Kausal herbeigeführter Schaden:** Ersetzt wird der durch unrichtigen Rat **kausal** herbeigeführte Schaden, BGH WM 1987, 960 (heimliche Provision), BGH BB 1993, 244 (uU auch freiwilliges Vermögensopfer in Abfindungsvereinbarung), mindestens anlageüblicher Zinsverlust, BGH ZIP 1992, 324; WM 2007, 1503 (Anforderung des Filmfondsprospekts); BGH WM 2008, 390 (nicht ausgehändigter Prospekt, aber als alleinige Beratungsgrundlage); BGH WM 2011, 879 (trotz auf Einzelpunkt beschränkter Nichtaufklärung, wenn Gesamtrentabilität betroffen); BGH WM 2013, 1310 (konkrete Kausalität der Kapitalmarktinformation). Es wird idR vermutet, dass der Empfänger bei richtigem Rat das Geschäft nicht getätigt hätte, **Kausalitätsvermutung** → Rn. 37. Bei **rechtzeitiger Berichtigung** (→ Rn. 28) kann es an der Kausalität fehlen, BGH WM 2008, 1547. Widersprüchliches Verhalten des Kunden (Festhalten an günstig verlaufenden Geschäften, nicht wenn ungünstig) kann indiz gegen haftungsbegründende Kausalität sein, BGH WM 2012, 1670 Rn. 29; NJW 2015, 2248 Rn. 81.

Zu ersetzen ist idR nur **Vertrauensschaden,** BGHZ 16, 214; BGH BB 1984, 94 (Bauherrenmodell); BGH ZIP 2003, 806 (Steuerberater), dies ohne Anspruch auf Vertragsanpassung, BGH NJW 2006, 3139; nur (ganz) ausnahmsweise Ersatz

1. Abschnitt. Allgemeine Vorschriften 35 § 347

des Erfüllungsinteresses, BGH NJW 2001, 2875; 2006, 3139; auch ein zugesagter steuerlicher Abschreibungsgewinn in bestimmter Höhe, BGH BB 1975, 1180 (Kauf sämtlicher KGAnteile, Garantieübernahme iSv § 276 I 1 BGB); BGH NJW 1981, 864 (Bauherrenmodell); aber BGH WM 1988, 48; Garantie bejahend OLG Köln ZIP 1988, 1407; Köndgen AG 1983, 97. Steuernachteile können durch Vermögensvorteile einer vom Geschädigten beherrschten GmbH kompensiert werden, wenn beide Vermögen eine wirtschaftliche Einheit bilden, OLG Köln DStR 2014, 277. Führt Rat zu ungünstiger (Gerichts)Entscheidung, ist für den Schaden die Rechtslage zu diesem Zeitpunkt maßgeblich (trotz späterer RsprÄnderung), BGH NJW 2001, 146. Bei Vertrag, zB Erwerb einer Kapitalanlage, hat der Geschädigte die **Wahl zwischen Rückgängigmachung und Festhalten am Vertrag nebst Ersatz des zusätzlichen Schadens** (das für den Erwerb zu viel Aufgewandte bzw. Kaufpreisanpassung, „kleiner Schadensersatz"), BGHZ 69, 58 (Unternehmenskauf, → Einl v § 1 Rn. 47); BGHZ 111, 82; 114, 94; 115, 213 (Bauherrenmodell); BGH WM 1991, 695 (Verflechtung, → Rn. 30); BGH NJW 1999, 2032; 2004, 1870; ZIP 2009, 870; 2017, 1; NJW 2018, 1675 (Beitritt zu Anlagegesellschaft, Prospekthaftung), und zwar nach der stRspr, üL einerlei, ob sich der Vertragspartner auf niedrigere Gegenleistung eingelassen hätte, aA BGH NJW 1998, 2900 (XII ZS); Lorenz NJW 1999, 1001 (iErg Kontrahierungszwang); als schadensersatzrechtliche Besonderheit zu § 249 BGB bei Irreführung (Beweisprobleme) akzeptabel. Besteht der Schaden im Abschluss eines Immobilienkaufvertrags mit einem Dritten, kann gezahlter **Kaufpreisbetrag** Zug um Zug **gegen Immobilienübereignung** verlangt werden (Vorteilsausgleichung, ohne besonderen Antrag bzw. Einrede des Schuldners), BGH ZIP 2009, 870 (III ZS), bei mittelbarer Fondsbeteiligung **gegen Abtretung** der Rechte aus der Beteiligung bzw. dem Treuhandbetrag (auch wenn dazu die Zustimmung Dritter nötig ist, Risiko des Schuldners), BGH NJW 2010, 1777; 2012, 2951; 2016, 3455.

Der Haftungsumfang wird auch bei vorvertraglicher, Vertrags- und Vertrauenshaftung durch den **Schutzzweck der verletzten Pflicht** begrenzt, BGHZ 116, 209; BGH NJW 1990, 2057; OLG Frankfurt a. M. WM 1992, 572, das Garantieinteresse ist dann Obergrenze, praktisch wichtig für Fehler bei Kapitalanlagen, BGH NJW 2003, 2529, und Steuerberatung, BGH ZIP 2003, 806. Ist Aufklärung nur über einen bestimmten Einzelpunkt geschuldet (Bank bei Mietpool), kann nicht das volle Anlagerisiko übergewälzt werden (also kein Rücktritt, sondern nur Mehrkosten oder Mindereinnahmen wegen Mietpoolbeteiligung), BGH WM 2007, 878; 2008, 1394. Macht der Geschädigte von der erteilten Auskunft später erneut Gebrauch, kommt es für daraus resultierende Schäden darauf an, ob sich in diesen eine Gefahr realisiert, vor deren Eintritt die verletzte Norm oder Vertragspflicht schützen sollte, BGH NJOZ 2017, 790 Rn. 29; NJW 1958, 1041. **Bsp.:** Haftung zu bejahen, wenn Anlageberatung nicht in Bezug auf einmalige Anlage eines bestimmten Geldbetrags gerichtet, sondern auf fortbestehende Möglichkeit zur Anlage noch unbestimmter Beträge, wobei es ausreicht, dass diese Zielsetzung dem Berater erkennbar war, BGH NJW 2020, 387 (Altersvorsorge) mAnm. Buck-Heeb LMK 2020, 428165. Keine Begrenzung, wenn umfassende Beratung geschuldet ist, BGH NJW 1992, 2148; dann auch Ersatz für Schäden aus Untreue des Initiators, BGH NJW 1992, 2561. Bei unterlassener Plausibilitätsprüfung (→ Rn. 25, 27) Haftung wegen des Schutzzwecks nur, wenn eine solche Anlass zu Beanstandung gegeben hätte, BGH WM 2017, 800. Bei der Prospekthaftung ist Schutzzweck nicht nur Schutz vor bestimmten Risiken, sondern informierte Selbstbestimmung des Anlegers; dass statt der bestimmten Risiken andere eingetreten sind, entlastet deshalb nicht, entscheidend ist Ursächlichkeit im Zeitpunkt der Vermögensdisposition (→ Rn. 37), BGHZ 123, 111; BGH NJW 1995, 1026. Der Schaden umfasst den **entgangenen Gewinn** (§ 252 BGB, § 287 ZPO), BGH NJW 2012, 2433; OLG Frankfurt a. M. ZIP 2013,

§ 347 36

1953, bei Rückgängigmachung zB Anlagezinsentgang, BGH NJW 1992, 1223; Schadensberechnung bei Schneeballsystem (Phoenix), BGH ZIP 2014, 1084; vgl. auch BGH NJW 2011, 677. Der Schaden umfasst auch die auf Schadensersatz zu entrichtende Steuer, BGH WM 1987, 1336; nicht aber anderweitig entgangene Steuervorteile (§ 252 BGB), jedenfalls nicht mangels ganz konkreten Vorbringens, BGH NJW 2004, 1870. Schadensberechnung bei Beratung von Gesellschaft und Gesellschaftern, BGH NZG 2017, 177.

Vorteilsausgleichung findet statt (ohne Pauschalierung), BGH NJW 2017, 61 Rn. 18; 2009, 3572 Rn. 19; OLG Düsseldorf WM 2003, 1263; OLG Karlsruhe WM 2014, 313; 2018, 468 (zugeflossene Mieteinnahmen ohne abgeführte Umsatzsteuer); ausnahmsweise auch bei zwei zusammen erworbenen Anlagen, BGH NJW 2019, 215 mAnm. Buck-Heeb; zur Verklammerung Freytag/Bachmeier BKR 2020, 174; aber nicht mit Vorteilen Angehöriger (außer bei Einbezug in den Beratungsvertrag), BGH WM 2015, 790; keine Vorteilsausgleichung bei jeweils zu anderen Zeitpunkten geschlossenen Swapgeschäften, BGH NJW 2015, 2248 Rn. 84 ff.; 2016, 2949 Rn. 39 ff. (aber uU bei Ablösung von anderem Vertrag); auch nicht bei taggleichen Empfehlungen zweier geschlossener Kapitalbeteiligungen, OLG Celle NZG 2016, 1424 Ls. Grundsätzlich **keine** Anrechnung von **Steuervorteilen** infolge Schädigung, wenn die Schadensersatzleistung ihrerseits versteuert werden muss, BGHZ 74, 116; BGH NJW 2006, 499; 2008, 650; 2010, 1080; 2010, 2506; WM 2010, 1641 (III ZS); BGH NJW 2013, 1875; WM 2014, 449; 2014, 460; 2014, 1667; Grund: damit abschließende Klärung, nicht erschwerte Anspruchsdurchsetzung, Unsicherheiten trotz § 287 ZPO, Risiko, ob Schädiger überhaupt zahlt, Schlick WM 2011, 160; **anders,** wenn die Steuervorteile **außergewöhnlich** sind BGH NJW 1984, 2524; 2008, 650; 2010, 1080; 2011, 740; KG WM 2013, 1177; 2013, 1601, dann konkrete Schadensberechnung durch Kläger, sekundäre Darlegungslast beim Geschädigten, BGH NJW 2010, 2508; WM 2010, 1641; Tarifermäßigung oder allgemeine Steuersatzsenkung genügen nicht, BGH WM 2010, 1641 (III ZS); Schlick WM 2011, 159, Grund: ohne inneren Bezug zur Schädigung, solche Fälle also eher theoretisch; für Anrechnung bei NichtGfter BGH NJW 1990, 571 (Prospekthaftung), Einzelfallprüfung, BGH NJW 2006, 499 (III ZS); 2006, 2042 (II ZS). Vorteilsausgleichung mit Steuervorteilen des Darlehensnehmers auch bei umfassender Haustürgeschäftsrückabwicklung, BGH WM 2007, 1173 (XI ZS). Zur Steuervorteilsanrechnung Knops WM 2015, 993; Wiechers/Henning WM Sonderbeil. 4/2015, 19; Meyer BKR 2016, 309. **Gemeinsamer Schaden** (§ 432 BGB), BGH ZIP 2015, 1932. Der Schaden besteht **trotz anderweitiger Ansprüche** des Geschädigten gegen Dritte (§ 255 BGB), BGH NJW 1982, 1806, Ausnahme bei Rückforderungsansprüchen gegen Gfter, BGH NJW 1978, 426. Lit.: Assmann FS Lange, 1992, 345 (Kapitalanleger).

36   E. **Mitverschulden:** Mitverschulden kann – wie auch sonst – zu berücksichtigen sein (§ 254 BGB), jedenfalls **Schadensminderungspflicht,** BGH NJW 2018, 1675 Rn. 35 (Prospekthaftung), auch bei Verletzung von Aufklärungspflichten (→ **(7)** Bankgeschäfte Rn. A22–29), zB Nichtanmeldung im Insolvenzverfahren (Lehman-Zertifikate, → Rn. 30c), BGH NJW 2015, 398, Zeichnung ohne jede Unterlage zum Anlageobjekt auf Zuruf eines persönlich unbekannten Anlagevermittlers, OLG Karlsruhe WM 2015, 1193. Für die Annahme eines Mitverschuldens ist jedoch insoweit idR ein **strenger Maßstab** anzulegen, als man einem Rat grundsätzlich vertrauen darf und Aufklärung typischerweise von jemandem geschuldet wird, der es beruflich oder fachlich besser weiß. Aber Mitverschulden ist auch bei Benachrichtigungspflicht möglich, wenn Kunde sich in blindem Vertrauen nicht kümmert, BGHZ 151, 13. Nicht abschließend geklärt ist Mitverschuldenseinwand bei Beratungsfehlern jenseits des beschränkten Mandats, Waclawik, DStR 2019, 2713.

Besonders enge Grenzen bei Mitverschulden unter § 323 (Abschlussprüfer, dort → § 323 Rn. 7). Außerdem ergeben sich **Unterschiede** je nach dem einzelnen Anleger, zB einfacher Sparer, versierter Privatanleger, Firmenkunde, institutioneller Anleger. Gegenüber einem bloßen **Anlagevermittler** trägt der Anleger mehr Eigenverantwortung als gegenüber einem **Anlageberater,** dann Rückfrage- und uU Nachforschungsobliegenheiten des Anlegers, BGH NJW 1982, 1095; KG ZIP 2006, 1497; Hoegen FS Stimpel, 1985, 260; krit. Assmann NJW 1982, 1083 (schwierige Abgrenzung, auch → Rn. 23, 30). Gegenüber einem Anlageberater Mitverschulden nur unter besonderen Umständen, da der Kunde diesem vertrauen darf, Ausnahme bei eigener Sachkunde des Geschädigten oder wenn dieser zusätzliche Informationen von dritter Seite hat, BGH WM 2010, 690; ZIP 2015, 934. Mitverschulden zB bei eigener (wirklicher) Kenntnis des Kunden, auch bei für den Kunden offensichtlichen Irrtümern; bei auch für Unkundige auffällig hohen Renditeversprechen, BGH WM 2000, 429; weitere Fälle OLG Bamberg WM 2009, 1086. Ausnahmsweise steht dem Anspruch sogar § 242 BGB entgegen, so wenn der Anleger damit rechnen musste, dass sein Vertreter (Kreditvermittler) sein Wissen der Bank vorenthalten wird, BGH NJW 2013, 2015; vgl. auch BGH WM 2011, 2088 Rn. 24 (§ 242 BGB auf Seiten der Bank).

Kein Mitverschulden zB bei eigener Fahrlässigkeit gegenüber § 826 BGB mit direktem Vorsatz, BGH WM 2017, 280, gegenüber vorsätzlich unrichtiger Kreditauskunft, BGH NJW 1984, 921, auch nicht bei besonderem Leichtsinn, BGH ZIP 2015, 934 Rn. 14; aber auch BGH NJW 2002, 1643; idR nicht, wenn der Empfänger ohne eigene Nachprüfung dem Rat vertraut, BGHZ 74, 112; BGH NJW 2009, 1143; OLG Karlsruhe WM 1992, 1101 (sehr weitgehend); OLG Hamm WM 1993, 241; OLG Celle WM 2010, 499, also auch wenn Unrichtigkeit aus allgemein zugänglichen Quellen ersichtlich war. Auch Warnungen Dritter schaden grundsätzlich nicht, wenn der Kunde dem Rat vertraut, BGH NJW 1991, 1108 (XI ZS); aber BGH WM 1993, 1238 (III ZS); BGH NJW 2002, 2642 (fundierte Warnungen Dritter). Sogar zur **groben Fahrlässigkeit (bei Verjährung)** ist die Rechtsprechung sehr zurückhaltend (→ Rn. 39). Mitverschulden bei **Drittbaftung** → Rn. 21. Mitverschulden durch Halten der Anlage, OLG München WM 2013, 612 (iErg abl.). Lit.: Rothenhöfer WM 2003, 2032; Fischer DB 2010, 2600 (Steuerberater).

F. **Beweislast:** Für Darlegung und Beweis gelten die **allgemeinen Grundsätze,** so BGHZ 126, 225 (IX ZS, Anwalt); BGH WM 2017, 166, 60 (XI ZS, Anlageberatung); BGH WM 2008, 112 (XI ZS, Vermögensverwaltung); WM 2008, 1590 (V ZS, Anlageberatung); BGH WM 2011, 1507 (zum Rechtsirrtum, auch → Rn. 34); BGH WM 2017, 2191 Rn. 21; BGH NJW-RR 2019, 1332 (III Senat, Prospekt und entgangener Gewinn); stRspr: Der Anspruchsteller muss also Verletzung der Aufklärungs- oder Beratungspflicht beweisen, der andere Teil die behauptete Fehlberatung substantiiert bestreiten und darlegen, wie im Einzelnen aufgeklärt bzw. beraten worden sein soll, der Anspruchsteller dann Nichtzutreffen der Gegendarstellung beweisen. Die **Rspr. der verschiedenen Senate** differiert: Relevanz von Organisations- bzw. Gefahrenbereichen, BGHZ 99, 108; Berater muss beweisen, dass er beraten hat, BGHZ 83, 267, entspr. für § 666 BGB BGH NJW 1993, 1704 (III ZS); Kläger muss zwar nicht Beratungsgespräch, aber dessen Inhalt beweisen (analog § 363 BGB), BGH NJW 1986, 2570 (IV a ZS); Kläger muss beweisen, dass er keinen Risikohinweise enthaltenden Prospekt erhalten hat, BGH WM 2006, 1288; BGH NJW 2019, 1833 (jew III ZS); Anscheinsbeweis zugunsten des Geschädigten, BGH NJW 2012, 3170. Beklagter Berater trägt höhere Substantiierungslast, zB betr. Schulung der Verkäufer und Anweisung zur Aufklärung, BGHZ 105, 115; Zumutbarkeit der Substantiierung bei negativen Tatsachen, BGH WM 2017, 2191 Rn. 23.

Kreditinstitute, Anwälte und Steuerberater haben (anders als Ärzte) **keine allgemeine zivilrechtliche Dokumentationspflicht** über Tatsache und (auch nur stichwortartig) Inhalt der Beratung, jedoch öffentlich-rechtliche Pflicht von WPDienstleistungsunternehmen zur **Anfertigung eines schriftlichen Protokolls über jede Anlageberatung bei einem Privatkunden** sowie Anspruch auf Aushändigung des Protokolls, **(16b)** WpHG § 83, F. Schäfer FS Hopt, 2010, 2427. Das Protokoll führt hinsichtlich der Vollständigkeit der Aufklärung nur zu Beweislasterleichterung, nicht zur Beweislastumkehr, Grundmann WM 2012, 1754; vgl. aber OLG Celle NZG 2016, 1107 Ls., 1350 Ls. Die Vortragslast des Anlegers darf nicht überspannt werden, BGH WM 2013, 68. Eine vorformulierte Bestätigung des Anlegers über Kenntnisnahme der Risikohinweise im Emissionsprospekt ist unwirksam (§ 309 Nr. 12 Hs. 1 Buchstabe b BGB), BGH ZIP 2019, 376, Grund: Beweiserschwerung.

Der Berater bzw. Aufklärungspflichtige muss beweisen, dass ihn und seine Erfüllungsgehilfen **kein Verschulden** trifft (§ 280 I 2 BGB), BGH NJW 1972, 1201 (Kreditauskunft, Aufgabe früherer Rspr.); BGH NJW 1983, 1731 (Anlagerat); BGH NJW 2010, 2339, für Fahrlässigkeit und Vorsatz gleichermaßen, BGH ZIP 2009, 1265 (XI ZS), str.; anders bei Arglist nach § 123 BGB. Die Bank trägt danach die Darlegungs- und Beweislast für fehlenden Vorsatz bei Verschweigen von Rückvergütungen, BGH ZIP 2009, 1264; Koller ZBB 2007, 201; Nobbe ZBB 2009, 104; zur Wissenszurechnung dabei → **(8)** Bankgeschäfte Rn. A16.

Ferner gilt die Vermutung, dass eine unrichtige Aufklärung bzw. ein Prospektfehler für die Anlageentscheidung **ursächlich** geworden ist, BGH NJW 2000, 3347; 2002, 1712; WM 2006, 668; NJW 2009, 1143; 2010, 2507; WM 2010, 1539; OLG München NZG 2022, 566 (Bestätigungsvermerk im Prospekt; Wirecard), auch ohne Kenntnisnahme des Prospekts durch den Anleger bei seiner Verwendung als Arbeitsgrundlage der Anlagevermittler, BGH WM 2018, 1504 (anders → Rn. 16 für Haftung wegen Inanspruchnahme persönlichen Vertrauens), OLG Bamberg WM 2006, 960 (iErg abl.), einerlei ob gerade dieser Prospektfehler zum Scheitern des Projekts geführt hat, aber mangels Prospektvorlage Widerlegung der Vermutung, BGH NJW 2010, 1079; **Vermutung aufklärungsrichtigen Verhaltens,** also dass bei pflichtgemäßer Aufklärung der Schaden nicht eingetreten wäre, stRspr, BGHZ 61, 118; 94, 356 (Sachwalter); BGHZ 123, 114 (Prospekt, auch → Rn. 35); BGH NJW 1979, 1597 (Kreditauskunft); BGH NJW 1983, 1053 (Steuerberatung); BGH NJW 1992, 2560 (Anlagemodell); BGH NJW 1994, 512; 1995, 1026; ZIP 2009, 864; 2009, 1264 (grundsätzlich bei allen Kapitalanlagen, auch bei unterlassener Aufklärung über Rückvergütungen); BGH NJW 2010, 1079; 2010, 2507; 2010, 3294; WM 2011, 687 (Swap, DBk); BGH NJW 2012, 2427; WM 2012, 1351 (auch bei Beratung von Rechtsanwälten); BGH WM 2013, 689 (auch Wirtschaftsprüfertestat mit überholtem Stichtag); LG Berlin WM 2021, 444 nicht rechtskräftig (Emissionsrating); OLG Frankfurt a. M. WM 2018, 461, Ausnahme allenfalls bei hochspekulativen Geschäften, BGHZ 160, 66; BGH NJW 2010, 2507; WM 2010, 974; 2012, 1295; differenzierend Häuser WM 1989, 841.

Das ist eine **echte Beweislastumkehr,** BGHZ 124, 159 (XI ZS); BGH NJW 2012, 2429; 2013, 3574 Rn. 38, stRspr, BVerfG NJW 2012, 443; offen BGH WM 2014, 661 Rn. 11 (II ZS); **aA** BGHZ 123, 311 (IX ZS), daran für Rechts- und Steuerberaterhaftung festhaltend BGH NJW 2014, 2795; 2015, 3447; WM 2019, 789 (IX ZS); WM 2019, 1203 Rn 24, aber für entgangenen Gewinn Beweiserleichterung nach § 252 Satz 2 BGB (III ZS); Lang WM 2000, 467; Piekenbrock WM 2012, 439: bloßer Anscheinsbeweis. Die frühere Rechtsprechung, nach der die Vermutung nur gilt, wenn es für den anderen Teil vernünftigerweise **nur eine Reaktionsmöglichkeit** gab, BGHZ 123, 314; 124, 161; 160, 64; BGH NJW 1994, 2541 (Scheckbestätigung); BGH WM 2006, 927 (Anwaltsrat); BGH NJW 2011, 3227 (Rückvergütung); OLG Köln DStR 2014,

1277, hat der XI ZS ausdrücklich **aufgegeben**, BGH NJW 2012, 2427 (dazu Wiechers WM 2013, 343) m. zust. Anm. Schwab NJW 2012, 3274; BGH ZIP 2016, 2371; Heusel ZBB 2012, 461. Grund: besonderer Schutzzweck der Aufklärung, Entscheidungsfreiheit, Beweislastprobleme, Canaris FS Hadding, 2004, 23; Möllers BrV Bd. 34 (2012), 81; Bausch/Kohlmann BKW 2012, 410; aA BGH NJW 2015, 3447 (IX ZS) für Rechts- und Steuerberaterhaftung, Medicus FS Picker, 2010, 627. Zu den relevanten **Indizien** für fehlende Kausalität BGH NJW 2012, 2432. Aufklärungsmangel und Vermutung können auch **Folgegeschäfte** erfassen, die nach gehöriger Aufklärung geschlossen werden, BGH NJW 1993, 2434; OLG Bremen WM 2021, 1071 (nicht bei wesensverschiedener Anlage; Sicht des Anlegers maßgeblich). Keine Vermutung gilt für den Kausalzusammenhang im Übrigen, BGH NJW 1988, 200 (entgangener Vertragsschluss mit Dritten). **Lit.:** Bruske, 1994 (Bankrecht); H. Roth ZHR 154 (1990), 513 (Bankrecht); Lang WM 2000, 450; Canaris FS Hadding, 2004, 3; Diekmann WM 2011, 1153; Piekenbrock WM 2012, 429 (Kausalitätsbeweis); Wiechers WM 2013, 343; Bassler WM 2013, 544; H. Roth JZ 2015, 1081; Freitag ZBB 2016, 1; Stark DB 2019, 1777 (Steuerberatung).

38 G. **Freizeichnung: Grenze grobe Fahrlässigkeit, (5)** § 309 Nr. 7b BGB; ausnahmsweise, zB bei vertragswesentlichen Pflichten, auch keine Freizeichnung für leichte Fahrlässigkeit, → Rn. 7. Keine Freizeichnung auch für **leichte Fahrlässigkeit** bezüglich der aus einem gesetzlichen Schuldverhältnis (hier: Geschäftsverbindung) nach § 241 II BGB resultierenden Aufklärungs- und Warnpflichten, BGH WM 1976, 474; BB 1978, 1187; NJW 1991, 694 (Bausparzuteilungsprognose), sowie der Prospekthaftung, BGH NJW 2002, 1712. Grund: widerspricht der Aufgabe des Prospekts, die potentiellen Anleger verlässlich, umfassend und wahrheitsgemäß aufzuklären (→ Rn. 24 ff.). Dahinter steht der Grundsatz, dass die Freizeichnung für **besondere Berufspflichten bei Vertrauensverhältnis** nach **(5)** § 307 BGB unwirksam sein kann, Ul/Br/He/Fuchs BGB § 307 Rn. 275, 244 ff., aber nicht generell, sondern je nach Beruf, Pflicht und Umständen, → Rn. 22. Keine Freizeichnung bei Garantieübernahme iSv § 276 I 1 BGB (zB bestimmter Mindestgewinn, Abschreibungsmöglichkeit), § 444 BGB (→ § 349 Rn. 15). Freizeichnung ist im gleichen Umfang auch bei Haftung aus Verschulden bei Vertragsverhandlungen und Vertrauenshaftung möglich (Einschränkung oder Beseitigung des Vertrauenstatbestands), aber nicht schon ohne Weiteres durch Freizeichnungsklausel im Prospekt. Haftungsbeschränkung der Wirtschaftsprüfer → **(2d)** AGB-WP Einl. Nr. 9 Rn. 3, zum Vorbehalt der schriftlichen Zustimmung zur Weitergabe → **(2d)** AGB-WP Einl. Nr. 7 Rn. 4. Allgemein gegen jede Freizeichnung auch für leichte Fahrlässigkeit bei unrichtigem Rat Köndgen JZ 1978, 393, bei Verkehrspflichten auf Information Assmann, Prospekthaftung, 1985, S. 371; Raeschke-Kessler WM 1993, 1838 (Hauptpflichten aus Beratungsvertrag). **Keine unzulässige Freizeichnung** ist die geschäftliche Beschränkung auf gut informierte und erfahrene Anleger und Informationsbroschüren ohne individuelle Hinweise (Discount-Broker), → Rn. 23. Ebenso ist bei der Vertrauenshaftung die Einschränkung oder Beseitigung des Vertrauenstatbestandes möglich.

38a Freizeichnung ist auch bei **Dritthaftung** (→ Rn. 21) in den genannten Grenzen möglich. Bei Vertrag mit Schutzwirkung für Dritte ist sie mit Wirkung gegenüber dem Dritten möglich (Konsequenz der Ableitung aus dem Hauptvertrag). Bei selbstständiger Vertrauens- und Berufshaftung (→ Rn. 21–22) muss sie unmittelbar zwischen dem Vertrauenden und dem Haftenden erfolgen. Entscheidend ist die privatautonome **Gestaltung** des Vertrauenstatbestands bzw. der Gewährübernahme (Gutachten, Expertise ua), zum einen was die inhaltlichen Aussagen angeht (Grundlagen und Umfang der Prüfung, Kennzeichnung übernommener Angaben und Wertansätze, Verwendungszweck, Adressatenkreis,

Grenzen der Weitergabe an Dritte), M. Weber NZG 1999, 10 (Fixierung des Leistungsprogramms), H. Schneider ZHR 163 (1999), 246 (266, Klausel in legal opinion), Koch WM 2005, 1208 (Vertrauenswerbung nur mit Bedingung), zum anderen auch durch eine darin enthaltene Freizeichnungsklausel. Diese letztere unterliegt den allgemeinen Schranken (§ 138 BGB, Inhaltskontrolle nach **(5)** §§ 307, 309 Nr. 7 BGB), erstere Einschränkung dagegen nicht, Canaris ZHR 163 (1999), 206 (230).

39 H. **Verjährung:** Der **Auskunftsanspruch** nach § 666 BGB verjährt nicht vor Ende des Auftragsverhältnisses, BGHZ 192, 1, im Übrigen in 3 Jahren ab Geltendmachung (entspr. §§ 604 V, 695 S. 2, 696 S. 3 BGB), hL. Ansprüche nach §§ 280, 311 II BGB aus **Verschulden bei Vertragsverhandlungen** sowie **deliktische Ansprüche** verjähren gemäß § 195 BGB in 3 Jahren, Fristbeginn und Höchstfristen gemäß § 199 BGB (→ Einl v § 343 Rn. 16), Beginn aber erst mit Zustandekommen der (Fonds)Beteiligung, nicht bereits mit Zugang des Beitrittsangebots, BGH NJW 2019, 2461, oder mit Abschluss der zur Finanzierung und Tilgung empfohlenen Verträge, BGH NJW 2017, 2189; ZIP 2019, 806, separat für mehrere Beratungsfälle, BGH NJW 2008, 506 (V ZS); BGH WM 2011, 874; 2012, 1589; NJW 2015, 2956; WM 2017, 2191 Rn. 40; grobe Fahrlässigkeit iSv § 199 I Nr. 2 BGB nicht schon mangels Kontrolle der Auskunft oder Lektüre des Prospekts, dies gegen vorhergehende OLG-Praxis (Pflichtlektüre für Anleger), BGH NJW 2010, 3292 mAnm. Einsele JZ 2011, 100; BGH WM 2010, 1690; Schlick WM 2011, 161; Langen NZG 2011, 94. Grund: primär Vertrauen in Anlagerat (ebenso bei Mitverschulden, → Rn. 36), ebenso BGH NZG 2011, 68, nicht schon mangels Durchlesens des Zeichnungsscheins, BGH WM 2017, 799; NJW 2017, 2187, nicht ohne Weiteres bei ungelesenem Unterzeichnen einer Beratungsdokumentation mit Risikohinweisen, BGH NW 2017, 3367; keine Erkundigungspflicht des Anlegers nach Rückvergütung, BGH NZG 2016, 1150; vgl. aber OLG Celle NZG 2016, 1107 (Ls.); 2016, 1350 (Ls.) (Beratungsprotokoll). Ausnahmsweise kann **Rechtsunkenntnis des Gläubigers** den Beginn hinausschieben: bei unsicherer und zweifelhafter Rechtslage, die selbst ein rechtskundiger Dritter nicht zuverlässig einschätzen kann, erst recht bei gegenteiliger höchstrichterlicher Rechtsprechung, BGH WM 2008, 1078; NJW 2014, 3713 Rn. 35; krit. Herresthal FS Canaris 2017, 898; WM 2018, 401; bei Beraterhaftung idR kein Verjährungsbeginn wegen grob fahrlässiger Unkenntnis (§ 199 I Nr. 2 BGB) infolge mangelnder Einholung von Drittbeurteilung, BGH DStR 2014, 1022; 2014, 1023 (StB) jew. mAnm. Meixner/Schröder; Kenntnis und Verjährungsbeginn aber zB bei Aufforderung zur Meldung gegenüber Haftpflichtversicherung, BGH DStR 2021, 375 mAnm. Meixner/Schröder (RA); Scheuch DStR 2021, 820. **Güteverhandlung** bewirkt Hemmung (§ 204 I Nr. 4 BGB) nur bei konkreter Bezeichnung der Anlage, BGH WM 2020, 2161.
Kürzere Verjährung für **vertragliche Ansprüche** (etwa nach §§ 438, 634a BGB) gilt bei enger Verknüpfung auch für Ansprüche nach §§ 280, 311 II BGB, BGHZ 88, 130 (zu § 477 aF BGB; ob Rspr. nach SMG daran festhält oder richtiger dreijährige Regelverjährung annimmt, bleibt abzuwarten, MüKoBGB/ Emmerich § 311 Rn. 241). Selbstständige Verjährung jedenfalls bei **Beratung durch mit dem Verkäufer nicht identischen Hersteller,** BGHZ 148, 194. Beginn auch ohne Kenntnis der genauen Schadenshöhe, BGH ZIP 2013, 615 (Rückvergütung, → Rn. 30). Die Regelverjährung (§ 195 BGB) gilt auch für **Ansprüche aus bürgerlich-rechtlicher Prospekthaftung iwS,** soweit diese überhaupt noch anwendbar ist (→ Rn. 17), gegen Personen, die unter Inanspruchnahme persönlichen Vertrauens (§ 311 III 2 BGB, aber nicht abschließend, vgl. „insbesondere"; gegen § 311 III BGB Assmann AG 2004, 444) oder aus eigenen wirtschaftlichen Interessen verhandelt haben, BGHZ 83, 222; BGH NJW 1984, 2524 (einfacher Anlageberater, anders Steuerberater); BGH NJW

1985, 381. Gegenüber anderen Garanten, die dem Geschädigten erst nach Vertragsschluss bekannt geworden sind, galt herkömmlich Verjährung von einem Jahr (seit 4. FinanzmarktFördG; vorher 6 Monate, so noch bisherige Rspr.) ab Kenntnis von der Unrichtigkeit des Prospekts, höchstens aber von 3 Jahren seit Beitritt zur Ges. (entsprechend inzwischen aufgehobenen börsen- und kapitalmarktrechtlichen Vorschriften, → Einl v § 343 Rn. 16), BGHZ 83, 222; BGH WM 2008, 726; NJW 2010, 1077; dabei blieb es auch nach dem SMG, Assmann AG 2004, 444; Assmann/Wagner NJW 2005, 3169. Grund: 4. FinanzmarktfördG als lex specialis et posterior, Spekulationsgefahr, str. Nach Aufhebung der Sonderverjährungsfristen (→ Einl v § 343 Rn. 16) dürfte diese Rspr. überholt sein. Diese kurze Verjährung galt auch bei gesellschaftsrechtlicher Beteiligung an (geschlossenem) Immobilienfonds, BGH NJW 2001, 1203; 2002, 1711; aber nicht beim Bauherrnmodell, BGHZ 111, 314; 115, 213; BGH NJW 2001, 1204, und Bauträgermodell, BGHZ 145, 132; BGH NJW 2004, 288. Mangelnde Lektüre des Prospekts ist nicht ohne Weiteres grob fahrlässig iSv § 199 I Nr. 2 BGB, BGH NJW 2011, 3573. Kontrolle von Verjährungsklauseln in Emissionsprospekten und GesVerträgen, BGH WM 2012, 1296 (1298); Zusatz, „soweit nicht zwingende Vorschriften (...) entgegenstehen", hilft nicht, da unverständlich und umgehend, BGH WM 2015, 2359. **Sonderverjährung** nach **(16b)** WpHG aufgehoben, Druckenbrodt NJW 2015, 3749; Piekenbrock NJW 2016, 1350. Ansprüche gegen **Anwälte** und **Steuerberater** aus deren Berufstätigkeit (nicht als TreuhandKdtist, BGH NJW 2006, 2410; anders noch BGHZ 120, 157) verjähren in 3 Jahren (§ 195 BGB; § 51b BRAO, § 68 StBerG aufgehoben durch VerjährungsanpassungsG 2004, → Einl v § 343 Rn. 16), **Sekundärhaftung** → Rn. 30; ebenso Ansprüche gegen **Wirtschaftsprüfer** (seit 2004 § 195 BGB; § 323 V aF HGB, § 51a WPO aufgehoben, dort → **(2a)** WPO Einl. Rn. 12), noch zur aF BGH NJW 2004, 3420. Verkürzung auf 1 Jahr bei **Treuhänder** verstößt gegen **(5)** § 307 BGB, BGHZ 1997, 25, auch sonst strenge AGB-Kontrolle trotz § 202 BGB, vgl. aber OLG Frankfurt a. M. NJW 2012, 2975. Lit.: Nobbe ZBB 2009, 93 (Verjährung im Bank- und Kapitalmarktrecht); Stackmann NJW 2012, 2913 (Bankgewerbe). Bei **Rechtsprechungsänderungen,** die zu Rückzahlungsansprüchen der Kunden führen können, ist die Rspr. zu deren Gunsten sehr großzügig, vgl. für die Änderung zu laufzeitabhängigen Bearbeitungsgebühren → **(7)** Bankgeschäfte Rn. G4. Darauf müssen sich Banken auch bei Auskunft, Beratung und Offenlegung einstellen. Lit.: Nobbe WM 2016, 289 (337). **RsprÜbersicht:** Wiechers/Henning WM Sonderbeil. 4/2015, 22; Grüneberg BKR 2015, 485; Harnos ZBB 2015, 176; Schlick WM 2016, 241.

J. **Gerichtsstand:** §§ 22, 32 ZPO, BGHZ 76, 231; BGH WM 1980, 825; **40** praktisch wichtiger, ausschließlicher Gerichtsstand bei fehlerhaften öffentlichen Kapitalmarktinformationen, § 32b I ZPO, einerlei ob mit fehler oder ohne Prospekt, BGH NJW 2016, 1178; Korth/Kroymann/Suilmann NJW 2016, 1130. § 32b I 1 Nr. 1, 2 ZPO bei fehlerhafter Anlageberatung; bei Nr. 2 (nicht auch Nr. 1) nur, wenn Emittent ua mitverklagt sind, sonst nur außervertragliche Anspruchsgrundlage; zu Nr. 1 und Nr. 2 BGH WM 2013, 1643; 2017, 231; OLG Hamm NJW-RR 2013, 1451; OLG München NZG 2013, 995; OLG Hamm NZG 2015, 957 Ls.; KG WM 2015, 1844; OLG Braunschweig ZIP 2018, 1512; Thole AG 2013, 913; vgl. Cuypers WM 2007, 1446. Vorrang vor § 14 UWG, Götz ZIP 2016, 351. Zur örtlichen Zuständigkeit bei Prospektfehlern einer Bank auch EuGH NZG 2019, 307 Ls.

5) Internationaler Verkehr

Ein Auskunftsvertrag unterliegt mangels Rechtswahl dem Recht des die Aus- **41** kunft Erteilenden (Art. 4 Rom I-VO); ein Auskunftsanspruch folgt dem Recht des Hauptanspruchs, Reithmann/Martiny/Martiny Rn. 3.133. Die Beziehungen zwischen Bank und Kunden unterliegen idR dem Recht am Sitz der kontoführenden Bank. Das folgt bei deutschen Banken kraft Rechtswahl nach **(8)** AGB-Banken Nr. 6 I (dort → **(8)** AGB-Banken 6 Rn. 1). Zum IPR bei Bankgeschäften → **(7)** Bankgeschäfte Rn. A60. Vertragliche Aufklärungs- und Beratungspflichten folgen dem Vertragsstatut (Art. 3, 4 Rom I-VO). Ansprüche aus Verschulden bei Vertragsverhandlungen werden ebenfalls dem Statut des angebahnten Vertrages unterstellt (Art. 12 Rom II-VO mit Erwägungsgrund 30, → **(7)** Bankgeschäfte Rn. A60), Reithmann/Martiny/Martiny Rn. 4.39, 4.46, so schon früher üL, vgl. BGH NJW 1987, 1141; OLG Frankfurt a. M. IPRax 1986, 377; differenzierend Scheffler IPRax 1995, 21, str., aA Dörner JR 1987, 203: Art. 31 II EGBGB analog, aA (vgl. → Rn. 22, Abhängigmachen von der jeweiligen dogmatischen Einordnung ist unbefriedigend) deliktische Anknüpfung, OLG München WM 1983, 1094; Canaris 2. FS Larenz, 1983, 109; Mankowski RIW 1994, 424; Scheffler IPRax 1995, 20; vgl. EuGH NJW 2002, 3159 (Haftung wegen Abbruch von Vertragsverhandlung deliktisch, zu EuGVÜ). Die Sachwalterhaftung eines vertragsfremden Dritten unterliegt dem Deliktsstatut, OLG Frankfurt a. M. IPRax 1986, 378; Kreuzer IPRax 1988, 20; aA Recht seines gewöhnlichen Aufenthalts, Dörner JR 1987, 202. Deliktische Ansprüche, zB aus § 826 BGB, richten sich nach dem Deliktsstatut (Tatort, also Handlungs- sowie Erfolgsort). **Lit.:** Reithmann/Martiny/Martiny Rn. 4.46; Vortmann WM 1993, 581.

[Vertragsstrafe]

§ 348

Eine Vertragsstrafe, die von einem Kaufmann im Betriebe seines Handelsgewerbes versprochen ist, kann nicht auf Grund der Vorschriften des § 343 des Bürgerlichen Gesetzbuchs herabgesetzt werden.

Übersicht

	Rn
1) Vertragsstrafe nach §§ 339–343 BGB	1–4
A. Vertragsstrafe:	1
B. Unwirksames Vertragsstrafeversprechen:	2
C. Verwirkung der Vertragsstrafe (§ 339 BGB):	3
D. Herabsetzung der Vertragsstrafe (§ 343 BGB):	4
2) Vertragsstrafe im unternehmerischen und kaufmännischen Verkehr	5–7
A. AGBKontrolle von Vertragsstrafen im unternehmerischen Verkehr (§§ 309 Nr. 6, 310 I 1 BGB):	5
B. Keine Herabsetzung der Vertragsstrafe im kaufmännischen Verkehr (§ 348):	6, 7
3) Ähnliche Rechtsfiguren	8–11
A. Draufgabe:	8
B. Reugeld:	9
C. Verfallklausel (kassatorische Klausel):	10
D. Pauschalierter Schadensersatz:	11

1) Vertragsstrafe nach §§ 339–343 BGB

1 **A. Vertragsstrafe:** Die Vertragsstrafe soll in erster Linie von Verletzung vertraglicher Pflichten abschrecken (Druckmittel) und in zweiter Linie im Fall der Verletzung dem Gläubiger die Schadloshaltung ohne Einzelnachweis eröffnen (Kompensationsfunktion), BGHZ 85, 313; 105, 27; 153, 324. Strafversprechen ohne Schadenspauschalierungsfunktion ist keine Vertragsstrafe, sondern Garantie, → § 349 Rn. 19. Vertragsstrafe in AGB s. **(5)** § 309 Nr. 6 BGB, für Unternehmer → Rn. 5. Die Folgen vertraglicher Strafversprechen regeln (weitgehend nachgiebig) §§ 339–345 BGB. Sie unterscheiden: (1) Strafe für Nichterfüllung, zu fordern statt der Erfüllung, § 340 BGB; (2) Strafe für nicht gehörige Erfüllung, zu fordern neben der Erfüllung, § 341; bei Annahme der Erfüllung ist Vorbehalt der Strafe nötig, § 341 III BGB, BGHZ 73, 243, auch bei vorheriger Aufrechnung mit Vertragsstrafeanspruch, BGHZ 85, 240. Bei Unterlassungspflichten hängt, ob (1) oder (2) gegeben ist, davon ab, ob die Strafe das Interesse an der gesamten Unterlassung oder nur das Interesse am Unterbleiben der einzelnen Zuwiderhandlungen decken soll, RGZ 70, 439, stRspr Fortsetzungszusammenhang bei Vertragsstrafeversprechen, BGHZ 121, 13. Lit.: Komm. zu §§ 336 ff. BGB; Doralt Langzeitverträge, 2018, S. 446 ff.

B. Unwirksames Vertragsstrafeversprechen: Das Strafgedinge kann sittenwidrig sein (zB als Knebelung oder Ausnutzung einer Notlage), daher nichtig, § 138 BGB. Die Strafforderung aus wirksamer Vereinbarung kann im Einzelfall gegen Treu und Glauben (§ 242 BGB) verstoßen, zB bei Geringfügigkeit der Pflichtverletzung oder ihrer Folgen, RG JW 1923, 825; RGZ 152, 260; OLG Celle BB 1963, 116; OLG Karlsruhe BB 1967, 1181. Das Strafversprechen ist unwirksam, wenn die Voraussetzungen der Verwirkung der Strafe nicht hinreichend bestimmt oder durch Auslegung (§§ 133, 157 BGB) bestimmbar sind, BGH WM 1975, 470. Die Festsetzung der Vertragsstrafe kann den Parteien oder Dritten (§ 317 I BGB), aber nicht von vornherein dem Gericht überlassen werden, BGH BB 1978, 12; 1981, 302.

C. Verwirkung der Vertragsstrafe (§ 339 BGB): Die Vertragsstrafe verfällt iZw nur bei Zuwiderhandlung, die Schuldner **zu vertreten** hat, anderes kann (im Rahmen der §§ 138, 242 BGB) vereinbart werden; vgl. § 339 S. 1 iVm § 285 BGB; BGHZ 82, 402; BGH NJW 1972, 1893. Das gilt auch bei Unterlassungsschuld, BGH WM 1972, 1277. Vgl. auch → Rn. 10–11. 3

D. Herabsetzung der Vertragsstrafe (§ 343 BGB): Eine verwirkte unverhältnismäßig hohe Strafe kann, unabdingbar, durch Urteil auf Antrag des Strafschuldners (nicht von Amts wegen) angemessen herabgesetzt werden (§ 343 BGB), BGH NJW 1984, 921 (iErg nein für 50.000 DM für jeden Vertreterabwerbungsversuch). § 343 BGB beschränkt nicht die AGBKontrolle, BGHZ 85, 314. 4

BGB 343 [Herabsetzung der Strafe]

(1) Ist eine verwirkte Strafe unverhältnismäßig hoch, so kann sie auf Antrag des Schuldners durch Urteil auf den angemessenen Betrag herabgesetzt werden. Bei der Beurteilung der Angemessenheit ist jedes berechtigte Interesse des Gläubigers, nicht bloß das Vermögensinteresse, in Betracht zu ziehen. Nach der Entrichtung der Strafe ist die Herabsetzung ausgeschlossen.

§ 343 BGB wird **durch § 348** im kfm. Verkehr **verdrängt** (→ Rn. 6).

2) Vertragsstrafe im unternehmerischen und kaufmännischen Verkehr

A. AGBKontrolle von Vertragsstrafen im unternehmerischen Verkehr (§§ 309 Nr. 6, 310 I 1 BGB): Vertragsstrafen sind im unternehmerischen (früher: kfm.) Verkehr ein wesentliches Mittel, den Schuldner von der Verletzung vertraglicher Pflichten abzuschrecken und (in zweiter Linie) dem Gläubiger die Schadloshaltung zu erleichtern; zumal für Unterlassungspflichten bieten häufig nur Vertragsstrafen wirksamen Schutz. Das starre Verbot von **(5)** § 309 Nr. 6 BGB gilt deshalb nicht über **(5)** § 307 BGB für Unternehmer, s. **(5)** § 310 I 1 iVm § 14 BGB), BGH NJW 1981, 1509; 1985, 56; Leuschner/Leuschner Haftungserweiterungen Rn. 119; Ul/Br/He/Fuchs/Zimmermann BGB § 309 Nr. 6 Rn. 35, hL. Aber Vertragsstrafe in VertragshändlerAGB mit Einheitsbetrag für jegliche Vertragsverletzung des Händlers, ohne nach Art, Gewicht und Dauer des Verstoßes zu differenzieren, ist unwirksam, wenn nicht der Betrag auch angesichts des typischerweise geringsten Verstoßes angemessen ist, BGH NJW 1997, 3233; Besonderheiten bei wettbewerbs- oder schutzrechtlich veranlasstem Vertragsstra- 5 feversprechen, BGH NJW 2014, 2180. Ein Vertragsstrafeversprechen verstößt nicht gegen **(5)** § 307 BGB, wenn die Strafe ihrer Höhe nach in einem angemessenen Verhältnis zum Gewicht des Verstoßes und zu dessen Folgen für den Vertragspartner steht, so wenn die Höhe der Vertragsstrafe durch den Umfang der zu sichernden geschuldeten Leistung nach oben begrenzt wird, BGHZ 141, 397; BGH NJW 1998, 2600. Aber Verbot der Kumulation von Schadensersatz und Vertragsstrafe gilt auch unter Unternehmern, BGH NJW 1985, 56; Ul/Br/He/Fuchs/Zimmermann BGB § 309 Nr. 5 Rn. 16a, 35 (für Ausnahmen), Nr. 6 Rn. 39, 30; Anrechnung aber nur, soweit Interessenidentität besteht, BGH NJW 2008, 2849. Vorfälligkeitsklausel auch für unverschuldeten Zahlungsrückstand ist auch im unternehmerischen Verkehr unwirksam, BGHZ 96, 182; nur ausnahmsweise, so bei gewichtigen Umständen, ist auch verschuldensunabhängige Vertragsstrafe in AGB wirksam, BGHZ 72, 178; 141, 397; Leuschner/Leuschner Haftungserweiterungen Rn. 122 (RsprÜbersicht, Fallgruppen). Strafgelder für die Beteiligung an wettbewerbsbeschränkenden Preisabsprachen s. BGHZ 105, 24 und mit anderer Begründung BGHZ 131, 356; krit. Ul/Br/He/Fuchs/ Zimmermann BGB § 309 Nr. 6 Rn. 38. Überhöhte Vertragsstrafen, zB täglich 0,5 % bei hohem Auftragsvolumen (keine Herabsetzung wegen § 348) verstoßen gegen § 307 BGB, aber keine festen Grenzen, BGHZ 85, 305 juris Rn. 26; krit. Leuschner ZIP 2021, 1471 (1477); zB über 5 % der Bauauftragssumme, BGHZ 153, 311, krit. v. Gehlen NJW 2003, 2961; bei Zwischenfristen nicht Gesamtauftragssumme, BGH NJW 2013, 1362. Vertragsstrafe in Prozentsatz der Auftragssumme muss auch unter Unternehmern eine zeitliche Beschränkung, BGHZ 85, 305, und eine Obergrenze enthalten, BGH WM 1988, 170; 1989, 449. Vorbehalt der Strafe (§ 341 III BGB) ist auch unter Unternehmern nicht völlig abdingbar, str.; aber formularmäßige Ausübung genügt, BGH NJW 1987, 380.

6 **B. Keine Herabsetzung der Vertragsstrafe im kaufmännischen Verkehr (§ 348):** § 348 ist eine Sondervorschrift zu § 343 BGB (→ Rn. 4). Sie hat wegen der weitreichenden AGBKontrolle auch im unternehmerischen Verkehr **kaum mehr Bedeutung,** → Rn. 5 und BGH NJW 1997, 3233; Leuschner ZIP 2021, 1471 (1472).

a) § 348 gilt für die **Kaufleute** nach §§ 1–3, 5, auch für RechtsscheinKfm (→ § 5 Rn. 9–16), str., offen BGHZ 5, 135 (wer Rechte oder Ansehen des Kfm. beansprucht, muss seine Pflichten tragen). § 348 betrifft nur Individualvereinbarung, steht AGBKontrolle nicht entgegen, BGHZ 85, 315, → Rn. 5. Maßgebender Zeitpunkt ist Abgabe des Versprechens, nicht Verwirkung, BGHZ 3, 193. Grundsätzlich gleich bleibt, ob der Berechtigte Kfm. ist. UU ist entspr. § 348 auch dem NichtKfm die Herabsetzung nach § 343 BGB zu versagen, BGHZ 5, 136: gegenseitige Vertragsstrafevereinbarung zwischen GmbHGftern (NichtKflten) und EinzelKfm betr. Geschäfte der GmbH.

b) Das Versprechen muss ferner im Betrieb des HdlGewerbes erfolgt, also **Handelsgeschäft** sein. Die Vermutung des § 344 gilt auch für Strafversprechen, RG HRR 1932, 1645.

7 **c)** § 348 schließt nur Herabsetzung nach § 343 BGB aus; unberührt bleiben **Unwirksamkeit** nach § 138 BGB (→ Rn. 2); nach § 242 BGB, aber nur bis zu dessen Eingreifensgrenze, BGH NJW 2009, 1882; Verstoß gegen **(5)** §§ 307, 309 Nr. 6 BGB → Rn. 5. Ebensowenig hindert § 348 Anspruch auf Herabsetzung (uU auch Rücktrittsrecht) nach § 313 BGB wegen Störung der **Geschäftsgrundlage,** zB nach Aufklärung erheblicher (beiderseitiger, für die Höhevereinbarung ursächlicher) Überbewertung des Vertragsgegenstandes, BGH NJW 1954, 998 (Vertrag über ein Ausbeutungsrecht), OLG Karlsruhe BB 1967, 1181. Ebenso uU, wenn der Verstoß infolge Änderung der Situation (zwar nicht ganz unwesentlich, vgl. → Rn. 2, aber) von geringerem Gewicht erscheint, als die

1. Abschnitt. Allgemeine Vorschriften § 349

Parteien (mindestens) voraussetzten, OLG Karlsruhe BB 1967, 1181 (vertragswidrige Kündigung durch Werbeleiter, HdlVertreter, nach Wegfall der Werbeorganisation).

3) Ähnliche Rechtsfiguren

A. **Draufgabe:** Draufgabe (§§ 336–338 BGB) ist Zeichen des Vertragsschlusses (§ 336 I BGB), sie ist bei Aufhebung des Vertrags idR zurückzugeben (§§ 337 II, 338 S. 1 BGB), uU auch bei Vertragserfüllung (§ 337 I BGB) und bei Leistung von Schadensersatz wegen Nichterfüllung (§ 338 S. 2 BGB, seit SMG: Schadensersatz statt der Leistung, §§ 280 III, 281 ff. BGB). Ihre Rückgabe ist nicht Strafe, sondern hindert nur ungerechtfertigte Bereicherung. **8**

B. **Reugeld:** Das ist eine Zahlung, durch die sich ein Vertragsteil von einer Vertragspflicht befreien darf. Sie ist keine Strafe für Pflichtverstoß und wird nicht geschuldet. Auslegungsfrage ist, ob der Vertrag x Euro Strafe für Verletzung einer Vertragspflicht (zB Unterlassungspflicht) festsetzt oder das abweichende Verhalten erlaubt, falls Schuldner x Euro Reugeld zahlt. Vgl. für Makleralleinauftrag → § 93 Rn. 66. Draufgabe (→ Rn. 8) gilt iZw nicht als Reugeld (§ 336 II BGB). **9**

C. **Verfallklausel (kassatorische Klausel):** Diese ist der Vertragsstrafe eng verwandt, sie sieht Rechtsverlust des Schuldners bei Pflichtverletzung vor; sie ist iZw nur bei Verschulden anwendbar, RGZ 145, 31, und kann vom Richter bei Teilbarkeit des verwirkten Rechts entspr. § 343 BGB (also nicht für Kflte, § 348) abgeschwächt werden; bei Verlustigerklärung der gesamten Vertragsrechte ist sie als Rücktrittsvorbehalt für den anderen Teil, nicht als automatischer Wegfall des Vertrags auszulegen, § 354 BGB. Einschränkungen durch **(5)** §§ 307, 308 Nr. 7 BGB. **10**

D. **Pauschalierter Schadensersatz:** Ein pauschalierter Schadensersatz (bei Vertragsverstoß) ist der Vertragsstrafe ähnlich. Er ist nicht herabsetzbar nach § 343 BGB. Schadenspauschalierung ist nur anzunehmen, wenn wirklich Ersatz von Schäden, nicht in erster Linie Druck auf Vertragserfüllung bezweckt ist (→ Rn. 1), zB bei bestimmten Leistungspflichten aus Kaufverträgen. Zur Abgrenzung BGHZ 49, 89; BGH NJW 1992, 2625. AGB s. **(5)** §§ 307, 309 Nr. 5 BGB. **11**

[Keine Einrede der Vorausklage]

349 ¹**Dem Bürgen steht, wenn die Bürgschaft für ihn ein Handelsgeschäft ist, die Einrede der Vorausklage nicht zu.** ²**Das gleiche gilt unter der bezeichneten Voraussetzung für denjenigen, welcher aus einem Kreditauftrag als Bürge haftet.**

Schrifttum

Komm zu §§ 765 ff. BGB. **RsprÜbersichten** (Bürgschaft): *Merz* WM 1977, 1270; 1980, 230; 1982, 174; 1984, 1141; 1988, 241; *Rehbein* FS Werner 1984, 697; *Tiedtke* ZIP 1986, 69; 1990, 413; 1995, 521; 2001, 1015, NJW 2003, 1359; 2005, 2498; *P. Bydlinski* WM 1992, 1301; *Pape* NJW 1995, 1006; 1996, 887; 1997, 980; *Kreft* WM Sonderbeil 5/1997; *G. Fischer* WM 1998, 1705, 1749; 2001, 1049, 1093; *Graf von Westphalen* NJW 2003, 1982; *Wassermann* Bankrechtstag 2004, 85; *Grüneberg* WM Sonderbeil 2/2010, 3/2015.

Übersicht

	Rn
1) Übersicht	1
2) Bürgschaft und Kreditauftrag nach BGB	2–11
A. Begriff der Bürgschaft:	2
B. Arten der Bürgschaft:	3–10
C. Kreditauftrag:	11

§ 349 1, 2   4. Buch. Handelsgeschäfte

	Rn
3) Wegfall der Einrede der Vorausklage	12
4) Verwandte Rechtsfiguren	13–22
A. Mithaftung als Vertragsteil:	13
B. Schuld(mit)übernahme:	14
C. Garantien und garantieähnliche Formen:	15–20
D. Wechselbürgschaft (Aval):	21
E. Patronatserklärungen:	22
5) Internationaler Verkehr	23

1) Übersicht

1   § 349 beseitigt für die HdlBürgschaft des Kfm. die **Einrede der Vorausklage** (§§ 771–773 BGB); S. 2 stellt klar, dass dies auch für den aus Kreditauftrag (nach § 778 BGB) wie ein Bürge haftenden Kfm. gilt; § 350 macht die HdlBürgschaft des Kfm. **formfrei**. Weitere Besonderheiten für die HdlBürgschaft kennt das HGB nicht. Es gelten auch für sie §§ 765–777 BGB, beim Kfm. mit Ausnahme von §§ 766, 771 BGB.

2) Bürgschaft und Kreditauftrag nach BGB

2   A. **Begriff der Bürgschaft:** Bürgschaft ist ein Vertrag, durch den der Bürge gegenüber dem Gläubiger eines Dritten das Einstehen für die Verbindlichkeit des Dritten (Hauptschuld) übernimmt, § 765 BGB. Das **Schriftformerfordernis** (§ 766 S. 1 BGB) gilt für alle wesentlichen Teile einer Bürgschaftserklärung. Sie muss den Willen erkennen lassen, für eine fremde Schuld einzustehen, und die Bezeichnung von Gläubiger, Hauptschuldner und verbürgter Hauptforderung enthalten; möglich bleibt Auslegung einer unklaren oder mehrdeutigen Formulierung unter Rückgriff auf Anhaltspunkte in der Urkunde, BGH NJW 1995, 959; 2000, 1569. Nicht durch Auslegung zu beseitigende Unklarheiten gehen zu Lasten des Gläubigers, BGHZ 76, 187; BGH NJW 1995, 959. Eine formbedürftige Bürgschaft kann nicht durch Leistung einer Blankounterschrift und mündliche Ermächtigung eines anderen, die Urkunde zu ergänzen, wirksam erteilt werden (aber Schutz gutgläubiger Dritter analog § 172 II BGB), BGHZ 132, 119; BGH NJW 2000, 1179. Die Bürgschaft ist in Bestand und Umfang von der Hauptforderung gegen den Dritten abhängig (**Akzessorietät**, §§ 767, 768 BGB). Hauptforderung und Bürgschaftsforderung können nicht unterschiedliche Inhaber haben (Gläubigeridentität); isolierte Abtretung der Hauptforderung lässt Bürgschaft erlöschen, isolierte Abtretung der Bürgschaftsforderung ist unwirksam, BGHZ 115, 177. Vertragserfüllungsbürgschaft ist auch bei unwirksamem Verzicht auf § 768 BGB wirksam, BGH NJW 2009, 1664. Akzessorietät bei Prozessbürgschaft, BGHZ 163, 59. Der zu Unrecht in Anspruch genommene Bürge (dauerhafte Einrede nach § 768 BGB) hat einen Bereicherungsanspruch gegen den Gläubiger (§ 813 I 1 BGB), BGH NJW 2018, 458. Verhandlungen zwischen Hauptschuldner und Gläubiger hemmen auch Verjährung gegenüber dem Bürgen, BGH ZIP 2009, 1608. Der Bürgschaftsvertrag kann zwischen dem Bürgen und einem Dritten zugunsten des Gläubigers der Hauptforderung geschlossen werden (§ 328 BGB), BGH NJW 2001, 3327. Die Beendigung einer zahlungsunfähigen HdlGes führt nicht zum Erlöschen der für eine ihrer Verbindlichkeiten gegebenen Bürgschaft, vielmehr verselbstständigt sich die Bürgschaftsforderung und wird abtretbar; BGHZ 82, 323. Bürgschaft für KG gilt weiter, wenn nur ein Gfter verbleibt und Schulden der KG ihm zuwachsen, erfasst aber nicht neue von ihm nunmehr als EinzelKfm begründete Schulden, BGH NJW 1993, 1917. Warnpflicht gegenüber dem Bürgen → **(7)** Bankgeschäfte Rn. A25. Devisensperre → **(7)** Bankgeschäfte Rn. N2. Freigabe und Rückgabe von Sicherheiten, BGH NJW 2015, 1952. AGB-Kontrolle, Thelen/Thelen ZIP 2018, 901.

B. Arten der Bürgschaft: Solche sind insbesondere: 3

a) die **selbstschuldnerische;** bei ihr entfällt die Einrede der Vorausklage, § 773 I Nr. 1 BGB; auch der selbstschuldnerische Bürge kann sich auf Verjährung der Hauptschuld berufen, auch wenn diese erst nach Erhebung der Bürgschaftsklage eintritt, BGHZ 76, 222. Die Bürgschaftsforderung wird grundsätzlich ohne Mahnung zusammen mit der Hauptschuld fällig, BGHZ 175, 161; BGH ZIP 2011, 559.

b) Kreditbürgschaft für einen dem Schuldner, namentlich von einer Bank, zu 4 gewährenden Kredit (Begriff → **(7)** Bankgeschäfte Rn. G1). Auslegung einer Prozessbürgschaft, BGHZ 158, 286. Weite Zweckerklärung in AGB über Erstreckung der Bürgschaft auf alle, auch künftige Ansprüche aus der Bankverbindung (Globalbürgschaft) ist unwirksam (Verbot der Fremddisposition, arg. e § 767 I 3 BGB, **(5)** § 307 BGB) BGHZ 130, 19 (IX ZS, Aufgabe von BGH NJW 1985, 848 ua), üL, grundsätzlich auch gegenüber Kflten (außer Banken und Versicherungen), BGH NJW 1998, 3708; auch AGB über Erstreckung auf alle bestehenden Ansprüche ohne nähere Bezeichnung der verbürgten Forderungen, BGHZ 143, 95, selbst bei Höchstbetragsbürgschaft (anders gruppentypisch bei Bürgschaft von Geschäftsführern oder Gftern für ihre Ges.), BGHZ 143, 100; Teilbarkeit der Klausel ohne Gesamtnichtigkeit, BGHZ 137, 153; Rückwirkung der Rspr., BGHZ 132, 6; 132, 119; Unwirksamkeit der Haftungserstreckung auf Zinsen, Provisionen, Kosten über vereinbartem Höchstbetrag hinaus, BGHZ 151, 374. AGB ist zugleich überraschend iSv **(5)** § 305c I BGB, wenn die Bürgschaft über den Anlass des Sicherungsvertrags hinausgeht (sog. AnlassRspr), zB bei Tilgungsdarlehen, BGHZ 126, 174, über das Limit eines Kontokorrentkredits hinaus (für Kdtisten, nicht für Geschäftsführer oder MehrheitsGfter der Hauptschuldnerin), BGHZ 130, 19 (30); 142, 216. Verstoß gegen das Transparenzgebot **(5)** § 307 I 2 BGB) bei Erstreckung der Bürgschaft auf alle bestehenden Ansprüche gegen den Hauptschuldner, wenn diese nicht näher bezeichnet werden, BGHZ 143, 95. Kinder-, Ehegatten- bzw. Verwandtenbürgschaft und -mitverpflichtung → **(7)** Bankgeschäfte Rn. G/8, G10, G10a–c. Eine einseitige, wenngleich für den Gläubiger erkennbare Erwartung des Bürgen über die Weiterentwicklung des Kreditverhältnisses ist nicht Geschäftsgrundlage der Bürgschaft, BGH NJW 1983, 1850. Wird das Darlehen nachträglich verlängert oder sonst modifiziert, wird der ursprüngliche Darlehensvertrag iZw nicht ersetzt, Grund: Schuldumschaffung ist wegen der damit verbundenen Aufgabe von Sicherheiten (auch Bürgschaft) iZw nicht gewollt, BGH NJW 1999, 3708; 2000, 2580. Bei (iZw anzunehmender) bloßer Vertragsänderung erlischt die Bürgschaft nicht, aber Schutz des Bürgen nach § 767 I 3 BGB; Bürgschaft bleibt also unberührt, soweit sich die Lage des Bürgen nicht verschlechtert, RGZ 126, 289, anders zB bei Änderung der Tilgungsbedingungen, BGH NJW 1980, 2412; 2000, 2580; zu Prolongationskredit BGHZ 142, 220. Die Kreditbürgschaft sichert auch den Gesamtrechtsnachfolger des Kreditgebers, der das Kreditverhältnis fortsetzt (Vereinigung zweier Sparkassen), BGHZ 77, 167; nicht aber ohne Weiteres den rechtsgeschäftlichen Nachfolger (Grund: §§ 401, 766 BGB), BGHZ 26, 142. Avalkreditvertrag (→ **(7)** Bankgeschäfte Rn. G27) zwischen Hauptschuldner und Bank ist idR kein Bürgschaftsvertrag zugunsten des Gläubigers (§ 328 BGB), BGH WM 1984, 786. Formularmäßiges Hinausschieben des Forderungsübergangs (§ 774 BGB) bis zur Befriedigung aller Ansprüche der Bank gegen Hauptschuldner ist wirksam, wenn Bürgschaft auch diese sichert, Bürgenzahlungen sind solange nur Sicherheitsleistung, BGHZ 92, 374; BGH NJW 2001, 2330. Unwirksam ist formularmäßiger Verzicht des Kreditbürgen gegenüber Bank auf die Einrede der Aufrechenbarkeit (§ 770 II BGB) bei unbestrittener oder rechtskräftig festgestellter Gegenforderung, BGHZ 153, 293; anders noch BGHZ 95, 350, entsprechend wohl für Einrede der Anfechtbarkeit (§ 770 I BGB); für Einrede der Aufrechenbarkeit

§ 349 5, 6　　　　　　　　　　　　　　　　　　　　　4. Buch. Handelsgeschäfte

genügt es, wenn nur der Gläubiger (nicht mehr der Hauptschuldner) aufrechnen kann, BGHZ 153, 301. Einwand der (bereits erfolgten) Aufrechnung bleibt immer möglich, BGH NJW 2002, 2867. Unwirksam sind Klauseln über Beseitigung der Akzessorietät, zB Haftung trotz erfolgter Anfechtung des Hauptschuldners, BGHZ 95, 350, über generellen Ausschluss der Einreden aus § 768 BGB, BGHZ 147, 99; BGH WM 2009, 643; NJW 2009, 3422, über generellen Verzicht auf die Rechte aus § 776 BGB, BGHZ 144, 52; BGH NJW 2000, 2580; 2002, 295, zu § 776 BGB BGH NJW 2013, 2508; G. Müller WM 2014, 869; Derleder NJW 2015, 817. Bürgschaft für Kontokorrentschuld → § 356 Rn. 3. Kreditbürgschaft sichert nicht Forderungen, die die Bank nach Eröffnung des Insolvenzverfahrens über das Vermögen des Schuldners von Dritten erwirbt, BGH NJW 1979, 2040; kann aber (etwa bei fehlender Risikoerhöhung oder bei Eigeninteresse des Bürgen) auch ohne ausdrückliche Vereinbarung den Bereicherungsanspruch bei Nichtigkeit der Darlehensschuld (→ **(7)** Bankgeschäfte Rn. G11) umfassen, Auslegungsfrage, BGH NJW 1980, 1157; 1987, 2077; 1992, 1235; 2001, 1860: anders idR bei reiner Gefälligkeitsbürgschaft, OLG Hamm NJW 1987, 2521. AGBVerpflichtung des Bürgen zur Leistung von Sicherheiten ist unwirksam (Personalsicherheit, → **(7)** Bankgeschäfte Rn. H1), BGHZ 92, 295. Klausel über Fälligkeit der Bürgschaft erst nach Zahlungsaufforderung der Bank ist wirksam, BGH NJW 2013, 1803 mAnm. Peters NJW 2013, 2942. Eine auf unbestimmte Zeit eingegangene Bürgschaft ist kündbar, nach Ablauf eines gewissen Zeitraums oder gemäß § 314 BGB aus (besonders) wichtigem Grund, aber idR nur unter angemessener Frist, BGH NJW 1985, 3008, zB wenn Gfter-Bürge aus Ges. ausscheidet, BGH NJW 1986, 252. Störung der Geschäftsgrundlage (§ 313 BGB) nur in seltenen Ausnahmefällen BGH NJW 1987, 1629. Zulässige Verjährungsverlängerung, BGH ZIP 2015, 1332. MaBV-Bürgschaft → § 93 Rn. 3. Lit.: über AGBKontrolle bei Bürgschaft Förster WM 2010, 1677; Leuschner/Behme Sicherungsklauseln Rn. 66; Ul/Br/He/Fuchs/Zimmermann (14) Bürgschaftsverträge Rn. 1 ff.; Wo/Li/Pf/H. Schmidt Bürgschaft B 351 ff.

5　　**c) Zeitbürgschaft:** Gewollt ist entweder Endtermin (§ 163 BGB) für Inanspruchnahme des Bürgen (Zeitbürgschaft, § 777 BGB), BGHZ 76, 81; 91, 349, oder unbefristete Bürgschaft für alle bis zum Endtermin entstehenden Forderungen, zB zeitlich begrenzte Kontokorrentkreditbürgschaft, BGH NJW 1988, 908; OLG Hamm NJW 1990, 54. Auslegung als Zeitbürgschaft, OLG Frankfurt a. M. NJW 2012, 2736, gegen Zeitbürgschaft, OLG Brandenburg NJW 2014, 3793. Zeitbürgschaft mit fixem Endtermin unter Abbedingung des § 777 BGB s. BGHZ 99, 288; BGH NJW 1982, 172. Bei Kontokorrentkredit bedeutet Befristung idR gegenständliche Begrenzung, BGH NJW 2004, 2233. Zeitbürgschaft und Insolvenzanfechtung, ZIP 2015, 1217. Lit.: Brändel FS Werner, 1984, 41.

6　　**d) Bürgschaft auf erstes Anfordern:** Klausel „Zahlung auf erstes Anfordern" ist zwar Indiz für Garantie, jedenfalls im Außenhandel (→ Rn. 15–20 sowie → **(7)** Bankgeschäfte Rn. L8), aber auch bei Bürgschaft möglich, BGHZ 74, 244; 95, 387; NJW 1997, 1435; WM 2007, 1609, stRspr, aA Weth AcP 89 (1989), 303, auch zugunsten Dritter (§ 328 BGB), BGH NJW 2003, 2231. Sie kommt vor allem bei der Konzernfinanzierung (Einstehen für Töchter) und im Bankgeschäft (nicht im Inlandsgeschäft mit Verbrauchern) vor. Sicherungsabrede in AGB über Stellung einer Bürgschaft auf erstes Anfordern ist nach **(5)** § 307 BGB auch gegenüber Unternehmern unwirksam, BGHZ 150, 299 (aber für Altfälle uU Vertragsergänzung dahin, dass einfache Bürgschaft geschuldet ist, BGH NJW 2002, 3098 für Vertragserfüllungsbürgschaft bei Bauvertrag, anders BGHZ 147, 99; BGH NJW 2002, 895 für Gewährleistungsbürgschaft). Individualabrede über Bürgschaft auf erstes Anfordern ist dagegen wirksam, BGH NJW 1998, 2280; aber Risikoaufklärung des nicht hinreichend vertrauten Vertragspartners, sonst Haftung nur aus einfacher Bürgschaft, BGHZ 143, 381; BGH NJW 1998, 2280;

ebenso, wenn beiden Parteien die notwendige Rechtskenntnis fehlt. Die Hauptforderung braucht bei Inanspruchnahme des Bürgen nicht schlüssig dargelegt zu werden, BGH NJW 1994, 380. Einwendungen aus dem Hauptschuldverhältnis können (außer bei Missbrauch) erst in einem (idR nicht im Urkundenverfahren zu führenden, BGHZ 148, 283) Rückforderungsprozess (§ 812 BGB, BGH WM 1989, 709; 1989, 1496, für Vertragsanspruch, Hadding/Welter WM 2015, 1545, Beweislastverteilung str.) geltend gemacht werden, BGHZ 140, 49 (überhaupt nicht bei Garantie auf erstes Anfordern, → **(7)** Bankgeschäfte Rn. L15); BGH WM 2007, 1609, zB auch aus Urkunde nicht ersichtlicher, bestrittener Einwand zeitlicher Begrenzung, BGH NJW 1985, 1694, nicht schon im Nachverfahren des Urkundenprozesses, BGH ZIP 1993, 1851. Urkundenbeweis durch Aktenbeiziehung bleibt möglich, BGH NJW 1998, 2280. **Missbrauchseinwand** im Erstprozess ist nur ganz ausnahmsweise möglich, nämlich wenn offensichtlich (dh offen auf der Hand liegend oder zumindest liquide beweisbar) ist, dass der materielle Bürgschaftsfall nicht eingetreten oder die Bürgschaft ohne Rechtsgrund im Verhältnis zwischen Gläubiger und Hauptschuldner begeben worden ist (etwa: Sicherungsabrede ist unwirksam oder verlangt nur einfache Bürgschaft) BGHZ 147, 102; BGH NJW 1996, 717; 1997, 255; 2002, 1493, → **(7)** Bankgeschäfte Rn. L13. Dem Gläubiger obliegt schon im Erstprozess der Nachweis, dass die Bürgschaft nach den vorliegenden Urkunden und den unstreitigen Umständen den geltend gemachten Anspruch sichert; scheitert er mit diesen Beweismitteln, kann Klage aus einfacher Bürgschaft begründet sein, BGH NJW 1999, 2361. Das Recht, Zahlung auf erstes Anfordern zu verlangen, entfällt bei masseloser Insolvenz des Bürgschaftsgläubigers. Grund: kein weiteres Wirtschaften des Gläubigers zu erwarten, BGHZ 151, 236 (aber Aufrechterhaltung als einfache Bürgschaft). **Rückforderung** des Bürgen vom Gläubiger trotz Fehlens der Voraussetzungen für erstes Anfordern nur nach normalem, materiellen Bürgschaftsrecht, ebenso des Hauptschuldners auf Grund der Sicherungsabrede, grundsätzlich auf Rückzahlung an den Bürgen, nach Erstattung auf Zahlung an sich selbst, BGHZ 152, 246; 153, 311; 154, 378. **Lit.:** Arnold, 2008; Kopp, 2008; Graf von Westphalen ZIP 2004, 1433 (AGBKontrolle); Karst NJW 2004, 2059; Nielsen BKR 2004, 491; H. Schmidt RIW 2004, 336 (grenzüberschreitend); G. Fischer WM 2005, 529 (Schutz vor Missbrauch); Oepen NJW 2009, 1110; Kopp WM 2010, 640 (gegen liquide Beweisbarkeit).

e) **Ausfallbürgschaft** (Schadlosbürgschaft), BGH NJW 1989, 1855; 1992, 2629; 2002, 2869; 2012, 1946; OLG München WM 2007, 1786: Der Bürge haftet subsidiär, und zwar nur für den endgültigen Vollstreckungsverlust des Gläubigers. Hier muss der Gläubiger jede Zwangsvollstreckung versuchen; zur Klagebegründung gehört Darlegung des Ausfalls trotz sorgsamer Vollstreckung. Die Ausfallbürgschaft kann sich vertraglich auf die Bürgschaft mit einer bestimmten Sicherheit beschränken. Eine Bürgschaft kann auch in erster Linie eine derartige Ausfallbürgschaft sein, im Übrigen eine gewöhnliche oder gar selbstschuldnerische. Ausgleichsanspruch des Ausfallbürgen gegen den Regelbürgen, BGH NJW 2012, 1946. Kreditversicherung → Rn. 18.

f) **Rückbürgschaft:** Sie soll den Bürgen für den Fall sichern, dass er Gläubiger des Hauptschuldners wird, also einstehen muss, BGHZ 73, 94; 95, 379, zum Umfang OLG Frankfurt a. M. WM 2012, 544. Sie ist eine gewöhnliche bedingte Bürgschaft. Die Hauptschuld des Schuldners an den Gläubiger berührt den Rückbürgen nicht; ebenso wenig die Person des Gläubigers. Dem Rückbürgen steht die Einrede der Vorausklage gegen den Hauptschuldner zu, RG Recht 1915 Beil. 308.

g) **Nachbürgschaft,** dh eine für den Bürgen geleistete Bürgschaft. Sie verlangt einen Vertrag zwischen Gläubiger und Nachbürgen; sie hängt vom Bestand der Hauptschuld ab; außerdem natürlich vom Bestand der Vorbürgschaft. Der

Nachbürge hat auch die Einreden des Vorbürgen. Leistet der Nachbürge, so gehen entspr. § 774 I BGB die Rechte des Gläubigers auf ihn über, nicht nur gegen den Hauptschuldner (so RGZ 83, 343), sondern auch gegen den Vorbürgen (BGHZ 73, 97).

10 h) **Mitbürgschaft** mehrerer, §§ 769, 774 II, 426 BGB, BGHZ 83, 206; 85, 185; BGH NJW 1984, 482; 1987, 374; 2000, 1034; OLG Frankfurt a. M. ZIP 2015, 920 (Ausgleich).

11 C. **Kreditauftrag:** Ein Kreditauftrag ist der Auftrag (§ 662 BGB), einem Dritten im eigenen Namen und auf eigene Rechnung ein Darlehen oder eine Finanzierungshilfe zu gewähren, § 778 BGB. Für Abgrenzung von Kreditbürgschaft (Schriftform, außer nach § 350) ist maßgeblich, ob vertraglich ein eigenes Interesse des Auftraggebers an der Kreditgewährung gegeben ist, BGHZ 56, 890; dann formlos gültig. Nach der Kreditgewährung haftet der Auftraggeber für die Verbindlichkeit des Dritten wie ein Bürge (§ 778 BGB); Einrede der Vorausklage (außer nach § 349); BGH WM 1984, 423.

3) Wegfall der Einrede der Vorausklage

12 § 349 gilt nur für den Kfm.; der Kfm. als solcher haftet stets selbstschuldnerisch. Begriff des HdlGeschäfts s. § 343; die Vermutung des § 344 gilt. Maßgebender Zeitpunkt ist die Übernahme der Bürgschaft, beim Kreditauftrag die Erteilung des Auftrags. Die schon begründete Einrede der Vorausklage geht nicht durch späteren Erwerb der KfmEigenschaft verloren; Verlust der KfmEigenschaft gibt die Einrede nicht. § 349 gilt auch für den Kfm. kraft Eintragung (§ 5) und den RechtsscheinKfm (→ § 5 Rn. 9–17), OLG Hamburg JW 1927, 1109, str. § 349 ist nachgiebig, die selbstschuldnerische Haftung lässt sich abbedingen. Beweislast für die Eigenschaft als Kfm. → § 1 Rn. 25.

4) Verwandte Rechtsfiguren

13 A. **Mithaftung als Vertragsteil:** Bei Mithaftung als Vertragsteil besteht eine eigene Hauptschuld, so etwa wenn Eheleute zusammen kaufen. Zur Mitbestellerklausel in AGB s. (5) §§ 307, 309 Nr. 11 BGB, Ul/Br/He/Habersack BGB § 309 Nr. 11, auch unter Unternehmern, Ul/Br/He/Habersack BGB § 309 Nr. 11 Rn. 15; Ehegatten- bzw. Verwandtenmithaftungsklauseln bei Kreditverträgen → (7) Bankgeschäfte Rn. G/8, G10, G10a–c. Zur zulässigen Delkrederehaftung § 86b.

14 B. **Schuld(mit)übernahme:** Die Schuld(mit)übernahme kommt in zwei Formen vor:

a) **befreiende** Schuldübernahme, sie allein regelt das BGB in §§ 414 ff. BGB; bei ihr tritt der Schuldübernehmer an die Stelle des Schuldners;

b) zusätzliche **(kumulative)** Schuldübernahme oder Schuldbeitritt; bei ihr tritt der Übernehmer neben den Schuldner als zweiter Schuldner. In beiden Fällen wird der Übernehmer formfrei Hauptschuldner, nicht Bürge. Schuldbeitritt ist nur bei unmittelbar eigenem wirtschaftlichem Interesse anzunehmen, sonst liegt iZw Bürgschaft vor, BGH WM 1980, 1286 (Schuldbeitritt des geschäftsführenden Gfter der insolvenzreifen GmbH). Umdeutung nichtigen Schuldbeitritts in selbstschuldnerische Bürgschaft (§ 140 BGB), BGH NJW 2008, 1070.

15 C. **Garantien und garantieähnliche Formen: a) Garantie nach § 443 BGB:** Im Zusammenhang mit einem Kaufvertrag stehende Garantien sind in § 443 BGB idF VerbrRechteRiUmsetzG 20.9.2013 geregelt, dazu Picht NJW 2014, 2609. § 443 I BGB enthält eine Definition der diesbezüglichen Garantie des Verkäufers, des Herstellers (so ausdrücklich nF) oder eines sonstigen Dritten, nämlich Garantie für Beschaffenheit oder andere die Mängelfreiheit betreffende Anforderungen, die in der Erklärung oder einschlägigen Werbung beschrieben sind. Eine Definition der Haltbarkeitsgarantie findet sich in § 443 II BGB. Die Garantie aus § 443 BGB wurde früher auch im Gegensatz zur nicht mit einem Kauf im Zusammenhang stehenden, selbständigen Garantie (→ Rn. 16) auch als **unselbstständige** (dh die gesetzliche Mängelhaftung ergänzende) **Garantie** bezeichnet. § 443 nF BGB ist als „Garantie" (nicht mehr: Beschaffenheits- und Haltbarkeitsgarantie) überschrieben, weil die Richtlinie von „gewerblicher Garantie" spricht. Der Begriff Garantie wird auch in §§ 276 I 1, 442 I 2, 444 (Haftungsausschluss → Rn. 20) und 445 BGB verwendet, identische Begriffswahl ist möglich (RegE). Vgl. auch § 639 BGB.

(1) Eine **Beschaffenheitsgarantie (§ 443 I Alt. 1 BGB),** zumindest wie Eigenschaftszusicherung nach altem Recht, BGH NJW 2007, 1346, erweitert die gesetzliche Haftung für Sachmängel (§ 433 I 2 BGB) im Zeitpunkt des Gefahrübergangs, indem zusätzliche Ansprüche eingeräumt werden. Abgrenzung zur Beschaffenheitsangabe s. BGH NJW 2007, 1346 mAnm. Gutzeit. Bei abweichender Beschaffenheit der Kaufsache (des Werks) trifft ihn dann, „soweit" die Garantie reicht (klarstellend §§ 444, 639 BGB, wichtig für Unternehmenskauf, → Einl v § 1 Rn. 46b) eine verschuldensunabhängige Einstandspflicht (insbesondere Erstattung des Kaufpreises, Austausch oder Nachbesserung der Ware sowie Erbringen von Dienstleistungen im Zusammenhang mit der Ware; auch Leistung von Schadensersatz). (2) Eine **Garantie für andere als die Mängelfreiheit betreffende Anforderungen (§ 443 I Alt. 2 BGB)** bezieht sich auf den Eintritt oder Nichteintritt von außerhalb der Eigenschaft der Sache liegenden Umständen, zB Übernahme einer Garantie für zukünftige Umstände, etwa bei Grundstückskauf zukünftiger Erlass eines Bebauungsplans (RegE). (3) Eine **Haltbarkeitsgarantie (§ 443 II BGB)** bezieht sich darauf, dass die Sache für eine bestimmte Dauer eine bestimmte Beschaffenheit behält. Sie sichert den Käufer gegen Sachmängel, die innerhalb dieser Frist auftreten, unabhängig davon, ob der Mangel schon bei Gefahrübergang vorhanden war.

Beschaffenheits-, Anforderungs- und Haltbarkeitsgarantien lassen die gesetzlichen Rechte des Käufers unberührt (§ 443 I BGB aE: „unbeschadet der gesetzlichen Ansprüche"). Positiv ist der **Garantieinhalt** dagegen gesetzlich **nicht festgelegt,** sondern **frei vereinbar** und ggf. durch Auslegung der Erklärung zu ermitteln (besonders wichtig für Unternehmenskauf, → Einl v § 1 Rn. 46 ff.). Der Garantiegeber (Verkäufer, Hersteller oder Dritter, etwa Importeur oder Großhändler) kann (in der Garantieerklärung oder einer einschlägigen Werbung, die vor oder bei Abschluss des Kaufvertrags verfügbar war, § 443 I BGB) also den Umfang der Garantie (zB erfasste Teile und Beschaffenheitsmerkmale, Beginn und Dauer der Garantiefrist) und die Rechtsfolgen bestimmen (zB nur Ersatzlieferung oder Nachlieferung, Haftungshöchstbetrag), BGH NJW 2007, 1346. Garantiefrist und Verjährung → § 377 Rn. 60. Zulässig sind zB Garantiehöchstgrenzen, zB caps bei M&A (→ Einl v § 1 Rn. 44), und Freigrenzen, zB de minimis-Klauseln, S. Lorenz NJW 2005, 1895. „Nach bestem Wissen" (oä), aber ins Blaue abgegebene Garantie kann arglistige Täuschung sein (§ 123 BGB), mit der Folge, dass bei Anfechtung des Kaufvertrags durch Käufer auch Haftungsbegrenzungen des Verkäufers entfallen; BGH NJW 1980, 2460 (Grundstückskauf); krit. Weyland NZG 2022, 103 (Unternehmenskauf; nur bei Erkundigungspflicht oder Vertragszweckgefährdung). § 443 II BGB regelt eine wichtige, mit der Haltbarkeitsgarantie verbundene Beweislastfrage mit der Vermutung, dass ein während ihrer Geltungsdauer auftretender Sachmangel die Rechte aus der Garantie auslöst. Sonderbestimmungen gelten für Garantien beim Verbrauchsgüterkauf (§ 477 BGB, → Rn. 20), BGH NJW 2011, 2653.

b) Selbständiger Garantievertrag: Nicht gesetzlich geregelt, aber nach § 311 I BGB ohne Weiteres und formlos möglich ist ein nicht im Zusammenhang mit einem Kauf stehender, selbständiger Garantievertrag, durch den sich

§ 349 17, 18   4. Buch. Handelsgeschäfte

jemand verpflichtet, für den Eintritt eines bestimmten Erfolges einzustehen oder die Gefahr eines künftigen Schadens zu übernehmen, BGH NJW 1985, 2941; 1999, 1543; OLG Frankfurt a. M. NJW 2007, 1467 (Verhandlungserfolg, abl.). Eine solche Garantie begründet einen eigenständigen Anspruch ohne Rücksicht auf das Bestehen einer Hauptverbindlichkeit, BGHZ 165, 24; BGH WM 1982, 632; NJW 1999, 1542. Der Garant schuldet nicht Erfüllung wie bei Bürgschaft, sondern nur Schadloshaltung, wenn der Erfolg nicht eintritt (fehlende Akzessorietät). Abgrenzung erfolgt durch Auslegung. Wortlaut der Erklärung ist nicht unbedingt entscheidend, doch ist dabei Grad des Geschäftsgewandtheit wichtig. Eigeninteresse am Erfolg spricht für Garantie, doch hilft dieses Kriterium im HdlVerkehr wenig, zB bei „Bankgarantie", BGH WM 1982, 1324. Wegen § 766 BGB (Form; aber § 350) und strengerer Verpflichtung ist iZw nur Bürgschaft anzunehmen (statt Garantie, Schuldbeitritt), BGH WM 1975, 348; 1985, 1417. Je nach vertraglicher Bestimmung des Garantiefalls kann eine gewisse Abhängigkeit des Garantieanspruchs von der gesicherten Forderung bestehen, zB keine Doppelzahlung, BGHZ 165, 24. Das Garantieverhältnis (Gegensatz: Ansprüche daraus) unterliegt nicht der Verjährung (Dauerschuldverhältnis), BGH WM 2008, 2066 (40 Jahre). Managementgarantie (M&A), Seibt/Wunsch ZIP 2008, 1093. Naturalherstellung bei Garantie, Bilanzgarantie beim Unternehmenskauf → Einl v § 1 Rn. 46d.

17   c) Im Handelsverkehr vorkommende Garantien und garantieähnliche Formen:
      Herstellergarantie, Drittgarantie: Der Regelfall einer Garantie im Zusammenhang mit einem Kauf ist die Verkäufergarantie, die dann Teil des Kaufvertrags ist (§ 443 BGB, auch unselbstständige Garantie genannt, → Rn. 15), Abschluss BGH ZIP 2013, 1480. Neben oder statt der Garantie des Verkäufers kommt auch eine Herstellergarantie vor, die inzwischen auch ausdrücklich in § 443 BGB angesprochen und geregelt ist (→ Rn. 15). Sie ist möglich als Vertrag zwischen Hersteller und Großhändler zugunsten Dritter (Endabnehmer, insbesondere Verbraucher), BGHZ 75, 75, in der Praxis auch als **Garantiekarte,** Bader NJW 1976, 209; aber auch unmittelbar zwischen Hersteller und Endabnehmer, so zB wenn der Verkäufer als Vertreter oder Bote des Herstellers Garantiekarte aushändigt (§ 151 S. 1 BGB), BGHZ 78, 369; 93, 46; 104, 82; zweifelnd BGH ZIP 2013, 1481. Auch am Vertrieb der Sache beteiligte oder interessierte Dritte (so ausdrücklich § 443 BGB, RegE), zB Importeur, KonzernGes oder Versicherer (auch → Rn. 18), können Garantiegeber sein. Werbung als solche ist zwar außer bei klarer Bindungszusage (§§ 133, 157 BGB, vgl. OLG Zweibrücken NJW-RR 2011, 1074) kein Garantieversprechen, BGH NJW 2011, 2653, aus ihr können sich aber die Garantiebedingungen ergeben (§ 443 I BGB: „einschlägige Werbung, die vor oder bei Abschluss des Kaufvertrags verfügbar war"). Herstellergarantie ist ihrem Inhalt nach häufig Haltbarkeitsgarantie (Definition in § 443 II BGB, → Rn. 15). Soweit eine Haltbarkeitsgarantie übernommen worden ist, wird vermutet, dass ein während ihrer Geltungsdauer auftretender Sachmangel die Rechte aus der Garantie begründet (§ 443 II BGB). Bei Beschränkung auf Reparatur nur bei „Vertragsunternehmen" haftet der Hersteller selbst, aber er kann sich dafür seiner Vertragsunternehmen bedienen, BGHZ 78, 369. **Mängelrechte** aus § 437 BGB bleiben unberührt (§ 443 I BGB „unbeschadet der gesetzlichen Ansprüche"). Herstellergarantie als Beschaffenheitsmerkmal iSv § 434 BGB, BGH NJW 2016, 2874 (zu § 434 I BGB aF). Garantiefrist und Verjährung → § 377 Rn. 60. **Lit.:** Hammen NJW 2003, 2588.

18   **Bilanzgarantie:** beim Unternehmenskauf OLG Frankfurt a. M. WM 2016, 1691 mAnm. Wächter BB 2016, 711 ua (→ Einl v § 1 Rn. 46a).
      Delkrederehaftung: HdlVertreter s. § 86b; Kommissionär s. § 394; jeweils str., ob Bürgschaft (üL) oder Garantie. Garantie ist die Zusage des Vermittlers

eines Warentermingeschäfts, für Verluste gerade zu stehen, OLG Hamm WM 1991, 521.
Kreditversicherung: Versicherungsvertrag, der den Versicherungsnehmer gegen Ausfall mit einer Forderung (zB Zahlungsunfähigkeit) sichert. Zu unterscheiden von Ausfallgarantie und Ausfallbürgschaft (→ Rn. 7).
Bankgarantie: → **(7)** Bankgeschäfte Rn. L1. Sie entspricht weitgehend dem **19** Akkreditiv, → **(7)** Bankgeschäfte Rn. K1. **Standby letter of credit** → **(7)** Bankgeschäfte Rn. K1, → **(11)** ERA Einl v Art. 1 Rn. 1.
Ferner **(Bankkunden- bzw. Giro-)Karte** → **(7)** Bankgeschäfte Rn. F1, **Geldkarte** → **(7)** Bankgeschäfte Rn. F13, **Kreditkarte** → **(7)** Bankgeschäfte Rn. F32; frühere **ec-Karte** hier 30. Aufl. **(7)** Bankgeschäfte Rn. F1.
Keine Garantie, sondern nur freiwillige Prüfung bei Börsengang **(comfort letters),** IDW PS 910, Ebke/Siegel WM Sonderbeil. 2/2001 (BRD/US); Meyer WM 2003, 1745; Ha/Mü/Schl/Kunold § 34; auch → § 316 Rn. 5 und **(15a)** WpPG § 20. Freiwillige Prüfung von **Patronatserklärungen,** IDW RH HFA 1013.

d) Unwirksame Garantieklauseln: s. **(5)** §§ 307, 309 Nr. 8b BGB, Ul/Br/ **20** He/Christensen (19) Garantie Rn. 1 ff.; Tonner NJW 1984, 1730; Bydlinski JZ 2008, 309; Aberling ZGS 2010, 66. Freizeichnung des Verkäufers von Garantie (§ 443 BGB) ist beim Verbrauchsgüterkauf (§§ 474 ff. BGB generell unwirksam (§ 475 I 1 BGB, Sonderbestimmungen für Garantien § 477 BGB), zudem ggf. Vorrang einer Individualabrede (s. **(5)** § 305b BGB). Der Garantiegeber kann aber seine Einstandspflicht inhaltlich frei festlegen, also insbesondere summenmäßig auch beschränken, § 444 BGB steht insoweit nicht entgegen (§ 444 Hs. 2: „soweit"). Freiwillige Herstellergarantien sind nach **(5)** § 307 BGB unwirksam, soweit der Käufer sie als Beschränkung der Mängelhaftung des Verkäufers verstehen kann, BGHZ 104, 82; vgl. Leitbild des § 443 BGB: Rechte aus der Garantie „unbeschadet der gesetzlichen Ansprüche"; beim Verbrauchsgüterkauf auch individualvertraglich unabdingbar (§§ 475 I 1, 477 I 2 Nr. 1, III BGB); Garantie bleibt im Übrigen wirksam (§ 477 III BGB). Nicht „ausdrücklich" iSv **(5)** § 309 Nr. 8b bb BGB ist Hinweis am Ende der Garantiebedingungen des Verkäufers, die gesetzlichen Mängelansprüche „werden nicht berührt", BGHZ 79, 117. Klauseln zur Absicherung vergangenen Verhaltens sind mangels Druckfunktion keine Vertragsstrafen, sondern Garantie: Strafklausel in Höhe von 3 % der Angebotssumme bei Teilnahme an Submissionskartell ist aber nach **(5)** § 307 BGB unwirksame, weil schadensunabhängige und uU zu Bereicherung des Verwenders führende Garantie, BGHZ 105, 24: Schadenspauschalierung in derselben Höhe ist dagegen wirksam, wenn Nachweis eines geringeren Schadens nicht abgeschnitten wird, BGHZ 131, 356 (zum Schaden BGH NJW 1992, 921, zu § 263 StGB).

D. **Wechselbürgschaft (Aval):** Diese ist die durch Mitübernahme einer **21** Wechselschuld „als Bürge" übernommene Verpflichtung, Art. 30–32 WG; entspr. die **Scheckbürgschaft,** Art. 25 ff. ScheckG. Beide „Bürgschaften" begründen eine selbstständige abstrakte Wechsel- oder Scheckhaftung; § 765 ff. BGB gelten nicht. Eine durch Indossament übernommene Bürgschaft ist dagegen eine solche nach BGB.

E. **Patronatserklärungen:** Das sind je nach Ausgestaltung nur wirtschaftlich **22** (→ Einl v § 343 Rn. 5) oder auch rechtlich verbindliche Erklärungen idR einer MutterGes, für Verbindlichkeiten ihrer TochterGes einzustehen, sei es intern gegenüber der Tochter (Verlustdeckungszusage, Verlustübernahmeerklärung) oder extern gegenüber einem Gläubiger der Tochter (ohne Anspruch der Tochter), sei es als eigene Erfüllungs- oder nur indirekt als Ausstattungs- oder nur subsidiär als Ausfallzusage, BGH WM 2011, 1085; zu Begriff und Rspr. Gehrlein GmbHR 2022, 117. **Harte** (Ausstattungs-)Patronatserklärung ist rechtsverbindlich und einklagbar und führt bei Insolvenz zur Haftung des Patrons neben, nicht nur nach dem Schuldner (§ 43 InsO), BGHZ 117, 127. Bsp. für harte Patronatserklärung BGH WM 2017, 326 (Insolvenzanfechtung); OLG Düsseldorf WM 2011, 601, dafür spricht, dass die Verpflichtung als „Sicherheit" übernommen wird. Harte Finanzierungszusage geht auf Sorge für Zahlungsfähigkeit, nicht ohne Weiteres auch Zahlungswilligkeit, OLG Düsseldorf WM 1989, 1642. Die Ausstattungszusage des Patrons ist idR nicht als Pflicht zur Direktausstattung aufzufassen, vielmehr Wahl des Patrons, wie ausgestattet wird. Rechtlich handelt es sich um einen Vertrag sui generis. Die übliche Revocatoria-Klausel besagt, dass dem Begünstigten die empfangenen Zahlungen „unter allen Umständen" endgültig verbleiben, also Absicherung auch gegen Insolvenzanfechtung, Wittig WM 2003, 1985. Kündigung jedenfalls bei entsprechender Vereinbarung, BGH NJW 2010, 3442 mAnm. Blum NZG 2010, 1331 (stillschweigend); BGH WM 2017, 326 Rn. 9. Bspe für harte Patronatserklärungen BGH NJW 2010, BGHZ 144, 3443; BAG ZIP 2011, 195; OLG Stuttgart WM 1985, 455; OLG Düsseldorf NJW-RR 1989, 1116; OLG München ZIP 2004, 2102; LG München I WM 1998, 1285 (aber § 138 BGB, **(5)** § 307 BGB; OLG München WM 1999, 686). **„Weiche"** Patronatserklärung ohne rechtlich durchsetzbare Zusage folgt nicht schon aus Nichtbilanzierung nach § 251 und schließt Vertrauenshaftung bzw. Ansprüche nach §§ 280, 311 II BGB aus Verschulden bei Vertragsverhandlungen nicht aus, missverständlich OLG Karlsruhe WM 1992, 2088. Bsp. für weiche Patronatserklärung OLG Frankfurt a. M. ZIP 2007, 2316 (Zusicherung einer bestimmten Geschäftspolitik). Muster s. Gerth AG 1984, 95. Volle Einstandshaftung bei Patronatserklärungen und **Interzessionsversprechen,** zB Wechsel- und Scheckeinlösungszusagen, ist nur im kfm. und beruflichen Verkehr, nicht seitens eines Verbrauchers anzuerkennen, Hopt AcP 183 (1983), 701. **Finanzierungsbestätigungen** können bloße Auskunft, OLG Brandenburg WM 2003, 1465, oder eigenes abstraktes Schuldversprechen sein; Lauer WM 1985, 705; vgl. Scheck(einlösungs)bestätigung → **(7)** Bankgeschäfte Rn. E/8. Verlustdeckungszusage des Gfter gegenüber Ges., BGH ZIP 2006, 1199 mAnm. Wolf ZIP 2006, 1885. **Letter of Intent** → Einl v § 1 Rn. 44. **Gewinnzusagen** begründen einseitig Anspruch des Verbrauchers auf den Preis gegen den Unternehmer (§ 661a BGB), BGHZ 153, 82; 165, 172 (international); BGH NJW 2004, 1652; 2004, 3555, nicht gegen dessen Organvertreter, BGH NJW 2004, 3039; S. Lorenz NJW 2006, 472; Meller-Hannich NJW 2006, 2516. **Lit.:** Koch, Patronatserklärung, 2005; BankrechtsHdb/Merkel/Richrath § 77 Rn. 4; Fischer FS Lwowski, 2014, 177 (Insolvenz); Fleischer ZHR 163 (1999), 461 (konzernrechtliche Vertrauenshaftung); Harnos ZIP 2017, 1149 (Insolvenz); Maier-Reimer/Etzbach NJW 2011, 1110; Raeschke-Kessler/Christopeit NZG 2010, 1361 (Sanierung); Saenger/Merkelbach WM 2007, 2309 (weiche Patronatserklärung); Wolf IPRax 2000, 477 (IPR); **Muster:** Hopt/Merkt, VertrForm, Form III. K.1–2 (weiche und harte Patronatserklärung), Rangrücktrittserklärung, Besserungsvereinbarung), Wittig WM 2003, 1987.

5) Internationaler Verkehr

23 Das auf die Bürgschaft anwendbare Recht **(Bürgschaftsstatut)** kann gewählt werden (freie Rechtswahl, Art. 3 Rom I-VO), ausdrücklich oder auch stillschweigend, BGH NJW 1977, 1011. Ohne solche Wahl gilt das Recht des Orts der charakteristischen Leistung, also der gewerblichen Niederlassung des Bürgen (Geschäftssitz, Art. 4 I, II Rom I-VO), BGHZ 121, 228; OLG Frankfurt a. M. RIW 1995, 1033; OLG Saarbrücken WM 1998, 2465; Reithmann/Martiny/Martiny Rn. 16.4; aA Erfüllungsort des Bürgen. Unmaßgeblich ist das Recht der Hauptschuld, hL. Nach der Gesamtheit der Umstände kann Bürgschaft aber engere Verbindung mit einem anderen Staat aufweisen (Art. 4 III Rom I-VO), so bei besonders engem Zusammenhang der Bürgschaft mit anderen Geschäften,

1. Abschnitt. Allgemeine Vorschriften   1–3   § 350

zB mit einem GesVertrag, Reithmann/Martiny/Martiny Rn. 16.5. Das Gesagte gilt auch für die Garantie (**Garantiestatut**), BGH RIW 1995, 1027; OLG Frankfurt a. M. WM 1984, 1021; OLG Saarbrücken ZIP 2001, 1318. Anwendbar ist also das Recht der gewerblichen Niederlassung des Garanten, BGH NJW 1996, 2569, bei der Bankgarantie der Bank, OLG Frankfurt a. M. WM 1984, 1021, bei der Rückgarantie (→ **(7)** Bankgeschäfte Rn. L36) der diese abgebenden (Erst)Bank, OLG Köln RIW 1992, 145. Dasselbe gilt für die **Patronatserklärung**, also Recht der gewerblichen Niederlassung der diese abgebenden Mutter-Ges. Lit.: Reithmann/Martiny/Martiny Rn. 16.1, 16.18, 16.40 (Bürgschafs-, Garantie-, Patronatserklärungsstatut).

[Formfreiheit]

350 Auf eine Bürgschaft, ein Schuldversprechen oder ein Schuldanerkenntnis finden, sofern die Bürgschaft auf der Seite des Bürgen, das Versprechen oder das Anerkenntnis auf der Seite des Schuldners ein Handelsgeschäft ist, die Formvorschriften des § 766 Satz 1 und 2, des § 780 und des § 781 Satz 1 und 2 des Bürgerlichen Gesetzbuchs keine Anwendung.

1) Übersicht

A. **Grundsätzliche Formfreiheit:** Grundsätzlich sind Rechtsgeschäfte formfrei; das gilt für bürgerliches Recht und HdlRecht gleichermaßen. Wo das bürgerliche Recht eine Form vorschreibt, gilt sie auch für das HdlRecht, soweit nicht § 350 eine Ausnahme enthält. 1

B. **Formbedürftigkeit nach BGB:** Eine solche liegt, abgesehen von den in § 350 erwähnten Geschäften, namentlich in folgenden Fällen vor: 2

a) Notarielle Beurkundung für die vertragliche Verpflichtung zur **Übereignung oder** zum **Erwerb eines Grundstücks** (§ 311b I BGB). Auflassung und Eintragung im Grundbuch heilen. Die Erklärungen des Veräußerers und des Erwerbers bedürfen der Beurkundung, BGHZ 82, 404; auch Treuhandvertrag bei Bauherrenmodell (einheitliches Rechtsgeschäft), BGHZ 101, 397. Formfrei ist Vollmacht, soweit nicht bereits rechtliche oder tatsächliche Bindung hinsichtlich Veräußerung oder Erwerb eintritt, wie immer bei unwiderruflicher Vollmacht, BGH LM BGB § 167 Nr. 18. Auftrag zum Grundstückserwerb ist idR formbedürftig, zwar nicht wegen der Herausgabepflicht des Beauftragten nach § 667 BGB (die auf Gesetz, nicht Vertrag beruht, BGHZ 127, 170), aber wegen der Erwerbspflicht für den Beauftragten (und uU auch für den Auftraggeber), BGHZ 127, 175. Aufhebung des Vertrags ist formfrei vor Vollzug oder Entstehung eines Anwartschaftsrechts.

Weitere Fälle: 3

b) Notarielle Beurkundung für die vertragliche Verpflichtung zur vollen oder bruchteilsweisen **Übertragung des gegenwärtigen Vermögens** (§ 311b III BGB), zB anwendbar beim Liquidationsvertrag, dh der Vermögensübertragung zur Abwendung der Insolvenz.

c) Notarielle Beurkundung für ein **Schenkungsversprechen** (§ 518 BGB). Erfüllung heilt. Schulderlass ist formlos, weil er bereits Erfüllung ist. Annahme formlos.

d) Schriftlichkeit für **Mietverträge** über Wohnraum, andere Räume und Grundstücke auf mehr als ein Jahr (§§ 550, 578 BGB). Ohne schriftlichen Abschluss gilt der Vertrag als auf unbestimmte Zeit geschlossen. § 550 BGB gilt (über §§ 581 II, 578 BGB) auch für den Pachtvertrag; für den Landpachtvertrag gilt § 585a BGB.

e) Schriftlichkeit für Versprechen einer **Leibrente** (§ 761 BGB);

Leyens   1697

§ 350 4–6

f) Schriftliche Abtretungserklärung (oder Eintragung der Abtretung im Grundbuch) und Übergabe des Hypothekenbriefs für Abtretung einer **Hypothekenforderung** oder Übertragung einer **Grundschuld** (§§ 1154, 1155, 1192 BGB);

g) Schriftform für die Erklärung der Übertragung einer **Anweisung** (§ 792 BGB, → § 363 Rn. 3).

2) Die Fälle des § 350 nach BGB

4 A. **Schriftform:** Der Schriftform (§ 126 BGB, elektronische Form nach § 126a BGB ist für Bürgschaft, Schuldversprechen und Schuldanerkenntnis ausgeschlossen, §§ 766 S. 2, 780 S. 2, 781 S. 2; Textform nach § 126b BGB ist weniger als Schriftform) bedürfen nach BGB:

a) Bürgschaftserklärung (§ 766 BGB);

b) Schuldversprechen (§ 780 BGB). Es ist ein abstrakter (vom Schuldgrund losgelöster, allein auf den im Versprechen zum Ausdruck gekommenen Leistungswillen abstellender) Vertrag, der eine beliebige Leistung verspricht, BGH NJW 2008, 1589, Auslegung einer Finanzierungsbestätigung, OLG Brandenburg WM 2007, 1878;

c) Schuldanerkenntnis (§ 781 BGB). Es ist ein abstrakter Vertrag, durch den jemand das Bestehen eines beliebigen Schuldverhältnisses anerkennt. Also geht das Schuldverhältnis beim Schuldanerkenntnis dem Vertrag voraus, beim Schuldversprechen entsteht es gleichzeitig, dies ohne praktischen Unterschied. Die Formvorschriften der §§ 780, 781 BGB dienen der Rechtssicherheit durch Schaffung klarer Beweisverhältnisse, nicht dem Übereilungsschutz, Schuldbeitritt zu konstitutivem Schuldanerkenntnis ist deshalb nicht nach § 781 BGB formgebunden, BGHZ 121, 1. Einschränkungen für AGB s. **(5)** §§ 307, 309 Nr. 13 BGB (str.). Kausales Schuldanerkenntnis → Rn. 6.

5 B. **Abrechnung, Vergleich:** Werden Schuldversprechen oder Schuldanerkenntnis auf Grund einer Abrechnung oder durch Vergleich erteilt, so bedürfen sie nie der Schriftform, § 782 BGB. Vergleich s. § 779 BGB. Abrechnung setzt im Gegensatz zum Vergleich kein gegenseitiges Nachgeben voraus, sondern im Gegenteil eine unstreitige klare Sach- und Rechtslage. Auch sie ist ein Vertrag, RGZ 95, 20, und hat, wie das Schuldanerkenntnis, dessen Grundlage sie bildet, den Zweck, die Rechtsbeziehungen zu vereinfachen: das Ergebnis der Abrechnung wird als richtig anerkannt. Ein Schuldanerkenntnis liegt dann vor, wenn Leistung auf Grund dieser Abrechnung unabhängig vom Schuldgrund versprochen ist (also die vertraglich als richtig bezeichnete Abrechnung ist noch nicht allein ein Schuldanerkenntnis oder Schuldversprechen). Anerkenntnis mit ausdrücklichen Worten unnötig, RGZ 71, 103. Über Abrechnung vom Kontokorrent s. §§ 355–357.

6 C. **Ähnliche Rechtsfiguren: Zahlungszusage** kann auszulegen sein als deklaratorisches (nicht geregelt, anlassbezogen, Einwendungsausschluss), abstraktes (§ 781 BGB, Begründung neuer Forderung, aber Bereicherungseinrede aus § 812 II BGB, Beweislast dafür beim Schuldner) oder tatsächliches Schuldanerkenntnis (Beweismittel), Lotz NJW 2022, 1705; **Geständnis,** Erklärung über Tatsachen, im Prozess bindend (§§ 288, 289 ZPO), sonst ein Beweismittel schaffend; **Bestätigung** eines (eigenen) nichtigen oder anfechtbaren Rechtsgeschäfts (§§ 141, 144 BGB); **Zustimmung** (vorherige: **Einwilligung,** nachträgliche: **Genehmigung**) Dritter zu Rechtsgeschäften anderer (§§ 182 ff. BGB). Bspe.: Vertragsschluss durch falsus procurator (§ 177 BGB); tatsächliches **Anerkenntnis** eines Anspruchs (§ 212 I Nr. 1 BGB, Neubeginn der Verjährung); schlichter, nicht abstrakter, sondern kausaler, nicht unter § 781 BGB fallender **Anerkenntnis-** oder **Feststellungsvertrag,** nur bekannte Einwendungen gegen einen Anspruch ausräumend, später dem Schuldner bekannt werdende Einwendungen ohne Weiteres (ohne Rückforderung des Anerkenntnisses nach § 812 II BGB) nicht hindernd, formfrei, liegt nicht schon in bloßer Ablösung eines Darlehens, BGH NJW 2008, 3425; abstrakter vertraglicher **Erlass** einer Schuld und abstraktes vertragliches **Anerkenntnis des Nichtbestehens** der Schuld, negatives Schuldanerkenntnis (§ 397 BGB), beide formfrei, ggf. nach §§ 812 ff. BGB kondizierbar; schlichte, nicht abstrakte vertragliche **Feststellung des Nichtbestehens** der Schuld, nur bekannte mögliche Anspruchsgründe ausräumend, später bekannt werdende ohne Weiteres (ohne Rückforderung der Feststellung nach §§ 812 ff. BGB) nicht entkräftend, formfrei, vom vorerwähnten Fall unterschieden durch Fehlen der voluntas eventualis, den Anspruch, falls er etwa doch bestehe, zu beseitigen.

3) Bedeutung des § 350

§ 350 idF FormVAnpG 2001 (bloße Verweisungsänderung) dient der Erleichterung des kfm. HdlVerkehrs und dessen Bedürfnis nach einfacher und schneller Abwicklung, BGHZ 121, 5. Die Schriftform entfällt, die elektronische Form ist zulässig (→ Rn. 4), wo die Übernahme der Bürgschaft, das Versprechen oder das Anerkenntnis auf Seiten des Schuldners ein **Handelsgeschäft** (§§ 343, 344) ist; möglich mündlich oder zB in elektronischer Form oder Textform (→ Rn. 4). § 350 gilt für Kflte, auch für RechtsscheinKfm (→ § 5 Rn. 9–17), OLG Hamburg JW 1927, 1109, str.; nicht für phG str. (→ § 105 Rn. 21, 49), nicht für GmbHGfter, auch nicht, wenn er geschäftsführender Allein- oder MehrheitsGfter ist, BGHZ 121, 228; 132, 122; 165, 43; aA für Analogie Canaris § 24 Rn. 13; aA für alle geschäftsführenden Gfter K. Schmidt § 18 II Rn. 40. Bei Bürgschaft bleibt es gleich, ob die Hauptschuld aus HdlGeschäft stammt. § 350 gilt auch für die Bürgschaftserklärung einer Bank zum Zwecke der Abwendung der Zwangsvollstreckung gegen den Hauptschuldner, unbeschadet der prozessualen Voraussetzungen, um die Einstellung der Zwangsvollstreckung auf Grund der Bürgschaft zu erreichen, vgl. § 775 Nr. 3 ZPO (Vorlegung einer öffentlichen Urkunde, aus der sich die Sicherung des Gläubigers ergibt), BGH NJW 1967, 823 mAnm. Wittmann BB 1967, 265. Bei Schuldversprechen und -anerkenntnis bleibt die Form für das zugrunde liegende Geschäft nötig, → Rn. 2. **Maßgebender Zeitpunkt** ist der der Willenserklärung des Schuldners, also bei Bürgschaft der Übernahme. Formlose Bestätigung nach Erlangung der Eigenschaft als Kfm. macht wirksam; Verlust der Eigenschaft ändert nichts. § 350 ist unanwendbar auf Schuldanerkenntnis des Gfters der OHG außerhalb des GesBetriebs, BGH BB 1968, 1053, im Einzelnen str. (→ § 105 Rn. 22). § 350 gilt nicht für Aufsichtsrat einer AG, wenn er die Bürgschaft für die Ges. übernimmt, RGZ 126, 122. Beweislast → § 348 Rn. 6. Gewillkürte Form ist unter § 350 zulässig, hat aber idR nur Klarstellungs- und nicht Warnfunktion (also ohne Anforderungen wie nach § 766 BGB), BGH NJW 1993, 724.

351 *(aufgehoben)*

1) § 351 über MinderKflte ist durch HRefG 1998 als Folge der Abschaffung von § 4 aufgehoben worden.

[Gesetzlicher Zinssatz]

352 (1) ¹Die Höhe der gesetzlichen Zinsen, mit Ausnahme der Verzugszinsen, ist bei beiderseitigen Handelsgeschäften fünf vom Hundert für das Jahr. ²Das gleiche gilt, wenn für eine Schuld aus einem solchen Handelsgeschäfte Zinsen ohne Bestimmung des Zinsfußes versprochen sind.

§ 352 1–5

(2) **Ist in diesem Gesetzbuche die Verpflichtung zur Zahlung von Zinsen ohne Bestimmung der Höhe ausgesprochen, so sind darunter Zinsen zu fünf vom Hundert für das Jahr zu verstehen.**

1) Gesetzlicher Zins

1 I 1 idF G 30.3.2000 BGBl. 330. Nach § 246 **BGB** ist der gesetzliche Zinssatz 4%, sofern nichts anderes bestimmt ist. Das **HGB** erhöht den Zinssatz für beiderseitige HdlGeschäfte (§ 343) auf 5%, **I**, ebenso **II** für die im HGB angeordneten Zinspflichten, auch wo es sich nicht um beiderseitige HdlGeschäfte handelt (§§ 110 II, 111, 354, 355; die Zinspflicht nach § 353 fällt unter I 1 wie II). Bereicherungsansprüche fallen nicht darunter, BGH NJW 1983, 1423, str. Deliktische Ansprüche ebenfalls nicht, auch wenn im Zusammenhang mit einem beiderseitigen HdlGeschäft entstanden, BGH NJW-RR 1987, 183; NJW 2018, 2197 Rn. 13 (→ § 343 Rn. 1). Für KfmEigenschaft ist der Zeitpunkt der Begründung der Schuld maßgebend. Der zu Unrecht eingetragene Gewerbetreibende (§ 5) fällt mit Forderungen und Schulden (wenn der andere Teil Kfm. ist) unter I, der als Kfm. auftretende NichtKfm (→ § 5 Rn. 9–17) nur mit seinen Schulden. Verzugszinsen (→ Rn. 5) fallen nicht unter I 1 (anders aF). Wechsel- und Scheckzinsen betragen bei reinen Inlandspapieren 2% über dem (wechselnden) Basiszinssatz nach § 247 BGB (der den Diskontsatz der DBBk wegen des Übergangs der Währungskompetenz auf die Europäische Zentralbank abgelöst hat), aber mindestens 6% (Art. 48 I Nr. 2, 49 Nr. 2 WG, Art. 45 Nr. 2, 46 Nr. 2 ScheckG; zu unterscheiden davon den Art. 5 WG, Art. 7 ScheckG). Lit.: über den Zinsbegriff (im Vergleich zu anderen neuerlich gängigen, ähnlich gebrauchten Vergütungsformen) Canaris NJW 1978, 1891.

2 Nach **Handelsbrauch** (§ 346) kann (ohne besondere Abrede) ein abweichender Satz geschuldet werden, wohl selten.

2) Vereinbarter Zins

3 Weder BGB noch HGB begrenzen die Möglichkeit der Vereinbarung des Zinssatzes, außer durch § 138 I BGB (Verstoß gegen gute Sitten), § 138 II BGB (Wucher), § 242 BGB (uU Störung der Geschäftsgrundlage, § 313 BGB). Es kommt hierfür auf alle Umstände an. Deutliche Grenzen setzt die umfangreiche Rspr. überhöhten Zinsen beim Kreditgeschäft der Banken, → **(7)** Bankgeschäfte Rn. G10.

4 **§§ 489 I, 490 II BGB** geben bei Vereinbarung eines Darlehens mit festem Zinssatz unter bestimmten Voraussetzungen ein Kündigungsrecht. Zu § 247 aF BGB idF bis 1986 als Vorläufernorm des § 489 BGB → **(7)** Bankgeschäfte Rn. G17. Lit.: Hopt/Mülbert § 609a; Häuser/Welter NJW 1987, 17.

3) Verzugszins

5 Nach § 288 I BGB ist eine Geldschuld seit der Neufassung 2000 (→ Rn. 1, nur sprachlich geändert durch SMG, Überleitungsvorschrift Art. 229 § 1 I 3 EGBGB) während des Verzugs mit 5 Prozentpunkten über dem Basiszinssatz nach § 247 BGB zu verzinsen. Bei Rechtsgeschäften, an denen ein Verbraucher iSv § 13 BGB nicht beteiligt ist, beträgt der Zinssatz für Entgeltforderungen (also nicht für jeden auf Zahlung gerichteten Anspruch, zB nicht für Schadensersatz-, Aufwendungsersatz- und Bereicherungsansprüche) 9 Prozentpunkte über dem Basiszinssatz (**§ 288 II BGB** idF ZahlungsverzugsG 2014). § 289 BGB steht nicht entgegen, Freitag ZIP 2015, 1805. Das betrifft vor allem beiderseitige Handels- und Unternehmensgeschäfte, also materiell Handelsrecht. Die Geltendmachung höherer Zinsen aus einem anderen Rechtsgrund oder eines weiteren Schadens bleibt jeweils möglich (§ 288 III, IV BGB). Seit 2014 Entgeltpauschale von 40 Euro (**§ 288 V BGB),** Dornis ZIP 2014, 2427; Anrechnung nach § 288 V 3 BGB, richtlinienkonform, EuGH NJW 2019, 1933. Bei grundpfand-

rechtlich gesicherten Verbraucherdarlehen beträgt der Verzugszinssatz 2,5 Prozentpunkte über dem Basiszinssatz (§ 503 II BGB idF ZahlungsverzugsG 2014). Ausschluss im Voraus unwirksam (§ 288 VI BGB, auch individualvertraglich, neu 2014). Auch zur Leistungszeit → § 358 Rn. 1. Übersichten: Oelsner EuZW 2011, 940 (ZahlungsverzugsRi 2011); Verse ZIP 2014, 1809; Haspl BB 2014, 771 (ZahlungsverzugsG); Freitag ZIP 2015, 1805.

Wer mit einer Geldschuld aus einem beiderseitigen HdlGeschäft im Verzug ist, schuldet höheren **Bankzins** nur, wenn der Gläubiger ihn als Kreditzins wirklich aufwandte oder als Anlagezins verlor, Beweislast beim Gläubiger, BGH NJW 1991, 1406. Der Gläubiger muss den Kredit aber nicht gerade wegen der ausstehenden Zahlung aufgenommen haben, BGH NJW 1984, 371; beim Kaufmann besteht zudem die tatsächliche Vermutung, dass er eingehende Zahlungen zur Rückführung des Kredits verwendet hätte, BGH NJW-RR 1991, 793; Zinsbescheinigung s. Doms NJW 1999, 2649. Zu Beweiserleichterungen für entgangene Anlagezinsen, wenn es sich um einen größeren Geldbetrag handelt, der nach der Lebenserfahrung gewinnbringend angelegt wird, BGHZ 80, 279; BGH NJW 1992, 1223; OLG Frankfurt a. M. ZIP 1998, 1715 (Umlaufrendite festverzinslicher Wertpapiere); wegen der Höhe der gesetzlichen Verzugszinsen heute idR wirtschaftlich uninteressant. Ausführlich zum Verlust von Anlagezinsen und Beweisproblemen EBJS/Paulus Rn. 40 ff.

Auch die Höhe von Verzugszinsen kann für den Verzugsfall **vereinbart** 6 werden. **Grenzen** setzen §§ 497 I, 506 BGB (Verbraucherdarlehen ua); für AGB **(5)** §§ 307, 308 Nr. 1a und b (neu 2014), 309 Nr. 5, 6 BGB, s. Leuschner/Bach Verzugsklauseln Rn. 23; Ul/Br/He/Fuchs/Zimmermann (15) Darlehensverträge Rn. 21 ff. **Überhöhte Verzugszinsen** bei Bankkrediten → **(7)** Bankgeschäfte Rn. G4.

[Fälligkeitszinsen]

353 ¹**Kaufleute untereinander sind berechtigt, für ihre Forderungen aus beiderseitigen Handelsgeschäften vom Tage der Fälligkeit an Zinsen zu fordern.** ²**Zinsen von Zinsen können auf Grund dieser Vorschrift nicht gefordert werden.**

1) Zinspflicht (Satz 1)

A. **Voraussetzungen:** § 353 findet nur Anwendung, wenn vorliegt: 1

a) auf beiden Seiten ein **Kfm.** (§§ 1 ff.), auch Kfm. nach § 5. Allein und dauernd maßgebender Zeitpunkt ist der der Entstehung der Forderung, späterer Erwerb oder Verlust der KfmEigenschaft sind belanglos, vgl. RGZ 60, 78;

b) eine **Geldforderung,** weil nur bei solcher Zinsen entstehen. Die Währung bleibt gleich, ebenso die Rechtsnatur. Der Zins entfällt aber, wenn Gläubiger ausländisches Geld gegen inländisches zu bekommen und vorher das inländische zinsbringend angelegt hatte, OLG Hamburg OLGE 44, 245;

c) dass die Forderung ihren Rechtsgrund in einem beliebigen beiderseitigen **Handelsgeschäft** hat (§§ 343, 344), was einen einseitigen Vertrag sehr wohl zulässt, nicht aber ein einseitiges Rechtsgeschäft (also genügt kfm. Schuldschein); keine Zinsfälligkeit bei deliktischem Anspruch im Zusammenhang mit beiderseitigem HdlGeschäft, BGH NJW 2018, 2197 (→ § 343 Rn. 1).

d) Fälligkeit der Forderung; der Gläubiger muss also Zahlung verlangen können. Darf Schuldner Erfüllung bis Vorleistung oder Zug-um-Zug-Leistung verweigern, tritt keine Fälligkeit ein, auch ohne dass Schuldner die Einrede erhebt, RGZ 126, 285, hM. Dagegen bleibt ein Zurückbehaltungsrecht aus § 273 BGB für die Fälligkeit gleich (s. aber §§ 298, 301 BGB), weil es die

§ 354 1, 2 4. Buch. Handelsgeschäfte

Leistungspflicht an sich unberührt lässt. Stundung schiebt idR nur die Begleichung hinaus, nicht die Fälligkeit, RGZ 116, 376. Staatliches Transferverbot (zB früher in Deutschland für Zahlungen an ausländische Gläubiger) hindert nicht Fälligkeit iSv § 353, BGH NJW 1964, 100; vgl. BGHZ 27, 335. Bei Holschulden ist der Gläubiger im Annahmeverzug, wenn er das Geld nicht bei Fälligkeit abholt; dann keine Verzinsung. Lit.: Kindler, 1996.

2   B. **Beginn:** Die Zinspflicht beginnt mangels anderer Abrede bei **Fälligkeit** der Verbindlichkeit. Sie entfällt bei Verzug des Gläubigers, § 301 BGB. Der Zinsanspruch wird nicht schon durch vorbehaltlose Annahme des Kapitals ohne Zinsen verwirkt. Zinssatz § 352 II.

2) Keine Zinseszinsen (Satz 2)

3   Wie das BGB (ausgesprochen in § 289 BGB für den Fall des Verzugs mit Zinszahlung, sonst aus § 248 BGB als minus folgend) gibt auch § 353 nicht kraft Gesetzes **Zinseszinsen.** Für die Vereinbarung von Zinseszins gilt auch im HdlVerkehr § 248 BGB: Verbot der Vereinbarung „im Voraus" mit Ausnahmen für Sparkassen, Kreditanstalten, Inhaber von Bankgeschäften. Für Kontokorrent s. § 355 I.

[Provision; Lagergeld; Zinsen]

354 (1) **Wer in Ausübung seines Handelsgewerbes einem anderen Geschäfte besorgt oder Dienste leistet, kann dafür auch ohne Verabredung Provision und, wenn es sich um Aufbewahrung handelt, Lagergeld nach den an den Orte üblichen Sätzen fordern.**

(2) **Für Darlehen, Vorschüsse, Auslagen und andere Verwendungen kann er vom Tage der Leistung an Zinsen berechnen.**

1) Übersicht

1   Nach §§ 612 I, 632 I, 653 I, 689 **BGB** gilt im Dienst-, Werk-, Makler-, Verwahrungsvertrag eine Vergütung als stillschweigend vereinbart, wenn die Leistung den Umständen nach nur gegen eine Vergütung zu erwarten ist. **§ 354,** ausgehend davon, dass Kflte noch weniger als andere Personen umsonst für andere tätig werden und dass dies allgemein bekannt ist (RGZ 122, 232; RG JW 1938, 1175), erweitert diese Regelung zugunsten der Kflte auf jede Geschäftsbesorgung oder Dienstleistung für andere in ihrem Gewerbe. Aus § 354 kann die Ergänzung einer Provisionsvereinbarung folgen für im Vertrag nicht berücksichtigte Dienste, zB für Vermittlung eines Bezugsvertrags durch HdlVertreter (→ § 87 Rn. 4). § 354 kann den Maßstab liefern für Schadensersatz nach §§ 280, 311 II BGB aus Verschulden bei Vertragsverhandlungen, zB für Partei, die in Erwartung des Vertrags Dienste ohne besondere Vergütung leistete, LG Kreuznach BB 1961, 699 (KfzHändler A vermittelte für X Altwagenverkauf, X kaufte Neuwagen bei KfzHändler B: Schadensersatzprovision an A). Lit.: Heße NJW 2002, 1835. Darlehen iSv **II** wie §§ 488 BGB, auch Bereitstellungsprovision („Bereitstellungszinsen"), Kropf BKR 2020, 455, hM, auch Vereinbarungsdarlehen (Umschaffung einer bestehenden Schuld, § 311 I BGB), Oetker/Pamp Rn. 23, str. Vorschüsse iSv II sind nur solche kreditähnlichen Charakters, nicht zB Gehaltsvorschüsse, Oetker/Pamp Rn. 24 (enger Vorschussbegriff); aA EBJS/Paulus Rn. 38 (weiter Vorschussbegriff).

2) Voraussetzungen des Anspruchs

2   § 354 gilt für **Kaufleute,** auch fälschlich ins HdlReg eingetragene andere Gewerbetreibende (§ 5), nicht für RechtsscheinKflte (aber → § 5 Rn. 9–17, uU Vertragsauslegung). Erforderlich ist KfmEigenschaft zzt. der Leistung. Unerheb-

lich ist, ob der andere Teil (der die Vergütung leisten soll) Kfm. ist oder nicht, BGH NJW 2007, 1201. Der Kfm. muss **in Ausübung seines Handelsgewerbes** handeln. Dies muss dem anderen Teil erkennbar sein, Weyer WM 2005, 501.

Der Leistende muss gegenüber dem anderen zur Leistung **berechtigt** sein, idR 3 auf Grund Vertrags; ist zB ein Maklervertrag nicht zustande gekommen (vgl. → § 93 Rn. 3) oder fehlen die Voraussetzungen des Lohnanspruchs nach diesem, kann Lohn nicht nach § 354 verlangt werden, BGH NJW 1982, 1523; OLG Koblenz NJW 1985, 2722. Der Leistende kann **ausnahmsweise ohne Vertrag** zur Leistung berechtigt sein, zB Bank nach §§ 683, 679 BGB, str.; der Anspruch auf Provision, Lagergeld, Zins besteht dann neben dem Anspruch auf Ersatz von Aufwendungen (§ 683 BGB); auch als Reisebüro bei Flugpassagenvermittlung für IATA-Mitglieder-Linien, wenn die IATA zu der Vermittlung aufforderte, BGHZ 62, 80; auch bei Annahme der Dienste eines Kfm., wenn dieser „befugterweise" für den Interessenten tätig wird, also ein das Tätigwerden rechtfertigendes Verhältnis besteht, und klar ist, dass dieser nur gegen Provision tätig werden will, BGHZ 163, 338 (iErg abl.); BGH WM 1993, 1261; NJW 2017, 1388 mAnm. Mann, so namentlich im Vertriebs-, Bau- und Lagerrecht, zB wenn HV Produkte außerhalb seiner Produktbeschränkung vermittelt, OLG München VersR 2000, 360; auch der Zivilmakler, wenn er Kfm. ist (→ § 93 Rn. 1, aber auch → § 93 Rn. 38), Heße NJW 2002, 1835; keinesfalls, wenn der Leistende seine Dienste jemandem gegen seinen Willen aufdrängt, BGH WM 1963, 165. **Nicht** unter § 354 fällt eigenmächtige Einlagerung von Sachen durch A in Räumen des B, doch kann A auf Kosten des B ungerechtfertigt bereichert sein (§ 812 BGB). Der Makler hat keinen Anspruch aus § 354, wenn dem Interessenten nicht erkennbar ist, dass die Maklerdienste gerade für ihn geleistet werden, BGHZ 95, 398, oder wenn Makler auf Grund eines Vertrags mit einem Dritten (zB Verkäufer) erkennbar in dessen Interesse handelt, sofern nicht erlaubte Doppeltätigkeit vorliegt (→ § 93 Rn. 32–33), BGH BB 1981, 756; → § 93 Rn. 38.

§ 354 ist **abdingbar,** gilt daher nicht, wenn eine andere Vereinbarung über 4 die Vergütung wirksam getroffen ist, zB ein Maklervertrag mit bestimmten Voraussetzungen für Lohnanspruch, BGH NJW 1982, 1523; wenn der Geschäftsherr sich ausdrücklich die Prüfung eines Provisionsspruchs vorbehält, LG Hamburg MDR 1962, 312. § 354 gilt auch nicht, soweit **Handelsbrauch** (Verkehrssitte) unentgeltliche Leistung fordert, vgl. RGZ 92, 16, zB für einfache vorbereitende Arbeiten (zB Kostenvoranschlag), erfolglose Vermittlungsversuche; anders bei rechtswidrigem „Handelsbrauch", BGHZ 62, 82 (vgl. → § 346 Rn. 8).

§ 354 gilt, wenn der Kfm. „einem anderen **Geschäfte besorgt** oder **Dienste** 5 **leistet**", nach HdlBrauch uU auch bei anderen Leistungen, weite Auslegung, BGH NJW 2017, 1388, zB Überlassung von Sachen zum Gebrauch, LG Braunschweig BB 1949, 217 (Kesselwagen). Er muss erkennbar **im Interesse des anderen** (auch wenn zugleich im eigenen) handeln; Handeln im eigenen Interesse (wenn auch unter Rücksichtnahme auf das fremde) genügt nicht, BGH NJW 1984, 436; 2017, 1388 Rn. 15; 2017, 2986 Rn. 31. Bspe: Beschaffung von Kapital, RGZ 122, 232; Bonitätsprüfung durch eine Bank, BGH NJW 2017, 2986 Rn. 33; Bürgschaft oder Gefälligkeitsakzept, vgl. RG LZ 1909, 311; Vermittlung von Flugpassagen, BGHZ 62, 79; berechtigter Selbsthilfeverkauf des Verkäufers (§ 373 II–IV); Notverkauf des Käufers (§ 379 II); Lagerung der Ware durch Pfandgläubiger, auch bei vertraglichem Pfandrecht, Oetker/Pamp Rn. 10, str.; Pfandverkauf durch Pfandgläubiger; nicht Verwertung durch Eigentumsvorbehaltsverkäufer, BGH NJW 1984, 436. **Aufbewahrung** (in § 354 I besonders erwähnt), auch durch Verkäufer bei Annahmeverzug des Käufers (§ 373 I, hier gäbe § 304 BGB nur Ersatz von Mehraufwendungen), BGH NJW 1996, 1464, oder durch Käufer, der (mit Recht) die übersandte Ware beanstandet (§ 379 I),

§ 354a

wohl auch durch Gläubiger auf Grund (vertraglichen oder gesetzlichen) Pfand- oder Zurückbehaltungsrechts. Gebrauchtwagenverkauf zur Erlösverwendung bei Neuwagen-Kauf, dieser scheitert; Verkaufsprovision; LG Hamm MDR 1978, 674. **Nicht** unter § 354 fallen Nebenleistungen, die im **Kaufpreis** bzw. Entgelt für die Hauptleistung mit **abgegolten** sind, zB (uU) Zusendung der Kaufsache durch den Verkäufer, Verwahrung durch den Kommissionär; ebenso idR Mängelrügeabwehr durch HdlVertreter, anders uU bei außergewöhnlicher Belastung hierdurch, dann uU hierfür Sondervergütung aus § 354 (neben der Provision aus § 87), BGH BB 1962, 1345.

3) Art und Höhe der Vergütung

6   § 354 I, II gewähren Anspruch auf: **Provision** (vgl. §§ 86b, 87 ff. betr. HdlVertreter, 99 betr. HdlMakler, 394, 396, 403, 406 betr. Kommissionäre, 453 betr. Vergütung des Spediteurs, Art. 48 Nr. 4, 49 Nr. 4 WG, Art. 45 Nr. 4, 46 Nr. 4 ScheckG); bei Aufbewahrung **Lagergeld,** nach dem Wortlaut neben der Provision, dies jedoch wohl nur wo ortsüblich für Lagerung neben Lagergeld Provision berechnet wird, Aufbewahrung muss nicht Hauptpflicht sein oder im Mittelpunkt des HdlGewerbes stehen, Bsp.: bei Annahmeverzug des Käufers, BGH NJW 2007, 1201; für (bei der Geschäftsbesorgung, Dienstleistung gewährte, geleistete) Darlehen, Vorschüsse, Auslagen, andere Verwendungen **Zins** vom Tage der Leistung; zB auf vom HdlVertreter dem Unternehmer rückzahlbare Provisionen, Vorschüsse, BGH MDR 1963, 299. Für Verschaffung „mittelbaren Bankkredits" (Darlehensaufnahme im eigenen Namen, also Selbsthaftung, und Weiterleihung) gebührt dem Makler Provision nach I neben Zins nach II, BGH NJW 1964, 2343.

7   Provision, Lagergeld bestimmen sich nach **Ortsbrauch,** also objektiv feststellbar ohne Ermessen, BGH NJW 2007, 1202. HdlVertreterprovision s. § 87b. Feststellung von HdlBräuchen → § 346 Rn. 13. Hilfsweise gilt, was **angemessen** ist, zB bei Lager nach Schwierigkeit der Aufbewahrung, Raumbedarf, Notwendigkeit der Behandlung des Guts, Versicherungsbedarf, RG JW 1915, 658; OLG Stuttgart BB 1958, 573. Der **Zinsfuß** § 352 II. Nach § 675a I 1 BGB hat, wer zur Besorgung von Geschäften öffentlich bestellt ist oder sich dazu öffentlich erboten hat (dh derselbe Personenkreis wie in § 663 S. 1 BGB, → § 362 Rn. 2), für Standardgeschäfte grundsätzlich unentgeltlich über Entgelte und Auslagen der Geschäftsbesorgung zu informieren.

8   **Verjährung:** Provision (I) und Zinsen (II): 3 Jahre, §§ 195, 199 BGB. Lagergeld (I): 1 Jahr, §§ 475a iVm 439.

[Wirksamkeit der Abtretung einer Geldforderung]

354a (1) ¹Ist die Abtretung einer Geldforderung durch Vereinbarung mit dem Schuldner gemäß § 399 des Bürgerlichen Gesetzbuchs ausgeschlossen und ist das Rechtsgeschäft, das diese Forderung begründet hat, für beide Teile ein Handelsgeschäft, oder ist der Schuldner eine juristische Person des öffentlichen Rechts oder ein öffentlich-rechtliches Sondervermögen, so ist die Abtretung gleichwohl wirksam. ²Der Schuldner kann jedoch mit befreiender Wirkung an den bisherigen Gläubiger leisten. ³Abweichende Vereinbarungen sind unwirksam.

(2) Absatz 1 ist nicht auf eine Forderung aus einem Darlehensvertrag anzuwenden, deren Gläubiger ein Kreditinstitut im Sinne des Kreditwesengesetzes ist.

1. Abschnitt. Allgemeine Vorschriften 1, 2 § 354a

1) Wirksamkeit der Abtretung einer Geldforderung (I 1):
§ 354a neu DMBilGÄndG 25.7.1994 BGBl. 1682, II nF RisikobegrenzG 1
12.8.2008 BGBl. 1666, bringt zwecks erleichterter Finanzierung für kleinere und
mittlere Unternehmen (abtretbare Geldforderungen als Kreditsicherheit für Banken oder Factoringunternehmen) eine **Ausnahme vom Abtretungsverbot
nach § 399 Fall 2 BGB.** Nach § 399 Fall 2 BGB kann entgegen § 137 S. 1 BGB
Unabtretbarkeit der Forderung (auch durch AGB, BGH WM 2006, 2142, str.,
näher zu AGB-rechtlichen Schranken Leuschner/Sajnovits Abtretungsverbote
Rn. 17; Ul/Br/He/H. Schmidt (1) Abtretungsausschluss Rn. 1 ff.; Wo/Li/Pf/
Dammann Abtretungsverbote Rn. A28 ff.) mit Wirkung gegenüber jedermann
vereinbart werden, BGHZ 40, 160; 102, 301; 112, 390. § 354a hat große
praktische Bedeutung, da bisher die meisten großen einkaufenden Unternehmen
ein solches Verbot mit ihren Lieferanten vereinbart haben. Das Abtretungsverbot
für Geldforderungen (nicht für Sachforderungen, BGHZ 171, 69) durch Vereinbarung mit dem Schuldner hat bei beiderseitigen HdlGeschäften (§ 345; zu
beachten §§ 383 II, 407 III 2, 453 II 2, 467 III 2; Kfm., auch nach § 5, nicht
bloßer RechtsscheinKfm, → § 5 Rn. 9, aber zugunsten dessen Gläubiger, Oetker/Maultzsch Rn. 3) keine Wirkung (I 1). Abtretungsverbot iSv I 1 ist auch ein
eingeschränktes, Bspe: Vereinbarung von Zustimmungserfordernis, BGH WM
2005, 429; OLG Köln WM 1998, 860; schriftliche Anzeige der Abtretung durch
alten und neuen Gläubiger, BGH BeckRS 2004, 02524; OLG Celle OLGR
2004, 219; aA OLG Schleswig BB 2001, 61; Formvorschriften; Verbote von
Verpfändung und Nießbrauch (§§ 1069 I, 1274 I 1 BGB); **nicht:** Legalzession
und Einstellung in Kontokorrent, BGH NJW 2002, 2866. Dasselbe gilt, wenn
der Schuldner eine öffentlich-rechtliche juristische Person bzw. Sondervermögen
ist (I 1 Alt. 2), beiderseitiges HdlGeschäft ist auch hier Voraussetzung, str. Die
unterschiedliche Behandlung des kfm. und des nichtkfm Unternehmens ist
jedoch nicht zu rechtfertigen, deshalb für § 354a analog auch für Kleingewerbetreibende und Freiberufler, nicht aber an Arbeitnehmer, Canaris § 26 Rn. 35 f., aA nur
bei beiderseitigem HdlGeschäft, BGH WM 2006, 2142 m. krit. Anm. Piekenbrock NJW 2007, 1247 (auch GbR unter KfmGftern); Oetker/Maultzsch Rn. 5;
Seggewisse NJW 2008, 3256. S. auch § 22d IV KWG (Refinanzierungsregister),
Fleckner WM 2007, 2279.

Die Forderungsabtretung ist danach **wirksam,** und zwar absolut, nicht nur
relativ. Folge zB Drittwiderspruchsklage (§ 771 ZPO), Aussonderungsrecht des
neuen Gläubigers in der Insolvenz, Pfändung durch dessen Gläubiger (keine
Doppelpfändung notwendig). Die abgetretene Forderung stellt damit eine vollwertige Kreditsicherheit dar. Sonstige Wirksamkeitsvoraussetzungen bleiben unberührt, Bsp. Überweisung auf falsches Konto, OLG Köln WM 2006, 1144, bzw.
für die Globalzession, → **(7)** Bankgeschäfte Rn. H4, H5. § 354a ist auch auf vor
dem 30.7.1994 vereinbarte Abtretungsverbote anzuwenden, wenn die Geldforderung erst nachher entsteht, OLG Köln DB 1997, 2169; aA OLG Schleswig BB
2001, 63; offen BGH NJW 2001, 1724. Lit.: Wagner WM 1994, 2093; NJW
1995, 180; WM Sonderbeil. 1/1996; Henseler BB 1995, 5; von Olshausen ZIP
1995, 1950 (Insolvenz); Baukelmann FS Brandner, 1996, 185; Derleder BB 1999,
1561; Saar ZIP 1999, 988; K. Schmidt NJW 1999, 400; FS Schimansky, 1999,
503; Bruns WM 2000, 505; Hager GS Helm, 2001, 697; Thomale WM 2007,
1916; Maultzsch FS Baums, II, 2017, 787.

2) Leistung an den bisherigen Gläubiger (I 2):
Der Schuldner kann jedoch mit befreiender Wirkung **an den bisherigen** 2
Gläubiger leisten (I 2, **Wahlrecht**), ähnlich wie § 406 BGB, BGH WM 2003,
2340; NJW 2018, 2254 Rn. 44 (Factoring), bisheriger Gläubiger ist zwar nicht
mehr Rechtsinhaber, aber behält Empfangszuständigkeit, BGH NJW 2009, 438,

str. Mehraufwand durch die Abtretung soll dem Schuldner erspart bleiben. Auf Kenntnis des Schuldners von der Abtretung kommt es nicht an (anders § 407 BGB), BGH NJW 2018, 2254 Rn. 44. Leisten heißt erfüllen, also auch Erfüllungssurrogate,. zB Aufrechnung, BGH WM 2003, 2340; 2005, 429, dagegen nicht Vergleich, Erlass ua, BGH NJW 2009, 438; WM 2009, 367; K. Schmidt FS Schimansky, 1999, 511; Seggewisse NJW 2008, 3256; aA Canaris § 26 Rn. 27; Wagner WM 2010, 202; Oetker/Maultzsch Rn. 19. Grund: Wortlaut (leisten), nur Empfangszuständigkeit, also dann Schutz nur nach § 407 I BGB, sonst auch Entwertung der Forderung als Kreditsicherungsmittel. Der Schuldner kann mit einer Forderung gegen den bisherigen Gläubiger auch aufrechnen, wenn er diese in Kenntnis der Abtretung erwirbt oder wenn sie nach Kenntnis des Schuldners und später als die abgetretene Forderung fällig wird (§ 406 BGB ist hier unanwendbar), BGH WM 2005, 429. Die Aufrechnung kann auch gegenüber dem neuen Gläubiger erklärt werden (gleicher Schutzzweck), BGH WM 2005, 429, zweifelnd und Erklärung gegenüber beiden empfehlend MüKoHGB/K. Schmidt/Langenbucher Rn. 27. Klage des Zessionars gegen Schuldner nur auf Leistung an sich oder an den Zedenten, bei Leistung an letzteren Anspruch des Zessionars gegen ihn aus § 816 II BGB. Verzicht auf das Wahlrecht → Rn. 3. Grenzen des Wahlrechts aus § 242 BGB, Canaris § 26 Rn. 25.

3) Keine abweichenden Vereinbarungen (I 3):

3 I 1 und I 2 sind, da im öffentlichen Interesse liegend (→ Rn. 1), **zwingend** (I 3). Vereinbarung des Schuldners mit dem Zessionar nach Abtretung, gezahlt werde an letzteren, ist jedoch in einschränkender Auslegung zulässig, BGH NJW 2009, 438; WM 2009, 369; NJW 2018, 2254 Rn. 51. Grund: § 354a dient dem Schutz des Schuldners, dieser kann später auf den Schutz nach I 2 verzichten, zumal er auch auf den vereinbarten Abtretungsausschluss (§ 399 Alt. 2 BGB) verzichten kann, ganz üL.

4) Keine Anwendung von I auf Kreditinstitute als Gläubiger aus Darlehensvertrag (II):

4 II nF RisikobegrenzG 12.8.2008 BGBl. 1666 schränkt den Anwendungsbereich von I ein. Dieser ist nicht auf eine Forderung aus einem Darlehensvertrag anzuwenden, deren Gläubiger ein Kreditinstitut iSd KWG ist. II ermöglicht es KflTen, entgegen I wirksam ein Abtretungsverbot zu vereinbaren, wenn es sich bei der Forderung um eine Darlehensforderung eines Kreditinstituts handelt.

[Laufende Rechnung, Kontokorrent]

355 (1) Steht jemand mit einem Kaufmanne derart in Geschäftsverbindung, daß die aus der Verbindung entspringenden beiderseitigen Ansprüche und Leistungen nebst Zinsen in Rechnung gestellt und in regelmäßigen Zeitabschnitten durch Verrechnung und Feststellung des für den einen oder anderen Teil sich ergebenden Überschusses ausgeglichen werden (laufende Rechnung, Kontokorrent), so kann derjenige, welchem bei dem Rechnungsabschluß ein Überschuß gebührt, von dem Tage des Abschlusses an Zinsen von dem Überschusse verlangen, auch soweit in der Rechnung Zinsen enthalten sind.

(2) Der Rechnungsabschluß geschieht jährlich einmal, sofern nicht ein anderes bestimmt ist.

(3) **Die laufende Rechnung kann im Zweifel auch während der Dauer einer Rechnungsperiode jederzeit mit der Wirkung gekündigt werden, daß derjenige, welchem nach der Rechnung ein Überschuß gebührt, dessen Zahlung beanspruchen kann.**

1. Abschnitt. Allgemeine Vorschriften   1–6   § 355

Übersicht

	Rn
1) Allgemeines	1
2) Voraussetzungen des Kontokorrents	2–6
3) Wirkung des Kontokorrents	7–12
4) Umfang des Kontokorrents	13–15
5) Zinsen und Provisionen	16–20
6) Verfügungen über den Saldo	21, 22
7) Ende des Kontokorrents (III)	23, 24

1) Allgemeines

Das **Kontokorrent** (laufende Rechnung) reduziert eine Mehrzahl wechselseitiger Ansprüche auf eine einzige Schuld bzw. Forderung (idR auf Geld, aber auch auf andere vertretbare Sachen, str., → Rn. 13) der einen Seite an die andere (vereinfachende Gesamtabrechnung), BGH WM 1991, 495. **Hauptfall** ist heute das **Bankkontokorrent** (→ Rn. 3–4). I versucht eine Definition. I, II, III, §§ 356, 357 regeln Einzelfragen (Verzinsung, Dauer der Periode, Kündigung, Sicherungen, Saldopfändung). Lit.: Staub/Canaris, 2001; Staub/Grundmann, Bankkontokorrent, Rn. 2/122 ff.; Herz Diss. Tübingen 1974 (va Zwangsvollstreckung, Insolvenzverfahren); Scherner FS Bärmann, 1975, 171; RsprÜbersicht: Pikart WM 1960, 1314; 1970, 866.   **1**

2) Voraussetzungen des Kontokorrents

Zwei Parteien; möglich und zT entspr. zu behandeln ist unmittelbare Verrechnung unter mehr als zwei Parteien (selten, uU vermieden durch Schaffung einer Zentrale, mit der jede Partei gesondert vs einseitig verrechnet).   **2**

Eine Partei ist **Kaufmann** (auch nach § 5, auch RechtsscheinKfm, → § 5 Rn. 9–17). Aber das **uneigentliche Kontokorrent** unter zwei nichtkfm Unternehmern (→ § 1 Rn. 2, → Einl v § 1 Rn. 71) und sogar unter Verbrauchern steht rechtlich gleich, zB Saldozins (→ Rn. 17), RGZ 95, 19 (wegen Novation nach § 781 BGB), Anerkenntnisform (§ 782 BGB), §§ 356, 357, Staub/Canaris Rn. 29, 30; str. nur bei. Zinseszinsverbot (§ 248 BGB, → Rn. 18).   **3**

Es besteht eine **Geschäftsverbindung** (→ Einl v § 343 Rn. 3) auf Grund eines einzigen Dauerrechtsverhältnisses (zB Girovertrag oder Kreditverbindung, → **(7)** Bankgeschäfte Rn. G1 ff., 34 ff.; GesVerhältnis) oder mit ständig neuem Geschäftsschluss (Bsp.: verladendes Unternehmen und regelmäßig beauftragter Spediteur) mit der Möglichkeit (nicht Sicherheit) einer größeren Zahl von den Schuldstand ändernden Vorgängen. „Beiderseitig" bedeutet nicht, dass Ansprüche und Leistungen tatsächlich auf beiden Seiten entstehen müssen, was bei vielen Bankkonten nicht der Fall ist, üL, aA Reifner NJW 1992, 340, vgl. aber → Rn. 3, 18. Zum Girokonto als Kontokorrentkonto → **(7)** Bankgeschäfte Rn. C26.   **4**

Die **Kontokorrentabrede** enthält eine Vereinbarung über Inrechnungstellung, Verrechnung, Saldofeststellung nach I. Vereinbarung ist formfrei, auch stillschweigend (zB durch wiederholte Übersendung und Anerkennung eines Saldos), BGH WM 1986, 1357; 1991, 1630; nicht genügt, dass tatsächlich von Zeit zu Zeit die beiderseitigen Ansprüche verrechnet werden (durch Einzel-Aufrechnungsverträge), OLG Köln MDR 1963, 138, OLG Frankfurt a. M. WM 1975, 812. Verzinslichkeit von Einzelansprüchen oder Saldo ist nicht Voraussetzung. Die Kontokorrentabrede berührt weder Bestand noch Rechtsnatur der kontokorrentgebundenen Forderungen und Leistungen, BGH WM 2017, 446 Rn. 15.   **5**

Vereinbart sind **Kontokorrentperioden,** dh „regelmäßige Zeitabschnitte" zur Saldierung der aufgenommenen Posten, RGZ 115, 396; 123, 386, BGH **LM HGB § 413 Nr.** 1. Sie dauern nach II je 1 Jahr, sind meist nach Vereinbarung kürzer (bei Banken idR $1/2$ Kalenderjahr). Denkbar ist aber auch eine einzige „Periode".   **6**

§ 355 7–9   4. Buch. Handelsgeschäfte

3) Wirkung des Kontokorrents

7 **Während der Periode** werden die unter die Kontokorrentabrede fallenden Ansprüche beider Teile gebunden (keine Verfügungen mehr, zB Abtretung, Verpfändung, Pfändung, auch Erfüllung) und von der Geltendmachung ausgeschlossen („gelähmt"), BGH WM 2017, 446 Rn. 15; eine Stundung ist damit nicht verbunden (Fälligkeitszinsen), kann aber vereinbart sein (→ Rn. 21). Im Verhältnis zu Dritten bedeutet dies, dass einzelne Ansprüche nicht abgetreten oder verpfändet sind. Trotz Lähmung ist die Klage aus Einzelanspruch nicht wirkungslos, seine Bindung im Kontokorrent muss durch **Einrede** geltend gemacht werden, BGH MDR 1970, 303. Bei **Abschluss der Periode** werden die Einzelansprüche unter Anrechnung der in der Periode erbrachten Leistungen **durch den Saldoanspruch ersetzt** („noviert"), und zwar durch abstrakten Schuldanerkenntnisvertrag, der in der Saldomitteilung der einen und dem Saldoanerkenntnis der anderen Seite enthalten ist, so stRspr, RGZ 125, 416; BGHZ 26, 150; 50, 279; 58, 260; 73, 263; 80, 176; 141, 120 (dahingestellt), BFHGrs BB 1990, 2080. Das ist wegen § 356 (dort → § 356 Rn. 1) und des auch von der Rspr., RGZ 162, 251; 164, 215; BGH NJW 1970, 560, **bei berechtigtem wirtschaftlichem Interesse** in Anlehnung an § 356 (→ § 356 Rn. 1) eröffneten **Rückgriff auf bereits saldierte Einzelposten** wenig überzeugend. Die Lehre ist zwar mit der Lähmung der Einzelansprüche durch Kontokorrentbindung („bloße Rechnungsposten"), BGHZ 162, 351, einverstanden, lehnt aber die Novationstheorie zutreffend ab, Hefermehl FS Lehmann, 1956, 547, Blaurock NJW 1971, 2206: Einzelansprüche bestehen (undurchsetzbar) neben dem Saldoanspruch bis zu dessen Tilgung fort, Canaris DB 1972, 421 (469), FS Hämmerle, 1972, 55: Verrechnung nach §§ 366, 367, 396 BGB, abstrakter neben kausalem Saldoanspruch. Der Rechnungsabschluss muss nicht als solcher bezeichnet, aber als solcher für den Kontoinhaber erkennbar sein, BGH NJW 2012, 306.

8 Möglich ist automatische **Saldierung bei Ablauf der Rechnungsperiode** (ohne Saldovertrag, vgl. → Rn. 7), auf Grund einer im Voraus in der Kontokorrentabrede getroffenen Verrechnungsvereinbarung, BGHZ 74, 255; 107, 197. Der antizipierte Verrechnungsvertrag wird dann durch das Saldoanerkenntnis lediglich bestätigt, einschränkend BGHZ 93, 314 m. krit. Anm. Canaris ZIP 1985, 592, str. Möglich ist auch **Staffelkontokorrent, dh sofortige Verrechnung** bei jedem kontokorrentpflichtigen Vorgang (Lieferung, Leistung, Darlehen, ersatzpflichtige Auslage usw). Dieser schafft oder tilgt nicht einen besonderen Anspruch, sondern ändert immer nur den Saldoanspruch, Einzelansprüche gibt es nicht. §§ 355 ff. finden auf den Staffelkontokorrent analoge Anwendung, hL, MüKoHGB/Langenbucher Rn. 26, Oetker/Maultzsch Rn. 49, str., anders ältere Rspr. Ähnlich für Wertpapiereinkaufskommission **(13)** DepotG § 19 IV. S. auch RGZ 123, 386.

9 Das **Bankkontokorrent** (mit täglicher Saldomitteilung, idR noch ohne Provision, Kosten, Zinsen) ist nach BGHZ 50, 280, WM 1972, 284 idR nicht Staffelkontokorrent (vgl. → Rn. 8). Schuldumschaffende Saldierung (vgl. → Rn. 7) erfolgt nur am Rechnungsperiodenende („Rechnungsabschluss", **Periodenkontokorrent**); BGHZ 50, 280, üL, aA Hager JR 1998, 421. **Tageskontoauszüge** mit Tagessaldo dienen als reiner Postensaldo nur tatsächlichen Zwecken (Überblick, Zinsberechnung, Verhütung von Überauszahlung). Schweigen darauf ist keine rechtsgeschäftliche Genehmigung, zB einer Überweisung zu Lasten des Kontos ohne Auftrag oder einer Belastung im früheren Einzugsermächtigungsverfahren (hier 36. Aufl. **(7)** Bankgeschäfte Rn. D23), sondern die rein tatsächliche Erklärung, dass der Kunde gegen die Buchung nichts einzuwenden hat, BGHZ 73, 207 (zur Nr. 10 AGB-Spark), 95, 108. Rückgängigmachung nach § 812 BGB wie beim Saldoanerkenntnis ist also nicht nötig. Auch keine Beweislastumkehr (Verstoß gegen **(5)** §§ 307, 309 Nr. 12 BGB), jedoch Schadensersatz-

1. Abschnitt. Allgemeine Vorschriften 10 § 355

pflicht des Kunden aus Verletzung des Girovertrags (§ 280 BGB) bei fährlässig mangelhafter Kontrolle der Kontoauszüge, BGHZ 73, 211; 95, 108, OLG Hamm WM 1986, 704. Diese Kontokorrentfrage berührt nicht die (vom Giro- oder Kreditvertrag bestimmte) Höhe des jeweils für den Kunden verfügbaren Betrags, BGHZ 50, 282. Möglich ist Verpflichtung des Kunden zum **Ausgleich eines** Debet-(Tages-) **Saldos** (maW zu entspr. Leistung in das Kontokorrent) schon **vor Periodenschluss** und ohne Kontokorrentkündigung, BGH MDR 1970, 303, WM 1972, 287; so idR für Überziehungskredit, BGHZ 73, 207. Herauslösung von Forderungen aus Kontokorrent → Rn. 14. Kontokorrentkredit → **(7)** Bankgeschäfte Rn. G20. Ersatzaussonderung des auf Kontokorrentkonto gelangten Erlöses aus der Veräußerung massefremder Gegenstände, BGHZ 141, 116 gegen BGHZ 58, 257. Haftung für Sicherheiten (Obergrenze der niedrigste Zwischensaldo) → § 356 Rn. 1–2, **Pfändung** s. § 357. Ausgeschiedener Gfter → § 128 Rn. 30. Lit.: Staub/Grundmann Rn. 2/122 ff.; Schaudwet, 1967 (Bankenkontokorrent und AGB).

Nach jedem Periodenschluss, beim Staffelkontokorrent (→ Rn. 8) nach jeder 10 Buchung, ist der Saldo entweder vom einen Teil mitzuteilen und vom anderen anzuerkennen (so zwischen Bank und Bankkunden) oder (wenn beide Seiten buchen) gegenseitig mitzuteilen und anzuerkennen. Mitteilung des Rechnungsauszugs mit dem Saldo (ebenso Klage auf den Saldo) enthält Antrag auf Vertragsschluss über **Anerkennung des Saldos** (§§ 780 ff. BGB), vgl. → Rn. 7. Jeder Teil erkennt dadurch zugleich die aufgenommenen Habenposten des anderen an, BGH WM 1967, 1163; 1975, 557; ebenso Vollständigkeit der Buchungen zu seinen Gunsten. Diese Wirkung ist nicht mit einer rechtsgeschäftlichen Genehmigung zu verwechseln, unbegründete Belastungsbuchungen werden durch das Saldoanerkenntnis nicht ohne Weiteres genehmigt (anders uU kraft AGB), BGHZ 144, 355. Sind einzelne Posten zu Unrecht aufgenommen, macht das nicht entspr. § 139 BGB die Saldierung (ganz oder zT) ungültig. Das Saldoanerkenntnis steht insoweit auch nicht unter einer stillschweigenden auflösenden Bedingung der Gesamtverrechnung, so noch RG; auch findet keine verhältnismäßige Gesamtaufrechnung statt, offen BGHZ 93, 313. Vielmehr werden die verbindlichen Posten unabhängig von den unverbindlichen verrechnet; Begründung und zT Ergebnis sehr str., für §§ 366, 396 BGB analog hL, Staub/Canaris Rn. 155; MüKoHGB/Langenbucher Rn. 82; → Rn. 7; für ergänzende Vertragsauslegung Schlegelb/Hefermehl Rn. 91; für Unverbindlichkeit des Saldoanerkenntnisses und der Verrechnung als Teil davon BGHZ 93, 313. Im Bankkontokorrent kommt insoweit nicht Storno wegen Buchungsfehlers (**(8)** AGB-Banken Nr. 8 nF) in Betracht; BGH WM 1972, 285. Das unrichtige Anerkenntnis kann als rechtlich grundlos widerrufen werden, § 812 II BGB, BGH WM 1975, 557 (mit Beweislast des Benachteiligten für die Unrichtigkeit), falls nicht § 814 BGB entgegensteht (Kenntnis der Unrichtigkeit, nicht genügend ist fahrlässige oder grobfahrlässige Unkenntnis), BGH WM 1972, 285. § 814 BGB steht nur bei Kenntnis der Unrichtigkeit im Zeitpunkt der Mitteilung (Saldoklagerhebung) entgegen (Weiterverfolgung der zu niedrigen Saldoklage nach Aufklärung des Irrtums ist kein neues Anerkenntnis), hindert nicht Geltendmachung des Mehrbetrags aus § 812 II BGB); BGH BB 1967, 1398, BGHZ 51, 348. Auf Mitteilung kann verzichtet werden, der Verzichtende anerkennt so im Voraus, RG JW 1935, 2356. Verweigerung der Anerkennung wegen Unrichtigkeit des mitgeteilten Saldos ist zulässig, auch wenn der Verweigernde Tagesmitteilungen, die schon den Fehler enthielten, unbeanstandet ließ. Anfechtung des Anerkenntnisses ist möglich, nicht aber wegen irriger Annahme, die Abrechnung geprüft zu haben, wenn der Anerkennende die mitgeteilte Höhe der Schuld ungefähr kannte, RG JW 1935, 2356. Das Anerkenntnis hindert nicht die Ausscheidung eines durch unerlaubte Handlung in das Kontokorrent gelangten Postens, RGZ 125, 416.

Leyens 1709

Stillschweigende Anerkennung → § 346 Rn. 37. Bei Saldoklage ohne Saldoanerkenntnis sind alle strittigen kontokorrentpflichtigen Vorgänge, ohne Änderung der Beweislast, zu prüfen zur Klärung des Ob und Wieviel des Überschusses, BGHZ 49, 26; 93, 314. Beweislast bei Bürgschaft für Kontokorrentschuld s. BGH ZIP 1988, 224; krit. Reinicke/Tiedtke Rn. 545.

11 Der **Saldoanspruch** wird bei fortbestehendem Kontokorrent, wenn nicht bezahlt (→ Rn. 22), „vorgetragen" und am nächsten Stichtag mit den neuen Posten saldiert. Er hat eigenen Erfüllungsort (§ 269 BGB) und verjährt nach Ende des Kontokorrents in 3 Jahren (§§ 195, 199 BGB), BGHZ 51, 349, WM 1973, 1015. Saldoausgleich vor Periodenschluss → Rn. 9. Zu §§ 270 IV, 269 I BGB → **(7)** Bankgeschäfte Rn. C108.

12 Die **Verjährung** einer in das Kontokorrent einzustellenden Forderung ist (entspr. § 205 BGB, vgl. → Rn. 7) gehemmt bis zum Ende der bei ihrer Entstehung laufenden Rechnungsperiode, dann verjährt die Forderung nach den für sie geltenden Vorschriften. Das gilt einerlei, ob sie vertragsgemäß in das Kontokorrent eingestellt ist oder nicht. Ist sie eingestellt, wird sie durch Saldoanerkennung (vgl. → Rn. 10) erledigt; bei Nichtanerkennung muss Gläubiger das Recht auf Anerkennung oder (nach Kontokorrentende) Zahlung innerhalb der Verjährungsfrist für die Einzelnen streitigen Forderungen geltend machen; BGHZ 49, 26; 51, 349, WM 1970, 548; 1973, 1015; 1976, 506. Ist der Saldo ohne eine einzustellende Forderung anerkannt, muss Gläubiger in der für sie geltenden Verjährungsfrist das Anerkenntnis zurückfordern (§ 812 II BGB, vgl. → Rn. 10) und die Forderung (zur Einstellung oder Zahlung) noch geltend machen, BGHZ 51, 348. Verjährung des (anerkannten) Saldoanspruchs → Rn. 11. Verjährung bei rechtsgrundloser Belastungsbuchung, Placzek WM 2017, 1835.

4) Umfang des Kontokorrents

13 In das Kontokorrent einstellbar (**kontokorrentfähig**) sind nur buchungsfähige Vorgänge. Auch klaglose, aber erfüllbare Ansprüche (vgl. **(14)** BörsG §§ 50 ff. aF); unter der auflösenden Bedingung der Erfüllungsweigerung durch Schuldner; mit Möglichkeit der Vereinbarung ihrer bevorzugten Verrechnung (Erfüllung), RGZ 144, 312, Canaris DB 1972, 809. Auch vorausabgetretene Ansprüche (Kontokorrentabrede geht Vorausabtretung vor), BGH NJW 2009, 2677, aber nicht insolvenzfest (→ Rn. 23); auch andere als Geldansprüche, sofern nicht Geldkontokorrent vereinbart ist (→ Rn. 1), zB Palettenkontokorrent, MüKoHGB/Langenbucher Rn. 34, aber iZw nicht kontokorrentgebunden (→ Rn. 14). **Nicht** nach herkömmlicher Ansicht zukünftige oder bedingte Ansprüche, aber es kommt auf den Parteiwillen an, zutr. MüKoHGB/Langenbucher Rn. 43, Rö/Steimle/Dornieden Rn. 24, 28, allgemeiner Oetker/Maultzsch Rn. 33; Ansprüche in anderer als der Kontokorrentwährung (wenn vereinbart, mit Gegenwert in dieser); Leistungen Dritter mit abw. Weisung, BGH BB 1974, 670 (Bankkontokorrent, andere Bank überweist Betrag als Darlehen für den Kunden); Verzugszinsen beim Verbraucherdarlehensvertrag, unpfändbare Forderungen, Einlageforderungen bei Kapitalgesellschaften und Genossenschaften, MüKoHGB/Langenbucher Rn. 35–37.

14 **Kontokorrentgebunden** sind die aus der Geschäftsverbindung folgenden gegenseitigen Ansprüche und Leistungen, iZw alle diese, BGH WM 1991, 495; zB auch ein der Bank nicht gebührender Mehrerlös aus Verwertung von Sicherheiten des Kunden, BGH NJW 1982, 1151; OLG Rostock WM 2003, 627; auch pfändungsfreies Arbeitseinkommen, das der Kunde auf das Konto überweisen lässt, BGH NJW 2005, 1863 m. krit. Anm. Scholz-Löhnig 2432. Grund: keine Zwangslage nach ZPO. Zu Unrecht nicht gebuchte Posten werden doch von der Abrede erfasst, Wirkung → Rn. 7; zu Unrecht gebuchte sind nicht zu verrechnen, BGH BB 1959, 59. §§ 366, 367 BGB (Anrechnung der Leistung auf mehrere Forderungen, Vorrang von Kosten, Zinsen) sind im Kontokorrentverhältnis unanwendbar, BGHZ 77, 261, OLG Hamm NJW 1978, 1166. Die Parteien können aber die vorrangige Tilgung bestimmter, in das Kontokorrent eingestellter Forderungen vereinbaren (ungewöhnlich, deshalb nur bei klarer Sonderabrede), BGH WM 1991, 495. Die Parteien können Forderungen aus Kontokorrent **herausnehmen,** auch durch stillschweigende Abrede, zB zwecks Umwandlung in Vereinbarungsdarlehen, BGH WM 1972, 287; so auch Rückforderung nach Zurückbelastung eines Schecks (s. **(8)** AGB-Banken Nr. 9) und idR andere wertpapierrechtliche Regressansprüche, MüKoHGB/Langenbucher Rn. 48.

Mehrere Kontokorrente unter denselben Parteien sind ohne Weiteres möglich. Jedes von mehreren Kontokorrentkonten ist ein selbstständiges Kontokorrent, zB auch bei zweckgebundenem, auf eigenem Konto geführtem Zusatzkredit über den Kreditrahmen hinaus, BGH WM 1982, 329. Konsequenz: Saldierung und Saldoanspruch nur im jeweiligen Kontokorrent, Folgen für § 366 BGB. Parteiwille im Einzelfall kann ergeben, dass nur der Gesamtsaldo der mehreren Konten geltend gemacht werden darf, zB bei gleichem Kredit- und Debetzins und Aufteilung auf mehrere Konten nur zur besseren Übersicht oder aus anderen, das Verhältnis der Parteien nicht berührenden Gründen, BGH LM HGB § 355 Nr. 3, WM 1972, 286. Lit.: Liesecke WM 1975, 301.

5) Zinsen und Provisionen

Zinsen dürfen (→ Rn. 14–15) berechnet werden: **aus Einzelposten,** die nach Vereinbarung oder Gesetz (vor den §§ 353, 354 II) Zins tragen (zB Vorschuss des Verlegers an den Autor, § 354 II), soweit und solange der Saldo den zinspflichtigen Einzelposten deckt (zB bis dem Verlegervorschuss ein gleicher Honoraranspruch des Autors gegenübersteht). Aber unterschiedliche Verzinsung von Einzelposten widerspricht dem Vereinfachungszweck, ist deshalb iZw nicht beabsichtigt. Zinsvereinbarung für einen Einzelposten (abw. von der im Übrigen zwischen den Parteien geltenden Zinsregelung) kann Herausnahme des Postens aus dem Konkokorrent anzeigen (→ Rn. 14), MüKoHGB/Langenbucher Rn. 49.

Zinsen vom jeweiligen Saldo (der beim Nichtstaffelkontokorrent, vgl. → Rn. 8, jeweils zu berechnen ist): unter zwei Kflten nach § 353, sonst nach Vereinbarung. Der Zinsanspruch vom (wechselnden) jeweiligen Saldo aus der Periode wird an deren Schluss berechnet, gebucht, mitsaldiert.

Zinsen vom Periodenschlusssaldo (Ausnahme vom Zinseszinsverbot, I): Zinsanspruch also auch, soweit der Saldo schon (vgl. → Rn. 16–17) Zins enthält (entgegen § 248 I BGB), OLG Hamm WM 1983, 222; soweit denn auch Kontokorrentbürgschaft, BGHZ 77, 262, str. Diese Ausnahme vom Zinseszinsverbot des § 248 I BGB soll nicht für das uneigentliche Kontokorrent unter NichtKflten gelten, hL, Staub/Canaris Rn. 31, Oetker/Maultzsch Rn. 15, aA ausdehnend auf Kontokorrent unter Unternehmensträgern und NichtKflten, K. Schmidt § 21 II Rn. 10; MüKoHGB/Langenbucher Rn. 13; vgl. auch K. Schmidt FS Claussen, 1997, 483; auch unter NichtKflten Neuner ZHR 157 (1993), 251 mit dem Hinweis, dass das Kontokorrent auch für diese Vorteile habe, denen gegenüber die Ausnahme von § 248 I BGB gering wiege. Entscheidend ist demgegenüber, dass §§ 355–357 im Übrigen auch unter NichtKflten Anwendung finden (→ Rn. 3) und dass für Verbraucherdarlehensverträge seit SMG § 497 II BGB gilt. Im Übrigen besteht ein hochentwickelter Schutz gegen überhöhte Zinsen durch die Rspr. (→ **(7)** Bankgeschäfte Rn. G10). I erlaubt die Vereinbarung von Zinseszinsen im Voraus, ordnet aber einen Zinsanspruch nicht an, das hängt von der Verzinslichkeit der im Saldo enthaltenen Forderungen ab. Verzinslichkeit ist kein Bestandteil des Kontokorrentbegriffs, Staub/Canaris Rn. 46, Verzinsungsvereinbarung liegt aber beim Kontokorrentverhältnis idR vor.

Zinssatz: Unter zwei Kflten für gesetzlichen und vereinbarten Zins (vgl. → Rn. 16–18) § 352. Sonst nach Vereinbarung, die uU auf Gleichstellung mit dem kfm. Zins gerichtet. Möglich verschiedener Satz für Einzelposten oder Saldo, zB bei Banken. Bei wechselndem Debet-, Kreditsaldo in der Periode: Zinssaldo, zu berechnen, buchen, mitsaldieren (vgl. → Rn. 17).

20 **Provisionen** sind zu berechnen nach § 354 oder besonderer Vereinbarung. Sie sind im Bankverkehr für die Bank üblich (vgl. **(8)** AGB-Banken Nr. 12) und werden idR bei Periodenschluss berechnet, gebucht und mitsaldiert.

6) Verfügungen über den Saldo

21 Wann der Saldogläubiger **Auszahlung** verlangen kann, richtet sich nach Vereinbarung. Im Bankkontokorrent kann iZw der Kunde seinen Kreditsaldo jederzeit abheben, die Bank einen Debetsaldo jederzeit einfordern, anders beim Kontokorrentkredit der Bank (der eben darin besteht, dass die Bank den Kunden im Debet sein lässt). In anderen Fällen (→ Rn. 7) kann Auszahlung iZw nur beim Periodenschluss verlangt werden; „quartalsweise Abrechnung" bedeutet idR Saldoauszahlung nur am Quartalsende. Kommen in das Kontokorrent ausschließlich oder überwiegend Verpflichtungen nur vom einen an den anderen Teil (Bsp.: Unternehmer, HdlVertreter, Verlagsmitarbeiter), kann, auch stillschweigend, diesem gestattet sein, „Vorschüsse" bestimmten (oder angemessenen) Umfangs „abzuheben". Wird das Kontokorrent während einer Periode gekündigt (was nach III iZw jederzeit möglich ist), so wird der Überschuss sogleich fällig (III); dazu → Rn. 23–27. Herauslösung eines Postens → Rn. 14. Darlegungspflicht bei Klage auf Saldo s. BGH NJW 1983, 2879.

22 Auch die Möglichkeit der **Abtretung** (zB Sicherungsabtretung) oder **Verpfändung** des Saldoanspruchs richtet sich nach Vereinbarung, mangels solcher nach der Art des Rechtsverhältnisses. Im Bankkontokorrent gibt es keine Abtretung des Kreditsaldos des Kunden, nur Überweisung des Saldobetrags, str. Bei anderen Kontokorrenten ist Abtretung wie Einziehung iZw nur des Saldos bei Periodenschluss zulässig (Abtretung auch im Voraus). Die Abtretung gleicht den Saldo aus wie die Einziehung. Vorausabtretung → Rn. 13, 23. Aus der Pfändbarkeit des jeweiligen Saldos (§ 357) folgt nicht seine Abtretbarkeit. **Pfändung** s. § 357.

7) Ende des Kontokorrents (III)

23 Das Kontokorrent **endet** mit der Geschäftsverbindung (→ Rn. 4, Kontokorrentkredit → **(7)** Bankgeschäfte Rn. G20), BGHZ 74, 135, nicht ohne Weiteres mit Ablauf der für den Kontokorrentkredit vereinbarten Frist oder mit dessen Fälligstellung, BGH WM 2003, 141, aber jederzeit nach Vereinbarung, auch stillschweigend, auch vor völliger Rückzahlung des Kontokorrentkredits, BGH WM 1987, 897. Entscheidend ist der Parteiwille, BGH WM 2003, 1418. Kündigung ist iZw jederzeit möglich, auch während einer Periode (III), auch bei Fortdauer der Geschäftsverbindung mit oder ohne weiterlaufenden Dauervertrag (dann fällt die laufende Verrechnung fort, alle Einzelansprüche sind gesondert zu begleichen oder durch besondere Erklärung aufzurechnen). Rückzahlungsanspruch ohne Kündigung während der Rechnungsperiode → Rn. 9. Das Kontokorrent endet mit der Insolvenz einer Partei (§§ 116 S. 1, 115 S. 1 InsO), BGHZ 70, 93; 74, 253; 157, 356; BGH NJW 2009, 2678, auch wenn der Insolvenzverwalter Kontokorrentkonto fortführt, BGH NJW 1991, 1286, vgl. § 116 InsO (aber auch § 116 S. 3 InsO über Fortbestehen von Überweisungsverträgen sowie Zahlungs- und Übertragungsverträgen mit Wirkung für die Masse, → **(7)** Bankgeschäfte Rn. A58); durch Schließung des Betriebs der kontenführenden Bank von hoher Hand, BGH NJW 1956, 17. Insolvenzanfechtung von Kontokorrentverrechnungen, BGHZ 150, 122, NJW 2007, 1069; 2009, 2307; 2013, 3031; trotz Vorausabtretung keine Insolvenzfestigkeit der kontokorrentgebundenen Forderungen und des kausalen Schlusssaldos BGH NJW 2009, 2677 (Aufgabe von BGHZ 70, 86). Das Kontokorrent endet **nicht** durch

1. Abschnitt. Allgemeine Vorschriften 1, 2 § 356

Fälligwerden des im Kontokorrent abgewickelten Kredits; durch Abhebung des Saldos; bei Fehlen von Kontenbewegungen über mehrere Jahre, BGH BB 1984, 566; iZw nicht durch Pfändung (s. § 357). Auskunft und Rechnungslegung → (7) Bankgeschäfte Rn. C42, D39. Nach Kontokorrentende fallen vom Schlusssaldo nur Verzugs-, keine Zinseszinsen mehr an, BGH NJW 1991, 1286.

Endet das Kontokorrent mit einer Saldoanerkennung, so besteht nur die **Saldoforderung,** → Rn. 10. Endet es während der Dauer einer Rechnungsperiode (zB durch Kündigung, III) oder bei Ablauf einer Periode, ohne dass ein Saldo anerkannt wird, so bestehen neben der Saldoforderung aus der letzten Anerkennung noch die danach in das Kontokorrent aufgenommenen (noch nicht anerkannt saldierten) **Einzelansprüche.** Der Gläubiger des (sofort fälligen) Überschusses (III) eines ohne Rechnungsabschluss und Saldoanerkenntnis beendeten Kontokorrents hat die Aktivposten zu begründen, der Gegner die Passivposten, BGHZ 105, 265; BGH NJW 1991, 2908; doch hat der Anspruchssteller nach III so vorzutragen, dass das Gericht die eingeklagte Saldoforderung überprüfen kann, BGH NJW 1991, 2908; 2014, 1141 Rn. 31. Einwendungen und Einreden gegen diese Einzelposten sind nicht beschränkt; betr. Verjährung → Rn. 11–12. 24

[Sicherheiten]

356 (1) **Wird eine Forderung, die durch Pfand, Bürgschaft oder in anderer Weise gesichert ist, in die laufende Rechnung aufgenommen, so wird der Gläubiger durch die Anerkennung des Rechnungsabschlusses nicht gehindert, aus der Sicherheit insoweit Befriedigung zu suchen, als sein Guthaben aus der laufenden Rechnung und die Forderung sich decken.**

(2) **Haftet ein Dritter für eine in die laufende Rechnung aufgenommene Forderung als Gesamtschuldner, so findet auf die Geltendmachung der Forderung gegen ihn die Vorschrift des Absatzes 1 entsprechende Anwendung.**

1) Sicherheiten für Einzelforderungen

Die für die Einzelansprüche bestellten **Sicherheiten** bleiben in Kraft. Mangels Novation ist das selbstverständlich, bei Novation wie nach der Rspr. (→ § 355 Rn. 7) folgt dies regelwidrig aus § 356. So zB Bürgschaft (für Einzelanspruch, zu unterscheiden von Kontokorrentbürgschaft für künftige Salden, → Rn. 3), Hypotheken, Pfandrechte, Zurückbehaltungsrechte, RGZ 162, 251, besondere Pfandrechte wie Früchtepfandrecht, BGHZ 29, 283; uU eine Aufrechnungsmöglichkeit, OLG Hamburg MDR 1954, 486, BGH BB 1955, 715; Eigentumsvorbehalt, Sicherungseigentum, Rechte aus Sicherungszessionen, Vormerkungen im Grundbuch; nach II auch die Mithaftung von Gesamtschuldnern. Auch die Gfter (§ 128) und ehemaligen Gfter (→ § 128 Rn. 28) haften weiter. 1

Die Sicherheit (auch Gfter-Haftung, → Rn. 1) **gilt nunmehr** (in der ursprünglichen Höhe) **für den Saldo,** ebenso für spätere (nicht höhere) Rechnungsabschlusssalden. Änderungen in der Periode zählen nicht. **Obergrenze** ist der **niedrigste Zwischensaldo,** Wiederanstieg des verminderten Saldos ist unerheblich, BGHZ 26, 150; 50, 283; BGH WM 1991, 495; Koller/Koller Rn. 2 f., Rö/Steimle/Dornieden Rn. 9; sehr str., aA für Unanwendbarkeit des § 356 auf die Verrechnung mit beachtlichen Gründen MüKoHGB/Langenbucher Rn. 12, Oetker/Maultzsch Rn. 16; auch → § 128 Rn. 30. Das gilt auch, wenn eine Sicherheit gekündigt wird (→ (7) Bankgeschäfte Rn. H6), BGH NJW 2003, 62. § 356 gilt auch bei Sicherung eines Anspruchs in Unkenntnis seiner Erfassung durch ein Kontokorrent, RGZ 136, 181; bei Einbeziehung einer gesicherten älteren Forderung in ein jüngeres Kontokorrent. Der Gläubiger kann uU haftende Werte zuerst für ungesicherte, dann für die gesicherte Saldoforderung in Anspruch 2 nehmen, BGHZ 29, 283. Einstellung einer Forderung in ein Kontokorrent gegen Vereinbarung Gläubiger-Bürge wirkt nicht gegen diesen; er haftet nur für die, aus dem Kontokorrent dazu wiederauszusondernde verbürgte Forderung soweit ungedeckt, BGH BB 1961, 117.

2) Sicherheiten für den Saldo

3 Bedeutender als Sicherung von Einzelansprüchen ist Sicherung des **Saldoanspruchs,** durch Vertrag (Bsp.: Bankkontokorrentkredit, Bierlieferung) oder Gesetz (vgl. §§ 397, 440, 464, 475b: Pfandrechte). Zahlungen Dritter (Bürge, Mitschuldner usw) werden dem Schuldner im Kontokorrent gutgebracht; die beglichene Saldoforderung geht auf den Dritten über (vgl. zB §§ 426 II, 774 BGB). Kontokorrent(saldo-)bürgschaft s. BGHZ 77, 256; BGH NJW 1996, 719.

[Pfändung des Saldos]

§ 357 ¹ Hat der Gläubiger eines Beteiligten die Pfändung und Überweisung des Anspruchs auf dasjenige erwirkt, was seinem Schuldner als Überschuß aus der laufenden Rechnung zukommt, so können dem Gläubiger gegenüber Schuldposten, die nach der Pfändung durch neue Geschäfte entstehen, nicht in Rechnung gestellt werden. ² Geschäfte, die auf Grund eines schon vor der Pfändung bestehenden Rechtes oder einer schon vor diesem Zeitpunkte bestehenden Verpflichtung des Drittschuldners vorgenommen werden, gelten nicht als neue Geschäfte im Sinne dieser Vorschrift.

1) Keine Pfändung der Einzelforderungen im Kontokorrent

1 Pfändung von in das Kontokorrent fallenden Einzelansprüchen ist nicht möglich, BGHZ 80, 175, → § 355 Rn. 7–8; Girotagesguthaben → Rn. 8. Umdeutung in Saldopfändung scheitert idR, weil Identität der gepfändeten Forderung aus dem Pfändungsbeschluss erkennbar sein muss, BGH NJW 1982, 1151.

2) Pfändung des gegenwärtigen Saldos (§ 357)

2 § 357 S. 1 meint den (beim Nichtstaffelkontokorrent, vgl. → § 355 Rn. 7–8, ad hoc zu berechnenden) Saldo im Zeitpunkt der Pfändung **(Zustellungssaldo),** also nicht den Saldo (unter Ausschluss neuer Schuldposten) zzt. des nächsten Periodenschlusses, BGHZ 80, 176; 192, 317, hL. Besteht kein Aktivsaldo des Pfändungsschuldners, ist die Pfändung gegenstandslos und unwirksam, str. Wirkung auf künftige Periodenschluss-Aktivsalden, → Rn. 5–7. **Kontopfändungsschutz** nach ZPO; Pfändungsschutzkonto (P-Konto, KontopfändSchG 7.7.2009 BGBl. 1707), → **(7)** Bankgeschäfte Rn. A46.

3 Pfändung und Überweisung **lösen** iZw das Kontokorrent **nicht auf,** sondern führen nur buchungstechnisch und nur zwischen Pfändungsgläubiger und Bank zum vorläufigen Kontoabschluss, BGHZ 80, 176, aA Gröger BB 1984, 28, differenzierend Zwicker DB 1984, 1713, geben Pfändungsgläubiger kein eigenes Kündigungsrecht, kein Recht zur Ausübung des Kündigungsrechts seines Schuldners (→ § 355 Rn. 23), RGZ 140, 222 (str.; nach aA § 725 BGB, § 135 HGB analog), Einziehungsrecht also nur gemäß dessen Auszahlungsrecht (→ § 355 Rn. 21–24).

4 Beschlagwirkung: § 829 I ZPO, Pfändung einer Geldforderung; § 835 ZPO, Überweisung einer Geldforderung. Beschlagwirkung auch für die Nebenrechte (wie bei Abtretung, §§ 412, 401 BGB), BGH WM 2003, 1891 (Auskunfts- und Rechnungslegungsanspruch aus Bankvertrag). Auslegung des Pfändungs- und Überweisungsbeschlusses bei mehreren Girokonten nach § 133 BGB, LG Oldenburg WM 1982, 679. Zeitpunkt: Zustellung an Kontokorrentpartner, § 829 III ZPO. Demgemäß wirken jüngere Sollposten nicht gegen Pfändungsgläubiger, § 357 S. 1. **Ausnahme bei älterem Recht** (Pflicht) des Kontokorrentpartners,

1. Abschnitt. Allgemeine Vorschriften 5–8 § 357

§ 357 S. 2, der gepfändete Saldo ist insofern „vorbelastet" (Drittschuldnerschutz). Bsp.: Stornierung älterer Scheckgutschrift auf Grund Eingangsvorbehalts nach Nichteingang, Banküberweisung auf Grund älteren Auftrags, im Dauerliefervertrag Ausführung früher vereinbarter Lieferung von Kontokorrentpartner an Pfändungsschuldner. Nicht unter S. 2 fallen Zahlungen des Drittschuldners an den Pfändungsschuldner selbst, mit denen nur ein schuldrechtlicher Anspruch dieses Schuldners getilgt werden soll (§ 829 I ZPO), BGH NJW 1997, 2322. Maßgeblicher Zeitpunkt ist „Grundlegung" des Rechts. Bsp.: Einlösepflicht bei vormaligen ec-schecks (hier 30. Aufl. (7) Bankgeschäfte Rn. F1) war schon mit Karten- und Formularaushändigung an Scheckaussteller angelegt, BGHZ 93, 71, anders nach Wegfall der ec-Garantie (→ (7) Bankgeschäfte Rn. F2) beim jetzigen Point-of-sale-Verfahren, BGH NJW 2003, 1257. Nicht Bestellung des Pfandrechts nach (8) AGB-Banken Nr. 14 II für künftige Ansprüche, BGH NJW 1997, 2322. Jüngere Habenposten → Rn. 5–7. Zur Erstreckung auf die Herausgabe von Kontoauszügen, BGH NJW 2012, 1081; 2012, 1223.

3) Pfändung künftiger Salden, Pfändung des Anspruchs auf Gutschrift

§ 357 regelt nicht die Pfändung künftiger Kontokorrentsalden, BGHZ 80, 178. 5
Die **künftige Saldoforderung** ist aber wie andere künftige Forderungen nach §§ 829 ff. ZPO pfändbar (idR wird diese Pfändung mit der des nicht ausreichenden gegenwärtigen Saldos verbunden, sog. Doppelpfändung), wenn die Erwartung ihrer Entstehung ausreichend rechtlich fundiert ist, insbesondere beim Kontokorrent im Dauerrechtsverhältnis (zB des HdlVertreters zum Unternehmer, des Gfters zur Ges., des Dauerlieferers zum Daueraffnehmer). So auch beim Bankkontokorrent (vgl. → § 355 Rn. 9). Schuldner ist frei zur Einrichtung eines anderen Kontos und Veranlassung seiner Schuldner zur Zahlung auf dieses. Zu den verschiedenen **Pfändungsmöglichkeiten beim Girokonto** s. Hopt/Mülbert Rn. 111. **Pfändungsschutzkonto** → (7) Bankgeschäfte Rn. A46. Lit.: Schläger NJW 1974, 1095; Forgach, Herz DB 1974, 809; 1974, 1851; Terpitz WM 1979, 570; Gröger BB 1984, 25 (Mehrfachpfändungen).

Die Pfändung künftiger Forderungen erstreckt sich beim Bankkontokorrent 6 nicht nur auf den nächsten Aktivsaldo, sondern auch auf **alle künftigen Aktivsalden** (Tages- oder Zwischensalden) bis zur Befriedigung des Gläubigers, BGHZ 80, 178; 192, 317; OLG Oldenburg WM 1979, 591. Dem Bestimmtheitserfordernis ist bei hinreichender Bezeichnung des bestehenden Kontokorrentverhältnisses auch hinsichtlich der späteren Periodensalden genügt, BGHZ 80, 181. Die Pfändung der künftigen Aktivsalden lässt die künftigen Tagesguthaben unberührt (aber → Rn. 8–10), BGHZ 84, 378.

Die **Pfändung des Anspruchs auf Gutschrift** (§§ 675 I, 667 BGB, → (7) 7 Bankgeschäfte Rn. C90) hindert nur den Kunden an anderweitiger Verfügung; der gutzuschreibende Betrag gelangt also auf das Konto; sie begründet aber keinen Auszahlungsanspruch an Pfändungspfandgläubiger (bloße Hilfspfändung), BGHZ 93, 323.

4) Pfändung künftiger Girotagesguthaben und der Kreditlinie

Pfändbar sind auch **künftige Einzelforderungen (Girotagesguthaben)** des 8 Schuldners (Kontoinhabers) aus dem Girovertrag, soweit sie zwischen zwei Rechnungsabschlüssen entstehen und für den Schuldner verfügbar sind; weder § 613 S. 2 BGB noch Kontokorrentabrede (→ Rn. 1) stehen entgegen; BGHZ 84, 329 (373), str. Aber dazu ist eindeutig formulierter Pfändungs- und Überweisungsbeschluss nötig, BGHZ 80, 180. Die Pfändung bewirkt keine Kontensperre, BGH NJW 2004, 369, aber (abhängig von der Höhe des gepfändeten Betrags) dass kein künftiger Aktivsaldo (→ Rn. 6) mehr entsteht. Das zeitlich frühere Pfandrecht der Bank nach (8) AGB-Banken Nr. 14 geht vor, BGHZ 93, 326. Zur Auskunftspflicht der Bank (§ 840 ZPO) BGHZ 86, 23. Der unselbstständige,

Leyens

nach §§ 412, 401 BGB auf den Gläubiger übergehende Nebenanspruch auf Auskunftserteilung wird von der Pfändung des Hauptanspruchs mit erfasst, BGHZ 165, 60; der allgemeine girovertragliche Auskunftsanspruch des Schuldners auf Rechnungslegung sowie auf Kontoauszüge ist nicht mit erfasst und auch gar nicht pfändbar (§ 613 S. 2 BGB, § 851 ZPO), BGHZ 165, 53. Grund: diese Informationen stehen dem Gläubiger nicht zu und die Bank könnte sonst keinen Kontokorrentabschluss nach § 355 mehr herbeiführen. Lit.: Werner/Machunsky BB 1982, 1581, BankrechtsHdb/Bitter § 17 (Kontenpfändung).

9 Die Pfändung künftiger Girotagesguthaben läuft ins Leere, wenn das **Konto debitorisch** bleibt. Die Pfändung des Anspruchs auf Gutschrift ist möglich, BGH WM 1973, 893, doch gewinnt der Gläubiger dadurch keinen Auszahlungsanspruch; die Pfändung ist also nutzlos, soweit die Gutschrift nur ein Debet vermindert. Die Pfändung des Anspruchs auf Durchführung von Überweisungen ist möglich, BGHZ 84, 329; 93, 315, aA Häuser WM 1990, 129; aber ein solcher Anspruch besteht idR nicht bei debitorischen Konto.

10 Die Möglichkeit der Pfändung in offene **Kreditlinien** ist str. Keinesfalls Pfändung bei bloßer Duldung der Kontoüberziehung (mangels Anspruchs, → (7) Bankgeschäfte Rn. G14), BGHZ 93, 325. Soweit wie idR ein gewerblichen und bei vielen privaten Krediten eine Zweckbindung besteht, ist auch keine Pfändung außerhalb dieses Zweckes möglich, BGH WM 1978, 553; 2000, 265, so erst recht bei einem treuhänderisch gebundenen Sanierungskredit, BGHZ 147, 201. Die Auszahlungsansprüche des Bankkunden gegen das Kreditinstitut aus einem vereinbarten **Dispositionskredit** („offene Kreditlinie") sind dagegen, wenn und soweit der Kunde den Kredit in Anspruch nimmt (einseitiges, nicht pfändbares Gestaltungsrecht, zB durch Abhebung, Überweisung oder Zustimmung zu Lastschriften), grundsätzlich pfändbar, BGHZ 147, 193; 157, 355; 192, 318; ZIP 2011, 1324; WM 2004, 671; OLG Saarbrücken WM 2006, 2212; Felke WM 2002, 1632; aA Bitter WM 2004, 1109, keine Zweckbindung bei Überlassung des Kapitals zur freien Verfügung, keine einseitige Zweckbindung durch den Vollstreckungsschuldner. Die Entscheidung über die Kreditaufnahme (Abrufrecht) ist angesichts der damit verbundenen Rückzahlungspflicht des Schuldners höchstpersönlich und nicht pfändbar, Hopt/Mülbert Rn. 281; Häuser ZIP 1983, 900; Peckert ZIP 1987, 1232; Wagner JZ 1985, 718; ZIP 1985, 854; WM 1998, 1659, in diese Richtung auch BGHZ 147, 195; aA Grunsky ZZP 95 (1982), 271. Die Pfändung des Anspruchs auf Durchführung von Überweisungen an Dritte geht mangels Deckungsgrundlage ins Leere, BGHZ 93, 315.

[Zeit der Leistung]

358 Bei Handelsgeschäften kann die Leistung nur während der gewöhnlichen Geschäftszeit bewirkt und gefordert werden.

1) Leistungszeit nach BGB

1 Das HGB ändert nichts an der Regelung der **Leistungszeit** und ihrer Bedeutung in § 271 BGB und an § 271a BGB (Vereinbarungen über Zahlungs-, Überprüfungs- oder Abnahmefristen, neu ZahlungsverzugsG 2014, auch → § 352 Rn. 5), dazu Verse ZIP 2014, 1809; nachträgliche Stundung soll nicht erfasst sein, RegE, wegen Richtlinie aber str., Verse ZIP 2014, 1811. Ebenso gelten auch im HdlVerkehr § 604 BGB (Rückgabe der geliehenen Sache), § 488 II, III BGB (Fälligkeit von Darlehenszinsen und -kapital), §§ 608, 609 BGB (Fälligkeit von Rückerstattung und Entgelt beim Sachdarlehen), § 641 BGB (Fälligkeit des Werklohns), § 721 BGB (Gewinnverteilung unter Gftern, für OHG, KG §§ 120, 121, 167, 169 HGB). Abweichungen von § 271 I BGB können sich ergeben aus anderer „Bestimmung" (durch besondere Vorschrift, s. oben, oder Abrede) oder aus den (nach Treu und Glauben gewerteten) Umständen, auch aus HdlBrauch (§ 346), zB aus Anwendung von Klauseln wie „freibleibend", „so schnell wie möglich" (→ § 346 Rn. 40). § 271 II BGB ist nur Auslegungsvorschrift. Das Recht des Schuldners, vor Fälligkeit zu leisten, entfällt ua, wenn Gläubiger am Aufschub der Leistung bis zur Fälligkeit berechtigtes Interesse hat.

Ist die Zeit vertraglich nicht ausdrücklich bestimmt, so ist der Parteiwille 2 zunächst durch **Auslegung** zu ermitteln (→ § 346 Rn. 1). **Stundung** bei Vertragsschluss (→ Rn. 1) muss der Verkäufer widerlegen, spätere der Käufer beweisen, RGZ 68, 305. Über gewisse **Klauseln:** auf „Besserung", „prompt", „freibleibend", „so schnell als möglich" → § 346 Rn. 40. Unerhebliche **Überschreitung** der Erfüllungszeit rechtfertigt idR keine schwerwiegenden Folgen (anders natürlich bei Fixgeschäften uä). Die Verfallklausel (kassatorische Klausel: bei nicht rechtzeitiger Zahlung einer Rate wird das Kapital fällig) ist so zu verstehen, dass Verschulden Voraussetzung ist (strengere Haftung nach § 276 I 1 BGB bleibt aber unberührt), hM. Bei Zahlung vor Fälligkeit, auch einer unverzinslichen Geldschuld, darf Schuldner iZw keinen Abzug **(Skonto)** machen, § 272 BGB.

2) Leistung nur während der gewöhnlichen Geschäftszeit

Schon aus § 242 BGB folgt, dass der Schuldner nur zur üblichen Zeit leisten 3 darf. Diese übliche Zeit ist bei Kflten eben die **Geschäftszeit,** bei Banken zB die Zeit, in der die Schalter geöffnet sind. § 358 ist anwendbar, auch wenn der Leistende NichtKfm ist, sofern auf Seiten des Leistungsempfängers ein HdlGeschäft vorliegt. Die Art der Leistung bleibt gleich. Für Willenserklärungen gilt § 358 nicht. Es entscheidet die gewöhnliche Geschäftszeit im betr. HdlZweig und am Leistungsort. Auch die **Nacht** kann gewöhnliche Geschäftszeit sein, ebenso ein **Sonn- oder Feiertag.** Leistung außerhalb der Geschäftszeit kann der Gläubiger zurückweisen, kommt also damit nicht in Annahmeverzug; anders wo die Zurückweisung gegen Treu und Glauben verstieße, RGZ 92, 211. Nimmt er die Leistung an, so ist sie erfüllt. Die Aufforderung zur Leistung ist an die Geschäftszeit nicht gebunden. Der Samstag erhielt durch G 10.8.1965 BGBl. 753 eigenes Recht, er ist nicht Sonn- und Feiertagen gleichgestellt, Spiegel BB 1965, 1001.

[Vereinbarte Zeit der Leistung; „acht Tage"]

359 (1) **Ist als Zeit der Leistung das Frühjahr oder der Herbst oder ein in ähnlicher Weise bestimmter Zeitpunkt vereinbart, so entscheidet im Zweifel der Handelsgebrauch des Ortes der Leistung.**

(2) **Ist eine Frist von acht Tagen vereinbart, so sind hierunter im Zweifel volle acht Tage zu verstehen.**

1) Frühjahr, Herbst uä (I)

I gibt eine Regel über räumliche Konflikte: die Bedeutung unbestimmter 1 Zeitangaben richtet sich iZw nach dem **Handelsbrauch** (soweit er erheblich ist, → § 346 Rn. 1–2) **des Leistungsorts,** nicht zB des (etwa abw.) Schuldner- oder Gläubigersitzes.

2) „Acht Tage" (II)

Über Fristrechnung s. §§ 187 ff. BGB. **„Acht Tage"** sollen iZw (oft wird aus 2 Brauch der Vertragsumständen anderes hervorgehoben) entgegen beliebter Ausdrucksweise wirklich 8 Tage, nicht 1 Woche (7 Tage) bedeuten. Soll diese Frist von der Vereinbarung oder von einem Ereignis x an laufen, so zählt der Tag der Vereinbarung oder des Ereignisses x nicht mit, § 187 I BGB. Fristablauf s. § 193 BGB.

§ 360 1–3

[Gattungsschuld]

360 Wird eine nur der Gattung nach bestimmte Ware geschuldet, so ist Handelsgut mittlerer Art und Güte zu leisten.

1) Gattungsschuld nach BGB

1 Die **Gattungsschuld** (§ 243 BGB) steht im Gegensatz zur **Stückschuld (Speziesschuld)**. Während bei letzterer ein bestimmtes (konkretes) Einzelstück (das immer ein solches war oder aus einer Gattung ausgesondert wurde) zu leisten ist, ist die Gattungsschuld nur allgemein (abstrakt), nach Art und Zahl, bestimmt. **Beschränkte Gattungsschuld** heißt die Verpflichtung, aus einem bestimmten Vorrat eine bestimmte Menge zu liefern, zB Quantität x Melasse eigener Erzeugung des Schuldners, RGZ 93, 143, Zahl y Masten von bestimmtem Lagerplatz, RGZ 108, 420, x Tonnen Öl aus der Ladung des Schiffes Z, BGH WM 1973, 363 (Pflicht zur Lieferung der ganzen Ladung ist Speziesschuld, OLG Hamburg SeuffA 65, 160). Bei unverschuldetem Untergang der beschränkten Gattung wird der Schuldner von Primär- und Sekundärleistungspflichten frei, RGZ 108, 420, bis dahin steht er im Rahmen des übernommenen Risikos für seine Lieferfähigkeit ein (§ 276 I 1 BGB, entscheidend Übernahme des Beschaffungsrisikos, nicht wie vor SMG Gattungsschuld), es sei denn, er muss nach Treu und Glauben die nicht voll ausreichende Masse auf mehrere Gläubiger verteilen. Bei beschränkter Gattungsschuld folgt aus § 243 BGB, § 360 HGB zweierlei: (1) zu liefern ist Mittelgut der (beschränkten) Gattung, (2) das Gelieferte muss HdlGut mittlerer Art und Güte sein, zB ungetrübtes Öl; wurde die Ölladung des Schiffes Z (vgl. oben) trüb, hat Verkäufer wenn möglich (zumutbar) die Trübung zu beseitigen; BGH WM 1973, 363.

2 **Konzentration** (Konkretisierung) der Gattungsschuld, § 243 II BGB, nennt man die Bestimmung der zu leistenden Einzelstücke, durch welche die Gattungsschuld zur Stückschuld wird. Sie geschieht nicht schon mit der Auswahl durch den Schuldner (er kann nicht einseitig die Gattungsschuld in eine Stückschuld verwandeln), sondern erst, wenn er das zur Leistung seinerseits Erforderliche getan, dh bei Bringschulden am Wohnort des Gläubigers, bei Holschulden, wenn er eine den gesetzlichen und vertraglichen Erfordernissen genügende Sache angeboten hat, RGZ 69, 408. Bei Schickschuld genügt Absendung (Übergabe an die Transportperson). Der Gläubiger kann nunmehr diesen Gegenstand verlangen, der Schuldner nur durch Leistung dieses die Schuld erfüllen. Vertragswidriges Verhalten des Gläubigers kann den Schuldner nach Treu und Glauben von Lieferung der bestimmten Ware befreien; so namentlich bei Annahmeverzug.
Lit.: Huber FS Ballerstedt, 1975, 327, van Venrooy WM 1981, 890.

2) Gattungsschuld nach § 360

3 § 360 spricht statt von der Gattungsschuld schlechthin (§ 243 BGB) von der Gattungs**waren**schuld (entspr. für andere Gattungsschulden, → Rn. 1) und verlangt statt „Sachen mittlerer Art und Güte", **„Handelsgut mittlerer Art und Güte"**, was sowohl eine Erhöhung wie eine Minderung der verlangten Qualität bedeuten kann (der Hdl hat uU für schlechte Qualitäten Verwendung, die der Privatverkehr nicht brauchen kann). Er gilt auch bei einseitigem HdlGeschäft, § 345, aber vernünftigerweise nicht, wenn der NichtKfm Schuldner ist, denn vom NichtKfm kann auch ein Kfm. kein „HdlGut" fordern. HdlGut mittlerer Art und Güte ist Ware, wie sie im HdlVerkehr am Erfüllungsort **üblich** ist. Vor allem ist also immer HdlGut zu liefern; selbst wo sich der Käufer schlechteste Beschaffenheit gefallen lassen muss, RG JW 1938, 2411, also nicht Ware, die zwingenden gesetzlichen Vorschriften nicht genügt. Im Übrigen kann je nach Sachlage eine an sich gute Ware nicht genügen, eine mangelhafte genügen. „Mittlere Art und Güte" bedeutet Durchschnittsware. Es bestimmt zunächst der

Schuldner; der Gläubiger kann, wenn nicht entspr. geliefert, die Rechte aus § 437 BGB geltend machen.

Die Verpflichtung, **Ware geringerer Art und Güte** anzunehmen, kann aus 4 Vertrag (auch stillschweigender Vereinbarung), aus Treu und Glauben oder gar aus dem Gesetz folgen, wo ein solches etwa eine fremde Beimengung vorschreibt, wie bei Treibstoff. Übliche derartige Klauseln sind „tel quel" und die Besichtigungsklausel; → § 346 Rn. 40. Beweispflichtig ist der Verkäufer, nach Annahme der Ware der Käufer, § 363 BGB.

[Maß, Gewicht, Währung, Zeitrechnung und Entfernungen]

361 Maß, Gewicht, Währung, Zeitrechnung und Entfernungen, die an dem Orte gelten, wo der Vertrag erfüllt werden soll, sind im Zweifel als die vertragsmäßigen zu betrachten.

1) Übersicht

§ 361 gibt eine Regel zur **Auslegung** von in Verträgen gebrauchten Worten, 1 die an verschiedenen Orten verschiedene Bedeutung haben. **Maße** (dh Längen-, Flächen- und Raummaße) und **Gewichte** sind in Deutschland durch G über Einheiten im Messwesen idF 22.2.1985 BGBl. 408 vereinheitlicht (vgl. a EinhV 13.12.1985 BGBl. 2272); aber international sind Verwechslungen möglich, dann gilt bei Anwendbarkeit deutschen Rechts § 361. Für **Zeitrechnung** und **Entfernungen** (die eigentlich unter Längenmaße fallen) gilt ähnliches (Zeitrechnung s. § 359 II). § 361 hilft nicht gegen Zweideutigkeit eines Worts an ein und demselben Orte, zB Temperaturgrade, hier kommt es auf die Sprachübung des Handels an: x Grad (zB Leistung einer Kühlanlage) sind in der BRD regelmäßig x Grad Celsius, nicht Réaumur. § 361 ist auch anzuwenden, wenn der Vertrag gar nichts über die **Währung** einer Geldschuld sagt; dann gilt iZw die Währung des Erfüllungsorts (und nicht nur bei vertraglichen, sondern bei allen Geldschulden); die Höhe der Schuld ist dann eine zweite Frage.

Erfüllungsort (§ 269 BGB) ist für Maß und Gewicht der Lieferungsort, für 2 die Währung der Erfüllungsort der Zahlungsschuld. Demnach ist iZw in Euro zu zahlen, wenn die Ware in ein Land außerhalb der Euro-Zone zu liefern, aber Zahlung innerhalb dieser zu leisten ist, vgl. RGZ 106, 100. Wer in einer anderen Währung als Euro entstandene Schäden oder Aufwendungen zu ersetzen hat, schuldet idR diese andere Währung, bei Zahlbarkeit im Inland iZw auch zahlbar in Euro nach dem Kurs zurzeit der Zahlung (§ 244 BGB), → Rn. 3; uU, zB wenn der Geschädigte (Inländer) nachweislich den Verlust aus seinem Euro-Vermögen ausgeglichen hat, geht der Anspruch von vornherein auf Euro, nämlich auf den so mittelbar in Euro eingebüßten Betrag; § 361 ist hier nicht wesentlich; vgl. aber RGZ 120, 81 (Aufwendung); OGHZ 2, 387 (Kollisionsschaden). Zu §§ 270 IV, 269 I BGB → **(7)** Bankgeschäfte Rn. C108.

2) Währung

Eine Geldschuld ist **in einer anderen Währung als Euro ausgedrückt** 3 (§ 244 BGB), wenn der Vertragsinhalt die Geldleistung in dieser Währung bezeichnet, RGZ 109, 62. Ist eine Fremdwährungs(=Valuta)schuld im (Währungs-)Inland (dh seit der Euro-Einführung: im Euro-Raum, Grothe ZBB 2002, 9) zu zahlen, so muss das in Valuta geschehen nur bei ausdrücklicher Vereinbarung (üblicher „effektiv"), nicht schon bei Bezeichnung der Schuld in Valuta oder einseitigem Verlangen des Gläubigers. Mündliche Vereinbarung ist gültig; aus Unterlassung schriftlicher Niederlegung der Effektivklausel zu schriftlichem Vertrag kann folgen, dass bei Unwirksamkeit der Klausel deshalb nicht (nach § 139 BGB) der ganze Vertrag unwirksam sein soll, RG JW 1926, 2838. Der Schuldner kann mangels Effektivklausel wählen, ob er in Valuta oder Euro zahlen

§ 362 1, 2

will (facultas alternativa des Schuldners). Ferner ist Devisenrecht zu beachten, vgl. → **(7) Bankgeschäfte** Rn. N1. Zahlungszeit ist die Zeit der wirklichen Zahlung, RGZ 101, 312. Kurswert ist der Börsendevisenkurs (Briefkurs), und zwar derjenige, zu dem die Devisen tatsächlich erhältlich sind. § 244 BGB gilt grundsätzlich auch bei Unmöglichkeit oder Ungewissheit der Möglichkeit des Umtauschs (Konvertierung) von Euro in die andere Währung, vgl. RGZ 111, 317, doch ist dem Gläubiger in diesem Falle nach Treu und Glauben das Recht auf (dem Schuldner zumutbare) Schulderfüllung in anderer Form zu geben, zB auf Zahlung einer dritten (dem Schuldner erhältlichen) ausländischen Währung oder Stehenlassen der Schuld bis zum Eintritt der Konvertibilität. Die **Geldsortenschuld** (§ 245 BGB) ist praktisch ausgestorben. Vgl. über Sortenklausel zur Wertsicherung RGZ 151, 36 (kein Recht zur Erfüllung in RM). § 245 BGB ist (idR) nicht anwendbar auf die Vereinbarung der Zahlung in bestimmten Arten von Buchgeld („Sperrmark", „Askimark", „Reiselire" usw). Ist solches nicht erhältlich, so fällt iZw der ganze Vertrag weg (§ 139 BGB). Lit.: Komm. zu §§ 244, 245 BGB.

4 Umstellung in den meisten EU-Mitgliedstaaten auf **Euro** zum 1.1.1999, Übergangsphase (DM als Euro-Untereinheit) bis 31.12.2001, Euro alleiniges gesetzliches Zahlungsmittel seit 1.1.2002, Umrechnungskurs 1,95583 DM = 1 Euro, wegen bloßer Währungsumstellung (nicht -reform) Vertragskontinuität (nur Änderung der Zahlen und Bezeichnungen, nicht der Werte), s. EGEuroVOen 3.5.1998 EuZW 1998, 402, 31.12.1998 EuZW 1999, 99 und deutsche Euro-EGe (Anpassung der Gesetzgebung an die neue Währung, ggf. Glättung von Schwellenwerten), dazu Rehbein WM 1998, 997, Dierdorf NJW 1998, 3145, Schorkopf NJW 2001, 3734, Wagner NJW 2001, 3743.

[Schweigen des Kaufmanns auf Anträge]

362 (1) ¹Geht einem Kaufmanne, dessen Gewerbebetrieb die Besorgung von Geschäften für andere mit sich bringt, ein Antrag über die Besorgung solcher Geschäfte von jemand zu, mit dem er in Geschäftsverbindung steht, so ist er verpflichtet, unverzüglich zu antworten; sein Schweigen gilt als Annahme des Antrags. ²Das gleiche gilt, wenn einem Kaufmann ein Antrag über die Besorgung von Geschäften von jemand zugeht, dem gegenüber er sich zur Besorgung solcher Geschäfte erboten hat.

(2) **Auch wenn der Kaufmann den Antrag ablehnt, hat er die mitgesendeten Waren auf Kosten des Antragstellers, soweit er für diese Kosten gedeckt ist und soweit es ohne Nachteil für ihn geschehen kann, einstweilen vor Schaden zu bewahren.**

1) Vertragsabschluss im Privatverkehr; § 663 BGB

1 Verträge kommen idR zustande durch **Antrag** und **Annahme**, §§ 145, 146 BGB; die Annahme ist idR dem Antragenden zu erklären; anders wenn dieser hierauf verzichtete oder diese Erklärung nicht üblich ist, § 151 BGB; auch dann muss aber eine (nur eben nicht empfangsbedürftige) Annahme erfolgen, dh der Annahmewille betätigt sein. Sonst fehlt es am Vertrag.

2 § 663 BGB ändert daran nichts, sondern verpflichtet als gesetzlich geregelter Fall von §§ 311 II, 241 II BGB nur zum **Schadensersatz** nach § 280 BGB. § 663 gilt, wenn jemand zur Besorgung gewisser Geschäfte öffentlich bestellt ist oder sich öffentlich erboten hat (S. 1) oder wenn jemand dem Auftraggeber gegenüber zur Besorgung gewisser Geschäfte erboten hat (S. 2). § 663 (bei Auftrag, iVm § 675 I BGB auch bei Dienst- und Werkverträgen, die eine Geschäftsbesorgung zum Gegenstand haben) verpflichtet den Antragsempfänger, der nicht unverzüglich (dh schuldhaft s. § 121 I 1 BGB) die Ablehnung mitteilt, zum Ersatz des Vertrauensschadens (negatives Interesse), RGZ 104, 267. Geschäftsbesorgung ist jede wirtschaftliche Tätigkeit für andere, auch eine rein tatsächliche, die kein dauerndes Dienstverhältnis begründet, vgl. RGZ 97, 65, nicht also HdlVertretung (§§ 83 ff.). Öffentliche Bestellung zur Besorgung gewisser Geschäfte s. RGZ 50, 392 (zu § 407 ZPO). Öffentliches Erbieten s. RGZ 104, 267 (Spediteur).

2) Vertragsschluss im Handels- und Berufsverkehr; § 362 HGB

Unter den Voraussetzungen des § 362 kommt es anders als nach § 663 BGB 3 (→ Rn. 2) nicht nur zu einer Schadensersatzhaftung, sondern zu einer Vertragshaftung (Verallgemeinerungsfähigkeit → § 346 Rn. 31, zB Bestätigungsschreiben → § 346 Rn. 16). Regelungsgrund des § 362 ist der Schutz des **Handels- und Berufsverkehrs**, ähnlich Oetker/Maultzsch Rn. 7. In diesem Sinne kann auch von einem Fall der Vertrauenshaftung gesprochen werden, Staub/Canaris Rn. 4. § 362 trifft nach **I 1** Kflte (§§ 1–5; uU so auftretende NichtKflte, → § 5 Rn. 9–17; entspr. Anwendung auf „kaufmannsähnliche", dh selbstständig beruflich am Markt tätige NichtKflte (Staub/Canaris Rn. 8, Koller/Roth Rn. 5, aA Oetker/Maultzsch Rn. 10, EBJS/Eckert Rn. 10), deren Gewerbebetrieb die **Besorgung von Geschäften für andere** mit sich bringt, aber BGH NJW 2018, 296 Rn. 23; Geschäfte für einen andern besorgt, wer (außerhalb eines dauernden Dienstverhältnisses) eine an sich dem anderen zukommende Tätigkeit, rechtsgeschäftlicher oder tatsächlicher Art, diesen abnimmt, RGZ 97, 65, BGHZ 46, 47, also nicht bei Zusendung unbestellter Ware (Scherer NJW 2020, 3273), nicht bei reinem Austausch von Leistungen wie bei Miet- oder Werkvertrag, BGH NJW 2018, 296; s. § 1 II Nr. 2, 4–9 aF (vor HRefG); auch idR Bank- und Börsengeschäfte, → **(7)** Bankgeschäfte Rn. A4, **(14)** BörsG; nicht zB Kaufgeschäfte uä, wenn ihm die Besorgung „solcher Geschäfte" angetragen wird, zB nicht bei Umzugstransportauftrag an einen Möbelhändler, Wertpapierkaufauftrag an Fabrikanten (Gewerbe- und Berufseinschlägigkeit); unerheblich ist, ob Kfm. der Sparte x (zB Spediteur) gerade Geschäfte der Art des angetragenen regelmäßig ausführt, aber → Rn. 5. Weitere Voraussetzungen: Der Antrag muss hinreichend bestimmt sein, und er muss von jemand kommen, mit dem der Kfm. in **Geschäftsverbindung** steht, dh in geschäftlicher Beziehung, die (objektiv) auf gewisse Dauer angelegt ist (→ Einl v § 343 Rn. 3), BGH WM 1988, 1134. Lit.: Hopt AcP 183 (1983), 686.

§ 362 gilt nach **I 2** ferner für jeden Kfm. (§§ 1–5, → § 5 Rn. 9–17), wenn ihm 4 ein Antrag (gleich ob im Rahmen dessen, was er regelmäßig betreibt) zugeht von jemand, dem er sich **zur Besorgung solcher Geschäfte** (wie nun angetragen) **erboten** hat. Öffentliches Erbieten genügt nicht zur Anwendung des § 362 (aber für § 663 BGB, → Rn. 2), aber Erbieten an viele, zB durch Rundsendung einer Werbedrucksache (an x Adressen je in besonderem Stück).

3) Folge versäumter Ablehnung

Mangels unverzüglicher (§ 121 I 1 BGB, Verschulden ist aber nicht unerläss- 5 lich, der Kfm. trägt sein unternehmerisches Organisationsrisiko, auch bei Unkenntnis des Antrags, Staub/Canaris Rn. 18, aA Oetker/Maultzsch Rn. 28: Verschuldensprinzip) Antwort **gilt** der Antrag **als angenommen**, das Vertragsverhältnis kommt zustande, **I 1, 2**. Darauf kann sich auch der Schweigende berufen, str.; nach aA Wahlrecht des anderen Teils. Nur Schweigen schadet, nicht Antwort, die die Vertragsverhandlungen in der Schwebe hält (dann aber uU Vertrauenshaftung wegen Abhaltung von anderweitiger Vorsorge), BGH NJW 1984, 866; auch nicht unklare Antwort, die nicht deutlich oder so angenommen oder abgelehnt wird (zB „Antrag zur Kenntnis genommen", anders etwa „Antrag notiert"). Rechtzeitige Absendung der Ablehnung dürfte genügen, so dass das Zugangsrisiko den Antragenden trifft. Ist einmal abgelehnt, entfällt bei neuem

§ 363   1

Antrag unter nicht wesentlich geänderten Umständen die Ablehnungspflicht, dh Anwendbarkeit von § 362, auch § 663 BGB. **Verkehrschutzgrenzen** sind subjektiv die Bösgläubigkeit des Antragenden (nur Kenntnis, aA Staub/Canaris Rn. 26); objektiv darf der Antrag keinen solchen Inhalt haben, dass im Verkehr verständigerweise nicht mit der Annahme zu rechnen ist, zB bei im Verkehr bekannten Spezialisierungen, Hopt AcP 183 (1983), 689, Staub/Canaris Rn. 27, aA Oetker/Maultzsch Rn. 34 f.

6   **Anfechtung** durch Antragsempfänger ist möglich nach §§ 119–124 BGB, jedoch nicht aus dem Grunde (§ 119 I BGB), dass er durch sein Schweigen nicht habe annehmen wollen, denn darauf kommt es nach § 362 gerade nicht an, Staub/Canaris Rn. 22; nach aA scheidet Anfechtung im Verkehrsinteresse („unverzüglich") bei Sorgfaltspflichtverstoß überhaupt aus; vgl. → § 346 Rn. 32, 39. **Geschäftsfähigkeit**, ggf. **Vertretungsmacht** dessen, dem der Antrag für den Kfm. zugeht, sind Voraussetzung des Zustandekommens des Vertrags auch im Falle des § 362.

4) Fürsorgepflicht für Waren (II)

7   In den beiden Fällen des § 362 (→ Rn. 3–4) muss auch der ablehnende Kfm. mitgesandte Waren auf Kosten des Antragstellers (dh Antragenden) einstweilen vor Schaden bewahren, wenn er für die Kosten irgendwie gedeckt ist, und sei es nur durch die Ware selbst (Zurückbehaltungsrecht nach § 273 I BGB, ggf. § 369), und es ohne Nachteil für ihn geschehen kann, er dadurch keinen Schaden leidet. Der Kfm. kann die Ware auch bei einem anderen lagern; er muss sie geeignetenfalls versichern. Für Verwahrung fällt Lagergeld u. Provision an, § 354. „Mitgesandt": die Waren müssen (wenn auch gesondert gesandt) zum Auftrag in Beziehung stehen. „Einstweilen": bis der Absender normalerweise selbst Vorsorge treffen kann. Verstoß macht ersatzpflichtig (§§ 280, 311 II BGB).

5) Internationaler Verkehr

8   Zum Schweigen im internationalen Hdl- und Berufsverkehr → § 346 Rn. 38; zum Bestätigungsschreiben → § 346 Rn. 29.

[Kaufmännische Orderpapiere]

363 (1) ¹Anweisungen, die auf einen Kaufmann über die Leistung von Geld, Wertpapieren oder anderen vertretbaren Sachen ausgestellt sind, ohne daß darin die Leistung von einer Gegenleistung abhängig gemacht ist, können durch Indossament übertragen werden, wenn sie an Order lauten. ²Dasselbe gilt von Verpflichtungsscheinen, die von einem Kaufmann über Gegenstände der bezeichneten Art an Order ausgestellt sind, ohne daß darin die Leistung von einer Gegenleistung abhängig gemacht ist.

(2) Ferner können Konnossemente der Verfrachter, Ladescheine der Frachtführer, Lagerscheine sowie Transportversicherungspolicen durch Indossament übertragen werden, wenn sie an Order lauten.

1) Orderpapier, Orderklausel

1   **Orderpapiere** sind Wertpapiere, die dem Inhaber die Möglichkeit geben, die verbrieften Rechte in besonderer Form (Indossament, s. § 364) mit besonderen Wirkungen (nämlich erhöhter Sicherung des Erwerbers, s. §§ 364, 365) zu übertragen. Diese Möglichkeit gilt ohne Weiteres für Wechsel, Scheck, Namensaktie, Art. 11 I WG, Art. 14 I ScheckG, § 68 AktG (gesetzliche, „geborene" Orderpapiere). Nach § 363 I, II können bestimmte Papiere privatautonom zu Orderpapieren gemacht werden, und zwar durch **Orderklausel** im Papier, nach der die dem Papier gemäß geschuldete Leistung ggf. demjenigen zu erbringen ist, den der (bestimmt bezeichnete, RGZ 14, 102; 78, 151) Erstberechtigte, ein Dritter

oder der Aussteller selbst (Papier „an eigene Order", RG JW 1930, 1376) durch das Indossament bezeichnet wird (gewillkürte, „gekorene" Orderpapiere), so die in I, II genannten Papiere. Bei Wechsel und Scheck, nicht Aktien, kann man durch eine negative Orderklausel die Übertragbarkeit ausschließen (Art. 11 WG, Art. 5 ScheckG: „nicht an Order"). Schecks kann man auch auf den Inhaber ausstellen (zB Zusatz „oder Überbringer"), Art. 5 ScheckG.

Anweisungen auf einen Kfm., Verpflichtungsscheine eines Kfms, die nicht § 363 I entsprechen (Leistungsgegenstand, Gegenleistung, Betriebszugehörigkeit, vgl. → Rn. 3–4) oder nicht an Order gestellt sind, unterliegen dem **BGB** (va §§ 398 ff., 783 ff.). Einige orderpapierähnliche Wirkungen können vereinbart werden, RGZ 108, 441 („Bezugschein", Einwendungsverzicht entspr. § 364 II). Eine Leistung „an Order stellen" heißt uU nur: das Recht auf sie übertragbar machen, vgl. RGZ 119, 122. Ist ein Schein auf einen bestimmten Gläubiger allein ausgestellt, so kann dieser ihn nicht durch Offenlassen des Namens des neuen Gläubigers im Übertragungsvermerk zum Orderpapier machen, RGZ 117, 146. Nicht unter §§ 363 ff. fallen Namensschuldverschreibungen des Kapitalmarkts, Koller WM 1981, 474, aA Kümpel WM Sonderbeil. 1/1981; auch nicht das Spediteur-„Forwarders Receipt" (FCR, Empfangsbescheinigung); durch dessen Übergabe erfolgt keine Übereignung (§ 931 BGB), jedenfalls wenn gleichzeitig über die Ware ein Verfrachter-Order-Konnossement ausgestellt ist, BGHZ 68, 18. Zu den von § 363 nicht erfassten Papieren mit Orderklausel Staub/Canaris Rn. 77 mit vorsichtiger Analogie.

2) Kaufmännische Anweisungen und Verpflichtungsscheine (I)

Kfm. **Anweisung (I 1)** ist Anweisung iSv § 783 ff. BGB, die auf einen Kfm. (s. §§ 1–5) ausgestellt ist; nicht RechtsscheinKfm (→ § 5 Rn. 9–17). Grund: Schutzfunktion der Beschränkung auf Kflte, str. Der Angewiesene muss Kfm. zur Zeit der Begebung sein. Der Anweisende (Aussteller) und der Dritte brauchen nicht Kflte zu sein. Die Anweisung braucht nicht HdlGeschäft iSv §§ 343 ff. zu sein. Die Leistung darf nicht in der Anweisungsurkunde (aber vertraglich außerhalb) von einer Gegenleistung abhängig gemacht sein. Davon zu unterscheiden sind Akkreditiv, Kreditbrief und ähnliche Formen, die § 783 BGB nicht entsprechen und nur Anweisung iwS sind, → **(7)** Bankgeschäfte Rn. K1. Die Anweisung kann vom Angewiesenen durch Vermerk auf der Anweisung angenommen werden, er wird dadurch dem Anweisungsempfänger zur Leistung gemäß der Anweisung verpflichtet, § 784 BGB. Nach RGZ 136, 210, BGH WM 1955, 1324 genügt dazu nicht (entspr. Art. 25 I 3 WG) die bloße Namensschrift (auf der Vorderseite), str. Bei mangels Angabe von Ausstellungsort und -tag **nichtigem Wechsel** ist **Umdeutung** in eine kfm. Anweisung möglich (§ 140 BGB), wenn er den Erfordernissen einer solchen genügt, insbesondere der Empfänger angegeben, zB an eigene Order des Ausstellers gestellt ist (vgl. Art. 3 I WG); dies ist auch zulässig bei der kfm. Anweisung; der Umdeutung steht nicht etwa die Ungebräuchlichkeit der kfm. Anweisung entgegen; die Annahme des nichtigen Wechsels ist umdeutbar in Annahme der Anweisung (§ 784 BGB), mindestens die ausdrückliche („angenommen", vgl. oben); OLG Bamberg NJW 1967, 913. Vgl. ähnlich RG HRR 1929, 2073 (fehlerhafter eigener Wechsel: kfm. Verpflichtungsschein), anders RG LZ 1915, 441, JW 1930, 1376; 1935, 1778.

Kfm. **Verpflichtungsschein (I 2):** KfmBegriff, Betriebszugehörigkeit (§ 343 I) vgl. → Rn. 3; § 344 gilt hier unmittelbar. Der Verpflichtungsgrund darf, muss nicht angegeben sein, RGZ 44, 230. Bsp.: Orderschuldverschreibungen; für Reisescheck str., Oetker/Maultzsch Rn. 14, vgl. → **(7)** Bankgeschäfte Rn. E/9; über entsprechende Anwendung des § 793 II 2 BGB (Inhaberschuldverschreibung, faksimilierte Unterschrift) RGZ 74, 340. Umdeutung (Wechsel) vgl. → Rn. 3.

§ 364   1, 2   4. Buch. Handelsgeschäfte

3) Wertpapier des Fracht- und Lagerrechts (II)

5   Orderpapier bei Orderklausel sind nach II auch Konnossemente (der Seeschifffahrt), §§ 513 ff.; Ladescheine der Frachtführer, §§ 443 ff. HGB, § 72 BinnSchG aF; Lagerscheine (Bindung an staatliche Ermächtigung durch TRG beseitigt), §§ 475c ff.; Bodmereibriefe, §§ 682 ff. aF; Beförderungsversicherungsscheine (Transportversicherungspolicen) der See- oder Binnenbeförderung, § 784 HGB aF, § 3 nF VVG. Die Ausdehnung über die klassischen Warendokumente (Konnossement, Ladeschein, Orderlagerschein) hinaus auf die Dokumente des modernen Transports wird von der üL bisher noch abgelehnt, EBJS/Hakenberg Rn. 16, überzeugender ist eine vorsichtige Analogie, sofern diese Papiere als Orderpapiere ausgestaltet werden, zB Multimodal Transport Bill of Lading, CT-Document, nicht aber Forwarder's Certificate of Receipt, Oetker/Maultzsch Rn. 26.

4) Traditionspapiere (§§ 448, 475g, 650)

6   S. Staub/Canaris Rn. 95 ff.; MüKoHGB/Langenbucher Rn. 59 ff.; Oetker/Maultzsch Rn. 15 ff., und unten bei § 448.

[Indossament]

364   (1) Durch das Indossament gehen alle Rechte aus dem indossierten Papier auf den Indossatar über.

(2) Dem legitimierten Besitzer der Urkunde kann der Schuldner nur solche Einwendungen entgegensetzen, welche die Gültigkeit seiner Erklärung in der Urkunde betreffen oder sich aus dem Inhalte der Urkunde ergeben oder ihm unmittelbar gegen den Besitzer zustehen.

(3) Der Schuldner ist nur gegen Aushändigung der quittierten Urkunde zur Leistung verpflichtet.

1) Übertragung der kaufmännischen Orderpapiere (I)

1   Übertragung durch **Indossament** lässt die verbrieften Rechte übergehen (I); vgl. Art. 14 I WG. Zur Wirksamkeit des Indossaments gehören der **Begebungsvertrag** zwischen Indossant und Indossatar und die **Übergabe des Papiers;** auch Besitzkonstitut (§ 930 BGB), das aber noch nicht die Geltendmachung der Rechte möglich macht. Gegen den durch Indossament legitimierten Inhaber muss ggf. der in Anspruch genommene Schuldner das Fehlen rechtswirksamer Begebung vom Vorinhaber an den Inhaber beweisen, RGZ 35, 76. Im Falle 3 des Art. 14 II WG werden die verbrieften Rechte wie bei einem Inhaberpapier durch bloße Begebung übertragen. Auch der Anspruch aus dem Konnossement gegen den Reeder auf Schadensersatz wegen Verlusts oder Beschädigung der verschifften Ware wird übertragen, BGHZ 25, 257. Nicht ohne Weiteres, aber bei entspr. (auch stillschweigender) Vereinbarung: für die Ansprüche aus dem Papier bestellte Sicherheiten, RGZ 41, 172. Auch ein **Treuhandindossament** überträgt die vollen Rechte, lässt nur im Innenverhältnis den Indossatar gegenüber dem Indossant gebunden, Schuldner kann daraus gegen ihn keine Einwendungen herleiten, RGZ 134, 291. Möglich ist **Ermächtigungsindossament** nur zur Legitimation des Empfängers ohne (bei Traditionspapier, s. §§ 448, 475g) Rechtsübergang. Das offene **Vollmachts-,** Prokura-, Inkasso-, Pfand- oder sonstwie inhaltlich beschränkte **Indossament** berechtigt Indossatar nur zu entspr. beschränkter Geltendmachung oder Weitergabe des Papiers mit derselben Beschränkung, vgl. Art. 18, 19 WG, RGZ 41, 116.

2   Statt Indossament ist schlichte **Abtretung** der verbrieften Rechte möglich, RGZ 119, 217; auch diese nur mit Übergabe des Papiers, die verbrieften Rechte sollen nicht vom Papierbesitz getrennt werden. Die Abtretung wirkt nur nach §§ 398 ff. BGB (stärker bei Verzicht auf Einwendungen entspr. II, → Rn. 3–7).

Abtretung der Rechte aus dem Grundgeschäft neben Indossament schwächt dessen Wirkungen nicht, RGZ 166, 312; BGH NJW 1953, 219.

2) Einwendungsausschluss (II)

Zugunsten des legitimierten Inhabers (→ § 365 Rn. 2) beschränkt **II** (entspr. 3 § 796 BGB, vgl. Art. 17 WG, Art. 22 ScheckG) bei Übertragung durch Indossament die **Einwendungen,** die dem Schuldner nach § 404 BGB zustünden, → Rn. 4–6. „Legitimierter Besitzer" des Papiers ist auch der erste Nehmer (der es noch nicht weitergab), gegen ihn bestehen alle Einwendungen aus dem Grundgeschäft, zB des nicht erfüllten gegenseitigen Vertrags (§ 320 BGB), des Empfangs des Papiers ohne rechtlichen Grund (§ 812 I, II BGB).

Unter den „Einwendungen, welche die **Gültigkeit der Erklärung in der** 4 **Urkunde** betreffen", maW gegen das Entstehen der Verpflichtung aus dem Papier, unterscheidet die hM, ohne klare Grundlage, aber aus dem Verkehrsbedürfnis mit Recht:

a) gegen jeden Inhaber, auch einen gutgläubigen, kann eingewendet werden: mangelnde Geschäftsfähigkeit, absoluter Zwang bei Ausstellung und Begebung (nicht nur bei einem der beiden Akte, RGZ 87, 367); Fälschung, Verfälschung, inhaltliche Gesetz- oder Sittenwidrigkeit, Formfehler (nicht des Grundgeschäfts, RGZ 51, 114), unzulässige Bedingung, Befristung;

b) andere Mängel der Ausstellung oder Begebung können gutgläubigen Inhabern nicht entgegengehalten werden, zB Drohung, Täuschung, Irrtum, Schein, Sittenwidrigkeit der Ausstellung oder Begebung des Papiers (nicht seines Inhalts), RGZ 112, 202. Fälschung und Verfälschung von Wertpapieren s. Koller WM 1981, 210.

„Einwendungen, die sich aus dem **Inhalt der Urkunde** ergeben" (und nicht 5 auch die Gültigkeit der Erklärung in der Urkunde betreffen, → Rn. 4), sind zB Stundung, Verjährung (soweit aus der Urkunde ersichtlich), bei Transportversicherungspolicen solche aus dem Versicherungsverhältnis (soweit aus der Urkunde ersichtlich), Schiedsvereinbarung, uU aus bloßer Bezugnahme auf den der Ausstellung zugrundeliegenden Vertrag, BGHZ 29, 120: Bezugnahme in Seekonnossement auf Schiedsklausel des Chartervertrags (§ 1031 IV ZPO).

Einwendungen, die dem Schuldner „**unmittelbar gegen den Besitzer** zu- 6 stehen", sind solche aus Vereinbarungen mit diesem (zB Stundung, Erlass), aus Erfüllung an ihn, Aufrechnung gegen ihn, missbräuchliche Rechtsausübung durch ihn, jedoch nicht schon Missbrauch eines Gefälligkeitsindossaments, weil Einwand aus fremdem Recht, RGZ 117, 76.

Das Indossament gibt im Fall der in § 363 genannten Papiere **kein Rück-** 7 **griffsrecht** des Indossatars, dem der Schuldner nicht leistet, gegen Vorinhaber u. Aussteller des Papiers entspr. Art. 43 ff. WG, unbeschadet etwaiger Rückgriffsrechte aus den Rechtsverhältnissen der Beteiligten außerhalb des Papiers, RGZ 44, 159, OLG Dresden LZ 1929, 506.

3) Aushändigung der Urkunde (III)

Der papiergemäß leistende Schuldner kann **Aushändigung** der Urkunde und 8 **Quittung** auf der Urkunde selbst verlangen, III, bei Teilleistung nur Teilquittung auf der Urkunde, Art. 39 II WG ist nicht entsprechend anwendbar: der Gläubiger braucht keine Teilzahlung anzunehmen. Aushändigung Zug um Zug gegen Leistung; der Schuldner kann bis zur Aushändigung zurückhalten. Klage auf Leistung gegen Aushändigung. Urteil ergeht auf Leistung gegen Aushändigung; ein ohne diese Klausel ergangenes Urteil ist so auszulegen. Die Schuld ist Holschuld; es ist iZw am Ausstellungsort zu leisten, § 269 BGB.

§ 365 1, 2

[Anwendung des Wechselrechts; Aufgebotsverfahren]

365 (1) In betreff der Form des Indossaments, in betreff der Legitimation des Besitzers und der Prüfung der Legitimation sowie in betreff der Verpflichtung des Besitzers zur Herausgabe, finden die Vorschriften der Artikel 11 bis 13, 36, 74 der Wechselordnung entsprechende Anwendung.

(2) ¹Ist die Urkunde vernichtet oder abhanden gekommen, so unterliegt sie der Kraftloserklärung im Wege des Aufgebotsverfahrens. ²Ist das Aufgebotsverfahren eingeleitet, so kann der Berechtigte, wenn er bis zur Kraftloserklärung Sicherheit bestellt, Leistung nach Maßgabe der Urkunde von dem Schuldner verlangen.

1) Form und Inhalt des Indossaments

1   Nach I gilt (seit Inkrafttreten des WG 1.4.1933, vgl. Art. 3 I G 21.6.1933 RGBl. I 409) für die Form des Indossaments entsprechend:

WG 13 [Form; Blankoindossament]

(1) Das Indossament muß auf den Wechsel oder auf ein mit dem Wechsel verbundenes Blatt (Anhang) gesetzt werden. Es muß von dem Indossanten unterschrieben werden.

(2) Das Indossament braucht den Indossatar nicht zu bezeichnen und kann selbst in der bloßen Unterschrift des Indossanten bestehen (Blankoindossament). In diesem letzteren Falle muß das Indossament, um gültig zu sein, auf die Rückseite des Wechsels oder auf den Anhang gesetzt werden.

WG 14 [Transportfunktion]

(1) Das Indossament überträgt alle Rechte aus dem Wechsel.

(2) Ist es ein Blankoindossament, so kann der Inhaber

1. das Indossament mit seinem Namen oder mit dem Namen eines anderen ausfüllen;
2. den Wechsel durch ein Blankoindossament oder an eine bestimmte Person weiter indossieren;
3. den Wechsel weiterbegeben, ohne das Blankoindossament auszufüllen und ohne ihn zu indossieren.

Das **Vollindossament** (Art. 13 I WG) lautet extra „für mich an X", „für mich an die Order des X". Dieser Text kann gestempelt sein, ebenso, im Falle einer Firma mit Sachangabe und Namen, die Sachangabe, RGZ 47, 165. Ein Vollindossament kann **Blankoindossament** (Art. 13 II WG) durch Streichen des Namens des Indossatars werden, vor Beginn, wenn Indossant streicht, nachher, wenn mit seiner Zustimmung gestrichen ist, RGZ 41, 412. Das Indossament muss unbedingt sein, Bedingungen gelten als nicht geschrieben; Teilindossamente sind nichtig; Indossament an Inhaber gilt als Blankoindossament; Art. 12 I, II, III WG. In Deutschland unterschriebenes Indossament nach deutschem Recht genügt auch zwischenstaatlich, Art. 92 WG, § 11 EGBGB.

2) Legitimationswirkung (I, Art. 16 I WG)

2   Nach I gilt für die Legitimation des Inhabers zur Geltendmachung der Rechte aus dem Papier entsprechend:

WG 16 [Wechselvermutung]

(1) Wer den Wechsel in Händen hat, gilt als rechtmäßiger Inhaber, sofern er sein Recht durch eine ununterbrochene Reihe von Indossamenten nachweist, und zwar auch dann, wenn das letzte ein Blankoindossament ist. Ausgestrichene Indossamente gelten hierbei als nicht geschrieben. Folgt auf ein Blankoindossament ein weiteres Indossament, so wird angenommen, daß der Aussteller dieses Indossaments den Wechsel durch das Blankoindossament erworben hat.

3) Gutgläubiger Eigentumserwerb (I, Art. 16 II WG)

Für die Verpflichtung des legitimierten (→ Rn. 2) Inhabers des Papiers zur Herausgabe an einen besser Berechtigten gilt nach I entspr.:

WG 16 [Wechselvermutung]

(2) Ist der Wechsel einem früheren Inhaber irgendwie abhanden gekommen, so ist der neue Inhaber, der sein Recht nach den Vorschriften des vorstehenden Absatzes nachweist, zur Herausgabe des Wechsels nur verpflichtet, wenn er ihn in bösem Glauben erworben hat oder ihm beim Erwerb eine grobe Fahrlässigkeit zur Last fällt.

Art. 16 II WG schützt (abw. von § 935 I BGB und entspr. § 935 II BGB betr. Inhaberpapiere und Geld) den gutgläubigen (nicht grob fahrlässigen) Nehmer des Papiers, auch wenn dieses einem früheren Inhaber „irgendwie" abhanden kam. Art. 16 II WG schützt Erwerber (entspr. §§ 932 ff., 935 II BGB für Geld und Inhaberpapiere) nicht gegen Mängel des Begebungsvertrags, durch den er das Papier erwarb (→ § 364 Rn. 1), str., nach § 364 II nicht gegen gewisse Mängel der Ausstellung und Erstbegebung (→ § 364 Rn. 4). Der nach Art. 16 II WG geschützte Nehmer des Papiers ist auch nicht nach §§ 812 ff. BGB herausgabepflichtig, außer bei unentgeltlichem Erwerb, § 816 I 2 BGB.

4) Befreiende Leistung an den Nichtberechtigten (I, Art. 40 III WG)

Für die Prüfung der Legitimation des Inhabers durch den Schuldner gilt nach I entsprechend:

WG 40 [Zahlung vor und bei Verfall]

(3) Wer bei Verfall zahlt, wird von seiner Verbindlichkeit befreit, wenn ihm nicht Arglist oder grobe Fahrlässigkeit zur Last fällt. Er ist verpflichtet, die Ordnungsmäßigkeit der Reihe der Indossamente, aber nicht die Unterschriften der Indossanten zu prüfen.

Dagegen befreit Leistung an den nicht ausgewiesenen Gläubiger nur, wenn dieser wirklich Gläubiger ist. Der Schuldner muss darum vor Leistung den förmlichen Ausweis prüfen. Der erste Indossatar muss durch Indossament des im Orderpapier bezeichneten Berechtigten ausgewiesen sein. Es kommt nur auf den äußeren Zusammenhang der Indossamente an (der Augenschein genügt, RGZ 55, 48). Der Vorzeiger gilt iZw als letzter Indossatar. Ist die Reihe der Indossamente unterbrochen, so fehlt der Ausweis für die späteren.

5) Aufgebot (II)

Zu II s. §§ 433 ff. FamFG. Vgl. Art. 90 WG, Art. 59 ScheckG, für Namensaktien § 72 AktG. Antragsberechtigt ist, wer aus dem Papier berechtigt ist, bei Blankoindossament der letzte Inhaber. Aufgebotsfrist mindestens 6 Monate. Keine Zahlungssperre. Nach Einleitung des Verfahrens kann der Berechtigte gegen Sicherheit Befriedigung verlangen (vgl. Art. 90 WG). Nach Abschluss des Verfahrens kann Gläubiger Zahlung gegen Aushändigung des Ausschlussurteils fordern. Mit Ausschlussurteil fällt die förmliche Berechtigung endgültig dem Erwirkenden zu, RGZ 168, 6. Es wirkt, auch wenn es ein Nichtantragsberechtigter erlangt hat, und immer mit voller Rechtskraftwirkung, RGZ 168, 14.

[Gutgläubiger Erwerb von beweglichen Sachen]

366 (1) Veräußert oder verpfändet ein Kaufmann im Betriebe seines Handelsgewerbes eine ihm nicht gehörige bewegliche Sache, so finden die Vorschriften des Bürgerlichen Gesetzbuchs zugunsten derjenigen, welche Rechte von einem Nichtberechtigten herleiten, auch dann Anwendung, wenn der gute Glaube des Erwerbers die Befugnis des Veräußerers oder Verpfänders, über die Sache für den Eigentümer zu verfügen, betrifft.

(2) Ist die Sache mit dem Rechte eines Dritten belastet, so finden die Vorschriften des Bürgerlichen Gesetzbuchs zugunsten derjenigen, welche Rechte von einem Nichtberechtigen herleiten, auch dann Anwendung, wenn der gute Glaube die Befugnis des Veräußerers oder Verpfänders, ohne Vorbehalt des Rechtes über die Sache zu verfügen, betrifft.

(3) ¹Das gesetzliche Pfandrecht des Kommissionärs, des Frachtführers oder Verfrachters, des Spediteurs und des Lagerhalters steht hinsichtlich des Schutzes des guten Glaubens einem gemäß Absatz 1 durch Vertrag erworbenen Pfandrecht gleich. ²Satz 1 gilt jedoch nicht für das gesetzliche Pfandrecht an Gut, das nicht Gegenstand des Vertrages ist, aus dem die durch das Pfandrecht zu sichernde Forderung herrührt.

Übersicht

	Rn
1) Überblick	1–3
2) Veräußerung oder Verpfändung (I, II)	4–7
3) Begründung gesetzlicher Pfandrechte (III)	8–11

1) Überblick

1 Wer gutgläubig eine bewegliche Sache von dem, den er für den Eigentümer hält, zu Eigentum erwirbt oder als Pfand nimmt, den schützt das **BGB**, falls sich herausstellt, dass der Veräußerer nicht Eigentümer war (§§ 932–934, 1207 BGB), anders idR wenn die Sache dem Eigentümer abhanden gekommen war: §§ 935, 1207 BGB). Ebenso schützt es den gutgläubigen Erwerber oder Pfandnehmer gegen unbekannte Rechte Dritter an der Sache (§§ 936, 1208 BGB).

2 Das **BGB schützt den nicht, der weiß**, dass der Veräußerer oder Verpfänder **nicht Eigentümer** ist, ihn jedoch **für befugt hält**, die einem Dritten gehörende Sache zu veräußern oder zu verpfänden (oder das Recht des Dritten, zB Nießbrauch kennt, aber den Veräußerer oder Verpfänder für befugt hält, über die Sache zu verfügen, ohne dem Dritten das Recht vorzubehalten). Diesen Schutz des **guten Glaubens an die Verfügungsmacht des Verfügenden** gewährt unter gewissen Voraussetzungen **§ 366 HGB**. Bsp.: guter Glaube an Verfügungsmacht des KfzHändlers bei Kauf eines Vorführwagens auch ohne Vorlegung des KfzBriefs, OLG Hamm NJW 1964, 2257. § 932 BGB und § 366 können nebeneinander zur Anwendung kommen; jedoch gilt allein § 932 BGB, wenn nur streitig ist, ob Veräußerer, der unter Eigentumsvorbehalt gekauft hatte, bezahlt hatte, und kein Eigentumsvorbehalt mit Weiterveräußerungsrecht in Frage steht, BGH LM HGB § 366 Nr. 4. Beruft sich Erwerber auf guten Glauben an Eigentum (§ 932 BGB) und an Verfügungsbefugnis (§ 366) des Veräußerers, kann Tatrichter Bösgläubigkeit bezüglich Eigentum unterstellen, wenn er Bösgläubigkeit bezüglich Verfügungsbefugnis nicht für bewiesen hält (darum Rechtserwerb nach § 366 bejaht), BGH NJW 1959, 1080; 1975, 736.

3 Auch durch § 366 **nicht geschützt** ist irriger guter Glaube an Geschäftsfähigkeit des Verfügenden, an Ordnungsmäßigkeit des Verfügungsgeschäfts (abgesehen vom Mangel im Recht des Verfügenden), bei Veräußerung der Sache als Pfand an Wahrung der Mindesterfordernisse ordnungsmäßigen Pfandverkaufs (§ 1244 BGB), bei Versteigerung auf Anordnung der Vollstreckungsbehörde, BGHZ 119, 75. Verhältnis § 366 zu § 1365 BGB Boehmer FamRZ 1959, 1; Rittner FamRZ 1961, 1.

2) Veräußerung oder Verpfändung (I, II)

4 I, II gilt bei Veräußerung (Verpfändung) durch einen **Kaufmann** (§§ 1–5, 105 II) im Betrieb eines HdlGewerbes (→ § 343 Rn. 3, dazu § 344). Auch durch einen Kommissionär, der bloßer Kleingewerbetreibender ist, str. (→ § 383 Rn. 2). Auch kleingewerblicher Warenhändler, Staub/Canaris Rn. 10, Koller/

Roth Rn. 2, aA Oetker/Maultzsch Rn. 10. § 366 gilt nicht beim Erwerb vom RechtsscheinKfm (→ § 5 Rn. 9–17), OLG Düsseldorf DB 1999, 89, EBJS/Lettl Rn. 4, Rö/Steimle/Dornieden Rn. 5, aA Staub/Canaris Rn. 12, dahingestellt BGH NJW 1999, 426. Irriger guter Glaube des Erwerbers (Pfandnehmers) an KfmEigenschaft und Betriebszugehörigkeit des Geschäfts wird nicht geschützt, RG LZ 1929, 778.

Gleich ist, aus welchem **Grund** Erwerber (Pfandnehmer) den Veräußerer (Ver- **5** pfänder) für verfügungsberechtigt hält: kraft Gesetzes (Bsp.: Notverkauf nach §§ 373, 389, 419 III 3, Verkauf durch Pfandgläubiger), sei es kraft Vertrags (zB als Verkaufskommissionär oder Abschlussvertreter), sei es kraft Zustimmung ad hoc (§ 185 BGB). Gleich ist, ob Verkäufer (Verpfänder) **in eigenem Namen** (zB als Verkaufskommissionär) oder **fremdem** (zB als Abschlussvertreter) handelt, üL, aA kein Schutz des guten Glaubens an Vertretungsmacht, Staub/Canaris Rn. 37, Reinicke AcP 189 (1989), 79, im zweiten Fall wird idR das Grundgeschäft (Verkauf, Beleihung) wegen Mangels der Vertretungsmacht unwirksam sein (§ 177 BGB), uU schuldet dann der durch § 366 geschützte Erwerber (Pfandnehmer) doch Herausgabe oder Wertersatz nach §§ 812 ff. BGB, jedoch nur gegen Erstattung seiner Aufwendung wie Kaufpreis oder Darlehen (Mittelmeinung), aA für Behaltendürfen im Falle des § 179 I BGB K. Schmidt JuS 1987, 936.

Voraussetzungen des **guten Glaubens:** § 932 BGB. Kenntnis und **grobfahr-** **6** **lässige** Unkenntnis stehen gleich (§ 932 II BGB). Begriff der groben Fahrlässigkeit: grundlegend BGHZ 2010, 14. Der Begriff ist revisibel; was im Einzelfall „grob" ist (nicht revisible) Tatfrage, BGHZ 2010, 16. Bösgläubig handelt auch der Erwerber, der den Mangel des Verfügungsrechts dessen kennt, von dem der Veräußerer seine Rechte herleitet, RG JW 1931, 3081. Wer vom Händler im Rahmen seines Geschäftsbetriebs eine Ware kauft, kann idR sein Verfügungsrecht (oder Eigentum) annehmen, BGH NJW 1959, 1080; 1975, 736; strenger bei Veräußerungen außerhalb des gewöhnlichen oder ordnungsgemäßen Geschäftsbetriebs des Veräußerers, BGH NJW 1999, 425. Erkundigungspflicht nach Eigentumsvorbehalt des Vormanns des Veräußerers besteht bei Kauf und Übernahme zu Sicherungseigentum nur, wenn konkrete Anhaltspunkte für Nichteigentum sprechen, BGH WM 1968, 540; 1973, 38; 1975, 362; solche Anhaltspunkte brauchen nicht in persönlichen Verhältnissen des Vormanns liegen, allgemeine Liquiditätsschwierigkeiten der Branche genügen aber nicht, BGHZ 86, 312. Bösgläubig ist ein gewerblicher Käufer, der Waren vom Verarbeiter erwirbt, in seinen AGB die Abtretung des Kaufpreisanspruchs ausgeschlossen hat und dadurch (wegen § 354a seltener) eventuellen verlängerten Eigentumsvorbehalt vereitelt, BGHZ 77, 278, NJW 1999, 425 mAnm. K. Schmidt 400, vgl. BGH WM 2003, 2420; allgemeine Klausel in Käufer-AGB, dass der Verkäufer Freiheit der Ware von Eigentumsvorbehalt garantiert, genügt nicht, vielmehr besteht konkrete Erkundigungspflicht, BGHZ 77, 279. Keine Erkundigungspflicht nach Sicherungsübereignung durch Verkäufer, BGHZ 86, 311, DB 1970, 248. Der Käufer **gebrauchter Kfz** muss sich KfzBrief vorlegen lassen, BGHZ 68, 325, NJW 2006, 2489; nennt dieser Dritten als Eigentümer, muss Käufer uU (zB bei Kauf vom Händler auf der Straße) noch beim Dritten rückfragen, BGH NJW 1975, 736. Nachforschungspflicht bei ungewöhnlichen Verkaufsumständen, BGH NJW 1991, 1415, OLG Schleswig NJW 2007, 3007. Vorlage des KfzBriefs ist nicht erforderlich bei Kauf oder Sicherungsnahme eines fabrikneuen Kfz vom autorisierten Händler, BGHZ 10, 74, LM HGB § 366 Nr. 10, NJW 2005, 1365 (Ausnahme davon) oder eines Vorführwagens, → Rn. 2; bei Kfz-Reparaturannahme, BGHZ 68, 323, NJW 1981, 227, anders bei erheblichen Zahlungsschwierigkeiten des Bestellers, BGHZ 87, 278. Erwerb aus Verkauf zu Schleuderpreisen ist idR bösgläubig, OLG Hamburg MDR 1970, 506. = FHZivR 16 Nr. 4390 (Ls.) (Pelzwaren). Beweislast für bösen Glauben des Erwerbers trägt, wer seinen guten Glauben bestreitet (Wortlaut § 932 I 1 BGB).

7 Bei aufschiebend bedingter Übereignung (zB beim üblichen Eigentumsvorbehalt) muss der gute Glaube **zur Zeit der Einigung und Übergabe** bestehen, BGHZ 10, 69.

3) Begründung gesetzlicher Pfandrechte (III)

8 III nF SHRG 2013. Das Pfandrecht des Kommissionärs (§§ 397, 404), Frachtführers (§ 440), Verfrachters (§ 495), Spediteurs (§ 464) und Lagerhalters (§ 475b) **entsteht** kraft Gesetzes, wenn der Vertrag mit ihm geschlossen und ihm zu dessen Ausführung das Gut übergeben ist. Das gilt bei Vertragsschluss und Übergabe durch den Eigentümer des Guts oder (das unterstellt III) durch einen Dritten mit Zustimmung des Eigentümers (während das Werkunternehmerpfandrecht nach § 647 BGB nur an Sachen „des Bestellers" entsteht, daher die Werkbestellung, zB ein Reparaturauftrag, durch Dritte mit Zustimmung des Eigentümers nicht gleichsteht, BGHZ 34, 125; LG Berlin WM 1973, 157, str., s. Benöhr ZHR 135 (1971), 144).

9 **III Satz 1** (seit 2013 ausdrücklich auch für den Verfrachter, bisher in § 623 III) klärt sodann, dass diese Pfandrechte ebenso wie vertraglich begründete **kraft guten Glaubens** entstehen können. Für die gesetzlichen Pfandrechte des BGB (§§ 647, 1207, 1257 BGB) ist das streitig, bejahend die üL, K. Schmidt NJW 2014, 1; Wilhelm DB 2014, 406; Canaris § 27 Rn. 37; sympathisierend Schilken FS W.-H. Roth, 2015, 511; dagegen nach BGHZ 34, 154; 87, 280; 100, 101; Rö/Steimle/Dornieden Rn. 33, zu verneinen, auch für das des Werkunternehmers (§ 647 BGB), obwohl dieses wie die gesetzlichen Pfandrechte des HGB Übergabe-, nicht Einbringungspfandrecht (so das des Vermieters, Verpächters, Gastwirts) ist, aber insoweit zulässige AGB-Praxis mit Vertragspfandrecht, Leuschner/Behme Sicherungsklauseln Rn. 51; Ul/Br/He/H. Schmidt (42) Sicherungsklauseln Rn. 24; Wo/Li/Pf/Dammann Pfandklauseln P31. Der Schuldner braucht nicht Kfm. zu sein. Es genügt guter Glaube an die Befugnis des Schuldners gegenüber dem Eigentümer, den Tatbestand herzustellen, dem das gesetzliche Pfandrecht entfließt. Etwa bestehende andere gesetzliche Pfandrechte treten zurück. Ein Pfändungspfandrecht ist kein gesetzliches Pfandrecht.

10 Die nF 2013 entspricht im Wesentlichen § 366 III Hs. 2 aF, erfasst jedoch anders als dieser alle in Satz 1 geregelten gesetzlichen Pfandrechte, also auch das des Kommissionärs (§ 397, bisher nur Analogie, so 35. Aufl.) und des Verfrachters (§ 495), ohne Änderung im Übrigen. Gutgläubiger Erwerb der gesetzlichen Pfandrechte des HGB ist nur soweit möglich, wie diese Pfandrechte reichen. Diese bestehen grundsätzlich nur für konnexe Forderungen des Pfandgläubigers, so zu **(18)** ADSp Nr. 50 aF BGHZ 17, 1, 3; 86, 304, NJW 1963, 2222. Die gesetzlichen Pfandrechte des Frachtführers, Spediteurs und Lagerhalters (→ Rn. 8) erstrecken sich jedoch seit dem TRG 1998 ausdrücklich und eindeutig auch auf **inkonnexe Forderungen** zwischen denselben Parteien, krit. und für Korrektur Staub/Canaris Rn. 104: Verstoß gegen Art. 14 GG, mindestens aber telelogische Reduktion auf Neuforderungen, also nicht für inkonnexe Forderungen, die bei Pfandrechtserwerb bereits bestanden. Nach III 2 reicht der gute Glaube an die Verfügungsbefugnis nicht aus, um ein Pfandrecht an Gut zu erwerben, das nicht Gegenstand des Vertrags ist, aus dem die durch das Pfandrecht zu sichernde Forderung herrührt (Definition von „inkonnex", vgl. auch § 273 I BGB). Möglich ist der Erwerb eines gesetzlichen Pfandrechts zur Sicherung auch von inkonnexen Forderungen nur bei gutem Glauben an die Eigentümerstellung des Kommittenten, des Absenders oder Befrachters, des Versenders oder des Einlagerers. Ein weitergehender Gutglaubensschutz würde den Eigentümer unzumutbar belasten, RegE TRG, vgl. BGHZ 17, 5; 86, 306; entsprechende AGB (ADSp) wären sittenwidrig.

11 **AGB:** Die Erstreckung anderer gesetzlicher Pfandrechte auf inkonnexe Forderungen ist durch die Wertung des III Satz 2 nicht ohne Weiteres gedeckt. Für das

1. Abschnitt. Allgemeine Vorschriften 1–3 § 367

Pfandrecht der Banken ist anerkannt, dass das Pfandrecht sämtliche Ansprüche der Bank gegen den Kunden sichert (→ **(8)** AGB-Banken Nr. 14 Rn. 8). Die Ausdehnung des Werkunternehmerpfandrechts auf inkonnexe Forderungen verstößt demgegenüber gegen **(5)** §§ 305 ff. BGB oder schon § 138 BGB, Staub/ Canaris Rn. 110.

[Gutgläubiger Erwerb gewisser Wertpapiere]

367 (1) ¹**Wird ein Inhaberpapier, das dem Eigentümer gestohlen worden, verlorengegangen oder sonst abhanden gekommen ist, an einen Kaufmann, der Bankier- oder Geldwechslergeschäfte betreibt, veräußert oder verpfändet, so gilt dessen guter Glaube als ausgeschlossen, wenn zur Zeit der Veräußerung oder Verpfändung der Verlust des Papiers im Bundesanzeiger bekanntgemacht und seit dem Ablauf des Jahres, in dem die Veröffentlichung erfolgt ist, nicht mehr als ein Jahr verstrichen war.** ²**Für Veröffentlichungen vor dem 1. Januar 2007 tritt an die Stelle des Bundesanzeigers der Bundesanzeiger in Papierform.** ³**Inhaberpapieren stehen an Order lautende Anleiheschuldverschreibungen sowie Namensaktien und Zwischenscheine gleich, falls sie mit einem Blankoindossament versehen sind.**

(2) **Der gute Glaube des Erwerbers wird durch die Veröffentlichung nach Absatz 1 nicht ausgeschlossen, wenn der Erwerber die Veröffentlichung infolge besonderer Umstände nicht kannte und seine Unkenntnis nicht auf grober Fahrlässigkeit beruht.**

(3) **Auf Zins-, Renten- und Gewinnanteilscheine, die nicht später als in dem nächsten auf die Veräußerung oder Verpfändung folgenden Einlösungstermin fällig werden, auf unverzinsliche Inhaberpapiere, die auf Sicht zahlbar sind, und auf Banknoten sind diese Vorschriften nicht anzuwenden.**

1) Übersicht

§ 367 I 3 idF 2. G 23.11.2007 BGBl. 2614. I 1, 2 mWv 1.4.2012 idF G 1 22.12.2011. § 367 gibt gesetzliche Regeln über Gut- oder Bösgläubigkeit (vgl. §§ 932, 935 II BGB) für gewisse Fälle der Wertpapierveräußerung oder -verpfändung (in denen der Gesetzgeber diese schwierige Frage nicht ganz der freien Beurteilung nach der Lage des Einzelfalls überlassen wollte), und zwar zu Lasten erwerbender oder pfandnehmender (beleihender) Bankiers; sie **gelten als bösgläubig,** wenn der Verlust des Papiers in gewisser Weise und vor nicht zu langer Zeit veröffentlicht war, I 1, mit der Möglichkeit der **Entlastung** nach II durch Beweis der nicht grobfahrlässigen Nichtkenntnis der Veröffentlichung infolge besonderer Umstände (zB verspäteten Empfangs des BAnz., → Rn. 5). Über das Aufgebot von Wertpapieren zur Kraftloserklärung s. §§ 946 ff. ZPO, besonders §§ 1003 ff. ZPO.

§ 367 gilt für **Inhaberpapiere** (I 1), inländische und ausländische (Bsp. Invest- 2 mentzertifikate, LG Essen WM 1977, 433); nicht für Banknoten, auf Sicht zahlbare unverzinsliche Inhaberpapiere und demnächst fällige Zins-, Renten- und Gewinnanteile (III). Es wird dem Verkehr nicht zugemutet, auch bei jedem Angebot fälliger oder demnächst fälliger Coupons zu prüfen, ob ein Aufruf vorliegt. Erneuerungsscheine (Talons) gehören nicht hierher, sondern sind Ausweispapiere. § 367 gilt ferner für **blanko indossierte** (daher ähnlich Inhaberpapieren zu übertragende, → § 363 Rn. 3–4) **Orderpapiere** gewisser Arten (die in großer Zahl umlaufen).

Das Papier muss dem Eigentümer **abhandengekommen** sein; das ist hier 3 weiter als in § 935 BGB zu verstehen, umfasst vor allem auch unterschlagene Papiere, hM.

§ 368 1, 2   4. Buch. Handelsgeschäfte

4   § 367 gilt bei Veräußerung, Verpfändung an einen Kfm., der **Bankier- oder Geldwechslergeschäfte** betreibt, wohl auch, wenn das HdlGewerbe des Kfm. in erster Linie auf andere Geschäfte gerichtet ist, er also nicht unter § 1 II Nr. 4 aF fiel, aber doch regelmäßig auch Bankgeschäfte betreibt; wohl nur bei Erwerb oder Pfandnahme im HdlGeschäft (§§ 343, 344), nicht zB als Vermächtnis, str. Gleich ist, wer veräußert, verpfändet.

2) Bekanntmachung

5   Die § 367 entspr. **Bekanntmachung** erfolgt auf Veranlassung einer **Behörde** (Gericht, Polizei usw) oder dem aus der Urkunde **Verpflichteten** oder noch anderer Stellen. Die Bekanntmachung muss das Papier hinreichend kennzeichnen. Es darf höchstens ein Jahr seit Ablauf des Jahres der Bekanntmachung verstrichen sein; der Bankier muss allein den laufenden und den letzten Jahrgang verfolgen. Bekanntmachung im BAnz., vgl. → § 10 Rn. 2. Andere Veröffentlichungen oder nicht öffentliche Warnungen wirken nicht nach § 367, können aber nach § 932 II BGB den guten Glauben des Erwerbers (Pfandnehmers) hindern. Hierzu **(8)** Sonderbedingungen für WPGeschäfte Nr. 16.

3) Lieferbarkeit, Bereinigung

6   Wegen der Häufigkeit des Abhandenkommens von Wertpapieren im Krieg und nach dem Krieg ergingen verschiedene Bereinigungsgesetze, s. 24. Aufl.

[Pfandverkauf]

368 (1) **Bei dem Verkauf eines Pfandes tritt, wenn die Verpfändung auf der Seite des Pfandgläubigers und des Verpfänders ein Handelsgeschäft ist, an die Stelle der in § 1234 des Bürgerlichen Gesetzbuchs bestimmten Frist von einem Monat eine solche von einer Woche.**

(2) **Diese Vorschrift ist auf das gesetzliche Pfandrecht des Kommissionärs, des Frachtführers oder Verfrachters, des Spediteurs und des Lagerhalters entsprechend anzuwenden, auf das Pfandrecht des Frachtführers, Verfrachters und Spediteurs auch dann, wenn nur auf ihrer Seite der Vertrag ein Handelsgeschäft ist.**

1) Wartefrist nach Verkaufsandrohung

1   368 II idF SHRG 2013 (seit 2013 ausdrücklich auch für den Verfrachter, bisher in § 623 III, systematisch richtige Reihung). Ist die Verpfändung (I) oder (so II) das ein gesetzliches Pfandrecht begründende (§§ 397, 404, 475b) Kommissions- oder Lagergeschäft ein zweiseitiges HdlGeschäft oder das ein gesetzliches Pfandrecht begründende (§§ 440, 495, 464) Fracht-, Seefracht- oder Speditionsgeschäft (II) auf der Seite des Frachtführers, Verfrachters oder Spediteurs ein (auch bloß einseitiges) HdlGeschäft (§§ 343, 344, 345), so wird die einmonatige **Wartefrist** nach der Verkaufsandrohung (§ 1234 BGB) auf eine Woche gekürzt. Gleich bleibt, ob die Hauptschuld aus einem HdlGeschäft entspringt. Sind Verpfänder und Eigentümer verschieden, so kommt es für die Anwendbarkeit des § 368 auf den Eigentümer nicht an. Fristverletzung macht den Pfandgläubiger ersatzpflichtig, § 1243 II BGB, und bleibt für den Erwerber gleich. Die Vorschrift ist nachgiebig, § 1245 BGB. Abweichung kann gegen **(5)** § 307 BGB verstoßen, so für Verwertung bei Sicherungsabtretung ohne Androhung und Wartefrist nach § 1234 BGB, § 368 HGB, BGH NJW 1992, 2626 (→ **(8)** AGB-Banken Nr. 17 Rn. 1).

2   **Androhung** des Verkaufs durch Kommissionär, Frachtführer oder Verfrachter, Spediteur oder Lagerhalter an den Eigentümer; nach §§ 1248, 1257 BGB mangels anderer Kenntnis an Kommittent, Absender oder Befrachter, Versender oder Einlagerer als Eigentümer; an diesen wohl auch, wenn der Androhende weiß, dass

1. Abschnitt. Allgemeine Vorschriften § 369

der andere nicht Eigentümer ist (§§ 1248, 1257 BGB also nicht Platz greifen), aber den Eigentümer nicht kennt; durch Frachtführer an Empfänger, notfalls an Absender, § 440 IV.

2) Sonstige Voraussetzungen für den Pfandverkauf

Unrechtmäßig ist ein Pfandverkauf bei Verstoß gegen folgende Erfordernisse: 3
Pfandreife, § 1228 II BGB; Befriedigungsbedürfnis, § 1230 BGB; öffentliche Versteigerung, § 1235 BGB; Bekanntmachung, § 1237 S. 1 BGB; Gold- und Silberwert bei Gold- und Silbersachen, § 1240 BGB; Wirksamkeit des Pfandrechts. Bei Verstoß kein Eigentumserwerb vorbehaltlich des § 1244 BGB, s. § 1243 BGB.

Ordnungswidrig ist ein Pfandverkauf bei Verletzung einer sonstigen Vor- 4
schrift, namentlich bei unterbliebener Androhung oder Verletzung der Wartefrist, § 1234 BGB. Folge: Ersatzpflicht, § 1243 BGB.

[Kaufmännisches Zurückbehaltungsrecht]

369 (1) ¹Ein Kaufmann hat wegen der fälligen Forderungen, welche ihm gegen einen anderen Kaufmann aus den zwischen ihnen geschlossenen beiderseitigen Handelsgeschäften zustehen, ein Zurückbehaltungsrecht an den beweglichen Sachen und Wertpapieren des Schuldners, welche mit dessen Willen auf Grund von Handelsgeschäften in seinen Besitz gelangt sind, sofern er sie noch im Besitze hat, insbesondere mittels Konnossements, Ladescheins oder Lagerscheins darüber verfügen kann. ²Das Zurückbehaltungsrecht ist auch dann begründet, wenn das Eigentum an dem Gegenstande von dem Schuldner auf den Gläubiger übergegangen oder von einem Dritten für den Schuldner auf den Gläubiger übertragen, aber auf den Schuldner zurückzuübertragen ist.

(2) Einem Dritten gegenüber besteht das Zurückbehaltungsrecht insoweit, als dem Dritten die Einwendungen gegen den Anspruch des Schuldners auf Herausgabe des Gegenstandes entgegengesetzt werden können.

(3) Das Zurückbehaltungsrecht ist ausgeschlossen, wenn die Zurückbehaltung des Gegenstandes der von dem Schuldner vor oder bei der Übergabe erteilten Anweisung oder der von dem Gläubiger übernommenen Verpflichtung, in einer bestimmten Weise mit dem Gegenstande zu verfahren, widerstreitet.

(4) ¹Der Schuldner kann die Ausübung des Zurückbehaltungsrechts durch Sicherheitsleistung abwenden. ²Die Sicherheitsleistung durch Bürgen ist ausgeschlossen.

Übersicht

	Rn
1) Allgemeines	1, 2
2) Fällige Forderung zwischen Kaufleuten (I)	3–6
3) Zurückzuhaltende Gegenstände (I)	7–11
4) Wirkung des Rechts gegen Dritte (II)	12
5) Ausschluss des Zurückbehaltungsrechts (III)	13
6) Abwendung der Zurückhaltung (IV)	14

1) Allgemeines

Auch unter Kflten gelten **§ 320 BGB** (Einrede des nicht erfüllten Vertrags) 1
und **§ 273 BGB** (Zurückbehaltungsrecht), auch bei geringfügigen Mängeln, Grenze nur § 242 BGB, BGH NJW 2017, 1100 mAnm. Ostendorf. § 369 gewährt Kflten außerdem für gewisse Fälle der Pflicht zur Herausgabe eines

§ 369 2–5   4. Buch. Handelsgeschäfte

Gegenstands (→ Rn. 7–11) ein Zurückbehaltungsrecht unter erweiterten Voraussetzungen in Bezug auf den Zusammenhang von Anspruch und Gegenanspruch. **§§ 371, 372** (nicht in allen Fällen des § 369 anwendbar, → Rn. 4, 7) fügen zum (nur ein Provisorium schaffenden) Recht, etwas zurückzuhalten, das Recht hinzu, sich aus dem Zurückbehaltenen für die eigene Forderung zu befriedigen. Ein Zurückbehaltungsrecht kann man auch **vertraglich** einräumen, RGZ 118, 252, auch ein Recht auf Befriedigung nach § 371, nicht das Absonderungsrecht nach § 51 Nr. 3 InsO. Kreditinstitute → **(8)** AGB-Banken Nr. 14 Rn. 1.

2   Für das Zurückbehaltungsrecht des **BGB** und **HGB** gilt: Es ist nicht von Amts wegen zu beachten, sondern nur auf Einrede, die zur Verurteilung Zug um Zug führt, § 274 I BGB; auf Grund solcher Verurteilung des Zurückhaltenden kann der andere Teil seinen Anspruch ohne Bewirkung seiner Leistung in der Zwangsvollstreckung verfolgen, wenn der Verurteilte im Annahmeverzug ist, § 274 II BGB, zB wenn er zwar das ihm Geschuldete annehmen, aber den Anspruch des anderen nicht erfüllen will, § 298 BGB. Ein Gläubiger, der Gegenstände zurückhält (§§ 273 I, II BGB, 369 ff. HGB), darf bei Verweisung auf die Zwangsvollstreckung in die zurückbehaltenen Gegenstände nicht in das übrige Schuldnervermögen vollstrecken (§ 777 ZPO). Ein vor Eröffnung des Insolvenzverfahrens erworbenes Zurückbehaltungsrecht an Gegenständen nach §§ 369 ff. HGB gewährt in der Insolvenz ein Recht auf abgesonderte Befriedigung aus diesen, ebenso ein solches Recht wegen Verwendungen auf den Gegenstand (§ 273 II BGB) in Höhe des noch vorhandenen, durch sie verursachten Vorteils, § 51 Nr. 3, 2 InsO. Das Zurückbehaltungsrecht erlischt durch Befriedigung des Gläubigers, durch Besitzverlust, auch unfreiwilligen, vgl. RGZ 109, 105 (es lebt bei unfreiwilligem Besitzverlust durch Wiedererlangung des Besitzes rückwirkend wieder auf, vgl. anders zum Besitzpfandrecht, → § 397 Rn. 10), durch Sicherheitsleistung, § 273 III BGB, § 369 IV HGB, → Rn. 14.

2) Fällige Forderung zwischen Kaufleuten (I)

3   Das kfm. Zurückbehaltungsrecht (§ 369) besteht **nur unter Kaufleuten,** also für Forderungen eines Kfm. (§§ 1–4, auch § 6) gegen einen Kfm. (§§ 1–5), auch gegen den als Kfm. Auftretenden (Rechtsscheinhaftung, → § 5 Rn. 9–17, jedoch dann ohne das Dritte beeinträchtigende Absonderungsrecht im Insolvenzverfahren, str., → Rn. 2) aus zwischen ihnen geschlossenen **beiderseitigen Handelsgeschäften.** Beide Teile müssen Kfm. sein (1) bei Entstehung der Forderung, sonst fehlt das beiderseitige HdlGeschäft (→ Rn. 6), auf (2) bei Entstehung des Zurückbehaltungsrechts, nicht notwendig bei dessen Geltendmachung, das einmal entstandene Recht bleibt bestehen, auch wenn ein Teil die Kfm.-Eigenschaft verliert (oder beide).

4   Das Zurückbehaltungsrecht besteht für **Forderungen,** wohl nicht nur Geldforderungen oder die in solche übergehen können (aber nur wegen solcher kommt Befriedigung nach §§ 371, 372 in Betracht), sondern auch andere (vermögensrechtliche) Schuldforderungen, auch dingliche Ansprüche, zB auf Herausgabe von Eigentum (§ 985 BGB), str. Die Forderung braucht sich nicht auf den zurückbehaltenen Gegenstand zu beziehen (nicht konnex zu sein, vgl. dagegen § 273 BGB); Ausnahme: **(13)** DepotG §§ 4 I, 30 für vom Zentralbankier für den Provinzbankier angeschaffte Wertpapiere.

5   Die Forderung, wegen der zurückbehalten werden soll, muss idR **fällig** sein (I 1), fällig zzt. der Geltendmachung des Zurückbehaltungsrechts, RGZ 106, 249, nicht notwendig bei Erlangung des Besitzes an den zurückbehaltenen Gegenständen. Für eine unklagbare oder einredebehaftete, zB verjährte Forderung entsteht kein Zurückbehaltungsrecht, das vor Entstehen der Einrede, zB vor Verjährung begründete bleibt bestehen (wie beim gesetzlichen Pfandrecht). Schuldnerverzug unnötig, RG JW 1928, 1579.

Die Forderung muss hervorgehen aus einem **beiderseitigen Handels-** 6
geschäft (§§ 343, 344), geschlossen **zwischen** dem **Zurückhaltenden** und dem
Schuldner der Forderung, auch Bereicherungsanspruch, jedenfalls bei Leistungskondiktion wie bei Überzahlung, BGH NJW 1985, 2418. Kein Zurückbehaltungsrecht kann zugunsten eines Dritten, zB Abtretungsempfängers, oder gegen
einen Dritten, etwa den dritten Eigentümer verpfändeter Sachen, entstehen, RG
HRR 1928, 1220. Gesamtnachfolge auf einer der Seiten ändert nichts; der
Gläubiger kann vor und nach ihrem Eintritt in Besitz genommene Sachen
zurückbehalten. Bei Übergang des Unternehmens nach § 25 muss der Erwerber
die Zurückbehaltung wegen Forderungen dulden, die gegen den Veräußerer
bestanden. Als Ausnahme entsteht bei Inhaber- und Orderpapieren ein Zurückbehaltungsrecht zugunsten jedes Gläubigers aus dem Papier gegen jeden Schuldner aus dem Papier, wenn der Erwerb des Papiers und die Eingehung der Verpflichtung ein HdlGeschäft sind, RGZ 9, 45. Ist das Zurückbehaltungsrecht
entstanden, so ist es zusammen mit der Forderung abtretbar, geht aber nicht ohne
Weiteres mit ihr über; § 1250 BGB ist nicht entspr. anwendbar, hM. Das Zurückbehaltungsrecht allein ist nicht übertragbar.

3) Zurückzuhaltende Gegenstände (I)

Zurückgehalten werden dürfen nach I 1 **bewegliche Sachen** und **Wert-** 7
papiere. Nicht ein angenommener Wechsel in der Hand des Annehmers, RG
JW 1928, 232; nicht Rechte, namentlich Forderungen, Beweisurkunden, Ausweispapiere (Sparbücher, Hypothekenbriefe), RGZ 149, 94, GesAnteilscheine,
KfzBriefe, OLG Frankfurt a. M. NJW 1969, 1720. Ein vertragliches Zurückbehaltungsrecht lässt sich an ihnen bestellen, es wirkt nicht gegen Dritte, zB im
Insolvenzverfahren über das Vermögen des Schuldners, RGZ 91, 157. An unpfändbaren Sachen ist das Zurückbehaltungsrecht möglich; die Ausübung kann
aber als missbräuchliche Rechtsausübung unzulässig sein. Einem gesetzlichen
Veräußerungsverbot unterliegende Sachen können nach § 369 zurückgehalten,
nicht nach §§ 371, 372 verwertet werden (vgl. Zurückhaltung für Nicht-Geldforderungen, → Rn. 4); soweit das Verbot nur bestimmte Personen schützt oder
sonst bedingt wirkt, ist das Zurückbehaltungsrecht entspr. eingeschränkt; vgl.
§§ 134–136 BGB. Unanwendbarkeit des § 369 auf Grundpfandbriefe, BGH BB
1973, 307. Unzulässig nach § 242 BGB ist wohl das Vorenthalten von Gegenständen ohne Verkehrswert, die der Schuldner aber braucht, OLG Karlsruhe BB
1972, 1163 (Gussmodelle).

Die Sachen (Wertpapiere) müssen (im Zeitpunkt der Erfüllung der übrigen 8
Voraussetzungen des Zurückbehaltungsrechts) im **Eigentum** (auch Miteigentum
nach Bruchteilen) **des Schuldners** stehen, I 1 (Zurückhaltung eigener Sachen: I
2, → Rn. 10). Wegen Forderung gegen einen Gfter können Sachen der OHG,
KG nicht zurückgehalten werden; wegen Forderung gegen eine OHG, KG
Sachen eines Gfters (phG oder Kdtist) dann, wenn er persönlich haftet (phG:
§§ 128, 161 II, Kdtist: §§ 171–176) und Gläubiger ihn auch persönlich in Anspruch nimmt, str. Kein gutgläubiger Erwerb des Zurückbehaltungsrechts an
fremden Sachen entspr. §§ 932 ff. BGB, RGZ 69, 16 (Spediteur, BGHZ 17, 2).
Hat der Dritte aber arglistig die Sache für eine Sache des Schuldners ausgegeben,
so steht ihm die Einrede der Arglist entgegen. Ebenso, wenn der Vertragsteil, für
dessen Rechnung abgeschlossen ist, dem Zurückbehaltenden zur Erfüllung seiner
Verpflichtung geliefert hat, RGZ 152, 121.

Die Sachen müssen mit Willen des Schuldners auf Grund von HdlGeschäften 9
in den **Besitz des Gläubigers** gelangt sein. Mittelbarer Besitz genügt, wenn ein
Dritter, nicht der Schuldner selbst unmittelbar besitzt. Mitbesitz genügt nicht in der
qualifizierten Form des § 1206 BGB (betr. Pfandrecht): die Sache muss unter
Mitverschluss des Gläubigers sein; nicht genügt, dass Schuldner zwar rechtlich
nicht allein über die Sache verfügen, wohl aber sie tatsächlich allein an sich

nehmen kann, BGH BB 1963, 576 (wegen Rechtsähnlichkeit des kfm. Zurückbehaltungsrechts mit dem Pfandrecht), Fall: Arbeitsgemeinschaft der Bauunternehmer A–B, Gerät des A am Bauplatz (auf Grund Mietvertrags oder Überlassung zur Benutzung als Beitrag, § 706 BGB), Besitz der GbR A–B, aber Zugriffsmöglichkeit für A allein. Besitzdienerschaft genügt nicht. Der Besitz muss **mit Willen des Schuldners erlangt** sein; es genügt, dass Schuldner nachträglich zustimmt (genehmigt). Der Wille muss nicht ausdrücklich erklärt werden, aber irgendwie hervorgetreten sein. Anfechtbarkeit schadet nicht; erfolgreiche Anfechtung vernichtet rückwirkend. Der Wille des Schuldners fehlt zB, wenn er nicht voll geschäftsfähig ist und gesetzlicher Vertreter nicht zustimmt oder wenn sich der Gläubiger den Besitz ohne die bedungene Gegenleistung verschafft hat, RGZ 46, 202. Hat sich der Kfm. mit erlaubter Eigenmacht in den Besitz gesetzt, muss er, um die Sache zu seiner Sicherung verwenden zu können, Arrest beantragen, § 230 II BGB; bei Verzögerung oder Ablehnung des Antrags muss er die Sache herausgeben, § 230 IV BGB, ein Zurückbehaltungsrecht hat er nicht, str. Widerruf des Willens nach Erwerb des Zurückbehaltungsrechts ist bedeutungslos. Der Besitz muss **auf Grund eines Handelsgeschäfts** erlangt sein, RGZ 26, 58; es genügt, dass der Besitzerwerb HdlGeschäft ist, ebenso, dass man zunächst privat besitzt und dann auf Grund HdlGeschäfts; ein beiderseitiges HdlGeschäft ist unnötig. Auch hdlgeschäftliche (§§ 343, 344) Entgegennahme als Angebot zugesandter Ware genügt, ROHGE 7, 213, OLG Hamburg DB 1963, 1214, OLG Frankfurt a. M. BB 1976, 333. Der Besitzüberlassungswille des Gegners muss noch bestehen im Zeitpunkt der Entstehung der Forderung des Zurückhaltenden, OLG Hamburg DB 1963, 124.

10 I 2 erlaubt, **eigene, dem Schuldner zu übertragende** Sachen (Wertpapiere) zurückzuhalten, wenn der Zurückhaltende sie vom Schuldner (oder für diesen von einem Dritten) zu Eigentum bekam, zB eine vom Schuldner erworbene Sache nach Anfechtung (falls sie nicht, wie regelmäßig bei § 123 BGB, auch das dingliche Geschäft beseitigt, dann Fall I 1), Rücktritt, Rückkauf; Sicherungseigentum nach Deckung der so gesicherten Forderung (falls Eigentum nicht dadurch schon an Schuldner zurückfiel, dann Fall I 1). S. 2 ist ausdehnend auszulegen: Der Kfm. darf immer zurückbehalten, wo er Besitz an eigenen Sachen mit Willen des Schuldners durch HdlGeschäft erlangt hat, Göppert ZHR 95 (1930), 55, str., so zB der Einkaufskommissionär an für den Kommittenten eingekauften Waren.

11 Das Zurückbehaltungsrecht besteht, solange der Gläubiger die Sachen (Wertpapiere) im **Besitz** hat, insbesondere mittels eines Traditionspapiers, nämlich Konnossements (§ 524), Ladescheins (§ 448), Lagerscheins (§ 475g) „über sie verfügen" kann; Voraussetzungen und Bedeutung dieses Verfügenkönnens s. zum Ladeschein (§ 448).

4) Wirkung des Rechts gegen Dritte (II)

12 Das Zurückbehaltungsrecht nach §§ 369–372 besteht an Sachen (Wertpapieren) des Schuldners, uU des Gläubigers selbst, grundsätzlich nicht Dritter (I 1, 2, → Rn. 8, 10). Es bleibt aber nach **II** wirksam gegen einen Dritten, der **nachträglich** das **Eigentum** an der Sache durch Abtretung des Herausgabeanspruchs erworben hat, § 986 II BGB, entspr. gegenüber Dritten, die nachträglich einen **Nießbrauch** oder ein **Pfandrecht** auf diese Weise erworben haben, §§ 1032, 1205 II, 1206 BGB. Nachträglich ist der Erwerb, wenn das Zurückbehaltungsrecht bereits begründet war, als er stattfand, wenn also damals die dieses Recht begründenden Tatsachen schon vorlagen. Späteren Pfändungspfandrechten geht das Zurückbehaltungsrecht vor (§ 804 II ZPO, § 51 Nr. 3 InsO). Es gibt gegenüber der Pfändung, die der Zurückbehaltungsberechtigte nach § 809 ZPO verhindern kann, die Erinnerung aus § 766 ZPO und die Widerspruchsklage des § 771 ZPO. Späteren gesetzlichen Pfand- und Zurückbehaltungsrechten gegenüber ist der Berechtigte machtlos. Er kann zB weder das gesetzliche Pfandrecht des Spediteurs an der Ware abwehren, noch einem Konnossement, Ladeschein, Lagerschein entgegentreten, RGZ 8, 81. Das Zurückbehaltungsrecht gibt im Insolvenzverfahren über das Vermögen des Schuldners ein Absonderungsrecht (§ 51 Nr. 3 InsO). Anfechtung der Besitzübertragung nach InsO und AnfG. Nach Eröffnung des Insolvenzverfahrens lässt sich kein Recht, auch kein Zurückbehaltungsrecht, mehr mit Wirkung gegen die Insolvenzgläubiger begründen (§ 91 InsO).

5) Ausschluss des Zurückbehaltungsrechts (III)

Das Zurückbehaltungsrecht entfällt nach III, wo der Gläubiger in bestimmter Weise mit dem Gegenstand verfahren muss, und zwar laut vor oder bei Übergabe erteilter **Weisung** des Schuldners, oder kraft einer irgendwann vom Gläubiger übernommenen **Verpflichtung**, die grundsätzlich auch stillschweigend sein kann, aber nicht schon in Besitzerlangung laut enspr. Rechtsverhältnis liegt, RG JW 1900, 756. Bsp.: Gläubiger hat sich verpflichtet, die Sache zur Verfügung des Schuldners zu halten, RGZ 12, 91; wer auf Probe gekauft hat, darf nur wegen Forderungen zurückbehalten, die gerade mit diesem Kauf zusammenhängen, etwa wegen Vorschussleistung oder Lagergeld; wer als Spediteur oder Frachtführer eine Ware an Dritte zu versenden hat, darf nicht wegen Forderungen an den Absender zurückbehalten; Spediteur und Frachtführer dürfen nicht Transportmittelleergut zurückbehalten. Grund: treuhänderischer Empfang mit Pflicht zur alsbaldigen Rückgabe in Transportkreislauf, OLG Frankfurt a. M. TranspR 1986, 354. die Bank als Zeichnungsstelle darf den Zeichnern ausliefernde Anleihestücke nicht wegen Forderungen gegen die vermittelnde Bank zurückhalten, RGZ 146, 59, jetzt **(13)** DepotG § 30. Kein Ausschluss zB, wenn der Gläubiger die Ware wegen Mängeln zur Verfügung stellt, RGZ 98, 69; wenn die Ware zur Verwahrung übergeben ist, Denkschrift 579; bei Waren, die zur Bearbeitung oder Ausbesserung übergeben sind; wenn die Weisung des Schuldners usw nur die selbstverständliche Verpflichtung zur Herausgabe ausspricht. Überhaupt kann eine Weisung des Schuldners nur in Betracht kommen, wo Treu und Glauben ihre vorzugsweise Beachtung verlangen; die selbstverständliche Verpflichtung, die Sache herauszugeben oder zurückzugeben, genügt nicht.

6) Abwendung der Zurückhaltung (IV)

IV entspricht wörtlich dem § 273 III BGB (nur nennt das BGB den, der Herausgabe verlangen kann, Gläubiger, HGB nennt so den Gläubiger der gesicherten Forderung). Der Schuldner kann die Ausübung des Zurückbehaltungsrechts jederzeit durch Sicherheitsleistung nach §§ 232 ff. BGB abwenden, jedoch nicht (vgl. § 232 II BGB) durch Bürgschaft. Sicherheit nötig in Höhe der zu sichernden Forderung; ist der Wert der zurückbehaltenen Sachen geringer, so entscheidet er, str., vgl. RGZ 137, 355. Erbietet sich der Schuldner zur Sicherheitsleistung, so wendet das die Zurückhaltung noch nicht ab, doch kann das Urteil die Herausgabepflicht vom Nachweis der Sicherheitsleistung abhängig machen, RGZ 137, 355. Der Schuldner darf auch die Sache gegen Zahlung ihres Werts auslösen. An der hinterlegten Sicherheit erwirbt der Gläubiger ein Pfandrecht, § 233 BGB.

370 *(aufgehoben)*

§ 370 betreffend ein kfm. Notzurückbehaltungsrecht über § 369 hinaus wegen nicht fälliger Forderungen (funktional ähnlich der Aufrechnung) wurde wegen Unvereinbarkeit mit den Grundsätzen der InsO (keine Erweiterung der Rechte eines Gläubigers durch die Eröffnung des Insolvenzverfahrens, auch keine Aufrechnung mehr wie nach § 54 aF KO) durch EGInsO 1994 ersatzlos aufgehoben.

[Befriedigungsrecht]

371 (1) ¹Der Gläubiger ist kraft des Zurückbehaltungsrechts befugt, sich aus dem zurückbehaltenen Gegenstande für seine Forderung zu befriedigen. ²Steht einem Dritten ein Recht an dem Gegenstande zu, gegen welches das Zurückbehaltungsrecht nach § 369 Abs. 2 geltend gemacht werden kann, so hat der Gläubiger in Ansehung der Befriedigung aus dem Gegenstande den Vorrang.

(2) ¹Die Befriedigung erfolgt nach den für das Pfandrecht geltenden Vorschriften des Bürgerlichen Gesetzbuchs. ²An die Stelle der in § 1234 des Bürgerlichen Gesetzbuchs bestimmten Frist von einem Monate tritt eine solche von einer Woche.

(3) ¹Sofern die Befriedigung nicht im Wege der Zwangsvollstreckung stattfindet, ist sie erst zulässig, nachdem der Gläubiger einen vollstreckbaren Titel für sein Recht auf Befriedigung gegen den Eigentümer oder, wenn der Gegenstand ihm selbst gehört, gegen den Schuldner erlangt hat; in dem letzteren Falle finden die den Eigentümer betreffenden Vorschriften des Bürgerlichen Gesetzbuchs über die Befriedigung auf den Schuldner entsprechende Anwendung. ²In Ermangelung des vollstreckbaren Titels ist der Verkauf des Gegenstandes nicht rechtmäßig.

(4) Die Klage auf Gestattung der Befriedigung kann bei dem Gericht, in dessen Bezirke der Gläubiger seinen allgemeinen Gerichtsstand oder den Gerichtsstand der Niederlassung hat, erhoben werden.

1) Befriedigungsrecht (I)

1   Das Befriedigungsrecht des Gläubigers nach I macht das kfm. Zurückbehaltungsrecht **dem Pfandrecht ähnlich**, ohne es dinglich zu gestalten (vgl. → § 369 Rn. 12), BGH NJW 2011, 2963. **Voraussetzung** ist **Befriedigungsreife**, nämlich Fälligkeit der gesicherten Forderung und Vorliegen **einer Geldforderung** (vgl. § 1228 BGB, → § 369 Rn. 4). Wirkt das Zurückbehaltungsrecht gegen Dritte (§ 369 II), so gibt es ein Recht auf vorzugsweise Befriedigung. Der Gläubiger braucht die Sache nicht einem Dritten zum Verkauf herauszugeben (§ 1232 BGB). Befriedigt er sich, so hat er den Überschuss dem dritten Berechtigten herauszugeben. Ebenso darf der Dritte den Gläubiger befriedigen; er erwirbt damit die Forderung ohne Zurückbehaltungsrecht (§§ 1249, 268 BGB).

2) Vollstreckungsbefriedigung (III 1 Hs. 1)

2   Dem Gläubiger stehen **zwei Wege** offen, die in II besonders geregelte **Verkaufsbefriedigung** (→ Rn. 3–6), bei der sich der Gläubiger zunächst einen vollstreckbaren Titel verschaffen muss (III), **und die Vollstreckungsbefriedigung** nach den Pfandrechtsregeln (II iVm §§ 1228 I, 1233 I BGB), BGH NJW 2011, 2963. Letztere ist selbstverständlich zulässig (vgl. klarstellend III 1 Hs. 1). Bei ihr erwirkt der Gläubiger einen Titel mit der gewöhnlichen Zahlungsklage; dann kann er aus diesem Titel vollstrecken, auch die zurückbehaltene Sache pfänden und verkaufen lassen.

3) Verkaufsbefriedigung (II–IV)

3   Die **Durchführung** der Verkaufsbefriedigung nach II erfolgt nach **Pfandrechtsvorschriften** (II 1) mit Fristkürzung (vgl. für Pfandverkauf § 368) und erschwert durch das Erfordernis eines vollstreckbaren Titels (III, → Rn. 4). Ver-

1. Abschnitt. Allgemeine Vorschriften 4–6 § 371

kauf in öffentlicher Versteigerung, bei Börsen- oder Marktpreis auch freihändiger Verkauf, § 1235 BGB; nach öffentlicher Bekanntmachung, § 1237 BGB. Vorherige Androhung mit einer Woche Frist, II, § 1234 BGB (an Eigentümer, bei III, IV an Schuldner). Benachrichtigung des Eigentümers (oder Schuldners), III, vom Verkauf und seinem Ergebnis, §§ 1237, 1241 BGB. Ist eine andere Art der Verwertung den Beteiligten vorteilhafter, so kann jede Partei sie verlangen; im Streitfall entscheidet das Gericht des Orts, wo sich die Sache befindet, § 1246 BGB. Einer vorherigen Zwangsvollstreckung bedarf es nicht. Der Gläubiger darf aber statt der Pfandverwertung die Zwangsvollstreckung wählen; sie setzt einen anderen Titel voraus, → Rn. 2. Die Parteien können vereinbaren, dass der Gläubiger ohne Titel verwerten darf. Sie können eine von §§ 1234–1240 BGB abweichende Art des Pfandverkaufs vereinbaren (§ 1245 BGB), uU Zustimmungspflicht des Insolvenzverwalters (§ 1246 BGB), BGH NJW 2011, 2964. Wertpapiere darf der Gläubiger öffentlich versteigern lassen, freihändig verkaufen oder einziehen, je nach Sachlage, §§ 1282, 1294, 1295 BGB; ist keine dieser Arten der Befriedigung möglich, § 1277 BGB, wie bei Namensaktien ohne Börsenpreis, so bleibt nur Befriedigung durch Zwangsvollstreckung, Denkschrift 214. Der den Anspruch überschießende Erlös tritt an die Stelle der Sache, § 1247 BGB; der Gläubiger kann ihn wegen anderer Forderungen zurückbehalten.

Die Notwendigkeit eines **vollstreckbaren Titels** nach III 1 für die Verkaufs- 4 befriedigung ist gegenüber den Pfandrechtsvorschriften eine (wegen der erleichterten Voraussetzungen des kfm. Zurückbehaltungsrechts gerechtfertigte) Erschwerung. Der Gläubiger klagt auf Gestattung der Befriedigung aus dem zurückbehaltenen Gegenstand gemäß II; erlangt er hier einen Titel, so kann er entweder die Sache wie eine ihm verpfändete Sache verkaufen (→ Rn. 3) oder sie ohne Pfändung wie eine gepfändete Sache verkaufen lassen, § 1233 II BGB und ZPO. Zwangsvollstreckung in den Gegenstand ist auf Grund dieses Titels (anders bei Vollstreckungsbefriedigung → Rn. 2) unmöglich. Die Klage gemäß III ist Gestaltungsklage. Sie bedarf des Nachweises einer Forderung, die das Zurückbehaltungsrecht begründet, nicht der Bezifferung dieser Forderung, OLG Hamburg MDR 1958, 343; 1960, 315. Richtiger Beklagter ist der Eigentümer; gehört der Gegenstand dem Gläubiger selbst, § 369 I 2, der Schuldner; bei Forderung gegen OHG nur diese (nach § 128) die Gfter (einerlei, ob Sache im Eigentum der OHG oder im Eigentum des Gläubigers mit Herausgabepflicht an OHG), LG Hamburg NJW 1952, 826. Die Klage ist auch geeignetenfalls im Urkundenprozess zu erheben, str.; auch Mahnverfahren zulässig (in diesen Verfahren aber Bezifferung der Forderung nötig). Zulässig ist Verbindung der Klage nach § 371 III (im Gerichtsstand der IV) mit Klage zur Ermittlung der Höhe der Forderung, zB auf Buchauszug (§ 87c II) nach § 254 ZPO (Stufenklage), OLG Hamburg MDR 1958, 343. Bei Anerkennung des Schuldners, der keinen Anlass zur Klage gab, trägt Gläubiger die Kosten, § 93 ZPO, zB wenn Schuldner der Verwertung des Gegenstands zustimmte. Das Urteil muss die Gegenstände, für die es Befriedigung erlaubt, bezeichnen. Es braucht nur vorläufig vollstreckbar zu sein; bei nachträglicher Aufhebung Ersatzpflicht des Gläubigers nach § 717 ZPO.

Zuständig ist nach **IV** das Gericht des allgemeinen Gerichtsstands oder der 5 Niederlassung des Gläubigers (also abw. von der Regel der Gerichtsstand des Klägers). Die Regelzuständigkeiten bleiben daneben, EBJS/Lettl Rn. 11. Ob Vereinbarung eines anderen Orts als Gerichtsstand (zB des Sitzes des Schuldners) den Gerichtsstand des § 371 IV ausschließt, ist Tatfrage, ohne Vermutung für oder gegen, OLG Hamburg MDR 1960, 315.

Unrichtige Veräußerung ist in gewissen Fällen rechtmäßig, verpflichtet nur 6 Gläubiger bei Verschulden zu Schadensersatz. In anderen Fällen ist sie nicht rechtmäßig, aber zugunsten eines gutgläubigen Erwerbers wirksam; so auch bei Fehlen des vollstreckbaren Titels für das Befriedigungsrecht, III 2 (wenn nicht noch andere, den Schutz Gutgläubiger nach § 1244 BGB ausschließende Fehler begangen sind). Gewisse Fehler hindern auch die Wirkung zugunsten gutgläubiger Erwerber. So §§ 1243 I, II, 1244 BGB anwendbar nach § 371 II 1, vgl. → § 368 Rn. 2.

[Eigentumsfiktion und Rechtskraftwirkung bei Befriedigungsrecht]

372 (1) In Ansehung der Befriedigung aus dem zurückbehaltenen Gegenstande gilt zugunsten des Gläubigers der Schuldner, sofern er bei dem Besitzerwerbe des Gläubigers der Eigentümer des Gegenstandes war, auch weiter als Eigentümer, sofern nicht der Gläubiger weiß, daß der Schuldner nicht mehr Eigentümer ist.

(2) Erwirbt ein Dritter nach dem Besitzerwerbe des Gläubigers von dem Schuldner das Eigentum, so muß er ein rechtskräftiges Urteil, das in einem zwischen dem Gläubiger und dem Schuldner wegen Gestattung der Befriedigung geführten Rechtsstreit ergangen ist, gegen sich gelten lassen, sofern nicht der Gläubiger bei dem Eintritte der Rechtshängigkeit gewußt hat, daß der Schuldner nicht mehr Eigentümer war.

1 **Wechsel im Eigentum** (vom Schuldner zu Drittem), nach dem Besitzerwerb des Gläubigers, hindert nicht die rechtsgültige Befriedigung, solange Gläubiger von ihr nicht weiß (Wissenmüssen ist unerheblich); das nach § 371 III gegen den Schuldner erwirkte rechtskräftige Urteil wirkt auch gegen den neuen Eigentümer; so auch, wenn das Eigentum (nach dem Besitzerwerb des Gläubigers) schon vor der Klage, nicht erst während des Prozesses überging. Gläubiger kann das gegen den Schuldner erwirkte Urteil auf den neuen Eigentümer umschreiben lassen (§ 727 ZPO); wenn das nicht erreichbar: gegen den neuen Eigentümer klagen, entweder auf Vollstreckungsklausel nach § 731 ZPO oder unmittelbar aus § 371 III.

Zweiter Abschnitt. Handelskauf

Einleitung vor § 373

Schrifttum

Emmerich JuS 1997, 98; U. Huber ZHR 161 (1997), 160. Zum Finanzierungsdarlehen s **(7)** Bankgeschäfte Rn G34. **Muster:** Hopt/Merkt, Vertrags- und Formularbuch zum Hdl-, Ges- und Bankrecht, 5. Aufl. 2021, Teil I J–K (mit 32 Vertragsmustern und Formularen zum Hdl- und Unternehmenskauf). **RsprÜbersichten** zum Kaufrecht: Hiddemann WM Sonderbeil 5/1982; Paulusch WM Sonderbeil 10/1986, 9/1991, 1/1995, Sonderbeil 2/1998; Hübsch/Hübsch, WM Sonderbeil 1/2005, 1/2011.

Übersicht

	Rn
1) Kauf	1–7
A. Begriff, Rechtsnatur, Abschluss:	1, 2
B. Pflichten des Verkäufers:	3
C. Pflichten des Käufers, insbesondere Kaufpreiszahlung:	4–6
D. Handelsklauseln:	7
2) Handelskauf und andere Arten des Kaufs	8–16
A. Bürgerlich-rechtlicher Kauf (§§ 433 ff. BGB) und Handelskauf:	8, 9
B. Verbrauchsgüterkauf (§§ 474 ff. BGB):	10
C. Barkauf und Kreditkauf:	11

2. Abschnitt. Handelskauf   1, 2   Einl v § 373

	Rn
D. Sachkauf und Rechtskauf:	12
E. Vorkauf, Kauf auf Probe, Wiederkauf:	13–16
3) Abgrenzung zu anderen Verträgen	17–21
A. Tausch:	17
B. Werk- und Werklieferungsvertrag:	18
C. Pacht, Leasing, Lizenzvertrag:	19
D. Darlehensverträge:	20
E. Kommission:	21
4) Praxistypen des Kaufs und/oder Handelskaufs	22–29
A. Einteilungen:	22
B. Industrieanlagenvertrag:	23
C. Konditionsgeschäft:	24
D. Kauf unter Liefervorbehalt:	25
E. Finanzierter Kauf:	26
F. Weiterverkauf, Streckengeschäft, Durchhandeln:	27
G. Kauf auf Abruf:	28
H. Zulieferverträge, Vertriebsverträge:	29
5) Zuliefervertrag	30–34
A. Begriff, Rechtsnatur, Abschluss:	30
B. Keine Anwendung von Handelsvertreterrecht:	31
C. Pflichten des Zulieferers:	32
D. Pflichten des Abnehmers:	33
E. Vertragsende:	34
6) Vertrags- oder Eigenhändlervertrag	35–42
A. Begriff, Rechtsnatur, Abschluss:	35, 36
B. Entsprechende Anwendung von Handelsvertreterrecht:	37
C. Pflichten des Vertragshändlers:	38
D. Pflichten des Herstellers:	39
E. Vertragsende:	40–42
7) Franchising	43, 44
A. Begriff, Rechtsnatur:	43
B. Einzelne Rechtsfragen:	44
8) Internationaler Verkehr	45–51
A. Anwendbares Recht (IPR):	45
B. Internationales Einheitsrecht, UN-Kaufrecht (CISG):	46–49
C. Gemeinsames Europäisches Kaufrecht (GEK, CESL):	50
D. Internationales Abladegeschäft:	51
9) Corona-Pandemie	52–54

1) Kauf

A. Begriff, Rechtsnatur, Abschluss: Kauf ist Umsatz von Sachen oder 1 Rechten gegen Geld. Der Kauf ist ein gegenseitiger Vertrag, der in §§ 433 ff. BGB geregelt ist. Auch Geschäfts- und Betriebsgeheimnisse, die Kundschaft und andere geschäftliche Werte wie Goodwill eines Geschäfts (→ Einl v § 1 Rn. 34), aber auch das Unternehmen als solches (Unternehmenskauf, → Einl v § 1 Rn. 44) können Gegenstand eines Kaufs sein, vgl. RGZ 82, 159.

Abschluss des Kaufvertrags nach §§ 145 ff. BGB; bei Internetauktion, BGH 2 NJW 2002, 363; NJW 2017, 1660. Abschluss ist formlos (Ausnahmen ua §§ 311b I, III, IV, V, 2371 BGB, § 15 GmbHG). Ausfüllung eines Auftragsformulars (zB durch Vertreter des Lieferers) ist oft nach HdlBrauch nur beweissichernde Aufzeichnung nach mündlichem Abschluss, also für die Verbindlichkeit des Abschlusses nicht erforderlich, IHK Eßlingen BB 1951, 234. Der Verkaufsantrag (die Offerte) braucht sich nicht an eine bestimmte Person zu richten (zB Warenautomat). Dagegen gelten an die Allgemeinheit gerichtete Angebote idR nur als Aufforderung zu einem Vertragsantrag, so idR bloße Werbung, anders wenn garantiemäßiges Einstehenwollen deutlich wird, zu weit OLG Frankfurt a. M. EuZW 2010, 77; Werbung und öffentliche Äußerungen, auch aus der Vertragskette, können aber die geschuldete Beschaffenheit der Kaufsache und den Inhalt einer Garantie prägen, §§ 434 III 1 Nr. 2 lit. b, 443 BGB (Umsetzung WKRL, 1.1.2022, → § 377 Rn. 12; §§ 434 I 3 BGB aF). Der Vertrag kommt idR mit Einigung über Ware und Preis zustande. Ausnahmsweise ist eine behördliche Genehmigung notwendig, so uU bei Liegenschaften nach Grundstücksverkehrsrecht oder Ausfuhrbestimmungen. **Muster:** Hopt/Merkt, VertrFormB/Graf v. Westphalen Form I. J. 1–3, 5 (Allgemeine Verkaufs-, Lieferungs- und Einkaufsbedingungen).

3   B. **Pflichten des Verkäufers: a) Hauptpflichten:** Der Verkäufer ist verpflichtet, dem Käufer die Sache zu **übergeben** und das **Eigentum an der Sache zu verschaffen** (§ 433 I 1 BGB). Zur Erfüllungspflicht des Verkäufers gehört auch die **Mangelfreiheit** der Sache (§ 433 I 2 BGB idF SMG). Sachmängel (§ 434 BGB) und Rechtsmängel (§ 435 BGB) sind hinsichtlich ihrer Rechtsfolgen gleichgestellt und bewirken Nichterfüllung; der Käufer hat Anspruch auf **Nacherfüllung,** also Mängelbeseitigung (Nachbesserung) oder Lieferung einer mangelfreien Sache (Nachlieferung; §§ 437 Nr. 1, 439 BGB), BGH NJW 2012, 1073; 2013, 220 mAnm. Lorenz 207, richtlinienkonforme Auslegung nach EuGH, Einzelheiten str., insbesondere beim Stückkauf (Lieferung eines Identitätsaliud), je nach Parteiwillen bejahend BGH NJW 2006, 2839, Bitter ZIP 2007, 1881, Canaris FS Westermann, 2008, 137; Picker FS Westermann, 2008, 583; S. Lorenz NJW 2009, 1633. **Nacherfüllungsverlangen** ist nur tauglich, wenn der Käufer die Kaufsache am Erfüllungsort zur Untersuchung bereitstellt, BGH NJW 2010, 1448; 2013, 1074, ZIP 2015, 2132. Fristsetzung zur Nacherfüllung, BGH WM 2017, 251, bei Aufforderung zum Austausch der Ware, BGH NJW 2015, 2564. Unzumutbarkeit (§ 440 S. 1 Alt. 3 BGB), BGH WM 2017, 251 Rn. 38. Unrichtige Katalogangaben über Kfz-Kraftstoffverbrauch als Fehler, OLG München NJW-RR 2005, 494. Teilweiser Gewährleistungsausschluss bei Besichtigungsklausel, BGH NJW 2016, 2495. Übersicht: S. Lorenz NJW 2005, 1889.

b) Nebenpflichten: Nebenpflichten des Verkäufers ergeben sich unmittelbar aus dem Verkauf, ohne dass es ihrer ausdrücklichen Vereinbarung bedarf. Sie stehen nicht im Gegenseitigkeitsverhältnis (§ 320 BGB). Bei ihrer Verletzung kann der Käufer Schadensersatz wegen Pflichtverletzung verlangen (§ 280 BGB); er kann daneben weiter auf Erfüllung bestehen. Typische Nebenpflichten sind Aufklärung, Auskunft und Beratung, aber ohne an der primären Eigenverantwortlichkeit des Käufers (eigene Fragen, due diligence) etwas zu ändern (→ § 347 Rn. 23), Mitwirkung zur Verwendung der Sache, Ausstellung einer Rechnung (→ Rn. 4).

4   C. **Pflichten des Käufers, insbesondere Kaufpreiszahlung: a) Kaufpreiszahlung:** Die Zahlung des vereinbarten Kaufpreises für die gekaufte Sache ist Gegenleistung für die Übertragung des Kaufgegenstands, sie ist Hauptpflicht des Käufers (§ 433 II BGB). Der **Kaufpreis** kann grundsätzlich frei vereinbart werden. Das führt über Angebot und Nachfrage zum Börsen- und Marktpreis, s. §§ 253 IV, 373 II, 400 I. Preiskalkulation und culpa in contrahendo s. Basedow NJW 1982, 1030. **Grenzen** für den Kaufpreis setzen ua § 138 BGB; das Wettbewerbs- und Kartellrecht (UWG, GWB, → Einl v § 1 Rn. 71–80); in Ausnahmefällen das Preisrecht, ua PreisG 1948, ergänzt durch Generalverbot der Preisüberhöhung für Gegenstände lebenswichtigen Bedarfs, § 4 WiStG idF 1975; dazu BGH BeckRS 1962, 31185147 = DB 1963, 372. **Indexierungsverbot und -klauseln** nach PrKlG 2007; dazu Reul MittBayNot 2007, 445; Ausnahme für Finanzdienstleistungen → **(7)** Bankgeschäfte Rn. G4. **Preisangaben** bzw. -auszeichnung nach PAngV 2021; dazu Schulteis GWR 2022, 217; Sosnitza GRUR 2022, 794; → **(7)** Bankgeschäfte Rn. G5. Der vereinbarte Kaufpreis bezeichnet, falls nicht anders geregelt (§§ 133, 157 BGB, Nettopreis), vollständig den Umfang der Käuferzahlungsschuld, gilt also ua einschließlich **Mehrwertsteuer,** diese ist ein rechtlich unselbstständiger Teil des zu zahlenden Preises

(Bruttopreis), BGHZ 58, 295; 60, 203; 103, 287; 115, 50. Der Käufer hat diese nicht außerdem dem Verkäufer zu erstatten; er kann diese aber auch nicht vom Kaufpreis abziehen, wenn Verkäufer nicht der MWSt unterfällt, auch nicht bei Klarstellung „einschließlich MWSt", auch nicht wenn der Verkäufer in seiner offengelegten Kalkulation keine MWSt angesetzt hat, BGH NJW 2001, 2464. Dieser zivilrechtliche Entgeltbegriff ist unberührt von dem Nettoentgeltbegriff des UStG. Abw. HdlBrauch ist trotz DIHT-Umfrage von 1973 nicht feststellbar (vgl. → § 346 Rn. 12), BGH NJW 2001, 2464. Sondervorschriften für Rechtsanwälte, Steuerberater und Architekten: MWSt zusätzlich zum Honorar. Der Käufer hat Anspruch auf Ausstellung einer Rechnung gemäß § 14 I UStG; bei Streit über UStGPflicht s. BGHZ 103, 284; bei vollständigem Auswechseln der Gfter der OHG, KG (→ § 105 Rn. 69) nicht gegen einen Ausgeschiedenen allein, BGH WM 1975, 77. Vgl. betr. Makler → § 93 Rn. 55.

b) Abnahmepflicht: Neben der Kaufpreiszahlung ist der Käufer zur Abnahme der gekauften Sache verpflichtet. **Abnahme** meint den Realakt, durch den der Käufer oder eine andere Person für ihn (§ 854 BGB) den Besitz übernimmt. Die Abnahmepflicht steht nur ausnahmsweise im Gegenseitigkeitsverhältnis, wenn dies (auch stillschweigend) vertraglich vereinbart wurde.

c) Nebenpflichten: Die Nebenpflichten des Käufers stehen nicht im Gegenseitigkeitsverhältnis. Bei ihrer Verletzung kommen §§ 280 ff. BGB zur Anwendung. Zum **Abruf** der Sache ist der Käufer nur verpflichtet, wenn dies ausdrücklich oder stillschweigend vereinbart wurde (Kauf auf Abruf, → Rn. 28); beim Bestimmungskauf ist die **Bestimmung** der Form ua der Kaufsache Hauptpflicht (→ § 375 Rn. 1). Eine gesetzliche **Aufbewahrungspflicht** nach Rüge folgt beim Handelskauf aus § 379; mindestens Obhutspflicht bei Eigentumsvorbehalt (§ 449 BGB); Aufbewahrungspflicht kann sich auch aus § 242 BGB ergeben (→ § 379 Rn. 1). **Aufklärungspflichten** bestehen bei ausdrücklicher Vereinbarung, nur ausnahmsweise aus den Umständen des Einzelfalls, BGHZ 117, 280 (→ § 347 Rn. 23). Weitere Nebenpflichten des Käufers sind: **Kaufpreisverzinsung** nur bei Vereinbarung oder Verzug (§ 288 BGB), beim HdlKauf § 353; **Tragung der Kosten der Abnahme und Versendung** (§ 448 I BGB); **Tragung der Beurkundungskosten** beim Grundstückskauf (§ 448 II BGB).

D. **Handelsklauseln:** Beim HdlKauf werden häufig standardisierte Vertragsbedingungen und Klauseln verwendet; int. Hdlkauf Vogenauer IWRZ 2021, 3. Zu den Handelsklauseln der Praxis → § 346 Rn. 39–40.

2) Handelskauf und andere Arten des Kaufs

A. **Bürgerlich-rechtlicher Kauf (§§ 433 ff. BGB) und Handelskauf:** Handelskauf (Überschrift Abschn. 2, §§ 373–381) ist Kauf von **Waren** (so §§ 373, 374, 376–380; dagegen sprechen §§ 375, 381 II von **beweglichen Sachen**, indessen sind Waren handelbare bewegliche Sachen, vgl. § 1 Nr. 1 aF) oder **Wertpapieren** (§ 381 I) der HdlGeschäfte (§§ 343, 344) ist. §§ 373 ff. sind auch anwendbar, wenn es sich nur um ein einseitiges HdlGeschäft handelt (nur §§ 377, 379 verlangen zweiseitiges), das kann im Einzelfall zu Härten führen und ist rechtspolitisch verfehlt, K. Schmidt § 29 I Rn. 2 (aber → § 1 Rn. 10, 53 für Kleingewerbetreibende), ist aber de lege lata grundsätzlich hinzunehmen, nur ausnahmsweise Korrektur über § 242 BGB, str. (vgl. → § 373 Rn. 2). Der Begriff Ware umfasst auch den Stückkauf, str. Bewegliche Sache ist zB auch Standardsoftware, BGHZ 102, 144; 109, 101; 143, 309; NJW 2007, 2394, str. Kauf und Verkauf anderer Gegenstände (zB Grundstücke; Rechte, soweit nicht in Wertpapieren verbrieft; Unternehmen als Sachgesamtheit, → Rn. 1) ist nach Maßgabe von §§ 343, 344 HdlGeschäft, nicht HdlKauf, fällt also nicht unter §§ 373 ff.; deren entspr. Anwendung kommt in Betracht, soweit ihre Bestimmungen mehr von der KfmEigenschaft der Beteiligten als von der Art des Kaufgegenstands

Einl v § 373 9–11   4. Buch. Handelsgeschäfte

ausgehen. Zur Einschränkung von § 344 bei Verbraucherschutzrecht → Rn. 10, → § 344 Rn. 2.

9 Das HGB enthält zum HdlKauf (und **Tausch** und **Werklieferungsvertrag**, sofern sie HdlGeschäfte sind, → Rn. 17, 18) nur wenige Vorschriften, namentlich zugunsten des Verkäufers, die meisten Vorschriften des ADHGB über den HdlKauf sind ins BGB aufgenommen. Das erklärt die Bruchstückhaftigkeit der §§ 373 ff. Die Regelungen zum **bürgerlich-rechtlichen Kauf** (§§ 433 ff. BGB) gelten auch für den ein- und zweiseitigen Handelskauf, soweit §§ 373–381 nicht abweichende Sonderregelungen treffen. Jedoch ergibt der HdlVerkehr Besonderheiten bei Anwendung des BGB-Kaufrechts. HdlKlauseln → Rn. 7.

10 B. **Verbrauchsgüterkauf (§§ 474 ff. BGB):** Die §§ 474–479 BGB setzten zum 1.1.2002 die VerbrGüKRL und sodann die VerbrRechteRL um, die durch die **WKRL** von 2019 ersetzt wurden. Die Umsetzung der WKRL sowie die diese ergänzenden und zeitgleich verabschiedeten **DIDRL** erfolgt mit Wirkung zum 1.1.2022 (BGBl 2021 I 2123, 2133). WKRL und DIDRL **ergänzen den Verbrauchsgüterkauf** in Bezug auf digitale Waren und Produkte und führen zu Änderungen beim Mangelbegriff (→ § 377 Rn. 12). Für Kaufverträge (§§ 433–453 BGB) zwischen einem Verbraucher (§ 13 BGB) und einem Unternehmer (§ 14 BGB) über eine bewegliche Sache (§ 90 BGB) oder ein Tier (§ 90a BGB) treffen die §§ 474 ff. BGB einige den Verbraucher begünstigende Sonderregelungen: Einschränkung der Zulässigkeit von der gesetzlichen Regelung abweichenden Vereinbarungen hinsichtlich Erfüllung, Gewährleistung und Verjährung (§ 475 BGB); gesetzliche Vermutung, dass ein Sachmangel, der sich innerhalb von sechs Monaten seit Gefahrübergang zeigt, bereits bei Gefahrübergang bestand (§ 476 BGB; künftig ein Jahr, zwei Jahre bei digitalen Elementen, § 477 BGB nF, Umsetzung WKRL, 1.1.2022), richtlinienkonforme erweiterte Auslegung, BGH NJW 2017, 1093 mAnm. Koch 1068; Sonderbestimmungen für Garantien (§ 477 BGB, § 479 BGB nF, Umsetzung WKRL, 1.1.2022). Verbrauchergüterkauf von Gebrauchtwagenhändler (Umgehung nach § 475 I 2 BGB) oder Eigenhaftung desselben (→ Einl v § 48 Rn. 9), BGHZ 170, 16, NJW 2005, 1039. Bei **gemischter Zwecksetzung (dual use)**, also Kauf eines Kfm. für sein HdlGewerbe und zugleich privat, setzt sich Verbrauchsgüterkaufrecht durch, auch gegen § 344 (→ Rn. 8); dafür reicht nach manchen das bloße Überwiegen des privaten Zwecks aus, nach der Rspr. des EuGH unsicher, Oetker/Koch Vor §§ 373–381 Rn. 11; auch → § 377 Rn. 3. **§ 445a I, III BGB** sieht anders als § 478 aF BGB einen selbständigen Lieferantenregress vor, auch bei Letztverkauf an Unternehmer, also Aufwendungsersatzanspruch innerhalb der Lieferkette unmittelbar und unabhängig vom Vorrang der Nacherfüllung. § 445a II BGB (unselbständiger Lieferantenregress), verzichtet auf die Nachfristsetzung und die damit verbundene zweite Andienung des Verkäufers außer innerhalb der letzten Vertragsverhältnisses in der Lieferkette. § 445a IV BGB lässt aber weiterhin § 377 unberührt (→ § 377 Rn. 48). Abbedingbarkeitsspielräume bei reinen Unternehmerlieferketten vgl. § 478 II BGB, aber **(5)** BGB § 309 Nr. 8b ee BGB nF; allerdings iVm § 310 III BGB, str. **Lit.** zum Lieferkettenregress siehe 2018: Nietsch/Osmanovic NJW 2018, 3, Weidt NJW 2018, 263, Paulus/Zwirlein NJW 2018, 1841, zu AGB Mediger NJW 2018, 577, Orlikowski-Wolf ZIP 2018, 360.

11 C. **Barkauf und Kreditkauf: Barkauf** liegt vor bei Vorauszahlung des Kaufpreises oder Zahlung des Kaufpreises Zug um Zug gegen Lieferung. Bei vertraglich vereinbarter Zahlung des Kaufpreises nach Übergabe oder Übereignung handelt es sich hingegen um einen **Kreditkauf,** zB bei Zahlungsaufschub oder Teilzahlungsgeschäft. Für Kreditkäufe zwischen Unternehmer (§ 14 BGB) und Verbraucher (§ 13 BGB) s. §§ 499–504 BGB.

Leyens

D. **Sachkauf und Rechtskauf: Sachkauf** (§§ 433–452 BGB) betrifft körper- 12
liche Gegenstände in jedem Aggregatzustand, auch künftige, noch nicht entstandene Sachen, Sachgesamtheiten wie Warenlager, **Rechtskauf** und Kauf sonstiger Gegenstände (zB Wasser, Gas, Strom, Unternehmen, Immaterialgüter, Wertpapiere) ist in § 453 BGB geregelt. Auf ihn finden die Regeln über den Sachkauf entsprechende Anwendung, soweit sie nicht Körperlichkeit voraussetzen (zB §§ 447, 448).

E. **Vorkauf, Kauf auf Probe, Wiederkauf:** Das **Vorkaufsrecht** ist ein 13
Gestaltungsrecht, dessen Ausübung es dem Vorkaufsberechtigen ermöglicht, einen Kaufvertrag zwischen sich und dem Vorkaufsverpflichteten zustande zu bringen, wenn letzterer den Gegenstand an einen Dritten verkauft. Der Inhalt des zweiten Vertrags richtet sich nach den Vereinbarungen zwischen dem Vorkaufsverpflichteten und dem Dritten. Das Vorkaufsrecht ist in §§ 463–473 BGB (schuldrechtliches Vorkaufsrecht) und §§ 1094 ff. BGB (dingliches Vorkaufsrecht) geregelt.

Kauf auf Probe (Kauf auf Besichtigung), geregelt in §§ 454 f. BGB, zB im 14
Versandhandel, OLG Bamberg NJW 1987, 1644, ist Kaufvertrag unter der (iZw) aufschiebenden (bzw. auflösenden) Bedingung (§ 158 BGB), dass der Käufer den gekauften Gegenstand billigt (bzw. missbilligt). (Miss-)Billigung ist gesonderte Willenserklärung des Käufers und steht in dessen Belieben. Frist s. § 455 BGB. Ähnlich Konditionsgeschäft, → Rn. 24. **Kauf nach Probe** (Muster) ist demgegenüber unbedingter Kauf mit Zusicherung der Eigenschaften der Probe, BGH NJW 1988, 1020, also idR Beschaffenheitsgarantie (§§ 443, 444 BGB, zu diesem → § 349 Rn. 15), Fehlen der Eigenschaften begründet jedenfalls Sachmangel nach § 434 III 1 Nr. 3 BGB (Umsetzung WKRL, 1.1.2022, → 377 Rn. 12; § 434 I 1 oder 2 BGB aF); § 494 aF BGB wurde durch SMG ersatzlos aufgehoben. Kauf mit Vereinbarung von „Ausfallmustern", BGH WM 1981, 848, OLG Karlsruhe BB 1971, 1385, vgl. auch BGH NJW 1986, 3137; Kauf „auf Feldprobe", OLG München NJW 1968, 109, OLG Schleswig NJW-RR 2000, 1656.

Wiederkauf ist geregelt in §§ 456–462 BGB. Die Parteien eines Kaufvertrags 15
können (bei Abschluss oder nachträglich) ein Rückkaufrecht des Verkäufers vereinbaren (Wiederkaufvereinbarung, Vorbehalt des Wiederkaufs). Der Wiederkauf kommt durch Erklärung des Verkäufers/Wiederkäufers zustande. Die Erklärung ist Ausübung eines Gestaltungsrechts, BGH NJW 2000, 1332; nach aA ist der Wiederkauf durch die Erklärung des Verkäufers/Wiederkäufers aufschiebend bedingt (§ 158 BGB), BGHZ 29, 107. Das Wiederkaufrecht entsteht bereits mit der Wiederkaufabrede, BGHZ 38, 369, und ist übertragbar. Davon zu unterscheiden ist ein **Wiederverkaufsrecht** des Käufers, das es diesem erlaubt, den Verkäufer des gekauften Gegenstandes zu dessen Rückkauf zu verpflichten, BGH NJW 1984, 2568; 2002, 506; ist dieses Wiederverkaufsrecht kein Gestaltungsrecht (bloße Wiederkaufsverpflichtung), findet § 456 I BGB keine entsprechende Anwendung, BGHZ 140, 218.

Kauf mit Umtauschrecht: Der Käufer kauft unbedingt, jedoch mit dem 16
Recht, anstelle des zunächst bestimmten einen anderen Kaufgegenstand zu bestimmen (Frist, Gattung, Preisklasse wie vereinbart).

3) Abgrenzung zu anderen Verträgen

Die Abgrenzung des Kaufs von anderen Rechtsgeschäften ist nicht immer leicht.

A. **Tausch:** Tausch (§ 480 BGB) ist Umsatz von Sachen und Rechten gegen 17
Sachen und Rechte. Wesentlich ist Fehlen eines Kaufpreises in Geld (§ 433 II BGB), eine Nebenleistung in Geld schadet allerdings nicht, RGZ 88, 364. Auf

den Tausch findet Kaufrecht Anwendung, auf den HdlTausch also HdlKaufrecht (→ Rn. 8).

18 B. **Werk- und Werklieferungsvertrag:** Der **Werkvertrag** (§ 631 BGB) verpflichtet den Unternehmer (Hersteller) zur Herstellung einer bestimmten Sache (des versprochenen Werks), dh zur Herbeiführung eines bestimmten (Arbeits-) Erfolgs, nicht zur Lieferung von Sachen oder Rechten. **Werklieferungsvertrag** (§ 650 BGB) ist Vertrag, der die Lieferung herzustellender oder zu erzeugender beweglicher Sachen zum Gegenstand hat. Auf einen solchen Vertrag finden die Vorschriften über den Kauf Anwendung; wenn er HdlGeschäft ist, also HdlKaufrecht (→ Rn. 8). Vom reinen Kaufvertrag unterscheidet sich der Vertrag nach § 650 BGB durch die werkvertragstypische Pflicht zur Herstellung der zu liefernden beweglichen Sache, zur Abgrenzung BGH WM 2014, 1502. Auf Unterscheidungen hinsichtlich Herkunft des Materials und (Un-)Vertretbarkeit der herzustellenden Sache kommt es nach dem SMG für die Einordnung als Kaufvertrag nicht mehr an (s. für das HdlRecht § 381 II), auch nicht, ob für Einbau in Bauwerke bestimmt, BGH NJW 2009, 2877 (Konsequenz für § 377 → § 381 Rn. 4); Abgrenzung kann aber noch nach § 650 S. 3 BGB relevant werden. Keine Haftung nach § 278 BGB für Hersteller und Vorlieferant (wie beim Kaufvertrag, § 650 S. 1 BGB, anders Werkvertrag), BGH WM 2014, 1502. Die Werkverträge von **Hauptunternehmer** und **Nachunternehmer** sind rechtlich unabhängig voneinander, Mängelbeseitigungs- und Leistungsverweigerungsrecht des ersteren sind also grundsätzlich unabhängig von der Inanspruchnahme durch den Besteller, jedoch anders für Schadensersatzansprüche (§ 242 BGB), BGH ZIP 2013, 1824.

19 C. **Pacht, Leasing, Lizenzvertrag:** Miete und **Pacht** (§§ 535, 581 BGB) sind auf entgeltliche Gebrauchsüberlassung gerichtet, nicht auf Verschaffung des Eigentums. Zum **Leasingvertrag** → **(7)** Bankgeschäfte Rn. P1. Der **Lizenzvertrag** geht auf Überlassung von Nutzungen an einem Recht (gewerbliche Schutzrechte, zB Patent), nicht auf Übertragung des Rechts selbst; näher Rö/Brandi-Dohrn Lizenzverträge; Groß, Lizenzvertrag, 12. Aufl., 2020; Pfaff/Osterrieth, Lizenzverträge, 4. Aufl. 2018. Zum **Patentlizenzvertrag** Rö/Brandi-Dohrn Lizenzverträge Rn. 121 ff., **Know-how-Vertrag:** Ähnlich wie Lizenzvertrag, aber über nicht schutzrechtsfähiges Know-how. Die Überlassung von Know-how gegen Entgelt ist idR Pacht, OLG Hamm NJW-RR 1993, 1270. **Muster:** Hopt/Merkt, VertrFormB/Graf v. Westphalen Form I.J.4.

20 D. **Darlehensverträge: Gelddarlehen** („Darlehen", §§ 488–498 BGB; §§ 491 ff. BGB regeln das Verbraucherdarlehen) und **Sachdarlehen** (§§ 607–609 BGB) sind Verpflichtungsgeschäfte, auf Grund derer der Darlehensgeber dem Darlehensnehmer einen Geldbetrag oder vertretbare Sachen zur Verfügung zu stellen und der Darlehensnehmer dafür Zins/Darlehensentgelt zu zahlen und bei Fälligkeit das Darlehen zurückzuerstatten hat. Auch das Darlehen ist gegenseitiger Vertrag, hL und durch §§ 488 I, 607 I nF BGB klargestellt (frühere Vorstellung: Realvertrag). Das Darlehen kann sich, zB bei der Wechseldiskontierung, dem Kauf annähern, → **(7)** Bankgeschäfte Rn. J2.

21 E. **Kommission:** Zur Abgrenzung des Kaufs von der Kommission → § 383 Rn. 7. Vertragshändler → Rn. 35. „Durchhandeln" eingelagerter Ware → Rn. 27.

4) Praxistypen des Kaufs und/oder Handelskaufs

22 A. **Einteilungen:** Abgesehen von den verschiedenen, idR gesetzlich geregelten Arten des Kaufs (→ Rn. 8 ff.) finden sich zahlreiche weitere Einteilungen und Praxistypen je nach Parteien, Kaufgegenstand, Bedingungen, Finanzierung, Art und Frist der Lieferung, Handelsstufen (Zulieferung, Vertrieb) ua:

2. Abschnitt. Handelskauf 23–27 **Einl v § 373**

a) Parteien: Unter Kflten, unter Unternehmern, mit Verbrauchern (Verbrauchsgüterkauf → Rn. 10).

b) Kaufgegenstand, zB Unternehmenskauf, → Einl v § 1 Rn. 44–47; dort auch Muster: Hopt/Merkt, VertrFormB/Fabritius/Kogge Form I.K.1–25; Industrieanlagenvertrag, → Rn. 23.

c) Vertragsbedingungen und echte Bedingungen, zB Konditionsgeschäft, → Rn. 24, Kauf unter Liefervorbehalt, → Rn. 25.

d) Finanzierung durch Dritte (finanzierter Kauf), → Rn. 26.

e) Art und Weise der Lieferung, zB in Teilmengen, die je einzeln zu bezahlen sind, so beim Sukzessivlieferungskauf oder Dauerkauf; Art der Auslieferung und Eigentumsverschaffung, zB Streckengeschäft oder Durchhandeln, → Rn. 27.

f) Lieferfrist, zB Kauf auf Abruf, → Rn. 28.

g) Handelsstufe (→ Rn. 29), also Zulieferervertrag (→ Rn. 30) und Vertriebsverträge, sofern die Ware nicht über Handelsvertreter, sondern Vertragshändler abgesetzt wird (→ Rn. 35). Über einige der vorgenannten Praxistypen werden im Folgenden Kurzinformationen als Einstiegshilfe gegeben.

B. Industrieanlagenvertrag: Dies ist ein Vertrag eigener Art, auf den je nach 23 Gegenstand und Ausgestaltung **Kaufvertragsrecht** (wenn erst herzustellen oder zu erzeugen, über § 650 S. 1 BGB, → Rn. 18, dann §§ 373 ff., 381 II) oder **Werkvertragsrecht** Anwendung finden. **Muster:** Hopt/Graf von Westphalen, 4. Aufl. 2013, Form I.J.5–7.

C. Konditionsgeschäft: Als Konditionsgeschäft (Kauf „auf Kondition"; auch 24 „in Kommission", dazu → § 383 Rn. 7) bezeichnet man einen **bedingten Kauf mit möglicher Rückgabe,** Staub/Koller § 383 Rn. 76; MüKoHGB/Häuser § 406 Rn. 38. Typisch im Großhandel mit manchen Waren, zB Sortimentsbuchhandel, Teppiche, Textilien. Die Bedingung kann eine auflösende sein, insbesondere bei Rückgaberecht bis zu einem bestimmten Termin, OLG Karlsruhe BB 1972, 552; BGH NJW 1975, 776; oder eine aufschiebende Bedingung zB der Weiterveräußerung durch den Käufer, BGH NJW 1975, 776. Aufschiebende Bedingung auch bei Rückgaberecht nach freiem Belieben ohne bestimmte Frist, ähnlich Kauf auf Probe (→ Rn. 13), BGH NJW 1975, 777; s. auch OLG Karlsruhe BB 1971, 1123; 1972, 552. Gefahrtragung bei aufschiebender Bedingung des Weiterverkaufs s. BGH NJW 1975, 776 (vgl. → § 390 Rn. 1). Keine Anwendung von § 396 II, wenn die Ware an einen Dritten verkauft wurde, MüKoHGB/Häuser § 406 Rn. 39; aA OLG Hamburg DB 1960, 1389; aber auch nicht allgemeiner §§ 384, 388 ff., EBJS/Füller § 383 Rn. 9; aA BeckOGK HGB/Fischinger § 406 Rn. 23; MüKoHGB/Häuser § 406 Rn. 39.

D. Kauf unter Liefervorbehalt: Kauf kann unter Vorbehalt der Liefermög- 25 lichkeit, insbesondere der Selbstbelieferung, geschlossen werden. Es handelt sich entweder um **auflösende Bedingung** (§ 158 II BGB) oder **Rücktrittsvorbehalt** (§ 346 BGB); zu entsprechenden Handelsklauseln → § 346 Rn. 40 „Liefermöglichkeit" und „Selbstbelieferung vorbehalten".

E. Finanzierter Kauf: Eine besonders wichtige Rolle in der Praxis spielt der 26 finanzierte Kauf, bei dem der Käufer zur Finanzierung des Kaufpreises einen häufig durch den Verkäufer vermittelten Darlehensvertrag abschließt, zB **Kauf unter Verbraucherkredit** und **Finanzierungsdarlehen.** Zum Verbraucherdarlehensvertrag s. §§ 491 ff. BGB, zu verbundenen Verträgen s. §§ 358 f. BGB, Bankgeschäfte G35. Zum Finanzierungsdarlehen s. Bankgeschäfte G34 ff.

F. Weiterverkauf, Streckengeschäft, Durchhandeln: Weiterverkauf ieS 27 liegt vor, wenn der Zweitkäufer vor Lieferung des Kaufgegenstandes mit dem Erstverkäufer oder Erstkäufer vereinbart, dass er den Kaufvertrag mit dem Erstverkäufer übernimmt (§§ 414 ff. BGB). **Streckengeschäft** oder **Durchhandeln** (Zwischenhandel) betrifft die Art der Auslieferung und Eigentumsverschaffung (mit Schwierigkeiten bei § 377, dort → § 377 Rn. 9): Der Käufer verkauft eine noch nicht gelieferte, uU auch noch nicht konkretisierte Ware (§ 243 II BGB) weiter bis an den Letztkäufer, möglicherweise über mehrere Zwischenkäufer und Zwischenverkäufer; Kaufvertragspflichten bestehen nur zwischen den jeweiligen Parteien. Ähnliche Formen beim Leasing, BGHZ 110, 139; → **(7) Bankgeschäfte** Rn. P1. Das Eigentum wandert, auch wenn die Auslieferung unmittelbar an den Endabnehmer erfolgt, rechtlich idR durch die Kette (Geheißerwerb), BGH NJW 1982, 2371; 1986, 1166, also Zwischenerwerb der Vorgänger; andere Gestaltung bleibt aber möglich. Lit.: Padeck Jura 1987, 454; Ostendorf/Kluth IHR 2007, 104; W.-H. Roth FS Canaris 2007, 365; Lange JZ 2008, 661.

28 G. **Kauf auf Abruf:** Dies ist Kauf, bei dem der Käufer den Zeitpunkt der Lieferung innerhalb der Abrufsfrist bestimmt, aber doch die gesamte vereinbarte Stückzahl abnehmen muss, OLG Frankfurt a. M. DB 1981, 471, und der Verkäufer vor Ablauf der Abrufsfrist erst nach Abruf, nach Fristablauf nur auf Ankündigung liefern darf. Beim Kauf auf Abruf bestimmt der Käufer den Zeitpunkt der Lieferung, beim **Bestimmungskauf** (§ 375) bestimmte Verhältnisse der Kaufsache.

29 H. **Zulieferverträge, Vertriebsverträge:** Kaufverträge zwischen dem Hersteller und den Vertragspartnern auf der vor- und nachgelagerten HdlStufe sind wirtschaftlich (feste Zusammenarbeit, zT Integration, Abhängigkeit) und rechtlich (Dauerschuldverhältnis, Rahmenverträge, Kartellrechtsprobleme) besonders gelagert, letztere zum Schutz der abhängigen Vertragshändler schon seit langem und in gewisser Nähe zum Handelsvertreter (→ Rn. 35, 37), erstere erst seit kürzerem und ohne diese Nähe (→ Rn. 30, 31). Neben dem Vertrieb über selbstständige Vertragshändler hat sich das Franchising durchgesetzt (→ Rn. 43). Zu Rahmenlieferverträgen, OLG München IHR 2019, 15; Budde/Geks ZVertriebsR 2012, 37. Umfassende Schiedsklausel im Rahmenvertrag umfasst auch die Ausführungsverträge, OLG München IHR 2019, 11.

5) Zuliefervertrag

30 A. **Begriff, Rechtsnatur, Abschluss:** Während sich auf der Vertriebsseite über die einzelnen Kaufverträge hinaus seit langem Rahmenverträge mit teilweise weit ausdifferenzierten Rechts- und Schutzregeln entwickelt haben (Vertragshändlervertrag → Rn. 35, Handelsvertretervertrag s. § 84 Rn. 5; § 85 Rn. 1), ist das **Zuliefererrecht** lange ein Recht der einzelnen Verträge, namentlich des Werkvertrags- und Kaufrechts, geblieben. Das hat sich geändert. Künftig gewinnen Audit-, Compliance-Klauseln und Qualitätssicherungsvereinbarungen (→ § 377 Rn. 59) wegen der Sorgfaltspflichten in der Lieferkette (→ **(2)** LkSG § 6 Rn. 5) weiter an Bedeutung; Leuschner/Wilhelm Auditklauseln, Rn. 2, Verhaltensrichtlinien Rn. 19, 88. Längerfristige Lieferungsverträge sind entweder Ratenlieferungs- oder Dauerlieferungsverträge. Der **Zuliefervertrag** ist typischerweise Dauerlieferungsvertrag (Dauerschuldverhältnis, vgl. § 314 BGB), auf das die §§ 320 ff. BGB Anwendung finden. Er beinhaltet wegen der Dauerbeziehung besondere **Treuepflichten** (Kooperationspflichten) mit Konsequenzen für die Fülle von Vertragsbedingungen in der Praxis. Anhaltspunkte für die Qualifikation des Zuliefervertrages als **einheitlicher Dauerlieferungsvertrag** (und nicht als zweistufiges Vertragsgefüge bestehend aus Rahmenvertrag und Ausführungsverträgen) sind hinreichende Bestimmtheit oder Bestimmbarkeit der Leistungsinhalte. Dann wird im Vorfeld keine verbindliche Absprache getroffen, sondern lediglich ein **nomination letter** erteilt, der weder Vorvertrag noch Rahmenvertrag, sondern bloße Absichtserklärung ist (str., Mann/Baisch ZVglRWiss 120 (2021), 235; Spehl/Schilling BB 2013, 202; vgl. letter of intent, → Einl v § 343

Rn. 4). Im Einzelfall kann dem Liefervertrag allerdings eine verbindliche Vereinbarung über die Schaffung organisatorischer Einrichtungen vorausgehen; dann handelt es sich um einen echten, selbstständigen Rahmenvertrag, der dem Dauerlieferungsvertrag vorgeschaltet ist. Der Zuliefervertrag ist ein **Austauschvertrag**, der nach dem Inhalt der Hauptpflicht des Zulieferers einen **Dauerwerklieferungsvertrag** darstellt. Da er die Lieferung herzustellender oder zu erzeugender beweglicher Sachen zum Gegenstand hat, unterliegt er seit dem SMG über § 650 S. 1 BGB voll dem **Kaufrecht** (→ Rn. 18). Internationaler Zuliefervertrag, anwendbares Recht (IPR) → Rn. 45. Einschränkung der Rügeobliegenheit nach § 377 durch Qualitätssicherungsabreden (→ § 377 Rn. 59). Lit.: Saxinger, 1993; Lange, 1998; Wellenhofer, Zulieferverträge, 1999 (mit Kautelarpraxis); Rothermel, Internationales Kauf-, Liefer- und Vertriebsrecht, 2. Aufl. 2021; zu AGB Leuschner/Wilhelm Verhaltensrichtlinien Rn. 76.

B. **Keine Anwendung von Handelsvertreterrecht:** Zulieferer werden, obschon vielfach wirtschaftlich vom Abnehmer abhängig, nicht wie HdlVertreter geschützt. Insbesondere haben sie **keinen Ausgleichsanspruch analog § 89b** (→ § 89b Rn. 11). Der Zulieferer wirbt keinen Kundenstamm an, der dem Abnehmer nach Vertragsbeendigung noch Vorteile bringen könnte. § 89b ist eine auf die Absatzmittlung zugeschnittene Vorschrift, die sich nicht auf die Beschaffungsseite übertragen lässt, hL. Investitionsschutz → Rn. 34. **31**

C. **Pflichten des Zulieferers:** Der Zulieferer ist verpflichtet, die vereinbarten Zulieferteile zu liefern und zu übereignen. Dabei sind die Spezifikationen des Abnehmers zu beachten und die vorgeschriebenen **Qualitätssicherungsmaßnahmen** vorzunehmen (→ § 377 Rn. 59). Der Zulieferer hat die vereinbarten Lieferzeiten einzuhalten. Bei **just in time-Verträgen** ist er verpflichtet, die zeitgenaue Belieferung sicherzustellen (Fixgeschäft, → § 376 Rn. 7); hierzu sind Vorsorgemaßnahmen zu treffen. Bei sich abzeichnenden Lieferverzögerungen ist der Abnehmer unverzüglich zu unterrichten. Schließlich trifft den Zulieferer die Pflicht zur Warenausgangskontrolle und deren Dokumentation. Die Langfristigkeit von Zulieferverträgen bringt Probleme der Vertragsanpassung im Zeitablauf mit sich. Aus diesem Grund spielen **Anpassungs- und Änderungsklauseln** (→ § 346 Rn. 40) eine wichtige Rolle. Soweit es sich wie meist um AGB handelt, unterliegen sie der **Inhaltskontrolle** nach § 307 I, II BGB. Sie dürfen keine Partei unangemessen benachteiligen; die Angemessenheit des Preis-Leistungs-Verhältnisses ist indes der Kontrolle entzogen (§ 307 III BGB). Problematisch kann der Grad der erforderlichen Konkretisierung der Anpassungsklauseln sein. Anpassungsklauseln, die die Leistungspflicht des Zulieferers modifizieren, sind **Leistungsanpassungs- und Spezifikationsänderungsklauseln**. Die Änderungen müssen möglich, erforderlich und zumutbar sein, die Klauseln müssen eine angemessene Ankündigungs- und Umsetzungsfrist vorsehen. **Wettbewerbsverbote**, Bernhard NJW 2013, 2785. Zu Neuverhandlungsklauseln → Rn. 33. Zu Gestaltung und Zulässigkeit der Klauseln in Zulieferverträgen umfassend Wellenhofer, Zulieferverträge, 1999; Röhricht/Graf von Westphalen/Haas/Laschet, Qualitätssicherungsvereinbarungen. **32**

D. **Pflichten des Abnehmers:** Der Abnehmer ist verpflichtet, die Zulieferteile im vereinbarten Rhythmus abzurufen, abzunehmen und zu bezahlen. Er hat die gewünschten Zulieferteile fehlerfrei zu spezifizieren und soweit erforderlich bei ihrer Konstruktion mitzuwirken. Der Abnehmer muss Schnittstellenvorgaben machen, auf Risiken hinweisen, Gesprächspartner zur Verfügung stellen und Kontrollen durchführen. Anpassungsklauseln (→ § 346 Rn. 40), die die Gegenleistungspflicht des Abnehmers modifizieren, sind typisch und vielfältig: **Marktpreisklauseln** gestatten es dem Abnehmer, die ausgehandelten Preise abzusenken, wenn dies eine rückläufige Preisentwicklung auf dem Produktmarkt des Abnehmers erforderlich macht. **Preisfallklauseln** sehen eine periodische Herab- **33** setzung der Preise um bestimmte Prozentsätze vor; der Abnehmer partizipiert so an vom Zulieferer realisierten Einsparungen. **Preisanpassungklauseln nach Wertanalyse** geben dem Abnehmer Preisänderungsrechte auf der Grundlage gemeinsamer Wertanalysen der Zulieferteile. Durch **Kostenelementklauseln** kann sich der Abnehmer eine Beteiligung an Kostensenkungen auf der Beschaffungsseite des Zulieferers sichern. **Meistbegünstigungsklauseln** sollen sicherstellen, dass Konkurrenten des Abnehmers keine günstigeren Einkaufsbedingungen bei dem Zulieferer erhalten als der Abnehmer selbst. **Klauseln über die Geltungsdauer von Preisvereinbarungen** sind bedeutsam für den Fall einer Preisneuverhandlung; soll die Lieferung nicht unterbrochen werden, so muss geregelt sein, welcher Preis in der Übergangsperiode gelten soll. Von einseitigen Änderungsklauseln sind **Neuverhandlungsklauseln** zu unterscheiden, die vorsehen, bei Eintritt bestimmter Umstände Leistung und/oder Gegenleistung gemeinsam neu auszuhandeln (→ Einl v § 343 Rn. 14). Lit.: zu Klauselpraxis → Rn. 32.

34   E. **Vertragsende:** Die Beendigung des Zuliefervertrags kann auf verschiedene Weise erfolgen. Der Vertrag kann von vornherein auf bestimmte Zeit geschlossen sein. Ist er unbefristetes **Dauerschuldverhältnis,** so kann der Vertrag ordentlich oder außerordentlich, dh **aus wichtigem Grund gekündigt** werden (§ 314 BGB). Bei der Beendigung des Zuliefervertrags ist problematisch, dass der Zulieferer idR spezifische Investitionen getätigt hat, die ganz oder teilweise verloren sind, wenn der Vertrag nicht fortgesetzt wird. Dem Interesse des Zulieferers am **Investitionsschutz** steht die grundsätzliche Vertrags(beendigungs)freiheit des Abnehmers gegenüber. Befristungen von Zulieferverträgen auf Zeiträume, die unterhalb der Amortisationszeit der Investitionen des Zulieferers liegen, sind grundsätzlich nicht zu beanstanden. Es bestehen idR auch keine Ausgleichsansprüche des Zulieferers bei Vertragsbeendigung, § 89b ist nicht analog anwendbar (→ Rn. 31). Investitionsschutz des Zulieferers kann sich aber unter engen Voraussetzungen aus § 242 BGB ergeben. Aus dem Treuepflichtverhältnis ist der Abnehmer verpflichtet, faire Verhandlungen mit dem Zulieferer über die Vertragsverlängerung zu führen. Verletzt er diese Pflicht oder hat er keine objektiv nachvollziehbaren Gründe für den Wechsel zu einem anderen Zulieferer, so kann der alte Zulieferer Ersatz seines Vertrauensschadens verlangen, wenn er abnehmerspezifische, noch nicht abgeschriebene Aufwendungen vorgenommen hat, die notwendig waren und bei Vertragsbeendigung wertlos werden. Die Rspr. zum Vertragshändlervertrag, die statt eines Investitionsschutzanspruchs **Mindestvertragslaufzeiten** bis zu zwei Jahren annimmt (→ Rn. 40, 42), ist auf den Zuliefervertrag nur in Ausnahmefällen wie just in time-Verträgen übertragbar. Der Abnehmer muss seine Zulieferbeziehungen einheitlich gestalten können, die Praxis von Einjahresverträgen ist deshalb auch AGBrechtlich nicht zu beanstanden. In der Praxis wird auch versucht, außerordentliche Kündigungsrechte in speziellen **Kündigungsklauseln** zu konkretisieren: bei Pflichtverletzungen, bei (wesentlichen) Vermögensverschlechterungen des Zulieferers, bei Veräußerung des Zulieferunternehmens sowie in Anpassungsklauseln für den Fall, dass der Zulieferer das Anpassungsziel verfehlt. Ferner finden sich verschiedene Arten von **Investitionsschutzklauseln.** Lit.: Wellenhofer, Zulieferverträge, 1999 §§ 14, 16.

6) Vertrags- oder Eigenhändlervertrag

35   A. **Begriff, Rechtsnatur, Abschluss:** Der Vertragshändlervertrag (Eigenhändler, auch Zwischenhändler, Großhändler) ist ein auf gewisse Dauer geschlossener **Rahmenvertrag,** der den einen Teil (**Vertrags- oder Eigenhändler,** Konzessionär) in die Verkaufsorganisation des Herstellers eingliedert und ihn verpflichtet, Waren des anderen (Hersteller, Lieferant) im eigenen Namen und auf eigene Rechnung zu vertreiben, stRsp, BGHZ 29, 87; 34, 285; 54, 340; 74,

140, OLG Düsseldorf RIW 1996, 959. Der Rahmenvertrag kann auch durch Kettenverträge zustande kommen, BGH BB 2002, 2520. Der Warenbezug des Vertragshändlers und seine Vertriebspflicht hängen zusammen, die **einzelnen Kaufverträge zwischen Hersteller und Vertragshändler** sind, obwohl vom Vertragshändlervertrag weitgehend vorgegeben, **rechtlich selbstständig**, BGHZ 74, 140, OLG Düsseldorf RIW 1996, 959. Die Rechte des Vertragshändlers bei Mängeln der Sache (§§ 437 ff. BGB) und sein Rückgriffsanspruch gegen den Hersteller (§ 445a BGB, → Rn. 10) bestimmen sich nach den einzelnen Kaufverträgen. Aus dem Vertragshändlervertrag hingegen folgen dessen Charakter als Dauerschuldverhältnis entsprechende, besondere, beiderseitige Verhaltens- und Rücksichtspflichten (→ Rn. 38, 39). AGBKontrolle → § 348 Rn. 5. Der Vertragshändler ist im Gegensatz zum Handelsvertreter rechtlich selbstständig mit vollem unternehmerischem Risiko, aber meist wirtschaftlich abhängig, deshalb analoge Anwendung von Handelsvertreterrecht (→ Rn. 37), ausnahmeweise ist er sogar Arbeitnehmer (§ 84 II, Abgrenzung → § 84 Rn. 35). Internationaler Vertragshändlervertrag, anwendbares Recht (IPR) → Rn. 45. **Lit.:** Giesler, PraxisHdb Vertriebsrecht, 3. Aufl. 2018; Kronke/Melis/Kuhn, HdB Int. Wirtschaftsrecht, 2. Aufl., 2016, G. Kap. 3; Küstner/Thume, Bd. 3, 4. Aufl. 2014, II S. 189 ff.; Schultze/Wauschkuhn/Spenner/Dau/Kübler, Vertragshändlervertrag, 5. Aufl. 2015; Martinek/Semler/Flohr, Hdb Vertriebsrecht, 4. Aufl. 2016, §§ 25–28; Rö/Graf von Westphalen Vertragshändlerverträge; Rothermel, Internationales Kauf-, Liefer- und Vertriebsrecht, 2. Aufl. 2021; Ulmer, Vertragshändler, 1969; Martinek ZHR 161 (1997), 67 (Vertriebsrecht); Emde RIW 2016, 104 (int. vertriebsrechtliche Schiedsverfahren); zu AGB Leuschner/Wilhelm Verhaltensrichtlinien Rn. 61; ferner → § 84 Rn. 10. **Muster:** Hopt/Merkt, VertrFormB/Emde Form I.G.3 (Vertragshändlervertrag). **RsprÜbersichten:** BGHFSWissII/Martinek 2000, 101; s. vor § 84.

Zwischen Hersteller und Endabnehmer bestehen idR **keine unmittelbaren Vertragsbeziehungen**; anders bei Herstellergarantien (→ § 349 Rn. 17). Vertragshändler zweiter Vertriebsstufe sind Händler in ähnlichem Vertrag mit einem Vertragshändler (erste Vertriebsstufe, Haupthändler), BGH BB 1972, 772. Das Verhalten des Herstellers (und ggf. seiner VertriebsGes und von Großhändlern) und die Rechtsbeziehungen unter diesen und zum Händler sind uU bei Wertung des Verhaltens des Händlers gegenüber dem Endabnehmer mit zu berücksichtigen, zB wenn Hersteller den Händlern als seiner Organisation die Verwendung bestimmter AGB bei ihren Verkäufen vorschreibt und in diesen auf Verhalten des „Verkäufers" abgestellt wird (zB in Bezug auf die Bedeutung einer Lieferverzögerung für den Kauf nachfolgende Preiserhöhung), BGH WM 1972, 84. Werbung und öffentliche Äußerungen nicht nur des Verkäufers, sondern auch des Herstellers als anderes Glied der Vertragskette, können die geschuldete Beschaffenheit der Kaufsache und den Inhalt einer Garantie prägen, § 434 III 1 Nr. 2 lit. b, 443 BGB, aber nur bei Kenntnis bzw. Kennenkönnen, fehlender Berichtigung und zumindest Möglichkeit der Beeinflussung, § 434 III 3 (Umsetzung WKRL, 1.1.2022, → § 377 Rn. 12; § 434 I 3 BGB aF). Der **Zwischenhändler** (B, zwischen A und C), auch von Gattungsware, der sie nicht auf Lager nimmt (C holt sie von A, Streckengeschäft → Rn. 27), braucht sie idR, vor allem bei Massenartikeln, nicht zu untersuchen, jedenfalls weniger strenge Anforderungen, er wird nicht durch Mängel der Ware aus § 280 BGB (früher positive Vertragsverletzung) haftbar, idR auch nicht für A aus § 278 BGB, uU aber aus Zusicherung mangelfreier Lieferung durch A, BGH NJW 1968, 2238, WM 1971, 1122, BB 2010, 663; anders uU bei enger organisatorischer Verbundenheit mit dem Hersteller, BGH NJW 1981, 2251 (zu § 823 BGB). Das gilt auch für den **Großhändler**; für Angaben in der Gebrauchsanweisung des Herstellers haftet er nur, wenn er sie sich besonders zu eigen macht, BGH BB 1981, 579. Zur mangelhaften Montageanleitung s. § 434 II 1 Nr. 3, III 1 Nr. 4 BGB (Umsetzung

WKRL, 1.1.2022, § 377 Rn. 12; § 434 II 2 BGB aF); str., ob auf Gebrauchsanweisung anwendbar. „Durchhandeln" eingelagerter Ware → Rn. 27.

37 **B. Entsprechende Anwendung von Handelsvertreterrecht:** Auf den Vertragshändlervertrag ist uU HVRecht entspr. anwendbar, praktisch wichtig vor allem der **Ausgleichsanspruch** analog § 89b (→ § 84 Rn. 11). **Gleichbehandlung** nach § 6 III AGG (→ § 86 Rn. 10).

38 **C. Pflichten des Vertragshändlers:** Der Vertragshändler ist ebenso wie der Hersteller zu Treue und Rücksichtnahme verpflichtet (→ Rn. 39). Er hat Waren des Herstellers im eigenen Namen und auf eigene Rechnung zu vertreiben. Es kann eine **Mindestabnahmepflicht** in angemessenen Grenzen und ein Ausschluss des Bezugs von Dritten vereinbart werden. Kartellrechtliche Schranken folgen aus EURecht und deutschem Recht. Zulässigkeitsschranken unter **europäischem Kartellrecht** folgen aus Art. 101, 102 AEUV (Art. 81, 82 aF EG), dazu EUGruppenfreistellungsVO 2010 mit Leitlinien, KfzGVO 2010 mit Leitlinien (näher → § 86 Rn. 38); EuGH NJW 1986, 1415 (Pronuptia). Schranken unter **deutschem Kartellrecht** (→ Einl v § 1 Rn. 77–78) folgen ua aus §§ 14 und 16 aF, 19, 20 GWB; BGHZ 140, 342 (Preisbindung), s. Immenga/Mestmäcker. Nur echte HV-Agentur- oder Partner-Systeme sind (unter §§ 14 u. 16 aF GWB) zulässig, BGHZ 97, 317 (Telefunken), Abgrenzung str., Oehler BB 1987, 765; Köhler ZHR 151 (1987), 224; Ebenroth/Parche BB Beil. 10/1988; → § 86 Rn. 23. Lit.: → § 84 Rn. 10, → § 86 Rn. 38.

39 **D. Pflichten des Herstellers:** Der Vertragshändlervertrag verpflichtet Händler (und Hersteller) zu **Treue und Rücksicht,** BGHZ 93, 39 – Opel; 124, 354 – Daihatsu; WM 1993, 1464, OLG Düsseldorf ZVertriebsR 2013, 224 (Direktbelieferung), aber abhängig von der Ausgestaltung des Vertrags (vgl. → § 86a Rn. 13 ff.). Der Hersteller ist iZw frei zur **Ablehnung** von Bestellungen des Händlers aus vertretbaren Gründen, ohne Willkür, BGHZ 93, 38, NJW 1958, 1139, BB 1972, 193. Insbesondere kann er sich anteilige Aufteilung der verfügbaren Produktion bei Lieferengpässen vorbehalten, BGHZ 124, 358 (Liefermöglichkeit → § 346 Rn. 40), anders bei bereits angenommenen Bestellungen. Aus Mindestabnahmepflicht des Händlers (mit Ausschluss des Bezugs von Dritten) folgt wohl idR Lieferpflicht des Herstellers jedenfalls für die Mindestmenge; anders etwa bei Lieferschwierigkeit infolge Produktionseinstellung; gegenseitige Rücksichtnahme (§ 242 BGB), BGH BB 1972, 193. Formularmäßige Zustimmungs- und Kündigungsrechte bei **personellen Veränderungen im Händlerunternehmen** ohne Rücksicht auf unternehmerische Freiheit des Händlers sind unwirksam, BGHZ 93, 39; bei Tod des Händlers ohne Nachfolgeregelungsmöglichkeit, BGHZ 93, 58; Zustimmungsvorbehalt für Vertragsübertragung ist dagegen wirksam, BGHZ 93, 56. **Änderungsvorbehalte des Herstellers** sind beschränkt durch die Treuepflicht und **(5)** § 307 I, II BGB (vgl. §§ 308 Nr. 4, 309 Nr. 1 BGB); BGHZ 89, 206; 93, 47; 124, 361, Graf von Westphalen NJW 1982, 2465. Der Hersteller hat aber ein Recht auf **freie Modellpolitik** (Dispositionsrecht); er ist **nicht** zur **Vorausinformation** der Händler innerhalb bestimmter Frist verpflichtet, BGHZ 93, 51. Er kann grundsätzlich auch **weitere Vertragshändler im Gebiet des Händlers einsetzen,** BGHZ 93, 54, und dort eigene **Direktgeschäfte** machen, BGH WM 1987, 542; dies gilt nicht bei vertraglichem **Alleinvertriebsrecht** bzw. Gebietsschutz (aber kartellrechtliche Grenzen, → Rn. 38), BGHZ 54, 342, und je nach Intensität der Eingliederung des Vertragshändlers in die Vertriebsorganisation auch ohne Alleinvertriebsrecht, BGHZ 124, 355 (Daihatsu, vgl. → § 86a Rn. 17); 164, 115 (Ausgleichsklauselkontrolle), OLG Düsseldorf ZVertriebsR 2013, 224 mAnm. Gräfe; Grenzen für einseitige Verkleinerung des Vertragsgebiets s. BGHZ 89, 206; BGH WM 1988, 1347. Bei begründetem Verdacht von Verstößen, auch durch Einschaltung von KonzernGes, Auskunftsanspruch des Vertragshändlers (§ 242 BGB), BGH WM

2003, 255; OLG Düsseldorf ZVertriebsR 2013, 225. Lit.: Gutbrod EuZW 1991, 235 (AGB); Hopt ZIP 1996, 1533 u. 1809 (Wettbewerbsfreiheit, Direkt- und Parallelvertrieb). **AGB-Kontrolle** bei Vertragshändlerverträgen nach **(5)** § 307 BGB, → Rn. 38–42, → § 86 Rn. 8 (zu HV), Emde MDR 2007, 994; Originalersatzteilverwendung, Änderung des Händlereinkaufspreises, Berechnung des Aufwendungsersatzes, BGHZ 164, 11, OLG Bremen MDR 2007, 994, krit. Kappus NJW 2006, 15, Kleinmann/Siegert BB 2006, 785; Komm. zu § 307 BGB, Ul/Br/He/Schäfer (55) Vertragshändlerverträge Rn. 1 ff., Wo/Li/Pf/Dammann Vertragshändlervertrag V311 ff. RsprÜbersicht: Rothermel/Dahmen IHR 2017, 49 (unwirksame Klauseln).

E. **Vertragsende:** Der Vertrag kann von vornherein auf bestimmte Zeit geschlossen sein. Bei Nichtverlängerung kommt Vertrauenshaftung entsprechend zu Grundsätzen über den Abbruch von Vertragsverhandlungen (§§ 280, 311 BGB) in Betracht (nicht allg. Investitionsschutz), wobei die Höhe herausgeforderter Investitionen in Gesamtschau einfließt, OLG München IHR 2020, 17. Ist der Vertrag ein unbefristetes **Dauerschuldverhältnis,** so kann er ordentlich oder außerordentlich, dh **aus wichtigem Grund gekündigt** werden (§ 89a entspr., → § 84 Rn. 11; nach aA § 314 BGB mit §§ 314 II, III BGB über Abmahnung und angemessene Kündigungsfrist). **Mindestvertragslaufzeiten,** auch als Ankündigungs- oder **Umstellungsfrist,** aus Gründen des Investitionsschutzes nicht unter einem Jahr, BGH BB 1995, 1657 (KfzVertragshändler, KartellRspr unter Hinweis auf Art. 5 II Nr. 2 EG-VO 123/85 Gruppenfreistellung Kfz), OLG Köln NJW-RR 1995, 1140. Nach Anhebung auf Zweijahresfrist in EG-VO 1475/95 ziehen Rspr. und Lit. unter **(5)** § 307 BGB zT nach, Ul/Br/He/Schäfer (55) Vertragshändlerverträge Rn. 33; Rö/Graf von Westphalen Vertragshändlerverträge Rn. 92 f.; Emde BB 2000, 65, VersR 2001, 159; zT von unabhängig davon OLG Hamburg WuW/E OLG (1985), 3804, von BGH NJW 1987, 3200 nicht beanstandet; zT wird sogar Zweijahresfrist als unangemessen angesehen, Creutzig EuZW 1995, 727, zum Ganzen Creutzig, Investitionsschutz, 2001. Die EG-VO 1400/2002 (KfzGVO) Gruppenfreistellung Kfz v. 31.7.2002 ABl. L 203, 30 Art. 3 V gewährte Freistellung nur a) bei Laufzeit von mindestens fünf Jahren mit Ankündigung der Nichtverlängerung mindestens sechs Monate im Voraus oder b) bei unbefristetem Vertrag und Kündigungsfrist von mindestens zwei Jahren außer in zwei Fällen (dann 1 Jahr), nämlich bei Pflicht des Lieferanten zu angemessener Entschädigung bei Vertragsende oder bei Umstrukturierung des Vertriebsnetzes. Die neue **GVO Nr. 461/2010 (KfzGVO) v. 27.5.2010,** ABl. 2010 L 129, 52, enthält diese vertragsrechtlichen Vorgaben ua zu Kündigungsfristen (Händlerschutz, mit Modellwirkung für AGB-Kontrolle) jedoch **nicht mehr** (→ § 86 Rn. 38), so dass diese Argumentationshilfe entfallen ist. **Längerfristige Bindung** zwecks Amortisation von hohen Entwicklungs- und Vorhalteaufwendungen des Tankstelleninhabers ist zulässig, aber Inhaltskontrolle von Verlängerungsoptionsklausel (mehr als 10 Jahre unzulässig), BGHZ 143, 116. Kündigungsrecht schon bei jeder Streitigkeit ist unwirksam, BGHZ 93, 57. Teilkündigung ist unzulässig, wenn damit Anspruch aus § 89b (→ Rn. 37) erschwert wird, 142, 365; auch OLG Köln BB 2001, 1759. Bei (erheblicher) Vertragsverletzung des Herstellers hat Händler Recht zu fristloser Kündigung und auf Schadensersatz, BGHZ 54, 342; BGH NJW 1982, 2432, → § 89a Rn. 33–40. Klausel mit Freizeichnung auf grobe Fahrlässigkeit außer bei „Kardinalpflichtverletzung" ist intransparent, BGHZ 164, 35. Zur Wiederherstellung muss Hersteller uU unverkaufte, jetzt nicht (unzumutbar schwer) verwertbare Ware unter Streichung der Kaufpreisforderung zurücknehmen, BGHZ 54, 342, zum Rückgaberecht → Rn. 41. Bei Vertragsende hat Händler Ausgleichsanspruch entspr. **§ 89b** (→ Rn. 37, → § 84 Rn. 12). Kündigungsklauseln, Mesch ZVertriebsR 2015, 8. Vertragshändlerverträge in der Insolvenz, Wagner/Wexler-Uhlich BB 2011, 519.

41 Konsignationslagerabrede, Rückgaberecht: Der Hersteller richtet häufig **Warenlager** direkt beim Händler ein. Die Vertragspflichten regelt ein selbstständiger Konsignationslagervertrag oder sie sind Teil des Vertriebsvertrags; wesentlich ist der verlängerte und erweiterte Eigentumsvorbehalt; eine Konsignationskommission (→ § 383 Rn. 4) liegt idR nicht vor. Bei Vertragsende **nicht abgesetzte Ware** muss der Hersteller bei Abrede (Rückverkaufsrecht des HV) zurücknehmen (entspr. Rücktrittsregeln), BGH NJW 1972, 1191, auch bei anschließendem Werkstattvertrag, BGH WM 2007, 2078; 2008, 2077 (ohne Rücksicht auf Amortisationsmöglichkeit des HV); ohne Abrede nicht ohne Weiteres (nach §§ 667 ff. BGB oder Kommissions- oder Treuhandgrundsätzen), OLG Frankfurt a. M. WM 1986, 141. Rücknahmepflicht kann aber auch aus Sinn und Zweck der Depotabrede (nachwirkende Treuepflicht) oder aus einer zum Vertragsende führenden Vertragsverletzung des Herstellers (§ 249 BGB; mit Konsequenzen für AGB-Kontrolle) folgen, BGHZ 54, 342; 124, 368; 128, 70, WM 2007, 2080, OLG München BB 1993, 1753. Die Pflicht entfällt idR, wenn der Händler selbst einen wichtigen Grund für die Kündigung des Herstellers gegeben hat, BGHZ 54, 346; OLG München BB 1998, 1332; aA Finger NJW 1971, 556, oder Dispositionsfehler begangen hat, BGHZ 124, 370, nicht schon ohne wichtigen Grund, auch bei überwiegendem und idR selbst bei Alleinverschulden des Händlers (Grund: auch dann noch Treuepflicht, → Rn. 39), Emde Vor § 84 Rn. 414; offen BGHZ 128, 67, str. Sie erfasst nur das Waren- und Ersatzteillager, nicht das Spezialwerkzeug des Eigenhändlers, OLG Frankfurt a. M. BB 1982, 209. Rücknahme nur bei Originalverpackung ist zulässige Klausel, BGHZ 124, 370, aber zweifelhaft, aA Emde Vor § 84 Rn. 414, dann aber zumindest Mitwirkungspflicht des Herstellers bei Bestandsaufnahme auf Verlangen des Händlers, OLG Köln NJW-RR 1997, 101; zulässig auch angemessene Abzugspauschale, zB 10%, BGH WM 1988, 1349. Ohne solche Klausel genügt neuwertiger, unbenutzter Zustand; vgl. OLG Düsseldorf BeckRS 2007, 07179. Viele andere Einschränkungen (zB Rücknahme nur bei völliger Schuldlosigkeit des Händlers am Vertragsende, nur innerhalb von 3 Jahren seit Lieferung, nur bei vollständiger Geltendmachung innerhalb von 3 Monaten, unter Abzug von 25%) sind dagegen nach **(5)** §§ 305 ff. unwirksam, BGHZ 128, 67, zB formularmäßiges Rückkaufrecht des Herstellers zum Vertragsende zum Händlereinkaufspreis ohne Entschädigung, BGH NJW 2000, 1191, anders wenn noch keine Weiterverkäufe eingeleitet sind. **Lit.:** Schriefers BB 1992, 2158; Rücknahme nur von beim Hersteller bezogener Originalware, BGHZ 164, 30, Grund: Ausschluss von Querbezug von anderen Vertragshändlern; Rücknahme nur von fabrikneuen, innerhalb der letzten 12 Monate vor Vertragsende bezogenen Kfz ist zulässige AGB, OLG Frankfurt a. M. HVR (2006) 1153; Rückkaufsrecht auch für bereits verkauften Lagerbestand, BGHZ 164, 33. Rückkaufsklausel bei Wauschkuhn ZVertriebsR 2019, 148. Beweislast für Rückgaberecht hat der Händler, BGH WM 2007, 2083.

42 Ein allgemeiner **Investitionsersatzanspruch** des Vertragshändlers besteht nicht, BGH NJW 1987, 3200, OLG München NJW-RR 1995, 1137 (§ 20 I GWB), vgl. zu **(5)** § 307 BGB Ul/Br/He/Schäfer (55) Vertragshändlerverträge Rn. 32; aA Hansen 2006 (fremdveranlasste, spezifische, nicht amortisierte Investitionen, §§ 280, 252 BGB); Foth BB 1987, 1270, Ebenroth/Strittmatter BB 1993, 1530; Creutzig NJW 2002, 3430 (Schadensersatz wegen Kündigung zur Unzeit vor Amortisation); Ensthaler NJW 2003, 3106; Ensthaler ua DB 2003, 257; für Einzelfälle nach § 242 BGB Rö/Graf von Westphalen Vertragshändlerverträge Rn. 133; aber uU Kündigungsschranken, → Rn. 40, auch Schadensersatz nach § 89a II analog (→ § 84 Rn. 11) oder nach §§ 280, 311 BGB, insbesondere bei Nichtverlängerung. **Lit.:** Rothermehl/Schulz BB 2019, 1609 (mit RsprÜbersicht); Wauschkuhn/Teichmann RIW 2009, 614 (Rvgl.).

2. Abschnitt. Handelskauf 43, 44 Einl v § 373

7) Franchising

A. Begriff, Rechtsnatur: Franchising bezeichnet einen Vertragstypus, bei 43 dem ein Unternehmer (Franchisegeber) einem, meist jedoch mehreren anderen (Franchisenehmern) ein Bündel von Dienstleistungen und Rechten (etwa Geschäftsplan, Know-how und Beratung zu Vertriebsmethoden, Werbematerial, Recht zur Nutzung von Marken und Warenzeichen, beim Vertriebsfranchising Handelsware zum Weiterverkauf, uU auch Geschäftsräume) überlässt und sie so befähigt und berechtigt, bestimmte Waren und/oder Dienstleistungen zu vertreiben, BAG BB 1979, 325, BGH NJW 1985, 1895 mAnm. Böhner 2811. Der Franchisenehmer schuldet dafür ein Entgelt (Franchisegebühr) sowie bestimmte Verhaltenspflichten, die Einheitlichkeit und Zusammenhalt des Gesamtsystems von Vertragshändlerverträgen gewährleisten sollen. Franchisevertrag ist ein gemischter, Elemente von Rechtspacht, Kaufvertrag, Geschäftsbesorgung und uU Miete integrierender Rahmenvertrag sowie Dauerschuldverhältnis (§ 314 BGB).
Lit.: Emde Vor § 84 Rn. 423 ff.; Giesler/Nauschütt, Franchiserecht, 3. Aufl. 2015; Hahn, 2019 (Aufklärungspflichten des Franchisegebers); Küstner/Thume, Bd. 3, 4. Aufl. 2015, IV S. 417 ff.; Martinek, Franchising, 1987; Martinek/Semler/Flohr, Hdb Vertriebsrecht, 4. Aufl. 2016, §§ 29–32; Metzlaff, Franchiseverträge und EG-Kartellrecht, 2003; Rö/Giesler, 5. Aufl. 2019, Franchising; zur Klauselkontrolle: Ekkenga (Inhaltskontrolle) 1990; Pfeifer, 2005 (AGBKontrolle); Leuschner/Wilhelm Verhaltensrichtlinien Rn. 67; Ul/Br/He/H. Schmidt (18) Franchise-Verträge Rn. 1 ff. **International:** Kronke/Melis/Kuhn, HdB Int. Wirtschaftsrecht, 2. Aufl., 2016, G. Kap. 2; Rothermel, Internationales Kauf-, Liefer- und Vertriebsrecht, 2. Aufl. 2021; Schacherreiter, Franchise-Paradox, 2006. Weitere: Bräutigam, 1994 (Außenhaftung); Flohr GS Skaupy, 2003, 49; Giesler ZIP 2002, 420 (SMG); Teubner ZHR 168 (2004), 78. **RsprÜbersicht:** Haager NJW 1999, 2081; 2002, 1463; 2005, 3394; Flohr BB 2006, 389. **Muster:** Hopt/Merkt, VertrFormB/Emde, Form I. G.4 (Franchise-Vertrag); ICC Model International Franchising Contract (IntHK-Publikation Nr. 557).

B. Einzelne Rechtsfragen: Wenn der Franchisenehmer wie häufig vom 44 Franchisegeber eng geführt wird (zT Subordinationsfranchising genannt, die Übergänge fließend), steht er dem HV näher als dem Vertragshändler, in besonderen Fällen fehlt ihm überhaupt die Selbstständigkeit und er ist Arbeitnehmer (→ § 84 Rn. 36), BGHZ 140, 11 – Eismann; BAG NJW 1997, 2973 – Eismann; WM 2000, 638 (iErg abl.), Flohr WiB 1997, 281. Jedenfalls kann auf den Franchisenehmer **Handelsvertreterrecht analog** anwendbar sein (für den Vertragshändler → § 84 Rn. 11), zB Kündigung analog **§ 89**, BGH BB 2002, 2036 (Kettenvertrag). Bei Vertragsende kommt ähnlich wie beim Vertragshändler (→ § 84 Rn. 12) Ausgleichsanspruch analog **§ 89b** in Betracht, Bodewig BB 1997, 637, Emde BB 2008, 2763, üL, offen BGH NJW 1997, 3311 – Benetton; BGH NJW 2015, 945 Rn. 17, jedenfalls abl. für anonymes Massengeschäft BGH NJW 2015, 945, dazu Latzel ZVertriebsR 2015, 90. Gegenüber Dritten handelt der Franchisenehmer für sein eigenes Unternehmen (→ Einl v § 48 Rn. 8), die üblichen Hinweise auf das Franchising begründen keinen anderen Rechtsschein, BGH NJW 2008, 1214 mAnm. Witt. Außerordentliche Kündigung (**§ 314 BGB**), BGHZ 133, 320; NJW 1999, 1178; OLG Frankfurt a. M. 13.11.2009, HVR 1294 (Verdacht einer schweren Straftat); OLG Düsseldorf ZVertriebsR 2012, 183, OLG München ZVertriebsR 2015, 110 mAnm. Flohr. Unwirksame **AGB**, BGHZ 165, 12 (Garantieübernahme der Gfter); ZIP 2003, 2030, krit. Billing WM 2007, 245. Grenzen des dynamischen Verweises auf die jeweilige Franchisehandbuchfassung, Kroll ZVertriebsR 2016, 284. Zulässige Laufzeitregeln, OLG Frankfurt a. M. ZVertriebsR 2015, 161 mAnm. Billing/Röschenkemper 139. Zu Reservierungsgebühr, OLG Frankfurt a. M. ZVertriebsR 2016, 313 mAnm. Güntzel. § 505 I Nr. 3 BGB (§ 2 Nr. 3 aF VerbrKrG) ist anwendbar, der bezugspflichtige Franchisenehmer hat insoweit Widerrufsrecht, BGHZ 97, 351; 128, 156; § 90a bei Pflicht zur Telefonnummerübergabe nach Vertragsende abl. OLG Köln HVR (2004) 1158. Verschulden bei Vertragsverhandlungen mangels **Aufklärung,** Erdmann GS Skaupy, 2003, 49, noch nicht bei bloßer Reservierungsvereinbarung nach OLG Frankfurt a. M. ZVertriebsR 2016, 313 m. zutr. krit. Anm. Güntzel, aber zB über Rentabilität, OLG München NJW 1994, 667; OLG Hamburg ZVertriebsR 2015, 107 mAnm. Flohr (unrealistische Umsatzzahlen), aber nur in Ausnahmefällen ohne Marktrisikoverschiebung, OLG Brandenburg HVR (2005) 1142; OLG Dresden ZVertriebsR 2016, 320 (Umsatzzahlen ohne Kennzeichnung als Schätzung); Flohr ZVertriebsR 2014, 55; OLG München BB 2001, 1759. Zu Aufklärungspflichten über Einkaufsvorteile und Weitergabe durch Franchisegeber (nur bei besonderem Verpflichtungsgrund), BGH ZIP 2003, 2030 – Apollo; WM 2006, 923; OLG Düsseldorf BB 2007, 738 mAnm. Flohr; OLG Düsseldorf ZVertriebsR 2012, 52; OLG Hamm ZVertriebsR 2012, 177; Giesler ZIP 2004, 744; Haager NJW 2004, 1220; Flohr BB 2007, 6, Giesler/Güntzel NJW 2007, 3099; Emde BB 2008, 2759; Böhner BB 2011, 2248; Flohr ZVertriebsR 2013, 71. Auch Information über den wirtschaftlichen Erfolg anderer Franchisenehmer, OLG Frankfurt a. M. ZVertriebsR 2012, 51 Ls. Auskunft über Verwendung von Werbekostenbeiträgen, OLG Düsseldorf ZVertriebsR 2012, 51 Ls. Aber Franchisegeber ist kein Existenzgründungsberater, OLG Schleswig MDR 2008, 790. Nichtigkeit, AGBKontrolle, OLG Naumburg BeckRS 2007, 03091, OLG Oldenburg BeckRS 2007, 16857. Der Franchisegeber hat eine **Rücksichtnahmepflicht** (→ Rn. 39), BGHZ 136, 299 – Benetton; Ende NJW 1999, 326; jedenfalls keine existenzbedrohende Konkurrenz durch den Franchisegeber, OLG Düsseldorf ZVertriebsR 2012, 174 mAnm. Flohr. Keine Pflicht des Franchisegebers zur Herausgabe aller seiner Einkaufsvorteile an den Franchisenehmer, OLG Düsseldorf IHR 2012, 253; differenzierend Emde Vor § 84 Rn. 461, sehr str. Auskunft zur Vorbereitung von Schadensersatzansprüchen, BGH BB 2014, 719 mAnm. Ayad. Zu den dem Franchisenehmer auferlegten **Wettbewerbsverboten,** entspr. § 90a, OLG Hamm 28.4.2009, HVR 1298, sind ähnliche Zulässigkeitsschranken wie bei Vertragshändlern zu beachten (→ Rn. 38); Konkurrenzschutz über vertragliche Vereinbarungen hinaus nur ganz ausnahmsweise, OLG Düsseldorf ZVertriebsR 2016, 44. Zu kartellrechtlichen Zulässigkeitsschranken nach europäischem Recht BGH NJW 1999, 2671 (Preisbindung durch Franchisegeber); Fritzemeyer BB 2002, 1658; Schulz GS Skaupy, 2003, 333; nach deutschem Recht BGHZ 140, 342 (Preisbindung durch Franchisegeber); ZIP 2004, 773; NJW 2009, 1753 (Bezugsbindung, fehlende Weitergabe von Einkaufsvorteilen nicht unbillig) mAnm. Flohr BB 2009, 2159, Blaurock FS Werner, 1984, 23, Neumann RIW 1985, 612. **Übersicht:** Bernhard NJW 2013, 2785 (Wettbewerbsverbote); Giesler/Güntzel ZIP 2013, 1264 (Haftung und Schutz Dritter).

8) Internationaler Verkehr

45 A. **Anwendbares Recht (IPR):** Für **internationale Käufe** bestimmt sich das anwendbare Recht, soweit kein internationales Einheitsrecht eingreift (→ Rn. 46, insbesondere UN-Kaufrecht), nach allgemeinem IPR. Mangels ausdrücklicher oder stillschweigender Rechtswahl (Art. 3 Rom I-VO) gilt das Recht der gewerblichen Niederlassung des Verkäufers (Art. 4 I lit. a Rom I-VO). Das gilt gleichermaßen für Waren und Wertpapiere. Besondere Umstände s. Art. 4 III Rom I-VO. Für Verbraucherverträge gelten Sonderregelungen (Art. 6 Rom I-VO). Für Börsenkauf und Auktionskauf gilt das am Börsenplatz bzw. Auktionsort geltende Recht. Mängelrüge → § 377 Rn. 61. **Lit.:** Reithmann/Martiny/Martiny Rn. 25.1 (Vertragsstatut); Unidroit, Grundregeln der internationalen Handelsverträge/Principles of International Commercial Contracts (PICC), 2010; Vogenauer, Commentary (on PICC) 2d ed 2015; ZEuP 2013, 7; ICC Model Interna-

2. Abschnitt. Handelskauf　　　　　　　　46–47　**Einl v § 373**

tional Sale Contract, ICC-Publikation Nr. 738, englisch; Graf von Bernstorff, ICC-Muster Internationaler Kaufvertrag, 2021 (Übersetzung, Kommentierung); von Westphalen, BB 2020, 67 (Haftungshöchstgrenzen, AGB).
Für **Vertragshändlervertrag** gilt mangels ausdrücklicher oder stillschweigender Rechtswahl (Art. 3 Rom I-VO) das Recht der gewerblichen Niederlassung des Vertragshändlers (Art. 4 I lit. b, 19 Rom I-VO), OLG Düsseldorf RIW 1996, 958; Reithmann/Martiny/Häuslschmid Rn. 6.1569, 6.1595; keine Analogie zu HVRecht (→ § 92c Rn. 2, 11); aA Recht der gewerblichen Niederlassung des Lieferanten oder des Tätigkeitsgebiets des Vertragshändlers. Das Auswirkungsprinzip gilt auf jeden Fall für kartellrechtliche Schranken (§ 130 II GWB, Art. 101 AEUV, Art. 81 aF EG). Die Einzelnen, auf Grund des Rahmenvertrags geschlossenen Verträge unterliegen dem dafür maßgeblichen Vertragsstatut, zB Kauf, OLG Düsseldorf RIW 1996, 959; aA einheitliche Anknüpfung von Rahmen- und Ausführungsverträgen. **Lit.:** Reithmann/Martiny/Häuslschmid Rn. 6.1412 (Handelsvertreter- und Vertriebsvertrag); Ebenroth RIW 1984, 169; Müller-Feldhammer RIW 1994, 926 (Vertragshändler, BRD/Schweiz), Kindler FS Sonnenberger, 2004, 433 (anders Frankreich).

B. **Internationales Einheitsrecht, UN-Kaufrecht (CISG):** Für **internationale Käufe** (nicht nur HdlKäufe, auch Werklieferungsverträge) gilt, zT auf Grund internationaler Vereinbarung, in einer Vielzahl von Staaten, unter ihnen die BRD, Einheitsrecht, das vom allgemeinen deutschen Kaufrecht abweicht. Außerhalb von dessen Reichweite gilt das nach IPR anzuwendende nationale Recht (→ Rn. 45). Die Einheitlichen Gesetze über den internationalen Kauf beweglicher Sachen (EKG) und über den Abschluss solcher Kaufverträge (EKAG) 17.7.1973 BGBl. 856 (868) (Haager Kaufrecht) sind mit Ablauf des 31.12.1990 außer Kraft getreten, BGBl. 2894 (2895). Kommissionsvorschlag für eine VO zum **Gemeinsamen Europäischen Kaufrecht,** offiziös Staudenmayer NJW 2011, 3491. **46**

a) **UN-Kaufrecht:** Für den internationalen Warenkauf gilt heute weithin das einheitliche (Wiener) UN-Kaufrecht (UNÜbkIntKaufrecht, meist englisch CISG genannt), Wiener UNCITRAL-Übk. 11.4.1980, BGBl. 1989 II 586 (588), ber. 1990 II 1699; empirisch Lehnert/Schäfer IHR 2021, 145. Es ist für die BRD am 1.1.1991 in Kraft getreten (Bek. 23.10.1990 BGBl. II 1477). Es ist von wichtigen weiteren Staaten (ua Frankreich, Benelux, Italien, Spanien, Österreich, Schweiz, Skandinavische Staaten, USA, Kanada, Japan, ehem. UdSSR, VR China, Australien) unterzeichnet. Die Vorschriften der CISG sind **unmittelbar anwendbar** ohne zusätzliches Einheitsgesetz (wie früher beim Haager Kaufrecht), mit Vorrang vor deutschem IPR (vgl. Art. 3 II EGBGB) und ohne dass es von den Parteien gewählt worden wäre (Abbedingung → Rn. 48). Verbindlich ist der Originalwortlaut in 6 gleichberechtigten Sprachen, darunter engl, frz.; die dem CISG beigegebene deutsche Übersetzung ist eine unverbindliche Anwendungshilfe. **Lit.:** Honsell, Komm., 2. Aufl. 2010; Mankowski, Commercial Law, 2019; MüKo(HGB)/Benicke/Ferrari/Mankowski/Wertenbruch, Bd. 5, 5. Aufl. 2021; Schlechtriem/Schroeter, IntUN-Kaufrecht, 6. Aufl. 2016; Schlechtriem/Schwenzer/Schroeter, Komm., 7. Aufl. 2019, 4. Aufl. 2016 (engl); Staud/Magnus, Neubearb. 2018; Piltz NJW 2012, 3061 (Vorteile gegenüber BGB); Symposium RabelsZ 71 (2007), 9. **RsprÜbersicht:** UNCITRAL-Datenbank, www.unictral.org, CISG-online, cisg.pace; Magnus ZEuP 2015, 159; 2017, 140; Piltz NJW 2015, 2548; 2017, 2449; 2019, 2516. **46a**

b) **Anwendungsbereich:** (1) **Örtlich:** Internationale Kaufverträge sind solche, deren Parteien ihre Niederlassung oder ihren gewöhnlichen Aufenthalt in verschiedenen Staaten haben. Die CISG ist anwendbar (Teil I), wenn die Parteien ihre Niederlassung (nicht nur Vertriebshändler oder Handelsvertreter) in verschiedenen Vertragsstaaten haben oder wenn das IPR der lex fori zur Anwendung **47**

Leyens

des Rechts eines Vertragsstaats führt (Art. 1 I CISG). Mehrere Niederlassungen s. Art. 10a CISG; auch Zweigniederlassung. **(2) Sachlich:** Geregelt sind nur internationale Kaufverträge (einschließlich Werklieferungsvertrag) über Waren (auch Software auf Datenträgern), die nicht für den persönlichen Gebrauch bestimmt sind. Verbrauchergeschäfte sind also ausgeschlossen; nicht erfasst ist auch der Kauf von Wertpapieren oder Zahlungsmitteln (Art. 2, 3), Vertragshändlerverträge. **(3) Zeitlich:** für die BRD seit 1.1.1991, vgl. Art. 100 CISG.

48 **c) Abdingbarkeit:** Vertraglicher Ausschluss (nicht bloß einseitiger Widerspruch) ist möglich (Art. 6 CISG), auch nachträglich und im Rechtsstreit, OLG Koblenz IHR 2017, 18; auch stillschweigend, aber anders als bei EKG nur bei hinreichend deutlichem Parteiwillen. Ob dieser vorliegt, ist autonom nach der CISG zu entscheiden, BGHZ 74, 197 (zum EKG). Ob die Parteien von der Existenz der CISG wussten oder daran gedacht haben, spielt keine Rolle, BGHZ 74, 197. Die Frage, ob stillschweigend ausgeschlossen ist, ist unter den Parteien häufig umstritten, klare Vertragsregelung ist deshalb sehr zu empfehlen. Wahl des Rechts eines Nichtvertragsstaats bedeutet idR Abbedingung der CISG insgesamt, hL. Wahl des Rechts eines Vertragsstaats bedeutet dagegen idR noch nicht Abbedingung, da von der Verweisung auf das nationale Recht auch die CISG als dessen Bestandteil erfasst wird. Bloßer Verweis auf deutsches oder ausländisches Recht genügt also nicht, BGHZ 96, 322; BGH NJW 1997, 3310; 1999, 1259; WM 2014, 1871 Rn. 11; ZIP 2018, 130 Rn. 39; OLG Frankfurt a. M. RIW 2001, 383; OLG Hamburg IHR 2001, 109; OLG Köln IHR 2013, 155; 2015, 60; aber OLG München IHR 2014, 68 (ausdrücklich und unmissverständlich „Deutsches Recht"); nicht schon bei übereinstimmender irriger Auffassung über das anzuwendende Recht, BGH ZIP 2018, 130 Rn. 39; auch nicht, wenn die Parteien im Prozess ihre Rechtsdiskussion auf der Grundlage des BGB führen, OLG Köln RIW 1992, 1021; OLG München IHR 2020, 97. Verhandeln auf der Basis des BGB/HGB bedeutet noch kein Abbedingen, OLG Rostock IHR 2003, 17; OLG Hamm NJW-RR 2010, 708. Ausdrückliche Bezugnahme auf das interne nationale Kaufrecht, zB „Es gilt das BGB/HGB", schließt die CISG aber aus. Die Aufnahme von Gerichtsstandsvereinbarungen und Schiedsklauseln schließt die CISG idR aus, wenn sie zum Recht eines Nichtvertragsstaats führen, str., sonst jedenfalls kein konkludenter Ausschluss, Staud/Magnus Art. 6 Rn. 36 f. Die Vereinbarung von **(6)** Incoterms und anderen internationalen Klauseln bedeutet keine Abbedingung der CISG insgesamt. Die Vereinbarung von AGB, die vom CISG abweichen, führt nur dann zum Ausschluss des CISG insgesamt, wenn diese sich ohne das unvereinheitlichte nationale Recht, zB BGB/HGB, nicht anwenden lassen, str. Gründe gegen Abbedingung, Piltz ZVertriebsR 2017, 138.

49 **d) Inhalt:** Inhaltlich **geregelt** ist der internationale Warenkauf von seinem Abschluss über die Durchführung bis zu den Rechtsfolgen der mangelhaften Vertragserfüllung einschließlich der Ausschlussfristen für Mängelrügen. Die Gültigkeit des Vertrags (zB Irrtumsanfechtung) und der Eigentumsübergang sind **nicht** geregelt (Art. 4), ebenso wenig Verjährung, Abtretung, Aufrechnung, Stellvertretung. Personenschäden werden nicht erfasst (Art. 5). Teil II regelt den **Vertragsschluss**. Die Grundsätze zum kfm. Bestätigungsschreiben (→ § 346 Rn. 16) gelten nur, soweit ein entsprechender HdlBrauch feststellbar ist (Art. 9), Kröll/Hennecke RabelsZ 67 (2003), 448 (CISG). Einbeziehung von **AGB** richtet sich nach Art. 14, 18, Möglichkeit zumutbarer Kenntnisnahme durch Übersendung oder anderweitige Zugänglichmachung BGHZ 149, 113; OLG Celle NJW-RR 2010, 136; OLG Jena BB 2011, 468; OLG Naumburg IHR 2013, 158, str.; offen OLG Stuttgart IHR 2016, 236, nach aA genügt bloßer Hinweis, Schmidt-Kessel NJW 2002, 3445 f.; str., ob Internetpräsenz der AGB ausreicht. Behandlung widersprechender AGB ist umstritten, für Restgültigkeitstheorie statt

Theorie des letzten Worts BGH NJW 2002, 1651; zust. Staud/Magnus Art. 9 Rn. 24; für Gegenangebot OLG Köln IHR 2006, 147. Gerichtsstandsklauseln im Anwendungsbereich der CISG (vgl. Art. 19 III, 81 I 2 CISG) beurteilen sich nach dem dafür maßgeblichen Recht des Forumstaates (Art. 4 S. 2 CISG), BGH NJW 2015, 2584. Teil III enthält das **materielle Kaufrecht** (zB Rechte und Pflichten der Parteien und Gefahrtragung). Es entspricht weitgehend dem deutschen Kaufrecht, Ausnahmen ua: grundsätzlich kein bindendes, sondern (bis zur Absendung der Annahmeerklärung) widerrufliches Angebot (Art. 16 I CISG, Ausnahmen II); Annahme unter unwesentlicher Änderung (Art. 19 II, III CISG); verspätet zugegangene Annahmeerklärung (Art. 21 CISG). Schweigen oder Untätigkeit allein sind keine Annahme des Angebots (Art. 18 I 2; anders nach deutschem Recht zum kfm. Bestätigungsschreiben → § 346 Rn. 16, aber Berücksichtigung nur als HdlBrauch, Schlechtriem/Schwenzer/Schroeter Vor Art. 14–24 Rn. 4, Einzelheiten str.). Rückkauf wie Kauf, BGH WM 2014, 1871. Wesentliche Vertragsverletzung (Art. 25 CISG) ist autonom gegenüber ähnlichen nationalen Rechtsbegriffen auszulegen, Rspr. bei Ferrari IHR 2005, 1; strenge Anforderungen, Rückabwicklung nur ultima ratio, BGH ZIP 2015, 176. Eignung der Kaufsache zum gewöhnlichen Gebrauch (Art. 35 II lit. a CISG), BGH ZIP 2012, 2349 mAnm. R. Roth IHR 2013, 13 und Omlor/Beckhaus IHR 2013, 237. Der Käufer muss die Ware in so kurzer Frist untersuchen oder untersuchen lassen, wie es die Umstände erlauben (Art. 38 CISG), und muss eine Vertragswidrigkeit innerhalb angemessener Frist rügen (Art. 39 CISG), was zu vielen Streitfragen führt, BGH ZIP 2018, 130, OLG Düsseldorf IHR 2016, 141 mAnm. Piltz. Lit.: Günther FS Buxbaum, 2000, 235; Janssen 2001 (Rvgl.); Kramer FS Koppensteiner, 2001, 617; Gildeggen/Willburger IHR 2016, 1; Koch IHR 2016, 45; Hachem IHR 2017, 1 (Verjährung). Rechte des Käufers bei Pflichtverletzung s. Art. 45 ff. CISG, des Verkäufers Art. 61 ff. CISG; Aufrechnung, BGH ZIP 2015, 176 mAnm. Förster NJW 2015, 830, str. Das SMG hat auch für die Mängelhaftung des Kaufrechts des BGB das Modell des CISG übernommen, aber nicht im Detail, zB nicht hinsichtlich der allgemeinen Rügepflicht (→ § 377 Rn. 3); zur Ähnlichkeit von VerbrGüKRL und CISG Grundmann AcP 202 (2002), 40. Vorbehalte (Art. 92 ff. CISG) sind von der BRD nicht gemacht worden, aber von anderen Vertragsstaaten.

C. **Gemeinsames Europäisches Kaufrecht (GEK, CESL):** Der Vorschlag der Kommission für eine Verordnung über ein optionales Gemeinsames Europäisches Kaufrecht, 11.10.2011 (GEK oder CESL, Common European Sales Law), KOM(2011) 635 endg., hätte als unionsweite, (nur) für grenzüberreifende Kaufverträge frei wählbare Vertragsrechtsordnung („28. Rechtsordnung") gegolten, doch ist er zugunsten zweier Digitalisierungsrechtsprojekte ad acta gelegt worden, Magnus ZEuP 2017, 142. Das GEK sollte sachlich auf den Kauf beweglicher Sachen, die Bereitstellung digitaler Inhalte und Vertragsabreden über verbundene Dienstleistungen und personell auf Käufer zwischen Verbrauchern sowie KMU (weniger als 250 Beschäftigte, Umsatz und Jahresbilanzobergrenzen) mit Unternehmen beschränkt sein. Erstreckung auch auf Binnensachverhalte kraft Mitgliedstaatsoption. Die Wahl des GEK sollte zugleich die Abwahl des UN-Kaufrechts (→ Rn. 45, 48) sein. Wissenschaft und Praxis standen dem GEK überwiegend reserviert gegenüber (Berichte BB 2011, 2946; EuZW 2012, 522): viele unbestimmte Rechtsbegriffe und Generalklauseln, viel zwingendes Recht, kein besserer Schutzstandard für Verbraucher als nach deutschem Recht. **Übersichten:** Schmidt-Kessel 2012; Mansel WM 2012, 1253 (1309); Sonderheft AcP 212 (2012), 467, darin ua Grundmann AcP 212 (2012), 502; Eidenmüller/Jansen/Kieninger/Wagner/Zimmermann JZ 2012, 269; Hellwege IHR 2012, 221 (Vergleich mit UNKaufrecht); Riesenhuber EWS 2012, 7; Roth EWS 2012, 12.

51 D. **Internationales Abladegeschäft:** Eine einheitliche Rechtsentwicklung durch HdlBrauch erfolgte vor allem im internationalen Abladegeschäft. Abladegeschäft ist Kauf über Ware, die von einem Verschiffungshafen nach einem Bestimmungshafen zu verfrachten ist, mit Abladeklausel, die die Verladungszeit präzisiert. Lieferung erfolgt durch (Übernahme- bzw. Bord-)Konossement (Nachweis über Verladung), der Kauf bleibt aber trotzdem Warenkauf. Erfüllungsort ist der Verschiffungshafen (nicht der Bestimmungshafen wie beim unechten Abladegeschäft). Sammlung internationaler (Import-)Standardkontrakte: HdlKammer Hmb. (Export-Kontrakte, ua: Verband Deutscher Maschinen- und Anlagebau eV, VDMA, → § 346 Rn. 39). Besichtigungsrecht des Importeurs vor Zahlung → § 377 Rn. 22. Rechte des Käufers bei fehlerhafter Lieferung s. Haage BB 1955, 944. Das Abladegeschäft ist idR Fixgeschäft, str. (→ § 376 Rn. 8). „Direktes Abladegeschäft" s. SchiedsG CaffeeHdlVerein St/Ul II (74) J 5a Nr. 52; „indirektes Abladegeschäft" s. SchiedsG CaffeeHdlVerein St/Ul II (75) J 5a Nr. 64; allgemein **(6)** Incoterms. Zum Ketten- oder Stringgeschäft s. SchiedsG CaffeeHdlVerein St/Ul II (74) J 5a Nr. 46, 47 (→ Rn. 27). **Zu einzelnen Klauseln:** In Fristbestimmungen bedeuten idR **„Abladung"**, „Verladung" fristgemäße Übergabe der Ware (in Übersee) an die Reederei zur Verschiffung (also gerade nicht: von Bord bringen im Bestimmungshafen, das ist das „Löschen"), **„Verschiffung"** Anbordgelangen der Ware, „Segelung" Auslaufen des Frachtschiffs mit der Ware; „circa" kann für „Verschiffung" (erst recht „Segelung") enger auszulegen sein als für „Abladung"; im circa-Rahmen muss ggf. Käufer das Akkreditiv verlängern, BGH MDR 1964, 48. Klausel „Verschiffung per Dampfer X, ca Y-Tag auslaufend" bedeutet Festlegung des Bestimmungshafens und Interesse des Abladers an Verschiffung durch bestimmte Reederei, wahrscheinlich „erweitertes fob-Geschäft" mit Pflicht des Verkäufers, für Verschiffung der Ware zu sorgen, der „Segelungs"-Klausel nahe, BGH MDR 1964, 48. Nach Erstattung der Verladeanzeige, auch „uüV" (unter üblichem Vorbehalt), darf der Verkäufer nur noch Ware aus dem darin bezeichneten Schiff oder Substitut-Schiff liefern; Andienung aus anderem Schiff kann der Käufer zurückweisen, SchiedsG Hmb. frdsch Arbitr St/Ul II (57) E 1a Nr. 7; Klausel „uüV", beachtlicher Irrtum, SchiedsG WV Hmb. Börse St/Ul II (74) E 1a Nr. 9. „Prompte Abladung" s. SchiedsG Hmb. frdsch Arbitr St/Ul II (58) E 2a Nr. 5. European Contract for Coffee (E. C. C.) idF 1980 s. St/Ul/Ti (84). **Lit.:** Fadi Al-Deb'i, Überseekauf und Abladegeschäft, 2008; Haage, 4. Aufl. 1958; Ostendorf, 2010 (International Sales Terms); Liesecke WM Beil. 3/1978, 23; Magnus/Lüsing IHR 2007, 7; Mankowski, Seerechtliche Vertragsverhältnisse im IPR, 1995; Reithmann/Martiny/Mankowski Rn. 15.156 (Seefrachtverträge).

9) Corona-Pandemie

52 Außerhalb von Art. 240 § 3 EGBGB (idF **COVID-19-Pandemie-Gesetz** 27.3.2020 BGBl I 569) gelten die allgemeinen Regeln, insbesondere zu Verzug, (vorübergehender) Unmöglichkeit und Störung der Geschäftsgrundlage; s. → Einl v 343 Rn. 18. Für Gefahrtragung, Leistungsverweigerung und Schadensersatz ist sachgerechter Umgang mit unbestimmten Rechtsbegriffen in Vertrag oder Gesetz erforderlich, darunter höhere Gewalt (→ § 346 Rn. 40, force majeure), Zumutbarkeit (§ 275 II, 313 I, III BGB), im Verkehr erforderliche Sorgfalt (§ 276 BGB) eines ordentlichen Kaufmanns (§ 347) und zeitliche Vorgaben wie angemessen, sofortig, unverzüglich (§§ 373–377).

53 Für **Risikoverteilung beim Handelskauf** ist, wie sonst auch, vorrangig vertragliche Absprache maßgeblich, ggf. HdlKlauseln zu höherer Gewalt (force majeure) oder wirtschaftlicher Härte (hardship) vorrangig (→ § 346 Rn. 40). Soweit keine Absprache getroffen, trägt idR **Verkäufer** Beschaffungsrisiko, muss also Erhöhung des Marktpreises oder sonstiger Kosten in Kauf nehmen. Grenze: Unzumutbarkeit, § 275 II BGB (wirtschaftliche Unmöglichkeit), § 313 (Störung

2. Abschnitt. Handelskauf　　　　　　　　54　**Einl v § 373**

Geschäftsgrundlage). Ausfall in der **Lieferkette** infolge höherer Gewalt befreit nur, wenn Zulieferer Erfüllungsgehilfe (§ 278 BGB), dies idR nicht im Verhältnis Verkäufer/Vorlieferant/Hersteller, wohl aber bei Werk, Wagner/Holtz/Dötsch, BB 2020, 845, 847. Grund: § 275 I (tatsächliche Unmöglichkeit). Zu vertreten hat Verkäufer aber mangelnde Vorratshaltung bei Absehbarkeit von Engpässen, wenn Vorsorge- oder Schutzmaßnahmen möglich; Liebscher/Zeyher/Steinbrück ZIP 2020, 852, 857. Nicht zu vertreten sind Leistungsausfälle bei (Zulieferer-) Produktionsstop infolge behördlicher Anordnung und bei Ein- oder Ausfuhrverboten. Grund: rechtliche Unmöglichkeit, § 275 I BGB. Der **Käufer** trägt das Verwendungsrisiko, kann sich also nicht auf einseitige Erwartungen zu (vorübergehend) nicht gegebenen Einsatzmöglichkeiten berufen.

Möglichkeiten zum **Interessenausgleich bei Pandemiefolgen** sind nicht abschließend geklärt; s. bereits → Einl v § 343 Rn. 20 f. Diskutiert wird Absenkung der Schwelle zur **Unzumutbarkeit** für Verkäufer (wirtschaftliche Unmöglichkeit, § 275 II BGB). Grund: Leistungsinteresse des Käufers niedriger, wenn dieser wegen Fehlens weiterer Zulieferungen zur beabsichtigten Verwendung außerstande, Weller/Lieberknecht/Habrich NJW 2020, 1017, 1020; auch Liebscher/ Zeyher/Steinbrück ZIP 2020, 852, 858. Nur ausnahmsweise denkbar ist **Vertragsanpassung** bei exzessiver Kostensteigerung innerhalb eines vor Erkennbarkeit der Pandemie geschlossenen Vertrags (Störung der Geschäftsgrundlage, § 313 I BGB). Grund: Äquivalenzstörung infolge erhöhter Marktpreise bei entsprechend erhöhtem Käuferinteresse. Besonders bei Dauerbeziehung ggf. **Neuverhandlungspflicht** aus Treu und Glauben (§ 242 BGB), wenn nicht ohnehin vereinbart; s. → Einl v § 343 Rn. 14.

Im Einzelnen zu §§ 373 ff.: Der Käufer gerät auch bei bloß vorübergehender 54 Verhinderung in **Annahmeverzug** (→ §§ 373–374), wenn ihm die Leistung eine angemessene Zeit vorher angekündigt wurde (§ 299 BGB) und das Angebot der Leistung nicht (rechtlich) unmöglich war. Die Rechte des Verkäufers zu Hinterlegung und Selbsthilfeverkauf bleiben bestehen. Grenze: Unzumutbarkeit (§ 242), MüKoBGB/Ernst § 299 Rn. 5. Beim **Bestimmungskauf** (→ § 375) steht dem Verkäufer ein Schadensersatzanspruch zu, wenn sich der Käufer mit der Bestimmung (Hauptleistungspflicht) in Schuldnerverzug befindet. Die Verzögerung ist aber nicht zu vertreten (erforderlich nach § 286 IV BGB), zB wenn die zur Bestimmung erforderliche Besichtigung verschiedener Modelle wegen gesundheitlicher Gefahren unzumutbar ist. Dann bleibt Verkäufer der verschuldensunabhängige Rücktritt. Grenze: Treu und Glauben (§ 242 BGB). Rücktritt auch bei **Fixhandelskauf** (→ § 376), wenn sich Leistung verzögert. Grenze: Treu und Glauben (§ 242 BGB). Schadensersatz nur, wenn Verkäufer Verzögerung zu vertreten hat (§ 286 IV BGB); s. → Rn. 53. Zulieferung **just in time** (→ Einl v § 373 Rn. 32) ist idR bloß relatives Fixgeschäft, da Interesse an den Zulieferteilen nicht wegfällt, Oetker/Koch § 376 Rn. 15, wegen Pflicht zur zeitgenauen Belieferung (→ § 376 Rn. 7) aber Vorsorgemaßnahmen und bei sich abzeichnender Verzögerung (auch bei neuer „Pandemie-Welle") unverzügliche Unterrichtung, s. allgemeiner Wagner/Holtz/Dötsch, BB 2020, 845, 848. **Untersuchung und Rüge** (→ § 377 HGB) müssen unverzüglich erfolgen, also ohne schuldhaftes Zögern (§ 121 I 1 BGB), was nach im Verkehr üblicher Sorgfalt zu beurteilen ist (§ 276 BGB). Verkehrsweite Beeinträchtigungen infolge von Pandemie legen gewisse Fristverlängerung, ggf. auch abweichend von Handelsbrauch nahe; → § 376 Rn. 23.

Lit.: s. bereits → Einl v § 343 Rn. 21. Liebscher/Zeyher/Steinbrück ZIP 2020, 852 (Überblick mit CISG, CMR); Rothermel IHR 2020, 89 (Vertragsgestaltung); v. Westphalen ZIP 2020, 2037 (Beschaffungs-AGB); Thume BB 2020, 1419, IHR 2020, 163 (Vertrieb); E. Wagner/Holtz/Dötsch BB 2020, 845 (Lieferverträge); Piltz IHR 2020, 133 (Lieferstörungen); Gildeggen/Willburger IHR 2021, 45 und Janssen/ Wahnschaffe EuZW 2020, 410 (CISG). Einzelfragen:

Leyens

Stariradeff CR 2020, 241 (Online-Handel); Mylich ZIP 2020, 1097 und Samhat WM 2020, 865 (Kreditsicherheiten); Feldhaus BB 2020, 1546 (Unternehmenskauf).

[Annahmeverzug des Käufers]

373 (1) Ist der Käufer mit der Annahme der Ware im Verzuge, so kann der Verkäufer die Ware auf Gefahr und Kosten des Käufers in einem öffentlichen Lagerhaus oder sonst in sicherer Weise hinterlegen.

(2) ¹Er ist ferner befugt, nach vorgängiger Androhung die Ware öffentlich versteigern zu lassen; er kann, wenn die Ware einen Börsen- oder Marktpreis hat, nach vorgängiger Androhung den Verkauf auch aus freier Hand durch einen zu solchen Verkäufen öffentlich ermächtigten Handelsmakler oder durch eine zur öffentlichen Versteigerung befugte Person zum laufenden Preise bewirken. ²Ist die Ware dem Verderb ausgesetzt und Gefahr im Verzuge, so bedarf es der vorgängigen Androhung nicht; dasselbe gilt, wenn die Androhung aus anderen Gründen untunlich ist.

(3) Der Selbsthilfeverkauf erfolgt für Rechnung des säumigen Käufers.

(4) Der Verkäufer und der Käufer können bei der öffentlichen Versteigerung mitbieten.

(5) ¹Im Falle der öffentlichen Versteigerung hat der Verkäufer den Käufer von der Zeit und dem Orte der Versteigerung vorher zu benachrichtigen; von dem vollzogenen Verkaufe hat er bei jeder Art des Verkaufs dem Käufer unverzüglich Nachricht zu geben. ²Im Falle der Unterlassung ist er zum Schadensersatze verpflichtet. ³Die Benachrichtigungen dürfen unterbleiben, wenn sie untunlich sind.

[Vorschriften des BGB über Annahmeverzug]

374 Durch die Vorschriften des § 373 werden die Befugnisse nicht berührt, welche dem Verkäufer nach dem Bürgerlichen Gesetzbuche zustehen, wenn der Käufer im Verzuge der Annahme ist.

Übersicht

	Rn
1) Inhalt und Anwendungsbereich der §§ 373, 374	1, 2
A. Inhalt:	1
B. Anwendungsbereich:	2
2) Annahmeverzug	3–7
A. Voraussetzungen des Annahmeverzugs (§§ 293 ff. BGB):	3
B. Rechtsfolgen des Annahmeverzugs:	4–6
C. Verhältnis zum Schuldnerverzug:	7
3) Hinterlegungsrecht des Verkäufers (§ 373 I)	8–10
A. Art und Weise der Hinterlegung:	8, 9
B. Rechtswirkungen der Hinterlegung:	10
4) Recht des Verkäufers zum Selbsthilfeverkauf (§ 373 II–V)	11–29
A. Arten des Selbsthilfeverkaufs (Öffentliche Versteigerung, freihändiger Verkauf, II 1, IV):	11, 12
B. Androhung (II 1, 2):	13–17
C. Benachrichtigung (V):	18
D. Durchführung (Gegenstand, Bedingungen, Ort, Zeit):	19–22
E. Rechtswirkungen des Selbsthilfeverkaufs (III):	23–29
5) Abweichende Vereinbarungen	30

2. Abschnitt. Handelskauf 1–5 § 374

1) Inhalt und Anwendungsbereich der §§ 373, 374

A. Inhalt: § 373 ergänzt die Rechte des Verkäufers bei Annahmeverzug des 1 Käufers nach BGB (§§ 293 ff. BGB, Gläubigerverzug). § 373 beinhaltet also eine Kumulation der Rechte aus BGB und HGB. Dem Verkäufer werden zusätzliche Rechte zur **Hinterlegung (I)** und zum **Selbsthilfeverkauf (II–V)** eingeräumt. § 374 bestimmt, dass die **Rechte** des Verkäufers **wegen Annahmeverzugs aus BGB unberührt bleiben**, der Verkäufer kann also sowohl die Rechte aus BGB als auch die aus HGB geltend machen. Erst recht bleiben die Rechte des Verkäufers bei **Schuldnerverzug** des Käufers mit seiner Abnahmepflicht (§ 433 II BGB) aus §§ 286 ff. BGB **unberührt**.

B. Anwendungsbereich: §§ 373, 374 sind (wie §§ 373 ff. insgesamt, mit Aus- 2 nahme der §§ 377, 379) auch bei einseitigen Handelsgeschäften anwendbar (§ 345), also auch, wenn nur der Verkäufer Kfm. ist (→ Einl v § 373 Rn. 8); krit. K. Schmidt § 29 II Rn. 12: beim einseitigen HdlKauf kann allein auf § 373 gestützte Hinterlegung gegen § 242 BGB verstoßen, str. AGB → Rn. 30.

2) Annahmeverzug

A. Voraussetzungen des Annahmeverzugs (§§ 293 ff. BGB): Die Voraus- 3 setzungen des Annahmeverzugs des Käufers bestimmen sich ausschließlich nach §§ 293 ff. BGB, die mit Ausnahme einer geringfügigen Änderung des § 296 S. 2 BGB (Entbehrlichkeit des Angebots) durch das SMG nicht geändert worden sind. Grundsätzlich bedarf es eines tatsächlichen Angebots (§ 294 BGB): Die **Leistung** muss **so, wie sie geschuldet wird**, dh am rechten Ort und zur rechten Zeit (§§ 269–271 BGB) und in der rechten Weise angeboten werden. Ausnahmsweise genügt ein wörtliches Angebot (§ 295 BGB) oder ist ein Angebot entbehrlich (§ 296 BGB). Auf Verschulden des Käufers kommt es für den Annahmeverzug nicht an. Ist die **Ware nicht vertragsgemäß**, kommt der Käufer also nicht in Annahmeverzug, ebenso wenig bei unzulässigem Teilangebot, Staub/Koller Rn. 4, oder bei Zuviellieferung, wenn die vertragsgemäße Menge nicht mühelos ausgeschieden werden kann und der Verkäufer nur diese anbietet. Bei „**Kasse**"-**Geschäften** (→ § 346 Rn. 40) kommt Käufer in Annahmeverzug, wenn er nicht bereit ist, Zug um Zug gegen Lieferung der Ware den Kaufpreis zu zahlen (§ 298 BGB), RGZ 109, 326. Ist der **Zeitpunkt der Leistung nicht genau bestimmt** (zB Lieferzeitraum oder Recht zur vorzeitigen Lieferung), muss der Verkäufer die Lieferung rechtzeitig ankündigen, vgl. OLG Hamburg, BeckRS 2009, 23910; strenger OLG Bremen MMR 2013, 36. Nach Treu und Glauben muss der Verkäufer dem Käufer **vorherige Prüfung** der Ware erlauben. Darum braucht der Käufer keine Nachnahmesendung anzunehmen, außer er hat Nachnahme vereinbart. Der Annahmeverzug endet, sobald der Käufer das ihm Obliegende tut.

B. Rechtsfolgen des Annahmeverzugs: a) Rechte aus § 373 und aus 4 **BGB nach Wahl (§ 374):** § 374 stellt klar, dass § 373 dem Verkäufer bei Annahmeverzug des Käufers nur zwei zusätzliche Rechte gibt (→ Rn. 6). Die allgemeinen Rechtsfolgen des Annahmeverzugs nach BGB bleiben unberührt. Der Verkäufer hat also auch die Befugnisse nach BGB (→ Rn. 5).

b) Rechtsfolgen des Annahmeverzugs nach BGB: Diese sind: (1) **Haf-** 5 **tungsmilderung:** Der Verkäufer hat während des Annahmeverzugs des Käufers **nur Vorsatz und grobe Fahrlässigkeit** zu vertreten (§ 300 I BGB); hinsichtlich § 373 I im Einzelnen (→ Rn. 8). Der Käufer trägt also die Gefahr des Untergangs der Kaufsache infolge leichter Fahrlässigkeit des Verkäufers. (2) **Gefahrübergang:** Bei Gattungsware geht nach Festlegung auf bestimmte Stücke und Angebot, RGZ 57, 403, die Gefahr auf den Käufer über (§ 300 II BGB), die Gefahr des Untergangs der ganzen Gattung (zB bei beschränkter Gattungsschuld,

→ § 360 Rn. 1) trägt er schon vorher, vgl. RGZ 103, 15. (3) **Anspruch auf Gegenleistung:** Der Verkäufer behält bei einem von ihm nicht zu vertretenden (s. oben, § 300 I BGB) Unmöglichwerden den Anspruch auf die Gegenleistung (§ 326 II 1 Alt. 2 BGB), muss sich aber die durch den Wegfall seiner eigenen Leistungspflicht entstehenden Vorteile anrechnen lassen (§ 326 II 2 BGB). (4) **Weitere Rechtsfolgen:** Eingeschränkte Pflicht zur Herausgabe von **Nutzungen** (§ 302 BGB); Anspruch auf Ersatz der **Mehraufwendungen** für das erfolglose Angebot und die Erhaltung der Kaufsache (§ 304 BGB, auch ohne Hinterlegung, sogleich m → Rn. 8) im Rahmen der möglichen Maßnahmen eines verständigen Kfm. (vgl. §§ 677 ff. BGB), RGZ 45, 302; Recht zur **Hinterlegung nach § 372 S. 1 BGB** bei einer öffentlichen Hinterlegungsstelle (Hinterlegungsstelle des Leistungsorts, § 374 I BGB; aber nur Geld, Wertpapiere, Urkunden und Kostbarkeiten; Rücknahme möglich, außer wenn ausgeschlossen, dann schuldbefreiende Wirkung, §§ 376 II, 378 BGB); Recht zur **öffentlichen Versteigerung** nach § 383 BGB, falls die Sache nicht hinterlegungsfähig ist, dann Hinterlegung des Erlöses.

6 c) **Rechtsfolgen des Annahmeverzugs nach HGB:** Liegen die Voraussetzungen des Annahmeverzugs nach BGB vor (→ Rn. 3), so hat der Verkäufer zusätzlich zu den Rechten nach BGB (→ Rn. 5) ein Recht zur Hinterlegung (I, → Rn. 8) und zum Selbsthilfeverkauf (II–V, → Rn. 11).

7 C. **Verhältnis zum Schuldnerverzug:** Annahmeverzug (Gläubigerverzug) ist das **Gegenstück zum Schuldnerverzug** (§§ 286 ff. BGB), unterscheidet sich aber von diesem in Voraussetzungen und Rechtsfolgen beträchtlich; ausnahmsweise können beide vorliegen. §§ 293 ff. BGB gehen davon aus, dass der Gläubiger zur Annahme der Leistung nur berechtigt, aber nicht verpflichtet ist, BGH BB 1988, 1418. Gläubigerverzug ist bloße Verletzung einer Obliegenheit, keine Rechtspflicht. Er setzt im Unterschied zum Schuldnerverzug (§ 286 IV BGB) kein Vertretenmüssen voraus und hat anders als dieser (§§ 280 II, 286, 288 IV BGB) keine Schadensersatzpflicht zur Folge. Ausnahmsweise kann die Nichtannahme der Leistung **zugleich Gläubiger- und Schuldnerverzug** begründen, so wenn die Annahme als Rechtspflicht geschuldet wird. Beim Spezifikationskauf (§ 375 HGB) gerät der Käufer schon durch Unterlassen der Bestimmung (außer in Annahmeverzug) auch in Schuldnerzug (→ § 375 Rn. 6). Beim normalen Kauf ist die Nichtabnahme der vertragsgemäßen, insbesondere mangelfreien, und gehörig angebotenen Ware Verletzung der Abnahmepflicht des Käufers (§ 433 II BGB). Der Käufer kommt dadurch bei Verschulden in Schuldnerverzug (§ 286 BGB) und wird dem Verkäufer haftbar für Schaden aus der Verzögerung der Abnahme (§§ 286, 280 I, II BGB). Das Recht auf Schadensersatz statt der Leistung (bis zum SMG: wegen Nichterfüllung) in §§ 281 ff. BGB und das Rücktrittrecht in § 323 BGB sind seit dem SMG vom Vorliegen der Verzugsvoraussetzungen unabhängig.

3) Hinterlegungsrecht des Verkäufers (§ 373 I)

8 A. **Art und Weise der Hinterlegung:** Der Verkäufer darf (keine Rechtspflicht; → Rn. 9) bei Annahmeverzug des Käufers die Ware auf dessen Gefahr und Kosten hinterlegen, in einem öffentlichen Lagerhaus oder sonst in sicherer Weise **(I). Hinterlegungsfähig** sind Waren, dh bewegliche Sachen (§ 1 II Nr. 1 aF). Gemäß § 381 erstreckt sich das Hinterlegungsrecht auch auf Wertpapiere (I) und vom Verkäufer herzustellende oder zu erzeugende Sachen (II). **Hinterlegungsstelle:** „Öffentliches Lagerhaus" ist eine öffentlich betriebene (auch private, nicht etwa nur öffentlich-rechtliche) Einlagerungsstelle, also ein Lagerhalter iSd § 467, wenn er sein Geschäft öffentlich betreibt. Was sonst sicher im Sinne von I Alt. 2 ist, ist Tatfrage. Hinterlegung bei einem privaten Dritten ist nicht ausgeschlossen. Hinterlegung bei einer staatlichen Hinterlegungsstelle (Amts-

gericht, → Rn. 5) genügt auf jeden Fall. „Hinterlegung" auf Notaranderkonto → **(10)** AGB-Anderkonten Einl. Rn. 6. Die Hinterlegung nach I braucht nicht am Leistungsort zu erfolgen, § 374 I BGB (→ Rn. 5) gilt hier nicht. Grund: betrifft nur staatliche Hinterlegungsstellen. Die Hinterlegungsstelle ist nicht Erfüllungsgehilfe des Verkäufers (§ 278 BGB; vgl. → § 379 Rn. 7). Bei **Auswahl** der Hinterlegungsstelle haftet der Verkäufer für Vorsatz und jede Fahrlässigkeit; Maßstab ist die Sorgfalt eines ordentlichen Kfm. gemäß § 347 ohne Haftungsmilderung nach § 300 I BGB (→ Rn. 5), RG JW 1921, 394; OLG Saarbrücken NJW-RR 2002, 528. Grund: § 300 I BGB betrifft nur Vorsorge für den Leistungsgegenstand, EBJS/Achilles Rn. 11; differenzierend Oetker/Koch Rn. 67; aA Staub/Koller Rn. 30; MüKoHGB/Grunewald Rn. 5, 17: wie bei eigener Verwahrung (→ Rn. 9). Der Verkäufer muss dem Käufer die Hinterlegung unverzüglich (ohne schuldhaftes Zögern, § 121 I 1 BGB) anzeigen (§ 374 II BGB).

Von I wird nur ein Recht, keine Pflicht begründet. Der Verkäufer kann die 9 Ware, statt sie nach I zu hinterlegen, **in eigener Verwahrung** behalten oder anderweitig verwahren, RGZ 45, 302, BGH NJW 1996, 1464. I findet dann aber keine, auch keine entsprechende Anwendung. Der Verkäufer haftet dann nur für Vorsatz und grobe Fahrlässigkeit und hat Anspruch auf Aufwendungsersatz (§§ 300 I, 304 BGB, → Rn. 5, 8) bzw., bei kfm. Verkäufer, auf übliche Lagerkosten → § 354 Rn. 5.

B. **Rechtswirkungen der Hinterlegung:** I betrifft **nur Gefahr- und Kos-** 10 **tentragung,** Vertretungsmacht des Verkäufers für den Käufer bei der Hinterlegung begründet er nicht. Der Käufer trägt die mit einer sorgfältigen Hinterlegung verbundene Preisgefahr bei Beschädigung oder Untergang der Sache (→ Rn. 5) und muss dem Verkäufer die Kosten der Hinterlegung ersetzen (Umfang: § 670 BGB). Der Verkäufer muss die Ware nach HdlBrauch oder wie Kfm. sonst versichern; der Käufer trägt dann auch die Versicherungsgebühren. Der Käufer trägt zudem die Beförderungsgefahr (§ 447 BGB). Die Hinterlegung nach I hat anders als nach § 378 BGB keine Erfüllungswirkung, hL. Grund: Hinterlegung auch in sonst sicherer Weise möglich, Rücknahme allein durch I nicht ausgeschlossen. Die Rücknahme kann aber nach § 376 II BGB ausgeschlossen sein. Ob Befreiung von der Verbindlichkeit eintritt, bestimmt sich nach § 378 BGB oder Parteiabrede, BGH NJW 1993, 55. Bei verzögerter Freigabe Verzugszinsen analog § 288 I 1 BGB, BGH NJW 2018, 1006.

4) Recht des Verkäufers zum Selbsthilfeverkauf (§ 373 II–V)

A. **Arten des Selbsthilfeverkaufs (Öffentliche Versteigerung, freihändi-** 11 **ger Verkauf, II 1, IV): a) Öffentliche Versteigerung:** Der Verkäufer darf bei Annahmeverzug des Käufers die Ware (abw. von § 383 I BGB auch, wenn sie hinterlegungsfähig wäre) und Wertpapiere (§ 381 I) gemäß II verkaufen lassen; die Ware ist idR öffentlich zu versteigern. Der Verkäufer hat die **Formalitäten des § 383 BGB** mit der Sorgfalt eines ordentlichen Kaufmanns (§ 347) einzuhalten, andernfalls handelt es sich um einen nicht ordnungsgemäßen Selbsthilfeverkauf (vgl. § 300 I BGB, str. (→ Rn. 8). Als Versteigerer kommen außer Gerichtsvollziehern in Frage: zB Notare (BNotO), öffentlich bestellte Versteigerer (GewO), es entscheidet das Landesrecht. HdlMakler sind als solche nicht befugt. Bekanntmachung nach § 383 III 2 BGB. Die Versteigerung ist nur dann öffentlich, wenn jedermann Zutritt hat. **Verkäufer und Käufer** dürfen **mitbieten (IV).** Gesetzlich ausgeschlossene Bieter s. §§ 450–451 BGB. Vorgängige Androhung → Rn. 13; sie kann mit Benachrichtigung (→ Rn. 18) verbunden werden.

b) **Freihändiger Verkauf:** Wenn die Ware einen **Börsen- oder Marktpreis** 12 hat (vgl. § 253 IV 1), dh wenn sich aus einer größeren Zahl von Verkäufen der betreffenden Ware zur fraglichen Zeit am Verkaufsort (Börse, Markt) ein Durchschnittspreis ermitteln lässt, RGZ 34, 121; 47, 113; BGH NJW 1979, 759 (→ § 253 Rn. 19), nicht bloßer Listenpreis des Verkäufers, BGHZ 90, 72, darf der Verkäufer sie „aus freier Hand" zum „laufenden Preis" verkaufen lassen (II Hs. 2; entspr. § 385 BGB). Zum Schutz des Käufers ist der freihändige Verkauf aber nur durch einen zu solchen Verkäufen öffentlich ermächtigten HdlMakler oder eine zur öffentlichen Versteigerung befugte Person zulässig, also nicht durch jeden HdlMakler iSv § 93. Der amtlich bestellte Kursmakler, der den Verkauf nach II auch außerhalb der Börse tätigen konnte, ist durch das 4. FinanzmarktfördG abgeschafft. **Laufender Preis** ist der Preis, der sich an der Börse bzw. dem Markt für die betreffende Ware an einem bestimmten Tag und Ort bildet, Staub/Koller 42, also mangels Abschlüssen nicht bloße Geldnotiz, RGZ 34, 121; Verkauf unter dem laufenden Preis → Rn. 20. Vorgängige Androhung → Rn. 13.

13 B. **Androhung (II 1, 2):** Verkäufer muss den Selbsthilfeverkauf dem Käufer grundsätzlich vorher androhen, einerlei ob öffentlich versteigert oder freihändig verkauft werden soll. Der Käufer soll durch die Androhung, dh Ankündigung, Gelegenheit erhalten, sich vor Schäden zu bewahren. Androhung ist Wirksamkeitsvoraussetzung, Fehlen → Rn. 26.

14 a) **Inhalt:** Die Androhung muss erkennen lassen, dass der Verkäufer gerade die Vertragsware im Wege des Selbsthilfeverkaufs veräußern will, Mitteilung, dass „Waren gleicher Art verkauft werden sollen", genügt nicht, RG LZ 1913, 675 Nr. 3. Welche Art des Selbsthilfeverkaufs er wählen wird, braucht er nicht zu sagen, Staub/Koller Rn. 34; Oetker/Koch Rn. 78; aA MüKoHGB/Grunewald Rn. 21. Eine unbestimmt gehaltene Androhung ist aber als Androhung der öffentlichen Versteigerung auszulegen, RGZ 109, 136. Grund: diese ist die Regel, der freihändige Verkauf muss nach II besonders angekündigt werden, Staub/Koller Rn. 34, str. Droht der Verkäufer eine bestimmte Art an, ist er daran bis auf Widerruf gebunden; hat er zB öffentlichen Verkauf angedroht, so darf er nicht ohne neue Androhung freihändig verkaufen, RGZ 109, 135. Androhung „nach HdlRecht zu verfahren" genügt nicht, RG JW 1925, 946, da I auch Hinterlegung zulässt. Androhung verpflichtet nicht zum Verkauf, RG LZ 1908, 224. Der Verkäufer kann seine Wahl auch ändern, zB auch nach Androhung des Selbsthilfeverkaufs noch Abnahme und Zahlung verlangen. Die Auslegungsfrage, ob der Verkäufer nur Selbsthilfeverkauf androht (so iZw) oder Erfüllungsablehnung nach § 326 aF BGB, OLG Hamburg OLGE 33, 225, str., spielt nach dem SMG (§§ 280, 281, 323 BGB ohne Ablehnungsandrohung) keine Rolle mehr.

15 b) **Form:** Die Androhung ist **formfrei**, auch mündlich oder fernmündlich. Sie ist eine einseitige, empfangsbedürftige Erklärung, aber keine Willenserklärung, sondern eine rechtsgeschäftsähnliche Handlung, Oetker/Koch 45, str.; die Vorschriften über die Willenserklärung finden jedenfalls entsprechende Anwendung, aA OLG Hamburg LZ 2010, 568 Nr. 2: Absenden genügt. Eingeschriebener Brief (mit Rückschein) ist zu empfehlen, weil der Verkäufer den rechtzeitigen Zugang der Androhung beim Käufer beweisen muss.

16 c) **Zeitpunkt:** Die Androhung muss **rechtzeitig** erfolgen, um dem Käufer schadensverhütende Maßnahmen zu ermöglichen. Frühester Zeitpunkt ist das Angebot, mit der die Androhung verbunden werden kann, insoweit also vor Eintritt des Annahmeverzuges, KG OLGE 16, 124. Angebot und Androhung können verbunden werden.

17 d) **Entbehrlichkeit (II 2):** Die Androhung darf unterbleiben, wenn die Ware dem Verderb ausgesetzt und (zusätzlich) Gefahr im Verzug ist oder wenn die Androhung aus anderen Gründen untunlich ist. Verderb ist Zerstörung der Brauchbarkeit, zB bei Lebensmitteln, auch Präjudizierung bei Wechsel. Wesentliche (nicht nur gänzliche) Wertminderung steht gleich, str. Untunlich ist die Androhung zB, wenn die Anschrift des Käufers unbekannt ist; auch wenn ein

2. Abschnitt. Handelskauf 18–20 § 374

Preissturz droht, dagegen nicht schon bei rückläufiger Konjunktur, vgl. Staub/Koller 36.

C. Benachrichtigung (V): Der Verkäufer hat den Käufer **von Zeit und Ort einer öffentlichen Versteigerung vorher zu benachrichtigen** und den erfolgten Verkauf, auch den freihändigen, unverzüglich mitzuteilen **(V 1).** Keine Wirksamkeitsvoraussetzung. Unterlassung macht nur schadensersatzpflichtig **(V 2).** Die Benachrichtigungen dürfen unterbleiben, wenn sie untunlich (→ Rn. 17) sind **(V 3).** Schadensersatzpflicht → Rn. 27. 18

D. Durchführung (Gegenstand, Bedingungen, Ort, Zeit): Zu den Unterschieden je nach öffentlicher Versteigerung oder freihändigem Verkauf → Rn. 11, 12. 19

a) Gegenstand: Gegenstand des Selbsthilfeverkaufs ist die **Vertragsware**, mit deren Annahme sich der Käufer in Verzug befindet. Beim **Gattungskauf** genügt Ware in vertraglicher Beschaffenheit, sofern nicht der Käufer ein Interesse an gerade der etwa schon ausgesonderten Ware hat, vgl. RGZ 91, 112. Entscheidend ist, dass der Verkäufer jederzeit über die Ware verfügen kann; sie muss sich daher in seinem Besitz befinden oder zumindest vom Lieferanten für den Verkäufer jederzeit verfügbar (auch wenn aus dem mindestens durch Angabe des Lagerortes individualisierten Vorrat noch nicht ausgeschieden) vorgehalten werden, RG JW 1913, 47. Beim Sukzessivlieferungskauf beschränkt sich der Selbsthilfeverkauf auf die der rückständigen Rate entsprechende Teillieferung, RG JW 1904, 90. Braucht der Käufer Teillieferungen nicht anzunehmen, so darf Verkäufer nicht nur einen Teil der Ware verkaufen. Ist der Käufer mit mehreren Raten rückständig, darf der Verkäufer einheitlich oder getrennt entsprechende Teillieferungen verkaufen. Ist ein Traditionspapier (§§ 448, 475g, 650, s. Anm. zu § 448) über die Ware ausgestellt, kann die Ware in Gestalt des Papiers zum Verkauf gebracht werden, Staub/Koller Rn. 48, Oetker/Koch Rn. 74, aA MüKoHGB/Grunewald Rn. 27; bezüglich des Orts dieses Verkaufs ist die Ware dort zu versteigern, wo sie auszuliefern ist, auch wenn das Papier anderswo ist und erst dorthin gesandt werden muss, RG JW 1901, 654, Staub/Koller Rn. 52. Nicht der Anspruch des Verkäufers gegen einen Dritten auf Lieferung der Ware ist zu verkaufen, sondern die Ware selbst, RGZ 11, 113.

b) Bedingungen: Das Gesetz enthält keine Regelung über die Bedingungen, zu denen der Selbsthilfeverkauf erfolgen muss. Da er für Rechnung des Käufers erfolgt, sind dessen Interessen soweit wie möglich zu berücksichtigen. Ausgangspunkt sind grundsätzlich die Bedingungen des geschlossenen Kaufvertrags, str., vgl. RGZ 19, 201. Der Verkauf hat zu möglichst günstigen **Bedingungen** zu erfolgen; demgemäß sind alle Abweichungen von dem mit dem Käufer Vereinbarten zulässig, die das Ergebnis verbessern oder wenigstens nicht nachteilig beeinflussen, vgl. RG JW 1904, 561, bei Gewährleistungsausschlüssen ist Vorsicht geboten, RGZ 19, 201. Bei Waren mit einem Börsenpreis wird vermutet, dass sie zum **laufenden Preis** (→ Rn. 12) verkauft wurden; der Käufer trägt Beweislast für das Gegenteil. Ist der Marktpreis erzielt, so ist der Selbsthilfeverkauf immer wirksam, RG SeuffA 76, 54. Andernfalls muss der Verkäufer beweisen, dass Käufer durch die Abweichung nicht geschädigt ist, so namentlich bei dem (für den Käufer günstigen) Ausschluss der Mängelhaftung, RG JW 1904, 561. Strittig ist, welche Folgen es hat, wenn beim freihändigen Verkauf der laufende Preis nicht erreicht wird. Für Unwirksamkeit gegenüber dem Käufer ROHGE 8, 102, für Gültigkeit mangels Verschuldens des Verkäufers, dh aber dass die Differenz zum laufenden Preis zahlen müsse, ROHGE 10, 367; für Unwirksamkeit bei grobem Verschulden des Verkäufers, Staub/Koller 44. Die Durchführung des Verkaufs ist jedoch Sache der Verkaufsperson, deren Verschulden macht den Verkauf nicht unwirksam und ist dem Verkäufer nicht nach § 278 BGB zuzurechnen (vgl. zur 20

Hinterlegung → Rn. 8). Der Verkäufer haftet auf die Differenz nur bei eigenem (Auswahl)Verschulden, aber Abtretung seiner Ersatzansprüche gegen die Verkaufsperson, EBJS/Achilles Rn. 32.

21 **c) Ort:** § 373 enthält dazu keine Vorschrift (anders § 383 I 1 BGB: Leistungsort, auch → Rn. 8 zur Hinterlegung). Der Verkäufer braucht den Selbsthilfeverkauf also nicht am Leistungsort zu tätigen, sondern kann den Ort selbst wählen. Er darf dabei aber nicht willkürlich verfahren, sondern muss wie ein Beauftragter (→ Rn. 23) die Interessen des Käufers wahren, RGZ 110, 270. Er darf dem Käufer keine unnötigen Kosten verursachen. Danach hat er idR an dem Ort zu verkaufen, **an dem sich die Ware bei Annahmeverweigerung befindet,** zB noch am Ort der Niederlassung des Verkäufers (§ 269 II BGB); wenn sie schon versandt ist, am Bestimmungsort, RGZ 110, 269. Bei vorweggenommener Annahmeverweigerung kann der Verkäufer die Ware am **Absendeort,** RGZ 50, 211, verkaufen oder wo sie sich sonst befindet, OLG Dresden OLGE 13, 28. Nach RG JW 1901, 756 ist Verkauf auch dann am **Bestimmungsort** zulässig, wenn Käufer schon vor Absendung die Annahme ablehnte, falls nach dem Kaufvertrag Verkäufer die Versendungskosten trägt, da der Käufer dann nicht benachteiligt werde; das überzeugt aber wegen § 326 II 2 BGB nicht (Anrechnung der Vorteile), die bei Selbsthilfeverkauf am Absendeort zu ersparenden Versendungskosten sind also dem Käufer gutzubringen. Ist die **Ware unterwegs,** so muss sie Verkäufer geeignetenfalls, um Kosten zu sparen, anhalten und unterwegs verkaufen. Der Verkäufer muss die Ware aber nicht, um Kosten zu sparen, an einen anderen, vertraglich nicht vorgesehenen Ort bringen. Verkauf an einem ungeeigneten Ort macht den Verkauf nicht unwirksam. Folge ist nur, dass dem Käufer das am richtigen Ort zu erzielende, bessere Ergebnis gutzubringen ist. Die Beweislast dafür, dass am richtigen Ort kein besseres Ergebnis erzielt worden wäre, trägt der Verkäufer, RGZ 110, 270.

22 **d) Zeit:** Verkäufer darf verkaufen, **solange** der **Annahmeverzug** dauert (I Hs. 1). Er darf frühestens am Tag der Fälligkeit verkaufen; auch wenn der Käufer schon zuvor die Annahme verweigert hat, da die Verweigerung diesen nicht bindet. Einen spätesten **Zeitpunkt** für den Selbsthilfeverkauf gibt es grundsätzlich nicht; da Käufer den Annahmeverzug jederzeit beenden kann, braucht der Verkäufer insoweit nur die eigenen Belange zu beachten, RGZ 41, 64; 66, 192 (vgl. demgegenüber → Rn. 23). Grenze: Arglist, aA schon grobe Fahrlässigkeit, RGZ 36, 89 (vgl. → § 379 Rn. 12). Verwirkung kommt praktisch nicht in Betracht, Rechtsmissbrauch ist möglich, aber bleibt theoretisch. Die Annahme eines stillschweigenden Verzichts des Verkäufers auf die Rechte aus dem Kaufvertrag wäre Fiktion. Da der Käufer sich, was die Zeit angeht, selbst schützen kann, trifft den Verkäufer auch keine Pflicht zur Wahl eines für den Käufer möglichst günstigen Zeitpunkts, zutr. Staub/Koller Rn. 53, aA Oetker/Koch Rn. 86. Wählt er indessen vorsätzlich einen besonders ungünstigen Zeitpunkt, etwa wenn der zu erzielende Preis besonders niedrig ist, kann er sich dem Käufer schadensersatzpflichtig machen. Grobe Fahrlässigkeit steht idR nicht gleich, anders wenn Verkäufer den Selbsthilfeverkauf leicht verderblicher Ware angekündigt und dennoch grob fahrlässig nicht rechtzeitig vorgenommen hat, RGZ 36, 90. Selbsthilfeverkauf ist auch noch nach Erlangung eines Urteils auf Abnahme oder nach Hinterlegung nach I zulässig. Bei Gattungskauf kann der Verkäufer einen unwirksamen Selbsthilfeverkauf wiederholen, wenn der Käufer kein Interesse an bestimmter Ware hat, RGZ 32, 63. Beim Fixgeschäft nach § 376 ist der Verkauf idR sofort vorzunehmen, weil ein späterer Verkauf den Inhalt des Geschäfts änderte.

23 E. **Rechtswirkungen des Selbsthilfeverkaufs (III): a) Ordnungsmäßiger Selbsthilfeverkauf:** Der Selbsthilfeverkauf erfolgt **für Rechnung des Käufers.** Es gilt insoweit **Auftragsrecht:** Der Verkäufer hat die Rechte und Pflichten eines Beauftragten, ua betr. Auskunft, Rechenschaft, Herausgabe und Aufwendungsersatz (§§ 666, 667, 670 BGB). Das gilt auch, wenn der Verkäufer zulässigerweise abweichend von II die Kaufsache im eigenen Betrieb verwertet (→ Rn. 28).

Erfüllungswirkung: Durch Abschluss des ordnungsmäßigen Selbsthilfever- 24 kaufs erlischt die Lieferschuld des Verkäufers gegenüber dem Käufer ohne Weiteres, die Kaufpreisforderung des Verkäufers idR durch **(Teil)Aufrechnung** gegen den Anspruch des Käufers auf Herausgabe des Erlöses aus dem Selbsthilfeverkauf (§§ 667, 389 BGB), RGZ 110, 129. Soweit der Erlös, abzüglich der Kosten und der aus § 354 geschuldeten Provision (diese str., aA Staub/Koller 55), die Schuld des Käufers nicht deckt, bleibt sie bestehen, RGZ 110, 130. Einen etwaigen Mehrerlös muss der Verkäufer dem Käufer herausgeben. Der rechtmäßige Selbsthilfeverkauf erlaubt dem Käufer nicht den Rücktritt vom Kaufvertrag nach §§ 326 V, 323 BGB, der Verkäufer behält Anspruch auf den Kaufpreis mit Abzug des durch den Selbsthilfeverkauf Erlösten (§ 326 II BGB), BGH BeckRS 1957, 31194764 = MDR 1958, 93 (Ls.).

Ist der Käufer zugleich im **Zahlungsverzug,** kann der Verkäufer den Selbst- 25 hilfeverkauf als **Deckungsverkauf** (für den aber § 373 II, IV, V nicht gelten; auch → § 376 Rn. 12, 14) behandeln und nach erfolgter bzw. bei entbehrlicher Fristsetzung (§ 281 II BGB) unmittelbar wegen eines Mindererlöses und zusätzlicher Kosten Schadensersatz gemäß §§ 280, 281 BGB verlangen, RGZ 109, 136 (zu § 326 aF BGB). Der Verkäufer kann dann auch den Mehrerlös behalten, vor allem dann, wenn er ohnehin an den neuen Abnehmer hätte liefern können, vgl. BGHZ 126, 134; 126, 309. Sobald der Verkäufer statt der Leistung Schadensersatz aus §§ 280, 281 BGB verlangt hat, kann er dann nicht mehr Erfüllung fordern (§ 281 IV BGB), dh keinen Selbsthilfeverkauf mehr vornehmen.

b) Nicht ordnungsmäßiger Selbsthilfeverkauf: Der nicht rechtmäßige 26 Selbsthilfeverkauf wirkt nicht für Rechnung des Käufers. Es tritt **keine Erfüllungswirkung** ein; der Käufer behält seinen Anspruch auf Lieferung, solange diese dem Verkäufer noch möglich ist (idR nicht bei Speziessache), andernfalls greifen §§ 280, 283 BGB ein, BGH LM HGB § 373 Nr. 3 (zu § 325 aF BGB). Beweislast für Ordnungsmäßigkeit liegt beim Verkäufer.

Nicht jeder Verstoß gegen II–V macht den Selbsthilfeverkauf zum nicht recht- 27 mäßigen mit der Folge, dass keine Erfüllungswirkung eintritt, Oetker/Koch 92 ff. mit Unterscheidung zwischen Schutzvorschriften und bloßen Ordnungsregeln; je nachdem schuldet der Verkäufer vielmehr **nur Schadensersatz,** so zB bei Unterlassen der Benachrichtigung des Käufers von Zeit und Ort der Versteigerung (V 1, 2, → Rn. 18) und vom vollzogenen Selbsthilfeverkauf (V 1 Hs. 2, 2). Der Verkäufer haftet für Vorsatz und jede Fahrlässigkeit, zu § 300 I BGB → Rn. 11). Der Schaden muss durch die Verletzung verursacht sein, so wenn die Anzeige an den Käufer zu einem besseren Ergebnis der Versteigerung geführt hätte, zB weil der Käufer mehr Interessenten zur Teilnahme veranlasst hätte, oder wenn Käufer mangels Kenntnis vom Verkauf zu seinem Nachteil anders disponiert hat.

Ein von § 373 II nicht gedeckter Verkauf, zB freihändiger Verkauf einer Ware 28 ohne Börsen- oder Marktpreis und ohne Zuziehung eines Maklers oder Versteigerers, kann als **berechtigte Geschäftsführung ohne Auftrag (§§ 677, 683 BGB)** gerechtfertigt sein, RGZ 66, 197; es treten dann dieselben Rechtsfolgen ein wie bei einem ordnungsgemäßen Verkauf nach § 373 II, Canaris § 29 Rn. 12. Dies setzt voraus, dass der Wille des Verkäufers deutlich wird, auch im Interesse des Käufers zu handeln, zB durch Sendung einer Aufstellung über den Selbsthilfeverkauf an den Käufer; er braucht seinem Abnehmer nicht zu erklären, dass er für Rechnung des ersten Käufers handele, BGH BeckRS 1957, 31194764 = MDR 1958, 93 (Ls.). Den Verkäufer trifft die Beweislast dafür, dass er den

Verkauf so durchführte, wie das Interesse des Geschäftsherrn mit Rücksicht auf dessen wirklichen oder mutmaßlichen Willen es erforderte (§ 677 BGB). Auch dann sind nicht §§ 326 V, 323 BGB, sondern § 326 II BGB anwendbar (→ Rn. 24).

29 Entsprechendes gilt für eine durch § 373 II nicht gedeckte **Verwertung** des Kaufgegenstands durch den Verkäufer **im eigenen Betrieb**, RG HRR 1933, 1176 – Grubenholz; BGH BeckRS 1957, 31194764 = MDR 1958, 93 (Ls.). Obschon nicht unter § 373 fallend, wird man vorherige Benachrichtigung entspr. II, V verlangen, sonst Schadensersatzpflicht.

5) Abweichende Vereinbarungen

30 §§ 373, 374 sind wie §§ 373 ff. insgesamt abdingbar (→ Rn. 1). AGB unterliegen den **(5)** §§ 305 ff. BGB. Eine Klausel, die dem Verkäufer Selbsthilfeverkauf nach freiem Ermessen erlaubt, ist unwirksam, Staub/Koller 63.

[Bestimmungskauf]

375 (1) **Ist bei dem Kaufe einer beweglichen Sache dem Käufer die nähere Bestimmung über Form, Maß oder ähnliche Verhältnisse vorbehalten, so ist der Käufer verpflichtet, die vorbehaltene Bestimmung zu treffen.**

(2) ¹**Ist der Käufer mit der Erfüllung dieser Verpflichtung in Verzug, so kann der Verkäufer die Bestimmung statt des Käufers vornehmen oder gemäß den §§ 280, 281 des Bürgerlichen Gesetzbuchs Schadensersatz statt der Leistung verlangen oder gemäß § 323 des Bürgerlichen Gesetzbuchs vom Vertrag zurücktreten.** ²**Im ersteren Falle hat der Verkäufer die von ihm getroffene Bestimmung dem Käufer mitzuteilen und ihm zugleich eine angemessene Frist zur Vornahme einer anderweitigen Bestimmung zu setzen.** ³**Wird eine solche innerhalb der Frist von dem Käufer nicht vorgenommen, so ist die von dem Verkäufer getroffene Bestimmung maßgebend.**

Übersicht

	Rn
1) Inhalt und Anwendungsbereich	1–4
A. Inhalt:	1
B. Bestimmungskauf, Abgrenzung zur Wahlschuld:	2–4
2) Voraussetzungen für die Rechte aus § 375	5, 6
A. Bestimmungspflicht des Käufers (I):	5
B. Schuldnerverzug des Käufers mit der Bestimmung (II 1 Hs. 1):	6
3) Rechte des Verkäufers	7–13
A. Selbstbestimmung (Selbsthilfe, II 1 Alt. 1):	7, 8
B. Rechte aus BGB auf Schadensersatz oder Rücktritt (II 1 Alt. 2, 3):	9–12
C. Rechte aus Annahmeverzug:	13
4) Abweichende Vereinbarungen	14

1) Inhalt und Anwendungsbereich

1 **A. Inhalt:** § 375 II 1 idF SMG (ohne sachliche Änderung) regelt den **Bestimmungskauf** (Spezifikationskauf). Bei diesem ist der Kaufgegenstand noch nicht mit allen Merkmalen bestimmt, weitere Merkmale sollen vom Käufer erst später bestimmt werden. Diese **Bestimmung (Spezifikation)** ist im Ausgangspunkt in §§ 315 ff. **BGB** geregelt. § 375 enthält **zusätzliche**, zT abweichende (→ Rn. 5, 7) Regeln für den **Handelskauf**. Der HdlKauf setzt voraus, dass der Kauf wenigstens auf einer Seite HdlGeschäft (§§ 343, 344) ist (§ 345), § 375 gilt also anders als zB § 377 auch für einseitige HdlGeschäfte, OLG München ZVertriebsR 2018, 311. Den Käufer, dem die nähere Bestimmung über Form, Maß oder ähnliche Verhältnisse des Kaufgegenstands vorbehalten ist, zB auch Menge, Größe, Güteklasse, Ausstattungsmerkmal ua, OLG München ZVertriebsR 2018, 311, trifft eine rechtliche **Pflicht zur Bestimmung (I).** Bei Verzug des Käufers mit der Bestimmung hat der **Verkäufer verschiedene Rechte (II):** Er kann unter bestimmten Voraussetzungen die Bestimmung selbst anstelle des Käufers treffen (Selbstspezifikation, → Rn. 7) oder Schadensersatz statt der Leistung verlangen (§§ 280, 281 BGB) oder vom Vertrag zurücktreten (§ 323 BGB). § 375 bezweckt im Interesse des Verkäufers Klarheit über Leistungsgegenstand und zügige Erfüllung, str.

B. **Bestimmungskauf, Abgrenzung zur Wahlschuld: a) Bestimmungs-** 2
kauf liegt vor, wenn der Käufer zwischen verschiedenen Arten von Gegenständen **innerhalb einer Warengattung** (unterschieden nach Form, Maß oder ähnlichen Verhältnissen, zB Quantität, Farben, auch Qualität) wählen soll, zB Wahl zwischen verschiedenen Sorten, Stärken und Qualitäten von Garnen, RG Recht 1905, 475 Nr. 1889, zwischen verschiedenen Ausführungen eines Maschinentyps (Gasheizkessel), BGH WM 1976, 124. **Nicht:** Bestimmung der Ausgestaltung des Kaufvertrags im Übrigen (Leistungsmodalitäten) wie zB Abwicklung und Leistungszeit (§ 315 BGB), BGH WM 1983, 1106; Wahl zwischen zwei ganz verschiedenen Warensorten, BGH BB 1960, 264 (→ Rn. 3). Grund: „ähnliche Verhältnisse" steht im Zusammenhang mit „Form" und „Maß", hL, Oetker/Koch Rn. 12; differenzierend Staub/Koller Rn. 10. Abgrenzung zwischen Bestimmungskauf und Wahlschuld (→ Rn. 3) im Einzelfall nach der Verkehrsanschauung.

b) **Wahlschuld:** Davon ist die Wahlschuld bzw. der **Wahlkauf** abzugrenzen, 3 für die § 262 BGB gilt. Hier kann der Käufer **zwischen verschiedenen** Gegenständen oder **Warengattungen** wählen, RG HRR 1934, Nr. 1302; BGH BB 1960, 264; WM 1976, 124, dies ohne Pflicht zur Wahl, also keine Klage auf Vornahme der Wahl, str., Oetker/Koch Rn. 14; Wahl zwischen verschiedenen Typen von Maschinen, RG Recht 1928, 136 Nr. 523, zwischen verschiedenen Arten von Öl (Warengattungen), BGH LM BGB § 262 Nr. 3, zwischen verschiedenen Währungen, RGZ 168, 247. Abgrenzung von ähnlichen Verhältnissen iSv I 1 und Wahlschuld ist aber str., vgl. Staub/Koller Rn. 9. Für entspr. Anwendung von § 375 in einzelnen Fällen der Wahlschuld Staub/Koller Rn. 10.

c) **Sonstige Vereinbarungen:** Ebenfalls nicht unter § 375 fällt Vereinbarung, 4 nach der Käufer die zu liefernden Stücke aus einer Gattung wählen kann (**Gattungsschuld,** die nicht vom Schuldner, sondern vom Gläubiger konkretisiert werden soll, vgl. § 243 BGB, → 360 Rn. 1–2); besondere Vereinbarungen über die Art der Durchführung des Kaufs wie die Leistungszeit, zB Kauf auf Abruf (→ Einl v § 373 Rn. 28), offen BGH BB 1971, 1387.

2) Voraussetzungen für die Rechte aus § 375

A. **Bestimmungspflicht des Käufers (I):** Aus dem Kaufvertrag (HdlKauf 5 → Rn. 1) über eine bewegliche Sache oder ein Wertpapier (§ 381 I), gleich ob Stück- oder Gattungskauf, muss sich ergeben, dass der Käufer zur Spezifikation iSv § 375 nicht nur berechtigt, sondern verpflichtet ist (vgl. II 1). Die Bestimmung ist einseitige empfangsbedürftige Willenserklärung. Sie ist **formfrei** möglich. Teilweise Spezifikation ist nicht ausreichend. Der Käufer (nicht ein Dritter, auch nicht der Verkäufer unter II, → Rn. 7) bestimmt iZw **nach freiem Ermessen,** Staub/Koller 7, I ist kein Fall von § 315 I BGB (zu II → Rn. 7). Der Käufer braucht also bei der Bestimmung iZw nicht auf die Lieferfähigkeit des Verkäufers Rücksicht zu nehmen. Klage auf Bestimmung ist in aller Regel mangels Rechtsschutzbedürfnisses unzulässig, denn der Verkäufer kann den Käufer in Verzug setzen und dann die Bestimmung selbst treffen, OLG Dresden OLGE 4, 224; OLG Jena LZ 2014, 967.

6 B. **Schuldnerverzug des Käufers mit der Bestimmung (II 1 Hs. 1):** Der Käufer muss mit seiner Bestimmungspflicht in Schuldnerverzug (§ 286 BGB) kommen, dh er muss die **fällige** (§ 271 BGB) Bestimmung **schuldhaft** (§ 286 IV BGB) nicht vornehmen. Verzug iSv II 1 ist Schuldnerverzug (Rechtspflicht zur Bestimmung), zugleich wird dann aber auch Annahmeverzug des Käufers vorliegen. Das ist keine Voraussetzung für die Rechte des Verkäufers nach II, begründet aber zusätzliche Rechte (→ Rn. 11). Nach aA soll nach der Schuldrechtsreform 2002 Verzug iSv II 1 nicht Schuldner-, sondern bereits Annahmeverzug sein, Canaris FS Konzen, 2006, 45. Grund: sonst Wertungswiderspruch zu § 264 II BGB (dort Annahmeverzug, hL). Auf jeden Fall muss Schuldnerverzug Voraussetzung für die Selbstspezifikation des Verkäufers sein, Staub/Koller 18. Verzögerung wegen notwendiger Wertermittlung kann vom Schuldner nicht zu vertreten sein, vgl. BGHZ 80, 277, anders Verzögerung wegen verspäteter Mitteilung von Kundenwünschen (Risikobereich des Käufers). Mangelnde Lieferungsbereitschaft des Verkäufers selbst schließt Bestimmungsverzug des Käufers nicht aus, EBJS/Achilles Rn. 29, aber der Verkäufer hat dann idR keinen Schaden, denn der Käufer hätte nach § 323 BGB vom Vertrag zurücktreten können (Einwand des rechtmäßigen Alternativverhaltens), und der Rücktritt des Verkäufers wäre uU rechtsmissbräuchlich (→ Rn. 9, 10), Staub/Koller Rn. 19, str.

3) Rechte des Verkäufers

7 A. **Selbstbestimmung (Selbstspezifikation, II 1 Alt. 1): a) Recht zur Selbstbestimmung:** Der Verkäufer kann bei Verzug des Käufers mit der Bestimmung die Bestimmung selbst (nicht als Vertreter des Käufers) vornehmen **(II 1 Alt. 1),** iZw nach billigem Ermessen (§ 315 I BGB, → Rn. 1, anders als der Käufer, → Rn. 5), EBJS/Achilles Rn. 25; Koller/Roth Rn. 4; wohl auch BGH NJW 1983, 2935; dass der Verkäufer anstelle des Käufers bestimmt, bedeutet nicht zwingend, dass er wie dieser nach freiem Ermessen bestimmen können muss, aA Staub/Koller Rn. 25. Diese Selbstbestimmung erfolgt jedoch mit Vorbehalt abweichender Bestimmung durch den Käufer. Der Verkäufer muss dem Käufer zu diesem Zweck die von ihm getroffene Bestimmung mitteilen und ihm zugleich eine angemessene Frist setzen **(II 2)**, beides sind formlose, empfangsbedürftige Willenserklärungen. Es genügt nicht, dass Verkäufer dem Käufer nur die Bestimmung androht, RG JW 1903, 185. Selbstspezifikation und Fristsetzung müssen im Interesse des Käufers grundsätzlich miteinander verbunden werden; aA immer, Staub/Koller Rn. 27; Koller/Roth Rn. 4. Mitteilung und Fristsetzung auch dann, wenn sich der Käufer ernsthaft und endgültig geweigert hat, die Bestimmung zu treffen, so die hL, Staub/Koller Rn. 29, zwar Rechtsgedanke der §§ 286 II Nr. 3, 323 II Nr. 1 BGB, aber bei § 373 II 2 verdient der Käufer eine zweite Chance, weil sich der Vertragsinhalt durch die vom Verkäufer vorgenommene Bestimmung ändert und § 315 BGB nur eine Billigkeitskontrolle vorsieht; ist die Weigerung des Käufers aber wirklich das letzte Wort, dann macht Fristsetzung keinen Sinn mehr, MüKHGB/Grunewald Rn. 18; aA EBJS/Achilles Rn. 35. Ist die vom Verkäufer gesetzte Frist zu kurz, tritt an ihre Stelle idR eine angemessene, BGH NJW 1985, 2640 (zu § 326 aF BGB), die Selbstspezifikation wird dadurch also nicht unwirksam. Bis zum Fristablauf kann der Käufer noch freiem Ermessen (→ Rn. 5) eine eigene, ihm besser passende Bestimmung treffen, vgl. BGH NJW 1983, 2935. Mit Fristablauf erlischt das Recht des Käufers, zu bestimmen und so seinen Verzug zu beseitigen. Die wirksame Selbstbestimmung wird maßgeblich **(II 3)**.

8 **b) Rechtsfolgen der Selbstbestimmung:** Die wirksame Selbstbestimmung bindet beide Vertragsteile. Der Verkäufer kann keine andere Wahl mehr ausüben, es sei denn die Selbstbestimmung war wirkungslos. Mit der wirksamen Selbstbestimmung wird der Bestimmungskauf ein **normaler Kauf**, Koller/Roth 4. Der Verkäufer verliert durch die wirksame Selbstbestimmung die in Alt. 2 und 3 genannten Rechte auf Schadensersatz statt der Leistung oder Rücktritt (→ Rn. 9, 10); unberührt bleibt der Anspruch auf Ersatz eines Verzögerungsschadens gemäß §§ 280 I, II, 286 BGB (→ Rn. 11). Der Käufer muss die Ware entsprechend der Selbstbestimmung annehmen und abnehmen. Tut er das nicht, gerät er erneut in Annahme- und Abnahmeverzug, nunmehr bezüglich der durch den Verkäufer bestimmten Ware. Das hat dann zur Folge, dass dem Verkäufer erneut die Rechte aus §§ 280, 281 BGB auf Schadensersatz statt der Leistung oder § 323 BGB (Rücktritt wegen nicht oder nicht vertragsgemäß erbrachter Leistung) zustehen und er auch die Rechte aus § 373 wegen Annahmeverzugs des Käufers hat (→ Rn. 13).

B. **Rechte aus BGB auf Schadensersatz oder Rücktritt (II 1 Alt. 2, 3):** 9
a) **Schadensersatz statt Leistung (§§ 280, 281 BGB):** Bei Verzug des Käufers mit der Bestimmung kann der Verkäufer statt der Selbstbestimmung (→ Rn. 7) nach erfolglosem Ablauf einer angemessenen Frist Schadensersatz statt der Leistung gemäß §§ 280, 281 BGB verlangen (II 1 Alt. 2, Rechtsgrundverweisung). Einer Ablehnungsandrohung neben der Fristsetzung bedarf es nicht (anders § 326 aF BGB). §§ 280, 281 BGB setzen voraus, dass der Käufer die Bestimmungspflicht **schuldhaft** verletzt hat (§ 280 I 2 BGB), sonst fehlt es schon am Schuldnerverzug, → Rn. 6) und dass der Verkäufer erfolglos eine angemessene **Frist** zur Bestimmung gesetzt hat (§§ 280 III, 281 I 1 BGB); Fristsetzung entbehrlich, wenn Käufer die Bestimmung ernsthaft und endgültig verweigert oder besondere Umstände eine sofortige Geltendmachung von Schadensersatz rechtfertigen (§ 281 II BGB). Auch nach Fristablauf kann der Verkäufer weiter Leistung, also Spezifikation verlangen; er hat ein **Wahlrecht** zwischen **Leistung** und **Schadensersatz** statt der Leistung. Der Anspruch auf Leistung ist ausgeschlossen, sobald der Gläubiger statt der Leistung Schadensersatz verlangt (§ 281 IV BGB). Für die Berechnung des Schadens gelten die allgemeinen Grundsätze, RGZ 91, 33; soweit der Kaufpreis von der ausgebliebenen Bestimmung abhing, ist vom Verkäufer eine Bestimmung hypothetisch zu treffen (→ Rn. 7). Mangelnde Selbstspezifikation ist nicht Mitverschulden des Verkäufers.

b) **Rücktritt vom Vertrag (§ 323 BGB):** Bei Verzug des Käufers mit der 10 Bestimmung hat der Verkäufer auch das Recht, nach erfolglosem Ablauf einer angemessenen **Frist** gemäß § 323 I BGB vom Vertrag zurückzutreten (II 1 Alt. 3, Rechtsgrundverweisung). Einer Ablehnungsandrohung neben der Fristsetzung bedarf es nicht (anders § 326 aF BGB). Ausnahmsweise ist die Fristsetzung entbehrlich (§ 323 II BGB). Rücktritt nach § 323 BGB ist auch möglich, wenn der Schuldner die Pflichtverletzung **nicht zu vertreten** hat. II 1 setzt zwar Verzug des Käufers mit der Bestimmung voraus, so dass über die Verzugsvoraussetzungen doch ein Vertretenmüssen (§ 286 IV BGB) erforderlich zu sein scheint, das stammt jedoch noch aus dem früheren Verweis auf § 326 aF BGB und wäre heute widersprüchlich (Redaktionsversehen), MüKoHGB/Grunewald Rn. 25; Canaris § 29 Rn. 20; Canaris FS Konzen, 2006, 45, str. Nach erfolglosem Fristablauf hat der Verkäufer also die **Wahl** zwischen **Leistung** (Spezifikation), **Schadensersatz** statt der Leistung (§§ 280, 281 BGB) und **Rücktritt** vom Vertrag (§ 323 BGB). Rücktritt schließt den Schadensersatz nicht aus (§ 325 BGB, anders vor SMG); vor dem Hintergrund dieser Neuregelung ist „oder" in II 1 Alt. 2, 3 nicht ausschließend zu verstehen.

c) **Anderer Verzug als mit der Bestimmung:** Ist Käufer zugleich im **Ver-** 11 **zug mit der Kaufpreiszahlung,** hat Verkäufer auch aus diesem Grunde die Rechte aus §§ 280, 281 BGB (Schadensersatz statt der Leistung) und § 323 BGB (Rücktritt wegen nicht oder nicht vertragsgemäß erbrachter Leistung), ferner

§ 376

Anspruch auf Zins und weiteren Schadensersatz wegen des Verzugs (§§ 286, 288, 280 I, II BGB). Die Ersatzpflicht nach §§ 280 I, II, 286 BGB kann auch aus **Verzug** des Käufers **mit der Abnahme** (§ 433 II BGB) folgen.

12 d) **Sukzessivlieferungsvertrag:** Bei Verzug des Käufers mit der Bestimmung einer Rate kann der Verkäufer seine Rechte entweder beschränkt auf die eine fällige Rate geltend machen oder, wenn ein wichtiger Grund anzuerkennen ist, nach § 314 BGB kündigen, EBJS/Achilles Rn. 42; iErg auch, RGZ 58, 420; BGH WM 1976, 125.

13 C. **Rechte aus Annahmeverzug:** Fordert der Verkäufer den mit der Bestimmung säumigen Käufer zur Bestimmung auf oder war für die Bestimmung eine Zeit nach dem Kalender (mit oder ohne Kündigung) bestimmt, so kommt Käufer auch in **Annahmeverzug** (§ 293 BGB), soweit der Verkäufer lieferbereit ist, RGZ 43, 103. Der Verkäufer hat dann auch die hieraus folgenden Rechte (→ § 373 Rn. 5, 6), insbesondere Haftungsmilderung und Ersatz von Mehraufwendungen, und, wenn er die noch fehlende Bestimmung selbst trifft (II, → Rn. 7), auch das Recht zur Hinterlegung und zum Selbsthilfeverkauf.

4) Abweichende Vereinbarungen

14 § 375 ist abdingbar, es bleibt insoweit bei den Vorschriften des BGB (§§ 315 ff. BGB, Leistungsstörungsrecht). AGB unterliegen den **(5)** §§ 305 ff. BGB. § 315 BGB ist dispositiv, kann aber durch AGB nicht abgeändert werden, **(5)** § 307 II Nr. 1. Leistungsbestimmungsrechte können nur in den Grenzen von **(5)** §§ 308 Nr. 4, 307 BGB vereinbart werden.

[Fixhandelskauf]

376 (1) [1] Ist bedungen, daß die Leistung des einen Teiles genau zu einer festbestimmten Zeit oder innerhalb einer festbestimmten Frist bewirkt werden soll, so kann der andere Teil, wenn die Leistung nicht zu der bestimmten Zeit oder nicht innerhalb der bestimmten Frist erfolgt, von dem Vertrage zurücktreten oder, falls der Schuldner im Verzug ist, statt der Erfüllung Schadensersatz wegen Nichterfüllung verlangen. [2] Erfüllung kann er nur beanspruchen, wenn er sofort nach dem Ablaufe der Zeit oder der Frist dem Gegner anzeigt, daß er auf Erfüllung bestehe.

(2) Wird Schadensersatz wegen Nichterfüllung verlangt und hat die Ware einen Börsen- oder Marktpreis, so kann der Unterschied des Kaufpreises und des Börsen- oder Marktpreises zur Zeit und am Orte der geschuldeten Leistung gefordert werden.

(3) [1] Das Ergebnis eines anderweit vorgenommenen Verkaufs oder Kaufes kann, falls die Ware einen Börsen- oder Marktpreis hat, dem Ersatzanspruche nur zugrunde gelegt werden, wenn der Verkauf oder Kauf sofort nach dem Ablaufe der bedungenen Leistungszeit oder Leistungsfrist bewirkt ist. [2] Der Verkauf oder Kauf muß, wenn er nicht in öffentlicher Versteigerung geschieht, durch einen zu solchen Verkäufen oder Käufen öffentlich ermächtigten Handelsmakler oder eine zur öffentlichen Versteigerung befugte Person zum laufenden Preise erfolgen.

(4) [1] Auf den Verkauf mittels öffentlicher Versteigerung findet die Vorschrift des § 373 Abs. 4 Anwendung. [2] Von dem Verkauf oder Kaufe hat der Gläubiger den Schuldner unverzüglich zu benachrichtigen; im Falle der Unterlassung ist er zum Schadensersatze verpflichtet.

Übersicht

	Rn
1) Inhalt, Anwendungsbereich	1–5
A. Relatives und absolutes Fixgeschäft:	1, 2
B. Anwendungsbereich des § 323 II Nr. 2 BGB:	3
C. Anwendungsbereich des § 376 HGB:	4, 5
2) Voraussetzungen des Fixhandelskaufs (I 1 Hs. 1)	6–8
A. Feste Leistungszeit:	6
B. Stehen und Fallen des Geschäfts mit der Einhaltung:	7
C. Fixklauseln und andere Leistungszeitklauseln:	8
3) Rechtsfolgen	9–14
A. Erfüllungsanspruch nur bei sofortiger Anzeige (I 2):	9
B. Rücktritt (I 1 Hs. 2 Alt. 1):	10
C. Schadensersatz wegen Nichterfüllung (I 1 Hs. 2 Alt. 2):	11
D. Konkrete und abstrakte Schadensberechnung (II–IV):	12–14
4) Abweichende Vereinbarungen	15

1) Inhalt, Anwendungsbereich

A. Relatives und absolutes Fixgeschäft: a) Relatives Fixgeschäft: Es wird **1** auch als eigentliches Fixgeschäft im Gegensatz zum absoluten oder uneigentlichen Fixgeschäft (→ Rn. 2) bezeichnet. Es liegt vor, wenn das Geschäft nach der vertraglichen Abrede der Parteien (unter Berücksichtigung der Umstände) mit der Einhaltung der genau festgelegten Leistungszeit „**stehen und fallen**" soll, unabhängig davon, ob der Schuldner dies zu vertreten hat oder nicht, BGHZ 110, 96 (→ Rn. 7). Der Gläubiger soll bei nicht zeitgerechter Lieferung ohne Weiteres vom Vertrag Abstand nehmen können. Allerdings bleibt Erfüllung nach Zeit-/Fristablauf grundsätzlich möglich. Das relative Fixgeschäft kann ein **einfaches** (bürgerlich-rechtliches) Fixgeschäft sein (§ 323 II Nr. 2 BGB, → Rn. 3) oder ein **handelsrechtliches Fixgeschäft** (Fixhandelskauf nach § 376, → Rn. 4). Sonderregelung neben § 376 in § 104 InsO; (14) BörsG §§ 50 ff. aF sind durch das 4. FinanzmarktfördG aufgehoben (→ Rn. 5). Zum relativen Fixgeschäft (§ 323 II Nr. 2 BGB nF 2014) R. Schmitt VuR 2014, 90.

b) Absolutes (uneigentliches) Fixgeschäft: Es ist weder im BGB noch im **2** HGB geregelt. Die Einhaltung der Leistungszeit ist hier für den Gläubiger derart wesentlich, dass eine verspätete Leistung keine Erfüllung mehr darstellen kann, BGH NJW 2001, 2878, zB unausführbar gewordene Reise, BGHZ 60, 16, Bestellung von Einladungen für einen bestimmten Veranstaltungstermin, OLG Düsseldorf NJW-RR 2002, 633; dagegen idR **nicht** Flugbeförderung, Flugverspätung ist auch kein Mangel der Beförderung, BGH NJW 2009, 2743, aber Sonderfall, BGH NJW 1979, 495; just in time-Verträge (→ Einl v § 373 Rn. 32), da Interesse an den Zulieferteilen nicht wegfällt, Oetker/Koch Rn. 15, → Rn. 7. Mit Ablauf der Lieferfrist bzw. der Leistungszeit wird die Erfüllung des absoluten Fixgeschäfts dauerhaft unmöglich (§§ 275, 283, 326 I BGB). Einer Fristsetzung zur Leistung (§§ 281 I 1, 323 I BGB) bedarf es nicht; sie wäre sinnlos, da die Leistung nicht nachholbar ist.

B. Anwendungsbereich des § 323 II Nr. 2 BGB: § 323 II Nr. 2 BGB (vor **3** SMG § 361 aF BGB) regelt das **einfache relative Fixgeschäft** (→ Rn. 1). Die Vorschrift beinhaltet keine im Zweifel geltende Auslegungsregel wie § 361 aF BGB, sondern gewährt dem Gläubiger bei Terminüberschreitung ein gesetzliches Rücktrittsrecht. § 323 II Nr. 2 BGB wird beim Fixhandelskauf durch § 376 verdrängt (näher → Rn. 4). Lit.: Schwarze AcP 207 (2007), 437.

C. Anwendungsbereich des § 376 HGB: § 376 regelt ebenso wie § 323 II **4** Nr. 2 BGB nur das **relative Fixgeschäft** (→ Rn. 1). Die Parteien können zwar zwischen beidem wählen, auch mit Mischformen, Canaris § 29 Rn. 35; FS Konzen, 2006, 49. Ohne Wahl gilt aber § 376 (zur Abbedingung → Rn. 15), i.E.

also lex specialis, hL, Staub/Koller Rn. 6; zT auch Oetker/Koch Rn. 29. § 376 ist nur beim **Handelskauf** (→ Einl v § 373 Rn. 8) anwendbar, einerlei ob zweiseitiges oder nur einseitiges HdlGeschäft (§§ 343–345); Canaris § 29 Rn. 38; aA Herresthal ZIP 2006, 883, also **Anwendbarkeit auch gegenüber Verbrauchern** iSv § 13 BGB, Oetker/Koch Rn. 3 (ggf. aber konkludente Abbedingung, → Rn. 15). § 376 gilt für Käufer und Verkäufer, dh Pflichten des Verkäufers und des Käufers können gleichermaßen als fix vereinbart werden. § 376 für den **Fixhandelskauf** dient der **raschen, klaren Abwicklung** des Vertrags bei Nichteinhaltung der Leistungszeit bzw. Leistungsfrist und unterscheidet sich von § 323 II Nr. 2 BGB (einfaches, bürgerlich-rechtliches Fixgeschäft) ua dadurch, dass das Fortbestehen des Erfüllungsanspruchs eine sofortige Anzeige des Gläubigers voraussetzt (I 2, → Rn. 9) und der Anspruch des Gläubigers auf Schadensersatz statt der Leistung bei Waren mit Börsen- oder Marktpreis bestimmten Regeln unterliegt (II–IV, → Rn. 12).

5   Ein Unterfall des FixHdlKaufs sind idR die **Termingeschäfte** (→ **(16b)** WpHG § 2 III Nr. 1).

2) Voraussetzungen des Fixhandelskaufs (I 1 Hs. 1)

6   A. **Feste Leistungszeit:** Notwendige, aber nicht hinreichende Bedingung für das Vorliegen eines FixHdlKauf ist die Festlegung einer festbestimmten, **genauen Leistungszeit oder Leistungsfrist** im Vertrag, BGHZ 110, 96; NJW 2001, 2878. Der Termin muss kalendermäßig fest bestimmbar sein, das Datum selbst braucht nicht aufgeführt zu werden, auch schadet nicht, dass der Gläubiger die Leistung schon vorher verlangen kann oder der Schuldner schon vorher erfüllen darf. Die zeitliche Festlegung kann sich nicht nur auf den Liefertermin des Verkäufers, sondern auch auf die Spezifikationspflicht des Käufers nach § 375 beziehen. Es genügt, wenn die Lieferfrist erst ab einem künftigen Ereignis laufen soll, KG OLGE 19, 398, zB auf Abruf durch den Käufer (→ Einl v § 373 Rn. 28).

7   B. **Stehen und Fallen des Geschäfts mit der Einhaltung:** § 376 setzt Einigkeit der Vertragsteile darüber voraus, dass die Leistungszeit (vgl. I) wesentlich sein, dh der ganze Vertrag **mit Fristeinhaltung „stehen oder fallen"** soll, BGHZ 110, 96; WM 1984, 641; 1989, 1181; NJW 2001, 2878; OLG München IHR 2014, 68; OLG Karlsruhe IHR 2016, 149 (iErg abl.). Ist ein dahingehender Parteiwille nicht klar und eindeutig feststellbar, macht auch die nachdrücklichste Vereinbarung pünktlicher Fristeinhaltung mit genauester Terminangabe („bis …") das Geschäft nicht zum Fixgeschäft. Ein Fixgeschäft liegt **nicht schon** vor, **wenn** die Partei ein **starkes Interesse an rechtzeitiger Erfüllung** hat; wenn die Ware starken Preisschwankungen unterliegt, OLG Hamburg RIW 1981, 264, s. auch OLG Celle MDR 1973, 412; bei Kauf eines Mähdreschers vor Getreideernte, OLG Hamm NJW-RR 1995, 350; wenn vorher keine Nachfrist gewährt ist; wenn eine bestimmte Erfüllungszeit als erwartet bezeichnet ist, vgl. → § 346 Rn. 40 (bei „eta"). Jeder Zweifel wirkt sich gegen Annahme eines Fixgeschäfts aus, BGHZ 110, 96, WM 1984, 641; 1989, 1181. Maßgebend ist der HdlBrauch am Ort des Schwerpunkts der Lieferpflicht, OLG Hamburg MDR 1975, 845. Unterbliebener Rücktritt und mehrfach vereinbarte Fristverlängerung in früheren Fällen sprechen nicht ohne Weiteres gegen Fixgeschäft, BGH BB 1983, 1814. Höherer Preis für streng fristgebundene Erfüllung spricht iZw für Fixgeschäft, BGH BB 1983, 1814. **Fixgeschäfte** sind idR Vereinbarung befristeter Akkreditivstellung (→ **(7)** Bankgeschäfte Rn. K25); das Devisentermingeschäft, RGZ 108, 158; idR das Aktienoptionsgeschäft, Börsen- oder Finanztermingeschäfte, BGHZ 92, 321; 110, 321 (→ Rn. 5); Flugbeförderungsvertrag, BGH NJW 1979, 495; OLG Düsseldorf NJW-RR 1997, 930; OLG Frankfurt a. M. NJW-RR 1997, 1136; just in time-Verträge (→ Einl v § 373 Rn. 32); K. Schmidt § 29 II Rn. 29, aber auch → Rn. 2, str.; nach HdlBrauch uU das

überseeische Abladegeschäft, RGZ 88, 73; BGH NJW 1991, 1293 (→ Einl v § 373 Rn. 50); nicht notwendig, BGH NJW 1959, 933, aber idR bei Vereinbarung fester Abladetermine iVm fob- oder cif-Klausel, → **(6)** Incoterms FOB Nr. 9 Rn. 6 und → **(6)** Incoterms CIF Nr. 11 Rn. 6; OLG Hamburg OLGR 1997, 149; EBJS/Achilles Rn. 15; differenzierend Schlechtriem/Schwenzer/Schroeter, CISG, 7. Aufl. 2019, Art. 25 Rn. 149; zweifelnd MüKoHGB/Benicke CISG Art. 25 Rn. 29; aA nur mit Umständen, die für Fixkauf sprechen, Magnus/Lüsing IHR 2007, 9; Ostendorf IHR 2009, 100, auch → Rn. 8. Das Geschäft kann seinen Fixcharakter durch wiederholte einvernehmliche Verlängerung der Abladezeit verlieren, SchiedsG WV Hmb. Börse, (84) St/Ul/Ti E 4a Nr. 27; doch führt nicht jede nachträgliche Lieferverlängerung zum Verlust des Fixcharakters. Akkreditivstellung „spätestens in einer Woche" ist fix, auch bei mehrfacher Verlängerung. Beweispflichtig für Fixgeschäft ist, wer es behauptet.

C. **Fixklauseln und andere Leistungszeitklauseln:** Bestimmten Klauseln 8 („Fixklauseln") und Formeln kann eine **Indizwirkung** hinsichtlich des Vorliegens eines relativen Fixgeschäfts, des Stehens und Fallens des Geschäfts mit Einhaltung der Leistungszeit oder Lieferfrist, zukommen; entscheidend sind aber Vereinbarung, Vertragszweck und HdlBrauch. Nachweis, dass trotz Fixklausel kein Fixgeschäft vereinbart war, bleibt möglich, BGH BB 1983, 1814. **Fixklauseln** können sein: „fix", BGH BB 1983, 1814, „präzis", „genau". Abschluss an der Börse unnötig; „im August 1912" im Zuckerminhandel, RGZ 101, 362; „Nüsse zu Weihnachten", OLG Kassel OLGRspr. 43, 38; „Lieferung zwischen 20. bis 31. 5. ohne Nachfrist eintreffend cif B.", BGH NJW 1959, 933. Abladeklauseln, dh Vermerk von Ort und Zeit der Verladung der Ware durch Absender, zB bei fob, c & f und cif (s. **(6)** Incoterms) beim internationales Abladegeschäft (→ Einl v § 373 Rn. 50), sind nach HdlBrauch idR entspr. Fixgeschäft zu behandeln, BGH MDR 1955, 344; OLG Karlsruhe VersR 1975, 1043; OLG Hamburg RIW 1981, 264; OLGR 1997, 149; Schlegelb/Hefermehl Rn. 6. Fob- und cif-Klausel für sich allein reichen dafür nicht, BGH NJW 1959, 933; auch → Rn. 7. **Keine Fixklauseln** sind idR: wichtiger, fester Liefertermin, zB für Hard- und Software, OLG Düsseldorf NJW-RR 1996, 40; „ohne Nachfrist", BGH MDR 1955, 343; NJW 1959, 933; „binnen kürzester Frist"; „bei offener Schifffahrt"; „täglich"; „sofort", OLG Hamburg BB 1954, 613; „umgehend"; „prompt", „spätestens", aber anders uU in Verbindung mit bestimmter Leistungszeit, BGH BB 1983, 1814; OLG München DB 1975, 1789; problematisch OLG Köln OLGR 2000, 374 (Geschäftsjubiläum), zutr. R. Schmidt VuR 2014, 94; „spätestens bis Ende des Monats"; „per Oktober bis November", RGZ 36, 84; „bis Ultimo"; „von Woche zu Woche"; „Liefertermin Ernte", OLG Hamm NJW-RR 1995, 350; fob- und cif-Klausel für sich allein, BGH NJW 1959, 933; nicht bei „eta"-Klausel (→ § 346 Rn. 40). Ungenügend ist, dass die Ware Modeartikel ist oder mit starken Preisschwankungen gerechnet werden muss. **AGB:** Fixklausel in AGB → Rn. 15.

3) Rechtsfolgen

A. **Erfüllungsanspruch nur bei sofortiger Anzeige (I 2):** Hält der Schuld- 9 ner die Leistungszeit bzw. Leistungsfrist nicht ein, kann der Gläubiger Erfüllung nur noch dann beanspruchen, wenn er sofort nach dem Ablauf der Zeit oder Frist dem Gegner anzeigt, dass er auf Erfüllung bestehe. **Anzeige** ist einseitige, empfangsbedürftige, formlose Willenserklärung. Sie kann auch konkludent erfolgen, zB mit Nachfristsetzung, BGH NJW-RR 1998, 1490. **Sofort** ist mehr als unverzüglich (§ 121 BGB), nämlich ohne jede Verzögerung und nicht mehr nachholbar, BGH WM 1982, 1386, auf Verschulden des Gläubigers an der Verzögerung kommt es nicht an. Der Gläubiger trägt die Versendungsgefahr. Verzögerung geht zu seinen Lasten, BGH LM HGB § 376 Nr. 4. Anzeige nach

Ablauf der Zeit oder Frist, auch schon vorher, Staub/Koller 27, wenn für Klarstellung ausreichend. Anzeige kann entbehrlich sein, wenn eindeutig ist, dass der Gläubiger auf Vertragserfüllung besteht, Staub/Koller Rn. 27; enger Oetker/Koch Rn. 25. Die Erklärung nach I 2 beseitigt die Rechte nach I 1 (Rücktritt, Schadensersatz statt der Leistung, → Rn. 10, 11) und macht das Geschäft zum gewöhnlichen Kauf; die Verzugsfolgen richten sich fortan allein nach BGB, BGH LM HGB § 376 Nr. 4; MüKoHGB/Grunewald Rn. 30; krit. Herresthal ZIP 2006, 885; europarechtlich R. Schmitt VuR 2014, 99. Irrtum darüber ist unbeachtlicher Rechtsfolgenirrtum, SchiedsG WV Hmb. Börse, (84) St/Ul/Ti E 4a Nr. 31. Das Geschäft kann vertraglich (nicht einseitig) durch Bestimmung einer neuen Fixzeit erneut zum Fixgeschäft gemacht werden. Fristverlängerung ist nicht ohne Weiteres als neues Fixgeschäft auszulegen, BGH WM 1989, 1181.

10   B. **Rücktritt (I 1 Hs. 2 Alt. 1):** Bei Nichteinhaltung der Fixzeit kann der Gläubiger von dem Vertrag zurücktreten, dies auch **ohne Verzug,** Verschulden des Schuldners (§ 286 IV BGB) ist also nicht Voraussetzung, RGZ 108, 159, BAG NJW 1967, 414. Rücktritt ist also auch bei Unvermeidbarkeit der Verzögerung möglich; zur Corona-Pandemie s. → Einl v § 377 Rn. 54. Das ergibt sich nach dem SMG schon aus § 323 BGB, ist also keine Besonderheit des § 376 mehr. Rücktritt ist schon **vor Fälligkeit** möglich, wenn die künftige Nichteinhaltung der Fixzeit offensichtlich ist (§ 323 IV BGB), zB wenn der Schuldner vor Fälligkeit die Erfüllung des Anspruchs ernsthaft und endgültig verweigert. **Rücktritt** erfolgt durch einseitige, empfangsbedürftige, nicht formgebundene Willenserklärung. Nach deren Wirksamwerden (§ 130 BGB) ist der Rücktritt unwiderruflich; Schadensersatz statt der Leistung wird dadurch nicht ausgeschlossen (§ 325 BGB, → Rn. 11). Der Säumige kann das Rücktrittsrecht nicht durch verspätetes Angebot (vor dem Rücktritt des anderen) ausräumen, RGZ 108, 160. Das Rücktrittsrecht entfällt, wenn die „fix" geschuldete Leistung von einer Vorleistung des Gläubigers abhing und dieser sie schuldhaft nicht erbrachte, BGH DB 1965, 138. Rücktritt wegen einer geringfügigen, für den Nichtsäumigen belanglosen Fristversäumnis wäre Rechtsmissbrauch (§ 242 BGB, vgl. § 323 V 2 BGB), RGZ 117, 356; EBJS/Achilles Rn. 25; vgl. RG JW 1927, 2797. Das Rücktrittsrecht ist nach dem Gesetz an **keine Frist** gebunden, Canaris § 29 Rn. 41; EBJS/Achilles Rn. 28; nach aA (bei Begrenzung durch § 242 BGB) nur sofort, RGZ 30, 62, bzw. alsbald, RG Recht 1930, 365 Nr. 1245; offen BGH NJW 1991, 1294; nach wieder aA unverzüglich; Fristsetzung für Rücktritt nach § 350 BGB nur beim vertraglichen Rücktrittsrecht, aber problematisch, Kaiser JZ 2001, 1069; anders noch § 355 aF BGB; Analogie zu § 350 ist jedoch erwägenswert, so Staub/Koller Rn. 32; MüKoHGB/Grunewald Rn. 17 f.; aA Oetker/Koch Rn. 33. Hat der Schuldner nur eine **Teilleistung** bewirkt, kann der Gläubiger vom ganzen Vertrag nur zurücktreten, wenn er an der Teilleistung kein Interesse hat (§ 323 V 1 BGB).

11   C. **Schadensersatz wegen Nichterfüllung (I 1 Hs. 2 Alt. 2):** Bei Nichteinhaltung der Fixzeit kann der Gläubiger auch statt der Erfüllung Schadensersatz wegen Nichterfüllung verlangen, aber nur, wenn der Schuldner im **Verzug** ist (also Verschulden, § 286 IV BGB), Oetker/Koch Rn. 38, 47; Staub/Koller Rn. 18. Anpassung der Vorschrift durch das SMG wurde versäumt. Schadensersatz wegen Nichterfüllung ist als **Schadensersatz statt der Leistung** iSv §§ 280, 281 BGB zu lesen; Fristsetzung wie grundsätzlich dort (beim einfachen Fixgeschäft hilft uU § 281 II Hs. 2 BGB, str.; nach aA Umkehrschluss aus § 323 II Nr. 2 BGB) ist aber hier unter I 1 gerade nicht notwendig. Der Wortlaut „oder" entspricht noch der Rechtslage vor dem SMG, wonach bei Rücktritt Schadensersatz wegen Nichterfüllung ausgeschlossen war (§§ 326 I 2, 325 I 1 aF BGB). I 1 Hs. 2 enthielt und enthält jedoch insoweit keine eigenständige Regelung der Rechtsbehelfe gegenüber dem BGB. „Oder" ist also im Licht von § 325 nF BGB nicht als alternativ, sondern als „und" zu verstehen; vgl. Canaris FS Konzen, 2006, 44. Möglich sind also auch in § 376 **Schadensersatz und Rücktritt**.

D. Konkrete und abstrakte Schadensberechnung (II–IV): a) Konkrete **12** **Schadensberechnung** ist wie auch sonst möglich. Der Gläubiger kann (nicht: muss) den Schaden konkret berechnen, zB auf Grund eines anderweit (tatsächlich) vorgenommenen **Deckungskaufs** oder -verkaufs; nachteilige Deckungsgeschäfte, Haberzettl NJW 2007, 1328, Mehrkosten des Deckungskaufs sind kein Verzögerungsschaden, BGH NJW 2013, 2959; aA Nietsch NJW 2014, 2385; Benicke/Hellwig ZIP 2015, 1106. Wenn die Ware einen Börsen- oder Marktpreis hat (→ Rn. 13), gelten aber die Schranken der III 1, 2 und IV. Der Kauf oder Verkauf muss sofort nach Ablauf der Fixzeit **(III 1)** in öffentlicher Versteigerung oder durch einen öffentlich ermächtigten HdlMakler oder Versteigerer zum laufenden Preis erfolgen **(III 2)**. **Sofort** iSv III 1 heißt so rasch wie nach Brauch und Umständen möglich, ohne dass es auf schuldhaftes Zögern (§ 121 I 1 BGB) ankommt. III 2 entspricht § 373 II 1 für den Selbsthilfeverkauf bei Annahmeverzug des Käufers; öffentliche Versteigerung, Versteigerer, laufender Preis → § 373 Rn. 11, 12, 20. **IV 1** verweist wegen Mitbietens von Verkäufer und Käufer auf § 373 IV. **IV 2** entspricht § 373 V, aber ohne § 373 V 3 (keine Nachricht bei Untunlichkeit, bei Unterlassung Schadensersatz, → § 373 Rn. 27).

b) Abstrakte Schadensberechnung (II): Der Gläubiger kann den Schaden **13** auch abstrakt berechnen, und zwar, wenn die Ware einen **Börsen- oder Marktpreis** hat (vgl. § 253 IV 1, → §§ 373/374 Rn. 12), aus dem Unterschied von Kaufpreis und Börsen- oder Marktpreis zurzeit und am Ort der geschuldeten Leistung, dh wann und wo die Ware zu liefern war. II erlaubt dies für Waren mit Börsen- oder Marktpreis, **ohne** dass der Schuldner den **Gegenbeweis** antreten kann, dass der Gläubiger diese Differenz auf Grund besonderer Umstände nicht erzielt hätte (auch abstrakt-normative Schadensberechnung genannt). Für vorsichtige Analogie zu II (mit III) Müller WM 2013, 1. Eine Pflicht zu rechtzeitigem Deckungskauf, wenn sich der Vertragsbruch abzeichnet, besteht unter III nicht, Staub/Koller 44, anders unter § 252 S. 2 BGB (→ Rn. 14).

Wenn die Ware keinen Börsen- oder Marktpreis hat, ist II unanwendbar, es **14** bleibt dann bei den allgemeinen Grundsätzen der **abstrakten Schadensberechnung nach BGB**. Danach ist abstrakte Schadensberechnung gemäß **§ 252 S. 2 BGB** für entgangenen Gewinn zulässig, also tatsächliche Vermutung, dass der Gläubiger nach dem gewöhnlichen Lauf der Dinge die Differenz als typischen Durchschnittsgewinn gemacht hätte. Der Kfm. kann daher als abstrakt berechneten Schaden die Differenz zwischen Markteinkaufspreis (Selbstkosten) und Vertragspreis fordern, BGHZ 29, 399; 62, 105; NJW 1988, 2236; WM 1998, 931; NJW-RR 2001, 985; 2006, 243. § 252 S. 2 BGB führt nur zu einer Beweiserleichterung, **Gegenbeweis** bleibt **zulässig**. In anderer Weise als bei der abstrakten Schadensberechnung geht von einem **hypothetischen Deckungskauf/-verkauf** aus; dann genügt für die schlüssige Schadensdarlegung KfmEigenschaft und Existenz eines Markt(einkaufs/verkaufs)preises. Auch bei diesem Ansatz geht es nur um eine Beweiserleichterung, also mit der Möglichkeit eines Gegenbeweises, BGH WM 1998, 931 (939 ff.). Unter § 252 S. 2 BGB kann bei Unterlassen eines Deckungskaufs (erst nach Ablauf des Termins bzw. der Frist) Mitverschulden anzunehmen sein, BGH ZIP 1997, 647; Staub/Koller Rn. 44 (aber auch → Rn. 13). Lit.: Huber FS K. Schmidt, 2009, 725; Müller WM 2013, 1.

4) Abweichende Vereinbarungen

§ 376 ist **abdingbar,** es bleibt dann insoweit bei den Vorschriften des BGB **15** (§ 323 II Nr. 2 BGB, Leistungsstörungsrecht). AGB unterliegen den **(5)** §§ 305 ff. BGB. Fixklausel in Einkaufsbedingungen kann überraschend sein, **(5)** § 305c BGB, zB „Die vereinbarten Lieferfristen und Liefertermine gelten fix",

§ 377

4. Buch. Handelsgeschäfte

BGHZ 110, 88, dies auch bei beiderseitigen HdlGeschäften, anders bei erkennbarem besonderen Interesse und Branchenüblichkeit, MüKoHGB/Grunewald Rn. 14; aA Oetker/Koch Rn. 20. Fixklausel für sämtliche Lieferfristen in Einkaufsbedingungen verstößt auch gegen **(5)** §§ 307, 309 Nr. 4 BGB (Nachfristsetzung), BGHZ 110, 97; anders, wo Fixgeschäfte typischer Vertragszweck oder branchenüblich sind und „fix" in unmittelbarem Textzusammenhang mit Leistungsfristabrede verwandt wird, offen BGHZ 110, 98; aA Staub/Koller Rn. 22. Zu Inhaltskontrolle von Fixklauseln in Zuliefer- und just in time-Verträgen Wellenhofer, Zulieferverträge, 1999, S. 205 ff. (→ Einl v § 373 Rn. 32 ff.).

[Untersuchungs- und Rügepflicht]

377 (1) **Ist der Kauf für beide Teile ein Handelsgeschäft, so hat der Käufer die Ware unverzüglich nach der Ablieferung durch den Verkäufer, soweit dies nach ordnungsmäßigem Geschäftsgange tunlich ist, zu untersuchen und, wenn sich ein Mangel zeigt, dem Verkäufer unverzüglich Anzeige zu machen.**

(2) **Unterläßt der Käufer die Anzeige, so gilt die Ware als genehmigt, es sei denn, daß es sich um einen Mangel handelt, der bei der Untersuchung nicht erkennbar war.**

(3) **Zeigt sich später ein solcher Mangel, so muß die Anzeige unverzüglich nach der Entdeckung gemacht werden; anderenfalls gilt die Ware auch in Ansehung dieses Mangels als genehmigt.**

(4) **Zur Erhaltung der Rechte des Käufers genügt die rechtzeitige Absendung der Anzeige.**

(5) **Hat der Verkäufer den Mangel arglistig verschwiegen, so kann er sich auf diese Vorschriften nicht berufen.**

Übersicht

	Rn
1) Inhalt und Anwendungsbereich	1–4
A. Inhalt:	1
B. Anwendungsbereich:	2–4
2) Voraussetzungen der Rügeobliegenheit (I)	5–19
A. Ablieferung der gekauften Ware:	5–11
B. Mangel:	12–19
3) Untersuchung der Ware (I)	20–31
A. Untersuchungsobliegenheit:	20–22
B. Zeit und Ort der Untersuchung:	23, 24
C. Art und Umfang der Untersuchung:	25–31
4) Anzeige des Mangels (Rüge, I, III, IV)	32–43
A. Rechtsnatur der Rüge:	32
B. Absender und Adressat der Rüge:	33, 34
C. Rechtzeitigkeit der Rüge (I, III, IV):	35–41
D. Inhalt der Rüge:	42
E. Form der Rüge:	43
5) Rechtsfolgen	44–54
A. Rechtsfolgen bei unverzüglicher Rüge:	44
B. Rechtsfolge bei versäumter Rüge (II, III):	45–50
C. Arglistiges Verschweigen des Mangels (V):	51–54
6) Beweislast	55
7) Abweichende Vereinbarungen	56–60
A. Handelsbrauch:	56
B. Freie Individualvereinbarung:	57
C. AGB:	58–60
8) Internationaler Verkehr	61

2. Abschnitt. Handelskauf 1, 2 § 377

1) Inhalt und Anwendungsbereich

A. Inhalt: § 377 (nicht verändert durch ZahlungsverzugsG 2014, → § 352 **1** Rn. 5, → § 358 Rn. 1), lässt die allgemeinen kaufrechtlichen Mängelansprüche (§ 437 BGB) inhaltlich unberührt und regelt nur den Fall, dass beim beiderseitigen HdlKauf der Käufer nicht unverzüglich rügt. § 377 schützt in erster Linie den Verkäufer vor Inanspruchnahme und Beweisschwierigkeiten noch nach längerer Zeit wegen dann nur schwer feststellbarer Mängel und fördert so zugleich auch im Interesse des Käufers (sachgerechte Risikoverteilung zwischen beiden) die Einfachheit und Schnelligkeit im Handelsverkehr (→ Einl v § 1 Rn. 5), BGHZ 66, 213; 110, 138; BGH WM 1998, 938 (entspr. zur Funktion der Rüge → Rn. 32). Andererseits darf der Verkäufer nicht das Risiko eigener fehlerhafter Leistungen auf den Käufer abwälzen, also Interessenabwägung (→ Rn. 25), BGH NJW 2018, 1957. **§ 378,** der den Anwendungsbereich des § 377 auf Falschlieferungen und Mengenfehler ausdehnte, soweit die gelieferte Ware nicht so offensichtlich von der Bestellung abwich, dass der Verkäufer ihre Genehmigung als ausgeschlossen betrachten musste, wurde durch das SMG **aufgehoben.** Das SMG hat mittelbar auch **Auswirkungen auf § 377,** denn es hat das allgemeine und kaufrechtliche Leistungsstörungsrecht grundlegend reformiert (→ Rn. 12 ff.), und ohne Rügeobliegenheit käme dem Käufer eine zweijährige Verjährungsfrist (§ 438 I Nr. 3 BGB, früher 6 Monate) zugute, die Rügeobliegenheit ist also heute noch einschneidender. Andererseits sind die Konsequenzen des Streits, ob die schuldhafte Verletzung von Nebenpflichten unter § 377 fällt (→ Rn. 49), wegen der kürzeren allgemeinen Verjährungsfrist (§ 195 BGB, früher 30 Jahre), geringer. § 377 ist auf die Bedürfnisse des Großhandels in Rohstoffen und Landesprodukten zugeschnitten, für den Handel in Industrieprodukten wirft er de lege lata nur zT lösbare Schwierigkeiten auf, überzeugender sind Art. 38, 39 CISG: sofortige Untersuchungs- und angemessene Rügefrist für alle (→ Einl v § 373 Rn. 49), U. Huber ZHR 161 (1997), 184; G. Müller ZIP 2002, 1185. Lit.: Menhofer, 1994; Jansen, 2001 (auch CISG); Koppensteiner BB 1971, 547; Hönn BB 1978, 685; Marburger JuS 1983, 1; Mössle NJW 1988, 1190; Schwark JZ 1990, 374; Michalski DB 1997, 81; G. Müller ZIP 1997, 661; 2002, 1178; Thamm/Möffert NJW 2004, 2710; Oetker FS Canaris 2007, 313; G. Müller WM 2011, 1249; rechtsvergleichend und ökonomisch Lehmann WM 1980, 1162.

B. Anwendungsbereich: a) Handelskauf: § 377 gilt für den HdlKauf, es **2** muss sich also um ein **HdlGeschäft** (§§ 343, 344) über **Waren oder Wertpapiere** (§ 381 I) handeln (→ Einl v § 373 Rn. 8). Das Geschäft muss ein **Kauf- oder ein kaufähnlicher Vertrag** sein. Bspe: Gattungs- oder Stückkauf (→ § 360 Rn. 1), auch von Hardware mit nicht speziell für den Käufer hergestellter Software, BGHZ 110, 130; NJW 1993, 461, also Standardsoftware, auch Spezialsoftware mit Serienanfertigung, EBJS/Achilles Rn. 5; Vertrag über noch herzustellende oder zu erzeugende bewegliche Sache (§ 381 II, (Werk)Lieferungsvertrag; nicht auch Werkvertrag, s. unten), BGH WM 1992, 916; NJW 1993, 2436; CR 2002, 93; OLG Brandenburg NJW 2012, 2124 mAnm. Meier; Tausch (§ 480 BGB); Kauf nach Probe (§ 494 aF BGB, → Einl v § 373 Rn. 14), BGH WM 1977, 821; OLG Köln BB 1988, 20; Kauf auf Probe (§ 454 BGB, → Einl v § 373 Rn. 14) nach Billigung des Gegenstands, wenn sich danach ein Fehler zeigt, vgl. RGZ 137, 298; finanziertes Abzahlungsgeschäft (→ (7) Bankgeschäfte Rn. G34); Streckengeschäft und sonstige Direktlieferung an Dritten (auch NichtKfm), → Rn. 9; nicht nur entgeltliche Umsatzgeschäfte, sondern zB auch Sachdarlehen, BGH NJW 1985, 2418; entspr. bei Einkaufskommission (§ 391), Verkaufskommission mit Preisgarantie (→ § 384 Rn. 6). **Nicht: Unternehmenskauf** (→ Einl v § 1 Rn. 44), einerlei ob als asset deal oder share deal (für letzteren → § 481 Rn. 1), die kurze Rügefrist passt überhaupt nicht, üL, EBJS/Achilles Rn. 3,

§ **377** 3–5   4. Buch. Handelsgeschäfte

Schröcker ZGR 2005, 95; differenzierend Wunderlich WM 2002, 988; aA Hiddemann ZGR 1982, 442; MüKoHGB/Grunewald Vor § 373 Rn. 4; krit. auch Oetker/Koch Vor §§ 373–381 Rn. 36; **Immobilien**, hL, aA Dreier ZfIR 2004, 416, Grund: SMG; Leasing (→ **(7)** Bankgeschäfte Rn. P1), also zwischen **Leasinggeber und -nehmer**, BGHZ 110, 130; OLG Zweibrücken MDR 2014, 1383; MüKoHGB/Grunewald Rn. 15 (aber sehr wohl zwischen Leasinggeber und Hersteller, dabei Einschaltung des Leasingnehmers → Rn. 34); aA EBJS/Achilles Rn. 6: anwendbar bei Kaufpflicht zum Leasingende, sehr str.; **selbstständiger Garantievertrag** (→ § 349 Rn. 15–20), BGH WM 1977, 366, → Rn. 49, 60; **(reiner) Werkvertrag**, BGH ZIP 2018, 130 Rn. 48, Analogie nur unter ganz besonderen Voraussetzungen, BGHZ 1, 240; BGH WM 1992, 916; NJW 1993, 2436; CR 2002, 93; BVerfG ZIP 1995, 1852, aber in der Praxis nach AGB; **Einlage einer mangelhaften Sache in Ges.** (→ § 105 Rn. 93), da kein Umsatzgeschäft, K. Schmidt § 29 III Rn. 42. Rügepflicht in solchen Fällen → Rn. 4; deliktische Ansprüche, BGH NJW 1988, 52; 2018, 2197 Rn. 13. Bei Zusammentreffen von **HdlKauf und Verbrauchsgüterkauf** teleologische Reduktion des § 377, Hoffmann BB 2005, 2090.

3   b) **Beiderseitiges Handelsgeschäft:** § 377 setzt voraus, dass es sich zum **Zeitpunkt des Kaufabschlusses** (nicht mehr später, hL, aA Graf von Westphalen BB 1990, 3: Ablieferung) um ein beiderseitiges HdlGeschäft handelt. § 377 trifft auch den Erben eines Kfm. Durchlieferung → Rn. 9. Anwendbar auch zulasten des **Rechtsscheinkaufmanns** als Käufer (Voraussetzungen → § 5 Rn. 9–17), nicht zu seinen Gunsten als Verkäufer (→ § 5 Rn. 15). **Nicht** unter § 377 fallen **Kleingewerbetreibende** ohne Eintragung iSv § 2; anders die früheren Minderkaufleute iSv § 4 I aF; das ist wenig sachgerecht; für Ausdehnung auf selbstständig beruflich am Markt auftretende NichtKflte Hopt AcP 183 (1983), 690; Deckert JuS 1998, 121; ausdrücklich auch nach HRefG auf Unternehmen, K. Schmidt § 29 III Rn. 43; aA Canaris § 29 Rn. 47 (aber anders zu § 366, dort → § 366 Rn. 4); EBJS/Achilles Rn. 9, str. Rechtspolitisch überzeugender als § 377 ist einheitliche Rüge jedes Käufers innerhalb „angemessener Frist" (→ Rn. 1), doch ist dem das SMG nicht gefolgt, stattdessen Verjährung in zwei Jahren nach § 438 BGB. § 377 kann auch bei teils gewerblicher, teils privater Nutzung (dual use) eingreifen, Verbrauchereigenschaft geht außer bei überwiegend gewerblicher Nutzung vor, EBJS/Achilles Rn. 16; Koller/Roth Rn. 4; nach aA greift § 377 ein, außer wenn die gewerbliche Nutzung unbedeutend ist (Professionalität des Käufers), Canaris § 29 Rn. 48, auch → Einl v § 373 Rn. 10. **Beweislast** für KfmEigenschaft des Käufers → Rn. 55, → § 1 Rn. 25.

4   In **anderen Fällen** als § 377 kann sich aus **§ 242 BGB** oder in ganz engen Grenzen schon durch Analogie, EBJS/Achilles Rn. 7, ergeben, dass in angemessener Zeit zu untersuchen und rügen ist, sonst Verlust der Rechte wegen Fehlers der Lieferung, insbesondere zu Lasten eines beteiligten Kfm., RGZ 104, 96, BGH NJW 1992, 914 (§ 254 BGB, iErg abl.); offen BGH NJW-RR 2019, 1202 (Landwirt); OLG Stuttgart MDR 1958, 774; vgl. → § 390 Rn. 3. Zu weit geht Annäherung von § 241 II BGB an § 377; EBJS/Achilles Rn. 7, 11; aA Peters JZ 2006, 230, vgl. auch OLG Brandenburg NJW 2012, 2124 (ARGE).

2) Voraussetzungen der Rügeobliegenheit (I)

5   A. **Ablieferung der gekauften Ware: a) Begriff: Ablieferung** nach I bezeichnet den Zeitpunkt, ab dem den Käufer die Untersuchungs- und Rügelast trifft, BGHZ 143, 310, und die Rügefrist zu laufen beginnt. Ablieferung ist erfolgt, wenn die Sache dem Empfänger oder dem von ihm Beauftragten (Spediteur, Frachtführer, hL, aA MüKoHGB/Grunewald Rn. 23: denn er soll nur transportieren) in der Art zugänglich gemacht (in seinen Machtbereich, Gewahrsam gebracht) wird, dass er sie auf ihre Beschaffenheit prüfen kann, BGHZ 60, 6;

93, 345; BGH NJW 1961, 730; 1986, 317; BGHZ 143, 311 (Standard-Software); OLG Köln NJW-RR 1999, 566. Begriff wie in § 438 II BGB (§ 477 aF, Verjährung der Mängelansprüche), BGHZ 93, 345, NJW 1995, 3383. Übergabe von Traditionspapieren ohne die Ware ist keine Ablieferung, aber Annahme der Ware ohne Traditionspapiere, str., Oetker/Koch 8. Entscheidend ist also **tatsächliche Verfügungs- und damit Untersuchungsmöglichkeit des Käufers** an Stelle des Verkäufers; daran fehlt es, wenn der Käufer die Abnahme verweigert (→ Rn. 6). Ob die Untersuchung schwierig und langwierig ist, spielt für Ablieferung keine Rolle (aber für Untersuchung und Rüge, → Rn. 25), BGHZ 143, 311. Die Ablieferung muss objektiv erkennbar, **äußerlich sichtbar** sein, anders bei deutlicher Parteivereinbarung (wenn die Sache noch beim Verkäufer liegt), BGHZ 93, 346. Ablieferung ist eine einseitige Tathandlung des Verkäufers (Realakt), keine Willenserklärung. Begriff in I deckt sich weder mit Abnahme iSv § 433 II BGB noch mit Gefahrübergang iSv §§ 446, 447 BGB, BGHZ 60, 6, noch mit Ablieferung iSv § 425 (Haftung des Frachtführers); allerdings fallen Übergabe (§ 446 BGB) und Ablieferung iSv § 377 häufig zusammen, EBJS/Achilles Rn. 21.

b) Zeit, Ort, Art und Weise der Ablieferung: Die Ablieferung muss zur vereinbarten Zeit und am vereinbarten Ort erfolgen, BGH NJW 1961, 730; OLG Köln NJW-RR 1999, 565. Genehmigung von Änderungen/Abweichungen (auch stillschweigend) ist allerdings möglich, bloßer Vorbehalt des Käufers bei der Ablieferung genügt nicht, EBJS/Achilles Rn. 25, str. Ablieferung von Importware uU schon vor Verzollung, uU an der deutschen Grenze bei Empfang durch Spediteur des deutschen Adressaten, offen BGH LM HGB § 377 Nr. 4. Ist direkt an einen Dritten zu liefern, kommt es auf Zugänglichmachung für den Dritten an, BGH NJW 1978, 2394; zur Rüge beim Streckengeschäft → Rn. 9; Ablieferungsort iSv I beim Käufer soll sich nicht schon infolge bloß zulässiger Direktauslieferung ändern, BGH WM 1993, 1850; zweifelnd EBJS/Achilles Rn. 27; nur bei Berechtigung des Dritten zum Handeln für Käufer MüKoHGB/Grunewald Rn. 21; Änderung aber jedenfalls bei Weisung zur Direktauslieferung, EBJS/Achilles Rn. 26. Bei Lieferung einer Maschine in Teilen ohne Montagepflicht des Lieferers idR schon nach Übergabe der Teile am Bestimmungsort, bei Montagepflicht des Lieferers nach deren Vollendung, BGH NJW 1961, 730; Graue AcP 163 (1963), 406. Beim Kaufvertrag setzt Ablieferung idR **vollständige Lieferung** der Ware voraus, BGH NJW 1993, 2436; 2000, 1416; zB mit Bedienungsanleitung, bei Computeranlage auch Lieferung der Hard- und Softwarehandbücher, falls zur Hauptleistungspflicht des Verkäufers gehörend, BGH NJW 1993, 461; aA MüKoHGB/Grunewald Rn. 28; beim Werklieferungsvertrag entspr. Übergabe des vollendeten Werks, BGH NJW 1993, 2436; beim Film „Ablieferung" durch Vorführung und Aushändigung des Streifens, vgl. → § 381 Rn. 6. Auch bei schwer erkennbaren Mängeln (Standardsoftware) kein hinausgeschobener Ablieferungszeitpunkt, aber bei **Nachbesserungen** im Machtbereich des Käufers hat dieser nach Beendigung der Nachbesserungsarbeiten erneut zu untersuchen und zu rügen, erst recht bei **Nacherfüllung** (§ 439 I BGB, wie eigenständige Lieferung; auch → Einl v § 373 Rn. 3), näher → Rn. 42, 46. Erfüllungsort bei Nachlieferung, BGH NJW 2011, 2278 mAnm. Staudinger/Artz NJW 2011, 3121; Ringe NJW 2012, 3393; krit. Brors NJW 2013, 3329 (VerbrGüKRi). **Nicht** abgeliefert: bei Verweigerung der Annahme, wenn es der Verkäufer dabei belässt, RGZ 5, 32; bei bloßem Annahmeverzug ohne tatsächliche Ablieferung, BGH NJW 1993, 3381; bei Lieferung von Computersystem ohne Handbuch, BGH NJW 1993, 461; 1993, 2436; ohne geschuldete Dokumentation mit Konstruktionsunterlagen, BGH WM 1993, 1850; bei noch beim Verkäufer gelagerten Gegenständen, anders nur bei klarer Parteiabrede über Wechsel der Verfügungsmacht, BGHZ 93, 346.

§ 377 7–10 4. Buch. Handelsgeschäfte

7   c) **Besondere Fallgestaltungen: Holschuld:** Wenn der Käufer wie idR die Ware in der Niederlassung des Verkäufers abzuholen hat, erfolgt auch bei Abholtermin Ablieferung nicht schon mit Bereitstellung, sondern erst mit tatsächlicher Übergabe, BGH NJW 1995, 3381, str., Grund: erst dann kann er untersuchen und rügen; anders, wenn die Ware bei einem Dritten, zB Lagerhalter, abzuholen ist und es nur noch am Käufer liegt, sich einseitig Besitz zu verschaffen, BGH NJW 1988, 2609; 1995, 3382, aA Tiedtke JZ 1996, 552, gegen Differenzierung auch EBJS/Achilles Rn. 29. Ebenso bei **Lieferklauseln** „ab Station", „ab Lager", „ab Werk", „frei verladen" „frei LKW" (Abgangsort), „frei Grenze" ua (→ § 346 Rn. 40); Ablieferung erfolgt, wenn der vom Käufer beauftragte Transportunternehmer die Ware tatsächlich übernimmt, im Werk („ab Werk"), BGH NJW 1986, 317, am LKW, an der Grenze. Container → Rn. 8.

8   **Versendungskauf:** Beim Versendungskauf liegt Ablieferung spätestens vor, wenn die Kaufsache vom Spediteur oder Frachtführer des Verkäufers an den Käufer oder den vom Käufer dem Verkäufer als empfangsberechtigt angegebenen Dritten ausgeliefert wird. Hat der Käufer die versandte Sache am Bestimmungsort abzuholen, ist abgeliefert, wenn sie am Bestimmungsort eingetroffen ist und dort dem Käufer in vertragsgemäßer Weise zur Abholung zur Verfügung steht, BGH NJW 1988, 2609; 1995, 3382. Grund: dann hat sich der Verkäufer der Sache entäußert, und es liegt allein am Käufer, sich Besitz zu verschaffen. Das gilt auch bei **Vorleistungspflicht** des Käufers: wenn die Transportperson des Verkäufers die Auslieferung an den Käufer vertragsgemäß von der Zahlung des Kaufpreises und der Frachtkosten abhängig macht, liegt Ablieferung vor, wenn die Ware derart dem Käufer angeboten wird, BGH NJW 1988, 2609; 1995, 3382; EBJS/Achilles Rn. 36; aA Tiedtke NJW 1988, 2580. Bei Versendung im **Container**, zB „frei im Container gestaut", findet Ablieferung nach festem HdlBrauch erst mit Eintreffen im Lager statt, BGH DB 1981, 1816; EBJS/Achilles Rn. 39.

9   **Streckengeschäft:** Beim Streckengeschäft (Durchhandeln, Zwischenhandel → Einl v § 373 Rn. 27) ist zu unterscheiden. Hat der Verkäufer die Ware unmittelbar an den Abnehmer des Käufers zu liefern, liegt Ablieferung vor, wenn die Ware dem Abnehmer durch die Transportperson des Verkäufers vertragsgemäß zur Verfügung gestellt wird, dieser kann dann statt des Käufers untersuchen und rügen, BGH NJW 1978, 2394 (→ Rn. 23). Versendet der Käufer dagegen die Sache seinerseits umgehend an den Letztverkäufer weiter, liegt Ablieferung mit Übernahme durch den Käufer, nicht erst durch den Abnehmer vor, EBJS/Achilles Rn. 40. Das gilt erst recht beim normalen Weiterverkauf, also wenn kein Streckengeschäft vorliegt. Ob der Abnehmer des Käufers selbst Kfm. und rügepflichtig ist oder nur Verbraucher, spielt im Verhältnis Verkäufer/Käufer keine Rolle, BGHZ 110, 138; OLG Köln MDR 2015, 959 (vgl. § 478 VI aF BGB). Mängelrüge bei Streckengeschäft grundsätzlich entlang der Kaufvertragsverhältnisse, BGHZ 110, 130; OLG Karlsruhe BB 2016, 2065; Hersteller nicht Empfangsvertreter des Zwischenhändlers; Anzeige vom Käufer, nicht vom Bauherrn, OLG Karlsruhe BB 2016, 2065. Zur unverzüglichen Untersuchung und Rüge beim Streckengeschäft → Rn. 23, 34, 37. Zum Streckengeschäft ausführlich EBJS/Achilles Rn. 101 ff.

10 **Incoterms:** Vorrang haben besondere, auch stillschweigende Abreden der Parteien über die Ablieferung, wie häufig getroffen, BGHZ 60, 7, sowie HdlBrauch (→ Rn. 56). Beim **fob-Geschäft,** bei dem der Käufer frei an Bord zu liefern hat (s. **(6)** Incoterms FOB Nr. 9), findet Ablieferung grundsätzlich mit der Übergabe an den Verfrachter, also Übernahme an Bord statt, BGHZ 60, 7, DB 1981, 1817; bei besonderen Umständen ausnahmsweise erst im Bestimmungshafen, zB wenn Lieferung in verstärkter seemännischer Verpackung vereinbart und deshalb erst dort zu untersuchen ist, RGZ 102, 91; BGHZ 60, 5; BGH DB 1981, 1817; ebenso wenn die Ziehung von Stichproben nach Lieferung an Bord

untunlich oder zweckwidrig ist, OLG Hamburg HRR 1928, 1218 (Überseeholzhandel). Beim **cif-Geschäft** (s. (6) Incoterms CIF Nr. 11) findet Ablieferung dagegen idR erst im Bestimmungshafen statt, BGH BB 1953, 186. Ablieferung bei Versendung im Container und bei anderen Lieferklauseln → Rn. 8. Überbl zu HdlKlauseln → § 346 Rn. 40.

Bringschuld: Ablieferung erfolgt mit Übergabe an den Käufer. Lehnt der **11** Käufer die Annahme vertragswidrig ab, ist Ablieferung anzunehmen, obwohl sich die Ware noch beim Verkäufer oder dessen Frachtführer befindet, aA Tiedtke JZ 1996, 551. Grund: die Ware ist dem Käufer so angeboten, dass Inbesitznahme allein von ihm abhängt. Vorleistungspflicht wie → Rn. 8. Bei Klauseln „frei Haus", „geliefert frei Käufers Lager" kann die Auslegung zwar ergeben, dass der Verkäufer nur die Transportgefahr trägt, die Ablieferung aber wie beim Versendungskauf mit Übergabe an die Transportperson des Käufers erfolgt (→ Rn. 8), str. Nimmt die Transportperson, die den Käufer nicht antrifft, die Ware aber wieder mit, ist im Regelfall die Ablieferung iSv § 377 noch nicht erfolgt, EBJS/Achilles Rn. 41; aA Oetker/Koch Rn. 13.

B. Mangel: a) Mangelbegriff: Mangel der Ware iSv I sind seit dem SMG **12** sowohl **Sach-** wie **Rechtsmängel** (§§ 434, 435, 437 BGB), jedenfalls für Wertpapierkauf (→ § 381 Rn. 4), Canaris § 29 Rn. 52, FS Konzen, 2006, 53, str.; aA G. Müller WM 2011, 1260 (keine Zeit für Rechtsrat); EBJS/Achilles Rn. 62. Gründe: Wortlaut von I, Gleichbehandlung nach BGB, Sinn der Rügeobliegenheit (→ Rn. 1), Schwierigkeiten bei Wertpapierkauf (→ § 381 Rn. 3) und bei Unternehmenskauf (→ Einl v § 1 Rn. 46; aber § 377 ist unanwendbar, → Rn. 2), kein Gegeneinwand mangelnder Praktikabilität (zB Einsicht in Begleitpapiere), demgegenüber tritt der historische Wille des Gesetzgebers zu § 377 zurück, mit dem für das Ausmaß der Untersuchungs- und Rügepflicht auf die Grundsätze zum gutgläubigen Erwerb (§ 366 HGB, §§ 932 ff. BGB) zurückgegriffen werden kann (Zeitpunkt für diesen ist Übergabe, hier Ablieferung). Maßgeblich für die Rügeobliegenheit des § 377 ist danach nicht nur der Sachmangelbegriff, sondern allgemeiner der **Mangelbegriff des BGB.** Dieser wurde durch das SMG neu geregelt, weitere Änderungen 2018, Nietsch/Osmanovic NJW 2018, 1. Mit Wirkung zum 1.1.2022 ergeben sich umfangreiche Änderungen infolge der **Umsetzung der WKRL** (BGBl 2021 I 2133), aber ohne größere materiellrechtliche Auswirkungen; Bach NJW 2019, 1705; Lorenz NJW 2021, 2065; Staudenmayer ZEuP 2019, 663; Tonner VuR 2019, 363. Die zeitgleich in Kraft tretende **Umsetzung der DIDRL** (BGBl 2021 I 2123) führt demgegenüber mit den §§ 327 ff. BGB produktbezogene, nicht (kauf-)vertragsbezogene Gewährleistungsregeln mit eigenem Mangelbegriff ein (§§ 327e–327g BGB nF; Wendehorst NJW 2021, 2913). Diese Regeln gelten jedoch nicht für den Kauf von sog. Waren mit digitalen Elementen, also Waren, die in einer Weise digitale Produkte enthalten oder mit ihnen verbunden sind, dass die Waren ihre Funktionen ohne diese digitalen Produkte nicht erfüllen können (§ 327a III BGB nF); Staudenmayer ZEuP 2019, 663. Bspe.: Computerprogramme (Apps), Video-, Audio-, Musikdateien, digitale Spiele, elektronische Publikationen (RegE, BT-Drs. 19/27653, 43). **Mangelfreiheit der Kaufsache** ist seit SMG vertragliche Erfüllungspflicht. Der Verkäufer hat dem Käufer die Sache frei von Sach- und Rechtsmängeln zu verschaffen (§ 433 I 2 BGB, Hauptleistungspflicht), sonst handelt er vertragswidrig, und es ist nicht erfüllt. Anders als bei Nichterfüllung der Pflicht zu Übergabe und Eigentumsverschaffung (§ 433 I 1 BGB) eröffnet ein Sachmangel bei Gefahrübergang (§§ 446, 447 BGB) nicht unmittelbar die Rechte aus §§ 280, 281, 284, 323 BGB, sondern die Rechtsfolgen der §§ 437–442 (Sonderregelung für den Kauf) bzw. §§ 327i BGB-327n (digitale Produkte). **Lit.:** Westermann NJW 2002, 241, S. Lorenz NJW 2005, 1890; Bach NJW 2019, 1705; Staudenmayer ZEuP 2019, 663; Tonner VuR 2019, 363.

13 **Arten von Sachmängeln nach Umsetzung WKRL** (1.1.2022, → Rn. 12): Sachmangel bei Fehlen von (gleichrangig) subjektiven, objektiven Anforderungen oder Montageanforderungen (§ 434 I, II–IV BGB nF) sowie gleichgestellt bei Aliud-Lieferung (§ 434 V BGB). Öffentliche Äußerungen sind wie bislang von Bedeutung (§ 434 III 1 Nr. 2 lit. b, III 3 BGB). Mengenabweichungen sind ohne weitere Differenzierung erfasst (§ 434 II 2, III 2 BGB), nach bisherigem III nur Minderlieferung, → Rn. 17.

14 **Nach bisheriger Rechtslage** (bis 31.12.2021): (1) fehlende vereinbarte Beschaffenheit der Sache (subjektiv, § 434 I 1 BGB), subsidiär (2) fehlende Eignung zu der nach dem Vertrag vorausgesetzten Verwendung (objektiv, § 434 I 2 Nr. 1 BGB), (3) fehlende Eignung zur gewöhnlichen Verwendung (objektiv, § 434 I 2 Nr. 2 mit S. 3 BGB über öffentliche Äußerungen des Verkäufers, des Herstellers oder seines Gehilfen, insbesondere bei der Werbung, Westermann NJW 2002, 245 (zur Werbung → Einl v § 373 Rn. 2), (4) unsachgemäße Montage (§ 434 II 1 BGB), (5) mangelhafte Montageanleitung (§ 434 II 2 BGB), (6) Lieferung einer anderen Sache (§ 434 III Alt. 1 BGB, → Rn. 16) und (7) Mindermenge (§ 434 III Alt. 2 BGB, → Rn. 17). Verhältnis zum **Recht vor dem SMG:** Beschaffenheit als der zentrale Begriff für den Sachmangel entspricht im Wesentlichem dem Eigenschaftsbegriff vor dem SMG. Die vereinbarte Beschaffenheit (§ 434 I 1 BGB iVm § 276 I 1 BGB: Übernahme einer Garantie oder eines Beschaffungsrisikos) entspricht weitgehend der zugesicherten Eigenschaft des § 459 II aF BGB, zB bei Kauf nach Probe oder Ausfallmuster (→ Rn. 2, → Einl v § 373 Rn. 14). Fehlende Eignung für vorausgesetzten und zur gewöhnlichen Verwendung (§ 434 I 2 Nr. 1 u. 2) entsprechen weitgehend dem Fehler nach § 459 I aF BGB. Falsch- und Minderlieferung, die vor dem SMG nur für den HdlKauf geregelt waren (§ 378 aF, s. dort), sind Sachmängel nach BGB. Die durch das SMG nicht in § 434 BGB geregelte Zuvielieferung ist Mengenabweichung, nach dem Wortlaut von § 434 II 2, III 2 BGB also Mangel (Umsetzung WKRL, 1.1.2022, → Rn. 12, 19).

15 **Verletzung von Nebenpflichten:** § 377 erfasst alle Ansprüche wegen Schlechterfüllung oder Verletzung von mit dem Mangel zusammenhängenden Nebenpflichten **(Gewährleistungsansprüche iwS),** → Rn. 48. Wenn von der Verpackung die Haltbarkeit der Ware, ihr Wert oder die Weiterverkaufsmöglichkeit abhängt oder wenn die Originalverpackung die Ware kennzeichnet, ist fehlende oder mangelhafte Verpackung Sachmangel, BGHZ 66, 212; 87, 91; OLG Nürnberg IHR 2017, 203; sonst nicht; wohl aber, wenn Verpackung zur Sollbeschaffenheit gehört, § 434 III 1 Nr. 4 BGB (Umsetzung WKRL, 1.1.2022, → Rn. 12; § 434 I BGB aF). **Keine Sachmängel** sind dagegen die Verletzung von **Nebenpflichten,** die **nicht** unmittelbar **mit dem Mangel zusammenhängen** und die kaufrechtliche Gewährleistung nicht betreffen, zB Verpackungspflicht, → Rn. 49, sehr str.; anderweitige **Verletzungen der Lieferpflicht** wie Verspätung oder Lieferung am falschen Ort. Diese sind vertragswidrig, aber nicht Sachmangel und müssen deshalb nicht nach § 377 gerügt werden.

16 **b) Falschlieferung, § 434 V BGB** (Umsetzung WKRL, 1.1.2022, → Rn. 12; § 434 III Alt. 1 BGB aF, § 378 aF): Die Falschlieferung (Lieferung eines aliud) ist eigentlich kein Mangel der Sache, aber diesem **gesetzlich gleichgestellt;** aber für Stückkauf str., für teleologische Reduktion des § 434 III BGB aF auf Gattungsschulden Lettl JuS 2002, 866, aber gegen Vorstellung des SMG-Gesetzgebers. Voraussetzung ist, dass der Verkäufer die Leistung als Erfüllung seiner Vertragspflicht erbringt, RegE 216, und dies dem Käufer erkennbar ist, das trifft zB bei einem erkennbar von der Post vertauschten Paket nicht zu (offensichtliche Verwechslung) oder klar neues Vertragsangebot, Müller WM 2011, 1260. Wie sehr das aliud von der vereinbarten Ware abweicht, ob die Falschlieferung also genehmigungsfähig ist oder nicht, spielt keine Rolle, aber str. für

Extremabweichungen, dazu Müller WM 2018, 1673; dies gilt dann auch für den HdlKauf (anders § 378 aF). Dementsprechend muss nach § 377 gerügt werden, auch wenn es sich offensichtlich um eine völlig andere Ware handelt; aber auch wenn es um eine unerhebliche Abweichung geht, denn dann ist zwar Rücktritt ausgeschlossen (§ 323 V 2 BGB), nicht aber Geltendmachung der anderen Rechte aus § 437 BGB (zur Minderung s. § 441 I 1 BGB). Falschlieferung ist bei Stückschuld andere Identität als die der gekauften Sache. Beim Gattungskauf kommt es auf Zugehörigkeit zur Gattung nach Gattungsmerkmalen an (§ 243 BGB); maßgeblich Parteivereinbarung. Ob Falschlieferung vorliegt, beurteilt sich nach dem ausdrücklich vereinbarten oder dem Verkäufer wenigstens bekannten Vertragszweck und den danach erforderlichen Merkmalen der zu liefernden Ware, BGH NJW 1986, 659; 1994, 2230; 1997, 1915 (PC-Kauf). Die schwierige, unter § 378 aF notwendige Unterscheidung zwischen Minder- und Mehrlieferungen, die nur Schlechtlieferung sind, und solchen, die sogar Falschlieferung sind, BGH NJW 1968, 640; 1996, 1827; 1997, 1914, zB Lieferung von Einheiten wie Blechen oder Brettern mit falschen Maßen, näher 30. Aufl., spielt unter § 434 BGB keine Rolle mehr. Kondiktion eines höherwertigen aliud durch den Verkäufer, Genehmigungsfiktion des II wirkt nur gegenüber dem Käufer, Müller WM 2018, 1673, mit anderer Begründung, Anfechtungs- sowie Konkurrenztheorie. **Lit.:** Hadding FS Kollhosser, 2004, 175; Altmeppen/Reichard FS U. Huber, 2006, 73; Oetker FS Canaris 2007, 313; G. Müller WM 2011, 1249; 2018, 1673.

c) Minderlieferung: Die Lieferung einer geringeren als der vereinbarten **17** Menge (auch: Zuweniglieferung, Mankolieferung) ist nach § 434 II 2 Alt. 1, III 2 Alt. 1 BGB dem Sachmangel gleichgestellt (Umsetzung WKRL, 1.1.2022, → Rn. 12; RegE 24; § 434 III BGB aF). Ob eine Mindermenge vorliegt, beurteilt sich idR nach Stückzahl, Maß und Gewicht, BGH NJW 1996, 1827 (fehlende Schnürsenkel). Bei jeder solchen Minderlieferung, auch einer ganz geringen, ist nach § 377 zu rügen. § 323 V 2 BGB betrifft nur die Teilleistung (Erschwerung bzw. Ausschluss des Rücktrittsrechts) und lässt § 377 unberührt. Rügt der Käufer die Minderlieferung nicht, gilt die Lieferung als genehmigt (II, → Rn. 45), er kann das Fehlende nicht nachfordern und muss die volle, vertraglich vereinbarte Menge bezahlen, BGHZ 91, 300.

Minderlieferung iSv § 434 II 2 Alt. 1, III 2 Alt. 1 BGB liegt aber wie bei der **18** Falschlieferung (→ Rn. 16) entspr. zur bisherigen Rechtslage nur vor, wenn die Lieferung vom Verkäufer als vollständige Erfüllung des Vertrags ausgeführt ist, RegE 216, und dies dem Käufer erkennbar ist, zB bei Ausweis auf dem Lieferschein. Sonst liegt eine **bewusste Teilleistung** vor, die der Käufer nach § 266 BGB zurückweisen kann mit den Folgen von § 323 BGB (Rücktritt) bzw. §§ 280, 281, 286 (Schadensersatz statt der Leistung bzw. Verzugsschaden). Nimmt der Käufer die vom Verkäufer als solche ausgeführte Teilleistung an, kann er Erfüllung hinsichtlich des ausstehenden Teils verlangen; doch kann stillschweigende Vertragsänderung auf den bereits gelieferten Teil und einen entsprechend reduzierten Preis vorliegen, offen BGHZ 91, 301. Dogmatische Abgrenzung zwischen Teilleistung mit den Rechtsfolgen der §§ 281 I 2, 323 V 1 BGB und Minderlieferung mit den Rechtsfolgen der §§ 281 I 3, 323 V 2 BGB ist str. Jedenfalls Kauf- und Werkvertragsrecht behandeln **Minderlieferung als Sachmangel** (§ 434 II 2 Alt. 1, III 2 Alt. 1 BGB, Umsetzung WKRL, 1.1.2022, → Rn. 12; § 434 III Alt. 2 BGB aF, 633 II 3 Alt. 2 BGB). Beim Kauf muss deshalb auch § 377 gelten, denn der SMG-Gesetzgeber wollte § 378 aF durch § 434 III Alt. 2 BGB aF ersetzen. Lehnt man einen Sachmangel bei bewusster Teilleistung ab und bezieht man § 377 nur auf Sachmängel (→ Rn. 12, 49), entfällt die Rügeobliegenheit bezüglich der Tatsache der bloßen Teilleistung, bei Annahme der Teilleistung durch den Käufer aber uU nicht im Übrigen (→ Rn. 30).

19 **d) Mehrlieferung:** Mehr- bzw. Zuviellieferung ist Mengenabweichung, also Mangel iSv § 434 II 2, III 2 Alt. 1 BGB (Umsetzung WKRL, 1.1.2022, → Rn. 12). Der bisherige § 434 BGB verzichtete bewusst auf eine Regelung, so dass allgemeines Schuldrecht galt, Oetker/Koch Rn. 32, aA Canaris § 29 Rn. 56, MüKoHGB/Grunewald Rn. 57, und § 377 unanwendbar war, weil kein Sachmangel vorlag und nicht zu rügen war. Der Verkäufer konnte Kaufpreis nur für die vertraglich vereinbarte Menge verlangen, nicht für die Mehrmenge, auch nicht, wenn der Käufer Mehrmenge behält, ohne den Verkäufer darauf aufmerksam zu machen; die Mehrmenge war umgekehrt nach § 812 BGB zurückzugeben. Anders nur, wenn ein Kaufvertrag über die Mehrmenge geschlossen wurde (Angebot und Annahme einer Vertragserweiterung), § 241a BGB (unbestellte Leistungen) findet unter Unternehmern keine Anwendung. Vertragserweiterung aber nicht schon bei Nichtbeanstandung, denn dies wäre fiktiv; im Einzelfall stillschweigendes Angebot des Verkäufers unter Verzicht auf Zugang der Annahmeerklärung (§ 151 BGB) und Annahme durch Ingebrauchnahme der Ware, vgl. OLG Hamm BB 1978, 1748, OLG Oldenburg NJW-RR 1996, 1528. **Lit.** zu Mehr- und Minderlieferung vor/nach SMG: von Caemmerer FS M. Wolff, 1952, 3; Mailänder ZHR 126 (1964), 92; Peters AcP 164 (1964), 340; Altmeppen/Reichard FS Huber, 2006, 313; Oetker FS Canaris 2007, 313.

3) Untersuchung der Ware (I)

20 **A. Untersuchungsobliegenheit: a) Verhältnis von Untersuchung und Rüge:** Nach II ist **nur die (unverzügliche) Rüge** maßgeblich für die Wahrung der Mängelrechte. Auch eine Rüge ohne vorangegangene Untersuchung, also aus anders erlangter Kenntnis oder auf bloßen Verdacht reicht aus, RGZ 99, 249; 138, 336; BGH NJW 2018, 1957 Rn. 40; OLG Koblenz NJW-RR 2004, 1553, selbst eine Mängelrüge „ins Blaue hinein", EBJS/Achilles Rn. 56. Wenn I von der Untersuchung spricht, ist damit nur der Normalfall gemeint, dass der Käufer den Mangel erst durch Untersuchung feststellen kann. Deshalb sieht I keine Obliegenheit zur unverzüglichen Untersuchung vor. Ist der Mangel durch Untersuchung erkennbar, bestimmt I zugleich für die Rüge nach II den Zeitpunkt, zu dem spätestens gerügt werden muss (→ Rn. 32, 35). Ist die Untersuchung unmöglich oder untunlich oder erst später möglich, wirkt sich das auf die Rügeobliegenheit aus, maßgeblich ist dann spätestens die Entdeckung des Mangels, vgl. zB BGH LM HGB § 377 Nr. 1. Die Untersuchung ist ein rein tatsächlicher Vorgang (anders Rüge, → Rn. 32). Sie beinhaltet keine Genehmigung, auch bei einem für sie notwendigen Gebrauch oder Verbrauch der Ware (zB Stichprobe, → Rn. 26), RGZ 68, 370; ebenso wenig ist die Unterlassung der Untersuchung eine solche Genehmigung, RGZ 106, 360.

21 **b) Obliegenheit:** Die Rüge liegt im eigenen Interesse des Käufers, der seine Rechte wahren will. Läßt er die Zeit dafür verstreichen, ist das für ihn nachteilig, aber doch seine Sache. Untersuchung und Rüge sind deshalb keine Rechtspflicht (oft missverständlicher Sprachgebrauch), sondern bloße Obliegenheit, iErg auch Oetker/Koch Rn. 34. Der Verkäufer hat also keinen Anspruch auf unverzügliche Untersuchung und Rüge.

22 **c) Untersuchungsrecht:** Das Recht zur Untersuchung hat der Käufer selbstverständlich nach Empfang der Ware. Aber auch der schon auf Angebot der Ware zahlungspflichtige Käufer darf idR **vor Zahlung** die angebotene Ware auf Fehler prüfen. Das gilt idR auch beim Überseeabladegeschäft (→ Einl v § 373 Rn. 50) nach Ankunft der Ware im Bestimmungshafen. Anderes kann vereinbart oder HdlBrauch sein, vgl. BGH WM 1963, 844. Das Prüfungsrecht vor Zahlung gilt idR (Möglichkeit der Gewährung des Rechts, OLG Hamburg MDR 1970, 335) nicht bei Vereinbarung **„Kasse gegen Dokumente"** (→ § 346 Rn. 40), auch wenn die Ware schon am Ablieferungsort ist, BGHZ 41, 220, gegen RG JW

2. Abschnitt. Handelskauf 23 § 377

1932, 586, mit internationalem Brauch und Schiedsgerichtspraxis in Hamburg, Bremen (Grimm AWD 1962, 53); erst recht nicht bei Vereinbarung „K. g. D. bei Ankunft des Dampfers in X", BGHZ 41, 221. Verweigerung der Untersuchung durch den Verkäufer kann ausnahmsweise **Rechtsmissbrauch** sein, aber nur bei schwerwiegenden Gründen; nicht schon zB weil ähnliche Importe (anderer Lieferer) Mängel hatten, BGHZ 41, 222, oder weil eine vorangegangene Teillieferung mangelhaft war, BGH MDR 1963, 1004.

B. Zeit und Ort der Untersuchung: a) Unverzügliche Untersuchung 23 **(I):** Maßgeblicher Zeitpunkt ist grundsätzlich die Ablieferung (→ Rn. 6, außer bei abw. Parteiabrede oder HdlBrauch, BGH NJW 1986, 317); Rspr. dort, auch zu besonderen Fallgestaltungen wie beim Versendungskauf (→ Rn. 8) und Streckengeschäft (→ Rn. 9). Der Käufer kann schon vor Ablieferung ein Recht zur Untersuchung haben (→ Rn. 22); nimmt er dieses nicht wahr, schadet ihm das aber nicht. Nach Ablieferung muss er aber, um seine Rechte nicht nach II zu verlieren, unverzüglich (ohne schuldhaftes Zögern, § 121 BGB) untersuchen, nach aA alsbald ohne Verschulden (→ Rn. 35). Das ist im Interesse der Schnelligkeit des HdlVerkehrs streng auszulegen. Schon geringe, bei ordnungsmäßigem Geschäftsgang vermeidbare Lässigkeit macht die Rüge verspätet, RGZ 106, 360. Der Maßstab ist **objektiv,** Unterschiede je nach Branche, Groß- oder Kleinbetrieb, OLG Hamburg BB 1953, 98; die besonderen Verhältnisse des Käufers sind dagegen unerheblich, zB die Anstellung unzulänglichen Personals oder gewillkürte Ruhetage (anders gesetzliche Feiertage), RG HRR 1931, 769, zeitliche Überlastung, str. Art der Ware ist wichtig, BGHZ 132, 179; Maschinen, Wein, Zigarren zB erfordern längere, leicht verderbliche Ware wie Lebensmittel, zB Orangen, sehr kurze Untersuchungszeit, OLG München BB 1955, 748. ZT wird als ungefährer **Richtwert** eine Woche angegeben, RGZ 47, 21; Heymann/Emmerich/Hoffmann Rn. 53; aber begrenzt durch den Umfang der gebotenen Untersuchung, Koller/Roth Rn. 17 (3–4 Tage); bei Art. 48 f. CISG gilt Angemessenheit, nicht Unverzüglichkeit; zunächst kurze Frist: 2 Wochen bei kompliziertem technischen Gerät, OLG Oldenburg DB 2001, 1088 (CISG); nicht mehr 4 Wochen, OLG Jena OLGR 1999, 4 (CISG); neuere Rspr. ist großzügiger, Conrads IHR 2022, 1: eher 1 Monat; OLG Saarbrücken OLGR 2001, 239 (CISG); OLG Stuttgart RIW 1995, 943 (CISG, vgl. BGH RIW 1995, 597); bei zeitaufwändigen Untersuchungen länger, zB fünf Wochen OLG München NJW-RR 1999, 331; sogar zwei Monate OLG Düsseldorf NJW-RR 1999, 1714 Ls. (Ventilatoren für zu errichtendes Rückkühlwerk); sieben Wochen, BGH DB 2000, 569 (Totalschaden von Produktionsmaschine, CISG), vgl. EBJS/Achilles Rn. 132 ff., 140; für Art. 38, 39 CISG Gesamtfrist für Untersuchung und Mängelanzeige idR etwa 14 Tage, Staud/Magnus CISG Art. 39 Rn. 49 (Daumenregel); aber jede solche Faustregel ist gefährlich, es kommt auf den **Einzelfall** an. Ob, wann, wie und an wen der Käufer die Ware **weiterverkauft,** ist seine Sache und berührt seine Untersuchungs- und Rügeobliegenheit grundsätzlich nicht, auch wenn der Abnehmer bezüglich der Abnahme Erfüllungsgehilfe des Käufers ist (§ 278 BGB) und auch wenn der Abnehmer Verbraucher und selbst nicht rügepflichtig ist, BGHZ 110, 138. Beim **Streckengeschäft** (→ Rn. 9) liegt Ablieferung erst beim Abnehmer vor; erst ab dann ist unverzüglich zu untersuchen und rügen, und zwar durch den Käufer oder für den Käufer durch den Abnehmer. Dabei ist es Sache des Käufers, dafür zu sorgen, dass sein Abnehmer die Ware so untersucht, dass der Käufer noch rechtzeitig rügen kann (→ Rn. 37), OLG Karlsruhe NZG 2009, 395. „Unverzüglich" ist Rechtsbegriff, die für die Beurteilung relevanten Umstände sind im **Prozess** zu substantiieren, OLG Köln MDR 1973, 679. Unverzügliche Rüge → Rn. 35. Fristvereinbarungen → Rn. 57 ff. Lit.: W.-H. Roth FS Canaris 2007, 365 (Rüge bei Verkaufsketten).

§ 377 24–26

24 b) Ort der Untersuchung: Zu untersuchen ist „unverzüglich" nach Ablieferung (I), deshalb idR am **Ort**, wo abgeliefert wird (→ Rn. 6, außer bei abw. Parteiabrede oder HdlBrauch, BGH NJW 1986, 317). Das wird ua im Überseegeschäft relevant (Ablieferung unter Incoterms, → Rn. 10). Bei Lieferung nach Übersee „fob" (s. **(6)** Incoterms FOB Nr. 9) mit „seemäßiger Verpackung" ist erst am Bestimmungsort in Übersee zu untersuchen, RGZ 102, 91, BGH BB 1953, 186; anders je nach den Umständen, wenn die Untersuchung schon im Abladehafen möglich und (nach Wert und Kosten) zumutbar ist, BGHZ 60, 7; DB 1981, 1817. Ähnlich bei „ab Station"-Geschäft (→ § 346 Rn. 40), bei Klausel „frei im Container gestaut", BGH DB 1981, 1816 (Ablieferung bei Holschuld → Rn. 7; Container → Rn. 8). Versendungskauf → Rn. 8; Streckengeschäft → Rn. 9. Lit.: Stötter DB 1976, 949 (Ort und Zeit der Untersuchung durch Importeur).

25 C. Art und Umfang der Untersuchung: a) Untersuchung, soweit tunlich (I): Eine Untersuchung hat zu erfolgen, soweit sie „nach ordnungsmäßigem Geschäftsgang tunlich" (I) ist, dh sie muss auf Grund der Umstände des konkreten Falls dem Käufer zumutbar sein. Was tunlich ist, bestimmt sich **objektiv** unter Berücksichtigung von Branche, Groß- und Kleinbetrieb (→ Rn. 23), Fachhandel oder nicht, RGZ 59, 75, BGH NJW 1976, 626; nicht nach den subjektiven Fähigkeiten des Käufers, sondern nach objektiver Sachlage, BGH WM 1970, 1402; NJW 2016, 2645 Rn. 20. Die Anforderungen an eine ordnungsgemäße Untersuchung dürfen im Rahmen der notwendigen **Interessenabwägung** zwischen Verkäufer und Käufer nicht überspannt werden, BGH NJW 2018, 1957 (→ Rn. 1), also keine „Rundum-Untersuchung". Doch entbinden Schwierigkeiten der Entdeckung eines Mangels nicht von der Untersuchungspflicht, BGH NJW 1977, 1150 (Serienproduktion); BGH NJW 2016, 2645 Rn. 22; OLG Karlsruhe BB 2016, 2067. Zu beachtende **Umstände des Einzelfalls** sind insbesondere Kosten, technischer, organisatorischer und Zeitaufwand, BGH NJW 2016, 2645 Rn. 22; 2018, 1957; OLG München RdTW 2016, 224; OLG Koblenz NJW-RR 2015, 376; OLG Koblenz NJW-RR 2017, 83 (nicht mehr Kosten von 15 % des Warenwerts); Beschädigung oder Zerstörung der Sache (Stichproben → Rn. 26); Erfordernis eigener technischer Kenntnisse, BGH NJW 2016, 2645 Rn. 22, besonderer Vorkehrungen, OLG Koblenz NJW-RR 2015, 376, oder der Zuziehung von Sachverständigen (→ Rn. 28); frühere Fehlerhaftigkeit und Fehlerwahrscheinlichkeit, BGH NJW 2016, 2645 Rn. 23; 2018, 1957 Rn. 27; Gefährlichkeit der Untersuchung; hohe Mangelfolgeschäden bei bestimmungsmäßiger Weiterverarbeitung, BGH NJW 1976, 625, insbesondere für Leib und Leben, OLG Düsseldorf NJW-RR 1997, 1346. Maßgeblich sind Verkehrsanschauung in der Branche und HdlBrauch (Grenze: missbräuchliche Nachlässigkeit), BGH WM 1970, 1402; NJW 1976, 625; 1977, 1150; 2016, 2645 Rn. 20, OLG Oldenburg NJW 1998, 388. Auch HdlBrauch kann aber nicht von jeder Untersuchung befreien, BGHRep 2003, 285.

26 b) Art und Weise, Umfang und Stichproben: Die Tunlichkeit entscheidet über Art und Weise der Untersuchung, zB ob chemische Untersuchung geboten ist, BGH BB 1959, 393; 1970, 1416, ob **Konserven** zu erhitzen sind, BGH BB 1977, 1019 (Pilze, verneint); BGHZ 60, 5 (Öl, bejaht), Innenbeschichtung bei Dosen, OLG Koblenz MDR 2015, 108. Bei gefärbten **Stoffen** ist Wasch- und Kochtest erforderlich, OLG Düsseldorf MDR 1972, 330, Abreiben, OLG Bamberg DB 1974, 913, oder Reiben mit feuchtem Lappen, BGH NJW 1976, 625. Lässt sich die Beschaffenheit der Ware nur durch ihre Verarbeitung erweisen, so ist Probeverarbeitung geboten, OLG Köln BB 1988, 20. Bei **Lebensmitteln** genügt idR einfache Untersuchung nach Aussehen, Geruch und Geschmack, BGH NJW 1991, 2633; ergeben sich dabei Auffälligkeiten, ist genauer zu untersuchen. Teilverbrauch ist zumutbar, wenn Verderb nur so feststellbar ist, OLG

Oldenburg NJW 1998, 388 (Auftauen tiefgefrorenen Fleisches). Untersuchung von Trockenfrüchten nicht ohne Lupe, SchiedsG WV Hmb. Börse, (84) St/Ul/ Ti E 6b Nr. 82. **Maschinen** sind in Gang zu setzen, uU längere Probeläufe und Beobachtungszeit, RG Warn 1909, 143, BGH NJW 1977, 1151; der Nichtfachmann darf länger und weniger gründlich prüfen als ein Maschinenhändler, RGZ 59, 75; nicht erforderlich ist alsbaldiger Serienproduktionsbeginn mit der Maschine, BGH NJW 1977, 1150. Ist eine Untersuchung, die innere Materialfehler an Maschinenteilen zutage fördern würde, überhaupt unmöglich, ist Käufer dafür beweispflichtig, OGHZ 3, 54 (Spannungsriss in einer Pleuelstange). **Saaten** vor der Ernte zu beobachten, ist idR nicht erforderlich, Königsberg HRR 1942, 765; erst recht ist idR ein Anbauversuch (vor der normalen Aussaat) nicht geboten, RGZ 103, 81. Untersuchung entfällt auch nicht bei Qualitäts- und **Markenwaren,** aber bei eingeführten Markenwaren kann äußerliche Prüfung genügen, aA Oetker/Koch Rn. 45, anders bei bekannt schlampiger Verarbeitung, zB von Modetextilien (auch → Rn. 27).

Bei Lieferung einer größeren Warenmenge genügen aussagekräftige **Stich-** 27 **proben,** diese sind aber auch notwendig, RGZ 68, 369; 106, 362; BGH NJW 1977, 1151; OLG München BB 1955, 748; OLG Koblenz MDR 2016, 1097 (aber Kostengrenze, → Rn. 25). Stichproben möglichst an verschiedenen Stellen des Transportmittels, RGZ 106, 362 (Konservendosen), OLG München BB 1955, 748 (Obst- und Gemüsehandel, nicht nur in der Nähe der Waggontür). Aussagekräftig bedeutet repräsentativ bzw. sinnvoll auf die Gesamtmenge verteilt, OLG Köln NJW-RR 1999, 565. Wird die Ware verbraucht oder beschädigt, genügen wenige Stichproben, sonst sind mehr notwendig, RGZ 57, 11, BGH BB 1977, 1019 (genügend 5 von 2.400 Pilzkonservendosen, wenn alle 5 fehlerhaft sind); OLG Frankfurt a. M. NJW-RR 1986, 838 (Blusen falscher Größe); OLG Köln NJW-RR 1999, 565 (ungenügend 20 von 20.000 PCDisketten); SchiedsG WV Hmb. Börse, (84) St/Ul/Ti E 6b Nr. 82 (völlig ungenügend 3 von 172.000 Packungen). Sind Stichproben nicht möglich, weil die gesamte Ware unverkäuflich würde, ist idR stillschweigende Abrede über Hinausschieben der Untersuchungsobliegenheit bis zur Ingebrauchnahme durch den Letztabnehmer anzunehmen, RG Recht 23, Nr. 684; aA Steck NJW 2002, 3203: Entfallen. Bei originalverpackten **Markenwaren** (→ Rn. 26) sind uU überhaupt keine Stichproben notwendig, anders bei Anhaltspunkten für Mängel, K. Schmidt § 29 III Rn. 76. **Probeverarbeitung** → Rn. 26.

c) Heranziehung von Sachverständigen: Die Untersuchungsobliegenheit 28 erstreckt sich auch auf seltene oder schwierig feststellbare Mängel, RGZ 68, 368; OLG Naumburg OLGR 2001, 417. Soweit dem Käufer hierzu die erforderliche Sachkunde fehlt, muss er nötigenfalls einen Sachkundigen heranziehen, BGH NJW 1975, 2011; OLG Karlsruhe BB 2016, 2067; Staub/Brüggemann Rn. 87. Entscheidend sind die Umstände des Einzelfalls, insbesondere die Natur der Ware und die Branchenüblichkeit. Maßstab ist auch hier die Sorgfalt eines ordentlichen Kfm. (§ 347). Eine gebotene Untersuchung darf nicht an mangelndem Sachverstand des Käufers scheitern, dann ist eben ein Sachverständiger heranzuziehen, RGZ 59, 45; 64, 162. Sachverständige sind aber nicht immer notwendig, BGH NJW 2018, 1957 Rn. 38 (AGB → Rn. 58).

d) Besondere Fallgestaltungen: Beim **Sukzessivlieferungsvertrag** sind 29 idR sämtliche Einzellieferungen zu untersuchen, auch wenn sie denselben Mangel aufweisen, BGHZ 101, 339, erst recht bei den verschiedenen, wiederholten Lieferungen im Rahmen einer auch langjährigen Geschäftsbeziehung (lauter separate Geschäfte, → § 343 Rn. 3), aber → Rn. 49, 52 betreff Aufklärungspflichten des Verkäufers. Versäumt der Käufer bei einer einzelnen Lieferung die Rüge, gilt der Mangel hinsichtlich der konkreten Lieferung als genehmigt; hinsichtlich späterer Lieferungen bleibt Rüge möglich.

30 **Teilleistung** kann der Käufer zurückweisen (§ 266 BGB, → Rn. 18). Nimmt er sie an, ist zu untersuchen und zu rügen, wenn die Teilleistung für sich allein verwendbar ist; ist nur die Gesamtmenge verwendbar, zB einzelne Teile einer Maschine, kann der Käufer die Lieferung der Gesamtmenge abwarten, RGZ 43, 64; 138, 338. Sieht man in der bewussten (vertragswidrigen) Teilleistung keinen Sachmangel für die Zwecke des § 377 (→ Rn. 18), müsste folgerichtig erst bei Leistung der letzten Teilmenge zu untersuchen und zu rügen sein. Gegen die Rügepflicht spricht in diesen Fällen, dass der bewusst (vertragswidrig) teilleistende Verkäufer den Schutz des § 377 II erst ab vollständiger Erfüllung verdient. Für die Rügepflicht spricht aber, dass der Käufer es in der Hand hat, die Ware zurückzuweisen oder sie anzunehmen, dann aber auch mit der Folge der Rügepflicht, EBJS/Achilles Rn. 202, Vor § 377 Rn. 78.

31 Eine vorangegangene zufriedenstellende **Probelieferung** befreit nicht von der Pflicht zur Untersuchung der Hauptlieferung, OLG Köln BB 1955, 942; BGH LM HGB § 377 Nr. 23 (zu unterscheiden von Kauf auf Probe, → Einl v § 373 Rn. 14). **Ausfallmuster** (Ausfallproben; Kauf nach Probe → Einl v § 373 Rn. 14) vertreten jedoch bei entsprechender Vereinbarung die ganze Ware; werden sie nicht untersucht und gerügt, kann die ganze Ware wegen solcher Mängel, die schon an der Ausfallprobe feststellbar waren, nicht mehr beanstandet werden, RGZ 63, 221; OLG Düsseldorf NJW-RR 2005, 832, wohl aber wegen anderer Mängel.

4) Anzeige des Mangels (Rüge, I, III, IV)

32 A. **Rechtsnatur der Rüge:** Die Anzeige des Mangels der Ware (Rüge) ist Obliegenheit (Rügelast, wie für die Untersuchung, → Rn. 21) des Käufers zur Erhaltung seiner Ansprüche wegen des Mangels, insbesondere (str., nach aA nur der Mängelgewährleistung, → Rn. 49) aus §§ 437 ff. Die Rüge ist keine Willenserklärung, sondern eine Wissenserklärung des Käufers und rechtsgeschäftsähnliche Handlung, auf die die Regeln über Willenserklärungen entsprechend anwendbar sind. Die Rüge setzt (mindestens beschränkte) Geschäftsfähigkeit des Käufers voraus (§ 107 BGB, lediglich rechtlich vorteilhaft), rügen muss andernfalls der gesetzliche Vertreter. Sie ist empfangsbedürftig (§ 130 BGB), BGHZ 101, 52. Anfechtung wegen fehlerhafter, unvollständiger oder gar unterlassener Rüge ist str., Michalski DB 1997, 84, jedenfalls nur innerhalb der Rügefrist, bis dahin besser Nachholung, Beckmann/Glose BB 1989, 857, später ausgeschlossen (→ Rn. 45). Die Rügeobliegenheit dient dem Interesse des HdlVerkehrs an rascher und endgültiger Abwicklung von Rechtsgeschäften und zugleich einer sachgerechten Risikoverteilung zwischen Käufer und Verkäufer, BGHZ 66, 213 (vgl. → Rn. 1). Der Verkäufer soll möglichst rasch den Beanstandungen des Käufers nachgehen, Beweise sicherstellen und Rechtsstreit vermeiden können und gegen Nachschieben anderer Beanstandungen geschützt werden, BGH NJW 1986, 3137; WM 1998, 938 (Konsequenzen für den Inhalt der Rüge → Rn. 42). Entscheidend für die Erhaltung der Ansprüche ist allein die Rüge, nicht die Untersuchung, aber die Untersuchungsobliegenheit setzt den maßgeblichen Zeitpunkt für die Rüge (→ Rn. 20).

33 B. **Absender und Adressat der Rüge:** Rügen muss grundsätzlich der **Käufer gegenüber dem Verkäufer.** Vertretung des Käufers bei der Rüge und des Verkäufers bei deren Entgegennahme wie (keine Willenserklärung, → Rn. 32) nach §§ 164 ff., 177 BGB (einseitiges Rechtsgeschäft: §§ 174, 180 BGB). Als empfangszuständig für die Rüge kommen ua in Betracht HdlBevollmächtigter (§ 54); Reisender (§ 55 IV), BGHZ 93, 348; Handelsvertreter (§ 91 II); Empfangsboten, MüKoHGB/Grunewald Rn. 71; Oetker/Koch Rn. 82. **Nicht** ermächtigt sind zB Makler, Kommittent, KG LZ 1919, 613, Frachtführer des Verkäufers, Fahrer des Lieferers, OLG Köln BB 1954, 613, Monteur des Verkäufers, aA MüKoHGB/Grunewald Rn. 71, der mit dem Verkäufer nicht identische Absender. Gibt ein Unberechtigter (dann als Erklärungsbote des Käufers) die Rüge weiter, so kann sie rechtzeitig eintreffen.

Streckengeschäft, Leasing: Beim Streckengeschäft (→ Rn. 9, Rechtzeitigkeit der Rüge → Rn. 37) kann, wenn der Verkäufer unmittelbar an den Zweitkäufer zu liefern hat oder mit Untersuchung durch diesen statt durch den Käufer einverstanden ist, entweder der Zweitkäufer direkt oder auf seinen (unverzüglichen) Hinweis der Käufer (unverzüglich) beim Verkäufer rügen, RGZ 96, 14, BGHZ 110, 139. Dasselbe gilt nach der Rspr. bei sonstiger Direktlieferung an einen (auch nichtkaufmännischen) Dritten (Leasingnehmer), der die Rechte für den Käufer (Leasinggeber) ausüben soll (§ 278 BGB), BGHZ 110, 130; OLG Zweibrücken MDR 2014, 1383 (Weiterverleasung), str. (→ Rn. 2), vgl. Knops JuS 1994, 108; aA mit guten Gründen Canaris AcP 190 (1990), 428; Koller/Drüen Rn. 2; Vereinbarung empfehlenswert. AGB über Abwälzung der Rüge durch Leasinggeber auf (nichtkaufmännischen) Leasingnehmer ist aber unwirksam (→ Rn. 59). Leasing **(7)** Bankgeschäfte Rn. P17. Lit.: Padeck Jura 1987, 454.

C. Rechtzeitigkeit der Rüge (I, III, IV): a) Offen zu Tage liegende und andere offene Mängel: Wenn sich ein Mangel zeigt (I), muss der Käufer ihn dem Verkäufer **unverzüglich** (ohne schuldhaftes Zögern, § 121 BGB, § 347) anzeigen, RGZ 106, 360; BGHZ 93, 348 (→ Rn. 23); aA K. Schmidt § 29 III Rn. 75: alsbald, auch ohne Verschulden; aber ohne großen Unterschied: strenge Anforderungen, Organisationsverschulden und Risikosphäre des Käufers. Das **Eilgebot** („unverzüglich") **gilt zweimal:** für die Untersuchung (→ Rn. 23) und für die Rüge (diese ist entscheidend, → Rn. 20), vgl. RGZ 106, 361. Der Mangel kann sich verschieden zeigen: er kann entweder offen, dh ganz ohne Untersuchung, ersichtlich sein (offen zu Tage liegende Mängel) oder bei ordnungsgemäßer Untersuchung (→ Rn. 25) erkennbar sein (sonstige offene Mängel). Beide Fälle werden von I grundsätzlich gleichbehandelt und den verdeckten Mängeln gegenübergestellt (→ Rn. 38). **Ohne Untersuchung erkennbare Mängel** sind unverzüglich zu rügen, RGZ 73, 168. Ein solcher Mangel „zeigt sich" also und ist unverzüglich zu rügen, wenn er dem Käufer erkennbar ist. Hinsichtlich der nur mit Untersuchung erkennbaren Mängeln ist unverzüglich zu untersuchen und dann unverzüglich zu rügen. Das Merkmal der Unverzüglichkeit der Rüge richtet sich also danach, ob eine Untersuchung notwendig ist (Zeit, Ort, Art und Umfang, → Rn. 23 ff.) und, wenn ja, welcher Zeitaufwand für eine unverzügliche Untersuchung erforderlich ist; ob eine Untersuchung tatsächlich vorgenommen wird, spielt für die Rechtzeitigkeit der Rüge keine Rolle, RGZ 106, 360; 138, 336; BGH LM HGB § 377 Nr. 1; Nr. 18 (vgl. → Rn. 20, 38). Längere Untersuchung als erforderlich ist Risiko des Käufers, RGZ 106, 361. Zeitlicher **Richtwert** für erforderliche Untersuchung ist problematisch, → Rn. 23; für entdeckten Mangel gilt er grundsätzlich nicht, BGHZ 93, 348, hier vielmehr nach der Rspr. Rügefrist von 1 bis 2 Tagen, OLG Koblenz NJW-RR 2004, 1553; OLG Brandenburg MDR 2013, 534, im Obst- und Gemüsehandel sogar Stundenfrist, EBJS/Achilles Rn. 132. Statt Brief kann dann Rüge per Telefon, Fax oder e-mail notwendig werden. Wochenende wird idR nicht mitgerechnet, vgl. BGHZ 132, 179; OLG Brandenburg MDR 2013, 534. Fristvereinbarungen → Rn. 57 ff.

Verdacht eines Mangels verpflichtet zur Untersuchung, ob er besteht, RG DR 1939, 1795, noch nicht zur Rüge, RGZ 104, 384; OLG Karlsruhe BB 2016, 2068. Unklarheit der Ursachen des Mangels rechtfertigt nicht Aufschub der Rüge, RGZ 106, 360. Tritt aber ein Mangel erst einige Zeit nach Lieferung hervor, darf Käufer vor Rüge untersuchen, ob er schon bei Lieferung bestand. Zeigt sich ein Mangel, ist er zu rügen, auch wenn man Aufdeckung weiterer Mängel erwarten kann, RGZ 62, 256. Doch kann vor Rüge eines während einer

Untersuchung aufgedeckten Mangels das Gesamtergebnis der Untersuchung abgewartet werden. Rüge mehr als zwei Wochen nach Entdeckung ist verspätet, BGHZ 93, 348. Rüge am zweiten Tag nach der Lieferung kann bei schnell verderbender Ware zu spät sein, OLG München BB 1957, 663 (Tomaten). Nach Verzögerung durch die Weihnachtszeit sind Untersuchung und Rüge zu beschleunigen, BGH MDR 1964, 412. Unverzüglich zu rügen ist auch, wenn der Verkäufer den Mangel schon aus anderer Quelle kennt; hat der Verkäufer aber dem Käufer Mängelbeseitigung (zB Zusatzausrüstung) der bereits auf Probe beim Käufer befindlichen Sache zugesagt, bedarf es keiner Rüge mehr, BGH WM 1990, 2000 (vgl. → Rn. 46). Bei Nachbesserung (→ Rn. 42, 46) beginnt die Frist, wenn der Nachbesserungsversuch beendet und fehlgeschlagen ist, OLG Düsseldorf NJW-RR 1996, 304.

37 **b) Besondere Fallgestaltungen: Sukzessivlieferungsvertrag** → Rn. 29. **Teilleistung** → Rn. 30; jede Teilleistung ist zu rügen, BGH NJW 1983, 1496 (für mangelhafte Nachlieferung). **Streckengeschäft:** Beim Streckengeschäft (Ablieferung → Rn. 9; Untersuchung → Rn. 23; Rügeberechtigter → Rn. 34) kommt es darauf an, ob der Käufer oder (auch) der Abnehmer rügeberechtigt sein soll. Kann der Käufer nach dem Vertrag die Untersuchung seinem Abnehmer überlassen (→ Rn. 9, 23), reichen die rechtzeitige Mängelanzeige durch diesen an den Käufer und unverzügliche Weitergabe durch denselben an den Verkäufer aus, RGZ 96, 15; 102, 91; BGH BB 1954, 954; offen BGH BB 1978, 1490. Beim vom Verkäufer akzeptierten Streckengeschäft ist die Rechtzeitigkeit der Rüge also derart zu bemessen, dass Zeit für den Abnehmer zur Nachricht an den Käufer und für diesen zur Rüge gegenüber dem Verkäufer bleibt, EBJS/Achilles Rn. 147. Das kann aber nicht ohne Weiteres auch beim direkten Weiterverkauf ohne Umladung der Ware gelten, EBJS/Achilles Rn. 148, 106. Wenn die Abnehmer aber zu spät oder gar nicht rügen, geht das zulasten des Käufers (§ 278 BGB), BGHZ 110, 139, aber auch → Rn. 34. Zur Rügelast des **Zwischenhändlers** OLG Nürnberg BB 2010, 663 (→ Einl v § 373 Rn. 36), zur Rügelast bei Käuferkette, Durchlieferung und Leasing K. Schmidt § 29 Rn. 95. Für teleologische Erweiterung des § 377 beim Streckengeschäft (→ § 377 Rn. 37), wenn der Kfm. wie bei Vertrieb über Filiale gestellt werden soll, Canaris § 29 V Rn. 62, 65; jedenfalls Vertragsgestaltung Lange JZ 2008, 661.

38 **c) Verdeckte Mängel (II Hs. 2, III):** Verdeckte Mängel sind, so der **Begriff,** solche, die bei der Untersuchung nicht erkennbar waren (II letzter Hs.). Untersuchung ist die nach Ablieferung oder, wenn ein entsprechender Verdacht erst später auftritt, die dann erforderliche Untersuchung, RGZ 99, 250. Dabei steht sich gleich, ob eine den Anforderungen des I entsprechende Untersuchung tatsächlich erfolgt ist und der Mangel nicht entdeckt wurde oder ob eine solche Untersuchung unterlassen wurde, aber auch dann, wenn sie stattgefunden hätte, nicht zur Entdeckung des Mangels geführt hätte, OLG München MDR 2015, 1310 (→ Rn. 32, 35). **Bspe:** Mängel einer Maschine, die sich erst bei Aufnahme der Serienproduktion zeigen, BGH NJW 1977, 1150; Mängel, die erst durch Reklamation von Kunden des Käufers zu erkennen sind, BGHZ 132, 179 (aber → Rn. 49), NJW 1986, 3137; kein verdeckter Mangel sind erhebliche Maßabweichungen, OLG Brandenburg NJW 2012, 2124; bei 30% fehlerhafte Platten, OLG München MDR 2015, 1310.

39 **Behandlung:** Verdeckte Mängel können sinnvollerweise erst gerügt werden, wenn sie sich später zeigen (also positive Kenntnis, RGZ 99, 249; OLG Brandenburg MDR 2013, 534; Rüge auf Verdacht, → Rn. 20, wird nicht gefordert), und müssen das dann aber auch unverzüglich (→ Rn. 35), sonst gelten sie als genehmigt (III), RG DR 1939, 1795; BGHZ 132, 179. Bei verdeckten, vorher nicht erkennbaren Mängeln beginnt die Rügefrist also nicht wie sonst mit Ablieferung, sondern, auch wenn die normale Untersuchungs- und Rügefrist für die Ware (für offene Mängel) abgelaufen ist (→ Rn. 23), erst mit ihrer Entdeckung. Bloßer Verdacht braucht nicht mitgeteilt zu werden, OLG Stuttgart NJW-RR 2010, 933, aber ihm muss, soweit zumutbar, nachgegangen werden, MüKoHGB/Grunewald Rn. 79; Differenzierungen, wenn der Fehler erst bei einem oder mehreren Abnehmern auftaucht, MüKoHGB/Grunewald Rn. 80. Während normalerweise für die Rechtzeitigkeit der Rüge der für die Untersuchung notwendige Zeitaufwand einbezogen wird (→ Rn. 35), kommt es bei den verdeckten Mängeln nach der Entdeckung darauf nicht an. Was unverzüglich ist, bestimmt sich allein danach, wie rasch nach den Umständen die Rüge abzusenden ist, idR umgehend (→ Rn. 35 aE), ohne die Abgrenzungsschwierigkeiten wie bei der unverzüglichen Untersuchung (→ Rn. 23). Ergibt sich aus der Entdeckung eines verdeckten Mangels ein Verdacht auf weitere Mängel, so hat der Käufer die Ware unverzüglich erneut zu untersuchen und festgestellte Mängel zu rügen, RGZ 99, 249.

d) Rechtzeitige Absendung der Rüge (IV): Zur Erhaltung der Rechte des 40 Käufers genügt rechtzeitige Absendung der Anzeige (IV). Die Absendung muss auf geschäftsübliche Weise erfolgen, BGH LM HGB § 377 Nr. 8, dh durch zuverlässiges Beförderungsmittel, zB Post, Telegramm, Fernschreiber, aber, da Rüge formlos möglich (→ Rn. 43), auch Fax und E-Mail (ggf. aber Beweisproblem; zu deren Benutzung bei Eilbedürftigkeit → Rn. 35 aE, das ist aber keine Frage der Absendung nach IV, sondern der Rechtzeitigkeit der Rüge); auch Kurierdienst, EBJS/Achilles Rn. 171, 174; auch SMS, aber Zeichenbegrenzung, Oetker/Koch Rn. 96; in all diesen Fällen gehen Verzögerungen zulasten des Verkäufers. **Nicht** rechtzeitig abgesandt iSv IV: Telefonat, bei dem der Verkäufer nicht zu erreichen war, vgl. BGH NJW 1980, 782; Losschicken eigener Leute als Boten, OLG München NJW 1955, 1153, Oetker/Koch Rn. 96, aA MüKoHGB/Grunewald Rn. 74 bei Wahl eines zuverlässigen Boten, einerlei ob mit schriftlicher Rüge oder mit mündlicher Botschaft, str., es sei denn der Bote meldet rechtzeitig; unfrankierte Sendung, es sei denn das Schreiben käme trotzdem rechtzeitig in den Besitz des Verkäufers, BGH LM HGB § 377 Nr. 8. Auf IV kann sich Käufer nicht berufen, wenn er weiß, dass die Anzeige den Verkäufer nicht kurzfristig erreicht, zB wegen Urlaubs, BGHZ 93, 349 (→ Rn. 46).

Nichtzugang: Sehr str. ist, ob IV nur die Verzögerungsgefahr regelt oder die 41 rechtzeitige Absendung auch dann genügt, wenn die Sendung verloren geht, also nicht zugeht (§ 130 BGB). Nach der Rspr. gehen zwar Verzögerungen bei der Übermittlung zulasten des Verkäufers, die Erklärung selbst bleibt aber (wie bei der Anfechtung, § 121 I 2 BGB) empfangsbedürftig (§ 130 I 2 BGB). Die Beweislast für den **Zugang** und die **Verlustgefahr** liegen dann beim Käufer, BGHZ 101, 49; Oetker/Koch Rn. 95, 144; Michalski DB 1997, 82. Demgegenüber krit. zu Recht Reinicke JZ 1987, 1030; Hager JR 1988, 287; Mössle NJW 1988, 1190. Grund: Käuferschutz spricht für Gleichbehandlung von Verzögerungs- und Verlustrisiko, EBJS/Achilles Rn. 168; so auch Art. 27, 39 CISG beim internationalen HdlKauf (→ Einl v § 373 Rn. 49); zweifelnd Canaris § 29 Rn. 69. Der Käufer sollte deshalb, wenn er vom Verlust Kenntnis erhält, die verlorene Anzeige unverzüglich nachholen können und müssen, für die nachgeholte Anzeige gilt dann wiederum IV (so auch üL zu § 121 I 2 BGB), nach aA steht Kennenmüssen der Kenntnis gleich. Erfährt der Käufer nichts von der Verzögerung oder dem Verlust der Anzeige, kann eine Pflichtverletzung iSv § 280 BGB darin liegen, dass er bei längerem Schweigen des Verkäufers nicht nachfragt.

D. Inhalt der Rüge: Der Verkäufer muss der Anzeige **Art und Umfang der** 42 **Mängel** entnehmen können, so dass er die Beanstandung prüfen, eventuell Beweise sichern und zwecks Vermeidung eines Rechtsstreits den Mängeln abhelfen kann und dass er gegen Nachschieben anderer Beanstandungen durch den Käufer geschützt ist, BGH NJW 1986, 3137; 1996, 2228, WM 1998, 938; OLG

Karlsruhe BB 2016, 2066 (→ Rn. 32). Die Mängelanzeige muss deshalb Art und Umfang der Mängel mindestens in allgemeiner Form benennen, BGH NJW 1996, 2228; nicht nur allgemeine Beanstandung wie „Schund", „derselbe Mist wieder geliefert", OLG Düsseldorf NJW-RR 2001, 821; Absturz aller Rechner bei Installation, OLG Hamm OLGR 2000, 197; „die Anlage funktioniert nicht", OLG Düsseldorf NJW-RR 1999, 563; aber bei Laien genügt „Drucker ist nicht zu gebrauchen", OLG Hamm NJW-RR 1993, 1527. Der Käufer muss Funktionsstörung nach Art und Umfang beschreiben, nicht Ursachen aufdecken, BGH NJW 1986, 3137; 1996, 2228. Vermerk der Nutzlastabweichung auf Übergabeprotokoll genügt, BGH NJW 1996, 2229. Das ungefähre Ausmaß der Abweichung (Gewicht, Qualität, zumal wenn Marge zulässig) ist anzugeben, BGH BB 1978, 1489. Vorangegangener Schriftwechsel kann von Bedeutung sein, vgl. RG LZ 1909, 466. Nicht notwendig ist eine in die Einzelheiten gehende, fachlich exakte Bezeichnung des Mangels, BGH NJW 1986, 3137. Werden die Mängel erst bei Abnehmern erkennbar (→ Rn. 38), muss die Rüge Inhalt, Liefergegenstand und Lieferzeit der Reklamationen angeben, BGH NJW 1986, 3137. Verlangt der Vertrag mehrere verschiedenartige Lieferungen, muss klar sein, auf welche sich die Rüge bezieht, BGH BB 1978, 1489; so auch bei gleichartigen Waren, OLG Köln NJW 1993, 2627. Ist eine Sendung zT mangelhaft, ist anzugeben, welcher Teil weswegen bemängelt wird, RG LZ 1925, 654, OLG Nürnberg NJW 1974, 1912. Bei vielen Einzelstücken und verschiedenen Mängeln ist näher anzugeben, welche Menge mit welchen Mängeln behaftet ist, OLG Köln BB 1998, 396. Jeder einzelne Mangel ist zu rügen, Rüge des einen wirkt nicht in Bezug auf einen anderen, OLG Hamburg MDR 1964, 601 (Folien: Größe, Dicke). Das Nichtrügen eines Mangels beseitigt auch die Rechte aus mit diesem untrennbar zusammenhängenden Mängeln, RGZ 38, 11. Der Käufer braucht sich weder Rechte aus dem Mangel vorzubehalten noch mitzuteilen, welche Rechte er geltend machen will, BGH NJW 1996, 2228. Er muss aber erkennen lassen, dass er von den aus dem Mangel für ihn hervorgehenden Rechten Gebrauch machen will, BGH LM HGB § 377 Nr. 4; OLG Koblenz MDR 2012, 982 (Ls.) = BeckRS 2012, 9537; aA Oetker/Koch 99. Ist nach erster rechtzeitiger Rüge auch **Nacherfüllung (Nachbesserung oder Nach- bzw. Ersatzlieferung,** § 439 BGB, → Rn. 6) **fehlerhaft,** kann der Käufer unverzüglich (→ Rn. 36) erneut rügen, BGHZ 143, 307; BGH NJW 1983, 1496; OLG München NJW 1986, 1111; auch bei Nachbesserung durch den Käufer im Einverständnis mit dem Verkäufer, OLG Düsseldorf NJW-RR 1996, 304; volle Rügepflicht bezüglich der Ware, nicht nur bezüglich des gerügten Mangels. Bei Nacherfüllung kann Käufer auch noch die bei der Ursprungslieferung nicht gerügten Mängel rügen, anders bei Nachbesserung, OLG Düsseldorf NJW-RR 2005, 832; ZGS 2005, 117; Mankowski NJW 2006, 865; Rechtsfolgen → Rn. 45, 46.

43 E. **Form der Rüge:** Die Rüge ist **formfrei,** OLG München MDR 2015, 1310 (zulässig Schriftform nach Tegernseer Gebräuche, → § 346 Rn. 15). Sie kann also auch mündlich oder fernmündlich erfolgen, OLG Hamm IHR 16, 33. Formfreiheit gilt auch bei Versendung, aber Anforderungen an Beförderungsmittel und Zugang (→ Rn. 40, 41). Mehrfach erfolgloser Versuch des Telefonanrufs genügt nicht, BGHZ 93, 349; NJW 1980, 782. Telegramm ist uU zur Fristwahrung nötig, RG JW 1902, 425. Die Rüge kann, falls nicht verspätet, auch noch in der Klageschrift und sogar im Prozess durch Klageerhebung oder Streitverkündung nachgeholt werden (→ Rn. 46). Adressat der Rüge → Rn. 33. Schriftformklausel → Rn. 57, 58.

5) Rechtsfolgen

44 A. **Rechtsfolgen bei unverzüglicher Rüge:** Wenn der Käufer einen Mangel unverzüglich rügt (→ Rn. 32 ff., also ordnungsgemäß und rechtzeitig), gehen ihm seine Rechte bezüglich des Mangels nicht durch die Fiktion seiner Genehmigung nach II, III verloren. Der Käufer wahrt also durch unverzügliche Rüge seine Rechte wegen der Sachmängel (zu diesen → Rn. 12).

B. **Rechtsfolge bei versäumter Rüge (II, III): a) Rechtsverlust durch** 45 **Fiktion der Genehmigung:** Mangels rechtzeitiger Rüge des Fehlers „gilt die Ware als genehmigt" (II, III). Hierbei handelt es sich um eine gesetzliche Fiktion des Inhalts, dass die Ware von nun an insoweit als vertragsmäßig anzusehen ist, BGHZ 101, 348; NJW 1980, 784; K. Schmidt § 29 III Rn. 112: Präklusionswirkung. Die Genehmigungsfiktion betrifft nur den konkreten, nicht gerügten Mangel, nicht die Ware schlechthin, nicht erkennbare Mängel sind nicht erfasst, OLG Köln NJW 1996, 1683; OLG Karlsruhe BB 2016, 2067. Die Fiktionswirkung schließt Anfechtung bezüglich Rüge aus (vgl. → Rn. 32, → § 346 Rn. 33); Konkurrenz zwischen Rügeobliegenheit und Irrtumsanfechtung tritt idR nicht auf (→ Rn. 48), EBJS/Achilles Rn. 224. Die Fiktion wirkt allseitig, also auch gegenüber der Bank beim finanzierten Kauf, BGH NJW 1980, 784. Die Reichweite der Genehmigungsfiktion ist stark umstritten, vor allem was die (schuldhafte) Verletzung von vertraglichen Nebenpflichten angeht (→ Rn. 49). Genehmigungsfiktion und Rechtsverlust treten nicht ein, wenn der Verkäufer den Mangel arglistig verschwiegen hat (→ Rn. 51).

Verspätungseinwand: Der Verkäufer kann Ansprüchen des Käufers wegen 46 Mängeln der Ware bei versäumter Rüge den Verspätungseinwand entgegenhalten, von Amts wegen zu berücksichtigende Einwendung, BGH NJW 1980, 784; MüKoHGB/Grunewald Rn. 97; nach aA Einrede. Der Einwand kann **auch erst im Prozess,** auch erst in zweiter Instanz erhoben werden, BGH BB 1978, 1491, NJW 1991, 2633. Der Einwand kann gegen § 242 BGB verstoßen **(Rechtsmissbrauch),** zB gegenüber einem Frontsoldaten, dem am Unterbleiben der Rüge kein Verschulden traf, RGZ 170, 158, oder bei **Zwecklosigkeit der Rüge,** etwa wenn diese den Verkäufer wegen Sitzverlegung oder Geschäftsaufgabe ohnehin nicht erreicht hätte, BGHZ 93, 350; NJW 1980, 784, aber zu allgemein, krit. zu Recht K. Schmidt § 29 III Rn. 112, oder bei treuwidrigem, ursächlichen Abhalten von der rechtzeitigen Rüge, BGH NJW 1984, 1964. Bei bereits erfolgter Nacherfüllung, vorbehaltloser **Zusage der Nachbesserung oder Nachlieferung** durch den Verkäufer (→ Rn. 36), zwar bei Fehlschlagen erneute Rüge (→ Rn. 42, 47), aber Missbrauch (V) bei Andienung derselben mangelhaften Sache ohne Nachbesserungsversuch, iErg abl. OLG Düsseldorf NJW-RR 2001, 822; **nicht:** wegen des besonderen Gewichts des Fehlers und besonders großen Schadens durch diesen. **Verwirkung** nicht schon durch Zeitablauf, sondern erst bei Hinzutreten besonderer, auf dem Verhalten des Berechtigten beruhender Umstände, die das Vertrauen des Verpflichteten rechtfertigen, der Berechtigte werde seinen Anspruch nicht mehr geltend machen, BGH WM 2003, 1425 (Werklohnforderung, vgl. → § 17 Rn. 36); vgl. OLG Düsseldorf NJW 2014, 1599 (zu § 358 BGB, Widerruf fünf Jahre nach Erfüllung).

Verzicht: Nachträglicher (vorher → Rn. 46) Verzicht auf den Verspätungs- 47 einwand ist möglich, auch stillschweigend, aber dann nur, wenn eindeutig, BGH NJW 1999, 1260, zB bei fester Zusage der Nachbesserung oder vorbehaltloser Rücknahme, BGH NJW 1991, 2633; OLG München NJW 1986, 1111; OLG Koblenz MDR 2015, 108 (iErg abl.). Verzicht auf den Verspätungseinwand ist einseitig möglich (vgl. allgemeiner für Einreden und Gestaltungsrechte §§ 376 II Nr. 1, 671, 768 II BGB), setzt also keine vertragliche Vereinbarung (Erlass) voraus. **Nicht:** Verzicht nicht schon bei bloßer Kenntnis des Verkäufers von Mangel, BGH NJW-RR 1990, 1464; im bloßen Verhandeln über die Rüge zwecks gütlicher Regelung, BGH NJW 1991, 2634; 1999, 1260; OLG Koblenz MDR 2015, 108; im Nacherfüllungsangebot bei gleichzeitigem Insistieren auf sofortiger Bezahlung, BGH BB 1978, 1490; in der nachträglichen Vereinbarung eines Probelaufs der Maschine ohne Verzicht auf unverzügliche Zahlung, OLG Koblenz NJW-RR 2004, 1553.

48 **b) Umfang des Rechtsverlustes:** Der Rechtsverlust infolge Genehmigungsfiktion umfasst alle Rechte, die auf dem nicht oder zu spät gerügten Mangel (nicht auch anderen Mängeln, → Rn. 45) beruhen. Dies sind alle gesetzlichen Nacherfüllungs- und Gewährleistungsrechte, die § 437 BGB auflistet, nämlich Nacherfüllung, Rücktritt, Minderung, Schadensersatz und Ersatz vergeblicher Aufwendungen. Der Rechtsverlust reicht aber über die Rechte aus § 437 BGB hinaus. Der Käufer kann aus dem nicht gerügten Mangel **keinerlei Rechte mehr** geltend machen, verliert also **auch alle Gewährleistungsansprüche im weiteren Sinne,** BGHZ 107, 337; NJW 1992, 914. Ausgeschlossen sind danach Ansprüche wegen Schlechterfüllung oder Verletzung von mit dem Mangel zusammenhängenden Nebenpflichten (§ 280 BGB, vor dem SMG positive Vertragsverletzung), BGHZ 66, 212; 101, 340; 107, 337; 132, 178; NJW 1992, 914; aber auch Einrede des nicht erfüllten Vertrags (§ 320 BGB); Anfechtung nach § 119 I, II BGB bezüglich des Mangels, Oetker/Koch Rn. 119, für § 119 II BGB, str., aber Anfechtung auch außerhalb des Anwendungsbereichs der § 377 nur bis zum Gefahrübergang (§ 434 I 1 BGB, deshalb kaum relevant, → Rn. 45), BGHZ 34, 34; DB 1962, 600; Ansprüche aus Vertragsstrafe bezüglich des Mangels. Die Erstreckung des Rechtsverlustes auf Schlechterfüllung und Nebenpflichten liegt nach dem SMG umso fraglicher, als die §§ 280 ff. BGB außer Nichterfüllung auch Schlechterfüllung einschließlich der Verletzung von Nebenpflichten erfassen und Leistungs- und Verhaltenspflichten gleichbehandeln.

Der Rechtsverlust erfasst **auch** die **Rückgriffsansprüche des Lieferanten** nach §§ 445a, 478 BGB nF 2018 (→ Einl v § 373 Rn. 10). Diese Ansprüche setzen also Erfüllung der Rügeobliegenheiten voraus. § 445a IV BGB nF 2018 lässt § 377 ausdrücklich unberührt (wie schon § 478 VI BGB aF, entgegen § 378 RegE, → § 378 Rn. 1; s. auch § 327u V BGB nF, Umsetzung DIDRL, 1.1.2022), Nietsch/Osmanovic NJW 2018, 5; Mediger NJW 2018, 580; Jansen NZBau 2017, 639 (641). Das ist richtlinienkonform, schon zur aF Ernst/Gsell ZIP 2001, 1401; von Sachsen Gessaphe RIW 2001, 732; aA wohl Brüggemeier WM 2002, 1386. Andere Ausgleichsansprüche → Rn. 50.

49 Der Ausschluss umfasst **nur** solche **Rechte,** die sich **aus der Mangelhaftigkeit** herleiten. **Nicht ausgeschlossen** sind danach Ansprüche wegen Verletzung von **Nebenpflichten,** die nicht unmittelbar **mit dem Mangel zusammenhängen** und die die kaufrechtliche Gewährleistung nicht betreffen, zB Verpackungspflicht (je nachdem, → Rn. 15), BGHZ 66, 213 (Batterie-Fall); Canaris § 29 Rn. 78; unsicher ist, ob das auch für Nebenpflichten zu Aufklärung, Hinweis und Beratung über Produktbeschaffenheit und ihre Änderung gilt, so BGHZ 107, 331 (Wellpappe-Fall); differenzierend BGHZ 132, 178 (Schuhleder-Fall): bei Hinweispflicht auf Beschaffenheitsänderung in langjähriger Geschäftsbeziehung bestehe Vertrauenstatbestand, also insoweit keine Untersuchungsobliegenheit, aber bei Erkennen oder Erkennbarkeit auch ohne Hinweis Rügeobliegenheit analog § 377 III, str., richtiger jedoch (Neben-)Pflichtverletzung (§ 280 BGB, uU § 254 BGB) unabhängig von § 377 (auch → Rn. 52), zutr. krit. G. Müller ZIP 2002, 1184. Nicht ausgeschlossen sind jedenfalls Ansprüche aus selbstständigem **Beratungsvertrag,** EBJS/Achilles Rn. 221. Nicht ausgeschlossen wären konsequent auch Ansprüche des Käufers aus § 280 BGB, die sich auf das Vertragsverhältnis insgesamt auswirken, zB Vertrauenswegfall, Staub/Brüggemann Rn. 155; offen BGHZ 107, 339. Nicht ausgeschlossen sind jedenfalls Ansprüche aus einem selbstständigen **Garantievertrag,** hL. Grund: der Verkäufer hat eine über den Kaufvertrag hinausgehende, selbstständige Zusage gemacht. Anders bei unselbstständigen Garantiezusagen des Verkäufers, die nur die Mängelansprüche des Käufers inhaltlich oder zeitlich verbessern, auch Beschaffenheits- und Haltbarkeitsgarantien nach § 443 BGB, G. Müller ZIP 2002, 1181; Oetker/Koch Rn. 117; Koller/Roth Rn. 25; aA Canaris § 29 V Rn. 83, 87. Bsp.: BGH ZIP 1996, 1343. Diese Abgrenzungen sind, wie die Rspr. zeigt, schwierig und unsicher.

Nicht ausgeschlossen sind **Ansprüche aus unerlaubter Handlung**, zB 50 § 823 I BGB, auch wenn sie auf dem Mangel beruhen, BGHZ 101, 337; 105, 357; G. Müller ZIP 2002, 1181, sehr str., aA K. Schmidt § 29 III Rn. 117: Abgrenzung nicht nach Vertrags- oder Deliktsansprüchen, sondern nach Sinn der Präklusion. Die Rspr. scheint dem Zweck des § 377 zuwiderzulaufen, aber der Käufer wäre andernfalls im Vergleich zu Dritten in seinem Rechtsgüterschutz als Folge der mangelhaften Sache unangemessen schlechter gestellt. Das ist offensichtlich für Personenschäden des Käufers auf Grund des Mangels, so auch K. Schmidt § 29 III Rn. 117. Mitverschulden des Käufers ist zu berücksichtigen, s. BGH NJW 1992, 914. Nicht ausgeschlossen sind auch **Ausgleichsansprüche** zB aus § 426 BGB, Koller/Roth Rn. 25; aber LG Nürnberg-Fürth NJW 1990, 3023; anders für Lieferantenregress aus § 445a BGB (→ Rn. 48). Lit. zur Reichweite der Genehmigungsfiktion: Hönn BB 1978, 685; Schwark JZ 1990, 374; Tiedtke NJW 1990, 14; G. Müller ZIP 1997, 661; 2002, 1178.

C. **Arglistiges Verschweigen des Mangels (V):** Versäumung der Rüge 51 bleibt ohne die Folgen von II, III (also kein Rechtsverlust durch Genehmigung), wenn der Verkäufer den (vom Käufer nicht rechtzeitig gerügten) Mangel arglistig verschwiegen hat (V), Bsp.: BGH NJW 1986, 316. Maßgeblicher **Zeitpunkt** ist beim Gattungskauf der der **Ablieferung**, BGH NJW 1986, 317; 1996, 1827; OLG Karlsruhe BB 2016, 2068; EBJS/Achilles Rn. 206; aA MüKo/Grunewald Rn. 90: Gefahrübergang; aA BGH NJW 1989, 2051 (zur Verjährung): Vertragsschluss. Zutr. Gleichstellung von Gattungs- und Spezieskauf, MüKo/Grunewald Rn. 90; BeckOGK HGB/Höpfner Rn. 120. Arglistiges Verschweigen als solches genügt, **nicht** erforderlich ist **Ursächlichkeit** desselben für das Unterbleiben oder die Verspätung der Rüge oder für einen Schaden des Käufers, RGZ 55, 214. Zur Substantiierung der Arglistvoraussetzungen s. BGH NJW 1996, 1826 (vgl. aber auch → Rn. 46: ursächliches Abhalten von Rüge).

Verschweigen ist bewusstes Unterlassen nach Treu und Glauben gebotener 52 Mitteilung. Den Verkäufer muss also eine Aufklärungs- bzw. Offenbarungspflicht treffen (vgl. → § 347 Rn. 23–33), zB Fehlen der zugesicherten Generalüberholung, BGH NJW 1986, 317. Fehlender Hinweis auf Beschaffenheitsänderungen bei langjährigem Warenbezug soll nicht ohne Weiteres Verschweigen sein, also Rechtsfolge nicht V, sondern Schadensersatz gemäß § 280 BGB unabhängig von § 377 (→ Rn. 49), von Olshausen JR 1997, 64; wendet man dagegen mit dem BGH (→ Rn. 49) § 377 III analog an, muss das auch für V gelten. Dem arglistigen Verschweigen steht arglistiges **Vorspiegeln** eines Vorzugs der Ware gleich, RGZ 101, 72; LZ 1931, 1456.

Arglist ist Absicht, den Gegner zu täuschen, dh Wissen oder Damitrechnen 53 des Verkäufers, dass der Fehler besteht, der Käufer ihn nicht erkennt und er bei Kenntnis die Ware beanstanden würde, BGH NJW 1986, 317. Arglist setzt nicht voraus, dass das Verhalten als Betrug strafbar ist, besondere täuschende Machenschaften für das Verschweigen ursächlich geworden ist (→ Rn. 51). Wissentlich fehlerhafte Lieferung ist nicht ohne Weiteres arglistig, BGHZ 110, 140, zB wenn der Fehler offen zutage liegt oder wenn die Sache trotz des Fehlers für den Käufer brauchbar ist; anders, wenn Verkäufer Rügeversäumnis des Käufers einkalkuliert und Käufer die Sache wegen des Fehlers nicht gebrauchen oder absetzen kann, BGH NJW 1986, 317.

Arglistiges Verschweigen durch einen **Erfüllungsgehilfen** (§ 278 BGB bezüg- 54 lich Offenbarungspflicht) wirkt gegen den Verkäufer. Erfüllungsgehilfe ist zB der Lieferer des Verkäufers, der auf seine Weisung die Ware unmittelbar an den

Käufer liefert. **Nicht:** der Zulieferer des Verkäufers, OLG Karlsruhe BB 2016, 2068; auch nicht im Falle des Vertrags über noch herzustellende oder zu erzeugende bewegliche Sachen (§ 381 II, § 650 S. 1 BGB, früher Werklieferungsvertrag), BGHZ 48, 121; BB 1968, 689; jeder im Betrieb des Verkäufers mit der Herstellung befasste Mitarbeiter; Verschweigen fehlerhafter Arbeit, zB Schweißung, durch den Mitarbeiter ist nicht dem Verkäufer als eigenes arglistiges Verschweigen gegenüber dem Käufer zuzurechnen, BGH BB 1968, 689; anders bei Kenntnis des für die Überprüfung der fehlerfreien Herstellung zuständigen Mitarbeiters, BGHZ 62, 62; 66, 43, und bei Organisationsmangel, BGHZ 117, 318, str.; zur Wissenszurechnung innerhalb des Verkäuferbetriebs → § 125 Rn. 4, → **(7) Bankgeschäfte** Rn. A16 und BGHZ 132, 30 (Pflicht zur ordnungsgemäßen Organisation der Kommunikation), NJW 1995, 2159; 1996, 1205 (Pflichten im Gebrauchtwagenhandel).

6) Beweislast

55 Beweislast für **Kaufmannseigenschaft** beider Vertragsparteien und HdlGeschäft (I, → Rn. 2 f.) trägt der Verkäufer, BGH NJW 1995, 3382; aber Beweislastumkehr durch § 1 II Hs. 2, auch zugunsten des Verkäufers für seine KfmEigenschaft, insoweit gilt aber § 15 I (→ § 1 Rn. 25); Vermutung für HdlGeschäft nach § 344 I. Die Beweislast für die **Ablieferung** (I, → Rn. 5) trägt der Verkäufer, BGHZ 93, 347; OLG Köln NJW-RR 1995, 29 (Streckengeschäft); bei uneingeschränkter schriftlicher Abnahmebestätigung ausnahmsweise der Käufer, BGH NJW 1993, 461. Die Beweislast für **unverzügliche Untersuchung** (durch den Abnehmer) trägt ebenfalls der Käufer, OLG Köln NJW-RR 1995, 29; OLG Karlsruhe NZG 2009, 396 (Streckengeschäft, → Rn. 37); OLG Koblenz MDR 2012, 982 Ls.; OLG Köln MDR 2015, 959. Im Hinblick auf **verdeckte Mängel** (III) trägt der Käufer die Beweislast dafür, dass der Mangel bei der Untersuchung nicht erkennbar war (→ Rn. 26), sowie für den Zeitpunkt seiner Entdeckung. Die Beweislast für die rechtzeitige Absendung der **Rüge** (IV, → Rn. 40) trägt der Käufer; auch die Beweislast, dass die Rüge überhaupt zugegangen ist, also die Verlustgefahr, BGHZ 101, 54, sehr str. und nicht überzeugend (→ Rn. 41).

7) Abweichende Vereinbarungen

56 A. **Handelsbrauch:** Handelsbräuche spielen im Rahmen des § 377 eine wichtige Rolle (zB → Rn. 8 ff., 23 ff.). Für einen solchen bedarf es aber konkreter Anknüpfungstatsachen für eine ausreichende einheitliche, auf Konsens der beteiligten Kreise hindeutende Verkehrsübung dazu, BGH NJW 2018, 1957 Rn. 23, 30. HdlBrauch kann aber idR **nur Art und Umfang** der vorgeschriebenen Untersuchung ordnen, jedoch nicht von jeder Untersuchungspflicht entbinden, RGZ 125, 79. Ein HdlBrauch, der von der Untersuchungspflicht schlechthin oder von der Pflicht zur unverzüglichen Untersuchung entband, wäre unbeachtlicher **Missbrauch**, OLG Frankfurt a. M. NJW-RR 1986, 838; ähnlich BGH DB 1976, 144. Seltenheit des Fehlers ist unerheblich, OLG Köln BB 1957, 910. Missbräuchlich wäre insbesondere ein Brauch, der bei Fisch-, Gemüse-, Obstkonserven den Käufer von unverzüglicher Untersuchung entbindet, OLG Hamburg MDR 1965, 390.

57 B. **Freie Individualvereinbarung:** § 377 ist abdingbar. Die **Rügepflicht** kann durch Individualvereinbarung (AGB → Rn. 58) **verschärft, gemildert oder ganz aufgehoben** werden. Freie Parteiabrede über Ablieferung → Rn. 5 f. Oft wird schriftliche Rüge verlangt oder statt „unverzüglich" eine bestimmte Frist gesetzt, Bspe.: BGH DB 1973, 2390: 8 Tage (in Farbdruck-AGB, wirksam); BGH BB 1977, 14: 2 Wochen, nicht mehr nach Weiterverarbeitungsbeginn (Textilien). Eine Frist (zB 2 Monate) kann auch als bloße Ausschlussfrist gesetzt werden, so dass sie nicht beliebig ausgenutzt werden darf, sondern innerhalb der Frist unverzüglich Erklärung gemäß I, III vorgeschrieben bleibt, RG HRR 1933,

837. Ist beim Dokumentengeschäft Rüge „binnen x Tagen nach Eintreffen der Ware im Bestimmungshafen" vereinbart, ist sie nicht vor Andienung der Dokumente geboten, vor allem nicht, wenn vorher kein Untersuchungsrecht (→ Rn. 22) bestand, OLG Hamburg MDR 1970, 334. Bestimmte Frist zur Rüge verborgener Mängel hindert iZw nur spätere Rüge solcher Mängel, die durch zumutbare Untersuchung (→ Rn. 25) feststellbar sind, BGH BB 1970, 1416; WM 1977, 822. Zusage jederzeitiger Rücknahme der Ware bei Beanstandung ist Abbedingung der Rügeobliegenheit nach § 377. Qualitätszusagen sind nicht ohne Weiteres Abbedingung, sondern erhöhen nur die vertragliche Anforderung an die Beschaffenheit der Ware (→ Rn. 14), anders Qualitätssicherungsabreden im Zuliefergeschäft (→ Rn. 59). Abreden über die Dauer der Untersuchung nach § 377 fallen nicht unter das ZahlungsverzugsG (→ § 352 Rn. 5, § 358 Nr. 1), denn die Fälligkeit der Kaufpreisforderung hängt nicht von dieser Untersuchung ab, RegE, Haspl BB 2014, 776; Verse ZIP 2014, 1812. **Nachträglicher Verzicht** auf Verspätungseinwand → Rn. 47.

C. AGB: a) Verschärfung der Rügeobliegenheit: Die Verschärfung von **58** Rügepflichten über § 377 hinaus, zB nur im Zeitpunkt der Ablieferung oder sonst ohne Rücksicht auf Erkennbarkeit, ist auch nach **(5)** § 307 I, II BGB **unwirksam,** denn sie führt iErg zum Ausschluss jeder Haftung für verborgene Mängel, BGH WM 1985, 1145; insgesamt großzügiger CISG, Conrads IHR 2022, 1. Was die Untersuchung angeht (aber auch berechtigte Rüge ohne Untersuchung reicht aus, → Rn. 20), ist zwar eine gewisse Standardisierung oder Generalisierung von Art und Umfang einer gebotenen Untersuchung in bestimmter Weise unter Berücksichtigung der beiderseitigen Interessen zulässig, BGH NJW 2018, 1957 Rn. 37. Grenze ist, was nach dem ordnungsgemäßen Geschäftsgang tunlich ist, BGH NJW 2018, 1957 Rn. 36. Nicht zumutbar ist aber zB Untersuchung stets durch einen neutralen Sachverständigen (→ Rn. 28), BGH NJW 2018, 1957. Rügeklausel mit Anspruchsverlust ist nur zu rechtfertigen, wenn der Käufer zumutbaren Obliegenheiten nicht nachkommt; Klausel über Rüge aller, auch verborgener Mängel nur binnen dreier Tage ist auch unter Kflten unwirksam, BGHZ 115, 326. Unwirksam ist Klausel über Rügeverlust bei verborgenen Fehlern im Falle bestimmungsgemäßer Be- oder Verarbeitung, auch wenn nachgewiesenes Verschulden des Verkäufers ausgenommen ist, BGHZ 132, 180. Unwirksam ist auch Klausel über Ausschlussfrist für nicht offensichtliche Mängel, die kürzer ist als Verjährungsfrist, BGHZ 132, 180. Aber nicht schon jede Ausschlussfrist für verborgene Mängel ist nach **(5)** § 307 I, II BGB unzulässig, str., vielmehr ist **angemessene, mängeltypische Frist zulässig,** keine Indizwirkung von **(5)** § 309 Nr. 8b ee BGB (Ausschlussfrist für Mängelanzeige) Wo/Li/Pf/Dammann § 309 Nr. 8b ee Rn. 73, aA BGH NJW-RR 2005, 248 (§ 11 Nr. 10e AGBG); vgl. abwägend Leuschner/Rieländer § 307 BGB Rn. 125; Ul/Br/He/Christensen § 309 Nr. 8 Rn. 106 und Ul/Br/He/Christensen (16) Einkaufsbedingungen Rn. 5 ff., str. Verlust des Mängelrügerechts aus anderen Gründen als Fristversäumnis ist nur bei Verstoß gegen zumutbare, zur redlichen Abwicklung des Vertrags gebotene Obliegenheiten zu rechtfertigen, BGHZ 132, 180; BGH NJW 1985, 3016. Schriftformklausel unter Kaufleuten zulässig, nachträgliche Abbedingung nur bei eindeutiger Zusage des Verkäufers, OLG Hamm IHR 2016, 30 (33 f.) = NJOZ 2015, 1369; auch → Einl v § 343 Rn. 9. Eine Pflicht zur Rüge gegenüber der „Betriebsleitung" ist unangemessen, weil das Risiko betriebsinterner Weiterleitung an diese vom Verkäufers zu tragen ist, BGH IHR 2019, 141.

b) Abmilderung der Rügeobliegenheit: Rügefristen bis zu zwei Wochen **59** bei verdeckten Mängeln und ab Entdeckung sind unter **(5)** § 307 BGB wirksam, OLG München OLGR 1998, 298; näher EBJS/Achilles Rn. 252. Abbedingung der Rügepflicht aus § 377 in Einkaufsbedingungen ist jedenfalls für offenkundige

§ 378 1 4. Buch. Handelsgeschäfte

Mängel gemäß **(5)** § 307 I, II BGB unwirksam, BGH ZIP 1985, 1207, NJW 1991, 2633, Ul/Br/He/Christensen (16) Einkaufsbedingungen Rn. 8, strenger OLG Karlsruhe WRP 2000, 565; auch sonst ist sie nur bei besonderem Interesse des Verwenders wirksam, vgl. Wo/Li/Pf/Dammann § 309 Nr. 8b ee Rn. 78, str. Dieses Interesse ist aber bei Ersetzung der Wareneingangskontrolle durch **Qualitätssicherungsabreden** und bloße Mindestkontrolle anhand des Lieferscheins und auf Transportschäden (häufig bei **just-in-time-Lieferung**) idR anzuerkennen, EBJS/Achilles Rn. 252, 115 ff.; Lehmann BB 1990, 1849; Steinmann BB 1993, 873; zurückhaltend Leuschner/Wilhelm Verhaltensrichtlinien Rn. 78 (Kontrollminimum erforderl.); aA von Westphalen FS 40 Jahre DB, 1988, 223; Grunewald NJW 1995, 1777. Der Beginn der Rügefrist darf nicht wesentlich hinausgeschoben werden, Ul/Br/He/Christensen (16) Einkaufsbedingungen Rn. 8, aber Obergrenze idR von 5 Tagen ist zu schematisch, str. Abwälzung der Rüge durch **Leasing**geber auf (nichtkaufmännischen) Leasingnehmer ist unwirksam, von Westphalen BB 1990, 1, Beil. 19/90, 16 (Leasing → **(7)** Bankgeschäfte Rn. P17). „Spätest"-Fristen setzen nur äußersten Zeitpunkt (zur Wirksamkeit → Rn. 58), entbinden aber nicht von der unverzüglichen Rüge nach Entdeckung, OLG Koblenz NJW-RR 2004, 1553. Lit.: Wellenhofer, Zulieferverträge, 1999, S. 343 ff.; Rö/Laschet Qualitätssicherungsvereinbarungen; Ensthaler NJW 1994, 817; Grunewald NJW 1995, 1777; Schubel JZ 2001, 1113 (SMGRegE).

60 c) **Verhältnis zu Garantiefristen:** Zu unterscheiden sind Verjährung von Mängelansprüchen (§ 438 BGB), Garantiefrist (nach Vereinbarung) und Verjährung von Garantieansprüchen (§ 195 BGB). Zu den verschiedenen Garantiearten → § 349 Rn. 15. Garantiefristen ändern idR nicht die Rügeobliegenheit; sie verlängern nicht Verjährungsfrist mindestens auf eine längere Garantiefrist, sondern schieben Beginn der Verjährungsfrist hinaus (statt Ablieferung wie in § 438 II BGB Entdeckung des Mangels), sofern Entdeckung des Mangels in die Garantiefrist fällt, BGHZ 75, 81, DB 1965, 1736; Ablauf der Verjährungsfrist also uU erst nach Ablauf der Garantiefrist, BGH NJW 1979, 645; Verjährung mangels Geltendmachung innerhalb der kurzen Verjährungsfrist (§ 438 I Nr. 3 BGB 2 Jahre, vor SMG 6 Monate) nach Entdeckung des Mangels betrifft auch analog die Warenherstellergarantie, BGH NJW 1981, 2248, krit. Bunte NJW 1982, 1629. Zeigt sich in der Frist ein Fehler, so ist (bei beiderseitigem HdlKauf) unverzügliche Rüge nötig. Selbstständiger Garantievertrag → Rn. 49, → § 349 Rn. 15. Zu beachten ist seit dem SMG § 443 BGB über Beschaffenheits- und Haltbarkeitsgarantieren (→ § 349 Rn. 15).

8) Internationaler Verkehr

61 Untersuchungs- und Rügepflicht unterliegen dem Vertragsstatut des HdlKaufes (oder internationalem Einheitsrecht, → Einl v § 373 Rn. 45 ff.), aA kraft Sonderanknüpfung Recht des (tatsächlichen, nach aA vertraglichen) Untersuchungsorts; aber das Recht des Staats, in dem die Erfüllung erfolgt, ist zu berücksichtigen (Art. 12 II Rom I-VO), Reithmann/Martiny/Martiny Rn. 25.136. Untersuchung (Art. 38 CISG) und Incoterms, Piltz FS Magnus, 2014, 273.

378 *(aufgehoben)*

1 § 378 aF regelte bis zum SMG die Untersuchungs- und Rügepflicht bei Falschlieferung oder Mengenfehlern (s. 30. Aufl.). Die Rügepflicht entfiel bei grober Artabweichung, was zu einer schwierigen Abgrenzung zwischen Schlechtlieferung (§ 377) und Falschlieferung (§ 378 aF „eine andere als die bedungne Ware") nötigte und zu unbefriedigenden Ergebnissen führte. § 378 aF wurde durch § 434 III BGB idF SMG entbehrlich (→ § 377 Rn. 14). RegE SMG hatte in Ergänzung von §§ 478, 479 BGB vorgesehen, dass der Käufer, der die Ware vor Entdeckung oder Erkennbarkeit des Mangels ganz oder teilweise im normalen Geschäftsverkehr verkauft oder der normalen Verwendung entsprechend verbraucht oder verändert, seine Rechte wegen des Mangels der Ware behält, auch wenn er nicht gemäß § 377 gerügt hat. Ein Rückgriffsanspruch des in Anspruch genommenen Letztverkäufers sollte nicht an der unterlassenen Rüge scheitern. Der Bundesrat wandte sich mit Erfolg gegen eine solche Besserstellung, die auch von der VerbrGüKRL nicht verlangt wird. Rückgriff nunmehr nach § 445a BGB (→ Einl v § 373 Rn. 10, 35), § 377 wird nicht tangiert (→ § 377 Rn. 48, 50). Lit. zur Aufhebung: Steck NJW 2002, 3202.

[Einstweilige Aufbewahrung; Notverkauf]

379 (1) **Ist der Kauf für beide Teile ein Handelsgeschäft, so ist der Käufer, wenn er die ihm von einem anderen Orte übersendete Ware beanstandet, verpflichtet, für ihre einstweilige Aufbewahrung zu sorgen.**

(2) **Er kann die Ware, wenn sie dem Verderb ausgesetzt und Gefahr im Verzug ist, unter Beobachtung der Vorschriften des § 373 verkaufen lassen.**

Übersicht

	Rn
1) Inhalt und Anwendungsbereich	1–6
A. Inhalt:	1, 2
B. Anwendungsbereich:	3–6
2) Aufbewahrungspflicht des Käufers (I)	7–9
A. Art und Weise der Aufbewahrung:	7
B. Dauer (nur einstweilen):	8
C. Kosten:	9
3) Recht zum Notverkauf (II)	10–14
A. Zulässigkeit:	10, 11
B. Durchführung:	12
C. Rechtsfolgen:	13, 14
4) Abweichende Vereinbarungen	15

1) Inhalt und Anwendungsbereich

A. Inhalt: a) BGB: Nach BGB kann der Käufer, der die ihm gesandte Kaufsache beanstandet (und nicht bloß den Kaufpreis mindern oder Mangelbeseitigung oder kleinen Schadensersatz fordern will, § 437 BGB, RGZ 17, 67), die Sache zurückweisen, Ernst NJW 1997, 896. Er kann sie auf Kosten und Gefahr des Verkäufers zurückgehen lassen bzw. zurücksenden. Eine Pflicht zur Rückgewähr folgt bei Rücktritt und bei Nachlieferung (§ 439 IV BGB, richtlinienkonforme Einschränkung, BGH WM 2009, 316) aus § 346 I BGB. Den Käufer trifft aber grundsätzlich **keine Pflicht zur Aufbewahrung** der Sache. Eine einstweilige Aufbewahrungspflicht, bis der Verkäufer disponieren kann, trifft den Käufer nur ausnahmsweise (§ 242 BGB, zur Wert- bzw. Schadensersatzpflicht bei Verschlechterung oder Untergang der Kaufsache s. § 346 II 1 Nr. 3, III 1 Nr. 3, IV BGB). Hat der Käufer die Sache abgenommen (nicht identisch mit Annahme als Erfüllung, § 363 BGB), hat er kein Notverkaufsrecht, allenfalls Geschäftsführung ohne Auftrag (§ 677 BGB, → Rn. 11). 1

b) HGB: Demgegenüber verpflichtet § 379 I beim beiderseitigen HdlGeschäft den Käufer allgemein zur **einstweiligen Aufbewahrung,** der Käufer darf solange nicht zurücksenden. Der Verkäufer soll so vor mit einer ungewollten Rücksendung verbundenen Nachteilen (Kosten, Gefahr) geschützt werden und ggf. die Ware vor Ort verwerten können, RGZ 17, 67. Wenn die Ware dem 2

Verderb ausgesetzt und Gefahr im Verzug ist, hat der Käufer das Recht zum Notverkauf nach II.

3 B. **Anwendungsbereich: a) Beiderseitiges Handelsgeschäft:** § 379 setzt das Vorliegen eines beiderseitigen HdlGeschäfts (§§ 343, 344) voraus. Ist der Kauf nur für den Käufer HdlGeschäft, hat er Pflichten nur im Rahmen von § 242 BGB (→ Rn. 1). Entsprechende Anwendung von § 379 I auf kaufmannsähnliche Personen, zB Freiberufler und Kleingewerbetreibende ist aber wie in anderen Fällen (→ § 1 Rn. 10) auch hier überlegenswert; weitergehend Lehmann WM 1980, 1162.

4 b) **Distanzkauf:** § 379 setzt weiter voraus, dass die Ware dem Käufer **von einem anderen Ort übersandt** wird (Distanzkauf). Grund: beim Distanzkauf soll der Verkäufer die Ware da, wo sie sich befindet, verwerten können (→ Rn. 2). Das Merkmal Distanzkauf (Gegensatz: Platzkauf) ist daher weit auszulegen. Distanzkauf liegt nicht nur vor, wenn der Verkäufer die Ware durch eine Transportperson versendet (Versendungskauf, § 447 I BGB, einerlei auf welche Weise), sondern auch, wenn der Verkäufer sie selbst dem Käufer bringt, str.; aA Staub/Brüggemann 6; oder wenn die Ware dem Käufer schon anderswo übergeben war und er sie selbst dorthin sendet, wo sie zu prüfen und über ihre Annahme zu entscheiden ist, einerlei ob der Verkäufer am Bestimmungsort noch Verrichtungen an ihr schuldet (zB Montierung einer Maschine), vgl. RGZ 66, 196. Anders nur beim Platzkauf: Kommt die Ware vom selben Ort (idR politische Gemeinde, nicht Sitz der Vertragspartei) oder wird sie gar nicht bewegt, folgen Sorgepflichten nur aus § 242 BGB (→ Rn. 1). **Übersendung** muss **in Erfüllung des Kaufvertrags** erfolgen; für unbestellt zugesandte Ware gilt § 379 nicht, nur Herausgabepflicht nach §§ 985, 812 BGB, ggf. Pflichten aus § 242 BGB (→ Rn. 1, § 241a BGB ist auf Lieferung an Unternehmer nicht anwendbar). § 379 gilt, da unter Kflten, nach seinem Zweck auch bei Mehrlieferung, obschon nach SMG kein Sachmangel gegeben und § 377 unanwendbar ist (→ § 377 Rn. 19).

5 c) **Inbesitznahme der Kaufsache:** § 379 setzt voraus, dass der Käufer die Ware überhaupt in Besitz genommen hat, also nicht zurückgewiesen hat, BGH NJW 1979, 812. Er kann die Annahme gegenüber der Transportperson verweigern und hat auch keine Aufbewahrungspflicht, diese ist dann Sache des Frachtführers (§ 437). Hat der Käufer die Sache unberechtigt zurückgewiesen, kommt er in Annahme- und Schuldnerverzug und muss sich so behandeln lassen, wie wenn er abgenommen hätte und § 379 anwendbar wäre (§§ 280 I, II, 286, 249 BGB), Heymann/Emmerich/Hoffmann Rn. 12, Koller/Roth Rn. 2; iErg RG HRR 1926, 1147; BGH NJW 1979, 812.

6 d) **Beanstandung der Ware:** Der Käufer muss die Ware beanstanden, dh erkennbar zum Ausdruck bringen, dass er die Ware als nicht vertragsgemäß nicht behalten(also nicht nur nach § 377 einen Mangel rügen) will (→ Rn. 1), sonst ist I unanwendbar. Beanstandung und Mängelrüge können verbunden werden. Die Beanstandung ist nicht fristgebunden. Sie muss aber **berechtigt** sein, da der Käufer andernfalls verpflichtet ist, die Ware als Erfüllung anzunehmen, nicht nur einstweilig aufzubewahren (vgl. → Rn. 5).

2) Aufbewahrungspflicht des Käufers (I)

7 A. **Art und Weise der Aufbewahrung:** Unter den obigen Voraussetzungen (→ Rn. 3) ist der Käufer zur einstweiligen Aufbewahrung verpflichtet. Er ist also, solange ihn diese Pflicht trifft, nicht zur Rücksendung der beanstandeten Ware an den Verkäufer berechtigt (→ Rn. 2, 8). Der Käufer schuldet nach I Aufbewahrung ohne Rücksicht auf Deckung für seine Kosten und auf Nachteile (anders § 362 II), Grenzen folgen aus § 242 BGB. Der Käufer kann entweder selbst verwahren oder Fremdverwahrung wählen, zB durch Frachtführer, Spediteur, Lagerhalter oder Schiffer, uU auch sonstige geeignete Dritte, vgl. RGZ 98, 70. Keine grds. Pflicht zur Versicherung, Oetker/Koch Rn. 16; wohl aber bei Üblichkeit, entspr. Schadensrisiko, uU HdlBrauch EBJS/Achilles Rn. 12. Der Käufer haftet nur für ordnungsgemäße Auswahl des Fremdverwahrers; solche Personen sind nicht seine Erfüllungsgehilfen (§ 278 BGB, vgl. → § 373 Rn. 8). Verletzung der Aufbewahrungspflicht macht den Käufer ersatzpflichtig; Sorgfalt eines ordentlichen Kfm. (§ 347), Haftungsmilderung nach § 300 I BGB, aber nicht bezüglich Auswahlverschulden, str. (→ § 373 Rn. 8). Seine Rechte aus dem Mangel bleiben davon unberührt, ebenso Pflichten und Obliegenheiten aus anderem Grund, zB Wahrung von Ansprüchen gegen Frachtführer (§ 438).

B. **Dauer (nur einstweilen):** Käufer muss einstweilen aufbewahren, dh bis der 8 Verkäufer über die Ware verfügen kann, nicht nur bis zur Ankunft der Beanstandung, RGZ 43, 32. Normalerweise ist Dauer von einer Woche ausreichend. Der Verkäufer gerät nach Ablauf angemessener Frist (wenn im regelmäßigen Geschäftsgang eine Entscheidung erwartet werden kann, RGZ 43, 32) in Annahmeverzug; der Käufer haftet dann nur noch für Vorsatz und grobe Fahrlässigkeit (§ 300 BGB), → Rn. 7. Nach Fristablauf kann der Käufer die Ware dem Verkäufer auf dessen Gefahr und Kosten **zurücksenden**. Verpflichtet ist er dazu uU nach Treu und Glauben oder HdlBrauch, aber nur gegen Kostenübernahmezusage; der Verkäufer kann dann Rücksendung auf seine eigenen Kosten verlangen.

C. **Kosten:** Ist die Beanstandung begründet, kann der Käufer Ersatz seiner 9 **Kosten** mit Zinsen (§ 354 II) verlangen, bei Annahmeverzug auch nach § 304 BGB (→ Rn. 7); bei eigener Verwahrung hat er Anspruch auf Lagergeld, bei fremder außerdem Provision (§ 354).

3) Recht zum Notverkauf (II)

A. **Zulässigkeit:** Der Käufer kann die Ware, wenn (und solange) sie dem 10 Verderb ausgesetzt ist und (zusätzlich) Gefahr im Verzug droht (vgl. § 373 II 2, dort → § 373 Rn. 17) verkaufen lassen **(Notverkauf)**. Ausnahmsweise ist er nach § 242 BGB hierzu sogar verpflichtet, vgl. RGZ 66, 192 (→ Rn. 12). Notverkauf ist unzulässig bei Widerspruch des Verkäufers gegen den Verkauf, RGZ 43, 34; 101, 19; nicht nur gegen die Beanstandung, RGZ 96, 73. Grund: § 379 dient dem Schutz der Interessen des Verkäufers.

Außerhalb von II kann Notverkauf auf Grund Geschäftsführung ohne Auf- 11 trag (§ 677 BGB, → Rn. 1), RGZ 66, 197; 101, 19 oder als Selbsthilfeverkauf bei Rücknahmeverzug des Verkäufers nach § 383 BGB zulässig sein. Auch Befriedigung nach § 371 bei kfm. Zurückbehaltungsrecht ist denkbar. Verkauf oder andere Verwertung beanstandeter Ware nach §§ 935, 940 ZPO kommen ebenfalls in Betracht, § 379 II kommt dann weder unmittelbar noch analog zur Anwendung, RGZ 104, 284.

B. **Durchführung:** Der Notverkauf ist nach den Vorschriften des **§ 373** vor- 12 zunehmen (II). Der vorherigen Androhung bedarf es nicht (§ 373 II 2). Der Verkauf geschieht für Rechnung des säumigen Verkäufers (§ 373 III, → Rn. 13). Streitig ist, ob der Käufer den Notverkauf auch ohne rechtsgeschäftliche Vollmacht im Namen des Verkäufers durchführen lassen kann, so Staub/Brüggemann Rn. 33; Rö/Steimle/Dornieden Rn. 18 II begründet jedoch außer bei § 373 IV keine gesetzliche Vertretungsmacht, BeckOGK HGB/Höpfner Rn. 58; auch RGZ 66, 194 nimmt eine solche (nur) für den besonderen Fall an, dass der Käufer die Sache selbst ersteigert (II, § 373 IV), str. Der Käufer muss bei der Durchführung auf das Interesse des Verkäufers Rücksicht nehmen (§ 242 BGB). Das Notverkaufsrecht ist nicht fristgebunden, der Käufer darf aber, sofern er ausnahmsweise eine Pflicht zum Notverkauf hat (→ Rn. 10), die Durchführung

§ 380 1   4. Buch. Handelsgeschäfte

nicht zum Schaden des Verkäufers bewusst verzögern, RGZ 66, 192, nach aA auch grob fahrlässig (→ § 373 Rn. 22).

13   C. **Rechtsfolgen: a) Ordnungsgemäßer Notverkauf:** Der berechtigte Notverkauf erfolgt für Rechnung des säumigen Verkäufers (§ 373 III). Käufer und Verkäufer können mitbieten (§ 373 IV). Der Erlös tritt an die Stelle der Ware und steht dem Verkäufer zu. Der Ersteigerer erwirbt Ansprüche nur gegenüber dem Käufer (→ Rn. 12), str. Die verschiedenen Gewährleistungsrechte des Käufers nach § 437 BGB bleiben davon unberührt. Der Käufer kann zwar nicht mehr den Kaufpreis mindern (§§ 437 Nr. 2, 441 BGB), weil Minderung voraussetzt, dass er die Ware behält, aA Oetker/Koch Rn. 34, aber iErg gleich. Er kann aber Nachlieferung verlangen, vom Vertrag zurücktreten und großen Schadensersatz oder Ersatz vergeblicher Aufwendungen verlangen (§ 437 Nr. 1–3 BGB). Mit Ansprüchen auf Schadens- oder Aufwendungsersatz kann der Käufer gegen den Herausgabeanspruch des Verkäufers hinsichtlich des Erlöses aus dem Notverkauf aufrechnen. Ersteigert der Käufer die Ware, sind neue Beanstandungen und neuer Notverkauf wegen der alten Mängel nicht mehr zulässig, RGZ 66, 194.

14   **b) Nicht ordnungsgemäßer Notverkauf:** Der nicht ordnungsgemäße Notverkauf, dh ein Notverkauf ohne Vorliegen von II oder unter Verstoß gegen § 373, erfolgt nicht auf Rechnung des Verkäufers, sondern auf Rechnung des Käufers. Der Käufer macht sich schadensersatzpflichtig (Haftungsprivileg des Käufers bei Annahmeverzug, § 300 I BGB; vgl. auch → Rn. 7) und verliert das Recht auf Nachlieferung, Rücktritt und Ersatz vergeblicher Aufwendungen; das Recht auf Minderung und (uU) kleinen Schadensersatz wegen des Mangels der Ware behält er, vgl. RGZ 43, 37. Ein durch II, § 373 nicht gedeckter Notverkauf kann aber aus anderen Gründen zulässig sein, zB Geschäftsführung ohne Auftrag (→ Rn. 11).

4) Abweichende Vereinbarungen

15   § 379 ist abdingbar, es bleibt dann insoweit bei den Vorschriften des BGB (→ Rn. 1, 11). AGB unterliegen den **(5)** §§ 305 ff. BGB, insbesondere dem Verbot unangemessener Benachteiligung nach **(5)** § 307 BGB, soweit Aufbewahrungs- und Rücksichtspflichten des Käufers aus § 242 BGB herzuleiten sind.

[Taragewicht]

380 (1) Ist der Kaufpreis nach dem Gewichte der Ware zu berechnen, so kommt das Gewicht der Verpackung (Taragewicht) in Abzug, wenn nicht aus dem Vertrag oder dem Handelsgebrauche des Ortes, an welchem der Verkäufer zu erfüllen hat, sich ein anderes ergibt.

(2) Ob und in welcher Höhe das Taragewicht nach einem bestimmten Ansatz oder Verhältnisse statt nach genauer Ausmittelung abzuziehen ist, sowie, ob und wieviel als Gutgewicht zugunsten des Käufers zu berechnen ist oder als Vergütung für schadhafte oder unbrauchbare Teile (Refaktie) gefordert werden kann, bestimmt sich nach dem Vertrag oder dem Handelsgebrauche des Ortes, an welchem der Verkäufer zu erfüllen hat.

1) Preisbestimmung nach Gewicht (§ 380)

1   A. **Nettogewicht ohne Verpackungsgewicht (I):** Berechnet sich der Kaufpreis nach dem Gewicht der gelieferten Ware, ist mangels abweichender Bestimmung durch Vertrag oder durch HdlBrauch das Gewicht der Verpackung **(Tara)** nicht mitzurechnen. Ausdrücklich bestimmt dies die Klausel „rein netto Tara" (→ Rn. 3). I ist eine reine **Auslegungsregel.** Vertrag oder HdlBrauch des Erfüllungsorts des Verkäufers (§ 269 BGB) können anderes bestimmen, zB „brut-

to für netto", also ohne Abzug für Verpackung (Verpackung wird wie Ware bezahlt), oder pauschaliert (→ Rn. 2).

B. Taragewichtberechnung, Gutgewicht, Refaktie (II): II betrifft die Gewichtsermittlung, unabhängig davon, ob eine Verpackung besteht und ob sie zu berücksichtigen ist (dazu I). II enthält selbst keine Regelung, ist also anders als I **keine Auslegungsregel,** sondern verweist auf Vertrag oder HdlBrauch am Erfüllungsort des Verkäufers (§ 269 BGB).

Danach kann das **Taragewicht** (→ Rn. 1) durch genaues Abwiegen der Verpackung ermittelt werden, so bei Klausel „rein netto Tara", oder in bestimmter Weise pauschaliert, zB Preisbestimmung nach dem Bruttogewicht abzüglich x% oder y Gramm Tara ohne Rücksicht auf das wirkliche Gewicht der Verpackung.

Gutgewicht ist eine nicht zu vergütende Gewichtszugabe für Gewichtsschwund, wie er vor allem bei Massegütern erfahrungsgemäß während des Transports auftritt, ROHGE 12, 59. Vorgesehen sein kann Mehrgewichtszugabe oder anderweitiger Ausgleich über Stückzahl oder Menge.

Refaktie ist umgekehrt ein Abzug für Verunreinigungen, wie sie bei bestimmten Waren, zB Kaffee, vorkommen, ROHGE 7, 8, uU auch für Bruch- und andere Schäden der Ware während des Transports. Der Abzug muss besonders vereinbart sein oder auf HdlBrauch beruhen. Er ist idR prozentual bestimmt, OLG Hamburg HRR 1928 Nr. 1216. Ist das der Fall, erfolgt der Abzug ohne Rücksicht darauf, ob in der Verunreinigung ein Mangel der Ware liegt oder nicht. Da ein solcher Abzug aber einen in der Verunreinigung eventuell liegenden Mangel bereits berücksichtigt, ist insoweit keine Rüge nach § 377 mehr notwendig. Rechte nach § 437 BGB kommen nur in Betracht, soweit Mängel den Abzug wertmäßig übersteigen.

2) Rechtsverhältnisse der Verpackung

A. Verpackungskosten: Die Verpackung besorgt der Verkäufer, sofern nichts anderes vereinbart ist, wie etwa bei Kauf „ab Lager" (→ § 346 Rn. 40). Wer die Kosten der Verpackung trägt, ist umstritten. Für den Versendungskauf ist das nach der hL wegen § 448 I BGB („Kosten der Versendung") der Käufer, anders bei Vereinbarung, Incoterms und HdlBrauch, EBJS/Achilles Rn. 1. Die Kosten bestehen aus denen des Materials und der Arbeit. Gehört die Verpackung zur Ausstattung, so ist sie nicht zu vergüten.

B. Eigentum und Rückgabe der Verpackung: Ob die Verpackung **zurückzugeben** und wessen Eigentum sie ist, hängt vom Parteiwillen im Einzelfall ab, zT ergänzend HdlBrauch, aber nicht allgemein im Speditions- und Transportgewerbe (vgl. § 454 II). **Säcke,** in die verpackt ist, gelten iZw als „verliehen" und sind zurückzugeben (§ 546 BGB, Sackmiete), andere Abreden, etwa bedingter Kauf, sind möglich. Ebenso näher gekennzeichnetes Leergut, etwa **Flaschen,** bei sog. Eigentumsflaschen ist Flaschenleihe anzunehmen, RGZ 159, 166; OLG Köln NJW-RR 1988, 373, ebenso bei Flaschenkästen mit Brauereibezeichnung. Wenn nur Flaschen gleicher Art und Güte zurückzugeben sind, liegt ein Flaschendarlehen vor (§ 607 BGB), BGH NJW 1956, 298, ebenso bei entspr. Absprache für Bierkästen, OLG Celle BB 1967, 779. Anspruch von jedermann auf Flaschenpfandrückzahlung gegen namentlich genannte Abfüller und Vertreiber, BGH NJW 2007, 2912; bei individualisierten Mehrwegpfandflaschen gehen Eigentum und Herausgabeanspruch nicht verloren, BGH NJW 2007, 2913; aA Weber NJW 2009, 948. In der Praxis stehen heute **Paletten** im Vordergrund. Für diese gelten dieselben Grundsätze, also zB **Palettendarlehen,** OLG Frankfurt a. M. ZIP 1982, 1332. § 607 BGB auch bei sonstigem Leergut. Flaschenpfand ist kein „Pfand", sondern Sicherung des gattungsmäßigen Rückgabeanspruchs; ein sehr hohes Flaschenpfand kann als Vertragsstrafe anzusehen sein, BGH LM BGB § 339 Nr. 10. Sind Fässer zu bezahlen, wenn sie nicht binnen

§ 381 1–3　　　　　　　　　　　　　　　　　　　　4. Buch. Handelsgeschäfte

vereinbarter Frist an den Verkäufer zurückgegeben werden, liegt bedingter Kauf vor, vgl. OLG Celle SeuffA 66 (11) 130. Klausel über vollen Wiederbeschaffungswert bei Nichtrückgabe von Leergut ist auch unter Kflten (Unternehmern) nach
(5) § 307 I, II BGB unwirksam, OLG Karlsruhe NJW-RR 1988, 370; OLG Köln NJW-RR 1988, 373. Zu Palettenverkehr, Palettentausch s. Willenberg TranspR 1985, 161. Zum Ausschluss des Zurückbehaltungsrechts → § 369 Rn. 13. Öffentlich-rechtliche Rücknahmepflicht nach VerpackungsVO s. Ekkenga BB 1993, 935. Lit.: Hopt/Mülbert § 607 Rn. 67; Heymann/Emmerich/Hoffmann Rn. 6 ff.

8　C. **Gefahrtragung:** Die Gefahrtragung hinsichtlich zufälliger Beschädigung und Verlustes der Verpackung richtet sich nach den Parteiabreden und den Eigentumsverhältnissen an der Verpackung. Bei Miete oder Leihe trägt Verkäufer die Gefahr, bei Sachdarlehen der Käufer (§§ 607, 243 BGB), Einzelheiten str. Rückgabe ist keine Bringschuld, str., Haake BB 1982, 1389 (Mehrweg-Paletten).

9　D. **Mängel der Verpackung:** → § 377 Rn. 15, 49.

[Kauf von Wertpapieren; Werklieferungsvertrag]

381 (1) **Die in diesem Abschnitte für den Kauf von Waren getroffenen Vorschriften gelten auch für den Kauf von Wertpapieren.**

(2) **Sie finden auch auf einen Vertrag Anwendung, der die Lieferung herzustellender oder zu erzeugender beweglicher Sachen zum Gegenstand hat.**

1) Kauf von Wertpapieren (I)

1　A. **Handelskauf von Wertpapieren:** Nach I sind §§ 373–380 auf den Kauf von Wertpapieren anzuwenden. Wertpapiere sind alle marktgängigen HdlPapiere wie Aktien, Schuldverschreibungen auf den Inhaber, Orderpapiere ua (→ § 369 Rn. 7), **nicht** zB GmbHAnteile, verbriefte Hypothekenforderungen, einzelne Gesellschaftsanteile (→ Einl v § 1 Rn. 46, → § 105 Rn. 73). Die Anwendung der §§ 373 ff. auf den Kauf von Wertpapieren setzt ebenso wie beim Kauf von Waren voraus, dass ein HdlKauf vorliegt (→ Einl v § 373 Rn. 8).

2　B. **Anwendung der §§ 373 ff.:** Anwendbar sind danach §§ **373, 374** (Hinterlegung, Selbsthilfeverkauf), uU ist Verkauf ohne Androhung wegen Gefahr (zB des Kurssturzes, einer Sperre) im Verzug entspr. § 373 II 2 (betr. Verderb einer Ware) zulässig; § **375** (Bestimmungskauf), aber für Wertpapiere kaum relevant; § **376** (FixHdlKauf), kommt auch bei Wertpapieren vor; § **379** (einstweilige Aufbewahrung).

3　Von größerer Bedeutung ist § **377**. Rechtsmängel von Wertpapieren (§ 435 BGB) sind zB Fehlen des Aktienbezugsrechts, Zahlungssperre, Aufgebot bzw. Kraftloserklärung, RGZ 109, 296. Die Abgrenzung zwischen Sach- und Rechtsmängeln bei Wertpapieren kann schwierig sein. Durch das SMG wurden die Rechtsfolgen (§ 437 BGB) von Sachmängeln (§ 434 BGB) und Rechtsmängeln (§ 435 BGB) angeglichen (→ § 377 Rn. 12). Das sollte jedenfalls für §§ 381 I, 377 (richtigerweise allgemeiner für § 377, dort → § 377 Rn. 12) nachvollzogen werden, Oetker/Koch Rn. 3. Statt für § 377 zwischen Sachmängeln der Urkunde und Rechtsmängeln des Wertpapiers zu unterscheiden (dann keine Rügepflicht, RGZ 108, 317; Heymann/Emmerich/Hoffmann Rn. 3, früher hL) sollte auf die Erkennbarkeit des Mangels bei entsprechender Untersuchung und die Relevanz einer unverzüglichen Rüge (→ § 377 Rn. 1) abgestellt werden, aber EBJS/Achilles Rn. 4. Fälschung des Wertpapiers ist aber auf jeden Fall als Sachmangel anzusehen, Koller/Roth Rn. 1; aA EBJS/Achilles Rn. 5.

3. Abschnitt. Kommissionsgeschäft

2) Vertrag über noch herzustellende oder zu erzeugende bewegliche Sachen (II)

A. **Vertrag über noch herzustellende oder zu erzeugende bewegliche Sachen als Handelsgeschäft:** II idF SMG 2001 (Anpassung an § 650 nF BGB) erstreckt die §§ 373–380 auf den Vertrag über noch herzustellende oder zu erzeugende bewegliche Sachen, sofern er ein **Handelsgeschäft** ist (→ Rn. 1, → Einl v § 373 Rn. 8). II setzt weiter voraus, dass ein Vertrag über die **Lieferung herzustellender oder zu erzeugender beweglicher Sachen** (zB auch Standardsoftware, → Einl v § 373 Rn. 8) vorliegt, also ein Vertrag iSv § 650 BGB, zB LKW-Kühlkofferaufbau, BGH NJW 1996, 2228, Herstellung und Lieferung von Bauteilen, BGH NJW 2009, 2877 (→ Einl v § 373 Rn. 18); BGH NJW 2016, 2645 Rn. 19; dies praktisch bedeutsam für Reparatur- und Wartungsverträge. II erfasst alle Verträge über noch herzustellende oder zu erzeugende bewegliche Sachen, einerlei ob es sich um vertretbare oder unvertretbare Sachen handelt. Das entspricht § 650 nF BGB, wonach auf einen Vertrag, der die Lieferung herzustellender oder zu erzeugender beweglicher Sachen zum Gegenstand hat, generell Kaufrecht Anwendung findet (§ 650 S. 1 BGB). Eine Differenzierung nach der Herkunft des Materials oder der Art der herzustellenden Sache (vertretbar bzw. unvertretbar) findet, abgesehen von § 650 S. 3 BGB (Anwendung bestimmter Werkvertragsvorschriften), insoweit nicht (mehr) statt. **Nicht** erfasst werden von II, auch nicht analog, **reine Werkverträge,** BGH ZIP 2018, 130 Rn. 48 (→ § 377 Rn. 2); Abgrenzung schwierig, BeckOGK HGB/Höpfner Rn. 13; EBJS/Achilles Rn. 8. 4

B. **Anwendung der §§ 373 ff.:** §§ 373–380 finden auf den Vertrag über noch herzustellende oder zu erzeugende bewegliche Sachen, der HdlGeschäft ist, uneingeschränkt Anwendung. Wie auch sonst ist § 377 von besonderer Praxisbedeutung, Bsp.: BGH NJW 1996, 2228; für Herstellung und Lieferung von Bauteilen (→ Rn. 5) abweichender HdlBrauch infolge langjähriger alter Rechtslage, G. Müller WM 2011, 1258. Der Vertrag auf Herstellung eines Werbefilms ist, wenn ein Filmstreifen dem Besteller zu überlassen ist, Vertrag über noch herzustellende oder zu erzeugende bewegliche Sachen, der unter II fällt, daher ist § 377 anwendbar, BGH LM HGB § 381 Nr. 10. Industrieanlagenvertrag → Einl v § 373 Rn. 23. Werkvertrag, nicht Vertrag über noch herzustellende oder zu erzeugende bewegliche Sachen bei Lieferung und Einbau einer Heizungsanlage in eine Kfz-Halle, daher zB § 375 unanwendbar, BGH BB 1971, 1387. 5

382 *(aufgehoben)*

§ 382 betraf die Viehmängelhaftung und wurde, zusammen mit den zugrundeliegenden §§ 481–492 aF BGB über den Viehkauf, aufgehoben durch das SMG. 1

Dritter Abschnitt. Kommissionsgeschäft

Schrifttum

Ebenroth(/Boujong/Joost/Strohn)/Füller Bd 2, 4. Aufl 2020. – Flohr/Wauschkuhn/*Dau,* Vertriebsrecht, 2. Aufl 2018. – *MüKoHGB/Häuser* Bd 5 4. Aufl 2018. – *Staub/* 5. Aufl 2013. – *Böhm* 1971 (§ 392 II). – *von Dalwigk zu Lichtenfels* 1975 (Effektenkommission). – *Schütte* 1988 (Leistungsstörungen). – *Göhmann* 2006 (Verhaltenspflichten der Banken beim Effektengeschäft). – *Koller* BB 1978, 1733 (Interessenkonflikte), 1979, 1725 (Provisionsrisiko). – *Hager* AcP 180 (1980), 239 (mittelbare Stellvertretung). – *Kumpan* in Beiträge für Hopt 2008, 33 (Vorteilsabschöpfung, kommissionsrechtliche Herausgabepflicht) – *Fleckner* in Beiträge für Hopt 2008, 3 (Handeln im eigenen Namen für fremde Rechnung). – *Saria* BKR 2020, 105

§ 383 1

(geeignete Gegenparteien) – *K. Schmidt* FS Medicus 2009, 467 (Kommission als Treuhand am Rechtsverhältnis).

Muster: *Hopt/Graf von Westphalen*, Vertrags- und Formularbuch zum Hdl-, Ges- und Bankrecht, 4. Aufl 2013, Teil I.M (mit 3 Vertragsmustern).

[Kommissionär; Kommissionsvertrag]

383 (1) **Kommissionär ist, wer es gewerbsmäßig übernimmt, Waren oder Wertpapiere für Rechnung eines anderen (des Kommittenten) in eigenem Namen zu kaufen oder zu verkaufen.**

(2) ¹ **Die Vorschriften dieses Abschnitts finden auch Anwendung, wenn das Unternehmen des Kommissionärs nach Art oder Umfang einen in kaufmännischer Weise eingerichteten Geschäftsbetrieb nicht erfordert und die Firma des Unternehmens nicht nach § 2 in das Handelsregister eingetragen ist.** ² **In diesem Fall finden in Ansehung des Kommissionsgeschäfts auch die Vorschriften des Ersten Abschnittes des Vierten Buches mit Ausnahme der §§ 348 bis 350 Anwendung.**

Übersicht

	Rn
1) Kommissionär (I, II)	1–5
A. Kommissionär (I):	1
B. Kleingewerbetreibende als Kommissionär (II):	2
C. Kommissionsagent:	3
D. Einzelfälle der Kommission:	4, 5
2) Kommissionsvertrag	6–15
A. Rechtsnatur:	6
B. Indizien für und gegen Kommission:	7
C. Besonderheiten beim Effektengeschäft:	8
D. Vertragsabschluss:	9–11
E. Vertragsbeendigung:	12, 13
F. Besonderheiten bei der Insolvenz:	14, 15
3) Ausführungsgeschäft (schuldrechtliche Seite)	16–21
A. Kommissionsausführungsgeschäft oder Eigengeschäft:	16
B. Handeln für den Kommittenten im eigenen oder fremden Namen:	17
C. Rechtsverhältnis zwischen dem Kommissionär und dem Dritten:	18–21
4) Eigentumsverhältnisse beim Ausführungsgeschäft	22–29
A. Verkaufskommission:	22–24
B. Einkaufskommission:	25–29
5) Internationaler Verkehr	30–32
A. Kommissionsvertrag:	30
B. Kommissionsagent:	31
C. Emissions- und Konsortialgeschäft:	32

1) Kommissionär (I, II)

1 **A. Kommissionär (I): Kommissionär** ist, wer es gewerbsmäßig übernimmt, Waren oder Wertpapiere für Rechnung eines anderen (des Kommittenten) in eigenem Namen (mittelbare Stellvertretung, aber auch → Rn. 17) zu kaufen oder zu verkaufen **(§ 383 I)**. § 383 I wird durch § 406 I 2 erweitert (→ § 406 Rn. 1). **Drei Rechtsverhältnisse** sind bei der Kommission zu unterscheiden: **Kommissionsvertrag** (Kommissionsgeschäft), das auf Grund desselben mit einem Dritten geschlossene **Ausführungsgeschäft** und die Übertragung des durch das Ausführungsgeschäft Erlangten vom Kommissionär an den Kommittenten **(Abwicklungsgeschäft)**. Kommissionsvertrag ist jeder von einem Kfm. (der nicht Kommissionär zu sein braucht) im Betrieb seines HdlGewerbes geschlossene Vertrag,

3. Abschnitt. Kommissionsgeschäft 2, 3 § 383

in dem er es (auch nicht gewerbsmäßig) übernimmt, für Rechnung eines anderen in eigenem Namen mit Dritten ein Geschäft zu schließen, also nicht nur Waren- oder Wertpapierkauf oder -verkauf (§ 406 I 1, 2, „uneigentliche" oder „unregelmäßige" oder Gelegenheitskommission), Grundstruktur also Auftrag (→ Rn. 6), Ebenroth/Füller Rn. 2. Bspe → § 406 Rn. 1: Als Partei eines solchen Vertrags heißt jeder Kfm. Kommissionär, auch wenn er dies nicht schon nach seinem Gewerbe (§ 383) ist. Der Kommissionär nach Gewerbe (§ 383, Gewerbebegriff → § 1 Rn. 16: auch ohne Gewinnerzielungsabsicht) ist nicht mehr schon kraft dieses Gewerbes Kfm., §§ 383 ff. sind trotzdem anwendbar (§ 383 II, → Rn. 2). Erst recht braucht der andere Teil, der Kommittent, nicht Kfm. zu sein. Güterversendung für fremde Rechnung (Spedition) ist ein Sonderfall der uneigentlichen Kommission und in Abschn. 5 geregelt (§§ 453–466). Das persönliche Geschäft (in eigenem Namen für fremde Rechnung) des Gfter einer OHG ist nicht Kommission, BGH NJW 1960, 1853. Strafbarkeit des Kommissionärs nach Aufhebung von (14) BörsG § 95 aF nur noch nach allgemeinen Strafrecht, zB § 266 StGB, bei Effektenkommission auch Kapitalanlagebetrug (§ 264a StGB). Entwurf eines einheitlichen Kommissionsgesetzes (Unidroit, Rom) s. Leser ZHR 126 (1964), 118; enger Convention on Agency in the International Sale of Goods (Unidroit, Rom 1983).

B. **Kleingewerbetreibende als Kommissionär (II):** Der Kommissionär ist 2 seit HRefG 1998 nicht mehr stets Kaufmann (so § 1 II Nr. 6 aF), sondern IstKfm, wenn er ein HdlGewerbe betreibt (§ 1 II nF), sonst Kfm. nur mit Eintragung (§§ 2 ff.). Nach **II 1 nF** bleiben §§ 383–406 jedoch anwendbar, auch wenn das Unternehmen des Kommissionärs nach Art oder Umfang nicht in kfm. Weise eingerichteten Geschäftsbetrieb nicht erfordert (vgl. § 1 II nF) und die Firma des Unternehmens nicht nach §§ 2 ff. in das HdlReg eingetragen ist. Da §§ 383 ff. jedoch nur Sonderregelungen zu §§ 343–372 (1. Abschn. des 4. Buchs) darstellen, muss dann in Ansehung des Kommissionsgeschäfts auch auf diese zurückgegriffen werden können (so **II 2** nF), auch dort insbesondere auf § 366 (dort → § 366 Rn. 4), str., Gründe: gutgläubiger Erwerb hängt, obwohl über das eigentliche Kommissionsgeschäft hinausgehend, eng mit diesem zusammen, auch keine Änderung des Schutzes Dritter durch HRefG intendiert, wohl auch von Olshausen JZ 1998, 720. Das kann aber nicht für §§ 348–350 gelten, die den NichtKflte zu große Risiken mit sich bringen (**II 2** nF aE). II verweist auf den dritten Abschnitt insgesamt, also auch auf § 406 II wird deshalb ebenso wie I durch § 406 in doppelter Hinsicht erweitert, auch betr. den kleingewerblichen Gelegenheitskommissionär (§ 406 I 2, dort → § 406 Rn. 1).

C. **Kommissionsagent:** Wer vertraglich ständig damit betraut ist, Waren oder 3 Wertpapiere für Rechnung eines anderen in eigenem Namen zu kaufen oder verkaufen, und zwar zu von diesem vertraglich vorgegebenen Preisen und Konditionen, ist nicht Kommissionär, sondern Kommissionsagent, BGH WM 2004, 136; NJW-RR 2007, 1177 Rn. 16, NJW 2017, 475, OLG Oldenburg ZVertriebsR 2016, 182, Bsp.: Pressegrossist eines Verlags. In welchem Namen er Dritten gegenüber auftritt, ist nicht maßgeblich, BGH NJW 2017, 475 Rn. 24. Der **Kommissionsagenturvertrag** steht damit als Typus zwischen Kommissions- und Handelsvertretervertrag (Anwendung von HVRecht → § 84 Rn. 19). Er ist gemischttypischer Vertrag mit je nachdem kommissions-, geschäftsbesorgungs-, dienst- und handelsvertreterrechtlichen Elementen. Im Außenverhältnis liegt Kommission vor (§§ 383 ff.), im Innenverhältnis nicht nach Ausgestaltung §§ 675 I, 611 BGB oder bei größerer Abhängigkeit Handelsvertreterrecht (§§ 84 ff.). Bei Ausschluss des Rückgaberechts trotz Unverkäuflichkeit liegt Kauf oder bei Dauer Vertragshändlervertrag (→ Einl. vor § 373 Rn. 35) vor. Praktisch wichtig sind die **Schranken aus Kartellrecht** (→ Einl. vor § 1 Rn. 77–80), vor

§ 383   4–6   4. Buch. Handelsgeschäfte

allem §§ 14 u. 16 aF, 19, 20 GWB und Art. 101, 102 AEUV (Art. 81, 82 aF EG, auch → Rn. 10), BGH WM 2004, 132. Soweit der Kommissionsagent nach der materiellen Risiko- und Lastenverteilung wie ein Handelsvertreter gestellt ist, greift Kartellrecht ebenso wenig wie für diesen (näher → § 86 Rn. 35 ff.). Lit.: Küstner/Thume, 4. Aufl. 2015, Bd. 3, III Kommissionsagent S. 405 ff.; Hopt FS Hadding, 2004, 443; K. Schmidt JuS 2008, 667.

4   D. **Einzelfälle der Kommission:** Die gewerbsmäßige Kommission ging im 19. Jahrhundert zugunsten des Eigenhandels und der offenen Vertretung zurück. Hauptfälle der Kommission sind heute noch die **Effektenkommission** beim Wertpapiergeschäft der Banken (→ Rn. 8), auch idR Direktbanken im Effektengeschäft, BGH WM 2002, 1687, s. **(13)** DepotG, **(8)** Sonderbedingungen für Wertpapiergeschäfte, idR einfache Kommission (ohne Selbsteintritt wie vor 1995), dort → **(8)** Sonderbedingungen für Wertpapiergeschäfte Nr. 1 Rn. 1, vgl. auch Emissions- und Effektenkonsortialgeschäft, → **(7)** Bankgeschäfte Rn. Y1; ferner die Kommission im **Kunsthandel,** OLG Köln NJW 2012, 2665, OLG München NJW 2012, 2891 (zur Haftung von Auktionshäusern), und im Antiquitäten- und Briefmarkenhandel. Die **Konsignationskommission** mit Konsignationslagerabrede kommt vor allem bei Exportwaren vor (nicht immer Kommission, → Einl. vor § 373 Rn. 41), vgl. BGH WM 1993, 1227; doch hat die Kommission im Überseehandel stark an Bedeutung eingebüßt. Kommission liegt je nachdem auch beim **Gebrauchtwagenhandel** vor, bei dem es wirtschaftlich um die Vermeidung der MWSt geht (→ Rn. 7 aE). Soll der Händler aber vor vornherein nur als Vertreter des Kunden verkaufen, Bsp. BGH WM 2011, 1241, scheidet Kommission aus (I: im eigenen Namen), s. aber BGH NJW 1980, 2191 (auch → Rn. 7 aE); zu beachten ist dabei, dass auch ein Kommissionär das Ausführungsgeschäft als Vertreter abschließen kann (→ Rn. 17). **Internetportal** für Besorgung von Eintrittskarten, BGH ZIP 2018, 1934. **Finanzkommissionsgeschäft** (§ 1 I 2 Nr. 4 KWG) ist Handel mit Finanzinstrumenten entspr. §§ 383 ff., BVerwG WM 2008, 1361; ZIP 2009, 1899; BGHZ 191, 100; WM 2010, 262; 2011, 18; VGH Kassel WM 2014, 206; Hammen WM 2008, 1901, üL, aA Voge WM 2007, 1640; → **(7)** Bankgeschäfte Rn. A4. Weitere Fälle → § 406 Rn. 1. **Muster:** Hopt/Graf v. Westphalen, 4. Aufl. 2013, Form I. M.3 (Kunsthandel-Kommissionsvertrag ohne Selbsteintritt).

5   **Kommissionsklauseln** sollen bestimmte Kommissionsrechtsregeln auf andere Geschäfte übertragen, zB Sicherungsübereignung, Kauf mit Eigentumsvorbehalt, Factoring (→ **(7)** Bankgeschäfte Rn. O1). Fragwürdige Kommissionsklauseln s. Serick BB 1974, 285. **AGBKontrolle** von Kommissionsverträgen, BGH WM 2004, 132 (unzulässige Mankoklausel).

2) Kommissionsvertrag

6   A. **Rechtsnatur: a) Geschäftsbesorgung mit Werk- oder Dienstvertragscharakter:** Der Kommissionsvertrag ist **gegenseitiger Vertrag über Geschäftsbesorgung** (§ 675 I BGB), bei Einzelgeschäften vertragstypologische Einordnung wie allgemein danach, ob Ausführungsgeschäft als Erfolg geschuldet ist (dann Werkvertrag, RGZ 71, 77) oder nur Bemühen darum (dann Dienstvertrag), so für Wertpapierkommission OLG Nürnberg WM 2007, 647; jedenfalls bei längerer Verbindung idR, aber nicht notwendig Dienstvertrag, RGZ 69, 364; 110, 123 (Dienste „höherer Art", daher jederzeit Kündigung nach § 627 BGB), vgl. Sachverhalt BGH LM HGB § 383 Nr. 4 (Musikvertrieb), erst recht bei ständiger Betrauung (Kommissionsagent, → Rn. 3), näher K. Schmidt § 31 IV Rn. 52: entscheidend Parteiwille und individueller Vertragstypus, aA wohl überhaupt gegen Einordnung und für freie Anwendung der passenden Rechtsfolgen Ebenroth/Füller Rn. 16. Bei fehlender Selbstständigkeit (vgl. → § 84 Rn. 36) ist

3. Abschnitt. Kommissionsgeschäft 7 § 383

der als Kommissionär Bezeichnete Arbeitnehmer oder arbeitnehmerähnliche Person, BAG NJW 1998, 701, vgl. § 84 I 2 (dort → § 84 Rn. 39, 35 ff.).

b) Anwendbare Rechtsnormen: Für den Kommissionsvertrag gelten mangels Parteivereinbarung vorrangig §§ 383 ff. (betreffend Innenverhältnis und vor allem in Konkretisierung der Interessenwahrungspflicht des Kommissionärs, s. §§ 384 I, II, 385–388, 395 f.; weitere Normen zugunsten des Kommittenten sind §§ 390 I, 392 II, solche zugunsten des Kommissionärs §§ 389, 390 II, 391, 397–399), sodann subsidiär die von § 675 I BGB in Bezug genommen §§ 663, 665–670, 672–674 und uU § 671 II BGB sowie je nachdem Werk- oder Dienstvertragsrecht. Für Wertpapierdienstleistungsunternehmen sind die Verhaltensregeln (insbesondere über Interessenwahrung) und sonstigen Pflichten nach **(16b)** WpHG § 63.

B. Indizien für und gegen Kommission: Kommission und Kauf können im 7 Einzelfall nur schwer voneinander abzugrenzen sein. Entscheidend ist nicht die von den Parteien gewählte Bezeichnung, sondern Inhalt (und Auslegung) ihrer Absprachen, RGZ 114, 10; BGH NJW 1975, 777 (**"Konditionsgeschäft"**, vgl. → Einl. vor § 373 Rn. 24).

a) Für Kommission sprechen zB Provisionsabrede, BGH WM 2002, 1688, vgl. BGHZ 8, 226; zusätzlich ausgewiesene Ausgabeaufschläge, Provisionen, Courtage oder Spesen, auch Beratung mit einem Prospekt, der einen festgesetzten Emissionspreis enthält, OLG Stuttgart NJW 2013, 321; bloße Unkostenvergütung ohne Handelsspanne, BGHZ 1, 79; Abrede über Kauf oder Verkauf „bestmöglich" zugunsten des Auftraggebers, RGZ 94, 66; 114, 11; OLG München BB 1955, 682; Kaufpreisvorschuss an Mittler; Lieferung bzw. Zahlung direkt zwischen Auftraggeber und Drittem, BGH LM HGB § 384 Nr. 2; besondere Vertrauensposition des Mittlers, so RGZ 114, 11 für das Effektengeschäft, aber zu diesem überholt (→ Rn. 8); Pflicht zur Abrechnung über Ausführungsgeschäft, BGHZ 8, 226, und OLG München BB 1955, 682.

b) Gegen Kommission und für Kauf sprechen zB Abrede über Lieferung von Waren oder Wertpapieren, die der andere Teil bereits besitzt oder auf die er bereits einen Anspruch hat, RGZ 101, 381; Festpreisabrede, RGZ 110, 121; BGHZ 8, 226; BGH NJW 1975, 777; OLG Karlsruhe BB 1971, 1123; OLG Frankfurt a. M. BB 1982, 208, oder wenigstens bei Vertragsschluss bereits bestimmbarer Preis, RGZ 94, 66, und zwar trotz Provisionsvereinbarung, RGZ 94, 66; aA OLG Stuttgart NJW 2013, 321, Grund: Festpreis auch bei Kommission möglich; Zahlungspflicht des Mittlers ohne Rücksicht auf Ausführungsgeschäft, zB zu festem Termin, OLG Köln MDR 1973, 230 (aber Delkredere und Mindestlösgarantie, Staub/Koller Rn. 38, 29); Fehlen jeglicher Weisungsbefugnis des Auftraggebers, besonders hinsichtlich der Preisgestaltung, BGHZ 1, 79; NJW 1975, 777, OLG Frankfurt a. M. BB 1982, 208; Ausschluss des Rückgaberechts, OLG Frankfurt a. M. BB 1982, 208, oder der Abrechnungspflicht, OLG Hamburg BB 1957, 911.

c) Eher neutral sind Bezeichnung als Kauf, Kommission oder Vertretung, RGZ 94, 66; 114, 10; BGH NJW 1975, 777; OLG Frankfurt a. M. BB 1982, 208; auch spätere Abrechnung als Kauf oder Kommission, OLG Stuttgart NJW 2013, 321; fehlende ausdrückliche Provisionsabrede, RGZ 94, 66; 110, 121, str.; faktische Mindestpreisgarantie, OLG München BB 1955, 682; Abrede über Mindesterlös bei Behaltendürfen des Mehrerlöses, RGZ 110, 121; Eigentumsvorbehalt des Auftraggebers, BGH WM 1959, 1006; Risikotragung (für sich allein genommen), RGZ 110, 121; aber BGHZ 1, 79; je nachdem Werbung, BGH WM 2002, 1688. Weitere Umstände und Einzelfälle bei Staub/Koller Rn. 39, 40 ff. Im Zweifel soll Kommission, da sie der Regelfall sei, vorliegen, so OLG Stuttgart NJW 2013, 321 (Bank).

§ 383 8, 9
4. Buch. Handelsgeschäfte

d) Besondere Fälle: Kommission kann auch vorliegen, wo als Entgelt (Provision) der über einen festen Preis hinaus erzielte Mehrerlös überlassen wird, RGZ 110, 121, umgekehrt kann Kauf vorliegen bei Berechnung von „Provision", dh Zuschlag zum Einkaufspreis des Lieferpflichtigen, BGH LM HGB § 384 Nr. 2. Möglich ist (Verkaufs-)Kommission mit Mindestgarantie des Kommissionärs, kaufähnlich, dazu → § 384 Rn. 6. Verknüpfung von Neuwagenkauf und Gebrauchtwagenkommission durch Verrechnungsabrede, Art der Rückabwicklung, BGH NJW 1978, 1482; 1980, 2190; 1982, 1699; 1984, 429. Gebrauchtwagenvermittlung zwecks Steuerersparnis ist kein verdeckter Kaufvertrag, BGH BB 1981, 1670, Umgehungsgeschäft denkbar, entscheidend ist wirtschaftliche Risikotragung, BGH WM 2005, 807 (auch → Rn. 4). Bei Teilung des Erlöses kann **partiarische Kommission** (kein gemeinsamer Zweck iSv § 705 BGB, vgl. BGHZ 127, 176 betr. partiarisches Darlehen/stille Ges.) oder Gesellschaft (§§ 705 ff. BGB) vorliegen.

8   C. **Besonderheiten beim Effektengeschäft:** An- und Verkauf von Wertpapieren (Effekten, aber kein fest umrissener Begriff, BGH NJW 2013, 2741, Definition in § 1 I Nr. 4 KWG weggefallen, vgl. → **(7)** Bankgeschäft Rn. A4) vereinbart der Verbraucher mit einem Bankier herkömmlich idR als einem Kommissionär, nicht Eigenhändler (Propergeschäft, so früher), RGZ 94, 65; 114, 11, BGHZ 8, 226, auch bei online-Auftrag an Direktbank, WM 2002, 1687, OLG Frankfurt a. M. WM 2009, 1033, und zwar einfache Kommission ohne Selbsteintritt (→ § 400 Rn. 2, nunmehr je nach den Ausführungsgrundsätzen der Bank, → **(8)** Sonderbedingungen für WPGeschäfte Nr. 1 Rn. 2). Effektenkommission grundsätzlich auch bei Auslandsgeschäften, auch bei nicht notierten Wertpapieren, auch bei Papieren mit vorübergehender Aussetzung der Notierung (nunmehr → **(8)** AGB-WPGeschäfte Nr. 1 Rn. 2); **Propergeschäft** bzw. **Eigenhandel** dagegen bei Festpreisgeschäften, BGH WM 2011, 19, zB bei festverzinslichen Wertpapieren, idR nur durch Individualvereinbarung (s. **(5)** § 305b BGB), näher → **(8)** AGB-WPGeschäfte Nr. 1 Rn. 5. Ältere Rspr. insoweit überholt, zB RGZ 114, 10; BGHZ 8, 227. Eine Verkehrssitte, nach der jeder Verkaufsauftrag vom Bankier als Eigenhändler ausgeführt (und deshalb nicht der tatsächlich erzielte Kurs nach § 401 II, sondern ein Durchschnittskurs des Börsentags vergütet) werde, wäre missbräuchlich und unbeachtlich, RGZ 114, 13. Effektenkommission bei Auftrag zur Aktienzeichnung, BGHZ 153, 347, Zeichnungsgebühr → § 396 Rn. 5. Aufklärungs- und Beratungspflichten des Effektenkommissionärs treffen auch den Effekteneigenhändler bzw. Verkäufer, BGHZ 80, 82, NJW 1981, 1441 (Warentermingeschäfte), es bedarf also insoweit nicht mehr der Konstruktion einer Kommission zum Schutz des Verbrauchers, anders noch RGZ 114, 11 unter Berufung auf eine besondere Vertrauensposition des Mittlers (→ Rn. 7). **Tafelgeschäft** s BGHZ 154, 276; BGH NJW 1984, 1347; beim Tafelgeschäft wird der Effekten(ver)kauf am Bankschalter in effektiv gelieferten Stücken ausgeführt; es ist kein Geschäft mit dem, den es angeht, BGHZ 154, 276 (Rückgabe eines Investmentanteilscheins). Keine Effektenkommission bei bloßer wertmäßiger Teilnahme (ohne Weisungsrecht) an der Geschäftsentwicklung des Finanzdienstleisters, BGH ZIP 2011, 781.

9   D. **Vertragsabschluss:** Hier gelten die allgemeinen Regeln (§§ 145 ff. BGB). Besonders zu erwähnen sind:

a) Form: Der Kommissionsvertrag ist **formfrei**, auch im Bankverkehr (anders **(8)** AGB-Banken Nr. 6, 8 aF vor 1993). Die Verkehrssitte kann Schriftform verlangen. IdR gilt auch dann keine Form für den Kommissionsvertrag, wenn das Ausführungsgeschäft formbedürftig ist (Übereignungspflicht des Einkaufskommissionärs folgt aus Gesetz, § 384 II; vgl. ähnlich Vollmacht, § 167 II BGB), so nach hL bei An- und Verkauf von GmbHAnteilen, Staub/Koller Rn. 92, MüKoHGB/Häuser Rn. 38, aA Ebenroth/Füller Rn. 22. Der besondere Zweck der

3. Abschnitt. Kommissionsgeschäft 10–12 § 383

Formvorschrift kann aber Formbedürftigkeit auch des Kommissionsvertrags bewirken, zB § 311b BGB über Grundstücksgeschäfte, so wenn der Kommissionsvertrag eine Übertragungs- oder Erwerbsverpflichtung beinhaltet (nicht bei bloßer Herausgabepflicht aus Gesetz, § 667 BGB, vgl. BGHZ 127, 168). Formbedürftig ist auch unwiderrufliche Verkaufskommission zur Veräußerung eines Grundstücks. Diese Grundsätze gelten auch bei Ausführung der Kommission durch Selbsteintritt (→ § 400 Rn. 7). Annahme des Kommissionsauftrags nach § 362, im Übrigen häufig durch Ausführung (§ 151 BGB). **Muster:** Hopt/Graf v. Westphalen, 4. Aufl. 2013, Form I. M. 1, 2 (Kommissionsvertrag, Kommissionsvertrag mit Selbsteintrittsrecht).

b) Nichtigkeitsgründe: Es gelten die allgemeinen Nichtigkeitsgründe. Bei 10 Finanztermingeschäften keine Nichtigkeit mehr (wie bei Börsentermingeschäften nach **(14)** BörsG §§ 50 ff. aF), nur noch Informationspflichten (s. **(16b)** WpHG § 63). Bei Spiel und Wette (§ 762 BGB; § 764 BGB über Differenzgeschäft ist aufgehoben) ist trotz unvollkommener Verbindlichkeit Anspruch auf Herausgabe des Erlangten nach § 667 BGB zu bejahen, str. Kommission kann auch wegen Verstoß gegen **Kartellrecht** nichtig sein, zB §§ 14 u. 16 aF GWB, Art. 101 AEUV (Art. 81 aF EG), wobei sich ähnliche Streitfragen wie für HV und Vertragshändler stellen (→ § 86 Rn. 35 ff.), Ebenroth/Füller Rn. 25 ff.; zu beachten ist, dass der Kommittent, nicht der Kommissionär das Geschäftsrisiko trägt, denn der Kommissionär handelt zwar im eigenen Namen, aber für fremde Rechnung (für Kommissionsagenten → Rn. 3).

c) Erfüllungsort für die Verpflichtungen des Kommittenten (zB Zahlung von 11 Provision, Vorschüssen, Aufwendungsersatz) ist mangels vertraglicher Vereinbarung am Wohnsitz (seine gewerbliche Niederlassung), für die des Kommissionärs iZw dessen gewerbliche Niederlassung (§ 269 I, II BGB), BGH NJW 1996, 1819, so für seine Rechenschafts- und Herausgabepflichten, OLG Düsseldorf NJW 1974, 2185 (für HV), auch wenn die Kommission im Ausland auszuführen, RGZ 112, 81. Der Erfüllungsort ist auch bei einem gegenseitigen Vertrag nicht notwendig einheitlich, BGH NJW 1996, 1820, nach aA Erfüllungsort für die beiderseitigen Verpflichtungen am Ort, wo die vertragscharakteristische Leistung zu erbringen ist, vgl. Pal/Heinrichs § 269 Rn. 13.

E. **Vertragsbeendigung:** Das Kommissionsverhältnis endet ohne Ausführung: 12
a) durch **Kündigung:** falls Werkvertrag (→ Rn. 6) durch Kündigung des Kommittenten (§ 649 BGB; § 671 I BGB über Widerrufsrecht des Auftraggebers ist nach § 675 I aE BGB nicht anwendbar), zulässig bis (muss dem Kommissionär zugehen bis) zur Ausführung der Kommission, dh Abschluss mit dem Dritten oder Abgabe der Selbsteintrittserklärung (§ 405 III, dort ist von „Widerruf" die Rede; falls Dienstvertrag → Rn. 6), durch Kündigung des Kommittenten (§ 405 III gilt ebenfalls) oder Kommissionärs (§§ 621 Nr. 5, 626, 627 I, 675 I BGB; § 626 BGB verdrängt § 314 BGB); Kündigung des Kommissionärs zur Unzeit ist wirksam, verpflichtet aber bei Fehlen eines wichtigen Grundes zum Schadenersatz (§§ 627 II, 671 II BGB); das Kündigungsrecht aus § 627 I BGB kann einzelvertraglich auf einen wichtigen Grund beschränkt werden, OLG Saarbrücken BB 2015, 3028 mAnm. Ayad;
b) durch **Rücktritt** nach §§ 323 ff. BGB des Kommittenten oder Kommissionärs, soweit kein Kündigungsrecht bestand;
c) bei **Unmöglichkeit** der Ausführung, zB Verschwinden oder Sperre der einzukaufenden Ware, endet die Geschäftsbesorgungspflicht des Kommissionärs, Rücktritt des Kommittenten nach §§ 326 V, 323 BGB;
d) durch Ablauf der zur Ausführung gesetzten Zeit (**Befristung** des Kommissionsvertrags), zB bei Börsengeschäften am „Ultimo"; in anderen Fällen bei Ter-

minvereinbarung nur relatives Fixgeschäft (→ § 376 Rn. 8), dann bei Verstreichen des Termins nur Rücktritt (aber ohne Fristsetzung, § 323 II Nr. 2 BGB);

e) durch Eintritt einer nach Vertrag die Kommission auflösenden **Bedingung** (der zB das Interesse des Kommittenten an der einzukaufenden Ware beseitigt), die Parteien sind frei in solchen Bestimmungen, können sie auch stillschweigend treffen. Diese Regeln sind durchweg nachgiebig, abweichende Vereinbarung ist möglich.

13 **Todesfall:** Der Tod des Kommittenten bringt die Kommission idR nicht zum Erlöschen (§§ 672, 675 I BGB), anders beim Tod des Kommissionärs (§§ 673, 675 I BGB), es sei denn, die Kommission ist unternehmens-, nicht personenbezogen erteilt.

14 F. **Besonderheiten bei der Insolvenz: a) Insolvenz des Kommittenten:** Bei Insolvenz des Kommittenten vor Ausführung der Kommission erlischt der Vertrag, wenn er sich auf das zur Insolvenzmasse gehörende Vermögen bezieht (Geschäftsbesorgung, §§ 116 S. 1, 115 I InsO, also kein Wahlrecht des Insolvenzverwalters wie grundsätzlich nach § 103 InsO), RGZ 105, 128; vgl. BGHZ 168, 280, bei Einkaufs- ebenso wie bei Verkaufskommission, MüKoHGB/Häuser Rn. 114. Grund: Insolvenzverwalter soll nicht durch Handeln eines Dritten (hier: des Kommissionärs) behindert werden, RGZ 81, 336. Der Kommissionär kann aus dem Vertrag ab Eröffnung des Insolvenzverfahrens keine Rechte mehr erlangen, namentlich für später erworbene Forderungen kein Absonderungsrecht am Kommissionsgut (→ § 397 Rn. 7). Der Kommissionär hat, wenn mit dem Aufschub Gefahr verbunden ist, die Besorgung fortzusetzen, bis der Insolvenzverwalter anderweitig Fürsorge treffen kann (§§ 116 S. 1, 115 II InsO). Der Kommissionsvertrag gilt zugunsten des Kommissionärs als fortbestehend, solange dieser die Eröffnung des Insolvenzverfahrens ohne Verschulden nicht kennt (§§ 116 S. 1, 115 III InsO). Hat der Kommissionär die Kommission durch Abschluss des Geschäfts mit einem Dritten ausgeführt, ist, auch wenn die Ausführungsanzeige noch nicht abgesandt ist, das Kommissionsgeschäft beendet, § 116 InsO ist nicht mehr anwendbar. Einzelheiten bei MüKoHGB/Häuser Rn. 114 ff.

15 **b) Insolvenz des Kommissionärs:** Anders als die Insolvenz des Kommittenten beendet die Insolvenz des Kommissionärs die Kommission nicht, RGZ 78, 91, hL, str., der Kommissionsvertrag kann aber im Einzelfall etwas anderes ergeben, nach aA allgemeiner so wie bei Tod entspr. § 673 S. 1 BGB (→ Rn. 13), Staub/Koller Rn. 190; der Kommittent kann aus wichtigem Grund kündigen. Der Insolvenzverwalter kann also zwischen Eintritt oder Ablehnung und Ersatzpflicht wählen, sofern der Vertrag noch nicht vollständig erfüllt ist (§ 103 InsO). (1) Eröffnung des Insolvenzverfahrens vor Ausführung: Lehnt bei Einkaufskommission der Insolvenzverwalter Erfüllung ab, so ist der Anspruch des Kommittenten auf Rückzahlung von Vorschüssen Insolvenzforderung. Andernfalls sind die Verpflichtungen des Kommissionärs aus der Kommission Masseschulden (§ 55 I Nr. 2 InsO). Bei Verkaufskommission hat der Kommittent, wenn der Insolvenzverwalter nicht eintritt, als Eigentümer der Ware ein Aussonderungsrecht. (2) Eröffnung des Insolvenzverfahrens nach Ausführung: Tritt der Insolvenzverwalter nicht ein und hat der Kommissionär bei Einkaufskommission noch die Ware, so kommt es darauf an, ob das Eigentum schon auf den Kommittenten übergegangen ist (→ Rn. 25), nur dann kann der Kommittent die Ware aussondern. Da ausstehende Forderungen nach § 392 II als Forderungen des Kommittenten gelten, darf Kommittent sie aussondern (→ § 392 Rn. 9). Einzelheiten bei MüKoHGB/Häuser Rn. 120 ff.

3) Ausführungsgeschäft (schuldrechtliche Seite)

16 A. **Kommissionsausführungsgeschäft oder Eigengeschäft:** Ob ein zur Ausführung der Kommission geeignetes Geschäft des Kommissionärs Geschäft zur Ausführung der Kommission ist oder Eigengeschäft (Propergeschäft) des Kommissionärs, entschieden sein (nicht rechtsgeschäftlicher) Wille, RGZ 18, 21; OLG Frankfurt a. M. WM 2015, 1105. Dieser Wille muss aber nach außen (nicht notwendigerweise gegenüber dem Kommittenten) zum Ausdruck kommen, hL, MüKoHGB/Häuser Rn. 69; Koller/Roth Rn. 12; aA Rö/Lenz Rn. 28; zB durch Ausführungsanzeige gegenüber dem Kommittenten (§ 384 II). Erklärung gegenüber dem Geschäftsgegner, das Geschäft sei Eigengeschäft, schließt nicht aus, dass es Kommissionsausführung ist, RGZ 148, 192 (Verkauf von Kommissionsgut als eigenes). Hat der Kommissionär bei der Einkaufskommission gemäß Weisung des Kommittenten gehandelt, hat der Kommissionär zu beweisen, dass er kein Ausführungs-, sondern ein Eigengeschäft vornahm. Was einmal Ausführungsgeschäft war, kann nur durch Vereinbarung zwischen Kommissionär und Kommittent, nicht durch Bestimmung des Kommissionärs allein Eigen geschäft des Kommissionärs werden, und umgekehrt. Bei Wertpapierdienstleistungsunternehmen bestehen Aufzeichnungs- und Aufbewahrungspflichten nach **(16b)** WpHG § 83.

B. Handeln für den Kommittenten im eigenen oder fremden Namen: 17
Ob Kommissionär bei Ausführung der Kommission (Geschäftsschluss mit Dritten) entspr. im eigenen Namen oder (im Widerspruch zur Kommission) im Namen des Kommittenten (als dessen Vertreter, ohne Vertretungsmacht) handelt, bestimmt sich nach § 164 I, II BGB. Im zweiten Fall richten sich die Folgen idR mangels Vertretungsmacht nach §§ 177, 179 BGB. Auftreten „als Kommissionär" spricht für Handeln im eigenen Namen; so tendenziell auch, da auf Kommission hinweisend: „als für fremde Rechnung handelnd" (obwohl so auch als Vertreter), Ebenroth/Füller Rn. 39, aA RGZ 97, 261: Vertretung, aA Staub/Koller Rn. 124: neutral, da nur das Innenverhältnis bezeichnend. Der Charakter der Kommission (I: im eigenen Namen) wird nicht dadurch berührt, dass der Kommissionär bei Abwicklung der Kommission in fremdem Namen handelt (→ Rn. 27), entscheidend ist, dass er es vertraglich gegenüber dem Kommittenten übernimmt, das Ausführungsgeschäft im eigenen Namen abzuschließen (→ Rn. 1). Schließt er das Ausführungsgeschäft trotzdem im fremden Namen ab, kann das eine Pflichtverletzung des Kommissionsvertrags darstellen, ändert aber weder diesen noch erst recht seine Eigenschaft als Kommissionär iSv §§ 383, 406 (→ Rn. 1). Bei Irrtum über tatsächliches Auftreten im eigenen Namen keine Anfechtung (§ 164 II BGB), BGH NJW-RR 1992, 1111; anders im umgekehrten Fall, üL, str.

C. Rechtsverhältnis zwischen dem Kommissionär und dem Dritten: 18
a) Eigenes, selbstständiges Rechtsverhältnis: Das Rechtsverhältnis zwischen dem Kommissionär und dem Dritten ist gegenüber dem Rechtsverhältnis zwischen dem Kommissionär und dem Kommittenten selbstständig. Es richtet sich allein nach dem zwischen dem Kommissionär und dem Dritten geschlossenen Vertrag. Nur diese sind Vertragsteile, nicht der Kommittent, nur ihnen erwachsen aus dem Ausführungsgeschäft Rechte und Pflichten (→ § 392 Rn. 1, 4, s. aber § 392 II, dort → § 392 Rn. 6); so auch wenn der Dritte die Kommission kannte (vgl. → Rn. 19), BGH NJW 1965, 520. Entsprechendes gilt für die Leistungskondiktion (→ § 392 Rn. 4). Ausnahmsweise kann der Kommittent dem Dritten aus § 826 BGB schadensersatzpflichtig werden, so wenn er bei der Einkaufskommission den Kaufpreis in vollem Wissen trotz Bestehens von Forderungen des Dritten dem zahlungsunfähigen Kommissionär überweist, BGH NJW 1965, 249.

b) Willensmängel: Entscheidend ist die Person des Kommissionärs. Aber der 19 arglistig täuschende Kommittent ist nicht Dritter iSv § 123 II BGB, Konsequenz: der mit dem Kommissionär Abschließende (Vorsicht: ebenfalls Dritter genannt) kann anfechten, Grund: besonderer Schutz des Vertragsfreiheit, MüKoHGB/Häuser Rn. 77, in Ausnahmefällen § 242 BGB.

20 c) **Kennen und Kennenmüssen:** In der Person des Kommittenten liegende Umstände (zB Kennen oder Kennenmüssen, Unmöglichkeit der Leistung) wie überhaupt das Verhältnis zwischen Kommittenten und Kommissionär (→ Rn. 18), auch dessen Nichtbestehen, berühren den Dritten grundsätzlich nicht. § 166 II BGB ist nicht anwendbar (anders bei Auftreten als Vertreter, → Rn. 17), MüKoHGB/Häuser Rn. 74; Oetker/Martinek Rn. 33, auch nicht allgemein analog, sehr str., aA RGZ 124, 120, üL, Staub/Koller Rn. 132, Fleckner in Beiträge für Hopt 2008, 30. Es bleibt also bei der allgemeinen Regel der Trennung der beiden Rechtsverhältnisse (→ Rn. 17); die Behandlung des Kommittenten nicht als Dritter iSv § 123 II BGB ist eine besonders gelagerte Ausnahme (→ Rn. 19). Ausnahmsweise kann aber Einwand der unzulässigen Rechtsausübung (§ 242 BGB) gegeben sein, das ist flexibler als die Analogie zu § 166 II BGB. Der Bestand des Kommissionsvertrags ist nicht Geschäftsgrundlage des Ausführungsgeschäfts (Risikosphäre des Kommis sionärs), grundsätzlich auch nicht, wenn der Dritte Abschluss als Kommissionär kannte. Zur Anfechtung bei **Mistrades** → § 384 Rn. 1.

21 d) **Leistungsstörungen:** Wegen Leistungsstörungen kann der Dritte nur den Kommissionär in Anspruch nehmen. Der Kommittent ist nicht Erfüllungsgehilfe (§ 278 BGB) des Kommissionärs, doch können den Kommittenten ausnahmsweise Mitwirkungspflichten treffen, zB Herausgabe des KfzBriefs, OLG Oldenburg NJW-RR 2000, 507. Bei Leistungsstörungen kann der Kommissionär im Wege der **Drittschadensliquidation** von dem nicht erfüllenden Dritten Ersatz des Schadens des Kommittenten fordern, OLG Nürnberg WM 2015, 2159, auch durch Zahlung unmittelbar an Kommittenten, so allgemein für Fälle der mittelbaren Stellvertretung BGHZ 40, 100; 133, 41, sowie BGHZ 15, 228; 51, 93; NJW 1985, 2411 (für Lagergeschäft, § 467). Der Kommittent hat Anspruch auf Abtretung kraft vertraglicher Nebenpflicht oder entspr. §§ 255, 285 BGB (§ 281 aF BGB). Mitverschulden des Kommittenten ist bei Drittschadensliquidation nach § 254 BGB anzurechnen, vgl. BGH NJW 1972, 289, OLG Hamm NJW 1976, 2078. Der Schadensumfang beurteilt sich nach den Verhältnissen des Kommittenten, aA Peters AcP 180 (1980), 351. Das gilt auch bei atypischen Schäden, Canaris § 30 Rn. 86, str., aber uU Schutz des Dritten über § 254 II 1 BGB, K. Schmidt § 31 VI Rn. 101. Lit.: Hagen 1971; Fleckner in Beiträge für Hopt 2008, 3 (Handeln im eigenen Namen für fremde Rechnung).

4) Eigentumsverhältnisse beim Ausführungsgeschäft

22 A. **Verkaufskommission:** Der Verkaufskommissionär ist, wenn der Kommittent ihm nicht schon das Eigentum an der Ware übertragen hat, (idR stillschweigend) **ermächtigt**, das **Eigentum** des Kommittenten an den Dritten **zu übertragen (§ 185 BGB)**, vgl. RGZ 110, 123; BGH WM 1959, 1006. Die Ermächtigung deckt idR nur die Übertragung an denjenigen Dritten, der Vertragspartner des Ausführungsgeschäft ist. Der Kommissionär darf aber Sicherungseigentum auch auf einen Vierten (Bank) übertragen, der ein Darlehen zur Finanzierung des Kaufgeschäfts gibt, RGZ 132, 198. Auch bei Kommission mit Selbsteintritt wird der Verkaufskommissionär mit Erklärung gegenüber dem Kommittenten zwar Käufer der Ware, die Übereignung an den Dritten erfolgt aber idR nach § 185 BGB, also ohne Zwischenerwerb des Verkaufskommissionärs, str.; das ist für den Kommittenten günstiger.

23 Wird durch Kommission eine **dem Kommittenten nicht gehörende Sache** rechtswirksam (§§ 932 ff. BGB, § 366) veräußert, ist fraglich, ob iSv § 816 I 1 BGB der Kommittent oder der Kommissionär der Verfügende ist: für Anspruch des früheren Eigentümers gegen den Kommissionär als verfügender Nichtberechtigter, hL, OLG Hamburg MDR 1954, 356, OLG Karlsruhe WM 2003, 584; für Anspruch nur gegen den Kommittenten wegen § 392 II Canaris § 30 Rn. 91, zum Ganzen ausführlich K. Schmidt § 31 VI Rn. 106. Wird danach der Kommissionär in Anspruch genommen, kann er (anders als beim normalen Kauf, BGHZ 55, 179) Wegfall der Bereicherung geltend machen (§ 818 III BGB), soweit er den Kaufpreis an den Kommittenten weitergeleitet hat, BGHZ 47, 128, dann aber zumindest Haftung des Kommittenten nach § 822 BGB. Wird der Kommittent in Anspruch genommen, solange er noch nicht den Kaufpreis bzw. die Kaufpreisforderung abgetreten erhalten hat, kann er dem Dritten befreiend seinen Herausgabeanspruch gegen den Kommissionär abtreten, Canaris § 30 Rn. 92 aE.

Zur **Kaufpreis**forderung (bei Verkaufskommission) s. § 392 I, II. Für die **24** Übertragung des gezahlten Kaufpreises auf den Kommittenten gilt Ähnliches wie bei Einkaufskommission für die Kaufsache (→ Rn. 25).

B. **Einkaufskommission:** Es kommen ganz verschiedene **Arten des Eigen- 25 tumserwerbs des Kommittenten an der Kaufsache** in Betracht. Grundsätzlich erwirbt der Einkaufskommissionär das Eigentum an den gekauften Sachen (oder Wertpapieren) zunächst selbst und muss es (§ 384 II) durch besonderes Rechtsgeschäft auf den Kommittenten übertragen. Nach der Rspr. und früher hL bedarf es auch beschränkt auf das Verhältnis zum Kommittenten und dessen Gläubigern zum Rechtserwerb und Schutz des Kommittenten einer solchen Übereignung, nach heute hL gilt jedoch für das Surrogat der Kaufpreisforderung § 392 II analog (→ § 392 Rn. 7). Bei der Übereignung kommt es idR zum Durchgangserwerb (→ Rn. 26), was für den Kommittenten jedenfalls auf dem Boden der genannten Rspr. misslich ist. Für den Kommittenten günstiger ist eine Gestaltung, die ihn das Eigentum unmittelbar erwerben lässt (→ Rn. 27f). Lit.: Wolter 1979.

a) **Eigentumsübertragung mit Durchgangserwerb:** Der Kommittent **26** kann vom Kommissionär Eigentum erwerben: (1) durch **jede gewöhnliche Übereignung** (§§ 929 ff. BGB) vom Kommissionär, dies beschleunigt durch Geheißerwerb, dh Übergabe der Ware auf Geheiß des Kommissionärs vom Dritten direkt an den Kommittenten, vgl. BGH NJW 1999, 425; (2) insbesondere durch Übereignung nach § 930 BGB (**Besitzkonstitut**, die Kommission ist Besitzmittlungsverhältnis iSv § 868 BGB), vom Kommissionär in sich kraft zu vermutender Ermächtigung (§ 181 BGB) geschlossen (**Insichgeschäft**), das Konstitut muss aber äußerlich erkennbar werden (Bestimmtheitsgrundsatz), zB durch Absondern der Ware oder Papiere unter dem Namen des Kommittenten in Umschlag, Streifbanddepot usw, RGZ 63, 17; 116, 204, Anzeige an Kommittenten ist entbehrlich; nicht dagegen durch bloße Mitteilung, die Wertpapiere stünden zur Verfügung der Kunden; (3) durch Übereignung nach § 930 BGB, und zwar durch (schon beim Abschluss des Kommissionsvertrags) vorweggenommenes Besitzkonstitut. **antizipiertes Besitzkonstitut;** idR geht dann das Eigentum („durch den Kommissionär hindurch", Durchgangserwerb) sofort vom Dritten an den Kommittenten. Zum Besitzkonstitut genügt es, dass Kommissionär über die Sachen verfügen kann, er muss sie nicht selbst im Gewahrsam haben. Fortbestehen des Übertragungswillens wird vermutet, BGH WM 1977, 218. Besondere Ausführungshandlungen, zB Ausführungsanzeige, sind für den Eigentumsübergang nicht notwendig, Staub/Koller Rn. 180, aA RGZ 140, 231; offen BGH NJW 1964, 398 (für den Erwerber erkennbare Aktualisierung des Besitzmittlungsverhältnisses genügt).

b) **Eigentumsübertragung ohne Durchgangserwerb:** Zwei Möglichkei- **27** ten kommen in Betracht: (1) Der Kommissionär kann beim Eigentumserwerb von dem Dritten nicht nur, wie von der Kommission an sich vorgezeichnet, als mittelbarer Stellvertreter handeln, sondern stattdessen in **offener Vertretung** des Kommittenten (§ 164 BGB). Das ist rechtlich ohne Weiteres möglich, auch wenn das Grundgeschäft kommissionsgemäß vom Kommissionär im eigenen

Namen abgeschlossen wird (→ Rn. 17). Wirtschaftlich mag der Kommittent aber ein Interesse haben, im Hintergrund zu bleiben, und deshalb diesen Weg ausschließen. Handelt der Kommissionär dann trotzdem in Namen des Kommittenten, handelt er als vollmachtloser Vertreter (§§ 177, 179 BGB).

28 (2) **Übereignung an den, den es angeht:** Bei einer zulässigen Übereignung an den, den es angeht (verdeckte Stellvertretung), erwirbt der Kommittent Eigentum ohne Durchgangserwerb des Kommissionärs, ohne dass dieser dem Dritten seinen Hintermann offenlegen müsste, BGHZ 154, 279, WM 2016, 1044 Rn. 10. Die Rechtsfigur des Geschäfts für den, den es angeht, ist im Schuldrecht für Bargeschäfte des täglichen Lebens anerkannt, RGZ 100, 192, für das Sachenrecht jedoch umstritten, bejahend hL und Rspr., BGHZ 154, 279, WM 2016, 1044 Rn. 10 (teleologische Reduktion des Offenheitsgrundsatzes, § 164 II BGB), aA Canaris § 30 Rn. 82 und stattdessen für § 392 II analog (→ § 392 Rn. 7). Auf jeden Fall ist Übereignung an den, den es angeht, nur möglich, wenn dem Dritten die Person des Erwerbers gleichgültig ist und der Kommissionär sogleich für den Kommittenten Eigentum erwerben will, OLG Frankfurt a. M. WM 2015, 1108, zB bei Umtausch von Wertpapieren oder Erwerb neuer Wertpapiere im Aufgebotsverfahren. Hat der Kommissionär ein eigenes Interesse am Durchgangserwerb, zB mangels Vorschuss in Höhe von Aufwendungen und Provision, wird es an einem entsprechenden Willen des Kommissionärs iZw fehlen, KG WM 2013, 161, Staub/Koller Rn. 182.

29 c) **Besonderheiten bei der Effekteneinkaufskommission:** Hier kommen neben den bisher genannten noch zwei weitere Arten des Eigentumserwerbs des Kommittenten an den Wertpapieren in Betracht, nämlich (1) durch **Absendung des Stückeverzeichnisses**, s. **(13)** DepotG § 18 III; und (2) durch **Eintragung** des Übertragungsvermerks im **Verwahrungsbuch** der Bank, s. **(13)** DepotG § 24 II 1. Diese beiden Sonderarten greifen dann, wenn es zum Eigentumserwerb nach den allgemeinen Regeln erst später kommen würde, schließen aber einen nach diesen Regeln ausnahmsweise früher zustande kommenden Eigentumserwerb nicht aus. Letzteres ist der Fall bei Übereignung an den, den es angeht (→ Rn. 28). Bei der Effektenkommission wird deshalb der Parteiwille idR auf diese Art des Eigentumserwerbs gehen, Kümpel WM 1976, 954, hL zum Effektengeschäft, anders Ebenroth/Füller Rn. 56.

5) Internationaler Verkehr

30 A. **Kommissionsvertrag:** Mangels ausdrücklicher oder stillschweigender freier Rechtswahl (Art. 3 Rom I-VO) gilt das Recht der gewerblichen Niederlassung des Kommissionärs (Geschäftssitz, Art. 4 I lit. b, 19 Rom I-VO), BGH WM 1965, 127; 1971, 990, NJW-RR 2003, 1582, OLG Frankfurt a. M. AWD 1972, 629; Effektenkommission → **(7)** Bankgeschäfte Rn. A60. Nach der Gesamtheit der Umstände kann Kommissionsvertrag aber engere Verbindungen mit einem anderen Staat aufweisen (Art. 4 III Rom I-VO). Das Ausführungsgeschäft ist selbständig anzuknüpfen, ganz hL. Lit.: Reithmann/Martiny/Martiny Rn. 6.670; Stoll RabelsZ 24 (1959), 601.

31 B. **Kommissionsagent:** Für den Kommissionsagenten (→ Rn. 3) gilt dasselbe wie für HdlVertreter (→ § 92c Rn. 1–3), also Recht am Ort der Niederlassung des HdlVertreters, Ebenroth RIW 1984, 168.

32 C. **Emissions- und Konsortialgeschäft:** (→ **(7)** Bankgeschäfte Rn. Y1.). Die einzelnen Verhältnisse zwischen Emissionsbank und Emittent, zwischen Emissionsbank und Anleger und zwischen den Konsortialbanken sind gesondert anzuknüpfen. Internationales Bankvertragsrecht → **(7)** Bankgeschäfte Rn. A60.

3. Abschnitt. Kommissionsgeschäft 1 **§ 384**

[**Pflichten des Kommissionärs**]

384 (1) **Der Kommissionär ist verpflichtet, das übernommene Geschäft mit der Sorgfalt eines ordentlichen Kaufmanns auszuführen; er hat hierbei das Interesse des Kommittenten wahrzunehmen und dessen Weisungen zu befolgen.**

(2) **Er hat dem Kommittenten die erforderlichen Nachrichten zu geben, insbesondere von der Ausführung der Kommission unverzüglich Anzeige zu machen; er ist verpflichtet, dem Kommittenten über das Geschäft Rechenschaft abzulegen und ihm dasjenige herauszugeben, was er aus der Geschäftsbesorgung erlangt hat.**

(3) **Der Kommissionär haftet dem Kommittenten für die Erfüllung des Geschäfts, wenn er ihm nicht zugleich mit der Anzeige von der Ausführung der Kommission den Dritten namhaft macht, mit dem er das Geschäft abgeschlossen hat.**

Übersicht

	Rn
1) Ausführung der Kommission, Interessenwahrungspflicht (I) ...	1–6
A. Weisungen, Mistrade, Interessenwahrung:	1
B. Bedenken, Rückfrage, Hinweise:	2
C. Grundsätzliche Eigenausführung:	3
D. Ausführung:	4
E. Mitwirkung des Kommittenten:	5
F. Mindestpreisgarantie:	6
2) Nachrichtspflicht (II Hs. 1)	7
3) Rechenschaftspflicht (II Hs. 2)	8
4) Herausgabepflicht (II Hs. 2)	9–11
A. Herausgabe:	9
B. Modalitäten der Herausgabe:	10, 11
5) Eigenhaftung des Kommissionärs (III)	12–14

1) Ausführung der Kommission, Interessenwahrungspflicht (I)

A. **Weisungen, Mistrade, Interessenwahrung:** Kommissionär muss die 1 Kommission mit der **Sorgfalt** eines ordentlichen Kfms (§ 347) ausführen, das **Interesse** des Kommittenten wahrnehmen und dessen **Weisungen** befolgen (dazu §§ 385, 386, 387), so I. Der Kommissionär hat danach die Kommission für den Kommittenten sachgerecht und vorteilhaft und zu Bedingungen auszuführen, die dessen Interessen angemessen Rechnung tragen, BGH WM 2002, 1687. Eine Vereinbarung über Stornierung als **Mistrade** ohne Schadensersatz (§ 122 BGB) genügt dem nicht, BGH WM 2002, 1688; auch Rückabwicklung nicht, wenn der Kommittent an der Durchführung ein erkennbares Interesse haben kann, OLG Schleswig WM 2004, 1280; AGB-Kontrolle außerbörslicher mistrade-Regeln, Fleckner/Vollmuth WM 2004, 1263, Koch ZBB 2005, 265, Fridrich/Seidel BKR 2008, 497; zu den Eurex-Regeln Jaskulla WM 2012, 1708; viele zivilrechtliche Fragen sind noch offen, Fleckner WM 2011, 585; zu Mistrade BGH WM 2002, 1687, ZIP 2015, 1670 (→ Rn. 9, 12) mAnm Fleckner EWiR 2015, 625, Schäfer BKR 2015, 459, OLG Düsseldorf RIW 2001, 226, OLG Frankfurt a. M. WM 2009, 1032, OLG Nürnberg WM 2015, 2146 (Ermittlung des marktgerechten Preises, entgangener Gewinn); Fleckner JZ 2021, 554; Habersack, FS Hager, 2021, 382; Lit.: Lindfeld, 2008, Clauss Diss. Hamburg 2011. Weisung ist eine nach Vertragsschluss einseitig vom Kommittenten getroffene Bestimmung, mit der das Ausführungsgeschäft näher konkretisiert wird, RG WarnR 1940 Nr. 20, S. 38; MüKoHGB/Häuser Rn. 43, str., nach aA auch Erklärungen bei Vertragsschluss, differenzierend zwischen Weisungen iSv § 384

§ 384 2, 3

(nach Vertragsschluss) und allgemeiner nach § 385 (auch vorher) Staub/Koller Rn. 54. Das Weisungsrecht ist ein den Vertrag ausfüllendes, nicht abänderndes Gestaltungsrecht des Kommittenten. Der Kommissionär muss einen Widerstreit seiner Interessen mit denen des Kommittenten offenbaren, wenn er die Kommission nicht ablehnt, also vor Abschluss des Kommissionsvertrags (vgl. → § 347 Rn. 30); er muss, wenn er die Kommission übernimmt, seine Interessen hintanstellen, RG JW 1901, 408. Ihn trifft die Beweislast für Sorgfalt, wenn Zweck der Kommission nicht erreicht, BGH LM HGB § 384 Nr. 2. Zur Behandlung der Interessenkonflikte zwischen Kommissionär und Kommittent und zwischen mehreren Kommittenten bei Ausführung der Kommission s. Hopt, Kapitalanlegerschutz, 1975, S. 478 ff.; Koller BB 1978, 1733, auch **(16b)** WpHG § 63 (Verhaltenspflichten), § 80 I 1 Nr. 2 (Organisationspflicht zur Vermeidung von Interessenkonflikten). Dabei gilt **Priorität des Kommittenteninteresses** und bei konkurrierenden **Aufträgen verschiedener Kommittenten** grundsätzlich **zeitliche Priorität** (vgl. → § 347 Rn. 30). Rechtsfolgen von Pflichtverletzungen s. §§ 384 III, 385 I, 386, 388, 389, 390, 393, im Übrigen §§ 280 ff., 323 ff. BGH (iVm § 634 BGB bei Schlechterfüllung eines Werkvertrags, → § 383 Rn. 6); Unterlassung eines Deckungsgeschäfts ist idR kein Mitverschulden des Kunden, BGH AG 2002, 41; 2003, 380, OLG Nürnberg ZIP 2004, 846. Es gilt die dreijährige Regelverjährungsfrist des § 195 BGB (→ Einl. vor § 343 Rn. 16), auf die auch § 634a I Nr. 3 BGB verweist. Bei Provisionsschinderei **(churning)** des Anlagevermittlers kann Broker aus §§ 826, 830 BGB haften, BGH NJW 2004, 3423; BKR 2012, 78 Rn. 47; KG WM 2012, 594 (Depotbank); OLG Karlsruhe WM 2015, 2132; Barta BKR 2004, 433; Livonius BKR 2005, 20; Hilgard WM 2006, 409; Bsp.: LG Rgbg WM 2009, 847. Kartellrecht, namentlich §§ 14 u. 16 aF GWB, Art. 101 AEUV (Art. 81 aF EG), → § 383 Rn. 10.

2   B. **Bedenken, Rückfrage, Hinweise:** Kommissionär muss Kommittenten vor Auftragserteilung auf **Bedenken** hinweisen, BGHZ 8, 235 (Auftrag zum Verkauf von Wertpapieren, die dem Bankier, nicht dem Kunden erkennbar „unreell" sind), ebenso uU auf günstigere als die von Kommittenten angenommenen (und seinen Weisungen zugrunde gelegten) Geschäftschancen, RGZ 83, 204. Die Bank als Kaufskommissionärin muss den Kunden darauf hinweisen, dass sie auch von der Emittentin des Wertpapiers Provision erhält, BGH NJW 2013, 3574; allgemeiner zu Aufklärungspflicht über Innenprovisionen (nicht ausgewiesene Vertriebsprovisionen) und Rückvergütungen → § 347 Rn. 30. Der Kommissionär muss dem Kommittenten alle wesentlichen Umstände **mitteilen,** die ihn zu Weisungen oder Kündigung bewegen könnten; iZw muss er **rückfragen,** OLG Nürnberg WM 2010, 405. **Rat** oder **Empfehlung** schuldet Kommissionär vor Auftrag (idR) nur auf Verlangen; danach soweit handelsüblich oder von Treu und Glauben gefordert, RG JW 1901, 408. Haftung aus Rat und Empfehlung → § 347 Rn. 8–40; Beratungs- und Verwaltungspflichten bei der Effektenkommission (uU auch unaufgefordert) → Rn. 1, → **(7)** Bankgeschäfte Rn. A29.

3   C. **Grundsätzliche Eigenausführung:** Kommissionär muss idR die Kommission **selbst ausführen,** er darf zwar **Hilfspersonen** hinzuziehen (für die er nach § 278 BGB haftet), aber idR die Kommission nicht ohne Zustimmung des Kommittenten einem anderen (**Zwischenkommissionär,** vgl. auch Zwischenfrachtführer, Zwischenspediteur) übertragen (keine Substitution), RG HRR 1930, 1489 (für Kunsthandel, abw. HdlBrauch unwirksam gegen NichtKfmKommittent). Das folgt aus § 664 BGB (analog, da § 675 I BGB nicht auf ihn verweist), nach aA aus § 613 BGB. Anders, wenn die Kommission außerhalb des Platzes, wo Kommissionär zu arbeiten pflegt, auszuführen ist. Darf Kommissionär die Kommission einem Zwischenkommissionär übertragen, so haftet er nur für Sorgfalt bei dessen Auswahl (RGZ 78, 313) und Überwachung, er muss ggf. Schadensersatzansprüche gegen jenen geltend machen, dem Kommittenten das Er-

langte herausgeben, zur Einklagung den Anspruch dem Kommittenten abtreten (wohl nicht: ihn selbst einklagen). Über Freizeichnung → § 347 Rn. 38. Bei der Ausführung muss der Kommissionär **zuverlässige Dritte auswählen**, sonst macht er sich schadensersatzpflichtig. Der Dritte ist aber **nicht Erfüllungshilfe** des Kommissionärs nach § 278 BGB. Ausnahmsweise hat der Kommissionär aber für den Dritten einzustehen (§§ 384 III, 393, 394, → § 394 Rn. 1).

D. **Ausführung:** Mit Ausführung des übernommenen Geschäft ist in I sowohl 4 der **Abschluss** eines interessengerechten Ausführungsgeschäfts als auch dessen **Abwicklung**, obwohl das Gesetz sonst zwischen „Ausführung der Kommission" (zB §§ 384 II, III, 400 I–III, 401 I, 404, 405) und „Ausführung des Geschäfts" (§ 396 I, Abwicklung) unterscheidet, Staub/Koller Rn. 4; Ebenroth/Füller Rn. 3; aA BGH LM HGB § 384 Nr. 2; was im konkreten Fall gelten soll, bestimmt sich nach §§ 133, 157 BGB, Erstreckung auf beides liegt iZw im Interesse des Kommittenten. Macht der HdlPartner Aufhebungs- oder Rücktrittsrechte geltend (Mistrade → Rn. 1), muss der Kommissionär deren Berechtigung prüfen und darf sie nicht einfach aus Kulanzgründen akzeptieren, Fleckner WuB I G 2.–1.08, aA LG Nürnberg-Fürth WM 2007, 2374. Aufträge zum (Ver) Kauf von Wertpapieren sind wegen der möglichen Kursschwankungen umgehend weiterzuleiten; nicht abdingbare vertragswesentliche Pflicht iSv **(5)** § 307 BGB, OLG Oldenburg WM 1993, 1879 für Optionsscheine.

E. **Mitwirkung des Kommittenten:** Der Kommittent kann verpflichtet sein, 5 zur Ausführung der Kommission mitzuwirken, zB (bei Einkaufskommission) durch Akkreditivstellung; diese kann Bedingung der Ausführungspflicht des Kommissionärs sein oder die Kommission ist relatives Fixgeschäft (Kommissionär kann mangels Akkreditivstellung in der bestimmten Frist zurücktreten, § 323 II Nr. 2 BGB, vgl. → § 376 Rn. 1, 3) oder die Ausführung durch Kommissionär wird mangels Akkreditivstellung unmöglich; BGH LM HGB § 384 Nr. 2, vgl. → **(7)** Bankgeschäfte Rn. K1. Der Kommittent darf **nicht** die Erfüllung der Pflichten (des Kommissionärs) aus dem Ausführungsgeschäft (zumal er die Rechte aus diesem an sich ziehen kann, § 384 II) **vereiteln**, zB nach Empfang der Ware aus einer Einkaufskommission dem insolventen Kommissionär den Kaufpreis zahlen, so dass Verkäufer in dessen Konkurs unbefriedigt bleibt; Kommittent haftet dann uU dem Verkäufer nach § 826 BGB, BGH NJW 1965, 249.

F. **Mindestpreisgarantie:** Der (Verkaufs-)Kommissionär kann Mindestpreis 6 garantieren (→ § 383 Rn. 7), bleibt auch dann grundsätzlich weisungsgebunden (→ § 385 Rn. 1); die Garantie entfällt bei Schlechtlieferung des Kommittenten, Kommissionär muss sie prompt rügen (§ 377), OLG München BB 1955, 682; 1960, 642.

2) **Nachrichtspflicht (II Hs. 1)**

Der Kommissionär muss Kommittent die **erforderlichen Nachrichten** ge- 7 ben, dh alle für Kommittent bezüglich des Geschäfts wichtigen, insbesondere die ihn zu Anordnungen bezüglich des Geschäfts bestimmen können, BGH WM 1988, 403; 2002, 1689; BGH LM HGB § 384 Nr. 2, zB über den Zustand von Ware bei Ankunft, Ansprüche Dritter, Zahlungsunfähigkeit des Schuldners und insbesondere über die Ausführung der Kommission; jede Mitteilung (nicht nur die Ausführungsanzeige) unverzüglich (ohne schuldhaftes Zögern, § 121 BGB). Mit der **Ausführungsanzeige** wird zum Schutz des Kommittenten der Abschluss des Ausführungsgeschäfts kundgetan. Die Ausführungsanzeige ist einfache Tatsachenmitteilung, nach aA Willenserklärung oder rechtsgeschäftsähnliche Handlung. Der Kommissionär kann sie widerrufen oder berichtigen, dann aber uU Haftung nach III (→ Rn. 13). Der Kommissionär muss dafür sorgen, dass der Kommittent die Ausführungsanzeige erhält; ist sie nicht zugegangen, muss er sie wiederholen. Versäumung und Verspätung machen ersatzpflichtig; das Geschäft bleibt trotzdem wirksam. Der Kommissionär ist nach II grundsätzlich auch zur **Nennung des Dritten,** mit dem das Ausführungsgeschäft geschlossen ist, verpflichtet (bei Verstoß, auch ohne Verschulden, Eigenhaftung nach III, → Rn. 12), str., Staub/Koller Rn. 66, aA Schlegelb/Hefermehl Rn. 25 wegen Gefahr künftiger Ausschaltung des Kommissionärs; dies kann aber abbedungen werden, bei nahe liegender Gefahr künftiger Ausschaltung auch stillschweigend (§§ 133, 157 BGB), BGH NJW 2017, 475 Rn. 38, differenzierend Staub/Koller Rn. 66. Zur Erklärung des **Selbsteintritts** s. §§ 400, 405; zur Übersendung des Stückeverzeichnisses beim Wertpapierkauf **(13)** DepotG §§ 18 ff.

3) Rechenschaftspflicht (II Hs. 2)

8   Kommissionär muss über das Ausführungsgeschäft schriftlich und, soweit verkehrsüblich (§ 259 I BGB) mit Belegen Rechenschaft ablegen, also die Einzelheiten der Durchführung darlegen und belegen, zB über Empfänge, Aufwendungen. Zeitpunkt der Durchführung, BGH WM 1988, 403, nicht nur (Verkaufskommissionär) Nettoeinnahme (Bruttoeinnahme abzüglich Aufwendungen), BGH WM 1961, 750, Unterlassen von Abschlüssen, OLG Celle WM 1974, 736. Er muss auch auf Verlangen über seine Maßnahmen nähere **Auskunft** geben und sie **rechtfertigen** (zB den Preis, zu dem er die Kommission ausführte). II Hs. 2 bezieht sich nur auf Informationen zur Ausführung der Kommission, nicht auf Anlageinformationen, OLG Schleswig WM 2016, 1390 (zu diesen → § 347 Rn. 23 ff.). Vorzeitiges Ende des Kommissionsverhältnisses (→ § 383 Rn. 12) verpflichtet zur vorzeitiger Rechenschaft. Die Verpflichtung ist unverzichtbar, Erlass zulässig. Verjährung wie beim Hauptanspruch. Ungenügende Rechenschaft verpflichtet zur Offenbarungsversicherung, § 259 BGB. Kommissionär hat die Stufenklage (§ 254 ZPO) auf Rechnungslegung, Leistung der Offenbarungsversicherung und Zahlung des sich aus der Abrechnung ergebenden Schuldbetrags, daneben dann nicht die Klage auf Feststellung dieser Zahlungspflicht BGH LM ZPO § 254 Nr. 6. Kommissionär kann die Rechenschaft nicht (nach § 273 BGB) zurückhalten. Vorlegung der Belege genügt idR, also grundsätzlich keine Pflicht zur Herausgabe, MüKoHGB/Häuser Rn. 69; denn der Kommissionär braucht sie, solange er rechenschaftspflichtig ist. HdlBücher braucht Kommissionär nur ausnahmsweise vorzulegen, § 810 BGB greift mangels rechtlichen Interesses in aller Regel nicht Platz, iErg auch MüKoHGB/Häuser Rn. 70. Die Vorlegung ist zu verlangen, wenn ganz bestimmte Anhaltspunkte, nicht nur bloße Vermutungen, ein Misstrauen in die Ausführungsanzeige begründen, vgl. RG Gruch 1949, 835. Die Pflicht zur Rechenschaft erlischt nicht mit Abwicklung der Kommission, Kommittent muss danach aber Anspruch auf Rechenschaft in angemessener Zeit geltend machen. Anerkennung der gelegten Rechnung oder weiterer Rechenschaft bedeutet idR Entlastung des Kommissionärs, so dass Kommittent grundsätzlich keine Ansprüche wegen vertragswidriger Ausführung der Kommission mehr geltend machen kann. Abrechnung aus den falschen Kommittenten ist kein selbstständiges Schuldanerkenntnis iSv §§ 781, 782 BGB, OLG Frankfurt a. M. WM 1972, 1475. Rechnungsabschlüsse bei Kontokorrentkonten s. **(8)** AGB-Banken Nr. 7, unverzügliche Prüfung und Einwendungen des Kunden nach **(8)** AGB-Banken Nr. 11 IV (dort → **(8)** AGB-Banken Nr. 11 Rn. 9). Für WPDienstleistungsunternehmen gelten besondere Aufzeichnungs- und Aufbewahrungspflichten nach **(16b)** WpHG § 83.

4) Herausgabepflicht (II Hs. 2)

9   A. **Herausgabe:** Der Kommissionär muss dem Kommittenten **herausgeben,** was er **aus der Geschäftsbesorgung erlangt hat** (§ 384 II, auch schon §§ 667, 675 I BGB) und was er **zur Ausführung der Kommission** erhielt und nicht verwandte (§§ 667, 675 I BGB, zB unverkaufte Ware, unverbrauchter Vorschuss), BGH WM 2007, 1382, NJW 2014, 924 Rn. 16, *Kumpan* in Beiträge für Hopt

3. Abschnitt. Kommissionsgeschäft 10, 11 § 384

2008, 33. III fingiert aber nicht die Wirksamkeit des Geschäfts, also nicht wenn der Kommissionär von dem Geschäft hätte zurücktreten können, ihm die Ausführung unmöglich geworden ist oder ein Mistrade (→ Rn. 1) vorliegt, BGH WM 1959, 270, ZIP 2015, 1670. Bspe: Forderungen, an Kommittent abzutreten oder für ihn einzuziehen, bei Pflichtverletzung Schadensersatz, auch uU Strafbarkeit (Untreue, § 266 StGB), uU auch Schadensersatzpflicht des Dritten (Schuldners), der den Rechtsmissbrauch des Kommissionärs kennt (§§ 826, 823 II BGB), BGH BB 1959, 975; den erlösten Kaufpreis mit Zinsen seit Fälligkeit des Herausgabeanspruchs (§ 353, wenn auch Kommittent Kfm. ist); die gekaufte Ware mit Früchten und anderen Nutzungen; ggf. die Traditionspapiere (§§ 448, 475g, 650) über die Ware; Begleit- und Beweisurkunden, aber nicht Aufzeichnungen der Bank nach **(16b)** WpHG § 83, OLG Nürnberg WM 2007, 647; ggf. Ersatz für die verlorene Ware, zB eine Versicherungssumme, wenn diese mehrere Schäden betrifft: ein entsprechender Anteil, OLG Koblenz MDR 1967, 770 (nachträgliches Wiederfinden verlorener Ware soll diese Teilung nicht mehr ändern); „**Provision**" (soweit nicht durch Vereinbarung oder Verkehrssitte gestattet, vgl. RG HRR 1929, 1990 betr. Versteigerer, OLG Stuttgart WM 2011, 977 (zum Rechtsirrtum); die Kommissionsgebühr selbst ist nicht „aus" der Geschäftsbesorgung erlangt, aber Vertriebsprovisionen, auch wenn sie vom Emittenten eines Zertifikats an die Bank gezahlt werden, hL, Canaris § 30 Rn. 31, Kumpan in Baum ua, Perspektiven des Wirtschaftsrechts (Beiträge für Hopt), 2008, S. 39; Koch ZBB 2013, 217; offen BGH NJW 2012, 2877; 2014, 924 Rn. 19; aA OLG Saarbrücken BKR 2012, 174; Mülbert ZHR 172 (2008), 192, zwischen Kommissions- und Festpreisgeschäft differenzierend OLG Frankfurt a. M. NJW-RR 2012, 1076; „Geschenke", Schmiergelder, die Kommissionär vom Dritten für den Abschluss empfing, RGZ 96, 55 (Strafbarkeit: s. §§ 299 ff. StGB; Anfechtung des Ausführungsgeschäfts: RG JW 1914, 291); Koller BB 1978, 1738, Staub/Koller Rn. 85, daran ändert bloße Offenlegung nichts, Koch ZBB 2013, 217, außer bei diesbezüglicher Vereinbarung, str., für letztere Hadding ZIP 2008, 529 für Emissionsbonifikationen (→ § 347 Rn. 30); vgl. für Handelsvertreter → § 86 Rn. 23. § 667 Fall 2 BGB, § 384 II Hs. 2 Fall 2 HGB sind dispositiv, BGH NJW 2014, 924 Rn. 21; Rothenhöfer in Baum ua, 2008, S. 80, str. Behaltensklausel in AGB zu Vertriebsvergütungen (→ § 347 Rn. 30) ersetzt nicht Offenlegung (→ Rn. 8), BGH NJW 2014, 924 Rn. 49; sie ist unter § 307 BGB zulässig, wenn der Kunde den wirtschaftlichen Wert des Verzichts einschätzen kann, Verweisung auf §§ 31d aF, 70 nF **(16b)** WpHG ist zulässig, BGH NJW 2014, 924; OLG Frankfurt a. M. ZIP 2012, 2337; Koch ZBB 2013, 225.

B. Modalitäten der Herausgabe: Der Kommissionär hat **das Erlangte** herauszugeben (abzutreten), **wie er es hat**: zB statt Eigentum ggf. Anwartschaft auf Eigentum (bei Erwerb unter Eigentumsvorbehalt), Besitz (bei unwirksamem Erwerb zu Eigentum), statt Sachen den Anspruch auf ihre Herausgabe oder Lieferung oder auf Ersatz für ihre Nichtherausgabe oder Nichtlieferung. Beim Gattungskauf muss Einkaufskommissionär die gekaufte Ware ausgesondert herausgeben, soweit er keine andere Vereinbarung beweist, RGZ 53, 370. „Depotfixen" ist verboten: Kommissionär darf nicht gekaufte Papiere für sich veräußern und dem Kommittenten später gleichartige liefern, vgl. RGZ 96, 185. Siehe aber **(13)** DepotG §§ 24, 7. **10**

Einkaufskommissionär muss die Ware bis zur Herausgabe **verwahren,** RGZ 53, 369. Die Versendungsgefahr trägt Kommittent. Bei Verletzung der Herausgabepflicht hat er Anspruch auf Schadensersatz (§§ 280 I, III, 281 oder 283 BGB) und kann zurücktreten (§ 323 I oder § 326 V BGB). Dann verliert der Kommissionär den Anspruch auf Provision (Herausgabeanspruch steht im Synallagma, str., Canaris § 30 Rn. 45), nicht auch Aufwendungsersatzanspruch, und muss das vom Kommittenten Empfangene zurückzahlen, Canaris § 30 Rn. 32. Verlust des Pro- **11**

§ 384 12, 13   4. Buch. Handelsgeschäfte

visionsanspruchs auch, wenn der Kommissionär die Unmöglichkeit der Herausgabe nicht zu vertreten hat, zB bei Verlust des Kommissionsguts durch Brand (§ 326 I oder §§ 323 I, 326 V BGB), Canaris § 30 Rn. 45, FS Konzen, 2006, 56, str. Kommissionär braucht nur Zug um Zug gegen Befriedigung seiner Ansprüche herauszugeben, hat ferner an Kommissionsgut und Anspruch aus dem Ausführungsgeschäft das Pfand- und Befriedigungsrecht nach §§ 397–399. Leistungsklage des Kommittenten setzt Klage auf Rechnungslegung nur voraus, wo Kommittent sein Guthaben ohne sie nicht beziffern kann. Der Herausgabepflicht des Kommissionärs entspricht eine Abnahmepflicht des Kommittenten, OGH NJW 1950, 786. Die Herausgabe des Kaufpreises durch den Kommissionär steht nicht im Gegenseitigkeitsverhältnis zur Warenhingabe durch den Kommittenten, BGHZ 79, 93; wohl aber zu dessen Provisionszahlung, str. Ansprüche des Kommittenten gegen den Kommissionär verjähren in drei Jahren (§ 195 BGB, → Einl. vor § 343 Rn. 16).

5) Eigenhaftung des Kommissionärs (III)

12   Zur Nennung des Dritten, mit dem er abgeschlossen hat, ist Kommissionär idR nach II (Anzeige von Ausführung der Kommission, → Rn. 7) verpflichtet (wenn der Dritte nicht ohnehin dem Kommittenten bekannt). Unterlassung der Nennung (auch wenn nicht pflichtwidrig, auch wenn die Benennungspflicht abbedungen worden ist, Staub/Koller Rn. 143, 154: Eigenhaftung als Ausgleich für Verschweigen), Nennung eines anderen Dritten oder überhaupt Nichtabschluss mit einem Dritten, BGH WM 2015, 1634 Rn. 15, lässt den Kommissionär dem Kommittenten kraft Gesetzes und ohne Verschulden **haften für Erfüllung** des von ihm mit dem Dritten für Rechnung des Kommittenten geschlossenen Geschäfts **(Eigenhaftung, III),** ähnlich der Delkrederehaftung (§ 394) und der Maklerhaftung bei vorbehaltener Aufgabe (§ 95 III), unbeschadet des Anspruchs des Kommittenten auf Nennung des Dritten (falls Kommissionär zur Nennung verpflichtet ist, → Rn. 7), OLG Frankfurt a. M. MDR 2012, 44. III schützt den Kommittenten vor Unterschiebung eines weniger leistungsfähigen Dritten oder anderweitige Inanspruchnahme des Geschäfts, BGH WM 2015, 1634 Rn. 14, OLG Schleswig WM 2020, 128. III fingiert aber nicht die Wirksamkeit des Geschäfts, gilt also nicht bei Aufhebung des Wertpapiergeschäfts wegen fehlender Marktgerechtigkeit (Mistrade, → Rn. 1), BGH WM 2015, 1634 Rn. 17, OLG Schleswig WM 2020, 128. Die Haftung **setzt voraus,** dass die unbestimmte **Ausführungsanzeige** abgesandt und dem Kommittenten zugegangen ist (maßgeblicher Zeitpunkt der Namhaftmachung ist nach der hL der Zugang, → Rn. 13, nach aA die Absendung der Ausführungsanzeige); sonst schuldet Kommissionär nur Schadensersatz wegen (schuldhafter) Verletzung der Anzeigepflicht (→ Rn. 7). Bei Eigenhaftung ist zu unterscheiden: bei ausgeführter Kommission kann der Kommittent entweder Nennung des Dritten nach II verlangen und sich die Rechte gegen diesen übertragen lassen oder den Kommissionär nach III auf Erfüllung des angezeigten Ausführungsgeschäfts in Anspruch nehmen; bei nicht ausgeführter Kommission kann der Kommittent Ausführung verlangen bzw. uU kündigen oder den Kommissionär nach III auf Erfüllung des als abgeschlossen angezeigten Geschäfts in Anspruch nehmen. Die Haftung gilt auch (und ist besonders bedeutsam) bei unwirksamem Selbsteintritt, BGH LM BGB § 675 Nr. 3, BGH WM 2015, 1634 Rn. 15. Beweislast für Nennung liegt beim Kommissionär, BGH WM 1984, 930.

13   Die den Dritten nennende Mitteilung muss vor, in oder zugleich mit der Anzeige von Ausführung der Kommission (II, → Rn. 7) dem Kommittenten **zugehen** (→ Rn. 12). Später zugehende Nennung beseitigt die Haftung nicht. Die Haftung gilt auch bei nicht hinreichend bestimmter Bezeichnung des Dritten sowie bei Nennung einer Person, mit der in Wahrheit nicht abgeschlossen ist (ob mit einem anderen oder gar nicht mit einem Dritten abgeschlossen ist), letzteren-

3. Abschnitt. Kommissionsgeschäft 1–3 § 385

falls haftet der Kommissionär allein, BGH LM BGB § 675 Nr. 3. Irrige Nennung (entspr. Nichtnennung in der irrigen Meinung, ein Deckungsgeschäft sei geschlossen, Staub/Koller Rn. 159) kann der Kommissionär zwar nicht anfechten (Tatsachenmitteilung, → Rn. 7), aber analog §§ 119 ff. BGB widerrufen bzw. berichtigen (→ Rn. 7); er haftet dann entspr. § 122 BGB auf Ersatz des Vertrauensschadens, nicht nach § 384 III, hL; demgegenüber für Anfechtung der Ausführungsanzeige, da konstitutiv, MüKoHGB/Häuser Rn. 57; differenzierend Ebenroth/Füller Rn. 25 f., dann § 122 BGB direkt, also ohne große Unterschiede.

Die Eigenhaftung ist **abdingbar.** Sie kann auch durch HdlBrauch aufgehoben werden, RGZ 112, 151, was für das Effektengeschäft behauptet wird, BGH LM BGB § 675 Nr. 3. **14**

[Weisungen des Kommittenten]

385 (1) **Handelt der Kommissionär nicht gemäß den Weisungen des Kommittenten, so ist er diesem zum Ersatze des Schadens verpflichtet; der Kommittent braucht das Geschäft nicht für seine Rechnung gelten zu lassen.**

(2) **Die Vorschriften des § 665 des Bürgerlichen Gesetzbuchs bleiben unberührt.**

1) Bindung an Weisungen (I Hs. 1, II)

A. **Befolgungspflicht:** Der Kommissionär hat die (im Rahmen der Kommission bleibenden, den Kommissionär also nicht vertragswidrig belastenden) **Weisungen** des Kommittenten (Gestaltungsrecht) zu **befolgen** (**I,** s. auch §§ 386, 387); auch wenn ihr Sinn dem Kommissionär nicht erkennbar ist oder nicht einleuchtet, BGH WM 1976, 632 (aber → Rn. 4); uU nicht ohne Gegenempfehlung (→ § 384 Rn. 2, sonst Haftung für Schaden trotz Befolgung der Weisung). Bspe: Weisung betr. Höchst- oder Mindestpreis bei der Einkaufs- bzw. Verkaufskommission (**Limit,** I, § 386); Weisung betr. Auswahl zu erwerbender Wertpapiere, BGH WM 1976, 631. Der Weisungsbegriff ist derselbe wie in § 384 I (dort → § 384 Rn. 1), aA Staub/Koller § 384 Rn. 54; Erklärungen bei Vertrag und Vertragsabreden einschließlich des dispositiven Rechts fallen nicht darunter, Ko/Ro/Mo/Roth Rn. 2, aA Canaris § 30 Rn. 21, Knütel ZHR 137 (1973), 289. Das Weisungsrecht gilt auch bei Mindestpreisgarantie des Kommissionärs (→ § 384 Rn. 6), zB Weisung, nicht zu verkaufen, solange die Preischancen eindeutig über der Garantie liegen, Kommittent also nicht wider Treu und Glauben auf Grund der Garantie spekuliert, OLG München BB 1955, 682. Lit.: Knütel ZHR 137 (1973), 285. **1**

B. **Abweichungsrecht:** Abweichen darf der Kommissionär nach **§ 665 BGB** (so **II**, folgt auch aus § 675 I BGB). Widerspricht eine Weisung des Kommittenten klar seinem Interesse und ist dem Kommissionär nicht erkennbar, dass Kommittent sie bewusst trotzdem aufrechthält, so ist Kommissionär aus der Interessenwahrungspflicht (§ 384 I) zur gebotenen Abweichung verpflichtet. Bei weisungswidriger, nicht interessenverletzender Ausführung uU gegen Zurückweisung durch Kommittent Treuwidrigkeitseinwand des Kommissionärs (der für dessen Voraussetzungen beweispflichtig), BGH WM 1976, 632. **2**

2) Folgen des Verstoßes gegen Weisungen (I Hs. 1, 2)

A. **Schadensersatz:** Unzulässige verschuldete (§ 276 I BGB, RGZ 56, 151) Abweichung macht Kommissionär dem Kommittenten haftbar auf **Schadensersatz (I Hs. 1),** außer wenn dieser das Geschäft für seine Rechnung gelten lässt (vgl. → Rn. 4), str., oder wenn die Interessen des Kommittenten trotz des **3**

§ 386 1   4. Buch. Handelsgeschäfte

Weisungsverstoßes nicht in einer zum Schadensersatz verpflichtenden Weise verletzt werden, BGH WM 1983, 839 (zu § 665 BGB), OLG Frankfurt a. M. WM 1989, 711 (Beschaffung der Optionsscheine statt an der Börse zum gleichen Preis außerhalb des Börsensaales), oder dem Interessen des Kommittenten dadurch sogar noch besser entsprochen wird, RG SeuffA 85, Nr. 52; BGH WM 1976, 632. Der Kommissionär muss sein Nichtverschulden bei Abweichung von der Weisung dartun (§ 280 I 2 BGB), vgl. auch BGH NJW 1957, 746 (Sphärentheorie). Mitverschulden des Bankkunden (§ 254 BGB) bei Schweigen auf längeres Ausbleiben der Effektenverkaufsnachricht, BGH WM 1981, 714.

4   **B. Nichtgeltenlassen:** Der Kommittent braucht das weisungswidrig geschlossene Ausführungsgeschäft **nicht für seine Rechnung gelten** zu **lassen (I Hs. 2);** auf Verschulden des Kommissionärs kommt es dabei nicht an, hL, Ko/ Ro/Mo/Roth Rn. 5, aA Koller BB 1979, 1730. Er muss es (außer bei Verstoß gegen das Preislimit, § 386 I) nicht unverzüglich zurückweisen; sein Schweigen auf die Anzeige, aus der er die weisungswidrige Ausführung ersieht, bedeutet nicht ohne Weiteres Genehmigung der Abweichung, RG Gruch 1948, 1007. Aber Annahme (auch nur teilweise) der Erfüllung bedeutet Genehmigung, RG JW 1914, 103. Geringfügige Abweichungen, die das Interesse des Kommittenten überhaupt nicht verletzen (Beweislast beim Kommissionär), berechtigen nicht zur Zurückweisung (§ 242 BGB), BGH WM 1976, 632 (iErg abl.). Auch dann ist Zurückweisung nicht zulässig, wenn Kommissionär sich erboten hat, dem Kommittenten die Nachteile aus der Abweichung von der Weisung auszugleichen (wie für den Fall des Verstoßes gegen das Preislimit § 386 II ausdrücklich bestimmt); idR wird Kommissionär auch noch die erfolgte Zurückweisung durch unverzügliches Angebot solchen Ausgleichs entkräften können (abw. von § 386 II). Ist zurückgewiesen, so dauert die Kommission fort, wenn sie nicht aus anderen Gründen erlischt, Kommittent braucht Verwendungen und Provision nicht zu zahlen, Kommissionär darf und muss die Kommission anders von neuem ausführen, RG JW 1932, 2608. Die Rechte nach I Hs. 1 und Hs. 2 (Schadensersatz und Zurückweisung) bestehen nebeneinander.

[Preisgrenzen]

386   (1) Hat der Kommissionär unter dem ihm gesetzten Preise verkauft oder hat er den ihm für den Einkauf gesetzten Preis überschritten, so muß der Kommittent, falls er das Geschäft als nicht für seine Rechnung abgeschlossen zurückweisen will, dies unverzüglich auf die Anzeige von der Ausführung des Geschäfts erklären; anderenfalls gilt die Abweichung von der Preisbestimmung als genehmigt.

(2) [1] Erbietet sich der Kommissionär zugleich mit der Anzeige von der Ausführung des Geschäfts zur Deckung des Preisunterschieds, so ist der Kommittent zur Zurückweisung nicht berechtigt. [2] Der Anspruch des Kommittenten auf den Ersatz eines den Preisunterschied übersteigenden Schadens bleibt unberührt.

1) Zurückweisung durch Kommissionär (I)

1   Bei Abweichung vom Preislimit zum Nachteil des Kommittenten muss dieser das Geschäft **unverzüglich** (ohne schuldhaftes Zögern, § 121 BGB, also mit angemessener Überlegungsfrist) auf die (die Abweichung offenbarende) Anzeige von der Ausführung der Kommission **zurückweisen,** sonst gilt die Abweichung als genehmigt, Kommittent kann dann das Geschäft nicht mehr zurückweisen, auch wegen der Preisabweichung nicht Schadensersatz fordern (aber wegen anderer Abweichung, § 385), hL, Ebenroth/Füller Rn. 9, str. Die Zurückweisung ist empfangsbedürftig (§ 130 BGB), geht sie verloren und kann Kommittent

3. Abschnitt. Kommissionsgeschäft § 388

sie nicht innerhalb der Zeit, in der Kommissionär sie erwarten muss, wiederholen, so verliert Kommittent das Zurückweisungsrecht (wenn es nicht nach den Umständen gegen Treu und Glauben verstößt, dass Kommissionär ihn am weisungswidrig geschlossenen Geschäft festhält). Anfechtung nach §§ 119 ff. BGB, aber nicht wegen Irrtums über die Bedeutung des Schweigens (→ § 346 Rn. 33), MüKoHGB/Häuser Rn. 16, differenzierend Ebenroth/Füller Rn. 8.

2) Deckungszusage des Kommittenten (II)

Das Zurückweisungsrecht des Kommittenten (nicht ggf. sein Anspruch auf 2 Schadensersatz außerhalb des Preisunterschieds, **II 2**) entfällt, wenn Kommissionär sich zugleich mit der Ausführungsanzeige (vgl. → § 384 Rn. 13) **erbietet,** den **Preisunterschied zu decken (II 1),** dh zu zahlen mit mindestens den kommissions-(und weisungs-)gemäßen Zahlungsbedingungen; vorausgesetzt: Kommissionär ist leistungswillig und leistungsfähig, sein Erbieten zu erfüllen, sonst unzulässige Rechtsausübung, MüKoHGB/Häuser Rn. 20. Die Deckungszusage ist formlos, sie ist schuldrechtlicher Anspruch, kein abstraktes Schuldversprechen, Oetker/Bergmann Rn. 13, Ebenroth/Füller Rn. 11.

[Vorteilhafterer Abschluss]

387 (1) Schließt der Kommissionär zu vorteilhafteren Bedingungen ab, als sie ihm von dem Kommittenten gesetzt worden sind, so kommt dies dem Kommittenten zustatten.

(2) **Dies gilt insbesondere, wenn der Preis, für welchen der Kommissionär verkauft, den von dem Kommittenten bestimmten niedrigsten Preis übersteigt oder wenn der Preis, für welchen er einkauft, den von dem Kommittenten bestimmten höchsten Preis nicht erreicht.**

1) Vom Kommittenten gesetzte Bedingungen für den Abschluss sind iZw 1 Mindestbedingungen; Kommissionär darf von ihnen zum Vorteil des Kommittenten abweichen, ist dazu soweit möglich verpflichtet (§ 384 I: Interessenwahrung); das günstigere Ergebnis, an Preis (II) oder anderen Bedingungen (zB Stundung, Zugabe; über Emissionsbonifikationen s. RG JW 1905, 118) kommt dem Kommittenten (für dessen Rechnung Kommissionär abschließt, §§ 383, 406 I) zugute (I, II), soweit nicht anderes vereinbart ist (zB Beteiligung des Kommissionärs am Überpreis). Beweis für günstigeren Abschluss obliegt dem Kommittenten, für eine von § 387 abweichende Vereinbarung dem Kommissionär.

[Beschädigtes oder mangelhaftes Kommissionsgut]

388 (1) **Befindet sich das Gut, welches dem Kommissionär zugesendet ist, bei der Ablieferung in einem beschädigten oder mangelhaften Zustande, der äußerlich erkennbar ist, so hat der Kommissionär die Rechte gegen den Frachtführer oder Schiffer zu wahren, für den Beweis des Zustandes zu sorgen und dem Kommittenten unverzüglich Nachricht zu geben; im Falle der Unterlassung ist er zum Schadensersatze verpflichtet.**

(2) **Ist das Gut dem Verderb ausgesetzt oder treten später Veränderungen an dem Gute ein, die dessen Entwertung befürchten lassen, und ist keine Zeit vorhanden, die Verfügung des Kommittenten einzuholen, oder ist der Kommittent in der Erteilung der Verfügung säumig, so kann der Kommissionär den Verkauf des Gutes nach Maßgabe der Vorschriften des § 373 bewirken.**

§ 389

4. Buch. Handelsgeschäfte

1) Pflichten des Kommissionärs (I)

1 **A. Prüfungspflicht:** I präzisiert (nicht abschließend) gewisse (schon aus § 384 I, II folgende) Pflichten des Kommissionärs. I gilt bei Einkaufs- und Verkaufskommission, einerlei von wem und wie Kommissionär das Gut empfängt, wenn nicht (bei Verkaufskommission) am Platze unmittelbar vom Kommittenten (der dann die Mängel selbst kennen muss). Kommissionär muss das Gut bei Empfang **auf äußerlich erkennbare** (vgl. § 438) **Mängel prüfen,** ggf. nach I verfahren. Mängel sind Qualitäts-, Quantitätsmängel, aber auch ein aliud, MüKoHGB/ Häuser Rn. 6, einschränkend Staub/Koller Rn. 4, aber für Analogie. Zeigen sich ihm solche Mängel später, muss er dann ebenso verfahren.

2 **B. Weitere Pflichten: Wahrung der Rechte,** nicht nur gegen Frachtführer, Schiffer (so I), auch gegen Spediteur, Lagerhalter, auch (bei Einkaufskommission) gegen Verkäufer, zB durch Vorbehalt bei Empfang (vgl. zB § 438), Herbeiführung einer amtlichen Feststellung, sofern vorgesehen und notwendig, Mängelrüge (§ 377), uU Arrest oder einstweilige Verfügung, Ebenroth/Füller Rn. 5. **Sorge für Beweis des Zustands:** zB durch amtliche Feststellung (s. oben), Beweissicherung nach § 485 ZPO, Aufnahme von Prüfungsprotokoll durch Sachverständige. Kommen Ansprüche gegen Frachtführer (Schiffer) nicht in Betracht, kann Kommissionär von Schadensfeststellung und unverzüglicher Nachricht absehen, hat dann aber bei Streit mit Kommittenten Beweislast für Zustand der Ware bei Empfang, OLG München MDR 1957, 678.

3 **C. Schadenersatzpflicht (I Hs. 2):** Bei schuldhaftem Verstoß ist der Kommissionär schadenersatzpflichtig (I Hs. 2). Der Verkaufskommissionär, der bei Empfang der ihm vom Kommittenten zugesandten Ware den Kommittenten nicht von Mängeln benachrichtigte, ist zB ersatzpflichtig für Mindererlös infolge Nichtbehebung des Mangels; er ist nicht gehindert, gegenüber dem Kommittenten geltend zu machen, dass der Mangel bestand. Verstoß des Einkaufskommissionärs gegen Pflichten nach I (oder nach § 384 I, II) macht ihn ersatzpflichtig, zB für Verlust des Ersatzanspruchs gegen Frachtführer; der Kommittent kann nicht das Ausführungsgeschäft (nach §§ 385, 386) zurückweisen.

2) Notverkaufsrecht des Kommissionärs (II)

4 Bei Gefahr (schon bei Empfang des Guts oder später) des Verderbs oder einer wesentlichen Entwertung (was gleichzuachten ist, → § 373 Rn. 17) des Kommissionsguts darf Kommissionär, falls Weisung des Kommittenten nicht eingeholt werden kann oder Kommittent mit Weisung säumt, das Gut nach § 373 (II-V) für Rechnung des Kommittenten verkaufen (→ § 373 Rn. 20, 23). Bei Säumnis des Kommittenten mit Weisung zuerst Androhung des Verkaufs, falls nicht Gefahr im Verzug oder Androhung aus anderen Gründen untunlich (vgl. § 373 II Rn. 18, str. Verkauft Kommissionär anders als nach § 373, schuldet er dem Kommittenten (ggf.) Schadensersatz; Beweis, dass Verkauf nach § 373 nicht mehr erbracht hätte, obliegt ihm, OLG München MDR 1957, 679. Im Interesse des Kommittenten kann der Kommissionär zum Verkauf nicht nur berechtigt, sondern verpflichtet sein (§ 384 I).

[Hinterlegung; Selbsthilfeverkauf]

389 Unterläßt der Kommittent über das Gut zu verfügen, obwohl er dazu nach Lage der Sache verpflichtet ist, so hat der Kommissionär die nach § 373 dem Verkäufer zustehenden Rechte.

1) § 389 regelt den Fall, dass der Kommissionär das (gekaufte oder zu verkaufende) Kommissionsgut verwahrt und der Kommittent mit einer nach dem Kommissionsverhältnis vorzunehmenden Weisung, wie damit zu verfahren ist,

3. Abschnitt. Kommissionsgeschäft 1–3 § 390

säumig ist, zB das gekaufte Gut nicht abnimmt, über das zu verkaufende (bei Unmöglichkeit des Verkaufs oder nach Kündigung der Kommission durch ihn) nicht verfügt. Der Kommissionär darf dann, wenn weitere Verwahrung ihm nicht zuzumuten (vgl. § 390), das Gut entspr. § 373 hinterlegen, uU verkaufen (→ § 373 Rn. 11). Er darf idR nicht wegen Pflichtverletzung des Kommittenten nach § 323 BGB vorgehen (dh nicht nach erfolgloser Fristsetzung von der Kommission zurücktreten), Grund: „Verpflichtung" iSd § 389 ist idR bloße Mitwirkungshandlung, Unterlassen begründet dann nur Gläubigerverzug, Staub/Koller Rn. 1 f.; anders wenn die Mitwirkungshandlung vertraglich vereinbart ist, dann Schuldnerverzug, MüKoHGB/Häuser Rn. 7.

[Haftung des Kommissionärs für das Gut]

§ 390 (1) **Der Kommissionär ist für den Verlust und die Beschädigung des in seiner Verwahrung befindlichen Gutes verantwortlich, es sei denn, daß der Verlust oder die Beschädigung auf Umständen beruht, die durch die Sorgfalt eines ordentlichen Kaufmanns nicht abgewendet werden konnten.**

(2) **Der Kommissionär ist wegen der Unterlassung der Versicherung des Gutes nur verantwortlich, wenn er von dem Kommittenten angewiesen war, die Versicherung zu bewirken.**

1) Verschärfte Haftung (I)

Der Kommissionär haftet für **Verlust** oder **Beschädigung** des Kommissionsguts, die eintreten, während er es auf Grund der Kommission verwahrt (oder die irgendwie die Verwahrung verursacht sind, was der Kommittent beweisen muss), BGH WM 2007, 1382. Nach I (wie § 280 I 2 BGB) kann der Kommissionär sich aber bezüglich eines Verschuldens, für das er einstehen muss (§§ 276 I, 278 BGB), entlasten durch Beweis, dass Verlust oder Beschädigung auf Umständen beruhten, die durch die **Sorgfalt** eines ordentlichen Kfms (§ 347) nicht abgewandt werden konnten, RGZ 126, 74; BGH WM 2007, 1382. Verlust liegt vor, wenn der Kommissionär seiner Herausgabepflicht nach § 384 II nicht mehr genügen kann, BGH WM 2007, 1382. Der Kommissionär muss die einzelnen Umstände darlegen, auf denen der Schaden beruht, RG HRR 1926, 2233. Es genügt zB nicht Nachweis eines Diebstahls; der Kommissionär muss beweisen, dass er für genügend sichere Verwahrung sorgte, vgl. RG JW 1927, 1351. Andererseits genügt es, dass der Kommissionär nachweist, von Anfang bis zu Ende sorgfältig verfahren zu sein, er braucht die Ursache eines Brands nicht zu klären, RGZ 11, 134. Mehrere Brände oder Diebstähle können zu besonderer Sorgfalt verpflichten, KG JW 1924, 325. Bei **nicht** vom Kommissionär verschuldetem Untergang des Guts keine Haftung, ähnlich der Rechtslage bei Konditionskauf mit aufschiebender Bedingung des Weiterverkaufs (→ Einl. vor § 373 Rn. 24, § 346 III 1 Nr. 3 nF BGB gilt nur für das gesetzliche Rücktrittsrecht), dazu BGH NJW 1975, 778.

Versicherung macht den Kommissionär nicht frei, mindert nur seine Haftung 2 um die ausgezahlte Summe. Auch Abtretung der Ansprüche gegen den Schadensverursacher befreit nicht. Die Entlastung wird nicht dadurch ausgeschlossen, dass der Kommissionär durch Benachrichtigung des Kommittenten diesem Abwendung des Schadens (zB Beschlagnahme) hätte ermöglichen können. Haftung für Dritte → § 384 Rn. 3. Freizeichnung → § 347 Rn. 7.

Der Kommittent, der vom Verkaufskommissionär unverkauftes Gut beschädigt 3 zurückerhält, darf (trotz Unanwendbarkeit des § 377, → § 377 Rn. 2) die **Rüge** nicht ungebührlich verzögern, sonst droht Verlust des Rügerechts, OLG Stuttgart MDR 1958, 774.

§ 391 1
4. Buch. Handelsgeschäfte

4 I ist **nachgiebig.** Aber Freizeichnung, auch schon Beweislastumkehr sind nicht beliebig möglich, vor allem nicht in AGB, s. **(5)** §§ 307, 309 Nr. 7, 12 BGB; → § 383 Rn. 5, auch § 391.

2) Versicherung (II)

5 Zur Versicherung des Kommissionsguts auf Kosten des Kommittenten (§ 396 II) ist der Kommissionär idR berechtigt; verpflichtet ist er dazu nur auf Weisung (nicht notwendig ausdrücklich, auch stillschweigend, zB aus längerer Übung folgend) des Kommittenten, dann im üblichen Umfang zu üblichen Bedingungen (RGZ 6, 116), im Namen des Kommittenten oder im eigenen für dessen Rechnung (§§ 74 ff. aF, 43 ff. nF VVG), bei sorgfältiger Auswahl (§ 384 I) des Versicherers. Weisungswidrige Versicherung kann ersatzpflichtig machen; gibt Anspruch auf Auslagenersatz nur bei erlaubter Abweichung, § 385 HGB, § 665 BGB; zahlt aber im Schadensfall die Versicherung an Kommittenten, so schuldet dieser dem Kommissionär Ersatz nach § 812 BGB. Ähnliche Rechtslage bei Konditionskauf (→ Einl. vor § 373 Rn. 24), BGH NJW 1975, 778.

[Untersuchungs- und Rügepflicht; Aufbewahrung; Notverkauf]

391 ¹ Ist eine Einkaufskommission erteilt, die für beide Teile ein Handelsgeschäft ist, so finden in bezug auf die Verpflichtung des Kommittenten, das Gut zu untersuchen und dem Kommissionär von den entdeckten Mängeln Anzeige zu machen, sowie in bezug auf die Sorge für die Aufbewahrung des beanstandeten Gutes und auf den Verkauf bei drohendem Verderbe die für den Käufer geltenden Vorschriften der §§ 377 bis 379 entsprechende Anwendung. ² Der Anspruch des Kommittenten auf Abtretung der Rechte, die dem Kommissionär gegen den Dritten zustehen, von welchem er das Gut für Rechnung des Kommittenten gekauft hat, wird durch eine verspätete Anzeige des Mangels nicht berührt.

1) Untersuchungs- und Rügepflicht

1 § 391 durch SMG unverändert, obwohl § 378 aufgehoben wurde (Redaktionsversehen). Bei **Einkaufskommission, die für beide Teile ein Handelsgeschäft** ist (→ § 377 Rn. 3) obliegt nach **S. 1** Kommittenten im Verhältnis zu Kommissionär entspr. § 377 unverzügliche Untersuchung des abgelieferten Guts (Ware, → Einl. vor § 373 Rn. 8, Ablieferung → § 377 Rn. 5) und ggf. Rüge seiner Mängel. Die Rüge wahrt dem Kommittenten Anspruch aus dem Kommissionsvertrag gegen Kommissionär wegen von diesem selbst zu vertretender Mängel (vgl. §§ 384 I, II, 388, II, 391) und wegen Unterlassens der Wahrung der (dem Kommissionär zustehenden, aber für Rechnung des Kommittenten wirkenden) Rechte gegen Verkäufer oder Zwischenpersonen als von diesen zu vertretenden Mängeln (vgl. § 388 I, → § 388 Rn. 2). Gleich ist, ob Kommittent das Gut von Kommissionär oder unmittelbar vom Verkäufer erhält (sofern in diesem Falle Anspruch des Kommittenten gegen Kommissionär wegen Mängeln des Guts, s. oben, bestehen). Die Mängel, für welche Kommissionär dem Kommittenten (nach dem Kommissionsvertrag) einzustehen hat, können andere sein als die, für welche Verkäufer dem Kommissionär einsteht (wenn Kommissionär das Ausführungsgeschäft nicht genau zu den Bedingungen der Kommission abschloss). Die (dem Kommissionär zustehenden) Rechte aus dem Kaufvertrag gegen Verkäufer wegen Mängeln des Guts wahrt (nach § 377, nicht § 391) iZw sowohl Rüge des Kommissionärs wie des Kommittenten, **S. 2** stellt klar, dass Verspätung der Rüge durch Kommittent gegenüber Kommissionär zwar Anspruch des Kommittenten gegen Kommissionär (aus dem Kommissionsvertrag) wegen der Mängel ausschließt (s. oben), nicht aber die Pflicht des Kommissionärs (§ 384 II), dem Kommittenten die Rechte abzutreten, die Kommissionär gegen

1832 *Kumpan*

3. Abschnitt. Kommissionsgeschäft 1–3 § 392

Verkäufer (aus dem Kaufvertrag) wegen derselben Mängel hat (und erforderlichenfalls nach § 377 durch rechtzeitige Rüge gegenüber Verkäufer wahrte). Für Verkaufskommission mit Mindestpreisgarantie → § 384 Rn. 6. Auch → § 390 Rn. 3 (Rückgabe unverkauften Guts).

2) Aufbewahrung, Notverkauf

Kommittent ist, wenn er die ihm zugesandte (→ § 379 Rn. 4) Ware beanstandet, entspr. § 379 I, II verpflichtet, für ihre einstweilige Aufbewahrung zu sorgen, und bei Gefahr des Verderbs berechtigt, sie mit Beachtung der Vorschrift des § 373 (II–V) zu verkaufen. Der Verkauf erfolgt, wenn die Beanstandung berechtigt ist, für Rechnung des Kommissionärs (vgl. § 373 III); dieser muss, falls er nicht im Verhältnis zum Verkäufer (auf Grund des Kaufvertrags) die Ware zurückweisen kann, den Kaufpreis für Verkäufer aufbringen, die Notverkaufskosten tragen und erhält den Notverkaufserlös. **2**

[Forderungen aus dem Kommissionsgeschäft]

392 (1) **Forderungen aus einem Geschäfte, das der Kommissionär abgeschlossen hat, kann der Kommittent dem Schuldner gegenüber erst nach der Abtretung geltend machen.**

(2) **Jedoch gelten solche Forderungen, auch wenn sie nicht abgetreten sind, im Verhältnisse zwischen dem Kommittenten und dem Kommissionär oder dessen Gläubigern als Forderungen des Kommittenten.**

Übersicht

	Rn
1) Das Verhältnis des Kommittenten zu Dritten (Außenverhältnis, I)	1–5
A. Normzweck und Reichweite von § 392:	1–3
B. Zuständigkeit im Außenverhältnis (I):	4, 5
2) Das Verhältnis zwischen dem Kommittenten und dem Kommissionär (Innenverhältnis) sowie dessen Gläubigern (II)	6–12
A. Kommittentenschutz nach II:	6, 7
B. Folgen der Zuordnung im Innenverhältnis:	8–11
C. Aufrechnung durch den Dritten:	12
3) Abweichende Vereinbarungen	13

1) Das Verhältnis des Kommittenten zu Dritten (Außenverhältnis, I)

A. Normzweck und Reichweite von § 392: a) Normzweck: § 392 beruht **1** darauf, dass der Kommissionär im eigenen Namen abschließt (→ § 383 Rn. 17). Er ist **mittelbarer Stellvertreter,** der Kommittent ist nur wirtschaftlich Beteiligter. Im Außenverhältnis zu dritten Geschäftspartnern ist rechtlich nur der Kommissionär berechtigt und verpflichtet. I stellt dies für Forderungen des Kommissionärs klar, während II für das Innenverhältnis zwischen dem Kommittenten und dem Kommissionär sowie dessen Gläubigern der wirtschaftlichen Beteiligung auch rechtlich Rechnung trägt (→ Rn. 6). II dient dem Kommittentenschutz, ratio legis ist der Treuhandcharakter, K. Schmidt § 31 VI Rn. 121, str. Lit.: Vrbaski, 2005.

b) Reichweite: § 392 gilt nur für die **Kommission,** auch bei Eigenhaftung **2** (§ 384 III) und Delkredere (§ 394). **Nicht** anwendbar ist § 392 auf das **Eigengeschäft** (→ § 383 Rn. 16) und den Selbsteintritt (§ 400), nicht für Handelsvertreter, BGH NJW 2010, 3578.

Forderungen iSv § 392 sind alle Forderungen aus dem Ausführungsgeschäft **3** (zB auf Kaufpreis oder Lieferung), Nebenleistungsansprüche (zB auf Bestellung

§ 392   4–6
4. Buch. Handelsgeschäfte

einer Sicherheit) sowie alle Sekundäransprüche (zB auf Schadensersatz, Rückgewähr, Surrogate). Für Deliktsansprüche und Bereicherungsansprüche bezüglich des Vertrags gilt § 392 mindestens analog, jedenfalls soweit der Kommittent Abtretung verlangen kann (§ 384 II). Das gilt auch für Forderungen aus Hilfs- und Nebengeschäften (zB Transportgeschäft). § 392 gilt auch für Forderungen bei Leistung erfüllungshalber (zB bei Wechsel, Scheck). Für den Kaufpreis bzw. das Kommissionsgut und andere Surrogate der Forderung, Leistung an Erfüllungs statt und Forderungen aus Sicherungsgeschäften (zB Bürgschaft, Pfandrecht) besteht unter II Streit (→ Rn. 7).

4   **B. Zuständigkeit im Außenverhältnis (I): a) Vor Abtretung:** Die Forderung aus dem Ausführungsgeschäft geht auf Leistung an den Kommissionär. Vor Abtretung kann nur der Kommissionär die Forderung geltend machen. Nach üL kann er mit ihr auch gegenüber (konnexen und inkonnexen) Forderungen des Dritten (Geschäftsgegner) aufrechnen und die Forderung abtreten, und zwar auch, wenn er im Innenverhältnis pflichtwidrig handelt (→ Rn. 6), die Regeln über den Missbrauch der Vertretungsmacht (→ § 50 Rn. 4) greifen dann nicht ein, nur §§ 138 I, 826 BGB bei sittenwidrigem Zusammenwirken von Kommissionär und Drittem, BGH NJW 1965, 250, Canaris § 30 Rn. 72. Dadurch würde aber der Kommittent den Schutz des § 392 II (→ Rn. 6 f., 8 ff.) verlieren, Staub/Koller Rn. 22. Der Dritte wird vor Abtretung nur durch Leistung an den Kommissionär frei, er kann nur mit ihm Erlass, Stundung, Vergleich uä vereinbaren, OLG Nürnberg NJW 1972, 2044. Er kann nicht mit einer Gegenforderung an den Kommittenten aufrechnen (auch wenn er das Kommissionsverhältnis kennt). Dies gilt auch bei einer Forderung des Kommissionärs gegen den Dritten auf Ersatz von Schaden des Kommittenten (→ § 383 Rn. 21). Der Dritte hat auch Rückabwicklungs- und Bereicherungsansprüche nur gegen den Kommissionär. Bei Abführung des Kaufpreises an den Kommittenten Wegfall der Bereicherung (§ 818 III BGB, dann aber uU § 822 BGB, → § 383 Rn. 23), BGHZ 47, 128; aA Canaris § 30 Rn. 87, weil Kommissionär das Aufspaltungsrisiko trage, vgl. BGHZ 63, 376 zu AGB. Schädigung des Dritten durch den Kommittenten → § 383 Rn. 18. Soweit der Dritte auch Gläubiger des Kommissionärs ist, gelten **Besonderheiten** (II, → Rn. 6).

5   **b) Nach Abtretung:** Die Abtretung vom Kommissionär an den Kommittenten ist jederzeit möglich, auch im Voraus im Kommissionsvertrag, vgl. BGH NJW 1969, 276. Der Kommittent kann Abtretung fordern (§ 384 II, dort → 384 Rn. 9), soweit nicht das Vorwegbefriedigungsrecht des Kommissionärs (§§ 397, 399) gilt. Die Abtretung wirkt nicht gegen den Dritten, solange er sie nicht kennt (§ 407 I BGB). Das gilt bei Vorausabtretung, gleich ob man Durchgangserwerb des Kommissionärs (an der erst nach der Abtretung entstehenden Forderung) annimmt oder Soforterwerb des Kommittenten (dazu → § 383 Rn. 25), BGH NJW 1969, 276. Kenntnis des Dritten, dass der Kommissionär als solcher (also nicht als Eigenhändler) handelt, bedeutet nicht Kenntnis von der Abtretung seiner Forderung, BGH NJW 1969, 276.

2) Das Verhältnis zwischen dem Kommittenten und dem Kommissionär (Innenverhältnis) sowie dessen Gläubigern (II)

6   **A. Kommittentenschutz nach II:** Der Kommissionär ist Inhaber der Forderungen aus dem Ausführungsgeschäft; er hat sie dem Kommittenten abzutreten (→ Rn. 5). Er macht sich durch anderweitige, kommissionswidrige Verfügungen über die Forderung dem Kommittenten haftbar, aber solche Verfügungen sind grundsätzlich wirksam, auch gegenüber dem Kommittenten. Diesen Grundsatz durchbricht II und schützt so den Kommittenten bereits vor der Abtretung: Forderungen des Kommissionärs gelten, auch wenn sie noch nicht abgetreten sind, im Verhältnis zwischen dem Kommittenten und dem Kommissionär sowie

1834   *Kumpan*

im Verhältnis zwischen dem Kommittenten und den Gläubigern des Kommissionärs als Forderungen des Kommittenten (relative Verdinglichung). Das bedeutet nicht, dass der Kommissionär die Forderung mangels Verfügungsmacht nicht mehr an den Kommittenten abtreten könnte, dieser hat vielmehr trotz II Anspruch auf Abtretung (→ Rn. 5). Unberührt bleibt auch das Vorwegbefriedigungsrecht des Kommissionärs nach §§ 397, 399.

Forderungen iSv II sind ebenso wie solche nach I alle Forderungen aus dem Ausführungsgeschäft samt Sekundäransprüchen (→ Rn. 3). Streitig ist, ob unter II auch das **Surrogat der Forderung** fällt, also bei der Verkaufskommission der Kaufpreis und bei der Einkaufskommission das Kommissionsgut, die der Kommissionär auf Grund des Ausführungsgeschäfts bereits erlangt hat, sowie Leistungen, die an Erfüllungs statt erbracht worden sind. Die Rspr. und früher hL lehnen das ab (nach II keine dingliche Surrogation), BGHZ 79, 94, NJW 1974, 456, OLG Hamm WM 2004, 1252, Heymann/Herrmann 8, Gundlach/Frenzel/Schmidt DZWiR 2000, 449 (aber § 48 InsO), auch 30. Aufl.; das gilt dann auch für Bankguthaben aus Schulderfüllung des Geschäftsgegners: keine „Forderung" des Kommittenten iSv § 392, sondern Einziehungserlös, Bank ist nur Zahlstelle, BGH NJW 1974, 456. Die besseren Gründe (Kommittentenschutz, Unsicherheiten der Eigentumsübertragung ohne Durchgangserwerb, → § 383 Rn. 28) sprechen für analoge Anwendung von II auf das in Erfüllung der Forderung nach II Geleistete, heute hL, Canaris FS Flume, 1978, 407, K. Schmidt § 31 VI Rn. 138, Staub/Koller Rn. 4, MüKoHGB/Häuser Rn. 43, Ebenroth/Füller Rn. 7, K. Schmidt FS Medicus, 2009, 477; das Geleistete muss dann aber beim Kommissionär noch mengenmäßig unterscheidbar vorhanden sein, Einzelheiten str., K. Schmidt § 31 VI Rn. 138 ff., vgl. § 48 S. 2 InsO. Jedenfalls seit dem HRefG 1998, das die Frage für das Transportrecht in §§ 422 II, 457 S. 2 im Sinne der Surrogation entschieden hat, wird dies, zumindest in Analogie dazu, auch für die Kommission unabweisbar, zutr. Canaris § 30 Rn. 82 f., aA OLG Hamm WM 2004, 1252, mit dem formalen Argument, der Gesetzgeber habe II gerade nicht geändert. Stimmt man dieser Surrogation zu, ist die Erstreckung von II auch auf Leistungen **an Erfüllungs statt** und sogar auf **Sicherungsgeschäfte** (Bürgschaft, Pfandrecht ua) konsequent, MüKoHGB/Häuser Rn. 8, dies ohne Unterschied, ob akzessorisch oder nicht, Oetker/Bergmann Rn. 8.

B. Folgen der Zuordnung im Innenverhältnis: Wirksam gegenüber dem Kommittenten ist die Zahlung des Dritten an den Kommissionär (Erfüllung, → Rn. 4), daran ändert II nichts. II bietet dagegen Vollstreckungs- und Sukzessionsschutz gegenüber den Gläubigern des Kommissionärs, Canaris § 30 Rn. 75, und zwar unstreitig bei Zwangsvollstreckung und Insolvenz, aber auch bei Verfügungen des Kommissionärs zugunsten seiner Gläubiger wie Abtretung (→ Rn. 10), str., und Aufrechnung (→ Rn. 12), sehr str.

Der Kommittent kann der **Pfändung** der ausstehenden Forderung gegen den Dritten (Vertragspartner des Ausführungsgeschäfts) durch Gläubiger des Kommissionärs widersprechen (**Drittwiderspruchsklage,** § 771 ZPO), BGHZ 104, 123. Er kann in der Insolvenz des Kommissionärs **Aussonderung** der Forderung verlangen (§ 47 InsO), BGHZ 104, 123, und muss das, wenn er gegen den Dritten vorgehen will (→ Rn. 4 f.), RG LZ 1907, 439.

Unwirksam gegenüber dem Kommittenten (also relativ unwirksam) ist als Folge von II auch die **Abtretung** an einen Gläubiger des Kommissionärs zu dessen Deckung oder Sicherung, BGHZ 104, 127, RGZ 148, 191; aA Böhm NJW 1973, 197 (auch → Rn. 11). **Neugeschäfte** des Kommissionärs wie zB Verkauf der Forderung an einen Dritten und Sicherungsabtretung bleiben dagegen möglich, Canaris § 30 Rn. 76. Ist eine frühere Verfügung nach II unwirksam, hindert sie nicht zeitlich spätere Abtretung nach I an den Kommittenten, BGHZ 104, 123.

11 Unwirksam gegenüber dem Kommittenten sind auch **andere Verfügungen** des Kommissionärs zugunsten seiner Gläubiger, zB Einziehungsermächtigung des Kommissionärs an seinen Gläubiger und Einziehung durch diesen sowie entsprechende Verrechnungsvereinbarung zwischen dem Kommissionär und seinem Gläubiger, BGH WM 1959, 1004, OLG Nürnberg NJW 1972, 2044 m. abl. Anm. Böhm NJW 1973, 197.

12 C. **Aufrechnung durch den Dritten:** II ist jedoch unanwendbar, wenn der **Dritte** nicht nur Schuldner des Ausführungsgeschäfts, sondern **auch Gläubiger des Kommissionärs** ist. Der Dritte kann dann gegen seine Schuld, zB Kaufpreis, mit seiner Forderung gegen den Kommissionär mit Wirkung gegen den Kommittenten **aufrechnen,** RGZ 121, 178; BGHZ 104, 128; NJW 1969, 276 m. krit. Anm. Dressler; Schwarz NJW 1969, 655 u. 1942; auch wenn er wusste, dass sein Partner in Kommission handelte, BGH NJW 1969, 276; auch noch nach Abtretung (→ Rn. 5) im Rahmen von §§ 404, 406 f. BGB. Der Dritte kann wirksam **auch** mit nicht aus dem Ausführungsgeschäft stammenden, also **nicht konnexen Gegenforderungen** aufrechnen, so außer der genannten Rspr. auch Canaris § 30 Rn. 78, Staub/Koller Rn. 40, Grund: Schutz des Dritten als Vertragspartner, Wertung der §§ 404, 406 BGB, aA K. Schmidt § 31 VI Rn. 135, Heymann/Herrmann Rn. 7, MüKoHGB/Häuser Rn. 24 f. Die Aufrechnung des Dritten kann aber missbräuchlich sein, wenn er die Aufrechnungslage herbeiführte, um sich für seine Forderung an den Kommissionär materiell zu Lasten des Kommittenten zu befriedigen, vgl. RGZ 32, 43, oder wenn er den Kommissionär vor Abschluss des Ausführungsgeschäfts in den Glauben setzte, er werde zahlen, nicht aufrechnen (§ 242 BGB), BGH NJW 1969, 276. Entsprechendes wie II für die Aufrechnung gilt für **Zurückbehaltungsrechte des Dritten.** Bei wirksamer Aufrechnung durch den Dritten hat der Kommittent gegen den Kommissionär Ansprüche auf Herausgabe nach § 285 BGB und aus Bereicherung nach § 816 II BGB oder zumindest § 812 I 1 Alt. 2 BGB, Canaris § 30 Rn. 80, Grund: Wertung des II.

3) Abweichende Vereinbarungen

13 I ist zwingend. Dagegen kann der Kommittent gegenüber dem Kommissionär auf die Rechte aus II verzichten.

[Vorschuss; Kredit]

393 (1) Wird von dem Kommissionär ohne Zustimmung des Kommittenten einem Dritten ein Vorschuß geleistet oder Kredit gewährt, so handelt der Kommissionär auf eigene Gefahr.

(2) Insoweit jedoch der Handelsgebrauch am Orte des Geschäfts die Stundung des Kaufpreises mit sich bringt, ist in Ermangelung einer anderen Bestimmung des Kommittenten auch der Kommissionär dazu berechtigt.

(3) [1] Verkauft der Kommissionär unbefugt auf Kredit, so ist er verpflichtet, dem Kommittenten sofort als Schuldner des Kaufpreises die Zahlung zu leisten. [2] Wäre beim Verkaufe gegen bar der Preis geringer gewesen, so hat der Kommissionär nur den geringeren Preis und, wenn dieser niedriger ist als der ihm gesetzte Preis, auch den Unterschied nach § 386 zu vergüten.

1) Recht zur Kreditgewährung (I, II)

1 § 393 beschränkt die grundsätzliche Entscheidungsfreiheit des Kommissionärs zum Schutz des Kommittenten für den Fall der Kreditgewährung. Der Kommissionär darf in Ausführung der Kommission (für Rechnung des Kommittenten) Dritten (Geschäftsgegner oder zB Frachtführer, Lagerer des Kommissionsguts) Vorschuss oder anderen Kredit (Geldkredit, Warenkredit, zB Stundung des Kauf-

3. Abschnitt. Kommissionsgeschäft 1 § 394

preises, auch Haftungskredit, zB Akkreditiv, BGH LM HGB § 384 Nr. 2) nur mit Zustimmung des Kommittenten geben (**I**). Die Zustimmung kann vorausgehen (Einwilligung, § 183 BGB) oder folgen (Genehmigung, § 184 BGB). Vereinbarung des Delkredere (§ 394 I) wird idR diese Zustimmung bedeuten. HdlBrauch an Ort des Geschäfts ersetzt Zustimmung des Kommittenten zur Stundung einer Kaufpreisforderung (**II**), nicht zu Kredit anderer Art, zB Vorschuss, Oetker/Bergmann Rn. 4, str., doch kann, wenn auch diese handelsüblich, der Kommissionsvertrag es implicite erlauben. Ort des Geschäfts ist idR wohl der Sitz des Käufers (vgl. § 269 I BGB, § 361 HGB).

2) Folgen unerlaubter Kreditgewährung (I, III)

Unerlaubte Kreditgewährung des Kommissionärs berechtigt Kommittenten, 2 das Ausführungsgeschäft **zurückzuweisen** (→ § 385 Rn. 4), macht Kommissionär auch haftbar auf **Schadensersatz** (→ § 385 Rn. 3), jedoch verschärft: Er „handelt auf eigene Gefahr" (**I**) und muss den Kommittenten so stellen, als wäre kein Kredit gewährt, auch ohne Verschulden, OLG Hamburg MDR 1965, 580, nach aA nur § 385 (Voraussetzung Verschulden, das aber in aller Regel gegeben ist).

Bei Verkauf auf Kredit schuldet er dem Kommittenten **sofortige Zahlung** 3 des Kaufpreises (**III 1** in Konkretisierung von I), dh grundsätzlich des Kaufpreises wie mit dem Dritten vereinbart, wäre aber (was ggf. Kommissionär beweisen muss) der Preis bei Barverkauf niedriger gewesen: dann dieses niedrigeren Preises, mindestens des vom Kommittenten bestimmten Limitpreises (§ 386), **III 2.** Durch diese Zahlung nimmt Kommissionär dem Kommittenten das Recht, das Geschäft zurückzuweisen, wohl auch noch unverzüglich, nachdem Kommittent die Zurückweisung schon erklärte. Hat Kommissionär nur zu lange gestundet, tritt seine Haftung mit Ablauf der richtigen Stundungszeit ein; hat er zu viel gestundet, haftet er auf den Überschuss.

[Delkredere]

394 (1) Der Kommissionär hat für die Erfüllung der Verbindlichkeit des Dritten, mit dem er das Geschäft für Rechnung des Kommittenten abschließt, einzustehen, wenn dies von ihm übernommen oder am Orte seiner Niederlassung Handelsgebrauch ist.

(2) ¹Der Kommissionär, der für den Dritten einzustehen hat, ist dem Kommittenten für die Erfüllung im Zeitpunkte des Verfalls unmittelbar insoweit verhaftet, als die Erfüllung aus dem Vertragsverhältnisse gefordert werden kann. ²Er kann eine besondere Vergütung (Delkredereprovision) beanspruchen.

1) Voraussetzungen und Rechtsnatur des Delkredere (I)

A. **Voraussetzungen:** Der Kommissionär steht anders als beim Eigengeschäft 1 (→ § 383 Rn. 16) nicht für die Erfüllung der Verbindlichkeit des Geschäftsgegners ein (→ § 384 Rn. 3). Ausnahmen:

a) wenn er den Dritten nicht bei Ausführungsanzeige benennt (**Eigenhaftung**, § 384 III, vertraglich abdingbar);

b) wenn er bei der Verkaufskommission unerlaubt Kredit gewährt (§ 393 III),

c) wenn es am Ort seiner Niederlassung HdlBrauch ist und er nicht (einseitig) widerspricht (→ § 346 Rn. 8), sog. **Delkredere** (§ 394) und

d) selbstverständlich, wenn er die Eigenhaftung vertraglich besonders übernimmt, zB Garantie. Praktisch bedeutsam ist das Delkredere heute fast nur noch bei der Warenkommission. **Vertragliche Übernahme,** zB bei Zusage der Haftung für die ordnungsgemäße Erfüllung des Ausführungsgeschäfts durch den Vertragspartner der Bank in Sonderbedingungen für WPGeschäfte, OLG Nürnberg WM 2015, 2146; auch nachträgliche Zusage, zB bei Ankündigung des Kommissionärs „ich reguliere", OLG Hamburg OLGE 44, 244; bei Vereinbarung einer Delkredereprovision, nicht aber schon allgemein einer sehr hohen Provision (str.); auch trotz Ausschluss einer (Delkredere)provision, → Rn. 5. Die Übernahme ist **formlos**, auch nichtkfm Kleingewerbetreibender (vgl. § 383 II, → § 383 Rn. 2) kann sie mündlich übernehmen (anders für Bürgschaft § 350). S. auch Haftung der Bank bei Kommissionsgeschäften nach **(8)** AGB-Banken Nr. 9.

2   B. **Rechtsnatur:** Im Unterschied zum Delkredere des HdlVertreters (iZw einfache Bürgschaft, → § 86b Rn. 6) entsteht die Haftung hier nicht nur aus Übernahme, sie entsteht unmittelbar kraft Gesetzes (II) und ist nicht zwingend ausgestaltet. Anders als die normale Garantie setzt sie das Bestehen der Verbindlichkeit des Dritten voraus. Auf ein Eigeninteresse des Kommissionärs an der Erfüllung kommt es nicht an (vgl. → § 349 Rn. 15). Die Haftung nach § 394 (und § 384 III) ist eine handelsrechtliche besonders geregelte Form der (selbstschuldnerischen) Bürgschaft, Staub/Koller Rn. 2, aA Garantie, bei Lücken Analogie zu §§ 765 ff. BGB (→ Rn. 2, 3). Eine über § 394 hinausgehende Haftungsübernahme kann Schuldbeitritt oder Garantie sein, zB Mindestpreisgarantie bei Verkaufskommission.

2) Haftungsumfang (II 1)

3   A. **Persönliche Haftung:** Der Kommissionär haftet dem Kommittenten aus dem Delkredere **persönlich** (also mit seinem gesamten Vermögen) und **unmittelbar** (primär, also ohne vorherige Inanspruchnahme des Dritten; anders § 771 BGB). Der Kommittent kann aber Abtretung fordern (→ § 392 Rn. 5) und nach dieser den Dritten allein oder neben dem Kommissionär belangen. Der Kommissionär haftet unbeschränkt **für die Erfüllung**, auch zB wegen Sachmangels, aus Vertragsstrafen, für Verzugsfolgen.

4   B. **Verbindlichkeiten des Dritten:** Der Kommissionär haftet aber nur insoweit, wie die Erfüllung aus dem Vertragsverhältnis (mit dem Dritten) gefordert werden kann, also nicht bei wirksamer Stornierung bei Mistrade (→ § 384 Rn. 1), OLG Nürnberg WM 2015, 2146. Daran ändert auch Nr. 9 Sonderbedingungen Wp nichts, der eine Haftung „für die ordnungsgemäße Erfüllung des Ausführungsgeschäfts" anordnet, BGH WM 2020 2080. Er haftet auch, wenn sich der Charakter der Verbindlichkeit des Dritten ändert, zB Gewährleistungs-, Schadensersatz- und Vertragsstrafenansprüche, OLG Nürnberg WM 2015, 2148. Gemeint ist damit das Ausführungsgeschäft mit dem Dritten (einschließlich § 677 BGB); nicht andere Ansprüche gegen den Dritten aus Gesetz, zB § 812 BGB, und Ansprüche aus Hilfs- und Nebengeschäfte gegen sonstige Personen, falls nicht anders vereinbart, aA Staub/Koller Rn. 8.

5   C. **Nur akzessorische Haftung:** Der Kommissionär haftet **wie der Dritte**, also nur **akzessorisch** (II 1 iV § 767 BGB). Er hat aber auch alle Einwendungen und Einreden, die dem Dritten zustehen; anders wenn sie auf eigenes Verschulden des Kommissionärs zurückgehen (§ 242 BGB), nach aA nur Schadensersatzhaftung des Kommissionärs. Der Kommissionär kann also zB Nichtbestehen oder Erfüllung der Verbindlichkeit einwenden, ein Zurückbehaltungsrecht oder Stundung geltend machen oder die Einreden der Anfechtbarkeit und Aufrechenbarkeit (§ 770 BGB entspr.) erheben. Gibt der Kommittent eine Sicherheit für die Forderung auf, gilt entspr. § 776 BGB. Hat Kommissionär das Delkredere für einen Zwischenkommissionär (→ § 384 Rn. 3) übernommen, so erlischt seine Haftung, wenn der Dritte an den Zwischenkommissionär zahlt, RGZ 78, 314. Leistet der Kommissionär, geht der Anspruch des Dritten auf ihn über (§ 774

3. Abschnitt. Kommissionsgeschäft § 396

BGB entspr.), str. Schadensersatzhaftung des Kommissionärs für eigenes Verschulden bleibt unberührt. Übernahm der Kommissionär das Delkredere im Auftrag des Geschäftsgegners oder in erlaubter Geschäftsführung ohne Auftrag für ihn, so hat er gegen ihn den Befreiungsanspruch entspr. § 775 BGB.

3) Delkredereprovision (II 2)

Da das Delkredere den Kommissionär besonders belastet (nicht erst die Inanspruchnahme, sondern bereits die Haftung), steht ihm eine besondere Vergütung dafür zu, sofern nichts anderes vereinbart ist, RGZ 20, 113, oder HdlBrauch abweicht. Ihre Höhe bemisst sich mangels Vereinbarung nach HdlBrauch am Niederlassungsort des Kommissionärs (§ 354 I), sonst §§ 315, 316 BGB, MüKoHGB/Häuser Rn. 27. Diese Provision ist verdient, sobald das Geschäft ausgeführt ist, wenn auch Zug um Zug. Weil die Provision Entgelt bereits für die bloße Haftung ist, steht sie dem Kommissionär auch bei Selbsteintritt (§ 396) und bei Eigenhaftung (§ 384 III) zu, hL, Ebenroth/Füller Rn. 7, aA Staub/Koller Rn. 18 für § 384 III.

[Wechselindossament]

395 Ein Kommissionär, der den Ankauf eines Wechsels übernimmt, ist verpflichtet, den Wechsel, wenn er ihn indossiert, in üblicher Weise und ohne Vorbehalt zu indossieren.

1) Kommissionär, der in Ausführung der Kommission (auch soweit nicht im Kommissionsvertrag vorgesehen, RGZ 20, 113, unmittelbar bei Einkaufskommission, entspr. bei Verkaufskommission, MüKoHGB/Häuser Rn. 2) einen Wechsel nimmt und (dem Kommittenten nach § 384 II) mit Indossament weitergibt (in der Praxis selten), muss ihn üblicher Weise und ohne Vorbehalt indossieren, so dass er aus dem Wechsel haftet und folglich der Kommittent diesen leichter verwerten kann. § 395 greift nicht Platz, wenn Kommissionär (was er iZw darf) sich den Wechsel mit Blankoindossament oder Indossament auf Kommittenten geben lässt und ihn so (ohne sein Indossament) weitergibt.

[Provision des Kommissionärs; Ersatz von Aufwendungen]

396 (1) ¹Der Kommissionär kann die Provision fordern, wenn das Geschäft zur Ausführung gekommen ist. ²Ist das Geschäft nicht zur Ausführung gekommen, so hat er gleichwohl den Anspruch auf die Auslieferungsprovision, sofern eine solche ortsgebräuchlich ist; auch kann er die Provision verlangen, wenn die Ausführung des von ihm abgeschlossenen Geschäfts nur aus einem in der Person des Kommittenten liegenden Grunde unterblieben ist.

(2) Zu dem von dem Kommittenten für Aufwendungen des Kommissionärs nach den §§ 670 und 675 des Bürgerlichen Gesetzbuchs zu leistenden Ersatze gehört auch die Vergütung für die Benutzung der Lagerräume und der Beförderungsmittel des Kommissionärs.

1) Provision (I)

A. **Provisionsforderung:** Kommissionär hat Anspruch auf Provision **aus dem Kommissionsvertrag**, auch ohne Verabredung (§ 354 I). Übermäßige Provision kann sittenwidrig sein, kann auch für Vorliegen eines GesVertrags sprechen. Provision setzt rechtsverbindlichen Kommissionsvertrag voraus, aus Spiel, Wette erwächst keine Provision, RGZ 34, 266, bei (nicht verbotenen) Finanztermingeschäften ist der Einwand nach § 762 BGB aber unter den Voraus-

§ 396 2–5   4. Buch. Handelsgeschäfte

setzungen von **(16b)** WpHG § 99 ausgeschlossen. Verjährung nach drei Jahren (§§ 195, 199 BGB, → Einl. vor § 343 Rn. 16). Verlust des Anspruchs s. auch **(13)** DepotG §§ 26, 27.

2   B. **Ausführung (I 1):** Die (volle) Provision ist vom Kommissionär **verdient** bei Ausführung, dh Erfüllung des (Ausführungs-)Geschäfts, und zwar durch den Geschäftsgegner (ebenso § 87a für HV). Die Erfüllung bedeutet eine im Wesentlichen vertragsgemäße Leistung. Das muss nicht unbedingt exakte, volle Erfüllung sein, das Gesetz wählt absichtlich (Denkschrift 238) den etwas unklaren Ausdruck, um dem Einzelfall Rechnung zu tragen. Ausgeführt iSv § 396 ist das Geschäft also, wenn sein wirtschaftlicher Erfolg im Wesentlichen hergestellt ist. Bei Zeichnungsauftrag für Aktienneuemission gehört Erstellung, Prüfung und Weitergabe des Zeichnungsschein dazu, BGHZ 153, 348. **Teilausführung** gibt iZw Anspruch auf Teilprovision, aber nur, wenn die Teilleistung im Interesse des Kommittenten liegt oder vereinbart wurde; verschuldet Kommissionär die Nichtausführung des Rests, verliert er uU den Provisionsanspruch für den ausgeführten Teil. § 87 I 1 ist nicht entspr. anwendbar, da keine gleichartige Schutzbedürftigkeit vorliegt, Staub/Koller Rn. 10. Für (volle) entspr. Anwendung des § 87a auf Kommissionsagent (→ § 84 Rn. 19, → § 383 Rn. 3) LG Wuppertal NJW 1966, 1129 (→ Rn. 3). Bei **Leistungsstörungen,** die in der Risikosphäre des Kommissionärs liegen (der Kommissionär sucht den Dritten aus), verliert der Kommissionär seinen Provisionsanspruch, RGZ 53, 371, hL, aA Knütel ZHR 137 (1973), 314.

3   C. **Nichtausführung (I 2 Hs. 2):** Unterbleibt Ausführung des Geschäfts ausschließlich aus einem in der Person des Kommittenten liegenden Grund, so ist ebenfalls die (volle) Provision verdient (I 2 Hs. 2). Auf Verschulden des Kommittenten kommt es dabei nicht an, anders soll es sein bei höherer Gewalt, Koller BB 1979, 1729 oder wenn die Ausführung des Geschäfts dem Kommittenten unzumutbar war, RG HRR 1930, 2087. Mit neuerer Ansicht kommt es auf die Bestimmung der Risikosphäre des Kommittenten an, MüKoHGB/Häuser Rn. 18; Staub/Koller Rn. 27; dabei wird zT auf § 87a III 2 rekurriert, Canaris § 30 Rn. 43 (dabei ist aber zu berücksichtigen, dass § 87a III 2 novelliert worden ist, → § 87a Rn. 25), teils auf die parallele Auslegung von § 537 BGB (§ 552 BGB aF). Danach fällt auch ein Lieferverbot in die Sphäre des Kommittenten, Ebenroth/Füller Rn. 11. Kündigt der Kommittent die Kommission vor ihrer Ausführung, so ist iZw keine Provision verdient, das Gegenteil kann handelsüblich sein. Zur Provisionsrisikotragung Koller BB 1979, 1725.

4   D. **Auslieferungsprovision (I 2 Hs. 1):** Nach Ortsbrauch am Ort der Niederlassung des Kommissionärs, RGZ 17, 31 (erst recht nach Vereinbarung), kann Kommissionär, wenn aus nicht nur in der Person des Kommittenten liegenden Gründen das (Ausführungs-)Geschäft nicht ausgeführt wird, auch wenn solches gar nicht abgeschlossen wird (zB weil Kommittent vorher die Kommission kündigte, → § 383 Rn. 12), eine (idR kleinere) Auslieferungsprovision fordern, vor allem bei Verkaufskommission nach Übergabe der Ware an Kommissionär (als Entgelt für Bemühung um diese) auch nach (vom Kommissionär nicht verschuldetem) Untergang der Ware.

2) Ersatz für Aufwendungen (II)

5   A. **Aufwendungen, Schäden:** Zum Begriff der Aufwendung vgl. → § 59 Rn. 102, → § 87d Rn. 1–4, → § 110 Rn. 7, auch RG JW 1937, 152. II erweitert dies dahin, dass auch die Vergütung für die Benutzung der Lagerräume und der Beförderungsmittel des Kommissionärs zum Aufwendungsersatz gehört. Aufwendung sind auch Kosten der Inanspruchnahme fremder Arbeit, nicht eigener Arbeit des Kommissionärs und seines Personals (weil durch die Provision mitabgegolten), also nicht Zeichnungsgebühr für Inanspruchnahme des Geschäfts-

3. Abschnitt. Kommissionsgeschäft § 397

betriebs und des Arbeitseinsatzes von Mitarbeitern, BGH ZIP 2003, 617; anders wenn er sein Personal zur Ausführung von Arbeiten verwendet, die nicht unmittelbar aus seinen Kommissionärspflichten folgen. Maßvolle Zeichnungsgebühr bei Aktienneuemission auch bei Nichtzuteilung verstößt nicht gegen **(5)** § 307 II Nr. 1 BGB, BGHZ 153, 344 mAnm Kindler ZIP 2003, 620, Grund: Nichtzuteilung bei massenhafter Überzeichnung ist Risiko des Kunden. Die Aufwendungen sind zu verzinsen (§ 354 II). Kündigung der Kommission lässt den Erstattungsanspruch unberührt. Der Anspruch verjährt nach § 195 BGB in drei Jahren (→ Einl. vor § 343 Rn. 16). Was Kommissionär für das Ausführungsgeschäft aufwendet, ist ihm zu erstatten, auch wenn Kommittent die verkaufte Ware wegen eines von ihm nicht zu vertretenden Umstands nicht liefern kann. Zur Risikoverteilung bei nutzlosen Aufwendungen Koller BB 1979, 1725. **Schäden** des Kommissionärs sind keine freiwilligen Vermögensopfer und deshalb keine Aufwendungen, aber nach dem Grundsatz der Risikozurechnung trotzdem vom Kommittenten zu ersetzen, hL, Rspr., vgl. → § 59 Rn. 106. Haftet der Kommissionär, der Wertpapiere verkauft, dem Käufer wegen Rechtsmangels der Papiere (ohne dass er oder Kommittent daran schuld sind): nach 1945 unbefugt in Verkehr gebrachte, später für kraftlos erklärte Papiere), so geht die Schadensersatzpflicht ohne Weiteres zu Lasten des Kommittenten, schon weil alle Vor- und Nachteile aus dem Geschäft auf dessen Rechnung gehen (§ 383), BGHZ 8, 228. Lit.: Koller 1979 (Risikozurechnung).

B. **Weitere Rechte des Kommissionärs:** Der Kommissionär kann **Vorschuss** verlangen (§ 669 BGB) und bis zur Leistung nach § 273 BGB die Ausführung verweigern, RGZ 82, 403. Kosten der Rechtsverfolgung gegen Dritte braucht er nicht vorzuschießen, auch wenn er zur Rechtsverfolgung verpflichtet ist, RGZ 124, 119. Vorschüsse an Dritte sind nicht Aufwendungen iSv § 396, dazu § 393. Für Benutzung seiner **Lagerräume** und **Beförderungsmittel** kann er außerhalb der Provision Vergütung fordern (II), auch wo er die Provision mangels Ausführung nicht verdient. UU beweist die Höhe der vereinbarten Provision, dass diese Vergütung schon in der Provision enthalten ist. Die Vergütung nach II gilt nur für über die gewöhnlichen Kommissionärspflichten hinausgehenden Leistungen; sie entfällt als unüblich, OLG Stuttgart BB 1962, 689 (Möbel im Ausstellungslager des Kommissionärs). **6**

Ist der Kommissionär in Ausführung des Auftrags **Verbindlichkeiten** eingegangen, vor allem Kaufpreisschuld bei der Einkaufskommission, so muss der Kommittent ihn von diesen befreien (§ 257 S. 1 BGB). Darf der Kommissionär den Dritten nicht befriedigen, etwa bei Zahlungsverbot, so kann er nur Sicherheit verlangen, RG JW 1917, 467. Bei nicht fälligen Verbindlichkeiten darf der Kommittent Sicherheit leisten (§ 257 S. 2 BGB). **7**

Pfandrecht des Kommissionärs

397 [1] Der Kommissionär hat wegen der auf das Gut verwendeten Kosten, der Provision, der auf das Gut gegebenen Vorschüsse und Darlehen sowie der mit Rücksicht auf das Gut gezeichneten Wechsel oder in anderer Weise eingegangenen Verbindlichkeiten ein Pfandrecht an dem Kommissionsgut des Kommittenten oder eines Dritten, der dem Kauf oder Verkauf des Gutes zugestimmt hat. [2] An dem Gut des Kommittenten hat der Kommissionär ein Pfandrecht auch wegen aller Forderungen aus laufender Rechnung in Kommissionsgeschäften. [3] Das Pfandrecht nach den Sätzen 1 und 2 besteht jedoch nur an Kommissionsgut, das der Kommissionär im Besitz hat oder über das er mittels Konnossements, Ladescheins oder Lagerscheins verfügen kann.

§ 397 1–4

Übersicht

	Rn
1) Zweck und Reichweite der §§ 397–399	1, 2
A. Rechte des Kommissionärs:	1
B. Pfandrecht des Kommissionärs nach § 397:	2
2) Voraussetzungen des Pfandrechts nach § 397	3–8
A. Wirksamer Kommissionsvertrag:	3
B. Gegenstand des Pfandrechts:	4, 5
C. Besitz am Kommissionsgut (Satz 3):	6
D. Gesicherte Forderungen:	7, 8
3) Wirkung des Pfandrechts	9
4) Erlöschen des Pfandrechts	10
5) Abweichende Vereinbarungen	11

1) Zweck und Reichweite der §§ 397–399

1 A. **Rechte des Kommissionärs:** Der Kommissionär hat zur Sicherung seiner Ansprüche gegen den Kommittenten folgende Rechte am Kommissionsgut und den Forderungen aus dem Ausführungsgeschäft: das Pfand-(ggf. Befriedigungs-)Recht nach §§ 397, 398; das Zurückbehaltungsrecht nach § 273 BGB, bei zweiseitigem HdlGeschäft auch nach §§ 369–372; das Befriedigungsrecht nach § 399. Er soll aber nach der jedenfalls bis 2002 h L kein Recht haben, bei Pflichtverletzung des Kommittenten vom Kommissionsvertrag zurückzutreten (§ 323 BGB) und das gekaufte Kommissionsgut zu behalten, §§ 398 f. sei abschließend, RGZ 105, 127; das überzeugt heute nicht mehr, zutr. Staub/Koller § 398 Rn. 6; MüKoHGB/Häuser § 398 Rn. 5; Oetker/Bergmann § 397 Rn. 2, denn die Ausübung des Rücktrittsrechts widerspricht nicht dem Inhalt der Kommission und der Hinweis auf das Fehlen des Synallagmas ist jedenfalls für die Provisionspflicht unzutreffend, im Übrigen verlangt § 323 nF BGB (anders als § 326 aF BGB) nicht mehr die Verletzung einer synallagmatischen Pflicht. Zur Rechtsnatur handelsrechtlicher Pfandrechte als Zurückbehaltungsrechte Altmeppen ZHR 157 (1993), 541.

2 B. **Pfandrecht des Kommissionärs nach § 397:** § 397 nF SHRG 2013 regelt das Pfandrecht des Kommissionärs, in Satz 1 für konnexe Forderungen und in Satz 2 für inkonnexe Forderungen. Satz 3 verlangt für beide Fälle, dass das Kommissionsgut sich entweder im Besitz des Kommissionärs befindet oder dieser über das Kommissionsgut mittels Konnossement, Ladeschein oder Lagerschein verfügen kann. Satz 1 stellt überdies klar, dass der Kommissionär ein gesetzliches Pfandrecht unter bestimmten Voraussetzungen auch an Drittgut haben kann.

2) Voraussetzungen des Pfandrechts nach § 397

3 A. **Wirksamer Kommissionsvertrag:** Das Pfandrecht nach § 397 setzt den Abschluss eines wirksamen Kommissionsvertrages voraus (§§ 383, 406).

4 B. **Gegenstand des Pfandrechts:** Das Pfandrecht entsteht an dem **Kommissionsgut,** kann aber auch an Drittgut entstehen.

   a) **Kommissionsgut:** Kommissionsgut ist, was Gegenstand der (Verkaufs- oder Einkaufs-)Kommission ist, nicht alles, was aus Anlass der Kommission dem Kommissionär übergeben wird; Verpackung und Beförderungsmittel sind nur Kommissionsgut, wenn sie mitzuverkaufen sind. Das Pfandrecht kann an (individuell bestimmten, ggf. aus der Gattung ausgesonderten) Sachen und Wertpapieren bestehen, nicht an Schuldscheinen und Grundpfandbriefen (§ 952 BGB), Ausweispapieren (§ 808 BGB), Versicherungsscheinen (RGZ 51, 86), Anteilsscheinen, Beweisurkunden; nicht an Rechten, die nicht in Wertpapieren verbrieft sind, MüKoHGB/Häuser Rn. 7, aA Heymann/Herrmann Rn. 1. Der Kommissionär erwirbt das Pfandrecht **auch durch guten Glauben** vom Kommittenten, der nicht Eigentümer ist (§ 366 III HGB, §§ 932, 1207 BGB, aber → § 366 Rn. 11). Einschränkung s. **(13)** DepotG §§ 4, 30. Das Gut muss verpfändbar sein, nicht notwendig pfändbar.

b) Drittgut: Satz 1 nF 2013 erstreckt das Pfandrecht des Kommissionärs auch 5 auf Gut, das nicht dem Kommittenten, sondern einem Dritten gehört, wenn dieser zugestimmt hat, dass das Gut dem Kommissionär zum Zwecke des Kaufs oder Verkaufs übergeben wird. Anders als bei Kommissionsgut (inkonnexe Forderungen, Satz 2, → Rn. 8) erstreckt sich das Pfandrecht am Drittgut aber nur auf konnexe Forderungen. Satz 1 entspricht damit insoweit § 440 I nF 2013 und BGH NJW-RR 2010, 1546 zu § 441 I aF; Oetker/Bergmann Rn. 7, 8.

C. Besitz am Kommissionsgut (Satz 3): Das Pfandrecht entsteht nur, wenn 6 der Kommissionär das Gut im Besitz hat, unmittelbar oder mittelbar. Gleich steht, dass er durch Konnossement, Ladeschein oder Lagerschein (§§ 513, 443, 475c) darüber verfügen kann, was Besitz dieser Papiere voraussetzt. Der Kommissionär besitzt nicht, wenn das Gut auf dem Weg vom Kommittenten zu ihm verloren geht, RGZ 105, 127. Das Pfandrecht entsteht nicht, wenn der Besitz erst nach Beendigung der Kommission erlangt ist, zB durch Kündigung (→ § 383 Rn. 12) oder bei Insolvenz des Kommittenten (→ § 383 Rn. 13, auch → Rn. 14), RGZ 71, 76. **Besitzverlust** → Rn. 8.

D. Gesicherte Forderungen: Das Pfandrecht sichert die in § 397 genannten 7 Forderungen, die konnexe (dh aus dem Ausführungsgeschäft stammende) und nicht konnexe Forderungen umfassen. Wegen anderer Forderungen hat der Kommissionär uU ein Zurückbehaltungsrecht (→ Rn. 1).

a) Konnexe Forderungen (Satz 1): Dazu gehören die auf das Gut verwendeten **Kosten,** dh Aufwendungen (§ 396 II); die **Provision** (§§ 396 I, 394 II); die auf das Gut (mit Zustimmung des Kommittenten, § 393 I) gegebenen **Vorschüsse** und **Darlehen;** der mit Rücksicht auf das Gut (zB bei dessen Kauf für den Kaufpreis) gezeichnete **Wechsel;** und die in anderer Weise mit Rücksicht auf das Gut eingegangenen **Verbindlichkeiten,** zB Darlehen des Kommissionärs an den Kommittenten im Zusammenhang mit der Kommission, Staub/Koller Rn. 9, oder wegen einer Schadensersatzschuld des Kommissionärs an den Dritten, sofern der Kommissionär vom Kommittenten Erstattung fordern kann.

b) Nicht konnexe Forderungen (Satz 2): Das Pfandrecht des Kommis- 8 sionärs an Kommissionsgut (nicht Drittgut → Rn. 5) sichert auch alle Forderungen aus **laufender Rechnung** (nicht notwendig Kontokorrent iSv § 355, vgl. dort → § 355 Rn. 3) in Kommissionsgeschäften, also auch aus anderen Kommissionsgeschäften (Ausnahme **(13)** DepotG §§ 4, 30 II, IV); die laufende Rechnung braucht nicht ausschließlich Kommissionsgeschäfte zu enthalten, das Pfandrecht sichert aber kommissionsfremde Ansprüche nicht, RGZ 9, 430. Die kontokorrentrechtliche Saldoforderung ist also nur erfasst, wenn alle eingegangenen Forderungen konnex sind, andernfalls nur § 356, MüKoHGB/Häuser Rn. 27.

3) Wirkung des Pfandrechts

Das gesetzliche Pfandrecht nach § 397 steht einem vertraglichen gleich (§ 1257 9 BGB). Der Rang des Pfandrechts richtet sich nach dem Zeitpunkt seines Entstehens (§§ 1257, 1209 BGB, Prioritätsprinzip, anders § 443). Verwertung des Pfands nach §§ 1220 ff. BGB. Der Kommittent kann Herausgabe verlangen, wenn Verderb oder wesentliche Wertminderung droht (§ 1218 BGB). Das Pfandrecht gibt Widerspruchsrecht gegen fremde Pfändung (§ 771 ZPO), bei Besitz der Traditionspapiere (§§ 448, 475g, 650) ohne die Beschränkung des § 805 ZPO, in der Insolvenz des Kommittenten Absonderungsrecht (§ 50 I iVm §§ 166 ff. InsO), wenn der Besitz vor Eröffnung des Insolvenzverfahrens erlangt

§ 398

ist (§ 91 InsO). Durch Eröffnung des Insolvenzverfahrens über das Vermögen des Kommittenten erlischt die Kommission (→ § 383 Rn. 14), an später in den Besitz des Kommissionärs gelangten Sachen entsteht kein Pfandrecht, RGZ 71, 77. Auch bei Pfandverwertung muss Kommissionär die Interessen des Kommittenten wahren (§ 384 I). Für den Pfandverkauf steht ihm, da nicht weisungsgebunden und im eigenen Interesse des Kommittenten liegend, keine Provision zu (§ 354 I), üL, MüKoHGB/Häuser Rn. 31, Staub/Koller Rn. 15, aA frühere hL. Befriedigungsrecht an eigenem Kommissionsgut s. § 398.

4) Erlöschen des Pfandrechts

10 Das Pfandrecht nach § 397 erlischt nach den allgemeinen Regeln für das Pfandrecht (§ 1257 BGB iVm zB §§ 1242 II, 1250 II, 1252, 1255 BGB). Freiwilliger Besitzverlust beendet das Pfandrecht, unfreiwilliger Besitzverlust nicht (arg. § 1253 BGB), Staub/Koller Rn. 26, MüKoHGB/Häuser Rn. 38, aA früher hL: auch unfreiwilliger Besitzverlust, falls dauernd (entspr. § 940 II BGB). Insolvenz → Rn. 7. Ist das Pfandrecht erloschen, so lebt es durch spätere Besitzerlangung nicht wieder auf, RGZ 44, 120 (für Spedition), vgl. anders zum Zurückbehaltungsrecht → § 369 Rn. 2.

5) Abweichende Vereinbarungen

11 Abweichende Vereinbarungen, die das Pfandrecht erweitern oder einschränken, sind zulässig, bei AGB nur im Rahmen der **(5)** §§ 305 ff. BGB. Nach **(8)** AGB-Banken Nr. 14 wird ein weitergehendes Pfandrecht zugunsten der Bank vereinbart (Effektenkommission).

[Befriedigung aus eigenem Kommissionsgut]

398
Der Kommissionär kann sich, auch wenn er Eigentümer des Kommissionsguts ist, für die in § 397 bezeichneten Ansprüche nach Maßgabe der für das Pfandrecht geltenden Vorschriften aus dem Gute befriedigen.

1) An eigener Sache lässt das BGB idR kein Pfandrecht entstehen und bestehen (§ 1256 BGB). § 398 gibt deshalb dem Einkaufskommissionär, der das Kommissionsgut vom Kommittenten noch nicht übereignet hat, also noch Eigentümer ist (vgl. → § 383 Rn. 25, aber idR antizipiertes Besitzkonstitut, → § 383 Rn. 26), ein dem Pfandrecht (§ 397) ähnliches Recht, Oetker/Bergmann Rn. 1 (aA hier ausnahmsweise Pfandrecht an eigener Sache, Altmeppen ZHR 157 (1993), 558, aber ohne Unterschied in Ergebnis), den Herausgabeanspruch des Kommittenten (§ 384 II) abzuwehren und sich (auch wenn der Kommittent nicht Kfm. ist, das kfm. Zurückbehaltungsrecht nach § 369 daher nicht Platz greift) aus dem Kommissionsgut zu **befriedigen.** Der Kommissionär muss, wenn er sich aus dem Gut befriedigen will, die Erfordernisse der Pfandverwertung (→ § 397 Rn. 7) wahren. Eine Pflicht zur Befriedigung ist zu verneinen, str. Der Kommittent kann den Kommissionär nicht auf das Kommissionsgut verweisen, sondern muss auf Verlangen des Kommissionärs diesem das Geschuldete zahlen gegen Herausgabe des Kommissionsguts. Wo das Gesetz vom Pfandrecht des Kommissionärs spricht, meint es auch das Recht nach § 398.

2) § 398 schließt andere Rechte des Kommissionärs nicht aus, auch nicht den **Rücktritt** bei Pflichtverletzung des Kommittenten (§ 323 BGB), str. (→ § 397 Rn. 1).

3. Abschnitt. Kommissionsgeschäft 1–4 § 399

[Befriedigung aus Forderungen]

399 Aus den Forderungen, welche durch das für Rechnung des Kommittenten geschlossene Geschäft begründet sind, kann sich der Kommissionär für die in § 397 bezeichneten Ansprüche vor dem Kommittenten und dessen Gläubigern befriedigen.

1) Voraussetzungen des Befriedigungsrechts nach § 399

A. **Gegenstand des Befriedigungsrechts:** § 399 ergänzt § 397 und ist von 1 diesem her zu verstehen (→ § 397 Rn. 1). Die Forderungen aus dem Ausführungsgeschäft stehen dem Kommissionär zu, sie gelten nur im Verhältnis zwischen Kommittent und Kommissionär und dessen Gläubigern als Forderungen des Kommittenten (§ 392 II). Sie sind auch nicht „Kommissionsgut" (→ § 397 Rn. 4) und fallen daher weder unter § 397 noch § 398. § 399 gibt in Einschränkung von § 392 II dem Kommissionär an diesen Forderungen ein pfandrechtsähnliches Befriedigungsrecht entspr. § 398. Voraussetzung ist wie dort ein wirksamer Kommissionsvertrag (→ § 397 Rn. 3). Das Befriedigungsrecht besteht für **Forderungen aus dem Ausführungsgeschäft,** auch Hilfs- und Nebengeschäften, nach RGZ 105, 127 nicht für Ersatzansprüche an den Frachtführer aus Verlust des Kommissionsguts.

B. **Gesicherte Forderungen:** Das Befriedigungsrecht sichert die in § 397 2 genannten konnexen und inkonnexen Forderungen des Kommissionärs (→ § 397 Rn. 6).

2) Wirkung des Befriedigungsrechts

Der Kommissionär kann Abtretung der Forderungen an den Kommittenten 3 (→ § 384 Rn. 9) verweigern, sie einziehen, aber nur den zur Deckung seiner Ansprüche benötigten Teil (analog § 1282 I 2 BGB), MüKoHGB/Häuser Rn. 8, str. Aus dem so Erlangten kann er sich befriedigen, aus Kommissionsgut nach §§ 397, 398, aus Geldlös (bei Verkaufskommission) durch Aufrechnung gegen den Herausgabeanspruch (§ 384 II) des Kommittenten (es wird nicht kraft Gesetzes, entspr. § 1288 II BGB, verrechnet). Der Kommissionär darf (wie ein Pfandgläubiger) die Forderungen aus dem Ausführungsgeschäft nicht durch freien Verkauf verwerten, wohl aber uU entspr. §§ 1277, 1282 II BGB auf Grund vollstreckbaren Titels nach § 844 ZPO auf eine gerichtlich angeordnete Weise anders als durch Einziehung, MüKoHGB/Häuser Rn. 10, str. In der Insolvenz des Kommittenten erlischt das Befriedigungsrecht nicht, der Kommissionär hat ein Absonderungsrecht (§§ 50, 51 InsO, → § 397 Rn. 7).

3) Erlöschen des Befriedigungsrechts

Das Befriedigungsrecht nach § 399 erlischt, wenn der Sicherungszweck ent- 4 fällt, zB wenn die gesicherte Forderung (→ Rn. 2) erlischt, oder wenn der Kommissionär die Forderung aus dem Ausführungsgeschäft (→ Rn. 1) an den Kommittenten abtritt. Tritt der Kommissionär die gesicherte Forderung (→ Rn. 2) ab, ist streitig, ob das Befriedigungsrecht ähnlich einem Pfandrecht zugunsten des Zessionars fortbesteht (§ 401 BGB), verneinend, da kein akzessorisches Recht, üL, Ebenroth/Füller Rn. 6. Das ist ausnahmsweise dann zu bejahen, wenn der Kommissionär zugleich mit der gesicherten auch die sichernde Forderung an den Zessionar abtritt (vgl. für das Pfandrecht §§ 1257, 1273 II, 1250 BGB, hier aber nur § 401 BGB analog), sonst nicht, Staub/Koller Rn. 14 f., Grund: fehlende Publizität. Insolvenz → Rn. 3.

Kumpan 1845

§ 400

[Selbsteintritt des Kommissionärs]

400 (1) Die Kommission zum Einkauf oder zum Verkaufe von Waren, die einen Börsen- oder Marktpreis haben, sowie von Wertpapieren, bei denen ein Börsen- oder Marktpreis amtlich festgestellt wird, kann, wenn der Kommittent nicht ein anderes bestimmt hat, von dem Kommissionär dadurch ausgeführt werden, daß er das Gut, welches er einkaufen soll, selbst als Verkäufer liefert oder das Gut, welches er verkaufen soll, selbst als Käufer übernimmt.

(2) [1] Im Falle einer solchen Ausführung der Kommission beschränkt sich die Pflicht des Kommissionärs, Rechenschaft über die Abschließung des Kaufes oder Verkaufs abzulegen, auf den Nachweis, daß bei dem berechneten Preise der zur Zeit der Ausführung der Kommission bestehende Börsen- oder Marktpreis eingehalten ist. [2] Als Zeit der Ausführung gilt der Zeitpunkt, in welchem der Kommissionär die Anzeige von der Ausführung zur Absendung an den Kommittenten abgegeben hat.

(3) Ist bei einer Kommission, die während der Börsen- oder Marktzeit auszuführen war, die Ausführungsanzeige erst nach dem Schlusse der Börse oder des Marktes zur Absendung abgegeben, so darf der berechnete Preis für den Kommittenten nicht ungünstiger sein als der Preis, der am Schlusse der Börse oder des Marktes bestand.

(4) Bei einer Kommission, die zu einem bestimmten Kurse (ersten Kurs, Mittelkurs, letzter Kurs) ausgeführt werden soll, ist der Kommissionär ohne Rücksicht auf den Zeitpunkt der Absendung der Ausführungsanzeige berechtigt und verpflichtet, diesen Kurs dem Kommittenten in Rechnung zu stellen.

(5) Bei Wertpapieren und Waren, für welche der Börsen- oder Marktpreis amtlich festgestellt wird, kann der Kommissionär im Falle der Ausführung der Kommission durch Selbsteintritt dem Kommittenten keinen ungünstigeren Preis als den amtlich festgestellten in Rechnung stellen.

1) Recht des Kommissionärs zum Selbsteintritt

1 §§ 400–405 regeln den Schutz des Kommittenten gegen Manipulationen durch Selbsteintritt des Kommissionärs mit detaillierten Vorschriften und zT halbzwingend (§ 402). Ihre Bedeutung ist aber begrenzt, denn sie setzen voraus, dass der Börsen- oder Marktpreis richtig zustandegekommen ist; insoweit Verbot der Kurs- und Marktpreismanipulation nach **(16a)** MAR Art. 15. Auch praktisch hat der Selbsteintritt durch Beseitigung im Effektengeschäft (→ Rn. 2) an Bedeutung verloren. Der Selbsteintritt bedeutet, dass der Kommissionär die Kommission so ausführt, dass er selbst das zu kaufende Gut liefert, das zu verkaufende als Käufer übernimmt. Dieser **Selbsteintritt** des Kommissionärs ist **nach Gesetz (I)** zulässig bei Kauf oder Verkauf von Waren mit Börsen- oder Marktpreis sowie von Wertpapieren mit amtlich festgestelltem Börsen- oder Marktpreis (Definition Börsenpreis in **(14)** BörsG § 24 I); aber → Rn. 2. Solcher Preis muss am Ort, wo die Kommission auszuführen (iZw am Sitz des Kommissionärs, ggf. des Markt- oder Börsenplatzes, wo er zu arbeiten pflegt) zzt. des Selbsteintritts (genau: der Abgabe der Ausführungsanzeige, vgl. → Rn. 9) für Waren, Wertpapiere der Gattung, für Kauf- oder Verkaufsgeschäfte der Art (zB Kassa- oder Termingeschäft), die in Rede steht, tatsächlich bestehen, dh auf Grund abgeschlossener Geschäfte, nicht nur auf Grund unerledigter Aufträge von RGZ 34, 121) oder als Taxe geschätzter Preis mangels Kursfeststellung. **Vollzug,** Form und Zeit des Selbsteintritts s. bei § 405. Kritik des Selbsteintrittsrecht bei Kiehnle AcP 212 (2012), 875. **Muster:** Hopt/Graf v. Westphalen, 4. Aufl. 2013, Form I. M.2 (Kommissionsvertrag mit Selbsteintrittsrecht).

3. Abschnitt. Kommissionsgeschäft 2–6 § 400

Für andere Fälle kann der **Kommissionsvertrag** den Selbsteintritt erlauben 2 (Umkehrschluss zu 402), uU stillschweigend, zB bei Kauf, Verkauf von Wertpapieren, deren Kurs nicht amtlich festgestellt, aber sonstwie zuverlässig beobachtet und notiert wird, so im Freiverkehr, (s. **(14)** BörsG § 48). Dann gelten aber auch die Kundenschutzregeln der §§ 400 II–IV, 401 zwingend (§ 402). **(8)** AGB-Banken Nr. 29 aF, die das Recht zum Selbsteintritt, seine Durchführung und Folgen wesentlich abweichend von §§ 400 ff. regelte (s. 29. Aufl.), ist durch **(8)** Sonderbedingungen für Wertpapiergeschäfte Nr. 1 (dort → **(8)** Sonderbedingungen für Wertpapiergeschäfte Nr. 1 Rn. 2, 3) ersetzt, die einfache Kommission oder Festpreisgeschäft je nach den Ausführungsgrundsätzen der Bank vorsieht, also **im Effektengeschäft kein Selbsteintritt mehr,** BGH NJW 2012, 2876.

Kommittent kann den Selbsteintritt **ausschließen** (I, „ein anderes bestimmt"), 3 und zwar bis zur Abgabe der Ausführungsanzeige (vgl. § 405 III). Die Erklärung des Kommittenten braucht nicht ausdrücklich zu erfolgen, muss aber so klar sein, dass der Kommissionär den dahin gehenden Willen des Kommittenten erkennen kann. Preisbegrenzung (Limit), Auftrag „bestens" sowie Delkredereübernahme schließen Selbsteintritt nicht aus, OGHZ 3, 14.

Kommissionär **darf nicht** selbst eintreten, wenn das dem **Interesse des Kom-** 4 **mittenten** zuwiderläuft (§ 384 I), zB bei Kommission zum Verkauf auf Kredit, wenn Kommissionär nicht hinreichend kreditwürdig ist. Kommissionär darf nicht zu anderen Bedingungen als für das Ausführungsgeschäft vorgeschrieben selbst eintreten; Selbsteintritt mit Abweichung vom Preislimit ist aber entspr. § 386 I mangels unverzüglicher Rüge wirksam.

Umgekehrt ist die Bank bei der Effektenkommission, wenn sich ein entsprechendes Deckungsgeschäft anbietet, zum Abschluss (durch Selbsteintritt, aber → Rn. 2, oder für den Kunden, entspr. für Propergeschäft) **verpflichtet,** Canaris 1902; das gilt nicht ohne Weiteres auch bei entsprechendem Eigenbestand der Bank. Bei Pflichtverletzung ist die Bank schadensersatzpflichtig (§ 385 oder § 280 BGB), OLG Oldenburg WM 1993, 1880.

2) Wirkung des Selbsteintritts

Selbsteintritt des Kommissionärs ist eine Form der Ausführung der Kommis- 5 sion. Mit dem Selbsteintritt (Gestaltungsrecht), der empfangsbedürftige Willenserklärung ist (→ § 405 Rn. 1) und ausdrücklich erfolgen muss (→ § 405 Rn. 2), ändert der Kommissionär die Kommission in **Kauf (Verkauf).** Kommittent und Kommissionär werden zu Käufer und Verkäufer (oder umgekehrt). Das hat zur Folge, dass grundsätzlich Kaufvertragsrecht anwendbar ist, zB Anspruch des Kommittenten auf Kaufpreis (statt auf Herausgabe des Erlangten, → § 384 Rn. 9), BGHZ 89, 135; BGH WM 1988, 404; Verjährung dieses Anspruchs in drei Jahren nach § 195 BGB (seit SMG keine Besonderheiten mehr). Die Kaufvertragsregeln werden aber anders als beim Eigengeschäft (→ § 383 Rn. 16, 7) von der **Interessenwahrungspflicht** (einschließlich der Beratungs- und Verwaltungspflichten) des Kommissionärs (§ 384 I) überlagert, OLG Oldenburg WM 1993, 1880: der Selbsteintretende ist zB ggf. (wie ein Kommissionär, → § 388 Rn. 4) zum Selbsthilfekauf wegen Annahmeverzugs des Kommittenten-Käufers (§ 373) nicht nur berechtigt, sondern im Interesse jenes verpflichtet. Dabei kann der Kommissionär die Ware („in sich") seinem eigenen Lager entnehmen (zuführen), ein Deckungsgeschäft mit einem Dritten schließen, Aufträge entgegenstehender Art (Kauf- und Verkaufskommission über dieselben Wertpapiere) durch Selbsteintritt ausgleichen.

Inhalt des Kaufgeschäfts ist der des aufgetragenen Geschäfts. Das etwa vom 6 Kommissionär vorgenommene **Deckungsgeschäft** berührt Kommittenten nicht; das gilt auch, wenn Erfüllung des Deckungsgeschäfts durch höhere Gewalt unmöglich wird, OLG Kassel NJW 1949, 588, str. Der selbst eingetretene Kommissionär hat keinen Anspruch auf Ersatz von Aufwendungen für ein Deckungsgeschäft, dieses geht ganz auf seine Rechnung und Gefahr, OGHZ 2, 91.

3) Bestimmung des Preises bei Selbsteintritt

7 II–V (und § 401, s. dort; zwingendes Recht, s. § 402) bestimmen genau den Preis, zu dem Kommissionär als Käufer oder Verkäufer selbst eintreten darf. Einhaltung des II–V hat erforderlichenfalls Kommissionär dem Kommittenten nachzuweisen (**II:** bei Selbsteintritt beschränkt sich die Rechenschaftspflicht des Kommissionärs, § 384 II, auf diesen Nachweis). § 403 ergänzt die Preisbestimmung, s. dort. Preisstellung des Kommissionärs beim Selbsteintritt im Widerspruch zu II–V, §§ 401, 403 macht den Selbsteintritt nicht unwirksam, erlaubt Kommittenten nicht Zurückweisung des Selbsteintritts; dieser ist wirksam, Kommittent hat Anspruch auf vorschriftsmäßige Preisbestimmung, vgl. RGZ 108, 193; 114, 13.

8 Maßgebend ist grundsätzlich der **Markt-** oder **Börsenpreis** (der amtlich festgestellte, wenn solche Feststellung erfolgt, so **V**, was für Wertpapiere, nicht für Waren Voraussetzung des gesetzlichen Selbsteintrittsrechtes ist, vgl. I, aber → Rn. 2) bei Abgabe der Ausführungsanzeige (**II 1, 2**, → Rn. 9). Ein günstigerer Preis aus einem tatsächlichen oder möglichen Deckungsgeschäft kommt dem Kommittenten zugute (s. § 401). Sollte aber die Kommission zu einem **bestimmten Kurse** (erster Kurs, Mittelkurs, letzter Kurs) ausgeführt werden, so gilt dieser nach **IV** (ggf. nur amtlich festgestellte, V), auch wenn ein anderer Kurs, zB der zzt. der Abgabe der Ausführungsanzeige (oder der Schlusskurs bei Abgabe der Anzeige, vgl. → Rn. 9) für Kommittenten günstiger wäre.

9 Maßgebend ist in erster Linie der Preis zzt. der **Abgabe der Ausführungsanzeige zur Absendung (II 2)**, nicht der zzt. ihres Zugangs (ohne den aber der Selbsteintritt nicht wirkt, → § 405 Rn. 1). Die erste Abgabe zur Absendung ist wohl auch maßgebend, wenn Kommissionär die nicht zugegangene Anzeige wiederholt, abw. RGZ 102, 16. Ist die Börse vor Abgabe der Ausführungsanzeige geschlossen worden, so soll nach **III** der letzte Börsenkurs gelten, wenn die Kommission während der Börsen- oder Marktzeit auszuführen war und wenn es gleich war, wann sie ausgeführt wurde; das ist jedenfalls für die Effektenkommission zweckwidrig, deshalb teleologische Reduktion, Mü-KoHGB/Häuser Rn. 91, oder sogar gewohnheitsrechtlich derogiert, Oetker/Bergmann Rn. 16, zweifelnd Ebenroth/Füller Rn. 14, die Bank berechnet dem Kunden den (auch ungünstigeren) Kurs des Deckungsgeschäfts. „Zur Absendung abgegeben" ist die Anzeige, sobald sie einem Boten zur Beförderung an Kommittenten oder an die Post übergeben ist. Kommissionär darf die Ausführung nicht verzögern; tut er das schuldhaft, darf er einen etwaigen höheren Preis nicht berechnen.

[Deckungsgeschäft]

401 (1) **Auch im Falle der Ausführung der Kommission durch Selbsteintritt hat der Kommissionär, wenn er bei Anwendung pflichtmäßiger Sorgfalt die Kommission zu einem günstigeren als dem nach § 400 sich ergebenden Preise ausführen konnte, dem Kommittenten den günstigeren Preis zu berechnen.**

(2) **Hat der Kommissionär vor der Absendung der Ausführungsanzeige aus Anlaß der erteilten Kommission an der Börse oder am Markte ein Geschäft mit einem Dritten abgeschlossen, so darf er dem Kommittenten keinen ungünstigeren als den hierbei vereinbarten Preis berechnen.**

3. Abschnitt. Kommissionsgeschäft § 403

1) Nach § 400 II–V ist bei Selbsteintritt grundsätzlich der Markt- oder Börsenpreis maßgeblich. § 401 lässt dem Kommittenten einen günstigen Preis zugutekommen:

a) der Preis, zu dem der Kommissionär aus Anlass der Kommission (dh in ursächlichem Zusammenhang mit ihr) ein Geschäft mit einem Dritten (**Deckungsgeschäft**) an der Börse oder am Markt tatsächlich abgeschlossen hat; Eindeckung anderswo bleibt außer Betracht, wenn sie nicht nach I beachtlich ist (→ § 400 Rn. 9), so **II**; schloss er für mehrere gleichartige Kommissionen (für mehrere Kommittenten) mehrere Deckungsgeschäfte zu verschiedenen Kursen, so erlaubte die früher hL den Kommittenten sie aufzuteilen (allerdings insgesamt ohne Kursschnitt), nach pflichtgemäßem Ermessen oder sogar frei, Oetker/Bergmann Rn. 5, nach aA verhältnismäßige Verteilung oder Wahl des Verteilungsverfahrens durch den Kommittenten nach § 242, richtiger: Verteilung nach dem Prioritätsprinzip (→ § 384 Rn. 1), MüKoHGB/Häuser Rn. 18, Ebenroth/Füller Rn. 4, oder

b) der Preis, zu dem Kommissionär bei pflichtmäßiger Sorgfalt (§ 384 I) ein Ausführungsgeschäft **hätte schließen können (I, günstigere Deckungsmöglichkeit)**, und zwar an der Börse (dem Markt), wo er die Kommission ausführen sollte; war er hierin frei: da, wohin sich zu wenden ihm zuzumuten war. Maßgebend ist der für Kommittenten günstigste dieser Preise. Der Selbsteintritt soll Kommittenten nicht schlechter stellen, als er bei pflichtmäßiger Ausführung der Kommission durch Geschäft mit Drittem (§ 384 I) stünde, RGZ 112, 31. Der Beweis, dass der Kommissionär § 401 verletzt, obliegt dem Kommittenten (anders bei § 400, dort → § 400 Rn. 7), OLG Oldenburg WM 1993, 1879, str.

[Unabdingbarkeit]

402 Die Vorschriften des § 400 Abs. 2 bis 5 und des § 401 können nicht durch Vertrag zum Nachteile des Kommittenten abgeändert werden.

1) §§ 400 II–V, 401 betr. die Bestimmung des Preises bei Selbsteintritt sind nicht (im Voraus) zum Nachteil des Kommittenten abdingbar (halbzwingende Vorschrift). Vereinbarungen zum Nachteil des Kommissionärs bleiben möglich. Der Kommittent kann nachträglich verzichten, auch schon vor Beendigung der Geschäftsbeziehung, sofern der Verzicht allein vom Kommittenten ausgeht, MüKoHGB/Häuser Rn. 3, aA Staub/Koller Rn. 1. Bei Verstoß gegen § 402 ist die Vereinbarung unwirksam (§ 134 BGB). An ihre Stelle tritt die gesetzliche Preisregelung, der Vertrag im Übrigen bleibt wirksam, § 139 BGB greift nicht ein, sondern **(5)** § 306 BGB analog, MüKoHGB/Häuser Rn. 4, Ko/Ro/Mo/Roth Rn. 1.

[Provision bei Selbsteintritt]

403 Der Kommissionär, der das Gut selbst als Verkäufer liefert oder als Käufer übernimmt, ist zu der gewöhnlichen Provision berechtigt und kann die bei Kommissionsgeschäften sonst regelmäßig vorkommenden Kosten berechnen.

1) Provision bei Selbsteintritt

Der Kommittent soll nicht besser stehen, als habe der Kommissionär mit einem Dritten abgeschlossen, RGZ 108, 193. Daher kann nach § 403 der Kommissionär, der (als Käufer oder Verkäufer) selbst eintrat, die **Provision** fordern, die

§ 405

er bei Ausführung der Kommission durch Geschäft mit Drittem hätte fordern können (§ 396 I). Voraussetzung ist (entspr. § 396 I) Ausführung des (durch den Selbsteintritt zwischen Kommissionär und Kommittenten zustandegekommenen) Geschäfts durch Kommissionär selbst (vgl. OGHZ 2, 91) oder Unterbleiben der Ausführung infolge eines vom Kommittenten zu vertretenden Umstands. Hatte Kommissionär das Delkredere übernommen (§ 394), so kann er Delkredereprovision auch bei Selbsteintritt fordern, Koller/Roth Rn. 2, aA Ebenroth/Füller Rn. 2.

2) Kosten bei Selbsteintritt

Kommissionär kann nach § 403 ferner die bei Kommissionsgeschäften sonst regelmäßig vorkommenden **Kosten** (vgl. § 396 II) fordern, einerlei wieweit aufgewandt; außergewöhnliche Kosten soweit aufgewandt, §§ 675 I, 670 BGB, insgesamt aber darf der Selbsteintritt Kommittenten nicht benachteiligen.

[Gesetzliches Pfandrecht]

404 Die Vorschriften der §§ 397 und 398 finden auch im Falle der Ausführung der Kommission durch Selbsteintritt Anwendung.

1) Einkaufskommissionär-Verkäufer hat nach § 404 für seine Ansprüche gegen Kommittenten-Käufer, vor allem den Kaufpreisanspruch (str.), an der ihm selbst (noch) gehörenden, dem Kommittenten verkauften Ware das Befriedigungsrecht entspr. § 398, an der dem Kommittenten schon übereigneten das Pfandrecht entspr. § 397.

[Ausführungsanzeige und Selbsteintritt; Widerruf der Kommission]

405 (1) **Zeigt der Kommissionär die Ausführung der Kommission an, ohne ausdrücklich zu bemerken, daß er selbst eintreten wolle, so gilt dies als Erklärung, daß die Ausführung durch Abschluß des Geschäfts mit einem Dritten für Rechnung des Kommittenten erfolgt sei.**

(2) **Eine Vereinbarung zwischen dem Kommittenten und dem Kommissionär, daß die Erklärung darüber, ob die Kommission durch Selbsteintritt oder durch Abschluß mit einem Dritten ausgeführt sei, später als am Tage der Ausführungsanzeige abgegeben werden dürfe, ist nichtig.**

(3) **Widerruft der Kommittent die Kommission und geht der Widerruf dem Kommissionär zu, bevor die Ausführungsanzeige zur Absendung abgegeben ist, so steht dem Kommissionär das Recht des Selbsteintritts nicht mehr zu.**

1) Form und Zeit des Selbsteintritts

Bei Kommissionsvertrag mit Selbsteintrittsrecht kommt der Kauf bzw. Verkauf mit Ausübung dieses (Gestaltungs)Rechts zustande. Der Selbsteintritt geschieht durch empfangsbedürftige **Erklärung** (RGZ 102, 16) an den Kommittenten (§ 130 BGB), **formlos**, § 151 S. 1 BGB ist anwendbar. Bei der Effektenkommission liegt die Ausübung schon in der Ausführung des Auftrags durch Abschluss eines Deckungsgeschäfts (ausnahmsweise auch in der Buchung, str.), BGH WM 1988, 404, KG WM 1989, 1276, Canaris 1913, dagegen nicht schon in der Auftragsannahme, denn der Kommissionär will sich nicht ohne Deckungsgeschäft zur Lieferung verpflichten. Die Konstruktion eines vom Kunden bei Auftragserteilung zusätzlich abgegebenen Kauf- bzw. Verkaufsangebots (OGHZ 4, 213) ist iE gleich, aber gekünstelt. I verhindert, dass der Kommissionär eine unbestimmte Ausführungsanzeige absendet und erst später erklärt, ob er selbst eintreten will (vgl. → Rn. 3). Nach **I** ist Anzeige, die Kommission sei ausgeführt, nur Selbsteintritt bei ausdrücklicher Erklärung, Kommissionär trete selbst ein; abweichende Vereinbarung ist möglich, zB (Umkehr von I): Anzeige von Ausführung bedeute Selbsteintritt, falls nicht ausdrücklich Abschluss mit Drittem mitgeteilt, RGZ 96, 7. Ist das Ausführungsgeschäft formbedürftig, so ist Selbsteintritt formlos möglich auf Grund der Form genügenden Kommissionsvertrags.

Ausdrücklich (I, → Rn. 1) heißt klar und unzweideutig, RG JW 1926, 1961, wozu nicht die Anzeige (des Einkaufskommissionärs) genügt, es sei dem Kommittenten verkauft, RGZ 53, 368. Nicht genügend ist Übersendung eines vom Kommissionär wie von einem Verkäufer unterschriebenen Schlussscheins, RGZ 63, 30, genügend Bestätigung, dass (Verkaufs-)Kommissionär kauft (Einkaufskommissionär verkauft), vgl. RGZ 112, 28.

Unbestimmte Ausführungsanzeige ist iZw nicht Selbsteintritt, I, verpflichtet Kommissionär endgültig zur Ausführung der Kommission durch Geschäft mit Drittem, erlaubt späteren Selbsteintritt nicht. Im Voraus kann vereinbart werden: Kommissionär dürfe nach unbestimmter Ausführungsanzeige (jedoch nicht später als am selben Tag, **II**) durch weitere Mitteilung erklären, ob er durch Selbsteintritt oder Geschäft mit Drittem ausführt. Nachträglich (nach unbestimmter Ausführungsanzeige) ist Vereinbarung längerer Frist zu dieser Klärung zulässig.

2) Widerruf (Kündigung) der Kommission

Bei Ausführung der Kommission durch Abschluss mit Drittem ist Widerruf (dh Kündigung, → § 383 Rn. 12) der Kommission durch Kommittenten möglich bis zum (dh durch Erklärung, die dem Kommissionär zugeht vor dem) Abschluss mit dem Drittem. Führt Kommissionär durch Selbsteintritt aus, wäre Widerruf durch den Kommittenten möglich bis zum (dh durch Erklärung, die dem Kommissionär zugeht vor dem) Zugang der Selbsteintritt-Ausführungsanzeige bei Kommittenten. **III** schränkt das Widerrufsrecht des Kommittenten ein: die Widerrufserklärung muss dem Kommissionär zugehen, bevor er die Anzeige der Ausführung (durch Selbsteintritt) zur Absendung abgibt. III greift jedoch nicht ein, wenn das Widerrufsrecht bereits erloschen ist. Deshalb gegen hL Canaris 1914: kein Widerruf mehr nach Ausführung des Deckungsgeschäfts, wenn die Ausführung der Kommission nur im Wege des Selbsteintritts vereinbart ist (so **(8)** AGB-Banken Nr. 29 I 1 aF, aber jetzt **(8)** Sonderbedingungen für WPGeschäfte Nr. 1), sonst könnte der Kunde zu Lasten der Bank spekulieren.

[Ähnliche Geschäfte]

406 (1) ¹Die Vorschriften dieses Abschnitts kommen auch zur Anwendung, wenn ein Kommissionär im Betriebe seines Handelsgewerbes ein Geschäft anderer als der in § 383 bezeichneten Art für Rechnung eines anderen in eigenem Namen zu schließen übernimmt. ²Das gleiche gilt, wenn ein Kaufmann, der nicht Kommissionär ist, im Betriebe seines Handelsgewerbes ein Geschäft in der bezeichneten Weise zu schließen übernimmt.

(2) **Als Einkaufs- und Verkaufskommission im Sinne dieses Abschnitts gilt auch eine Kommission, welche die Lieferung einer nicht vertretbaren beweglichen Sache, die aus einem von dem Unternehmer zu beschaffenden Stoffe herzustellen ist, zum Gegenstande hat.**

1) § 406 I erweitert § 383 I auf Kflte in doppelter Hinsicht (auch → § 383 Rn. 1). Zum einen gelten §§ 383 ff. auch dann, wenn der Kommissionär, der Kfm. ist, im Betrieb seines HdlGewerbes andere Geschäfte als eine Waren- oder Wertpapierkommission kommissionsweise zu besorgen übernimmt (**I 1**, uneigentliche Kommission). Bspe: Verlag eines literarischen Werks im Namen des Verlegers für Rechnung des Autors (nicht des Verlegers selbst wie üblich), RGZ

§ 406

78, 300, Veräußerung einer fremden Beteiligung im eigenen Namen (im Rahmen andersartigen Gewerbebetriebs), BGH NJW 1960, 1852; Vermietung, BGHZ 104, 123; Werbeagenturen und Werbemittler s. KG BB 1969, 151; Kreditbeschaffung, OLG Celle WM 1974, 736; Inkassokommission, Staub/Koller § 383 Rn. 56, str.

2   Zum anderen gelten §§ 383 ff. auch dann, wenn der Kfm. an sich kein Kommissionär ist, aber im Betriebe seines HdlGewerbes ein Geschäft kommissionsweise zu schließen übernimmt (**I 2,** Gelegenheitskommissionär). I 2 gilt nicht nur für An- und Verkaufsvermittlungen über Waren und Wertpapiere (§ 383 I), sondern auch für die in I 1 genannten Vermittlungen. § 406 spricht nicht von NichtKflten bzw. Kleingewerbetreibenden. Die beiden Erweiterungen nach I gelten aber auch für diese, denn § 383 II macht den gesamten dritten Abschnitt anwendbar, verweist also auch auf § 406 (→ § 383 Rn. 2); I 2 gilt auch für nicht eingetragene Kleingewerbetreibende, aber nur analog (Versehen des Gesetzgebers: kein HdlGewerbe iSv I 2, kein Kommissionär iSv § 383 II, I), von Olshausen NJW 2001, 1842, Ko/Ro/Mo/Roth Rn. 1.

3   **2) II** entspricht § 381 II aF, Anpassung an § 651 S. 1 nF BGB wie § 381 II nF durch das SMG wurde übersehen. Kommission ist nach dem Wortlaut des II auch die Beschaffung (im eigenen Namen für fremde Rechnung) einer erst herzustellenden nicht vertretbaren beweglichen Sache. Dass die Beschaffung erst herzustellender vertretbarer beweglicher Sachen unter § 383 fällt, folgte schon aus § 651 I 1, 2 Hs. 1 aF BGB. Nach § 651 nF BGB findet auf einen Vertrag, der die Lieferung herzustellender oder zu erzeugender beweglicher Sachen zum Gegenstand hat, generell Kaufrecht Anwendung (→ § 381 Rn. 5), was sich auch auf § 383 „kaufen oder verkaufen" auswirkt. Das Redaktionsversehen zu II ist durch analoge Anwendung von § 381 II, § 651 S. 1 BGB zu korrigieren, dazu Steck NJW 2002, 3203. Gegenstand einer Kommission ist danach auch die Lieferung herzustellender oder zu erzeugender beweglicher Sachen, einerlei ob vertretbar oder unvertretbar.

Vierter Abschnitt. Frachtgeschäft

Erster Unterabschnitt: Allgemeine Vorschriften

Schrifttum zum Frachtgeschäft

a) Kommentare: *Andresen/Valder* HdB des Transportrechts (LBl.). – *Ebenroth/Boujong/Joost/Strohn/(Bearbeiter)* Bd. 2 4. Aufl. 2020. – MüKoHGB/(Bearbeiter), Bd. 7, 4. Aufl. 2020. – *GK(HGB)/(Ensthaler ua)* 8. Aufl. 2015. – *HdlbgKo/(Glanegger ua)* 7. Aufl. 2007. – *Hartenstein/Reuschle* HdB des Transportrechts, 3. Aufl. 2015. – BeckOK HGB/(Bearbeiter), *Häublein/Hoffmann-Theinert*, 35. Ed. 2022. – BeckOGK HGB/(Bearbeiter), *Henssler,* Stand: 1.7.2021 – *Hein/Eichhoff/Pukall/Krien/(Trinkaus/Maiworm/Joseph/Vorrath)* Güterkraftverkehrsrecht, 2 Bd. (LBl.). – *Heymann/Emmerich/Horn* Bd. 4, 2. Aufl. 2011. – *Knorre/Demuth/Schmid* HdB des Transportrechts, 3. Aufl. 2022. – *Koller* Transportrecht, 10. Aufl. 2020. – *Oetker/(Bearbeiter)* 7. Aufl. 2021. – *Staub/Canaris/Habersack/Schäfer* Handelsgesetzbuch, Großkommentar, §§ 425–435, §§ 443–450, Bd. 12/1, 5. Aufl. 2017; §§ 407–424, §§ 436–442, Bd. 12/2, 5. Aufl. 2014, §§ 451–452d, §§ 467–475h, Bd. 13/1, 5. Aufl. 2021. – *Heidel/Schall/(Bearbeiter)* 3. Aufl. 2019 – *K(oller)/K(indler)/R(oth)/D(rüen)/(Bearbeiter),* Handelsgesetzbuch, 9. Aufl. 2019. – H. *Schmidt,* Rechtsfragen zur Corona-Krise, 3. Auflage 2021, § 13 Transportrecht –. **b) Lehrbücher:** *Canaris* 24. Aufl. 2006. – *Lommatzsch* Transportrecht 2011. – *Müglich* Transport- und Logistikrecht, 2002. – *Paschke/Furnell* Transportrecht 2011. – *K. Schmidt* 6. Aufl. 2014. – *Ramming* Hamb. HdB zum Binnenschifffahrtsfrachtrecht, 2009. – *ders.* Hamb. HdB Multimodaler Transport, 2011. – *Wieske* Transportrecht 4. Aufl. 2020. – *von Witzleben/Hohmann* Die Praxis des Güterkraftverkehrs (LBl.).

4. Abschnitt. Frachtgeschäft § 407

c) **Einzeldarstellungen und Sonstiges:** *Arnold* Prozessuale Besonderheiten und Entwicklungen im Transportrecht, TranspR 2018, 369. – *Basedow* Der Transportvertrag, 1987. – *Boettge/Dörre* Luftfrachtrecht, 4. Aufl. 2017. – *Borzym/Màgori/Rebler* Großraum- und Schwertransporte und selbstfahrende Arbeitsmaschinen, 2. Aufl. 2016. – *Calme* Einführung ins Transport- und Speditionsrecht, 2015. – *Koller* Verlust, Unmöglichkeit, Verzögerung und Rücktritt, TranspR 2018, 1. – *Lenz* Straßengütertransportrecht, 1988. – *Müller-Ehl* Recht des nationalen und grenzüberschreitenden Straßengütertransports, 2008. – *Neumann* Prozessuale Besonderheiten im Transportrecht, TranspR 2006, 429. – *Ramming* Die vorzeitige Beendigung von Frachtverträge, RdTW 2019, 7. – *Skradde* Schadensersatz im Transportrecht – Der ersatzfähige Schaden des Transportrechtes, 2016. – *Thume* Transportrechtliche Erfahrungen mit dem neuen VVG, TranspR 2012, 125. – *Vyvers* Mitverschulden, TranspR 2017, 451. – *Wittenbrink* Transportkostenmanagement im Straßengüterverkehr, 2. Aufl., 2015. – *Zehetbauer* Nationales und Internationales Transportrecht, 2016. – *Maurer*, TranspR in Corona-Krise, in: Effer-Uhe/Monert, Vertragsrecht in Corona-Krise, 205. **Muster:** *Hopt* Vertrags- und Formularbuch zum Hdl-, Ges- und Bankrecht, 4. Aufl. 2013, Teil I. N–O (mit 7 Vertragsmustern und Formularen). – *Köper* Schadensfälle im Transportgewerbe, 2010. **RsprÜbersichten:** *Schaffert/Thume* TranspR 2020, 209. – *Pokrant/Gran* Transport- und Logistikrecht: Höchstrichterliche Rechtsprechung und Vertragsgestaltung, 12. Aufl. 2019. – *Pokrant* TranspR 2013, 41; 2012, 45; 2011, 49 (BGH). – *Kober* TranspR 2009, 89 (Stgt). – *Runge* TranspR 2009, 96 (Karlsr). – *Malsch/Anderegg* TranspR 2008, 45 (Düss). – *Goller* TranspR 2008, 53 (Mü). – *Wieske* TranspR 2008, 388 (Logistikrecht). – *Gran* NJW 2013, 41; 2012, 45; 2007, 564; 2004, 2064 und NJOZ 2010, 1024. Speziell zu **(17)** CMR s. dort.

Frachtvertrag

407 (1) **Durch den Frachtvertrag wird der Frachtführer verpflichtet, das Gut zum Bestimmungsort zu befördern und dort an den Empfänger abzuliefern.**

(2) **Der Absender wird verpflichtet, die vereinbarte Fracht zu zahlen.**

(3) ¹**Die Vorschriften dieses Unterabschnitts gelten, wenn**

1. **das Gut zu Lande, auf Binnengewässern oder mit Luftfahrzeugen befördert werden soll und**
2. **die Beförderung zum Betrieb eines gewerblichen Unternehmens gehört.**

²**Erfordert das Unternehmen nach Art oder Umfang einen in kaufmännischer Weise eingerichteten Geschäftsbetrieb nicht und ist die Firma des Unternehmens auch nicht nach § 2 in das Handelsregister eingetragen, so sind in Ansehung des Frachtgeschäfts auch insoweit die Vorschriften des Ersten Abschnitts des Vierten Buches ergänzend anzuwenden; dies gilt jedoch nicht für die §§ 348 bis 350.**

Übersicht

	Rn
1) Transportrecht – Überblick	1–4
A. Bedeutung des Transports:	1
B. Entwicklung des Transportrechts:	2, 3
C. Gliederung des vierten Buchs:	4
2) Frachtgeschäft (§§ 407–452d)	5
3) Anwendungsbereich der allgemeinen Vorschriften über das Frachtgeschäft (§ 407 III)	6–12
A. Sachliche Reichweite (III 1 Nr. 1):	6–8
B. Persönliche Reichweite (III 1 Nr. 2, 2):	9, 10
C. Territoriale Reichweite:	11, 12
4) Frachtvertrag (§ 407 I, II)	13–25
A. Frachtvertrag:	13–17
B. Pflichten des Frachtführers (I):	18–22
C. Pflichten des Absenders (II):	23

§ 407 1–3

                                                                                                   Rn

      D. Beendigung des Frachtvertrags: 24
      E. Abweichende Vereinbarungen: 25
      5) (18) ADSp und andere AGB 26
      6) Gerichtsstand 27

1) Transportrecht – Überblick

1   A. **Bedeutung des Transports:** Der Transport von Gütern ist heute, zumal angesichts der Internationalisierung der Märkte, eine Aufgabe, die am effizientesten unter Mitwirkung mehrerer erfüllt werden kann. Die früher verbreitete eigene Auslieferung durch das die Waren produzierende oder veräußernde Unt. ist zurückgetreten. Den eigentlichen Transport übernehmen ein oder mehrere **Frachtführer** (zu unterscheiden vom Verfrachter von Seeschiffen, der mit dem Befrachter einen Seefrachtvertrag abschließt, §§ 481 ff. HGB); zusätzlich tritt heute vielfach zwischen Unt. und Frachtführer als Vermittler der **Spediteur.** Besonders im internationalen Transport kommt man vielfach ohne Zwischenlagerung nicht aus. Die Lagerung und Aufbewahrung übernimmt der **Lagerhalter.** Der Transport kann zu Land, in der Luft, auf Binnengewässern oder zur See und mit verschiedenen Beförderungsmitteln durchgeführt werden (Lkw, Eisenbahn, Flugzeug, Schiff). Häufig trifft mehreres davon auf ein und denselben Transport zu, der dann **multimodaler oder kombinierter Transport** genannt wird. Vielfach erfolgt der Transport über die Grenzen hinweg, also **international.** Es liegt auf der Hand, dass aus diesem komplizierten Phänomen des Transports zahlreiche Rechtsprobleme entstehen. Sie sind Gegenstand des nationalen und internationalen Transportrechts. In praktischer Hinsicht stellt die Corona-Pandemie die Transportwirtschaft vor erhebliche Herausforderungen, insbes. den grenzüberschreitenden Verkehr durch Grenzschließungen oder Exportverbote für Schutzausrüstung oä, Schmidt/Thume, § 13 Rn. 1 ff. Ausführlich zu den hierzu aufgeworfenen Rechtsfragen Schmidt/Thume, § 13 sowie Maurer, TranspR in Corona-Krise, in: Effer-Uhe/Monert, Vertragsrecht in Corona-Krise, 205 ff.

2   B. **Entwicklung des Transportrechts:** Das Transportrecht in seiner heutigen Form ist im Wesentlichen durch die Transportrechtsreform von 1998 geprägt, die im Vergleich zur vorherigen Rechtslage eine wesentliche Vereinheitlichung und Vereinfachung mit sich brachte. **Rechtsprechung und Literatur zum Recht vor 1998 können** dennoch weiterhin **wichtig sein,** weil sich die damaligen Grundfragen und viele Einzelprobleme auch unter dem geltenden Transportrecht stellen und weil neuere Rechtsprechung und Literatur noch nicht zu jedem Punkt exisitiert. Dafür wird weitestgehend auf die **29. Auflage** verwiesen.

3   Weitere Änderungen des allgemeinen Transportrechts fanden ferner durch die Reform des Seehandelsrechts (SHRG) im Jahr 2013 statt. Im Zuge der umfassenden Neugestaltung der §§ 476 ff. hat der Gesetzgeber zugleich einzelne Regelungen der §§ 407 ff. korrigiert und insgesamt eine stärkere Angleichung an das Seehandelsrecht vorgenommen (Reg SHRG S. 1 f.). Änderungen betreffen insbesondere den Frachtbrief (→ § 408 Rn. 6), den Ladeschein (→ §§ 444 ff.) sowie den Lagerschein (→ §§ 475c ff.). Sie bewirken ua, dass statt papiergebundener Dokumente in Zukunft auch elektronische Aufzeichnungen verwendet werden können. **Übergangsrecht:** Art. 71 EGHGB trifft für die Änderungen im allgemeinen Transportrecht keine ausdrückliche Regelung. Es gilt daher der auch in Art. 170 EGBGB enthaltene allgemeine Rechtsgedanke, dass ein Schuldverhältnis nach seinen Voraussetzungen, seinem Inhalt und seinen Wirkungen dem Recht untersteht, das zurzeit der Verwirklichung des Entstehenstabestandes galt, MüKoBGB/Krüger EGBGB Art. 170 Rn. 3. Damit gilt das geänderte Transportrecht für Verträge, die ab dem 25.4.2013 geschlossen wurden. Die digitale Transformation des Fracht- und Logistikwesens, wird die weitere Entwicklung des Frachtrechts beeinflussen, BeckOGK(Paschke) Rn. 11. Richtungsweisend wird insbesondere die absehbare Einführung des eCMR-Frachtbriefs (dazu: Saive RdTW 2021, 187 ff.) sein, BeckOGK(Paschke) Rn. 11.

C. **Gliederung des vierten Buchs:** Das Vierte Buch des HGB stellt sich wie folgt dar: Es regelt nach allgemeinen Vorschriften in §§ 343 ff. HGB eine Reihe von typischen Verträgen des Handelsrechts, nämlich den Handelskauf (§§ 373 ff. HGB) und das Kommissionsgeschäft (§§ 383 ff. HGB), sowie drei Transportgeschäfte, nämlich **zuerst** das **Frachtgeschäft** (§§ 407–452d HGB), das den Bezugspunkt für die übrigen transportrechtlichen Geschäfte bildet, **dann** das **Speditionsgeschäft** (§§ 453–466 HGB) und **schließlich** das **Lagergeschäft** (§§ 467 ff. HGB). Diese drei sind die typischen Verträge des privaten Transportrechts. Daneben gibt es das öffentliche Transportrecht, für das vor allem das Güterkraftverkehrsrecht steht. Der Begriff Transportrecht findet sich zwar nicht im HGB selbst, hat sich aber heute als übergreifender Begriff eingebürgert und wurde auch bei der grundlegenden Reform von 1998 durch das **Transportrechtsreformgesetz (TRG)** vom 25.6.1998 BGBl. I 1588 (Kurzbezeichnungen und Abkürzungen sowie Paragraphenüberschriften amtlich) verwandt. Auch die Sachverständigenkommission, die im Auftrag des BMJ seit 1992 die Reform vorbereitet und maßgeblich beeinflusst hatte, wurde so genannt (Sachverständigenkommission zur Reform des Transportrechts, Bericht mit Textvorschlägen zur Neuregelung des Transportrechts, Beil. zum BAnz. 1996 Nr. 228a). In seiner Struktur folgt das deutsche Transportrecht heute in wesentlichen Punkten der **(17) CMR**: So stellt es das Frachtvertragsrecht an den Anfang und regelt dieses umfassend und einheitlich für Straße, Schiene und Binnenschifffahrt im HGB. Auch in vielen Einzelheiten hat der Gesetzgeber Regelungen aus **(17) CMR**, oft wortgleich, übernommen, teils sich jedenfalls an diese angelehnt. Das hat Folgen für die **Auslegung** der §§ 407 ff. (nicht unbedingt umgekehrt, weil die CMR als internationales Abkommen aus sich selbst heraus auszulegen ist, → **(17) CMR** Einl. Rn. 2) und wird deshalb in der folgenden Kommentierung, soweit praktisch, kurz vermerkt. Getreu dem Ziel des TRG, eine Vereinheitlichung des gesamten Transportrechts zu bewirken, wurden mit dem TRG 1998 verschiedene Einzelregelungen, etwa die KVO (s. 29. Aufl.) und die OLSchVO (s. 29. Aufl.), aufgehoben. Völlig beseitigt ist die Zersplitterung des Transportrechts jedoch bis heute nicht, näher Koller Einl. Rn. 1.

Lit. (TRG): RegE BT-Drs. 13/8445; Sachverständigenkomm zur Reform des Transportrechts, Bericht, Beil. zu BAnz. 1996 Nr. 228a; Gass, 1999; Müglich, 2002; Widmann, 3. Aufl. 1999. Zu weiterem Schrifttum zum TRG s. 35. Aufl.

Lit. (SHRG): RegE BT-Drs. 17/10309; Begr Rechtsausschuss BT-Drs. 17/11884; Stellungnahme der Deutschen Gesellschaft für Transportrecht zu dem Referentenentwurf eines Gesetz zur Reform des Seehandelsrechts TranspR 2011, 309; Koller TranspR 2013, 103; Koller VersR 2011, 1209; Czerwenka TranspR 2011, 249; Herber TranspR 2011, 359.

Aktuelle Rspr.-Übersichten: Pokrant TranspR 2013, 41; 2012, 45; 2011, 49; Gran NJW 2018, 991; 2017, 996; 2016, 998; 2013, 910; 2012, 34; NJOZ 2010, 1024.

Speziellere Beiträge in TranspR, zu neueren Entwicklungen zuletzt Knorre TranspR 2011, 353.

2) Frachtgeschäft (§§ 407–452d)

Im 4. Abschn. (§§ 407–452d) ist das Frachtgeschäft als die Grundform des Transportgeschäfts geregelt, und zwar zunächst die allgemeinen Vorschriften (1. Unterabschn. §§ 407–450) und anschließend die Beförderung von Umzugsgut (2. Unterabschn. §§ 451–451h) sowie die Beförderung mit verschiedenartigen Beförderungsmitteln (multimodaler Transport, 3. Unterabschn. §§ 452–452d). In allen drei Fällen liegt dem Frachtgeschäft ein Frachtvertrag zugrunde, ein normaler (§ 407), ein Umzugsvertrag (§ 451) oder ein Frachtvertrag über eine Beförderung mit verschiedenartigen Beförderungsmitteln (§ 452). Der Gesetzgeber hat die Begriffe Frachtvertrag, Frachtführer und Fracht beibehalten und bewusst von ihrer Ersetzung durch Beförderer, Beförderungsvertrag und Beförderungsentgelt wie in **(17)** CMR, CIM, EVO abgesehen (RegE TRG S. 34).

3) Anwendungsbereich der allgemeinen Vorschriften über das Frachtgeschäft (§ 407 III)

6 A. **Sachliche Reichweite (III 1 Nr. 1):** §§ 407–450 (1. Unterabschn.) gelten **nur für die Beförderung von Gütern zu Lande, auf Binnengewässern oder mit Luftfahrzeugen** (III 1 Nr. 1 HGB). Erfasst sind damit das Landfrachtrecht samt Eisenbahn- und Postbeförderung sowie das Luftfrachtrecht (letzteres erst durch Rechtsausschuss ins Ges aufgenommen). Es ist also zu unterscheiden in erster Linie zwischen Güterbeförderung und Personenbeförderung, sodann zwischen Beförderung zu Lande, auf Binnengewässern und in der Luft, mit der Eisenbahn und zur See. Die Unbestimmtheit des Transportmittels steht dem Vorliegen eines Frachtvertrags nicht entgegen, EBJS/Reuschle Rn. 6. Der Wortlaut schließt einen Transport mit automatisierten und autonomen Fahzeugen zumindest nicht aus, Schmidt TranspR 2020, 66. Gut bzw. **Güter** sind alle Sachen (einschließlich Tieren), die von einem Ort zu einem anderen gebracht werden sollen, einerlei ob umsatzfähig; auch solche Sachen, die die Beförderung anderer Sachen erlauben, erleichtern oder sichern, zB Verpackung, Container, Behälter, Ladegeräte und Fahrzeuge jeglicher Art, wenn es Auftraggeber auf die Ortsveränderung gerade des Fahrzeugs ankommt und es nicht Hilfsmittel zwecks Beförderung eines anderen Gegenstands ist, BGH BeckRS 1983, 30374052; LG Verden TranspR 2017, 84; OLG Saarbrücken TranspR 2011, 26; Koller Rn. 14; vertiefend Schmidt TranspR 2013, 59. Güter iSv Lagervertrag → § 467 Rn. 4.

7 Die **Personenbeförderung** zu Lande wird durch das PersBefG geregelt, ergänzend uU Werkvertragsrecht (§§ 631 ff. BGB), die durch Eisenbahnen des öffentlichen Verkehrs durch die EVO, die in der Luft durch das LuftVG iVm intern. Übk. und die Beförderung auf See durch das Fünfte Buch, Seehandel, §§ 536 ff. HGB (Beförderung von Reisenden und ihrem Gepäck auf See); die Personenbeförderung ist also nicht Gegenstand der §§ 407–452d und hier nicht weiter zu behandeln. Der auf unentgeltliche Beförderung gerichtete (Luft-)Beförderungsvertrag ist Werkvertrag, BGHZ 62, 71 = NJW 1974, 852. Vermittelndes Reisebüro kann HdlVertreter sein (vgl. § 92c II für Schiffspassagen), BGHZ 62, 71 (73) = NJW 1974, 852 (854) (iErg abl.).

8 Die **Güterbeförderung** zu Lande, auf Binnengewässern oder mit Luftfahrzeugen ist in § 407 ff. (mit Sondervorschriften für die Beförderung von Umzugsgut in §§ 451 ff.) geregelt. Für die Güterbeförderung durch **Eisenbahnen** des öffentlichen Verkehrs ist zu differenzieren: die Beförderung von Expressgut und Gütern ist ausschließlich in §§ 407 ff. geregelt; der Reisegepäckverkehr gehört dagegen als Nebenleistung zur Personenbeförderung, § 1 EVO. Die EVO hat damit nur noch einen reduzierten Anwendungsbereich. § 10 AEG betrifft die Personenbeförderungspflicht, also den Abschlusszwang wegen der Monopolstellung der Eisenbahnen des öffentlichen Verkehrs. §§ 407 ff. umfassen auch die Güterbeförderung mit **Luftfahrzeugen.** Der Begriff des Luftfahrzeugs bestimmt sich allerdings nach § 1 II LuftVG. Für Reisegepäck gilt ferner § 47 LuftVG. Für die Güterbeförderung **zur See** gilt das Fünfte Buch, Seehandel, § 476 ff. HGB. Besondere Schwierigkeiten macht der **multimodale oder kombinierte Transport.** §§ 452 ff. HGB enthalten dazu nähere Bestimmungen. **Muster:** Hopt, Teil I. O.2 (Bill of Lading).

4. Abschnitt. Frachtgeschäft   9–13   § 407

B. **Persönliche Reichweite (III 1 Nr. 2, 2):** §§ 407–450 gelten nicht nur, 9
wenn der Frachtführer Kfm. ist, sondern auch, wenn die Beförderung jedenfalls
zum **Betrieb eines gewerblichen Unt.** gehört **(III 1 Nr. 2).** Das ist zwar nicht
personenbezogen, sondern wie bei den Vertragstypen im Besonderen Schuldrecht
sachbezogen formuliert (vgl. ua § 433 I BGB); aber dies lässt den Charakter der
Vorschriften als Sonderrecht des Kfm. bzw. Unt. unberührt (RegE TRG S. 34).
Zum Begriff des Gewerbes → § 1 Rn. 11. HdlGewerbe ist nicht notwendig.
Erfasst sind danach sowohl gewerbsmäßig unternommene Beförderungen als auch
Beförderungen durch einen Kfm. als Gelegenheitsfrachtführer als auch solche
durch (Klein-)Gewerbetreibende. Auf die Entgeltlichkeit der Beförderung
kommt es anders als nach **(17) CMR** Art. 1 nicht an, Canaris § 31 Rn. 10, aA
Koller Rn. 31. Die konkrete Beförderung muss damit zwar zum Betrieb eines
gewerblichen Unternehmens gehören, das Beförderungsgeschäft selbst muss aber
nicht gewerbsmäßig betrieben werden, BeckOGK(Paschke) Rn. 46.

Ist der Frachtführer Kfm., gilt das gesamte HGB. Ist der Frachtführer kein 10
Kfm., so gelten dennoch über §§ 407–450 hinaus die allgemeinen Vorschriften
über Handelsgeschäfte (Viertes Buch, Erster Abschnitt, also §§ 343–372), aber
ohne §§ 348–350 **(III 2).** Das ist ein Schritt weg vom Kaufmannsrecht zum
Unternehmensrecht (→ Einl. vor § 1 Rn. 31).

C. **Territoriale Reichweite:** Für die **grenzüberschreitende Beförderung** 11
gelten internationale Abkommen, zB die **(17) CMR,** die im grenzüberschreitenden Verkehr unabdingbar gilt und in der Praxis eine sehr große Rolle spielt, das
Übk. über den internationalen Warentransport mit Carnets TIR **(TIR-**Übereinkommen 1975) 14.11.1975 BGBl. 1979 II 445, 1983 II 446 mit späteren
Änderungen, das **Warschauer Abkommen (WA)** zur Vereinheitlichung von
Regeln über die Beförderung im internationalen Luftverkehr von 1929 idF
28.9.1955, BGBl. 1958 II 291 (312), 1964 II 1295, spätere Änderungen mit
Zusatzabkommen zur Vereinheitlichung von Regeln über die von einem anderen
als dem vertraglichen Luftfrachtführer ausgeführte Beförderung im internationalen Luftverkehr **(Guadalajara-Abkommen)** 18.9.1961, BGBl. 1963 II 1159,
1964 II 1371. Seit 28.6.2004 gilt in Deutschland auch das **Montrealer Übereinkommen (MÜ)** vom 28.5.1999, BGBl. 2004 II S. 458, 1371, das nach
Art. 55 dem WA vorgeht. Die Übereinkommen sind ua kommentiert bei Koller,
Transportrecht, vergleichend Ruhwedel TranspR 2008, 89. Auch für den grenzüberschreitenden Eisenbahnfrachtverkehr gelten internationale Abkommen, so
die CIM. Internationales Abladegeschäft → Einl. vor § 373 Rn. 51.

Kollisionsrechtliche Regelungen der CMR stellen zwingendes Recht dar, 12
Koller CMR Art. 1 Rn. 3. Soweit **(17) CMR** nicht anwendbar ist, gilt **IPR.**
Danach bestimmt sich das Vertragsstatut für nach dem 17.12.2009 geschlossene
Verträge des Gütertransports nach Art. 3, 5 I, III Rom I-VO (loi uniforme), die
die Möglichkeit einer freien Rechtswahl beinhalten, hierzu Wagner TranspR
2008, 221; Mankowski TranspR 2008, 339; Wagner TranspR 2009, 281, zur
Entstehungsgeschichte Hartenstein TranspR 2008, 143. Darüber hinaus sind
Eingriffsnormen (Art. 9 Rom I-VO) wie zB §§ 449 IV, 466 V zu beachten.
Außervertragliche Ansprüche (zB deliktische Ansprüche bei Beschädigung des
Gutes) unterliegen den Art. 4, 14 Rom II-VO. Lit.: Allgemein zu Güterbeförderungsverträgen Reithmann/Martiny/Mankowski Rn. 2571 ff., 3051 multimodaler Verkehr, Basedow FS Herber (SeeHdlRecht), 1999, 15 (multimodaler
Transport), zu neueren Entwicklungen allg. Mankowski TranspR 2008, 177, zu
Speditionsverträgen im IPR Mankowski TranspR 2015, 17.

4) Frachtvertrag (§ 407 I, II)

A. **Frachtvertrag: a) Rechtsnatur, anwendbares Recht:** Durch den 13
Frachtvertrag wird der Frachtführer verpflichtet, das Gut zum Bestimmungsort zu

Merkt   1857

§ 407 14

befördern und dort an den Empfänger abzuliefern (I); der Absender wird verpflichtet, die vereinbarte Fracht zu zahlen (II). Vertragsgegenstand sind nur **Güter** (Begriff → Rn. 6), nicht Personen. Der Frachtvertrag ist, da der Erfolg der Beförderung und Ablieferung geschuldet ist, **Werkvertrag**, hL, Koller Rn. 35, aA gemischter Vertrag, Dauerschuldverhältnis, Thume TranspR 2019, 374. Ergänzend zu §§ 407 ff. finden also §§ 631 ff. BGB Anwendung. Darüber hinaus enthält der Frachtvertrag idR Elemente eines Geschäftsbesorgungsvertrags (§ 675 BGB). Zum Verhältnis zum Leistungsstörungsrecht des allgemeinen Zivilrechts Staub/P. Schmidt Rn. 80 ff., zur Abgrenzung vom Arbeitsverhältnis LAG Mecklenburg-Vorpommern RdTW 2015, 395. Kommissionsrecht ist nicht entsprechend anwendbar. Abgrenzung von Frachtvertrag und Speditionsvertrag kann im Einzelfall schwierig sein (§§ 133, 157 BGB), BGH WM 1991, 459 (Paketdienst, Spedition bejaht); BGH NJW-RR 2006, 267. Für Frachtvertrag sprechen Frachtbrief und genaue Vereinbarung des Transports, näher → § 453 Rn. 6; zudem Koller NJW 1988, 1756 (für unterschiedliche Abgrenzung je nach Unternehmer- oder Normalkunden, letzterenfalls iZw Frachtvertrag, fraglich). Ein isoliert vereinbarter Umschlag von Transportgut ist als frachtvertragliche Leistung anzusehen, BGH TranspR 2014, 283. Auch in Rahmenverträge mit Regelung aller wesentlichen Vertragsabreden (konkrete Fahrzeuge, Höhe der Vergütung) unterfällt § 407 und § 439, BGH TranspR 2009, 133; LG Hamburg TranspR 2016, 23. Bei Rahmenvereinbarungen ist Gesamtbetrachtung vorzunehmen, nicht selektive Betrachtung einzelner Transportaufträge, Gran NJW 2017, 997. Auch die Abgrenzung zwischen Fracht- und Lagervertrag ist schwierig, wenn der Frachtführer auch lagerrechtliche Pflichten übernimmt, zB bei sog. Mikrodepots, Berghold/Wendt RdTW 2020, 128. Ein Vertrag über Kranarbeiten, der auf den Erfolg einer Ortsveränderung von Gütern gerichtet ist, ist unabhängig von der Frage, ob das Frachtgut in Obhut genommen oder an einen Dritten ausgeliefert werden soll, ein Frachtvertrag, OLG Frankfurt a.M TranspR 2021, 64.

14 **Nicht** Frachtvertrag ist der **Lohnfuhrvertrag,** bei dem der Unt. das Kfz und eventuell auch den Fahrer stellt, damit der Auftraggeber selbst beladen und den Fahrer anweisen kann; denn es fehlt hier daran, dass das Gut seitens des Frachtführers in Obhut genommen wird. Lohnfuhrvertrag ist rechtlich nicht eindeutig festgelegt. Er enthält Elemente des Mietvertrages, des Werkvertrages des Dienst- und des Dienstverschaffungsvertrags, wobei ein „bemanntes" Fahrzeug zur beliebigen Ladung und Fahrt zur Verfügung gestellt wird. Je nach Ausgestaltung des Lohnfuhrvertrags ergeben sich Unterschiede beim Weisungsrecht (der WerkUnt. unterliegt keinem; das dienstvertragliche Weisungsrecht bestimmt das „Wie" der Leistung, im Gegensatz zum frachtvertraglichen hingegen nicht das „Ob" und „Wo") und auf Besitzebene (Fahrer als Besitzdiener des Auftraggebers bei Dienstverschaffungsvertrag; mehrstufiges Besitzverhältnis bei Dienstvertrag) Schmidt TranspR 2019, 250, 251. Abgrenzung richtet sich nach den Umständen des Einzelfalls, BGH RdTW 2016, 215. Kein Fracht- oder Werkvertrag ist Überlassung von Hebezeugen samt Bedienungspersonal zur Durchführung von Arbeiten nach Weisung (Autokrangestellung), OLG München RdTW 2018, 185. Demgegenüber wegen des Transporterfolges als Schwerpunkt der Leistung, die Gestellung eines Krans und einer Montagekolonne als Frachtvertrag einordnend, OLG Köln BeckRS 2020, 49424. Zu Kranarbeiten als Beförderung Saller TranspR 2017, 285. Beweislast für das Vorliegen eines Frachtvertrages anstelle eines substantiiert behaupteten Lohnfuhrvertrags trägt der Auftraggeber, OLG Düsseldorf RdTW 2016, 419 m. krit. Anm. Müller TranspR 2017, 252; Saller TranspR 2017, 406. In der Regel wird beim **Schleppvertrag,** wenn etwa ein Seeschiff im Hafen zwar geschleppt wird, aber doch unter selbstständiger Leitung bleibt, kein Frachtvertrag, sondern ein Werkvertrag (§ 631 BGB) angenommen, anders wenn das geschleppte Fahrzeug in die Obhut des Schleppers genommen wird, vor allem wenn es nicht bemannt ist, RGZ 82, 427; 112, 42; BGHZ 27,

236 = NJW 1958, 1629; OLG Hamm RdTW 2017, 114; vgl. auch Sonderfall RGZ 122, 188.

Abzugrenzen ist der Frachvertrag darüber hinaus zum:

Lagervertrag (§ 467): Im Unterschied zum Frachtvertrag ist die Lagerung nicht bloße Nebenpflicht, sondern Hauptflicht (→ 467 Rn. 10).

Logistikvertrag: Geschuldet ist nicht nur die Beförderung, sondern sind darüber hinaus auch Leistungen wie Verpackung oder Montage, MüKoHGB/ Thume Rn. 88.

Speditionsvertrag (§ 453): Geschuldet ist nicht der Erfolg der Beförderung, sondern nur die Organisation der Beförderung (→ 453 Rn. 10). Zur Abgrenzung von Speditionsvertrag, Frachtvertrag und „Spedition zu fixen Kosten" OLG Köln TranspR 2016, 242. Ein „Versandauftrag über den Transport" ist nicht als Beförderungsvertrag, sondern als Speditionsvertrag auszulegen, LG Hamburg RdTW 2021, 104.

Umschlagsvertrag (→ Rn. 21): Umschlagen meint den Vorgang des Ent- und Verladens unter Einschluss der damit verbundenen Tätigkeiten wie zB Wiegen der Güter, MüKoHGB/Thume Rn. 28. Es kann als Teil des Frachtvertrags oder als gesonderter Vertrag geschuldet werden. Hiernach richtet sich das anwendbare Recht, MüKoHGB/Thume Rn. 83.

Palettenvertrag: Der Frachtführer ist grundsätzlich nicht verpflichtet, dem Absender die für den Transport überlassenen Paletten oder Paletten gleicher Anzahl und Beschaffenheit zurückzugeben, MüKoHGB/Thume Rn. 93; vgl. Ziff. 4.8.1 ADSp 2017. Verträge, die den Frachtführer zur Rückgabe von Paletten verpflichten, sind – vorbehaltlich einer anderen Auslegung im Einzelfall – in der Regel als Sachdarlehen gem. § 607 BGB zu behandeln, OLG Karlsruhe RdTW 2018, 223; Koller Rn. 56; MüKoHGB/Thume Rn. 93. Zu den verschiedenen Konstellationen: Koller Rn. 57 ff.

b) Zustandekommen: Der Frachtvertrag kommt, auch bei Verlangen und Ausstellung eines Frachtbriefs nach § 408 oder eines Ladescheins nach § 443, **formlos** zustande, wenn die Parteien nichts anderes vereinbart haben. Für Personenbeförderung durch die Eisenbahn gilt Kontrahierungszwang (§ 10 AEG). Weitergehende Einschränkungen der Abschlussfreiheit können sich zB aus § 20 GWB, § 3 PDLV § 826 BGB ergeben. Zum Zustandekommen eines Frachtvertrages trotz Übergabe von Gut, das nach den AGB des Frachtführers von der Beförderung ausgeschlossen sein soll (Verbotsgut) BGHZ 167, 69 (Deutsche Post) m. krit. Anm. Koller EWiR 2006, 589 u. Grimme TranspR 2006, 339; BGH NJW 2006, 2977; NJW-RR 2007, 33; TranspR 2007, 112; 2007, 162. **Lit.** Wirksamer Vertrag, auch dann wenn die AGB wirksamen Vertragsschluss bei Versendung von Verbotsgut ausdrücklich ablehnen, LG Landshut TranspR 2014, 69. Es besteht ein Leistungsverweigerungsrecht des Frachtführers, BGH NJW-RR 2008, 347 Rn. 20 ff. Weiß der Absender, dass die Sendung Verbotsgut enthält, kann dies nach § 425 II zu einem vollständigen Ausschluss der Haftung des Frachtführers führen, BGH NJW-RR 2007, 179, und zwar auch dann, wenn dem Frachtführer qualifiziertes Verschulden iSd § 435 vorzuwerfen ist, BGH TranspR 2007, 164, ansonsten Schadensteilung, BGH TranspR 2006, 113. Zur Unwirksamkeit einer Klausel, die ua einen kostenfreien Ladungstausch in einer Empfangsniederlassung des Auftraggebers vorsieht, LG Potsdam NJW-RR 2015, 490. Mit der Verbotsklausel wird – anders als mit einer Haftungsbegrenzungsklausel – nicht erklärt, bis zu einem bestimmten Betrag verschuldensunabhängig haften zu wollen, BGH NJW-RR 2009, 175. Lösung vom Vertrag über §§ 311 II, 280, 249 I BGB kommt bei schuldhafter Irreführung und Falschangaben in Betracht, wenn verletzte Aufklärungspflicht gerade einen Vertragsschluss verhindern sollte, Pokrant/Gran Rn. 12. Ein Dissens der Parteien über die Berechtigung des Frachtführers zum Skontoabzug führt nicht zur Verneinung des Abschlusses eines Transportvertrags, wenn die Auslegung der Erklärungen ergibt, dass der Vertrag ohne eine Skontoregelung geschlossen werden sollte, AG München RdTW 2021, 28.

15a Ein Frachtvertrag kann verschieden ausgeprägt sein.
Erfasst die Beförderung verschiedene Beförderungsmittel liegt ein sog. multimodaler Frachtvertrag vor (→ Rn. 1).

Von einem Unterfrachtvertrag wird gesprochen, wenn der Frachtführer einen Dritten zur Durchführung der Beförderungspflicht beauftragt → Rn. 19; Oetker/Paschke Rn. 35.

Ein Teilfrachtvertrag setzt voraus, dass mehrere Frachtführer jeweils nur einen Teil der gesamten Beförderungsleistung übernehmen, EBJS/Reuschle Rn. 38.

Beauftragt der Zwischenfrachtführer im eigenen Namen einen Zwischenfrachtführer, eine von ihm geschuldete Transportleistung zu erbringen, liegt ein sog. Zwischenfrachtvertrag vor; Oetker/Paschke Rn. 39.

16 **c) Vertragsparteien:** Vertragspartner sind danach allein der Absender (im Seefrachtgeschäft: Befrachter; nicht zu verwechseln mit dem Versender beim Speditionsvertrag, § 453 II), der den Frachtauftrag erteilt, und der Frachtführer, der die Beförderung übernimmt (im Seefrachtgeschäft: Verfrachter). Absender ist, wer den Frachtvertrag im eigenen Namen abschließt, ggf. der Spediteur, nicht der Versender (§ 453 I), für den der Spediteur (für dessen Rechnung, aber im eigenen Namen) absendet (§ 454 III).

17 Der **Empfänger** ist die Person, an die Beförderungsgut abzuliefern ist, BeckOK HGB/Kirchhof Rn. 16. Er steht grundsätzlich außerhalb des Vertrags (Dreiecksverhältnis!), er ist nicht Vertragspartei. Aber das Gesetz gibt ihm **eigene Ansprüche** (zB § 421 I 2), und der Frachtvertrag ist ein **echter Vertrag zugunsten Dritter** (§ 328 BGB), arg. e §§ 421 I, 418 II, OLG Köln TranspR 2004, 120. Die frachtrechtlichen Vorschriften haben Vorrang, §§ 328 ff. BGB greifen aber subsidiär ein. Das kann der Fall sein bei Schädigung der Person oder anderer Güter des Empfängers, Koller Rn. 37 (aber unklar, ob nicht bloßer Vertrag mit Schutzwirkung zugunsten Dritter). Zwischen Frachtführer und Absender und einem dritten Eigentümer der Ware bestehen keine vertraglichen Beziehungen. Zur Anwendbarkeit dieser Grundsätze bei einem Unterfrachtvertrag MüKoHGB/Thume Rn. 100. Person des Empfängers ergibt sich gem. § 409 Abs. 1 bei Ausstellung eines Frachtbriefs bis zum Beweis des Gegenteils aus den Angaben im Frachtbrief (§ 408 Abs. 1 Nr. 5).

18 B. **Pflichten des Frachtführers (I): a) Beförderung, Ablieferung:** Hauptpflicht des Frachtführers ist es, das Gut zum Bestimmungsort zu befördern und dort an den Empfänger abzuliefern **(I)**. **Befördern** heißt: von Ort zu (bestimmtem) Ort bringen, nicht nur abfahren (beliebig wohin, vom Frachtführer oder von Dritten zu bestimmen, zB Müll), KG HmbSchRZ 2011, 272 = BeckRS 2011, 11174; RGZ 68, 75: sonst gewöhnlicher Werkvertrag. Distanz ist unbeachtlich (erfasst auch Beförderung innerhalb einer Immobilie oder eines Betriebes (insb. Kranarbeiten), BeckOGK(Paschke) Rn. 142. Gleich, ob mit Motor-, Tier-, Menschenkraft, mit besonderen Beförderungsmitteln (Fahrzeug, Lasttier, Schubkarren, Handwagen, Gabelstapler, OLG Nürnberg TranspR 2000, 428) oder ohne solche (Gepäckträger); RGZ 105, 370. Auch Viehtreiben ist Befördern des Viehs, str. Ebenso kann das Abschleppen eines mit einer Panne liegen gebliebenen Fahrzeugs Frachtvertrag sein, OLG Düsseldorf TranspR 2002, 397; OLG Köln TranspR 2004, 320. Der Frachtführer kann allein befördern oder zur Beförderung ganz oder teilweise (selbstständige) Dritte einschalten. Er haftet dann für diese (§ 428); für ausführende Frachtführer sieht § 437 eine Haftung wie die des Frachtführers vor. Bei bloßer Besorgung der Versendung liegt Spedition vor (§ 453), Abgrenzung → Rn. 13. Erfüllungsort (§ 269 BGB) für Beförderung und Ablieferung ist der Bestimmungsort des Gutes, dort ist der Erfolg herzustellen. Pflicht zur

Ablieferung an den Empfänger (§§ 421, 423). **Zum Begriff der Ablieferung** (wichtig für Dauer der Haftung) → § 425 Rn. 3. Lieferfrist s. § 423. Gerichtsstand s. § 30 ZPO idF SHRG 2013. **Inobhutnahme:** Der Frachtführer muss das Gut in Obhut nehmen, also bis zur Ablieferung vor Verlust (insb. auch Diebstahl) und Beschädigung schützen, OLG Düsseldorf RdTW 2017, 215 f.; Koller Rn. 15. Das Verpacken des Gutes obliegt dagegen dem Absender, Koller Rn. 54.

b) Einschalten weiterer Personen: Der Frachtführer kann sich mit selbst- **19** ständigen **Teilfrachtführern** die Strecke teilen (dann erhält jeder seinen Auftrag vom Absender, dieser uU vertreten durch den Frachtführer) oder über die ganze Strecke weisungsgebundene **Unterfrachtführer** einschalten, letzteres ist dem Frachtführer grundsätzlich ohne Weiteres erlaubt (aber Haftung des Hauptfrachtführers für diese, § 428 S. 2). Haftung der ausführenden Frachtführer selbst, obwohl nicht Vertragspartei, s. § 437. Frachtführer ist als Vertragspartner des Unterfrachtführers Absender im Verhältnis zu diesem, BGH TranspR 1985, 49. **Gesamt- bzw. Samtfrachtführerschaft** sind mehrere Frachtführer, die dem Absender gegenüber die Beförderung für die ganze Strecke übernehmen, obwohl jeder das Gut selbst nur über eine Teilstrecke transportiert; sie haften als Gesamtschuldner, hL. Zu den rechtlich verschiedenen Arten, wie mehrere Frachtführer an der Beförderung des Gutes beteiligt werden können, Fremuth/Thume Vor § 437 Rn. 6 ff.

c) Weitere Pflichten: Der Frachtführer hat regelmäßig ein dem Vertrag ent- **20** sprechendes Transportmittel zu stellen (BeckOGK(Paschke) Rn. 174), ferner ua die Betriebssicherheit der Verladung sicherzustellen (§ 412 I 2). Er muss grundsätzlich die Weisungen des Absenders und später des Empfängers befolgen (näher § 418). Häufig schuldet der Frachtführer außer der Beförderung auch sonstige Nebenleistungen, zB Aufbewahrung des Guts vor oder nach Beförderung; solche Nebenleistungen sind rechtlich nicht selbstständig zu beurteilen, sondern folgen den Regeln des Frachtvertrags, RG HRR 1929, 1673. Andererseits kann auch das Befördern Nebenleistung in einem anderen Geschäft sein, zB Versendungskauf, Kommission, Lagerung, RG JW 1902, 79. Eine Pflicht zum Tausch oder Überlassung von Paletten besteht ohne bes. Abrede (zur Unwirksamkeit in AGB: OLG Bremen TranspR 2008, 169, a.A. LG Düsseldorf RdTW 2019, 267 m. krit. Anm. Knorre RdTW 2019, 365, Koller Rn. 59a) nicht (vgl. auch **(18)** ADSp Ziff. 4.8.1), hierzu OLG Frankfurt a.M. TranspR 2006, 82 m. Anm. Knorre TranspR 2001, 1. Nur bei konkreten Anhaltspunkten für Verletzung fremder Schutz-, Patentrechte besteht Aufklärungspflicht des Frachtführers, BGH TranspR 2017, 487. Im Einzelfall kann der Frachtführer jedenfalls im Rahmen einer dauernden Geschäftsbedingung auch eine Verpflichtung zur Kontrolle der Identität des aufgeladenen Containers mit dem im Frachtvertrag bezeichneten Container treffen, OLG Hamm RdTW 2020, 384 f.

d) Umschlagtätigkeit: Die Umschlagtätigkeit, also etwa das Laden und Lö- **21** schen einschließlich des Stauens von Stückgut, Trimmen des Schiffes, Zwischenlagern, Verpacken und Umpacken von Gütern, ist im Gesetz nicht geregelt, aber auch nicht generell aus dem Frachtrecht herausgenommen. Isolierte Vereinbarung des Umschlags ist immer frachtvertragliche Leistung, Koller Rn. 10a. Bei Vereinbarung im Zusammenhang mit einem Frachtvertrag kann der Umschlag wegen des besonderen Aufwands eine eigenständige Teilleistung darstellen, Thume TranspR 2014, 182, im Zweifel liegt aber unselbständige Nebenleistung vor, für welche die Regelungen des Frachtvertrags gelten, Koller Rn. 10a.

e) Leistungsstörungen: Leistungsstörungen nach Übernahme des Gutes **22** s. §§ 419, 420 II, 422, 425, 433. Soweit die genannten Normen nicht einschlägig sind, kommt ein Rekurs auf §§ 280 ff. BGB in Betracht; Staub/P. Schmidt Rn. 88. Näher Koller Rn. 82 ff.

§ 408

23 **C. Pflichten des Absenders (II):** Die Hauptpflicht des Absenders ist die Verpflichtung zur Zahlung der vereinbarten Fracht. Mangels Vereinbarung über die Höhe der Fracht gilt, wenn der Frachtführer Kfm. ist, § 354, sonst § 632 BGB. Die Gestellung von Containern ist nicht Teil der Fracht nach II, sondern eine vertraglich ausdrücklich oder konkludent vereinbarte Nebenleistung, Müller TranspR 2019, 110. Weitere Einzelheiten zur Zahlung und Frachtberechnung sind in § 420 geregelt. Der Absender ist nicht verpflichtet, dem Frachtführer das Gut zu übergeben (vgl. §§ 415, 416, 417). Standgeld s. § 412 III (Legaldefinition), ferner §§ 415 II Nr. 1, 418 I 4, 419 IV, 420 IV, 421 III. Distanzfracht s. § 420 II 2. Erfüllungsort für Zahlung von Fracht und Aufwendungsersatz ist der Wohnsitz bzw. die gewerbliche Niederlassung des Schuldners (§§ 269, 270 IV BGB), OLG Hamburg TranspR 1990, 118. Übernahme eines Palettentauschrisikos erfordert individualvertraglich vereinbarte zusätzliche Vergütung, Knorre RdTW 2019, 364; aA LG Düsseldorf RdTW 2019, 267 f. (formulamäßiger Hinweis auf Abgeltung mit der Fracht). Als Nebenpflicht schuldet der Absender insbes. die Ausstellung des Fachtbriefs (§ 408 I) sowie die Aushändigung der Begleitpapiere (§ 413 I). Der Frachtführer trägt die Beweislast für das Entstehen und die Fälligkeit des Anspruchs; Koller Rn. 107.

24 **D. Beendigung des Frachtvertrags:** § 415 ist lex specialis zu §§ 649, 323 ff. BGB; zur Kündigung durch Frachtführer s. § 417. Ferner kann Leistungsstörungsrecht (→ Rn. 21) zur Beendigung des Frachtvertrags führen. Insolvenz des Frachtführers s. § 103 InsO, Insolvenz des Absenders s. § 116 InsO, bei Tod oder Registerlöschung gelten §§ 672 f. BGB.

25 **E. Abweichende Vereinbarungen:** § 407 ist dispositiv (Grenzen: § 449). Eine AGB-Klausel, wonach bei der Erteilung einer Abstellgenehmigung durch den Empfänger eines Paketes dieses nach Abstellung an der bezeichneten Stelle als zugestellt gilt, ist nicht wegen unangemessener Benachteiligung des Verbrauchers unwirksam, OLG Frankfurt a. M. BeckRS 2020, 37096 Rn. 113 ff.; anders aber, wenn Frachtführer sich durch AGB ausbedingt, die Sendung statt an den vertragsmäßigen Empfänger auch an dessen „Nachbarn" zustellen zu dürfen.

5) (18) ADSp und andere AGB

26 Neben den §§ 407 ff. gelten, soweit § 449 das noch zulässt, die **(18) ADSp**, die Vertragsbedingungen für den Güterkraftverkehrs- und Logistikunternehmer (VBGL) idF 2003, die Allgemeinen Leistungsbedingungen (ALB) der DB Schenker Rail AG Stand 1.1.2013 und die AGB der Bundesfachgruppe Schwertransporte und Kranarbeiten (AGB/BSK) Stand 1.8.2008 (jeweils Text und Komm. bei Koller, Stand 2013).

6) Gerichtsstand

27 Bei innerdeutschen Streitigkeiten bemisst sich der Gerichtsstand nach den §§ 12, 30 ff. ZPO. Im grenzüberschreitenden Kontext sind die §§ 4 ff. EuGVVO sowie das Lugano-Übereinkommen zu beachten. Bezüglich Ziff. 30.3. ADSp 2017 siehe BeckOGK(Paschke) Rn. 298.

Frachtbrief. Verordnungsermächtigung

408 (1) ¹Der Frachtführer kann die Ausstellung eines Frachtbriefs mit folgenden Angaben verlangen:
1. **Ort und Tag der Ausstellung;**
2. **Name und Anschrift des Absenders;**
3. **Name und Anschrift des Frachtführers;**
4. **Stelle und Tag der Übernahme des Gutes sowie die für die Ablieferung vorgesehene Stelle;**

4. Abschnitt. Frachtgeschäft **§ 408**

5. Name und Anschrift des Empfängers und eine etwaige Meldeadresse;
6. die übliche Bezeichnung der Art des Gutes und die Art der Verpackung, bei gefährlichen Gütern ihre nach den Gefahrgutvorschriften vorgesehene, sonst ihre allgemein anerkannte Bezeichnung;
7. Anzahl, Zeichen und Nummern der Frachtstücke;
8. das Rohgewicht oder die anders angegebene Menge des Gutes;
9. die bei Ablieferung geschuldete Fracht und die bis zur Ablieferung anfallenden Kosten sowie einen Vermerk über die Frachtzahlung;
10. den Betrag einer bei der Ablieferung des Gutes einzuziehenden Nachnahme;
11. Weisungen für die Zoll- und sonstige amtliche Behandlung des Gutes;
12. eine Vereinbarung über die Beförderung in offenem, nicht mit Planen gedecktem Fahrzeug oder auf Deck.

²In den Frachtbrief können weitere Angaben eingetragen werden, die die Parteien für zweckmäßig halten.

(2) ¹Der Frachtbrief wird in drei Originalausfertigungen ausgestellt, die vom Absender unterzeichnet werden. ²Der Absender kann verlangen, daß auch der Frachtführer den Frachtbrief unterzeichnet. ³Nachbildungen der eigenhändigen Unterschriften durch Druck oder Stempel genügen. ⁴Eine Ausfertigung ist für den Absender bestimmt, eine begleitet das Gut, eine behält der Frachtführer.

(3) ¹Dem Frachtbrief gleichgestellt ist eine elektronische Aufzeichnung, die dieselben Funktionen erfüllt wie der Frachtbrief, sofern sichergestellt ist, dass die Authentizität und die Integrität der Aufzeichnung gewahrt bleiben (elektronischer Frachtbrief). ²Das Bundesministerium der Justiz und für Verbraucherschutz wird ermächtigt, im Einvernehmen mit dem Bundesministerium des Innern, für Bau und Heimat durch Rechtsverordnung, die nicht der Zustimmung des Bundesrates bedarf, die Einzelheiten der Ausstellung, des Mitführens und der Vorlage eines elektronischen Frachtbriefs sowie des Verfahrens einer nachträglichen Eintragung in einen elektronischen Frachtbrief zu regeln.

1) Ausstellung eines Frachtbriefs auf Verlangen (I 1 Hs. 1)

Der Frachtführer **kann** vom Absender (nicht umgekehrt) die Ausstellung eines Frachtbriefs mit den in I Nr. 1–12 aufgezählten Angaben verlangen. Der Frachtbrief ist damit als Absendepapier und als Beweisurkunde ausgestaltet. Frachtbrief ist daher jede für den Frachtführer ausgestellte, vom Absender unterzeichnete Urkunde, die mindestens eine der in § 408 I genannten Angaben enthält und einen ausreichenden Bezug zu einem bestimmten Transport aufweist, Koller Rn. 3. Der Frachtbrief dient der Information des Frachtführers und des Empfängers und fungiert darüber hinaus auch als Beweisurkunde, MüKoHGB/Thume Rn. 2. Zur Beweiskraft und Vermutungswirkung bei beidseitiger Unterzeichnung s. § 409, ohne solche → § 409 Rn. 4. Von einem Frachtbriefzwang wie nach CIM hat der Gesetzgeber abgesehen. Unter der CMR ist ein Frachtbrief zwar die Regel, aber sonst wird in der Praxis zunehmend davon abgesehen. Die Pflicht des Absenders zur Ausstellung entsteht nur auf Verlangen (verhaltener Anspruch). Sie ist Nebenpflicht des Absenders. Bei Verletzung dieser Pflicht Zurückbehaltungsrecht (§ 273 BGB). Verweigerung oder Verzögerung der Ausstellung ist Pflichtverletzung (Schadensersatzpflicht nach § 280 I BGB; Rücktritt nach §§ 323 ff. BGB). Bei Unrichtigkeit oder Unvollständigkeit des Frachtbriefs verschuldensunabhängige Haftung gem. § 414 I Nr. 2. Parteien können aber übereinstimmend auf Ausstellung eines Frachtbriefes verzichten, Staub/P. Schmidt Rn. 44. Die Regelungen über den Frachtbrief sind aber sämtlich dispositiv, sodass Parteien sowohl bzgl. der Modalitäten der Ausfertigung als auch

§ 408 2, 3

hinsichtlich des Inhalts abweichende Vereinbarungen treffen können, BeckOGK (Paschke) Rn. 5. Bei Beförderung von Umzugsgut ist der Absender nicht verpflichtet, einen Frachtbrief auszustellen (§ 451b I). Anspruch auf Ausstellung kann nach HdlBrauch (§ 346) oder auf Grund der besonderen Beziehung oder Absprache der Parteien entfallen. Vgl. **(17)** CMR Art. 4 ff. **Muster:** Hopt, Form I. N.1 (Frachtbrief internationaler Straßengüterverkehr), Form I. N.2 (Frachtbrief innerdeutscher Eisenbahnverkehr).

2) Inhalt des Frachtbriefs (I 1 Nr. 1–12, 2)

2   A. **Angaben nach I 1:** Die Aufzählung der in den Frachtbrief aufzunehmenden Angaben in **I 1 Nr. 1–12** (ua Namen und Anschrift der Beteiligten, Bezeichnung des Gutes, einzelne Vertragsbestimmungen; vgl. **(17)** CMR Art. 6 I) ist nicht abschließend (I 2), → Rn. 4. Das Fehlen oder die Unrichtigkeit einzelner in I 1 Nr. 1–12 aufgeführter Angaben, zB der Angabe der Fracht nach I 1 Nr. 9, führt nicht dazu, dass kein Frachtbrief mehr iSv § 408 vorliegt, aber insoweit keine Beweiswirkung (→ § 409 Rn. 1) u. ggf. Haftung des Absenders (§ 414 I 1 Nr. 2).

3   B. **Einzelne Angaben nach I 1 Nr. 1–12:** Nach **I 1 Nr. 1** entscheidend sind Ort und Tag der Ausstellung des Frachtbriefes, Koller Rn. 4.

I 1 Nr. 2 hat Art. 6 I CMR zum Vorbild, MüKoHGB/Thume Rn. 25. Einzutragen ist der Auftraggeber des Frachtführers als frachtvertraglicher Absender, BeckOK HGB/Kirchhof Rn. 1.

I 1 Nr. 3 erfordert die Eintragung des Namens nur des Frachtführers, nicht auch des Versenders, Koller Rn. 6.

I 1 Nr. 4 nennt Stelle und Tag der **tatsächlichen** (BeckOGK(Paschke) Rn. 27; a. A. MüKoHGB(Thume) Rn. 28) Übernahme des Gutes sowie die für die Ablieferung vorgesehene Stelle. **Stelle** ist nicht nur der Ort, etwa die politische Gemeinde, sondern die genaue geographische Bezeichnung, zB nach Straße und Hausnummer. Wenn die Stelle nicht bekannt ist, so typischerweise im Bereich der Binnenschifffahrt (vgl. §§ 27, 46 aF BinSchG), genügt der Ort (RegE TRG).

I 1 Nr. 5 nennt neben Angabe von Name und Anschrift des Empfängers, der auch der Absender selbst oder ein zunächst noch Ungenannter sein kann, auch eine etwaige **Meldeadresse.** Das ist eine Anschrift, unter der der Frachtführer zB seine Entladebereitschaft anzeigen und weitere Anweisungen einholen kann. Das Institut der Meldeadresse stammt aus dem Binnenschifftransportrecht (vgl. § 72 III aF BinSchG) und dem Seetransportrecht (Konnossement, notify address) und ist wichtig, wenn bei Ausstellung des Frachtbriefs Einzelheiten der Empfangnahme noch offen sind.

I 1 Nr. 6 betrifft Angaben über Art des Guts und der Verpackung sowie über **gefährliche Güter.** Bei Letzteren kommt sowohl die Bezeichnung nach den öffentlich-rechtlichen Gefahrgutvorschriften als auch die allgemein anerkannte Bezeichnung unter der weitergehenden Sondervorschrift des § 410 in Betracht.

I 1 Nr. 7 führt die Angabe von Anzahl, Zeichen und Nummern der Frachtstücke auf. **Frachtstücke** sind alle Einzelstücke sowie alle vom Absender hergestellten Einheiten, auch wenn sie nur Verpackung oder sonst der Erleichterung des Transports, zB Palette, dienen; nicht jedoch in den Einheiten sichtbare Kartons, OLG Hamm TranspR 2000, 424.

I 1 Nr. 8 nennt das Rohgewicht oder die anders angegebene Menge des Gutes. **Rohgewicht** ist das Gewicht samt Verpackung inkl. Ladehilfsmittel, wie Paletten oder Container zwecks Bestimmung der Zuladung des Transportmittels, BeckOGK(Paschke) Rn. 36. Mengenangaben in Raumeinheiten sind nur zulässig, wenn dies, wie bei Flüssigkeiten, üblich ist und daraus unschwer auf das Gewicht rückgeschlossen werden kann, Koller Rn. 11.

I 1 Nr. 9 idF SHRG 2013 nennt die bei Ablieferung geschuldete Fracht und die bis zur Ablieferung anfallenden Kosten sowie einen Vermerk über die **Frachtzahlung** (zur Frachtberechnung s. § 420). Letzterer betrifft zB Frankaturbzw. Freivermerke (→ § 346 Rn. 40 „frei"). Angabe betrifft nur Kosten, die bereits bei Abschluss des Frachtvertrages erkennbar sind, BeckOK HGB/Kirchhof Rn. 4. I 1 Nr. 9 dient insoweit der beweissichernden Dokumentation von Zahlungsabreden. Die Änderung durch das SHRG 2013 bezweckt zum einen eine Angleichung an § 515 I 1 Nr. 9 nF. Der Neuformulierung in beiden Vorschriften liegt die Überlegung zugrunde, dass die Eintragung der vereinbarten Fracht (so der Wortlaut in § 408 I 1 Nr. 9 aF) vor allem dann notwendig ist, wenn bei Ablieferung des Gutes noch Fracht geschuldet wird. Gerade über eine solche Verpflichtung soll der Empfänger des Gutes durch die Eintragung informiert werden, vgl. RegE SHRG S. 52.

I 1 Nr. 10 nennt die **Nachnahme** (§ 422; auch → § 346 Rn. 40 „Nachnahme"). Nachnahme ist hier ganz weit zu verstehen als alles, was Zug um Zug gegen Ablieferung zu zahlen ist (Spesennachnahmen und Wertnachnahmen). Anders als bei **Warennachnahme** ist bzgl. **Frachtnachnahme** ein Vermerk nur erforderlich, wenn von §§ 420, 421 abgewichen wird, BeckOK HGB/Kirchhof Rn. 5.

I 1 Nr. 11 nennt Weisungen für die **Zollabfertigung,** obwohl bei grenzüberschreitender Beförderung §§ 407 ff. idR nicht anwendbar sind (→ § 407 Rn. 11).

I 1 Nr. 12 betrifft eine Vereinbarung über die **Beförderung in offenem,** nicht mit Planen gedecktem **Fahrzeug** oder auf Deck. Grund dafür sind die damit verbundenen, besonderen Gefahren für das Gut (Nässe, Witterung, Diebstahl, Überbordspülen). Vgl. **(17)** CMR Art. 17 IVa mit regelmäßigem Haftungsausschluss.

C. **Weitere Angaben (I 2):** Nach I 2 (entspr. **(17)** CMR Art. 6 III) können die Parteien in den Frachtbrief weitere Angaben, zB Lieferfrist und Vergütung für ihre Überschreitung, eintragen, aber der Frachtführer hat darauf keinen Anspruch.

3) Ausfertigungen und Form des Frachtbriefs (II)

II regelt die Zahl der Frachtbriefausfertigungen und die Form der Unterschrift. Der Frachtbrief wird in drei Originalausfertigungen ausgestellt, die vom Absender unterzeichnet werden (**II 1,** vgl. **(17)** CMR Art. 5 I 1). Die Parteien können eine andere, idR dann größere Anzahl vorsehen (vgl. **(17)** CMR Art. 5 II). Wegen der Beweiskraft eines von beiden Parteien unterzeichneten Frachtbriefs (§ 409 I) muss auch der Frachtführer unterzeichnen, wenn der Absender das verlangt (**II 2**). Der Frachtbrief ist schon dann formgültig, wenn nur eine Ausfertigung gem. II unterzeichnet ist, gedruckte Unterschriften (Faksimile) und aufgesetzte Stempel genügen (**II 3**). Der formgültige Frachtbrief liefert ein Indiz iSv § 286 ZPO (→ § 409 Rn. 4). Das Frachtbriefdoppel, die zweite Ausfertigung, verbleibt beim Absender (**II 4**). Die Absenderausfertigung kann für das Verfügungsrecht relevant werden (§ 418 IV). Zur Bedeutung des Frachtbriefdoppels Fremuth/Thume Rn. 5 f.

4) Verordnungsermächtigung (III)

Der durch das SHRG neu geschaffene **III** eröffnet die Möglichkeit, den herkömmlichen papiergebundenen Frachtbrief durch einen elektronischen Frachtbrief zu ersetzen. Voraussetzung ist die Gleichwertigkeit der Eintragungen in dem elektronischen Frachtbrief, BeckOK HGB/Kirchhof Rn. 11. Hintergrund für die Regelung ist die Tatsache, dass insbesondere auf internationaler Ebene (CMR, CIM) vermehrt diese Möglichkeit in Betracht gezogen wird und der Gesetzgeber sich dieser Entwicklung anschließen wollte. Zur Anwendbarkeit des Datenschutzrechts angesichts des Personenbezugs der Angaben, Saive/Janicki

RdTW 2019, 201. **III 1** enthält eine Legaldefinition, wobei mit Funktionen insbesondere die nach §§ 409, 418 IV gemeint sind. Im Hinblick auf die Anforderungen an Authentizität und Integrität der Aufzeichnung geht der Gesetzgeber davon aus, dass beides zurzeit nur bei Einhaltung der elektronischen Form (§ 126a BGB) gewährleistet ist, RegE SHRG S. 52. Es wurde bewusst davon abgesehen, Einzelheiten des elektronischen Frachtbriefs im HGB zu regeln, da praktische Erfahrungen mit solchen Dokumenten noch fehlen, RegE SHRG S. 52. Die Regelung selbst ist daher bewusst technikneutral und fortschrittsoffen ausgestaltet, vgl. BeckOGK(Paschke) Rn. 53. Zwecks Gewährleistung größerer Flexibilität wurde eine Verordnungsermächtigung (**III 2**) geschaffen, auf Grundlage derer Einzelheiten geregelt werden sollen.

Beweiskraft des Frachtbriefs

409 (1) **Der von beiden Parteien unterzeichnete Frachtbrief dient bis zum Beweis des Gegenteils als Nachweis für Abschluß und Inhalt des Frachtvertrages sowie für die Übernahme des Gutes durch den Frachtführer.**

(2) ¹Der von beiden Parteien unterzeichnete Frachtbrief begründet ferner die Vermutung, daß das Gut und seine Verpackung bei der Übernahme durch den Frachtführer in äußerlich gutem Zustand waren und daß die Anzahl der Frachtstücke und ihre Zeichen und Nummern mit den Angaben im Frachtbrief übereinstimmen. ²Der Frachtbrief begründet diese Vermutung jedoch nicht, wenn der Frachtführer einen begründeten Vorbehalt in den Frachtbrief eingetragen hat; der Vorbehalt kann auch damit begründet werden, daß dem Frachtführer keine angemessenen Mittel zur Verfügung standen, die Richtigkeit der Angaben zu überprüfen.

(3) ¹Ist das Rohgewicht oder die anders angegebene Menge des Gutes oder der Inhalt der Frachtstücke vom Frachtführer überprüft und das Ergebnis der Überprüfung in den von beiden Parteien unterzeichneten Frachtbrief eingetragen worden, so begründet dieser auch die Vermutung, daß Gewicht, Menge oder Inhalt mit den Angaben im Frachtbrief übereinstimmt. ²Der Frachtführer ist verpflichtet, Gewicht, Menge oder Inhalt zu überprüfen, wenn der Absender dies verlangt und dem Frachtführer angemessene Mittel zur Überprüfung zur Verfügung stehen; der Frachtführer hat Anspruch auf Ersatz seiner Aufwendungen für die Überprüfung.

1) Beweiskraft des von beiden Parteien unterzeichneten Frachtbriefs (I–III)

1   A. Der Frachtbrief ist anders als der Ladeschein (§§ 443 ff.) kein Wertpapier, sondern (wenn er **von beiden Parteien unterzeichnet** ist) eine bloße **Beweisurkunde** über Abschluss und Inhalt des Frachtvertrages sowie die Übernahme des Gutes durch den Frachtführer (**I**). Für das Zustandekommen des Frachtvertrags ist der Frachtbrief ohne Bedeutung (→ § 407 Rn. 14). Eine unterschriebene Warenrechnung kann genügen, Koller Rn. 2. Die Beweiswirkung nach I setzt formgültigen Frachtbrief nach § 408 voraus, insbesondere auch Unterschrift des durch sie belasteten Frachtführers nach § 408 II 2, 3. Unterzeichnung durch Mitarbeiter des Unterfrachtführers reicht nicht, OLG Brandenburg RdTW 2019, 258. Fehlt eine Unterschrift, ist Beweis nach allgemeinen Regeln zu führen, zB durch entsprechende Angaben im Frachtvertrag (→ Rn. 4). Die Beweiswirkung reicht nur so weit, wie die Angaben im Frachtbrief reichen; dies gilt auch für zusätzliche Angaben nach § 408 I 2, Staub/P. Schmidt Rn. 8. Keine Beweiswirkung, dass keine weiteren, über den Frachtbrief hinausgehenden Vereinbarungen getroffen wurden, BeckOK HGB/Kirchhof Rn. 1. Einseitige spätere Änderungen nehmen an der Beweiskraft des § 409 nicht teil. Die Beweiswirkung gilt

nicht nur unter den Parteien, sondern auch gegenüber dem Empfänger des Guts, der den Frachtbrief annimmt (vgl. §§ 421 ff.). Beginn der Beweiskraft mit Aushändigung und Annahme. Die Vermutung nach I ist widerlegbar (Gegenbeweis; § 292 ZPO). Besondere Bedeutung hat der Frachtbrief für den Umfang der Zahlungspflicht des Empfängers nach Annahme des Gutes (§ 421 II 1). Eingetragener **Vorbehalt** zerstört die Beweiswirkung auch dann, wenn er nicht begründet ist (anders II, → Rn. 2). Vorbehalt ist ein Vermerk, durch den die Beweiswirkung des Frachtbriefs eingeschränkt werden soll, MüKoHGB/Thume Rn. 16. § 409 ist dipositiv, Koller Rn. 32.

B. Der Frachtbrief begründet die **Vermutung**, dass das Gut und seine Ver- 2 packung inkl. Lademittel (BeckOGK(Paschke) Rn. 53; Ramming RdTW 2020, 283 (285)) bei der Übernahme durch den Frachtführer in äußerlich gutem Zustand waren und die Anzahl der **Frachtstücke** (Begriff s. § 408 I 1 Nr. 7) mit den Angaben im Frachtbrief übereinstimmen **(II)**. Bzgl. der Anzahl ist maßgeblich, wovon ein ordentlicher Frachtführer aufgrund des Erscheinungsbilds des Gutes ausgehen kann, BeckOK HGB/Kirchhof Rn. 3. Widerlegbarer Beweis auch für den Inhalt des Vertrags möglich, Koller Rn. 4, insofern gilt § 292 ZPO, MüKoHGB/Thume Rn. 2. **Äußerlich guter Zustand** betrifft den Zustand, der an der Oberfläche der Frachtstücke bzw. ihrer Verpackung ohne Weiteres erkennbar ist, besondere Warenkenntnisse sind vom Frachtführer nicht zu erwarten. Bei Kühltransporten Prüfung durch Messgerät bei Übernahme, Koller Rn. 16. **Vorbehalt** durch den Frachtführer ist möglich, muss aber eingetragen und anders als nach I begründet sein. Begründung muss für Außenstehende nachvollziehbar sein, OLG Düsseldorf TranspR 1993, 55. Als Begründung genügt auch mangelnde Überprüfbarkeit (Unbekannt-Vermerk); Beweislast dafür bei dem, der sich auf Vorbehalt beruft, Koller Rn. 10f. Auch objektiv falsche Vorbehalte zerstören die Vermutung, sie können den Frachtführer aber schadensersatzpflichtig machen (→ § 408 Rn. 1), zudem Beweisvereitelung. II 1 gilt entspr. auch für Begleitpapiere, OLG Schleswig VersR 1979, 142; Koller Rn. 14a.

C. Sonderregelungen gelten für **Gewichts-, Mengen- und Frachtstücks-** 3 **inhaltsangaben (III)**. Die Angabe der Ergebnisse ihrer Überprüfung im beiderseits unterzeichneten Frachtbrief begründet die Vermutung, dass Gewicht, Menge oder Inhalt mit den Angaben im Frachtbrief übereinstimmt **(III 1;** vgl. **(17)** CMR Art. 8 III, aber ohne Angabe der Rechtsfolge). Inhalt ist das, was nicht schon äußerlicher Zustand ist (→ Rn. 2). Der Frachtführer hat insoweit eine besondere Überprüfungspflicht **(III 2)**, aber nur auf Verlangen des Absenders, bei angemessener Überprüfungsmöglichkeit und gegen Aufwendungsersatz. Der Frachtführer hat darüber hinaus Überprüfungsrecht auf eigene Kosten (§ 242 BGB), aber darf grundsätzlich nicht ohne Erlaubnis den verpackten Inhalt überprüfen, Ausnahme zB bei § 410 II Nr. 1 und im Interesse des Absenders (vgl. §§ 683, 665 BGB) oder wenn es wegen § 410 II Nr. 1 notwendig ist, Koller Rn. 26.

2) Bedeutung von formungültigen oder nur von einer Partei unterzeichneten Frachtbriefen

Ein formungültiger Frachtbrief unterliegt freier Beweiswürdigung (§ 286 4 ZPO); er kann starkes Indiz dafür sein, dass das Gut und seine Verpackung in äußerlich gutem Zustand waren, BGH NJW-RR 2003, 755 (vgl. II 1), weil sonst der Frachtführer wohl einen Vorbehalt aufgenommen hätte, Koller § 408 Rn. 27. Ist der Frachtbrief nur vom Frachtführer unterschrieben, wirkt er als Empfangsquittung (§ 368 BGB), OLG Düsseldorf TranspR 1998, 31; Koller § 408 Rn. 28 (formelle Beweiskraft der Empfangsbestätigung richtet sich nach § 416 ZPO; für materielle Beweiskraft der Empfangsbestätigung bzw. Quittung iSv § 368 BGB gilt § 286 ZPO, BGH TranspR 2018, 196). Soweit Angaben im Frachtbrief nicht gemacht sind und der Frachtbrief insoweit ohne Wirkung nach

I und II ist, können §§ 416, 440 ZPO über die Beweiskraft von Privaturkunden und zum Beweis ihrer Echtheit eingreifen.

3) Haftung für unrichtige Frachtbriefe

5 Bei Ausstellung **unrichtiger Frachtbriefe** kann es zur **Haftung** des Absenders und des Frachtführers **gegenüber dem anderen Teil** kommen, beim Absender verschuldensunabhängig nach § 414 I Nr. 2, beim Frachtführer als Nebenpflichtverletzung (→ § 407 Rn. 19); dann §§ 249, 254 BGB. Eine Haftung kann aber nicht alleine darauf gestützt werden, dass der Frachtführer keine Vorbehalte aufgenommen hat, MüKoHGB/Thume Rn. 32.

6 Es kommt auch Haftung **gegenüber Dritten** (zB Empfänger, Kreditgeber) nach allgemeinen Regeln in Betracht, ua § 826 BGB, § 280 I iVm § 311 III BGB, Verschulden bei Vertragsverhandlungen mit Schutzwirkung zugunsten Dritter, näher Staub/P. Schmidt Rn. 33 ff. Ebenso kommt eine Rechtsscheinhaftung bei Vorsatz (analog §§ 172, 405 BGB) in Betracht, sofern der Frachtbrief zu einem Sperrpapier (§ 418 IV) gemacht wurde, Koller Rn. 31.

Gefährliches Gut

410 (1) Soll gefährliches Gut befördert werden, so hat der Absender dem Frachtführer rechtzeitig in Textform die genaue Art der Gefahr und, soweit erforderlich, zu ergreifende Vorsichtsmaßnahmen mitzuteilen.

(2) **Der Frachtführer kann, sofern ihm nicht bei Übernahme des Gutes die Art der Gefahr bekannt war oder jedenfalls mitgeteilt worden ist,**
1. **gefährliches Gut ausladen, einlagern, zurückbefördern oder, soweit erforderlich, vernichten oder unschädlich machen, ohne dem Absender deshalb ersatzpflichtig zu werden, und**
2. **vom Absender wegen dieser Maßnahmen Ersatz der erforderlichen Aufwendungen verlangen.**

1) Mitteilungspflicht des Absenders bei gefährlichem Gut (I)

1 § 410 regelt die Beförderung gefährlicher Güter (vgl. **(17)** CMR Art. 22). Normzweck ist die Verhinderung von Schäden am Transportmittel, anderen transportierten Gütern oder sonstigen Rechtsgütern durch das gefährliche Gut; Normzweck damit Schutz des Frachtführers. Hierzu soll der Frachtführer in die Lage versetzt werden, die erforderlichen Vorsichtsmaßnahmen zu treffen, Staub/P. Schmidt Rn. 6. **Gefährliches Gut** iSv § 410 ist nicht gleichbedeutend mit Gefahrgut iSd öffentl. Rechts (GefahrgutVOn, jeweils für Straße, Eisenbahn, Binnenschifffahrt, GGVS, GGVE, GGVBinSch, und internationale Abkommen, zB Europäisches Übk. über die internationale Beförderung gefährlicher Güter auf der Straße 30.9.1957 BGBl. 1969 II 1489, ADR; vgl. § 408 I Nr. 6). „Gefährliches Gut" ist begrifflich weiter zu verstehen und erfasst außer dem öffentlich-rechtlich definierten Gefahrgut auch Güter, die allein beförderungsspezifisch gefährlich sind (Schutz des Frachtführers). Unmittelbare Gefahr allein für das Beförderungsmittel ausreichend, sofern das Gefahrenpotential über das hinausgeht, womit Frachtführer rechnen muss, Koller Rn. 2, aA BeckOK HGB/Kirchhof Rn. 1. Der Absender muss dem Frachtführer rechtzeitig in Textform (§ 126b BGB) **Mitteilung** von der Art und dem Umgang mit der Gefahr und, soweit erforderlich, von den zu ergreifenden Vorsichtsmaßnahmen machen (I). Letztere haben sich am Informationsbedarf des Frachtführers (objektiver Absenderhorizont, RegE TRG), dabei besteht keine Zweifelsregel für Gefährlichkeit, Koller Rn. 2. Kenntnis des Frachtführers lässt die Informationspflicht entfallen, Koller Rn. 9. Die Mitteilung braucht nicht im Frachtbrief zu erfolgen. Die verkörperte Mitteilung muss rechtzeitig zugehen (§ 130 BGB). An konkludente

4. Abschnitt. Frachtgeschäft § 411

Abbedingung der Formpflicht durch mündliche Entgegennahme von Informationen sind strenge Maßstäbe anzulegen, Staub/P. Schmidt Rn. 15. Was **rechtzeitig** ist, lässt I offen. Sinn und Zweck der Vorschrift ist es aber, die Mitteilungspflicht gerade unabhängig vom Vertragsschluss zu statuieren, BGH VersR 2013, 478. I. E. erfolgt die Mitteilung rechtzeitig, wenn sie den Frachtführer in die Lage versetzt, sich auf die Beförderung des gefährlichen Gutes vorzubereiten, Beck-OGK(Paschke) Rn. 16. Die verkörperte Mitteilung muss nicht in allen Fällen schon bei Vertragsschluss erfolgen. Formloser, zB telefonischer, Hinweis auf die Gefahr bei Vertragsschluss und erst später nachfolgende verkörperte Mitteilung können im Einzelfall ausreichen, vgl. auch **(18)** ADSp Ziff. 3.3. Eine Gefahrenmitteilung kann uU zur Anfechtung des Frachtvertrags berechtigen, Koller Rn. 19. Die Formanforderungen an die Mitteilungspflicht sind ferner abdingbar, arg. e § 449, vgl. Ziff. 3.2 DSp 2017. **Rechtsfolge** der Verletzung der Mitteilungspflicht ist verschuldensunabhängige Haftung (§ 414 I Nr. 3), außerdem Rechte nach II (→ Rn. 3). Die Beweislast für fehlende Information nach I liegt beim Frachtführer, der sich auf die Rechtsfolgen beruft (dagegen II, → Rn. 2). Zu Sonderproblemen, falls ein Frachtbrief ausgestellt wurde, Koller Rn. 3.

2) Rechte des Frachtführers (II)

II gibt dem Frachtführer bestimmte **Rechte, sofern** ihm **nicht** bei Übernahme des Gutes (§ 425) die Art der Gefahr **bekannt** war **oder** jedenfalls **mitgeteilt** worden ist. Kenntnis durch Wissensvertreter und Zugang der Mitteilung (§ 130 BGB) an Empfangsvertreter, zB Fahrer und je nachdem anderes mit der Beförderung befasstes Personal des Frachtführers, genügen. Kenntnisnahme von der Mitteilung ist nicht nötig, aber Möglichkeit der Kenntnisnahme. Die Kenntnis bzw. Mitteilung bezieht sich hier anders als nach I allein auf die Eigenschaft als gefährliches Gut, nicht auch auf etwaige Vorsichtsmaßnahmen, ist der Frachtführer von ersterer Kenntnis, ist er nicht schutzwürdig iSv II. Die Beweislast für die Ausnahmetatbestände („sofern nicht") liegt beim Absender (vgl. **(17)** CMR Art. 22 I 2).

Der Frachtführer kann mit dem gefährlichen Gut in bestimmter Weise umgehen, sich seiner entledigen und es notfalls sogar vernichten, ohne dem Absender deshalb (unmittelbarer Zurechnungszusammenhang zwischen ergriffener Maßnahme und Schaden) ersatzpflichtig zu werden (**II Nr. 1**, Aufzählung verschiedener **Maßnahmen**), und wegen dieser Maßnahmen **Aufwendungsersatz** verlangen (**II Nr. 2**, vgl. § 419 IV). Die Auswahl unter den in II Nr. 1 genannten Maßnahmen richtet sich nach Treu und Glauben (Verhältnismäßigkeitsgrundsatz). Einholung von Weisungen kann im Einzelfall notwendig sein („soweit erforderlich"). Dem Recht zur Rückbeförderung entspricht die Pflicht des Absenders zur Rücknahme. Die Beförderung ist nur beendet, wenn der Frachtführer das Gut zu diesem Zweck vom Fahrzeug entfernt, es bei einem Dritten einlagert, MüKoHGB/Thume Rn. 21, oder vernichtet, BeckOK HGB/Kirchhof Rn. 5. Aufwendungsersatz nicht nur für zusätzlich erforderliche Beförderungsauslagen, sondern zB auch für Vernichtung des Guts. Zum Verhältnis von **II Nr. 2** zu § 414 I Nr. 3 Koller Rn. 17. Überschreitet der Frachtführer seine Rechte aus II, haftet er dem Absender. Für Schäden an Gütern anderer Absender haftet der Frachtführer gem. §§ 425 ff., kann jedoch vom Absender Befreiung von seiner Ersatzpflicht verlangen (§ 414 I Nr. 3).

Verpackung, Kennzeichnung

411 [1] Der Absender hat das Gut, soweit dessen Natur unter Berücksichtigung der vereinbarten Beförderung eine Verpackung erfordert, so zu verpacken, daß es vor Verlust und Beschädigung geschützt ist und daß auch dem Frachtführer keine Schäden entstehen. [2] Soll das Gut in einem Container,

§ 411 1

auf einer Palette oder in oder auf einem sonstigen Lademittel, das zur Zusammenfassung von Frachtstücken verwendet wird, zur Beförderung übergeben werden, hat der Absender das Gut auch in oder auf dem Lademittel beförderungssicher zu stauen und zu sichern. ³Der Absender hat das Gut ferner, soweit dessen vertragsgemäße Behandlung dies erfordert, zu kennzeichnen.

1 1) Der Absender hat für ordnungsgemäße **Verpackung** (Satz 1) und **Kennzeichnung** (Satz 3) des Gutes (Frachtstück iSv §§ 408 I Nr. 7, 427 I Nr. 5) zu sorgen (vgl. **(17)** CMR 17 IV b, e, aber bloße Haftungsbefreiung des Frachtführers ohne ausdrückliche Rechtspflicht des Absenders). S. 2 idF SHRG 2013 konkretisiert ferner die Pflicht zur ordnungsgemäßen Verpackung für den Fall, in dem das Gut in einem Container, auf einer Palette oder in oder auf einem sonstigen Lademittel zur Beförderung übergeben wird, dahingehend, dass das Gut auf dem Lademittel beförderungssicher zu stauen und zu sichern ist. Die Regelung hat ihr Vorbild in Art. 27 III der Rotterdam Regeln (dt. Text bei Rabe/Bahnsen Anh. V zu § 526 HGB) und dient in erster Linie der Klarstellung, RegE SHRG S. 68. § 411 begründet damit eine echte **Rechtspflicht** (widersprüchlich insofern RegE SHRG „Obliegenheit und Pflicht"), nicht nur eine mitwirkende Gläubigerhandlung wie nach §§ 295, 642 BGB, RegE TRG S. 40, 42, einschr. Mittelhammer TranspR 2014, 140. Grund für diese Rechtspflicht ist die besondere Warennähe des Absenders und die Stärkung der Position des Beförderers (RegE TRG). Bei vertraglicher (auch konkludenter) Übernahme der Pflichten durch den Frachtführer haftet dieser nach § 425 I, OLG München TranspR 2006, 357, jedoch nicht, wenn ein selbständiger Vertrag über die Verpackung geschlossen wird, dann Werkvertrag nach § 631 BGB, Mittelhammer TranspR 2014, 145, der aber wegen untergeordneter Bedeutung in der Regel nicht vorliegt, OLG Stuttgart RdTW 2017, 437 f. Gut muss verpackt werden, soweit es mit dem vertragsgemäß gestellten Transportmittel nur in verpacktem Zustand befördert werden kann, OLG Saarbrücken TranspR 2017, 455. Unter den weit auszulegenden Begriff der Verpackung fällt jede körperlich mit dem Gut verbundene Vorkehrung, die geeignet ist, es vor Beschädigung zu bewahren, MüKoHGB/Thume Rn. 3. Anforderungen an die **Verpackung** sind in Satz 1 dahingehend definiert, dass das Gut vor Verlust und Beschädigung geschützt sein muss und dass auch dem Frachtführer keine (vorhersehbaren) Schäden entstehen dürfen. Die Art der Verpackung hängt also von der Beschaffenheit des Gutes und den nach der gewählten Beförderungsart zu erwartenden Einflüssen auf das Gut ab. Auch das Transportmittel selbst kann Verpackung sein, BGHZ 16, 217 (230) (Kesselwagen). Im Übrigen gelten § 346 HGB, § 157 BGB. Vorhersehbare Einflüsse sind zB Kälte- und Wärmeeinwirkungen, BGHZ 31, 187 = NJW 1960, 337; BGHZ 32, 300 = NJW 1960, 1617, Nässeeinwirkungen, Notbremsungen, Umladungen, nicht aber Umstände nach § 419 und § 427, Diebstähle, Unfälle. Stellt der Frachtführer dem Versender das Verpackungsmittel (z. B. Container/Tankwagen), darf der Versender davon ausgehen, dass das Mittel geeignet und unbeschädigt ist, BeckOGK(Paschke) Rn. 4. Der Verpackungsaufwand muss in einem angemessenen Verhältnis zur zu verpackenden Ware stehen, absoluter Schutz auch gegen ganz ungewöhnliche Transportrisiken kann nicht verlangt werden. Die Verpackung hat nach Satz 1 nur insoweit drittschützenden Charakter, als die „Schäden des Frachtführers" aus einer Inanspruchnahme durch Dritte resultieren (RegE TRG). Der Frachtführer muss über besondere Transportverhältnisse aufklären und auf offensichtliche Verpackungs- und Kennzeichnungsmängel hinweisen. Unterlassen des Hinweises wird ihm im Rahmen des § 414 II angelastet, OLG Saarbrücken TranspR 2017, 456. Frachtführer ist aber grundsätzlich nicht zur Verbesserung der Verpackung verpflichtet (beachte aber § 419), Koller Rn. 13, vgl. auch **(18)** ADSp Ziff. 7. Jedoch Kontrollobliegenheit des Frachtführers, falls Absender Verbraucher ist, Mittelhammer TranspR 2014, 141.

4. Abschnitt. Frachtgeschäft § 412

Beruft der Frachtführer sich auf eine ungenügende Verpackung trifft ihn hierfür die Beweislast, Koller Rn. 9. **Kennzeichnung** schuldet der Absender gem. Satz 2 nach den Erfordernissen vertragsgemäßer Behandlung des Gutes. Gut ist zu Identifizierung und Zuordnung zu Beförderungsauftrag oder Frachtbrief mit Markierungen oder Informationsträgern zu versehen, soweit dies erforderlich ist, MüKoHGB/Thume Rn. 20. Hinweis auf Markierungen in Auftrag oder Frachtbrief nicht erforderlich, sofern nicht Frachtführer Ausstellung eines Frachtbriefes verlangt (§ 408 I Nr. 7), BeckOK HGB/Kirchhof Rn. 8. Pflicht zur Kennzeichnung als Nachnahmegut besteht nicht, Oetker/Paschke Rn. 14. Doppelte Kennzeichnung (Sendungsnummer und zusätzliches altes Label mit veralteter Sendungs-ID) einer Sendung mit zwei Labeln genügt nicht, LG Bonn, RdTW 2020, 273. **Rechtsfolgen** bei Verletzung: verschuldensunabhängige Haftung des Absenders (§ 414 I Nr. 1), Ausschluss der Haftung des Frachtführers (§ 427 I Nr. 2 u. 5, auch § 425 II), Zurückbehaltungsrecht des Frachtführers (§ 273 BGB), Rücktrittsrecht des Frachtführers (§ 323 II BGB oder §§ 643, 323 BGB, § 417 BGB, str. Staub/P. Schmidt Rn. 24 und Standgeldansprüche (§ 412 III HGB). Beweislast für das Vorliegen von Mängeln trifft den Frachtführer. **Lit.** Mittelhammer TranspR 2014, 142.

Verladen und Entladen. Verordnungsermächtigung

412 (1) ¹Soweit sich aus den Umständen oder der Verkehrssitte nicht etwas anderes ergibt, hat der Absender das Gut beförderungssicher zu laden, zu stauen und zu befestigen (verladen) sowie zu entladen. ²Der Frachtführer hat für die betriebssichere Verladung zu sorgen.

(2) Für die Lade- und Entladezeit, die sich mangels abweichender Vereinbarung nach einer den Umständen des Falles angemessenen Frist bemißt, kann keine besondere Vergütung verlangt werden.

(3) Wartet der Frachtführer auf Grund vertraglicher Vereinbarung oder aus Gründen, die nicht seinem Risikobereich zuzurechnen sind, über die Lade- oder Entladezeit hinaus, so hat er Anspruch auf eine angemessene Vergütung (Standgeld).

(4) Das Bundesministerium der Justiz und für Verbraucherschutz wird ermächtigt, im Einvernehmen mit dem Bundesministerium für Verkehr und digitale Infrastruktur durch Rechtsverordnung, die nicht der Zustimmung des Bundesrates bedarf, für die Binnenschiffahrt unter Berücksichtigung der Art der zur Beförderung bestimmten Fahrzeuge, der Art und Menge der umzuschlagenden Güter, der beim Güterumschlag zur Verfügung stehenden technischen Mittel und der Erfordernisse eines beschleunigten Verkehrsablaufs die Voraussetzungen für den Beginn der Lade- und Entladezeit, deren Dauer sowie die Höhe des Standgeldes zu bestimmen.

1) Verlade- und Entladepflicht (I)

Den **Absender** trifft die Pflicht zur Verladung und zur Entladung (I 1; vgl. demgegenüber **(17)** CMR 17 IVc: bloße Haftungsbefreiung des Frachtführers, einerlei ob Absender oder Empfänger handeln. Echte Rechtspflicht (→ § 411 Rn. 1), str., aA Koller Rn. 2 (bloße Obliegenheit, wenn Verladefehler nur zur Schädigung des Gutes selbst führen können). Bei Einschalten eines Güterumschlagsbetriebs wird die Pflicht von diesem wahrgenommen, LG Hamburg TranspR 2010, 310. Die Verladepflicht kann jedoch aufgrund Vereinbarung (arg. e. § 449), kraft Verkehrssitte, kraft Hdlbrauch oder aus Treu und Glauben dem Frachtführer obliegen, Koller Rn. 7 ff. **Verladen** ist legaldefiniert als beförderungssicher laden, stauen und befestigen. Die Verladung ist spätestens dann abgeschlossen, wenn der Absender das Gut auf das Fahrzeug verbracht und die

§ 412 2

notwendigen Maßnahmen zur Befestigung beendet hat („beförderungssicher"). Der Zeitpunkt hat Einfluss auf die Haftung des Frachtführers nach § 425 (→ § 425 Rn. 2). Den Frachtführer trifft grds. keine Kontrollpflicht, Staub/Schmidt Rn. 8. **Beförderungssicher** heißt, dass das Gut vor Beschädigung durch die vorhersehbaren Transportbedingungen geschützt ist. Die Ladung muss auf Einhaltung der zulässigen Ausmaße kontrolliert werden, OLG Hamm RdTW 2016, 394. Vorhersehbar sind zB Notbremsungen, nicht aber Unfälle (→ § 411 Rn. 1). Da ordnungsgemäße Beförderung die Verwendung intakter Transportfahrzeuge voraussetzt, dürfen erkannte oder evidente Mängel am Transportmittel nicht ignoriert werden; eine Überprüfung des Fahrzeugs auf Mängel ist nicht notwendig, OLG Hamburg RdTW 2019, 427 f.; Koller Rn. 5. **Entladen** und Löschen (Binnenschifffahrt) sind gleichbedeutend. Der Absender bleibt entladepflichtig, auch wenn in der Praxis häufig der Empfänger (dann als Erfüllungsgehilfe des Absenders, KKRD/Koller Rn. 1) entlädt. Aus Vereinbarung (auch konkludent durch vorherige Übernahme der Verladung im Rahmen laufender Geschäftsbeziehungen möglich, BGH TranspR 2008, 206, Koller Rn. 7), HdlBrauch (§ 346) oder den Umständen (zB wenn Verladung die Bedienung technischer Anlagen des Beförderungsmittels erfordert, Koller Rn. 9 oder für die Verladung und Befestigung des Transportguts besondere Fachkenntnisse notwendig sind, über die der Absender nicht verfügt, und aufgrund der Art des Transportfahrzeugs der Frachtführer besser beurteilen kann, ob besondere technische Verladeeinrichtungen, wie ein Kran oder andere Hilfsmittel erforderlich sind, OLG Brandenburg RdTW 2019, 132, nicht aber allein wegen besonderer technischer Verladevorrichtungen des Transportfahrzeugs, BGH NJW-RR 2008, 1210, nach aA übernimmt Frachtführer konkludent Entladepflicht, wenn für Beförderung Fahrzeuge einzusetzen sind, die über besondere Entladevorrichtungen verfügen (Kraftstoffe), OLG Karlsruhe RdTW 2018, 433) kann sich Pflicht des Frachtführers zur Verladung und Entladung ergeben, vgl. auch § 451a (Verlade- und Entladepflicht des Frachtführers beim Umzugstransport). Bei Spezialbzw. Schwertransporten kann den Frachtführer die Pflicht treffen, vom Absender gestellte Transporthilfsmittel mit Transportfahrzeug zu koordinieren, nicht aber die Kompatibilität zwischen beidem zu prüfen, OLG Bamberg RdTW 2015, 103 mAnm Schwarz IBR 2014, 509. **Rechtsfolgen** bei Verletzung: nur verschuldensabhängige Haftung des Absenders (→ § 414 Rn. 2), Ausschluss der Haftung des Frachtführers (§ 427 I Nr. 3, auch § 419). Aufklärungs- und Hinweispflicht → § 411 Rn. 1. § 273, wenn Frachtführer die beförderungsunsichere Ladung erkennt und ihm ein Schaden droht, Staub/P. Schmidt Rn. 27. Bei Schäden an den Rechtsgütern des Frachtführers durch mangelhafte Verladung Haftung gem. §§ 280, 282 BGB, MüKoHGB/Thume Rn. 18. Zu bußgeldrechtlichen Fragen Wieske/Kramer TranspR 2008, 435. Zur Haftung bei Mithilfe des Frachtführers und seiner Gehilfen bei der Verladung und Entladung Koller Rn. 10a f.

2   Der **Frachtführer** hat für die Betriebssicherheit der Verladung zu sorgen (I 2). Diese Aufteilung zwischen Absender und Frachtführer entspricht der Warenbzw. der Beförderungsexpertise der Vertragspartner. In Abgrenzung zu der Verladepflicht des Absenders ist diese Verpflichtung nicht auf das Gut, sondern auf das Transportmittel bezogen, Staub/P. Schmidt Rn. 2. **Betriebssicher** bedeutet, dass das Beförderungsmittel nach der Verladung während der Beförderung jeder Verkehrslage gewachsen ist, mit der nach den Umständen zu rechnen ist, Koller Rn. 42, vgl. BGHZ 32, 194 = NJW 1960, 1201; BGH VersR 1970, 459 = BeckRS 1970, 30389154; OLG Saarbrücken TranspR 2011, 27. Kann der Frachtführer das Gut nicht selbst betriebssicher laden (zB Kranverladung), besteht gegenüber dem Absender ein Weisungsrecht, BeckOK HGB (G. Kirchhof) Rn. 5. **Rechtsfolgen** bei Verletzung: Haftung nach §§ 425 I, 434 und Recht des Frachtführers, bei nicht betriebssicherer Verladung durch den Absender die Beförderung zu verweigern, OLG Bamberg RdTW 2015, 103.

2) Lade- und Entladezeit, Standgeld (II–IV)

Für die (mangels anderer Abrede) angemessene Lade- und Entladezeit (Löschzeit) fällt keine besondere Vergütung für den Frachtführer an (**II**), da vorhersehbar und einkalkulierbar. **Angemessen** ist der Zeitraum, den ein ordentlicher Absender benötigt, um das Gut sicher u. schadensfrei zu ver- bzw. entladen, Koller Rn. 46 f. Ist für die Verladung ein Zeitraum vereinbart, muss der Absender bereits zu dessen Beginn ladebereit sein, AG Mannheim TranspR 2015, 389. Dagegen hat Frachtführer Anspruch auf angemessene Vergütung (**Standgeld**, in der Binnenschifffahrt auch Liegegeld), wenn Lade- oder Entladezeit abredegemäß oder aus Gründen außerhalb des Risikobereichs des Frachtführers überschritten wird (**III**). Es handelt sich nicht um einen Entschädigungsanspruch, sondern um einen Vergütungsanspruch, EBJS/Reuschle Rn. 34. Aus § 417 folgt, dass der Frachtführer auf die Beladung warten muss. **Warten** iSv III liegt vor, wenn Frachtführer es unterlässt, sich mit dem Beförderungsmittel an einen anderen Ort zu begeben, um anderweitige Einnahmen zu erzielen. Daher kein Warten, wenn er aus anderen Gründen nicht tätig werden und nicht etwas anderes transportieren konnte. Dies gilt jedenfalls, wenn es allein der Risikosphäre des Frachtführers zuzuordnen ist, dass das Transportmittel nicht anderweitig einsetzbar ist, OLG Karlsruhe TranspR 2018, 63 f. (Auslaufen des Schiffsattests), m. abl. Anm. Ramming RdTW 2017, 431, der meint, dass das Transportmittel zum Zwecke der Be- bzw. Entladung liegen bleiben müsse. Nach ihm soll für den Anspruch ein Warten gerade zum Zwecke des Be- und Entladens erforderlich sein und es nicht darauf ankommen, ob das Transportmittel anderweitig zur Erzielung von Einnahmen hätte eingesetzt werden können. Zur Bestimmung des Risikobereichs Staub/P. Schmidt Rn. 52. Von außen wirkende unvorhersehbare und von den Parteien nicht beherrschbare „neutrale" Störungsursachen (zB Sperrung des Beförderungswegs, Hoch-, Niedrigwasser, Eisgang, Sturm) sind dem Risikobereich des Absenders zuzuordnen, BGH NJW-RR 2011, 1485 f.; MüKoHGB/Thume Rn. 39. Eines Rückgriffs auf Werkvertragsrecht, zB auf § 642 BGB, bedarf es nicht. In der Schifffahrt ist es schon lange üblich, eine Überliegezeit zu vereinbaren und zu vergüten. Standgeld mangels Vereinbarung in üblicher Höhe. Ein vollständiger Ausschluss von Standgeldzahlungen durch AGB ist gem. § 307 I 1 BGB unwirksam, weil er wesentlichen Grundgedanken des Gesetzes widerspricht, AG Hamburg RdTW 2015, 151; III stellt nämlich klar, dass das Warten des Frachtführers über die gewöhnliche oder vertraglich vereinbarte Ladezeit hinaus eine im Zusammenhang mit der Vertragserfüllung stehende Leistung ist, für die er grundsätzlich eine Vergütung verlangen kann. Unwirksam ist eine Klausel „24 Stunden sind zur Be- bzw. Entladung standgeldfrei", weil vom gesetzlichen Leitbild des § 412 abgewichen wird, AG Mannheim TranspR 2013, 430; s. auch Gran NJW 2014, 975; BGH TranspR 2010, 432 mAnm Pokrant TranspR 2011, 49 (51). Beweislast für Wartezeit trägt der Frachtführer, BeckOK HGB/Kirchhof Rn. 13. Zur Angemessenheit des Standgeldes (auch 11.4 ADSp), AG Aachen TranspR 2022, 71. **III Alt. 2,** wo auf den **Risikobereich** abgestellt ist, entspricht dem **Sphärengedanken**, der allgemein im Transportrecht gilt (zB §§ 415 III 3, 416 S. 3, 417 IV, 419 I 3, 420 III, IV). Das geht über die zivilrechtliche Zurechnung nach Vertretenmüssen hinaus. Zum Risikobereich des Frachtführers gehört zB ungenügende Information über betriebssichere Ladung, Verlängerung der Lade- oder Entladezeit durch Beschaffenheit des Transportmittels, Verzögerung wegen Weigerung des Empfängers, eine beim Transport beschädigte Ware anzunehmen und zu entladen, OLG Karlsruhe TranspR 2018, 63 m. abl. Anm. Ramming RdTW 2017, 431. Einzelheiten str., Koller Rn. 53a ff. Störungen in der Corona-Krise sind in der Regel keiner Partei zuzuordnen. Dies hätte zur Folge, dass der Frachtführer kein Standgeld verlangen kann. Hierzu Maurer, TranspR in Corona-Krise, in: Effer-Uhe/Monert, Vertragsrecht in Corona-Krise, 221.

§ 413 1, 2

3) Verordnungsermächtigung für Binnenschifffahrt (IV)

4 Einzelheiten der Lade- und Löschzeiten für Binnenschifffahrt regelt eine VO des BMJ (BinSchLV 23.11.1999 BGBl. I 2389); hierzu Ramming Hamburger HdB BinnenschifffahrtsfrachtR Rn. 161 ff. Die VOErmächtigung ist auf diesen Bereich beschränkt.

Begleitpapiere

413 (1) **Der Absender hat dem Frachtführer alle Urkunden zur Verfügung zu stellen und Auskünfte zu erteilen, die für eine amtliche Behandlung, insbesondere eine Zollabfertigung, vor der Ablieferung des Gutes erforderlich sind.**

(2) ¹Der Frachtführer ist für den Schaden verantwortlich, der durch Verlust oder Beschädigung der ihm übergebenen Urkunden oder durch deren unrichtige Verwendung verursacht worden ist, es sei denn, daß der Verlust, die Beschädigung oder die unrichtige Verwendung auf Umständen beruht, die der Frachtführer nicht vermeiden und deren Folgen er nicht abwenden konnte. ²Seine Haftung ist jedoch auf den Betrag begrenzt, der bei Verlust des Gutes zu zahlen wäre.

1) Stellung der Begleitpapiere, Erteilung von Auskünften durch den Absender (I)

1 Der **Absender** hat dem Frachtführer zur Sicherung eines reibungslosen Transports alle notwendigen Urkunden **(Begleitpapiere)** zu stellen und Auskünfte zu erteilen, die für eine amtliche Behandlung vor Ablieferung des Guts, zB Zollabfertigung (vgl. § 408 I 1 Nr. 11, → § 408 Rn. 3), erforderlich sind **(I,** vgl. **(17)** CMR Art. 11 I). Den Frachtführer trifft keine Prüfpflicht hinsichtlich der erteilen Urkunden und Auskünfte (arg. a fortiori § 451b III 2). Er kann jedoch zur Aufklärung über die Erforderlichkeit von Begleitpapieren verpflichtet sein, Koller Rn. 4. Die Erforderlichkeit der Urkunden bemisst sich nach dem geplanten Transport, Koller Rn. 2. Auskunft kann mündlich, schriftlich oder elektronisch erteilt werden, Oetker/Paschke Rn. 4. Eine Auskunft ist erforderlich, wenn ein ordentlicher Frachtführer im Allgemeinen nicht über die entsprechende Information verfügt, sie ersichtlich nicht kennt oder ersichtlich begehrt, Staub/ P. Schmidt Rn. 9. Bei der Geschäftsbesorgungsspedition (§ 453) kann der Spediteur bei Vereinbarung verpflichtet sein, sich diese selbst zu beschaffen, Koller Rn. 3. Dies gilt nicht für Urkunden, die eine Behörde rechtswidrig verlangt, BGH TranspR 1998, 154. Nicht für die amtliche Behandlung erforderlich sind Auskünfte über Markenrechtswidrigkeit des Gutes, wenngleich eine Grenzbeschlagnahme auf Grundlage der Produktpiraterie-VO durch Zollbehörden möglich ist, Ramming RdTW 2019, 126 ff. Es handelt sich um eine echte Rechtspflicht. § 413 ist dispositiv (vgl. Ziff. 3.4 ADSp 2017). **Rechtsfolgen** der Verletzung: § 414 I Nr. 4. Bei Hindernissen iSv § 419 sind Papiere erst nach Einholung von Weisungen durch den Frachtführer erforderlich, Koller Rn. 2, str. Drohen dem Frachtführer durch die Unvollständigkeit der Begleitpapiere Schäden, greift § 273 BGB. Die Erfüllung der Pflicht zur Aufklärung des Frachtführers ist nicht klagbar, EBJS/Reuschle Rn. 5; aA Oetker/Paschke Rn. 3. Insoweit ist auf allg. Leistungsstörungsrecht zu rekurrieren, BeckOK/Kirchhof Rn. 2.

2) Haftung des Frachtführers für die Begleitpapiere (II)

2 Der **Frachtführer** haftet dem Absender für Schäden aus Verlust, Beschädigung und unrichtiger Verwendung der übergebenen Urkunden **(II).** Beweislast für ordnungsgemäße Übergabe und Beschädigung oder unrichtige Verwendung trägt der Absender, MüKoHGB/Thume Rn. 11. Auch Nichtverwendung kann unrichtige Verwendung sein. Erfasst ist auch das vorübergehende Nicht-Auffinden der Papiere, Staub/P. Schmidt Rn. 14. Es handelt sich um eine verschuldensunabhängige Haftung (anders (17) CMR Art. 11 III iVm § 390 I), entsprechend der Frachtführerhaftung nach §§ 425, 426 (RegE TRG), Grund: Gleichbehandlung beider Fälle, beförderungstypisches Risiko. Mitverursachung des Absenders nach § 425 II zu berücksichtigen, MüKoHGB/Thume Rn. 15. Die Haftung entfällt, wenn Verlust, Beschädigung oder unrichtige Verwendung auf Umständen beruht, die der Frachtführer nicht vermeiden und deren Folgen er nicht abschätzen konnte (II 1 letzter Hs.). Dafür ist nach dem klaren Wortlaut der Frachtführer beweispflichtig. Haftungsobergrenze wie bei Verlust des Gutes (**II 2 iVm §§ 429 ff.**). II ist nicht (auch nicht analog) auf Auskünfte anwendbar, Koller Rn. 13. Güter- und Verspätungsschäden wegen fehlerhafter Verwendung der Auskünfte sind nach §§ 425 ff. zu ersetzen; Vermögensschäden nach §§ 241 II, 280 I, 282 BGB, begrenzt nach § 433, BeckOK HGB/Kirchhof Rn. 8. Abweichende Vereinbarungen s. § 449 I 1, II.

Verschuldensunabhängige Haftung des Absenders in besonderen Fällen

414 (1) **Der Absender hat, auch wenn ihn kein Verschulden trifft, dem Frachtführer Schäden und Aufwendungen zu ersetzen, die verursacht werden durch**

1. **ungenügende Verpackung oder Kennzeichnung,**
2. **Unrichtigkeit oder Unvollständigkeit der in den Frachtbrief aufgenommenen Angaben,**
3. **Unterlassen der Mitteilung über die Gefährlichkeit des Gutes oder**
4. **Fehlen, Unvollständigkeit oder Unrichtigkeit der in § 413 Abs. 1 genannten Urkunden oder Auskünfte.**

(2) Hat bei der Verursachung der Schäden oder Aufwendungen ein Verhalten des Frachtführers mitgewirkt, so hängen die Verpflichtung zum Ersatz sowie der Umfang des zu leistenden Ersatzes davon ab, inwieweit dieses Verhalten zu den Schäden und Aufwendungen beigetragen hat.

(3) Ist der Absender ein Verbraucher, so hat er dem Frachtführer Schäden und Aufwendungen nach den Absätzen 1 und 2 nur zu ersetzen, soweit ihn ein Verschulden trifft.

1) Verschuldensunabhängige Haftung des Absenders (I, II)

A. **Verschuldensunabhängige Haftung (I):** In abschließend geregelten vier besonderen Fällen trifft den Absender sogar eine verschuldensunabhängige Haftung gegenüber dem Frachtführer für Schäden und Aufwendungen (I, außer wenn er Verbraucher ist, III, → Rn. 6), die selbst bei Wahrung größter Sorgfalt greift, Koller Rn. 2, aA Canaris § 31 Rn. 59. Es handelt sich um eine gesetzliche Haftpflicht privatrechtlicher Natur, was für eine Deckung durch eine Betriebshaftpflichtversicherung entscheidend sein kann, OLG Saarbrücken TranspR 2015, 446. In anderen Fällen als den in I genannten verbleibt es bei der allgemeinen vertraglichen Verschuldenshaftung. Der Absender muss sich Handlungen Dritter analog § 428 zurechnen lassen, zB bei Verpackung durch einen Dritten, MüKoHGB/Thume Rn. 5 I beschränkt die verschuldensunabhängige Haftung auf eine solche gegenüber dem Frachtführer, Schäden Dritter werden nur insoweit ersetzt, als der Frachtführer dafür in Anspruch genommen wird und Aufwendungsersatz beanspruchen kann (RegE TRG). Auch der Unterfrachtführer kann keine unmittelbaren Ansprüche gegen den Urabsender geltend machen, sondern nur gegen seinen Absender, also den Hauptfrachtführer, Koller Rn. 13. Drittschadensliquidation ist aber nicht ausgeschlossen. Ist die Pflicht zur Verpackung durch den Absender abbedungen, führt auch freiwilliges Tätigwer-

§ 414 2–4

den des Absenders nicht zu dessen Haftung, MüKoHGB/Thume Rn. 10. Von § 414 abweichende Vereinbarungen s. § 449 I 1, II.

2 B. **Die vier besonderen Fälle (I 1 Nr. 1–4): I 1 Nr. 1:** Ungenügende Verpackung oder Kennzeichnung (§ 411; vgl. **(17)** CMR Art. 10) heißt gänzlich fehlend oder unzulänglich durchgeführt; näher → § 411 Rn. 1. Der Begriff findet auch in § 427 I Nr. 2 und 5 Anwendung, denn Absenderhaftung und Befreiung von Frachtführerhaftung entspringen derselben Risikozuweisung (RegE TRG). Die Haftung greift nur, wenn der Absender zur Verpackung und Kennzeichnung verpflichtet war (§ 411), Koller Rn. 6, anders noch RegE TRG (bei abw. Wortlaut), unklar Rechtsausschuss. Nr. 1 greift also nicht schon, wenn der Absender ohne Rechtspflicht tatsächlich unzulänglich verpackt hat. Nr. 1 ist nicht anwendbar, wenn der Frachtführer verpackungs- oder kennzeichnungspflichtig ist, jedoch kann dann immer noch der Absender wegen unzulänglicher Verpackung verschuldensabhängig (mit)haften, § 280 I BGB (Pflichtverletzung), Koller Rn. 7. Ungenügend ist die Verpackung bzw. Kennzeichnung, sofern sie fehlt oder unzulänglich ist, Staub/P. Schmidt Rn. 12. Bei Verwendung von Containern kann auch in der Schadhaftigkeit eines Containers ein Verpackungsmangel vorliegen, Thume TranspR 2021, 2.

I 1 Nr. 2: Unrichtigkeit oder Unvollständigkeit der in den Frachtbrief aufgenommenen Angaben (§ 408 I (auch I 2); vgl. **(17)** CMR Art. 7 I). Keine Haftung bei gänzlichem Fehlen einer Angabe nach § 408 I.

I 1 Nr. 3: Unterlassen der Mitteilung über die Gefährlichkeit des Gutes (§ 410 I; vgl. **(17)** CMR Art. 22 II aE). Unterlassen umfasst gänzliches Fehlen ebenso wie Unrichtigkeit der Mitteilung (Unterlassen der gebotenen Richtigstellung, RegE TRG). Kausalität des Unterlassens für Schäden und Aufwendungen fehlt, wenn der Frachtführer bei Übernahme die Gefährlichkeit des Gutes kennt, MüKoHGB/Thume Rn. 16. Haftung für vertraglich erweiterte Informationspflicht aus § 280 BGB, BeckOK HGB/Kirchhof Rn. 3.

I 1 Nr. 4: Fehlen, Unvollständigkeit oder Unrichtigkeit der Urkunden oder Auskünfte nach § 413 I (vgl. **(17)** CMR Art. 11 II).

Analoge Anwendung von I 1 Nr. 1–4, zB auf die Lade- und Entladepflichten des § 412, ist ausgeschlossen. In diesen Fällen können die §§ 280 ff., §§ 823 ff. BGB greifen.

3 C. **Haftungsobergrenze: Die Haftungsobergrenze** nach I 2 aF wurde mit dem SHRG 2013 aufgehoben. Begründet wurde dies mit dem Fehlen einer vergleichbaren Regelung in internationalen Regelwerken (insbes. CMR) und entsprechender Kritik an der Haftungsbegrenzung im Schrifttum (vgl. Canaris § 31 Rn. 57 f.), RegE SHRG S. 53. Stattdessen sieht § 449 II 2 nF jetzt die Möglichkeit vor, Haftungsobergrenzen in AGB zu vereinbaren.

4 D. **Mitverursachung (II):** II trägt bei Mitverursachung der Schäden oder Aufwendungen durch ein Verhalten des Frachtführers den Verursachungsbeiträgen von Absender und Frachtführer Rechnung (Schadensteilung entspr. § 254 BGB), also kein Entfallen der Haftung bei Mitverursachung (anders der Wortlaut von **(17)** CMR Art. 10, 11, Alles-oder-nichts-Prinzip, auch dort oft über § 254 BGB korrigiert). Auf ein Verschulden des Frachtführers kommt es nicht an, Staub/P. Schmidt Rn. 29. Mitverantwortlichkeit hängt davon ab, ob der Frachtführer erkennt, dass das Gut nicht beförderungs- oder betriebssicher verpackt ist oder ihm die Gefahr eines Schadenseintritts ohne Weiteres ersichtlich ist, Oetker/Paschke Rn. 12. Bspe: Unterlassene Erteilung eines Hinweises an den Absender bei Kenntnis oder Evidenz eines Verpackungsmangels, um die Gelegenheit zur Weisung zu geben (§ 418), OLG Saarbrücken TranspR 2017, 456, Fehler des Frachtführers bei Ausfüllen des Frachtbriefs. Frachtführer hat insbesondere auf positiv erkannte oder evidente Verpackungsmängel hinzuweisen, OLG Stuttgart TranspR 2012, 459; s. auch Mittelhammer TranspR 2014, 141.

4. Abschnitt. Frachtgeschäft § 415

E. **Konkurrenzen:** §§ 823 ff. BGB finden neben § 414 Anwendung. Innerhalb seines Anwendungsbereichs verdrängt § 414 aber Schadensersatzansprüche aus §§ 280 ff. BGB.

2) Verschuldenshaftung, wenn der Absender Verbraucher ist (III)

A. **Bloße Verschuldenshaftung (III):** Ist der Absender ein Verbraucher (→ Rn. 7), haftet er auch in den Fällen von I 1 Nr. 1–4 nur bei Verschulden. § 278 BGB findet Anwendung.

B. **Verbraucher:** Die Legaldefinition von Verbraucher nach § 13 BGB gilt auch für das HGB (→ § 1 Rn. 4) und ist für das gesamte Transportrecht wichtig, zB §§ 449 III, 451a II, 451b II, III, 451g, 451h I, 455 III, 466 IV, 468 II, IV, 472 I, 475h. Verbraucher ist danach jede natürliche Person, die ein Rechtsgeschäft zu einem Zweck abschließt, der weder ihrer gewerblichen noch ihrer selbstständigen beruflichen Tätigkeit zugerechnet werden kann. Bei Mischtatbeständen gilt § 344 nicht, HdlbgKo/Ruß Rn. 6, Beweislast für Verbrauchereigenschaft trifft den sich auf sie Berufenden. Gelingt ihm dies, ist der Frachtführer für das Vorliegen eines Verschuldens beweispflichtig, Staub/P. Schmidt Rn. 27.

Kündigung durch den Absender

415 (1) Der Absender kann den Frachtvertrag jederzeit kündigen.

(2) ¹Kündigt der Absender, so kann der Frachtführer entweder

1. die vereinbarte Fracht, das etwaige Standgeld sowie zu ersetzende Aufwendungen unter Anrechnung dessen, was er infolge der Aufhebung des Vertrages an Aufwendungen erspart oder anderweitig erwirbt oder zu erwerben böswillig unterläßt, oder
2. ein Drittel der vereinbarten Fracht (Fautfracht)

verlangen. ²Beruht die Kündigung auf Gründen, die dem Risikobereich des Frachtführers zuzurechnen sind, so entfällt der Anspruch auf Fautfracht nach Satz 1 Nr. 2; in diesem Falle entfällt auch der Anspruch nach Satz 1 Nr. 1, soweit die Beförderung für den Absender nicht von Interesse ist.

(3) ¹Wurde vor der Kündigung bereits Gut verladen, so kann der Frachtführer auf Kosten des Absenders Maßnahmen entsprechend § 419 Abs. 3 Satz 2 bis 4 ergreifen oder vom Absender verlangen, daß dieser das Gut unverzüglich entlädt. ²Der Frachtführer braucht das Entladen des Gutes nur zu dulden, soweit dies ohne Nachteile für seinen Betrieb und ohne Schäden für die Absender oder Empfänger anderer Sendungen möglich ist. ³Beruht die Kündigung auf Gründen, die dem Risikobereich des Frachtführers zuzurechnen sind, so ist abweichend von den Sätzen 1 und 2 der Frachtführer verpflichtet, das Gut, das bereits verladen wurde, unverzüglich auf eigene Kosten zu entladen.

1) Kündigungsrecht des Absenders (I)

§ 415 regelt das Kündigungsrecht des Absenders und die Rechtsfolgen der Kündigung. Der Absender kann den Frachtvertrag **jederzeit kündigen** (I; vgl. § 649 BGB, **(17)** CMR Art. 12 I 1) und das Gut herausverlangen. Ein Anspruch auf Rückbeförderung des Gutes besteht jedoch nicht, MüKoHGB/Thume Rn. 9. Das Kündigungsrecht erlischt mit Verlust der Verfügungsbefugnis, Koller Rn. 26. Kündigungserklärung bedarf grds. keiner Form. Ausnahmen: Ausstellung eines Frachtbriefs mit Sperrvermerk (arg. e § 418 IV) und Ladeschein (arg. e § 416). Die Kündigung wirkt im Gegensatz zum Rücktritt nur für die Zukunft (sog. ex nunc-Wirkung). Der Vertrag bleibt aber Rechtsgrund für

Merkt 1877

bereits erbrachte Leistungen, MüKoHGB/Thume Rn. 8. §§ 280 ff., 323 ff. BGB werden nicht verdrängt, für grundsätzliche Subsidiarität der §§ 323 ff. BGB aber Staub/P. Schmidt Rn. 42. Zur aktuellen Relevanz dieses Streits aufgrund der Corona-Pandemie: Maurer, TranspR in Corona-Krise, in: Effer-Uhe/Monert, Vertragsrecht in Corona-Krise, 218. Ob Kündigung iSd Vorschrift vorliegt, ist durch Auslegung gem. § 157 BGB zu ermitteln, Koller Rn. 10. Bei Rahmenvertrag ist Kündigung nicht jederzeit erklärbar; es besteht Kündigungsrecht analog § 621 BGB und nach § 314, MüKoHGB/Thume Rn. 3. Dem Frachtführer ist dagegen Kündigung gem. §§ 323 ff. und § 648a BGB möglich, Koller Rn. 1. Die Vorschrift ist – auch durch AGB – abdingbar. Grundsätzlich betrifft die Kündigung den Frachtvertrag in seiner Gesamtheit. Wurden einzelne Teillieferungen oder Teillieferstrecken (etw. Hin- und Rücktransport) vereinbart, ist die Teilkündigung zulässig, BeckOGK(Paschke) Rn. 7.

2) Wahlrecht des Frachtführers zwischen Fracht und Fautfracht (II)

2   Kündigt der Absender, hat der Frachtführer ein Wahlrecht (II 1). Er kann entweder die **vereinbarte Fracht** abzüglich ersparter Aufwendungen (für diese trägt er selbst dann die Beweislast, wenn ihm der Absender höhere Ersparnisse unterstellt, Koller Rn. 16, aA BGH NJW-RR 1992, 1078 zu § 649 S. 2 BGB aF, wobei sich gesteigerte Darlegungslast des Frachtführers aus besonderer Lage des Bestellers ergibt, der die Betriebsinterna nicht zuverlässig kennen kann, BGH NJW 1999, 1254) oder Erlöse eines anderweitig getätigten oder böswillig unterlassenen Erwerbs verlangen (II 1 Nr. 1, vgl. § 649 S. 2 BGB) oder pauschal ein Drittel der vereinbarten Fracht (II 1 Nr. 2, **Fautfracht**, Begriff aus dem Seefrachtrecht, vgl. § 489). Wechsel von Nr. 1 zu Nr. 2 im Laufe eines Prozesses ist (auch konkludent durch Bezifferung der Anspruchshöhe, OLG München TranspR 2017, 463 mAnm. Kirchhof) möglich und ist keine Klageänderung, weil sich der Gesetzgeber für eine Rechtsfolgenlösung entschieden hat. Keine Wahlschuld iSv §§ 262 ff. BGB, sondern elektive Konkurrenz, weshalb Wahlrecht besteht, bis Anspruch erfüllt ist, BGH RdTW 2017, 16 f.; Scheel TranspR 2017, 446 (Zweckmäßigkeitsüberlegungen). Anspruch aus § 415 I 1 Nr. 1 kann hilfsweise neben Nr. 2 geltend gemacht werden, OLG Hamm TranspR 2015, 382. Standgeld kann er nur unter den Voraussetzungen von § 412 III verlangen, Aufwendungen nur, soweit er sie einem Dritten zu ersetzen hat. Fautfracht ist weder Leistungsentgelt noch Schadensersatz, sondern eine gesetzlich pauschalierte Kündigungsentschädigung (RegE TRG, BFH TranspR 2011, 87). Diese besteht aber nicht, falls der Kündigungsgrund aus der Risikosphäre des Frachtführers stammt, wofür Absender Beweislast trägt, Koller Rn. 17. In den Risikobereich des Frachtführers fällt Kündigung aufgrund Verzögerung wegen ungenügender Vorkehrungen für ordnungsgemäße Verzollung durch den Frachtführer, wenn dieser entsprechende Pflicht übernommen hatte, OLG Hamm TranspR 2015, 383, (vgl. auch → § 412 Rn. 3) und Kündigung, wenn Schwertransport nicht in der erforderlichen Art und Weise durchgeführt wird, OLG Hamm RdTW 2015, 253. Anspruch auf Fautfracht entfällt dann, es bleibt nur der konkrete Einzelnachweis nach II 1 Nr. 1, und auch dieser entfällt, soweit die Beförderung für den Absender nicht von Interesse ist, zB bei Beförderung durch einen neuen Frachtführer.

3) Bereits erfolgte Verladung (III)

3   III regelt Entladungsrecht und -pflicht sowie Kostentragung, wenn das Gut **vor Kündigung bereits verladen** worden ist. III geht § 412 insoweit vor. Der Frachtführer kann entweder selbst ausladen und hinterlegen (§ 419 III 2–4) oder unverzügliche Entladung vom Absender verlangen (III 1, ohne schuldhaftes Zögern, § 121 I 1 BGB), dazu soll auf die Vorgaben der VO nach § 412 IV zurückgegriffen werden können (RegE TRG). Der Frachtführer führt die nach pflichtgemäßem Ermessen getroffenen Maßnahmen auf Kosten des Absenders

4. Abschnitt. Frachtgeschäft 1 **§ 416**

aus; insoweit besteht für die verauslagten Kosten ein Aufwendungsersatzanspruch, BeckOGK(Paschke) Rn. 34. Auch wenn Frachtführer nach dem Vertrag entgegen § 412 zur Entladung des Guts verpflichtet ist, entfällt Verpflichtung mit Kündigung, Staub/P. Schmidt Rn. 33. Betriebliche Rücksichten s. III 2 (wie § 418 I 3 bei Weisungen). Gründe aus dem Risikobereich des Frachtführers s. III 3 (vgl. → Rn. 2).

Anspruch auf Teilbeförderung

416 **¹ Wird das Gut nur teilweise verladen, so kann der Absender jederzeit verlangen, dass der Frachtführer mit der Beförderung des bereits verladenen Teils des Gutes beginnt. ² In diesem Fall gebührt dem Frachtführer die volle Fracht, das etwaige Standgeld sowie Ersatz der Aufwendungen, die ihm durch das Fehlen eines Teils des Gutes entstehen; von der vollen Fracht kommt jedoch die Fracht für dasjenige Gut in Abzug, welches der Frachtführer mit demselben Beförderungsmittel anstelle des nicht verladenen Gutes befördert. ³ Der Frachtführer ist außerdem berechtigt, soweit ihm durch das Fehlen eines Teils des Gutes die Sicherheit für die volle Fracht entgeht, die Bestellung einer anderweitigen Sicherheit zu fordern. ⁴ Beruht die Unvollständigkeit der Verladung auf Gründen, die dem Risikobereich des Frachtführers zuzurechnen sind, so steht diesem der Anspruch nach den Sätzen 2 und 3 nur insoweit zu, als tatsächlich Gut befördert wird.**

1) § 416 regelt die **Teilbeförderung** (vgl. § 533). Zweck ist die Erweiterung 1 der Flexibilität des Absenders, Staub/P. Schmidt Rn. 1. Der Absender kann verlangen, dass mit der Beförderung trotz unvollständiger Ladung begonnen wird **(Satz 1).** Anspruch besteht nicht, wenn sich vor Beladung zeigt, dass nur ein Teil der Sendung verladebereit ist, BeckOK HGB/Kirchhof Rn. 1, oder wenn Beförderung dem Frachtführer unzumutbar ist, zB bei fehlender Betriebssicherheit, Koller Rn. 3. Der Pflichtenkanon bleibt für Frachtführer im Grundsatz derselbe, Koller Rn. 3. Satz 1 gilt, wenn Verladung abweichend von § 412 I 1 zu Pflichten des Frachtführers gehört. Absender obliegt dann das Zurverfügungstellen, Ramming RdTW 2019, 10. Frachtführer hat Anspruch auf volle Fracht, Standgeld (§ 412 III) und Ersatz zusätzlicher Aufwendungen **(Satz 2),** zur Beweislast → § 415 Rn. 2. Rechtspflicht des Frachtführers zur Ausschöpfung freier Beförderungskapazitäten besteht sachwidrigerweise nicht, Abzug erfolgt gem. S. 2 Hs. 2 nur bei tatsächlicher Zuladung, dazu eingehend BeckOGK(Paschke) Rn. 15. Regelung kann abbedungen werden, Staub/P. Schmidt Rn. 24. Begriff der Aufwendungen entspricht jenem des § 670 BGB, MüKoHGB/Thume Rn. 9. Mehrkosten können ihm zB durch Umstauen oder Sicherheitsmaßnahmen entstehen. Satz 2 ist insoweit eine Ausprägung von § 420 I 2. Die Fracht für eine Ersatzladung muss er sich anrechnen lassen, um Ersatzladung braucht er sich jedoch anders als nach § 415 II 1 Nr. 1 nicht zu bemühen, allgM. Bietet ihm das unvollständig geladene Gut keine Sicherheit für die volle Fracht (Pfandrecht, § 440), hat er Anspruch auf Sicherheitenbestellung **(Satz 3);** unpraktikabel, da Bestellung nach §§ 232 ff. BGB. Bis dahin Verweigerung der Teilbeförderung (§ 273 BGB) oder Geltendmachung der §§ 323, 642 f. BGB möglich, Oetker/Paschke Rn. 4. S. 3 ist nicht analog auf Standgeld und bereits begründete Aufwendungsersatzansprüche anzuwenden, MüKoHGB/Thume Rn. 11; aA Koller Rn. 12. **Satz 4** berücksichtigt Gründe aus dem Risikobereich des Frachtführers (vgl. → § 412 Rn. 3). Die Beweislast hierfür trägt der Absender, Koller Rn. 7. Die Änderungen im Wortlaut durch das SHRG 2013 sind allein sprachlicher Natur. Der Inhalt der Regelung bleibt unverändert, vgl. RegE SHRG S. 53. § 419 BGB ist lex specialis zu § 416, MüKoHGB/Thume Rn. 14.

§ 417

4. Buch. Handelsgeschäfte

Rechte des Frachtführers bei Nichteinhaltung der Ladezeit

417 (1) Verlädt der Absender das Gut nicht innerhalb der Ladezeit oder stellt er, wenn ihm das Verladen nicht obliegt, das Gut nicht innerhalb der Ladezeit zur Verfügung, so kann ihm der Frachtführer eine angemessene Frist setzen, innerhalb derer das Gut verladen oder zur Verfügung gestellt werden soll.

(2) Wird bis zum Ablauf der nach Absatz 1 gesetzten Frist kein Gut verladen oder zur Verfügung gestellt oder ist offensichtlich, dass innerhalb dieser Frist kein Gut verladen oder zur Verfügung gestellt wird, so kann der Frachtführer den Vertrag kündigen und die Ansprüche nach § 415 Abs. 2 geltend machen.

(3) Wird das Gut bis zum Ablauf der nach Absatz 1 gesetzten Frist nur teilweise verladen oder zur Verfügung gestellt, so kann der Frachtführer mit der Beförderung des bereits verladenen Teils des Gutes beginnen und die Ansprüche nach § 416 Satz 2 und 3 geltend machen.

(4) [1] Der Frachtführer kann die Rechte nach Absatz 2 oder 3 auch ohne Fristsetzung ausüben, wenn der Absender sich ernsthaft und endgültig weigert, das Gut zu verladen oder zur Verfügung zu stellen. [2] Er kann ferner den Vertrag nach Absatz 2 auch ohne Fristsetzung kündigen, wenn besondere Umstände vorliegen, die ihm unter Abwägung der beiderseitigen Interessen die Fortsetzung des Vertragsverhältnisses unzumutbar machen.

(5) Dem Frachtführer stehen die Rechte nicht zu, wenn die Nichteinhaltung der Ladezeit auf Gründen beruht, die seinem Risikobereich zuzurechnen sind.

1 1) § 417 regelt die **Rechte des Frachtführers bei Nichteinhaltung der Ladezeit** durch den Absender (vgl. §§ 323 I, 643 BGB). Regelung kann abbedungen werden, Staub/P. Schmidt Rn. 28. Der Frachtführer soll über sein Transportmittel weiter disponieren können. Die Nichteinhaltung muss auf Gründe aus dem Risikobereich des Absenders zurückgehen, nämlich nicht rechtzeitige Verladung oder Zur-Verfügung-Stellung des Gutes durch diesen (**I**); ein Verschulden ist nicht erforderlich. Ladezeit s. § 412 II. I idF SHRG 2013 stellt zudem klar, dass die Verladung und das Zurverfügungstellen keine Pflichten des Absenders sind, sondern Mitwirkungshandlungen iSd § 642 BGB, RegE SHRG S. 53. § 417 ist nicht (analog) anwendbar, wenn Gut nicht ordnungsgemäß verladen ist, aA Staub/P. Schmidt Rn. 8). Der Frachtführer kann eine angemessene Frist (Nachfrist) setzen, Ladezeit muss hierfür aber idR abgelaufen sein, Koller Rn. 6. Verlädt ein Dritter, muss dennoch die Frist gegenüber dem Absender gesetzt werden, Heidel/Wieske Rn. 3. Eine zu kurz bemessene Frist setzt eine angemessene Frist in Lauf, Koller Rn. 6. Nach Ablauf der Frist nach I kann der Frachtführer nach **II** kündigen (keine automatische Vertragsaufhebung, vgl. § 323 I BGB, anders § 643 BGB) und hat dann die Ansprüche aus § 415 II (vereinbarte Fracht oder Fautfracht). Der Frachtführer ist für das Verstreichen der Nachfrist beweisbelastet, Koller Rn. 8. Vor Fristablauf ist eine Kündigung ebenfalls möglich, wenn offensichtlich innerhalb der Frist kein Gut verladen oder zur Verfügung gestellt werden kann (Parallele zu § 323 IV BGB). Verzögert der Frachtführer seine Wahl nach II, hat er keinen Anspruch auf späteres Standgeld (§ 412 III). Teilbeförderung s. **III** iVm § 416 S. 2, 3 (Änderungen in III durch das SHRG 2013 haben rein sprachliche Gründe, RegE SHRG S. 53). Gilt analog, wenn während Ladezeit bereits Teil des Gutes geliefert wurde, Ramming RdTW 2019, 10. **IV** nF regelt die Fälle, in denen der Frachtführer ohne Fristsetzung der Rechte aus II u. III geltend machen kann. IV 1 entspricht § 323 II Nr. 1 BGB und gilt für den Fall der ernsthaften und endgültigen Verweigerung der dem

4. Abschnitt. Frachtgeschäft 1 § 418

Absender obliegenden Mitwirkungshandlung. Von der Aufnahme einer § 323 II Nr. 2 BGB entsprechenden Regel wurde hingegen bewusst abgesehen, weil Fixabreden eher die Ausnahme sein dürften und ggf. von den Parteien vertraglich geregelt werden können, RegE SHRG S. 54 IV 2 regelt den Fall der fristlosen Kündigung aus wichtigem Grund und orientiert sich dabei an §§ 323 II Nr. 3, 324 u. 314 BGB. Auf einen Verweis auf die Rechte aus III wurde bewusst verzichtet, RegE SHRG S. 54. Unzumutbarkeit muss im Zusammenhang mit Nichtverladung des Gutes stehen, Ramming RdTW 2019, 8. Recht zur Teilbeförderung besteht dann nicht, BeckOK HGB/Kirchhof Rn. 7. Gründe aus dem Risikobereich des Frachtführers s. V (vgl. → § 412 Rn. 3). Dazu gehören insb. Bereitstellung vertragsgerechten Beförderungsmittels und Ermöglichung ungehinderten Zugangs dazu, Heymann/Schlüter Rn. 3. Insoweit ist der Absender beweisbelastet, Koller Rn. 8. § 417 ist – auch in AGB – abdingbar, Staub/ P. Schmidt Rn. 28.

Nachträgliche Weisungen

418 (1) ¹Der Absender ist berechtigt, über das Gut zu verfügen. ²Er kann insbesondere verlangen, daß der Frachtführer das Gut nicht weiterbefördert oder es an einem anderen Bestimmungsort, an einer anderen Ablieferungsstelle oder an einen anderen Empfänger abliefert. ³Der Frachtführer ist nur insoweit zur Befolgung solcher Weisungen verpflichtet, als deren Ausführung weder Nachteile für den Betrieb seines Unternehmens noch Schäden für die Absender oder Empfänger anderer Sendungen mit sich zu bringen droht. ⁴Er kann vom Absender Ersatz seiner durch die Ausführung der Weisung entstehenden Aufwendungen sowie eine angemessene Vergütung verlangen; der Frachtführer kann die Befolgung der Weisung von einem Vorschuß abhängig machen.

(2) ¹Das Verfügungsrecht des Absenders erlischt nach Ankunft des Gutes an der Ablieferungsstelle. ²Von diesem Zeitpunkt an steht das Verfügungsrecht nach Absatz 1 dem Empfänger zu. ³Macht der Empfänger von diesem Recht Gebrauch, so hat er dem Frachtführer die entstehenden Mehraufwendungen zu ersetzen sowie eine angemessene Vergütung zu zahlen; der Frachtführer kann die Befolgung der Weisung von einem Vorschuß abhängig machen.

(3) Hat der Empfänger in Ausübung seines Verfügungsrechts die Ablieferung des Gutes an einen Dritten angeordnet, so ist dieser nicht berechtigt, seinerseits einen anderen Empfänger zu bestimmen.

(4) Ist ein Frachtbrief ausgestellt und von beiden Parteien unterzeichnet worden, so kann der Absender sein Verfügungsrecht nur gegen Vorlage der Absenderausfertigung des Frachtbriefs ausüben, sofern dies im Frachtbrief vorgeschrieben ist.

(5) Beabsichtigt der Frachtführer, eine ihm erteilte Weisung nicht zu befolgen, so hat er denjenigen, der die Weisung gegeben hat, unverzüglich zu benachrichtigen.

(6) ¹Ist die Ausübung des Verfügungsrechts von der Vorlage des Frachtbriefs abhängig gemacht worden und führt der Frachtführer eine Weisung aus, ohne sich die Absenderausfertigung des Frachtbriefs vorlegen zu lassen, so haftet er dem Berechtigten für den daraus entstehenden Schaden. ²Die Haftung ist auf den Betrag begrenzt, der bei Verlust des Gutes zu zahlen wäre.

1) Nachträgliche Weisungen des Absenders (I)

§ 418 trägt dem Geschäftsbesorgungscharakter des Frachtvertrags Rechnung 1 und ermöglicht eine Reaktion auf möglicherweise veränderte Rahmenbedingun-

§ 418 2

gen, MüKoHGB/Thume Rn. 1. Der Frachtvertrag ist ein **Vertrag zugunsten des Empfängers** (§ 328 BGB), allerdings mit der Besonderheit, dass die Rechte des Empfängers nur stufenweise entstehen, BGH NJW 1974, 1616, hL, K. Schmidt § 32 II 6. Nach §§ 418 ff. erlangt der Empfänger im Verlauf der Beförderung eine zunehmend stärkere Rechtsstellung (Verfügungsrecht, Forderungsrecht). Zuerst hat noch der **Absender** das **Weisungsrecht,** das nur zusammen mit dem Ablieferungsanspruch abgetreten werden kann, Koller Rn. 3, str. Die Weisung stellt eine einseitige Vertragsänderung dar, Koller Rn. 4. Sie kann auch bereits vor Inobhutnahme des Gutes erteilt werden, Koller Rn. 6; aA MüKoHGB/Thume Rn. 14. Ebenso kann Gegenstand der Weisung auch eine Übernahme des Gutes an einer anderen Stelle oder zu einem anderen Zeitpunkt sein, Koller Rn. 6; aA MüKoHGB/Thume Rn. 24. Grenze des Weisungsrechts sind transportfremde Aufgaben, Staub/P. Schmidt Rn. 23, sowie Weisungen, die die Anwendung internationaler Abkommen begründen würden, Koller Rn. 7. Keine Weisung bei Erklärungen, deren Inhalt offengelassen worden sind, Koller Rn. 4. Der Absender kann das Gut noch anhalten oder umdirigieren (**I 1,** → **(17)** CMR Art. 12) oder eine Beförderung mit einem bestimmten Transportmittel verlangen, Koller Rn. 6. Sperrvermerk IV (→ Rn. 3). Das ändert sich mit Ankunft des Gutes an der Ablieferungsstelle. **I 2** gibt (nicht abschließend) Beispiele für Weisungen des Absenders (Änderung der Ablieferungsstelle s. § 408 I Nr. 4), so kann dieser etwa auch Wiederausladung verlangen. Der Frachtführer ist aber nicht auf jeden Fall folgepflichtig (**I 3**), nämlich zB nicht bei einem (ex ante) drohenden Nachteil. Das geht weiter als **(17)** CMR Art. 12 Vb (Hemmnis), aber nicht schon jede Unverträglichkeit mit dem Unternehmenskonzept des Frachtführers ist Nachteil iSv II 3 (RegE TRG). Nachteil ist aber gegeben, wenn Frachtführer aufgrund der Weisung anderen Aufträgen nicht nachkommen kann, Koller Rn. 11. Auch partielle Verpflichtung, die Weisung zu befolgen, ist denkbar („insoweit"). Dem kann aber der Rechtsgedanke des § 139 BGB entgegenstehen, Koller Rn. 21. Beweislast für Zumutbarkeit der Weisung trägt Absender, BGH NJW 1964, 2350, aA Koller Rn. 13a. Der Frachtführer hat Ausgleichsansprüche (**I 4**), ua Recht auf Vorschuss (vgl. §§ 675, 669 BGB). Für Haftung des Frachtführers für fehlerhafte Ausführung oder Nichtbefolgung wirksamer Weisung gilt § 425 für Güter- und Verspätungsschäden bzw. § 280 BGB für sonstige Schäden, BeckOK HGB/Kirchhof Rn. 6. Die vollständige Abbedingung des Weisungsrechts des Versenders in den AGB eines Paketdienstleisters ist ggü. Verbrauchern wegen unangemessener Benachteiligung unwirksam, OLG Frankfurt a. M. BeckRS 2020, 37096 Rn. 23 ff.

2) Verfügungsrecht des Empfängers nach Ankunft des Gutes an der Ablieferungsstelle (II, III)

2   Nach **Ankunft** des Gutes **an der Ablieferungsstelle** (Gleichlauf mit § 421 I, nicht: Bestimmungsort; vgl. § 408 I 1 Nr. 4, dort → § 408 Rn. 3) erlischt das Verfügungsrecht des Absenders (**II 1**). Das Verfügungsrecht (vom Gesetzgeber iSv Weisungsrecht gebraucht, hat mit sachenrechtlicher Verfügung nichts zu tun) steht nunmehr dem Empfänger zu (**II 2**), dh der Empfänger kann dem Frachtführer Weisungen erteilen, insbesondere, dass der Frachtführer das Gut an einen Dritten abliefert. Der Empfänger muss dann allerdings dem Frachtführer die entstehenden Mehraufwendungen ersetzen und eine angemessene Vergütung bezahlen (**II 3;** auf Verlangen auch Vorschuss). Keine besondere Legitimationspflicht des Empfängers, selbst wenn Frachtbrief als Sperrpapier ausgestellt ist, Koller Rn. 16. Nach Ankunft des Gutes an der Ablieferungsstelle ist der Empfänger berechtigt, vom Frachtführer zu verlangen, ihm das Gut abzuliefern, allerdings nur gegen Erfüllung der Verpflichtungen aus dem Frachtvertrag (§ 421 I 1). Das Verfügungsrecht des Empfängers zur Anordnung der Ablieferung

4. Abschnitt. Frachtgeschäft § 419

des Gutes an einen Dritten setzt sich nicht bei diesem fort (**III**, vgl. **(17)** CMR Art. 12 IV), Grund: zu große Belastung für den Frachtführer.

3) Verfügungsrecht und Haftung bei Frachtbriefsperrvermerk (IV, VI)

Der Absender kann in der Ausübung seines Verfügungsrechts durch einen **3** **Sperrvermerk** im Frachtbrief beschränkt sein (IV, vgl. **(17)** CMR Art. 12 V a). Das ist der Fall, wenn der ausgestellte und beiderseitig unterschriebene Frachtbrief (vgl. § 409) vorschreibt, dass der Absender sein Verfügungsrecht nur gegen Vorlage der Absenderausfertigung (§ 408 II 4) des Frachtbriefs ausüben kann (**IV**). Vorgelegt werden muss das Original, Kopie oder Telefax genügen nicht, Staub/P. Schmidt Rn. 48.

Führt der Frachtführer eine Weisung aus, ohne den Sperrvermerk zu beachten, **4** **haftet** er dem Berechtigten dafür (**VI 1**, enger als **(17)** CMR Art. 12 VII). Bei fehlender Übernahme des Gutes greift a fortiori analog VI eine Skripturhaftung, EBJS/Reuschle Rn. 34; aA Koller Rn. 46, der für die Anwendung der Rechtsscheingrundsätze und § 826 BGB plädiert. Die verschuldensunabhängige Haftung ist seit dem SHRG 2013 in Angleichung an die Regelung in § 445 III 2 (früher § 447 S. 2) auf den Betrag begrenzt, der bei Verlust des Gutes zu zahlen wäre (**VI 2**). Für sonstige Pflichtverletzungen haftet der Frachtführer nur verschuldensabhängig (§ 280 I BGB, Pflichtverletzung) mit der Höchstgrenze des § 433 VI ist nicht zu Lasten gutgläubiger Dritter abdingbar (§ 449 I 2), Abbedingung im Übrigen s. § 449 I 1, II.

4) Benachrichtigungspflicht des Frachtführers (V)

Der Frachtführer muss den Weisungsgeber (Absender nach I oder Empfänger **5** nach II) unverzüglich (ohne schuldhaftes Zögern, § 121 I 1 BGB) benachrichtigen, wenn er eine Weisung nicht zu befolgen beschließt. Dies gilt nicht bei unzulässigen Weisungen oder Unmöglichkeit ihrer Ausführung, Staub/ P. Schmidt Rn. 35. Verweigerung der Befolgung und Verletzung der Benachrichtigungspflicht sind eigenständige Pflichtverletzungen iSd § 280 BGB, Oetker/Paschke Rn. 12.

Beförderungs- und Ablieferungshindernisse

419 (1) ¹Wird nach Übernahme des Gutes erkennbar, dass die Beförderung oder Ablieferung nicht vertragsgemäß durchgeführt werden kann, so hat der Frachtführer Weisungen des nach § 418 oder § 446 Verfügungsberechtigten einzuholen. ²Ist der Empfänger verfügungsberechtigt und ist er nicht zu ermitteln oder verweigert er die Annahme des Gutes, so ist, wenn ein Ladeschein nicht ausgestellt ist, Verfügungsberechtigter nach Satz 1 der Absender; ist die Ausübung des Verfügungsrechts von der Vorlage eines Frachtbriefs abhängig gemacht worden, so bedarf es in diesem Fall der Vorlage des Frachtbriefs nicht. ³Der Frachtführer ist, wenn ihm Weisungen erteilt worden sind und das Hindernis nicht seinem Risikobereich zuzurechnen ist, berechtigt, Ansprüche nach § 418 Abs. 1 Satz 4 geltend zu machen.

(2) Tritt das Beförderungs- oder Ablieferungshindernis ein, nachdem der Empfänger auf Grund seiner Verfügungsbefugnis nach § 418 die Weisung erteilt hat, das Gut an einen Dritten abzuliefern, so nimmt bei der Anwendung des Absatzes 1 der Empfänger die Stelle des Absenders und der Dritte die des Empfängers ein.

(3) ¹Kann der Frachtführer Weisungen, die er nach § 418 Abs. 1 Satz 3 befolgen müßte, innerhalb angemessener Zeit nicht erlangen, so hat er die Maßnahmen zu ergreifen, die im Interesse des Verfügungsberechtigten die besten zu sein scheinen. ²Er kann etwa das Gut entladen und verwahren, für

Rechnung des nach § 418 oder § 446 Verfügungsberechtigten einem Dritten zur Verwahrung anvertrauen oder zurückbefördern; vertraut der Frachtführer das Gut einem Dritten an, so haftet er nur für die sorgfältige Auswahl des Dritten. ³ Der Frachtführer kann das Gut auch gemäß § 373 Abs. 2 bis 4 verkaufen lassen, wenn es sich um verderbliche Ware handelt oder der Zustand des Gutes eine solche Maßnahme rechtfertigt oder wenn die andernfalls entstehenden Kosten in keinem angemessenen Verhältnis zum Wert des Gutes stehen. ⁴ Unverwertbares Gut darf der Frachtführer vernichten. ⁵ Nach dem Entladen des Gutes gilt die Beförderung als beendet.

(4) Der Frachtführer hat wegen der nach Absatz 3 ergriffenen Maßnahmen Anspruch auf Ersatz der erforderlichen Aufwendungen und auf angemessene Vergütung, es sei denn, daß das Hindernis seinem Risikobereich zuzurechnen ist.

1) Beförderungs- und Ablieferungshindernisse (I 1)

1 Besondere Regelungen gelten bei Beförderungs- und Ablieferungshindernissen (§ 419, **Notrechte**, vgl. **(17)** CMR Art. 14–16) seit dem SHRG 2013 in Angleichung an die Regelung in § 445 III 2 (früher § 447 S. 2) auf den Betrag begrenzt, der bei Verlust des Gutes zu zahlen wäre. Liegt ein Hindernis vor, muss der Frachtführer Weisungen der nach § 418 oder § 446 verfügungsberechtigten Person einholen (**I 1**). Was ein Hindernis im konkreten Fall darstellt, hängt von den Parteibestimmungen ab, Koller Rn. 3. Diese Pflicht besteht bereits, wenn das Hindernis erkennbar ist, und nicht erst, wenn es eingetreten ist. Erfasst sind Hindernisse zwischen Übernahme des Gutes und Ankunft an der Ablieferungsstelle; nicht vorangehende Abreisehindernisse, MüKoHGB/Thume Rn. 9. Bei Erkennbarkeit vor Übernahme ist Anwendung des § 419 streitig (analoge Anwendung bejahend Koller Rn. 7; ablehnend Staub/P. Schmidt Rn. 8). Der Begriff des Hindernisses ist nicht mit dem der Unmöglichkeit (§ 275 BGB) oder Fällen des § 313 BGB identisch, aA BeckOK HGB/Kirchhof Rn. 1. Der Gesetzgeber hat bewusst eine von der CMR abweichende Formulierung getroffen, RegE TRG, näher Koller Rn. 3 ff., zur Unmöglichkeit bei Frachtverträgen Koller TranspR 2018, 1 ff. Ausreichend ist bereits eine qualifizierte Erschwerung der Beförderung und Ablieferung, MüKoHGB/Thume Rn. 7. Eine solche ist im Fall des § 275 Abs. 2 BGB gegeben, Thume, TranspR 2020, 434. § 313 BGB kann in der Corona-Krise in Betracht kommen, zB bei Transport von Gut für eine nunmehr abgesagte Messe, Schmidt/Thume, § 13 Rn. 11a, Thume, TranspR 2020, 431. Zur Rechtslage in Italien im Hinblick auf die Corona-Pandemie Bacci, TranspR 2020, 282.

2) Weisungsberechtigung in besonderen Fällen (I 2, II)

2 I 2, II regelt die Weisungsberechtigung für besondere Fälle. Bei Nichtermittelbarkeit oder Annahmeverweigerung des verfügungsberechtigten Empfängers fällt insoweit das Verfügungsrecht auf den Absender zurück, und zwar bei Vorlage des Frachtbriefs, der idR bereits beim Empfänger liegt (I 2). Das Verfügungsrecht des Absenders lebt jedoch nicht wieder auf, wenn ein Ladeschein (§ 446) ausgestellt ist, denn in diesen Fällen bleibt stets der legitimierte Besitzer des Ladescheins verfügungsberechtigt. II sieht eine entsprechende Rückverlagerung bei Bestimmung eines Drittempfängers vor.

3) Maßnahmen mangels Weisung (III)

3 III regelt den Fall, dass der Frachtführer Weisungen, die er nach § 418 I 3 befolgen müsste, nicht rechtzeitig erlangen kann (**III 1**). Angemessen ist die Zeit, die den Frachtführer nicht übermäßig im Ungewissen lässt und Maßnahmen iSd § 419 III 1 nicht illusorisch macht, KKRD/Koller Rn. 2. Erforderlich ist eine umfassende Interessenabwägung, in Ausnahmefällen können Maßnahmen ohne jedes Zuwarten getroffen werden, Staub/P. Schmidt Rn. 29. Voraussetzungen sind zB gegeben, wenn keine Zeit zur Weisungseinholung bleibt oder die erbetene Weisung ausbleibt. **III 2–4** geben Beispiele für mögliche **Maßnahmen mangels Weisung**, etwa Entladen, Verwahren, Einlagern bei Dritten (Haftung dann nur für Auswahlverschulden, nicht § 278 BGB), Rücktransport bis hin zu Selbsthilfeverkauf (nach § 373 II–IV durchzuführen) und als ultima ratioVernichtung, letzteres etwa bei leicht verderblichen Massengütern oder umweltgefährlichen Gütern. Der Frachtführer muss die Maßnahmen ergreifen, die im Interesse des Verfügungsberechtigten am besten zu sein erscheinen. Sind weitere Hindernisse abzusehen, so muss der Frachtführer zunächst versuchen, neue Weisungen zu erlangen. Ist dies wiederum nicht möglich, gilt erneut § 419 III, Koller Rn. 61. Nach dem Entladen des Guts gilt die Beförderung als beendet (**III 5**). Damit entfällt zugleich die vertragliche Obhutspflicht des Frachtführers. Bleibt Gut in seiner Obhut, gelten für Haftung §§ 688 ff. BGB oder §§ 467 ff., Pokrant/ Gran Rn. 292. Beendigung der Beförderung im Unterfrachtverhältnis führt nur in Ausnahmefällen zur Beendigung des Hauptfrachtverhältnisses, BGH RdTW 2015, 411.

4) Ansprüche des Frachtführers (I 3, IV)

Der Frachtführer hat Anspruch auf Aufwendungsersatz, Vergütung und Vorschuss bei hindernisbedingter Weisung (**I 3** iVm § 418 I 4) und bei Maßnahmen ohne Weisung nach III (**IV**). Zur Erlangung einer Weisung aufgewendete Kosten sind nicht „wegen der nach Absatz 3 ergriffenen Maßnahmen" entstanden, MüKoHGB/Thume Rn. 40. Schuldner des Aufwendungsersatzanspruchs nach IV ist grundsätzlich der Absender, der Empfänger nur in den Fällen von § 418 II 3 u. § 421 I 1, BGH TranspR 2010, 430 mAnm Pokrant TransportR 2011, 49 (52). Hindernisse aus dem Risikobereich des Frachtführers gehen zu dessen Lasten (I 3, IV; vgl. → § 412 Rn. 3). Insoweit ist der Anspruchsgegner beweisbelastet, Staub/P. Schmidt Rn. 57. Distanzfracht wegen bei Eintritt des Hindernisses bereits erbrachter Beförderungsleistung nach § 420 II 2. 4

5) Haftung des Frachtführers

Der Frachtführer haftet gem. §§ 425 ff. für Güter- und Verzögerungsschäden. Außerhalb des Anwendungsbereichs der handelsrechtlichen Sondervorschriften Haftung gem. §§ 280 ff. BGB, zB bei fehlender oder schuldhaft verspäteter Einholung von Weisungen, BeckOK/Kirchhof Rn. 14. Auch in diesem Fall grdsl. Haftungsbeschränkung gem. §§ 431, 433 ff., MüKoHGB/Thume Rn. 48. 5

Zahlung. Frachtberechnung

420 (1) ¹**Die Fracht ist bei Ablieferung des Gutes zu zahlen.** ²**Der Frachtführer hat über die Fracht hinaus einen Anspruch auf Ersatz von Aufwendungen, soweit diese für das Gut gemacht wurden und er sie den Umständen nach für erforderlich halten durfte.**

(2) ¹Der Anspruch auf die Fracht entfällt, soweit die Beförderung unmöglich ist. ²Wird die Beförderung infolge eines Beförderungs- oder Ablieferungshindernisses vorzeitig beendet, so gebührt dem Frachtführer die anteilige Fracht für den zurückgelegten Teil der Beförderung, wenn diese für den Absender von Interesse ist.

(3) ¹Abweichend von Absatz 2 behält der Frachtführer den Anspruch auf die Fracht, wenn die Beförderung aus Gründen unmöglich ist, die dem Risikobereich des Absenders zuzurechnen sind oder die zu einer Zeit eintreten, zu welcher der Absender im Verzug der Annahme ist. ²Der Fracht-

führer muss sich jedoch das, was er an Aufwendungen erspart oder anderweitig erwirbt oder zu erwerben böswillig unterlässt, anrechnen lassen.

(4) Tritt nach Beginn der Beförderung und vor Ankunft an der Ablieferungsstelle eine Verzögerung ein und beruht die Verzögerung auf Gründen, die dem Risikobereich des Absenders zuzurechnen sind, so gebührt dem Frachtführer neben der Fracht eine angemessene Vergütung.

(5) Ist die Fracht nach Zahl, Gewicht oder anders angegebener Menge des Gutes vereinbart, so wird für die Berechnung der Fracht vermutet, daß Angaben hierzu im Frachtbrief oder Ladeschein zutreffen; dies gilt auch dann, wenn zu diesen Angaben ein Vorbehalt eingetragen ist, der damit begründet ist, daß keine angemessenen Mittel zur Verfügung standen, die Richtigkeit der Angaben zu überprüfen.

1) Frachtzahlung, Aufwendungsersatzanspruch (I)

1   Der Frachtführer hat Anspruch auf **Zahlung** der Fracht (§ 407 II). Sie ist aber erst Zug um Zug bei Ablieferung des Gutes zu zahlen (**I 1**; vgl. demgegenüber § 456 für den Spediteur). Höhe richtet sich bei fehlender Vereinbarung nach marktüblicher Vergütung (§§ 354, 632 BGB), EBJS/Reuschle Rn. 6. Die Fälligkeit des Anspruchs auf Zahlung der Fracht tritt damit eine logische Sekunde vor dem Zeitpunkt der vollen Ablieferung ein, Koller Rn. 3. Lehnt der Empfänger Annahme des Gutes ab, entsteht der Anspruch mit vollendetem Rücktransport, OLG München TranspR 2016, 69. Die Regelung des § 420 I wird in der Praxis durch Frankatur- bzw. Freivermerke (→ § 346 Rn. 40 „frei") näher konkretisiert. Zum Teil wird auch abweichendes vereinbart. Der Frachtführer hat ferner einen **Aufwendungsersatzanspruch** (I 2, wie §§ 675, 670 BGB, aber dazu lex specialis), vgl. OLG Frankfurt a. M. NJW 1981, 1912. Auch dieser ist erst mit Abschluss der Beförderung fällig. Abweichende Regelungen in AGB möglich, AG Mannheim RdTW 2015, 398. Aufwendungen werden nach I 2 nur erstattet, soweit sie für das Gut gemacht wurden, also güterbezogen sind, sowie für die Verzollung des Frachtguts aufgewendete Kosten, BGH VersR 2014, 356. Weitere Beispiele sind Ufer-, Kran-, Wiegegelder; beförderungsbezogene Aufwendungen und solche für Obhut des Gutes gehören dagegen zur Fracht (§ 407 II). Auch Kosten wegen Insolvenz des zur Beförderung eingesetzten Erfüllungsgehilfen (§ 278 BGB) trägt Frachtführer, LG Stuttgart TranspR 2018, 262. Sonderregeln: §§ 410 II, 414 I, 415 II 1 Nr. 1, 416, 418 I, 419 III, IV. Lagergeld für Aufbewahrung des Gutes nach Beendigung des Transports kann der Frachtführer von Absender u. Empfänger nur nach § 354 I verlangen, BGH NJW 2009, 3239. Kosten für Polizeibegleitung und Verkehrslenkungsmaßnahmen stellen keine nach I 2 ersatzfähigen Aufwendungen dar, sondern sind Teil der Fracht, AG Bremen RdTW 2021, 107.

2) Unmöglichkeit, Distanzfracht (II)

2   II 1 idF SHRG 2013 ist § 326 I 1 BGB nachgebildet und stellt die Grundregel auf, dass für den Fall der Unmöglichkeit (§ 275 BGB) der Beförderung der Anspruch auf Fracht entfällt. Unmöglichkeit ist dabei weiter zu verstehen als bei § 275 BGB und liegt schon vor, wenn die Beförderung nicht mehr vertragsgemäß durchgeführt werden kann, BeckOK/Kirchhof Rn. 4; OLG Hamm RdTW 2020, 342. Die Preisgefahr wird damit grundsätzlich dem Frachtführer auferlegt. Für den Sonderfall des vorzeitigen Beförderungsendes wird hiervon insoweit eine Ausnahme gemacht, als ein Anspruch auf anteilige Fracht bestehen bleibt, wenn der zurückgelegte Teil der Beförderung von Interesse für den Absender ist (**II 2**, auch **Distanzfracht** genannt). In diesem Fall trägt der Frachtführer also nicht die Preisgefahr bis zur Ablieferung (vgl. demgegenüber §§ 644, 645 BGB). Distanzfracht ist damit die Vergütung für diejenige Teilbeförderung,

die der Frachtführer bis zur vorzeitigen Beendigung der Beförderung infolge eines Beförderungs- oder Ablieferungshindernisses erbracht hat. Für Berechnung ist nicht nur Verhältnis der zurückgelegten zur noch zurücklegenden Transportstrecke maßgeblich, sondern auch der Aufwand, BeckOK HGB/Kirchhof Rn. 4. Die in II 2 aF enthaltene Klarstellung, dass ein Anspruch auf Distanzfracht nur besteht, wenn das Beförderungs- oder Ablieferungshindernis in den Risikobereich des Frachtführers fällt, hielt der Gesetzgeber für überflüssig, weil auf Grund des neu formulierten III klar sei, dass Fälle, in denen das Hindernis im Risikobereich des Absenders liegt, nicht von II erfasst sind, RegE SHRG S. 76. Mit dieser Formulierung hat der Gesetzgeber die bereits im RegE TRG geäußerte Vorstellung unterstrichen, dass Leistungsstörungen im allgemeinen Transportrecht stets einer der beiden Risikosphären zuzuordnen sind, aA Canaris § 31 Rn. 52 zur alten Rechtslage. II erfasst damit alle Fälle, in denen das Leistungshindernis in die Risikosphäre des Frachtführers fällt, während III alle Fälle regelt, in denen das Leistungshindernis in den Risikobereich des Absenders fällt. Eines Rückgriffs auf § 644 BGB bedarf es nicht mehr (so noch die 35. Aufl. zum alten Recht). Bei Kündigung des Verfügungsberechtigten ist§ 415 lex specialis gegenüber II 2, OLG Hamm RdTW 2020, 342. Auch bei Weisungserteilung zu Transportbeendigung gem. § 418 ohne Beförderungs- bzw. Ablieferungshindernis ist II 2 nicht anwendbar, Koller Rn. 23.

3) Hindernisse im Risikobereich des Absenders, Annahmeverzug (III)

III 1 regelt abweichend von der Grundregel in II 1, dass der Anspruch des **3** Frachtführers auf die Fracht erhalten bleibt, wenn die Unmöglichkeit aus Gründen eingetreten ist, die im Risikobereich des Absenders liegen. Dies entspricht der Regelung des § 326 II BGB, wobei der Gesetzgeber bewusst nicht auf ein Vertretenmüssen abstellt, sondern nach Risikosphären unterscheidet, da mit dieser Abgrenzung ein Gleichlauf zum Seefrachtrecht gewährleistet bleiben soll, RegE SHRG S. 76. Vor allem Hindernisse iSv § 414 gehören zum Risikobereich des Absenders, MüKoHGB/Thume Rn. 24. Erforderlich ist positive Feststellung, dass Ursache der Verzögerung in Risikobereich des Absenders fällt. Dass von außen wirkende unvorhersehbare und von Parteien nicht beherrschbare Störungsursachen (zB Sperrung Beförderungsweg, Hoch-, Niedrigwasser, Eisgang, Sturm) nicht in den Risikobereich des Frachtführers fallen, reicht für die Zurechnung zum Risikobereich des Absenders nicht aus, BGH NJW-RR 2011, 1485 f. Nicht erforderlich ist Unkenntnis des Frachtführers oder Absenders von die Verzögerung verursachenden Umständen. Kenntnis vor Abschluss des Frachtvertrags wird jedoch bei der Frage des Risikobereichs relevant, Pokrant/Gran Rn. 242. Dass die Störungsursache nicht in die Sphäre des Frachtführers fällt, reicht nicht aus; erforderlich ist positive Feststellung der Zugehörigkeit zum Risikobereich des Frachtführers, Pokrant/Gran Rn. 247. Der Frachtführer muss sich allerdings dasjenige anrechnen lassen, was er durch die Befreiung von seiner Leistungspflicht erspart oder anderweitig erworben hat (III 2).

4) Absenderbedingte Verzögerungen (IV)

IV regelt die Vergütung für zeitweilige Verzögerung aus Gründen, die dem **4** Risikobereich des Absenders (s. Canaris § 31 Rn. 53 f.) zuzurechnen sind (demgegenüber II, bei dauerndem Hindernis). Dabei muss das Risiko für den Absender vorhersehbar und besser beherrschbar sein als für den Frachtführer, BGH NJW-RR 2011, 1485 mAnm Koller VersR 2012, 949; OLG Köln TranspR 2009, 45; 2009, 175 (somit etwa keine Vergütungspflicht im Falle einer Verzögerung wegen Sperrung des Schifffahrtsweges nach Havarie, aA Koller Rn. 26). Hierfür ist der Frachtführer beweisbelastet, MüKoHGB/Thume Rn. 30. Die Verzögerung stellt kein Hindernis iSv § 419 dar. Sie muss nach Beginn der Beförderung und vor Ankunft an der Ablieferungsstelle eintreten. Die Zeit davor und danach fällt bereits unter § 412 III (Lade-, Entladezeit), dafür gibt es Standgeld. Unerhebliche Verzögerungen bleiben unberücksichtigt (RegE TRG). Parallel ist Schadensersatzanspruch aus § 414 möglich, Staub/P. Schmidt Rn. 28. Maßgeblich ist die Sicht des Frachtführers, der auch die Beweislast trägt. Der Frachtführer hat nach III Anspruch auf angemessene Vergütung neben der Fracht. Für Verzögerungen infolge mangelhafter Begleitpapiere oder unzureichender Auskünfte haftet der Absender verschuldensunabhängig nach § 414 I Nr. 4. Die Frachtberechnung bei Verzögerungen infolge Niedrigwasser bleibt der Vertragspraxis (Kleinwasserzuschläge) überlassen (RegE TRG S. 54).

5) Mengenangaben im Frachtbrief oder Ladeschein (V)

5   V enthält eine Auslegungsregel für die Frachtberechnung. Die Richtigkeit der Mengenangaben im Frachtbrief oder Ladeschein wird widerleglich vermutet (V Hs. 1). Das gilt nach V Hs. 2 auch bei sog. begründeter Unbekanntklausel (für den Frachtbrief § 409 II 2 Hs. 2; für den Ladeschein § 444 I Hs. 2). Denn diese soll nur die Beweisvermutung für die Güterschadenshaftung des Frachtführers entkräften, aber nicht die Frachtberechnung berühren. Die Vermutung nach V gilt hingegen nicht, wenn der Frachtführer konkret vermerkt, wie groß die Menge seiner Ansicht nach ist, Koller Rn. 38.

Rechte des Empfängers. Zahlungspflicht

421 (1) ¹Nach Ankunft des Gutes an der Ablieferungsstelle ist der Empfänger berechtigt, vom Frachtführer zu verlangen, ihm das Gut gegen Erfüllung der Verpflichtungen aus dem Frachtvertrag abzuliefern. ²Ist das Gut beschädigt oder verspätet abgeliefert worden oder verlorengegangen, so kann der Empfänger die Ansprüche aus dem Frachtvertrag im eigenen Namen gegen den Frachtführer geltend machen; der Absender bleibt zur Geltendmachung dieser Ansprüche befugt. ³Dabei macht es keinen Unterschied, ob Empfänger oder Absender im eigenen oder fremden Interesse handeln.

(2) ¹Der Empfänger, der sein Recht nach Absatz 1 Satz 1 geltend macht, hat die noch geschuldete Fracht bis zu dem Betrag zu zahlen, der aus dem Frachtbrief hervorgeht. ²Ist ein Frachtbrief nicht ausgestellt oder dem Empfänger nicht vorgelegt worden oder ergibt sich aus dem Frachtbrief nicht die Höhe der zu zahlenden Fracht, so hat der Empfänger die mit dem Absender vereinbarte Fracht zu zahlen, soweit diese nicht unangemessen ist.

(3) Der Empfänger, der sein Recht nach Absatz 1 Satz 1 geltend macht, hat ferner ein Standgeld oder eine Vergütung nach § 420 Abs. 4 zu zahlen, ein Standgeld wegen Überschreitung der Ladezeit und eine Vergütung nach § 420 Abs. 4 jedoch nur, wenn ihm der geschuldete Betrag bei Ablieferung des Gutes mitgeteilt worden ist.

(4) Der Absender bleibt zur Zahlung der nach dem Vertrag geschuldeten Beträge verpflichtet.

1) Rechte des Empfängers (I)

1   § 421 regelt die Rechte und die Zahlungspflicht des Empfängers nach Ankunft des Gutes an der Ablieferungsstelle (vgl. **(17)** CMR Art. 13). Ankunft bereits dann, wenn sich das Gut auf oder vor dem Grundstück befindet, welches Ziel der Sendung ist, Koller Rn. 2. Nach Ankunft des Gutes an der Ablieferungsstelle ist der **Empfänger** berechtigt, vom Frachtführer die **Ablieferung** des Gutes an ihn zu **verlangen,** allerdings nur Zug um Zug gegen Erfüllung der Verpflichtungen aus dem Frachtvertrag **(I 1).** Bloße Übernahme des Gutes ist keine konkludente Geltendmachung der Ansprüche, OLG Koblenz TranspR 2015, 157. Dasselbe

4. Abschnitt. Frachtgeschäft 2–4 **§ 421**

gilt für Überprüfung des Guts und Einblick in den Frachtbrief, Staub/ P. Schmidt Rn. 6. Der Absender verliert durch I nicht sein Recht, seinerseits vom Frachtführer Ablieferung an den Empfänger zu verlangen (§ 335 BGB), vgl. BGH NJW 1974, 1614; I 2 Hs. 2, der dies nur für die Geltendmachung des Gütersurrogats (Schadensersatzanspruch) ausspricht, steht dem nicht entgegen. Das wird praktisch relevant, wenn der Empfänger sein Recht nicht geltend machen will. Der Absender kann dann etwa Klage erheben. Voraussetzung für I 1 ist Eintreffen des Gutes an der Ablieferungsstelle, Ankunft am Bestimmungsort genügt nicht (vgl. § 408 I 1 Nr. 4, dort → § 408 Rn. 3; Gleichlauf mit § 418 II). Nach OLG Köln TranspR 2004, 121 soll der Empfänger bereits vor Ablieferung anspruchsberechtigt sein, wenn er Eigentümer des Gutes ist und die Versendung auf seine Gefahr erfolgt. Der Frachtführer braucht nur Zug um Zug gegen Erfüllung seiner Ansprüche aus dem Frachtvertrag abzuliefern (I 1, II), liefert er trotzdem aus, verliert er sein Pfandrecht (§ 440 II, III). § 421 ist auch durch AGB abdingbar, BeckOK/Kirchhof Rn. 1.

Im Falle von Güterschäden oder Lieferverzögerungen kann der Empfänger die 2 Ansprüche aus dem Frachtvertrag gegen den Frachtführer im eigenen Namen geltend machen (**I 2**). Auf die Frage, wem die Entschädigung materiell zusteht, kommt es nicht an, BGH, RdTW 2020, 367; hierzu ausführlich Koller, RdTW 2020, 402. Aufgrund der Ausgestaltung des Frachtvertrages als Vertrag zugunsten Dritter (→ § 407 Rn. 17, BGHZ 75, 92 – CMR; BGH NJW 1999, 1110 – CMR) handelt es sich hierbei nicht um eine Regelung der Prozessstandschaft, sondern um die Anerkennung eines eigenen materiellen Anspruchs des Empfängers, Homann JA 1999, 978; Oetker JuS 2001, 833. Dies ist dem regelmäßigen Auseinanderfallen von Anspruchsinhaber und Geschädigtem beim Gütertransport geschuldet, aus dem der Schädiger keinen Nutzen ziehen soll, BeckOK/Kirchhof Rn. 10. Nach I 2 Hs. 2 bleibt der Absender zur Geltendmachung seiner Ansprüche befugt, was sich bereits aus dem Charakter des Vertrags zugunsten Dritter ergibt. Absender und Empfänger sind Gesamtgläubiger iSv §§ 428 f. BGB, wobei der Absender wahlweise die Leistung an sich selbst oder an den Empfänger verlangen kann (Wahlschuld § 263 I BGB), zu (**17**) Art. 13 CMR BGH NJW 2019, 3726 m. zust. Anm. Steinmann; sowie BGH RdTW 2019, 417 Rn. 50 (aA Ersetzungsbefugnis Koller RdTW 2019, 443 f.; Ramming RdTW 2020, 48). Gesamtgläubigerschaft entsteht mit Ablieferung, im Falle von Totalverlust, sobald Verlust festgestellt oder Frist des § 424 HGB überschritten ist, Staub/P. Schmidt Rn. 17 f. Durch diese **Doppellegitimation** wird die Gefahr des Anspruchsverlusts bei Vorgehen der falschen Partei vermieden.

Eine dogmatische Begründung für die Anwendung der Drittschadensliquidati- 3 on zwischen Absender und Empfänger ist darin auch iVm I 3 nicht zu sehen. Da dem Empfänger ein eigener vertraglicher Anspruch gegen den Frachtführer zusteht, besteht für eine Drittschadensliquidation im Verhältnis Absender/Empfänger gerade kein Bedürfnis, Becker AcP 2002, 722; aA Oetker JuS 2001, 833. **I 3** erlaubt nur in den noch verbleibenden Fallgestaltungen sowohl dem Empfänger als auch dem Absender die **Drittschadensliquidation,** also Geltendmachung im eigenen Namen, aber im fremden Interesse, insbesondere wenn ein außenstehender Dritter einen Vermögensschaden erleidet. Demnach kann beispielsweise der Spediteur, der einen Frachtvertrag in eigenem Namen, aber für fremde Rechnung abschließt, den Schaden seines Auftraggebers gegenüber dem Frachtführer liquidieren.

Anspruchsgegner ist stets der (Haupt-)Frachtführer. Wurde ein Unterfracht- 4 führer beauftragt, so haftet dieser neben dem Hauptfrachtführer als Gesamtschuldner, BGH TranspR 2009, 130 (obiter dictum), Koller Rn. 4. Der Unterfrachtführer kann umgekehrt gegen den Empfänger Zahlungsansprüche geltend machen, da er auch Schadensersatzansprüchen des Empfängers ausgesetzt ist, Staub/ P. Schmidt Rn. 40; krit. zum Unterfrachtvertrag als Quelle der Haftung Man-

Merkt 1889

kowski TranspR 2016, 81 ff. Wird Ablieferungsverlangen gegenüber dem Unterfrachtführer geltend gemacht, muss Empfänger sich Ansprüche aus Frachtvertrag zwischen Absender und Hauptfrachtführer, nicht jedoch aus Verhältnis zwischen Haupt- und Unterfrachtführer entgegenhalten lassen, EBJS/Reuschle Rn. 16; aA BeckOK HGB/Kirchhof Rn. 5.

5 Die Ansprüche des Empfängers sind abtret- und pfändbar, MüKoHGB/Thume Rn. 7. Ausnahmsweise ist nur der Empfänger aktivlegitimiert, wenn ein Ladeschein ausgestellt oder ein Frachtbrief mit Sperrvermerk versehen ist, MüKoHGB/Thume Rn. 23.

Lit. Büdenbender NJW 2000, 986 (allg. zur Drittschadensliquidation und § 421); Luther TranspR 2013, 93 (zur Drittschadensliquidation beim Unterfrachtführer); Herber TranspR 2013, 1 (zur Haftung des Unterfrachtführers); Valder TranspR 2015, 257 (zu den Rechten und Pflichten bei der Ablieferung); Wilting TranspR 2016, 172 (zu den Pflichten des Empfängers); Koller, RdTW 2020, 402 (allg. zur Drittschadensliquidation und § 421).

2) Zahlungspflicht des Empfängers und des Absenders (II–IV)

6 **A. Zahlungspflicht des Empfängers (II, III):** Schuldner der Pflichten, insbesondere der Zahlungspflicht, aus dem Frachtvertrag ist zunächst nur der Absender, da er den Frachtvertrag abgeschlossen hat und keine Verpflichtung des Empfängers begründen kann (kein Vertrag zu Lasten Dritter, → § 407 Rn. 17). Dabei bleibt es, wenn zB der Empfänger nicht ermittelt werden kann oder die Annahme des Gutes (gegen Bezahlung, I 1) verweigert. Eine Zahlungspflicht auch (s. IV) des Empfängers (im juristischen Sinn, also wer im Frachtvertrag nach § 407 I als solcher bestimmt ist, nicht rein tatsächlicher Empfänger, OLG Düsseldorf BB 1973, 820) nach Maßgabe des Frachtbriefes **(II 1)** entsteht jedoch mit Geltendmachung der Rechte aus I 1, wofür die bloße Übernahme des Frachtguts allein nicht ausreicht, BGHZ 171, 84 m. zust. Anm. Herber TranspR 2007, 313; Koller Rn. 23; MüKoHGB/Thume Rn. 37; Fremuth TranspR 2005, 212; Bodis/Remiroz TranspR 2005, 442. Für die Zahlungspflicht ist nur das Herausgabeverlangen nach I maßgeblich, auch wenn ein Frachtbrief ausgestellt ist. Der Frachtbrief ist aber für den Umfang der Zahlungspflicht relevant. Wird der Frachtbrief nicht vorgelegt oder enthält er die Höhe der Fracht nicht, hat der Empfänger die mit dem Absender vereinbarte Fracht zu zahlen, soweit diese nicht unangemessen ist **(II 2)**. Was angemessen ist, ist objektiv zu bestimmen, der Frachtführer hat kein Bestimmungsrecht nach § 316 BGB, Koller Rn. 29, vgl. BGHZ 94, 104 (Makler), abw. RegE TRG: §§ 315 ff. BGB. Beweislast für Unangemessenheit liegt nach II 2 beim Empfänger, Staub/P. Schmidt Rn. 35 II. führt zu einem **gesetzlichen Schuldbeitritt** des Empfängers (Gesamtschuldverhältnis zwischen Absender und Empfänger nach §§ 421 ff. BGB), BGH NJW-RR 2006, 182; Koller Rn. 35; das ist nicht gleichbedeutend mit einem Eintritt in den Frachtvertrag, RGZ 95, 123. Die Zahlungspflicht entsteht ex lege; der Empfänger kann sich dagegen nicht auf Einwendungen berufen, die ihm dem Absender oder anderen Dritten gegenüber zustehen, OLG Düsseldorf VersR 1974, 1075. Der Empfänger, der sein Recht nach I 1 geltend macht, hat außer der Fracht auch Standgeld (§ 412 III) und Vergütung für Beförderungsverzögerung nach § 420 IV zu zahlen **(III),** denn diese Unkosten sind dem Empfänger, der etwa bei der Entladung mitwirkt, zuzuordnen. Soweit die Unkosten noch in den Risikobereich des Absenders fallen (Überschreitung der Ladezeit und § 420 IV), Zahlungspflicht nur bei Mitteilung des Betrags bei Ablieferung des Guts. Fordert der Empfänger Ablieferung vom Unterfrachtführer, erwirbt dieser nach BGH NJW-RR 2006, 182 keine entsprechenden Ansprüche gegen den Empfänger, in Konsequenz von BGHZ 172, 337 zu **(17)** Art. 13 CMR, BGH NJW 2009, 1207, wonach der Hauptfrachtführer bei Vertrag mit dem Unterfrachtführer selbst Absender ist, sind aber auch dem Unterfrachtführer Ansprüche

4. Abschnitt. Frachtgeschäft   §422

gegen den Empfänger zuzugestehen, vgl. dazu Thume TranspR 2007, 428; Ramming NJW 2008, 292; Herber TranspR 2008, 240; differenzierend Koller TranspR 2009, 451 (ua zur Abdingbarkeit der Aktivlegitimation des Empfängers) und → § 437 Rn. 2.

Besondere Abreden: Ist zwischen dem Absender und dem Frachtführer vereinbart, dass dieser die Fracht nur beim Absender erheben soll (**"frei"**, **"frachtfrei"**, **"franko"**, → § 346 Rn. 40 „frei"), dann entsteht keine Zahlungspflicht des Empfängers (konkludente Derogation von II, III mit Wirkung zugunsten des Empfängers); im Frachtbrief braucht das nicht vermerkt zu sein, BGH NJW 1970, 604. Diese Klauseln begründen iZw keine Pflicht des Absenders zur Vorauszahlung, es bleibt vielmehr bei § 420. Der Frachtführer kann zwar den Empfänger nicht in Anspruch nehmen, braucht aber das Gut nur auszuliefern, wenn er vom Absender bezahlt wird (Verlust seines Pfandrechts, § 441 II). 7

Laut Klausel **„freight prepaid"** ist der Absender dagegen iZw verpflichtet, die Fracht und die voraussichtlichen Aufwendungen bereits bei Übernahme des Gutes zu bezahlen, str., aA OLG Düsseldorf TranspR 1986, 342. Ist diese Klausel in den Frachtbrief mit Sperrvermerk (§ 418 IV; ebenso Ladeschein, § 443 III 1; entspr. uU Spediteurpapiere) aufgenommen und besagt sie, dass die Fracht bei Übernahme des Gutes fällig ist, muss der Frachtführer ohne Rücksicht auf sein Pfandrecht abliefern und kann sich allein an den Absender halten, Koller Rn. 12. Der Frachtführer darf die Leistung bei Ablieferung zudem nicht verweigern, MüKoHGB/Thume Rn. 40. 8

B. **Fortbestehende Zahlungspflicht des Absenders (IV):** Der Absender bleibt, neben dem nach II und III zur Zahlung verpflichteten Empfänger, zur Zahlung aller nach dem Vertrag geschuldeten Beträge verpflichtet (die höher sein können als die nach II, III, s. III aE). Der Frachtführer kann sich nach seiner Wahl an den einen oder anderen halten, er braucht nicht erst den Empfänger in Anspruch zu nehmen. Vereinbarung, dass das Gut nur gegen Einziehung einer Nachnahme ausgeliefert werden darf, ist möglich (§ 422). 9

Nachnahme

422 (1) **Haben die Parteien vereinbart, daß das Gut nur gegen Einziehung einer Nachnahme an den Empfänger abgeliefert werden darf, so ist anzunehmen, daß der Betrag in bar oder in Form eines gleichwertigen Zahlungsmittels einzuziehen ist.**

(2) **Das auf Grund der Einziehung Erlangte gilt im Verhältnis zu den Gläubigern des Frachtführers als auf den Absender übertragen.**

(3) **Wird das Gut dem Empfänger ohne Einziehung der Nachnahme abgeliefert, so haftet der Frachtführer, auch wenn ihn kein Verschulden trifft, dem Absender für den daraus entstehenden Schaden, jedoch nur bis zur Höhe des Betrages der Nachnahme.**

1) Nachnahme (I)

§ 422 regelt die **Nachnahme** (vgl. (17) CMR Art. 21). Nachnahme ist der Einzug von Geld gegen Auslieferung des Guts. Sie kann formlos bei Vertragsschluss oder später vereinbart werden (Nachnahmeklausel, → § 346 Rn. 40) bzw. über Weisung nach § 418 geschehen. „Auslieferung gegen Bankakzept und Bankaval" ist mangels Klarheit über Abwicklung keine Nachnahme, OLG Düsseldorf VersR 1988, 77, auch „Auslieferung gegen Bankscheck" genügt nicht, aA OLG Hamburg TranspR 1991, 297. Der Frachtführer wird sich schon nach § 421 II, III idR an den Empfänger halten. Er muss das, wenn er vom Absender vertraglich bindend angewiesen ist (iZw durch Nachnahmevermerk im unterzeichneten Frachtbrief, nicht aber durch Formulierung „unfrei ab Lager", Koller 1

Rn. 11), die Fracht beim Empfänger zu erheben (sog. Nachnahme, I), sonst kann der Absender die Zahlung verweigern (Einwendung aus III gegen den Zahlungsanspruch, und zwar auch ohne Verschulden des Frachtführers). I enthält Auslegungsregel, dass der Nachnahmebetrag in bar einzuziehen ist oder in Form eines gleichwertigen Zahlungsmittels, vor allem electronic cash, nicht dagegen Scheck (Rechtsausschuss, anders noch RegE TRG). Wenn die Parteien Nachnahmezahlung durch Scheck, Wechsel ua vereinbart haben, unterwirft sich der Frachtführer damit iZw der Haftung aus III, abw. Koller Rn. 6 (nur wenn nicht ausdrücklich „Nachnahme" vereinbart). Bei vereinbarter Einziehung anderer Gegenstände, ist durch Auslegung zu ermitteln, ob Parteien § 422 anwenden wollten, Koller Rn. 26. Dass die Nachnahme dem Absender auszukehren ist, folgt aus dem Frachtvertrag mit Nachnahmeklausel (§§ 675, 667 BGB). Eine Aufrechung des Frachtführers gegen den Herausgabeanspruch ist nur beschränkt möglich, Staub/P. Schmidt Rn. 21. Nachnahme kann auch durch Weisung begründet werden, Staub/P. Schmidt Rn. 15. Umgekehrt kann Nachnachme jederzeit gem. § 418 widerrufen werden, Koller Rn. 16.

2) Absenderschutz im Verhältnis zu den Gläubigern des Frachtführers (II)

2   II lehnt sich an § 392 II an (→ § 392 Rn. 3, 7 mit erheblichen Streitfragen), geht aber über diesen insoweit hinaus, als er dem Absender das aus der Einziehung Erlangte (nicht wie nach dem Wortlaut von § 392 II nur die Forderung, aber auch dort das Surrogat, str. → § 392 Rn. 7; eine Forderung hat der Frachtführer hinsichtlich der Nachnahme grundsätzlich nicht) zuordnet, soweit es noch identifizierbar im Vermögen des Frachtführers vorhanden ist. Der Absender soll frühzeitig die vollstreckungsrechtliche Stellung eines Rechtsinhabers haben (Drittwiderspruchsklage, Aussonderungsrecht). I I ist vertraglich abdingbar. Der Geltungsbereich der Norm kann hingegen nicht durch Vereinbarung erweitert werden (numerus clausus dinglicher Rechtspositionen), Koller Rn. 27. Bei der Einziehung von Geld und folgender Vermischung mit Barbeständen des Frachtführers entsteht Miteigentümergemeinschaft gem. §§ 741 ff. BGB, näher Staub/P. Schmidt Rn. 20. Übereignung eingezogener Geldscheine an bösgläubigen Gläubiger ist analog § 135 I 1 BGB unwirksam, Koller Rn. 30. Bei Insolvenz des Frachtführers steht dem Insolvenzverwalter das Anfechtungsrecht gem. § 129 InsO zu, BeckOGK(Paschke) Rn. 18.

3) Haftung des Frachtführers (III)

3   Bei Ablieferung ohne (vollständige) Einziehung der Nachnahme haftet der Frachtführer dem Absender für den daraus entstehenden Schaden ohne Verschulden (III, vgl. (17) CMR Art. 21). Als Nichteinziehung gilt auch Einziehung eines zu geringen Teilbetrags, BeckOK HGB/Kirchhof Rn. 7. Andere Pflichtverletzungen (etw. nicht statthafter Zahlungsersatz oder Falschgeld wird entgegengenommen) sind haftungsrechtlich nicht sanktioniert, BeckOGK(Paschke) Rn. 20. Der Haftung ohne Verschulden entspricht eine Haftungsobergrenze, nämlich bis zur Höhe des Nachnahmebetrags, Ausnahme § 435. Für andere Nachnahmefehler als Ablieferung ohne Einziehung der Nachnahme verbleibt es bei der verschuldensabhängigen Haftung (§ 280 I BGB, uU § 433). Der Frachtführer trägt das Risiko des Verlusts des Geldes auf dem Weg zum Absender, Koller Rn. 18. Für die Haftung bei Auslieferung ohne Einziehung sonstiger Gegenstände kommt es darauf an, ob die Parteien dafür auch die Geltung von III vereinbaren wollten, Koller Rn. 24 III steht einer analogen Anwendung von § 426 (Unvermeidbarkeit auch bei größter Sorgfalt) nicht entgegen, Koller Rn. 19. Der Schaden ist konkret nachzuweisen (RegE TRG). Bei Mitverschulden des Ersatzberechtigten und seiner Leute (§ 428 HGB, § 278 BGB) gilt § 254 BGB. Abweichende Vereinbarungen s. § 449 I 1, II.

4. Abschnitt. Frachtgeschäft § 424

Lieferfrist

423 Der Frachtführer ist verpflichtet, das Gut innerhalb der vereinbarten Frist oder mangels Vereinbarung innerhalb der Frist abzuliefern, die einem sorgfältigen Frachtführer unter Berücksichtigung der Umstände vernünftigerweise zuzubilligen ist (Lieferfrist).

1) § 423 präzisiert die Ablieferungspflicht des Frachtführers (→ § 407 Rn. 18) **1** in zeitlicher Hinsicht. Er hat das Gut innerhalb der Lieferfrist abzuliefern (vgl. **(17) CMR** Art. 19). **Lieferfrist** ist legaldefiniert als die vereinbarte Frist oder (mangels Vereinbarung) die einem sorgfältigen Frachtführer unter Berücksichtigung der Umstände vernünftigerweise zuzubilligende Frist, dabei ist die ex ante-Sicht maßgebend. Diese Legaldefinition spielt auch in §§ 424, 425 I eine Rolle. Maßgebliche Lieferfrist kann sich auch aus einer vereinbarten Just in time-Lieferung ergeben, MüKoHGB/Thume Rn. 7. Bei Unerfahrenheit des Frachtführers kommt im Falle kurzer Lieferfristen Sittenwidrigkeit iSv § 138 BGB in Betracht, Koller Rn. 6. Die Nichteinhaltung einer als absolute Fixschuld vereinbarten Lieferfrist stellt ein Beförderungshindernis iSd § 419 dar, BeckOK HGB/Kirchhof Rn. 7. Ebenso bei zu kurz bemessener Lieferfrist, MüKoHGB/Thume Rn. 11. Die Vereinbarung der Lieferfrist ist formlos und konkludent möglich. Die Frist beginnt erst mit Übernahme des Guts zu laufen und erfasst daher zB nicht Verspätungen bei Verladung des Guts, Koller Rn. 2. Hierfür greift ggf. vereinbarte Antrittsfrist, MüKoHGB/Thume Rn. 4. Insofern von der Lieferfrist zu unterscheiden ist die Ladefrist, die der Frachtführer bis zur Übernahme des Gutes bzw., wenn der Frachtführer zu verladen hat, bis zum Ende der Verladung in Anspruch nehmen kann, BeckOGK(Paschke) Rn. 4. Wirksamkeitsvoraussetzung ist Rechtsbindungswille der Parteien, sonst lediglich unverbindliche Absichtserklärung, vgl. Oetker/Paschke Rn. 2. Änderung des Frachtvertrags durch nachträgliche Weisung an Frachtführer kann zu neuer Berechnung einer angemessenen Lieferfrist nach Alt. 2 führen, BeckOK HGB/Kirchhof Rn. 6. Folge der Lieferfristüberschreitung: Haftung nach § 425. Hierfür ist bereits eine unerhebliche Fristüberschreitung ausreichend, Staub/P. Schmidt Rn. 14.

Verlustvermutung

424 (1) Der Anspruchsberechtigte kann das Gut als verloren betrachten, wenn es weder innerhalb der Lieferfrist noch innerhalb eines weiteren Zeitraums abgeliefert wird, der der Lieferfrist entspricht, mindestens aber zwanzig Tage, bei einer grenzüberschreitenden Beförderung dreißig Tage beträgt.

(2) Erhält der Anspruchsberechtigte eine Entschädigung für den Verlust des Gutes, so kann er bei deren Empfang verlangen, daß er unverzüglich benachrichtigt wird, wenn das Gut wiederaufgefunden wird.

(3) ¹Der Anspruchsberechtigte kann innerhalb eines Monats nach Empfang der Benachrichtigung von dem Wiederauffinden des Gutes verlangen, daß ihm das Gut Zug um Zug gegen Erstattung der Entschädigung, gegebenenfalls abzüglich der in der Entschädigung enthaltenen Kosten, abgeliefert wird. ²Eine etwaige Pflicht zur Zahlung der Fracht sowie Ansprüche auf Schadenersatz bleiben unberührt.

(4) Wird das Gut nach Zahlung einer Entschädigung wiederaufgefunden und hat der Anspruchsberechtigte eine Benachrichtigung nicht verlangt oder macht er nach Benachrichtigung seinen Anspruch auf Ablieferung nicht geltend, so kann der Frachtführer über das Gut frei verfügen.

§ 424 1, 2 — 4. Buch. Handelsgeschäfte

1) Verlustvermutung (I)

1 § 424 eröffnet die Möglichkeit, im Sinne der Dispositionssicherheit das Gut unter bestimmten Voraussetzungen als verloren zu betrachten (**I, Verlustvermutung**, vgl. (17) CMR Art. 20). I fügt dafür zur Lieferfrist (§ 423) einen dieser entsprechenden weiteren Zeitraum, mindestens aber 20 Tage (bei grenzüberschreitender Beförderung 30 Tage) hinzu. Regelung ist abdingbar, Staub/P. Schmidt Rn. 32. Die Verlustannahme ist im Gleichlauf mit Art. 20 I CMR unwiderleglich, Staub/P. Schmidt Rn. 16. § 424 greift nicht nur, wenn das Gut unauffindbar ist, sondern auch, wenn Frachtführer es nicht abliefern kann, zB wegen Beschlagnahme, Koller Rn. 4. Die Liefer- und Verschollenheitsfristen verlängern sich auch dann nicht, wenn der Frachtführer die Gründe für die Nichtablieferung nicht zu vertreten hat, BeckOGK(Paschke) Rn. 15 (Schutz des Frachtführers über §§ 426, 427). Der Eintritt des Verlusts vor Ablauf der vorgesehenen Frist ist möglich, BeckOK HGB/Kirchhof Rn. 3. Die Mindestfrist wird für die Fälle kurzer Lieferfrist (24-Stunden-Service, Just-in-time-Verträge) wichtig. Maßvolles Überschreiten der Mindestfrist durch Gericht möglich, OLG München TranspR 2014, 79. Die Fristen können durch Parteivereinbarung ohne Weiteres verändert werden, auch Höchstfrist ist möglich. Vorbehaltlose Entgegennahme der Sendung, ohne dass Absender nach Fristablauf ausdrücklich erklärt, sich auf die Verlustvermutung zu berufen, kann als konkludente Wahl der Ablieferung gedeutet werden, OLG Stuttgart TranspR 2017, 310 (zu Art. 20 CMR) m. krit. Anm. Koller TranspR 2018, 373. Die Vermutung greift nur, wenn der Frachtführer das Gut bereits übernommen hat (Zurechenbarkeitsvoraussetzung), Oetker/Paschke Rn. 3 (Beginn des Obhutszeitraums, vgl. → § 425 Rn. 3). I regelt nicht, wer Anspruchsberechtigter ist; die Aktivlegitimation bei Verlustvermutung entspricht der bei tatsächlichem Verlust (vgl. § 421 I 2, dort → § 421 Rn. 2). § 424 ist auch durch AGB abdingbar, Koller Rn. 1.

2) Wiederauffinden des Guts (II–IV)

2 II–IV betreffen das Wiederauffinden des Guts. Der Anspruchsberechtigte (Absender oder Empfänger) kann (spätestens) bei Empfang einer Entschädigung für den Verlust des Gutes unverzügliche (§ 121 I 1 BGB) **Benachrichtigung** für den Fall des Wiederauffindens des Gutes verlangen, sog. **Vorbehalt (II)**. Verlangt er das nicht, gilt IV. Das Verlangen nach II ist formlos, gegenüber Verbrauchern muss der Frachtführer über die Möglichkeit des Vorbehalts aufklären. Für die Benachrichtigung nach **III** ist Zugang iSv § 130 BGB erforderlich, eine verspätete Benachrichtigung stellt Pflichtverletzung iSv § 280 I BGB dar. Das wieder aufgefundene Gut **kann** er Zug um Zug gegen Erstattung der Entschädigung **zurückverlangen (III 1)**. Es besteht ein Wahlrecht des Anspruchsberechtigten zwischen dem Behalten der Entschädigungsleistung und der Ablieferung des Gutes, BeckOGK(Paschke) Rn. 31. In der Entschädigung enthaltene Kosten sind abzuziehen. Pflicht zur Frachtzahlung und Schadensersatzansprüche bleiben unberührt **(III 2)**. Schadensersatz wegen Verlust des Gutes und wegen Beschädigung des Gutes kann nicht nebeneinander verlangt werden, BGH VersR 2016, 1079. **IV** regelt die Voraussetzungen, unter denen der Frachtführer bei Untätigbleiben des Anspruchsberechtigten über das wieder aufgefundene Gut frei verfügen kann. Frei verfügen heißt, dass der Frachtführer an keine weiteren Voraussetzungen (zB §§ 373 II–IV HGB, §§ 1233–1240 BGB) gebunden ist. IV gibt dem Frachtführer nur ein Verfügungsrecht und ein Recht zum Besitz, der Eigentümer verliert nicht sein Eigentum (RegE TRG, Koller Rn. 29), Herausgabeanspruch nach § 985 BGB bleibt ihm erhalten, aA BeckOK HGB/Kirchhof Rn. 15. §§ 987 ff. BGB werden jedoch durch § 424 IV verdrängt, Koller Rn. 31: Ein etwaiger Veräußerungserlös kann vom Absender (Zug-um-Zug gegen Rückerstattung der Entschädigung) kondiziert werden, Staub/P. Schmidt Rn. 31. Vorschrift ist im Lich-

te von Art. 14 GG zu sehen, bei Wiederauffinden des Gutes muss der Frachtführer vorrangig über das Gut verfügen, Koller Rn. 29. Eine zeitliche Obergrenze für die Ansprüche nach II–IV ist nicht vorgesehen (anders **(17)** CMR Art. 20 II 1, IV: ein Jahr), aber Monatsfrist nach III 1 und Verjährung (§ 439). Nur letztere greift ein, wenn I–III nicht vorliegen, etwa der Anspruchsberechtigte keine Entschädigung nach II erhalten hat.

Haftung für Güter- und Verspätungsschäden. Schadensteilung

425 (1) **Der Frachtführer haftet für den Schaden, der durch Verlust oder Beschädigung des Gutes in der Zeit von der Übernahme zur Beförderung bis zur Ablieferung oder durch Überschreitung der Lieferfrist entsteht.**

(2) **Hat bei der Entstehung des Schadens ein Verhalten des Absenders oder des Empfängers oder ein besonderer Mangel des Gutes mitgewirkt, so hängen die Verpflichtung zum Ersatz sowie der Umfang des zu leistenden Ersatzes davon ab, inwieweit diese Umstände zu dem Schaden beigetragen haben.**

1) Frachtführerhaftung in Anlehnung an (17) CMR Art. 17 ff.

§§ 425 ff. HGB regeln in Anlehnung an die CMR (vgl. **(17)** CMR Art. 17 ff.) **1** die spezialgesetzliche Haftung des Frachtführers für Schäden aus Verlust oder Beschädigung des Gutes in der Obhutsphase. Als Grundsatz gilt dabei, dass der Frachtführer für den Schaden haftet, der durch Verlust oder Beschädigung des Gutes in der Zeit von der Übernahme zur Beförderung bis zur Ablieferung oder durch Überschreitung der Lieferfrist entsteht (§ 425 I). Diese Haftung ist eine **Obhutshaftung,** die den Nachweis eines schuldhaften Verhaltens des Frachtführers nicht erfordert. Der RegE TRG spricht in Anlehnung an das Haftungssystem der **(17)** CMR insoweit von einer verschuldensunabhängigen Haftung; daran ändert auch durch die Formulierung „auch bei größter Sorgfalt" (nicht vermeiden konnte) in § 426 nichts, vgl. RegE TRG zu § 426 S. 61. Allerdings dürften sich eine derartige verschuldensunabhängige Haftung mit einem Haftungsausschluss wie nach § 426 und eine Haftung mit widerleglicher Verschuldensvermutung (bei gleichem Wortlaut) im Ergebnis zumindest sehr nahe kommen. Da es sich um eine Obhutshaftung handelt, muss sie eingeschränkt werden. **§§ 425–439** enthalten ein umfassendes **Gefüge von Haftungseinschränkungen** (Haftungsbefreiungen und Haftungsbegrenzungen, vgl. Überschrift § 435), das durch eine Gerichtsstandsregelung in § 30 ZPO nF abgeschlossen wird. Es entsprechen § 425 **(17)** CMR Art. 17 I, die Haftungsausschlüsse nach §§ 426–427 **(17)** CMR Art. 17 II–IV, § 428 **(17)** CMR Art. 3, §§ 429–433 über den Haftungsumfang **(17)** CMR Art. 23–27, und §§ 434–435 über den Anwendungsbereich **(17)** CMR Art. 28, 29. Rechtswidrigkeit ist ungeschriebenes Tatbestandsmerkmal des § 425, MüKoHGB/Herber/Harm Rn. 45. **Von §§ 425–438 abweichende Vereinbarungen** s. § 449 I 1, II. Die §§ 425 ff. sind nicht analogiefähig, Koller Vor § 425 Rn. 1. Im Anwendungsbereich des § 425 sind die §§ 280 ff. BGB nicht anwendbar, MüKoHGB/Herber/Harm Rn. 9. Ausnahme: Bei sog. Vermischungsschäden, zB Füllen des Gutes in falschen Behälter des Empfängers, wodurch dessen Inhalt wertlos wird, richtet sich die Haftung bzgl. des vorhandenen Gutes nach den §§ 280 ff. BGB, Staub/P. Schmidt Rn. 13.

2) Haftung des Frachtführers für Güter- und Verspätungsschäden (I)

A. **Grundsatz:** Der Frachtführer haftet nach I für den Schaden infolge von **2** Verlust und Beschädigung des Gutes nur, soweit diese in der Zeit von der Übernahme zur Beförderung bis zur Ablieferung entsteht (**Güterschäden,** im Unterschied zu Güterfolgeschäden bzw. weiteren Schäden, vgl. § 432 S. 2). Der Frachtführer muss das Gut gerade zum Zweck der Beförderung übernommen haben, was bei angestrebter Ortsveränderung in Richtung auf den Bestimmungsort anzunehmen ist, OLG Köln RdTW 2020, 391 f., OLG Frankfurt a. M. RdTW 2020, 260. Zu den Schäden im Einzelnen Staub/Maurer Rn. 9. Dabei ist unter Beschädigung neben der Substanzbeeinträchtigung auch der bloße Schadensverdacht zu verstehen, BGH TranspR 2000, 456; 2002, 440; OLG Düsseldorf RdTW 2017, 137; TranspR 2018, 199 (zu Art. 17 CMR, bei Verstoß gegen § 2 IV TLMV wegen mangelhafter Kühlung ist Gut nicht mehr verkehrsfähig wegen drohendem Imageschaden) mAnm Scavio/Wallau TranspR 2018, 177, ähnlich LG Bamberg, TranspR 2021, 69, nicht jedoch reine Wertminderungen, etwa Belastung des Gutes mit einem Pfandrecht durch Große Haverei, so im Ergebnis OLG Hamburg RdTW 2014, 239 m. krit. Anm. Ramming; aA LG Mannheim RdTW 2018, 438, MüKoHGB/Herber/Harm Rn. 22. Verlust liegt vor, wenn Frachtführer auf unabsehbare Zeit außerstande ist, Gut an den Empfänger auszuliefern, BGH BB 2017, 577. Maßgeblich ist wirtschaftliche Betrachtung aus Geschädigtensicht; es genügt, dass die spätere Ablieferung unwahrscheinlich oder unzumutbar ist, BGH RdTW 2017, 129 m. krit. Anm. Bahnsen TraspR 2017, 297. Für Parallele zur Unmöglichkeit gem. § 275 BGB Koller TranspR 2018, 1. Ein Verlust liegt nicht vor, wenn das Gut lediglich seinen wirtschaftlichen Wert für den Empfänger verliert, zB bei verführter Auslieferung, EBJS/Schaffer Rn. 6. Der Grund für den Verlust ist unerheblich, MüKoHGB/Herber/Harm Rn. 15. Daneben besteht eine Haftung für den Schaden, der durch Überschreitung der Lieferfrist (§ 423) entsteht, zB Aufwendung für zur Entladung bestimmes Personal **(Verzögerungsschaden),** zu den Verspätungsschäden im Einzelnen Staub/Maurer Rn. 48. Praktische Bedeutung haben hier insb. die 21-tägige Ausschlussfrist des § 438 Abs. 3 sowie der Haftungshöchstbetrag gem. § 431 Abs. 3, BeckOGK(Paschke) Rn. 6 f. Die Verlustvermutung gem. § 424 hindert den Anspruchsteller nicht, statt des zunächst verlangten Schadensersatzes wegen Verlustes Schadensersatz wegen Beschädigung oder wegen Überschreitung der Lieferfrist zu verlangen, BGH RdTW 2015, 413. Die Haftung für Güterschäden nach I knüpft an das Entstehen des Schadens **während des Obhutszeitraums** an, die Schadensursache muss also in solchen Vorgängen liegen, die in die Obhutszeit fallen und die Beschädigung während des Obhutszeitraums muss vom Absender oder im Falle des § 421 I HGB vom Empfänger bewiesen werden, Staub/Maurer Rn. 57. Hierzu gehört Beweis, dass Frachtführer das Transportgut vollständig und unbeschädigt übernommen hat (erst bei Feststehen der Obhutshaftung obliegt es Frachtführer, die Voraussetzungen des Haftungsausschlusses zu beweisen), BGH TranspR 2018, 195 (zu Art. 17 CMR, Vorkühlung von Kühlgut) mAnm Scavio/Wallau TranspR 2018, 177; aA Koller § 427 Rn. 89; Koller TranspR 2019, 1. Unterzeichnet Frachtführer vorbehaltlos einen Lieferschein, in dem eine ausreichende Vorkühlung festgehalten ist, trägt er die Beweislast für Behauptung, er sei an einer Kontrolle der Temperatur der übernommenen Ware gehindert worden. War er an der Kontrolle nicht gehindert, kann er sich nicht darauf berufen, die Übernahmequittung „blind" unterschrieben zu haben (§ 242 BGB), BGH TranspR 2018, 197. Auf die Erkennbarkeit des Schadens im Obhutszeitraum kommt es nicht an, MüKoHGB/Herber/Harm Rn. 29. Keine Obhutshaftung bei eigenmächtiger Verladung durch Frachtführer, Haftung für hierdurch verursachte Schäden richtet sich alleine nach § 280 BGB, BGH VersR 2014, 401 mAnm Koller TranspR 2014, 114. Obhutszeitraum ist der Zeitraum von der Übernahme zur Beförderung (nicht: zur Lagerung; anders nur im Falle einer transportbedingten Lagerung, BGH NJW-RR 2012, 364; OLG Düsseldorf TranspR 2011, 76) bis zur Ablieferung (zu diesen → Rn. 3). Nicht I, sondern § 280 I BGB findet Anwendung, wenn zwar die Schadensursache während des Zeitraumes der Obhut des Frachtführers gesetzt

4. Abschnitt. Frachtgeschäft 3 § 425

wurde, der Schaden jedoch erst nach dessen Beendigung eingetreten ist, OLG Stuttgart TranspR 2003, 105; str. aA EBJS/Schaffert Rn. 17. § 280 I BGB gilt auch, falls das Gut entgegen einer „on-hold-Vereinbarung" an den Empfänger ausgeliefert wird, dies ist kein Fall des Verlustes, OLG Düsseldorf TranspR 2015, 79. Bewiesen werden müssen vom Anspruchssteller Identität, Art, Menge und Zustand der Güter, BGH RdTW 2016, 138. Der Beweis kann zB mittels Frachtbrief (§ 409) oder Empfangsbestätigung (Übernahmequittung) erbracht werden, BGH VersR 2015, 342 (zu Art. 17 CMR). Beweislastumkehr bei Erstattung eines Teils des Schadens möglich, BGH TranspR 2006, 203; OLG Koblenz TranspR 2008, 251. Bei kaufmännischen Absendern gilt prima facie, dass das im Lieferschein aufgeführte Gut auch in der Verpackung enthalten war, BGH NJW-RR 2003, 756; 2007, 29, nicht aber, dass das Gut überhaupt in die Obhut des Frachtführers gelangt ist, BGH NJW-RR 2008, 120. Dem Anspruchsteller kommt für den Beweis des Umfangs und des Werts der Ware keinerlei Anscheinsbeweis zu, er hat den Vollbeweis zu erbringen, BGH MDR 2014, 1467; RdTW 2016, 138; Vyvers TranspR 2018, 1. Fehlen Lieferschein oder Rechnung, kann Vorlage eines der Dokumente ausreichend sein, BGH RdTW 2013, 202; TranspR 2007, 113; OLG Düsseldorf TranspR 2007, 35; OLG Karlsruhe VersR 2006, 719 m. krit. Anm. Boettge. Zum Beweis der Übergabe bei Einsatz spezieller Technik BGH NJW-RR 2005, 1555; 2005, 1557; 2007, 29; TranspR 2008, 123 (sog. EDI-Verfahren), OLG München TranspR 2006, 358 (Datenfernübertragung). Zu Beweisfragen allg. Thume TranspR 2008, 428; Neumann TranspR 2009, 54. Zur Anwendbarkeit des § 830 I 2 BGB in Fällen des unbekannten Schadensortes Ramming RdTW 2021, 47 ff.

B. Übernahme und Ablieferung: Für die Bestimmung des Obhutszeitraums 3 (→ Rn. 1) kommt es maßgeblich auf die Zeitpunkte der Übernahme und der Ablieferung an. **Übernahme** setzt voraus, dass Frachtführer zumindest mittelbaren Besitz am zu befördernden Gut erlangt, BGH NJW-RR 2002, 537. Das Gut muss objektiv in den Verantwortungsbereich des Frachtführers oder seiner Erfüllungsgehilfen (§ 428) gelangt sein, sodass es vor Schäden bewahrt werden kann, subjektiv muss Übernahme vom natürlichen Willen des Absenders, Verfügungsgewalt über Transportgut aufzugeben, und des Frachtführers, Kontrolle zu übernehmen, getragen sein, BGH NJW-RR 2012, 365; OLG München TranspR 2013, 114; OLG Hamburg RdTW 2017, 76; OLG Köln RdTW 2020, 391; OLG Frankfurt a. M. RdTW 2020, 263; LG Hamburg, RdTW 2021, 208. Übernahme erst mit Abschluss der Ladearbeiten, BGH VersR 2015, 341, LG Mönchengladbach, TranspR 2020, 83; aA MüKoHGB/Herber/Harm Rn. 38. Eigenmächtiges Verladen durch Frachtführer ohne vertragliche Grundlage genügt nicht, BGH NJW 2014, 998. Frachtführer muss anwesend sein, bloßes Bereitstellen auf einer Laderampe genügt nicht, OLG München VersR 2013, 923. Für erfolgte Übernahme bei Einlage der Sendung in den vom Frachtführer für die Annahme von Sendungen zur Nachtzeit vorgesehenen Spind OLG Frankfurt a. M. RdTW 2020, 263. Ist abweichend von § 412 I vereinbart, dass Frachtführer das Gut zu verladen hat, so beginnt der Haftungszeitraum bereits, wenn Frachtführer das Gut zum Zweck der Verladung in seine Obhut nimmt, Koller Rn. 20, OLG Köln RdTW 2020, 391. Hilft der Frachtführer dem verladepflichtigen Absender bei der Ladung, haftet er während dessen noch nicht gem. § 425, Koller, § 412 Rn. 10 ff. Obhutszeitraum beginnt bereits mit Vorlagerung, die aus Gründen aus der Sphäre des Frachtführers notwendig ist (zB fehlende Transportkapazität), Pokrant/Gran Rn. 37. Was als **Ablieferung** anzusehen ist, ist schwierig zu bestimmen und Gegenstand vieler Urteile. Bspe: RGZ 67, 338; 102, 93; 108, 342; BGH NJW 1980, 833; 1982, 1284; viele weitere Entscheidungen und Einzelfälle bei Koller Rn. 24 ff.; Staub/Maurer Rn. 37 ff. Ablieferung ist der Vorgang, durch den der Frachtführer die zur Beförderung erlangte Obhut über

§ 425 4

das Gut mit ausdrücklicher oder stillschweigender Einwilligung des Verfügungsberechtigten (also nicht einseitig) wieder aufgibt und diesen in den Stand setzt, die tatsächliche Gewalt über das Gut auszuüben, BGH NJW 1980, 833; OLG Hamm TranspR 2008, 405; eine tatsächliche Inbesitznahme des Empfängers ist nicht erforderlich, Ramming RdTW 2020, 245. Das Gut muss an den nach dem Frachtvertrag verfügungsberechtigten (Art. 12, 13 CMR) Empfänger abgeliefert werden, OLG Koblenz, RdTW 2020, 234. Wird der Verkäufer in betrügerischer Weise vom Käufer veranlasst, die Ware an eine bestimmte Person zu liefern, mit der Folge, dass die Ware verloren geht, ohne dass der Kaufpreis gezahlt wird, liegt kein die Haftung des beauftragten Frachtführers begründender Verlust (auch nicht i. S. v. Art. 17 ff. CMR) vor, sofern der Frachtführer bzw. der Fahrer nicht Verdacht schöpfen musste. Dies ist kein Fall der Falschablieferung, bei der (erst) der Frachtführer über die Empfangsberechtigung getäuscht wird und deswegen das Gut an einen falschen und nichtberechtigten Dritten abliefert, OLG Koblenz, RdTW 2020, 234. Keine Ablieferung ist danach zB die Auslieferung an einen Unberechtigten wie den Nachbarn (auch nicht durch AGB vereinbar, OLG Düsseldorf TranspR 2008, 193), das Abstellen des Gutes vor dem unbesetzten Lagergebäude oder unbewachten Betriebsgelände des Empfängers (außer bei entsprechender Weisung des Empfängers), OLG München RdTW 2018, 183, oder langjährig einvernehmlich geübter Praxis, die nicht unmissverständlich beendet wurde, OLG Bremen TranspR 2019, 79, oder die Auslieferung vor dem ausgemachten Zeitpunkt, auch nicht bei Annahme durch den Betriebspförtner, BGH NJW 1982, 1284, selbst dann nicht, wenn die Falschablieferung durch betrügerische Täuschung verursacht ist, OLG Hamm TranspR 2013, 432 (zu Art. 17 CMR). Ablieferungshindernisse lassen die Obhut des Frachtführers unberührt, Koller Rn. 33. Zur Beweislast bei Übernahme des Gutes Thume, TranspR 2020, 473. **Lit.** Thume TranspR 2012, 85.

3) Schadensteilung (II)

4 **Mitverursachung** durch ein Verhalten des Absenders oder Empfängers oder durch einen besonderen Mangel des Gutes wird in **II** wie auch sonst zu Lasten des dafür Verantwortlichen berücksichtigt (Rechtsgedanke des § 254 BGB, nicht nur Mitverschulden), BGH TranspR 2006, 205, allg. zu Mitverschulden im Transportrecht Vyvers TranspR 2017, 451. II sieht also eine Schadensteilung (Verpflichtung zum Ersatz und Umfang des zu leistenden Ersatzes) entsprechend den jeweiligen Verursachungsbeiträgen vor. II gilt, wie sich schon aus seiner Stellung ergibt, für **alle in §§ 425 ff. geregelten Haftungsfälle,** auch bei qualifiziertem Verschulden iSd § 435, stRspr, BGH NJW 2003, 3628; NJW-RR 2004, 396; 2010, 848; TranspR 2004, 401; 2006, 165; 2006, 206; 2007, 413; 2007, 415; 2007, 420; 2007, 422; 2008, 121; aA Koller Rn. 90 und → § 435 Rn. 19a (nur § 254 BGB). II erfasst nicht jedes Tun und Unterlassen, das für den Schaden (mit)ursächlich gewesen ist. Einschränkend muss es sich um ein sozial inadäquates Verhalten handeln, EBJS/Schaffert Rn. 46. II stellt auf das Verhalten des Absenders und des Empfängers unabhängig davon ab, wer nach § 418 verfügungsberechtigt ist, Grund: beide sind Gläubiger des Ersatzanspruchs (§ 421 I 2). Mitverursachungsbeitrag kann in Weisung liegen, wobei II nur bei Schaden gilt, der durch Ausführung gesetzeswidriger Weisungen, die Frachtführer nicht zu befolgen hat, eintritt, BeckOK HGB/Kirchhof Rn. 32. II sieht als Rechtsfolge Schadensteilung vor, die auch zum gänzlichen Ausschluss der Ersatzpflicht führen kann. Schematische Abwägung nach festgelegten Prozentsätzen unzulässig, BGH NJW-RR 2009, 45; 2009, 48; 2009, 177; 2010, 849; aA noch OLG Düsseldorf TranspR 2006, 349; 2007, 23; Schmidt TranspR 2008, 304. Bei der Abwägung ist neben dem Maß der Verursachung auch die Schwere des Verschuldens zu berücksichtigen, sodass ein mitwirkendes nicht schuldhaftes Verhalten idR nicht zu einem Anspruchswegfall führt (RegE TRG). So ist der Absender zur Mit-

4. Abschnitt. Frachtgeschäft 5 § 425

wirkung an bestimmten Sicherheitsmaßnahmen nur bei vertraglicher Vereinbarung verpflichtet, BGH NJW 2001, 448. Der Absender braucht grundsätzlich nur auf außergewöhnliche, für den Frachtführer mit zumutbaren Anstrengungen nicht erkennbare Risiken hinzuweisen, Koller Rn. 104. Mangelhafte Schnittstellenkontrollen begründen nicht grundsätzlich ein Mitverschulden, da sie keine Verpflichtung gegenüber dem potenziellen Anspruchsgegner darstellen, sondern von demjenigen durchzuführen sind, der seine Ansprüche sichern will bzw. sich vor Ansprüchen schützen will, LG Hamburg, TranspR 2019, 291. Mitverschuldenseinwand auch, wenn Absender nicht die erkennbar sicherere Transportvariante wählt (restriktiver Koller Rn. 106). Der Erstabsender ist im Verhältnis zum Unterfrachtführer niemals Absender, LG Limburg a. d. Lahn TranspR 2020, 395. II ist missglückt und gibt nur einen allgemeinen Rahmen ab, der konkretisiert werden muss, dazu Koller Rn. 98 und → § 435 Rn. 19b ff. II erfasst sowohl § 254 I BGB als auch § 254 II BGB, die gleichrangig nebeneinanderstehen, so dass ein Verschulden nach § 254 I BGB nicht a priori schwerer wiegt als ein solches nach § 254 II BGB, BGH TranspR 2008, 404; 2010, 144; NJW-RR 2009, 48; 2010, 849. Für das Vorliegen eines Mitverschuldens ist der Frachtführer nach allg. Regeln beweisbelastet, Koller Rn. 121. Ist der Wert- oder Schadensersatz der Höhe nach durch § 431 begrenzt, ist für die Berechnung des geteilten Schadens zunächst der volle Schaden nach § 425 I gem. II herabzusetzen und nur der verbleibende Betrag ist gegebenenfalls auf den jeweils maßgeblichen Höchstbetrag zu beschränken, BeckOGK(Paschke) Rn. 275.

A. **Unterlassene Wertdeklaration, II, § 254 I BGB:** Anspruchsmindernd 5 kann sich eine unterlassene Wertdeklaration bei besonderem Wert des Gutes auswirken, wenn der Frachtführer – wofür dieser darlegungs- und beweispflichtig ist, OLG Karlsruhe NJW-RR 2005, 911 – bei richtiger Wertangabe seine Sorgfaltspflichten besser erfüllt hätte und es dann zumindest zu einer Verringerung des Transportrisikos gekommen wäre, BGHZ 149, 337; 167, 73; BGH TranspR 2004, 401; 2006, 165; 2006, 168; 2006, 206; 2006, 174; OLG München NJW-RR 2004, 1064; OLG Düsseldorf TranspR 2007, 23; RdTW 2017, 25; LG Landshut TranspR 2014, 70, OLG Düsseldorf, RdTW 2020, 190 oder wenn dem Frachtführer dadurch die Möglichkeit genommen wird, den Ort des Schadenseintritts einzugrenzen und auf diese Weise von einer Schadenshaftung wegen grober Fahrlässigkeit freizukommen, BGH NJW-RR 2003, 1474 oder wenn der Frachtführer bei Wertmitteilung von seinem Leistungsverweigerungsrecht Gebrauch gemacht hätte, Koller Rn. 105. Dabei ist zu berücksichtigen, ob der Absender wusste oder hätte wissen müssen, dass der Frachtführer das Gut mit größerer Sorgfalt behandelt hätte, wenn er den Wert der Sendung gekannt hätte, BGH NJW 2006, 1427; NJW-RR 2007, 30; TranspR 2006, 204; 2006, 206; 2008, 116; 2008, 121; 2008, 208; 2008, 250. Ein Kennenmüssen liegt bei korrekter Wertangabe vor, wenn sich aus den Beförderungsbedingungen des Transporteurs ergibt, dass er für diesen Fall bei Verlust oder Beschädigung des Gutes höher haften will. Je höher der Wert des nicht deklarierten Pakets ist, desto größer ist der in dem Unterlassen der Wertdeklaration liegende Schadensbeitrag, BGH TranspR 2008, 117; 2008, 166; 2008, 404; OLG Brandenburg RdTW 2019, 259. Im EDI-Verfahren, dazu MüKoHGB/Herber/Harm § 435 Rn. 39 ff., tritt Anspruchsminderung ein, wenn der Absender erkennen kann, dass sorgfältige Behandlung durch den Transporteur nur gewährleistet ist, wenn wertdeklarierte Pakete gesondert übergeben werden; der Absender muss selbst Maßnahmen ergreifen, um auf sorgfältige Behandlung aufmerksam zu machen, BGHZ 174, 251; BGH NJW-RR 2007, 31; TranspR 2008, 166; 2008, 404; OLG Düsseldorf TranspR 2008, 313. Will der Frachtführer Güter nur bis bestimmtem Wert befördern und liegt der Wert darüber, kann durch unterlassenen Hinweis des Absenders auch bei dessen fahrlässiger Unkenntnis vom Beförderungsausschluss die Frachtführerhaftung vollständig entfallen, BGH NJW-RR 2008, 350 mAnm Ramming TranspR 2007, 409; BGH TranspR 2008, 117; NJW-RR 2009, 45; 2009, 177 f. Dies kann zwar auch der Fall sein, wenn der Absender weiß, dass die Beförderung sog. Verbotsgut iSd Frachtführer-AGB enthält und er den Frachtführer hierüber nicht aufklärt, BGH NJW-RR 2007, 182; 2007, 1112, allerdings ist von einem solchen vollständigen Ausschluss der Haftung nicht ohne Weiteres auszugehen, vielmehr ist dies ein Fall des § 254 II 1, BGH VersR 2014, 605. Bei fehlendem Hinweis auf den die Obergrenze übersteigenden Wert des Inhalts trägt bei Verbotsgut der Versender Darlegungs- und Beweislast für fehlende Mitursächlichkeit des unterlassenen Hinweises, BGH RdTW 2016, 300 f. (zu Art. 17 CMR).

Hinweis muss nicht vor Vertragsschluss erfolgen, jedoch so rechtzeitig, dass Frachtführer über die Ausführung des Vertrags entscheiden und notwendige Sicherungsmaßnahmen treffen kann, BGH NJW 2012, 3774 (CMR). Mitverschulden entfällt, wenn der besondere Wert des Gutes bereits äußerlich deutlich erkennbar ist, OLG Hamburg NJW-RR 2004, 1039 (Übergabe im Originalkarton); OLG Bamberg TranspR 2006, 297, wenn der Frachtführer noch rechtzeitig im Zeitpunkt des Abholens durch den Fahrer Kenntnis vom Wert erhält, OLG Oldenburg TranspR 2007, 249, wenn sich der Wert aus dem Frachtführer zur Verfügung gestellten Versandlisten ergibt, BGH NJW-RR 2006, 758, wenn der Frachtführer bei einer Nachnahmesendung auf Grund des einzuziehenden Betrags Kenntnis vom Wert des Gutes hat, BGH NJW-RR 2005, 1058; oder wenn Sicherheitsanweisungen erteilt wurden, so dass Frachtführer unabhängig vom Hinweis auf den Wert des Gutes erkennen konnte, dass besondere Sicherheitsmaßnahmen erforderlich sind, OLG Celle TranspR 2019, 436.

6 B. Unterlassener Hinweis auf Gefahr eines ungewöhnlich hohen Schadens, II, § 254 II 1 BGB: Anspruchsmindernd ist auch das Unterlassen des Hinweises auf die Gefahr eines außergewöhnlich hohen Schadens, BGH RdTW 2020, 371; allgemein hierzu Koller, RdTW 2020, 450. Dabei ist unbeachtlich, ob der Absender wusste (BGH NJW-RR 2005, 1280; TranspR 2006, 211) bzw. hätte wissen müssen (BGH NJW-RR 2006, 1109; TranspR 2006, 119; 2006, 390; 2007, 469; RdTW 2020, 371; OLG Düsseldorf TranspR 2007, 35), dass der Frachtführer das Gut mit größerer Sorgfalt behandelt hätte, wenn er den tatsächlichen Wert der Sendung gekannt hätte. Den Auftraggeber trifft eine allgemeine Obliegenheit, auf die Gefahr eines außergewöhnlich hohen Schadens hinzuweisen, um seinem Vertragspartner Gelegenheit zu geben, geeignete Maßnahmen zur Verhinderung eines Schadens zu ergreifen. Daran wird der Schädiger gehindert, wenn er auf die Gefahr eines ungewöhnlich hohen Schadens nicht hingewiesen wird. Mitverschulden setzt nicht voraus, dass der Frachtführer Wertsendungen generell sicherer befördert. Kausalität des Mitverschuldens entfällt nur, wenn der Transporteur trotz eines Hinweises auf den ungewöhnlich hohen Wert des Gutes keine besonderen Maßnahmen getroffen hätte, BGH NJW-RR 2006, 1110; TranspR 2008, 250; OLG Düsseldorf RdTW 2017, 25, oder wenn Transporteur vom Wert zumindest gleich gute Erkenntnismöglichkeiten wie der Geschädigte hat, BGH NJW-RR 2006, 1110; 2006, 1267, wofür aber bloße Rückschlüsse aus Angaben zu Empfänger, Absender und spezifischem Gewicht nicht ausreichen, BGH TranspR 2007, 468. Beweislast für Schadenseintritt auch bei Wertangabe trägt hier – anders als bei A. – Absender, MüKoHGB/ Thume § 435 Rn. 42. Mitverschulden entfällt auch, wenn Transporteur gegen konkrete Sicherheitshinweise des Absenders verstößt, die gerade den Verlust des Gutes verhindern sollen, OLG München TranspR 2010, 353. Im Einzelfall ist Mitverschuldensanteil von mehr als 50% möglich, BGH NJW-RR 2010, 849; TranspR 2010, 144.

7 Was ein ungewöhnlich hoher Schaden ist, kann nur auf Grund der konkreten Umstände des Einzelfalles beurteilt werden, BGH NJW 2006, 1428; TranspR

4. Abschnitt. Frachtgeschäft 1 § 426

2006, 216; OLG Düsseldorf TranspR 2006, 350; vgl. aber auch BGH TranspR 2007, 114 zum Posttransport: „im Regelfall" ab 5.000 EUR, was etwa dem zehnfachen Haftungshöchstbetrag in den Beförderungsbedingungen des Transporteurs entspricht, ebenso BGH BeckRS 2008, 02829; NJW-RR 2006, 1110; TranspR 2007, 420; 2008, 117; 2008, 121; 2008, 167; 2008, 408. Eine abstrakte Gefahr genügt nicht, Koller RdTW 2020, 452. Maßgeblich ist auf die Sicht des Schädigers abzustellen, wobei auch die erfahrungsgemäße Höhe vergleichbarer Schäden zu berücksichtigen ist, BGH RdTW 2020, 371. Bei mehreren Paketen entscheidet der Wert eines Paketes, BGH TranspR 2007, 414; 2010, 144; NJW-RR 2010, 849. Auch außerhalb von Paketdiensten gilt die Wertgrenze des zehnfachen Schadensersatzbetrags gem. § 431 I, **(17)** CMR Art. 23 III, sofern kein geringerer Höchstbetrag durch AGB (vgl. § 449 II 1) vereinbart ist; bei einem höheren individuell ausgehandelten Haftungshöchstbetrag gilt hingegen dessen zehnfacher Wert, BGH NJW-RR 2010, 911; OLG Düsseldorf TranspR 2008, 35; aA Knorre TranspR 2007, 394; 2008, 163: dreifacher Wert.

C. Sonstige Fälle: Mitverschulden kommt auch in Betracht, wenn der Absender einen Frachtführer beauftragt, von dem er weiß oder hätte wissen müssen, dass es bei diesem auf Grund von groben Organisationsmängeln häufig zu Verlusten kommt, BGHZ 149, 355; BGH TranspR 2004, 402; OLG Düsseldorf TranspR 2006, 351; 2006, 354; 2007, 244, aber nur, wenn der konkrete Sachverhalt Anlass für die Annahme bietet, der Unt. werde durch die angetragene Frachtführung mangels erforderlicher Ausstattung oder fachlicher Kompetenz überfordert, BGH NJW-RR 2006, 1266; TranspR 2010, 383; dazu insgesamt Köper TranspR 2007, 94. Zum Problem der unzureichenden Kühlung von Kühlgut als besonderem Mangel Koller TranspR 2000, 449; Ramming TranspR 2001, 53. Der Schaden kann zudem auf Weisungen des Absenders bzw. des Empfängers beruhen, ein Übersteigen der Lieferfrist auf Missachtung der Obliegenheit nach § 413 I, BeckOGK(Paschke) Rn. 264. Weitere Einzelfälle bei Staub/Maurer Rn. 72. 8

Haftungsausschluß

426 Der Frachtführer ist von der Haftung befreit, soweit der Verlust, die Beschädigung oder die Überschreitung der Lieferfrist auf Umständen beruht, die der Frachtführer auch bei größter Sorgfalt nicht vermeiden und deren Folgen er nicht abwenden konnte.

1) Einfacher Haftungsausschluss ohne Vermutung

§§ 426, 427 enthalten **Haftungsausschlüsse**, die sich an den Regelungen der **(17)** CMR orientieren (vgl. **(17)** CMR Art. 17 II–IV, s. weitergehend Ramming TranspR 2001, 53). Für unvermeidbare und unvorhersehbare Schäden gilt nach § 426 ein **einfacher Haftungsausschluss**, nämlich soweit der Verlust, die Beschädigung oder die Überschreitung der Lieferfrist auf Umständen beruht, die der Frachtführer auch bei größter Sorgfalt nicht vermeiden und deren Folgen er nicht abwenden konnte. Die Entlastung kann sich insofern auch nur auf einen Teil des Gutes oder des Fristüberschreitungszeitraums beziehen, BeckOGK (Paschke) Rn. 16.). § 426 sieht keine Beweiserleichterung zugunsten des Frachtführers vor (einfacher Haftungsausschluss, anders Vermutung nach § 427 II). Die Beweislast liegt nach allgemeinen Regeln bei dem, der sich auf § 426 beruft, also beim Frachtführer, OLG Brandenburg TranspR 2005, 115. Er hat die konkrete, unvermeidbare Schadensursache nachzuweisen bzw. dass der Schaden nicht durch einen bei größter Sorgfalt vermeidbaren oder in seinen Folgen abwendbaren Umstand herbeigeführt worden sein kann, OLG Hamm RdTW 2017, 114. 1

Abweichende Abreden unterliegen den Grenzen des § 449 I 1 und können nicht in vorformulierten Vertragsbedingungen getroffen werden.

2) Einzelne Tatbestandsmerkmale

2 Der Haftungsausschluss greift nur bei **Unabwendbarkeit des Schadens.** Der Begriff der Unabwendbarkeit ist derselbe wie in **(17)** CMR Art. 17 II, nämlich wenn auch ein besonders gewissenhafter Frachtführer bei Anwendung der äußersten ihm zumutbaren Sorgfalt den Schaden nicht hätte vermeiden können, BGH VersR 2000, 1437; Staub/Jessen Rn. 9. Es ist also vom objektiven Maßstab des „idealen" Frachtführers und der „menschenmöglichen" Sorgfalt auszugehen, OLG Frankfurt a. M. TranspR 2006, 298; OLG Köln TranspR 2004, 321; OLG München TranspR 2008, 318; OLG Hamm RdTW 2017, 114; LG Bielefeld RdTW 2015, 188; mit Vergleich zu § 7 II StVG aF OLG Hamm TranspR 2016, 453 (Vorliegen höherer Gewalt wird gerade nicht vorausgesetzt). Dies erfordert eine überdurchschnittliche Aufmerksamkeit, Geschicklichkeit und Umsicht, EBJS/Schaffert Rn. 5; Thume, TranspR 2020, 435. Für Berücksichtigung der Abreden ua über den Transportweg, Koller Rn. 4. Auf Kenntnisse des konkreten Frachtführers kommt es nicht an, MüKoHGB/Herber/Harm Rn. 5. Ebenso wenig orientiert sich der Sorgfaltsmaßstab am Wert des Gutes oder der Höhe der Fracht, Staub/Jessen Rn. 8. Haftung ist aber keine Garantiehaftung, Staub/Jessen Rn. 4, Frachtführer muss die Voraussetzungen beweisen, Staub/Jessen Rn. 9. So ist bei Fahrzeugen mit gekühltem Laderaum eine regelmäßige Überwachung des Außenthermometers notwendig, MüKoHGB/Herber/Harm Rn. 13; bei Schiffstanks ist sicherzustellen, dass sie von Resten der Vorladung vollständig gereinigt sind und sich Beschichtung nicht ablöst, OLG Hamburg 2019, 426. Erforderlich ist Sorgfalt, mit der auch atypische Schadensursachen hätten vermieden werden können, OLG Frankfurt a.M. TranspR 2006, 298. Eine Grenze ist nicht zu ziehen, wo Schadensverhütungsanstrengungen auf den ersten Blick als gänzlich untragbar, absurd und damit unzumutbar erscheinen, Koller Rn. 4, MüKoHGB/Herber/Harm Rn. 7. Verschulden des Verfügungsberechtigten, Weisungserteilung und Gütermängel (vgl. **(17)** CMR Art. 17 II) werden unter § 425 II berücksichtigt und können dort auch zum gänzlichen Ausschluss der Ersatzpflicht führen (→ § 425 Rn. 4, 5). Haftungsausschluss nur, **„soweit"** der Schaden auf dem betreffenden Ausschlusstatbestand beruht (Rechtsgedanke des § 254 BGB), also gänzlich oder auch nur anteilig. § 426 ist erheblich durch Fallgruppen geprägt. Diebstahl und Brandstiftung sind, anders als Fälle des Raubes, bei Abstellen auf öffentlichem Grund ohne Aufsicht idR vermeidbar, HdlbgKo/Ruß Rn. 2; BeckOK HGB/Kirchhof Rn. 9 f.; auch hat sich Idealfahrer auf das schlechtest mögliche Wetter einzustellen und über Arbeitskämpfe (keine Zurechnung des Verhaltens über § 278 BGB) oder Blockaden zu informieren, Koller Rn. 5 ff. Eine Sturmwarnung verpflichtet den Frachtführer zur Ergreifung der bei Sturm erforderlichen Schutzmaßnahmen, OLG Hamburg RdTW 2021, 477. Auch bei Falschablieferung ist Anwendung der Norm nicht ausgeschlossen, es gelten aber strenge Voraussetzungen, Staub/Maurer Rn. 25; einzelne Fallgruppen bei Staub/Jessen Rn. 13 ff. Für Mängel des für die Beförderung verwendeten und nicht vom Absender gestellten Fahrzeugs gilt keine Besonderheit, auch insoweit kann der Haftungsausschluss nach § 426 eingreifen (anders RegE TRG); insb. Beschädigungen am Beförderungsgut, die aus nicht erkennbaren Fehlern automatisierter bzw. autonomer Steuerung eines Fahrzeugs resultieren, sind unvermeidbar, Hammel TranspR 2019, 312. Unvermeidbar ist auch ein auf unerkennbar fehlerhafter Elektrik des Lkw beruhender Brand, EBJS/Schaffert Rn. 7. Fahrzeugmängel können Unvermeidbarkeit begründen, zB bei unerkennbaren Produktionsfehlern, Oetker/Paschke Rn. 15. In Gebieten, in denen der Frachtführer mit unberechtigtem Eindringen von Drittten in den Lkw rechnen muss, müssen Schutzvorkehrungen getroffen werden, OLG Köln

RdTW 2017, 138. Falschablieferungen führen i. d. R. nicht zu einem Haftungsausschluss, Koller Rn. 8a. Dasselbe gilt für Behinderungen des Straßenverkehrs (Unfälle), da der Frachtführer solchen proaktiv ausweichen muss, Staub/Jessen Rn. 23. Jüngst sind Verzögerungen angesichts der Corona-Pandemie in den Blickpunkt gerückt, zB bei einem durch einen aufgrund einer Grenzschließung verursachten Stau oder anderen Einreisehindernissen, Maurer, TranspR in Corona-Krise, in: Effer-Uhe/Monert, Vertragsrecht in Corona-Krise, 213. Hierfür ist entscheidend, ob der Fahrer den Stau zB hätte umfahren können, oder die Grenzschließung überraschend und eine Vermeidung des Staus daher unabwendbar war, Thume, TranspR 2020, 436 Bei Vertragsschluss nach Inkrafttreten der Grenzkontrollen dürfte § 426 daher regelmäßig ausscheiden, Thume, TranspR 2020, 436.

Besondere Haftungsausschlußgründe

427 (1) **Der Frachtführer ist von seiner Haftung befreit, soweit der Verlust, die Beschädigung oder die Überschreitung der Lieferfrist auf eine der folgenden Gefahren zurückzuführen ist:**

1. **vereinbarte oder der Übung entsprechende Verwendung von offenen, nicht mit Planen gedeckten Fahrzeugen oder Verladung auf Deck;**
2. **ungenügende Verpackung durch den Absender;**
3. **Behandeln, Verladen oder Entladen des Gutes durch den Absender oder den Empfänger;**
4. **natürliche Beschaffenheit des Gutes, die besonders leicht zu Schäden, insbesondere durch Bruch, Rost, inneren Verderb, Austrocknen, Auslaufen, normalen Schwund, führt;**
5. **ungenügende Kennzeichnung der Frachtstücke durch den Absender;**
6. **Beförderung lebender Tiere.**

(2) ¹**Ist ein Schaden eingetreten, der nach den Umständen des Falles aus einer der in Absatz 1 bezeichneten Gefahren entstehen konnte, so wird vermutet, daß der Schaden aus dieser Gefahr entstanden ist.** ²**Diese Vermutung gilt im Falle des Absatzes 1 Nr. 1 nicht bei außergewöhnlich großem Verlust.**

(3) **Der Frachtführer kann sich auf Absatz 1 Nr. 1 nur berufen, soweit der Verlust, die Beschädigung oder die Überschreitung der Lieferfrist nicht darauf zurückzuführen ist, daß der Frachtführer besondere Weisungen des Absenders im Hinblick auf die Beförderung des Gutes nicht beachtet hat.**

(4) **Ist der Frachtführer nach dem Frachtvertrag verpflichtet, das Gut gegen die Einwirkung von Hitze, Kälte, Temperaturschwankungen, Luftfeuchtigkeit, Erschütterungen oder ähnlichen Einflüssen besonders zu schützen, so kann er sich auf Absatz 1 Nr. 4 nur berufen, wenn er alle ihm nach den Umständen obliegenden Maßnahmen, insbesondere hinsichtlich der Auswahl, Instandhaltung und Verwendung besonderer Einrichtungen, getroffen und besondere Weisungen beachtet hat.**

(5) **Der Frachtführer kann sich auf Absatz 1 Nr. 6 nur berufen, wenn er alle ihm nach den Umständen obliegenden Maßnahmen getroffen und besondere Weisungen beachtet hat.**

1) Besondere Haftungsausschlüsse (I)

Für eine Reihe besonderer Gefahren für das beförderte Gut, die nicht dem Risikobereich des Frachtführers zuzurechnen sind (vgl. → § 412 Rn. 3), gelten **besondere Haftungsausschlüsse (§ 427,** vgl. **(17)** CMR Art. 17 IV: sog. bevorrechtigte Haftungsausschlüsse). Sie umfassen wie § 426 Güterverluste und -beschädigungen ebenso wie die Überschreitung der Lieferfrist (§ 423). Anders als beim einfachen Haftungsausschluss nach § 426 gilt hier eine Beweiserleichterung (Vermutung nach II, → Rn. 3). Haftungsausschluss nur, **„soweit"** der Schaden auf dem betreffenden Ausschlusstatbestand beruht, also gänzlich oder auch nur anteilig (wie § 426, dort → § 426 Rn. 2). Näher Staub/Jessen Rn. 1.

2) Die sechs Haftungsausschlüsse (I 1 Nr. 1–6)

2   I Nr. 1–6 (entspr. **(17)** CMR Art. 17 IV a–f) nennen sechs Gefahren, bei deren Realisierung der Frachtführer von seiner Haftung befreit ist, nämlich
I Nr. 1: Vereinbarte oder der Übung entsprechende Verwendung offener, nicht mit Planen gedeckter Fahrzeuge oder Verladung auf Deck. In diesem Fall ist das Fahrzeug erhöhten Gefahren ausgesetzt, zB Witterung und Diebstahl. Fahrzeug ist offen, wenn es nicht nach allen Seiten hin fest geschlossen ist, Koller Rn. 3. Die bloße Abdeckung des Guts mit einer Plane genügt nicht, Ladefläche muss vollständig umschlossen sein, OLG Düsseldorf RdTW 2016, 101. Für die Umschließung der Ladefläche genügen expressis verbis I Nr. 1 aber Planen. Auch geschlossene Container stellen lediglich eine Verpackung des Gutes bzw. ein Lademittel dar. Werden sie auf offenen Fahrzeugen oder an Deck befördert, liegen die Voraussetzungen des § 427 Abs. 1 Nr. 1 unabhängig davon, wer den Container gestellt, befüllt oder geladen hat, vor, BeckOGK(Paschke) Rn. 15.

Eine konkludente Vereinbarung eines I Nr. 1 entsprechenden Transports liegt nicht schon vor, wenn Absender den offenen Wagen selbst belädt, EBJS/Schaffert Rn. 6. Eine Vereinbarung kann auch durch AGB festgelegt werden, BeckOK/Kirchhof Rn. 1. **I Nr. 1** ist für die Binnenschifffahrt von erheblicher Bedeutung. Diese Verwendungsart muss (formlos, auch mündlich, auch stillschweigend) vereinbart sein oder der Übung (zB im Containerverkehr) entsprechen; auf einen Vermerk im Frachtbrief kommt es nicht an (anders **(17)** CMR Art. 17 IV a). Mitverantwortung des Frachtführers und seiner Gehilfen ist zu berücksichtigen („soweit").

I Nr. 2: ungenügende Verpackung durch den Absender. Verpackung ist nach allgemeinem Sprachgebrauch eine prinzipiell jederzeit lösbare Umhüllung des Gutes, Konservierungsmittel wie Öl oder Wachs fallen nicht darunter, OLG München TranspR 2008, 195; OLG Düsseldorf RdTW 2016, 101, vgl. aber I Nr. 4, IV und → Rn. 5.Verpackungsmangel muss nach allg. Kausalitätsregeln ursächlich für die eingetretene Beschädigung gewesen sein, OLG Düsseldorf RdTW 2020, 223. Ungenügend bedeutet bei Erforderlichkeit einer Verpackung gänzlich fehlend oder unzulänglich (→ § 414 Rn. 2). Verschulden ist irrelevant. Der Begriff findet auch in § 414 I 1 Nr. 1 Anwendung, dort allerdings ohne den Zusatz „durch den Absender" (anders noch im RegE TRG, hier beibehalten). Es kommt also hier nach dem Wortlaut darauf an, dass der Absender bzw. seine Leute (§ 428) und Erfüllungsgehilfen (§ 278 BGB) tatsächlich verpackt haben. Der Frachtführer ist Erfüllungsgehilfe, wenn er die Verpackung auf Grund einer selbstständigen Abrede als von den Pflichten des Frachtvertrags unabhängige zusätzliche werkvertragliche Pflicht übernommen hat; er haftet dann nur als Werkunternehmer, BGHZ 174, 353. I Nr. 2 greift nicht, wenn Frachtführer den Verpackungsauftrag als Nebenverpflichtung zum Frachtvertrag zu erfüllen hat, BeckOK/Kirchhof Rn. 10. Frachtführer hat aber auch bei Fehlen einer solchen Abrede Hinweispflicht, insbesondere, wenn er bei Anwendung äußerster Sorgfalt die Entstehung eines Schadens hätte vermeiden können, LG München TranspR 2014, 295 (zu Art. 17 CMR). I Nr. 2 greift auch dann nicht, wenn Gut erst während des Transports verpackungsbedürftig wird; nur einschlägig, wenn Frachtführer in diesem Fall um Weisungen ersucht, Koller Rn. 19. Ist der Frachtführer verpackungs- oder kennzeichnungspflichtig, ist entscheidend, ob er die Verpackung durch den Absender als hinreichende Transportverpackung ansehen durfte. Das ist bei unzulänglicher Verpackung durch den Absender nicht der Fall. I Nr. 2 setzt also iErg ebenso wie § 414 I 1 Nr. 1 voraus, dass die Verpackung und Kennzeichnung dem Absender obliegen (§ 411). Dafür spricht, dass der Gesetzgeber verschiedentlich Absenderhaftung und Befreiung von Frachtführerhaftung als derselben Risikozuweisung entspringend bezeichnet und die Streichung nur in § 414 I 1 Nr. 1, nicht aber hier besonders begründet hat. I Nr. 2 ist danach nicht anwendbar, wenn der Frachtführer verpackungs- oder kennzeichnungspflichtig ist, jedoch kann dann immer noch der Absender wegen unzulänglicher Verpackung verschuldensabhängig (mit)haften (§ 280 I BGB, Pflichtverletzung, wie → § 414 Rn. 2). Vgl. zu den verschiedenen Fallvarianten der Verpackung durch den Absender, Frachtführer oder Dritte: Koller Rn. 21 ff. Zur Beweislast des Frachtführers OLG Stuttgart TranspR 2012, 459.

I Nr. 3: Behandeln, Verladen oder Entladen des Gutes durch den Absender oder durch den Empfänger. Behandeln ist jedes Verhalten, das den sicheren Transport von Gütern ermöglichen soll, Staub/Jessen Rn. 27. Bei Schiffsbeförderung ist ausreichende Sicherung gegen Schiffsbewegungen erforderlich, OLG Köln TranspR 2015, 107. Für Ladehöhe ist bei Straßentransport § 22 StVO zu beachten, OLG Hamm TranspR 2016, 446. Begriff des Verladens und Entladens s. § 412 I Nr. 3 stellt aber nach Wortlaut und Begründung nicht auf die Rechtspflicht zur Verladung (vgl. § 412), sondern auf die tatsächliche Behandlung ab. Kein Haftungsausschluss zB bei Unterbrechung der Kühlkette infolge eingeklemmter Kühlschläuche, da nicht Verlader, sondern Fahrer für korrekte Einstellung von Querbalken eines Doppelstocksystems zuständig ist, OLG Köln TranspR 2010, 148. Da der Haftungsausschluss nach I Nr. 3 keine Entsprechung bei der Absenderhaftung hat (→ § 414 Rn. 2 aE), ergibt sich hier keine Diskrepanz zur Verpackung und Kennzeichnung nach I Nr. 2 und 5. Hier wie auch sonst müssen sich Absender und Empfänger die Mitwirkung ihrer Leute und Erfüllungsgehilfen nach zivilrechtlichen Grundsätzen zurechnen lassen (s. oben zu I Nr. 2), vgl. Staub/Jessen Rn. 31.

I Nr. 4: Besondere Schadensanfälligkeit des Gutes wegen seiner natürlichen Beschaffenheit. Vorschrift orientiert sich an Art. 17 IV lit. d CMR. Die angegebenen Beispiele (Bruch, Rost, innerer Verderb, Austrocknen, Auslaufen, normaler Schwund) sind nicht abschließend, also etwa auch Einwirken von Ungeziefer oder Nagetieren, Einwirkung von Hitze und Frost, nicht jedoch Diebstähle, Ramming TranspR 2001, 53. Norm ist weit auszulegen, Staub/Jessen Rn. 41. Besondere Schadensanfälligkeit erfordert, dass die Verkehrsanschauung dem Gut aufgrund seiner natürlichen Beschaffenheit eine besondere Schadensanfälligkeit zumisst, EBJS/Schaffert Rn. 47. Das Gut kann besondere Schadensanfälligkeit durch entsprechende Verpackung verlieren, BeckOK HGB/Kirchhof Rn. 17. Frachtführer hat nachzuweisen, dass Schadensentstehung bei normalen Transportverhältnissen aufgrund Eigenschaften des Gutes nicht fernliegt, sondern konkret in Betracht zu ziehen ist, OLG Hamburg RdTW 2019, 426; Koller Rn. 88.

I Nr. 5: Ungenügende Kennzeichnung der Frachtstücke durch den Absender (vgl. Absenderhaftung nach § 414 I 1 Nr. 1). Ungenügend ist eine fehlende oder mangelhafte Kennzeichnung, MüKoHGB/Herber/Harm Rn. 30. Zur streitigen Bedeutung der Worte „durch den Absender" s. oben zu I Nr. 2 I Nr. 5 stellt anders als § 411 nicht auf Güter, sondern auf Frachtstücke ab, die Kennzeichnung kann sich also auch auf die einzelnen Gütereinheiten beziehen.

I Nr. 6: Beförderung lebender Tiere; zu beachten ist V (→ Rn. 7). Nr. 6 greift nur bei Schäden, die auf der besonderen Anfälligkeit von Tieren für Transportschäden beruhen, d. h. nicht bei Diebstahl, Oetker/Paschke Rn. 12.

3) Vermutung für Schadensentstehung aus der Gefahr (II)

Wenn der Schaden aus einer der in I Nr. 1–6 genannten Gefahren entstehen konnte, wird widerleglich **vermutet,** dass er daraus entstanden ist **(II 1).** Der Frachtführer muss also nur das Vorliegen einer als Haftungsausschlussgrund nach I behandelten Gefahr sowie die Möglichkeit beweisen, dass diese nach den Umständen des Falles den Schaden verursacht hat. Schaden i. S. v. § 427 II 1 ist der Verlust bzw. die Beschädigung des Gutes oder die Überschreitung der Lieferfrist (und nicht der Schaden im Sinne einer Vermögensminderung), BeckOGK (Paschke) Rn. 7. Der Absender kann dann immer noch den Gegenbeweis führen, dass die Gefahr für den Schaden nicht ursächlich war. Frachtführer obliegt die sekundäre Darlegungslast. Kommt er dieser nicht in ausreichendem Maße nach, ist Gegenbeweis als geführt anzusehen, BGH RdTW 2013, 60 (für Art. 18 IV MÜ); LG Köln RdTW 2018, 320. Die Vermutung nach II 1 gilt nicht, wenn bei offener Beförderung oder Decksverladung gem. I Nr. 1 außergewöhnlich hohe Verluste eingetreten sind **(II 2)**. Solche können nicht nur bei Verlust von ganzen Frachtstücken, sondern auch bei außergewöhnlich hohem Abgang vorliegen. Verlust von ganzen Packstücken führt aber nicht zwingend zur Annahme eines außergewöhnlich großen Verlustes, Staub/Jessen Rn. 15.

4) Besondere Regelungen für einzelne Gefahren (III–V)

4 A. Für den Haftungsausschluss nach **I Nr. 1** (offene Fahrzeuge, Verladung auf Deck) kommt es darauf an, ob der Frachtführer besondere Weisungen des Absenders im Hinblick auf die Beförderung beachtet hat **(III)**. Beweislast beim Frachtführer, der ursächlichen Zusammenhang zwischen den spezifischen Gefahren der Nr. 1 und dem Schaden konkret aufzeigen muss, BGH TranspR 2000, 459 – CMR; AG Bremen RdTW 2018, 39 m. krit. Anm. Ramming (Witterung, über Bord gehendes Gut, Berührung von Hindernissen als typische Risiken der Decksverladung).

5 B. Für den Haftungsausschluss nach **I Nr. 2** (Verpackungsmängel) trägt Frachtführer volle Beweislast, prima-facie-Beweis bezüglich eines Verpackungsmangels ist aber möglich, Mittelhammer TranspR 2014, 142.

6 C. Für den Haftungsausschluss nach **I Nr. 4** (schadensgeneigtes Gut) kommt es darauf an, ob der Frachtführer eine Vertragspflicht zum besonderen Schutz des Gutes hatte und alle ihm nach den Umständen obliegenden Maßnahmen getroffen und besondere Weisungen beachtet hat **(IV)**, OLG Düsseldorf TranspR 2003, 109 (Kontrollpflicht bei Kühlgut); OLG München TranspR 2008, 195 (kein Hinweis an Absender, dass Korrosionsschutz für Seetransport fehlt). Pflichtverletzungen des Frachtführers iSv § 435 sind nur solche, die keinen Zusammenhang mit der besonderen Schadensanfälligkeit des Transportgutes haben, LG Aschaffenburg RdTW 2018, 103.

7 D. Auf den Haftungsausschluss nach **I Nr. 6** (Beförderung lebender Tiere) kann sich der Frachtführer nur bei Treffen aller ihm nach den Umständen obliegenden Maßnahmen und Beachtung besonderer Weisungen berufen **(V)**.

Haftung für andere

428
[1] Der Frachtführer hat Handlungen und Unterlassungen seiner Leute in gleichem Umfange zu vertreten wie eigene Handlungen und Unterlassungen, wenn die Leute in Ausübung ihrer Verrichtungen handeln.
[2] Gleiches gilt für Handlungen und Unterlassungen anderer Personen, deren er sich bei Ausführung der Beförderung bedient.

1) Leutehaftung (Satz 1)

1 § 428 betrifft nur die Haftung des Frachtführers und unterscheidet zwischen Betriebszugehörigen und anderen Gehilfen (vgl. **(17)** CMR Art. 3). Er ist keine selbstständige Haftungsgrundlage, sondern eine **Zurechnungsnorm**. § 428 ist nur anwendbar auf die Haftung nach §§ 425, 413 II, 422, 445 III, auch nicht bei Ansprüchen aus §§ 280 ff. BGB wegen Verletzung von in §§ 408 ff. geregelten

Pflichten, zB § 451a II, Koller Rn. 2, dort bleibt es bei § 278 BGB (RegE TRG, → Rn. 5). § 428 gilt nicht beim Schleppvertrag (→ § 407 Rn. 13), RGZ 122, 289. Der Frachtführer **haftet** im gleichen Umfang wie er selbst **für seine Leute**, wenn sie in Ausübungen ihrer Verrichtungen handeln **(Satz 1)**. Abweichende Vereinbarungen s. § 449.

Leute des Frachtführers sind alle in seinem Betrieb zu irgendwelchen Arbeiten 2 Angestellten (nicht im arbeitsrechtlichen Sinne). Darunter fallen Arbeitnehmer, Aushilfskräfte, Leiharbeitnehmer bei Eingliederung in den Betrieb sowie mitarbeitende Familienangehörige. Auf vertragliche Bindung kommt es nicht an, Staub/Jessen Rn. 9, wohl aber erhöhte Einfluss- und Beherrschungsmöglichkeit, BeckOK HGB/Kirchhof Rn. 2. Nicht erfasst sind im Gegensatz zu Leiharbeitnehmern arbeitnehmerähnliche Personen, Koller Rn. 4. Die Leute müssen **in Ausübung ihrer Verrichtungen** handeln. In die Beförderung brauchen sie nicht eingeschaltet zu sein. Bei fehlerhaftem Handeln muss zwischen der Verrichtung und dem Fehlverhalten ein innerer Zusammenhang bestehen, BGH VersR 1985, 1060; Koller Rn. 7. Dafür genügt es, dass die Anstellung den Schadenseintritt zumindest erleichtert hat. Nicht gegeben, wenn das Verhalten lediglich bei Gelegenheit der Tätigkeit begangen worden ist, Staub/Maurer Rn. 10. Der Frachtführer haftet uU für Handlungen und Unterlassungen seiner Leute auch außerhalb des Dienstes, RGZ 101, 349 (zu § 417 aF). Unterlassen ist zuzurechnen, wenn entsprechende Handlungspflicht des Frachtführers besteht, BeckOK HGB/Kirchhof Rn. 3. Bspe. für Handeln in Ausübung der Verrichtung: Fehlverhalten im Betrieb, wenn dieses das Gut bzw. den Kunden gefährdet; Diebstahl bei Zutritt zu dem Gut auf Grund Betriebszugehörigkeit, OLG Köln TranspR 2007, 470; eigenmächtige Benutzung des Gutes oder Beförderungsmittels, vgl. BGH VersR 1984, 552; Benutzung derselben zu naheliegenden strafbaren Handlungen, vgl. BGH TranspR 1985, 338 (Schmuggel); OLG Hamburg VersR 1983, 352; weitere Bspe. bei Koller Rn. 9 und bei Staub/Jessen Rn. 10.

2) Haftung für andere Personen (Satz 2)

Das Gleiche gilt für andere Personen, dh nicht betriebszugehörige, derer sich 3 der Frachtführer bei Ausführung der Beförderung bedient **(Satz 2)**. Dies sind überwiegend Unterfrachtführer und SubUnt., Staub/Jessen Rn. 14. Satz 2 ist insofern enger als Satz 1, als es auf Handeln in Ausführung der Beförderung ankommt. Zu den anderen Personen zählen auch die selbstständigen Unterfrachtführer (SubUnt., → § 407 Rn. 19) und die von diesen eingesetzten Erfüllungsgehilfen, OLG Düsseldorf TranspR 1990, 63, sowie die vom Unterfrachtführer seinerseits beauftragten Unterfrachtführer, OLG Hamm VersR 1987, 609. Zur Frage, ob der Frachtführer für die auf Zahlungsunfähigkeit beruhende Unmöglichkeit der Weiterbeförderung durch einen Unterfrachtführer einstehen muss, siehe BeckOGK(Paschke) Rn. 30 ff. Bedienen der anderen Leute liegt vor, wenn der Frachtführer die Hilfsperson in irgendeiner Hinsicht bei der Erfüllung seiner aus dem Frachtvertrag folgenden Pflichten einsetzt. Die anderen Personen müssen in Ausübung ihrer Verrichtungen handeln (wie Satz 1, → Rn. 2). Der Frachtführer haftet nicht für den Lagerhalter im Falle von § 419 III 2, BGHZ 86, 176 (zu § 607 aF). Für Beamte oder Behördenmitarbeiter, die Gut untersuchen oder einlagern, haftet Frachtführer mangels Auswahlmöglichkeit nicht, MüKoHGB/Herber/Harm Rn. 11. Abweichende Vereinbarungen s. § 449.

3) Beweislast

Bei der Berufung auf Fehlverhalten Dritter, etwa im Zusammenhang mit dem 4 Haftungsausschluss nach § 426, trifft den Frachtführer grundsätzlich die Beweislast, dass diese Dritten nicht seine Leute oder „andere Personen" iSv Satz 2 sind, Koller Rn. 15.

4) Haftung nach BGB (§§ 31, 278, 831 BGB)

5 Organe des Frachtführers sind weder seine Leute noch bedient er sich ihrer, es gilt also § 31 BGB. Für gesetzliche Vertreter haftet der Frachtführer nach § 278 BGB. Neben der transportrechtlichen Bestimmung des § 428 gilt § 278 BGB, etwa für die Zurechnung von nicht spezialgesetzlich geregelten Nebenpflichtverletzungen (→ Rn. 1). Bei Haftung aus Delikt greift nicht § 428 ein, sondern § 831 BGB mit § 434. Die Hilfspersonen haften eigenständig gem. §§ 823 ff. BGB. Leute des Frachtführers können sich im Unterschied zu anderen Personen auf § 436 berufen, EBJS/Schaffert Rn. 13. Frachtführer kann bei seinen Leuten vorbehaltlich des innerbetrieblichen Schadensausgleichs Regress nehmen, Oetker/Paschke Rn. 12.

Wertersatz

429 (1) Hat der Frachtführer für gänzlichen oder teilweisen Verlust des Gutes Schadenersatz zu leisten, so ist der Wert am Ort und zur Zeit der Übernahme zur Beförderung zu ersetzen.

(2) ¹Bei Beschädigung des Gutes ist der Unterschied zwischen dem Wert des unbeschädigten Gutes am Ort und zur Zeit der Übernahme zur Beförderung und dem Wert zu ersetzen, den das beschädigte Gut am Ort und zur Zeit der Übernahme gehabt hätte. ²Es wird vermutet, daß die zur Schadensminderung und Schadensbehebung aufzuwendenden Kosten dem nach Satz 1 zu ermittelnden Unterschiedsbetrag entsprechen.

(3) ¹Der Wert des Gutes bestimmt sich nach dem Marktpreis, sonst nach dem gemeinen Wert von Gütern gleicher Art und Beschaffenheit. ²Ist das Gut unmittelbar vor Übernahme zur Beförderung verkauft worden, so wird vermutet, daß der in der Rechnung des Verkäufers ausgewiesene Kaufpreis abzüglich darin enthaltener Beförderungskosten der Marktpreis ist.

1) Wertersatz (I)

1 §§ 429–433 regeln den **Haftungsumfang** (vgl. **(17)** CMR Art. 23–27). Der Umfang der Schadensersatzpflicht nach § 425 ist in mehrfacher Hinsicht beschränkt, der Ersatzpflicht bei § 435 dort → § 435 Rn. 3. § 429 regelt den **Wertersatz**. Der Frachtführer, der für gänzlichen oder teilweisen Verlust des Gutes Schadensersatz zu leisten hat, hat nur den Wert am Ort und zur Zeit der Übernahme der Beförderung zu ersetzen (**I**, sog. Versandwert, vgl. **(17)** CMR Art. 23 I, II, 24; Gegensatz: Ablieferungswert, Fakturenwert), also keine Haftung für Güterfolgeschäden und sonstigen entgangenen Gewinn, § 249 I BGB ist nicht anwendbar, Staub/Jessen Rn. 3. Das macht das Haftungsrisiko kalkulierbar und verhindert eine Auferlegung des Betriebsrisikos des Empfängers auf den Frachtführer. Bei Verlust einer aus mehreren Sachen zusammengesetzten Sendung ist Wert des in Verlust geratenen Sendungsteils maßgeblich, sofern durch Teilverlust nicht auch die übrigen Teile in ihrem Wert beeinträchtigt sind, BeckOK HGB/Kirchhof Rn. 8. Teilverlust oder teilweise Beschädigung kann wirtschaftlichen Totalverlust begründen. Zum Versandwert kommen beförderungsbedingt aufgewandte Beträge noch hinzu (§ 432). Der Wert des Gutes bestimmt gleichzeitig als abstrakter Schaden die Untergrenze des zu ersetzenden Schadens, sog. **Mindestschaden**, Koller Rn. 18, krit. Schriefers TranspR 2007, 184. Kein Bereicherungsverbot derart, dass Empfänger aus Verkauf des beschädigten Gutes unter Berücksichtigung der Wertminderung am Übernahmeort keinen Gewinn ziehen dürfte, EBJS/Schaffert Rn. 13. Analog § 429 sind zusätzlich auch Aufwendungen zur Schadensverhütung zu ersetzen, Koller Rn. 16.

2) Wertunterschied als vermuteter Wert (II)

Bei Beschädigung des Gutes ist der Wertunterschied am Ort und zur Zeit der 2
Übernahme zu ersetzen (**II 1**, vgl. **(17)** CMR Art. 25). Die Risikoverteilung bzgl. Wertschwankungen unterscheidet sich somit von der im Seefrachtrecht, vgl. § 502 I, II. Dabei ist vom Beschaffungswert für den Empfänger unter Berücksichtigung der konkreten Verhältnisse auf dem Teilmarkt u. der Handelsstufe auszugehen, BGH NJW 2009, 3239; LG Augsburg TranspR 2017, 419. Bei Anrechnung des auf dem Markt erzielbaren Restwertes sind Kosten einer Neutralisierung (Unkenntlichmachung des Herstellers) nicht abziehbar, wenn Veräußerung an weiterverarbeitende GroßUnt. möglich ist, OLG Köln TranspR 2010, 149. Auch der merkantile Minderwert ist in die Berechnung einzubeziehen, Staub/Jessen Rn. 21 f. Absender beweispflichtig für Behebungs- (nicht Lager-, Rücktransport- und Wiederbeladungs-)kosten, KKRD/Koller Rn. 1.

Widerlegliche Vermutung, dass Kosten für Schadensminderung und -behe- 3
bung dem Unterschiedsbetrag entsprechen (**II 2**). Umfasst Kosten für Umschlag beschädigten Gutes zum Zwecke anderweitiger Verwertung einschließlich des dadurch entstandenen Verlustes, OLG Hamburg RdTW 2019, 428. Widerlegung durch Vollbeweis des Frachtführers zum niedrigeren Kostenaufwand am Ort der Übernahme, höheren Restwert des Fahrzeugs oder wirtschaftlichen Totalschaden möglich, Wighardt TranspR 2009, 66.

3) Kaufpreis als vermuteter Wert (III)

Der Wert des Gutes bestimmt sich nach dem **Marktpreis**, sonst nach dem 4
gemeinen Wert (**III 1**). Marktpreis ist der Wert, den ein Gut gleicher Art und Güte ohne Berücksichtigung der konkreten Verhältnisse des konkreten Einzelfalls beim Verkauf erzielen würde, MüKoHGB/Herber/Harm Rn. 16. Entscheidend ist die Handelsstufe, auf welcher das Gut gehandelt wird, BGH NJW-RR 2003, 1347 (zu § 430 aF); OLG Köln VersR 2005, 858, wobei zeitlich und örtlich auf den Ort der Übernahme des Gutes abzustellen ist, Koller Rn. 4. Besteht für das Gut kein Markt, zB weil es speziell auf den Empfänger zugeschnitten ist, ist der Wert zu schätzen, EBJS/Schaffert Rn. 4. Ein Marktpreis ist auch der Börsenpreis, aber praktisch ohne Bedeutung. Bei Verkauf unmittelbar vor Übernahme der Beförderung gilt die (widerlegliche, vgl. OLG Köln VersR 2006, 1710) **Vermutung,** dass der **Kaufpreis** abzüglich darin enthaltener Beförderungskosten dem Marktpreis entspricht (**III 2**). Beförderungskosten meint dabei (vor allem) solche, die in der Rechnung nicht als eigene Position ausgewiesen, sondern im Kaufpreis enthalten sind und zu einer Erhöhung desselben geführt haben, BeckOGK(Paschke) Rn. 25.

Schadensfeststellungskosten

430 Bei Verlust oder Beschädigung des Gutes hat der Frachtführer über den nach § 429 zu leistenden Ersatz hinaus die Kosten der Feststellung des Schadens zu tragen.

1) § 430 stellt klar, dass außer dem Wertersatz nach § 429 auch die **Schadens-** 1
feststellungskosten (Höhe des Schadens), nicht aber die Kosten zur Ermittlung der Schadensursache, BGH NJW-RR 2009, 46; Starosta TranspR 2008, 467, zu ersetzen sind (insoweit ohne Vorbild in CMR, vgl. **(17)** CMR Art. 23 IV: nur aus Anlass der Beförderung). Anspruch besteht auch ohne Beteiligung des Frachtführers, OLG Düsseldorf, RdTW 2020, 223 f. Ersatzfähige Kosten sind auch Aufwendungen zur Feststellung, ob aus feststehendem Unfall überhaupt ein Schaden entstanden ist, zB Sachverständigenkosten, MüKoHGB/Herber/Harm Rn. 6. Schadensfeststellungskosten fallen ebenso wie der Substanzschaden unter die Haf-

tungsobergrenze des § 431, OLG Düsseldorf TranspR 2005, 472. Unbrauchbare Gutachten müssen nicht ersetzt werden, OLG Koblenz MDR 2015, 1234, ebenso nicht Feststellungen, die nicht im Rahmen von § 429 getroffen werden (zB zu Folgeschäden aus Güterschaden), BeckOK HGB/Kirchhof Rn. 2. Kosten zur Ausräumung eines berechtigten Schadensverdachtes sind bereits nach § 429 zu ersetzen, BeckOK HGB/Kirchhof Rn. 2. Erstattungsfähig sind nur die erforderlichen Kosten, MüKoHGB/Herber/Harm Rn. 8. Überhöhte Schadensfeststellungskosten sind nur anteilig erstattungsfähig. Die Beweislast für Kosten nach § 430 trägt der Geschädigte, Koller Rn. 5. Vorschrift ist nicht analogiefähig, Koller Rn. 1. Keine Schadensfeststellungskosten i. S. v. § 430 sind Kosten zur Ermittlung des zugrundeliegenden Sachverhaltes einschließlich des Zustands des Beförderungsmittels, BeckOGK(Paschke) Rn. 12, sowie zur Ermittlung der Ursache des Verlustes bzw. der Beschädigung, OLG Brandenburg RdTW 2019, 256 Rn. 45.

Haftungshöchstbetrag

431 (1) **Die nach den §§ 429 und 430 zu leistende Entschädigung wegen Verlust oder Beschädigung ist auf einen Betrag von 8,33 Rechnungseinheiten für jedes Kilogramm des Rohgewichts des Gutes begrenzt.**

(2) **Besteht das Gut aus mehreren Frachtstücken (Sendung) und sind nur einzelne Frachtstücke verloren oder beschädigt worden, so ist der Berechnung nach Absatz 1**

1. **die gesamte Sendung zu Grunde zu legen, wenn die gesamte Sendung entwertet ist, oder**
2. **der entwertete Teil der Sendung zu Grunde zu legen, wenn nur ein Teil der Sendung entwertet ist.**

(3) **Die Haftung des Frachtführers wegen Überschreitung der Lieferfrist ist auf den dreifachen Betrag der Fracht begrenzt.**

(4) [1] **Die in den Absätzen 1 und 2 genannte Rechnungseinheit ist das Sonderziehungsrecht des Internationalen Währungsfonds.** [2] **Der Betrag wird in Euro entsprechend dem Wert des Euro gegenüber dem Sonderziehungsrecht am Tag der Übernahme des Gutes zur Beförderung oder an dem von den Parteien vereinbarten Tag umgerechnet.** [3] **Der Wert des Euro gegenüber dem Sonderziehungsrecht wird nach der Berechnungsmethode ermittelt, die der Internationale Währungsfonds an dem betreffenden Tag für seine Operationen und Transaktionen anwendet.**

1) Haftungshöchstbetrag für Verlust oder Beschädigung (I, II)

1   Die Entschädigung (zu leistender Schadensersatz, §§ 429, 430) wegen **Verlust oder Beschädigung des Gutes** nach § 429 (Substanzschaden am Gut) und 430 (Schadensfeststellungskosten) ist auf einen **Haftungshöchstbetrag** beschränkt, und zwar auf 8,33 Rechnungseinheiten für jedes kg des Rohgewichts des Gutes (**I**, vgl. **(17)** CMR Art. 23 III, 25 II). Beachte Sonderregelungen in §§ 4 ff. BinSchG. Rohgewicht ist das Bruttogewicht des Gutes, OLG Stuttgart TranspR 2010, 345. Maßgeblich ist Gewicht des gesamten Gutes, nicht bloß der entwertete Teil, AG Bremen TranspR 2018, 251. Dazu zählen grds. auch die vom Absender gelieferten Verpackungen, MüKoHGB/Herber/Harm Rn. 11. Anderes gilt für Lademittel wie etwa Container und Paletten. Das Gewicht des Verpackungs- oder Lademittels ist hier nicht hinzuzurechnen, wenn dieses unbeschädigt geblieben ist und ohne Einschränkung für weitere Transporte verwendet werden kann, BGH RdTW 2018, 466; ausführlich, auch bzgl. der Frage nach der Erheblichkeit des Ursprungs des Lademittels, BeckOGK(Paschke) Rn. 19 ff. Bei Verlust oder Beschädigung eines Frachtstücks einer Sendung aus mehreren

Frachtstücken sind die übrigen Frachtstücke nur entwertet, wenn zwischen ihnen ein innerer Zusammenhang besteht, BeckOK HGB/Kirchhof Rn. 6. Das Gewicht von in Verlust geratenen Teilen der Ladung, die der Geschädigte später wiedererlangt, ist nicht vom Rohgewicht des Gutes abzuziehen, OLG Düsseldorf TranspR 2005, 471. Speditionssammelgut gilt als ein Gut, LG Köln TranspR 1995, 392. Die Haftungsobergrenze ist das Korrelat zur verschuldensunabhängigen Haftung, sie dient der Kalkulierbarkeit und der Versicherbarkeit. Zu erheblichen verfassungsrechtlichen Bedenken gegenüber der Haftungsbegrenzung Canaris § 31 Rn. 23, 38 ff. (Willkürverbot, Art. 3 I GG). Im Unterschied zur Vorbildregelung in **(17)** CMR Art. 23, 25 sind die Haftungshöchstbeträge nur eingeschränkt abdingbar, vgl. § 449. § 431 ist als Einrede konzipiert, sodass der Frachtführer für das Vorliegen dessen Voraussetzungen beweisbelastet ist, MüKoHGB/Herber/Harm Rn. 23. Haftungserleichterung greift nicht bei qualifiziertem Verschulden (→ § 435).

II idF SHRG 2013 nimmt zunächst eine Legaldefinition des Begriffs der Sendung vor. Die Definition knüpft an die Terminologie des II aF an. Eine Sendung liegt damit vor, wenn ein Gut aus mehreren Frachtstücken besteht. Auch mehrere Frachtbriefe stehen der Annahme einer einzigen Sendung nicht entgegen, Koller Rn. 3; aA Staub/Jessen Rn. 13. Aus I wurde der Begriff der Sendung hingegen mangels Relevanz gestrichen, sodass zur allgemeinen Terminologie des Transportrechts („Gut") zurückgekehrt wurde, RegE SHRG S. 55. 2

Sind **nur einzelne Frachtstücke** verloren oder beschädigt worden, so kommt 3 es darauf an, ob die gesamte Sendung (II Nr. 1) oder nur ein Teil der Sendung entwertet ist (II Nr. 2). Frachtstück ist nicht jede einzelne Sache, falls mehrere Sachen zusammengefasst wurden (Packstück), MüKoHGB/Herber/Harm Rn. 14. Für die Entwertung der gesamten Sendung genügt es, wenn alle Frachtstücke mehr oder weniger an Wert verloren haben, EBJS/Schaffert Rn. 9. Bei teilweise Verlust der Sendung ist die Summe des Gewichts der nicht abgelieferten Frachtstücke entscheidend, Koller Rn. 12. Beweislast für Umstände, aus denen sich Haftungshöchstsumme ergibt, trägt mit Ausnahme des Rohgewichts des Gutes der Frachtführer, Koller Rn. 13. Zur Berücksichtigung des Gewichts von Verpackung und Lademittel, Koller RdTW 2019, 41.

2) Haftungshöchstbetrag bei Überschreitung der Lieferfrist (III)

Für die **Überschreitung der Lieferfrist** gilt nicht der Haftungshöchstbetrag 4 nach I, vielmehr ist die Haftung des Frachtführers auf den dreifachen Betrag der Fracht beschränkt (III, anders **(17)** CMR Art. 23 V: nur einfache Höhe der Fracht und CIM Art. 43 § 1: Vierfache Höhe der Fracht). Fracht ist die Gesamtvergütung nach § 407 II, auch wenn das Gut in mehreren Sendungen transportiert wird, auch bei Großsendungen. Es gilt die vertraglich vereinbarte Fracht; fehlt vertragliche Regelung, ist § 632 II BGB anzuwenden, Staub/Jessen Rn. 24 f. Sonderregelung für den ausführenden Frachtführer (§ 437). Zur Fracht gehören auch die weisungsbedingten Vergütungen (§ 418 I 4), nicht aber die Aufwendungen nach § 420 I 2 (Wortlaut). Bei Zusammentreffen von Güter- und Verspätungsschaden bestehen die Ansprüche ohne Anrechnung, sofern die Schäden sich nicht gegenseitig bedingt haben, EBJS/Schaffert Rn. 17.

3) Rechnungseinheit (IV)

Die nach I und II maßgebliche **Rechnungseinheit** ist das Sonderziehungs- 5 recht des IWF (IV, vgl. **(17)** CMR Art. 23 VII). Grund: bewährte Praxis unter **(17)** CMR, Rechtsvereinheitlichung (RegE TRG), durchschnittlicher Güterwert schwer zu ermitteln. Umrechnungszeitpunkt ist der Tag der Übernahme des Gutes zur Beförderung oder der von den Parteien vereinbarte Tag (IV 2, anders RegE TRG). Im Unterschied zu I-III ist der Umrechnungszeitpunkt auch durch AGB abdingbar, Koller Rn. 6.

§ 433　　　　　　　　　　　　　　　4. Buch. Handelsgeschäfte

Ersatz sonstiger Kosten

432 ¹Haftet der Frachtführer wegen Verlust oder Beschädigung, so hat er über den nach den §§ 429 bis 431 zu leistenden Ersatz hinaus die Fracht, öffentliche Abgaben und sonstige Kosten aus Anlaß der Beförderung des Gutes zu erstatten, im Fall der Beschädigung jedoch nur in dem nach § 429 Abs. 2 zu ermittelnden Wertverhältnis. ²Weiteren Schaden hat er nicht zu ersetzen.

1　1) § 432 regelt den **Ersatz sonstiger Kosten bei Verlust oder Beschädigung** über §§ 429–431 hinaus (vgl. **(17)** CMR Art. 23 IV). § 432 betrifft nicht den Fall der Überschreitung der Lieferfrist und ist damit weder direkt noch analog auf Verspätungsschäden anwendbar. Voraussetzung sind sog. beförderungsbedingte Kosten, d. h. Aufwendungen, die nicht durch den Schaden bedingt sind, sondern bei normalem Verlauf der Beförderung angefallen wären, Oetker/Paschke Rn. 3. Zu erstatten sind danach zusätzlich (Haftungsaufstockung) die Fracht (diese kann bei Totalschaden bzw. -verlust jedoch aufgrund § 420 II 2 bereits kondiziert werden), öffentliche Abgaben und sonstige Kosten aus Anlass der Beförderung des Gutes (zB Transportversicherungsprämien, Standgeld, Maut, Nachnahmegebühren, Verladekosten, Wiegegelder, Einfuhrumsatzsteuer, Koller Rn. 8, Zölle; nicht jedoch Zollstrafen, BeckOK HGB/Kirchhof Rn. 3), bei Beschädigung nur im Wertverhältnis nach § 429 II (**Satz 1**). Schadensfeststellungskosten fallen, da nicht beförderungsbedingt, nicht unter sonstige Kosten aus Anlass der Beförderung, sondern nur unter § 430 mit Haftungshöchstbetrag nach § 431. Vorgerichtliche Kosten sind nur zu ersetzen, soweit der Frachtführer mit Schadensersatz in Verzug geraten ist, BGH RdTW 2015, 413. Der Anspruchsteller muss für den Erstattungsanspruch darlegen und beweisen, dass und in welcher Höhe der Absender bzw. Empfänger Ansprüche tatsächlich erfüllt haben, die sich in die Kategorien „Fracht", „öffentliche Abgaben" oder „sonstige Kosten" iSd § 432 S. 1 einordnen lassen, BeckOGK (Paschke) Rn. 44. § 432 kennt anders als § 431 keinen Haftungshöchstbetrag. Bei Mitverursachung kommt es zur Schadensteilung nach § 425 II. Weiteren Schaden hat der Frachtführer (außer im Falle des § 435) nicht zu ersetzen (**Satz 2**, vgl. **(17)** CMR Art. 23 IV, VI). Die Geltendmachung des Güterfolgeschadens ist also ausgeschlossen, §§ 425–432 sind abschließend, die Norm hat insofern klarstellende Funktion, MüKoHGB/Herber/Harm Rn. 13. Auch der Ersatz einer vom Absender verwirkten Vertragsstrafe, OLG Hamburg 2019, 428, sowie außervertragliche Ansprüche sind insoweit ausgeschlossen (§ 434 I), BGH NJW 2007, 58 mAnm Heuer TranspR 2006, 456 u. Boettge VersR 2007, 88. Dies steht jedoch Ansprüchen wegen Schadensformen nicht entgegen, die in den §§ 407 ff. nicht geregelt sind, zB Haftung für Verzug bei gem. §§ 429 ff. geschuldeten Entschädigungsleistungen, BGH NJW 2009, 3239. Abweichende Vereinbarungen s. § 449.

Haftungshöchstbetrag bei sonstigen Vermögensschäden

433 Haftet der Frachtführer wegen der Verletzung einer mit der Ausführung der Beförderung des Gutes zusammenhängenden vertraglichen Pflicht für Schäden, die nicht durch Verlust oder Beschädigung des Gutes oder durch Überschreitung der Lieferfrist entstehen, und handelt es sich um andere Schäden als Sach- oder Personenschäden, so ist auch in diesem Falle die Haftung begrenzt, und zwar auf das Dreifache des Betrages, der bei Verlust des Gutes zu zahlen wäre.

4. Abschnitt. Frachtgeschäft   1–4   § 433

1) Bei sonstigen Vermögensschäden (→ Rn. 3) ist der **Haftungshöchst-** 1
betrag das Dreifache des Betrages, der bei Verlust des Gutes zu zahlen wäre
(§ 433). Norm soll einen angemessenen Interessenausgleich schaffen und den
Haftungsumfang bei Verletzung beförderungstypischer Nebenpflichten kalkulierbar machen. § 433 regelt nicht den Haftungstatbestand des § 280 I BGB (Pflichtverletzung), sondern enthält nur eine summenmäßige Haftungsgrenze für Vermögensschäden (also nicht Sach- oder Personenschäden) aus mit der Beförderung
zusammenhängenden Nebenpflichtverletzungen. Beweislast für den haftungsbegründenden Tatbestand trägt Anspruchsteller. Frachtführer trifft eine erweiterte
Einlassungsverpflichtung. Er ist beweispflichtig, dass die für ihn günstigeren
§§ 425–432 vorliegen, BeckOK HGB/Kirchhof Rn. 17.
  1a § 433 betrifft lediglich vertragliche Nebenpflichten. (aA Ausdehnung auf
Leistungspflichten in engem Rahmen möglich, Staub/Maurer Rn. 11). Str., ob
§ 433 auch auf vorvertragliche Pflichtverletzungen Anwendung findet. Dies ist
bei der gebotenen restriktiven Auslegung der Haftungsbegrenzung abzulehnen,
EBJS/Schaffert Rn. 3.

2) Die verletzten Nebenpflichten brauchen nicht unbedingt „eng und un- 2
mittelbar" mit der Ausführung der Beförderung des Gutes zusammenzuhängen
(anders noch RegE). Branchenfremde Tätigkeiten fallen nicht unter § 433,
Grund: Wortlaut, sonst drohende Wettbewerbsverzerrung zugunsten der TransportUnt. § 433 erfasst danach zB die vom Frachtführer über § 412 hinaus vertraglich übernommene Pflicht zu Be- und Entladung. Die zeitlichen Grenzen des
§ 425 (Obhut des Frachtführers) gelten nicht, Güterschäden sind damit generell
vom Geltungsbereich des § 280 BGB ausgeschlossen, BGH VersR 2014, 402.
Ob Zusammenhang mit der Beförderung besteht, ist im Wege einer Interessenabwägung zu ermitteln. Zum Fall der Verwechslung von Transportgütern OLG
Köln TranspR 2006, 460. § 433 erfasst dagegen **nicht** zB die Montage und
Demontage von Gütern (außer bei Umzugsvertrag nach § 451a), die Übernahme
von Geschäften eines Spediteurs (§ 453), eine nicht beförderungsbedingte Einlagerung durch den Frachtführer, sowie das Belabeln von Gütern, OLG Frankfurt
a. M. TranspR 2007, 78 (eigenständige Pflicht werkvertraglicher Natur, für die
allg. Leistungsstörungsrecht ohne Haftungsbegrenzung gilt). Anders wiederum,
sofern die Werkleistung allein notwendig ist, um die Ortsveränderung vorzubereiten, vgl. Runge TranspR 2009, 96. Bei qualifiziertem Verschulden (§ 435)
greift Haftungsbeschränkung des § 433 nicht.

3) Die Haftungsobergrenze des § 433 gilt nur für **sonstige Vermögensschä-** 3
den. Das sind nur Schäden, die nicht durch Verlust oder Beschädigung des Gutes
oder durch Überschreitung der Lieferfrist entstehen (insoweit schon § 432 S. 2),
und andere Schäden als Sach- oder Personenschäden (also sog. primäre Vermögensschäden). § 433 ist nicht anwendbar bei der Schädigung fremden Eigentums, OLG Karlsruhe RdTW 2018, 434. Auch Folgeschäden von Verlusten und
Beschädigungen sind nicht von der Regelung erfasst, auch nicht Güterschäden,
die außerhalb des Obhutszeitraums des § 425 entstehen, BGH NJW 2014, 1000.
Insoweit gelten §§ 429, 432 S. 2, Koller Rn. 4. Die Verletzung absoluter, deliktsrechtlich geschützter Rechte lediglich aus Anlass der Vertragserfüllung (außer
Verlust oder Beschädigung des Gutes und Lieferfristüberschreitung) unterfallen
also nicht der Haftungsobergrenze des § 433. Denn dabei handelt es sich nicht
um beförderungstypische Haftungsrisiken, für die Grund zu Haftungsobergrenzen
besteht, sondern um allgemeine Lebensrisiken. Bspe: Schäden an einer nicht zum
Transport bestimmten Sache oder an einer Person, etwa Absender oder Empfänger.

4) Die Haftungsobergrenze beträgt das Dreifache des Betrages, der bei Ver- 4
lust des Gutes zu bezahlen wäre. Die Anknüpfung am Wert des Gutes erleichtert
die Kalkulierbarkeit und Versicherbarkeit, die Erhöhung auf das Dreifache trägt

Merkt   1913

dem Umstand Rechnung, dass es sich hier nicht um eine verschuldensunabhängige Haftung handelt, sondern um eine Pflichtverletzung (RegE TRG). Ist Haftungsbetrag individualvertraglich oder durch AGB (§ 449 II 1) geändert worden, ist dieser Berechnungsgrundlage, MüKoHGB/Herber/Harm Rn. 16.

Außervertragliche Ansprüche

434 (1) **Die in diesem Unterabschnitt und im Frachtvertrag vorgesehenen Haftungsbefreiungen und Haftungsbegrenzungen gelten auch für einen außervertraglichen Anspruch des Absenders oder des Empfängers gegen den Frachtführer wegen Verlust oder Beschädigung des Gutes oder wegen Überschreitung der Lieferfrist.**

(2) ¹**Der Frachtführer kann auch gegenüber außervertraglichen Ansprüchen Dritter wegen Verlust oder Beschädigung des Gutes die Einwendungen nach Absatz 1 geltend machen.** ²**Die Einwendungen können jedoch nicht geltend gemacht werden, wenn**

1. **sie auf eine Vereinbarung gestützt werden, die von den in § 449 Absatz 1 Satz 1 genannten Vorschriften zu Lasten des Absenders abweicht,**
2. **der Dritte der Beförderung nicht zugestimmt hat und der Frachtführer die fehlende Befugnis des Absenders, das Gut zu versenden, kannte oder infolge grober Fahrlässigkeit nicht kannte oder**
3. **das Gut vor Übernahme zur Beförderung dem Dritten oder einer Person, die von diesem ihr Recht zum Besitz ableitet, abhanden gekommen ist.**

³**Satz 2 Nummer 1 gilt jedoch nicht für eine nach § 449 zulässige Vereinbarung über die Begrenzung der vom Frachtführer zu leistenden Entschädigung wegen Verlust oder Beschädigung des Gutes auf einen niedrigeren als den gesetzlich vorgesehenen Betrag, wenn dieser den Betrag von 2 Rechnungseinheiten nicht unterschreitet.**

1) Außervertragliche Ansprüche des Absenders oder Empfängers (I)

1 § 434 erfasst die außervertraglichen Ansprüche (vgl. **(17)** CMR Art. 28 I). An sich gelten die verschiedenen gesetzlichen **Haftungsbeschränkungen** nur für die vertraglichen Ansprüche des Frachtführers, stehen sie doch im Abschnitt über das Frachtgeschäft/Frachtvertrag. Dann würden sie aber über außervertragliche Ansprüche, etwa nach §§ 677 ff., 812 ff., 823 ff., 904, 989 ff. BGB, leicht ausgehebelt. Deshalb gelten nach I die Haftungsbefreiungen und Haftungsbegrenzungen, die im 1. Unterabschn. (§§ 407–450) und im Frachtvertrag vorgesehen sind, **auch für außervertragliche Ansprüche** des Absenders oder des Empfängers wegen Verlust oder Beschädigung des Gutes oder wegen Überschreitung der Lieferfrist (nicht auch wegen sonstiger Vermögensschäden nach § 433), BGH NJW 2007, 58, früher str., vgl. zB BGHZ 46, 140. Das wird besonders für die mit Vertragsansprüchen konkurrierenden Deliktsansprüche relevant, deshalb krit. Canaris § 31 Rn. 26 f. Nicht erfasst sind außervertragliche Ansprüche, wenn konkurrierender vertraglicher Anspruch nicht auf §§ 425 ff., sondern auf § 280 BGB gestützt wird, BeckOK HGB/Kirchhof Rn. 4. Str., ob Ansprüche aus § 311 II erfasst sind (bejahend Koller Rn. 5; ablehnend Staub Rn. 8). § 439 über die Verjährung erfasst selbst alle aus einer Beförderung erwachsenden Ansprüche, also einschließlich der außervertraglichen, OLG Koblenz VersR 2015, 913. § 435 führt auch zur Unanwendbarkeit dieser Vorschrift, Koller Rn. 8 I greift auch ggü. Personen, die durch § 328 oder VSD anspruchsberechtigt sind, EBJS/Schaffert Rn. 6. § 434 ist bei qualifiziertem Verschulden (§ 435) nicht anwendbar, aA MüKoHGB/Herber/Harm Rn. 16. Aus der Natur des § 434 als Einwendung folgt, dass der Schädiger für die Voraussetzungen des § 434 beweisbelastet ist.

2) Außervertragliche Ansprüche Dritter (II)

Dasselbe gilt nach **II 1** auch für außervertragliche **Ansprüche vertragsfremder Dritter** wegen Verlust oder Beschädigung des Gutes. Grund für diese Erstreckung ist, dass auch durch Ansprüche dieser Personen eine Aushebelung iSv 1 (→ Rn. 1) droht und umgekehrt diese Personen vielfach vom Transport profitieren (RegE TRG; krit. Hierzu EBJS/Schaffert Rn. 4). Güterfolgeschäden sind – wie bei I – erfasst, da sie nur unter den Voraussetzungen des § 435 ersetzt werden müssen, BGH TranspR 2006, 454; OLG Bremen TranspR 2005, 70; aA Heuer TranspR 2005, 71; allg. Thume TranspR 2010, 45. Vertragsfremde Dritte sind diejenigen Personen, die nicht Vertragspartei sind und die nicht zur Geltendmachung vertraglicher Ersatzansprüche aktiv legitimiert sind (vgl. § 421 I). II 1 betrifft vor allem den Eigentümer, der selbst weder Absender noch Empfänger ist. Einwendungen iSv I sind die dort genannten gesetzlichen und frachtvertraglichen Haftungsbefreiungen und Haftungsbegrenzungen. Ansprüche wegen Lieferfristüberschreitung sind vertraglicher Art und deshalb von II 1 nicht erfasst.

II 1 gilt **nicht**, wenn die Einwendungen auf eine Vereinbarung gestützt werden, die von den in § 449 I 1 genannten Vorschriften zu Lasten des Absenders abweicht **(II 2 Nr. 1 nF)**. Mit dem neu gefassten II 2 Nr. 1 soll verhindert werden, dass der Frachtführer sich gegenüber Dritten auf eine nach § 449 mit dem Absender zulässigerweise vereinbarte Reduzierung der Haftung berufen kann, da der Dritte zwar der Beförderung zugestimmt hat aber auf den Abschluss des Frachtvertrags keinen Einfluss hatte, RegE SHRG S. 55 II 1 gilt ferner nicht, wenn der Dritte der Beförderung nicht zugestimmt hat und der Frachtführer die fehlende Befugnis des Absenders zum Versand kannte oder grob fahrlässig nicht kannte, also **bei Bösgläubigkeit (II 2 Nr. 2).** Dafür reicht nicht, dass Frachtführer wusste oder wissen musste, dass der Absender nicht Eigentümer des versendeten Gutes war, MüKoHGB/Herber/Harm Rn. 27. Mit der Einschränkung auf Kenntnis und grobe Fahrlässigkeit durch das SHRG 2013 bezweckte der Gesetzgeber einen Gleichlauf mit den gesetzlichen Wertungen der §§ 989, 990, 932 II BGB, bei denen ebenfalls lediglich grob fahrlässige Unkenntnis schadet, RegE SHRG S. 84. Erkundigungsobliegenheiten bestehen nur, wenn das fehlende Einverständnis des Eigentümers evident ist, aA Oetker/Paschke Rn. 14, der Erkundigungsobliegenheiten generell ablehnt. Schließlich findet II 1 auch bei **Abhandenkommen** des Gutes vor Übernahme zur Beförderung Anwendung **(II 2 Nr. 3**; Wertung des § 935 I BGB). Begriff des Abhandenkommens wie in § 935 I BGB, also unfreiwilliger Besitzverlust des Berechtigten. Kein Schutz bei willentlicher Besitzüberlassung an Dritte. „Ableitung des Besitzes" entspricht der Formulierung in §§ 986 I 1, 991 I BGB. Bei Abhandenkommen erst während der Beförderung verbleibt es bei II 1. Die Beweislast für II 2 trägt der Geschädigte. Der neue **II 3** wurde auf Empfehlung des Rechtsausschusses des BT als Einschränkung von II 2 Nr. 1 ins Gesetz aufgenommen. Die Regelung soll der Tatsache Rechnung tragen, dass mit den in II 3 genannten Vereinbarungen im Geschäftsverkehr gerechnet werden muss und zudem § 449 II 1 Nr. 1 die in II 3 genannten Vereinbarungen ausdrücklich nennt, Begr Rechtsausschuss SHRG S. 127.

Wegfall der Haftungsbefreiungen und -begrenzungen

435 Die in diesem Unterabschnitt und im Frachtvertrag vorgesehenen Haftungsbefreiungen und Haftungsbegrenzungen gelten nicht, wenn der Schaden auf eine Handlung oder Unterlassung zurückzuführen ist, die der Frachtführer oder eine in § 428 genannte Person vorsätzlich oder leichtfertig und in dem Bewußtsein, daß ein Schaden mit Wahrscheinlichkeit eintreten werde, begangen hat.

§ 435

1) Haftungsprivilegien

1 Bei qualifiziertem Verschulden des Frachtführers sind die ihm wegen vertragstypischer Risiken sonst eingeräumten **Haftungsprivilegien** nicht mehr gerechtfertigt und müssen **entfallen**. Die Norm dient neben der Sanktion des qualifizierten Verschuldens auch der Verbesserung der Rechtsposition des Geschädigten (→ Rn. 5). § 435 setzt deshalb sämtliche Haftungseinschränkungen, die im 1. Unterabschn. (§§ 407–450) oder im Frachtvertrag vorgesehen sind, unter den Vorbehalt von **Vorsatz und bewusster Leichtfertigkeit** (vgl. (17) CMR Art. 29 I, II 1). Es gelten die allg. Kausalitätsregeln. Die Haftungsbefreiungen und -begrenzungen gelten nicht, wenn der Frachtführer selbst, einer seiner Leute, oder eine der anderen Personen nach § 428 entweder vorsätzlich oder leichtfertig und in dem Bewusstsein, dass ein Schaden mit Wahrscheinlichkeit eintreten werde, gehandelt haben (§ 435). § 425 II bleibt jedoch anwendbar, stRspr, BGH NJW 2003, 3629; TranspR 2004, 179; 2007, 413; 2007, 415; 2007, 420; 2007, 422; aA Ramming TranspR 2001, 53. Bei den Hilfspersonen nach § 428 kommt es auf deren Vorsatz oder bewusste Leichtfertigkeit an, sie muss sich der Frachtführer, auch wenn ihn selbst kein solches qualifiziertes Verschulden trifft, wegen der Einschaltung dieser Personen zurechnen lassen. Die Darlegungs- und Beweislast liegt nach allgemeinen Grundsätzen bei dem, der sich auf § 435 beruft, also beim Geschädigten, vgl. BGH NJW-RR 2004, 395; OLG Saarbrücken TranspR 2006, 302; OLG Koblenz VersR 2007, 1009. Auch wenn ihm die nähere Darlegung eines zum Bereich des Gegners gehörenden Geschehens nicht möglich ist, findet keine Beweislastumkehr statt, BGH NJW 2010, 1816 m. zust. Anm. Thume TranspR 2010, 125. Der Frachtführer ist allerdings verpflichtet, alle Umstände aus seinem Betriebsbereich, insbesondere zum Organisationsablauf, zu möglichen Schadensursachen, zum Schadensverlauf, zu beteiligten Personen samt ihrer ladungsfähigen Anschrift und zu ergriffenen Sicherheitsmaßnahmen, vorzutragen **(sekundäre Darlegungslast)**, wenn der Klagevortrag ein qualifiziertes Verschulden nahelegt und Anhaltspunkte aus dem unstreitigen Sachverhalt ergeben, BGH RdTW 2016, 344; NJW 2012, 3774 – CMR; OLG Düsseldorf TranspR 2019, 284; LG Bielefeld TranspR 2020, 127; OLG Hamburg RdTW 2017, 73 (nicht bloß bei Nässeschaden an Teilen der Frachtsendung aA bei Warnhinweis auf Karton und hoher Wahrscheinlichkeit, dass sie im Wasser gestellt wurden: OLG München RdTW 2020, 147); weitergehend OLG Stuttgart TranspR 2021, 421; aA in Bezug auf die Übernahme Freise TranspR 2015, 341. Ihn trifft eine Recherchepflicht, BGHZ 174, 250; BGH NJW-RR 2007, 34; TranspR 2013, 113; OLG München TranspR 2008, 321; OLG Düsseldorf TranspR 2011, 77; Koller TranspR 2014, 316. Erforderlich sein kann nach einem Verlust eine detaillierte Darlegung der Durchführung von Eingangs- und Ausgangskontrollen und von Ermittlungsmaßnahmen, zB durch Befragen von Mitarbeitern, LG Wiesbaden RdTW 2014, 211. Unterlässt er dies insbesondere bei **Verlust** des Transportguts, so genügt bereits ein völlig ungeklärter Schadenshergang bzw. eine völlig ungeklärte Ursache des Verlustes von Gut, um den Schluss auf qualifiziertes Verschulden iSd § 435 auf Grund einer generalisierenden Betrachtungsweise zuzulassen, BGHZ 174, 249; BGH NJW 2003, 3626; NJW-RR 2004, 396; 2009, 752; TranspR 2009, 265; OLG Düsseldorf RdTW 2017, 24; OLG Karlsruhe NJW-RR 2005, 910; OLG Braunschweig NJW-RR 2005, 834; OLG Düsseldorf RdTW 2019, 342. Grundsätze der sekundären Darlegungslast gelten auch für Beschädigungsfälle, Baumann TranspR 2014, 189, zur Ausdehnung auf Fälle der Lieferfristüberschreitung s. Skradde TranspR 2015, 22. Vortrag, dass anvertrautes Gut durch Dritte nur verplombt befördert werde, ist nicht ausreichend; ebenso wenig bloße Angabe des Verlustortes, BGH TranspR 2011, 222. Vom Geschädigten vorzutragende Anhaltspunkte, die auf qualifiziertes Verschulden hindeuten, können sich auch aus Art u. Ausmaß der **Beschädigung**

des Gutes ergeben, mithin aus dem Schadensbild, BGH TranspR 2006, 393; NJW-RR 2009, 1484; OLG Düsseldorf RdTW 2014, 202. Zahlt Frachtführer einen Teilbetrag, stellt dies ein zur Beweislastumkehr führendes „Zeugnis gegen sich selbst" dar, wenn Leistung den Zweck hat, Erfüllungsbereitschaft anzuzeigen, OLG Zweibrücken TranspR 2018, 117. Zur Darlegungs- und Beweislast Neumann TranspR 2002, 413; TranspR 2009, 54; Thume TranspR 2008, 428; Marx TranspR 2010, 174; Baumann TranspR 2014, 187; Schmidt TranspR 2019, 53. Der Anwendungsbereich des § 453 erstreckt sich auch auf den Umzugsvertrag (§ 451), den multimodalen Vertrag (§ 452) sowie auf die Haftung des Spediteurs (§ 461).

2) Vorsätzlich oder leichtfertig und im Bewusstsein, dass ein Schaden mit Wahrscheinlichkeit eintreten werde

A. Verschuldensmaßstab: Der Verschuldensmaßstab ist angelehnt an den Wortlaut deutscher Übersetzungen internationaler Transportrechtsübereinkommen (ua Art. 25 WA 1955) formuliert, weshalb zur Auslegung auf die diesbezüglich ergangene Rechtsprechung zurückgegriffen werden muss, BGHZ 158, 322. **Vorsatz**, dessen Bezugspunkt die pflichtwidrige Verhalten ist, meint jede Vorsatzform, gleich ob direkt oder bedingt, Koller Rn. 4. Die Schuldform der **bewussten Leichtfertigkeit** ähnelt der bewussten groben Fahrlässigkeit, OLG Nürnberg TranspR 2002, 22, doch können im Einzelfall strengere Anforderungen zu stellen sein als an grob fahrlässiges Verhalten, RegE TRG S. 72. Beide Elemente müssen erfüllt sein: leichtfertiges Handeln **und** Bewusstsein eines wahrscheinlichen Schadenseintritts, Koller Rn. 6 ff. Leichtfertigkeit ist grundsätzlich objektiv im Sinne grober Fahrlässigkeit zu verstehen; erforderlich ist, dass sich der Frachtführer oder seine Leute in krasser Weise über die Sicherheitsinteressen des Vertragspartners hinwegsetzen, BGHZ 149, 337; 158, 322 BGH RdTW 2020, 370; OLG Celle, RdTW 2020, 102. Bewusstsein ist subjektiv, was aus den Umständen gefolgert werden kann, BGH NJW-RR 2012, 367; OLG Köln VersR 2001, 1445; doch handelt auch der bewusst, der sich bewusst der Wahrheit verschließt, vgl. BGH NJW 1994, 2291 (zu § 826 BGB). Die Rspr. legt den Begriff eigenständig gegenüber dem der groben Fahrlässigkeit aus (RegE TRG S. 72). Das Bewusstsein von der Wahrscheinlichkeit des Schadenseintritts ist die sich dem Handelnden aus seinem leichtfertigen Verhalten aufdrängende Erkenntnis, es werde wahrscheinlich ein Schaden entstehen, BGH TranspR 2006, 164, wobei Wahrscheinlichkeit nicht über 50 % liegen muss, BGH NJW 2004, 2447. Das leichtfertige Verhalten muss die Schlussfolgerung auf das Bewusstsein der Wahrscheinlichkeit des Schadenseintritts rechtfertigen, LG Karlsruhe, RdTW 2020, 279. An diesem Bewusstsein fehlt es stets, wenn keine bewusste grobe Fahrlässigkeit vorliegt, OLG Frankfurt a. M. VersR 1981, 164; sie soll vielmehr eine zwischen bewusster grober Fahrlässigkeit und bedingtem Vorsatz liegende Verschuldensform sein, OLG Zweibrücken NJW-RR 2004, 686. Entscheidend ist der Einzelfall, zu berücksichtigen können bei Verlust sein die Diebstahlgefährdung, aber auch der Wert der Waren und damit der maximal denkbare Schaden, OLG Hamburg TranspR 2014, 430. Bei Verletzung elementarer Sorgfaltsvorkehrungen in Betriebsorganisation schließt Kenntnis des grob mangelhaften Betriebsablaufs Bewusstsein der Wahrscheinlichkeit des Schadenseintritts ein, BGH NJW 2004, 2447, auch wenn Schadensquote in der Vergangenheit äußerst gering war, OLG Saarbrücken RdTW 2017, 230. Kommt die Sendung in desolatem Zustand an und ist ein katastrophaler Schaden eingetreten, trägt das allein noch nicht den Schluss, dass auch die subjektiven Voraussetzungen dieser Verschuldensform vorliegen, OLG München TranspR 1995, 300. Zum Schluss von leichtfertigem Handeln auf das Bewusstsein der Wahrscheinlichkeit eines Schadenseintritts OLG Düsseldorf 2016, 459. Umgekehrt sind nicht stets zusätzliche objektive Merkmale nachzuweisen, die jenseits der Voraussetzungen für das Vorliegen bewusster grober Fahrlässigkeit liegen. Sicherheitsvorkehrungen richten sich danach, ob Gut leicht verwertbar und damit diebstahlgefährdet ist, OLG Düsseldorf, RdTW 2020, 301, welchen Wert es hat, ob Gefahrenlage Frachtführer bekannt sein musste und welche Möglichkeiten es für gesicherte Fahrtunterbrechung zur Einhaltung der Ruhezeiten gab, BGH NJW-RR 2011, 118; OLG München RdTW 2018, 280 (zu Art. 29 CMR). Zu den Leitkriterien des BGH, Thume TranspR 2017, 144 f.

3   B. **Einzelfälle. Qualifiziertes Verschulden:** Bereits der vorsätzliche Verstoß des Frachtführers oder einer in § 428 HGB genannten Person gegen eine der Sicherung des Transportguts dienende vertragliche Verpflichtung kann laut BGH für sich allein eine Haftung gemäß § 435 HGB rechtfertigen, BGH RdTW 2020, 368. Die AGB-Klausel „Werden beladene Fahrzeuge geparkt, so sind sie zu überwachen oder dort abzustellen, wo ausreichende Sicherheit gewährleistet ist. Mit Gefahrgut beladene Fahrzeuge dürfen in reinen Wohngebieten nicht abgestellt werden" ist jedoch zu unbestimmt, BGH RdTW 2020, 369; aA. Zink RdTW 2020, 362. Fehlende Ein- und Ausgangskontrolle beim Warenumschlag, BGHZ 158, 322; 167, 73; BGH NJW 2006, 2978; NJW-RR 2006, 759; RdTW 2016, 343; 2017, 134 (anders bei Briefen einschließlich Einschreibbriefen und briefähnlichen Sendungen: weder Schnittstellen-, BGH NJW-RR 2007, 96, noch durchgehende Ein- und Ausgangskontrollen erforderlich, BGH TranspR 2007, 466), es sei denn, der Anspruchsteller hat hierauf wirksam (durch AGB) verzichtet, OLG Oldenburg VersR 2002, 638. Eine zu kontrollierende Schnittstelle ist auch das auf die Eingangskontrolle nachfolgende Entladen, BGH RdTW 2017, 135 m. krit. Anm. Bahnsen TranspR 2017, 299. Fehlende regelmäßige Temperaturkontrolle beim Kühltransport, OLG Zweibrücken TranspR 2019, 240; Unterlassen einer Stabilitätsberechnung und Missachtung weiterer Warnhinweise durch Schiffsführer, OLG Stuttgart TranspR 2009, 313; Unterlassen von Sicherungsmaßnahmen trotz Hinweis des Absenders auf besondere Kippgefahr des Gutes, OLG Hamm TranspR 2014, 290; fehlender Hinweis an Absender bei evidenten Verpackungsmängeln, OLG Stuttgart TranspR 2012, 459; fehlende oder unzureichende Nachforschungen nach Bekanntwerden eines Verlustfalls, BGH VersR 2013, 1154, zu Recherchepflichten allgemein Koller TranspR 2014, 316; unterlassen elementarer Sicherheitsvorkehrungen bei objektiv erkennbaren Wertgegenständen, OLG Zweibrücken TranspR, 2018, 118; Beauftragung eines Unterfrachtführers, ohne diesem den möglichen Warenwert mitzuteilen, damit er Sicherheitsvorkehrungen treffen kann, OLG Düsseldorf RdTW 2017, 106 (zu Art. 29 CMR), Ablieferung einer Sendung unter völlig falscher Anschrift an einen nicht berechtigten Empfänger, OLG Düsseldorf, RdTW 2020, 189; ebenso bei Ablieferung an einen Dritten trotz eigenen AGB des Paketdienstleisters, dass Güter nur persönlich beim Empfänger abgeliefert werden, LG Bamberg TranspR 2021, 67. Lagerung einer wertvollen Uhrensendung in Lagerhalle auf umzäuntem Gelände, die nur mit Stahltür und Sicherheitsschloss gesichert ist, OLG Saarbrücken BeckRS 2016, 16037; Wasserkontakt von Kartons, die mit der Aufschrift „Vorsicht! Medizinische Produkte" versehen und mit dem Regenschirmsymbol gekennzeichnet sind, OLG München RdTW 2020, 147. Nichtbeachtung von Scherheitsanweisungen bzw. deren unterlassene Weitergabe, OLG Celle TranspR 2019, 435. Verstoß gegen eine ausdrückliche Weisung, bewachte Parkplätze zu nutzen, auch wenn die Umsetzung auf der Transportstrecke unmöglich ist, und Unterlassen, eine Weisung einzuholen, OLG Stuttgart TranspR 2017, 410; LG Bremen RdTW 2018, 480 (beide zu Art. 12, 14, 29 CMR); grobe Organisationsmängel, BGH NJW 2000, 2497 mAnm Koller EWiR 2000, 805 und BGH VersR 2013, 1153; „Einnicken" des Fahrers am Steuer jedoch nur, wenn sich Fahrer bewusst über von ihm erkannte deutliche Anzeichen von Übermüdung hinweggesetzt hat, hierfür kein Anscheinsbeweis, BGH NJW-RR 2007, 1632,

4. Abschnitt. Frachtgeschäft 4 § 435

dazu Schriefers/Schlattmann TranspR 2011, 18; Ablieferung an einen Dritten, der sich nicht ausweisen kann bei sog. BestSchick-Versendung, OLG Brandenburg TranspR 2014, 67. Ablieferung einer Sendung unter völlig falscher Anschrift an nicht berechtigten Empfänger, OLG Düsseldorf TranspR 2019, 425. Unterlassen organisatorischer Maßnahmen, um sicherzustellen, dass sich Lagermitarbeiter bei der Etikettierung von Packstücken für unterschiedliche Empfänger mit jedem Packstück einzeln befassen, OLG Stuttgart RdTW 2017, 438 f. Erhöhte Sorgfalt uU erforderlich, einen Auftrag abzulehnen, wenn Leistungserfolg (Expresslieferung) nicht sichergestellt werden kann, LG Bonn RdTW 2016, 77. Einstündiges Alleinlassen des LKW auf Autobahnparkplatz in Oberitalien kann genügen, BGH TranspR 2010, 439; OLG Nürnberg TranspR 2009, 258, ebenso mehrstündiger Schlaf im LKW ohne Kontrollgänge, OLG Celle TranspR 2015, 161 und Auslieferung an den Empfänger ohne vorherige Freigabe bei „on hold"-Vermerk, OLG München TranspR 2011, 149. Keine Leichtfertigkeit, wenn Zugriff auf die Ladung eines LKW praktisch nicht möglich, OLG Köln TranspR 2015, 110. Qualifiziertes Verschulden bei Falschablieferung entfällt nicht, wenn Frachtführer trotz gerichtlich festgestellter Unwirksamkeit einer Ersatzzustellungsklausel („Nachbar", § 307 I 2) von deren Wirksamkeit ausgeht, BGH RdTW 2017, 72; 102. Weitere Kasuistik bei Staub/Maurer Rn. 21. Auch qualifiziert pflichtwidrige Vereitelung der konkreten Schadensfeststellung führt zum Wegfall der Haftungsprivilegien, LG Freiburg TranspR 2006, 316. Dem Schädiger muss nicht eine Wahrscheinlichkeit des Schadenseintritts von notwendig mehr als 50 % bewusst sein, Koller Rn. 16, aA üM, OLG Frankfurt a. M. VersR 1981, 165; ausreichend, wenn das Risiko eines Schadenseintritts naheliegend ist, OLG Oldenburg TranspR 2001, 367. Zum qualifizierten Verschulden bei Überschreitung der Lieferfrist OLG Köln NJW-RR 2005, 1487; zur „Just-in-Time"-Lieferung OLG Stuttgart TranspR 2008, 259. Bei dem infolge der Corona-Pandemie durch Grenzschließungen verursachten Staus dürfte Leichtfertigkeit vorliegen, wenn Fahrer trotz entsprechender Kenntnis diese Strecke wählt, Maurer, TranspR in Corona-Krise, in: Effer-Uhe/Monert, Vertragsrecht in Corona-Krise, 213, insbes. bei Transport leicht verderblicher Waren.

Kein qualifiziertes Verschulden: Abstellen eines Transportfahrzeugs am 4 Wochenende in einem unbewachten Gewerbegebiet, auch wenn mit leicht absetzbaren Gütern beladen, BGH TranspR 2013, 287; OLG Nürnberg TranspR 2018, 119 (zu Art. 29 CMR); aA LG Hamburg RdTW 2018, 387; LG Stuttgart RdTW 2018, 353 f. (bei hinzukommendem Verstoß gegen Anweisungen des Fahrerhandbuches); LG Düsseldorf RdTW 2017, 398; Diebstahl eines Anhängers, der wegen des Tourenplans länger als erlaubt unbeaufsichtigt blieb, OLG Koblenz VersR 2008, 378; Diebstahl der Ware, wenn Fahrer LKW innerhalb Deutschlands auf unbewachtem, mit ähnlichen Sattelzügen besetzten Autobahnparkplatz abstellt u. im LKW übernachtet, LG Berlin TranspR 2011, 188 oder regelmäßig Pausen an derselben Tankstelle macht und den LKW dabei nicht sehen kann und es zuvor an dieser Stelle nie zu Diebstählen kam, OLG Brandenburg TranspR 2014, 152; anders aber, wenn Klausel vereinbart worden ist, dass LKW nur auf bewachten Parkplätzen halten darf, auch wenn Fahrer übernachtet, OLG Bremen, RdTW 2020, 221; Reifenbrand eines LKW-Anhängers, der durch gleichzeitig beidseitig blockierende Bremsen ausgelöst wird, BGH TranspR 2011, 219; Übersehen eines kleinen Lochs in einer durchgerosteten Schweißnaht im Laderaum eines LKW, sodass Wasser eindringen konnte, OLG Düsseldorf RdTW 2014, 203. Bei Transport durch Oberitalien ist Einsatz eines zweiten Fahrers nicht zwangsläufig erforderlich, OLG Stuttgart TranspR 2007, 321. Bei Anzeichen für Diebstahl wie kontinuierlichem Wackeln des LKW ist Fahrer nicht zum Starten des Motors oder Hupen verpflichtet, BGH TranspR 2008, 326. Wenn Frachtführer keine konkrete Kenntnis von Art des Transportgutes und dessen erheblichem Wert hat, braucht er grundsätzlich nicht von besonderer

§ 436 1

Diebstahlsgefahr auszugehen, BGH NJW-RR 2008, 50 (zur Frage, wann anstelle eines Planen-LKW ein Kastenwagen erforderlich ist), BGH NJW-RR 2011, 118 f. (auch bei nur allgemeinem Hinweis auf Diebstahlsgefahr); OLG Düsseldorf TranspR 2019, 320 (auch wenn Hinweis so spät (zB bei Verladung), dass Frachtführer im normalen Geschäftsablauf keine Entscheidung mehr darüber treffen kann, ob er angesichts des hohen Wertes den Frachtvertrag ausführen will, und keine besonderen Sicherungsmaßnahmen mehr ergreifen könnte) m. krit. Anm. Koller TranspR 2019, 471 f. (qualifiziertes Verschulden auch möglich, wenn Diebstahlsgefährung nicht schon aus Transportauftrag ersichtlich ist; verspätete Information als Mitverschulden in Parallele zu § 414 II); OLG Koblenz TranspR 2010, 444.

3) Umfang des Schadensersatzes

5 Als **Rechtsfolge** hat der Geschädigte die Wahl zwischen den §§ 249 ff. BGB und den §§ 429–431 bzw. **(17) CMR** Art. 17–28, BGH TranspR 2010, 441; NJW-RR 2009, 46; Staub/Maurer Rn. 24; zu Grenzfällen Schmidt TranspR 2009, 1. Der Anspruch kann durch Mitverschulden des Absenders bzw. Empfängers zu kürzen sein (§ 254 BGB), wofür der Frachtführer beweisbelastet ist. Im Rahmen der §§ 249 ff. BGB sind für verlustig gegangene vertretbare Sachen iSv § 91 BGB die Kosten des Empfängers zur Wiederbeschaffung gleichwertiger Sachen maßgeblich; auf eine von seinen Kunden zur Wiederbeschaffung aufgewendete höhere Summe hat der Empfänger nur Anspruch, wenn er jenen selbst in diesem Umfang zum Ersatz verpflichtet ist, BGH NJW-RR 2009, 104 (zu Art. 18 WA 1955). Wird Schaden nach § 429 berechnet, greift Haftungsbegrenzung des § 431, BeckOK HGB/Kirchhof Rn. 15.

RsprÜbersicht: Thume TranspR 2017, 141; Thume TranspR 2006, 369. Allg. zur Leichtfertigkeit im deutschen Transportrecht: Koller VersR 2004, 1346; zu **(17) CMR** Art. 29 Tuma TranspR 2007, 333.

4) Abdingbarkeit

5a § 435 ist nur eingeschränkt abdingbar (§ 449, 466 sowie §§ 138, 276 III BGB). Eine AGB-Klausel, durch die auf Schnittstellenkontrollen verzichtet wird, ist nach ständiger Rspr. nicht zulässig (aA Koller Rn. 23 f.).

Haftung der Leute

436 [1] **Werden Ansprüche aus außervertraglicher Haftung wegen Verlust oder Beschädigung des Gutes oder wegen Überschreitung der Lieferfrist gegen einen der Leute des Frachtführers erhoben, so kann sich auch jener auf die in diesem Unterabschnitt und im Frachtvertrag vorgesehenen Haftungsbefreiungen und -begrenzungen berufen.** [2] **Dies gilt nicht, wenn er vorsätzlich oder leichtfertig und in dem Bewußtsein, daß ein Schaden mit Wahrscheinlichkeit eintreten werde, gehandelt hat.**

1 **1) Auch die Leute des Frachtführers** sind in die Haftungsbefreiungen und Haftungsbegrenzungen einzubezogen, die im 1. Unterabschn. (§§ 407–450) und im Frachtvertrag vorgesehen sind (**Satz 1**, vgl. **(17) CMR** Art. 28 II). § 436 soll verhindern, dass die Leute des Frachtführers strenger haften als dieser, zumal dann zB wegen der arbeitsrechtlichen Freistellungspflicht auch dessen Haftungsprivilegierung ausgehöhlt würde. Außervertragliche Ansprüche folgen primär aus §§ 677 ff., §§ 812 ff., § 823 ff., § 904 S. 2 BGB. Erfasst sind nur die Leute nach § 428 S. 1, nicht auch die selbstständigen Hilfspersonen (zB Unterfrachtführer, Spediteur) nach § 428 S. 2, Koller Rn. 9. Für letztere kann § 437 anwendbar sein. Organe und gesetzliche Vertreter des Frachtführers werden unmittelbar durch § 434 geschützt. Hat der Frachtführer im Frachtvertrag eine strengere oder

4. Abschnitt. Frachtgeschäft **1 § 437**

höhere Haftung akzeptiert, geht das nicht zu Lasten seiner Leute, diese können sich vielmehr nach § 436 statt auf den Frachtvertrag auf die gesetzlichen Haftungsprivilegierungen berufen („und"), ebenso ist unbeachtlich, ob der Frachtführer selbst bereits nach § 435 haftet, Koller Rn. 7. Vorschrift geht trotz fehlender Einschränkung im Wortlaut nur zu Lasten von Personen iSv § 434, EBJS/Schaffert Rn. 4. Zu Eigentümern, die weder Absender noch Empfänger sind, Koller Rn. 5. Es ist ein innerer Zusammenhang zwischen der Hilfstätigkeit und der schädigenden Handlung erforderlich, Staub/P. Schmidt Rn. 12. Der Vorbehalt von Vorsatz und bewusster Leichtfertigkeit nach § 435 gilt aber auch für die Leute des Frachtführers **(Satz 2)**. § 436 betrifft insbes. Ansprüche aus § 425. Analoge Anwendung, wenn der Schaden erst nach der Ablieferung entstanden ist, EBJS/Schaffert Rn. 5, und in den Fällen der §§ 413 II, 422, 445 III, Koller Rn. 3. Für Schäden im Rahmen von nichtfrachtrechtlichen Zusatzleistungen gilt Satz 1 nicht, Heidel/Wieske Rn. 4. **Lit.** Ramming RdTW 2018, 447 (aktuellen Entwicklungen zu § 436); Freise TranspR 2017, 440 (Eisenbahnverkehr).

Ausführender Frachtführer

437 (1) ¹**Wird die Beförderung ganz oder teilweise durch einen Dritten ausgeführt (ausführender Frachtführer), so haftet dieser für den Schaden, der durch Verlust oder Beschädigung des Gutes oder durch Überschreitung der Lieferfrist während der durch ihn ausgeführten Beförderung entsteht, so, als wäre er der Frachtführer.** ²**Vertragliche Vereinbarungen mit dem Absender oder Empfänger, durch die der Frachtführer seine Haftung erweitert, wirken gegen den ausführenden Frachtführer nur, soweit er ihnen schriftlich zugestimmt hat.**

(2) **Der ausführende Frachtführer kann alle Einwendungen und Einreden geltend machen, die dem Frachtführer aus dem Frachtvertrag zustehen.**

(3) **Frachtführer und ausführender Frachtführer haften als Gesamtschuldner.**

(4) **Werden die Leute des ausführenden Frachtführers in Anspruch genommen, so gilt für diese § 436 entsprechend.**

1) Lässt der Frachtführer die Beförderung ganz oder teilweise durch einen **1** Dritten ausführen (**ausführender Frachtführer**, Legaldefinition), haftet dieser für den Schaden aus Verlust oder Beschädigung des Gutes oder Überschreitung der Lieferfrist, soweit dieser während der durch ihn ausgeführten Beförderung und in seiner unmittelbaren Obhut entsteht, so als wäre er der Frachtführer (**I 1**) (Klarstellung durch das SHRG 2013: Inwieweit den eigentlichen Frachtführer ein Verschulden trifft, ist irrelevant, RegE SHRG S. 86), vgl. zum Begriff des Frachtführers in § 437 nF auch Koller Rn. 6; Koller TranspR 2013, 103. I 1 eröffnet also einen **Direktanspruch** gegen den tatsächlichen Schädiger, der wahlweise neben dem gegen den Vertragspartner geltend gemacht werden kann (enger **(17)** CMR Art. 34: nur bei Annahme des Guts und des Frachtbriefs; im Bereich des Warschauer Abkommens gilt § 437 nicht, Koller TranspR 2000, 355; Thume VersR 2000, 1072). Zweck der Vorschrift ist die Abschwächung des Insolvenzrisikos des Geschädigten und ein erleichterter Zugriff auf den Schädiger, Koller Rn. 1. Zur Rechtsnatur dieses Anspruchs MüKoHGB/Herber/Harm Rn. 17 ff. Auf den Vertrag zwischen Absender und Hauptfrachtführer muss deutsches Recht anwendbar sein, während das auf den Vertrag zwischen ausführendem Frachtführer und vertraglichem (Haupt-)Frachtführer anwendbare Recht unbeachtlich ist, BGH NJW 2009, 1206; Ramming VersR 2007, 1198; OLG Hamburg TranspR 2014, 284; BeckOK HGB/Kirchhof Rn. 4; aA noch OLG Köln VersR 2007, 1150; OLG Düsseldorf TranspR 2007, 239; Ramming RdTW

§ 437 2

2018, 326 (Haftung des vertraglichen Frachtführers nach §§ 425 ff. ausreichend). Ebenso spielt es nur in Ausnahmefällen eine Rolle, ob der Unterfrachtvertrag wirksam oder ungekündigt (§ 415) ist, Koller Rn. 11. Hingegen gilt § 437 nicht zu Lasten Geschäftsunfähiger (§§ 104 ff. BGB), EBJS/Schaffert Rn. 6 I 1 soll nach RegE TRG eine gesetzliche Schuldübernahme entspr. § 419 aF BGB, §§ 25, 28, 130 HGB sein, aA Koller Rn. 3 ff.; Canaris § 31 Rn. 44 (gesetzliche Ausformung des Vertrags mit Schutzwirkung für Dritte). **Ausführung** bedeutet die bloße tatsächliche Vornahme des Transports, das Innenverhältnis zwischen ausführendem und vertraglichem Frachtführer ist dabei irrelevant, auch eine vertragliche Beziehung ist nicht erforderlich, OLG Düsseldorf TranspR 2014, 342. Auch eine Billigung der Beförderung durch den Hauptfrachtführer ist nicht erforderlich, MüKoHGB/Herber/Harm Rn. 8. Der Dritte muss jedoch zumindest erkennen können, dass er die Beförderung für einen anderen Frachtführer erbringt, Koller Rn. 9. § 437 regelt nicht das Verhältnis zwischen dem Frachtführer und dem ausführenden Frachtführer, sondern begründet nur eine Passivlegitimation des letzteren zugunsten des Haftungsanspruchsberechtigten. Zwischen Frachtführer und ausführendem Frachtführer kommt neben vertraglicher Abrede Gesamtschuldnerausgleich nach § 426 BGB in Betracht, Ramming TranspR 2000, 277. Die Aktivlegitimation ergibt sich nicht aus § 437, sondern aus allgemeinen Vorschriften, zB § 421 I 2, Abtretung, Drittschadensliquidation, Thume VersR 2000, 1071. Die Doppellegitimation des § 421 I 2 kann nach § 444 III gehemmt sein, Ramming RdTW 2018, 328. Der ausführende Frachtführer haftet nur soweit, als der Schaden während der durch ihn ausgeführten Beförderung entsteht, also nicht für Schadensereignisse während des gesamten Transports. Hierfür trifft den Gläubiger die Beweislast, RegE SHRG S. 86. Ferner ist die Formulierung teleologisch dahin auszulegen, dass der ausführende Frachtführer sich für schadensursächliches Fehlverhalten seiner Vorleute entlasten kann, Wagner ZHR 163 (1999), 699. Zur analogen Anwendung von § 437 auf spezialgesetzlich geregelte Schadensformen, die dem Verlust, der Beschädigung etc ähnlich sind, vgl. Koller Rn. 5; restriktiver MüKoHGB/Herber/Harm Rn. 20. **Lit.** Wagner ZHR 163 (1999), 679; Ramming TranspR 2000, 277; Czerwenka TranspR 2012, 408 (zu grenzüberschreitenden Transporten); Koller TranspR 2013, 103; Ramming RdTW 2018, 321.

2 **2) Haftungserweiternde Vereinbarungen** des Frachtführers mit dem Absender oder Empfänger wirken nicht gegen den ausführenden Frachtführer; etwas anderes gilt nur bei schriftlicher Zustimmung, die Warnfunktion hat **(I 2)**. Primäre Leistungspflichten sind ausgenommen. Führt Unkenntnis des ausführenden Frachtführers zwingend zu Schadenseintritt, ist I 2 analog anwendbar, BeckOK HGB/Kirchhof Rn. 18. Der ausführende Frachtführer, der nach I ebenso wie der Frachtführer verschuldensunabhängig haftet, kann neben seinen eigenen Einwendungen alle **Einwendungen** und Einreden des Frachtführers aus dem Frachtvertrag geltend machen **(II)**. In Folge von BGHZ 172, 337 (dazu Thume TranspR 2007, 427; Ramming NJW 2008, 291; abl. MüKoHGB/Herber/Harm Rn. 35; Herber TranspR 2008, 239) schließt aber der Hauptfrachtführer mit dem Unterfrachtführer einen eigenen (Unter-)Frachtvertrag, wodurch der Empfänger den ausführenden Unterfrachtführer sowohl aus dem Vertrag zwischen Absender und Hauptfrachtführer nach **I 1** als auch kumulativ aus dem Vertrag zwischen (Haupt-)Frachtführer und ausführendem Unterfrachtführer in Anspruch nehmen kann, BGH NJW 2009, 1207; abl. Koller TranspR 2009, 231; Koller TranspR 2009, 456. Daher kann der Unterfrachtführer bei Inanspruchnahme als ausführender Frachtführer (nach Herber TranspR 2008, 240 anzunehmen bei Vorlage des den Frachtführer bezeichnenden Frachtbriefs) die Einwendungen und Einreden aus **II** geltend machen, während ihm bei einer Inanspruchnahme aus dem Unterfrachtvertrag die Einwendungen und Einreden aus seinem

4. Abschnitt. Frachtgeschäft § 438

Vertrag mit dem Hauptfrachtführer zur Verfügung stehen. Bei einer Haftungserweiterung im Verhältnis Hauptfrachtführer zum ausführenden Frachtführer kann Differenzbetrag im Wege der Drittschadensliquidation im Interesse des Auftraggebers geltend gemacht werden, II gilt dabei nur für Einwendungen und Einreden gegen den gesetzlichen Anspruch aus I u. kann vom ausführenden Frachtführer dem nicht entgegengehalten werden, BGH TranspR 2010, 380. Frachtführer und ausführender Frachtführer sind **Gesamtschuldner** (**III**, §§ 421 ff. BGB) soweit die Haftung des Letzteren reicht. Im Rahmen des Ausgleichs im Innenverhältnis nach § 426 BGB sind ggf. sich aus dem Unterfrachtvertrag ergebende Besonderheiten zu berücksichtigen, Oetker/Paschke Rn. 22. Für die Leute des ausführenden Frachtführers gilt § 436 entsprechend (**IV**). Zum Rückgriff des ausführenden Frachtführers gegen den Frachtführer und umgekehrt Koller Rn. 38 ff.

3) Verjährung

Die Verjährung der Ansprüche gegen den Frachtführer und den Dritten ist 2a gesondert zu bestimmen, Staub/P. Schmidt Rn. 59. Damit korrespondierend keine Rechtskrafterstreckung. Die Verjährung beginnt mit der Ablieferung des Dritten an die im Auftrag benannte Person, Oetker/Paschke Rn. 25. Gegen eine analoge Anwendung von § 452b II: Koller Rn. 33.

Schadensanzeige

438 (1) ¹**Ist ein Verlust oder eine Beschädigung des Gutes äußerlich erkennbar und zeigt der Empfänger oder der Absender dem Frachtführer Verlust oder Beschädigung nicht spätestens bei Ablieferung des Gutes an, so wird vermutet, daß das Gut vollständig und unbeschädigt angeliefert worden ist.** ²**Die Anzeige muß den Verlust oder die Beschädigung hinreichend deutlich kennzeichnen.**

(2) **Die Vermutung nach Absatz 1 gilt auch, wenn der Verlust oder die Beschädigung äußerlich nicht erkennbar war und nicht innerhalb von sieben Tagen nach Ablieferung angezeigt worden ist.**

(3) **Ansprüche wegen Überschreitung der Lieferfrist erlöschen, wenn der Empfänger dem Frachtführer die Überschreitung der Lieferfrist nicht innerhalb von einundzwanzig Tagen nach Ablieferung anzeigt.**

(4) ¹**Eine Schadensanzeige nach Ablieferung ist in Textform zu erstatten.** ²**Zur Wahrung der Frist genügt die rechtzeitige Absendung.**

(5) **Werden Verlust, Beschädigung oder Überschreitung der Lieferfrist bei Ablieferung angezeigt, so genügt die Anzeige gegenüber demjenigen, der das Gut abliefert.**

1) Vermutung bei Verlust oder Beschädigung des Gutes (I, II)

§ 438 regelt eine Obliegenheit zur **Schadensanzeige** für Absender oder Emp- 1 fänger des Frachtgutes (vgl. **(17)** CMR Art. 30; zu unterscheiden von der Rüge nach § 377). Wird der **Verlust oder** eine **Beschädigung des Gutes,** die äußerlich erkennbar sind, dem Frachtführer nicht spätestens bei Ablieferung des Gutes angezeigt, gilt die **widerlegliche Vermutung,** dass das Gut vollständig und unbeschädigt abgeliefert worden ist (**I 1,** also keine Präklusion wie in III). Zweck ist die schnelle Abwicklung von Schadensfällen, EBJS/Schaffert Rn. 1. Ablieferung bedeutet Abschluss des Entladevorgangs, BeckOK HGB/Kirchhof Rn. 2. Ausreichend ist ein enger zeitlicher Zusammenhang nach der Ablieferung, Koller Rn. 3. Die Neuformulierung durch das SHRG 2013 bringt in der Sache keine Änderungen mit sich, RegE SHRG S. 55. Die Anzeige muss den Verlust oder die Beschädigung (nicht den daraus resultierenden Schaden, RegE SHRG

Merkt

S. 56) hinreichend deutlich kennzeichnen (I 2), sonst hat sie nicht die Wirkung nach I 1. Hinreichend deutlich bedeutet nicht nur allgemeine Angaben ohne jede Umschreibung des Mangels oder allgemeine Vorbehalte bezogen auf die Verpackung und nicht auf das Gut selbst, OLG Köln TranspR 2001, 93; OLG Hamburg TranspR 2004, 215 (CMR). Umgekehrt ist aber keine konkrete Spezifizierung bis in alle Einzelheiten notwendig; Schlagworte genügen (zB Nässe). Der Frachtführer muss durch die Anzeige in der Lage sein, den Grund der Haftung zu erkennen, sodass er die Richtigkeit des Vorbringens überprüfen und Beweise sichern kann, EBJS/Schaffert Rn. 1. Eine Schadensanzeige ist bei Kenntnis des Frachtführers von dem Mangel entbehrlich, Staub/P. Schmidt Rn. 30. Die Vermutung nach I kann widerlegt werden, auch bei vorbehaltloser Annahme des Gutes durch den Empfänger. Hierfür muss der Anspruchsberechtigte den Vollbeweis führen, dass das Gut beschädigt- oder unvollständig abgeliefert wurde. Den Frachtführer trifft jedoch die Beweislast für die Ablieferung des Gutes. Die Vermutung gilt auch, wenn der Verlust oder die Beschädigung äußerlich nicht erkennbar war, falls die Anzeige nicht innerhalb von sieben Tagen nach der Ablieferung erfolgt (II). Äußerliche Erkennbarkeit ist gegeben, wenn der Verlust bzw. die Beschädigung durch eine zumutbare Untersuchung ohne Öffnung der Verpackung durch die Sinne wahrgenommen werden kann, Koller Rn. 4. Eine form- und fristgerechte und inhaltlich ausreichend konkretisierte Anzeige führt zur Unanwendbarkeit von § 438 I, II, führt aber nicht im Umkehrschluss zu einer Umkehr der Beweislast, LG Dessau-Roßlau TranspR 2020, 82. Bei Totalverlust scheidet die Anwendung mangels Ablieferung aus, OLG München RdTW 2018, 184. **Lit.** Tunn VersR 2005, 1646; Schriefers TranspR 2016, 55.

2) Erlöschen der Ansprüche wegen Überschreitung der Lieferfrist (III)

2   Dagegen erlöschen Ansprüche wegen **Überschreitung der Lieferfrist**, wenn der Empfänger die Überschreitung nicht innerhalb von 21 Tagen nach Ablieferung anzeigt (III, **Präklusion** anders als nach I 1). Dabei handelt es sich um eine vom Frachtführer einredeweise geltend zu machende, rechtsvernichtende Tatsache. Eine Berücksichtigung von Amts wegen findet – anders als bei (17) CMR Art. 30 III – nicht statt, LG Hamburg NJW-RR 2005, 543; aA Koller Rn. 38. III stellt anders als I 1 ausschließlich auf eine Anzeige des Empfängers (oder seines Vertreters) ab. Anzeige dient Klarheit darüber, ob Empfänger Verzögerung auf sich beruhen lässt; sie kann daher auch nicht durch Kenntnis des Frachtführers oder eines Erfüllungsgehilfen von der Lieferfristüberschreitung ersetzt werden, AG Aalen RdTW 2017, 312 mAnm. Nussbaum. Bei sukzessiver Ablieferung des Gutes ist für die Fristberechnung auf den Abschluss der gesamten Sendung abzustellen, Oetker/Paschke Rn. 18. Vorschrift greift mangels Ablieferung nicht, wenn der Empfänger die Annahme der Sendung verweigert, BeckOK HGB/Kirchhof Rn. 20. Im Unterschied zu I muss der Schaden nicht deutlich gekennzeichnet werden, Koller Rn. 34.

3) Anforderungen an die Schadensanzeige (IV, V)

3   **Form** der Schadensanzeige nach Ablieferung s. **IV 1**. Anzeige muss den Anforderungen des § 126b BGB (Textform) genügen. Die Notwendigkeit einer Anzeige entfällt nicht dadurch, dass Mitarbeiter des Frachtführers den Schaden vor Ort in Augenschein genommen haben, soweit es sich bei diesen nur um Hilfspersonen handelt, OLG Celle NJW-RR 2004, 1411, etwas anderes gilt aber bei Kenntnisnahme durch Wissensvertreter, OLG München TranspR 2011, 200. Schadensanzeige vor Ablieferung ist formlos, also auch mündlich möglich (Umkehrschluss). Jedoch muss der Schaden entweder in der Sprache der Vertragsverhandlungen oder des Vertragsstatus angezeigt werden, EBJS/Schaffert Rn. 9. **Fristwahrung** durch rechtzeitige Absendung (**IV 2**, vgl. § 377 IV), der Anzeigende wird damit von der Verzögerungsgefahr entlastet. Tragung der Verlustge-

fahr wie in § 377 IV, dort str. (→ § 377 Rn. 41). Befugt zur Reklamation ist idR, wer zur Entgegennahme des Gutes bevollmächtigt ist, MüKoHGB/Eckardt Rn. 13.

Adressat: V betrifft die Schadensanzeige, wenn mehrere Frachtführer an der 4 Beförderung beteiligt sind. Schadensanzeige bei Ablieferung gegenüber demjenigen, der das Gut abliefert, genügt; das kann ein anderer als der vertragliche Frachtführer sein. Schadensanzeige nach Ablieferung nur gegenüber dem vertraglichen Frachtführer nach I, III (Umkehrschluss). Wenn der Hauptfrachtführer beim Unterfrachtführer Regress nehmen will, ist hingegen keine Anzeige nötig; es genügt eine einfache Nachricht an den Unterfrachtführer, der wiederum den Unter-Unterfrachtführer benachrichtigen muss. Unterlassen der Nachricht löst Schadensersatz nach § 280 I BGB aus, der aber nach § 433 begrenzt ist, Koller Rn. 31.

Verjährung

439 (1) ¹Ansprüche aus einer Beförderung, die den Vorschriften dieses Unterabschnitts unterliegt, verjähren in einem Jahr. ²Bei Vorsatz oder bei einem dem Vorsatz nach § 435 gleichstehenden Verschulden beträgt die Verjährungsfrist drei Jahre.

(2) ¹Die Verjährung beginnt mit Ablauf des Tages, an dem das Gut abgeliefert wurde. ²Ist das Gut nicht abgeliefert worden, beginnt die Verjährung mit dem Ablauf des Tages, an dem das Gut hätte abgeliefert werden müssen. ³Abweichend von den Sätzen 1 und 2 beginnt die Verjährung von Rückgriffsansprüchen mit dem Tag des Eintritts der Rechtskraft des Urteils gegen den Rückgriffsgläubiger oder, wenn kein rechtskräftiges Urteil vorliegt, mit dem Tag, an dem der Rückgriffsgläubiger den Anspruch befriedigt hat, es sei denn, der Rückgriffsschuldner wurde nicht innerhalb von drei Monaten, nachdem der Rückgriffsgläubiger Kenntnis von dem Schaden und der Person des Rückgriffsschuldners erlangt hat, über diesen Schaden unterrichtet.

(3) ¹Die Verjährung eines Anspruchs gegen den Frachtführer wird auch durch eine Erklärung des Absenders oder Empfängers, mit der dieser Ersatzansprüche erhebt, bis zu dem Zeitpunkt gehemmt, in dem der Frachtführer die Erfüllung des Anspruchs ablehnt. ²Die Erhebung des Anspruchs sowie die Ablehnung bedürfen der Textform. ³Eine weitere Erklärung, die denselben Ersatzanspruch zum Gegenstand hat, hemmt die Verjährung nicht erneut.

(4) Die Verjährung von Schadensersatzansprüchen wegen Verlust oder Beschädigung des Gutes oder wegen Überschreitung der Lieferfrist kann nur durch Vereinbarung, die im einzelnen ausgehandelt ist, auch wenn sie für eine Mehrzahl von gleichartigen Verträgen zwischen denselben Vertragsparteien getroffen ist, erleichtert oder erschwert werden.

1) Kurze Verjährung (I)

A. **Einjährige Regelverjährung (I 1):** § 439 regelt die **Verjährung** als lex 1 specialis zu § 195 BGB, vgl. **(17)** CMR Art. 32 I; zum Verhältnis von § 439 zu § 612, Art. 32 CMR u. Art. 29 WA 1955 s. Otte TranspR 2001, 37 u. BGH NJW-RR 2005, 1122 (Art. 29 WA 1955 verdrängt nationale Verjährungsvorschriften). Anwendbarkeit setzt wirksam zustandegekommenen Speditions- oder Frachtvertrag voraus, BGH MDR 2014, 908. Die Ansprüche aus der Beförderung iSv Unterabschn. 1 (§§ 407–450) verjähren **in einem Jahr** ab dem Tag der Ablieferung **(I 1)**. Dies dient der schnellen Schadensabwicklung und der Gewährung von Rechtssicherheit. Alle Ansprüche aus der Beförderung, gleich von wem gegen wen und aus welchem Rechtsgrund, sind erfasst; so auch der Ersatzanspruch nach § 420 I 2, BGH VersR 2014, 356. Erfasst sind nach Maßgabe der §§ 451, 452b, 463 u. 475a Ansprüche aus Umzugs- (OLG Schleswig NJW-RR 2008, 1361), Multimodal-, Speditions- u. Lagervertrag. Strittig ist, ob § 117 BinSchG § 439 verdrängt, MüKoHGB/Eckardt Rn. 2; differenzierend Koller TranspR 2004, 24. § 439 stellt klar, dass auch außervertragliche Ansprüche erfasst werden, ohne dass noch auf § 434 rekurriert werden müsste, so auch bereicherungsrechtliche Ansprüche, OLG Koblenz TranspR 2015, 157. Erfasst werden nur Ansprüche aus der Beförderung, vgl. Koller Rn. 4 ff., ferner Nebenpflichtverletzungen, die mit frachtvertraglicher Beförderung in unmittelbarem räumlichen und zeitlichen Zusammenhang stehen, auch dann, wenn der Ablieferungsvorgang bei der Schadenshandlung bereits abgeschlossen ist, BGH NJW-RR 2008, 1360 m. krit. Anm. Koller LMK 2009, 272954; Heuer TranspR 2005, 74. Auch Beratungsleistungen bei der Organisation des Transports, Auskunftsansprüche und Schadensersatzansprüche aus Vermischung mit anderen Gütern des Empfängers, MüKoHGB/Eckardt Rn. 5, Ansprüche wegen Güterschäden, die außerhalb des Obhutszeitraums des § 425 I liegen, OLG Frankfurt a. M. RdTW 2018, 182, nicht aber Ansprüche aus selbstständigen Verträgen, die lediglich dem Umfeld der Beförderung zuzurechnen sind, BGH NJW-RR 2007, 184; Koller Rn. 11, etwa Ansprüche des Verkehrshaftungsversicherers (mangels einer Beteiligung an der Beförderung), OLG Frankfurt a. M. TranspR 2010, 435 m. zust. Anm. Trieb, Ansprüche auf Garantieleistung bei Nichterreichen eines vereinbarten Mindestfrachtumsatzes, Pokrant/Gran Rn. 198, Ansprüche aus Rahmen- und Mengenverträgen, die nur die Grundlage für den nachfolgenden Transport sind, BGH NJW-RR 2007, 184; OLG Karlsruhe TranspR 2004, 316; 2007, 213, oder Ansprüche aus anschließender Verwahrung, BGH TranspR 2006, 74, Überprüfung oder Ein- bzw. Aufbau des Transportguts, Koller Rn. 7 f., sind umfasst. Die Verjährung vor Vertragsschluss enstandener deliktischer Ansprüche richtet sich nach den §§ 195 ff. BGB, Koller Rn. 3. Str. bei Ansprüchen aus cic, wenn Vertragsschluss nachfolgend scheitert, tendenziell bejahend Staub/ P. Schmidt Rn. 21; ablehnend Koller Rn. 3. Ansprüche wegen Personenschäden unterfallen ebenfalls nicht dem § 439, Staub/P. Schmidt Rn. 23. Im Einzelfall kann die Berufung auf die Verjährung arglistig und damit unzulässig sein, Beck-OK/Kirchhof Rn. 25. **Lit.** Herber TranspR 2000, 20; Koller TranspR 2004, 24; VersR 2006, 1581; Köper TranspR 2006, 191; Ramming TranspR 2002, 45. Einjährige Verjährungsfrist gilt auch im Falle von Transport-Rahmenverträgen, LG Hamburg TranspR 2016, 23.

2   B. **Drei Jahre Verjährungsfrist bei qualifiziertem Verschulden (I 2):** Bei Vorsatz – auch bloß bedingtem Vorsatz – oder bei einem dem Vorsatz nach § 435 gleichstehenden Verschulden (bewusste Leichtfertigkeit, → § 435 Rn. 2) beträgt die Verjährungsfrist **drei Jahre**, so wenn entgegen dem Aufrechnungsverbot der Ziff. 19 ADSp aufgerechnet wird, OLG Düsseldorf TranspR 2013, 196. Qualifiziertes Verschulden des Anspruchsgegners und ein solches von Hilfspersonen, deren Verhalten diesem zurechenbar ist, stehen gleich, etwa Hauptfrachtführer und dessen Leute sowie Unterfrachtführer und dessen Leute, BGH TranspR 2008, 84. I 2 gilt auch für primäre Erfüllungs- und vertragliche Aufwendungsersatzansprüche, BGH TranspR 2010, 227; Koller VersR 2006, 1581; aA noch OLG Frankfurt a. M. TranspR 2005, 405; MüKoHGB/Eckardt Rn. 12 unter Verweis auf **(17)** CMR Art. 32; differenzierend Köper TranspR 2006, 191; Herber TranspR 2010, 357. Zum Fall des Rechtsirrtums LG Hamburg RdTW 2015, 392. Für transportrechtliche Ansprüche, die beim Inkrafttreten des TRG noch nicht verjährt waren, gilt – sofern sie nach neuem Recht einer längeren Verjährung (I 2) unterliegen – die neue, längere Verjährungsfrist, BGH TranspR 2006, 70; 2006, 451. Vorsätzliche Nichtzahlung (des Primärleistungsanspruches auf Frachtlohn) ist dem Schuldner erst dann vorzuwerfen, wenn er entgegen besserem Wissen die Existenz eines Anspruchs abstreitet oder wider besseres

Wissen behauptet, dass der gegen ihn gerichtete Anspruch nicht in der geltend gemachten Höhe entstanden sei, OLG München RdTW 2021, 402, kritisch hierzu hins. der Beweislast, Eckhardt, TranspR 2021, 460 ff.

2) Beginn, Hemmung (II, III)

A. **Verjährungsbeginn:** Die Verjährung beginnt abweichend von § 199 BGB **3** mit Ablauf des Tages der vollständigen tatsächlichen, hilfsweise der hypothetischen **Ablieferung des Gutes (II 1, 2).** Das gilt auch für den Anspruch des Frachtführers auf die Fracht, MüKoHGB/Eckardt Rn. 16. Ablieferung setzt Gewahrsamsaufgabe seitens des Frachtführers bei gleichzeitigem Einverständnis des berechtigten Empfängers voraus, der durch die Gewahrsamsaufgabe die tatsächliche Gewalt über das Transportgut ausüben kann, MüKoHGB/Eckardt Rn. 14. Anders als bei (17) CMR Art. 32 I a)–c) wird aus Praktikabilitätsgründen (RegBegr TRG 78) nicht nach Anspruchsgrundlage bzw. Schadensart differenziert, BGH TranspR 2008, 84. Erkennbarkeit des Schadens ist ohne Belang, OLG Schleswig TranspR 2009, 33. Bei verspäteter Ablieferung entscheidet der Zeitpunkt der tatsächlichen, nicht der der vereinbarten Ablieferung, Koller Rn. 14; MüKoHGB/Eckardt Rn. 15. Hingegen kommt es bei Nichtablieferung auf den Tag der vereinbarten Ablieferung an, Koller Rn. 15; MüKoHGB/Eckardt Rn. 15, in Ermangelung einer Parteivereinbarung an dem Tag, an dem die Frist gem. § 423 abläuft, Staub/P. Schmidt Rn. 34. Bei Sukzessivlieferung entscheidet letzte Teilablieferung, OLG Hamburg VersR 1971, 729, bzw. bei einer Teilablieferung, bei der der Frachtführer zu erkennen gibt, dass der Frachtvertrag für ihn erfüllt ist, Koller Rn. 14. Bei Abnahmeverweigerung liegt keine Ablieferung vor; Verjährung richtet sich nach II 2, Oetker/Paschke Rn. 6.; ebenso bei Verlustvermutung gem. § 424, BeckOK/Kirchhof Rn. 14. Ein zeitgleicher Verjährungsbeginn des Primäranspruchs und der **Rückgriffsansprüche** wäre nicht sachgerecht, da sich der zuerst in Anspruch Genommene idR zunächst nur mit dem Geschädigten und nicht mit dem Regressschuldner auseinandersetzt. **II 3** schiebt den Verjährungsbeginn deshalb hinaus, bis der Primäranspruch geklärt ist; dafür ist nicht erforderlich, dass der Regressgläubiger im Primärrechtsverhältnis gem. §§ 425 ff. haftet, OLG Hamburg TranspR 2011, 368 m. zust. Anm. Koller TranspR 2012, 277, so dass II 3 bei Haftung nach seerechtlichen Bestimmungen im Primärhaftungsverhältnis anwendbar ist, Pokrant/Gran Rn. 212. Erfasst ist Rückgriffsanspruch gegen den Unterfrachtführer (nicht jedoch sonstige Hilfspersonen, Pokrant/Gran Rn. 214), ebenso Aufwendungsersatzanspruch des Unterfrachtführers gegen den Hauptfrachtführer, BGH VersR 2014, 357, aA BeckOK HGB/Kirchhof Rn. 15. Der Regressschuldner muss allerdings rechtzeitig (innerhalb von drei Monaten nach Kenntnis von dem Schaden und der Person des Regressschuldners) durch den Regressgläubiger unterrichtet worden sein (anders **(17)** CMR Art. 39 IV: ohne Unterrichtung), sonst bleibt es bei II 1, 2. Die Unterrichtung setzt keine bestimmte Form voraus u. kann etwa per Telefax, E-Mail oder telefonisch erfolgen, OLG Frankfurt a. M. TranspR 2010, 36. II 3 lässt die Fristen selbst (I) unberührt. Allgemein zum Regress von TransportUnt. Koller TranspR 2011, 389.

B. **Hemmung: Nach III 1** ruht bei einem Ersatzanspruch gegen den Fracht- **4** führer die Verjährung (§ 205 BGB) von dem Zeitpunkt an, zu dem der Empfänger oder Absender durch schriftliche Erklärung, mit der Ersatzansprüche erhoben werden, an den Frachtführer herantritt, bis zu dem Zeitpunkt, in dem dieser die Erfüllung des Anspruchs schriftlich ablehnt. Aus dem Zweck der Regelung (Anreiz für gütliche Einigung) folgt, dass die durch die Schuldrechtsmodernisierung eingefügten erweiterten Hemmungsgründe (§§ 203–211, 213 BGB) neben § 439 anwendbar sind, BGH VersR 2008, 1669; NJW 2009, 1806 (Ende der Hemmung bei „Einschlafen" der Verhandlungen); Thume TranspR

2009, 238 f.; Harms TranspR 2001, 294; Koller TranspR 2001, 425; aA Drews TranspR 2004, 340. Die allgemeine Hemmungsvorschrift des § 203 BGB wird durch III nicht verdrängt („auch" eingefügt durch SHRG, so schon BGH TranspR 2008, 467). Reklamationserklärung muss der aktuelle Forderungsinhaber, AG Dillenburg RdTW 2017, 80, oder sein „Rechtsstandschafter" abgeben, wobei der wahre Rechtsinhaber zur Offenlegung seiner Zustimmung genannt werden muss (Verweis auf Assekuradeurin der Transportversicherung genügt nicht), OLG Hamburg RdTW 2019, 36. Nach **III 2** (eingefügt durch SHRG) genügt nunmehr wie auch bei **(17)** CMR Art. 32 II und § 438 IV **Textform** iSv § 126b BGB (überholt daher OLG München TranspR 2008, 322 (E-Mail nicht ausreichend), LG Hamburg TranspR 2009, 225 (Telefax nicht ausreichend) mAnm. Grimme); MüKoHGB/Eckardt Rn. 21 (uU anders, wenn Parteien in der Vergangenheit abweichende Form anerkannt haben), aA LG Bremen TranspR 2010, 235; Koller Rn. 33; Steinborn TranspR 2011, 16. Inhaltlich geht die Haftbarhaltung nach § 439 über die Schadensanzeige nach § 438 hinaus. Dem Frachtführer muß eindeutig mitgeteilt werden, von wem für welchen Schaden Ersatz verlangt wird, BGH TranspR 1984, 146; OLG Karlsruhe TranspR 2004, 33. Ein bloßer Nachforschungsauftrag genügt mangels Ersatzbegehrens nicht, BGH VersR 2008, 1669. Hemmung bezieht sich daher nur auf das in der Haftbarhaltung spezifizierte Schadensereignis, Koller Rn. 33. Nicht notwendig ist die Vorlage sämtlicher Schadensunterlagen, MüKoHGB/Eckardt Rn. 28. Erklärung kann sowohl gegenüber Frachtführer selbst als auch gegenüber von diesem bevollmächtigter Person (etwa Fahrer, Schadensbearbeiter, Versicherer) abgegeben werden, EBJS/Gass Rn. 24. Die hemmungsbeendende Zurückweisung der Ansprüche muss nach Grund und Umfang hinreichend klar und eindeutig sein, MüKoHGB/Eckardt Rn. 32. Eine Zurückweisung gegenüber einer Partei wirkt nicht automatisch gegenüber einer weiteren Partei, OLG Köln TranspR 2004, 120. Für die Zurückweisung genügt – anders als für die Haftbarhaltung – Textform, Koller Rn. 44. Eine weitere Erklärung desselben Berechtigten hemmt nach **III 2** nicht erneut die Verjährung, auch wenn neue Tatsachen zur Begründung desselben Anspruchs vorgebracht werden, MüKoHGB/Eckardt Rn. 35.

3) Abbedingung (IV)

5   IV regelt die vertragliche Abbedingung von § 439 als lex specialis zu § 449 und zT abweichend von § 202 BGB (Obergrenze). Abbedingung, also Erleichterung ebenso wie Erschwerung (also nur für Fristveränderungen), sind nur durch im Einzelnen ausgehandelte Vereinbarung (Individualvereinbarung, zur Abgrenzung von der allgemeinen Geschäftsbedingungen siehe das AGB-Recht, MüKoHGB/ Eckardt Rn. 36) möglich, können dann allerdings auch für eine Mehrzahl von gleichartigen Verträgen zwischen denselben Vertragspartnern (zB in einer Rahmenvereinbarung zwischen denselben Parteien) getroffen werden. Die Vertragsfreiheit wird durch IV (übereinstimmend mit § 449 und § 609 I) nur eingeschränkt, soweit es um Ersatzansprüche wegen **Verlust oder Beschädigung des Gutes oder wegen Überschreitung der Lieferfrist** geht (Klarstellung eingefügt durch SHRG). Völliger Ausschluss der Verjährung ist ebenso wie nach § 202 BGB unzulässig. IV betrifft nicht die Fälle, in denen nach Eintritt des Schadens der Schuldner dem Gläubiger eine erschwerte Verjährung, zB Verlängerung der Verjährungsfrist, einräumt (RegE). In solchen Fällen greifen die allg. Regeln.

4) Beweislast

6   Entsprechend den allgemeinen Grundsätzen trägt der Schuldner die Beweislast für Eintritt und Beginn der Verjährung, der Gläubiger für Verlängerung der Frist auf drei Jahre, Hemmung sowie die Voraussetzungen nach II 3, EBJS/Schaffert, Rn. 32; Koller Rn. 30, 50.

4. Abschnitt. Frachtgeschäft   1   § 440

Pfandrecht des Frachtführers

440 (1) ¹Der Frachtführer hat für alle Forderungen aus dem Frachtvertrag ein Pfandrecht an dem ihm zur Beförderung übergebenen Gut des Absenders oder eines Dritten, der der Beförderung des Gutes zugestimmt hat. ²An dem Gut des Absenders hat der Frachtführer auch ein Pfandrecht für alle unbestrittenen Forderungen aus anderen mit dem Absender abgeschlossenen Fracht-, Seefracht-, Speditions- und Lagerverträgen. ³Das Pfandrecht nach den Sätzen 1 und 2 erstreckt sich auf die Begleitpapiere.

(2) Das Pfandrecht besteht, solange der Frachtführer das Gut in seinem Besitz hat, insbesondere solange er mittels Konnossements, Ladescheins oder Lagerscheins darüber verfügen kann.

(3) Das Pfandrecht besteht auch nach der Ablieferung fort, wenn der Frachtführer es innerhalb von drei Tagen nach der Ablieferung gerichtlich geltend macht und das Gut noch im Besitz des Empfängers ist.

(4) ¹Die in § 1234 Abs. 1 des Bürgerlichen Gesetzbuchs bezeichnete Androhung des Pfandverkaufs sowie die in den §§ 1237 und 1241 des Bürgerlichen Gesetzbuchs vorgesehenen Benachrichtigungen sind an den nach § 418 oder § 446 verfügungsberechtigten Empfänger zu richten. ²Ist dieser nicht zu ermitteln oder verweigert er die Annahme des Gutes, so haben die Androhung und die Benachrichtigung gegenüber dem Absender zu erfolgen.

Übersicht

	Rn
1) Gesetzliches Pfandrecht des Frachtführers (I)	1–6
A. Pfandrecht am Gut (I 1):	
B. Gesicherte Forderungen:	2, 3
C. Gutgläubiger Erwerb:	4
D. Wirkung:	5
E. Pfandrecht an den Begleitpapieren (I 2):	6
2) Besitzpfandrecht, Folgerecht (II, III)	7, 8
A. Besitzpfandrecht (II):	7
B. Folgerecht (III):	8
3) Pfandverkauf (IV)	9
4) Beweislast	10
5) Abdingbarkeit	11

1) Gesetzliches Pfandrecht des Frachtführers (I)

§ 440 entspricht § 441 aF, der infolge der Streichung von § 440 aF (nunmehr **1** § 30 I ZPO) im Zuge des SHRG umnummeriert wurde.

A. **Pfandrecht am Gut (I 1): Nach I 1** (geändert durch SHRG 2013 zur redaktionellen Anpassung an die übliche Diktion des BGB sowie zur Beseitigung von Rechtsunsicherheiten) hat der Frachtführer – ebenso wie der Spediteur nach § 464 und der Lagerhalter nach § 475b – an dem Gut ein gesetzliches Pfandrecht (§ 1257 BGB). Das Sicherungsbedürfnis folgt hier aus der grundsätzlich bestehenden Vorleistungspflicht. Gesichert werden nicht nur alle durch den Frachtvertrag begründeten Forderungen, sondern auch **inkonnexe Forderungen,** dh (unbestrittene) Forderungen aus anderen mit dem Absender abgeschlossenen Fracht-, Speditions- und Lagerverträgen (I 1). Erfasst werden auch Begleitpapiere im Besitz des Frachtführers (nicht aber Wertpapiere oder KfZ-Papiere, Koller Rn. 5). Zum Schutz der Rechte vertragsfremder Dritter s. § 366 III. § 441 gilt auch, wenn völkervertragliches Transportrecht (etwa (17) CMR, CIM) keine Regelungen über das Pfandrecht enthält und das IPR auf deutsches materielles Recht verweist, OLG Hamburg VersR 1984, 235; OLG Düsseldorf VersR 1977,

1047; aA Fremuth/Thume Rn. 4. Das Pfandrecht entsteht an dem Gut des Absenders, das der Frachtführer mit dessen Willen in Besitz bekommt, auch am Anwartschaftsrecht, nicht aber an Gütersurrogaten, Staub/P. Schmidt Rn. 14. Der Frachtführer muss mit Willen des Absenders unmittelbaren (§§ 854 f. BGB) oder zumindest mittelbaren (§ 868 BGB) Besitz am Beförderungsgut haben, Koller Rn. 4. Voraussetzung ist ein wirksamer Frachtvertrag (Schwerpunkt des Vertrages liegt in der Beförderungsleistung), BGH VersR 1986, 31. Das Pfandrecht entsteht nicht nur an Gut des Absenders, sondern auch an **Gut eines Dritten**, wenn dieser der Beförderung zugestimmt hat (so die Klarstellung durch das SHRG 2013 im Anschluss an die hA); BGH NJW-RR 2010, 1546; OLG Karlsruhe TranspR 2004, 468; OLG München TranspR 2014, 194 (dann aber grundsätzlich nur Haftung für konnexe Forderungen), Koller Rn. 7. Ermächtigung gem. § 185 BGB kann konkludent erteilt werden, wenn Eigentümer Sendung willentlich aus der Hand gibt und mit Transport durch einen Dritten rechnen muss, BeckOK HGB/Kirchhof Rn. 11. Zustimmung beinhaltet idR auch eine solche zum Abschluss von Unterfrachtverträgen, sofern der mit dem Absender identische Eigentümer nicht ausdrücklich Beförderung durch seinen Vertragspartner verlangt, MüKoHGB/C. Schmidt Rn. 20. Verbrauchereigenschaft des Empfängers hindert Entstehung des Pfandrechts nicht, OLG München TranspR 2014, 194. Gutgläubiger Erwerb → Rn. 4. Das Pfandrecht besteht am ganzen Gut, grundsätzlich ohne Rücksicht auf das Wertverhältnis von Forderungen zu Gut, BGH VersR 1966, 179; NJW 1999, 3716 (Lagerhalter, → § 475b Rn. 1), aber uU Freigabeanspruch (→ Rn. 5). Der Rang des Pfandrechts folgt aus §§ 443, 366 HGB, §§ 1257, 1208 BGB. Das Pfandrecht erlischt nach allg. Regeln. Neben dem Pfandrecht kommen Zurückbehaltungsrechte in Betracht (§§ 369 ff., 421 I 1 HGB, §§ 273, 320 f., 1000 BGB). Bei Sammelsendung gibt es keine Vermutung dafür, dass der Versender mit einem Transport einverstanden ist, bei dem sein Gut etwa für Schäden iSv § 414 haftet, die das Gut des anderen Versenders verursacht hat, OLG Köln TranspR 2009, 37. Allgemein zu den Sicherungsmöglichkeiten des Frachtführers Didier NZI 2003, 513 u. NJW 2004, 813. **Lit.** Brüning-Wildhagen, Pfandrechte und Zurückbehaltungsrechte im Transportrecht, 2000; Schmidt TranspR 2011, 56 (mit Hinweisen zum grenzüberschreitenden Verkehr); Bräuer TranspR 2006, 197; Didier NZI 2003, 513 sowie Oepen TranspR 2011, 89 (zur Insolvenz des Absenders).

2 **B. Gesicherte Forderungen: a) Konnexe Forderungen:** Das Pfandrecht sichert alle durch den Frachtvertrag begründeten (konnexen) Forderungen, zB Fracht, Auslagen, Vorschüsse, einerlei ob sie sich aus dem Frachtbrief ergeben, BGH VersR 1991, 1037, nicht hingegen Forderungen gegen Dritte, Koller Rn. 10. Für analoge Anwendung des § 440 auf Ansprüche aus §§ 677 ff., 812 ff., 823 ff. BGB: Koller Rn. 12; aA BeckOK/Kirchhof Rn. 3. Das Pfandrecht entsteht auch bei Klausel „frachtfrei" („franko") (→ § 421 Rn. 7), RGZ 122, 226; auch bei Klausel „freight prepaid", aber dann uU Ablieferungspflicht ohne Rücksicht auf das Pfandrecht (→ § 421 Rn. 8). Bei Rahmenverträgen entscheidet, ob eine konkretisierende Weisung zu der Forderung geführt hat, OLG Köln TranspR 2009, 37; s. auch Koller Rn. 10. Zur Konnexität bei Vereinbarung einer „Rundlaufpauschale" s. OLG Köln TranspR 2009, 41. Zu Einschränkungen bei einer Sendung, die aus Frachtstücken einer Vielzahl von Dritten besteht: Koller Rn. 13.

3 **b) Inkonnexe Forderungen:** Das Pfandrecht sichert darüber hinaus in bestimmtem Umfang auch inkonnexe Forderungen des Frachtführers aus anderen Verkehrsverträgen (insoweit also Sicherung der Ansprüche aus der laufenden Geschäftsverbindung). Die Ansprüche brauchen nicht anerkannt oder rechtskräftig festgestellt zu sein, es genügt, wenn sie unbestritten sind; beweispflichtig dafür ist der Frachtführer. Unbestritten sind Forderungen auch dann, wenn der Schuld-

4. Abschnitt. Frachtgeschäft 4–6 § 440

ner sie nur pauschal in Abrede stellt oder wenn abwegige oder unsubstantiierte Einwendungen erhoben werden, OLG Karlsruhe NJW-RR 2005, 402, hA. Auf den Zeitpunkt des Bestreitens kommt es nicht an, Staub/P. Schmidt Rn. 20. Daher erlischt das Pfandrecht durch das Bestreiten ex nunc; bisherige Verwertung bleibt rechtmäßig, aA Fremuth/Thume § 441 Rn. 14, 19, nach denen die Forderung bis zur Geltendmachung unbestritten sein muss. Erteilt der Schuldner innerhalb des Zeitraums des § 131 I Nr. 1 InsO einem Frachtführer einen neuen Frachtauftrag unter Überlassung des Transportgutes, gilt der Erwerb des Frachtführerpfandrechts auch für offene unbestrittene Altforderungen als kongruent, BGHZ 150, 326. Dem steht nicht entgegen, dass der Frachtführer den neuen Transportauftrag (auch) wegen der ihm bewussten Gefahr übernommen hat, der Absender könne zahlungsunfähig werden, und für diesen Fall ein zusätzliches Sicherungsmittel hinsichtlich seiner Altforderungen habe erwerben wollen, BGH NJW-RR 2005, 916 mAnm Gerhardt EWiR 2005, 545; krit. Bräuer TranspR 2006, 197. Andere inkonnexe Forderungen als aus mit dem Absender abgeschlossenen Fracht-, Speditions- und Lagerverträgen sind nicht abgedeckt, zB solche wegen Bearbeitung des Guts (hierfür Werkunternehmerpfandrecht, § 647 BGB), BGH BB 1960, 837 (Lagerhalter). Wegen Arglist können weiter Forderungen dann nicht erfasst sein, wenn auf Seiten des Absenders Treuhänderschaft vorliegt und Frachtführer Kenntnis davon hat, Koller Rn. 20.

C. **Gutgläubiger Erwerb:** Das Besitzpfandrecht kann **gutgläubig** erworben **4** werden (§§ 1207, 1257, 932 ff. BGB, § 366 III, s. RegBegr SHRG), BGH NJW-RR 2010, 1550; OLG Karlsruhe TranspR 2004, 468; OLG Köln TranspR 2009, 41, auch wenn Frachtführer (konkludente) Ermächtigung des Absenders durch Eigentümer gutgläubig annimmt, BeckOK HGB/Kirchhof Rn. 15. Hingegen gutgläubiger Erwerb an Gut, das nicht Gegenstand des Vertrages ist, aus dem die durch das Pfandrecht zu sichernde Forderung herrührt (inkonnexe Forderung), nur bei gutem Glauben des Erwerbers an das Eigentum des Vertragspartners (§ 366 III 2, dort → § 366 Rn. 10 u. Canaris § 27 Rn. 43 ff.), nicht hingegen bei bloßem gutem Glauben an die Verfügungsbefugnis des Absenders durch den Eigentümer, s. § 366 II 2 sowie RegBegr SHRG, im kfm. Warenverkehr stehen häufig Eigentumsvorbehalt bzw. Sicherungsübereignung entgegen, Canaris § 27 Rn. 46; OLG Frankfurt a. M. TranspR 1989, 233. Auch gutgläubig lastenfreier Erwerb des Pfandrechts ist möglich (§ 366 III HGB, § 1208 BGB).

D. **Wirkung:** Das Pfandrecht wirkt wie ein vertragliches Pfandrecht (§ 1257 **5** BGB); es gibt ein absolutes Besitzrecht gegenüber dem auf Eigentum gestützten Herausgabeverlangen des Absenders (§ 986 I BGB, keine Berufung darauf nötig), BGH NJW 1999, 3716 (Lagerhalter), ein Recht auf Drittwiderspruchsklage (§ 771 ZPO) bzw. vorzugsweise Befriedigung (§ 805 ZPO) und auf abgesonderte Befriedigung in der Insolvenz (§ 50 InsO). Sonstiger Schutz: §§ 823, 859, 861 f., 869, 122 iVm 989 BGB). Die **Ausübung** des Pfandrechts kann treuwidrig sein, vgl. BGH NJW 1995, 2918 (Vorkassevereinbarung), vgl. auch → **(8)** AGB-Banken Art. 14 Rn. 10; uU bereits stillschweigender Ausschluss des Pfandrechts, soweit seine Ausübung mit den Vertragspflichten des Frachtführers unvereinbar wäre. Frist für Pfandverkauf s. § 368 I, II. Bei Übersicherung kann Freigabeanspruch bestehen (§ 242 BGB, vgl. zu → **(8)** AGB-Banken Art. 16 Rn. 2). Abdingbarkeit von § 441 s. § 449.

E. **Pfandrecht an den Begleitpapieren (I 2):** Das Pfandrecht erstreckt sich **6** nach I 2 auch auf Begleitpapiere (§ 413), Rechtsgedanke des § 952 II BGB (RegE), aber auch für die Begleitpapiere gilt das Besitzerfordernis (→ Rn. 1, kein besitzloses Pfandrecht), Koller Rn. 5. Wertpapiere und Fahrzeugpapiere stellen keine Begleitpapiere, sondern allenfalls Gut dar, EBJS/Schaffert Rn. 13.

2) Besitzpfandrecht, Folgerecht (II, III)

7 **A. Besitzpfandrecht (II):** Das Pfandrecht setzt voraus, dass der Frachtführer den Besitz (§§ 854 ff. BGB) an dem Gut mit Willen des Absenders erlangt hat. Es besteht fort, solange der Frachtführer das Gut in seinem Besitz hat, insbesondere solange er über das Gut mittels Konnossement, Ladeschein oder Lagerschein (§§ 642, 444, 475c) verfügen kann (II). Mittelbarer Besitz (§ 868 BGB) genügt. Freiwilliger Besitzverlust beendet das Pfandrecht, zB bei Verbringung des Gutes in Räume, die der Frachtführer dem Auftraggeber vermietet hat, OLG Nürnberg MDR 1973, 55. Unfreiwilliger Besitzverlust beendet es nicht (arg. § 1253 BGB), sehr str. (→ § 397 Rn. 10). Das Pfandrecht jedes vorhergehenden Frachtführers bleibt so lange bestehen wie das des letzten Frachtführers (§ 442 I 2).

8 **B. Folgerecht (III):** Das Besitzpfandrecht ist nach III gegenüber § 1253 BGB (Erlöschen durch Rückgabe) zeitlich verlängert. Voraussetzung dafür ist, dass der Frachtführer es innerhalb von drei Tagen (Fristberechnung § 187 BGB, Tag der Ablieferung wird nicht eingerechnet) nach der Ablieferung gerichtlich geltend macht und dass das Gut noch im Besitz des Empfängers ist (dreitägiges Folgerecht). Für gerichtliche Geltendmachung genügt jeder Antrag an das Gericht (auch Antrag auf einstweiligen Rechtsschutz) auf Herausgabe, Feststellung ua, aber nur bezüglich des Pfandrechts, nicht nur der Frachtforderung. Eingang bei Gericht genügt, Zustellung ist nicht erforderlich. Die Herausgabe des Gutes vor Bezahlung, wozu der Frachtführer aber nicht verpflichtet ist (§ 421 I 1: Ablieferung nur „gegen Erfüllung der Verpflichtungen aus dem Frachtvertrag") bedeutet also trotz des Folgerechts ein erhebliches Risiko für den Frachtführer (möglicher gutgläubig lastenfreier Erwerb nach § 936 BGB). Räumt der Empfänger dem Frachtführer innerhalb der drei Tage von sich aus mittelbaren Besitz ein, genügt auch das für III.

3) Pfandverkauf (IV)

9 Für den Pfandverkauf gelten §§ 1228–1249 BGB. **IV 1** bringt eine Sondervorschrift zur Androhung des Pfandverkaufs nach § 1234 I BGB und der nach §§ 1237, 1241 BGB vorgesehenen Benachrichtigungen. Wurde ein Ladeschein ausgestellt, kann auch eine andere Person als die im Frachtvertrag bestimmte Empfänger durch den Pfandverkauf in seinen Rechten beeinträchtigt sein. Der im Frachtvertrag bestimmte Empfänger ist nicht notwendigerweise der legitimierte Besitzer des Ladescheins. Soweit Letzterer beeinträchtigt ist, ist die Androhung an ihn und nicht an den im Frachtvertrag bestimmten Empfänger zu richten. **Verfügungsberechtigter Empfänger** (§§ 419 I, 418, 446) ist daher entweder der im Vertrag bestimmte Empfänger oder, bei Ausstellung eines Ladescheins, der legitimierte Besitzer des Ladescheins, s. RegBegr SHRG. Verletzt der Frachtführer andere Verwertungsbestimmungen, ist er nach § 1243 II BGB schadensersatzpflichtig, BGH TranspR 1998, 106, str. Zur Pfandverwertung in der Insolvenz des Absenders: BeckOK/Kirchhof Rn. 28 ff. Nach **IV 2** sind Androhung und Benachrichtigung an den Absender zu richten, wenn der verfügungsberechtigte Empfänger nicht zu ermitteln ist oder die Annahme des Gutes verweigert (anders beim Weisungsrecht nach § 412 IV).

4) Beweislast

10 Der Frachtführer trägt die Last des Beweises für alle in § 440 I genannten Tatbestandsmerkmale sowie für seinen noch bestehenden Besitz, bei inkonnexer Forderung auch die Unbestrittenheit, Staub/P. Schmidt Rn. 40. Ggf. hat der Eigentümer bzw. die am Gut interessierte Person zu beweisen, dass weder der Absender noch der Empfänger Eigentümer war, dass das Gut abhanden gekommen ist oder dass der Frachtführer bösgläubig war, Koller Rn. 23.

4. Abschnitt. Frachtgeschäft § 441

5) Abdingbarkeit

§ 440 ist auch durch AGB abdingbar. Es ist jedoch zu beachten, dass ein 11
Pfandverkauf für konnexe Forderungen nur ausgeschlossen werden kann, wenn
vergleichbare Sicherheiten bestellt werden, BeckOK/Kirchhof Rn. 34.

Nachfolgender Frachtführer

441 (1) ¹Hat im Falle der Beförderung durch mehrere Frachtführer der letzte bei der Ablieferung die Forderungen der vorhergehenden Frachtführer einzuziehen, so hat er die Rechte der vorhergehenden Frachtführer, insbesondere auch das Pfandrecht, auszuüben. ²Das Pfandrecht jedes vorhergehenden Frachtführers bleibt so lange bestehen wie das Pfandrecht des letzten Frachtführers.

(2) Wird ein vorhergehender Frachtführer von einem nachgehenden befriedigt, so gehen Forderung und Pfandrecht des ersteren auf den letzteren über.

(3) Die Absätze 1 und 2 gelten auch für die Forderungen und Rechte eines Spediteurs, der an der Beförderung mitgewirkt hat.

1) Nachfolgender Frachtführer (I, II)

§ 441 entspricht § 442 aF, der infolge der Streichung von § 440 aF im Zuge 1
des SHRG umnummeriert wurde. § 441 regelt die **Pfandrechte eines oder
mehrerer nachfolgenden Frachtführer** unter Inpflichtnahme des letzten von
ihnen. Sind an der Beförderung desselben Guts mehrere Frachtführer beteiligt,
muss nämlich dafür gesorgt werden, dass der früher tätig werdende Frachtführer
nicht sein Pfandrecht zugunsten des nachfolgenden verliert. Der Letzte muss
deshalb, wenn er bei der Ablieferung die Forderungen der vorhergehenden
Frachtführer einzuziehen hat, die Rechte seiner Vorgänger, insbesondere auch
das Pfandrecht, ausüben (I 1). Dadurch soll im Sinne eines raschen Güterablaufs
verhindert werden, dass jeder vorangehende Frachtführer unter Berufung auf
§ 421 I 1 mit der Weitersendung der Güter wartet, bis seine Vergütungsforderung durch den nachfolgenden Frachtführer erfüllt wird. Die eingezogenen
Beiträge sind gem. §§ 675 I, 667 BGB an den Forderungsinhaber auszukehren.
Für I 1 kommt es nur darauf an, dass mehrere Frachtführer die Beförderung
tatsächlich ausüben, einerlei ob sie in vollem Umfang Unterfrachtführer sind, in
welchen Vertragsbeziehungen sie zueinander stehen und ob der Letzte auf Grund
besonderer Abrede, zB Nachnahme nach § 422, einzuziehen verpflichtet ist. I 1
begründet entgegen Wortlaut, der Bestehen voraussetzt, eine gesetzliche Einziehungspflicht des letzten Frachtführers, BeckOK HGB/Kirchhof Rn. 6. Ohne
Belang, ob ein Frachtbrief ausgestellt wurde, Staub/P. Schmidt Rn. 18. Die Vorschrift gilt für alle Fälle, in denen ein nachfolgender Frachtführer von einem
vorhergehenden als Unterfrachtführer beauftragt worden ist, allgM, nicht hingegen dann, wenn unmittelbar vom Absender Teilfrachtführer beauftragt sind
(keine vertragliche Verbindung der Frachtführer untereinander), Heymann/
Schlüter Rn. 3, str. Das Pfandrecht jedes Vorgängers bleibt so lange bestehen wie
das Pfandrecht des letzten Frachtführers (I 2, § 440 II, III). Der letzte Frachtführer kann die Forderungen der vorangehenden im eigenen Namen geltend
machen. Voraussetzung ist Kenntnis oder Kennenmüssen der Forderungen, es
besteht aber keine Nachforschungspflicht. Auskehrungspflicht nach §§ 675 I, 667
BGB. Bei schuldhafter Verletzung seiner Pflicht aus § 441 haftet der letzte Frachtführer den vorangehenden aus § 280 BGB auf Schadensersatz. **II** sieht einen
gesetzlichen Forderungs- und Pfandrechtsübergang in der Frachtführerkette vor,
wobei unerheblich ist, ob die Forderung Gegenstand des Frachtbriefs ist. Die
praktische Bedeutung von § 441 wird vom Gesetzgeber selbst als gering eingeschätzt, BR-Drs. 368/97, 80. § 441 ist dispositiv. Franko- oder pre-paid Klauseln

Merkt

§ 442 1, 2   4. Buch. Handelsgeschäfte

sind zulässig, können jedoch eine Haftung des vorgehenden Frachtführers gegenüber den ihm vorgehenden Frachtführern auslösen, Oetker/Paschke Rn. 5. Schaden ist der Verlust der Sicherheit. **Lit:** Ramming TranspR 2006, 235, einschränkend zur Anwendbarkeit bei Unterfrachtführer Koller TranspR 2009, 453. Vorschrift kann abbedungen werden, Koller Rn. 3.

2) Mitwirkender Spediteur (III)

2   Der Schutz durch I und II kommt auch einem **Spediteur** zugute, der an der Beförderung mitgewirkt hat (III). Die Erwähnung der Forderung im Frachtbrief ist unerheblich, MüKoHGB/C. Schmidt Rn. 8 III erfasst entgegen seinem Wortlaut nicht den Fall, dass der Spediteur der Letzte in der Kette der Transportunternehmer ist (Empfangsspediteur), Koller Rn. 3, hier greift § 465 ein, der auf § 441 verweist.

Rang mehrerer Pfandrechte

442 (1) **Bestehen an demselben Gut mehrere nach den §§ 397, 440, 464, 475b und 495 begründete Pfandrechte, so geht unter denjenigen Pfandrechten, die durch die Versendung oder durch die Beförderung des Gutes entstanden sind, das später entstandene dem früher entstandenen vor.**

(2) **Diese Pfandrechte haben Vorrang vor dem nicht aus der Versendung entstandenen Pfandrecht des Kommissionärs und des Lagerhalters sowie vor dem Pfandrecht des Spediteurs, des Frachtführers und des Verfrachters für Vorschüsse.**

1) Rang mehrerer Pfandrechte nach Posteriorität (I)

1   § 442 ist inhaltsgleich mit § 443 aF, der infolge der Streichung von § 440 aF im Zuge des SHRG umnummeriert wurde. § 442 regelt den **Rang** bei Zusammentreffen **mehrerer Pfandrechte.** Die Vorschrift nennt abschließend die erfassten Pfandrechte. Nicht erfasst ist der Eigenprovisionsanspruch des Kommissionärs und die Lagergeldforderung des Lagerhalters, Staub/P. Schmidt Rn. 5. Sind mehrere Besitzpfandrechtsinhaber (Kommissionär § 397; Frachtführer § 440; Spediteur § 464; Lagerhalter § 475b und Verfrachter § 495) beteiligt, gilt nicht, wie in vielen anderen Kollisionsfällen, das Prioritätsprinzip (§ 1209 BGB), sondern es geht unter denjenigen Pfandrechten, die durch die Versendung oder die Beförderung des Gutes entstanden sind, das später entstandene dem früher entstandenen vor (I, **Posterioritätsprinzip**). Grund: Üblicherweise gewinnen die Güter durch den Transport an Wert oder es wird zumindest Wertminderung vermieden. Abweichungen von der Rangordnung sind durch gutgläubigen Erwerb des Vorranges bzw. gutgläubigen lastenfreien Erwerb möglich (§ 366 II, III), MüKoHGB/C. Schmidt Rn. 5. Erfasst werden die Pfandrechte des Kommissionärs (§ 397), des Frachtführers (§ 440), des Spediteurs (§ 464), des Lagerhalters (§ 475b) und des Verfrachters (§ 495). Gesichert werden insbesondere Frachten, Spediteurprovisionen, beförderungsbedingte Aufwendungsersatzansprüche (Verpackungskosten, Verzollungskosten, Standgelder ua), sowie Kostennachnahmen (nicht höhere Wertnachnahmen, die unter II fallen), MüKoHGB/C. Schmidt Rn. 3. Zum Fall eines einheitlichen Nachnahmebetrags Staub/P. Schmidt Rn. 5. Die Bestimmung ist dispositiv, § 449.

2) Vorrang der Pfandrechte aus Versendung und Beförderung (II)

2   Die Pfandrechte aus Beförderung haben Vorrang vor dem nicht aus der Versendung entstandenen Pfandrecht des Kommissionärs und des Lagerhalters sowie vor dem Pfandrecht des Spediteurs, des Frachtführers und des Verfrachters für Vorschüsse, etwa auf Wertnachnahmen oder Lagerkosten, die nicht aus der Beförderung entstanden sind. Die Rangfolge dieser Pfandrechte untereinander

sowie im Verhältnis zu den beförderungsbezogenen Pfandrechten richtet sich nach dem Prioritätsprinzip. Wenn auch hier das Posterioritätsprinzip gälte, könnte sich ein Frachtführer nur auf die Beförderung einlassen, wenn er vorher prüfen würde, ob er noch damit rechnen kann, sich aus dem Gut zu befriedigen. Das würde den Transport erheblich erschweren.

Ladeschein. Verordnungsermächtigung

443 (1) ¹Über die Verpflichtung zur Ablieferung des Gutes kann von dem Frachtführer ein Ladeschein ausgestellt werden, der die in § 408 Abs. 1 genannten Angaben enthalten soll. ²Der Ladeschein ist vom Frachtführer zu unterzeichnen; eine Nachbildung der eigenhändigen Unterschrift durch Druck oder Stempel genügt.

(2) ¹Ist der Ladeschein an Order gestellt, so soll er den Namen desjenigen enthalten, an dessen Order das Gut abgeliefert werden soll. ²Wird der Name nicht angegeben, so ist der Ladeschein als an Order des Absenders gestellt anzusehen.

(3) ¹Dem Ladeschein gleichgestellt ist eine elektronische Aufzeichnung, die dieselben Funktionen erfüllt wie der Ladeschein, sofern sichergestellt ist, dass die Authentizität und die Integrität der Aufzeichnung gewahrt bleiben (elektronischer Ladeschein). ²Das Bundesministerium der Justiz und für Verbraucherschutz wird ermächtigt, im Einvernehmen mit dem Bundesministerium des Innern, für Bau und Heimat durch Rechtsverordnung, die nicht der Zustimmung des Bundesrates bedarf, die Einzelheiten der Ausstellung, Vorlage, Rückgabe und Übertragung eines elektronischen Ladescheins sowie die Einzelheiten des Verfahrens einer nachträglichen Eintragung in einen elektronischen Ladeschein zu regeln.

1) Inhalt und Form des Ladescheins (I)

A. **Inhalt:** § 443 tritt an die Stelle von § 444 aF, der infolge der Streichung von § 440 aF im Zuge des SHRG umnummeriert wurde. Der **Ladeschein** (§§ 443–450, gelten für HGB-Frachtführer ebenso wie für CMR-, WA- u. MÜ-Frachtführer) ist anders als der Frachtbrief (§ 409) ein Wertpapier (Namenspapier, Rektapapier), das wie der Orderlagerschein (§ 475g) Traditionswirkung hat (§ 448) und auf Order ausgestellt werden kann (§§ 363 ff.). Der vom Frachtvertrag abstrahierte Ladeschein wird über die Verpflichtung des Frachtführers zur Ablieferung des Gutes ausgestellt und ist für das Rechtsverhältnis zwischen dem Frachtführer und dem Empfänger maßgebend. Zweck des Ladescheins ist es, die Veräußerung oder Verpfändung des Gutes während der Versendung zu ermöglichen und dem gutgläubigen Empfänger wertpapierrechtlich zu garantieren, dass er den Anspruch gegen den Frachtführer ungeachtet des Frachtvertrages so erwirbt, wie er sich aus dem Frachtbrief ergibt. Der Frachtführer braucht das Gut nur gegen Vorlage und Rückgabe des Ladescheins abzuliefern. Die praktische Bedeutung ist gering, Koller Rn. 1. **I** betrifft Ausstellung, Inhalt und Form des Ladescheins. **Ausstellung** muss vereinbart werden, sonst kein Anspruch auf Ausstellung (I 1 „kann", anders § 513 I). Umgekehrt folgt aus der Formulierung ein Recht des Frachtführers zur Ausstellung eines Ladescheins, BeckOGK(Paschke) Rn. 5. Begebungsvertrag zwischen Frachtführer und Absender zugunsten des Empfängers erforderlich. Fehlt eine Vereinbarung und stellt Frachtführer einen Ladeschein zugunsten eines Dritten aus, macht er sich ua wegen Verlust des Verfügungsrechts nach § 446 iVm § 418 gegenüber dem Absender schadensersatzpflichtig, BeckOK HGB/Kirchhof Rn. 9. Ein wirksamer, noch nicht erüllter Frachtvertrag ist für die Wirksamkeit des Ladescheins nicht erforderlich, Koller Rn. 5, 7. Zu übergeben ist der Ladeschein in Ermangelung anderer Verein-

§ 443 2–4

barungen bei der Übergabe des Gutes, BeckOK HGB/Kirchhof Rn. 10. **Inhalt** s. **I 1** (Sollvorschrift, aber Merkmale eines Wertpapiers müssen erfüllt sein) iVm § 408 I (gilt auch für Multimodal-Ladeschein mit Einschluss einer Seestrecke, aA Kopper, Der multimodale Ladeschein im internationalen Transportrecht, 2007, 53). Anzugeben sind der Absender (§ 408 I Nr. 2), die Ablieferungsstelle und der Übernahmetag (§ 408 I Nr. 4), beim Namensladeschein der Name des Empfängers (§ 408 I Nr. 5; für Orderlagerschein s. § 444 II), Gewicht bzw. Mengenumschreibung (§ 408 I Nr. 8), Weisungen für die Güterbehandlung (§ 408 I Nr. 11), Vereinbarungen über die Beförderung in offenem Fahrzeug oder auf Deck (§ 408 I Nr. 12). Ist der Frachtführer für Dritten nicht erkennbar, ist Ladeschein unwirksam. Hinweis auf Ablieferungspflicht ist wesentlich; fehlt er, handelt es sich nicht um einen Ladeschein, sondern um eine reine Beweisurkunde. Zum Kollisionsrecht: Staub/Otte Rn. 92 ff.

2 B. **Form:** Der Ladeschein ist nach I 2 vom Frachtführer zu unterzeichnen, auch gedruckte Unterschrift (faksimilierte Form erforderlich, normaler Firmenstempel genügt aufgrund der Fälschungsgefahr nicht); fehlende Unterschrift: § 125 BGB. Mehrere Ausfertigungen sind in I nicht vorgesehen (anders Frachtbrief, vgl. § 408 II), krit. wegen gewachsener Bedeutung des Ladescheins im Multimodalverkehr MüKoHGB/Herber/Harm Rn. 10; Rabe TranspR 1998, 439; Ausstellung mehrerer Ausfertigungen kann aber vereinbart werden. Die praktische Bedeutung des Ladescheins ist allerdings auf die Binnenschifffahrt beschränkt, im Landverkehr ist er herkömmlich unüblich, weil wegen der idR kurzen Transportzeiten kaum Bedürfnis besteht, während der Beförderung über das Gut zu verfügen. Das Papier des Multimodaltransports (in der Praxis: Durchkonnossement) erhält durch §§ 443 ff. eine gesetzliche Basis (wichtigster Fall: FIATA Multimodal Transport Bill of Lading (FBL). Seekonnossement s. §§ 513–525. Aufgrund der Eigenschaft als Wertpapier ist I 2 zwingend, MüKoHGB/Herber/Harm Rn. 7. **Lit.** von Bernstorff RIW 2001, 504; Ramming VersR 2002, 539 (elektron. Ladeschein); Kopper, Der multimodale Ladeschein im internationalen Transportrecht, 2007; Ramming TranspR 2006, 95; 2007, 279 (IPR).

2) Orderladeschein (II)

3 Der Ladeschein kann an Order einer beliebigen benannten Person ausgestellt werden **(II 1),** zB Order des Empfängers, des Absenders, einer Bank oder einer Person, die das Gut dem Frachtführer abliefert, ohne selbst Vertragspartner des Frachtvertrags zu sein („Ablader", Begriff aus dem Seefrachtrecht, RegE zum TRG). Der Ladeschein kann sodann auch vom Dritten an einen Vierten indossiert werden (§ 364 I); zur Übertragung von Inhaber- und Rektaladescheinen: Koller Rn. 23, 25. Wird im Orderladeschein der Name nicht angegeben (schlechthin „an Order", vgl. § 363 I 1), gilt der Ladeschein als an Order des Absenders ausgestellt **(II 2).** Zum Fehlen bestimmter Mindestangaben Staub/Otte Rn. 53. Haftung ggf. aus § 311 II, III BGB, § 826 BGB bzw. aus Rechtsschein.

3) Elektronischer Ladeschein (III)

4 III 1 schafft (übereinstimmend mit den Vorschriften für den Frachtbrief, das Konossement und den Seefrachtbrief (§ 408 III, § 516, § 526 IV) eine Regelung zur Ersetzung des papiergebundenen Ladescheins durch eine elektronische Aufzeichnung. Voraussetzung ist **Gleichwertigkeit** der elektronischen Aufzeichnung mit dem papiergebundenen Ladeschein insbesondere hinsichtlich der stetigen Gewährleistung der **Funktionen** (Beweis-, Instruktions-, Sperr-, Traditions-, Legitimationsfunktion), der Authentizität und der Integrität der Aufzeichnung. Wird ein elektronischer Ladeschein verwendet, ist sicherzustellen, dass er „unterzeichnet", „vorgelegt", „zurückgegeben" und „übertragen" werden kann, ferner,

4. Abschnitt. Frachtgeschäft § 444

dass ein „legitimierter Besitzer" den formalen Nachweis der Legitimation erbringen kann und auf welche Weise nachträglich Vorbehalte in die Aufzeichnung aufgenommen werden können, ohne dass Authentizität und Integrität der Daten in Frage gestellt werden. Wie beim elektronischen Konossement und aus denselben Gründen (s. RegBegr SHRG) hat der Gesetzgeber beim elektronischen Ladeschein von einer detaillierten Regelung abgesehen. Die Regelung selbst ist daher bewusst technikneutral und fortschrittsoffen ausgestaltet, vgl. BeckOGK (Paschke) Rn. 44. Nach III 2 kann aber der **Verordnungsgeber** die Einzelheiten von Ausstellung, Vorlage, Rückgabe und Übertragung des elektronischen Ladescheins sowie das Verfahren der nachträglichen Eintragung von Vorbehalten regeln. Zum Einsatz von Blockchain-Technologie, Saive TranspR 2018, 234. Zur Anwendbarkeit des Datenschutzrechts angesichts des Personenbezugs der Angaben, Saive/Janicki RdTW 2019, 201.

Wirkung des Ladescheins. Legitimation

444 (1) **Der Ladeschein begründet die Vermutung, dass der Frachtführer das Gut so übernommen hat, wie es im Ladeschein beschrieben ist; § 409 Absatz 2 und 3 Satz 1 gilt entsprechend.**

(2) ¹ Gegenüber einem im Ladeschein benannten Empfänger, an den der Ladeschein begeben wurde, kann der Frachtführer die Vermutung nach Absatz 1 nicht widerlegen, es sei denn, dem Empfänger war im Zeitpunkt der Begebung des Ladescheins bekannt oder infolge grober Fahrlässigkeit unbekannt, dass die Angaben im Ladeschein unrichtig sind. ² Gleiches gilt gegenüber einem Dritten, dem der Ladeschein übertragen wurde. ³ Die Sätze 1 und 2 gelten nicht, wenn der aus dem Ladeschein Berechtigte den ausführenden Frachtführer nach § 437 in Anspruch nimmt und der Ladeschein weder vom ausführenden Frachtführer noch von einem für ihn zur Zeichnung von Ladescheinen Befugten ausgestellt wurde.

(3) ¹ **Die im Ladeschein verbrieften frachtvertraglichen Ansprüche können nur von dem aus dem Ladeschein Berechtigten geltend gemacht werden.** ² Zugunsten des legitimierten Besitzers des Ladescheins wird vermutet, dass er der aus dem Ladeschein Berechtigte ist. ³ Legitimierter Besitzer des Ladescheins ist, wer einen Ladeschein besitzt, der

1. auf den Inhaber lautet,
2. an Order lautet und den Besitzer als Empfänger benennt oder durch eine ununterbrochene Reihe von Indossamenten ausweist oder
3. auf den Namen des Besitzers lautet.

1) Vermutungswirkung des Ladescheins (I)

§ 444 neu eingefügt durch SHRG 2013. § 444 aF wurde infolge der Aufhebung von § 440 aF zu § 443 umnummeriert. Neufassung der Vorschrift durch das SHRG soll die Regelungen über den Ladeschein stärker an den im 5. Buch getroffenen Regelungen zum Konossement ausrichten, RegBegr SHRG. Nach I Hs. 1(entspricht § 444 III 2 aF mit redaktioneller Angleichung an § 517 I 1 nF) begründet der Ladeschein einen wertpapierrechtlichen **Anspruch gegen den Frachtführer,** der nach Entstehung, Inhalt und Fortbestand unabhängig vom Frachtvertrag ist. Beweis für den Inhalt des Frachtvertrages liefert der Ladeschein daher gerade nicht, BeckOGK(Paschke) Rn. 11. Soweit sich Ansprüche aus Frachtvertrag und Ladeschein überlagern, kann so nur noch der Ladeschein-Berechtigte geltend machen, BeckOK HGB/Kirchhof Rn. 10. Er begründet die widerlegliche Vermutung, dass die Güter wie im Ladeschein beschrieben übernommen sind; der Ladeschein steht insoweit teilweise dem Frachtbrief gleich (I

Hs. 2 iVm § 409 II, III 1). Der Ladeschein hat jedoch keine Beweiswirkung hinsichtlich des Inhalts des Frachtvertrags, MüKoHGB/Herber/Harm Rn. 7. Für Menge, Gewicht und äußerlich nicht erkennbaren Inhalt des Frachtstücks greift Vermutung, sofern sie bei der Übernahme durch den Frachtführer iSd § 409 III überprüft und eingetragen worden sind, Koller Rn. 3. Einschränkung der Vermutung durch einen Vorbehalt des Frachtführers ist möglich (I Hs. 2, §§ 408 II 2, 409 II). Der Vorbehalt muss jedenfalls plausibel sein, Staub/Otte Rn. 5. Begründung des Anspruchs setzt einen **Begebungsvertrag** zwischen Aussteller und erstem Nehmer voraus. Übertragung des verbrieften Anspruchs setzt beim Rektaladeschein die Abtretung des Auslieferungsanspruchs, beim Orderlagerschein und beim Inhaberladeschein eine Übertragung nach wertpapierrechtlichen Grundsätzen voraus, Staub/Otte Rn. 37 ff. Widerlegt der Aussteller die Vermutung, kommt eine Haftung aus cic iVm VSD in Betracht, Koller Rn. 4.

2) Unwiderleglichkeit der Vermutungswirkung (II)

2   II 1 und 2 entspricht inhaltlich weitgehend III 3 aF, allerdings mit terminologischer Angleichung an § 522 II nF. Die Vorschrift unterscheidet zwischen Begebung des Ladescheins an den darin benannten Empfänger und Übertragung des Ladescheins an einen Dritten durch Indossament oder, wie beim Inhaberladeschein, durch Einigung und Übergabe (§ 929 BGB). Dadurch soll wie im Seefrachtrecht gewährleistet werden, dass auch der gutgläubige erste Nehmer eines Rekta- oder Orderpapiers geschützt wird, RegBegr SHRG. Bei Bösgläubigkeit ist die Vermutung widerleglich. Gem. **II 1 und 2** ist bei Übertragung des Ladescheins an einen gutgläubigen Dritten die Vermutung nach I unwiderleglich, also auch, wenn es sich um einen einfachen, nicht einen Inhaber- oder Orderladeschein handelt. II findet analoge Anwendung, wenn Nehmer im Ladeschein nicht als Empfänger bezeichnet wird, aber wie dieser die Art und Qualität des Gutes nicht kennt, Staub/Otte Rn. 9. Für Bösgläubigkeit kommt es auf Person des jeweils Berechtigten an, Ramming RdTW 2017, 446, aA beim Folgeerwerb Koller Rn. 6. Kein Einwendungsausschluss beim Namenslagerschein. Es gilt überdies nicht, wenn erster Nehmer der Absender oder der Ablader ist, Koller Rn. 5. Zum abhandengekommenen Ladeschein Ramming RdTW 2018, 161. **II 3** regelt nach dem Vorbild § 522 III 2 den Fall, dass ein ausführender Frachtführer nach § 437 von dem aus dem Ladeschein Berechtigten in Anspruch genommen wird. Ebenso wie bei der Ausstellung eines Konnossements kann dem Schutzbedürfnis des ausführenden Frachtführers der Vorrang vor den Interessen gutgläubiger Dritter eingeräumt werden, sofern der Ladeschein nicht von ihm oder einem Vertreter ausgestellt wurde, RegBegr SHRG. Von I, II kann auch durch AGB abgewichen werden (§ 449).

3) Legitimation (III)

3   III ist § 519 nachgebildet. Die Vorschrift ersetzt § 444 III 1 aF sowie § 446 aF. III betrifft nur frachtvertragliche Ansprüche, Staub/Otte Rn. 27. Verbrieft sind Anspruch auf Ablieferung des Gutes sowie Schadensersatz nach Verlust des Gutes; nicht hingegen Ansprüche auf Beförderung des Gutes, Schadensersatz nach Beschädigung des Gutes sowie Überschreitung der Lieferfrist, Ramming RdTW 2019, 83 ff. Der legitimierte Besitzer gilt (Vermutung) als aus dem Ladeschein Berechtigter. Als Berechtigter wird daher vermutet: der Besitzer eines Inhaberladescheins **(III 3 Nr. 1)**, eines Orderladescheins **(III 3 Nr. 2)** oder eines Namensladescheins **(III 3 Nr. 3)**. Die formelle Legitimation des Besitzers kann durch einen Vollbeweis der materiellen Berechtigung widerlegt werden, BeckOGK (Paschke) Rn. 34.

4. Abschnitt. Frachtgeschäft 1, 2 § 445

Ablieferung gegen Rückgabe des Ladescheins

445 (1) ¹Nach Ankunft des Gutes an der Ablieferungsstelle ist der legitimierte Besitzer des Ladescheins berechtigt, vom Frachtführer die Ablieferung des Gutes zu verlangen. ²Macht er von diesem Recht Gebrauch, ist er entsprechend § 421 Absatz 2 und 3 zur Zahlung der Fracht und einer sonstigen Vergütung verpflichtet.

(2) ¹Der Frachtführer ist zur Ablieferung des Gutes nur gegen Rückgabe des Ladescheins, auf dem die Ablieferung bescheinigt ist, und gegen Leistung der noch ausstehenden, nach § 421 Absatz 2 und 3 geschuldeten Zahlungen verpflichtet. ²Er darf das Gut jedoch nicht dem legitimierten Besitzer des Ladescheins abliefern, wenn ihm bekannt oder infolge grober Fahrlässigkeit unbekannt ist, dass der legitimierte Besitzer des Ladescheins nicht der aus dem Ladeschein Berechtigte ist.

(3) ¹Liefert der Frachtführer das Gut einem anderen als dem legitimierten Besitzer des Ladescheins oder, im Falle des Absatzes 2 Satz 2, einem anderen als dem aus dem Ladeschein Berechtigten ab, haftet er für den Schaden, der dem aus dem Ladeschein Berechtigten daraus entsteht. ²Die Haftung ist auf den Betrag begrenzt, der bei Verlust des Gutes zu zahlen wäre.

1) Rechte des durch den Ladeschein ausgewiesenen Besitzers (I)

Die Neufassung der Vorschrift durch das SHRG 2013 dient der Angleichung 1 an § 521 nF. I entspricht im Wesentlichen § 446 I aF und regelt die Rechte des formell durch den Ladeschein ausgewiesenen Besitzers (legitimierter Besitzer des Ladescheins). Die Empfangslegitimation bestimmt, an welche Person der Frachtführer das Gut mit befreiender Wirkung abliefern kann, auch wenn diese Person nicht materiell berechtigt ist (Liberationswirkung). Eine Ablieferung an den materiell Berechtigten ist mit schuldbefreiender Wirkung weiterhin möglich, MüKoHGB/Herber/Harm Rn. 3. Die Norm dient damit dem Vertrauensschutz und der erleichterten Vertragsabwicklung, Koller Rn. 1. Eine Unterscheidung nach Namenslagerschein und Orderlagerschein wird – anders als nach früherem Recht – nicht mehr getroffen. Nach dem Vorbild von § 521 I kann der ausgewiesene Besitzer die Ablieferung des Gutes nur verlangen, wenn das Gut an der Ablieferungsstelle angekommen ist. Macht er von seinem Recht Gebrauch, muss er nach I 2 entsprechend § 421 II und III die noch ausstehende Fracht und bei Beförderungsverzögerung eine noch ausstehende Vergütung zahlen, insbes. Standgeld.

2) Ablieferungspflicht des Frachtführers und Rückgabe des Ladescheins (II)

II ist § 521 II idF des SHRG 2013 nachgebildet. II 1 entspricht im Wesentli- 2 chen § 445 aF, allerdings mit ergänzender Bestimmung, dass der Verfrachter auch bei Vorlage des Ladescheins nur dann zur Ablieferung verpflichtet ist, wenn die noch ausstehenden Zahlungen geleistet werden. Dies entspricht § 521 II 1. Bei Teillieferung hat der Frachtführer einen Anspruch auf Teilquittierung auf dem Ladeschein, kann die Herausgabe jedoch erst nach vollständiger Ablieferung verlangen, BeckOK HGB/Kirchhof Rn. 18. Im Fall einer Beschädigung des Guts kann der Ladescheininhaber den Ladeschein behalten, Koller Rn. 3; aA Oetker/Paschke Rn. 4. II 2 bestimmt nach dem Vorbild von § 521 II 2, dass der Frachtführer trotz Vorlage eines Ladescheins nicht dem legitimierten Besitzer abliefern darf, wenn ihm bekannt oder grobfahrlässig unbekannt ist, dass der legitimierte Besitzer des Ladescheins nicht aus dem Ladeschein materiell berechtigt ist. Aussteller kann sich auf § 407 BGB aufgrund des Vorlagezwangs nicht berufen, Koller Rn. 8a. Redlichkeit bestimmt sich wie bei § 521 II 2 nach Art. 40 III 1 WG.

3) Ablieferung ohne Rückgabe des Ladescheins (III)

3 III folgt dem Vorbild des § 521 IV und stimmt sachlich mit § 447 aF überein, soweit dieser die Ablieferung ohne Rückgabe des Ladescheins regelt. Statuiert wird verschuldensunabhängige Haftung, Staub/Otte Rn. 55. Haftung ist regelmäßig beschränkt gem. §§ 425 ff., 431; sofern für Parteien des Begebungsvertrags (und den berechtigten Empfänger) Anwendungsbereich der Vorschriften aus MÜ, CMR, CNMI eröffnet ist, gelten Begrenzungen dieser Vorschriften, BeckOK HGB/Kirchhof Rn. 31. Anspruchsberechtigt ist nur der materiell Berechtigte. Die Ausführung einer Weisung ohne Vorlage eines Ladescheins (§ 447 aF) ist jetzt nach dem Vorbild von § 520 I gesondert in § 446 II HGB geregelt. III ist nicht abdingbar (§ 449 I 2).

Befolgung von Weisungen

446 (1) ¹Das Verfügungsrecht nach den §§ 418 und 419 steht, wenn ein Ladeschein ausgestellt worden ist, ausschließlich dem legitimierten Besitzer des Ladescheins zu. ²Der Frachtführer darf Weisungen nur gegen Vorlage des Ladescheins ausführen. ³Weisungen des legitimierten Besitzers des Ladescheins darf er jedoch nicht ausführen, wenn ihm bekannt oder infolge grober Fahrlässigkeit unbekannt ist, dass der legitimierte Besitzer des Ladescheins nicht der aus dem Ladeschein Berechtigte ist.

(2) ¹Befolgt der Frachtführer Weisungen, ohne sich den Ladeschein vorlegen zu lassen, haftet er dem aus dem Ladeschein Berechtigten für den Schaden, der diesem daraus entsteht. ²Die Haftung ist auf den Betrag begrenzt, der bei Verlust des Gutes zu zahlen wäre.

1) Liberationswirkung (I)

1 § 446 durch SHRG 2013 neu gefasst, um die Vorschrift an § 520 nF anzugleichen. **I 1** bestimmt nach dem Vorbild des § 521 I nF, wer bei Ausstellung des Ladescheins verfügungsberechtigt ist (**Liberationswirkung**, vgl. § 446 II 1 aF, aber ohne Differenzierung zwischen Namens- und Orderlagerschein). Anders als in § 446 II 1 aF wird jedoch auch auf § 419 HGB verwiesen, um klarzustellen, dass bei Ausstellung eines Ladescheins das Verfügungsrecht des § 418 (Recht zur Erteilung nachträglicher Weisungen) auch bei Beförderungs- oder Ablieferungshindernis nicht auf den Absender zurückfällt. **I 2** stellt auf den Frachtführer als denjenigen ab, der Weisung ausführt. Sie ist jedoch an den Aussteller des Ladescheins zu richten, BeckOK HGB/Kirchhof Rn. 5. Vorlage meint nicht Aushändigung oder Rücknahme, es muss jedoch Gelegenheit zur Prüfung der Echtheit und Eintragung der Weisung bestehen, Koller Rn. 3. **I 2** bestimmt nach dem Vorbild von § 520 I 2 nF, dass der Frachtführer Weisungen nur gegen Vorlage des Ladescheins ausführen darf. Spiegelbildlich besteht Leistungsverweigerungsrecht in Bezug auf die Vorlage des Ladescheins, BeckOK HGB/Kirchhof Rn. 2. Nach **I 3** darf er jedoch auch Weisungen eines legitimierten Besitzers nicht ausführen, wenn dieser nicht der materiell aus dem Ladeschein Berechtigte ist und der Frachtführer davon Kenntnis oder grobfahrlässig keine Kenntnis hat (vgl. Seehandelsrecht § 520 I 3 nF).

2) Haftung des Frachtführers (II)

2 II begründet nach dem Vorbild von § 520 II nF und wie § 447 aF **Haftung des Frachtführers,** falls er eine Weisung befolgt, ohne sich den Ladeschein vorlegen zu lassen, anders als in § 447 II aF allerdings nicht für den Fall der Befolgung einer Weisung wegen Rückgabe oder Ablieferung des Gutes an einen anderen als den durch den Ladeschein Legitimierten beschränkt. Formelle Legitimation des Weisungserteilenden alleine genügt ausweislich des Wortlauts nicht,

4. Abschnitt. Frachtgeschäft § 447

Koller Rn. 9. RegBegr SHRG 2013 hält es für geboten, nicht nur in § 418 VI Haftungsregelung für Ausstellung eines Frachtbriefs mit Sperrvermerk zu treffen, sondern auch für Ausstellung eines Ladescheins. Weist der materiell Berechtigte an, kann dieser sich gem. § 242 BGB nicht auf die Unwirksamkeit der Weisung berufen, Koller Rn. 10. Die Haftung dient auch dem Schutz des rechtmäßigen Inhabers und ist verschuldensunabhängig und dementsprechend gem. **II 2** auf einen **Höchstbetrag** wie bei Verlust des Gutes beschränkt (siehe auch § 520 II 2 nF; Wertungsdiskrepanz zu § 418 VI 2; vgl. auch → § 475e Rn. 1). Ein solches Verhalten des Frachtführers ist idR ein qualifiziertes Verschulden iSv § 435 (dort → § 435 Rn. 2, 3). Bei Weisungen eines materiell Nichtberechtigten ist Norm analog anwendbar, wenn sich der Frachtführer den Ladeschein vorlegen lässt, Staub/Otte Rn. 21. § 446 ist außer bei Brief- oder briefähnlicher Sendungsbeförderung nur durch Individualvereinbarung abdingbar (§ 449 I 1), Abweichungen im Übrigen s. § 449 I 2, II.

Einwendungen

447 (1) ¹Dem aus dem Ladeschein Berechtigten kann der Frachtführer nur solche Einwendungen entgegensetzen, die die Gültigkeit der Erklärungen im Ladeschein betreffen oder sich aus dem Inhalt des Ladescheins ergeben oder dem Frachtführer unmittelbar gegenüber dem aus dem Ladeschein Berechtigten zustehen. ²Eine Vereinbarung, auf die im Ladeschein lediglich verwiesen wird, ist nicht Inhalt des Ladescheins.

(2) Wird ein ausführender Frachtführer nach § 437 von dem aus dem Ladeschein Berechtigten in Anspruch genommen, kann auch der ausführende Frachtführer die Einwendungen nach Absatz 1 geltend machen.

1) Einwendungen des Frachtführers (I)

§ 447 (neu gefasst durch SHRG 2013, das die Regelungen des § 447 aF über Haftung und Weisungsbefolgung ohne Ladeschein nach dem Vorbild des Konnossementsrechts in die Regelungen der § 445 III und § 446 II verlagert hat) enthält nach dem Vorbild des § 522 nF eine Regelung über die Einwendungen des Frachtführers (s. aber für die § 522 II nF entsprechende Regelung über die unwiderlegliche Vermutung der Angaben in dem Beförderungsdokument § 444 II nF). I regelt, welche Einwendungen der Frachtführer dem aus dem Ladeschein Berechtigten entgegenhalten kann (vgl. § 522 I nF). Erfasst sind auch Einreden, Koller Rn. 3. **I 1** normiert in enger Anlehnung an die wertpapierrechtliche Vorschrift des § 364 II den bisher im Transportrecht nicht positivierten Grundsatz, dass der aus dem Ladeschein verpflichtete Verfrachter dann, wenn der Ladeschein in Umlauf gegeben wurde, dem aus dem Ladeschein Berechtigten nur solche die Gültigkeit der Erklärung betreffenden Einwendungen entgegengehalten kann, die sich aus dem Inhalt der Urkunde ergeben oder die dem Verfrachter unmittelbar gegen den Berechtigten zustehen, Staub/Otte Rn. 4. Einwendungen aus dem der Begebung des Ladescheins zugrundeliegenden Frachtrecht ua nach §§ 426, 427, 431 bleiben Frachtführer erhalten, BeckOK HGB/Kirchhof Rn. 4. Die Formulierung „dem aus dem Ladeschein Berechtigten" stellt klar, dass nicht nur der Zweiterwerber des Ladescheins, sondern auch der im Ladeschein benannte Empfänger, an den der Ladeschein begeben wurde, erfasst ist. Ladeschein iSv I 1 sind der Order-, der Inhaber- und der Rekta-Ladeschein. I 1 lässt das Recht des Verfrachters, die materielle Berechtigung eines legitimierten Besitzers in Frage zu stellen, unberührt, s. die Sonderregelungen in § 520 I 3 und § 521 II 2. Ergänzend zu I 1 bestimmt **I 2**, dass eine Vereinbarung, auf die im Ladeschein lediglich verwiesen wird, nicht Inhalt des Ladescheins ist, was vor allem Bedeutung für Klauseln im Ladeschein hat, die etwa durch die Formulierung „All terms and

Merkt 1941

§ **448** 1

conditions of the Charter Party are herewith incorporated" auf einen Chartervertrag verweisen. Einwendungen, die sich aus einer solchen Vereinbarung ergeben, sind nicht solche, die sich aus dem Inhalt des Ladescheins ergeben (abw. BGHZ 29, 120).

2) Einwendungen des ausführenden Frachtführers (II)

2   Nach **II** (vgl. § 522 III 1 nF) kann ein ausführender Frachtführer von dem aus dem Ladeschein Berechtigten in Anspruch genommen werden. Entsprechend § 509 III nF kann auch in diesem Falle der ausführende Verfrachter die Einwendungen geltend machen, die dem Verfrachter nach I zustehen. Eigene Einwendungen des ausführenden Frachtführers werden nicht ausgeschlossen, Koller Rn. 10.

3) Abdingbarkeit

2a § 447 ist auch durch AGB abdingbar; jedoch hierdurch bei Ladescheinen, die an Order oder auf den Inhaber ausgestellt sind, Verlust der Eigenschaft als Wertpapier, Staub/Otte Rn. 2; BeckOGK(Paschke) Rn. 10.

Traditionswirkung des Ladescheins

448 ¹ Die Begebung des Ladescheins an den darin benannten Empfänger hat, sofern der Frachtführer das Gut im Besitz hat, für den Erwerb von Rechten an dem Gut dieselben Wirkungen wie die Übergabe des Gutes. ² Gleiches gilt für die Übertragung des Ladescheins an Dritte.

1) Ladeschein als Traditionspapier

1   Die Vorschrift wurde durch das SHRG 2013 neu gefasst und an § 524 nF angepasst. Sie regelt die Traditionsfunktion des Ladescheins. Der **Ladeschein** (nicht nur Orderladeschein) ist nach § 448 ein Traditionspapier, ebenso wie der **Orderlagerschein** (§ 475g) und das **Seekonnossement** (§ 524 nF). Das bedeutet, dass die Übergabe des Ladescheins an den in diesem zum Empfang des Gutes Legitimierten nach Übernahme des Guts durch den Frachtführer der Übergabe des Gutes gleichsteht, also für den Erwerb von Rechten an dem Gut dieselben Wirkungen wie die Übergabe des Gutes hat. Einzelheiten sind str. (→ Rn. 2–4). Die Norm dient damit der Erleichterung der Verfügung über das Gut während der Beförderung. Sie lässt die Möglichkeit einer Übertragung des Guts nach den allg. Vorschriften unberührt, BeckOK/Kirchhof Rn. 8. **1** bestimmt, dass die Begebung des Ladescheins an den darin benannten Empfänger für den Erwerb von Rechten an dem Gut der Übergabe des Gutes gleichsteht. Begebung bedeutet wirksamer Begebungsvertrag mit oder zugunsten des Empfängers als Erwerber des Ablieferungsanspruchs, Koller Rn. 4. Ebenso wie die Regelung über Einwendungen des Verfrachters bei gutgläubigem Erwerb des Ladescheins (§ 522 II nF) erfasst 1 den Fall der Begründung der wertpapierrechtlichen Verpflichtung aus dem Ladeschein. Ladeschein ist wie bei § 522 II nF jeder Ladeschein, also auch der Rekta-Ladeschein. 1 gilt auch dann, wenn der Orderladeschein an die Order des Empfängers gestellt wird oder, wie beim Rekta-Ladeschein, wenn der darin genannte Empfänger erster Nehmer des Ladescheins ist. Denn auch der Rekta-Ladeschein wird begeben, kann allerdings nicht wertpapiermäßig vom ersten Nehmer weiter übertragen werden. Voraussetzung für die in 1 angeordnete Traditionswirkung ist, dass der Verfrachter im Zeitpunkt der Übertragung des Ladescheins noch den Besitz am Gut hat, dh es übernommen hat und den Besitz hieran weder aufgegeben noch verloren hat (insoweit klarstellend „sofern der Verfrachter Besitz an dem Gut hat"). Besitz ist auch dann gegeben, wenn Aussteller als Eigenbesitzer besitzt, Koller Rn. 4, aA BeckOK HGB/Kirchhof Rn. 4. **2** gilt, wenn der Ladeschein an Dritte wertpapiermäßig übertragen wurde. Dies

4. Abschnitt. Frachtgeschäft § 449

gilt insbesondere im Normalfall der Übertragung eines Orderladescheins durch Indossament. Dieses echte Wertpapier kann nach Begebung an den ersten Nehmer von diesem weiter übertragen werden. Eine derartige wertpapiermäßige Übertragung ist beim Rekta-Ladeschein nicht möglich. 2 erfasst auch den praktisch selteneren Fall des Inhaberladescheins, der durch Einigung und Übergabe (§ 929 BGB) übertragen wurde. Da der Ladeschein die Verbriefung von Pfandrechten erlaubt, können **vertragliche** Pfandrechte dem gutgläubigen Erwerber – in Einschränkung von § 936 Abs. 3 BGB – idR nicht entgegengesetzt werden, weil der Erwerber regelmäßig davon ausgehen kann, dass etwaige Pfandrechte in die Urkunde aufgenommen worden wären, BeckOGK(Paschke) Rn. 16.

2) Art der dinglichen Wirkung von Traditionspapieren (§§ 448, 475g, 524)

A. Für den Erwerb von Rechten an dem Gut, also für Übereignung und Bestellung beschränkter dinglicher Rechte, besonders Verpfändung, wirkt nach dem Wortlaut der §§ 448, 475g, 524 die **Übergabe des Scheins wie die Übergabe des Guts**. Die rechtliche Behandlung der Traditionspapiere ist seit jeher str. Der Theorienstreit (absolute, relative, Repräsentationstheorie) hat jedoch für die Praxis wenig Bedeutung. Nach moderner Ansicht ist der Herausgabeanspruch in einem Papier mit Verkehrsschutz verbrieft. Einigung über den Übergang des Eigentums an dem übernommenen oder eingelagerten Gut und Übergabe des Scheins (str. für Übergabesurrogate) verschaffen dem Erwerber das Eigentum, wenn der Veräußerer mittelbarer Besitzer ist (wirksame Einigung folgt dann schon aus § 931 BGB, gutgläubiger Erwerb aus § 934 BGB); str. ist, ob das auch gilt, wenn der Veräußerer wegen Eigenbesitzes des Inhabers des Scheins nicht mittelbarer Besitzer ist (§§ 931, 934 BGB versagen dann), bejahend Staub/Canaris § 363 Rn. 107, verneinend üM. Der Nehmer des Scheins muss den Verfügenden ohne grobe Fahrlässigkeit nicht für den Eigentümer der Ware oder für sie verfügungsberechtigt halten, nicht nur für den rechtmäßigen Inhaber des Scheins (den das Lagerhaus dem Einlagerer ausstellt, ohne Prüfung auf Eigentum oder Verfügungsrecht). **Lit.** zu den verschiedenen Theorien über Traditionspapiere (relative, absolute, Repräsentationstheorie) Staub/Canaris § 363 Rn. 95 ff.; Koller Rn. 3; K. Schmidt § 24 III 2; Nielsen WM Sonderbeil. 9/1986, 14; Schnauder NJW 1991, 1642; Kopper, Der multimodale Ladeschein im internationalen Transportrecht, 2007, 34 ff.; Rabe TranspR 2015, 429.

B. Die Übergabe des Scheins kann jedenfalls **nicht mehr bewirken als die Übergabe des Guts**. Das Recht an der Ware folgt nicht ohne Weiteres dem Recht aus dem Papier. Einen strikten Parallelismus zwischen Recht am Papier und Recht an dem Papier gibt es nicht. Begebung oder Übertragung ist für den Fall des gutgläubigen Erwerbs der für den Rechtsscheinstatbestand maßgebliche Zeitpunkt, Staub/Otte Rn. 23. Der gutgläubige Erwerb abhanden gekommener Ware durch den gutgläubigen Nehmer des Scheins ist ausgeschlossen (§ 935 I BGB), BGH NJW 1958, 1485; Reinicke BB 1960, 1368, str.

C. Der Nehmer von Ware und Schein ist idR **gutgläubig**, wenn Veräußerer sein Verfügungsrecht versichert; nur bei schwerwiegenden Verdachtsgründen hat er weiter nachzuforschen, BGH DB 1969, 436 (für Lagerschein).

Abweichende Vereinbarungen über die Haftung

449 (1) ¹Soweit der Frachtvertrag nicht die Beförderung von Briefen oder briefähnlichen Sendungen zum Gegenstand hat, kann von den Haftungsvorschriften in § 413 Absatz 2, den §§ 414, 418 Absatz 6, § 422 Absatz 3, den §§ 425 bis 438, 445 Absatz 3 und § 446 Absatz 2 nur durch Vereinbarung abgewichen werden, die im Einzelnen ausgehandelt wird, auch wenn sie für eine Mehrzahl von gleichartigen Verträgen zwischen denselben

Vertragsparteien getroffen wird. ²Der Frachtführer kann sich jedoch auf eine Bestimmung im Ladeschein, die von den in Satz 1 genannten Vorschriften zu Lasten des aus dem Ladeschein Berechtigten abweicht, nicht gegenüber einem im Ladeschein benannten Empfänger, an den der Ladeschein begeben wurde, sowie gegenüber einem Dritten, dem der Ladeschein übertragen wurde, berufen.

(2) ¹Abweichend von Absatz 1 kann die vom Frachtführer zu leistende Entschädigung wegen Verlust oder Beschädigung des Gutes auch durch vorformulierte Vertragsbedingungen auf einen anderen als den in § 431 Absatz 1 und 2 vorgesehenen Betrag begrenzt werden, wenn dieser Betrag
1. zwischen 2 und 40 Rechnungseinheiten liegt und der Verwender der vorformulierten Vertragsbedingungen seinen Vertragspartner in geeigneter Weise darauf hinweist, dass diese einen anderen als den gesetzlich vorgesehenen Betrag vorsehen, oder
2. für den Verwender der vorformulierten Vertragsbedingungen ungünstiger ist als der in § 431 Absatz 1 und 2 vorgesehene Betrag.

²Ferner kann abweichend von Absatz 1 durch vorformulierte Vertragsbedingungen die vom Absender nach § 414 zu leistende Entschädigung der Höhe nach beschränkt werden.

(3) Ist der Absender ein Verbraucher, so kann in keinem Fall zu seinem Nachteil von den in Absatz 1 Satz 1 genannten Vorschriften abgewichen werden, es sei denn, der Frachtvertrag hat die Beförderung von Briefen oder briefähnlichen Sendungen zum Gegenstand.

(4) Unterliegt der Frachtvertrag ausländischem Recht, so sind die Absätze 1 bis 3 gleichwohl anzuwenden, wenn nach dem Vertrag sowohl der Ort der Übernahme als auch der Ort der Ablieferung des Gutes im Inland liegen.

1) Schranken für abweichende Haftungsvereinbarungen (I)

1 Vorschrift im Zuge des SHRG 2013 an die §§ 414, 512, 525 angepasst. § 449 regelt nur Abweichungen von den gesetzlichen Haftungsvorschriften. Inwieweit von den anderen Vorschriften, insbesondere von den wertpapierrechtlichen Sondervorschriften der §§ 444–448 abgewichen werden darf, beurteilt sich nach allgemeinen Grundsätzen, s. RegBegr SHRG 2013. Die Vorschriften der §§ 407 ff. sind (sofern überhaupt anwendbar, zB geht **(17)** CMR im grenzüberschreitenden Verkehr zwingend vor, → § 407 Rn. 11, 12) **nur teilweise dispositiv** (strenger **(17)** CMR Art. 41). I, II betreffen im Umkehrschluss zu III nur Unternehmer. **I 1** stellt zunächst den bisher in II 1 aF verankerten Grundsatz auf, dass die darin genannten Haftungsvorschriften nur durch Individualvereinbarung, nicht jedoch durch vorformulierte Vertragsbedingungen abbedungen werden können, soweit der Vertrag nicht die Beförderung von Briefen oder briefähnlichen Sendungen zum Gegenstand hat. Bsp.: Vertragsklausel, wonach der Geschädigte zunächst Ansprüche gegen den Unterfrachtführer zu verfolgen hat, schließt eine Inanspruchnahme des Vertragspartners und Hauptfrachtführers zunächst aus und ist nur individualvertraglich möglich, OLG München RdTW 2018, 74. Verwender trägt für Vorliegen einer Individualabrede Beweislast. Zu den strengen Beweisanforderungen Staub/Otte Rn. 39. Individualvereinbarung liegt in Abweichung zu § 305 I BGB auch bei Abreden für eine Mehrzahl gleichartiger Verträge vor. Zur Abdingbarkeit der Zusage der Ladebereitschaft „vorbehaltlich der Leerstellung" AG Mannheim RdTW 2018, 400 m. krit. Anm. Maurer TranspR 2018, 229 (allg. zur Auslegung von Haftungsbeschränkungen). Zu den briefähnlichen Sendungen gehören zB Infopost, Postwurfsendungen, Zeitungen, Zeitschriften sowie Päckchen, dagegen nicht Paketsendungen und sonstige Frachtpost, BGH NJW-RR 2006, 760; TranspR 2006, 174; OLG Köln

4. Abschnitt. Frachtgeschäft § **449**

TranspR 2004, 30; OLG Frankfurt a. M. TranspR 2004, 465; OLG Stuttgart NJW-RR 2004, 612; TranspR 2005, 29; OLG Düsseldorf TranspR 2007, 243; umfassend zum Beförderungsgegenstand, BeckOGK(Paschke) Rn. 17. **I 2** bestimmt nach dem Vorbild des § 525, dass jede Bestimmung in einem Ladeschein, die von den in I 1 genannten Haftungsvorschriften zu Lasten des Absenders abweicht, Dritten gegenüber unwirksam ist. Die Norm dient damit dem Schutz des Empfängers und Dritten, da diese nicht beurteilen können, ob die Vereinbarungen individuell ausgehandelt worden sind. Auf die Gutgläubigkeit des Dritten kommt es nicht an. Wenn nämlich der Ladeschein die Haftung abweichend vom Gesetz regelt, kann sich ein Dritter, dem der Ladeschein übertragen wurde, nicht auf fehlende Kenntnis vom Ladeschein berufen. Zum Schutz der Umlauffähigkeit des Ladescheins ist die Zulassung abweichender Haftungsvereinbarungen geboten. Eine Ausnahme von I 2 gilt nur nach II.

2) Abweichung durch AGB (II)

II, geändert durch das SHRG 2013, eröffnet die Möglichkeit, von der gesetzlichen Haftung abzuweichen, und zwar sowohl für den Frachtvertrag als auch für den Ladeschein (s. Verweis auf I). Wie bei Ausstellung eines Konnossements (§ 525 HGB) ist demnach eine Bestimmung im Ladeschein, die die Voraussetzungen von II erfüllt, auch dann wirksam, wenn sie zu Lasten Dritter geht. II gilt für alle Geschäfte, die nicht Verbrauchergeschäfte iSv III sind. **II 1** gestattet, im Rahmen der in Nr. 1 und 2 aufgestellten Grenzen, einen anderen als den in § 431 I und II vorgesehenen Haftungshöchstbetrag festzulegen (auch für den Ladeschein). Ob dieser Haftungshöchstbetrag zu Lasten Dritter geht, ist für die Wirksamkeit der Festlegung ohne Bedeutung. In allen anderen als den nach II 1 genannten Fällen kann von den dort genannten Vorschriften **nur** durch Vereinbarung abgewichen werden, die im Einzelnen ausgehandelt worden ist (**individuelles Aushandeln;** Grundsatz der AGB-Festigkeit statt AGB-Kontrolle); entscheidend ist das individuelle Aushandeln, nicht, ob eine AGB vorliegt oder nicht. Noch kein Aushandeln bei bloßem Angebot verschiedener im Einzelnen nicht verhandelbarer Transportalternativen, OLG Düsseldorf TranspR 2007, 243. Verhandlungsbereitschaft muss signalisiert werden, ebenso muss Möglichkeit, Parteiinteressen geltend zu machen, bestanden haben, Staub/Otte Rn. 24. Eine individuelle Vereinbarung kann auch für eine Mehrzahl von gleichartigen Verträgen zwischen denselben Vertragsparteien getroffen werden (**II 1**). Das ist der Fall zB bei Rahmenvereinbarungen, nicht aber bei Musterbedingungen und Klauselwerken von Vereinigungen der beteiligten Wirtschaftskreise. Zum Begriff der briefähnlichen Sendung → Rn. 1. Eine Klausel in AGB, wonach der Absender auf die Durchführung von Transportwegkontrollen verzichtet, stellt eine nach II 1 unwirksame Änderung des Sorgfaltsmaßstabes des § 426 dar, BGH NJW-RR 2006, 759; TranspR 2006, 173; OLG Düsseldorf TranspR 2006, 349; 2008, 40; 2010, 230; krit. Koller TranspR 2006, 265. **II 2, 3** lassen entgegen II 1 in engen Grenzen AGB zu. Danach lässt sich die Haftung (außer bei Briefen, → Rn. 1) durch AGB nur in zwei Fällen verändern: **II 2 Nr. 1** gestattet eine Änderung des Haftungshöchstbetrags nach §§ 431 I, II, 414, soweit der Höchstbetrag in einem Korridor zwischen 2 und 40 Rechnungseinheiten, nicht jedoch anderen Bezugsgrößen, liegt, hM, EBJS/Schaffert Rn. 33; MüKoHGB/C. Schmidt Rn. 22; aA Koller Rn. 53; Valder TranspR 2018, 291. Auf bes. Schutzbedürfnis der anderen Vertragspartei kommt es nicht an, OLG Hamburg TranspR 2003, 73. **II 2 Nr. 2** erlaubt die Änderung des Haftungshöchstbetrages nur, wenn sie vorteilhaft für den Vertragspartner des Verwenders ist. II 2 stellt nur die Haftungshöchstbeträge zur Disposition der AGB, alle anderen Haftungsbestimmungen bleiben von II 2 unberührt. Das nach den früheren ADSp vorgesehene Modell der Haftungsersetzung durch Versicherung ist nicht mehr zulässig. Soweit AGB möglich bleiben, gelten die **(5)** §§ 305 ff. BGB, namentlich

Merkt 1945

§ 450   1

die dort vorgesehene Inhaltskontrolle, hM, BeckOK HGB/Kirchhof Rn. 17; aA Koller TranspR 2000, 1. Verfassungsrechtliche Bedenken gegen die AGB-Festigkeit der §§ 431 I, 434 I Canaris § 31 Rn. 41 f. (Privatautonomie, Art. 2 I GG). **Lit.** Schmidt TranspR 2011, 398. Norm findet keine Anwendung, wenn Frachtführer Ver- und Entladung gefälligkeitshalber „auf Risiko des Absenders" vornimmt und damit seine Haftung begrenzen will, Koller TranspR 2014, 172.

3) Absender als Verbraucher (III)

3 Ist **Absender** ein **Verbraucher,** kann nicht (auch nicht durch individuelles Aushandeln nach II) zu seinem Nachteil von §§ 413 II (Begleitpapierhaftung), 414 (Absenderhaftung), 418 VI (Sperrpapier), 422 III (Nachnahmeeinzug), 425–438 (Frachtführerhaftung) und 445 III sowie 446 II (Ablieferung und Weisungsbefolgung ohne Ladeschein) abgewichen werden (**I 1,** anders bei Briefen und briefähnlichen Sendungen). Für Verjährung gilt § 439 IV. Verbraucher ist jede natürliche Person, die ein Rechtsgeschäft zu einem Zweck abschließt, der weder ihrer gewerblichen noch ihrer selbstständigen beruflichen Tätigkeit zugerechnet werden kann (§ 13 BGB, → § 1 Rn. 4). Man spricht hier von so genanntem halbzwingendem Recht, weil Abweichungen zugunsten des Verbrauchers (auch durch AGB des Frachtführers) möglich bleiben. Bezüglich des Beförderungsgegenstandes und dem Begriff der briefähnlichen Sendungen (→ Rn. 1). Diese Ausnahme erklärt sich durch das angesichts der Masse solcher Sendungen ansonsten unabsehbare Haftungsrisiko, Staub/Otte Rn. 8. § 139 BGB ist bei Nichtigkeit einer Klausel wegen Verstoßes gegen § 449 II im Interesse des Verbraucherschutzes nicht anwendbar. § 418 VI (Frachtbriefsperrvermerk, → § 418 Rn. 3) und § 447 können nicht zu Lasten gutgläubiger Dritter abbedungen werden (**I 2**). Das folgt teilweise, so bei § 447, schon aus Wertpapierrecht. Beförderung internationaler Postsendungen richtet sich unter Verdrängung des nationalen Frachtrechts sowie der CMR oder des MÜ nach dem Weltpostvertrag bzw. dem Postpaketübereinkommen, OLG Köln RdTW 2021, 349; zur Geltungsdauer des Weltpostvertrags Czerwenka, TranspR 2020, 425. **Lit.** Ramming TranspR 2010, 397; Ramming TranspR 2009, 200; Grimme TranspR 2004, 160; Basedow TranspR 1998, 58.

4) Ausländisches Recht und ordre public (IV)

4 I und II beanspruchen auch gegenüber (kraft Rechtswahl oder objektiver Anknüpfung im eur. Verkehr geschlossene Verträge Art. 3, 5 I, III Rom I-VO, dazu Mankowski TranspR 2008, 339) anwendbarem ausländischem Recht Geltung, wenn der vertraglich vereinbarte Ort der Übernahme und der der Ablieferung im Inland liegen (**IV**). III ist eine Bestimmung iSd Art. 9 Rom I-VO. Die Gerichtsstände sind in III nicht geregelt, sondern bestimmen sich nach Prozessrecht, s. § 30 ZPO. IV ist unabdingbar. **Lit.** Valder TranspR 2018, 286; Maurer TranspR 2018, 229; Ramming TranspR 2009, 200; Basedow TranspR 1998, 62.

Anwendung von Seefrachtrecht

450
Hat der Frachtvertrag die Beförderung des Gutes ohne Umladung sowohl auf Binnen- als auch auf Seegewässern zum Gegenstand, so ist auf den Vertrag Seefrachtrecht anzuwenden, wenn
1. ein Konnossement ausgestellt ist oder
2. die auf Seegewässern zurückzulegende Strecke die größere ist.

1 1) § 450 (geändert durch SHRG 2013) sichert unter einer bestimmten Voraussetzung die einheitliche **Anwendung von Seefrachtrecht** bei Frachtverträgen, die eine Güterbeförderung ohne Umladung sowohl auf Binnen- als auch auf

Seegewässern (Seefahrt, vgl. § 484) vorsehen (vgl. **(17)** CMR Art. 2). § 450 gilt auch bei vertragswidriger, tatsächlicher Umladung, BeckOK HGB/Kirchhof Rn. 1. Bei Ermessen des Frachtführers bzgl. einer Umladung kommt es auf die tatsächliche Ermessensausübung an, Koller Rn. 3. Nr. 2: Voraussetzung ist, dass geographisch die auf Seegewässern zurückzulegende Strecke die größere ist; die Zeitdauer der Beförderung ist irrelevant; es kommt auf die Strecke an, mit der bei Vertragsschluss gerechnet werden musste; nachträgliche Umwege sind grds. ohne Bedeutung, Koller Rn. 6. Nr. 1: Konossement muss über die Gesamtstrecke tatsächlich ausgestellt sein (alternative Voraussetzung), MüKoHGB/Herber Rn. 20. Andere Dokumente, wie Seefrachtbriefe erfüllen dieses Erfordernis nicht, MüKoHGB/Herber Rn. 13. Liegen Voraussetzungen nicht vor, gelten §§ 407 ff. **Lit.** Ramming TranspR 2005, 138.

Zweiter Unterabschnitt. Beförderung von Umzugsgut

Schrifttum

S. Schrifttum zum Frachtgeschäft vor § 407. – *Koller* Transportrecht, 10. Aufl. 2020. – *Müglich* Transport- und Logistikrecht, 2002. – *Mittelhammer* TranspR 2011, 139. – *Scheel* TranspR 2014, 321 (Rspr Übersicht).

Umzugsvertrag

451 Hat der Frachtvertrag die Beförderung von Umzugsgut zum Gegenstand, so sind auf den Vertrag die Vorschriften des Ersten Unterabschnitts anzuwenden, soweit die folgenden besonderen Vorschriften oder anzuwendende internationale Übereinkommen nichts anderes bestimmen.

1) Für die **Beförderung von Umzugsgut** (Sonderfrachtvertragstyp) enthalten die §§ 451a–451h **Sondervorschriften zu §§ 407–450**, die subsidiär anwendbar bleiben (bei Multimodaltransport §§ 452). §§ 280 ff. BGB bleiben anwendbar, sofern nicht (Obhuts-)Haftung für Schaden am Umzugsgut geltend gemacht werden, AG Hannover RdTW 2020, 61. § 451 gilt nicht bei Umzugsverträgen, die Seetransporte zum Gegenstand haben, Koller Rn. 2. Die Sondervorschriften sind insbesondere deswegen notwendig, weil der Absender von Umzugsgut in der Regel in größerem Maße schutzwürdig ist als der Absender sonstigen Guts (Verbraucherschutz). **Umzugsvertrag** ist der Frachtvertrag, der die Beförderung von Umzugsgut zum Gegenstand hat (Sonderfrachtvertrag). Vertrag ist zugleich ein Werkvertrag iSd §§ 631 ff. BGB, AG Pforzheim RdTW 2018, 356. Geschuldet ist u. a. auch das Be- und Entladen sowie der Auf- und Abbau des Umzugsguts (§ 451a). Vorschrift gilt auch für Unterfrachtvertrag, Koller Rn. 3a. Maßgebend ist allerdings allein die Beförderung von Umzugsgut, nicht ob der Absender Verbraucher oder Gewerbetreibender ist. Entscheidend ist die Erkennbarkeit für den Frachtführer zum Zeitpunkt des Vertragsschlusses, Koller Rn. 3. Der Begriff **Umzugsgut** ist weit zu verstehen. Umfasst sind alle beweglichen Gegenstände aus Wohn- und Geschäftsräumen, nicht aber Handelsmöbel oder neu gekaufte Güter. Eine gleichzeitige Wohnsitzverlegung des Absenders ist nicht notwendig, zB beim Nachlass, Gegenstände einer Zwangsräumung, AG Pforzheim RdTW 2018, 356. Bei Räumungsvollstreckung handelt Gerichtsvollzieher als Vertragspartner in Ausübung seines Berufes, ist also nicht Verbraucher, BeckOGK(Becker/Scheel) Rn. 25. Auch die Beförderung von privatem Ehe- oder Nachlassvermögen sowie Büro- und Betriebsumzüge sind erfasst. Entscheidend sind die bisherige und (nicht nur vorübergehende, RegE) künftige Zweckbestimmung des Gutes (Sachgesamtheit), die zumindest teilweise einem einheitlichen dauernden – auch gewerblichen, betrieblichen

oder staatlichen – Zweck gedient hat und zukünftig dienen soll). Zurückbleiben eines Teils der bisherigen Einrichtung ist unschädlich, ebenso wenig, dass die Möbel nach einer Zwischenlagerung wieder in der gleichen Wohnung aufgestellt werden, OLG Schleswig TranspR 2009, 32, Koller Rn. 3. Auch bloße Beiladungen können Umzugsgut sein. Handelsmöbel sind, da keine Sachgesamtheit, kein Umzugsgut (RegE). Umzugsgut liegt auch bei sog. Trageumzug (Umstellen von Möbeln innerhalb eines Gebäudes) aufgrund der wenn auch geringen Ortsveränderung vor, EBJS/Heublein Rn. 2; aA Andresen/Valder Rn. 5. Anzuwendende **internationale Übereinkommen** (insbesondere CIM, WA, CMNI) gehen vor. Ermittlung des maßgeblichen Rechts nach allg. IPR, Rom-I VO, Fischer TranspR 1999, 261. Die CMR ist allerdings auf Umzugsverträge nicht anwendbar (s. **(17)** CMR Art. 1 IV c). Entsprechende Anwendungsbeschränkungen finden sich in den internationalen Übereinkommen zum See-, Luft- und Schienenverkehr jedoch nicht (RegE). Anwendbar sind danach erst die jeweiligen internationalen Übereinkommen, dann das zwingende Umzugsrecht, das zwingende Frachtrecht, die Parteivereinbarungen, dispositives Umzugsrecht und schließlich dispositives Frachtrecht. Multimodaler Transport s. § 452c.

Pflichten des Frachtführers

451a (1) **Die Pflichten des Frachtführers umfassen auch das Ab- und Aufbauen der Möbel sowie das Ver- und Entladen des Umzugsguts.**

(2) **Ist der Absender ein Verbraucher, so zählt zu den Pflichten des Frachtführers ferner die Ausführung sonstiger auf den Umzug bezogener Leistungen wie die Verpackung und Kennzeichnung des Umzugsgutes.**

1 **1)** Zu den Pflichten des Frachtführers (§ 407 I) gehören beim Umzugsvertrag anders als nach § 412 I 1 auch das **Ab- und Aufbauen der Möbel** (nicht aber das Anpassen an die örtlichen Verhältnisse) sowie das **Ver- und Entladen des Umzugsgutes (I)** und, wenn der Absender ein Verbraucher (§ 13 BGB) ist, anders als nach § 411 auch sonstige auf den Umzug bezogene Leistungen wie Verpackung und Kennzeichnung des Umzugsgutes **(II)**. Unter II können je nach Fallgestaltung auch andere auf den Umzug und die damit einhergehende Ortsveränderung bezogene Leistungen fallen, zB Abhängen von Lampen, Ausbau von Installationen, Aufhängen von Wandschränken (mangels Bezug zum Transport nicht: Aufbau neuer Möbel, Installation zusätzlicher Elektro- oder Wasseranschlüsse, Reinigung, Renovierung oder Anpassung von Möbeln an die örtlichen Verhältnisse durch einen Schreiner, Entrümpeln der Wohnung. AG Dillenburg TranspR 2014, 327, BeckOK HGB/Spieker/Schönfleisch Rn. 19). Haftung nach § 280 BGB möglich, nicht aus Umzugsgut gehörende Sachen beschädigt werden, Koller Rn. 16b. § 451a ist weder ausschließlich noch abschließend. Abweichungen durch Vereinbarung sind zulässig. Die Beweislast für abweichende Vereinbarungen bemisst sich nach allg. Regeln, Koller Rn. 36; aA EBJS/Heublein, Rn. 12, nach dem der Frachtführer die Beweislast für abweichende Vereinbarungen obliegt. Vereinbaren Parteien ein das gesetzliche Leitbild gem. I oder II übersteigendes Leistungsspektrum (wie etwa nicht geschuldete Montagen oder Anpassungen an örtliche Verhältnisse), unterliegen sämtl. Leistungen frachtvertraglichen Regelungen (nicht Werkvertragsrecht), BeckOGK (Becker/Scheel) Rn. 14. Hinweis auf Versicherungsmöglichkeit s. § 451g S. 1 Nr. 1. **Lit.** Schmidt TranspR 2010, 88.

4. Abschnitt. Frachtgeschäft § 451c

Frachtbrief. Gefährliches Gut. Begleitpapiere. Mitteilungs- und Auskunftspflichten

451b (1) Abweichend von § 408 ist der Absender nicht verpflichtet, einen Frachtbrief auszustellen.

(2) ¹Zählt zu dem Umzugsgut gefährliches Gut und ist der Absender ein Verbraucher, so ist er abweichend von § 410 lediglich verpflichtet, den Frachtführer über die von dem Gut ausgehende Gefahr allgemein zu unterrichten; die Unterrichtung bedarf keiner Form. ²Der Frachtführer hat den Absender über dessen Pflicht nach Satz 1 zu unterrichten.

(3) ¹Der Frachtführer hat den Absender, wenn dieser ein Verbraucher ist, über die zu beachtenden Zoll- und sonstigen Verwaltungsvorschriften zu unterrichten. ²Er ist jedoch nicht verpflichtet zu prüfen, ob vom Absender zur Verfügung gestellte Urkunden und erteilte Auskünfte richtig und vollständig sind.

1) Keine Pflicht zur Ausstellung eines Frachtbriefs (I)

Besonderheiten gelten beim Umzugsvertrag auch für die Rechte des Frachtführers. So ist der Absender entgegen § 408 **nicht** verpflichtet, einen **Frachtbrief** auszustellen (I); das ist besonders wichtig für Privatleute, die mit der Ausstellung eines Frachtbriefes nicht vertraut sind, gilt aber für alle Absender. Wird er dennoch auf Verlangen des Absenders gem. § 408 ausgestellt, gelten die Beweisregeln des § 409. Hat der Aussteller unrichtige oder unvollständige Angaben gemacht, haftet er nach § 414 I, Koller Rn. 7.

2) Gefährliches Gut (II)

Weitere Erleichterungen für den Absender gelten, wenn dieser Verbraucher gem. § 13 BGB ist (II, III). Sie betreffen die Unterrichtungspflicht des Absenders und des Frachtführers nach § 410 bei gefährlichem Gut und im Hinblick auf Begleitpapiere (§ 413). Frachtführer ist rechtzeitig (idR bei Vertragsschluss nach der Unterrichtung) zu informieren, damit er Vorsichtsmaßnahmen ergreifen bzw. die Beförderung ablehnen kann, MüKoHGB/Andresen Rn. 6. Gefährliches Gut ist solches, von dem eine beförderungsspezifische Gefahr ausgehen kann, BeckOK/Spieker/Schönfleisch Rn. 4. Ausreichend ist eine unfachmännische, ungefähre Angabe der Gefahr, Koller Rn. 5. Haftung des Frachtführers nach § 280 BGB bei Verletzung der Hinweispflicht des II 2 oder des Absenders wegen fehlender Aufklärung trotz erfolgtem Hinweis möglich, wenn dieser fehlerhaft ist, BeckOK HGB/Spieker/Schönfleisch Rn. 8. Hat Verletzung des II 2 einen Güter- oder Verspätungsschaden zur Folge, richtet sich die Haftung nach den §§ 425 ff.

3) Abdingbarkeit (III)

I ist abdingbar, II hinsichtlich Unterrichtungspflichten erweiterbar, da § 451h I nur die Haftung meint, → § 451h Rn. 1. Bei AGB liegt aber regelmäßig Verstoß gegen **(5)** § 307 BGB vor, vgl. näher Koller Rn. 9 ff.

451c *(aufgehoben)*

§ 451c aufgehoben durch SHRG 2013, da er infolge der Aufhebung von § 414 I 2 (summenmäßige Begrenzung der Haftung des Absenders) seine Funktion verloren hat.

Besondere Haftungsausschlußgründe

451d (1) Abweichend von § 427 ist der Frachtführer von seiner Haftung befreit, soweit der Verlust oder die Beschädigung auf eine der folgenden Gefahren zurückzuführen ist:

1. Beförderung von Edelmetallen, Juwelen, Edelsteinen, Geld, Briefmarken, Münzen, Wertpapieren oder Urkunden;
2. ungenügende Verpackung oder Kennzeichnung durch den Absender;
3. Behandeln, Verladen oder Entladen des Gutes durch den Absender;
4. Beförderung von nicht vom Frachtführer verpacktem Gut in Behältern;
5. Verladen oder Entladen von Gut, dessen Größe oder Gewicht den Raumverhältnissen an der Ladestelle oder Entladestelle nicht entspricht, sofern der Frachtführer den Absender auf die Gefahr einer Beschädigung vorher hingewiesen und der Absender auf der Durchführung der Leistung bestanden hat;
6. Beförderung lebender Tiere oder von Pflanzen;
7. natürliche oder mangelhafte Beschaffenheit des Gutes, der zufolge es besonders leicht Schäden, insbesondere durch Bruch, Funktionsstörungen, Rost, inneren Verderb oder Auslaufen, erleidet.

(2) Ist ein Schaden eingetreten, der nach den Umständen des Falles aus einer der in Absatz 1 bezeichneten Gefahren entstehen konnte, so wird vermutet, daß der Schaden aus dieser Gefahr entstanden ist.

(3) Der Frachtführer kann sich auf Absatz 1 nur berufen, wenn er alle ihm nach den Umständen obliegenden Maßnahmen getroffen und besondere Weisungen beachtet hat.

1 **1) Die Haftung des Frachtführers** ist beim Umzugsvertrag aufgrund der besonderen Umzugsgefahren zum Teil abweichend von §§ 425 ff. geregelt (§§ 451d–451g). Die **besonderen Haftungsausschlüsse** (§ 427) regelt § 451d **umzugsspezifisch abweichend** und unter völliger Verdrängung von § 427. Für Lieferfristüberschreitung gelten keine besonderen Haftungsausschlussgründe. Auch insoweit verdrängt aber § 451d den § 427, so das insoweit nur eine Haftungsbefreiung nach § 426 in Betracht kommt, soweit die Überschreitung auf Umständen beruht, die der Frachtführer auch bei größter Sorgfalt nicht und deren Folgen er nicht abwenden konnte. I **Nr. 1–7** nennen sieben besondere Haftungsausschlussgründe. Diese müssen kausal für den Schaden gewesen sein. I **Nr. 1** erfasst bestimmte, dort abschließend aufgezählte Wertgegenstände; Kunstgegenstände, wie Gemälde oder Plastiken, fallen nicht darunter (RegE). I **Nr. 2, 3** greifen nur ein, wenn Absender zur Verpackung etc verpflichtet war (nicht, wenn Verbraucher: § 451a II) o. tatsächlich verpackt hat, → § 427 Rn. 2, das Handeln von Hilfspersonen inkl. des Empfängers hat er sich zurechnen zu lassen. Bei I **Nr. 4** ist unerheblich, ob Frachtführer zum Verpacken verpflichtet war, Koller Rn. 6 I **Nr. 5** betrifft sperrige Güter bei zu engen Transportwegen, zB Türen, Treppenhäuser. Gewicht betrifft Traglasten und Handhabung mit Transportmitteln. Schäden an anderen Rechtsgütern (Türrahmen, Wände) sind nicht erfasst, BeckOK HGB/Spieker/Schönfleisch Rn. 24. Frachtführer hat bis zur Grenze der §§ 275, 313 BGB geeignete Hilfsmittel einzusetzen, Koller Rn. 7 I **Nr. 6** bezieht über § 427 I Nr. 6 wegen der besonderen Gefahren (Frost, Fütterung, Gießen) auch Tiere und Pflanzen ein, vgl. Koller § 427 Rn. 100 I **Nr. 7** bezieht Funktionsstörungen ein, zB an Fernsehgerät, PC. Bei diesen gilt eine widerlegliche Vermutung (**II** wie § 427 II 1). Der Frachtführer kann sich darauf aber nur berufen, wenn er alle ihm nach den Umständen obliegenden Maßnahmen (§ 347) getroffen und hinreichend konkrete besondere Weisungen beachtet hat (**III**). Auch die Schadensanfälligkeit infolge mangelhafter Beschaffen-

4. Abschnitt. Frachtgeschäft § 451f

heit ist ein Haftungsausschlussgrund, Koller Rn. 9 III verallgemeinert insoweit § 427 III, IV. Abweichungen von § 451d nur in den Grenzen von § 451h zulässig. Beweislast: Der Geschädigte hat den Schaden, der Frachtführer die Tatbestände der Nr. 1–7 sowie die Möglichkeit der hierdurch bedingten Schadensentstehung darzulegen und zu beweisen.

Haftungshöchstbetrag

451e Abweichend von § 431 Abs. 1 und 2 ist die Haftung des Frachtführers wegen Verlust oder Beschädigung auf einen Betrag von 620 Euro je Kubikmeter Laderaum, der zur Erfüllung des Vertrages benötigt wird, beschränkt.

1) Der **Haftungshöchstbetrag** wegen (Total- oder Teil-) Verlust oder Beschädigung wird anders als nach § 431 auf der Basis von Kubikmetern Laderaum festgesetzt (Schadensberechnung selbst nach §§ 425–432); eine Gewichtsfeststellung des Umzugsguts wäre unpraktisch. Maßgebend ist der Laderaum eines Pkw oder Lkw, der tatsächlich für den Umzug benutzt wurde, BeckOK HGB/Spieker/Schönfleisch Rn. 4; einschränkend EBJS/Heublein Rn. 2: Laderaum, den ein ordentlicher Frachtführer einsetzen würde, um gefährlich dichte Beladungen zu verhindern. Für Verspätungsschäden bleibt es bei §§ 451, 431 III, bei sonstigen Vermögensschäden bei §§ 451, 433. Regelung gilt auch im Falle mehrerer Sendungen zur Erfüllung eines einheitlichen Vertrages, Koller Rn. 2. Vorschrift ist bei Trageumzügen jedenfalls analog anzuwenden, Koller Rn. 2. Das bei Trageumzügen für die Vertragserfüllung erforderliche Ladevolumen ist anhand der üblichen Umzugsgutliste, die typische pauschalierte Werte für die einzelnen Stücke ausweist, zu ermitteln, BeckOGK(Becker/Scheel) Rn. 3. Abweichende Vereinbarung zulässig mit gewerblichem Absender, § 451h II; bei Verbrauchern ist § 451g S. 1 Nr. 1 zu beachten.

Schadensanzeige

451f Abweichend von § 438 Abs. 1 und 2 erlöschen Ansprüche wegen Verlust oder Beschädigung des Gutes,
1. wenn der Verlust oder die Beschädigung des Gutes äußerlich erkennbar war und dem Frachtführer nicht spätestens am Tag nach der Ablieferung angezeigt worden ist,
2. wenn der Verlust oder die Beschädigung äußerlich nicht erkennbar war und dem Frachtführer nicht innerhalb von vierzehn Tagen nach Ablieferung angezeigt worden ist.

1) § 451f enthält zum Schutz des Absenders eine Sonderregelung der **Schadensanzeige** gegenüber § 438 I, II (längere Fristen, dafür Erlöschen der Ansprüche, nicht bloße Vermutung wie nach § 438 II. Ausnahme: Arglist). Ansprüche wegen Verlust (nur Teilverlust, da bei Totalverlust keine Ablieferung stattfindet) oder Beschädigung des Gutes erlöschen bei verspäteter Anzeige (Wissenserklärung, Grundsätze über Willenserklärung gelten analog. Analoge Anwendung des § 451f bei Ansprüchen aus § 413 II, wenn der Güterschaden durch den mangelhaften Umgang mit den Begleitpapieren bedingt wurde, Koller Rn. 1. Anzeigepflicht besteht auch zwischen Haupt- und Unterfrachtführer, EBJS/Heublein Rn. 11. Schadensanzeige ist entbehrlich, wenn Frachtführer nachweislich Verlust oder Beschädigung kannte. Schaden muss hinreichend konkret bezeichnet sein, § 438 I 2, Annahme „unter Vorbehalt", oder unter Hinweis, dass sich das Gut „in schlechtem Zustand" befindet, genügt nicht, MüKoHGB/Andresen

Merkt

§ 451g

Rn. 7): bei **äußerlicher Erkennbarkeit** des Verlusts oder der Beschädigung des Gutes muss dem Frachtführer spätestens am Tag nach der Ablieferung (**Nr. 1**), bei **Nichterkennbarkeit** innerhalb von vierzehn Tagen angezeigt werden (**Nr. 2**). Äußerliche Erkennbarkeit liegt vor, wenn ein ordentlicher Absender aus dem Verkehrskreis des Absenders bei einer zumutbaren Untersuchung durch Besichtigen, Hören oder Riechen zum Zeitpunkt der Ablieferung den Schaden erkennen kann. Frachtführer ist zur Mitwirkung bei der Kontrolle nicht verpflichtet, Koller Rn. 8. Eine Öffnung der Verpackung ist nur bei äußerlich erkennbar gravierenden Mängeln vorzunehmen, Koller Rn. 2. Bei längeren Frachtführerketten sind Fristen der §§ 451 ff. nicht einzuhalten, Koller Rn. 9a. Für die **Form** der Anzeige gilt § 438 I 2, IV 1: Bis zum Schluss der Ablieferung (spätestens wenn die Umzugskolonne die Wohnung verlässt) genügt mündliche Anzeige, danach ist zumindest Textform erforderlich. Entscheidend ist rechtzeitiges Absenden, § 438 IV 2. Rügefrist beginnt mit vollständiger Erfüllung der vom Frachtführer geschuldeten Leistung, d. h. keine Teilanzeigen eforderlich. Abweichende Vereinbarungen nach § 451h I nicht zum Nachteil eines Verbrauchers, ansonsten nur durch Individualabrede. Fehlerhaft Schadensanzeige führt in Abweichung von § 438 zum Verlust von Schadensersatzansprüchen, MüKoHGB/Andresen Rn. 14. Zur Beweislast für den Zugang der Anzeige OLG Düsseldorf TranspR 1989, 265, für die Rechtzeitigkeit der Absendung OLG Saarbrücken TranspR 2007, 70 mwN. § 451f betrifft nur Ansprüche wegen Verlust oder Beschädigung des Gutes. Für Schäden wegen Lieferfristüberschreitung verbleibt es bei der Frist des allgemeinen Frachtrechts von 21 Tagen (§§ 451, 438 III). Bei sonstigen Vermögensschäden besteht keine Schadensanzeigepflicht innerhalb bestimmter Frist. Zum Regress des Hauptfrachtführers gegen den ausführenden Frachtführer LG Hamburg TranspR 2000, 414 mAnm Weber TranspR 2000, 405.

Wegfall der Haftungsbefreiungen und -begrenzungen

451g ¹Ist der Absender ein Verbraucher, so kann sich der Frachtführer oder eine in § 428 genannte Person
1. auf die in den §§ 451d und 451e sowie in dem Ersten Unterabschnitt vorgesehenen Haftungsbefreiungen und Haftungsbegrenzungen nicht berufen, soweit der Frachtführer es unterläßt, den Absender bei Abschluß des Vertrages über die Haftungsbestimmung zu unterrichten und auf die Möglichkeiten hinzuweisen, eine weitergehende Haftung zu vereinbaren oder das Gut zu versichern,
2. auf § 451f in Verbindung mit § 438 nicht berufen, soweit der Frachtführer es unterläßt, den Empfänger spätestens bei Ablieferung des Gutes über die Form und Frist der Schadensanzeige sowie die Rechtsfolgen bei Unterlassen der Schadensanzeige zu unterrichten.

²Die Unterrichtung nach Satz 1 Nr. 1 muß in drucktechnisch deutlicher Gestaltung besonders hervorgehoben sein.

1 1) Zum Schutz des Verbrauchers vor einschneidenden fracht- und umzugsfrachtrechtlichen Haftungsbefreiungen und Haftungsbegrenzungen beim Umzug muss der Frachtführer, wenn der Absender Verbraucher ist (§ 13 BGB), nach **Satz 1 Nr. 1** bei Abschluss des Vertrages in der Verhandlungssprache sowie in übersichtlicher und verständlicher Weise über die Haftungsbestimmungen nach §§ 451d, e sowie solche nach allgemeinem Frachtrecht (Erster Unterabschnitt, insbesondere §§ 426, 429, 430, 431 III, 432–436, 437 II, IV; §§ 427 und 431 I, II, IV sind beim Umzugsvertrag durch §§ 451d, 451e ersetzt) unterrichten und auf die Möglichkeiten hinweisen, eine weitergehende Haftung zu vereinbaren

4. Abschnitt. Frachtgeschäft

oder das Gut zu versichern. Dies erfordert einen konkreten Hinweis auf eine Versicherungsmöglichkeit, eine bloße Empfehlung genügt nicht, Koller Rn. 3. „Bei" Vertragsschluss bedeutet vor Vertragsschluss, um dem Verbraucher die Möglichkeit einer Abstandnahme von dem Vertragsschluss zu ermöglichen, Koller Rn. 6. Außerdem muss nach **Satz 1 Nr.** 2 der Empfänger spätestens bei der Ablieferung des Gutes (OLG Saarbrücken TranspR 2007, 68; aA Kiel TranspR 2000, 309) über die Form und Frist der Schadensanzeige sowie die Rechtsfolgen bei Unterlassen der Schadensanzeige (§ 451f iVm § 438) unterrichtet werden. Der Wirksamkeit der Unterrichtung nach Satz 1 Nr. 2 steht der Hinweis auf das Erfordernis einer „qualifizierten" Anzeige (§ 438 I 2) nicht entgegen, OLG Saarbrücken TranspR 2007, 68. Klausel „Haftungsinformationen gem. § 451g zur Kenntnis genommen" verstößt gegen § 309 Nr. 12a BGB, weil Verbraucher ggf. belegen muss, dass es sich entgegen dieser eigenen schriftlichen Erklärung anders verhält, LG Heidelberg RdTW 2017, 278. Die Unterrichtung nach Satz 1 Nr. 1 (nicht auch Nr. 2) muss in drucktechnisch deutlicher Gestaltung besonders hervorgehoben sein **(Satz 2),** und zwar im Transportvertrag selbst; Beiblatt genügt nicht, AG Köln TranspR 2002, 354. Haftungsinformationen auf der Rückseite des Umzugsvertrages erfordern drucktechnisch deutlichen Hinweis auf der Vorderseite, MüKoHGB/Andresen Rn. 8. Zum pauschalen Verweis auf die Norm durch AGB LG Heidelberg IBR 2016, 732. Sonst kann der Frachtführer oder eine in § 428 genannte Person (Leute und andere Personen) sich nicht auf diese Regelungen berufen. Der Frachtführer ist für die Belehrung beweisbelastet.
Lit. Tschiltschke TranspR 2008, 458.

Abweichende Vereinbarungen

451h (1) Ist der Absender ein Verbraucher, so kann von den die Haftung des Frachtführers und des Absenders regelnden Vorschriften dieses Unterabschnitts sowie den danach auf den Umzugsvertrag anzuwendenden Vorschriften des Ersten Unterabschnitts nicht zum Nachteil des Absenders abgewichen werden.

(2) ¹In allen anderen als den in Absatz 1 genannten Fällen kann von den darin genannten Vorschriften nur durch Vereinbarung abgewichen werden, die im einzelnen ausgehandelt ist, auch wenn sie für eine Mehrzahl von gleichartigen Verträgen zwischen denselben Vertragsparteien getroffen ist. ²Die vom Frachtführer zu leistende Entschädigung wegen Verlust oder Beschädigung des Gutes kann jedoch auch durch vorformulierte Vertragsbedingungen auf einen anderen als den in § 451e vorgesehenen Betrag begrenzt werden, wenn der Verwender der vorformulierten Vertragsbedingungen seinen Vertragspartner in geeigneter Weise darauf hinweist, dass diese einen anderen als den gesetzlich vorgesehenen Betrag vorsehen. ³Ferner kann durch vorformulierte Vertragsbedingungen die vom Absender nach § 414 zu leistende Entschädigung der Höhe nach beschränkt werden.

(3) Unterliegt der Umzugsvertrag ausländischem Recht, so sind die Absätze 1 und 2 gleichwohl anzuwenden, wenn nach dem Vertrag der Ort der Übernahme und der Ort der Ablieferung des Gutes im Inland liegen.

1) § 451h beschränkt abweichende Vereinbarungen. **I** macht die dort angegebenen Vorschriften zugunsten des Absenders, der ein Verbraucher ist (§ 13 BGB), halbzwingend (vgl. → § 449 Rn. 3). Zu den die Haftung des Frachtführers und des Absenders regelnden Vorschriften iSv I sind §§ 451c–451g zu nennen, zu Vorschriften des 1. Unterabschn. die in § 449 I aufgeführten Normen, näher Koller Rn. 2. **II** 1 gilt für alle Geschäfte, die nicht Verbrauchergeschäfte iSv I sind und lässt Abweichungen von den Haftungsvorschriften nur durch Individualver-

§ 452 1, 2

einbarung zu, durch diese aber beliebig. Nach **II 2, 3** (geändert durch SHRG 2013) sind aber die Haftungshöchstbeträge (§ 451e; nicht die Haftung im Übrigen) auch für AGB voll dispositiv, sofern der Verwender den Vertragspartner auf die Abweichung vom gesetzlich vorgesehenen Betrag hinweist (kein Korridor wie in § 449 II 2). Hinweis muss drucktechnisch iSd § 451g oder anders deutlich, gut lesbar hervorgehoben sein, MüKoHGB/Andresen Rn. 14. §§ 305 ff. BGB bleiben unberührt. Zum Vorteil des Verbrauchers kann in den Grenzen des allgemeinen Zivilrechts abgewichen werden, Koller Rn. 2. Drucktechnische Hervorhebung hat Warnfunktion (**II 4**). **III** wie § 449 **IV**.

Dritter Unterabschnitt. Beförderung mit verschiedenartigen Beförderungsmitteln

Schrifttum

S. Schrifttum zum Frachtgeschäft vor § 407. – *Ramming* Hamb. HdB Multimodaler Transport, 2011. – *Koller* Die Verzollung bei Multimodalfrachtverträgen, RdTW 2019, 161.

Frachtvertrag über eine Beförderung mit verschiedenartigen Beförderungsmitteln

452 [1] Wird die Beförderung des Gutes auf Grund eines einheitlichen Frachtvertrags mit verschiedenartigen Beförderungsmitteln durchgeführt und wären, wenn über jeden Teil der Beförderung mit jeweils einem Beförderungsmittel (Teilstrecke) zwischen den Vertragsparteien ein gesonderter Vertrag abgeschlossen worden wäre, mindestens zwei dieser Verträge verschiedenen Rechtsvorschriften unterworfen, so sind auf den Vertrag die Vorschriften des Ersten Unterabschnitts anzuwenden, soweit die folgenden besonderen Vorschriften oder anzuwendende internationale Übereinkommen nichts anderes bestimmen. [2] Dies gilt auch dann, wenn ein Teil der Beförderung über See durchgeführt wird.

1) Multimodaler oder kombinierter Transport (§§ 452–452d)

1 A. **Praktische Bedeutung:** Gegenüber der Beförderung mit nur einem Transportmittel (unimodal) gewinnt – u.a. wegen des universellen Einsatzes von Containern – die multimodale oder kombinierte Beförderung (gemischte Beförderung, Durchfrachtvertrag, im HGB: Beförderung mit verschiedenartigen Beförderungsmitteln) immer mehr praktische Bedeutung. Bsp.: Transport von Containern mit Lkw, dann Eisenbahn, dann Schiff oder Flugzeug, dann wieder Eisenbahn und Lkw. Die rechtliche Behandlung ist schwierig, weil für verschiedene Beförderungsmittel bzw. Beförderungsteilstrecken ganz unterschiedliche Regelungen gelten können, die sich stark voneinander unterscheiden und sogar miteinander kollidieren können und von denen man im konkreten Schadensfall, wenn der genaue Schadensort nicht bekannt ist, nicht weiß, welche unter ihnen für die Haftung und andere Rechtsfragen gelten soll. Probleme auch im Bereich der HdlDokumente.

2 B. **Gesetzliche Regelung:** §§ 452 ff. enthalten eine gesetzliche Regelung des multimodalen Transports, die von der früheren Rechtslage deutlich abweicht. Regelungsansatz in § 452 ist der **Frachtvertrag über eine Beförderung mit verschiedenartigen Beförderungsmitteln** (unter Einbeziehung von See- oder Luftstrecken). Der multimodale Transport wird auf diese Weise in das allgemeine Frachtrecht integriert und nur für einen einzelnen Fall (bekannter Schadensort, § 452a) und für bestimmte Fragen besonders geregelt. Im Übrigen bleiben die allgemeinen Vorschriften der §§ 407 ff. anwendbar. **Lit.** Drews TranspR 2006,

4. Abschnitt. Frachtgeschäft   3–5   § 452

177; Ramming TranspR 2007, 279 (bisheriges IPR bis 17.12.2009), Reformvorschläge bei Herber TranspR 2010, 85. Zu internationalen (bislang erfolglosen) Bemühungen um eine Haftungsregelung beim Multimodaltransport MüKoHGB/Herber Vor § 452 Rn. 6 ff.; zu AGB für den Multimodaltransport s. MüKoHGB/Herber Vor § 452 Rn. 12 ff.

2) Der Vertrag über eine Beförderung mit verschiedenartigen Beförderungsmitteln (§ 452)

A. Vertragstypus: Auch dieser Vertrag ist ein **Frachtvertrag,** der sich von 3 einem Frachtvertrag über einen unimodalen Transport nur durch die Wahl verschiedenartiger Beförderungsmittel unterscheidet. Den Theorien, es handele sich um einen gemischten Vertrag oder sogar einen Vertrag sui generis, hat der Gesetzgeber eine Absage erteilt. Dieser Unterfall des Frachtvertrags hat nach § 452 S. 1 drei Merkmale: einheitlicher Frachtvertrag (→ Rn. 4), verschiedenartige Beförderungsmittel (→ Rn. 5), verschiedene hypothetische Teilstreckenrechte (→ Rn. 6). Dabei kommt es auf die vertragl. Vereinbarung, nicht auf das tatsächliche Vorliegen der Voraussetzungen an, MüKoHGB/Herber Rn. 12. Bei vertragswidriger Verwendung mehrerer Transportmittel haftet der Frachtführer nach den Regeln des vertragswidrigen Transports, Koller Rn. 11. Besteht ein Ermessen des Frachtführers hinsichtlich verschiedener Transportmittel, ist § 452 bei entsprechender Entscheidung anwendbar, Koller Rn. 7.

B. Einheitlicher Frachtvertrag: §§ 452 ff. finden nur Anwendung, wenn der 4 Gesamtbeförderung ein einheitlicher Frachtvertrag zugrunde liegt, dh Vereinbarung nur eines Übernahme- und Ablieferungsorts. Das ist nicht der Fall bei der sog. gebrochenen Beförderung, bei der jeweils über die einzelnen Teile der insgesamt zurückzulegenden Gesamtstrecke Einzelverträge geschlossen werden, vgl. BGHZ 101, 172 (zu aF). Zur Abgrenzung: LG Würzburg RdTW 2020, 200. Frachtvertrag s. § 407. Auch **Spedition** fällt in den Fällen der §§ 458, 459 und 460, in denen auf Frachtrecht verwiesen wird, darunter, sofern sie auf einen einheitlichen Frachtvertrag gerichtet ist und die weiteren Voraussetzungen von § 452 (→ Rn. 5, 6) vorliegen, Koller Rn. 3 ff. (anders, wenn Spediteur Transport mit verschiedenen Beförderungsmitteln organisiert, ohne selbst die Verpflichtung zur gesamten Beförderung zu übernehmen, Haftung dann nach §§ 453 ff.). Sind beförderungsnahe Nebenleistungen, wie Inobhutnahme des Gutes für einen beförderungsnahen Obhutszeitraum, so im Umschlagsbereich, vereinbart, gehören sie zum Frachtvertrag und unterliegen ohne Sonderregelung ebenfalls §§ 452 ff. (RegE S. 101). Allein der Vertrag zwischen Absender und Hauptfrachtführer, nicht auch dessen Vertrag mit dem Unterfrachtführer, bestimmt die Ansprüche des Absenders, OLG Hamburg TranspR 2008, 216.

C. Verschiedenartige Beförderungsmittel: Die Beförderungsmittel, nicht 5 die Strecke selbst (zB Land, See) müssen verschiedenartig sein. Verschiedenartig sind zB Straßen-, Eisenbahn-, Binnenwasser-, See-, Luftverkehrsmittel, nicht aber nur mehrere aufeinander folgende Beförderungsmittel derselben Art, zB Lkw im Inland, dann Umladung auf Lkw im Ausland. Verschiedenartige Beförderungsmittel auch bei **Huckepackverkehr,** zB auf Teilstrecke Lkw auf Eisenbahnwagen, aA EBJS/Reuschle, Rn. 16, der eine Umladung für zwingend erachtet. Was noch dieselbe Art ist, kann bei **Spezialfahrzeugen,** die auf unterschiedlichen Strecken einsetzbar sind, problematisch sein. Zum Umladetransport (Umschlag) im Seehafen vom Schiff auf den Lkw BGH TranspR 2007, 472 m. krit. Anm. Rabe TranspR 2017, 349 und dazu MüKoHGB/Herber Rn. 23 ff. Maßgeblich sind die Verkehrsanschauung und die konkrete Beförderung. Ist zB ein Schiff bestimmter Bauart für Binnen- und Seetransport geeignet, liegt bei Fortsetzung der Beförderung zur See nach Binnenwassertransport und Umladung Verschiedenartigkeit des Beförderungsmittels vor, § 452 greift also ein, str., Koller Rn. 14;

MüKoHGB/Herber Rn. 19; aA Rabe TranspR 1998, 431. Wird Beförderung abredewidrig multimodal statt unimodal ausgeführt oder verwendet Frachtführer abredewidrig nur ein Transportmittel, haftet er kumulativ nach dem Haftungsregime des vertragswidrigen und des vertragsgemäßen Transportmittels, BeckOK HGB/Spieker/Schönfleisch Rn. 5.

6 D. **Verschiedene hypothetische Teilstreckenrechte:** §§ 452 ff. setzen schließlich voraus, dass, wenn Einzelverträge geschlossen worden wären, verschiedene Rechtsvorschriften für mindestens zwei Beförderungsmittel (Teilstrecken) gelten würden (unterschiedliche Regelungsregimes). Liegt auch dann vor, wenn Teilstrecken verschiedenen Unimodal-Frachtrechtsübereinkommen unterliegen, also etwa CMR, CIM 1999, MÜ oder CMNI, BeckOGK(Ramming) Rn. 73. Jeder Multimodaltransport lässt sich vollständig in Teilstrecken zerlegen, BGH NJW-RR 2008, 550; Koller Rn. 15; aA Herber TranspR 2006, 438; 2007, 475. Teilstrecke ist die durch Umladung unterbrochene Strecke, Koller Rn. 15. Der Warenumschlag von einem auf das andere Transportmittel stellt im Regelfall ohne die Hinzutreten besonderer Umstände keine selbstständige Teilstrecke dar, BGHZ 164, 396; BGH NJW-RR 2008, 550; OLG Hamburg TranspR 2008, 128; 2008, 215; OLG Celle TranspR 2003, 254; Koller TranspR 2008, 333; aA Herber TranspR 2004, 404; 2005, 59; Knorre/Demuth/Schmid/Schmid S. 136 (Ausnahme bei Sammeltransporten); Gleiches gilt bei Reparatur eines Containers im Hafen, OLG Hamburg TranspR 2008, 263. Das Entladen gehört noch zur vorausgehenden Teilstrecke, das Beladen zur anschließenden. Bei einem multimodalen Transport unter Einschluss einer Seestrecke endet diese im Regelfall nicht mit dem Löschen der Ladung, sondern erst mit der Verladung des Gutes auf das Transportmittel, mit dem es aus dem Hafen entfernt werden soll, BGHZ 164, 396 m. krit. Anm. Ramming TranspR 2007, 89 u. Koller EWiR 2006, 79, ebenso Drews TranspR 2004, 450; Bartels TranspR 2005, 203. Für diese Verladung ist nicht erst der Abschluss, sondern bereits der Beginn des Ladevorgangs maßgebend, BGH NJW-RR 2008, 550 mAnm Herber TranspR 2007, 475; Drews TranspR 2008, 2018; Rabe TranspR 2008, 186; Martiensen VersR 2008, 888. Auch (Um-)Lagerung des Gutes im Hafengelände ist Seestrecke zuzuordnen, BGH RdTW 2017, 130 f. Transportbedingte, kürzere Zwischenlagerungen gehören noch zur Beförderung (→ Rn. 4). **Lit.** Drews TranspR 2010, 327; Kirchhof TranspR 2010, 321.

3) Anwendbare Rechtsvorschriften

7 A. **Inländischer Multimodaltransport:** Nach § 452 S. 1 letzter Hs. sind auf einen solchen Frachtvertrag über eine Beförderung mit verschiedenartigen Beförderungsmitteln **grundsätzlich** die Vorschriften der **§§ 407 ff. anwendbar,** doch gelten die **Sonderregeln** der **§§ 452a–452d.** Insbesondere führt bei bekanntem Schadensort § 452a zur Anwendung des betreffenden Teilstreckenrechts, was das Recht der §§ 407 ff., aber auch ein anderes sein kann. Die Anwendbarkeit der §§ 452 ff. setzt voraus, dass nach IPR (bisher Art. 27 f. EGBGB, für nach dem 17.12.2009 im eur. Verkehr geschlossene Verträge Art. 3, 5 I, III Rom I-VO, dazu Mankowski TranspR 2008, 339; aA Jayme/Nordmeier VersR 2008, 503: Vorschaltung von IPR nicht zulässig, dagegen überzeugend MüKoHGB/Herber Rn. 32) über die Gesamtstrecke deutsches Recht anzuwenden ist, Koller VersR 2000, 1187, vgl. auch BGH NJW-RR 2006, 1695. Nach hM zu Art. 27 EGBGB (OLG Düsseldorf TranspR 2002, 34; Herber TranspR 2006, 436 f.; aA Koller Rn. 1a; MüKoHGB/Herber Rn. 31; offen lassend BGH NJW-RR 2008, 549; 2008, 841) ist Rechtswahl für Gesamttransport auch für hypothetische Teilstreckenverträge maßgebend. Satz 1 gilt auch, wenn ein Teil der Beförderung über/auf See durchgeführt wird **(Satz 2).** Das ist notwendig, weil sonst für die Güterbeförderung über/auf See das Fünfte Buch gilt (→ § 407 Rn. 7). Die Parteien können individualvertraglich die Anwendung von Seerecht vereinbaren; insb. zu wesentlichen Abweichungen, wie der Ausstellung eines Konnossements, dem Ein- und Ausladen der Fracht, Haftungsvorschriften, BeckOK HGB/Spieker/Schönfleisch Rn. 14. **Lit.** Hartenstein TranspR 2005, 9; Drews TranspR 2003, 12; Herber TranspR 2001, 101 (Multimodaltransport mit Seestreckeneinschluss).

B. **Grenzüberschreitender Multimodaltransport:** Anzuwendende **internationale Übereinkommen,** die Vorrang beanspruchen, gehen vor. Diese müssen den multimodalen Transport an sich und nicht nur eine Teilstrecke betreffen, MüKoHGB/Herber Rn. 55. Solche Abkommen sind zB Art. 31 I WA und Art. 38 I Montrealer Übereinkommen, dazu → § 407 Rn. 11. Dies gilt umso mehr, als Geltung des MÜ in den AGB ausdrücklich vorgesehen wird, BGH VersR 2013, 1420 m. krit. Anm. Kirchhof TranspR 2014, 223. Die **(17)** CMR ist hingegen außerhalb von Art. 2 nicht unmittelbar anwendbar, BGH NJW 2008, 2783 m. zust. Anm. Ramming NJW 2009, 414; OLG Karlsruhe TranspR 2008, 471. Für eine mittelbare Anwendung über die §§ 452, 452a muss jedenfalls deutsches Recht anwendbar sein, → Rn. 7, wobei Art. 31 CMR selbst dann unanwendbar bleibt, da § 452a nach hM nicht auf diese Norm verweist, Koller § 452a Rn. 27. Im Grundsatz besteht Einigkeit, dass Unimodal-Übereinkommen nicht auf eine gesamte Multimodalbeförderung angewendet werden können, BeckOGK(Ramming) Rn. 28. Zum bisherigen **IPR** des multimodalen Transports vor Geltung der Rom I-VO s. Basedow FS Herber, 1999, 15; ferner → § 407 Rn. 11. **Lit.** Herber TranspR 2006, 435; Freise TranspR 2012, 1; Müller-Rostin TranspR 2012, 14.

4) Dokumente beim multimodalen Transport

Das **FBL** (Negotiable FIATA Combined Transport Bill of Lading, nach Reform als FIATA Multimodal Transport Bill of Lading bezeichnet) ist ein übertragbares Durchkonnossement für den kombinierten Transport; → **(11)** ERA Art. 23 Rn. 1. **CT-Dokumente** sind ebenfalls Dokumente des multimodalen Transports. Dazu UNCTAD/ICC Rules for Multimodal Transport Documents 1992 (IntHK-Publikation Nr. 481, Sprache engl); Schimmelpfeng TranspR 1988, 53. **Lit.** Nielsen, Import- und Exportsicherung auf dokumentärer Grundlage, 1988; Die Dokumente der FIATA (Zürich); Helm FS Hefermehl, 1976, 57; Koller VersR 1982, 1; Nielsen WM Sonderbeil. 9/1986 (Dokumente). **Muster:** Hopt, Form I. O.2 (Bill of Lading – Multimodal Transport or Port to Port Shipment).

Bekannter Schadensort

§ 452a

[1] Steht fest, daß der Verlust, die Beschädigung oder das Ereignis, das zu einer Überschreitung der Lieferfrist geführt hat, auf einer bestimmten Teilstrecke eingetreten ist, so bestimmt sich die Haftung des Frachtführers abweichend von den Vorschriften des Ersten Unterabschnitts nach den Rechtsvorschriften, die auf einen Vertrag über eine Beförderung auf dieser Teilstrecke anzuwenden wären. [2] Der Beweis dafür, daß der Verlust, die Beschädigung oder das zu einer Überschreitung der Lieferfrist führende Ereignis auf einer bestimmten Teilstrecke eingetreten ist, obliegt demjenigen, der dies behauptet.

1) Bekannter Schadensort (§ 452a)

§ 452a enthält eine Sonderregelung zum anwendbaren Recht und zur Beweislastverteilung. Zu unterscheiden ist, ob bekannt oder nicht bekannt ist, auf welcher Teilstrecke der Verlust, die Beschädigung oder das Ereignis, das zu einer Überschreitung der Lieferfrist geführt hat, eingetreten ist. Nach aA soll Ursache des Schadensfalls bei Lokalisierung unberücksichtigt bleiben, Freise TranspR

2017, 160. Ist der **Schadensort bekannt,** bestimmt sich die Haftung des Frachtführers im Einklang mit der bisherigen Rechtsprechung nach der Haftungsordnung, die auf einen (hypothetisch geschlossenen einzelnen) Vertrag über eine Beförderung auf dieser Teilstrecke anzuwenden wäre **(network-Lösung, Satz 1).** Tritt der Schaden während einer beförderungsnahen Leistungsphase ein, kommt es für die Haftung darauf an, welchem der hypothetisch geschlossenen Einzelverträge diese Phase typischerweise unterfällt, OLG Düsseldorf TranspR 2019, 134, zur Verzollung, welche die Obhut des Luftfrachtführers nicht beenden soll, was sich Art. 18 III 2 Montrealer Übereinkommen entnehmen lasse, aA Kirchhof TranspR 2019, 114, der das Schadensereignis der sich anschließenden Landbeförderung zuordnet, umfassend hierzu Koller RdTW 2019, 161. Sind mehrere Schäden unabhängig voneinander, sind sie der jeweiligen Teilstrecke zuzuordnen und nach dem für sie geltenden Recht zu ersetzen, BeckOK HGB/Spieker/Schönfleisch Rn. 16. Sind mehrere Handlungen für den Schaden auf mehreren Teilstrecken ursächlich, kommt § 452a nicht in Betracht, MüKoHGB/Herber Rn. 8; aA Koller Rn. 4b ff. Diese Haftungsordnung wird nicht nach § 452a, sondern nach IPR (für nach dem 17.12.2009 im eur. Verkehr geschlossene Verträge Art. 3, 5 I, III Rom I-VO, dazu Mankowski TranspR 2008, 339) ermittelt, OLG Stuttgart VersR 2006, 290; OLG Hamburg TranspR 2008, 127. Hierbei war nach dem bisherigen Art. 28 IV 1, V EGBGB auf die Parteien des Gesamtvertrags (Absender-Multimodalfrachtführer) abzustellen, wenn keine engere Verbindung des hypothetischen Teilstreckenvertrags mit einem anderen Staat erkennbar ist, BGH NJW-RR 2008, 550; 2008, 841; OLG Dresden TranspR 2002, 246. Die Rechtswahl bezüglich des einheitlichen Frachtvertrags schlägt auf den hypothetischen Teilstreckenvertrag durch, bisher herrschende Meinung, OLG Hamburg TranspR 2004, 403; Herber TranspR 2006, 436 f.; aA Koller Rn. 6; MüKoHGB/Herber § 452 Rn. 34; offen lassend BGH NJW-RR 2008, 549; 2008, 841. Eine gesonderte Rechtswahl für eine Teilstrecke ist nicht möglich, Koller Rn. 9. Fehlt eine Rechtswahl nach Art. 3 Rom I-VO, so kommt nach Art. 5 I Rom I-VO das Recht des Staates zur Anwendung, in dem der Frachtführer seinen gewöhnlichen Aufenthalt hat, sofern sich dort auch der Übernahme- oder der Ablieferungsort oder der gewöhnliche Aufenthalt des Absenders befindet, sonst das Recht des Staates, in dem der vereinbarte Ablieferungsort liegt, sonst das nach Art. 5 III Rom I-VO bestimmte Recht. AGB sind keine Rechtsvorschriften, Koller Rn. 7, aA EBJS/Reuschle Rn. 9. Gelingt die Zuordnung zu einem konkreten Streckenabschnitt nicht, ist § 452a unanwendbar und von einer Grundhaftung nach den §§ 452, 425, 431 auszugehen, LG Hamburg, TranspR 2019, 291 (Umfuhr). Der **Beweis** dafür, dass der Verlust, die Beschädigung oder das zu einer Überschreitung der Lieferfrist führende Ereignis auf einer bestimmten Teilstrecke eingetreten ist, obliegt demjenigen, der dies behauptet **(Satz 2).** Gelingt dieser Beweis nicht, bleibt es beim allgemeinen Frachtrecht (→ Rn. 2). Gleiches gilt, wenn sich keine der Vertragsparteien auf eine gem. § 452a S. 1 vorrangig geltende Rechtsvorschrift beruft, BeckOK HGB/Spieker/Schönfleisch Rn. 21. Zur sekundären Darlegungslast des Frachtführers, der sich im Haftungsfall auf die Bestimmungen des Montrealer Übereinkommen beruft, OLG Düsseldorf TranspR 2016, 396. Abweichende Vereinbarungen s. § 452d II. Einwendungen aus seinem Vertrag mit dem Unterfrachtführer kann der Hauptfrachtführer dem Absender nicht entgegenhalten, OLG Hamburg TranspR 2008, 216. **Lit.** Koller VersR 2000, 1187; Drews TranspR 2010, 327; Koller RdTW 2016, 1; Freise TranspR 2017, 149.

2) Nicht bekannter Schadensort

2   Ist der **Schadensort nicht bekannt,** bleibt es bei der **Einheitslösung der §§ 407 ff.,** also bei der Haftung nach allgemeinem Frachtrecht. Damit ist bewusst von der bisherigen Rspr. abgewichen, die in solchen Fällen der Sache nach das

4. Abschnitt. Frachtgeschäft 1, 2 § 452b

„schärfste", nämlich für den Berechtigten günstigste Teilstreckenrecht angewandt hat, BGHZ 101, 180, hL (RegE S. 100 f.). Der Gesetzgeber meinte, dass damit in der Vielzahl der Fälle, in denen der Schadensort objektiv nicht aufklärbar ist, zB häufig im Containerverkehr, der Frachtführer, der nicht unbedingt eine bessere Kenntnis von dem Schadensort hat als der Geschädigte, einseitig belastet würde. Wird Gut in einem Hafen endgültig abgeladen, und ist Verbleib nicht aufklärbar, ist der Verlust nicht auf der davor liegenden Seestrecke als Teilstrecke eingetreten, der Schadensort damit unbekannt, OLG München TranspR 2014, 79 mAnm Herber TranspR 2014, 79. Bestimmung ist nicht anwendbar, wenn bei mehreren Teilstrecken mehrere Ursachen gesetzt wurden und jede dieser Ursachen den Schaden alleine verursacht hätte, BGH RdTW 2015, 415.

Schadensanzeige. Verjährung

452b (1) ¹§ 438 ist unabhängig davon anzuwenden, ob der Schadensort unbekannt ist, bekannt ist oder später bekannt wird. ²Die für die Schadensanzeige vorgeschriebene Form und Frist ist auch gewahrt, wenn die Vorschriften eingehalten werden, die auf einen Vertrag über eine Beförderung auf der letzten Teilstrecke anzuwenden wären.

(2) ¹Für den Beginn der Verjährung des Anspruchs wegen Verlust, Beschädigung oder Überschreitung der Lieferfrist ist, wenn auf den Ablieferungszeitpunkt abzustellen ist, der Zeitpunkt der Ablieferung an den Empfänger maßgebend. ²Der Anspruch verjährt auch bei bekanntem Schadensort frühestens nach Maßgabe des § 439.

1) Schadensanzeige (I)

Für die Schadensanzeige und die Verjährung hat der Gesetzgeber für den 1 multimodalen Transport aus Gründen der Rechtssicherheit auf das allgemeine Frachtrecht, also § 438 und § 439, zurückgegriffen. § 438 über die **Schadensanzeige** gilt unabhängig davon, ob der Schadensort unbekannt ist, bekannt ist oder später bekannt wird **(I 1)**. Die Vorschrift ist auch anwendbar, wenn Frist des Art. 31 II Montrealer Übereinkommen bereits abgelaufen ist, OLG Hamburg TranspR 2016, 412. Unerheblich ist auch die Art des Transportmittels der Anlieferung und ob feststellbar ist, mit welchem Transportmittel es zum Schadenseintritt gekommen ist, OLG Hamburg RdTW 2017, 73. WA kann aber bei Schaden auf der Luftfahrtstrecke vorgehen, OLG Hamburg TranspR 2013, 36. Für die Einhaltung des Anzeigeerfordernisses (Form, Frist) genügt jedoch auch die Beachtung des Rechts der letzten Teilstrecke **(I 2)**, doch kann auch in diesem Fall auf I 1 zurückgegriffen werden, zB wenn die letzte Teilstrecke im Ausland liegt. Der Anzeigende (Empfänger oder Absender, s. § 438 I 1) hat demnach die Wahl zwischen beiden Bestimmungen, MüKoHGB/Herber Rn. 4. Das Wahlrecht kann jedoch nicht hinsichtlich der verschiedenen Anforderungen aufgespalten werden, sondern muss einheitlich ausgeübt werden, BeckOK/Spieker/Schönfleisch Rn. 4.

2) Verjährung (II)

Die **Verjährung** des Anspruchs wegen Verlust, Beschädigung oder Lieferfrist- 2 überschreitung beginnt, wenn auf den Ablieferungszeitpunkt abzustellen ist, erst mit der Ablieferung an den (vertraglich vereinbarten) Empfänger **(II 1);** es kommt also auf die Letztablieferung an. Ablieferung setzt Besitzaufgabe des Verfrachters mit Zustimmung des berechtigten Empfängers und Ermöglichung, dass dieser Besitz über das Gut ausüben kann, voraus, BeckOK HGB/Spieker/Schönfleisch Rn. 8. Bei Nichtablieferung gilt der Zeitpunkt, an dem das Gut hätte abgeliefert werden müssen, MüKoHGB/Herber Rn. 11. Beginn der Verjährung ist weit zu

§ 452d 4. Buch. Handelsgeschäfte

verstehen, erfasst wird also auch eine der Verjährung funktional gleichkommende Ausschluss- oder Erlöschensregelung des anwendbaren Teilstreckenrechts, zB § 612 (RegE) oder Art. 29 I WA 1955, BGH TranspR 2009, 264 mAnm. Ramming. Der Anspruch verjährt auch bei bekanntem Schadensort nicht früher als nach Maßgabe des § 439 (Mindestfrist, **II 2**). Abweichende Vereinbarungen zu II 1 s. § 452d I. Zur Anwendbarkeit auf das Luftfrachtrecht s. Müller-Rostin TranspR 2008, 241. Bei unbekanntem Schadensort greift stets § 439.

Umzugsvertrag über eine Beförderung mit verschiedenartigen Beförderungsmitteln

452c ¹**Hat der Frachtvertrag die Beförderung von Umzugsgut mit verschiedenartigen Beförderungsmitteln zum Gegenstand, so sind auf den Vertrag die Vorschriften des Zweiten Unterabschnitts anzuwenden.** ²**§ 452a ist nur anzuwenden, soweit für die Teilstrecke, auf der der Schaden eingetreten ist, Bestimmungen eines für die Bundesrepublik Deutschland verbindlichen internationalen Übereinkommens gelten.**

1 1) § 452c regelt den Umzugsvertrag über eine Beförderung mit verschiedenartigen Beförderungsmitteln (**multimodaler Umzugsvertrag**) wie nach §§ 451–451h über den (unimodalen) Umzugsvertrag (**Satz 1**). Es gilt also – aus Gründen des Verbraucherschutzes – unmittelbar und allgemein die Einheitslösung (vgl. → § 452a Rn. 2), auch bei bekanntem Schadensort. Daraus ergibt sich folgende Regelungshierarchie: Vorrangig die zwingenden Bestimmungen der §§ 451–451h, sodann die zwingenden Bestimmungen der §§ 407–450, sodann die Parteivereinbarung, sodann die dispositiven Bestimmungen der §§ 451–451h und schließlich die dispositiven Bestimmungen der §§ 407–450, s. MüKoHGB/Andresen Rn. 4. Die besonderen Bestimmungen über den multinationalen Transport (nur § 452a) sind im Interesse des Absenders von Umzugsgut ausnahmsweise insoweit anzuwenden, als für die Teilstrecke, auf der der Schaden eingetreten ist, ein für die BRD verbindliches internationales Übereinkommen, etwa für Eisenbahn-, Luft- und Seeverkehr, BeckOK HGB/Spieker/Schönfleisch Rn. 2,4, gilt (**Satz 2**). (17) CMR gilt nicht für Umzugsgut nach Art. 1 IV lit. c CMR. Dann gilt auch § 452b HGB, Koller Rn. 4. Die Abdingbarkeit der Bestimmungen des § 452c richtet sich nach den Vorschriften, auf die Bezug genommen wird, MüKoHGB/Andresen Rn. 6.

Abweichende Vereinbarungen

452d (1) ¹**Von der Regelung des § 452b Abs. 2 Satz 1 kann nur durch Vereinbarung abgewichen werden, die im einzelnen ausgehandelt ist, auch wenn diese für eine Mehrzahl von gleichartigen Verträgen zwischen denselben Vertragsparteien getroffen ist.** ²**Von den übrigen Regelungen dieses Unterabschnitts kann nur insoweit durch vertragliche Vereinbarung abgewichen werden, als die darin in Bezug genommenen Vorschriften abweichende Vereinbarungen zulassen.**

(2) **Abweichend von Absatz 1 kann jedoch auch durch vorformulierte Vertragsbedingungen vereinbart werden, daß sich die Haftung bei bekanntem Schadensort (§ 452a)**
1. **unabhängig davon, auf welcher Teilstrecke der Schaden eintreten wird, oder**
2. **für den Fall des Schadenseintritts auf einer in der Vereinbarung genannten Teilstrecke**

nach den Vorschriften des Ersten Unterabschnitts bestimmt.

5. Abschnitt. Speditionsgeschäft   § 452d

(3) **Vereinbarungen, die die Anwendung der für eine Teilstrecke zwingend geltenden Bestimmungen eines für die Bundesrepublik Deutschland verbindlichen internationalen Übereinkommens ausschließen, sind unwirksam.**

1) § 452d bringt Grenzen für abweichende Vereinbarungen zu §§ 452 ff. Von 1 der Regelung über den **Verjährungsbeginn** nach § 452b II 1 kann nur durch eine im Einzelnen ausgehandelte Vereinbarung (wie § 449 II 1) abgewichen werden **(I 1);** Zur str. Rechtsnatur: Koller Rn. 1; inhaltliche Grenzen: MüKoHGB/Herber Rn. 13 ff. **I 2** wahrt die **zwingenden Vorschriften des allgemeinen Frachtrechts** (§ 449); diese setzen sich somit auf jeden Fall durch, entweder direkt (so bei unmittelbarer Anwendbarkeit, → § 452a Rn. 2, → § 452c Rn. 1) oder über I 2. Von § 452a bei bekanntem Schadensort kann auch durch AGB zugunsten der Haftung nach allgemeinem Frachtrecht abgewichen werden **(II),** und zwar insgesamt (II Nr. 1, Einheits- statt networkLösung) oder nur für eine bestimmte Teilstrecke (II Nr. 2). Ersteres ist bei ADSp 2003 Ziff. 22.1–22.5, 23.1 u. 23.1.3 nicht der Fall, BGH RdTW 2017, 131 f. Letzteres wird zB relevant, wenn die Parteien bei einer besonders schadensträchtigen Teilstrecke das dafür in Frage kommende Teilstreckenrecht für ungeeignet oder unsicher halten. Das ist vor allem wegen der internationalen Standardbedingungen und Vertragsformulare (→ § 452 Rn. 9) wichtig. Vereinbarung der Geltung ausländischen Teilstreckenrechts ist ausgeschlossen, BeckOK HGB/ Spieker/Schönfleisch Rn. 18. Bei unbekanntem Schadensort richtet sich die Abdingbarkeit nach §§ 452d I 2, 449. **III** stellt klar, dass zwingende Vorschriften internationaler Übereinkommen, die für die BRD verbindlich sind (zB **(17)** CMR), vorgehen. Diese müssen nicht konkret den multimodalen Transport betreffen, BeckOK HGB/Spieker/Schönfleisch Rn. 19. Dagegen verstoßende Parteivereinbarungen sind unwirksam, eine Abbedingung ist aber möglich, sofern diese Übereinkommen dies ausdrücklich erlauben, Koller Rn. 4. Str. aber, ob nur Multimodal- oder auch Unimodalübereinkommensrecht erfasst, vgl. Bydlinski TranspR 2009, 389 mwN. Vereinbarung der Geltung der §§ 425 ff. insgesamt durch Formularklausel zulässig, BGH BB 2016, 578. **Lit.** Basedow TranspR 1998, 58.

Fünfter Abschnitt. Speditionsgeschäft

Schrifttum

S. speziell zu ADSp vor **(18)** ADSp.

a) Kommentare: *Alff* Fracht-, Lager- und Speditionsrecht, 2. Aufl. 1991. – *Andresen/ Valder* HdB des Transportrechts (LBl.) Stand 2018. – *E(benroth)/B(oujong/)J(oost)/S(trohn)/ (Bearbeiter)* 4. Aufl. 2020. – BeckOK HGB/(Bearbeiter), *Häublein/Hoffmann-Theinert*/(Bearbeiter), 35. Ed. 2022. – *MüKoHGB/(Bydlinski)*, Bd. 7, 4. Aufl. 2020. – GK (HGB)/(Ensthaler ua)/ 8. Aufl. 2015. – *HdlbgKo/(Glanegger ua)* 7. Aufl. 2007. – *Heymann/Emmerich/Horn* Bd. 4, 2 Aufl. 2011. – *Knorre/Demuth/Schmid* HdB des Transportrechts, 2. Aufl. 2015. – *Koller* Transportrecht, 10. Aufl. 2020. – *Lammich/Pöttinger* Güterkraftverkehrsrecht Kommentar (LBl.). – *Müglich* Transport- und Logistikrecht, 2002. – *Staub/(Otte)*, §§ 451–475h, Bd. 13, 5. Aufl. 2020. – *Widmann* Transportrecht, 3. Aufl. 1999.

b) Lehrbücher: *Canaris* 24. Aufl. 2006. – *Dubischar* Grundriß des gesamten Gütertransportrechts, 1987. – *Gass* 1999. – *K. Schmidt* 6. Aufl. 2014.

c) Einzeldarstellungen und Sonstiges: *Arnold* Prozessuale Besonderheiten und Entwicklungen im Transportrecht, TranspR 2018, 369; *Basedow* Der Transportvertrag, 1987. – *Calme* Einführung ins Transport- und Speditionsrecht, 2015. – *Hector* ADSp u. die Speditions- und Transportversicherung, 2. Aufl. 2003. – *Wolf/Thiel* ADSp, 20. Aufl. 2003. – Zu ADSp Fassung 1993: *Widmann* ADSp, 5. Aufl. 1993; *Valder* TranspR 1993, 81. – Zu ADSp Fassung 1999: *Widmann* ADSp '99, 6. Aufl. 1999. – Zu ADSp Fassung 2016: *Koller* Transportrecht, 10. Aufl. 2020. – Zu ADSp Fassung 2017: *Ramming* RdTW 2017, 41. **Muster:** *Hopt* Vertrags- und Formularbuch zum Hdl-, Ges u. Bankrecht, 4. Aufl. 2013, Teil I.P (mit 3 Vertragsmustern und Formularen).

Speditionsvertrag

453 (1) **Durch den Speditionsvertrag wird der Spediteur verpflichtet, die Versendung des Gutes zu besorgen.**

(2) **Der Versender wird verpflichtet, die vereinbarte Vergütung zu zahlen.**

(3) ¹**Die Vorschriften dieses Abschnitts gelten nur, wenn die Besorgung der Versendung zum Betrieb eines gewerblichen Unternehmens gehört.** ²**Erfordert das Unternehmen nach Art oder Umfang einen in kaufmännischer Weise eingerichteten Geschäftsbetrieb nicht und ist die Firma des Unternehmens auch nicht nach § 2 in das Handelsregister eingetragen, so sind in Ansehung des Speditionsgeschäfts auch insoweit die Vorschriften des Ersten Abschnitts des Vierten Buches ergänzend anzuwenden; dies gilt jedoch nicht für die §§ 348 bis 350.**

Übersicht

	Rn
1) Speditionsgeschäft (§§ 453–466)	1
2) Anwendungsbereich der Vorschriften über das Speditionsgeschäft (§ 453 III)	2–5
A. Persönliche Reichweite (III):	2, 3
B. Territoriale Reichweite:	4, 5
3) Speditionsvertrag (§ 453 I, II)	6–17
A. Speditionsvertrag:	6–9
B. Pflichten des Spediteurs (I):	10–13
C. Pflichten des Versenders (II):	14
D. Beendigung des Speditionsvertrags:	15
E. Abweichende Vereinbarungen:	16
F. Einschaltung eines Spediteurs im Verhältnis zwischen Verkäufer und Käufer:	17
4) (18) ADSp	18

1) Speditionsgeschäft (§§ 453–466)

1   Im 5. Abschn. (§§ 453–466) ist das Speditionsgeschäft geregelt. Der Unt. kann sich heute angesichts der Internationalisierung der Märkte nicht mehr selbst um den Transport kümmern (→ § 407 Rn. 1), sondern wendet sich am besten an den Fachmann, der auf dem Frachtenmarkt den bestgeeigneten und kostengünstigsten Weg und Frachtführer für ihn aussucht und häufig selbst noch weiter auf bestimmte Kontinente oder Länder spezialisiert ist. Der Spediteur ist im Gegensatz zum nichtjuristischen Sprachgebrauch nicht derjenige, der den Transport selbst ausführt; die Beförderung von Gütern übernimmt der Frachtführer (§ 407 I). Der Spediteur besorgt die Versendung, dh er organisiert die Beförderung und schließt die dazu notwendigen Verträge ab (§ 454); wirtschaftlich ähnelt er also dem Kommissionär („Transportkommissionär"). In der Praxis ist vor allem der Fixkostenspediteur (§ 459) vorzufinden, der den reinen Geschäftsbesorgungsspediteur (§ 454) nahezu vollständig verdrängt hat, s. *Hasche* TranspR 2014, 350. Besondere Ausprägungen des Speditionsgeschäfts sind Spedition mit Selbsteintritt (§ 458), Spedition zu festen Kosten (§ 459) und Spedition mit Sammelladung (§ 460); in diesen Fällen hat der Spediteur zwingend die Rechte und Pflichten eines Frachtführers. Zur Abgrenzung *Koller* Rn. 16 ff.

5. Abschnitt. Speditionsgeschäft 2–6 § 453

2) Anwendungsbereich der Vorschriften über das Speditionsgeschäft (§ 453 III)

A. Persönliche Reichweite (III): § 453 III steckt den Anwendungsbereich 2 der §§ 453–466 ab. III entspricht exakt § 407 III 1 Nr. 2, 2 für das Frachtgeschäft (→ § 407 Rn. 9, persönliche Reichweite, eine Abgrenzung der sachlichen Reichweite wie dort Nr. 1 ist beim Speditionsgeschäft nicht notwendig). §§ 453–466 gelten nicht nur, wenn der Spediteur Kfm. ist, sondern auch, wenn die Spedition jedenfalls zum Betrieb eines gewerblichen Unt. gehört **(III 1)**. Zum Begriff des Gewerbes → § 1 Rn. 11. Erfasst wird also auch der Gelegenheitsspediteur, aA Oetker/Paschke Rn. 20.
Ist der Spediteur Kfm., gilt das gesamte HGB. Ist er kein Kfm., gelten dennoch 3 über §§ 453–466 hinaus die allgemeinen Vorschriften über Handelsgeschäfte (Viertes Buch, Erster Abschnitt, also §§ 343–372), aber ohne §§ 348–350 **(III 2)**.

B. Territoriale Reichweite: Für die **grenzüberschreitende Spedition:** Da- 4 zu gelten internationale Abkommen, zB die **(17) CMR**, die im grenzüberschreitenden Verkehr als unabdingbar gilt und in der Praxis eine sehr große Rolle spielt, oder das **Warschauer Abkommen (WA)** über den internationalen Luftverkehr, das aber nach Art. 55 **Montrealer Übereinkommen (MÜ)** vom 28.5.1999 insoweit von diesem verdrängt wird, in Deutschland in Kraft seit 28.6.2004, BGBl. 2004 II 458, 1371. Die Übereinkommen sind ua kommentiert bei Koller, Transportrecht, vergleichend Ruhwedel TranspR 2008, 89. Auch für den grenzüberschreitenden Eisenbahnfrachtverkehr gelten internationale Abkommen, so die CIM.

IPR: Mangels ausdrücklicher oder stillschweigender freier Rechtswahl nach 5 Art. 27 EGBGB galt bisher das Recht des Ortes der charakteristischen Leistung, also der gewerblichen Niederlassung des Spediteurs (Geschäftssitz, Art. 28 II 2 EGBGB). Anzuwendendes Sachrecht ergibt sich aus Art. 3, 4 I lit. b, III Rom I-VO, Koller Rn. 64, anders wenn für den Spediteur Frachtrecht gilt (§§ 458, 459, 460). Art. 5 Rom I-VO greift (nur) bei Selbsteintritt sowie § 459 ein, Koller Rn. 64; aA EBJS/Rinkler Rn. 144. Geltung der ADSp gegenüber ausländischem Auftraggeber → **(18)** ADSp Einl. vor Art. 1 Rn. 2. Internationale Speditionsdokumente sind zB **FCR** (Forwarding Agents Certificate of Receipt, Spediteur-Übernahmebescheinigung), FIATA FCR (Forwarders Certificate of Receipt) und **FCT** (Forwarders Certificate of Transport, Spediteur-Transportbescheinigung), Nielsen WM Sonderbeil. 9/1986, Die Dokumente der FIATA (Zürich), → **(11)** ERA Art. 23 Rn. 1. **Muster:** Hopt/Joos/Leyens Form I. P.2 (FIATA FCR), I. P.3 (FIATA FCT). **Lit.** zum bisherigen IPR vor der Rom I-VO: Reithmann/Martiny/Mankowski Rn. 1364 ff. Speditionsvertrag, Rn. 1394 ff. Straßentransport, Rn. 1660 ff. multimodaler Verkehr; Rugullis TranspR 2006, 380; Koller VersR 2000, 1188; Basedow FS Herber, 1999, 31.

3) Speditionsvertrag (§ 453 I, II)

A. Speditionsvertrag: a) Rechtsnatur, anwendbares Recht: Durch den 6 Speditionsvertrag wird der Spediteur verpflichtet, die Versendung des Gutes zu besorgen (I); der Versender wird verpflichtet, die vereinbarte Vergütung zu zahlen (II). Vertragsgegenstand sind nur **Güter** (Begriff → § 407 Rn. 6), nicht Personen. Der Speditionsvertrag ist ein handelsrechtlicher Sonderfall des Geschäftsbesorgungsvertrags, der idR auf eine **Geschäftsbesorgung** gerichtet ist, die im Rahmen eines **Werkvertrags** zu leisten ist (§§ 675, 631 BGB; das Entgelt ist erfolgsabhängig ausgestaltet, vgl. § 456), RGZ 12, 151; Koller Rn. 39, nach aA Dienstvertrag oder Vertrag sui generis. Ergänzend zu §§ 453 ff. sind also §§ 675, 631 ff. BGB heranzuziehen. Ausnahmsweise ist die Geschäftsbesorgung im Rahmen eines Dienstvertrags zu leisten (§§ 675, 611 BGB), so etwa bei einem Dauerschuldverhältnis. Eine Vorschrift wie § 407 II aF, der allgemein auf Kom-

§ 453 7–12

missionsrecht verwies, findet sich heute nicht mehr; statt der Verweisung auf § 392 gilt unmittelbar § 457. Das schließt aber einzelne Analogien nicht aus. Grundsätzliche Abgrenzung zum **Frachtvertrag** (§§ 133, 157 BGB) → § 407 Rn. 13. Zudem: Kann die versprochene Leistung der Sache nach vom Beauftragten nicht selbst erbracht werden, ist ein Speditionsvertrag anzunehmen, da nicht von der Übernahme einer dem Schuldner unmöglichen Leistungspflicht auszugehen ist, OLG Hamburg TranspR 1993, 28 f. Bei Branchenkenntnis der Parteien haben bestimmte Formulierungen Indizwirkung, BeckOGK(Mock) Rn. 38.6: „Transport" → Frachtvertrag, OLG Hamburg HmbSchRZ 2010, 185; „Versandauftrag über den Transport" → Speditionsvertrag, LG Hamburg RdTW 2021, 104.

7   b) **Zustandekommen:** Der Speditionsvertrag kommt, auch bei Verlangen und Ausstellen einer Urkunde, **formlos** zustande, wenn die Parteien nichts anderes vereinbart haben. § 362 greift ein.

8   c) **Vertragsparteien:** Vertragspartner sind allein der **Versender** (auf die genaue Terminologie achten! Der Vertragspartner des Frachtführers ist der Absender; der des Spediteurs ist der Versender, im Verkehr auch Auftraggeber genannt) **und** der **Spediteur.** Wie dort ein Dreiecksverhältnis, gibt es auch hier ein Mehrpersonengeflecht, manchmal sogar von vier (oder mehr) Personen: Versender – Spediteur – Frachtführer – Empfänger. Die zwischen diesen Personen bestehenden Vertragsverhältnisse (Versender – Spediteur; Versender – Empfänger; Spediteur – Frachtführer) sind wie bei allen Dreiecksverhältnissen genau auseinanderzuhalten. Das ist besonders relevant bei der Geltendmachung von Ansprüchen aus den einzelnen Vertragsverhältnissen, bei Leistungsstörungen und im Bereicherungsrecht. In Sonderfällen kann dennoch ein Vertrag zugunsten Dritter gem. § 328 BGB in Frage kommen, OLG München NJW 1958, 425.

9   d) **Spediteurpapiere:** Besondere Regelungen wie beim Frachtvertrag über den Frachtbrief (§§ 408, 409) und den Ladeschein (§§ 444–448) oder beim Lagervertrag den Lagerschein (§§ 475c–475g) gibt es nach §§ 453 ff. für das Speditionsrecht nicht. Solche Papiere sind in der Praxis üblich und bleiben ihr zur Regelung überlassen. Das **FCR** (Forwarders Certificate of Receipt) ist eine Spediteurübernahmebescheinigung; es ist kein kfm. Orderpapier (→ § 363 Rn. 2).

10 B. **Pflichten des Spediteurs (I): a) Besorgung der Versendung des Gutes:** Den Spediteur trifft eine umfassende Interessenswahrungspflicht, MüKoHGB/Bydlinksi Rn. 34. Hauptpflicht des Spediteurs ist es, die Versendung des Gutes zu besorgen, und zwar entweder wie idR für Rechnung des Versenders oder aber für eigene Rechnung (Rechtsausschuss; → § 454 Rn. 3). Dies meint die Organisation der Beförderung. Die Besorgung der Versendung ist in § 454 näher geregelt. Grenzspediteur, der hauptsächlich behördliche Formalitäten im Import-/Exportgeschäft erledigt, ist kein Spediteur iSv § 453, Oetker/Paschke Rn. 18.

11 b) **Einschalten weiterer Personen:** Der Hauptspediteur kann selbstständige Zwischenspediteure (nicht § 278 BGB, vgl. § 454 I Nr. 2) oder einen weisungsgebundenen Unterspediteur (§ 278 BGB) einschalten, vgl. BGH BB 1969, 1454. Der Spediteur schließt diese Geschäfte idR im eigenen Namen, eine Vollmachtserteilung ist im Vertragsschluss ohnehin nicht zu sehen, Koller Rn. 4. Zur Mehrheit von Spediteuren und speziell zum Empfangsspediteur auf Seiten des Empfängers K. Schmidt § 33 V 1, 2.

12 c) **Weitere Pflichten:** Der Spediteur hat neben seiner Hauptpflicht nach § 454 I zur Besorgung der Versendung zweckdienliche Nebenpflichten aus Speditions- und Geschäftsbesorgungsrecht. Diese sind teils gesetzlich aufgeführt, zB §§ 454 II, 457–461, teils ergeben sie sich aus der Natur des Vertrags als Geschäfts-

5. Abschnitt. Speditionsgeschäft § 454

besorgungs- und Interessenwahrungsvertrag, so Aufklärungs- und Beratungspflichten. Zu vorvertraglichen Pflichten: MüKoHGB/Bydlinski Rn. 139 ff.

d) Leistungsstörungen: Leistungsstörungen s. Koller § 454 Rn. 38 ff. Synallagmatische Pflichten sind nur die Pflichten aus § 454 I Nr. 1–3. 13

C. Pflichten des Versenders (II): Hauptpflicht des Versenders ist es, die vereinbarte Vergütung (früherer Begriff: Provision) zu zahlen. Diese ist fällig, wenn das Gut dem Frachtführer oder Verfrachter übergeben worden ist (§ 456). Fehlt es an vertraglicher Festsetzung der Vergütung, kommt eine Anwendung von § 354 in Betracht, BeckOGK(Mock) Rn. 80. Unter Umständen kann der Spediteur einen Vorschuss fordern (§ 669 BGB). Der Versender kann auch Aufwendungsersatz nach § 670 BGB schulden, vgl.→ Rn. 5. Bei Unentgeltlichkeit liegt kein Speditionsvertrag vor, sondern Rekurs auf die §§ 662 ff. BGB, Koller Rn. 6; aA MüKoHGB/Bydlinski Rn. 138. Daneben bestehen Informationspflichten, Koller Rn. 45. Zur Pflicht auf Zahlung von Aufwendungsersatz sowie zu Rechten bei Leistungsstörungen: Koller Rn. 48 ff. 14

D. Beendigung des Speditionsvertrags: Keine Besonderheiten. Versender kann jederzeit nach § 648 BGB kündigen; Spediteur hingegen nicht, BeckOK HGB/Spieker/Schönfleisch Rn. 40. Insolvenz des Spediteurs s. § 103 InsO, Insolvenz des Versenders s. § 116 InsO. Im Insolvenzverfahren des Spediteurs kann der Versender die Forderung aussondern (§ 457, § 47 InsO). 15

E. Abweichende Vereinbarungen: § 453 ist dispositiv, Grenzen setzt aber § 466. 16

F. Einschaltung eines Spediteurs im Verhältnis zwischen Verkäufer und Käufer: Im Verhältnis zwischen Verkäufer und Käufer des Gutes ist bei Versendungskauf iSv § 447 BGB (Versendung auf Verlangen des Käufers nach einem anderen Ort als dem Erfüllungsort) der Spediteur idR nicht Erfüllungsgehilfe iSv § 278 BGB des Verkäufers, RGZ 99, 56; BGHZ 50, 35 = NJW 1968, 1569. Anders bei Fehler des Spediteurs unmittelbar in Ausführung einer (speziellen) Weisung des Verkäufers, RGZ 115, 162; BGHZ 50, 35 = NJW 1968, 1569. Bedient sich der Verkäufer, ohne dass Versendungskauf iSv § 447 BGB vorliegt, zur Erfüllung seiner Lieferpflicht eines Spediteurs, gilt § 278 BGB, BGHZ 50, 35 = NJW 1968, 1569 (Versendung an A in X, während Transports Verkauf an B in Y und Anweisung des Spediteurs zur Umleitung dorthin: Verkäufer haftet dem Käufer bei Misslingen durch Versehen des Spediteurs). 17

4) (18) ADSp

Neben den §§ 453 ff. gelten, soweit § 466 das noch zulässt, als AGB die Allgemeinen Deutschen Spediteurbedingungen, die allerdings von vornherein nicht auf Verkehrsverträge mit Verbrauchern anwendbar sind (s. **(18) ADSp** Ziff. 2.4). Insgesamt kann sich somit ein Zusammenspiel von individuell ausgehandelten Vertragsbestimmungen, **(18) ADSp**, §§ 453 ff. HGB und §§ 675, 631 ff. BGB ergeben (Prüfung in dieser Reihenfolge, soweit nicht zwingendes Recht, vgl. Staub/Helm §§ 407–409 Rn. 50, allgemein Koller Einl. 58 ff.). 18

Besorgung der Versendung

454 (1) Die Pflicht, die Versendung zu besorgen, umfaßt die Organisation der Beförderung, insbesondere
1. die Bestimmung des Beförderungsmittels und des Beförderungsweges,
2. die Auswahl ausführender Unternehmer, den Abschluß der für die Versendung erforderlichen Fracht-, Lager- und Speditionsverträge sowie die Erteilung von Informationen und Weisungen an die ausführenden Unternehmer und

3. die Sicherung von Schadenersatzansprüchen des Versenders.

(2) ¹ Zu den Pflichten des Spediteurs zählt ferner die Ausführung sonstiger vereinbarter auf die Beförderung bezogener Leistungen wie die Versicherung und Verpackung des Gutes, seine Kennzeichnung und die Zollbehandlung. ² Der Spediteur schuldet jedoch nur den Abschluß der zur Erbringung dieser Leistungen erforderlichen Verträge, wenn sich dies aus der Vereinbarung ergibt.

(3) Der Spediteur schließt die erforderlichen Verträge im eigenen Namen oder, sofern er hierzu bevollmächtigt ist, im Namen des Versenders ab.

(4) Der Spediteur hat bei Erfüllung seiner Pflichten das Interesse des Versenders wahrzunehmen und dessen Weisungen zu befolgen.

1) Pflicht zur Besorgung der Versendung im Einzelnen (I Nr. 1–3)

1 Die Pflicht des Spediteurs zur Besorgung der Versendung (§ 453 I) ist in **I** näher umschrieben. Sie umfasst danach die **Organisation der Beförderung.** Dazu gehören ua die Bestimmung des Beförderungsmittels und des Beförderungswegs (Nr. 1), die Auswahl ausführender Unt. und der **Abschluss der notwendigen Verträge** (Fracht-, Lager- und Speditionsverträge, s. III) mit ihnen (Nr. 2) und die **Sicherung von Schadensersatzansprüchen** des Versenders (Nr. 3), zB durch Erhebung von Schadensanzeigen, Initiierung von Beweissicherungsmaßnahmen, Beauftragung von Havariekommissaren, unverzügliche Information des Versenders über entstandenen oder drohenden Schaden, BeckOK HGB/Spieker/Schönfleisch Rn. 23. Zur „Routing Order" Bodis TranspR 2009, 5. Bei Einschaltung von Zwischenspediteuren haftet der Spediteur nur für ein Auswahlverschulden.

2) Sonstige vereinbarte beförderungsbezogene Leistungen (II)

2 Die Ausführung zusätzlicher speditioneller Tätigkeiten wie Versicherung und Verpackung, Kennzeichnung und Zollbehandlung schuldet der Spediteur, wenn das vereinbart ist (**II 1**). Eine solche Vereinbarung kann sich auch aus einem Handelsbrauch bzw. aus der Verkehrssitte ergeben, MüKoHGB/Bydlinski Rn. 55. Den Abschluss dafür erforderlicher Verträge schuldet er jedoch nur, wenn sich dies aus der Vereinbarung ergibt (**II 2**). Spediteur, der Eindeckung einer bloßen Strandungsfallversicherung übernimmt, muss Auftraggeber auf nicht gedeckte Risiken hinweisen, OLG Frankfurt a. M. RdTW 2018, 304. Hat der Spediteur die Pflicht zur Verpackung auf Grund einer selbstständigen Abrede unabhängig von der Speditionsleistung übernommen, ist auf die Erbringung der Verpackungsleistung Werkvertragsrecht anzuwenden. Ist die Verpackungsleistung dagegen als beförderungsbezogene, speditionelle Nebenpflicht im Rahmen eines Speditionsvertrags und nicht unabhängig davon übernommen worden, richtet sich die Haftung des Spediteurs auch hinsichtlich der Verpackungsleistung gem. II 2 einheitlich nach Speditionsrecht, BGHZ 173, 349 f. = NJW 2008, 1072 mAnm. Ramming; OLG Hamburg RdTW 2020, 35; LG Hamburg TranspR 2008, 219; krit. Temme TranspR 2008, 375, für ausschließliche Haftung des Spediteurs gem. § 461 I Koller TranspR 2017, 4, für II 1 als Zweifelsregelung Schmidt TranspR 2010, 88. Werkvertragsrecht kommt demnach zur Anwendung, wenn der Verpackung eine besondere Bedeutung unter Berücksichtigung der Interessenlage beider Vertragsparteien zukommt und die Verpflichtung zur Verpackung gleichwertig neben der Speditionsleistung steht, BGHZ 173, 349 f. = NJW 2008, 1072; etwa wenn Verpackung sehr aufwändig und die Kosten mehr als die Hälfte der Gesamtkosten ausmachen, OLG Hamburg RdTW 2020, 35. Beispiel: Aufstellen einer Couchgarnitur inkl. der Montage der Füße, AG Bonn TranspR 2013, 289 mAnm Hammer TranspR 2013, 289. Abschluss eines Ver-

packungsvertrags kann umgekehrt auf den Abschluss eines Speditionsvertrags hindeuten, LG Bonn RdTW 2016, 276.

3) Abschluss der erforderlichen Verträge im eigenen Namen oder dem des Versenders (III)

Der Spediteur schließt die für die Besorgung der Versendung (I) und die Erfüllung der sonstigen vereinbarten beförderungsbezogenen Leistungen (II) grundsätzlich **im eigenen Namen** (aber für fremde Rechnung, nämlich des Versenders, insoweit parallel zum Kommissionär, § 383; idR jedoch – so zB bei der Fixkostenspedition (§ 459) – für eigene Rechnung) ab (III Hs. 1). Er kann sie auch im Namen des Versenders abschließen, benötigt dazu aber eine **Vollmacht** (III Hs. 2). Diese ist nicht schon kraft Gesetzes im Speditionsvertrag enthalten und ergibt sich auch nicht aus dem Abschluss des Speditionsvertrages, Koller § 453 Rn. 4. Ein ohne Vollmacht des Versenders in dessen Namen handelnder Spediteur macht sich diesem ggü. schadensersatzpflichtig, Koller Rn. 2.

4) Pflicht zur Interessenwahrung und zur Befolgung von Weisungen (IV)

Der Spediteur ist Interessenwalter des Versenders und hat dessen Weisungen zu befolgen (IV, wie Kommissionär, → § 384 Rn. 1–6). Doppelbeauftragung ist mangels Interessenkonflikt idR möglich, OLG Hamburg TranspR 1988, 160, weitere Fälle s. Schiller/Sips-Schiller BB 1985, 888. Weitere Verhaltenspflichten des Spediteurs → § 453 Rn. 9–11.

Behandlung des Gutes. Begleitpapiere. Mitteilungs- und Auskunftspflichten

455 (1) ¹Der Versender ist verpflichtet, das Gut, soweit erforderlich, zu verpacken und zu kennzeichnen und Urkunden zur Verfügung zu stellen sowie alle Auskünfte zu erteilen, deren der Spediteur zur Erfüllung seiner Pflichten bedarf. ²Soll gefährliches Gut versendet werden, so hat der Versender dem Spediteur rechtzeitig in Textform die genaue Art der Gefahr und, soweit erforderlich, zu ergreifende Vorsichtsmaßnahmen mitzuteilen.

(2) ¹Der Versender hat, auch wenn ihn kein Verschulden trifft, dem Spediteur Schäden und Aufwendungen zu ersetzen, die verursacht werden durch
1. ungenügende Verpackung oder Kennzeichnung,
2. Unterlassen der Mitteilung über die Gefährlichkeit des Gutes oder
3. Fehlen, Unvollständigkeit oder Unrichtigkeit der Urkunden oder Auskünfte, die für eine amtliche Behandlung des Gutes erforderlich sind.

²§ 414 Absatz 2 ist entsprechend anzuwenden.

(3) Ist der Versender ein Verbraucher, so hat er dem Spediteur Schäden und Aufwendungen nach Absatz 2 nur zu ersetzen, soweit ihn ein Verschulden trifft.

1) Pflichten des Versenders zu Verpackung und Kennzeichnung, Stellung von Begleitpapieren, Mitteilungs- und Auskunftspflichten (I)

Der Versender hat nach **I 1,** soweit erforderlich, für die Verpackung und Kennzeichnung des Gutes zu sorgen (ebenso wie der Absender beim Frachtgeschäft, vgl. § 411), und er hat die Begleitpapiere zu stellen (vgl. § 413). Der Spediteur kann sich Urkunden selbst beschaffen müssen; dies ist auch abhängig davon, ob Abreden iSv § 454 II bestehen, s. Koller Rn. 5. Kennt der Versender Besonderheiten des Transportwegs oder des Beförderungsmittels nicht, hat der Spediteur ihn über diese zu unterrichten, damit er die Verpackung danach ausrichten kann, BeckOK HGB/Spieker/Schönfleisch Rn. 4. Nach **I 2** hat der Versender eine Mitteilungspflicht bei gefährlichem Gut (vgl. § 410). Insoweit

Merkt

können ihn auch die Pflichten eines Einlagerers treffen, Koller Rn. 8. Die Mitteilung bedarf der Textform (§ 126b BGB).

2) Verschuldensunabhängige, unbegrenzte Haftung des Versenders, außer wenn er Verbraucher ist (II, III)

2   Den Versender trifft (ähnlich wie den Absender beim Frachtgeschäft, vgl. § 414) in besonderen Fällen eine verschuldensunabhängige und (nunmehr; zur vor der Seehandelsrechtsreform geltenden Rechtslage: MüKoHGB/Bydlinski Rn. 16 f.) unbegrenzte Haftung (**II 1**, aber → Rn. 3). Die drei besonderen Fälle entsprechen aber nur teilweise denen beim Frachtgeschäft. Es handelt sich um: ungenügende Verpackung oder Kennzeichnung (II 1 **Nr. 1** iVm I 1), Unterlassen der Mitteilung über die Gefährlichkeit des Gutes (II 1 **Nr. 2** iVm I 2) und Fehlen, Unvollständigkeit oder Unrichtigkeit der für die amtliche Behandlung des Gutes erforderlichen Urkunden oder Auskünfte (II 1 **Nr. 3** iVm I 1). Eine verschuldensunabhängige Haftung für Angaben in einem Speditionspapier (vgl. → § 453 Rn. 8) gibt es anders als beim Frachtbrief (§ 414 I 1 Nr. 2) nicht. Möglich ist diesbezüglich aber Haftung nach allgemeinen Grundsätzen (§ 280 BGB), BeckOGK(Mock) Rn. 17. S. näher zu § 414. Mitverursachung führt zur Schadensteilung (II 2 iVm § 414 II, dort → § 414 Rn. 4). Die Haftung kann auch durch ABG beschränkt werden (vgl. Ziff. 29 ADSp 2017).

3   B. Ist der Versender ein **Verbraucher** (§ 13 BGB), haftet er für Schäden und Aufwendungen nach II nur verschuldensabhängig (**III**, wie § 414 III). Für III gelten die allg. Beweislastgrundsätze. III kann nur zugunsten des Verbrauchers abbedungen werden (§ 466 IV).

Fälligkeit der Vergütung

456 Die Vergütung ist zu zahlen, wenn das Gut dem Frachtführer oder Verfrachter übergeben worden ist.

1   1) Die vereinbarte Vergütung (§ 453 II) ist fällig, wenn das Gut dem Frachtführer oder Verfrachter (vertragsgemäß) übergeben worden ist (vgl. demgegenüber § 420 I 1 für den Frachtführer: erst nach Abschluss der Beförderung, was aber den unterschiedlichen Leistungsversprechen entspricht). Einschränkend ist zu fordern, dass der Spediteur bereits die von ihm geschuldeten Organisationstätigkeiten erbracht hat, EBJS/Rinkler Rn. 6, 10. Bei mehreren Frachtführern kommt es auf die Übergabe an ersten Frachtführer an, Oetker/Paschke Rn. 1. § 456 gilt analog für die Übergabe an Zwischenspediteure oder Lagerhalter, Oetker/Paschke Rn. 2. Vereinbarung zwischen Spediteur und Beförderer muss vertragsgemäß sein, s. MüKoHGB/Bydlinski Rn. 11. Vorschuss → § 453 Rn. 13. Zu Leistungsstörungen Koller Rn. 6 ff.

Forderungen des Versenders

457 ¹Der Versender kann Forderungen aus einem Vertrag, den der Spediteur für Rechnung des Versenders im eigenen Namen abgeschlossen hat, erst nach der Abtretung geltend machen. ²Solche Forderungen sowie das in Erfüllung solcher Forderungen Erlangte gelten jedoch im Verhältnis zu den Gläubigern des Spediteurs als auf den Versender übertragen.

1) Geltendmachung von Forderungen des Spediteurs erst nach Abtretung (Satz 1)

1   Wenn der Spediteur Verträge für Rechnung des Versenders, aber im eigenen Namen abgeschlossen hat (→ § 454 Rn. 3), kann der Versender diese Forderun-

5. Abschnitt. Speditionsgeschäft 1, 2 § 458

gen erst nach der Abtretung geltend machen (Satz 1, vgl. 392 I). Gestaltungsrechte werden wie Forderungen behandelt, Koller Rn. 2. Für analoge Anwendung des § 457 auf deliktische Ansprüche des Spediteurs gegen Dritte, die der Spediteur gem. §§ 675, 667 BGB an den Versender herauszugeben hat: BeckOK/Spieker/Schönfleisch Rn. 3.

2) Versenderschutz im Verhältnis zu den Gläubigern des Spediteurs (Satz 2)

Solche Forderungen sowie das in Erfüllung solcher Forderungen Erlangte gelten jedoch im Verhältnis zu den Gläubigern des Spediteurs als auf den Versender übertragen (Satz 2, vgl. § 422 II bei der Frachtnachnahme). Diese Regelung entspricht § 392 II beim Kommissionsgeschäft. Die Probleme und Theorien stellen sich hier ganz ähnlich dar wie dort (→ § 392 Rn. 7). Über § 392 II hinaus verhindert Satz 2 den Zugriff der Gläubiger des Spediteurs auf das vom Spediteur bereits Erlangte, das in seinem Vermögen abgrenzbar ist, Oetker/Paschke Rn. 1. Zuordnungsfiktion schützt Versender im Falle der Zwangsvollstreckung und bei Insolvenz des Spediteurs, BeckOK HGB/Spieker/Schönfleisch Rn. 1.

Selbsteintritt

458 ¹**Der Spediteur ist befugt, die Beförderung des Gutes durch Selbsteintritt auszuführen.** ²**Macht er von dieser Befugnis Gebrauch, so hat er hinsichtlich der Beförderung die Rechte und Pflichten eines Frachtführers oder Verfrachters.** ³**In diesem Fall kann er neben der Vergütung für seine Tätigkeit als Spediteur die gewöhnliche Fracht verlangen.**

1) Zwingende Geltung von Frachtrecht in drei Sonderfällen (§§ 458–460)

Nach §§ 458–460 hat der Spediteur in drei für den Versender besonders kritischen Fällen von Gesetzes wegen die Rechte und Pflichten eines Frachtführers oder Verfrachters: bei Selbsteintritt, bei Fixkostenspedition und bei Sammelladung. Mit dieser Regelung bezweckt der Gesetzgeber, dass sich der Spediteur nicht den kundenschützenden Vorschriften des Frachtrechts entziehen kann.

2) Selbsteintritt (§ 458)

Der Spediteur ist befugt, die Beförderung des Gutes statt durch Beauftragung eines Frachtführers selbst auszuführen **(Selbsteintritt, Satz 1)**. Macht er von dieser ihm gesetzlich eingeräumten Befugnis zum Selbsteintritt (vgl. §§ 400 ff. für den Kommissionär) Gebrauch (nicht zugangsbedürftige Willenserklärung, vgl. § 151 BGB, Koller Rn. 9), so hat er hinsichtlich der Beförderung die Rechte und Pflichten eines Frachtführers oder Verfrachters **(Satz 2)**. Er kann dann allerdings auch neben der Vergütung für seine Speditionstätigkeit die gewöhnliche Fracht verlangen **(Satz 3)**. Das Selbsteintrittsrecht wird durch nicht empfangsbedürftige Willenserklärung ausgeübt. Zu entgegenstehenden Weisungen des Versenders vgl. Koller Rn. 8. Konkrete Fracht muss aber feststellbar sein, sonst besteht kein Selbsteintrittsrecht, MüKoHGB/Bydlinski Rn. 58. Zu den übrigen Fällen, in denen ausnahmsweise kein Selbsteintrittsrecht besteht: MüKoHGB/Bydlinski Rn. 9 ff. Zu den zwei Möglichkeiten des Selbsteintritts Canaris § 31 Rn. 82 aE. Gilt analog bei transportbedingter kurzfristiger Lagerung, Koller Rn. 25. Ob der Selbsteintritt auf Teilstrecken beschränkt werden kann oder ob stattdessen eine Gesamtbetrachtung für die gesamte Strecke vorzunehmen ist, ist str. und wird in der Rspr. uneinheitlich beurteilt, näher Koller Rn. 13 ff. Mangels klarer Kriterien für eine Gesamtbetrachtung ist aber ersteres vorzugswürdig, vgl. auch BGH NJW 1988, 640. Mangels Recht zur Vertragsänderung kann der Versender das Selbsteintrittsrecht nicht durch nachträgliche Weisung einschränken, MüKoHGB/Bydlinski Rn. 10.

Merkt

Spedition zu festen Kosten

459 ¹Soweit als Vergütung ein bestimmter Betrag vereinbart ist, der Kosten für die Beförderung einschließt, hat der Spediteur hinsichtlich der Beförderung die Rechte und Pflichten eines Frachtführers oder Verfrachters. ²In diesem Fall hat er Anspruch auf Ersatz seiner Aufwendungen nur, soweit dies üblich ist.

1   1) Dasselbe wie beim Selbsteintritt (§ 458) gilt bei Spedition zu festen Kosten (**Fixkostenspedition**, § 459), bei der der Gewinn des Spediteurs dem Vertragspartner verborgen bleibt, und bei Sammelladung (§ 460), bei der sich der Spediteur sonst leicht einseitig die Preisvorteile einer Versendung in Sammelladung sichern könnte. Bei Spedition zu festen Kosten sind für die zu erbringenden Leistungen, zu denen Beförderungsleistungen gehören müssen, konkrete Beiträge (in einer Summe oder pro zu versendender Einheit) festgelegt, OLG Saarbrücken RdTW 2017, 229, LG Hamburg RdTW 2021, 104. Entscheidend ist, ob sich aus der Vergütungsabrede ergibt, dass der Spediteur die Beförderung im Wesentlichen auf eigene Rechnung durchführen soll, LG Hamburg RdTW 2021, 104. Vereinbarung eines Gesamtbetrags ist nicht erforderlich, BGH NJW-RR 1999, 682. Fehlen einer Provision ist starkes Indiz für Fixkostenvereinbarung, insbesondere falls auf diese Weise im Rahmen einer ständigen Geschäftsbeziehung abgerechnet wird, LG Hamburg RdTW 2020, 59; so im Umkehrschluss auch LG Hamburg, RdTW 2021, 104. Fixkostenspediteur trägt das Kalkulationsrisiko im Zusammenhang mit der Beförderung und das Insolvenzrisiko bzgl. der von ihm beauftragten Frachtführer, OLG Stuttgart TranspR 2019, 179. Spediteur, der von § 459 hinsichtlich der Beförderung als Frachtführer behandelt wird, hat über die Fracht hinaus Anspruch auf Ersatz seiner Aufwendungen nur, soweit dies üblich ist (**Satz 2**). Mehrkosten, die aufgrund der Insolvenz eines Erfüllungsgehilfen entstehen, sind nicht ersatzfähig (auch nicht nach Ziff. 17.1 ADSp 2016), weil sie weder überlicherweise vom Versender zu tragen sind, noch spezifisch dem Schutz des Gutes dienen, OLG Stuttgart TranspR 2019, 179. In der Praxis hat der Fixkostenspediteur den reinen Geschäftsbesorgungsspediteur nahezu vollständig verdrängt, die Vorschrift hat damit hohe Relevanz, s. Hasche TranspR 2014, 350. Die Beweislast trägt der sich auf § 459 Berufende, wobei die Ausstellung einer pauschalierten Rechnung starkes Indiz für eine Fixkostenvereinbarung ist, OLG Düsseldorf TranspR 1990, 64, LG Hamburg, TranspR 2020, 399. Gleiches gilt, wenn keine Provision vereinbart wurde, OLG Karlsruhe TranspR 2004, 470. Aufschlüsselung im Einzelnen ist nicht nötig, Koller Rn. 19.

Sammelladung

460 (1) Der Spediteur ist befugt, die Versendung des Gutes zusammen mit Gut eines anderen Versenders auf Grund eines für seine Rechnung über eine Sammelladung geschlossenen Frachtvertrages zu bewirken.

(2) ¹Macht der Spediteur von dieser Befugnis Gebrauch, so hat er hinsichtlich der Beförderung in Sammelladung die Rechte und Pflichten eines Frachtführers oder Verfrachters. ²In diesem Fall kann der Spediteur eine den Umständen nach angemessene Vergütung verlangen, höchstens aber die für die Beförderung des einzelnen Gutes gewöhnliche Fracht.

1   1) Bei der **Sammelladungsspedition** handelt es sich darum, dass der Spediteur mehrere Aufträge sammelt und die Güter der verschiedenen Auftraggeber zusammen auf eigene Rechnung auf die Reise schickt. Es handelt sich also um eine spezielle Form des Selbsteintritts (§ 458), Canaris § 31 Rn. 85, bei der die

Beschränkung auf eine Teilstrecke ebenfalls als zulässig anzusehen ist, vgl. → § 458 Rn. 2. Grenzen der Befugnis zur Sammelladungsspedition ergeben sich aus der allg. Interessenswahrungspflicht ggü. dem Absender, Heidel/Schall/Wieske Rn. 2. **I** erlaubt die Sammelladung (entspr. § 458 S. 1). Macht der Spediteur von dieser Befugnis Gebrauch, hat er hinsichtlich der Beförderung in Sammelladung die Rechte und Pflichten eines Frachtführers oder Verfrachters (**II 1**, entspr. § 458 S. 2). Zu beachten ist, dass II den Sammelladungsspediteur erst ab dem Zeitpunkt als Frachtführer behandelt, zu dem er von seiner Befugnis nach I Gebrauch macht, also die Versendung als Sammelladung bewirkt. Bewirken heißt nicht erst tatsächlich befördern, sondern, wie es Sache des Spediteurs ist, den entsprechenden Vertrag, nämlich den Frachtvertrag über eine Sammelladung für seine Rechnung, schließen, BGH NJW 1978, 1160. Die Beförderung in Sammelladung endet mit Ablieferung des Gutes an den vom Sammelladungsspediteur benannten Empfänger, der auch Empfangsspediteur sein kann; der sog. speditionelle Nachlauf (Beförderung des Gutes vom Empfangsspediteur zum Empfänger) unterfällt nicht mehr II, BGH NJW-RR 2011, 1603. Pflichten des Versenders ergeben sich aus § 455, Koller Rn. 17, zum Aufwendungsersatz Koller Rn. 19. § 460 gilt auch, wenn Sammelversendung entgegen § 454 II nicht im Interesse des Versenders liegt, da Anwendung des Frachtrechts die Gefahr einer Benachteiligung des Versenders vermeiden soll, BeckOK HGB/Spieker/Schönfleisch Rn. 8. Über II greift die frachtrechtliche Haftung auch bei unzulässiger Sammelladung (entgegenstehende Weisung, Ungeeignetheit des Gutes), MüKoHGB/Bydlinski Rn. 50.

Haftung des Spediteurs

461 (1) ¹**Der Spediteur haftet für den Schaden, der durch Verlust oder Beschädigung des in seiner Obhut befindlichen Gutes entsteht.** ²**Die §§ 426, 427, 429, 430, 431 Abs. 1, 2 und 4, die §§ 432, 434 bis 436 sind entsprechend anzuwenden.**

(2) ¹**Für Schaden, der nicht durch Verlust oder Beschädigung des in der Obhut des Spediteurs befindlichen Gutes entstanden ist, haftet der Spediteur, wenn er eine ihm nach § 454 obliegende Pflicht verletzt.** ²**Von dieser Haftung ist er befreit, wenn der Schaden durch die Sorgfalt eines ordentlichen Kaufmanns nicht abgewendet werden konnte.**

(3) **Hat bei der Entstehung des Schadens ein Verhalten des Versenders oder ein besonderer Mangel des Gutes mitgewirkt, so hängen die Verpflichtung zum Ersatz sowie der Umfang des zu leistenden Ersatzes davon ab, inwieweit diese Umstände zu dem Schaden beigetragen haben.**

1) Spediteurhaftung

Die **Haftung des Spediteurs** bestimmt sich nach §§ 461 ff., von denen nur 1 sehr eingeschränkt abgewichen werden kann (§ 466). Das bis 1998 geltende Haftungssystem der ADSp, das die gesetzliche Haftungsordnung nahezu völlig verdrängt hatte und höchst kompliziert war (Grundgedanke: Ersetzung der Eigenhaftung des Spediteurs durch eine Speditions- oder Rollfuhrversicherung, SVS/RVS aF, und mangels Deckung durch diese nur erheblich begrenzte Eigenhaftung, namentlich Haftungshöchstgrenzen und Vermutungswirkung), s. 29. Aufl. ADSp §§ 39 ff., 51 ff. aF sind damit weit zurückgedrängt worden. § 461 gilt nicht für Leistungsstörungen nicht-speditioneller Natur, Koller Rn. 20.

2) Verschuldensunabhängige Haftung des Spediteurs für Güterschäden (I)

Der Spediteur haftet für den Schaden, der durch Verlust oder Beschädigung 2 des in seiner Obhut befindlichen Gutes entsteht (**I 1**; vgl. § 425 I). § 461 sorgt anders als früher parallel zur frachtrechtlichen Obhutshaftung für eine speditionelle Obhutshaftung (RegE S. 30). Obhut meint Besitz iSd §§ 854 ff. BGB, wobei vom Spediteur nach § 454 I beauftragte Frachtführer nicht Erfüllungsgehilfen sind und deren Obhut nicht nach § 868 BGB zugerechnet wird, KKRD/Koller Rn. 1. Zur Verschuldensunabhängigkeit wie beim Frachtrecht → § 425 Rn. 1. Zur Beweislastverteilung MüKoHGB/Bydlinski Rn. 6.

3 Für viele **Einzelheiten** verweist I 2 auf die Haftung des Frachtführers, so ua zum allgemeinen Haftungsausschluss (§ 426), zu den Haftungsausschlüssen bei besonderen Gefahrensituationen (§ 427), zum Wertersatz (§ 429), zum Haftungshöchstbetrag (§ 431 I, II, IV, aber ohne III, der bei Verspätungsschäden die Haftung auf den dreifachen Betrag der Fracht beschränkt) und für die Erstreckung der Haftungsbeschränkungen auf außervertragliche Ansprüche (§ 434). Abweichende Vereinbarungen s. § 466.

3) Verschuldensabhängige Haftung des Spediteurs für andere Schäden (II)

4 Für einen Schaden, der nicht durch Verlust oder Beschädigung des in der Obhut des Spediteurs befindlichen Gutes entstanden ist, darunter Verspätungsschäden (insoweit anders als der Frachtführer nach § 425 I), haftet der Spediteur unbeschränkt, jedoch nicht verschuldensunabhängig, sondern nur bei schuldhafter Verletzung einer Pflicht nach § 454 **(II 1)**. Der Spediteur kann sich durch den Nachweis entlasten, dass der Schaden durch die Sorgfalt eines ordentlichen Kfm. (§ 347 I) nicht hätte abgewendet werden können **(II 2)**. Damit besteht Haftungsvermutung nach Beweisbeibringung des Versenders bzgl. Verletzung von Pflichten nach § 454 und Kausalität, BeckOGK(Drömann) Rn. 40 ff. Konkretisierung der Sorgfaltsanforderungen zB in **(18)** ADSp Ziff. 7 u. 14.1. Schäden Dritter (zB Empfänger) können nach hA über Drittschadensliquidation vom Versender geltend gemacht werden, BeckOK HGB/Spieker/Schönfleisch Rn. 16.

4) Schadensteilung (III)

5 III regelt Mitverursachung des Versenders und Mitwirkung eines besonderen Mangels des Gutes bei der Entstehung des Schadens wie § 425 II. Zu den Problemen → § 425 Rn. 4. Mitverschulden des Auftraggebers, der grobe Organisationsmängel des Spediteurs kennt oder kennen muss, BGH NJW 1999, 3627 (zu **(18)** ADSp § 51b S. 2 aF), Thume BB 1999, 2371. Verhalten des Empfängers muss sich Versender nicht entgegenhalten lassen, Koller Rn. 11.

Haftung für andere

462 ¹Der Spediteur hat Handlungen und Unterlassungen seiner Leute in gleichem Umfang zu vertreten wie eigene Handlungen und Unterlassungen, wenn die Leute in Ausübung ihrer Verrichtungen handeln. ²Gleiches gilt für Handlungen und Unterlassungen anderer Personen, deren er sich bei Erfüllung seiner Pflicht, die Versendung zu besorgen, bedient.

1 **1)** Auch den Spediteur trifft eine **Haftung für seine Leute** und andere Personen, deren er sich bei der Erfüllung seiner Pflicht, die Versendung zu besorgen, bedient (entsprechend für das Frachtrecht § 428, s. dort). Zu beachten ist aber, dass der Spediteur die Güterversendung nur „besorgt" und dementsprechend auch nur insoweit seine Leute und auch andere Personen iSd Vorschrift einsetzt. Werden Leistungen iSv § 454 II geschuldet, kann § 278 BGB anwendbar sein, Koller Rn. 3; ähnlich OLG Stuttgart 14.7.2010, BeckRS 2012, 07880; beachte aber BGH TranspR 2012, 148. Für Schäden anlässlich der Beförderung ist Frachtrecht (§ 461 I 1 iVm §§ 458–460) anwendbar; es gilt § 428, BeckOK HGB/Spieker/Schönfleisch Rn. 6. Der vom Spediteur beauftragte Frachtführer gehört also nicht zu den Leuten und den anderen nach § 462 von ihm einge-

setzten Personen und ist auch nicht sein Erfüllungsgehilfe, hL, RegE S. 30, MüKoHGB/Bydlinski Rn. 5. Doch ist hier die Drittschadensliquidation des Spediteurs für den Versender anerkannt, RGZ 75, 172; BGH NJW 1974, 1616, hL. Haftung für Lagerhalter, Zolldispacheure nur bei Weisungsverletzung oder schuldhafter Auswahl, vgl. RGZ 109, 303. Abweichende Vereinbarungen s. § 466.

Verjährung

463 Auf die Verjährung der Ansprüche aus einer Leistung, die den Vorschriften dieses Abschnitts unterliegt, ist § 439 entsprechend anzuwenden.

1) Die Verjährungsfrist beträgt wie beim Frachtführer ein Jahr bzw. höchstens drei Jahre (§§ 463, 439), und zwar auch bei außervertraglichen Ansprüchen aus demselben Grund (→ § 439 Rn. 1). Verjährung beginnt mit Ablieferung, bei Nicht-Ablieferung dann, wenn abzuliefern gewesen wäre, Koller Rn. 16. § 463 setzt einen wirksamen Speditionsvertrag voraus und greift bei gemischten Verträgen auch nur hinsichtlich der speditionellen Leistungen ein, BeckOK/Spieker/ Schönfleisch Rn. 3. Verjährungsbeginn bei Ansprüchen, die bei Ablieferung noch nicht bestanden, ist die Anspruchsentstehung, MüKoHGB/Bydlinski Rn. 13. Eine allgemeine Verjährungsverkürzung wie durch § 64 aF ADSp (acht Monate für alle Ansprüche gegen den Spediteur gleich aus welchem Rechtsgrund, wirksam, Koller, 3. Aufl., Rn. 4) ist in (18) ADSp nicht mehr vorgesehen. Vorschrift erfasst auch außervertragliche, im Zusammenhang mit speditionellen Ansprüchen stehende Ansprüche, Koller Rn. 3. Abweichende Vereinbarungen s. § 466. § 439 IV gilt im Speditionsrecht nicht, BeckOK HGB/Spieker/Schönfleisch Rn. 11.

Pfandrecht des Spediteurs

464 ¹Der Spediteur hat für alle Forderungen aus dem Speditionsvertrag ein Pfandrecht an dem ihm zur Versendung übergebenen Gut des Versenders oder eines Dritten, der der Versendung des Gutes zugestimmt hat. ²An dem Gut des Versenders hat der Spediteur auch ein Pfandrecht für alle unbestrittenen Forderungen aus anderen mit dem Versender abgeschlossenen Speditions-, Fracht-, Seefracht- und Lagerverträgen. ³§ 440 Absatz 1 Satz 3 und Absatz 2 bis 4 ist entsprechend anzuwenden.

1) Gesetzliches Pfandrecht des Spediteurs (Satz 1)

Vorschrift neu gefasst durch SHRG 2013 zwecks Anpassung an die Diktion des BGB. Nach Satz 1 hat auch der Spediteur ein **gesetzliches Besitzpfandrecht** (§ 1257 BGB), das nicht nur alle durch den Speditionsvertrag begründeten Forderungen sichert **(Satz 1)**, sondern auch unbestrittene oder lediglich pauschal bestrittene Forderungen aus anderen mit dem Versender abgeschlossenen Speditions-, Fracht- und Lagerverträgen **(Satz 2)**. Es ist also in bestimmtem Umfang auch auf inkonnexe Forderungen des Spediteurs erweitert, welche aber unbestritten sein müssen, MüKoHGB/Bydlinski Rn. 3. Satz 1 entspricht voll § 440 I 1, Satz 3 verweist sogar auf § 440 I 3, II bis IV (→ Rn. 2). Das Pfandrecht des Spediteurs besteht am **Gut des Versenders**, das der Spediteur mit dessen Willen in Besitz bekommt (→ § 440 Rn. 1). Das Pfandrecht entsteht auch an **Gut eines Dritten,** wenn dieser der Beförderung zugestimmt hat (so die Klarstellung durch das SHRG 2013 im Anschluss an die hA, s. auch die entsprechende Klarstellung in § 440 I 1 und 2). „Gut" ist bei einheitlichem Speditionsvertrag über verschie-

§ 466
4. Buch. Handelsgeschäfte

dene Sendungen nicht nur die jeweils einzelne Sendung, und Gut aus dieser sichert Forderungen auch aus den anderen Sendungen; anders beim Dauerspeditionsvertrag. Sicherung aller konnexen Forderungen (aus dem Speditionsvertrag), wozu auch der Anspruch des Spediteurs auf Stellung eines Ursprungsnachweises für den Zoll zählt, OLG Hamburg TranspR 2002, 359, und bestimmter inkonnexer Forderungen des Spediteurs (→ § 440 Rn. 2, 3). Das Besitzpfandrecht kann gutgläubig erworben werden (§§ 1207, 1257, 932 ff. BGB; § 366 III, → § 366 Rn. 10 und → § 440 Rn. 4), BGHZ 17, 4 = NJW 1955, 1145. Wirkung → § 440 Rn. 5. Ausübungsschranken → § 440 Rn. 5, uU bereits stillschweigender Ausschluss des Pfandrechts, soweit seine Ausübung mit den Vertragspflichten des Spediteurs unvereinbar wäre, RG HRR 1930, 1041. Neben dem Pfandrecht kommen Zurückbehaltungsrechte in Betracht (§§ 369 ff. HGB, § 273 BGB). Auf gesetzliche Sonderregel für Spedition wurde bewusst verzichtet, BT-Drs. 13/8445, 80. Bei Selbsteintritt des Spediteurs entsprechende Anwendung von § 465, Koller Rn. 1. Relevant auch Ziff. 20 ADSp 2017.

2) Begleitpapiere, Besitzpfandrecht, Folgerecht, Pfandverkauf (Satz 3)

2 Satz 3 verweist auf § 440 I 3, II bis IV. Auch das Spediteurpfandrecht erstreckt sich also auf die Begleitpapiere (§ 440 I 3, → § 440 Rn. 6). Es besteht, solange der Spediteur das Gut in seinem Besitz hat, insbesondere solange er über das Gut mittels Konnossement, Ladeschein oder Lagerschein (§§ 642, 444, 475c) verfügen kann (§ 440 II, → § 440 Rn. 7). Mittelbarer Besitz (§ 868 BGB) genügt, vgl. RGZ 112, 136. Unfreiwilliger Besitzverlust beendet wie dort das Pfandrecht nicht, str. Der Spediteur hat ein dreitägiges Folgerecht (§ 440 III, → § 440 Rn. 8), und es gelten Sonderregeln für den Pfandverkauf (§ 440 IV, → § 440 Rn. 9). Fristverkürzung in **(18)** ADSp Ziff. 20.2.2. ist wirksam, BeckOK HGB/Spieker/Schönfleisch Rn. 14.

Nachfolgender Spediteur

465 (1) Wirkt an einer Beförderung neben dem Frachtführer auch ein Spediteur mit und hat dieser die Ablieferung zu bewirken, so ist auf den Spediteur § 441 Absatz 1 entsprechend anzuwenden.

(2) Wird ein vorhergehender Frachtführer oder Spediteur von einem nachfolgenden Spediteur befriedigt, so gehen Forderung und Pfandrecht des ersteren auf den letzteren über.

1 1) Die Sicherung und Konkurrenz mehrerer Spediteure bzw. Frachtführer und ihrer Pfandrechte sind in § 465 entsprechend zu § 441 geregelt (→ § 441 Rn. 1). Hat ein Spediteur an der Beförderung mitgewirkt (also nicht nur: die Beförderung besorgt), gilt schon § 441 III. § 465 ist nur bei der Geschäftsbesorgungsspedition anwendbar; in Fällen der §§ 458–460 gilt § 441 direkt, BeckOK HGB/Spieker/Schönfleisch Rn. 1. Auf den Verfrachter ist § 465 analog anzuwenden, MüKoHGB/Bydlinski Rn. 4.

Abweichende Vereinbarungen über die Haftung

466 (1) Soweit der Speditionsvertrag nicht die Versendung von Briefen oder briefähnlichen Sendungen zum Gegenstand hat, kann von den Haftungsvorschriften in § 455 Absatz 2 und 3, § 461 Absatz 1 sowie in den §§ 462 und 463 nur durch Vereinbarung abgewichen werden, die im Einzelnen ausgehandelt wird, auch wenn sie für eine Mehrzahl von gleichartigen Verträgen zwischen denselben Vertragsparteien getroffen wird.

5. Abschnitt. Speditionsgeschäft　　　　　　　　　　1, 2　§ 466

(2) ¹Abweichend von Absatz 1 kann die vom Spediteur zu leistende Entschädigung wegen Verlust oder Beschädigung des Gutes auch durch vorformulierte Vertragsbedingungen auf einen anderen als den in § 431 Absatz 1 und 2 vorgesehenen Betrag begrenzt werden, wenn dieser Betrag

1. zwischen 2 und 40 Rechnungseinheiten liegt und der Verwender der vorformulierten Vertragsbedingungen seinen Vertragspartner in geeigneter Weise darauf hinweist, dass diese einen anderen als den gesetzlich vorgesehenen Betrag vorsehen, oder

2. für den Verwender der vorformulierten Vertragsbedingungen ungünstiger ist als der in § 431 Absatz 1 und 2 vorgesehene Betrag.

²Ferner kann durch vorformulierte Vertragsbedingungen die vom Versender nach § 455 Absatz 2 oder 3 zu leistende Entschädigung der Höhe nach beschränkt werden.

(3) Von § 458 Satz 2, § 459 Satz 1 und § 460 Absatz 2 Satz 1 kann nur insoweit durch vertragliche Vereinbarung abgewichen werden, als die darin in Bezug genommenen Vorschriften abweichende Vereinbarungen zulassen.

(4) Ist der Versender ein Verbraucher, so kann in keinem Fall zu seinem Nachteil von den in Absatz 1 genannten Vorschriften abgewichen werden, es sei denn, der Speditionsvertrag hat die Beförderung von Briefen oder briefähnlichen Sendungen zum Gegenstand.

(5) Unterliegt der Speditionsvertrag ausländischem Recht, so sind die Absätze 1 bis 4 gleichwohl anzuwenden, wenn nach dem Vertrag sowohl der Ort der Übernahme als auch der Ort der Ablieferung des Gutes im Inland liegen.

1) Abweichung durch Individualvereinbarung (I)

§ 466 entspricht im Regelungskonzept § 449 für den Frachtführer und wurde　1
wie diese Vorschrift durch das SHRG 2013 neu gefasst. Die Vorschriften der §§ 453 ff. sind (sofern überhaupt anwendbar, zB geht **(17)** CMR im grenzüberschreitenden Verkehr zwingend vor, BGHZ 65, 343 = NJW 1976, 1029; BGH NJW 1981, 1912, vgl. → § 407 Rn. 11) **nur teilweise dispositiv.** § 466 ist zur Verhinderung von Umgehungen unabdingbar, MüKoHGB/Bydlinski Rn. 16, und setzt somit der freien Parteivereinbarung Grenzen. I (vgl. § 466 II 1 aF; wie § 449 I, → § 449 Rn. 2) gilt für alle Geschäfte, die nicht Verbrauchergeschäfte iSv IV sind. Aufzählung in I ist abschließend (enumerativ). Danach kann von § 455 II und III, § 461 I sowie §§ 462 und 463 **nur** durch Vereinbarung abgewichen werden, die nicht auf AGB beruht **(individuelles Aushandeln, II 1).** Das Speditionsrecht sorgt auf diese Weise nicht nur für den Schutz der schwächeren Vertragspartei, sondern besonders auch für einen gewissen Gleichlauf mit dem Frachtrecht und entlastet die gerade im Transport schwierige AGB-Kontrolle (RegE TRG S. 115). AGB (s. **(18)** ADSp) sind damit zwar nicht ausgeschlossen, aber selbst unter Kaufleuten nur in engen Grenzen möglich. Zahl der (gleichartigen) Verträge, die zwischen den Parteien ausgehandelt werden, spielt keine Rolle. Vorschrift gilt wie § 449 I nur für vertragliche Abweichung von der gesetzlichen Haftung. Sonderregelung für Verbrauchergeschäfte s. IV (→ Rn. 4).

2) Abweichung durch AGB (II)

Soweit AGB möglich bleiben, gelten die **(5)** §§ 305 ff. BGB, namentlich die　2
dort vorgesehene **Inhaltskontrolle.** Zur von zurückhaltenden AGB-Kontrolle der ADSp aF durch die Rspr., weil es sich um eine unter Mitwirkung der maßgeblichen Verkehrskreise zustande gekommene, umfassende, „fertig bereit liegende Rechtsordnung" handele (→ **(18)** ADSp Einl. vor § 1 Rn. 5), scharfe Kritik der AGB-rechtlichen Lit., zB Ul/Br/He Anh. §§ 9–11 Rn. 15 (ADSp).

Merkt　　　　　　1975

§ 467

3) Abweichung von anwendbarem Frachtrecht (III)

3 Bei Selbsteintritt, Fixkostenspedition und Sammelladung machen §§ 458–460 im Interesse des Versenders zwingend Frachtrecht anwendbar. Abweichungen vom anwendbaren Frachtrecht (nur §§ 458 S. 2, 459 S. 1, 460 II 1) sind demnach auch individualvertraglich nur insoweit möglich, als die anwendbaren frachtrechtlichen Vorschriften nicht zwingend sind (Gleichlauf zwecks Verhinderung der Umgehung der zwingenden frachtrechtlichen Regelungen über das Speditionsrecht, BeckOGK(Drömann) Rn. 30 f.).

4) Verbraucher als Versender (IV)

4 Ist der **Versender** ein **Verbraucher** (Legaldefinition § 13 BGB, auch → § 449 Rn. 1), kann nicht zu seinem Nachteil von § 455 II und III, § 461 I sowie §§ 462 und 463 abgewichen werden (**IV,** anders bei Briefen und briefähnlichen Sendungen). Abweichungen zugunsten des Verbrauchers bleiben möglich, auch können Vergütungsfragen abweichend geregelt werden, MüKoHGB/Bydlinski Rn. 9.

5) Ausländisches Recht und ordre public (V)

5 I–IV beanspruchen wie § 449 III (dort → § 449 Rn. 3) zur Vermeidung sog. Kabotage auch gegenüber anwendbarem ausländischen Recht Geltung, wenn der Ort der Übernahme und der der Ablieferung im Inland liegen. Es kommt auf die Übernahme und Ablieferung durch den Spediteur, nicht auf die des Frachtführers an, MüKoHGB/Bydlinski Rn. 14.

Sechster Abschnitt. Lagergeschäft

Schrifttum

a) Kommentare: *Alff* Fracht-, Lager- und Speditionsrecht, 2. Aufl. 1991. – *Andresen/Valder* HdB des Transportrechts (LBl.) Stand 2018. – *E(benroth)/B(oujong)/J(oost)/S(trohn)/ (Bearbeiter)* 4. Aufl.2020. – *GK (HGB)/(Ensthaler ua),* 8. Aufl. 2015. – BeckOK HGB/ (Bearbeiter), *Häublein/Hoffmann-Theinert,* 35. Ed. 2022. – *HdlbgKo/(Glanegger ua)* 7. Aufl. 2007. – *Heymann/Emmerich/Horn,* Bd. 4, 2. Aufl. 2011. – *Knorre/Demuth/Schmid* HdB des Transportrechts, 2. Aufl. 2015. – *Koller* Transportrecht, 10. Aufl. 2020 (S 1655 ff.). – *Lammich/Pöttinger* Gütertransportrecht Kommentar (LBl.). – *Müglich* Transport- und Logistikrecht, 2002. – *MüKo(HGB)/(Herber ua),* Bd. 7, 4. Aufl. 2020. – *Widmann* Transportrecht, 3. Aufl. 1999.

b) Lehrbücher: *Dubischar* Grundriß des gesamten Gütertransportrechts, 1987. – *Gass* 1999. – *Hopt/Mössle/Schmitt* 2. Aufl. 1999. – *K. Schmidt* 6. Aufl. 2014.

c) Einzeldarstellungen und Sonstiges: *Basedow* Der Transportvertrag, 1987. – *Frantzioch* Das neue Lagerrecht, TranspR 1998, 101. – *Tunn* Lagerrecht, Kontraktlogistik, 2005. **Muster:** *Hopt* Vertrags- und Formularbuch zum Hdl-, Ges- und Bankrecht, 4. Aufl. 2013, Teil I.Q (1 Formular).

Lagervertrag

467

(1) **Durch den Lagervertrag wird der Lagerhalter verpflichtet, das Gut zu lagern und aufzubewahren.**

(2) **Der Einlagerer wird verpflichtet, die vereinbarte Vergütung zu zahlen.**

(3) ¹**Die Vorschriften dieses Abschnitts gelten nur, wenn die Lagerung und Aufbewahrung zum Betrieb eines gewerblichen Unternehmens gehören.** ²**Erfordert das Unternehmen nach Art oder Umfang einen in kaufmännischer Weise eingerichteten Geschäftsbetrieb nicht und ist die Firma des Unternehmens auch nicht nach § 2 in das Handelsregister eingetragen, so sind in**

6. Abschnitt. Lagergeschäft 1–3 § 467

Ansehung des Lagergeschäfts auch insoweit die Vorschriften des Ersten Abschnitts des Vierten Buches ergänzend anzuwenden; dies gilt jedoch nicht für die §§ 348 bis 350.

Übersicht

	Rn
1) Lagergeschäft (§§ 467–475h)	1
2) Anwendungsbereich der Vorschriften über das Lagergeschäft (§ 467 III)	2, 3
3) Lagervertrag (§ 467 I, II)	4–15
A. Lagervertrag:	4–9
B. Pflichten des Lagerhalters (I):	10–12
C. Pflichten des Einlagerers (II):	13
D. Leistungsstörungen	13a
E. Beendigung des Lagervertrags:	14
F. Abweichende Vereinbarungen:	15
4) AGB	16

1) Lagergeschäft (§§ 467–475h)

Im 6. Abschn. (§§ 467–475h) ist als drittes wichtiges Transportgeschäft **1** (→ § 407 Rn. 1) das Lagergeschäft geregelt. Das Lagergeschäft hat vor allem im internationalen HdlVerkehr eine wichtige Bedeutung. Aber auch im nationalen Handel kommt die Einlagerung von Waren bei einem Lagerhalter vor. Denn der Unt. verfügt selbst häufig nicht über die dafür notwendigen Räume und Vorrichtungen (zB Kühlhäuser), und die Einlagerung kommt für ihn auch praktischer und billiger als die Selbstlagerung, zumal er mittels des Lagerscheins über das eingelagerte Gut verfügen kann. Das Lagergeschäft kommt in verschiedenen Ausprägungen vor: **Einzellagerung** (Sonderlagerung) und **Sammellagerung** (§ 469, auch Mischlagerung genannt); bei der **Summenlagerung** (von § 467 **nicht** erf.) wird der Lagerhalter Eigentümer der eingelagerten Güter und hat nur Sachen von gleicher Art, Güte und Menge zurückzugewähren (→ Rn. 6).

2) Anwendungsbereich der Vorschriften über das Lagergeschäft (§ 467 III)

§ 467 III steckt den Anwendungsbereich der §§ 467–475h ab. III entspricht **2** (wie § 453 III für das Speditionsgeschäft) exakt § 407 III 1 Nr. 2, 2 für das Frachtgeschäft (→ § 407 Rn. 9 zur persönlichen Reichweite, eine Abgrenzung der sachlichen Reichweite wie dort Nr. 1 ist beim Speditionsgeschäft nicht notwendig). §§ 467–475h gelten nicht nur, wenn der Lagerhalter Kfm. ist, sondern auch, wenn die Lagerhaltung jedenfalls zum Betrieb eines gewerblichen Unt. gehört (**III 1**). Zum Begriff des Gewerbes → § 1 Rn. 11. Erfasst wird damit auch ein Gelegenheitslagerhalter (anders als nach aF, RG HRR 1926, 2232, aber ohne große Bedeutung), nicht aber ein Kaufmann, der ein sonstiges Handelsgewerbe betreibt und nur einmal die Lagerung übernimmt. Auch Kommissionäre, Frachtführer und Spediteure sind vielfach zugleich Lagerhalter. Zur Abgrenzung von Kommission, Spedition und Frachtvertrag von § 474: Koller Rn. 3a. Auch staatliche und städtische Lagerhäuser betreiben ein Gewerbe und fallen unter § 467, anders bei hoheitlichem Handeln, zB Zollverwaltung (ZollG) oder Gerichtsvollzieher. Lagerung in Privatzolllager fällt unter § 467, auch unter zollamtlichem Mitverschluss, RGZ 112, 39. Die Bestimmungen §§ 467–475h gelten auch, wenn der Lagerhalter – wie bei einem Konsignationslager – neben der Lagerung noch andere Aufgaben übernimmt, BGH RdTW 2019, 106.

Ist der Lagerhalter Kfm., gilt das gesamte HGB. Ist er kein Kfm., gelten dennoch **3** noch über §§ 467–475h hinaus die allgemeinen Vorschriften über Handelsgeschäfte (Viertes Buch, Erster Abschnitt, also §§ 343–372), aber ohne §§ 348–350 **(III 2)**.

§ 467 4–9   4. Buch. Handelsgeschäfte

3) Lagervertrag (§ 467 I, II)

4   A. **Lagervertrag: a) Rechtsnatur, anwendbares Recht:** Durch den Lagervertrag wird der Lagerhalter verpflichtet, das fremde Gut zu lagern und aufzubewahren (I); der Einlagerer wird verpflichtet, die vereinbarte Vergütung zu bezahlen (II). Vertrag ist Konsensualvertrag, nicht Realvertrag, MüKoHGB/ Hesse Rn. 3. **Lagern** ist Unterbringen in dazu bestimmten und eingerichteten Räumen auf gewisse Dauer. Nicht gegeben bei zeitweiliger Unterbringung aus transportbedingten Gründen, MüKoHGB/Hesse Rn. 2, oder bei logistischen Dienstleistungen wie zb das Anbringen von Labeln, EBJS/Heublein Rn. 14. **Aufbewahren** heißt in Obhut nehmen. Vermieten des Lagerraums ist daher nicht Aufbewahren, da insoweit nur die Gebrauchsüberlassung geschuldet ist. Lagern und Aufbewahren ist auch in fremden Räumen möglich, auch in denen des Einlagerers, wenn Lagerhalter das Gut in Besitz und Obhut nimmt, BGH WM 1975, 352. Gut bzw. In Abgrenzung zum Mietvertrag besorgt beim Lagervertrag der Lagerhalter selbst oder ein von ihm beauftragter Dritter die Lagerung und Aufbewahrung, während beim Mietvertrag der Mieter selbst lagert und aufbewahrt. Maßgebliches Unterscheidungskriterium ist danach, ob im Rahmen der Vereinbarung eine Obhuts- und Verwahrungspflicht als Hauptpflicht übernommen wird, OLG Dresden, RdTW 2021, 242 Rn. 21. **Güter** im Sinne von § 467 sind nur zum Lagern und Aufbewahren geeignete bewegliche Sachen, nicht Geld, Wertpapiere, Tiere außerhalb geschlossener Behälter, zB in Gaststall eingestelltes Vieh; Güter iSv Frachtvertrag → § 407 Rn. 6. Der Lagervertrag ist eine besondere handelsrechtliche Form der **Verwahrung** (→ Rn. 6).

5   Soweit §§ 467 ff. nicht eingreifen, etwa weil kein gewerbliches Unt. betrieben oder kein Gut iSv § 467 eingelagert wird, greifen **§§ 688 ff. BGB** über die Verwahrung ein. Eine Vorschrift wie § 417 I aF, der allgemein auf Kommissionsrecht verwies, findet sich heute nicht mehr. Das schließt aber einzelne Analogien nicht aus. Mietrecht ist nicht anwendbar, denn der Lagervertrag beinhaltet nicht bloße Gebrauchsüberlassung eines Lagerraums, sondern neben der Lagerung auch Aufbewahrung, also Übernahme einer besonderen Obhut, BGHZ 3, 202 = NJW 1951, 957; BGHZ 46, 50 = NJW 1966, 1966. Geschäftsbeförderungsrechtliche Vorschriften finden nur Anwendung, wenn der Lagerhalter zusätzliche Pflichten übernimmt, Koller Rn. 6.

6   Nicht Lagervertrag iSv § 467 ist die **Summenlagerung,** bei der der Lagerhalter Eigentümer der eingelagerten Güter wird und nur Sachen von gleicher Art, Güte und Menge zurückzugewähren hat (so die Legaldefinition in § 419 III aF); sie fällt von vornherein nicht unter §§ 467 ff., sondern unter § 700 BGB (früher ausdrücklich klarstellend § 419 III aF). Auf transportbedingte Vor- und Zwischenlagerungen von nur einigen Stunden, die keine verfügten Lagerungen sind, finden frachtrechtliche Bestimmungen Anwendung, LG Hamburg RdTW 2020, 58.

7   Die **OLSchVO,** die ohnehin weitgehend obsolet war, ist vom TRG **außer Kraft** gesetzt (Art. 7 mit Übergangsregelung); zugleich ist § 363 II über kaufmännische Orderpapiere dahin geändert worden, dass künftig die Beschränkung der Ausgabe von Orderlagerscheinen auf staatlich zur Ausstellung solcher Urkunden ermächtigte Anstalten beseitigt worden ist (→ § 363 Rn. 5). Das ist konsequent, denn auch für die Ausstellung der sonstigen in § 363 genannten Wertpapiere bedarf es keiner staatlichen Genehmigung.

8   b) **Zustandekommen:** Der Lagervertrag kommt, auch bei Verlangen und Ausstellen einer Urkunde, **formlos** zustande, wenn die Parteien nichts anderes vereinbart haben. § 362 greift ein.

9   c) **Vertragsparteien:** Vertragspartner sind der Lagerhalter und der Einlagerer. Auch Kommissionäre, Spediteure und Frachtführer können Lagerhalter oder Einlagerer sein und einen Lagervertrag abschließen, etwa wenn sie das Gut im

Rahmen eines Fracht- oder Speditionsgeschäfts zwischenlagern oder ihrerseits zur Einlagerung geben (zB bei sog. Mikrodepots, Berghold/Wendt, RdTW 2020, 122). Dritte können auf Einlagerer nicht ohne Weiteres zugreifen, Koller Rn. 17. Der vom Spediteur als Einlagerer geschlossene Lagervertrag kann ein Vertrag mit Schutzwirkung zugunsten seines Auftraggebers (Versenders) sein, BeckOK HGB/Ettrich-Reich Rn. 7.

B. Pflichten des Lagerhalters (I): a) Lagerung und Aufbewahrung des Gutes: Hauptpflicht des Lagerhalters ist es, das Gut zu lagern und aufzubewahren, außerdem, einen geeigneten Lagerplatz auszuwählen, BGH TranspR 2014, 438. Es dürfen keine ohne Weiteres erkennbaren und vermeidbaren Substanzbeeinträchtigungen entstehen, Koller Rn. 6, LG Berlin RdTW 2020, 394. Aus Pflicht zur Aufbewahrung/Obhut folgt, dass der Lagerhalter grundsätzlich unmittelbarer Besitzer des Gutes werden und bleiben muss, BeckOGK(Ovie/Scavio) Rn. 36. Bei Ausstellung eines Lagerscheins Auslieferung nur gegen dessen Rückgabe (§ 475e), außer auf Pflicht, jedenfalls aber Sachbefugnis des nicht durch Lagerschein Legitimierten zu prüfen, BGH WM 1984, 1060; NJW 1999, 3487. Daneben hat der Lagerhalter Nebenpflichten ua aus §§ 470, 471 und andere zweckdienliche Nebenpflichten. Zur Bedeutung der Zusage einer Mindestlagerkapazität LG München TranspR 2007, 82. Versicherungspflicht nur auf Verlangen des Einlagerers, aber gegenüber Verbraucher Hinweispflicht auf Versicherungsmöglichkeit (§ 472).

b) Einschalten weiterer Personen: Sofern ausdrücklich gestattet, kann der Lagerhalter das Gut bei Dritten einlagern (§ 472 II; diese sind Substitut, nicht Erfüllungsgehilfe, also Haftung nur für Auswahlverschulden), im Übrigen kann er sich Dritter als Erfüllungsgehilfen bedienen.

c) Weitere Pflichten: Der Lagerhalter hat neben seiner Hauptpflicht nach § 467 I zweckdienliche Nebenpflichten. Er hat als Verwahrer, dem das Gut anvertraut ist, eine allgemeine Interessenwahrungspflicht gegenüber dem Einlagerer bezüglich des anvertrauten Gutes. Zu vorvertraglichen Pflichten: Koller Rn. 5.

C. Pflichten des Einlagerers (II): Hauptpflicht des Einlagerers ist es, die vereinbarte Vergütung (früherer Begriff: Lagergeld) zu zahlen. Der Lagerhalter kann auch einen Anspruch auf Aufwendungsersatz nach § 474 haben. Rücknahmepflicht § 473 II; Mitteilungs- u. Auskunftspflichten § 468.

D. Leistungsstörungen. Außerhalb des Anwendungsbereichs des § 475 greift allg. Leistungsstörungsrecht. § 536 I 2 BGB findet analoge Anwendung, Koller Rn. 18.

E. Beendigung des Lagervertrags: Einen auf unbestimmte Zeit geschlossenen Lagervertrag kann der Einlagerer nur mit einer einmonatigen Kündigungsfrist kündigen, es sei denn bei wichtigem Grund (§ 473 I). Das ist wichtig für die Fortzahlung der Vergütung.

F. Abweichende Vereinbarungen: § 467 ist weitgehend dispositiv, Grenzen setzt aber § 475h, wenn der Einlagerer Verbraucher ist.

4) AGB

Neben den §§ 467 ff. gelten AGB. In Frage kommen die Lagerordnung (kommentiert in Staub/Koller Anh. II zu § 424) sowie die **(18) ADSp**, die auch für das Lagergeschäft der Spediteure gelten (für Verkehrsverträge über alle Arten von Tätigkeiten des Spediteurs, auch Lagerung von Gütern ua, **(18)** ADSp Ziff. 2.1), ferner die Allgemeinen Lagerbedingungen des deutschen Möbeltransports und die Hamburger Lagerbedingungen (s. MüKoHGB/Hesse Rn. 43). Die ALB sind zuletzt 1999 neu gefasst worden, nachdem sie der AGB-Inhaltskontrolle in vielerlei Punkten nicht standgehalten hatten. Auch die Neufassung ist aber noch immer nicht gesetzeskonform, Ul/Br/He BGB Anh. § 310 Rn. 510 (Lagergeschäft). Zur AGB-Kontrolle im Lagerrecht s. Valder TranspR 2010, 27.

Behandlung des Gutes. Begleitpapiere. Mitteilungs- und Auskunftspflichten

468 (1) ¹Der Einlagerer ist verpflichtet, dem Lagerhalter, wenn gefährliches Gut eingelagert werden soll, rechtzeitig in Textform die genaue Art der Gefahr und, soweit erforderlich, zu ergreifende Vorsichtsmaßnahmen mitzuteilen. ²Er hat ferner das Gut, soweit erforderlich, zu verpacken und zu kennzeichnen und Urkunden zur Verfügung zu stellen sowie alle Auskünfte zu erteilen, die der Lagerhalter zur Erfüllung seiner Pflichten benötigt.

(2) ¹Ist der Einlagerer ein Verbraucher, so ist abweichend von Absatz 1
1. der Lagerhalter verpflichtet, das Gut, soweit erforderlich, zu verpacken und zu kennzeichnen,
2. der Einlagerer lediglich verpflichtet, den Lagerhalter über die von dem Gut ausgehende Gefahr allgemein zu unterrichten; die Unterrichtung bedarf keiner Form.

²Der Lagerhalter hat in diesem Falle den Einlagerer über dessen Pflicht nach Satz 1 Nr. 2 sowie über die von ihm zu beachtenden Verwaltungsvorschriften über eine amtliche Behandlung des Gutes zu unterrichten.

(3) ¹Der Einlagerer hat, auch wenn ihn kein Verschulden trifft, dem Lagerhalter Schäden und Aufwendungen zu ersetzen, die verursacht werden durch
1. ungenügende Verpackung oder Kennzeichnung,
2. Unterlassen der Mitteilung über die Gefährlichkeit des Gutes oder
3. Fehlen, Unvollständigkeit oder Unrichtigkeit der in § 413 Abs. 1 genannten Urkunden oder Auskünfte.

²§ 414 Absatz 2 ist entsprechend anzuwenden.

(4) Ist der Einlagerer ein Verbraucher, so hat er dem Lagerhalter Schäden und Aufwendungen nach Absatz 3 nur zu ersetzen, soweit ihn ein Verschulden trifft.

1) Pflichten des Einlagerers zu Verpackung und Kennzeichnung, Stellung von Begleitpapieren, Mitteilungs- und Auskunftspflichten (I)

1 Der Einlagerer hat gegenüber dem Lagerhalter bestimmte Pflichten betreffend Behandlung des Gutes, Begleitpapiere sowie Mitteilung und Auskunft (I, ähnlich wie Versender beim Speditionsgeschäft, vgl. § 455). Der Einlagerer hat eine Mitteilungspflicht bei gefährlichem Gut (**I 1**, entspr. § 455 I 2). Die Mitteilung bedarf der Textform (§ 126b BGB). Der Einlagerer muss ferner das Gut, soweit erforderlich, verpacken und kennzeichnen, hat die Begleitpapiere zu stellen und alle Auskünfte zu erteilen, die der Lagerhalter zur Erfüllung seiner Pflichten benötigt (**I 2**, entspr. § 455 I 1). Ziffer 15.1 ADSp trifft keine eigene Regelung, lediglich gesetzesrepetitiv, BeckOGK(Ovie/Scavio) Rn. 28.

2) Pflichtenverteilung, wenn der Einlagerer Verbraucher ist (II)

2 Ist der Einlagerer Verbraucher (§ 13 BGB), reduzieren sich seine Pflichten nach I. Eine erforderliche Verpackungs- und Kennzeichnungspflicht trifft statt seiner den Lagerhalter (**II 1 Nr. 1**). Bei gefährlichem Gut ist der Einlagerer nur verpflichtet, den Lagerhalter über die von dem Gut ausgehende Gefahr allgemein zu unterrichten (**II 1 Nr. 2**), die Formerfordernisse entfallen. Ausreichend ist Hinweis auf Natur des Gutes und deren Gefahren in laienhaften Worten, BeckOK HGB/Ettrich-Reich Rn. 4. Über diese Pflicht und über weitere Umstände ist der Einlagerer vom Lagerhalter zu unterrichten (**II 2**). Lagerhalter muss dagegen

6. Abschnitt. Lagergeschäft 1–3 § 469

vom Einlagerer Informationen über die amtliche Behandlung des Einlagerungsgutes einholen, MüKoHGB/Hesse Rn. 8.

3) Verschuldensunabhängige Haftung des Einlagerers, außer wenn er Verbraucher ist (III, IV)

A. III und IV entsprechen § 455 II, III. Den Einlagerer trifft (wie den Versender beim Speditionsgeschäft, vgl. § 455 II) in drei besonderen Fällen eine verschuldensunabhängige Haftung (**III 1 Nr. 1–3**, aber → Rn. 4; näher → § 455 Rn. 2). Einlagerer haftet seit SHRG 2013 unbeschränkt, BeckOK HGB/Ettrich-Reich Rn. 8. Mitverursachung führt zur Schadensteilung (III 2 iVm § 414 II, → § 414 Rn. 4). §§ 280 ff., 823 ff. BGB sind daneben anwendbar, Koller Rn. 4.

B. Ist der Einlagerer ein **Verbraucher** (§ 13 BGB), haftet er für Schäden und Aufwendungen nach II nur verschuldensabhängig (**IV,** wie § 455 III, → § 455 Rn. 3). 4

Sammellagerung

469 (1) **Der Lagerhalter ist nur berechtigt, vertretbare Sachen mit anderen Sachen gleicher Art und Güte zu vermischen, wenn die beteiligten Einlagerer ausdrücklich einverstanden sind.**

(2) **Ist der Lagerhalter berechtigt, Gut zu vermischen, so steht vom Zeitpunkt der Einlagerung ab den Eigentümern der eingelagerten Sachen Miteigentum nach Bruchteilen zu.**

(3) **Der Lagerhalter kann jedem Einlagerer den ihm gebührenden Anteil ausliefern, ohne daß er hierzu der Genehmigung der übrigen Beteiligten bedarf.**

1) Sammellagerung und andere Lagerungsformen

§ 469 regelt die **Sammellagerung**, auch Mischlagerung genannt. Sie steht im Gegensatz zur Einzellagerung, auch Sonderlagerung genannt (→ § 467 Rn. 1). Auch bei der Sammellagerung bleibt der Einlagerer (Mit-)Eigentümer. Sie ist deshalb von der Summenlagerung, bei der der Einlagerer Eigentümer wird, streng zu unterscheiden (→ § 467 Rn. 6). 1

2) Recht zur Sammellagerung (I)

Der Lagerhalter darf das Gut nur, wenn es sich um vertretbare Sachen (§ 91 BGB) handelt und nur mit ausdrücklicher (dazu RGZ 63, 30) Erlaubnis des Einlagerers mit solchem gleicher Art und Güte mischen. Einverständnis kann formlos oder in AGB geregelt sein, BeckOK HGB/Ettrich-Reich Rn. 1. Konkludente Erlaubniserteilung oder durch Schweigen nicht möglich, Koller Rn. 2. Unbefugte Mischung kann Einlagerer nachträglich genehmigen, worin dann idR Erlass der Ersatzansprüche für unbefugte Sammellagerung liegt, Koller Rn. 2; aA wohl MüKoHGB/Hesse Rn. 19 Fn. 10. Für Schaden des Einlagerers aus schuldhafter unbefugter (nicht nachträglich genehmigter) Mischung haftet Lagerhalter. Hierfür können neben § 475 auch die §§ 987 ff., 823 ff. einschlägig sein. 2

3) Wirkung der Sammellagerung (II, III)

A. **Entstehung von Miteigentum durch Vermischung (II):** Die Vermischung, ob erlaubt oder nicht, macht die wahren Eigentümer der vermischten Mengen (nicht den Einlagerer) zu Miteigentümern des Ganzen im Verhältnis des Werts jener Mengen (§§ 947, 948 BGB), Koller Rn. 2. Es gelten die §§ 1008 ff., 741 ff. BGB. Entscheidend für die Berechnung der Bruchteile gem. § 469 II ist die tatsächlich eingelagerte Menge, MüKoHGB/Hesse Rn. 27. Dingliche Rechte Dritter am Eigentum eines Einlagerers bestehen nunmehr an seinem Miteigentumsanteil fort. Bei Berechtigung des Lagerhalters zur Vermischung des 3

Gutes entsteht Miteigentum der Einlagerer nicht erst mit Vermischung, sondern schon im Zeitpunkt der Einlagerung, da sich dieser einfacher bestimmen lässt, MüKoHGB/Hesse Rn. 21.

4 **B. Auslieferung des Anteils (III):** Bei erlaubter Mischung (bei unerlaubter: §§ 749 ff. BGB) ist Lagerhalter ohne Genehmigung oder sonstige Mitwirkung der Miteigentümer befugt (auch nach Maßgabe der einzelnen Lagerverträge verpflichtet) zur Aussonderung und Auslieferung des Anteils jedes Miteigentümers. Auslieferung ist die rechtsgeschäftliche Übereignung zu Alleineigentum unter Wegfall des Miteigentums des Empfängers am Verbleibenden, üM; nach aA ist gesetzlicher Erwerb des wahren Eigentümers (nicht des Einlagerers) kraft Auslieferung anzunehmen, Koller Rn. 4. Wer in gutem Glauben mehr als seinen Anteil erhält, wird Eigentümer des ganzen Empfangenen (§ 366 HGB, § 932 BGB), muss aber die Bereicherung herausgeben (§ 812 BGB), hL, nach aA besteht Bruchteilseigentum fort bis zur Rückgabe des überschießenden Teils, Koller Rn. 4; zudem ist Lagerhalter den benachteiligten Einlagerern ersatzpflichtig.

5 **C. Verfügung, Zwangsvollstreckung, Insolvenz: Abtretung** des Anteilsrechts durch Abtretung des Anspruchs auf Herausgabe; **Verpfändung: Pfändung** durch Pfändung des Herausgabeanspruchs (§ 857 ZPO). In der **Insolvenz** des Lagerhalters haben die Einlagerer ein Aussonderungsrecht (§ 47 InsO); der Insolvenzverwalter hat jedem seinen Anteil auszuliefern.

6 **D. Haftung bei Gewichtsverlust: Gewichtsverlust** der Gesamtmenge ist bei Auslieferung von Anteilen zu berücksichtigen (vgl. §§ 23 IV, 32 aF OLSchVO, → § 467 Rn. 7). Stellt sich der Verlust erst nach Auslieferung eines Teils heraus, so haftet den späteren Empfängern der Erste anteilsmäßig aus ungerechtfertigter Bereicherung. Das gilt entspr. bei Beschädigung. Ist ein Teil der Gesamtmenge beschädigt, so hat jeder Einlagerer an der beschädigten Menge teil. Dies gilt unbeschadet (ggf.) der Haftung des Lagerhalters; Lagerordnung oder besondere Vereinbarung können für (nicht vom Lagerhalter zu vertretenden) gewöhnlichen Schwund und (von ihm zu vertretenden) höheren Verlust feste Sätze bestimmen.

Empfang des Gutes

470 Befindet sich Gut, das dem Lagerhalter zugesandt ist, beim Empfang in einem beschädigten oder mangelhaften Zustand, der äußerlich erkennbar ist, so hat der Lagerhalter Schadensersatzansprüche des Einlagerers zu sichern und dem Einlagerer unverzüglich Nachricht zu geben.

1 **1)** Wenn das Gut schon **beim Empfang** äußerlich erkennbar beschädigt oder in mangelhaftem Zustand ist, muss der Lagerhalter **Schadensersatzansprüche des Einlagerers sichern** und ihm unverzüglich (ohne schuldhaftes Zögern, § 121 I 1 BGB) Nachricht geben. Äußerlich erkennbar sind Schäden, die bei zumutbarer Besichtigung des Gutes unter Berücksichtigung besonderer Ortsverhältnisse feststellbar sind. Öffnen der Verpackung ist grundsätzlich nicht erforderlich ist, BeckOK HGB/Ettrich-Reich Rn. 2. Die Sicherungspflicht umfasst nicht nur die Wahrung von Rechten, die der Lagerhalter als Empfänger im eigenen Namen geltend machen kann, sondern auch die Beweissicherung für diese Rechte dergestalt, dass sie mit an Sicherheit grenzender Wahrscheinlichkeit durchgesetzt werden können, Koller Rn. 2. Lehnt der Lagerhalter die Annahme des Gutes ab, ist die Norm nicht anwendbar, MüKoHGB/Hesse Rn. 5. Aufwendungsersatzanspruch § 474. Schäden des Einlagerers, der Ansprüche und Rechte gegen Schädiger aufgrund einer Verletzung von Pflichten nach § 470 nicht geltend machen kann, sind nach § 280 BGB zu ersetzen, BeckOK/Ettrich-Reich Rn. 5. Im vorvertraglichen Bereich kann § 311 II eine gleichgelagerte Pflicht zur Rechtswahrung begründen, MüKoHGB/Hesse Rn. 2.

6. Abschnitt. Lagergeschäft 1, 2 § 471

Erhaltung des Gutes

471 (1) ¹Der Lagerhalter hat dem Einlagerer die Besichtigung des Gutes, die Entnahme von Proben und die zur Erhaltung des Gutes notwendigen Handlungen während der Geschäftsstunden zu gestatten. ²Er ist jedoch berechtigt und im Falle der Sammellagerung auch verpflichtet, die zur Erhaltung des Gutes erforderlichen Arbeiten selbst vorzunehmen.

(2) ¹Sind nach dem Empfang Veränderungen an dem Gut entstanden oder zu befürchten, die den Verlust oder die Beschädigung des Gutes oder Schäden des Lagerhalters erwarten lassen, so hat der Lagerhalter dies dem Einlagerer oder, wenn ein Lagerschein ausgestellt ist, dem letzten ihm bekannt gewordenen legitimierten Besitzer des Scheins unverzüglich anzuzeigen und dessen Weisungen einzuholen. ²Kann der Lagerhalter innerhalb angemessener Zeit Weisungen nicht erlangen, so hat er die angemessen erscheinenden Maßnahmen zu ergreifen. ³Er kann insbesondere das Gut gemäß § 373 verkaufen lassen; macht er von dieser Befugnis Gebrauch, so hat der Lagerhalter, wenn ein Lagerschein ausgestellt ist, die in § 373 Abs. 3 vorgesehene Androhung des Verkaufs sowie die in Absatz 5 derselben Vorschriften vorgesehenen Benachrichtigungen an den letzten ihm bekannt gewordenen legitimierten Besitzer des Lagerscheins zu richten.

1) Besichtigung während Geschäftszeit, Arbeiten zur Erhaltung des Gutes (I)

Den Lagerhalter treffen bestimmte Pflichten zur Erhaltung des Gutes. Der **1** Lagerhalter muss dem Einlagerer die Besichtigung des Gutes, die Entnahme von Proben und die zur Erhaltung notwendigen Handlungen während der Geschäftsstunden gestatten **(I 1)**; jedoch keine Mitwirkungspflicht. Bei Gefahrverzug auch außerhalb der Geschäftsstunden (§ 242 BGB), Koller Rn. 3, str. Auch Dritten muss Besichtigung gestattet werden, wenn der Einlagerer ein Interesse daran hat, MüKoHGB/Hesse Rn. 6. Bei unberechtigter Verweigerung der Besichtigung Schadensersatz gem. § 280 BGB und Zurückbehaltungsrecht bzgl. der Vergütung, Koller Rn. 3. Der Lagerhalter ist jedoch berechtigt und bei Sammellagerung (§ 469) sogar verpflichtet, die zur Erhaltung notwendigen Maßnahmen selbst zu treffen **(I 2)**. Maßnahmen sind auf Substanzschutz, nicht Werterhöhung zu richten, BeckOK HGB/Ettrich-Reich Rn. 1. Eine besondere Vergütung darf dafür nicht gefordert werden, KKRD/Koller Rn. 1 I ist nur eingeschränkt durch AGB abdingbar, Koller Rn. 2.

2) Anzeige, Einholung von Weisungen, Notrechte und Notpflichten (II)

Wenn nach dem Empfang des Gutes durch eingetretene oder zu befürchtende **2** (insoweit weiter als § 388 II) Veränderungen an dem Gut Schäden entweder für das Gut oder für den Lagerhalter drohen, zB bei verderblichen Gütern, muss der Lagerhalter das unverzüglich (ohne schuldhaftes Zögern, § 121 I 1 BGB) anzeigen und **Weisung einholen (II 1)**. Anzeige und Einholung von Weisungen sind auch erforderlich, wenn vom Gut ausgehende Gefahren nur den Lagerhalter treffen, MüKoHGB/Hesse Rn. 19. Sind innerhalb angemessener Zeit Weisungen nicht zu erlangen, hat der Lagerhalter bestimmte Rechte (Notrechte) und Pflichten **(II 2, 3)**. Unter anderem hat er das Recht zum **Selbsthilfeverkauf** (II 3 Hs. 1 iVm § 373). Von wem er Weisungen einzuholen bzw. wem er den Selbsthilfeverkauf anzudrohen hat, hängt davon ab, ob ein Lagerschein ausgestellt ist. Zulässig ist Selbsthilfeverkauf in der Regel bei drohendem Verderb oder anderweitiger Entwertung des Gutes, BeckOK HGB/Ettrich-Reich Rn. 8. Der Lagerhalter kann im Einzelfall, so wenn sonst größerer Schaden droht, zur Ausübung der Notrechte, etwa Selbsthilfeverkauf, im Interesse des Einlagerers sogar

Merkt 1983

verpflichtet sein (§ 242 BGB, → § 467 Rn. 12). Welche Maßnahme angemessen ist, ist anhand eienr objektiven ex-ante-Kontrolle zu ermitteln, Koller Rn. 8; aA EBJS/Heublein Rn. 17.

Versicherung. Einlagerung bei einem Dritten

472 (1) ¹**Der Lagerhalter ist verpflichtet, das Gut auf Verlangen des Einlagerers zu versichern.** ²**Ist der Einlagerer ein Verbraucher, so hat ihn der Lagerhalter auf die Möglichkeit hinzuweisen, das Gut zu versichern.**

(2) **Der Lagerhalter ist nur berechtigt, das Gut bei einem Dritten einzulagern, wenn der Einlagerer ihm dies ausdrücklich gestattet hat.**

1) Versicherung (I)

1   Der Lagerhalter ist verpflichtet, das Gut auf Verlangen des Einlagerers zu versichern (**I 1**), und hat diesen, wenn er ein Verbraucher gem. § 13 BGB ist, auf diese Möglichkeit hinzuweisen (**I 2**). Hier ist insbesondere an Feuerversicherung zu denken. Allein aus Wertangabe bei Anlieferung ergibt sich keine Versicherungspflicht, KKRD/Koller Rn. 1. Aus Abschluss einer Lagerversicherung ergibt sich für Lagerhalter keine Pflicht, Wert des entgegengenommenen Lagergutes zu ermitteln, AG Hagen TranspR 2017, 503. Wird Lagerhalter Prämienschuldner, sind Prämien vom Einlagerer als Aufwendungen nach § 474 zu ersetzen, BeckOK HGB/Ettrich-Reich Rn. 2. Gestattung zur Fremdlagerung in AGB ist möglich (zB **(18)** ADSp Ziff. 15.1), Oetker/Paschke Rn. 4. Ist Lagerhalter Versicherungsnehmer, schuldet der Einlagerer die Kosten als Aufwendungsersatz, EBJS/Heublein Rn. 2.

2) Einlagerung bei einem Dritten (II)

2   Bei einem Dritten darf der Lagerhalter das Gut nur einlagern, wenn der Einlagerer ihm dies ausdrücklich gestattet hat (II). Zur Haftung in diesem Fall → § 475 Rn. 2. Zweifelhaft im Hinblick auf § 307 BGB **(18)** ADSp Ziff. 15.2, jedenfalls ist aber klar formulierte Erlaubnis nötig, Koller Rn. 4. Vorschrift ist Maßstab für AGB-Prüfung, MüKoHGB/Hesse Rn. 14.

Dauer der Lagerung

473 (1) ¹**Der Einlagerer kann das Gut jederzeit herausverlangen.** ²**Ist der Lagervertrag auf unbestimmte Zeit geschlossen, so kann er den Vertrag jedoch nur unter Einhaltung einer Kündigungsfrist von einem Monat kündigen, es sei denn, es liegt ein wichtiger Grund vor, der zur Kündigung des Vertrags ohne Einhaltung der Kündigungsfrist berechtigt.**

(2) ¹**Der Lagerhalter kann die Rücknahme des Gutes nach Ablauf der vereinbarten Lagerzeit oder bei Einlagerung auf unbestimmte Zeit nach Kündigung des Vertrags unter Einhaltung einer Kündigungsfrist von einem Monat verlangen.** ²**Liegt ein wichtiger Grund vor, so kann der Lagerhalter auch vor Ablauf der Lagerzeit und ohne Einhaltung einer Kündigungsfrist die Rücknahme des Gutes verlangen.**

(3) **Ist ein Lagerschein ausgestellt, so sind die Kündigung und das Rücknahmeverlangen an den letzten dem Lagerhalter bekannt gewordenen legitimierten Besitzer des Lagerscheins zu richten.**

1) Herausverlangen, Kündigungsrecht des Einlagerers (I)

1   § 473 regelt die Dauer der Lagerung. Der Einlagerer kann das Gut jederzeit herausverlangen (**I 1**; nicht zu verwechseln mit Kündigung), auch wenn er nicht Eigentümer des Gutes gewesen ist. Rückgabeschuld ist Holschuld, BeckOK/

6. Abschnitt. Lagergeschäft **§ 475**

Ettrich-Reich Rn. 1. Bei größeren Mengen ist Lagerhalter eine angemessene Zeit zur Auslagerung und Bereitstellung einzuräumen, BeckOK HGB/Ettrich-Reich Rn. 1. Daneben besteht i. d. R. ein Rückgabeanspruch aus § 985 BGB, dem jedoch Einwendungen entgegengehalten werden können (986 BGB). Ein auf bestimmte Zeit geschlossener Lagervertrag endet unabhängig von der vereinbarten Laufzeit mit Rückgabe des Gutes, BeckOK HGB/Ettrich-Reich Rn. 2. Einen auf unbestimmte Zeit geschlossenen Lagervertrag kann Einlagerer jedoch nur mit einer einmonatigen Frist kündigen, es sei denn bei wichtigem Grund **(I 2)**. Die einmonatige Kündigungsfrist stellt allerdings nur eine Mindestkündigungsfrist dar, welche – auch unter Verwendung von AGB maßvoll – erhöht werden kann, BGH BeckRS 2019, 26889 Rn. 23. Vergütung für die bereits abgelaufene Lagerzeit bestimmt sich entsprechend § 699 II BGB, MüKoHGB/Hesse Rn. 2. Höhe entspricht dem vereinbarten oder ortsüblichen Lagergeld (§ 354), EBJS/Heublein Rn. 13.

2) Rücknahmeverlangen, Kündigungsrecht des Lagerhalters (II)

Der Lagerhalter kann seinerseits Rücknahme des Gutes nach Ablauf der vereinbarten Lagerzeit verlangen und ebenfalls mit einer einmonatigen Kündigungsfrist (→ Rn. 1) kündigen **(II 1)**. Haftung des Einlagerers gem. § 280 I BGB. Daneben hat Einlagerer weiter gem. § 354 Lagergeld zu bezahlen; Lagerhalter kann Gut auch hinterlegen, MüKoHGB/Hesse Rn. 18. Kündigung aus wichtigem Grund bleibt wie immer möglich **(II 2)**, nicht aber, wenn der Grund bereits bei Vertragsschluss bekannt war (aA Koller Rn. 10 Fn. 41: Kündigungsmöglichkeit auch dann, Schutz des Einlagerers über cic).

3) Adressat der Erklärung bei Lagerschein (III)

III regelt, wer Adressat der Kündigung bzw. des Rücknahmeverlangens nach II ist, falls ein Lagerschein ausgestellt ist. Das ist der letzte dem Lagerhalter bekannt gewordene legitimierte Besitzer des Lagerscheins (§ 475c).

Aufwendungsersatz

474 Der Lagerhalter hat Anspruch auf Ersatz seiner für das Gut gemachten Aufwendungen, soweit er sie den Umständen nach für erforderlich halten durfte.

1) Der Lagerhalter hat Anspruch auf Ersatz der für das Gut gemachten Aufwendungen, soweit er sie für erforderlich halten durfte, nicht aber auf einen Vorschuss, Koller Rn. 2, str. Maßgeblicher Zeitpunkt für die Erforderlichkeit ist Tätigung der Aufwendungen, BeckOK HGB/Ettrich-Reich Rn. 3. Ersatzfähig sind zB Kosten für eine amtliche Behandlung oder außergewöhnliche Bewegung des Gutes, MüKoHGB/Hesse Rn. 2 oder Zölle, EBJS/Heublein Rn. 4. Keine Aufwendungen sind alle Kosten zur Erfüllung der Obhutspflicht, OLG Düsseldorf VersR 1994, 332. Nässeschaden kann über § 474 ersetzt werden, wenn dieser auf höherer Gewalt beruht, ansonsten ist dessen Vermeidung Pflicht aus dem Lagervertrag, BGH TranspR 1995, 402. Der Anspruch ist im Zweifel sofort fällig, § 271 I BGB, und verjährt gem. § 475a Abs. 1 iVm. § 439 Abs. 1 S. 1 in einem Jahr.

Haftung für Verlust oder Beschädigung

475 ¹Der Lagerhalter haftet für den Schaden, der durch Verlust oder Beschädigung des Gutes in der Zeit von der Übernahme zur Lagerung bis zur Auslieferung entsteht, es sei denn, daß der Schaden durch die Sorgfalt eines ordentlichen Kaufmanns nicht abgewendet werden konnte.

Merkt

² **Dies gilt auch dann, wenn der Lagerhalter gemäß § 472 Abs. 2 das Gut bei einem Dritten einlagert.**

1) Verschuldenshaftung des Lagerhalters für Verlust oder Beschädigung (Satz 1)

1   Die **Haftung des Lagerhalters** für Verlust oder Beschädigung bestimmt sich (abdingbar) nach § 475; daneben können Ansprüche aus §§ 823 ff., 989 ff. BGB bestehen, Koller Rn. 6; für andere Pflichtverletzungen haftet der Lagerhalter nach allgemeinen Vorschriften (§ 280 I BGB, Pflichtverletzung, → § 467 Rn. 12), hM, Koller Rn. 8. Der Lagerhalter haftet für den Schaden, der durch Verlust oder Beschädigung des Gutes in der Zeit von der Übernahme zur Lagerung bis zur Auslieferung entsteht, außer wenn der Schaden durch die Sorgfalt eines ordentlichen Kaufmanns (§ 347 I) nicht abgewendet werden konnte (Satz 1), grundsätzlich unbegrenzt. Abbedingung der unbegrenzten Haftung in AGB üblich, näher BeckOGK(Ovie/Scavio) Rn. 32 ff. Für sonstige Schadensarten (insbes. Güterfolgeschäden) und Schäden außerhalb des Obhutszeitraums haftet Lagerhalter nach § 280 I BGB, BeckOK HGB/Giermann Rn. 4, aA MüKoHGB/Hesse Rn. 2. Es handelt sich um eine Haftung für vermutetes Verschulden, LG Berlin, RdTW 2020, 397. Der Einlagerer trägt die Beweislast dafür, dass das Gut dem Lagerhalter unversehrt übergeben wurde und beschädigt wieder herausgelangt ist, während dieser darzutun hat, wie der Schaden entstanden ist und dass dieser auch mit der Sorgfalt eines ordentlichen Kaufmannes nicht abgewendet werden konnte, BGH VersR 2015, 129 mAnm Schwenker IBR 2014, 706. Nachzuweisen ist, wie die Lagerräume beschaffen waren, dass Schäden angemessen vermieden wurden und Erfüllungsgehilfen kein Schuldvorwurf trifft; Lagerhalter kann sich nicht darauf berufen, dass der Schaden durch von außen kommende Umstände verursacht worden ist; die Unaufklärbarkeit des Schadensursache geht zu seinen Lasten; LG Berlin TranspR 2019, 335. Zur Möglichkeit des Anscheinsbeweises zu Gunsten des Einlagerers OLG Stuttgart TranspR 2015, 357. Anforderungen an den Einlagerer dürfen aber nicht überspannt werden, LG Mannheim RdTW 2016, 160. Eine verschuldensunabhängige Obhutshaftung wurde (anders als für Frachtführer und Spediteur, §§ 425 I, 461 I 1) nicht eingeführt. In Differenzmeldung zum Verbleib der Waren und Zahlung von Schadensersatz kann deklaratorisches Schuldanerkenntis liegen, OLG Düsseldorf TranspR 2008, 44. Keine Pflicht zur Untersuchung gemieteter Lagerräume auf konstruktive Mängel, OLG Hamburg TranspR 2003, 404, anders, wenn Mängel äußerlich erkennbar. Wert und ggf. spezifische Schadensanfälligkeit des Gutes sind bereits bei der Auswahl des Lagerplatzes zu berücksichtigen; dieser ist laufend zu kontrollieren und zu bewachen, LG Berlin TranspR 2019, 335. Haftung für grobe Fahrlässigkeit OLG Köln TranspR 2004, 372; OLG Frankfurt a. M. VersR 2001, 736; OLG Düsseldorf TranspR 2017, 233 (Organisationsfehler bei Fehlen wirkungsvoller Schutzmaßnahmen, die nicht durch Arbeitsanweisungen ausgeglichen werden). Verjährung s. § 475a. Abweichende Vereinbarungen s. § 475h. Haftungsbegrenzung s. **(18)** ADSp Ziff. 24. Neben AGB kann die Haftung auch durch Individualvereinbarung beschränkt werden, BGH RdTW 2019, 106 f. (zur Schwundklausel für Inventurverluste).

2) Einlagerung bei Dritten (Satz 2)

2   Der Lagerhalter haftet nach Satz 2 auch dann, wenn er das Gut bei Dritten einlagert (§ 472 II). Für den Dritten hat er nach § 278 BGB einzustehen (Ausnahme: Schädigung bei Gelegenheit der Erfüllung). Die ausdrückliche Gestattung des Einlagerers nach § 472 II mindert also nicht die Haftung des Lagerhalters.

6. Abschnitt. Lagergeschäft § 475b

Verjährung

475a ¹Auf die Verjährung von Ansprüchen aus einer Lagerung, die den Vorschriften dieses Abschnitts unterliegt, findet § 439 entsprechende Anwendung. ²Im Falle des gänzlichen Verlusts beginnt die Verjährung mit Ablauf des Tages, an dem der Lagerhalter dem Einlagerer oder, wenn ein Lagerschein ausgestellt ist, dem letzten ihm bekannt gewordenen legitimierten Besitzer des Lagerscheins den Verlust anzeigt.

1) § 475a regelt die **Verjährung** wie bei der Frachtführerhaftung unter Verweisung auf § 439 **(Satz 1)**. Erfasst werden sämtliche vertraglichen und außervertraglichen Ansprüche, auch aus Nebenpflichtverletzung (→ § 439 Rn. 1). Gegenüber Dritten findet § 475a aber keine Anwendung, Koller Rn. 2. Beginn der Verjährung mit Rückgabe des Gutes, OLG München RdTW 2017, 355. Bei Totalverlust beginnt die Verjährung mit Ablauf des Tages des Zugangs der Verlustanzeige durch den Lagerhalter **(Satz 2)**; unerheblich ist, dass der Einlagerer von dem Verlust auf andere Weise Kenntnis erlangt hat (Ausnahme Verwirkung), Koller Rn. 3. Abdingbarkeit im Verhältnis zu Unternehmern wegen Verweises auch auf § 439 IV nur durch Individualvereinbarung, EBJS/Heublein Rn. 9, aA BeckOK HGB/Giermann Rn. 4. Zu Lasten eines Verbrauchers kann nach § 475h auch durch individuelle Vereinbarung nicht abgewichen werden. Mit der verjährten Forderung kann gem. § 215 BGB aufgerechnet werden.

Pfandrecht des Lagerhalters

475b (1) ¹Der Lagerhalter hat für alle Forderungen aus dem Lagervertrag ein Pfandrecht an dem ihm zur Lagerung übergebenen Gut des Einlagerers oder eines Dritten, der der Lagerung zugestimmt hat. ²An dem Gut des Einlagerers hat der Lagerhalter auch ein Pfandrecht für alle unbestrittenen Forderungen aus anderen mit dem Einlagerer abgeschlossenen Lager-, Fracht-, Seefracht- und Speditionsverträgen. ³Das Pfandrecht erstreckt sich auch auf die Forderung aus einer Versicherung sowie auf die Begleitpapiere.

(2) Ist ein Orderlagerschein durch Indossament übertragen worden, so besteht das Pfandrecht dem legitimierten Besitzer des Lagerscheins gegenüber nur wegen der Vergütungen und Aufwendungen, die aus dem Lagerschein ersichtlich sind oder ihm bei Erwerb des Lagerscheins bekannt oder infolge grober Fahrlässigkeit unbekannt waren.

(3) Das Pfandrecht besteht, solange der Lagerhalter das Gut in seinem Besitz hat, insbesondere solange er mittels Konnossements, Ladescheins oder Lagerscheins darüber verfügen kann.

1) Gesetzliches Pfandrecht des Lagerhalters (I)

Auch der Lagerhalter hat wie der Frachtführer (§ 440) und der Spediteur (§ 464) ein (abdingbares) **gesetzliches Besitzpfandrecht** (§ 1257 BGB), das nicht nur durch den Lagervertrag begründeten Forderungen sichert, sondern auch unbestrittene Forderungen aus anderen mit dem Einlagerer abgeschlossenen Lager-, Fracht- und Speditionsverträgen. Es ist also in bestimmtem Umfang auch auf inkonnexe Forderungen des Lagerhalters erweitert, Koller Rn. 3a. Voraussetzungen sind das Bestehen eines Lagervertrags und Besitz am Lagergut. **I 1** (redaktionelle Anpassung durch das SHRG 2013 an die übliche Diktion des BGB sowie – wie bei § 440 I 1 – zur Beseitigung von Rechtsunsicherheiten darüber, ob und unter welchen Voraussetzungen ein Pfandrecht an dem Gut Dritter entstehen kann, → § 440 Rn. 1) entspricht voll § 440 I 1 und § 464 S. 1. Das

Pfandrecht des Lagerhalters besteht am **Gut des Einlagerers** sowie (neu durch SHRG 2013) an dem **Gut eines Dritten,** der der Lagerung zugestimmt hat (→ § 440 Rn. 1). Das Pfandrecht besteht am ganzen Gut, grundsätzlich ohne Rücksicht auf das Wertverhältnis der zu sichernden Forderungen des Lagerhalters zum Lagergut, BGH BB 1966, 179 (Wein, Verhältnis 10 zu 1); BGH NJW 1999, 3716, aber Pflicht zur Freigabe, wenn Berufung auf Pfandrecht mit § 242 BGB unvereinbar, OLG Frankfurt a. M. RdTW 2017, 175. Auch eine etwaige Verpackung ist vom Pfandrecht erfasst, MüKoHGB/Hesse Rn. 10. Droht das Gut zu verderben, besteht Anzeigepflicht des Lagerhalters und Austauschrecht des Einlagerers (§ 1218 BGB), welches Vorrang vor den Rechten des Pfandgläubigers aus §§ 1219–1221 BGB hat, BGH TranspR 2013, 353 mAnm Pauli GWR 2013, 400. Solange Lagerhalter nicht zur Verwertung (§§ 1257, 1220 ff.) BGB verpflichtet ist, begründet sachgerechte weitere Aufbewahrung der Pfandsache im Lager Anspruch auf Lagergeld nach § 354 I (bzw. Ersatz des entgangenen Gewinns in entsprechender Höhe wegen unmöglicher anderweitiger Verwertung der Lagerfläche, §§ 280 II, 286 BGB bei Zahlungsverzug des Einlagerers), OLG Frankfurt a. M. RdTW 2017, 177. Sicherung aller konnexen Forderungen (aus dem Lagervertrag) und bestimmter inkonnexer Forderungen des Spediteurs (→ § 441 Rn. 2, 3). Andere inkonnexe Forderungen als aus mit dem Einlagerer abgeschlossenen Lager-, Fracht- und Speditionsverträgen sind nicht abgedeckt, zB wegen Bearbeitung des Guts (hierfür Werkunternehmerpfandrecht, § 647 BGB), BGH BB 1960, 837 (Lagerhalter). Das Besitzpfandrecht kann gutgläubig erworben werden (§§ 1207, 1257, 932 ff. BGB, § 366 III, → § 366 Rn. 10 und → § 441 Rn. 4). Ebenso ist gutgläubiger Rangerwerb möglich (§§ 1257, 1208 BGB), MüKoHGB/Hesse Rn. 26. Wirkung und Ausübungsschranken → § 441 Rn. 5. Das Pfandrecht des Lagerhalters gibt ihm absolutes Besitzrecht gegenüber dem auf Eigentum gestützten Herausgabeverlangen des Einlagerers (§ 986 I BGB, keine Berufung darauf nötig), BGH NJW 1999, 3716. Das Pfandrecht erstreckt sich nach **I 2** wie nach § 441 I 2 (→ § 441 Rn. 6) auch auf **Begleitpapiere** (§ 413), darüber hinaus aber auch auf die Forderung aus einer Versicherung, nicht nur wie früher nach OLSchV einer Feuerversicherung. Pfandrecht bei Namenslagerschein s. Ohling BB 1960, 1266. Über die gesetzliche Regelung hinausgehendes vertragliches Pfandrecht kann vereinbart werden, sofern **(18)** ADSp Ziff. 20.1. und § 22 HLB beachtet werden, Oetker/Paschke Rn. 1. Neben dem Pfandrecht kommen Zurückbehaltungsrechte in Betracht (§§ 369 ff. HGB, § 273 BGB).

2) Pfandrecht bei Orderlagerschein (II)

2 Ist ein Orderlagerschein (§ 475g) durch Indossament übertragen worden, ist das Pfandrecht nach Maßgabe des Lagerscheins beschränkt, außer wenn die Vergütungen und Aufwendungen dem legitimierten Besitzer beim Erwerb des Lagerscheins bekannt oder infolge grober Fahrlässigkeit (§ 932 II BGB) unbekannt waren. Für Namens- und Inhaberlagerscheine, die keine Traditionsfunktion haben, gilt II nicht. Vergütungen und Aufwendungen meinen den Anspruch auf Entgelt für die Einlagerung des im Orderlagerschein verbrieften Gutes nebst Aufwendungen (§ 474).

3) Besitzpfandrecht (III)

3 Das Pfandrecht besteht nur so lange, als die Forderung besteht (§ 1252 BGB) und als der Lagerhalter das Gut in Besitz hat, insbesondere solange er über das Gut mittels Konnossement, Ladeschein oder Lagerschein (§§ 642, 444, 475c) verfügen kann. III entspricht § 441 II (→ § 441 Rn. 7). Mittelbarer Besitz (§ 868 BGB) genügt. Unfreiwilliger Besitzverlust beendet es nicht (arg. § 1253 BGB), sehr str. (→ § 397 Rn. 8). Ein Folgerecht wie beim Frachtführerpfandrecht (§ 440 III, → § 440 Rn. 8) gibt es hier nicht.

§ 475c

Lagerschein. Verordnungsermächtigung

475c (1) Über die Verpflichtung zur Auslieferung des Gutes kann von dem Lagerhalter, nachdem er das Gut erhalten hat, ein Lagerschein ausgestellt werden, der die folgenden Angaben enthalten soll:
1. Ort und Tag der Ausstellung des Lagerscheins;
2. Name und Anschrift des Einlagerers;
3. Name und Anschrift des Lagerhalters;
4. Ort und Tag der Einlagerung;
5. die übliche Bezeichnung der Art des Gutes und die Art der Verpackung, bei gefährlichen Gütern ihre nach den Gefahrgutvorschriften vorgesehene, sonst ihre allgemein anerkannte Bezeichnung;
6. Anzahl, Zeichen und Nummern der Packstücke;
7. Rohgewicht oder die anders angegebene Menge des Gutes;
8. im Falle der Sammellagerung einen Vermerk hierüber.

(2) In den Lagerschein können weitere Angaben eingetragen werden, die der Lagerhalter für zweckmäßig hält.

(3) ¹Der Lagerschein ist vom Lagerhalter zu unterzeichnen. ²Eine Nachbildung der eigenhändigen Unterschrift durch Druck oder Stempel genügt.

(4) ¹Dem Lagerschein gleichgestellt ist eine elektronische Aufzeichnung, die dieselben Funktionen erfüllt wie der Lagerschein, sofern sichergestellt ist, dass die Authentizität und die Integrität der Aufzeichnung gewahrt bleiben (elektronischer Lagerschein). ²Das Bundesministerium der Justiz und für Verbraucherschutz wird ermächtigt, im Einvernehmen mit dem Bundesministerium des Innern, für Bau und Heimat durch Rechtsverordnung, die nicht der Zustimmung des Bundesrates bedarf, die Einzelheiten der Ausstellung, Vorlage, Rückgabe und Übertragung eines elektronischen Lagerscheins sowie die Einzelheiten des Verfahrens über nachträgliche Eintragungen in einen elektronischen Lagerschein zu regeln.

1) Über die Verpflichtung zur Auslieferung des Gutes kann der Lagerhalter nach Erhalt des Gutes einen Lagerschein ausstellen (§ 475c). Pflicht zur Ausstellung auf Verlangen des Einlagerers besteht nur bei vertraglicher Vereinbarung, BeckOK HGB/Giermann Vor. Rn. 1. Der Sollinhalt des Lagerscheins ist in **I Nr. 1–8** geregelt; der Lagerhalter kann weitere Angaben eintragen. Ein Fehlen der Soll-Angaben macht den Lagerschein regelmäßig nicht unwirksam, Koller Rn. 7. Wenn der Name der Empfangsberechtigten nicht genannt wird, ist der Schein an Order des Einlagerers gestellt (§ 443 II 2 analog), Koller Rn. 7. Der Lagerschein ist ein **Wertpapier** (nicht zu verwechseln mit der Quittung (Beweisurkunde), die bei Entgegennahme des Lagergutes ausgestellt wird), MüKoHGB/Hesse Rn. 20. Bei Ausstellung des Lagerscheins vor Inbesitznahme des Gutes macht der Lagerhalter sich ggü. dem legitimierten Besitzer wie bei falschen Angaben schadensersatzpflichtig, MüKoHGB/Hesse Rn. 5. Seine **Wirkung** ergibt sich aus §§ 475d, 475e, 475f; insbesondere ist der Lagerhalter, wenn ein Lagerschein ausgestellt ist, zur Auslieferung des Gutes nur gegen Rückgabe des Lagerscheins, auf dem die Auslieferung bescheinigt ist, verpflichtet. Der Lagerschein kommt als Namenslagerschein, Inhaberlagerschein (§ 793 BGB) oder Orderlagerschein vor (vgl. früher ADSp § 48 C, D, E aF, s. 29. Aufl.). Der Orderlagerschein (vgl. §§ 475f, 475g) ist eines der kaufmännischen Wertpapiere (§ 363 II). Gutglaubensschutz ist vorgesehen (§ 364 II HGB, Art. 17 WG; § 365 HGB, Art. 16 II WG). Einzelheiten dazu folgen aus dem Wertpapierrecht. Nach **II** können im Lagerschein vom Lagerhalter zweckmäßige ergänzende Angaben gemacht werden. Zur **Form**: Nach **III** ist der Lagerschein vom Lagerhalter zu unterzeichnen, wobei eine Unterschrift durch Druck- oder Stempelnachbildung genügt; **IV** (angefügt durch SHRG 2013) eröffnet wie beim Frachtbrief (§ 408 III), beim Ladeschein (§ 443 III), beim Konnossement (§ 516 II und III) und beim Seefrachtbrief (§ 526 IV) die Möglichkeit, den herkömmlichen papiergebundenen Lagerschein durch eine elektronische Aufzeichnung zu ersetzen. Zum Einsatz von Blockchain-Technologie, Saive TranspR 2018, 234. Nichtiger Orderladeschein entfaltet keine Traditionswirkung und kann nicht durch Indossament übertragen werden, Koller Rn. 2.

Wirkung des Lagerscheins. Legitimation

475d (1) ¹Der Lagerschein begründet die Vermutung, dass das Gut und seine Verpackung in Bezug auf den äußerlich erkennbaren Zustand sowie auf Anzahl, Zeichen und Nummern der Packstücke wie im Lagerschein beschrieben übernommen worden sind. ²Ist das Rohgewicht oder die anders angegebene Menge des Gutes oder der Inhalt vom Lagerhalter überprüft und das Ergebnis der Überprüfung in den Lagerschein eingetragen worden, so begründet dieser auch die Vermutung, dass Gewicht, Menge oder Inhalt mit den Angaben im Lagerschein übereinstimmt.

(2) ¹Wird der Lagerschein an eine Person begeben, die darin als zum Empfang des Gutes berechtigt benannt ist, kann der Lagerhalter ihr gegenüber die Vermutung nach Absatz 1 nicht widerlegen, es sei denn, der Person war im Zeitpunkt der Begebung des Lagerscheins bekannt oder infolge grober Fahrlässigkeit unbekannt, dass die Angaben im Lagerschein unrichtig sind. ²Gleiches gilt gegenüber einem Dritten, dem der Lagerschein übertragen wird.

(3) ¹Die im Lagerschein verbrieften lagervertraglichen Ansprüche können nur von dem aus dem Lagerschein Berechtigten geltend gemacht werden. ²Zugunsten des legitimierten Besitzers des Lagerscheins wird vermutet, dass er der aus dem Lagerschein Berechtigte ist. ³Legitimierter Besitzer des Lagerscheins ist, wer einen Lagerschein besitzt, der

1. auf den Inhaber lautet,
2. an Order lautet und den Besitzer als denjenigen, der zum Empfang des Gutes berechtigt ist, benennt oder durch eine ununterbrochene Reihe von Indossamenten ausweist oder
3. auf den Namen des Besitzers lautet.

1) Vermutungen auf Grund des Lagerscheins (I)

1 Nach **I 1** (neu durch SHRG 2013, entspricht II 1 aF) begründet der Lagerschein die Vermutung, dass das Gut und seine Verpackung nach dem äußerlichen Zustand und nach Anzahl, Zeichen und Nummer der Packstücke wie im Lagerschein beschrieben übernommen worden sind (vgl. für den Ladeschein § 444 I). Dies dient der Erhöhung der Verkehrsfähigkeit des Lagerscheins, MüKoHGB/Hesse Rn. 3. Weitere Vermutung nach **I 2**. Die Vermutung ist widerleglich, was sich aus § 292 ZPO ergibt, wonach mangels anderslautender gesetzlicher Regelung eine gesetzliche Vermutung durch den Beweis des Gegenteils widerlegt werden kann.

2) Wirkung des Lagerscheins zugunsten Berechtigtem sowie gutgläubigem Dritten (II)

2 **II 1** (neu durch SHRG 2013, tritt an die Stelle von II 3 aF) entspricht der Vorschrift des § 444 II für den Ladeschein sowie dem § 522 II für das Konnossement. Ebenso wie dort wird zwischen der Begebung des Lagerscheins an die darin als zum Empfang berechtigt benannte Person und der Übertragung des Lagerscheins an Dritte durch Indossament oder durch Einigung und Übergabe unter-

schieden, womit auch der gutgläubige erste Nehmer eines Rekta- oder der Orderpapiers geschützt wird. Weitere Vermutung nach **II 2** zugunsten eines Dritten, dem der Ladeschein übertragen wird. **II 2** ist analog auf Inhaberlagerscheine anwendbar, Koller Rn. 20. Umgehung der Vermutungswirkung durch Eintragung eines Vorbehalts in den Lagerschein ist anders als nach § 409 II 2 nicht möglich. Bei Vermerk im Lagerschein, dass Angaben auf Informationen des Einlagerers oder Dritter beruhen, geht auch guter Glaube des Erwerbers nach II nicht weiter, MüKoHGB/Hesse Rn. 7.

3) Rechtsverhältnis zwischen Lagerhalter und Einlagerer (III)

III (neu durch SHR 2013, tritt an die Stelle von I und III aF sowie § 475f S. 1) entspricht der Vorschrift für den Ladeschein in § 444 III sowie für das Konnossement in § 519. Der legitimierte Besitzer gilt (Vermutung) als aus dem Ladeschein Berechtigter. Als Berechtigter wird daher vermutet: der Besitzer eines Inhaberladescheins (**III 3 Nr. 1**), eines Orderladescheins (**III 3 Nr. 2**) oder eines Namensladescheins (**III 3 Nr. 3**). Möglich bleibt Bezugnahme im Lagervertrag auf den Inhalt des Lagerscheins, MüKoHGB/Hesse Rn. 9.

Auslieferung gegen Rückgabe des Lagerscheins

475e (1) **Der legitimierte Besitzer des Lagerscheins ist berechtigt, vom Lagerhalter die Auslieferung des Gutes zu verlangen.**

(2) [1] **Ist ein Lagerschein ausgestellt, so ist der Lagerhalter zur Auslieferung des Gutes nur gegen Rückgabe des Lagerscheins, auf dem die Auslieferung bescheinigt ist, verpflichtet.** [2] **Der Lagerhalter ist nicht verpflichtet, die Echtheit der Indossamente zu prüfen.** [3] **Er darf das Gut jedoch nicht dem legitimierten Besitzer des Lagerscheins ausliefern, wenn ihm bekannt oder infolge grober Fahrlässigkeit unbekannt ist, dass der legitimierte Besitzer des Lagerscheins nicht der aus dem Lagerschein Berechtigte ist.**

(3) [1] **Die Auslieferung eines Teils des Gutes erfolgt gegen Abschreibung auf dem Lagerschein.** [2] **Der Abschreibungsvermerk ist vom Lagerhalter zu unterschreiben.**

(4) **Der Lagerhalter haftet dem aus dem Lagerschein Berechtigten für den Schaden, der daraus entsteht, daß er das Gut ausgeliefert hat, ohne sich den Lagerschein zurückgeben zu lassen oder ohne einen Abschreibungsvermerk einzutragen.**

1) Nach I (neu durch SHRG 2013, entspricht dem § 475f S. 1 aF) legitimiert der Lagerschein zum Empfang des Gutes. Beim Inhaberlagerschein ist der **Besitz maßgeblich** (§ 793 I 2 BGB), bei der Übertragung eines Namenslagerscheins eine zusammenhängende Kette von Zessionen (§ 410 BGB), KKRD/Koller, 6. Aufl., Rn. 1. Gem. **II 1** (entspricht I 1 aF) braucht der Lagerhalter das Gut nur gegen **Rückgabe** des Lagerscheins mit Vermerk über die Auslieferung auszuliefern. Ausnahmsweise Rückgabepflicht, wenn Aussteller des Lagerscheins diesen bereits wieder in Besitz hat und der Auslieferung Verlangende seine materielle Berechtigung zumindest beweisen kann, Koller Rn. 3. Verlorener Lagerschein ist im Wege des Aufgebotsverfahrens für kraftlos zu erklären, str. für Namenslagerschein, EBJS/Heublein Rn. 4. Nach **II 2 keine Prüfungspflicht** des Lagerhalters bezüglich Echtheit des Indossaments, außer bei abweichender Vereinbarung oder begründeten Zweifeln an Echtheit, MüKoHGB/Hesse Rn. 5. **II 3** (neu durch SHRG 2013) entspricht § 445 II 2 und § 522 II 2 und bestimmt, dass der Lagerhalter trotz Vorlage eines Lagerscheins nicht dem legitimierten Besitzer abliefern darf, wenn ihm bekannt oder grobfahrlässig unbekannt ist, dass der legitimierte Besitzer des Lagerscheins nicht aus dem Lagerschein materiell berechtigt ist.

Umgekehrt besteht ein Leistungsverweigerungsrecht selbst dann, wenn keine Rückgabe des Lagerscheins erfolgt, dem Aussteller die materielle Berechtigung aber positiv bekannt ist, Koller Rn. 3. Redlichkeit bestimmt sich wie bei § 445 II 2 und § 521 II 2 nach Art. 40 III 1 WG. Teilauslieferung ist zu vermerken (Abschreibungsvermerk, **III 1 und 2**). Der Lagerhalter haftet dem rechtmäßigen Besitzer für Auslieferung ohne Rückgabe des Lagerscheins oder ohne Abschreibungsvermerk **(IV).** IV ist § 445 III nachgebildet und ist wie dieser verschuldensunabhängig, aA zu § 417 aF BGH WM 1984, 1060; NJW 1999, 3487 (Verletzung der Pflicht, die Sachlegitimation zu prüfen), für analoge Anwendung des § 426 Koller Rn. 6; iErg aber wohl kein Unterschied, da Auslieferung ohne Rückgabe idR grob fahrlässig, mindestens aber fahrlässig ist. Berechtigter ist beweispflichtig für das Fehlverhalten des Lagerhalters und Kausalität der Pflichtverletzung für den Schaden, EBJS/Heublein Rn. 6. Bei Verlust des Lagerscheins gelten § 365 II HGB, §§ 433 ff., spez. 466 ff. FamFG (Aufgebotsverfahren).

Einwendungen

475f ¹**Dem aus dem Lagerschein Berechtigten kann der Lagerhalter nur solche Einwendungen entgegensetzen, die die Gültigkeit der Erklärungen im Lagerschein betreffen oder sich aus dem Inhalt des Lagerscheins ergeben oder dem Lagerhalter unmittelbar gegenüber dem aus dem Lagerschein Berechtigten zustehen.** ²**Eine Vereinbarung, auf die im Lagerschein lediglich verwiesen wird, ist nicht Inhalt des Lagerscheins.**

1 **1)** § 475f (neu durch SHRG 2013) ist § 447 I und § 522 I nachgebildet und stellt in **Satz 1** klar, welche **Einwendungen** der Lagerhalter dem aus dem Lagerschein Berechtigten entgegenhalten kann, nämlich nur solche, die die Gültigkeit der Erklärungen im Lagerschein betreffen oder sich aus dem Inhalt des Lagerscheins ergeben (→ § 364 Rn. 4 f.) oder dem Lagerhalter unmittelbar gegenüber dem aus dem Lagerschein Berechtigten zustehen, dh aus einer Vereinbarung mit ihm herrühren, MüKoHGB/Hesse Rn. 2. Norm gilt auch für Einreden, MüKoHGB/Hesse Rn. 2. Nach **Satz 2** ist eine **Vereinbarung,** auf die im Lagerschein lediglich verwiesen wird, nicht Inhalt des Lagerscheins.

Traditionswirkung des Lagerscheins

475g ¹**Die Begebung des Lagerscheins an denjenigen, der darin als der zum Empfang des Gutes Berechtigte benannt ist, hat, sofern der Lagerhalter das Gut im Besitz hat, für den Erwerb von Rechten an dem Gut dieselben Wirkungen wie die Übergabe des Gutes.** ²**Gleiches gilt für die Übertragung des Lagerscheins an Dritte.**

1 **1)** § 475g (neu durch SHRG 2013) entspricht § 448 für den Ladeschein und § 524 für das Konnossement, → § 448 Rn. 1 ff. Die Formulierung „Begebung ... an denjenigen, der darin als der zum Empfang des Gutes Berechtigte benannt ist" greift die Formulierung in § 475d III 2 Nr. 3 nF auf. Die Regelung erfasst damit – ebenso wie die entsprechenden Vorschriften für den Ladeschein und das Konnossement – auch den Fall, dass das Papier dem ersten Nehmer eines Rekta- oder Orderpapiers übertragen wird. Übergabe des Lagerscheins kann nur die Wirkung erzielen, die auch durch Übergabe des Guts selbst möglich wäre, MüKoHGB/Hesse Rn. 10. Papiererwerb rechtfertigt als Publizitätsakt einen gutgläubigen Erwerb mit Papierübergabe, MüKoHGB/Hesse Rn. 12. Vereinbarungswidrig mehrfach ausgestellte Orderlagerscheine sind ungültig; ihre Übertragung stellt Abtretung des Herausgabeanspruchs dar, MüKoHGB/Hesse Rn. 15.

Abweichende Vereinbarungen

475h Ist der Einlagerer ein Verbraucher so kann nicht zu dessen Nachteil von den §§ 475a und 475e Absatz 4 abgewichen werden.

1) Verbraucher als Einlagerer

§§ 467 ff. sind nach hM grundsätzlich **dispositiv**, Koller § 475a Rn. 4. Ist der **1 Einlagerer** ein **Verbraucher** (Legaldefinition § 13 BGB), kann aber nicht zu seinem Nachteil von § 475a (Verjährung) und § 475e III (Haftung gegenüber dem rechtmäßigen Besitzer bei Auslieferung ohne Rückgabe des Lagerscheins) abgewichen werden (vgl. §§ 449 I, 466 I). Analoge Anwendung, wenn Unternehmer Einlagerer ist und Lagerschein zugunsten eines Verbrauchers ausgestellt wird, Koller Rn. 1.

2) AGB und formularmäßige Haftungsbegrenzung

Darüber hinausgehende Grenzen wie in §§ 449 II–III, 466 II–IV setzt § 475h **2** nicht. AGB bleiben also im Lagergeschäft in viel weiterem Umfang als im Fracht- und Speditionsgeschäft (→ § 466 Rn. 2) möglich (→ § 467 Rn. 16). Diese unterfallen **(5)** §§ 305 ff. BGB, namentlich der dort vorgesehenen Inhaltskontrolle. Praxisrelevant sind **(18)** ADSp, VBGL, ALB, sowie HLB, BeckOK HGB/Giermann Rn. 5. Eine formularmäßige Begrenzung der Haftung bei Verletzung sog. Kardinalpflichten des Lagerhalters (dazu OLG Hamburg TranspR 2003, 260) ist auch im kaufmännischen Verkehr nach § 307 II Nr. 2 BGB selbst dann unwirksam, wenn der Schaden durch einfache Fahrlässigkeit eines nicht leitenden Angestellten oder Arbeiters entstanden ist, OLG Hamburg TranspR 2003, 405; BGH TranspR 1998, 376. Gültigkeit von im Rahmen einer laufenden Geschäftsbeziehung geänderten AGB ist abhängig von eindeutigem Hinweis, BGH NJW-RR 1991, 571.

Fünftes Buch. Seehandel

476-619 *(nicht abgedruckt)*

1 1) §§ 476 ff. idF SHRG 20.4.2013 BGBl. 831; jüngste Änd. §§ 611, 616, 617 durch Art. 4 G zur Ausführung des HNS-Übk 2010 v. 16.7.2021, BGBl. I S. 3079 (Inkrafttreten noch unbestimmt). Text s. HGB einschließlich SeeHdl-Recht (Beck'sche Textausgaben). **Lit. zur Reform des SeeHR:** Abschlussber der Sachverstg vom 27.8.2009, auszugsweise abgedr. TranspR 2009, 417, dazu allg. Herber TranspR 2009, 445; Rabe TranspR 2010, 1 u. 62 (Zeitchartervertrag); Frantzioch TranspR 2010, 8 (Haftung für Güterschäden); RefE vom 5.5.2011, abgedr. TranspR 2011, 276; dazu allg. Czerwenka TranspR 2011, 249; Rabe TranspR 2011, 323 (Haftung des Reeders, Stückgutvertrag); Trappe TranspR 2011, 332 (Zeitcharter); Herber TranspR 2011, 359 (ausführender Verfrachter), Stellungnahme der DGTR TranspR 2011, 309; RegE BT-Drs. 17/10309, abgedr. TranspR 2012, 166; dazu Herber TranspR 2012, 269 (Entwicklung); BegrRechtsausschuss BT-Drs. 17/11884; G zur Reform des SeeHdlR vom 20.4.2013 (SHRG 2013) BGBl. 831; dazu allg. Paschke RdTW 2013, 1; Ramming RdTW 2013, 303 (zeitlicher Anwendungsbereich des SHRG); 2013, 81 (ausführender Verfrachter); 2013, 173 (Art. 6 EGHGB); 2013, 253 (Verladung an Deck); Jessen RdTW 2013, 293 (Charter-Konnossement); Drews TranspR 2013, 253 (Warenumschlag); Czerwenka, Das Gesetz zur Reform des Seehandelsrechts, 2013; Rabe TranspR 2014, 309; Harbs TranspR 2014, 398 (Rechtsstellung des Abladers); Ramming RdTW 2016, 81 (Große Haverei); Ramming RdTW 2017, 81 (Beförderung von Fahrzeugen); Bodis TranspR 2017, 393 (§ 519 S. 1); Ramming RdTW 2018, 7 (MOL Comfort); Ramming RdTW 2018, 45 (Sperrwirkung Ladeschein und Konnossement); Rabe TranspR 2018, 110 (MOL Comfort); Sager TranspR 2018, 283 (AGB); Hinrichs TranspR 2019, 197 (Aktuelle Rspr. HansOLG); Bahnsen RdTW 2019, 246 (Containertransporte); Ramming, RdTW 2020, 283 (Containertransporte); OLG Frankfurt a. M. RdTW 2021, 24; Ramming, RdTW 2021, 15. **Lit.** Drews, Seehandelsrecht, 2. Aufl. 2013; Ehlers, Recht des Seeverkehrs, 2017; Herber, 1999; Rabe/Bahnsen, 5. Aufl. 2018; Puttfarken, 1997; Ramming, Bd. 1 (von 3), 2017; Schaps/Abraham, I, II, 4. Aufl. 1978; Thume/de la Motte/Ehlers, Transportversicherungsrecht, 2. Aufl. 2011. **Muster:** Hopt/Leyens, Vertrags- und Formularbuch zum Hdl-, Ges.- und Bankrecht, 4. Aufl. 2013, Teil I. P.1–3 (Seekonnossement, Multimodalkonnossement, Seefrachtbrief).

2. Teil. Handelsrechtliche Nebengesetze

Einleitung

1) HGB und Nebengesetze

A. Das HGB: a) Sonderkodifikation: Das HGB enthält nur einen Teil der 1 handelsrechtlichen Vorschriften. Das hat mehrere Gründe. Schon eine gesonderte Kodifikation wie das HGB ist nicht selbstverständlich. In vielen Ländern ist das HdlRecht von vornherein oder neuerdings wieder Teil der Kodifikation des allgemeinen bürgerlichen Rechts (→ HGB Einl. v. § 1 Rn. 2–3). Das HGB als gesonderte Kodifikation hat nie den Anspruch auf abschließende gebietsmäßige Regelung erhoben, sondern ist seit jeher ein Sonderprivatrecht der Kaufleute, das nur zusammen mit dem BGB verstanden und angewandt werden kann (vgl. zB §§ 48 ff. HGB über die hdlrechtlichen Vollmachten oder §§ 373 ff. HGB über den Hdlkauf, wie die Schuldrechtsreform des SMG 2001 erneut vor Augen geführt hat). Wichtige hdlrechtliche Gebiete wie das Wechselrecht (Allgemeine deutsche WechselO, WechselO 1871, heute WG 1933) oder Scheckrecht (ScheckG 1908, heute ScheckG 1933) wurden von vornherein gesondert kodifiziert.

b) Handelsrechtliche Neben- und Sondergesetze: Seither ist ein Aushöh- 2 lungsprozess sowohl des BGB (zB AGBG aF, ErbbauRG, ehem. ErbbaurechtsVO aF, WEG, EheG aF, VerbrKrG aF, dort teilw. wieder rückläufig) als auch des HGB durch Neben- bzw. Sondergesetze zu verzeichnen. Der wichtigste Verlust für das HGB war der des Kapitalgesellschaftsrechts. Das GenG 1889 und das GmbHG 1892 waren nie Teil des HGB, das Aktienrecht mit der AG und der KGaA wurde mit dem AktG 1937 (vgl. EGAktG 30.1.1937 RGBl. I 166 §§ 1, 18) aus den früheren 3. und 4. Abschn. (§§ 178–319, 320–334 aF HGB) herausgenommen und ist mitsamt dem Konzernrecht im AktG 1965 geregelt. Die an die OHG angelehnte Rechtsform der Partnerschaftsgesellschaft G 25.7.1994 BGBl. 1744 wurde im PartGG (s. → HGB Anh. § 160 B) von vornherein separat geregelt. Heute sind die Nebengesetze beherrschend. Aus dem privaten Bank- und Börsenrecht sind beispielhaft das **(13)** DepotG, das **(14)** BörsG, das **(16b)** WpHG 1994 und spezieller das WpÜG 2001/2002 zu nennen. Das private Versicherungsrecht hat sich längst verselbstständigt (VVG 1908, nF 2007), erst recht das private Wettbewerbsrecht (UWG, → HGB Einl. v. § 1 Rn. 77), der gewerbliche Rechtsschutz (zB PatG, MarkenG) und das Urheberrecht (UrhG). Auch im Transportrecht waren jahrelang die Nebengesetze vorherrschend, so im Speditions-, Lager-, Fracht- und Eisenbahnverkehrsrecht (zB OLSchVO aF, GüKG, KVO, EVO). Die Transportrechtsreform 1998 hat demgegenüber den Schwerpunkt wieder in das HGB zurückverlagert, jedoch auch ohne das immer wichtiger werdende internationale Transportrecht in **(17)** CMR.

c) HGB als Grundgesetz der Kaufleute und Unternehmer: Dennoch ist 3 das HGB nicht nur historisch, sondern auch materiellrechtlich das Kerngebiet des Kaufmanns- und Unternehmerprivatrechts. Es hat durch das BiRiLiG 1985 eine wichtige Aufwertung erfahren. Die Inkorporierung des **gesamten Rechnungslegungsrechts** für Kflte und Ges. einschließlich des Sonderrechts für Banken und Versicherungsunternehmen mit nur wenigen Sonderregeln außerhalb des HGB hat die Rolle des HGB als Grundgesetz für Kaufleute und Unternehmer und Bezugspunkt der handelsrechtlichen Nebengesetze bestätigt und bekräftigt. Daran hat auch die Entscheidung der EU für die IFRS/IAS durch VO Nr. 1606/

2002 v. 19.7.2002 NZG 2002, 1095, jedenfalls im Grds. nichts geändert (näher → HGB Einl. v. § 238 Rn. 5, § 315e). Im Rahmen der anstehenden Modernisierung des **Personengesellschaftsrechts** (zum Expertenentwurf Einl. v. § 105 Rn. 42 ff.) ist auf den Verbleib traditioneller handelsrechtlicher Grundsätze im HGB zu achten, wie das Verbraucherrecht in das BGB könnte das Personengesellschaftsrecht unternehmenstragender Gesellschaften in das HGB inkorporiert werden.

4 B. **Kautelarpraxis und freiwillige Selbstregelungen:** Im HdlRecht spielen außerrechtliche Gebräuche und Regelungen seit jeher eine hervorragende Rolle. Heute wird die hdlrechtliche Praxis von **AGB** und mehr oder weniger **typisierten Vertragsklauseln** (zB (6) Incoterms) bestimmt, vor allem im Bank- und Börsenrecht (zB (8) AGB-Banken oder für Dokumenten-Akkreditive und Dokumenten-Inkasso die (11) ERA und (12) ERI) und im Transportrecht (zB (18) ADSp). Hinzu kam in Deutschland besonders im Bank- und Börsenrecht eine Tendenz, durch **freiwillige Selbstregelungen** den Erlass von Gesetzen und eine drohende behördliche Aufsicht oder Einflussnahme zu vermeiden. So wurden zB die Reformprobleme des Insiderhandels, der Verhaltensnormen für Wertpapierhändler und Berater und der öffentlichen Kauf- und Tauschangebote zum Erwerb von Wertpapieren einer Zielgesellschaft (Übernahmeangebote bzw. takeover bids) lange Zeit außerrechtlich durch Richtlinien und Leitsätze der beteiligten Kreise geregelt (so früher zB die Insiderhandels-RL, Händler- und Beraterregeln, InsiderVerfO, LSÜbernahmeangebote und später den Übernahmekodex). Die EU-Rechtsangleichung hat diese Tendenz allerdings gestoppt und unmittelbar oder mittelbar zu zwingendem Gesetzesrecht geführt (zB Insiderrecht in (16a) MAR Art. 7 ff. und Übernahmerecht im WpÜG), obschon neben beidem wie in anderen Ländern auch freiwillige Selbstregelungen durchaus möglich wären, vgl. Hopt Bankrechtstag 1995, 7; ZHR 161 (1997), 368 (396); Leyens AcP 215 (2015), 612. Inzwischen erlebt die **private Regelsetzung** eine Renaissance, vor allem mit den IFRS im internationalen Rechnungslegungsrecht. Die private **Rechtsdurchsetzung** hingegen hat im Nachgang zum **Wirecard**-Skandal einen empfindlichen Rückschlag erlitten. So wurde die noch bis zum 31.12.2021 in den §§ 342b–e HGB geregelte Prüfstelle für Rechnungslegung (DPR) durch FISG aufgelöst und deren Kompetenzen der BaFin übertragen (→ HGB Einl. v. § 316 Rn. 15a).

5 C. **Internationales und europäisches Handelsrecht.** Dieses bildet weitere Rechtsschichten um das HGB herum. Internationale Einheitsgesetze (loi uniforme) werden häufig nicht in vorhandene nationale Kodifikationen eingearbeitet, sondern als gesondertes nationales Gesetz erlassen. Das einheitliche Wechsel- und Scheckrecht (Genfer Konferenz 1931) betraf schon vorhandene Nebengesetze (→ Rn. 1–3). Das internationale Einheitsrecht auf dem Gebiet des Kaufrechts, das UN-Kaufrecht (CISG, → HGB Einl. v. § 373 Rn. 46) wie schon zuvor und von ihm abgelöst die einheitlichen Kaufgesetze (EKG und EAG 1973), entzieht dagegen mangels gegenteiliger Parteivereinbarung den internationalen Kauf beweglicher Sachen dem BGB und dem HGB. Auch das Recht des grenzüberschreitenden Transports und Verkehrs ist heute statt in §§ 407 ff. HGB in internationalen Abkommen zu finden (zB für den Straßengüterverkehr (17) CMR, Eisenbahnfrachtverkehr CIM, Eisenbahn-Personen- und Gepäckverkehr CIV, Luftverkehr Warschauer Abkommen). Die Rechtsangleichung im Rahmen der Europäischen Union hat tiefe Spuren im deutschen HdlRecht hinterlassen, zwar noch wenig im HdlVertreterrecht, das seinerseits weitgehend Modell für die EU-RL 1986 (→ HGB § 84 Rn. 3) war, mehr schon im Gesellschaftsrecht (hier aber primär im Kapitalgesellschaftsrecht), vor allem aber im Bilanzrecht und im Börsen- und Kapitalmarktrecht. Die entsprechenden Einwirkungen, etwa die des europäischen Gesellschaftsrechts, sind, soweit das HGB betroffen ist, in dieses eingearbeitet worden (zB § 15 III HGB auf Grund der 1. RL 1968, sog. Publizitäts-RL, und besonders Buch III des HGB auf Grund der 4., 7. und 8. RL 1978, 1983, 1984 durch das BiRiLiG 1985). Auf dem Gebiet des Börsen- und Kapitalmarktrechts finden sich demgegenüber selbstständige, von europäischem Recht vielfältig beeinflusste und zT sogar weitgehend geprägte Gesetze, so neben dem **(14)** BörsG vor allem das **(16b)** WpHG, das auf die TransparenzRL 1988, InsiderRL 1989 und die WPDienstleistungsRL 1993 zurückgeht und mit der **(16a)** MAR einen Regelungszusammenhang bildet, und das WpÜG, das – obschon europäisch beeinflusst – autonom deutsches Recht ist. Auch wenn die europäische Richtlinien umsetzenden Gesetze deutsches Recht sind, ist doch wegen ihrer Herkunft, ihrer Auslegung und der erforderlichen Vorlage an den EuGH der europäische Bezug von entscheidender Bedeutung (zB → HGB § 84 Rn. 3, → HGB § 86 Rn. 22, → HGB § 86a Rn. 1 für das Handelsvertreterrecht; → HGB Einl. v. § 105 Rn. 36 für das Gesellschaftsrecht; → HGB Einl. v. § 238 Rn. 4 ff., 7 für das Bilanzrecht).

2) Auswahl und Darstellung

A. **Auswahl nach der Nähe zum HGB und der erleichterten Greifbarkeit für die Handelsrechtspraxis:** Die Auswahl der Nebengesetze erfolgte unter drei Sachgesichtspunkten. Aufgenommen wurden nur privatrechtliche bzw. privatrechtlich relevante Nebengesetze (also zB privates Bank- und Börsenrecht, nicht Bankaufsichtsrecht). Nicht aufgenommen wurden – außer im knappen Auszug – Nebengesetze aus etablierten selbstständigen Gebieten (zB Aktien- und GmbHRecht, Wertpapierrecht, Gewerblicher Rechtsschutz und Urheberrecht, Privatversicherungsrecht). Entscheidend für die Auswahl war letztlich die Nähe zum HGB, sei es, dass das HGB unmittelbar ergänzt wird (zB **(1)** EGHGB mit seinen zahlreichen Übergangsvorschriften; zum Handelsregister Buch 5 des **(3)** FamFG (§§ 374 ff.) und die **(4)** HRV; zum Transportrecht die **(18)** ADSp), sei es, dass der Benutzer des HGB auf das Nebengesetz laufend oder dringend angewiesen ist (zB **(6)** Incoterms 2010 und andere Handelskaufklauseln, **(8)** AGB-Banken, **(9)** AGB-Sparkassen oder **(10)** AGB-Anderkonten samt dem Text der für sie alle wichtigen AGB-Kontrollvorschriften, auch wenn letztere nunmehr im BGB verortet sind, **(5)** §§ 305–310 BGB), oder dass die nur gelegentlich benötigten Texte für ihn nicht ohne Weiteres greifbar wären (zB **(11)** ERA, **(12)** ERI). Hinzu kommen die beiden grundlegenden Kapitalmarktrechtsgesetze, das **(14)** BörsG und das **(16b)** WpHG, auf die sich heute wegen der Finanzierungsbedürfnisse und der Kapitalmarktregulierung zunehmend auch kleine und mittlere Unternehmen (KMU) einstellen müssen. Wegen ihrer praktischen Relevanz ist auch die sondergesetzliche Prospekthaftung mit **(15a)** WpPG §§ 21–25 und **(15b)** VermAnlG §§ 20–22 berücksichtigt. Praktische und theoretische Gründe (→ HGB Einl. v. § 1 Rn. 18–19) ließen bei der Auswahl keine Unterscheidung zwischen Nebengesetzen ieS und außerrechtlichen Texten (AGB, Richtlinien, Regeln, Leitsätze) zu.

B. **Darstellung:** Die Darstellung erfolgt zweckmäßig **nach sechs Gebieten in Anlehnung an die Systematik des HGB:** I. Einführungsgesetz, II. Handelsbücher und Bilanzen, III. Handelsregister, IV. AGB und (nicht branchengebundene) Vertragsklauseln, V. Bankgeschäfte (mit Börsen- und Kapitalmarktrecht), VI. Transport (Fracht-, Speditions-, Lager- und andere Transportgeschäfte). Die einzelnen Nebengesetze sind durch **fortlaufende Nummerierung (1)–(18),** die auch für ihre im Text zitierten Vorschriften als Ordnungskennzahl benutzt wird, leichter auffindbar. Ein **Verzeichnis** dieser und einzelner sonst aufgenommener Nebengesetze ist Teil des Inhaltsverzeichnisses. Die Darstellung beschränkt sich entweder auf die Wiedergabe des Nebengesetzes mit kurzer Einleitung, Schrifttumsnachweisen und einzelnen Hinweisen oder bringt darüber

Einleitung 7

hinaus eine durchgängige, auf das Wichtigste beschränkte **Kurz-Kommentierung,** so **(6)** Incoterms 2010, **(7)** Bankgeschäfte, **(8)** AGB-Banken mit Sonderbedingungen für Wertpapiergeschäfte, **(11)** ERA, **(12)** ERI, **(13)** Depotgesetz, **(14)** BörsG und **(17)** CMR; **(16a)** MAR und **(16b)** WpHG sind aus theoretischen wie praktischen Gründen (Kapitalmarktrecht, Verbindungen zum BörsG und zum Effektenkommissionsrecht ua) auszugsweise unter der neuen Überschrift **(16)** Insiderhandelsverbot und Ad-hoc-Mitteilungen kommentiert worden. Das bis zur 32. Aufl. abgedruckte WpÜG ist vorwiegend öffentliches und Aufsichtsrecht und für die Zivilgerichtsbarkeit ohne große Bedeutung, vor allem aber liegen insoweit umfassende, neueste Spezialkommentierungen vor. **Verstärkte Aufmerksamkeit** kommt dabei wegen ihrer großen und allgemeinen Bedeutung den zwei erstgenannten zu: **(7) Bankgeschäfte,** die ohne Anlehnungsmöglichkeit an einen Gesetzestext **mit Schwerpunkt auf dem Zahlungs- und Kreditrecht** behandelt werden (mit der Einschränkung, dass die mittlerweile im BGB kodifizierten Teile wie das Überweisungsrecht, da dort leicht greifbar, in der Kommentierung zurücktreten), und **(8) AGB-Banken** samt **(8a) Sonderbedingungen für Wertpapiergeschäfte (AGB-WPGeschäfte),** die exemplarisch für die in Text und Inhalt nicht völlig gleichen AGB der verschiedenen Kreditinstitute erläutert sind.

I. Einführungsgesetz

(1) Einführungsgesetz zum Handelsgesetzbuche (EGHGB)

Vom 10. Mai 1897 (RGBl. 437/BGBl. III FNA 4101-1)
zuletzt geändert durch Art. 2 G zur Umsetzung der Digitalisierungsrichtlinie (DiRUG) vom 5.7.2021 (BGBl. I 3338)[1]

Einleitung

Schrifttum

Großkommentare und Lehrbücher zum HGB (→ HGB Einl. v. § 1), zum Registerrecht (→ HGB § 8 HGB)

1) Zur Geschichte des HGB und zum EGHGB → HGB Einl. v. § 1 Rn. 10. 1 Erst mit dem BiRiLiG 1985 hat das weitgehend überholte EGHGB wieder große praktische Bedeutung gewonnen. Die **Gesetzestechnik** ist so, dass 1985 die alten Art. 1–22 als 1. Abschnitt Einführung des Handelsgesetzbuches zusammengefasst wurden und jeweils eigene Abschnitte die Übergangsvorschriften zu späteren Gesetzen bündeln. Der 2. Abschn. (Art. 23–28) enthält die Übergangsvorschriften zum BiRiLiG, diese sind letztmalig in der 38. Aufl. dieses Kommentars in HGB Einl. v. § 238 Rn. 59–65 kommentiert. Es folgen: 3. Abschn. Handelsvertreter-Novelle 1989, 4. und 5. Abschn. Bank- BiRiLiG 1990 und VersRiLiG 1994, 6. Abschn. G zur Durchführung der 11. EG-RL zur GesRechtsangleichung 1993, 7. Abschn. NachhBG 1994, 8. Abschn. HRefG 1998 u. VVGReformG 2007, 9. Abschn. EuroEG 1998, 10. Abschn. KonTraG 1998 und 11. Abschn. G zur Verlängerung der steuerlichen und handelsrechtlichen Aufbewahrungsfristen 1998, 12. Abschn. KapCoRiLiG 2000, 13. Abschn. G zur Anpassung der Abgrenzungsmerkmale für größenabhängige Befreiungen (§§ 290 ff. HGB) 2000. Text und Kommentierung bis zum 13. Abschn. sind letztmalig in der 39. Aufl. enthalten. Es folgen: 14. Abschn. WPOÄG 2000, 15. Abschn. EuroBilG 2001, 16. Abschn. ERJuKoG 2001, 17. Abschn. AltfahrzeugG 2002, 18. Abschn. TransPuG 2002, 19. Abschn. WPRefG 2003, 20. Abschn. BilKoG 2004, 21. Abschn. VO (EG) Nr. 1606/2002 sowie BilReG 2004, 22. Abschn. Vorstandsvergütungs-OffenlegungsG 2005, 23. Abschn. Übernahmerichtlinien- UmsetzungsG 2006, 24. Abschn. EHUG 2006, 25. Abschn. TUG 2007, 26. Abschn. VVGReformG 2007, 27. Abschn. RisikobegrenzungsG 2008, 28. Abschn. MoMiG 2008, 29. Abschn. BilMoG 2009, 30. Abschn. VorstAG 2009; 31. Abschn. G zur Umsetzung der geänd. BankenRL und der geänd. KapitaladäquanzRL 2010; 32. Abschn. MicroBilG 2012; 33. Abschn. SHRG 2013; 34. Abschn. AIFM-UmsG 2013; 35. Abschn. GleichberTeilhG 2015; 36. Abschn. KleinanlegerschutzG 2015; 37. Abschn. BilRUG 2015; 38. Abschn. BürokratieEntlG 2015; 39. Abschn. TransparenzRiÄndRiUmsetzG 2015; Abschn. APAReG 2016; 41. Abschn. AReG 2016; 42. Abschn. CSR-RL- UmsetzungsgesetzG 2017; 43. Abschn. G zum Bürokratieabbau und zur För- derung der Transparenz bei Genossenschaften 2017; 44. Abschn. G zur Umsetzung der zweiten Aktionärs-

---

[1] Änderungen durch Art. 52 G zur Modernisierung des Personengesellschaftsrechts (Personengesellschaftsrechtsmodernisierungsgesetz – MoPeG) v. 10.8.2021, BGBl. I 3436 **mWv 1.1.2024** sind in der vorliegenden Auflage noch nicht berücksichtigt.

Merkt

rechterichtlinie (ARUG II) 2019; 45. Abschn. G vom 12.8.2020 (ESEF-Einführung); 46. Abschn. FondsstandortG 2021; 47. Abschn. FinanzmarktintegritätsstärkungsG (FISG) 2021; 48. Abschn. FüPoG II 2021.

Erster bis Dreizehnter Abschnitt.

EGHGB 1–49 *(nicht abgedruckt)*

S. Baumbach/Hopt/*Hopt* (5) EGHGB 39. Aufl.

Vierzehnter Abschnitt. Übergangsvorschrift zum Gesetz zur Änderung von Vorschriften über die Tätigkeit der Wirtschaftsprüfer

[Prüfung einer Aktiengesellschaft]

EGHGB 50 § 319 Abs. 2 Satz 2 Nr. 2 und Abs. 3 Nr. 7 des Handelsgesetzbuchs in der am 1. Januar 2001 geltenden Fassung sind für die Prüfung einer Aktiengesellschaft, die Aktien mit amtlicher Notierung ausgegeben hat, erstmals auf die Prüfung des Abschlusses für das nach dem 31. Dezember 2002 beginnende Geschäftsjahr anzuwenden.

1 1) 14. Abschn. (Art. 50) neu durch WPOÄG 19.12.2000 BGBl. 1769, Abs. 2 aufgehoben durch EuroBilG 10.12.2001 BGBl. 3414, Abs. 1 Satz 2 aufgehoben durch BilReG 4.12.2004 BGBl. 3166. Übergangsvorschrift zu § 319 II 2 Nr. 2 HGB und III Nr. 7 betr. mangelnde Teilnahme an der Qualitätskontrolle (Peer Review) als Ausschlussgrund für Wirtschaftsprüfer und vereidigte Buchprüfer. Art. 50 differenziert zwischen Aktiengesellschaften, die Aktien mit amtlicher Notierung ausgegeben haben (vgl. **(14)** BörsG § 30 aF, sprachliche Anpassung wie in § 319 III Nr. 6 HGB ua durch Art. 8 4. FinanzmarktfördG „deren Aktien zum Handel im amtlichen Markt zugelassen sind" ist unterblieben), und sonstigen Aktiengesellschaften; für letztere Frist bis zum nach dem 31.12.2005 beginnenden Geschäftsjahr. Abs. 1 Satz 2 war mit § 319 HGB idF BilReG obsolet geworden.

Fünfzehnter Abschnitt. Übergangsvorschriften zum Euro-Bilanzgesetz

[Übergangsvorschriften zum Euro-Bilanzgesetz]

EGHGB 51 (1) ¹§ 323 Abs. 2 und § 340k Abs. 4 des Handelsgesetzbuchs in der vom § 1. Januar 2002 an geltenden Fassung sind erstmals auf die Prüfung des Abschlusses für ein nach dem 31. Dezember 2001 endendes Geschäftsjahr anzuwenden. ²§ 323 Abs. 2 und § 340k Abs. 4 des Handelsgesetzbuchs in der bis zum 31. Dezember 2001 geltenden Fassung sind letztmals auf die Prüfung des Abschlusses für ein spätestens am 31. Dezember 2001 endendes Geschäftsjahr anzuwenden.

(2) ¹§ 325a Abs. 1 Satz 3bis 5, § 340l Abs. 2 Satz 3 und 4, Abs. 4 des Handelsgesetzbuchs in der am 15. Dezember 2001 geltenden Fassung sind erstmals auf die Offenlegung des Jahres- und Konzernabschlusses, des Lageberichts und Konzernlageberichts sowie der dazugehörenden Unterlagen für das

I. Einführungsgesetz **53 EGHGB (1)**

am 31. Dezember 2000 oder später endende Geschäftsjahr anzuwenden. ²§ 325a Abs. 1 Satz 3 und 4, § 340l Abs. 2 Satz 3 und 4, Abs. 4 des Handelsgesetzbuchs in der am 14. Dezember 2001 geltenden Fassung sind letztmals auf die Offenlegung des Jahres- und Konzernabschlusses, des Lageberichts und Konzernlageberichts sowie der dazugehörenden Unterlagen für das vor dem 31. Dezember 2000 endende Geschäftsjahr anzuwenden. ³ Sofern die Offenlegung des Jahres- und Konzernabschlusses, des Lageberichts und Konzernlageberichts sowie der dazugehörenden Unterlagen eines Geschäftsjahres, das vor dem 31. Dezember 2000 endet, bisher nicht erfolgt ist und das Unternehmen diesen Umstand nicht zu vertreten hat, können auf die Offenlegung die Vorschriften des Satzes 1 angewendet werden.

1) 15. Abschn. (Art. 51) neu durch EuroBilG 10.12.2001 BGBl. 3414. Übergangsvorschriften zu § 323 II HGB betr. Erhöhung der gesetzlichen Haftungsobergrenze (→ HGB § 323 Rn. 9) und § 340k IV HGB betr. erleichterte Auswahl von Abschlussprüfern kleinerer Finanzdienstleistungsinstitute (Art. 51 I) und zu §§ 325a I 3–5, 340l II 3, 4, IV HGB betr. ZwNl von KapitalGes mit Sitz im Ausland (Art. 51 II). 1

Sechzehnter Abschnitt. Übergangsvorschrift zum Gesetz über elektronische Register und Justizkosten für Telekommunikation

[Anmeldung und Eintragung einer Vertretungsmacht]

EGHGB 52 ¹ Bei nach § 33 des Handelsgesetzbuchs eingetragenen juristischen Personen, Offenen Handelsgesellschaften und Kommanditgesellschaften muss die Anmeldung und Eintragung einer dem gesetzlichen Regelfall entsprechenden Vertretungsmacht der persönlich haftenden Gesellschafter, des Vorstandes und der Liquidatoren erst erfolgen, wenn eine vom gesetzlichen Regelfall abweichende Bestimmung des Gesellschaftsvertrages oder der Satzung über die Vertretungsmacht angemeldet und eingetragen wird oder wenn erstmals die Liquidatoren zur Eintragung angemeldet und eingetragen werden. ² Das Registergericht kann die Eintragung einer dem gesetzlichen Regelfall entsprechenden Vertretungsmacht auch von Amts wegen vornehmen.

1) 16. Abschn. (Art. 52) neu durch ERJuKoG 10.12.2001 BGBl. 3422. Übergangsvorschrift betr. juristischen Personen nach § 33 HGB, OHG und KG. Die nach dem ERJuKoG erforderliche Anmeldung und Eintragung einer dem gesetzlichen Regelfall entsprechenden Vertretungsmacht der phG, des Vorstands und der Liquidatoren und entsprechender Änderungen (§§ 33 II, 34 I, 106 II Nr. 4, 107, 148 I, 150 HGB) muss erst bei einem in Art. 52 bezeichneten neuen Ereignis erfolgen (Art. 52 S. 1). Doch kann das Registergericht von Amts wegen eintragen (Art. 52 S. 2). 1

Siebzehnter Abschnitt. Übergangsvorschriften zum Altfahrzeug-Gesetz

[Rückstellungen bei Verpflichtung zur Rücknahme und Verwertung von Altfahrzeugen]

EGHGB 53 (1) Für Verpflichtungen zur Rücknahme und Verwertung von Altfahrzeugen nach den §§ 3 bis 5 der Altfahrzeug-Verordnung in der Fassung der Bekanntmachung vom

Merkt 2001

(1) EGHGB 54 [1]

21. Juni 2002 (BGBl. I S. 2214) sind Rückstellungen hinsichtlich der bis zum jeweiligen Abschlussstichtag in Verkehr gebrachten Fahrzeuge erstmals im Jahresabschluss für das nach dem 26. April 2002 endende Geschäftsjahr zu bilden.

(2) [1] Soweit sich die in Absatz 1 genannten Verpflichtungen auf Fahrzeuge beziehen, die vor dem 1. Juli 2002 in Verkehr gebracht wurden, darf als Bilanzierungshilfe jeweils der Unterschiedsbetrag zwischen den hierfür nach Absatz 1 anzusetzenden Rückstellungen und dem Rückstellungsbetrag aktiviert werden, der sich bei Ansammlung dieser Rückstellungen in gleichmäßig bemessenen Jahresraten ergäbe. [2] Dabei ist ein Ansammlungszeitraum zugrunde zu legen, der mit dem in Absatz 1 bezeichneten Geschäftsjahr beginnt und mit dem letzten vor dem 1. Januar 2007 endenden Geschäftsjahr endet. [3] Der Posten ist in der Bilanz unter der Bezeichnung „Ausgleichsbetrag nach dem Altfahrzeug-Gesetz" vor dem Anlagevermögen auszuweisen. [4] Artikel 44 Abs. 1 Satz 4 und 5 gilt entsprechend.

1) 17. Abschn. (Art. 53) neu durch AltfahrzeugG 21.6.2002 BGBl. 2199. Übergangsvorschriften zu Rückstellungen und Bilanzierungshilfe bei Verpflichtungen zur Rücknahme und Verwertung von Altfahrzeugen.

Achtzehnter Abschnitt. Übergangsvorschriften zum Transparenz- und Publizitätsgesetz

[Übergangsvorschriften zum Transparenz- und Publizitätsgesetz]

EGHGB 54 (1) [1] Die vom Inkrafttreten des Artikels 2 des Transparenz- und Publizitätsgesetzes an geltende Fassung des § 285 Nr. 9, § 286 Abs. 3, § 291 Abs. 3, § 297 Abs. 1 Satz 2, § 298 Abs. 1, § 299 Abs. 1, § 301 Abs. 1, der §§ 304, 308, 313 Abs. 3, des § 314 Abs. 1 Nr. 6 sowie des § 341j Abs. 2 des Handelsgesetzbuchs ist erstmals auf das nach dem 31. Dezember 2002 beginnende Geschäftsjahr anzuwenden. [2] Die Vorschriften können auf ein früheres Geschäftsjahr angewendet werden. [3] Die vom Inkrafttreten des Artikels 2 des Transparenz- und Publizitätsgesetzes an geltende Fassung des § 285 Nr. 16, § 314 Abs. 1 Nr. 8, Abs. 2, § 316 Abs. 2 Satz 2, § 317 Abs. 4, § 321 Abs. 1 Satz 3, Abs. 2, § 325 Abs. 1 Satz 1, Abs. 3 Satz 1 und 2 sowie des § 341 Abs. 4 Satz 2 des Handelsgesetzbuchs ist erstmals auf das nach dem 31. Dezember 2001 beginnende Geschäftsjahr anzuwenden.

(2) Ergibt sich bei der erstmaligen Anwendung der in Absatz 1 genannten Bestimmungen eine Erhöhung oder Verminderung des Ergebnisses, so ist der Unterschiedsbetrag in die Gewinnrücklagen einzustellen oder offen mit diesen zu verrechnen; dieser Betrag ist nicht Bestandteil des Jahresergebnisses.

1) 18. Abschn. (Art. 54) neu durch TransPuG 19.7.2002 BGBl. 2681. Übergangsvorschriften zu verschiedenen Vorschriften betr. Pflichtangaben im Anhang (→ HGB §§ 285, 286), Konzernabschluss (→ HGB §§ 291 ff.), Prüfung (→ HGB §§ 316 ff.) und Offenlegung (→ HGB § 325).

Neunzehnter Abschnitt. Übergangsvorschrift zum Wirtschaftsprüfungsexamens-Reformgesetz

[Verjährungsfrist]

EGHGB 55 (1) Die regelmäßige Verjährungsfrist nach § 195 des Bürgerlichen Gesetzbuchs findet auf die am 1. Januar 2004 bestehenden und noch nicht verjährten Ansprüche nach § 323 des Handelsgesetzbuchs Anwendung.

(2) ¹Die regelmäßige Verjährungsfrist nach § 195 des Bürgerlichen Gesetzbuchs wird vom 1. Januar 2004 an berechnet. ²Läuft jedoch die Verjährungsfrist nach dem bis zum 31. Dezember 2003 geltenden § 323 Abs. 5 des Handelsgesetzbuchs früher als die Verjährungsfrist nach § 195 des Bürgerlichen Gesetzbuchs ab, so ist die Verjährung mit Ablauf der in § 323 Abs. 5 des Handelsgesetzbuchs in der bis zum 31. Dezember 2003 geltenden Fassung bestimmten Verjährungsfrist vollendet.

1) 19. Abschn. (Art. 55) neu durch WPRefG 1.12.2003 BGBl. 2446. Übergangsvorschrift zu der aufgehobenen Sonderverjährungsvorschrift des § 323 V aF HGB (5 Jahre). Stichtag für die Anwendbarkeit der Regelverjährung nach § 195 BGB ist danach grundsätzlich 1.1.2004. Art. 55 entspricht **(2a)** WPO § 135b, der Übergangsvorschrift zu der aufgehobenen parallelen Sonderverjährungsvorschrift des **(2c)** WPO § 51a (5 Jahre ab Anspruchsentstehung).

Zwanzigster Abschnitt. Übergangsvorschriften zum Bilanzkontrollgesetz

[Übergangsvorschriften zum BilKoG]

EGHGB 56 (1) ¹Die Bestimmungen des Sechsten Abschnitts des Dritten Buchs des Handelsgesetzbuchs in der Fassung des Bilanzkontrollgesetzes vom 15. Dezember 2004 finden erstmals auf Abschlüsse des Geschäftsjahres Anwendung, das am 31. Dezember 2004 oder später endet. ²Prüfungen durch eine anerkannte Prüfstelle im Sinne von § 342b Abs. 1 des Handelsgesetzbuchs finden frühestens ab dem 1. Juli 2005 statt.

(2) In dem ersten nach Anerkennung einer Prüfstelle gemäß § 342d des Handelsgesetzbuchs aufzustellenden Wirtschaftsplan sind auch die Kosten zu berücksichtigen, die zur Errichtung der Prüfstelle erforderlich waren, auch wenn sie bereits vor Anerkennung der Prüfstelle entstanden sind.

1) 20. Abschn. (Art. 56) neu durch BilKoG 15.12.2004 BGBl. 3408. Übergangsvorschrift zum neuen 6. Abschn. des 3. Buchs über die Prüfstelle für Rechnungslegung. Prüfungen nicht vor 1.7.2005.

Einundzwanzigster Abschnitt. Übergangsvorschriften zur Verordnung (EG) Nr. 1606/2002 sowie zum Bilanzrechtsreformgesetz

[Übergangsvorschrift zur Verordnung (EG) Nr. 1606/2002]

EGHGB 57 [1] Auf Gesellschaften, von denen

1. lediglich Schuldtitel zum Handel in einem geregelten Markt eines Mitgliedstaats der Europäischen Union oder eines anderen Vertragsstaats des Abkommens über den Europäischen Wirtschaftsraum im Sinne des Artikels 1 Nr. 13 der Richtlinie 93/22/EWG des Rates vom 10. Mai 1993 über Wertpapierdienstleistungen (ABl. EG Nr. L 141 S. 27), die zuletzt durch die Richtlinie 2002/87/EG des Europäischen Parlaments und des Rates vom 16. Dezember 2002 (ABl. EU 2003 Nr. L 35 S. 1) geändert worden ist, zugelassen sind, oder
2. Wertpapiere zum öffentlichen Handel in einem Drittstaat zugelassen sind und die zu diesem Zweck seit dem Geschäftsjahr, das vor dem 11. September 2002 begann, international anerkannte Rechnungslegungsstandards anwenden,

findet Artikel 4 der Verordnung (EG) Nr. 1606/2002 des Europäischen Parlaments und des Rates vom 19. Juli 2002 betreffend die Anwendung internationaler Rechnungslegungsstandards (ABl. EG Nr. L 243 S. 1) in der jeweils geltenden Fassung erst von dem Geschäftsjahr an Anwendung, das nach dem 31. Dezember 2006 beginnt. [2] Drittstaat im Sinne des Satzes 1 Nr. 2 ist ein Staat, der weder Mitgliedstaat der Europäischen Union noch Vertragsstaat des Abkommens über den Europäischen Wirtschaftsraum ist.

1   1) 21. Abschn. (Art. 57–58) neu durch BilReG 4.12.2004 BGBl. 3166. Art. 57 enthält Übergangsvorschrift zu Art. 4 VO (EG) 19.7.2002 betr. Anwendung internationaler Rechnungslegungsstandards, ABl. L 243, 1, Geltung gemäß Wahlrecht in Art. 9 VO erst für Geschäftsjahre beginnend nach 31.12.2006.

[Übergangsvorschrift zum Bilanzrechtsreformgesetz]

EGHGB 58

(1) § 267 Abs. 1 und 2, § 293 Abs. 1 des Handelsgesetzbuchs in der Fassung des Bilanzrechtsreformgesetzes vom 4. Dezember 2004 (BGBl. I S. 3166) sind erstmals auf Jahres- und Konzernabschlüsse für das nach dem 31. Dezember 2003 beginnende Geschäftsjahr anzuwenden.

(2) [1] § 285 Satz 1 Nr. 18, 19, Satz 2 bis 6, §§ 286 bis 288, 289 Abs. 2 Nr. 2, § 314 Abs. 1 Nr. 10, 11, § 315 Abs. 2 Nr. 2, §§ 327, 336, 338, 340a Abs. 2, § 341a Abs. 2 des Handelsgesetzbuchs in der Fassung des Bilanzrechtsreformgesetzes sind erstmals auf Jahres- und Konzernabschlüsse für das nach dem 31. Dezember 2003 beginnende Geschäftsjahr anzuwenden. [2] Im Lagebericht und im Konzernlagebericht ist für Geschäftsjahre, die nach dem 31. Dezember 2003 beginnen und die spätestens am 31. Dezember 2004 enden, auch auf die voraussichtliche Entwicklung der Kapitalgesellschaft und des Konzerns einzugehen.

(3) [1] Die §§ 257, 285 Satz 1 Nr. 17, § 289 Abs. 1, 3, § 291 Abs. 3, § 294 Abs. 3 Satz 1, § 297 Abs. 1, § 298 Abs. 3, § 313 Abs. 2 Nr. 1, § 314 Abs. 1 Nr. 9, § 315 Abs. 1, § 315a Abs. 1 und 3, § 317 Abs. 2, §§ 321, 321a, 322, 324a,

I. Einführungsgesetz **58 EGHGB (1)**

325, 328, 339, 340a Abs. 1, §§ 340i, 340j, 340l Abs. 5, § 341j Abs. 1, § 341l Abs. 4 des Handelsgesetzbuchs in der Fassung des Bilanzrechtsreformgesetzes finden erstmals auf das nach dem 31. Dezember 2004 beginnende Geschäftsjahr Anwendung. ² § 315a Abs. 2 des Handelsgesetzbuchs in der Fassung des Bilanzrechtsreformgesetzes findet erstmals auf das nach dem 31. Dezember 2006 beginnende Geschäftsjahr Anwendung. ³ § 318 Abs. 3 des Handelsgesetzbuchs in der Fassung des Bilanzrechtsreformgesetzes ist erstmals anzuwenden auf Ersetzungsverfahren, die nach dem 31. Dezember 2004 beantragt werden. ⁴ Die bis zum 9. Dezember 2004 geltenden Fassungen der §§ 257, 289 Abs. 1, § 291 Abs. 3, §§ 292a, 294 Abs. 3 Satz 1, §§ 295, 297 Abs. 1, § 298 Abs. 3, § 313 Abs. 2 Nr. 1, § 315 Abs. 1, § 317 Abs. 2, §§ 321, 322, 325, 328, 339, 340a Abs. 1, §§ 340i, 340j, 341j Abs. 1 des Handelsgesetzbuchs sind letztmals auf das vor dem 1. Januar 2005 beginnende Geschäftsjahr anzuwenden. ⁵ § 292a des Handelsgesetzbuchs gilt entsprechend für nach dem 31. Dezember 2002 und vor dem 1. Januar 2005 beginnende Geschäftsjahre auch für Mutterunternehmen, die keinen organisierten Markt im Sinne des § 2 Abs. 5 des Wertpapierhandelsgesetzes in Anspruch nehmen.

(4) ¹ Die §§ 319 und 319a des Handelsgesetzbuchs in der Fassung des Bilanzrechtsreformgesetzes finden vorbehaltlich der Sätze 3, 4 und 6 erstmals auf alle gesetzlich vorgeschriebenen Abschlussprüfungen für das nach dem 31. Dezember 2004 beginnende Geschäftsjahr Anwendung. ² Die bis zum 9. Dezember 2004 geltende Fassung des § 319 des Handelsgesetzbuchs ist letztmals auf alle gesetzlich vorgeschriebenen Abschlussprüfungen für das vor dem 1. Januar 2005 beginnende Geschäftsjahr anzuwenden. ³ § 319 Abs. 1 Satz 3 des Handelsgesetzbuchs in der Fassung des Bilanzrechtsreformgesetzes ist auf alle gesetzlich vorgeschriebenen Abschlussprüfungen mit Ausnahme der Prüfung einer Aktiengesellschaft, die Aktien mit amtlicher Notierung ausgegeben hat, erstmals für das nach dem 31. Dezember 2006 beginnende Geschäftsjahr anzuwenden. ⁴ § 319a Abs. 1 Satz 1 Nr. 1, 4 und Satz 4 des Handelsgesetzbuchs in der Fassung des Bilanzrechtsreformgesetzes ist erstmals auf Abschlussprüfungen für das nach dem 31. Dezember 2006 beginnende Geschäftsjahr anzuwenden. ⁵ Auf Abschlussprüfungen für vor dem 1. Januar 2007 beginnende Geschäftsjahre findet § 319 Abs. 3 Nr. 6 des Handelsgesetzbuchs in der bis zum 9. Dezember 2004 geltenden Fassung Anwendung. ⁶ § 319 Abs. 3 Satz 1 Nr. 3 und § 319a Abs. 1 Satz 1 Nr. 2 des Handelsgesetzbuchs in der Fassung des Bilanzrechtsreformgesetzes sind auf Abschlussprüfungen für vor dem 1. Januar 2006 beginnende Geschäftsjahre nicht anzuwenden, wenn der Auftrag zur Erbringung der dort genannten Leistungen vor dem 29. Oktober 2004 erteilt worden ist und die Tätigkeit nach der bis zum 9. Dezember 2004 geltenden Fassung des Handelsgesetzbuchs zulässig war.

(5) ¹ Erfüllt ein Mutterunternehmen (§ 290 des Handelsgesetzbuchs) die Voraussetzungen des Artikels 57 Satz 1 Nr. 1 dieses Gesetzes, so ist die bis zum 9. Dezember 2004 geltende Fassung des § 297 Abs. 1 des Handelsgesetzbuchs abweichend von Absatz 3 Satz 4 letztmals auf das vor dem 1. Januar 2007 beginnende Geschäftsjahr anzuwenden; dies gilt nicht, wenn ein Konzernabschluss nach § 315a Abs. 3 des Handelsgesetzbuchs aufgestellt wird. ² In den Fällen des Artikels 57 Satz 1 dürfen die in dieser Vorschrift bezeichneten Rechnungslegungsstandards nach Maßgabe des § 292a des Handelsgesetzbuchs in der bis zum 9. Dezember 2004 geltenden Fassung noch auf Geschäftsjahre angewendet werden, die vor dem 1. Januar 2007 beginnen.

(6) Soweit § 292a des Handelsgesetzbuchs in der bis zum 9. Dezember 2004 geltenden Fassung nach Absatz 3 Satz 4 oder 5 oder nach Absatz 5 Satz 2

(1) EGHGB 59 1

weiterhin Anwendung findet, ist auch § 331 Nr. 3 des Handelsgesetzbuchs in der bis zum 9. Dezember 2004 geltenden Fassung weiter anzuwenden.

1 Art. 58 enthält Übergangsvorschriften zu den vielen durch das BilReG gebrachten Änderungen im 3. Buch (Zusammenstellung → HGB Einl. v. § 1 Rn. 12, für die Abschlussprüfung → HGB Einl. v. § 316 Rn. 1). I betrifft die Schwellenwerte nach § 267 I, II, 293 I HGB. II betrifft die Änderungen auf Grund der Fair Value-Richtlinie. III 1 enthält Übergangsvorschriften ua zu § 321a HGB (Offenlegung des Prüfungsberichts in besonderen Fällen) und § 322 HGB (Bestätigungsvermerk): erstmals für das nach dem 31.12.2004 beginnende Geschäftsjahr. Eine Ausnahme davon macht III 2 für § 315a II HGB. Nach III 3 ist das Ersetzungsverfahren nach § 318 III HGB erstmals auf nach dem 31.12.2004 beantragte Ersetzungsverfahren anwendbar. V betrifft die Fälle von Art. 57 VI betrifft § 292a aF HGB.

2 IV fasst die Übergangsregelungen für die Abschlussprüfung nach § 319 HGB (Auswahl der Abschlussprüfer und Ausschlussgründe) und § 319a HGB (Ausschlussgründe in besonderen Fällen) zusammen. Die Grundregel nach IV 1 geht dahin, dass das neue Recht grundsätzlich erstmals auf das Geschäftsjahr 2005 bzw. die Prüfung des entsprechenden Abschlusses anzuwenden ist. IV 2 betrifft die letztmalige Anwendung von § 319 aF HGB. IV 3 schiebt die Anforderungen von § 319 I 3 HGB bezüglich der Qualitätskontrolle (außer für Ges. mit amtlich notierten Aktien) um ein Jahr hinaus. Nach IV 4 finden § 319a I 1 Nr. 1, 4 und S. 4 HGB erstmals auf Abschlussprüfungen für das nach dem 31.12.2006 beginnende Geschäftsjahr Anwendung. IV 5 betrifft § 319 III Nr. 6 aF HGB. IV 6 enthält Übergangsrecht zu §§ 319 III 1 Nr. 3, 319a I 1 Nr. 2 HGB.

Zweiundzwanzigster Abschnitt. Übergangsvorschriften zum Vorstandsvergütungs-Offenlegungsgesetz

[Übergangsvorschriften zum VorstOG und zum RechtsbereinigungsG BMJ]

EGHGB 59 ¹§ 285 Satz 1 Nr. 9 Buchstabe a, § 286 Abs. 4, 5, § 289 Abs. 2 Nr. 5, § 314 Abs. 1 Nr. 6 Buchstabe a, Abs. 2 Satz 2, § 315 Abs. 2 Nr. 4, § 334 Abs. 3, § 340n Abs. 3 und § 341n Abs. 3 des Handelsgesetzbuchs in der Fassung des Gesetzes vom 3. August 2005 (BGBl. I S. 2267) sowie § 315a Abs. 1 und § 325 Abs. 2a des Handelsgesetzbuchs in der Fassung des Artikels 145 des Gesetzes vom 19. April 2006 (BGBl. I S. 866) sind erstmals auf Jahres- und Konzernabschlüsse für das nach dem 31. Dezember 2005 beginnende Geschäftsjahr anzuwenden. ²Die in Satz 1 genannten Bestimmungen sind auch auf Gesellschaften im Sinne des Artikels 57 Satz 1 Nr. 2 anzuwenden.

1 22. Abschn. (Art. 59) neu durch VorstOG 3.8.2005 BGBl. 2267, geänd. mWv 25.4.2006 durch G 19.4.2006 BGBl. 866. Übergangsvorschrift zur Offenlegung der Vorstandsvergütungen im Jahres- und Konzernabschluss. Erstmalige Anwendung auf Abschlüsse für das nach dem 31.12.2005 beginnende Geschäftsjahr.

Dreiundzwanzigster Abschnitt. Übergangsvorschriften zum Übernahmerichtlinie-Umsetzungsgesetz

[Übergangsvorschriften zum Übernahmerichtlinie-Umsetzungsgesetz]

EGHGB 60 § 289 Abs. 4, § 315 Abs. 4, § 334 Abs. 1 Nr. 3 und 4, § 340n Abs. 1 Nr. 3 und 4 sowie § 341n Abs. 1 Nr. 3 und 4 in der Fassung des Übernahmerichtlinie-Umsetzungsgeset zes sind erstmals auf Jahres- und Konzernabschlüsse für das nach dem 31. Dezember 2005 beginnende Geschäftsjahr anzuwenden.

23. Abschn. (Art. 60) neu durch ÜbernahmeRiUmsetzungsG 8.7.2006 **1** BGBl. 1426. Übergangsvorschrift zu den durch Art. 10 der ÜbernahmeRL vorgeschriebenen, für Übernahmeinteressenten relevanten Angaben über Gesellschaften mit zum Handel an einem organisierten Markt zugelassenen Wertpapieren nach §§ 289 IV als Grundnorm (Angaben im Lagebericht) und §§ 315 IV, 334 I Nr. 3, 4, 340 I Nr. 3, 4 und 341n I Nr. 3, 4 HGB. Erstmalige Anwendung auf Jahres- und Konzernabschlüsse für das nach dem 31.12.2005 beginnende Geschäftsjahr.

Vierundzwanzigster Abschnitt. Übergangsvorschriften zum Gesetz über elektronische Handelsregister und Genossenschaftsregister sowie das Unternehmensregister

[Übergangsvorschriften zum Gesetz über elektronische Handelsregister und Genossenschaftsregister sowie das Unternehmensregister]

EGHGB 61 (1) ¹Die Landesregierungen können durch Rechtsverordnung bestimmen, dass Anmeldungen und alle oder einzelne Dokumente bis zum 31. Dezember 2009 auch in Papierform zum Handelsregister eingereicht werden können. ²Soweit eine Rechtsverordnung nach Satz 1 erlassen wird, gelten die Vorschriften über die Anmeldung zum Handelsregister und die Einreichung von Dokumenten in ihrer bis zum Inkrafttreten des Gesetzes über elektronische Handelsregister und Genossenschaftsregister sowie das Unternehmensregister vom 10. November 2006 (BGBl. I S. 2553) am 1. Januar 2007 geltenden Fassung. ³Die Landesregierungen können durch Rechtsverordnung die Ermächtigung nach Satz 1 auf die Landesjustizverwaltungen übertragen.

(2) Das Bundesministerium der Justiz kann durch Rechtsverordnung ohne Zustimmung des Bundesrates bestimmen, dass alle oder einzelne beim Betreiber des Bundesanzeigers elektronisch einzureichenden Dokumente bis zum 31. Dezember 2009 auch in Papierform eingereicht werden können.

(3) ¹Nach Eingang eines Antrags auf Offenlegung als elektronisches Dokument werden Schriftstücke, die innerhalb des dem Antrag vorausgehenden Zeitraums von zehn Jahren bei dem Registergericht in Papierform eingereicht worden sind, in ein elektronisches Dokument übertragen; § 8b Abs. 4 Satz 2 des Handelsgesetzbuchs gilt entsprechend. ²Soweit eine Rechtsverordnung nach Absatz 1 Satz 1 erlassen wird, sind die nach dem 31. Dezember 2006 in Papierform eingereichten Dokumente unverzüglich in ein elektronisches Dokument zu übertragen.

(4) ¹Das Gericht hat die Eintragungen in das Handelsregister bis zum 31. Dezember 2008 zusätzlich zu der elektronischen Bekanntmachung nach

(1) EGHGB 61 2. Teil. Handelsrechtl. Nebenges.

§ 10 des Handelsgesetzbuchs in der Fassung des Gesetzes über elektronische Handelsregister und Genossenschaftsregister sowie das Unternehmensregister auch in einer Tageszeitung oder einem sonstigen Blatt bekannt zu machen. ²Das Gericht hat jährlich im Dezember das Blatt zu bezeichnen, in dem während des nächsten Jahres die in Satz 1 vorgesehenen Bekanntmachungen erfolgen sollen; § 11 der Handelsregisterverordnung in der bis zum Inkrafttreten des Gesetzes über elektronische Handelsregister und Genossenschaftsregister sowie das Unternehmensregister am 1. Januar 2007 geltenden Fassung findet auf die Auswahl und Bezeichnung des Blattes weiter Anwendung. ³Wird das Handelsregister bei einem Gericht von mehreren Richtern geführt und einigen sich diese nicht über die Bezeichnung des Blattes, so wird die Bestimmung von dem im Rechtszug vorgeordneten Landgericht getroffen; ist bei diesem Landgericht eine Kammer für Handelssachen gebildet, so tritt diese an die Stelle der Zivilkammer. ⁴Für den Eintritt der Wirkungen der Bekanntmachung ist ausschließlich die elektronische Bekanntmachung nach § 10 Satz 1 des Handelsgesetzbuchs maßgebend.

(5) ¹§ 264 Abs. 3, § 264b Nr. 3, § 287 Satz 3, § 290 Abs. 1, § 313 Abs. 4 Satz 3, die §§ 325, 325a, 327a und 328 Abs. 2, die §§ 329, 334, 335, 335b, 339, 340l, 340n, 340o, 341i Abs. 3 Satz 1, die §§ 341a, 341l, 341n, 341o und 341p des Handelsgesetzbuchs in der Fassung des Gesetzes über elektronische Handelsregister und Genossenschaftsregister sowie das Unternehmensregister sind erstmals auf Jahres- und Konzernabschlüsse sowie Lageberichte und Konzernlageberichte für das nach dem 31. Dezember 2005 beginnende Geschäftsjahr anzuwenden. ²§ 264 Abs. 3, § 264b Nr. 3 und 4, § 287 Satz 3, § 290 Abs. 1, § 313 Abs. 4 Satz 3, die §§ 325, 325a, 327 und 328 Abs. 2, die §§ 329, 334, 335, 335a, 335b, 339, 340l, 340n, 340o, 341a, 341i Abs. 3 Satz 1, die §§ 341l, 341n, 341o und § 341p des Handelsgesetzbuchs in der bis zum Inkrafttreten des Gesetzes über elektronische Handelsregister und Genossenschaftsregister sowie das Unternehmensregister am 1. Januar 2007 geltenden Fassung sind letztmals auf Jahres- und Konzernabschlüsse für das vor dem 1. Januar 2006 beginnende Geschäftsjahr anzuwenden. ³Jahres- und Konzernabschlussunterlagen nach Satz 2, die ab dem 1. Januar 2007 beim Betreiber des Bundesanzeigers eingereicht werden, leitet dieser an das bis dahin zuständige Amtsgericht weiter, das nach den bis zum 31. Dezember 2006 geltenden Bestimmungen verfährt. ⁴In den Fällen des Satzes 3 werden die Jahres- und Konzernabschlussunterlagen sowie Lageberichte und Konzernlageberichte nach § 325 Abs. 2 oder Abs. 3 sowie die Hinweisbekanntmachung nach § 325 Abs. 1 Satz 2 des Handelsgesetzbuchs, jeweils in der bis zum Inkrafttreten des Gesetzes über elektronische Handelsregister und Genossenschaftsregister sowie das Unternehmensregister am 1. Januar 2007 geltenden Fassung, im Bundesanzeiger bekannt gemacht.

(6) ¹Die auf Grundlage der §§ 13 bis 13c des Handelsgesetzbuchs in der bis zum Inkrafttreten des Gesetzes über elektronische Handelsregister und Genossenschaftsregister sowie das Unternehmensregister am 1. Januar 2007 geltenden Fassung beim Gericht der Zweigniederlassung für die Zweigniederlassung eines Unternehmens mit Sitz oder Hauptniederlassung im Inland geführten Registerblätter werden zum 1. Januar 2007 geschlossen; zugleich ist von Amts wegen folgender Vermerk auf dem Registerblatt einzutragen: „Die Eintragungen zu dieser Zweigniederlassung werden ab dem 1. Januar 2007 nur noch bei dem Gericht der Hauptniederlassung/des Sitzes geführt." ²Auf dem Registerblatt beim Gericht der Hauptniederlassung oder des Sitzes wird zum 1. Januar 2007 von Amts wegen der Verweis auf die Eintragung beim Gericht am Ort der Zweigniederlassung gelöscht.

I. Einführungsgesetz 1–5 **61 EGHGB (1)**

(7) ¹ Soweit gesetzliche oder vertragliche Verwendungsbeschränkungen nicht entgegenstehen, übermittelt die Bundesanstalt für Finanzdienstleistungsaufsicht (Bundesanstalt) auf automatisiert verarbeitbaren Datenträgern oder durch Datenfernübertragung dem Betreiber des Bundesanzeigers zum Stand 30. April 2007 die Namen und Anschriften der Kapitalgesellschaften, die einen organisierten Markt im Sinn des § 2 Abs. 5 des Wertpapierhandelsgesetzes durch von ihnen ausgegebene Wertpapiere im Sinn des § 2 Abs. 1 Satz 1 des Wertpapierhandelsgesetzes im Inland in Anspruch nehmen. ² Der Betreiber des Bundesanzeigers darf die ihm übermittelten Daten im Wege des automatisierten Abgleichs zur Pflege der bei ihm zu den in Satz 1 genannten Kapitalgesellschaften gespeicherten Daten verwenden. ³ Eine Verwendung der Daten für andere Zwecke ist unzulässig. ⁴ Die von der Bundesanstalt übermittelten Daten sind nach Durchführung des Abgleichs unverzüglich zu löschen; überlassene Datenträger sind unverzüglich zurückzugeben oder zu vernichten. ⁵ Für die Übermittlung unrichtiger Daten haftet die Bundesanstalt dem Betreiber des Bundesanzeigers nicht.

24. Abschn. (Art. 61) neu durch EHUG 10.10.2006 BGBl. 2553. Art. 61 **1** enthält Übergangsvorschrift zu verschiedenen Vorschriften über das elektronische Handelsregister. Unternehmen, die keinen Zugang zur elektronischen Technik haben, wird zwar in der Praxis der Geschäftsverkehr mit den Registergerichten durch die Notare abgenommen, die die Einreichung zur Eintragung notariell beurkunden müssen (§ 12 HGB); auch ist die Beauftragung von Dienstleistern bzw. Service Providern möglich (RegE). Um alle Härten zu vermeiden, enthält jedoch I 1 eine Ermächtigung an die Landesregierungen, durch RVO die Einreichung von Anmeldungen und allen oder einzelnen Dokumenten zum HdlReg bis zum 31.12.2009 auch in Papierform zuzulassen. Ergeht eine solche RVO, bleibt es bei den bis zum EHUG geltenden Vorschriften über die Anmeldung zum HdlReg und die Einreichung von Dokumenten (I 2). Die Landesregierungen können die Ermächtigung auf die Landesjustizverwaltungen weiter übertragen (I 3).

Eine entsprechende Ermächtigung erhält das BMJ. Es kann durch RVO be- **2** stimmen, dass alle oder einzelne beim Betreiber des elektronischen BAnz. elektronisch einzureichenden Dokumente bis zum 31.12.2009 auch in Papierform eingereicht werden können (II). II erstreckt sich nicht auf die Offenlegung im Übrigen (dazu V).

III trägt Art. 3 II UAbs. 4 S. 2 der PublizitätsRL (→ HGB § 8 Rn. 2a) Rech- **3** nung, wonach bei Antrag auf Offenlegung die vor dem 1.1.2007 eingereichten Schriftstücke in elektronischer Form für die letzten 10 Jahre in ein elektronisches Dokument übertragen werden müssen. Ein bloßer Online-Abruf (§ 9 I HGB) ist nicht als solcher Antrag anzusehen, Voraussetzung ist vielmehr nach dem RegE ein Antrag an das Registergericht, eine Kopie des Schriftstücks in ein elektronisches Dokument zu übertragen (vgl. Art. 3 III UAbs. 2 S. 1 der PublizitätsRL).

IV enthält Übergangsvorschriften zu der bisherigen Pflicht, Eintragungen in **4** das HdlReg im BAnz. und mindestens einem anderen Blatt bekannt zu machen (§ 10 aF HGB). Das Gericht hat die Eintragungen in das HdlReg bis zum 31.12.2008 zusätzlich zur elektronischen Bekanntmachung nach § 10 nF HGB auch in (nur) einer Tageszeitung oder einem sonstigen Blatt bekannt zu machen (so bundeseinheitlich IV 1). Grund: etwaige regionale Unterverbreitungen von Internetanschlüssen (RegE). Zeitlich und rechtlich, also zB für die Publizitätswirkung, kommt es schon während der Übergangszeit allein auf die elektronische Bekanntmachung an (Rechtsausschuss).

V 1 bestimmt, auf welche Jahres- bzw. Konzernabschlüsse sowie weitere Jahres- **5** abschlussunterlagen die neuen Offenlegungsvorschriften erstmals anzuwenden sind, nämlich für das nach dem 31.12.2005 beginnende Geschäftsjahr. Entspre-

Merkt 2009

chend legt V 2 fest, bis wann die betreffenden Vorschriften noch in der aF vor dem EHUG geltenden Fassung anzuwenden sind, nämlich letztmals für das vor dem 1.1.2006 beginnende Geschäftsjahr. V 3 enthält für die Fälle von V 2 Weiterleitungsvorschriften des Betreibers des elektronischen BAnz. an die nach dem alten Verfahrensrecht zuständigen Registergerichte. V 4 enthält für die Fälle von V 3, bei denen es beim alten Verfahren bleibt, besondere Übergangsvorschriften zur Bekanntmachung.

6   VI (neu im Rechtsausschuss) regelt die Schließung der bisherigen Registerblätter für die ZwNl eines inländischen Unternehmens durch die Registergerichte der ZwNl, weil nunmehr das HdlReg der HauptNl führend ist. Stichtag ist der 1.1.2007.

7   VII (neu im Rechtsausschuss) schafft die Rechtsgrundlage für die (einmalige, Stand 30.4.2007) Übermittlung von elektronisch verfügbaren Daten über kapitalmarktorientierte Ges. durch die BaFin an den Betreiber des elektronischen BAnz. Dem letzteren obliegt dann die fortlaufende Aktualisierung der Datenbestände. VII begründet keine Pflicht der BaFin zur Datenermittlung.

8   VIII war nur für einen kurzen Übergangszeitraum wichtig und ist nach Art. 13 II mit dem Inkrafttreten des EHUG am 1.1.2007 außer Kraft getreten.

Fünfundzwanzigster Abschnitt. Übergangsvorschriften zum Transparenzrichtlinie-Umsetzungsgesetz

[Übergangsvorschriften zum Transparenzrichtlinie-Umsetzungsgesetz]

EGHGB 62 § 264 Abs. 2 Satz 3, § 289 Abs. 1 Satz 5, § 297 Abs. 2 Satz 4, § 315 Abs. 1 Satz 6, § 315a Abs. 1, § 325 Abs. 2a Satz 3, § 331 Nr. 3 und 3a, § 340a Abs. 3, § 340i Abs. 4 sowie § 342b Abs. 2 Satz 1 des Handelsgesetzbuchs in der Fassung des Transparenzrichtlinie-Umsetzungsgesetzes sind erstmals auf Jahres- und Konzernabschlüsse sowie Lageberichte und Konzernlageberichte und Halbjahresfinanzberichte sowie Zwischenabschlüsse und Konzernzwischenabschlüsse für das nach dem 31. Dezember 2006 beginnende Geschäftsjahr anzuwenden.

1   25. Abschn. (Art. 62) neu durch TUG 5.1.2007 BGBl. 10. Übergangsvorschrift zu den Vorschriften zum Dritten Buch des HGB über den Bilanzeid mit Wissensvorbehalt (§§ 264 II 3, 289 I 5, 297 II 4, 315 I S. 6 HGB) und verschiedene Angabe-, Offenlegungs-, Straf- und Bußgeldvorschriften (§§ 315a I, 325 II a 3, 331 Nr. 3, 3a, 340a III, 340i IV und 342b II 1 HGB). Erstmalige Anwendung auf Jahres- und Konzernabschlüsse sowie Lageberichte und Konzernlageberichte und Halbjahresfinanzberichte sowie Zwischenabschlüsse und Konzernzwischenabschlüsse für das nach dem 31.12.2006 beginnende Geschäftsjahr.

Sechsundzwanzigster Abschnitt. Übergangsvorschrift zum Gesetz zur Reform des Versicherungsvertragsrechts

[Übergangsvorschrift]

EGHGB 63 Der Zehnte Abschnitt des Fünften Buchs und § 905 des Handelsgesetzbuchs sind auf Versicherungsverhältnisse, die bis zum Inkrafttreten des Versicherungsvertragsgesetzes vom 23. November 2007 (BGBl. I S. 2631) am 1. Januar 2008 entstanden sind, bis zum 31. Dezember 2008 anzuwenden.

26. Abschn. (Art. 63) neu durch Art. 5 G zur Reform des Versicherungsvertragsrechts 23.11.2007 BGBl. 2631. Betrifft Übergangsvorschrift zur Aufhebung seehandelsrechtlicher Vorschriften.

Siebenundzwanzigster Abschnitt. Übergangsvorschrift zum Risikobegrenzungsgesetz

[Übergangsvorschrift zum Risikobegrenzungsgesetz]

EGHGB 64 § 354a des Handelsgesetzbuchs ist in seiner seit dem 19. August 2008 geltenden Fassung nur auf Vereinbarungen anzuwenden, die nach 18. August 2008 geschlossen werden.

27. Abschn. (Art. 64) neu durch Art. 11 RisikobegrenzG 12.8.2008 BGBl. 1666. § 354a nF HGB gilt erst für Vereinbarungen, die nach dem 18.8.2008 geschlossen werden.

Achtundzwanzigster Abschnitt. Übergangsvorschriften zum Gesetz zur Modernisierung des GmbH-Rechts und zur Bekämpfung von Missbräuchen

[Übergangsvorschriften zum Gesetz zur Modernisierung des GmbH-Rechts und zur Bekämpfung von Missbräuchen]

EGHGB 65 ¹Die Pflicht, die inländische Geschäftsanschrift bei dem Gericht nach den §§ 13, 13d, 13e, 29 und 106 des Handelsgesetzbuchs in der ab dem Inkrafttreten des Gesetzes vom 23. Oktober 2008 (BGBl. I S. 2026) am 1. November 2008 geltenden Fassung zur Eintragung in das Handelsregister anzumelden, gilt auch für diejenigen, die zu diesem Zeitpunkt bereits in das Handelsregister eingetragen sind, es sei denn, die inländische Geschäftsanschrift ist dem Gericht bereits nach § 24 Abs. 2 oder Abs. 3 der Handelsregisterverordnung mitgeteilt worden und hat sich anschließend nicht geändert. ²In diesen Fällen ist die inländische Geschäftsanschrift mit der ersten das eingetragene Unternehmen betreffenden Anmeldung zum Handelsregister ab dem 1. November 2008, spätestens aber bis zum 31. Oktober 2009 anzumelden. ³Wenn bis zum 31. Oktober 2009 keine inländische Geschäftsanschrift zur Eintragung in das Handelsregister angemeldet worden ist, trägt das Gericht von Amts wegen und ohne Überprüfung kostenfrei die ihm nach § 24 Abs. 2, bei Zweigniederlassungen die nach § 24 Abs. 3 der Handelsregisterverordnung bekannte inländische Anschrift als Geschäftsanschrift in das Handelsregister ein; in diesem Fall gilt bei Zweigniederlassungen nach § 13e Abs. 1 des Handelsgesetzbuchs die mitgeteilte Anschrift zudem unabhängig von dem Zeitpunkt ihrer tatsächlichen Eintragung ab dem 31. Oktober 2009 als eingetragene inländische Geschäftsanschrift, wenn sie im elektronischen Informations- und Kommunikationssystem nach § 9 Abs. 1 des Handelsgesetzbuchs abrufbar ist. ⁴Ist dem Gericht keine Mitteilung im Sinne des § 24 Abs. 2 oder Abs. 3 der Handelsregisterverordnung gemacht worden, ist ihm aber in sonstiger Weise eine inländische Geschäftsanschrift bekannt geworden, so gilt Satz 3 mit der Maßgabe, dass diese Anschrift einzutragen ist, wenn sie im elektronischen Informations- und Kommunikationssystem nach § 9 Abs. 1 des Handelsgesetzbuchs abrufbar ist. ⁵Dasselbe gilt, wenn eine in sonstiger Weise bekanntgewordene inländische Anschrift von einer früher nach § 24 Abs. 2 oder Abs. 3 der Handelsregister-

(1) EGHGB 66

verordnung mitgeteilten Anschrift abweicht. ⁶Eintragungen nach den Sätzen 3 bis 5 werden abweichend von § 10 des Handelsgesetzbuchs nicht bekannt gemacht.

1 28. Abschn. (Art. 65, ursprünglich Redaktionsversehen 27. Abschn. und Art. 64) neu durch Art. 4 MoMiG 23.10.2008 BGBl. 2026. Art. 65 enthält Übergangsvorschriften zur neuen Pflicht, die inländische Geschäftsanschrift anzumelden (§§ 13, 13d, 13e, 29, 106 HGB) und regelt, ob und ggf. bis wann die bereits im HdlReg eingetragenen Ges. dem nachkommen müssen. Die Pflicht gilt grundsätzlich auch für diese Altgesellschaften (Satz 1). Anzumelden ist dann zusammen mit der Ersten neuen Anmeldung, spätestens aber bis zum 31.10.2009 (Satz 2). Wenn nicht rechtzeitig angemeldet wird, trägt das Gericht von Amts wegen und ohne Überprüfung die ihm nach § 24 II, bei ZwNl die nach § 24 III HRV bekannte inländische Anschrift als Geschäftsanschrift ein (Satz 3). Für den Fall, dass dem Gericht keine Mitteilung nach § 24 II, III HRV gemacht worden ist, ihm aber sonst eine inländische Geschäftsanschrift bekannt ist, trägt es unter den in Satz 4 genannten Voraussetzungen diese ein. Ebenso bei Abweichungen (Satz 5). Eintragungen nach Satz 3–5 werden abweichend von § 10 HGB nicht bekannt gemacht (Satz 6).

Neunundzwanzigster Abschnitt. Übergangsvorschriften zum Bilanzrechtsmodernisierungsgesetz

[Übergangsvorschriften zum Bilanzrechtsmodernisierungsgesetz]

EGHGB 66 (1) Die §§ 241a, 242 Abs. 4, § 267 Abs. 1 und 2 sowie § 293 Abs. 1 des Handelsgesetzbuchs in der Fassung des Bilanzrechtsmodernisierungsgesetzes vom 25. Mai 2009 (BGBl. I S. 1102) sind erstmals auf Jahres- und Konzernabschlüsse für das nach dem 31. Dezember 2007 beginnende Geschäftsjahr anzuwenden.

(2) ¹§ 285 Nr. 3, 3a, 16, 17 und 21, § 288 soweit auf § 285 Nr. 3, 3a, 17 und 21 Bezug genommen wird, § 289 Abs. 4 und 5, die §§ 289a, 292 Abs. 2, § 314 Abs. 1 Nr. 2, 2a, 8, 9 und 13, § 315 Abs. 2 und 4, § 317 Abs. 2 Satz 2, Abs. 3 Satz 2, Abs. 5 und 6, § 318 Abs. 3 und 8, § 319a Abs. 1 Satz 1 Nr. 4, Satz 4 und 5, Abs. 2 Satz 2, die §§ 319b, 320 Abs. 4, § 321 Abs. 4a, § 340k Abs. 2a, § 340l Abs. 2 Satz 2 bis 4, § 341a Abs. 2 Satz 5 und § 341j Abs. 1 Satz 3 des Handelsgesetzbuchs in der Fassung des Bilanzrechtsmodernisierungsgesetzes vom 25. Mai 2009 (BGBl. I S. 1102) sind erstmals auf Jahres- und Konzernabschlüsse für das nach dem 31. Dezember 2008 beginnende Geschäftsjahr anzuwenden. ²§ 285 Satz 1 Nr. 3, 16 und 17, § 288 soweit auf § 285 Nr. 3 und 17 Bezug genommen wird, § 289 Abs. 4, § 292 Abs. 2, § 314 Abs. 1 Nr. 2, 8 und 9, § 315 Abs. 4, § 317 Abs. 3 Satz 2 und 3, § 318 Abs. 3, § 319a Abs. 1 Satz 1 Nr. 4, Satz 4, § 341a Abs. 2 Satz 5 sowie § 341j Abs. 1 Satz 3 des Handelsgesetzbuchs in der bis zum 28. Mai 2009 geltenden Fassung sind letztmals auf Jahres- und Konzernabschlüsse für vor dem 1. Januar 2009 beginnende Geschäftsjahre anzuwenden.

(3) ¹§ 172 Abs. 4 Satz 3, die §§ 246, 248 bis 250, § 252 Abs. 1 Nr. 6, die §§ 253 bis 255 Abs. 2a und 4, § 256 Satz 1, die §§ 256a, 264 Abs. 1 Satz 2, die §§ 264d, 266, 267 Abs. 3 Satz 2, § 268 Abs. 2 und 8, § 272 Abs. 1, 1a, 1b und 4, die §§ 274, 274a Nr. 5, § 277 Abs. 3 Satz 1, Abs. 4 Satz 3, Abs. 5, § 285 Nr. 13, 18 bis 20, 22 bis 29, § 286 Abs. 3 Satz 3, § 288 soweit auf § 285 Nr. 19, 22 und 29 Bezug genommen wird, die §§ 290, 291 Abs. 3, § 293 Abs. 4 Satz 2, Abs. 5, § 297 Abs. 3 Satz 2, § 298 Abs. 1, § 300 Abs. 1 Satz 2, § 301 Abs. 3 Satz 1, Abs. 4, die §§ 306, 308a, 310 Abs. 2, § 313 Abs. 3 Satz 3, § 314 Abs. 1

I. Einführungsgesetz **66 EGHGB (1)**

Nr. 10 bis 12, 14 bis 21, § 315a Abs. 1, § 319a Abs. 1 Halbsatz 1, § 325 Abs. 4, § 325a Abs. 1 Satz 1, § 327 Nr. 1 Satz 2, die §§ 334, 336 Abs. 2, die §§ 340a, 340c, 340e, 340f, 340h, 340n, 341a Abs. 1 Satz 1, Abs. 2 Satz 1 und 2, die §§ 341b, 341e, 341l und 341n des Handelsgesetzbuchs in der Fassung des Bilanzrechtsmodernisierungsgesetzes vom 25. Mai 2009 (BGBl. I S. 1102) sind erstmals auf Jahres- und Konzernabschlüsse für das nach dem 31. Dezember 2009 beginnende Geschäftsjahr anzuwenden. ² § 253 des Handelsgesetzbuchs in der Fassung des Bilanzrechtsmodernisierungsgesetzes findet erstmals auf Geschäfts- oder Firmenwerte im Sinn des § 246 Abs. 1 Satz 4 des Handelsgesetzbuchs in der Fassung des Bilanzrechtsmodernisierungsgesetzes Anwendung, die aus Erwerbsvorgängen herrühren, die in Geschäftsjahren erfolgt sind, die nach dem 31. Dezember 2009 begonnen haben. ³ § 255 Abs. 2 des Handelsgesetzbuchs in der Fassung des Bilanzrechtsmodernisierungsgesetzes findet erstmals auf Herstellungsvorgänge Anwendung, die in dem in Satz 1 bezeichneten Geschäftsjahr begonnen wurden. ⁴ § 294 Abs. 2, § 301 Abs. 1 Satz 2 und 3, Abs. 2, § 309 Abs. 1 und § 312 in der Fassung des Bilanzrechtsmodernisierungsgesetzes finden erstmals auf Erwerbsvorgänge Anwendung, die in Geschäftsjahren erfolgt sind, die nach dem 31. Dezember 2009 begonnen haben. ⁵ Für nach § 290 Abs. 1 und 2 des Handelsgesetzbuchs in der Fassung des Bilanzrechtsmodernisierungsgesetzes erstmals zu konsolidierende Tochterunternehmen oder bei erstmaliger Aufstellung eines Konzernabschlusses für nach dem 31. Dezember 2009 beginnende Geschäftsjahre finden § 301 Abs. 1 Satz 2 und 3, Abs. 2 und § 309 Abs. 1 des Handelsgesetzbuchs in der Fassung des Bilanzrechtsmodernisierungsgesetzes auf Konzernabschlüsse für nach dem 31. Dezember 2009 beginnende Geschäftsjahre Anwendung. ⁶ Die neuen Vorschriften können bereits auf nach dem 31. Dezember 2008 beginnende Geschäftsjahre angewandt werden, dies jedoch nur insgesamt; dies ist im Anhang und Konzernanhang anzugeben.

(4) Die §§ 324, 340k Abs. 5 sowie § 341k Abs. 4 des Handelsgesetzbuchs in der Fassung des Bilanzrechtsmodernisierungsgesetzes vom 25. Mai 2009 (BGBl. I S. 1102) sind erstmals ab dem 1. Januar 2010 anzuwenden; § 12 Abs. 4 des Einführungsgesetzes zum Aktiengesetz ist entsprechend anzuwenden.

(5) § 246 Abs. 1 und 2, § 247 Abs. 3, die §§ 248 bis 250, § 252 Abs. 1 Nr. 6, die §§ 253, 254, 255 Abs. 2 und 4, § 256 Satz 1, § 264c Abs. 4 Satz 3, § 265 Abs. 3 Satz 2, die §§ 266, 267 Abs. 3 Satz 2, § 268 Abs. 2, die §§ 269, 270 Abs. 1 Satz 2, § 272 Abs. 1 und 4, die §§ 273, 274, 274a Nr. 5, § 275 Abs. 2 Nr. 7 Buchstabe a, § 277 Abs. 3 Satz 1, Abs. 4 Satz 3, die §§ 279 bis 283, 285 Satz 1 Nr. 2, 5, 13, 18 und 19, Sätze 2 bis 6, § 286 Abs. 3 Satz 3, die §§ 287, 288 soweit auf § 285 Satz 1 Nr. 2, 5 und 18 Bezug genommen wird, die §§ 290, 291 Abs. 3 Nr. 1 und 2 Satz 2, § 293 Abs. 4 Satz 2, Abs. 5, § 294 Abs. 2 Satz 2, § 297 Abs. 3 Satz 2, § 298 Abs. 1, § 300 Abs. 1 Satz 2, § 301 Abs. 1 Satz 2 bis 4, Abs. 2, 3 Satz 1 und 3, Abs. 4, die §§ 302, 306, 307 Abs. 1 Satz 2, § 309 Abs. 1, § 310 Abs. 2, § 312 Abs. 1 bis 3, § 313 Abs. 3 Satz 3, Abs. 4, § 314 Abs. 1 Nr. 10 und 11, § 315a Abs. 1, § 319a Abs. 1 Satz 1 Halbsatz 1, § 325 Abs. 4, § 325a Abs. 1 Satz 1, § 327 Nr. 1 Satz 2, die §§ 334, 336 Abs. 2, § 340a Abs. 2 Satz 1, die §§ 340c, 340e, 340f, 340h, 340n, 341a Abs. 1 und 2 Satz 1 und 2, § 341b Abs. 1 und 2, § 341e Abs. 1, § 341l Abs. 1 und 3 und § 341n des Handelsgesetzbuchs in der am 28. Mai 2009 geltenden Fassung sind letztmals auf Jahres- und Konzernabschlüsse für das vor dem 1. Januar 2010 beginnende Geschäftsjahr anzuwenden.

(6) § 248 Abs. 2 und § 255 Abs. 2a des Handelsgesetzbuchs in der Fassung des Bilanzrechtsmodernisierungsgesetzes vom 25. Mai 2009 (BGBl. I S. 1102) finden nur auf die selbst geschaffenen immateriellen Vermögensgegenstände

des Anlagevermögens Anwendung, mit deren Entwicklung in Geschäftsjahren begonnen wird, die nach dem 31. Dezember 2009 beginnen.

1 Der 24. Abschn., eingefügt durch BilMoG 2009, enthält Übergangsregelungen zum BilMoG in Art. 66 und diesbezüglich Erleichterungen in Art. 67. Art. 66 VI aF aufgehoben, VII aF nunmehr VI durch MicroBilG 2012. Nach **I** sind die mit der Anhebung der Schwellenwerte (§§ 267, 293 HGB) erfolgten, der Umsetzung der AbänderungsRL (2006/46/EG) dienenden **Erleichterungen** für Unternehmen rückwirkend anzuwenden für Geschäftsjahre beginnend nach dem 31.12.2007. Das gilt auch für die Befreiungen der §§ 241a, 242 IV HGB für kleine Kflte.

2 Die in **II** genannten, auf die AbänderungsRL (2006/46/EG) und die AbschlussprüferRL (2006/43/EG) zurückgehenden Änderungen sind auf Geschäftsjahre beginnend nach dem 31.12.2008 anzuwenden; sie betreffen bestimmte Anhangangaben, den Lagebericht mit Erklärung zur Unternehmensführung (§ 289a nF HGB) und die Abschlussprüfung. Nach Art. 56 der RL waren deren Rechtsinhalte bis zum 29.6.2008 umzusetzen.

III 1 bestimmt für den **Großteil der anderen Änderungen** Anwendung für Geschäftsjahre nach dem **31.12.2009**. Nach III 2 jedoch ist § 253 HGB nur auf solche, nach § 246 I 4 nF HGB iVm III 1 aktivierungspflichtige derivate **Geschäfts- oder Firmenwerte** anzuwenden, die auch in Geschäftsjahren nach dem 31.12.2009 erworben werden. So wird aus Kostengründen verhindert, dass schon vorher gehaltene Geschäfts- oder Firmenwerte ergebniswirksam nachaktiviert werden müssen.

3 Eine prospektive Anwendung ist auch für den **Vollkostenansatz** des § 255 II nF HGB vorgesehen, der nach **III 3** erst für Herstellungsvorgänge Anwendung findet, die in Geschäftsjahre beginnend nach dem 31.12.2009 fallen; bisher nicht einzubeziehende Herstellungskostenbestandteile dürfen somit nicht nachaktiviert werden.

4 Mit **III 4** wird erreicht, dass die Abschaffung der Buchwertmethode bei der **Konsolidierung** (§§ 301, 312 HGB) nicht für Altfälle gilt; ebenso nicht für Altfälle gelten die Abschaffung des Abschreibungswahlrechts bei aktivischen Unterschiedsbeträgen (Geschäfts- oder Firmenwert) aus der Konsolidierung (§ 309 HGB) und auch nicht die der Möglichkeit der Angabe angepasster Vorjahreszahlen (§ 294 II 2 HGB). Diese Neuregelungen sind erst auf Erwerbsvorgänge in Geschäftsjahren nach dem 31.12.2009 anzuwenden. Die Pflicht zur prospektiven Anwendung der §§ 301, 309 HGB betrifft jedoch nach **III 5** solche Unternehmen nicht, die nach § 290 I, II nF HGB erstmalig zu konsolidieren sind, zB **Zweckgesellschaften** (§ 290 II Nr. 4 HGB), die demnach auch einzubeziehen sind, wenn der Erwerbszeitpunkt vor dem 31.12.2009 lag; dieselbe gilt bei erstmaliger Aufstellung eines Konzernabschlusses nach dem 31.12.2009.

5 III 6 sieht **optionale Anwendung aller Änderungen** ab 1.1.2009 vor, dann aber Anhangangabe erforderlich.

Zur neuen Pflicht der Einrichtung eines **Prüfungsausschusses** (§ 324 HGB) bestimmt **IV**, dass sie erst ab 1.1.2010 gilt; bereits vor dem Inkrafttreten des BilMoG (25.5.2009) bestellte Mitglieder unterfallen gem. § 12 EGAktG nicht den §§ 100 V, 107 IV AktG, sodass diese erst bei Neubesetzung des Prüfungsausschusses Anwendung finden.

6 **Letztmalige Anwendung** alter Vorschriften nach **V** vor dem 1.1.2010. Redaktionsversehen war die ursprüngliche Erwähnung des § 318 III HGB hier und in II, bereinigt durch Art. 14a ARUG nur für V.

7 Zu Änderungen beim Ordnungsgeldverfahren (§ 335 HGB) s. **VI** (von Bedeutung nur bis zum 1.9.2009).

8 **VII** betrifft die Aktivierbarkeit von originärem immateriellem Anlagevermögen und sieht eine rein prospektive Anwendung vor. Das Aktivierungsverbot des

§ 248 II aF HGB ist gem. V letztmalig auf Geschäftsjahre beginnend vor dem 1.1.2010 anzuwenden. Um die Möglichkeit der Nachaktivierung und damit die Wahl eines beliebigen Zeitpunkts des Beginns der Entwicklungsphase bereits vorhandener oder in der Entwicklung befindlicher originärer immaterieller Anlagegüter zu verhindern, bestimmt daher VII, dass §§ 248 II nF, 255a nF HGB nur auf solche immateriellen Vermögensgegenstände Anwendung finden, mit deren Entwicklung in Geschäftsjahren ab dem 1.1.2010 begonnen wurde.

[Übergangsvorschriften zum Bilanzrechtsmodernisierungsgesetz]

EGHGB 67

(1) ¹Soweit auf Grund der geänderten Bewertung der laufenden Pensionen oder Anwartschaften auf Pensionen eine Zuführung zu den Rückstellungen erforderlich ist, ist dieser Betrag bis spätestens zum 31. Dezember 2024 in jedem Geschäftsjahr zu mindestens einem Fünfzehntel anzusammeln. ²Ist auf Grund der geänderten Bewertung von Verpflichtungen, die die Bildung einer Rückstellung erfordern, eine Auflösung der Rückstellungen erforderlich, dürfen diese beibehalten werden, soweit der aufzulösende Betrag bis spätestens zum 31. Dezember 2024 wieder zugeführt werden müsste. ³Wird von dem Wahlrecht nach Satz 2 kein Gebrauch gemacht, sind die aus der Auflösung resultierenden Beträge unmittelbar in die Gewinnrücklagen einzustellen. ⁴Wird von dem Wahlrecht nach Satz 2 Gebrauch gemacht, ist der Betrag der Überdeckung jeweils im Anhang und im Konzernanhang anzugeben.

(2) Bei Anwendung des Absatzes 1 müssen Kapitalgesellschaften, Kreditinstitute, Finanzdienstleistungsinstitute und Wertpapierinstitute im Sinn des § 340 des Handelsgesetzbuchs, Versicherungsunternehmen und Pensionsfonds im Sinn des § 341 des Handelsgesetzbuchs, eingetragene Genossenschaften und Personenhandelsgesellschaften im Sinn des § 264a des Handelsgesetzbuchs die in der Bilanz nicht ausgewiesenen Rückstellungen für laufende Pensionen, Anwartschaften auf Pensionen und ähnliche Verpflichtungen jeweils im Anhang und im Konzernanhang angeben.

(3) ¹Waren im Jahresabschluss für das letzte vor dem 1. Januar 2010 beginnende Geschäftsjahr Rückstellungen nach § 249 Abs. 1 Satz 3, Abs. 2 des Handelsgesetzbuchs, Sonderposten mit Rücklageanteil nach § 247 Abs. 3, § 273 des Handelsgesetzbuchs oder Rechnungsabgrenzungsposten nach § 250 Abs. 1 Satz 2 des Handelsgesetzbuchs in der bis zum 28. Mai 2009 geltenden Fassung enthalten, können diese Posten unter Anwendung der für sie geltenden Vorschriften in der bis zum 28. Mai 2009 geltenden Fassung, Rückstellungen nach § 249 Abs. 1 Satz 3, Abs. 2 des Handelsgesetzbuchs auch teilweise, beibehalten werden. ²Wird von dem Wahlrecht nach Satz 1 kein Gebrauch gemacht, ist der Betrag unmittelbar in die Gewinnrücklagen einzustellen; dies gilt nicht für Beträge, die der Rückstellung nach § 249 Abs. 1 Satz 3, Abs. 2 des Handelsgesetzbuchs in der bis zum 28. Mai 2009 geltenden Fassung im letzten vor dem 1. Januar 2010 beginnenden Geschäftsjahr zugeführt wurden.

(4) ¹Niedrigere Wertansätze von Vermögensgegenständen, die auf Abschreibungen nach § 253 Abs. 3 Satz 3, § 253 Abs. 4 des Handelsgesetzbuchs oder nach den §§ 254, 279 Abs. 2 des Handelsgesetzbuchs in der bis zum 28. Mai 2009 geltenden Fassung beruhen, die in Geschäftsjahren vorgenommen wurden, die vor dem 1. Januar 2010 begonnen haben, können unter Anwendung der für sie geltenden Vorschriften in der bis zum 28. Mai 2009 geltenden Fassung fortgeführt werden. ²Wird von dem Wahlrecht nach Satz 1 kein Gebrauch gemacht, sind die aus der Zuschreibung resultierenden Beträge unmittelbar in die Gewinnrücklagen einzustellen; dies gilt nicht für Ab-

(1) EGHGB 67 1–3　　　　　　　　2. Teil. Handelsrechtl. Nebenges.

schreibungen, die im letzten vor dem 1. Januar 2010 beginnenden Geschäftsjahr vorgenommen worden sind.

(5) ¹Ist im Jahresabschluss für ein vor dem 1. Januar 2010 beginnendes Geschäftsjahr eine Bilanzierungshilfe für Aufwendungen für die Ingangsetzung und Erweiterung des Geschäftsbetriebs nach § 269 des Handelsgesetzbuchs in der bis zum 28. Mai 2009 geltenden Fassung gebildet worden, so darf diese unter Anwendung der für sie geltenden Vorschriften in der bis zum 28. Mai 2009 geltenden Fassung fortgeführt werden. ²Ist im Konzernabschluss für ein vor dem 1. Januar 2010 beginnendes Geschäftsjahr eine Kapitalkonsolidierung gemäß § 302 des Handelsgesetzbuchs in der bis zum 28. Mai 2009 geltenden Fassung vorgenommen worden, so darf diese unter Anwendung der für sie geltenden Vorschriften in der bis zum 28. Mai 2009 geltenden Fassung beibehalten werden.

(6) ¹Aufwendungen oder Erträge aus der erstmaligen Anwendung der §§ 274, 306 des Handelsgesetzbuchs in der Fassung des Bilanzrechtsmodernisierungsgesetzes vom 25. Mai 2009 (BGBl. I S. 1102) sind unmittelbar mit den Gewinnrücklagen zu verrechnen. ²Werden Beträge nach Absatz 1 Satz 3, nach Absatz 3 Satz 2 oder nach Absatz 4 Satz 2 unmittelbar mit den Gewinnrücklagen verrechnet, sind daraus nach den §§ 274, 306 des Handelsgesetzbuchs in der Fassung des Bilanzrechtsmodernisierungsgesetzes entstehende Aufwendungen und Erträge ebenfalls unmittelbar mit den Gewinnrücklagen zu verrechnen.

(7) *(aufgehoben)*

(8) ¹Ändern sich bei der erstmaligen Anwendung der durch die Artikel 1 bis 11 des Bilanzrechtsmodernisierungsgesetzes vom 25. Mai 2009 (BGBl. I S. 1102) geänderten Vorschriften die bisherige Form der Darstellung oder die bisher angewandten Bewertungsmethoden, so sind § 252 Abs. 1 Nr. 6, § 265 Abs. 1, § 284 Abs. 2 Nr. 3 und § 313 Abs. 1 Nr. 3 des Handelsgesetzbuchs bei der erstmaligen Aufstellung eines Jahres- oder Konzernabschlusses nach den geänderten Vorschriften nicht anzuwenden. ²Außerdem brauchen die Vorjahreszahlen bei erstmaliger Anwendung nicht angepasst zu werden; hierauf ist im Anhang und Konzernanhang hinzuweisen.

1　Art. 67 enthält Erleichterungen hinsichtlich der Befolgung der Übergangsregelungen nach Art. 66 VII wurde aufgehoben durch Art. 2 BilRUG 2015. Anwendungsbereich in **II** erweitert auf Wertpapierinstitute durch G zur Umsetzung der RL (EU) 2019/2034 über die Beaufsichtigung von Wertpapierinstituten v. 12.5.2021 (BGBl. I 990). **I 1** betrifft die geänderten Bewertungsregeln für Pensionsrückstellungen. Hierdurch ergibt sich ein erheblicher Einmaleffekt, weshalb I 1 verschiedene Möglichkeiten für die ggf. erforderliche **Zuführung zu den Rückstellungen** vorsieht, hierzu ausführlich → HGB § 249 Rn. 7. **I 2** gibt für den Fall, dass stattdessen Auflösung von Rückstellungen erforderlich wird, ein **Beibehaltungswahlrecht,** wenn der Betrag bis zum 31.12.2024 den Rückstellungen wieder zugeführt werden müsste. Bei der Auflösung der Rückstellung hat nach **I 3** Zuführung zu den Gewinnrücklagen zu erfolgen. Wird gem. I 2 beibehalten verlangt **I 4** Angabe des Betrags der Überdeckung im Anhang.

2　**II** sieht für KapitalGes, PersonenGes iSv § 264a HGB, Kreditinstitute, Finanzdienstleistungsinstitute, Wertpapierinstitute iSv § 340 HGB, Versicherungsunternehmen und Pensionsfonds iSv § 341 HGB sowie eingetragene Genossenschaften Angabe der wegen I nicht in der Bilanz ausgewiesenen Rückstellungen im **Anhang** vor.

3　**III** betrifft Instandhaltungs- und Aufwandsrückstellungen (§ 249 I 3, II aF HGB), Sonderposten mit Rücklageanteil (§§ 247 III aF, 273 aF HGB) und Rechnungsabgrenzungsposten (§ 250 I 2 aF HGB). Nach Art. 66 V sind die

I. Einführungsgesetz 68 EGHGB (1)

betreffenden Normen letztmalig auf vor dem 1.1.2010 beginnende Geschäftsjahre anzuwenden. III gibt jedoch ein Wahlrecht zur Beibehaltung, wenn die Rückstellungen, Sonderposten mit Rücklagenanteil und Rechnungsabgrenzungsposten im Abschluss für das letzte vor dem 1.1.2010 begonnene Geschäftsjahr enthalten waren. Es gelten dann für sie auch weiterhin die bisherigen Vorschriften. Für Rückstellungen auch teilweise Auflösung zulässig. Bei Auflösung Zuführung zu den Gewinnrücklagen, III 2. Der **III 2 Hs. 2** soll nach dem gesetzgeberischen Willen bewirken, dass Beträge, die den Rücklagen erst im letzten vor dem 1.1.2010 begonnenen Geschäftsjahr zugeführt wurden, von dem Beibehaltungswahlrecht ausgenommen sind (BT-Drs. 16/12407, 127); systematisch bezieht er sich jedoch nur auf III 2 und hebt so nur die Pflicht zur Rücklagenzuführung auf.

Stille Reserven aus der Anwendung von § 253 III 3, IV aF HGB oder auf 4 Grund steuerlicher Abschreibungsregeln (§§ 254, 273 aF HGB) dürfen gem. **IV** beibehalten werden, wenn sie in Geschäftsjahren vor dem 1.10.2010 gebildet wurden. Auch hier bezieht sich IV 2 Hs. 2 nur auf die Pflicht zur Rücklagenzuführung schließt nicht die Ausübung des Wahlrechts aus, vgl. → Rn. 3.

Nach **V 1** ist Beibehaltung aktivierter Ingangsetzungs- und Erweiterungsauf- 5 wendungen iSd **Bilanzierungshilfe** des § 269 aF HGB möglich. **V 2** erlaubt für **Kapitalkonsolidierungen** in Geschäftsjahren vor dem 1.1.2010 die Beibehaltung der Interessenzusammenführungsmethode (§ 302 aF HGB).

Aufwendungen und Erträge aus geänderter Bilanzierung **latenter Steuern** 6 (§§ 274, 306 HGB) sind mit den Gewinnrücklagen zu verrechnen **(VI):** Dasselbe gilt für Aufwendungen und Erträge, die nach § 274, 306 HGB entstehen, wenn Beträge nach I 3, III 2 oder IV 2 mit Gewinnrücklagen verrechnet werden. VII aufgehoben durch Art. 2 BilRUG 2015.

VIII 1 befreit von der Pflicht zur Beachtung des **Stetigkeitsgrundsatzes** 7 (§§ 253 I Nr. 6, 284 II Nr. 13, 313 I Nr. 3 HGB) bei erstmaliger Anwendung der neuen Regelungen. Außerdem brauchen nach **VIII 2** die **Vorjahreszahlen** den neuen Bewertungsmethoden nicht angepasst und auch nicht im Anhang erläutert zu werden; der Hinweis auf die Umstellung im Anhang genügt. So wird verhindert, dass die neuen Regelungen faktisch schon ein Jahr früher befolgt werden müssen.

Dreißigster Abschnitt. Übergangsvorschriften zum Gesetz zur Angemessenheit der Vorstandsvergütung

[Übergangsvorschriften zum Gesetz zur Angemessenheit der Vorstandsvergütung]

EGHGB 68 ¹§ 285 Nummer 9, § 286 Absatz 5 Satz 1, § 289 Absatz 2 Nummer 5, § 314 Absatz 1 Nummer 6, Absatz 2 und § 315 Absatz 2 Nummer 4 des Handelsgesetzbuchs in der Fassung des Gesetzes zur Angemessenheit der Vorstandsvergütung vom 31. Juli 2009 (BGBl. I S. 2509) sind erstmals auf Jahres- und Konzernabschlüsse für das nach dem 31. Dezember 2009 beginnende Geschäftsjahr anzuwenden. ²Die bis zum 4. August 2009 geltenden Fassungen der § 285 Nummer 9, § 286 Absatz 5 Satz 1, § 289 Absatz 2 Nummer 5, § 314 Absatz 1 Nummer 6, Absatz 2 und § 315 Absatz 2 Nummer 4 des Handelsgesetzbuchs sind letztmals auf Jahres- und Konzernabschlüsse für das vor dem 1. Januar 2010 beginnende Geschäftsjahr anzuwenden.

30. Abschn. (Art. 68) neu durch Art. 4 VorstAG 31.7.2009 BGBl. 2509. 1 Art. 68 enthält Übergangsvorschriften zu den neuen Regeln über die Offenlegung von Vorstandsvergütungen im Jahres- und Konzernabschluss (§§ 285 Nr. 9,

Merkt 2017

286 V 1, 289 II Nr. 5, 314 I Nr. 6, II, 315 II Nr. 4 HGB) und regelt, dass diese erstmals auf Jahres- und Konzernabschlüsse für Geschäftsjahre anzuwenden sind, die nach dem 31.12.2009 beginnen.

Einunddreißigster Abschnitt. Übergangsvorschrift zum Gesetz zur Umsetzung der geänderten Bankenrichtlinie und der geänderten Kapitaladäquanzrichtlinie

[Übergangsvorschrift zum Gesetz zur Umsetzung der geänderten Bankenrichtlinie und der geänderten Kapitaladäquanzrichtlinie]

EGHGB 69 (1) § 341c des Handelsgesetzbuchs in der Fassung des Gesetzes zur Umsetzung der geänderten Bankenrichtlinie und der geänderten Kapitaladäquanzrichtlinie ist erstmals auf Jahres- und Konzernabschlüsse für nach dem 31. Dezember 2010 beginnende Geschäftsjahre anzuwenden.

(2) § 341c des Handelsgesetzbuchs in der bis zum 24. November 2010 geltenden Fassung ist letztmals auf Jahres- und Konzernabschlüsse für vor dem 1. Januar 2011 beginnende Geschäftsjahre anzuwenden.

1 31. Abschn. (Art. 69) neu durch Art. 6 G 19.11.2010 BGBl. 1592. Art. 69 enthält Übergangsvorschriften zu § 341c HGB über Namensschuldverschreibungen, Hypothekendarlehen und andere Forderungen, betroffen sind Versicherungsunternehmen und Pensionsfonds. Die nF gilt für die nach dem 31.12.2010 beginnenden Geschäftsjahre.

Zweiunddreißigster Abschnitt. Übergangsvorschrift zum Kleinstkapitalgesellschaften-Bilanzrechtsänderungsgesetz

[Übergangsvorschrift zum Kleinstkapitalgesellschaften-BilanzrechtsänderungsG und zum HGB-ÄnderungsG vom 4.10.2013]

EGHGB 70 (1) [1]Die Erleichterungen für Kleinstkapitalgesellschaften bei der Rechnungslegung nach § 264 Absatz 1, § 266 Absatz 1, den §§ 267a, 275 Absatz 5, § 325a Absatz 2, § 326 Absatz 2 und die Änderungen der §§ 8b, 9, 253, 264 Absatz 2, der §§ 264c, 276, 328, 334 und 335 des Handelsgesetzbuchs in der Fassung des Kleinstkapitalgesellschaften-Bilanzrechtsänderungsgesetzes vom 20. Dezember 2012 (BGBl. I S. 2751) gelten erstmals für Jahres- und Konzernabschlüsse, die sich auf einen nach dem 30. Dezember 2012 liegenden Abschlussstichtag beziehen. [2]Für Jahres- und Konzernabschlüsse, die sich auf einen vor dem 31. Dezember 2012 liegenden Abschlussstichtag beziehen, bleiben die in Satz 1 genannten Vorschriften des Handelsgesetzbuchs in der bis zum 27. Dezember 2012 geltenden Fassung weiterhin anwendbar.

(2) [1]§ 264 Absatz 3 und § 290 des Handelsgesetzbuchs in der Fassung des Kleinstkapitalgesellschaften-Bilanzrechtsänderungsgesetzes sind erstmals auf Jahres- und Konzernabschlüsse für Geschäftsjahre anzuwenden, die nach dem 31. Dezember 2012 beginnen. [2]Für Jahres- und Konzernabschlüsse für Geschäftsjahre, die vor dem 1. Januar 2013 beginnen, bleiben die Vorschriften des Handelsgesetzbuchs in der bis zum 27. Dezember 2012 geltenden Fassung weiterhin anwendbar.

(3) ¹ **Für die §§ 264, 335, 335a Absatz 1, 2 und 4, die §§ 340o und 341o des Handelsgesetzbuchs in der Fassung des Gesetzes zur Änderung des Handelsgesetzbuchs vom 4. Oktober 2013 (BGBl. I S. 3746) gilt Absatz 1 entsprechend.** ² **§ 335a Absatz 3 des Handelsgesetzbuchs in der Fassung des Gesetzes zur Änderung des Handelsgesetzbuchs vom 4. Oktober 2013 (BGBl. I S. 3746) ist erstmals auf Ordnungsgeldverfahren anzuwenden, die nach dem 31. Dezember 2013 eingeleitet werden.**

32. Abschn. (Art. 70) neu durch Art. 2 MicroBilG 20.12.2012 BGBl. 2751. III angef mWv 10.10.2013 durch HGBÄndG 4.10.2013. Art. 70 enthält Übergangsvorschriften zu den Erleichterungen für Kleinstkapitalgesellschaften bei der Rechnungslegung nach §§ 264 I, 266, 267a, 275 V, 325a II, 326 II HGB sowie Änderungen der §§ 8b, 9, 253, 264 II, 264c, 276, 328, 334 und 335 HGB. Die nF gilt für Jahres- und Konzernabschlüsse, die sich auf einen nach dem 31.12.2012 liegenden Abschlussstichtag beziehen. Für Jahres- und Konzernabschlüsse mit früherem Abschlussstichtag bleiben die genannten Vorschriften idF bis 27.12.2012 anwendbar. §§ 264 III und 290 HGB idF des MicroBilG sind erstmals auf Jahres- und Konzernabschlüsse für Geschäftsjahre anzuwenden, die nach dem 31.12.2012 beginnen. **III 1** erstreckt die Geltung des I auf Vorschr, die durch HGBÄndG 4.10.2013 mWv 10.10.2013 geändert wurden. **III 2** bestimmt, dass die in § 335a III nF HGB geschaffenen Vorschrift über das Rechtsbeschwerdeverfahren (→ HGB § 335a Rn. 1) erstmals auf Verfahren Anwendung finden, die ab 1.1.2014 eingeleitet werden.

Dreiunddreißigster Abschnitt. Übergangsvorschrift zum Gesetz zur Reform des Seehandelsrechts

[Übergangsvorschrift zum Gesetz zur Reform des Seehandelsrechts]

EGHGB 71 (1) **Für Partenreedereien und Baureedereien, die vor dem 25. April 2013 entstanden sind, bleiben die §§ 489 bis 509 des Handelsgesetzbuchs in der bis zu diesem Tag geltenden Fassung maßgebend.**

(2) ¹ **Auf ein im Fünften Buch des Handelsgesetzbuchs geregeltes Schuldverhältnis, das vor dem 25. April 2013 entstanden ist, sind die bis zu diesem Tag geltenden Gesetze weiter anzuwenden.** ² **Dies gilt auch für die Verjährung der aus einem solchen Schuldverhältnis vor dem 25. April 2013 entstandenen Ansprüche.**

33. Abschn. (Art. 71) neu durch Art. 2 G 20.4.2013 BGBl. I 831 (SHRG) enthält Übergangsvorschriften zur Reform des Seehandelsrechts, die notwendig sind, weil durch die Reform die Vorschriften über die Partenreederei und die Baureederei ersatzlos entfallen. Entsprechend dem allgemeinen intertemporalen Grundsatz bleiben gem. **I** für Partenreedereien und Baureedereien, die vor dem 25.4.2013 entstanden sind, die §§ 489–509 aF maßgebend. Nach **II 1** bleiben nach dem Vorbild von Art. 170 EGBGB auf im **Fünften Buch** geregelte Schuldverhältnisse, die vor dem 25.4.2013 entstanden sind, die bis dahin geltenden Gesetze weiter anwendbar; das gilt (abw. von Art. 169 und Art. 229 § 6 EGBGB) gem. **II 2** auch für die Verjährung von daraus vor dem 25.4.2013 entstandenen Ansprüchen.

Vierunddreißigster Abschnitt. Übergangsvorschriften zum AIFM-Umsetzungsgesetz

[Übergangsvorschriften zum AIFM-Umsetzungsgesetz]

EGHGB 72 (1) Die in § 8b Absatz 2 Nummer 8, § 285 Nummer 26, § 290 Absatz 2 Nummer 4 Satz 2 und § 314 Absatz 1 Nummer 18 des Handelsgesetzbuchs jeweils in Bezug genommenen Bestimmungen des Investmentgesetzes sind die bis zum 21. Juli 2013 geltenden Fassungen dieser Bestimmungen.

(2) ¹§ 285 Nummer 26, § 290 Absatz 2 Nummer 4 Satz 2, § 314 Absatz 1 Nummer 18 und § 341b Absatz 2 des Handelsgesetzbuchs in der Fassung des AIFM-Umsetzungsgesetzes sind erstmals auf Jahres- und Konzernabschlüsse für nach dem 21. Juli 2013 beginnende Geschäftsjahre anzuwenden. ²Für Jahres- und Konzernabschlüsse für Geschäftsjahre, die vor dem 22. Juli 2013 beginnen, bleiben die Vorschriften des Handelsgesetzbuchs in der bis zum 21. Juli 2013 geltenden Fassung weiterhin anwendbar.

1 34. Abschn. (Art. 72), eingefügt durch Art. 7 G v. 4.7.2013 BGBl. I 1981 (AIFM-UmsG), redaktionelles Versehen in der Zählung korrigiert durch G v. 15.7.2014 (BGBl. I 934), mit Übergangsvorschriften. **I** bestimmt, dass die in §§ 8b II Nr. 8, 285 Nr. 26, 290 II Nr. 4 S. 2 und 314 I Nr. 18 HGB in Bezug genommenen Bestimmungen des InvG im Rahmen dieser Verweise weiterhin maßgeblich sind, obwohl das InvG durch Art. 2 AIFM-UmsG aufgehoben wurde, soweit und solange KapitalGes noch über eine Erlaubnis nach dem bisherigen InvG verfügen; entsprechende Fristbestimmungen zur Beantragung einer substituierenden Erlaubnis s. § 345 KAGB. Gem. **II** sind die Neufassungen der § 8B II Nr. 8, 285 Nr. 26, 290 II Nr. 4 S. 2, 314 I Nr. 18 und 341b II 2 HGB, die Anpassungen an die Definitionen des KAGB gem. Art. 1 AIFM-UmsG enthalten, auf Jahres- und Konzernabschlüsse für Geschäftsjahre anzuwenden, die nach dem 21.7.2013 beginnen.

Fünfunddreißigster Abschnitt. Übergangsvorschrift zum Gesetz für die gleichberechtigte Teilhabe von Frauen und Männern an Führungspositionen in der Privatwirtschaft und im öffentlichen Dienst

[Übergangsvorschrift zum Gesetz für die gleichberechtigte Teilhabe von Frauen und Männern an Führungspositionen in der Privatwirtschaft und im öffentlichen Dienst]

EGHGB 73 ¹§ 289a Absatz 2 Nummer 4, auch in Verbindung mit Absatz 3, und § 289a Absatz 4, auch in Verbindung mit § 336 Absatz 2 Satz 1, des Handelsgesetzbuchs in der Fassung des Gesetzes für die gleichberechtigte Teilhabe von Frauen und Männern an Führungspositionen in der Privatwirtschaft und im öffentlichen Dienst vom 24. April 2015 (BGBl. I S. 642) sind erstmals anzuwenden auf Lageberichte, die sich auf Geschäftsjahre mit einem nach dem 30. September 2015 liegenden Abschlussstichtag beziehen. ²§ 289a Absatz 2 Nummer 5, auch in Verbindung mit Absatz 3, des Handelsgesetzbuchs in der Fassung des Gesetzes für die gleichberechtigte Teilhabe von Frauen und Männern an Führungspositionen in der Privatwirtschaft und im öffentlichen Dienst vom 24. April

I. Einführungsgesetz **75 EGHGB (1)**

2015 (BGBl. I S. 642) ist erstmals anzuwenden auf Lageberichte, die sich auf Geschäftsjahre mit einem nach dem 31. Dezember 2015 liegenden Abschlussstichtag beziehen.

35. Abschn. (Art. 73) neu durch Art. 12 GleichberTeilhabeG v. 24.4.2015 BGBl. I 642. Art. 73 enthält Übergangsvorschriften zu den neuen Regelungen und Ände rungen betr. die gleichberechtigte Teilhabe von Frauen und Männern in Führungspositionen. Änd. ARUG II mWv 1.1.2020: HGB idF des Gleichber-TeilhabeG (Klarstellung). **1**

Sechsunddreißigster Abschnitt. Übergangsvorschrift zum Kleinanlegerschutzgesetz

[Übergangsvorschriften zum Kleinanlegerschutzgesetz]

EGHGB 74 § 335 Absatz 1 Satz 4 des Handelsgesetzbuchs in der Fassung des Kleinanlegerschutzgesetzes vom 3. Juli 2015 (BGBl. I S. 1114) ist erstmals auf Jahres- und Konzernabschlüsse für Geschäftsjahre anzuwenden, die nach dem 31. Dezember 2014 beginnen.

36. Abschn. (Art. 74) neu durch Art. 9 KleinanlegerschutzG v. 3.7.2015 BGBl. I 1114. § 335 I 4 nF gilt erstmals für Jahres- und Konzernabschlüsse für Geschäftsjahre, die nach dem 31.12.2014 beginnen. **1**

Siebenunddreißigster Abschnitt. Übergangsvorschrift zum Bilanzrichtlinie-Umsetzungsgesetz

[Übergangsvorschrift zum Bilanzrichtlinie-Umsetzungsgesetz]

EGHGB 75 (1) ¹Die §§ 255, 264, 264b, 265, 267a Absatz 3, die §§ 268, 271, 272, 274a, 275, 276, 277 Absatz 3, die §§ 284, 285, 286, 288, 289, 291, 292, 294, 296 bis 298, 301, 307, 309, 310, 312 bis 315a, 317, 322, 325, 326, 328, 331, 334, 336 bis 340a, 340e, 340i, 340n, 341a, 341b, 341j sowie 341n des Handelsgesetzbuchs in der Fassung des Bilanzrichtlinie-Umsetzungsgesetzes vom 17. Juli 2015 (BGBl. I S. 1245) sind erstmals auf Jahres- und Konzernabschlüsse sowie Lage- und Konzernlageberichte für das nach dem 31. Dezember 2015 beginnende Geschäftsjahr anzuwenden. ²Die in Satz 1 bezeichneten Vorschriften sowie § 277 Absatz 4 und § 278 des Handelsgesetzbuchs in der bis zum 22. Juli 2015 geltenden Fassung sind letztmals anzuwenden auf Jahres- und Konzernabschlüsse sowie Lage- und Konzernlageberichte für ein vor dem 1. Januar 2016 beginnendes Geschäftsjahr.

(2) ¹Die §§ 267, 267a Absatz 1, § 277 Absatz 1 sowie § 293 des Handelsgesetzbuchs in der Fassung des Bilanzrichtlinie-Umsetzungsgesetzes vom 17. Juli 2015 (BGBl. I S. 1245) dürfen erstmals auf Jahres- und Konzernabschlüsse, Lageberichte und Konzernlageberichte für das nach dem 31. Dezember 2013 beginnende Geschäftsjahr angewendet werden, jedoch nur insgesamt. ² Wird von der vorgezogenen Anwendung der §§ 267, 267a Absatz 1, von § 277 Absatz 1 oder § 293 in der Fassung des Bilanzrichtlinie-Umsetzungsgesetzes kein Gebrauch gemacht, sind die in Satz 1 genannten Vorschriften erstmals auf Jahres- und Konzernabschlüsse, Lage- und Konzernlageberichte für das nach dem 31. Dezember 2015 beginnende Geschäftsjahr anzuwenden; in diesem Fall sind die §§ 267, 267a Absatz 1, § 277 Absatz 1 und § 293 des Handelsgesetzbuchs in der bis zum 22. Juli 2015 geltenden

(1) EGHGB 75

Fassung letztmals auf das vor dem 1. Januar 2016 beginnende Geschäftsjahr anzuwenden. ³ Bei der erstmaligen Anwendung der in Satz 1 bezeichneten Vorschriften ist im Anhang oder Konzernanhang auf die fehlende Vergleichbarkeit der Umsatzerlöse hinzuweisen und unter nachrichtlicher Darstellung des Betrags der Umsatzerlöse des Vorjahres, der sich aus der Anwendung von § 277 Absatz 1 in der Fassung des Bilanzrichtlinie-Umsetzungsgesetzes ergeben haben würde, zu erläutern.

(3) § 8b und die Vorschriften des Dritten Unterabschnitts des Vierten Abschnitts des Dritten Buchs des Handelsgesetzbuchs in der Fassung des Bilanzrichtlinie-Umsetzungsgesetzes sind erstmals auf Zahlungsberichte und Konzernzahlungsberichte für ein nach dem 23. Juli 2015 beginnendes Geschäftsjahr anzuwenden.

(4) ¹ § 253 Absatz 3 Satz 3 des Handelsgesetzbuchs in der Fassung des Bilanzrichtlinie-Umsetzungsgesetzes findet erstmals auf immaterielle Vermögensgegenstände des Anlagevermögens Anwendung, die nach dem 31. Dezember 2015 aktiviert werden. ² § 253 Absatz 3 Satz 4 des Handelsgesetzbuchs in der Fassung des Bilanzrichtlinie-Umsetzungsgesetzes findet erstmals auf Geschäfts- oder Firmenwerte Anwendung, die aus Erwerbsvorgängen herrühren, die in Geschäftsjahren erfolgt sind, die nach dem 31. Dezember 2015 begonnen haben.

(5) Aufwendungen aus der Anwendung des Artikels 67 Absatz 1 und 2 sind in der Gewinn- und Verlustrechnung innerhalb der sonstigen betrieblichen Aufwendungen als „Aufwendungen nach Artikel 67 Absatz 1 und 2 EGHGB" und Erträge hieraus innerhalb der sonstigen betrieblichen Erträge als „Erträge nach Artikel 67 Absatz 1 und 2 EGHGB" gesondert anzugeben.

(6) § 253 Absatz 2 und 6 des Handelsgesetzbuchs in der Fassung des Gesetzes zur Umsetzung der Wohnimmobilienkreditrichtlinie und zur Änderung handelsrechtlicher Vorschriften vom 11. März 2016 (BGBl. I S. 396) ist erstmals auf Jahresabschlüsse für das nach dem 31. Dezember 2015 endende Geschäftsjahr anzuwenden. Für Geschäftsjahre, die vor dem 1. Januar 2016 enden, ist § 253 Absatz 2 des Handelsgesetzbuchs in der bis zum 16. März 2016 geltenden Fassung weiter anzuwenden. Auf den Konzernabschluss sind die Sätze 1 und 2 hinsichtlich des § 253 Absatz 2 des Handelsgesetzbuchs entsprechend anzuwenden.

(7) Unternehmen dürfen für einen Jahresabschluss, der sich auf ein Geschäftsjahr bezieht, das nach dem 31. Dezember 2014 beginnt und vor dem 1. Januar 2016 endet, auch die ab dem 17. März 2016 geltende Fassung des § 253 Absatz 2 des Handelsgesetzbuchs anwenden. In diesem Fall gilt § 253 Absatz 6 entsprechend. Auf den Konzernabschluss ist Satz 1 entsprechend anzuwenden. Mittelgroße und große Kapitalgesellschaften haben zur Erläuterung der Ausübung der Anwendung des Wahlrechts Angaben im Anhang zu machen.

1) 37. Abschn. (Art. 75) neu durch Art. 2 BilRUG v. 17.7.2015, BGBl. I 1245. VI und VII mWv 17.3.2016 durch G v. 11.3.2016, BGBl. I 396.

Die nF des § 267 I u. II kann bereits erstmals auf Jahresabschlüsse für nach dem 31.12.2013 beginnende Geschäftsjahre angewandt werden. In diesem Fall ist bei der Einstufung nach § 267 IV auf zwei aufeinander folgende Geschäftsjahre abzustellen, dh: Bei der Einstufung sind Bilanzsumme, Umsatzerlöse und Beschäftigtenzahlen nicht nur für den Schluss dieses, sondern zumindest auch des Vorjahres zu betrachten. Neue Schwellenwerte werden also rückbezogen (Reg-Begr BilRUG 2015). KapitalGes ist zum Stichtag 31.12.2014 auch dann klein, wenn sie zu diesem Stichtag und zum 31.12.2013 oder zum 31.12.2013 und zum 31.12.2012 zwei der drei Merkmale nach der Änderung (Bilanzsumme 6 Mio.

Euro, Umsatzerlöse 12 Mio. Euro, 50 Beschäftigte im Jahresschnitt) nicht überschritten hat. Für die Aufstellung der Jahresabschlüsse zu den früheren Stichtagen bleibt es aber bei den bisherigen Merkmalen (4,84 Mio. Euro, 9,68 Mio. Euro, 50 Beschäftigte). Entlastungen durch BilRUG werden somit zum frühestmöglichen Zeitpunkt weitergegeben. Von der vorgezogenen Anwendung der erhöhten Schellenwerte dürfen Unt. nur Gebrauch machen, wenn sie auch die neue Definition der Umsatzerlöse nach § 277 I HGB anwenden (Grund: Vergleichbarkeit der Abschlüsse; RegBegr BilRUG S. 74 f.). Lit.: Zwirner StuB 2015, 1 (14 f.).

Richtigstellungen in Art. 75 I 2 und II 2 durch CSR-RL-UmsetzungsG 11.4.2017 BGBl. I 802 Art. 3 I.

Achtunddreißigster Abschnitt. Übergangsvorschrift zum Bürokratieentlastungsgesetz

[Übergangsvorschrift zum Bürokratieentlastungsgesetz]

EGHGB 76 § 241a Satz 1 des Handelsgesetzbuchs in der Fassung des Bürokratieentlastungsgesetzes vom 28. Juli 2015 (BGBl. I S. 1400) ist erstmals auf das nach dem 31. Dezember 2015 beginnende Geschäftsjahr anzuwenden. § 241a Satz 1 des Handelsgesetzbuchs in der bis zum 31. Dezember 2015 geltenden Fassung ist letztmals auf das vor dem 1. Januar 2016 beginnende Geschäftsjahr anzuwenden.

38. Abschn. (Art. 76) neu durch BürokratieEntlG v. 28.7.2015 BGBl. 1400. **1**

Neununddreißigster Abschnitt. Übergangsvorschrift zum Transparenzrichtlinie-Änderungsrichtlinie-Umsetzungsgesetz

[Übergangsvorschrift zum Transparenzrichtlinie-Änderungsrichtlinie-Umsetzungsgesetz]

EGHGB 77 § 342b des Handelsgesetzbuchs in der vom 26. November 2015 geltenden Fassung findet ab dem 1. Januar 2016 Anwendung.

39. Abschn. (Art. 77) neu durch Art. 9 TransparenzRLÄndRLUmsetzG 2015. **1** § 342b HGB idF 26.11.2015 ist ab 1.1.2016 anwendbar.

Vierzigster Abschnitt. Übergangsvorschrift zum Abschlussprüferaufsichtsreformgesetz

[Übergangsvorschrift zum APAReG]

EGHGB 78 Für die Anwendung des § 319 Absatz 1 Satz 3 des Handelsgesetzbuchs in der ab dem 17. Juni 2016 geltenden Fassung gilt eine für den Abschlussprüfer geltende Teilnahmebescheinigung oder Ausnahmegenehmigung nach dem bis zum 16. Juni 2016 geltenden § 57a Absatz 1 der Wirtschaftsprüferordnung als Nachweis der Eintragung gemäß § 319 Absatz 1 Satz 3 des Handelsgesetzbuchs in der ab dem 17. Juni 2016 geltenden Fassung, solange der Registerauszug über die Eintra-

(1) EGHGB 80 — 2. Teil. Handelsrechtl. Nebenges.

gung nach § 40 Absatz 3 oder § 40a Absatz 1 Satz 3 der Wirtschaftsprüferordnung noch nicht erteilt worden ist.

1) 40. Abschn. (Art. 78) neu durch APAReG 31.3.2016 BGBl. I 518, geä AReG 10.5.2016 BGBl. I 1142. Übergangsvorschrift zu § 319 I 3 HGB betreffend Teilnahmebescheinigg bzw. Ausnahmegenehmigg nach **(2a)** WPO § 57a I iVm § 40 III bzw. § 40a I 3.

Einundvierzigster Abschnitt. Übergangsvorschrift zum Abschlussprüfungsreformgesetz

[Übergangsvorschrift zum AReG]

EGHGB 79 (1) ¹§ 319a Absatz 1, 2 und 3 sowie die §§ 321 und 322 des Handelsgesetzbuchs jeweils in der Fassung des Abschlussprüfungsreformgesetzes vom 10. Mai 2016 (BGBl. I S. 1142) sind erstmals auf Jahres- und Konzernabschlüsse für das nach dem 16. Juni 2016 beginnende Geschäftsjahr anzuwenden. ² § 319a Absatz 1 und 2 sowie die §§ 321 und 322 des Handelsgesetzbuchs in der bis zum 16. Juni 2016 geltenden Fassung sind letztmals auf Jahres- und Konzernabschlüsse für vor dem 17. Juni 2016 beginnende Geschäftsjahre anzuwenden.

(2) § 324 Absatz 2 Satz 2 des Handelsgesetzbuchs in der Fassung des Abschlussprüfungsreformgesetzes vom 10. Mai 2016 (BGBl. I S. 1142) muss solange nicht angewandt werden, wie alle Mitglieder des Prüfungsausschusses vor dem 17. Juni 2016 bestellt worden sind.

(3) ¹Prüfungsmandate können entsprechend § 318 Absatz 1a Satz 1 des Handelsgesetzbuches auch verlängert werden, wenn die Wahl des Abschlussprüfers für das zwölfte oder dreizehnte Geschäftsjahr erfolgt, auf das sich die Prüfungstätigkeit des Abschlussprüfers erstreckt, und die Wahl des Abschlussprüfers für das nächste nach dem 16. Juni 2016 beginnende Geschäftsjahr erfolgt. ²Prüfungsmandate entsprechend § 318 Absatz 1a Satz 2 des Handelsgesetzbuchs können auch verlängert werden, wenn mehrere Wirtschaftsprüfer oder Wirtschaftsprüfungsgesellschaften gemeinsam im zwölften oder dreizehnten Geschäftsjahr, auf das sich die Prüfungstätigkeit des Abschlussprüfers erstreckt, zum Abschlussprüfer bestellt werden und die gemeinsame Bestellung für das nächste nach dem 16. Juni 2016 beginnende Geschäftsjahr erfolgt.

1) 41. Abschn. (Art. 79) neu durch AReG 10.5.2016 BGBl. I 1142. **I** enthält Übergangsvorschrift zu § 319a I, II und III, §§ 321, 322 HGB betreffend Teilnahmebescheinigg bzw. Ausnahmegenehmigg nach **(2a)** WPO § 57a I. **II** trifft Übergangsregelung zu § 324 II 2 HGB betr. Bestellung von Mitgliedern des Prüfungsausschusses. **III** enthält Übergangsvorschrift zu § 318 Ia HGB betr. Verlängerung von Prüfungsmandaten über das 12. und 13. Geschäftsjahr hinaus.

Zweiundvierzigster Abschnitt. Übergangsvorschriften zum CSR-Richtlinie-Umsetzungsgesetz

[Übergangsvorschriften zum CSR-Richtlinie-Umsetzungsgesetz]

EGHGB 80 ¹Die §§ 264, 285, 289 bis 289f, 291, 292, 294, 314 bis 315e, 317, 320, 325, 331, 334, 335, 336, 340a, 340i, 340n, 341a, 341j, 341n und 342 des Handelsgesetzbuchs in der Fassung

I. Einführungsgesetz **§ 82 EGHGB (1)**

des CSR-Richtlinie-Umsetzungsgesetzes vom 11. April 2017 (BGBl. I S. 802) sind erstmals auf Jahres- und Konzernabschlüsse, Lage- und Konzernlageberichte für das nach dem 31. Dezember 2016 beginnende Geschäftsjahr anzuwenden. ²Die in Satz 1 bezeichneten Vorschriften in der bis zum 18. April 2017 geltenden Fassung sind letztmals anzuwenden auf Lage- und Konzernlageberichte für das vor dem 1. Januar 2017 beginnende Geschäftsjahr.

1) 42. Abschn. (Art. 80) neu durch CSR-RUG v. 11.4.2017 BGBl. I 802. Vorschrift enthält Übergangsregelungen zu §§ 264, 285, 289–289f, 291, 292, 294, 314–315e, 317, 320, 325, 332, 334, 335, 336, 340a, 340i, 340n, 341a, 341i, 341n, 342 betreffend ergänzende nichtfinanzielle Angaben im Bereich der Corporate Social Responsibility, die von bestimmten Unternehmen zu machen sind. Diese Vorschriften sind in ihrer nF erstmals auf Jahres- und Konzernabschlüsse, Lage- und Konzernlageberichte für das nach dem 31.12.2016 beginnende Geschäftsjahr anzuwenden. In ihrer aF sind sie letztmalig auf Lage- und Konzernlageberichte für das vor dem 1.1.2017 beginnende Geschäftsjahr anzuwenden.

[Übergangsvorschrift §§ 289b und 315b HGB]

EGHGB 81 § 289b Absatz 4 und § 315b Absatz 4 des Handelsgesetzbuchs in der ab dem 1. Januar 2019 geltenden Fassung sind erstmals auf Jahres- und Konzernabschlüsse, Lage- und Konzernlageberichte für das nach dem 31. Dezember 2018 beginnende Geschäftsjahr anzuwenden.

1) Art. 81 enthält Übergangsvorschriften zu Folgeänderungen der Umsetzung der CSR-RL durch das CSR-RUG. §§ 289b IV, 315b IV sind erstmals auf Jahres- und Konzernabschlüsse, Lage- und Konzernlageberichte für das nach dem 31.12.2018 beginnende Geschäftsjahr anzuwenden.

Dreiundvierzigster Abschnitt. Übergangsvorschriften zum Gesetz zum Bürokratieabbau und zur Förderung der Transparenz bei Genossenschaften

[Übergangsvorschrift zum Bürokratieabbau- und Transparenzgesetz]

EGHGB 82 ¹§ 339 Absatz 3 des Handelsgesetzbuchs in der Fassung des Gesetzes zum Bürokratieabbau und zur Förderung der Transparenz bei Genossenschaften vom 17. Juli 2017 (BGBl. I S. 2434) ist erstmals anzuwenden auf Jahresabschlüsse für nach dem 31. Dezember 2016 beginnende Geschäftsjahre. ²Ein Prüfungsverband kann einen Antrag im Sinne des § 339 Absatz 3 Satz 1 auch im Hinblick auf vor dem 31. Dezember 2016 begonnene Geschäftsjahre stellen.

1) 43. Abschn. (Art. 82) neu mWv 22.7.2017 durch Gesetz zum Bürokratieabbau und zur Förderung der Transparenz bei Genossenschaften v. 17.7.2017 BGBl. I 2434. Vorschrift enthält Übergangsregelung zu § 339 III HGB, der erstmals auf Jahresabschlüsse für nach dem 31.12.2016 beginnende Geschäftsjahre anzuwenden ist.

(1) EGHGB 84

Vierundvierzigster Abschnitt. Übergangsvorschrift zum Gesetz zur Umsetzung der zweiten Aktionärsrechterichtlinie

[Übergangsvorschrift zum Gesetz zur Umsetzung der zweiten Aktionärsrechterichtlinie]

EGHGB 83 (1) ¹Die §§ 285, 286, 289a, 289f, 314, 315a, 324 und 325 Absatz 2a des Handelsgesetzbuchs in der ab dem 1. Januar 2020 geltenden Fassung sind erstmals auf Jahres- und Konzernabschlüsse sowie Lage- und Konzernlageberichte für das nach dem 31. Dezember 2020 beginnende Geschäftsjahr anzuwenden. ²Die in Satz 1 bezeichneten Vorschriften in der bis einschließlich 31. Dezember 2019 geltenden Fassung sind letztmals anzuwenden auf Jahres- und Konzernabschlüsse sowie Lage- und Konzernlageberichte für das vor dem 1. Januar 2021 beginnende Geschäftsjahr. ³Wurde für das in Satz 2 bezeichnete Geschäftsjahr oder für ein diesem vorausgehendes Geschäftsjahr bereits ein Vergütungsbericht nach § 162 des Aktiengesetzes erstellt, so sind für dieses Geschäftsjahr nicht die in Satz 2 bezeichneten Vorschriften, sondern die in Satz 1 bezeichneten Vorschriften anzuwenden.

(2) ¹§ 340i Absatz 6 und § 341j Absatz 5 des Handelsgesetzbuchs in der ab dem 1. Januar 2020 geltenden Fassung sind erstmals auf Konzernerklärungen zur Unternehmensführung für das nach dem 31. Dezember 2018 beginnende Geschäftsjahr anzuwenden. ²Die in Satz 1 bezeichneten Vorschriften können bereits auf Konzernerklärungen zur Unternehmensführung für die nach dem 31. Dezember 2016 beginnenden Geschäftsjahre angewendet werden.

1 1) 44. Abschn. (Art. 83) neu mWv 1.1.2020 durch Gesetz zur Umsetzung der zweiten Aktionärsrechterichtlinie (ARUG II) v. 12.12.2019, BGBl. I S. 2637. I 1 geändert mWv 19.8.2020 durch G v. 12.8.2020, BGBl. I S. 1874; zu diesem → Art. 84 Rn. 1. Vorschrift enthält Übergangsregelungen zu verschiedenen bilanzrechtlichen Bestimmungen für AGen, die erstmals auf Jahres- und Konzernabschlüsse sowie Lage- und Konzernlageberichte für das nach dem 31.12.2020 beginnende Geschäftsjahr anzuwenden sind.

Fünfundvierzigster Abschnitt. Übergangsvorschrift zum Gesetz zur weiteren Umsetzung der Transparenzrichtlinie-Änderungsrichtlinie im Hinblick auf ein einheitliches elektronisches Format für Jahresfinanzberichte

[Übergangsvorschrift zum ESEF-Umsetzungsgesetz]

EGHGB 84 ¹Die §§ 264, 289, 297, 315, 316, 317, 320, 322, 325, 328, 334, 336, 339, 340n, 341n, 341w und 342b des Handelsgesetzbuchs in der ab dem 19. August 2020 geltenden Fassung sind erstmals auf Jahres-, Einzel- und Konzernabschlüsse, Lage- und Konzernlageberichte sowie Erklärungen nach § 264 Absatz 2 Satz 3, § 289 Absatz 1 Satz 5, § 297 Absatz 2 Satz 4 und § 315 Absatz 1 Satz 5 des Handelsgesetzbuchs für das nach dem 31. Dezember 2019 beginnende Geschäftsjahr anzuwenden. ²Die in Satz 1 bezeichneten Vorschriften in der bis einschließlich 18. August 2020 geltenden Fassung sind letztmals anzuwenden auf Jahres-, Einzel- und Konzernabschlüsse, Lage- und Konzernlageberichte sowie Erklärungen nach § 264 Absatz 2 Satz 3, § 289 Absatz 1 Satz 5, § 297 Absatz 2 Satz 4 und § 315

I. Einführungsgesetz **86 EGHGB (1)**

Absatz 1 Satz 5 des Handelsgesetzbuchs für das vor dem 1. Januar 2020 beginnende Geschäftsjahr.

44. Abschn. (Art. 84) neu mWv 19.8.2020 durch G v. 12.8.2020 (BGBl. I S. 1874) zur weiteren weiteren Umsetzung der RL 2013/50/EU des Europäischen Parlaments und des Rates vom 22. Oktober 2013 zur Änderung der Richtlinie 2004/109/EG des Europäischen Parlaments und des Rates zur Harmonisierung der Transparenzanforderungen in Bezug auf Informationen über Emittenten, deren Wertpapiere zum Handel auf einem geregelten Markt zugelassen sind, der Richtlinie 2003/71/EG des Europäischen Parlaments und des Rates betreffend den Prospekt, der beim öffentlichen Angebot von Wertpapieren oder bei deren Zulassung zum Handel zu veröffentlichen ist, sowie der Richtlinie 2007/14/EG der Kommission mit Durchführungsbestimmungen zu bestimmten Vorschriften der Richtlinie 2004/109/EG. Zweck: Einführung des European Single Electronic Format (ESEF) für Jahresfinanzberichte zu ab dem 1.1.2020 beginnende Geschäftsjahre.

Sechsundvierzigster Abschnitt. Übergangsvorschrift zum Fondsstandortgesetz

[Übergangsvorschrift zum Fondsstandortgesetz]

EGHGB 85 [1] § 285 Nummer 26, § 290 Absatz 2 Nummer 4 Satz 2 und § 314 Absatz 1 Nummer 18 des Handelsgesetzbuchs in der ab dem 2. August 2021 geltenden Fassung sind erstmals auf Jahres- und Konzernabschlüsse für das nach dem 31. Dezember 2020 beginnende Geschäftsjahr anzuwenden. [2] Die in Satz 1 genannten Vorschriften in der bis einschließlich 1. August 2021 geltenden Fassung sind letztmals anzuwenden auf Jahres- und Konzernabschlüsse für das vor dem 1. Januar 2021 beginnende Geschäftsjahr.

Siebenundvierzigster Abschnitt. Übergangsvorschrift zum Finanzmarktintegritätsstärkungsgesetz

[Übergangsvorschrift zum Finanzmarktintegritätsstärkungsgesetz]

EGHGB 86 (1) [1] Artikel 25 des Gesetzes und § 318 Absatz 3, die §§ 319b, 323 Absatz 2, § 334 Absatz 2 bis 3a, § 340k Absatz 1 Satz 1, Absatz 2 Satz 3, Absatz 3 Satz 2, § 340m Absatz 2 die §§ 340n 341k Absatz 1 Satz 2 sowie § 341m Absatz 2 und § 341n Absatz 2 bis 3a des Handelsgesetzbuchs in der ab dem 1. Juli 2021 geltenden Fassung sind erstmals auf alle gesetzlich vorgeschriebenen Abschlussprüfungen für das nach dem 31. Dezember 2021 beginnende Geschäftsjahr anzuwenden. [2] Artikel 25 dieses Gesetzes und § 318 Absatz 3, die §§ 319a, 319b, 323 Absatz 2, § 334 Absatz 2 bis 3a, § 340k Absatz 1 Satz 1, Absatz 2 Satz 3, Absatz 3 Satz 2, § 340m Absatz 2, die §§ 340n, 341k Absatz 1 Satz 2, Absatz 2 sowie § 341m Absatz 2 und § 341n Absatz 2 bis 3a des Handelsgesetzbuchs in der bis einschließlich 30. Juni 2021 geltenden Fassung sind letztmals anzuwenden auf alle gesetzlich vorgeschriebenen Abschlussprüfungen für das vor dem 1. Januar 2022 beginnende Geschäftsjahr.

(2) Wenn die Voraussetzungen des § 318 Absatz 1a des Handelsgesetzbuchs, auch in Verbindung mit Artikel 79 Absatz 3 dieses Gesetzes, bis zum Ablauf des 30. Juni 2021 vorliegen, kann ein Prüfungsmandat noch für das

nach dem 30. Juni 2021 beginnende Geschäftsjahr und das unmittelbar auf dieses folgende Geschäftsjahr verlängert werden.

(3) ¹§ 324 Absatz 1 und 3, § 340k Absatz 5 sowie § 341k Absatz 3 des Handelsgesetzbuchs in der ab dem 1. Juli 2021 geltenden Fassung sind erstmals ab dem 1. Januar 2022 anzuwenden. ²Soweit § 324 Absatz 2 Satz 2 des Handelsgesetzbuchs in der ab dem 1. Juli 2021 geltenden Fassung auf § 100 Absatz 5 des Aktiengesetzes verweist, ist die hierauf bezogene Übergangsregelung des § 12 Absatz 6 des Einführungsgesetzes zum Aktiengesetz entsprechend anzuwenden.

(4) ¹Die §§ 333 und 342c des Handelsgesetzbuchs in der bis einschließlich 31. Dezember 2021 geltenden Fassung sind auf die bei der Prüfstelle im Sinne von § 342b Absatz 1 des Handelsgesetzbuchs Beschäftigten weiter anzuwenden. ² Auf die Finanzierung der Prüfstelle ist § 342d Satz 4 und 5 des Handelsgesetzbuchs in der bis einschließlich 31. Dezember 2021 geltenden Fassung für das Haushaltsjahr 2021 weiter anzuwenden. ³ Die nach § 342b Absatz 1 des Handelsgesetzbuchs in der bis zum 31. Dezember 2021 geltenden Fassung als Prüfstelle anerkannte Einrichtung hat

1. Unterlagen zu nach § 141 Absatz 1 des Wertpapierhandelsgesetzes fortgeführten Prüfungen spätestens am 31. Dezember 2051 zu vernichten;
2. Unterlagen zu bis zum 31. Dezember 2021 abgeschlossenen Prüfungen spätestens 30 Jahre nach dem jeweiligen Abschluss der Prüfung zu vernichten.

(5) § 264 Absatz 3, §§ 264b, 340a Absatz 2, § 341a Absatz 2 und § 341n Absatz 1 des Handelsgesetzbuchs in der ab dem 1. Juli 2021 geltenden Fassung sind erstmals auf Jahresabschlüsse und Lageberichte für das nach dem 31. Dezember 2020 beginnende Geschäftsjahr anzuwenden. Vorschrift normiert die Übergangsregelungen zum FISG (→ vor § 1 HGB Rn 25b; vor § 316 HGB Rn. 15a). Die I bis III sehen angemessene Übergangsfristen vor, damit sich die jeweils Betroffenen auf die neue Rechtslage einstellen können. Die Übergangsvorschrift in II zur Aufhebung des § 318 Ia HGB vermeidet unbillige Härten in denjenigen Fällen, in denen bis zum Ablauf des 30. Juni 2021 die Voraussetzungen für eine Verlängerung der Höchstlaufzeit des Prüfungsmandats nach § 318 Ia 1 oder 2 HGB, auch in Verbindung mit Art. 79 III, geschaffen wurden. In diesen Fällen können Prüfungsaufträge übergangsweise noch für bis zu zwei weitere Geschäftsjahre an den bisherigen Abschlussprüfer erteilt werden. Im Falle des § 318 Ia 2 HGB bedeutet dies, dass das Prüfungsmandat nur dann für zwei weitere Geschäftsjahre erteilt werden kann, wenn in beiden Geschäftsjahren mehrere Wirtschaftsprüfer oder Wirtschaftsprüfungsgesellschaften gemeinsam zum Abschlussprüfer bestellt werden. Die Übergangsvorschrift in III 2 zu § 324 II 2 HGB mit Verweis auf § 12 VI EGAktG stellt sicher, dass die an die Mitglieder des Prüfungsausschusses gerichteten neuen Anforderungen erst bei der nächsten Nachbestellung nach Inkrafttreten dieses Gesetzes anzuwenden sind. Insofern wird auf die Begründung zu § 12 VI EGAktG verwiesen. Die Regelung in IV stellt sicher, dass die strafbewehrte Verschwiegenheitspflicht der bei der Prüfstelle iSd von § 342b I HGB Beschäftigten fort gilt.

Achtundvierzigster Abschnitt. Übergangsvorschrift zum Gesetz zur Ergänzung und Änderung der Regelungen für die gleichberechtigte Teilhabe von Frauen an Führungspositionen in der Privatwirtschaft und im öffentlichen Dienst

[Übergangsvorschrift zum FüPoG II]

EGHGB 87 Die §§ 289f, 334 Absatz 1, § 340n Absatz 1 und § 341n Absatz 1 des Handelsgesetzbuchs in der ab dem 12. August 2021 geltenden Fassung sind erstmals auf Lage- und Konzernlageberichte sowie Erklärungen zur Unternehmensführung nach § 289f Absatz 4 Satz 3 des Handelsgesetzbuchs für das nach dem 31. Dezember 2020 beginnende Geschäftsjahr anzuwenden.

Neunundvierzigster Abschnitt. Übergangsvorschrift zum Gesetz zur Umsetzung der Digitalisierungsrichtlinie

[Übergangsvorschrift zum DiRUG]

EGHGB 88 (1) § 9c Absatz 1 bis 5 des Handelsgesetzbuchs in der ab dem 1. August 2022 geltenden Fassung ist erst ab dem 1. August 2023 anzuwenden.

(2) [1] § 8b Absatz 2 Nummer 4, 9 und 13, Absatz 3 Satz 1, Absatz 4, § 9 Absatz 6 Satz 3 sowie die §§ 264, 325, 325a, 326, 327, 328, 329, 339, 340l, 340o, 341l und 341w des Handelsgesetzbuchs in der ab dem 1. August 2022 geltenden Fassung sind erstmals auf Rechnungslegungsunterlagen sowie Unternehmensberichte für das nach dem 31. Dezember 2021 beginnende Geschäftsjahr anzuwenden. [2] Die in Satz 1 bezeichneten Vorschriften in der bis einschließlich 31. Juli 2022 geltenden Fassung sind letztmals anzuwenden auf Rechnungslegungsunterlagen sowie Unternehmensberichte für das vor dem 1. Januar 2022 beginnende Geschäftsjahr.

49. Abschn. (Art. 88) neu mWv 1.8.2022 durch G v. 5.7.2021 (BGBl. I 3338). **1** **I** setzt die Regelungen zum Informationsaustausch über disqualifizierte GF in § 9c I–IV HGB erst zum 1.8.2023 in Kraft entsprechend Erfordernis in Art. 2 II Dig-RL. Ermächtigung zum Verordnungserlass in § 9 VI HGB tritt bereits am 1.8.2022, um normgebend Informationsaustausch vorbereiten zu können. **II** sieht angemessene Übergangsfristen vor für offenlegungspflichtige Unt. zur Anpassung an neues Bekanntmachungswesen (→ HGB § 10) und Offenlegungsmodalitäten von Rechnungslegungsunterlagen (→ HGB § 325).

Fünfzigster Abschnitt. Übergangsvorschriften zum Personengesellschaftsrechtsmodernisierungsgesetz [noch nicht in Kraft]

[Übergangsvorschriften zum Personengesellschaftsrechtsmodernisierungsgesetz]

EGHGB 89 (1) [1] Ist eine Gesellschaft bürgerlichen Rechts nach § 162 Absatz 1 Satz 2 des Handelsgesetzbuchs in der bis einschließlich 1. Januar 2024 geltenden Fassung als Kommanditist oder in entsprechender Anwendung des § 162 Absatz 1 Satz 2 des Handelsgesetzbuchs in der bis 1. Januar 2024 geltenden Fassung als persönlich haftender Gesellschafter einer Kommanditgesellschaft oder als Gesellschafter einer offenen Handelsgesellschaft im Handelsregister eingetragen, findet eine Eintragung von späteren Änderungen in der Zusammensetzung der Gesellschafter nicht statt. ²In diesem Fall ist die Gesellschaft bürgerlichen Rechts nach den durch das Personengesellschaftsrechtsmodernisierungsgesetz vom 10. August 2021 (BGBl. I S. 3436) geänderten Vorschriften zur Eintragung in das Gesellschaftsregister anzumelden, bevor sie als Kommanditist oder Gesellschafter nach den durch das Personengesellschaftsrechtsmodernisierungsgesetz geänderten Vorschriften mit der Maßgabe zur Eintragung in das Handelsregister angemeldet wird, dass die Anmeldung sowohl von sämtlichen bislang im Handelsregister eingetragenen Gesellschaftern als auch von der im Gesellschaftsregister eingetragenen Gesellschaft bürgerlichen Rechts zu bewirken ist. ³In der Anmeldung zum Handelsregister ist zu versichern, dass die zur Eintragung in das Handelsregister angemeldete Gesellschaft bürgerlichen Rechts dieselbe ist wie die bislang im Handelsregister eingetragene Gesellschaft bürgerlichen Rechts.

(2) ¹Ist für einen Kommanditisten, der noch nach § 40 Nummer 5 Buchstabe c der Handelsregisterverordnung in der bis 31. Dezember 2023 geltenden Fassung im Handelsregister eingetragen worden ist, eine Änderung seiner Haftsumme nach den durch das Personengesellschaftsrechtsmodernisierungsgesetz geänderten Vorschriften zur Eintragung in das Handelsregister anzumelden, hat das Gericht anlässlich dieser Eintragung von Amts wegen in entsprechender Anwendung von § 17 Absatz 1 der Handelsregisterverordnung hinsichtlich der die anderen Kommanditisten betreffenden Eintragungen das Wort „Einlage" durch das Wort „Haftsumme" zu ersetzen. ²Das Gleiche gilt, wenn ein Kommanditist nach den durch das Personengesellschaftsrechtsmodernisierungsgesetz geänderten Vorschriften zur Eintragung im Handelsregister anzumelden ist, während die anderen Kommanditisten nach § 40 Nummer 5 Buchstabe c der Handelsregisterverordnung in der bis 31. Dezember 2023 geltenden Fassung bereits im Handelsregister eingetragen worden sind.

[1] 49. Abschn. (Art. 89) neu mWv 1.1.2024 durch G. v. 10.8.2021 (BGBl. I. 3436) Änderung der Verordnung über die Umstellungsrechnung der Geldinstitute aus Anlass der Neuordnung des Geldwesens § 7 der Verordnung über die Umstellungsrechnung der Geldinstitute aus Anlass der Neuordnung des Geldwesens in der im Bundesgesetzblatt Teil III, Gliederungsnummer 7601-6-1, veröffentlichten bereinigten Fassung, wird wie folgt geändert: 1. Die Überschrift wird wie folgt gefasst: § 7 Anteile an rechtsfähigen Personengesellschaften". 2. In den Absätzen 1 und 2 wird jeweils das Wort „Personengesellschaft" durch die Wörter „rechtsfähigen Personengesellschaft" ersetzt.

1 Einl. v. § 1 LkSG (2)

(2) Gesetz über die unternehmerischen Sorgfaltspflichten zur Vermeidung von Menschenrechtsverletzungen in Lieferketten (Lieferkettensorgfaltspflichtengesetz – LkSG)

Vom 16. Juli 2021
(BGBl. I S. 2959)
FNA 705-3

Schrifttum:
a) Kommentare: *Berg/Kramme*, LkSG, (i.E.) 2023; *Depping/Walden*, LkSG, (i.E.) 2022; *Falder/Frank-Fahle/Poleacov*, LkSG, 2022; *Fleischer/Mankowski [Mitbegr.]*, LkSG, (i.E.) 2023; *Gehling/Ott*, LkSG, (i.E.) 2022; *Ghassemi-Tabar*, LkSG, (i.E.) 2023; GK LkSG (Schall/Theusinger/Rafsendjani, Hrsg.), (i.E.) 2023; *Johann/Sangi*, LkSG, (i.E.) 2022; *Kaltenborn/Krajewski/Rühl/Saage-Maaß*, Sorgfaltspflichtenrecht, (i.E.) 2023; *Späth/Spießhofer*, LkSG, (i.E.) 2022. **b) Handbücher:** *Grabosch*, LkSG, 2021; *Harings/Jürgens*, LkSG, 2022; *Hembach*, Praxisleitfaden LkSG, 2022; *Leyens/Seibt*, Lieferkettenrecht, (i.E.) 2023 (mit Handels-, Gesellschafts-, Bank- und Kapitalmarktrecht); *Nietsch*, CSR Compliance, 2021; *Wagner/Ruttloff/Wagner*, LkSG Unternehmenspraxis, (i.E.) 2022; *Würz/Birker*, LkSG, (i.E.) 2022. **c) Einzeldarstellungen und Sonstiges:** *Bremerkamp*, Rechtliche Governance von Zulieferverträgen, 2021; *v. Falkenhausen*, Menschenrechtsschutz durch Deliktsrecht, 2020; *Hübner*, Unternehmenshaftung für Menschenrechtsverletzungen, i. E. 2022; *Kahl/Weller*, Climate Change Litigation, 2021; *Mittwoch*, Nachhaltigkeit und Unternehmensrecht, (i.E.) 2022; *Schramm*, Privatrechtliche Wirkungen unternehmerischer Selbstverpflichtungen zur Einhaltung der Menschenrechte, 2020; *Spießhofer*, Unternehmerische Verantwortung, 2017.

Einleitung vor § 1

1 Das teils bereits am 23.7.2021 in Kraft getretene (§§ 13 III, 14 II, 19–21), im Wesentlichen am 1.1.2023 in Kraft tretende LkSG sieht Sorgfaltspflichten zum Menschenrechts- und Umweltschutz bei Lieferketten vor, und zwar als Bemühenspflichten (due diligence standard), aber mit behördlichen Eingriffs-, Durchsetzungs- und Sanktionsbefugnissen (bis 41. Aufl., HGB § 347 Rn. 4a ff.). Der Regelungsansatz zielt nicht auf Erfolgspflichten oder Garantiehaftung ab (→ § 3 Rn. 1). Unternehmen haben die Risiken zu ermitteln, ihnen zu begegnen, darüber zu berichten und Beschwerdeverfahren einzurichten. Rechtlich oder tatsächlich Unmögliches wird nicht verlangt. Maßgeblich sind die unternehmensindividuellen Einflussmöglichkeiten (BeschlussE BT-Drucks. 19/30505 S. 38), wobei insoweit und insgesamt die Unbestimmtheit auf Kritik stößt (ua DAV NZG 2021, 546). Einzelne Konkretisierungen liefern die FAQ des BMAS (→ Einl. v. § 12 Rn. 2). Das LkSG erfasst **größere Unternehmen** unabhängig von der Rechtsform ab 3.000 Arbeitnehmern (ab 1.1.2024: 1.000) mit Konsolidierung bei Unternehmensverbindung, was ca. 900 Unternehmen betrifft (ab 2024: 4.800). Indirekt werden kleinere und auch ausländische Unternehmen einbezogen (extraterritoriale Wirkung), weil das Gesetz von der Weitergabe der Sorgfaltspflichten an unmittelbare Zulieferer ausgeht, die ihrerseits mittelbare Zulieferer verpflichten sollen (Kaskade). Das Gesetz basiert auf dem **RegE** vom 19.4.2021 (BT-Drucks. 19/28649), der infolge der Beschlussempfehlung des Ausschusses für Arbeit und Soziales vom 9.6.2021 (BT-Drucks. 19/30505) geändert wurde. Vorausgegangen war der Nationale Aktionsplan für Wirtschaft und Menschenrechte der BReG von 2016, mit dem die vom UN-Sonderbeauftragten John Ruggie erarbeiteten **UN-Leitprinzipien für Wirtschaft und Menschenrechte** von 2011 umgesetzt werden sollen. Auf die UN-Leitprinzipien nimmt der Gesetzgeber des LkSG ausdrücklich Bezug (ua RegE BT-Drucks. 19/28649, S. 41), so dass diese zum Auslegungsmaterial des LkSG gehören (dt. kommentierte Fassung: Geschäftsstelle Deutsches Global Compact Netzwerk, 2. Aufl. 2014, abrufbar zB unter https://www.bmz.de). Auszurichten sind die Sorgfaltspflichten an den in der Anlage zu §§ 2 I, 7 III 2 abschließend genannten internationalen Übereinkommen zum Menschrechts- und Umweltschutz. **Lit.:** Charnitzky/Weigel RIW 2022, 12 und 413 (2-tlg., LkSG und EU-Lieferketten-RL); Fleischer CCZ 2022, 205; Ekkenga/Erlemann ZIP 2022, 49 (Kartellrecht); Frank/Edel/Heine/Heine BB 2021, 2165 und 2890 (2-tlg.); Nietsch/Wiedmann NJW 2022, 1; Seibt/Vesper-Gräske CB 2021, 357; Spindler ZHR 186 (2022), 67; Stöbener de Mora/Noll NZG 2021, 1237 und 1285 (2-tlg.); Wagner/Ruttloff NJW 2021, 2145; Zimmermann/Weiß AVR 58 (2020), 424 (Gutachten BMAS zu Völker- und Verfassungsrecht).

2 Im Regelungsansatz entspricht das LkSG dem Vorschlag der Europäischen Kommission für eine Richtlinie über die Sorgfaltspflichten von Unternehmen im Hinblick auf Nachhaltigkeit **(Sorgfaltspflichten-RL-E (EU))** vom 23.2.2022, die allerdings den Umweltschutz stärker betonen wird (COM(2022) 71 final; Entschließung EP v. 10.3.2021, P9_TA(2021)0073). Neuerungen betreffen ua die Einführung einer eigenständigen, kollisionsrechtlich als Eingriffsnorm ausgestalteten, **Haftungsregel** (Art. 22), außerdem **unternehmensführungsbezogene Pflichten,** darunter die Umsetzung des Pariser Übereinkommens zum Klimaschutz (1,5-Grad-Ziel) und die nachhaltige Managementvergütung (jew. Art. 15), die Pflicht zur Berücksichtigung von Stakeholder-Interessen (Art. 25) sowie eine Legalitätshaftung (Art. 26). Weitere Unterschiede: **größerer Anwendungsbereich** im Inland (500 Arbeitnehmer, kumulativ 150 Mio. Umsatz, Art. 2 I), sektorenspezifisch (high-impact sectors, Art. 2 I), auch ausländische Gesellschaften mit Umsatz in der EU (Art. 2 II); **weitergehende Sorgfaltspflichten,** und zwar schon bei „etablierter Geschäftsbeziehung", also auch ohne Vertrag und auch bzgl. mittelbarer Zulieferer (Art. 3 lit. e und f, 5 ff.) und Kenntnisfiktion bei hinreichend substantiierten Beschwerden (Art. 9 III 2). Kritisiert wird, ähnlich wie beim LkSG, die unbestimmte Ausweitung der sanktionsbewehrten Pflichten, insbesondere gegenüber mittelbaren Zulieferern, spezieller die Haftung entgegen des konzernrechtlichen Trennungsprinzips und für Dritte sowie die fehlende Bereichsausnahme für die Anwaltschaft (ua DAV NZG 2022, 909). **Lit.:** Bettermann/Hoes WM 2022, 697; Birkholz DB 2022, 1306; Charnitzky/Weigel RIW 2022, 12 und 413 (2-tlg., LkSG und EU-Lieferketten-RL); Hübner/Habrich/Weller NZG 2022, 644; Jung GPR 2022, 109; Nietsch/Wiedmann CCZ 2022, 125; Ruttloff/Rothenburg/Hahn DB 2022, 1116; Spindler ZIP 2022, 765.

3 Neben dem LkSG bestehen **sektorale Lieferkettenpflichten** ua nach Art. 3 ff. Konfliktmineralien-VO (EU) 2017/821/EU und Art. 6 Holz-VO (EU) 995/2010, letztere sind künftig breiter auf die Vermeidung von Entwaldung und Waldschädigung angelegt (Entwurf VO (EU) v. 17.11.2021, COM(2021) 706 final; dazu Stöbener de Mora EuZW 2022, 99). Hinzu kommt die nichtfinanzielle Berichterstattung (§ 289c HGB), künftig **Nachhaltigkeitsberichterstattung** (Art. 19a ff. CSRD-E) mit dann im Vergleich zum Lieferkettenrecht deutlich größerem Anwendungsbereich von ca. 75 % des Umsatzes aller haftungsbeschränkten Gesellschaften in der EU.

Abschnitt 1. Allgemeine Bestimmungen

Anwendungsbereich

LkSG 1 (1) ¹Dieses Gesetz ist anzuwenden auf Unternehmen ungeachtet ihrer Rechtsform, die

1. ihre Hauptverwaltung, ihre Hauptniederlassung, ihren Verwaltungssitz oder ihren satzungsmäßigen Sitz im Inland haben und
2. in der Regel mindestens 3 000 Arbeitnehmer im Inland beschäftigen; ins Ausland entsandte Arbeitnehmer sind erfasst.

²Abweichend von Satz 1 Nummer 1 ist dieses Gesetz auch anzuwenden auf Unternehmen ungeachtet ihrer Rechtsform, die
1. eine Zweigniederlassung gemäß § 13d des Handelsgesetzbuchs im Inland haben und
2. in der Regel mindestens 3 000 Arbeitnehmer im Inland beschäftigen.

³Ab dem 1. Januar 2024 betragen die in Satz 1 Nummer 2 und Satz 2 Nummer 2 vorgesehenen Schwellenwerte jeweils 1 000 Arbeitnehmer.

(2) Leiharbeitnehmer sind bei der Berechnung der Arbeitnehmerzahl (Absatz 1 Satz 1 Nummer 2 und Satz 2 Nummer 2) des Entleihunternehmens zu berücksichtigen, wenn die Einsatzdauer sechs Monate übersteigt.

(3) Innerhalb von verbundenen Unternehmen (§ 15 des Aktiengesetzes) sind die im Inland beschäftigten Arbeitnehmer sämtlicher konzernangehöriger Gesellschaften bei der Berechnung der Arbeitnehmerzahl (Absatz 1 Satz 1 Nummer 2) der Obergesellschaft zu berücksichtigen; ins Ausland entsandte Arbeitnehmer sind erfasst.

1) Erfasste Unternehmen, Schwellenwerte (I)

Das LkSG knüpft an die **Arbeitnehmerzahl im Inland** an (weiter Art. 1 II Sorgfaltspflichten-RL-E (EU): Umsatz in der EU reicht aus). Adressaten sind natürliche oder juristische Personen und sonstige rechtsfähige Personengesellschaften als Rechtsträger, **ungeachtet der Rechtsform des Unternehmens** (nicht nur Kaufleute iSd §§ 1 ff. HGB). Voraussetzungen: Hauptverwaltung, Hauptniederlassung, Verwaltungssitz, satzungsmäßiger Sitz im Inland (**I 1 Nr. 1**) oder Zweigniederlassung (§ 13d HGB) im Inland (**I 2 Nr. 1**) und (kumulativ) Beschäftigung von idR 3.000 Arbeitnehmern im Inland (**jew. Nr. 2**); ab 1.1.2024 reichen 1.000 Arbeitnehmer (**I 3**). Ausländische Unternehmen können also infolge einer Zweigniederlassung im Inland erfasst sein, öffentlich-rechtliche Körperschaften, soweit sie am Markt unternehmerisch tätig sind (RegE BT-Drucks. 19/28649 S. 33), mangels Beschränkung des eigenen Geschäftsbereichs iSv § 2 VI LkSG auf erwerbswirtschaftliche Betätigung auch Verbände und der Non Profit-Sektor (Nietsch/Wiedmann NJW 2022, 1 Rn. 24). Kleinere Unternehmen in In- und Ausland sind mittelbar betroffen, soweit sie Zulieferer sind (§ 2 VII, VIII). „**In der Regel**" bezieht sich auf die das Unternehmen prägende Personalstärke bei sowohl rückblickender Betrachtung als auch Prognose, wobei der Zeitraum insgesamt ausreichend lang zu bemessen ist (RegE BT-Drucks. 19/28649 S. 33 mit Verweis auf BAG ZIP 2005, 500 juris Rn. 11 ff. = BeckRS 2005, 40267). Erforderlich ist eine schutzzweckorientierte Einzelfallbetrachtung, was zu Rechtsunsicherheit führt. Denkbar sind zwei Jahre (Frank/Edel/Heine/Heine BB 2021, 2165 unter Verweis auf BGH NZG 2019, 1102 Rn. 34). Hinsichtlich der Prognose ist Gewissheit entscheidend; zB muss eine Verkleinerung der Belegschaft vom zuständigen Organ beschlossen sein, ihr darf nichts Wesentliches mehr im Weg stehen; nicht ausreichend sind bloße Erwartungen oder Absichten, zB bezüglich Werksschließung (RegE BT-Drucks. 19/28649 S. 33).

2) Leiharbeitnehmer (II)

Leiharbeitnehmer zählen ab einer Entleihdauer von sechs Monaten für die Schwelle aus I 1 Nr. 2 beim entleihenden Unternehmen mit. Für die Berechnung ist eine arbeitsplatzbezogene Betrachtung maßgeblich. Auf die Personenidentität kommt es also nicht an (RegE BT-Drucks. 19/28649 S. 34).

3) Obergesellschaften, Konsolidierungsregel (III)

3 Infolge der **Konsolidierung** werden der Obergesellschaft, nicht einer Tochtergesellschaft, die im Inland beschäftigten Arbeitnehmer konzernangehöriger Gesellschaften und ins Ausland entsandte Arbeitnehmer zugerechnet (BMAS FAQ IV.3 f.: Zählen „von unten nach oben"). Obergesellschaften sind also erfasst, gleich, ob die Arbeitnehmer bei ihnen selbst oder bei Tochterunternehmen beschäftigt sind (RegE BT-Drucks. 19/28649 S. 34). Tochtergesellschaften inländischer und ausländischer Gesellschaften (I 1) und ausländische Gesellschaften mit Zweigniederlassungen im Inland (I 2) sind bei Erreichen des Schwellenwerts selbständig erfasst. Auf Konsolidierung kommt es also nur bei Unterschreitung des Schwellenwerts aus I an. Nicht einzurechnen sind Arbeitnehmer von ausländischen Tochtergesellschaften bzw. Zweigniederlassungen im Ausland (Nietsch/Wiedmann NJW 2022, 1 Rn. 8). Nicht der Konsolidierung unterliegen ausländische Obergesellschaften mit Tochtergesellschaften im Inland (Valdini BB 2021, 2955 (2956)).

4 Nicht abschließend geklärt ist, ob die **Konsolidierung allein bei der Obergesellschaft** erfolgt (so BMAS FAQ IV.4). Dadurch wäre im (mehrstufigen) Konzern eine Zwischen- oder Spartenholding nicht erfasst, auch nicht die im Inland ansässige Zwischenholding einer ausländischen Obergesellschaft (Valdini BB 2021, 2955 (2958)). Ob das BAFA dem folgen wird, ist unsicher (Ott/Lüneborg/Schmelzeisen DB 2022, 238 (240 f.)). So erfolgt nach § 5 I 1 MitBestG eine Zurechnung, wenn der Zwischenstufe ein Gestaltungsfreiraum belassen ist und die einheitliche, eigenverantwortliche Leitung über nachgeordnete Gesellschaften bei dieser liegt (sog. Konzern-im-Konzern; ErfK/Oetker § 5 MitbestG Rn. 8).

5 Zuzurechnen sind die Arbeitnehmer „**sämtlicher konzernangehöriger Gesellschaften**", also auch die von Enkel- und Urenkelgesellschaften (BMAS FAQ IV.1 f.). Zugrunde zu legen ist ein weiter Konzernbegriff (dazu MüKo/Bayer § 18 AktG Rn. 6). Anderenfalls liefe der Verweis auf § 15 AktG leer. Voraussetzung ist lediglich eine Form der **Unternehmensverbindung iSd § 15 AktG**, nicht Konzern nach § 18 AktG (Ott/Lüneborg/Schmelzeisen DB 2022, 238 (239)), str. Erfasst sind also auch die bloße Abhängigkeit und der Gleichordnungskonzern (Frank/Edel/Heine/Heine, BB 2021, 2165 (2166); Spindler ZHR 186 (2022), 67 (75)). **Bestimmender Einfluss ist nicht erforderlich** (aA Nietsch/Wiedmann NJW 2022, 1 Rn. 7, 30), denn Konsolidierung nach III führt zur Verantwortung der Obergesellschaft (bloß) für eigene Zulieferer, bestimmender Einfluss (§ 2 VI 3, → 2 Rn. 12) hingegen zur (weitergehenden) Einbeziehung der Tätigkeiten nachgeordneter Gesellschaften in den eigenen Geschäftsbereich, dies mit der Folge der Verantwortung für deren Zulieferer als eigene Zulieferer (Ott/Lüneborg/Schmelzeisen DB 2022, 238 (240)).

Begriffsbestimmungen

LkSG 2 (1) **Geschützte Rechtspositionen im Sinne dieses Gesetzes sind solche, die sich aus den in den Nummern 1 bis 11 der Anlage aufgelisteten Übereinkommen zum Schutz der Menschenrechte ergeben.**

(2) **Ein menschenrechtliches Risiko im Sinne dieses Gesetzes ist ein Zustand, bei dem aufgrund tatsächlicher Umstände mit hinreichender Wahrscheinlichkeit ein Verstoß gegen eines der folgenden Verbote droht:**

1. das Verbot der Beschäftigung eines Kindes unter dem Alter, mit dem nach dem Recht des Beschäftigungsortes die Schulpflicht endet, wobei das Beschäftigungsalter 15 Jahre nicht unterschreiten darf; dies gilt nicht, wenn das Recht des Beschäftigungsortes hiervon in Übereinstimmung mit Artikel 2 Absatz 4 sowie den Artikeln 4 bis 8 des Übereinkommens Nr. 138 der Internationalen Arbeitsorganisation vom 26. Juni 1973 über das Mindestalter für die Zulassung zur Beschäftigung (BGBl. 1976 II S. 201, 202) abweicht;
2. das Verbot der schlimmsten Formen der Kinderarbeit für Kinder unter 18 Jahren; dies umfasst gemäß Artikel 3 des Übereinkommens Nr. 182 der Internationalen Arbeitsorganisation vom 17. Juni 1999 über das Verbot und unverzügliche Maßnahmen zur Beseitigung der schlimmsten Formen der Kinderarbeit (BGBl. 2001 II S. 1290, 1291):
    a) alle Formen der Sklaverei oder alle sklavereiähnlichen Praktiken, wie den Verkauf von Kindern und den Kinderhandel, Schuldknechtschaft und Leibeigenschaft sowie Zwangs- oder Pflichtarbeit, einschließlich der Zwangs- oder Pflichtrekrutierung von Kindern für den Einsatz in bewaffneten Konflikten,
    b) das Heranziehen, Vermitteln oder Anbieten eines Kindes zur Prostitution, zur Herstellung von Pornographie oder zu pornographischen Darbietungen,
    c) das Heranziehen, Vermitteln oder Anbieten eines Kindes zu unerlaubten Tätigkeiten, insbesondere zur Gewinnung von und zum Handel mit Drogen,
    d) Arbeit, die ihrer Natur nach oder aufgrund der Umstände, unter denen sie verrichtet wird, voraussichtlich für die Gesundheit, die Sicherheit oder die Sittlichkeit von Kindern schädlich ist;
3. das Verbot der Beschäftigung von Personen in Zwangsarbeit; dies umfasst jede Arbeitsleistung oder Dienstleistung, die von einer Person unter Androhung von Strafe verlangt wird und für die sie sich nicht freiwillig zur Verfügung gestellt hat, etwa in Folge von Schuldknechtschaft oder Menschenhandel; ausgenommen von der Zwangsarbeit sind Arbeits- oder Dienstleistungen, die mit Artikel 2 Absatz 2 des Übereinkommens Nr. 29 der Internationalen Arbeitsorganisation vom 28. Juni 1930 über Zwangs- oder Pflichtarbeit (BGBl. 1956 II S. 640, 641) oder mit Artikel 8 Buchstabe b und c des Internationalen Paktes vom 19. Dezember 1966 über bürgerliche und politische Rechte (BGBl. 1973 II S. 1533, 1534) vereinbar sind;
4. das Verbot aller Formen der Sklaverei, sklavenähnlichen Praktiken, Leibeigenschaft oder anderer Formen von Herrschaftsausübung oder Unterdrückung im Umfeld der Arbeitsstätte, etwa durch extreme wirtschaftliche oder sexuelle Ausbeutung und Erniedrigungen;
5. das Verbot der Missachtung der nach dem Recht des Beschäftigungsortes geltenden Pflichten des Arbeitsschutzes, wenn hierdurch die Gefahr von Unfällen bei der Arbeit oder arbeitsbedingte Gesundheitsgefahren entstehen, insbesondere durch:
    a) offensichtlich ungenügende Sicherheitsstandards bei der Bereitstellung und der Instandhaltung der Arbeitsstätte, des Arbeitsplatzes und der Arbeitsmittel,
    b) das Fehlen geeigneter Schutzmaßnahmen, um Einwirkungen durch chemische, physikalische oder biologische Stoffe zu vermeiden,
    c) das Fehlen von Maßnahmen zur Verhinderung übermäßiger körperlicher und geistiger Ermüdung, insbesondere durch eine ungeeignete Arbeitsorganisation in Bezug auf Arbeitszeiten und Ruhepausen oder
    d) die ungenügende Ausbildung und Unterweisung von Beschäftigten;

6. das Verbot der Missachtung der Koalitionsfreiheit, nach der
   a) Arbeitnehmer sich frei zu Gewerkschaften zusammenzuschließen oder diesen beitreten können,
   b) die Gründung, der Beitritt und die Mitgliedschaft zu einer Gewerkschaft nicht als Grund für ungerechtfertigte Diskriminierungen oder Vergeltungsmaßnahmen genutzt werden dürfen,
   c) Gewerkschaften sich frei und in Übereinstimmung mit dem Recht des Beschäftigungsortes betätigen dürfen; dieses umfasst das Streikrecht und das Recht auf Kollektivverhandlungen;
7. das Verbot der Ungleichbehandlung in Beschäftigung, etwa aufgrund von nationaler und ethnischer Abstammung, sozialer Herkunft, Gesundheitsstatus, Behinderung, sexueller Orientierung, Alter, Geschlecht, politischer Meinung, Religion oder Weltanschauung, sofern diese nicht in den Erfordernissen der Beschäftigung begründet ist; eine Ungleichbehandlung umfasst insbesondere die Zahlung ungleichen Entgelts für gleichwertige Arbeit;
8. das Verbot des Vorenthaltens eines angemessenen Lohns; der angemessene Lohn ist mindestens der nach dem anwendbaren Recht festgelegte Mindestlohn und bemisst sich ansonsten nach dem Recht des Beschäftigungsortes;
9. das Verbot der Herbeiführung einer schädlichen Bodenveränderung, Gewässerverunreinigung, Luftverunreinigung, schädlichen Lärmemission oder eines übermäßigen Wasserverbrauchs, die
   a) die natürlichen Grundlagen zum Erhalt und der Produktion von Nahrung erheblich beeinträchtigt,
   b) einer Person den Zugang zu einwandfreiem Trinkwasser verwehrt,
   c) einer Person den Zugang zu Sanitäranlagen erschwert oder zerstört oder
   d) die Gesundheit einer Person schädigt;
10. das Verbot der widerrechtlichen Zwangsräumung und das Verbot des widerrechtlichen Entzugs von Land, von Wäldern und Gewässern bei dem Erwerb, der Bebauung oder anderweitigen Nutzung von Land, Wäldern und Gewässern, deren Nutzung die Lebensgrundlage einer Person sichert;
11. das Verbot der Beauftragung oder Nutzung privater oder öffentlicher Sicherheitskräfte zum Schutz des unternehmerischen Projekts, wenn aufgrund mangelnder Unterweisung oder Kontrolle seitens des Unternehmens bei dem Einsatz der Sicherheitskräfte
    a) das Verbot von Folter und grausamer, unmenschlicher oder erniedrigender Behandlung missachtet wird,
    b) Leib oder Leben verletzt werden oder
    c) die Vereinigungs- und Koalitionsfreiheit beeinträchtigt werden;
12. das Verbot eines über die Nummern 1 bis 11 hinausgehenden Tuns oder pflichtwidrigen Unterlassens, das unmittelbar geeignet ist, in besonders schwerwiegender Weise eine geschützte Rechtsposition zu beeinträchtigen und dessen Rechtswidrigkeit bei verständiger Würdigung aller in Betracht kommenden Umstände offensichtlich ist.

(3) Ein umweltbezogenes Risiko im Sinne dieses Gesetzes ist ein Zustand, bei dem auf Grund tatsächlicher Umstände mit hinreichender Wahrscheinlichkeit ein Verstoß gegen eines der folgenden Verbote droht:
1. das Verbot der Herstellung von mit Quecksilber versetzten Produkten gemäß Artikel 4 Absatz 1 und Anlage A Teil I des Übereinkommens von Minamata vom 10. Oktober 2013 über Quecksilber (BGBl. 2017 II S. 610, 611) (Minamata-Übereinkommen);

2. das Verbot der Verwendung von Quecksilber und Quecksilberverbindungen bei Herstellungsprozessen im Sinne des Artikels 5 Absatz 2 und Anlage B Teil I des Minamata-Übereinkommens ab dem für die jeweiligen Produkte und Prozesse im Übereinkommen festgelegten Ausstiegsdatum;
3. das Verbot der Behandlung von Quecksilberabfällen entgegen den Bestimmungen des Artikels 11 Absatz 3 des Minamata-Übereinkommens;
4. das Verbot der Produktion und Verwendung von Chemikalien nach Artikel 3 Absatz 1 Buchstabe a und Anlage A des Stockholmer Übereinkommens vom 23. Mai 2001 über persistente organische Schadstoffe (BGBl. 2002 II S. 803, 804) (POPs-Übereinkommen), zuletzt geändert durch den Beschluss vom 6. Mai 2005 (BGBl. 2009 II S. 1060, 1061), in der Fassung der Verordnung (EU) 2019/1021 des Europäischen Parlaments und des Rates vom 20. Juni 2019 über persistente organische Schadstoffe (ABl. L 169 vom 26.5.2019, S. 45), die zuletzt durch die Delegierte Verordnung (EU) 2021/277 der Kommission vom 16. Dezember 2020 (ABl. L 62 vom 23.2.2021, S. 1) geändert worden ist;
5. das Verbot der nicht umweltgerechten Handhabung, Sammlung, Lagerung und Entsorgung von Abfällen nach den Regelungen, die in der anwendbaren Rechtsordnung nach den Maßgaben des Artikels 6 Absatz 1 Buchstabe d Ziffer i und ii des POPs-Übereinkommens gelten;
6. das Verbot der Ausfuhr gefährlicher Abfälle im Sinne des Artikel 1 Absatz 1 und anderer Abfälle im Sinne des Artikel 1 Absatz 2 des Basler Übereinkommens über die Kontrolle der grenzüberschreitenden Verbringung gefährlicher Abfälle und ihrer Entsorgung vom 22. März 1989 (BGBl. 1994 II S. 2703, 2704) (Basler Übereinkommen), zuletzt geändert durch die Dritte Verordnung zur Änderung von Anlagen zum Basler Übereinkommen vom 22. März 1989 vom 6. Mai 2014 (BGBl. II S. 306, 307), und im Sinne der Verordnung (EG) Nr. 1013/2006 des Europäischen Parlaments und des Rates vom 14. Juni 2006 über die Verbringung von Abfällen (ABl. L 190 vom 12.7.2006, S. 1) (Verordnung (EG) Nr. 1013/2006), die zuletzt durch die Delegierte Verordnung (EU) 2020/2174 der Kommission vom 19. Oktober 2020 (ABl. L 433 vom 22.12.2020, S. 11) geändert worden ist
   a) in eine Vertragspartei, die die Einfuhr solcher gefährlichen und anderer Abfälle verboten hat (Artikel 4 Absatz 1 Buchstabe b des Basler Übereinkommens),
   b) in einen Einfuhrstaat im Sinne des Artikel 2 Nummer 11 des Basler Übereinkommens, der nicht seine schriftliche Einwilligung zu der bestimmten Einfuhr gegeben hat, wenn dieser Einfuhrstaat die Einfuhr dieser gefährlichen Abfälle nicht verboten hat (Artikel 4 Absatz 1 Buchstabe c des Basler Übereinkommens),
   c) in eine Nichtvertragspartei des Basler Übereinkommens (Artikel 4 Absatz 5 des Basler Übereinkommens),
   d) in einen Einfuhrstaat, wenn solche gefährlichen Abfälle oder andere Abfälle in diesem Staat oder anderswo nicht umweltgerecht behandelt werden (Artikel 4 Absatz 8 Satz 1 des Basler Übereinkommens);
7. das Verbot der Ausfuhr gefährlicher Abfälle von in Anlage VII des Basler Übereinkommens aufgeführten Staaten in Staaten, die nicht in Anlage VII aufgeführt sind (Artikel 4A des Basler Übereinkommens, Artikel 36 der Verordnung (EG) Nr. 1013/2006) sowie
8. das Verbot der Einfuhr gefährlicher Abfälle und anderer Abfälle aus einer Nichtvertragspartei des Basler Übereinkommens (Artikel 4 Absatz 5 des Basler Übereinkommens).

(4) [1] Eine Verletzung einer menschenrechtsbezogenen Pflicht im Sinne dieses Gesetzes ist der Verstoß gegen ein in Absatz 2 Nummer 1 bis 12 genanntes

Verbot. ²Eine Verletzung einer umweltbezogenen Pflicht im Sinne dieses Gesetzes ist der Verstoß gegen ein in Absatz 3 Nummer 1 bis 8 genanntes Verbot.

(5) ¹Die Lieferkette im Sinne dieses Gesetzes bezieht sich auf alle Produkte und Dienstleistungen eines Unternehmens. ²Sie umfasst alle Schritte im In- und Ausland, die zur Herstellung der Produkte und zur Erbringung der Dienstleistungen erforderlich sind, angefangen von der Gewinnung der Rohstoffe bis zu der Lieferung an den Endkunden und erfasst
1. das Handeln eines Unternehmens im eigenen Geschäftsbereich,
2. das Handeln eines unmittelbaren Zulieferers und
3. das Handeln eines mittelbaren Zulieferers.

(6) ¹Der eigene Geschäftsbereich im Sinne dieses Gesetzes erfasst jede Tätigkeit des Unternehmens zur Erreichung des Unternehmensziels. ²Erfasst ist damit jede Tätigkeit zur Herstellung und Verwertung von Produkten und zur Erbringung von Dienstleistungen, unabhängig davon, ob sie an einem Standort im In- oder Ausland vorgenommen wird. ³In verbundenen Unternehmen zählt zum eigenen Geschäftsbereich der Obergesellschaft eine konzernangehörige Gesellschaft, wenn die Obergesellschaft auf die konzernangehörige Gesellschaft einen bestimmenden Einfluss ausübt.

(7) Unmittelbarer Zulieferer im Sinne dieses Gesetzes ist ein Partner eines Vertrages über die Lieferung von Waren oder die Erbringung von Dienstleistungen, dessen Zulieferungen für die Herstellung des Produktes des Unternehmens oder zur Erbringung und Inanspruchnahme der betreffenden Dienstleistung notwendig sind.

(8) Mittelbarer Zulieferer im Sinne dieses Gesetzes ist jedes Unternehmen, das kein unmittelbarer Zulieferer ist und dessen Zulieferungen für die Herstellung des Produktes des Unternehmens oder zur Erbringung und Inanspruchnahme der betreffenden Dienstleistung notwendig sind.

Übersicht

	Rn
1) Geschützte Rechtspositionen, menschrechtliches, umweltbezogenes Risiko, Verletzung (I–IV)	1–5
2) Lieferkette (V)	6–10
3) Eigener Geschäftsbereich (VI)	11–14
4) Unmittelbare und mittelbare Zulieferer (VII, VIII)	15, 16

1) Geschützte Rechtspositionen, menschrechtliches, umweltbezogenes Risiko, Verletzung (I-IV)

1 Schutz besteht vor **Risiken für menschenrechtliche Rechtsgüter (I, II, Anlage Nr. 1–11) und Umweltbelange (III, Anlage Nr. 12–14).** Ein Risiko liegt nur vor, wenn aufgrund tatsächlicher Umstände mit hinreichender Wahrscheinlichkeit ein Verstoß gegen eines der Verbote aus II und III droht (entsprechend Art. 6 I Sorgfaltspflichten-RL-E (EU): tatsächliche und potenzielle negative Auswirkungen; weitergehend aber bzgl. Umweltbelangen Art. 15 Sorgfaltspflichten-RL-E (EU): Plan zur Einhaltung des 1,5-Grad-Ziels nach Pariser Übereinkommen erforderlich). Die in der Anlage jeweils mit abschließender Wirkung (RegE BT-Drucks. 19/28649 S. 34, 39) genannten **Abkommen zum Menschrechts- und Umweltschutz** verpflichten unmittelbar nur Staaten, Unternehmen erst durch die Verbote in II und III. Wegen der ausdrücklichen Bezugnahme des Gesetzgebers des LkSG auf die UN-Leitprinzipien (RegE BT-Drucks. 19/28649, S. 41) gehören diese zum Auslegungsmaterial des LkSG (Grabosch/Grabosch, LkSG, 2021, § 2 Rn. 15). Die konkretisierende Auslegung der zuständigen Gremien, zB UN-Vertragsausschüsse und ILO-Sachverständi-

genausschuss, hat gleichwohl bloß Empfehlungscharakter und bindet die nationalen Gerichte nicht (BVerwG NJW 1987, 2691; BAG NJW 1989, 2562 (2564)). Grund: Vertragliche Bindung erst durch staatliche Annahme der Empfehlung, auslegungsrelevante Übung nur durch Vertragsparteien (Art. 31 III Wiener Vertragsrechtskonvention). Gleichwohl bietet sich Orientierung daran an; s. auch Art. 3 lit. c, 18 Taxonomie-VO (VO (EU) 2020/852).

Die **Verbote zum Menschenrechtsschutz (II)** betreffen: Beschäftigung 2 eines Kindes, wobei ggf. abweichendes Recht des Beschäftigungsortes nur bei Übereinstimmung mit ILO Nr. 138 entlastet **(Nr. 1)**; sog. schlimmste Formen der Kinderarbeit iSv ILO Nr. 182 **(Nr. 2)**, wobei RegE auch auf UN-Zivilpakt verweist (RegE BT-Drucks. 19/28649 S. 35); Zwangsarbeit **(Nr. 3)**, wobei Vereinbarkeit mit ILO Nr. 29 oder UN-Zivilpakt maßgeblich ist; Sklaverei und vergleichbare Missstände **(Nr. 4)**; Missachtung der Arbeitsschutzes nach Maßstab des Rechts am Beschäftigungsort, aber nur bei dadurch entstehenden Unfall- oder Gesundheitsgefahren mit Regelbeispielen **(Nr. 5)**, zB Fluchtwege, Brandgefahren (RegE BT-Drucks. 19/28649 S. 36); Missachtung der Koalitionsfreiheit **(Nr. 6)** in Bezug auf Gewerkschaftsbildung, -beitritt, -mitgliedschaft, Streik, Kollektivverhandlung, dies nach Wortlaut uneingeschränkt, also keine Entlastungsmöglichkeit durch Recht am Beschäftigungsort (siehe aber Ehmann ZVertriebsR 2021, 141 (144)); Diskriminierung **(Nr. 7)**, ua Abstammung, Geschlecht, Lohn, sofern nicht in Erfordernissen der Beschäftigung begründet, iÜ ohne Entlastungsmöglichkeit; Vorenthaltens eines angemessenen Lohns **(Nr. 8)**, also Mindestlohn nach anwendbarem Recht bzw angemessener Lohn nach Recht des Beschäftigungsortes; einzelne Umweltbeeinträchtigungen **(Nr. 9)**, infolge derer Erhalt oder Produktion von Nahrung „erheblich" beeinträchtigt, der Zugang zu „einwandfreiem" Trinkwasser verwehrt oder der zu Sanitäranlagen erschwert oder zerstört wird oder die Gesundheit geschädigt wird, wobei nicht klar ist, wie die tatbestandliche Reichweite zB in Bezug auf Luftverunreinigungen zu bestimmen ist, was angesichts von Klimaklagen hoch praxisrelevant ist (Spindler ZHR 186 (2022), 67 (80)); widerrechtliche Zwangsräumungen und widerrechtlicher Entzug von Lebensgrundlagen aus Land, Wäldern oder Wasser **(Nr. 10)**, wobei wohl anwendbares Recht maßgeblich ist (RegE BT-Drucks. 19/28649 S. 39; Spindler ZHR 186 (2022), 67 (78)); mangelnde Unterweisung oder Kontrolle von Sicherheitskräften **(Nr. 11)**, die Folter oder ähnliche Unmenschlichkeiten, Verletzungen oder Beeinträchtigungen der Vereinigungs- und Koalitionsfreiheit zur Folge hat.

Nach **der Auffangklausel (Nr. 12)** liegt ein Verstoß vor bei einem Tun oder 3 pflichtwidrigen Unterlassen, das unmittelbar geeignet ist, eine geschützte Rechtsposition (Anlage Nr. 1–11) in besonders schwerwiegender Weise zu beeinträchtigen und dessen Rechtswidrigkeit bei verständiger Würdigung aller in Betracht kommenden Umstände offensichtlich ist. Angesichts der Bußgeldbewehrung ist die hinreichende Bestimmtheit fraglich, zumal Rechtspositionen nicht weiter eingegrenzt werden und der Umgang mit unbestimmten Rechtsbegriffen nicht näher angeleitet wird (Spindler ZHR 186 (2022), 67 (79)).

Die **Verbote zum Umweltschutz (III)** betreffen die in jeweils näher be- 4 zeichneten Rechtsgrundlagen aufgeführten Pflichten in Bezug auf Quecksilber **(Nr. 1–3)**, Chemikalien bzw. persistente organische Schadstoffe **(Nr. 4)**, und Abfälle **(Nr. 5–8)**. Die aus Sicht von Klagen wegen Umwelt- und insbesondere Klimaverletzungen relevanten Bezugspunkte ergeben sich demnach vornehmlich aus II Nr. 9 (Spindler ZHR 186 (2022), 67 (80)).

Eine **Verletzung (IV)** liegt vor bei Verstoß gegen eines der vorgenannten 5 Verbote.

2) Lieferkette (V)

6 Die Definition der Lieferkette bestimmt über die **Reichweite der Sorgfaltspflichten aus §§ 3 ff.** Die Verwendung des Begriffs weicht ab von der beim Verkäuferregress in der Absatzkette (§§ 445a III, 445b III, 478 III BGB). Dort muss es sich um dieselbe Sache handeln und Zulieferer von Produktionsmaterial sind ausgeschlossen (MüKoBGB/S. Lorenz BGB § 445a Rn. 25), von V werden sie einbezogen. Die Definition ist weit gefasst, könnte unionsrechtlich aber sogar noch Ausweitung auf die Wertschöpfungskette erfahren (vgl. Art. 3 lit. g Sorgfaltspflichten-RL-E (EU); dazu Spindler ZIP 2022, 765 (768) („uferlos"); Harings/Zegula CCZ 2022, 165 mit Vergleich zu Sorgfaltspflichten-RL-E (EU), UN Leitprinzipien und OECD), wobei das Erfordernis der etablierten Geschäftsbeziehung einschränkend wirkt (→ Rn. 17). Die RegBegr zum LkSG ist wohl nicht ganz widerspruchsfrei (zB → Rn. 10). Demnach stellt sich vor allem die Frage nach rechtssicherer Eingrenzung: Bezugspunkte sind **„Produkte und Dienstleistungen" des Unternehmens (V 1),** was aber mangels Privatsphäre des Unternehmens nicht weiterhilft. Umfasst werden alle Schritte im **„In- und Ausland" (V 2),** also ergibt sich auch keine geographische Einschränkung. **„Angefangen von der Gewinnung der Rohstoffe"** zeigt, dass die Definition beim denkbar frühesten Schritt ansetzt.

7 Einen Ansatzpunkt für die Eingrenzung bietet das Merkmal **„bis zu der Lieferung an den Endkunden",** denn damit reicht die Kette zwar einerseits bis zum letzten Schritt, soll aber andererseits eben auch einen Abschluss finden. Das spricht für den Ausschluss von Zweiterwerbern. Im praktisch hoch bedeutsamen Fall der **Absatzkette** ist hingegen unsicher, ob nur der unmittelbare Abnehmer Endkunde ist, so dass weitere (Downstream-)Glieder der Absatzkette nicht zur Lieferkette zähtlen (so Herrmann/Rünz DB 2021, 3078 (3079); Kieninger RIW 2021, 331 (336); Schall NZG 2022, 787 (789); Spindler ZHR 186 (2022), 67 (75)). Schutzlücken ergeben sich nicht, wenn diese weiteren Glieder selbst sorgfaltspflichtig sind (Nietsch/Wiedmann NJW 2022, 1 Rn. 16). Das LkSG will aber wohl weitergehen. Selbst das Fehlen einer Vertragsbeziehung schließt die Pflichten nicht gänzlich aus, wie sich an den Sorgfaltspflichten im Zusammenhang mit mittelbaren Zulieferern zeigt, auf die im Wege der Vertragsgestaltung gegenüber dem unmittelbaren Zulieferer einzuwirken ist (→ § 6 Rn. 7).

8 Die Schritte müssen für Produkt oder Dienstleistung **„erforderlich"** sein. Daraus wird teilweise gefolgert, dass nur mittelbar erforderliche Leistungen, zB Betriebskantine und Mobiliar, ausgenommen sind, weil Produktion oder Dienstleistung auch ohne diese erfolgen könnten (Gehling/Ott/Lüneborg CCZ 2021, 230 (233); Harings/Zegula CCZ 2022, 165 (167); Nietsch/Wiedmann NJW 2022, 1 Rn. 15; Spindler ZHR 186 (2022), 67 (76)). Das Gesetz geht davon aus, dass die Bestandteile einer Lieferkette je nach Art des Produkts oder der Leistung variieren können (RegE BT-Drucks. 19/28649 S. 40), was zu dem Schluss zwingt, dass es Leistungen geben muss, die nicht erforderlich und folglich nicht in die Lieferkette einbezogen sind. Anzulegen ist aber eine Einzelfallbetrachtung, und zwar nach dem Geschäftszweck (RegE BT-Drucks. 19/28649 S. 40 zu Wiederverwertung und Entsorgung). Eine generelle Beschränkung auf unmittelbar erforderliche Leistungen oder unmittelbar verarbeitete Stoffe wird danach nicht zweifelsfrei sein. Je nach den Umständen können mittelbare Leistungen unabdingbar sein, eine Kantine zB bei entlegenen Produktionsorten (Bohrinsel), die sonst marginale Pflege der Geschäftsstätte bei Angewiesenheit auf das Erscheinungsbild (Flagship Store).

9 Hinsichtlich der **Einzelfragen** ist nach den Gesetzesmaterialien zwischen Sachgütern und Finanzdienstleistungen zu unterscheiden. Bei **Sachgütern** ist der **Vertrieb** umfasst. Das zeigt sich auch an der Zuordnung der Verwertung von Produkten oder Dienstleistungen zum eigenen Geschäftsbereich durch § 2 Abs. 6

LkSG (Spindler ZHR 186 (2022), 67 (75); aA Schall NZG 2022, 787 (788) (Handelsketten nicht erfasst); offenbar auch Krebs ZUR 2021, 394 (396)). Der Begriff ist weit zu verstehen und schließt alle Leistungen ein, „die dafür sorgen, dass das Produkt seinen endgültigen Bestimmungsort erreicht". Dazu zählen zB **Distribution,** (auch durch) **Online-Plattformen, Transport** und **(Zwischen-)Lagerung** sowie **physische Geschäfte.** Die RegBegr (BT-Drucks. 19/28649 S. 40) betrachtet **Wiederverwertung und Entsorgung differenzierend** und rechnet sie nur bei Unternehmen mit eben diesem Geschäftszweck der Lieferkette zu (aA Spindler ZHR 186 (2022), 67 (76)). Das Abwracken eines Schiffes (vgl. Begum/Maran (2021) EWCA Civ 326) wäre also nicht Teil der Lieferkette der Reederei (Kieninger RIW 2021, 331 (336); Nietsch/Wiedmann NJW 2022, 1 Rn. 17), was aus Sicht der Gesetzesziele wenig überzeugend erscheint.

Bei **Finanzdienstleistungen** soll wie folgt zu unterscheiden sein (RegE BT-Drucks. 19/28649 S. 40): Für den die Finanzdienstleistung, zB einen Kredit, in Anspruch nehmenden **Kunden,** zB einen Hersteller, soll das kreditgebende Finanzinstitut zur eigenen Lieferkette zählen. Wie der Kreditnehmer daraus resultierende Sorgfaltspflichten erfüllen könnte, bleibt ungeklärt. Umgekehrt sollen für das **Finanzinstitut** nicht nur der Kunde, sondern auch die diesem nachgelagerten Stufen zur eigenen Lieferkette zählen (einschr. Bettermann/Hoes BKR 2022, 23 (26)). Das steht einer Begrenzung des Endkundenbegriffs auf unmittelbare Abnehmer entgegen (→ Rn. 7). Nach der RegBegr sollen sich die Sorgfaltspflichten der Finanzdienstleister gleichwohl auf den Kreditnehmer, Sicherungsnehmer oder das Anlageobjekt beschränken. Dies soll sich aus den Informations- und Einflussnahmemöglichkeiten ergeben (RegE BT-Drucks. 19/28649 S. 40). Überzeugender wäre es, diese Frage beim Pflichtenumfang und der Verhältnismäßigkeit zu verorten (ähnlich Spindler ZHR 186 (2022), 67 (75)). Dies zeigt auch der weitere Hinweis auf die Schwelle für Großkredite nach Art. 392 Kapitaladäquanz-VO (VO (EU) Nr. 575/2013), mit deren Überschreitung besondere Informations- und Kontrollmöglichkeiten einhergehen. Auch insoweit ist aus Sicht des Lieferkettenrechts nicht entscheidend, ob der Kunde in die Lieferkette fällt, sondern obs das Finanzinstitut durch entsprechende Vertragsgestaltung für seine Lieferkettensorgfalt zu sorgen hat. Bei bloßer **Vermittlung von Finanzdienstleistungen** sollen sich die Sorgfaltspflichten nicht auf den Endkunden erstrecken, wobei unklar bleibt, warum dies so „wie bei anderen Dienstleistungen" sein soll (RegE BT-Drucks. 19/28649 S. 40). Dem Gesetz ist keine allgemeine Einschränkung für Dienstleistungen zu entnehmen (→ Rn. 6). Bei **Versicherungsunternehmen** soll schließlich die Anlage von Vermögenswerten nicht Bestandteil der Lieferkette sein. Gemeint sind wohl die Emittenten der Finanzprodukte, in welche die Versicherung investiert. Begründet wird die Ausnahme damit, dass die Versicherung ihre Dienstleistung nicht „aufgrund" der Anlage von Vermögenswerten erbringt. Im Ergebnis mag dies überzeugen, die Erforderlichkeit iSv V 2 (→ Rn. 8) wäre aber wohl zu bejahen.

3) Eigener Geschäftsbereich (VI)

Im **eigenen Geschäftsbereich (VI 1)** treffen das Unternehmen mehr Pflichten als in Bezug auf Zulieferer (→ § 3 Rn. 1, 3). Umfasst ist jede Tätigkeit des Unternehmens zur **Erreichung des Unternehmensziels.** Dabei kann sich das Unternehmen unzweifelhaft nicht darauf zurückziehen, dass die Sorgfaltspflicht oder ihre Verletzung nicht von der Satzung erfasst ist (zum umgekehrten Fall der Bindung kraft Satzungsbestimmung Sharaf ZIP 2022, 1427 (FC Bayern München)). Unbeachtlich ist auch, ob die Tätigkeit im Zusammenhang mit **Produktion und Dienstleistung im In- oder Ausland (VI 2)** erfolgt. Als **Standort** einbezogen sind Sitz, Niederlassung, Zweigstelle und (weit zu verstehen)

Produktionsstätte, sofern sie Teil der Gesellschaft als rechtliche Unternehmenseinheit sind (RegE BT-Drucks. 19/28649 S. 41).

12 Bei **verbundenen Unternehmen (VI 3)** wird nach der erst im Gesetzgebungsverfahren eingefügten Regel die Tätigkeit nachgeordneter Gesellschaften dem eigenen Geschäftsbereich der Obergesellschaft zugerechnet. Das konzernrechtliche Trennungsprinzip wird also „gelockert" (Ott/Lüneborg/Schmelzeisen DB 2022, 238 (244)), und zwar sind die im eigenen Geschäftsbereich geltenden Pflichten auch mit Blick auf nachgeordnete Gesellschaften wahrzunehmen, insbesondere sind unmittelbare Zulieferer solcher Gesellschaften als eigene zu behandeln. Voraussetzung ist **bestimmender Einfluss** (zum Begriff Frank-Fahle/Falder RIW 2022, 261 (262)). Die Begriffe der Unternehmensverbindung, Ober- und Konzerngesellschaft dürften auch hier nicht eng iSv § 18 AktG, sondern weit zu verstehen sein (→ § 1 Rn. 5). Einfluss kann auch über zwischengeschaltete Gesellschaften ausgeübt werden (BMAS FAQ IV.11). Maßgeblich ist eine einzelfallbezogene Gesamtschau und Gewichtung aller wirtschaftlichen, personellen, organisatorischen und rechtlichen Bindungen zur Tochtergesellschaft (BeschlussE BT-Drucks. 19/30505 S. 38). **Anhaltspunkte** sind ua: hohe Mehrheitsbeteiligung, konzernweites Compliance System, Steuerung von Kernprozessen im Tochterunternehmen, personelle Überschneidung auf Führungsebene, Einfluss auf das Lieferkettenmanagement, die Einflussnahme über die Gesellschafterversammlung und auch schon, dass sich Geschäftsbereiche entsprechen (BeschlussE BT-Drucks. 19/30505 S. 38; ohne Erläuterung BMAS FAQ IV.7; Praxisempfehlungen bei Ott/Lüneborg/Schmelzeisen DB 2022, 238 (244)).

13 Die Rechtslage ist wenig bestimmt und lässt **Einzelfragen** offen: Erforderlich ist offenbar **mehr als eine bloße Konzern-/Unternehmensverbindung** (Ott/Lüneborg/Schmelzeisen DB 2022, 238 (243)), so dass selbst eine **100%-ige Beteiligung** zwar meist, aber eben nicht zwingend ausreicht (Herrmann/Rünz DB 2021, 3078 (3079)). Es besteht Ähnlichkeit, nicht zwingend ein Gleichlauf mit der ua im EU-Kartellrecht bekannten **wirtschaftlichen Einheit** (Seibt/Vesper-Gräske CB 2021, 357 (360); auch Nietsch/Wiedmann NJW 2022, 1 Rn. 33). Beim **dezentral geführten** Konzern ist die Obergesellschaft wohl nicht erfasst, kann aber für Tochtergesellschaften als Zulieferer verantwortlich sein (Spindler ZHR 186 (2022), 67 (76)). **Tochtergesellschaften im Ausland** dürften wegen S. 2 („In- oder Ausland") erfasst sein, auch wenn diese keine Geschäftstätigkeit in Deutschland aufweisen (BMAS FAQ IV.10; Frank-Fahle/Falder RIW 2022, 261 (262); Ott/Lüneborg/Schmelzeisen DB 2022, 238 (243); aA Stöbener de Mora/Noll NZG 2021, 1237 (1241)). **Abstandnahme von Einfluss** führt wegen der anzulegenden Gesamtschau nicht zwingend zur Entlastung und erscheint schon wegen § 3 II Nr. 12 (→ § 3 Rn. 3) und auch insgesamt nicht ratsam (Stöbener de Mora/Noll NZG 2021, 1237 (1241)). Der Einflussnahme **entgegenstehendes ausländisches Recht** befreit nach § 3 II von Pflichten, nach BeschlussE BT-Drucks. 19/30505 S. 38 handelt es sich um eine Negativvoraussetzung der Zurechnung nach VI 3).

14 **Anwendungslücken** sind also bei stark dezentral geführten (Teil-)Konzernen denkbar, wenn die Holding sich auf Beteiligungsmanagement konzentriert und selbst operativen Funktionen wahrnimmt. Tochterunternehmen können dann aber Zulieferer sein und deren Zulieferer sind dann mittelbare Zulieferer der Obergesellschaft (Spindler ZHR 186 (2022), 67 (77)).

4) Unmittelbare und mittelbare Zulieferer (VII, VIII)

15 Die Einordnung als **unmittelbarer Zulieferer (VII)** setzt eine Vertragsbeziehung voraus, nach dem Wortlaut nicht zwingend zu einem Unternehmen. Auf die Wirksamkeit der Vertragsbeziehung dürfte es nicht ankommen. Ob die Warenlieferung oder Dienstleistung „notwendig" ist, dürfte wie bei den „erforderlichen" Schritten einer Lieferkette zu beurteilen sein (→ Rn. 8).

Mittelbarer Zulieferer (VIII) kann nur ein Unternehmen sein, dessen Zu- 16
lieferungen im vorgenannten Sinne notwendig sind. Da es sich nicht zugleich um
den unmittelbaren Zulieferer iSd VII handeln kann, betrifft dies die weiteren
Glieder der Lieferkette, also Zulieferer der Zulieferer, und zwar offenbar ohne
Begrenzung. Ob die Lieferung über eine Börse oä erfolgt, ist jedenfalls für die
Begriffsbestimmung nicht maßgeblich (Spindler ZHR 186 (2022), 67 (77)).

Die Sorgfaltspflichten erstrecken sich regelmäßig nur auf unmittelbare Zuliefe- 17
rer (**Tier 1-Prinzip;** → § 3 Rn. 1) und nur ausnahmsweise, bei substantiierter
Kenntnis von möglichen Verstößen, auf mittelbare Zulieferer (→ § 9 Rn. 2).
Unionsrechtlich ist mit Verschärfungen zu rechnen, und zwar in Form einer regelmäßigen Erstreckung der Pflichten auf alle Glieder der Wertschöpfungskette **(Tier 2-Prinzip)**, dies unter dem Gesichtspunkt der „Geschäftsbeziehung", wobei die Eingrenzung durch das Merkmal der „etablierten" Geschäftsbeziehung (engl.: established; hingegen franz.: bien établie) geleistet werden soll (Begriffe in Art. 3 lit. e–g und Pflichtenstellung in Art. 1 I, 6 I Sorgfaltspflichten-RL-E (EU)). **Lit.**:
DAV NZG 2022, 909 (910, 918) (Differenzierungsmängel, fehlendes Anwaltsprivileg); Hübner/Habrich/Weller NZG 2022, 644 (648) (Erheblichkeitsfilter);
Ruttloff/Rothenburg/Hahn DB 2022, 1116 (1118) (Bestimmtheitsproblem).

Abschnitt 2. Sorgfaltspflichten

Sorgfaltspflichten

LkSG 3 (1) ¹Unternehmen sind dazu verpflichtet, in ihren Lieferketten die in diesem Abschnitt festgelegten menschenrechtlichen und umweltbezogenen Sorgfaltspflichten in angemessener Weise zu beachten mit dem Ziel, menschenrechtlichen oder umweltbezogenen Risiken vorzubeugen oder sie zu minimieren oder die Verletzung menschenrechtsbezogener oder umweltbezogener Pflichten zu beenden. ²Die Sorgfaltspflichten enthalten:
1. die Einrichtung eines Risikomanagements (§ 4 Absatz 1),
2. die Festlegung einer betriebsinternen Zuständigkeit (§ 4 Absatz 3),
3. die Durchführung regelmäßiger Risikoanalysen (§ 5),
4. die Abgabe einer Grundsatzerklärung (§ 6 Absatz 2),
5. die Verankerung von Präventionsmaßnahmen im eigenen Geschäftsbereich (§ 6 Absatz 1 und 3) und gegenüber unmittelbaren Zulieferern (§ 6 Absatz 4),
6. das Ergreifen von Abhilfemaßnahmen (§ 7 Absatz 1 bis 3),
7. die Einrichtung eines Beschwerdeverfahrens (§ 8),
8. die Umsetzung von Sorgfaltspflichten in Bezug auf Risiken bei mittelbaren Zulieferern (§ 9) und
9. die Dokumentation (§ 10 Absatz 1) und die Berichterstattung (§ 10 Absatz 2).

(2) **Die angemessene Weise eines Handelns, das den Sorgfaltspflichten genügt, bestimmt sich nach**
1. Art und Umfang der Geschäftstätigkeit des Unternehmens,
2. dem Einflussvermögen des Unternehmens auf den unmittelbaren Verursacher eines menschenrechtlichen oder umweltbezogenen Risikos oder der Verletzung einer menschenrechtsbezogenen oder einer umweltbezogenen Pflicht,
3. der typischerweise zu erwartenden Schwere der Verletzung, der Umkehrbarkeit der Verletzung und der Wahrscheinlichkeit der Verletzung einer menschenrechtsbezogenen oder einer umweltbezogenen Pflicht sowie

4. nach der Art des Verursachungsbeitrages des Unternehmens zu dem menschenrechtlichen oder umweltbezogenen Risiko oder zu der Verletzung einer menschenrechtsbezogenen oder einer umweltbezogenen Pflicht.

(3) ¹Eine Verletzung der Pflichten aus diesem Gesetz begründet keine zivilrechtliche Haftung. ²Eine unabhängig von diesem Gesetz begründete zivilrechtliche Haftung bleibt unberührt.

1) Menschenrechtliche und umweltbezogene Sorgfaltspflichten (I)

1   Die Erfüllung der **Sorgfaltspflichten (I 2 Nr. 1–9)** ist darauf auszurichten, menschenrechtlichen oder umweltbezogenen Risiken (→ § 2 Rn. 1) vorzubeugen, solche Risiken zu minimieren oder eine Pflichtverletzung zu beenden (entsprechend Art. 4 Sorgfaltspflichten-RL-E (EU), aber sachlich möglicherweise weitergehende und mit Sanktionen zu bewährende Leitungs- und Überwachungspflichten zur Berücksichtigung von Nachhaltigkeitsaspekten und ggf. Menschenrechten, Klimawandel und Umwelt nach Art. 25 f. Sorgfaltspflichten-RL-E (EU), spezieller zur nachhaltigen Vergütung, Art. 15 III Sorgfaltspflichten-RL-E (EU)). Die Pflichten sind umfangmäßig abgestuft vom eigenen Geschäftsbereich, über unmittelbare Zulieferer bis hin zu mittelbaren Zulieferern und stehen jeweils unter Angemessenheitsvorbehalt (II, → Rn. 2). Die regelmäßige Verantwortung für unmittelbare Zulieferer, aber nur ausnahmsweise für mittelbare Zulieferer, entspricht dem Tier 1-Prinzip (weitergehend auf Tier 2-Prinzip zielend: Art. 1 I, 6 I Sorgfaltspflichten-RL-E (EU); → § 2 Rn. 17). Dem Ursprung in UN-Leitprinzipien entsprechend wird von **Bemühens-, nicht Erfolgspflichten** ausgegangen, also nachweisbaren fortlaufenden Vorkehrungen zur Zielerreichung (RegE BT-Drucks. 19/28649 S. 41). Soweit LkSG tatsächlich bloß Bemühen fordert, begründet eingetretener Verletzungserfolg also noch nicht Verstoß, umgekehrt kann Verstoß auch ohne Verletzungserfolg vorliegen (Wagner/Ruttloff NJW 2021, 2145 Rn. 5). Die **Abgrenzung zur Erfolgspflicht** ist nicht eindeutig (DAV NZG 2021, 546 Rn. 27; Spießhofer AnwBl 2021, 534 (537)), denn Maßnahmen müssen Risiko wirksam vermeiden (ua § 4 II), auch im Verhältnis zu Zulieferern (§§ 6 IV, 9 III), im eigenen Geschäftsbereich bedeutet Abhilfe Beendigung der Verletzung (§ 7 I 3), Behörde muss Verstöße nicht nur feststellen, sondern beseitigen und verhindern (§ 14 I Nr. 1 lit. b). Grenze soll erst **rechtliche oder tatsächliche Unmöglichkeit** setzen (BeschlussE BT-Drucks. 19/30505 S. 38). Die Erfüllung von Rechtspflichten, auch Vertragspflichten soll also erlaubt sein. Begriff der tatsächlichen (faktischen) Unmöglichkeit bezieht sich hingegen auf fehlende Einflussmöglichkeit iSv II Nr. 2 (BeschlussE, ebd.). Ungeklärt ist, ob Unmöglichkeit bei schwerwiegenden wirtschaftlichen Einbußen gegeben sein kann (näher noch → § 7 Rn. 5). Dies ist für die Unternehmenspraxis hoch bedeutsam, auch weil das Ob gefordert Maßnahmen nicht im **Ermessen** steht, das Wie nur zu einem gewissen Grad (Wagner/Ruttloff NJW 2021, 2145 Rn. 5). Umfang der **behördlichen bzw. gerichtlichen Nachprüfung** ist ungeklärt (Spindler ZHR 186 (2022), 67 (81)). Vorschlag der Aufnahme eines prüfungsfreien Raums bzw. Haftungsausschlusses nach Vorbild von § 93 I 2 AktG (DAV NZG 2021, 546 Rn. 29) wurde nicht aufgegriffen.

2) Sorgfaltspflichtgemäßes Handeln, Angemessenheitsvorbehalt (II)

2   Einhaltung der Sorgfaltspflichten setzt **angemessenes Handeln** voraus. Pflichtenumfang soll sich darauf beschränken, was „machbar und angemessen" ist (RegE BT-Drucks. 19/28649 S. 41), wird aber letztlich nur durch „rechtlich und tatsächlich Unmögliches" beschränkt (BeschlussE BT-Drucks. 19/30505 S. 38). Zugrunde liegt risikobasierter Ansatz. Anknüpfung an individuelle Einflussmöglichkeiten kann aber zu völlig unterschiedlichen Pflichten von Unternehmen auch

derselben Branche führen. Wegen Bußgeldbewährung (§ 24) bestehen Bestimmtheitszweifel (Wagner/Ruttloff NJW 2021, 2145 Rn. 7).
Kriterien liefern Nr. 1–4. Je größer die Anfälligkeit für Pflichtverletzungen nach **Art und Umfang der Geschäftstätigkeit (Nr. 1)** ausfällt, desto umfassender müssen Präventions- und Abhilfemaßnahmen ausfallen, wobei sich länder-, branchen- und warengruppenspezifische Umstände risikoerhöhend auswirken können (RegE BT-Drucks. 19/28649 S. 42). Für das **Einflussvermögen (Nr. 2)** auf den unmittelbaren Verursacher sind insbesondere die Nähe zum Risiko (eigener Geschäftsbereich, unmittelbarer oder mittelbarer Zulieferer) und die wirtschaftliche Einwirkungsmöglichkeit (Größe des Unternehmens, Auftragsvolumen) maßgeblich (RegE BT-Drucks. 19/28649 S. 42). Dies trägt der Verhältnismäßigkeit Rechnung, kann aber zu stark abweichenden Pflichten führen (Spindler ZHR 186 (2022), 67 (81)). An der Einflussmöglichkeit soll es bei mangelnder Nachverfolgbarkeit fehlen, zB wenn Rohstoffe über internationale Rohstoffbörsen bezogen werden (BT-BeschlussE BT-Drucks. 19/30505 S. 38). Zugleich verweist Gesetzgeber auf Blockchain, was Pflicht zu deren Einsatz offenlässt (Spindler ZHR 186 (2022), 67 (81); übergr. Bräutigam/Habbe NJW 2022, 809 Rn. 2). Die voraussichtliche **Schwere der Verletzung (Nr. 3)** kann in Zusammenschau mit Grad der Reversibilität und Eintrittswahrscheinlichkeit pflichtenbegründend oder -erhöhend wirken. Dies gilt maßgeblich bei einer hohen Anzahl von Verletzten, der Zugehörigkeit des Unternehmens zu einem Hochrisikosektor oder Risiken infolge tatsächlicher bzw. ordnungspolitischer Rahmenbedingungen des Produktionsortes etc. (RegE BT-Drucks. 19/28649 S. 42 f.). Die **Art des Verursachungsbeitrags (Nr. 4)** ist typischerweise eng verknüpft mit dem unternehmerischen Einflussvermögen (Nr. 2) und kann wie dieses pflichtenbegründend oder -erhöhend wirken. Der zugrunde zu legende Verursachungsbegriff unterscheidet nicht klar zwischen Pflichtenkreisen (RegE BT-Drucks. 19/28649 S. 43): Missachtung von Arbeitsschutzstandards (unmittelbare alleinige Verursachung); Verschmutzung eines Flusses durch nicht fachgerechte Abfallentsorgung, wenn andere Unternehmen dies ebenfalls tun und hierdurch ggf. Trinkwasserversorgung der Anwohnenden gefährdet wird (unmittelbare (Mit-)Verursachung; dies offenbar ohne Kausalitäts- bzw. Veranlassungserfordernis); kurzfristige Änderung von Produktanforderungen ohne Anpassung von Lieferzeit oder Einkaufspreis und in der Folge Verstoß des Zulieferers gegen ILO-Kernarbeitsnormen (mittelbare Verursachung; dies offenbar trotz vereinbarter Lieferpflicht); siehe auch → § 4 Rn. 2.

3) Zivilrechtliche Haftung (III)

Die zivilrechtliche Haftung für die Verletzung menschrechts- oder umweltbezogener Sorgfaltspflichten wollte schon **RegE** nicht ändern, mittelbare Auswirkungen sind aber nicht auszuschließen, deutlichere Klarstellung wurde gefordert (scharfe Kritik ua DAV NZG 2021, 546 Rn. 4; Verbändebrief Sorgfaltspflichten ua BDI, 25.3.2021). Nach dem sodann eingefügten **III** begründen Verletzungen der Sorgfaltspflichten **keine zivilrechtliche Haftung,** lassen aber eine unabhängig von diesen Pflichten, also eine **nach den allgemeinen Regeln begründete zivilrechtliche Haftung unberührt.** Bezweckt ist damit ein Ausschluss der deliktischen Schutzgesetzhaftung (BeschlussE BT-Drucks. 19/30505 S. 39; ausf. Schneider ZIP 2022, 407 (411)). Mit Verschärfungen durch Unionsrecht ist zu rechnen (Haftungsregel als Eingriffsnorm, Art. 22 Sorgfaltspflichten-RL-E (EU)).

Ob bzw. unter welchen Umständen die vertragliche **Sachmängelhaftung** gegenüber Kunden greift, weil bei der Produktion oder Dienstleistung gegen Sozial- oder Umweltstandards verstoßen wurde, liegt (wohl) von vornherein außerhalb von III. Ergebnis ist noch unsicher (offen Fleischer/Korch ZIP 2019, 2181 (2190); Lüttringhaus AcP 219 (2019), 29). Differenziert wird zwischen unternehmens- und produktbezogenen Eigenschaften, nur letztere begründen Sachmangel (Fleischer DB 2022, 920 (927)), sind bei lediglich öffentlicher Äußerung aber nur im Ausnahmefall betroffen, str. (weitgehend, schon bei Werbung Paefgen ZIP 2021, 2006 (2012); Koch MDR 2022, 1 Rn. 30).

6 **Grundfrage** der deliktischen Haftung gegenüber Verletzten (Menschenrechte, mittelbar auch Umwelt) ist das (konzernrechtliche) Trennungsprinzip, das vom LkSG allerdings durch die Einbeziehung von Zulieferern in den eigenen Geschäftsbereich der Obergesellschaft (→ § 2 Rn. 12) und weitergehend durch die Pflichten in Bezug auf mittelbare Zulieferer gelockert wird (→ § 9 Rn. 2). Haftungsgefahr ist deshalb nicht vollständig auszuschließen, aber im Zeichen der Regelungsziele (stay and improve) möglicherweise kontraproduktiv (→ Vor § 1 Rn. 1).

7 Zum Stand: Gegen eine vertragliche Haftung (**Drittbegünstigung, Schutzwirkung, Vertrauensschutz;** → HGB § 347 Rn. 11) sprechen der bei öffentlichen Äußerungen idR erkennbar fehlende Rechtsbindungswille, die mangels Adressatenstellung, Kenntnisnahme oder Verständnismöglichkeit (Sprache, Belegschaft im Ausland) fehlende Handlungserwartung oder schlicht die fehlende Konkretheit insbesondere der veröffentlichten Grundsatzerklärung (→ § 6 II Rn. 2; Fleischer DB 2022, 920 (926)). Es besteht keine Haftung für den Zulieferer als Erfüllungsgehilfen (**§ 278 BGB**), weil dieser nicht bei Erfüllung der Unternehmerpflicht, zB zu Besitzverschaffung und Eigentumsübertragung (§ 433 I 1 BGB), tätig wird. Anwendbarkeit des deutschen Deliktsrechts bei Menschenrechtsverletzung im Ausland ist wegen Erfolgsortprinzips (Art. 4 I Rom II-VO) zweifelhaft; auf Eingriffsnorm (→ Rn. 4) wurde bei Verabschiedung des LkSG bewusst verzichtet (WD 7–3000–040/21, S. 14; Rühl/Knauer JZ 2022, 105 (109); Spindler ZHR 186 (2022), 67 (112); s. aber Ehmann, ZVertriebsR 2021, 141 (150 f.)). Soweit deutsches Deliktsrecht anwendbar ist, kein Auswahlverschulden (**§ 831 BGB**), weil ein selbständiger Zulieferer nicht in Organisation eingebunden und nicht weisungsgebunden ist (Grunewald NZG 2018, 481). Keine Schutzgesetzhaftung (**§ 823 II BGB**), weil nicht bezweckt (Rn. 4), wenngleich einzelne Pflichten auch auf Schutz von Individualinteresse abzielen (RegE BT-Drucks. 19/28649 S. 43 zu § 4 IV, str., DAV NZG 2021, 546 Rn. 49). Näher liegt mittelfristige Erweiterung der Verkehrssicherungspflicht (**§ 823 I BGB**), weil LkSG letztlich auf Absicherung gegen Risiken und Verletzungen abzielt; in der Sache also Haftung für eigenes Auswahl- und Überwachungsverschulden, insbes. bei Gefahrerhöhung, konkrete Erweiterung durch LkSG aber allenfalls im Rahmen des Pflichtenkatalogs und unter Beachtung des Angemessenheitsvorbehalts, was Risiken senkt (Paefgen ZIP 2021, 2006 (2012); offen Beckers ZfPW 2021, 220 (240 f.); Nietsch/Wiedmann CCZ 2021, 101 (109 f.); einschr. Fleischer DB 2022, 920 (924); krit. v. Westphalen ZIP 2020, 2421 (2425 f.)).

8 Übertragbarkeit ausländischer Rechtsprechung ist unsicher. Schwerer wiegt bei Menschenrechtsverletzungen im Ausland (Art. 4 I Rom II-VO) die Gefahr einer **Haftung nach ausländischem Recht** (Kieninger RIW 2021, 331; Mittwoch RIW 2020, 397 (399); Rühl/Knauer JZ 2022, 105 (109)). Wegen der Verbreitung des common law hat die Rechtsprechung englischer Gerichte besondere Bedeutung. Nach den sog. Vedanta Routes **Haftung der Ober- für Tochtergesellschaft** auch ohne vollständige Kontrolle in vier Konstellationen: 1. Leitung durch Obergesellschaft oder gemeinsame Leitung mit Tochter; 2. Beratungsfehler, mangelhafte konzernweite Sicherheits- oder Umweltrichtlinien; 3. Vorgabe konzernweiter Sicherheits- oder Umweltrichtlinien und aktive Maßnahmen der Obergesellschaft zu deren Umsetzung durch Tochter; 4. Erklärung, dass ein hohes Maß an Aufsicht und Kontrolle über Tochter ausgeübt werde (Okpabi v. Shell [2021] UKSC 3, Rn. 26 f. im Anschluss an Lungowe v. Vedanta [2019] UKSC 20; zum Urteil Späth/Werner CCZ 2021, 241; Schall ZIP 2021,

1241 zu möglicher Entlastungswirkung infolge gesetzlicher Vorgabe von dann nicht mehr freiwilligen Leitlinien). Zudem **Haftung für ausländischen Vertragspartner** denkbar (Hamida Begum v. Maran [2021] EWCA Civ 326; Kieninger RIW 2021, 331 (334)). Weniger konturiert ist **Haftung für Umweltschäden**, wobei auch niederländischer Rechtsprechung Pflicht zur Reduktion von CO_2-Emissionen bestehen kann (Milieudefensie v. Shell, Rechtbank Den Haag, KlimR 2022, 31 (Auszug); krit. Wagner NJW 2021, 2256). Zum Stand der **Klimaklagen** in Deutschland Ipsen/Waßmuth/Plappert, ZIP 2021, 1843 (Kausalität, Rechtswidrigkeit); König/Tetzlaff RIW 2022, 25 (IPR); Ruttloff/Wagner/Wagner BB 2022, 516; Schmahl JZ 2022, 317 und Wegener NJW 2022, 425 (Grundrechte bzw. Menschenrechtsverträge als Grundlage)). Zu Frankreich Fleischer/Danninger DB 2017, 2849; Rühl FS Windbichler 2020, 1413.

Deliktische Sorgfaltspflichten können nach allg. Regel zur **Ausführung auf Dritte übertragen** werden (MüKoBGB/Wagner § 823 Rn. 522). Anzuraten ist Aufnahme ua von **Weitergabeklausel, Compliance-Klausel, Qualitätssicherungs- und ggf. Auditierungsrechten** insbes. in Zuliefervertrag (→ § 6 Rn. 7, 9, → Einl v § 373 HGB Rn. 32; näher: Bälz BB 2021, 648, int. Projektgeschäft; Mann/Baisch ZVglRWiss 120 (2021), 235, Zuliefererauswahl; v. Westphalen ZIP 2020, 2421). Die Haftung wegen Nichtbefolgung untergesetzlicher Pflichten, also von **Verhaltenskodex, öffentlicher Selbstverpflichtung oder CSR-Berichterstattung,** scheitert idR am Fehlen des Bindungswillens oder der Kausalität (LG Dortmund IPRax 2019, 317 Rn. 42 (KiK) mAnm. Johnson CCZ 2020, 103; Fleischer/Korch ZIP 2019, 2181 (2190); Leyens AcP 215 (2015), 611 (624); Wagner RabelsZ 80 (2016), 717 (777); ausf. v. Falkenhausen, Menschenrechtsschutz durch Deliktsrecht, 2020, S. 199). 9

Lit.: Fleischer DB 2022, 920 (umf., insgesamt zurückhaltend); Fleischer/Korch ZIP 2019, 2181 (Delikthaftung bei Gefahrerhöhung); Habersack/Ehrl AcP 219 (2019), 155 (ähnlich; Tendenz: keine Delikthaftung; auch Habersack/Zickgraf ZHR 186 (2022), 67, 182 (2018), 252 (Konzern); Poelzig VGR 2018, 83 (Konzern); Rühl/Knauer JZ 2022, 105 (zurückhaltend, aber ausl. Recht und IPR); Schockenhoff/Roßkopf/Arnold AG 2021, 66 (Konzern); Thomale/Murko EuZA 2021, 40 (mit IPR); Weller/Thomale ZGR 2017, 509 (Haftung bei Menschrechtsverletzung); auch Weller/Nasse ZGR 2020 Sonderh. 22, 107; Wagner RabelsZ 80 (2016), 717 (umf., keine Delikthaftung, Rechtsträgerprinzip, aber Aufweichung im Konzern). 10

Risikomanagement

LkSG 4 (1) ¹Unternehmen müssen ein angemessenes und wirksames Risikomanagement zur Einhaltung der Sorgfaltspflichten (§ 3 Absatz 1) einrichten. ²Das Risikomanagement ist in alle maßgebliche Geschäftsabläufe durch angemessene Maßnahmen zu verankern.

(2) Wirksam sind solche Maßnahmen, die es ermöglichen, menschenrechtliche und umweltbezogene Risiken zu erkennen und zu minimieren sowie Verletzungen menschenrechtsbezogener oder umweltbezogener Pflichten zu verhindern, zu beenden oder deren Ausmaß zu minimieren, wenn das Unternehmen diese Risiken oder Verletzungen innerhalb der Lieferkette verursacht oder dazu beigetragen hat.

(3) ¹Das Unternehmen hat dafür zu sorgen, dass festgelegt ist, wer innerhalb des Unternehmens dafür zuständig ist, das Risikomanagement zu überwachen, etwa durch die Benennung eines Menschenrechtsbeauftragten. ²Die Geschäftsleitung hat sich regelmäßig, mindestens einmal jährlich, über die Arbeit der zuständigen Person oder Personen zu informieren.

(4) **Das Unternehmen hat bei der Errichtung und Umsetzung seines Risikomanagementsystems die Interessen seiner Beschäftigten, der Beschäftigten innerhalb seiner Lieferketten und derjenigen, die in sonstiger Weise durch das wirtschaftliche Handeln des Unternehmens oder durch das wirtschaftliche Handeln eines Unternehmens in seinen Lieferketten in einer geschützten Rechtsposition unmittelbar betroffen sein können, angemessen zu berücksichtigen.**

1) Risikomanagement (I)

1   Das **Risikomanagement (I 1)** dient der Einhaltung eigener Sorgfaltspflichten am eigenen Standort (RegE BT-Drucks. 19/28649 S. 43) und hat „Scharnierfunktion" (Wagner/Ruttloff NJW 2021, 2145 Rn. 34) für die auch gegenüber Zulieferern einzusetzenden Präventions- und Abhilfemaßnahmen aus §§ 5–10 (Art. 4 ff. Sorgfaltspflichten-RL-E (EU) ohne explizite Pflicht zum Risikomanagement, aber vergleichbarer Ansatz in Gesamtschau der Sorgfaltspflichten; Bettermann/Hoes WM 2022, 697 (699)). Die mit dem Risikomanagement verbundenen Pflichten richten sich auf angemessene Maßnahmen **(I 2)**, sind also nach den Regeln des Angemessenheitsvorbehalts zu bestimmen (→ § 3 Rn. 2). Sie betreffen (nur) die maßgeblichen Geschäftsabläufe, also solche, die zur Risikominimierung beitragen können. Abhängig von der Unternehmensorganisation wird die Einbindung von und der regelmäßige Austausch zwischen Geschäftsleitung, Rechtsabteilung, Compliance-Abteilung, CSR-Abteilung und Einkauf erforderlich sein (Herrmann/Rünz DB 2021, 3078 (3080): „Projektteam"). Empfehlenswert erscheint die **Integration in ein bestehendes Risikomanagementsystem** bzw. Compliance Management System (so auch Kommentar zu UN Leitprinzip 17; Grabosch/Grabosch § 5 Rn. 19). Dies erlaubt den Rückgriff auf etablierte Leitlinien zu Risikomanagement (COSO ERM, ISO 31000) und Compliance Management sowie auf die jeweiligen Prüfungsgrundsätze (IDW PS 980 und 981) (Joos/Kerckhoff/Ghassemi-Tabar DB 2022, 1465). Die bei **Systemaufbau und -prüfung** zugrunde zu legende Perspektive ist aber nach Maßgabe der in II zum Ausdruck gebrachten lieferkettenrechtlichen Schutzwecke (→ Rn. 2) anzupassen. Maßgeblich sind also nicht die Risken für den Unternehmensbestand (§ 91 II AktG), sondern die für Menschenrechte und Umwelt (Fleischer AG 2022, 377 Rn. 43).

2) Wirksamkeit der Maßnahmen (II)

2   Die Wirksamkeit der Maßnahmen bemisst sich danach, ob sie dazu führen, dass Risiken erkannt und minimiert, Pflichtverletzungen verhindert, beendet oder in ihrem Ausmaß minimiert werden. Aus den Risiken bzw. Pflichtverletzungen iSv § 2 II-IV sind nur solche gemeint, die das Unternehmen innerhalb der Lieferkette „verursacht" oder zu denen es „beigetragen hat" (II aE). Der zugrunde zu legende **Verursachungszusammenhang** soll (anders als bei § 3 II Nr. 4, → § 3 Rn. 3) nur „kausale" Beiträge zur Entstehung (auch „Hervorrufen") oder zur Verstärkung des Risikos umfassen (RegE BT-Drucks. 19/28649 S. 43). Gleich ist, bei welchem Glied der Lieferkette (§ 2 V: eigener Geschäftsbereich, unmittelbarer oder mittelbarer Zulieferer) das Risiko liegt.

3) Überwachung des Risikomanagements, Menschrechtsbeauftragter (III)

3   Die Ausgestaltung der **Aufbau- und Ablauforganisation (III)** bleibt weitestgehend dem Unternehmen überlassen. Festzulegen ist die Zuständigkeit zur Überwachung des Risikomanagements. Der gesetzgeberische Vorschlag eines **Menschenrechtsbeauftragten** greift hinsichtlich umweltbezogener Risiken zu kurz (weitergehend Art. 16. Sorgfaltspflichten-RL-E (EU): Pflicht zur Benennung eines mit näher bestimmten Kompetenzen ausgestatteten Bevollmächtig-

ten). Zur Ernennung eines Verantwortlichen mit Funktion nach III 1 wird unabhängig von der Bezeichnung geraten. Die Befürchtung, dass bei abweichender Organisation faktische Umkehr der Begründungslast droht (Frank/Edel/Heine/Heine BB 2021, 2165 (2167); Herrmann/Rünz DB 2021, 3078 (3080)), ist nicht zwingend berechtigt. Empfohlen wird, den Beauftragten **unmittelbar der Geschäftsleitung zu unterstellen** (RegE BT-Drucks. 19/28649 S. 43). Verpflichtende Vorgaben bestehen nach dem LkSG nicht, wohl aber nach Art. 4 Abs. 1 lit. c Konfliktmineralien-VO (Mitglied des „gehobenen Managements") und § 7 I GwG (unmittelbare Nachordnung). Erforderlich ist eine für die angemessene Überwachungsleistung erforderliche **Ausstattung** (RegE BT-Drucks. 19/28649 S. 43), darunter die Gewährung von Informationszugriff. Unklar ist, ob wie beim Geldwäschebeauftragten (§ 7 VII 2 f. GwG) **Sonderkündigungsschutz** zu gewähren ist (dafür Frank/Edel/Heine/Heine BB 2021, 2165 (2167)). Ohne ein hinreichendes Maß an **Unabhängigkeit**, dh Weisungsfreiheit hinsichtlich Überwachungstätigkeit und Verhinderung von Interessenkonflikten durch Aufgabentrennung, ist eine wirksame Aufgabenerfüllung aber nicht zu erwarten (Spindler ZHR 186 (2022), 67 (82)). Auf Prüfung der Funktionstauglichkeit auszurichtende **Informationspflicht der Geschäftsleitung (III 2)** besteht regelmäßig, mindestens einmal jährlich, über Gesetzeswortlaut hinaus aber auch anlassbezogen (RegE BT-Drucks. 19/28649 S. 43).

4) Interessen unmittelbar Betroffener (IV)

Das Risikomanagement dient ausweislich von IV dem Schutz **öffentlicher** 4 **und individueller Interessen** der unmittelbar vom wirtschaftlichen Handeln Betroffenen (RegE BT-Drucks. 19/28649 S. 43), ist wegen § 3 III aber nicht Schutzgesetz iSv § 823 II BGB (Wagner/Ruttloff NJW 2021, 2145 Rn. 42). Vielmehr zielt die Pflicht zur **angemessenen Berücksichtigung** darauf ab, Risiken zu erkennen, richtig einzuschätzen und geeignete Präventions- und Abhilfemaßnahmen zu wählen (RegE BT-Drucks. 19/28649 S. 43). Wirtschaftliches Handeln ist weit zu verstehen (zB auch Erschließung oder Erwerb von Grundeigentum). Eine **unmittelbare Betroffenheit** besteht bei Beschäftigten innerhalb der gesamten Lieferkette, wobei eine tatsächliche Betrachtung vorzunehmen ist, so dass auch Selbstständige und informell Beschäftigte (Schwarzarbeit, Arbeitsverbot, Scheinselbstständige) einbezogen sind. Sie kann sich in sonstiger Weise bei enger räumlicher Nähe (Anwohnende, Nachbarn), anderweitiger Betroffenheit (zB Gewerkschaften) oder auch **anlassbezogen** ergeben, zB bei der Aufklärung von Missständen oder sonstigen Vorfällen. Zur **Umsetzung** kommen ua partizipative Maßnahmen wie Konsultationen in Betracht, ggf. mit Berechtigten, also unabhängigen Interessenvertretungen wie Gewerkschaften (RegE BT-Drucks. 19/28649 S. 44).

Risikoanalyse

LkSG 5 (1) ¹Im Rahmen des Risikomanagements hat das Unternehmen eine angemessene Risikoanalyse nach den Absätzen 2 bis 4 durchzuführen, um die menschenrechtlichen und umweltbezogenen Risiken im eigenen Geschäftsbereich sowie bei seinen unmittelbaren Zulieferern zu ermitteln. ²In Fällen, in denen ein Unternehmen eine missbräuchliche Gestaltung der unmittelbaren Zuliefererbeziehung oder ein Umgehungsgeschäft vorgenommen hat, um die Anforderungen an die Sorgfaltspflichten in Hinblick auf den unmittelbaren Zulieferer zu umgehen, gilt ein mittelbarer Zulieferer als unmittelbarer Zulieferer.

(2) ¹Die ermittelten menschenrechtlichen und umweltbezogenen Risiken sind angemessen zu gewichten und zu priorisieren. ²Dabei sind insbesondere die in § 3 Absatz 2 genannten Kriterien maßgeblich.

(3) Das Unternehmen muss dafür Sorge tragen, dass die Ergebnisse der Risikoanalyse intern an die maßgeblichen Entscheidungsträger, etwa an den Vorstand oder an die Einkaufsabteilung, kommuniziert werden.

(4) ¹Die Risikoanalyse ist einmal im Jahr sowie anlassbezogen durchzuführen, wenn das Unternehmen mit einer wesentlich veränderten oder wesentlich erweiterten Risikolage in der Lieferkette rechnen muss, etwa durch die Einführung neuer Produkte, Projekte oder eines neuen Geschäftsfeldes. ²Erkenntnisse aus der Bearbeitung von Hinweisen nach § 8 Absatz 1 sind zu berücksichtigen.

1) Risikoanalyse, Umgehungsverbot (I)

1   Die Pflicht zur Risikoanalyse ist Teil des Risikomanagements (§ 4; entsprechend Art. 6 Sorgfaltspflichten-RL-E (EU)). Sie soll die **Grundlage für wirksame Präventions- und Abhilfemaßnahmen** (§§ 6 ff.) schaffen. Ausgegangen wird von drei Verfahrensschritten: Risikoanalyse (I 1), Bewertung und Priorisierung (II), Kommunikation (III) (RegE BT-Drucks. 19/28649 S. 44).

2   Die **Risikoanalyse (I 1)** bezieht sich auf den eigenen Geschäftsbereich (insbesondere Beschaffungsprozesse) und unmittelbare Zulieferer, auf mittelbare Zulieferer nur bei „substantiierter Kenntnis" (§ 9 III Nr. 1, → § 9 Rn. 3). Risikobehaftete und risikolose Tätigkeiten sollten nach Geschäftsfeldern, Standorten, Produkten oder Herkunftsländern unter Berücksichtigung politischer Rahmenbedingungen gefiltert werden (risk mapping, clustering; RegE BT-Drucks. 19/28649 S. 44). Helfen können Indizes zur Menschenrechtssituation vor Ort, warengruppen- oder branchenbezogene Indizes, Risk Checks und Leitfäden (Herrmann/Rünz DB 2021, 3078 (3081 f.) mit Überblick); aber nicht jeder Bericht oder Index reicht (Stöbener de Mora/Noll NZG 2021, 1237 (1242)). Hinzuziehung **externen Wissens** insbesondere zu Verhältnissen zur Produktionsstätte oder Zulieferern im Ausland ist nicht stets erforderlich, aber „im Rahmen der Möglichkeiten" in Betracht zu ziehen (RegE BT-Drucks. 19/28649 S. 44); praktische Anleitung, die über Risiko der Zwangsarbeit hinaus einsetzbar ist: European Commission/European External Action Service, Guidance on due diligence for EU Businesses to Address the risk of Forced Labour in their Operations and Supply Chains, 12.7.2021. Ob **Audit oder Besichtigung vor Ort** erforderlich ist, richtet sich nach (Zwischen-)Ergebnis der Risikoanalyse und ist einzelfallbezogene Frage je nach Priorisierung. Auszugehen ist von allgemeinen Compliance-Pflichten, die aber auch auf Aufdeckung von schwer zu erkennenden Menschenrechtsverletzungen auszurichten sind. „Am grünen Tisch" sind Pflichten nicht (jedenfalls nicht stets) zu erfüllen (Nietsch/Wiedmann CCZ 2021, 101 (107)).

3   Stellt sich die Zwischenschaltung eines Dritten als **missbräuchliche Gestaltung oder Umgehung (I 2)** dar, gilt ein mittelbarer als unmittelbarer Zulieferer. Folge ist, dass die Sorgfaltspflichten nicht erst bei substantiierter Kenntnis (§ 9 III) einsetzen. Indizien sind das Fehlen einer nennenswerten wirtschaftlichen Tätigkeit des zwischengeschalteten Dritten oder einer auf Dauer angelegten Präsenz (Geschäftsräume, Personal, Ausrüstung) (RegE BT-Drucks. 19/28649 S. 44 f.). Geringe Bestimmtheit von Missbrauchs- und Umgehungsverbot verlangt, wie allgemein, enge Auslegung (zweifelnd Lutz-Bachmann/Vorbeck/Wengenroth BB 2021, 906 (909)).

2) Risikogewichtung und Priorisierung (II)

Priorisierung ist erforderlich, wenn nicht alle Risiken gleichzeitig angegangen werden können (RegE BT-Drucks. 19/28649 S. 45). Gesetz geht also grundsätzlich von Prävention und Abhilfe aus (§§ 6, 7). Der Risikogewichtung und Priorisierung sind die **Kriterien des Angemessenheitsvorbehalts** nach § 3 II zugrunde zu legen (Herrmann/Rünz DB 2021, 3078 (3081 f.) mit Darstellungsbeispiel). Priorisierung verlangt **vertiefte Prüfung** der Auswirkungen, ggf. durch Inspektion vor Ort (zB Brand-, Gebäudesicherheit, Schutzmaßnahmen für Beschäftigte), Gespräche mit Beschäftigten, gewerkschaftlicher Vertretung, Anwohnern, auch Durchführung von Fallstudien, weiteres Fachwissen (RegE BT-Drucks. 19/28649 S. 45).

3) Interne Risikoberichterstattung (III)

Die Ergebnisse der Risikoanalyse sind unternehmensintern zu kommunizieren. Das ist zuvorderst Unternehmensorganisationspflicht und erfordert die Einrichtung entsprechender **Berichtskanäle zu den maßgeblichen Entscheidungsträgern** sowie entsprechende Verfahrensabläufe (→ § 6 Rn. 1). Gesetz nennt beispielhaft Vorstand, wegen Rechtsformunabhängigkeit (→ § 1 Rn. 1) also Leitungsorgan wie (GmbH-)Geschäftsführer, außerdem Einkaufsabteilung. Weitere Kanäle zu den in das Risikomanagement einbezogenen Abteilungen bzw. Funktionen (→ § 4 Rn. 1) erscheinen ratsam. Es besteht **Pflicht zur Berücksichtigung der Ergebnisse** in weiterer Unternehmensführung (so noch RegE BT-Drucks. 19/28649 S. 45; dazu Nietsch/Wiedmann CCZ 2021, 101 (107)). Dahingehender Hs wurde zwar im Gesetzgebungsverfahren gestrichen, aber nur weil die tatsächlichen oder rechtlichen Möglichkeiten, um zu gewährleisten, dass die Geschäftsleitung (gemeint ist wohl: einer verbundenen Gesellschaft iSd § 15 AktG) die Ergebnisse der Risikoanalyse im Einzelfall angemessen berücksichtigt, fehlen können (BeschlussE BT-Drucks. 19/30505 S. 40). Ist dies der Fall, kann Risiko nicht unterbunden werden. Möglich bleibt ggf. Minimierung. Zudem können ggf. die Voraussetzungen einer Unterbindung geschaffen werden, was Gesetz sogar gegenüber unmittelbaren Zulieferern fordert (→ § 7 Rn. 2). Ohne eine Pflicht zur Berücksichtigung liefe die Pflicht zur Risikoanalyse aber leer.

4) Regelmäßige und anlassbezogene Durchführung (IV)

Die in IV geregelten Durchführungs- bzw. Nachverfolgungspflichten entsprechen dem risikobasierten Regelungsansatz (entsprechend: Art. 10 Sorgfaltspflichten-RL-E (EU)). Sie werden für Prävention (§ 6 V), Abhilfe (§ 7 IV) und Beschwerdeverfahren (§ 8 V) aufgegriffen, themenbedingt jeweils mit Aktualisierungspflicht, zB Aktualisierung der Grundsatzerklärung (§ 9 III Nr. 4). Durchzuführen ist die **Risikoanalyse in regelmäßigen Abständen (IV 1),** mindestens jährlich, und ggf. anlassbezogen. Maßgeblich sind jeweils die Kriterien des Angemessenheitsvorbehalts (§ 3 II). **Pflicht zur anlassbezogenen Durchführung** besteht nur bei wesentlichen Änderungen, aber auch schon, wenn diese bloß anstehen („rechnen muss"; Frank/Edel/Heine/Heine BB 2021, 2165 (2167)) und richtigerweise auch bei Erkenntnissen über die mangelnde Wirksamkeit von Präventions- und Abhilfemaßnahmen oder auch eine anfängliche Fehleinschätzung unverändert bestehender Risiken (Korch NJW 2022, 2065 mit Fallgruppen). **Beispiele:** neue Tätigkeiten oder Lieferantenbeziehungen, strategische Entscheidungen, Änderungen der Geschäftstätigkeit, bevorstehender Markteintritt, Produkteinführung, Änderung der Geschäftsgrundsätze, Veränderungen im Geschäftsumfeld (RegE BT-Drucks. 19/28649 S. 45; Wagner/Ruttloff NJW 2021, 2145 Rn. 26). Erforderlich ist Einbeziehung von **Hinweisen aus dem Beschwerdeverfahren (IV 2),** darunter auch eines Streitbeilegungsverfahrens nach § 8 I 5. Bei Hinweis auf eine aktuell stattfindende neue Verletzung ist anlassbezogene Risikoanalyse unumgänglich (außerdem: Abhilfe § 7).

Präventionsmaßnahmen

LkSG 6

(1) Stellt ein Unternehmen im Rahmen einer Risikoanalyse nach § 5 ein Risiko fest, hat es unverzüglich angemessene Präventionsmaßnahmen nach den Absätzen 2 bis 4 zu ergreifen.

(2) [1]Das Unternehmen muss eine Grundsatzerklärung über seine Menschenrechtsstrategie abgeben. [2]Die Unternehmensleitung hat die Grundsatzerklärung abzugeben. 3Die Grundsatzerklärung muss mindestens die folgenden Elemente einer Menschenrechtsstrategie des Unternehmens enthalten:
1. die Beschreibung des Verfahrens, mit dem das Unternehmen seinen Pflichten nach § 4 Absatz 1, § 5 Absatz 1, § 6 Absatz 3 bis 5, sowie den §§ 7 bis 10 nachkommt,
2. die für das Unternehmen auf Grundlage der Risikoanalyse festgestellten prioritären menschenrechtlichen und umweltbezogenen Risiken und
3. die auf Grundlage der Risikoanalyse erfolgte Festlegung der menschenrechtsbezogenen und umweltbezogenen Erwartungen, die das Unternehmen an seine Beschäftigten und Zulieferer in der Lieferkette richtet.

(3) Das Unternehmen muss angemessene Präventionsmaßnahmen im eigenen Geschäftsbereich verankern, insbesondere:
1. die Umsetzung der in der Grundsatzerklärung dargelegten Menschenrechtsstrategie in den relevanten Geschäftsabläufen,
2. die Entwicklung und Implementierung geeigneter Beschaffungsstrategien und Einkaufspraktiken, durch die festgestellte Risiken verhindert oder minimiert werden,
3. die Durchführung von Schulungen in den relevanten Geschäftsbereichen,
4. die Durchführung risikobasierter Kontrollmaßnahmen, mit denen die Einhaltung der in der Grundsatzerklärung enthaltenen Menschenrechtsstrategie im eigenen Geschäftsbereich überprüft wird.

(4) Das Unternehmen muss angemessene Präventionsmaßnahmen gegenüber einem unmittelbaren Zulieferer verankern, insbesondere:
1. die Berücksichtigung der menschenrechtsbezogenen und umweltbezogenen Erwartungen bei der Auswahl eines unmittelbaren Zulieferers,
2. die vertragliche Zusicherung eines unmittelbaren Zulieferers, dass dieser die von der Geschäftsleitung des Unternehmens verlangten menschenrechtsbezogenen und umweltbezogenen Erwartungen einhält und entlang der Lieferkette angemessen adressiert,
3. die Durchführung von Schulungen und Weiterbildungen zur Durchsetzung der vertraglichen Zusicherungen des unmittelbaren Zulieferers nach Nummer 2,
4. die Vereinbarung angemessener vertraglicher Kontrollmechanismen sowie deren risikobasierte Durchführung, um die Einhaltung der Menschenrechtsstrategie bei dem unmittelbaren Zulieferer zu überprüfen.

(5) [1]Die Wirksamkeit der Präventionsmaßnahmen ist einmal im Jahr sowie anlassbezogen zu überprüfen, wenn das Unternehmen mit einer wesentlich veränderten oder wesentlich erweiterten Risikolage im eigenen Geschäftsbereich oder beim unmittelbaren Zulieferer rechnen muss, etwa durch die Einführung neuer Produkte, Projekte oder eines neuen Geschäftsfeldes. [2]Erkenntnisse aus der Bearbeitung von Hinweisen nach § 8 Absatz 1 sind zu berücksichtigen. [3]Die Maßnahmen sind bei Bedarf unverzüglich zu aktualisieren.

1) Risikoprävention (I)

Die einzelnen **Pflichten zur Risikoprävention** (II–IV) setzen nach I erst auf 1 Feststellung von Risiken iRd Risikoanalyse (§ 5) ein (Wortlaut; entsprechend Art. 7 I Sorgfaltspflichten-RL-E (EU): potenzielle Auswirkungen nach Risikoanalyse). Angesichts der Weite des Lieferkettenbegriffs (§ 2 V, → § 2 Rn. 6) dürfte völlig risikolose Wirtschaftstätigkeit bei nicht ganz kleinen Verhältnissen selten vorkommen (Seibt/Vesper-Gräske CB 2021, 357 (359)). Die Erforderlichkeit von Maßnahmen und ihrer Ausgestaltung steht unter Angemessenheitsvorbehalt (§ 3 II). Bei den Inhalten ist zwischen eigenem Geschäftsbereich (II, III), unmittelbaren Zulieferern (IV) und mittelbaren Zulieferern (§ 9) zu unterscheiden. Die Praxis wird nicht ohne **prozessorientierte Präventionsmaßnahmen** auskommen, für die II-IV aber lediglich Regelbeispiele nennen („insbesondere"). Ratsam ist vor allem Ergänzung von Zulieferverträgen (Wagner/Ruttloff NJW 2021, 2145 Rn. 31; → Rn. 7). **Unverzüglich** bedeutet nach allgemeinem Verständnis ohne schuldhaftes Zögern (§ 121 I 1 BGB).

2) Grundsatzerklärung zur Menschenrechtsstrategie (II)

Die Grundsatzerklärung bezieht sich bei engem Wortlautverständnis nur auf 2 die **Menschenrechtsstrategie (II 1),** was mit Blick auf Umweltrisiken schon wegen II 3 Nr. 2 zu kurz greift. Bezweckt ist eine Selbstverpflichtung zur Achtung der Menschenrechten und umweltbezogenen Belangen (RegE BT-Drucks. 19/28649 S. 46; weitergehend Art. 5, 11 Sorgfaltspflichten-RL-E (EU) mit Pflicht zum ständigen Vorhalten von Menschrechtsstrategie, Verhaltenskodex und Umsetzungsleitlinien sowie zur Berichterstattung; → § 10 Rn. 2). Rechtsfolgen, insbesondere Haftungsgefahren, hängen bei öffentlicher Selbstverpflichtungen vom Detaillierungsgrad der Aussage ab (→ § 3 Rn. 9). Auf Grundlage der Pflicht aus II 1 sind kurze Grundsatzerklärungen zu erwarten, die sich auf eine Wiedergabe der Erwartungen bloß „in Grundzügen" oder auf besonders „relevante Risiken" beschränken (RegE BT-Drucks. 19/28649 S. 46 zu II 3 Nr. 2 und 3). Dies ist zulässig, bleibt aber weitgehend ohne Steuerungswirkung (Herrmann/Rünz DB 2021, 3078 (3083)). Die Grundsatzerklärung ist **abzugeben, also zu veröffentlichen**, soll aber auch gegenüber Beschäftigten, ggf. Betriebsrat, und unmittelbaren Zulieferern kommuniziert werden, was schon angesichts ihrer Inhalte naheliegt (RegE BT-Drucks. 19/28649 S. 46). Möglich und ratsam ist die **Integration in die Erklärung zur Unternehmensführung** nach § 289f HGB (AK CGR DB 2018, 2125: Informationsbündelung). Umstritten ist, ob die **Abgabe erst bei festgestellten Risiken** verpflichtend ist. Dafür spricht der systematische Zusammenhang mit I (Frank/Edel/Heine/Heine BB 2021, 2165 (2167); Lutz-Bachmann/Vorbeck/Wengenroth BB 2021, 906 (909)), dagegen sprechen der Zweck einer Selbstverpflichtung (Herrmann/Rünz DB 2021, 3078 (3082)) und die Erforderlichkeit einer Festlegung der Gegenstände von Dokumentation und Risikoanalyse (Spindler ZHR 186 (2022), 67 (84); Wagner/Ruttloff NJW 2021, 2145 Rn. 18). Risikolose wirtschaftliche Tätigkeit wird bei nicht ganz kleinen Verhältnissen selten vorliegen (I, → Rn. 1), so dass die Erklärung rechtspraktisch stets vorzuhalten sein wird. Abzugeben ist die Erklärung **von der Unternehmensleitung (II 2),** womit (nur) die Geschäftsführung gemeint sein dürfte. Mitunterzeichnung durch Aufsichtsrat, soweit dieser besteht, erscheint zulässig, ist aber nicht zwingend. Dem Zweck einer klaren Positionierung des Unternehmens (RegE BT-Drucks. 19/28649 S. 46) wird die Abgabe durch beide Organe am besten entsprechen (zu § 289f HGB: AK CGR DB 2019, 317 f.; Leyens FS Vetter 2019, 397 (407 f.)).

Eine **Beschreibung des Verfahrens zur Erfüllung der Sorgfaltspflichten** 3 **(Nr. 1),** zumal gegenüber der Öffentlichkeit, kann nur allgemein ausfallen, dies auch weil die Darstellung von Risikomanagement (§ 4 I) und darauf aufbauenden

Pflichten (§§ 5 I, 6 III-V, 7–10) sonst ausufert. Aus den mittels der Risikoanalyse **festgestellten prioritären Risiken (Nr. 2)** sind nur die besonders relevanten anzuführen (RegE BT-Drucks. 19/28649 S. 46). Eine Pflicht zur Bezugnahme auf die oder gar zur Zuordnung zu den Übereinkommen der Anlage zu §§ 2 I, 7 III 2 besteht nicht (anders noch RegE BT-Drucks. 19/28649 S. 12, 46). Wegen Überschneidungen dieser Übereinkommen ist das idR auch nicht ratsam. Die **Festlegung von Erwartungen (Nr. 3)** an Beschäftigte, Zulieferer und mittelbare Zulieferer bildet die Grundlage für interne sowie externe Verhaltenskodizes oder Verhaltensrichtlinien (→ Rn. 4, 7). Die Erwartungen müssen zumindest in „Grundzüge(n)" ersichtlich werden. Aufzunehmen sind „klare Vorgaben" zu Prävention, Minimierung und Abhilfe von Risiken iSd § 2 II, IV (RegE BT-Drucks. 19/28649 S. 46).

3) Eigener Geschäftsbereich (III)

4   Die Präventionsmaßnahmen im eigenen Geschäftsbereich (III) sind darauf auszurichten, die **in der Grundsatzerklärung enthaltene Menschenrechtsstrategie** (zu der auch umweltbezogene Belange gehören) in die Unternehmensabläufe und -entscheidungen zu integrieren. Die dazu erforderliche Prozesssteuerung ist im Wesentlichen durch Verhaltenskodizes bzw. Verhaltensrichtlinien, darunter ua Freigabeprozesse, zu leisten (Herrmann/Rünz DB 2021, 3078 (3083)). Die **Umsetzung in den relevanten Geschäftsabläufen (Nr. 1)** betrifft die Unternehmensführung insgesamt. Die Relevanz des einzelnen Geschäftsablaufs bestimmt sich nach den Ergebnissen der Risikoanalyse (§ 5), betrifft also idR das Beschaffungswesen (RegE BT-Drucks. 19/28649 S. 46). Empfohlen wird die Verwendung von Verhaltenskodizes zur Festlegung von Standards für Beschäftigte und Zulieferer (Lieferantenkodex), letztere als Grundlage für Vertragsverhandlungen und -ausgestaltung, Lieferantenauswahl und -entwicklung sowie für die Festlegung von Maßnahmen bei Verstößen (RegE BT-Drucks. 19/28649 S. 46 f.). **Geeignete Beschaffungsstrategien und Einkaufspraktiken (Nr. 2)** tragen der Schnittstellenfunktion des Einkaufs bei der Risikoverhinderung oder -minimierung (→ § 5 Rn. 2) Rechnung. Gegenstände einer Verhaltensrichtlinie bilden ua Lieferzeiten, Einkaufspreise und Vertragsdauer, weil sich daraus Risikoerhöhungen ergeben können (RegE BT-Drucks. 19/28649 S. 46 f.). Die Beispiele sind Ausdruck der auch in der Ausgestaltung des Angemessenheitsvorbehalts angelegten Zuweisung eigener Verantwortung für fremdes Verhalten (§ 3 Nr. 4, → § 3 Rn. 3), was vom sonst geltenden Prinzip der Eigenverantwortung im Geschäftsverkehr (→ HGB § 347 Rn. 23) abweicht. Dies setzt letztlich auch das (Bemühen um) Kenntnis der Lieferkette voraus (RegE BT-Drucks. 19/28649 S. 46). **Schulungen in den relevanten Geschäftsbereichen (Nr. 3)** zielen darauf ab, insbesondere Einkäufer mit diesem Ansatz vertraut zu machen und für Zielkonflikte zwischen Wirtschaftlichkeit und menschenrechtlichen Risiken, zB aus Lieferzeiten, zu sensibilisieren (RegE BT-Drucks. 19/28649 S. 47). **Risikobasierte Kontrollmaßnahmen (Nr. 4)** sind darauf auszurichten, zum einen die Integration der Strategie in die Unternehmensabläufe, zum anderen ihre tatsächliche Einhaltung bzw. Umsetzung zu überprüfen (RegE BT-Drucks. 19/28649 S. 47). Durchzuführen sind sie regelmäßig und anlassbezogen (zum Regelungsansatz → § 5 Rn. 6).

4) Unmittelbare Zulieferer (IV)

5   Die Regelbeispiele für Präventivmaßnahmen gegenüber unmittelbaren Zulieferern (IV) betreffen sowohl bestehende wie auch sich erst anbahnende Lieferbeziehungen (RegE BT-Drucks. 19/28649 S. 47). Aus Sicht bisheriger Praxis wird von einem erheblichen **Bedarf an Vertragsanpassungen** ausgegangen (Wagner/Ruttloff NJW 2021, 2145 Rn. 31).

Die **Auswahl eines unmittelbaren Zulieferers (Nr. 1)** ist an den Beschaf- 6
fungsstrategien und Einkaufspraktiken (III Nr. 2) auszurichten (RegE BT-
Drucks. 19/28649 S. 47 f.), erfordert also eine Vorabevaluation vor Aufnahme
der Vertragsbeziehung (zur Praxis Mann/Baisch ZVglRWiss 120 (2021), 235).
Einzuholen ist die **Vertragliche Zusicherung eines unmittelbaren Zulie-** 7
ferers (Nr. 2), die Vorgaben aus dem Lieferantenkodex (→ Rn. 4) im eigenen
Geschäftsbereich einzuhalten und entlang der Lieferkette angemessen zu adressieren. Letzteres ist durch Weitergabeklauseln (Compliance-Klauseln; → HGB § 346
Rn. 40) zu bewerkstelligen, infolge derer Zulieferer den Lieferantenkodex auf
ihre eigenen Vertragspartner zu erstrecken und durchzusetzen haben (RegE BT-
Drucks. 19/28649 S. 47 f.). Ob dafür bloße Bemühensklauseln (zu diesen Wilhelm AcP 221 (2021), 657 (665)) ausreichen, ist unsicher. Je nach Ergebnis der
Risikoanalyse (§ 5) können zusätzliche Vorgaben erforderlich sein, zB zum nachgewiesenen Bezug bestimmter Produkte nur von geprüften Lieferanten, aus
zertifizierten Regionen oder von Rohstoffen aus zertifizierten Schmelzen (RegE
BT-Drucks. 19/28649 S. 48 nennt als Beispiel die Chain-of-custody-Zertifizierung für Holz und Forstprodukte). Bei Konfliktmineralien ist die Verwendung
von Mustervertragsklauseln verpflichtend (Art. 4 lit. d VO (EU) 2017/821;
Teicke/Rust CCZ 2018, 39). Für das allgemeine Lieferkettenrecht wird unionsrechtlich bislang bloß an eine optionale Verwendung von Mustervertragsklauseln
gedacht (Art. 12 Sorgfaltspflichten-RL-E (EU)). Um auf neu ermittelte Risiken
angemessen reagieren zu können, ist die Möglichkeit zur Anpassung Zuliefererpflichten auch nach Vertragsschluss vorzusehen (RegE BT-Drucks. 19/28649
S. 48).

Schulungen und Weiterbildungen (Nr. 3) kommen wohl nur bei länger- 8
fristigen Lieferungsbeziehungen in Betracht.

Vertragliche Kontrollmechanismen sowie deren risikobasierte Durch- 9
führung (Nr. 4) sind idR unerlässlich. Eine risikobasierte Durchführung findet
periodisch und anlassbezogen statt (entsprechend zu III Nr. 4, V). Erforderlich
sein können Vereinbarungen zur Durchführung von Audits oder Zertifizierungen. Je nach Ergebnis der Risikoanalyse sind Audits (vor Ort) durchzuführen
(→ § 5 Rn. 2). Unsicher ist, ob ggf. über die systembezogene Prüfung des
Risikomanagements hinauszugehen ist (nur Systemprüfung: Spindler ZHR 186
(2022), 67 (85)). Bezogen auf mittelbare Zulieferer entspricht es dem risikobasierten Ansatz, die Überprüfung auf strategisch relevante Zwischenhändler und
Zulieferer zu konzentrieren (RegE BT-Drucks. 19/28649 S. 48). Selbst die
Inanspruchnahme unabhängiger Dritter und der Einsatz von anerkannten Auditoder Zertifizierungssystemen entlastet nicht von der Verantwortung (RegE BT-
Drucks. 19/28649 S. 48), was zu weitgehend erscheint (Spindler ZHR 186
(2022), 67 (85)), Umsetzungsprobleme aufwirft und damit den Zielen des LkSG
zuwiderläuft.

5) Überprüfung, Hinweise, Aktualisierung (V)
Siehe → § 5 Rn. 6. 10

Abhilfemaßnahmen

LkSG 7 (1) ¹Stellt das Unternehmen fest, dass die Verletzung einer menschenrechtsbezogenen oder einer umweltbezogenen Pflicht in seinem eigenen Geschäftsbereich oder bei einem unmittelbaren Zulieferer bereits eingetreten ist oder unmittelbar bevorsteht, hat es unverzüglich angemessene Abhilfemaßnahmen zu ergreifen, um diese Verletzung zu verhindern, zu beenden oder das Ausmaß der Verletzung zu minimieren. ² § 5 Absatz 1 Satz 2 gilt entsprechend. ³Im eigenen Geschäftsbereich im Inland muss die Abhilfemaßnahme zu einer Beendigung der Verletzung führen.

⁴Im eigenen Geschäftsbereich im Ausland und im eigenen Geschäftsbereich gemäß § 2 Absatz 6 Satz 3 muss die Abhilfemaßnahme in der Regel zur Beendigung der Verletzung führen.

(2) ¹Ist die Verletzung einer menschenrechtsbezogenen oder einer umweltbezogenen Pflicht bei einem unmittelbaren Zulieferer so beschaffen, dass das Unternehmen sie nicht in absehbarer Zeit beenden kann, muss es unverzüglich ein Konzept zur Beendigung oder Minimierung erstellen und umsetzen. ²Das Konzept muss einen konkreten Zeitplan enthalten. ³Bei der Erstellung und Umsetzung des Konzepts sind insbesondere folgende Maßnahmen in Betracht zu ziehen:

1. die gemeinsame Erarbeitung und Umsetzung eines Plans zur Beendigung oder Minimierung der Verletzung mit dem Unternehmen, durch das die Verletzung verursacht wird,
2. der Zusammenschluss mit anderen Unternehmen im Rahmen von Brancheninitiativen und Branchenstandards, um die Einflussmöglichkeit auf den Verursacher zu erhöhen,
3. ein temporäres Aussetzen der Geschäftsbeziehung während der Bemühungen zur Risikominimierung.

(3) ¹Der Abbruch einer Geschäftsbeziehung ist nur geboten, wenn
1. die Verletzung einer geschützten Rechtsposition oder einer umweltbezogenen Pflicht als sehr schwerwiegend bewertet wird,
2. die Umsetzung der im Konzept erarbeiteten Maßnahmen nach Ablauf der im Konzept festgelegten Zeit keine Abhilfe bewirkt,
3. dem Unternehmen keine anderen milderen Mittel zur Verfügung stehen und eine Erhöhung des Einflussvermögens nicht aussichtsreich erscheint.

²Die bloße Tatsache, dass ein Staat eines der in der Anlage zu diesem Gesetz aufgelisteten Übereinkommen nicht ratifiziert oder nicht in sein nationales Recht umgesetzt hat, führt nicht zu einer Pflicht zum Abbruch der Geschäftsbeziehung. ³Von Satz 2 unberührt bleiben Einschränkungen des Außenwirtschaftsverkehrs durch oder aufgrund von Bundesrecht, Recht der Europäischen Union oder Völkerrecht.

(4) ¹Die Wirksamkeit der Abhilfemaßnahmen ist einmal im Jahr sowie anlassbezogen zu überprüfen, wenn das Unternehmen mit einer wesentlich veränderten oder wesentlich erweiterten Risikolage im eigenen Geschäftsbereich oder beim unmittelbaren Zulieferer rechnen muss, etwa durch die Einführung neuer Produkte, Projekte oder eines neuen Geschäftsfeldes. ²Erkenntnisse aus der Bearbeitung von Hinweisen nach § 8 Absatz 1 sind zu berücksichtigen. ³Die Maßnahmen sind bei Bedarf unverzüglich zu aktualisieren.

1) Verletzung im eigenen Geschäftsbereich (I)

1 Verletzungen (§ 2 IV) begründen die **Pflicht zur Abhilfe (I 1)**, und zwar im Grundsatz zur Beendigung der Verletzung: Beendigung (eigener Geschäftsbereich Inland, I 3), idR Beendigung (Ausland, Unternehmensverbund, I 4), sonst Abhilfekonzept (unmittelbarer Zulieferer, II), Abhilfekonzept (mittelbare Zulieferer, § 9), Abbruch der Geschäftsbeziehung (III) ist ultima ratio (insgesamt entsprechend zu Art. 8 VI lit. b Sorgfaltspflichten-RL-E (EU)). Ansprüche der Geschädigten sollen aus der Pflicht nicht entstehen (RegE BT-Drucks. 19/28649 S. 48). Es reicht, dass die Verletzung **unmittelbar bevorsteht.** Unmittelbar wird nicht näher konkretisiert. Es bleibt nur Auslegung nach Kriterien des Angemessenheitsvorbehalts (§ 3 II). Enge Auslegung iSv „keine weiteren Zwischenschritte" wird häufig nicht überzeugen. Beispiel: Bei überflutungsgefährdeter Produktionsstätte führt erst Flut zur Verletzung. Auf Flutwarnung darf gleichwohl nicht gewartet werden, wenn schwere irreversible Verletzungen (§ 3 II Nr. 3), insbesondere Todesfälle, drohen. Abhilfe muss **unverzüglich** (wohl iSd § 121 I 1 BGB) folgen, wobei Angemessenheitsvorbehalt greifen sollte (§ 3 II). Beispiel: Bei Kenntnis, dass Produktionsstätte flutgefährdet ist, muss die nähere Risikoanalyse ohne schuldhaftes Zögern erfolgen, Schließung aber nur bei tatsächlichem Flutrisiko (zB Regenzeit), sonst kann auf geeignete Sicherungsmaßnahmen gesetzt werden. Abhilfe bedeutet **Verhindern, Beenden oder Minimieren,** wobei sich Stufenverhältnis insbesondere aus Nähe zum Risiko, Verursachungsbeitrag und Einwirkungsmöglichkeit ergibt (RegE BT-Drucks. 19/28649 S. 48; BeschlussE BT-Drucks. 19/30505 S. 40). Entsprechende Geltung von § 5 I 2 (**I 2**) betrifft **Umgehung oder missbräuchliche Gestaltung** und führt dazu, dass ein mittelbarer als unmittelbarer Zulieferer iSv II gilt (→ § 5 Rn. 3). Im **eigenen Geschäftsbereich im Inland (I 3)** muss Verletzung beendet werden (Erfolgspflicht; → § 3 Rn. 1). Bloßes Bemühen reicht nicht (Spießhofer AnwBl 2021, 534 (537); Spindler ZHR 186 (2022), 67 (85)). Im **eigenen Geschäftsbereich im Ausland und im eigenen Geschäftsbereich gemäß § 2 VI 3 (I 4)** ist Beendigung nur Regelfall. Dies trägt der Überlegung Rechnung, dass die tatsächlichen und gesetzlichen Rahmenbedingungen bei rechtlich unselbstständigen Standorten im Ausland und trotz bestimmenden Einflusses auch bei verbundenen Unternehmen (§ 2 VI 3, → § 2 Rn. 12) eine Beendigung nicht immer zulassen werden (BeschlussE BT-Drucks. 19/30505 S. 41). Ausnahmen sind also möglich (Spindler ZHR 186 (2022), 67 (85)), aus Sicht des Gesetzgebers aber eben nur, wenn die tatsächlichen oder gesetzlichen Rahmenbedingungen die Beendigung nicht zulassen.

2) Verletzung bei unmittelbarem Zulieferer (II)

Im Falle einer **Verletzung bei einem unmittelbaren Zulieferer (II 1)** iSv § 2 VII besteht nach I wie im eigenen Geschäftsbereich **Pflicht zur Beendigung.** Die Sonderregeln aus II greifen nur, wenn das Unternehmen die Verletzung nicht in absehbarer Zeit beenden kann (Wortlaut; Frank/Edel/Heine/Heine BB 2021, 2165 (2169); aA Spindler ZHR 186 (2022), 67 (85 f.)). **„Nicht beenden kann"** ist als rechtliche oder tatsächliche Unmöglichkeit auszulegen (BeschlussE BT-Drucks. 19/30505 S. 38; → § 3 Rn. 1), was praktisch keinen Spielraum belässt. Die Bestimmung der **„absehbaren"** Zeit wird nicht angeleitet und bleibt Frage des Einzelfalls. Erforderlich ist ein **auf Beendigung ausgerichtetes Abhilfekonzept.** Die Minimierung kann Zwischenschritt sein, reicht jedoch nicht aus, wenn Beendigung möglich oder zu ermöglichen ist. Wie III 1 Nr. 3 zeigt, sind ggf. Maßnahmen zur Vergrößerung des eigenen Einflusses zu ergreifen (→ Rn. 1 f.). Ohne dies reicht die Vorlage eines Konzepts nicht zur Erfüllung der Sorgfaltspflicht aus (Spindler ZHR 186 (2022), 67 (86); aA Frank/Edel/Heine/Heine BB 2021, 2165 (2169)). Sorgfaltspflichten, auch Abhilfemaßnahmen, stehen aber wegen § 3 II unter Angemessenheitsvorbehalt, was gewissen Raum für Abwägung lässt. Auch erscheint es wegen II 3 Nr. 1 mit Gesetzeszweck vereinbar, wenn bei geringfügigen Verletzungen statt auf kurzfristige, auf längerfristige Maßnahmen mit nachhaltigeren und insgesamt weiterreichenden Verbesserungen gesetzt wird. Das Abhilfekonzept ist **unverzüglich zu erstellen und umzusetzen.** Die Anforderungen entsprechen denen bei der unverzüglichen Beendigung (→ Rn. 1), an deren Stelle das Abhilfekonzept tritt.

Erforderlich ist ein **konkreter Zeitplan als Mindestinhalt (II 2)** des Abhilfekonzepts, wobei die Anforderungen an die Konkretheit nicht angeleitet werden, also Frage des Einzelfalls sind. Aus dem Zeitplan müssen jedenfalls Beginnzeitpunkte und Umsetzungszeiträume ersichtlich werden, weil die Pflicht sonst leerliefe. Nach der Gesetzesbegründung „sollte" das Konzept außerdem Erwägungen beinhalten, wann ein Abbruch der Geschäftsbeziehung zu erwägen ist

(RegE BT-Drucks. 19/28649 S. 48). Dies spricht für eine Maßnahmenplanung mit Eskalationsstufen.

4 Die Eskalationsstufen werden durch die **Regelbeispiele für Abhilfemaßnahmen (II 3)** angeleitet, erschöpfen sich aber nicht in diesen, so dass auch keine verlässlichen Obergrenzen abgeleitet werden können. Ein **gemeinsamer Abhilfeplan (Nr. 1)** verspricht hohe Akzeptanz beim Zulieferer, muss aber die Abhilfe iSv I 1 leisten. „Gemeinsame Erarbeitung" meint nicht Verhandlungslösung (kein gegenseitiges Nachgeben). Vielmehr ist dem Zulieferer bei einem Verstoß gegen den Lieferantenkodex (→ § 6 Rn. 4), zB durch Unterschreiten von Arbeitsschutzstandards, eine Frist bis zur Einhaltung zu setzen (RegE BT-Drucks. 19/28649 S. 48 f.). Der **Zusammenschluss mit anderen Unternehmen (Nr. 2)** dient zur Vergrößerung der Einflussmöglichkeiten (RegE BT-Drucks. 19/28649 S. 49). Zu beachten sind wettbewerbs- bzw. kartellrechtliche Grenzen (zu kartellrechtlichen Absprachegrenzen beim Umweltschutz s. Seeliger/Gürer BB 2021, 2050). Eine Erweiterung der Pflichten auf in der Lieferkette entfernte Unternehmen über § 9 hinaus ist darin nicht zu erkennen (aA Spindler ZHR 186 (2022), 67 (86)). Insbesondere wenn ein gemeinsamer Abhilfeplan nicht umgesetzt wird, kommt weitergehend ein **temporäres Aussetzen der Geschäftsbeziehung (Nr. 3)** nach Maßgabe eigener vertraglicher Pflichten in Betracht, außerdem die Durchsetzung von Vertragsstrafen und die Streichung von der eigenen Vergabeliste (RegE BT-Drucks. 19/28649 S. 49).

3) Abbruch der Geschäftsbeziehung (III)

5 Der **Abbruch der Geschäftsbeziehung (III 1)** meint die Beendigung eines laufenden Vertrags, nicht nur den Ausschluss von künftigen Vergaben (siehe RegE BT-Drucks. 19/28649 S. 49 zu II 3 Nr. 3). Grundsätzlich dürfen eigene Vertragspflichten erfüllt werden, wenn die Beendigung rechtlich unmöglich ist. Ungeklärt ist, ob die Lösung vom Vertrag, zB bei Bestehen eines Sonderkündigungsrechts, zur Pflicht werden kann, auch wenn schwerwiegende wirtschaftliche Einbußen drohen (→ § 3 Rn. 1). Praxisrelevant ist dies bei Abhängigkeit von Schlüsselprodukten. Existenzgefährdung ist zweifelsfrei Grenze, denn LkSG zielt auf Einflussnahme zur Verbesserung ab (RegE BT-Drucks. 19/28649 S. 49). Ob und inwieweit das Aufrechterhalten der eigenen Leistungsfähigkeit als Voraussetzung der Möglichkeit zur Einflussnahme hier und auf die Sorgfaltspflichten insgesamt einschränkend wirken kann, ist aus den Materialien nicht eindeutig zu beantworten. Vor diesem Hintergrund erscheint eine **enge Auslegung der Voraussetzungen** angezeigt. Zu stützen ist sie auf den Wortlaut von I („nur geboten"), die Kriterien des Angemessenheitsvorbehalts (§ 3 II), das Erfordernis einer „sehr schwerwiegenden" Verletzung **(Nr. 1),** das übergreifende Ziel der „Befähigung vor Rückzug" **(Nr. 2)** und die gesetzgeberische Vorstellung vom Abbruch als „letztes Mittel" **(Nr. 3)** (siehe auch RegE BT-Drucks. 19/28649 S. 49). Mit Blick auf die in Anlage § 2 aufgeführten Übereinkommen begründet **Nichtratifikation oder Nichtumsetzung (III 2)** keine Pflicht zum Abbruch, was die Sorgfaltspflichten „relativiert" (Spindler ZHR 186 (2022), 67 (86 f.)). Der Umstand ist aber in die Risikoanalyse einzubeziehen und kann zu Präventions- oder (anderen) Abhilfemaßnahmen zwingen (BeschlussE BT-Drucks. 19/30505 S. 41). Eine Pflicht zum Abbruch kann aufgrund anderweitiger **Einschränkungen des Außenwirtschaftsverkehrs (III 3)** bestehen.

4) Überprüfung, Hinweise, Aktualisierung (IV)

6 Siehe → § 5 Rn. 6.

I. Einführungsgesetz

Beschwerdeverfahren

LkSG 8

(1) ¹Das Unternehmen hat dafür zu sorgen, dass ein angemessenes unternehmensinternes Beschwerdeverfahren nach den Absätzen 2 bis 4 eingerichtet ist. ²Das Beschwerdeverfahren ermöglicht Personen, auf menschenrechtliche und umweltbezogene Risiken sowie auf Verletzungen menschenrechtsbezogener oder umweltbezogener Pflichten hinzuweisen, die durch das wirtschaftliche Handeln eines Unternehmens im eigenen Geschäftsbereich oder eines unmittelbaren Zulieferers entstanden sind. ³Der Eingang des Hinweises ist den Hinweisgebern zu bestätigen. ⁴Die von dem Unternehmen mit der Durchführung des Verfahrens betrauten Personen haben den Sachverhalt mit den Hinweisgebern zu erörtern. ⁵Sie können ein Verfahren der einvernehmlichen Beilegung anbieten. ⁶Die Unternehmen können sich stattdessen an einem entsprechenden externen Beschwerdeverfahren beteiligen, sofern es die nachfolgenden Kriterien erfüllt.

(2) Das Unternehmen legt eine Verfahrensordnung in Textform fest, die öffentlich zugänglich ist.

(3) ¹Die von dem Unternehmen mit der Durchführung des Verfahrens betrauten Personen müssen Gewähr für unparteiisches Handeln bieten, insbesondere müssen sie unabhängig und an Weisungen nicht gebunden sein. ²Sie sind zur Verschwiegenheit verpflichtet.

(4) ¹Das Unternehmen muss in geeigneter Weise klare und verständliche Informationen zur Erreichbarkeit und Zuständigkeit und zur Durchführung des Beschwerdeverfahrens öffentlich zugänglich machen. ²Das Beschwerdeverfahren muss für potenzielle Beteiligte zugänglich sein, die Vertraulichkeit der Identität wahren und wirksamen Schutz vor Benachteiligung oder Bestrafung aufgrund einer Beschwerde gewährleisten.

(5) ¹Die Wirksamkeit des Beschwerdeverfahrens ist mindestens einmal im Jahr sowie anlassbezogen zu überprüfen, wenn das Unternehmen mit einer wesentlich veränderten oder wesentlich erweiterten Risikolage im eigenen Geschäftsbereich oder beim unmittelbaren Zulieferer rechnen muss, etwa durch die Einführung neuer Produkte, Projekte oder eines neuen Geschäftsfeldes. ²Die Maßnahmen sind bei Bedarf unverzüglich zu wiederholen.

Das **Beschwerdeverfahren (I)** zielt auf ein **Hinweisgebersystem (Whistleblowing)** ab, wie es nach RL (EU) 2019/1937 zum Schutz von Personen, die Verstöße gegen das Unionsrecht melden, verlangt wird (entsprechend Art. 9 Sorgfaltspflichten-RL-E (EU), aber mit dem unionsrechtlichen Hinweisgeberschutz, Art. 23 Sorgfaltspflichten-RL-E (EU)). Denkbar ist eine gesetzliche Verzahnung bei Umsetzung dieser RL (dazu Spindler ZHR 186 (2022), 67 (87 f.)). Hinweise versetzen das Unternehmen in die Lage, seinen Sorgfaltspflichten nachzukommen, begründen aber ggf. auch eine **Pflicht zum Tätigwerden**, also zu Abhilfemaßnahmen (§ 7). Einzubeziehen sind Hinweise in die Risikoanalyse (§ 5 IV 2). Es bestehen **keine personellen Einschränkungen** bei der Berechtigung zu Hinweisen (nicht bloß Belegschaften). Bezugspunkt können Risiken und Verletzungen im eigenen Geschäftsbereich, bei einem unmittelbaren und wegen § 9 I auch einem mittelbaren Zulieferer sein. Das Beschwerdeverfahren muss nach Maßgabe der **Schlüsselkriterien (II bis IV)** intern oder extern (zB Branchenverband) eingerichtet sein (dazu Spindler ZHR 186 (2022), 67 (87)). Vorgesehen werden kann außerdem ein **Verfahren zur einvernehmlichen Beilegung (I 5)** ua zur Vermeidung von Reputationsrisiken oder Wiedergutmachung iSv § 24 IV Nr. 7 (RegE BT-Drucks. 19/28649 S. 49). Zur **Überprüfung (V)** siehe → § 5 Rn. 6. **Lit.** (Whistleblowing): Gerdemann NJW 2021, 3489; Hopt ZGR 2020, 373; Schmolke ZGR 2019, 876.

Leyens

Mittelbare Zulieferer; Verordnungsermächtigung

LkSG 9 (1) Das Unternehmen muss das Beschwerdeverfahren nach § 8 so einrichten, dass es Personen auch ermöglicht, auf menschenrechtliche oder umweltbezogene Risiken sowie auf Verletzungen menschenrechtsbezogener oder umweltbezogener Pflichten hinzuweisen, die durch das wirtschaftliche Handeln eines mittelbaren Zulieferers entstanden sind.

(2) Das Unternehmen muss nach Maßgabe des Absatzes 3 sein bestehendes Risikomanagement im Sinne von § 4 anpassen.

(3) Liegen einem Unternehmen tatsächliche Anhaltspunkte vor, die eine Verletzung einer menschenrechtsbezogenen oder einer umweltbezogenen Pflicht bei mittelbaren Zulieferern möglich erscheinen lassen (substantiierte Kenntnis), so hat es anlassbezogen unverzüglich

1. eine Risikoanalyse gemäß § 5 Absatz 1 bis 3 durchzuführen,
2. angemessene Präventionsmaßnahmen gegenüber dem Verursacher zu verankern, etwa die Durchführung von Kontrollmaßnahmen, die Unterstützung bei der Vorbeugung und Vermeidung eines Risikos oder die Umsetzung von branchenspezifischen oder branchenübergreifenden Initiativen, denen das Unternehmen beigetreten ist,
3. ein Konzept zur Verhinderung, Beendigung oder Minimierung zu erstellen und umzusetzen und
4. gegebenenfalls entsprechend seine Grundsatzerklärung gemäß § 6 Absatz 2 zu aktualisieren.

(4) Das Bundesministerium für Arbeit und Soziales wird ermächtigt, Näheres zu den Pflichten des Absatzes 3 durch Rechtsverordnung im Einvernehmen mit dem Bundesministerium für Wirtschaft und Energie ohne Zustimmung des Bundesrates zu regeln.

1) Beschwerdeverfahren, Risikomanagement (I, II)

1 Einzurichten ist ein **Beschwerdeverfahren (I),** das es ermöglicht, Hinweise auf Verletzungen bei mittelbaren Zulieferern zu geben (zu weiteren Vorgaben → § 8 Rn. 1). Eine **Pflicht zur Anpassung des Risikomanagements (II)** besteht nach Maßgabe von III (substantiierte Kenntnis). Schon bei Errichtung und Umsetzung des Risikomanagements sind ua die Interessen von Beschäftigten innerhalb der Lieferkette, also auch bei mittelbaren Zulieferern zu berücksichtigen (§ 4 IV). Die Anpassung nach II ist also nur Teilausschnitt der Pflicht zum Risikomanagement.

2) Pflichten bei Verletzungen (III)

2 Die **Pflichten in Bezug auf mittelbare Zulieferer (III)** werden erst infolge der substantiierten Kenntnis einer Verletzung ausgelöst, sind also anlassbezogen ausgestaltet. Diese **Kompromisslösung** (näher Spindler ZHR 186 (2022), 67 (88)) trägt dem sehr weit gefassten Begriff der Lieferkette durch § 2 V Rechnung (keine Beschränkung auf zweites Kettenglied oä, → § 2 Rn. 7). Die Pflichten gegenüber der nicht begrenzbaren Anzahl mittelbarer Zulieferer müssen handhabbar bleiben, weil ansonsten außenwirtschaftliches Engagement in Ländern mit herausfordernder Menschenrechtslage oder zweifelhaften Umweltschutzstandards erstickt und der Gesetzeszweck verfehlt würde (Stöbener de Mora/Noll NZG 2021, 1237 (1242); siehe bereits Fleischer/Korch ZIP 2019, 2181 (2190)). Die Sorgfaltspflichten setzen deshalb primär auf die durch den Vertrag mit dem unmittelbaren Zulieferer vermittelte Weitergabe der Pflichten insbesondere aus einem Lieferantenkodex (→ § 6 Rn. 4 siehe aber III Nr. 2, → Rn. 4).

Entscheidend ist infolgedessen die Auslegung des Merkmals **„substantiierte** **3** **Kenntnis"**. Die Kenntnis muss sich nicht auf eine tatsächlich erfolgte Verletzung, sondern lediglich auf Umstände beziehen, die eine **Verletzung „möglich erscheinen lassen"**. Erforderlich sind **tatsächliche Anhaltspunkte,** zB eigene Erkenntnisse, Hinweise einer Behörde oder aus dem Beschwerdeverfahren (§ 8), aber auch schon Berichte über die schlechte Menschenrechtslage in der Produktionsregion, die Zugehörigkeit eines mittelbaren Zulieferers zu einer Branche mit besonderen menschenrechtlichen oder umweltbezogenen Risiken sowie frühere Vorfälle (RegE BT-Drucks. 19/28649 S. 50). Gleichwohl soll nach verbreiteter Auffassung die **bloß allgemeine Kenntnis** von Defiziten des Menschenrechtsschutzes nicht ausreichen, wobei schon die Abgrenzung zwischen allgemein und konkret im Einzelfall schwierig sein wird (Ehmann ZVertriebsR 2021, 141 (147); Stöbener de Mora/Noll NZG 2021, 1237 (1242); Spindler ZHR 186 (2022), 67 (89); offen Wagner/Ruttloff NJW 2021, 2145 Rn. 30). Der Wortlaut verlangt Kenntnis, also **positive Kenntnis,** und lässt angesichts der insoweit klaren Ziele des LkSG **keine Gleichstellung mit grob fahrlässiger Unkenntnis** zu (Spindler ZHR 186 (2022), 67 (89 f.); aA wohl Krebs ZUR 2021, 394 (397 f.)). Zu einer Privilegierung von Unternehmen, die sich der Kenntnis verschließen, muss es nicht kommen. Es kann ein bußgeldbewährter Verstoß gegen einzelne Pflichten, wie die zum Betrieb des Hinweisgebersystems nach I, vorliegen (§ 24 I Nr. 8: bis 800.000 €). In den in Betracht kommenden Konstellationen liegt uU ein pflichtwidriges Verhalten vor, das es rechtfertigt, das **Unterlassen der Kenntnisnahme** mit der Kenntnis gleichzustellen.

3) Maßnahmen im Einzelnen (III Nr. 1–3)

Liegt substantiierte Kenntnis vor, ist eine **Risikoanalyse nach § 5 I-III** **4** **(Nr. 1)** durchzuführen. Die **angemessenen Präventionsmaßnahmen (Nr. 2)** müssen gegenüber dem Verursacher ergriffen werden, also nicht bloß gegenüber dem unmittelbaren Zulieferer. Bei der an § 6 orientierten Maßnahmenwahl besteht ein Ermessensspielraum (RegE BT-Drucks. 19/28649 S. 51). Der Angemessenheitsvorbehalt (§ 3 II) gilt, verlangt aber im Mindestmaß Ursachenforschung, Kommunikation (ggf. vermittelt über unmittelbare Zulieferer) und Verdeutlichung der Erwartungen gegenüber dem mittelbaren Zulieferer (RegE BT-Drucks. 19/28649 S. 51). Weitergehende Kontrollmaßnahmen, zB die Besichtigung der Produktionsstätte, sind nur bei dahingehender Befugnis rechtlich möglich. Die Befugnis kann sich infolge einer Weitergabeklausel aus dem Vertrag zwischen unmittelbarem und mittelbarem Zulieferer ergeben (→ § 6 Rn. 7). Das **Abhilfekonzept (Nr. 3)** zielt auf Verhinderung, Beendigung oder Minimierung (Konkretisierungen durch Verordnung nach IV). Entsprechend zur Abhilfe bei Verletzungen unmittelbarer Zulieferer ist die Beendigung (bzw. Verhinderung) Ausgangspunkt (→ § 7 Rn. 2). Nur wenn dies nicht möglich ist und auch nicht möglich gemacht werden kann, reicht die Minimierung (RegE BT-Drucks. 19/28649 S. 51). Es besteht also die Pflicht dazu, den Einfluss zu verstärken, zB durch Beitritt zu einer Brancheninitiative (aA offenbar Spindler ZHR 186 (2022), 67 (89); zu eng auch Wagner/Ruttloff NJW 2021, 2145 Rn. 39). Die **Aktualisierung der Grundsatzerklärung (Nr. 4)** kann Folgepflicht sein (Fall der anlassbezogenen Aktualisierung iSv § 6 V 3).

4) Verordnungsermächtigung (IV)

Die Verordnungsermächtigung (IV) versetzt das BAFA in die Lage, die **Pflich-** **5** **ten aus III** zu konkretisieren. Angesichts der für den Pflichtenumfang maßgeblichen Bedeutung der Sorgfalt gegenüber mittelbaren Zulieferern wird dies als Blankoermächtigung kritisiert (Stöbener de Mora/Noll NZG 2021, 1237 (1243)).

Dokumentations- und Berichtspflicht

LkSG 10 (1) ¹Die Erfüllung der Sorgfaltspflichten nach § 3 ist unternehmensintern fortlaufend zu dokumentieren. ²Die Dokumentation ist ab ihrer Erstellung mindestens sieben Jahre lang aufzubewahren.

(2) ¹Das Unternehmen hat jährlich einen Bericht über die Erfüllung seiner Sorgfaltspflichten im vergangenen Geschäftsjahr zu erstellen und spätestens vier Monate nach dem Schluss des Geschäftsjahrs auf der Internetseite des Unternehmens für einen Zeitraum von sieben Jahren kostenfrei öffentlich zugänglich zu machen. ²In dem Bericht ist nachvollziehbar mindestens darzulegen,

1. ob und falls ja, welche menschenrechtlichen und umweltbezogenen Risiken oder Verletzungen einer menschenrechtsbezogenen oder umweltbezogenen Pflicht das Unternehmen identifiziert hat,
2. was das Unternehmen, unter Bezugnahme auf die in den §§ 4 bis 9 beschriebenen Maßnahmen, zur Erfüllung seiner Sorgfaltspflichten unternommen hat; dazu zählen auch die Elemente der Grundsatzerklärung gemäß § 6 Absatz 2, sowie die Maßnahmen, die das Unternehmen aufgrund von Beschwerden nach § 8 oder nach § 9 Absatz 1 getroffen hat,
3. wie das Unternehmen die Auswirkungen und die Wirksamkeit der Maßnahmen bewertet und
4. welche Schlussfolgerungen es aus der Bewertung für zukünftige Maßnahmen zieht.

(3) Hat das Unternehmen kein menschenrechtliches oder umweltbezogenes Risiko und keine Verletzung einer menschenrechtsbezogenen oder einer umweltbezogenen Pflicht festgestellt und dies in seinem Bericht plausibel dargelegt, sind keine weiteren Ausführungen nach Absatz 2 Satz 2 Nummer 2 bis 4 erforderlich.

(4) Der Wahrung von Betriebs- und Geschäftsgeheimnissen ist dabei gebührend Rechnung zu tragen.

1) Dokumentation, Aufbewahrung (I)

1 Die **interne Dokumentation (I)** bietet dem BAFA eine Grundlage für die (repressive) Aufsicht, zugleich kann sie vom Unternehmen zum Nachweis der Pflichterfüllung eingesetzt werden (BT-Drucks. 19/28649 S. 51). Sie muss über sieben Jahre aufbewahrt werden bzw. einsehbar sein.

2) Jährlicher Bericht (II)

2 Die Pflicht zur **externen Berichterstattung (II 1)** erstreckt sich auf das vergangene Geschäftsjahr. Zu veröffentlichen ist der Bericht spätestens vier Monate nach dessen Ende, und zwar (kostenlos) auf der Internetseite des Unternehmens, dort für sieben Jahre. Die Berichtspflicht besteht wegen § 1 I rechtsformunabhängig, also auch außerhalb des Anwendungsbereichs der nichtfinanziellen Berichtspflicht nach §§ 289b ff. HGB und auch zusätzlich zu dieser. Der Gesetzgeber geht von einem gesonderten Bericht aus (BT-Drucks. 19/28649 S. 52). Das führt bei den nach §§ 289b ff. HGB berichtspflichtigen Unternehmen zu Dopplungen. Die Integration in die nichtfinanzielle Erklärung bzw. künftig die Nachhaltigkeitsberichterstattung erscheint sinnvoll (Spindler ZHR 186 (2022), 67 (91)). Bei Aufnahme eines Verweises ist dies, wie sonst auch, zulässig (AK CGR DB 2018, 2125 (2126)). Dafür spricht auch Art. 11 I Sorgfaltspflichten-RL-E (EU), wonach ein jährlicher Bericht nur für die nicht ohnehin nach Art. 19a, 29a RL (EU) 2013/34 berichtspflichtigen Unternehmen eingeführt werden muss.

Die **Berichtsinhalte (II 2 Nr. 1–4)** sind Spiegel der Sorgfaltspflichten. Darzustellen sind sämtliche Schritte der Risikoanalyse und in der Folge ergriffene Maßnahmen (BT-Drucks. 19/28649 S. 51). Zu nennen sind also **„mindestens"** (II 2) Risiken oder Verletzungen, Präventions- und Abhilfemaßnahmen im eigenen Geschäftsbereich (darunter die Elemente der Grundsatzerklärung nach § 6 II), beim unmittelbaren und beim mittelbaren Zulieferer, die Bewertung von Auswirkungen und Wirksamkeit der Maßnahmen sowie die Schlussfolgerungen für künftige Maßnahmen. Die erwartete Berichtstiefe ist aus der Pflicht, die Mindestinhalte **nachvollziehbar darzulegen**, nicht erkennbar. Nach der RegBegr geht es darum, Behörde und Öffentlichkeit eine „Plausibilitätskontrolle" zu ermöglichen. Dazu müssen Unternehmen „unter Bezugnahme auf die Menschenrechtsstrategie" die Gründe für die einzelnen Maßnahmen („weshalb sie diese Schritte gegangen sind") und ggf. „in Betracht gezogene Handlungsalternativen" erläutern (BT-Drucks. 19/28649 S. 52). Es reicht also nicht, die Einhaltung der Sorgfaltspflichten anzugeben, sondern es ist das Wie zu erläutern (comply and explain). 3

3) Darlegung bei fehlender Risikofeststellung (III)

Die Berichtspflicht zu II 2 Nr. 1 besteht auch dann, wenn keine Risiken oder Verletzungen festgestellt wurden (kein „comply or explain"; aA Wagner/Ruttloff NJW 2021, 2145 Rn. 23). In diesem Fall darf der Bericht nach III aber auf eine **plausible Darlegung des Fehlens von Feststellungen** beschränkt werden. Plausibilität erfordert Ausführungen zur Risikoanalyse. Denkbar sind sodann Angaben zu Zertifizierungen, die von der RegBegr im Zusammenhang mit den Sorgfaltspflichten genannt werden (RegE BT-Drucks. 19/28649 S. 48: Chain-of-custody-Zertifizierung für Holz und Forstprodukte). Weitere Ausführungen zu II 2 Nr. 2 bis 4 sind dann nicht erforderlich. 4

4) Betriebs- und Geschäftsgeheimnisse (IV)

Eine echte Beschränkung der Dokumentations- und Berichtspflichten in Bezug auf Betriebs- und Geschäftsgeheimnisse ergibt sich nur bei rechtlicher Unzulässigkeit (RegE BT-Drucks. 19/28649 S. 52). IÜ ist Betriebs- und Geschäftsgeheimnissen bloß **„gebührend Rechnung zu tragen" (IV)**. Die auf eine Interessenabwägung hindeutende Regelung bezog sich ursprünglich nur auf die externe Berichterstattung, nicht die interne Dokumentation, die der Öffentlichkeit nicht zugänglich gemacht werde und deshalb auch sensible Informationen enthalten könne, die Geschäfts- und Betriebsgeheimnisse berühren (RegE BT-Drucks. 19/28649 S. 14 f., 51). In Betracht kommt ein Rückgriff auf die Grundsätze des § 6 IFG, also keine Offenlegungspflicht bei Unternehmensbezug, fehlender Offenkundigkeit, Geheimhaltungswille und berechtigtem Interesse (Wagner/Ruttloff NJW 2021, 2145 Rn. 21). Nicht abschließend geklärt ist, ob entsprechend zu § 2 GeschGeheimG ein kommerzieller Wert zu verlangen ist (so Spindler ZHR 186 (2022), 67 (91)). Abweichend von § 289c IV HGB reichen unternehmerische Gründe jedenfalls nicht aus. 5

Abschnitt 3. Zivilprozess

Besondere Prozessstandschaft

LkSG 11 (1) Wer geltend macht, in einer überragend wichtigen geschützten Rechtsposition aus § 2 Absatz 1 verletzt zu sein, kann zur gerichtlichen Geltendmachung seiner Rechte einer inländischen Gewerkschaft oder Nichtregierungsorganisation die Ermächtigung zur Prozessführung erteilen.

(2) Eine **Gewerkschaft oder Nichtregierungsorganisation** kann nach Absatz 1 nur ermächtigt werden, wenn sie eine auf Dauer angelegte eigene Präsenz unterhält und sich nach ihrer Satzung nicht gewerbsmäßig und nicht nur vorübergehend dafür einsetzt, die Menschenrechte oder entsprechende Rechte im nationalen Recht eines Staates zu realisieren.

1 Zur **Geltendmachung zivilrechtlicher Ansprüche** (§ 11 LkSG) wegen der Verletzung einer überragend wichtigen Rechtsposition aus § 2 I LkSG können Betroffene dauerhaft sich einsetzende, nicht gewerbsmäßig tätige inländische Gewerkschaften und Nichtregierungsorganisationen mit Sitz im Inland (RegE BT-Drucks. 19/28649 S. 53) ermächtigen **(besondere Prozessstandschaft);** einordnend Wagner ZIP 2021, 1095 (1101). Rechtspraktische Bedeutung hat dies voraussichtlich va für Ansprüche nach ausländischem Recht (Rühl/Knauer JZ 2022, 105 (109), (IPR)). Dies betrifft zB die Verletzung von Leib oder Leben (RegE BT-Drucks. 19/28649 S. 52), nicht von Umweltschutzpflichten, weil insoweit kein Anspruchsberechtigter. Insgesamt ist einschränkende Auslegung des Verweises auf § 2 I geboten, weil nur ein Teil der dort in Bezug genommenen Menschenrechte erfasst sein soll (überragend wichtige Rechtsposition; RegE BT-Drucks. 19/28649 S. 52; Lutz-Bachmann/Vorbeck/Wengenroth BB 2021, 906 (913)). **Lit.** zu internationalen Ansätzen einer Haftung für Umweltschäden: Kahl/Weller, Climate Change Litigation, 2021; Weller/Tran ZEuP 2021, 573. Lit.: zu Klimaklagen → § 3 Rn. 8.

Einl. v. § 12

1 Die **Aufsicht** (§§ 12 ff.) obliegt dem Bundesamt für Wirtschaft und Ausfuhrkontrolle (BAFA), das **auch auf Antrag** tätig wird (§ 14; entsprechend Art. 19 III Sorgfaltspflichten-RL-E (EU)). Antragsberechtigt sind zB auch Anwohner, va Gewerkschaften, dies ohne territoriale Begrenzung. An den Antrag werden keine strengen Anforderungen gestellt, darzulegen sind die (bevorstehende) Verletzung, ein gewisser Zusammenhang zur Tätigkeit (nicht Sorgfaltspflichtverletzung, diese: Amtsermittlung), die Rechtsverletzung muss bloß möglich erscheinen oder darf nicht von vornherein auszuschließen sein (RegE BT-Drucks. 19/28649 S. 54). Antragsflut ist nicht auszuschließen (Lutz-Bachmann/Vorbeck/Wengenroth BB 2021, 906 (911)).

2 Angekündigt werden **Handreichungen** (§ 20 in Kraft seit 23.7.2021); entsprechend hierzu Leitlinien, weitergehend aber delegierte Rechtsakte, Art. 13, 28 Sorgfaltspflichten-RL-E (EU)). Im Zeitraum der Implementierung des LkSG durch die Unternehmen lagen die Handreichungen noch nicht vor. Nicht das für die Lieferkettenaufsicht zuständige BAFA, sondern das BMAS hat **FAQ** veröffentlicht (https://www.csr-in-deutschland.de/DE/Wirtschaft-Menschenrechte/Gesetzueber-die-unternehmerischen-Sorgfaltspflichten-in-Lieferketten/FAQ/faq.html), die aber als solche wohl nicht verbindlich sind (Veil ZBB 2018, 151 zu Q&A im Kapitalmarktrecht), schon mangels Zuständigkeit nicht als Handreichung i. S. v. § 20 einzuordnen sind (aA Brouwer CCZ 2022, 137 (138)) und deshalb allenfalls unter Gesichtspunkten wie dem der einheitlichen Verwaltung eine gewisse Selbstbindung des BAFA begründen können (weiter Fleischer CCZ 2022, 205 (207)).

3 Weitreichende **Eingriffsbefugnisse** (Verfahren bei der risikobasierten Kontrolle): Ladung, Behebung von Missständen, Anordnung konkreter Maßnahmen (§ 15), Betreten (§ 16), Auskunft und Herausgabe (§ 17), Duldung und Mitwirkung (§ 18). Nach § 23 kann Zwangsgeld in Höhe bis zu 50.000 EUR festgesetzt werden (Sonderregelung ggü. § 11 III VwVG, der eine Höchstgrenze von 25.000 EUR vorsieht).

4 Wichtigste **Sanktion** ist der Ausschluss von der Vergabe öffentlicher Aufträge (§ 22), sofern mit Geldbuße von mindestens 175.000 EUR belegt, bis zum

Nachweis der Selbstreinigung nach § 125 GWB (Ausgleichszahlung, Aufklärung, Vermeidungsmaßnahmen), längstens für drei Jahre. Bußgeldvorschriften sind in § 24 geregelt. Ergänzend sind insbesondere die §§ 1–110e OWiG (Allgemeine Vorschriften und Bußgeldverfahren) zu beachten. **Lit.:** Kamann/Irmscher NZWiSt 2021, 249.

Abschnitt 4. Behördliche Kontrolle und Durchsetzung

Unterabschnitt 1. Berichtsprüfung

Einreichung des Berichts

LkSG 12 (1) Der Bericht nach § 10 Absatz 2 Satz 1 ist in deutscher Sprache und elektronisch über einen von der zuständigen Behörde bereitgestellten Zugang einzureichen.

(2) Der Bericht ist spätestens vier Monate nach dem Schluss des Geschäftsjahres, auf das er sich bezieht, einzureichen.

Behördliche Berichtsprüfung; Verordnungsermächtigung

LkSG 13 (1) Die zuständige Behörde prüft, ob
1. der Bericht nach § 10 Absatz 2 Satz 1 vorliegt und
2. die Anforderungen nach § 10 Absatz 2 und 3 eingehalten wurden.

(2) Werden die Anforderungen nach § 10 Absatz 2 und 3 nicht erfüllt, kann die zuständige Behörde verlangen, dass das Unternehmen den Bericht innerhalb einer angemessenen Frist nachbessert.

(3) Das Bundesministerium für Arbeit und Soziales wird ermächtigt, durch Rechtsverordnung im Einvernehmen mit dem Bundesministerium für Wirtschaft und Energie ohne Zustimmung des Bundesrates folgende Verfahren näher zu regeln:
1. das Verfahren der Einreichung des Berichts nach § 12 sowie
2. das Verfahren der behördlichen Berichtsprüfung nach den Absätzen 1 und 2.

Unterabschnitt 2. Risikobasierte Kontrolle

Behördliches Tätigwerden; Verordnungsermächtigung

LkSG 14 (1) Die zuständige Behörde wird tätig:
1. von Amts wegen nach pflichtgemäßem Ermessen,
    a) um die Einhaltung der Pflichten nach den §§ 3 bis 10 Absatz 1 im Hinblick auf mögliche menschenrechtliche und umweltbezogene Risiken sowie Verletzungen einer menschenrechtsbezogenen oder einer umweltbezogenen Pflicht zu kontrollieren und
    b) Verstöße gegen Pflichten nach Buchstabe a festzustellen, zu beseitigen und zu verhindern;
2. auf Antrag, wenn die antragstellende Person substantiiert geltend macht,
    a) infolge der Nichterfüllung einer in den §§ 3 bis 9 enthaltenen Pflicht in einer geschützten Rechtsposition verletzt zu sein oder
    b) dass eine in Buchstabe a genannte Verletzung unmittelbar bevorsteht.

(2) Das Bundesministerium für Arbeit und Soziales wird ermächtigt, durch Rechtsverordnung im Einvernehmen mit dem Bundesministerium für Wirtschaft und Energie ohne Zustimmung des Bundesrates das Verfahren der risikobasierten Kontrolle nach Absatz 1 und den §§ 15 bis 17 näher zu regeln.

Anordnungen und Maßnahmen

LkSG 15 [1] Die zuständige Behörde trifft die geeigneten und erforderlichen Anordnungen und Maßnahmen, um Verstöße gegen die Pflichten nach den §§ 3 bis 10 Absatz 1 festzustellen, zu beseitigen und zu verhindern. [2] Sie kann insbesondere

1. Personen laden,
2. dem Unternehmen aufgeben, innerhalb von drei Monaten ab Bekanntgabe der Anordnung einen Plan zur Behebung der Missstände einschließlich klarer Zeitangaben zu dessen Umsetzung vorzulegen und
3. dem Unternehmen konkrete Handlungen zur Erfüllung seiner Pflichten aufgeben.

Betretensrechte

LkSG 16 Soweit dies zur Wahrnehmung der Aufgaben nach § 14 erforderlich ist, sind die zuständige Behörde und ihre Beauftragten befugt,

1. Betriebsgrundstücke, Geschäftsräume und Wirtschaftsgebäude der Unternehmen während der üblichen Geschäfts- oder Betriebszeiten zu betreten und zu besichtigen sowie
2. bei Unternehmen während der üblichen Geschäfts- oder Betriebszeiten geschäftliche Unterlagen und Aufzeichnungen, aus denen sich ableiten lässt, ob die Sorgfaltspflichten nach den §§ 3 bis 10 Absatz 1 eingehalten wurden, einzusehen und zu prüfen.

Auskunfts- und Herausgabepflichten

LkSG 17 (1) [1] Unternehmen und nach § 15 Satz 2 Nummer 1 geladene Personen sind verpflichtet, der zuständigen Behörde auf Verlangen die Auskünfte zu erteilen und die Unterlagen herauszugeben, die die Behörde zur Durchführung der ihr durch dieses Gesetz oder aufgrund dieses Gesetzes übertragenen Aufgaben benötigt. [2] Die Verpflichtung erstreckt sich auch auf Auskünfte über verbundene Unternehmen (§ 15 des Aktiengesetzes), unmittelbare und mittelbare Zulieferer und die Herausgabe von Unterlagen dieser Unternehmen, soweit das auskunfts- oder herausgabepflichtige Unternehmen oder die auskunfts- oder herausgabepflichtige Person die Informationen zur Verfügung hat oder aufgrund bestehender vertraglicher Beziehungen zur Beschaffung der verlangten Informationen in der Lage ist.

(2) Die zu erteilenden Auskünfte und herauszugebenden Unterlagen nach Absatz 1 umfassen insbesondere

1. die Angaben und Nachweise zur Feststellung, ob ein Unternehmen in den Anwendungsbereich dieses Gesetzes fällt,
2. die Angaben und Nachweise über die Erfüllung der Pflichten nach den §§ 3 bis 10 Absatz 1 und

I. Einführungsgesetz 21 LkSG (2)

3. die Namen der zur Überwachung der internen Prozesse des Unternehmens zur Erfüllung der Pflichten nach den §§ 3 bis 10 Absatz 1 zuständigen Personen.

(3) ¹Wer zur Auskunft nach Absatz 1 verpflichtet ist, kann die Auskunft auf solche Fragen verweigern, deren Beantwortung ihn selbst oder einen der in § 52 Absatz 1 der Strafprozessordnung bezeichneten Angehörigen der Gefahr strafgerichtlicher Verfolgung oder eines Verfahrens nach dem Gesetz über Ordnungswidrigkeiten aussetzen würde. ²Die auskunftspflichtige Person ist über ihr Recht zur Verweigerung der Auskunft zu belehren. ³Sonstige gesetzliche Auskunfts- oder Aussageverweigerungsrechte sowie gesetzliche Verschwiegenheitspflichten bleiben unberührt.

Duldungs- und Mitwirkungspflichten

LkSG 18 ¹Die Unternehmen haben die Maßnahmen der zuständigen Behörde und ihrer Beauftragten zu dulden und bei der Durchführung der Maßnahmen mitzuwirken. ²Satz 1 gilt auch für die Inhaber der Unternehmen und ihre Vertretung, bei juristischen Personen für die nach Gesetz oder Satzung zur Vertretung berufenen Personen.

Unterabschnitt 3. Zuständige Behörde, Handreichungen, Rechenschaftsbericht

Zuständige Behörde

LkSG 19 (1) ¹Für die behördliche Kontrolle und Durchsetzung nach diesem Abschnitt ist das Bundesamt für Wirtschaft und Ausfuhrkontrolle zuständig. ²Für die Aufgaben nach diesem Gesetz obliegt die Rechts- und Fachaufsicht über das Bundesamt dem Bundesministerium für Wirtschaft und Energie. ³Das Bundesministerium für Wirtschaft und Energie übt die Rechts- und Fachaufsicht im Einvernehmen mit dem Bundesministerium für Arbeit und Soziales aus.

(2) Bei der Wahrnehmung ihrer Aufgaben verfolgt die zuständige Behörde einen risikobasierten Ansatz.

Handreichungen

LkSG 20 ¹Die zuständige Behörde veröffentlicht branchenübergreifende oder branchenspezifische Informationen, Hilfestellungen und Empfehlungen zur Einhaltung dieses Gesetzes und stimmt sich dabei mit den fachlich betroffenen Behörden ab. ²Die Informationen, Hilfestellungen oder Empfehlungen bedürfen vor Veröffentlichung der Zustimmung des Auswärtigen Amtes, insofern außenpolitische Belange davon berührt sind.

Rechenschaftsbericht

LkSG 21 (1) ¹Die nach § 19 Absatz 1 Satz 1 zuständige Behörde berichtet einmal jährlich über ihre im vorausgegangenen Kalenderjahr erfolgten Kontroll- und Durchsetzungstätigkeiten nach Abschnitt 4. ²Der Bericht ist erstmals für das Jahr 2022 zu erstellen und auf der Webseite der zuständigen Behörde zu veröffentlichen.

(2) Die Berichte sollen auf festgestellte Verstöße und angeordnete Abhilfemaßnahmen hinweisen und diese erläutern sowie eine Auswertung der eingereichten Unternehmensberichte nach § 12 enthalten, ohne die jeweils betroffenen Unternehmen zu benennen.

Abschnitt 5. Öffentliche Beschaffung

Ausschluss von der Vergabe öffentlicher Aufträge

LkSG 22 (1) ¹Von der Teilnahme an einem Verfahren über die Vergabe eines Liefer-, Bau- oder Dienstleistungsauftrags der in den §§ 99 und 100 des Gesetzes gegen Wettbewerbsbeschränkungen genannten Auftraggeber sollen Unternehmen bis zur nachgewiesenen Selbstreinigung nach § 125 des Gesetzes gegen Wettbewerbsbeschränkungen ausgeschlossen werden, die wegen eines rechtskräftig festgestellten Verstoßes nach § 24 Absatz 1 mit einer Geldbuße nach Maßgabe von Absatz 2 belegt worden sind. ²Der Ausschluss nach Satz 1 darf nur innerhalb eines angemessenen Zeitraums von bis zu drei Jahren erfolgen.

(2) ¹Ein Ausschluss nach Absatz 1 setzt einen rechtskräftig festgestellten Verstoß mit einer Geldbuße von wenigstens einhundertfünfundsiebzigtausend Euro voraus. ²Abweichend von Satz 1 wird

1. in den Fällen des § 24 Absatz 2 Satz 2 in Verbindung mit § 24 Absatz 2 Satz 1 Nummer 2 ein rechtskräftig festgestellter Verstoß mit einer Geldbuße von wenigstens eine Million fünfhunderttausend Euro,
2. in den Fällen des § 24 Absatz 2 Satz 2 in Verbindung mit § 24 Absatz 2 Satz 1 Nummer 1 ein rechtskräftig festgestellter Verstoß mit einer Geldbuße von wenigstens zwei Millionen Euro und
3. in den Fällen des § 24 Absatz 3 ein rechtskräftig festgestellter Verstoß mit einer Geldbuße von wenigstens 0,35 Prozent des durchschnittlichen Jahresumsatzes vorausgesetzt.

(3) Vor der Entscheidung über den Ausschluss ist der Bewerber zu hören.

Abschnitt 6. Zwangsgeld und Bußgeld

Zwangsgeld

LkSG 23 Die Höhe des Zwangsgeldes im Verwaltungszwangsverfahren der nach § 19 Absatz 1 Satz 1 zuständigen Behörde beträgt abweichend von § 11 Absatz 3 des Verwaltungsvollstreckungsgesetzes bis zu 50 000 Euro.

Bußgeldvorschriften

LkSG 24 (1) Ordnungswidrig handelt, wer vorsätzlich oder fahrlässig
1. entgegen § 4 Absatz 3 Satz 1 nicht dafür sorgt, dass eine dort genannte Festlegung getroffen ist,
2. entgegen § 5 Absatz 1 Satz 1 oder § 9 Absatz 3 Nummer 1 eine Risikoanalyse nicht, nicht richtig, nicht vollständig oder nicht rechtzeitig durchführt,

3. entgegen § 6 Absatz 1 eine Präventionsmaßnahme nicht oder nicht rechtzeitig ergreift,
4. entgegen § 6 Absatz 5 Satz 1, § 7 Absatz 4 Satz 1 oder § 8 Absatz 5 Satz 1 eine Überprüfung nicht oder nicht rechtzeitig vornimmt,
5. entgegen § 6 Absatz 5 Satz 3, § 7 Absatz 4 Satz 3 oder § 8 Absatz 5 Satz 2 eine Maßnahme nicht oder nicht rechtzeitig aktualisiert,
6. entgegen § 7 Absatz 1 Satz 1 eine Abhilfemaßnahme nicht oder nicht rechtzeitig ergreift,
7. entgegen
   a) § 7 Absatz 2 Satz 1 oder
   b) § 9 Absatz 3 Nummer 3
   ein Konzept nicht oder nicht rechtzeitig erstellt oder nicht oder nicht rechtzeitig umsetzt,
8. entgegen § 8 Absatz 1 Satz 1, auch in Verbindung mit § 9 Absatz 1, nicht dafür sorgt, dass ein Beschwerdeverfahren eingerichtet ist,
9. entgegen § 10 Absatz 1 Satz 2 eine Dokumentation nicht oder nicht mindestens sieben Jahre aufbewahrt,
10. .entgegen § 10 Absatz 2 Satz 1 einen Bericht nicht richtig erstellt,
11. entgegen § 10 Absatz 2 Satz 1 einen dort genannten Bericht nicht oder nicht rechtzeitig öffentlich zugänglich macht,
12. entgegen § 12 einen Bericht nicht oder nicht rechtzeitig einreicht oder
13. einer vollziehbaren Anordnung nach § 13 Absatz 2 oder § 15 Satz 2 Nummer 2 zuwiderhandelt.

(2) ¹Die Ordnungswidrigkeit kann geahndet werden

1. in den Fällen des Absatzes 1
   a) Nummer 3, 7 Buchstabe b und Nummer 8
   b) Nummer 6 und 7 Buchstabe a
2. mit einer Geldbuße bis zu achthunderttausend Euro,
3. in den Fällen des Absatzes 1 Nummer 1, 2, 4, 5 und 13 mit einer Geldbuße bis zu fünfhunderttausend Euro und
4. in den übrigen Fällen des Absatzes 1 mit einer Geldbuße bis zu hunderttausend Euro.

²In den Fällen des Satzes 1 Nummer 1 und 2 ist § 30 Absatz 2 Satz 3 des Gesetzes über Ordnungswidrigkeiten anzuwenden.

(3) ¹Bei einer juristischen Person oder Personenvereinigung mit einem durchschnittlichen Jahresumsatz von mehr als 400 Millionen Euro kann abweichend von Absatz 2 Satz 2 in Verbindung mit Satz 1 Nummer 1 Buchstabe b eine Ordnungswidrigkeit nach Absatz 1 Nummer 6 oder 7 Buchstabe a mit einer Geldbuße bis zu 2 Prozent des durchschnittlichen Jahresumsatzes geahndet werden. ²Bei der Ermittlung des durchschnittlichen Jahresumsatzes der juristischen Person oder Personenvereinigung ist der weltweite Umsatz aller natürlichen und juristischen Personen sowie aller Personenvereinigungen der letzten drei Geschäftsjahre, die der Behördenentscheidung vorausgehen, zugrunde zu legen, soweit diese Personen und Personenvereinigungen als wirtschaftliche Einheit operieren. ³Der durchschnittliche Jahresumsatz kann geschätzt werden.

(4) ¹Grundlage für die Bemessung der Geldbuße bei juristischen Personen und Personenvereinigungen ist die Bedeutung der Ordnungswidrigkeit. ²Bei der Bemessung sind die wirtschaftlichen Verhältnisse der juristischen Person oder Personenvereinigung zu berücksichtigen. ³Bei der Bemessung sind die Umstände, insoweit sie für und gegen die juristische Person oder Personenvereinigung sprechen, gegeneinander abzuwägen. ⁴Dabei kommen insbesondere in Betracht:

1. der Vorwurf, der den Täter der Ordnungswidrigkeit trifft,
2. die Beweggründe und Ziele des Täters der Ordnungswidrigkeit,
3. Gewicht, Ausmaß und Dauer der Ordnungswidrigkeit,
4. Art der Ausführung der Ordnungswidrigkeit, insbesondere die Anzahl der Täter und deren Position in der juristischen Person oder Personenvereinigung,
5. die Auswirkungen der Ordnungswidrigkeit,
6. vorausgegangene Ordnungswidrigkeiten, für die die juristische Person oder Personenvereinigung nach § 30 des Gesetzes über Ordnungswidrigkeiten, auch in Verbindung mit § 130 des Gesetzes über Ordnungswidrigkeiten, verantwortlich ist, sowie vor der Ordnungswidrigkeit getroffene Vorkehrungen zur Vermeidung und Aufdeckung von Ordnungswidrigkeiten,
7. das Bemühen der juristischen Person oder Personenvereinigung, die Ordnungswidrigkeit aufzudecken und den Schaden wiedergutzumachen, sowie nach der Ordnungswidrigkeit getroffene Vorkehrungen zur Vermeidung und Aufdeckung von Ordnungswidrigkeiten,
8. die Folgen der Ordnungswidrigkeit, die die juristische Person oder Personenvereinigung getroffen haben.

(5) [1] Verwaltungsbehörde im Sinne des § 36 Absatz 1 Nummer 1 des Gesetzes über Ordnungswidrigkeiten ist das Bundesamt für Wirtschaft und Ausfuhrkontrolle. [2] Für die Rechts- und Fachaufsicht über das Bundesamt gilt § 19 Absatz 1 Satz 2 und 3.

Anlage (zu § 2 Absatz 1, § 7 Absatz 3 Satz 2)

Übereinkommen

1. Übereinkommen Nr. 29 der Internationalen Arbeitsorganisation vom 28. Juni 1930 über Zwangs- oder Pflichtarbeit (BGBl. 1956 II S. 640, 641) (ILO-Übereinkommen Nr. 29)
2. Protokoll vom 11. Juni 2014 zum Übereinkommen Nr. 29 der Internationalen Arbeitsorganisation vom 28. Juni 1930 über Zwangs- oder Pflichtarbeit (BGBl. 2019 II S. 437, 438)
3. Übereinkommen Nr. 87 der Internationalen Arbeitsorganisation vom 9. Juli 1948 über die Vereinigungsfreiheit und den Schutz des Vereinigungsrechtes (BGBl. 1956 II S. 2072, 2071) geändert durch das Übereinkommen vom 26. Juni 1961 (BGBl. 1963 II S. 1135, 1136) (ILO-Übereinkommen Nr. 87)
4. Übereinkommen Nr. 98 der Internationalen Arbeitsorganisation vom 1. Juli 1949 über die Anwendung der Grundsätze des Vereinigungsrechtes und des Rechtes zu Kollektivverhandlungen (BGBl. 1955 II S. 1122, 1123) geändert durch das Übereinkommen vom 26. Juni 1961 (BGBl. 1963 II S. 1135, 1136) (ILO-Übereinkommen Nr. 98)
5. Übereinkommen Nr. 100 der Internationalen Arbeitsorganisation vom 29. Juni 1951 über die Gleichheit des Entgelts männlicher und weiblicher Arbeitskräfte für gleichwertige Arbeit (BGBl. 1956 II S. 23, 24) (ILO-Übereinkommen Nr. 100)
6. Übereinkommen Nr. 105 der Internationalen Arbeitsorganisation vom 25. Juni 1957 über die Abschaffung der Zwangsarbeit (BGBl. 1959 II S. 441, 442) (ILO-Übereinkommen Nr. 105)
7. Übereinkommen Nr. 111 der Internationalen Arbeitsorganisation vom 25. Juni 1958 über die Diskriminierung in Beschäftigung und Beruf (BGBl. 1961 II S. 97, 98) (ILO-Übereinkommen Nr. 111)

8. Übereinkommen Nr. 138 der Internationalen Arbeitsorganisation vom 26. Juni 1973 über das Mindestalter für die Zulassung zur Beschäftigung (BGBl. 1976 II S. 201, 202) (ILO-Übereinkommen Nr. 138)
9. Übereinkommen Nr. 182 der Internationalen Arbeitsorganisation vom 17. Juni 1999 über das Verbot und unverzügliche Maßnahmen zur Beseitigung der schlimmsten Formen der Kinderarbeit (BGBl. 2001 II S. 1290, 1291) (ILO-Übereinkommen Nr. 182)
10. Internationaler Pakt vom 19. Dezember 1966 über bürgerliche und politische Rechte, (BGBl. 1973 II S. 1533, 1534)
11. Internationaler Pakt vom 19. Dezember 1966 über wirtschaftliche, soziale und kulturelle Rechte (BGBl. 1973 II S. 1569, 1570)
12. Übereinkommen von Minamata vom 10. Oktober 2013 über Quecksilber (BGBl. 2017 II S. 610, 611) (Minamata-Übereinkommen)
13. Stockholmer Übereinkommen vom 23. Mai 2001 über persistente organische Schadstoffe (BGBl. 2002 II S. 803, 804) (POPs-Übereinkommen), zuletzt geändert durch den Beschluss vom 6. Mai 2005 (BGBl. 2009 II S. 1060, 1061)
14. Basler Übereinkommen über die Kontrolle der grenzüberschreitenden Verbringung gefährlicher Abfälle und ihrer Entsorgung vom 22. März 1989 (BGBl. 1994 II S. 2703, 2704) (Basler Übereinkommen), zuletzt geändert durch die Dritte Verordnung zur Änderung von Anlagen zum Basler Übereinkommen vom 22. März 1989 vom 6. Mai 2014 (BGBl. II S. 306/307)

II. Handelsbücher und Bilanzen

(2a) Gesetz über eine Berufsordnung der Wirtschaftsprüfer (Wirtschaftsprüferordnung): Erster Teil: Allgemeine Vorschriften (§§ 1–3), Zweiter Teil: Voraussetzungen für die Berufsausübung (§ 27), Dritter Teil: Rechte und Pflichten der Wirtschaftsprüfer (§§ 43–56)

Vom 5. November 1975 (BGBl. I S. 2803),
zuletzt geändert durch Art. 77 PersonengesellschaftsrechtsmodernisierungsG (MoPeG) vom 10.8.2021 (BGBl. I 3436)

Einleitung

Schrifttum

a) Berufsrecht. Monografien: *Hense/Ulrich* WPO-Kommentar, 3. Aufl 2018. – Institut der Wirtschaftsprüfer WP Premium: WP Handbuch und Assurance mit Online-Ausgabe 2017. – *Kilian,* Wirtschaftsprüfer, in v Westphalen, Vertragsrecht und AGB-Klauselwerke, Bd. 2 (LBl); *Schmitz/Lorey/Harder,* Berufsrecht und Haftung der Wirtschaftsprüfer, 3. Aufl 2021. – Wirtschaftsprüfer-Kompendium, 3 Bde 2002 ff. (LBl). – *Wellhöfer/Peltzer/Müller,* Die Haftung von Vorstand, Aufsichtsrat, Wirtschaftsprüfer mit GmbH-Geschäftsführer – Handbuch 2008; WP-HdB, 17. Aufl 2020. **Aufsätze:** *Köhler/Marten* BB 2000, 867. – *Marks/Schmidt* WPg 2000, 409. – *Köhler/Marten/Meyer* WPg 2003, 10. – *Sommersuch* BB 2003, 1166 (WPRefG). – *Baetge/Lienau* DB 2004, 2277 (BilKoG, APAG). – *Mattheus/Schwab* BB 2004, 1099 (BilKoG). – *Müßig* NZG 2004, 796 (WPOÄG, WPRefG). – *Marten/Köhler* WPg 2005, 145 (APAG). – *Beul* DStR 2012, 257. – *Roscher-Meinel,* DNotZ 2014, 643.

b) Prüfungsrecht/Qualitätssicherung: IDW PS 140 (Qualitätskontrolle nach §§ 57a WPO). – WPK/IDW WPg 2006, 629 (Qualitätssicherung in der WP-Praxis). – *Wegner* wistra 2016, 13 (Sanktionsrisiko für WP). – *Kruth* DStR 2016, 2989 (Widerruf Zulassung bei Insolvenz). – *Marten* WPg 2017, 487 und 610 (IDW EQS 1 Qualitätssicherung). – *ders* WPg 2017, 308 (IDW EPS 140 nF). – *Heidrich/Loy* WPg 2017, 487 (Kapitalmarkt). – *Farr* WPg 2017, 299 (Qualitätssicherung für Kleinpraxen). – *Niemann/Farr* DStR 2016, 1231 (WPO-Novelle); *dies* DStR 2017, 341 (Qualitätssicherung mittelständische WP-Praxen). – *Bruckner/Schmidt* WPg 2017, 58 (Qualitätskontrollen).

c) Einzeldarstellungen: *Hennrichs* DStR 2007, 1926. – *Marten/Köhler/Paulitschek* BB 2006, 23. – *Naumann/Feld* WPg 2006, 873. – *Wellhöfer/Peltzer/Müller* Die Haftung von Vorstand, Aufsichtsrat und Wirtschaftsprüfer, 2008. – *Lehmann* r+s 2016, 1 (Berufshaftpflicht). – *Glady* DStR 2016, 628 (Berufshaftpflicht). – *Heyne* GewA 2016, 279 (WP-Kammeraufsicht). – *Köhler/Ratzinger-Sakel* BB 2016, 2155 (WP-Marktentwicklung). – *Heiling/Müller-Marqués Berger* WPg 2017, 334 (Prüfung in der Haushaltswirtschaft IDW EPS 731). – *Esser/Kilian* DStR 2017, 564 (Haftungskonzentrationsvereinbarungen). – *Simon-Heckroth/Lüdders* WPg 2017, 248 (Anhangaben über das Abschlussprüferhonorar). – *Farr* WPg 2017, 115 (verantwortlicher Prüfungspartner); Wegner WPG 2020, 1070 (Rechtsprechungsübersicht).

Übersicht

	Rn
1) Wirtschaftsprüfer, Wirtschaftsprüfungsgesellschaft	1–7
A. Wirtschaftsprüfer:	1
B. Wirtschaftsprüfungsgesellschaft:	2

II. Handelsbücher und Bilanzen 1–3 **Einl WPO (2a)**

	Rn
C. Berufsausübung:	3, 4
D. Pflichtprüfung:	5
E. Freiwillige Prüfungen und Testate:	6
F. AGB:	7
2) Wirtschaftsprüferordnung	8–18
A. Inkrafttreten:	8
B. Änderungen:	9–17
C. Inhalt und Aufbau:	18

1) Wirtschaftsprüfer, Wirtschaftsprüfungsgesellschaft

A. **Wirtschaftsprüfer:** Gemäß §§ 1 I, 15 WPO bedarf die Tätigkeit der 1 öffentlichen Bestellung. Diese setzt den Nachweis der persönlichen und fachlichen Eignung im Zulassungs- und Prüfungsverfahren voraus. Der Wirtschaftsprüfer übt eine freiberufliche Tätigkeit nicht gewerblicher Natur aus (§ 1 II WPO), BGHZ 94, 69, und fällt deshalb nicht unter § 1 HGB, entsprechende Anwendung einzelner Vorschriften des HGB ist dennoch möglich (→ HGB § 1 Rn. 19). Wird aus Wirtschaftsprüfern bestehende GbR für Immobilienfonds als Treuhänderin für Treuhandkommanditisten tätig, ist das gewerbliche Tätigkeit, BGH DStR 2007, 190. Tätigkeit als Leiter der Landesgeschäftsstelle der WP-Kammer ist mit RA-Beruf vereinbar, BGH NJW-RR 2008, 1504. **Lit.** Brinkmann/Spieß Wpg 2006, 395; 2006, 668; Pape DStR 2007, 1221; Naumann/Hammant WPg 2007, 901; Henssler/Deckenbrock DB 2008, 41; Wellhöfer/Peltzer/Müller, Die Haftung von Vorstand, Aufsichtsrat und Wirtschaftsprüfer, 2008, § 21; Petersen/Zwirner StB 2008, 50; Heininger WPg 2008, 535.

B. **Wirtschaftsprüfungsgesellschaft:** Das Tätigwerden als Wirtschaftsprü- 2 fungsGes setzt voraus, dass die Ges. zuvor durch die Wirtschaftsprüferkammer als WirtschaftsprüfungsGes anerkannt worden ist (§ 29 WPO). Die Anerkennung bedarf des Nachweises, dass die Ges. von Wirtschaftsprüfern verantwortlich geführt wird sowie der Erfüllung weiterer gesetzlicher Voraussetzungen (§ 28 WPO). Die Ges. kann als Personen-, Kapital- oder PartGes (§ 1 PartGG, Text Anh. B nach § 160) verfasst sein, seit 2007 auch als GmbH & Co KG (Autenrieth WPg 2014, 139) und als SE (§ 27 WPO). NichtWP als Gfter und Anteilsinhaber s. § 28 WPO. Durch APAReG (dazu → Rn. 9) wird Hinweis auf Zulässigkeit von allen eur. und mitgliedstaatlichen Gesellschaftsformen aufgenommen (§ 27 I).

C. **Berufsausübung:** Die Berufsausübung verbindet herkömmlich eine Viel- 3 zahl **unterschiedlicher Aufgaben,** die nach Bedeutung und Umfang grundsätzlich gleichwertig sind, darunter die Prüfungstätigkeit, die Steuerberatung, die Wirtschafts- und Unternehmensberatung (die als eigenes Aufgabenfeld durch die 3. WPO-Novelle 1994 aus dem Katalog der lediglich vereinbaren Tätigkeiten gem. § 43a IV WPO herausgenommen und den das Berufsbild prägenden Gebieten gem. § 2 WPO zugeordnet wurde), die Gutachter- und Sachverständigentätigkeit, OLG Düsseldorf DB 2006, 1670, die Treuhandtätigkeit (darunter auch Insolvenzverwaltung, BGH NJW 2005, 1058; Deckenbrock/Fleckner NJW 2005, 1167) sowie – erweitert durch das Rechtsdienstleistungsgesetz **RDG** v. 12.12.2007 die Rechtsberatung und -besorgung; Hense/Ulrich § 2 Rn. 23 ff. Das Gesetz verzichtet bewusst auf eine obligatorische Trennung von Prüfung und Beratung wie zum Teil in anderen Rechtsordnungen (vgl. → HGB § 319 Rn. 5). Dies wird wegen der Gefahr der Interessenkollision (Selbstprüfung) zunehmend als problematisch empfunden, s. 64. DJT 2002 Abteilung Wirtschaftsrecht, Beschluss 1.14. Das BilReG hat dieses Anliegen durch deutliche Verschärfung der Unabhängigkeitsvorschriften in §§ 318 III, 319 und 319a HGB aufgegriffen. Durch das **FISG** gab es eine weitere Verschärfung insbesondere wurde § 319a HGB abgeschafft, mit welchem bislang ein Wahlrecht der AbschlussprüferVO umgesetzt worden ist, wonach bestimmte Tätigkeiten nicht zu einem Ausschluss als Abschlussprüfer geführt haben (→ § 319a HGB Rn. 1 ff.). Den Wirtschaftsprüfern kommt nach der Vorstellung des deutschen Gesetzgebers eine zentrale Rolle bei der Corporate Governance zu, was die „Erwartungslücke" noch vergrößert hat und für den Berufsstand Herausforderung ist, Hopt in IDW, Kapitalmarktorientierte Unternehmensüberwachung, 2001, S. 27. Zur Rolle der Wirtschaftsprüfer bei Prüfung von Compliance-Management-Systemen: Merkt DB 2014, 2271 u. 2331. Zu den Reformen der WPO → Rn. 9, zu denen der §§ 316–324a → HGB Einl. v. § 316 Rn. 1. Gemeinsame Stellungnahme der WPK und des IDW: Anforderungen an die Qualitätssicherung in der Wirtschaftsprüferpraxis VO 1/2006 WPg 2006, 629; dazu Schmidt/Pfitzer WPg 2006, 1193. Zur Qualitätssicherung WP-HdB 2012 I A 466 ff.; Marten WPg 2017, 487 u. 610 (IDW EQS 1 Qualitätssicherung); Marten WPg 2017, 308 (IDW EPS 140 nF); Heidrich/Loy WPg 2017, 487 (Kapitalmarkt); Farr WPg 2017, 299 (Qualitätssicherung für Kleinpraxen); Niemann/Farr DStR 2016, 1231 (WPO-Novelle); Niemann/Farr DStR 2017, 341 (Qualitätssicherung mittelständische WP-Praxen); Bruckner/Schmidt WPg 2017, 58 (Qualitätskontrollen).

4   Die **Rechte und Pflichten der Wirtschaftsprüfer** sind in §§ **43–56 WPO** (im Folgenden abgedruckt) näher umschrieben. Sie wurden durch das **FISG** ebenfalls angepasst. Es geht in §§ 43–56 WPO insbesondere um die allgemeinen Berufspflichten (§ 43 WPO), gemeinsame Berufsausübung, Außen- und Scheinsozietät (§ 44b WPO), Zweigniederlassung (§ 47 WPO), Ablehnung der Tätigkeit bei Besorgnis der Befangenheit (§ 49 WPO), BGHZ 159, 242, unverzügliche Mitteilung der Ablehnung eines Auftrages (sonst Schadensersatzpflicht, § 51 WPO), beschränkter Wechsel des Auftraggebers (§ 53 WPO), Berufshaftpflichtversicherung (§ 54 WPO), Haftungsbeschränkung (§ 54a WPO) und Vergütung (§§ 55, 55a WPO) sowie **Qualitätssicherung** (§§ 55b, 55c WPO). **Qualitätssicherungssystem** nach § 55b dient vornehmlich der Sicherung von Verfahrensabläufen und der betrieblichen Organisation; *Qualitätskontrolle* des Systems erfolgt durch zertifizierte Berufsangehörige und kann durch sie bescheinigt werden (§ 57 VI 7). Ergebnis wird der Kommission für Qualitätskontrolle bei der WPK mitgeteilt, die Auflagen erteilen und ggf. Prüfzertifikat entziehen kann; festgestellte Mängel dürfen dann aber nicht mehr berufsaufsichtsrechtlich verwertet werden (§ 57e IV 2 WPO). Bei Verstoß allein gegen § 49 Alt. 2 WPO keine Nichtigkeit, BGHZ 159, 234; krit. Ring WPg 2005, 200, aber dann zugleich Verstoß gegen § 319 II (→ HGB § 319 Rn. 4 ff.). Zur Haftung des Prüfers und zur Mithaftung des Geschäftsführers der geprüften Gesellschaft BGH NZG 2010, 146. Zur Haftung der Wirtschaftsprüfungsgesellschaft für unrichtiges Testat bei Kapitalmarktprospekten BGH AG 2014, 710. **Lit.** Velte/Lechner/Kusch DStR 2007, 1494 (EU-rechtliche Haftungsbegrenzung); Pape DStR 2007, 1221; Bantleon/Thomann/Bühner DStR 2007, 1978 (IDW PS 210); Imwinkel/Kortebusch/Schneider Konzern 2008, 215; Lenz Konzern 2008, 495; Farr /Niemann DStR 2009, 387 (IDW S 7); Petersen/Zwirner KoR 2009, 44.5; Wellhöfer/Peltzer/Müller, Die Haftung von Vorstand, Aufsichtsrat und Wirtschaftsprüfer, 2008, §§ 23–29; Gladys DStR 2014, 445, zur europarechtlich vorgeschriebene Pflichtrotation Köhler/Gehring BB 2015, 235; Marten WPg 2017, 487 u. 610 (IDW EQS 1 Qualitätssicherung); Marten WPg 2017, 308 (IDW EPS 140 nF); Heidrich/Loy WPg 2017, 487 (Kapitalmarkt); Farr WPg 2017, 299 (Qualitätssicherung für Kleinpraxen); Niemann/Farr DStR 2016, 1231 (WPO-Novelle); Niemann/Farr DStR 2017, 341 (Qualitätssicherung mittelständische WP-Praxen); Bruckner/Schmidt WPg 2017, 58 (Qualitätskontrollen).

5   D. **Pflichtprüfung:** Die Prüfungstätigkeit wird maßgeblich durch die Vorbehaltsaufgabe geprägt, die (gesetzlich vorgeschriebene) Pflichtprüfung der Jahresabschlüsse bestimmter Unternehmen durchzuführen sowie Bestätigungsvermerke

II. Handelsbücher und Bilanzen 6–9 **Einl WPO (2a)**

über Vornahme und Ergebnis der Prüfung zu erteilen bzw. zu versagen (§ 2 I WPO). Eine gesetzliche Prüfungspflicht wird sowohl durch Bundes- als auch durch Landesrecht begründet und betrifft Unternehmen unterschiedlichster Rechtsformen, Größe und Branchen. Die Durchführung der Prüfung des Jahresabschlusses dient einerseits der Kontrolle vor allem der Ordnungsmäßigkeit der Buchführung und der Berichterstattung (einschließlich der Prüfung, ob Risiken der zukünftigen Entwicklung richtig dargestellt sind), andererseits ist sie nach § 316 I Voraussetzung dafür, dass der Jahresabschluss festgestellt werden kann (mit uU schwerwiegenden zivil-, straf- und steuerrechtlichen Folgen bei unterlassener Pflichtprüfung), Seitz DStR 1991, 315; Hense WPg 1993, 716; Rauch BB 1997, 35. Aus diesem Grund ist die **Unabhängigkeit** der Pflichtprüfer essentiell (§§ 319, 319a II aF HGB), BGHZ 135, 260 − Allweiler; dazu Wolf Müller WPg 2003, 741; NJW 2003, 970 − Hypo-Vereinsbank, näher zu §§ 319, 319a aF HGB.

E. **Freiwillige Prüfungen und Testate:** Daneben werden Wirtschaftsprüfer 6 regelmäßig auch mit der freiwilligen (gesetzlich nicht vorgeschriebenen) Prüfung von Abschlüssen beauftragt. Häufig besteht bei nicht kraft Gesetzes prüfungspflichtigen Unternehmen auf Grund der Satzung bzw. des GesVertrages oder entsprechender Beschlussfassung der Gesellschafter oder auf Grund kreditvertraglicher Vereinbarung eine Pflicht zur Prüfung, weshalb in solchen Fällen die Bezeichnung „freiwillig" irreführend ist, OLG München DB 1996, 1666. Ein Kernproblem von Prüfungen und Testaten außerhalb der gesetzlichen Pflichtprüfung ist die Dritthaftung gegenüber Personen, die nicht Auftraggeber des Testats sind, denen dieses jedoch zugänglich gemacht wird und die darauf vertrauen, umfangreiche Rspr. (→ HGB § 323 Rn. 8, → HGB § 347 Rn. 19–21).

F. **AGB:** Die Wirtschaftsprüfer werden auch bei Pflichtprüfungen nicht ex lege, 7 sondern auf Grund privater Verträge tätig (→ HGB § 318 Rn. 1). Diesen werden die **(2b)** AAB-WP zu Grunde gelegt.

2) Wirtschaftsprüferordnung

A. **Inkrafttreten:** Die **WPO** 24.7.1961 trat am 1.11.1961 in Kraft und löste 8 nach über zehnjähriger Gesetzgebungsvorbereitung die seit 1945 in den Ländern geltenden unterschiedlichen Vorschriften durch eine **bundeseinheitliche Gesetzesregelung** zum Berufsrecht der Wirtschaftsprüfer und der vereidigten Buchprüfer ab. Einzelne Bestimmungen der WPO wurden im Zuge der Verabschiedung bzw. Änderung anderer Gesetze ua im Bereich des Strafrechts in den Jahren 1964, 1968, 1970 und 1974 geändert.

B. **Änderungen:** Substantielle Reform der WPO durch nF 5.11.1974 9 BGBl. 2258. Weitere wesentliche Änderungen durch BiRiLiG 1985 BGBl. 2355 zur Umsetzung der 4., 7. u. 8. (Prüferbefähigungs-)EU-RL: Zulassung zum Wirtschaftsprüfer-Examen, Anerkennung, Führung des Berufsregisters. Weitere Än- derung durch **2. WPO-ÄndG** 20.7.1990 BGBl. 1462 (Umsetzung der EG- **HochschuldiplomRL). Neuordnung des Berufsrechts durch 3. WPO- ÄndG 15.7.1994** BGBl. 1596 (erstmalige Einführung der Berufssatzung der WPK 11.6.1996; diese aktuell idF 21.6.2016, BAnz AT v. 22.7.2016 B1). Nach weiteren kleineren Änd. **4. WPOÄG** 19.12.2000 BGBl. 1769 mit Einführung der Qualitätssicherung durch externe Kontrolle (peer review-Verfahren) sowie der Bestellung und Anerkennung von Wirtschaftsprüfungsges durch die WPK. Weitere Änderungen brachten ua das **WPRefG** 1.12.2003 BGBl. 2446 (sog. **5. WPO-Novelle** mit zahlreichen Änderungen, ua zu Prüfungsverfahren und -gebieten, Zulassungs- und Prüfungszuständigkeit der Wirtschaftsprüferkammer statt bei den Ländern sowie bessere Sanktionskompetenzen der Wirtschaftsprüferkammer als Aufsichtsorgan), das **BilKoG** 15.12.2004 BGBl. 3408 (§ 43a IV Nr. 4) und das **APAG** 27.12.2004

BGBl. 3846 (sog. **6. WPO-Novelle,** ua §§ 55b, 57a, 57e, 57f, 59a, 60, § 61a, § 66a). Das APAG bringt neben der Weiterentwicklung des Qualitätskontrollverfahrens nach §§ 57a ff. WPO vor allem eine öffentliche, fachbezogene, berufsstandsunabhängige Aufsicht (public oversight board, vgl. PCAOB in den USA) durch eine neue „Abschlussprüferaufsichtskommission" (**APAK,** „nicht rechtsfähige Personengemeinschaft sui generis", keine Verwaltungsakte, sondern zivilrechtliche Tätigkeit, so RegE zu § 66a WPO), die unterhalb der Rechtsaufsicht durch das Ministerium (§ 66 WPO) und oberhalb der Wirtschaftsprüferkammer (§ 4 WPO, Selbstverwaltung, zugleich mittelbare Staatsverwaltung als Körperschaft des öffentlichen Rechts) steht (RegE) und ggü. WP-Kammer weisungsbefugt ist. § 55b WPO stellt die Berufspflicht zur Einführung eines internen Qualitätssicherungssystems klar (→ Rn. 4). Zur Abschlussprüferreform einschneidend **BilReG** 4.12.2004 BGBl. 3166 → HGB Einl. v. § 316 Rn. 2. 9. ZustAnpV 31.10.2006 BGBl. I 2407. 2. JuMoG 23.12.2006 BGBl. I 3416. Das Berufsaufsichtsreformgesetz (**BARefG, 7. WPO-Novelle**) 3.9.2007 BGBl. I 2178 hat wichtige berufsrechtliche Änderungen gebracht. Weitere Änderungen erfolgten durch das G zur Neuregelung des Verbots der Vereinbarung von Erfolgshonoraren 12.6.2008 BGBl. I 1000 (§§ 55, 55a WPO) und das **BilMoG 2009** 25.5.2009 BGBl. I 1102. Die Aufsicht über Abschlussprüfer wurde den geänderten Rahmenbedingungen und den Erwartungen der Öffentlichkeit angepasst: Ausweitung der Ermittlungs- und Sanktionskompetenz der WP-Kammer (Möglichkeit zur anlassunabhängigen und stichprobenartigen Sonderuntersuchung); keine Berufung auf Verschwiegenheitspflicht zur Aussageverweigerung (nur bei Gefahr der Selbstbelastung). Die Gesetze 17.7.2009 BGBl. I 2091, 2.12.2011 BGBl. I 1746 und 22.12.2010 BGBl. I 2248, ber. 4.2.2011 BGBl. I 223 betreffen hier nicht abgedruckte Bestimmungen. Wachsenden Einfluss auf die Ordnung der Wirtschaftsprüfung erlangen die **International Standards on Auditing (ISA)** des International Auditing and Assurance Standards Board (IAASB), deren Übernahme in EU-Recht derzeit geprüft wird.

10   **Verabschiedete EU-Reform 2014:** Reform der **AbschlussprüfungsRL** (AbschlussprüfungsänderungsRL 16.4.2014 ABl. L 158, 196 ff.) enthält unter anderem einen erweiterten Begriff der Abschlussprüfung, einen europäischen Pass, das Bestehen auf einer „kritischen Grundhaltung", Vorgaben zur internen Organisation und Arbeitsorganisation, Prüfung und Bestätigungsvermerk gemäß den internationalen Prüfungsstandards und Erleichterungen für kleine und mittlere Unternehmen, sofern diese nicht Unternehmen von öffentlichem Interesse sind. Probleme liegen jedoch in der AbschlussprüfungsVO (EU) 537/2014 v. 16.4.2014 ABl. L 158, 77, ber. ABl. L 170, 66. Hier wurden die Anforderungen an die Abschlussprüfung bei Unternehmen von öffentlichem Interesse (public interest companies, PIE: kapitalmarktorientierte Unternehmen, Kreditinstitute, Versicherungen) ganz erheblich verschärft, so zB zur externen Rotation. Die EU-Kommission scheute aber vor der gänzlichen Harmonisierung der Abschlussprüferhaftung zurück, stattdessen hat die Abschlussprüferreform 2014 die verwaltungsrechtlichen Untersuchungen und Sanktionen ganz erheblich ausgebaut. (AbschlussprüfungsRL Art. 30 ff. idF 2014, Einl. zu EU-Reform insgesamt → HGB Einl. v. § 316 Rn. 7).

11   Die EU-Reform der Aufsicht über die Abschlussprüfer wird in Deutschland durch das **Gesetz zur Umsetzung und Ausführung der aufsichts- und berufsrechtlichen Regelungen der EU-Abschlussprüfungsreform (APA-ReG)** vom 31.3.2016 (BGBl. I 518) und für die WPO als **8. WPO-Novelle** umgesetzt, das am 17.6.2016 in Kraft trat. Das Gesetz strebte im Wesentlichen eine 1:1 Umsetzung der Richtlinie 2014/56/EU des Europäischen Parlaments und des Rates vom 16.4.2014 zur Änderung der Richtlinie 2006/43/EG über Abschlussprüfungen von Jahresabschlüssen und konsolidierten Abschlüssen (ABl. 2014 L 158, 196) sowie der Ausführung der unmittelbar anwendbaren

Verordnung (EU) Nr. 537/2014 des Europäischen Parlaments und des Rates vom 16.4.2014 über spezifische Anforderungen an die Abschlussprüfung bei Unternehmen von öffentlichem Interesse und zur Aufhebung des Beschlusses 2005/ 909/EG der Kommission (ABl. 2014 L 158, 77) an (Begr. zum RegE). **Lit.** Niemann/Farr DStR 2016, 1231.

Die Aufsicht wurde durch das APAReG 2016 neu strukturiert und gestärkt; 12 gleichzeitig wurden Regelungen des Berufsrechts (WPO) unter weitestmöglichem Erhalt der beruflichen Selbstverwaltung angepasst. Ziel: Stärkung des Vertrauens der Anleger in die Ordnungsgemäßheit und Zuverlässigkeit der Unternehmensabschlüsse; Erhöhung der Wirksamkeit und Transparenz der Aufsicht. Führung der Aufsicht durch berufsstandsunabhängige und selbständige **Abschlussprüferaufsichtsstelle** beim Bundesamt für Wirtschaft und Ausfuhrkontrolle (BAFA), wobei durch weitestmögliche gesetzliche (§ 613a BGB) Übernahme des Personals der APAK Kontinuität gewahrt wurde. Ein Teil der Aufgaben wurde auf Selbstverwaltung der Wirtschaftsprüfer in der WP-Kammer übertragen. Weitere Änderungen betraffen teils berufsrechtliche Lockerungen, etwa zugunsten eur. Rechtsformen (§ 27 I WPO), Erleichterungen für kleinere und mittelgroße Prüferpraxen eine Neustrukturierung der berufsaufsichtsrechtlichen Maßnahmen und Berufsgerichtsbarkeit (§ 68 WPO), so können etwa Sanktionen auch gegen Prüfgesellschaften verhängt werden und führen bereits Berufspflichtverstöße, die bei einer Qualitätskontrolle festgestellt werden, zu berufsaufsichtlichen Verfahren und Sanktionen. Es gelten insgesamt strenge Vorgaben für Qualitätssicherungssystem, Unabhängigkeitsanforderungen an Abschlussprüfer und Dokumentationspflichten. Für vereidigte Buchprüfer wurde die Möglichkeit zur verkürzten Prüfung zum Wirtschaftsprüfer wiedereingeführt (§ 13a WPO). **Lit.** Kilian ZGR 2004, 189; Marten/Köhler WPg 2005, 145 (APAK); Brinkmann/Spieß WPg 2006, 395 u. 668 (ISA); IDW IDW-FN 2007, 430 (BARefG); Wiechers StuB 2007, 687 (BARefG); Naumann/Hamat WPg 2007, 901 (BARefG); Ernst/Seidler ZGR 2008, 631 (BilMoG); Petersen/Zwirner WPg 2008, 967 (BilMoG); Henssler/Deckenbrock DB 2008, 41 (RDG); Petersen/Zwirner StuB 2008, 50; Fölsing WPg 2008, 931; Heininger WPg 2008, 535; Petersen/Zwirner KoR 2009, 44; Köhler/Merkt/Böhm, Evaluation of the Possible Adoption of International Standards on Auditing (ISAs) in the EU, URL: http://duepublico.uni-duisburg-essen.de/servlets/DocumentServlet?id=21502, 2009; Naumann/Feld WPg 2013, 641; zu ISA: Merkt ZGR 2015, 215. Speziell zur EU-Reform und deren Umsetzung: Hopt/Hennrichs/Böcking/Gros/W. Doralt ZGR 2015, 186 ff.; Blöink BB 2015, 1067; Velte WPg 2015, 482, DAV-Handelsrechtsausschuss NZG 2015, 752; Lanfermann/Maul BB 2015, 1003; Lücke/Stöbener/Giesler BB 2015, 1578; IDW Positionspapiere v. 16.4.2014 u. 25.6.2015; IDW Stellungnahme zum RegE APAReG v. 17.9.2015; Merkt ZHR 179 (2015), 601 (Reform 2014). **Lit.** Boecker/Zwirner DStR 2016, 90 (APAReG).

Weitere Änderungen erfolgten durch G zur Neuregelung des Schutzes von 13 Geschäftsgeheimnissen bei der Mitwirkung Dritter an der Berufsausübung vom 30.10.2017 (BGBl. I 3618) hinsichtlich der bei der Verschwiegenheitsverpflichtung von den WP beschäftigten Personen einzuhaltenden Formerfordernisse (§§ 50, 50a). Durch G zur Umsetzung der VerhältnismäßigkeitsRL (RL (EU) 2018/958) im Bereich öffentlich rechtlicher Körperschaften vom 19.6.2020 (BGBl. I 1403) wurden die Kompetenzen der WPK bei Erlass von Rechts- und Verwaltungsvorschriften, die die Aufnahme oder Ausübung eines reglementierten Berufs oder einer bestimmten Art der Ausübung beschränken, an die Vorgaben der RL angepasst (§§ 57, 57c) und klargestellt, welche Tätigkeiten in der Wirtschaftsprüferkammer ehrenamtlich ausgeübt werden können (§ 59b).

Mit dem **FISG** (→ HGB Einl. v. § 1 Rn. 25a; vor § 316 Rn. 15a); **Über-** 14 **gangsrecht** in (1) EGHGB Art. 86) wurden die Regeln zur Abschlussprüfung und zur Bilanzkontrolle reformiert. §§ 342b ff. HGB wurden aufgehoben und das dualistische Kontrollsystem aus privater Prüfstelle und BaFin abgeschafft. Fortan ist ausschließlich die BaFin zuständig. Die Unabhängigkeit der Abschlussprüfer wurde gestärkt, indem die Höchstlaufzeiten für Mandate auf 10 Jahre begrenzt worden sind und strengere Regeln zum Verbot der Nicht-Prüfungsleistungen ins Gesetz aufgenommen wurden. Schließlich wurde die Prüferhaftung verschärft. Diese Regelungen machten Folgeänderungen in der WPO erforderlich. Die meisten Änderungen resultieren aus der Aufhebung des § 319a HGB auf und der Neuregelung des § 316a HGB (vgl. §§ 43, 51b, 55b, 57a, 57e, 57h, 62b, 64, 66a, 66c, 68, 71, 131). Weil die Haftungshöchstsummen in § 323 HGB geändert worden sind, musste auch § 54 HGB zur Berufshaftpflichtversicherung angepasst werden (→ vgl. dazu RegE, BT-Drucks, 19/26966 S. 121 ff.). Die wichtigsten Änderungen der WPO durch das **FISG** betreffen die §§ 43 IV und IV; 64 VI; 66c, 68c, 69. In **§ 43 IV** wurden die **berufsrechtlichen Pflichten** der WP neu kodifiziert und dabei insb. eine kritische Grundhaltung der WPs gefordert. In **§ 43 VI** ist nunmehr eine Pflicht zur **internen Rotation** spätestens nach 5 Jahren geregelt (→ § 43 Rn. 1 f.). § 64 regelt Rechte und Pflichten der Aufsichtsbehörden (WPK und über den Verweis in § 66b I 2 auch APAS) über die Wirtschaftsprüfer. Bisher durften die Aufsichtsbehörden auf Grund von strafbewehrten Verschwiegenheitspflichten auch auf Anfragen hin keine Auskünfte zu konkreten berufsaufsichtlichen Verfahren geben. Im Interesse einer größeren Transparenz der Tätigkeit dieser Aufsichtsbehörde wurde in **§ 64 VI** nun eine **Ausnahme von der Verschwiegenheitspflicht** für Auskünfte zum Verfahrensstand auch über noch laufende berufsaufsichtliche Verfahren aufgenommen. In Fällen von öffentlichem Interesse, die mögliche Pflichtverletzungen im Zusammenhang mit gesetzlichen Abschlussprüfungen betreffen, sollen Aufsichtsbehörden in die Lage versetzt werden, auf Anfrage Auskünfte über die Einleitung eines berufsaufsichtlichen Verfahrens und den Fortgang des Verfahrens zu geben. In **§ 66c I 1** wurde für die APAS sogar eine **Pflicht zur Informationsübermittlung** eingeführt: Soweit es zur Erfüllung der jeweiligen Aufgaben der in § 66c I aufgeführten Stellen erforderlich ist, hat die APAS diesen Stellen vertrauliche Informationen zu übermitteln. Zugleich wird in § 66c I 1 eine neue Regelung zur Übermittlung vertraulicher Informationen durch die APAS an die Strafverfolgungsbehörden eingefügt. **§ 68 I 2 Nr. 2,** wonach als berufsaufsichtliche Maßnahmen **Geldbußen** bis zu 500 000 Euro verhängt werden können, wurde durch Regelung ergänzt, wonach bei berufsaufsichtlichen Maßnahmen gegen eine WP-Ges Geldbußen bis zu 1 Mio. € verhängt werden können. in **§ 69 I** wird als weitere Sanktion das sog. **Naming und Shaming** zugelassen, vgl. insg. BT-Drucks. 19/29879 S. 178 ff.

15 Punktuelle Änderungen sind zuletzt durch G zur Modernisierung des notariellen Berufsrechts und zur Änd. weiterer Vorschriften vom 25.6.21 (BGBl. I 2154) vorgenommen worden, das ua der Vereinheitlichung der Verhältnisse von bei Kammern Tätigen zum Gegenstand hat. Die Änderungen betreffen insbesondere: Einführung der amtl. Abkürzung „WPO", Aussetzung des **Bestellungsverfahrens** bei laufendem Strafverfahren (§ 16b), Angleichung der **Verschwiegenheitspflichten** der für die WPK Tätigen an diejenigen der Berufsangehörigen (§§ 59c, 64), **Veröffentlichungspflicht** bzgl. RL zu Amtspflichten und Berufsordnung (§§ 57, 57c) Führung von **Mitgliederakten** (§ 58a). **Lit.** Jahn Wpg 2021, 1507.

16 Weiter reichende Neuerungen (§§ 27, 34, 36a, 43a, 44b, 57, 58, 59c, 68, 69a, 70 (neu), 82b, 99 (aufg.), 105, 107a, 126, 126a (neu)) erfährt die WPO **mWv 1.8.2022** durch G zur Neuregelung des Berufsrechts der anwaltlichen und steuerberatenden Berufsausübungsgesellschaften sowie zur Änd. weiterer Vorschriften im Bereich der rechtsberatenden Berufe vom 7.7.21 (BGBl. I 2363), das im Nachgang zur Rspr. des BVerfG NJW 2016, 700; NJW 2014, 613 das Berufs-

II. Handelsbücher und Bilanzen **2 WPO (2a)**

recht für anwaltliche, patentanwaltliche und steuerberatende Berufsausübungsgesellschaften umfassend reformiert und vereinheitlicht. **Lit.** Günther GRUR-Prax 2021, 191; Henssler NJW 2021, 503; Markworth ZRP 2021, 6 (RefE).

Zuletzt Änderung (§ 55a) durch G zur Förderung verbrauchergerechter Angebote im Rechtsdienstleistungsmarkt v. 10.8.2021 (BGBl. I 3415) **mWv 1.10.2021.** Künftige Änderungen **mWv 1.1.2024** durch MoPeG v. 10.8.2021 (BGBl. I 3436), die Gegenstand der Folgeauflage sein werden. 17

C. Inhalt und Aufbau: Erster Teil: Allgemeine Vorschriften §§ 1–4b. Zweiter Teil: Voraussetzungen für die Berufsausübung §§ 5–42. Dritter Teil: Rechte und Pflichten der Wirtschaftsprüfer §§ 43–56. Vierter Teil: Organisation des Berufs §§ 57–61. Fünfter Teil: Berufsaufsicht §§ 61a–71. Sechster Teil: Berufsgerichtsbarkeit §§ 71a–127. Siebenter Teil: Vereidigte Buchprüfer und Buchprüfungsgesellschaften §§ 128–130. Achter Teil: EU- und EWR-Abschlussprüfungsgesellschaften §§ 131–131b. Neunter Teil: Eignungsprüfung als Wirtschaftsprüfer §§ 131g–131n. Zehnter Teil: Straf- und Bußgeldvorschriften §§ 132–133e. Elfter Teil: Übergangs- und Schlussvorschriften §§ 134–141. Anlage: Gebührenverzeichnis. 18

Erster Teil. Allgemeine Vorschriften

Wirtschaftsprüfer und Wirtschaftsprüfungsgesellschaften

WPO 1 (1) ¹Wirtschaftsprüfer oder Wirtschaftsprüferinnen (Berufsangehörige) sind Personen, die als solche öffentlich bestellt sind. ²Die Bestellung setzt den Nachweis der persönlichen und fachlichen Eignung im Zulassungs- und staatlichen Prüfungsverfahren voraus.

(2) ¹Der Wirtschaftsprüfer übt einen freien Beruf aus. ²Seine Tätigkeit ist kein Gewerbe.

(3) ¹Wirtschaftsprüfungsgesellschaften bedürfen der Anerkennung. ²Die Anerkennung setzt den Nachweis voraus, daß die Gesellschaft von Wirtschaftsprüfern verantwortlich geführt wird.

Inhalt der Tätigkeit

WPO 2 (1) Wirtschaftsprüfer haben die berufliche Aufgabe, betriebswirtschaftliche Prüfungen, insbesondere solche von Jahresabschlüssen wirtschaftlicher Unternehmen, durchzuführen und Bestätigungsvermerke über die Vornahme und das Ergebnis solcher Prüfungen zu erteilen.

(2) Wirtschaftsprüfer sind befugt, ihre Auftraggeber in steuerlichen Angelegenheiten nach Maßgabe der bestehenden Vorschriften zu beraten und zu vertreten.

(3) Wirtschaftsprüfer sind weiter nach Maßgabe der bestehenden Vorschriften befugt
1. unter Berufung auf ihren Berufseid auf den Gebieten der wirtschaftlichen Betriebsführung als Sachverständige aufzutreten;
2. in wirtschaftlichen Angelegenheiten zu beraten und fremde Interessen zu wahren;
3. zur treuhänderischen Verwaltung.

Merkt

Berufliche Niederlassung

WPO 3 (1) ¹Berufsangehörige müssen unmittelbar nach der Bestellung eine berufliche Niederlassung begründen und eine solche unterhalten; wird die Niederlassung in einem Staat begründet, der nicht Mitgliedstaat der Europäischen Union oder Vertragsstaat des Abkommens über den europäischen Wirtschaftsraum (Drittstaat) oder die Schweiz ist, muss eine zustellungsfähige Anschrift im Inland unterhalten werden. ²Berufliche Niederlassung eines Berufsangehörigen ist die Praxis, von der aus er seinen Beruf überwiegend ausübt.

(2) Bei Wirtschaftsprüfungsgesellschaften ist Sitz der Hauptniederlassung der Verwaltungssitz der Gesellschaft.

(3) Berufsangehörige und Wirtschaftsprüfungsgesellschaften dürfen Zweigniederlassungen nach den Vorschriften dieses Gesetzes begründen.

Zweiter Teil. Voraussetzungen für die Berufsausübung

Fünfter Abschnitt. Wirtschaftsprüfungsgesellschaften

Rechtsform

WPO 27 (1) Europäische Gesellschaften, Gesellschaften nach deutschem Recht oder Gesellschaften in einer nach dem Recht eines Mitgliedstaats der Europäischen Union oder eines Vertragsstaats des Abkommens über den Europäischen Wirtschaftsraum zulässigen Rechtsform können nach Maßgabe der Vorschriften dieses Abschnitts als Wirtschaftsprüfungsgesellschaften anerkannt werden.

(2) Offene Handelsgesellschaften und Kommanditgesellschaften können als Wirtschaftsprüfungsgesellschaften anerkannt werden, wenn sie wegen ihrer Treuhandtätigkeit als Handelsgesellschaften in das Handelsregister eingetragen worden sind.

Dritter Teil. Rechte und Pflichten der Wirtschaftsprüfer

Allgemeine Berufspflichten

WPO 43 (1) ¹Berufsangehörige haben ihren Beruf unabhängig, gewissenhaft, verschwiegen und eigenverantwortlich auszuüben. ²Sie haben sich insbesondere bei der Erstattung von Prüfungsberichten und Gutachten unparteiisch zu verhalten.

(2) ¹Berufsangehörige haben sich jeder Tätigkeit zu enthalten, die mit ihrem Beruf oder mit dem Ansehen des Berufs unvereinbar ist. ²Sie haben sich der besonderen Berufspflichten bewusst zu sein, die ihnen aus der Befugnis erwachsen, gesetzlich vorgeschriebene Bestätigungsvermerke zu erteilen. ³Sie haben sich auch außerhalb der Berufstätigkeit des Vertrauens und der Achtung würdig zu erweisen, die der Beruf erfordert. ⁴Sie sind verpflichtet, sich fortzubilden.

(3) ¹Wer Abschlussprüfer eines Unternehmens von öffentlichem Interesse nach § 316a Satz 2 des Handelsgesetzbuchs war oder wer als verantwortlicher Prüfungspartner im Sinne der Sätze 3 oder 4 bei der Abschlussprüfung eines solchen Unternehmens tätig war, darf dort innerhalb von zwei Jahren nach der Beendigung der Prüfungstätigkeit keine wichtige Führungstätigkeit aus-

II. Handelsbücher und Bilanzen   **43 WPO (2a)**

üben und nicht Mitglied des Aufsichtsrats, des Prüfungsausschusses des Aufsichtsrats oder des Verwaltungsrats sein. ²Satz 1 gilt mit der Maßgabe, dass die Frist ein Jahr beträgt, entsprechend für

1. Personen, die als Abschlussprüfer oder verantwortliche Prüfungspartner gesetzliche Abschlussprüfungen eines sonstigen Unternehmens durchgeführt haben,
2. Partner und Mitarbeiter des Abschlussprüfers, die zwar nicht selbst als Abschlussprüfer oder verantwortlicher Prüfungspartner tätig, aber unmittelbar am Prüfungsauftrag beteiligt waren und die als Wirtschaftsprüfer, vereidigter Buchprüfer oder EU- oder EWR-Abschlussprüfer zugelassen sind, und
3. alle anderen Berufsangehörigen, vereidigten Buchprüfer oder EU- oder EWR-Abschlussprüfer, deren Leistungen der Abschlussprüfer des Unternehmens in Anspruch nehmen oder kontrollieren kann und die unmittelbar am Prüfungsauftrag beteiligt waren.

³Verantwortlicher Prüfungspartner ist, wer den Bestätigungsvermerk nach § 322 des Handelsgesetzbuchs unterzeichnet oder als Wirtschaftsprüfer von einer Wirtschaftsprüfungsgesellschaft als für die Durchführung einer Abschlussprüfung vorrangig verantwortlich bestimmt worden ist. ⁴Als verantwortlicher Prüfungspartner gilt auf Konzernebene auch, wer als Wirtschaftsprüfer auf der Ebene bedeutender Tochterunternehmen als für die Durchführung von deren Abschlussprüfung vorrangig verantwortlich bestimmt worden ist.

(4) ¹Berufsangehörige haben während der gesamten Prüfung eine kritische Grundhaltung zu wahren. ²Dazu gehört es,

1. Angaben zu hinterfragen,
2. ungeachtet ihrer bisherigen Erfahrung mit der Aufrichtigkeit und Integrität des Führungspersonals des geprüften Unternehmens und der mit der Unternehmensüberwachung betrauten Personen die Möglichkeit in Betracht zu ziehen, dass es auf Grund von Sachverhalten oder Verhaltensweisen, die auf Unregelmäßigkeiten wie Betrug oder Unrichtigkeiten hindeuten, zu einer wesentlichen falschen Darstellung gekommen sein könnte,
3. auf Gegebenheiten zu achten, die auf eine falsche Darstellung hindeuten könnten, und
4. die Prüfungsnachweise kritisch zu beurteilen.

³Ihre kritische Grundhaltung haben Berufsangehörige insbesondere bei der Beurteilung der Schätzungen des Unternehmens in Bezug auf Zeitwertangaben, Wertminderungen von Vermögensgegenständen, Rückstellungen und künftige Cashflows, die für die Beurteilung der Fähigkeit des Unternehmens zur Fortführung der Unternehmenstätigkeit von Bedeutung sind, beizubehalten.

(5) Berufsangehörige haben bei der Durchführung von Abschlussprüfungen ausreichend Zeit für den Auftrag aufzuwenden und die zur angemessenen Wahrnehmung der Aufgaben erforderlichen Mittel, insbesondere – soweit erforderlich – Personal mit den notwendigen Kenntnissen und Fähigkeiten, einzusetzen.

(6) ¹Wirtschaftsprüfungsgesellschaften haben darüber hinaus bei Durchführung der Abschlussprüfung

1. den verantwortlichen Prüfungspartner insbesondere anhand der Kriterien der Prüfungsqualität, Unabhängigkeit und Kompetenz auszuwählen,
2. dem verantwortlichen Prüfungspartner die zur angemessenen Wahrnehmung der Aufgaben erforderlichen Mittel, insbesondere Personal mit den notwendigen Kenntnissen und Fähigkeiten, zur Verfügung zu stellen und

3. den verantwortlichen Prüfungspartner aktiv an der Durchführung der Abschlussprüfung zu beteiligen.

²Die für die Durchführung einer gesetzlichen Abschlussprüfung bei einem Unternehmen von öffentlichem Interesse nach § 316a Satz 2 des Handelsgesetzbuchs verantwortlichen Prüfungspartner beenden ihre Teilnahme an der Abschlussprüfung des geprüften Unternehmens abweichend von Artikel 17 Absatz 7 Unterabsatz 1 Satz 1 der Verordnung (EU) Nr. 537/2014 des Europäischen Parlaments und des Rates vom 16. April 2014 über spezifische Anforderungen an die Abschlussprüfung bei Untenehmen von öffentlichem Interesse und zur Aufhebung des Beschlusses 2005/909/EG der Kommission (ABl. L 158 vom 27.5.2014, S. 77; L 170 vom 11.6.2014, S. 66) spätestens fünf Jahre nach dem Datum ihrer Bestellung.

1 Norm regelt allgemeine Berufspflichten. Größere Reform durch **FISG (Übergangsrecht (1) EGHGB**, Art. 86). Insbesondere wurden die Regelungen zur **kritischen Grundhaltung** der Wirtschaftsprüfer in **IV** um weitere Formulierungen ergänzt. Sie lehnen sich eng an Artikel 21 Absatz 2 der Richtlinie 2006/43/EG des Europäischen Parlaments und des Rates vom 17. Mai 2006 über Abschlussprüfungen von Jahresabschlüssen und konsolidierten Abschlüssen, zur Änderung der Richtlinien 78/660/EWG und 83/349/EWG des Rates und zur Aufhebung der Richtlinie 84/253/EWG des Rates (ABl. L 157 vom 9.9.2006, S. 87), die zuletzt durch die Richtlinie 2014/56/EU (ABl. L 158 vom 27.5.2014, S. 196) geändert worden ist, an.

Mit der Ergänzung wurde zum einen die zentrale Bedeutung der kritischen Grundhaltung als Teil der Unabhängigkeit und Unbefangenheit des Wirtschaftsprüfers für die Tätigkeit von Wirtschaftsprüfern betont. Zum anderen wurde verdeutlicht, dass auch dann, wenn der Wirtschaftsprüfer bereits seit mehreren Jahren als gesetzlicher Abschlussprüfer eines Unternehmens dieses Unternehmen geprüft und dabei keine negativen Erfahrungen mit den Unternehmensverantwortlichen gemacht hat, er trotzdem weiterhin – ebenso wie bei einem neuen Mandanten – die kritische Grundhaltung bewahren muss. Insbesondere müssen Wirtschaftsprüfer immer damit rechnen, dass in dem zu prüfenden Jahres- oder Konzernabschluss oder in anderen zu prüfenden Unterlagen unrichtige Darstellungen enthalten sind, die beispielsweise auf Betrug oder auf irrtümlichen Fehlern beruhen können. Diese berufsrechtliche Regelung konkretisiert und ergänzt die Vorgaben der handelsrechtlichen Prüfungsgrundsätze für gesetzliche Abschlussprüfungen nach § 317 I 3 HGB, wonach die Abschlussprüfung so anzulegen ist, dass Unrichtigkeiten und Verstöße bei gewissenhafter Berufsausübung erkannt werden. Ferner führt die Regelung Beispiele für solche Schätzungen des Unternehmens auf, bei denen die kritische Grundhaltung von besonderer Bedeutung ist. Die nunmehr umfassendere Beschreibung der kritischen Grundhaltung in § 43 Absatz 4 war bisher schon in den Erläuterungen der Berufssatzung für Wirtschaftsprüfer und vereidigte Buchprüfer enthalten. Sie wurde nunmehr auf gesetzlicher Ebene geregelt, um ihre zentrale Bedeutung deutlicher zu machen, vgl. BT-Drucks. 19/29879 S. 178 f.

2 **VI** wurde durch FISG (Übergangsrecht (1) EGHGB Art. 86) um eine **Regelung zur internen Rotation von Wirtschaftsprüfern,** die gesetzliche Abschlussprüfungen bei Unternehmen von öffentlichem Interesse nach § 316a Satz 2 HGB durchführen, ergänzt. **V I** regelt die Auswahl des verantwortlichen Prüfungspartners durch die als Abschlussprüfer bestellte Wirtschaftsprüfungsgesellschaft sowie seine Ausstattung mit den erforderlichen Mitteln und seine aktive Beteiligung an der Durchführung der Abschlussprüfung. Hieran schließt sich seit dem **FISG** eine Regelung zur **Auswechslung** des verantwortlichen Prüfungspartner spätestens **fünf Jahre nach seiner Bestellung** an. Damit weicht der Gesetzgeber von Art. 17 VII Unterabsatz 1 Satz 1 der AbschlussprüferVO ab.

II. Handelsbücher und Bilanzen 43a WPO (2a)

Danach musste bisher eine interne Rotation nach sieben Jahren erfolgen. Mit der Verkürzung auf fünf Jahre hat der Gesetzgeber von einer in Artikel 17 VII Unterabsatz 2 AbschlussprüferVO vorgesehenen Mitgliedstaatenoption Gebrauch gemacht, weswegen eine entsprechende ausdrückliche Regelung erforderlich war. Die **interne Rotation** des innerhalb der WP-Ges bestellten verantwortlichen Prüfungspartners nach fünf Jahren **ergänzt** die in Art. 17 I Unterabsatz 2 der AbschlussprüferVO enthaltene und in Deutschland unmittelbar anwendbare Regelung zur **externen Rotation** der als gesetzlicher Abschlussprüfer eines Unternehmens von öffentlichem Interesse bestellten WP-Ges nach zehn Jahren. Durch den Wechsel des konkret mit der Prüfung des Unternehmens von öffentlichem Interesse betrauten verantwortlichen Prüfungspartners bereits nach fünf Jahren und damit nach der Hälfte der Zeit, für die die WP-Ges höchstens als gesetzlicher Abschlussprüfer des Unternehmens bestellt sein kann, soll der Gefahr einer zu großen Nähe und Vertrautheit zwischen dem verantwortlichen Prüfungspartner und dem geprüften Unternehmen entgegengewirkt und die Unabhängigkeit des Abschlussprüfers gestärkt werden. Die weiteren für die interne Rotation geltenden Regelungen der AbschlussprüferVO unmittelbar, vgl. BT-Drucks. 19/29879 S. 178 f.

Regeln der Berufsausübung

WPO 43a (1) Berufsangehörige üben ihren Beruf aus

1. in eigener Praxis oder in gemeinsamer Berufsausübung gemäß § 44b,
2. als Vorstandsmitglieder, Geschäftsführer, persönlich haftende oder nach dem Partnerschaftsgesellschaftsgesetz verbundene Personen von Wirtschaftsprüfungsgesellschaften,
3. als zeichnungsberechtigte Vertreter oder zeichnungsberechtigte Angestellte bei Berufsangehörigen, Wirtschaftsprüfungsgesellschaften, Personengesellschaften nach § 44b Absatz 1, EU- oder EWR-Abschlussprüfern, EU- oder EWR-Abschlussprüfungsgesellschaften, genossenschaftlichen Prüfungsverbänden, Prüfungsstellen von Sparkassen- und Giroverbänden oder überörtlichen Prüfungseinrichtungen für Körperschaften und Anstalten des öffentlichen Rechts,
4. als Vorstandsmitglieder, Geschäftsführer, persönlich haftende oder nach dem Partnerschaftsgesellschaftsgesetz verbundene Personen einer Buchprüfungsgesellschaft, einer Berufsausübungsgesellschaft nach der Bundesrechtsanwaltsordnung oder einer Berufsausübungsgesellschaft nach dem Steuerberatungsgesetz,
5. als zeichnungsberechtigte Vertreter oder zeichnungsberechtigte Angestellte bei einem Angehörigen eines ausländischen Prüferberufs oder einer ausländischen Prüfungsgesellschaft oder als gesetzliche Vertreter oder Mitglieder des zur gesetzlichen Vertretung berufenen Organs einer ausländischen Prüfungsgesellschaft, wenn die Voraussetzungen für deren Berufsausübung den Vorschriften dieses Gesetzes im Wesentlichen entsprechen,
6. als gesetzliche Vertreter oder Mitglieder des zur gesetzlichen Vertretung berufenen Organs einer ausländischen Rechtsberatungsgesellschaft oder Steuerberatungsgesellschaft, wenn die Voraussetzungen für deren Berufsausübung den Vorschriften der Bundesrechtsanwaltsordnung oder des Steuerberatungsgesetzes im Wesentlichen entsprechen,
7. als Angestellte der Wirtschaftsprüferkammer,
8. als Angestellte des Bundesamts für Wirtschaft und Ausfuhrkontrolle, soweit es sich um eine Tätigkeit bei der Abschlussprüferaufsichtsstelle handelt,

9. als Angestellte einer
   a) nach § 342 Absatz 1 des Handelsgesetzbuchs vom Bundesministerium der Justiz und für Verbraucherschutz durch Vertrag anerkannten Einrichtung oder
   b) nicht gewerblich tätigen Personenvereinigung,
      aa) deren ordentliche Mitglieder Berufsangehörige, Wirtschaftsprüfungsgesellschaften, vereidigte Buchprüfer oder Buchprüfungsgesellschaften oder Personen oder Personengesellschaften sind, die die Voraussetzungen des § 44b Absatz 2 Satz 1 erfüllen,
      bb) deren ausschließlicher Zweck die Vertretung der beruflichen Belange der Wirtschaftsprüfer oder vereidigten Buchprüfer ist und
      cc) in der Berufsangehörige, Wirtschaftsprüfungsgesellschaften, vereidigte Buchprüfer oder Buchprüfungsgesellschaften die Mehrheit haben,
10. als Angestellte der Bundesanstalt für Finanzdienstleistungsaufsicht, wenn es sich um eine Tätigkeit
    a) nach Abschnitt 16 des Wertpapierhandelsgesetzes oder
    b) zur Vorbereitung, Durchführung und Analyse von Prüfungen bei einem von einer Aufsichtsbehörde beaufsichtigten Unternehmen handelt, oder
11. als Angestellte eines Prüfungsverbands nach § 26 Absatz 2 des Gesetzes über das Kreditwesen.

(2) Vereinbar mit dem Beruf des Wirtschaftsprüfers ist
1. die Ausübung eines freien Berufs auf dem Gebiet der Technik und des Rechtswesens sowie eines Berufs, mit dem die gemeinsame Berufsausübung im Sinne des § 44b zulässig ist,
2. die Tätigkeit als Lehrer oder wissenschaftlicher Mitarbeiter an wissenschaftlichen Instituten oder Hochschulen,
3. die Tätigkeit als Geschäftsführer einer Europäischen wirtschaftlichen Interessenvereinigung, deren Mitglieder ausschließlich Personen sind, mit denen die gemeinsame Berufsausübung im Sinne des § 44b zulässig ist,
4. die Durchführung von Lehr- und Vortragsveranstaltungen zur Vorbereitung auf die Prüfungen zum Wirtschaftsprüfer, zum vereidigten Buchprüfer oder zum Steuerberater sowie zur Fortbildung der Mitglieder der Wirtschaftsprüferkammer und
5. die freie schriftstellerische, wissenschaftliche und künstlerische Tätigkeit sowie die freie Vortragstätigkeit.

(3) [1] Berufsangehörige dürfen keine der folgenden Tätigkeiten ausüben:
1. gewerbliche Tätigkeiten;
2. Tätigkeiten in einem Anstellungsverhältnis mit Ausnahme der in den Absätzen 1 und 2 genannten Fälle;
3. Tätigkeiten in einem Beamtenverhältnis oder einem nicht ehrenamtlich ausgeübten Richterverhältnis mit Ausnahme des in Absatz 2 Nummer 2 genannten Falls; § 44a bleibt unberührt.

[2] Auf Antrag kann die Wirtschaftsprüferkammer Berufsangehörigen genehmigen, eine Tätigkeit nach Satz 1 auszuüben, wenn diese einer der Tätigkeiten nach Absatz 1 oder 2 vergleichbar ist und durch die Tätigkeit das Vertrauen in die Einhaltung der Berufspflichten nicht gefährdet werden kann. [3] Auf Antrag kann die Wirtschaftsprüferkammer die Eingehung eines außerberuflichen Anstellungsverhältnisses vorübergehend genehmigen, wenn es der Übernahme einer Notgeschäftsführung oder der Sanierung einer gewerblichen Gesellschaft dient.

II. Handelsbücher und Bilanzen   44b WPO (2a)

Eigenverantwortliche Tätigkeit

WPO 44 (1) ¹Eine eigenverantwortliche Tätigkeit übt nicht aus, wer sich als zeichnungsberechtigter Vertreter oder als zeichnungsberechtigter Angestellter an Weisungen zu halten hat, die ihn verpflichten, Prüfungsberichte und Gutachten auch dann zu unterzeichnen, wenn ihr Inhalt sich mit seiner Überzeugung nicht deckt. ²Weisungen, die solche Verpflichtungen enthalten, sind unzulässig. ³Anteilseigner einer Wirtschaftsprüfungsgesellschaft und Mitglieder der Verwaltungs-, Leitungs- und Aufsichtsorgane dieser oder einer verbundenen Wirtschaftsprüfungsgesellschaft dürfen auf die Durchführung von Abschlussprüfungen nicht in einer Weise Einfluss nehmen, die die Unabhängigkeit der verantwortlichen Berufsangehörigen beeinträchtigt.

(2) Die Eigenverantwortlichkeit wird nicht schon dadurch ausgeschlossen, daß für gesetzliche Vertreter von Wirtschaftsprüfungsgesellschaften und für bei Wirtschaftsprüfern oder Wirtschaftsprüfungsgesellschaften angestellte Wirtschaftsprüfer eine Mitzeichnung durch einen anderen Wirtschaftsprüfer oder bei genossenschaftlichen Prüfungsverbänden, Prüfungsstellen von Sparkassen- und Giroverbänden oder überörtlichen Prüfungseinrichtungen für Körperschaften und Anstalten des öffentlichen Rechts durch einen zeichnungsberechtigten Vertreter des Prüfungsverbandes, der Prüfungsstelle oder der Prüfungseinrichtung vereinbart ist.

Wirtschaftsprüfer im öffentlich-rechtlichen Dienst- oder Amtsverhältnis

WPO 44a ¹Ist ein Wirtschaftsprüfer ein öffentlich-rechtliches Dienstverhältnis als Wahlbeamter auf Zeit oder ein öffentlich-rechtliches Amtsverhältnis eingegangen, so darf er seinen Beruf als Wirtschaftsprüfer nicht ausüben, es sei denn, daß er die ihm übertragene Aufgabe ehrenamtlich wahrnimmt. ²Die Wirtschaftsprüferkammer kann dem Wirtschaftsprüfer auf seinen Antrag einen Vertreter bestellen oder ihm gestatten, seinen Beruf selbst auszuüben, wenn die Einhaltung der allgemeinen Berufspflichten dadurch nicht gefährdet wird.

Gemeinsame Berufsausübung

WPO 44b (1) ¹Wirtschaftsprüfer dürfen ihren Beruf mit natürlichen und juristischen Personen sowie mit Personengesellschaften, die der Berufsaufsicht einer Berufskammer eines freien Berufes im Geltungsbereich dieses Gesetzes unterliegen und ein Zeugnisverweigerungsrecht nach § 53 Abs. 1 Satz 1 Nr. 3 der Strafprozeßordnung haben, örtlich und überörtlich in Personengesellschaften gemeinsam ausüben.

(2) ¹Eine gemeinsame Berufsausübung mit natürlichen und juristischen Personen sowie mit Personengesellschaften, die in einem ausländischen Staat als sachverständige Prüfer ermächtigt oder bestellt sind, ist zulässig, wenn die Voraussetzungen für ihre Ermächtigung oder Bestellung den Vorschriften dieses Gesetzes im wesentlichen entsprechen und sie in dem ausländischen Staat ihren Beruf gemeinsam mit Wirtschaftsprüfern ausüben dürfen. ²Eine gemeinsame Berufsausübung ist weiter zulässig mit Rechtsanwälten, Patentanwälten und Steuerberatern anderer Staaten, wenn diese einen nach Ausbildung und Befugnissen der Bundesrechtsanwaltsordnung, der Patentanwaltsordnung oder dem Steuerberatungsgesetz entsprechenden Beruf ausüben und mit Rechtsanwälten, Patentanwälten oder Steuerberatern im

Geltungsbereich dieses Gesetzes ihren Beruf ausüben dürfen. ³ Absatz 1 Satz 2 und 3 gilt entsprechend.

(3) ¹ Die Wirtschaftsprüferkammer hat ein Einsichtsrecht in die Verträge über die gemeinsame Berufsausübung. ² Erforderliche Auskünfte sind auf Verlangen zu erteilen.

(4) Berufsangehörige dürfen ihren Beruf in Personengesellschaften mit Personen im Sinne von Absatz 1 Satz 1, die selbst nicht als Berufsangehörige oder als vereidigte Buchprüfer oder vereidigte Buchprüferin bestellt oder als Wirtschaftsprüfungsgesellschaft oder Buchprüfungsgesellschaft anerkannt sind, nur dann gemeinsam ausüben, wenn sie der Wirtschaftsprüferkammer bei Aufnahme einer solchen Tätigkeit nachweisen, dass ihnen auch bei gesamtschuldnerischer Inanspruchnahme der nach § 54 vorgeschriebene Versicherungsschutz für jeden Versicherungsfall uneingeschränkt zur Verfügung steht.

(5) Wirtschaftsprüfer haben die gemeinsame Berufsausübung unverzüglich zu beenden, wenn sie auf Grund des Verhaltens eines Mitglieds der Personengesellschaft ihren beruflichen Pflichten nicht mehr uneingeschränkt nachkommen können.

(6) Wird eine gemeinsame Berufsausübung im Sinne des Absatzes 1 kundgemacht, sind die Vorschriften der Absätze 4 und 5 entsprechend anzuwenden.

Prokuristen

WPO 45 ¹ Wirtschaftsprüfer sollen als Angestellte von Wirtschaftsprüfungsgesellschaften die Rechtsstellung von Prokuristen haben. ² Angestellte Wirtschaftsprüfer gelten als leitende Angestellte im Sinne des § 5 Abs. 3 des Betriebsverfassungsgesetzes.

Beurlaubung

WPO 46 (1) Wirtschaftsprüfer, die vorübergehend eine mit dem Beruf unvereinbare Tätigkeit aufnehmen oder aufgrund besonderer Umstände, insbesondere um Kinder zu erziehen oder Angehörige zu pflegen, nicht den Beruf des Wirtschaftsprüfers ausüben wollen, können auf Antrag von der Wirtschaftsprüfertätigkeit beurlaubt werden.

(2) ¹ Sie dürfen während der Zeit ihrer Beurlaubung die Tätigkeit als Wirtschaftsprüfer nicht ausüben. ² Die Gesamtzeit der Beurlaubung soll fünf aufeinanderfolgende Jahre nicht überschreiten.

Zweigniederlassungen

WPO 47 ¹ Zweigniederlassungen müssen jeweils von wenigstens einem Berufsangehörigen oder EU- oder EWR-Abschlussprüfer geleitet werden, der seine berufliche Niederlassung am Ort der Zweigniederlassung hat. ² Für Zweigniederlassungen von in eigener Praxis tätigen Berufsangehörigen kann die Wirtschaftsprüferkammer Ausnahmen zulassen.

Siegel

WPO 48 (1) ¹ Wirtschaftsprüfer und Wirtschaftsprüfungsgesellschaften sind verpflichtet, ein Siegel zu benutzen, wenn sie Erklärungen abgeben, die den Berufsangehörigen gesetzlich vorbehalten sind. ² Sie können ein Siegel führen, wenn sie in ihrer Berufseigenschaft Erklärungen über Prüfungsergebnisse abgeben oder Gutachten erstatten.

II. Handelsbücher und Bilanzen **50a WPO (2a)**

(2) Die Wirtschaftsprüferkammer trifft im Rahmen der Berufssatzung die näheren Bestimmungen über die Gestaltung des Siegels und die Führung des Siegels.

Versagung der Tätigkeit

WPO 49 Der Wirtschaftsprüfer hat seine Tätigkeit zu versagen, wenn sie für eine pflichtwidrige Handlung in Anspruch genommen werden soll oder die Besorgnis der Befangenheit bei der Durchführung eines Auftrages besteht.

Verschwiegenheitspflicht der Gehilfen

WPO 50 [1] Der Wirtschaftsprüfer hat die von ihm beschäftigten Personen in Textform zur Verschwiegenheit zu verpflichten und sie dabei über die strafrechtlichen Folgen einer Pflichtverletzung zu belehren. [2] Zudem hat er bei ihnen in geeigneter Weise auf die Einhaltung der Verschwiegenheitspflicht hinzuwirken. [3] Den von dem Wirtschaftsprüfer beschäftigten Personen stehen die Personen gleich, die im Rahmen einer berufsvorbereitenden Tätigkeit oder einer sonstigen Hilfstätigkeit an seiner beruflichen Tätigkeit mitwirken. [4] Satz 1 gilt nicht für angestellte Personen, die im Hinblick auf die Verschwiegenheitspflicht den gleichen Anforderungen wie der Wirtschaftsprüfer unterliegen. [5] Hat sich ein Wirtschaftsprüfer mit anderen Personen, die im Hinblick auf die Verschwiegenheitspflicht den gleichen Anforderungen unterliegen wie er, zur gemeinschaftlichen Berufsausübung zusammengeschlossen und besteht zu den beschäftigten Personen ein einheitliches Beschäftigungsverhältnis, so genügt auch der Nachweis, dass eine andere dieser Personen die Verpflichtung nach Satz 1 vorgenommen hat.

Inanspruchnahme von Dienstleistungen

WPO 50a (1) [1] Der Wirtschaftsprüfer darf Dienstleistern den Zugang zu Tatsachen eröffnen, auf die sich die Verpflichtung zur Verschwiegenheit gemäß § 43 bezieht, soweit dies für die Inanspruchnahme der Dienstleistung erforderlich ist. [2] Dienstleister ist eine andere Person oder Stelle, die vom Wirtschaftsprüfer im Rahmen seiner Berufsausübung mit Dienstleistungen beauftragt wird.

(2) [1] Der Wirtschaftsprüfer ist verpflichtet, den Dienstleister sorgfältig auszuwählen. [2] Die Zusammenarbeit muss unverzüglich beendet werden, wenn die Einhaltung der dem Dienstleister gemäß Absatz 3 zu machenden Vorgaben nicht gewährleistet ist.

(3) [1] Der Vertrag mit dem Dienstleister bedarf der Textform. [2] In ihm ist

1. der Dienstleister unter Belehrung über die strafrechtlichen Folgen einer Pflichtverletzung zur Verschwiegenheit zu verpflichten,
2. der Dienstleister zu verpflichten, sich nur insoweit Kenntnis von fremden Geheimnissen zu verschaffen, als dies zur Vertragserfüllung erforderlich ist, und
3. festzulegen, ob der Dienstleister befugt ist, weitere Personen zur Erfüllung des Vertrags heranzuziehen; für diesen Fall ist dem Dienstleister aufzuerlegen, diese Personen in Textform zur Verschwiegenheit zu verpflichten.

(4) Bei der Inanspruchnahme von Dienstleistungen, die im Ausland erbracht werden, darf der Wirtschaftsprüfer dem Dienstleister den Zugang zu

fremden Geheimnissen unbeschadet der übrigen Voraussetzungen dieser Vorschrift nur dann eröffnen, wenn der dort bestehende Schutz der Geheimnisse dem Schutz im Inland vergleichbar ist, es sei denn, dass der Schutz der Geheimnisse dies nicht gebietet.

(5) Bei der Inanspruchnahme von Dienstleistungen, die unmittelbar einem einzelnen Mandat dienen, darf der Wirtschaftsprüfer dem Dienstleister den Zugang zu fremden Geheimnissen nur dann eröffnen, wenn der Mandant darin eingewilligt hat.

(6) Die Absätze 2 und 3 gelten auch im Fall der Inanspruchnahme von Dienstleistungen, in die der Mandant eingewilligt hat, sofern der Mandant nicht ausdrücklich auf die Einhaltung der in den Absätzen 2 und 3 genannten Anforderungen verzichtet hat.

(7) [1]Die Absätze 1 bis 6 gelten nicht, soweit Dienstleistungen aufgrund besonderer gesetzlicher Vorschriften in Anspruch genommen werden. [2]Absatz 3 Satz 2 gilt nicht, soweit der Dienstleister hinsichtlich der zu erbringenden Dienstleistung gesetzlich zur Verschwiegenheit verpflichtet ist.

(8) Die Vorschriften zum Schutz personenbezogener Daten bleiben unberührt.

Mitteilung der Ablehnung eines Auftrages

WPO 51 [1]Der Wirtschaftsprüfer, der einen Auftrag nicht annehmen will, hat die Ablehnung unverzüglich zu erklären. [2]Er hat den Schaden zu ersetzen, der aus einer schuldhaften Verzögerung dieser Erklärung entsteht.

Pflicht zur Übernahme der Beratungshilfe

WPO 51a [1]Wirtschaftsprüfer und vereidigte Buchprüfer sind verpflichtet, die in dem Beratungshilfegesetz vorgesehene Beratungshilfe zu übernehmen. [2]Sie können die Beratungshilfe im Einzelfall aus wichtigem Grund ablehnen.

Handakten

WPO 51b (1) Berufsangehörige müssen durch Anlegung von Handakten ein zutreffendes Bild über die von ihnen entfaltete Tätigkeit geben können.

(2) [1]Berufsangehörige haben ihre Handakten für die Dauer von zehn Jahren nach Beendigung des Auftrags aufzubewahren. [2]Diese Verpflichtung erlischt jedoch schon vor Beendigung dieses Zeitraums, wenn die Berufsangehörigen ihre Auftraggeber aufgefordert haben, die Handakten in Empfang zu nehmen, und die Auftraggeber dieser Aufforderung binnen sechs Monaten, nachdem sie sie erhalten haben, nicht nachgekommen sind.

(3) [1]Berufsangehörige können ihren Auftraggebern die Herausgabe der Handakten verweigern, bis sie wegen ihrer Vergütung und Auslagen befriedigt sind. [2]Dies gilt nicht, soweit die Vorenthaltung der Handakten oder einzelner Schriftstücke nach den Umständen unangemessen wäre.

(4) Handakten im Sinne der Absätze 2 und 3 sind nur solche Schriftstücke, die Berufsangehörige aus Anlass ihrer beruflichen Tätigkeit von ihren Auftraggebern oder für diese erhalten haben, nicht aber die Briefwechsel zwischen den Berufsangehörigen und ihren Auftraggebern, die Schriftstücke, die

II. Handelsbücher und Bilanzen **52 WPO (2a)**

die Auftraggeber bereits in Urschrift oder Abschrift erhalten haben, sowie die zu internen Zwecken gefertigten Arbeitspapiere.

(5) ¹Bei gesetzlichen Abschlussprüfungen nach § 316 des Handelsgesetzbuchs ist für jede Abschlussprüfung eine Handakte nach Absatz 1 (Prüfungsakte) anzulegen, die spätestens 60 Tage nach Unterzeichnung des Bestätigungsvermerks im Sinne der des § 322 des Handelsgesetzbuchs zu schließen ist. ²Berufsangehörige haben in der Prüfungsakte auch zu dokumentieren,

1. ob sie die Anforderungen an ihre Unabhängigkeit im Sinne des § 319 Absatz 2 bis 5 des Handelsgesetzbuchs erfüllen, ob ihre Unabhängigkeit gefährdende Umstände vorliegen und welche Schutzmaßnahmen sie gegebenenfalls zur Verminderung dieser Gefahren ergriffen haben,
2. ob sie über die Zeit, das Personal und die sonstigen Mittel verfügen, die nach § 43 Absatz 5 zur angemessenen Durchführung der Abschlussprüfung erforderlich sind,
3. wenn sie den Rat externer Sachverständiger einholen, die entsprechenden Anfragen und die erhaltenen Antworten.

³Wirtschaftsprüfungsgesellschaften haben darüber hinaus den verantwortlichen Prüfungspartner zu benennen und zu dokumentieren, dass dieser nach dem Zweiten oder Neunten Teil zugelassen ist. ⁴Die Berufsangehörigen haben alle Informationen und Unterlagen aufzubewahren, die zur Begründung des Bestätigungsvermerks im Sinne des § 322 des Handelsgesetzbuchs, des Prüfungsberichts im Sinne des § 321 des Handelsgesetzbuchs oder zur Kontrolle der Einhaltung von Berufspflichten von Bedeutung sind oder die schriftliche Beschwerden über die Durchführung der Abschlussprüfungen beinhalten. ⁵Die Dokumentationspflichten nach den Artikeln 6 bis 8 der Verordnung (EU) Nr. 537/2014 in der jeweils geltenden Fassung und die Aufbewahrungspflicht nach Artikel 15 der Verordnung (EU) Nr. 537/2014 bleiben unberührt.

(6) ¹Berufsangehörige, die eine Konzernabschlussprüfung durchführen, haben der Wirtschaftsprüferkammer auf deren schriftliche oder elektronische Aufforderung die Unterlagen über die Arbeit von Drittstaatsprüfern und Drittstaatsprüfungsgesellschaften, die in den Konzernabschluss einbezogene Tochterunternehmen prüfen, zu übergeben, soweit diese nicht gemäß § 134 Absatz 1 eingetragen sind und keine Vereinbarung zur Zusammenarbeit gemäß § 57 Absatz 9 Satz 5 Nummer 3 besteht. ²Erhalten Berufsangehörige keinen Zugang zu den Unterlagen über die Arbeit von Drittstaatsprüfern und Drittstaatsprüfungsgesellschaften, so haben sie den Versuch ihrer Erlangung und die Hindernisse zu dokumentieren und der Wirtschaftsprüferkammer auf deren schriftliche oder elektronische Aufforderung die Gründe dafür mitzuteilen.

(7) ¹Die Absätze 1 bis 6 gelten entsprechend, soweit sich Berufsangehörige zum Führen von Handakten der elektronischen Datenverarbeitung bedienen. ²In anderen Gesetzen getroffene Regelungen über die Pflichten zur Aufbewahrung von Geschäftsunterlagen bleiben unberührt.

Werbung

WPO 52 Werbung ist zulässig, es sei denn, sie ist unlauter.

Wechsel des Auftraggebers

WPO 53 Berufsangehörige dürfen keine widerstreitenden Interessen vertreten; sie dürfen insbesondere in einer Sache, in der sie oder eine Person oder eine Personengesellschaft, mit der sie ihren Beruf gemeinsam ausüben, bereits tätig waren, für andere Auftraggebende nur tätig werden, wenn die bisherigen und die neuen Auftraggebenden einverstanden sind.

Berufshaftpflichtversicherung

WPO 54 (1) ¹Berufsangehörige, die ihren Beruf nach § 43a Absatz 1 Nummer 1 ausüben, und Wirtschaftsprüfungsgesellschaften sind verpflichtet, eine Berufshaftpflichtversicherung zur Deckung der sich aus ihrer Berufstätigkeit ergebenden Haftpflichtgefahren für Vermögensschäden zu unterhalten. ²Die Berufshaftpflichtversicherung einer Partnerschaft mit beschränkter Berufshaftung nach § 8 Absatz 4 des Partnerschaftsgesellschaftsgesetzes, die nicht selbst als Wirtschaftsprüfungsgesellschaft zugelassen ist, muss die Haftpflichtgefahren für Vermögensschäden decken, die sich aus ihrer Berufstätigkeit im Sinne der §§ 2 oder 129 ergeben. ³Die Versicherung muss sich auch auf solche Vermögensschäden erstrecken, für die ein Berufsangehöriger nach den §§ 278 oder 831 des Bürgerlichen Gesetzbuchs einzustehen hat.

(2) ¹Der Versicherungsvertrag muss vorsehen, dass Versicherungsschutz für jede einzelne während der Geltung des Versicherungsvertrages begangene Pflichtverletzung zu gewähren ist, die gesetzliche Haftpflichtansprüche privatrechtlichen Inhalts gegen den Versicherungsnehmer zur Folge haben könnte. ²Der Versicherungsvertrag kann vorsehen, dass die Versicherungssumme den Höchstbetrag der dem Versicherer in jedem einzelnen Schadensfall obliegenden Leistung darstellt, und zwar mit der Maßgabe, dass nur eine einmalige Leistung der Versicherungssumme in Frage kommt
1. gegenüber mehreren entschädigungspflichtigen Personen, auf welche sich der Versicherungsschutz erstreckt,
2. bezüglich eines aus mehreren Pflichtverletzungen stammenden einheitlichen Schadens,
3. bezüglich sämtlicher Folgen einer Pflichtverletzung ohne Rücksicht darauf, ob Schäden in einem oder in mehreren aufeinanderfolgenden Jahren entstanden sind.

³Im Fall des Satzes 2 Nummer 3 gilt mehrfaches auf gleicher oder gleichartiger Fehlerquelle beruhendes Tun oder Unterlassen als einheitliche Pflichtverletzung, wenn die betreffenden Angelegenheiten miteinander in rechtlichem oder wirtschaftlichem Zusammenhang stehen. ⁴In diesem Fall kann die Leistung des Versicherers auf das Fünffache der Mindestversicherungssumme nach Absatz 4 Satz 1 begrenzt werden, soweit es sich nicht um gesetzlich vorgeschriebene Pflichtprüfungen handelt.

(3) Von der Versicherung kann der Versicherungsschutz ausgeschlossen werden für
1. Ersatzansprüche wegen wissentlicher Pflichtverletzung,
2. Ersatzansprüche wegen Schäden, die durch Fehlbeträge bei der Kassenführung, durch Pflichtverletzungen beim Zahlungsakt oder durch Veruntreuung durch das Personal des Versicherungsnehmers entstehen,
3. Ersatzansprüche, die vor Gerichten in Drittstaaten geltend gemacht werden, und

4. Ersatzansprüche wegen Verletzung oder Nichtbeachtung des Rechts von Drittstaaten, soweit die Ansprüche nicht bei der das Abgabenrecht dieser Staaten betreffenden geschäftsmäßigen Hilfeleistung in Steuersachen entstehen und soweit das den Ersatzansprüchen zugrunde liegende Auftragsverhältnis zwischen Versicherungsnehmer und Auftraggeber nicht deutschem Recht unterliegt.

(4) ¹Die Mindestversicherungssumme für den einzelnen Versicherungsfall beträgt 1 Million Euro. ²Die Leistungen des Versicherers für alle innerhalb eines Versicherungsjahres verursachten Schäden können bei Berufsangehörigen auf den vierfachen Betrag der Mindestversicherungssumme begrenzt werden. ³Bei Wirtschaftsprüfungsgesellschaften können die Leistungen des Versicherers für alle innerhalb eines Versicherungsjahres verursachten Schäden auf den Betrag der Mindestversicherungssumme, vervielfacht mit der Zahl der Gesellschafter, der Partner und der Geschäftsführer, die nicht Gesellschafter sind, begrenzt werden, wobei sich die Jahreshöchstleistung jedoch mindestens auf den vierfachen Betrag der Mindestversicherungssumme belaufen muss. ⁴Die Vereinbarung eines Selbstbehalts bis zur Höhe von 1 Prozent der Mindestversicherungssumme ist zulässig. ⁵Zuständige Stelle im Sinne des § 117 Absatz 2 des Versicherungsvertragsgesetzes ist die Wirtschaftsprüferkammer.

(5) **Die Wirtschaftsprüferkammer erteilt Dritten zur Geltendmachung von Schadensersatzansprüchen auf Antrag Auskunft über den Namen, die Adresse und die Versicherungsnummer der Berufshaftpflichtversicherung der Berufsangehörigen, der Wirtschaftsprüfungsgesellschaften oder der Partnerschaften mit beschränkter Berufshaftung, soweit diese kein überwiegendes schutzwürdiges Interesse an der Nichterteilung der Auskunft haben.**

(6) **Die Wirtschaftsprüferkammer trifft im Rahmen der Berufssatzung die näheren Bestimmungen über den Versicherungsinhalt, den Versicherungsnachweis, das Anzeigeverfahren und die Überwachung der Versicherungspflicht.**

Durch das **FISG** (→ Einl. Vor. § 1 HGB Rn. 25a; vor § 316 Rn. 15a); (Übergangsrecht in (1) EGHGB Art 85) wurde § 323 HGB reformiert und Haftung des Abschlussprüfers verschärft. Hierdurch wurden Anpassungen bei den Regeln zur Berufshaftpflicht notwendig. Diese wurden in IV umgesetzt. 1

Bisher hat sich die Mindestversicherungssumme an die in § 323 II 1 HGB genannten Höchstgrenzen angelehnt. Nunmehr setzt **IV** eine fixe Mindestversicherungssumme von 1 Mio fest. Dieser Betrag entspricht der bisher in § 323 II 1 HGB vorgesehenen Haftungshöchstgrenze. Damit soll ein übermäßiger Anstieg der Mindestversicherungssumme und damit der Versicherungsprämien für die Berufshaftpflichtversicherung auf Grund der Anhebung der Haftungshöchstgrenzen nach § 323 II 1 Nr. 1 bis 3 HGB vermieden werden. Ein solcher Anstieg der Mindestversicherungssumme wäre insbesondere für solche kleinen und mittleren Wirtschaftsprüferpraxen unangemessen gewesen, die keine gesetzlichen Abschlussprüfungen durchführen und bei denen daher der Haftungsfall nach § 323 I HGB nicht eintreten kann. Zum anderen soll die Abkopplung eine Auseinanderentwicklung der für Wirtschaftsprüfer einerseits und für die verwandten Berufe der Steuerberater und Rechtsanwälte andererseits geltenden Regelungen zur Haftpflichtversicherung vermeiden. 2

Für die geprüften Unternehmen bedeutet die Festlegung einer Mindestversicherungssumme von 1 Mio. keine Verschlechterung gegenüber der bislang geltenden Rechtslage. Der Grund: die Deckungssumme von einer Million Euro entspricht dem bisherigen Betrag und das Unternehmen hat zusätzlich – wegen der Anhebung der Haftungshöchstgrenzen in § 323 II 1 Nr. 1 bis 3 HGB – einen 3

Merkt

höheren Haftungsanspruch gegen den gesetzlichen Abschlussprüfer. Im Übrigen halten viele Wirtschaftsprüferpraxen einen über die Mindestversicherungssumme deutlich hinausgehenden, am jeweiligen Risiko orientierten höheren Versicherungsschutz vor. Die Regelung in § 54a I WPO zur vertraglichen Begrenzung von Ersatzansprüchen durch schriftliche Vereinbarung oder durch vorformulierte Vertragsbedingungen, die auf die Mindestversicherungssumme nach § 54 IV 1 WPO verweist, bleibt unverändert. Auch insofern soll durch die Abkopplung der Mindestversicherungssumme von der in § 323 II 1 HGB festgelegten Haftungshöchstgrenze ein übermäßiger Anstieg der notwendigen Deckungssumme vermieden werden, damit die Möglichkeit der Haftungsbeschränkung durch vertragliche Vereinbarung in der Praxis weiterhin genutzt werden kann.

4 IV 2 und 3 sehen die Möglichkeit für Versicherer vor, die Mindestversicherungssumme auf eine bestimmte Anzahl von Versicherungsfällen im Jahr zu begrenzen und durch diese Jahresmaximierung das Risiko besser kalkulierbar zu machen. Die Regelungen zur Berufshaftpflichtversicherung der Wirtschaftsprüfer werden damit an die Regelungen in den Berufsrechten der Rechtsanwälte, Patentanwälte und Steuerberater angepasst.

Vertragliche Begrenzung von Ersatzansprüchen

WPO 54a (1) **Der Anspruch der Auftraggeber aus den zwischen ihnen und den Berufsangehörigen bestehenden Vertragsverhältnissen auf Ersatz eines fahrlässig verursachten Schadens kann beschränkt werden**
1. **durch schriftliche Vereinbarung im Einzelfall bis zur Mindesthöhe der Deckungssumme nach § 54 Absatz 4 Satz 1 oder**
2. **durch vorformulierte Vertragsbedingungen auf den vierfachen Betrag der Mindesthöhe der Deckungssumme nach § 54 Absatz 4 Satz 1, wenn insoweit Versicherungsschutz besteht.**

(2) Die persönliche Haftung von Mitgliedern einer Personengesellschaft (§ 44b) auf Schadensersatz kann auch durch vorformulierte Vertragsbedingungen auf einzelne namentlich bezeichnete Mitglieder der Personengesellschaft beschränkt werden, die die vertragliche Leistung erbringen sollen.

(3) Werden im Rahmen der gesetzlichen Abschlussprüfung Prüfungstätigkeiten durch Berufsangehörige auf Dritte übertragen, so bleibt die Pflichtenstellung der Berufsangehörigen gegenüber ihren Auftraggebern hiervon unberührt.

Vergütung

WPO 55 (1) [1] Unbeschadet des Artikels 4 der Verordnung (EU) Nr. 537/2014 dürfen Berufsangehörige für Tätigkeiten nach § 2 Abs. 1 und 3 Nr. 1 und 3 keine Vereinbarung schließen, durch welche die Höhe der Vergütung vom Ergebnis ihrer Tätigkeit als Wirtschaftsprüfer abhängig gemacht wird. [2] Für Tätigkeiten nach § 2 Abs. 2 gilt dies, soweit § 55a nichts anderes bestimmt. [3] Die Vergütung für gesetzlich vorgeschriebene Abschlussprüfungen darf über Satz 1 hinaus nicht an weitere Bedingungen geknüpft sein und sie darf auch nicht von der Erbringung zusätzlicher Leistungen für das geprüfte Unternehmen beeinflusst oder bestimmt sein. [4] Satz 3 gilt entsprechend für die Vergütung oder Leistungsbewertung von Personen, die an der Abschlussprüfung beteiligt sind oder auf andere Weise in der Lage sind, das Ergebnis der Abschlussprüfung zu beeinflussen. [5] Besteht zwischen der erbrachten Leistung und der vereinbarten Vergütung ein erhebliches Missverhältnis, muss der Wirtschaftsprüferkammer oder der Abschlussprüferaufsichtsstelle auf Verlangen nachgewiesen werden können, dass für die Prüfung eine angemessene Zeit aufgewandt und qualifiziertes Personal eingesetzt wurde.

(2) Die Abgabe und Entgegennahme eines Teils der Vergütung oder sonstiger Vorteile für die Vermittlung von Aufträgen, gleichviel ob im Verhältnis zu Berufsangehörigen oder Dritten, ist unzulässig.

(3) [1] Die Abtretung von Vergütungsforderungen oder die Übertragung ihrer Einziehung an Berufsangehörige, an Berufsgesellschaften oder an Berufsausübungsgemeinschaften ist auch ohne Zustimmung der auftraggebenden Person zulässig; diese sind in gleicher Weise zur Verschwiegenheit verpflichtet wie die beauftragte Person. [2] Satz 1 gilt auch bei einer Abtretung oder Übertragung an Berufsangehörige anderer freier Berufe, die einer entsprechenden gesetzlichen Verschwiegenheitspflicht unterliegen. [3] Die Abtretung von Vergütungsforderungen oder die Übertragung ihrer Einziehung an andere Personen ist entweder bei rechtskräftiger Feststellung der Vergütungsforderung oder mit Zustimmung der auftraggebenden Person zulässig.

Erfolgshonorar für Hilfeleistung in Steuersachen

WPO 55a

(1) [1] Vereinbarungen, durch die eine Vergütung für eine Hilfeleistung in Steuersachen oder ihre Höhe vom Ausgang der Sache oder vom Erfolg der Tätigkeit des Wirtschaftsprüfers abhängig gemacht wird oder nach denen der Wirtschaftsprüfer einen Teil der zu erzielenden Steuerermäßigung, Steuerersparnis oder Steuervergütung als Honorar erhält (Erfolgshonorar), sind unzulässig, soweit nachfolgend nichts anderes bestimmt ist. [2] Vereinbarungen, durch die der Wirtschaftsprüfer sich verpflichtet, Gerichtskosten, Verwaltungskosten oder Kosten anderer Beteiligter zu tragen, sind unzulässig.

(2) Ein Erfolgshonorar darf nur für den Einzelfall und nur dann vereinbart werden, wenn der Auftraggeber aufgrund seiner wirtschaftlichen Verhältnisse bei verständiger Betrachtung ohne die Vereinbarung eines Erfolgshonorars von der Rechtsverfolgung abgehalten würde.

(3) [1] Die Vereinbarung bedarf der Textform. [2] Sie muss als Vergütungsvereinbarung oder in vergleichbarer Weise bezeichnet werden, von anderen Vereinbarungen mit Ausnahme der Auftragserteilung deutlich abgesetzt sein und darf nicht in der Vollmacht enthalten sein. [3] Die Vereinbarung muss enthalten:
1. die erfolgsunabhängige Vergütung, zu der der Wirtschaftsprüfer bereit wäre, den Auftrag zu übernehmen, sowie
2. die Angabe, welche Vergütung bei Eintritt welcher Bedingungen verdient sein soll.

(4) [1] In der Vereinbarung sind außerdem die wesentlichen Gründe anzugeben, die für die Bemessung des Erfolgshonorars bestimmend sind. [2] Ferner ist ein Hinweis aufzunehmen, dass die Vereinbarung keinen Einfluss auf die gegebenenfalls vom Auftraggeber zu zahlenden Gerichtskosten, Verwaltungskosten und die von ihm zu erstattenden Kosten anderer Beteiligter hat.

(5) [1] Aus einer Vergütungsvereinbarung, die nicht den Anforderungen der Absätze 2 und 3 entspricht, erhält der Wirtschaftsprüfer keine höhere als eine nach den Vorschriften des bürgerlichen Rechts bemessene Vergütung. [2] Die Vorschriften des bürgerlichen Rechts über die ungerechtfertigte Bereicherung bleiben unberührt.

Internes Qualitätssicherungssystem

WPO 55b (1) ¹Berufsangehörige haben für ihre Praxis Regelungen zu schaffen, die die Einhaltung ihrer Berufspflichten gewährleisten, und deren Anwendung zu überwachen und durchzusetzen (internes Qualitätssicherungssystem). ²Das interne Qualitätssicherungssystem soll in einem angemessenen Verhältnis zum Umfang und zur Komplexität der beruflichen Tätigkeit stehen. ³Das interne Qualitätssicherungssystem ist zu dokumentieren und den Mitarbeitern der Berufsangehörigen zur Kenntnis zu geben.

(2) ¹Bei Berufsangehörigen, die Abschlussprüfungen nach § 316 des Handelsgesetzbuchs durchführen, haben die Regelungen nach Absatz 1 angemessene Grundsätze und Verfahren zur ordnungsgemäßen Durchführung und Sicherung der Qualität der Abschlussprüfung zu umfassen. ²Dazu gehören zumindest

1. solide Verwaltungs- und Rechnungslegungsverfahren, interne Qualitätssicherungsmechanismen, wirksame Verfahren zur Risikobewertung sowie wirksame Kontroll- und Sicherheitsvorkehrungen für Datenverarbeitungssysteme,
2. Vorkehrungen zum Einsatz angemessener und wirksamer Systeme und Verfahren sowie der zur angemessenen Wahrnehmung der Aufgaben erforderlichen Mittel und des dafür erforderlichen Personals,
3. Grundsätze und Verfahren, die die Einhaltung der Anforderungen an die Eigenverantwortlichkeit des verantwortlichen Abschlussprüfers nach § 44 Absatz 1 Satz 3 dieses Gesetzes und an die Unabhängigkeit nach den §§ 319 und 319b des Handelsgesetzbuchs sowie nach den Artikeln 4 und 5 der Verordnung (EU) Nr. 537/2014 gewährleisten,
4. Grundsätze und Verfahren, die sicherstellen, dass Mitarbeiter sowie sonstige unmittelbar an den Prüfungstätigkeiten beteiligte Personen über angemessene Kenntnisse und Erfahrungen für die ihnen zugewiesenen Aufgaben verfügen sowie fortgebildet, angeleitet und kontrolliert werden,
5. die Führung von Prüfungsakten nach § 51b Absatz 5,
6. organisatorische und administrative Vorkehrungen für den Umgang mit Vorfällen, die die ordnungsmäßige Durchführung der Prüfungstätigkeiten beeinträchtigen können, und für die Dokumentation dieser Vorfälle,
7. Verfahren, die es den Mitarbeitern unter Wahrung der Vertraulichkeit ihrer Identität ermöglichen, potenzielle oder tatsächliche Verstöße gegen die Verordnung (EU) Nr. 537/2014 oder gegen Berufspflichten sowie etwaige strafbare Handlungen oder Ordnungswidrigkeiten innerhalb der Praxis an geeignete Stellen zu berichten,
8. Grundsätze der Vergütung und Gewinnbeteiligung nach § 55 und
9. Grundsätze und Verfahren, die gewährleisten, dass im Fall der Auslagerung wichtiger Prüfungstätigkeiten die interne Qualitätssicherung und die Berufsaufsicht nicht beeinträchtigt werden.

(3) ¹Im Rahmen der Überwachung nach Absatz 1 Satz 1 haben Berufsangehörige, die Abschlussprüfungen nach § 316 des Handelsgesetzbuchs durchführen, das interne Qualitätssicherungssystem zumindest hinsichtlich der Grundsätze und Verfahren für die Abschlussprüfung, für die Fortbildung, Anleitung und Kontrolle der Mitarbeiter sowie für die Handakte einmal jährlich zu bewerten. ²Im Fall von Mängeln des internen Qualitätssicherungssystems haben sie die zu deren Behebung erforderlichen Maßnahmen zu ergreifen. ³Die Berufsangehörigen haben einmal jährlich in einem Bericht zu dokumentieren:

1. die Ergebnisse der Bewertung nach Satz 1,

2. Maßnahmen, die nach Satz 2 ergriffen oder vorgeschlagen wurden,
3. Verstöße gegen Berufspflichten oder gegen die Verordnung (EU) Nr. 537/ 2014, soweit diese nicht nur geringfügig sind, sowie
4. die aus Verstößen nach Nummer 3 erwachsenden Folgen und die zur Behebung der Verstöße ergriffenen Maßnahmen.

(4) Bei Wirtschaftsprüfungsgesellschaften, die gesetzlich vorgeschriebene Abschlussprüfungen durchführen, liegt die Verantwortung für das interne Qualitätssicherungssystem bei Berufsangehörigen, vereidigten Buchprüfern oder vereidigten Buchprüferinnen oder EU- oder EWR-Abschlussprüfern.

Bestellung eines Praxisabwicklers

WPO 55c (1) ¹Ist ein Berufsangehöriger oder eine Berufsangehörige verstorben, kann die Wirtschaftsprüferkammer einen anderen Berufsangehörigen oder eine andere Berufsangehörige zum Abwickler der Praxis bestellen. ²Ein Abwickler kann auch für die Praxis früherer Berufsangehöriger bestellt werden, deren Bestellung erloschen, zurückgenommen oder widerrufen worden ist. ³Die Bestellung erstreckt sich nicht auf Aufträge zur Durchführung gesetzlich vorgeschriebener Abschlussprüfungen nach § 316 des Handelsgesetzbuchs.

(2) ¹Der Abwickler ist in der Regel nicht länger als für die Dauer eines Jahres zu bestellen. ²Auf Antrag des Abwicklers ist die Bestellung jeweils höchstens um ein Jahr zu verlängern, wenn er glaubhaft macht, dass schwebende Angelegenheiten noch nicht zu Ende geführt werden konnten.

(3) ¹Dem Abwickler obliegt es, die schwebenden Angelegenheiten abzuwickeln. ²Er führt die laufenden Aufträge fort; innerhalb der ersten sechs Monate ist er nicht berechtigt, neue Aufträge anzunehmen. ³Ihm stehen die gleichen Befugnisse zu, die die ehemaligen Berufsangehörigen hatten. ⁴Der Abwickler gilt für die schwebenden Angelegenheiten als von der Partei bevollmächtigt, sofern diese nicht für die Wahrnehmung ihrer Rechte in anderer Weise gesorgt hat.

(4) ¹Berufsangehörige, die zum Abwickler bestellt werden sollen, können die Abwicklung nur aus einem wichtigen Grund ablehnen. ²Über die Zulässigkeit der Ablehnung entscheidet die Wirtschaftsprüferkammer.

(5) ¹Dem Abwickler stehen im Rahmen der eigenen Befugnisse die rechtlichen Befugnisse der Berufsangehörigen zu, deren Praxis er abwickelt. ²Der Abwickler wird in eigener Verantwortung, jedoch im Interesse, für Rechnung und auf Kosten der abzuwickelnden Praxis tätig. ³Die §§ 666, 667 und 670 des Bürgerlichen Gesetzbuchs gelten entsprechend.

(6) ¹Der Abwickler ist berechtigt, die Praxisräume zu betreten und die zur Praxis gehörenden Gegenstände einschließlich des den ehemaligen Berufsangehörigen zur Verwahrung unterliegenden Treugutes in Besitz zu nehmen, herauszuverlangen und hierüber zu verfügen. ²An Weisungen der ehemaligen Berufsangehörigen oder deren Erben ist er nicht gebunden. ³Die ehemaligen Berufsangehörigen oder deren Erben dürfen die Tätigkeit des Abwicklers nicht beeinträchtigen. ⁴Die ehemaligen Berufsangehörigen oder deren Erben haben dem Abwickler eine angemessene Vergütung zu zahlen, für die Sicherheit zu leisten ist, wenn die Umstände es erfordern. ⁵Können sich die Beteiligten über die Höhe der Vergütung oder über die Sicherheit nicht einigen oder wird die geschuldete Sicherheit nicht geleistet, setzt der Vorstand der Wirtschaftsprüferkammer auf Antrag der ehemaligen Berufsangehörigen oder deren Erben oder des Abwicklers die Vergütung fest. ⁶Der Abwickler ist befugt, Vorschüsse auf die vereinbarte oder festgesetzte Vergütung zu ent-

nehmen. ⁷Für die festgesetzte Vergütung haftet die Wirtschaftsprüferkammer wie ein Ausfallbürge.

(7) ¹Der Abwickler ist berechtigt, jedoch außer im Rahmen eines Kostenfestsetzungsverfahrens nicht verpflichtet, Gebührenansprüche und Kostenforderungen der ehemaligen Berufsangehörigen im eigenen Namen geltend zu machen, im Falle verstorbener Berufsangehöriger allerdings nur für Rechnung der Erben.

(8) ¹Die Bestellung kann widerrufen werden.

(9) ¹Der Abwickler darf für die Dauer von zwei Jahren nach Ablauf der Bestellung nicht für Auftraggeber tätig werden, die er in seiner Eigenschaft als Abwickler betreut hat, es sei denn, es liegt eine schriftliche Einwilligung der ehemaligen Berufsangehörigen oder deren Erben vor.

Anwendung der Vorschriften über die Rechte und Pflichten der Wirtschaftsprüfer auf Wirtschaftsprüfungsgesellschaften

WPO 56 (1) Die §§ 43, 43a Absatz 2 und 3, §§ 44b, 49 bis 53, 54a und 55 bis 55c gelten sinngemäß für Wirtschaftsprüfungsgesellschaften sowie für Vorstandsmitglieder, Geschäftsführer, Partner und persönlich haftende Gesellschafter einer Wirtschaftsprüfungsgesellschaft, die nicht Wirtschaftsprüfer sind.

(2) Die Mitglieder der durch Gesetz, Satzung oder Gesellschaftsvertrag vorgesehenen Aufsichtsorgane der Gesellschaften sind zur Verschwiegenheit verpflichtet.

(2b) Allgemeine Auftragsbedingungen für Wirtschaftsprüfer und Wirtschaftsprüfungsgesellschaften (AAB-WP)

Vom 1. Januar 2017
IDW-Verlag GmbH 40474 Düsseldorf

Einleitung

Schrifttum

a) Kommentare und Handbücher: S. zunächst allgemeines Schrifttum zum AGB-Recht unter (5) §§ 305–310 BGB Einl vor § 1. – Speziallit Institut der Wirtschaftsprüfer WP Premium: WP Handbuch and Assurance mit Online-Ausgabe 2017. – *Kilian* Wirtschaftsprüfer, in v Westphalen, Vertragsrecht und AGB-Klauselwerke, Bd. 2 (LBl). – *Schmitz/Lorey/Harder* Berufsrecht und Haftung der Wirtschaftsprüfer, 3. Aufl. 2021. – Wirtschaftsprüfer-Kompendium, 3 Bde. 2002 ff. (LBl). – *Wellhöfer/Peltzer/Müller* Die Haftung von Vorstand, Aufsichtsrat, Wirtschaftsprüfer mit GmbH-Geschäftsführer – Handbuch 2008. – WP-HdB, 17. Aufl. 2020. – *Henssler/Gehrlein/Holzinger* HdB der Beraterhaftung, 2018. **b) Einzeldarstellungen und Sonstiges:** *Brandner* ZIP 1984, 1186. – *Bunte* BB 1981, 1064. – *Flies* WPK-Mitt 1992, 49. – *Ekkenga* WM-Sonderbeilage 3/1996. – *Land* Wirtschaftsprüferhaftung gegenüber Dritten 1996 (rechtsvgl). – *Otto/Mittag* WM 1996, 325. – *Weber* NZG 1999, 9. – *Stoffels* ZIP 2016, 2389. – *Dauner-Lieb* ZIP 2019, 1041.

1 Der zwischen Wirtschaftsprüfer bzw. Wirtschaftsprüfungsgesellschaft und Auftraggeber geschlossene Vertrag zur Prüfung des Jahresabschlusses ist idR Geschäftsbesorgungsvertrag mit Dienst- bzw. Werkvertragscharakter (vgl. §§ 675 I, 611 bzw. 631 BGB, → HGB § 318 Rn. 3). Diesem Vertrag werden von Seiten

II. Handelsbücher und Bilanzen 2–4 **Einl AAB-WP (2b)**

der Wirtschaftsprüfer und Wirtschaftsprüfungsgesellschaften üblicherweise die **Allgemeinen Auftragsbedingungen für Wirtschaftsprüfer und Wirtschaftsprüfergesellschaften** (AAB-WP, Stand 1.1.2017) zu Grunde gelegt, die vom Fachausschuss des IDW redigiert werden. Die Verwendung von AGB im Rahmen der Wirtschaftsprüfung ist gemäß **(2a)** WPO § 54a zulässig. Inhaltlich und besonders für die Haftungsbeschränkungen sind die AAB-WP auf die berufsrechtlichen Anforderungen gemäß **(2a)** WPO § 54a I Nr. 2 abgestimmt. Für die Wirksamkeit der Einbeziehung und die Inhaltskontrolle gilt allgemeines AGB-Recht (s. **(5)** BGB §§ 305–310, insbesondere § 308 BGB), Brandner ZIP 1984, 1186; JZ 1985, 757; Hopt FS Pleyer, 1986, 367; Wo/Li/Pf/Stoffels Rechtsanwälte, Steuerberater, Wirtschaftsprüfer R 1 ff.

Der **Inhalt des Vertrages** zwischen Prüfer und Auftraggeber wird durch die 2 AAB-WP in mehrfacher Hinsicht geregelt. Nach **Nr. 2 I** ist Auftragsgegenstand die vereinbarte Leistung und nicht ein bestimmter Erfolg. Diese Zuordnung zum Vertragstyp des **Geschäftsbesorgungsvertrags** mit Dienstvertragscharakter (§§ 675 I, 611 BGB) entspricht grundsätzlich dem Charakter der Wirtschaftsprüfung. Dem werkvertraglichen Element entspricht die Regelung in **Nr. 7 I**, wonach ein verschuldensunabhängiger Anspruch auf **Mängelbeseitigung** durch den Wirtschaftsprüfer gewährt wird und für den Fall des Fehlschlagens weitere Gewährleistungsrechte vorgesehen sind. Ist **abweichend von Nr. 2 I** Vertragsgegenstand die Erstellung eines Gutachtens, hat die Individualabrede Vorrang. **Nr. 2 I** ist wirksam. Als nicht unbedenklich wurden dagegen die Klauseln über den Leistungsumfang angesehen, so die Nichtberücksichtigung ausländischen Rechts außer bei ausdrücklicher schriftlicher Vereinbarung (**Nr. 2 II**) und die Abbedingung jedweder Nachsorgepflicht **(Nr. 2 III),** Ul/Br/He/Schmidt, 10. Aufl. 2006, BGB Anh. § 310 Rn. 1047; zT auch Wo/Li/Pf/Stoffels Rechtsanwälte, Steuerberater, Wirtschaftsprüfer R 13 f. Das erscheint sehr weitgehend, in Rechnung zu stellen ist dabei allerdings der Grundsatz der Auslegung gegen den Verwender (scheinbar kundenfeindlichste Auslegung, **(5)** BGB § 305c II).

Für gesetzlich vorgeschriebene Prüfungen gilt gemäß **Nr. 9 I die Haftungs-** 3 **beschränkung** des § 323 II HGB (1 Mio. Euro, bei Ges. mit Notierung im amtlichen Handel 4 Mio. Euro); die Ausschlussfrist nach **Nr. 9 III 1** i. d. F. vom 1.1.2002 war nichtig und wurde ersatzlos gestrichen; Fristregelung nun in **Nr. 9 VI** (vgl. § 199 BGB), OLG Düsseldorf WM 2009, 1907. Daran an schließt sich in **Nr. 9 II** die Haftungsbeschränkung für Schadensersatzansprüche jeder Art (str. wie hier Dauner-Lieb ZIP 2019, 1041; Henssler/Gehrlein/Holzinger u. a. Kap. 7 Tz. 404 f.; aA Henssler/Ulrich § 54a Rn. 10; Stoffels ZIP 2016, 2389) bei fahrlässig verursachten Einzelschaden auf 4 Mio. Euro gemäß **(2a)** WPO § 54a I Nr. 2. Erfasst werden von **(2a)** WPO § 54a I alle Grade der Fahrlässigkeit, str., zur Diskussion Dauner-Lieb ZIP 2019, 1041. Nach **Nr. 9 V 4** ist die Haftung bei Serienschäden auf 5 Mio. Euro beschränkt. Diese letztere Beschränkung ist von **(2a)** WPO § 54a I Nr. 2 nicht mehr gedeckt und wegen des erheblichen Schadenspotenzials das mit der beruflichen Fehlleistung des Wirtschaftsprüfers verbunden sein kann, besonders bei grober Fahrlässigkeit unangemessen, Otto/Mittag WM 1996, 383; Ul/Br/He/Schmidt, 10. Aufl. 2006, BGB Anh. § 310 Rn. 1052, str., keine Freizeichnung für Verletzung von wesentlichen Vertragspflichten, str., für Wirksamkeit dagegen Wo/Li/Pf/Stoffels Rechtsanwälte, Steuerberater, Wirtschaftsprüfer R 7; Stoffels ZIP 2016, 2389 (Haftungsbegrenzung in WP-AGB); Kilian/Rimkus ZIP 2016, 608 (Verwendung von AGB-WP: Klauselrechtliche Probleme); Esser/Kilian DStR 2017, 564 (Haftungskonzentrationsvereinbarungen).

Von besonderem Interesse ist die Einbeziehung Dritter in die Haftungsrege- 4 lung der AAB-WP. Nach **Nr. 7** idF vom 1.1.2002 haftete der Prüfer gegenüber Dritten nur, wenn er der Weitergabe seiner beruflichen Äußerungen schriftlich zugestimmt hatte. Diese Regelung konnte deliktische oder quasivertragliche An-

Merkt 2097

sprüche nicht und je nachdem solche aus § 328 BGB bzw. aus Vertrag mit drittschützender Wirkung (in den beiden letztgenannten Fällen aber uU Höhenbegrenzung, OLG Düsseldorf NJW-RR 1986, 522) nicht unbedingt verhindern (so zB Bamberger/Roth/Janoschek § 334 Rn. 57; sa BGH AG 2014, 710 (712)); aA wohl OLG Düsseldorf WM 2009, 2375 (näher → HGB § 347 Rn. 38, 38a). Die Kritik an genannter Klausel der AAB-WP führte zu Nr. 1 II 1 idF vom 1.1.2017, wonach Dritte außer im Fall etwaiger vertraglicher Vereinbarungen insbesondere dann Ansprüche gegen Wirtschaftsprüfer und Auftraggeber herleiten können, wenn sich solche aus zwingenden gesetzlichen Regelungen ergeben. Die Beschränkung nach **Nr. 9** ist gegenüber einem Dritten nur wirksam, wenn sie mit dem Dritten wirksam vereinbart wurde, Kilian Rn. 46 mwN. Im Hinblick hierauf erscheint die Wirksamkeit der Regelung in Nr. 1 II 2 idF vom 1.1.2017 zweifelhaft.

Geltungsbereich

AAB-WP 1 (1) **Die Auftragsbedingungen gelten für Verträge zwischen Wirtschaftsprüfern oder Wirtschaftsprüfungsgesellschaften (im Nachstehenden zusammenfassend „Wirtschaftsprüfer" genannt) und ihren Auftraggebern über Prüfungen, Steuerberatung, Beratungen in wirtschaftlichen Angelegenheiten und sonstige Aufträge, soweit nicht etwas anderes ausdrücklich schriftlich vereinbart oder gesetzlich zwingend vorgeschrieben ist.**

(2) **Dritte können nur dann Ansprüche aus dem Vertrag zwischen Wirtschaftsprüfer und Auftraggeber herleiten, wenn dies ausdrücklich vereinbart ist oder sich aus zwingenden gesetzlichen Regelungen ergibt. Im Hinblick auf solche Ansprüche gelten diese Auftragsbedingungen auch diesen Dritten gegenüber.**

Umfang und Ausführung des Auftrags

AAB-WP 2 (1) **Gegenstand des Auftrags ist die vereinbarte Leistung, nicht ein bestimmter wirtschaftlicher Erfolg. Der Auftrag wird nach den Grundsätzen ordnungsmäßiger Berufsausübung ausgeführt. Der Wirtschaftsprüfer übernimmt im Zusammenhang mit seinen Leistungen keine Aufgaben der Geschäftsführung. Der Wirtschaftsprüfer ist für die Nutzung oder Umsetzung der Ergebnisse seiner Leistungen nicht verantwortlich. Der Wirtschaftsprüfer ist berechtigt, sich zur Durchführung des Auftrags sachverständiger Personen zu bedienen.**

(2) **Die Berücksichtigung ausländischen Rechts bedarf – außer bei betriebswirtschaftlichen Prüfungen – der ausdrücklichen schriftlichen Vereinbarung.**

(3) **Ändert sich die Sach- oder Rechtslage nach Abgabe der abschließenden beruflichen Äußerung, so ist der Wirtschaftsprüfer nicht verpflichtet, den Auftraggeber auf Änderungen oder sich daraus ergebende Folgerungen hinzuweisen.**

Mitwirkungspflichten des Auftraggebers

AAB-WP 3 (1) **Der Auftraggeber hat dafür zu sorgen, dass dem Wirtschaftsprüfer alle für die Ausführung des Auftrags notwendigen Unterlagen und weiteren Informationen rechtzeitig übermittelt werden und ihm von allen Vorgängen und Umständen Kenntnis gegeben wird, die für die Ausführung des Auftrags von Bedeutung sein**

II. Handelsbücher und Bilanzen

können. Dies gilt auch für die Unterlagen und weiteren Informationen, Vorgänge und Umstände, die erst während der Tätigkeit des Wirtschaftsprüfers bekannt werden. Der Auftraggeber wird dem Wirtschaftsprüfer geeignete Auskunftspersonen benennen.

(2) Auf Verlangen des Wirtschaftsprüfers hat der Auftraggeber die Vollständigkeit der vorgelegten Unterlagen und der weiteren Informationen sowie der gegebenen Auskünfte und Erklärungen in einer vom Wirtschaftsprüfer formulierten schriftlichen Erklärung zu bestätigen.

Sicherung der Unabhängigkeit

AAB-WP 4 (1) Der Auftraggeber hat alles zu unterlassen, was die Unabhängigkeit der Mitarbeiter des Wirtschaftsprüfers gefährdet. Dies gilt für die Dauer des Auftragsverhältnisses insbesondere für Angebote auf Anstellung oder Übernahme von Organfunktionen und für Angebote, Aufträge auf eigene Rechnung zu übernehmen.

(2) Sollte die Durchführung des Auftrags die Unabhängigkeit des Wirtschaftsprüfers, die der mit ihm verbundenen Unternehmen, seiner Netzwerkunternehmen oder solcher mit ihm assoziierten Unternehmen, auf die die Unabhängigkeitsvorschriften in gleicher Weise Anwendung finden wie auf den Wirtschaftsprüfer, in anderen Auftragsverhältnissen beeinträchtigen, ist der Wirtschaftsprüfer zur außerordentlichen Kündigung des Auftrags berechtigt.

Berichterstattung und mündliche Auskünfte

AAB-WP 5 Soweit der Wirtschaftsprüfer Ergebnisse im Rahmen der Bearbeitung des Auftrags schriftlich darzustellen hat, ist alleine diese schriftliche Darstellung maßgebend. Entwürfe schriftlicher Darstellungen sind unverbindlich. Sofern nicht anders vereinbart, sind mündliche Erklärungen und Auskünfte des Wirtschaftsprüfers nur dann verbindlich, wenn sie schriftlich bestätigt werden. Erklärungen und Auskünfte des Wirtschaftsprüfers außerhalb des erteilten Auftrags sind stets unverbindlich.

Weitergabe einer beruflichen Äußerung des Wirtschaftsprüfers

AAB-WP 6 (1) Die Weitergabe beruflicher Äußerungen des Wirtschaftsprüfers (Arbeitsergebnisse oder Auszüge von Arbeitsergebnissen – sei es im Entwurf oder in der Endfassung) oder die Information über das Tätigwerden des Wirtschaftsprüfers für den Auftraggeber an einen Dritten bedarf der schriftlichen Zustimmung des Wirtschaftsprüfers, es sei denn, der Auftraggeber ist zur Weitergabe oder Information aufgrund eines Gesetzes oder einer behördlichen Anordnung verpflichtet.

(2) Die Verwendung beruflicher Äußerungen des Wirtschaftsprüfers und die Information über das Tätigwerden des Wirtschaftsprüfers für den Auftraggeber zu Werbezwecken durch den Auftraggeber sind unzulässig.

Mängelbeseitigung

AAB-WP 7 (1) Bei etwaigen Mängeln hat der Auftraggeber Anspruch auf Nacherfüllung durch den Wirtschaftsprüfer. Nur bei Fehlschlagen, Unterlassen bzw. unberechtigter Verweigerung, Unzumutbarkeit oder Unmöglichkeit der Nacherfüllung kann er die Vergütung mindern oder vom Vertrag zurücktreten; ist der Auftrag nicht von einem Verbraucher erteilt worden, so kann der Auftraggeber wegen eines Mangels nur dann vom Vertrag zurücktreten, wenn die erbrachte Leistung wegen Fehlschlagens, Unterlassung, Unzumutbarkeit oder Unmöglichkeit der Nacherfüllung für ihn ohne Interesse ist. Soweit darüber hinaus Schadensersatzansprüche bestehen, gilt Nr. 9.

(2) Der Anspruch auf Beseitigung von Mängeln muss vom Auftraggeber unverzüglich in Textform geltend gemacht werden. Ansprüche nach Abs. 1, die nicht auf einer vorsätzlichen Handlung beruhen, verjähren nach Ablauf eines Jahres ab dem gesetzlichen Verjährungsbeginn.

(3) Offenbare Unrichtigkeiten, wie z.B. Schreibfehler, Rechenfehler und formelle Mängel, die in einer beruflichen Äußerung (Bericht, Gutachten und dgl.) des Wirtschaftsprüfers enthalten sind, können jederzeit vom Wirtschaftsprüfer auch Dritten gegenüber berichtigt werden. Unrichtigkeiten, die geeignet sind, in der beruflichen Äußerung des Wirtschaftsprüfers enthaltene Ergebnisse infrage zu stellen, berechtigen diesen, die Äußerung auch Dritten gegenüber zurückzunehmen. In den vorgenannten Fällen ist der Auftraggeber vom Wirtschaftsprüfer tunlichst vorher zu hören.

Schweigepflicht gegenüber Dritten, Datenschutz

AAB-WP 8 (1) Der Wirtschaftsprüfer ist nach Maßgabe der Gesetze (§ 323 Abs. 1 HGB, § 43 WPO, § 203 StGB) verpflichtet, über Tatsachen und Umstände, die ihm bei seiner Berufstätigkeit anvertraut oder bekannt werden, Stillschweigen zu bewahren, es sei denn, dass der Auftraggeber ihn von dieser Schweigepflicht entbindet.

(2) Der Wirtschaftsprüfer wird bei der Verarbeitung von personenbezogenen Daten die nationalen und europarechtlichen Regelungen zum Datenschutz beachten.

Haftung

AAB-WP 9 (1) Für gesetzlich vorgeschriebene Leistungen des Wirtschaftsprüfers, insbesondere Prüfungen, gelten die jeweils anzuwendenden gesetzlichen Haftungsbeschränkungen, insbesondere die Haftungsbeschränkung des § 323 Abs. 2 HGB.

(2) Sofern weder eine gesetzliche Haftungsbeschränkung Anwendung findet noch eine einzelvertragliche Haftungsbeschränkung besteht, ist die Haftung des Wirtschaftsprüfers für Schadensersatzansprüche jeder Art, mit Ausnahme von Schäden aus der Verletzung von Leben, Körper und Gesundheit, sowie von Schäden, die eine Ersatzpflicht des Herstellers nach § 1 ProdHaftG begründen, bei einem fahrlässig verursachten einzelnen Schadensfall gemäß § 54a Abs. 1 Nr. 2 WPO auf 4 Mio. € beschränkt.

(3) Einreden und Einwendungen aus dem Vertragsverhältnis mit dem Auftraggeber stehen dem Wirtschaftsprüfer auch gegenüber Dritten zu.

(4) Leiten mehrere Anspruchsteller aus dem mit dem Wirtschaftsprüfer bestehenden Vertragsverhältnis Ansprüche aus einer fahrlässigen Pflichtverletzung des Wirtschaftsprüfers her, gilt der in Abs. 2 genannte Höchstbetrag für die betreffenden Ansprüche aller Anspruchsteller insgesamt.

(5) Ein einzelner Schadensfall im Sinne von Abs. 2 ist auch bezüglich eines aus mehreren Pflichtverletzungen stammenden einheitlichen Schadens gege-

ben. Der einzelne Schadensfall umfasst sämtliche Folgen einer Pflichtverletzung ohne Rücksicht darauf, ob Schäden in einem oder in mehreren aufeinanderfolgenden Jahren entstanden sind. Dabei gilt mehrfaches auf gleicher oder gleichartiger Fehlerquelle beruhendes Tun oder Unterlassen als einheitliche Pflichtverletzung, wenn die betreffenden Angelegenheiten miteinander in rechtlichem oder wirtschaftlichem Zusammenhang stehen. In diesem Fall kann der Wirtschaftsprüfer nur bis zur Höhe von 5 Mio. € in Anspruch genommen werden. Die Begrenzung auf das Fünffache der Mindestversicherungssumme gilt nicht bei gesetzlich vorgeschriebenen Pflichtprüfungen.

(6) Ein Schadensersatzanspruch erlischt, wenn nicht innerhalb von sechs Monaten nach der schriftlichen Ablehnung der Ersatzleistung Klage erhoben wird und der Auftraggeber auf diese Folge hingewiesen wurde. Dies gilt nicht für Schadensersatzansprüche, die auf vorsätzliches Verhalten zurückzuführen sind, sowie bei einer schuldhaften Verletzung von Leben, Körper oder Gesundheit sowie bei Schäden, die eine Ersatzpflicht des Herstellers nach § 1 ProdHaftG begründen. Das Recht, die Einrede der Verjährung geltend zu machen, bleibt unberührt.

Ergänzende Bestimmungen für Prüfungsaufträge

AAB-WP 10 (1) Ändert der Auftraggeber nachträglich den durch den Wirtschaftsprüfer geprüften und mit einem Bestätigungsvermerk versehenen Abschluss oder Lagebericht, darf er diesen Bestätigungsvermerk nicht weiterverwenden.

Hat der Wirtschaftsprüfer einen Bestätigungsvermerk nicht erteilt, so ist ein Hinweis auf die durch den Wirtschaftsprüfer durchgeführte Prüfung im Lagebericht oder an anderer für die Öffentlichkeit bestimmter Stelle nur mit schriftlicher Einwilligung des Wirtschaftsprüfers und mit dem von ihm genehmigten Wortlaut zulässig.

(2) Widerruft der Wirtschaftsprüfer den Bestätigungsvermerk, so darf der Bestätigungsvermerk nicht weiterverwendet werden. Hat der Auftraggeber den Bestätigungsvermerk bereits verwendet, so hat er auf Verlangen des Wirtschaftsprüfers den Widerruf bekanntzugeben.

(3) Der Auftraggeber hat Anspruch auf fünf Berichtsausfertigungen. Weitere Ausfertigungen werden besonders in Rechnung gestellt.

Ergänzende Bestimmungen für Hilfeleistung in Steuersachen

AAB-WP 11 (1) Der Wirtschaftsprüfer ist berechtigt, sowohl bei der Beratung in steuerlichen Einzelfragen als auch im Falle der Dauerberatung die vom Auftraggeber genannten Tatsachen, insbesondere Zahlenangaben, als richtig und vollständig zugrunde zu legen; dies gilt auch für Buchführungsaufträge. Er hat jedoch den Auftraggeber auf von ihm festgestellte Unrichtigkeiten hinzuweisen.

(2) Der Steuerberatungsauftrag umfasst nicht die zur Wahrung von Fristen erforderlichen Handlungen, es sei denn, dass der Wirtschaftsprüfer hierzu ausdrücklich den Auftrag übernommen hat. In diesem Fall hat der Auftraggeber dem Wirtschaftsprüfer alle für die Wahrung von Fristen wesentlichen Unterlagen, insbesondere Steuerbescheide, so rechtzeitig vorzulegen, dass dem Wirtschaftsprüfer eine angemessene Bearbeitungszeit zur Verfügung steht.

(3) Mangels einer anderweitigen schriftlichen Vereinbarung umfasst die laufende Steuerberatung folgende, in die Vertragsdauer fallenden Tätigkeiten:

(2b) AAB-WP 12 2. Teil. Handelsrechtl. Nebenges.

a) Ausarbeitung der Jahressteuererklärungen für die Einkommensteuer, Körperschaftsteuer und Gewerbesteuer sowie der Vermögensteuererklärungen, und zwar auf Grund der vom Auftraggeber vorzulegenden Jahresabschlüsse und sonstiger für die Besteuerung erforderlicher Aufstellungen und Nachweise
b) Nachprüfung von Steuerbescheiden zu den unter a) genannten Steuern
c) Verhandlungen mit den Finanzbehörden im Zusammenhang mit den unter a) und b) genannten Erklärungen und Bescheiden
d) Mitwirkung bei Betriebsprüfungen und Auswertung der Ergebnisse von Betriebsprüfungen hinsichtlich der unter a) genannten Steuern
e) Mitwirkung in Einspruchs- und Beschwerdeverfahren hinsichtlich der unter a) genannten Steuern.

Der Wirtschaftsprüfer berücksichtigt bei den vorgenannten Aufgaben die wesentliche veröffentlichte Rechtsprechung und Verwaltungsauffassung.

(4) Erhält der Wirtschaftsprüfer für die laufende Steuerberatung ein Pauschalhonorar, so sind mangels anderweitiger schriftlicher Vereinbarungen die unter Abs. 3 Buchst. d) und e) genannten Tätigkeiten gesondert zu honorieren.

(5) Sofern der Wirtschaftsprüfer auch Steuerberater ist und die Steuerberatervergütungsverordnung für die Bemessung der Vergütung anzuwenden ist, kann eine höhere oder niedrigere als die gesetzliche Vergütung in Textform vereinbart werden.

(6) Die Bearbeitung besonderer Einzelfragen der Einkommensteuer, Körperschaftsteuer, Gewerbesteuer, Einheitsbewertung und Vermögensteuer sowie aller Fragen der Umsatzsteuer, Lohnsteuer, sonstigen Steuern und Abgaben erfolgt auf Grund eines besonderen Auftrags. Dies gilt auch für

a) die Bearbeitung einmalig anfallender Steuerangelegenheiten, z. B. auf dem Gebiet der Erbschaftsteuer, Kapitalverkehrsteuer, Grunderwerbsteuer,
b) die Mitwirkung und Vertretung in Verfahren vor den Gerichten der Finanz- und der Verwaltungsgerichtsbarkeit sowie in Steuerstrafsachen,
c) die beratende und gutachtliche Tätigkeit im Zusammenhang mit Umwandlungen, Kapitalerhöhung und -herabsetzung, Sanierung, Eintritt und Ausscheiden eines Gesellschafters, Betriebsveräußerung, Liquidation und dergleichen und
d) die Unterstützung bei der Erfüllung von Anzeige- und Dokumentationspflichten.

(7) Soweit auch die Ausarbeitung der Umsatzsteuerjahreserklärung als zusätzliche Tätigkeit übernommen wird, gehört dazu nicht die Überprüfung etwaiger besonderer buchmäßiger Voraussetzungen sowie die Frage, ob alle in Betracht kommenden umsatzsteuerrechtlichen Vergünstigungen wahrgenommen worden sind. Eine Gewähr für die vollständige Erfassung der Unterlagen zur Geltendmachung des Vorsteuerabzugs wird nicht übernommen.

Elektronische Kommunikation

AAB-WP 12 Die Kommunikation zwischen dem Wirtschaftsprüfer und dem Auftraggeber kann auch per E-Mail erfolgen. Soweit der Auftraggeber eine Kommunikation per E-Mail nicht wünscht oder besondere Sicherheitsanforderungen stellt, wie etwa die Verschlüsselung von E-Mails, wird der Auftraggeber den Wirtschaftsprüfer entsprechend in Textform informieren.

II. Handelsbücher und Bilanzen **15 AAB-WP (2b)**

Vergütung

AAB-WP 14 Der Wirtschaftsprüfer ist nicht bereit, an Streitbeilegungsverfahren vor einer Verbraucherschlichtungsstelle im Sinne des § 2 des Verbraucherstreitbeilegungsgesetzes teilzunehmen.

Anzuwendendes Recht

AAB-WP 15 Für den Auftrag, seine Durchführung und die sich hieraus ergebenden Ansprüche gilt nur deutsches Recht.

III. Handelsregister

(3) Gesetz über das Verfahren in Familiensachen und in den Angelegenheiten der freiwilligen Gerichtsbarkeit (FamFG): §§ 374–377, 380, 388–389, 392–395

Vom 17. Dezember 2008 (BGBl. I S. 2587/FNA 315-24)
zuletzt geändert durch Art. 4 G zum Ausbau des elektronischen Rechtsverkehrs mit den Gerichten und zur Änderung weiterer Vorschriften vom 5.10.2021 (BGBl. I 4607)*

Einleitung

Schrifttum

Kommentare: außer den ZPO-Kommentaren *Bahrenfuss*, FamFG, 3. Aufl 2017. – *Bork/Jacoby/Schwab*, FamFG, 3. Aufl 2018. – *Bumiller/Harders/Schwamb*, FamFG, 12. Aufl 2019. – *Haußleiter*, FamFG, 2. Aufl 2017. – *Hahne ua*, FamFG online. – *Keidel/Engelhardt/Sternal*, FamFG, 20. Aufl 2020. – *MüKoFamFG* 2 Bde 3. Aufl 2018, 2019. – *Musielak/Borth* 6. Aufl 2018. – *Ries* NZG 2009, 654 (GesRecht). – *H. Roth* JZ 2009, 585. – *Jänig/Leißring* ZIP 2010, 110 (Verfahren AG, GmbH). – *Krafka* NZG 2017, 889 (Notar im Registerverfahren).

Zum Handelsregisterrecht → HGB § 8.

1 **1)** Die Zuständigkeit zur Registerführung gemäß § 8 HGB, die Einrichtung und Führung des HdlReg regelt das **FamFG** 17.12.2008 BGBl. 2587, das das FGG von 1898 ersetzt hat. S. aus Buch 5 des FamFG (Verfahren in Registersachen, unternehmensrechtliche Verfahren): **§§ 374–377, 388–389, 392–395** im Folgenden. Abschn. 1 mit Begriffsbestimmung regelt Registersachen (**§ 374**) und unternehmensrechtliche Verfahren (**§ 375**). Abschn. 2 über Zuständigkeit enthält besondere Zuständigkeitsregelungen (**§ 376**) und regelt die örtliche Zuständigkeit (**§ 377**). Abschn. 3 handelt von den Registersachen. Unterabschn. 1 enthält allgemeine Verfahrensvorschriften (§§ 378–387). Unterabschn. 2 regelt spezieller das Zwangsgeldverfahren (§§ 388–392), darin Androhung und Festsetzung von Zwangsgeld (**§§ 388, 389**) und das Verfahren bei unbefugtem Firmengebrauch (**§ 392**). Unterabschn. 3 betrifft das Löschungs- und Auflösungsverfahren (§§ 393–399), darin Löschung der Firma (**§ 393**), Löschung vermögensloser Ges. und Genossenschaften (**§ 394**), Löschung unzulässiger Eintragungen (**§ 395**), Löschung nichtiger Ges. und Genossenschaften und nichtiger Beschlüsse (§§ 397, 398) und Auflösung wegen Mangels der Satzung (§ 399). Unterabschn. 4 enthält ergänzende Vorschriften für das Vereinsregister (§§ 400–401). Abschn. 4 über unternehmensrechtliche Verfahren regelt in § 402 I die Anfechtbarkeit von Gerichtsbeschlüssen über Anträge nach § 375 und enthält im weiteren das Seerecht betreffende Vorschriften (§§ 403–409), insbesondere zur „Dispache" nach HGB Buch V und BinnSchG). **Reform:** Das FamFG ist von der Umsetzung der Digitalisierungs-RL durch das **DiRUG** betroffen. Insbesondere ist die bisherige Ermächtigung in → HGB § 9b IV aus systematischen Gründen in § 387 VI überführt und mit der Verordnungsermächtigung für die (**4**) HRV zusammengefasst

---

* Änderungen durch Art. 45 G zur Modernisierung des Personengesellschaftsrechts (Personengesellschaftsrechtsmodernisierungsgesetz – MoPeG) v. 10.8.2021, BGBl. I 3436 **mWv 1.1.2024** sind in der vorliegenden Auflage noch nicht berücksichtigt.

III. Handelsregister **375 FamFG (3)**

worden. Dadurch soll es künftig möglich sein, in der HRV auch Regelungen in Bezug auf das Europäische System der Registervernetzung zu treffen (BT-Drs. 19/28177, 27, 139). Weitreichende Änderungen des FamFG enthält mit Blick auf die registerrechtliche Behandlung der GbR und das hierzu einzurichtende Gesellschaftsregister das **MoPeG**. Betroffen sind §§ 374, 375, 376, 378, 379, 380, 382, 387, 388, 392, 394 (vgl. BGBl. 2021 I 3436, 3454 f. sowie BT-Drs. 19/27635, 44 f., 210 ff.).

Buch 5. Verfahren in Registersachen, unternehmensrechtliche Verfahren

Abschnitt 1. Begriffsbestimmung

Registersachen

FamFG 374 Registersachen sind

1. Handelsregistersachen,
2. Genossenschaftsregistersachen,
3. Partnerschaftsregistersachen,
4. Vereinsregistersachen,
5. Güterrechtsregistersachen.

1) § 374 FamFG zählt fünf Registersachen auf: 1. HdlRegSachen (§§ 8 ff. HGB), 2. GenRegSachen (GenG), 3. PartRegSachen (PartGG, Anh. § 160), 4. Vereinsregistersachen (§§ 55, 55a, 77 ff. BGB, VereinsregisterVO) und 5. Güterrechtsregistersachen (§ 1558 ff. BGB). Für sie alle gilt Buch 5 über Verfahren in Registersachen. Ergänzung durch MoPeG-E um **Gesellschaftsregistersachen**, BT-Drs. 19/27635, 44) **1**

Unternehmensrechtliche Verfahren

FamFG 375 Unternehmensrechtliche Verfahren sind die nach

1. § 146 Abs. 2, den §§ 147, 157 Abs. 2, § 166 Abs. 3, § 233 Abs. 3 und § 318 Abs. 3 bis 5 des Handelsgesetzbuchs,
2. § 11 des Binnenschifffahrtsgesetzes, nach den Vorschriften dieses Gesetzes, die die Dispache betreffen, sowie nach § 595 Absatz 2 des Handelsgesetzbuchs, auch in Verbindung mit § 78 des Binnenschifffahrtsgesetzes,
3. § 33 Abs. 3, den §§ 35 und 73 Abs. 1, den §§ 85 und 103 Abs. 3, den §§ 104 und 122 Abs. 3, § 147 Abs. 2, § 183a Abs. 3, § 264 Absatz 2, § 265 Abs. 3 und 4, § 270 Abs. 3, § 273 Abs. 2 bis 4 sowie § 290 Absatz 3 des Aktiengesetzes,
4. Artikel 55 Abs. 3 der Verordnung (EG) Nr. 2157/2001 des Rates vom 8. Oktober 2001 über das Statut der Europäischen Gesellschaft (SE) (ABl. EG Nr. L 294 S. 1) sowie § 29 Abs. 3, § 30 Abs. 1, 2 und 4, § 45 des SE-Ausführungsgesetzes,
5. § 26 Abs. 1 und 4 sowie § 206 Satz 2 und 3 des Umwandlungsgesetzes,
6. § 66 Abs. 2, 3 und 5, § 71 Abs. 3 sowie § 74 Abs. 2 und 3 des Gesetzes betreffend die Gesellschaften mit beschränkter Haftung,
7. § 45 Abs. 3, den §§ 64b, 83 Abs. 3, 4 und 5 sowie § 93 des Genossenschaftsgesetzes,

Merkt 2105

8. Artikel 54 Abs. 2 der Verordnung (EG) Nr. 1435/2003 des Rates vom 22. Juli 2003 über das Statut der Europäischen Genossenschaft (SCE) (ABl. EU Nr. L 207 S. 1),
9. § 2 Abs. 3 und § 12 Abs. 3 des Publizitätsgesetzes,
10. § 11 Abs. 3 des Gesetzes über die Mitbestimmung der Arbeitnehmer in den Aufsichtsräten und Vorständen der Unternehmen des Bergbaus und der Eisen und Stahl erzeugenden Industrie,
11. § 2c Abs. 2 Satz 2 bis 7, den §§ 22o, 36 Absatz 3 Satz 2, § 28 Absatz 2, § 38 Abs. 2 Satz 2, § 45a Abs. 2 Satz 1, 3, 4 und 6 des Kreditwesengesetzes,
11a. § 2a Absatz 4 Satz 2 und 3 des Investmentgesetzes,
12. *(aufgehoben)*
13. § 19 Absatz 2 Satz 1 bis 6 und § 204 Absatz 2 des Versicherungsaufsichtsgesetzes und § 28 Absatz 2 Satz 1 bis 5 des Finanzkonglomerate-Aufsichtsgesetzes,
14. § 6 Abs. 4 Satz 4 bis 7 des Börsengesetzes,
15. § 10 des Partnerschaftsgesellschaftsgesetzes in Verbindung mit § 146 Abs. 2 und den §§ 147 und 157 Abs. 2 des Handelsgesetzbuchs,
16. § 9 Absatz 2 und 3 Satz 2 und § 18 Absatz 2 Satz 2 und 3 des Schuldverschreibungsgesetzes

vom Gericht zu erledigenden Angelegenheiten.

1 **1)** § 375 FamFG (ähnlich §§ 145 I, 149, 160b II FGG) definiert unternehmensrechtliche Verfahren, für die Buch 5 über unternehmensrechtliche Verfahren gilt. Hervorzuheben sind **aus dem HGB** Verfahren nach §§ 146 II, 147 und 157 II HGB (Liquidation der OHG), §§ 166 III und 233 III HGB (Kontrollrecht des Kdtisten und des Stillen) und § 318 III–V HGB (Abschlussprüferbestellung); **aus dem PartGG** Verfahren nach § 10 HGB (Anh. § 160 PartGG) iVm §§ 146 II, 147 und 157 II HGB über die Liquidation der PartG; **aus dem KWG** Verfahren betr. Inhaber bedeutender Beteiligungen, Bestellung des Sachwalters bei Insolvenzgefahr, Abwicklung und Maßnahmen der BaFin in besonderen Fällen. Andere Nr. betreffen Verfahren ua aus dem GesR. **Lit.:** Jänig/Leißring ZIP 2010, 110. **Reform:** MoPeG-E (→ Einl. Rn. 1).

Abschnitt 2. Zuständigkeit

Besondere Zuständigkeitsregelungen

FamFG 376 (1) Für Verfahren nach § 374 Nr. 1 und 2 sowie § 375 Nummer 1, 3 bis 14 und 16 ist das Gericht, in dessen Bezirk ein Landgericht seinen Sitz hat, für den Bezirk dieses Landgerichts zuständig.

(2) ¹Die Landesregierungen werden ermächtigt, durch Rechtsverordnung die Aufgaben nach § 374 Nummer 1 bis 3 sowie § 375 Nummer 1, 3 bis 14 und 16 anderen oder zusätzlichen Amtsgerichten zu übertragen und die Bezirke der Gerichte abweichend von Absatz 1 festzulegen. ²Sie können die Ermächtigung nach Satz 1 durch Rechtsverordnung auf die Landesjustizverwaltungen übertragen. ³Mehrere Länder können die Zuständigkeit eines Gerichts für Verfahren nach § 374 Nr. 1 bis 3 über die Landesgrenzen hinaus vereinbaren.

1 **1)** Sachlich zuständig ist für alle Verfahren nach Buch 5 grundsätzlich das Amtsgericht (§ 23a II Nr. 3, 4 nF GVG). § 376 FamFG enthält ergänzende Zuständigkeitsregelungen. Für HdlReg- und GenRegSachen (§ 374 Nr. 1, 2 FamFG) und für unternehmensrechtliche Verfahren nach § 375 Nr. 1, 3 ff.

III. Handelsregister   **380 FamFG (3)**

FamFG ist das Gericht, in dessen Bezirk ein Landgericht seinen Sitz hat, für den Bezirk dieses Landgerichts zuständig (I wie § 125 I FGG, § 10 II aF GenG). II (zT wie § 125 II 1 Nr. 1, S. 2, 3 iVm § 160b I 1 FGG, § 10 II aF GenG) enthält eine Ermächtigung der Landesregierungen zu ÄnderungsRVO; Inkrafttreten 29.5.2009 (Art. 14 I BilMoG). Die früher in § 125 III–V FGG enthaltenen Ermächtigungen finden sich nunmehr in § 387 FamFG. **Reform:** MoPeG-E (→ Einl. Rn. 1).

Örtliche Zuständigkeit

FamFG 377 Ausschließlich zuständig ist das Gericht, in dessen Bezirk sich die Niederlassung des Einzelkaufmanns, der Sitz der Gesellschaft, des Versicherungsvereins, der Genossenschaft, der Partnerschaft oder des Vereins befindet, soweit sich aus den entsprechenden Gesetzen nichts anderes ergibt.

(1) Für die Angelegenheiten, die den Gerichten in Ansehung der nach dem Handelsgesetzbuch oder nach dem Binnenschifffahrtsgesetz aufzumachenden Dispache zugewiesen sind, ist das Gericht des Ortes zuständig, an dem die Verteilung der Havereischäden zu erfolgen hat.

(2) Die Eintragungen in das Güterrechtsregister sind bei jedem Gericht zu bewirken, in dessen Bezirk auch nur einer der Ehegatten oder Lebenspartner seinen gewöhnlichen Aufenthalt hat.

(3) § 2 Abs. 1 ist nicht anzuwenden.

1) § 377 FamFG regelt die örtliche Zuständigkeit (bisher in Spezialgesetzen). **1** In HdlReg- und GenRegSachen sowie hinsichtlich der meisten Geschäfte nach § 375 ist das Gericht ausschließlich zuständig, in dessen Bezirk sich die Niederlassung des EinzelKfm oder der Hauptsitz der HdlGes etc befindet. Sondervorschriften sind ausdrücklich vorbehalten, zB für die ZwNl (§§ 13 ff. HGB).

Abschnitt 3. Registersachen
Unterabschnitt 1. Verfahren

Beteiligung der berufsständischen Organe; Beschwerderecht

FamFG 380 (1) Die Registergerichte werden bei der Vermeidung unrichtiger Eintragungen, der Berichtigung und Vervollständigung des Handels- und Partnerschaftsregisters, der Löschung von Eintragungen in diesen Registern und beim Einschreiten gegen unzulässigen Firmengebrauch oder unzulässigen Gebrauch eines Partnerschaftsnamens von

1. den Organen des Handelsstandes,
2. den Organen des Handwerksstandes, soweit es sich um die Eintragung von Handwerkern handelt,
3. den Organen des land- und forstwirtschaftlichen Berufsstandes, soweit es sich um die Eintragung von Land- oder Forstwirten handelt,
4. den berufsständischen Organen der freien Berufe, soweit es sich um die Eintragung von Angehörigen dieser Berufe handelt,

(berufsständische Organe) unterstützt.

(2) ¹Das Gericht kann in zweifelhaften Fällen die berufsständischen Organe anhören, soweit dies zur Vornahme der gesetzlich vorgeschriebenen Eintragungen sowie zur Vermeidung unrichtiger Eintragungen in das Register er-

Merkt

forderlich ist. ² Auf ihren Antrag sind die berufsständischen Organe als Beteiligte hinzuzuziehen.

(3) In Genossenschaftsregistersachen beschränkt sich die Anhörung nach Absatz 2 auf die Frage der Zulässigkeit des Firmengebrauchs.

(4) Soweit die berufsständischen Organe angehört wurden, ist ihnen die Entscheidung des Gerichts bekannt zu geben.

(5) Gegen einen Beschluss steht den berufsständischen Organen die Beschwerde zu.

1   1) § 380 FamFG regelt die Beteiligung der berufsständischen Organe im Registerverfahren und billigt ihnen ein Beschwerderecht zu (V). Dazu Krafczyk NZG 2014, 769. **Reform:** MoPeG-E (→ Einl. Rn. 1).

Unterabschnitt 2. Zwangsgeldverfahren

Androhung

FamFG 388 (1) Sobald das Registergericht von einem Sachverhalt, der sein Einschreiten nach den §§ 14, 37a Abs. 4 und § 125a Abs. 2 des Handelsgesetzbuchs, auch in Verbindung mit § 5 Abs. 2 des Partnerschaftsgesellschaftsgesetzes, den §§ 407 und 408 des Aktiengesetzes, § 79 Abs. 1 des Gesetzes betreffend die Gesellschaften mit beschränkter Haftung, § 316 des Umwandlungsgesetzes oder § 12 des EWIV-Ausführungsgesetzes rechtfertigt, glaubhafte Kenntnis erhält, hat es dem Beteiligten unter Androhung eines Zwangsgelds aufzugeben, innerhalb einer bestimmten Frist seiner gesetzlichen Verpflichtung nachzukommen oder die Unterlassung mittels Einspruchs zu rechtfertigen.

(2) In gleicher Weise kann das Registergericht gegen die Mitglieder des Vorstands eines Vereins oder dessen Liquidatoren vorgehen, um sie zur Befolgung der in § 78 des Bürgerlichen Gesetzbuchs genannten Vorschriften anzuhalten.

1   1) Unterabschn. 2 regelt in §§ 388–392 das Zwangsgeldverfahren mit besonderen Vorschriften zu den allgemeinen in Unterabschn. 1 (§§ 378 ff. FamFG). §§ 388 ff. FamFG entsprechen weithin unverändert den §§ 132 ff. FGG. § 388 I FamFG entspricht § 132 I FGG. Von Amts wegen zu führendes Verfahren, OLG Düsseldorf ZIP 2016, 1022. Glaubhaftmachung genügt, nicht volle Gewissheit, endgültige Entscheidung dazu erst im Einspruchsverfahren, OLG Düsseldorf ZIP 2019, 712. Die Aufforderung unter Androhung von Zwangsgeld (§ 388 I FamFG) ist nicht mit der Beschwerde anfechtbar (§ 58 FamFG), da sie keine Endentscheidung ist. II betrifft Vereine. **Reform:** MoPeG-E (→ Einl. Rn. 1).

Festsetzung

FamFG 389 Wird innerhalb der bestimmten Frist weder der gesetzlichen Verpflichtung genügt noch Einspruch erhoben, ist das angedrohte Zwangsgeld durch Beschluss festzusetzen und zugleich die Aufforderung nach § 388 unter Androhung eines erneuten Zwangsgelds zu wiederholen.

(1) Mit der Festsetzung des Zwangsgelds sind dem Beteiligten zugleich die Kosten des Verfahrens aufzuerlegen.

(2) In gleicher Weise ist fortzufahren, bis der gesetzlichen Verpflichtung genügt oder Einspruch erhoben wird.

1   1) § 389 I, III FamFG wie § 133 FGG, § 389 II FamFG wie § 138 FGG.

III. Handelsregister

Verfahren bei unbefugtem Firmengebrauch

FamFG 392 (1) Soll nach § 37 Abs. 1 des Handelsgesetzbuchs gegen eine Person eingeschritten werden, die eine ihr nicht zustehende Firma gebraucht, sind die §§ 388 bis 391 anzuwenden, wobei

1. dem Beteiligten unter Androhung eines Ordnungsgelds aufgegeben wird, sich des Gebrauchs der Firma zu enthalten oder binnen einer bestimmten Frist den Gebrauch der Firma mittels Einspruchs zu rechtfertigen;
2. das Ordnungsgeld festgesetzt wird, falls kein Einspruch erhoben oder der erhobene Einspruch rechtskräftig verworfen ist und der Beteiligte nach der Bekanntmachung des Beschlusses diesem zuwidergehandelt hat.

(2) Absatz 1 gilt entsprechend im Fall des unbefugten Gebrauchs des Namens einer Partnerschaft.

1) § 392 I FamFG wie § 140 FGG, II verweist auf I für den Fall des unbefugten Gebrauchs des Namens einer Partnerschaft (§ 2 II PartGG iVm § 37 HGB, → HGB Anh. § 160). **Reform:** MoPeG-E (→ Einl. Rn. 1).

Unterabschnitt 3. Löschungs- und Auflösungsverfahren

Löschung einer Firma

FamFG 393 (1) ¹Das Erlöschen einer Firma ist gemäß § 31 Abs. 2 des Handelsgesetzbuchs von Amts wegen oder auf Antrag der berufsständischen Organe in das Handelsregister einzutragen. ²Das Gericht hat den eingetragenen Inhaber der Firma oder dessen Rechtsnachfolger von der beabsichtigten Löschung zu benachrichtigen und ihm zugleich eine angemessene Frist zur Geltendmachung eines Widerspruchs zu bestimmen.

(2) Sind die bezeichneten Personen oder deren Aufenthalt nicht bekannt, erfolgt die Benachrichtigung und die Bestimmung der Frist durch Bekanntmachung in dem für die Bekanntmachung der Eintragungen in das Handelsregister bestimmten elektronischen Informations- und Kommunikationssystem nach § 10 des Handelsgesetzbuchs.

(3) ¹Das Gericht entscheidet durch Beschluss, wenn es einem Antrag auf Einleitung des Löschungsverfahrens nicht entspricht oder Widerspruch gegen die Löschung erhoben wird. ²Der Beschluss ist mit der Beschwerde anfechtbar.

(4) Mit der Zurückweisung eines Widerspruchs sind dem Beteiligten zugleich die Kosten des Widerspruchsverfahrens aufzuerlegen, soweit dies nicht unbillig ist.

(5) Die Löschung darf nur erfolgen, wenn kein Widerspruch erhoben oder wenn der den Widerspruch zurückweisende Beschluss rechtskräftig geworden ist.

(6) Die Absätze 1 bis 5 gelten entsprechend, wenn die Löschung des Namens einer Partnerschaft eingetragen werden soll.

1) Unterabschn. 3 regelt in §§ 393–399 FamFG das Löschungs- und Auflösungsverfahren mit besonderen Vorschriften zu den allgemeinen in Unterabschn. 1 (§§ 378 ff. FamFG). § 393 I, II, V FamFG entspr. § 141 FGG. I betrifft das Erlöschen einer Firma gemäß § 31 II HGB, Eintragung von Amts wegen oder auf Antrag der jeweiligen berufsständischen Organe (§ 380 FamFG) in das HdlReg (I 1), dies unter Setzung einer angemessenen Frist an den Inhaber der

Merkt 2109

(3) FamFG 394 1

Firma oder dessen Rechtsnachfolger (I 2). **Reform:** Infolge der mit dem DiRUG eingeführten Änderungen im Bekanntmachungswesen sind nach II Registerbekanntmachungen künftig gem. § 10 III HGB vorzunehmen.

Löschung vermögensloser Gesellschaften und Genossenschaften

FamFG 394 (1) ¹Eine Aktiengesellschaft, Kommanditgesellschaft auf Aktien, Gesellschaft mit beschränkter Haftung oder Genossenschaft, die kein Vermögen besitzt, kann von Amts wegen oder auf Antrag der Finanzbehörde oder der berufsständischen Organe gelöscht werden. ²Sie ist von Amts wegen zu löschen, wenn das Insolvenzverfahren über das Vermögen der Gesellschaft durchgeführt worden ist und keine Anhaltspunkte dafür vorliegen, dass die Gesellschaft noch Vermögen besitzt.

(2) ¹Das Gericht hat die Absicht der Löschung den gesetzlichen Vertretern der Gesellschaft oder Genossenschaft, soweit solche vorhanden sind und ihre Person und ihr inländischer Aufenthalt bekannt ist, bekannt zu machen und ihnen zugleich eine angemessene Frist zur Geltendmachung des Widerspruchs zu bestimmen. ²Auch wenn eine Pflicht zur Bekanntmachung und Fristbestimmung nach Satz 1 nicht besteht, kann das Gericht anordnen, dass die Bekanntmachung und die Bestimmung der Frist durch Bekanntmachung in dem für die Bekanntmachung der Eintragungen in das Handelsregister bestimmten elektronischen Informationsund Kommunikationssystem nach § 10 des Handelsgesetzbuchs erfolgt; in diesem Fall ist jeder zur Erhebung des Widerspruchs berechtigt, der an der Unterlassung der Löschung ein berechtigtes Interesse hat. ³Vor der Löschung sind die in § 380 bezeichneten Organe, im Fall einer Genossenschaft der Prüfungsverband, zu hören.

(3) Für das weitere Verfahren gilt § 393 Abs. 3 bis 5 entsprechend.

(4) ¹Die Absätze 1 bis 3 sind entsprechend anzuwenden auf offene Handelsgesellschaften und Kommanditgesellschaften, bei denen keiner der persönlich haftenden Gesellschafter eine natürliche Person ist. ²Eine solche Gesellschaft kann jedoch nur gelöscht werden, wenn die für die Vermögenslosigkeit geforderten Voraussetzungen sowohl bei der Gesellschaft als auch bei den persönlich haftenden Gesellschaftern vorliegen. ³Die Sätze 1 und 2 gelten nicht, wenn zu den persönlich haftenden Gesellschaftern eine andere offene Handelsgesellschaft oder Kommanditgesellschaft gehört, bei der eine natürliche Person persönlich haftender Gesellschafter ist.

1) § 394 FamFG wie § 141a FGG mit entspr. Regeln für die Gen (147 I 2, II FGG). § 394 FamFG regelt die Löschung vermögensloser Ges. (früher LöschG). Vermögenslosigkeit ist nicht mit Unterbilanz, Überschuldung oder Masselosigkeit gleichzusetzen, sondern ist schon bei nur geringem Vermögen nicht mehr gegeben, OLG Karlsruhe NZG 2014, 1148; OLG Düsseldorf MDR 2014, 481. Voraussetzungen der Vermögenslosigkeit, OLG Düsseldorf FGPrax 2011, 134; ZIP 2013, 672; OLG München NZG 2013, 188 (Löschungsankündigung); OLG Frankfurt a. M. ZIP 2015, 1978. Keine Löschung nach I, solange KomplementärGmbH noch bei der Abwicklung der GmbH & Co mitwirkt, OLG Frankfurt a. M. ZIP 2005, 2157. Keine Löschung der ZwNl einer Limited wegen Vermögenslosigkeit, OLG Frankfurt a. M. NZG 2011, 158, anders bei Insolvenzverfahren. Setzung einer angemessenen Frist nach II; zu II 2, § 10 HGB OLG Düsseldorf ZIP 2016, 1068. Anhörung der berufsständischen Organe nach § 380 vor Löschung (II 3). I bis III gelten auch für die OHG und KG, bei denen kein phG eine natürliche Person ist (IV 1, Ausnahme IV 3), zB GmbH & Co (Anh. § 177a). Eine solche Ges. kann nur gelöscht werden, wenn die für die Ver-

III. Handelsregister **1 395 FamFG (3)**

mögenslosigkeit geforderten Voraussetzungen sowohl bei der Ges. als auch bei dem phG vorliegen (IV 2). IV 3 erfasst wohl auch den Fall der mehrstöckigen Ges., Löschung nur, wenn auf keiner der Stufen eine natürliche Person als phG haftet (vgl., allerdings mit genauerer Formulierung § 19 II, dort → § 19 Rn. 25). Parteifähigkeit einer GmbH & Co KG nach Löschung während eines Prozesses, OLG München NZG 2012, 233 Ls. Löschung der Löschung, KG NJW-RR 2006, 904. **Reform:** Änderung durch DiRUG in II 2 vgl. → § 393, MoPeG (→ Einl. Rn. 1).

Löschung unzulässiger Eintragungen

FamFG 395 ¹Ist eine Eintragung im Register wegen des Mangels einer wesentlichen Voraussetzung unzulässig, kann das Registergericht sie von Amts wegen oder auf Antrag der berufsständischen Organe löschen. ²Die Löschung geschieht durch Eintragung eines Vermerks.

(1) ¹**Das Gericht hat den Beteiligten von der beabsichtigten Löschung zu benachrichtigen und ihm zugleich eine angemessene Frist zur Geltendmachung eines Widerspruchs zu bestimmen.** ²§ 394 Abs. 2 Satz 1 und 2 gilt entsprechend.

(2) **Für das weitere Verfahren gilt § 393 Abs. 3 bis 5 entsprechend.**

1) § 395 FamFG statt § 142 FGG. Hierzu → HGB § 8 Rn. 12–15. Löschung **1** auch dann, wenn eine Eintragung nachträglich unzulässig geworden ist, RegE, Registerstand und materielle Rechtslage sollen möglichst im Einklang stehen, OLG Düsseldorf NZG 2013, 1183. Die Unzulässigkeit muss auf einem wesentlichen Mangel beruhen, Abwägung, BayObLG NZG 2002, 439; OLG Düsseldorf NZG 2013, 1183; ZIP 2016, 1068; 2017, 329. Zweifelhaftigkeit der Zulässigkeit ist kein zureichender Grund, von der Kann-Vorschrift des I nicht Gebrauch zu machen, OLG Hamm DB 1973, 2034. Deutsche ZwNl ist zu löschen, wenn die HauptNl im ausländischen HdlReg gelöscht worden ist, KG NZG 2012, 230. Amtslöschung des GmbHGeschäftsführers, OLG München NJW-RR 2011, 622; OLG Frankfurt a. M. NZG 2019, 348. Amtslöschung einer Löschung nach § 394, OLG Düsseldorf ZIP 2013, 672; ZIP 2016, 1068. Gewerbeuntersagung berechtigt zur Löschung, OLG Düsseldorf NZG 2013, 1183, bei Geschäftsführer (§ 6 II GmbHG), OLG Celle DB 2013, 2262; OLG Karlsruhe NZG 2014, 1238. Keine Löschung der GfterListe (im Registerordner), KG NZG 2016, 987. Bei mangelnder Antragsbefugnis Anregung nach § 24 FamFG, Beschwerde gegen Ablehnung bei Betroffenheit in eigenen Rechten, OLG Düsseldorf ZIP 2016, 1068. Löschungsantrag des BAKred (jetzt: der BaFin) nach KWG (→ (7) Bankgeschäfte Rn. A4–5) gegen Angabe „Betrieb von Finanzierungen" als Unternehmensgegenstand ohne Erlaubnis hierfür, LG Osnabrück BB 1976, 1530. Abwägung des öffentlichen Interesses und des privaten Beibehaltungsinteresses, OLG Frankfurt a. M. NJW-RR 2006, 44, mangels konkreter Verwechslungsgefahr ua ging letzteres vor. Keine Löschung einer in die Registerordnung des HdlReg aufgenommen GfterListe, KG WM 2016, 1741.

(4) Verordnung über die Einrichtung und Führung des Handelsregisters (Handelsregisterverordnung – HRV)

Vom 12. August 1937 (RMBl. 515, DJ 1251/FNA 315-20)
zuletzt geändert durch Art. 44 PersonengesellschaftsrechtsmodernisierungsG (MoPeG) vom 10.8.2021 (BGBl. I 3436)[1]

Einleitung

Schrifttum

Böttcher/Ries, Formularpraxis des Handelsregisterrechts, 2003. – *Drischler,* HRV, 5. Aufl 1983. – *Fleischhauer/Preuß,* HdlRegisterrecht, 4. Aufl 2019. – *Gustavus,* HdlRegister-Anmeldungen, 10. Aufl 2020. – *Gustavus/Ries,* Hdl-, Ges- und Registerrecht, 6. Aufl 2020. – *Krafka* 2. Aufl 2008 (Einführung). – *Krafka/Kühn,* Registerrecht, 11. Aufl 2019. – *Melchior/Schulte,* HRV, 2. Aufl 2009. – *Müther/Leutner/Schmidt-Kessel* 2010. – *Ries,* Praxis- und Formularbuch zum Registerrecht, 4. Aufl 2019. – *Schmidt-Kessel/Leutner/Müther,* HdlRegisterrecht, 2010. – Ferner die Großkommentare zum HGB (→ Einl. v. § 1 HGB) und zum FamFG (→ Einl. **(3)** FamFG § 374). Weitere Lit. § 8 HGB, dort auch zur HdlRegReform durch das EHUG 2006. Weiteres Schrifttum zum HdlReg → § 8 HGB.

1) Einzelheiten der Einrichtung und Führung des HdlReg regelt die auf Grund von § 125 III FGG, heute **(3)** FamFG § 387 II erlassene Handelsregisterverordnung (HRV) von 1937. Sie wurde wiederholt geändert, ua durch 8. ÄndVO 19.6.1989 BGBl. 1113 (Anpassung an §§ 8a, 9 II HGB und EWIVAG, Anh. § 160 HGB), HRefG 1998, VOAnpassInsO 8.12.1998 BGBl. 3580, VO 11.12.2001 BGBl. 3688 (HRV als RVO des BMJ umbenannt). Seither weitere Änderungen ua durch SEEG 22.12.2004 BGBl. 3675 (§§ 3 III, 24 I, 37 I, 43–45, 62, Anl. 5, 7); HRegGebNeuOG 3.7.2004 BGBl. 1410 (§ 25 I, Bescheidungsfrist von 1 Monat durch Registergericht) und ganz erheblich infolge der Einführung des elektronischen HdlReg und des Unternehmensregisters durch EHUG 10.11.2006 BGBl. 2553. Später weitere Änderungen, zB VerwRegknüpfUmsetzG 22.12.2014 BGBl. 2409 (§§ 9 I 1, 26), G 1.4.2015 BGBl. 434, G 20.11.2019 BGBl. 1724 (Anpassung an die EU-DSGVO). Im Folgenden ist die HRV unter Weglassung der ihr beigegebenen Muster abgedruckt. **Reform:** Die HRV hat in wesentlichen Teilen Modifikationen durch die Umsetzung der Digitalisierungs-RL durch das DiRUG, insbes. aufgrund der damit einhergehenden grundlegenden Änderung des Bekanntmachungswesens und der Verstärkung des Informationsaustauschs über das Europäische System der Registervernetzung erfahren (→ HGB § 8 Rn. 2d). Betroffen sind §§ 10, 11, 16a, 17, 22, 25, 27, 29, 30a, 32–34, 35, 38a, 38b (neu), 43, 52, Anlage 3 zu § 33 V (Art. 7 DiRUG, BGBl. 2021 I 3338, 3349 ff., vgl. auch BT-Drs. 19/28177, 24 ff.). **MoPeG** sieht Änderungen in § 13 III und § 40 Nr. 5b mit Blick auf den registertechnischen Vollzug des mit dem neuen § 707c BGB-E (BT-Drs. 19/27635, 15) einzuführenden Statuswechsels zwischen Ges- und HdlReg vor, in § 40 Nr. 5c klarstellende Änderungen (BT-Drs. 19/27635, 43, 210).

---

[1] Änderungen durch Art. 44 G zur Modernisierung des Personengesellschaftsrechts (Personengesellschaftsrechtsmodernisierungsgesetz – MoPeG) v. 10.8.2021, BGBl. I 3436 **mWv 1.1.2024** sind in der vorliegenden Auflage noch nicht berücksichtigt.

III. Handelsregister

I. Einrichtung des Handelsregisters. Örtliche und sachliche Zuständigkeit

Zuständigkeit des Amtsgerichts

HRV 1 Soweit nicht nach § 376 Abs. 2 des Gesetzes über das Verfahren in Familiensachen und in den Angelegenheiten der freiwilligen Gerichtsbarkeit etwas Abweichendes geregelt ist, führt jedes Amtsgericht, in dessen Bezirk ein Landgericht seinen Sitz hat, für den Bezirk dieses Landgerichts ein Handelsregister.

HRV 2 *(aufgehoben)*

[Einrichtung des Registers]

HRV 3 (1) Das Handelsregister besteht aus zwei Abteilungen.

(2) In die Abteilung A werden eingetragen die Einzelkaufleute, die in dem § 33 des Handelsgesetzbuchs bezeichneten juristischen Personen sowie die offenen Handelsgesellschaften, die Kommanditgesellschaften und die Europäischen wirtschaftlichen Interessenvereinigungen.

(3) In die Abteilung B werden eingetragen die Aktiengesellschaften, die SE, die Kommanditgesellschaften auf Aktien, die Gesellschaften mit beschränkter Haftung und die Versicherungsvereine auf Gegenseitigkeit.

[Zuständigkeit des Richters und Urkundsbeamten]

HRV 4 [1] Für die Erledigung der Geschäfte des Registergerichts ist der Richter zuständig. [2] Soweit die Erledigung der Geschäfte nach dieser Verordnung dem Urkundsbeamten der Geschäftsstelle übertragen ist, gelten die §§ 5 bis 8 des Rechtspflegergesetzes in Bezug auf den Urkundsbeamten der Geschäftsstelle entsprechend.

HRV 5, 6 *(aufgehoben)*

Elektronische Führung des Handelsregisters

HRV 7 [1] Die Register einschließlich der Registerordner werden elektronisch geführt. [2] § 8a Abs. 2 des Handelsgesetzbuchs bleibt unberührt.

Registerakten

HRV 8 (1) [1] Für jedes Registerblatt (§ 13) werden Akten gebildet. [2] Zu den Registerakten gehören auch die Schriften oder Dokumente über solche gerichtlichen Handlungen, die, ohne auf eine Registereintragung abzuzielen, mit den in dem Register vermerkten rechtlichen Verhältnissen in Zusammenhang stehen.

Merkt

(2) ¹ Wird ein Schriftstück, das in Papierform zur Registerakte einzureichen war, zurückgegeben, so wird eine beglaubigte Abschrift zurückbehalten. ² Ist das Schriftstück in anderen Akten des Amtsgerichts enthalten, so ist eine beglaubigte Abschrift zu den Registerakten zu nehmen. ³ In den Abschriften und Übertragungen können die Teile des Schriftstückes, die für die Führung des Handelsregisters ohne Bedeutung sind, weggelassen werden, wenn hiervon Verwirrung nicht zu besorgen ist. ⁴ In Zweifelsfällen bestimmt der Richter den Umfang der Abschrift, sonst der Urkundsbeamte der Geschäftsstelle.

(3) ¹ Die Landesjustizverwaltung kann bestimmen, dass die Registerakten ab einem bestimmten Zeitpunkt elektronisch geführt werden. ² Nach diesem Zeitpunkt eingereichte Schriftstücke sind zur Ersetzung der Urschrift in ein elektronisches Dokument zu übertragen und in dieser Form zur elektronisch geführten Registerakte zu nehmen, soweit die Anordnung der Landesjustizverwaltung nichts anderes bestimmt; § 9 Abs. 3 und 4 gilt entsprechend. ³ Im Fall einer Beschwerde sind in Papierform eingereichte Schriftstücke mindestens bis zum rechtskräftigen Abschluss des Beschwerdeverfahrens aufzubewahren, wenn sie für die Durchführung des Beschwerdeverfahrens notwendig sind und das Beschwerdegericht keinen Zugriff auf die elektronisch geführte Registerakte hat. ⁴ Das Registergericht hat in diesem Fall von ausschließlich elektronisch vorliegenden Dokumenten Ausdrucke für das Beschwerdegericht zu fertigen, soweit dies zur Durchführung des Beschwerdeverfahrens notwendig ist; § 298 Abs. 2 der Zivilprozessordnung gilt entsprechend. ⁵ Die Ausdrucke sind mindestens bis zum rechtskräftigen Abschluss des Beschwerdeverfahrens aufzubewahren.

Registerordner

HRV 9 (1) ¹ Die zum Handelsregister einzureichenden und nach § 9 Abs. 1 des Handelsgesetzbuchs der unbeschränkten Einsicht unterliegenden Dokumente werden für jedes Registerblatt (§ 13) in einen dafür bestimmten Registerordner aufgenommen. ² Sie sind in der zeitlichen Folge ihres Eingangs und nach der Art des jeweiligen Dokuments abrufbar zu halten. ³ Ein Widerspruch gegen eine Eintragung in der Gesellschafterliste (§ 16 Abs. 3 Satz 3 des Gesetzes betreffend die Gesellschaften mit beschränkter Haftung) ist der Gesellschafterliste zuzuordnen und zudem besonders hervorzuheben. ⁴ Die in einer Amtssprache der Europäischen Union übermittelten Übersetzungen (§ 11 des Handelsgesetzbuchs) sind den jeweiligen Ursprungsdokumenten zuzuordnen. ⁵ Wird ein aktualisiertes Dokument eingereicht, ist kenntlich zu machen, dass die für eine frühere Fassung eingereichte Übersetzung nicht dem aktualisierten Stand des Dokuments entspricht.

(2) ¹ Schriftstücke, die vor dem 1. Januar 2007 eingereicht worden sind, können zur Ersetzung der Urschrift in ein elektronisches Dokument übertragen und in dieser Form in den Registerordner übernommen werden. ² Sie sind in den Registerordner zu übernehmen, sobald ein Antrag auf elektronische Übermittlung (§ 9 Abs. 2 des Handelsgesetzbuchs) vorliegt

(3) ¹ Wird ein Schriftstück, das in Papierform zum Registerordner einzureichen war, zurückgegeben, so wird es zuvor in ein elektronisches Dokument übertragen und in dieser Form in den Registerordner übernommen. ² Die Rückgabe wird im Registerordner vermerkt. ³ Ist das Schriftstück in anderen Akten des Amtsgerichts enthalten, so wird eine elektronische Aufzeichnung hiervon in dem Registerordner gespeichert. ⁴ Bei der Speicherung können die Teile des Schriftstückes, die für die Führung des Handelsregisters ohne Bedeutung sind, weggelassen werden, sofern hiervon Verwirrung nicht zu be-

III. Handelsregister **11 HRV (4)**

sorgen ist. [5] Den Umfang der Speicherung bestimmt der Urkundsbeamte der Geschäftsstelle, in Zweifelsfällen der Richter.

(4) [1] Wird ein Schriftstück in ein elektronisches Dokument übertragen und in dieser Form in den Registerordner übernommen, ist zu vermerken, ob das Schriftstück eine Urschrift, eine einfache oder beglaubigte Abschrift, eine Ablichtung oder eine Ausfertigung ist; Durchstreichungen, Änderungen, Einschaltungen, Radierungen oder andere Mängel des Schriftstückes sollen in dem Vermerk angegeben werden. [2] Ein Vermerk kann unterbleiben, soweit die in Satz 1 genannten Tatsachen aus dem elektronischen Dokument eindeutig ersichtlich sind.

(5) [1] Wiedergaben von Schriftstücken, die nach § 8a Abs. 3 oder Abs. 4 des Handelsgesetzbuchs in der bis zum Inkrafttreten des Gesetzes über elektronische Handelsregister und Genossenschaftsregister sowie das Unternehmensregister vom 10. November 2006 (BGBl. I S. 2553) am 1. Januar 2007 geltenden Fassung auf einem Bildträger oder einem anderen Datenträger gespeichert wurden, können in den Registerordner übernommen werden. [2] Dabei sind im Fall der Speicherung nach § 8a Abs. 3 des Handelsgesetzbuchs in der in Satz 1 genannten Fassung auch die Angaben aus dem nach § 8a Abs. 3 Satz 2 des Handelsgesetzbuchs in der in Satz 1 genannten Fassung gefertigten Nachweis in den Registerordner zu übernehmen. [3] Im Fall der Einreichung nach § 8a Abs. 4 des Handelsgesetzbuchs in der in Satz 1 genannten Fassung ist zu vermerken, dass das Dokument aufgrund des § 8a Abs. 4 des Handelsgesetzbuchs in der in Satz 1 genannten Fassung als einfache Wiedergabe auf einem Datenträger eingereicht wurde.

(6) [1] Im Fall einer Beschwerde hat das Registergericht von den im Registerordner gespeicherten Dokumenten Ausdrucke für das Beschwerdegericht zu fertigen, soweit dies zur Durchführung des Beschwerdeverfahrens notwendig ist; § 298 Abs. 2 der Zivilprozessordnung gilt entsprechend. [2] Die Ausdrucke sind mindestens bis zum rechtskräftigen Abschluss des Beschwerdeverfahrens aufzubewahren.

Einsichtnahme

HRV 10 (1) Die Einsicht in das Register und in die zum Register eingereichten Dokumente ist auf der Geschäftsstelle des Registergerichts während der Dienststunden zu ermöglichen.

(2) [1] Die Einsicht in das elektronische Registerblatt erfolgt über ein Datensichtgerät oder durch Einsicht in einen aktuellen oder chronologischen Ausdruck. [2] Dem Einsichtnehmenden kann gestattet werden, das Registerblatt selbst auf dem Bildschirm des Datensichtgerätes aufzurufen, wenn technisch sichergestellt ist, dass der Abruf von Daten die nach § 9 Abs. 1 des Handelsgesetzbuchs zulässige Einsicht nicht überschreitet und Veränderungen an dem Inhalt des Handelsregisters nicht vorgenommen werden können.

(3) Über das Datensichtgerät ist auch der Inhalt des Registerordners einschließlich der nach § 9 Abs. 4 oder Abs. 5 Satz 2 aufgenommenen Angaben und der eingereichten Übersetzungen zugänglich zu machen.

HRV 11 *(aufgehoben)*

II. Führung des Handelsregisters

Form der Eintragungen

HRV 12 ¹Die Eintragungen sind deutlich, klar verständlich sowie in der Regel ohne Verweis auf gesetzliche Vorschriften und ohne Abkürzung herzustellen. ²Aus dem Register darf nichts durch technische Eingriffe oder sonstige Maßnahmen entfernt werden.

[Registerblatt]

HRV 13 (1) Jeder Einzelkaufmann, jede juristische Person sowie jede Handelsgesellschaft ist unter einer in derselben Abteilung fortlaufenden Nummer (Registerblatt) in das Register einzutragen.

(2) ¹Wenn ein Amtsgericht das Register für mehrere Amtsgerichtsbezirke führt, können auf Anordnung der Landesjustizverwaltung die fortlaufenden Nummern für einzelne Amtsgerichtsbezirke je gesondert geführt werden. ²In diesem Fall sind die fortlaufenden Nummern der jeweiligen Amtsgerichtsbezirke durch den Zusatz eines Ortskennzeichens unterscheidbar zu halten. ³Nähere Anordnungen hierüber trifft die Landesjustizverwaltung.

(3) ¹Wird die Firma geändert, so ist dies auf demselben Registerblatt einzutragen. ²Bei einer Umwandlung ist der übernehmende, neu gegründete Rechtsträger oder Rechtsträger neuer Rechtsform stets auf ein neues Registerblatt einzutragen. Bei einem Statuswechsel gilt Satz 2 entsprechend für die Gesellschaft neuer Rechtsform

(4) Die zur Offenlegung in einer Amtssprache der Europäischen Union übermittelten Übersetzungen von Eintragungen (§ 11 des Handelsgesetzbuchs) sind dem Registerblatt und der jeweiligen Eintragung zuzuordnen.

[Laufende Nummern, Trennung von Eintragungen]

HRV 14 (1) Jede Eintragung ist mit einer laufenden Nummer zu versehen und mittels eines alle Spalten des Registers durchschneidenden Querstrichs von der folgenden Eintragung zu trennen.

(2) Werden mehrere Eintragungen gleichzeitig vorgenommen, so erhalten sie nur eine laufende Nummer.

Übersetzungen

HRV 15 ¹War eine frühere Eintragung in einer Amtssprache der Europäischen Union zugänglich gemacht worden (§ 11 des Handelsgesetzbuchs), so ist mit der Eintragung kenntlich zu machen, dass die Übersetzung nicht mehr dem aktuellen Stand der Registereintragung entspricht. ²Die Kenntlichmachung ist zu entfernen, sobald eine aktualisierte Übersetzung eingereicht wird.

[Änderungen und Löschungen]

HRV 16 (1) ¹Änderungen des Inhalts einer Eintragung sowie Löschungen sind unter einer neuen laufenden Nummer einzutragen. ²Eine Eintragung, die durch eine spätere Eintragung ihre Bedeu-

tung verloren hat, ist nach Anordnung des Richters rot zu unterstreichen.
³ Mit der Eintragung selbst ist auch der Vermerk über ihre Löschung rot zu unterstreichen.

(2) Eintragungen oder Vermerke, die rot zu unterstreichen oder rot zu durchkreuzen sind, können anstelle durch Rötung auch auf andere eindeutige Weise als gegenstandslos kenntlich gemacht werden.

(3) ¹ Ein Teil einer Eintragung darf nur gerötet oder auf andere eindeutige Weise als gegenstandslos kenntlich gemacht werden, wenn die Verständlichkeit der Eintragung und des aktuellen Ausdrucks nicht beeinträchtigt wird.
² Andernfalls ist die betroffene Eintragung insgesamt zu röten und ihr noch gültiger Teil in verständlicher Form zu wiederholen.

Kennzeichnung bestimmter Eintragungen

HRV 16a Diejenigen Eintragungen, die lediglich andere Eintragungen wiederholen, erläutern oder begründen und daher nach § 30a Abs. 4 Satz 4 nicht in den aktuellen Ausdruck einfließen, sind grau zu hinterlegen oder es ist auf andere Weise sicherzustellen, dass diese Eintragungen nicht in den aktuellen Ausdruck übernommen werden.

[Berichtigungen]

HRV 17 (1) ¹ Schreibversehen und ähnliche offenbare Unrichtigkeiten in einer Eintragung können durch den Richter oder nach Anordnung des Richters in Form einer neuen Eintragung oder auf andere eindeutige Weise berichtigt werden. ² Die Berichtigung ist als solche kenntlich zu machen.

(2) ¹ Die Berichtigung nach Absatz 1 ist den Beteiligten bekanntzugeben.
² Die öffentliche Bekanntmachung kann unterbleiben, wenn die Berichtigung einen offensichtlich unwesentlichen Punkt der Eintragung betrifft.

(3) ¹ Eine versehentlich vorgenommene Rötung oder Kenntlichmachung nach § 16 oder § 16a ist zu löschen oder auf andere eindeutige Weise zu beseitigen. ² Die Löschung oder sonstige Beseitigung ist zu vermerken.

[Eintragung aufgrund Entscheidung des Prozessgerichts]

HRV 18 ¹ Erfolgt eine Eintragung auf Grund einer rechtskräftigen oder vollstreckbaren Entscheidung des Prozeßgerichts, so ist dies bei der Eintragung im Register unter Angabe des Prozessgerichts, des Datums und des Aktenzeichens der Entscheidung zu vermerken. ² Eine Aufhebung der Entscheidung ist in dieselbe Spalte des Registers einzutragen.

[Löschung von Amts wegen]

HRV 19 (1) Soll eine Eintragung von Amts wegen gelöscht werden, weil sie mangels einer wesentlichen Voraussetzung unzulässig ist, so erfolgt die Löschung durch Eintragung des Vermerks „Von Amts wegen gelöscht".

(2) ¹ Hat sie in sonstigen Fällen eine Eintragung von Amts wegen zu erfolgen, so hat sie den Hinweis auf die gesetzliche Grundlage und einen Vermerk „Von Amts wegen eingetragen" zu enthalten. ² Dies gilt nicht für die Eintragung der Vermerke über die Eröffnung, die Einstellung oder Aufhebung des Insolvenzverfahrens, die Aufhebung des Eröffnungsbeschlusses, die An-

Merkt

ordnung der Eigenverwaltung durch den Schuldner und deren Aufhebung, die Anordnung der Zustimmungsbedürftigkeit bestimmter Rechtsgeschäfte des Schuldners nach § 277 der Insolvenzordnung sowie die sonstigen in § 32 des Handelsgesetzbuchs vorgesehenen Vermerke.

HRV 19a *(aufgehoben)*

[Verlegung von Firmen]

HRV 20 [1] Wird die Hauptniederlassung eines Einzelkaufmanns, einer juristischen Person oder der Sitz einer Handelsgesellschaft oder die Zweigniederlassung eines Unternehmens mit Sitz oder Hauptniederlassung im Ausland aus dem Bezirke des Registergerichts verlegt, so ist erst bei Eingang der Nachricht von der Eintragung in das Register des neuen Registergerichts (§ 13h Abs. 2 Satz 5 des Handelsgesetzbuchs; § 45 Abs. 2 Satz 6 des Aktiengesetzes) die Verlegung auf dem bisherigen Registerblatt in der Spalte 2 und in der Spalte „Rechtsverhältnisse" zu vermerken; § 22 ist entsprechend anzuwenden. [2] Auf dem bisherigen Registerblatt ist bei der jeweiligen Eintragung auf das Registerblatt des neuen Registergerichts zu verweisen und umgekehrt.

Umschreibung eines Registerblatts

HRV 21 (1) [1] Ist das Registerblatt unübersichtlich geworden, so sind die noch gültigen Eintragungen unter einer neuen oder unter derselben Nummer auf ein neues Registerblatt umzuschreiben. [2] Dabei kann auch von dem ursprünglichen Text der Eintragung abgewichen werden, soweit der Inhalt der Eintragung dadurch nicht verändert wird. [3] Auf jedem Registerblatt ist auf das andere zu verweisen, auch wenn es bei derselben Nummer verbleibt.

(2) Die Zusammenfassung und Übertragung ist den Beteiligten unter Mitteilung von dem Inhalt der neuen Eintragung und gegebenenfalls der neuen Nummer bekannt zu machen.

(3) Bestehen Zweifel über die Art oder den Umfang der Übertragung, so sind die Beteiligten vorher zu hören.

Gegenstandslosigkeit aller Eintragungen

HRV 22 (1) [1] Sämtliche Seiten des Registerblatts sind zu röten oder rot zu durchkreuzen, wenn alle Eintragungen gegenstandslos geworden sind. [2] Das Registerblatt erhält einen Vermerk, der es als „geschlossen" kennzeichnet.

(2) [1] Geschlossene Registerblätter sollen weiterhin, in der Form von Ausdrucken, wiedergabefähig oder lesbar bleiben. [2] Die Datenträger für geschlossene Registerblätter können auch bei der für die Archivierung von Handelsregisterblättern zuständigen Stelle verfügbar gehalten werden, soweit landesrechtliche Vorschriften nicht entgegenstehen.

III. Verfahren bei Anmeldung, Eintragung und Bekanntmachung

[Stellungnahme der Organe des Handelsstandes]

HRV 23 [1] Das Gericht hat dafür Sorge zu tragen, dass die gesetzlich vorgeschriebenen Eintragungen in das Register erfolgen. [2] Die Stellungnahme der Organe des Handelsstandes gemäß § 380 Abs. 2 des Gesetzes über das Verfahren in Familiensachen und in den Angelegenheiten der freiwilligen Gerichtsbarkeit soll elektronisch eingeholt und übermittelt werden.

[Inhalt der Anmeldung]

HRV 24 (1) Werden natürliche Personen zur Eintragung in das Handelsregister angemeldet (insbesondere als Kaufleute, Gesellschafter, Prokuristen, Vorstandsmitglieder, Mitglieder des Leitungsorgans, geschäftsführende Direktoren, Geschäftsführer, Abwickler), so ist in der Anmeldung deren Geburtsdatum anzugeben.

(2) [1] Bei der Anmeldung ist die Lage der Geschäftsräume anzugeben. [2] Dies gilt nicht, wenn die Lage der Geschäftsräume als inländische Geschäftsanschrift zur Eintragung in das Handelsregister angemeldet wird oder bereits in das Handelsregister eingetragen worden ist. [3] Eine Änderung der Lage der Geschäftsräume ist dem Registergericht unverzüglich mitzuteilen; Satz 2 gilt entsprechend.

(3) Absatz 2 gilt für die Anmeldung einer Zweigniederlassung und die Änderung der Lage ihrer Geschäftsräume entsprechend.

(4) Es ist darauf hinzuwirken, daß bei den Anmeldungen auch der Unternehmensgegenstand, soweit er sich nicht aus der Firma ergibt, angegeben wird.

[Entscheidung über die Eintragung, Bekanntmachung]

HRV 25 (1) [1] Auf die Anmeldung zur Eintragung, auf Gesuche und Anträge entscheidet der Richter. [2] Über die Eintragung ist unverzüglich nach Eingang der Anmeldung bei Gericht zu entscheiden. [3] Ist eine Anmeldung zur Eintragung in das Handelsregister unvollständig oder steht der Eintragung ein durch den Antragsteller behebbares Hindernis entgegen, so hat der Richter unverzüglich zu verfügen; liegt ein nach § 23 einzuholendes Gutachten bis dahin nicht vor, so ist dies dem Antragsteller unverzüglich mitzuteilen. [4] Der Richter entscheidet auch über die erforderlichen Bekanntmachungen.

(2) Der Richter ist für die Eintragung auch dann zuständig, wenn sie vom Beschwerdegericht oder nach § 395 des Gesetzes über das Verfahren in Familiensachen und in den Angelegenheiten der freiwilligen Gerichtsbarkeit verfügt ist.

Änderung eingetragener Angaben

HRV 26 Die Änderung eingetragener Angaben ist, unbeschadet des § 25 Absatz 1 Satz 2, in der Regel innerhalb von

21 Tagen nach Eingang der vollständigen Anmeldung oder im Fall eines durch den Antragsteller behebbaren Eintragungshindernisses innerhalb von 21 Tagen nach dessen Behebung einzutragen und bekannt zu machen.

Vornahme der Eintragung, Wortlaut der Bekanntmachung

HRV 27 (1) Der Richter nimmt die Eintragung und Bekanntmachung entweder selbst vor oder er verfügt die Eintragung und die Bekanntmachung durch den Urkundsbeamten der Geschäftsstelle.

(2) ¹Nimmt der Richter die Eintragung nicht selbst vor, so hat er in der Eintragungsverfügung den genauen Wortlaut der Eintragung sowie die Eintragungsstelle im Register samt aller zur Eintragung erforderlichen Merkmale festzustellen. ²Der Wortlaut der öffentlichen Bekanntmachung ist besonders zu verfügen, wenn er von dem der Eintragung abweicht. ³Der Urkundsbeamte der Geschäftsstelle hat die Ausführung der Eintragungsverfügung zu veranlassen, die Eintragung zu signieren und die verfügten Bekanntmachungen herbeizuführen.

(3) ¹Die Wirksamkeit der Eintragung (§ 8a Abs. 1 des Handelsgesetzbuchs) ist in geeigneter Weise zu überprüfen. ²Die eintragende Person soll die Eintragung auf ihre Richtigkeit und Vollständigkeit sowie ihre Abrufbarkeit aus dem Datenspeicher (§ 48) prüfen.

(4) Bei jeder Eintragung ist der Tag der Eintragung anzugeben.

Elektronische Signatur

HRV 28 ¹Der Richter oder im Fall des § 27 Abs. 2 der Urkundsbeamte der Geschäftsstelle setzt der Eintragung seinen Nachnamen hinzu und signiert beides elektronisch. ²Im Übrigen gilt § 75 der Grundbuchverfügung entsprechend.

[Obliegenheiten des Urkundsbeamten]

HRV 29 (1) Der Urkundsbeamte der Geschäftsstelle ist zuständig:
1. für die Erteilung von Abschriften oder Ausdrucken oder die elektronische Übermittlung der Eintragungen und der zum Register eingereichten Schriftstücke und Dokumente; wird eine auszugsweise Abschrift, ein auszugsweiser Ausdruck oder eine auszugsweise elektronische Übermittlung beantragt, so entscheidet bei Zweifeln über den Umfang des Auszugs der Richter;
2. für die Beglaubigung und die Erteilung oder elektronische Übermittlung von Bescheinigungen nach § 9 Abs. 5 des Handelsgesetzbuchs;
3. für die Eintragung der in § 32 des Handelsgesetzbuchs vorgesehenen Vermerke im Zusammenhang mit einem Insolvenzverfahren;
4. für die Eintragung der inländischen Geschäftsanschrift.

(2) ¹Wird die Änderung einer Entscheidung des Urkundsbeamten der Geschäftsstelle verlangt, so entscheidet, wenn dieser dem Verlangen nicht entspricht, der Richter. ²Die Beschwerde ist erst gegen seine Entscheidung gegeben.

III. Handelsregister   **30a HRV (4)**

[Abschriften]

HRV 30 (1) ¹Einfache Abschriften der in Papierform vorhandenen Registerblätter und Schriftstücke sind mit dem Vermerk: „Gefertigt am ..." abzuschließen. ²Der Vermerk ist nicht zu unterzeichnen.

(2) ¹Die Beglaubigung einer Abschrift geschieht durch einen unter die Abschrift zu setzenden Vermerk, der die Übereinstimmung mit der Hauptschrift bezeugt. ²Der Beglaubigungsvermerk muß Ort und Tag der Ausstellung enthalten, von dem Urkundsbeamten der Geschäftsstelle unterschrieben und mit Siegel oder Stempel versehen sein.

(3) ¹Soll aus dem Handelsregister eine auszugsweise Abschrift erteilt werden, so sind in die Abschrift die Eintragungen aufzunehmen, die den Gegenstand betreffen, auf den sich der Auszug beziehen soll. ²In dem Beglaubigungsvermerk ist der Gegenstand anzugeben und zu bezeugen, daß weitere ihn betreffende Eintragungen in dem Register nicht enthalten sind.

(4) ¹Werden beglaubigte Abschriften der zum Register eingereichten Schriftstücke oder der eingereichten Wiedergaben von Schriftstücken (§ 8a Abs. 4 des Handelsgesetzbuchs in der bis zum Inkrafttreten des Gesetzes über elektronische Handelsregister und Genossenschaftsregister sowie das Unternehmensregister am 1. Januar 2007 geltenden Fassung) beantragt, so ist in dem Beglaubigungsvermerk ersichtlich zu machen, ob die Hauptschrift eine Urschrift, eine Wiedergabe auf einem Bildträger oder auf anderen Datenträgern, eine einfache oder beglaubigte Abschrift, eine Ablichtung oder eine Ausfertigung ist; ist die Hauptschrift eine Wiedergabe auf einem Bildträger oder auf anderen Datenträgern, eine beglaubigte Abschrift, eine beglaubigte Ablichtung oder eine Ausfertigung, so ist der nach § 8a Abs. 3 Satz 2 des Handelsgesetzbuchs in der bis zum Inkrafttreten des Gesetzes über elektronische Handelsregister und Genossenschaftsregister sowie das Unternehmensregister am 1. Januar 2007 geltenden Fassung angefertigte schriftliche Nachweis über die inhaltliche Übereinstimmung der Wiedergabe mit der Urschrift, der Beglaubigungsvermerk oder der Ausfertigungsvermerk in die beglaubigte Abschrift aufzunehmen. ²Durchstreichungen, Änderungen, Einschaltungen, Radierungen oder andere Mängel einer von den Beteiligten eingereichten Schrift sollen in dem Vermerk angegeben werden.

(5) ¹Die Bestätigung oder Ergänzung früher gefertigter Abschriften ist zulässig. ²Eine Ergänzung einer früher erteilten Abschrift soll unterbleiben, wenn die Ergänzung gegenüber der Erteilung einer Abschrift durch Ablichtung einen unverhältnismäßigen Arbeitsaufwand, insbesondere erhebliche oder zeitraubende Schreibarbeiten erfordern würde; andere Versagungsgründe bleiben unberührt.

Ausdrucke

HRV 30a (1) ¹Ausdrucke aus dem Registerblatt (§ 9 Abs. 4 des Handelsgesetzbuchs) sind mit der Aufschrift „Ausdruck" oder „Amtlicher Ausdruck", dem Datum der letzten Eintragung und dem Datum des Abrufs der Daten aus dem Handelsregister zu versehen. ²Sie sind nicht zu unterschreiben.

(2) ¹Ausdrucke aus dem Registerordner sind mit der Aufschrift „Ausdruck" oder „Amtlicher Ausdruck", dem Datum der Einstellung des Dokuments in den Registerordner, dem Datum des Abrufs aus dem Registerordner und den nach § 9 Abs. 4 oder Abs. 5 Satz 2 aufgenommenen Angaben zu versehen. ²Sie sind nicht zu unterschreiben.

Merkt

(3) ¹Der amtliche Ausdruck ist darüber hinaus mit Ort und Tag der Ausstellung, dem Vermerk, dass der Ausdruck den Inhalt des Handelsregisters oder einen Inhalt des Registerordners bezeugt, sowie dem Namen des erstellenden Urkundsbeamten der Geschäftsstelle und mit einem Dienstsiegel zu versehen. ²Anstelle der Siegelung kann maschinell ein Abdruck des Dienstsiegels eingedruckt sein oder aufgedruckt werden; in beiden Fällen muss unter der Aufschrift „Amtlicher Ausdruck" der Vermerk „Dieser Ausdruck wird nicht unterschrieben und gilt als beglaubigte Abschrift." aufgedruckt sein oder werden.

(4) ¹Ausdrucke aus dem Registerblatt werden als chronologischer oder aktueller Ausdruck erteilt. ²Der chronologische Ausdruck gibt alle Eintragungen des Registerblatts wieder. ³Der aktuelle Ausdruck enthält den letzten Stand der Eintragungen. ⁴Nicht in den aktuellen Ausdruck aufgenommen werden diejenigen Eintragungen, die gerötet oder auf andere Weise nach § 16 als gegenstandslos kenntlich gemacht sind, die nach § 16a gekennzeichneten Eintragungen sowie die Angaben in den Spalten § 40 (HR A) Nr. 6 Buchstabe b und § 43 (HR B) Nr. 7 Buchstabe b. ⁵Die Art des Ausdrucks bestimmt der Antragsteller. ⁶Soweit nicht ausdrücklich etwas anderes beantragt ist, wird ein aktueller Ausdruck erteilt. ⁷Aktuelle Ausdrucke können statt in spaltenweiser Wiedergabe auch als fortlaufender Text erstellt werden.

(5) ¹Ausdrucke können dem Antragsteller auch elektronisch übermittelt werden. ²Die elektronische Übermittlung amtlicher Ausdrucke erfolgt unter Verwendung einer qualifizierten elektronischen Signatur.

(6) § 30 Abs. 3 gilt entsprechend.

[Ausfertigungen]

HRV 31 ¹Ausfertigungen der Bescheinigungen und Zeugnisse sind von dem Urkundsbeamten der Geschäftsstelle unter Angabe des Ortes und Tages zu unterschreiben und mit dem Gerichtssiegel oder Stempel zu versehen. ²Bescheinigungen und Zeugnisse können auch in elektronischer Form (§ 126a des Bürgerlichen Gesetzbuchs) übermittelt werden.

[Veröffentlichung]

HRV 32 Die Veröffentlichung der Eintragung ist unverzüglich zu veranlassen.

[Form der Bekanntmachungen]

HRV 33 (1) Die öffentlichen Bekanntmachungen sollen knapp gefaßt und leicht verständlich sein.

(2) In den Bekanntmachungen ist das Gericht und der Tag der Eintragung zu bezeichnen, einer Unterschrift bedarf es nicht.

(3) ¹Die Bekanntmachungen sind tunlichst nach dem anliegenden Muster abzufassen (Anlage 3). ²Der Tag der Bekanntmachung ist durch die bekannt machende Stelle beizufügen.

[Besondere Angaben in der Bekanntmachung]

HRV 34 ¹In den Bekanntmachungen sind, falls entsprechende Mitteilungen vorliegen, auch der Unternehmensgegenstand,

III. Handelsregister   **37 HRV (4)**

soweit er sich nicht aus der Firma ergibt, und die Lage der Geschäftsräume anzugeben. ²Ist eine inländische Geschäftsanschrift eingetragen, so ist diese anstelle der Lage der Geschäftsräume anzugeben. ³Es ist in den Bekanntmachungen darauf hinzuweisen, daß die in Satz 1 genannten Angaben ohne Gewähr für die Richtigkeit erfolgen.

Veröffentlichungen im Amtsblatt der Europäischen Union

HRV 34a Die Pflichten zur Veröffentlichung im Amtsblatt der Europäischen Union und die Mitteilungspflichten gegenüber dem Amt für amtliche Veröffentlichungen der Europäischen Union nach der Verordnung (EWG) Nr. 2137/85 des Rates vom 25. Juli 1985 über die Schaffung einer Europäischen wirtschaftlichen Interessenvereinigung (EWIV) (ABl. EG Nr. L 199 S. 1) sowie der Verordnung (EG) Nr. 2157/2001 des Rates vom 8. Oktober 2001 über das Statut der Europäischen Gesellschaft (SE) (ABl. EG Nr. L 294 S. 1) bleiben unberührt.

[Angabe des Löschungsgrundes]

HRV 35 ¹Wird eine Firma im Handelsregister gelöscht, weil das Unternehmen nach Art oder Umfang einen in kaufmännischer Weise eingerichteten Geschäftsbetrieb nicht erfordert, so kann auf Antrag des Inhabers in der Bekanntmachung der Grund der Löschung erwähnt werden. ²Handelt es sich um einen Handwerker, der bereits in die Handwerksrolle eingetragen ist, so kann neben der Angabe des Grundes der Löschung in der Bekanntmachung auch auf diese Eintragung hingewiesen werden.

[Benachrichtigungen]

HRV 36 ¹Der Urkundsbeamte der Geschäftsstelle unterschreibt die Mitteilungen. ²In geeigneten Fällen ist darauf hinzuweisen, daß auf die Bekanntgabe verzichtet werden kann (§ 383 Abs. 1 Satz 1 des Gesetzes über das Verfahren in Familiensachen und in den Angelegenheiten der freiwilligen Gerichtsbarkeit).

Mitteilungen an andere Stellen

HRV 37 (1) ¹Das Gericht hat jede Neuanlegung und jede Änderung eines Registerblatts

1. der Industrie- und Handelskammer,
2. der Handwerkskammer, wenn es sich um ein handwerkliches Unternehmen handelt oder handeln kann, und
3. der Landwirtschaftskammer, wenn es sich um ein land- oder forstwirtschaftliches Unternehmen handelt oder handeln kann, oder, wenn eine Landwirtschaftskammer nicht besteht, der nach Landesrecht zuständigen Stelle

mitzuteilen. ²Die über Geschäftsräume und Unternehmensgegenstand gemachten Angaben sind ebenfalls mitzuteilen.

(2) Soweit in anderen Rechtsvorschriften oder durch besondere Anordnung der Landesjustizverwaltung eine Benachrichtigung weiterer Stellen vorgesehen ist, bleiben diese Vorschriften unberührt.

(4) HRV 40

[Anfragen bei anderen Registergerichten]

HRV 38 Gehört ein Ort oder eine Gemeinde zu den Bezirken verschiedener Registergerichte, so hat jedes Registergericht vor der Eintragung einer neuen Firma oder vor der Eintragung von Änderungen einer Firma bei den anderen beteiligten Registergerichten anzufragen, ob gegen die Eintragung im Hinblick auf § 30 des Handelsgesetzbuches Bedenken bestehen.

[Maschinelle Verfügungen und Benachrichtigungen]

HRV 38a (1) [1] Gerichtliche Verfügungen und Benachrichtigungen an Beteiligte, die maschinell erstellt werden, brauchen nicht unterschrieben zu werden. [2] In diesem Fall muß anstelle der Unterschrift auf dem Schreiben der Vermerk „Dieses Schreiben ist maschinell erstellt und auch ohne Unterschrift wirksam." angebracht sein. [3] Die Verfügung muß den Verfasser mit Funktionsbezeichnung erkennen lassen.

(2) [1] Die in Absatz 1 bezeichneten maschinell zu erstellenden Schreiben können, wenn die Kenntnisnahme durch den Empfänger allgemein sichergestellt ist, auch durch Bildschirmmitteilung oder in anderer Weise elektronisch übermittelt werden. [2] § 15 des Gesetzes über das Verfahren in Familiensachen und in den Angelegenheiten der freiwilligen Gerichtsbarkeit bleibt unberührt.

(3) Für die Texte für die öffentliche Bekanntmachung der Eintragungen sowie für Mitteilungen nach § 37 und Anfragen nach § 38 gelten die Absätze 1 und 2 entsprechend.

IV. Sondervorschriften für die Abteilungen A und B

[Trennung, Muster]

HRV 39 Die Abteilungen A und B werden in getrennten Registern nach den beigegebenen Mustern geführt.

Abteilung A

Inhalt der Eintragungen in Abteilung A

HRV 40 In Abteilung A des Handelsregisters sind die nachfolgenden Angaben einzutragen:
1. In Spalte 1 ist die laufende Nummer der die Firma betreffenden Eintragungen einzutragen.
2. In Spalte 2 sind
   a) unter Buchstabe a die Firma;
   b) unter Buchstabe b der Ort der Niederlassung oder der Sitz, bei Einzelkaufleuten und Personenhandelsgesellschaften die inländische Geschäftsanschrift sowie die Errichtung oder Aufhebung von Zweigniederlassungen, und zwar unter Angabe des Ortes einschließlich der Postleitzahl, der inländischen Geschäftsanschrift und, falls der Firma für eine Zweigniederlassung ein Zusatz beigefügt ist, unter Angabe dieses Zusatzes;
   c) unter Buchstabe c bei Europäischen wirtschaftlichen Interessenvereinigungen und bei juristischen Personen der Gegenstand des Unternehmens und die sich jeweils darauf beziehenden Änderungen anzugeben.

III. Handelsregister **40 HRV (4)**

3. ¹In Spalte 3 sind
   a) unter Buchstabe a die allgemeine Regelung zur Vertretung des Rechtsträgers durch die persönlich haftenden Gesellschafter, die Geschäftsführer, die Mitglieder des Vorstandes, bei Kreditinstituten die gerichtlich bestellten vertretungsbefugten Personen sowie die Abwickler oder Liquidatoren, und
   b) unter Buchstabe b der Einzelkaufmann, bei Handelsgesellschaften die persönlich haftenden Gesellschafter, bei Europäischen wirtschaftlichen Interessenvereinigungen die Geschäftsführer, bei juristischen Personen die Mitglieder des Vorstandes und deren Stellvertreter, bei Kreditinstituten die gerichtlich bestellten vertretungsberechtigten Personen, die Abwickler oder Liquidatoren unter der Bezeichnung als solche, bei ausländischen Versicherungsunternehmen die nach § 68 Absatz 2 des Versicherungsaufsichtsgesetzes bestellten Hauptbevollmächtigten sowie bei einer Zweigstelle eines Unternehmens mit Sitz in einem anderen Staat, die Bankgeschäfte in dem in § 1 Abs. 1 des Gesetzes über das Kreditwesen bezeichneten Umfang betreibt, die nach § 53 Abs. 2 Nr. 1 des Gesetzes über das Kreditwesen bestellten Geschäftsleiter jeweils mit Familiennamen, Vornamen, Geburtsdatum und Wohnort oder gegebenenfalls mit Firma, Rechtsform, Sitz oder Niederlassung

   und die jeweils sich darauf beziehenden Änderungen anzugeben.² Weicht die Vertretungsbefugnis der in Spalte 3 unter Buchstabe b einzutragenden Personen im Einzelfall von den Angaben in Spalte 3 unter Buchstabe a ab, so ist diese besondere Vertretungsbefugnis bei den jeweiligen Personen zu vermerken.

4. In Spalte 4 sind die die Prokura betreffenden Angaben einschließlich Familienname, Vorname, Geburtsdatum und Wohnort der Prokuristen und die sich jeweils darauf beziehenden Änderungen einzutragen.

5. In Spalte 5 sind anzugeben
   a) unter Buchstabe a die Rechtsform sowie bei juristischen Personen das Datum der Erstellung und jede Änderung der Satzung; bei der Eintragung genügt, soweit sie nicht die Änderung der einzutragenden Angaben betrifft, eine allgemeine Bezeichnung des Gegenstands der Änderung; dabei ist in der Spalte 6 unter Buchstabe b auf die beim Gericht eingereichten Urkunden sowie auf die Stelle der Akten, bei der die Urkunden sich befinden, zu verweisen;
   b) unter Buchstabe b
      aa) die besonderen Bestimmungen des Gründungsvertrages oder der Satzung über die Zeitdauer der Europäischen wirtschaftlichen Interessenvereinigung oder juristischen Person sowie alle sich hierauf beziehenden Änderungen;
      bb) die Eröffnung, Einstellung und Aufhebung des Insolvenzverfahrens sowie die Aufhebung des Eröffnungsbeschlusses; die Bestellung eines vorläufigen Insolvenzverwalters unter den Voraussetzungen des § 32 Abs. 1 Satz 2 Nr. 2 des Handelsgesetzbuchs sowie die Aufhebung einer derartigen Sicherungsmaßnahme; die Anordnung der Eigenverwaltung durch den Schuldner und deren Aufhebung sowie die Anordnung der Zustimmungsbedürftigkeit bestimmter Rechtsgeschäfte des Schuldners nach § 277 der Insolvenzordnung; die Überwachung der Erfüllung eines Insolvenzplans und die Aufhebung der Überwachung;
      cc) die Klausel über die Haftungsbefreiung eines Mitglieds der Europäischen wirtschaftlichen Interessenvereinigung für die vor seinem Beitritt entstandenen Verbindlichkeiten;

Merkt

dd) die Auflösung, Fortsetzung und die Nichtigkeit der Gesellschaft, Europäischen wirtschaftlichen Interessenvereinigung oder juristischen Person; der Schluss der Abwicklung der Europäischen wirtschaftlichen Interessenvereinigung; das Erlöschen der Firma, die Löschung einer Gesellschaft, Europäischen wirtschaftlichen Interessenvereinigung oder juristischen Person sowie Löschungen von Amts wegen;
ee) Eintragungen nach dem Umwandlungsgesetz;
ff) Statuswechsel
gg) im Fall des Erwerbs eines Handelsgeschäfts bei Fortführung unter der bisherigen Firma eine von § 25 Abs. 1 des Handelsgesetzbuchs abweichende Vereinbarung;
hh) beim Eintritt eines persönlich haftenden Gesellschafters oder eines Kommanditisten in das Geschäft eines Einzelkaufmanns eine von § 28 Abs. 1 des Handelsgesetzbuchs abweichende Vereinbarung;
c) unter Buchstabe c Familienname, Vorname, Geburtsdatum und Wohnort oder gegebenenfalls Firma, Rechtsform, Sitz oder Niederlassung und Haftsumme jedes Kommanditisten einer Kommanditgesellschaft sowie bei der Europäischen wirtschaftlichen Interessenvereinigung die Mitglieder mit Familiennamen, Vornamen, Geburtsdatum und Wohnort oder gegebenenfalls mit Firma, Rechtsform, Sitz oder Niederlassung und die sich jeweils darauf beziehenden Änderungen.
6. In Spalte 6 sind unter Buchstabe a der Tag der Eintragung, unter Buchstabe b sonstige Bemerkungen einzutragen.
7. Enthält eine Eintragung die Nennung eines in ein öffentliches Register eingetragenen Rechtsträgers, so sind Art und Ort des Registers sowie die Registernummer dieses Rechtsträgers mit zu vermerken.

[Änderung der Firma, Neueintragung, Verweisungen]

HRV 41 (1) ¹Wird bei dem Eintritt eines persönlich haftenden Gesellschafters oder eines Kommanditisten in das Geschäft eines Einzelkaufmanns oder bei dem Eintritt eines Gesellschafters in eine bestehende Gesellschaft die bisherige Firma nicht fortgeführt und die neue Firma unter einer neuen Nummer auf einem anderen Registerblatt eingetragen, so ist der Eintritt in Spalte 5 des Registers bei der bisherigen und bei der neuen Firma zu vermerken. ²Dasselbe gilt von einer von § 28 Abs. 1 des Handelsgesetzbuchs abweichenden Vereinbarung.

(2) Auf jedem Registerblatt ist auf das andere in Spalte „Bemerkungen" zu verweisen.

[Übergang eines Handelsgeschäfts, Verweisungen]

HRV 42 ¹Wird zum Handelsregister angemeldet, daß das Handelsgeschäft eines Einzelkaufmanns, einer juristischen Person, einer offenen Handelsgesellschaft oder einer Kommanditgesellschaft auf eine in Abteilung B eingetragene Handelsgesellschaft mit dem Recht zur Fortführung der Firma übergegangen ist, so sind die das Handelsgeschäft betreffenden Eintragungen in Abteilung A des Registers rot zu unterstreichen. ²Wird von dem Erwerber die Fortführung der Firma angemeldet, so ist bei der Eintragung in Abteilung B auf das bisherige Registerblatt in der Spalte „Bemerkungen" zu verweisen und umgekehrt.

Abteilung B

Inhalt der Eintragungen in Abteilung B

HRV 43 In Abteilung B des Handelsregisters sind die nachfolgenden Angaben einzutragen:

1. In Spalte 1 ist die laufende Nummer der die Gesellschaft betreffenden Eintragung einzutragen.
2. In Spalte 2 sind
   a) unter Buchstabe a die Firma;
   b) unter Buchstabe b der Ort der Niederlassung oder der Sitz, bei Aktiengesellschaften, bei einer SE, bei Kommanditgesellschaften auf Aktien und Gesellschaften mit beschränkter Haftung die inländische Geschäftsanschrift sowie gegebenenfalls Familienname und Vorname oder Firma und Rechtsform sowie inländische Anschrift einer für Willenserklärungen und Zustellungen empfangsberechtigten Person, sowie die Errichtung oder Aufhebung von Zweigniederlassungen, und zwar unter Angabe des Ortes einschließlich der Postleitzahl, der inländischen Geschäftsanschrift und, falls der Firma für eine Zweigniederlassung ein Zusatz beigefügt ist, unter Angabe dieses Zusatzes;
   c) unter Buchstabe c der Gegenstand des Unternehmens
   und die sich jeweils darauf beziehenden Änderungen anzugeben.
3. In Spalte 3 sind bei Aktiengesellschaften, bei einer SE und bei Kommanditgesellschaften auf Aktien die jeweils aktuellen Beträge der Höhe des Grundkapitals, bei Gesellschaften mit beschränkter Haftung die Höhe des Stammkapitals und bei Versicherungsvereinen auf Gegenseitigkeit die Höhe des Gründungsfonds anzugeben.
4. [1] In Spalte 4
   a) unter Buchstabe a die allgemeine Regelung zur Vertretung des Rechtsträgers durch die Mitglieder des Vorstandes, des Leitungsorgans, die geschäftsführenden Direktoren, die persönlich haftenden Gesellschafter sowie bei Kreditinstituten die gerichtlich bestellten vertretungsbefugten Personen, die Geschäftsführer, die Abwickler oder Liquidatoren und
   b) unter Buchstabe b bei Aktiengesellschaften und Versicherungsvereinen auf Gegenseitigkeit die Mitglieder des Vorstandes und ihre Stellvertreter (bei Aktiengesellschaften unter besonderer Bezeichnung des Vorsitzenden), bei einer SE die Mitglieder des Leitungsorgans und ihre Stellvertreter (unter besonderer Bezeichnung ihres Vorsitzenden) oder die geschäftsführenden Direktoren, bei Kommanditgesellschaften auf Aktien die persönlich haftenden Gesellschafter, bei Kreditinstituten die gerichtlich bestellten vertretungsbefugten Personen, bei Gesellschaften mit beschränkter Haftung die Geschäftsführer und ihre Stellvertreter, ferner die Abwickler oder Liquidatoren unter der Bezeichnung als solcher, jeweils mit Familiennamen, Vornamen, Geburtsdatum und Wohnort oder gegebenenfalls mit Firma, Rechtsform, Sitz oder Niederlassung
   und die jeweils sich darauf beziehenden Änderungen anzugeben. [2] Weicht die Vertretungsbefugnis der in Spalte 4 unter Buchstabe b einzutragenden Personen im Einzelfall von den Angaben in Spalte 4 unter Buchstabe a ab, so ist diese besondere Vertretungsbefugnis bei den jeweiligen Personen zu vermerken. [3] Ebenfalls in Spalte 4 unter Buchstabe b sind bei ausländischen Versicherungsunternehmen die nach § 68 Absatz 2 des Versicherungsaufsichtsgesetzes bestellten Hauptbevollmächtigten, bei einer Zweigstelle eines Unternehmens mit Sitz in einem anderen Staat, die Bankgeschäfte in dem in § 1 Abs. 1 des Gesetzes über das Kreditwesen bezeichneten Umfang

Merkt

betreibt, die nach § 53 Abs. 2 Nr. 1 des Gesetzes über das Kreditwesen bestellten Geschäftsleiter sowie bei einer Zweigniederlassung einer Aktiengesellschaft, SE oder Gesellschaft mit beschränkter Haftung mit Sitz im Ausland die ständigen Vertreter nach § 13e Abs. 2 Satz 5 Nr. 3 des Handelsgesetzbuchs jeweils mit Familiennamen, Vornamen, Geburtsdatum und Wohnort unter Angabe ihrer Befugnisse zu vermerken.
5. In Spalte 5 sind die die Prokura betreffenden Eintragungen einschließlich Familienname, Vorname, Geburtsdatum und Wohnort der Prokuristen sowie die jeweils sich darauf beziehenden Änderungen anzugeben.
6. In Spalte 6 sind anzugeben
   a) unter Buchstabe a die Rechtsform und der Tag der Feststellung der Satzung oder des Abschlusses des Gesellschaftsvertrages; jede Änderung der Satzung oder des Gesellschaftsvertrages; bei der Eintragung genügt, soweit nicht die Änderung die einzutragenden Angaben betrifft, eine allgemeine Bezeichnung des Gegenstands der Änderung;
   b) unter Buchstabe b neben den entsprechend für die Abteilung A in § 40 Nr. 5 Buchstabe b Doppelbuchstabe bb einzutragenden Angaben:
      aa) die besonderen Bestimmungen der Satzung oder des Gesellschaftsvertrages über die Zeitdauer der Gesellschaft oder des Versicherungsvereins auf Gegenseitigkeit;
      bb) eine Eingliederung einschließlich der Firma der Hauptgesellschaft sowie das Ende der Eingliederung, sein Grund und sein Zeitpunkt;
      cc) das Bestehen und die Art von Unternehmensverträgen einschließlich des Namens des anderen Vertragsteils, beim Bestehen einer Vielzahl von Teilgewinnabführungsverträgen alternativ anstelle des Namens des anderen Vertragsteils eine Bezeichnung, die den jeweiligen Teilgewinnabführungsvertrag konkret bestimmt, außerdem die Änderung des Unternehmensvertrages sowie seine Beendigung unter Angabe des Grundes und des Zeitpunktes;
      dd) die Auflösung, die Fortsetzung und die Nichtigkeit der Gesellschaft oder des Versicherungsvereins auf Gegenseitigkeit;
      ee) Eintragungen nach dem Umwandlungsgesetz und nach dem Sanierungs- und Abwicklungsgesetz;
      ff) das Erlöschen der Firma, die Löschung einer Aktiengesellschaft, SE, Kommanditgesellschaft auf Aktien, Gesellschaft mit beschränkter Haftung oder eines Versicherungsvereins auf Gegenseitigkeit sowie Löschungen von Amts wegen;
      gg) das Bestehen eines bedingten Kapitals unter Angabe des Beschlusses der Hauptversammlung und der Höhe des bedingten Kapitals;
      hh) das Bestehen eines genehmigten Kapitals unter Angabe des Beschlusses der Hauptversammlung oder Gesellschafterversammlung, der Höhe des genehmigten Kapitals und des Zeitpunktes, bis zu dem die Ermächtigung besteht;
      ii) bei Investmentaktiengesellschaften mit variablem Kapital das in der Satzung festgelegte Mindestkapital und Höchstkapital;
      jj) der Beschluss einer Übertragung von Aktien gegen Barabfindung (§ 327a des Aktiengesetzes) unter Angabe des Tages des Beschlusses;
      kk) der Abschluss eines Nachgründungsvertrages unter Angabe des Zeitpunktes des Vertragsschlusses und des Zustimmungsbeschlusses der Hauptversammlung sowie der oder die Vertragspartner der Gesellschaft;
      ll) bei Versicherungsvereinen auf Gegenseitigkeit der Tag, an dem der Geschäftsbetrieb erlaubt worden ist
und die sich jeweils darauf beziehenden Änderungen.

III. Handelsregister

7. Die Verwendung der Spalte 7 richtet sich nach den Vorschriften über die Benutzung der Spalte 6 der Abteilung A.
8. § 40 Nr. 7 gilt entsprechend.

[Eintragungen von Urteilen über Nichtigkeitserklärungen und Verfügungen über Löschungen]

HRV 44 Urteile, durch die ein in das Register eingetragener Beschluß der Hauptversammlung einer Aktiengesellschaft, SE, Kommanditgesellschaft auf Aktien oder der Gesellschafterversammlung einer Gesellschaft mit beschränkter Haftung rechtskräftig für nichtig erklärt ist, sowie die nach § 398 des Gesetzes über das Verfahren in Familiensachen und in den Angelegenheiten der freiwilligen Gerichtsbarkeit verfügte Löschung eines Beschlusses sind in einem Vermerk, der den Beschluß als nichtig bezeichnet, in diejenigen Spalten des Registerblatts einzutragen, in die der Beschluß eingetragen war.

[Löschung einer Gesellschaft wegen Nichtigkeit, Benachrichtigung über Heilung eines Mangels]

HRV 45 (1) Soll eine Aktiengesellschaft, eine SE, eine Kommanditgesellschaft auf Aktien oder eine Gesellschaft mit beschränkter Haftung als nichtig gelöscht werden, so ist, wenn der Mangel geheilt werden kann, in der nach § 395 Abs. 2, § 397 des Gesetzes über das Verfahren in Familiensachen und in den Angelegenheiten der freiwilligen Gerichtsbarkeit ergehenden Benachrichtigung auf diese Möglichkeit ausdrücklich hinzuweisen.

(2) ¹ Die Löschung erfolgt durch Eintragung eines Vermerks, der die Gesellschaft als nichtig bezeichnet. ² Gleiches gilt, wenn die Gesellschaft durch rechtskräftiges Urteil für nichtig erklärt ist.

[Verweisung bei Firmenänderung]

HRV 46 Wird bei einer in Abteilung B eingetragenen Handelsgesellschaft die Änderung der Firma zum Handelsregister angemeldet, weil das Geschäft mit dem Recht zur Fortführung der Firma auf einen Einzelkaufmann, eine juristische Person oder eine Handelsgesellschaft übertragen worden ist, und wird von dem Erwerber die Fortführung der Firma angemeldet, so ist bei der Eintragung in die Spalte „Bemerkungen" auf das bisherige Registerblatt zu verweisen und umgekehrt.

IVa. Vorschriften für das elektronisch geführte Handelsregister

1. Einrichtung des elektronisch geführten Handelsregisters

Grundsatz

HRV 47 (1) ¹ Bei der elektronischen Führung des Handelsregisters muss gewährleistet sein, dass

1. die Grundsätze einer ordnungsgemäßen Datenverarbeitung eingehalten, insbesondere Vorkehrungen gegen einen Datenverlust getroffen sowie die erforderlichen Kopien der Datenbestände mindestens tagesaktuell gehalten

und die originären Datenbestände sowie deren Kopien sicher aufbewahrt werden,
2. die vorzunehmenden Eintragungen alsbald in einen Datenspeicher aufgenommen und auf Dauer inhaltlich unverändert in lesbarer Form wiedergegeben werden können,
3. die nach den Artikeln 24, 25 und 32 der Verordnung (EU) 2016/679 erforderlichen Anforderungen erfüllt sind, soweit es um personenbezogene Daten geht.

[2] Die Dokumente sind in inhaltlich unveränderbarer Form zu speichern.

(2) Wird die Datenverarbeitung im Auftrag des zuständigen Amtsgerichts auf den Anlagen einer anderen staatlichen Stelle oder eines Dritten vorgenommen (§ 387 Abs. 5 des Gesetzes über das Verfahren in Familiensachen und in den Angelegenheiten der freiwilligen Gerichtsbarkeit), so muss sichergestellt sein, dass Eintragungen in das Handelsregister und der Abruf von Daten hieraus nur erfolgen, wenn dies von dem zuständigen Gericht verfügt worden oder sonst zulässig ist.

(3) Die Verarbeitung der Registerdaten auf Anlagen, die nicht im Eigentum der anderen staatlichen Stelle oder des Dritten stehen, ist nur zulässig, wenn gewährleistet ist, dass die Daten dem uneingeschränkten Zugriff des zuständigen Gerichts unterliegen und der Eigentümer der Anlage keinen Zugang zu den Daten hat.

Begriff des elektronisch geführten Handelsregisters

HRV 48 [1] Bei dem elektronisch geführten Handelsregister ist der in den dafür bestimmten Datenspeicher aufgenommene und auf Dauer unverändert in lesbarer Form wiedergabefähige Inhalt des Registerblattes (§ 13 Abs. 1) das Handelsregister. [2] Die Bestimmung des Datenspeichers nach Satz 1 kann durch Verfügung der nach Landesrecht zuständigen Stelle geändert werden, wenn dies dazu dient, die Erhaltung und die Abrufbarkeit der Daten sicherzustellen oder zu verbessern, und die Daten dabei nicht verändert werden.

Anforderungen an Anlagen und Programme; Sicherung der Anlagen, Programme und Daten

HRV 49 (1) Hinsichtlich der Anforderungen an die für das elektronisch geführte Handelsregister verwendeten Anlagen und Programme, deren Sicherung sowie der Sicherung der Daten gelten die §§ 64 bis 66 der Grundbuchverfügung entsprechend.

(2) Das eingesetzte Datenverarbeitungssystem soll innerhalb eines jeden Landes einheitlich sein und mit den in den anderen Ländern eingesetzten Systemen verbunden werden können.

Gestaltung des elektronisch geführten Handelsregisters

HRV 50 (1) [1] Der Inhalt des elektronisch geführten Handelsregisters muß auf dem Bildschirm und in Ausdrucken entsprechend den beigegebenen Mustern (Anlagen 4 und 5) sichtbar gemacht werden können. [2] Der letzte Stand aller noch nicht gegenstandslos gewordenen Eintragungen (aktueller Registerinhalt) kann statt in spaltenweiser Wiedergabe auch als fortlaufender Text nach den Mustern in Anlage 6 und 7 sichtbar gemacht werden.

III. Handelsregister **54 HRV (4)**

(2) Der Inhalt geschlossener Registerblätter, die nicht für die elektronische Registerführung umgeschrieben wurden, muss entsprechend den beigegebenen Mustern (Anlagen 1 und 2 in der bis zum Inkrafttreten des Gesetzes über elektronische Handelsregister und Genossenschaftsregister sowie das Unternehmensregister am 1. Januar 2007 geltenden Fassung dieser Verordnung) auf dem Bildschirm und in Ausdrucken sichtbar gemacht werden können, wenn nicht die letzte Eintragung in das Registerblatt vor dem 1. Januar 1997 erfolgte.

2. Anlegung des elektronisch geführten Registerblatts

Anlegung des elektronisch geführten Registerblatts durch Umschreibung

HRV 51 Ein bisher in Papierform geführtes Registerblatt kann für die elektronische Führung nach den §§ 51, 52 und 54 in der bis zum Inkrafttreten des Gesetzes über elektronische Handelsregister und Genossenschaftsregister sowie das Unternehmensregister am 1. Januar 2007 geltenden Fassung dieser Verordnung umgeschrieben werden.

3. Automatisierter Abruf von Daten

Umfang des automatisierten Datenabrufs

HRV 52 [1]Umfang und Voraussetzungen des Abrufs im automatisierten Verfahren einschließlich des Rechts, von den abgerufenen Daten Abdrucke zu fertigen, bestimmen sich nach § 9 Abs. 1 des Handelsgesetzbuchs. [2]Abdrucke stehen den Ausdrucken (§ 30a) nicht gleich.

Protokollierung der Abrufe

HRV 53 (1) [1]Für die Sicherung der ordnungsgemäßen Datenverarbeitung und für die Abrechnung der Kosten des Abrufs werden alle Abrufe durch die zuständige Stelle protokolliert. [2]Im Protokoll dürfen nur das Gericht, die Nummer des Registerblatts, die abrufende Person oder Stelle, ein Geschäfts-, Aktenzeichen oder eine sonstige Kennung des Abrufs, der Zeitpunkt des Abrufs sowie die für die Durchführung des Abrufs verwendeten Daten gespeichert werden.

(2) [1]Die protokollierten Daten dürfen nur für die in Absatz 1 Satz 1 genannten Zwecke verwendet werden. [2]Sie sind durch geeignete Vorkehrungen gegen zweckfremde Nutzung und gegen sonstigen Missbrauch zu schützen.

(3) [1]Die nach Absatz 1 gefertigten Protokolle werden vier Jahre nach Ablauf des Kalenderjahres, in dem die Zahlung der Kosten erfolgt ist, vernichtet. [2]Im Fall der Einlegung eines Rechtsbehelfs mit dem Ziel der Rückerstattung verlängert sich die Aufbewahrungsfrist jeweils um den Zeitraum von der Einlegung bis zur abschließenden Entscheidung über den Rechtsbehelf.

4. Ersatzregister und Ersatzmaßnahmen

Ersatzregister und Ersatzmaßnahmen

HRV 54 (1) [1]Ist die Vornahme von Eintragungen in das elektronisch geführte Handelsregister vorübergehend nicht möglich, so können auf Anordnung der nach Landesrecht zuständigen Stelle Eintragungen ohne Vergabe einer neuen Nummer in einem Ersatzregister in

(4) HRV 54 2. Teil. Handelsrechtl. Nebenges.

Papierform vorgenommen werden, wenn hiervon Verwirrung nicht zu besorgen ist. ²Sie sollen in das elektronisch geführte Handelsregister übernommen werden, sobald dies wieder möglich ist. ³Auf die erneute Übernahme sind die Vorschriften über die Anlegung des maschinell geführten Registerblatts in der bis zum Inkrafttreten des Gesetzes über elektronische Handelsregister und Genossenschaftsregister sowie das Unternehmensregister am 1. Januar 2007 geltenden Fassung dieser Verordnung entsprechend anzuwenden.

(2) Für die Einrichtung und Führung der Ersatzregister nach Absatz 1 gelten § 17 Abs. 2 und die Bestimmungen des Abschnitts IV dieser Verordnung sowie die Bestimmungen der Abschnitte I bis III in der bis zum Inkrafttreten des Gesetzes über elektronische Handelsregister und Genossenschaftsregister sowie das Unternehmensregister am 1. Januar 2007 geltenden Fassung dieser Verordnung.

(3) ¹Können elektronische Anmeldungen und Dokumente vorübergehend nicht entgegengenommen werden, so kann die nach Landesrecht zuständige Stelle anordnen, dass Anmeldungen und Dokumente auch in Papierform zum Handelsregister eingereicht werden können. ²Die aufgrund einer Anordnung nach Satz 1 eingereichten Schriftstücke sind unverzüglich in elektronische Dokumente zu übertragen.

V. *(aufgehoben)*

Anlage 1 (aufgehoben)
Anlage 2 (aufgehoben)
Anlage 3 (zu § 33 III)

IV. AGB, Incoterms 2020 und andere Handelskaufklauseln

(5) §§ 305–310 BGB Abschnitt 2. Gestaltung rechtsgeschäftlicher Schuldverhältnisse durch Allgemeine Geschäftsbedingungen

Bürgerliches Gesetzbuch vom 18. August 1896 (RGBl. 195) idF vom 2. Januar 2002 (BGBl. I S. 42/FNA 400-2), zuletzt geändert durch Art. 1 Gesetz zur Modernisierung des Personengesellschaftsrechts (Personengesellschaftsrechtsmodernisierungsgesetz – MoPeG) vom 10.8.2021 (BGBl. I 3436)

Einleitung

Schrifttum

a) Kommentare zu §§ 305–310 BGB: Außer den Kommentaren zum BGB, darunter MüKoBGB/*Basedow*/*Wurmnest* 8. Aufl 2019. – *Graf von Westphalen*/*Thüsing*, Vertragsrecht und AGB-Klauselwerke Hdb. (LBl) 46. Aufl 2021. – *Ulmer*/*Brandner*/*Hensen*, 12. Aufl 2016. – *Wolf*/*Lindacher*/*Pfeiffer* 7. Aufl 2020.

b) Einzeldarstellungen und Sonstiges zu §§ 305–310 BGB: *Stadler*, AGB im internationalen Handel, 2003. – *Stoffels* 3. Aufl 2015. – *Hellwege* 2010. – *Graf von Westphalen* NJW 2002, 12. – *Artz* JuS 2002, 528. – *Berger*, *Graf von Westphalen*, *Lischek*/*Mahnken* ZIP 2006, 2149; 2007, 149, 158 (Unternehmerverkehr); *Graf von Westphalen* ZIP 2018, 2389 (Vergaberecht). – Zur **EG-Richtlinie 1993** *Tilmann* 2003, *Nobis* 2005 (Umsetzung), *Basedow* in Schulte-Nölke/Schulze, Europ Rechtsangleichung 1999, S 277, *Rott* EuZW 2003, 5 (effektiver Rechtsschutz). – **Zu AGB im kaufmännischen Verkehr:** *Wolf* ZHR 153 (1989), 300 (international); *Brandner* DZWir 1992, 177; *Paulusch* DZWir 1992, 182; *Henseler* DZWir 1992, 192; *Hommelhoff*/*Wiedemann* ZIP 1993, 562; *Berger*/*Kleine* BB 2007, 2137; *Berger*/*Lucas* NJW 2007, 3526 (Transparenzgebot); *Lenkaitis*/*Löwisch* ZIP 2009, 441 (b2b); *Bieder* ZHR 174 (2010), 705 (GesRecht); *Coester-Waltjen*/*Coester* FS Köhler 2014, 63 (EUEinfluss); *Pfeiffer* NJW 2017, 913; *Stempel* ZEuP 2017, 102 (EuGH); *Orilowski-Wolf* ZIP 2018, 360 (Auswirkungen auf AGB im B2B durch Kaufrechtsreform). – **RsprÜbersichten:** *Graf von Westphalen* NJW 2016, 2228; 2017, 2237; 2018, 205, 1520, 2238; 2019, 275, 2214; 2020, 280.

1) AGBG 1976

Bis zur 28. Aufl. war das **(5)** AGBG kommentiert mit Schwerpunkt auf den Klauseln im Handelsverkehr, ab der 29. Aufl. unter **(5)** AGBG wurde nur noch der Gesetzestext verfügbar gemacht. **1**

2) §§ 305–310 BGB

A. Textlich kaum veränderte Überführung der materiellrechtlichen Vorschriften des früheren AGBG in das BGB:

Ab der 31. Aufl. wird nur noch der durch das SMG 2001 (nahezu unverändert) in das BGB überführte, materiellrechtliche Teil des früheren AGBG als **(5)** BGB §§ 305–310 beibehalten. Der verfahrensrechtliche Teil des AGBG ist jetzt im UKlaG **2**

(5) BGB 3–5

geregelt. Vom völligen Verzicht auf die Wiedergabe wurde wegen der praktischen Wichtigkeit und der häufigen Verweise in diesem Kommentar abgesehen. Auf AGB-rechtliche Besonderheiten wird, soweit sinnvoll, nicht hier, sondern jeweils in der Kommentierung zum HGB und zu den Nebengesetzen (1)–(18) eingegangen. Die verschiedenen unter den Nebengesetzen abgedruckten Klauselwerke werden durchgängig auf Vereinbarkeit mit dem AGBG untersucht; Konsequenzen ergeben sich insbesondere für (8) AGB-Banken mit Sonderbedingungen zum Wertpapierhandel, (10) AGB-Anderkonten, (11) ERA, (12) ERI und (18) ADSp.

B. Grundlegende mittelbare Änderungen in (5) BGB §§ 305–310:

3   Bei der weiterhin wichtigen, zum AGBG ergangenen Rspr. ist zu beachten, dass die (5) BGB §§ 305–310 trotz des nahezu unveränderten Wortlauts wegen des in § 307 BGB als Maßstab der Inhaltskontrolle in Bezug genommenen dispositiven Rechts mittelbar grundlegend verändert worden sind, Graf von Westphalen NJW 2002, 16 („Paradigmenwechsel"). Das gilt vor allem im Hinblick auf das Verjährungs-, Leistungsstörungs-, Kauf- und Werkvertragsrecht sowie für das in §§ 474 ff. BGB geregelte Verbrauchsgüterkaufrecht. Ältere Judikate sind deshalb vor Weiterverwendung auf mögliche Bedeutungsänderung zu überprüfen. Die Fülle der Rspr. ist kaum mehr zu übersehen, das AGB-Recht wird zu einem „Überrecht" auf allen Ebenen des Vertragsrechts, Graf von Westphalen NJW 2009, 2362.

3) Kaufleute und AGB

4   Die Rechtsprechung neigt schon lange dazu, die Wertungen aus den Klauseln der (5) BGB §§ 308 und 309 über das Einfallstor der Generalklausel des (5) BGB § 307 und teilweise auch diese selbst auf Kaufleute zu erstrecken und nimmt indiziell eine unangemessene Benachteiligung an, außer wenn die AGBKlausel wegen der besonderen Interessen und Bedürfnisse des unternehmerischen Geschäftsverkehrs ausnahmsweise als angemessen angesehen werden kann, BGHZ 90, 278; BGH NJW 2007, 3774. Damit besteht die Gefahr, dass bei der AGB-Inhaltskontrolle das zwingende Verbraucherrecht auch für den Geschäftsverkehr zwischen Unternehmen, insbesondere auch für den HdlKauf, als gesetzliches Regelrecht angesehen wird. Einer solchen Entwicklung gegen Vertragsfreiheit und Markt, die auch für die Geschützten letztlich kontraproduktiv ist, gilt es entgegenzuwirken, ua durch Rückbesinnung auf (5) BGB § 310 I 2 aE, wonach auf die im HdlVerkehr geltenden Gewohnheiten und Gebräuche angemessen Rücksicht zu nehmen ist, Röhricht/Graf von Westphalen/Röhricht Einl. Rn. 96; Maier-Reimer NJW 2017, 1. Für Reform 69. DJT 2012 Abt. Zivilrecht, Berger NJW 2010, 465, IHK Frankfurt ua 2011, Müller/Schilling BB 2012, 2319 (rvgl.); Kondring BB 2013, 73 („gute unternehmerische Praxis"); Leuschner ZIP 2015, 1045; 2015, 1326; ZEuP 2017, 335 (rvgl.) und Bericht für BMJV 30.9.2014, Kaeding BB 2016, 450 (BGH b2b); dagegen Schäfer BB 2012, 1231; Genzow IHR 2015, 133; Graf von Westphalen ZIP 2015, 1316; 2018, 1101.

4) Europäische Rechtsangleichung, internationaler Verkehr

A. Europäische Rechtsangleichung:

5   Die EG-RL über missbräuchliche Klauseln in Verbraucherverträgen vom 5.4.1993 ABl. 1993 L 95, 29 hat eine gewisse Harmonisierung des Rechts der AGB in den Mitgliedstaaten der heutigen EU gebracht. Bloße Mindestharmonisierung, strengeres nationales AGB-Recht bleibt zulässig, EuGH NJW 2010, 2265. Die Vorschriften der Richtlinie gehen zwar weniger ins Detail als die der (5) BGB §§ 305–310, haben aber wegen der Direktwirkung in vertikalen Verhältnissen, zB privatrechtliche Verträge der öffentlichen Hand, der richtlinienkonformen Auslegung und der Möglichkeit der Vor-

IV. AGB und Incoterms 2020 **305 BGB (5)**

lage an den EuGH einen nicht zu unterschätzenden Einfluss auf das deutsche Recht. Der EuGH prüft aber nur die allgemeinen Kriterien für eine missbräuchliche Klausel, nicht konkrete Klauseln, EuGH NJW 2009, 2367 mAnm Pfeiffer EuZW 2011, 27 (Gerichtsstandsklausel, auch → HGB Einl. v. § 1 Rn. 106 f.); ZIP 2012, 2020 (2022); Basedow AcP 210 (2010), 172; Graf von Westphalen VuR 2019, 93 (§ 310 III Nr. 3 BGB). Für den internationalen Verkehr innerhalb der EU ist zudem die von der Richtlinie bewirkte Mindestharmonisierung von Bedeutung, zB EuGH NJW 2012, 2257 und 2013, 2579 (keine geltungserhaltende Reduktion); EuGH NJW 2013, 987 (Missbrauchskontrolle). Dazu und zum angeglichenen Recht der AGB in den Mitgliedstaaten MüKoBGB/Basedow Vor § 305 Rn. 18 ff. mwN. Seit 8.10.2008 liegt der **Vorschlag der Kommission für eine EG-Richtlinie** (KOM(2008) 614 endg.) vor, die eine weitreichende **Vollharmonisierung** im Bereich des Direkt- und Distanzvertriebs, des Verbrauchsgüterkaufs und der Klausel-RL (dazu zwei Annexe mit einer „schwarzen" und einer „grauen" Liste) vorsieht. Die in den Annexen enthaltenen AGB-Klauselverbote bleiben weit hinter den derzeitigen deutschen zurück. Die bisherige Rechtsprechung wäre dann nur noch über die Generalklausel aufrechthaltbar, und dies nur unter der Interpretationshoheit des EuGH (vgl. → HGB § 84 Rn. 3). **Lit.** Micklitz ERCL 2010, 347 (Reform); Graf von Westphalen NJW 2013, 961 (RsprÜbersicht). Zuletzt sind mWv 12.7.2020 durch VO (EU) 2019/1150 (ABl. 2019 L 186, 57, sog. **P2B-VO**) weitreichende Änderungen im AGB-Recht in Kraft getreten, die die Vertragsbeziehungen zwischen gewerblichen Nutzern und Betreibern von Online-Plattformen betreffen. Hierzu Graf von Westphalen BB 2020, 579; Kommentar: Busch, P2B-VO, 2021.

B. Internationaler Verkehr:

Die Einbeziehung von AGB im internationalen Rechtsverkehr wirft zahlreiche, 6 komplizierte Rechtsfragen auf, zB kollidierende Rechtswahlklauseln, Einbeziehung und Inhaltskontrolle von branchenüblichen AGB wie → **(8)** AGB-Banken und → **(18)** ADSp, auch von Incoterms (→ **(6)** Incoterms Einl. Rn. 14) und internationalen Akkreditivbedingungen (→ **(11)** ERA Einl. v. Art. 1 Rn. 5, 6), Sprachenfrage, Verbraucherschutznormen ua Einführend MüKoBGB/Kieninger § 307 Rn. 265 ff.; Bomsdorf, RIW 2021, 350. AGB unter Berücksichtigung UN-Kaufrechts, Graf von Westphalen ZIP 2019, 2281.

Abschnitt 2. Gestaltung rechtsgeschäftlicher Schuldverhältnisse durch Allgemeine Geschäftsbedingungen

Einbeziehung Allgemeiner Geschäftsbedingungen in den Vertrag

BGB 305 (1) ¹Allgemeine Geschäftsbedingungen sind alle für eine Vielzahl von Verträgen vorformulierten Vertragsbedingungen, die eine Vertragspartei (Verwender) der anderen Vertragspartei bei Abschluss eines Vertrags stellt. ²Gleichgültig ist, ob die Bestimmungen einen äußerlich gesonderten Bestandteil des Vertrags bilden oder in die Vertragsurkunde selbst aufgenommen werden, welchen Umfang sie haben, in welcher Schriftart sie verfasst sind und welche Form der Vertrag hat. ³Allgemeine Geschäftsbedingungen liegen nicht vor, soweit die Vertragsbedingungen zwischen den Vertragsparteien im Einzelnen ausgehandelt sind.

(2) Allgemeine Geschäftsbedingungen werden nur dann Bestandteil eines Vertrags, wenn der Verwender bei Vertragsschluss

1. die andere Vertragspartei ausdrücklich oder, wenn ein ausdrücklicher Hinweis wegen der Art des Vertragsschlusses nur unter unverhältnismäßigen Schwierigkeiten möglich ist, durch deutlich sichtbaren Aushang am Orte des Vertragsschlusses auf sie hinweist und

(5) BGB 305c

2. der anderen Vertragspartei die Möglichkeit verschafft, in zumutbarer Weise, die auch eine für den Verwender erkennbare körperliche Behinderung der anderen Vertragspartei angemessen berücksichtigt, von ihrem Inhalt Kenntnis zu nehmen,

und wenn die andere Vertragspartei mit ihrer Geltung einverstanden ist.

(3) Die Vertragsparteien können für eine bestimmte Art von Rechtsgeschäften die Geltung bestimmter Allgemeiner Geschäftsbedingungen unter Beachtung der in Absatz 2 bezeichneten Erfordernisse im Voraus vereinbaren.

Einbeziehung in besonderen Fällen

BGB 305a Auch ohne Einhaltung der in § 305 Abs. 2 Nr. 1 und 2 bezeichneten Erfordernisse werden einbezogen, wenn die andere Vertragspartei mit ihrer Geltung einverstanden ist,
1. die mit Genehmigung der zuständigen Verkehrsbehörde oder auf Grund von internationalen Übereinkommen erlassenen Tarife und Ausführungsbestimmungen der Eisenbahnen und die nach Maßgabe des Personenbeförderungsgesetzes genehmigten Beförderungsbedingungen der Straßenbahnen, Obusse und Kraftfahrzeuge im Linienverkehr in den Beförderungsvertrag,
2. die im Amtsblatt der Bundesnetzagentur für Elektrizität, Gas, Telekommunikation, Post und Eisenbahnen veröffentlichten und in den Geschäftsstellen des Verwenders bereitgehaltenen Allgemeinen Geschäftsbedingungen
    a) in Beförderungsverträge, die außerhalb von Geschäftsräumen durch den Einwurf von Postsendungen in Briefkästen abgeschlossen werden,
    b) in Verträge über Telekommunikations-, Informations- und andere Dienstleistungen, die unmittelbar durch Einsatz von Fernkommunikationsmitteln und während der Erbringung einer Telekommunikationsdienstleistung in einem Mal erbracht werden, wenn die Allgemeinen Geschäftsbedingungen der anderen Vertragspartei nur unter unverhältnismäßigen Schwierigkeiten vor dem Vertragsschluss zugänglich gemacht werden können.

Vorrang der Individualabrede

BGB 305b Individuelle Vertragsabreden haben Vorrang vor Allgemeinen Geschäftsbedingungen.

Überraschende und mehrdeutige Klauseln

BGB 305c (1) Bestimmungen in Allgemeinen Geschäftsbedingungen, die nach den Umständen, insbesondere nach dem äußeren Erscheinungsbild des Vertrags, so ungewöhnlich sind, dass der Vertragspartner des Verwenders mit ihnen nicht zu rechnen braucht, werden nicht Vertragsbestandteil.

(2) Zweifel bei der Auslegung Allgemeiner Geschäftsbedingungen gehen zu Lasten des Verwenders.

Rechtsfolgen bei Nichteinbeziehung und Unwirksamkeit

BGB 306 (1) Sind Allgemeine Geschäftsbedingungen ganz oder teilweise nicht Vertragsbestandteil geworden oder unwirksam, so bleibt der Vertrag im Übrigen wirksam.

(2) Soweit die Bestimmungen nicht Vertragsbestandteil geworden oder unwirksam sind, richtet sich der Inhalt des Vertrags nach den gesetzlichen Vorschriften.

(3) Der Vertrag ist unwirksam, wenn das Festhalten an ihm auch unter Berücksichtigung der nach Absatz 2 vorgesehenen Änderung eine unzumutbare Härte für eine Vertragspartei darstellen würde.

Umgehungsverbot

BGB 306a Die Vorschriften dieses Abschnitts finden auch Anwendung, wenn sie durch anderweitige Gestaltungen umgangen werden.

Inhaltskontrolle

BGB 307 (1) ¹Bestimmungen in Allgemeinen Geschäftsbedingungen sind unwirksam, wenn sie den Vertragspartner des Verwenders entgegen den Geboten von Treu und Glauben unangemessen benachteiligen. ²Eine unangemessene Benachteiligung kann sich auch daraus ergeben, dass die Bestimmung nicht klar und verständlich ist.

(2) Eine unangemessene Benachteiligung ist im Zweifel anzunehmen, wenn eine Bestimmung
1. mit wesentlichen Grundgedanken der gesetzlichen Regelung, von der abgewichen wird, nicht zu vereinbaren ist oder
2. wesentliche Rechte oder Pflichten, die sich aus der Natur des Vertrags ergeben, so einschränkt, dass die Erreichung des Vertragszwecks gefährdet ist.

(3) ¹Die Absätze 1 und 2 sowie die §§ 308 und 309 gelten nur für Bestimmungen in Allgemeinen Geschäftsbedingungen, durch die von Rechtsvorschriften abweichende oder diese ergänzende Regelungen vereinbart werden. ²Andere Bestimmungen können nach Absatz 1 Satz 2 in Verbindung mit Absatz 1 Satz 1 unwirksam sein.

Klauselverbote mit Wertungsmöglichkeit

BGB 308 In Allgemeinen Geschäftsbedingungen ist insbesondere unwirksam

1. (Annahme- und Leistungsfrist)
   eine Bestimmung, durch die sich der Verwender unangemessen lange oder nicht hinreichend bestimmte Fristen für die Annahme oder Ablehnung eines Angebots oder die Erbringung einer Leistung vorbehält; ausgenommen hiervon ist der Vorbehalt, erst nach Ablauf der Widerrufs- oder Rückgabefrist nach § 355 Abs. 1 bis 3 und § 356 zu leisten;
1a. (Zahlungsfrist)
   eine Bestimmung, durch die sich der Verwender eine unangemessen lange Zeit für die Erfüllung einer Entgeltforderung des Vertragspartners vorbehält; ist der Verwender kein Verbraucher, ist im Zweifel anzunehmen,

(5) BGB 308

dass eine Zeit von mehr als 30 Tagen nach Empfang der Gegenleistung oder, wenn dem Schuldner nach Empfang der Gegenleistung eine Rechnung oder gleichwertige Zahlungsaufstellung zugeht, von mehr als 30 Tagen nach Zugang dieser Rechnung oder Zahlungsaufstellung unangemessen lang ist;

1b. (Überprüfungs- und Abnahmefrist)
eine Bestimmung, durch die sich der Verwender vorbehält, eine Entgeltforderung des Vertragspartners erst nach unangemessen langer Zeit für die Überprüfung oder Abnahme der Gegenleistung zu erfüllen; ist der Verwender kein Verbraucher, ist im Zweifel anzunehmen, dass eine Zeit von mehr als 15 Tagen nach Empfang der Gegenleistung unangemessen lang ist;

2. (Nachfrist)
eine Bestimmung, durch die sich der Verwender für die von ihm zu bewirkende Leistung abweichend von Rechtsvorschriften eine unangemessen lange oder nicht hinreichend bestimmte Nachfrist vorbehält;

3. (Rücktrittsvorbehalt)
die Vereinbarung eines Rechts des Verwenders, sich ohne sachlich gerechtfertigten und im Vertrag angegebenen Grund von seiner Leistungspflicht zu lösen; dies gilt nicht für Dauerschuldverhältnisse;

4. (Änderungsvorbehalt)
die Vereinbarung eines Rechts des Verwenders, die versprochene Leistung zu ändern oder von ihr abzuweichen, wenn nicht die Vereinbarung der Änderung oder Abweichung unter Berücksichtigung der Interessen des Verwenders für den anderen Vertragsteil zumutbar ist;

5. (Fingierte Erklärungen)
eine Bestimmung, wonach eine Erklärung des Vertragspartners des Verwenders bei Vornahme oder Unterlassung einer bestimmten Handlung als von ihm abgegeben oder nicht abgegeben gilt, es sei denn, dass
   a) dem Vertragspartner eine angemessene Frist zur Abgabe einer ausdrücklichen Erklärung eingeräumt ist und
   b) der Verwender sich verpflichtet, den Vertragspartner bei Beginn der Frist auf die vorgesehene Bedeutung seines Verhaltens besonders hinzuweisen;

6. (Fiktion des Zugangs)
eine Bestimmung, die vorsieht, dass eine Erklärung des Verwenders von besonderer Bedeutung dem anderen Vertragsteil als zugegangen gilt;

7. (Abwicklung von Verträgen)
eine Bestimmung, nach der der Verwender für den Fall, dass eine Vertragspartei vom Vertrag zurücktritt oder den Vertrag kündigt,
   a) eine unangemessen hohe Vergütung für die Nutzung oder den Gebrauch einer Sache oder eines Rechts oder für erbrachte Leistungen oder
   b) einen unangemessen hohen Ersatz von Aufwendungen verlangen kann;

8. (Nichtverfügbarkeit der Leistung)
die nach Nummer 3 zulässige Vereinbarung eines Vorbehalts des Verwenders, sich von der Verpflichtung zur Erfüllung des Vertrags bei Nichtverfügbarkeit der Leistung zu lösen, wenn sich der Verwender nicht verpflichtet,
   a) den Vertragspartner unverzüglich über die Nichtverfügbarkeit zu informieren und
   b) Gegenleistungen des Vertragspartners unverzüglich zu erstatten.

9. (Abtretungsausschluss)
eine Bestimmung, durch die die Abtretbarkeit ausgeschlossen wird

a) für einen auf Geld gerichteten Anspruch des Vertragspartners gegen den Verwender oder
b) für ein anderes Recht, das der Vertragspartner gegen den Verwender hat, wenn
   aa) beim Verwender ein schützenswertes Interesse an dem Abtretungsausschluss nicht besteht oder
   bb) berechtigte Belange des Vertragspartners an der Abtretbarkeit des Rechts das schützenswerte Interesse des Verwenders an dem Abtretungsausschluss überwiegen;
Buchstabe a gilt nicht für Ansprüche aus Zahlungsdiensterahmenverträgen und die Buchstaben a und b gelten nicht für Ansprüche auf Versorgungsleistungen im Sinne des Betriebsrentengesetzes.

Klauselverbote ohne Wertungsmöglichkeit

BGB 309

Auch soweit eine Abweichung von den gesetzlichen Vorschriften zulässig ist, ist in Allgemeinen Geschäftsbedingungen unwirksam

1. (Kurzfristige Preiserhöhungen)
eine Bestimmung, welche die Erhöhung des Entgelts für Waren oder Leistungen vorsieht, die innerhalb von vier Monaten nach Vertragsschluss geliefert oder erbracht werden sollen; dies gilt nicht bei Waren oder Leistungen, die im Rahmen von Dauerschuldverhältnissen geliefert oder erbracht werden;

2. (Leistungsverweigerungsrechte)
eine Bestimmung, durch die
a) das Leistungsverweigerungsrecht, das dem Vertragspartner des Verwenders nach § 320 zusteht, ausgeschlossen oder eingeschränkt wird oder
b) ein dem Vertragspartner des Verwenders zustehendes Zurückbehaltungsrecht, soweit es auf demselben Vertragsverhältnis beruht, ausgeschlossen oder eingeschränkt, insbesondere von der Anerkennung von Mängeln durch den Verwender abhängig gemacht wird;

3. (Aufrechnungsverbot)
eine Bestimmung, durch die dem Vertragspartner des Verwenders die Befugnis genommen wird, mit einer unbestrittenen oder rechtskräftig festgestellten Forderung aufzurechnen;

4. (Mahnung, Fristsetzung)
eine Bestimmung, durch die der Verwender von der gesetzlichen Obliegenheit freigestellt wird, den anderen Vertragsteil zu mahnen oder ihm eine Frist für die Leistung oder Nacherfüllung zu setzen;

5. (Pauschalierung von Schadensersatzansprüchen)
die Vereinbarung eines pauschalierten Anspruchs des Verwenders auf Schadensersatz oder Ersatz einer Wertminderung, wenn
a) die Pauschale den in den geregelten Fällen nach dem gewöhnlichen Lauf der Dinge zu erwartenden Schaden oder die gewöhnlich eintretende Wertminderung übersteigt oder
b) dem anderen Vertragsteil nicht ausdrücklich der Nachweis gestattet wird, ein Schaden oder eine Wertminderung sei überhaupt nicht entstanden oder wesentlich niedriger als die Pauschale;

6. (Vertragsstrafe)
eine Bestimmung, durch die dem Verwender für den Fall der Nichtabnahme oder verspäteten Abnahme der Leistung, des Zahlungsverzugs oder für den Fall, dass der andere Vertragsteil sich vom Vertrag löst, Zahlung einer Vertragsstrafe versprochen wird;

(5) BGB 309

7. (Haftungsausschluss bei Verletzung von Leben, Körper, Gesundheit und bei grobem Verschulden)
   a) (Verletzung von Leben, Körper, Gesundheit)
      ein Ausschluss oder eine Begrenzung der Haftung für Schäden aus der Verletzung des Lebens, des Körpers oder der Gesundheit, die auf einer fahrlässigen Pflichtverletzung des Verwenders oder einer vorsätzlichen oder fahrlässigen Pflichtverletzung eines gesetzlichen Vertreters oder Erfüllungsgehilfen des Verwenders beruhen;
   b) (Grobes Verschulden)
      ein Ausschluss oder eine Begrenzung der Haftung für sonstige Schäden, die auf einer grob fahrlässigen Pflichtverletzung des Verwenders oder auf einer vorsätzlichen oder grob fahrlässigen Pflichtverletzung eines gesetzlichen Vertreters oder Erfüllungsgehilfen des Verwenders beruhen;
   die Buchstaben a und b gelten nicht für Haftungsbeschränkungen in den nach Maßgabe des Personenbeförderungsgesetzes genehmigten Beförderungsbedingungen und Tarifvorschriften der Straßenbahnen, Obusse und Kraftfahrzeuge im Linienverkehr, soweit sie nicht zum Nachteil des Fahrgasts von der Verordnung über die Allgemeinen Beförderungsbedingungen für den Straßenbahn- und Obusverkehr sowie den Linienverkehr mit Kraftfahrzeugen vom 27. Februar 1970 abweichen; Buchstabe b gilt nicht für Haftungsbeschränkungen für staatlich genehmigte Lotterie- oder Ausspielverträge;
8. (Sonstige Haftungsausschlüsse bei Pflichtverletzung)
   a) (Ausschluss des Rechts, sich vom Vertrag zu lösen)
      eine Bestimmung, die bei einer vom Verwender zu vertretenden, nicht in einem Mangel der Kaufsache oder des Werkes bestehenden Pflichtverletzung das Recht des anderen Vertragsteils, sich vom Vertrag zu lösen, ausschließt oder einschränkt; dies gilt nicht für die in der Nummer 7 bezeichneten Beförderungsbedingungen und Tarifvorschriften unter den dort genannten Voraussetzungen;
   b) (Mängel)
      eine Bestimmung, durch die bei Verträgen über Lieferungen neu hergestellter Sachen und über Werkleistungen
      aa) (Ausschluss und Verweisung auf Dritte)
         die Ansprüche gegen den Verwender wegen eines Mangels insgesamt oder bezüglich einzelner Teile ausgeschlossen, auf die Einräumung von Ansprüchen gegen Dritte beschränkt oder von der vorherigen gerichtlichen Inanspruchnahme Dritter abhängig gemacht werden;
      bb) (Beschränkung auf Nacherfüllung)
         die Ansprüche gegen den Verwender insgesamt oder bezüglich einzelner Teile auf ein Recht auf Nacherfüllung beschränkt werden, sofern dem anderen Vertragsteil nicht ausdrücklich das Recht vorbehalten wird, bei Fehlschlagen der Nacherfüllung zu mindern oder, wenn nicht eine Bauleistung Gegenstand der Mängelhaftung ist, nach seiner Wahl vom Vertrag zurückzutreten;
      cc) (Aufwendungen bei Nacherfüllung)
         die Verpflichtung des Verwenders ausgeschlossen oder beschränkt wird, die zum Zwecke der Nacherfüllung erforderlichen Aufwendungen nach § 439 Absatz 2 und 3 oder § 635 Absatz 2 zu tragen oder zu ersetzen;
      dd) (Vorenthalten der Nacherfüllung)
         der Verwender die Nacherfüllung von der vorherigen Zahlung des

IV. AGB und Incoterms 2020 **309 BGB (5)**

vollständigen Entgelts oder eines unter Berücksichtigung des Mangels unverhältnismäßig hohen Teils des Entgelts abhängig macht;

ee) (Ausschlussfrist für Mängelanzeige)
der Verwender dem anderen Vertragsteil für die Anzeige nicht offensichtlicher Mängel eine Ausschlussfrist setzt, die kürzer ist als die nach dem Doppelbuchstaben ff zulässige Frist;

ff) (Erleichterung der Verjährung)
die Verjährung von Ansprüchen gegen den Verwender wegen eines Mangels in den Fällen des § 438 Abs. 1 Nr. 2 und des § 634a Abs. 1 Nr. 2 erleichtert oder in den sonstigen Fällen eine weniger als ein Jahr betragende Verjährungsfrist ab dem gesetzlichen Verjährungsbeginn erreicht wird;

9. (Laufzeit bei Dauerschuldverhältnissen)
bei einem Vertragsverhältnis, das die regelmäßige Lieferung von Waren oder die regelmäßige Erbringung von Dienst- oder Werkleistungen durch den Verwender zum Gegenstand hat,
a) eine den anderen Vertragsteil länger als zwei Jahre bindende Laufzeit des Vertrags,
b) eine den anderen Vertragsteil bindende stillschweigende Verlängerung des Vertragsverhältnisses um jeweils mehr als ein Jahr oder
c) zu Lasten des anderen Vertragsteils eine längere Kündigungsfrist als drei Monate vor Ablauf der zunächst vorgesehenen oder stillschweigend verlängerten Vertragsdauer;
dies gilt nicht für Verträge über die Lieferung als zusammengehörig verkaufter Sachen sowie für Versicherungsverträge;

10. (Wechsel des Vertragspartners)
eine Bestimmung, wonach bei Kauf-, Darlehens-, Dienst- oder Werkverträgen ein Dritter anstelle des Verwenders in die sich aus dem Vertrag ergebenden Rechte und Pflichten eintritt oder eintreten kann, es sei denn, in der Bestimmung wird
a) der Dritte namentlich bezeichnet oder
b) dem anderen Vertragsteil das Recht eingeräumt, sich vom Vertrag zu lösen;

11. (Haftung des Abschlussvertreters)
eine Bestimmung, durch die der Verwender einem Vertreter, der den Vertrag für den anderen Vertragsteil abschließt,
a) ohne hierauf gerichtete ausdrückliche und gesonderte Erklärung eine eigene Haftung oder Einstandspflicht oder
b) im Falle vollmachtsloser Vertretung eine über § 179 hinausgehende Haftung
auferlegt;

12. (Beweislast)
eine Bestimmung, durch die der Verwender die Beweislast zum Nachteil des anderen Vertragsteils ändert, insbesondere indem er
a) diesem der Beweislast für Umstände auferlegt, die im Verantwortungsbereich des Verwenders liegen, oder
b) den anderen Vertragsteil bestimmte Tatsachen bestätigen lässt;
Buchstabe b gilt nicht für Empfangsbekenntnisse, die gesondert unterschrieben oder mit einer gesonderten qualifizierten elektronischen Signatur versehen sind;

13. (Form von Anzeigen und Erklärungen)
eine Bestimmung, durch die Anzeigen oder Erklärungen, die dem Verwender oder einem Dritten gegenüber abzugeben sind, gebunden werden

Merkt

a) an eine strengere Form als die schriftliche Form in einem Vertrag, für den durch Gesetz notarielle Beurkundung vorgeschrieben ist oder
b) an eine strengere Form als die Textform in anderen als den in Buchstabe a genannten Verträgen oder
c) an besondere Zugangserfordernisse;
14. (Klageverzicht)
eine Bestimmung, wonach der andere Vertragsteil seine Ansprüche gegen den Verwender gerichtlich nur geltend machen darf, nachdem er eine gütliche Einigung in einem Verfahren zur außergerichtlichen Streitbeilegung versucht hat;
15. (Abschlagszahlungen und Sicherheitsleistung)
eine Bestimmung, nach der der Verwender bei einem Werkvertrag
a) für Teilleistungen Abschlagszahlungen vom anderen Vertragsteil verlangen kann, die wesentlich höher sind als die nach § 632a Absatz 1 und § 650m Absatz 1 zu leistenden Abschlagszahlungen, oder
b) die Sicherheitsleistung nach § 650m Absatz 2 nicht oder nur in geringerer Höhe leisten muss.

Anwendungsbereich

BGB 310 (1) ¹§ 305 Abs. 2 und 3, § 308 Nummer 1, 2 bis 9 und § 309 finden keine Anwendung auf Allgemeine Geschäftsbedingungen, die gegenüber einem Unternehmer, einer juristischen Person des öffentlichen Rechts oder einem öffentlich-rechtlichen Sondervermögen verwendet werden. ²§ 307 Abs. 1 und 2 findet in den Fällen des Satzes 1 auch insoweit Anwendung, als dies zur Unwirksamkeit von in § 308 Nummer 1, 2 bis 9 und § 309 genannten Vertragsbestimmungen führt; auf die im Handelsverkehr geltenden Gewohnheiten und Gebräuche ist angemessen Rücksicht zu nehmen. ³In den Fällen des Satzes 1 findet § 307 Absatz 1 und 2 sowie § 308 Nummer 1a und 1b auf Verträge, in die die Vergabe- und Vertragsordnung für Bauleistungen Teil B (VOB/B) in der jeweils zum Zeitpunkt des Vertragsschlusses geltenden Fassung ohne inhaltliche Abweichungen insgesamt einbezogen ist, in Bezug auf eine Inhaltskontrolle einzelner Bestimmungen keine Anwendung.

(2) ¹Die §§ 308 und 309 finden keine Anwendung auf Verträge der Elektrizitäts-, Gas-, Fernwärme- und Wasserversorgungsunternehmen über die Versorgung von Sonderabnehmern mit elektrischer Energie, Gas, Fernwärme und Wasser aus dem Versorgungsnetz, soweit die Versorgungsbedingungen nicht zum Nachteil der Abnehmer von Verordnungen über Allgemeine Bedingungen für die Versorgung von Tarifkunden mit elektrischer Energie, Gas, Fernwärme und Wasser abweichen. ²Satz 1 gilt entsprechend für Verträge über die Entsorgung von Abwasser.

(3) Bei Verträgen zwischen einem Unternehmer und einem Verbraucher (Verbraucherverträge) finden die Vorschriften dieses Abschnitts mit folgenden Maßgaben Anwendung:
1. Allgemeine Geschäftsbedingungen gelten als vom Unternehmer gestellt, es sei denn, dass sie durch den Verbraucher in den Vertrag eingeführt wurden;
2. § 305c Abs. 2 und die §§ 306 und 307 bis 309 dieses Gesetzes sowie Artikel 46b des Einführungsgesetzes zum Bürgerlichen Gesetzbuche finden auf vorformulierte Vertragsbedingungen auch dann Anwendung, wenn diese nur zur einmaligen Verwendung bestimmt sind und soweit der Verbraucher auf Grund der Vorformulierung auf ihren Inhalt keinen Einfluss nehmen konnte;

3. bei der Beurteilung der unangemessenen Benachteiligung nach § 307 Abs. 1 und 2 sind auch die den Vertragsschluss begleitenden Umstände zu berücksichtigen.

(4) ¹Dieser Abschnitt findet keine Anwendung bei Verträgen auf dem Gebiet des Erb-, Familien- und Gesellschaftsrechts sowie auf Tarifverträge, Betriebs- und Dienstvereinbarungen. ²Bei der Anwendung auf Arbeitsverträge sind die im Arbeitsrecht geltenden Besonderheiten angemessen zu berücksichtigen; § 305 Abs. 2 und 3 ist nicht anzuwenden. ³Tarifverträge, Betriebs- und Dienstvereinbarungen stehen Rechtsvorschriften im Sinne von § 307 Abs. 3 gleich.

(6) Incoterms 2020 und andere Handelskaufklauseln

Incoterms® 2020 gültig ab 1.1.2020

Schrifttum

Offizielle Ausgabe: Incoterms 2020 der International Chamber of Commerce (ICC), Paris 2020 (ICC-Publikation Nr. 723 DE).

a) Kommentare:

Incoterms 2020: *Graf von Bernstorff,* Incoterms 2020, 2020 (zit.).

Incoterms 2010: *IntHK,* Incoterms 2010, Kommentar und Text (ICC-Publikation Nr. 460/1). – *Graf von Bernstorff,* Incoterms 2010, 4. Aufl. 2017. – *Oertel* in Mankowski, Commercial Law, 2019. – *Piltz/Bredow/Bearbeiter,* Incoterms, 2016 (zit.). – *Ramberg,* ICC Guide to Incoterms 2010, 2011 ICC-Publication No. 720 E (zit). – ICC Guide on Transport and the Incoterms 2010 Rules, 2016 Edition, ICC-Publication No. 775 ED.

Früher: *Bredow/Seiffert,* Incoterms 2000, 2000 (zit.). – *Bredow/Seiffert,* Incoterms 1990, 2. Aufl. 1994. – *Eisemann/Melis,* Incoterms Ausgabe 1980, Kommentar 1982, Wien 1983. – ICC, Guide to Incoterms 2000 (ICC-Publikation Nr. 620), Incoterms 2000, Kommentar und Text (ICC-Publikation Nr. 715/3 D, 2015).

b) Einzeldarstellungen und Sonstiges:

Incoterms 2020: ICC-Handbuch zu Transportfragen und Incoterms 2020; *Piltz* IHR 2019, 177, IWRZ 2019, 157. – *Oertel* RIW 2019, 701. – *Pirrung* ZVertriebsR 2019, 219 (Mußmaßungen vor Veröffentlichung der Incoterms 2020). – *Ademuni-Odeke* (2021) Journal of Business Law 673 (insurance problems).

Incoterms 2010: *Graf von Bernstorff* RIW 2010, 672. – *Vorpeil* RIW 6/2010 Erste Seite, WM 2011, 1008. – *Zwilling-Pinna* BB 2010, 2980. – *Piltz* IHR 2011, 1 – *Piltz* FS Magnus 2014, 273 (Art. 38 CISG (Untersuchung) und Incoterms).

Früher: *Digenopoulos,* Die Abwandlung der CIF- und FOB-Geschäfte im modernen Überseekauf, 1979. – *Eisemann,* Die Incoterms im internationalen Warenkaufrecht, Wesen und Geltungsgrund, 1967. – *Graf von Bernstorff,* Praxishandbuch Internationale Geschäfte (LBl). – *Grimm,* Der Einfuhrhandel, 1968. – *Haage,* Die Vertragsklauseln CIF, FOB, ab Kai unter Berücksichtigung der Trade Terms, 1956. – *Haage,* Das Abladegeschäft, 1958. – *IntHK,* Einführung in die ICC Richtlinien für internationale Verträge (ICC-Publikation Nr. 365, Sprache engl.); Internationale Handelsbräuche (ICC-Publikation Nr. 374, Sprache engl., frz.). – *Lebuhn,* FOB und FOB-Usancen europäischer Seehäfen, Lieferklauseln im internationalen Handelsverkehr, 3. Aufl. 1971. – Vertragsklauseln im Handelsverkehr, 4. gemeinsames Seminar Univ. Montpellier/Heidelberg, 1974. – *Renck,* Der Einfluß der INCOTERMS 1990 auf das UN-Kaufrecht, 1995. – *Liesecke* WM 1966, 174, Sonderbeil 3/1978, 23. – *Fontaine* FS Steindorff 1990, 1193. – *Lehr* VersR 2000, 548. – *Piltz* FS Herber 1999, 20 (Incoterms und UN-Kaufrecht). – *Piltz* RIW 2000, 485. – *Wertenbruch* ZGS 2005, 136. – *Magnus/Lüsing* IHR 2007, 1. – *Magnus, Hopt* Hdb Eur PrivR 2009, 844, 896.

Allgemeiner: *Graf von Westphalen,* Rechtsprobleme der Exportfinanzierung, 3. Aufl. 1987. – *Zahn/Eberding/Ehrlich,* Zahlung und Zahlungssicherung im Außenhandel, 6. Aufl.

(6) Incoterms 2020
2. Teil. Handelsrechtl. Nebenges.

1986. – Großkommentare zum HGB (Einl. vor § 1 HGB). – WLP *(Wolf/Lindacher/Pfeiffer)/ H. Schmidt* AGB-Recht 7. Aufl 2020 Handelsklauseln H.
Hoffmann AWD 1970, 247. – *Basedow* RabelsZ 43 (1979), 125.
RsprÜbersichten: *Staatmann/Ulmer* (Schiedsspruchsammlung) Bd. 1 1975, Bd. 2 1982; *Staatmann/Ulmer/Timmermann* Bd. 3 1984, Bd. 4 1988; *HK Hbg* Bd. 5 1994, Bd. 6 1998, keine weiteren Bde. – S. auch zu den HdlKlauseln § 346 HGB Rn. 39–40.

Übersicht

	Rn
A. Einleitung	1–67
1) Internationaler Handelskauf	1
2) Handelsklauseln	2–8
A. Allgemeine Handelsklauseln:	2
B. Internationale Handelsklauseln:	3
C. Trade Terms:	4
D. Warschau-Oxford-Regeln:	5
E. FIDIC-Bedingungen:	6
F. ECE-, VDMA/VDW-, ORGALIME-Bedingungen:	7
G. American Foreign Trade Definitions (RAFTD):	8
3) Incoterms 2020: Allgemeines	9–18
A. Regeln der Internationale Handelskammer (ICC):	9
B. Bedeutung der Incoterms:	10
C. Entwicklung der Incoterms bis zu den Incoterms 2020:	11–13
D. Regelung und Rechtsnatur der Incoterms:	14–17
E. Auslegung der Incoterms:	18
4) Übersicht zu den Incoterms 2020	19–29
5) Incoterms 2020: Inhalt	30–66
A. Einteilung der Incoterms 2020:	30
B. Vier Klauselgruppen (E, F, C, D) nach Kosten- und Gefahrübergang:	31–35
C. Aufbau einer jeden Klausel nach Verkäufer- und Käuferpflichten:	36–42
D. Definitionen und Begriffe:	43–61
E. Die richtige Klauselwahl:	62–65
F. Text der Incoterms 2020:	66
6) Incoterms 2020: Übersichtstabelle zur Gefahr- und Kostentragung	67

	Seite
B. Offizielles Regelwerk der Internationalen Handelskammer (ICC): Incoterms® 2020	2163
Einführung in die Incoterms® 2020	2163
[Vor I.] Ziele, Struktur und Bedeutung dieser Einführung	
I. WAS KÖNNEN DIE INCOTERMS® REGELN LEISTEN?	2164
II. WAS KÖNNEN DIE INCOTERMS® REGELN NICHT LEISTEN?	2164
III. WIE LASSEN SICH DIE INCOTERMS® REGELN AM BESTEN IN VERTRÄGE EINBEZIEHEN?	2165
IV. LIEFERUNG, GEFAHRÜBERGANG UND KOSTEN IN DEN INCOTERMS® 2020 REGELN	2166
V. DIE INCOTERMS® 2020 REGELN UND DER FRACHTFÜHRER	2168
VI. REGELN FÜR DEN KAUFVERTRAG UND DEREN VERHÄLTNIS ZU ANDEREN VERTRÄGEN	2170

1 Incoterms 2020 (6)

Seite

VII. DIE ELF INCOTERMS® 2020 KLAUSELN –
„SEE- UND BINNENSCHIFFSKLAUSELN" UND
„KLAUSELN FÜR ALLE TRANSPORTARTEN":
DIE RICHTIGE AUSWAHL TREFFEN 2172
VIII. REIHENFOLGE INNERHALB DER
INCOTERMS® 2020 KLAUSELN 2173
IX. UNTERSCHIEDE ZWISCHEN DEN
INCOTERMS® 2010 UND 2020 2174
X. VORSICHT BEI VERTRAGLICHEN ABWEI-
CHUNGEN VON DEN INCOTERMS®
REGELN 2179
[I.] Klauseln für alle Transportarten 2180
   1) EXW | Ab Werk 2180
      Kommentierung zu EXW 2184
   2) FCA | Frei Frachtführer 2187
      Kommentierung zu FCA 2193
   3) CPT | Frachtfrei 2196
      Kommentierung zu CPT 2201
   4) CIP | Frachtfrei versichert 2204
      Kommentierung zu CIP 2210
   5) DAP | Geliefert benannter Ort 2212
      Kommentierung zu DAP 2216
   6) DPU | Geliefert benannter Ort entladen 2219
      Kommentierung zu DPU 2224
   7) DDP | Geliefert verzollt 2225
      Kommentierung zu DDP 2230
[II.] Klauseln für den See- und Binnenschiffstransport 2232
   8) FAS | Frei Längsseite Schiff........................ 2232
      Kommentierung zu FAS 2236
   9) FOB | Frei an Bord................................. 2238
      Kommentierung zu FOB 2242
  10) CFR | Kosten und Fracht 2246
      Kommentierung zu CFR 2251
  11) CIF | Kosten, Versicherung und Fracht 2253
      Kommentierung zu CIF 2259
[III.] Wortlaut der einzelnen Regeln der Klauseln 2264

A. Einleitung

1) Internationaler Handelskauf

Der internationale HdlKauf richtet sich in Deutschland nach dem unmittelbar anwendbaren **UN-Kaufrecht (CISG)**. Zum örtlichen und sachlichen Anwendungsbereich und zum Inhalt → HGB Einl. vor § 373 Rn. 46–49. Dieses ist allerdings abdingbar und wird in der Praxis auch häufig abgebungen; wenn die Parteien das CISG abbedingen, bleibt es nach deutschem Recht beim Handelskauf nach dem BGB und ergänzend §§ 1 ff., 373 ff. HGB (→ HGB Einl. vor § 373 Rn. 1 ff.), die ebenfalls grundsätzlich abdingbar sind. Das CISG enthält nähere Bestimmungen zu den Verpflichtungen des Verkäufers und des Käufers und zum Gefahrübergang bei Beförderung der Ware (Art. 67 CISG, vgl. §§ 346, 347 BGB), teils ausdrücklich in seinen Bestimmungen, teils nach der einschlägigen Kommentarliteratur (→ HGB Einl. vor § 373 Rn. 46). Dennoch können Regelungslücken oder Unsicherheiten auftreten, auch mögen die Parteien die Regelung bestimmter Punkte übersehen haben oder eigentlich anders geregelt haben wollen. Für diesen Fall bieten sich **Handelsklauseln** an, die die Verpflichtungen des Verkäufers und des Käufers, insbesondere betreffend Lieferung, Gefahrübergang und Kostenverteilung, regeln. Übersicht über die 10 Punkte, die beispielsweise die Incoterms näher regeln, → Rn. 24.

(6) Incoterms 2020   2–6

2) Handelsklauseln

2   A. **Allgemeine Handelsklauseln:** Allgemeine Handelsklauseln sind HdlKlauseln, die entweder in einem Land oder darüber hinaus üblich sind, zB circa, force majeure, freibleibend, Kasse gegen Dokumente, Liefermöglichkeit, Selbstbelieferung ua (ausführliche Zusammenstellung in → HGB § 346 Rn. 39, 40). Manches davon ist HdlBrauch (→ HGB § 346 Rn. 1, 12). Solche Klauseln können auch für je ein Land standardisiert sein, so die von den einzelnen Landesgruppen der Internationalen Handelskammer (IntHK, → Rn. 9) ab 1923 aufgestellten Trade Terms (→ Rn. 4).

3   B. **Internationale Handelsklauseln:** Im internationalen HdlVerkehr besteht besonderer Bedarf an genormten Vertragsformeln, denn Schnelligkeit und Vertragssicherheit, die durch Missverständnisse und unterschiedliche nationale Regeln und Auslegungen gefährdet wären, sind hier entscheidend (auch → HGB Einl. vor § 1 Rn. 4–7). Der internationale HdlVerkehr verwendet zwar schon seit alters kurze Klauseln, deren Bedeutung im Kern feststeht (→ Rn. 2), aber diese sind in Einzelheiten doch nicht ohne Weiteres klar und werden auch in verschiedenen Ländern verschieden verstanden (→ Rn. 2, 4, 8). Nationale und internationale Vereinigungen haben deshalb Kataloge von internationalen HdlKlauseln aufgestellt, bei deren Verwendung die Vertragsparteien, zumal wenn sie aus verschiedenen Rechtsordnungen kommen, die zuvor erwähnten Risiken minimieren. So formulieren zB die Incoterms (→ Rn. 10) Begriffsdefinitionen und genaue Regeln über die Verteilung der Vertragsrisiken zwischen Verkäufer und Käufer.

4   C. **Trade Terms:** Die Trade Terms, von der IntHK zuerst 1923, zuletzt 1953 veröffentlicht, sind von einer Reihe von Landesgruppen der IntHK (ua in Ägypten, Australien, Belgien, Dänemark, Deutschland, Frankreich, Großbritannien, Italien, Jugoslawien, Kanada, Marokko, Niederlande, Norwegen, Österreich, Schweden, Schweiz, Südafrika und USA) aufgestellt worden, je für ihr Land als Aufzeichnung der zu diesem Zeitpunkt üblichen Auslegung. Dabei kann es sich um einen nationalen HdlBrauch handeln, OLG Karlsruhe RIW 1975, 225. Diese nationalen Trade Terms sind in der Form aufeinander abgestimmt, aber inhaltlich nicht vereinheitlicht. Bei Geschäften zwischen Kflten verschiedener Länder kann iZw jeder sich als Schuldner auf die Trade Terms seines Landes berufen. Die Berufung eines Schiedsgerichts (→ HGB Einl. vor § 1 Rn. 88) an einem bestimmten Ort (zB: „Hamburger freundschaftliche Arbitrage") macht iZw die Trade Terms des Landes des Schiedsgerichts anwendbar. Gefahrübergang und Dokumentenübergabe nach deutschen Trade Terms über CIF-Klausel s. OLG Hamburg MDR 1964, 601. Lit.: Beyer AWD 1954, 20; Haage AWD Beil. 1/1956; BB 1956, 195 (über „ab Kai").

5   D. **Warschau-Oxford-Regeln:** Die Warschau-Oxford-Regeln sind Regeln, die die International Law Association schon früher speziell für CIF-Geschäfte aufgestellt hat. Sie sollten bei „ausdrücklicher" Aufnahme in den Kaufvertrag gelten: Warschau-Oxford-Regeln (revidierter Text von Oxford, August 1932, engl. Übersetzung Drucks. 5/1951 der Deutschen Gruppe der IntHK). Sie werden nach Auskunft der IntHK inzwischen selten angewandt.

6   E. **FIDIC-Bedingungen:** In internationalen Bau- und Industrieanlageverträgen spielen die FIDIC-Bauvertragsbedingungen der 1913 in Lausanne gegründeten Fédération Internationale des Ingénieurs-Conseils und der Fédération Internationale Européenne de la Construction/International Federation of Consulting Engineers, Standardbedingungen 1957, inzwischen 1999 und 2017, mittlerweile neuere und verschiedene andere Bedingungen (FIDIC Contracts and Agreements Collection), eine herausragende Rolle, zumal sie von der Weltbank empfohlen werden. FIDIC-Bedingungen für verschiedene Verträge (2017 FIDIC Suite): für construction (red book), plant and design build (yellow book) und EPC turnkey projects

IV. AGB und Incoterms 2020   7–10   **Incoterms 2020 (6)**

(silver book). Lit.: Baker 2009; Bunni, 3d ed Oxford 2008; Jaeger/Hök 2010; Rustmeier 2018; Mallmann RIW 2000, 532; Atzpodien/Müller RIW 2006, 331.

F. **ECE-, VDMA/VDW-, ORGALIME-Bedingungen:** Die ECE (UN- 7 Wirtschaftskommission für Europa) hat in den Fünfziger Jahren und der Verband Deutscher Maschinen- und Anlagebau e. V. (VDMA) hat mit neuerem Datum eine ganze Reihe von Bedingungen erstellt, ua Allgemeine Lieferbedingungen für den Export von Maschinen und Anlagen, Allgemeine Liefer- und Montagebedingungen für den Import und Export von Maschinen und Anlagen, Zusatzbedingungen für die Überwachung der Montage von Maschinen und Anlagen im Ausland und Allgemeine Verkaufsbedingungen für den Import und Export von langlebigen Konsumgütern und anderen Serienerzeugnissen der metallverarbeitenden Industrie, insgesamt mit großer Verbreitung (erhältlich von VDMA-Verlag Frankfurt a. M.). Dazu gibt es von VDMA eine „Anlage der deutschen Maschinenindustrie" mit Anpassung an das geltende deutsche Recht. Für das Inland gibt es **VDMA/VDW,** Empfehlungen für die Lieferung, Montage und Reparatur: Lieferbedingungen Inland/Kaufleute (LI/K), Montagebedingungen Inland (MI) und Reparaturbedingungen Inland (RI) idF 2007. Die VDW 502 sind inhaltsgleich mit den VDMA Inlandslieferbedingungen. Der Dachverband der europäischen Investitions-Güter-Industrie (**ORGALIME**) hat in Fortentwicklung der ECE-Bedingungen für das Ausland neuere Bedingungen erstellt (ORGALIME-Bedingungen). Sie sind spiegelbildlich zu den VDMA/VDW-Bedingungen gefasst und werden anders als die ECE-Bedingungen regelmäßig revidiert. Zum Ganzen kurz auch Graf von Bernstorff Rn. 70 ff.

G. **American Foreign Trade Definitions (RAFTD):** Diese beinhalten teil- 8 weise ähnlich benannte Klauseln, zB fob, wie die bisher dargestellten, weichen aber inhaltlich teilweise erheblich ab, insbesondere zum Gefahrübergang und zur Versicherungslage. Sie gibt es in den USA seit 1919, als Revised American Foreign Trade Definitions (RAFTD) in der von der US-amerikanischen Handelskammer 1941 revidierten Fassung. Seit 1985 werden sie nicht mehr empfohlen, stattdessen wird auch im Verkehr mit US-amerikanischen Unternehmen eher auf die Incoterms zurückgegriffen. Soweit sie doch noch im US-Handel verwandt werden, sollte wegen der Unterschiede etwa zur FOB-Klausel klarstellend die Quelle RAFTD oder Incoterms angegeben werden, Graf von Bernstorff Rn. 74 f. Lit.: Spanogle The International Lawyer 1997, 111.

3) Incoterms 2020: Allgemeines

A. **Regeln der Internationale Handelskammer (ICC):** Die Incoterms sind 9 nach der offiziellen Bezeichnung: Die Regeln der ICC zur Auslegung nationaler und internationaler Handelsklauseln. Die Internationale HdlKammer bzw. IntHK (International Chamber of Commerce bzw. ICC) in Paris wurde 1919 gegründet, hat in mehr als 60 Ländern Nationalkomitees und ist in mehr als 130 Ländern vertreten. Sie ist damit die größte, weltwelt tätige, alle Branchen umfassende private Wirtschaftsorganisation. Zu den Mitgliedern der ICC Germany in Berlin gehören zahlreiche DAX 30-Unternehmen, Industrie- und Handelskammern und Verbände. Besonders wichtig ist die internationale **ICC-Schiedsgerichtsbarkeit** mit Gerichtshof in Paris seit 1923. Dies ist die international erfolgreichste, institutionelle Schiedsgerichtsbarkeit mit Hunderten von Fällen pro Jahr aus aller Welt (→ HGB Einl. vor § 1 Rn. 97). Ebenso wichtig sind die Verhaltensregeln der IntHK, darunter die Incoterms, die seit 1936 neunmal modernisiert wurden (→ Rn. 13), die 2007 revidierten Akkreditiv-Richtlinien (s. **(11)** ERA) und die Inkasso-Richtlinien von 1995 (s. **(12)** ERI). Lit. zu ICC: Hopt in HdWB Eur. PrivR 2009 I 896.

B. **Bedeutung der Incoterms:** Die **Incoterms (International Commerci-** 10 **al Terms,** offizielle ICC-Publikation Nr. 723 DE, Sprache deutsch-englisch)

Hopt   2147

(6) Incoterms 2020

beziehen sich **ausschließlich** auf das **Verhältnis** zwischen **Verkäufer und Käufer** (**nur Kaufvertrag**, nicht Beförderungsvertrag und andere Verträge mit Dritten; deshalb ist die Abstimmung der Verträge wichtig, → Einführung Incoterms 2020 Ziffer 37 ff.). Sie betreffen nur den **Warenkauf**, nicht den Kauf von unbeweglichen Sachen und immateriellen Gütern wie Patente und Lizenzen, Oertel RIW 2019, 702; str. für Software, verneinend Graf von Bernstorff Rn. 385, bejahend Piltz IHR 2011, 3; auf Verkörperung abstellend Oertel RIW 2019, 702. Sie legen die im internationalen Warenhandel zwischen Unternehmen üblichen Praktiken in Kaufverträgen (die B2B-HdlPraktiken) fest (→ Einführung Incoterms 2020 Ziffer 4), sind aber, falls so gewollt, auch zwischen einem Kaufmann und einem Privaten verwendbar (Graf von Bernstorff Rn. 93). Sie regeln nur ganz bestimmte Punkte (**nur Teilregelung**), sie sind nicht eine umfassende Regelung des Kaufvertrags (zum ICC Model International Sale Contract, ICC Publication No 556, s. Ramberg S. 11). Sie regeln insbesondere bestimmte Verkäufer- und Käuferpflichten, namentlich betreffend Lieferung/Übernahme, Gefahrübergang, Transport und Kostenverteilung, dagegen nicht oder nicht näher zB Versendungsanzeigepflicht (Art. 32 I CISG), Lieferzeit (Art. 33 CISG), Übergabe von Dokumenten (Art. 34 CISG), Eigentumsübergang, Gewährleistung, Haftungsausschlüsse, force majeure ua (beispielhafte Aufzählung → Einführung Incoterms 2020 Ziffer 7), Oertel RIW 2019, 702, auch nicht Rechtswahl, Streibeilegung u. a. Insoweit kommt es auf das anwendbare Recht an (→ Rn. 17) und Komm. zum CISG, → HGB Einl. vor § 373 Rn. 46 und zum HGB), Ramberg FS Kritzer, 2008, 403 zu Incoterms und CISG. Auch HdlBräuche (→ HGB § 346 Rn. 1, 12) oder Hafenusancen spielen eine erhebliche Rolle (→ Rn. 18). Die Incoterms sind primär für den **internationalen Verkehr** bestimmt, können aber **auch** für den **nationalen** verwandt werden, worauf schon die offizielle Benennung hinweist (→ Rn. 9; ausdrücklich bereits → Incoterms 2010 Einführung Hauptmerkmale Ziffer 3), dann unter anderem ohne A7/B7 (Ausfuhr-/Einfuhrabfertigung, unten → Rn. 52; dementsprechend auch dortige Formulierung „Gegebenenfalls", „Falls zutreffend" bzw. „Where applicable") und andere auf Export/Import bezogene Bestimmungen.

11 C. **Entwicklung der Incoterms bis zu den Incoterms 2020:** Die Incoterms (Text unten mit Kommentierung) sind die bekanntesten und verbreitetsten internationalen Handelsklauseln. Laut Internationaler Handelskammer werden sie in 90 % der internationalen Kaufverträge eingesetzt, Piltz IHR 2019, 177. Die Incoterms hatten ua mit CIF und FOB ihren Ursprung im Überseehandel (→ HGB Einl. vor § 373 Rn. 50, internationales Abladegeschäft) und sind auch noch 2010 (spezielle See- und Binnenschiffstransportklauseln, → Rn. 21) von diesem geprägt. Sie wurden zwecks Vereinheitlichung der Trade Terms unabhängig von den nationalen HdlBräuchen **1936** von der IntHK (ICC) in Paris (→ Rn. 9) aufgestellt und **1953, 1967, 1976, 1980, 1990, 2000, 2010** und zuletzt **2020** neu ausgelegt (aber kein fester Zehnjahresturnus, Ramberg S. 8, dort auch zum Inhalt seit 1936). 1967 kamen die Klauseln „Geliefert Grenze" und „Geliefert verzollt" hinzu, 1976 „FOB Flughafen" und 1980 „Frei Frachtführer" und „Frachtfrei versichert". Die **Revision 1990** galt ab 1.7.1990 und umfasste 13 (statt bisher 14) Klauseln. Gründe für die Revision waren die modernen Transporttechniken (Containerverkehr, multimodaler Transport, Ro-Ro-Transporte), der elektronische Datenaustausch (EDI, bei allen Klauseln möglich) und das Ziel größerer Übersichtlichkeit. Die einfachere FCA-Klausel ersetzte die Spezialklauseln für Luft- und Eisenbahntransport FOR/FOT und „FOB Flughafen". Neu war auch DDU (geliefert unverzollt im Einfuhrland). Weitere Änderungen betrafen die Verpackungspflichten des Verkäufers, Dokumentenfragen bei FCR und CIF und die Versicherung bei CIP (wie bei CIF). Die **Incoterms 2000** waren eine Teilüberarbeitung der Incoterms 1990; grundsätzliche Änderungen: Während Zahl, Reihenfolge und Aufbau der 13 In-

IV. AGB und Incoterms 2020   **12–14 Incoterms 2020 (6)**

coterms gleich blieben, betrafen die wichtigsten Einzeländerungen FAS, vor allem Zuweisung der Exportfreimachung an den Verkäufer, und DEQ, vor allem Zuweisung der Importfreimachung an den Käufer. In der FCA-Klausel, die ebenso wie CPT auf alle Transportarten abstellt, wurde auf den Hinweis auf die verschiedenen Transportarten gestrichen (A 4), also Änderungen der Be- und Entladepflichten unter FCA. Die **Incoterms 2010** brachten vor allem zwei neue Incoterms-Klauseln, DAT und DAP, anstelle der alten DAF, DES, DEQ und DDU (s. 34. Aufl.). Die 11 Incoterms 2010 waren in ihrer Reihenfolge neu geordnet und in zwei Kategorien eingeteilt: Klauseln für alle Transportarten (EXW, FCA, CPT, CIP, DAT, DAP und DDP) und solche für den See- und Binnenschiffstransport (FAS, FOB, CFR und CIF). Seit den Incoterms 2010 sind die Incoterms ausdrücklich auch für den inländischen Verkehr gedacht. Weitere Neuerungen betrafen die elektronische Kommunikation, die Versicherungsdeckung, die sicherheitsrelevanten Freigaben und hierfür benötigten Informationen, die Hafenumschlaggebühren und die Verkaufsketten („string sales").

Die **Incoterms 2020, in Kraft ab 1.1.2020,** ersetzen die Incoterms 2010, die **12** in vielen laufenden Verträgen benutzt wird und deshalb weiterhin von großer Bedeutung ist. Das bedeutet nicht, dass die bisherigen Incoterms ähnlich wie Gesetze außer Kraft treten, sondern nur, dass die Parteien für ihre Verträge künftig statt der Incoterms 2010 die neue Fassung verwenden können und das in der Regel auch wollen und tun werden. Dies wird dadurch vereinfacht, dass dann, wenn die Parteien ab 1.1.2020 in **neuen Verträgen nur auf die Incoterms verweisen,** ohne das zu spezifizieren, im Zweifel die Incoterms 2020 gelten (→ Rn. 13). Für **laufende Verträge** können die Parteien die Umstellung auf die Incoterms 2020 vereinbaren, was aber ausdrücklich gesagt werden sollte. Wenn sie das nicht tun, also **ohne Umstellungsvereinbarung,** bleiben die **Incoterms 2010** vereinbart und gelten so, wie sie bei ihrer Vereinbarung verstanden wurden, also im Zweifel unabhängig von den späteren Änderungen durch die Incoterms 2020.

Infolge der Änderungen gibt es insgesamt **zehn verschiedene Fassungen der 13 Incoterms.** Folglich ist zB „CIF Hamburg" unklar, iZw ist aber die zurzeit des Vertragsabschlusses geltende Fassung gemeint. Bei Vertragsschluss ab 1.1.2020 gelten also iZw die Incoterms idF 2020 (→ Rn. 18). Das sollte aber besser im Vertrag ausdrücklich gesagt werden. Um Streit darüber zu vermeiden, sollte der Vertrag also **klarstellen, welche Fassung gemeint ist,** Magnus/Lüsing IHR 2007, 6.

D. **Regelung und Rechtsnatur der Incoterms: a) AGB:** Die Incoterms **14** gelten nicht kraft Gesetz und nur ausnahmsweise als HdlBrauch iSv § 346 HGB, sondern nur soweit die Vertragsparteien im (nationalen oder internationalen) Kaufvertrag auf sie Bezug nehmen. Sie sind also vorformulierte Vertragsklauseln, deren Einbeziehung (nicht auch ihr Inhalt) bewiesen werden muss, hL, BGH RIW 1975, 578, WLP/H. Schmidt Handelsklauseln H 63d, Ul/Br/He/Christensen, Teil 2 (26) Kaufverträge Rn. 13, uU HdlBrauch, aA Graf von Bernstorff Rn. 107 ff., 110: „nicht direkt „AGB"; Oertel RIW 2019, 703: Auslegungsregeln. Das bedeutet, dass sie bei Geltung des deutschen Rechts zwar der AGB-Kontrolle nach **(5) §§ 305 ff. BGB** unterliegen, aber in aller Regel als wirksam anzusehen sind, WLP/H. Schmidt H 63d: kaum jeweils anzunehmen noch bisher angenommen. Das kann anders sein, wenn Incoterms verwandt, aber inhaltlich ergänzt oder geändert werden, Graf von Bernstorff Rn. 96. Zur wirksamen Einbeziehung von AGB unter Art. 8 CISG s. Schmidt-Kessel in Schlechtriem/Schwenzer/Schroeter 7. Aufl. 2019, Art. 8 Rn. 52. Eine Einbeziehung der Incoterms kraft HdlBrauch kann nicht angenommen werden. Auch soweit die Incoterms nicht in den Vertrag aufgenommen wurden, tragen sie uU zur Auslegung des maßgeblichen nationalen HdlBrauchs bei bzw. decken sich im Einzelfall mit diesem. Zum Streit über den Geltungsgrund Piltz/Bredow/Piltz A-300; Graf von Bernstorff Rn. 94 ff. Lit.:

WLP/H. Schmidt H 63 ff.; H. Basedow RabelsZ 43 (1979); 116, 125 ff.; Piltz IHR 2004, 133 (138); Berger FS Horn, 2006, 3 (18); Magnus FS Kritzer, 2008, 321; Drettmann FS Graf von Westphalen, 2010, 73 (76).

15 Soweit die Incoterms wie idR unter Unternehmern verwendet werden, finden nach **(5)** § 310 I 1 BGB die §§ 305 II, III, 308, 309 keine Anwendung, wohl aber zB die Generalklausel des **(5)** § 307 BGB. Dazu ist allerdings in der Rechtsprechung ein problematischer Trend zur Übernahme der **Grenzen aus (5) §§ 308, 309 BGB in § 307 BGB** festzustellen. Diese Gefahr wird zwar allgemein für internationale Klauseln in der Praxis unterschätzt, ist jedoch für die Incoterms angesichts der langjährigen, sorgfältigen Austarierung (→ Rn. 14) gering. Bei individueller Abweichung von diesen Klauseln, die möglich (→ Rn. 14, 7), wenn auch nicht ratsam ist (→ Rn. 65) ist, nimmt die Gefahr jedoch zu. Werden die Incoterms allerdings gegenüber Privaten gebraucht (→ Rn. 10), ist das zwingende Verbraucherschutzrecht zu beachten. Zum Ganzen (für internationale Anleihebedingungen) → **(7)** Bankgeschäfte Rn. Y3. Internationales Einheitsrecht → HGB Einl. vor § 373 Rn. 46. Klauselpraxis im internationalen Abladegeschäft → HGB Einl. vor § 373 Rn. 50. AGB im internationalen Geschäftsverkehr s. Ul/Br/He/ H. Schmidt Anh. zu § 305 BGB.

16 **b) Geschäftstyp:** Rechtlich entspricht nicht jede Gruppe der Incoterms einem einzigen Geschäftstyp. Vielmehr finden sich in verschiedenen Gruppen **Abnahmegeschäfte** (zB ab Werk, ab Schiff, ab Kai), **Versendungsgeschäfte** (so die F- und C-Geschäfte FCA, FAS, FOB, CPT, CIP, CFR, CIF), **Fern- oder Ankunftsgeschäfte** (so die D-Geschäfte DAP/Geliefert benannter Ort, DPU/ Geliefert benannter Ort entladen und DDP/Geliefert verzollt).

17 **c) Verhältnis zum nationalen Recht: Zwingendes** Recht geht in jedem Fall vor. **Dispositives** Recht findet Anwendung, sofern es nicht durch die Incoterms wirksam abbedungen oder die Frage anders geregelt worden ist. Die Incoterms beschränken sich auf einige Hauptprobleme des Kaufs (Lieferung, Abnahme, Gefahrübergang und Fragen der Aus-, Durch- und Einfuhr der Ware). Alle nicht in den Incoterms geregelten Fragen (zB Vertragsabschluss, Leistungsstörungen, Zahlungsabwicklung und vor allem Eigentumsübergang) bestimmen sich nach dem auf den Vertrag anzuwendenden Recht (→ Rn. 10, auch internationales Einheitsrecht, → HGB Einl. vor § 373 Rn. 46). Zur objektiven Geltung von **Handelsbräuchen** (→ Rn. 10; → HGB § 346 Rn. 8. Im Übrigen gehen **Individualvereinbarungen** den Incoterms vor, vgl. **(5)** § 305b BGB.

18 **E. Auslegung der Incoterms:** Incoterms sind nach ihrem Zweck und dem Parteiwillen **objektiv** und **international einheitlich** auszulegen, OLG Nürnberg IHR 2017, 206; von Hoffmann RIW 1970, 252, Oertel RIW 2019, 704; Graf von Bernstorff Rn. 104 („sollen"), str. Den Parteien wird ausdrückliche Einbeziehung, spezifizierte Bezugnahme (englische oder andere Ausgabe, Fassung mit Jahr, Klausel; zB „Incoterms 2020 cif") und eine möglichst präzise Ortsangabe empfohlen (→ Einführung Incoterms 2020 Ziffern 9, 12). Bei allgemeiner Bezugnahme gelten iZw die Incoterms 2020 in der englischen Originalfassung (→ Rn. 13). Die Vereinbarung der Incoterms bedeutet nicht zugleich auch die Vereinbarung der ICC-Schiedsgerichtsbarkeit (→ HGB Einl. vor § 1 Rn. 97) und auch nicht Abbedingung des CISG (→ Rn. 1), Magnus/Lüsing IHR 2007, 1; Piltz RIW 2010, 673; öOGH IHR 2002, 26. Sehr hilfreich sind ausführliche **Erläuternde Kommentare für Nutzer** vor jeder Klausel (Incoterms 2020, für die Incoterms 2010: Anwendungshinweise vor jeder einzelnen Klausel, jeweils Teil des offiziellen Texts), immer noch hilfreich sind die Auslegungshinweise für die Incoterms 2010 in der damaligen offiziellen Einführung. Gleiche Pflichten sind (seit 1990) mit gleich lautenden Formulierungen ausgedrückt, was eine einheitliche Auslegung erleichtert. **Definitionen und Begriffe** → Rn. 43 ff. Die Auslegung kann auch von den **Gebräuchen** des jeweiligen Hafens (**Hafenusan-**

cen) oder Ortes (jeweilige HdlBräuche) abhängen, (zB 8. FAS und 9. FOB jeweils A2 Abs. 2 Nr. 4: in der im Hafen üblichen Weise). Zu den HdlBräuchen und Gepflogenheiten Art. 9 CISG und zu ihrer Bedeutung für die Auslegung von Erklärungen und Verhalten Art. 8 III CISG. HdlBräuche gelten anders als bloße HdlÜbung auch ohne Kenntnis und Unterwerfungswillen der Parteien (→ HGB § 346 Rn. 8).

4) Übersicht zu den Incoterms 2020

Alle zehn Jahre (→ Rn. 11) fasst die Internationale Handelskammer in Paris die Incoterms (International Commercial Terms) neu. Seit 1.1.2020 gelten die **Incoterms 2020**. Die Incoterms 2010, die in vielen laufenden Verträgen benutzt werden, bleiben weiter von großer Bedeutung. Denn die Neufassung bedeutet nicht, dass die bisherigen Incoterms ähnlich wie Gesetze außer Kraft treten, sondern nur, dass die Parteien für ihre Verträge künftig statt der Incoterms 2010 die neue Fassung verwenden können und das in der Regel auch wollen und tun werden. Dies wird dadurch vereinfacht, dass dann, wenn die Parteien ab 1.1.2020 in **neuen Verträgen** nur auf die Incoterms verweisen, ohne das zu spezifizieren, im Zweifel die Incoterms 2020 gelten (→ Rn. 13). Für **laufende Verträge** können die Parteien die Umstellung auf die Incoterms 2020 vereinbaren, was aber ausdrücklich gesagt werden sollte. Wenn sie das nicht tun, bleiben die Incoterms 2010 vereinbart und gelten so, wie sie bei ihrer Vereinbarung verstanden wurden, also im Zweifel unabhängig von den späteren Änderungen durch die Incoterms 2020, Oertel RIW 2019, 704.

Die **offizielle Veröffentlichung** der Incoterms 2020 enthält eine **Einführung (zitiert im Folgenden als → Einführung Incoterms 2020** jeweilige Ziffer), den Text der einzelnen Klauseln – jeweils getrennt (und „horizontal" formatiert) für die Verpflichtungen des Verkäufers und des Käufers und mit vorangestellten kurzen erläuternden Kommentaren für Nutzer (bisher als Anwendungshinweise bezeichnet) – und den Wortlaut der einzelnen Regeln der Klauseln im Vergleich (alles in deutscher und in englischer Fassung). Die Einführung ist nützlich, aber nicht Teil der Incoterms 2020, sondern spiegelt nur die Meinung eines ICC-Sonderberaters des Redaktionskomitees wider, die **Einführung** ist also offiziös, aber nicht offiziell (ausdrücklich Debattista, → Einführung Incoterms 2020 Ziffer 78 Fn.). Zum Inhalt der Einführung, die zusammen mit dem Text der Incoterms hier abgedruckt ist, → Rn. 29.

Die Incoterms 2020 enthalten wie bisher die Incoterms 2010 **11 Klauseln (Nummerierung nicht amtlich):**

Klauseln für alle Transportarten
[1.] EXW Ab Werk
[2.] FCA Frei Frachtführer
[3.] CPT Frachtfrei
[4.] CIP Frachtfrei versichert
[5.] DAP Geliefert benannter Ort
[6.] DPU Geliefert benannter Ort entladen
[7.] DDP Geliefert verzollt

Klauseln für den See- und Binnenschiffstransport
[8.] FAS Frei Längsseite Schiff
[9.] FOB Frei an Bord
[10.] CFR Kosten und Fracht
[11.] CIF Kosten, Versicherung und Fracht

Die bisherige Klausel 5. DAT/Geliefert Terminal wurde in 6. DPU/Geliefert benannter Ort entladen umbenannt. Außerdem ist die Reihenfolge jetzt richtiger: 5. DAP/Geliefert benannter Ort und 6. DPU/Geliefert benannter Ort entladen.

Verschiedene Überlegungen zum **Wegfall** oder zur **Änderung** von Klauseln sind **nicht aufgenommen** worden. Im Vorfeld war überlegt worden, unter den

(6) Incoterms 2020 23, 24

Klauseln für alle Transportarten die Klauseln 1. EXW/Ab Werk und 7. DDP/ Geliefert verzollt wegfallen zu lassen, doch wurde angesichts ihrer weiten Verbreitung in der Praxis darauf verzichtet.

Unter den Klauseln für den See- und Binnenschiffstransport (Schiffsklauseln, maritime Klauseln) war diskutiert worden, auch die Klausel 8. FAS/Frei Längsseite Schiff wegfallen zu lassen. Denn sie wird in der Praxis im Wesentlichen nur im Rohstoffhandel für bestimmte Güter wie Mineralien und Getreide verwendet. Auch ist sie neben 2. FCA eigentlich überflüssig ist, da auch unter 2. FCA vereinbart werden kann, dass die Lieferung der Ware an den Frachtführer am Hafenbecken (Lieferort Hafen) und dort direkt an den Kai, an dem das Schiff anlegt, zu erfolgen hat (vgl unter A4 → 2. FCA Rn. 4). Außerdem macht die Klausel 8. FAS als Einpunkt-Klausel (Gefahr- und Kostenübergang fallen zusammen, vgl. → Rn. 33) Schwierigkeiten, wenn das Schiff später ankommt oder früher ablegt als von den Parteien vorgesehen.

Auch die diskutierte Aufteilung von 2. FCA in zwei Klauseln ist fallen gelassen worden. Die Klausel 2. FCA ist wegen ihrer Flexibilität namentlich hinsichtlich des Lieferungsorts (meist im Land des Verkäufers) besonders beliebt und wird weltweit am meisten benutzt (vgl → 2. FCA Rn. 1). Die Spezifizierung wäre dann nicht nach Transportmittel erfolgt, sondern nach Land- bzw. Seetransport: 2a. FCA („Lieferung zu Lande") und 2b. FCA („Lieferung bei See- und Binnenschifffahrtstransport") (vgl → Einl Rn. 19). Notwendig war diese Zweiteilung jedoch nicht, die Parteien können das unter 2. FCA ohne weiteres selbst vereinbaren (→ 2. FCA Rn. 1).

23 **Nicht** aufgenommen wurden auch im Vorfeld überlegte **neue Klauseln:** CNI („Kosten und Versicherung"), DTP („Geliefert Terminal bezahlt") und DPP („Geliefert benannter Ort bezahlt"). **CNI („Kosten und Versicherung")** wäre ein Mittelding gewesen zwischen einerseits 2. FCA, aber mit Abschluss einer Warentransportversicherung für die Fracht samt Mindestdeckung durch den Verkäufer, und andererseits 10. CFR und 11. CIF, also eine C-Klausel (→ Rn. 34), aber ohne Übernahme der Frachtkosten. Bei den beiden Klauseln **DTP („Geliefert Terminal bezahlt") und DPP („Geliefert benannter Ort bezahlt")** handelt es sich um Ankunftsklauseln, bei denen der Lieferort entweder der Terminal, zB Hafen oder Flughafen ua, oder ein anderer benannter Ort ist, beide Male muss der Verkäufer die Importverzollung organisieren und bezahlen. Im Hinblick auf die Verzollung ähneln sie der Klausel 7. DDP („Geliefert verzollt"). Nicht aufgenommen wurden, da zu komplex, auch Pflichten im Zusammenhang mit der Ermittlung der bestätigten Bruttomasse (Verified Gross Mass, **VGM**) beim Schiffsversand von Containern, ohne die die Container nicht verladen werden dürfen, → Einführung Incoterms 2020 Ziffern 68.

24 Unter den verschiedenen **Abweichungen von Incoterms 2020** von Incoterms 2010 sind folgende kurz anzusprechen. Näher → Einführung Incoterms 2020 Ziffern 57–77.

Zunächst hat sich der **Aufbau einer jeden Klausel** nach Verkäufer- und Käuferpflichten gegenüber dem Incoterms 2010 (s. 39. Aufl.) wie folgt geändert:

A. Verpflichtungen des Verkäufers (V)	B. Verpflichtungen des Käufers (K)
A 1 Allgemeine Verpflichtungen	B 1 Allgemeine Verpflichtungen
A 2 Lieferung/Übernahme	B 2 Lieferung/Übernahme
A 3 Gefahrübergang	B 3 Gefahrübergang
A 4 Transport	B 4 Transport
A 5 Versicherung	B 5 Versicherung
A 6 Liefer-/Transportdokument	B 6 Liefer-/Transportdokument
A 7 Ausfuhr-/Einfuhrabfertigung	B 7 Ausfuhr-/Einfuhrabfertigung
A 8 Prüfung/Verpackung/Kennzeichnung	B 8 Prüfung/Verpackung/Kennzeichnung
A 9 Kostenverteilung	B 9 Kostenverteilung
A 10 Benachrichtigungen	B 10 Benachrichtigungen

IV. AGB und Incoterms 2020　　25–29　Incoterms 2020 (6)

Unter den Vorteilen des neuen Aufbaus ist **A9/B9 Kostenverteilung** hervorzuheben. Dort werden nunmehr anders als unter Incoterms 2010 sämtliche Kosten zusammengefasst, die durch jede einzelne Incoterms-Klausel zugeordnet werden. A9/B9 sind demzufolge deutlich länger geworden als ihre Pendants A6/B6 in den Incoterms 2010. Das ermöglicht den Überblick über die jeweiligen Gesamtkosten, während die einzelnen Kostenelemente auch bei der jeweiligen Ursprungsregel, also zB zur Regelung der Liefer-/Transportdokumente in A6/B6 (neu), aufgeführt sind.

Die Klausel **2. FCA** kann (statt der für den See- und Binnenschiffstransport 25 vorgesehenen Klausel 9. FOB) auch bei einem Verkauf von Waren als Seefracht verwandt werden. Dann kann es sein, dass eine der Parteien oder die ein Akkreditiv ausstellenden Banken ein Bordkonnossement verlangen. Deshalb gibt es bei 2. FCA nunmehr die **Option**, dass Käufer und Verkäufer vereinbaren, dass der Käufer seinen Frachtführer anweist, dem Verkäufer nach Verladung der Ware ein Konnossement mit einem An-Bord-Vermerk **(Bordkonnossement)** oder ein entsprechendes Dokument auszustellen. Der Verkäufer muss dieses dann dem Käufer übergeben, was in der Praxis unter Vermittlung der Banken geschieht. Näher 2. FCA A6/B6 und Erläuternde Kommentare für Nutzer Ziffer 6 dazu.

Die Klauseln **11. CIF** und **4. CIP** waren hinsichtlich der dem Verkäufer auf- 26 erlegten Transportversicherung mit bestimmten Mindesthöhen (Klausel (C) der Institute Cargo Clauses (LMA/IUA) bisher weitestgehend deckungsgleich (näher 39. Aufl. Incoterms 2010 11. CIF A3 lit b Rn. 5 und 4. CIP A3 lit b Rn. 1). Unter Incoterms 2020 sind die **Deckungshöhen des Versicherungsschutzes in CIF und CIP unterschiedlich.** Für 11. CIF verbleibt es bei der bisherigen Klauseln (C) der Institute Cargo Clauses. Für 4. CIP muss der Verkäufer jetzt, vorbehaltlich einer anderen Vereinbarung der Parteien, für Versicherungsschutz entsprechend den Klauseln (A) der Institute Cargo Clauses sorgen. Zu den Gründen → Einführung Incoterms 2020 Ziffer 70; Piltz IHR 2019, 181 (CIF überwiegend bei Füll- und Schüttgütern eingesetzt, CIP bei Industrieprodukten).

In den Klauseln **2. FCA, 5. DAP, 6. DPU** und **7. DDP** ist vorgesehen, dass es 27 gestattet wird, den notwendigen Transport gegebenenfalls auch selbst, also **auch ohne Einschaltung eines unabhängigen dritten Frachtführers** zu organisieren, also unter Einsatz eines eigenen Transportmittels, dort jeweils unter A4. Zu den Gründen → Einführung Incoterms 2020 Ziffern 71 ff.

Während in den Incoterms 2010 die mit dem Transport verbundene Sicher- 28 heitsproblematik noch keine größere Rolle spielte, enthalten die Incoterms 2020 eine **ausdrückliche Zuordnung sicherheitsbezogener Anforderungen mit Transportpflichten und Transportkosten,** dort jeweils unter A4 Transport.

Viele zusätzliche Informationen zu den Änderungen und Auslegungsfragen 29 finden sich in der der offiziellen Ausgabe der ICC vorangestellten **Einführung in die Incoterms 2020,** die unten mitabgedruckt ist, obschon sie wie gesagt keinen Teil der Incoterms darstellt (dort Fn. nach Ziffer 78, → Rn. 20; nachfolgende Ziffern-Angaben beziehen sich auf den Text dieser Einführung. Aufmerksamkeit verdienen insbesondere die Hinweise darauf, was die Incoterms leisten, und vor allem, was sie nicht leisten können (→ Einführung Incoterms 2020 Ziffern 6–8), die sachgerechte Einbeziehung der Incoterms in die jeweiligen Verträge (→ Einführung Incoterms 2020 Ziffern 9–15) und die richtige Auswahl unter den 11 Klauseln (Einführung Incoterms 2020 Ziffern 42–51). Dort enthalten sind auch Angaben zu Lieferung, Gefahrübergang und Kosten (→ Einführung Incoterms 2020 Ziffern 16–26), zur Bedeutung der Regeln im Hinblick auf bzw. die Frachtführer (→ Einführung Incoterms 2020 Ziffern 27–36) und zur Relevanz der Incoterms für den Kaufvertrag und ihrem Verhältnis zu anderen Verträgen (→ Einführung Incoterms 2020 Ziffern 37–41). Am Schluss steht ein berechtigter Hinweis zur **Vorsicht bei vertraglichen Abweichungen von den Incoterms.** Solche Abänderungen sind zwar ohne weiteres zulässig (AGB,

→ Rn. 14), aber sie müssen wegen der möglichen Auswirkungen auf andere Teile der für den Vertrag im übrigen geltenden Incoterms wohl bedacht sein.

5) Incoterms 2020: Inhalt

30 **A. Einteilung der Incoterms 2020:** Die Incoterms 2020 sind **nach** Eignung für die verschiedenen **Transportarten** gegliedert, also:

Klauseln für alle Transportarten
[1.] EXW | Ex Works — Ab Werk
[2.] FCA | Free Carrier — Frei Frachtführer
[3.] CPT | Carriage Paid To — Frachtfrei
[4.] CIP | Carriage and Insurance Paid To — Frachtfrei versichert
[5.] DAP | Delivered At Place — Geliefert benannter Ort
[6.] DPU | Delivered At Place Unloaded — Geliefert benannter Ort entladen
[7.] DDP | Delivered Duty Paid — Geliefert verzollt

Klauseln für den See- und Binnenschiffstransport
[8.] FAS | Free Alongside Ship — Frei Längsseite Schiff
[9.] FOB | Free on Board — Frei an Bord
[10.] CFR | Cost and Freight — Kosten und Fracht
[11.] CIF | Cost Insurance and Freight — Kosten, Versicherung und Fracht

Klauseln, die nur für den See- und Binnenschiffstransport vorgesehen sind, zB beim Transport von Öl, Erzen, Eisen oder Getreide, sind also für den Einsatz verschiedenartiger Beförderungsmittel bzw. den multimodalen Transport (vgl. §§ 452 ff. HGB) nicht geeignet. Zu den praktischen Unterschieden zwischen beiden Klauselarten → Einführung Incoterms 2020 Ziffer 42 ff.; Graf von Bernstorff Rn. 850 ff.; Ramberg S. 48.

31 **B. Vier Klauselgruppen (E, F, C, D) nach Kosten- und Gefahrübergang:** Die 11 Incoterms sind wie bisher (Oertel RIW 2019, 706) in vier Gruppen gegliedert mit 1 E-Klausel, 3 F-Klauseln, 4 C-Klauseln und 3 D-Klauseln. Diese Gliederung entspricht der **gesamten Skala zwischen Abholklausel (E-Klausel, am wenigsten Verkäuferpflichten) und Ankunftsklausel (D-Klauseln, am meisten Verkäuferpflichten)** über die F-Gruppe (wegen des Kosten- und Gefahrübergangs schon bei Übergabe an den vom Käufer beauftragten Frachtführer eher dem Verkäufer günstig) und die C-Klauseln (wegen des unterschiedlichen Zeitpunkts des Kosten- und Gefahrübergangs eher dem Käufer günstig). Das zu wissen, ist für die Auswahl der Parteien unter den Klauseln, von der Transportart abgesehen, am wichtigsten:

Die Klauseln sind hier durchnummeriert, sie entsprechen nicht der Reihenfolge in den Incoterms 2020 (→ Rn. 30) und dem Abdruck mit Anmerkungen in der Kommentierung.

Gruppe E. Kosten- und Gefahrübergang am Lieferort (Abholklausel):
1. EXW   Ab Werk …   (benannter Lieferort)
         Ex Works …   (named place of delivery)

Gruppe F. Kosten- und Gefahrübergang am Lieferort (Absendeverträge):
2. FCA   Frei Frachtführer …   (benannter Lieferort)
         Free Carrier …   (named place of delivery)
3. FAS   Frei Längsseite Schiff …   (benannter Verschiffungshafen)
         Free Alongside Ship …   (named port of shipment)
4. FOB   Frei an Bord …   (benannter Verschiffungshafen)
         Free on Board …   (named port of shipment)

Gruppe C. Gefahrübergang am Lieferort/Kosten am Bestimmungsort (Absendeverträge):
5. CFR   Kosten und Fracht …   (benannter Bestimmungshafen)
         Cost and Freight …   (named port of destination)
6. CIF   Kosten, Versicherung und Fracht … (benannter Bestimmungshafen)
         Cost Insurance and Freight …   (named port of destination)

IV. AGB und Incoterms 2020 — Incoterms 2020 (6)

7. CPT	Frachtfrei …	(benannter Bestimmungsort)
	Carriage Paid To …	(named place of destination)
8. CIP	Frachtfrei versichert …	(benannter Bestimmungsort)
	Carriage and Insurance Paid To …	(named place of destination)

Gruppe D. Kosten- und Gefahrübergang am Bestimmungsort (Ankunftsklausel):

9. DAP	Geliefert benannter Ort …	(benannter Bestimmungsort)
	Delivered At Place …	(named place of destination)
10. DPU	Geliefert benannter Ort entladen …	(benannter Bestimmungsort)
	Delivered at Place Unloaded ….	(named place of destination)
11. DDP	Geliefert verzollt …	(benannter Bestimmungsort)
	Delivered Duty Paid …	(named place of destination).

(1) **Gruppe E:** Die einzige Klausel dieser Gruppe „Ab Werk" **(EXW)** ist eine reine **Abholklausel.** Alle Kosten (Export, Import, Transportvertrag, uU Versicherung) trägt der Käufer. Lieferort ist das Werk bzw. die Plantage des Verkäufers. **Gefahr und Kostentragung gehen am Lieferort über.**

(2) **Gruppe F:** Die drei Klauseln F („free of risk and expense to the buyer") betreffen den **Haupttransport,** der **vom Verkäufer nicht bezahlt** wird. Der Verkäufer trägt nur die Exportkosten und liefert entweder nur frei an den Frachtführer **(FCA),** frei an die Längsseite des Schiffes **(FAS)** oder frei an Bord des Schiffes **(FOB)** jeweils am benannten Lieferort bzw. Verschiffungshafen. **Gefahr- und Kostenübergang** erfolgen beide jeweils bei Übergabe, also **am Lieferort** bzw. mit Verladung an Bord (sog. **Einpunktklauseln).** Der Käufer kann ein Interesse an der Übernahme des Transports haben, zB wegen eines Mengenrabatts oder sonst günstiger Frachtbedingungen, bei bestimmten Devisenregeln oder im Hinblick auf den Einsatz von Transportmitteln des Importlandes (sog. **FOB-Importieren),** zu derartigen Interessenkonstellationen Ramberg S. 27. Bei den F-Klauseln handelt es sich um **Absendeverträge** (shipment contracts), denn der Verkäufer erfüllt seine Vertragsverpflichtungen noch im Exportland.

(3) **Gruppe C:** Auch die vier C-Klauseln („costs even after delivery and transfer of risk") betreffen den **Haupttransport,** aber nur, wenn er **vom Verkäufer bezahlt** wird. Der Verkäufer zahlt entweder nur Kosten und Fracht **(CFR)** oder Kosten, Versicherung und Fracht **(CIF),** beides zum benannten Bestimmungshafen (im Unterschied zum Verschiffungshafen, → Rn. 33). Mit der Klausel „frachtfrei" **(CPT)** übernimmt der Verkäufer die Bezahlung des Transports bis zum benannten Bestimmungsort, je nachdem zuzüglich der Versicherungsprämie „frachtfrei versichert" **(CIP).** Gefahr- und Kostenübergang fallen bei allen C-Klauseln auseinander (sog. **Zweipunktklauseln),** die **Gefahr geht am Lieferort über,** die **Kostentragung** bezüglich des Transports **geht am Bestimmungsort über.** Der Verkäufer kann ein Interesse an der Übernahme des Transports haben, zB wegen eines Mengenrabatts oder sonst für ihn günstiger Frachtbedingungen, bei bestimmten Devisenregeln oder im Hinblick auf den Einsatz von Transportmitteln des Exportlandes (sog. **CIF-Exportieren).** Die C-Klauseln sind auch dann, wenn die Versicherung übernommen wird (bei CIF und CIP hat der Verkäufer für unschiedliche Deckungen zu sorgen), keine Ankunftsklauseln wie die D-Klauseln, sondern wie die F-Klauseln **Absendeverträge** (→ Rn. 33), OLG Düsseldorf IHR 2018, 209. Denn der Verkäufer erfüllt seine vertraglichen Verpflichtungen im Verschiffungs- bzw. Versandland.

(4) **Gruppe D:** Alle drei Klauseln der Gruppe D („destination") sind **Ankunftsklauseln:** Geliefert benannter Ort **(DAP),** Geliefert benannter Ort entladen **(DPU)** oder Geliefert verzollt **(DDP)** jeweils an den benannten Bestimmungsort. Bei allen drei Klauseln der Gruppe D ist der Verkäufer für den Haupttransport an den Lieferort zuständig. Der Lieferort und der Bestimmungsort sind

dabei identisch. Außer bei DDP ist der Verkäufer nicht verpflichtet, die Ware im Bestimmungsland zur Einfuhr freizumachen. **Gefahr und Kosten gehen am Bestimmungsort** über. Den D-Klauseln liegen **Ankunftsverträge** zugrunde. Ankunftsklausel s. Hmb. frdsch Arbitr RIW 1985, 328. Lit.: Ramberg S. 49 ff.; Graf von Bernstorff RIW 2010, 677.

36 C. **Aufbau einer jeden Klausel nach Verkäufer- und Käuferpflichten:** Bei allen Klauseln stehen sich, erstmals in den Incoterms 1990, **unter gleichen Überschriften und in derselben Reihenfolge** die korrespondierenden Pflichten des Verkäufers (A 1–10) und des Käufers (B 1–10) **spiegelbildlich** gegenüber (im folgenden V/K):

A.	Verpflichtungen des Verkäufers (V)	B.	Verpflichtungen des Käufers (K)
A 1	Allgemeine Verpflichtungen des V	B 1	Allgemeine Verpflichtungen des K
A 2	Lieferung/Übernahme	B 2	Lieferung/Übernahme
A 3	Gefahrübergang	B 3	Gefahrübergang
A 4	Transport	B 4	Transport
A 5	Versicherung	B 5	Versicherung
A 6	Liefer-/Transportdokument	B 6	Liefer-/Transportdokument
A 7	Ausfuhr-/Einfuhrabfertigung	B 7	Ausfuhr-/Einfuhrabfertigung
A 8	Prüfung, Verpackung, Kennzeichnung	B 8	Prüfung, Verpackung, Kennzeichnung
A 9	Kostenverteilung	B 9	Kostenverteilung
A 10	Benachrichtigungen	B 10	Benachrichtigungen

37 Auch wenn danach bei einer bestimmten Klausel den Verkäufer oder Käufer keine Pflicht trifft, kann sich eine solche doch aus dem anwendbaren Recht oder einer Individualvereinbarung ergeben (→ Rn. 17).

38 **Inhaltlich** ergibt sich danach vereinfacht folgende **Pflichtenverteilung** (Übersichtstabelle → Rn. 67):
(1) **Transportvertrag:** Sein Abschluss ist bei Gruppe E und F Sache des K, bei Gruppe C und D Sache des V. Die Ware zum **Export freimachen,** also die Exportkosten tragen muss K nur bei Gruppe E (ab Werk), sonst V. Die Ware zum **Import freimachen,** also die Importkosten tragen muss immer K außer bei DDP, nach der der Verkäufer verzollt zu liefern hat.

39 (2) **Ort der Lieferung:** Die Incoterms bieten eine ganze Skala von Lieferorten an: Werk des V bei Gruppe E; Ort der Übergabe an den Frachtführer bei FCA; Längsseite Schiff im Verschiffungshafen bei FAS; Schiff im Verschiffungshafen: FOB, CFR, CIF; Ort der Übergabe an den ersten Frachtführer bei CPT und CIP; Bestimmungsort bei DAP und DDP; Bestimmungsort entladen bei DPU. Der Bestimmungsort kann durch besondere Vereinbarung entsprechend spezifiziert werden, zB an der Grenze wie früher bei DAF, Schiff im Bestimmungshafen wie früher bei DES, Kai des Bestimmungshafens wie früher bei DEQ oder sonst näher bei allen drei D-Klauseln.

40 (3) **Gefahrübergang:** jeweils am Lieferort (soeben (2), → Rn. 39).

41 (4) **Kostenübergang:** Der Kostenübergang von V auf K findet grundsätzlich am Ort des Gefahrübergangs, also dem Lieferort, statt. Eine Ausnahme gilt bei der C-Gruppe, bei der V ja die Kosten besonders übernommen hat (→ Rn. 34): Kostenübergang bei CPT und CIP am Bestimmungsort, bei CFR und CIF also im Bestimmungshafen. Wegen dieses Auseinanderfallens von Gefahrübergang und Kostenübergang spricht man bei den C-Klauseln von Zweipunktklauseln (→ Rn. 34).

42 (5) **Transportversicherung:** Eine Transportversicherungspflicht hat der Verkäufer grundsätzlich nicht, anders nur auf Grund ausdrücklicher Bestimmung, nämlich bei CIF und CIP, bei CIF mit Mindestdeckung, bei CIP mit All Risks (jeweils A 5, s. dort). Die Transportversicherung ist eine Güterversicherung, dazu ADS Güterversicherung. Incoterms und Versicherung, Ramberg S. 34. Lit.: Graf von Bernstorff RIW 2010, 678.

D. Definitionen und Begriffe: Für die Incoterms 2020 ergeben sich Hinweise zur Terminologie bei den einzelnen Klauseln, zB jeweils unter A2/B2 Lieferung/Übernahme oder unter A3/B3 Gefahrübergang. In den Incoterms 2010 (offizielle) Einführung sind unter Ziffer 6 (Terminologie) sechs in den Incoterms verwendete Begriffe erläutert. Diese Erläuterungen sind in die Incoterms 2020 nicht mehr ausdrücklich aufgenommen worden, da eventuelle Widersprüche mit dem CISG (UN-Übereinkommen über den internationalen Warenkauf (→ HGB Einl. vor § 373 Rn. 46) vermieden werden sollten. Es handelte sich um die Begriffe Frachtführer, Zollformalitäten, Lieferung, Transportdokument, Elektronischer Beleg oder Verfahren, Verpackung (→ 38. Aufl. (6a) Incoterms 2010 Einleitung Rn. 32 ff.). Empfohlen wird, **bei Auslegungsschwierigkeiten im Zweifel der CISG-Terminologie zu folgen** (Graf von Bernstorff Rn. 210). Zur Terminologie aus der Sicht des UN-Kaufrechts, der Rechtsprechung und/oder der Geschäftspraxis ausführlich Graf von Bernstorff Rn. 205–408.

Im Folgenden werden einige besonders **wichtige Begriffe** näher erläutert, und zwar in der von den Incoterms selbst gewählten **Reihenfolge A1/B1 bis A10/B 10**, (→ Rn. 24):

Erfüllungsort (A1/B1): Der Erfüllungsort ist der Ort, an dem der Schuldner seine vertraglichen Leistungen zu erfüllen hat. Wo das der Fall ist, richtet sich nach allgemeinen Vorschriften, innerhalb der EU und des EWR nach Art. 7 Nr. 1 lit. b 1. Spiegelstrich Gedankenstrich EuGVVO mit Rechtsprechung des EuGH, zB EuGH 25.2.2010 C-381/08 (Car Trim), Slg. 2010, I-1255; Rechtsprechung bei Staudinger/Magnus Art. 31 Rn. 24. Zum Erfüllungsort nach Art. 31 CISG Staudinger/Magnus Art. 31 Rn. 24. Der Erfüllungsort ist auch für den Gerichtsstand relevant, wenn auf Erfüllung oder Schadensersatz geklagt wird. Zur eventuellen Bedeutung der Incoterms bei der Bestimmung des Erfüllungsorts mit Unterschieden je nach Klauselart näher Graf von Bernstorff Rn. 232 ff.

Elektronischer Nachweis (A1 II/B1 II): Satz von Informationen bestehend aus einer oder mehreren elektronischen Nachrichten. Er steht, falls zutreffend (→ Rn. 52), seiner Funktion nach dem entsprechenden Papierdokument gleich, nämlich sofern die Parteien dies vereinbaren oder es handelsüblich ist (bei den Klauseln jeweils A1 II/B1 II). Das gilt aber nur zwischen den Parteien für den vereinbarten Konformitätsnachweis. Das anwendbare Recht kann anderes vorschreiben, zB für einen Wechsel oder ein Konnossement, Graf von Bernstorff Rn. 512 ff. Zum Bolero-System Graf von Bernstorff Rn. 229 f.; Ramberg S. 40.

Lieferung/Übernahme (A2/B2): Der Ort, an dem die Gefahr des Verlustes oder der Beschädigung der Ware vom Verkäufer auf den Käufer übergeht. Der Lieferung durch den Verkäufer entspricht die Übernahme durch den Käufer (jeweils A2/B2). Das gilt nur für die Incoterms 2020. Nach dem jeweiligen Recht (→ Rn. 1, dort zu BGB und CISG) und nach der HdlPraxis hat der Begriff Lieferung ebenso wie der Abnahme häufig eine andere Bedeutung. Abnahme ist zB nach § 640 BGB die körperliche Hinnahme verbunden mit der Anerkennung (Billigung) des Werks als zumindest in der Hauptsache vertragsgemäße Leistung, BGHZ 48, 262; NJW 1993, 1974; diese Bedeutung hat die Übernahme nach den Incoterms 2020 gerade nicht, Graf von Bernstorff Rn. 34 ff. Bei EXW bedeutet Lieferung nur: Zurverfügungstellung der Ware für den Käufer am genannten Lieferort und dort an der ggf. vereinbarten Stelle (A2). Zur Lieferung unter Incoterms 2020 Graf von Bernstorff Rn. 286 ff., zum Lieferort Graf von Bernstorff Rn. 263 ff.

Gefahrübergang (A3/B3): A3/B3 regelt den Zeitpunkt des Übergangs aller Gefahren des Verlustes oder der Beschädigung der Waren und setzt dabei den Begriff voraus. Der Übergang der Gefahr wird in Art. 66–70 CISG näher geregelt, Einzelheiten bei Staudinger/Magnus Art. 66 ff. CISG; Hachem in Schlechtriem/Schwenzer/Schroeter 7. Aufl. 2019, Art. 66 ff. CISG; auch Graf von Bernstorff Rn. 247 ff.

(6) Incoterms 2020

49 Transport (A4/B4): Unter der Überschrift Transport regeln die Incoterms unter A4/B4, ob der Käufer oder der Verkäufer einen Beförderungsvertrag abzuschließen oder den Transport zu organisieren hat. Unter **A6/B6** wird das **Transportpapier** näher geregelt (→ Rn. 51). Unter **B4** hat nach FCA, FAS und FOB grundsätzlich der Käufer auf eigene Kosten den Beförderungsvertrag abzuschließen oder den Warentransport vom benannten Lieferort zu organisieren. Bei **unterlassener Mitwirkung** hat das Folgen nach dem CISG, Graf von Bernstorff Rn. 367.

50 Versicherung (A5/B5): Die Incoterms regeln unter A5/B5, ob ein Versicherungsvertrag geschlossen werden muss und ggf. von wem. Außer bei „CIP/Frachtfrei versichert" Nr. 4 und „CIF/Kosten, Versicherung und Fracht" Nr. 11 besteht keine Verpflichtung der Parteien zum Abschluss eines Versicherungsvertrags, aber uU eine Unterstützungspflicht. Zu beachten ist, dass der Umfang der Versicherungspflicht bei CIP und CIF seit den Incoterms 2020 sehr unterschiedlich ist, bei CIP All Risks-Klausel, bei CIP nur Mindestdeckung bei Elementarereignissen, näher bei CIP → Nr. 4 Rn. 1, 6 und bei CIF → Nr. 11 Rn. 7. Zur Güterversicherung nach den Institute Cargo Clauses (A) all risks, (B) nur die in der Police aufgeführten Risiken, und (C) Mindestschutz bei Elementarereignissen, auch Graf von Bernstorff Rn. 189 ff., zur Transportversicherung ebenda Rn. 324 ff. Nach Art. 32 III CISG ist der Verkäufer vorbehaltlich anderer Vereinbarung nicht verpflichtet, die Waren für den Transport zu versichern, er muss aber dem Käufer auf dessen Verlangen alle ihm verfügbaren, zum Abschluss einer solchen Versicherung erforderlichen Auskünfte erteilen, Staudinger/Magnus Art. 32 CISG Rn. 22 ff.; Widmer Lüchinger in Schlechtriem/Schwenzer/Schroeter 7. Aufl. 2019, Art. 32 CISG Rn. 29.

51 Liefer-/Transportdokumente (A6/B6): Transportdokument bzw. delivery document ist das Dokument, das beweist, dass die Lieferung (→ Rn. 47) stattgefunden hat, entsprechend Lieferdokument, vgl. Überschrift von jeweils A6/B6 jeder Klausel. Oft ist das ein Liefernachweis bzw. eine Empfangsbescheinigung oder Quittung oder ein entsprechender elektronischer Nachweis, es kommt dabei auf die Üblichkeit an (zB FOB A6 I „falls handelsüblich … übliche Transportdokumente", „if customary … usual transport documents", → Rn. 59). So kann es sich bei EXW, FCA, FAS und FOB bei dem Transportdokument um eine bloße **Empfangsbescheinigung** (→ Rn. 57) handeln. Das Transportdokument kann auch weitere Funktionen, etwa bei der Zahlungsabwicklung, haben. Das Transportdokument muss nach den Incoterms 2020 grundsätzlich datiert sein (ausdrücklich zB CIF A6 ohne genauere Angabe welches Datum, Unterschrift ist nicht erwähnt), Datierung und Unterzeichnung sind in den verschiedenen nationalen Rechten sehr unterschiedlich geregelt, zB ist in Deutschland für das Konnossement der Tag der Ausstellung (§ 515 I Nr. 1 HGB) und Unterzeichnung (§ 516 HGB) vorgesehen, Graf von Bernstorff Rn. 317 ff. Vollständiger Satz von Originalen s. zB CIF A6 III. Zu Konnossementen mit einem An-Bord-Vermerk und der Incoterms Klausel FCA → Einführung Incoterms 2020 Ziffern 63 ff. Zu den Arten der Transportpapiere und zu Regelungen dazu Graf von Bernstorff Rn. 309 ff. Kommentierung zu den verschiedenen Transportdokumenten nach HGB, Ladeschein (§ 444 HGB), Seekonnossement (§ 650 HGB) und anderen Traditionspapiere (§ 448 HGB), Orderpapiere (§§ 363 ff. HGB), Dokumente beim multimodalen Transport (→ HGB § 452 Rn. 9). Zur Übergabe von Dokumenten näher Art. 34 CISG, → Staudinger/Magnus Art. 34 Rn. 6 ff.; Widmer Lüchinger in Schlechtriem/Schwenzer/Schroeter 7. Aufl. 2019, Art. 34 CISG Rn. 4 ff.

52 Ausfuhr-/Einfuhrabfertigung (A7/B7): Dabei geht es vor allem um die **Zollformalitäten,** also um die zur Einhaltung anwendbarer zollrechtlicher Bestimmungen notwendigen Formalitäten (vgl. zB DDP A7, FOB A6 lit. b, CIF A7 lit b), diese können die Beschaffung von Dokumenten und/oder Informationen einschließlich Sicherheitsanforderungen und Warenkontrolle vorsehen. Der häufig zu findende Vorbehalt **„gegebenenfalls"** (ggf.; häufig, zB bei FC A7/B7) oder **„soweit zutreffend"** (zB bei EXW A7 oder bei DDP B7) bzw. „where applicable", trägt dem Umstand Rechnung, dass solche Formalitäten in größeren Handelsräumen wie dem EU-Binnenmarkt oder Freihandelszonen nicht mehr notwendig sind. Bei den verschiedenen Klauseln ist idR der Verkäufer für die Ausfuhrabfertigung verantwortlich, der Käufer für die Einfuhrabfertigung, anders bei EXW, nach der der Käufer auch die Ausfuhrabfertigung beschaffen und der Verkäufer den Käufer dabei nur unterstützen muss (EXW B7/A7).

Prüfung/Verpackung/Kennzeichnung (A8/B8): Prüfung: Prüfvorgänge 53 sind zB Qualitätsprüfung, Messen, Wiegen und Zählen, EXW A8 I und bei den anderen Incoterms-Klauseln unter A8 I. **Verpackung und Kennzeichnung:** Der Verkäufer muss die Waren „in der für ihren Transport geeigneten Weise" verpacken und kennzeichnen, EXW A8 II Satz 2 und bei den anderen Incotermsklauseln unter A8 II Satz 2, also entweder Verpackung der Ware entsprechend den Vertragsbestimmungen, was vorgeht, oder Verpackung und Kennzeichnung der Ware, so dass sie transportfähig ist. Zur Kennzeichnung gehören auch Hinweise wie „Vorsicht Glas", „vor Nässe schützen" u. ä. sowie Hinweise auf gefährliches Gut. Zur Vertragsmäßigkeit der Ware gehört nach Art. 35 II lit. d CISG die übliche Verpackung, Staudinger/Magnus Art. 35 Rn. 41 ff. Verpackung und Kennzeichnung ist auch in § 411 HGB geregelt. Die richtige Verpackung hängt von der jeweiligen Ware ab (näher → HGB § 411 Rn. 1). Die Incoterms 2020 betreffen nicht das Verstauen der verpackten Waren im Container, das muss ggf. im Vertrag besonders geregelt werden.

Kostenverteilung (A9/B9): Kosten können in ganz verschiedener Art und 54 aus ganz verschiedenen Umständen anfallen. Deshalb enthalten die Incoterms-Klauseln jeweils in A9/B9 dazu ausführliche Aufzählungen, zB CIP und CIF A9 lit. a bis h und B9 lit. a bis g. An Kosten fallen auch THC-Gebühren (Terminal Handling Charges) für die Containerbehandlung an, dazu z. B. FCA → Nr. 2 Rn. 12. Die Kostenverteilungsregeln betreffen auch die Umschlagsgebühren, zu diesen näher Graf von Bernstorff Rn. 196 ff. Zur Bedeutung von Lieferklauseln bei der Zollerhebung ebenda Rn. 435 ff.

Benachrichtigungen (A10/B10): Die Incoterms sehen jeweils unter A10/ 55 B10 Verpflichtungen des Verkäufers und unter bestimmten Voraussetzungen auch des Käufers zu Benachrichtigungen vor. Nach den meisten Klauseln muss der Verkäufer den Käufer „über das Nötige" benachrichtigen, damit dieser die Ware übernehmen kann (so EXW, CPT, CIP, DAP, DPU, DDP, CRR und CIF). FCA sieht eine Nachricht über die Lieferung nach A2 oder darüber vor, dass der Frachtführer bzw. eine andere vom Käufer benannte Person die Ware innerhalb der vereinbarten Frist nicht übernommen hat. FAS und FOB sehen eine Nachricht über die Lieferung nach A2 oder darüber vor, dass das Schiff die Ware nicht innerhalb einer vereinbarten Frist geladen hat. Die Pflicht des Verkäufers zu einer Versendungsanzeige ist in Art. 32 Abs. 1 CISG geregelt, dazu Staudinger/Magnus Art. 32 Rn. 10 ff.; Widmer Lüchinger in Schlechtriem/Schwenzer/Schroeter 7. Aufl. 2019, Art. 32 CISG Rn. 8 ff. Zu Verzögerung oder Irrtum bei der Übermittlung Art. 27 CISG, es gilt grundsätzlich das Absendeprinzip, ausnahmsweise, dann ausdrücklich, das Zugangsprinzip, Staudinger/Magnus Art. 27 Rn. 7 ff.

Weitere wichtige Begriffe: Viele von diesen Begriffen sind allgemeine 56 Begriffe des nationalen und/oder internationalen Handelsrechts. Empfohlen wird, **im Zweifel der CISG-Terminologie** zu folgen (→ Rn. 43).

Empfangsbescheinigung: Bei den F-Klauseln, so FCA, FAS und FOB 57 jeweils A6 I, hat der Verkäufer „den üblichen Nachweis" zu erbringen, dass die Ware gemäß A2 geliefert worden ist. Eine solche übliche Empfangsbescheinigung (auch → Rn. 51) kann je nachdem auch eine einfache Quittung sein. Zur

(6) Incoterms 2020 58–62

Üblichkeit Graf von Bernstorff Rn. 362 ff. Bei EXW hat der Käufer dem Verkäufer einen „angemessenen" Nachweis der Warenübernahme zu erbringen (B6). Zu den Liefer-/Transportdokumenten (A6/B6) → Rn. 51.

58 **Frachtführer:** Frachtführer ist die Partei, mit der der Frachtvertrag (i. d. R. vom Absender) geschlossen worden ist (vgl. zB CFR A4, CIF A4: Beförderungsvertrag). Der Begriff kann in anderen Zusammenhängen als den Incoterms 2020 uU anders gebraucht werden. Zum Begriff des selbständigen Beförderers nach CISG Staudinger/Magnus Art. 31 Rn. 18 f.; Widmer Lüchinger in Schlechtriem/Schwenzer/Schroeter 7. Aufl. 2019, Art. 31 CISG Rn. 15 ff. Zu den Incoterms 2020 Regeln und dem Frachtführer → Einführung Incoterms 2020 Ziffern 27 ff. Der Empfänger ist nicht Vertragspartei, aber der Frachtvertrag wird zu seinen Gunsten geschlossen (echter Vertrag zugunsten Dritter, § 328 BGB, → § 407 HGB Rn. 16). Abgrenzung von Frachtführer und Spediteur vgl. § 407 I HGB (Beförderung des Guts zum Bestimmungsort und Ablieferung an den Empfänger) und § 453 HGB (Besorgung der Versendung des Gutes ohne eigene Beförderungspflicht). Zu mehreren aufeinanderfolgenden Straßenfrachtführern auch **(17)** CMR Art. 34. Zur Abstimmung des Frachtvertrags mit der entsprechenden Incoterms-Klausel Ramberg S. 27, dabei ist auf den Gebrauch der Termini FAS, FOB, CFR und CIF durch die charter parties abweichend von der Incoterms-Bedeutung zu achten, Ramberg S. 28.

59 **Handelsbrauch:** Näher § 346 Rn. 1 ff. HGB und Art. 9 I, II CISG, Staudinger/Magnus Art. 9 Rn. 6 ff., 16 ff.; Schmidt-Kessel in Schlechtriem/Schwenzer/Schroeter 7. Aufl. 2019, Art. 9 CISG Rn. 6 ff., Gebräuche des internationalen Handels Rn. 11 ff. Das CISG regelt nicht die Gültigkeit von Gebräuchen, sondern überlässt das dem nationalen Recht (Art. 4 Satz 1 lit. a), Staudinger/Magnus Art. 4 Rn. 29 ff. CISG. Zur einvernehmlichen Geltung von Handelsbräuchen und Gepflogenheiten Art. 9 CISG; die Parteien sind an weithin bekannte und beachtete Gebräuche gebunden, wenn sie diese Handelsbräuche kannten oder kennen mussten, Staudinger/Magnus Art. 9 Rn. 16. Die Incoterms nehmen nur ausnahmsweise auf Handelsbräuche Bezug, so FAS und FOB A2 Ziffer 4, wonach der Verkäufer die Ware „in der im Hafen üblichen Weise liefern" muss.

60 **Schiff:** Schiff, ship, vessel. Uneinheitliche Verwendung der Begriffe in den Incoterms ohne unterschiedliche Bedeutung, Graf von Bernstorff Rn. 306 f. Zum Begriff unter dem CISG Staudinger/Magnus Art. 2 Rn. 45, 47.

61 **Ware:** Grundsätzlich nur bewegliche körperliche Gegenstände, nicht Immobilien und unkörperliche Gegenstände wie Rechte, Software, jedenfalls sofern auf Datenträger verkörpert, str., und Dienstleistungen. Der Begriff wird in den Incoterms nicht definiert. Zum Begriff der Ware nach dem CISG Staudinger/Magnus Art. 1 Rn. 42 ff.; Ferrari in Schlechtriem/Schwenzer/Schroeter 7. Aufl. 2019, Art. 1 CISG Rn. 34 ff. Ware auf dem Transportweg: Graf von Bernstorff Rn. 396 ff.

62 **E. Die richtige Klauselwahl:** Die Wahl der richtigen Incoterms-Klausel ist entscheidend für die passgenaue Vertragsgestaltung. Eines der häufigsten Problem bei der Nutzung von Incoterms ist die Verwendung einer ungeeigneten Klausel (→ Einführung Incoterms 2020 Ziffer 47 ff mit Beispielen). Die meisten Incoterms-Klauseln passen zwar für alle **Transportarten**, vier von elf aber nur für den See- und Binnenschiffstransport (→ Rn. 30), sonst gibt es Friktionen. Aus diesem Grund teilen die Incoterms die Klauseln auch danach ein (→ Rn. 30). Sodann sind die Incoterms so abgestuft, dass sie das ganze Spektrum der **eher dem Verkäufer oder eher dem Käufer günstigen Vertragsgestaltung** abdecken. Sie reichen also von Abholklauseln, die den Verkäufer am meisten begünstigen, bis zu Ankunftsklauseln, die den Käufer bevorzugen (→ Rn. 31–35). Welche Klausel Verkäufer und Käufern wählen, hängt von ihren jeweiligen Interessen ab (zB FOB-Importieren oder CIF-Exportieren, → Rn. 33, 34), zum

Teil aber auch von ihrer jeweiligen Verhandlungsstärke ab. Die Incoterms insgesamt sind dazu neutral. **Bei der Wahl** der richtigen Klausel **helfen** die offiziellen **Erläuternden Kommentare für Nutzer,** die **vor jeder Klausel** stehen.

a) **Klauselunterschiede nach Transportart:** Nicht jede Incoterms-Klausel **63** ist für jede Transportart geeignet (→ Rn. 30). **Geeignet** sind **für:** (1) **alle Transportarten einschließlich des multimodalen Transports:** EXW, FCA, CPT, CIP, DAP, DPU, DDP und früher DAF und DDU; (2) **See- und Binnenschiffstransport:** FAS, FOB, CFR, CIF und früher DES und DEQ, alle diese Klauseln sind für andere Transportarten ungeeignet, dazu bei der jeweiligen Klausel → Rn. 1. Für **Seeschifftransport mit Containerschiff oder RoRo-Schiff:** EXW (bei Seeanbindung, sonst „ab benanntem Ort"), FCA (benannter Übergabeort), CFR, CIF, CPT, CIP, DPU, DDP; Graf von Bernstorff Rn. 169. Unter den Incoterms 2000 galten als besonders geeignet für (3) **Lufttransport:** FCA (Flughafen); (4) **Eisenbahntransport:** FCA. Aber unter den Incoterms 2020 sind auch andere Klauseln geeignet, Auflistung bei Graf von Bernstorff Rn. 163 ff.

b) **Klauselunterschiede nach Verantwortungsbereichen:** Die Incoterms **64** regeln 11 Vertragstypen. Eine Gruppierung danach (→ Rn. 31, so noch unter den Incoterms 2000) ermöglicht zunächst eine Auswahl unter dem Aspekt weniger oder vieler Verkäuferpflichten bzw. umgekehrt mehr oder weniger Käuferpflichten.

c) **Auswirkung auf den Vertrag im Übrigen:** Bei der Auswahl (und ganz **65** besonders bei der Abänderung, → Einführung Incoterms 2020 Ziffer 78) einer Incoterms-Klausel ist besonders darauf zu achten, dass der Klauselinhalt im Einzelnen mit dem Vertragsinhalt im Übrigen zusammenpasst, Ramberg S. 41 (zu EXW, FOB, FCA und C-Klauseln). Außerdem hat die Wahl bestimmter Incoterms (obschon ohne Geltung für Dritte, → Rn. 10) Rückwirkungen auf die dazu passenden Fracht-, Akkreditiv- und Versicherungsvertragsgestaltungen. So muss der Verkäufer zB bei CFR und CIF dem Käufer ein Seekonnossement oder ein anderes Seetransportdokument stellen (jeweils A6 der Klausel) und bei CIP und CIF eine Transportversicherung nach dem Institute Cargo Clauses (nunmehr Fassung 2009, dort Clause C für CIP und Clause A für CIF, näher A5 der jeweiligen Klausel) abschließen. Näher → Einführung Incoterms 2020 Ziffer 70; Graf von Bernstorff Rn. 325 ff. Zu den Incoterms 2010 (grundsätzlich Clause C für CIP und CIF) Piltz/Bredow/Piltz A-402, 412; früher Bredow/Seiffert S. 8, 22; Ramberg S. 59.

F. **Text der Incoterms 2020:** Die Incoterms 2020 sind als ICC-Publikation **66** Nr. 723 DE deutsch und englisch sowie Nr. 723 EF französisch und englisch erhältlich. Der Originaltext ist englisch, der Vorrang hat (Urhebervermerk vor dem Vorwort). Hier abgedruckt ist die inoffizielle deutsche Übersetzung der ICC Deutschland e. V. Die Durchnummerierung der einzelnen Klauseln von 1 bis 11 unten ist inoffiziell und dient nur der Übersichtlichkeit im Kommentar. Die Abkürzungen (s. Übersichten → Rn. 30 und → Rn. 31) sind standardisiert (englische Anfangsbuchstaben), mit der ECE abgestimmt und heute offiziell.

Der Text der Incoterms 2020 ist abgedruckt mit freundlicher Genehmigung der **Deutschen Gruppe der Internationalen Handelskammer,** Berlin (ohne die dortigen Seitenzahlen).

6) Incoterms 2020: Übersichtstabelle zur Gefahr- und Kostentragung

Die Klauseln sind hier durchnummeriert wie in Rn. 31, sie entsprechen nicht der Reihenfolge in den Incoterms 2020 (→ Rn. 30) und dem Abdruck mit Anmerkungen in der Kommentierung.

(6) Incoterms 2020

67

Klauseln und Klauselgruppen	Lieferort	Gefahrübergang	Kostenübergang	Kostentragung
(Gruppe E: Abholklausel)				
1. EXW	Werk des V	Lieferort	Lieferort	Export, Import, TranspVertr. – K
(Gruppe F: Haupttransport von V nicht bezahlt)				
2. FCA	Ort der Übergabe an F	Lieferort	Lieferort	Export – V; Import, TranspVertr. – K
3. FAS	Längsseite Schiff VerschiffHafen	Lieferort	Lieferort	dito
4. FOB	Schiff VerschiffHafen	Verladung an Bord	Verladung an Bord	dito
(Gruppe C: Haupttransport von V bezahlt)				
5. CFR	Schiff VerschiffHafen	Verladung an Bord	BestimmHafen	Export – V; Import – K; TranspVertr – V
6. CIF	Schiff VerschiffHafen	Verladung an Bord	BestimmHafen	dito (Versich. Mindestdeckung –V)
7. CPT	Ort der Übergabe an F	Lieferort	BestimmOrt	dito
8. CIP	Ort der Übergabe an F	Lieferort	BestimmOrt	dito (Versich. all risks – V)
(Gruppe D: Ankunftsklauseln)				
9. DAP	BestimmOrt	BestimmOrt	BestimmOrt	dito
10. DPU	BestimmOrt	BestimmOrt	BestimmOrt	dito
11. DDP	BestimmOrt	BestimmOrt	BestimmOrt	Export, Import, TranspVertr. – V

IV. AGB und Incoterms 2020 **Incoterms 2020 (6)**

V = Verkäufer, K = Käufer, F = Frachtführer, VerschiffHafen = Verschiffungshafen, BestimmHafen = Bestimmungshafen, BestimmOrt = Bestimmungsort, TranspVertr = Transportvertrag, MindestVers = Mindestversicherung
Quelle: Incoterms®, Incoterms 2000 Einleitung mit Anpassung an die Änderungen in Incoterms 2020; Graf von Bernstorff Rn. 186. Vgl. auch die Tabellen zu den Incoterms 2010 bei Graf von Bernstorff RIW 2010, 677 und schon Bredow/Seiffert S. 16.
also:
Exportkosten: getragen vom Käufer 1. EXW; getragen vom Verkäufer bei allen anderen Klauseln.
Importkosten: getragen vom Verkäufer 11. DDP; getragen vom Käufer bei allen anderen Klauseln.
Transportvertrag: Käufer bei 1. EXW, 2. FCA, 3. FAS, 4. FOB; Verkäufer bei allen anderen Klauseln.
Transportversicherung: Keine bei 1. EXW, 2. FCA, 3. FAS, 4. FOB, 5. CFR. 7. CPT, 9. DAP, 10. DPU, 11. DDP; Versicherung mit Mindestdeckung bei 6. CIF (Klausel (C) der Institute Cargo Clauses); Versicherung All Risks bei 8. CIP (Klausel (A) der Institute Cargo Clauses).

B. Offizielles Regelwerk der Internationalen Handelskammer (ICC): Incoterms® 2020

Einführung in die *Incoterms® 2020*[1]

[Vor I.] Ziele, Struktur und Bedeutung dieser Einführung

1. **Mit dieser Einführung werden vier Ziele verfolgt:**
   - Erläuterung der *Incoterms® 2020* und der bestmöglichen Einbeziehung dieser Handelsklauseln in Verträge;
   - Festlegung der wesentlichen Grundlagen der Incoterms® Regeln: grundsätzliche Rollen und Verantwortlichkeiten von Käufer und Verkäufer, Lieferung, Gefahrübergang sowie Verhältnis zwischen den Incoterms® Regeln und den Verträgen, die typische Kaufverträge für den Export/Import sowie gegebenenfalls für Inlandsverkäufe darstellen können;
   - Erläuterung der bestmöglichen Vorgehensweise zur Auswahl der passenden Incoterms® Klausel für einen bestimmten Kaufvertrag;
   - Erläuterung der wichtigsten Unterschiede zwischen den *Incoterms®* 2010 und den *Incoterms®* 2020.
2. **Die Einführung ist nach folgenden Punkten gegliedert:**
   I. Was können die Incoterms® Regeln leisten?
   II. Was können die Incoterms® Regeln NICHT leisten?
   III. Wie lassen sich die Incoterms® Regeln am besten in Verträge einbeziehen?
   IV. Lieferung, Gefahrübergang und Kosten in den Incoterms® 2020 Regeln
   V. Die Incoterms® 2020 Regeln und der Frachtführer
   VI. Regeln für den Kaufvertrag und deren Verhältnis zu anderen Verträgen
   VII. Die elf Incoterms® 2020 Klauseln – „See- und Binnenschiffsklauseln" und „Klauseln für alle Transportarten": die richtige Auswahl treffen
   VIII. Reihenfolge innerhalb der Incoterms® 2020 Klauseln
   IX. Unterschiede zwischen den *Incoterms®* 2010 und den *Incoterms®* 2020

---

[1] **[Red. Hinw.:]** Die Einführung des ICC-Sonderberaters *Debattista* ist nicht Bestandteil der Incoterms 2020®; vgl. Fn. (*) zur Schlussformel.

X. Vorsicht bei vertraglichen Abweichungen von den Incoterms® Regeln

3. Diese Einführung enthält Hinweise und unterstützende Informationen zum Gebrauch und zu den Grundprinzipien der *Incoterms®* 2020.

I. WAS KÖNNEN DIE INCOTERMS® REGELN LEISTEN?

4. Die Incoterms® Regeln dienen der Auslegung von elf der gebräuchlichsten Handelsklauseln, die jeweils mit drei Buchstaben abgekürzt werden, z. B. CIF oder DAP. Sie legen die im internationalen Warenhandel zwischen Unternehmen üblichen Praktiken in Kaufverträgen fest.

5. Die Incoterms® Regeln beschreiben:
   - *Pflichten:* Wer übernimmt im Rahmen der Beziehung zwischen Verkäufer und Käufer welche Aufgaben, d. h. wer ist für den Transport oder die Versicherung der Waren sowie die Beschaffung der Frachtpapiere und der Ausfuhr- oder Einfuhrgenehmigungen verantwortlich?
   - *Gefahrübergang:* Wo und wann „liefert" der Verkäufer die Waren oder anders gesagt: An welcher Stelle erfolgt der Gefahrübergang vom Verkäufer auf den Käufer?
   - *Kosten:* Welche Seite ist für welche Kosten verantwortlich, z. B. Transport-, Verpackungs-, Lade- und Entladekosten sowie Kosten für Überprüfungen oder sicherheitsbezogene Kosten?

Die Incoterms® Regeln befassen sich mit diesen Bereichen in insgesamt zehn Artikeln, die mit A1/B1 etc. durchnummeriert sind, wobei die Artikel unter A jeweils die Pflichten des Verkäufers und die Artikel unter B die Pflichten des Käufers regeln. Weitere Informationen finden Sie in Randziffer 53 dieses Dokuments.

II. WAS KÖNNEN DIE INCOTERMS® REGELN NICHT LEISTEN?

6. Die Incoterms® Regeln bilden für sich allein genommen KEINEN Vertrag und können daher auch nicht als Ersatz für einen Kaufvertrag dienen. Sie sind dazu bestimmt, Handelspraktiken nicht für eine bestimmte, sondern für jede beliebige Art von Waren in einer standardisierten Weise zu formulieren. So können Incoterms® Klauseln etwa sowohl beim Handel mit Eisenerz als Schüttgut als auch beim Verkauf von fünf Containern mit elektronischen Geräten oder zehn Paletten mit frischen Blumen als Luftfracht verwendet werden.

7. Die Incoterms® Regeln können folgende Angelegenheiten NICHT regeln:
   - die Tatsache, ob überhaupt ein Kaufvertrag besteht;
   - die Spezifikationen der verkauften Waren;
   - Zeit, Ort, Zahlungsweise oder -währung der Bezahlung;
   - die Rechtsmittel, die bei Verstößen gegen einen Kaufvertrag eingelegt werden können;
   - die meisten Folgen eines Verzugs bei der Erfüllung oder sonstiger Verletzungen von Vertragspflichten;
   - die Wirkung von Sanktionen;
   - die Verhängung von Zöllen;
   - Export- oder Importverbote;
   - höhere Gewalt oder Härtefälle;
   - Rechte an geistigem Eigentum;

- Art der Streitbeilegung, Gerichtstand oder anwendbares Recht im Falle derartiger Verstöße.

Besonders zu beachten ist außerdem, dass die Incoterms® Regeln KEINE Regelungen zum Eigentumsübergang der verkauften Waren enthalten.

8. Diese Themen müssen von den Parteien im jeweiligen Kaufvertrag gesondert geregelt werden. Diesbezügliche Versäumnisse dürften aller Wahrscheinlichkeit nach zu einem späteren Zeitpunkt zu Problemen führen, falls sich Streitigkeiten bezüglich der Erfüllung und Verletzung eines Vertrags ergeben. Grundsätzlich stellen die Incoterms® 2020 Regeln für sich allein genommen *keinen* Kaufvertrag dar. Sie werden nur dann *Bestandteil* eines Vertrags, wenn sie durch Bezugnahme in einen bereits bestehenden Vertrag aufgenommen werden. Die Incoterms® Regeln enthalten keinerlei Aussagen oder Festlegungen über das auf einen Vertrag anwendbare Recht. Möglicherweise sind daher internationale Rechtsnormen bzw. Rechtssysteme auf Verträge anwendbar, z. B. das Übereinkommen über Verträge für den internationalen Warenkauf (CISG), oder auch innerstaatliches zwingendes Recht – z. B. bezüglich Sicherheit, Gesundheits- und Umweltschutz.

III. WIE LASSEN SICH DIE INCOTERMS® REGELN AM BESTEN IN VERTRÄGE EINBEZIEHEN?

9. Falls die Parteien eines Vertrags möchten, dass die Incoterms® 2020 Regeln in ihrem Vertrag Anwendung finden, besteht die sicherste Maßnahme darin, diesen Willen in ihrem Vertrag durch folgende oder eine ähnliche Formulierung eindeutig zum Ausdruck zu bringen:
„[die gewählte Incoterms® Klausel] [benannter Hafen, Ort oder Stelle] Incoterms 2020".

10. Beispiel:
CIF Shanghai Incoterms 2020 oder
DAP Nr. 123, ABC-Straße, Importland Incoterms 2020.

11. Wird kein Jahr für die Version der Incoterms® angegeben, könnte dies zu Problemen führen, die möglicherweise schwer zu lösen sind. Für die Parteien, einen Richter oder Schiedsrichter muss in jedem Fall klar ersichtlich und eindeutig bestimmbar sein, welche Version der Incoterms® Regeln Anwendung auf einen Vertrag findet.

12. Der benannte Ort, der hinter der gewählten Incoterms® Klausel steht, ist sogar noch wichtiger:
- In allen Incoterms® Klauseln mit Ausnahme der C-Klauseln wird durch den benannten Ort angegeben, wohin die Waren „geliefert" werden müssen, d. h. an welchem Ort der Gefahrübergang vom Verkäufer auf den Käufer erfolgt;
- In den D-Klauseln ist der benannte Ort jeweils der Lieferort und zugleich der Bestimmungsort, wobei der Verkäufer den Transport bis zu dieser Stelle organisieren muss;
- In den C-Klauseln gibt der benannte Ort den Bestimmungsort an, bis zu dem der Verkäufer den Transport der Waren organisieren und bezahlen muss, wobei dieser Ort nicht mit dem Lieferort oder -hafen identisch ist.

13. Bei einem FOB-Verkauf, bei dem der Verschiffungshafen nicht festgelegt ist, können beide Parteien nicht genau wissen, wo der Käufer den Frachter zur Verschiffung und für den Transport zum Käufer zur Verfügung stellen muss – und wohin der Verkäufer die Waren an Bord des Fracht-

schiffs liefern muss, d. h. wo der Gefahrübergang bezüglich der Waren vom Verkäufer auf den Käufer erfolgt. Ebenfalls werden bei einem CPT-Vertrag, in dem der Bestimmungsort nicht eindeutig benannt ist, beide Parteien in Unklarheit darüber gelassen, bis zu welcher Stelle der Verkäufer den Transport der Waren beauftragen und bezahlen muss.
14. Am besten lassen sich derartige Probleme von vornherein vermeiden, indem man in der jeweils gewählten Incoterms® Klausel einen konkreten Hafen, Ort bzw. geografischen Punkt so genau wie möglich benennt.
15. Bei der Einbeziehung einer bestimmten Incoterms® 2020 Regel in einen Kaufvertrag ist es nicht erforderlich, das Markensymbol zu verwenden. Weitere Hinweise zu Marken und Urheberrechten finden Sie in der Anmerkung zu Marken am Ende der Incoterms® 2020 Regeln.

IV. LIEFERUNG, GEFAHRÜBERGANG UND KOSTEN IN DEN INCOTERMS® 2020 REGELN

16. Ein benannter Ort oder Hafen, der hinter dem aus drei Buchstaben bestehenden Code steht, z. B. CIP Las Vegas oder CIF Los Angeles, ist für die Wirkung der Incoterms® 2020 Regeln von entscheidender Bedeutung. Je nachdem welche Incoterms® 2020 Klausel gewählt wird, bezeichnet dieser Ort entweder den Ort oder Hafen, an dem die dorthin transportierten Waren als vom Verkäufer an den Käufer „geliefert" gelten, d. h. den „Lieferort" oder aber den Ort bzw. Hafen, bis zu dem der Verkäufer den Transport der Waren organisieren muss, d. h. ihren Bestimmungsort; im Falle der D-Klauseln gilt hingegen beides.
17. In allen Incoterms® 2020 Klauseln definiert A2 den „Lieferort oder -hafen" – und dieser Ort oder Hafen ist in EXW und FCA (Gelände des Verkäufers) am nächsten zum Verkäufer gelegen und in DAP, DPU und DDP am nächsten zum Käufer gelegen.
18. Der durch A2 angegebene Lieferort oder -hafen ist im Hinblick auf den Gefahrübergang und die Kosten von entscheidender Bedeutung.
19. Der Lieferort oder -hafen gemäß A2 kennzeichnet den Ort, an dem der Gefahrübergang vom Verkäufer auf den Käufer gemäß A3 erfolgt. Mit der Ankunft der Waren an diesem Ort oder Hafen erfüllt der Verkäufer seine vertragliche Verpflichtung zur Bereitstellung der Waren gemäß A1. Der Käufer kann gegen den Verkäufer keine Entschädigung für Verlust oder Beschädigung der Waren geltend machen, nachdem die Waren an der Lieferstelle angekommen sind.
20. Der Lieferort oder -hafen unter A2 kennzeichnet auch den zentralen Punkt unter A9, welcher die dem Käufer und Verkäufer zugerechneten Kosten regelt. Allgemein ausgedrückt werden durch A9 die vor der Lieferstelle entstehenden Kosten dem Verkäufer und die nach dieser Lieferstelle erwachsenden Kosten dem Käufer zugerechnet.

Lieferstellen

Extrem- und Zwischenpositionen: die vier traditionellen Gruppen von Incoterms® Klauseln

21. In den bis 2010 geltenden Fassungen der Incoterms® Regeln waren die Handelsklauseln üblicherweise in vier Gruppen geordnet: in E, F, C und D, wobei E und D in Bezug auf die Lieferstelle jeweils gegensätzliche Extrempositionen abbildeten und die F- sowie C-Klauseln jeweils dazwi-

schen lagen. Obgleich die Incoterms® Klauseln seit 2010 nach den verwendeten Transportmitteln gruppiert werden, erweisen sich die früher üblichen Gruppierungen immer noch als hilfreich für das Verständnis des Konzepts der Lieferstelle. Die Lieferstelle in EXW ist somit ein vereinbarter Punkt zur Abholung der Waren durch den Käufer, unabhängig davon, an welchen Bestimmungsort der Käufer die Waren letztendlich transportieren wird. Im anderen Extremfall ist z. B. in den Klauseln DAP, DPU und DDP die Lieferstelle jeweils mit dem Bestimmungsort identisch, bis zu dem der Verkäufer oder dessen Frachtführer die Waren transportieren wird. Im erstgenannten Fall, bei der Klausel EXW, erfolgt der Gefahrübergang noch vor Beginn des Transportzyklus; im zweiten Fall hingegen, in dem eine D-Klausel gewählt wird, tritt der Gefahrübergang zu einem sehr späten Zeitpunkt des Transportzyklus ein. Im ersten Fall, bei der Klausel EXW, und in diesem Kontext auch bei der Klausel FCA (Gelände des Verkäufers) ist die Erfüllung der Verpflichtung zur Lieferung der Waren durch den Verkäufer nicht daran gebunden, ob die betreffenden Waren tatsächlich an ihrem Bestimmungsort eintreffen. Im zweiten Fall erfüllt der Verkäufer seine Verpflichtung zur Lieferung der Waren jedoch nur dann, wenn diese Waren tatsächlich an ihrem Bestimmungsort ankommen.

22. Diese beiden Klauseln, die gewissermaßen Extrempositionen der Incoterms® Regeln darstellen, lauten EXW und DDP. Händler sollten ggf. für ihre internationalen Verträge andere als die vorstehend genannten Klauseln in Betracht ziehen. EXW bedeutet, dass der Verkäufer die Waren dem Käufer lediglich zur Verfügung stellen muss. Dies kann sowohl für den Verkäufer als auch den Käufer bei der Verladung bzw. Exportabfertigung Probleme verursachen. Der Verkäufer wäre in diesem Falle besser beraten, seine Waren unter Anwendung der FCA-Klausel zu verkaufen. DDP hingegen bedeutet, dass der Verkäufer gegenüber dem Käufer gewisse Verpflichtungen übernimmt, die nur innerhalb des Landes des Käufers erfüllt werden können, z. B. die Einfuhrabfertigung. Unter praktischen und rechtlichen Gesichtspunkten kann es für den Verkäufer unter Umständen schwierig sein, diesen Verpflichtungen im Land des Käufers nachzukommen, sodass ein Verkäufer besser beraten wäre, in einer derartigen Situation die Waren unter den Klauseln DAP oder DPU zu verkaufen.

23. Zwischen den beiden Extrempositionen der E- und D-Klauseln sind die drei F-Klauseln (FCA, FAS und FOB) und die vier C-Klauseln (CPT, CIP, CFR und CIF) einzuordnen.

24. Bei allen sieben F- und C-Klauseln befindet sich der Lieferort auf der Verkäuferseite des voraussichtlichen Transports: Verkäufe mit diesen Incoterms® Klauseln werden daher oft auch als Versendungskäufe bezeichnet. Die Lieferung ist beispielsweise erfolgt,
   a) sobald sich die Waren bei einem CFR-, CIF- oder FOB-Verkauf an Bord eines Frachtschiffs im Verladehafen befinden; oder
   b) wenn die Waren bei einem CPT- oder CIP-Verkauf an den Frachtführer übergeben wurden; oder
   c) wenn mit der Klausel FCA verkaufte Waren auf das vom Käufer bereitgestellte Transportmittel verladen oder dem Frachtführer des Käufers zur Verfügung gestellt wurden.

In den Gruppen der F- und C-Klauseln erfolgt der Gefahrübergang vom Verkäufer auf den Käufer bereits zu Beginn des Transports, sodass der Verkäufer seine Verpflichtung zur Lieferung der Waren erfüllt hat – unabhängig davon, ob die betreffenden Waren tatsächlich an ihrem Bestimmungsort eintreffen. Alle F- und C-Klauseln, unabhängig davon, ob sie sich auf Incoterms® Klauseln für Seetransport oder Incoterms® Klauseln für alle Transportarten beziehen, sind durch die Eigenschaft eines Versendungskaufs gekennzeichnet, bei dem die Lieferung zu Beginn des Transportzyklus auf der Verkäuferseite erfolgt.

25. Die F- und C-Klauseln unterscheiden sich jedoch darin, ob der Verkäufer oder der Käufer den Transport der Waren über den Lieferort oder -hafen hinaus vertraglich beauftragt bzw. organisiert. Bei den F-Klauseln ist es der Käufer, der derartige Vereinbarungen schließen muss, sofern die Parteien nichts anderes vereinbaren. Bei den C-Klauseln obliegt dies dem Verkäufer.

26. Da ein Verkäufer bei jeder C-Klausel den Transport der Waren über den Lieferort hinaus beauftragt oder organisiert, müssen die Parteien den Bestimmungsort kennen, zu dem der Transport jeweils organisiert werden muss – und *dies* ist der Ort, der hinter der Bezeichnung der Incoterms® Klausel steht, z. B. „CIF Hafen Dalian" oder „CIP Stadt Shenyang". Dieser benannte Bestimmungsort kann und wird jedoch niemals der Lieferort sein. Obwohl der Gefahrübergang bei der Verschiffung oder Übergabe der Waren am Lieferort an den Käufer erfolgt, muss der Beförderungsvertrag vom Verkäufer für den benannten Bestimmungsort abgeschlossen worden sein. Liefer- und Bestimmungsort können in den C-Klauseln nicht derselbe Ort sein.

V. DIE INCOTERMS® 2020 REGELN UND DER FRACHTFÜHRER

27. Wenn unter den F- und C-Klauseln die Waren beispielsweise an Bord des Frachtschiffs verladen oder an den Frachtführer übergeben bzw. ihm zur Verfügung gestellt werden, markiert dieser Frachtführer die Stelle, an der die Waren als vom Verkäufer an den Käufer „geliefert" gelten. Dies ist somit auch die Stelle, an welcher der Gefahrübergang vom Verkäufer auf den Käufer erfolgt.

28. In Anbetracht der schwerwiegenden Auswirkungen dieser beiden Ereignisse ist es von entscheidender Bedeutung, den jeweiligen Frachtführer zu identifizieren, wenn mehrere Frachtführer eingesetzt sind, die unterschiedliche Teilstrecken des Transports übernehmen, z. B. per Schiene, Straße, Flugzeug oder auf See. Wenn sich jedoch der Verkäufer für eine vernünftige Vorgehensweise entschieden und einen Beförderungsvertrag geschlossen hat, bei dem ein Frachtführer die Verantwortung für die gesamte Transportkette übernimmt, d. h. einen sog. „durchgehenden" Beförderungsvertrag, tritt dieses Problem nicht auf. Wenn jedoch kein „durchgehender" Beförderungsvertrag besteht, könnten die Waren an eine LKW-Spedition oder ein Bahntransportunternehmen übergeben werden (wobei die CIP- oder CPT-Klauseln Anwendung finden), welche die Waren bis zum Seeverfrachter weiterbefördern. Dieselbe Situation *kann* sich ergeben, wenn Waren ausschließlich per Seetransport befördert und beispielsweise zuerst an ein Flussfrachtunternehmen oder als Zubringer fungierendes Kurzstrecken-Seefrachtunternehmen übergeben werden, das die Beförderung bis zum Seefrachtführer übernimmt.

29. Wann gelten die Waren in solchen Fällen als an den Käufer „geliefert": bei Übergabe der Waren an den ersten, zweiten oder dritten Frachtführer?

30. Bevor wir uns der Beantwortung dieser Frage zuwenden, soll noch ein anderer Punkt erwähnt werden. Obwohl der Frachtführer in den meisten

Fällen ein unabhängiger Dritter ist, der durch einen Beförderungsvertrag vom Verkäufer oder Käufer (je nachdem ob die Parteien eine C- oder F-Klausel der Incoterms® gewählt haben) beauftragt wurde, gibt es auch Situationen, in denen kein derartiger unabhängiger Dritter beauftragt wird, da der Verkäufer oder der Käufer den Transport der verkauften Waren selbst übernehmen wird. Wahrscheinlich wird dies eher bei Wahl einer D-Klausel (DAP, DPU und DDP) der Fall sein, wobei der Verkäufer sein eigenes Transportmittel zur Beförderung der Waren zum Käufer nutzen kann, der sich am Bestimmungsort der Lieferung befindet. In den *Incoterms®* 2020 wurde daher eine Regelung eingeführt, der zufolge es einem Verkäufer unter den D-Klauseln gestattet ist, einen Transport zu *beauftragen* oder zu *organisieren*, d. h. durch Nutzung eines eigenen Transportmittels durchzuführen: siehe hierzu A4.

31. Die im vorstehenden Absatz 29 aufgeworfene Frage bezieht sich daher nicht einfach auf den „Transport": Es handelt sich vielmehr um eine den „Verkauf" betreffende Frage. Dabei geht es nicht darum, welchen Frachtführer ein Verkäufer oder Käufer gemäß dem Beförderungsvertrag gerichtlich belangen kann, wenn die ge- bzw. verkauften Waren auf dem Transportweg beschädigt wurden. Die den „Verkauf" betreffende Frage lautet vielmehr wie folgt: Wenn mehrere Frachtführer an der Beförderung der Waren vom Verkäufer an den Käufer beteiligt sind, an welchem Punkt in der Transportkette gilt bei Übergabe der Waren die Lieferung als vollzogen, sodass der Gefahrübergang an diesem Punkt vom *Verkäufer auf den Käufer* erfolgt?

32. Es muss eine einfache Antwort auf diese Frage geben, da die Beziehungen zwischen mehreren eingesetzten Frachtführern untereinander sowie zwischen Verkäufer und/oder Käufer und diesen verschiedenen Frachtführern komplexer Natur sind – je nachdem wie die Bedingungen der einzelnen Beförderungsverträge gestaltet sind. So kann beispielsweise in einer Kette von Beförderungsverträgen ein Frachtführer, der die Waren auf einer Teilstrecke per LKW durch ein Land transportiert, auch in der Eigenschaft als Vertreter des Verkäufers einen Beförderungsvertrag mit einem Seefrachtführer abschließen.

33. Die *Incoterms®* 2020 geben eine eindeutige Antwort auf diese Frage, wenn die Parteien die FCA-Klausel vereinbaren. Der relevante Frachtführer ist nach FCA der vom Käufer benannte Frachtführer, dem der Verkäufer an einem in dem Kaufvertrag jeweils vereinbarten Ort oder Punkt die Waren übergibt. Selbst wenn ein Verkäufer somit eine Lkw-Spedition beauftragt, die Waren zur vereinbarten Lieferstelle zu transportieren, würde der Gefahrübergang nicht am Ort und zum Zeitpunkt der Übergabe der Waren vom Verkäufer an den von ihm beauftragten Spediteur erfolgen, sondern an dem Ort und zu dem Zeitpunkt, an bzw. zu dem die Waren dem vom Käufer beauftragten Frachtführer zur Verfügung gestellt werden. Aus diesem Grund ist es bei FCA-Verkäufen von entscheidender Bedeutung, den Lieferort oder die Lieferstelle so genau wie möglich zu benennen. Dieselbe Situation kann bei einem FOB-Verkauf eintreten, wenn der Verkäufer ein Zubringerschiff oder einen Lastkahn einsetzt, um die Waren zu dem vom Käufer angemieteten Frachtschiff zu transportieren. Eine ähnliche Antwort findet sich in den *Incoterms®* 2020: Die Lieferung ist erfolgt, wenn die Waren an Bord des Frachters des Käufers abgestellt werden.

34. Bei den C-Klauseln ist der Fall komplexer und kann in verschiedenen Rechtssystemen jeweils unterschiedliche Lösungen erfordern. Bei Anwendung der Klauseln CPT und CIP wird zumindest in manchen Ländern jeweils der erste Frachtführer, an den der Verkäufer die Waren unter A2

übergibt (sofern die Parteien keine Lieferstelle vereinbart haben), als relevanter Frachtführer angesehen. Der Käufer weiß nichts von den vertraglichen Vereinbarungen, die zwischen dem Verkäufer und dem ersten oder folgenden Frachtführern oder zwischen diesem ersten Frachtführer und den folgenden Frachtführern geschlossen wurden. Der Käufer weiß jedoch, dass sich die Waren „auf dem Transportweg" zu ihm befinden – und dass der „Transportweg" nach Kenntnis des Käufers beginnt, sobald die Waren vom Verkäufer in die Hände des ersten Frachtführers übergeben wurden. Daraus folgt, dass bereits in dieser frühen Phase der „Lieferung" an den ersten Frachtführer der Gefahrübergang vom Verkäufer auf den Käufer erfolgt. Dieselbe Situation kann sich bei Anwendung der Klauseln CFR und CIF ergeben, wenn ein Verkäufer ein Zubringerschiff oder einen Lastkahn anmietet, um die Waren ggf. zum vereinbarten Verschiffungshafen zu transportieren. Eine ähnliche Antwort könnte auch in manchen Rechtssystemen empfohlen werden: Die Lieferung ist erfolgt, sobald die Waren an Bord des Frachtschiffs im ggf. vereinbarten Verschiffungshafen verladen wurden.

35. Ein derartiges Fazit, sofern man es akzeptiert, erscheint für den Käufer möglicherweise unvorteilhaft. Bei CPT- und CIP-Verkäufen würde der Gefahrübergang bereits mit Übergabe der Waren an den ersten Frachtführer vom Verkäufer auf den Käufer erfolgen. Der Käufer weiß jedoch zu diesem Zeitpunkt nicht, ob dieser erste Frachtführer für Verlust oder Beschädigung der Waren gemäß dem betreffenden Beförderungsvertrag haftbar ist. Da der Käufer keine Partei dieses Vertrags ist, hat er keinerlei Kontrolle darüber und kennt somit dessen Bestimmungen und Bedingungen nicht. Dennoch würde der Käufer letztlich die Gefahren, welche die Waren betreffen, ab dem frühesten Zeitpunkt der Übergabe tragen, möglicherweise sogar ohne Anspruch auf Entschädigung gegenüber diesem ersten Frachtführer.

36. Auch wenn der Käufer somit die Gefahr des Verlusts der Waren oder von Schäden an den Waren bereits in einer frühen Phase der Transportkette übernehmen müsste, hätte er jedoch dieser Sichtweise nach einen Abhilfeanspruch gegen den Verkäufer. A2/A3 existieren nicht in einem luftleeren Raum: Unter A4 muss der Verkäufer einen Beförderungsvertrag für die Waren „von der ggf. vereinbarten Lieferstelle am Lieferort bis zum benannten Bestimmungsort oder einer ggf. vereinbarten Stelle an diesem Ort abschließen". Selbst wenn der Gefahrübergang zum Zeitpunkt der Übergabe der Waren an den ersten Frachtführer gemäß A2/A3 auf den Käufer erfolgt ist, wäre der Verkäufer entsprechend dieser Sichtweise weiterhin gegenüber dem Käufer nach A4 haftbar, wenn dieser erste Frachtführer seine Verantwortung gemäß seinem Beförderungsvertrag für den Transport der Waren zum benannten Bestimmungsort nicht wahrnimmt. Demzufolge sollte der Verkäufer einen Beförderungsvertrag bis zu dem im Kaufvertrag genannten Bestimmungsort abschließen.

VI. REGELN FÜR DEN KAUFVERTRAG UND DEREN VERHÄLTNIS ZU ANDEREN VERTRÄGEN

37. Im Rahmen der Diskussion über die Rolle des Frachtführers bei der Lieferung der Waren zwischen Verkäufer und Käufer in den C- und F-Klauseln der Incoterms® Regeln stellt sich folgende Frage: Welche Rolle spielen die Incoterms® Regeln im Beförderungsvertrag oder in anderen

Verträgen, die üblicherweise mit einem Exportvertrag in Zusammenhang stehen, z. B. in einem Versicherungsvertrag oder Akkreditiv?

38. Die kurze Antwort ist, dass die Incoterms® Regeln kein Bestandteil solcher anderen Verträge sind: Bei ihrer Einbeziehung in einen Kaufvertrag sind die Incoterms® Regeln *nur* auf bestimmte Aspekte des Kaufvertrags anwendbar und regeln *nur* diese bestimmten vertraglichen Aspekte.

39. Dies bedeutet jedoch nicht, dass die Incoterms® Regeln keine *Auswirkungen* auf diese anderen Verträge haben. Waren werden durch ein Netzwerk von Verträgen, die idealerweise übereinstimmen sollten, exportiert und importiert. Somit kann es in Zusammenhang mit einem Kaufvertrag z. B. erforderlich sein, ein Transportdokument einzureichen, das vom Frachtführer für den Verkäufer/Befrachter gemäß einem Beförderungsvertrag ausgestellt wurde und unter Umständen vorgelegt werden muss, damit der Verkäufer/Befrachter/Begünstigte nach den Bedingungen eines Akkreditivs bezahlt werden kann. Wenn diese drei Verträge übereinstimmende Regelungen enthalten, läuft der Handel reibungslos; anderenfalls können schnell Probleme entstehen.

40. Soweit sich Incoterms® Regeln z. B. auf Fracht- oder Transportdokumente (in A4/B4 und A6/B6) oder auf den Versicherungsschutz (A5/B5) beziehen, sind diese Regelungen für den Frachtführer oder Versicherer bzw. die beteiligten Banken in keiner Weise *bindend*. Ein Frachtführer ist somit nur verpflichtet, ein Transportdokument auszustellen, wenn und soweit dies durch den Beförderungsvertrag, den er mit der betreffenden anderen Vertragspartei geschlossen hat, vorgeschrieben ist: Zur Einhaltung der Incoterms® Regeln ist er nicht verpflichtet, ein Transportdokument auszustellen. Ebenso ist ein Versicherer lediglich verpflichtet, eine Police mit der Deckungshöhe und zu den Bedingungen auszustellen, die mit der Partei vereinbart wurden, die den Versicherungsschutz jeweils erworben hat; die Versicherungsgesellschaft muss jedoch keine Police ausstellen, die den Incoterms® Regeln entspricht. Letztlich orientiert sich eine Bank nur an den im Akkreditiv festgelegten Dokumentationsanforderungen und richtet sich nicht nach den ggf. im Kaufvertrag festgeschriebenen Anforderungen.

41. Dennoch liegt es im Interesse aller Parteien der verschiedenen Verträge in diesem Netzwerk, dafür Sorge zu tragen, dass die mit dem Frachtführer oder Versicherer vereinbarten Beförderungs- bzw. Versicherungsbedingungen oder die Bedingungen eines Akkreditivs mit den Regelungen aus dem Kaufvertrag über noch abzuschließende untergeordnete Verträge oder zu beschaffende bzw. einzureichende Dokumente im Einklang stehen. *Diese* Aufgabe obliegt nicht dem Frachtführer, Versicherer oder der Bank, die keine Parteien des Kaufvertrags sind und daher nicht an die Incoterms® 2020 Regeln gebunden sind. Es *liegt* jedoch im Interesse des Verkäufers und des Käufers, nach besten Kräften dafür zu sorgen, dass die verschiedenen Parteien dieses Vertragsnetzwerks aufeinander abgestimmt sind – wobei der Ausgangspunkt der Kaufvertrag ist – und den Incoterms® 2020 Regeln entsprechen, soweit diese anwendbar sind.

VII. DIE ELF INCOTERMS® 2020 KLAUSELN – „SEE- UND BINNENSCHIFFSKLAUSELN" UND „KLAUSELN FÜR ALLE TRANSPORTARTEN": DIE RICHTIGE AUSWAHL TREFFEN

42. Die in den *Incoterms®* 2010 eingeführte Hauptunterscheidung zwischen den „Klauseln für alle Transportarten" (EXW, FCA, CPT, CIP, DAP, die neu benannte Klausel DPU – die alte Klausel DAT, und DDP) und den „Klauseln für den See- und Binnenschiffstransport" (FAS, FOB, CFR und CIF) wurde beibehalten.
43. Die vier so genannten Incoterms® „Seeklauseln" sind für Situationen bestimmt, in denen der Verkäufer die Waren an Bord (oder bei Wahl der FAS-Klausel längsseits) eines Schiffs in einem Seeoder Binnenhafen ablädt. Dies ist die Stelle, an der die Lieferung der Waren vom Verkäufer an den Käufer erfolgt. Bei Nutzung dieser Klauseln trägt der Käufer ab diesem Hafen die Gefahr des Verlusts von oder Schäden an den Waren.
44. Die sieben Incoterms® Klauseln für alle Transportarten (auch als „multimodale" Beförderung bezeichnet) sind hingegen zur Verwendung in Situationen bestimmt, in denen
    a) die Stelle, an der der Verkäufer die Waren einem Frachtführer übergibt oder zur Verfügung stellt, oder
    b) die Stelle, an der der Frachtführer die Waren dem Käufer übergibt, oder die Stelle, an der die Waren dem Käufer zur Verfügung gestellt werden, oder
    c) beide unter (a) und (b) genannten Stellen sich nicht an Bord (oder bei Wahl der FAS-Klausel längsseits) eines Schiffs befinden.
45. Wo genau bei diesen sieben Incoterms® Klauseln die Lieferung erfolgt und der Gefahrübergang auf den Käufer stattfindet, ist davon abhängig, welche dieser Klauseln jeweils genutzt wird. Bei Nutzung der Klausel CPT erfolgt die Lieferung z. B. einseitig durch den Verkäufer, nämlich bei Übergabe der Waren an den von diesem Verkäufer beauftragten Frachtführer. Wird hingegen die Klausel DAP vereinbart, so findet die Lieferung statt, wenn die Waren am benannten Bestimmungsort oder -punkt dem Käufer zur Verfügung gestellt werden.
46. Wie bereits erwähnt, wurde die Reihenfolge, in der die *Incoterms®* 2010 präsentiert wurden, bei den *Incoterms®* 2020 weitgehend beibehalten. Es soll an dieser Stelle noch einmal auf den Unterschied zwischen den beiden Gruppen von Incoterms® Klauseln verwiesen werden, damit in Abhängigkeit vom jeweils genutzten Transportmittel die geeignete Klausel für einen Kaufvertrag ausgewählt wird.
47. Eines der häufigsten Probleme bei der Nutzung der Incoterms® Klauseln besteht darin, dass eine falsche Klausel für einen bestimmten Vertragstyp ausgewählt wird.
48. So ist z. B. ein Kaufvertrag unter Verwendung der FOB-Klausel bei Festlegung eines im Inland befindlichen Ortes (z. B. Flughafen oder Lagerhaus) kaum sinnvoll: Welche Art von Beförderungsvertrag muss der Käufer abschließen? Hat der Käufer gegenüber dem Verkäufer die Verpflichtung, einen Beförderungsvertrag zu schließen, in dem der Frachtführer verpflichtet wird, die Waren an dem benannten Ort im Inland oder an dem zu diesem Ort nächstgelegenen Hafen zu übernehmen?
49. Auch ein Kaufvertrag mit CIF, (benannter Seehafen), bei dem der Käufer erwartet, dass die Waren zu einem Ort im Inland, d. h. im Land des Käufers, transportiert werden, ist wenig sinnvoll. Muss der Verkäufer in

diesem Fall einen Beförderungsvertrag und eine Versicherungspolice abschließen, die den Transport bis zu dem von den Parteien gewünschten endgültigen Bestimmungsort im Inland oder nur bis zu dem im Kaufvertrag genannten Seehafen abdecken?

50. Aller Wahrscheinlichkeit nach werden sich dann Lücken, Überschneidungen und unnötige Kosten ergeben – und all dies nur, weil für einen bestimmten Vertrag eine falsche Incoterms® Klausel ausgewählt wurde. Diese „falsche" Auswahl wird dadurch begünstigt, dass die beiden wichtigsten Merkmale der Incoterms® Klausel nur unzureichend beachtet werden: Lieferhafen, Lieferort bzw. Lieferstelle und Gefahrübergang.

51. Der Grund für dieses Versäumnis, welches häufig zur Verwendung der falschen Incoterms® Klausel führt, liegt darin, dass Incoterms® Klauseln oft als Bestandteil der Preisangaben angesehen werden: Man spricht z. B. von EXW-, FOB- oder DAP-Preisen. Die Buchstabenkürzel für die Incoterms® Klauseln sind zweifellos praktische Abkürzungen, die im Rahmen der Preiskalkulation verwendet werden können. Incoterms® Klauseln sind jedoch keinesfalls ausschließlich und auch nicht hauptsächlich als Preisbezeichnungen zu verstehen. Die Incoterms® Klauseln symbolisieren eine Liste allgemeiner Verpflichtungen, die Verkäufer und Käufer gemäß allgemein anerkannten Formen von Kaufverträgen zu erfüllen haben – eine ihrer Hauptaufgaben besteht in der Angabe von Lieferhafen, Lieferorten oder Lieferstellen, an denen der Gefahrübergang auf den Käufer erfolgt.

VIII. REIHENFOLGE INNERHALB DER INCOTERMS® 2020 KLAUSELN

52. Alle zehn A/B-Regeln in jeder der Incoterms® Klauseln sind wichtig – wenn auch einige wichtiger sind als andere.
53. Es wurde eine grundlegende Neuordnung der *internen* Reihenfolge vorgenommen, in der die zehn Regeln innerhalb der einzelnen Incoterms® Klauseln strukturiert wurden. In den *Incoterms® 2020* lautet die interne Reihenfolge der Angaben in jeder Incoterms® Klausel wie folgt:

A1/B1	Allgemeine Verpflichtungen
A2/B2	Lieferung/Übernahme
A3/B3	Gefahrübergang
A4/B4	Transport
A5/B5	Versicherung
A6/B6	Liefer-/Transportdokument
A7/B7	Ausfuhr-/Einfuhrabfertigung
A8/B8	Prüfung/Verpackung/Kennzeichnung
A9/B9	Kostenverteilung
A10/B10	Benachrichtigungen

54. Bezüglich der Incoterms® 2020 Klauseln ist anzumerken, dass die grundlegenden Verpflichtungen der Parteien für Waren/ Zahlung, Lieferung und Gefahrübergang, die zuvor in A1 enthalten waren, an eine passendere Position, nämlich A2 bzw. A3, verschoben wurden.
55. Die weitere allgemeine Reihenfolge lautet wie folgt:
   ▸ Untergeordnete Verträge (A4/B4 und A5/B5, Transport und Versicherung);
   ▸ Transportdokumente (A6/B6);
   ▸ Ausfuhr-/Einfuhrabfertigung (A7/B7);
   ▸ Verpackung (A8/B8);

(6) Incoterms 2020

- Kosten (A9/B9); und
- Benachrichtigungen (A10/B10).

56. Es versteht sich, dass die Gewöhnung an diese veränderte Reihenfolge der A/B-Regel einige Zeit – und Kosten – erfordern wird. Es bleibt zu hoffen, dass es durch die Platzierung der Punkte Lieferung und Gefahrübergang an besser sichtbarer Stelle für Händler einfacher wird, die Unterschiede zwischen den verschiedenen Incoterms® Klauseln, d. h. die unterschiedlichen Zeitpunkte und Orte zu erkennen, an denen der Verkäufer die Waren an den Käufer „liefert", wobei der Gefahrübergang ab diesem Zeitpunkt und Ort auf den Käufer erfolgt.

57. Zum ersten Mal werden die Incoterms® Klauseln im traditionellen Format mit einer Auflistung der elf Incoterms® Klauseln und in einem neuen „horizontalen" Format veröffentlicht, in dem die zehn Regeln innerhalb jeder Incoterms® Klausel unter jeder der in vorstehendem Absatz 53 benannten Überschrift zunächst für den Verkäufer und dann für den Käufer aufgeführt werden. Händler können daher z. B. den Unterschied zwischen einem Lieferort in FCA und einem Lieferort in DAP oder zwischen den Kostenpositionen, die von einem Käufer bei Verwendung der Klauseln CIF und CFR jeweils zu tragen sind, leichter erkennen. Diese „horizontale" Darstellung der Incoterms® 2020 Klauseln wird Händler hoffentlich dabei unterstützen, die für ihre geschäftlichen Anforderungen am besten geeignete Incoterms® Klausel auszuwählen.

IX. UNTERSCHIEDE ZWISCHEN DEN *INCOTERMS®* 2010 UND *2020*

58. Die Einführung der Incoterms® 2020 Regeln hatte hauptsächlich eine Verbesserung der Darstellung zum Ziel, um es Nutzern zu ermöglichen, stets die passende Incoterms® Klausel für ihren Kaufvertrag auszuwählen. Im Einzelnen ergaben sich daher folgende Unterschiede:
    a) ein größeres Augenmerk auf die Auswahl der passenden Klausel in dieser Einführung;
    b) eine präzise Erläuterung der Abgrenzung und Verbindung zwischen dem Kaufvertrag und seinen nachgeordneten Verträgen;
    c) aktualisierte Anwendungshinweise, die jetzt in Form von erläuternden Kommentaren jeder einzelnen Incoterms® Klausel beigefügt werden; und
    d) eine veränderte Reihenfolge der Incoterms® Klauseln, um die Aspekte Lieferung und Gefahrübergang hervorzuheben und ihnen mehr Bedeutung zu verleihen.
    Alle diese Veränderungen, auch wenn sie nur geringfügig erscheinen mögen, zeugen in der Praxis von wirksamen Bemühungen seitens der ICC, welche die internationale Handelsbranche bei einer reibungslosen Abwicklung von Ausfuhr-/Einfuhrgeschäften unterstützen möchte.

59. Abgesehen von diesen allgemeinen Änderungen gab es auch einige wesentliche inhaltliche Veränderungen in den *Incoterms®* 2020 gegenüber den *Incoterms®* 2010. Bevor wir uns mit diesen Änderungen befassen, muss eine spezielle Entwicklung in der Handelspraxis erwähnt werden, die sich seit 2010 ergeben hat, jedoch laut Entscheidung der ICC *nicht* zu einer Änderung der Incoterms® 2020 Regeln führen sollte: die Einführung der sog. bestätigten Bruttomasse (VGM – Verified Gross Mass).

60. *Anmerkung zur bestätigten Bruttomasse (VGM – Verified Gross Mass):* Seit dem 1. Juli 2016 wird durch die Regelung 2 im Rahmen des Übereinkommens

IV. AGB und Incoterms 2020 — Incoterms 2020 (6)

zum Schutz des menschlichen Lebens auf See (SOLAS – Safety of Life at Sea Convention) Befrachtern beim Versand von Containern die Verpflichtung auferlegt, den beladenen Frachtcontainer mit einer kalibrierten und zertifizierten Messeinrichtung zu wiegen oder aber nur den Inhalt des Frachtcontainers zu wiegen und dann das Gewicht des leeren Containers zu addieren, um die VGM zu ermitteln. In jedem Fall muss die betreffende VGM beim Frachtführer erfasst und aufgezeichnet werden. Bei Nichteinhaltung dieser Vorschrift wird gemäß dem SOLAS-Übereinkommen die Sanktion verhängt, dass der betreffende Container „nicht auf ein Schiff verladen werden darf": siehe Absatz 4.2, MSC1/Circ.1475, 9. Juni 2014.

Es versteht sich, dass diese Wägungen natürlich Kosten verursachen und im Säumnisfall zu Verzögerungen bei Verladetätigkeiten führen können. Da diese Regelung nach 2010 eingeführt wurde, überrascht es nicht, dass in den Beratungen zur Vorbereitung der *Incoterms® 2020* angeregt wurde, in der neuen Fassung des Regelwerks klarzustellen, inwieweit im Verhältnis zwischen Verkäufer und Käufer derartige Verpflichtungen übernommen werden sollten.

61. Das internationale Redaktionskomitee war jedoch der Ansicht, dass die Verpflichtungen und Kosten in Zusammenhang mit der Ermittlung und Erfassung der VGM zu speziell und zu komplex seien, um sie in die Incoterms® 2020 Regeln aufzunehmen.
62. Weitere Änderungen, die seitens der ICC an den *Incoterms® 2010* vorgenommen wurden und in den *Incoterms® 2020* umgesetzt sind:
    [a] Konnossemente mit An-Bord-Vermerk und der Incoterms® Klausel FCA
    [b] Kosten und deren Positionierung innerhalb des Regelwerks
    [c] Verschiedene Deckungsstufen des Versicherungsschutzes in CIF und CIP
    [d] Organisation des Transports mit eigenen Transportmitteln des Verkäufers oder Käufers in FCA, DAP, DPU und DDP
    [e] Änderung der dreibuchstabigen Klausel DAT zu DPU
    [f] Aufnahme sicherheitsbezogener Anforderungen mit Transportpflichten und -kosten
    [g] Erläuternde Kommentare für Nutzer

[a] Konnossemente mit einem An-Bord-Vermerk und der Incoterms® Klausel FCA

63. Bei einem Verkauf von Waren als Seefracht unter der Klausel FCA werden Verkäufer oder Käufer (oder eher deren Banken, sofern ein Akkreditiv gestellt ist) wahrscheinlich ein Konnossement mit An-Bord-Vermerk (Bordkonnossement) verlangen.
64. Eine Lieferung unter der Klausel FCA gilt jedoch vor Verladung der Waren an Bord des Schiffs als abgeschlossen. Es ist keinesfalls sicher, dass der Verkäufer ein Bordkonnossement von seinem Frachtführer erhalten kann. Aller Wahrscheinlichkeit nach ist dieser Frachtführer gemäß seinem Beförderungsvertrag verpflichtet und berechtigt, ein Bordkonnossement auszustellen, sobald sich die Waren tatsächlich an Bord befinden.
65. Um dieser Situation gerecht zu werden, bietet FCA A6/B6 der *Incoterms® 2020* jetzt eine zusätzliche Option. Der Käufer und Verkäufer können vereinbaren, dass der Käufer seinen Frachtführer anweisen soll, dem Verkäufer nach Verladung der Waren ein Bordkonnossement auszustellen, woraufhin der Verkäufer verpflichtet ist, dieses Konnossement dem Käufer zu übergeben – üblicherweise mittels der Banken. Die ICC ist sich der Tatsache bewusst, dass diese Situation ungeachtet der etwas unglücklich

(6) Incoterms 2020

erscheinenden Kombination von Bordkonnossement und FCA-Lieferung einen nachweislich vorhandenen Bedarf am Markt widerspiegelt. Letztlich sollte auch betont werden, dass selbst bei Übernahme dieses optionalen Mechanismus der Verkäufer gegenüber dem Käufer keine Verpflichtung im Hinblick auf die Bedingungen des Beförderungsvertrags hat.

66. Kann man dem Verkäufer bei Lieferung von Containerfracht an den Käufer durch Übergabe an einen Frachtführer vor Verladung auf ein Schiff nun weiterhin empfehlen, seine Ware zu FCA- anstelle von FOB-Bedingungen zu verkaufen? Die Antwortet auf diese Frage lautet: Ja. In den *Incoterms*® *2020* ist jedoch für den Fall, dass ein Verkäufer dennoch ein Konnossement mit einem An-Bord-Vermerk wünscht oder benötigt, eine neue zusätzliche Option in der FCA-Bedingung A6/B6 vorhanden, durch die die Ausstellung eines derartigen Dokuments geregelt ist.

[b] Kosten und deren Positionierung innerhalb des Regelwerks

67. In der neuen Anordnung der Regeln innerhalb der *Incoterms*® *2020* erscheinen jetzt die Kosten unter Punkt A9/B9 jeder Incoterms® Klausel. Abgesehen von der Verschiebung der Kostenpositionen an eine andere Stelle wurde jedoch eine weitere Veränderung vorgenommen, die Nutzer sofort erkennen werden. Die verschiedenen Kosten, die von verschiedenen Regeln der Incoterms® Klauseln zugeordnet werden, wurden bislang immer in unterschiedlichen Teilen jeder Incoterms® Klausel aufgeführt. So wurden z. B. die für die Beschaffung eines Lieferscheins in FOB 2010 anfallenden Kosten in A8 erwähnt, d. h. in der Regel unter der Überschrift „Transportdokument", jedoch nicht in der Regel A6 unter der Überschrift „Kostenverteilung".

68. In den *Incoterms*® *2020* sind jedoch in dem Pendant zu A6/B6, nämlich unter A9/B9, nunmehr sämtliche Kostenelemente aufgeführt, die durch jede einzelne Incoterms® Klausel zugeordnet werden. Die Regeln A9/B9 in den *Incoterms*® *2020* sind folglich länger als die entsprechenden Regeln A6/B6 in den *Incoterms*® *2010*.

69. Der Zweck besteht darin, den Nutzern eine kompakte, durchgehende Kostenaufstellung an die Hand zu geben, damit der Verkäufer oder Käufer an einer Stelle im Regelwerk in übersichtlicher Form alle Kosten finden kann, für die er unter einer bestimmten Incoterms® Klausel verantwortlich wäre. Kostenelemente werden jedoch auch in den entsprechenden Ursprungsregeln erwähnt: So sind beispielsweise die Kosten für die Beschaffung von Papieren in FOB sowohl unter A6/B6 als auch unter A9/B9 aufgeführt. Der Grund für diese Änderung lag in der Erkenntnis, dass Nutzer, die sich für die genaue Zuordnung der dokumentarischen Kosten interessieren, möglicherweise eher dazu neigen, die betreffende Regel aufzurufen, der sich mit Lieferdokumenten befasst, anstatt die allgemeine Regel zu konsultieren, in der alle Kosten aufgelistet sind.

[c] Verschiedene Deckungshöhen des Versicherungsschutzes in CIF und CIP

70. In den *Incoterms*® *2010* wird dem Verkäufer gemäß Punkt A3 der Klauseln CIF und CIP die Verpflichtung auferlegt, „auf eigene Kosten eine Transportversicherung abzuschließen, die zumindest der Mindestdeckung gemäß den Klauseln (C) der Institute Cargo Clauses (Lloyd's Market Association/International Underwriting Association – LMA/IUA) oder ähnlichen Klauseln entspricht". Die Klauseln (C) der Institute Cargo Clauses bieten Versicherungsschutz für eine Reihe von aufgeführten Gefahren, vorbehaltlich entsprechend aufgegliederter Ausschlüsse; die Klauseln (A)

der Institute Cargo Clauses hingegen decken „alle Gefahren" ab, sofern sie nicht unter die ebenfalls hierzu aufgeführten Ausschlüsse fallen. Während der Beratungen im Rahmen der Ausarbeitung der *Incoterms*® 2020 wurde der Wunsch geäußert, von den Klauseln (C) zu den Klauseln (A) der Institute Cargo Clauses zu wechseln und somit den vom Verkäufer zu beschaffenden Versicherungsschutz zugunsten des Käufers zu erweitern. Dies könnte natürlich auch zu Kostensteigerungen bei Versicherungsprämien führen. Der gegensätzliche Standpunkt, weiterhin die Klauseln (C) der Institute Cargo Clauses zu verwenden, wurde ebenso vehement vertreten, insbesondere von Akteuren aus der Branche der internationalen Frachtschifffahrt. Nach eingehender Beratung inner- und außerhalb des internationalen Redaktionskomitees wurde die Entscheidung gefasst, unterschiedliche Mindestdeckungen in der Incoterms® Klausel CIF sowie in der Incoterms® Klausel CIP vorzugeben. In der ersten Klausel, die mit höherer Wahrscheinlichkeit im Seegüterhandel Anwendung findet, wird die gegenwärtige Regelung mit den Klauseln (C) der Institute Cargo Clauses als Standardposition beibehalten, obgleich es selbstverständlich den Parteien überlassen wird, ggf. höhere Deckungssummen zu vereinbaren. Im zweiten Fall, insbesondere bei der Incoterms® Klausel CIP, muss der Verkäufer ab jetzt für Versicherungsschutz entsprechend den Klauseln (A) der Institute Cargo Clauses sorgen, obwohl jedoch auch hier den Parteien die Möglichkeit offen steht, sich auf eine geringere Mindestdeckungshöhe der Versicherung zu einigen.

[d] Organisation des Transports mit eigenen Transportmitteln des Verkäufers oder Käufers in FCA, DAP, DPU und DDP

71. In den Incoterms® 2010 Regeln wurde stets davon ausgegangen, dass für den Fall eines Warentransports vom Verkäufer zum Käufer diese Waren von einem unabhängigen Frachtführer befördert werden, der – je nachdem welche Incoterms® Klausel verwendet wird – vom Verkäufer oder Käufer eigens zu diesem Zweck beauftragt wird.
72. Während der Beratungen im Vorfeld der *Incoterms*® 2020 wurde jedoch deutlich, dass es einige Situationen gibt, in denen die Waren vom Verkäufer zum Käufer befördert werden müssen, für diesen Transport aber kein Dritter, d. h. kein unabhängiger Frachtführer, beauftragt werden muss. So konnte beispielsweise ein Verkäufer, der die D-Klausel verwendete, einen solchen Warentransport organisieren, indem er seine eigenen Transportmittel nutzte und diese Funktion somit nicht an einen Dritten auslassen musste. Ebenso sprach bei einem FCA-Kauf nichts dagegen, dass der Käufer sein eigenes Fahrzeug zur Abholung der Waren und für ihren weiteren Transport bis zu seinem eigenen Gelände nutzt.
73. In den Incoterms® 2010 Regeln wurden solche möglichen Szenarien offenbar nicht berücksichtigt. In den Incoterms® 2020 Regeln ist dies jedoch der Fall, indem nicht nur der Abschluss eines Beförderungsvertrags ausdrücklich vorgesehen ist, sondern auch gestattet wird, ggf. den nötigen Transport lediglich zu organisieren.

[e] Änderung der dreibuchstabigen Klausel DAT zu DPU

74. Der einzige Unterschied zwischen den Klauseln DAT und DAP in den *Incoterms*® 2010 bestand darin, dass der Verkäufer in DAT die Waren geliefert hatte, sobald die Ware von dem ankommenden Beförderungsmittel an einem „Terminal" entladen war, während die Lieferung der Waren durch den Verkäufer in DAP erfolgt war, wenn diese Waren dem

(6) Incoterms 2020

Käufer auf dem ankommenden Beförderungsmittel zur Entladung, d. h. entladebereit zur Verfügung gestellt worden waren. Es soll zudem daran erinnert werden, dass im Anwendungshinweis für DAT in den *Incoterms®* *2010* die Definition des Begriffs „Terminal" relativ weit gefasst war und „jeden Ort, unabhängig davon, ob überdacht oder nicht...." mit einschloss.

75. Die ICC beschloss, zwei Änderungen an den Klauseln DAT und DAP vorzunehmen. Zunächst wurde die Reihenfolge umgekehrt, in der die beiden Klauseln in den *Incoterms®* *2020* aufgeführt werden, wobei die Klausel DAP, bei der die Lieferung vor der Entladung erfolgt, jetzt vor DAT erscheint. Zweitens ist die Bezeichnung der Klausel DAT zu DPU (Delivered at Place Unloaded; Geliefert benannter Ort entladen) geändert, um die Tatsache zu unterstreichen, dass der Bestimmungsort ein beliebiger Ort sein kann und kein „Terminal" sein muss. Falls sich dieser Ort jedoch nicht in einem Terminal befindet, sollte der Verkäufer sicherstellen, dass die Waren an dem Ort, an dem er sie anliefern möchte, auch entladen werden können.

[f] Aufnahme sicherheitsbezogener Anforderungen mit Transportpflichten und -kosten

76. Es sei daran erinnert, dass sicherheitsbezogene Anforderungen in den Punkten A2/B2 und A10/B10 für jede Klausel in den *Incoterms®* *2010* eine relativ untergeordnete Rolle spielten. Die *Incoterms®* *2010* waren die erste überarbeitete Fassung der *Incoterms®* Regeln, die in Kraft treten sollte, nachdem zu Beginn dieses Jahrhunderts in zunehmendem Maße Sicherheitsbedenken aufkamen. Das Bewusstsein für diese Probleme und die daraufhin geschaffenen Versandpraktiken haben sich mittlerweile weitgehend durchgesetzt. Da die Sicherheitsthematik mit den Transportanforderungen verbunden ist, wurde eine ausdrückliche Zuordnung sicherheitsbezogener Pflichten in die Regel A4 und A7 jeder Klausel mit aufgenommen. Die durch diese Anforderungen verursachten Kosten werden jetzt auch deutlicher in der kostenbezogenen Regel A9/B9 herausgestellt.

[g] Erläuternde Kommentare für Nutzer

77. Die Anwendungshinweise, die in der Fassung von 2010 an den Anfang jeder Incoterms® Klausel gestellt wurden, erscheinen jetzt unter dem Titel „Erläuternde Kommentare für Nutzer". In diesen Kommentaren werden die wesentlichen Inhalte jeder einzelnen Klausel der *Incoterms®* *2020* erläutert, z. B. wann eine bestimmte Klausel verwendet werden sollte, wann der Gefahrübergang erfolgt und wie sich die Kosten zwischen Verkäufer und Käufer aufteilen. Die erläuternden Kommentare sind (a) dazu gedacht, den Nutzer präzise und schnell zu der für ein bestimmtes Geschäft geeigneten Incoterms® Klausel zu leiten; und (b) Entscheidungsträgern oder Beratern bei Streitigkeiten oder Verträgen, die den *Incoterms®* *2020* unterliegen, eine Orientierungshilfe für Angelegenheiten an die Hand zu geben, die möglicherweise einer Auslegung bedürfen. Zur Vermittlung von unterstützenden Informationen zu grundlegenden Fragen, welche die *Incoterms®* *2020* eher in allgemeiner Hinsicht betreffen, kann selbstverständlich auch auf diese Einführung verwiesen werden.

X. VORSICHT BEI VERTRAGLICHEN ABWEICHUNGEN VON DEN INCOTERMS® REGELN

78. Manchmal besteht bei Parteien der Wunsch, eine Incoterms® Klausel abzuändern. Die *Incoterms® 2020* verbieten eine solche Abänderung nicht, jedoch ergeben sich daraus Gefahren. Um unangenehme Überraschungen zu vermeiden, sollten die Parteien die beabsichtigte Wirkung einer solchen Abänderung sehr genau in ihrem Vertrag deutlich machen. Wenn beispielsweise die in den Incoterms® 2020 Regeln vorgegebene Verteilung der Kosten vertraglich abgeändert wird, sollten die Parteien auch klarstellen, ob sie ebenfalls beabsichtigen, die Stelle zu ändern, an der die Lieferung erfolgt und der Gefahrübergang vom Verkäufer auf den Käufer erfolgt.

Charles Debattista
ICC-Sonderberater
des Internationalen Redaktionskomitees für die *Incoterms® 2020*
36 Stone
Gray's Inn
London

Ich bin sehr dankbar für alle Kommentare, die ich zu früheren Entwürfen dieser persönlichen Einführung zum neuen Regelwerk von den nationalen Komitees der ICC und meinen Kolleginnen und Kollegen aus dem Internationalen Redaktionskomitee erhalten habe. Die in dieser Einführung geäußerten Ansichten spiegeln ausschließlich meine persönliche Meinung wider und sind kein Bestandteil der Incoterms® 2020.

(6) Incoterms 2020 1. EXW 2. Teil. Handelsrechtl. Nebenges.

[I.] Klauseln für alle Transportarten[1]

1) EXW | Ab Werk

EXW (fügen Sie den benannten Lieferort ein) *Incoterms® 2020*

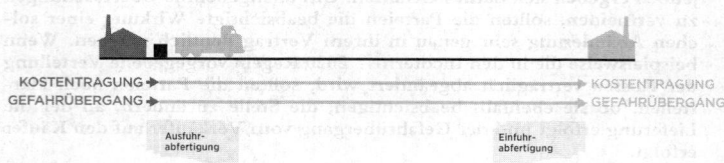

ERLÄUTERNDE KOMMENTARE FÜR NUTZER[2]

1. **Lieferung und Gefahrübergang** – Bei Nutzung der Klausel „Ab Werk" liefert der Verkäufer die Ware an den Käufer,
   ▸ indem er die Ware dem Käufer an einem benannten Ort (z. B. Fabrik oder Lager) zur Verfügung stellt, wobei
   ▸ dieser benannte Ort auch auf dem Gelände des Verkäufers liegen kann.

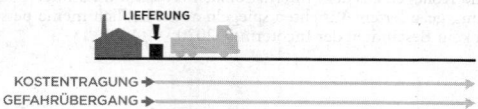

Für den Vollzug der Lieferung muss der Verkäufer die Ware weder auf ein abholendes Transportmittel verladen noch muss er sie zur Ausfuhr freimachen, falls dies erforderlich sein sollte.

2. **Transportart** – Diese Klausel kann unabhängig von der/den gewählten Transportart(en) verwendet werden.

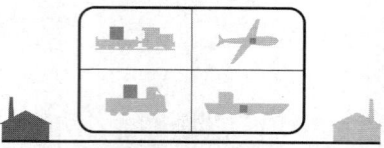

3. **Ort oder genaue Stelle der Lieferung** – Die Parteien müssen lediglich den Ort der Lieferung benennen. Die Parteien sind jedoch gut beraten, auch die konkrete Stelle am benannten Lieferort so genau wie möglich zu bezeichnen. Eine genau benannte Lieferstelle ermöglicht es beiden Parteien, deutlich zu erkennen, wann bzw. wo die Ware geliefert wird und der Gefahrübergang auf den Käufer erfolgt;

---

[1] **[Red. Anm.:]** Die ICC-Publikation verwendet für die 49 Grafiken der Incoterms® 2020 einen Farbschlüssel, der hier nicht reproduziert werden kann. Die Farben Blau (Pflichten des Verkäufers), Gold (Pflichten des Käufers) sowie – bei CPT, CIP, CFR und CIF – Grün (gemeinsame Pflichten bzw. Pflichtenaufteilung zwischen den Vertragsparteien) werden durch **unterschiedliche Graustufen** wiedergegeben.

[2] **[Red. Anm.:]** Die „Erläuternden Kommentare für Nutzer" sind Bestandteil der Incoterms® 2020. Die **eigentliche Kommentierung, erkennbar an ihren Randnummern, folgt jeweils im Anschluss an B.** Verpflichtungen des Käufers.

eine solche präzise Angabe markiert auch den Punkt, ab dem die Kosten zu Lasten des Käufers gehen. Falls die Parteien eine genaue Lieferstelle nicht benennen, wird davon ausgegangen, dass man es dem Verkäufer überlässt, die Stelle auszuwählen, „die für diesen Zweck am besten geeignet ist". In diesem Fall trägt jedoch der Käufer die Gefahr, dass die vom Verkäufer ggf. gewählte Lieferstelle möglicherweise in der Nähe einer Stelle liegt, an der die betreffende Ware verloren geht oder beschädigt wird. Für den Käufer ist es daher am besten, an einem Lieferort die genaue Stelle auszuwählen, an der die Lieferung stattfinden soll.

4. **Hinweis für Käufer** – EXW ist die Incoterms® Klausel, die dem Verkäufer das geringste Maß an Verpflichtungen auferlegt. Aus Käufersicht sollte diese Klausel daher aus verschiedenen, nachstehend angeführten Gründen mit Vorsicht angewendet werden.

5. **Verladerisiken** – Die Lieferung und der Gefahrübergang erfolgen nicht erst nach der Verladung der Waren, sondern wenn sie dem Käufer zur Verfügung gestellt werden. Die Gefahr des Verlusts oder einer Beschädigung der Waren während einer Verladung, die unter Umständen vom Verkäufer durchgeführt wird, könnte somit durchaus beim Käufer liegen, selbst wenn er an den Verladearbeiten nicht beteiligt ist. Angesichts dieser Möglichkeit wäre es ratsam, wenn die Parteien in den Fällen, in denen der Verkäufer die Verladung durchführen soll, vorab vereinbaren, wer die Gefahr des Verlusts oder von Beschädigungen der Waren während der Verladung trägt. Dies ist eine alltägliche Situation, da der Verkäufer in der Regel eher über die nötigen Verladeeinrichtungen auf seinem Gelände verfügt oder weil geltende Sicherheitsvorschriften den Zutritt zum Gelände des Verkäufers durch unbefugtes Personal verbieten. Wenn der Käufer jegliche Gefahren während der Verladung auf dem Gelände des Verkäufers vermeiden möchte, sollte er in Betracht ziehen, die FCA-Klausel für seinen Kaufvertrag zu wählen (gemäß der der Verkäufer dem Käufer gegenüber zur Verladung verpflichtet ist, wenn die Waren auf dem Gelände des Verkäufers geliefert werden, wobei die Gefahr des Verlusts oder von Beschädigungen der Waren während dieses Verladevorgangs beim Verkäufer liegt).

6. **Ausfuhrabfertigung** – Da die Lieferung erfolgt, indem die Waren dem Käufer auf dem Gelände des Verkäufers oder an einer anderen benannten Stelle – üblicherweise im Land des Verkäufers oder innerhalb derselben Zollunion – zur Verfügung gestellt werden, hat der Verkäufer keine Verpflichtung, die Ausfuhrabfertigung oder eine Transitabfertigung in Drittländern, welche die Waren bei ihrer Durchfuhr passieren, zu organisieren. EXW kann für Inlandsgeschäfte geeignet sein, bei denen nicht beabsichtigt ist, die betreffenden Waren zu exportieren. Die Beteiligung des Verkäufers an der Ausfuhrabfertigung beschränkt sich ggf. darauf, Unterstützung bei der Beschaffung von Dokumenten und Informationen zu leisten, die der Käufer möglicherweise für den Export der Waren benötigt. Wenn der Käufer beabsichtigt, die Waren zu exportieren, und er Probleme bei der Durchführung der Ausfuhrabfertigung erwartet, wäre der Käufer besser beraten, die FCA-Klausel zu wählen, gemäß der die Verpflichtung und Kosten für die Erlangung der Ausfuhrabfertigung vom Verkäufer übernommen werden.

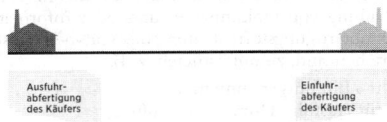

(6) Incoterms 2020 1. EXW

A. VERPFLICHTUNGEN DES VERKÄUFERS

A1. Allgemeine Verpflichtungen

Der Verkäufer hat die Ware und die Handelsrechnung in Übereinstimmung mit dem Kaufvertrag bereitzustellen und jeden sonstigen vertraglich vereinbarten Konformitätsnachweis zu erbringen.

Jedes vom Verkäufer bereitzustellende Dokument kann in Papierform oder in elektronischer Form vorliegen, je nachdem, wie dies zwischen den Parteien vereinbart wird oder handelsüblich ist.

A2. Lieferung

Der Verkäufer hat die Ware zu liefern, indem er sie dem Käufer am genannten Lieferort, an der gegebenenfalls vereinbarten Stelle, zur Verfügung stellt, jedoch ohne Verladung auf das abholende Beförderungsmittel. Wurde am benannten Lieferort keine bestimmte Stelle für die Lieferung vereinbart und kommen mehrere Stellen in Betracht, kann der Verkäufer die Stelle auswählen, die für diesen Zweck am besten geeignet ist. Der Verkäufer hat die Ware zum vereinbarten Zeitpunkt oder innerhalb des vereinbarten Zeitraums zu liefern.

A3. Gefahrübergang

Der Verkäufer trägt bis zur Lieferung gemäß A2 alle Gefahren des Verlusts oder der Beschädigung der Ware, mit Ausnahme von Verlust oder Beschädigung unter den in B3 beschriebenen Umständen.

A4. Transport

Der Verkäufer hat gegenüber dem Käufer keine Verpflichtung, einen Beförderungsvertrag abzuschließen.

Jedoch muss der Verkäufer dem Käufer auf dessen Verlangen, Gefahr und Kosten jegliche im Besitz des Verkäufers befindliche Informationen zur Verfügung stellen, einschließlich transportbezogener Sicherheitsanforderungen, die der Käufer für die Organisation des Transports benötigt.

A5. Versicherung

Der Verkäufer hat gegenüber dem Käufer keine Verpflichtung, einen Versicherungsvertrag abzuschließen. Jedoch muss der Verkäufer dem Käufer auf dessen Verlangen, Gefahr und Kosten jeweils im Besitz des Verkäufers befindliche Informationen zur Verfügung stellen, die der Käufer zur Erlangung des Versicherungsschutzes benötigt.

A6. Liefer-/Transportdokument

Der Verkäufer hat gegenüber dem Käufer keine Verpflichtung.

A7. Ausfuhr-/Einfuhrabfertigung

Soweit zutreffend, hat der Verkäufer den Käufer auf dessen Verlangen, Gefahr und Kosten bei der Beschaffung von Dokumenten und/oder Informationen für alle Ausfuhr-/Transit-/Einfuhrabfertigungsformalitäten, die von den Ausfuhr-/Transit-/Einfuhrländern vorgeschrieben sind, zu unterstützen, z. B.:

- Ausfuhr-/Durchfuhr-/Einfuhrgenehmigung;
- Sicherheitsfreigabe für Ausfuhr/Durchfuhr/Einfuhr;
- Warenkontrolle vor der Verladung; und
- sonstige behördliche Genehmigungen.

A8. Prüfung/Verpackung/Kennzeichnung

Der Verkäufer hat die Kosten jener Prüfvorgänge (z. B. Qualitäts prüfung, Messen, Wiegen und Zählen) zu tragen, die notwendig sind, um die Ware gemäß A2 zu liefern.

Der Verkäufer hat auf eigene Kosten die Ware zu verpacken, es sei denn es ist handelsüblich, die jeweilige Art der verkauften Ware unverpackt zu transportieren. Der Verkäufer muss die Ware in der für ihren Transport geeigneten Weise verpacken und kennzeichnen, es sei denn, die Parteien haben genaue Verpackungs- oder Kennzeichnungsanforderungen vereinbart.

A9. Kostenverteilung

Der Verkäufer muss bis zur Lieferung gemäß A2 alle die Ware betreffenden Kosten tragen, ausgenommen die gemäß B9 vom Käufer zu tragenden Kosten.

A10. Benachrichtigungen

Der Verkäufer muss den Käufer über alles Nötige benachrichtigen, damit dieser die Ware übernehmen kann.

B. VERPFLICHTUNGEN DES KÄUFERS

B1. Allgemeine Verpflichtungen

Der Käufer hat den im Kaufvertrag genannten Preis der Ware zu zahlen.

Jedes vom Käufer bereitzustellende Dokument kann in Papierform oder in elektronischer Form vorliegen, je nachdem, wie dies zwischen den Parteien vereinbart wird oder handelsüblich ist.

B2. Übernahme

Der Käufer muss die Ware übernehmen, wenn sie gemäß A2 geliefert wurde und eine entsprechende Benachrichtigung gemäß A10 ergangen ist.

B3. Gefahrübergang

Der Käufer trägt ab dem Zeitpunkt der Lieferung gemäß A2 alle Gefahren des Verlusts oder der Beschädigung der Ware.

Falls der Käufer keine Benachrichtigung gemäß B10 erteilt, trägt der Käufer alle Gefahren des Verlusts oder der Beschädigung der Ware ab dem vereinbarten Lieferzeitpunkt oder nach dem Ende des vereinbarten Lieferzeitraums, vorausgesetzt, die Ware wurde eindeutig als die vertragliche Ware kenntlich gemacht.

B4. Transport

Es ist dem Käufer überlassen, auf eigene Kosten einen Vertrag über die Beförderung der Ware vom benannten Lieferort abzuschließen oder zu organisieren.

B5. Versicherung

Der Käufer hat gegenüber dem Verkäufer keine Verpflichtung, einen Versicherungsvertrag abzuschließen.

B6. Liefernachweis

Der Käufer hat dem Verkäufer einen angemessenen Nachweis der Warenübernahme zu erbringen.

B7. Ausfuhr-/Einfuhrabfertigung

Gegebenenfalls hat der Käufer alle Ausfuhr-/Transit-/Einfuhrabfertigungsformalitäten durchzuführen und zu bezahlen, die von den Ausfuhr-/Transit-/Einfuhrländern vorgeschrieben sind, z. B.:
- Ausfuhr-/Durchfuhr-/Einfuhrgenehmigung;
- Sicherheitsfreigabe für Ausfuhr/Durchfuhr/Einfuhr;
- Warenkontrolle vor der Verladung; und
- sonstige behördliche Genehmigungen.

(6) Incoterms 2020 1. EXW

B8. Prüfung/Verpackung/Kennzeichnung

Der Käufer hat gegenüber dem Verkäufer keine Verpflichtung.

B9. Kostenverteilung

Der Käufer muss

a) alle die Ware betreffenden Kosten ab dem Zeitpunkt der Lieferung gemäß A2 tragen;
b) dem Verkäufer alle Kosten und Gebühren erstatten, die dem Verkäufer durch die Unterstützung bei der Beschaffung der erforderlichen Dokumente und Informationen gemäß A4, A5 oder A7 entstanden sind;
c) ggf. alle Zölle, Steuern und sonstigen Abgaben und Gebühren sowie die bei der Ausfuhr fälligen Kosten der Zollformalitäten tragen; und
d) alle zusätzlichen Kosten tragen, die entweder dadurch entstanden sind, dass die ihm zur Verfügung gestellte Ware nicht übernommen worden oder keine Benachrichtigung gemäß B10 erfolgt ist, vorausgesetzt, die Ware ist eindeutig als die vertragliche Ware kenntlich gemacht worden.

B10. Benachrichtigungen

Wenn vereinbart wurde, dass der Käufer berechtigt ist, innerhalb eines vereinbarten Zeitraums den Zeitpunkt und/oder am benannten Ort die Stelle für die Warenübernahme zu bestimmen, muss der Käufer den Verkäufer hierüber in geeigneter Weise benachrichtigen.

Kommentierung

1) Vertragstyp

1   „EXW"/„Ab Werk" ist für jeden Transport geeignet, gerade auch für den inländischen (→ Erläuternde Kommentare für Nutzer Ziffer 2, 6), für den internationalen Verkehr allerdings weniger als „FCA" (Nr. 2), uU sogar steuer- und ausfuhrrechtliche Probleme, Piltz/Bredow/Piltz E-100, 103. Die Klausel ist auch für den multimodalen Transport geeignet, Graf von Bernstorff Rn. 497. Der **benannte Lieferort**, der einzufügen ist, ist i. d. R. das eigene Gelände (Betriebsgelände, Werk, Fabrik, Lager usw; Kellerei) des Verkäufers, aber auch anderswo, etwa bei einer Tochterfirma oder einem Lieferanten. Er sollte wegen des Gefahrüberganges (A3/B3) und der Kostentragung ab Lieferung (B9) **möglichst genau bezeichnet** werden, sonst kann der Verkäufer unter mehreren in Betracht kommenden Stellen die genaue Lieferungsstelle auswählen, die für den Zweck am besten geeignet ist (A2 Satz 2, → Erläuternde Kommentare für Nutzer Ziffer 3). Zur **Holschuld** → HGB § 377 Rn. 7. „Ab Werk" hat wegen der einseitigen Lastenverteilung und der Käufer und der damit **für den Käufer** verbundenen **Risiken** (Verladung, Ausfuhrabfertigung, → Erläuternde Kommentare für Nutzer Ziffern 5, 6) keine große Bedeutung für den Außenhandel. Der Ab-Werk-Vertrag ist nicht mit der bloßen Ab-Werk-Preisklausel zu verwechseln, die auch bei anderen Verträgen vorkommt und sich nur auf den Preis bezieht. „Ab Werk" ist damit **die den Käufer am meisten belastende Incoterms-Klausel**, diesem wird also Vorsicht empfohlen (→ Erläuternde Kommentare für Nutzer Ziffer 4). Umgekehrt Mindestverpflichtung des Käufers bei Klausel „DDP/Geliefert verzollt", → Nr. 7 Rn. 1.

2) Verkäufer- und Käuferpflichten

2   Der Verkäufer muss die Ware und die Handelsrechnung **vertragskonform bereitstellen** und alle sonstigen vertraglich vereinbarten Konformitätsnachweise erbringen, der Käufer muss den vereinbarten **Kaufpreis bezahlen (A1/B1)**. Das Erfordernis der Vertragskonformität („in Übereinstimmung mit dem Kaufvertrag") betrifft nur den

IV. AGB und Incoterms 2020   1. EXW **Incoterms 2020 (6)**

Kosten- und Gefahrübergang, nicht die Gewährleistung, diese richtet sich nach dem anwendbaren Kaufrecht (national, also zB deutsch, oder CISG), Graf von Bernstorff Rn. 508. Die **Gleichstellung** von vom Verkäufer oder Käufer bereitzustellenden Dokumenten in **Papierform und in elektronischer Form** ist nach A1 II/B1 II vorgesehen; maßgeblich ist die Parteivereinbarung bzw. Handelsüblichkeit. Zum elektronischen Nachweis auch → Einl. vor Incoterms Rn. 46. A1/B1 ist für alle Incoterms 2020 wörtlich identisch.

Wo, wie und wann die **Lieferung/Übernahme** der Ware zu erfolgen hat, wird in **A2/B2** näher geregelt. Der Verkäufer hat die Waren **am genannten Lieferort** an der ggf. vereinbarten Stelle (auch bei einem nach dem Vertrag eingeschalteten Dritten, OLG Stuttgart BB 1966, 675) zur Verfügung zu stellen, und zwar **ohne Verladung** auf das abholende Beförderungsmittel (A2 Satz 1), dazu EuGH EuZW 2011, 603 Rn. 23 ff. mAnm. Leible (zu EuGVVO Art. 5 Nr. 1 lit. b, → HGB Einl. vor § 1 Rn. 87); EXW-Klausel betrifft auch den Lieferort, OLG Celle IHR 2015, 247, so auch bei den D-Klauseln, Leible EuZW 2011, 605. Ist keine von mehreren in Frage kommenden Stellen am Lieferort vereinbart, kann der Verkäufer auswählen (A2 Satz 2). Diesbezügliche Vereinbarung ist wegen der Kostentragung empfehlenswert (s. Rn. 9). Zeitpunkt bzw. Zeitraum der Lieferung wie im Vertrag vereinbart (A2 Satz 3). Hat der Verkäufer die Waren gemäß A2 zur Verfügung gestellt („geliefert") und den Käufer entsprechend A10 benachrichtigt, kann und muss der Käufer die Ware übernehmen (B2). Wünscht der Käufer, dass der Verkäufer weitere Leistungen erbringt, etwa dass er – wie in der Praxis wegen der besseren Möglichkeiten des Verkäufers dazu sinnvoll und häufig – dem Käufer bei der Verladung der Ware auf dessen Abholfahrzeug behilflich ist oder sogar die Verladung selbst übernimmt oder deren Risiko trägt, muss das im Kaufvertrag klargestellt oder besser FCA (→ Nr. 2 Rn. 1) gewählt werden (→ Erläuternde Kommentare für Nutzer Ziffer 5). Von einer speziellen Incoterms-Klausel „ex works loaded" wurde schon in Incoterms 2000 abgesehen; wenn schon, sollten die Parteien klarstellen „ex works loaded at seller's risk" oder „ex work loaded at buyer's risk", Ramberg S. 22, 42.

Der **Gefahrübergang**, also Übergang aller Gefahren des Verlusts oder der Beschädigung der Ware, erfolgt mit Zurverfügungstellung im Werk des Verkäufers, also **mit Lieferung** gemäß A2 **(A3/B3 I)**. Die Verladung auf das abholende Beförderungsmittel ist Sache des Käufers (A2 Satz 1) und erfolgt deshalb auf Risiko des Käufers. Dies gilt auch, wenn nach dem Vertrag (→ Rn. 3) tatsächlich der Verkäufer verlädt, und selbst dann, wenn der Käufer an der Verladung gar nicht beteiligt ist; für diesen Fall empfiehlt sich vertragliche Vorsorge (→ Erläuternde Kommentare für Nutzer Ziffer 5), aber deliktische Haftung des Verkäufers bleibt, WLP/H. Schmidt H 64. Der Käufer kann nicht schon bei bloßer Bereitstellung der Ware untersuchen und rügen, sondern kann und muss das erst bei tatsächlicher Übergabe (→ HGB § 377 Rn. 7, 10). Unterläßt der Käufer die Benachrichtigung nach B10, trägt er ab dem vereinbarten Lieferzeitpunkt bzw. nach dem Ende des vereinbarten Lieferzeitraums die Gefahr, sofern die Ware eindeutig als die vertragliche Ware gekennzeichnet worden ist **(B3 II)**. Seine Untätigkeit ist also gefährlich. Bei Gattungsschulden kann die Gefahr nur übergehen, wenn sie konkretisiert sind, deshalb verlangt B3 II die eindeutige Kennzeichnung als vertragliche Ware, Graf Bernstorff Rn. 524. „Ab Werk" regelt nur den Preisgefahrübergang; die Leistungsgefahr geht mit der Konkretisierung der Gattungsschuld über. Unberührt bleibt die Haftung des Verkäufers für Vertragsmäßigkeit nach Art. 36 CISG, Graf von Bernstorff Rn. 525.

Was den **Transport** angeht, ist der Abschluss eines **Beförderungs- oder Versicherungsvertrags** Sache des Käufers, der die Ware selbst abholt oder abholen lässt **(A4 I/B4, A5 Satz 1/B5)**. Wenn in A4 I gesagt wird, dass der Verkäufer keine Verpflichtung gegenüber dem Käufer hat, bedeutet das nur: keine Verpflichtung nach den Incoterms, aus anderen Gründen kann sehr wohl eine Verpflichtung bestehen (→ Einl. vor Incoterms Rn. 39). Der Käufer benötigt eventuell für die Sicherheit oder sonst für die Organisation des Transports relevante Informationen. Alle diesbezüglichen

(6) Incoterms 2020 1. EXW

Informationen, die der Verkäufer hat, muss dieser dem Käufer auf dessen Verlangen zur Verfügung stellen (A4 II), dies auf Gefahr und Kosten des Käufers. Dies gilt auch für die Informationen, die der Käufer zur Erlangung des Versicherungsschutzes benötigt (A5 Satz 2).

6 Ein **Liefer-/Transportdokument** braucht der Verkäufer dem Käufer nicht auszustellen, der Käufer holt die Ware ja selbst ab, aber der Verkäufer benötigt einen angemessenen Nachweis der Warenübernahme **(A6/B6)**. Zu den Liefer-/Transportdokumenten näher → Einl. vor Incoterms Rn. 51.

7 **Ggf.** hat der **Käufer** alle danach eventuell anfallenden, behördlichen **Ausfuhr-/Transit-/Einfuhrabfertigungsformalitäten** durchzuführen, die Gefahr zu tragen und zu bezahlen (mit nicht abschließenden Beispielen **B7**, die vertraglich vereinbarte Qualitätskontrolle hat damit nichts zu tun). Das gilt auch für die Sicherheitsfreigabe, die Warenkontrolle vor der Verladung und sonstige behördliche Genehmigungen (A7/B7 Spiegelstriche). Der Verkäufer hat nur, soweit zutreffend (→ Einl. vor Incoterms Rn. 52), Hilfe zu gewähren **(A7)**. Der Verkäufer braucht die Ware nicht für die Ausfuhr freizumachen, falls dies erforderlich sein sollte (→ Erläuternde Kommentare für Nutzer Ziffer 6). Falls also nach den Exportbestimmungen nur der Exporteur Antrag auf die notwendige Exportgenehmigung stellen kann, ist EXW ungeeignet (vgl. DDP → Nr. 17 Rn. 1) bzw. muss andere Vereinbarung getroffen werden, zB „FCA Incoterms 2020 vorbehaltlich Exportlizenz" (→ Erläuternde Kommentare für Nutzer Ziffer 6). Prüfung der Ware (**pre-shipment inspection** oder PSI) ist bei EXW Sache des Käufers, und zwar selbst dann, wenn die Prüfung Voraussetzung des Warenexports ist, Graf von Bernstorff Rn. 558. Der Verkäufer muss auf Verlangen, Gefahr und Kosten des Käufers alle ihm vorliegenden Informationen für die Sicherheitsfreigabe der Waren zur Verfügung stellen (A7). Die Vorschriften über die **Sicherheitsfreigabe (security clearance)** sind angesichts der Terrorgefahren in den USA, in der EU und national sehr weitgehend, dazu ausführlich, auch zur amerikanischen Container Security Initative (CSI) und zur Customs Trade Partnership Against Terrorism der EU (C-TPAT), Graf von Bernstoff Rn. 543 ff.

8 Soweit für die Lieferung der Ware eine **Prüfung** notwendig ist, zB Qualitätsprüfung, Messen, Wiegen und Zählen, trägt der Verkäufer die Kosten. Das gilt auch für die **Verpackung und Kennzeichnung (A8/B8).** Keine Verpackung ist notwendig, wenn es handelsüblich ist, die Ware unverpackt zu transportieren (A8 II 1). Verpackung in der für den Transport der Ware geeigneten Weise. Für Art und Weise der Verpackung und Kennzeichnung und ihre Kostentragung, die nach A8 Sache des Verkäufers ist, kann sich eine besondere Vereinbarung empfehlen, zB „Geliefert EXW Incoterms 2020, zuzüglich Verpackungskosten", Graf von Bernstorff Rn. 563.

9 Die **Kostenverteilung** entspricht der Lieferung gemäß A2, d. h. bis dahin liegt sie beim Verkäufer (außer soweit in B9 vorgesehen, **A9**), ab dann beim Käufer (**B9**, dort ausführlich aufgezählt: B9 lit. a–d. Deshalb ist die genaue Bezeichnung der Stelle innerhalb des genannten Lieferorts (A2, s. Rn. 3) wichtig. Der Käufer muss dem Verkäufer alle durch seine Unterstützung bei der Beschaffung von Dokumenten und Informationen (A4, A5, A7) entstandenen Kosten und Gebühren erstatten (B9 lit. b). Das betrifft aber nur die dort genannten Informationen, nicht sonstige Informationen, die der Verkäufer möglicherweise aus steuerlichen Gründen oder aufgrund von Meldepflichten benötigt, entsprechende Vereinbarung ist dann notwendig. Der Käufer trägt insbesondere auch alle ggf. anfallenden Zölle, Steuern und sonstigen Abgaben und Gebühren und bei der Ausfuhr fälligen Kosten der Zollformalitäten (B9 lit. c; dazu → Rn. 7, → Einl. vor Incoterms Rn. 52).

10 Der Verkäufer muss den Käufer über alles Nötige **benachrichtigen,** damit dieser die Ware übernehmen kann **(A10).** Bestimmt nach dem Vertrag der Käufer die Stelle für die Warenübernahme (→ Rn. 3), muss der Käufer den Verkäufer in geeigneter Weise benachrichtigen **(B10).** Mangels bestimmter Fristvereinbarung gilt für die Benachrichtigungspflicht des Käufers die handelsübliche Frist.

IV. AGB und Incoterms 2020   2. FCA   **Incoterms 2020 (6)**

2) FCA | Frei Frachtführer

FCA (fügen Sie den benannten Lieferort ein) *Incoterms® 2020*

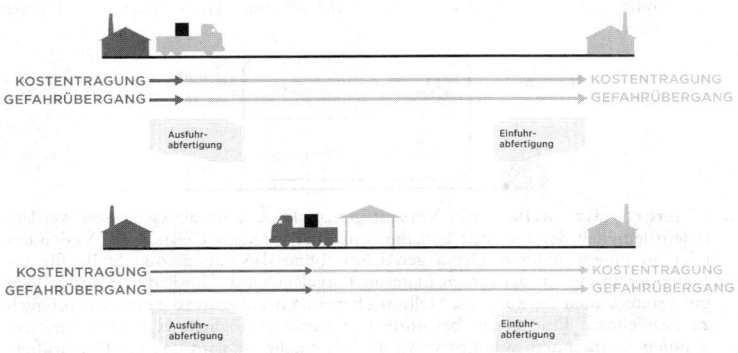

ERLÄUTERNDE KOMMENTARE FÜR NUTZER[1]

1. **Lieferung und Gefahrübergang** – Bei Nutzung der Klausel „Frei Frachtführer (benannter Ort)" liefert der Verkäufer die Waren in einer von zwei Verfahrensweisen an den Käufer.
   ▸ Wenn der benannte Ort auf dem Gelände des Verkäufers liegt, gelten die Waren als geliefert,
      ▸ sobald sie auf das vom Käufer organisierte Beförderungsmittel verladen wurden.

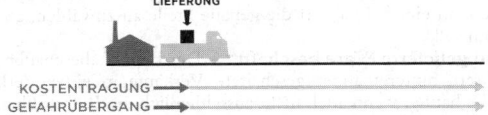

   ▸ Wenn der benannte Ort hingegen an einem anderen Ort liegt, gelten die Waren als geliefert,
      ▸ wenn sie nach der Verladung auf das Beförderungsfahrzeug des Verkäufers,
      ▸ den benannten anderen Ort erreichen und
      ▸ dem Frachtführer oder einer anderen vom Käufer benannten Person zur Verfügung stehen.
      ▸ auf diesem Beförderungsmittel des Verkäufers entladebereit sind sowie

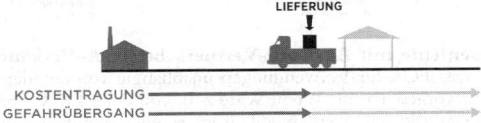

---

[1] **[Red. Anm.:]** Die „Erläuternden Kommentare für Nutzer" sind Bestandteil der Incoterms® 2020. Die **eigentliche Kommentierung, erkennbar an ihren Randnummern, folgt im Anschluss an B.** Verpflichtungen des Käufers.

(6) Incoterms 2020 2. FCA

Unabhängig davon, welcher dieser beiden Orte als Lieferort gewählt wird, legt dieser Ort damit fest, wo und wann der Gefahr- und Kostenübergang vom Verkäufer auf den Käufer erfolgt.

2. **Transportart** – Diese Klausel kann unabhängig von der gewählten Transportart verwendet werden, auch dann, wenn mehr als eine Transportart zum Einsatz kommt.

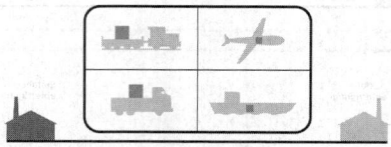

3. **Lieferort oder -stelle** – Ein Verkauf gemäß FCA kann abgeschlossen werden, indem lediglich der Lieferort benannt wird, der auf dem Gelände des Verkäufers oder an einem anderen Ort liegen kann, ohne dass die genaue Stelle für die Lieferung an diesem benannten Lieferort festgelegt wird. Die Parteien sind jedoch gut beraten, auch die konkrete Stelle am benannten Lieferort so genau wie möglich zu bezeichnen. Eine genau benannte Lieferstelle ermöglicht es beiden Parteien, deutlich zu erkennen, wann bzw. wo die Ware geliefert wird und der Gefahrübergang auf den Käufer erfolgt; eine solch präzise Angabe markiert auch den Punkt, ab dem die Kosten zu Lasten des Käufers gehen. Wird auf eine genaue Bezeichnung dieser konkreten Stelle verzichtet, kann dies für den Käufer zu Problemen führen. Der Verkäufer hat in diesem Fall das Recht, die Stelle auszuwählen, „die für den Zweck am besten geeignet ist": Diese Stelle wird zur Lieferstelle, ab der der Gefahren- und Kostenübergang auf den Käufer erfolgt. Falls die genaue Lieferstelle im Vertrag nicht benannt wird, gilt die Annahme, dass die Parteien es dem Verkäufer überlassen, die Stelle auszuwählen, „die für diesen Zweck am besten geeignet ist". In diesem Fall trägt jedoch der Käufer die Gefahr, dass die vom Verkäufer ggf. gewählte Lieferstelle in der Nähe einer Stelle liegt, an der die betreffende Ware verloren geht oder beschädigt wird. Für den Käufer ist es daher am besten, an einem Lieferort die genaue Stelle auszuwählen, an der die Lieferung stattfinden soll.

4. **„oder so gelieferte Ware beschafft"** – Der Begriff „beschaffen" bezieht sich hier auf mehrere hintereinander geschaltete Verkäufe in einer Verkaufskette („string sales"), die häufig, wenn auch nicht ausschließlich, im Rohstoffhandel vorkommen.

5. **Ausfuhr-/Einfuhrabfertigung** – FCA verpflichtet den Verkäufer, die Ware nötigenfalls zur Ausfuhr freizumachen. Jedoch hat der Verkäufer keine Verpflichtung, die Ware zur Einfuhr oder Durchfuhr durch Drittländer freizumachen, Einfuhrzölle zu zahlen oder Einfuhrzollformalitäten zu erledigen.

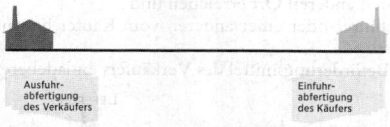

6. **Konnossemente mit An-Bord-Vermerk bei FCA-Verkäufen** – Es ist bereits bekannt, dass FCA für Verwendungen unabhängig von der/den gewählten Transportart(en) vorgesehen ist. Wenn Ware z. B. von einer LKW-Spedition des Käufers in Las Vegas abgeholt werden soll, wäre es eher unüblich, vom Frachtführer zu erwarten, dass er *ab Las Vegas* ein Konnossement mit An-Bord-Vermerk ausstellt, da dieser Ort kein Hafen ist und von einem Schiff somit nicht angefahren werden kann, um die Ware an Bord zu nehmen. Dennoch kann es bei Verkäufern, die

unter der Klausel FCA Las Vegas verkaufen, manchmal vorkommen, dass sie ein Konnossement mit An-Bord-Vermerk *benötigen* (üblicherweise wenn Bankeinzug oder Akkreditiv vorgeschrieben ist), obgleich in diesem Fall unbedingt angegeben werden muss, dass die Ware in Los Angeles an Bord verladen, jedoch in Las Vegas zum Transport in Empfang genommen wurde. Damit auch solche Fälle abgedeckt sind, in denen ein FCA-Verkäufer ein Konnossement mit einem An-Bord-Vermerk benötigt, ist laut FCA-Klausel der *Incoterms® 2020* erstmals folgendes optionales Verfahren gestattet. Bei entsprechender Vereinbarung der Parteien im Kaufvertrag hat der Käufer seinen Frachtführer anzuweisen, dem Verkäufer ein Konnossement mit An-Bord-Vermerk auszustellen. Der Frachtführer kann selbstverständlich die Forderung des Käufers erfüllen oder ablehnen, da der Frachtführer nur dann verpflichtet und berechtigt ist, ein derartiges Konnossement auszustellen, sobald die Ware in Los Angeles verladen wurde. Wenn der Frachtführer dem Verkäufer das Konnossement auf Kosten und Gefahr des Käufers ausstellt, muss der Verkäufer jedoch dieses Dokument an den Käufer übermitteln, der das Konnossement zum Erhalt der Ware vom Frachtführer benötigt. Dieses optionale Verfahren wird jedoch überflüssig, wenn sich beide Parteien darauf geeinigt haben, dass der Verkäufer dem Käufer ein Konnossement vorlegt, in dem lediglich festgestellt wird, dass die Ware zur Verladung entgegengenommen wurde, jedoch nicht, dass die Verladung an Bord erfolgt ist. Des Weiteren sollte auch betont werden, dass selbst bei Übernahme dieses optionalen Verfahrens der Verkäufer gegenüber dem Käufer keine Verpflichtung in Hinblick auf die Bedingungen des Beförderungsvertrags hat. Schließlich werden bei Übernahme dieses optionalen Verfahrens die Termine für die Lieferung im Inland und die Verladung an Bord zwangsläufig unterschiedlich sein, wodurch sich für einen Verkäufer, der an die Bedingungen eines Akkreditivs gebunden ist, unter Umständen Schwierigkeiten ergeben können.

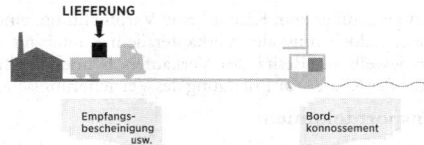

A. VERPFLICHTUNGEN DES VERKÄUFERS

A1. Allgemeine Verpflichtungen

Der Verkäufer hat die Ware und die Handelsrechnung in Übereinstimmung mit dem Kaufvertrag bereitzustellen und jeden sonstigen vertraglich vereinbarten Konformitätsnachweis zu erbringen.

Jedes vom Verkäufer bereitzustellende Dokument kann in Papierform oder in elektronischer Form vorliegen, je nachdem, wie dies zwischen den Parteien vereinbart wird oder handelsüblich ist.

A2. Lieferung

Der Verkäufer hat die Ware an den Frachtführer oder eine andere vom Käufer benannte Person an der gegebenenfalls vereinbarten Stelle am benannten Ort zu liefern oder bereits so gelieferte Ware zu beschaffen.

Der Verkäufer muss die Ware

1. am vereinbarten Tag oder
2. zu dem innerhalb der vereinbarten Lieferfrist liegenden Termin, der vom Käufer gemäß B10(b) mitgeteilt wurde, oder,
3. wenn ein derartiger Termin nicht mitgeteilt wurde, zum Ende der vereinbarten Frist liefern.

(6) Incoterms 2020 2. FCA

Die Lieferung ist abgeschlossen,
a) falls der benannte Ort auf dem Gelände des Verkäufers liegt; sobald die Ware auf das vom Käufer bereitgestellte Beförderungsmittel verladen worden ist; oder
b) in allen anderen Fällen, sobald die Ware dem Frachtführer oder einer anderen vom Käufer benannten Person auf dem Beförderungsmittel des Verkäufers entladebereit zur Verfügung gestellt wird.

Wenn der Käufer am benannten Lieferort keine bestimmte Stelle gemäß B10(d) mitgeteilt hat und mehrere Stellen in Betracht kommen, kann der Verkäufer jene Stelle auswählen, die für den betreffenden Zweck am besten geeignet ist.

A3. Gefahrübergang

Der Verkäufer trägt bis zur Lieferung gemäß A2 alle Gefahren des Verlusts oder der Beschädigung der Ware, mit Ausnahme von Verlust oder Beschädigung unter den in B3 beschriebenen Umständen.

A4. Transport

Der Verkäufer hat gegenüber dem Käufer keine Verpflichtung, einen Beförderungsvertrag abzuschließen. Jedoch muss der Verkäufer dem Käufer auf dessen Verlangen, Gefahr und Kosten jeweils im Besitz des Verkäufers befindliche Informationen zur Verfügung stellen, einschließlich transportbezogener Sicherheitsanforderungen, die der Käufer für die Organisation des Transports benötigt. Bei entsprechender Vereinbarung muss der Verkäufer einen Beförderungsvertrag zu den üblichen Bedingungen auf Gefahr und Kosten des Käufers abschließen.

Der Verkäufer muss alle transportbezogenen Sicherheitsanforderungen bis zur Lieferung erfüllen.

A5. Versicherung

Der Verkäufer hat gegenüber dem Käufer keine Verpflichtung, einen Versicherungsvertrag abzuschließen. Jedoch muss der Verkäufer dem Käufer auf dessen Verlangen, Gefahr und Kosten jeweils im Besitz des Verkäufers befindliche Informationen zur Verfügung stellen, die der Käufer zur Erlangung des Versicherungsschutzes benötigt.

A6. Liefer-/Transportdokument

Der Verkäufer hat gegenüber dem Käufer auf eigene Kosten den üblichen Nachweis zu erbringen, dass die Ware gemäß A2 geliefert worden ist.

Der Verkäufer hat dem Käufer auf dessen Verlangen, Gefahr und Kosten bei der Beschaffung eines Transportdokuments zu unterstützen.

Wenn der Käufer den Frachtführer angewiesen hat, dem Verkäufer ein Transportdokument gemäß B6 auszustellen, muss der Verkäufer dieses Dokument dem Käufer aushändigen.

A7. Ausfuhr-/Einfuhrabfertigung

a) **Ausfuhrabfertigung**
Gegebenenfalls hat der Verkäufer alle Ausfuhrabfertigungsformalitäten durchzuführen und zu bezahlen, die von dem jeweiligen Ausfuhrland vorgeschrieben sind, z.B.:
- Ausfuhrgenehmigung;
- Sicherheitsfreigabe für die Ausfuhr;
- Warenkontrolle vor der Verladung; und
- sonstige behördliche Genehmigungen.

b) **Unterstützung bei der Einfuhrabfertigung** Gegebenenfalls hat der Verkäufer den Käufer auf dessen Verlangen, Gefahr und Kosten bei der Beschaffung von Dokumenten und/oder Informationen für alle Transit-/Einfuhrabfertigungsformalitäten zu unterstützen, einschließlich Sicherheitsanforderungen und Warenkontrollen vor der Verladung, die von den Transit-/Einfuhrländern vorgeschrieben sind.

A8. Prüfung/Verpackung/Kennzeichnung

Der Verkäufer hat die Kosten jener Prüfvorgänge (z. B. Qualitätsprüfung, Messen, Wiegen und Zählen) zu tragen, die notwendig sind, um die Ware gemäß A2 zu liefern.

Der Verkäufer hat auf eigene Kosten die Ware zu verpacken, es sei denn, es ist handelsüblich, die jeweilige Art der verkauften Ware unverpackt zu transportieren. Der Verkäufer muss die Ware in der für ihren Transport geeigneten Weise verpacken und kennzeichnen, es sei denn, die Parteien haben genaue Verpackungs- oder Kennzeichnungsanforderungen vereinbart.

A9. Kostenverteilung

Der Verkäufer muss

a) bis zur Lieferung gemäß A2 alle die Ware betreffenden Kosten tragen, ausgenommen die gemäß B9 vom Käufer zu tragenden Kosten;
b) die Kosten für die Erbringung des üblichen Nachweises für den Käufer gemäß A6 tragen, aus dem hervorgeht, dass die Ware geliefert wurde;
c) gegebenenfalls Zölle, Steuern und sonstige Kosten in Zusammenhang mit der Ausfuhrabfertigung gemäß A7(a) tragen; und
d) dem Käufer alle Kosten und Gebühren erstatten, die dem Käufer durch die Unterstützung bei der Beschaffung der erforderlichen Dokumente und Informationen gemäß B7(a) entstanden sind.

A10. Benachrichtigungen

Der Verkäufer hat den Käufer hinreichend darüber zu benachrichtigen, dass die Ware gemäß A2 geliefert wurde oder dass der Frachtführer bzw. eine andere vom Käufer benannte Person die Ware innerhalb der vereinbarten Frist nicht übernommen hat.

B. VERPFLICHTUNGEN DES KÄUFERS

B1. Allgemeine Verpflichtungen

Der Käufer hat den im Kaufvertrag genannten Preis der Ware zu zahlen.

Jedes vom Käufer bereitzustellende Dokument kann in Papierform oder in elektronischer Form vorliegen, je nachdem, wie dies zwischen den Parteien vereinbart wird oder handelsüblich ist.

B2. Übernahme

Der Käufer muss die Ware übernehmen, wenn sie gemäß A2 geliefert wurde.

B3. Gefahrübergang

Der Käufer trägt ab dem Zeitpunkt der Lieferung gemäß A2 alle Gefahren des Verlusts oder der Beschädigung der Ware.

Falls

a) der Käufer es versäumt, einen Frachtführer oder eine andere Person gemäß A2 zu benennen oder eine Benachrichtigung gemäß B10 zu erteilen; oder
b) der Frachtführer oder die vom Käufer gemäß B10(a) benannte Person es versäumt, die Ware zu übernehmen,

trägt der Käufer alle Gefahren des Verlusts oder der Beschädigung der Ware
  (i) ab dem vereinbarten Zeitpunkt oder, wenn kein bestimmter Zeitpunkt vereinbart wurde,
  (ii) ab dem vom Käufer gemäß B10(b) ausgewählten Zeitpunkt; oder, falls ein solcher Zeitpunkt nicht mitgeteilt wurde,
  (ii) ab dem Ende des jeweils vereinbarten Lieferzeitraums,

vorausgesetzt, die Ware wurde eindeutig als die vertragliche Ware kenntlich gemacht.

(6) Incoterms 2020 2. FCA

B4. Transport
Der Käufer muss auf eigene Kosten einen Vertrag über die Beförderung der Ware vom benannten Lieferort schließen oder den Warentransport organisieren, es sei denn, der Beförderungsvertrag wird vom Verkäufer, wie in A4 geregelt, abgeschlossen.

B5. Versicherung
Der Käufer hat gegenüber dem Verkäufer keine Verpflichtung, einen Versicherungsvertrag abzuschließen.

B6. Liefer-/Transportdokument
Der Käufer muss den Nachweis über eine erfolgte Lieferung der Ware gemäß A2 annehmen.

Bei entsprechender Vereinbarung der Parteien muss der Käufer seinen Frachtführer anweisen, dem Verkäufer auf Kosten und Gefahr des Käufers ein Transportdokument auszustellen, aus dem hervorgeht, dass die Ware verladen wurde (z. B. ein Konnossement mit An-Bord-Vermerk).

B7. Ausfuhr-/Einfuhrabfertigung

a) Unterstützung bei Ausfuhrabfertigung
Gegebenenfalls hat der Käufer den Verkäufer auf dessen Verlangen, Gefahr und Kosten bei der Beschaffung von Dokumenten und/oder Informationen für alle Ausfuhrabfertigungsformalitäten, einschließlich Sicherheitsanforderungen und Warenkontrollen vor der Verladung, die von dem betreffenden Ausfuhrland vorgeschrieben sind, zu unterstützen.

b) Einfuhrabfertigung
Gegebenenfalls hat der Käufer alle Formalitäten durchzuführen und zu bezahlen, die von dem betreffenden Transit- und Einfuhrland vorgeschrieben sind, z. B.:
- Einfuhrgenehmigung und ggf. erforderliche Durchfuhrgenehmigungen;
- Sicherheitsfreigabe für die Einfuhr und etwaige Durchfuhr;
- Warenkontrolle vor der Verladung; und
- sonstige behördliche Genehmigungen.

B8. Prüfung/Verpackung/Kennzeichnung
Der Käufer hat gegenüber dem Verkäufer keine Verpflichtung.

B9. Kostenverteilung

Der Käufer muss

a) alle die Ware betreffenden Kosten ab dem Zeitpunkt der Lieferung gemäß A2 tragen, mit Ausnahme der gemäß A9 vom Verkäufer zu übernehmenden Kosten;
b) dem Verkäufer alle Kosten und Gebühren erstatten, die dem Verkäufer durch die Unterstützung bei der Beschaffung der erforderlichen Dokumente und Informationen gemäß A4, A5, A6 und A7(b) entstanden sind;
c) gegebenenfalls Zölle, Steuern und sonstige Kosten in Zusammenhang mit der Transit- oder Einfuhrabfertigung gemäß B7(b) zahlen; und
d) alle zusätzlichen Kosten übernehmen, die entweder dadurch entstehen, dass
   (i) der Käufer es versäumt, einen Frachtführer oder eine andere gemäß B10 zu bestimmende Person zu benennen, oder
   (ii) der Frachtführer oder die vom Käufer gemäß B10 benannte Person es versäumt, die Ware zu übernehmen,
vorausgesetzt, die Ware wurde eindeutig als die vertragliche Ware kenntlich gemacht.

B10. Benachrichtigungen

Der Käufer muss den Verkäufer über folgende Einzelheiten in Kenntnis setzen:
a) Name des Frachtführers oder einer anderen benannten Person, wobei diese Inkenntnissetzung innerhalb einer ausreichenden Frist erfolgen muss, um dem Verkäufer die Lieferung der Ware gemäß A2 zu ermöglichen;
b) gewählter Zeitpunkt innerhalb des vereinbarten Lieferzeitraums, an dem der Frachtführer oder die benannte Person die Ware übernehmen wird;
c) Transportart, die vom Frachtführer oder von der benannten Person genutzt wird, einschließlich aller transportbezogener Sicherheitsanforderungen; und
d) die Stelle, an der die Ware am benannten Lieferort entgegengenommen wird.

Kommentierung

1) Vertragstyp

„FCA"/„Frei Frachtführer" ist für alle Transportarten geeignet (→ Einl. vor 1 Incoterms Rn. 21), für den ausländischen ebenso wie für den inländischen Transport. „Frei Frachtführer" steht für jede Transportart einschließlich des Containerverkehrs und des multimodalen Transports zur Verfügung (→ Erläuternde Kommentare für Nutzer Ziffer 2). FCA **entspricht** weitgehend der Klausel FOB (→ Nr. 9 Rn. 1), die für den Seetransport von Stück- und Massegütern mit herkömmlichen Schiffen ohne den Einsatz von Containern gedacht ist. Umgekehrt kann „Frei Frachtführer" auch statt „FOB" für den Seetransport verwandt werden, zu Besonderheiten dann → Rn. 5, 12. Unterschiede zu „FOB" betreffen vor allem die Übergabe an den Frachtführer (A2) und den Gefahrübergang schon zu diesem Zeitpunkt (A2). „Frei Frachtführer" ist damit **sehr breit einsetzbar** und wird weltweit genutzt. „Frei Frachtführer" ersetzt die früheren Spezialklauseln für Luft- und Eisenbahntransport „FOR/FOT" bzw. „Frei Waggon" und „FOB Flughafen" (s. 28. Aufl.). Diese können aber weiterhin vereinbart werden. „Frei Waggon" ist im Überlandhandel weit verbreitet, betrifft den Eisenbahntransport, ist aber auch für den Straßentransport geeignet („Frei LKW", „Frei verladen"). Der benannte Lieferort bzw. die Lieferstelle (point) dort sollten wegen des Gefahrübergangs (A3 i. V. m. A2 IV) und der Kostentragung (B9) möglichst genau bezeichnet werden (→ Erläuternde Kommentare für Nutzer Ziffer 3, wie EXW → Nr. 1 Rn. 1). „FCA Hamburg Incoterms 2020" lässt offen, wo genau zu liefern bzw. zu übernehmen ist, Bsp von Piltz IHR 2019, 179 Fn. 39. Zum Containerverkehr (FCL-Containers, Full Container Load, Verladung dann oft schon beim Verkäufer; LCL-Containers, Less than a Full Container Load, Verladung dann idR im Cargo Terminal) → Rn. 12; Ramberg S. 22; Bredow/Seiffert Rn. 32 ff. Zum multimodalen Transport (FCA Multimodal) Bredow/Seiffert Rn. 41 ff.

„Frei Frachtführer" **entspricht im Wesentlichen der Klausel „FOB"**, die 2 aber für den See- und Binnenschiffstransport (mit Ausnahme des Containerverkehrs) vorgesehen ist („FOB" → Nr. 9 Rn. 1), auf die ausführlichere **Kommentierung dort** kann also hier (→ Rn. 3 ff) zurückgegriffen werden. Zu den Problemen der Abgrenzung zwischen Frachtführer und Spediteur Graf von Bernstorff Rn. 582 ff.

2) Verkäufer- und Käuferpflichten

Vertragskonforme Bereitstellung der Waren und Handelsrechnung durch den 3 Verkäufer und **Kaufpreiszahlung** durch den Käufer (**A1/B1**, wortlautgleich wie EXW, → EXW Nr. 1 Rn. 2). Ebenso **Gleichstellung** von **Papierform und elektronischer Form** (A1 II/B1 II, → Einl. vor Incoterms Rn. 46). Zu den Verkäufer- und Käuferpflichten unter FCA 2010 OLG Nürnberg IHR 2017, 206 m. Anm. Herrmann.

Lieferung/Übernahme (A2/B2): Die Lieferung ist für den Verkäufer ausführ- 4 licher als in den Incoterms 2010 geregelt (A2 I-III), für den Käufer ist die Regelung

(6) Incoterms 2020 2. FCA

der Übernahme gleich geblieben, er muss die Ware übernehmen, wenn sie gemäß A2 geliefert wurde (B2). Der Verkäufer hat die Ware an den Frachtführer am benannten Ort und dort an der ggf. vereinbarten Stelle zu liefern (A2 I). Zum Frachtführer → Einl. vor Incoterms Rn. 58. „Eine andere vom Käufer benannte Person" kann etwa ein Spediteur sein, dazu und zu den dabei entstehenden Problemen Graf von Bernstorff Rn. 582 ff. Bei mehreren Frachtführern für unterschiedliche Teilstrecken erfolgt der Gefahrübergang, wenn nicht anders vereinbart, bei Übergabe an den ersten, → Einführung Incoterms 2020 Ziffer 33; zu Art. 31 CISG Staudinger/Magnus Rn. 20. Die alternative Pflicht des Verkäufers, bereits so gelieferte Ware zu beschaffen (A2 I Alternative 2), bezieht sich auf mehrere hintereinander geschaltete Verkäufe in einer Verkaufskette („string sales"), die besonders im Rohstoffhandel vorkommen (→ Erläuternde Kommentare für Nutzer Ziffer 4). Die Modalitäten der Lieferung werden in A2 II für den vereinbarten Tag, einen vom Käufer gemäß B10 lit. b mitgeteilten Termin bzw. mangels einer solchen Mitteilung das Ende der vereinbarten Frist präzisiert. Die Lieferung ist abgeschlossen, a) falls der benannte Ort auf dem Gelände des Verkäufers („seller's premises") liegt, mit Verladung auf das vom Käufer bereitgestellte Beförderungsmittel, b) sonst mit Zurverfügungstellung am benannten Ort an den Frachtführer, entladebereit auf dem Beförderungsmittel des Verkäufers (A2 III lit. a und b). Kein Beförderungsmittel, sondern bloße Transportbehälter sind Container, Graf von Bernstorff Rn. 602. Für den Fall einer unterlassenen Mitwirkung des Käufers nach B10 lit. d und wenn mehrere Stellen am benannten Lieferort in Betracht kommen, kann der Verkäufer die am besten geeignete Stelle auswählen (A2 IV).

5 Schon zu Incoterms 2010 wurde von der Praxis empfohlen, in der vereinbarten Klausel die Transportart genauer zu präzisieren, zB (jeweils mit benanntem Lieferort) „FCA Güterbahnhof", „FCA Straße", „FCA Flughafen", dazu Graf von Bernstorff Rn. 577, Bredow/Seiffert Rn. 19, 21 (34). Zur Verwendung von „FCA/Frei Frachtführer" im Seetransport schon → Rn. 1, 12. Bei **„FCA Seehafen"** im Containerverkehr ist geliefert mit Übergabe der Ware an den Seefrachtführer (einschließlich NVOCCs, None Vessel Operating Common Carriers), zB bei Zurverfügungstellung der Ware an der Übergabestelle des Container-Terminals (Container-Yard, Bahnanschlussstelle ua) auf dem anliefernden Beförderungsmittel entladebereit, Bredow/Seiffert Rn. 32. Bei „FCA Seehafen" im Roll-on/Roll-off-Verkehr ist geliefert, wenn die von Seiten des Verkäufers beladene Ro-Ro-Einrichtung vom Frachtführer übernommen oder die Ware dem Seefrachtführer zur Beladung auf die Ro-Ro-Einrichtung tung auf dem anliefernden Beförderungsmittel unentladen zur Verfügung gestellt wird, Bredow/Seiffert Rn. 33. Bei **„FCA Multimodal"** ist geliefert mit Abgabe an den Gesamtbeförderer (Multimodal Transport Operator/MTO) oder bei gesonderten Transportverträgen (gebrochener Transport) mit Abgabe entsprechend der ersten maßgeblichen Transportart, Bredow/Seiffert Rn. 43.

6 **Gefahrübergang mit Lieferung** nach A2 **(A3/B3)**. Unterläßt es der Käufer, einen Frachtführer oder eine andere Person gemäß A2 zu benennen oder gemäß B10 zu benachrichtigen oder unterläßt der Frachtführer die Übernahme der Ware (B3 lit. a und b), trägt der Käufer ab dem vereinbarten Zeitpunkt, ab dem nach B10 lit. b ausgewählten Zeitpunkt bzw. ab dem Ende des vereinbarten Lieferzeitraums die Gefahr, sofern die Ware eindeutig als vertragliche Ware kenntlich gemacht worden ist **(B3 II (i)–(iii)).** Zur Notwendigkeit der Kennzeichnung für die Konkretisierung von Gattungsschulden für die Preisgefahrübergang → EXW Nr. 1 Rn. 4. Untergang oder Verschlechterung infolge mangelnder Verpackung (A8) oder Haltbarkeit der Ware für den Transport gehören nicht zur Beförderungsgefahr, aber uU Gewährleistung des Verkäufers (Art. 36 CISG), Staudinger/Magnus Art. 36 Rn. 8; Schwenzer in Schlechtriem/Schwenzer/Schroeter 7. Aufl. 2019, Art. 36 Rn. 3 ff. Erkennbare Mängel sind bei tatsächlicher Warenübernahme zu rügen (vgl. → HGB § 377 Rn. 8, 10).

7 Was den **Transport** angeht, sind der **Abschluss des Beförderungsvertrags** oder die Organisation des Warentransports Sache des Käufers **(B4/A4 I 1)**, der dies aber in der Praxis häufig dem Verkäufer überlässt, zB ausdrücklich bei „FOB additional

service", Ramberg S. 51. Wenn das so vereinbart ist, muss der Verkäufer den Beförderungsvertrag zu üblichen Bedingungen auf Gefahr und Kosten des Käufers abschließen (A4 I 3, wie bei FOB → Nr. 9 Rn. 2, 6). Sonst muss der Verkäufer jedenfalls alle transportbezogenen Sicherheitsanforderungen bis zur Lieferung erfüllen (A4 II) und er hat die Pflicht zu sicherheits- und anderen relevanten Informationen, aber nur auf Verlangen des Käufers und auf seine Gefahr und Kosten (A4 I 2, wie bei EXW → Nr. 1 Rn. 5). Zu den **transportbezogenen Sicherheitsanforderungen** → Einführung Incoterms 2020 Ziffer 76, Graf von Bernstorff Rn. 611 ff.

Keine Partei hat eine Pflicht zum Abschluss eines **Versicherungsvertrags (A5/B5)**, aber bei Verlangen des Käufers Informationspflicht des Verkäufers (A5 Satz 2, wie bei EXW → Nr. 1 Rn. 5). Wenn Versicherungen für notwendig erachtet werden, muss der Verläufer bis zum Lieferort, der Käufer ab diesem versichern. Das kann zu Streitigkeiten führen, wenn später nicht feststellbar ist, wann und wo der Schaden eingetreten ist. Deshalb kann eine gemeinsame Versicherung von Verkäufer und Käufer mit entsprechender Kostenteilung empfehlenswert sein, Graf von Bernstorff Rn. 616 f.

Liefer-/Transportdokument (A6/B6): Der Verkäufer muss auf seine Kosten den üblichen Nachweis der Lieferung nach A2 erbringen (A6 I). Diesen Liefernachweis muss der Käufer annehmen (B6 I). Unterstützungspflicht des Verkäufers bei der Beschaffung eines Transportdokuments (A6 II). Die Incoterms 2020 enthalten eine neue Option in B6 II/A6 II: **Konnossement mit An-Bord-Vemerk** (ausführlich → Erläuternde Kommentare für Nutzer Ziffer 6). Wenn vereinbart, muss der Käufer seinen Frachtführer zu Ausstellung eines Transportdokuments anweisen, aus dem die Verladung der Ware hervorgeht (zB ein Konnossement mit An-Bord-Vemerk, B6 II). Für diesen Fall muss der Verkäufer das Dokument dem Käufer aushändigen (A6 III). Zu den Liefer-/Transportdokumenten näher → Einl. vor Incoterms Rn. 51; vgl. FOB → Nr. 9 Rn. 8.

Ausfuhr-/Einfuhrabfertigung (A7/B7): Ggf., also wenn für die Ausfuhr der Ware bzw. die spätere Einfuhr in das Bestimmungsland notwendig, hat der **Verkäufer** die **Ausfuhrgenehmigung** und andere behördliche Genehmigungen zu beschaffen und die erforderlichen Ausfuhrformalitäten wie **Sicherheitsfreigabe** („security clearing for export") und Warenkontrolle vor der Verladung zu erledigen (A7 lit. a; → Einl. vor Incoterms Rn. 52); entsprechend muss dann der **Käufer** die **Einfuhrgenehmigung** für die Ware und **Genehmigungen für die Durchfuhr** durch jedes Land besorgen (B7 lit. b). Die Parteien müssen sich aber jeweils bei der Einfuhr- bzw. der Ausfuhrabfertigung unterstützen (A7 lit. b bzw. B7 lit. a). Freimachen, Zölle und Formalitäten für die Einfuhr und Durchfuhr durch Drittländer sind Sache des Käufers (→ Erläuternde Kommentare für Nutzer Ziffer 5). Was eine **pre-shipment inspection** angeht, kommt es hier anders als bei EXW (→ Nr. 1 Rn. 7) darauf an, ob die Prüfung für die Ausfuhrgenehmigung oder die Einfuhrgenehmigung erforderlich ist, ersterenfalls sie Sache des Verkäufers, letzterenfalls Sache des Käufers, jeweils mit Unterstützungspflicht des anderen Teils, Graf von Bernstorff Rn. 558, 631. Zum Fall, dass die Ausfuhr von den Behörden nicht genehmigt wird, Graf von Bernstorff Rn. 627 ff. Die Parteien können abweichend vom Regelfall unter FCA die Liefer-/Abnahmepflicht „vorbehaltlich „Export- bzw Import)lizenz" bzw. „vorbehaltlich Einfuhrbewilligung" vereinbaren, Graf von Bernstorff Rn. 636.

Die **Prüfung** vor Lieferung der Ware an den Frachtführer nach A2, zB Qualitätsprüfung, Messen, Wiegen und Zählen, und die **Verpackung und Kennzeichnung** sind in **A8/B8** geregelt, dies wie bei EXW → Nr. 1 Rn. 8. Die Prüfung nach A8 betrifft nicht die kaufrechtliche Untersuchungs- und Rügeobliegenheit (→ HGB § 377 Rn. 8 und 10). Falls bei Vertragsschluss die Verpackungskosten unsicher sind, kommt die Vereinbarung „Geliefert wird FCA zuzüglich Verpackungskosten" in Betracht, Graf von Bernstorff Rn. 641.

Die **Kostenverteilung** richtet sich nach **A9/B9**. Dort sind die vom Verkäufer zu tragenden Kosten (A9 lit. a–d) und die Kosten, die der Käufer tragen muss (B9 lit. a–d)

(6) Incoterms 2020   3. CPT

ausführlich aufgelistet. Beim **Seetransport mit Containern** gelten folgende Regeln (schon → Rn. 1, 5). Bei Lieferungen im FCL-Container („Full Container Load") gehen die THC-Gebühren (Terminal Handling Charges) für die Containerbehandlung im Hafen bzw. ab Schiff zulasten des Käufers. Dazu gehören beim ausgehenden Verkehr das Entladen der FCL-Container aus dem LKW, die Beförderung zu den Verladeplätzen, die Stapelung, Dokumentation ua, Graf von Bernstoff Rn. 649. Auch die zusätzlichen Kosten bei Lieferung von Stückgut (LCL/„Less than a Container Load") wie Packen in den Container des Schiffs und Verladen des LCL-Containers an oder auf das Schiff gehen zu Lasten des Käufers; Bredow/Seiffert Rn. 47; Graf von Bernstorff Rn. 650. Die Kaigebühren für die vom Verkäufer angelieferte Ware und die Gebühren für eine Zwischenlagerung in der Container Freight Station am Hafenterminal fallen dagegen dem Verkäufer zur Last, Graf von Bernstorff Rn. 651. Andere Parteivereinbarung ist möglich, zB beim **Lufttransport** „freight on seller's account" (klarer als – wie häufig – „freight prepaid"), Bredow/Seiffert Rn. 50, oder „THC for seller's account" oder „50 % of the THC to be paid by the seller", Ramberg S. 24, 43.

13   **Benachrichtigungen** den den Käufer und an den Verkäufer sind in **A10/B10 lit. a-d** geregelt. So muss der Verkäufer den Käufer über die Lieferung gemäß A2 an den Frachtführer benachrichtigen. Was „hinreichend"/„sufficient" ist, ist branchen- und produktabhängig, Graf von Bernstorff Rn. 654. Umgekehrt muss der Käufer den Verkäufer ua über den Namen des Frachtführers (B10 lit. a) und, wenn keine Transportart bestimmt ist, die Transportart nebst transportbezogener Sicherheitsanforderungen benachrichtigen, sog. FCA-Instruktion (B10 lit. c), Graf Bernstorff Rn. 581.

3) CPT | Frachtfrei

CPT (fügen Sie den benannten Bestimmungsort ein) *Incoterms® 2020*

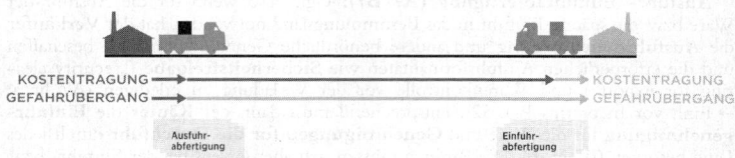

ERLÄUTERNDE KOMMENTARE FÜR NUTZER[1]

1. Lieferung und Gefahrübergang – Bei Nutzung der Klausel „Frachtfrei" erfolgen die Lieferung der Ware und der Gefahrübergang vom Verkäufer an den Käufer
- durch Übergabe der Ware an den Frachtführer,
- welcher vom Verkäufer beauftragt wurde,
- oder durch Verschaffung der so gelieferten Ware.
- Hierzu kann der Verkäufer die Ware in einer für die verwendete Transportart geeigneten Art und Weise und an einem diesbezüglich geeigneten Ort in den Besitz des Frachtführers übergeben.

---

[1] **[Red. Anm.:]** Die „Erläuternden Kommentare für Nutzer" sind Bestandteil der Incoterms® 2020. Die **eigentliche Kommentierung, erkennbar an ihren Randnummern, folgt im Anschluss an B.** Verpflichtungen des Käufers.

IV. AGB und Incoterms 2020   3. CPT **Incoterms 2020 (6)**

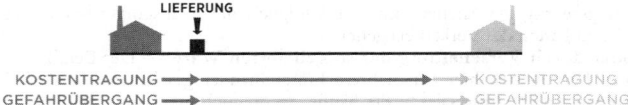

Nach der so erfolgten Lieferung der Ware an den Käufer übernimmt der Verkäufer jedoch keine Garantie dafür, dass die Ware ihren Bestimmungsort in einwandfreiem Zustand oder in der angegebenen Qualität erreicht bzw. dass die Ware überhaupt am Bestimmungsort eintrifft. Der Grund hierfür ist, dass mit Lieferung der Ware an den Käufer durch Übergabe an den Frachtführer zugleich auch der Gefahrübergang vom Verkäufer auf den Käufer erfolgt; ungeachtet dessen muss jedoch der Verkäufer einen Vertrag zur Beförderung der Ware vom Lieferort zum vereinbarten Bestimmungsort abschließen. Somit könnte beispielsweise Ware an einen Frachtführer in Las Vegas (das keinen Hafen besitzt) für den Transport nach Southampton (mit Hafen) oder Winchester (wiederum ohne Hafen) übergeben werden. In jedem Fall erfolgen die Lieferung und der damit verbundene Gefahrübergang auf Käufer in Las Vegas, wobei der Ver käufer jedoch einen Beförderungsvertrag für den Transport der Ware nach Southampton oder Winchester abzuschließen hat.

2. **Transportart** – Diese Klausel kann unabhängig von der gewählten Transportart verwendet werden, auch dann, wenn mehr als eine Transportart zum Einsatz kommt.

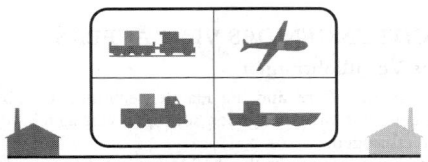

3. **Lieferorte (oder -stellen) und Bestimmungsorte** – In der Klausel CPT sind zwei Orte wichtig: der Ort oder ggf. die Stelle der Lieferung der Ware (Punkt des Gefahrübergangs) und der Ort oder die Stelle, der bzw. die als Bestimmungsort der Ware vereinbart wurde (die Stelle, bis zu der der vom Verkäufer abzuschließende Beförderungsvertrag gilt).
4. **Genaue Bezeichnung des Lieferortes oder der Lieferstelle** – Die Parteien sind gut beraten, beide Orte oder ggf. Stellen an diesem Ort im Kaufvertrag so genau wie möglich anzugeben. Eine möglichst präzise Bezeichnung des Lieferortes oder ggf. der Lieferstelle ist von großer Bedeutung, um häufig eintretende Situationen zu meistern, in denen mehrere Frachtführer für jeweils unterschiedliche Teilstrecken des Transports von Lieferort bis zum Bestimmungsort beauftragt sind. Wenn dies geschieht und sich die Parteien nicht auf einen konkreten Lieferort oder eine genaue Lieferstelle einigen, erfolgt der Gefahrübergang üblicherweise, sobald die Ware an den ersten Frachtführer übergeben wird; die Auswahl der Stelle, an der die Lieferung erfolgen soll, liegt in diesen Fällen allein im Ermessen des Verkäufers, während der Käufer darauf keinen Einfluss hat. Wünschen die Parteien einen Gefahrübergang zu einem späteren (z. B. an einem See-, Fluss- oder Flughafen) oder früheren Zeitpunkt (z. B. einem Ort im Inland, der eine gewisse Strecke von einem See- oder Flusshafen entfernt liegt), dann müssen die Parteien dies in ihrem Kaufvertrag festlegen und sorgfältig über die möglichen Folgen nachdenken, die sich ergeben würden, falls die Ware verloren gehen oder beschädigt werden sollte.
5. **Möglichst genaue Bezeichnung des Bestimmungsortes** – Die Parteien sind außerdem gut beraten, am vereinbarten Bestimmungsort die Stelle so genau wie möglich anzugeben, da dies die Stelle ist, bis zu der der Verkäufer den Beför-

(6) Incoterms 2020 3. CPT

derungsvertrag abschließen muss und folglich die Transportkosten bis zu dieser Stelle zu Lasten des Verkäufers gehen.

6. **„oder durch Verschaffung der so gelieferten Ware"** – Der Begriff „Verschaffung" bezieht sich hier auf mehrere hintereinander geschaltete Verkäufe in einer Verkaufskette („string sales"), die häufig, wenn auch nicht ausschließlich, im Rohstoffhandel vorkommen.
7. **Kosten der Entladung am Bestimmungsort** – Entstehen dem Verkäufer gemäß seinem Beförderungsvertrag Kosten in Zusammenhang mit der Entladung am benannten Bestimmungsort, so ist der Verkäufer nicht berechtigt, diese Kosten zusätzlich vom Käufer zurückzufordern, sofern nichts anderes zwischen den Parteien vereinbart ist.
8. **Ausfuhr-/Einfuhrabfertigung** – CPT verpflichtet den Verkäufer, die Ware nötigenfalls zur Ausfuhr freizumachen. Jedoch hat der Verkäufer keinerlei Verpflichtungen, die Ware zur Einfuhr oder Durchfuhr durch Drittländer freizumachen, Einfuhrzölle zu zahlen oder Einfuhrzollformalitäten zu erledigen.

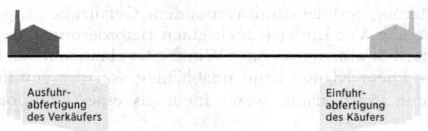

Ausfuhrabfertigung des Verkäufers
Einfuhrabfertigung des Käufers

A. VERPFLICHTUNGEN DES VERKÄUFERS

A1. Allgemeine Verpflichtungen

Der Verkäufer hat die Ware und die Handelsrechnung in Übereinstimmung mit dem Kaufvertrag bereitzustellen und jeden sonstigen vertraglich vereinbarten Konformitätsnachweis zu erbringen.

Jedes vom Verkäufer bereitzustellende Dokument kann in Papierform oder in elektronischer Form vorliegen, je nachdem, wie dies zwischen den Parteien vereinbart wird oder handelsüblich ist.

A2. Lieferung

Der Verkäufer hat die Ware zu liefern, indem er sie an den gemäß A4 beauftragten Frachtführer übergibt oder indem er die so gelieferte Ware beschafft. In jedem Fall muss der Verkäufer die Ware zum vereinbarten Termin oder innerhalb der vereinbarten Frist liefern.

A3. Gefahrübergang

Der Verkäufer trägt bis zur Lieferung gemäß A2 alle Gefahren des Verlusts oder der Beschädigung der Ware, mit Ausnahme von Verlust oder Beschädigung unter den in B3 beschriebenen Umständen.

A4. Transport

Der Verkäufer hat für die Ware einen Beförderungsvertrag von der gegebenenfalls vereinbarten Lieferstelle am Lieferort bis zum benannten Bestimmungsort oder einer gegebenenfalls vereinbarten Stelle an diesem Ort abzuschließen oder zu beschaffen. Der Beförderungsvertrag ist zu den üblichen Bedingungen auf Kosten des Verkäufers abzuschließen und hat die Beförderung auf der üblichen Route in der üblichen Weise und mit einem Transportmittel der Bauart zu gewährleisten, das normalerweise für den Transport der verkauften Warenart verwendet wird. Ist keine bestimmte Stelle vereinbart und ergibt sie sich auch nicht aus der Handelspraxis, kann der Verkäufer die Stelle am Lieferort und am benannten Bestimmungsort auswählen, die für den Zweck am besten geeignet ist.

Der Verkäufer muss alle transportbezogenen Sicherheitsanforderungen für die Beförderung der Waren bis zum Bestimmungsort erfüllen.

A5. Versicherung

Der Verkäufer hat gegenüber dem Käufer keine Verpflichtung, einen Versicherungsvertrag abzuschließen. Jedoch muss der Verkäufer dem Käufer auf dessen Verlangen, Gefahr und Kosten jeweils im Besitz des Verkäufers befindliche Informationen zur Verfügung stellen, die der Käufer zur Erlangung des Versicherungsschutzes benötigt.

A6. Liefer-/Transportdokument

Falls handelsüblich oder falls der Käufer es verlangt, hat der Verkäufer auf eigene Kosten dem Käufer das oder die übliche/n Transportdokument/e für den gemäß A4 vertraglich vereinbarten Transport zur Verfügung zu stellen.

Dieses Transportdokument muss die vertragliche Ware erfassen und innerhalb der zur Versendung vereinbarten Frist datiert sein. Falls vereinbart oder handelsüblich, muss das Dokument dem Käufer auch in die Lage versetzen, die Herausgabe der Ware bei dem Frachtführer am benannten Bestimmungsort einfordern zu können und es dem Käufer ermöglichen, die Ware während des Transports durch Übergabe des Dokuments an einen nachfolgenden Käufer oder durch Benachrichtigung an den Frachtführer zu verkaufen.

Wird ein solches Transportdokument als begebbares Dokument und in mehreren Originalen ausgestellt, muss dem Käufer ein vollständiger Satz von Originalen übergeben werden.

A7. Ausfuhr-/Einfuhrabfertigung

a) Ausfuhrabfertigung

Gegebenenfalls hat der Verkäufer alle Ausfuhrabfertigungsformalitäten durchzuführen und zu bezahlen, die von dem jeweiligen Ausfuhrland vorgeschrieben sind, z. B.
- Ausfuhrgenehmigung;
- Sicherheitsfreigabe für die Ausfuhr;
- Warenkontrolle vor der Verladung; und
- sonstige behördliche Genehmigungen.

b) Unterstützung bei der Einfuhrabfertigung

Gegebenenfalls hat der Verkäufer den Käufer auf dessen Verlangen, Gefahr und Kosten bei der Beschaffung von Dokumenten und/oder Informationen für alle Transit-/Einfuhrabfertigungsformalitäten zu unterstützen, einschließlich Sicherheitsanforderungen und Warenkontrollen vor der Verladung, die von den Transit-/Einfuhrländern vorgeschrieben sind.

A8. Prüfung/Verpackung/Kennzeichnung

Der Verkäufer hat die Kosten jener Prüfvorgänge (z. B. Qualitätsprüfung, Messen, Wiegen und Zählen) zu tragen, die notwendig sind, um die Ware gemäß A2 zu liefern.

Der Verkäufer hat auf eigene Kosten die Ware zu verpacken, es sei denn, es ist handelsüblich, die jeweilige Art der verkauften Ware unverpackt zu transportieren. Der Verkäufer muss die Ware in der für ihren Transport geeigneten Weise verpacken und kennzeichnen, es sei denn, die Parteien haben genaue Verpackungs- oder Kennzeichnungsanforderungen vereinbart.

A9. Kostenverteilung

Der Verkäufer muss

a) bis zur Lieferung gemäß A2 alle die Ware betreffenden Kosten tragen, ausgenommen die gemäß B9 vom Käufer zu tragenden Kosten;

b) Transportkosten und alle sonstigen gemäß A4 entstehenden Kosten tragen, einschließlich der Kosten für die Verladung der Ware und der transportbezogenen Sicherheitskosten;

c) alle Kosten und Gebühren für die Entladung am vereinbarten Bestimmungsort tragen, sofern diese Kosten und Gebühren gemäß Beförderungsvertrag zu Lasten des Verkäufers gehen;
d) die Kosten der Durchfuhr tragen, die gemäß Beförderungsvertrag zu Lasten des Verkäufers gehen;
e) die Kosten für die Erbringung des üblichen Nachweises für den Käufer gemäß A6 tragen, aus dem hervorgeht, dass die Ware geliefert wurde;
f) gegebenenfalls Zölle, Steuern und sonstige Kosten für die Ausfuhrabfertigung gemäß A7(a) tragen; und
g) dem Käufer alle Kosten und Gebühren erstatten, die dem Käufer durch die Unterstützung bei der Beschaffung der erforderlichen Dokumente und Informationen gemäß B7(a) entstanden sind.

A10. Benachrichtigungen

Der Verkäufer muss den Käufer benachrichtigen, dass die Ware gemäß A2 geliefert wurde.

Der Verkäufer muss den Käufer über alles Nötige benachrichtigen, damit dieser die Ware übernehmen kann.

B. VERPFLICHTUNGEN DES KÄUFERS

B1. Allgemeine Verpflichtungen

Der Käufer hat den im Kaufvertrag genannten Preis der Ware zu zahlen.

Jedes vom Käufer bereitzustellende Dokument kann in Papierform oder in elektronischer Form vorliegen, je nachdem, wie dies zwischen den Parteien vereinbart wird oder handelsüblich ist.

B2. Übernahme

Der Käufer muss die gemäß A2 gelieferte Ware übernehmen und am benannten Bestimmungsort oder ggf. an der an diesem Ort vereinbarten Stelle vom Frachtführer entgegennehmen.

B3. Gefahrübergang

Der Käufer trägt ab dem Zeitpunkt der Lieferung gemäß A2 alle Gefahren des Verlusts oder der Beschädigung der Ware.

Falls der Käufer keine Benachrichtigung gemäß B10 erteilt, trägt der Käufer alle Gefahren des Verlusts oder der Beschädigung der Ware ab dem vereinbarten Lieferzeitpunkt oder nach dem Ende des vereinbarten Lieferzeitraums, vorausgesetzt, die Ware wurde eindeutig als die vertragliche Ware kenntlich gemacht.

B4. Transport

Der Käufer hat gegenüber dem Verkäufer keine Verpflichtung, einen Beförderungsvertrag abzuschließen.

B5. Versicherung

Der Käufer hat gegenüber dem Verkäufer keine Verpflichtung, einen Versicherungsvertrag abzuschließen.

B6. Liefer-/Transportdokument

Der Käufer hat das gemäß A6 zur Verfügung gestellte Transportdokument anzunehmen, wenn es mit dem Vertrag übereinstimmt.

B7. Ausfuhr-/Einfuhrabfertigung

a) Unterstützung bei Ausfuhrabfertigung

Gegebenenfalls hat der Käufer den Verkäufer auf dessen Verlangen, Gefahr und Kosten bei der Beschaffung von Dokumenten, und/oder Informationen für alle

Ausfuhrabfertigungsformalitäten, einschließlich Sicherheitsanforderungen und Warenkontrollen vor der Verladung, zu unterstützen, die von dem betreffenden Ausfuhrland vorgeschrieben sind.

b) Einfuhrabfertigung
Gegebenenfalls hat der Käufer alle Formalitäten durchzuführen und zu bezahlen, die von dem betreffenden Transit- und Einfuhrland vorgeschrieben sind, z. B.:
- Einfuhrgenehmigung und ggf. erforderliche Durchfuhrgenehmigungen;
- Sicherheitsfreigabe für die Einfuhr und etwaige Durchfuhr;
- Warenkontrolle vor der Verladung; und
- sonstige behördliche Genehmigungen.

B8. Prüfung/Verpackung/Kennzeichnung
Der Käufer hat gegenüber dem Verkäufer keine Verpflichtung.

B9. Kostenverteilung
Der Käufer muss

a) alle die Ware betreffenden Kosten ab dem Zeitpunkt der Lieferung gemäß A2 tragen, mit Ausnahme der gemäß A9 vom Verkäufer zu übernehmenden Kosten;
b) die Kosten der Durchfuhr tragen, sofern diese Kosten nicht gemäß Beförderungsvertrag zu Lasten des Verkäufers gehen;
c) die Entladekosten tragen, sofern diese Kosten nicht gemäß Beförderungsvertrag zu Lasten des Verkäufers gehen;
d) dem Verkäufer alle Kosten und Gebühren erstatten, die dem Verkäufer durch die Unterstützung bei der Beschaffung der erforderlichen Dokumente und Informationen gemäß A5 und A7(b) entstanden sind;
e) gegebenenfalls Zölle, Steuern und sonstige Kosten in Zusammenhang mit der Transit- oder Einfuhrabfertigung gemäß B7(b) zahlen; und
f) alle zusätzlichen Kosten tragen, die ab dem vereinbarten Termin für die Versendung oder ab dem Ende des hierfür vereinbarten Zeitraums entstehen, falls er es versäumt, eine Benachrichtigung gemäß B10 zu erteilen, vorausgesetzt, dass die Ware wurde eindeutig als die vertragliche Ware kenntlich gemacht.

B10. Benachrichtigungen
Wenn vereinbart wurde, dass der Käufer berechtigt ist, den Zeitpunkt für die Versendung der Ware und/oder die Stelle für die Entgegennahme der Ware am benannten Bestimmungsort zu bestimmen, muss der Käufer den Verkäufer hierüber in hinreichender Weise benachrichtigen.

Kommentierung

1) Vertragstyp
„CPT"/„Frachtfrei" ist für alle Transportarten geeignet (→ Einl. vor Incoterms 1 Rn. 21), für den inländischen wie für den ausländischen, und auch bei Einsatz mehrerer Transportarten (→ Erläuternde Kommentare für Nutzer Ziffer 2). Die Klausel ist bis auf die fehlende Pflicht des Verkäufers zum Abschluss einer Transportversicherung und zur Tragung der Kosten dafür wort- und deckungsgleich mit „CIP/Frachtfrei versichert" (s. Nr. 4). Als Klausel der C-Gruppe hat sie, abgesehen von Kosten, Versicherung und ggf. Fracht, auch Ähnlichkeiten mit „CFR/Kosten und Fracht" und „CIF/Kosten, Versicherung und Fracht", beides aber Seehandelsklauseln (s. ausführlichere Kommentierung von CIF Nr. 11). Bei „CPT/Frachtfrei" liefert der Verkäufer die Ware dem Frachtführer am vereinbarten Ort, schließt den Beförderungsvertrag (über Beförderung bis zum benannten Bestimmungsort) ab und zahlt auch die Frachtkosten bis zu dem Bestimmungsort. Letzteres betrifft nur die Frachtkosten, geliefert mit

(6) Incoterms 2020 3. CPT

der Folge des Gefahrübergangs ist bereits mit Übergabe an den Frachtführer (→ Erläuternde Kommentare für Nutzer Ziffer 1). Lieferorte (oder -stellen) und Bestimmungsorte fallen also auseinander (→ Erläuternde Kommentare für Nutzer Ziffer 3). Die CPT-Klausel ist also wie alle C-Klauseln eine **Zweipunktklausel** (→ Einl. vor Incoterms Rn. 34). Lieferort und auch die konkrete Lieferstelle am Lieferort sollten möglichst genau angegeben werden (→ Erläuternde Kommentare für Nutzer Ziffer 4), denn sonst kann der Verkäufer ein Auswahlrecht haben (A4 I 3, → Rn. 5).

2) Verkäufer- und Käuferpflichten

2 **Vertragskonforme Bereitstellung** der Waren und Handelsrechnung durch den Verkäufer und **Kaufpreiszahlung** durch den Käufer (**A1/B1**, wortgleich wie bei EXW → Nr. 1 Rn. 2). Ebenso Gleichstellung von **Papierform und elektronischer Form** (A1 II/B1 II, → Einl. vor Incoterms Rn. 46).

3 **Lieferung/Übernahme (A2/B2): Lieferung** ist Übergabe der Ware an den gemäß A4 beauftragten Frachtführer zum vereinbarten Termin oder innerhalb der vereinbarten Frist oder Beschaffung der so gelieferten Ware **(A2)**. Darin kann **Fixgeschäft** liegen (so für das internationale Abladegeschäft → FOB Nr. 9 Rn. 4; → HGB § 376 Rn. 7, 8), es empfiehlt sich eine genaue vertragliche Abrede dazu. Die alternative Pflicht des Verkäufers, bereits so gelieferte Ware zu **beschaffen** (A2 Satz 1 Alternative 2), bezieht sich auf mehrere hintereinander geschaltete Verkäufe in einer Verkaufskette („string sales"), die besonders im Rohstoffhandel vorkommen (→ Erläuternde Kommentare für Nutzer Ziffer 6). Der Käufer muss die so gelieferte Ware übernehmen und vom Frachtführer am Bestimmungsort oder ggf. an der vereinbarten Stelle dort entgegennehmen **(B2)**.

4 **Gefahrübergang** erfolgt mit Lieferung, also bereits **mit Übergabe an den Frachtführer (A3)** und nicht erst, wenn die Ware den Bestimmungsort erreicht, obschon der Verkäufer den Beförderungsvertrag bis zum Bestimmungsort abschließen muss → Rn. 4, 1). Begriff des Frachtsführers → Einl. vor Inocterms Rn. 58. Bei mehreren Frachtführern erfolgt der Gefahrübergang üblicherweise bei Übergabe an den ersten (→ Erläuternde Kommentare für Nutzer Ziffer 4; auch → Einführung Incoterms 2020 Ziffer 35 ff); zu Art. 31 CISG Staudinger/Magnus Rn. 20.); zu Art. 31 CISG Staudinger/Magnus Rn. 20; Widmer Lüchinger in Schlechtriem/Schwenzer/Schroeter 7. Aufl. 2019, Art. 31 CISG Rn. 19. Ab da trägt der Käufer alle Gefahren des Verlusts oder der Beschädigung der Ware **(B3 I)** Zu mehreren aufeinanderfolgenden Straßenfrachtführern auch **(17)** CMR Art. 34. Die Parteien müssen also beachten, dass der Gefahrübergang und der Kostenübergang an verschiedenen Orten stattfinden (Zweipunktklausel, → Rn. 1). Soll die Gefahr erst später (zB in einem See-, Fluss- oder Flughafen) oder früher (zB an einem Ort im Inland, der von einem See- oder Flusshaften entfernt ist) übergehen, muss das besonders vereinbart werden (→ Erläuternde Kommentare für Nutzer Ziffer 4). Unterläßt der Käufer die Benachrichtigung gemäß B10, trägt er ab dem vereinbarten Lieferzeitpunkt oder nach dem Ende des vereinbarten Lieferzeitraums die Gefahr, allerdings nur, sofern die Ware eindeutig als vertragliche Ware kenntlich gemacht worden ist **(B3 II)**.

5 Was den **Transport** angeht, muss der Verkäufer den **Beförderungsvertrag** abschließen oder für dessen Abschluss sorgen („beschaffen"/„to procure" wie bei CIF → Nr. 11 Rn. 6), nicht der Käufer **(A4 I 1/B4)**. Dabei vertragliche Beförderung von dem Lieferort und ggf. der vereinbarten Lieferstelle an diesem bis zum benannten Bestimmungsort und ggf. der vereinbarten Stelle an diesem Ort (A4 I 1). Beförderungsvertrag ist zu den üblichen Bedingungen auf Kosten des Verkäufers abzuschließen, Beförderung auf der üblichen Route und mit einem normalerweise benutzten Transportmittel (A4 I 2, usual terms, usual route, in a customary way). Mangels Vereinbarung oder Handelspraxis bestimmt der Verkäufer die Stelle am Lieferort und am benannten Bestimmungsort, die am besten zweckgeeignet ist (A4 I 3). Die transportbezogenen Sicherheitsanforderungen muss der Verkäufer bis zum Bestimmungsort

erfüllen (A4 II); zu diesen → Einführung Incoterms 2020 Ziffer 76, Graf von Bernstorff Rn. 611 ff.

Versicherung ist (anders als bei „CIP Frachtfrei versichert" → Nr. 4 Rn. 6) nicht **6** vorgesehen **(A5/B5)**. Ob der Käufer eine Transportversicherung (dann ab Lieferort bis zum Bestimmungsort) abschließt, bleibt ihm überlassen. Besser ist eine Vereinbarung von Verkäufer und Käufer über eine Transportversicherung vom Werk des Verkäufers bis zum Bestimmungsort, dann ggf. mit Kostenteilung, wie bei FCA → Nr. 2 Rn. 8. Unterstützung bei Informationen und damit verbundene Kosten (A 10/B 10). Zu den sicherheitsrelevanten Informationen (A10/B10) wie bei FOB → Nr. 9 Rn. 9.

Liefer-/Transportdokument (A6/B6), dazu → Einl. vor Incoterms Rn. 51. Falls **7** handelsüblich oder auf Verlangen des Käufers, hat der Verkäufer auf eigene Kosten das oder die üblichen Transportdokument/e für den vereinbarten Transport zur Verfügung zu stellen (A6 I). „Zur Verfügung stellen" ist weniger als „übergeben" wie in Art. 34 CISG, Graf von Bernstorff Rn. 691, aber die vereinbarten Incoterms gehen vor, Staudinger/Magnus Art. 34 Rn. 8. Das Dokument muss die vertragliche Ware erfassen und ein innerhalb der zur Versendung vereinbarten Frist liegendes Datum tragen (A6 II 1). Falls vereinbart oder handelsüblich, muss der Käufer mit dem Dokument die Herausgabe bei dem Frachtführer einfordern und die Ware während des Transports durch Übergabe des Dokuments (je nachdem auch Indossament) an einen nachfolgenden Käufer oder durch Benachrichtigung des Frachtführers verkaufen können (A6 II 2). Falls das Transportdokument ein begebbares Dokument und in mehreren Originalen ausgestellt ist, muss dem Käufer ein vollständiger Satz von Originalen übergeben werden (A6 III). Der Käufer muss das gemäß A6 zur Verfügung gestellte Transportdokument annehmen, wenn es dem Vertrag übereinstimmt (B6). Annahme des Transportdokuments bedeutet aber nicht zugleich Annahme der Ware als vertragsgemäß, Graf von Bernstorff Rn. 694.

Ausfuhr-/Einfuhrabfertigung (A7/B7): Der Verkäufer hat die Ware nur zur **8** Ausfuhr freizumachen, Sache des Käufers ist es, sie zur Einfuhr freizumachen (→ Erläuternde Kommentare für Nutzer Ziffer 8); nur gegebenenfalls (→ Einl. Incoterms Rn. 52). Klausel A7/B7 ist mit der entsprechenden Klausel bei FCA identisch, näher FCA → Nr. 2 Rn. 10; dort auch zur **pre-shipment inspection**. Bei Versagung der Ausfuhrgenehmigung vertragliche Käuferrechte etwa nach Art. 46, 49 CISG, aber auch Art. 79 I CISG. Bei eventuellen Schwierigkeiten mit der Aus- oder Einfuhrgenehmigung kann sich ein Vorbehalt empfehlen zB „CPT Incoterms 2020 vorbehaltlich Exportlizenz" oder „vorbehaltlich Einfuhrbewilligung", Graf von Bernstorff Rn. 706.

Prüfung, Verpackung, Kennzeichnung (A8/B8), dies wie bei EXW → Nr. 1 **9** Rn. 8. Einzelheiten zur Verpackung, die dem Verkäufer obliegt, in A8 II.

Kostenverteilung (A9/B9): Die Kostenverteilung ist ausführlich geregelt, wie für **10** den **Verkäufer** aus **A9 lit. a–g** und für den **Käufer** aus **B9 lit a–f** ersichtlich. Der **Verkäufer** trägt vor allem alle Kosten bis zur Lieferung (A9 lit. a), die Fracht und alle sonstigen gemäß A4 entstehenden Kosten (A9 lit. b) und die sonstigen Kosten der Ausfuhr gemäß A7 lit. a ggf. notwendigen Zölle, Steuern und sonstigen Kosten (A9 lit. f). Die Kosten der Durchfuhr und die Entladekosten am vereinbarten Bestimmungsort trägt der Verkäufer, wenn im Beförderungsvertrag so vorgesehen (A9 lit. d und c/B9 lit. b und c. Der Verkäufer kann die Kosten der Entladung am Bestimmungsort nicht zusätzlich vom Käufer zurückfordern, sofern nichts anderes zwischen den Parteien vereinbart ist (→ Erläuternde Kommentare für Nutzer Ziffer 7). Der **Käufer** trägt die Kosten ab Lieferung gemäß A2 (B9 lit. a), also auch die Transportkosten ab Lieferort an einen weiteren Ort, und unter anderem die Kosten der für die Transitoder für die Einfuhrabfertigung gemäß B7 lit. b ggf. notwendigen Zölle, Steuern und sonstigen Kosten (B9 lit. f). Da der Verkäufer alle Kosten bis zur Lieferung mitsamt der Fracht trägt, sollten die Parteien die Stelle am vereinbarten Bestimmungsort, an der der Käufer die Waren vom Frachtführer entgegennimmt, möglichst genau angeben; der Verkäufer tut gut daran, damit genau übereinstimmende Beförderungsverträge ab-

(6) Incoterms 2020 4. CIP

zuschließen (→ Erläuternde Kommentare für Nutzer Ziffer 5). Wenn eine bestimmte Stelle am Bestimmungsort nicht angegeben wird und sich auch nicht aus der Handelspraxis ergibt, hat der Verkäufer ein Auswahlrecht (A4 I 3, → Rn. 5) und der Käufer riskiert dann, insoweit auf Hafengebühren bzw. terminal handling charges sitzen zu bleiben.

11 **Benachrichtigungen (A10/B10):** Der Verkäufer muss den Käufer über die Lieferung der Ware gemäß A2 und über alles Nötige benachrichtigen, damit der Käufer die Ware übernehmen kann (A10 I, II). Wenn der Käufer nach dem Vertrag den Zeitpunkt der Versendung der Ware und/oder die Lieferstelle am Bestimmungsort bestimmen kann, muss er den Verkäufer hierüber in hinreichender Weise benachrichtigen (B10).

4) CIP | Frachtfrei versichert

CIP (fügen Sie den benannten Bestimmungsort ein) *Incoterms® 2020*

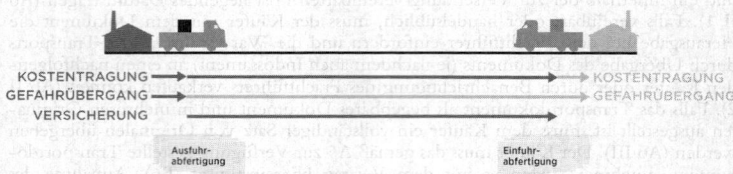

ERLÄUTERNDE KOMMENTARE FÜR NUTZER[1]

1. Lieferung und Gefahrübergang – Bei Nutzung der Klausel „Frachtfrei versichert" erfolgt die Lieferung der Ware und der Gefahrübergang vom Verkäufer an den Käufer
- durch Übergabe der Ware an den Frachtführer,
- welcher vom Verkäufer beauftragt wurde,
- oder durch Verschaffung der so gelieferten Ware.
- Hierzu kann der Verkäufer die Ware in einer für die verwendete Transportart geeigneten Art und Weise und an einem diesbezüglich geeigneten Ort in den Besitz des Frachtführers übergeben.

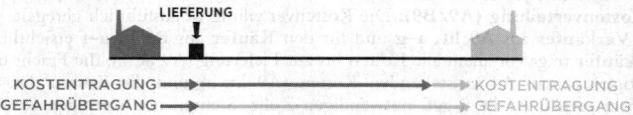

Nach der so erfolgten Lieferung der Ware an den Käufer übernimmt der Verkäufer jedoch keine Garantie dafür, dass die Ware ihren Bestimmungsort in einwandfreiem Zustand oder in der angegebenen Qualität erreicht bzw. dass die Ware überhaupt am Bestimmungsort eintrifft. Der Grund hierfür ist, dass mit Lieferung der Ware an den Käufer durch Übergabe an den Frachtführer zugleich auch der Gefahrübergang vom Verkäufer auf den Käufer erfolgt; ungeachtet dessen muss jedoch der Verkäufer einen Vertrag zur Beförderung der Ware vom Lieferort zum vereinbarten Bestimmungsort abschließen. Somit könnte beispielsweise Ware an einen Frachtführer in

---

[1] **[Red. Anm.:]** Die „Erläuternden Kommentare für Nutzer" sind Bestandteil der Incoterms® 2020. Die **eigentliche Kommentierung, erkennbar an ihren Randnummern, folgt im Anschluss an B.** Verpflichtungen des Käufers.

Las Vegas (das keinen Hafen besitzt) für den Transport nach Southampton (mit Hafen) oder Winchester (wiederum ohne Hafen) übergeben werden. In jedem Fall erfolgen die Lieferung und der damit verbundene Gefahrübergang auf den Käufer in Las Vegas, wobei der Verkäufer jedoch einen Beförderungsvertrag für den Transport der Ware nach Southampton oder Winchester abzuschließen hat.

2. **Transportart** – Diese Klausel kann unabhängig von der gewählten Transportart verwendet werden, auch dann, wenn mehrere Transportarten zum Einsatz kommen.

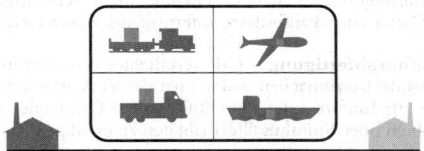

3. **Lieferorte (oder -stellen) und Bestimmungsorte** – In der Klausel CIP sind zwei Orte wichtig: der Ort oder die Stelle der Lieferung der Ware (für den Gefahrübergang) und der Ort oder die Stelle, der bzw. die als Bestimmungsort der Ware vereinbart wurde (die Stelle, bis zu der der vom Verkäufer abzuschließende Beförderungsvertrag gilt).

4. **Versicherung** – Der Verkäufer muss ebenfalls einen Versicherungsvertrag für die auf den Käufer übergehende Gefahr des Verlustes oder der Beschädigung der Ware während des Transports von der Lieferstelle mindestens bis zum Bestimmungsort abschließen. Dies kann zu Schwierigkeiten führen, wenn das Bestimmungsland vorschreibt, dass der Versicherungsschutz in diesem Land erworben werden muss: In diesem Fall sollten die Parteien in Betracht ziehen, unter der Klausel CPT zu verkaufen bzw. zu kaufen. Der Käufer sollte ebenfalls bedenken, dass der Verkäufer unter der Klausel CIP der Incoterms® 2020 für umfassenden Versicherungsschutz sorgen muss, um die Bedingungen der Klausel (A) der Institute Cargo Clauses oder einer ähnlichen Klausel zu erfüllen, wohingegen die Klausel (C) der Institute Cargo Clauses einen geringeren Versicherungsschutz vorsieht. Den Parteien steht jedoch immer noch die Möglichkeit offen, einen geringeren Versicherungsschutz zu vereinbaren.

5. **Genaue Bezeichnung des Lieferortes oder der Lieferstelle** – Die Parteien sind gut beraten, beide Orte oder ggf. Stellen an diesem Ort im Kaufvertrag so genau wie möglich anzugeben. Eine möglichst präzise Bezeichnung des Lieferortes oder ggf. der Lieferstelle ist von großer Bedeutung, um häufig eintretende Situationen zu meistern, in denen mehrere Frachtführer für jeweils unterschiedliche Teilstrecken des Transports von Lieferort bis zum Bestimmungsort beauftragt sind. Wenn dies geschieht und sich die Parteien nicht auf einen konkreten Lieferort oder eine genaue Lieferstelle einigen, erfolgt der Gefahrübergang üblicherweise, sobald die Ware an den ersten Frachtführer übergeben wird; die Auswahl der Stelle, an der die Lieferung erfolgen soll, liegt in diesen Fällen allein im Ermessen des Verkäufers, während der Käufer darauf keinen Einfluss hat. Wünschen die Parteien einen Gefahrübergang zu einem späteren (z. B. an einem See-, Fluss- oder Flughafen) oder früheren Zeitpunkt (z. B. an einem Ort im Inland, der eine gewisse Strecke von einem See- oder Flusshafen entfernt liegt), dann müssen die Parteien dies in ihrem Kaufvertrag festlegen und sorgfältig über die möglichen Folgen nachdenken, die sich ergeben würden, falls die Ware verloren gehen oder beschädigt werden sollte.

6. **Möglichst genaue Bezeichnung des Bestimmungsortes** – Die Parteien sind außerdem gut beraten, die betreffende Stelle am vereinbarten Bestimmungsort so genau wie möglich zu bezeichnen, da dies die Stelle ist, bis zu der der Verkäufer einen Beförderungs- und Versicherungsvertrag abschließen muss, sodass die bis zu

dieser Stelle entstehenden Transport- und Versicherungskosten zu Lasten des Verkäufers gehen.
7. **„oder durch Verschaffung der so gelieferten Ware"** – Der Begriff „Verschaffung" bezieht sich hier auf mehrere hintereinander geschaltete Verkäufe in einer Verkaufskette („string sales"), die häufig, wenn auch nicht ausschließlich, im Rohstoffhandel vorkommen.
8. **Kosten der Entladung am Bestimmungsort** – Entstehen dem Verkäufer gemäß seinem Beförderungsvertrag Kosten in Zusammenhang mit der Entladung am benannten Bestimmungsort, so ist der Verkäufer nicht berechtigt, diese Kosten zusätzlich vom Käufer zurückzufordern, sofern nichts anderes zwischen den Parteien vereinbart ist.
9. **Ausfuhr-/Einfuhrabfertigung** – CIP verpflichtet den Verkäufer, die Ware nötigenfalls zur Ausfuhr freizumachen. Jedoch hat der Verkäufer keinerlei Verpflichtungen, die Ware zur Einfuhr oder Durchfuhr durch Drittländer freizumachen, Einfuhrzölle zu zahlen oder Einfuhrzollformalitäten zu erledigen.

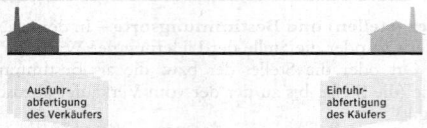

Ausfuhrabfertigung des Verkäufers

Einfuhrabfertigung des Käufers

A. VERPFLICHTUNGEN DES VERKÄUFERS

A1. Allgemeine Verpflichtungen

Der Verkäufer hat die Ware und die Handelsrechnung in Übereinstimmung mit dem Kaufvertrag bereitzustellen und jeden sonstigen vertraglich vereinbarten Konformitätsnachweis zu erbringen.

Jedes vom Verkäufer bereitzustellende Dokument kann in Papierform oder in elektronischer Form vorliegen, je nachdem, wie dies zwischen den Parteien vereinbart wird oder handelsüblich ist.

A2. Lieferung

Der Verkäufer hat die Ware zu liefern, indem er sie an den gemäß A4 beauftragten Frachtführer übergibt oder indem er die so gelieferte Ware beschafft. In jedem Fall muss der Verkäufer die Ware zum vereinbarten Termin oder innerhalb der vereinbarten Frist liefern.

A3. Gefahrübergang

Der Verkäufer trägt bis zur Lieferung gemäß A2 alle Gefahren des Verlusts oder der Beschädigung der Ware, mit Ausnahme von Verlust oder Beschädigung unter den in B3 beschriebenen Umständen.

A4. Transport

Der Verkäufer hat für die Ware einen Beförderungsvertrag von der gegebenenfalls vereinbarten Lieferstelle am Lieferort bis zum benannten Bestimmungsort oder einer gegebenenfalls vereinbarten Stelle an diesem Ort abzuschließen oder zu beschaffen. Der Beförderungsvertrag ist zu den üblichen Bedingungen auf Kosten des Verkäufers abzuschließen und hat die Beförderung auf der üblichen Route in der üblichen Weise und mit einem Transportmittel der Bauart zu gewährleisten, das normalerweise für den Transport der verkauften Warenart verwendet wird. Ist keine bestimmte Stelle vereinbart und ergibt sie sich auch nicht aus der Handelspraxis, kann der Verkäufer die Stelle am Lieferort und am benannten Bestimmungsort auswählen, die für den Zweck am besten geeignet ist.

Der Verkäufer muss alle transportbezogenen Sicherheitsanforderungen für die Beförderung der Waren bis zum Bestimmungsort erfüllen.

A5. Versicherung

Sofern nicht anders vereinbart oder handelsüblich, hat der Verkäufer auf eigene Kosten eine Transportversicherung abzuschließen, die der vorgeschriebenen Deckungshöhe gemäß den Klauseln (A) der Institute Cargo Clauses (LMA/IUA) oder ähnlichen Klauseln entspricht, welche den eingesetzten Transportmitteln angemessen sind. Die Versicherung ist bei Einzelversicherern oder Versicherungsgesellschaften mit einwandfreiem Leumund abzuschließen und muss den Käufer oder jede andere Person mit einem versicherbaren Interesse an der Ware berechtigen, Ansprüche direkt bei dem Versicherer geltend zu machen.

Der Verkäufer muss auf Verlangen und Kosten des Käufers, vorbehaltlich der durch den Käufer zur Verfügung zu stellenden, vom Verkäufer benötigten Informationen, zusätzlichen Versicherungsschutz beschaffen, falls erhältlich, z. B. Deckung entsprechend den Institute War Clauses und/oder Institute Strikes Clauses (LMA/IUA) oder ähnlichen Klauseln (es sei denn, ein derartiger Versicherungsschutz ist bereits in der im vorhergehenden Absatz beschriebenen Transportversicherung inkludiert).

Die Versicherung muss zumindest den im Vertrag genannten Preis zuzüglich zehn Prozent (d. h. 110%) decken und in der Währung des Vertrags ausgestellt sein.

Der Versicherungsschutz für die Ware muss ab der in A2 festgelegten Lieferstelle mindestens bis zum benannten Bestimmungsort gelten.

Der Verkäufer muss dem Käufer die Versicherungspolice oder -urkunde bzw. einen sonstigen Nachweis über den Versicherungsschutz aushändigen.

Ferner hat der Verkäufer dem Käufer auf dessen Verlangen, Gefahr und Kosten jene Informationen zur Verfügung zu stellen, die der Käufer für den Abschluss etwaiger zusätzlicher Versicherungen benötigt.

A6. Liefer-/Transportdokument

Falls handelsüblich oder falls der Käufer es verlangt, hat der Verkäufer auf eigene Kosten dem Käufer das oder die übliche/n Transportdokument/e für den gemäß A4 vertraglich vereinbarten Transport zur Verfügung zu stellen.

Dieses Transportdokument muss die vertragliche Ware erfassen und innerhalb der zur Versendung vereinbarten Frist datiert sein. Falls vereinbart oder handelsüblich, muss das Dokument den Käufer auch in die Lage versetzen, die Herausgabe der Ware bei dem Frachtführer am benannten Bestimmungsort einfordern zu können und es dem Käufer ermöglichen, die Ware während des Transports durch Übergabe des Dokuments an einen nach folgenden Käufer oder durch Benachrichtigung an den Frachtführer zu verkaufen.

Wird ein solches Transportdokument als begebbares Dokument und in mehreren Originalen ausgestellt, muss dem Käufer ein vollständiger Satz von Originalen übergeben werden.

A7. Ausfuhr-/Einfuhrabfertigung

a) Ausfuhrabfertigung

Gegebenenfalls hat der Verkäufer alle Ausfuhrabfertigungsformalitäten durchzuführen und zu bezahlen, die von dem jeweiligen Ausfuhrland vorgeschrieben sind, z. B.:
- Ausfuhrgenehmigung;
- Sicherheitsfreigabe für die Ausfuhr;
- Warenkontrolle vor der Verladung; und
- sonstige behördliche Genehmigungen.

b) Unterstützung bei der Einfuhrabfertigung

Gegebenenfalls hat der Verkäufer den Käufer auf dessen Verlangen, Gefahr und Kosten bei der Beschaffung von Dokumenten und/oder Informationen für alle

Transit-/Einfuhrabfertigungsformalitäten zu unterstützen, einschließlich Sicherheitsanforderungen und Warenkontrollen vor der Verladung, die von den Transit-/Einfuhrländern vorgeschrieben sind.

A8. Prüfung/Verpackung/Kennzeichnung

Der Verkäufer hat die Kosten jener Prüfvorgänge (z. B. Qualitätsprüfung, Messen, Wiegen und Zählen) zu tragen, die notwendig sind, um die Ware gemäß A2 zu liefern.

Der Verkäufer hat auf eigene Kosten die Ware zu verpacken, es sei denn, es ist handelsüblich, die jeweilige Art der verkauften Ware unverpackt zu transportieren. Der Verkäufer muss die Ware in der für ihren Transport geeigneten Weise verpacken und kennzeichnen, es sei denn, die Parteien haben genaue Verpackungs- oder Kennzeichnungsanforderungen vereinbart.

A9. Kostenverteilung

Der Verkäufer muss

a) bis zur Lieferung gemäß A2 alle die Ware betreffenden Kosten tragen, ausgenommen die gemäß B9 vom Käufer zu tragenden Kosten;
b) Transportkosten und alle sonstigen gemäß A4 entstehenden Kosten tragen, einschließlich der Kosten für die Verladung der Ware und der transportbezogenen Sicherheitskosten;
c) alle Kosten und Gebühren für die Entladung am vereinbarten Bestimmungsort tragen, sofern diese Kosten und Gebühren gemäß Beförderungsvertrag zu Lasten des Verkäufers gehen;
d) die Kosten der Durchfuhr tragen, die gemäß Beförderungsvertrag zu Lasten des Verkäufers gehen;
e) die Kosten für die Erbringung des üblichen Nachweises für den Käufer gemäß A6 tragen, aus dem hervorgeht, dass die Ware geliefert wurde;
f) die sich aus A5 ergebenden Kosten der Versicherung tragen;
g) gegebenenfalls Zölle, Steuern und sonstige Kosten für die Ausfuhrabfertigung gemäß A7(a) tragen; und
h) dem Käufer alle Kosten und Gebühren erstatten, die dem Käufer durch die Unterstützung bei der Beschaffung der erforderlichen Dokumente und Informationen gemäß B7(a) entstanden sind.

A10. Benachrichtigungen

Der Verkäufer muss den Käufer benachrichtigen, dass die Ware gemäß A2 geliefert wurde.

Der Verkäufer muss den Käufer über alles Nötige benachrichtigen, damit dieser die Ware übernehmen kann.

B. VERPFLICHTUNGEN DES KÄUFERS

B1. Allgemeine Verpflichtungen

Der Käufer hat den im Kaufvertrag genannten Preis der Ware zu zahlen.

Jedes vom Käufer bereitzustellende Dokument kann in Papierform oder in elektronischer Form vorliegen, je nachdem, wie dies zwischen den Parteien vereinbart wird oder handelsüblich ist.

B2. Übernahme

Der Käufer muss die gemäß A2 gelieferte Ware übernehmen und am benannten Bestimmungsort oder ggf. an der an diesem Ort vereinbarten Stelle vom Frachtführer entgegennehmen.

B3. Gefahrübergang

Der Käufer trägt ab dem Zeitpunkt der Lieferung gemäß A2 alle Gefahren des Verlusts oder der Beschädigung der Ware. Falls der Käufer keine Benachrichtigung gemäß B10 erteilt, trägt der Käufer alle Gefahren des Verlusts oder der Beschädigung der Ware ab dem vereinbarten Lieferzeitpunkt oder nach dem Ende des vereinbarten Lieferzeitraums, vorausgesetzt, die Ware wurde eindeutig als die vertragliche Ware kenntlich gemacht.

B4. Transport

Der Käufer hat gegenüber dem Verkäufer keine Verpflichtung, einen Beförderungsvertrag abzuschließen.

B5. Versicherung

Der Käufer hat gegenüber dem Verkäufer keine Verpflichtung, einen Versicherungsvertrag abzuschließen. Allerdings muss der Käufer dem Verkäufer auf dessen Verlangen hin alle Informationen übermitteln, die zum Abschluss der vom Käufer gemäß A5 ggf. verlangten zusätzlichen Versicherung benötigt werden.

B6. Liefer-/Transportdokument

Der Käufer hat das gemäß A6 zur Verfügung gestellte Transportdokument anzunehmen, wenn es mit dem Vertrag übereinstimmt.

B7. Ausfuhr-/Einfuhrabfertigung

a) Unterstützung bei Ausfuhrabfertigung

Gegebenenfalls hat der Käufer den Verkäufer auf dessen Verlangen, Gefahr und Kosten bei der Beschaffung von Dokumenten und/oder Informationen für alle Ausfuhrabfertigungsformalitäten zu unterstützen, einschließlich Sicherheitsanforderungen und Warenkontrollen vor der Verladung, die von dem betreffenden Ausfuhrland vorgeschrieben sind.

b) Einfuhrabfertigung

Gegebenenfalls hat der Käufer alle Formalitäten durchzuführen und zu bezahlen, die von dem betreffenden Transit- und Einfuhrland vorgeschrieben sind, z. B.
- Einfuhrgenehmigung und ggf. erforderliche Durchfuhrgenehmigungen;
- Sicherheitsfreigabe für die Einfuhr und etwaige Durchfuhr;
- Warenkontrolle vor der Verladung; und
- sonstige behördliche Genehmigungen.

B8. Prüfung/Verpackung/Kennzeichnung

Der Käufer hat gegenüber dem Verkäufer keine Verpflichtung.

B9. Kostenverteilung

Der Käufer muss

a) alle die Ware betreffenden Kosten ab dem Zeitpunkt der Lieferung gemäß A2 tragen, mit Ausnahme der gemäß A9 vom Verkäufer zu übernehmenden Kosten;

b) die Kosten der Durchfuhr tragen, sofern diese Kosten nicht gemäß Beförderungsvertrag zu Lasten des Verkäufers gehen;

c) die Entladekosten tragen, sofern diese Kosten nicht gemäß Beförderungsvertrag zu Lasten des Verkäufers gehen;

d) die Kosten für jede zusätzliche auf Verlangen des Käufers nach A5 und B5 abgeschlossene Versicherung tragen;

e) dem Verkäufer alle Kosten und Gebühren erstatten, die dem Verkäufer durch die Unterstützung bei der Beschaffung der erforderlichen Dokumente und Informationen gemäß A5 und A7(b) entstanden sind;

f) gegebenenfalls Zölle, Steuern und sonstige Kosten in Zusammenhang mit der Transit- oder Einfuhrabfertigung gemäß B7(b) zahlen; und

(6) Incoterms 2020 4. CIP

g) alle zusätzlichen Kosten tragen, die ab dem vereinbarten Termin für die Versendung oder ab dem Ende des vereinbarten Versendungszeitraums entstehen, falls der Käufer es versäumt, eine Benachrichtigung gemäß B10 zu erteilen, vorausgesetzt, die Ware wurde eindeutig als die vertragliche Ware kenntlich gemacht.

B10. Benachrichtigungen

Wenn vereinbart wurde, dass der Käufer berechtigt ist, den Zeitpunkt für die Versendung der Ware und/oder die Stelle für die Entgegennahme der Ware am benannten Bestimmungsort zu bestimmen, muss der Käufer den Verkäufer hierüber in hinreichender Weise benachrichtigen.

Kommentierung

1) Vertragstyp

1 „**CIP/Frachtfrei versichert**" (s. auch „CPT/Frachtfrei", Nr. 3) ist für alle Transportarten geeignet (→ Einl. vor Incoterms Rn. 2), für den inländischen wie für den ausländischen, und auch bei Einsatz mehrerer Transportarten (→ Erläuternde Kommentare für Nutzer Ziffer 2). „Frachtfrei versichert" ist bis auf die Pflicht des Verkäufers auch zum Abschluss eines Transportversicherungsvertrags (A5) und zur Tragung der Kosten dafür (A9) wort- und deckungsgleich mit „CPT/Frachtfrei", deshalb kann für die Kommentierung auf **„CPT/ Frachtfrei"** (s. Nr. 3) **verwiesen** werden. Gefahrübergang wie bei „CPT" bereits mit Übergabe an den Frachtführer (→ Erläuternde Kommentare für Nutzer Ziffer 1). Lieferorte (oder -stellen) und Bestimmungsorte fallen also auseinander (→ Erläuternde Kommentare für Nutzer Ziffer 3). CIP ist wie alle C-Klauseln eine **Zweipunktklausel** (→ Einl. vor Incoterms Rn. 34), die **Gefahr geht am Lieferort über, die Kostentragung** umfasst dagegen **auch die Entladung am Bestimmungshafen,** wenn im Beförderungsvertrag so vorgesehen (A9 lit. c → Rn. 10 und → Erläuternde Kommentare für Nutzer Ziffer 8). Der Verkäufer erfüllt seine (kauf)vertraglichen Verpflichtungen am Lieferort, nicht erst am Bestimmungsort, OLG Düsseldorf IHR 2018, 209. „CIP/Frachtfrei versichert" und „CIF/Kosten, Versicherung und Fracht" (CIF → Nr. 11 Rn. 1) sind die beiden einzigen Incoterms, bei denen der Verkäufer eine **Transportversicherung** abschließen muss (→ Einl. vor Incoterms Rn. 67). Die **Versicherungsklausel** (A 5) ist **mit der bei „CIF"** weitestgehend wort- und deckungsgleich, aber **mit einer gegenüber den Incoterms 2010 wichtigen Abweichung: Clause A der Institute Cargo Clauses („all risks") statt wie früher und so immer noch bei „CIF" Clause C** (CIF → Nr. 11 Rn. 7), dazu auch → Rn. 6 und Erläuternde Kommentare für Nutzer Ziffer 4 sowie Begründung dieser durchaus streitigen Abweichung zu den Incoterms 2010 → Einführung Incoterms 2020 Ziffer 70. Der Versicherungsschutz ist damit deutlich weiter und entsprechend kostenträchtiger. Die Versicherungsklausel bei „CIP" muss aber dem anderen Inhalt von „CIP" Rechnung tragen, nämlich frachtfrei versichert bis zum benannten Bestimmungsort, bei „CIF" nur bis zum benannten Bestimmungshafen (CIF → Nr. 11 Rn. 7); die Versicherungszeit kann also wesentlich länger als bei „CIF" sein. Schreibt das Bestimmungsland vor, dass der **Versicherungsschutz dort gekauft werden muss,** was der Verkäufer leicht übersieht, kann statt „CIP" die Klausel „CPT/Frachtfrei" Nr. 3 besser geeignet sein (→ Erläuternde Kommentare für Nutzer Ziffer 4). Lieferort und auch die konkrete Lieferstelle am Lieferort sollten möglich genau angegeben werden (→ Erläuternde Kommentare für Nutzer Ziffer 5, 6), denn sonst kann der Verkäufer ein Auswahlrecht haben (A4 I 3, → Rn. 5).

2) Verkäufer- und Käuferpflichten

2 **Verkäufer und Käuferpflichten** sind – mit Ausnahme der Versicherungsklausel (A5 → Rn. 6) – **genau** die gleichen **wie bei „CPT Frachtfrei"**→ CPT Nr. 3

Rn. 2). **Vertragskonforme Bereitstellung** der Waren und Handelsrechnung durch den Verkäufer und **Kaufpreiszahlung** durch den Käufer **(A1/B1).** Auch elektronische Form (A1 II/B1 II).

Lieferung/Übernahme (A2/B2): Lieferung ist Übergabe der Ware an den gemäß A4 beauftragten Frachtführer zum vereinbarten Termin oder innerhalb der vereinbarten Frist oder Beschaffung der so gelieferten Ware **(A2).** Darin kann **Fixgeschäft** liegen (so für das internationale Abladegeschäft → FOB Nr. 9 Rn. 4; → HGB § 376 Rn. 7, 8). **„Beschaffen"** → Erläuternde Kommentare für Nutzer Ziffer 7 und → CPT Nr. 3 Rn. 3. 3

Gefahrübergang erfolgt mit Lieferung gemäß A2, also schon **mit Übergabe an den Frachtführer (A3)** und nicht erst, wenn die Ware den Bestimmungsort erreicht, → Erläuternde Kommentare für Nutzer Ziffer 1 und → CPT Nr. 3 Rn. 4. Ab da trägt der Käufer alle Gefahren des Verlusts oder der Beschädigung der Ware **(B3 I).** Gefahrübergang auf den Käufer bei Unterlassen der Benachrichtigung gemäß B10 **(B3 II)** wie bei CPT → Nr. 3 Rn. 4. 4

Was den **Transport** angeht, muss der Verkäufer den **Beförderungsvertrag** abschließen oder für dessen Abschluss sorgen, und zwar bis zum Bestimmungsort (→ CPT Nr. 3 Rn. 5), nicht der Käufer **(A4 I 1/B4).** Mangels Vereinbarung oder Handelspraxis bestimmt der Verkäufer die Stelle am Lieferort und am benannten Bestimmungsort, die am besten zweckgeeignet ist (A4 I 3). Zu transportbezogenen Sicherheitsanforderungen A4 II. 5

Der Verkäufer muss anders als bei „CPT/Frachtfrei" (→ CPT Nr. 3 Rn. 6) nach der **Versicherungsklausel (A5)** einen Versicherungsvertrag für die auf den Käufer übergehende Gefahr des Verlusts oder der Beschädigung der Ware während des Transports von der Lieferstelle mindestens bis zum Bestimmungsort abschließen. Die Versicherungsregelungen in **A5 I-VI/B5** sind bis **auf zwei Ausnahmen identisch** mit den Regelungen in A5 I-VI/B5 bei **CIF** und dort näher kommentiert (→ CIF Nr. 11 Rn. 7); die beiden Ausnahmen sind: 1) bei CIP **Clause A der Institute Cargo Clauses, „all risks",** statt wie nach Incoterms 2010 und immer noch **bei „CIF" Clause C** (A5 I, näher → Rn. 1) und 2) bei CIP Geltung bis zum benannten Bestimmungsort statt wie bei CIF bis zum benannten Bestimmungshafen (A5 IV). Deckung darüber hinaus nur bei Vereinbarung mit dem Verkäufer oder durch eigene zusätzliche Versicherung des Käufers, dann mit Unterstützungspflicht des Verkäufers (B5 Satz 1 und 2 mit A5 VI). 6

Liefer-/Transportdokument (A6/B6), → CPT Nr. 3 Rn. 7, näher → Einl. vor Incoterms Rn. 51. 7

Ausfuhr-/Einfuhrabfertigung (A7/B7): Der Verkäufer hat die Ware nur zur Ausfuhr freizumachen, Sache des Käufers ist es, sie zur Einfuhr freizumachen (→ Erläuternde Kommentare für Nutzer Ziffer 9), wie CPT → Nr. 3 Rn. 8. 8

Prüfung, Verpackung, Kennzeichnung (A8/B8), dies wie bei EXW → Nr. 1 Rn. 8. 9

Kostenverteilung (A9/B9): Die Kostenverteilung ist ausführlich geregelt, wie für den **Verkäufer aus A9 lit. a–h** und für den **Käufer aus B9 lit a–g** ersichtlich. Dies wie bei CPT → Nr. 3 Rn. 10, mit Ausnahme von A9 lit. f, wonach der Verkäufer auch die sich aus A5 ergebenden Kosten der Versicherung zu tragen hat, und B9 lit. d, wonach der Käufer die Kosten für jede zusätzliche bei Verlangen des Käufers nach A5 und B5 abgeschlossene Versicherung trägt. Entladungskosten wie bei CPT → Nr. 3 Rn. 10. Der Verkäufer kann die Kosten der Entladung am Bestimmungsort nicht zusätzlich vom Käufer zurückfordern, sofern nichts anderes zwischen den Parteien vereinbart ist (→ Erläuternde Kommentare für Nutzer Ziffer 8). 10

Benachrichtigungen (A10/B10), wie → CPT Nr. 3 Rn. 11. 11

(6) Incoterms 2020   5. DAP   2. Teil. Handelsrechtl. Nebenges.

5) DAP | Geliefert benannter Ort

DAP (fügen Sie den benannten Bestimmungsort ein) *Incoterms® 2020*

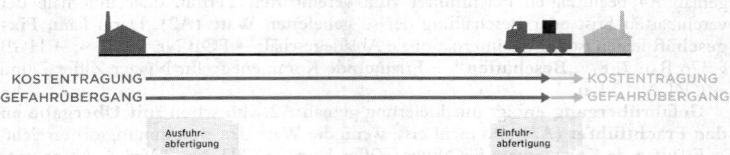

ERLÄUTERNDE KOMMENTARE FÜR NUTZER[1]

1. **Lieferung und Gefahrübergang** – Bei Nutzung der Klausel „Geliefert benannter Ort" erfolgt die Lieferung der Ware und der Gefahrübergang vom Verkäufer der Ware an den Käufer,
   - sobald die Ware dem Käufer
   - auf dem ankommenden Beförderungsmittel des Verkäufers entladebereit
   - am benannten Bestimmungsort oder
   - an der vereinbarten Stelle an diesem Ort, sofern eine derartige Stelle vereinbart wurde, zur Verfügung gestellt wird.

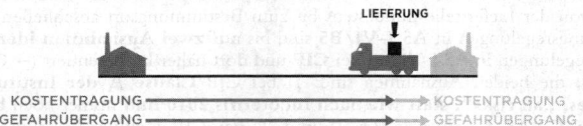

Der Verkäufer trägt alle Gefahren in Zusammenhang mit der Beförderung der Ware zum benannten Bestimmungsort oder zu der vereinbarten Stelle an diesem Bestimmungsort. In dieser Incoterms® Klausel sind daher Lieferung und Ankunft am Bestimmungsort identisch.

2. **Transportart** – Diese Klausel kann unabhängig von der gewählten Transportart verwendet werden, auch dann, wenn mehrere Transportarten zum Einsatz kommen.

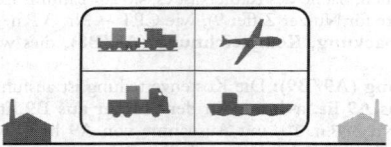

3. **Genaue Bezeichnung des Lieferortes bzw. der Lieferstelle und des Bestimmungsortes** – Den Parteien wird aus verschiedenen Gründen empfohlen, Lieferort oder Lieferstelle sowie Bestimmungsort möglichst präzise zu bezeichnen. Zunächst ist festzustellen, dass die Gefahr des Verlusts oder der Beschädigung der Ware an dieser Lieferstelle oder am jeweiligen Bestimmungsort auf den Käufer übergeht; sowohl für den Verkäufer als auch den Käufer ist es daher unabdingbar, sich über die

---

[1] **[Red. Anm.:]** Die „Erläuternden Kommentare für Nutzer" sind Bestandteil der Incoterms® 2020. Die **eigentliche Kommentierung, erkennbar an ihren Randnummern, folgt im Anschluss an B.** Verpflichtungen des Käufers.

konkrete Stelle im Klaren zu sein, an der sich dieser kritische Gefahrübergang vollzieht. Zweitens gilt, dass die Kosten bis zu diesem Liefer-/Bestimmungsort bzw. bis zur Lieferstelle zu Lasten des Verkäufers gehen und die ab dieser Stelle bzw. ab diesem Ort entstehenden Kosten dem Käufer zugerechnet werden. Drittens muss der Verkäufer den Transport der Ware bis zum benannten Liefer-/Bestimmungsort oder zur benannten Lieferstelle vertraglich beauftragen oder organisieren. Anderenfalls würde der Verkäufer gegen seine Verpflichtungen aus der Incoterms® Klausel DAP verstoßen und wäre gegenüber dem Käufer für die hieraus entstehenden Verluste haftbar. Somit müsste beispielsweise der Verkäufer alle zusätzlichen Kosten übernehmen, die der Frachtführer dem Käufer ggf. für zusätzlichen Weitertransport der Ware berechnet.

4. **„oder die so gelieferte Ware beschafft"** – Der Begriff „beschaffen" bezieht sich hier auf mehrere hintereinander geschaltete Verkäufe in einer Verkaufskette („string sales"), die häufig, wenn auch nicht ausschließlich, im Rohstoffhandel vorkommen.

5. **Entladekosten** – Der Verkäufer ist nicht verpflichtet, die Ware vom ankommenden Transportmittel zu entladen. Entstehen dem Verkäufer gemäß seinem Beförderungsvertrag Kosten durch die Entladung am Liefer-/Bestimmungsort, so ist der Verkäufer nicht berechtigt, diese Kosten gesondert vom Käufer zurückzufordern, sofern nichts anderes zwischen den Parteien vereinbart ist.

6. **Ausfuhr-/Einfuhrabfertigung** – DAP verpflichtet den Verkäufer, die Ware ggf. zur Ausfuhr freizumachen. Jedoch hat der Verkäufer keine Verpflichtung, die Ware zur Einfuhr oder nach der Lieferung zur Durchfuhr durch Drittländer freizumachen, Einfuhrzölle zu zahlen oder Einfuhrzollformalitäten zu erledigen. Sollte es der Käufer daher versäumen, eine Einfuhrabfertigung zu organisieren, wird die Ware in einem Hafen oder Binnenterminal im Bestimmungsland zurückgehalten. Wer trägt die Gefahr des Verlusts, der entstehen könnte während die Ware im Eingangshafen des Bestimmungslandes zurückgehalten wird? Die Antwort lautet: der Käufer, denn die Lieferung ist noch nicht erfolgt; gemäß B3(a) verbleibt die Gefahr des Verlusts oder der Beschädigung der Ware beim Käufer, bis die Durchfuhr bzw. Weiterbeförderung zu einer benannten Stelle im Inland wiederaufgenommen werden kann. Wenn die Parteien dieses Szenario vermeiden möchten und stattdessen wünschen, dass der Verkäufer die Ware zur Einfuhr freimacht, jegliche Einfuhrzölle oder -steuern zahlt und alle Einfuhrzollformalitäten erledigt, sollten die Parteien möglicherweise die DDP-Klausel verwenden.

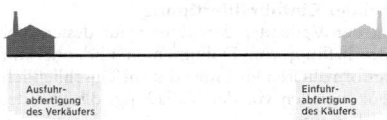

A. VERPFLICHTUNGEN DES VERKÄUFERS

A1. Allgemeine Verpflichtungen

Der Verkäufer hat die Ware und die Handelsrechnung in Übereinstimmung mit dem Kaufvertrag bereitzustellen und jeden sonstigen vertraglich vereinbarten Konformitätsnachweis zu erbringen.

Jedes vom Verkäufer bereitzustellende Dokument kann in Papierform oder in elektronischer Form vorliegen, je nachdem, wie dies zwischen den Parteien vereinbart wird oder handelsüblich ist.

A2. Lieferung

Der Verkäufer muss die Ware liefern, indem er sie dem Käufer auf dem ankommenden Beförderungsmittel entladebereit an der ggf. benannten Stelle am benannten Bestimmungsort zur Verfügung stellt oder die so gelieferte Ware beschafft. In jedem

(6) Incoterms 2020 5. DAP

Fall muss der Verkäufer die Ware zum vereinbarten Termin oder innerhalb der vereinbarten Frist liefern.

A3. Gefahrübergang

Der Verkäufer trägt bis zur Lieferung gemäß A2 alle Gefahren des Verlusts oder der Beschädigung der Ware, mit Ausnahme von Verlust oder Beschädigung unter den in B3 beschriebenen Umständen.

A4. Transport

Der Verkäufer muss auf eigene Kosten den Transport der Ware bis zum benannten Bestimmungsort oder zu der gegebenenfalls vereinbarten Stelle am benannten Bestimmungsort vertraglich beauftragen oder organisieren. Ist keine genaue Stelle vereinbart oder ergibt sie sich nicht aus der Handelspraxis, kann der Verkäufer eine beliebige Stelle am benannten Bestimmungsort auswählen, die für den Zweck am besten geeignet ist.

Der Verkäufer muss alle transportbezogenen Sicherheitsanforderungen für die Beförderung der Waren bis zum Bestimmungsort erfüllen.

A5. Versicherung

Der Verkäufer hat gegenüber dem Käufer keine Verpflichtung, einen Versicherungsvertrag abzuschließen.

A6. Liefer-/Transportdokument

Der Verkäufer hat dem Käufer auf eigene Kosten alle erforderlichen Dokumente zur Verfügung zu stellen, die dem Käufer die Übernahme der Ware ermöglichen.

A7. Ausfuhr-/Einfuhrabfertigung

a) Ausfuhr- und Transitabfertigung
Gegebenenfalls hat der Verkäufer alle Ausfuhr- und Transitabfertigungsformalitäten durchzuführen und zu bezahlen, die von dem jeweiligen Ausfuhr- und Transitland (außer dem Einfuhrland) vorgeschrieben sind, z. B.:
- Ausfuhr-/Durchfuhrgenehmigung;
- Sicherheitsfreigabe für Ausfuhr/Durchfuhr;
- Warenkontrolle vor der Verladung; und
- sonstige behördliche Genehmigungen.

b) Unterstützung bei der Einfuhrabfertigung
Gegebenenfalls hat der Verkäufer den Käufer auf dessen Verlangen, Gefahr und Kosten bei der Beschaffung von Dokumenten und/oder Informationen für alle Einfuhrabfertigungsformalitäten zu unterstützen, einschließlich Sicherheitsanforderungen und Warenkontrollen vor der Verladung, die von dem betreffenden Einfuhrland vorgeschrieben sind.

A8. Prüfung/Verpackung/Kennzeichnung

Der Verkäufer hat die Kosten jener Prüfvorgänge (z. B. Qualitätsprüfung, Messen, Wiegen und Zählen) zu tragen, die notwendig sind, um die Ware gemäß A2 zu liefern.

Der Verkäufer hat auf eigene Kosten die Ware zu verpacken, es sei denn, es ist handelsüblich, die jeweilige Art der verkauften Ware unverpackt zu transportieren. Der Verkäufer muss die Ware in der für ihren Transport geeigneten Weise verpacken und kennzeichnen, es sei denn, die Parteien haben genaue Verpackungs- oder Kennzeichnungsanforderungen vereinbart.

A9. Kostenverteilung

Der Verkäufer muss

a) bis zur Lieferung gemäß A2 alle die Ware und ihren Transport betreffenden Kosten tragen, ausgenommen die gemäß B9 vom Käufer zu tragenden Kosten;

b) alle Kosten und Gebühren für die Entladung am Bestimmungsort tragen, sofern diese Kosten und Gebühren gemäß Beförderungsvertrag zu Lasten des Verkäufers gehen;
c) die Kosten für die Beschaffung und Bereitstellung des Liefer-/Transportdokuments gemäß A6 tragen;
d) gegebenenfalls Zölle, Steuern und sonstige Kosten für die Ausfuhr- und Transitabfertigung gemäß A7(a) tragen; und
e) dem Käufer alle Kosten und Gebühren erstatten, die dem Käufer durch die Unterstützung bei der Beschaffung der erforderlichen Dokumente und Informationen gemäß B5 und B7(a) entstanden sind.

A10. Benachrichtigungen

Der Verkäufer muss den Käufer über alles Nötige benachrichtigen, damit dieser die Ware übernehmen kann.

B. VERPFLICHTUNGEN DES KÄUFERS

B1. Allgemeine Verpflichtungen

Der Käufer hat den im Kaufvertrag genannten Preis der Ware zu zahlen.

Jedes vom Käufer bereitzustellende Dokument kann in Papierform oder in elektronischer Form vorliegen, je nachdem, wie dies zwischen den Parteien vereinbart wird oder handelsüblich ist.

B2. Übernahme

Der Käufer muss die Ware übernehmen, wenn sie gemäß A2 geliefert wurde.

B3. Gefahrübergang

Der Käufer trägt ab dem Zeitpunkt der Lieferung gemäß A2 alle Gefahren des Verlusts oder der Beschädigung der Ware.

Falls

a) der Käufer seine Verpflichtungen gemäß B7 nicht erfüllt, trägt er alle daraus resultierenden Gefahren des Verlustes oder der Beschädigung der Ware; oder
b) der Käufer es unterlässt, eine Benachrichtigung gemäß B10 zu erteilen, trägt er alle Gefahren des Verlustes oder der Beschädigung der Ware ab dem vereinbarten Lieferzeitpunkt oder ab dem Ende des vereinbarten Lieferzeitraums,

vorausgesetzt, die Ware wurde eindeutig als die vertragliche Ware kenntlich gemacht.

B4. Transport

Der Käufer hat gegenüber dem Verkäufer keine Verpflichtung, einen Beförderungsvertrag abzuschließen

B5. Versicherung

Der Käufer hat gegenüber dem Verkäufer keine Verpflichtung, einen Versicherungsvertrag abzuschließen. Jedoch muss der Käufer dem Verkäufer auf dessen Verlangen, Gefahr und Kosten jeweils Informationen zur Verfügung stellen, die der Verkäufer zur Erlangung des Versicherungsschutzes benötigt.

B6. Liefer-/Transportdokument

Der Käufer muss das gemäß A6 zur Verfügung gestellte Dokument annehmen.

B7. Ausfuhr-/Einfuhrabfertigung

a) Unterstützung bei der Ausfuhr- und Transitabfertigung

Gegebenenfalls hat der Käufer den Verkäufer auf dessen Verlangen, Gefahr und Kosten bei der Beschaffung von Dokumenten und/oder Informationen für alle

Ausfuhr-/Transitabfertigungsformalitäten zu unterstützen, einschließlich Sicherheitsanforderungen und Warenkontrollen vor der Verladung, die von dem betreffenden Ausfuhr- und Transitland (außer dem Einfuhrland) vorgeschrieben sind.

b) Einfuhrabfertigung

Gegebenenfalls hat der Käufer alle Formalitäten durchzuführen und zu bezahlen, die von dem betreffenden Einfuhrland vorgeschrieben sind, z. B.:
- Einfuhrgenehmigung;
- Sicherheitsfreigabe für die Einfuhr;
- Warenkontrolle vor der Verladung; und
- sonstige behördliche Genehmigungen.

B8. Prüfung/Verpackung/Kennzeichnung

Der Käufer hat gegenüber dem Verkäufer keine Verpflichtung.

B9. Kostenverteilung

Der Käufer muss

a) alle die Ware betreffenden Kosten ab dem Zeitpunkt der Lieferung gemäß A2 tragen;
b) alle Entladekosten tragen, die erforderlich sind, um die Ware vom ankommenden Beförderungsmittel am benannten Bestimmungsort zu übernehmen, sofern diese Kosten gemäß Beförderungsvertrag nicht zu Lasten des Verkäufers gehen;
c) dem Verkäufer alle Kosten und Gebühren erstatten, die dem Verkäufer durch die Unterstützung bei der Beschaffung der erforderlichen Dokumente und Informationen gemäß A7(b) entstanden sind;
d) gegebenenfalls Zölle, Steuern und sonstige Kosten in Zusammenhang mit der Einfuhrabfertigung gemäß B7(b) zahlen; und
e) alle zusätzlichen Kosten tragen, die dem Verkäufer entstehen, falls der Käufer seine Verpflichtungen gemäß B7 nicht erfüllt oder es versäumt, eine Benachrichtigung gemäß B10 zu erteilen, vorausgesetzt, die Ware wurde eindeutig als die vertragliche Ware kenntlich gemacht.

B10. Benachrichtigungen

Wenn vereinbart wurde, dass der Käufer berechtigt ist, innerhalb eines vereinbarten Lieferzeitraums den Zeitpunkt und/oder am benannten Bestimmungsort die Stelle für die Warenübernahme zu bestimmen, muss der Käufer den Verkäufer hierüber in geeigneter Weise benachrichtigen.

Kommentierung

1) Vertragstyp

1 „DAP"/„Geliefert benannter Ort", neu in den Incoterms 2010, redaktionell an die Incoterms 2020 angepasst und in der Reihenfolge der Klauseln nunmehr richtigerweise vor die speziellere Klausel Nr. 6 „DP/Geliefert benannter Ort entladen" platziert, ist für alle Transportarten (multimodaler Transport, vgl. §§ 452 ff. HGB) geeignet, auch wenn mehr als ein Transportmittel zum Einsatz kommt (→ Erläuternde Kommentare für Nutzer Ziffer 2; → Einl. vor Incoterms Rn. 21). „DAP/Geliefert benannter Ort" und „DPU/Geliefert benannter Ort entladen" (in den Incoterms 2010 noch „DTU/Geliefert Terminal" genannt, → DPU Nr. 6 Rn. 1) sind an die Stelle der in den Incoterms 2000 enthaltenen Klauseln „DAF Geliefert Grenze" (→ Rn. 2), „DES Geliefert ab Schiff" (→ Rn. 3) und „DEQ Geliefert ab Kai" (→ Rn. 4) getreten. „Geliefert benannter Ort" bedeutet, dass der Verkäufer die Ware liefert, wenn diese dem Käufer auf dem ankommenden Beförderungsmittel entladebereit am benannten Liefer-/Bestimmungsort zur Verfügung gestellt wird. Lieferung und Ankunft am Be-

stimmungsort sind identisch (→ Erläuternde Kommentare für Nutzer Ziffer 1). DAP ist also wie alle D-Klauseln eine **Ankunftsklausel** (→ Einl. vor Incoterms Rn. 35). Der benannte Bestimmungsort kann jeder Ort sein, zB Kai, Lagerhalle, Containerdepot oder Straßen-, Schienen- oder Luftfrachtterminal. Der Lieferort bzw. die Lieferstelle des Bestimmungsorts sollten möglichst präzise bezeichnet werden. Denn der Verkäufer trägt (Sach-)Gefahr und Kosten bis zu dieser entladebereiten Zurverfügungstellung an diesem Ort bzw. dieser Stelle und muss auch den Transport bis dahin beauftragen oder selbst organisieren (→ Erläuternde Kommentare für Nutzer Ziffer 3). Soll der Verkäufer die Gefahr länger tragen, also bis nach der Entladung, empfiehlt sich die Klausel „DPU/Geliefert benannter Ort entladen" (s. Nr. 6). Wenn der Beförderungsvertrag bei DAP die Entladung einschließt, muss der Verkäufer im Kaufvertrag vereinbaren, dass er diese Zusatzkosten dem Käufer in Rechnung stellen kann (→ Erläuternde Kommentare für Nutzer Ziffer 5). Soll der Verkäufer die Ware auch für die Einfuhr freimachen und alle Zollformalitäten erfüllen, empfiehlt sich die Klausel „DDP Geliefert verzollt" (s. Nr. 7). Zu DAP beim Eisenbahnverkehr als tariff point, Ramberg S. 60. Sehen die Parteien Schwierigkeiten bei der Export- oder Importgenehmigung vor, kann „DAP vorbehaltlich Exportlizenz" oder „DAP vorbehaltlich Einfuhrgenehmigung" vereinbart werden, Graf von Bernstorff Rn. 771.

Die frühere, auch heute noch wählbare (→ Einl. vor Incoterms Rn. 13, Ramberg **2** S. 23) Klausel **„DAF/Geliefert Grenze"** (s. 34. Aufl. Incoterms Nr. 9) wurde 1967 zur Beseitigung der Unsicherheiten bei den Frei- bzw. Franko-Klauseln („free border", „franco border", Ramberg S. 59) veröffentlicht. „Geliefert Grenze" und alle früheren anderen D-Klauseln betrafen den Fern- oder Ankunftsvertrag (→ Einl. vor Incoterms Rn. 35) im Gegensatz zur „Frachtfrei" und den übrigen C-Klauseln (Absendeverträge → Einl. vor Incoterms Rn. 34). Der gemeinte Grenzort war konkret zu bezeichnen, besonders bei Überschreiten mehrerer Grenzen. Bei „Geliefert Grenze" ging die Gefahr erst mit Lieferung an dem benannten Lieferort an der Grenze auf dem ankommenden Beförderungsmittel unentladen über; bei „Frachtfrei" mit einem Grenzort als benanntem Ort dagegen bereits mit Übergabe an den ersten Frachtführer.

Die frühere, auch heute noch wählbare (→ Einl. vor Incoterms Rn. 13, Ramberg **3** S. 23) Klausel **„DEQ/Geliefert ab Schiff"** (s. 34. Aufl. Incoterms Nr. 10; bis 1990 gleichbedeutend „Ab Schiff") wies außer den Kosten auch die (Preis-)Gefahr der Seereise dem Verkäufer zu (Fern- oder Ankunftsvertrag). Die praktische Bedeutung war gering. Die (Preis-)Gefahr ging an Bord des Schiffs über. Massengut hatte der Käufer idR direkt aus dem Schiffsraum zu übernehmen, Stückgut musste der Verkäufer idR an Deck bzw. die Reling bringen lassen, maßgeblich waren die Hafenusancen, Bredow/Seiffert Rn. 6. „Ex Schiff X, Weiterverladung per Waggon Y" war nur eine Instruktion für die Weiterverladung ohne Verschiebung des Gefahrübergangs. Zu DES und den Charter-Klauseln „Free in and out", „Free in and out stowed and trimmed" (FIO, FIOST), Ramberg S. 58.

Die frühere, auch heute noch wählbare (→ Einl. vor Incoterms Rn. 13, Ramberg **4** S. 23) Klausel **„DEQ/Geliefert ab Kai"** (s. 34. Aufl. Incoterms Nr. 11; bis 1990 gleichbedeutend „Ab Kai"/EXQ) regelte den praktisch wichtigsten Fern- oder Ankunftsvertrag, auch Platz- oder Locogeschäft genannt (im Gegensatz zu den Versendungs- oder Abladegeschäften des Überseehandels „CFR", „CIF"). Häufig handelte es sich dabei um Lieferung bereits eingelagerter Ware. „DEQ/Geliefert ab Kai" hatte auch bei überdimensionierter Ladung (ODC, over dimensioned cargo) oder besonders schwerer Last (HL, heavy lifts) Bedeutung. Der Verkäufer hatte die Ware dem Käufer am Kai des benannten Bestimmungshafens zum vereinbarten Zeitpunkt zur Verfügung zu stellen. Entladen musste also der Verkäufer, Bredow/Seiffert Rn. 10. Die Gefahr ging am Kai über.

2) Verkäufer- und Käuferpflichten

Vertragskonforme Bereitstellung der Waren und Handelsrechnung durch den **5** Verkäufer und **Kaufpreiszahlung** durch den Käufer (**A1/B1,** wortgleich wie bei

(6) Incoterms 2020 5. DAP

EXW → Nr. 1 Rn. 2). Ebenso **Gleichstellung** von **Papierform und elektronischer Form** (A1 II/B1 II, → Einl. vor Incoterms Rn. 46).

6 **Lieferung/Übernahme (A2/B2):** Der **Verkäufer** hat die Ware zu liefern, indem er sie dem Käufer auf dem ankommenden Beförderungsmittel entladebereit am benannten Bestimmungsort an der ggf. benannten Stelle zum vereinbarten Termin oder innerhalb der vereinbarten Frist zur Verfügung stellt oder die so gelieferte Ware beschafft (A2). Darin kann **Fixgeschäft** liegen (so für das internationale Abladegeschäft → FOB Nr. 9 Rn. 4; → HGB § 376 Rn. 7, 8), es empfiehlt sich eine genaue vertragliche Abrede dazu. Zum Beschaffen → Erläuternde Kommentare für Nutzer Ziffer 4. Der benannte Ort kann jeder sein (→ Rn. 1). **Entladebereit** bedeutet, die Ware frei zugänglich ist und von dem Transportmittel ohne weiteres aus- bzw. abgeladen werden kann, falls verschlossen also nach Öffnung und Entfernung der Ladesicherungen. Gattungssachen müssen für den Käufer individualisiert sein, Graf von Bernstorff Rn. 766. Container sind Verpackungsmittel, keine Transportmittel, ebenda Rn. 767. Bei Containern ist die Ware nicht entladebereit, wenn erst andere Container weggeräumt werden müssen, Graf von Bernstorff Rn. 767. Der **Käufer** muss die gemäß A2 gelieferte Ware übernehmen (B2). Übernahme ist nur die körperliche Entgegennahme, nicht Abnahme als vertragsmäß. Zur Abnahmepflicht und zu den Folgen ihrer Verletzung Art. 60 CISG, Staudinger/Magnus Art. 60 Rn. 4 ff., 17 ff.; Mohs in Schlechtriem/Schwenzer/Schroeter 7. Aufl. 2019, Art. 60 CISG Rn. 2 ff. Verletzung der Pflichten nach A2/B2 ist Vertragsverletzung, Art. 30, 53 CISG, Graf von Bernstorff Rn. 769.

7 **Gefahrübergang mit Lieferung** gemäß A2 **(A3/B3).** Der Verkäufer trägt also alle Gefahren im Zusammenhang mit der Beförderung und bis zur **entladebereiten** Zurverfügungstellung am benannten Bestimmungsort. Die Gefahr der Entladung trägt der Verkäufer bei DAP nicht. Unterläßt der Käufer die Benachrichtigung nach B7, trägt er alle daraus resultierenden Gefahren des Verlusts oder der Beschädigung der Ware (B3 lit. a; auch → Erläuternde Kommentare für Nutzer Ziffer 6). Bei Unterlassung der Benachrichtigung nach B10, trägt er diese Gefahren ab dem vereinbarten Lieferzeitpunkt oder ab Ende des vereinbarten Lieferzeitraum (B3 lit. b). Voraussetzung ist beidesmal, dass die Ware eindeutig als vertragliche Ware kenntlich gemacht worden ist. Die Parteien sollten wegen der Gefahrtragung (und der Kostentragung, A9/B9 → Rn. 13) den Lieferort bzw. die Lieferstelle und den Bestimmungsort möglichst genau bezeichnen (→ Rn. 1).

8 Was den **Transport** angeht **(A4/B4),** hat der Verkäufer den Beförderungsvertrag auf eigene Kosten bis zum benannten Bestimmungsort oder zu der ggf. vereinbarten Stelle am benannten Bestimmungsort abzuschließen oder den Transport so zu organisieren. Organisieren bedeutet, dass der Verkäufer auch sein eigenes Transportmittel nutzen kann (→ Einführung Incoterms 2020 Ziffer 30). Der Käufer hat insoweit keine Verpflichtung. Die transportbezogenen Sicherheitsanforderungen für die Beförderung der Ware zum Bestimmungsort sind Sache des Verkäufers (A4 II). Zu den **transportbezogenen Sicherheitsanforderungen** → Einführung Incoterms 2020 Ziffer 76.

9 Keine der Parteien hat eine Pflicht zum Abschluss eines **Versicherungsvertrags (A5/B5),** aber der Käufer muss dem Verkäufer auf dessen Verlangen, Gefahr und Kosten die benötigten Informationen zur Verfügung stellen, damit dieser Versicherungsschutz erlangen kann (B5 Satz 2).

10 **Liefer-/Transportdokument (A6/B6):** Der Verkäufer hat auf eigene Kosten alle erforderlichen Dokumente zur Verfügung zu stellen, die dem Käufer die Übernahme der Ware ermöglichen. Der Käufer muss das gemäß A6 zur Verfügung gestellte Dokument annehmen. Zu den Transportdokumenten → Einl. vor Incoterms Rn. 51.

11 **Ausfuhr-/Einfuhrabfertigung (A7/B7):** Bei DAP sind die Ausfuhr- und Transitabfertigung Sache des Verkäufers (A7 lit. a), die Einfuhrabfertigung Sache des Käufers (B7 lit. b). Ggf. hat der **Verkäufer** alle **Ausfuhr- und Durchfuhrgenehmigungen** und sonstige **behördliche Genehmigungen** zu beschaffen und alle erforderlichen

IV. AGB und Incoterms 2020   **6. DPU**   Incoterms 2020 (6)

Ausfuhr- und Transitabfertigungsformalitäten wie Sicherheitsfreigabe („security clearing for export") und Warenkontrolle vor der Verladung zu erledigen und zu bezahlen (A7 lit. a; → Einl. vor Incoterms Rn. 52). Sache des **Käufers** ist es, die entsprechenden **Genehmigungen für die Einfuhr der Ware**, die von dem betreffenden Einfuhrland vorgeschrieben sind, zu besorgen und zu bezahlen (B7 lit. b; → Erläuternde Kommentare für Nutzer Ziffer 6). Dies nur gegebenenfalls, → Einl. Incoterms Rn. 52. Die Parteien müssen sich aber jeweils bei der Einfuhr- bzw. der Ausfuhrabfertigung **unterstützen** (A7 lit. b bzw. B7 lit. a).

Prüfung/Verpackung/Kennzeichnung (A8/B8): Der **Verkäufer** hat die Kosten für die **Prüfvorgänge** (wie Qualitätsprüfung, Messen, Wiegen und Zählen), die für die Lieferung gemäß A 2 notwendig sind, zu tragen (**A8 I**). Für geeignete **Verpackung** und Kennzeichnung hat der Verkäufer zu sorgen (A8 II); näher wie bei CIF (Nr. 11 → Rn. 10–12). Der **Käufer** hat insoweit keine Verpflichtung.   12

Kostenverteilung (A9/B9): Die Kostenverteilung ist näher geregelt, für den **Verkäufer** in A9 lit. **a–e** und für den **Käufer** in B9 lit. **a–e**. Der **Verkäufer** hat **bis zur Lieferung** der Ware gemäß A2 alle die Ware und ihren Transport betreffenden Kosten zu tragen mit Ausnahme der vom Käufer nach B9 zu tragenden Kosten (A9 lit. a). Er hat die Entladungskosten am Bestimmungsort zu tragen, außer wenn der Beförderungsvertrag dies vorsieht (A9 lit. b), deshalb Vorsicht beim Abschluss des Beförderungsvertrags (→ Erläuternde Kommentare für Nutzer Ziffer 5). Auch ggf. zu entrichtende Zölle, Steuern und sonstige Kosten für die Ausfuhr- und Transitabfertigung gemäß A7 lit. a sind vom Verkäufer zu tragen (A9 lit. d). Der **Käufer** muss alle die Ware betreffenden Kosten **ab** dem Zeitpunkt **der Lieferung** gemäß A2 tragen (B9 lit. a). Entladekosten sind Sache des Käufers (B9 lit. b), wenn nichts anderes vereinbart ist (→ Rn. 5). Er ist auch für die Einfuhr und die diesbezüglichen Zölle, Steuern und sonstige Kosten (→ Einl. vor Incoterms Rn. 52) zuständig (B9 lit. d).   13

Benachrichtigungen (A10/B10): Der **Verkäufer** muss den Käufer über alles für die Übernahme der Ware Nötige benachrichtigen (A10). Wenn der Käufer nach dem Vertrag den Zeitpunkt und/oder am benannten Bestimmungsort die Stelle für die Warenübernahme bestimmen kann, muss er den Verkäufer hierüber in geeigneter Weise benachrichtigen (B10).   14

6) DPU | Geliefert benannter Ort entladen

DPU (fügen Sie den benannten Bestimmungsort ein) *Incoterms® 2020*

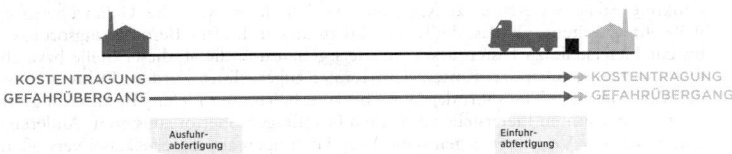

ERLÄUTERNDE KOMMENTARE FÜR NUTZER[1]

1. Lieferung und Gefahrübergang – Bei Nutzung der Klausel „Geliefert benannter Ort entladen" erfolgen die Lieferung der Ware und der Gefahrübergang vom Verkäufer der Ware an den Käufer,
  ▸ indem die Ware,

---

[1] **[Red. Anm.:]** Die „Erläuternden Kommentare für Nutzer" sind Bestandteil der Incoterms® 2020. Die **eigentliche Kommentierung, erkennbar an ihren Randnummern, folgt im Anschluss an B.** Verpflichtungen des Käufers.

(6) Incoterms 2020 6. DPU

- nachdem sie vom ankommenden Transportmittel entladen wurde,
- dem Käufer
- am benannten Bestimmungsort oder
- an der vereinbarten Stelle an diesem Ort, sofern eine derartige Stelle vereinbart wurde, zur Verfügung gestellt wird.

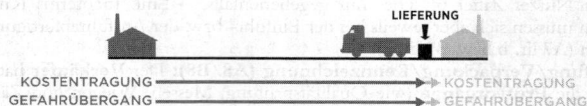

Der Verkäufer trägt alle Gefahren, die in Zusammenhang mit der Beförderung der Ware und der Entladung am benannten Bestimmungsort entstehen. In dieser Incoterms® Klausel sind daher Lieferung und Ankunft am Bestimmungsort identisch. DPU ist die einzige Incoterms® Klausel, die den Verkäufer verpflichtet, die Ware am Bestimmungsort zu entladen. Der Verkäufer sollte daher sicherstellen, dass er in der Lage ist, die Entladung am benannten Ort zu organisieren. Falls die Parteien übereinkommen, dass der Verkäufer die Gefahr und die Kosten der Entladung nicht tragen soll, sollte die Klausel DPU vermieden und stattdessen die Klausel DAP verwendet werden.

2. **Transportart** – Diese Klausel kann unabhängig von der gewählten Transportart verwendet werden, auch dann, wenn mehrere Transportarten zum Einsatz kommen.

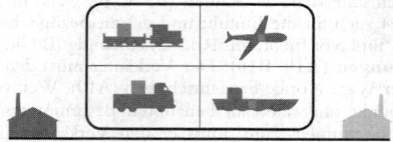

3. **Genaue Bezeichnung des Lieferortes bzw. der Lieferstelle und des Bestimmungsortes** – Den Parteien wird aus verschiedenen Gründen empfohlen, Lieferort oder Lieferstelle sowie Bestimmungsort möglichst präzise zu bezeichnen. Zunächst ist festzustellen, dass die Gefahr des Verlusts oder der Beschädigung der Ware an dieser Lieferstelle oder am jeweiligen Bestimmungsort auf den Käufer übergeht; sowohl für den Verkäufer als auch den Käufer ist es daher unabdingbar, sich über die konkrete Stelle im Klaren zu sein, an der sich dieser kritische Gefahrübergang vollzieht. Zweitens gilt, dass die Kosten bis zu diesem Liefer-/Bestimmungsort bzw. bis zur Lieferstelle zu Lasten des Verkäufers gehen und die ab dieser Stelle bzw. ab diesem Ort entstehenden Kosten dem Käufer zugerechnet werden. Drittens muss der Verkäufer den Transport der Ware bis zum benannten Liefer-/Bestimmungsort oder zur benannten Lieferstelle vertraglich beauftragen oder organisieren. Anderenfalls würde der Verkäufer gegen seine Verpflichtungen aus dieser Klausel verstoßen und wäre gegenüber dem Käufer für die hieraus entstehenden Verluste haftbar. Somit müsste beispielsweise der Verkäufer alle zusätzlichen Kosten übernehmen, die der Frachtführer dem Käufer ggf. für den zusätzlichen Weitertransport der Ware berechnen würde.
4. **„oder die so gelieferte Ware beschafft"** – Der Begriff „beschaffen" bezieht sich hier auf mehrere hintereinander geschaltete Verkäufe in einer Verkaufskette („string sales"), die häufig, wenn auch nicht ausschließlich, im Rohstoffhandel vorkommen.
5. **Ausfuhr-/Einfuhrabfertigung** – DPU verpflichtet den Verkäufer, die Ware ggf. zur Ausfuhr freizumachen. Jedoch hat der Verkäufer keine Verpflichtung, die Ware zur Einfuhr oder nach der Lieferung zur Durchfuhr durch Drittländer freizumachen, Einfuhrzölle zu zahlen oder Einfuhrzollformalitäten zu erledigen. Sollte es der

Käufer daher versäumen, eine Einfuhrabfertigung zu organisieren, wird die Ware in einem Hafen oder Binnenterminal im Bestimmungsland zurückgehalten. Wer trägt die Gefahr des Verlusts, der entstehen könnte, während die Ware im Eingangshafen des Bestimmungslandes zurückgehalten wird? Die Antwort lautet: der Käufer, denn die Lieferung ist noch nicht erfolgt; gemäß B3(a) verbleibt die Gefahr des Verlusts oder der Beschädigung der Ware beim Käufer, bis die Durchfuhr bzw. Weiterbeförderung zu einer benannten Stelle im Inland wiederaufgenommen werden kann. Wenn die Parteien zur Vermeidung dieses Szenarios möchten, dass der Verkäufer die Ware zur Einfuhr freimacht, jegliche Einfuhrzölle oder -steuern zahlt und alle Einfuhrzollformalitäten erledigt, sollten die Parteien möglicherweise die DDP-Klausel verwenden.

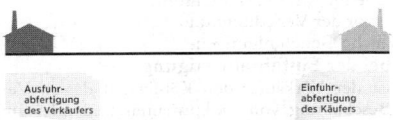

Ausfuhrabfertigung des Verkäufers

Einfuhrabfertigung des Käufers

A. VERPFLICHTUNGEN DES VERKÄUFERS

A1. Allgemeine Verpflichtungen

Der Verkäufer hat die Ware und die Handelsrechnung in Übereinstimmung mit dem Kaufvertrag bereitzustellen und jeden sonstigen vertraglich vereinbarten Konformitätsnachweis zu erbringen.

Jedes vom Verkäufer bereitzustellende Dokument kann in Papierform oder in elektronischer Form vorliegen, je nachdem, wie dies zwischen den Parteien vereinbart wird oder handelsüblich ist.

A2. Lieferung

Der Verkäufer muss die Ware vom ankommenden Beförderungsmittel entladen und dann liefern, indem er sie an der ggf. benannten Stelle oder am benannten Bestimmungsort dem Käufer zur Verfügung stellt oder die so gelieferte Ware beschafft. In jedem Fall muss der Verkäufer die Ware zum vereinbarten Termin oder innerhalb der vereinbarten Frist liefern.

A3. Gefahrübergang

Der Verkäufer trägt bis zur Lieferung gemäß A2 alle Gefahren des Verlusts oder der Beschädigung der Ware, mit Ausnahme von Verlust oder Beschädigung unter den in B3 beschriebenen Umständen.

A4. Transport

Der Verkäufer muss auf eigene Kosten den Transport der Ware bis zum benannten Bestimmungsort oder zu der gegebenenfalls vereinbarten Stelle am benannten Bestimmungsort vertraglich beauftragen oder organisieren. Ist keine genaue Stelle vereinbart oder ergibt sie sich nicht aus der Handelspraxis, kann der Verkäufer eine beliebige Stelle am benannten Bestimmungsort auswählen, die für den Zweck am besten geeignet ist.

Der Verkäufer muss alle transportbezogenen Sicherheitsanforderungen für die Beförderung der Waren bis zum Bestimmungsort erfüllen.

A5. Versicherung

Der Verkäufer hat gegenüber dem Käufer keine Verpflichtung, einen Versicherungsvertrag abzuschließen.

A6. Liefer-/Transportdokument

Der Verkäufer hat dem Käufer auf eigene Kosten alle erforderlichen Dokumente zur Verfügung zu stellen, die dem Käufer die Übernahme der Ware ermöglichen.

A7. Ausfuhr-/Einfuhrabfertigung

a) Ausfuhr- und Transitabfertigung

Gegebenenfalls hat der Verkäufer alle Ausfuhr- und Transitabfertigungsformalitäten durchzuführen und zu bezahlen, die von den jeweiligen Ausfuhr- und Transitland (außer dem Einfuhrland) vorgeschrieben sind, z. B.:
- Ausfuhr-/Durchfuhrgenehmigung;
- Sicherheitsfreigabe für Ausfuhr/Durchfuhr;
- Warenkontrolle vor der Verladung; und
- sonstige behördliche Genehmigungen.

b) Unterstützung bei der Einfuhrabfertigung

Gegebenenfalls hat der Verkäufer den Käufer auf dessen Verlangen, Gefahr und Kosten bei der Beschaffung von Dokumenten und/oder Informationen für alle Einfuhrabfertigungsformalitäten zu unterstützen, einschließlich Sicherheitsanforderungen und Warenkontrollen vor der Verladung, die von dem betreffenden Einfuhrland vorgeschrieben sind.

A8. Prüfung/Verpackung/Kennzeichnung

Der Verkäufer hat die Kosten jener Prüfvorgänge (z. B. Qualitätsprüfung, Messen, Wiegen und Zählen) zu tragen, die notwendig sind, um die Ware gemäß A2 zu liefern.

Der Verkäufer hat auf eigene Kosten die Ware zu verpacken, es sei denn, es ist handelsüblich, die jeweilige Art der verkauften Ware unverpackt zu transportieren. Der Verkäufer muss die Ware in der für ihren Transport geeigneten Weise verpacken und kennzeichnen, es sei denn, die Parteien haben genaue Verpackungs- oder Kennzeichnungsanforderungen vereinbart.

A9. Kostenverteilung

Der Verkäufer muss

- **a)** bis zur Entladung und Lieferung der Ware gemäß A2 alle die Ware und ihren Transport betreffenden Kosten tragen, ausgenommen die gemäß B9 vom Käufer zu zahlenden Kosten;
- **b)** die Kosten für die Beschaffung und Bereitstellung des Liefer-/Transportdokuments gemäß A6 tragen;
- **c)** gegebenenfalls Zölle, Steuern und sonstige Kosten für die Ausfuhr- und Transitabfertigung gemäß A7(a) tragen; und
- **d)** dem Käufer alle Kosten und Gebühren erstatten, die dem Käufer durch die Unterstützung bei der Beschaffung der erforderlichen Dokumente und Informationen gemäß B5 und B7(a) entstanden sind.

A10. Benachrichtigungen

Der Verkäufer muss den Käufer über alles Nötige benachrichtigen, damit dieser die Ware übernehmen kann.

B. VERPFLICHTUNGEN DES KÄUFERS

B1. Allgemeine Verpflichtungen

Der Käufer hat den im Kaufvertrag genannten Preis der Ware zu zahlen.

Jedes vom Käufer bereitzustellende Dokument kann in Papierform oder in elektronischer Form vorliegen, je nachdem, wie dies zwischen den Parteien vereinbart wird oder handelsüblich ist.

B2. Übernahme

Der Käufer muss die Ware übernehmen, wenn sie gemäß A2 geliefert wurde.

B3. Gefahrübergang

Der Käufer trägt ab dem Zeitpunkt der Lieferung gemäß A2 alle Gefahren des Verlusts oder der Beschädigung der Ware.

Falls

a) der Käufer seine Verpflichtungen gemäß B7 nicht erfüllt, trägt er alle daraus resultierenden Gefahren des Verlusts oder der Beschädigung der Ware; oder

b) der Käufer es versäumt, eine Benachrichtigung gemäß B10 zu erteilen, trägt er alle Gefahren des Verlusts oder der Beschädigung der Ware ab dem vereinbarten Lieferzeitpunkt oder ab dem Ende des vereinbarten Lieferzeitraums,

vorausgesetzt, die Ware wurde eindeutig als die vertragliche Ware kenntlich gemacht.

B4. Transport

Der Käufer hat gegenüber dem Verkäufer keine Verpflichtung, einen Beförderungsvertrag abzuschließen.

B5. Versicherung

Der Käufer hat gegenüber dem Verkäufer keine Verpflichtung, einen Versicherungsvertrag abzuschließen. Jedoch muss der Käufer dem Verkäufer auf dessen Verlangen, Gefahr und Kosten jeweils Informationen zur Verfügung stellen, die der Verkäufer zur Erlangung des Versicherungsschutzes benötigt.

B6. Liefer-/Transportdokument

Der Käufer muss das gemäß A6 zur Verfügung gestellte Dokument annehmen.

B7. Ausfuhr-/Einfuhrabfertigung

a) Unterstützung bei der Ausfuhr- und Transitabfertigung

Gegebenenfalls hat der Käufer den Verkäufer auf dessen Verlangen, Gefahr und Kosten bei der Beschaffung von Dokumenten und/oder Informationen für alle Ausfuhr-/Transitabfertigungsformalitäten zu unterstützen, einschließlich Sicherheitsanforderungen und Warenkontrollen vor der Verladung, die von dem betreffenden Ausfuhr- und Transitland (außer dem Einfuhrland) vorgeschrieben sind.

b) Einfuhrabfertigung

Gegebenenfalls hat der Käufer alle Formalitäten durchzuführen und zu bezahlen, die von dem betreffenden Einfuhrland vorgeschrieben sind, z. B.:
- Einfuhrgenehmigung;
- Sicherheitsfreigabe für die Einfuhr;
- Warenkontrolle vor der Verladung; und
- sonstige behördliche Genehmigungen.

B8. Prüfung/Verpackung/Kennzeichnung

Der Käufer hat gegenüber dem Verkäufer keine Verpflichtung.

B9. Kostenverteilung

Der Käufer muss

a) alle die Ware betreffenden Kosten ab dem Zeitpunkt der Lieferung gemäß A2 tragen;

b) dem Verkäufer alle Kosten und Gebühren erstatten, die dem Verkäufer durch die Unterstützung bei der Beschaffung der erforderlichen Dokumente und Informationen gemäß A7(b) entstanden sind;

c) gegebenenfalls Zölle, Steuern und sonstige Kosten in Zusammenhang mit der Einfuhrabfertigung gemäß B7(b) zahlen; und
d) alle zusätzlichen Kosten tragen, die dem Verkäufer entstehen, falls der Käufer seine Verpflichtungen gemäß B7 nicht erfüllt oder es versäumt, eine Benachrichtigung gemäß B10 zu erteilen, vorausgesetzt, die Ware wurde eindeutig als die vertragliche Ware kenntlich gemacht.

B10. Benachrichtigungen

Wenn vereinbart wurde, dass der Käufer berechtigt ist, innerhalb eines vereinbarten Lieferzeitraums den Zeitpunkt und/oder am benannten Bestimmungsort die Stelle für die Warenübernahme zu bestimmen, muss der Käufer den Verkäufer hierüber in geeigneter Weise benachrichtigen.

Kommentierung

1) Vertragstyp

1 **„DPU"/„Geliefert benannter Ort entladen"** entspricht „DAT Geliefert Terminal" der Incoterms 2010, die Klausel ist aber **umbenannt,** und in der Reihenfolge der Klauseln steht nun DPU anders als unter den Incoterms 2010 richtigerweise als Nr. 6 erst nach der Klausel „DAP/Geliefert benannter Ort" Nr. 5. DPU ist für alle Transportarten (multimodaler Transport, vgl. §§ 452 ff. HGB) geeignet, auch wenn mehr als eine Transportart zum Einsatz kommt (→ Erläuternde Kommentare für Nutzer Ziffer 2; → Einl. vor Incoterms Rn. 21). „DPU" bedeutet, dass der Verkäufer die Ware liefert, sobald diese an dem benannten Ort von dem ankommenden Beförderungsmittel entladen zur Verfügung gestellt wird. „DPU" ist also wie alle D-Klauseln eine **Ankunftsklausel** (→ Einl. vor Incoterms Rn. 35). Der benannte Ort kann jeder Ort sein, zB Kai, Lagerhalle, Containerdepot oder Straßen-, Schienen- oder Luftfrachtterminal, so schon zutr Fußball-: für DAT Geliefert Terminal, Piltz IHR 2019, 179. Der Verkäufer trägt die Gefahr bis zur erfolgten **Entladung** an dem benannten Ort. DPU ist die einzige Incoterms-Klausel, nach der der Verkäufer die Entladung organisieren muss. Der Lieferort bzw. die Lieferstelle des Bestimmungsorts sollten möglichst präzise bezeichnet werden. Denn der Verkäufer trägt Gefahr und Kosten bis zu dieser entladebereiten Zurverfügungstellung an diesem Ort bzw. dieser Stelle und muss auch den Transport bis dahin beauftragen oder selbst organisieren (→ Erläuternde Kommentare für Nutzer Ziffer 3). Soll der Verkäufer weitergehend die Ware auch für die Einfuhr freimachen und alle Zollformalitäten erfüllen, empfiehlt sich die Klausel „DDP/Geliefert verzollt" (s. Nr. 7). Im Übrigen entsprechen sich die beiden Klauseln DPU und DAP im Wesentlichen. **Bis auf Entladungspflicht** ist „DPU/Geliefert benannter Ort entladen" **wort- und deckungsgleich mit „DAP/Geliefert benannter Ort"** Nr. 5, **deshalb Kommentierung insoweit nur dort.**

2) Verkäufer- und Käuferpflichten

2 **Vertragskonforme Bereitstellung** der Waren und Handelsrechnung durch den Verkäufer und **Kaufpreiszahlung** durch den Käufer **(A1/B1,** wortgleich wie bei EXW → Nr. 1 Rn. 2). Ebenso **Gleichstellung** von **Papierform und elektronischer Form** (A1 II/B1 II, → Einl. vor Incoterms Rn. 46).

3 **Lieferung/Übernahme (A2/B2):** Der Verkäufer hat die Ware von dem ankommenden Beförderungsmittel zu **entladen** (→ Rn. 1) und sie dann dem Käufer am benannten Bestimmungsort an der ggf. vereinbarten Stelle zum vereinbarten Termin oder innerhalb der vereinbarten Frist zur Verfügung zu stellen oder die so gelieferte Ware zu beschaffen (A2). Zum Beschaffen → Erläuternde Kommentare für Nutzer Ziffer 4. Entladen im Gegensatz zu bloß entladebereit wie bei DAP (→ Nr. 5 Rn. 6). Der Käufer muss die gemäß A2 gelieferte Ware übernehmen (B2). Übernahme ist nur

IV. AGB und Incoterms 2020   7. DDP **Incoterms 2020 (6)**

die körperliche Entgegennahme, nicht Abnahme als vertragsmäß, wie bei DAP
(→ Nr. 5 Rn. 6).

Gefahrübergang mit Lieferung gemäß A2 **(A3/B3).** Der Verkäufer trägt also alle **4**
Gefahren im Zusammenhang mit der Beförderung und anders als bei der Klausel DAP
(→ Nr. 5 Rn. 7) auch die mit der **Entladung.** Aber Gefahrtragung des Käufers bei
Unterlassungen nach B7 und B10 wie bei DAP (→ Nr. 5 Rn. 7). Kann also die
Entladung mangels Einfuhrgenehmigung oder Importverzollung nicht erfolgen, trägt
er nach B3 lit. a die Gefahr.

Transport und **Beförderungsvertrag (A4/B4)** sind wie bei DAP (→ Nr. 5 **5**
Rn. 8) Sache allein des Verkäufers.

Keine Pflicht zu **Versicherungsvertrag (A5/B5),** aber Informationspflicht des **6**
Käufers (B5 Satz 2), wie bei DAP (→ Nr. 5 Rn. 9).

Liefer-/Transportdokument (A6/B6), wie bei DAP (→ Nr. 5 Rn. 10). **7**
Ausfuhr-/Einfuhrabfertigung (A7/B7), wie bei DAP (→ Nr. 5 Rn. 11). **8**
Prüfung/Verpackung/Kennzeichnung (A8/B8), wie bei DAP (→ Nr. 5 **9**
Rn. 12).

Kostenverteilung (A9/B9): Die Kostenverteilung ist näher geregelt, für den **Ver- 10**
käufer in **A9 lit. a–d** und für den **Käufer** in **B9 lit. a–d.** Der **Verkäufer** hat **bis zur**
Entladung und Lieferung der Ware gemäß A2 alle die Ware und ihren Transport
betreffenden Kosten zu tragen mit Ausnahme der vom Käufer nach B9 zu tragenden
Kosten (A9 lit. a). Er hat ua auch ggf. Zölle, Steuern und sonstige Kosten für die
Ausfuhr- und Transitabfertigung gemäß A7 lit. a zu tragen (A9 lit. c). Der **Käufer**
muss alle die Ware betreffenden Kosten **ab** dem Zeitpunkt **der Lieferung** gemäß A2
tragen (B9 lit. a). Er ist auch für die Einfuhr und die diesbezüglich ggf. anfallenden
Zölle, Steuern und sonstigen Kosten zuständig (→ Einl. vor Incoterms Rn. 52) zuständig (B9 lit. c).

Benachrichtigungen (A10/B10), wie bei DAP → Nr. 5 Rn. 14. **11**

7) DDP | Geliefert verzollt

DDP (fügen Sie den benannten Bestimmungsort ein) *Incoterms®* *2020*

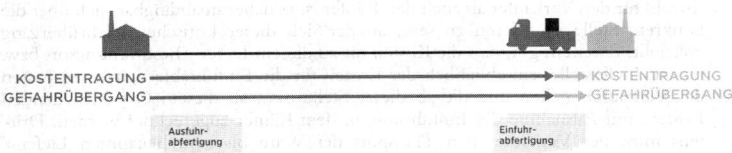

ERLÄUTERNDE KOMMENTARE FÜR NUTZER[1]

1. Lieferung und Gefahrübergang – Bei Nutzung der Klausel
„Geliefert verzollt" erfolgt die Lieferung der Ware vom Verkäufer an den Käufer,
- indem der Verkäufer dem Käufer
- die zur Einfuhr freigemachte Ware
- auf dem ankommenden Transportmittel
- entladebereit
- an dem vereinbarten Bestimmungsort oder an der vereinbarten Stelle an diesem
  Ort, sofern eine derartige Stelle vereinbart wurde, zur Verfügung stellt.

---

[1] **[Red. Anm.:]** Die „Erläuternden Kommentare für Nutzer" sind Bestandteil der Inco-
terms® 2020. Die **eigentliche Kommentierung, erkennbar an ihren Randnummern,**
folgt im Anschluss an B. Verpflichtungen des Käufers.

(6) Incoterms 2020   7. DDP

Der Verkäufer trägt alle Gefahren in Zusammenhang mit der Beförderung der Ware zum benannten Bestimmungsort oder zu der vereinbarten Stelle an diesem Bestimmungsort. In dieser Incoterms® Klausel sind daher Lieferung und Ankunft am Bestimmungsort identisch.

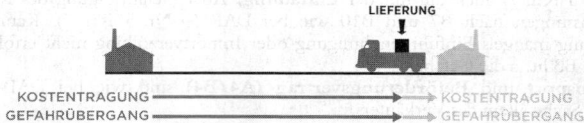

2. **Transportart** – Diese Klausel kann unabhängig von der gewählten Transportart verwendet werden, auch dann, wenn mehrere Transportarten zum Einsatz kommen.

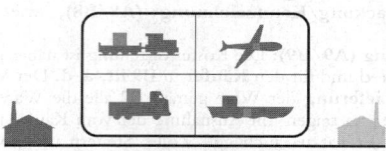

3. **Hinweis für Verkäufer: maximale Verantwortlichkeit** – DDP, gemäß der die Lieferung am Bestimmungsort erfolgt und der Verkäufer für die Zahlung der Importzölle und sonstige Abgaben verantwortlich ist, ist unter allen elf Incoterms® Klauseln diejenige Klausel, die dem Verkäufer das größtmögliche Maß an Verpflichtungen auferlegt. Aus Verkäufersicht sollte diese Klausel daher aus den in Absatz 7 angeführten Gründen mit Vorsicht angewendet werden.
4. **Genaue Bezeichnung des Lieferortes bzw. der Lieferstelle und des Bestimmungsortes** – Den Parteien wird aus verschiedenen Gründen empfohlen, Lieferort oder Lieferstelle sowie Bestimmungsort möglichst präzise zu bezeichnen. Zunächst ist festzustellen, dass die Gefahr des Verlusts oder der Beschädigung der Ware an dieser Lieferstelle oder am jeweiligen Bestimmungsort auf den Käufer übergeht; sowohl für den Verkäufer als auch den Käufer ist es daher unabdingbar, sich über die konkrete Stelle im Klaren zu sein, an der sich dieser kritische Gefahrübergang vollzieht. Zweitens gilt, dass die Kosten bis zu diesem Liefer-/Bestimmungsort bzw. bis zur Lieferstelle, einschließlich der Kosten für die Einfuhrabfertigung, zu Lasten des Verkäufers gehen und die ab dieser Stelle bzw. ab diesem Ort entstehenden Kosten, mit Ausnahme der Einfuhrkosten, dem Käufer zugerechnet werden. Drittens muss der Verkäufer den Transport der Ware bis zum benannten Liefer-/Bestimmungsort oder zur benannten Lieferstelle vertraglich beauftragen oder organisieren. Anderenfalls würde der Verkäufer gegen seine Verpflichtungen aus der Incoterms® Klausel DDP verstoßen und wäre gegenüber dem Käufer für die hieraus entstehenden Verluste haftbar. Somit müsste beispielsweise der Verkäufer alle zusätzlichen Kosten übernehmen, die der Frachtführer dem Käufer ggf. für zusätzlichen Weitertransport der Ware berechnet.
5. **„oder die so gelieferte Ware beschafft"** – Der Begriff „beschaffen" bezieht sich hier auf mehrere hintereinander geschaltete Verkäufe in einer Verkaufskette („string sales"), die häufig, wenn auch nicht ausschließlich, im Rohstoffhandel vorkommen.
6. **Entladekosten** – Entstehen dem Verkäufer gemäß seinem Beförderungsvertrag Kosten durch die Entladung am Liefer-/Bestimmungsort, so ist der Verkäufer nicht berechtigt, diese Kosten gesondert vom Käufer zurückzufordern, sofern nichts anderes zwischen den Parteien vereinbart ist.
7. **Ausfuhr-/Einfuhrabfertigung** – Gemäß der Regelung in Absatz 3 ist der Verkäufer unter der Klausel DDP verpflichtet, die Ware zur Ausfuhr abzufertigen und,

soweit erforderlich, auch zur Einfuhr abzufertigen und Einfuhrzölle zu entrichten oder etwaige Zollformalitäten zu erledigen. Falls der Verkäufer daher nicht in der Lage ist, die Einfuhrabfertigung zu erledigen, und diese Formalitäten lieber dem Käufer im Einfuhrland überlassen möchte, sollte der Verkäufer möglicherweise die Klausel DAP oder DPU wählen, bei denen die Lieferung zwar ebenfalls am Bestimmungsort erfolgt, jedoch die Einfuhrabfertigung dem Käufer obliegt. Bei der Klausel DDP ist somit gut zu überlegen, ob sich steuerliche Auswirkungen ergeben. Gezahlte Abgaben können möglicherweise vom Käufer nicht zurück gefordert werden: siehe A9(d).

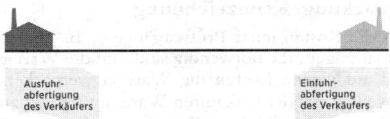

A. VERPFLICHTUNGEN DES VERKÄUFERS

A1. Allgemeine Verpflichtungen

Der Verkäufer hat die Ware und die Handelsrechnung in Übereinstimmung mit dem Kaufvertrag bereitzustellen und jeden sonstigen vertraglich vereinbarten Konformitätsnachweis zu erbringen.

Jedes vom Verkäufer bereitzustellende Dokument kann in Papierform oder in elektronischer Form vorliegen, je nachdem, wie dies zwischen den Parteien vereinbart wird oder handelsüblich ist.

A2. Lieferung

Der Verkäufer muss die Ware liefern, indem er sie dem Käufer auf dem ankommenden Beförderungsmittel entladebereit an der ggf. benannten Stelle oder am benannten Bestimmungsort zur Verfügung stellt oder die so gelieferte Ware beschafft. In jedem Fall muss der Verkäufer die Ware zum vereinbarten Termin oder innerhalb der vereinbarten Frist liefern.

A3. Gefahrübergang

Der Verkäufer trägt bis zur Lieferung gemäß A2 alle Gefahren des Verlusts oder der Beschädigung der Ware, mit Ausnahme von Verlust oder Beschädigung unter den in B3 beschriebenen Umständen.

A4. Transport

Der Verkäufer muss auf eigene Kosten den Transport der Ware bis zum benannten Bestimmungsort oder zu der gegebenenfalls vereinbarten Stelle am benannten Bestimmungsort vertraglich beauftragen oder organisieren. Ist keine genaue Stelle vereinbart oder ergibt sie sich nicht aus der Handelspraxis, kann der Verkäufer eine beliebige Stelle am benannten Bestimmungsort auswählen, die für den Zweck am besten geeignet ist.

Der Verkäufer muss alle transportbezogenen Sicherheitsanforderungen für die Beförderung der Waren bis zum Bestimmungsort erfüllen.

A5. Versicherung

Der Verkäufer hat gegenüber dem Käufer keine Verpflichtung, einen Versicherungsvertrag abzuschließen.

A6. Liefer-/Transportdokument

Der Verkäufer hat dem Käufer auf eigene Kosten alle erforderlichen Dokumente zur Verfügung zu stellen, die dem Käufer die Übernahme der Ware ermöglichen.

(6) Incoterms 2020 7. DDP

A7. Ausfuhr-/Einfuhrabfertigung

Gegebenenfalls hat der Verkäufer alle Ausfuhr-/Transit- und Einfuhrabfertigungsformalitäten durchzuführen und zu bezahlen, die von den jeweiligen Ausfuhr-/Transit- und Einfuhrländern vorgeschrieben sind, z. B.:

- Ausfuhr-/Durchfuhr-/Einfuhrgenehmigung;
- Sicherheitsfreigabe für Ausfuhr/Durchfuhr/Einfuhr;
- Warenkontrolle vor der Verladung; und
- sonstige behördliche Genehmigungen.

A8. Prüfung/Verpackung/Kennzeichnung

Der Verkäufer hat die Kosten jener Prüfvorgänge (z. B. Qualitätsprüfung, Messen, Wiegen und Zählen) zu tragen, die notwendig sind, um die Ware gemäß A2 zu liefern.

Der Verkäufer hat auf eigene Kosten die Ware zu verpacken, es sei denn, es ist handelsüblich, die jeweilige Art der verkauften Ware unverpackt zu transportieren. Der Verkäufer muss die Ware in der für ihren Transport geeigneten Weise verpacken und kennzeichnen, es sei denn, die Parteien haben genaue Verpackungs- oder Kennzeichnungsanforderungen vereinbart.

A9. Kostenverteilung

Der Verkäufer muss

a) bis zur Lieferung gemäß A2 alle die Ware und ihren Transport betreffenden Kosten tragen, ausgenommen die gemäß B9 vom Käufer zu tragenden Kosten;
b) alle Kosten und Gebühren für die Entladung am Bestimmungsort tragen, sofern diese Kosten und Gebühren gemäß Beförderungsvertrag zu Lasten des Verkäufers gehen;
c) die Kosten für die Beschaffung und Bereitstellung des Liefer-/Transportdokuments gemäß A6 tragen;
d) gegebenenfalls anfallende Zölle, Steuern und sonstige Kosten in Zusammenhang mit der Einfuhr-, Transit- und Einfuhrabfertigung gemäß A7 zahlen; und
e) dem Käufer alle Kosten und Gebühren erstatten, die dem Käufer durch die Unterstützung bei der Beschaffung der erforderlichen Dokumente und Informationen gemäß B5 und B7 entstanden sind.

A10. Benachrichtigungen

Der Verkäufer muss den Käufer über alles Nötige benachrichtigen, damit dieser die Ware übernehmen kann.

B. VERPFLICHTUNGEN DES KÄUFERS

B1. Allgemeine Verpflichtungen

Der Käufer hat den im Kaufvertrag genannten Preis der Ware zu zahlen.

Jedes vom Käufer bereitzustellende Dokument kann in Papierform oder in elektronischer Form vorliegen, je nachdem, wie dies zwischen den Parteien vereinbart wird oder handelsüblich ist.

B2. Übernahme

Der Käufer muss die Ware übernehmen, wenn sie gemäß A2 geliefert wurde.

B3. Gefahrübergang

Der Käufer trägt ab dem Zeitpunkt der Lieferung gemäß A2 alle Gefahren des Verlusts oder der Beschädigung der Ware.

Falls

a) der Käufer seine Verpflichtungen gemäß B7 nicht erfüllt, trägt er alle daraus resultierenden Gefahren des Verlustes oder der Beschädigung der Ware; oder

b) der Käufer es versäumt, eine Benachrichtigung gemäß B10 zu erteilen, trägt er alle Gefahren des Verlusts oder der Beschädigung der Ware ab dem vereinbarten Lieferzeitpunkt oder ab dem Ende des vereinbarten Lieferzeitraums,

vorausgesetzt, die Ware wurde eindeutig als die vertragliche Ware kenntlich gemacht.

B4. Transport

Der Käufer hat gegenüber dem Verkäufer keine Verpflichtung, einen Beförderungsvertrag abzuschließen.

B5. Versicherung

Der Käufer hat gegenüber dem Verkäufer keine Verpflichtung, einen Versicherungsvertrag abzuschließen. Jedoch muss der Käufer dem Verkäufer auf dessen Verlangen, Gefahr und Kosten jeweils Informationen zur Verfügung stellen, die der Verkäufer zur Erlangung des Versicherungsschutzes benötigt.

B6. Liefer-/Transportdokument

Der Käufer muss das gemäß A6 zur Verfügung gestellte Dokument annehmen.

B7. Ausfuhr-/Einfuhrabfertigung

Soweit zutreffend, hat der Käufer den Verkäufer auf dessen Verlangen, Gefahr und Kosten bei der Beschaffung von Dokumenten und/oder Informationen für alle Ausfuhr-/Transit-/Einfuhrabfertigungsformalitäten, die von den Ausfuhr-/Transit-/Einfuhrländern vorgeschrieben sind, zu unterstützen, z. B.:

- Ausfuhr-/Durchfuhr-/Einfuhrgenehmigung;
- Sicherheitsfreigabe für Ausfuhr, Transport und Einfuhr;
- Warenkontrolle vor der Verladung; und
- sonstige behördliche Genehmigungen.

B8. Prüfung/Verpackung/Kennzeichnung

Der Käufer hat gegenüber dem Verkäufer keine Verpflichtung.

B9. Kostenverteilung

Der Käufer muss

a) alle die Ware betreffenden Kosten ab dem Zeitpunkt der Lieferung gemäß A2 tragen;

b) alle Entladekosten tragen, die erforderlich sind, um die Ware vom ankommenden Beförderungsmittel am benannten Bestimmungsort zu übernehmen, sofern diese Kosten gemäß Beförderungsvertrag nicht zu Lasten des Verkäufers gehen; und

c) alle zusätzlichen Kosten tragen, die dem Verkäufer entstehen, falls der Käufer seine Verpflichtungen gemäß B7 nicht erfüllt oder es versäumt, eine Benachrichtigung gemäß B10 zu erteilen, vorausgesetzt, die Ware wurde eindeutig als die vertragliche Ware kenntlich gemacht.

B10. Benachrichtigungen

Wenn vereinbart wurde, dass der Käufer berechtigt ist, innerhalb eines vereinbarten Lieferzeitraums den Zeitpunkt und/oder am benannten Bestimmungsort die Stelle für die Warenübernahme zu bestimmen, muss der Käufer den Verkäufer hierüber in geeigneter Weise benachrichtigen.

(6) Incoterms 2020 7. DDP

Kommentierung

1) Vertragstyp

1 „DDP"/„Geliefert verzollt" ist für alle Transportarten geeignet, auch wenn mehr als eine Transportart (multimodaler Transport, vgl. §§ 452 ff. HGB) zum Einsatz kommt (→ Erläuternde Kommentare für Nutzer Ziffer 2; → Einl. vor Incoterms Rn. 21). „Geliefert verzollt" bedeutet, dass der Verkäufer liefert, wenn er die zur Einfuhr freigemachte Ware dem Käufer auf dem ankommenden Beförderungsmittel entladebereit am benannten Bestimmungsort zur Verfügung stellt. Der Verkäufer trägt alle Kosten und Gefahren bis zu dieser entladebereiten Zurverfügungstellung. „DDP/ Geliefert verzollt" ist also wie alle D-Klauseln eine **Ankunftsklausel** (→ Einl. vor Incoterms Rn. 35). Der Lieferort bzw. die Lieferstelle des Bestimmungsorts bzw. eine vereinbarte Stelle an diesem Ort sollten möglichst präzise bezeichnet werden. Denn der Verkäufer trägt Gefahr und Kosten bis zu dieser **entladebereiten Zurverfügungstellung** an diesem Ort bzw. dieser Stelle und muss auch den Transport bis dahin beauftragen oder selbst organisieren (→ Erläuternde Kommentare für Nutzer Ziffer 3). Wenn der Beförderungsvertrag die Entladung einschließt, muss der Verkäufer im Kaufvertrag vereinbaren, dass er diese Zusatzkosten dem Käufer in Rechnung stellen kann (→ Erläuternde Kommentare für Nutzer Ziffer 6). Der Verkäufer muss die Ware nicht nur für die Ausfuhr, sondern **auch für die Einfuhr freimachen und alle Zollformalitäten erledigen.** Wegen der **damit oft verbundenen rechtlichen und praktischen Schwierigkeiten** sollte andere Klausel gewählt werden (vgl. EXW → Nr. 1 Rn. 7) oder es empfehlen sich zusätzliche Vereinbarungen, zB „DDP VAT unpaid" oder „DDP not cleared for import", Ramberg S. 150 f. DDP sollte nicht verwandt werden, wenn der Verkäufer nicht in der Lage ist, direkt oder indirekt die Einfuhrabfertigung zu erledigen, stattdessen dann lieber die Klausel DAP Nr. 5 oder DPU Nr. 6 (→ Erläuternde Kommentare für Nutzer Ziffer 7). Bei DDP können sich für den Verkäufer möglicherweise auch steuerliche Auswirkungen ergeben und gezahlte Abgaben wegen A9 lit. d nicht vom Käufer zurückgefordert werden (→ Erläuternde Kommentare für Nutzer Ziffer 7).

2 „DDP Geliefert verzollt" ist damit **die den Verkäufer maximal belastende Incoterms-Klausel,** diesem wird also Vorsicht empfohlen, → Erläuternde Kommentare für Nutzer Ziffer 3). Umgekehrt Mindestverpflichtung des Verkäufers bei Klausel „Ab Werk", → Nr. 1 Rn. 1. Zwischenformen sind möglich, zB „DDP, Einfuhrumsatzsteuer nicht bezahlt", Bredow/Seiffert Rn. 2. Zur früheren, in den Incoterms 2010 weggefallenen Klausel „DDU Geliefert unverzollt" (neu 1990, s. 39. Aufl. Nr. 12).

3 **Bis auf Verzollungspflicht** ist „DDP/Geliefert verzollt" **wort- und deckungsgleich mit „DAP/Geliefert benannter Ort"** Nr. 5, **deshalb Kommentierung insoweit nur dort.**

2) Verkäufer- und Käuferpflichten

4 **Vertragskonforme Bereitstellung** der Waren und Handelsrechnung durch den Verkäufer und **Kaufpreiszahlung** durch den Käufer (**A1/B1,** wortgleich wie bei EXW → Nr. 1 Rn. 2). Ebenso **Gleichstellung** von **Papierform und elektronischer Form** (A1 II/B1 II, → Einl. vor Incoterms Rn. 46).

5 **Lieferung/Übernahme (A2/B2):** Der Verkäufer hat die Ware zu liefern, indem er sie dem Käufer auf dem ankommenden Beförderungsmittel **entladebereit** am benannten Bestimmungsort an der ggf. vereinbarten Stelle zum vereinbarten Termin oder innerhalb der vereinbarten Frist zur Verfügung stellt oder die so gelieferte Ware beschafft (A2). Zum Beschaffen → Erläuternde Kommentare für Nutzer Ziffer 5. Der Käufer muss die gemäß A2 gelieferte Ware übernehmen (B2). Zu Lieferung und Übernahme wie bei DAP, → Nr. 5 Rn. 6; dort auch zum Begriff „entladebereit".

6 **Gefahrübergang mit Lieferung** gemäß A2 (**A3/B3**). Der Verkäufer trägt also alle Gefahren im Zusammenhang mit der Beförderung und bis zur **entladebereiten** Zur-

verfügungstellung am benannten Bestimmungsort. Die Gefahr der Entladung trägt der Verkäufer bei DAP nicht. Gefahrtragung des Käufers bei Unterlassungen nach B7 und B10 wie bei DAP (→ Nr. 5 Rn. 7).

Transport und **Beförderungsvertrag (A4/B4)** sind wie bei DAP (→ Nr. 5 Rn. 8) Sache allein des Verkäufers. 7

Keine Pflicht zu **Versicherungsvertrag (A5/B5)**, aber Informationspflicht des Käufers (B5 Satz 2), wie bei DAP (→ Nr. 5 Rn. 9). 8

Liefer-/Transportdokument (A6/B6), wie bei DAP (→ Nr. 5 Rn. 10). 9

Ausfuhr-/Einfuhrabfertigung (A7/B7): Hier geht die Klausel „DDP/Geliefert verzollt" weit über DAP und DPU hinaus. Ggf. hat der Verkäufer alle Ausfuhr-/Transit- und Einfuhrabfertigungsformalitäten durchzuführen und zu bezahlen, die von den jeweiligen Ausfuhr-/Transit- und Einfuhrländern vorgeschrieben sind (A7). Dazu gehören zB alle behördlichen Genehmigungen, die Sicherheitsfreigabe und die Warenkontrolle vor der Verladung. Soweit zutreffend (→ Einl. vor Incoterms Rn. 52) muss der Käufer den Verkäufer auf dessen Verlangen, Gefahr und Kosten dabei unterstützen (B7). Für den Verkäufer kann das sehr belastend, ja sogar gar nicht möglich sein (→ Rn. 1). 10

Prüfung/Verpackung/Kennzeichnung (A8/B8), wie bei DAP (→ Nr. 5 Rn. 12). 11

Kostenverteilung (A9/B9): Die Kostenverteilung ist näher geregelt, für den **Verkäufer** in **A9 lit. a-e** und für den **Käufer** in **B9 lit. a-c**. Sie ist bis auf einen Punkt dieselbe wie bei DAP, → Nr. 5 Rn. 13. Der Verkäufer hat die Ware nämlich nicht nur zur Ausfuhr (fehlerhaft im Originaltext) freizumachen, sondern **auch** zur **Einfuhr** einschließlich der Durchfuhr und die Kosten der ggf. anfallenden diesbezüglichen Zölle, Steuern und sonstigen Kosten zu tragen (→ Einl. vor Incoterms Rn. 52) zu tragen (A9 lit. d). Entladekosten sind Sache des Käufers, wenn nichts anderes vereinbart ist (B9 lit. b). 12

Benachrichtigungen (A10/B10), wie bei DAP → Nr. 5 Rn. 14. 13

(Fortsetzung: nächste Seite)

(6) Incoterms 2020 8. FAS

[II.] Klauseln für den See- und Binnenschiffstransport

8) FAS | Frei Längsseite Schiff

FAS (fügen Sie den benannten Verschiffungshafen ein) *Incoterms® 2020*

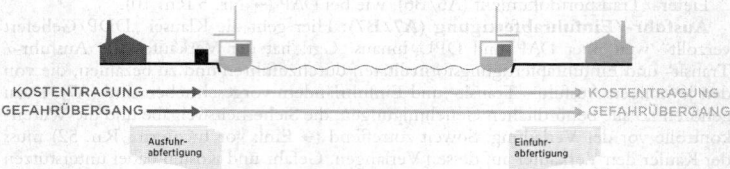

ERLÄUTERNDE KOMMENTARE FÜR NUTZER[1]

1. **Lieferung und Gefahrübergang** – Bei Nutzung der Klausel „Frei Längsseite Schiff" erfolgt die Lieferung der Ware vom Verkäufer an den Käufer,
   - indem die Ware längsseits eines Schiffs bereitgestellt wird (z. B. an einer Kaianlage oder auf einem Binnenschiff),
   - wie vom Käufer benannt,
   - im benannten Verschiffungshafen,
   - oder indem der Verkäufer bereits so gelieferte Ware beschafft.

   Die Gefahr des Verlusts oder der Beschädigung der Ware geht auf den Käufer über, wenn sich die Ware längsseits des Schiffs befindet. Ab diesem Zeitpunkt trägt der Käufer alle Kosten.

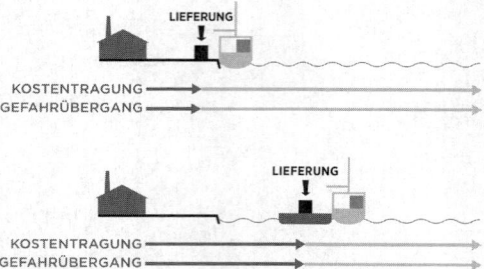

2. **Transportart** – Diese Klausel ist ausschließlich für den See- und Binnenschiffstransport geeignet, bei dem es der Absicht der Parteien entspricht, dass die Ware geliefert wird, indem sie längsseits eines Schiffs bereitgestellt wird. FAS ist somit ungeeignet, wenn die Ware einem Frachtführer übergeben wird, bevor sie sich längsseits des Schiffs befindet, z. B. wenn Ware an einem Containerterminal übergeben wird. Wenn dies der Fall ist, sollten die Parteien in Betracht ziehen, anstelle von FAS die Klausel FCA zu verwenden.

---

[1] **[Red. Anm.:]** Die „Erläuternden Kommentare für Nutzer" sind Bestandteil der Incoterms® 2020. Die **eigentliche Kommentierung, erkennbar an ihren Randnummern, folgt im Anschluss an B.** Verpflichtungen des Käufers.

IV. AGB und Incoterms 2020   8. FAS   Incoterms 2020 (6)

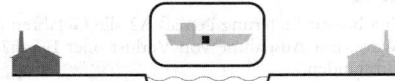

3. **Genaue Bezeichnung der Ladestelle** – Die Parteien sind gut beraten, die Ladestelle im benannten Verschiffungshafen, an der die Ware von der Kaianlage oder von einem Frachtkahn auf das betreffende Schiff verladen wird, so genau wie möglich zu bestimmen, da die Kosten und Gefahren bis zu dieser Stelle zu Lasten des Verkäufers gehen. Diese Kosten und damit verbundene Umschlagskosten (handling charges) können entsprechend der Hafenpraxis variieren.
4. **„oder die so gelieferte Ware beschafft"** – Der Verkäufer ist verpflichtet, die Ware entweder längsseits des Schiffs zu liefern oder bereits so für die Verschiffung gelieferte Ware zu beschaffen. Der Begriff „beschaffen" bezieht sich hier auf mehrere hintereinander geschaltete Verkäufe in einer Verkaufskette („string sales"), die insbesondere im Rohstoffhandel vorkommen.
5 **Ausfuhr-/Einfuhrabfertigung** – FAS verpflichtet den Verkäufer, die Ware ggf. zur Ausfuhr freizumachen. Jedoch hat der Verkäufer keine Verpflichtung, die Ware zur Einfuhr oder Durchfuhr durch Drittländer freizumachen, Einfuhrzölle zu zahlen oder Einfuhrzollformalitäten zu erledigen.

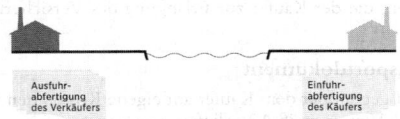

A. VERPFLICHTUNGEN DES VERKÄUFERS
A1. Allgemeine Verpflichtungen

Der Verkäufer hat die Ware und die Handelsrechnung in Übereinstimmung mit dem Kaufvertrag bereitzustellen und jeden sonstigen vertraglich vereinbarten Konformitätsnachweis zu erbringen.

Jedes vom Verkäufer bereitzustellende Dokument kann in Papierform oder in elektronischer Form vorliegen, je nachdem, wie dies zwischen den Parteien vereinbart wird oder handelsüblich ist.

A2. Lieferung

Der Verkäufer muss die Ware liefern, indem er sie längsseits des vom Käufer benannten Schiffs an der gegebenenfalls vom Käufer bestimmten Ladestelle im benannten Verschiffungshafen verbringt oder die so gelieferte Ware beschafft.

Der Verkäufer muss die Ware

1. am vereinbarten Tag oder
2. zu dem innerhalb des vereinbarten Zeitraums liegenden Zeitpunktes, der vom Käufer gemäß B10 mitgeteilt wurde, oder,
3. wenn ein derartiger Zeitpunkt nicht mitgeteilt wurde, zum Ende des vereinbarten Zeitraums und
4. in der im Hafen üblichen Weise liefern.

Falls keine bestimmte Ladestelle durch den Käufer angegeben worden ist, kann der Verkäufer die für den Zweck am besten geeignete Stelle innerhalb des benannten Verschiffungshafens auswählen.

A3. Gefahrübergang

Der Verkäufer trägt bis zur Lieferung gemäß A2 alle Gefahren des Verlusts oder der Beschädigung der Ware, mit Ausnahme von Verlust oder Beschädigung unter den in B3 beschriebenen Umständen.

A4. Transport

Der Verkäufer hat gegenüber dem Käufer keine Verpflichtung, einen Beförderungsvertrag abzuschließen. Jedoch muss der Verkäufer dem Käufer auf dessen Verlangen, Gefahr und Kosten jeweils im Besitz des Verkäufers befindliche Informationen zur Verfügung stellen, einschließlich transportbezogener Sicherheitsanforderungen, die der Käufer für die Organisation des Transports benötigt. Bei entsprechender Vereinbarung muss der Verkäufer einen Beförderungsvertrag zu den üblichen Bedingungen auf Gefahr und Kosten des Käufers abschließen.

Der Verkäufer muss alle transportbezogenen Sicherheitsanforderungen bis zur Lieferung erfüllen.

A5. Versicherung

Der Verkäufer hat gegenüber dem Käufer keine Verpflichtung, einen Versicherungsvertrag abzuschließen. Jedoch muss der Verkäufer dem Käufer auf dessen Verlangen, Gefahr und Kosten jeweils im Besitz des Verkäufers befindliche Informationen zur Verfügung stellen, die der Käufer zur Erlangung des Versicherungsschutzes benötigt.

A6. Liefer-/Transportdokument

Der Verkäufer hat gegenüber dem Käufer auf eigene Kosten den üblichen Nachweis zu erbringen, dass die Ware gemäß A2 geliefert worden ist.

Sofern es sich bei einem solchen Nachweis nicht um ein Transportdokument handelt, hat der Verkäufer den Käufer auf dessen Verlangen, Gefahr und Kosten bei der Beschaffung eines Transportdokuments zu unterstützen.

A7. Ausfuhr-/Einfuhrabfertigung

a) Ausfuhrabfertigung

Gegebenenfalls hat der Verkäufer alle Ausfuhrabfertigungsformalitäten durchzuführen und zu bezahlen, die von dem jeweiligen Ausfuhrland vorgeschrieben sind, z. B.:
- Ausfuhrgenehmigung;
- Sicherheitsfreigabe für die Ausfuhr;
- Warenkontrolle vor der Verladung; und
- sonstige behördliche Genehmigungen.

b) Unterstützung bei der Einfuhrabfertigung

Gegebenenfalls hat der Verkäufer den Käufer auf dessen Verlangen, Gefahr und Kosten bei der Beschaffung von Dokumenten und/oder Informationen für alle Transit-/Einfuhrabfertigungsformalitäten zu unterstützen, einschließlich Sicherheitsanforderungen und Warenkontrollen vor der Verladung, die von den Transit-/Einfuhrländern vorgeschrieben sind.

A8. Prüfung/Verpackung/Kennzeichnung

Der Verkäufer hat die Kosten jener Prüfvorgänge (z. B. Qualitätsprüfung, Messen, Wiegen und Zählen) zu tragen, die notwendig sind, um die Ware gemäß A2 zu liefern.

Der Verkäufer hat auf eigene Kosten die Ware zu verpacken, es sei denn, es ist handelsüblich, die jeweilige Art der verkauften Ware unverpackt zu transportieren. Der Verkäufer muss die Ware in der für ihren Transport geeigneten Weise verpacken und kennzeichnen, es sei denn, die Parteien haben genaue Verpackungs- oder Kennzeichnungsanforderungen vereinbart.

A9. Kostenverteilung

Der Verkäufer muss

a) bis zur Lieferung gemäß A2 alle die Ware betreffenden Kosten tragen, ausgenommen die gemäß B9 vom Käufer zu tragenden Kosten;
b) die Kosten für die Erbringung des üblichen Nachweises für den Käufer gemäß A6 tragen, aus dem hervorgeht, dass die Ware geliefert wurde;
c) gegebenenfalls Zölle, Steuern und sonstige Kosten für die Ausfuhrabfertigung gemäß A7(a) tragen; und
d) dem Käufer alle Kosten und Gebühren erstatten, die dem Käufer durch die Unterstützung bei der Beschaffung der erforderlichen Dokumente und Informationen gemäß B7(a) entstanden sind.

A10. Benachrichtigungen

Der Verkäufer muss den Käufer in hinreichender Weise davon in Kenntnis setzen, dass die Waren gemäß A2 geliefert worden sind oder dass das Schiff die Waren nicht innerhalb der vereinbarten Frist geladen hat.

B. VERPFLICHTUNGEN DES KÄUFERS

B1. Allgemeine Verpflichtungen

Der Käufer hat den im Kaufvertrag genannten Preis der Ware zu zahlen.

Jedes vom Käufer bereitzustellende Dokument kann in Papierform oder in elektronischer Form vorliegen, je nachdem, wie dies zwischen den Parteien vereinbart wird oder handelsüblich ist.

B2. Übernahme

Der Käufer muss die Ware übernehmen, wenn sie gemäß A2 geliefert wurde.

B3. Gefahrübergang

Der Käufer trägt ab dem Zeitpunkt der Lieferung gemäß A2 alle Gefahren des Verlusts oder der Beschädigung der Ware.
Falls

a) der Käufer es versäumt, eine Benachrichtigung gemäß B10 zu erteilen; oder
b) das vom Käufer benannte Schiff nicht rechtzeitig eintrifft, um es dem Verkäufer zu ermöglichen, seine Pflichten entsprechend A2 zu erfüllen, oder das Schiff die Ware nicht übernimmt bzw. schon vor dem gemäß B10 mitgeteilten Zeitpunkt keine Ladung mehr annimmt;

dann trägt der Käufer alle Gefahren des Verlusts oder der Beschädigung der Ware
   (i) ab dem vereinbarten Zeitpunkt oder, wenn kein be stimmter Zeitpunkt vereinbart wurde,
   (ii) ab dem vom Käufer gemäß B10 ausgewählten Zeit punkt oder, falls ein solcher Zeitpunkt nicht mitgeteilt wurde,
   (iii) ab dem Ende des jeweils vereinbarten Lieferzeitraums,
vorausgesetzt, die Ware wurde eindeutig als die vertragliche Ware kenntlich gemacht.

B4. Transport

Der Käufer hat auf eigene Kosten den Vertrag über die Beförderung der Ware vom benannten Verschiffungshafen abzuschließen, sofern der Beförderungsvertrag nicht vom Verkäufer gemäß der Regelung in A4 abgeschlossen wurde.

B5. Versicherung

Der Käufer hat gegenüber dem Verkäufer keine Verpflichtung, einen Versicherungsvertrag abzuschließen.

(6) Incoterms 2020 8. FAS

B6. Liefer-/Transportdokument
Der Käufer muss den gemäß A6 bereitgestellten Liefernachweis annehmen.

B7. Ausfuhr-/Einfuhrabfertigung

a) Unterstützung bei Ausfuhrabfertigung
Gegebenenfalls hat der Käufer den Verkäufer auf dessen Verlangen, Gefahr und Kosten bei der Beschaffung von Dokumenten und/oder Informationen für alle Ausfuhrabfertigungsformalitäten zu unterstützen, einschließlich Sicherheitsanforderungen und Warenkontrollen vor der Verladung, die von dem betreffenden Ausfuhrland vorgeschrieben sind.

b) Einfuhrabfertigung
Gegebenenfalls hat der Käufer alle Formalitäten durchzuführen und zu bezahlen, die von dem betreffenden Transit- und Einfuhrland vorgeschrieben sind, z. B.:
- Einfuhrgenehmigung und ggf. erforderliche Durchfuhrgenehmigungen;
- Sicherheitsfreigabe für die Einfuhr und etwaige Durchfuhr;
- Warenkontrolle vor der Verladung; und
- sonstige behördliche Genehmigungen.

B8. Prüfung/Verpackung/Kennzeichnung
Der Käufer hat gegenüber dem Verkäufer keine Verpflichtung.

B9. Kostenverteilung
Der Käufer muss
a) alle die Ware betreffenden Kosten ab dem Zeitpunkt der Lieferung gemäß A2 tragen, mit Ausnahme der gemäß A9 vom Verkäufer zu übernehmenden Kosten;
b) dem Verkäufer alle Kosten und Gebühren erstatten, die dem Verkäufer durch die Unterstützung bei der Beschaffung der erforderlichen Dokumente und Informationen gemäß A4, A5, A6 und A7(b) entstanden sind;
c) gegebenenfalls Zölle, Steuern und sonstige Kosten in Zusammenhang mit der Transit- und Einfuhrabfertigung gemäß B7(b) zahlen; und
d) alle zusätzlichen Kosten übernehmen, die entweder dadurch entstehen, dass
  (i) der Käufer es versäumt hat, eine Benachrichtigung gemäß B10 zu erteilen, oder
  (ii) das vom Käufer gemäß B10 benannte Schiff nicht rechtzeitig eintrifft, die Ware nicht übernimmt oder schon vor dem gemäß B10 mitgeteilten Zeitpunkt keine Ladung mehr annimmt;
vorausgesetzt, die Ware wurde eindeutig als die vertragliche Ware kenntlich gemacht.

B10. Benachrichtigungen
Der Käufer muss dem Verkäufer in hinreichender Weise alle transportbezogenen Sicherheitsanforderungen, den Namen des Schiffs, die Ladestelle und ggf. den gewählten Lieferzeitpunkt innerhalb des vereinbarten Lieferzeitraums mitteilen.

Kommentierung

1) Vertragstyp

1 „FAS"/„Frei Längsseite Schiff" sieht Lieferung des Verkäufers längsseits des Schiffes (ship bzw. vessel) vor, zB an einer Kaianlage oder auf einem Binnenschiff längsseits des Schiffs. Die Klausel ist also **ausschließlich für den Seetransport** und den Binnenschiffstransport geeignet (→ Erläuternde Kommentare für Nutzer Ziffer 2). FAS ist nur für Stückgut und Massegüter geeignet, FAS ist **ungeeignet für den Containerverkehr,** da containerisierte Ware üblicherweise nicht längsseits des Schiffs, sondern an den Frachtführer im Terminal übergeben wird (→ Erläuternde Kommenta-

IV. AGB und Incoterms 2020   8. FAS **Incoterms 2020 (6)**

re für Nutzer Ziffer 2; Graf von Bernstorff Rn. 851 ff.). Hierfür besser geeignet ist Nr. 2 „FCA" (zur Containerbeförderung → FCA Nr. 2 Rn. 1, 5, 12). Die **Ladestelle im benannten Verschiffungshafen sollte möglichst genau bezeichnet** werden, weil die Kosten und Gefahren bis zu dieser Stelle zu Lasten des Verkäufers gehen und diese Kosten und die damit verbundenen Umschlagskosten (handling charges) entsprechend der Hafenpraxis (→ Einl. vor Incoterms Rn. 18) unterschiedlich sein können (→ Erläuternde Kommentare für Nutzer Ziffer 3).

FAS ist **mit FOB weitestgehend identisch, Unterschied** zu FOB ist im Wesentlichen nur, dass **hier** nur **Längsseite Schiff** geliefert werden muss, während **dort erst mit Verbringung an Bord geliefert** ist und dementsprechend hier die Gefahr früher übergeht (FOB → Nr. 9 Rn. 4 und 5). Im Übrigen entsprechen sich die beiden Klauseln, sodass im Folgenden **auf** die Kommentierung zu **„FOB Frei an Bord"** (s. Nr. 9) **verwiesen** werden kann. **2**

2) Verkäufer- und Käuferpflichten

Vertragskonforme Bereitstellung der Ware und Handelsrechnung durch den Verkäufer und **Kaufpreiszahlung** durch den Käufer (**A1/B1**, wortgleich wie bei FOB und schon bei EXW → Nr. 1 Rn. 2). Gleichstellung von **Papierform und elektronischer Form** (A1 II/B1 II, → Einl. vor Incoterms Rn. 46). **3**

Lieferung und **Übernahme (A2/B2).** Die Lieferung erfolgt hier nur längsseits des Schiffs **(A2),** insoweit also anders als bei FOB (schon → Rn. 1, FOB → Nr. 9 Rn. 4). Lieferung (vom Ufer aus gesehen) längsseits des Schiffs, zB einer Kaianlage, oder (vom Wasser aus gesehen) auf einem Zubringerschiff, das längsseits des eigentlichen Transportschiffs liegt. Das bedeutet nicht auch Übergabe an den Seefrachtführer. Lieferung bedeutet hier also nur Bereitstellung. Der eigentliche Verladevorgang auf das Transportschiff ist Sache des Käufers, dazu gehört auch die unmittelbare Vorbereitung für die Verladung, Graf von Bernstorff Rn. 866. Der Hinweis „beschaffen" bezieht sich auf mehrere hintereinander geschaltete Verkäufe in einer Verkaufskette, die besonders im Rohstoffhandel vorkommen („string sales", → Erläuternde Kommentare für Nutzer Ziffer 4). **Lieferzeit** und **Fixgeschäft** wie bei FOB → Nr. 9 Rn. 4. **Lieferart** ebenda. **Übernahme:** Der Käufer muss die Waren übernehmen, wenn sie wie in A2 vorgesehen geliefert worden ist **(B2).** **4**

Gefahrübergang tritt mit Lieferung längsseits des Schiffs gemäß A2 ein **(A3),** ab diesem Zeitpunkt trägt der Käufer alle Gefahren des Verlusts oder der Beschädigung der Ware **(B3 I).** Verlust beim Ladungsvorgang trifft somit den Käufer, insoweit also anders als bei FOB, wo es auf die Verbringung der Ware an Bord des Schiffs ankommt (FOB → Nr. 9 Rn. 5). **5**

Beförderungs- und Versicherungsverträge (A4/B4, A5/B5) wie bei FOB → Nr. 9 Rn. 6 und 7. **6**

Liefer-/Transportdokument (A6/B6); → Einl. vor Incoterms Rn. 51; vgl. FOB → Nr. 9 Rn. 8. Liefernachweis ist bei FAS mangels Vereinbarung eines anderen Transportsdokuments, wenn die Ware landseitig an den Kai geliefert wird, ein Kaiempfangsschein oder, wenn wasserseitig von einem Binnenschiff aus geladen wird, ein Bordempfangsschein, Graf von Bernstorff Rn. 879 f. **7**

Ausfuhr- und Einfuhrabfertigung mit Ausfuhr-, Einfuhr- und Durchfuhrgenehmigungen **(A7/B7)** wie bei FOB → Nr. 9 Rn. 9, auch → Erläuternde Kommentare für Nutzer Ziffer 5. (Behördliche) pre-shipment inspection wie FOB → Nr. 9 Rn. 9. **8**

Prüfung, Verpackung, Kennzeichnung (A8/B8) wie bei FOB → Nr. 9 Rn. 10–12. **9**

Kostenverteilung nach **A9/B9** wie bei FOB → Nr. 9 Rn. 13. **10**

Benachrichtigungen (A10/B 10) wie bei FOB → Nr. 9 Rn. 14. **11**

9) FOB | Frei an Bord

FOB (fügen Sie den benannten Verschiffungshafen ein) *Incoterms® 2020*

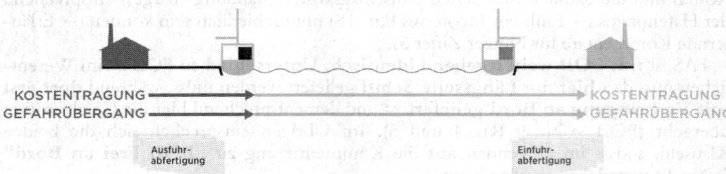

ERLÄUTERNDE KOMMENTARE FÜR NUTZER[1]

1. **Lieferung und Gefahrübergang** – Bei Nutzung der Klausel „Frei an Bord" liefert der Verkäufer die Ware an den Käufer
   - an Bord des Schiffs,
   - wie vom Käufer benannt
   - im benannten Verschiffungshafen,
   - oder der Verkäufer beschafft die bereits so gelieferte Ware.

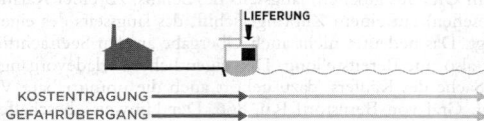

Die Gefahr des Verlusts oder der Beschädigung der Ware geht auf den Käufer über, wenn die Ware an Bord des Schiffs ist. Ab diesem Zeitpunkt trägt der Käufer alle Kosten.

2. **Transportart** – Diese Klausel ist ausschließlich für den See- und Binnenschiffstransport geeignet, bei dem es der Absicht der Parteien entspricht, dass die Ware geliefert wird, indem sie an Bord eines Schiffs gebracht wird. Die Klausel FOB ist somit ungeeignet, wenn die Ware dem Frachtführer übergeben wird, bevor sie sich an Bord des Schiffs befindet, z. B. wenn Ware an einem Containerterminal übergeben wird. Wenn dies der Fall ist, sollten die Parteien in Betracht ziehen, anstelle der Klausel FOB die Klausel FCA zu verwenden.

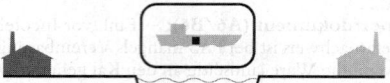

3. **„oder beschafft die so gelieferte Ware"** – Der Verkäufer ist verpflichtet, die Ware entweder an Bord des Schiffs zu liefern oder bereits so für die Verschiffung gelieferte Ware zu beschaffen.
   Der Begriff „beschaffen" bezieht sich hier auf mehrere hintereinander geschaltete Verkäufe in einer Verkaufskette („string sales"),
   die insbesondere im Rohstoffhandel vorkommen.

---

[1] **[Red. Anm.:]** Die „Erläuternden Kommentare für Nutzer" sind Bestandteil der Incoterms® 2020. Die **eigentliche Kommentierung, erkennbar an ihren Randnummern, folgt im Anschluss an B.** Verpflichtungen des Käufers.

4. Ausfuhr-/Einfuhrabfertigung – FOB verpflichtet den Verkäufer, die Ware ggf. zur Ausfuhr freizumachen. Jedoch hat der Verkäufer keine Verpflichtung, die Ware zur Einfuhr oder Durchfuhr durch Drittländer freizumachen, Einfuhrzölle zu zahlen oder Einfuhrzollformalitäten zu erledigen.

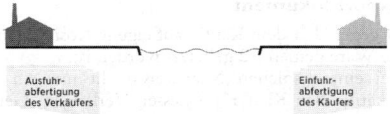

A. VERPFLICHTUNGEN DES VERKÄUFERS

A1. Allgemeine Verpflichtungen

Der Verkäufer hat die Ware und die Handelsrechnung in Übereinstimmung mit dem Kaufvertrag bereitzustellen und jeden sonstigen vertraglich vereinbarten Konformitätsnachweis zu erbringen.

Jedes vom Verkäufer bereitzustellende Dokument kann in Papierform oder in elektronischer Form vorliegen, je nachdem, wie dies zwischen den Parteien vereinbart wird oder handelsüblich ist.

A2. Lieferung

Der Verkäufer muss die Ware liefern, indem er sie an Bord des vom Käufer benannten Schiffs an der gegebenenfalls vom Käufer bestimmten Ladestelle im benannten Verschiffungshafen verbringt oder die bereits so gelieferte Ware beschafft.

Der Verkäufer muss die Ware

1. am vereinbarten Tag oder
2. zu dem innerhalb des vereinbarten Zeitraums liegenden Zeitpunkt, der vom Käufer gemäß B10 mitgeteilt wurde, oder,
3. wenn ein derartiger Zeitpunkt nicht mitgeteilt wurde, zum Ende des vereinbarten Zeitraums und
4. in der im Hafen üblichen Weise liefern.

Falls keine bestimmte Ladestelle durch den Käufer angegeben worden ist, kann der Verkäufer die für den Zweck am besten geeignete Stelle innerhalb des benannten Verschiffungshafens auswählen.

A3. Gefahrübergang

Der Verkäufer trägt bis zur Lieferung gemäß A2 alle Gefahren des Verlusts oder der Beschädigung der Ware, mit Ausnahme von Verlust oder Beschädigung unter den in B3 beschriebenen Umständen.

A4. Transport

Der Verkäufer hat gegenüber dem Käufer keine Verpflichtung, einen Beförderungsvertrag abzuschließen. Jedoch muss der Verkäufer dem Käufer auf dessen Verlangen, Gefahr und Kosten jeweils im Besitz des Verkäufers befindliche Informationen zur Verfügung stellen, einschließlich transportbezogener Sicherheitsanforderungen, die der Käufer für die Organisation des Transports benötigt. Bei entsprechender Vereinbarung muss der Verkäufer einen Beförderungsvertrag zu den üblichen Bedingungen auf Gefahr und Kosten des Käufers abschließen.

Der Verkäufer muss alle transportbezogenen Sicherheitsanforderungen bis zur Lieferung erfüllen.

A5. Versicherung

Der Verkäufer hat gegenüber dem Käufer keine Verpflichtung, einen Versicherungsvertrag abzuschließen. Jedoch muss der Verkäufer dem Käufer auf dessen Verlangen, Gefahr und Kosten jeweils im Besitz des Verkäufers befindliche Informationen zur Verfügung stellen, die der Käufer zur Erlangung des Versicherungsschutzes benötigt.

A6. Liefer-/Transportdokument

Der Verkäufer hat gegenüber dem Käufer auf eigene Kosten den üblichen Nachweis zu erbringen, dass die Ware gemäß A2 geliefert worden ist.

Sofern es sich bei einem solchen Nachweis nicht um ein Transportdokument handelt, hat der Verkäufer den Käufer auf dessen Verlangen, Gefahr und Kosten bei der Beschaffung eines Transportdokuments zu unterstützen.

A7. Ausfuhr-/Einfuhrabfertigung

a) Ausfuhrabfertigung
Gegebenenfalls hat der Verkäufer alle Ausfuhrabfertigungsformalitäten durchzuführen und zu bezahlen, die von dem jeweiligen Ausfuhrland vorgeschrieben sind, z. B.:
- Ausfuhrgenehmigung;
- Sicherheitsfreigabe für die Ausfuhr;
- Warenkontrolle vor der Verladung; und
- sonstige behördliche Genehmigungen.

b) Unterstützung bei der Einfuhrabfertigung
Gegebenenfalls hat der Verkäufer den Käufer auf dessen Verlangen, Gefahr und Kosten bei der Beschaffung von Dokumenten und/oder Informationen für alle Transit-/Einfuhrabfertigungsformalitäten zu unterstützen, einschließlich Sicherheitsanforderungen und Warenkontrollen vor der Verladung, die von den Transit-/Einfuhrländern vorgeschrieben sind.

A8. Prüfung/Verpackung/Kennzeichnung

Der Verkäufer hat die Kosten jener Prüfvorgänge (z. B. Qualitätsprüfung, Messen, Wiegen und Zählen) zu tragen, die notwendig sind, um die Ware gemäß A2 zu liefern.

Der Verkäufer hat auf eigene Kosten die Ware zu verpacken, es sei denn, es ist handelsüblich, die jeweilige Art der verkauften Ware unverpackt zu transportieren. Der Verkäufer muss die Ware in der für ihren Transport geeigneten Weise verpacken und kennzeichnen, es sei denn, die Parteien haben genaue Verpackungs- oder Kennzeichnungsanforderungen vereinbart.

A9. Kostenverteilung

Der Verkäufer muss
a) bis zur Lieferung gemäß A2 alle die Ware betreffenden Kosten tragen, ausgenommen die gemäß B9 vom Käufer zu tragenden Kosten;
b) die Kosten für die Erbringung des üblichen Nachweises für den Käufer gemäß A6 tragen, aus dem hervorgeht, dass die Ware geliefert wurde;
c) gegebenenfalls Zölle, Steuern und sonstige Kosten für die Ausfuhrabfertigung gemäß A7(a) tragen; und
d) dem Käufer alle Kosten und Gebühren erstatten, die dem Käufer durch die Unterstützung bei der Beschaffung der erforderlichen Dokumente und Informationen gemäß B7(a) entstanden sind.

A10. Benachrichtigungen

Der Verkäufer muss den Käufer in hinreichender Weise davon in Kenntnis setzen, dass die Waren gemäß A2 geliefert worden sind oder dass das Schiff die Waren nicht innerhalb der vereinbarten Frist geladen hat.

B. VERPFLICHTUNGEN DES KÄUFERS

B1. Allgemeine Verpflichtungen

Der Käufer hat den im Kaufvertrag genannten Preis der Ware zu zahlen.

Jedes vom Käufer bereitzustellende Dokument kann in Papierform oder in elektronischer Form vorliegen, je nachdem, wie dies zwischen den Parteien vereinbart wird oder handelsüblich ist.

B2. Übernahme

Der Käufer muss die Ware übernehmen, wenn sie gemäß A2 geliefert wurde.

B3. Gefahrübergang

Der Käufer trägt ab dem Zeitpunkt der Lieferung gemäß A2 alle Gefahren des Verlusts oder der Beschädigung der Ware.

Falls

a) der Käufer es versäumt, eine Benachrichtigung gemäß B10 zu erteilen; oder
b) das vom Käufer benannte Schiff nicht rechtzeitig eintrifft, um es dem Verkäufer zu ermöglichen, seine Pflichten entsprechend A2 zu erfüllen, oder das Schiff die Ware nicht übernimmt bzw. schon vor dem gemäß B10 mitgeteilten Zeitpunkt keine Ladung mehr annimmt;

dann trägt der Käufer alle Gefahren des Verlusts oder der Beschädigung der Ware
 (i) ab dem vereinbarten Zeitpunkt oder, wenn kein bestimmter Zeitpunkt vereinbart wurde,
 (ii) ab dem vom Käufer gemäß B10 ausgewählten Zeitpunkt oder, falls ein solcher Zeitpunkt nicht mitgeteilt wurde,
 (iii) ab dem Ende des jeweils vereinbarten Lieferzeitraums,

vorausgesetzt, die Ware wurde eindeutig als die vertragliche Ware kenntlich gemacht.

B4. Transport

Der Käufer hat auf eigene Kosten den Vertrag über die Beförderung der Ware vom benannten Verschiffungshafen abzuschließen, sofern der Beförderungsvertrag nicht vom Verkäufer gemäß der Regelung in A4 abgeschlossen wurde.

B5. Versicherung

Der Käufer hat gegenüber dem Verkäufer keine Verpflichtung, einen Versicherungsvertrag abzuschließen.

B6. Liefer-/Transportdokument

Der Käufer muss den gemäß A6 bereitgestellten Liefernachweis annehmen.

B7. Ausfuhr-/Einfuhrabfertigung

a) Unterstützung bei der Ausfuhrabfertigung
 Gegebenenfalls hat der Käufer den Verkäufer auf dessen Verlangen, Gefahr und Kosten bei der Beschaffung von Dokumenten und/oder Informationen für alle Ausfuhrabfertigungsformalitäten zu unterstützen, einschließlich Sicherheitsanforderungen und Warenkontrollen vor der Verladung, die von dem betreffenden Ausfuhrland vorgeschrieben sind.

b) Einfuhrabfertigung
 Gegebenenfalls hat der Käufer alle Formalitäten durchzuführen und zu bezahlen, die von dem betreffenden Transit- und Einfuhrland vorgeschrieben sind, z. B.:
 ▶ Einfuhrgenehmigung und ggf. erforderliche Durchfuhrgenehmigungen;
 ▶ Sicherheitsfreigabe für die Einfuhr und etwaige Durchfuhr;
 ▶ Warenkontrolle vor der Verladung; und
 ▶ sonstige behördliche Genehmigungen.

(6) Incoterms 2020 9. FOB

B8. Prüfung/Verpackung/Kennzeichnung
Der Käufer hat gegenüber dem Verkäufer keine Verpflichtung.

B9. Kostenverteilung
Der Käufer muss
a) alle die Ware betreffenden Kosten ab dem Zeitpunkt der Lieferung gemäß A2 tragen, mit Ausnahme der gemäß A9 vom Verkäufer zu übernehmenden Kosten;
b) dem Verkäufer alle Kosten und Gebühren erstatten, die dem Verkäufer durch die Unterstützung bei der Beschaffung der erforderlichen Dokumente und Informationen gemäß A4,
A5, A6 und A7(b) entstanden sind;
c) gegebenenfalls Zölle, Steuern und sonstige Kosten in Zusammenhang mit der Transit- oder Einfuhrabfertigung gemäß B7(b) zahlen; und
d) alle zusätzlichen Kosten übernehmen, die entweder dadurch entstehen, dass
 (i) der Käufer es versäumt hat, eine Benachrichtigung gemäß B10 zu erteilen, oder
 (ii) das vom Käufer gemäß B10 benannte Schiff nicht rechtzeitig eintrifft, die Ware nicht übernimmt oder schon vor dem gemäß B10 mitgeteilten Zeitpunkt keine Ladung mehr annimmt;
vorausgesetzt, die Ware wurde eindeutig als die vertragliche Ware kenntlich gemacht.

B10. Benachrichtigungen
Der Käufer muss dem Verkäufer in hinreichender Weise alle transportbezogenen Sicherheitsanforderungen, den Namen des Schiffs, die Ladestelle und ggf. den gewählten Lieferzeitpunkt innerhalb des vereinbarten Lieferzeitraums mitteilen. *(Fortsetzung: nächste Seite)*

Kommentierung

1) Vertragstyp

A. Echtes FOB-Geschäft:

1 „FOB"/„Frei an Bord" ist wie „CIF" (s. Nr. 11; einfachere Form „CFR", s. Nr. 10) einer der **verbreitesten Vertragstypen des Überseekaufs** und wie dieses ein Versendungsgeschäft. Beide werden deshalb ausführlicher als die anderen Incoterms kommentiert. „FOB" ist eine Klausel für das Überseegeschäft, also **nur für den See- und Binnenschiffstransport vorgesehen** (→ Einl. vor Incoterms Rn. 21, 30, 63). Beidesmal handelt es sich um Versendungsgeschäfte (→ Einl. vor Incoterms Rn. 16). Bei „FOB" ist an Bord des Schiffs im benannten Verschiffungshafen zu liefern. Die Klausel kann zwar auch für andere Transportarten vereinbart werden (aber → Einl. vor Incoterms Rn. 62, 65), doch ist dafür die Klausel „FCA Frei Frachtführer" (s. Nr. 2) vorgesehen und vorzuziehen. Umgekehrt kommt „FCA Frei Frachtführer" auch statt „FOB" für das Überseegeschäft in Frage (FCA → Nr. 2 Rn. 1). „FOB" ist nur für Stückgut und Massegüter geeignet, die auf herkömmlichen Frachtschiffen transportiert werden, dagegen **nicht für den Containerverkehr**, da containerisierte Ware nicht an Bord geliefert, sondern schon vorher an den Frachtführer im Verladeterminal übergeben wird (→ Erläuternde Kommentare für Nutzer Ziffer 2; Graf von Bernstorff Rn. 851 ff.). Hierfür besser geeignet ist „FCA" (s. Nr. 2; zur Containerbeförderung dort FCA → Nr. 2 Rn. 1, 5, 12). „FOB" ist entgegen älterer Rspr. keine Zweipunktklausel (zu dieser die → Einl. vor Incoterms Rn. 34): nicht nur die Kostenlast, sondern auch die Gefahr geht erst mit Verbringung der Ware an Bord des Schiffes über (A3/B3, früher: schon bei Überschreiten der Reling; → Rn. 4, 5), BGH WM 1975, 917; NJW 2009, 2607.

B. Unechtes FOB-Geschäft:

Wenn vereinbart (Klausel „**FOB verschifft**", → Rn. 6; auch stillschweigend möglich, zB bei ständiger Übung zwischen den Parteien), hat der Verkäufer auch für die Verschiffung zu sorgen (→ Rn. 6; auch bei FCA → Nr. 2 Rn. 7), Bredow/Seiffert Rn. 8. Das ist zu empfehlen, wenn der Verkäufer sicher gehen will, dass der Frachtvertrag fristgerecht abgeschlossen wird, zB weil davon ein im Akkreditiv vorgesehenes Bordkonnossement (§ 514 II 1 HGB) abhängt. Der Verkäufer ist dann Geschäftsbesorger (§ 675 BGB) für den Käufer und diesem zur sorgfältigen Auswahl des Seefrachtführers verpflichtet. Der Verkäufer schließt den Vertrag entweder als Vertreter des Käufers oder im eigenen Namen, aber auf Rechnung des Käufers ab, meist unter Einschaltung von Seehafenspediteuren.

2) Verkäufer- und Käuferpflichten

Vertragskonforme Bereitstellung der Waren und Handelsrechnung durch den Verkäufer und **Kaufpreiszahlung** durch den Käufer (**A 1/B 1,** wortgleich wie bei EXW → Nr. 1 Rn. 2). Ebenso **Gleichstellung** von **Papierform und elektronischer Form** (A1 II/B1 II, → Einl. vor Incoterms Rn. 46).

Lieferung/Übernahme (A2/B2). Die **Lieferung** erfolgt, indem der Verkäufer die Ware entweder **an Bord des Schiffes** an der ggf. bestimmten Ladestelle im benannten **Verschiffungshafen** (beides vom Käufer bestimmt) verbringt oder indem er die bereits so beschafft Ware beschafft **(A2 I)**. Letzteres betrifft den Verkauf „schwimmender Ware", Zwilling-Pinna BB 2010, 2982. Verbringung an Bord ist erfolgt, sobald die Ware auf dem Beförderungsmittel abgesetzt und physisch von der Ladeeinrichtung unabhängig ist, Piltz IHR 2019, 179. Teillieferung ist nicht vorgesehen. Der Hinweis „beschafft" bezieht sich auf mehrere hintereinander geschaltete Verkäufe in einer Verkaufskette („string sales"), die besonders im Rohstoffhandel vorkommen (→ Erläuternde Kommentare für Nutzer Ziffer 3). **Lieferzeit:** am vereinbarten Tag oder zum vereinbarten Zeitpunkt innerhalb eines Lieferzeitraums (Liefertermin) oder sonst zum Ende dieses Zeitraums (Lieferfrist) (A2 II Nr. 1–3). Wie bei allen F-Klauseln ist der Käufer berechtigt, das konkrete Lieferdatum innerhalb der vereinbarten Lieferfrist zu bestimmen (A2 II Nr. 2). Welche Bedeutung ein vereinbarter Liefertermin hat, ist in A2 II nicht geregelt, sondern ist von den Parteien zu bestimmen, Piltz IHR 2019, 179. Nichteinhaltung der Lieferzeit nach A2 II hat beim internationalen Abladegeschäft kraft Handelsbrauchs idR entsprechende Folgen wie bei § 376 I HGB (**Fixgeschäft**, dort → HGB § 376 Rn. 7, 8), OLG Karlsruhe RIW 1975, 225; vgl. BGH WM 1991, 466; OLG Köln IHR 2015, 64; aA Magnus/Lüsing IHR 2007, 1. **Lieferart:** Der Verkäufer muss die Ware in der im Hafen üblichen Weise liefern (A2 II Nr. 4). Das kann zu Abweichungen je nach Land und Hafen führen, ist aber von den Incoterms in Kauf genommen; zu den Handelsbräuchen und Hafenusancen (nach deutschem Recht Unterschiede, → HGB § 346 Rn. 2) → Einl. vor Incoterms Rn. 18. Falls der Handelsbrauch vorsieht, dass die Ware bereits an Land entgegengenommen wird, geht die Gefahr also schon vor Verladung an Bord über, Graf von Bernstorff Rn. 910. **Übernahme:** Der Käufer muss die Ware übernehmen, wenn sie wie in A2 vorgesehen geliefert worden ist **(B2)**. Übernahme ist nur die körperliche Entgegennahme, nicht Abnahme als vertragsmäß. Zur Abnahmepflicht und zu den Folgen ihrer Verletzung Art. 60 CISG, Staudinger/Magnus Art. 60 Rn. 4 ff., 17 ff.; Mohs in Schlechtriem/Schwenzer/Schroeter 7. Aufl. 2019, Art. 60 CISG Rn. 2 ff.

Gefahrübergang (A3/B3): Der Gefahrübergang folgt der Lieferung nach A2. Bis zur Lieferung trägt der Verkäufer alle Gefahren des Verlusts oder der Beschädigung der Ware, aber mit Ausnahme der in B3 beschriebenen Umstände **(A3)**. Da die Lieferung mit **Verbringung der Ware an Bord des Schiffes** erfolgt (A2), also mit Beendigung des Ladevorgangs mit Niedersetzung auf dem Ladedeck (→ Rn. 4), trägt der **Verkäufer** auch bis dahin die Gefahr. Nach den Incoterms 2000 war demgegenüber der

(6) Incoterms 2020 9. FOB

relevante Zeitpunkt bereits das (erstmalige) Überschreiten der Reling, BGH NJW 2009, 2607 Rn. 18, dies mit der misslichen Folge, dass es einen Unterschied machte, ob die Ware beim Laden in das Wasser oder auf das Deck fiel. Früherer Gefahrübergang bei Instruktionsmangel (B3 II lit. a), aber nur bei Absonderung oder anderer eindeutiger Kenntlichmachung der Ware als der vertraglichen Ware für den Käufer (B3 II a. E.). Der **Käufer** trägt **ab dem Zeitpunkt der Lieferung** gemäß A2 alle Gefahren des Verlusts oder der Beschädigung der Ware **(B3 I)**. Der Käufer ist bei FOB für den Haupttransport, die Durchfuhr durch Drittstaaten und die Einfuhr in das Bestimmungsland verantwortlich, BGH NJW 2009, 2607 Rn. 18. Die Klausel „**FOB gestaut**"/„**FOB stowed**" oder „FOB verstaut und getrimmt"/„FOB stowed and trimmed" (auch → Rn. 13) ändert am Gefahrübergang nichts, Bredow/Seiffert Rn. 12, sie sollte aber, um Missverständnisse zu vermeiden, entweder nicht benutzt oder es sollte im Kaufvertrag klargestellt werden, zB „FOB stowed and trimmed but at buyer's risk after the goods have been placed on board", Ramberg S. 42; kurz auch Graf von Bernstorff Rn. 409. Untergang oder Verschlechterung infolge mangelnder Verpackung (A8) oder Haltbarkeit der Ware für den Transport gehören nicht zur Beförderungsgefahr, aber uU Gewährleistung des Verkäufers (Art. 36 CISG), Staudinger/Magnus Art. 36 Rn. 10 ff. Erkennbare Mängel sind bei Warenübernahme zu rügen (vgl. → HGB § 377 Rn. 8, 10).

6   Was den **Transport** angeht, sind der **Abschluss des Beförderungsvertrags** oder die Organisation des Warentransports vom benannten Verschiffungshafen **Sache des Käufers (B4/A4 I 1)**. Der Verkäufer muss dann aber dem Käufer auf dessen Verlangen, Gefahr und Kosten Informationen, die in seinem Besitz sind und die der Käufer für die Organisation des Transports benötigt, zur Verfügung stellen (A I 2). Dazu gehören auch transportbezogene Sicherheitsanforderungen (transport-related security requirements). Bis zur Lieferung muss der Verkäufer diese aber selbst erfüllen (A4 II). Die Bestimmungen dazu sind international, vor allem in den USA, stark verschärft worden. Das betrifft besondere Gefahren für Leib, Leben oder Vermögen, die von der Ware ausgehen. Zu den transportbezogenen Sicherheitsanforderungen → Einführung Incoterms 2020 Ziffer 76, Graf von Bernstorff Rn. 611 ff., Ramberg S. 66. In der Praxis wird der Käufer allerdings den Abschluss des Beförderungsvertrags häufig dem Verkäufer überlassen wollen und mit dem Verkäufer eine diesbezügliche Vereinbarung abschließen. Der Verkäufer muss dann den Beförderungsvertrag zu den üblichen Bedingungen auf Gefahr und Kosten des Käufers abschließen (A4 I 3). Der Verkäufer wird dann Vertragspartei des Beförderungsvertrags. Er wird sich also in der Vereinbarung mit dem Käufer wegen der Kostentragung abgesichert haben; wenn nicht, muss er den Beförderungsvertrag trotzdem abschließen und kann dies nicht einfach ablehnen. Vgl. ausdrücklich „FOB verschifft" → Rn. 2.

7   Keine Partei hat eine Pflicht zum Abschluss eines **Versicherungsvertrags (A5/B5)**, aber ggf. Informationspflicht des Verkäufers (A5 Satz 2). Zu Versicherungslücken bei Verwendung von FOB statt FCA, Ramberg S. 34. Ob der Käufer eine Transportversicherung (dann ab Lieferort bis zum Bestimmungsort) abschließt, bleibt ihm überlassen. Besser ist eine Vereinbarung von Verkäufer und Käufer über eine durchgängige Transportversicherung vom Werk des Verkäufers bis zum Bestimmungsort, dann ggf. mit Kostenteilung, Graf von Bernstorff Rn. 923 f.

8   **Liefer-/Transportdokument (A6/B6):** In der Praxis gibt es viele verschiedene Dokumente → Einl. vor Incoterms Rn. 51; Graf von Bernstorff Rn. 309 ff. Liste verschiedener Dokumente, zB bill of lading, multimodal transport document, sea waybill (SWB), mate's receipt, air waybill, consignment note, warehouse warrant, freight-forwarder's documents, packing list, auch bei Ramberg S. 37, zu Gefahren dabei Ramberg S. 71. FOB A6/B6 beschränken sich auf die Regelung des Liefernachweises. Der Verkäufer hat dem Käufer auf eigene Kosten den üblichen Liefernachweis („„usual proof", also etwa board receipt) zu erbringen **(A6 I)**, der Käufer muss den gemäß A6 bereitgestellten Liefernachweis annehmen **(B6)**. Dabei kann es sich um eine bloße Empfangsbescheinigung handeln (→ Einl. vor Incoterms Rn. 51, 57), bei Liefe-

IV. AGB und Incoterms 2020   9. FOB **Incoterms 2020 (6)**

rung landseitig an den Kai um einen Kaiempfangsschein oder wassserseitig von einem Binnenschiff aus um einen Bordempfangsschein, Graf von Bernstorff Rn. 80. Wenn dieser Liefernachweis kein Transportdokument ist, muss der Verkäufer dem Käufer bei der Beschaffung eines solchen helfen **(A6 II)**. Wenn der Verkäufer bei entsprechender Vereinbarung nach A4 I 3 (→ Rn. 6) für den Käufer den Frachtvertrag abschließt, ist das Transportdokument (Konnossement oder Seefrachtbrief) zugleich Liefernachweis nach A6, dazu und zur Weitergabe Graf Bernstorff Rn. 927 f. Statt Transportdokumenten in Papier können elektronische Verfahren vereinbart werden oder üblich sein (A 1II/B 1II, Rn. 3). Bei Seetransport in Seehäfen mit Containern (aber → Rn. 1) muss der Verkäufer die Empfangsbestätigung (FCL) oder den Empfangsschein (LCL) an den Käufer weitergeben, Graf von Bernstorff Rn. 926. Zum Seefrachtbrief Graf von Bernstorff Rn. 929, zu bill of lading und sea waybills Ramberg S. 30. Zur Übergabe von Dokumenten auch Art. 34 CISG; welche Dokumente danach zu übergeben sind richtet sich nach den Vereinbarungen und Gebräuchen, Staudinger/Magnus Art. 34 Rn. 7. Parteiabreden über Zahlungsmodalitäten und Transportdokumente (zB „Kasse gegen Dokumente", → HGB § 346 Rn. 40) gehen den Incoterms zu A 8/B 8 vor (→ Einl. vor Incoterms Rn. 17).

Ausfuhr- und Einfuhrabfertigung (A7/B7): Der **Verkäufer** hat auf eigene 9 Gefahr und Kosten die ggf. erforderliche **Ausfuhrgenehmigung** und andere **behördliche** Genehmigungen zu beschaffen und die Ausfuhrformalitäten wie Sicherheitsfreigabe („security clearing for export") und Warenkontrolle vor der Verladung zu erledigen (A7 lit. a; → Einl. vor Incoterms Rn. 52), Sache des **Käufers** ist es, die entsprechenden **Genehmigungen für die Einfuhr der Ware und ggf. die Durchfuhr** durch jedes Land zu besorgen (B7 lit. b; → Erläuternde Kommentare für Nutzer Ziffer 4). Dies nur gebenenfalls, → Einl. vor Incoterms Rn. 52. Die Parteien müssen sich aber jeweils bei der Einfuhr- bzw. der Ausfuhrabfertigung unterstützen (A7 lit. b bzw. B7 lit. a). Was eine (behördliche) **pre-shipment inspection** angeht, kommt es wie bei FCA (→ Nr. 2 Rn. 10) darauf an, ob die Prüfung für die Ausfuhrgenehmigung oder die Einfuhrgenehmigung erforderlich ist, ersterenfalls ist sie Sache des Verkäufers, letzterenfalls Sache des Käufers, jeweils mit Unterstützungspflicht des anderen Teils, Graf von Bernstorff Rn. 935 ff. Zur pre-shipment inspection auch Ramberg S. 64. Die Parteien können abweichend vom Regelfall unter FOB die Liefer-/Abnahmepflicht „vorbehaltlich (Export- bzw Import)lizenz" vereinbaren. Zu den verschärften Anforderungen an die **Sicherheitsfreigabe (security clearance)** schon bei EXW (→ Nr. 1 Rn. 7).

Prüfung/Verpackung/Kennzeichnung (A8/B8): Der **Verkäufer** hat die Kos- 10 ten für die **Prüfvorgänge** (wie Qualitätsprüfung, Messen, Wiegen und Zählen), die für die Lieferung gemäß A2 notwendig sind, sowie die von den Behörden des Ausfuhrlandes angeordnete Warenkontrolle vor der Verladung (pre-shipment inspection, näher schon → Rn. 9) zu tragen **(A8 I)**. Der Käufer hat insoweit keine Verpflichtung **(B8)**. Die Untersuchungs- und Rügeobliegenheit des Käufers nach § 377 HGB (dort → § 377 Rn. 8, 10) ist davon nicht betroffen und liegt idR später.

Für **Verpackung** hat der Verkäufer zu sorgen, sofern nicht Verschiffung unverpackt 11 handelsüblich ist **(A8 II 1)**; Handelsüblich bestimmt sich, falls Verpackung für die Verkäuflichkeit der Ware wesentlich ist, auch aus der Sicht des Bestimmungslands. Der Verkäufer hat die Ware in einer für den Transport geeigneten Weise zu verpacken **(A8 II 2)**, die Verpackung muss also transportgerecht sein. Spezifische Verpackungsanforderungen, die die Parteien vereinbart haben, gehen vor. Zur Vertragsmäßigkeit der Ware gehört nach Art. 35 II lit. d CISG die übliche Verpackung, Staudinger/Magnus Art. 35 Rn. 41 ff.

Die Verpackung ist in geeigneter Weise zu **kennzeichnen (A8 II 2)**, zB „Vorsicht 12 Glas", „Vor Nässe schützen" und bei gefährlichen Gütern. Vgl. dazu § 411 HGB. Das gilt wiederum vorbehaltlich vereinbarter spezifischer Kennzeichnungsanforderungen.

Kostenverteilung ist in **A9/B9** näher geregelt, für den **Verkäufer** in **A9 lit. a–d**, 13 für den **Käufer B9 lit. a–d**. Der **Verkäufer** trägt danach insbesondere alle Kosten bis

Hopt   2245

zur Lieferung gemäß A2, zB Kosten des Transports bis zum Schiff, Umschlagskosten, Kosten der Verladung an Bord (A2 lit. a; nicht wie noch unter Incoterms 2000 nur bis zum Überschreiten der Reling, → Rn. 5), die Kosten für den Liefernachweis gemäß A6 und die die Ausfuhrgenehmigung betreffenden Kosten gemäß A7. Die Kosten ab Lieferung trägt der **Käufer** (B9 lit. a), entsprechend auch die Kosten im Zusammenhang mit der Transit- und Einfuhrabfertigung (B9 lit. c), sowie Kosten wegen unterlassener Benachrichtigung oder wegen nicht rechtzeitigen Eintreffens des Schiffs ua (B9 lit. d). Der Käufer ist bei FOB für den Haupttransport, die Durchfuhr durch Drittstaaten und die Einfuhr in das Bestimmungsland verantwortlich, BGH NJW 2009, 2607 Rn. 18. Bei „FOB verstaut" und „FOB verstaut und getrimmt" (auch → Rn. 5) trägt der Verkäufer die Stau- bzw. Trimmkosten. Zu den Besonderheiten der Kostenverteilung beim **Seetransport mit Containern** bei FCA → Nr. 2 Rn. 12; FOB ist für den Containerverkehr nicht geeignet (→ Rn. 1).

14 **Benachrichtigungen (A10/B10):** Der Verkäufer muss den Käufer benachrichtigen entweder über Lieferung gemäß A2 oder dass das Schiff die Ware nicht innerhalb der vereinbarten Frist geladen hat (A10). Versäumung der Benachrichtigung des Käufers berührt nicht den Gefahrübergang (vgl. Art. 67 II CISG), aber kann schadensersatzpflichtig machen (vgl. Art. 45 I b CISG). Versäumung durch den Käufer hat aber die Folgen nach B3 II lit. a. Der Käufer muss dem Verkäufer alle transportbezogenen Sicherheitsanforderungen, den Namen des Schiffs, die Ladestelle und ggf. Lieferzeitpunkt mitteilen (B10), das ist eine Vorleistungspflicht, BGH WM 1975, 920. Zu den transportbezogenen Sicherheitsanforderungen schon oben Rn. 6.

10) CFR | Kosten und Fracht

CFR (fügen Sie den benannten Bestimmungshafen ein) *Incoterms® 2020*

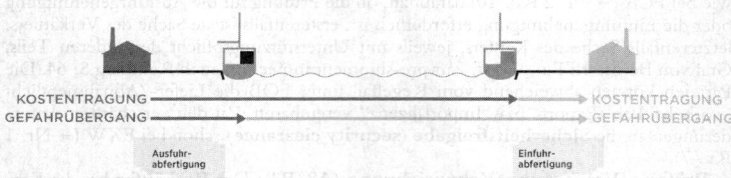

ERLÄUTERNDE KOMMENTARE FÜR NUTZER[1]

1. Lieferung und Gefahrübergang – Bei Nutzung der Klausel „Kosten und Fracht" liefert der Verkäufer die Ware an den Käufer
- an Bord des Schiffs
- oder er beschafft die bereits so gelieferte Ware.

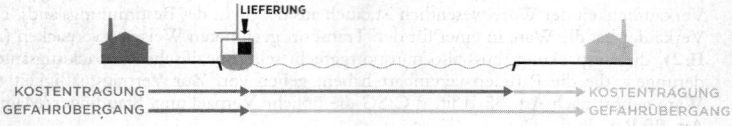

---

[1] **[Red. Anm.:]** Die „Erläuternden Kommentare für Nutzer" sind Bestandteil der Incoterms® 2020. Die **eigentliche Kommentierung, erkennbar an ihren Randnummern, folgt im Anschluss an B.** Verpflichtungen des Käufers.

Die Gefahr des Verlusts oder der Beschädigung der Ware geht über, sobald sich die Ware an Bord des Schiffs befindet, womit der Verkäufer seine Verpflichtung zur Lieferung der Ware erfüllt hat, unabhängig davon, ob die betreffende Ware in einwandfreiem Zustand, in der angegebenen Qualität oder überhaupt an ihrem Bestimmungsort eintrifft. Bei Wahl der Klausel CFR hat der Verkäufer gegenüber dem Käufer keinerlei Verpflichtung, entsprechenden Versicherungsschutz zu erwerben: Der Käufer wäre daher gut beraten, selbst eine passende Versicherung abzuschließen.

2. **Transportart** – Diese Klausel ist ausschließlich für den See- und Binnenschiffstransport geeignet. Wenn mehrere Transportarten genutzt werden, was häufig der Fall sein wird, wenn Waren an einen Frachtführer an einem Containerterminal übergeben werden, sollte anstelle von CFR die besser geeignete Klausel CPT gewählt werden.

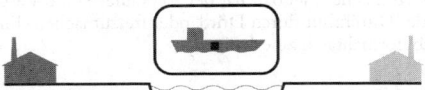

3. **„oder beschafft die so gelieferte Ware"** – Der Begriff „beschaffen" bezieht sich hier auf mehrere hintereinander geschaltete Verkäufe in einer Verkaufskette („string sales"), die häufig, wenn auch nicht ausschließlich, im Rohstoffhandel vorkommen.
4. **Liefer- und Bestimmungs*hafen*** – In CFR sind zwei Häfen von Bedeutung: der Hafen, an dem die Ware an Bord des Schiffs geliefert wird, und der Hafen, der als Bestimmungsort der Ware vereinbart wurde. Der Gefahrübergang vom Verkäufer auf den Käufer erfolgt, wenn die Ware an den Käufer geliefert wird, indem sie im Verschiffungshafen an Bord des Schiffs gebracht oder indem die bereits so gelieferte Ware beschafft wird. Der Verkäufer muss jedoch einen Vertrag über die Beförderung der Ware ab dem Lieferort bis zum vereinbarten Bestimmungsort abschließen. Beispielsweise wird in Shanghai (ein Hafen) Ware an Bord eines Schiffs gebracht, die für den Transport nach Southampton (ebenfalls ein Hafen) bestimmt ist. Die Lieferung erfolgt in diesem Fall, sobald sich die Ware in Shanghai an Bord befindet, wobei auch der Gefahrübergang auf den Käufer zu diesem Zeitpunkt stattfindet, und der Verkäufer muss einen Beförderungsvertrag von Shanghai nach Southampton abschließen.
5. **Muss der Verschiffungshafen benannt werden?** – Obwohl man im Vertrag stets den Bestimmungshafen angibt, wird unter Umständen darauf verzichtet, den Verschiffungshafen festzulegen, in dem der Gefahrübergang auf den Käufer erfolgt. Falls der Verschiffungshafen für den Käufer von besonderer Bedeutung ist, z. B. weil sich der Käufer vergewissern möchte, ob der Frachtanteil im Preis angemessen ist, sind die Parteien gut beraten, diesen Verschiffungshafen im Vertrag so genau wie möglich zu bezeichnen.
6. **Bezeichnung des Bestimmungsortes im Entladehafen** – Die Parteien sind gut beraten, den genauen Bestimmungsort im vereinbarten Bestimmungshafen möglichst präzise zu bezeichnen, da die Kosten bis zu diesem Ort zu Lasten des Verkäufers gehen. Der Verkäufer muss einen oder mehrere Verträge abschließen, welche die Beförderung der Ware ab der Lieferung bis zum benannten Hafen oder zur vereinbarten Stelle in diesem Hafen sicherstellen, wenn eine derartige Stelle im Kaufvertrag vereinbart wurde.
7. **Mehrere Frachtführer** – Es ist möglich, die Beförderung der Ware von mehreren Frachtführern durchführen zu lassen, die jeweils unterschiedliche Teilstrecken des Seetransports übernehmen, z. B. zuerst durch einen Frachtführer, der das Zubringerschiff von Hongkong nach Shanghai betreibt, woraufhin der Weitertransport von Shanghai nach Southampton durch ein Seeschiff übernommen wird. Hier ergibt sich allerdings die Frage, ob der Gefahrübergang vom Verkäufer auf den Käufer in

(6) Incoterms 2020 10. CFR

Hongkong oder Shanghai stattfindet: Wo erfolgt die Lieferung? Die Parteien können diesen Punkt durchaus im Kaufvertrag geregelt haben. Wenn jedoch keine derartige vertragliche Regelung getroffen wurde, gilt die herkömmliche Sichtweise, gemäß welcher der Gefahrübergang auf den Käufer bei Lieferung der Ware an den ersten Frachtführer erfolgt, d. h. in Hongkong, wodurch sich der Zeitraum verlängert, in dem der Käufer die Verlust- oder Schadensgefahr trägt. Wünschen die Parteien einen späteren Gefahrübergang (in diesem Fall in Shanghai), müssen sie dies in ihrem Kaufvertrag festlegen.

8. **Entladekosten** – Entstehen dem Verkäufer nach seinem Beförderungsvertrag Kosten in Zusammenhang mit der Entladung an der festgelegten Stelle im Bestimmungshafen, ist der Verkäufer nicht berechtigt, diese Kosten gesondert vom Käufer zurückzufordern, sofern nichts anderes zwischen den Parteien vereinbart ist.
9. **Ausfuhr-/Einfuhrabfertigung** – CFR verpflichtet den Verkäufer, die Ware ggf. zur Ausfuhr freizumachen. Jedoch hat der Verkäufer keine Verpflichtung, die Ware zur Einfuhr oder Durchfuhr durch Drittländer freizumachen, Einfuhrzölle zu zahlen oder Einfuhrzollformalitäten zu erledigen.

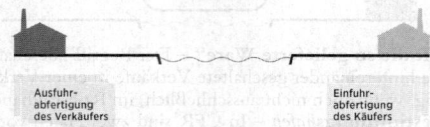

Ausfuhrabfertigung des Verkäufers

Einfuhrabfertigung des Käufers

A. VERPFLICHTUNGEN DES VERKÄUFERS

A1. Allgemeine Verpflichtungen

Der Verkäufer hat die Ware und die Handelsrechnung in Übereinstimmung mit dem Kaufvertrag bereitzustellen und jeden sonstigen vertraglich vereinbarten Konformitätsnachweis zu erbringen.

Jedes vom Verkäufer bereitzustellende Dokument kann in Papierform oder in elektronischer Form vorliegen, je nachdem, wie dies zwischen den Parteien vereinbart wird oder handelsüblich ist.

A2. Lieferung

Der Verkäufer hat die Ware zu liefern, entweder, indem er sie an Bord des Schiffs verbringt oder die so gelieferte Ware beschafft. In beiden Fällen hat der Verkäufer die Ware zum vereinbarten Zeitpunkt oder innerhalb des vereinbarten Zeitraums und in der im Hafen üblichen Weise zu liefern.

A3. Gefahrübergang

Der Verkäufer trägt bis zur Lieferung gemäß A2 alle Gefahren des Verlusts oder der Beschädigung der Ware, mit Ausnahme von Verlust oder Beschädigung unter den in B3 beschriebenen Umständen.

A4. Transport

Der Verkäufer muss einen Vertrag über die Beförderung der Ware von der gegebenenfalls vereinbarten Lieferstelle am Lieferort bis zum benannten Bestimmungshafen oder einer gegebenenfalls vereinbarten Stelle in diesem Hafen abschließen oder beschaffen. Der Beförderungsvertrag ist zu den üblichen Bedingungen auf Kosten des Verkäufers abzuschließen und hat die Beförderung auf der üblichen Route mit einem Schiff der Bauart zu gewährleisten, die normalerweise für den Transport der verkauften Warenart verwendet wird.

Der Verkäufer muss alle transportbezogenen Sicherheitsanforderungen für die Beförderung der Waren bis zum Bestimmungsort erfüllen.

A5. Versicherung

Der Verkäufer hat gegenüber dem Käufer keine Verpflichtung, einen Versicherungsvertrag abzuschließen. Jedoch muss der Verkäufer dem Käufer auf dessen Verlangen, Gefahr und Kosten jeweils im Besitz des Verkäufers befindliche Informationen zur Verfügung stellen, die der Käufer zur Erlangung des Versicherungsschutzes benötigt.

A6. Liefer-/Transportdokument

Der Verkäufer hat dem Käufer auf eigene Kosten das übliche Transportdokument für den vereinbarten Bestimmungshafen zur Verfügung zu stellen.

Dieses Transportdokument muss über die vertragliche Ware lauten, ein innerhalb der für die Verschiffung vereinbarten Frist liegendes Datum tragen, den Käufer berechtigen, die Herausgabe der Ware im Bestimmungshafen von dem Frachtführer zu verlangen und, sofern nichts anderes vereinbart wurde, es dem Käufer ermöglichen, die Ware während des Transports an einen nachfolgenden Käufer durch Übertragung des Dokuments oder durch Mitteilung an den Frachtführer zu verkaufen.

Wird ein solches Transportdokument als begebbares Dokument und in mehreren Originalen ausgestellt, muss dem Käufer ein vollständiger Satz von Originalen übergeben werden.

A7. Ausfuhr-/Einfuhrabfertigung

a) Ausfuhrabfertigung

Gegebenenfalls hat der Verkäufer alle Ausfuhrabfertigungsformalitäten durchzuführen und zu bezahlen, die von dem jeweiligen Ausfuhrland vorgeschrieben sind, z. B.:

- Ausfuhrgenehmigung;
- Sicherheitsfreigabe für die Ausfuhr;
- Warenkontrolle vor der Verladung; und
- sonstige behördliche Genehmigungen.

b) Unterstützung bei der Einfuhrabfertigung

Gegebenenfalls hat der Verkäufer den Käufer auf dessen Verlangen, Gefahr und Kosten bei der Beschaffung von Dokumenten und/oder Informationen für alle Transit-/Einfuhrabfertigungsformalitäten zu unterstützen, einschließlich Sicherheitsanforderungen und Warenkontrollen vor der Verladung, die von den Transit-/Einfuhrländern vorgeschrieben sind.

A8. Prüfung/Verpackung/Kennzeichnung

Der Verkäufer hat die Kosten jener Prüfvorgänge (z. B. Qualitätsprüfung, Messen, Wiegen und Zählen) zu tragen, die notwendig sind, um die Ware gemäß A2 zu liefern.

Der Verkäufer hat auf eigene Kosten die Ware zu verpacken, es sei denn, es ist handelsüblich, die jeweilige Art der verkauften Ware unverpackt zu transportieren. Der Verkäufer muss die Ware in der für ihren Transport geeigneten Weise verpacken und kennzeichnen, es sei denn, die Parteien haben genaue Verpackungs- oder Kennzeichnungsanforderungen vereinbart.

A9. Kostenverteilung

Der Verkäufer muss

a) bis zur Lieferung gemäß A2 alle die Ware betreffenden Kosten tragen, ausgenommen die gemäß B9 vom Käufer zu tragenden Kosten;

b) die Frachtkosten und alle sonstigen gemäß A4 entstehenden Kosten tragen, einschließlich der Kosten für die Verladung der Ware sowie der transportbezogenen Sicherheitskosten;

c) alle Gebühren für die Entladung am vereinbarten Entladehafen entrichten, die laut Beförderungsvertrag zu Lasten des Verkäufers gehen;

(6) Incoterms 2020   10. CFR

d) die Kosten der Durchfuhr tragen, die gemäß Beförderungsvertrag zu Lasten des Verkäufers gehen;
e) die Kosten für die Erbringung des üblichen Nachweises für den Käufer gemäß A6 tragen, aus dem hervorgeht, dass die Ware geliefert wurde;
f) gegebenenfalls Zölle, Steuern und sonstige Kosten für die Ausfuhrabfertigung gemäß A7(a) tragen; und
g) dem Käufer alle Kosten und Gebühren erstatten, die dem Käufer durch die Unterstützung bei der Beschaffung der erforderlichen Dokumente und Informationen gemäß B7(a) entstanden sind;

A10. Benachrichtigungen

Der Verkäufer muss den Käufer benachrichtigen, dass die Ware gemäß A2 geliefert wurde.

Der Verkäufer muss den Käufer über alles Nötige benachrichtigen, damit dieser die Ware übernehmen kann.

B. VERPFLICHTUNGEN DES KÄUFERS

B1. Allgemeine Verpflichtungen

Der Käufer hat den im Kaufvertrag genannten Preis der Ware zu zahlen.

Jedes vom Käufer bereitzustellende Dokument kann in Papierform oder in elektronischer Form vorliegen, je nachdem, wie dies zwischen den Parteien vereinbart wird oder handelsüblich ist.

B2. Übernahme

Der Käufer muss die gemäß A2 gelieferte Ware übernehmen und von dem Frachtführer im benannten Bestimmungshafen entgegennehmen.

B3. Gefahrübergang

Der Käufer trägt ab dem Zeitpunkt der Lieferung gemäß A2 alle Gefahren des Verlusts oder der Beschädigung der Ware.

Falls der Käufer es versäumt, eine Benachrichtigung gemäß B10 zu erteilen, trägt er alle Gefahren des Verlusts oder der Beschädigung der Ware ab dem für die Verschiffung vereinbarten Zeitpunkt oder ab dem Ende der hierfür vereinbarten Frist, vorausgesetzt, die Ware ist eindeutig als die vertragliche Ware kenntlich gemacht worden.

B4. Transport

Der Käufer hat gegenüber dem Verkäufer keine Verpflichtung, einen Beförderungsvertrag abzuschließen.

B5. Versicherung

Der Käufer hat gegenüber dem Verkäufer keine Verpflichtung, einen Versicherungsvertrag abzuschließen.

B6. Liefer-/Transportdokument

Der Käufer hat das gemäß A6 zur Verfügung gestellte Transportdokument anzunehmen, wenn es mit dem Vertrag übereinstimmt.

B7. Ausfuhr-/Einfuhrabfertigung

a) Unterstützung bei Ausfuhrabfertigung

Gegebenenfalls hat der Käufer den Verkäufer auf dessen Verlangen, Gefahr und Kosten bei der Beschaffung von Dokumenten und/oder Informationen für alle Ausfuhrabfertigungsformalitäten zu unterstützen, einschließlich Sicherheitsanforderungen und Warenkontrollen vor der Verladung, die von dem betreffenden Ausfuhrland vorgeschrieben sind.

b) Einfuhrabfertigung

Gegebenenfalls hat der Käufer alle Formalitäten durchzuführen und zu bezahlen, die von dem betreffenden Transit- und Einfuhrland vorgeschrieben sind, z. B.:
- Einfuhrgenehmigung und ggf. erforderliche Durchfuhrgenehmigungen;
- Sicherheitsfreigabe für die Einfuhr und etwaige Durchfuhr;
- Warenkontrolle vor der Verladung; und
- sonstige behördliche Genehmigungen.

B8. Prüfung/Verpackung/Kennzeichnung

Der Käufer hat gegenüber dem Verkäufer keine Verpflichtung.

B9. Kostenverteilung

Der Käufer muss

a) alle die Ware betreffenden Kosten ab dem Zeitpunkt der Lieferung gemäß A2 tragen, mit Ausnahme der gemäß A9 vom Verkäufer zu übernehmenden Kosten;

b) die Kosten der Durchfuhr tragen, sofern diese Kosten nicht gemäß Beförderungsvertrag zu Lasten des Verkäufers gehen;

c) die Entladekosten tragen, einschließlich der Kosten für Leichterung und Kaigebühren, es sei denn, diese Kosten und Gebühren gehen nach dem Beförderungsvertrag zu Lasten des Verkäufers;

d) dem Verkäufer alle Kosten und Gebühren erstatten, die dem Verkäufer durch die Unterstützung bei der Beschaffung der erforderlichen Dokumente und Informationen gemäß A5 und A7(b) entstanden sind;

e) gegebenenfalls Zölle, Steuern und sonstige Kosten in Zusammenhang mit der Transit- oder Einfuhrabfertigung gemäß B7(b) zahlen; und

f) alle zusätzlichen Kosten tragen, die ab dem vereinbarten Termin für die Versendung oder ab dem Ende des hierfür vereinbarten Zeitraums entstehen, falls es versäumt, eine Benachrichtigung gemäß B10 zu erteilen, vorausgesetzt, die Ware wurde eindeutig als die vertragliche Ware kenntlich gemacht.

B10. Benachrichtigungen

Wenn vereinbart wird, dass der Käufer berechtigt ist, den Zeitpunkt für die Verschiffung der Ware und/oder die Stelle für die Entgegennahme der Ware innerhalb des benannten Bestimmungshafens zu bestimmen, muss er den Verkäufer in hinreichender Weise von diesem Zeitpunkt und/oder der betreffenden Stelle in Kenntnis setzen.

Kommentierung

1) Vertragstyp

„CFR"/„Kosten und Fracht" (früher „C & F", C und F, C + F, so vielfach noch 1 in der Praxis, aber missverständlich) sieht vor, dass der Verkäufer die Ware an Bord des Schiffs liefert oder die bereits so gelieferte Ware beschafft; ist die Ware dort, geht die Gefahr über. Der Verkäufer schließt den Beförderungsvertrag ab und trägt Kosten und Fracht der Beförderung der Ware bis zum Bestimmungshafen. Meist wird im Kaufvertrag nur der Bestimmungshafen benannt, aber auch der Verschiffungshafen sollte genannt werden, beides möglichst präzise (→ Erläuternde Kommentare für Nutzer Ziffern 5 und 6). **Gefahrübergang am Lieferort,** also mit Verbringung an Bord des Schiffes (→ Erläuternde Kommentare für Nutzer Ziffer 1), die **Kostentragung** umfasst dagegen **auch die Beförderung zum Bestimmungshafen samt Entladung dort.** Lieferort (oder -stelle) und Bestimmungshafen fallen also auseinander (→ Erläuternde Kommentare für Nutzer Ziffer 4). CRF ist wie alle C-Klauseln eine **Zweipunktklausel** (→ Einl. vor Incoterms Rn. 34). „CFR" ist eine Klausel für das Überseegeschäft, die **ausschließlich für den See- und Binnenschiffstransport** vorgesehen

(6) Incoterms 2020 10. CFR

ist (→ Erläuternde Kommentare für Nutzer Ziffer 2; → Einl. vor Incoterms Rn. 21), wird aber trotzdem häufig auch für andere Transportarten vereinbart (aber → Einl. vor Incoterms Rn. 62, 65, 67). „CFR Kosten und Fracht" steht nicht nur in der Reihung (Nr. 10), sondern auch inhaltlich zwischen „FOB" (s. Nr. 9) und „CIF" (s. Nr. 11). Man kann aber „CFR" auch als „FOB plus reguläre Fracht" bezeichnen, Bredow/Seiffert Rn. 1. Schreibt das Bestimmungsland vor, dass der Versicherungsschutz dort gekauft werden muss, ist „CFR/Kosten und Fracht" besser geeignet als „CIF" (→ CIF, Erläuternde Kommentare für Nutzer Ziffer 8). **Bis auf Versicherungspflicht,** nämlich bei „CIF" die Pflicht des Verkäufers zum Abschluss einer Seeversicherung (→ CIF Nr. 11 Rn. 7) ist „CFR" **wort- und deckungsgleich mit „CIF"** Nr. 11, **deshalb Kommentierung insoweit nur dort.**

2 Zu den Problemen beim **Containerverkehr** und vor allem beim **Lufttransport** ausführlich → CIF Nr. 11 Rn. 2.

2) Verkäufer- und Käuferpflichten

3 **Vertragskonforme Bereitstellung** der Waren und Handelsrechnung durch den Verkäufer und **Kaufpreiszahlung** durch den Käufer (**A1/B1**), wortgleich wie bei EXW → Nr. 1 Rn. 2). Ebenso **Gleichstellung** von **Papierform und elektronischer Form** (A1 II/B1 II, → Einl. vor Incoterms Rn. 46).

4 **Lieferung und Übernahme** an Bord des Schiffes im benannten Lieferhafen oder Beschaffung der so bereits gelieferten Ware (**A2/B2**, → Erläuternde Kommentare für Nutzer zu Ziffer 1 und 3) wie bei CIF → Nr. 11 Rn. 4.

5 **Gefahrübergang tritt mit Verbringung der Ware an Bord des Schiffes** ein (**A3/B3**), und zwar unabhängig davon, ob die betreffende Ware in einwandfreiem Zustand, in der angegebenen Qualität oder überhaupt an ihrem Bestimmungsort eintrifft (→ Erläuternde Kommentare für Nutzer zu Ziffer 1), wie bei CIF Nr. 11 Rn. 5. Bei mehreren Frachtführern mit Schiffen für unterschiedliche Teilstrecken erfolgt der Gefahrübergang, wenn nicht anders vereinbart, bei Übergabe an den ersten (→ Erläuternde Kommentare für Nutzer Ziffer 7; zu Art. 31 CISG Staudinger/Magnus Rn. 20; Widmer Lüchinger in Schlechtriem/Schwenzer/Schroeter 7. Aufl. 2019, Art. 31 CISG Rn. 19.

6 Was den **Transport** angeht, sind der **Abschluss eines Beförderungsvertrags Sache des Verkäufers, nicht des Käufers (A4 I 1/B4)**, wie bei CIF → Nr. 11 Rn. 6.

7 **Versicherung (A5/B5):** Hier besteht der **einzige, aber entscheidende Unterschied zu CIF.** Bei CFR ist **kein Versicherungsvertrag** vorgesehen. Der Verkäufer hat gegenüber dem Käufer keine Verpflichtung zum Abschluss eines Versicherungsvertrags (A5 Satz 1), muss ihm aber auf dessen Verlangen, Gefahr und Kosten mit den notwendigen Informationen behilflich sein (A5 Satz 2). Auch der Käufer hat gegenüber dem Verkäufer keine Pflicht zum Abschluss eines Versicherungsvertrags (B5), kann sich aber auf eigene Kosten und Gefahr selbst versichern. Vgl. demgegenüber anders bei CIF → Nr. 11 Rn. 7.

8 **Liefer-/Transportdokument (A6/B6)** wie bei CIF → Nr. 11 Rn. 8.

9 **Ausfuhr-/Einfuhrabfertigung (A7/B7):** Die Ausfuhrgenehmigung ist Sache des Verkäufers, die Genehmigung für Einfuhr und ggf. für die Durchfuhr ist Sache des Käufers (→ Erläuternde Kommentare für Nutzer Ziffer 9), wie bei CIF → Nr. 11 Rn. 9.

10 **Prüfung, Verpackung, Kennzeichnung (A8/B8)** wie bei CIF → Nr. 11 Rn. 10–12.

11 **Kostenverteilung** nach A9/B9 wie bei CIF → Nr. 11 Rn. 13 mit Ausnahme der Versicherung. Entladekosten mangels anderer Abrede beim Verkäufer gemäß Beförderungsvertrag (A9 lit. c), → Erläuternde Kommentare für Nutzer Ziffer 8, Graf von Bernstorff Rn. 955.

12 **Benachrichtigungen (A10/B10)** wie bei CIF → Nr. 11 Rn. 14.

IV. AGB und Incoterms 2020   11. CIF **Incoterms 2020 (6)**

11) CIF | Kosten, Versicherung und Fracht

CIF (fügen Sie den benannten Bestimmungshafen ein) *Incoterms® 2020*

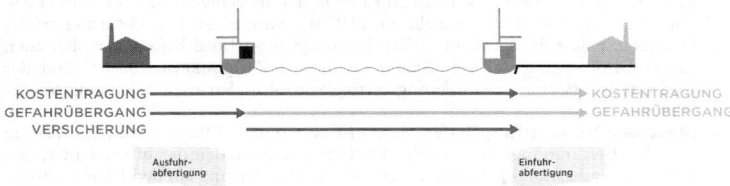

ERLÄUTERNDE KOMMENTARE FÜR NUTZER[1]

1. **Lieferung und Gefahrübergang** – Bei Nutzung der Klausel „Kosten, Versicherung und Fracht" liefert der Verkäufer die Ware an den Käufer
   ‣ an Bord des Schiffs,
   ‣ oder er beschafft die bereits so gelieferte Ware.

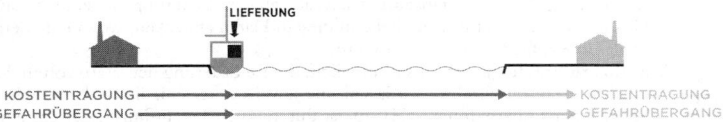

Die Gefahr des Verlusts oder der Beschädigung der Ware geht über, sobald sich die Ware an Bord des Schiffs befindet, womit der Verkäufer seine Verpflichtung zur Lieferung der Ware erfüllt hat, unabhängig davon, ob die betreffende Ware in einwandfreiem Zustand, in der angegebenen Qualität oder überhaupt an ihrem Bestimmungsort eintrifft.

2. **Transportart** – Diese Klausel ist ausschließlich für den See- und Binnenschiffstransport geeignet. Wenn mehrere Transportarten genutzt werden, was häufig der Fall sein wird, wenn Waren an einen Frachtführer an einem Containerterminal übergeben werden, sollte anstelle von CIF die besser geeignete Klausel CIP gewählt werden.

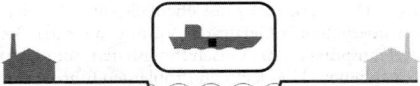

3. **„oder beschafft die so gelieferte Ware"** – Der Begriff „beschaffen" bezieht sich hier auf mehrere hintereinander geschaltete Verkäufe in einer Verkaufskette („string sales"), die häufig, wenn auch nicht ausschließlich, im Rohstoffhandel vorkommen.

4. **Liefer- und Bestimmungshafen** – Benachrichtigungen (A10/B10)In CIF sind zwei Häfen von Bedeutung: der Hafen, an dem die Ware an Bord des Schiffs geliefert wird, und der Hafen, der als Bestimmungsort der Ware vereinbart wurde. Der Gefahrübergang vom Verkäufer auf den Käufer erfolgt, wenn die

---

[1] **[Red. Anm.:]** Die „Erläuternden Kommentare für Nutzer" sind Bestandteil der Incoterms® 2020. Die **eigentliche Kommentierung, erkennbar an ihren Randnummern, folgt im Anschluss an B.** Verpflichtungen des Käufers.

Ware an den Käufer geliefert wird, indem sie im Verschiffungshafen an Bord des Schiffs gebracht oder indem die bereits so gelieferte Ware beschafft wird. Der Verkäufer muss jedoch einen Vertrag über die Beförderung der Ware ab dem Lieferort bis zum vereinbarten Bestimmungsort abschließen. Beispielsweise wird in Shanghai (ein Hafen) Ware an Bord eines Schiffs gebracht, die für den Transport nach Southampton (ebenfalls ein Hafen) bestimmt ist. Die Lieferung erfolgt in diesem Fall, sobald sich die Ware in Shanghai an Bord befindet, wobei auch der Gefahrübergang auf den Käufer zu diesem Zeitpunkt stattfindet, und der Verkäufer muss einen Beförderungsvertrag von Shanghai nach Southampton abschließen.

5. **Muss der Verschiffungshafen benannt werden?** – Obwohl man im Vertrag stets den Bestimmungshafen angibt, wird unter Umständen darauf verzichtet, den Verschiffungshafen festzulegen, in dem der Gefahrübergang auf den Käufer erfolgt. Falls der Verschiffungshafen für den Käufer von besonderer Bedeutung ist, z.B. weil sich der Käufer vergewissern möchte, ob der Fracht- oder Versicherungsanteil im Preis angemessen ist, sind die Parteien gut beraten, diesen Verschiffungshafen im Vertrag so genau wie möglich zu bezeichnen.

6. **Bezeichnung des Bestimmungsortes im Entladehafen** – Die Parteien sind gut beraten, den genauen Bestimmungsort im vereinbarten Bestimmungshafen möglichst präzise zu bezeichnen, da die Kosten bis zu diesem Ort zu Lasten des Verkäufers gehen. Der Verkäufer muss einen oder mehrere Beförderungsverträge abschließen, die den Transport der Ware ab der Lieferung bis zum benannten Hafen und zur vereinbarten Stelle in diesem Hafen abdecken, wenn eine derartige Stelle im Kaufvertrag vereinbart wurde.

7. **Mehrere Frachtführer** – Es ist möglich, die Beförderung der Ware von mehreren Frachtführern durchführen zu lassen, die jeweils unterschiedliche Teilstrecken des Seetransports übernehmen, z.B. zuerst durch einen Frachtführer, der das Zubringergeschäft von Hongkong nach Shanghai betreibt, woraufhin der Weitertransport von Shanghai nach Southampton durch ein Seeschiff übernommen wird. Hier ergibt sich allerdings die Frage, ob der Gefahrübergang vom Verkäufer auf den Käufer in Hongkong oder Shanghai stattfindet: Wo erfolgt die Lieferung? Die Parteien können diesen Punkt durchaus im Kaufvertrag geregelt haben. Wenn jedoch keine derartige vertragliche Regelung getroffen wurde, gilt die herkömmliche Sichtweise, gemäß welcher der Gefahrübergang auf den Käufer bei Lieferung der Ware an den ersten Frachtführer erfolgt, d.h. in Hongkong, wodurch sich der Zeitraum verlängert, in dem der Käufer die Verlust- oder Schadensgefahr trägt. Wünschen die Parteien einen späteren Gefahrübergang (in diesem Fall in Shanghai), müssen sie dies in ihrem Kaufvertrag festlegen.

8. **Versicherung** – Der Verkäufer muss ebenfalls einen Versicherungsvertrag für die auf den Käufer übergehende Gefahr des Verlusts oder der Beschädigung der Ware während des Transports vom Verschiffungshafen mindestens bis zum Bestimmungshafen abschließen. Dies kann zu Problemen führen, wenn das Bestimmungsland vorschreibt, dass der Versicherungsschutz in diesem Land erworben werden muss: In diesem Fall sollten die Parteien in Betracht ziehen, unter der Klausel CFR zu verkaufen bzw. zu kaufen. Der Käufer sollte ebenfalls bedenken, dass der Verkäufer unter der Klausel CIF der Incoterms® 2020 nur für einen eingeschränkten Versicherungsschutz sorgen muss, um die Bedingungen der Klausel (C) der Institute Cargo Clauses oder einer ähnlichen Klausel zu erfüllen, wohingegen die Klausel (A) der Institute Cargo Clauses einen umfassenderen Versicherungsschutz vorsieht. Den Parteien steht jedoch auch die Möglichkeit offen, einen höheren Versicherungsschutz zu vereinbaren.

IV. AGB und Incoterms 2020 11. CIF **Incoterms 2020 (6)**

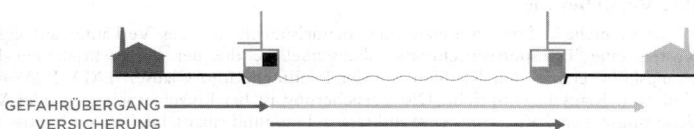

9. **Entladekosten** – Entstehen dem Verkäufer nach seinem Beförderungsvertrag Kosten in Zusammenhang mit der Entladung an der festgelegten Stelle im Bestimmungshafen, ist der Verkäufer nicht berechtigt, diese Kosten gesondert vom Käufer zurückzufordern, sofern nichts anderes zwischen den Parteien vereinbart ist.
10. **Ausfuhr-/Einfuhrabfertigung** – CIF verpflichtet den Verkäufer, die Ware ggf. zur Ausfuhr freizumachen. Jedoch hat der Verkäufer keine Verpflichtung, die Ware zur Einfuhr oder Durchfuhr durch Drittländer freizumachen, Einfuhrzölle zu zahlen oder Einfuhrzollformalitäten zu erledigen.

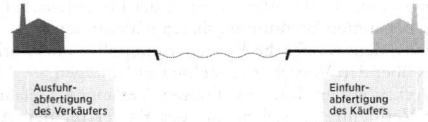

A. VERPFLICHTUNGEN DES VERKÄUFERS

A1. Allgemeine Verpflichtungen

Der Verkäufer hat die Ware und die Handelsrechnung in Übereinstimmung mit dem Kaufvertrag bereitzustellen und jeden sonstigen vertraglich vereinbarten Konformitätsnachweis zu erbringen.

Jedes vom Verkäufer bereitzustellende Dokument kann in Papierform oder in elektronischer Form vorliegen, je nachdem, wie dies zwischen den Parteien vereinbart wird oder handelsüblich ist.

A2. Lieferung

Der Verkäufer hat die Ware zu liefern, entweder, indem er sie an Bord des Schiffs verbringt oder die so gelieferte Ware beschafft. In beiden Fällen hat der Verkäufer die Ware zum vereinbarten Zeitpunkt oder innerhalb des vereinbarten Zeitraums und in der im Hafen üblichen Weise zu liefern.

A3. Gefahrübergang

Der Verkäufer trägt bis zur Lieferung gemäß A2 alle Gefahren des Verlusts oder der Beschädigung der Ware, mit Ausnahme von Verlust oder Beschädigung unter den in B3 beschriebenen Umständen.

A4. Transport

Der Verkäufer muss einen Vertrag über die Beförderung der Ware von der gegebenenfalls vereinbarten Lieferstelle am Lieferort bis zum benannten Bestimmungshafen oder einer gegebenenfalls vereinbarten Stelle in diesem Hafen abschließen oder beschaffen. Der Beförderungsvertrag ist zu den üblichen Bedingungen auf Kosten des Verkäufers abzuschließen und hat die Beförderung auf der üblichen Route mit einem Schiff der Bauart zu gewährleisten, die normalerweise für den Transport der verkauften Warenart verwendet wird.

Der Verkäufer muss alle transportbezogenen Sicherheits anforderungen für die Beförderung der Waren bis zum Bestimmungsort erfüllen.

A5. Versicherung

Sofern nicht anders vereinbart oder handelsüblich, hat der Verkäufer auf eigene Kosten eine Transportversicherung abzuschließen, die der vorgeschriebenen Deckungshöhe gemäß den Klauseln (C) der Institute Cargo Clauses (LMA/IUA) oder ähnlichen Klauseln entspricht. Die Versicherung ist bei Einzelversicherern oder Versicherungsgesellschaften mit einwandfreiem Leumund abzuschließen und muss den Käufer oder jede andere Person mit einem versicherbaren Interesse an der Ware berechtigen, Ansprüche direkt bei dem Versicherer geltend zu machen.

Der Verkäufer muss auf Verlangen und Kosten des Käufers, vorbehaltlich der durch den Käufer zur Verfügung zu stellenden vom Verkäufer benötigten Informationen, zusätzlichen Versicherungsschutz beschaffen, falls erhältlich, z.B. Deckung entsprechend den Institute War Clauses und/oder Institute Strikes Clauses (LMA/IUA) oder ähnlichen Klauseln (es sei denn, ein derartiger Versicherungsschutz ist bereits in der im vorhergehenden Absatz beschriebenen Transportversicherung inkludiert).

Die Versicherung muss zumindest den im Vertrag genannten Preis zuzüglich zehn Prozent (d. h. 110%) decken und in der Währung des Vertrags ausgestellt sein.

Der Versicherungsschutz für die Ware muss ab der Lieferstelle, wie in A2 festgelegt, bis mindestens zum benannten Bestimmungshafen wirksam sein.

Der Verkäufer muss dem Käufer die Versicherungspolice oder -urkunde bzw. einen sonstigen Nachweis über den Versicherungsschutz aushändigen.

Ferner hat der Verkäufer dem Käufer auf dessen Verlangen, Gefahr und Kosten jene Informationen zur Verfügung zu stellen, die der Käufer für den Abschluss etwaiger zusätzlicher Versicherungen benötigt.

A6. Liefer-/Transportdokument

Der Verkäufer hat dem Käufer auf eigene Kosten das übliche Transportdokument für den vereinbarten Bestimmungshafen zur Verfügung zu stellen.

Dieses Transportdokument muss über die vertragliche Ware lauten, ein innerhalb der für die Verschiffung vereinbarten Frist liegendes Datum tragen, den Käufer berechtigen, die Herausgabe der Ware im Bestimmungshafen von dem Frachtführer zu verlangen und, sofern nichts anderes vereinbart wurde, es dem Käufer ermöglichen, die Ware während des Transports an einen nachfolgenden Käufer durch Übertragung des Dokuments oder durch Mitteilung an den Frachtführer zu verkaufen.

Wird ein solches Transportdokument als begebbares Dokument und in mehreren Originalen ausgestellt, muss dem Käufer ein vollständiger Satz von Originalen übergeben werden.

A7. Ausfuhr-/Einfuhrabfertigung

a) Ausfuhrabfertigung

Gegebenenfalls hat der Verkäufer alle Ausfuhrabfertigungsformalitäten durchzuführen und zu bezahlen, die von dem jeweiligen Ausfuhrland vorgeschrieben sind, z. B.:
- Ausfuhrgenehmigung;
- Sicherheitsfreigabe für die Ausfuhr;
- Warenkontrolle vor der Verladung; und
- sonstige behördliche Genehmigungen.

b) Unterstützung bei der Einfuhrabfertigung

Gegebenenfalls hat der Verkäufer den Käufer auf dessen Verlangen, Gefahr und Kosten bei der Beschaffung von Dokumenten und/oder Informationen für alle Transit-/Einfuhrabfertigungsformalitäten zu unterstützen, einschließlich Sicherheitsanforderungen und Warenkontrollen vor der Verladung, die von den Transit-/Einfuhrländern vorgeschrieben sind.

A8. Prüfung/Verpackung/Kennzeichnung

Der Verkäufer hat die Kosten jener Prüfvorgänge (z. B. Qualitätsprüfung, Messen, Wiegen und Zählen) zu tragen, die notwendig sind, um die Ware gemäß A2 zu liefern.

Der Verkäufer hat auf eigene Kosten die Ware zu verpacken, es sei denn, es ist handelsüblich, die jeweilige Art der verkauften Ware unverpackt zu transportieren. Der Verkäufer muss die Ware in der für ihren Transport geeigneten Weise verpacken und kennzeichnen, es sei denn, die Parteien haben genaue Verpackungs- oder Kennzeichnungsanforderungen vereinbart.

A9. Kostenverteilung

Der Verkäufer muss

a) bis zur Lieferung gemäß A2 alle die Ware betreffenden Kosten tragen, ausgenommen die gemäß B9 vom Käufer zu tragenden Kosten;

b) die Frachtkosten und alle sonstigen gemäß A4 entstehenden Kosten tragen, einschließlich der Kosten für die Verladung der Ware sowie der transportbezogenen Sicherheitskosten;

c) alle Gebühren für die Entladung am vereinbarten Entladehafen entrichten, die laut Beförderungsvertrag zu Lasten des Verkäufers gehen;

d) die Kosten der Durchfuhr tragen, die gemäß Beförderungsvertrag zu Lasten des Verkäufers gehen;

e) die Kosten für die Erbringung des üblichen Nachweises für den Käufer gemäß A6 tragen, aus dem hervorgeht, dass die Ware geliefert wurde;

f) die sich aus A5 ergebenden Kosten der Versicherung tragen;

g) gegebenenfalls Zölle, Steuern und sonstige Kosten für die Ausfuhrabfertigung gemäß A7(a) tragen; und

h) dem Käufer alle Kosten und Gebühren erstatten, die dem Käufer durch die Unterstützung bei der Beschaffung der erforderlichen Dokumente und Informationen gemäß B7(a) entstanden sind.

A10. Benachrichtigungen

Der Verkäufer muss den Käufer benachrichtigen, dass die Ware gemäß A2 geliefert wurde.

Der Verkäufer muss den Käufer über alles Nötige benachrichtigen, damit dieser die Ware übernehmen kann.

B. VERPFLICHTUNGEN DES KÄUFERS

B1. Allgemeine Verpflichtungen

Der Käufer hat den im Kaufvertrag genannten Preis der Ware zu zahlen.

Jedes vom Käufer bereitzustellende Dokument kann in Papierform oder in elektronischer Form vorliegen, je nachdem, wie dies zwischen den Parteien vereinbart wird oder handelsüblich ist.

B2. Übernahme

Der Käufer muss die gemäß A2 gelieferte Ware übernehmen und von dem Frachtführer im benannten Bestimmungshafen entgegennehmen.

B3. Gefahrübergang

Der Käufer trägt ab dem Zeitpunkt der Lieferung gemäß A2 alle Gefahren des Verlusts oder der Beschädigung der Ware.

Falls der Käufer es versäumt, eine Benachrichtigung gemäß B10 zu erteilen, trägt er alle Gefahren des Verlusts oder der Beschädigung der Ware ab dem für die Verschiffung vereinbarten Zeitpunkt oder ab dem Ende der hierfür vereinbarten Frist,

(6) Incoterms 2020   11. CIF

vorausgesetzt, die Ware ist eindeutig als die vertragliche Ware kenntlich gemacht worden.

B4. Transport

Der Käufer hat gegenüber dem Verkäufer keine Verpflichtung, einen Beförderungsvertrag abzuschließen.

B5. Versicherung

Der Käufer hat gegenüber dem Verkäufer keine Verpflichtung, einen Versicherungsvertrag abzuschließen. Allerdings muss der Käufer dem Verkäufer auf dessen Verlangen hin alle Informationen übermitteln, die zum Abschluss der vom Käufer gemäß A5 ggf. verlangten zusätzlichen Versicherung benötigt werden.

B6. Liefer-/Transportdokument

Der Käufer hat das gemäß A6 zur Verfügung gestellte Transportdokument anzunehmen, wenn es mit dem Vertrag übereinstimmt.

B7. Ausfuhr-/Einfuhrabfertigung

a) Unterstützung bei der Ausfuhrabfertigung
Gegebenenfalls hat der Käufer den Verkäufer auf dessen Verlangen, Gefahr und Kosten bei der Beschaffung von Dokumenten und/oder Informationen für alle Ausfuhrabfertigungsformalitäten, zu unterstützen, einschließlich Sicherheitsanforderungen und Warenkontrollen vor der Verladung, die von dem betreffenden Ausfuhrland vorgeschrieben sind.

b) Einfuhrabfertigung
Gegebenenfalls hat der Käufer alle Formalitäten durchzuführen und zu bezahlen, die von dem betreffenden Transit- und Einfuhrland vorgeschrieben sind, z. B.:
- Einfuhrgenehmigung und ggf. erforderliche Durchfuhrgenehmigungen;
- Sicherheitsfreigabe für die Einfuhr und etwaige Durchfuhr;
- Warenkontrolle vor der Verladung; und
- sonstige behördliche Genehmigungen.

B8. Prüfung/Verpackung/Kennzeichnung

Der Käufer hat gegenüber dem Verkäufer keine Verpflichtung.

B9. Kostenverteilung

Der Käufer muss

a) alle die Ware betreffenden Kosten ab dem Zeitpunkt der Lieferung gemäß A2 tragen, mit Ausnahme der gemäß A9 vom Verkäufer zu übernehmenden Kosten;
b) die Kosten der Durchfuhr tragen, sofern diese Kosten nicht gemäß dem Beförderungsvertrag zu Lasten des Verkäufers gehen;
c) die Entladekosten tragen, einschließlich der Kosten für Leichterung und Kaigebühren, es sei denn, diese Kosten und Gebühren gehen nach dem Beförderungsvertrag zu Lasten des Verkäufers;
d) die Kosten für jede zusätzliche auf Verlangen des Käufers nach A5 und B5 abgeschlossene Versicherung tragen;
e) dem Verkäufer alle Kosten und Gebühren erstatten, die dem Verkäufer durch die Unterstützung bei der Beschaffung der erforderlichen Dokumente und Informationen gemäß A5 und A7(b) entstanden sind;
f) gegebenenfalls Zölle, Steuern und sonstige Kosten in Zusammenhang mit der Transit- oder Einfuhrabfertigung gemäß B7(b) zahlen; und
g) alle zusätzlichen Kosten tragen, die ab dem vereinbarten Termin für die Versendung oder ab dem Ende des hierfür vereinbarten Zeitraums entstehen, falls er es versäumt, eine Benachrichtigung gemäß B10 zu erteilen, vorausgesetzt, die Ware wurde eindeutig als die vertragliche Ware kenntlich gemacht.

B10. Benachrichtigungen

Wenn vereinbart wird, dass der Käufer berechtigt ist, den Zeitpunkt für die Verschiffung der Ware und/oder die Stelle für die Entgegennahme der Ware innerhalb des benannten Bestimmungshafens zu bestimmen, muss er den Verkäufer in hinreichender Weise von diesem Zeitpunkt und/oder der betreffenden Stelle in Kenntnis setzen.

Kommentierung

1) Vertragstyp

„CIF"/„Kosten, Versicherung und Fracht" wie „CFR Kosten und Fracht" Nr. 10, nur mit Versicherung. **„CIF" und „FOB"** (s. Nr. 9) sind die beiden **verbreitetsten Vertragstypen des Überseekaufs**. Beide werden deshalb ausführlicher als die anderen Incoterms kommentiert. Beidesmal handelt es sich um Versendungsgeschäfte (→ Einl. vor Incoterms Rn. 16). „CIF" sieht vor, dass der Verkäufer die Ware an Bord des Schiffs verbringt; ist die Ware dort, geht die Gefahr über. Der Verkäufer schließt den Beförderungsvertrag ab und trägt Kosten und Fracht der Beförderung der Ware bis zum Bestimmungshafen. Meist wird im Kaufvertrag nur der Bestimmungshafen benannt, aber auch der Verschiffungshafen sollte genannt werden, beides möglichst präzise (→ Erläuternde Kommentare für Nutzer Ziffern 5 und 6). **Gefahrübergang am Lieferort**, also mit Verbringung an Bord des Schiffes im Verschiffungshafen (→ Erläuternde Kommentare für Nutzer Ziffern 1 und 4), **die Kostentragung** umfasst dagegen **auch die Beförderung zum Bestimmungshafen samt Entladung dort.** Lieferort (oder -stelle) und Bestimmungshafen fallen also auseinander (→ Erläuternde Kommentare für Nutzer Ziffer 4). CIF ist wie alle C-Klauseln eine **Zweipunktklausel** (→ Einl. vor Incoterms Rn. 34). „CIF" ist eine Klausel für das Überseegeschäft, die **ausschließlich für den See- und Binnenschiffstransport** vorgesehen ist (→ Erläuternde Kommentare für Nutzer Ziffer 2; → Einl. vor Incoterms Rn. 21, 30, 63), wird aber trotzdem häufig auch für andere Transportarten vereinbart (aber → Einl. vor Incoterms Rn. 62, 65, 67). Die **Versicherungsklausel** (A5) ist **mit der bei „CIP"** weitestgehend **wort- und deckungsgleich, aber mit einer Abweichung:** statt wie bei „CIP" Clause A (CIP → Nr. 4 Rn. 1) **bei „CIF" Clause C der Institute Cargo Clauses** (→ Rn. 7; → Erläuternde Kommentare für Nutzer Ziffer 8 und Begründung dieser durchaus streitigen unterschiedlichen Behandlung → Einführung Incoterms 2020 Ziffer 70). Schreibt das Bestimmungsland vor, dass der **Versicherungsschutz dort gekauft werden muss**, was der Verkäufer leicht übersieht, kann statt „CIF" die Klausel „CFR/Kosten und Fracht" Nr. 10 besser geeignet sein (→ Erläuternde Kommentare für Nutzer Ziffer 8).

Während „FOB" ebenso wie „FAS" (s. Nr. 8) für den Containerverkehr ungeeignet ist (FOB → Nr. 9 Rn. 1) und auch statt „CIF" besser die Klausel „CIP" gewählt werden sollte (→ Erläuternde Kommentare für Nutzer Ziffer 2), ist „CIF" ebenso wie „CFR" (s. Nr. 10) **auch für den Containerverkehr** einsetzbar, denn bei „CIF" geht der Beförderungsvertrag weiter, nämlich ab dem Lieferort bis zum benannten Bestimmungshafen (→ Erläuternde Kommentare für Nutzer Ziffer 2; vgl. dagegen „FOB" Verschiffungshafen ohne Beförderungsvertrag, FOB → Nr. 9 Rn. 1), allerdings ist nach „CIF" Lieferung an Bord vorgesehen (insoweit wie bei „FOB"), was dann im Vertrag entsprechend angepasst werden muss, da containerisierte Ware nicht an Bord geliefert, sondern schon vorher an den Frachtführer im Verladeterminal übergeben wird; empfohlen wird deshalb die CIP-Klausel (s. Nr. 4), → Erläuternde Kommentare für Nutzer Ziffer 2. Zur Eignung von CFR und CIF auch im Containerverkehr Graf von Bernstorff Rn. 855. „CIF" kann aber vor allem für den **Lufttransport** Probleme aufwerfen, da der Verkäufer nicht direkt an Bord liefern kann und unterschiedliche Transportdokumente vorgesehen sind, dies mit der Folge, dass der Verkäufer seine Pflicht, eine negotiable bill of lading bzw. sea waybill zu präsentieren, nicht erfüllen kann, was dem

(6) Incoterms 2020

Käufer möglicherweise eine willkommene Gelegenheit zum Ausstieg aus dem Vertrag bieten kann, Ramberg S. 24; vorzuziehen sind deshalb „FCA" (s. Nr. 2) oder „CPT Frachtfrei" (s. Nr. 3).

2) Verkäufer- und Käuferpflichten

3 **Vertragskonforme Bereitstellung** der Waren und Handelsrechnung durch den Verkäufer und **Kaufpreiszahlung** durch den Käufer (**A1/B1,** wortgleich wie bei EXW → Nr. 1 Rn. 2). Ebenso **Gleichstellung** von **Papierform und elektronischer Form** (A1 II/B1 II, → Einl. vor Incoterms Rn. 46).

4 **Lieferung/Übernahme (A2/B2). Lieferung,** indem der Verkäufer die Ware entweder **an Bord des Schiffes** an der ggf. bestimmten Ladestelle im benannten **Verschiffungshafen** (beides vom Käufer bestimmt) verbringt oder indem er die bereits so gelieferte Ware beschafft **(A2 Satz 1).** Letzteres betrifft den Verkauf „schwimmender Ware", Zwilling-Pinna BB 2010, 2982. Teillieferung ist nicht vorgesehen. Der Hinweis „zu beschaffen" („to procure", vgl. FOB → Nr. 10 Rn. 4) bezieht sich auf mehrere hintereinander geschaltete Verkäufe in einer Verkaufskette („string sales"), die besonders im Rohstoffhandel vorkommen (→ Erläuternde Kommentare für Nutzer Ziffer 3). **Lieferzeit:** Der Verkäufer muss jeweils zum vereinbarten Zeitpunkt oder innerhalb des vereinbarten Zeitraums liefern **(A2 Satz 2).** Wenn keine Lieferzeit vereinbart ist, ist innerhalb angemessener Frist zu verladen. Nichteinhaltung der Lieferzeit nach A2 Satz 2 hat beim internationalen Abladegeschäft kraft Handelsbrauchs idR entsprechende Folgen wie bei § 376 I HGB (**Fixgeschäft,** dort → HGB § 376 Rn. 7, 8), OLG Karlsruhe RIW 1975, 225; vgl. BGH WM 1991, 466; OLG Köln IHR 2015, 64; aA Magnus/Lüsing IHR 2007, 1. Jede zeitliche Verpflichtung muss sich auf den Verschiffungsort beziehen, sonst kann der Absendevertrag (Einl. vor Incoterms Rn. 34) zum Ankunftsvertrag werden. „CIF Hamburg spätestens bis…" ist nicht eindeutig, so für CFR Ramberg S. 54, entweder Ankunftsvertrag oder Pflicht des Verkäufers, so rechtzeitig zu verladen, dass die Ware unter normalen Umständen rechtzeitig ankommt. **Lieferart:** Der Verkäufer muss die Ware in der im Hafen üblichen Weise liefern (A2 Satz 2). Das kann zu Abweichungen je nach Land und Hafen führen, ist aber von den Incoterms in Kauf genommen; zu den Handelsbräuchen und Hafenusancen (nach deutschem Recht Unterschiede, → HGB § 346 Rn. 2) näher → Einl. vor Incoterms Rn. 18. **Übernahme:** Der Käufer muss die Ware, wenn sie wie in A2 vorgesehen geliefert worden ist, übernehmen und sie von dem Frachtführer im benannten Bestimmungshafen entgegennehmen **(B2).** Übernahme ist nur die körperliche Entgegennahme, nicht Abnahme als vertragsmäß. Zur Abnahmepflicht und zu den Folgen ihrer Verletzung Art. 60 CISG, Staudinger/Magnus Art. 60 Rn. 4 ff., 17 ff.; Mohs in Schlechtriem/Schwenzer/Schroeter 7. Aufl. 2019, Art. 60 CISG Rn. 2 ff.

5 **Gefahrübergang (A3/B3):** Der Gefahrübergang folgt der Lieferung nach A2. Bis zur Lieferung trägt der Verkäufer alle Gefahren des Verlusts oder der Beschädigung der Ware, mit Ausnahme der in B3 beschriebenen Umstände **(A3).** Da die Lieferung mit **Verbringung der Ware an Bord des Schiffes** erfolgt (A2), also mit Beendigung des Ladevorgangs mit Niedersetzung auf dem Ladedeck (wie bei FOB, → Nr. 9 Rn. 5), trägt der **Verkäufer** auch bis dahin die Gefahr, und zwar unabhängig davon, ob die betreffende Ware in einwandfreiem Zustand, in der angegebenen Qualität oder überhaupt an ihrem Bestimmungsort eintritt (→ Erläuternde Kommentare für Nutzer Ziffer 1). Bei mehreren Frachtführern mit Schiffen für unterschiedliche Teilstrecken erfolgt der Gefahrübergang, wenn nicht anders vereinbart, bei Übergabe an den ersten (→ Erläuternde Kommentare für Nutzer Ziffer 7; auch → Einführung Incoterms 2020 Ziffer 34 ff.); zu Art. 31 CISG Staudinger/Magnus Rn. 20; Widmer Lüchinger in Schlechtriem/Schwenzer/Schroeter 7. Aufl. 2019, Art. 31 CISG Rn. 19. Der **Käufer** hat die Ware am Lieferort zu übernehmen (B2) und trägt **ab dem Zeitpunkt der Lieferung** alle Gefahren des Verlusts oder der Beschädigung der Ware **(B3 I).** Der Käufer ist für den Haupttransport, die Durchfuhr durch Drittstaaten und die Einfuhr in

das Bestimmungsland verantwortlich, ebenso (für FOB) BGH NJW 2009, 2607. „CIF, Zahlung gegen Dokumente nach Ankunft des Dampfers" regelt nur Zahlungszeitpunkt ohne Änderung des Gefahrübergangs, RGZ 87, 135. Untergang oder Verschlechterung infolge mangelnder Verpackung (A8) oder Haltbarkeit der Ware für den Transport gehören nicht zur Beförderungsgefahr, aber uU Gewährleistung des Verkäufers (Art. 36 CISG), Staudinger/Magnus Art. 36 Rn. 8. Erkennbare Mängel sind bei Warenübernahme zu rügen (vgl. → HGB § 377 Rn. 8, 10).

Was den **Transport** angeht, sind der **Abschluss eines Beförderungsvertrags** 6 anders als bei FOB (→ Nr. 9 Rn. 6) **Sache des Verkäufers, nicht des Käufers (A4 I 1/B4).** Dabei muss der Verkäufer den Beförderungsvertrag entweder selbst abschließen oder jedenfalls für den Abschluss des Beförderungsvertrags sorgen (A4 I 1). Der Hinweis „beschaffen" („to procure") bezieht sich auf mehrere hintereinander geschaltete Verkäufe in einer Verkaufskette („string sales"), die besonders im Rohstoffhandel vorkommen (→ Erläuternde Kommentare für Nutzer Ziffer 3). Zum Verkauf schwimmender Ware → Rn. 4, Ramberg S. 31. Beförderung zu den üblichen Bedingungen, auf der üblichen Route und einem entsprechenden Schiff (A4 I 2), also je nachdem Direkttransport, Anlaufen von Zwischenhäfen oder sogar Umladung. Beförderung in der üblichen Weise betrifft die üblichen Bedingungen des Seefrachtvertrags, zB Haftungsausschluss, Umladungsvorbehalt. Ist danach Umladung üblich, kann Direkttransport durch Zusatzklausel „ohne Verladung"/„without transshipment" vorgesehen werden. Die transportbezogenen Sicherheitsanforderungen muss der Verkäufer bis zum Bestimmungsort erfüllen **(A4 II);** zu diesen → Einführung Incoterms 2020 Ziffer 76, Graf von Bernstorff Rn. 611 ff.

Versicherung (A5/B5): Vgl. zunächst zur Versicherungsgestaltung im Kauf- und 7 im Beförderungsvertrag → Rn. 1. Sofern nicht anders vereinbart oder handelsüblich, hat der **Verkäufer** auf eigene Kosten eine (See-)Transportversicherung abzuschließen (Güterversicherung, **A5 I 1;** Unterschied zu „CFR", s. Nr. 10). **Deckungshöhe gemäß den Klauseln (Clause C) der Institute Cargo Clauses** (LMA/IUA; Lloyd's Market Association, Institute of London Underwriters und International Underwriting Association of London, nunmehr Fassung 2009, teilweise missverständlich auch als ICC bezeichnet) oder ähnlichen Klauseln (zB deutsche DTV-Güter 2000/2008 des Gesamtverbands der Deutschen Versicherungswirtschaft eV). Demgegenüber seit den Incoterms 2020 weitergehend (Clause A, all risks) für Klausel „CIP" (CIP Nr. 4 Rn. 1). Die Versicherung muss den Käufer oder jede andere Person mit einem versicherbarem Interesse an der Ware berechtigen, Ansprüche direkt bei dem Versicherer geltend zu machen (A5 I 2). Die Institute Cargo Clauses gibt es in drei Unterfassungen: A (all risks), B (named perils, nur die in der Police aufgeführten Risiken) und C (nur Mindestschutz bei Elementarereignissen wie Große Havarie, Feuer ua). Auf Verlangen und Kosten des Käufers muss der Verkäufer zusätzlichen Versicherungsschutz, falls erhältlich, beschaffen, wie zB Deckung entsprechend den Institute War Clauses und/oder den Institute Strike Clauses (A5 II) oder ähnlichen Institute Cargo Clauses (LMA/IUA) oder ähnlichen Klauseln (A5 II). **Mindestversicherung in Höhe von 110 % des Kaufpreises** und in der Währung des Kaufvertrags (A5 III). Versicherungsschutz ab Lieferstelle bis zum Bestimmungshafen (A5 IV). Aushändigung der Police oder Versicherungsurkunde bzw. eines Nachweises (A5 V). Der **Käufer** hat gegenüber dem Verkäufer keine Pflicht zum Abschluss eines Versicherungsvertrags **(B5).** Wünscht der Käufer aber **höhere Deckung wie „all risks" nach Clause A der Institute Cargo Clauses,** etwa beim Kauf schwimmender Ware bzw. von Ware in Transit, muss er das mit dem Verkäufer besonders vereinbaren oder sich selbst versichern und die entsprechenden Kosten tragen (B9 lit. d, → Rn. 13; → Erläuternde Kommentare für Nutzer Ziffer 8). Der Verkäufer muss ihm dabei auf Verlangen, Gefahr und Kosten des Käufers mit den notwendigen Informationen behilflich sein (A5 VI). Zu den Institute Cargo Clauses Bredow/Seiffert Rn. 4f.; Graf von Bernstorff Rn. 126, 559; Ramberg S. 55. Zur Versicherungspraxis s. Ehlers/Luttmer VersPr 1982, 143 (177); Nielsen ZIP 1984, 248.

(6) Incoterms 2020 11. CIF

8   **Liefer-/Transportdokument (A6/B6;** → Einl. vor Incoterms Rn. 51). Der **Verkäufer** hat dem Käufer auf eigene Kosten das übliche Transportdokument für den vereinbarten Bestimmungshafen zu erbringen **(A6 I).** Der **Käufer** muss das gemäß A6 zur Verfügung gestellte Transportdokument annehmen, wenn es mit dem Vertrag übereinstimmt **(B6).** Das Transportdokument muss auf die vertragliche Ware lauten und ein innerhalb der für die Verschiffung vereinbarten Frist liegendes Datum tragen (A6 II). Außerdem muss der Käufer mit dem Dokument die Herausgabe der Ware im Bestimmungshafen vom Frachtführer fordern und die Ware während des Transports an einen nachfolgenden Käufer durch Übertragung des Dokuments oder durch Mittteilung an den Frachtführer verkaufen können (A6 II). Falls das Transportdokument als begebbares Dokument und in mehreren Originalen ausgestellt ist, muss dem Käufer ein vollständiger Satz von Originalen übergeben werden (A6 III). Transportdokument des Verkäufers nach A6, idR begebbares Konnossement oder nichtbegebbarer Seefrachtbrief, zu den jeweiligen Vorteilen Graf von Bernstorff Rn. 973 ff. Statt Transportdokumenten in Papier können elektronische Verfahren vereinbart werden oder üblich sein (A1 II/B1 II, → Rn. 3). Dazu oft Individualvereinbarung (vgl. „FOB" → Nr. 9 Rn. 8), sonst eben übliches Transportdokument. Der Käufer, der gemäß CIF oder einer anderen C-Klausel bezahlt, muss beachten, dass nicht alle Transportdokumente Sperrfunktion gegen Absenderverfügungen enthalten, so aber zB Konnossement. Gewichts- und Mankoklauseln (zB Ankunftsgewicht) regeln iZw nur Beweislast (für Verschiffungsgewicht). „Reine" Konnossemente s. auch **(11)** ERA 600 (2007) Art. 27.

9   **Ausfuhr-/Einfuhrabfertigung (A7/B7):** Der **Verkäufer** hat auf eigene Gefahr und Kosten die ggf. erforderliche **Ausfuhrgenehmigung** und andere **behördliche** Genehmigungen zu beschaffen und die Ausfuhrformalitäten wie Sicherheitsfreigabe („security clearing for export") und Warenkontrolle vor der Verladung zu erledigen (A7 lit. a; → Einl. vor Incoterms Rn. 52). Sache des **Käufers** ist es, die entsprechenden **Genehmigungen für die Einfuhr der Ware und ggf. für die Durchfuhr** durch jedes Land zu besorgen (B7 lit. b; → Erläuternde Kommentare für Nutzer Ziffer 10). Dies nur gegebenenfalls, → Einl. Incoterms Rn. 52. Die Parteien müssen sich aber jeweils bei der Einfuhr- bzw. der Ausfuhrabfertigung unterstützen (A7 lit. b bzw. B7 lit. a). Was eine (behördliche) **pre-shipment inspection** angeht, kommt es darauf an, ob die Prüfung für die Ausfuhrgenehmigung oder die Einfuhrgenehmigung erforderlich ist, ersterenfalls ist sie Sache des Verkäufers, letzterenfalls Sache des Käufers, jeweils mit Unterstützungspflicht des anderen Teils, Graf von Bernstorff Rn. 985. Bei eventuellen Schwierigkeiten mit der Aus- und Einfuhrgenehmigung kann sich ein Vorbehalt empfehlen, zB „CIF Incoterms vorbehaltlich Exportlizenz" oder „vorbehaltlich Einfuhrbewilligung", Graf von Bernstorff Rn. 962 zu CFR. Zu den verschärften Anforderungen an die **Sicherheitsfreigabe (security clearance)** für Einfuhr, Ausfuhr und Durchfuhr schon bei EXW (→ Nr. 1 Rn. 7).

10   **Prüfung/Verpackung/Kennzeichnung (A8/B8):** Der **Verkäufer** hat die Kosten für die **Prüfvorgänge** (wie Qualitätsprüfung, Messen, Wiegen und Zählen), die für die Lieferung gemäß A2 notwendig sind, sowie die von den Behörden des Ausfuhrlandes angeordnete Warenkontrolle vor der Verladung (pre-shipment inspection, näher schon → Rn. 9) zu tragen **(A8 I).** Der Käufer hat insoweit keine Verpflichtung **(B8).** Die Prüfung nach A8 betrifft nicht die kaufrechtliche Untersuchungs- und Rügeobliegenheit (→ HGB § 377 Rn. 8, 10), diese liegt in der Regel später.

11   Für **Verpackung** hat der Verkäufer zu sorgen, sofern nicht Verschiffung unverpackt handelsüblich ist **(A8 II 1);** Handelsüblichkeit bestimmt sich, falls Verpackung für die Verkäuflichkeit der Ware wesentlich ist, auch aus der Sicht des Bestimmungslands. Der Verkäufer hat die Ware in einer für den Transport geeigneten Weise zu verpacken **(A8 II 2),** die Verpackung muss also transportgerecht sein. Spezifische Verpackungsanforderungen, die die Parteien vereinbart haben, gehen vor. Zur Vertragsmäßigkeit der Ware gehört nach Art. 35 II lit. d) CISG die übliche Verpackung, Staudinger/Magnus Art. 35 Rn. 41 ff.

IV. AGB und Incoterms 2020　　　11. CIF **Incoterms 2020 (6)**

Die Verpackung ist in geeigneter Weise zu **kennzeichnen (A8 II 2),** zB „Vorsicht 12
Glas", „Vor Nässe schützen" und bei gefährlichen Gütern. Vgl. dazu § 411 HGB. Das
gilt wiederum vorbehaltlich vereinbarter spezifischer Kennzeichnungsanforderungen.
　　Kostenverteilung ist in A9/B9 ausführlich geregelt, für den **Verkäufer** in A9 13
lit. a–h, für den **Käufer B9 lit. a–g.** Der **Verkäufer** trägt alle die Ware betreffenden
Kosten bis zur Lieferung gemäß A2 mit Ausnahme der gemäß B9 vom Käufer
zutragenden Kosten **(A9 lit. a).** Er trägt die eigentliche Fracht sowie die Kosten der
Verladung der Ware an Bord sowie der transportbezogenen Sicherheitskosten (A9
lit. b) und die Entladegebühren am vereinbarten Entladungshafen sowie die Kosten der
Durchfuhr, die nach dem Beförderungsvertrag vom Verkäufer zu tragen sind (A9 lit. c
und d; → Erläuternde Kommentare für Nutzer Ziffer 8, Graf von Bernstorff Rn. 955
zu CFR). Der Verkäufer trägt auch die Kosten für den Liefernachweis gemäß A6 und
für die Ausfuhrgenehmigung gemäß A7 lit. a (A9 lit. e und g) und muss dem Käufer
die Unterstützungskosten gemäß B7 lit. a erstatten (A9 lit. h). Bei CIF hat der Verkäufer auch die **Kosten der Versicherung** gemäß A5 zu tragen **(A9 lit.
f; aber nur nach den Klauseln (C) der Institute Cargo Clauses** → Rn. 7). Kostentragung
(Bestimmungshafen) und Gefahrübergang (Verschiffungshafen), → Rn. 4) fallen also
wie bei allen C-Klauseln auseinander (Zweipunktklausel, → Rn. 1). Die Parteien
sollten wegen der Kostentragungsverteilung die Stelle im vereinbarten Bestimmungshafen möglichst genau bezeichnen, und der Verkäufer sollte einen damit genau übereinstimmenden Beförderungsvertrag abschließen (→ Erläuternde Kommentare für
Nutzer Ziffer 6). Der **Käufer** trägt die Kosten ab Lieferung mit Ausnahme der gemäß
A9 vom Käufer zu tragenden Kosten **(B9 lit. a),** die Durchfuhr- und die Entladekosten, sofern sie nicht nach dem Beförderungsvertrag zu Lasten des Verkäufers gehen
(B9 lit. b und c; Entladekosten also mangels anderer Abrede beim Verkäufer, → Erläuternde Kommentare für Nutzer Ziffer 9, Graf von Bernstorff Rn. 955), Unterstützungskosten des Verkäufers (B9 lit. e), ggf. Zölle, Steuern und sonstige Kosten im
Zusammenhang mit der Transit- oder Einfuhrabfertigung gemäß B7 lit. b (B9 lit. f),
sowie Kosten wegen unterlassener Benachrichtigung gemäß B10 (B9 lit. g). Der Käufer
trägt die zusätzlichen Kosten der Versicherung, wenn er eine **Versicherung nach den
Klauseln (A) der Institute Cargo Clauses** (→ Rn. 7) haben möchte **(B9 lit. d).**
Der Käufer trägt auch **Umladekosten,** wenn sie zu ihrer vorgesehenen Reiseroute gehören, Bredow/Seiffert CFR 22. Vorgesehene Umladekosten auf dem Weg zum vereinbarten Bestimmungsort trägt nach dem Beförderungsvertrag der Verkäufer, anders
wenn der Käufer Rechte aus einer Umladeklausel geltend macht, um unerwarteten
Hindernissen zu entgehen, zB Eis, Stau, Arbeitsstörungen, Regierungsanordnungen,
Krieg oder kriegsähnliche Zustände (Incoterms 2000 Einl. 9.3), Grund: geht über den
Abschluss des üblichen Beförderungsvertrags hinaus. Zu den in den Besonderheiten
des Seehandelstransports- und -rechts liegenden Gründen ausführlich Graf von Bernstorff Rn. 196 ff. (Umschlagsgebühren).
　　Benachrichtigungen (A10/B10): Der Verkäufer muss den Käufer benachrichti- 14
gen, dass die Ware gemäß A2 geliefert wurde (A10 I), und er muss den Käufer über
alles Nötige benachrichtigen, damit dieser die Ware übernehmen kann (A10 II). Wenn
der Käufer vereinbarungsgemäß den Zeitpunkt für die Verschiffung der Ware und/
oder die Stelle für die Entgegennahme der Ware innerhalb des benannten Bestimmungshafens bestimmen kann, muss er den Verkäufer in hinreichender Weise über
Zeitpunkt und/oder Stelle in Kenntnis setzen (B10).

Hopt　　2263

[III.] Wortlaut der einzelnen Regeln der Klauseln

A1. ALLGEMEINE VERPFLICHTUNGEN

EXW (Ab Werk)

Der Verkäufer hat die Ware und die Handelsrechnung in Übereinstimmung mit dem Kaufvertrag bereitzustellen und jeden sonstigen vertraglich vereinbarten Konformitätsnachweis zu erbringen.

Jedes vom Verkäufer bereitzustellende Dokument kann in Papierform oder in elektronischer Form vorliegen, je nachdem, wie dies zwischen den Parteien vereinbart wird oder handelsüblich ist.

FCA (Frei Frachtführer)

Der Verkäufer hat die Ware und die Handelsrechnung in Übereinstimmung mit dem Kaufvertrag bereitzustellen und jeden sonstigen vertraglich vereinbarten Konformitätsnachweis zu erbringen.

Jedes vom Verkäufer bereitzustellende Dokument kann in Papierform oder in elektronischer Form vorliegen, je nachdem, wie dies zwischen den Parteien vereinbart wird oder handelsüblich ist.

CPT (Frachtfrei)

Der Verkäufer hat die Ware und die Handelsrechnung in Übereinstimmung mit dem Kaufvertrag bereitzustellen und jeden sonstigen vertraglich vereinbarten Konformitätsnachweis zu erbringen.

Jedes vom Verkäufer bereitzustellende Dokument kann in Papierform oder in elektronischer Form vorliegen, je nachdem, wie dies zwischen den Parteien vereinbart wird oder handelsüblich ist.

CIP (Frachtfrei versichert)

Der Verkäufer hat die Ware und die Handelsrechnung in Übereinstimmung mit dem Kaufvertrag bereitzustellen und jeden sonstigen vertraglich vereinbarten Konformitätsnachweis zu erbringen.

Jedes vom Verkäufer bereitzustellende Dokument kann in Papierform oder in elektronischer Form vorliegen, je nachdem, wie dies zwischen den Parteien vereinbart wird oder handelsüblich ist.

DAP (Geliefert benannter Ort)

Der Verkäufer hat die Ware und die Handelsrechnung in Übereinstimmung mit dem Kaufvertrag bereitzustellen und jeden sonstigen vertraglich vereinbarten Konformitätsnachweis zu erbringen.

Jedes vom Verkäufer bereitzustellende Dokument kann in Papierform oder in elektronischer Form vorliegen, je nachdem, wie dies zwischen den Parteien vereinbart wird oder handelsüblich ist.

DPU (Geliefert benannter Ort entladen)

Der Verkäufer hat die Ware und die Handelsrechnung in Übereinstimmung mit dem Kaufvertrag bereitzustellen und jeden sonstigen vertraglich vereinbarten Konformitätsnachweis zu erbringen.

Jedes vom Verkäufer bereitzustellende Dokument kann in Papierform oder in elektronischer Form vorliegen, je nachdem, wie dies zwischen den Parteien vereinbart wird oder handelsüblich ist.

IV. AGB und Incoterms 2020　　**Alle Klauseln**　**Incoterms 2020 (6)**

DDP (Geliefert verzollt)
Der Verkäufer hat die Ware und die Handelsrechnung in Übereinstimmung mit dem Kaufvertrag bereitzustellen und jeden sonstigen vertraglich vereinbarten Konformitätsnachweis zu erbringen.

Jedes vom Verkäufer bereitzustellende Dokument kann in Papierform oder in elektronischer Form vorliegen, je nachdem, wie dies zwischen den Parteien vereinbart wird oder handelsüblich ist.

FAS (Frei Längsseite Schiff)
Der Verkäufer hat die Ware und die Handelsrechnung in Übereinstimmung mit dem Kaufvertrag bereitzustellen und jeden sonstigen vertraglich vereinbarten Konformitätsnachweis zu erbringen.

Jedes vom Verkäufer bereitzustellende Dokument kann in Papierform oder in elektronischer Form vorliegen, je nachdem, wie dies zwischen den Parteien vereinbart wird oder handelsüblich ist.

FOB (Frei an Bord)
Der Verkäufer hat die Ware und die Handelsrechnung in Übereinstimmung mit dem Kaufvertrag bereitzustellen und jeden sonstigen vertraglich vereinbarten Konformitätsnachweis zu erbringen.

Jedes vom Verkäufer bereitzustellende Dokument kann in Papierform oder in elektronischer Form vorliegen, je nachdem, wie dies zwischen den Parteien vereinbart wird oder handelsüblich ist.

CFR (Kosten und Fracht)
Der Verkäufer hat die Ware und die Handelsrechnung in Übereinstimmung mit dem Kaufvertrag bereitzustellen und jeden sonstigen vertraglich vereinbarten Konformitätsnachweis zu erbringen.

Jedes vom Verkäufer bereitzustellende Dokument kann in Papierform oder in elektronischer Form vorliegen, je nachdem, wie dies zwischen den Parteien vereinbart wird oder handelsüblich ist.

CIF (Kosten, Versicherung und Fracht)
Der Verkäufer hat die Ware und die Handelsrechnung in Übereinstimmung mit dem Kaufvertrag bereitzustellen und jeden sonstigen vertraglich vereinbarten Konformitätsnachweis zu erbringen.

Jedes vom Verkäufer bereitzustellende Dokument kann in Papierform oder in elektronischer Form vorliegen, je nachdem, wie dies zwischen den Parteien vereinbart wird oder handelsüblich ist.

B1. ALLGEMEINE VERPFLICHTUNGEN

EXW (Ab Werk)
Der Käufer hat den im Kaufvertrag genannten Preis der Ware zu zahlen.

Jedes vom Käufer bereitzustellende Dokument kann in Papierform oder in elektronischer Form vorliegen, je nachdem, wie dies zwischen den Parteien vereinbart wird oder handelsüblich ist.

FCA (Frei Frachtführer)
Der Käufer hat den im Kaufvertrag genannten Preis der Ware zu zahlen.

Jedes vom Käufer bereitzustellende Dokument kann in Papierform oder in elektronischer Form vorliegen, je nachdem, wie dies zwischen den Parteien vereinbart wird oder handelsüblich ist.

(6) Incoterms 2020 Alle Klauseln 2. Teil. Handelsrechtl. Nebenges.

CPT (Frachtfrei)

Der Käufer hat den im Kaufvertrag genannten Preis der Ware zu zahlen.

Jedes vom Käufer bereitzustellende Dokument kann in Papierform oder in elektronischer Form vorliegen, je nachdem, wie dies zwischen den Parteien vereinbart wird oder handelsüblich ist.

CIP (Frachtfrei versichert)

Der Käufer hat den im Kaufvertrag genannten Preis der Ware zu zahlen.

Jedes vom Käufer bereitzustellende Dokument kann in Papierform oder in elektronischer Form vorliegen, je nachdem, wie dies zwischen den Parteien vereinbart wird oder handelsüblich ist.

DAP (Geliefert benannter Ort)

Der Käufer hat den im Kaufvertrag genannten Preis der Ware zu zahlen.

Jedes vom Käufer bereitzustellende Dokument kann in Papierform oder in elektronischer Form vorliegen, je nachdem, wie dies zwischen den Parteien vereinbart wird oder handelsüblich ist.

DPU (Geliefert benannter Ort entladen)

Der Käufer hat den im Kaufvertrag genannten Preis der Ware zu zahlen.

Jedes vom Käufer bereitzustellende Dokument kann in Papierform oder in elektronischer Form vorliegen, je nachdem, wie dies zwischen den Parteien vereinbart wird oder handelsüblich ist.

DDP (Geliefert verzollt)

Der Käufer hat den im Kaufvertrag genannten Preis der Ware zu zahlen.

Jedes vom Käufer bereitzustellende Dokument kann in Papierform oder in elektronischer Form vorliegen, je nachdem, wie dies zwischen den Parteien vereinbart wird oder handelsüblich ist.

FAS (Frei Längsseite Schiff)

Der Käufer hat den im Kaufvertrag genannten Preis der Ware zu zahlen.

Jedes vom Käufer bereitzustellende Dokument kann in Papierform oder in elektronischer Form vorliegen, je nachdem, wie dies zwischen den Parteien vereinbart wird oder handelsüblich ist.

FOB (Frei an Bord)

Der Käufer hat den im Kaufvertrag genannten Preis der Ware zu zahlen.

Jedes vom Käufer bereitzustellende Dokument kann in Papierform oder in elektronischer Form vorliegen, je nachdem, wie dies zwischen den Parteien vereinbart wird oder handelsüblich ist.

CFR (Kosten und Fracht)

Der Käufer hat den im Kaufvertrag genannten Preis der Ware zu zahlen.

Jedes vom Käufer bereitzustellende Dokument kann in Papierform oder in elektronischer Form vorliegen, je nachdem, wie dies zwischen den Parteien vereinbart wird oder handelsüblich ist.

CIF (Kosten, Versicherung und Fracht)

Der Käufer hat den im Kaufvertrag genannten Preis der Ware zu zahlen.

Jedes vom Käufer bereitzustellende Dokument kann in Papierform oder in elektronischer Form vorliegen, je nachdem, wie dies zwischen den Parteien vereinbart wird oder handelsüblich ist.

A2. LIEFERUNG/ÜBERNAHME
EXW (Ab Werk)

Der Verkäufer hat die Ware zu liefern, indem er sie dem Käufer am genannten Lieferort an der gegebenenfalls vereinbarten Stelle zur Verfügung stellt, jedoch ohne Verladung auf das abholende Beförderungsmittel. Wurde am benannten Lieferort keine bestimmte Stelle für die Lieferung vereinbart und kommen mehrere Stellen in Betracht, kann der Verkäufer die Stelle auswählen, die für diesen Zweck am besten geeignet ist. Der Verkäufer hat die Ware zum vereinbarten Zeitpunkt oder innerhalb des vereinbarten Zeitraums zu liefern.

FCA (Frei Frachtführer)

Der Verkäufer hat die Ware an den Frachtführer oder eine andere vom Käufer benannte Person an der gegebenenfalls vereinbarten Stelle am benannten Ort zu liefern oder bereits so gelieferte Ware zu beschaffen.

Der Verkäufer muss die Ware
1. am vereinbarten Tag oder
2. zu dem innerhalb der vereinbarten Lieferfrist liegenden Termin, der vom Käufer gemäß B10(b) mitgeteilt wurde, oder,
3. wenn ein derartiger Termin nicht mitgeteilt wurde, zum Ende der vereinbarten Frist liefern.

Die Lieferung ist abgeschlossen,

a) falls der benannte Ort auf dem Gelände des Verkäufers liegt; sobald die Ware auf das vom Käufer bereitgestellte Beförderungsmittel verladen worden ist; oder

b) in allen anderen Fällen, wenn die Ware dem Frachtführer oder einer anderen vom Käufer benannten Person auf dem Beförderungsmittel des Verkäufers entladebereit zur Verfügung gestellt wird.

Wenn der Käufer am benannten Lieferort keine bestimmte Stelle gemäß B10(d) mitgeteilt hat und mehrere Stellen in Betracht kommen, kann der Verkäufer jene Stelle auswählen, die für den betreffenden Zweck am besten geeignet ist.

CPT (Frachtfrei)

Der Verkäufer hat die Ware zu liefern, indem er sie an den gemäß A4 beauftragten Frachtführer übergibt oder indem er die so gelieferte Ware beschafft. In jedem Fall muss der Verkäufer die Ware zum vereinbarten Termin oder innerhalb der vereinbarten Frist liefern.

CIP (Frachtfrei versichert)

Der Verkäufer hat die Ware zu liefern, indem er sie an den gemäß A4 beauftragten Frachtführer übergibt oder indem er die so gelieferte Ware beschafft. In jedem Fall muss der Verkäufer die Ware zum vereinbarten Termin oder innerhalb der vereinbarten Frist liefern.

DAP (Geliefert benannter Ort)

Der Verkäufer muss die Ware liefern, indem er sie dem Käufer auf dem ankommenden Beförderungsmittel entladebereit an der ggf. benannten Stelle oder am benannten Bestimmungsort zur Verfügung stellt oder die so gelieferte Ware beschafft. In jedem Fall muss der Verkäufer die Ware zum vereinbarten Termin oder innerhalb der vereinbarten Frist liefern.

DPU (Geliefert benannter Ort entladen)

Der Verkäufer muss die Ware vom ankommenden Beförderungsmittel entladen und dann liefern, indem er sie an der ggf. benannten Stelle oder am benannten Bestimmungsort dem Käufer zur Verfügung stellt oder die so gelieferte Ware beschafft. In jedem Fall muss der Verkäufer die Ware zum vereinbarten Termin oder innerhalb der vereinbarten Frist liefern.

DDP (Geliefert verzollt)

Der Verkäufer muss die Ware liefern, indem er sie dem Käufer auf dem ankommenden Beförderungsmittel entladebereit an der ggf. benannten Stelle oder am benannten Bestimmungsort zur Verfügung stellt oder die so gelieferte Ware beschafft. In jedem Fall muss der Verkäufer die Ware zum vereinbarten Termin oder innerhalb der vereinbarten Frist liefern.

FAS (Frei Längsseite Schiff)

Der Verkäufer muss die Ware liefern, indem er sie längsseits des vom Käufer benannten Schiffs an der gegebenenfalls vom Käufer bestimmten Ladestelle im benannten Verschiffungshafen verbringt oder die so gelieferte Ware beschafft.
Der Verkäufer muss die Ware
1. am vereinbarten Tag; oder
2. zu dem innerhalb des vereinbarten Zeitraums liegenden Zeit punkt, der vom Käufer gemäß B10 mitgeteilt wurde; oder,
3. wenn ein derartiger Zeitpunkt nicht mitgeteilt wurde, zum Ende des vereinbarten Zeitraums; und
4. in der im Hafen üblichen Weise liefern.

Falls keine bestimmte Ladestelle durch den Käufer angegeben worden ist, kann der Verkäufer die für den Zweck am besten geeignete Stelle innerhalb des benannten Verschiffungshafens auswählen.

FOB (Frei an Bord)

Der Verkäufer muss die Ware liefern, indem er sie an Bord des vom Käufer benannten Schiffs an der gegebenenfalls vom Käufer bestimmten Ladestelle im benannten Verschiffungshafen verbringt oder die bereits so gelieferte Ware beschafft.
Der Verkäufer muss die Ware
1. am vereinbarten Tag: oder
2. zu dem innerhalb des vereinbarten Zeitraums liegenden Zeit punkt, der vom Käufer gemäß B10 mitgeteilt wurde; oder,
3. wenn ein derartiger Zeitpunkt nicht mitgeteilt wurde, zum Ende des vereinbarten Zeitraums; und
4. in der im Hafen üblichen Weise liefern.

Falls keine bestimmte Ladestelle durch den Käufer angegeben worden ist, kann der Verkäufer die für den Zweck am besten geeignete Stelle innerhalb des benannten Verschiffungshafens auswählen.

CFR (Kosten und Fracht)

Der Verkäufer hat die Ware zu liefern, entweder, indem er sie an Bord des Schiffs verbringt oder die so gelieferte Ware beschafft. In beiden Fällen hat der Verkäufer die Ware zum vereinbarten Zeitpunkt oder innerhalb des vereinbarten Zeitraums und in der im Hafen üblichen Weise zu liefern.

CIF (Kosten, Versicherung und Fracht)

Der Verkäufer hat die Ware zu liefern, entweder, indem er sie an Bord des Schiffs verbringt oder die so gelieferte Ware beschafft. In beiden Fällen hat der Verkäufer die Ware zum vereinbarten Zeitpunkt oder innerhalb des vereinbarten Zeitraums und in der im Hafen üblichen Weise zu liefern.

B2. LIEFERUNG/ÜBERNAHME

EXW (Ab Werk)
Der Käufer muss die Ware übernehmen, wenn sie gemäß A2 geliefert wurde und eine entsprechende Benachrichtigung gemäß A10 ergangen ist.

FCA (Frei Frachtführer)
Der Käufer muss die Ware übernehmen, wenn sie gemäß A2 geliefert wurde.

CPT (Frachtfrei)
Der Käufer muss die gemäß A2 gelieferte Ware übernehmen und am benannten Bestimmungsort oder ggf. an der an diesem Ort vereinbarten Stelle vom Frachtführer entgegennehmen.

CIP (Frachtfrei versichert)
Der Käufer muss die gemäß A2 gelieferte Ware übernehmen und am benannten Bestimmungsort oder ggf. an der an diesem Ort vereinbarten Stelle vom Frachtführer entgegennehmen.

DAP (Geliefert benannter Ort)
Der Käufer muss die Ware übernehmen, wenn sie gemäß A2 geliefert wurde.

DPU (Geliefert benannter Ort entladen)
Der Käufer muss die Ware übernehmen, wenn sie gemäß A2 geliefert wurde.

DDP (Geliefert verzollt)
Der Käufer muss die Ware übernehmen, wenn sie gemäß A2 geliefert wurde.

FAS (Frei Längsseite Schiff)
Der Käufer muss die Ware übernehmen, wenn sie gemäß A2 geliefert wurde.

FOB (Frei an Bord)
Der Käufer muss die Ware übernehmen, wenn sie gemäß A2 geliefert wurde.

CFR (Kosten und Fracht)
Der Käufer muss die gemäß A2 gelieferte Ware übernehmen und von dem Frachtführer im benannten Bestimmungshafen entgegennehmen.

CIF (Kosten, Versicherung und Fracht)
Der Käufer muss die gemäß A2 gelieferte Ware übernehmen und von dem Frachtführer im benannten Bestimmungshafen entgegennehmen.

A3. GEFAHRÜBERGANG

EXW (Ab Werk)
Der Verkäufer trägt bis zur Lieferung gemäß A2 alle Gefahren des Verlusts oder der Beschädigung der Ware, mit Ausnahme von Verlust oder Beschädigung unter den in B3 beschriebenen Umständen.

FCA (Frei Frachtführer)
Der Verkäufer trägt bis zur Lieferung gemäß A2 alle Gefahren des Verlusts oder der Beschädigung der Ware, mit Ausnahme von Verlust oder Beschädigung unter den in B3 beschriebenen Umständen.

(6) Incoterms 2020 Alle Klauseln

CPT (Frachtfrei)
Der Verkäufer trägt bis zur Lieferung gemäß A2 alle Gefahren des Verlusts oder der Beschädigung der Ware, mit Ausnahme von Verlust oder Beschädigung unter den in B3 beschriebenen Umständen.

CIP (Frachtfrei versichert)
Der Verkäufer trägt bis zur Lieferung gemäß A2 alle Gefahren des Verlusts oder der Beschädigung der Ware, mit Ausnahme von Verlust oder Beschädigung unter den in B3 beschriebenen Umständen.

DAP (Geliefert benannter Ort)
Der Verkäufer trägt bis zur Lieferung gemäß A2 alle Gefahren des Verlusts oder der Beschädigung der Ware, mit Ausnahme von Verlust oder Beschädigung unter den in B3 beschriebenen Umständen.

DPU (Geliefert benannter Ort entladen)
Der Verkäufer trägt bis zur Lieferung gemäß A2 alle Gefahren des Verlusts oder der Beschädigung der Ware, mit Ausnahme von Verlust oder Beschädigung unter den in B3 beschriebenen Umständen.

DDP (Geliefert verzollt)
Der Verkäufer trägt bis zur Lieferung gemäß A2 alle Gefahren des Verlusts oder der Beschädigung der Ware, mit Ausnahme von Verlust oder Beschädigung unter den in B3 beschriebenen Umständen.

FAS (Frei Längsseite Schiff)
Der Verkäufer trägt bis zur Lieferung gemäß A2 alle Gefahren des Verlusts oder der Beschädigung der Ware, mit Ausnahme von Verlust oder Beschädigung unter den in B3 beschriebenen Umständen.

FOB (Frei an Bord)
Der Verkäufer trägt bis zur Lieferung gemäß A2 alle Gefahren des Verlusts oder der Beschädigung der Ware, mit Ausnahme von Verlust oder Beschädigung unter den in B3 beschriebenen Umständen.

CFR (Kosten und Fracht)
Der Verkäufer trägt bis zur Lieferung gemäß A2 alle Gefahren des Verlusts oder der Beschädigung der Ware, mit Ausnahme von Verlust oder Beschädigung unter den in B3 beschriebenen Umständen.

CIF (Kosten, Versicherung und Fracht)
Der Verkäufer trägt bis zur Lieferung gemäß A2 alle Gefahren des Verlusts oder der Beschädigung der Ware, mit Ausnahme von Verlust oder Beschädigung unter den in B3 beschriebenen Umständen.

B3. GEFAHRÜBERGANG
EXW (Ab Werk)
Der Käufer trägt ab dem Zeitpunkt der Lieferung gemäß A2 alle Gefahren des Verlusts oder der Beschädigung der Ware.

Falls der Käufer keine Benachrichtigung gemäß B10 erteilt, trägt der Käufer alle Gefahren des Verlusts oder der Beschädigung der Ware ab dem vereinbarten Lieferzeitpunkt oder nach dem Ende des vereinbarten Lieferzeitraums, vorausgesetzt, die Ware wurde eindeutig als die vertragliche Ware kenntlich gemacht.

IV. AGB und Incoterms 2020 Alle Klauseln **Incoterms 2020 (6)**

FCA (Frei Frachtführer)
Der Käufer trägt ab dem Zeitpunkt der Lieferung gemäß A2 alle Gefahren des Verlusts oder der Beschädigung der Ware.
Falls
a) der Käufer es versäumt, einen Frachtführer oder eine andere Person gemäß A2 zu benennen oder eine Benachrichtigung gemäß B10 zu erteilen; oder
b) der Frachtführer oder die vom Käufer gemäß B10(a) benannte Person es versäumt, die Ware zu übernehmen, trägt der Käufer alle Gefahren des Verlusts oder der Beschädigung der Ware:
    (i) ab dem vereinbarten Zeitpunkt oder, wenn kein bestimmter Zeitpunkt vereinbart wurde,
    (ii) ab dem vom Käufer gemäß B10(b) ausgewählten Zeitpunkt; oder, falls ein solcher Zeitpunkt nicht mitgeteilt wurde,
    (iii) ab dem Ende des jeweils vereinbarten Lieferzeitraums,
vorausgesetzt, die Ware wurde eindeutig als die vertragliche Ware kenntlich gemacht.

CPT (Frachtfrei)
Der Käufer trägt ab dem Zeitpunkt der Lieferung gemäß A2 alle Gefahren des Verlusts oder der Beschädigung der Ware.
Falls der Käufer keine Benachrichtigung gemäß B10 erteilt, trägt der Käufer alle Gefahren des Verlusts oder der Beschädigung der Ware ab dem vereinbarten Lieferzeitpunkt oder nach dem Ende des vereinbarten Lieferzeitraums, vorausgesetzt, die Ware wurde eindeutig als die vertragliche Ware kenntlich gemacht.

CIP (Frachtfrei versichert)
Der Käufer trägt ab dem Zeitpunkt der Lieferung gemäß A2 alle Gefahren des Verlusts oder der Beschädigung der Ware.
Falls der Käufer keine Benachrichtigung gemäß B10 erteilt, trägt der Käufer alle Gefahren des Verlusts oder der Beschädigung der Ware ab dem vereinbarten Lieferzeitpunkt oder nach dem Ende des vereinbarten Lieferzeitraums, vorausgesetzt, die Ware wurde eindeutig als die vertragliche Ware kenntlich gemacht.

DAP (Geliefert benannter Ort)
Der Käufer trägt ab dem Zeitpunkt der Lieferung gemäß A2 alle Gefahren des Verlusts oder der Beschädigung der Ware.
Falls
a) der Käufer seine Verpflichtungen gemäß B7 nicht erfüllt, trägt er alle daraus resultierenden Gefahren des Verlusts oder der Beschädigung der Ware; oder
b) der Käufer es versäumt, eine Benachrichtigung gemäß B10 zu erteilen, trägt er alle Gefahren des Verlusts oder der Beschädigung der Ware ab dem vereinbarten Lieferzeitpunkt oder ab dem Ende des vereinbarten Lieferzeitraums,
vorausgesetzt, die Ware wurde eindeutig als die vertragliche Ware kenntlich gemacht.

DPU (Geliefert benannter Ort entladen)
Der Käufer trägt ab dem Zeitpunkt der Lieferung gemäß A2 alle Gefahren des Verlusts oder der Beschädigung der Ware.
Falls
a) der Käufer seine Verpflichtungen gemäß B7 nicht erfüllt, trägt er alle daraus resultierenden Gefahren des Verlusts oder der Beschädigung der Ware; oder
b) der Käufer es versäumt, eine Benachrichtigung gemäß B10 zu erteilen, trägt er alle Gefahren des Verlusts oder der Beschädigung der Ware ab dem vereinbarten Lieferzeitpunkt oder ab dem Ende des vereinbarten Lieferzeitraums,

(6) Incoterms 2020 Alle Klauseln

vorausgesetzt, die Ware wurde eindeutig als die vertragliche Ware kenntlich gemacht.

DDP (Geliefert verzollt)

Der Käufer trägt ab dem Zeitpunkt der Lieferung gemäß A2 alle Gefahren des Verlusts oder der Beschädigung der Ware.

Falls

a) der Käufer seine Verpflichtungen gemäß B7 nicht erfüllt, trägt er alle daraus resultierenden Gefahren des Verlusts oder der Beschädigung der Ware; oder
b) der Käufer es versäumt, eine Benachrichtigung gemäß B10 zu erteilen, trägt er alle Gefahren des Verlusts oder der Beschädigung der Ware ab dem vereinbarten Lieferzeitpunkt oder ab dem Ende des vereinbarten Lieferzeitraums,

vorausgesetzt, die Ware wurde eindeutig als die vertragliche Ware kenntlich gemacht.

FAS (Frei Längsseite Schiff)

Der Käufer trägt ab dem Zeitpunkt der Lieferung gemäß A2 alle Gefahren des Verlusts oder der Beschädigung der Ware.

Falls

a) der Käufer es versäumt, eine Benachrichtigung gemäß B10 zu erteilen; oder
b) das vom Käufer benannte Schiff nicht rechtzeitig eintrifft, um es dem Verkäufer zu ermöglichen, seine Pflichten entsprechend A2 zu erfüllen, oder das Schiff die Ware nicht übernimmt bzw. schon vor dem gemäß B10 mitgeteilten Zeitpunkt keine Ladung mehr annimmt;
dann trägt der Käufer alle Gefahren des Verlusts oder der Beschädigung der Ware
  (i) ab dem vereinbarten Zeitpunkt oder, wenn kein bestimmter Zeitpunkt vereinbart wurde,
  (ii) ab dem vom Käufer gemäß B10 ausgewählten Zeitpunkt oder, falls ein solcher Zeitpunkt nicht mitgeteilt wurde,
  (iii) ab dem Ende des jeweils vereinbarten Lieferzeitraums,
vorausgesetzt, die Ware wurde eindeutig als die vertragliche Ware kenntlich gemacht.

FOB (Frei an Bord)

Der Käufer trägt ab dem Zeitpunkt der Lieferung gemäß A2 alle Gefahren des Verlusts oder der Beschädigung der Ware.

Falls

a) der Käufer es versäumt, eine Benachrichtigung gemäß B10 zu erteilen; oder
b) das vom Käufer benannte Schiff nicht rechtzeitig eintrifft, um es dem Verkäufer zu ermöglichen, seine Pflichten entsprechend A2 zu erfüllen, oder das Schiff die Ware nicht übernimmt bzw. schon vor dem gemäß B10 mitgeteilten Zeitpunkt keine Ladung mehr annimmt; dann trägt der Käufer alle Gefahren des Verlusts oder der Beschädigung der Ware:
  (i) ab dem vereinbarten Zeitpunkt oder, wenn kein bestimmter Zeitpunkt vereinbart wurde,
  (ii) ab dem vom Käufer gemäß B10 ausgewählten Zeitpunkt oder, falls ein solcher Zeitpunkt nicht mitgeteilt wurde,
  (iii) ab dem Ende des jeweils vereinbarten Lieferzeitraums,
vorausgesetzt, die Ware wurde eindeutig als die vertragliche Ware kenntlich gemacht.

CFR (Kosten und Fracht)

Der Käufer trägt ab dem Zeitpunkt der Lieferung gemäß A2 alle Gefahren des Verlusts oder der Beschädigung der Ware.

Falls der Käufer es versäumt, eine Benachrichtigung gemäß B10 zu erteilen, trägt er alle Gefahren des Verlusts oder der Beschädigung der Ware ab dem für die Verschiffung vereinbarten Zeitpunkt oder ab dem Ende der hierfür vereinbarten Frist, vorausgesetzt, die Ware ist eindeutig als die vertragliche Ware kenntlich gemacht worden.

CIF (Kosten, Versicherung und Fracht)

Der Käufer trägt ab dem Zeitpunkt der Lieferung gemäß A2 alle Gefahren des Verlusts oder der Beschädigung der Ware.

Falls der Käufer es versäumt, eine Benachrichtigung gemäß B10 zu erteilen, trägt er alle Gefahren des Verlusts oder der Beschädigung der Ware ab dem für die Verschiffung vereinbarten Zeitpunkt oder ab dem Ende der hierfür vereinbarten Frist, vorausgesetzt, die Ware ist eindeutig als die vertragliche Ware kenntlich gemacht worden.

A4. TRANSPORT

EXW (Ab Werk)

Der Verkäufer hat gegenüber dem Käufer keine Verpflichtung, einen Beförderungsvertrag abzuschließen.

Jedoch muss der Verkäufer dem Käufer auf dessen Verlangen, Gefahr und Kosten jeweils im Besitz des Verkäufers befindliche Informationen zur Verfügung stellen, einschließlich transportbezogener Sicherheitsanforderungen, die der Käufer für die Organisation des Transports benötigt.

FCA (Frei Frachtführer)

Der Verkäufer hat gegenüber dem Käufer keine Verpflichtung, einen Beförderungsvertrag abzuschließen. Jedoch muss der Verkäufer dem Käufer auf dessen Verlangen, Gefahr und Kosten jeweils im Besitz des Verkäufers befindliche Informationen zur Verfügung stellen, einschließlich transportbezogener Sicherheitsanforderungen, die der Käufer für die Organisation des Transports benötigt. Bei entsprechender Vereinbarung muss der Verkäufer einen Beförderungsvertrag zu den üblichen Bedingungen auf Gefahr und Kosten des Käufers abschließen.

Der Verkäufer muss alle transportbezogenen Sicherheitsanforderungen bis zur Lieferung erfüllen.

CPT (Frachtfrei)

Der Verkäufer hat für die Ware einen Beförderungsvertrag von der gegebenenfalls vereinbarten Lieferstelle am Lieferort bis zum benannten Bestimmungsort oder einer gegebenenfalls vereinbarten Stelle an diesem Ort abzuschließen oder zu beschaffen. Der Beförderungsvertrag ist zu den üblichen Bedingungen auf Kosten des Verkäufers abzuschließen und hat die Beförderung auf der üblichen Route in der üblichen Weise und mit einem Transportmittel der Bauart zu gewährleisten, die normalerweise für den Transport der verkauften Warenart verwendet wird. Ist keine bestimmte Stelle vereinbart und ergibt sie sich auch nicht aus der Handelspraxis, kann der Verkäufer die Stelle am Lieferort und am benannten Bestimmungsort auswählen, die für den Zweck am besten geeignet ist.

Der Verkäufer muss alle transportbezogenen Sicherheitsanforderungen für die Beförderung der Waren bis zum Bestimmungsort erfüllen.

CIP (Frachtfrei versichert)

Der Verkäufer hat für die Ware einen Beförderungsvertrag von der gegebenenfalls vereinbarten Lieferstelle am Lieferort bis zum benannten Bestimmungsort oder einer gegebenenfalls vereinbarten Stelle an diesem Ort abzuschließen oder zu beschaffen. Der Beförderungsvertrag ist zu den üblichen Bedingungen auf Kosten des Verkäufers

(6) Incoterms 2020

abzuschließen und hat die Beförderung auf der üblichen Route in der üblichen Weise und mit einem Transportmittel der Bauart zu gewährleisten, die normalerweise für den Transport der verkauften Warenart verwendet wird. Ist keine bestimmte Stelle vereinbart und ergibt sie sich auch nicht aus der Handelspraxis, kann der Verkäufer die Stelle am Lieferort und am benannten Bestimmungsort auswählen, die für den Zweck am besten geeignet ist.

Der Verkäufer muss alle transportbezogenen Sicherheitsanforderungen für die Beförderung der Waren bis zum Bestimmungsort erfüllen.

DAP (Geliefert benannter Ort)

Der Verkäufer muss auf eigene Kosten den Transport der Ware bis zum benannten Bestimmungsort oder zu der gegebenenfalls vereinbarten Stelle am benannten Bestimmungsort vertraglich beauftragen oder organisieren. Ist keine genaue Stelle vereinbart oder ergibt sie sich nicht aus der Handelspraxis, kann der Verkäufer eine beliebige Stelle am benannten Bestimmungsort auswählen, die für den Zweck am besten geeignet ist.

Der Verkäufer muss alle transportbezogenen Sicherheitsanforderungen für die Beförderung der Waren bis zum Bestimmungsort erfüllen.

DPU (Geliefert benannter Ort entladen)

Der Verkäufer muss auf eigene Kosten den Transport der Ware bis zum benannten Bestimmungsort oder zu der gegebenenfalls vereinbarten Stelle am benannten Bestimmungsort vertraglich beauftragen oder organisieren. Ist keine genaue Stelle vereinbart oder ergibt sie sich nicht aus der Handelspraxis, kann der Verkäufer eine beliebige Stelle am benannten Bestimmungsort auswählen, die für den Zweck am besten geeignet ist.

Der Verkäufer muss alle transportbezogenen Sicherheitsanforderungen für die Beförderung der Waren bis zum Bestimmungsort erfüllen.

DDP (Geliefert verzollt)

Der Verkäufer muss auf eigene Kosten den Transport der Ware bis zum benannten Bestimmungsort oder zu der gegebenenfalls vereinbarten Stelle am benannten Bestimmungsort vertraglich beauftragen oder organisieren. Ist keine genaue Stelle vereinbart oder ergibt sie sich nicht aus der Handelspraxis, kann der Verkäufer eine beliebige Stelle am benannten Bestimmungsort auswählen, die für den Zweck am besten geeignet ist.

Der Verkäufer muss alle transportbezogenen Sicherheitsanforderungen für die Beförderung der Waren bis zum Bestimmungsort erfüllen.

FAS (Frei Längsseite Schiff)

Der Verkäufer hat gegenüber dem Käufer keine Verpflichtung, einen Beförderungsvertrag abzuschließen. Jedoch muss der Verkäufer dem Käufer auf dessen Verlangen, Gefahr und Kosten jeweils im Besitz des Verkäufers befindliche Informationen zur Verfügung stellen, einschließlich transportbezogener Sicherheitsanforderungen, die der Käufer für die Organisation des Transports benötigt. Bei entsprechender Vereinbarung muss der Verkäufer einen Beförderungsvertrag zu den üblichen Bedingungen auf Gefahr und Kosten des Käufers abschließen.

Der Verkäufer muss alle transportbezogenen Sicherheitsanforderungen bis zur Lieferung erfüllen.

FOB (Frei an Bord)

Der Verkäufer hat gegenüber dem Käufer keine Verpflichtung, einen Beförderungsvertrag abzuschließen. Jedoch muss der Verkäufer dem Käufer auf dessen Verlangen, Gefahr und Kosten jeweils im Besitz des Verkäufers befindliche Informationen zur Verfügung stellen, einschließlich transportbezogener Sicherheitsanforderungen, die der

IV. AGB und Incoterms 2020   **Alle Klauseln**   Incoterms 2020 (6)

Käufer für die Organisation des Transports benötigt. Bei entsprechender Vereinbarung muss der Verkäufer einen Beförderungsvertrag zu den üblichen Bedingungen auf Gefahr und Kosten des Käufers abschließen.

Der Verkäufer muss alle transportbezogenen Sicherheitsanforderungen bis zur Lieferung erfüllen.

CFR (Kosten und Fracht)

Der Verkäufer muss einen Vertrag über die Beförderung der Ware von der gegebenenfalls vereinbarten Lieferstelle am Lieferort bis zum benannten Bestimmungshafen oder einer gegebenenfalls vereinbarten Stelle in diesem Hafen abschließen oder beschaffen. Der Beförderungsvertrag ist zu den üblichen Bedingungen auf Kosten des Verkäufers abzuschließen und hat die Beförderung auf der üblichen Route mit einem Schiff der Bauart zu gewährleisten, die normalerweise für den Transport der verkauften Warenart verwendet wird.

Der Verkäufer muss alle transportbezogenen Sicherheitsanforderungen für die Beförderung der Waren bis zum Bestimmungsort erfüllen.

CIF (Kosten, Versicherung und Fracht)

Der Verkäufer muss einen Vertrag über die Beförderung der Ware von der gegebenenfalls vereinbarten Lieferstelle am Lieferort bis zum benannten Bestimmungshafen oder einer gegebenenfalls vereinbarten Stelle in diesem Hafen abschließen oder beschaffen. Der Beförderungsvertrag ist zu den üblichen Bedingungen auf Kosten des Verkäufers abzuschließen und hat die Beförderung auf der üblichen Route mit einem Schiff der Bauart zu gewährleisten, die normalerweise für den Transport der verkauften Warenart verwendet wird.

Der Verkäufer muss alle transportbezogenen Sicherheitsanforderungen für die Beförderung der Waren bis zum Bestimmungsort erfüllen.

B4. TRANSPORT
EXW (Ab Werk)

Es ist dem Käufer überlassen, auf eigene Kosten einen Vertrag über die Beförderung der Ware vom benannten Lieferort abzuschließen oder zu organisieren.

FCA (Frei Frachtführer)

Der Käufer muss auf eigene Kosten einen Vertrag über die Beförderung der Ware vom benannten Lieferort schließen oder den Warentransport organisieren, es sei denn, der Beförderungsvertrag wird vom Verkäufer, wie in A4 geregelt, abgeschlossen.

CPT (Frachtfrei)

Der Käufer hat gegenüber dem Verkäufer keine Verpflichtung, einen Beförderungsvertrag abzuschließen.

CIP (Frachtfrei versichert)

Der Käufer hat gegenüber dem Verkäufer keine Verpflichtung, einen Beförderungsvertrag abzuschließen.

DAP (Geliefert benannter Ort)

Der Käufer hat gegenüber dem Verkäufer keine Verpflichtung, einen Beförderungsvertrag abzuschließen.

DPU (Geliefert benannter Ort entladen)

Der Käufer hat gegenüber dem Verkäufer keine Verpflichtung, einen Beförderungsvertrag abzuschließen.

(6) Incoterms 2020 Alle Klauseln

DDP (Geliefert verzollt)
Der Käufer hat gegenüber dem Verkäufer keine Verpflichtung, einen Beförderungsvertrag abzuschließen.

FAS (Frei Längsseite Schiff)
Der Käufer hat auf eigene Kosten den Vertrag über die Beförderung der Ware vom benannten Verschiffungshafen abzuschließen, sofern der Beförderungsvertrag nicht vom Verkäufer gemäß der Regelung in A4 abgeschlossen wurde.

FOB (Frei an Bord)
Der Käufer hat auf eigene Kosten den Vertrag über die Beförderung der Ware vom benannten Verschiffungshafen abzuschließen, sofern der Beförderungsvertrag nicht vom Verkäufer gemäß der Regelung in A4 abgeschlossen wurde.

CFR (Kosten und Fracht)
Der Käufer hat gegenüber dem Verkäufer keine Verpflichtung, einen Beförderungsvertrag abzuschließen.

CIF (Kosten, Versicherung und Fracht)
Der Käufer hat gegenüber dem Verkäufer keine Verpflichtung, einen Beförderungsvertrag abzuschließen.

A5. VERSICHERUNG

EXW (Ab Werk)
Der Verkäufer hat gegenüber dem Käufer keine Verpflichtung, einen Versicherungsvertrag abzuschließen. Jedoch muss der Verkäufer dem Käufer auf dessen Verlangen, Gefahr und Kosten jeweils im Besitz des Verkäufers befindliche Informationen zur Verfügung stellen, welche der Käufer zur Erlangung des Versicherungsschutzes benötigt.

FCA (Frei Frachtführer)
Der Verkäufer hat gegenüber dem Käufer keine Verpflichtung, einen Versicherungsvertrag abzuschließen. Jedoch muss der Verkäufer dem Käufer auf dessen Verlangen, Gefahr und Kosten jeweils im Besitz des Verkäufers befindliche Informationen zur Verfügung stellen, welche der Käufer zur Erlangung des Versicherungsschutzes benötigt.

CPT (Frachtfrei)
Der Verkäufer hat gegenüber dem Käufer keine Verpflichtung, einen Versicherungsvertrag abzuschließen. Jedoch muss der Verkäufer dem Käufer auf dessen Verlangen, Gefahr und Kosten jeweils im Besitz des Verkäufers befindliche Informationen zur Verfügung stellen, welche der Käufer zur Erlangung des Versicherungsschutzes benötigt.

CIP (Frachtfrei versichert)
Sofern nicht anders vereinbart oder handelsüblich, hat der Verkäufer auf eigene Kosten eine Transportversicherung abzuschließen, die der vorgeschriebenen Deckungshöhe gemäß den Klauseln (A) der Institute Cargo Clauses (LMA/IUA) oder ähnlichen Klauseln entspricht, die den eingesetzten Transportmitteln angemessen sind. Die Versicherung ist bei Einzelversicherern oder Versicherungsgesellschaften mit einwandfreiem Leumund und muss den Käufer oder jede andere Person mit einem versicherbaren Interesse an der Ware berechtigen, Ansprüche direkt bei dem Versicherer geltend zu machen.

Der Verkäufer muss auf Verlangen und Kosten des Käufers, vorbehaltlich der durch den Käufer zur Verfügung zu stellenden, vom Verkäufer benötigten Informationen,

IV. AGB und Incoterms 2020   **Alle Klauseln**   Incoterms 2020 (6)

zusätzlichen Versicherungsschutz beschaffen, falls erhältlich, z. B. Deckung entsprechend den Institute War Clauses und/oder Institute Strikes Clauses (LMA/IUA) oder ähnlichen Klauseln (es sei denn, ein derartiger Versicherungsschutz ist bereits in der im vorhergehenden Absatz beschriebenen Transportversicherung inkludiert).

Die Versicherung muss zumindest den im Vertrag genannten Preis zuzüglich zehn Prozent (d. h. 110%) decken und in der Währung des Vertrags ausgestellt sein.

Der Versicherungsschutz für die Ware muss ab der in A2 festgelegten Lieferstelle mindestens bis zum benannten Bestimmungsort gelten.

Der Verkäufer muss dem Käufer die Versicherungspolice oder -urkunde bzw. einen sonstigen Nachweis über den Versicherungsschutz aushändigen.

Ferner hat der Verkäufer dem Käufer auf dessen Verlangen, Gefahr und Kosten jene Informationen zur Verfügung zu stellen, die der Käufer für den Abschluss etwaiger zusätzlicher Versicherungen benötigt.

DAP (Geliefert benannter Ort)

Der Verkäufer hat gegenüber dem Käufer keine Verpflichtung, einen Versicherungsvertrag abzuschließen.

DPU (Geliefert benannter Ort entladen)

Der Verkäufer hat gegenüber dem Käufer keine Verpflichtung, einen Versicherungsvertrag abzuschließen.

DDP (Geliefert verzollt)

Der Verkäufer hat gegenüber dem Käufer keine Verpflichtung, einen Versicherungsvertrag abzuschließen.

FAS (Frei Längsseite Schiff)

Der Verkäufer hat gegenüber dem Käufer keine Verpflichtung, einen Versicherungsvertrag abzuschließen. Jedoch muss der Verkäufer dem Käufer auf dessen Verlangen, Gefahr und Kosten jeweils im Besitz des Verkäufers befindliche Informationen zur Verfügung stellen, die der Käufer zur Erlangung des Versicherungsschutzes benötigt.

FOB (Frei an Bord)

Der Verkäufer hat gegenüber dem Käufer keine Verpflichtung, einen Versicherungsvertrag abzuschließen. Jedoch muss der Verkäufer dem Käufer auf dessen Verlangen, Gefahr und Kosten jeweils im Besitz des Verkäufers befindliche Informationen zur Verfügung stellen, die der Käufer zur Erlangung des Versicherungsschutzes benötigt.

CFR (Kosten und Fracht)

Der Verkäufer hat gegenüber dem Käufer keine Verpflichtung, einen Versicherungsvertrag abzuschließen. Jedoch muss der Verkäufer dem Käufer auf dessen Verlangen, Gefahr und Kosten jeweils im Besitz des Verkäufers befindliche Informationen zur Verfügung stellen, die der Käufer zur Erlangung des Versicherungsschutzes benötigt.

CIF (Kosten, Versicherung und Fracht)

Sofern nicht anders vereinbart oder handelsüblich, hat der Verkäufer auf eigene Kosten eine Transportversicherung abzuschließen, die der vorgeschriebenen Deckungshöhe gemäß den Klauseln (C) der Institute Cargo Clauses (LMA/IUA) oder ähnlichen Klauseln entspricht. Die Versicherung ist bei Einzelversicherern oder Versicherungsgesellschaften mit einwandfreiem Leumund abzuschließen und muss den Käufer oder jede andere Person mit einem versicherbaren Interesse an der Ware berechtigen, Ansprüche direkt bei dem Versicherer geltend zu machen.

(6) Incoterms 2020 Alle Klauseln

Der Verkäufer muss auf Verlangen und Kosten des Käufers, vorbehaltlich der durch den Käufer zur Verfügung zu stellenden, vom Verkäufer benötigten Informationen, zusätzlichen Versicherungsschutz beschaffen, falls erhältlich, z. B. Deckung entsprechend den Institute War Clauses und/oder Institute Strikes Clauses (LMA/IUA) oder ähnlichen Klauseln (es sei denn, ein derartiger Versicherungsschutz ist bereits in der im vorhergehenden Absatz beschriebenen Transportversicherung inkludiert).

Die Versicherung muss zumindest den im Vertrag genannten Preis zuzüglich zehn Prozent (d. h. 110%) decken und in der Währung des Vertrags ausgestellt sein.

Der Versicherungsschutz für die Ware muss ab der Lieferstelle, wie in A2 festgelegt, bis mindestens zum benannten Bestimmungshafen wirksam sein.

Der Verkäufer muss dem Käufer die Versicherungspolice oder -urkunde bzw. einen sonstigen Nachweis über den Versicherungsschutz aushändigen.

Ferner hat der Verkäufer dem Käufer auf dessen Verlangen, Gefahr und Kosten jene Informationen zur Verfügung zu stellen, die der Käufer für den Abschluss etwaiger zusätzlicher Versicherungen benötigt.

B5. VERSICHERUNG
EXW (Ab Werk)

Der Käufer hat gegenüber dem Verkäufer keine Verpflichtung, einen Versicherungsvertrag abzuschließen.

FCA (Frei Frachtführer)

Der Käufer hat gegenüber dem Verkäufer keine Verpflichtung, einen Versicherungsvertrag abzuschließen.

CPT (Frachtfrei)

Der Käufer hat gegenüber dem Verkäufer keine Verpflichtung, einen Versicherungsvertrag abzuschließen.

CIP (Frachtfrei versichert)

Der Käufer hat gegenüber dem Verkäufer keine Verpflichtung, einen Versicherungsvertrag abzuschließen. Allerdings muss der Käufer dem Verkäufer auf dessen Verlangen hin alle Informationen übermitteln, die zum Abschluss der vom Käufer gemäß A5 ggf. verlangten zusätzlichen Versicherung benötigt werden.

DAP (Geliefert benannter Ort)

Der Käufer hat gegenüber dem Verkäufer keine Verpflichtung, einen Versicherungsvertrag abzuschließen. Jedoch muss der Käufer dem Verkäufer auf dessen Verlangen, Gefahr und Kosten jeweils Informationen zur Verfügung stellen, die der Verkäufer zur Erlangung des Versicherungsschutzes benötigt.

DPU (Geliefert benannter Ort entladen)

Der Käufer hat gegenüber dem Verkäufer keine Verpflichtung, einen Versicherungsvertrag abzuschließen. Jedoch muss der Käufer dem Verkäufer auf dessen Verlangen, Gefahr und Kosten jeweils Informationen zur Verfügung stellen, die der Verkäufer zur Erlangung des Versicherungsschutzes benötigt.

DDP (Geliefert verzollt)

Der Käufer hat gegenüber dem Verkäufer keine Verpflichtung, einen Versicherungsvertrag abzuschließen. Jedoch muss der Käufer dem Verkäufer auf dessen Verlangen, Gefahr und Kosten jeweils Informationen zur Verfügung stellen, die der Verkäufer zur Erlangung des Versicherungsschutzes benötigt.

FAS (Frei Längsseite Schiff)
Der Käufer hat gegenüber dem Verkäufer keine Verpflichtung, einen Versicherungsvertrag abzuschließen.

FOB (Frei an Bord)
Der Käufer hat gegenüber dem Verkäufer keine Verpflichtung, einen Versicherungsvertrag abzuschließen.

CFR (Kosten und Fracht)
Der Käufer hat gegenüber dem Verkäufer keine Verpflichtung, einen Versicherungsvertrag abzuschließen.

CIF (Kosten, Versicherung und Fracht)
Der Käufer hat gegenüber dem Verkäufer keine Verpflichtung, einen Versicherungsvertrag abzuschließen. Allerdings muss der Käufer dem Verkäufer auf dessen Verlangen hin alle Informationen übermitteln, die zum Abschluss der vom Käufer gemäß A5 ggf. verlangten zusätzlichen Versicherung benötigt werden.

A6. LIEFER-/TRANSPORTDOKUMENT

EXW (Ab Werk)
Der Verkäufer hat gegenüber dem Käufer keine Verpflichtung.

FCA (Frei Frachtführer)
Der Verkäufer hat gegenüber dem Käufer auf eigene Kosten den üblichen Nachweis zu erbringen, dass die Ware gemäß A2 geliefert worden ist.

Der Verkäufer hat den Käufer auf dessen Verlangen, Gefahr und Kosten bei der Beschaffung eines Transportdokuments zu unterstützen.

Wenn der Käufer den Frachtführer angewiesen hat, dem Verkäufer ein Transportdokument gemäß B6 auszustellen, muss der Verkäufer dieses Dokument dem Käufer aushändigen.

CPT (Frachtfrei)
Falls handelsüblich oder falls der Käufer es verlangt, hat der Verkäufer auf eigene Kosten dem Käufer das oder die übliche(n) Transportdokument(e) für den gemäß A4 vertraglich vereinbarten Transport zur Verfügung zu stellen.

Dieses Transportdokument muss die vertragliche Ware erfassen und innerhalb der zur Versendung vereinbarten Frist datiert sein. Falls vereinbart oder handelsüblich, muss das Dokument den Käufer auch in die Lage versetzen, die Herausgabe der Ware bei dem Frachtführer am benannten Bestimmungsort einfordern zu können und es dem Käufer ermöglichen, die Ware während des Transports durch Übergabe des Dokuments an einen nachfolgenden Käufer oder durch Benachrichtigung an den Frachtführer zu verkaufen.

Wird ein solches Transportdokument als begebbares Dokument und in mehreren Originalen ausgestellt, muss dem Käufer ein vollständiger Satz von Originalen übergeben werden.

CIP (Frachtfrei versichert)
Falls handelsüblich oder falls der Käufer es verlangt, hat der Verkäufer auf eigene Kosten dem Käufer das oder die übliche(n) Transportdokument(e) für den gemäß A4 vertraglich vereinbarten Transport zur Verfügung zu stellen.

Dieses Transportdokument muss die vertragliche Ware erfassen und innerhalb der zur Versendung vereinbarten Frist datiert sein. Falls vereinbart oder handelsüblich, muss das Dokument den Käufer auch in die Lage versetzen, die Herausgabe der Ware bei dem Frachtführer am benannten Bestimmungsort einfordern zu können und es dem Käufer ermöglichen, die Ware während des Transports durch Übergabe des Dokuments an einen nachfolgenden Käufer oder durch Benachrichtigung an den Frachtführer zu verkaufen.

Wird ein solches Transportdokument als begebbares Dokument und in mehreren Originalen ausgestellt, muss dem Käufer ein vollständiger Satz von Originalen übergeben werden.

DAP (Geliefert benannter Ort)

Der Verkäufer hat auf eigene Kosten alle erforderlichen Dokumente dem Käufer zur Verfügung zu stellen, die dem Käufer die Übernahme der Ware ermöglichen.

DPU (Geliefert benannter Ort entladen)

Der Verkäufer hat dem Käufer auf eigene Kosten alle erforderlichen Dokumente zur Verfügung zu stellen, die dem Käufer die Übernahme der Ware ermöglichen.

DDP (Geliefert verzollt)

Der Verkäufer hat dem Käufer auf eigene Kosten alle erforderlichen Dokumente zur Verfügung zu stellen, die dem Käufer die Übernahme der Ware ermöglichen.

FAS (Frei Längsseite Schiff)

Der Verkäufer hat gegenüber dem Käufer auf eigene Kosten den üblichen Nachweis zu erbringen, dass die Ware gemäß A2 geliefert worden ist.

Sofern es sich bei einem solchen Nachweis nicht um ein Transportdokument handelt, hat der Verkäufer den Käufer auf dessen Verlangen, Gefahr und Kosten bei der Beschaffung eines Transportdokuments zu unterstützen.

FOB (Frei an Bord)

Der Verkäufer hat gegenüber dem Käufer auf eigene Kosten den üblichen Nachweis zu erbringen, dass die Ware gemäß A2 geliefert worden ist.

Sofern es sich bei einem solchen Nachweis nicht um ein Transportdokument handelt, hat der Verkäufer den Käufer auf dessen Verlangen, Gefahr und Kosten bei der Beschaffung eines Transportdokuments zu unterstützen.

CFR (Kosten und Fracht)

Der Verkäufer hat dem Käufer auf eigene Kosten das übliche Transportdokument für den vereinbarten Bestimmungshafen zur Verfügung zu stellen.

Dieses Transportdokument muss über die vertragliche Ware lauten, ein innerhalb der für die Verschiffung vereinbarten Frist liegendes Datum tragen, den Käufer berechtigen, die Herausgabe der Ware im Bestimmungshafen von dem Frachtführer zu verlangen und, sofern nichts anderes vereinbart wurde, es dem Käufer ermöglichen, die Ware während des Transports an einen nachfolgenden Käufer durch Übertragung des Dokuments oder durch Mitteilung an den Frachtführer zu verkaufen.

Wird ein solches Transportdokument als begebbares Dokument und in mehreren Originalen ausgestellt, muss dem Käufer ein vollständiger Satz von Originalen übergeben werden.

CIF (Kosten, Versicherung und Fracht)

Der Verkäufer hat dem Käufer auf eigene Kosten das übliche Transportdokument für den vereinbarten Bestimmungshafen zur Verfügung zu stellen.

Dieses Transportdokument muss über die vertragliche Ware lauten, ein innerhalb der für die Verschiffung vereinbarten Frist liegendes Datum tragen, den Käufer berechtigen, die Herausgabe der Ware im Bestimmungshafen von dem Frachtführer zu verlangen und, sofern nichts anderes vereinbart wurde, es dem Käufer ermöglichen, die Ware während des Transports an einen nachfolgenden Käufer durch Übertragung des Dokuments oder durch Mitteilung an den Frachtführer zu verkaufen.

IV. AGB und Incoterms 2020 **Alle Klauseln** Incoterms 2020 (6)

Wird ein solches Transportdokument als begebbares Dokument und in mehreren Originalen ausgestellt, muss dem Käufer ein vollständiger Satz von Originalen übergeben werden.

B6. LIEFERUNG/TRANSPORTDOKUMENT
EXW (Ab Werk)
Der Käufer muss dem Verkäufer einen hinreichenden Nachweis der Warenübernahme zur Verfügung stellen.

FCA (Frei Frachtführer)
Der Käufer muss den Nachweis über eine erfolgte Lieferung der Ware gemäß A2 annehmen.

Bei entsprechender Vereinbarung der Parteien muss der Käufer seinen Frachtführer anweisen, dem Verkäufer auf Kosten und Gefahr des Käufers ein Transportdokument auszustellen, aus dem hervorgeht, dass die Ware verladen wurde (z. B. ein Konnossement mit An-Bord-Vermerk).

CPT (Frachtfrei)
Der Käufer hat das gemäß A6 zur Verfügung gestellte Transportdokument anzunehmen, wenn es mit dem Vertrag übereinstimmt.

CIP (Frachtfrei versichert)
Der Käufer hat das gemäß A6 zur Verfügung gestellte Transportdokument anzunehmen, wenn es mit dem Vertrag übereinstimmt.

DAP (Geliefert benannter Ort)
Der Käufer muss das gemäß A6 zur Verfügung gestellte Dokument annehmen.

DPU (Geliefert benannter Ort entladen)
Der Käufer muss das gemäß A6 zur Verfügung gestellte Dokument annehmen.

DDP (Geliefert verzollt)
Der Käufer muss das gemäß A6 zur Verfügung gestellte Dokument annehmen.

FAS (Frei Längsseite Schiff)
Der Käufer muss den gemäß A6 bereitgestellten Liefernachweis annehmen.

FOB (Frei an Bord)
Der Käufer muss den gemäß A6 bereitgestellten Liefernachweis annehmen.

CFR (Kosten und Fracht)
Der Käufer hat das gemäß A6 zur Verfügung gestellte Transportdokument anzunehmen, wenn es mit dem Vertrag übereinstimmt.

CIF (Kosten, Versicherung und Fracht)
Der Käufer hat das gemäß A6 zur Verfügung gestellte Transportdokument anzunehmen, wenn es mit dem Vertrag übereinstimmt.

A7. AUSFUHR-/EINFUHRABFERTIGUNG
EXW (Ab Werk)
Soweit zutreffend, hat der Verkäufer den Käufer auf dessen Verlangen, Gefahr und Kosten bei der Beschaffung von Dokumenten und/oder Informationen für alle Ausfuhr-/Transit-/Einfuhrabfertigungsformalitäten, die von den Ausfuhr-/Transit-/Einfuhrländern vorgeschrieben sind, zu unterstützen, z. B.:

(6) Incoterms 2020 Alle Klauseln

- Ausfuhr-/Durchfuhr-/Einfuhrgenehmigung;
- Sicherheitsfreigabe für Ausfuhr/Durchfuhr/Einfuhr;
- Warenkontrolle vor der Verladung; und
- sonstige behördliche Genehmigungen.

FCA (Frei Frachtführer)

a) Ausfuhrabfertigung
Gegebenenfalls hat der Verkäufer alle Ausfuhrabfertigungsformalitäten durchzuführen und zu bezahlen, die von dem jeweiligen Ausfuhrland vorgeschrieben sind, z. B.:
- Ausfuhrgenehmigung;
- Sicherheitsfreigabe für die Ausfuhr;
- Warenkontrolle vor der Verladung; und
- sonstige behördliche Genehmigungen.

b) Unterstützung bei der Einfuhrabfertigung
Gegebenenfalls hat der Verkäufer den Käufer auf dessen Verlangen, Gefahr und Kosten bei der Beschaffung von Dokumenten und/oder Informationen für alle Transit-/Einfuhrabfertigungsformalitäten zu unterstützen, einschließlich Sicherheitsanforderungen und Warenkontrollen vor der Verladung, die von den Transit-/Einfuhrländern vorgeschrieben sind.

CPT (Frachtfrei)

a) Ausfuhrabfertigung
Gegebenenfalls hat der Verkäufer alle Ausfuhrabfertigungsformalitäten durchzuführen und zu bezahlen, die von dem jeweiligen Ausfuhrland vorgeschrieben sind, z. B.:
- Ausfuhrgenehmigung;
- Sicherheitsfreigabe für die Ausfuhr;
- Warenkontrolle vor der Verladung; und
- sonstige behördliche Genehmigungen.

b) Unterstützung bei der Einfuhrabfertigung
Gegebenenfalls hat der Verkäufer den Käufer auf dessen Verlangen, Gefahr und Kosten bei der Beschaffung von Dokumenten und/oder Informationen für alle Transit-/Einfuhrabfertigungsformalitäten zu unterstützen, einschließlich Sicherheitsanforderungen und Warenkontrollen vor der Verladung, die von den Transit-/Einfuhrländern vorgeschrieben sind.

CIP (Frachtfrei versichert)

a) Ausfuhrabfertigung
Gegebenenfalls hat der Verkäufer alle Ausfuhrabfertigungsformalitäten durchzuführen und zu bezahlen, die von dem jeweiligen Ausfuhrland vorgeschrieben sind, z. B.:
- Ausfuhrgenehmigung;
- Sicherheitsfreigabe für die Ausfuhr;
- Warenkontrolle vor der Verladung; und
- sonstige behördliche Genehmigungen.

b) Unterstützung bei der Einfuhrabfertigung
Gegebenenfalls hat der Verkäufer den Käufer auf dessen Verlangen, Gefahr und Kosten bei der Beschaffung von Dokumenten und/oder Informationen für alle Transit-/Einfuhrabfertigungsformalitäten zu unterstützen, einschließlich Sicherheitsanforderungen und Warenkontrollen vor der Verladung, die von den Transit-/Einfuhrländern vorgeschrieben sind.

IV. AGB und Incoterms 2020   **Alle Klauseln**   Incoterms 2020 (6)

DAP (Geliefert benannter Ort)

a) Ausfuhr- und Transitabfertigung
Gegebenenfalls hat der Verkäufer alle Ausfuhr- und Transitabfertigungsformalitäten durchzuführen und zu bezahlen, die von dem jeweiligen Ausfuhr- und Transitland (außer dem Einfuhrland) vorgeschrieben sind, z. B.:
- Ausfuhr-/Durchfuhrgenehmigung;
- Sicherheitsfreigabe für Ausfuhr/Durchfuhr;
- Warenkontrolle vor der Verladung; und
- sonstige behördliche Genehmigungen.

b) Unterstützung bei der Einfuhrabfertigung
Gegebenenfalls hat der Verkäufer den Käufer auf dessen Verlangen, Gefahr und Kosten bei der Beschaffung von Dokumenten und/oder Informationen für alle Einfuhrabfertigungsformalitäten zu unterstützen, einschließlich Sicherheitsanforderungen und Warenkontrollen vor der Verladung, die von dem betreffenden Einfuhrland vorgeschrieben sind.

DPU (Geliefert benannter Ort entladen)

a) Ausfuhr- und Transitabfertigung
Gegebenenfalls hat der Verkäufer alle Ausfuhr- und Transitabfertigungsformalitäten durchzuführen und zu bezahlen, die von dem jeweiligen Ausfuhr- und Transitland (außer dem Einfuhrland) vorgeschrieben sind, z. B.:
- Ausfuhr-/Durchfuhrgenehmigung;
- Sicherheitsfreigabe für Ausfuhr/Durchfuhr;
- Warenkontrolle vor der Verladung; und
- sonstige behördliche Genehmigungen.

b) Unterstützung bei der Einfuhrabfertigung
Gegebenenfalls hat der Verkäufer den Käufer auf dessen Verlangen, Gefahr und Kosten bei der Beschaffung von Dokumenten und/oder Informationen für alle Einfuhrabfertigungsformalitäten zu unterstützen, einschließlich Sicherheitsanforderungen und Warenkontrollen vor der Verladung, die von dem betreffenden Einfuhrland vorgeschrieben sind.

DDP (Geliefert verzollt)

Gegebenenfalls hat der Verkäufer alle Ausfuhr-/Transit- und Einfuhrabfertigungsformalitäten durchzuführen und zu bezahlen, die von den jeweiligen Ausfuhr-/Transit- und Einfuhrländern vorgeschrieben sind, z. B.:
- Ausfuhr-/Durchfuhr-/Einfuhrgenehmigung;
- Sicherheitsfreigabe für Ausfuhr/Durchfuhr/Einfuhr;
- Warenkontrolle vor der Verladung; und
- sonstige behördliche Genehmigungen.

FAS (Frei Längsseite Schiff)

a) Ausfuhrabfertigung
Gegebenenfalls hat der Verkäufer alle Ausfuhrabfertigungsformalitäten durchzuführen und zu bezahlen, die von dem jeweiligen Ausfuhrland vorgeschrieben sind, z. B.:
- Ausfuhrgenehmigung;
- Sicherheitsfreigabe für die Ausfuhr;
- Warenkontrolle vor der Verladung; und
- sonstige behördliche Genehmigungen.

b) Unterstützung bei der Einfuhrabfertigung
Gegebenenfalls hat der Verkäufer den Käufer auf dessen Verlangen, Gefahr und Kosten bei der Beschaffung von Dokumenten und/oder Informationen für alle

Transit-/Einfuhrabfertigungsformalitäten zu unterstützen, einschließlich Sicherheitsanforderungen und Warenkontrollen vor der Verladung, die von den Transit-/Einfuhrländern vorgeschrieben sind.

FOB (Frei an Bord)

a) Ausfuhrabfertigung
Gegebenenfalls hat der Verkäufer alle Ausfuhrabfertigungsformalitäten durchzuführen und zu bezahlen, die von dem jeweiligen Ausfuhrland vorgeschrieben sind, z. B.:
- Ausfuhrgenehmigung;
- Sicherheitsfreigabe für die Ausfuhr;
- Warenkontrolle vor der Verladung; und
- sonstige behördliche Genehmigungen.

b) Unterstützung bei der Einfuhrabfertigung
Gegebenenfalls hat der Verkäufer den Käufer auf dessen Verlangen, Gefahr und Kosten bei der Beschaffung von Dokumenten und/oder Informationen für alle Transit-/Einfuhrabfertigungsformalitäten zu unterstützen, einschließlich Sicherheitsanforderungen und Warenkontrollen vor der Verladung, die von den Transit-/Einfuhrländern vorgeschrieben sind.

CFR (Kosten und Fracht)

a) Ausfuhrabfertigung
Gegebenenfalls hat der Verkäufer alle Ausfuhrabfertigungsformalitäten durchzuführen und zu bezahlen, die von dem jeweiligen Ausfuhrland vorgeschrieben sind, z. B.:
- Ausfuhrgenehmigung;
- Sicherheitsfreigabe für die Ausfuhr;
- Warenkontrolle vor der Verladung; und
- sonstige behördliche Genehmigungen.

b) Unterstützung bei der Einfuhrabfertigung
Gegebenenfalls hat der Verkäufer den Käufer auf dessen Verlangen, Gefahr und Kosten bei der Beschaffung von Dokumenten und/oder Informationen für alle Transit-/Einfuhrabfertigungsformalitäten zu unterstützen, einschließlich Sicherheitsanforderungen und Warenkontrollen vor der Verladung, die von den Transit-/Einfuhrländern vorgeschrieben sind.

CIF (Kosten, Versicherung und Fracht)

a) Ausfuhrabfertigung
Gegebenenfalls hat der Verkäufer alle Ausfuhrabfertigungsformalitäten durchzuführen und zu bezahlen, die von dem jeweiligen Ausfuhrland vorgeschrieben sind, z. B.:
- Ausfuhrgenehmigung;
- Sicherheitsfreigabe für die Ausfuhr;
- Warenkontrolle vor der Verladung; und
- sonstige behördliche Genehmigungen.

b) Unterstützung bei der Einfuhrabfertigung
Gegebenenfalls hat der Verkäufer den Käufer auf dessen Verlangen, Gefahr und Kosten bei der Beschaffung von Dokumenten und/oder Informationen für alle Transit-/Einfuhrabfertigungsformalitäten zu unterstützen, einschließlich Sicherheitsanforderungen und Warenkontrollen vor der Verladung, die von den Transit-/Einfuhrländern vorgeschrieben sind.

B7. AUSFUHR-/EINFUHRABFERTIGUNG

EXW (Ab Werk)

Gegebenenfalls hat der Käufer alle Ausfuhr-/Transit-/Einfuhrabfertigungsformalitäten durchzuführen und zu bezahlen, die von den Ausfuhr-/Transit-/Einfuhrländern vorgeschrieben sind, z. B.:

- Ausfuhr-/Durchfuhr-/Einfuhrgenehmigung;
- Sicherheitsfreigabe für Ausfuhr/Durchfuhr/Einfuhr;
- Warenkontrolle vor der Verladung; und
- sonstige behördliche Genehmigungen.

FCA (Frei Frachtführer)

a) Unterstützung bei der Ausfuhrabfertigung

Gegebenenfalls hat der Käufer den Verkäufer auf dessen Verlangen, Gefahr und Kosten bei der Beschaffung von Dokumenten und/oder Informationen für alle Ausfuhrabfertigungsformalitäten zu unterstützen, einschließlich Sicherheitsanforderungen und Warenkontrollen vor der Verladung, die von dem betreffenden Ausfuhrland vorgeschrieben sind.

b) Einfuhrabfertigung

Gegebenenfalls hat der Käufer alle Formalitäten durchzuführen und zu bezahlen, die von dem betreffenden Transit- und Einfuhrland vorgeschrieben sind, z. B.:

- Einfuhrgenehmigung und ggf. erforderliche Durchfuhrgenehmigungen;
- Sicherheitsfreigabe für die Einfuhr und etwaige Durchfuhr;
- Warenkontrolle vor der Verladung; und
- sonstige behördliche Genehmigungen.

CPT (Frachtfrei)

a) Unterstützung bei der Ausfuhrabfertigung

Gegebenenfalls hat der Käufer den Verkäufer auf dessen Verlangen, Gefahr und Kosten bei der Beschaffung von Dokumenten und/oder Informationen für alle Ausfuhrabfertigungsformalitäten zu unterstützen, einschließlich Sicherheitsanforderungen und Warenkontrollen vor der Verladung, die von dem betreffenden Ausfuhrland vorgeschrieben sind.

b) Einfuhrabfertigung

Gegebenenfalls hat der Käufer alle Formalitäten durchzuführen und zu bezahlen, die von dem betreffenden Transit- und Einfuhrland vorgeschrieben sind, z. B.:

- Einfuhrgenehmigung und ggf. erforderliche Durchfuhrgenehmigungen;
- Sicherheitsfreigabe für die Einfuhr und etwaige Durchfuhr;
- Warenkontrolle vor der Verladung; und
- sonstige behördliche Genehmigungen.

CIP (Frachtfrei versichert)

a) Unterstützung bei der Ausfuhrabfertigung

Gegebenenfalls hat der Käufer den Verkäufer auf dessen Verlangen, Gefahr und Kosten bei der Beschaffung von Dokumenten und/oder Informationen für alle Ausfuhrabfertigungsformalitäten zu unterstützen, einschließlich Sicherheitsanforderungen und Warenkontrollen vor der Verladung, die von dem betreffenden Ausfuhrland vorgeschrieben sind.

b) Einfuhrabfertigung

Gegebenenfalls hat der Käufer alle Formalitäten durchzuführen und zu bezahlen, die von dem betreffenden Transit- und Einfuhrland vorgeschrieben sind, z. B.:

- Einfuhrgenehmigung und ggf. erforderliche Durchfuhrgenehmigungen;
- Sicherheitsfreigabe für die Einfuhr und etwaige Durchfuhr;
- Warenkontrolle vor der Verladung; und
- sonstige behördliche Genehmigungen.

(6) Incoterms 2020 Alle Klauseln

DAP (Geliefert benannter Ort)

a) Unterstützung bei der Ausfuhr- und Transitabfertigung
Gegebenenfalls hat der Käufer den Verkäufer auf dessen Verlangen, Gefahr und Kosten bei der Beschaffung von Dokumenten und/oder Informationen für alle Ausfuhr-/Transitabfertigungsformalitäten zu unterstützen, einschließlich Sicherheitsanforderungen und Warenkontrollen vor der Verladung, die von dem betreffenden Ausfuhr- und Transitland (außer dem Einfuhrland) vorgeschrieben sind.

b) Einfuhrabfertigung
Gegebenenfalls hat der Käufer alle Formalitäten durchzuführen und zu bezahlen, die von dem betreffenden Einfuhrland vorgeschrieben sind, z. B.:
- Einfuhrgenehmigung;
- Sicherheitsfreigabe für die Einfuhr;
- Warenkontrolle vor der Verladung; und
- sonstige behördliche Genehmigungen.

DPU (Geliefert benannter Ort entladen)

a) Unterstützung bei der Ausfuhr- und Transitabfertigung
Gegebenenfalls hat der Käufer den Verkäufer auf dessen Verlangen, Gefahr und Kosten bei der Beschaffung von Dokumenten und/oder Informationen für alle Ausfuhr-/Transitabfertigungsformalitäten zu unterstützen, einschließlich Sicherheitsanforderungen und Warenkontrollen vor der Verladung, die von dem betreffenden Ausfuhr- und Transitland (außer dem Einfuhrland) vorgeschrieben sind.

b) Einfuhrabfertigung
Gegebenenfalls hat der Käufer alle Formalitäten durchzuführen und zu bezahlen, die von dem betreffenden Einfuhrland vorgeschrieben sind, z. B.:
- Einfuhrgenehmigung;
- Sicherheitsfreigabe für die Einfuhr;
- Warenkontrolle vor der Verladung; und
- sonstige behördliche Genehmigungen.

DDP (Geliefert verzollt)

Soweit zutreffend, hat der Käufer den Verkäufer auf dessen Verlangen, Gefahr und Kosten bei der Beschaffung von Dokumenten und/oder Informationen für alle Ausfuhr-/Transit-/Einfuhrabfertigungsformalitäten, die von den Ausfuhr-/Transit-/Einfuhrländern vorgeschrieben sind, zu unterstützen, z. B.:
- Ausfuhr-/Durchfuhr-/Einfuhrgenehmigung;
- Sicherheitsfreigabe für Ausfuhr, Transport und Einfuhr;
- Warenkontrolle vor der Verladung; und
- sonstige behördliche Genehmigungen.

FAS (Frei Längsseite Schiff)

a) Unterstützung bei der Ausfuhrabfertigung
Gegebenenfalls hat der Käufer den Verkäufer auf dessen Verlangen, Gefahr und Kosten bei der Beschaffung von Dokumenten und/oder Informationen für alle Ausfuhrabfertigungsformalitäten zu unterstützen, einschließlich Sicherheitsanforderungen und Warenkontrollen vor der Verladung, die von dem betreffenden Ausfuhrland vorgeschrieben sind.

b) Einfuhrabfertigung
Gegebenenfalls hat der Käufer alle Formalitäten durchzuführen und zu bezahlen, die von dem betreffenden Transit- und Einfuhrland vorgeschrieben sind, z. B.:
- Einfuhrgenehmigung und ggf. erforderliche Durchfuhrgenehmigungen;
- Sicherheitsfreigabe für die Einfuhr und etwaige Durchfuhr;

- Warenkontrolle vor der Verladung; und
- sonstige behördliche Genehmigungen.

FOB (Frei an Bord)

a) Unterstützung bei der Ausfuhrabfertigung

Gegebenenfalls hat der Käufer den Verkäufer auf dessen Verlangen, Gefahr und Kosten bei der Beschaffung von Dokumenten und/oder Informationen für alle Ausfuhrabfertigungsformalitäten zu unterstützen, einschließlich Sicherheitsanforderungen und Warenkontrollen vor der Verladung, die von dem betreffenden Ausfuhrland vorgeschrieben sind.

b) Einfuhrabfertigung

Gegebenenfalls hat der Käufer alle Formalitäten durchzuführen und zu bezahlen, die von dem betreffenden Transit- und Einfuhrland vorgeschrieben sind, z. B.:
- Einfuhrgenehmigung und ggf. erforderliche Durchfuhrgenehmigungen;
- Sicherheitsfreigabe für die Einfuhr und etwaige Durchfuhr;
- Warenkontrolle vor der Verladung; und
- sonstige behördliche Genehmigungen.

CFR (Kosten und Fracht)

a) Unterstützung bei der Ausfuhrabfertigung

Gegebenenfalls hat der Käufer den Verkäufer auf dessen Verlangen, Gefahr und Kosten bei der Beschaffung von Dokumenten und/oder Informationen für alle Ausfuhrabfertigungsformalitäten zu unterstützen, einschließlich Sicherheitsanforderungen und Warenkontrollen vor der Verladung, die von dem betreffenden Ausfuhrland vorgeschrieben sind.

b) Einfuhrabfertigung

Gegebenenfalls hat der Käufer alle Formalitäten durchzuführen und zu bezahlen, die von dem betreffenden Transit- und Einfuhrland vorgeschrieben sind, z. B.:
- Einfuhrgenehmigung und ggf. erforderliche Durchfuhrgenehmigungen;
- Sicherheitsfreigabe für die Einfuhr und etwaige Durchfuhr;
- Warenkontrolle vor der Verladung; und
- sonstige behördliche Genehmigungen.

CIF (Kosten, Versicherung und Fracht)

a) Unterstützung bei der Ausfuhrabfertigung

Gegebenenfalls hat der Käufer den Verkäufer auf dessen Verlangen, Gefahr und Kosten bei der Beschaffung von Dokumenten und/oder Informationen für alle Ausfuhrabfertigungsformalitäten zu unterstützen, einschließlich Sicherheitsanforderungen und Warenkontrollen vor der Verladung, die von dem betreffenden Ausfuhrland vorgeschrieben sind.

b) Einfuhrabfertigung

Gegebenenfalls hat der Käufer alle Formalitäten durchzuführen und zu bezahlen, die von dem betreffenden Transit- und Einfuhrland vorgeschrieben sind, z. B.:
- Einfuhrgenehmigung und ggf. erforderliche Durchfuhrgenehmigungen;
- Sicherheitsfreigabe für die Einfuhr und etwaige Durchfuhr;
- Warenkontrolle vor der Verladung; und
- sonstige behördliche Genehmigungen.

A8. PRÜFUNG/VERPACKUNG/KENNZEICHNUNG

EXW (Ab Werk)

Der Verkäufer hat die Kosten jener Prüfvorgänge (z. B. Qualitätsprüfung, Messen, Wiegen und Zählen) zu tragen, die notwendig sind, um die Ware gemäß A2 zu liefern.

(6) Incoterms 2020 Alle Klauseln

Der Verkäufer hat auf eigene Kosten die Ware zu verpacken, es sei denn, es ist handelsüblich, die jeweilige Art der verkauften Ware unverpackt zu transportieren. Der Verkäufer muss die Ware in der für ihren Transport geeigneten Weise verpacken und kennzeichnen, es sei denn, die Parteien haben genaue Verpackungs- oder Kennzeichnungsanforderungen vereinbart.

FCA (Frei Frachtführer)

Der Verkäufer hat die Kosten jener Prüfvorgänge (z. B. Qualitätsprüfung, Messen, Wiegen und Zählen) zu tragen, die notwendig sind, um die Ware gemäß A2 zu liefern.

Der Verkäufer hat auf eigene Kosten die Ware zu verpacken, es sei denn, es ist handelsüblich, die jeweilige Art der verkauften Ware unverpackt zu transportieren. Der Verkäufer muss die Ware in der für ihren Transport geeigneten Weise verpacken und kennzeichnen, es sei denn, die Parteien haben genaue Verpackungs- oder Kennzeichnungsanforderungen vereinbart.

CPT (Frachtfrei)

Der Verkäufer hat die Kosten jener Prüfvorgänge (z. B. Qualitätsprüfung, Messen, Wiegen und Zählen) zu tragen, die notwendig sind, um die Ware gemäß A2 zu liefern.

Der Verkäufer hat auf eigene Kosten die Ware zu verpacken, es sei denn, es ist handelsüblich, die jeweilige Art der verkauften Ware unverpackt zu transportieren. Der Verkäufer muss die Ware in der für ihren Transport geeigneten Weise verpacken und kennzeichnen, es sei denn, die Parteien haben genaue Verpackungs- oder Kennzeichnungsanforderungen vereinbart.

CIP (Frachtfrei versichert)

Der Verkäufer hat die Kosten jener Prüfvorgänge (z. B. Qualitätsprüfung, Messen, Wiegen und Zählen) zu tragen, die notwendig sind, um die Ware gemäß A2 zu liefern.

Der Verkäufer hat auf eigene Kosten die Ware zu verpacken, es sei denn, es ist handelsüblich, die jeweilige Art der verkauften Ware unverpackt zu transportieren. Der Verkäufer muss die Ware in der für ihren Transport geeigneten Weise verpacken und kennzeichnen, es sei denn, die Parteien haben genaue Verpackungs- oder Kennzeichnungsanforderungen vereinbart.

DAP (Geliefert benannter Ort)

Der Verkäufer hat die Kosten jener Prüfvorgänge (z. B. Qualitätsprüfung, Messen, Wiegen und Zählen) zu tragen, die notwendig sind, um die Ware gemäß A2 zu liefern.

Der Verkäufer hat auf eigene Kosten die Ware zu verpacken, es sei denn, es ist handelsüblich, die jeweilige Art der verkauften Ware unverpackt zu transportieren. Der Verkäufer muss die Ware in der für ihren Transport geeigneten Weise verpacken und kennzeichnen, es sei denn, die Parteien haben genaue Verpackungs- oder Kennzeichnungsanforderungen vereinbart.

DPU (Geliefert benannter Ort entladen)

Der Verkäufer hat die Kosten jener Prüfvorgänge (z. B. Qualitätsprüfung, Messen, Wiegen und Zählen) zu tragen, die notwendig sind, um die Ware gemäß A2 zu liefern.

Der Verkäufer hat auf eigene Kosten die Ware zu verpacken, es sei denn, es ist handelsüblich, die jeweilige Art der verkauften Ware unverpackt zu transportieren. Der Verkäufer muss die Ware in der für ihren Transport geeigneten Weise verpacken und kennzeichnen, es sei denn, die Parteien haben genaue Verpackungs- oder Kennzeichnungsanforderungen vereinbart.

DDP (Geliefert verzollt)

Der Verkäufer hat die Kosten jener Prüfvorgänge (z. B. Qualitätsprüfung, Messen, Wiegen und Zählen) zu tragen, die notwendig sind, um die Ware gemäß A2 zu liefern.

Der Verkäufer hat auf eigene Kosten die Ware zu verpacken, es sei denn, es ist handelsüblich, die jeweilige Art der verkauften Ware unverpackt zu transportieren. Der

IV. AGB und Incoterms 2020   **Alle Klauseln**   Incoterms 2020 (6)

Verkäufer muss die Ware in der für ihren Transport geeigneten Weise verpacken und kennzeichnen, es sei denn, die Parteien haben genaue Verpackungs- oder Kennzeichnungsanforderungen vereinbart.

FAS (Frei Längsseite Schiff)

Der Verkäufer hat die Kosten jener Prüfvorgänge (z. B. Qualitätsprüfung, Messen, Wiegen und Zählen) zu tragen, die notwendig sind, um die Ware gemäß A2 zu liefern.

Der Verkäufer hat auf eigene Kosten die Ware zu verpacken, es sei denn, es ist handelsüblich, die jeweilige Art der verkauften Ware unverpackt zu transportieren. Der Verkäufer muss die Ware in der für ihren Transport geeigneten Weise verpacken und kennzeichnen, es sei denn, die Parteien haben genaue Verpackungs- oder Kennzeichnungsanforderungen vereinbart.

FOB (Frei an Bord)

Der Verkäufer hat die Kosten jener Prüfvorgänge (z. B. Qualitätsprüfung, Messen, Wiegen und Zählen) zu tragen, die notwendig sind, um die Ware gemäß A2 zu liefern.

Der Verkäufer hat auf eigene Kosten die Ware zu verpacken, es sei denn, es ist handelsüblich, die jeweilige Art der verkauften Ware unverpackt zu transportieren. Der Verkäufer muss die Ware in der für ihren Transport geeigneten Weise verpacken und kennzeichnen, es sei denn, die Parteien haben genaue Verpackungs- oder Kennzeichnungsanforderungen vereinbart.

CFR (Kosten und Fracht)

Der Verkäufer hat die Kosten jener Prüfvorgänge (z. B. Qualitätsprüfung, Messen, Wiegen und Zählen) zu tragen, die notwendig sind, um die Ware gemäß A2 zu liefern.

Der Verkäufer hat auf eigene Kosten die Ware zu verpacken, es sei denn, es ist handelsüblich, die jeweilige Art der verkauften Ware unverpackt zu transportieren. Der Verkäufer muss die Ware in der für ihren Transport geeigneten Weise verpacken und kennzeichnen, es sei denn, die Parteien haben genaue Verpackungs- oder Kennzeichnungsanforderungen vereinbart.

CIF (Kosten, Versicherung und Fracht)

Der Verkäufer hat die Kosten jener Prüfvorgänge (z. B. Qualitätsprüfung, Messen, Wiegen und Zählen) zu tragen, die notwendig sind, um die Ware gemäß A2 zu liefern.

Der Verkäufer hat auf eigene Kosten die Ware zu verpacken, es sei denn, es ist handelsüblich, die jeweilige Art der verkauften Ware unverpackt zu transportieren. Der Verkäufer muss die Ware in der für ihren Transport geeigneten Weise verpacken und kennzeichnen, es sei denn, die Parteien haben genaue Verpackungs- oder Kennzeichnungsanforderungen vereinbart.

B8. PRÜFUNG/VERPACKUNG/KENNZEICHNUNG

EXW (Ab Werk)

Der Käufer hat gegenüber dem Verkäufer keine Verpflichtung.

FCA (Frei Frachtführer)

Der Käufer hat gegenüber dem Verkäufer keine Verpflichtung.

CPT (Frachtfrei)

Der Käufer hat gegenüber dem Verkäufer keine Verpflichtung.

CIP (Frachtfrei versichert)

Der Käufer hat gegenüber dem Verkäufer keine Verpflichtung.

DAP (Geliefert benannter Ort)

Der Käufer hat gegenüber dem Verkäufer keine Verpflichtung.

(6) Incoterms 2020 Alle Klauseln 2. Teil. Handelsrechtl. Nebenges.

DPU (Geliefert benannter Ort entladen)
Der Käufer hat gegenüber dem Verkäufer keine Verpflichtung.

DDP (Geliefert verzollt)
Der Käufer hat gegenüber dem Verkäufer keine Verpflichtung.

FAS (Frei Längsseite Schiff)
Der Käufer hat gegenüber dem Verkäufer keine Verpflichtung.

FOB (Frei an Bord)
Der Käufer hat gegenüber dem Verkäufer keine Verpflichtung.

CFR (Kosten und Fracht)
Der Käufer hat gegenüber dem Verkäufer keine Verpflichtung.

CIF (Kosten, Versicherung und Fracht)
Der Käufer hat gegenüber dem Verkäufer keine Verpflichtung.

A9. KOSTENVERTEILUNG

EXW (Ab Werk)
Der Verkäufer muss bis zur Lieferung gemäß A2 alle die Ware betreffenden Kosten tragen, ausgenommen die gemäß B9 vom Käufer zu tragenden Kosten.

FCA (Frei Frachtführer)
Der Verkäufer muss

a) bis zur Lieferung gemäß A2 alle die Ware betreffenden Kosten tragen, ausgenommen die gemäß B9 vom Käufer zu tragenden Kosten;
b) die Kosten für die Erbringung des üblichen Nachweises für den Käufer gemäß A6 tragen, aus dem hervorgeht, dass die Ware geliefert wurde;
c) gegebenenfalls Zölle, Steuern und sonstige Kosten in Zusammenhang mit der Ausfuhrabfertigung gemäß A7(a) tragen; und
d) dem Käufer alle Kosten und Gebühren erstatten, die dem Käufer durch die Unterstützung bei der Beschaffung der erforderlichen Dokumente und Informationen gemäß B7(a) entstanden sind.

CPT (Frachtfrei)
Der Verkäufer muss

a) bis zur Lieferung gemäß A2 alle die Ware betreffenden Kosten tragen, ausgenommen die gemäß B9 vom Käufer zu tragenden Kosten;
b) Transport- und alle sonstigen gemäß A4 entstehenden Kosten tragen, einschließlich der Kosten für die Verladung der Ware und der transportbezogenen Sicherheitskosten;
c) alle Kosten und Gebühren für die Entladung am vereinbarten Bestimmungsort tragen, sofern diese Kosten und Gebühren gemäß Beförderungsvertrag zu Lasten des Verkäufers gehen;
d) die Kosten der Durchfuhr tragen, die gemäß Beförderungsvertrag zu Lasten des Verkäufers gehen;
e) die Kosten für die Erbringung des üblichen Nachweises für den Käufer gemäß A6 tragen, aus dem hervorgeht, dass die Ware geliefert wurde;
f) gegebenenfalls Zölle, Steuern und sonstige Kosten für die Ausfuhrabfertigung gemäß A7(a) tragen; und
g) dem Käufer alle Kosten und Gebühren erstatten, die dem Käufer durch die Unterstützung bei der Beschaffung der erforderlichen Dokumente und Informationen gemäß B7(a) entstanden sind.

CIP (Frachtfrei versichert)

Der Verkäufer muss

a) bis zur Lieferung gemäß A2 alle die Ware betreffenden Kosten tragen, ausgenommen die gemäß B9 vom Käufer zu tragenden Kosten;
b) Transport- und alle sonstigen gemäß A4 entstehenden Kosten tragen, einschließlich der Kosten für die Verladung der Ware und der transportbezogenen Sicherheitskosten;
c) alle Kosten und Gebühren für die Entladung am vereinbarten Bestimmungsort tragen, sofern diese Kosten und Gebühren gemäß Beförderungsvertrag zu Lasten des Verkäufers gehen;
d) die Kosten der Durchfuhr tragen, die gemäß Beförderungsvertrag zu Lasten des Verkäufers gehen;
e) die Kosten für die Erbringung des üblichen Nachweises für den Käufer gemäß A6 tragen, aus dem hervorgeht, dass die Ware geliefert wurde;
f) die sich aus A5 ergebenden Kosten der Versicherung tragen;
g) gegebenenfalls Zölle, Steuern und sonstige Kosten für die Ausfuhrabfertigung gemäß A7(a) tragen; und
h) dem Käufer alle Kosten und Gebühren erstatten, die dem Käufer durch die Unterstützung bei der Beschaffung der erforderlichen Dokumente und Informationen gemäß B7(a) entstanden sind.

DAP (Geliefert benannter Ort)

Der Verkäufer muss

a) bis zur Lieferung gemäß A2 alle die Ware und ihren Transport betreffenden Kosten tragen, ausgenommen die gemäß B9 vom Käufer zu tragenden Kosten;
b) alle Kosten und Gebühren für die Entladung am Bestimmungsort tragen, sofern diese Kosten und Gebühren gemäß Beförderungsvertrag zu Lasten des Verkäufers gehen;
c) die Kosten für die Beschaffung und Bereitstellung des Liefer-/Transportdokuments gemäß A6 tragen;
d) gegebenenfalls Zölle, Steuern und sonstige Kosten für die Ausfuhr- und Transitabfertigung gemäß A7(a) tragen; und
e) dem Käufer alle Kosten und Gebühren erstatten, die dem Käufer durch die Unterstützung bei der Beschaffung der erforderlichen Dokumente und Informationen gemäß B5 und B7(a) entstanden sind.

DPU (Geliefert benannter Ort entladen)

Der Verkäufer muss

a) bis zur Entladung und Lieferung der Ware gemäß A2 alle die Ware und ihren Transport betreffenden Kosten tragen, ausgenommen die gemäß B9 vom Käufer zu zahlenden Kosten;
b) die Kosten für die Beschaffung und Bereitstellung des Liefer-/Transportdokuments gemäß A6 tragen;
c) gegebenenfalls Zölle, Steuern und sonstige Kosten für die Ausfuhr- und Transitabfertigung gemäß A7(a) tragen; und
d) dem Käufer alle Kosten und Gebühren erstatten, die dem Käufer durch die Unterstützung bei der Beschaffung der erforderlichen Dokumente und Informationen gemäß B5 und B7(a) entstanden sind.

DDP (Geliefert verzollt)

Der Verkäufer muss

a) bis zur Lieferung gemäß A2 alle die Ware und ihren Transport betreffenden Kosten tragen, ausgenommen die gemäß B9 vom Käufer zu tragenden Kosten;

(6) Incoterms 2020 Alle Klauseln 2. Teil. Handelsrechtl. Nebenges.

b) alle Kosten und Gebühren für die Entladung am Bestimmungsort tragen, sofern diese Kosten und Gebühren gemäß Beförderungsvertrag zu Lasten des Verkäufers gehen;
c) die Kosten für die Beschaffung und Bereitstellung des Liefer-/Transportdokuments gemäß A6 tragen;
d) gegebenenfalls Zölle, Steuern und sonstige Kosten in Zusammenhang mit der Einfuhr-, Transit- und Einfuhrabfertigung gemäß A7 zahlen; und
e) dem Käufer alle Kosten und Gebühren erstatten, die dem Käufer durch die Unterstützung bei der Beschaffung der erforderlichen Dokumente und Informationen gemäß B5 und B7 entstanden sind.

FAS (Frei Längsseite Schiff)

Der Verkäufer muss

a) bis zur Lieferung gemäß A2 alle die Ware betreffenden Kosten tragen, ausgenommen die gemäß B9 vom Käufer zu tragenden Kosten;
b) die Kosten für die Erbringung des üblichen Nachweises für den Käufer gemäß A6 tragen, aus dem hervorgeht, dass die Ware geliefert wurde;
c) gegebenenfalls Zölle, Steuern und sonstige Kosten für die Ausfuhrabfertigung gemäß A7(a) tragen; und
d) dem Käufer alle Kosten und Gebühren erstatten, die dem Käufer durch die Unterstützung bei der Beschaffung der erforderlichen Dokumente und Informationen gemäß B7(a) entstanden sind.

FOB (Frei an Bord)

Der Verkäufer muss

a) bis zur Lieferung gemäß A2 alle die Ware betreffenden Kosten tragen, ausgenommen die gemäß B9 vom Käufer zu tragenden Kosten;
b) die Kosten für die Erbringung des üblichen Nachweises für den Käufer gemäß A6 tragen, aus dem hervorgeht, dass die Ware geliefert wurde;
c) gegebenenfalls Zölle, Steuern und sonstige Kosten für die Ausfuhrabfertigung gemäß A7(a) tragen; und
d) dem Käufer alle Kosten und Gebühren erstatten, die dem Käufer durch die Unterstützung bei der Beschaffung der erforderlichen Dokumente und Informationen gemäß B7(a) entstanden sind.

CFR (Kosten und Fracht)

Der Verkäufer muss

a) bis zur Lieferung gemäß A2 alle die Ware betreffenden Kosten tragen, ausgenommen die gemäß B9 vom Käufer zu tragenden Kosten;
b) die Frachtkosten und alle sonstigen gemäß A4 entstehenden Kosten tragen, einschließlich der Kosten für die Verladung der Ware sowie der transportbezogenen Sicherheitskosten;
c) alle Gebühren für die Entladung am vereinbarten Entladehafen entrichten, die laut Beförderungsvertrag zu Lasten des Verkäufers gehen;
d) die Kosten der Durchfuhr tragen, die gemäß Beförderungsvertrag zu Lasten des Verkäufers gehen;
e) die Kosten für die Erbringung des üblichen Nachweises für den Käufer gemäß A6 tragen, aus dem hervorgeht, dass die Ware geliefert wurde;
f) gegebenenfalls Zölle, Steuern und sonstige Kosten für die Ausfuhrabfertigung gemäß A7(a) tragen; und
g) dem Käufer alle Kosten und Gebühren erstatten, die dem Käufer durch die Unterstützung bei der Beschaffung der erforderlichen Dokumente und Informationen gemäß B7(a) entstanden sind.

IV. AGB und Incoterms 2020   **Alle Klauseln**   **Incoterms 2020 (6)**

CIF (Kosten, Versicherung und Fracht)
Der Verkäufer muss
a) bis zur Lieferung gemäß A2 alle die Ware betreffenden Kosten tragen, ausgenommen die gemäß B9 vom Käufer zu tragenden Kosten;
b) die Frachtkosten und alle sonstigen gemäß A4 entstehenden Kosten tragen, einschließlich der Kosten für die Verladung der Ware sowie der transportbezogenen Sicherheitskosten;
c) alle Gebühren für die Entladung am vereinbarten Entladehafen entrichten, die laut Beförderungsvertrag zu Lasten des Verkäufers gehen;
d) die Kosten der Durchfuhr tragen, die gemäß Beförderungsvertrag zu Lasten des Verkäufers gehen;
e) die Kosten für die Erbringung des üblichen Nachweises für den Käufer gemäß A6 tragen, aus dem hervorgeht, dass die Ware geliefert wurde;
f) die sich aus A5 ergebenden Kosten der Versicherung tragen;
g) gegebenenfalls Zölle, Steuern und sonstige Kosten für die Ausfuhrabfertigung gemäß A7(a) tragen; und
h) dem Käufer alle Kosten und Gebühren erstatten, die dem Käufer durch die Unterstützung bei der Beschaffung der erforderlichen Dokumente und Informationen gemäß B7(a) entstanden sind.

B9. KOSTENVERTEILUNG
EXW (Ab Werk)
Der Käufer muss
a) alle die Ware betreffenden Kosten ab dem Zeitpunkt der Lieferung gemäß A2 tragen;
b) dem Verkäufer alle Kosten und Gebühren erstatten, die dem Verkäufer durch die Unterstützung bei der Beschaffung der erforderlichen Dokumente und Informationen gemäß A4, A5, oder A7 entstanden sind;
c) ggf. alle Zölle, Steuern und sonstigen Abgaben und Gebühren sowie die bei der Ausfuhr fälligen Kosten der Zollformalitäten tragen; und
d) alle zusätzlichen Kosten tragen, die entweder dadurch entstanden sind, dass die ihm zur Verfügung gestellte Ware nicht übernommen worden oder keine Benachrichtigung gemäß B10 erfolgt ist, vorausgesetzt, die Ware ist eindeutig als die vertragliche Ware kenntlich gemacht worden;

FCA (Frei Frachtführer)
Der Käufer muss
a) alle die Ware betreffenden Kosten ab dem Zeitpunkt der Lieferung gemäß A2 tragen, mit Ausnahme der gemäß A9 vom Verkäufer zu übernehmenden Kosten;
b) dem Verkäufer alle Kosten und Gebühren erstatten, die dem Verkäufer durch die Unterstützung bei der Beschaffung der erforderlichen Dokumente und Informationen gemäß A4, A5, A6 und A7(b) entstanden sind;
c) gegebenenfalls Zölle, Steuern und sonstige Kosten in Zusammenhang mit der Transit- oder Einfuhrabfertigung gemäß B7(b) zahlen; und
d) alle zusätzlichen Kosten übernehmen, die entweder dadurch entstehen, dass
  (i) der Käufer es versäumt, einen Frachtführer oder eine andere gemäß B10 zu bestimmende Person zu benennen, oder
  (ii) der Frachtführer oder die vom Käufer gemäß B10 benannte Person es versäumt, die Ware zu übernehmen,
vorausgesetzt, die Ware wurde eindeutig als die vertragliche Ware kenntlich gemacht.

(6) Incoterms 2020 Alle Klauseln

CPT (Frachtfrei)

Der Käufer muss

a) alle die Ware betreffenden Kosten ab dem Zeitpunkt der Lieferung gemäß A2 tragen, mit Ausnahme der gemäß A9 vom Verkäufer zu übernehmenden Kosten;
b) die Kosten der Durchfuhr tragen, sofern diese Kosten nicht gemäß Beförderungsvertrag zu Lasten des Verkäufers gehen;
c) die Entladekosten tragen, sofern diese Kosten nicht gemäß Beförderungsvertrag zu Lasten des Verkäufers gehen;
d) dem Verkäufer alle Kosten und Gebühren erstatten, die dem Verkäufer durch die Unterstützung bei der Beschaffung der erforderlichen Dokumente und Informationen gemäß A5
und A7(b) entstanden sind;
e) gegebenenfalls Zölle, Steuern und sonstige Kosten in Zusammenhang mit der Transit- oder Einfuhrabfertigung gemäß B7(b) zahlen; und
f) alle zusätzlichen Kosten tragen, die ab dem vereinbarten Termin für die Versendung oder ab dem Ende des hierfür vereinbarten Zeitraums entstehen, falls er es versäumt, eine Benachrichtigung gemäß B10 zu erteilen, vorausgesetzt, die Ware wurde eindeutig als die vertragliche Ware kenntlich gemacht.

CIP (Frachtfrei versichert)

Der Käufer muss

a) alle die Ware betreffenden Kosten ab dem Zeitpunkt der Lieferung gemäß A2 tragen, mit Ausnahme der gemäß A9 vom Verkäufer zu übernehmenden Kosten;
b) die Kosten der Durchfuhr tragen, sofern diese Kosten nicht gemäß Beförderungsvertrag zu Lasten des Verkäufers gehen;
c) die Entladekosten tragen, sofern diese Kosten nicht gemäß Beförderungsvertrag zu Lasten des Verkäufers gehen;
d) die Kosten für jede zusätzliche auf Verlangen des Käufers nach A5 und B5 abgeschlossene Versicherung tragen;
e) dem Verkäufer alle Kosten und Gebühren erstatten, die dem Verkäufer durch die Unterstützung bei der Beschaffung der erforderlichen Dokumente und Informationen gemäß A5 und A7(b) entstanden sind;
f) gegebenenfalls Zölle, Steuern und sonstige Kosten in Zusammenhang mit der Transit- oder Einfuhrabfertigung gemäß B7(b) zahlen; und alle zusätzlichen Kosten tragen, die ab dem vereinbarten Termin für die Versendung oder ab dem Ende des hierfür vereinbarten Zeitraums entstehen, falls er es versäumt, eine Benachrichtigung gemäß B10 zu erteilen, vorausgesetzt, die Ware wurde eindeutig als die vertragliche Ware kenntlich gemacht.

DAP (Geliefert benannter Ort)

Der Käufer muss

a) alle die Ware betreffenden Kosten ab dem Zeitpunkt der Lieferung gemäß A2 tragen;
b) alle Entladekosten tragen, die erforderlich sind, um die Ware vom ankommenden Beförderungsmittel am benannten Bestimmungsort zu übernehmen, sofern diese Kosten gemäß Beförderungsvertrag nicht zu Lasten des Verkäufers gehen:
c) dem Verkäufer alle Kosten und Gebühren erstatten, die dem Verkäufer durch die Unterstützung bei der Beschaffung der erforderlichen Dokumente und Informationen gemäß A7(b) entstanden sind;
d) gegebenenfalls Zölle, Steuern und sonstige Kosten in Zusammenhang mit der Einfuhrabfertigung gemäß B7(b) zahlen; und
e) alle zusätzlichen Kosten tragen, die dem Verkäufer entstehen, falls der Käufer seine Verpflichtungen gemäß B7 nicht erfüllt oder es versäumt, eine Benachrichtigung

gemäß B10 zu erteilen, vorausgesetzt, die Ware wurde eindeutig als die vertragliche Ware kenntlich gemacht.

DPU (Geliefert benannter Ort entladen)

Der Käufer muss

a) alle die Ware betreffenden Kosten ab dem Zeitpunkt der Lieferung gemäß A2 tragen;
b) dem Verkäufer alle Kosten und Gebühren erstatten, die dem Verkäufer durch die Unterstützung bei der Beschaffung der erforderlichen Dokumente und Informationen gemäß A7(b) entstanden sind;
c) gegebenenfalls Zölle, Steuern und sonstige Kosten in Zusammenhang mit der Einfuhrabfertigung gemäß B7(b) zahlen; und
d) alle zusätzlichen Kosten tragen, die dem Verkäufer entstehen, falls der Käufer seine Verpflichtungen gemäß B7 nicht erfüllt oder es versäumt, eine Benachrichtigung gemäß B10 zu erteilen, vorausgesetzt, die Ware wurde eindeutig als die vertragliche Ware kenntlich gemacht.

DDP (Geliefert verzollt)

Der Käufer muss

a) alle die Ware betreffenden Kosten ab dem Zeitpunkt der Lieferung gemäß A2 tragen;
b) alle Entladekosten tragen, die erforderlich sind, um die Ware vom ankommenden Beförderungsmittel am benannten Bestimmungsort zu übernehmen, sofern diese Kosten gemäß Beförderungsvertrag nicht zu Lasten des Verkäufers gehen; und
c) alle zusätzlichen Kosten tragen, die dem Verkäufer entstehen, falls der Käufer seine Verpflichtungen gemäß B7 nicht erfüllt oder es versäumt, eine Benachrichtigung gemäß B10 zu erteilen, vorausgesetzt, die Ware wurde eindeutig als die vertragliche Ware kenntlich gemacht.

FAS (Frei Längsseite Schiff)

Der Käufer muss

a) alle die Ware betreffenden Kosten ab dem Zeitpunkt der Lieferung gemäß A2 tragen, mit Ausnahme der gemäß A9 vom Verkäufer zu übernehmenden Kosten;
b) dem Verkäufer alle Kosten und Gebühren erstatten, die dem Verkäufer durch die Unterstützung bei der Beschaffung der erforderlichen Dokumente und Informationen gemäß A4,
A5, A6 und A7(b) entstanden sind;
c) gegebenenfalls Zölle, Steuern und sonstige Kosten in Zusammenhang mit der Transit- oder Einfuhrabfertigung gemäß B7(b) zahlen; und
d) alle zusätzlichen Kosten übernehmen, die entweder dadurch entstehen, dass
   (i) der Käufer es versäumt hat, eine Benachrichtigung gemäß B10 zu erteilen, oder
   (ii) das vom Käufer gemäß B10 benannte Schiff nicht rechtzeitig eintrifft, die Ware nicht übernimmt oder schon vor dem gemäß B10 mitgeteilten Zeitpunkt keine Ladung mehr annimmt;
vorausgesetzt, die Ware wurde eindeutig als die vertragliche Ware kenntlich gemacht.

FOB (Frei an Bord)

Der Käufer muss

a) alle die Ware betreffenden Kosten ab dem Zeitpunkt der Lieferung gemäß A2 tragen, mit Ausnahme der gemäß A9 vom Verkäufer zu übernehmenden Kosten;

(6) Incoterms 2020 Alle Klauseln

b) dem Verkäufer alle Kosten und Gebühren erstatten, die dem Verkäufer durch die Unterstützung bei der Beschaffung der erforderlichen Dokumente und Informationen gemäß A4,
A5, A6 und A7(b) entstanden sind;
c) gegebenenfalls Zölle, Steuern und sonstige Kosten in Zusammenhang mit der Transit- oder Einfuhrabfertigung gemäß B7(b) zahlen; und
d) alle zusätzlichen Kosten übernehmen, die entweder dadurch entstehen, dass
   (i) der Käufer es versäumt hat, eine Benachrichtigung gemäß B10 zu erteilen, oder
   (ii) das vom Käufer gemäß B10 benannte Schiff nicht rechtzeitig eintrifft, die Ware nicht übernimmt oder schon vor dem gemäß B10 mitgeteilten Zeitpunkt keine Ladung mehr annimmt;
vorausgesetzt, die Ware wurde eindeutig als die vertragliche Ware kenntlich gemacht.

CFR (Kosten und Fracht)

Der Käufer muss

a) alle die Ware betreffenden Kosten ab dem Zeitpunkt der Lieferung gemäß A2 tragen, mit Ausnahme der gemäß A9 vom Verkäufer zu übernehmenden Kosten;
b) die Kosten der Durchfuhr tragen, sofern diese Kosten nicht gemäß Beförderungsvertrag zu Lasten des Verkäufers gehen;
c) die Entladekosten tragen, einschließlich der Kosten für Leichterung und Kaigebühren, es sei denn, diese Kosten und Gebühren gehen nach dem Beförderungsvertrag zu Lasten des Verkäufers;
d) dem Verkäufer alle Kosten und Gebühren erstatten, die dem Verkäufer durch die Unterstützung bei der Beschaffung der erforderlichen Dokumente und Informationen gemäß A5
und A7(b) entstanden sind;
e) gegebenenfalls Zölle, Steuern und sonstige Kosten in Zusammenhang mit der Transit- oder Einfuhrabfertigung gemäß B7(b) zahlen; und
f) alle zusätzlichen Kosten tragen, die ab dem vereinbarten Termin für die Versendung oder ab dem Ende des hierfür vereinbarten Zeitraums entstehen, falls er es versäumt, eine Benachrichtigung gemäß B10 zu erteilen, vorausgesetzt, die Ware wurde eindeutig als die vertragliche Ware kenntlich gemacht.

CIF (Kosten, Versicherung und Fracht)

Der Käufer muss

a) alle die Ware betreffenden Kosten ab dem Zeitpunkt der Lieferung gemäß A2 tragen, mit Ausnahme der gemäß A9 vom Verkäufer zu übernehmenden Kosten;
b) die Kosten der Durchfuhr tragen, sofern diese Kosten nicht gemäß Beförderungsvertrag zu Lasten des Verkäufers gehen;
c) die Entladekosten tragen, einschließlich der Kosten für Leichterung und Kaigebühren, es sei denn, diese Kosten und Gebühren gehen nach dem Beförderungsvertrag zu Lasten des Verkäufers;
d) die Kosten für jede zusätzliche auf Verlangen des Käufers nach A5 und B5 abgeschlossene Versicherung tragen;
e) dem Verkäufer alle Kosten und Gebühren erstatten, die dem Verkäufer durch die Unterstützung bei der Beschaffung der erforderlichen Dokumente und Informationen gemäß A5
und A7(b) entstanden sind;
f) gegebenenfalls Zölle, Steuern und sonstige Kosten in Zusammenhang mit der Transit- oder Einfuhrabfertigung gemäß B7(b) zahlen; und
g) alle zusätzlichen Kosten tragen, die ab dem vereinbarten Termin für die Versendung oder ab dem Ende des hierfür vereinbarten Zeitraums entstehen, falls er es versäumt,

eine Benachrichtigung gemäß B10 zu erteilen, vorausgesetzt, die Ware wurde eindeutig als die vertragliche Ware kenntlich gemacht.

A10. BENACHRICHTIGUNGEN
EXW (Ab Werk)
Der Verkäufer muss den Käufer über alles Nötige benachrichtigen, damit dieser die Ware übernehmen kann.

FCA (Frei Frachtführer)
Der Verkäufer muss den Käufer in hinreichender Weise davon in Kenntnis setzen, dass die Ware gemäß A2 geliefert wurde oder dass der Frachtführer bzw. eine andere vom Käufer benannte Person die Ware innerhalb der vereinbarten Frist nicht übernommen hat.

CPT (Frachtfrei)
Der Verkäufer muss den Käufer benachrichtigen, dass die Ware gemäß A2 geliefert wurde.

Der Verkäufer muss den Käufer über alles Nötige benachrichtigen, damit dieser die Ware übernehmen kann.

CIP (Frachtfrei versichert)
Der Verkäufer muss den Käufer benachrichtigen, dass die Ware gemäß A2 geliefert wurde.

Der Verkäufer muss den Käufer über alles Nötige benachrichtigen, damit dieser die Ware übernehmen kann.

DAP (Geliefert benannter Ort)
Der Verkäufer muss den Käufer über alles Nötige benachrichtigen, damit dieser die Ware übernehmen kann.

DPU (Geliefert benannter Ort entladen)
Der Verkäufer muss den Käufer über alles Nötige benachrichtigen, damit dieser die Ware übernehmen kann.

DDP (Geliefert verzollt)
Der Verkäufer muss den Käufer über alles Nötige benachrichtigen, damit dieser die Ware übernehmen kann.

FAS (Frei Längsseite Schiff)
Der Verkäufer muss den Käufer in hinreichender Weise davon in Kenntnis setzen, dass die Waren gemäß A2 geliefert worden sind oder dass das Schiff die Waren nicht innerhalb der vereinbarten Frist geladen hat.

FOB (Frei an Bord)
Der Verkäufer muss den Käufer in hinreichender Weise davon in Kenntnis setzen, dass die Waren gemäß A2 geliefert worden sind oder dass das Schiff die Waren nicht innerhalb der vereinbarten Frist geladen hat.

CFR (Kosten und Fracht)
Der Verkäufer muss den Käufer benachrichtigen, dass die Ware gemäß A2 geliefert wurde.

Der Verkäufer muss den Käufer über alles Nötige benachrichtigen, damit dieser die Ware übernehmen kann.

(6) Incoterms 2020 Alle Klauseln

CIF (Kosten, Versicherung und Fracht)
Der Verkäufer muss den Käufer benachrichtigen, dass die Ware gemäß A2 geliefert wurde.

Der Verkäufer muss den Käufer über alles Nötige benachrichtigen, damit dieser die Ware übernehmen kann.

B10. BENACHRICHTIGUNGEN
EXW (Ab Werk)
Wenn vereinbart wurde, dass der Käufer berechtigt ist, innerhalb eines vereinbarten Zeitraums den Zeitpunkt und/ oder am benannten Ort die Stelle für die Warenübernahme zu bestimmen, muss der Käufer den Verkäufer hierüber in geeigneter Weise benachrichtigen.

FCA (Frei Frachtführer)
Der Käufer muss den Verkäufer über folgende Einzelheiten in Kenntnis setzen:
- **a)** Name des Frachtführers oder einer anderen benannten Person, wobei diese Inkenntnissetzunginnerhalb einer ausreichenden Frist erfolgen muss, um dem Verkäufer die Lieferung der Ware gemäß A2 zu ermöglichen;
- **b)** gewählter Zeitpunkt innerhalb des ggf. vereinbarten Lieferzeitraums, zu dem der Frachtführer oder die benannte Person die Ware übernehmen soll;
- **c)** Transportart, die vom Frachtführer oder von der benannten Person genutzt wird, einschließlich aller transportbezogener Sicherheitsanforderungen; und
- **d)** die Stelle, an der die Ware am benannten Lieferort entgegengenommen wird.

CPT (Frachtfrei)
Wenn vereinbart wurde, dass der Käufer berechtigt ist, den Zeitpunkt für die Versendung der Ware und/oder die Stelle für die Entgegennahme der Ware am benannten Bestimmungsort zu bestimmen, muss der Käufer den Verkäufer hierüber in hinreichender Weise benachrichtigen.

CIP (Frachtfrei versichert)
Wenn vereinbart wurde, dass der Käufer berechtigt ist, den Zeitpunkt für die Versendung der Ware und/oder die Stelle für die Entgegennahme der Ware am benannten Bestimmungsort zu bestimmen, muss der Käufer den Verkäufer hierüber in hinreichender Weise benachrichtigen.

DAP (Geliefert benannter Ort)
Wenn vereinbart wurde, dass der Käufer berechtigt ist, innerhalb eines vereinbarten Lieferzeitraums den Zeitpunkt und/oder am benannten Bestimmungsort die Stelle für die Warenübernahme zu bestimmen, muss der Käufer den Verkäufer hierüber in geeigneter Weise benachrichtigen.

DPU (Geliefert benannter Ort entladen)
Wenn vereinbart wurde, dass der Käufer berechtigt ist, innerhalb eines vereinbarten Lieferzeitraums den Zeitpunkt und/oder am benannten Bestimmungsort die Stelle für die Warenübernahme zu bestimmen, muss der Käufer den Verkäufer hierüber in geeigneter Weise benachrichtigen.

DDP (Geliefert verzollt)
Wenn vereinbart wurde, dass der Käufer berechtigt ist, innerhalb eines vereinbarten Lieferzeitraums den Zeitpunkt und/oder am benannten Bestimmungsort die Stelle für die Warenübernahme zu bestimmen, muss der Käufer den Verkäufer hierüber in geeigneter Weise benachrichtigen.

FAS (Frei Längsseite Schiff)

Der Käufer muss dem Verkäufer in hinreichender Weise alle transportbezogenen Sicherheitsanforderungen, den Namen des Schiffs, die Ladestelle und ggf. den gewählten Lieferzeitpunkt innerhalb des vereinbarten Lieferzeitraums mitteilen.

FOB (Frei an Bord)

Der Käufer muss dem Verkäufer in hinreichender Weise alle transportbezogenen Sicherheitsanforderungen, den Namen des Schiffs, die Ladestelle und ggf. den gewählten Lieferzeitpunkt innerhalb des vereinbarten Lieferzeitraums mitteilen.

CFR (Kosten und Fracht)

Wenn vereinbart wird, dass der Käufer berechtigt ist, den Zeitpunkt für die Verschiffung der Ware und/oder die Stelle für die Entgegennahme der Ware innerhalb des benannten Bestimmungshafens zu bestimmen, muss er den Verkäufer in hinreichender Weise von diesem Zeitpunkt und/oder der betreffenden Stelle in Kenntnis setzen.

CIF (Kosten, Versicherung und Fracht)

Wenn vereinbart wird, dass der Käufer berechtigt ist, den Zeitpunkt für die Verschiffung der Ware und/oder die Stelle für die Entgegennahme der Ware innerhalb des benannten Bestimmungshafens zu bestimmen, muss er den Verkäufer in hinreichender Weise von diesem Zeitpunkt und/oder der betreffenden Stelle in Kenntnis setzen.

V. Bankgeschäfte (mit Börsen- und Kapitalmarktrecht)

(7) Bankgeschäfte

Schrifttum

a) Kommentare und Handbücher: Bankrechts-Handbuch: BankR-HdB *(Ellenberger/ Bunte/(Bearbeiter)*, 2 Bde, 6. Aufl. 2022. – LBS *(Langenbucher/Bliesener/Spindler)/(Bearbeiter)* 3. Aufl. 2020. – BuB (Lbl). – BH*Casper* (Baumbach/Hefermehl/*Casper*), Wechselgesetz, Scheckgesetz, Recht des Zahlungsverkehrs 24. Aufl. 2020. – BeckOGK/*(Bearbeiter)* online. – BeckOK BGB/*(Bearbeiter)* online. – *Baas/Buck-Heeb/Werner*, Anlegerschutzgesetzt 2019. – *Bülow/Artz,* ZKG, Zahlungskontengesetz, 2017. – BZ *(Bunte/Zahrte)/(Bearbeiter)*, AGB-Banken, AGB-Sparkassen, Sonderbedingungen, 5. Aufl 2019. – *Canaris,* Bankvertragsrecht, 2. Aufl 1981 (Sonderausgabe aus GroßKo III 3, 2. Bearbeitung), 1. Teil 3. Aufl. 1988. – DKB *(Derleder/Knops/Bamberger)/(Bearbeiter)* 2 Bde 3. Aufl. 2016. – EBJS *(Ebenroth/Boujong/ Joost/Strohn)/(Bearbeiter)* Bd 2 4. Aufl. 2020 Bank- und Börsenrecht A–G. – *Ellenberger/Bunte* s BankR-HdB. – *Fandrich/Karper* (MüAnwaltsHdb Bank- und Kapitalmarktrecht), 2. Aufl. 2018. – Grüneberg/*Sprau* BGB, 81. Aufl. 2022, §§ 675c–676c. – *(Staub)/Grundmann/(Bearbeiter),* Bankvertragsrecht, Bd. 1 Grundlagen und Commercial Banking, 2020, Bd. 2 Investmentbanking, 2021, überarbeitete Sonderausgabe von Staub/Grundmann 5. Aufl. 2015/ 2016/2017 (unten), zit. Teile 1–7/Rn. – *Habersack/Mülbert/Schlitt/(Bearbeiter),* Unternehmensfinanzierung am Kapitalmarkt, 4. Aufl. 2020. – *Hopt/Mülbert,* Kreditrecht (Sonderausgabe aus Staudinger) 1989. – *Josten,* Kreditvertragsrecht, 2. Aufl. 2017. – *Krepold/Fischbeck/ Kropf/Werner* Bankrecht 2. Aufl. 2017. – KMFS *(Kümpel/Mülbert/Früh/Seyfried)/(Bearbeiter)*, 6. Aufl. 2022. – *Langenbucher/Bliesener/Spindler* s *LBS. – Langenbucher/Gößmann/Werner* 2004 (Zahlungsverkehr). – *Lehmann/Kumpan,* European Financial Services Law, 2019. – *Linardatos* 2020 (automatisierte Finanz- und Versicherungsdienste). – *Möslein/Omlor/(Bearbeiter)*, Fin-Tech-Handbuch, 2. Aufl. 2021. – MüKoHGB/*(Bearbeiter)* 4. Aufl. Bd. 6 2019 Bankvertragsrecht, darin: MüKoHGB/*Herresthal/Häuser/Zahrte/Omlor/Haertlein/Linardatos/Wedemann/ Samhat* (A.-K. Zahlungsverkehr), MüKoHGB/*Singhof* (L. Emissionsgeschäft), MüKoHGB/ *Zahrte* (M. Anlageberatung), MüKoHGB/*Fest* (N. Einlagengeschäft), MüKoHGB/*Herresthal* (O. Vermögensverwaltung), MüKoHGB/*Ekkenga* (P. Effektengeschäft), MüKoHGB/*Einsele* (Q. Depotgeschäft), MüKoHGB/*Brink/Ferrari* FactÜ). – *Park,* Kapitalmarktstrafrecht, 5. Aufl. 2019. – *Schäfer/Omlor/Mimburg* ZAG 2021. – *Schäfer/Sethe/Lang* 2012 (Informationspflichten). – *Schlegelberger/Hefermehl* Bd IV, Anh § 365, 5. Aufl. 1976. – *Schwennike/Auerbach,* KWG (mit ZAG), 4. Aufl. 2021. – *Staub/Grundmann* Bd. 10/1 (Bankvertragsrecht I: Organisation und Kreditwesen, Bank-Kunden-Verhältnis) 5. Aufl. 2016; *Staub/Grundmann, Staub/ Renner* Bd. 10/2 (Bankvertragsrecht II: Commercial Banking: Zahlungs- und Kreditgeschäft) 5. Aufl. 2015 (Zahlungsgeschäft Bd. 10/2 Teil 3, Kreditgeschäft Bd. 10/2 Teil 4); *Staub/ Grundmann* Bd. 11/1 (Bankvertragsrecht: Investment Banking I, 5. und 6. Teil) 5. Aufl. 2017; *Staub/Grundmann* Bd 11/2 (Bankvertragsrecht: Investment Banking II, 6. Teil 4. und 5. Abschn., 8. Teil WpHG); *Staub/Möslein* Bd 11/2 (Bankvertragsrecht: Investment Banking II, 6. Teil 6. Abschn. WpÜG); *Staub/Binder* Bd 11/2 (Bankvertragsrecht: Investment Banking II, 7. Teil Organisationsrecht). – UBH *(Ulmer/Brandner/Hensen)(/Bearbeiter,* zB */Fuchs/ Zimmermann)*, AGB-Recht, 13. Aufl. 2022, Teil 2 (8) Banken-AGB Rn. 1 ff. – *Veil,* Europäisches und deutsches Kapitalmarktrecht, 3. Aufl. 2022. – WLP *(Wolf/Lindacher/Pfeiffer)/ (Bearbeiter)* AGB-Recht 7. Aufl. 2020, /*Pamp* AGB der Banken B 1, /*H. Schmidt* Darlehensverträge D 1 u. a.

b) Lehr- und Studienbücher: *Buck-Heeb,* Kapitalmarktrecht, 11. Aufl. 2020. – *Claussen/Erne/(Bearbeiter)* 6. Aufl 2022. – *Einsele* 5. Aufl 2022. – *Fleischer/Korch,* Fälle zum Kapitalmarktrecht, 2021. – *Fischer/Klanten* 4. Aufl. 2010. – *Langenbucher,* Aktien- und Kapitalmarktrecht, 5. Aufl. 2022. – *Lenenbach,* Kapitalmarkt- und Börsenrecht, 2. Aufl. 2010. – *Poelzig,* Kapitalmarktrecht, 2. Aufl. 2021. – *Schwintowski/(Bearbeiter),* Bankrecht, 6. Aufl 2022. – *Schwintowski,* Bank- und Kapitalmarktrecht, 4. Aufl. 2016 (PdW).

c) Sonstige Beiträge: ASB *(Assmann/Schütze/Buck-Heeb),* Hdb des Kapitalanlagerechts, 5. Aufl 2020. – *Baas/Buck-Heeb/Werner,* Anlegerschutzgesetze, 2019. – *BrV,* Bankrechtstage seit 1990. – *Heermann,* Geld und Geldgeschäfte, 2003. – *Hopt,* Kapitalanlegerschutz im Recht der Banken, 1975. – *Hopt/Binder/Werder,* Hdb Corporate Governance von Banken

V. Bankgeschäfte **BankGesch (7)**

und Versicherungen, 2. Aufl. 2020. – *Hüffer/van Look,* Bankkonto, 4. Aufl 2000. – *Lang,* Informationspflichten bei WPDienstleistungen, 2003. – *Obermüller,* Insolvenzrecht in der Bankpraxis, 9. Aufl 2016. – *RWS,* Forum Bankrecht seit 1998 (RWSForum). – *K. Schmidt,* Geldrecht (Sonderausgabe aus Staudinger), 1997. – Staudinger/*Freitag,* Staudinger/*Mülbert,* Darlehensrecht 2015. – Staudinger/*Omlor,* §§ 244–248 (Geldrecht), 2016. – Staudinger/ *Omlor,* §§ 675c–676c (Zahlungsdiensterecht) 2020. – *Vahldiek,* German Banking Law, 2. Aufl. 2020. – *Wernicke,* Privates Bankrecht im EG-Binnenmarkt, 1996. – *Zoller,* Die Haftung bei Kapitalanlagen, 4. Aufl 2019. – *Habersack* Bankrechtstag 2002, 3 (SMG). – *Nobbe* ZBB 2009, 93 (Verjährung im Bankrecht). – *Leuering* NJW 2012, 1905 (Neuordnung Prospekthaftung). – *Herresthal* FS Canaris II 2017, 869 (Sonderdogmatik im Bankvertragsrecht). – *Binder* ZEuP 2017, 569 (EU, Individualschutz). – *Grundmann* ZBB 2018, 1 (WpHG-Fundamentalreform 2018, Wohlverhaltensregeln). – *Möslein* ZBB 2018, 208 (smart contracts, FinTech). – *Schnauder* WM 2022, 645 (Bausparvertrag). – **Muster:** *Hopt/Merkt/ (Bearbeiter),* Vertrags- und Formularbuch zum Hdl-, Ges- und Bankrecht, (zit. Hopt/Merkt VertrFormB/*Bearbeiter*), 6. Aufl 2022, Teil IV.A-W (mit rund 225 Vertragsmustern, Vertragsbausteinen und Formularen zu den Bankgeschäften mit Börse und Kapitalmarkt). – *Schwark* ZHR 151 (1987), 325. **RsprÜbersichten:** Aus den Senaten *Grüneberg,* Bankenhaftung bei Kapitalanlagen, 2017; *Wiechers* WM 2011, 145 (XI ZS), 2012, 477; *Grüneberg* WM 2017, 1, 61 (XI. ZS), BKR 2021, 121, WM 2022, 153; *Schlick* WM 2011, 154 (III. ZS Kapitalanlagerecht), *Herrmann/Reiter* WM 2018, 545 (III. ZS Kapitalanlagerecht); *Herrmann* WM 2021, 261 (III ZS); 2022, 205; *Karczewski* WM 2019, 381, 433 (IV. ZS). Sonstige: BGHFSWissII/*Hadding/Schwark/Hopt* 2000, 425, 455, 497 (Zahlungsverkehr; Börsenrecht; Kapitalmarktrecht mit Prospekthaftung); *Wiechers* WM 2011, 145; 2013, 341; 2014, 145; 2015, 457; *Stackmann* NJW 2020, 196; 2020, 2373; 2021, 211; 2022, 224 *von Bonin/Glos* WM 2014, 1653; 2015, 2257; 2017, 2173, 2221; 2020, 349 (EURspr). Weiteres Schrifttum und Rspr ua zum Kapitalmarktrecht s bei den einzelnen Bankgeschäften.

AGB s **(8)** AGB-Banken, **(8a)** AGB-Spark.

Börsenrecht s vor **(14)** BörsG

Kapitalmarktrecht und WpHG s vor Rn. Q1.

Übersicht

	Rn
1. Kap. Bankvertrag und Geschäftsverbindung	A1–60
A. Grundlagen des Bankrechts	A1–60
1) HGB und Bankgeschäfte	A1–3
2) KWG und Bankgeschäfte	A4, 5
3) Bankvertrag, Geschäftsverbindung, AGB	A6–8
4) Bankgeheimnis	A99–13
5) Bankauskünfte	A14, 15
6) Informationspflicht: Wissenszurechnung; Aufklärungs-, Warn- und Beratungspflichten	A16–29
7) Haftung gegenüber Dritten	A30–35
8) Konto	A36–52
9) Datenschutz bei Bankgeschäften	A53–55
10) Verfahrensrecht (Ombudsmann) Einlagensicherung, Anlegerentschädigung, Insolvenz	A56–59
11) Internationales Bankvertragsrecht	A60
2. Kap. Passivgeschäft, insbesondere Einlagengeschäft	B1–6
B. Einlagengeschäft	B1–6
1) Rechtliche Qualifikation	B1–2
2) Rückzahlung der Einlagen, insbesondere Spareinlagen	B3–6
A. Rückzahlung	B3
B. Rückzahlung an Nichtberechtigte (§§ 362, 808 BGB)	B4
C. Pfändung	B6
3. Kap. Bargeldloser Zahlungsverkehr	C1–F67
C. Das neue Recht des Zahlungsverkehrs, insbesondere Zahlungsdienste	C1–85

Hopt   2301

(7) BankGesch

2. Teil. Handelsrechtl. Nebenges.

	Rn
1) EU-basiertes Recht für den Zahlungsverkehr, insbesondere Giroüberweisung, Lastschrift und Bankkunden-Karte	C1–C19
A. EU-Zahlungsdiensterichtlinie II von 2015 und Umsetzung 2017	C1
B. Zahlungsverkehr und Zahlungsdienste	C6
C. Regelungstechnik und Neuerungen der §§ 675c–676c BGB	C12
D. Überweisungen im europäischen Zahlungsraum (SEPA-Überweisungen)	C18
2) Rechtliche Qualifikation, Abschluss und Kündigung des Giro- bzw. Zahlungsdiensterahmenvertrags	C20–32
A. Girogeschäft, Bedingungen für den Überweisungsverkehr 2018	C20
B. Girovertrag als Zahlungsdiensterahmenvertrag	C25
C. Abschluss, Änderung und Kündigung des Giro- bzw. Zahlungsdiensterahmenvertrags	C30
3) Das Rechtsverhältnis zwischen den Banken und dem Überweisenden (Deckungsverhältnis)	C33–82
A. Überweisungsauftrag und Autorisierung	C33
B. Rechte und Pflichten der Bank	C41
C. Rechte und Pflichten des Überweisenden, keine Rechte des Überweisungsempfängers	C52
D. Mängel der Überweisungsanweisung, Haftung des Zahlungsdienstleisters (§§ 675u–675z, 676–676c BGB)	C54
4) Das Rechtsverhältnis zwischen den Banken beim mehrgliedrigen Überweisungsverkehr (Interbankenverhältnis)	C83–88
A. Rechtliche Qualifikation, kein Zahlungsdienst zwischen Teilnehmern von Zahlungsabwicklungssystemen (§ 1 X Nr. 7 ZAG)	C83
B. Regelung des Zahlungsabwicklungssystems	C84
C. Haftung des Zahlungsdienstleisters für Verschulden einer zwischengeschalteten Stelle (§ 675z S. 3 BGB)	C85
D. Ausgleichsanspruch zwischen Zahlungsdienstleistern oder zwischengeschalteten Stellen (§ 676a BGB), sonstige Ansprüche	C86
5) Das Rechtsverhältnis zwischen der Bank bzw. den Banken und dem Überweisungsempfänger (Inkasso- oder Ausführungsverhältnis)	C89–105
A. Vor Gutschrift	C89
B. Nach Gutschrift	C91
C. Bereicherungsausgleich bei Fehlüberweisung	C93
D. Stornierung	C104
E. Verrechnung	C105
6) Das Rechtsverhältnis zwischen dem Überweisenden und dem Überweisungsempfänger (Valutaverhältnis)	C106–110
A. Zulässigkeit der Überweisung	C106
B. Erfüllung	C107
C. Rechtzeitigkeit	C108
D. Gefahrtragung	C109
E. Bereicherungsausgleich	C110
D. Lastschrift	D1–60
1) SEPA-Lastschrift; Formen der Lastschrift	D1–D5
A. SEPA-VO 2012 und Zulässigkeit nur der SEPA-Lastschrift	D1
B. Regeln für die Lastschrift	D2
C. Halbzwingendes Recht, Ausnahmen (§ 675e BGB)	D5

V. Bankgeschäfte **BankGesch (7)**

	Rn
2) Rechtliche Qualifikation	D6–13
A. Lastschriftverfahren	D6
B. Formen der Lastschrift	D8
C. Vier Vertragsverhältnisse bei der Lastschrift	D12
D. Bedingungen für Zahlungen mittels SEPA-Lastschrift 2014	D13
3) Grundlagen, wesentliche Merkmale und Verfahrensablauf des SEPA-Basislastschriftverfahrens	D14–27
A. Rechtsgrundlagen und wesentliche Merkmale	D14
B. Kundenkennung	D16
C. SEPA-Basislastschriftmandat des Zahlungspflichtigen	D17
D. Maßnahmen des Zahlungsempfängers	D18
E. Belastung des Zahlungskontos und Gutschrift	D20
F. Widerruf und Ungültigwerden des SEPA-Lastschriftmandats; Kündigung des Zahlungsdiensterahmenvertrags	D23
4) Das SEPA-Firmenlastschriftverfahren	D28–35
A. Rechtgrundlagen und wesentliche Merkmale	D28
B. Besonderheiten gegenüber dem SEPA-Basislastschriftverfahren	D29
5) Das Rechtsverhältnis zwischen den Banken und dem Lastschriftschuldner (Deckungsverhältnis)	D36–40
A. Einlösungsanweisung, Autorisierung	D36
B. Entgelt, Aufwendungsersatzanspruch	D37
C. Erstattungsanspruch des Verbraucher-Schuldners	D38
D. Unterschiede zum Deckungsverhältnis bei der früheren Einzugsermächtigungslastschrift	D38a
E. Benachrichtigungspflicht der Bank	D39
F. Mängel der Lastschriftanweisung, Haftung des Zahlungsdienstleisters (§§ 675u–675z, 676–676c BGB)	D40
6) Das Rechtsverhältnis zwischen den Banken (Interbankenverhältnis)	D41–45
A. Rechtliche Qualifikation	D41
B. SEPA-Lastschriftabkommen	D42
C. Drittschutzwirkungen bzw. Schutzpflichten aus Gesetz	D44
D. Haftung aus § 826 BGB	D45
7) Das Rechtsverhältnis zwischen den Banken und dem Lastschriftgläubiger (Inkasso- oder Ausführungsverhältnis)	D46-D55
A. Inkassovereinbarung, Inkassoauftrag	D46
B. Bedingungen für den Lastschrifteinzug	D47
C. Gutschrift	D748
D. Rückbelastung	D49
E. Bereicherungsausgleich bei fehlerhaften Lastschriften	D50
8) Das Rechtsverhältnis zwischen dem Lastschriftschuldner und dem Lastschriftgläubiger (Valutaverhältnis)	D56–60
A. Lastschriftabrede	D56
B. Erfüllung	D57
C. Rechtzeitigkeit (Verzögerungsgefahr)	D58
D. Gefahrtragung (Verlustgefahr)	D59
E. Bereicherungsausgleich im Valutaverhältnis	D60
E. Scheck	E1-E18
1) Scheckgeschäft	E1-5
A. Scheckvertrag	E1
B. Prüfungspflicht der Bank, Bösgläubigkeit	E/2
C. Schecksperre	E/4
D. Bereicherungsausgleich	E/5

(7) BankGesch

2. Teil. Handelsrechtl. Nebenges.

	Rn
2) Scheckeinziehung (Scheckinkasso)	E/6, E/7
A. Scheckeinziehung (Scheckinkasso)	E/6
B. Abkommen	E/7
3) Scheckauskunft	E/8
4) Reisescheck	E/9–18
A. Rechtliche Qualifikation	E/9
B. Das Rechtsverhältnis zwischen dem Reisescheckersterwerber und dem Reisescheckemittenten	E12
C. Das Rechtsverhältnis zwischen der Einlösestelle und dem Reisescheckemittenten	E15
D. Das Rechtsverhältnis zwischen dem Reisescheckersterwerber und der Einlösestelle	E18
F. Die (Giro-)Karte; Geldkarte; POS; Kreditkarte	F1–67
1) Geltung der §§ 675c–676c BGB auch für die Kartenzahlung	F1
2) Die Karte (girocard, Debitkarte)	F2–12
A. Einsatzbereich der Karte	F2
B. Rechtliche Qualifikation	F3
C. Auszahlungsauftrag (Weisung) und Autorisierung	F4
D. Rechte und Pflichten des Karteninhabers	F5
E. Haftung bei missbräuchlicher Nutzung der Karte	F12
3) GeldKarte	F13–18
A. Einsatzbereich	F13
B. Rechtliche Qualifikation	F14
C. Rechte und Pflichten des Karteninhabers und der Bank	F15
D. Zahlungsverpflichtung der Bank gegenüber den Vertragsunternehmen	F17
E. Haftung bei missbräuchlicher Nutzung der GeldKarte	F18
4) Automatisierte Zahlungssysteme	F19-F31
A. Automatisierte Zahlungssysteme	F19
B. Rechtliche Qualifikation	F20
C. Rechte und Pflichten des Karteninhabers und der Bank	F21
D. Zahlungsverpflichtung der Bank gegenüber den Betreibern	F23
E. Haftung bei missbräuchlicher Nutzung der Karte	F25
F. POZ; Elektronisches Lastschriftverfahren	F26
G. E-Geld-Geschäft, Online-Banking	F27
5) Kreditkarte	F32–67
A. Rechtliche Qualifikation	F32
B. Das Rechtsverhältnis zwischen dem Kreditkarteninhaber und dem Kreditkartenunternehmen (Deckungsverhältnis)	F35
C. Das Rechtsverhältnis zwischen dem Kreditkartenunternehmen und dem Vertragsunternehmen (Zuwendungsverhältnis)	F52
D. Das Rechtsverhältnis zwischen dem Kreditkarteninhaber und dem Vertragsunternehmen (Valutaverhältnis)	F65
4. Kap. Kreditgeschäft und Kreditsicherung	G1-J6
G. Kreditgeschäft (mit Finanzierungsdarlehen, ohne Verbraucherdarlehen)	G1–55
1) Erscheinungsformen	G1
2) Krediteröffnungsvertrag (einschließlich sittenwidriger Darlehen)	G2–19a
A. Zustandekommen und Inhalt des Vertrags	G2
B. Nichtige, widerrufene und sittenwidrige Darlehen	G/6
C. Bereicherungsausgleich	G11
D. Kündigung	G14

	Rn
3) Rechtsprobleme besonderer Geldkreditgeschäfte	G20–24
A. Kontokorrentkredit	G20
B. Lombardkredit	G21
C. Hypothekenbank- und Pfandbriefdarlehen	G22
D. Schuldscheindarlehen	G24
4) Rechtsprobleme der Akzeptkreditgeschäfte	G25–27
A. Akzeptkredit	G25
B. Rembourskredit	G26
C. Avalkredit	G27
5) Haftung der Bank bei Kreditvergabe	G28–31
A. Haftung gegenüber dem Kreditnehmen	G28
B. Haftung gegenüber Dritten	G30
6) Sanierung	G32, G33
7) Finanzierungsdarlehen und Verbraucherdarlehen	G34–38
A. Finanzierungsdarlehen	G34
B. Verbraucherdarlehen	G36
8) Das Rechtsverhältnis zwischen Bank, Käufer und Verkäufer beim Finanzierungsdarlehen (außerhalb von §§ 491 ff. BGB)	G39–53
A. Wirtschaftliche Einheit von Kauf und Finanzierungsdarlehen (verbundene Verträge)	G39
B. Anfechtung wegen arglistiger Täuschung	G41
C. Einwendungsdurchgriff bei verbundenen Verträgen	G42
D. Besondere Aufklärungs- und Warnpflichten der Bank beim Finanzierungsdarlehen	G46
E. Bereicherungsausgleich	G48
F. Finanzierungsdarlehen mit Sicherung durch Wechsel	G51
G. Finanzierungsdarlehen bei anderen Leistungen als Waren	G52
9) Freie Darlehen (im Gegensatz zu Finanzierungs- und Verbraucherdarlehen)	G54
10) Unternehmenskredit	G55
H. Kreditsicherungsverträge	H1–7
1) Arten von Kreditsicherheiten	H1
2) Unwirksamkeit der Globalzession	H2–4
A. Ungenügende Bestimmbarkeit, Abtretungsverbot, Insolvenz	H2
B. Knebelung	H3
C. Kollision infolge Mehrfachabtretung	H4
3) Sittenwidrigkeit, Unwirksamkeit von Sicherungsklauseln	H5
4) Kündigung unbefristeter Sicherheitsbestellungen	H6
5) Covenants	H7
J. Diskontgeschäft, Forfaitierungsgeschäft	J1–6
1) Rechtliche Qualifikation des Diskontgeschäfts	J1, J2
A. Erscheinungsformen	J1
B. Rechtliche Qualifikation	J2
2) Rechte und Pflichten der Beteiligten	J3
3) Forfaitierungsgeschäft	J5, J5a
4) Pensionsgeschäft	J/5, J6
5. Kap. Akkreditiv, Bankgarantie, Dokumenteninkasso und sonstiges Auslandsgeschäft	K1–3
K. Akkreditivgeschäft	K1–28
1) Rechtliche Qualifikation des Akkreditivs	K1–2b
A. Rechtliche Qualifikation	K1
B. Einschaltung weiterer Banken	K2
2) Das Rechtsverhältnis zwischen den Banken und dem Akkreditivauftraggeber (Käufer)	K3–9
A. Akkreditivauftrag	K3

(7) BankGesch

2. Teil. Handelsrechtl. Nebenges.

	Rn
B. Weisungen	K4
C. Prüfung der Dokumente (Dokumentenstrenge)	K5
D. Beendigung	K9
3) Das Rechtsverhältnis zwischen der Bank und dem Begünstigten (Verkäufer)	K10–24
A. Vor Akkreditiveröffnung	K10
B. Nach Akkreditiveröffnung	K11
C. Einwendungsausschluss	K16
D. Übertragung, Zahlungsanspruchsabtretung, Pfändung	K23
E. Gegen- oder Unterakkreditiv	K24
4) Das Rechtsverhältnis zwischen dem Akkreditivauftraggeber (Käufer) und dem Begünstigten (Verkäufer) (Valutaverhältnis)	K25–28
A. Akkreditivklausel	K25
B. Erfüllung	K26
C. Gefahrtragung, Insolvenz	K27
D. Einstweilige Verfügung, Arrest	K28
L. Bankgarantiegeschäft (mit Bankbürgschaft und Patronatserklärung)	L1–19
1) Die rechtliche Qualifikation der Garantie	L1-L3
A. Funktion und Rechtsnatur	L1
B. Einschaltung mehrerer Banken	L2
C. Rückgarantie	L3
2) Das Rechtsverhältnis zwischen den Banken und dem Garantieauftraggeber	L4, L5
A. Garantieauftrag	L4
B. Fälschungsrisiko	L5
3) Das Rechtsverhältnis zwischen den Banken und dem Garantiebegünstigten	L6-L16
A. Vor Garantieeröffnung	L6
B. Nach Garantieeröffnung	L7
C. Einwendungsausschluss, Rechtsmissbrauch, Rückabwicklung	L12
D. Übertragung	L16
4) Das Rechtsverhältnis zwischen dem Garantieauftraggeber und dem Garantiebegünstigten (Valutaverhältnis)	L17
5) Bankbürgschaft	L18
6) Patronatserklärung	L19
M. Inkassogeschäft	M1–5
1) Rechtliche Qualifikation	M1–2
2) Das Rechtsverhältnis zwischen den Banken und dem Gläubiger	M3
3) Das Rechtsverhältnis zwischen den Banken und dem Schuldner	M4
4) Das Rechtsverhältnis zwischen dem Gläubiger und dem Schuldner	M5
N. Devisenhandels- und sonstiges Auslandsgeschäft	N1–3
1) Devisenhandelsgeschäft	N1
2) Sonstige Auslandsgeschäfte	N2
3) Ausfuhrgewährleistungen des Bundes, Hermes-Garantien	N3
6. Kap. Factoring und Finanzierungsleasing	O1-P19
O. Factoring	O1–8
1) Rechtliche Qualifikation	O1
2) Verhältnis zwischen Bank und Kunden	O5
3) Globalzession	O7
P. Finanzierungsleasing	P1–19
1) Rechtliche Qualifikation	P1–4

		Rn
2)	Verhältnis zwischen Leasinggeber und Leasingnehmer	P5–17
A.	Vertragsinhalt	P5
B.	Finanzierungsleasing als entgeltliche Finanzierungshilfe	P12
3)	Verhältnis des Leasinggebers zum Hersteller und zu Dritten	P18
4)	Verhältnis des Leasingnehmers zum Hersteller und zu Dritten	P19
7. Kap.	Börse und Kapitalmarkt (Handelsgeschäfte, Wertpapierdienst- und Wertpapiernebendienstleistungen)	Q1-Y4
Q.	Kauf und Verkauf von Wertpapieren	Q1–3
R.	Derivatgeschäfte an der Eurex Deutschland und ausländischen Terminbörsen, Devisen- und Edelmetallgeschäfte	R1
S.	Finanztermingeschäfte, OTC-Derivatgeschäfte	S 1
T.	Wertpapierdarlehen, Pensions- und Repogeschäfte	T1–3
1)	Begriff des Wertpapierdarlehens	T1
2)	Abgrenzung zum echten Wertpapierpensionsgeschäft	T2
3)	Bedeutung	T3
U.	Wohlverhaltensregeln, Beratung, Vermögensverwaltung	U1–3
V.	Schrankfächer, Verwahrstücke und Tresore	V1
W.	Depotgeschäft	W1
X.	Investmentgeschäft	X1
Y.	Emissions- und (Effekten-)Konsortialgeschäft	Y1–4
Z.	Schuldverschreibungen Z1–2	

1. Kap: Bankvertrag und Geschäftsverbindung

A. Grundlagen des Bankrechts

1) HGB und Bankgeschäfte

A. HGB: Das HGB behandelte vor dem HRefG 1998 in Buch I Bankgeschäfte **A1** als GrundHdlGeschäfte (Bankier- und Geldwechslergeschäfte, § 1 II Nr. 4 aF). Der Bankier war VollKfm ohne Eintragung im HdlReg. Seit HRefG ist der Bankier Kfm. nach § 1 II, denn dass der Gewerbebetrieb des Bankiers nach Art oder Umfang einen in kfm. Weise eingerichteten Geschäftsbetrieb nicht erfordert, wird kaum vorkommen. Vorschriften von Bedeutung für Bankgeschäfte enthält Buch IV, zB §§ 349–350 (Bürgschaft, Kreditauftrag, Schuldversprechen, Schuldanerkenntnis), §§ 352–354 (Zinsen, Provision), § 354a (Wirksamkeit der Abtretung einer Geldforderung), §§ 355–357 (Kontokorrent), §§ 363–365 (kfm. Orderpapiere), §§ 366–368 (Übereignung und Verpfändung von Sachen und Wertpapieren), §§ 369–372 (kfm. Zurückbehaltungsrecht), §§ 383 ff. (Kommissionsgeschäft), Vorschriften aus dem Transportrecht (kfm. Dokumente: Lagerschein, Ladeschein, Konnossement ua). Im **BGB** s. jetzt §§ 676 ff. idF ÜG 1999.

B. Handelsrechtliche Nebengesetze: Neben dem HGB sind handelsrecht- **A2** liche Nebengesetze einschließlich nicht rechtsverbindlicher Texte der kfm. und bankgeschäftlichen Praxis für die Bankgeschäfte von spezieller Bedeutung. Die **(8)** AGB-Banken, **(8a)** AGB-Spark bilden die Grundlage für die Geschäftsbeziehung zwischen Bank und Kunden mit zahlreichen Abweichungen vom dispositiven Recht. Sie werden durch Sonderbedingungen für bestimmte Geschäftsbereiche ergänzt, s. zB Sonderbedingungen für den Überweisungsverkehr, **(9)** AGB-Anderkonten, **(10)** LSA, **(11)** ERA betr. Dokumenten-Akkreditive, **(12)** ERI betr. Inkassi. Das Wertpapiergeschäft ist über das Recht der Effektenkommission in §§ 383 ff. HGB hinaus durch **(13)** DepotG, **(14)** BörsG, **(15a)** WpPG, **(15b)** VermAnlG, **(16b)** WpHG und seit 2002 WpÜG gesetzlich geregelt.

A3 C. **Bankrecht und Bankgeschäfte:** Das Bankrecht iwS ist ein komplexes Gemenge aus öffentlichem und privatem Recht. Die herkömmliche strikte Trennung zwischen beidem in Deutschland findet sich im anglo-amerikanischen Ausland so nicht, banking law ist dort im Wesentlichen institutionelles und Aufsichtsrecht. Dies gilt auch für die Europäische Bankenunion. Die **europäische Rechtsvereinheitlichung** betrifft zwar auch eine Reihe von Bankgeschäften, etwa den ganzen Zahlungsverkehr, und regelt vieles aus der Perspektive des Verbraucherschutzes, die Kategorie eines privaten Bankrechts bzw. Bankvertragsrechts findet sich dort aber nicht. In Deutschland ist erst in der 5. Auflage des Staub bzw. Großkommentars zum HGB wieder beides zusammengeführt worden: Zum Bankvertragsrecht gehören eben als Grundlage und Rahmensetzung das Kreditwesen, die Aufsicht und Organisation desselben und das Bankgeschäft im supra- und internationalen Kontext, ausführlich (Staub/)Grundmann 2020 Teil 1 Rn. 1–114, zum Investment Banking und den Marktregeln (Staub/) Grundmann 2020 Teil 5 Rn. 1 ff., Teil 5 Rn. 101 ff.

Das private Bankrecht und insbesondere das **Bankvertragsrecht** wird durch gesetztes Recht nur gebietsweise und zum kleineren Teil erfasst. Im Wesentlichen ist es eine Schöpfung der (durch die Rspr. überwachten und korrigierten) Bankpraxis, mit der heute jeder, ob Privatmann (Verbraucher) oder Kfm. (bzw. sonstiger Unternehmer), zu tun hat, zB wenn er ein Konto eröffnet (Einlagengeschäft, → Rn. B1 ff.), Überweisungen tätigen will (Girogeschäft und Zahlungsverkehr, Lastschriftverfahren, → Rn. C1 ff., D1 ff., E1 ff., F1 ff.), Bankkredit aufnimmt (Kreditgeschäft mit Finanzierungsdarlehen, → Rn. G1 ff., G34 ff.), mit Wechseln und Akkreditiven arbeitet (Diskont- und Akkreditivgeschäft, → Rn. J1 ff., K1 ff.), Bürgschaften und Garantien einholt (Garantiegeschäft, → Rn. L1 ff.) oder Wertpapierdienst- oder Wertpapiernebendienstleistungen in Anspruch nimmt (Effekten-, Depot-, Investmentgeschäft, → Rn. Q1 ff.–Z1 ff.). Neuere Schöpfungen der Handels- und Bankpraxis sind das Factoring (→ Rn. O1 ff.) und das Finanzierungsleasing (→ Rn. P1 ff.). Die Wichtigkeit dieser Bankgeschäfte stellt heute manche andere im HGB eigens geregelte Geschäfte in den Schatten. Das entspricht der Entwicklung seit 1900 zu einer modernen Wirtschaft, in der Dienstleistungen allgemein und speziell bankmäßige Zahlung, Finanzierung und Sicherheiten zentrale Funktionen übernommen haben. Diese Entwicklung geht weiter und spiegelt sich in einer rasch anwachsenden Flut von bankrechtlichen Entscheidungen. Eine Gesamtkodifikation des Bankvertragsrechts durch ein eigenes BankvertragsG ähnlich dem VVG für Versicherungsverträge empfiehlt sich nicht, RegE ÜG S. 11, hL, aA Aden ZRP 1997, 358. Grund: drohende Zersplitterung des Schuldrechts, notwendige Flexibilität des Bankvertragsrechts. Durch das ÜG und das SMG sind wichtige Teile des Bankrechts, vor allem soweit Verbraucher betroffen sind, in das BGB integriert worden.

A3a Eine immer wichtiger werden Entwicklung auch im Bankrecht betrifft die **Digitalisierung.** Der Markt für Finanzdienstleistungen ist im Umbruch begriffen. Eine eigene **FinTech**-Industrie (financial services, technology) gewinnt zunehmend Bedeutung am Markt, etwa Crowdfunding, Crowdlending, Social Trading, Robo Advice, neue Zahlungsverkehrsformen ua. Charakteristisch sind dabei Disintermediation zulasten der Banken, Dezentralisierung, Privatisierung und Transnationalisierung. Die Blockchain-Technologie eröffnet neue Möglichkeiten. Für die Regulierung und Beaufsichtigung stellen sich ganz neue, schwierige Fragen. Betroffen sind dabei traditionelle Bankrechtsgebiete wie Zahlungsverkehr, Kreditfinanzierung (Crowdlending), Effektengeschäft (Venture Capital, Initial Coin Offerings/ICOs, Robo Advice) und Kapitalanlage. Neben das Bargeld, manche meine auf Dauer an dessen Stelle, tritt elektronisches Geld. Weitere Hinweise bei den einzelnen Bankgeschäften. Lit.: Monopolkommission, Hauptgutachten Wettbewerb 2016 S. 410 ff. (Digitalisierung, Finanzmärkte); Maume/Maute, Rechtshandbuch Kryptowerte, 2020; ASB/Schäfer/Eckhold, Hdb des

V. Bankgeschäfte		A3b, A4 **BankGesch (7)**

Kapitalanlagerechts § 16a (Crowdfunding, ICOs); Möslein/Omlor, FinTech-Handbuch 2. Aufl. 2021, speziell zu **Blockchain** dort §§ 5 ff. und Scherer 2020; Kuntz AcP 220 (2020) 51; Kerkemeyer ZGR 2020, 654 (Blockchain und Kapitalmarktrecht); Kerkemeyer ZHR 184 (2020) 793 (international); Spindler ZGR 2020, 707 (Datenschutz und Blockchain im Aktienrecht). **Crowdlending** (EU), Quarch 2020.

Corona-Pandemie: Auswirkungen der Corona-Pandemie finden sich auch **A3b** im Bankrecht, allerdings vornehmlich im Bankaufsichtsrecht mit Entlastungen für Banken, Moratorien, besonderen Hinweisen zur Auswirkung auf Bankrisiken und administrativen und Meldefristenerleichterungen. Dazu BaFin, Covid-19-Lage: Neue Entwicklungen und wichtige Informationen der BaFin, 24.4.2020; auch EBA, Leitlinien zu allgemeinen Zahlungsmoratorien, 2.4.2020. Von Bedeutung ist auch die Aussetzung der Insolvenzantragspflicht, COVInsAG 27.3.2020, BGBl. I 659, Knauth/Krafczyk WM 2020, 677. Für das Bankvertragsrecht Art. 240 § 3 EGBGB (idF COVInsAG 27.3.2020 BGBl. I 569), darin Regelungen zum Darlehensrecht mit Dreimonatsstundung und Kündigungsausschluss, mangels einverständlicher Regelung Verlängerung; zum Gesetz Issmer WM 2020, 669; Weller/Lieberknecht/Habrich NJW 2020, 1017.

2) KWG und Bankgeschäfte

A. KWG: Das **Kreditwesengesetz** (KWG) gilt idF v. 9.9.1998 **A4** BGBl. 2776 (nach 4. KWGÄndG 21.12.1992 BGBl. 2211, zur KWGNovelle 1993 Lehnhoff WM 1993, 277; 5. KWGÄndG 1994 28.9.1994 BGBl. 2735 betr. Aufsicht auf konsolidierter Basis und Großkredite in Umsetzung von EU-RL, zu KWGNovelle 1994 Boos/Klein Bank 1994, 529; 6. KWGÄndG 22.10.1997 BGBl. 2518 betr. Umsetzung WPDienstleistungsRL, KapitaladäquanzRL, BCCIRL, zu diesem UmsetzungsG Bank- und Wertpapieraufsicht 1997 Mielk WM 1997, 2200 (2237), seither zahlreiche weitere Änderungen, zuletzt durch G vom 27.3.2020 BGBl. I 543. In histor Reihenfolge ua 7. KWGÄndG (BankenRLUmsetzG) 17.11.2006 BGBl. 2606, Mielk WM 2007, 52; 2007, 621, FinanzmarktRLUmsetzG 16.7.2007 BGBl. 1330, Jahressteuergesetz 19.12.2008 BGBl. 2794, ZahlungsdiensteUmsetzG 25.6.2009 BGBl. 1506 (mit **Zahlungsdiensteaufsichtsgesetz** mit Definition der verschiedenen Zahlungsdienste nunmehr **ZAG** 17.7.2017 § 1 I), FMVAStärkG 29.7.2009 BGBl. 2305. Zahlreiche weitere Regulierungen 2008/09 im Zuge der **Finanzmarktkrise**, ua FMStG, FMStFondsG, FMStErgG, FMStfortentwicklG (Bad-Bank-Gesetz), vor allem CRD-IV-UmsetzG 28.8.2013 BGBl. I 3395 (umfassende Reform). Das KWG enthält in § 1 (zahlreiche Änderungen, ua durch SanLiquRLG 2003, FinKonglomRLG 2004, BankenRLUmsetzG 2006: § 1 I 2 Nr. 12, zentraler Kontrahent, FinanzmarktRLUmsetzG 2007: §§ 1 Ia 2 Nr. 1, 1a–c, S. 3, III 1 Nr. 6, IIId 2 nF ua, InvestmentÄndG 2007: Investmentgeschäft kein Bankgeschäft mehr, CRD-IV-UmsetzG 2013: erhebliche Änderungen zu § 1, G zur Anpassung der Rechtsgrundlagen für die Fortentwicklung des Europäischen Emissionshandels, Brexit-SteuerbegleitG, G zur Umsetzung der ÄndRL zur Vierten EU-GeldwäscheRL) die wichtigsten **Begriffsbestimmungen.** Grundlegend sind die Begriffe der **Bankgeschäfte** (§ 1 I 2) und der **Finanzdienstleistungen** (§ 1 Ia 2, beide Begriffe stehen im KWG nebeneinander; dagegen ist letzterer nach § 312b I 2 BGB idF FernabsFDLG 2004 Oberbegriff für Bank- und bestimmte andere Dienstleistungen und gilt für §§ 312b ff. BGB über Fernabsatzverträge, näher → Rn. A16, G/9). Ihr gewerbsmäßiges Betreiben (§ 1 Ia 1: für andere) macht ein Unternehmen zum **Kreditinstitut** bzw. zum **Finanzdienstleistungsinstitut.** Das KWG definiert demgemäß in § 1 I 1 Kreditinstitute und in § 1 I 2 Nr. 1–12 Bankgeschäfte, in § 1 Ia 1 Finanzdienstleistungsinstitute und in § 1 Ia 2 Nr. 1–11 Finanzdienstleistungen. Kreditinstitute und Finanzdienstleistungsinstitute werden **beide** für die Zwecke des KWG **als Institute bezeichnet** (§ 1 I b

KWG). § 1 II handelt von den Geschäftsleitern. Das KWG erstreckt sich auch auf **Finanzunternehmen** und definiert dazu in § 1 III 1 Nr. 1–8 (Erweiterung der Liste durch RVO möglich) die Tätigkeiten, die ein Unternehmen, das weder Kreditinstitut noch Finanzdienstleistungsinstitut ist, bei entsprechender Haupttätigkeit zum Finanzunternehmen iSd KWG machen. **Weitere Definitionen** betreffen Kreditinstitute (§ 1 IIId) und Wertpapier- und Terminbörsen iSd KWG (§ 1 IIIe). Viele weitere Definitionen in § 1 IV ff., ua Finanzinstrumente (§ 1 XI), elektronisches Geld (§ 1 XIV), Finanzsicherheiten (§ 1 XVII), Finanzkonglomerate (§ 1 XX). Ausnahmen gelten nach § 2 für die DBBk und andere. Abgedruckt ist **im Folgenden nur § 1 I–III KWG:**

KWG § 1 Begriffsbestimmungen

(1) ¹**Kreditinstitute sind Unternehmen, die Bankgeschäfte gewerbsmäßig oder in einem Umfang betreiben, der einen in kaufmännischer Weise eingerichteten Geschäftsbetrieb erfordert.** ²**Bankgeschäfte sind**

1. die Annahme fremder Gelder als Einlagen oder anderer unbedingt rückzahlbarer Gelder des Publikums, sofern der Rückzahlungsanspruch nicht in Inhaber- oder Orderschuldverschreibungen verbrieft wird, ohne Rücksicht darauf, ob Zinsen vergütet werden (Einlagengeschäft),
1a. die in § 1 Abs. 1 Satz 2 des Pfandbriefgesetzes bezeichneten Geschäfte (Pfandbriefgeschäft),
2. die Gewährung von Gelddarlehen und Akzeptkrediten (Kreditgeschäft),
3. der Ankauf von Wechseln und Schecks (Diskontgeschäft),
4. die Anschaffung und die Veräußerung von Finanzinstrumenten im eigenen Namen für fremde Rechnung (Finanzkommissionsgeschäft),
5. die Verwahrung und die Verwaltung von Wertpapieren für andere (Depotgeschäft),
6. die Tätigkeit als Zentralverwahrer im Sinne des Absatzes 6,
7. die Eingehung der Verpflichtung, zuvor veräußerte Darlehensforderungen vor Fälligkeit zurückzuerwerben,
8. die Übernahme von Bürgschaften, Garantien und sonstigen Gewährleistungen für andere (Garantiegeschäft),
9. die Durchführung des bargeldlosen Scheckeinzugs (Scheckeinzugsgeschäft), des Wechseleinzugs (Wechseleinzugsgeschäft) und die Ausgabe von Reiseschecks (Reisescheckgeschäft),
10. die Übernahme von Finanzinstrumenten für eigenes Risiko zur Plazierung oder die Übernahme gleichwertiger Garantien (Emissionsgeschäft),
11. *(aufgehoben)*
12. die Tätigkeit als zentrale Gegenpartei im Sinne von Absatz 31.

(1a) ¹**Finanzdienstleistungsinstitute sind Unternehmen, die Finanzdienstleistungen für andere gewerbsmäßig oder in einem Umfang erbringen, der einen in kaufmännischer Weise eingerichteten Geschäftsbetrieb erfordert, und die keine Kreditinstitute sind.** ²**Finanzdienstleistungen sind**

1. die Vermittlung von Geschäften über die Anschaffung und die Veräußerung von Finanzinstrumenten (Anlagevermittlung),
1a. die Abgabe von persönlichen Empfehlungen an Kunden oder deren Vertreter, die sich auf Geschäfte mit bestimmten Finanzinstrumenten beziehen, sofern die Empfehlung auf eine Prüfung der persönlichen Umstände des Anlegers gestützt oder als für ihn geeignet dargestellt wird und nicht ausschließlich über Informationsverbreitungskanäle oder für die Öffentlichkeit bekannt gegeben wird (Anlageberatung),
1b. der Betrieb eines multilateralen Systems, das die Interessen einer Vielzahl von Personen am Kauf und Verkauf von Finanzinstrumenten innerhalb des Systems und nach festgelegten Bestimmungen in einer Weise zusammenbringt, die zu einem Vertrag über den Kauf dieser Finanzinstrumente führt (Betrieb eines multilateralen Handelssystems),
1c. das Platzieren von Finanzinstrumenten ohne feste Übernahmeverpflichtung (Platzierungsgeschäft),
1d. der Betrieb eines multilateralen Systems, bei dem es sich nicht um einen organisierten Markt oder ein multilaterales Handelssystem handelt und das die

Interessen einer Vielzahl Dritter am Kauf und Verkauf von Schuldverschreibungen, strukturierten Finanzprodukten, Emissionszertifikaten oder Derivaten innerhalb des Systems auf eine Weise zusammenführt, die zu einem Vertrag über den Kauf dieser Finanzinstrumente führt (Betrieb eines organisierten Handelssystems),
2. die Anschaffung und Veräußerung von Finanzinstrumenten im fremden Namen für fremde Rechnung (Abschlußvermittlung),
3. die Verwaltung einzelner in Finanzinstrumenten angelegter Vermögen für andere mit Entscheidungsspielraum (Finanzportfolioverwaltung),
4. der Eigenhandel durch das
   a) kontinuierliche Anbieten des An- und Verkaufs von Finanzinstrumenten zu selbst gestellten Preisen für eigene Rechnung unter Einsatz des eigenen Kapitals,
   b) häufige organisierte und systematische Betreiben von Handel für eigene Rechnung in erheblichem Umfang außerhalb eines organisierten Marktes oder eines multilateralen oder organisierten Handelssystems, wenn Kundenaufträge außerhalb eines geregelten Marktes oder eines multilateralen oder organisierten Handelssystems ausgeführt werden, ohne dass ein multilaterales Handelssystem betrieben wird (systematische Internalisierung),
   c) Anschaffen oder Veräußern von Finanzinstrumenten für eigene Rechnung als Dienstleistung für andere oder
   d) Kaufen oder Verkaufen von Finanzinstrumenten für eigene Rechnung als unmittelbarer oder mittelbarer Teilnehmer eines inländischen organisierten Marktes oder eines multilateralen oder organisierten Handelssystems mittels einer hochfrequenten algorithmischen Handelstechnik, die gekennzeichnet ist durch
      aa) eine Infrastruktur zur Minimierung von Netzwerklatenzen und anderen Verzögerungen bei der Orderübertragung (Latenzen), die mindestens eine der folgenden Vorrichtungen für die Eingabe algorithmischer Aufträge aufweist: Kollokation, Proximity Hosting oder direkter elektronischer Hochgeschwindigkeitszugang,
      bb) die Fähigkeit des Systems, einen Auftrag ohne menschliche Intervention im Sinne des Artikels 18 der Delegierten Verordnung (EU) 2017/565 der Kommission vom 25. April 2016 zur Ergänzung der Richtlinie 2014/65/EU des Europäischen Parlaments und des Rates in Bezug auf die organisatorischen Anforderungen an Wertpapierfirmen und die Bedingungen für die Ausübung ihrer Tätigkeit sowie in Bezug auf die Definition bestimmter Begriffe für die Zwecke der genannten Richtlinie (ABl. L 87 vom 31.3.2017, S. 1) in der jeweils geltenden Fassung, einzuleiten, zu erzeugen, weiterzuleiten oder auszuführen und
      cc) ein hohes untertägiges Mitteilungsaufkommen im Sinne des Artikels 19 der Delegierten Verordnung (EU) 2017/565 in Form von Aufträgen, Kursangaben oder Stornierungen
   auch ohne dass eine Dienstleistung für andere vorliegt (Hochfrequenzhandel),
5. die Vermittlung von Einlagengeschäften mit Unternehmen mit Sitz außerhalb des Europäischen Wirtschaftsraums (Drittstaateneinlagenvermittlung),
6. die Verwahrung, die Verwaltung und die Sicherung von Kryptowerten oder privaten kryptografischen Schlüsseln, die dazu dienen, Kryptowerte zu halten, zu speichern oder zu übertragen, für andere (Kryptoverwahrgeschäft),
7. der Handel mit Sorten (Sortengeschäft),
8. *(aufgehoben)*
9. der laufende Ankauf von Forderungen auf der Grundlage von Rahmenverträgen mit oder ohne Rückgriff (Factoring),
10. der Abschluss von Finanzierungsleasingverträgen als Leasinggeber und die Verwaltung von Objektgesellschaften im Sinne des § 2 Absatz 6 Satz 1 Nummer 17 außerhalb der Verwaltung eines Investmentvermögens im Sinne des § 1 Absatz 1 des Kapitalanlagegesetzbuchs (Finanzierungsleasing),
11. die Anschaffung und die Veräußerung von Finanzinstrumenten außerhalb der Verwaltung eines Investmentvermögens im Sinne des § 1 Absatz 1 des Kapitalanlagegesetzbuchs für eine Gemeinschaft von Anlegern, die natürliche Personen sind, mit Entscheidungsspielraum bei der Auswahl der Finanzinstrumen-

te, sofern dies ein Schwerpunkt des angebotenen Produktes ist und zu dem Zweck erfolgt, dass diese Anleger an der Wertentwicklung der erworbenen Finanzinstrumente teilnehmen (Anlageverwaltung),
12. die Verwahrung und die Verwaltung von Wertpapieren ausschließlich für alternative Investmentfonds (AIF) im Sinne des § 1 Absatz 3 des Kapitalanlagegesetzbuchs (eingeschränktes Verwahrgeschäft).

³ Die Anschaffung und die Veräußerung von Finanzinstrumenten für eigene Rechnung, die nicht Eigenhandel im Sinne des § 1 Absatz 1a Satz 2 Nummer 4 ist (Eigengeschäft), gilt als Finanzdienstleistung, wenn das Eigengeschäft von einem Unternehmen betrieben wird, das

1. dieses Geschäft, ohne bereits aus anderem Grunde Institut zu sein, gewerbsmäßig oder in einem Umfang betreibt, der einen in kaufmännischer Weise eingerichteten Geschäftsbetrieb erfordert, und
2. einer Instituts-, einer Finanzholding- oder gemischten Finanzholding-Gruppe oder einem Finanzkonglomerat angehört, der oder dem ein CRR-Kreditinstitut angehört.

⁴ Ein Unternehmen, das als Finanzdienstleistung geltendes Eigengeschäft nach Satz 3 betreibt, gilt als Finanzdienstleistungsinstitut. ⁵ Die Sätze 3 und 4 gelten nicht für Abwicklungsanstalten nach § 8a Absatz 1 Satz 1 des Stabilisierungsfondsgesetzes. ⁶ Ob ein häufiger systematischer Handel im Sinne des Satzes 2 Nummer 4 Buchstabe b vorliegt, bemisst sich nach der Zahl der Geschäfte außerhalb eines Handelsplatzes im Sinne des § 2 Absatz 22 des Wertpapierhandelsgesetzes (OTC-Handel) mit einem Finanzinstrument zur Ausführung von Kundenaufträgen, die für eigene Rechnung durchgeführt werden. ⁷ Ob ein Handel in erheblichem Umfang im Sinne des Satzes 2 Nummer 4 Buchstabe b vorliegt, bemisst sich entweder nach dem Anteil des OTC-Handels an dem Gesamthandelsvolumen des Unternehmens in einem bestimmten Finanzinstrument oder nach dem Verhältnis des OTC-Handels des Unternehmens zum Gesamthandelsvolumen in einem bestimmten Finanzinstrument in der Europäischen Union. ⁸ Die Voraussetzungen der systematischen Internalisierung sind erst dann erfüllt, wenn sowohl die in den Artikeln 12 bis 17 der Delegierten Verordnung (EU) 2017/565 bestimmten Obergrenze für häufigen systematischen Handel als auch die in der vorgenannten Delegierten Verordnung bestimmte einschlägige Obergrenze für den Handel in erheblichem Umfang überschritten werden oder wenn ein Unternehmen sich freiwillig den für die systematische Internalisierung geltenden Regelungen unterworfen und einen entsprechenden Erlaubnisantrag bei der Bundesanstalt gestellt hat.

(1b) Institute im Sinne dieses Gesetzes sind Kreditinstitute und Finanzdienstleistungsinstitute.

(2) Geschäftsleiter im Sinne dieses Gesetzes sind diejenigen natürlichen Personen, die nach Gesetz, Satzung oder Gesellschaftsvertrag zur Führung der Geschäfte und zur Vertretung eines Instituts oder eines Unternehmens in der Rechtsform einer juristischen Person oder einer Personenhandelsgesellschaft berufen sind.

(3) ¹ Finanzunternehmen sind Unternehmen, die keine Institute und keine Kapitalverwaltungsgesellschaften oder extern verwaltete Investmentgesellschaften sind und deren Haupttätigkeit darin besteht,

1. Beteiligungen zu erwerben und zu halten,
2. Geldforderungen entgeltlich zu erwerben,
3. Leasing-Objektgesellschaft im Sinne des § 2 Abs. 6 Satz 1 Nr. 17 zu sein,
4. *(aufgehoben)*
5. mit Finanzinstrumenten für eigene Rechnung zu handeln,
6. andere bei der Anlage in Finanzinstrumenten zu beraten.
7. Unternehmen über die Kapitalstruktur, die industrielle Strategie und die damit verbundenen Fragen zu beraten sowie bei Zusammenschlüssen und Übernahmen von Unternehmen diese zu beraten und ihnen Dienstleistungen anzubieten oder
8. Darlehen zwischen Kreditinstituten zu vermitteln (Geldmaklergeschäfte).

² Das Bundesministerium der Finanzen kann nach Anhörung der Deutschen Bundesbank durch Rechtsverordnung weitere Unternehmen als Finanzunternehmen bezeichnen, deren Haupttätigkeit in einer Tätigkeit besteht, um welche die

V. Bankgeschäfte A4 **BankGesch (7)**

Liste in Anhang I der Richtlinie 2013/36/EU des Europäischen Parlaments und des Rates vom 26. Juni 2013 über den Zugang zur Tätigkeit von Kreditinstituten und die Beaufsichtigung von Kreditinstituten und Wertpapierfirmen, zur Änderung der Richtlinie 2002/87/EG und zur Aufhebung der Richtlinien 2006/48/EG und 2006/49/EG (ABl. L 176 vom 27.6.2013, S. 338) erweitert wird.

(3a)–(35) *(nicht abgedruckt)*

Der Begriff der **Bankgeschäfte** wird in § 1 I 2 Nr. 1–12 KWG durch Aufzählung der verschiedenen Bankgeschäfte für die Zwecke der Bankaufsicht abschließend umschrieben. Diese Aufzählung ist demgegenüber für das allgemeine HdlRecht wenngleich eine wichtige Hilfe, so doch weder bindend noch abschließend. Das Betreiben von Bankgeschäften, gewerbsmäßig oder objektiv in einem Umfang, der einen in kfm. Weise eingerichteten Geschäftsbetrieb erfordert (§ 1 I 1 KWG, zur Gewerbsmäßigkeit → HGB § 1 Rn. 11, zur Erforderlichkeit eines kfm. Geschäftsbetriebs → HGB § 1 Rn. 22) macht ein Unternehmen (auch gegen seinen Willen) zum **Kreditinstitut** (im Folgenden wird **gleichbedeutend** mit dem technischen Ausdruck Kreditinstitut der geläufigere Begriff „**Bank**" gebraucht, dieser letztere also nicht ieS im Unterschied zur Sparkasse, Volksbank ua). Zu den **herkömmlichen Bankgeschäften im Einzelnen** → Rn. B ff. Nr. 1 KWG, **Einlagengeschäft** (§ 1 I 2 Nr. 1 KWG), BGH NJW 2018, 1486; WM 2018, 1639; WM 2018, 2354; WM 2019, 2304; OLG Frankfurt WM 2020, 2338; nur bei unbedingter Rückzahlungspflicht, nicht bei qualifizierten Nachrangdarlehen (nicht: andere „unbedingt rückzahlbare" Publikumsgelder), BGH ZIP 2020, 310 (iErg abl. mangels Transparenz), Gehrlein WM 2017, 1385; nicht bei partiarischen Darlehen, Genussrechten. **Finanzkommissionsgeschäft** (§ 1 I 2 Nr. 4 KWG, früher: Effektengeschäft, Begriff Effekten → § 383 Rn. 8), BVerwG ZIP 2009, 1899; WM 2017, 658; BGHZ 191, 100; BGH WM 2010, 263; 2011, 18; VGH Kassel WM 2014, 206, → § 383 Rn. 4, statt Änderung (WM 2008, 1476) jetzt Anlageverwaltung (§ 1 Ia 2 Nr. 11 idF PfandBRFortentwG 2009, unten). Das **Investmentgeschäft** ist nicht mehr Bankgeschäft, § 1 I 2 Nr. 6 aF KWG ist durch InvestmentÄndG 2007 aufgehoben worden, da über die Mindestvorgaben der EUOGAWRL 1985 (vgl. → HGB Einl. vor § 105 Rn. 36) hinausreichend; KapitalanlageGes sind auch keine Finanzunternehmen iSv § 1 III KWG. § 1 I 2 Nr. 6 erfasst nunmehr die **Zentralverwahrer** (Definition in § 1 VI, 1. FiMaNoG). § 1 I 2 Nr. 9 idF ZahlungsdiensteUmsetzG 25.6.2009 BGBl. 1506 erfasst nunmehr nur noch das **Scheckeinzugs-, Wechseleinzugs- und Reisescheckgeschäft** (letzteres bisher nur Finanzdienstleistung. Das **Girogeschäft** ist kein Bankgeschäft mehr (aufsichtsrechtliches downgrading, wie sonst in EU); aber Lastschrift- und Überweisungsgeschäft sind Zahlungsdienste nach § 1 II Nr. 2 lit. a und b ZAG und bilden zusammen mit dem Zahlungskartengeschäft nach § 1 II Nr. 2 lit. c den Oberbegriff **Zahlungsgeschäft** (§ 1 II Nr. 2 aE ZAG). **Zahlungsinstitute** sind Zahlungsdienstleister ohne eine Einlagenkreditinstitutslizenz nach KWG, Einlagenkreditinstitute dürfen auf Grund ihrer Banklizenz nach KWG auch Zahlungsdienstleistungen erbringen.

Von den Kreditinstituten zu **unterscheiden** sind bankaufsichtsrechtlich, wie oben vor § 1 KWG erwähnt, die **Finanzdienstleistungsinstitute**, die eine der in § 1 Ia 2 Nr. 1–12 aufgezählten Finanzdienstleistungen erbringen und keine Kreditinstitute sind. Kreditinstitute und Finanzdienstleistungsinstitute sind Institute iSd KWG (§ 1 I b KWG). **Anlagevermittlung,** BGH WM 2011, 19, weiterer Begriff als im BGB, parallel im KWG und WpHG, BGH WM 2014, 121; WM 2014, 2310 Rn. 35f, Abgrenzung zur Anlageberatung, Beihilfe, BGH WM 2012, 1334. Aufklärung bei Zeichnung einer Fondsbeteiligung als Private Placement, BGH WM 2019, 675 (iErg abl.). **Anlageberatung** ist seit 2007 erlaubnispflichtige Finanzdienstleistung (§ 1 Ia 2 Nr. 1a, → Rn. U3), Thonfeld

(7) BankGesch A5

ZIP 2007, 2302 (Entschädigung → Rn. A57; bloße Empfehlung einer Finanzportfolioverwaltung ist keine Anlagevermittlung oder -beratung, BGH NJW 2018, 230 mAnm. Bausch; Haftung → § 347 Rn. 14; iSv MiFID EuGH ZIP 2013, 1417 mAnm. Herresthal), **Anlageverwaltung** seit 2009 (§ 1 Ia 2 Nr. 11, früher Effektengeschäft, s. zuvor), BGHZ 191, 108; VGH Kassel WM 2014, 208; von Livonius/Bernau WM 2009, 1216; Voge WM 2010, 913; **Finanzportfolioverwaltung** (§ 1 Ia 2 Nr. 3, → Rn. U1), BGHZ 191, 101; BGH WM 2011, 17 mAnm Voß BB 2011, 402, auch bei GbR für ihre Gfter, BVerwG ZIP 2010, 1171; ob Vermögensverwaltung Finanzkommissionsgeschäft (s. oben) oder Finanzportfolioverwaltung ist, ist str., vgl. BGHZ 191, 104. Ebenso seit 2009 **Factoring** (§ 1 Ia 2 Nr. 9, → Rn. O1) und **Finanzierungsleasing** (§ 1 Ia 2 Nr. 10, → Rn. P2), Glos/Sester WM 2009, 1209. Das **Zahlungskartengeschäft** und das **Finanztransfergeschäft** sind nunmehr Zahlungsdienste (§ 1 II Nr. 2 lit. c und Nr. 6 ZAG), nicht mehr Finanzdienstleistungen nach Nr. 8 (aber Reisescheckgeschäft nunmehr Bankgeschäft s. oben) und Nr. 6 KWG aF. **Bitcoin**s sind nach der BaFin und üL, Spindler/Bille WM 2014, 1362; Danwerth/Hildner BKR 2019, 57, Rechnungseinheiten und damit Finanzinstrumente nach § 1 XI 1 Nr. 7 KWG (anderer Begriff im WpHG), aA KG ZIP 2018, 2015; Klöhn/Parhofer ZIP 2018, 2093.

Die Zulassung zum Geschäftsbetrieb und die Bankenaufsicht obliegt der Bundesanstalt für Finanzdienstleistungsaufsicht (**BaFin**, durch FinDAG seit 1.5.2002, zuvor BAKred in Bonn, Neuorganisation nach Wirecard und FISG durch Wertpapierinstitutsgesetz, WpIG i. d. F. 12.5.2021 BGBl I 990. Missbrauchsaufsicht nach § 4 Ia FinDAG, Buck-Heeb BKR 2021, 141. Trennung von Handelsbuch, das mit den Hdlbüchern iSd HGB (→ HGB § 238 Rn. 1) nichts zu tun hat, und Anlagebuch (§ 1a KWG idF BankenRLUmsetzG 2006) und von HdlBuch- und NichtHdlbuchinstituten (§§ 2 XI, 13 I 1 KWG); zum HdlBuch gehören alle Positionen, deren Geschäftszweck auf Erzielung eines HdlErfolgs gerichtet ist (näher § 1a KWG mit VO). Mindestanforderungen an das Betreiben von HdlGeschäften der Kreditinstitute (**MaH**) und Mindestanforderungen der BaFin an das Kreditgeschäft der Kreditinstitute (**MaK**), beide 2005 ersetzt durch Mindestanforderungen der BaFin an das Risikomanagement **MaRisk BA** idF 16.8.2021, Krimphove/Lüke 2022, Krimphove BKR 2021, 597, Schulte-Mattler/Schulte-Mattler WM 2022, 7; zur EBA Herz EuZW 2019, 62. **MaComp** 29.4.2020, Krimphove 3. Aufl. 2021. **MaSan** 25.4.2014 → (7) Bankgeschäfte Rn. G32. Das **KWG** ist **öffentliches Recht** und in diesem Kommentar **nicht näher zu behandeln.** Dasselbe gilt für das Recht der **DBBk** und der **EuZBk.** Der Rechtsweg gegen Maßnahmen der BaFin ist der Verwaltungsrechtsweg (§ 42 VwGO; sofortige Vollziehbarkeit § 49 KWG; anders betr. Strafrecht).

Lit. zum KWG: Consbruch/Fischer (LBl., Textsammlung), Beck/Samm/Kokemoor (LBl.); Boos/Fischer/Schulte-Mattler, 6. Aufl. 2022; Binder/Glos/Riepe 2. Aufl. 2020; Reischauer/Kleinhans (LBl.); Schwennicke/Auerbach, KWG (mit ZAG), 4. Aufl. 2021. **RsprÜbersicht:** Gurlit WM 2016, 2053; 2020, 57, 105. Übersicht Europäisches Bankaufsichtsrecht: Herz EuZW 2017, 5; 2018, 5; 2019, 13 u. 60.

A5 B. **Privatrechtliche Fragen:** Das **Fehlen einer Erlaubnis** nach §§ 1 I 2 Nr. 2, 32 KWG führt nicht zur Nichtigkeit des Kreditvertrags, BGHZ 76, 126; 152, 315; BGH WM 1972, 853; OLG Karlsruhe WM 2007, 350 (Kreditvermittler); VGH Kassel WM 2009, 1889; OLG Hamburg WM 2020, 1116; grundsätzlich auch für sonstige Verstöße gegen Bankaufsichtsrecht, zB §§ 13, 13a KWG (Anzeigepflicht für Großkredite) BGH WM 1978, 787, § 46 I KWG BGH WM 1990, 54, § 46b KWG (Insolvenzanzeige an BaFin), Poertzgen/Meyer WM 2010, 968. Auch Abtretung von Darlehensforderungen an Nichtbank ist nicht wegen Verstoßes gegen § 32 I 1 KWG nichtig, BGH WM 2011, 1168

V. Bankgeschäfte **A6 BankGesch (7)**

mAnm Heer BKR 2012, 45 (auch → Rn. A9). § 18 KWG über Offenlegung von Kreditunterlagen ist kein Schutzgesetz nach § 823 II BGB zugunsten des Darlehensnehmers, OLG Köln WM 1999, 1817; OLG Dresden WM 2003, 1802; OLG Köln ZIP 2012, 1084. Information über Einlagensicherung (§ 23a I 2 KWG) ist dagegen auch anlegerschützend, BGH NJW 2009, 3429. Für § 32 I KWG (Erlaubnis für Bankgeschäfte und Finanzdienstleistungen) als **Schutzgesetz** nach § 823 II BGB zugunsten des einzelnen Kapitalanlegers, stRspr BGHZ 166, 37; BGH 197, 1 Rn. 11; BGH WM 2018, 2354 Rn. 7; BGH WM 2019, 2304 Rn. 12; zugunsten des Vertragspartners OLG Celle WM 2003, 325, OLG Hamburg WM 2020, 1116, nicht zugunsten des Einlegers, der von dem Einlagenkonto verlustbringende Anlagegeschäfte tätigt, BGH WM 2015, 1568. Schutzgesetze sind auch §§ 10, 11, 34 ZAG, Schäfer Recht der Zahlungsdienste 2021, 43. Kein vorsatzausschließender Verbotsirrtum allein wegen Anwaltsberatung, zur Erkundigung bei BaFin, BGH NJW 2017, 2463; Hippeli WM 2018, 253. Vertrag über Sonderprüfung nach § 44 I 2 KWG durch Wirtschaftsprüfer im Auftrag der BaFin hat keine Drittschutzwirkung, BGH WM 2009, 1128; krit. Binder WM 2010, 145; Köndgen JZ 2010, 418. Moratorium der BaFin hat keine Stundungswirkung, BGH WM 2013, 742.

Die Bestimmungen des KWG sind seit 1.1.1985 **bezüglich der Aufsicht kein Schutzgesetz** iSv § 823 II BGB mehr. Nach § 4 IV FinDAG (statt § 6 IV aF KWG, § 81 I 3 aF VAG, **(16b)** WpHG § 4 II aF; wie **(14)** BörsG § 1 III aF und § 4 II WpHG aF) nimmt die BaFin ihre gesetzlichen Aufgaben vielmehr nur im öffentlichen Interesse wahr, BGH (III ZS) BGHZ 162, 49 (mAnm Dannwitz JZ 2005, 724 u. Binder WM 2005, 1781); BGH NJW 2005, 2704; WM 2005, 1362; 2006, 1897 (1899); OLG Frankfurt WM 2020, 2338; aA MüKoBGB/Papier/ Shirvani § 839 Rn. 255 (Verstoß gegen Gewaltenteilung Art. 20 III GG); Rohlfing WM 2005, 311; Sethe FS Hopt, 2010, 2549 (nur iVm Einlagensicherung). Früher waren Rspr. und üL anderer Meinung gewesen, BGHZ 74, 144 u. WM 1982, 124 – Wetterstein; BGHZ 75, 120 u. NJW 1983, 563 – Herstatt, näher 29. Aufl. Das Europarecht steht der deutschen Regelung nicht entgegen, EuGH NJW 2004, 3479 auf Vorlage des BGH (III ZS), WM 2002, 1266. Verstöße gegen KWG können aber nach anderen Normen zivil- und strafrechtlich haftbar machen, zB § 93 AktG, § 266 StGB, Blasche WM 2011, 337. Verbotsirrtum bei § 54 KWG, BGH WM 2017, 1501. Die **Bezeichnungen** „Bank", „Bankier" ua sind geschützt, §§ 39 ff. KWG, für „Sparkasse" EU-rechtliche Einwände, Geschwandtner/Bach NJW 2007, 129; die BaFin entscheidet verbindlich über das Recht zur Führung dieser Bezeichnungen (§ 42 KWG); firmenrechtlicher Schutz s. Consbruch BB 1966, 103, → HGB § 18 Rn. 28. **Registereintragungen** betr. Kreditinstitute setzen den Nachweis der Erlaubnis nach § 32 KWG voraus (§ 43 I KWG), außer wenn schon die Bezeichnung des Unternehmensgegenstands Bankgeschäfte ausschließt, OLG München WM 2012, 1733. Im Verfahren des Registergerichts kann die BaFin Anträge stellen und Rechtsmittel einlegen (§ 43 III KWG). Bei Moratorium (§ 46 I 2 KWG) kraft Gesetz (RegE) Verzug, OLG Frankfurt a.M. ZIP 2012, 2006, hL, aA Binder, 2005, S. 313. **Selbsttitulierungsrecht** öffentlichrechtlicher Kreditinstitute verstößt gegen Art. 3 I GG, BVerfG NJW 2013, 1797.

3) Bankvertrag, Geschäftsverbindung, AGB

A. **Allgemeiner Bankvertrag, Girokonto für jedermann:** Der allgemeine **A6** Bankvertrag regelt das Verhältnis zwischen Bank und Kunden insgesamt. Bankkunden, die sich der Dienste einer Bank bedienen, wollen in aller Regel nicht nur ein einziges Geschäft erledigen, sondern eine (allerdings grundsätzlich jederzeit beendbare) „Bankverbindung" eröffnen. Der Bankvertrag regelt dieses Dauerschuldverhältnis und gibt damit die Grundlage bzw. den Rahmen für die zahlreichen, rechtlich ganz verschiedenen Bankgeschäfte im Einzelnen; Hopt

Kapitalanlegerschutz S. 393; Ellenberger/Bunte Bankrechts-HdB/Hopt/Roth § 1, Ellenberger/Bunte Bankrecht-HdB/Bunte/Artz § 2 Rn. 13 ff.; BuB/Roth, 2002, Rn. 2/1b; Claussen, 4. Aufl. 2008, § 1 VI 4; EBJS/Thessinga, Bd. 2, 3. Aufl. 2015, BankR I Rn. 9 ff.; Schwintowski/Schwintowski, 6. Aufl. 2022, Kap. 1 Rn. 28 ff; Staudinger/Martinek/Omlor, 2017, § 675 Rn. B 28 ff., 31; K. Schmidt, 6. Aufl. 2014, § 20 I 2b Rn. 17; BGH WM 2004, 1238 (II ZS); aA BGHZ 152, 114 (XI ZS); BGH NJW 2015, 2248 Rn. 26 ff. zu spezielleren Rahmenverträgen, Canaris Rn. 2; DKB/Häuser § 3; KMFS/Mülbert Rn. 3.10; die Gegenansicht erreicht ähnliche Ergebnisse über Geschäftsverbindung oder die Lehre vom gesetzlichen Schuldverhältnis, vertraut aber im Grundansatz weniger der Privatautonomie. Der Bankvertrag ist dogmatisch ein Grundlagen- bzw. Rahmenvertrag, jedenfalls aber und unbestreitbar nach **(5)** § 305 III BGB eine Rahmenvereinbarung, UBH/Habersack BGB § 305 Rn. 204 f. Dass die Parteien einen solchen abschließen können, ist unbestreitbar und wird auch von der Rspr. nicht in Frage gestellt; fraglich kann nur sein, ob sie es idR tun, was eine Frage der **Auslegung** ist (§§ 133, 157 BGB). Tätigen die Parteien ausnahmsweise ein bloßes Einzelgeschäft ohne weiteren Kontakt oder kommt ein Bankvertrag etwa wegen Geschäftsunfähigkeit des Kunden nicht zustande, bleibt es bei einem gesetzlichen Schuldverhältnis ohne primäre Leistungspflicht bzw. einer Geschäftsverbindung mit ähnlichen Pflichten (→ Rn. A7), Staudinger/Martinek/Omlor Rn. B 33. Aber typischerweise wollen beide Parteien bei Bankgeschäften kein bloßes Einmalgeschäft tätigen, sondern in eine länger andauernde, vertragliche Beziehung treten, was durch die Vereinbarung der AGB auch für künftige Beziehungen klar wird. Dann wird die Auslegung in vielen Fällen einen solchen Bankvertrag ergeben. Die Annahme, der Bankvertrag sei eine Fiktion, so BGHZ 152, 114 ohne Notwendigkeit für die konkrete Entscheidung (die streitige Beratungspflicht wurde zu Recht verneint und hätte sich bei richtiger Auslegung auch nicht aus dem Bankvertrag ergeben, → Rn. A23–25, und das Bestehen einer Abschlusspflicht hätte auch bei Annahme eines Bankvertrags verneint werden können), entspricht nicht dem auf längere Dauer gerichteten Parteiwillen und gibt keinen Anlass, die hier vertretene Meinung zu ändern, zust. Claussen, 4. Aufl. 2008, § 1 VI 4; M. Roth WM 2003, 480; Staudinger/Martinek/Omlor § 675 Rn. B 31; aA zu gläubig Lang BKR 2003, 227. Prägnant Ellenberger/ Bunte Bankrechts-HdB/Bunte/Artz § 2 A Rn. 2: Die Gegenansicht, die Abschluss eines allgemeinen Bankvertrags ablehnt – wie jetzt auch der BGH – ... „wird den praktischen Erfordernissen und der Realität nicht gerecht."

Der **typische Inhalt** dieses Rahmenvertrags ist, auch ohne dass das (wie noch in den **(8)** AGB-Banken aF vor 1993) ausdrücklich gesagt werden müsste, die vertragliche Bestätigung des Geschäftsverhältnisses als Vertrauensverhältnis, die allgemeine Zurverfügungstellung der Geschäftseinrichtungen der Bank und die Einbeziehungsvereinbarung der Grund-AGB, diese nach **(5)** § 305 III BGB im Voraus für alle weiteren Einzelgeschäfte **(8)** AGB-Banken Nr. 1); zu den Sonderbedingungen → **(8)** AGB-Banken Nr. 1 Rn. 6 sowie zB **(8)** Sonderbedingungen für Wertpapiergeschäfte, **(9)** AGB-Anderkonten, **(11)** ERA, **(12)** ERI). Rahmenvereinbarung bezüglich AGB → Rn. A8. Der Bankvertrag ist rechtlich ein Dienstvertrag mit **Geschäftsbesorgungs**charakter (§ 675 I BGB; für die Überweisung ua s. jetzt §§ 675c ff. BGB, Zahlungsdiensteverträge §§ 675f ff. BGB, Girovertrag → Rn. C25 f). Als Folgen der Annahme eines Bankvertrags (nach aA des Giro- oder Darlehensvertrags, vgl. BGHZ 152, 119) kommen ua in Betracht: **(1)** allgemeine vertragliche **Interessenwahrungspflicht,** zB auch bei Austauschverträgen ohne Interessenwahrungspflicht wie Wertpapierkauf (Effektenpropergeschäft), was mit dem Typ Kauf und der entspr. Geschäftsverbindung allein unvereinbar wäre; Interessenwahrungspflicht als Leitmaxime des Bankvertragsrechts, Grundmann FS Hopt 2020, 301. **(2)** Pflicht der Bank, sich in allem (nicht nur bei Bankgeschäften nach §§ 675 I, 665 BGB, Giroüberweisung, → Rn. C41)

V. Bankgeschäfte A6 BankGesch (7)

streng an die **Weisungen** bzw. Anweisungen **des Kunden** zu halten, weil sie deren Relevanz für den Kunden idR nicht übersehen kann, vgl. BGH WM 1976, 630; NJW 1980, 2130. **(3) Abschlusspflichten hinsichtlich „risikoneutraler" Geschäfte,** str., Bachmann ZBB 2006, 259 (§ 19 AGG), Ablehnung bei risikoneutralen Geschäften wie Eröffnung eines Sparkontos nur aus sachlich gerechtfertigten Gründen, Ellenberger/Bunte Bankrechts-HdB/Bunte/Artz § 24 Rn. 20 (§ 242 BGB); iErg auch EBJS/Thessinga, Bd. 2. 3. Aufl. 2015, Bankrecht I Rn. 15; vgl. auch BZ/Bunte 2 AGB-Banken Rn. 9 ff.; aA BGHZ 152, 120, **zB Eröffnung eines Sparbuchs,** Ausgabe einer Geldkarte allenfalls, wenn von der Bankkunden-Karte isoliert (prepaid, → Rn. F14), Heymann/Horn V154, str., Besorgen von Wertpapiergeschäften bei entsprechender Deckung, nicht ohne Weiteres aber Gewährung eines Kredits, einer Bürgschaft, Ausgabe einer Bankkunden-Karte, Zusatzleistungen zu Überweisung (→ Rn. C25) und wohl **auch eines Girovertrags** (→ Rn. C25), dies unbeschadet der jederzeitigen Kündigungsmöglichkeit nach **(8)** AGB-Banken Nr. 19 **(aber kein allgemeiner Kontrahierungszwang** für Banken mangels Monopolstellung, BVerfG NJW 2001, 1413; BGH WM 2013, 316, **Ausnahmen für Sparkassen** und staatlich beherrschte Kreditinstitute BGHZ 154, 146; BGH NJW 2004, 1031) mit Kontrahierungszwang für Girokonten natürlicher Personen, OLG Naumburg ZIP 2012, 1119 m. krit. Anm. Piekenbrock WM 2013, 1925, zT auch Kündigungsverbot (dies verschleiernde AGB); OLG Nürnberg WM 2014, 1477 (→ **(8a)** AGB-Spark Nr. 26 Rn. 1); aber nicht für juristische Personen, Gleichbehandlung nur bei Verwaltungspraxis, VG Düsseldorf WM 2020, 17. Allgemeiner gegen unmittelbare Drittwirkung von Art. 3 GG BVerfG NJW 2019, 3769 = JZ 2019, 1103 mAnm Grünberger/Washington (Hotel, NPD). Inzwischen **Zahlungskontengesetz (ZKG)** v. 11.4.2016 BGBl. 720 mit Zuständigkeit der BaFin, **Basiskontoverträge für alle Verbraucher** (§ 13 BGB, §§ 30 ff., 38 ff. ZKG 11.4.2016 BGBl. I 720); Bülow/Artz, 2017; Kothe 2017; Grüneberg/Sprau § 675f Rn. 28 ff.; BZ/Bunte 2 AGB-Banken Rn. 12 ff., auch für Personen ohne festen Wohnsitz und Asylsuchende, deutlich weiter als Kontrahierungszwang für Sparkassen, Artz ZBB 2016, 191; Herresthal BKR 2016, 221, enge Ablehnungsgründe (§§ 35 ff. ZKG). Das Basiskonto ist ein Zahlungskonto mit grundlegenden Funktionen (so Definition in § 30 II ZKG), nämlich Ein- und Auszahlungen, Überweisungen, Lastschriften und Einsatz von Zahlungskarten; Kreditgeschäfte und weitere Dienstleistungen nur mit Vereinbarung (§§ 38 II, 39 ZKG). Kein Anspruch auf Überziehungsrahmen, aber von § 38 nicht erfasste Vereinbarung ist möglich (§ 39 ZKG). Nur angemessene Entgelte (§ 41 II ZKG), OLG Schleswig WM 2019, 71; OLG Frankfurt a. M. WM 2019, 1297; Findeisen WM 2016, 1765; Bülow WM 2017, 161; Edelmann/Bacher BKR 2019, 428. Zu Entgelten, auch AGB-Kontrolle, BGH NJW 2020, 2726; WM 2020, 1490 mAnm Klocke/Hautkappe WM 2020, 2397 und Liebetrau BKR 2021, 287, auch → Rn. C50. Benachteiligungsverbot (§ 40 ZKG); erleichterter Kontenwechsel; Nachweiserleichterungen für Ausländer und Asylsuchende BMI-VO 5.7.2016 BAnz. AT 6.7.2016 B1; Ablehnung der Eröffnung nach § 36 I Nr. 3 ZKG (Geldwäsche), OLG Frankfurt ZIP 2021, 288; eingeschränkte Kündigungsmöglichkeit für das kontoführende Institut (§ 42 f. ZKG), → **(8)** AGB-Banken Nr. 19 V mit Rn. 8). BaFin-Verfahren (§§ 48, 49 ZKG), Klöppel WM 2017, 1090. Aber kein Recht auf Girokonto bei der DBBk (zu § 22 BBankG), VG Frankfurt a. M. WM 2010, 887. ZahlungskostenRL 2014/92/EU v. 23.7.2014 ABl. L 257, 214 (auch → Rn. A36): Zugang zu Zahlungskonten (Basiskonto) durch Zwang zum Abschluss eines Zahlungsdiensterahmenvertrags (→ Rn. C27); Entgeltvergleichbarkeit (→ Rn. C47), Kontowechsel. Zuvor EU-Empfehlung 18.7.2011. **(4)** Pflicht, **im Massengeschäft** den einzelnen Kunden **nicht willkürlich anders** zu **behandeln** als alle anderen (iErg auch BaFin unter § 6 KWG, orderly banking), EBJS/Thessinga Bd. 2 3. Aufl. 2015, Bankrecht I

Rn. 18; aA, allenfalls § 242, aber iErg abl. BGH WM 2013, 316 (XI ZS), mAnm Looschelders JZ 2013, 570, von BGHZ 152, 114 nicht angesprochen, wäre danach aber sinngemäß zu verneinen; wie hier Bachmann ZBB 2006, 266 (§ 19 AGG). Gleichbehandlung aber durch Sparkassen, Biesok WM 2020, 75. Gleichbehandlung in bestimmten Grenzen auch aus § 242 BGB, BZ/Bunte Rn. 6a. Rahmenvertrag bei Leasing → Rn. P4. Der Bankvertrag erlischt bei Insolvenz des Kunden (→ Rn. 58), besteht aber bis Kenntnis bzw. Kennenmüssen der Bank fort (§§ 116 S. 1, 115 I, III 1 InsO), BGHZ 63, 91; Überweisungsverträge und Zahlungs- und Übertragungsverträge bestehen dagegen mit Wirkung für die Masse fort (§ 116 S. 3 InsO).

A7 B. **Geschäftsverbindung:** Die Geschäftsverbindung ist das zwischen Bank und Kunden bestehende gesetzliche Schuldverhältnis ohne primäre Leistungspflicht (→ HGB Einl. vor § 343 Rn. 2). Dieses wird idR vom Bankvertrag überlagert und vertraglich ausgestaltet. Die besonderen Verhaltens- und Berufspflichten der Bank, zB Bankgeheimnis (→ Rn. A9–13), Aufklärungs- und Beratungspflichten (→ Rn. A14–15), sind bei Bestehen eines Bankvertrags aus diesem versprochen. Fehlt dieser, uU beim Einmalgeschäft, oder ist er nichtig, zB bei Geschäftsunfähigkeit des Kunden, bleibt doch die Geschäftsverbindung als Schutzverhältnis und Grundlage einer Vertrauenshaftung (iVm § 278 BGB für Erfüllungsgehilfen), das spricht nicht gegen den Bankvertrag, aA BGHZ 152, 120, sondern ist allgemeines Schuldrecht. Bankgeschäfte mit Minderjährigen s. Scheerer BB 1971, 981; auch → **(7)** Bankgeschäfte Rn. A48. Dieses gesetzliche Schuldverhältnis ohne primäre Leistungspflicht kann drittschützend sein (entspr. zum Vertrag mit Drittschutzwirkung). Im **außerbetrieblichen Bankenverkehr**, zB im mehrgliedrigen Überweisungs- und Lastschriftverkehr, können aber im Einzelfall **unmittelbare gesetzliche Schutzpflichten** bestehen, → Rn. A34, C88, K2 und → HGB § 347 Rn. 22.

A8 C. **AGB:** AGB sind für die gesamte Geschäftsverbindung vorformulierte, dem Kunden von der Bank gestellte Vertragsbedingungen, die Teil des Bankvertrags werden, → Rn. A6, **(8)** AGB-Banken, **(8a)** AGB-Spark. Für die **Einbeziehung von AGB** in den Vertrag gilt **(5)** § 305 II BGB; außer gegenüber Unternehmern, **(5)** § 310 I BGB, dann genügt zwar, falls der Kunde nicht widerspricht, Branchenüblichkeit wie im Bankverkehr allein nicht, aber Indizwirkung für stillschweigendes Einverständnis, so auch, wenn schon bisher regelmäßig die AGB vereinbart worden sind, laufende Geschäftsverbindung, UBH/Habersack BGB § 305 Rn. 173, 176. **Rahmenvereinbarungen** (Bankvertrag, Geschäftsverbindung) können die vertragliche Einbeziehung in der Form von **(5)** § 305 II BGB vorwegnehmen (so **(5)** § 305 III BGB), BGHZ 98, 29. Rahmenvereinbarungen sind **unter Kaufleuten** besonders wichtig. Da **(5)** § 305 III BGB gegenüber Unternehmern nicht gilt, kann insoweit auch die Geltung der jeweiligen **späteren Fassung der AGB** vereinbart werden; davon zu unterscheiden sind Änderungen der AGB, die nur eine Gesetzesänderung nachvollziehen und Text der AGB berichtigen (nicht aus deren Anlass selbstständig ändern). Ohne solche Rahmenvereinbarung kann der Verwender nicht einseitig Änderungen der AGB durchsetzen, Ebel BB 1980, 479. Doch genügt Fortsetzung der Geschäftsverbindung in Kenntnis der Änderung, BGHZ 52, 62 (AGB-Spark), oder nach mehrmaligen Rechnungen mit geänderten AGB, besonderer Hinweis ist nur bei wesentlicher Schlechterstellung nötig, OLG Koblenz BB 1983, 1635, sonst uU überraschend nach **(5)** § 305c I BGB; Kreditzinsen → Rn. G4, G10, G10a–c. Gegenüber **Nichtkaufleuten** gibt es für die Neufassung von AGB keine Erleichterung, vertragliche Einbeziehung ist unerlässlich, auch bei Rahmenvereinbarung nach **(5)** § 305 III BGB, der auf II verweist. Klausel über einseitiges Änderungsrecht der Bank gegenüber Privatkunden ist unwirksam. In der Praxis ist dieses letztere ausschlaggebend, da die AGB, zB **(8)** AGB-Banken für alle Kunden gelten sollen. Ausführlich zu den **Entgelten im Bankgeschäft** KMFS/Wittig Rn. 3.721 ff.; Rechtsprechung zu kontrollfähigen Preisnebenabreden im Kreditgeschäft → Rn. G4. AGB-Recht der Kreditwirtschaft, Rodi BKR 2021, 220, 2022, 419.

4) Bankgeheimnis

A. **Geheimhaltungspflicht; Abtretung von Darlehensforderungen:** Die A9 Bank schuldet ihren Kunden seit jeher (zur Geschichte und heute für Gewohnheitsrecht Nobbe WM 2005, 1540) auf Grund des Bankvertrags (bzw. der Geschäftsverbindung, → Rn. A7, deklaratorisch **(8)** AGB-Banken Nr. 2 I mit Definition) auch ohne ausdrückliche Vereinbarung umfassende Geheimhaltung des Geschäftsverkehrs, besonders von Stand und Bewegung der Konten des Kunden. Das ergibt sich schon aus der allgemeinen Vermögenswahrungspflicht der Bank gegenüber dem Kunden, BGHZ 166, 93; OLG München ZIP 2013, 561 – Breuer. Das Bankgeheimnis gilt nur für kundenbezogene Tatsachen und Wertungen, die der Bank auf Grund, aus Anlass oder im Rahmen der Geschäftsverbindung mit dem Kunden bekannt geworden sind, BGHZ 27, 246; 166, 85 – Kirch. Erfasst sind alle kundenbezogenen Tatsachen und Wertungen, die der Bank auf Grund, aus Anlass oder im Rahmen der Geschäftsverbindung zum Kunden bekannt geworden sind und die der Kunde geheim zu halten wünscht, BGH WM 2007, 644 (vgl. **(8)** AGB-Banken Nr. 2 I); vgl. Tiedemann NJW 2003, 2213; Canaris ZIP 2004, 1781; 2004, 2362 (krit.); Schumann ZIP 2004, 2353 (2367). Teilweise wird zwischen externem und internem Bankgeheimnis unterschieden, aber auch bankintern ist keine ganz beliebige Weitergabe zulässig. Das Bankgeheimnis besteht grundsätzlich auch gegenüber Behörden (aber Grenzen, → Rn. A10). Es besteht bei Verhandlungen vor Vertragsschluss und überdauert das Vertragsende, BGH BB 1953, 993. Geheimnisherr ist der Kunde bzw. sein gesetzlicher Vertreter, in seinem Insolvenzverfahren der Insolvenzverwalter (mit Ausnahme persönlicher, insolvenzirrelevanter Umstände), BGHZ 109, 270 (Rechtsanwalt). Beim **Tod des Kunden** gehen der Anspruch auf Geheimhaltung und die Befugnis zur Entbindung davon auf die Erben über, BGHZ 107, 104, Wille des Erblassers kann aber bei persönlichkeitsbezogenen Vorgängen entgegenstehen, OLG Stuttgart NJW 1983, 1744 Ls. (für Steuerberater). Kollision zwischen Bankgeheimnis und Auskunftsanspruch ist durch Interessenabwägung zu lösen, das Interesse des Erben nach § 666 BGB geht idR dem des Zuwendungsempfängers vor. Der Auskunftsanspruch des Erben gegen die Bank ist ausnahmsweise abtretbar, BGHZ 107, 104. Das Bankgeheimnis erstreckt sich bei der in eine Überweisung eingeschalteten zweiten Bank auf die Angelegenheiten des Kunden der ersten Bank, für dessen Rechnung die Überweisung erfolgt, BGHZ 27, 246 (Fall der Drittschutzwirkung, → Rn. A32–35), das gilt auch bei Buchung von „Konto pro Diverse", BGHZ 27, 241; str., ob allgemein im Konzernverbund, bejahend LG München NJW 2003, 1046 – DBk/Kirch. Das Bankgeheimnis steht, da rein schuldrechtlich, der **Abtretung von Darlehensforderungen** trotz des Auskunftsanspruchs des Zedenten nach § 402 BGB nicht entgegen, BGH WM 2007, 643; BVerfG NJW 2007, 3707; Nobbe WM 2005, 1545; ZIP 2008, 97; FS Hopt, 2010, 2301, auch kein Geheimnisbruch nach § 203 II 1 Nr. 1 StGB bei Sparkasse, BGH NJW 2010, 361 mAnm Haas/Fischera NZG 2010, 457; Abtretung ist **wirksam**, § 134 BGB und BDSG (→ Rn. A53) sowie § 32 I 1 KWG (→ Rn. A5) greifen insoweit nicht ein, auch kein konkludentes Abtretungsverbot nach § 399 BGB, schon gar nicht, wenn Abtretungsempfänger eine Bank ist oder Zedent weiterhin für Einzug zuständig bleibt; aber uU Schadensersatz, BGH WM 2007, 644 (str., aber ohne praktische Bedeutung), außer bei notleidenden Krediten (NPL, distressed loan ua), Nobbe WM 2005, 1546; krit. Vorwerk NJW 2009, 1777. Ab 2022 Unwirksamkeit von Abtretungsausschlussklauseln nach § 308 Nr. 9 BGB. Lit.: Kubis, Schuldner-

(7) BankGesch A10, A11

schutz bei Forderungsabtretung und Einziehungsermächtigung, 2013; Rinze/Heda, Hofmann/Walter, Cahn WM 2004, 1557 (1566); 2004, 2041; Langenbucher BKR 2004, 333; Rögner NJW 2004, 3230; Stiller ZIP 2004, 2027; Adolff FS Heldrich, 2005, 3; Nobbe WM 2005, 1537; Kreft, Hammen, Wittig Bankrechtstag, 2005; Nobbe ZIP 2008, 97; Schwintowski/Schantz NJW 2008, 472; Früh FS Hopt, 2010, 1823. Vollstreckungsklausel ist auch bei Abtretbarkeit zulässig (→ Rn. G5a); vgl. zum BDSG → Rn. A53. Aber Schutz durch das **RisikobegrenzungsG** 12.8.2008 BGBl. 1666 (→ Rn. G5a). Im **Zivilprozess** hat die Bank ein Zeugnisverweigerungsrecht nach § 383 I Nr. 6 ZPO als „Person, der kraft ihres Gewerbes Tatsachen anvertraut sind, deren Geheimhaltung durch ihre Natur geboten ist"; es deckt alle unter ihre Verschwiegenheitspflicht fallenden Tatsachen; BGH BB 1953, 993; OLG Köln MDR 1968, 931; ferner nach § 384 Nr. 3 ZPO „Gewerbegeheimnis". Entsprechendes gilt in sonstigen Gerichtsverfahren (Arbeits-, Verwaltungs-, Sozial-). Die Drittschuldnererklärung nach § 840 ZPO bei Forderungspfändung kann die Bank nicht verweigern. Das Bankgeheimnis ist kein sonstiges Recht iSv § 823 I BGB, kann aber Teil des Unternehmensrechtsschutzes nach § 823 I BGB (Gewerbebetrieb, Persönlichkeitsrecht, → HGB Einl. vor § 1 Rn. 63–64) sein. Im **Insolvenzverfahren** wird grundsätzlich der (auch starke vorläufige) Insolvenzverwalter Geheimnisherr, aber Grenzen, zB bei Gemeinschaftskonten (dann § 84 I 1 InsO), Stephan WM 2009, 241. **Weitere geheimhaltungsrelevante Normen** sind ua §§ 55a, 55b KWG, §§ 17ff. UWG, § 824 BGB, BGHZ 166, 84 – Kirch; dazu krit. Ehricke/Rotstegge ZIP 2006, 925; krit. zur Außenhaftung Hellgardt WM 2006, 1514. Lit.: Ellenberger/Bunte Bankrechts-HdB/Krepold/Zahrte § 8; (Staub/)Grundmann 2020 Teil 2 Rn. 69ff.; Bühler SZW 2020, 618 (Schweiz); Grundmann FS Hopt 2020, 301/314 (Interessenwahrung und Bankgeheimnis).

A10   B. **Grenzen: a)** Das Bankgeheimnis hat wie jedes Recht (Pflicht) seine Grenzen (vgl. → **(8)** AGB-Banken Nr. 2 Rn. 2). So kann die Bank sich nicht einfach unter Berufung auf das Bankgeheimnis von der **gebotenen Aufklärung und Warnung** (→ Rn. A16–29) dispensieren, BGH WM 1991, 85, vielmehr Güter- und Interessenabwägung. Die Bank muss die Auskunftsansprüche Dritter gegen sie (§§ 260, 809, 810 BGB ua, vgl. → HGB § 118 Rn. 11) erfüllen, BayObLG ZIP 2003, 569. Kein unbegrenztes und bedingungsloses Bankgeheimnis gegenüber markenrechtlichem Auskunftsanspruch (§ 19 II 1 MarkenG), EuGH WM 2015, 1557; BGH NJW 2016, 2190; entsprechend für alle Immaterialgüterrechte (§ 101 UrhG, § 140b PatG, § 24b GebrMG, § 46 DesignG, Czychowski EuZW 2015, 745. Die Aufdeckung von Kreditbetrug kann durch Nothilfe gerechtfertigt sein; ebenso die Aufdeckung von Insiderinformationen. In Ausnahmefällen kommt Notstand (§§ 34, 35 StGB) in Betracht. Auch in Fällen eines (unter Berücksichtigung der Fremdinteressenwahrung) **überwiegenden Eigeninteresses** kann ein Offenbarungsrecht gegeben sein, so zB gegenüber einem ehrenrührigen Vorwurf, BGH BB 1953, 993; RG BankA 1934, 326; OLG Köln WM 1993, 289; erforderlichenfalls kann die Bank eine stille Zession offenlegen (→ Rn. H4); die Bank A kann idR ohne Rechtsmissbrauch in ein Konto ihres Kunden-Schuldners bei Bank B vollstrecken, von dem sie unter Geheimnisbruch der B erfuhr; anders wenn A diese Pflichtverletzung der B veranlasst, BGH MDR 1973, 926. Schwierige Einzelabwägung wird nötig, wenn die Bank zB von US-amerikanischen Gerichten zur Offenlegung von unter das Bankgeheimnis fallenden Tatsachen verurteilt wird, LG Kiel RIW 1983, 206; Bosch IPRax 1984, 127.

A11   **b) BaFin** und **DBBk** haben Einsichts- und Auskunftsrechte ohne Beschränkung durch das Bankgeheimnis, insbesondere nach **KWG** und **(16b) WpHG,** zB §§ 44ff. KWG; automatisierter Abruf von Kontoinformationen durch die BaFin (§ 24c KWG). Meldepflichten, Überwachung und Prüfung (s. **(16b)** WpHG §§ 22, 88, 89 ua); Auskunftsrechte (s. **(16b)** WpHG § 6).

V. Bankgeschäfte A12, A13 BankGesch (7)

c) Im **Strafprozess** hat die Bank kein Zeugnisverweigerungsrecht nach § 53 **A12**
StPO; auch gegenüber der Staatsanwaltschaft muss sie aussagen (vgl. § 161a
StPO), nicht aber gegenüber der Polizei. Das gilt entspr. nach § 46 II OWiG.
Prost NJW 1976, 214; Ungnade WM 1976, 1210; Ehlers BB 1978, 1513.
Zulässige Abfrage von Kreditkartendaten nach § 161 I StPO, keine Rasterfahndung nach § 98a StPO, BVerfG WM 2009, 843. Weitgehende Dokumentations-, Anzeige-, Sorgfalts- und Überwachungspflichten mit zentralem Transparenzregister nach **GeldwäscheG (GwG)** 23.6.2017 BGBl. 2017 I 1822, mehrfache spätere Änderungen; unzulässige Verfassungsbeschwerde, BVerfG NJW 2019, 659. Neuerungen durch die 5. GeldwäscheRL (EU) 2018/843 v. 30.5.2018 ABl. L 156, 43; Engels WM 2018, 2071; GeldwäscheRi-UmsetzungsG 19.12.2019 BGBl. I 2602, Glaab/Neu/Scherp BB 2020, 322. Das Transparenzregister wird von einem Auffangregister zu einem Vollregister mit Auswirkungen auf die Mitteilungspflichten nach GwG, Bode/Gätsch NJW 2021, 437; Einzelfragen zum reformierten Transparenzregister, Omlor/Meier ZGR 2020, 586; Goette DStR 2021, 1551; John NZG 2021, 957. **EU-Kommission, Legislativpaket Geldwäsche 20.7.2021,** Schorn DB 2021, 2404. Reichweite der Prüfungspflicht bei Kontoeröffnung, BVerwG NJW 2019, 1317, vgl. auch → Rn. A49. Identitätsüberprüfung eines für unbekannte Erben tätigen Nachlasspflegers, BGH NJW 2021, 2032 mAnm Sarres. Zur Rückzahlung OLG München WM 2015, 676. Verdachtsmeldepflicht des Geldwäschebeauftragten der Bank, OLG Frankfurt a. M. ZIP 2019, 257. Strafrechtsverschärfung, RLVorschlag, Weber NJW 2019, 968. Lit.: Ellenberger/Bunte Bankrechts-HdB/Allgayer § 11 Rn. 55 ff. (Geldwäsche, Strafverfahren); Amtage/Baumann/Bdeiwi, 3. Aufl. 2018; Herzog/Achtelik, 4. Aufl. 2020; Zentes/Glaab, 2018; Gurlitt WM 2020, 69; Gazeas NJW 2021, 1041 (Strafrecht); Höche FS Hopt 2020, 449 (Geldwäscheprävention); John NZG 2021, 957; Auerbach/Musiol BKR 2021, 683 (BaFin-Hinweise).

d) Im **Finanzgerichtsprozess** hat die Bank ebenfalls kein Zeugnisverweige- **A13**
rungsrecht, BFH NJW 1993, 2831. Gegenüber **Steuerbehörden** besteht Offenbarungspflicht ua nach §§ 90, 92, 93 AO; keine Aussageverweigerung nach AO, auch keine besondere Rücksichtspflicht der Finanzbehörden auf das Bankgeheimnis mehr wie noch nach § 30a AO aF (steuerliches Bankgeheimnis), aufgehoben durch Steuerumgehungsbekämpfungsgesetz 23.6.2017 BGBl. I 1682 als Reaktion auf die „Panama Papers", Meldepflichten über Geschäftsbeziehungen mit Drittstaat-Gesellschaften. Vorgänger war BFM-Bankenerlass 31.8.1979, NJW 1979, 2190; dazu Lit.: Becker, 1983; Miebach, 1999 (Verfassungsrecht und § 30a AO); Söhn NJW 1980, 1430. Auskunftsersuchen an Kreditinstitute nach §§ 93 ff. AO und Steuer- bzw. Zollfahndung nach § 208 AO bleiben möglich, bei hinreichendem Anlass, BFH NJW 2007, 2284, dabei auch Sammelauskunftsersuchen über bestimmten Personenkreis, aber nicht „ins Blaue hinein" und nur wenn verhältnismäßig, BFH NJW 2002, 2340; 2007, 1308, für Steuerhinterziehung besonders anfällige Art der Geschäftsabwicklung, BFH WM 2009, 1276 (im konkreten Fall abl.). Grenzen von Verwertungsverboten, BFH NJW 2007, 2282. Kontrollmitteilungen anlässlich Außenprüfung von Banken sind nach § 194 III AO grundsätzlich ohne besonderen Anlass zulässig, BFH WM 2009, 599. Ab 1.4.2005 Automatisierung des Auskunftsverfahrens durch Zugriff der Finanzbehörden (über das Bundeszentralamt für Steuern) auf die Dateien der Kreditinstitute über Konto- und Depotverbindungen (Kontenabrufverfahren, § 93 VII, VIII, 93b AO iVm § 24c KWG, trotz Missbrauchsrisiko verfassungsgemäß, BVerfG NJW 2007, 2464), krit. Göres NJW 2005, 253; 2005, 1902; Maidorn NJW 2006, 3752; Hoffmann WM 2010, 193. Nach § 33 ErbStG ist die Bank beim Tod des Kunden anzeigepflichtig, auch betr. Existenz von Schließfächern, auch betr. ZwNl im Ausland, BGH NJW 2007, 669; BFH NJW 2007, 1310 Ls.;

(7) BankGesch A14, A15

die Nutzung auch für ESt und Vermögensteuer ist rechtswidrig, str., aA BFH NJW 1992, 2246. **International** sind infolge der Liechtensteinaffäre und der Finanzkrise die Steuerfluchtländer 2009 stark unter Druck gekommen, die Schweiz, Liechtenstein ua haben ihr Bankgeheimnis deutlich gelockert, Bühler in Breitenmoser ua, Internationale Amts- und Rechtshilfe in Steuer- und Finanzmarktsachen, 2017, S. 5 (AIA, automatischer Informationsaustausch). Komm. zu AO: Hübschmann/Hepp/Spitaler (LBl.); Tipke/Kruse (LBl.); Ungnade WM 1976, 1218; Ungnade/Kruck WM 1980, 258; Hamacher WM 1997, 2149; Thomas/Tischbein WM 1999, 1645; Carlé NJW 2007, 2226.

Lit.: Ellenberger/Bunte Bankrechts-HdB/Krepold/Zahrte § 8 Rn. 295 ff.; (Staub/)Grundmann 2020 Teil 2 Rn. 69 ff.; Spitzenverbände des Kreditgewerbes (Zentraler Kreditausschuss, ZKA, Weber ua), Bankgeheimnis und Bankauskunft in der Praxis, 7. Aufl. 2009; Anton 2013; Miebach 1999 (Verfassungsrecht); Petersen, 2005 (Grundlagen); Wech 2008; Martinek FS Schütze, 1999, 503 u. Schefold IPRax 2000, 234 (internationales Bankgeheimnis), Herzog, Kirchhoff Bankrechtstag 2003, 47 (79); Nobbe WM 2005, 1537; Bitter ZHR 173 (2009) 379.

5) Bankauskünfte

A14   A. **Pflichten gegenüber dem Anfrager:** Die Auskunftserteilung der Bank erfolgt entweder auf Grund des Bankvertrags (Anfrager ist Kunde) oder eines besonderen Auskunftsvertrags (Anfrager ist andere Bank oder Nichtkunde), stRspr, → HGB § 347 Rn. 13 (zur Fiktivität eines solchen Auskunftsvertrags dort → § 347 Rn. 22); bei Scheck- und Wechselauskunft ausnahmsweise Garantievertrag, → Rn. E/8. Zu Inhalt, Voraussetzungen und Empfänger der Bankauskunft s. **(8)** AGB-Banken Nr. 2 II–IV. Die Bank haftet für schuldhaft unrichtige oder unvollständige Auskünfte dem Anfrager auf Schadensersatz (idR nur negatives Interesse). Die Bank schwebt dabei zwischen Haftung gegenüber dem Anfrager und gegenüber dem Kunden, über den angefragt wird (→ Rn. A15). Das führt praktisch zu vorsichtigen Auskunftsformeln, die richtig gelesen werden müssen, Beispiele Rehbein ZHR 149 (1985), 147, und ist rechtlich bei der Aufstellung der Verhaltenspflichten zu berücksichtigen. „Gespaltene" Auskünfte (Positives schriftlich, Negatives mündlich) sind für die Bank gefährlich, weil der schriftliche Teil für sich unwichtig ist und die Bank diesen Schein widerlegen muss. Wechselprotest, Scheck- oder Lastschriftrückgaben (mangels Deckung) müssen erwähnt werden, BGH WM 1962, 1111. Die Tatsache einer Vollstreckung durch Dritte ist auch dann mitzuteilen, wenn sie durch Schuldzahlung erledigt wurde, BGH NJW 1972, 1200. Bsp. für Anforderungen OLG Frankfurt a. M. WM 1985, 253. **Entgeltklausel** zulässig, die Zusatzleistung, OLG Frankfurt ZIP 2019, 1856. Zur **Dritthaftung** bei der Bank-zu-Bank-Auskunft → HGB § 347 Rn. 21. Zur Wahrheits-, Vollständigkeits-, **Berichtigungs- und anderen Pflichten** der auskunftsgebenden Bank → HGB § 347 Rn. 23–33; Einzelheiten zur **Haftung** → HGB § 347 Rn. 34–40. **(8)** AGB-Banken Nr. 2, 3 (anders Nr. 10 II 3 aF vor 1993) enthalten keine **Freizeichnung** mehr. Lit.: Ellenberger/Bunte Bankrechts-HdB/Krepold/Zahrte § 9; (Staub/)Grundmann 2020 Teil 2 Rn. 88 ff.

A15   B. **Pflichten gegenüber dem Kunden:** Die Bank darf Kreditauskünfte nur mit **Einwilligung** des Betroffenen erteilen. Diese muss bei **Privatkunden** ausdrücklich sein, also grundsätzlich nur nach **Rückfrage** (diese ihrerseits nur mit Einverständnis des Anfragers) bei ihrem Kunden, über den die Auskunft eingeholt wird; zu **(8)** AGB-Banken Nr. 2 III 3, wonach eine solche Rückfragepflicht auch bei „genereller" Zustimmung entfallen kann, s. dort. Im kfm. Verkehr mit **Geschäftskunden** wird bei günstiger Auskunft idR mutmaßliche Einwilligung des Geschäftskunden vorliegen, offen BGHZ 95, 365. Der kfm. Kunde weiß, dass üblicherweise Bankauskünfte eingeholt und erteilt werden und dass die Ablehnung einer Auskunft über ihn geradezu kreditschädigend wirkt. Nach **(8)** AGB-Banken Nr. 2 III 1 wird die Einwilligung für den kfm. Verkehr allgemein erteilt. Bei klar negativer Auskunft kann jedoch trotzdem auch bei Geschäftskunden Rückfrage nötig sein, erst recht, wenn ihre Persönlichkeitssphäre berührt wird (→ Einl. vor § 1 Rn. 64). Die Bank **haftet** dem Kunden bei Erteilung einer richtigen Auskunft ohne (tatsächliche oder mutmaßliche) Einwilligung und für unrichtige nachteilige Auskünfte. Der **Inhalt** der Bankauskunft ist dem Kunden **auf Verlangen mitzuteilen** (ohne Namen des Anfragers), OLG Karlsruhe NJW 1971, 1042; nach OLG Karlsruhe WM 2009, 512 auch Empfänger und, soweit zumutbar, dessen Kunden, dagegen stehen aber deren Interessen am Bankgeheimnis, Konfliktlösung durch Auskunft nur an Sachverständige wie im Ges-Recht (→ § 118 Rn. 9). Zum Verfahrensablauf von Bank-zu-Bank-Auskünften „Grundsätze für die Durchführung des Bankauskunftsverfahrens zwischen Kreditinstituten" nF 1.5.1987, ZIP 1987, 608 (Text); Schebesta WM 1989, 429. Dabei handelt es sich um AGB zwischen den beteiligten Kreditinstituten, Geltung zwischen diesen → **(8)** AGB-Banken Nr. 1 Rn. 4. Für den Bankkunden können die Grundsätze Drittschutzwirkung entfalten. Jedenfalls hat die anfragende Bank klarzustellen, ob sie die Auskunft im eigenen oder im Kundeninteresse einholt (Nr. 2); das hat Folgen für die Drittschutzwirkung der Auskunft selbst, → Rn. A32–33, → HGB § 347 Rn. 19–21. Kreditauskunft, **Schufa** und **Datenschutz** → Rn. A54–55. Lit.: Ellenberger/Bunte Bankrechts-HdB/Krepold/Zahrte § 9 (Bankauskunft); Ellenberger/Bunte Bankrechts-HdB/Zahrte § 10 (Auskunfteien, Schufa); (Staub/)Grundmann 2020 Teil 2 Rn. 88 ff. (Bankauskunft, Schufa); Spitzenverbände des Kreditgewerbes (Zentraler Kreditausschuss, ZKA, Weber ua), Bankgeheimnis und Bankauskunft in der Praxis, 7. Aufl. 2009; Dahm/Hammacher (Finanzbehörden), 2006; Berger ZBB 2001, 238 (Haftung); Nobbe WM 2005, 1537; Hammen Bankrechtstag 2005, 113 (Abtretung); Wittig Bankrechtstag 2005, 145 (distressed loan trading).

6) Informationspflicht: Wissenszurechnung; Aufklärungs-, Warn- und Beratungspflichten

A. **Rechtsgrundlage für Informations- und Aufklärungspflicht, Wissenszurechnung:** Eine spezielle **Informationspflicht** über Entgelte und Auslagen bei Standardgeschäften (Geschäftsanbahnungsinformationen) ist allgemeiner bei öffentlicher Bestellung bzw. öffentlichem Anerbieten vorgesehen (§ 675a BGB idF VerbrKrRiUmsetzG), Zahlungsdienstleister (§ 675c III BGB iVm § 1 I ZAG) schulden bei Zahlungsdiensten zusätzliche Unterrichtung (§ 675d BGB idF VerbrKrRLUmsG, zuvor Masuch NJW 2008, 1700). Besondere Informationspflichten (sowie Widerrufs- und Rückgaberecht) gelten auch für den Fernabsatz von Finanzdienstleistungen (→ Rn. A4, G/9, §§ 312b ff. BGB iVm Art. 246b EGBGB), Felke/Jordan NJW 2005, 710. Kundenbeschwerden → Rn. A56. Preisangaben nach PAngV → Rn. G5. **Grundlage** der davon zu unterscheidenden **Aufklärungs-, Warn- und Beratungspflichten** der Bank ist der Bankvertrag bzw. die Geschäftsverbindung als gesetzliches Schuldverhältnis (→ Rn. A6–7, → HGB § 347 Rn. 13–18, 22). Diese Pflichten sind Ausprägung der allgemeinen Interessenwahrungspflicht der Bank (→ Rn. A6). Sie sind (in ihrem Kern gesetzliche) **Berufspflichten** in einem Vertrauensverhältnis, → HGB § 347 Rn. 2; Konsequenzen für Freizeichnung → Rn. I/21.

Wissenszurechnung (Wissensvertretung, auch → HGB § 125 Rn. 4): Umfangreiche Rspr., ältere mit absoluter Wissenszurechnung ist überholt (Unterschiede zwischen den Senaten), keine Zurechnung von Wissen, sondern von wissensgetragenem, rechtserheblichem (aktivem oder passivem) Verhalten, Nobbe Bankrechtstag 2002, 126. Für Wissenszurechnung von juristischen Personen und PersonenGes gilt grundsätzlich dasselbe. Aus der (uneinheitlichen) Rspr. ist hervorzuheben: Das Wissen aller Organvertreter der Bank ist ihr zuzurechnen

(7) BankGesch A16

(§ 31 BGB, str.), BGH NJW 2020, 1962 Rn. 29 (VW Dieselskandal); auch ohne Kenntnis des Organvertreters von dem Rechtsgeschäft, BGHZ 109, 327 (V ZS, Schlachthof-Fall, Gemeinde). Die juristische Person haftet aus § 826 BGB i. V. m. § 31 BGB jedoch nur, wenn einer ihrer verfassungsmäßig berufenen Vertreter den objektiven und den subjektiven Tatbestand des § 826 BGB persönlich verwirklicht hat. Die bewusste Täuschung kann nicht durch „mosaikartige" Zusammensetzung der im Hause der juristischen Person vorhandenen kognitiven Elemente zusammengesetzt werden, erst recht nicht durch eine Wissenszurechnung über die Grenzen rechtlich selbständiger (Konzern-)Gesellschaften hinaus, BGH ZIP 2021, 799 Rn. 23 (Audi). Sekundäre Darlegungslast der Gesellschaft, BGH NJW 2020, 1962 (VW) Rn. 37 ff.; BGH ZIP 2021, 799 Rn. 24 ff. (Audi). Zur Haftung nach §§ 826, 831 I 1 BGB, BGH ZIP 2021, 799 Rn. 24 ff. (Audi); BGH NJW 2020, 1962 (VW) Rn. 43. Zurechnung auch, wenn der Organvertreter ausgeschieden oder verstorben ist (so bei juristischen Personen), aber nur sofern es sich um typischerweise aktenmäßig festgehaltenes Wissen handelt, BGHZ 109, 332; BGH NJW 1995, 2160; 1996, 1205 (beide iErg abl.). Auch das Wissen von an der konkreten Transaktion unbeteiligten Mitarbeitern soll grundsätzlich zuzurechnen sein (entspr. §§ 166, 278 BGB), BGH WM 1984, 1311; 1989, 1364 (1368); 1993, 541 (verschiedene Bankfilialen), aber mit § 166 BGB unvereinbar und zT praxisfern, zutr. krit. Nobbe Bankrechtstag 2002, 147. Wissensvertreter ist nur jemand, dessen sich der Geschäftsherr im rechtsgeschäftlichen Verkehr wie eines Vertreters bedient, nicht nur ein interner Berater, BGHZ 117, 104 (V ZS, Knollenmergel-Fall, nicht Bauaufsichtsamt für Gemeinde). Wissenszurechnung ist aber nur möglich, soweit eine entsprechende Organisation innerhalb des Unternehmens möglich und zumutbar ist, zu weitgehend Bohrer DNotZ 1991, 129; offen BGHZ 117, 108. Maßgeblicher Grund für die Wissenszurechnung ist **Pflicht zur ordnungsgemäßen Organisation der Kommunikation** (möglicher und gebotener Informationsfluss), BGHZ 140, 61 (IX ZS); BGH WM 2009, 1704 und 2010, 940 (Vers); BGH WM 2011, 1479 (Behörden); eine rein organisationsbedingte Wissensaufspaltung ist nicht anzuerkennen (Gleichstellungsargument), BGHZ 132, 36 (Altlasten-Fall, GmbH & Co). Bsp. für Zurechnung BGH WM 2005, 375 (XI ZS, Rahmenfinanzierung in der Filiale, Immobilienkreditausreichung in der anderen); BGH ZIP 2010, 72 (federführende VertriebsGes); OLG Bamberg WM 2007, 389 (Scheckeinzahlung auf eine an die Bank verpfändete Forderung). Als vorhanden gilt nicht nur präsentes Wissen, sondern auch Wissen, das bei sachgerechter Organisation dokumentiert und verfügbar ist und das zu nutzen ein konkreter Anlass besteht (also **auch Akten- und Speicherwissen**), BGHZ 135, 202 (XI ZS, Scheckinkasso, → Rn. E/2); BGH WM 2009, 1275. Das bedeutet die Relevanz von **Organisationspflichten,** insbesondere Informationsvorhalte-, -weitergabe- und -abfragepflichten, zugleich aber auch Nichtberücksichtigung von rein privatem Wissen. Auch in Vergessenheit geratenes Wissen kann relevant sein. Wissen und Bösgläubigkeit von Bankangestellten aus anderen Abteilungen, bei Scheckgutschrift etwa der Kreditabteilung, ist grundsätzlich nicht zuzurechnen, anders bei Organwaltern oder ähnlichen Wissensvertretern sowie bei grober Pflichtverletzung bei Kontoeröffnung (zur Scheckprüfung, → Rn. E/2). In diesem Umfang kommt es zu einer Wissenszusammenrechnung. Schadensersatzanspruch auf Grund Wissenszusammenrechnung kann wegen fehlender Kausalität der Pflichtverletzung entfallen, str. Eine allgemeine Wissenszusammenrechnung im Unternehmen und in der Bank wäre dagegen unvereinbar mit Bankgeheimnis und Datenschutz und wäre im Konzern zwischen Müttern und Töchtern nicht durchzuhalten (zur Scheckprüfung, → Rn. E/2), str., wohl aA Gleichstellungsthese, Canaris, Rn. 106, 800a (keine Privilegierung von Großunternehmen). Gegen Wissensvertretung bei § 852 aF BGB (Verjährungsbeginn erst bei Kenntnis, anders seit SMG § 199 I Nr. 2 BGB) BGHZ 134, 343. **Grenzen** der Wissenszurechnung bei Sittenwidrigkeit und Vorsatz nach § 826 BGB, BGH NJW 2017, 250 (Prospektmängel) mAnm Wagner JZ 2017, 522, gegen KG WM 2015, 2365. Die bewusste Täuschung kann nicht durch eine Wissenszurechnung über die Grenzen rechtlich selbständiger **(Konzern-)Gesellschaften** hinaus zugerechnet werden, BGH ZIP 2021, 799 Rn. 23 (Audi) mAnm. Servatius ZIP 2021, 1144. Zur Wissenszurechnung im Konzern auch OLG Düsseldorf NZG 2009, 429; Koller ZBB 2009, 199; Schürnbrand ZHR 181 (2017), 357. Die Zurechnung ist **ausgeschlossen** für Wissen von **Bankvertretern in Aufsichtsräten** oder in Organen anderer Unternehmen (§§ 93 I 2, 116 AktG ua), BGH WM 2016, 1031 Rn. 32; Hopt Kapitalanlegerschutz S. 475; Lutter RdW 1987, 314. Für Anknüpfung der Zurechnung an § 166 BGB und darüber hinaus unter besonderen Voraussetzungen pflichtenbasierte Wissenszurechnung, zutr. Kritik an der Gleichstellungsthese, aber Berücksichtigung auch privaten Wissens, Grigoleit ZHR 181 (2017), 160. Ökonomisch für strikte Einstandshaftung für Mitarbeiter (respondeat superior) Wagner ZHR 181 (2017), 203. Lit.: Fassbender, 1998 (Banken, BrV); Fastenberg, 1998 (Banken); Buck, 2001; Schüler 2000 (Konzern); Schulenburg 2002 (Konzern); Welter/Lang 2005 (Informationspflichten im Bankverkehr); SBLBankrechtsHdb/Nobbe § 61 Rn. 247 ff. (zur Scheckprüfung, → Rn. E/2); Waltermann AcP 192 (1992), 181; Medicus u. Taupitz Karlsruher Forum 1994, 4 (16); Bork ZGR 1994, 237 (Konzern); Taupitz JZ 1996, 734; Drexl ZHR 161 (1997), 491 (Konzern); Koller JZ 1998, 75; Altmeppen BB 1999, 749; Fassbender/Neuhaus WM 2002, 1253; Drexl, Nobbe, Schröter Bankrechtstag 2002, 85 (121, 163); Buck-Heeb WM 2008, 281; Bork DB 2012, 33 (Insolvenzanfechtungsrecht); Meyer WM 2012, 2040 (Vereinbarungen, Unternehmenskauf); Grigoleit, Wagner, Spindler (Konzern), Schürnbrand, Ihrig ua ZHR 181 (2017), 160 ff.; Reuter ZIP 2017, 310; Altmeppen NJW 2020, 2833; Armbrüster/Kosich ZIP 2020, 1494; Risse NZG 2020, 856; Armbrüster FS Windbichler 2020, 473 (D&O-Versicherung); Spindler ZIP 2022, 1521 (digitale Wissensorganisation).

B. Aufklärungs-, Warn- und Beratungspflichten: Inhalt und Umfang dieser Verhaltenspflichten hängen von dem jeweiligen Bankgeschäft (→ Rn. A22) und den Umständen ab. Einzelheiten → **§ 347 Rn. 24 ff.** A17

a) Kriterien sind: (1) **Aufklärungsbedürftigkeit** des Kunden, zB „einfache Frau vom Lande mit geringer Bildung", OLG München OLGE 28, 204; auch (Voll)Kflte können aufklärungsbedürftig sein, BGH NJW 1981, 1440 (Warenterminoptionsgeschäfte); (2) Absprache, zB besonders erbetene Beratung, vgl. BGHZ 70, 356 (Börsendienst), konkrete Fragen oder Besorgnisse; (3) Intensität der gegenseitigen Beziehungen, zB Einmalgeschäft, laufende Geschäftsverbindung, selbstständige Wertpapier- und Vermögensverwaltung durch die Bank; Tätigkeit als Hausbank, BGH BB 1983, 1174; (4) Schutzverzicht, zB Auftreten als Branchenkenner, vgl. BGH WM 1980, 284 (Käufer eines Aktienpakets, selbst Aktionär und Branchenkenner), Steuerberater und DiplKfm, OLG Celle ZIP 2011, 465 Ls., Vorgabe der Kenntnis einer Information, eigenverantwortliche Wahl einer aggressiven Anlagepolitik für die zu verwaltenden Wertpapiere; (5) betriebliche und finanzielle Tragbarkeit für die Bank, vgl. BGHZ 70, 363 (kein unzumutbarer Zeit- und Kostenaufwand). **Näher** → HGB § 347 Rn. 23.

b) Je nachdem können sich unterschiedliche **Typen von Pflichten** ergeben: A18
(1) **Wahrheitspflicht,** BGHZ 74, 110, einschließlich Pflicht zur Vollständigkeit, BGH NJW 1973, 456, Klarheit und ggf. Berichtigung, BGHZ 61, 179 (Scheckauskunft); (2) **Nachforschungs- und Erkundigungspflichten,** BGHZ 70, 363; 72, 105; (3) **Organisationspflichten,** BGH NJW 1964, 2059 (laufende Überwachung des BGBl. oder einer Fachzeitschrift); BGH NJW 1982, 1513 (innerbetriebliche Scheckkontrolle); OLG Hamburg BB 1974, 1266 (Wechselprolongation). → HGB § 347 Rn. 24 ff.

A19 c) Bei **Interessenkonflikten** gilt der Grundsatz der Priorität des Kundeninteresses gegenüber dem Bankinteresse. Interessenkonflikte verpflichten uU überhaupt erst zur Aufklärung, BGHZ 72, 102; BGH BB 1978, 1186. Bei Konflikt mehrerer Kundeninteressen ist Güter- und Interessenabwägung nötig, BGH WM 1991, 85; Bankgeheimnis → Rn. A10. Offenlegungspflicht der Bank bei Provisionsbeteiligung des Vermögensverwalters des Kunden, BGHZ 146, 235. Herausgabepflicht (§ 667 BGB) ist str. (→ § 347 Rn. 30, → § 384 Rn. 9).
Lit.: Kumpan, Der Interessenkonflikt im deutschen Privatrecht, 2014; Hopt FS Heinsius, 1991, 289; Hopt ZGR 2004, 1; Mülbert WM 2007, 1149 (FRUG); Buck-Heeb FS Hopt, 2010, 1647. Ausführlicher → HGB § 347 Rn. 30; Kommentare zum WpHG §§ 63 ff.

A20 d) Berücksichtigung von **Insiderinformationen,** str., s. Heinsius ZHR 145 (1981), 194 (nein); Kübler ZHR 145 (1981), 210 (uU ja); Hopt FS Heinsius, 1991, 289 (uU). → HGB § 347 Rn. 31–33.
Lit.: Zu Aufklärungspflichten der Banken Hopt, Kapitalanlegerschutz, 1975; Ellenberger/Bunte Bankrechts-HdB/Siol/Grüneberg §§ 87, 88; (Staub/)Grundmann 2020 Teil 2 Rn. 24 ff.; Vortmann, 12. Aufl. 2019; Welter/Lang 2004; Schäfer/Sethe/Lang 2012 (Informationspflichten); Rümker ZHR 147 (1983), 30; Hopt u. Rümker in Bankrechtstag 1992, 1 (29); Horn ZBB 1997, 139; Nobbe RWSForum 1998, 235; Hadding FS Schimansky, 1999, 67; Mülbert WM 2007, 1149; Veil WM 2007, 1821 (nach MiFID); Assmann/Sethe FS Westermann, 2008, 67. **RsprÜbersicht:** Grüneberg, Bankenhaftung bei Kapitalanlagen, 2017; Wiechers/Henning WM Sonderbeil. 4/2015 (Anlageberatung). Auch → HGB § 347 Rn. 2 ff.

A21 C. **Schadensersatz:** Die Probleme des Verschuldens (einfache Fahrlässigkeit), Schadens (idR negatives Interesse), Mitverschuldens (nicht schon im Vertrauen auf den Rat ohne eigene Nachprüfung, Beweislast (idR bei der Bank) ua sind nicht bankspezifisch. Ausführlich → HGB § 347 Rn. 34–40. Freizeichnung → HGB § 347 Rn. 38.

A22 D. **Einzelne Bankgeschäfte: a)** Bei Bankgeschäften allgemein kann eine Aufklärungspflicht bestehen, wenn gegen den Vertreter (Geschäftsführer) des Kunden (GmbH) der Verdacht des **Missbrauchs der Vertretungsmacht** (→ HGB § 50 Rn. 4–7) sich geradezu aufdrängt, zB massive Verdachtsmomente mit objektiver Evidenz des Missbrauchs, BGH WM 1976, 474; ZIP 2004, 1210; WM 2004, 1625; 2008, 1253; 2010, 1393; 2019, 629 Rn. 23; OLG Naumburg WM 2005, 1313; OLG Koblenz WM 2008, 1301; bei Verdacht der Untreue des phG einer KG, aber nur wenn er der Gewissheit fast gleichkommt, sonst unzumutbare Belastung der Beziehungen und Schadensersatzrisiko der Bank, BGH BB 1983, 1174; bei Scheck nur, wenn der Missbrauch auf Grund massiver Verdachtsmomente objektiv evident ist, BGH WM 1994, 1204; 1994, 1956. Wer sich trotz des Angebots weiterer Unterrichtung mit einer erkennbar unvollständigen **Auskunft** begnügt, handelt auf eigenes Risiko, BGH WM 1989, 1409. Bei **grenzüberschreitenden** Bankdienstleistungen ist auf die speziellen Risiken zB aus Fremdwährung hinzuweisen, Vortmann WM 1993, 581.

A23 b) Beim **Einlagengeschäft** (→ Rn. B1, A36 ff.), zB bei Spareinlagen, muss die Bank den Kunden auch auf rechtliche Tatsachen aufmerksam machen, zB Zinsverlust bei vorzeitiger Kündigung, BGHZ 28, 373, **Prämienschädlichkeit** von Verfügungen, BGH NJW 1964, 2058; OLG Celle NJW 1954, 1810. Sie muss den Kunden auch über die Gefahr eines Gemeinschaftskontos als Oder-Konto aufklären. Sie muss nicht vor gefährlicher Verwendung abgehobener Einlagen warnen; anders wenn sie diese veranlasst, auch bei Schwarzgeldern, BGH BB 1990, 94. Die Bank muss aber bei Festgeld- und Währungskonten nicht ohne Beratungsvertrag auf zinsgünstigere Anlagemöglichkeiten hinweisen, BGH

V. Bankgeschäfte   A24, A25   **BankGesch (7)**

NJW 2002, 3697. Beratungspflicht einer Bank, bei der nur die gesetzliche Mindestdeckung nach dem EAEG besteht, BGH NJW 2009, 3429.

c) Beim **Girogeschäft** (→ Rn. C1 ff.) ist die Bank angesichts der Massenhaf- A24 tigkeit der Überweisungsvorgänge nicht über die korrekte Abwicklung des Verfahrens hinaus zur Fürsorge für die Teilnehmer verpflichtet; auch nicht, wenn sie weiß, dass das Guthaben wirtschaftlich einem Dritten zusteht (→ Rn. C42). Doch kann ausnahmsweise eine Warnpflicht der Bank gegenüber dem Überweisenden bestehen, wenn sie Kenntnis von der **Zahlungseinstellung** oder dem **unmittelbar bevorstehenden Zusammenbruch** des Begünstigten hat, BGH BB 1961, 503; NJW 1963, 1872; 1978, 1852 – Herstatt; BGH NJW 1987, 317; WM 2008, 1253; krit. Hellner ZHR 145 (1981), 123, idR aber nicht vor dem endgültigen Scheitern von Sanierungsverhandlungen. Das gilt grundsätzlich nicht im **Zentralbank-Abrechnungsverfahren**, BGH NJW 1978, 1852; Canaris WM 1976, 1013; Pfister ZHR 143 (1979), 64; Langenbucher FS Canaris, 2002, 65; aA OLG Frankfurt a. M. BGH BB 1976, 758; Sandberger BB 1976, 487; zu Schutz- und Neutralitätspflichten in Zahlungssystemen Langenbucher in: Beiträge Canaris, 2002, S. 65. Warnpflicht der Bank bei Insolvenz-Sonderkonto bei evident insolvenzzweckwidrigem Zahlungsauftrag, BGH WM 2019, 629. Die Bank muss den uninformierten Kunden auch auf (devisen-)rechtliche Bedenken gegen einen Überweisungauftrag hinweisen, BGHZ 23, 227; OLG Nürnberg WM 1961, 94; enger BGH WM 1958, 1080. Das gilt entspr. für das **Lastschriftverfahren**, BGH WM 2008, 1253 (→ Rn. D1 ff.). Im **Scheckgeschäft** gelten dagegen andere Grundsätze (bargeldähnliches Zahlungsmittel, vgl. Art. 32 I ScheckG), → Rn. E/2–4.

d) Beim **Kreditgeschäft** ist die Bank grundsätzlich nicht zum Hinweis auf die A25 Gefährlichkeit der Kreditaufnahme (zu dem eigene Verschuldung des Kunden) oder der Kredithingabe (Vermögensverhältnisse des Darlehensnehmers) oder andere Risiken verpflichtet, stRspr, BGHZ 72, 102; BGH NJW 2000, 3559. Anders bei (auch stillschweigendem) Finanzierungsberatungsvertrag, BGH NJW 2014, 3360, etwa bei einem wechselkursbasiertem Darlehensvertrag der Bank mit einer Gemeinde, BGH NJW 2018, 848 mAnm Buck-Heeb und Buck-Heeb ZIP 2018, 705, die Grundsätze für die Anlageberatung (→ § 347 Rn. 14, 30a) sind nicht ohne Weiteres übertragbar, BGH NJW 2018, 848 Rn. 34. Ausnahmen von dem Grundsatz auch bei besonderem Aufklärungs- und Schutzbedürfnis, BGH NJW 1988, 1584; WM 1988, 898; zwischenfinanzierte Bausparverträge, OLG Celle WM 1993, 2082; Unsicherheiten bei Kreditablösung durch andere Bank, OLG Naumburg WM 2004, 782. Keine Aufklärungspflicht der Bank bei Vorlage eines vollständigen Finanzierungskonzepts, Ausnahme, wenn der Kaufpreis doppelt so hoch wie der Wert der Immobilie ist, BGH WM 2004, 524; 2004, 1225; 2007, 881; 2008, 118; 2008, 1397. Davon zu unterscheiden ist Aufklärungspflicht bei Angebot unterschiedlicher Kreditprodukte, BGH WM 1989, 666 (Kredit mit Kapitallebensversicherung). Allgemeiner für Kundengerechtigkeit des Kreditangebots zT Instanzgerichte, Köndgen NJW 1994, 1510; 2000, 469. Zur Eigenverantwortung vgl. → HGB § 347 Rn. 23. Sicherheiten prüft die Bank grundsätzlich nur im eigenen Interesse, BGH NJW 1992, 1820; 1998, 305; 2002, 3697; WM 2010, 1450; ebenso bankinterne Beleihungswertermittlung, BGH WM 2006, 1200; 2007, 881; 2008, 119; 2008, 156; 2008, 975; 2008, 1263; 2008, 1394; auch für Sicherheiten steuerschädliche Gesetzesänderung löst idR keine Aufklärungspflicht der Bank aus, BGH WM 1997, 2301. IdR keine Aufklärungspflicht des alten Kreditgebers bei Kreditablösung gegenüber der neuen Bank, OLG Dresden WM 2007, 251. **Überprüfung von Kreditsicherheiten** nur im eigenen Interesse der Bank (§ 18 II KWG), BGHZ 147, 349; 168, 1; BGH NJW 2014, 2420 Rn. 50, auch bei Ankündigung einer Wertermittlung, BGH WM 2014, 124 Rn. 18, anders in Sonderfall bei besonderem Vertrauenstatbestand,

(7) BankGesch A25

BGH WM 1972, 73, vgl. auch → Rn. A27, G4, H5. **Informationspflichten bei Verbraucherkrediten** → Rn. G36. Lit.: Horn FS Claussen, 1997, 469; Früh WM 1998, 2176; Singer ZBB 1998, 141 (Konsumentenkredit); Schnauder JZ 2007, 1069; 2013, 120.

Dasselbe gilt grundsätzlich auch für Übernahme einer **Bürgschaft** und **Gewährung anderer Sicherheiten**, BGHZ 107, 103; BGH WM 1990, 1956; NJW 2006, 847, grundsätzlich auch gegenüber Ausländern, BGH WM 1997, 1045; aber nicht uneingeschränkt auch bei Ehegattenmitverpflichtung (→ Rn. G/ 8, G10, G10a–c); anders auch bei überraschendem Inhalt der Bürgschaft, OLG Düsseldorf WM 1984, 82, bei offensichtlichem Irrtum des Bürgen über seine Haftung, BGH WM 1999, 1614, bei zurechenbarer Veranlassung eines Irrtums des Bürgen (nicht schon Erwartung, dass Schuldner zahlen werde), BGH NJW 2001, 3331, bei bewusster Verharmlosung des Risikos, BGH NJW 2006, 847, und bei Fragen des Bürgens. Die Bank braucht nicht mitzuteilen, dass sie selbst dem Kreditnehmer des Kunden keinen Kredit mehr gewährt, BGH WM 1963, 475; 1969, 561, oder selbst auf Kreditrückzahlung gedrängt hat, so jedenfalls gegenüber einer den Kredit ablösenden Bank, BGH WM 1989, 1409. Die Grundsätze zu → Rn. A24 (Kenntnis von Zahlungseinstellung oder unmittelbar bevorstehendem Zusammenbruch) können aber hierher übertragen werden. Bei Fehlen jeglicher Kreditwürdigkeit (Scheckreitereien) muss Gläubigerbank Bürgen warnen, OLG Hamm BB 1982, 1512.

Bei **Projekt(beteiligungs)- und Immobilienfinanzierung** kann sich Bank ohne weitergehende Aufklärungspflichten **auf** ihre **Finanzierungsrolle beschränken**, insbesondere bei Bauherrn- und Erwerbermodellen (vgl. → Rn. G53, aber auch → Rn. G/9); **anders bei Überschreiten der Kreditgeberrolle**, Hopt FS Stimpel, 1985, 287; Staudinger/Freitag Rn. 229, zB **bei Mitwirkung an Prospektherausgabe** (→ HGB Anh. § 177a Rn. 63) oder **an Vertrieb** oder **Schaffung eines speziellen Gefährdungstatbestandes** oder **bei konkretem Wissensvorsprung** der Bank zB über versteckte Mängel oder bereits erfolgte Überzeichnung, oder **bei schwerem Interessenkonflikt** zu Lasten des Erwerbers (→ § 347 Rn. 30); BGHZ 100, 120; BGH WM 1990, 920; 1991, 85; 1992, 1310 (Wissensvorsprung); 1992, 1269 (Einverständnis mit Benennung als Referenz für Projekt; 1992, 1355 (Anschein der eigenen Projektüberprüfung); BGH WM 1999, 678 (nicht bloße Übertuerung oder Unrentabilität, sondern Kaufzweckgefährdung); BGH NJW 2000, 2352; 2000, 3067; 2000, 3559; WM 2007, 882 (Interessenkonflikt nicht schon durch bloße Kredite oder globale Finanzierungszusage der Bank an den Bauträger); BGH WM 2008, 118; 2008, 156; 2008, 971; 2008, 1395; 2010, 1453; 2010, 2070; 2012, 1389; 2016, 2384 Rn. 34 (Wissensvorsprung, nur soweit vorhanden, anders bei Aufdrängenmüssen); OLG München WM 2007, 2333 (krasses Bsp.); OLG München ZIP 2010, 1744 (Medienfonds); OLG Karlsruhe WM 2008, 1870 (Grundstücksaltlasten); OLG München WM 2012, 168 (Filmfonds); Nobbe WM Sonderbeil. 1/2007, 27 (auch Schmiergeldzahlung). Kenntnisse der Bank über den Zustand des zu finanzierenden Objekts, BGH WM 1992, 134, und über die Unangemessenheit des Kaufpreises begründen idR noch keinen Wissensvorsprung, BGHZ 161, 22; BGH NJW 2000, 2353; 2003, 2088; 2003, 2530; 2004, 156; 2004, 2380; 2005, 670; 2006, 2104; 2007, 358; 2014, 124 Rn. 26, anders erst bei **sittenwidriger Übervorteilung** (→ Rn. G10, G10a–c), also erst wenn der **Wert** der Leistung **knapp doppelt so hoch** ist wie der Wert der Gegenleistung, BGHZ 146, 302; BGH WM 2005, 1598; NJW 2006, 2104; 2007, 358; 2007, 1831; WM 2008, 976; 2016, 2384 Rn. 19; Stöhr WM 2017, 1288, stRspr; ebenso bei **erkannter arglistiger Täuschung oder vorsätzlicher culpa in contrahendo** des Verkäufers, BGH WM 2007, 114; 2010, 1451; 2012, 1389 (Innenprovision). Erforderlich sind präsentes Wissen (keine Nachforschungen) und positive Kenntnis, außer bei Verschließen der Augen, BGH WM 2008, 1121. Wissensvorsprung aber zB wenn eine Mietgarantie wegen Überschuldung offenkundig wertlos und die Anlage deshalb ein höchst risikobehaftetes Vorhaben ist, BGHZ 159, 316; bei Mietpoolbeteiligung, die die Bank zur Voraussetzung der Darlehensauszahlung macht, nur wenn spezifische Risiken bestehen wie bestehende Überschuldung, Mithaftung für ausstehende Darlehen, Irreführung durch konstant überhöhte Ausschüttungen an die Poolmitglieder, BGH WM 2007, 876; 2008, 1394. Insoweit auch keine Zurechnung (§ 278 BGB) von Erklärungen des Vermittlers über die Rentabilität des Kaufobjekts, sie liegen außerhalb des Pflichtenkreises der Bank, BGH NJW 2003, 2088; 2004, 157; 2004, 1377. Bei institutionalisiertem Zusammenwirken der Bank mit Verkäufer oder Vertreiber gelten im Hinblick auf Verbraucherschutz bei **Kapitalanlagemodellen** im nationalen Recht (EuGH WM 2005, 2079 = NJW 2005, 3551 – Schulte; EuGH WM 2005, 2086 = NJW 2005, 3555 – Crailsheimer Volksbank, → Rn. G/9) **strengere Anforderungen an die Bank,** Vermutung der Kenntnis der Bank, wenn die Unrichtigkeit der Angaben zum Anlageobjekt evident ist, BGH WM 2006, 1194; 2011, 310 (Schrottimmobilien, → Rn. G/9), aber Unsicherheiten zur Frage der Fortbildung der WissensvorsprungsRspr (→ Rn. G/9). **Keine Beschränkung auf die Finanzierungsrolle,** wenn ein **verbundenes Geschäft** vorliegt (→ Rn. G36, 39, 40), so BGH (II ZS) zu kreditfinanzierten Immobilien(fonds)geschäften, näher → Rn. G/9. Die Abstimmung zwischen der Rechtsprechung zur Beschränkung auf die Finanzierungsrolle und die Ausnahmen davon und zu der zum verbundenen Geschäft ist nicht völlig geklärt. Lit.: Hopt FS Stimpel, 1985, 284; Immenga ZHR 151 (1987), 148; Rümker ZHR 151 (1987), 162; Schwintowski NJW 1989, 2087; Nobbe WM Sonderbeil. 1/2007, 32. Bei der Gewährung von Krediten zur Finanzierung von Unternehmensbeteiligungen durch Arbeitnehmer muss die Bank durch den Arbeitgeber hervorgerufene Fehlvorstellungen berichtigen, BGHZ 72, 92 (vgl. → Rn. A26). Besondere Schutz- und Warnpflichten hat eine Bank, die als Hauptgläubiger in einer PublikumsKG ein eigenes Interesse an der Sanierung hat und Kdtisten zur Unterstützung der KG mit von ihr finanzierten Darlehen auffordert, BGH BB 1978, 1186. **Innenprovisionen** und **Rückvergütungen,** → § 347 Rn. 30. **Rechtsfolge** der Aufklärungspflichtverletzung ist Ersatz des Vermögensschadens (durch die ungünstige Finanzierung entstandene Mehrkosten), nicht Rückabwicklung des Darlehensvertrags, BGHZ 116, 213; BGH NJW 2003, 2529 (→ § 347 Rn. 35). Diskontkredit → Rn. A27. Aufbaudarlehen s. BVerwG MDR 1969, 954. Bankenhaftung bei Kapitalanlagen und bei Immobilienfinanzierung auch → Rn. A29 und vor U1. **Nichtigkeit der Treuhändervollmacht** bei Immobilienfinanzierung wegen **Art. 1 § 1 I RBerG** → Rn. G/9, → Anh. § 177a Rn. 78. Lit.: ASB/Hölldampf, Hdb des Kapitalanlagerechts 5. Aufl 2020 § 4 (Haftung der Bank bei der Finanzierung von Kapitalanlagegeschäften); Wiechers WM 2013, 341 (Schrottimmobilien).

A26 e) Beim **Finanzierungsdarlehen** und besonders beim Verbraucherdarlehen (→ Rn. G34 ff., 46f) hat die Bank angesichts der besonderen Schutzbedürftigkeit des Kreditnehmers und ihrer Eigeninteressen besonders weitgehende Aufklärungspflichten, zB über die rechtliche Trennung von Kauf- und Darlehensvertrag, Warnung vor Bescheinigung des Empfangs der Ware vor Empfang, stRspr BGH, → Rn. G46–47.

A27 f) Bei Hereinnahme von Kundenakzept zum **Diskont** (→ Rn. J1 ff.) hat die Bank idR keine Informationspflicht betr. Bonität anderer Wechselbeteiligter, BGH WM 1987, 677, anders wenn die Bank besonderen Rechtsschein erweckt, BGH WM 1977, 638. **Sicherheiten** prüft die Bank nur im eigenen Interesse, → Rn. 25.

A28 g) Auch beim **Akkreditivgeschäft** und ähnlichen Geschäften (→ Rn. K1 ff.) kann die Bank Warn- oder Rückfragepflichten haben, so bei das Akkreditiv unwirksam machenden, unvollständigen oder unklaren Weisungen (→ Rn. K4,

(7) BankGesch A29, A30   2. Teil. Handelsrechtl. Nebenges.

6), zB Nichtangabe des Verfalldatums (→ Rn. K13), aber idR nicht ungefragt betr. Zweckmäßigkeit der konkreten Akkreditivklausel; vgl. Stötter RIW 1981, 86. Beim Auftrag zur Auslieferung von Warendokumenten gegen Akzept besteht zwar idR keine Pflicht zur Prüfung der Kreditwürdigkeit des Empfängers, aber uU Pflicht zum Hinweis auf schon bekannte wesentliche Bedenken, sogar wenn Empfänger Kunde der Bank ist, BGH BB 1960, 1305. Warnpflicht bei Kenntnis von Zahlungseinstellung oder unmittelbar bevorstehendem Zusammenbruch des Begünstigten (vgl. → Rn. A24), Canaris Rn. 966a; aA Obermüller ZIP 1981, 1050. Wie beim Akkreditivgeschäft hat die Einreicherbank beim **Inkassogeschäft** (→ Rn. M1 ff.) keine allgemeine Beratungspflicht, aber uU Warnpflichten, etwa wenn sie Kenntnis von der Insolvenz des Bezogenen hat und die Einziehung voraussichtlich scheitern wird, BGH WM 1960, 1322.

A29   h) Besonders ausgeprägt sind die Aufklärungs- und Beratungspflichten der Bank beim **Börsen- und Effektengeschäft** (→ Rn. Q1) und, gegenüber dem bankmäßigen Effektengeschäft noch gesteigert (BGH WM 1998, 1391), bei Finanztermingeschäften (umfangreiche Rspr., → HGB § 347 Rn. 26) sowie bei der **Vermögensanlage** und **Vermögensverwaltung** (→ Rn. U1), vor allem gegenüber unerfahrenen Anlegern und mit Pflicht, sich Gewissheit über die Risikobereitschaft des Kunden zu verschaffen, BGH WM 2019, 1203, heute unstr. Überzogene Anforderungen führen allerdings zu einer „Flucht" aus dem Anlageberatungsvertrag (zu diesem → § 347 Rn. 14), Buck-Heeb ZIP 2013, 1401. Diese Grundsätze gelten auch bei **Zinsswap-Geschäften der öffentlichen Hand** BGH WM 2011, 682 (**CMS Spread Ladder Swap,** bei → HGB § 347 Rn. 26, 30). Unterschied zwischen Kommissions- und Eigenhandel besteht insoweit nicht, BGH WM 1987, 103. Swapgeschäfte sind nicht ohne weiteres nichtig, auch nicht bei solchen mit der öffentlichen Hand, BGH NJW 2015, 2248 Rn. 62 ff. (Gemeinde NRW); sittenwidrig aber, wenn sie darauf angelegt sind, den Vertragspartner von vornherein chancenlos zu stellen, BGHZ 184, 365; BGH NJW 2015, 2248 Rn. 70. Keine Aufklärung über Eigengeschäft, Gewinnmarge bei diesem und, falls über Möglichkeit des Totalverlusts aufgeklärt wurde, auch nicht über Fehlen der Einlagensicherung, BGH WM 2011, 2261 (2268); 2012, 1520 (**Lehman-Zertifikate,** bei → § 347 Rn. 30c); Veil WM 2009, 1585; Bausch NJW 2012, 354; Schäfer WM 2012, 197. Beratung gehört nicht zum Pflichtenkreis einer **Direktbank** (**discount broking, execution-only,** → § 347 Rn. 23), entsprechend aufsichtsrechtlich (**16b**) WpHG § 63 X, XI Nr. 3; bei gestaffelten WPDienstleistern ist grundsätzlich nur der kundennähere aufklärungspflichtig, Ausnahme bei positiver Kenntnis der Unrichtigkeit oder objektiv evidenter Fehlberatung, BGH WM 2013, 789; 2014, 23; 2016, 1031 Rn. 26. Sachlich begrenzte Informationspflichten beim **Depotgeschäft,** → (**8**) AGB-WPGeschäfte Nr. 13 Rn. 1, → Nr. 16 Rn. 1. Aufklärung über geringeren Sicherheitsstandard (Einbruch) bei Schließfach, OLG Karlsruhe WM 2012, 1529. **Schneeballsystem** bei Anlagemodell (§ 826 BGB, § 263 StGB), BGH WM 2021, 921. **Produkthaftung** für Finanzmarktprodukte Spindler FS Köndgen, 2016, 615.

Lit. und RsprÜbersichten s. (**7**) Bankgeschäfte vor U1, dort auch zur **Bankenhaftung bei Immobilienanlagen.** Zur **Anlageberatung** → HGB § 347 Rn. 8–40. Zur ähnlich liegenden **Prospekthaftung** → HGB Anh. § 177a Rn. 56–63, → HGB § 347 Rn. 8–40.

7) Haftung gegenüber Dritten

A30   A. **Unmittelbare vertragliche Haftung: a)** Zum Schutz der Dritten konstruiert die Rspr. häufig einen (fiktiven) **Auskunftsvertrag mit dem Dritten** (→ HGB § 347 Rn. 13–15, 19–22), BGH NJW 1979, 596 (Formularauskunft der Bank wurde von Finanzmakler an potentielle Anleger weitergegeben). Bei

V. Bankgeschäfte A31–A35 **BankGesch (7)**

Bank-zu-Bank-Auskunft ist denkbar, dass die anfragende Bank im Einzelfall als **Vertreter** ihres Kunden auftritt, BGH WM 1980, 528; sonst kommt es auf den jeweiligen Erklärungswert an, → HGB § 347 Rn. 19–21.

b) **„Auskunft an den, den es angeht"** ist rechtlich möglich, aber idR zu **A31** verneinen (→ HGB § 347 Rn. 19); die Bank will sich nicht einer unbestimmten Vielzahl von Personen verpflichten, BGH NJW 1979, 1597.

B. **Abgeleitete vertragliche Haftung: a) Vertrag mit Schutzwirkung zu- A32 gunsten Dritter** (→ HGB § 347 Rn. 19–21), so zB beim Lastschriftverfahren, str. (→ Rn. D44, Baumbach/Hopt/Hopt 36. Aufl. → Rn. D40), bei der Überweisung, str. (→ Rn. C88); auch Drittschutzwirkung der Geschäftsverbindung (genauer: Einbeziehung bestimmter Dritter in den Schutzbereich der gesetzlichen Schutzpflichten nach § 241 II BGB). Auch wenn man Drittschutzwirkung grundsätzlich bejaht, ist im Einzelnen genau zu prüfen, wann drittschützende Pflichten vorliegen: bejahend für das Lastschriftverfahren (unter Preisgabe des Erfordernisses des personenrechtlichen Einschlags), BGHZ 69, 82; aA BGH WM 2008, 1252 (→ Rn. C88), str.; für Scheckinkasso, BGHZ 96, 9; vgl. ebenso für die Haftung des GmbH-Geschäftsführers gegenüber der GmbH & Co KG, BGHZ 75, 321; 76, 327. Keine Drittschutzwirkung des Kreditvertrags mit GmbH zugunsten des AlleinGfters, auch nicht bei Sicherheitenstellung durch diesen, BGHZ 166, 85 – Kirch; BGH ZIP 2010, 1591; OLG Celle WM 2007, 740. Bei **Bank-zu-Bank-Auskunft** wird heute klargestellt, ob eine Auskunft im Kundeninteresse eingeholt wird (→ Rn. A15); dann ist Drittschutzwirkung zu bejahen (falls nicht schon unmittelbarer Auskunftsvertrag anzunehmen ist, → Rn. A30); → HGB § 347 Rn. 19–21.

b) **Drittschadensliquidation,** zB bei Bank-zu-Bank-Auskunft durch die **A33** Empfängerbank für ihren am Auskunftsvertrag nicht beteiligten Kunden, wird von der Rspr. vereinzelt erwogen, BGH NJW 1972, 1201, ist aber schon mangels unmittelbaren Anspruchs des geschädigten Kunden eine ungeeignete Konstruktion.

C. **Haftung aus gesetzlichem Schuldverhältnis zwischen der Bank und A34 einem Dritten:** zB Verschulden bei Vertragsverhandlungen (§ 311 II, III BGB), Geschäftsverbindung (→ Rn. A5) und Berufshaftung, s. § 311 II, III BGB, → HGB § 347 Rn. 16–22.

D. **Deliktische Haftung:** zB § 823 I BGB (Unternehmensschutz: Gewerbe- **A35** betrieb, Persönlichkeitsrecht, → HGB Einl. vor § 1 Rn. 63–64); § 823 II BGB iVm Schutzgesetz, zB § 266 StGB (Beihilfe zur Untreue des Kunden gegenüber dem Dritten), BGH LM BGB § 826 (B) Nr. 4; § 826 BGB, Bsp.: unrichtige Kreditauskunft, → Rn. A14–15; Vortäuschung der Kreditwürdigkeit eines Bankkunden ohne Kreditauskunft, aber durch Teilnahme an Verhandlungen zwischen dem Kunden und dem Dritten, BGH BB 1974, 297 (zur Eigenhaftung des Vertreters s. § 311 III BGB und → HGB Einl. vor § 48 Rn. 9); unrichtiger Rat → HGB § 347 Rn. 16–18; sittenwidrige Schädigung im bargeldlosen Zahlungsverkehr (→ Rn. C88, D45); Kredittäuschung ua → Rn. G28–29; Diskontgeschäft und Wechselreiterei → Rn. J1–2. Haftung gegenüber dem Aussteller von zur Wechselprolongation bestimmten Schecks bei Ermöglichung missbräuchlicher Scheckverwendung durch Bankkunden, BGH NJW 1973, 1366; DB 1975, 1932; bei Ermöglichung der Fortsetzung einer als solche erkannten Scheckreiterei, BGH WM 1969, 335; 1970, 635. Beihilfe durch Kreditgewährung nur bei Kenntnis des Prospektbetrugs (§§ 826, 830 I, II BGB), BGH NJW 2014, 1098, vgl. auch NJW 2014, 1380; Teilnehmerhaftung, Oechsler AcP 214 (2014), 542. **Bankstrafrecht,** Schork/Groß 2013.

8) Konto

A36 A. **Kontoarten:** Das **Konto** verstanden als die Unterlagen ist ein HdlBuch (§§ 238, 239 HGB), wie üblich verstanden ist es das **gesamte Rechtsverhältnis zwischen dem Kunden und der Bank**. Dieses beinhaltet regelmäßig eine Forderung (des Kunden bei aktivem bzw. kreditorischem Konto, der Bank bei passivem bzw. debitorischem Konto, §§ 398 ff. BGB). Definition des Zahlungskontos → Rn. C6, C8. ZahlungskontenRL 2014/92/EU v. 23.7.2014 ABl. L 257, 214; krit. Linardatos WM 2015, 755; Günther WM 2014, 1369, und ZKG v. 11.4.2016 BGBl. 720: Zugang zu Zahlungskonten (Basiskonto, → Rn. A6) durch Zwang zum Abschluss eines Zahlungsdiensterahmenvertrags (→ Rn. C27), Entgeltvergleichbarkeit, Kontowechsel. Unwirksamkeit von Kontoführungsgebühren → Rn. G4. Einzahlung auf ein debitorisches Konto wirkt insolvenzrechtlich wie Barzahlung, BGH NZG 2020, 517. Lit.: L/B/S/Müller-Christmann (Konto), 2. Aufl. 2016, Kap. 1; LBS (Langenbucher/Bliesener/Spindler)/Servatius 3. Aufl. 2020 35. Kap.; (Staub/)Grundmann 2020 Teil 2 Rn. 184 ff.; BuB/Gößmann Rn. 2/28 ff.; KMFS/Kropf Rn. 3.841 ff.; MüKoHGB/Herresthal A Rn. 248 ff. Die Einlageforderung kann in rechtlich verschiedenen Formen begründet werden (Kontoarten):

A37 **a)** Das **Eigenkonto** ist der Normalfall; es entsteht zB auch, wenn nicht deutlich erkennbar wird, dass ein Gemeinschaftskonto errichtet werden soll, BGHZ 61, 76. Dritte, zB der Ehegatte, können Vertretungs- oder Verfügungsmacht haben; für den Passivsaldo haftet nur der Inhaber; Kontovollmacht → Rn. A52, C26. Das Innenverhältnis der Ehegatten kann nach §§ 741 ff. BGB ausgestaltet sein, BGH NJW 2002, 3702, aber nicht ohne Weiteres schon bei bloßer Kontovollmacht, OLG Karlsruhe NJW 2003, 1676; das berührt die Bank aber nicht unmittelbar. Die Bank kann für einen Kunden mehrere, auch gleichartige Konten anlegen, ohne Pflicht zur Prüfung der Motive, BGH WM 1961, 321. Überweisung nur auf das angegebene Konto; auch bei Fakultativklausel, → Rn. C37. Fremdwährungskonto s. **(8)** AGB-Banken Nr. 10. Das **Basiskonto** ist ein Zahlungskonto mit den wichtigsten Funktionen, Anspruch auf Abschluss eines Basiskontovertrags → Rn. A6.

A38 **b) Gemeinschaftskonto** ist das mehreren Kontoinhabern, meist Ehegatten, gemeinsam zustehende Konto. Jeder haftet als Gesamtschuldner für den (wirksam begründeten, → Rn. A39–40) Passivsaldo voll mit (§§ 427, 421 BGB), BGH WM 1993, 141; OLG Nürnberg NJW 1961, 510. AGB für das Gemeinschaftskonto finden sich in den Kontoeröffnungsformularen der Banken. Auskunftsanspruch des einzelnen Kontoinhabers, LG Kleve WM 2007, 830. Lit.: Hansen 1967; Ellenberger/Bunte Bankrechts-HdB/Hadding/Häuser § 19; Hadding WM-FG Hellner, 1994, 4; K. Schmidt FS Hadding, 2004, 1093; Einsele FS Nobbe, 2009, 27.

A39 Das Gemeinschaftskonto ist idR ein **Oder-Konto,** jeder der Mitinhaber kann allein verfügen, also nicht ungefährlich; die Mitinhaber sind dann Gesamtgläubiger (§§ 428 ff. BGB), BGHZ 95, 185; BGH WM 2009, 887 (Ehegattenbausparvertrag); BGH ZIP 2020, 2079 Rn. 16; OLG Düsseldorf ZIP 2009, 2239; aA § 741, K. Schmidt FS Hadding, 2004, 1093, und sogar § 705; die Bank kann aber abw. von § 428 S. 1 BGB (§ 157 BGB) nur an den leisten, der die Leistung verlangt, bei Auszahlung an diesen Erfüllung (§§ 362 I, 429 III 1, 422 I 1 BGB), BGH NJW 2018, 2632; OLG Nürnberg NJW 1961, 511; KG WM 1976, 67; OLG Dresden WM 2001, 1149. Kein Ausgleich unter Ehegatten während der Ehe, aber Ausgleichspflicht bei Verfügung nach Trennung (§ 430 BGB), BGH WM 1990, 239; OLG Zweibrücken NJW 1991, 1835. Finanztermingeschäfte des einen über Oder-Konto, Ellenberger/Bunte Bankrechts-HdB/Hadding/Häuser § 19 Rn. 9a; BGH ZIP 2002, 3093 (zu § 53 BörsG aF). Für kollidierende Leistungsverlangen gilt grundsätzlich Priorität bei ordnungsgemäßer Bearbeitung,

V. Bankgeschäfte A40, A41 BankGesch (7)

sonst zwar trotzdem wirksame Erfüllung (Grund: eigene Forderungsinhaberschaft), aber Schadensersatz, allerdings nur bei vertragsgemäßen Zahlungsverlangen, BGH NJW 2018, 2632 mAnm. Schubert; LG Frankfurt a. M. WM 2004, 1282 (Gemeinschaftsdepot). Beim Oder-Konto kann der Gläubiger jedes Inhabers das volle Guthaben pfänden und sich überweisen lassen, BGHZ 93, 321; Wagner ZIP 1985, 855; der andere Inhaber hat kein Interventionsrecht gegen die Pfändung, Wagner WM 1991, 1145; aA konsequent K. Schmidt FS Hadding, 2004, 1113. Er kann aber jedoch weiterhin über das Konto verfügen und die Bank an ihn leisten, bis der gepfändete Betrag an den Pfandgläubiger ausbezahlt ist, offen BGHZ 93, 321. Ist Kontoüberziehung (vgl. → Rn. G4) durch den einen zulässig, haftet auch der andere. Pfändung von Guthaben auf einem als Gemeinschaftskonto geführten Zahlungskonto (Girokonto), Neuregelung ab 1.12.2021 in § 850l ZPO n. F., Knees WM 2021, 664. Die Eröffnung des Insolvenzverfahrens über das Vermögen des einen berührt Fortbestand des Giro- und Kontokorrentverhältnisses mit dem andern nicht; die Bank kann auch nach Eröffnung des Insolvenzverfahrens auf das Konto eingezahlte Beträge wirksam mit Schuldsaldo verrechnen, BGHZ 95, 185, für § 84 InsO dagegen K. Schmidt FS Hadding, 2004, 1115. Zum Streit, ob das gesamte Guthaben auf dem Oder-Konto in die Insolvenzmasse fällt (dann § 84 InsO) oder Ausgleich nur im Innenverhältnis, OLG Hamburg ZIP 2008, 88, Kopp ZIP 2019, 997 m. w. N. Der Auftrag zur Überweisung auf „ein Konto" des Gläubigers A erlaubt Gutschrift auf ein Oder-Konto AB, str., nicht aber auf ein Und-Konto AB (zB wenn A Gfter ist), OLG Hamburg NJW 1964, 726; anders, wenn ein dem Kontoinhaber allein zustehendes Konto angegeben ist, die Fakultativklausel ist unwirksam, → Rn. C41. Die Umwandlung eines Oder-Kontos in ein Und-Konto setzt Einverständnis nicht nur der Bank, sondern grundsätzlich aller Kontoinhaber voraus (Vertragsänderung), BGH WM 1990, 2067; BGH ZIP 2020, 2079 Rn. 17; Wagner NJW 1991, 1790, str.; anders bei vertraglicher Befugnis des einen zur Umwandlung ohne den anderen (Widerruf), BGH NJW 2018, 2632 Rn. 17; BGH ZIP 2020, 2079 Rn. 7; diese Befugnis folgt aber nicht schon aus der bloßen Gesamtgläubigerstellung, str., offen BGH WM 1993, 141. Kein Widerrufsrecht des schwachen vorläufigen Insolvenzverwalters, BGH ZIP 2020, 2079 Rn. 20. Das Einverständnis der Bank kann im Schweigen auf entsprechende Weisung liegen; vgl. OLG Karlsruhe NJW 1986, 63. Bei Oder-Depot verwahrten Wertpapieren gilt für das Eigentum nicht § 430 BGB, sondern §§ 1006, 742 BGB, BGH WM 1997, 667. **Lit.:** Dieker, Gemeinschaftskonto mit Einzelverfügungsbefugnis, 2021; Gernhuber WM 1997, 645 (Oder-Konten von Ehegatten), Lenkaitis/Messing ZBB 2007, 364; K. Schmidt FS Nobbe, 2009, 187; Knees WM 2021, 664 (Pfändung). **Muster:** Hopt/Merkt VertrFormB/Werner Form IV. A.3 (Eröffnung eines Oder-Kontos).

Beim selteneren **Und-Konto** können nur beide Inhaber gemeinsam verfügen, BGH WM 1980, 438. Es entsteht kraft Gesetzes (zB Miterben des Kontoinhabers) oder kraft Weisung an die Bank. Rechtlich beurteilt sich das Und-Konto nach dem zwischen den Mitinhabern bestehenden Rechtsverhältnis, im Grundsatz Bruchteilsgemeinschaft, §§ 741 ff. BGB, BGH ZIP 2020, 2079 Rn. 16; aber auch zB Miterben, Gesellschaft; nach aA gilt § 432 BGB. Die Mitinhaber können als bloße Mitgläubiger selbständig nur über ihren Anteil an der gemeinschaftlichen Einlageforderung verfügen, nicht aber über das Kontoguthaben, BGH ZIP 2020, 2079 Rn. 16. **Lit.:** Schebesta WM 1985, 1329; Rieder WM 1987, 29. **Muster:** Hopt/Merkt VertrFormB/Werner Form IV. A.4 (Eröffnung von Und-Konto). **A40**

c) Beim **Fremdkonto** fallen Kontoinhaberschaft und Verfügungsbefugnis (ursprünglich oder nachträglich) auseinander, BGH NJW 1988, 709. Bsp.: Fremdkonto „A, minderjährig, vertreten durch Vormund B". Bei bloßem die besondere **A41**

(7) BankGesch A42–A46a

Zweckbestimmung des Kontos angebendem Zusatz liegt Eigenkonto vor, Bsp.: "Verwaltungskonto, Eigentumswohnung T", im konkreten Fall nicht Fremdkonto, sondern Eigenkonto des Verwalters, BGH WM 1975, 1200.

A42 **Konto pro Diverse (cpd)** ist ein bankinternes Sammelkonto (der Bank) zur vorläufigen Buchung von Geschäftsvorfällen für verschiedene andere Personen, die aber noch keinen Anspruch gegen die Bank und keine Verfügungsbefugnis erhalten, BGH NJW 1987, 56; 2019, 2608 Rn. 23, → Rn. C92, 107, G3; es ist also nicht Fremd-, sondern Eigenkonto (der Bank). Dazu MüKoHGB/Herresthal A Rn. 322 f.; Maser NJW 1959, 1955; Nebelung NJW 1959, 1068; Schebesta WM 1985, 1329.

A43 **d) Sonderkonto** (Separat-, Unter-, "Wegen"-Konto), zB Baukonto, ist idR Eigenkonto, so auch zB, wenn der Name des Errichtenden an erster Stelle und ein weiterer Name an zweiter steht; es kann aber auch Gemeinschaftskonto oder Treuhandkonto ua sein, BGHZ 21, 152; 61, 75. Konto für Wohnungseigentümergemeinschaften s. Sühr WM 1978, 806. Insolvenz-Sonderkonto nicht als Anderkonto (→ **(10)** Einl. Rn. 6), Informationspflicht der Bank (→ Rn. 24), BGH WM 2019, 629. Ausgestaltung des Insolvenz-Sonderkontos Saager/d'Avoine/Berg ZIP 2019, 2041.

A44 **e) Anderkonto** s. **(9)** AGB-Anderkonten.

A45 **f) Treuhandkonto** → **(9)** AGB-Anderkonten Einl. Rn. 1–4.

A46 **g) Sperrkonto** ist ein Konto, über das nur erschwert verfügt werden kann. Die Sperre kann gesetzlich (zB Devisensperrkonten) oder rechtsgeschäftlich (zB Mieterdarlehen, BGH WM 1961, 1128) sein. Dingliche Sperren erfolgen durch Sicherungsabtretung, Verpfändung, Vertrag zugunsten Dritter oder Ausschluss der Abtretbarkeit (§ 399 BGB). Schuldrechtliche Sperren erfolgen durch entspr. Verpflichtung des Kontoinhabers gegenüber der Bank und der dem Dritten (aber Grenze § 137 S. 1 BGB). Rein schuldrechtliche Sperren sind nicht insolvenzfest, BGH WM 1986, 749. Auslegung des Sperrvermerks zugunsten des Vermieters bei Mietkaution auf Sparbuch des Mieters s. BGH WM 1984, 799 mAnm Eckert ZIP 1984, 1121; Sperrvermerk zugunsten Enkelin s. BGH NJW 1976, 2211. Bei Hinweis "Sperrkonto" Gutschrift nur auf diesem, wenn es das Einzige von mehreren Konten ist, über das der Empfänger nur gemeinsam mit einem anderen verfügen kann, BGH WM 1974, 274. Rückzahlung an nichtberechtigten Sparbuchinhaber, Kennwort und Sparbuchsperre → Rn. B4. Lit.: Ellenberger/Bunte Bankrechts-HdB/Hadding/Häuser § 20; MüKoHGB/Herresthal A Rn. 287 ff.; Bork NJW 1981, 905; Kollhosser ZIP 1984, 389.

A46a **h) Pfändungsschutzkonto** (P-Konto, KontopfändSchG 7.7.2009 BGBl. 1707, § 850k ZPO, nF PKoFoG 22.11.2020 BGBl I 2466) ist ein als solches vertraglich eingerichtetes Girokonto, auf dem der Inhaber automatisch den vollstreckungsrechtlichen Mindestschutz hat (§ 850k ZPO seit 2010), Wirkungen des Pfändungsschutzkontos §§ 899 ff. ZPO. Girokontokunde hat Anspruch darauf (sowie auf Rückumwandlung in Zahlungskonto, § 850k I 1, V ZPO), auch bei negativem Saldo eines Zahlungskontos zum Zeitpunkt des Verlangens (§ 850k I 2 ZPO), kein Anspruch auf andere Konten, kein allgemeiner Kontrahierungszwang (→ Rn. A6). Das Pfändungsschutzkonto darf nur auf Guthabenbasis geführt werden (§ 850k I 3 ZPO). AGB-Kontrolle, Kontogebühren bei Pfändungsschutzkonten, BGH WM 2012, 2381 mAnm Fest JZ 2013, 202, Pfändung, Auskunft, BGH WM 2013, 639, unwirksame AGB, BGH NJW 2013, 3163; Abhebung, BGH WM 2017, 2303; NJW 2018, 299; Corona-Soforthilfen, BGH ZIP 2021, 814; ferner KG NJW 2012, 395; OLG Frankfurt a. M. WM 2012, 1908 (1911); OLG Schleswig WM 2012, 1914; OLG Dresden WM 2018, 1304 (Kündigung). Lit.: Ellenberger/Bunte Bankrechts-HdB/Bitter § 24 (Kontenpfändung) Rn. 28 ff. (P-Konto); Sudergart 2010; Saager ua, 2. Aufl. 2013

V. Bankgeschäfte   A47–A50   **BankGesch (7)**

(Leitfaden der Deutschen Kreditwirtschaft); Graf-Schlicker/Linder ZIP 2009, 989; Bitter WM 2008, 141 u. ZIP 2011, 149 (krit.); Ahrens NJW 2010, 2001 u. NJW 2013, 975 (Entgeltklauseln); Wiechers WM 2014, 150; Bitter FS Köndgen, 2016, 83; Sudergart WM 2019, 1196 (Reform); Bitter ua ZIP 2019, 2283 (Reform); von Oppen WM 2021, 2464 (Übersicht PKoFoG). **RsprÜbersicht:** Grüneberg WM 2018, 2157.

i) Das **Nummernkonto** weist den Namen des Kontoinhabers nicht aus, es ist   A47
nach deutschem Recht unzulässig (§ 154 I, II AO, sog. Kontenwahrheit); anders zB in der Schweiz. § 154 AO schützt nur die **formale Kontenwahrheit** (zB falscher Name), nicht die materielle (zB dass der richtig angegebene Kontoinhaber das Konto für fremde Rechnung führt), BGHZ 127, 229, üL. Die steuerrechtliche Prüfungspflicht der Bank bei Kontoeröffnung nach § 154 II AO ist kein Schutzgesetz iSv § 823 II BGB. Haftung der Bank bei Verstoß gegen die Kontosperre nach § 154 III AO, BFH ZIP 2012, 718; Gehm DB 2012, 1648. Anwendungserlass zur AO 1977 (AEAO) 15.7.1998 BStBl. I 630, auch in Fischer/Klanten Anh. VII.

B. Kontoinhaber: Der Kontoinhaber ist idR jeder Gläubiger der Einlage-   A48
forderung, **kontofähig** ist, wer eigene Rechte und Pflichten haben kann, also auch GbR (→ Einl. vor § 105 Rn. 14), Lehnhoff FS Hadding, 2004, 935. Er ist grundsätzlich der Verfügungsberechtigte, er schuldet den Passivsaldo, seine Gläubiger können auf das Konto zugreifen (Ausnahme: Treuhandkonto und uU Sperrkonto, → Rn. A44–46), die Bank kann eingegangene Beträge mit Debetsaldo verrechnen (Ausnahmen wie bei Pfandrecht, s. **(8)** AGB-Banken Nr. 14 III, s **(8)** AGB-Banken Nr. 14 Rn. 10 ff.). Annahme einer Leistung als Erfüllung nur mit Einwilligung des gesetzlichen Vertreters eines Minderjährigen, Schutzzweck des § 107 BGB, Eigentumsübertragung am gezahlten Geld, § 812 ohne § 819 BGB (nur Kenntnis des Vertreters), BGH NJW 2015, 2497 Rn. 15 ff. Bei Auszahlung eines Kontoguthaben an Geschäftsunfähigen keine Erfüllungswirkung, Anspruch nach §§ 812 I, 818 BGB, KG WM 2019, 1484. **Kontosperren** → Rn. A46. **Kontowechsel** in der EU ab 1.11.2009 erleichtert, EBIC Common Principles for Bank Account Switching, NZG 1/2009, IX.

a) Die Bank muss sich bei **Kontoeröffnung** (Girokonto für jedermann, Gren-   A49
zen der Vertragsfreiheit → Rn. A6) über die Person des Kontoinhabers vergewissern (→ Rn. E/2–3; zu unterscheiden von der steuerrechtlichen Prüfungspflicht, → Rn. A47, und der nach GeldwäscheG, → Rn. A12); dazu ist Ausweis mit Lichtbild (zB Führerschein) nötig, BGH WM 1974, 154, Identitätsprüfung des das Konto eröffnenden Stellvertreters genügt nicht, BGH WM 1977, 1019, Überprüfung der Zeichnungsberechtigung idR durch HdlRegAuszug, OLG Hamm WM 1985, 1161. Klausel über Einheitskontoführungsgebühr für alle Buchungen ist auch gegenüber Unternehmen unwirksam, BGH NJW 2015, 1440; 2015, 3025. (Darlehens-)Kontoführungsgebühr → Rn. G4. Gleichbehandlung bei Kontoeröffnung (Parteien), BVerwG NJW 2019, 1317. **Muster:** Hopt/Merkt VertrFormB/Werner Form IV. A.1–8 (Eröffnung verschiedener Konten, durch unterschiedliche Personen, ua Minderjährige).

b) Die **Bestimmung** des Kontoinhabers kann schwierig sein. Die Einrichtung   A50
eines Kontos auf den Namen eines anderen bedeutet für sich nicht schon Vertrag zugunsten Dritter, BGH NJW 2019, 3075 Rn. 14. Maßgeblich ist vielmehr, wer nach dem erkennbaren Willen des die Einzahlung Bewirkenden der Gläubiger der Bank werden soll, BGHZ 21, 150; 28, 370; 127, 231; BGH WM 1975, 1200; 1990, 538; 1994, 731; NJW 2005, 2222; NJW 2019, 3075 Rn. 14. Einerlei ist, von wem das Geld stammt, BGHZ 21, 150; 127, 231; BGH WM 1972, 383; ebenso was im Innenverhältnis des Einzahlenden zu einem Dritten bestimmt ist, aber Berücksichtigung bei der Auslegung des Parteiwillens, soweit der Bank

(7) BankGesch A51

bekannt, BGH WM 1996, 249. Kriterien für diesen Willen sind ua Kontobezeichnung, BGHZ 28, 369; BGH WM 1973, 895; NJW 2019, 3075 Rn. 15; OLG München WM 1986, 34, dies idR mit besonderem Gewicht beim Girokonto, BGH WM 1996, 249; vorbehaltene oder mangelnde Verfügungsbefugnis, BGH NJW 2019, 3075 Rn. 15; mit welchen Mitteln ein Guthaben angespart werden soll, BGH WM 1970, 1182, NJW 2019, 3075 Rn. 15; ob demjenigen, auf dessen Namen das Sparbuch angelegt wird, dessen Existenz mitgeteilt wird, BGH NJW 2019, 3075 Rn. 15. Rückschlüsse sind aber auch aus weiteren der Kontoeröffnung zeitlich nachfolgenden Umständen möglich, BGH NJW 2019, 3075 Rn. 15, 26. Das **Sparbuch** (→ Rn. B4) ist ein qualifiziertes Legitimationspapier iSv § 808 BGB, der Anspruch auf Auszahlung folgt aus §§ 700 I 1, 488 I 2 BGB, BGH NJW 2008, 1732 Rn. 13, NJW 2019, 2920 Rn. 23, NJW 2022, 1170 Rn. 27 f., dort zum Nachweis der Auszahlung nach Entwertung nach § 808 II BGB, krit Feldhusen NJW 2022, 1173, Scheuch BKR 2022, 453. Beim Sparbuch kommt es wegen § 808 BGB vorrangig auf den **Besitz** an; stRspr, BGHZ 46, 200; BGH WM 1970, 712; NJW 2019, 3075 Rn. 15; OLG München WM 1983, 1295; so typischerweise auch, wenn das Sparbuch durch die **Großeltern** auf den Namen von Enkeln angelegt wird (dann idR noch nicht § 328 BGB), BGH WM 2005, 462, Klarstellung zu BGH NJW 1994, 931; anders bei abweichender Bestimmung, BGH NJW 2005, 2222; OLG Frankfurt a. M. NJW 1986, 64; OLG Koblenz WM 1989, 565; OLG Nürnberg WM 1990, 928; OLG Bamberg WM 2006, 274. Dazu abgrenzend für Anlegung durch die **Eltern,** BGH NJW 2019, 3075 Rn. 20 m. Anm. Volkach, dazu auch Strobel WM 2020, 449 mit aA zur Beweislast. Wenn Eltern an dem Sparbuch auf den Namen eines Kindes den Besitz behalten, ist nach dem auszulegenden Willen zu ermitteln, ob sie sich die Verfügung über das Sparguthaben vorbehalten wollen, denn sie können dem Kind den Besitz am Sparbuch iSv § 868 BGB vermitteln, BGH NJW 2019, 3075 Rn. 20, uU nur Sorge vor Verlust des Sparbuchs durch das Kind, Abgrenzung zu BGH NJW 2005, 980; auch wenn das Kind Forderungsinhaber sein soll, kann das Sparguthaben, auch teilweise, im Innenverhältnis den Eltern zugeordnet sein (Vorbehalt der Verfügungsbefugnis), BGH NJW 2019, 3075 Rn. 20. Für die Ansprüche des Kindes gegen die Eltern ist das Innenverhältnis maßgeblich, die Beziehung zur Bank hat nur indizielle Bedeutung, BGH NJW 2019, 3075 Rn. 22. Ob die Eltern durch eine Verfügung über das Sparguthaben pflichtwidrig handeln (§ 1664 BGB; auch § 816 II BGB), bestimmt sich nicht ohne weiteres nach der Forderungsinhaberschaft, BGH NJW 2019, 3075 Rn. 23 f. Beim Sonderkonto ist Kontoinhaber idR, wer das Konto eröffnet, auch wenn in der Kontobezeichnung noch ein anderer genannt ist, BGHZ 61, 75. Für Vertretungs- und Verfügungsmacht über das Konto gelten die allgemeinen Regeln, vgl. → HGB Einl. vor § 48 Rn. 4. Beweis für Strohmannkonto s. BGH NJW 1983, 626. **Kontopfändung** s. § 357 HGB, Pfändungsschutzkonto → Rn. 46a. Kontoinhaberschaft und Pfändung bei ausländischen Staatsunternehmen im Inland (keine Immunität), BVerfG NJW 1983, 2766.

A51 c) Beim **Tod des Kontoinhabers** geht das Konto auf die Erben über. Diese werden statt des Erblassers Herren des Bankgeheimnisses (näher → Rn. A9). Bei Miterben wird es zum Und-Konto (→ Rn. A40); die Bank muss ihnen auf Verlangen (nur an alle gemeinsam, § 2039 BGB) Auskunft über das Konto geben, das Bankgeheimnis steht nicht entgegen, OLG Frankfurt a. M. MDR 1966, 503. Die Bank kann Vorlage eines Erbscheins verlangen, aber nicht unbegrenzt, postmortale Vollmacht als Ersatz für Erbschein, näher **(8)** AGB-Banken Nr. 5. Vom Kontoinhaber erteilte **Vollmachten** bestehen fort (§ 52 III HGB, §§ 168 S. 1, 672 S. 1 BGB); die Erben können jederzeit widerrufen, Ausnahme unwiderrufliche Vollmacht über den Tod hinaus (nicht Generalvollmacht). Der Vertreter hat aber nunmehr im Interesse des Erbens zu handeln; Pflicht zur Rückfrage beim

Erben str., BGH NJW 1969, 1247 u. OLG Düsseldorf WM 1983, 548 (nein); Hopt ZHR 133 (1970), 305 (uU ja, aber nicht bei Vollmachten des HdlRechts), aA ja. Bei der **postmortalen** (transmortalen) Vollmacht hat die Bank die Weisung des Bevollmächtigten unverzüglich auszuführen (außer wenn ersichtlich verdächtig, vgl. → HGB § 50 Rn. 4), ohne die Zustimmung der Erben abzuwarten oder durch Zuwarten dessen Widerruf zu ermöglichen, BGHZ 127, 239; Hopt ZHR 133 (1970), 325, Grund: Zweck dieser Vollmacht. Der Erblasser kann Auskunfts- und Herausgabepflicht seines Vertreters an die Erben ausschließen, BGH WM 1989, 1813. Postmortale Vollmacht berechtigt nicht zur Umschreibung des Kontos auf den Bevollmächtigten, BGH WM 2009, 980 m. krit. Anm. Muscheler JZ 2009, 1075. Postmortale Vollmacht bei zweigliedriger GbR, OLG München ZIP 2015, 1828. Miterben, die das auf sie übergegangene Girokonto des Erblassers für den eigenen Zahlungsverkehr fortführen, erlangen eine eigene persönliche Rechtsbeziehung zur Bank, BGH WM 2000, 469; so auch bei Vorerbschaft, der Nacherbe tritt beim Nacherbfall in dieses Girovertragsverhältnis des Vorerben nicht ein (zu unterscheiden vom Kontoguthaben, § 2111 BGB), BGHZ 131, 60. **Testamentsvollstreckung** durch Banken ist zulässig (RBerG, §§ 3, 4 Nr. 11 UWG); BGH WM 2005, 412; Grunsky/Theiss WM 2006, 1561.

Ein **Sparkonto** geht beim Tod des Kontoinhabers nicht auf die Erben über, wenn eine wirksame **Schenkung** auf den Todesfall vorliegt, so wenn die Bank auf Grund eines Vertrags zugunsten Dritter ein vom Kontoinhaber auf fremden Namen angelegtes Sparbuch (Sonderkonto, → Rn. A45) auf dessen Weisung nach seinem Tode dem Begünstigten aushändigt (§§ 130 II, 153, 151, 518 II BGB); der Vorbehalt des Widerrufs durch den Erblasser gegenüber der Bank steht wegen §§ 328 II, 332 BGB nicht entgegen; unabhängig davon können jedoch die Erben bis zur Annahme des Schenkungsangebots durch den Begünstigten, richtiger bis zum Zugang des Angebots beim Begünstigten, widerrufen; dazu BGHZ 46, 203; 66, 8; 157, 79; BGH NJW 1975, 383; 1984, 480; WM 2005, 462; KG WM 1979, 928, str. Der Widerruf ist vertraglich (auch § 328 BGB) ausschließbar, OLG Celle WM 1993, 591, nicht durch einseitigen Verzicht, aA Kümpel WM 1993, 825; vgl. Hopt ZHR 133 (1970), 317 zur unwiderruflichen Vollmacht. Heilung nach § 518 II BGB (anders § 2301 II BGB) auch, wenn die Leistung erst nach dem Tod des Kontoinhabers kraft (Postsparkassen-)Vollmacht aus dessen Vermögen bewirkt wird, BGH NJW 1986, 2108. Die Schenkung eines Bankguthabens ist (soweit nicht § 331 BGB eingreift) auch bei unwiderruflicher Verfügungsvollmacht nicht vollzogen iSv §§ 518 II, 2301 II BGB, BGHZ 87, 25; anders bei Oder-Konto, BGH WM 1986, 786. Zur Abgrenzung auf den Tod des Erblassers befristeten Schenkung unter Lebenden von der Schenkung von Todes wegen BGHZ 99, 97; Leipold JZ 1987, 362; dabei gilt § 2084 BGB entspr., BGH WM 1988, 984. Auskunftsanspruch des Beschenkten gegen die Bank ohne Einwand des § 410 BGB, BGH WM 1982, 706. Feststellungsklage eines von mehreren Prätendenten gegen Bank betr. Kontoberechtigung, BGH WM 1981, 120. Auflage an den Beschenkten zugunsten eines Dritten berechtigt diesen nach § 330 S. 2 BGB unmittelbar. Lit.: Komm. zu § 2301 BGB, (Staub/) Grundmann 2020 Teil 2 Rn. 217 ff.; Lange/Werkmüller, 2002 (Erbfall in der Bankpraxis); Bork JZ 1988, 1059; Seif AcP 200 (2000), 192 (postmortale Vollmacht). **Muster:** Glenk NJW 2017, 452 (postmortale Vollmachten).

C. **Konto- und Depotvollmachten:** Angesichts der Reichweite des Bankvertrags bzw. der Geschäftsverbindung und der Vielzahl der dabei möglicherweise vorkommenden einzelnen Bankgeschäfte wird in der Praxis die Vollmacht oft auf ein oder mehrere Konten beschränkt. Je nachdem sind Inhalt, Reichweite und Geltungsdauer der Kontovollmacht sehr unterschiedlich. In der Praxis ist dies sehr wichtig. Rechtlich gelten die allgemeinen Regeln der §§ 164 ff. BGB, vgl. BGH WM 1991, 1414. Kontovollmacht berechtigt nicht zu Kontoauflösung oder

(7) BankGesch A53

anderen Eingriffen in die Rechte des Vertretenen, BGH WM 2009, 980. Missbrauch (→ HGB § 50 Rn. 5), BGH WM 1999, 1617. Anerkennung von Vorsorgevollmachten, Tersteegen NJW 2007, 1717. **Muster:** Hopt/Merkt VertrFormB/Werner Form IV. A.5 (Konto-/Depotvollmacht), Form IV. A.6 (Vollmacht für den Todesfall), Form IV. A.7 (Kontoeröffnung für Firmen und Vereine).

9) Datenschutz bei Bankgeschäften

A53   A. **Datenschutz:** Die zunehmende Automation bei Bankgeschäften bringt für die Kunden außer Vorteilen auch Gefahren mit sich. Neben die traditionellen Probleme von Bankgeheimnis (→ Rn. A9) und Bankauskunft (→ Rn. A14) treten die Probleme des Datenschutzes auf zB bei Kreditauskünften (→ Rn. A54), Schufa-Verfahren (→ Rn. A55) und im Zusammenhang mit Geldwäsche (→ Rn. A12). Der Datenschutz steht neben dem Bankgeheimnis als Berufsgeheimnis und hat ihm gegenüber Auffangfunktion, BGH WM 2007, 645. Wirksamkeit von Abtretungen auch bei Verstoß, BGH WM 2007, 645 (→ Rn. A9). **Europäische Datenschutz-Grundverordnung (DSGVO)** 27.4.2016 ABl. 2016 L 119, 1 in Kraft 25.5.2018 gilt unmittelbar und harmonisiert umfassend, hat aber Öffnungsklauseln, Schantz NJW 2016, 1841, Kühling/Martini EuZW 2016, 448. Anpassung und Umsetzung durch DSAnpUG-EU 30.6.2017 BGBl. I 2097, darin **neues Bundesdatenschutzgesetz (BDSG)** ua mit Schutz des Wirtschaftsverkehrs bei Scoring und Bonitätsauskünften (§ 31 BDSG nF statt früher §§ 28a, 28b aF), Kühling NJW 2017, 1985 (für Unternehmen); weitere Ergänzungen, 2. DSAnpUG-EU 20.11.2019 BGBl. I 1626, Gola/Klug NJW 2020, 660. Die DSGVO enthält Standardvertragsklauseln und Verhaltensregeln für Unternehmen, dazu Leitlinien des Europäischen Datenschutzausschusses (ESDA). Abwehr von Schadensersatzansprüchen nach Art. 82 DSGVO, Wybitul/Haß/Albrecht NJW 2018, 113. DSGVO und AGBRecht, Wendehorst/Graf von Westphalen NJW 2016, 3745. Ungültigkeit des Safe-Harbor-Entscheidung der EU bezüglich USA, EuGH NJW 2015, 3151 (Schrems I) mit vielen Reaktionen, Übermittlung personenbezogener Daten in die USA, EuGH NJW 2020, 2613 (Schrems II), Anforderungen an einen privacy shield durch EU-Standard Contractual Clauses (SCC), Golland NJW 2020, 2593; Recht und Praxis des Drittlands müssen ein gleichwertiges, hohes Datenschutzniveau gewährleisten. Anforderungen an die Vorratsdatenspeicherung, Stufenmodell, EuGH NJW 2021, 531. Bewertungen im **Internet,** BGH NJW 2009, 2888 (spickmich) mAnm Gounalakis/Klein NJW 2010, 566, → Einl. vor § 1 Rn. 66; Prüfpflichten des Betreibers einer Internet-Suchmaschine BGH WM 2018, 824; Franz WRP 2016, 1201; Datenschutz bei Abtretung von Darlehensforderungen, Abtretung unter Verstoß ist wirksam, aber uU Schadensersatz, Lehmann/Wancke WM 2019, 613 (665). Probleme der extraterritorialen Anwendung, Brauneck EuZW 2019, 494. Schadensersatz für Datenschutzverstöße, BVerfG NJW 2021, 1005, Korch NJW 2021, 978; bei unberechtigter Meldung an Schufa (→ Rn. A55). Lit. zum Datenschutz im Bankrecht: Vahldiek 2012; Nobbe WM 2005, 1537; Simitis NJW 2009, 1782 (EuGH, Vorratsdatenspeicherung); Pauly/Ritzer WM 2010, 8; Spindler FS Hoffmann-Becking, 2013, 1185 (Konzern); Lohbeck WM 2019, 2050 (Informationspflichten gegenüber Geschäftskunden). Komm. zur DS-GVO Ehmann/Selmayr 2. Aufl. 2018; Gola 2. Aufl. 2018; Kühling/Buchner 2. Aufl. 2018; Paal/Pauly 3. Aufl. 2021; Plath 3. Aufl. 2018; Simitis/Hornung/Spiecker 2019; Lettl WM 2018, 1149; Thon RabelsZ 84 (2020) 24 (DSGVO IPR); zum BDSG: Gola/Heckmann, 13. Aufl. 2019; Simitis/Dammann/Geiger/Mallmann/Reh (LBl.), Schaffland/Wiltfang (LBl.), Plath, 2. Aufl. 2016. **RsprÜbersichten:** Gola/Klug NJW 2020, 2774; 2021, 680, 2629, 2022, 662.

V. Bankgeschäfte A54–A56 **BankGesch (7)**

B. **Kreditauskünfte:** Kreditauskünfte über **natürliche Personen** (nicht juris- A54 tische, str. für Einpersonen- und personalistische GmbH) sind ohne ausdrückliche (im Regelfall schriftliche) **Einwilligung** (§ 4 II BDSG) zulässig, wenn sie zur Wahrung berechtigter Interessen erforderlich sind und schutzwürdige Belange des Betroffenen nicht beeinträchtigt werden (vgl. → Rn. A55). Zutreffende und nicht den sensitiven persönlichen Bereich berührende Kreditauskünfte sind danach auch bei negativem Inhalt idR zulässig, BGH WM 1986, 190, str. Diese Zulässigkeit betrifft nur die nach BDSG, unabhängig davon gelten die allgemeinen bankrechtlichen Schranken für Kreditauskünfte, Canaris Rn. 72, str.; → Rn. A14, 15.

C. **Schufa-Verfahren:** Bei dem Schufa-Verfahren handelt es sich um die A55 Übermittlung von „Negativmerkmalen" eines Kreditbürgen durch die Banken an die **Schufa Holding AG** (früher Schutzgemeinschaft für allgemeine Kreditsicherung e.V., Kreditauskunftsdienst Wiesbaden, seit 2022 Mehrheitsbesitz Sparkassen und Volksbanken; auch → Rn. A15). Der damit verbundene Datenaustausch liegt im Interesse der Banken und der Kunden und dient auch der Erfüllung gesetzlicher Verpflichtungen wie der Kreditwürdigkeitsprüfung bei Verbraucherdarlehensverträgen (§ 505a BGB) und der Einholung von Kreditunterlagen nach § 18 KWG. Früher in § 28a BSDG geregelt mit Rechtsprechung, s 38. Aufl., heute gilt DSGVO vom 4.5.2016. Seit 25.5.2018 ist eine Einwilligung des Kunden bei Anfragen oder Meldungen an Auskunfteien nicht mehr erforderlich (Art. 6 I lit. b und f DSGVO). Der Schutz des Wirtschaftsverkehrs bei Scoring (Legaldefinition) und Bonitätsauskünften ist in § 31 BDSG geregelt. Für die Zulässigkeit der Verarbeitung, einschließlich der Ermittlung von Wahrscheinlichkeitswerten, von anderen bonitätsrelevanten Daten gilt das allgemeine Datenschutzrecht (§ 31 II Satz 2 BSDG). Die Rechte der betroffenen Person sind in Art. 12 ff DSGVO und ergänzend in §§ 32 ff. BDSG geregelt, ua Informationspflicht, Auskunftsrecht, Recht auf Berichtigung und Löschung und Widerspruchsrecht, früher auch gestützt auch auf § 1004 BGB iVm Persönlichkeitsrecht, BGHZ 91, 239. Löschungsanspruch „Restschuldbefreiung" nach sechs Monaten (§ 3 II InsoBekV), OLG Schleswig ZIP 2021, 1507. Auskunftsanspruch nicht über die Scoreformel, aber über die personenbezogenen Daten, die dort einfließen (Scorewerte), BGH NJW 2014, 1235. Bei Verbraucherkrediten sind Auskunftsverlangen von EU-ausländischen und inländischen Darlehensgebern gleich zu behandeln (§ 30 BDSG). Kartellrechtliche Grenzen für den Kreditinformationsaustausch zwischen Finanzinstituten, EuGH WM 2007, 157. Schadensersatz bei unberechtigter Meldung an Schufa, LG Lüneburg ZIP 2021, 1208. Lit.: Ellenberger/Bunte Bankrechts-HdB/EBB/Zahrte § 10 Rn. 53 ff.; KMFS/Büchel Rn. 3.269; Preißler Handelsblatt 17.5.2021 S. 26 (Praxis).

10) Verfahrensrecht (Ombudsmann, Ombudsfrau) Einlagensicherung, Anlegerentschädigung, Insolvenz

A. **Verfahrensrecht, insbesondere Schlichtung (Ombudsmann, Om-** A56 **budsfrau): a)** Es gilt das **allgemeine Prozessrecht.**

b) Seit Juni 1992 besteht bei den privaten Banken und privaten Hypothekenbanken das Angebot einer vorherigen außergerichtlichen Schlichtung, „**Verfahrensordnung für die Schlichtung von Kundenbeschwerden im deutschen Bankgewerbe**", Text (Stand März 2019) Ellenberger/Bunte Bankrechts-HdB/Höche § 4 Rn. 108; www.bankenombudsmann.de; https://bankenombudsmann.de/geschaeftsstelle/verfahrensordnung/; seit 2001 auch Verfahrensordnung für die Beilegung von Kundenbeschwerden im Bereich des Bundesverbandes öffentlicher Banken, NJW 2001, 2613; Hinweis darauf in **(8)** AGB-Banken Nr. 21 nF 2016 **(Ombudsmann/frauverfahren)**, Hinweis darauf durch Ombudsmann/frauklauseln in den verschiedenen Sonderbedingungen. Unabhängig

Hopt 2339

(7) BankGesch A56

davon Richtlinie über die alternative Beilegung verbraucherrechtlicher Streitigkeiten **(ADR-Richtlinie)** 21.5.2013 ABl. 2013 L 165, 63, ergänzt durch VO (EU) 524/2013 über die Online-Beilegung verbraucherrechtlicher Streitigkeiten **(ODR-Verordnung)** v. 21.5.2013 ABl. L 165, 1, und **UmsetzungsG** 19.2.2016 BGBl. I 254, ber. 1039 mit dem VerbraucherstreitbeilegungsG (VSBG) in § 1, dazu Ellenberger/Bunte Bankrechts-HdB/Höche § 4 Rn. 37 ff., 55 ff., 63 ff. **Voraussetzung** für das Verfahren ist der freiwillige **Beitritt der Bank zu dem Schlichtungsverfahren** (§ 3 Verfahrensordnung, Zuständigkeit). Nach formaler Vorprüfung durch eine Kundenbeschwerdestelle (Bundesverband deutscher Banken, § 5 VerfahrensO) auf Grund formloser Anrufung (kurze Schilderung des Sachverhalts, Beifügung der notwendigen Unterlagen) und bei Nichtabhilfe durch die betroffene Bank ist Schlichtungsverfahren durch einen **Ombudsmann/Ombudsfrau** möglich (1) bei Beschwerden von Verbrauchern (vgl. § 13 BGB, also nicht für gewerbliche oder selbstständige berufliche Tätigkeit) oder (2) bei Streitigkeiten im Anwendungsbereich der Vorschriften über Zahlungsdienste (§§ 675c–676c BGB), insoweit also nicht auf Verbraucher beschränkt (Nr. 3 II VerfahrensO). Die Schlichtung ist in einer Reihe von Fällen ausgeschlossen (§ 4 I VerfahrensO): u. a. wenn der Ombudsmann nicht zuständig ist (§ 14 I UKlaG, § 5 IV VerfahrensO), die Sache bereits vor einem Gericht anhängig ist oder ein Gericht durch Sachurteil über die Streitigkeit entschieden hat, die Angelegenheit bereits Gegenstand eines Schlichtungsverfahrens bei einer Verbraucherschlichtungsstelle ist oder war oder der Anspruch bereits verjährt ist und die Bank sich auf Verjährung beruft (§ 4 I lit. h VerfahrensO). Der Ombudsmann kann die Schlichtung ablehnen, wenn eine grundsätzliche Rechtsfrage, die für die Bewertung der Streitigkeit erheblich ist, nicht geklärt ist (§ 4 II lit. a VerfahrensO, Beispiele bei Ellenberger/Bunte Bankrechts-HdB/Höche § 4 Rn. 171 f.). Das eigentliche Schlichtungsverfahren ist in Nr. 6 VerfahrensO geregelt. Ein Schlichtungsspruch des Ombudsmanns bindet nur die Bank (bei Streitwert nicht über 10.000 EUR, vor 1.1.2015 5.000 EUR), nicht den Kunden, diesem bleibt der Rechtsweg unbenommen (§ 6 V lit. a VerfahrensO). Während des Schlichtungsverfahrens ist die Verjährung für den Beschwerdeführer gehemmt (§ 7 VerfahrensO mit Verweisung auf § 204 BGB, Ellenberger/Bunte Bankrechts-HdB/Höche § 4 Rn. 173 ff.: Verjährungsunterbrechung). Der Schlichtungsvorschlag wird kurz begründet (§ 6 IV VerfahrensO). Die Kosten des Schlichtungsverfahrens trägt der Bankenverband, auch wenn die Bank obsiegt; die außergerichtlichen Kosten trägt jede Partei grundsätzlich selbst (§ 10 VerfahrensO). Die Parteien können sich auf eigene Kosten sachkundig vertreten lassen. Ob rechtlich ein Schiedsverfahren vorliegt, war fraglich, Schlosser Bankrechtstag 1998, 208: Vertragsschluss und Heilung des Formmangels könnten zwar konkludent mit Verfahrensbeteiligung erfolgen (§ 1031 VI ZPO), Beschränkung der Bindungswirkung ist möglich, soweit danach keine Bindung, bloße Schlichtung; aber Schiedsverfahren ist offensichtlich nicht gewollt, aber der Ähnlichkeit zu einem Schiedsverfahren iSv §§ 1025 ff. ZPO ist unverkennbar, so auch Ellenberger/Bunte Bankrechts-HdB/Höche § 4 Rn. 154 ff. Der Ombudsmann/frau ist in seiner Eigenschaft als Schlichter unabhängig (§ 2 IV VerfahrensO), nur insoweit funktional wie ein Schiedsrichter. Als Ombudsmänner werden in aller Regel hohe Berufsrichter eingesetzt, Aufzählung bei Ellenberger/Bunte Bankrechts-HdB/Höche § 4 Rn. 116. Die Einrichtung des Ombudsmannes, die für EU-Sachverhalte EU-rechtlich vorgeschrieben, im Übrigen freiwillig erfolgt ist, ist positiv für die Kunden wie für die Banken. Vieles wird jetzt schon im Vorfeld bereinigt (Verfahrenseinleitung idR mit Berichtspflicht an Vorstand). Erfahrungen seit 1992, ausgewählte Rechsfragen, Kritik bei Ellenberger/Bunte Bankrechts-HdB/Höche § 4 Rn. 147 ff., 154 ff., 177 ff. Lit.: Ellenberger/Bunte Bankrechts-HdB/Höche § 4; von Hippel 2000; Bankenverband, Tätigkeitsbericht 2019, Ombudsmann der privaten Banken, 2019; Hoeren NJW 1992, 2727; 1994,

362; Parsch WM 1997, 1228; Bundschuh ZBB 1998, 2; Bundschuh, Metz Bankrechtstag 1998, 211 (245); Scherpe WM 2001, 2321; Römer NJW 2005, 1251 (Versicherungsombudsmann); Lücke WM 2009, 102 (Schlichtung); Kreft FS Krämer, 2009, 287; Brömmelmeyer WM 2012, 337; Müller WM 2018, 741 (Bankentgelte im Schlichtungsverfahren).

c) Für Kundenbeschwerden aus §§ 675c–676c BGB idF VerbrKrRLUmsG (→ Rn. C1 ff.) sowie aus Fernabsatzverträgen über Finanzdienstleistungen im BGB (FernAbsFDLG 2004) gibt es eine **Schlichtungsstelle** (§ 14 UKlaG nF VerbrKrRLUmsG mit FinanzschlichtungsstellenVO BGBl. 2016 I 2140). Dazu Ellenberger/Bunte Bankrechts-HdB/Höche § 4 Rn. 17.

B. Einlagensicherung, Anlegerentschädigung: a) Freiwillige Einlagensicherung der Kreditinstitute: Geldforderungen aus einer bankmäßigen Geschäftsverbindung (vor allem Giroguthaben, Termin- und Spareinlagen samt auf den Namen lautenden Sparbriefen) sind durch freiwillige Sicherungseinrichtungssysteme der Kreditwirtschaft (Sparkassen und Genossenschaften mit Institutssicherung, private Banken mit unmittelbarer Kundensicherung) weitgehend vor Insolvenz der Kreditinstitute geschützt. Das Rechtsverhältnis zwischen der freiwilligen Sicherungseinrichtung und dem Kreditinstitut ist privatrechtlich. Inhaltskontrolle der Normen der Sicherungseinrichtung der Genossenschaftsbanken, BGH WM 1989, 184. Für die privaten Banken besteht ein **Einlagensicherungsfonds** (Statut Dezember 2015 mit Änderungen 2017, nunmehr Fassung vom 16.12.2021, mehrere Anlagen). Die Teilnahme ist für Banken, die Mitglieder des Bankenbands sind, grundsätzlich verpflichtend. Voraussetzungen für die Mitwirkung an dem Einlagensicherungsfonds, § 3 des Statuts. Verweigerung des Anschlusses bei Nichterfüllung von Mindestvoraussetzungen bei der Bank (Vieraugenprinzip), OLG Köln WM 1996, 1294; näher § 4 des Statuts. Mit **(8)** AGB-Banken Nr. 20 (dort → Nr. 20 Rn. 2) wird der Kunde auf die Einlagensicherung hingewiesen und diese als wesentliche Vertragspflicht in den Vertrag einbezogen. Definition der Einlagen in § 6 I des Statuts. Diese Einlagensicherung deckt jeden einzelnen Kunden (aber nur Nichtbankeneinlagen, ab 1.10.2017 auch nicht mehr bankähnliche Kunden und die öffentliche Hand) bis zu 15 % der Eigenmittel der Bank (früher 30 %, ab 1.1.2025 nur noch 8,75 %, näher → **(8)** AGB-Banken Nr. 20 Rn. 2). Alle Forderungen eines Gläubigers werden zusammengerechnet, Gegenforderungen der Bank, auch nicht fällige, werden abgezogen. § 6 XIX (vorher § 6 X) des Statuts schließt trotz unmittelbarer Kundensicherung vor allem aus steuer- und versicherungsaufsichtsrechtlichen Gründen einen Rechtsanspruch der Kunden ausdrücklich aus, das ist wirksam, str., BGH WM 2008, 831; KG WM 2013, 158; Habscheid BB 1988, 2328, hL; auch kein Drittschutz nach § 328 BGB bei Vereinbarung zur Abwicklung der Entschädigungsleistung, BGH WM 2008, 832; aber uU Gleichbehandlungsanspruch sowie § 826 BGB. Eine vertragliche Haftungserklärung gegenüber dem Kunden unter Anscheinsvollmacht des Bundesverbandes deutscher Banken ist fiktiv. Ein Anspruch aus Vertrauenshaftung kraft widersprüchlichen Verhaltens besteht angesichts der klaren Regelung nicht, LG Berlin WM 2010, 1744 mAnm Nodoushani BKR 2011, 1; aA Canaris Rn. 2725; Klöhn ZIP 2011, 109. Auch **(8)** AGB-Banken Nr. 20, dort → Nr. 20 Rn. 1, ergibt keinen Anspruch, aA Böttger BKR 2011, 485. Praktisch besteht danach ein Vollschutz der kleinen Einleger. Zu § 6 I, II des Statuts KG WM 2013, 158. Bei Entschädigungszahlung (antizipierte) Forderungszession (→ **(8)** AGB-Banken Nr. 20 Rn. 3). Grundsätzlich keine Werbung mit Einlagensicherung, Lettl WM 2007, 1345 (1397). Näher Statut des Einlagensicherungsfonds (Fassung 16.12.2021), abgedr. in Ellenberger/Bunte BankR-HdB/Bunte/Artz § 3 Anh. 3 nach Nr. 21 und unten → **(8)** AGB-Banken Nr. 20. Nach dem Zusammenbruch der Greensill Bank war 2021 ein grundlegender Umbau der Einlagensicherung der deutschen Privatbanken beschlossen worden. Zur Instituts-

(7) BankGesch A57b

sicherung der Sparkassen und Genossenschaften Ellenberger/Bunte Bankrechts-HdB/Bunte/Artz § 3 Rn. 29 ff.

A57b **b) Gesetzliche Einlagen- und Anlegerentschädigung:** Diese war bis 2015 geregelt im Einlagensicherungs- und AnlegerentschädigungsG **(EAEG)** 16.7.1998 BGBl. 1842 mit Änderung 25.6.2009 BGBl. 1528, das die EU-EinlagensicherungsRL 1994, die EU-AnlegerentschädigungsRL 1997 und die EU-ÄnderungsRL 11.3.2009 umgesetzt hatte. **Neufassung** der EU-EinlagensicherungsRL 16.4.2014 ABl. 2014 L 173, 149: Rechtsanspruch bis zu 100.000 Euro, auch bei Institutssicherung, ausnahmsweise höher bei bestimmten Lebensrisiken; Vollharmonisierung, aber Institutssicherung als solche bleibt unangetastet; Auszahlung innerhalb von 7 statt 20 Werktagen (gleitend bis 2023); Zielgröße des (jeweils nationalen) Fonds 0,8% der gedeckten Einlagen, Aufbau innerhalb von 10 Jahren, detaillierte Verfahrensregelung, Zuständigkeit des ZwNl im Gastland. Vorausgegangen war strengerer Vorschlag 12.7.2010 WM 2010, 2384; Fuchs EWS 2010, 516; EUParlament EuZW 2012, 243. Feststellung der Nichtverfügbarkeit von Einlagen durch die Bankaufsichtsbehörde, EuGH WM 2019, 156; Wojcik WM 2019, 1046. Aus der Richtlinie folgt kein Anspruch auf Ersatz für verspätete Auszahlung des gesicherten Betrags, EuGH WM 2021, 826. Umsetzung durch **DGSD-Umsetzungsgesetz** 28.5.2015 BGBl. 786, das das **Einlagensicherungsgesetz (EinSiG)** gebracht und das EAEG geändert und zum **Anlegerentschädigungsgesetz (AnlEntG)** umbenannt hat, Berger BKR 2016, 144. Neufassung der EU-AnlegerentschädigungsRL, Kommissionsentwurf 12.7.2010 KOM(2010) 371 endg., Deckungssumme 50.000 EUR ohne Selbstbehalt von 10%, Entschädigungsfrist neun Monate, Finanzierung der Sicherung, Schutz von Depotkunden, aber im März 2015 von der Kommission zurückgezogen. Zum Entwurf Legislative Entschließung des Europäischen Parlaments 5.7.2011 ABl. 2013 C 33 E, 328. Zuletzt hat die EU-Kommission den **Vorschlag einer Europäischen Einlagenversicherungsverordnung** (European Deposit Insurance Scheme, EDIS) v. 24.11.2015 COM (2015) 586 final vorgelegt, der aber wegen der allmählichen Vergemeinschaftung der Einlagensicherung hoch streitig ist, krit. Schindler WM 2017, 501; Herdegen WM 2016, 1857 (1905). Bremser sind ua Deutschland, 2019/2020 Lockerung des Widerstands, aber noch keine wirklichen Fortschritte, Schöner ZVglRWiss 120 (2021) 310. Einzelheiten zu den Entschädigungseinrichtungen, zur Finanzierung derselben und zum Entschädigungsanspruch bei ASB/Sethe/Gurlit § 26 Rn. 61 ff., 86 ff., 105 ff.

Rechtsprechung zum EAEG: Zu Entschädigung wegen verspäteter Umsetzung LG Bonn WM 1999, 1972. ZwNl ausländischer Kreditinstitute können sich dem kundengünstigeren Gastlandsicherungssystem (BRD) insoweit (also hinsichtlich des überschießenden Teils) anschließen (§ 13 EAEG, topping up), dieses darf jedoch nicht auf ZwNl inländische Kreditinstitute im Ausland ausgedehnt werden (§ 14 EAEG, Exportverbot). Ausnahme für institutssichernde Systeme gemäß EU-RL (§ 12 EAEG). **Zu sichern** sind danach Einlagen sowie Verbindlichkeiten aus Wertpapiergeschäften (§ 2 EAEG), aber nur solcher, die Hauptleistungs-, besser: Verschaffungspflichten (auch Unterschlagung und Untreue; im Gegensatz zu Schadensersatzansprüchen aus Beratungsfehlern) betreffen, BGH WM 2011, 257, also kein Schutz von Handelsgewinnen aus Anlage von Kundengeldern, BGH WM 2013, 2352 (Phoenix) und erst recht kein Schutz von Scheingewinnen, des auf die Beteiligungssumme gezahlten Agios und tatsächlich erzielter HdlVerluste, BGH WM 2011, 257; 2011, 2222. Auch nicht bei Aussonderungsrecht, KG WM 2011, 931 (Phoenix). Provisionsansprüche des Instituts können (nur, § 4 I 1 EAEG) mittels Aufrechnung berücksichtigt werden, BGH WM 2011, 2219. Die Gläubiger (nicht ua Kreditinstitute, § 3 II EAEG, BGH WM 2012, 872) haben einen unmittelbaren Anspruch auf Entschädigung für Einlagen (unter Wegfall des Selbstbehalts von 10%) auf höchstens 50.000 EUR und ab 2011 100.000 EUR begrenzt ist (§§ 3, 4 nF EAEG), und dies innerhalb einer Feststellungsfrist von 5 Arbeitstagen (§ 5 I 1 nF EAEG), vgl. zur aF BGHZ 161, 273; 191, 95; BGH WM 2005, 325; für die Verbindlichkeiten aus Wertpapiergeschäften verbleibt es bei 20.000 EUR mit Selbstbehalt bei einer Feststellungsfrist von 21 Arbeitstagen. Auszahlungsfrist nunmehr 20 Arbeitstage (§ 5 IV EAEG). Kein Anspruch auf Verzugszinsen, aber uU Amtshaftung, KG WM 2012, 1526 (iErg abl.). Die Sicherung wird für die privaten Banken durch die Entschädigungseinrichtung deutscher Banken GmbH (EdB) übernommen. Bei Entschädigungszahlung cessio legis (§ 5 V EAEG). Aufteilung in drei Sondervermögen, darunter eines für WPHdlUnternehmen (§ 6). Das Rechtsverhältnis zwischen dieser Sicherungseinrichtung und der Bank ist öffentlichrechtlich (Beleihung, § 7 EAEG, VO BMF), trotzdem Zivilrechtsweg für Entschädigungsanspruch (§ 3 IV EAEG), Grund: Sachnähe. Beide Systeme, das öffentlich- und das privatrechtliche, bestehen nebeneinander (Grunddeckung, Anschlussdeckung). Die Kredit- und Finanzdienstleistungsinstitute müssen die Kunden, die nicht Institute iSv KWG sind, über die Zugehörigkeit zu einer Sicherungseinrichtung und die für die Sicherung geltenden Bestimmungen informieren (§ 23a KWG). Die „Beiträge" nach dem EAEG sind europarechtlich zulässige Sonderabgaben, BVerwG NJW 2004, 3198, VG Berlin WM 2008, 1733, und verfassungsgemäß, BVerfG WM 2010, 17. Notaranderkonto ohne Einlagensicherung → **(9)** AGB-Anderkonten Einl. vor Nr. 1 Rn. 8. Haftung des Treuhänders für Anlage größerer Beträge bei einer Bank mit bloßer gesetzlicher Mindesteinlagensicherung, BGHZ 165, 298. Anspruch aus §§ 3, 4 EAEG wird von Verpfändung des Sparbuchs nicht erfasst, selbstständiger Anspruch, nicht § 401 BGB, keine Surrogation, BGH WM 2008, 830. Lit.: ASB/Sethe/Gurlit, HdB des Kapitalanlagerechts, 5. Aufl. 2020, § 26; M. Wagner 2004; Bigus/Leyens 2008 (ökonomisch); Hissnauer 2013; Fröhlich, 2008; Sethe ZBB 1998, 305; Steuer WM 1998, 2449; Weber Bank 1998, 470; Berger, Meißner WM 2003, 949; 2003, 1977 (Beiträge); Bigus/Leyens ZBB 2008, 277 (ökonomisch); Herdegen WM 2008, 329 (Reformüberlegungen); Thonfeld WM 2008, 1725 (Beiträge); Hanten/Görke ZBB 2010, 128 (Novelle 2009); Grüneberg WM 2012, 1365 (Phoenix); Zetzsche WM 2013, 1337; Deutsche Bundesbank Monatsberichte Dezember 2015, 51; Beyer BKR 2016, 144; Wojcik WM 2019, 1046 (EuGH Kantarev); Kämmerer FS Hopt 2020, 481 (EU).

C. **Insolvenz des Kunden:** Bankgeschäfte bringen erhöhte Insolvenzgefahren **A58** mit sich. Rechtlich geht es um verschiedenartige, nur praktisch zusammenhängende Einzelprobleme wie Auswirkung der Insolvenz auf den **Bankvertrag** (Geschäftsverbindung) und einzelne Bankgeschäfte mit Geschäftsbesorgungscharakter; diese erlöschen (→ Rn. A6), BGHZ 63, 90; BGH WM 2009, 664 (Girovertrag); BGH WM 2015, 733 Rn. 9, mit Ausnahme von Überweisungsverträgen und Zahlungs-, Übertragungsverträgen (§ 116 S. 3 InsO idF ÜG 1999, → Rn. Q/4), die grundsätzlich zum Nachteil der Masse auszuführen sind, BGH WM 2009, 664; für andere Bankgeschäfte gilt Wahlrecht nach § 103 InsO, aber BGHZ 106, 236 (Neubegründung der Erfüllungsansprüche); Kreft ZIP 1997, 865, str.; ein Wahlrecht nur Forderung wegen der Nichterfüllung bei Finanztermingeschäften, falls Zeitpunkt bzw. Fristablauf erst nach Verfahrenseröffnung eintritt (§ 104 II InsO); Ausnahme von der Unzulässigkeit der Aufrechnung bei Überweisungs-, Zahlungs- und Übertragungsverträgen, Voraussetzung ist Einbringung in ein System, das der Ausführung solcher Verträge dient (§ 96 II InsO), weitere insbezügliche Sondervorschriften in §§ 147 I 2, 166 II 2, 223 I 1 InsO (idF G 8.12.1999 BGBl. 2384, Umsetzung der EG-RL über die Wirksamkeit von Abrechnungen in Zahlungs- sowie WPLiefer- und -abrechnungssystemen 19.5.1998 ABl. 1998 L 166, 45); für Kontokorrent → HGB § 355

(7) BankGesch A59, A60   2. Teil. Handelsrechtl. Nebenges.

Rn. 23, uU Bildung eines neuen Insolvenzkontos; Bankgeheimnis → Rn. A9; Zahlungsverkehr → Rn. C25, 84, 93, 105, 109; Lastschriftverfahren → Rn. D36, 38. **Warnpflichten** gegenüber anderen Kunden → Rn. A22–29. Besondere Probleme entstehen beim **Kreditgeschäft;** dabei geht es zunächst um die **Kreditsicherung** und ihre Wirksamkeit (→ Rn. H1), sodann um den rechtzeitigen Rückzug der Bank (→ Rn. G18). **Haftung** gegenüber dem Kunden → Rn. G28, Sanierungskredite, Insolvenzverschleppung und Haftung gegenüber Dritten → Rn. G31; Gefahr des Verlusts als **eigenkapitalersetzende Darlehen,** wenn die Bank (auch nur als Sicherheit) Beteiligung hält, → HGB § 172a aF Rn. 10 ff., seit MoMiG 2008 § 39 I Nr. 5 InsO. Lit.: Obermüller, 9. Aufl. 2016 (Bankpraxis), sowie Komm. zur InsO; Uhlenbruck FS Vieregge, 1995, 883; Wittig WM 1998, 157 (209) (Konsumentenkredit); Keller WM 2000, 1269 (EU-RL). RsprÜbersicht (InsO) Kirchhof WM Sonderbeil. 1/2008.

A59   D. **Insolvenz der Bank:** Schutz der Kunden durch Einlagesicherung, → Rn. A57a, A57b, **(8)** AGB-Banken Nr. 20. Besondere Vorschriften für die Insolvenz (Insolvenzantrag, Fristen, Haftung, Mitteilungen, Moratorium ua) s. §§ 46b ff. KWG. Kontoführung bei Treuhand und Anderkonten → **(10)** AGB-Anderk Rn. 6. Lit.: → Rn. A57a, A67b; Ellenberger/Bunte Bankrechts-HdB bei den verschiedenen Konten und Bankgeschäften; Binder 2005; Pannen 4. Aufl. 2021; Komm. zur InsO.

11) Internationales Bankvertragsrecht

A60   Das auf den Bankvertrag und die einzelnen Bankgeschäfte anwendbare Recht kann ausdrücklich oder stillschweigend gewählt werden (**freie Rechtswahl,** früher Art. 27 ff. EGBGB, seit 17.12.2009 gilt für die EU-Mitgliedstaaten außer Dänemark die **Rom I-VO** über das auf vertragliche Schuldverhältnisse anzuwendende Recht 17.6.2008 ABl. 2008 L 177, 6; Einsele WM 2009, 289). Das geschieht in **(8) AGB-Banken Nr. 6 I** (Grenzen dort → Nr. 6 I Rn. 1), der auch unter der Rom I-VO wirksam ist, hL, Einsele WM 2009, 290. Ohne eine solche Wahl gilt das Recht der gewerblichen Niederlassung der Bank (**Geschäftssitz,** Art. 4 I lit. b, 19 Rom I-VO), hL, BGHZ 108, 362; BGH NJW 1987, 1825 (Überweisung); BGH WM 2004, 1177 (AGB); OLG Frankfurt a. M. RIW 1992, 316 (Akkreditiv, Avis); OLG Köln RIW 1993, 1025 (Überweisung); OLG Düsseldorf RIW 1996, 155 (Sparkonto); OLG München RIW 1996, 330 (Kreditvertrag); Berger DZWir 1997, 426 (Akkreditiv, Bankgarantie); das gilt auch unter Banken, BGHZ 128, 362; BGH WM 2004, 1177 (AGB). Bei Börsengeschäften gilt weiterhin das Recht am **Börsenplatz,** hL, Einsele WM 2009, 292. Das gesetzliche Schuldverhältnis zwischen Bank und Kunden mit vorvertraglichen Pflichten beurteilt sich ebenfalls nach dem **Vertragsstatut** (Art. 12 Rom II-VO mit Erwägungsgrund 30), Reichmann/Martiny/Freitag Rn. 13.78, schon früher hL; dies gilt unabhängig von der dogmatischen Einordnung dieser Pflichten als quasivertraglich oder gesetzlich/deliktisch, für letzteres EuGH NJW 2002, 3159 – Tacconi (zu EuGVÜ), so Art. 12 Rom II-VO, zuvor Art. 41 I, 2 Nr. 1 EGBGB, dies gilt auch dann, wenn es später nicht zum Vertragsschluss kommt, Einsele § 2 Rn. 28 f. Das Vertragsstatut gilt auch für Ansprüche Dritter aus Rechtsverhältnissen mit Schutzwirkung zu ihren Gunsten. Rein deliktische Ansprüche beurteilen sich seit 11.1.2009 nach der Rom II-VO. Pflichtenkollisionen s. Einsele § 2 Rn. 39 ff. Die Aufrechnung beurteilt sich nach dem Recht der Hauptforderung, gegen die aufgerechnet wird (in Rom I-VO nicht ausdrücklich geregelt), BGH NJW 1994, 1416, hL. Bei Wahl des Rechts eines Drittstaats bleibt zwingendes Gemeinschaftsrecht anwendbar (Binnenmarktklausel, Art. 3 IV Rom I-VO, ferner Art. 23 Rom I-VO). Prospekt- und Vertrauenshaftung → HGB Anh. § 177a Rn. 55. Das Recht des Zahlungsverkehrs einschließlich der Überweisung ist durch EU-RL harmonisiert (→ Rn. C1); zum IPR des Zahlungsverkehrs Reith-

V. Bankgeschäfte

mann/Martiny/Freitag Rn. 13.39. Grenzüberschreitende Überweisung s. Einsele § 6 Rn. 163 ff. Grenzüberschreitende Rechtsbeziehungen bei Kreditkarten, Einsele § 6 Rn. 264 ff. Bei Akkreditiv und Garantie sind die jeweiligen Geschäftssitze der Erst- und der Zweitbank maßgeblich, bei Avis richtet sich das Verhältnis zwischen Avis- und auftraggebender Bank nach dem Sitz der Ersteren, Reithmann/Martiny/Freitag Rn. 13.57. Die Bankgeschäfte sind Dienstleistungen bzw. Finanzierungsverträge iSv Art. 4 I lit. b Rom I-VO (Art. 6 Rom I-VO zwingende Schutznormen für Verbraucherverträge, aber Ausnahme für Finanzinstrumente, Art. 6 IV Rom I-VO, dazu Einsele WM 2009, 292), namentlich Zahlungsverkehr und Effektengeschäft (trotz Art. 4 I lit. a Rom I-VO einschließlich des Propergeschäfts, → HGB § 384 Rn. 8, Einsele WM 2009, 291, str., Grund: Finanzdienstleistung, Bankvertrag, → Rn. A6), auch Warentermingeschäft (→ HGB § 347 Rn. 26), vgl. BGH WM 1987, 1154. Verbrauchervertrag setzt voraus, dass der Leistungszweck nicht oder nur zum geringeren Teil der beruflichen oder gewerblichen Tätigkeit des Berechtigten (Verbraucher), nicht der Schuldners zuzurechnen ist. **Zwingende Vorschriften** s. Art. 9 II Rom I-VO, **Eingriffsnormen** s. Art. 9 Rom I-VO, Einsele WM 2009, 295. **Gerichtsstandsklausel** gespalten für Inlands- und Auslandskunden s. **(8)** AGB-Banken Nr. 6 II, III. **Sprachrisiko** s. **(5)** § 305 II BGB, Jayme FS Bärmann, 1975, 509; UBH/H. Schmidt BGB Anh. § 305 Rn. 13; Reithmann/Martiny/Martiny Rn. 3.24. Auch **Auslandsgeschäfte** → Rn. N1–3.

Europäisches Bankvertragsrecht: jeweils eingearbeitet, da Primärrecht und in das deutsche Recht umgesetztes oder umzusetzendes Sekundärrecht, zB Zahlungsverkehr mit Überweisung → Rn. C1, Lastschrift → Rn. D1, Kartengeschäft → Rn. F1, Haustürgeschäfte und Verbraucherkredit → Rn. G/9a, b. **Brexit:** Auswirkungen auf Kreditinstitute, Berger/Badenhoop WM 2018, 1078; Merkt/Sempere Culler WM 2018, 1817; Hanten/Sacarcelik WM 2018, 1872; im Finanzmarktrecht Zetzsche AG 2017, 651; Sajnovits WM 2018, 1247 zu **Libor,** Änderungen zu Libor, Frischemeier WM 2018, 1441; Gurlitt WM 2020, 113; Meier/Kirschhöfer BB 2020, 967 (Darlehensrecht). **RsprÜbersicht:** von Bonin/Glos WM 2017, 2173 (2221); 2020, 349; Herz EuZW 2018, 5; 2019, 13 (60).

Lit.: Ellenberger/Bunte Bankrechts-HdB/Brian § 6 (Geschäftsverkehr mit ausländischen Kunden); Ellenberger/Bunte Bankrechts-HdB/Welter/Brian § 7 (Bankgeschäfte im Europäischen Binnenmarkt); Einsele, 5. Aufl. 2022; weiter: Blesch/Lange, Bankgeschäfte mit Auslandsbezug, 2007; Schütze, Dokumentenakkreditiv, 6. Aufl. 2008, Rn. 458 ff., 491 ff.; ASB/Schütze/Vorpeil, HdB des Kapitalanlagerechts, 5. Aufl. 2020, § 7; Reithmann/Martiny/Freitag Internationales Vertragsrecht 9. Aufl. 2022 Rn. 13.1 (Bankverträge); Schwarz, Globaler Effektenhandel, 2016; Leyens 2017 (Informationsintermediäre des Kapitalmarkts); Zetzsche/Lehmann 2018 (grenzüberschreitende Finanzdienstleistungen); Badenhoop 2020 (Europäische Bankenregulierung und private Haftung); Göthel IPRax 2001, 411 (Kapitalmarktrecht); Jayme FS Lorenz, II, 2001, 315 (Überwachung); Bälz ZVglRWiss 101 (2002), 379 (Islam); Hanten WM 2003, 1412 (Aufsichtsrecht); Heiss IPRax 2003, 100 (FernabsFDLG); Reuschle RabelsZ 68 (2004), 687 (Effektengiroverkehr); Lüttringhaus RIW 2008, 193 (culpa in contrahendo nach Rom I und II); von Hein in Beiträge für Hopt, 2008, 371 (Prospekthaftung Rom II); Stephan WM 2009, 241 (Bankgeheimnis); Mann/Nagel WM 2011, 1499 (Drittwirkung der Zession); Einsele RabelsZ 81 (2017), 781 (Kapitalmarktrecht und IPR); Kronke Liber amicorum Portale 2019, 56 (Bankauskunft). Ferner zu Akkreditiv → Rn. K2, Garantie → vor Rn. L1, Factoring → vor Rn. O1, Leasing → vor Rn. P1, Effektengiroverkehr s. **(13)** DepotG § 17a.

2. Kap: Passivgeschäft, insbesondere Einlagengeschäft

B. Einlagengeschäft

Schrifttum

a) Kommentare und Handbücher: Außer dem allgemeinen Schrifttum (s Einl vor A1) Ellenberger/Bunte Bankrechts-HdB/*Langner* §§ 44–46; – LBS *(Langenbucher/Bliesener/Spindler)/Servatius* 3. Aufl. 2020 35. Kap. – BZ (Bunte/Zahrte)/*(Bearbeiter)*, AGB-Banken, AGB-Sparkassen, Sonderbedingungen, 5. Aufl 2020, Sonderbedingungen für Sparkonten (4 SB Spar). – *Canaris* (1. Kap 3. Abschn: Das Konto) 3. Aufl 1988, Rn 142. – EBJS/*Keßler* Bd 2 4. Aufl 2020 BankR III Rn 1 ff. – *Hopt/Mülbert* (II. Einlagengeschäft) 1989. – KMFS/*Peterek* Rn. 9.1 ff. – MüKoHGB/*Fest* 4. Aufl Bd 6 2019 Bankvertragsrecht (N. Einlagengeschäft). – (Staub/)Grundmann/*Renner* 2020 Teil 4 Rn. 21–73).

b) Sonstige Beiträge: *Hüffer/van Look* (Bankkonto) 4. Aufl 2000; *Feldhusen* BKR 2021, 69 (Verzinsung bei Sparverträgen). **Muster:** *Hopt/Merkt/Werner* Vertrags- und Formularbuch zum Hdl-, Ges- und Bankrecht 5. Aufl. 2020 Form IV. B.1 (Bedingungen für Sparkonten). **RsprÜbersichten:** *Liesecke* WM 75, 214, 238, 286, 314 (Bankguthaben).

1) Rechtliche Qualifikation

B1 Das **Einlagengeschäft** ist die Annahme fremder Gelder als Einlagen oder anderer rückzahlbarer Gelder des Publikums (außer bei Verbriefung des Rückzahlungsanspruchs in Inhaber- oder Orderschuldverschreibungen), ohne Rücksicht darauf, ob Zinsen vergütet werden (Bankgeschäft nach § 1 I 2 Nr. 1 KWG, Text → Rn. A4), dazu BGHZ 125, 380; 129, 90 m. krit. Anm. Wallat NJW 1995, 3236; BGH WM 2011, 18 (21); 2015, 610; Staub/Renner Bd. 10/2 Teil 4 Rn. 22 ff. Rückzahlbar heißt unbedingter Rückzahlungsanspruch, zB auch als Einlage stehen gelassene Kaufpreise bei Winzerei, BGH NZG 2013, 675 mAnm. Wenzel NZG 2013, 814, aber GfterKonten bei FamilienGes sind nicht erfasst, BaFin-Merkblatt 11.3.2014 NZG 2014, 379, Kaetzler/Schücking NJW 2014, 1265; Fischer WM 2014, 1709; Galla/Müller ZIP 2015, 1862. Rückzahlungsanspruch darf nicht banküblich besichert sein, ungeschriebene Bereichsausnahme von KWG, BGH WM 2011, 21. Nicht zum Publikum gehören verbundene Unternehmen. Kundenschutz bei Industrieschuldverschreibungen nur durch das Prospektrecht. In der Praxis gibt es drei wesentliche Einlagearten, die typischerweise über Konten (Kontokorrent-, Festgeld-, Kündigungsgeld- oder Sparkonten, → Rn. A36 ff.) abgewickelt und angemessen verzinst werden, BGH WM 2011, 18: **Sichteinlagen** (Tagesgelder) sind täglich fällige Gelder auf Giro- oder laufenden Konten (s. §§ 355 ff. HGB); für sie gelten §§ 700, 488 ff. BGB, BGHZ 84, 373; 124, 258; 131, 63; 133, 13; Kropf WM 2017, 1185. **Termineinlagen** sind Festgelder (über eine bestimmte Zeit unkündbar) und Kündigungsgelder; wegen der hinausgeschobenen Fälligkeit (§ 489 BGB) und dem Eigeninteresses der Bank an diesen Einlagen gelten §§ 488 ff. BGB unmittelbar. **Spareinlagen** sind durch Sparbuch oder eine andere Urkunde gekennzeichnete Einlagen. Der Begriff Spareinlagen ist nicht mehr gesetzlich vorgegeben (anders § 21 I aF KWG, §§ 21–22a aF KWG außer Kraft 1.7.1993 4. KWGÄndG 21.12.1992 BGBl. 2211). § 21 IV RechKredV nF gilt nur für Zwecke der Bilanzierung, Mindestreserveberechnung und Liquiditätsgrundsätze nach § 11 KWG, zu den Anforderungen der RechKredV an die Spareinlage Kaiser WM 1996, 141. Für die Einordnung kommt es auf das vertragliche Pflichtenprogramm an. Bei Spareinlagen handelt es sich nach der zutr. ständigen Rspr um eine unregelmäßige Verwahrung (§§ 700, 488 ff. BGB), BGH WM 2011, 306 Rn. 10; BGH NJW 2019, 2920 m. zust. Anm. Stöhr NJW 2019, 2902, Omlor JuS 2019, 1206, Edelmann BB 2019, 2066, OLG Dresden WM 2020, 1060, OLG Nürnberg WM 2022, 665; denn es kommt den Parteien auf sichere Verwahrung und

V. Bankgeschäfte B1 BankGesch (7)

daneben auf jederzeitige Verfügbarkeit an, anders nur bei Pflicht des Sparers zur Erbringung der Spareinlage (nicht schon bei Prämiensparen mit Zusage monatlicher Einzahlungen), dann handelt es sich um einen Darlehensvertrag nach §§ 488 ff. BGB; ebenso OLG Dresden NJW 2020, 620, unscharf OLG Zweibrücken WM 2020, 2424. Nach aA Abgrenzung nach Initiative zum Vertragsschluss, überwiegendem Interesse an der Überlassung des Geldes oder Renditeinteresse, so Furche/Götz WM 2019, 148, aber damit ist keine klare Abgrenzung möglich. Das jederzeitige Rückforderungsrecht nach § 695 S. 1 BGB ist abdingbar. Zu Unterschieden Schulheiß ZIP 2017, 1793. Schenkung eines Sparguthabens (§ 518 II BGB) erfolgt durch Abtretung des Auszahlungsanspruchs gegen die Bank (§ 952 I BGB), sie kann, aber muss nicht konkludent in der Übergabe des Sparbuchs liegen, Vollmacht an den Beschenkten kann gegen Abtretungswille sprechen, OLG Karlsruhe ZIP 2019, 1656. Nähere Ausgestaltung der Beziehung zwischen Bank und Kunde durch **AGB** (Sparbedingungen der Banken, Sonderbedingungen für den Sparverkehr der Sparkassen), BZ/Zahrte 4 Sonderbedingungen für Sparkonten, in der Praxis unterschiedliche Versionen. Darin Regeln ua über die Sparurkunde (Sparbuch ua), zT Kennwort und Sperrvermerk und vor allem Rückzahlung und Kündigung (→ Rn. B3). Hinweis- und Warnpflichten der Bank → Rn. A23. Sparkontoinhaber → Rn. 50, bei Tod des Kontoinhabers → Rn. A51. Kein Kündigungsrecht eines langfristigen Sparvertrags wegen Niedrigzinsphase, LG Ulm ZIP 2015, 463, teleologische Reduktion von § 489 IV 1 BGB, Langenbucher BKR 2005, 141; Mülbert/Schmitz FS Horn, 2006, 796. Symmetrie zwischen Zinserhöhung und Zinssenkung, das Wie der Zinsanpassung unterliegt voll der Inhaltskontrolle, OLG Stuttgart WM 2019, 1110. **Negativzinsen** werden im Bestandsgeschäft sowie im Darlehensrecht nicht geschuldet, Freitag ZBB 2018, 269; Omlor Bankrechtstag 2017, 41; BKR 2018, 109; Binder/Ettensberger WM 2015, 2069; dazu auch Suendorf-Bischof BKR 2019, 279; stattdessen für Verwahrungsentgelt, Vogel BKR 2018, 45; sie sind aber grundsätzlich auch bei Sparkassen zulässig, Binder/Hellstern ZIP 2016, 1309, aber jedenfalls nicht bei Altersvorsorgeverträgen, Stgt WM 2019, 1110. Zur Rechtsnatur von Negativzinsen Strobel NJW 2020, 881; Omlor ZBB 2020, 355 (Lückenfüllung als AGB); Renner AcP 222 (2022) 217 (Negativzinsen in Privatrecht). Vergleichbare Fragen beim Kreditgeschäft, → Rn. G4. **Zinsanpassung bei Prämiensparverträgen,** BGH ZIP 2017, 862; Furche/Götz WM 2019, 2290; Kündigung von Prämiensparverträgen BGH NJW 2019, 2920; OLG Nürnberg WM 2022, 768; Pieckenbrock/Rodi WM 2021, 1113; auch **(8)** AGB-Banken Nr. 19 AGB Nr. 1; **(9)** AGB-Sparkassen Nr. 26 Rn. 1. Allgemeinverfügung der BaFin vom 21.6.2021 bezüglich Zinsanpassungsklauseln bei Prämiensparverträgen (Unterrichtung aller Verbraucher über Unwirksamkeit der Klausel, Nachberechnung und Angebot von individuellem Änderungsvertrag), krit. Jordans/Kirchner WM 2021, 864; aufgehoben VG Frankfurt ZIP 2021, 1749, da BGH-Urteil absehbar. BaFin und Grenzen des Verbraucherschutzes nach § 4 Ia FinDAG, Klöhn WM 2022, 1097, 1149. **Grundsatzurteil BGH 6.10.2021** – XI ZR 234/20, WM 2021, 2234 = NJW 2022, 311 **zu Prämiensparverträgen,** iErg zugunsten der Sparer, Grüneberg WM 2022, 158, krit. Omlor BKR. 2022, 49, Herresthal ZIP 2022, 921. Danach ist AGBKlausel „Die Spareinlage wird variabel z.Zt. mit ...% p.a. verzinst" nach **(5)** BGB § 308 Nr. 4 unwirksam (fehlende Kalkulierbarkeit, Rn. 29), Lückenfüllung durch ergänzende Vertragsauslegung (§§ 133, 157 BGB, Rn. 38 ff., das ist keine geltungserhaltende Reduktion, vgl. aber EuGH WM 2022, 73 Rn. 68 ff.; Gsell/Graf von Westphalen ZIP 2021, 1741, Graf von Westphalen ZIP 2022, 1465), auch im Rahmen einer Musterfeststellungsklage, Auslegung typisierend, Individualabreden erst im ausgesetzten Individualverfahren (Rn. 83); ebenda zum Referenzzinssatz für langfristige Spareinlagen (Monatsberichte der DBBk) und zur Zinsanpassung nach der Verhältnismethode. Ergänzende Vertragsauslegung bei Unwirksamkeit, Berger/

Nettekoven ZIP 2022, 293. Wie die danach notwendig gewordene Zinsanpassung bzw. Zinsänderung zu ermitteln ist, ist streitig, dazu OLG Dresden ZIP 2022, 1102; Wehrt WM 2022, 1001; zur Auswahl unter den verschiedenen Referenzzinssätzen Furche WM 2022, 993, 1041. Einheitliche **Fälligkeit** des angesparten Kapitals und der gutgeschriebenen und weiteren Zinsansprüche der Verbraucher, also frühestens mit Beendigung der Prämiensparverträge, BGH WM 2021, Rn. 67, OLG Dresden OLG Dresden WM 2021, 1133; OLG Celle ZIP 2022, 736; dementsprechend auch keine frühere **Verjährung** des Anspruchs auf weitere Zinsen, aA gegen Behandlung des Anspruchs auf Zinsgutschrift als Teil der Kapitalrückforderung, Herresthal WM 2021, 1566, Trappe/Hölldampf WM 2021, 1829, für 10jährige Frist Herresthal ZIP 2022, 921. **Muster:** Hopt/Merkt VertrFormB/Werner Form IV. B.1 (Bedingungen für Sparkonten); die Muster tragen §§ 21 IV, 39 VI RechKredV Rechnung.

B2 **Wirksamkeit:** Für das Einlagengeschäft gelten die allgemeinen Unwirksamkeitsgründe. Verstöße gegen KWG führen idR nicht zur Nichtigkeit des Einlagengeschäfts, entscheidend ist der Schutzzweck der jeweiligen Norm; für § 3 I Nr. 3 KWG str., offen BGHZ 129, 92; näher Staub/Renner Bd. 10/2 Teil 4 Rn. 54 ff. Formularmäßige Bankgebühren für Freistellungsaufträge sind unwirksam, BGHZ 136, 261; BVerfG NJW 2000, 3635. Grund: staatlich zugewiesene Aufgabe der Bank. AGBKlausel über inhaltlich unbegrenzte Zinsänderung (§ 315 BGB) ist jedenfalls bei langfristigen Sparverträgen unwirksam, BGHZ 158, 149, spiegelbildliche Übertragung der Grundsätze für Darlehen (Passivseite, → Rn. G4) auf Aktivseite ist nicht möglich, BGHZ 158, 149; AGB-Kontrolle über Zinsanpassungsklauseln, Staub/Renner Bd. 10/2 Teil 4 Rn. 48 ff.; Vertragsanpassung bei deren Fehlen oder Unwirksamkeit in Prämiensparverträgen, Herresthal WM 2020, 1949; WM 2020, 1997. Zum Streit um Informationspflicht der Bank gegenüber den Prämiensparern, dahingehend BaFin, dagegen Herresthal BKR 2021, 131. Gebühren auch → Rn. C50, 51.

2) Rückzahlung der Einlagen, insbesondere Spareinlagen

B3 A. **Rückzahlung:** Rückzahlungsanspruch folgt auch bei Giro- und Kontokorrentabrede aus §§ 488 I, 700 I 1 BGB, dieser Anspruch unterliegt nicht der Kontokorrentbindung, BGHZ 84, 375; Staub/Renner Bd. 10/2 Teil 4 Rn. 40. Sichteinlagen sind jederzeit **fällig**, Termineinlagen zu dem vereinbarten Termin (idR 30 Tage, danach jederzeit) bzw. mit entspr. Kündigungsfrist. Zu den Besonderheiten beim Kontokorrent → HGB § 355 Rn. 7–12, 21–22. Spareinlagen sind je nach Vereinbarung fällig, aber im Hinblick auf § 21 IV RechKredV (→ Rn. B1) gemäß AGB nur bis zu 2.000 EUR pro Monat. Rückzahlung beim prämienbegünstigten Sparen ist prämienschädlich. Darüber muss die Bank den Sparer beim Abheben aufklären, BGHZ 28, 374, vgl. → Rn. A23. Die Beweislast für die Höhe des Guthabens liegt beim Sparer, die für die Rückzahlung liegt bei der Bank; zur Beweisführung KG WM 1992, 979; OLG Zweibrücken WM 2020, 2424 (Indizienbeweis zugunsten der Bank); Beweislast der Bank für Auszahlung auch, wenn die letzte Kontobewegung viele Jahre zurückliegt, OLG Dresden MDR 2020, 1191. Indizienbeweis für Auflösung des Sparbuchs, AG Frankfurt WM 2020, 2426. Nach Ablauf der Aufbewahrungsfristen grundsätzlich Beweislastumkehr (→ HGB § 257 Rn. 4), anders für Sparbuch, OLG Frankfurt a. M. NJW 1998, 997.

B4 B. **Rückzahlung an Nichtberechtigte (§§ 362, 808 BGB):** Sparbücher (→ Rn. A50) sind Namens- bzw. Rektapapiere (§ 952 II BGB, BGH WM 1972, 701; 1973, 41). Die Bank muss nur gegen Vorlage der Urkunde leisten und kann an jeden Inhaber befreiend leisten, ohne dass dieser die Leistung verlangen kann (hinkendes Inhaberpapier), BGHZ 46, 202. § 808 BGB deckt Mängel der Berechtigung, der Vertretungs- und Verfügungsmacht und sogar Leistung an minderjährige oder geschäftsunfähige Inhaber (entspr. Art. 16 II WG, Art. 21 ScheckG, dazu BGH NJW 1951, 402 mAnm. Hefermehl NJW 1951, 598; BGH WM 1968, 4), hL, OLG Düsseldorf WM 1971, 231; aA Canaris Rn. 1186; Staub/Renner Bd. 10/2 Teil 4 Rn. 67. Das gilt nicht bei Kenntnis oder grober Fahrlässigkeit der Bank (entspr. Art. 40 III 1 WG), üL. Zur umstrittenen Rspr., dass § 808 BGB bei Leistung der Bank entgegen § 22 aF KWG (→ Rn. B1) ohne Einhaltung der Kündigungsfrist nicht befreite, zuletzt OLG Hamm WM 1989, 562; VGH Kassel WM 1991, 993, s. 28. Aufl.

Sperre: Aufhebung der Sperre nach Abhandenkommen nur mit dem wahren **B5** Spareinlagengläubiger, BGH NJW 1988, 2101; **Sperrkonto** → Rn. A46. Kennwort s. BGHZ 28, 372. Kennwort und Sperre schränken die Legitimationswirkung des § 808 I BGB nur bei Vermerk im Sparbuch ein. Wird die Bank nach § 808 BGB nicht frei, kann sie doch uU einen Anspruch nach § 280 I BGB wegen Pflichtverletzung gegen den Kunden haben, BGHZ 28, 374, Grenze § 254 BGB. Zu den Streitfragen, ob Auszahlung ohne Vorlage des Sparbuchs (§ 21 IV 3 aF KWG, → Rn. B1) befreite, s. 28. Aufl. Lit.: Welter WM 1987, 1117.

C. **Pfändung:** Die Einlagenforderung ist abtretbar, verpfändbar und pfändbar. **B6** Verpfändung des Sparguthabens erfasst nicht Entschädigungsanspruch gemäß §§ 3, 4 EAEG (→ Rn. A57), BGH WM 2008, 830. Zu den verschiedenen Pfändungsmöglichkeiten → HGB § 357 Rn. 5–10. Vererbung → Rn. A51.

3. Kap: Bargeldloser Zahlungsverkehr

C. Das neue Recht des Zahlungsverkehrs, insbesondere Zahlungsdienste

Schrifttum

a) Kommentare und Handbücher: Außer dem *allgemeinen Schrifttum* (s Einl vor A1) Ellenberger/Bunte Bankrechts-HdB/Schmieder §§ 26–29 (Girovertrag; Inlandsüberweisung, Rechtsbeziehungen, Bereicherung, Insolvenz). – Ellenberger/Bunte Bankrechts-HdB/*Haug* §§ 30, 31 (SEPA, PSD 2; außereuropäische Überweisung). – Ellenberger/Bunte Bankrechts-HdB/Maihold §§ 32, 33 (Geldautomatensystem, Bankgeschäfte online). – LBS *(Langenbucher/Bliesener/Spindler)/(Bearbeiter)* 3. Aufl. 2020. – BH*Casper* (Baumbach/Hefermehl/*Casper*), Wechselgesetz, Scheckgesetz, Recht des Zahlungsverkehrs, 24. Aufl 2020, Zahlungsverkehr (ZVR) Rn. 1 ff. – BuB Rn 6/1 ff. – *Bülow/Artz*, ZKG, Zahlungskontengesetz 2017. – BZ (Bunte/Zahrte)/(Bearbeiter), AGB-Banken, AGB-Sparkassen, Sonderbedingungen, 5. Aufl 2020, AGB der Banken (2 AGB-Banken), Bedingungen für den Überweisungsverkehr (4 SB Üb). – *Canaris* (2. Kap: Zahlungswesen) 3. Aufl 1988, Rn 300. – CT*(Casper/Terlau)/Bearbeiter* ZAG 2. Aufl. 2020. – EBJS/*Hakenberg* Bd 2, 4. Aufl 2020 BankR II §§ 675c ff. BGB. – EFNB*(Ellenberger/Findeisen/Nobbe/Böger)/(Bearbeiter),* Komm zum Zahlungsverkehrsrecht, 3. Aufl. 2020. – Grüneberg/*Sprau* BGB §§ 675c–676c. – KMFS/*Werner* Rn. 4.1 ff. – MüKoHGB/*(Bearbeiter)* 4. Aufl Bd 6 2019 Bankvertragsrecht, darin: Mü*KoHGB/Herresthal/Häuser/Zahrte/Omlor/Haertlein/Linardatos/Wedemann/Samhat,* A-K Zahlungsverkehr, *Häuser/Zahrte* B Überweisungsverkehr. – MüKoBGB/*Casper/Jungmann/Zetzsche* 8. Aufl 2020 §§ 675c–676c (Zahlungsdienste). – *Schäfer/Omlor/Mimberg,* ZAG, 2021. – (Staub)/*Grundmann* Bd 1 2020 3. Teil Zahlungsgeschäft Rn. 1 ff. (zit. 2020 Teil 3 Rn. 1 ff.) – Staudinger/*Omlor* §§ 675c–676c (Zahlungsdiensterecht) 2020. – *Toussaint* 2. Aufl 2020 (Überblick). – UBH (*Ulmer/Brandner/Hensen*)(/*Fuchs/Zimmermann*), AGB-Recht, 13. Aufl. 2022, Teil 2 (8) Banken-AGB Rn. 1 ff. – WLP *(Wolf/Lindacher/Pfeiffer)/(Bearbeiter)* AGB-Recht 7. Aufl 2020.

b) Sonstige Beiträge: LBS *(Langenbucher/Bliesener/Spindler)/Kalomiris* 3. Aufl. 2020 9. Kap (Zahlungsverkehr und Insolvenz). – *Einsele,* Bank- und Kapitalmarktrecht, 5. Aufl 2022 § 6. – *Budde* 2017 (Vertragsrecht der Zahlungsdienste). – *Möslein/Omlor,* FinTech-Hdb 2. Aufl. 2021, §§ 19, 20 Zahlungsverkehr.

(7) BankGesch C1, C2

Zur ZahlungsdiensteRL I (PSD 1) Lit. 40.
ZahlungsdiensteRL II (PSD 2):
Spindler/Zahrte BKR 2014, 265. – *Hingst/Lösing* BKR 2014, 315. – *Borges* ZBB 2016, 249. – *Omlor* ZIP 2016, 558. – *Hoffmann* WM 2016, 1110. – *Terlau* ZBB 2016, 122. – *Werner, Böger* Bankrechtstag 2016, 145, 193.
Zum Recht ab 2017 (ZahlungsdiensteRL-II-UmsetzG): ausführlich Palandt/*Sprau* BGB 80. Aufl 2021, §§ 675c–676c; MüKoBGB/*Casper,-/Jungmann,-/Zetzsche* 8. Aufl 2020. – *Terlau* DB 2017, 1697 (ZAG). – *Piekenbrock/Rodi/Aßfalg* WM 2017, 2281 (SEPA-Lastschriftwiderspruch). – *Terlau* DB 2017, 1697 (ZAG, Ausnahme für Handelsvertreter). – *Hofmann* BKR 2018, 62 (Haftungsrecht). – *Köndgen* ZBB 2018, 141 (krit zu Haftungsstrukturen). – *Langenbucher* FS Köndgen 2017, 383 (Rechtsschein im Überweisungsrecht). – *Omlor* WM 2018, 57 (ZAG, zivilrechtliche Pflichten). – *Omlor* WM 2018, 937 (Entgelte). – *Werner* ZBB 2017, 345, WM 2018, 449. – *Zahrte* NJW 2018, 337. – *Omlor* BKR 2019, 105 (online-Banking). – *Herresthal* ZIP 2019, 895 (SEPA Instant-Überweisung). – *Zahrte* BKR 2019, 484 (Online- und Kartenzahlungen). – *Omlor* WM 2020, 951, 1003 (E-Geld, Treuepunkte). – *Jungmann* WM 2021, 557 (Proximity Payments. – *Linardatos* BKR 2021, 665 (kontaktloses Zahlen). – *Tiemann* RdZ 2021, 12 (ZAG Konzernausnahme). – *Möslein* RdZ 2021, 35 (Corporate Governance von Zahlungs- und E-Geld-Instituten). **RsprÜbersichten:** *Nobbe* WM Sonderbeil 1/2012 (Überweisungsverkehr); *Zahrte* BKR 2021, 78; 2022, 69.

1) EU-basiertes Recht für den Zahlungsverkehr, insbesondere Giroüberweisung, Lastschrift und Bankkunden-Karte

C1 A. **EU-Zahlungsdiensterichtlinie II von 2015 und Umsetzung 2017:**
a) Zahlungsdiensterichtlinie I und Umsetzung: Dem Ziel, einen **einheitlichen Euro-Zahlungsverkehrsraum** (Single European Payments Area, **SEPA**) für Überweisungen, Lastschriften, Zahlungskarten, Überweisungen einschließlich Daueraufträgen und andere zu schaffen, dienten zwei EU-Rechtsakte: Mit der SEPA-(Migrations-)VO 14.3.2012 ABl. L 94, 22 wurde bis 1.2.2014 eine völlige Umstellung auf die SEPA-Überweisungen (→ Rn. C18) und SEPA-Lastschriften veranlasst (→ Rn. D1 ff.). Die Zahlungsdiensterichtlinie I (Payment Services Directive, PSD I) 13.11.2007 ABl. L 319, 1 wurde in ihren zivilrechtlichen Teilen im Wesentlichen im Untertitel 3. Zahlungsdienste §§ 675c–676c BGB umgesetzt.

C2 b) **Zahlungsdiensterichtlinie II und Umsetzung 2017:** Die **Zahlungs-diensteRL II (PSD II)** 25.11.2015 ABl. L 337, 35, soll den durch die Zahlungsdienste-RL I geschaffenen europäischen Binnenmarkt für unbare Zahlungen im Sinne eines level playing field fortentwickeln. Wie die ZahlungsdiensteRL I besteht die ZahlungsdiensteRL II aus einem aufsichts- und einem zivilrechtlichen Teil. Das Gesetz zur Umsetzung der Zweiten Zahlungsdiensterichtlinie **(ZDRL-II-UG)** 17.7.2017 BGBl. I 2446, **in Kraft 13.1.2018,** setzt beide Teile um. Das neue **Zahlungsdiensteaufsichtsgesetz (ZAG) 2017** (zT in Kraft erst seit 14.9.2019, → Rn. C7) hebt das bisherige ZAG 2009 auf. Zuständig bleibt die BaFin, die ihre Aufsichtstätigkeit weiterhin nur im öffentlichen Interesse wahrnimmt (§ 4 IV FinDAG). Das ZAG konturiert den Anwendungsbereich und die Ausnahmetatbestände im Aufsichtsrecht neu, erweitert den Kreis der Zahlungsdienste durch Zahlungsauslösedienste und Kontoinformationsdienste und bezieht diese in §§ 675c–676c BGB ein und verbessert die Sicherheit bei der Zahlungsabwicklung durch starke Kundenauthentifizierung im ZAG und BGB. Für die Wirtschaft ergeben sich daraus kostenintensive Anforderungen an die Prozess- und IT-Entwicklung und einmalige und laufende Informationspflichten. Lit.: Casper/Terlau, ZAG, 2. Aufl. 2020; BaFin Merkblatt Hinweise zu ZAG 2011, geändert 29.11.2017; Findeisen WM 2016, 1765; Omlor ZIP 2016, 558; Terlau ZBB 2016, 122 und DB 2017, 1697; Möslein Recht der Zahlungsdienste 2021, 35 (§§ 25 ff. ZAG, Corporate Governance von Zahlungs- und E-Geld-Instituten).

V. Bankgeschäfte   C3, C4   **BankGesch (7)**

Der **zivilrechtliche Teil** ist mit Änderungen des BGB, EGBGB und UKlaG C3
umgesetzt worden. Hervorzuheben sind aus dem BGB: die Einbeziehung der
Zahlungsauslöse- und der Kontoinformationsdienste (Normadressaten der
§§ 675c ff. BGB, Nutzungsrecht der Zahlungsdienstnutzer, § 675f III BGB), die
Verbesserung der Sicherheit bei der Zahlungsabwicklung (starke Kundenauthentifizierung, §§ 675v IV, 676a I BGB), eine verbesserte Rechtsstellung des Zahlungsdienstnutzer bei nicht autorisierten Zahlungsvorgängen (§§ 675v II Nr. 1, 675w I 4 BGB), das bedingungslose Erstattungsrecht bei Lastschriften (§ 675x II BGB), das Verbot von Entgelten für die Nutzung besonders gängiger bargeldloser Zahlungsmittel (surcharging, § 270a S. 1 BGB, schon bisher § 312a IV BGB) und zwingender Verbraucherschutz auch bei Zahlungsvorgängen in Drittstaatenwährung und one-leg transactions (§§ 675d VI, 675e II Nr. 2 BGB (RegE S. 82 ff.).
Im BGB wurden im Einzelnen die §§ 675c–676c BGB erheblich geändert, dabei
wurden die §§ 675k, 675m und 676a neu gefasst. **Übergangsvorschriften** finden
sich im EGBGB. **Stichtag** für das Inkrafttreten ist grundsätzlich **13.1.2018,**
jedenfalls für die zivilrechtlichen Vorschriften im BGB (Art. 15 ZDRL-II-UmsG,
Ausnahme § 505a III BGB für Immobiliar-Verbraucherdarlehensverträge).

c) **Vollharmonisierung:** Beide Zahlungsdiensterichtlinien unternehmen für C4
alle EU-/EWR-Staaten innerhalb der von ihnen geregelten Materien eine Vollharmonisierung (vorbehaltlich bestimmter Ausnahmen bzw. Mitgliedstaatenoptionen), so ausdrücklich Art. 107 ZDRL II. Schon die ZahlungsdiensteRL I hatte den größten Teil des privaten Zahlungsverkehrs bezüglich der Zahlungsinstrumente, der geregelten Einzelfragen und der Regelungstiefe erfasst, Grundmann WM 2009, 1110. Von den Vorschriften zur Umsetzung dieser Regeln können Zahlungsdienstleister außer bei ausdrücklich vorgesehenen Ausnahmen nicht zum Nachteil des Zahlungsdienstnutzers abweichen (Art. 107 III ZDRL II, aber günstigere Konditionen). Die ZahlungsdiensteRL II und ihr folgend das ZDRL-II-UG regeln die Zahlungsdienste detailliert, ohne die einzelnen Zahlungsinstrumente wie Überweisung, Lastschrift und Bankkunden-Karte getrennt anzusprechen (zB § 675x II BGB), also generalisierend-abstrakt (→ Rn. C12). §§ 675c–676c BGB sind **richtlinienkonform auszulegen.** Die **Vollharmonisierung** wirkt aber **nur insoweit, als** die Fragen des Zahlungsverkehrs **durch** die **Zahlungsdienstrichtlinie II tatsächlich geregelt** sind, einzelne Rechtsfragen (Bsp. → Rn. C42), bestimmte Rechtsbeziehungen (zB Valutaverhältnis, iErg auch Interbankenverkehr, → Rn. C83) und ganze Rechtskomplexe (zB Scheckverkehr) können ausgespart sein, und die **richtlinienkonforme Auslegung** lässt hinreichend **Raum für eine nationale Dogmatik** (zB zur Gutschrift, → Rn. C92). Allerdings darf der Grundsatz gemeinschaftskonformer Auslegung nicht zu einer Auslegung des nationalen Rechts contra legem führen, BGH ZIP 2021, 2482 (zur VerbraucherkreditRL), stRspr. Das bedeutet, dass die **Rechtsprechung zum alten Recht** in erheblichem Umfang **weiter bedeutsam** ist, BGH WM 2012, 1386. **Zweifelsfragen** dazu sind allerdings bei bleibender Wichtigkeit des XI. Zivilsenats des BGH als oberster Instanz letztendlich **vom EuGH zu beantworten** (Art. 267 AEUV, Art. 234 aF, 177 aF EG; vgl. → HGB § 84 Rn. 3), auch wenn abzuwarten bleibt, inwieweit und insbesondere in welcher Tiefe der EuGH dazu bei seiner derzeitigen Besetzung überhaupt imstande sein wird (ähnliche Erfahrungen bei der AGB-Kontrolle, wo der EuGH nur die allgemeinen Kriterien prüft, EuGH NJW 2009, 2367, → **(5)** BGB Einl. vor § 305 Rn. 5). EuGH-Rspr. zur ZahlungsdiensteRL I: zB EuGH WM 2015, 813 (Zahlungsinstrument, Onlinebanking); EuGH WM 2018, 314; 2018, 321 (Drei-Parteien-Kartenzahlung); EuGH NJW 2018, 3697 (Begriff des Zahlungskontos); EuGH WM 2020, 2218 (DenizBank, Nahfeldkommunikationsfunktion (NFC) einer personalisierten multifunktionalen Zahlungskarte für kontaktlose Zahlung eines Kleinstbetrags) → Rn. C63.

Hopt

C5 d) Übersicht und Konkordanzen zwischen BGB und Zahlungsdiensterichtlinie II:
Da die ZahlungsdiensteRL II dem deutschen Umsetzungsrecht vorgeht und dieses die Richtlinie nicht bezogen auf einzelne Bankgeschäfte wie Überweisung, Lastschrift und Zahlungskartengeschäft, sondern abstrakt vom Zahlungsvorgang her umgesetzt hat, werden im Folgenden die Konkordanzen zwischen den Umsetzungsvorschriften im BGB und denen der ZahlungsdiensteRL II nachgewiesen:

BGB (§§, amtliche Überschrift / Regelungsinhalt)	EU-Zahlungs-dienste-RL II
Titel 12 Auftrag, Geschäftsbesorgungsvertrag und Zahlungsdienste	
Untertitel 2 Geschäftsbesorgungsvertrag	
§ 675 Entgeltliche Geschäftsbesorgung	
§ 675a Informationspflichten	Art. 38–60
§ 675b Aufträge zur Übertragung von Wertpapieren in Systemen	
Untertitel 3 Zahlungsdienste	
Kapitel 1. Allgemeine Vorschriften	
§ 675c Zahlungsdienste und E-Geld	
§ 675d Unterrichtung bei Zahlungsdiensten (iVm Art. 248 EGBGB)	Art. 38–58
§ 675e Abweichende Vereinbarungen	
Kapitel 2. Zahlungsdienstevertrag	
§ 675f Zahlungsdienstevertrag	Art. 4 Nr. 5, 13, 21; 40 ua
§ 675g Änderung des Zahlungsdiensterahmenvertrags	Art. 54
§ 675h Ordentliche Kündigung eines Zahlungsdiensterahmenvertrags	Art. 55
§ 675i Ausnahmen für Kleinbetragsinstrumente und E-Geld	Art. 42, 63
Kapitel 3. Erbringung und Nutzung von Zahlungsdiensten	
Unterkapitel 1. Autorisierung von Zahlungsvorgängen; Zahlungsinstrumente; Verweigerung des Zugangs zum Zahlungskonto	
§ 675j Zustimmung und Widerruf der Zustimmung	Art. 64, 68 I
§ 675k Begrenzung der Nutzung eines Zahlungsinstruments; Verweigerung des Zugangs zum Zahlungskonto	Art. 68
§ 675l Pflichten des Zahlungsdienstnutzers in Bezug auf Zahlungsinstrumente	Art. 69
§ 675m Pflichten des Zahlungsdienstleisters in Bezug auf Zahlungsinstrumente; Risiko der Versendung	Art. 70
Unterkapitel 2. Ausführung von Zahlungsvorgängen	
§ 675n Zugang von Zahlungsaufträgen	Art. 64
§ 675o Ablehnung von Zahlungsaufträgen	Art. 65
§ 675p Unwiderruflichkeit eines Zahlungsauftrags	Art. 66
§ 675q Entgelte bei Zahlungsvorgängen	Art. 67
§ 675r Ausführung eines Zahlungsvorgangs anhand von Kundenkennungen	Art. 74
§ 675s Ausführungsfrist für Zahlungsvorgänge	Art. 69, 70
§ 675t Wertstellungsdatum und Verfügbarkeit von Geldbeträgen, Sperrung eines verfügbaren Geldbetrags	Art. 70–73
Unterkapitel 3. Haftung	
§ 675u Haftung des Zahlungsdienstleisters für nicht autorisierte Zahlungsvorgänge	Art. 60
§ 675v Haftung des Zahlers bei missbräuchlicher Nutzung eines Zahlungsinstruments	Art. 61
§ 675w Nachweis der Authentifizierung	Art. 59

V. Bankgeschäfte   C6, C7   **BankGesch (7)**

§ 675x Erstattungsanspruch bei einem vom oder über den Zahlungsempfänger ausgelösten autorisierten Zahlungsvorgang	Art. 62, 63
§ 675y Haftung der Zahlungsdienstleister bei nicht erfolgter, fehlerhafter oder verspäteter Ausführung eines Zahlungsauftrags; Nachforschungspflicht	Art. 75, 67 III
§ 675z Sonstige Ansprüche bei nicht erfolgter, fehlerhafter oder verspäteter Ausführung eines Zahlungsauftrags oder bei einem nicht autorisierten Zahlungsvorgang	Art. 60 II, 76
§ 676 Nachweis der Ausführung von Zahlungsvorgängen	Art. 59
§ 676a Ausgleichsanspruch	Art. 77
§ 676b Anzeige nicht autorisierter oder fehlerhaft ausgeführter Zahlungsvorgänge	Art. 58
§ 676c Haftungsausschluss	

B. Zahlungsverkehr und Zahlungsdienste: a) Zahlungsverkehr: Zahlungsverkehr umfasst den gesamten Bereich der Zahlung, darunter die Barzahlung und, was heute der Regelfall ist, die bargeldlose Zahlung (Buchgeld). Die bargeldlose Zahlung wird durch Kreditinstitute, Zahlungsinstitute und andere Zahlungsdienstleister (Definition in § 1 I 1 ZAG) ausgeführt und erfolgt idR über ein Konto (→ **(7)** Bankgeschäfte Rn. A36 ff.), Zahlungskonto, Definition → Rn. C8. Entwicklung und Erscheinungsformen des modernen Zahlungsverkehrs bei BHCasper Rn. 1 mit Rechtstatsachen Rn. 9. Die drei klassischen Formen des bargeldlosen Zahlungsverkehrs sind Überweisung, Lastschrift und Kartenzahlung, wobei in Deutschland nach dem Euro-Volumen die Überweisung ganz im Vordergrund steht, in der EU die Kartenzahlung. Überblick bei (Staub/)Grundmann 2020 Teil 3 Rn. 1 ff.   C6

b) Zahlungsdienste (§§ 675c–676c BGB iVm § 1 ZAG): §§ 675c–676c BGB (obschon Geschäftsbesorgungsvertrag mit Untertitel 2, eigener Untertitel 3 wegen der detaillierten Zahlungsdiensterichtlinie, → Rn. C1, und der wirtschaftlichen Bedeutung) regeln nicht den Zahlungsverkehr insgesamt, sondern **nur die Zahlungsdienste** (§ 675c I BGB). Diese sind in § 1 I 2 ZAG definiert (Ausnahmen in § 2 I ZAG, ua Nr. 2 für Zahlungsvorgänge zwischen Zahler und Zahlungsempfänger über einen Zentralregulierer oder Handelsvertreter, **„Handelsvertreterprivileg"**, aber nur bei Befugnis zum Aushandeln oder Abschluss nur im Namen des Zahlers oder nur im Namen des Zahlungsempfängers, der Handelsvertreter darf also nur auf einer Seite des Geschäfts stehen und muss über Entscheidungsspielraum verfügen, CT/Terlau § 2 Rn. 9), MüKoBGB/Casper § 675c Rn. 2 ff., BaFin Merkblatt Hinweise zum ZAG, 29.11.2017. Es sind vor allem das Einzahlungs- und Auszahlungsgeschäft, das **Zahlungsgeschäft (Lastschrift-, Zahlungskarten- und Überweisungsgeschäft)**, das Zahlungsgeschäft mit Kreditgewährung, nunmehr auch das Geschäft der **Zahlungsauslösedienste** (aber Sonderregeln, zB §§ 675d II 1, 675f III, IV 2, 675i II 1, III, 675k III, 675p II, 675u S. 5, 675y I 3, III 3, 676a I–III BGB; zu Umsetzungsfragen RegE S. 147) **und der Kontoinformationsdienste** (→ Rn. C11, aber Sonderregeln, zB §§ 675c IV, 675d II 2, 675f III, 675i II Nr. 2, III BGB; zu Umsetzungsfragen ausführlich RegE S. 147 f.), **nicht** dagegen **Scheck- und Wechselzahlungen** (näher § 675c III BGB iVm § 2 I Nr. 6 ZAG), auch nicht Bareinzahlungen und Barabhebungen von Zahlungskonten (unmittelbar ohne zwischengeschaltete Stellen) sowie Geldwechsel in bar (ausdrücklich § 2 I Nr. 1, 5 ZAG). Nach § 675f III BGB ist der Zahlungsdienstnutzer berechtigt, einen Zahlungsauslösedienst oder einen Kontoinformationsdienst zu nutzen, außer wenn sein Zahlungskonto nicht online verfügbar ist (Vermutung), dies auch ohne Vertrag derselben mit dem kontoführenden Zahlungsdienstleister. Weitere Ausnahmen in § 2 I ZAG, ua § 2 I Nr. 7, 8 ZAG, wonach im Gegenschluss Abwicklung über eine Korrespondenzbank auch zwischen den Zahlungsdienstlern erfasst ist, (Staub/)Grundmann 2020 Teil 3 Rn. 68. Die Regelungstechnik des   C7

Hopt   2353

(7) BankGesch C7

§ 1 ZAG entspricht der der §§ 1 und 2 KWG (auszugsweiser Abdruck von § 1 KWG → Rn. A4), aber Abweichungen im Einzelnen, zB Zahlungsinstitut, nur Handeln als Unternehmen (§ 8 ZAG): wer sein Unternehmen auf eigene Gefahr und Kosten selbstständig leitet, BGH NJW 2018, 1602 mAnm Schubert (zum Scamming). Die **aufsichtsrechtlichen §§ 45–52 ZAG**, in Kraft seit 14.9.2019, enthalten gemeinsame Bestimmungen für alle Zahlungsdienstleister: Bestätigungspflicht der kontoführenden Zahlungsdienstleister auf Ersuchen eines Zahlungsdienstleisters, der kartengebundene Zahlungsinstrumente ausgibt (kartenausgebende Zahlungsdienstleister, §§ 45–47 ZAG), aber wegen Zeitverzögerung praktisch nur begrenzt relevant, CT/Terlau § 45 Rn. 2; Zugang von Zahlungsauslöse- und Kontoinformationsdienstleistern (→ Rn. C11) zu Zahlungskonten **(§§ 48–52 ZAG)**, Datenschutz- und Sicherheitsstandard für Zahlungsauslösedienstleister, um dem Zahlungsempfänger Gewissheit über die Auslösung der Zahlung zu geben, sowie jeweilige Pflichten; zur strittigen Drittschutzwirkung CT/Terlau § 48 Rn. 7 ff.; und besonders wichtig **starke Kundenauthentifizierung (§ 55 ZAG, SCA-Verfahren,** Ausnahmen § 55 V ZAG mit Delegierter VO (EU) 2018/389; → Rn. C35, C63), Aufsichtsrecht ohne Drittschutzwirkung, CT/Zahrte § 55 Rn. 64, str. Neu ist **§ 58a ZAG** über Schnittstellen–Zugang zu technischen Infrastrukturleistungen bei der Erbringung von Zahlungsdiensten oder dem Betreiben des E-Geld-Geschäfts, dies betrifft sog. Systemunternehmen wie Apple als Internetplattformen. Lit.: BHCasper Rn. 35 ff.; Casper/Terlau ZAG 2. Aufl. 2020; Zahrte NJW 2018, 337; BKR 2019, 484.

Da **§ 1 ZAG** auch für das BGB maßgebliche Begriffsbestimmungen enthält (→ Rn. C8), wird auch § 1 auszugsweise abgedruckt, und zwar **im Folgenden nur § 1 I und II ZAG** mit den Definitionen der **Zahlungsdienstleister** und der **E-Geld-Emittenten:**

ZAG § 1 Begriffsbestimmungen

(1) [1] **Zahlungsdienstleister sind**

1. **Unternehmen, die gewerbsmäßig oder in einem Umfang, der einen in kaufmännischer Weise eingerichteten Geschäftsbetrieb erfordert, Zahlungsdienste erbringen, ohne Zahlungsdienstleister im Sinne der Nummern 2 bis 5 zu sein (Zahlungsinstitute);**
2. **E-Geld-Institute im Sinne des Absatzes 2 Satz 1 Nummer 1, die im Inland zum Geschäftsbetrieb nach diesem Gesetz zugelassen sind, sofern sie Zahlungsdienste erbringen;**
3. **CRR-Kreditinstitute im Sinne des § 1 Absatz 3d Satz 1 des Kreditwesengesetzes, die im Inland zum Geschäftsbetrieb zugelassen sind, sowie die in Artikel 2 Absatz 5 Nummer 5 der Richtlinie 2013/36/EU des Europäischen Parlaments und des Rates vom 26. Juni 2013 über den Zugang zur Tätigkeit von Kreditinstituten und die Beaufsichtigung von Kreditinstituten und Wertpapierfirmen, zur Änderung der Richtlinie 2002/87/EG und zur Aufhebung der Richtlinien 2006/48/EG und 2006/49/EG (ABl. L 176 vom 27.6.2013, S. 338; L 208 vom 2.8.2013, S. 73; L 20 vom 25.1.2017, S. 1; L 203 vom 26.6.2020, S. 95), die zuletzt durch die Richtlinie (EU) 2019/2034 (ABl. L 314 vom 5.12.2019, S. 64) geändert worden ist, namentlich genannten Unternehmen, sofern sie Zahlungsdienste erbringen;**
4. **die Europäische Zentralbank, die Deutsche Bundesbank sowie andere Zentralbanken in der Europäischen Union oder den anderen Vertragsstaaten des Abkommens über den Europäischen Wirtschaftsraum, soweit sie außerhalb ihrer Eigenschaft als Währungsbehörde oder andere Behörde Zahlungsdienste erbringen;**
5. **der Bund, die Länder, die Gemeinden und Gemeindeverbände sowie die Träger bundes- oder landesmittelbarer Verwaltung, einschließlich der öffentlichen Schuldenverwaltung, der Sozialversicherungsträger und der Bundesagentur für Arbeit, soweit sie außerhalb ihres hoheitlichen Handelns Zahlungsdienste erbringen.**

[2] **Zahlungsdienste sind**

V. Bankgeschäfte

1. die Dienste, mit denen Bareinzahlungen auf ein Zahlungskonto ermöglicht werden, sowie alle für die Führung eines Zahlungskontos erforderlichen Vorgänge (Einzahlungsgeschäft);
2. die Dienste, mit denen Barauszahlungen von einem Zahlungskonto ermöglicht werden, sowie alle für die Führung eines Zahlungskontos erforderlichen Vorgänge (Auszahlungsgeschäft);
3. die Ausführung von Zahlungsvorgängen einschließlich der Übermittlung von Geldbeträgen auf ein Zahlungskonto beim Zahlungsdienstleister des Nutzers oder bei einem anderen Zahlungsdienstleister durch
    a) die Ausführung von Lastschriften einschließlich einmaliger Lastschriften (Lastschriftgeschäft),
    b) die Ausführung von Zahlungsvorgängen mittels einer Zahlungskarte oder eines ähnlichen Zahlungsinstruments (Zahlungskartengeschäft),
    c) die Ausführung von Überweisungen einschließlich Daueraufträgen (Überweisungsgeschäft),
    jeweils ohne Kreditgewährung (Zahlungsgeschäft);
4. die Ausführung von Zahlungsvorgängen im Sinne der Nummer 3, die durch einen Kreditrahmen für einen Zahlungsdienstnutzer im Sinne des § 3 Absatz 4 gedeckt sind (Zahlungsgeschäft mit Kreditgewährung);
5. die Ausgabe von Zahlungsinstrumenten oder die Annahme und Abrechnung von Zahlungsvorgängen (Akquisitionsgeschäft);
6. die Dienste, bei denen ohne Einrichtung eines Zahlungskontos auf den Namen des Zahlers oder des Zahlungsempfängers ein Geldbetrag des Zahlers nur zur Übermittlung eines entsprechenden Betrags an einen Zahlungsempfänger oder an einen anderen, im Namen des Zahlungsempfängers handelnden Zahlungsdienstleister entgegengenommen wird oder bei dem der Geldbetrag im Namen des Zahlungsempfängers entgegengenommen und diesem verfügbar gemacht wird (Finanztransfergeschäft);
7. Zahlungsauslösedienste;
8. Kontoinformationsdienste.

(2) ¹ E-Geld-Emittenten sind
1. Unternehmen, die das E-Geld-Geschäft betreiben, ohne E-Geld-Emittenten im Sinne der Nummern 2 bis 4 zu sein (E-Geld-Institute);
2. CRR-Kreditinstitute im Sinne des § 1 Absatz 3d Satz 1 des Kreditwesengesetzes, die im Inland zum Geschäftsbetrieb zugelassen sind, sowie die in Artikel 2 Absatz 5 Nummer 5 der Richtlinie 2013/36/EU namentlich genannten Unternehmen, sofern sie das E-Geld-Geschäft betreiben;
3. die Europäische Zentralbank, die Deutsche Bundesbank sowie andere Zentralbanken in der Europäischen Union oder den anderen Vertragsstaaten des Abkommens über den Europäischen Wirtschaftsraum, soweit sie außerhalb ihrer Eigenschaft als Währungsbehörde oder anderer Behörde das E-Geld-Geschäft betreiben;
4. der Bund, die Länder, die Gemeinden und Gemeindeverbände sowie die Träger bundes- oder landesmittelbarer Verwaltung, einschließlich der öffentlichen Schuldenverwaltung, der Sozialversicherungsträger und der Bundesagentur für Arbeit, soweit sie außerhalb ihres hoheitlichen Handelns das E-Geld-Geschäft betreiben.

² E-Geld-Geschäft ist die Ausgabe von E-Geld. ³ E-Geld ist jeder elektronisch, darunter auch magnetisch, gespeicherte monetäre Wert in Form einer Forderung an den Emittenten, der gegen Zahlung eines Geldbetrags ausgestellt wird, um damit Zahlungsvorgänge im Sinne des § 675f Absatz 4 Satz 1 des Bürgerlichen Gesetzbuchs durchzuführen, und der auch von anderen natürlichen oder juristischen Personen als dem Emittenten angenommen wird. ⁴ Kein E-Geld ist ein monetärer Wert,
1. der auf Instrumenten im Sinne des § 2 Absatz 1 Nummer 10 gespeichert ist oder
2. der nur für Zahlungsvorgänge nach § 2 Absatz 1 Nummer 11 eingesetzt wird.

(3) Institute im Sinne dieses Gesetzes sind Zahlungsinstitute und E-Geld-Institute.

(4) ¹ Herkunftsmitgliedstaat ist der Mitgliedstaat der Europäischen Union (Mitgliedstaat) oder anderer Vertragsstaat des Abkommens über den Europäischen

(7) BankGesch C7

Wirtschaftsraum, in dem sich der Sitz des Instituts befindet, oder, wenn das Institut nach dem für ihn geltenden nationalen Recht keinen Sitz hat, der Mitgliedstaat oder Vertragsstaat, in dem sich seine Hauptverwaltung befindet. ²Aufnahmemitgliedstaat ist jeder andere Mitgliedstaat oder Vertragsstaat, in dem das Institut einen Agenten oder eine Zweigniederlassung hat oder im Wege des grenzüberschreitenden Dienstleistungsverkehrs tätig ist.

(5) ¹Zweigniederlassung ist eine Geschäftsstelle, die nicht die Hauptverwaltung ist und die einen Teil eines Instituts bildet, keine eigene Rechtspersönlichkeit hat und unmittelbar sämtliche oder einen Teil der Geschäfte betreibt, die mit der Tätigkeit eines Instituts verbunden sind. ²Alle Geschäftsstellen eines Instituts mit Hauptverwaltung in einem anderen Mitgliedstaat, die sich in einem Mitgliedstaat befinden, gelten als eine einzige Zweigniederlassung.

(6) Gruppe ist ein Verbund von Unternehmen, die untereinander durch eine in Artikel 22 Absatz 1, 2 oder 7 der Richtlinie 2013/34/EU des Europäischen Parlaments und des Rates vom 26. Juni 2013 über den Jahresabschluss, den konsolidierten Abschluss und damit verbundene Berichte von Unternehmen bestimmter Rechtsformen und zur Änderung der Richtlinie 2006/43/EG der Europäischen Parlaments und des Rates und zur Aufhebung der Richtlinien 78/660/EWG und 83/349/EWG des Rates (ABl. L 182 vom 29.6.2013, S. 19; L 369 vom 24.12.2014, S. 79), die zuletzt durch die Richtlinie 2014/102/EU geändert worden ist (ABl. L 334 vom 21.11.2014, S. 86), genannte Beziehung verbunden sind, oder Unternehmen im Sinne der Artikel 4, 5, 6 und 7 der Delegierten Verordnung (EU) Nr. 241/2014 der Kommission vom 7. Januar 2014 zur Ergänzung der Verordnung (EU) Nr. 575/2013 des Europäischen Parlaments und des Rates im Hinblick auf technische Regulierungsstandards für die Eigenmittelanforderungen an Institute (ABl. L 74 vom 14.3.2014, S. 8), die zuletzt durch die Delegierte Verordnung (EU) 2015/923 (ABl. L 150 vom 17.6.2015, S. 1) geändert worden ist, die untereinander durch eine in Artikel 10 Absatz 1 oder Artikel 113 Absatz 6 oder 7 der Verordnung (EU) Nr. 575/2013 des Europäischen Parlaments und des Rates vom 26. Juni 2013 über Aufsichtsanforderungen an Kreditinstitute und Wertpapierfirmen und zur Änderung der Verordnung (EU) Nr. 648/2012 (ABl. L 176 vom 27.6.2013, S. 1; L 208 vom 2.8.2013, S. 68; L 321 vom 30.11.2013, S. 6; L 193 vom 21.7.2015, S. 166), die zuletzt durch die Verordnung (EU) 2016/1014 (ABl. L 171 vom 29.6.2016, S. 153) geändert worden ist, genannte Beziehung verbunden sind.

(7) ¹Eine bedeutende Beteiligung im Sinne dieses Gesetzes ist eine qualifizierte Beteiligung gemäß Artikel 4 Absatz 1 Nummer 36 der Verordnung (EU) Nr. 575/2013 in der jeweils geltenden Fassung. ²Für das Bestehen und die Berechnung einer bedeutenden Beteiligung gilt § 1 Absatz 9 Satz 2 und 3 des Kreditwesengesetzes entsprechend.

(8) ¹Geschäftsleiter im Sinne dieses Gesetzes sind diejenigen natürlichen Personen, die nach Gesetz, Satzung oder Gesellschaftsvertrag zur Führung der Geschäfte und zur Vertretung eines Instituts in der Rechtsform einer juristischen Person oder Personenhandelsgesellschaft berufen sind. ²In Ausnahmefällen kann die Bundesanstalt für Finanzdienstleistungsaufsicht (Bundesanstalt) auch eine andere mit der Führung der Geschäfte betraute und zur Vertretung ermächtigte Person widerruflich als Geschäftsleiter bestimmen, wenn sie zuverlässig ist und die erforderliche fachliche Eignung hat. ³Beruht die Bestimmung einer Person als Geschäftsleiter auf einem Antrag des Instituts, so ist sie auf Antrag des Instituts oder des Geschäftsleiters zu widerrufen.

(9) ¹Agent im Sinne dieses Gesetzes ist jede natürliche oder juristische Person, die als selbständiger Gewerbetreibender im Namen eines Instituts Zahlungsdienste ausführt. ²Die Handlungen des Agenten werden dem Institut zugerechnet.

(10) E-Geld-Agent im Sinne dieses Gesetzes ist jede natürliche oder juristische Person, die als selbständiger Gewerbetreibender im Namen eines E-Geld-Instituts beim Vertrieb und Rücktausch von E-Geld tätig ist.

(11) Zahlungssystem ist ein System zur Übertragung von Geldbeträgen auf der Grundlage von formalen und standardisierten Regeln und einheitlichen Vorschriften für die Verarbeitung, das Clearing oder die Verrechnung von Zahlungsvorgängen.

(12) Elektronische Kommunikationsnetze sind Übertragungssysteme und Vermittlungs- und Leitwegeinrichtungen sowie anderweitige Ressourcen einschließlich der nicht aktiven Netzbestandteile, die die Übertragung von Signalen über Kabel, Funk, optische oder andere elektromagnetische Einrichtungen ermöglichen, einschließlich Satellitennetze, feste (leitungs- und paketvermittelte, einschließlich Internet) und mobile terrestrische Netze, Stromleitungssysteme, soweit sie zur Signalübertragung genutzt werden, Netze für Hör- und Fernsehfunk sowie Kabelfernsehnetze, unabhängig von der Art der übertragenen Informationen.

(13) [1] Elektronische Kommunikationsdienste sind Dienste, die gewöhnlich gegen Entgelt erbracht werden und die ganz oder überwiegend in der Übertragung von Signalen über elektronische Kommunikationsnetze bestehen, einschließlich von Telekommunikations- und Übertragungsdiensten in Rundfunknetzen, jedoch ausgenommen von Diensten, die Inhalte über elektronische Kommunikationsnetze und -dienste anbieten oder eine redaktionelle Kontrolle über sie ausüben. [2] Keine elektronischen Kommunikationsdienste in diesem Sinne sind Dienste der Informationsgesellschaft im Sinne des Artikels 1 der Richtlinie (EU) 2015/1535 der Europäischen Parlaments und des Rates vom 9. September 2015 über ein Informationsverfahren auf dem Gebiet der technischen Vorschriften und der Vorschriften für die Dienste der Informationsgesellschaft (ABl. L 241 vom 17.9.2015, S. 1), die nicht ganz oder überwiegend in der Übertragung von Signalen über elektronische Kommunikationsnetze bestehen.

(14) Durchschnittlicher E-Geld-Umlauf ist der durchschnittliche Gesamtbetrag der am Ende jedes Kalendertages über die vergangenen sechs Kalendermonate bestehenden, aus der Ausgabe von E-Geld erwachsenden finanziellen Verbindlichkeiten, der am ersten Kalendertag jedes Kalendermonats berechnet wird und für diesen Kalendermonat gilt.

(15) Zahler ist eine natürliche oder juristische Person, die Inhaber eines Zahlungskontos ist und die Ausführung eines Zahlungsauftrags von diesem Zahlungskonto gestattet oder, falls kein Zahlungskonto vorhanden ist, eine natürliche oder juristische Person, die den Zahlungsauftrag erteilt.

(16) Zahlungsempfänger ist die natürliche oder juristische Person, die den Geldbetrag, der Gegenstand eines Zahlungsvorgangs ist, als Empfänger erhalten soll.

(17) Zahlungskonto ist ein auf den Namen eines oder mehrerer Zahlungsdienstnutzer lautendes Konto, das für die Ausführung von Zahlungsvorgängen genutzt wird.

(18) Kontoführender Zahlungsdienstleister ist ein Zahlungsdienstleister, der für einen Zahler ein Zahlungskonto bereitstellt und führt.

(19) Fernzahlungsvorgang im Sinne dieses Gesetzes ist ein Zahlungsvorgang, der über das Internet oder mittels eines Geräts, das für die Fernkommunikation verwendet werden kann, ausgelöst wird.

(20) Zahlungsinstrument ist jedes personalisierte Instrument oder Verfahren, dessen Verwendung zwischen dem Zahlungsdienstnutzer und dem Zahlungsdienstleister vereinbart wurde und das zur Erteilung eines Zahlungsauftrags verwendet wird.

(21) Lastschrift ist ein Zahlungsvorgang zur Belastung des Zahlungskontos des Zahlers, bei dem der Zahlungsvorgang vom Zahlungsempfänger aufgrund der Zustimmung des Zahlers gegenüber dem Zahlungsempfänger, dessen Zahlungsdienstleister oder seinem eigenen Zahlungsdienstleister ausgelöst wird.

(22) Überweisung ist ein auf Veranlassung des Zahlers ausgelöster Zahlungsvorgang zur Erteilung einer Gutschrift auf dem Zahlungskonto des Zahlungsempfängers zulasten des Zahlungskontos des Zahlers in Ausführung eines oder mehrerer Zahlungsvorgänge durch den Zahlungsdienstleister, der das Zahlungskonto des Zahlers führt.

(23) Authentifizierung ist ein Verfahren, mit dessen Hilfe der Zahlungsdienstleister die Identität eines Zahlungsdienstnutzers oder die berechtigte Verwendung eines bestimmten Zahlungsinstruments, einschließlich der Verwendung der personalisierten Sicherheitsmerkmale des Nutzers, überprüfen kann.

(24) Starke Kundenauthentifizierung ist eine Authentifizierung, die so ausgestaltet ist, dass die Vertraulichkeit der Authentifizierungsdaten geschützt ist und die

unter Heranziehung von mindestens zwei der folgenden, in dem Sinne voneinander unabhängigen Elementen geschieht, dass die Nichterfüllung eines Kriteriums die Zuverlässigkeit der anderen nicht in Frage stellt:
1. Kategorie Wissen, also etwas, das nur der Nutzer weiß,
2. Besitz, also etwas, das nur der Nutzer besitzt oder
3. Kategorie Inhärenz, also etwas, das der Nutzer ist.

(25) Personalisierte Sicherheitsmerkmale sind personalisierte Merkmale, die der Zahlungsdienstleister einem Zahlungsdienstnutzer zum Zwecke der Authentifizierung bereitstellt.

(26) [1] Sensible Zahlungsdaten sind Daten, einschließlich personalisierter Sicherheitsmerkmale, die für betrügerische Handlungen verwendet werden können. [2] Für die Tätigkeiten von Zahlungsauslösediensteistern und Kontoinformationsdienstleistern stellen der Name des Kontoinhabers und die Kontonummer keine sensiblen Zahlungsdaten dar.

(27) Digitale Inhalte sind Waren oder Dienstleistungen, die in digitaler Form hergestellt und bereitgestellt werden, deren Nutzung oder Verbrauch auf ein technisches Gerät beschränkt ist und die in keiner Weise die Nutzung oder den Verbrauch von Waren oder Dienstleistungen in physischer Form einschließen.

(28) Zahlungsmarke ist jeder reale oder digitale Name, jeder reale oder digitale Begriff, jedes reale oder digitale Zeichen, jedes reale oder digitale Symbol oder jede Kombination davon, mittels dessen oder derer bezeichnet werden kann, unter welchem Zahlungskartensystem kartengebundene Zahlungsvorgänge ausgeführt werden.

(29) Eigenmittel sind Mittel im Sinne des Artikels 4 Absatz 1 Nummer 118 der Verordnung (EU) Nr. 575/2013 des Europäischen Parlaments und des Rates vom 26. Juni 2013 über Aufsichtsanforderungen an Kreditinstitute und Wertpapierfirmen und zur Änderung der Verordnung (EU) Nr. 648/2012 (ABl. L 176 vom 27.6.2013, S. 1; L 208 vom 2.8.2013, S. 68; ABl. L 321 vom 30.11.2013, S. 6; L 193 vom 21.7.2015, S. 166), die zuletzt durch die Verordnung (EU) 2016/1014 (ABl. L 171 vom 29.6.2016, S. 153) geändert worden ist, wobei mindestens 75 Prozent des Kernkapitals in Form von hartem Kernkapital nach Artikel 50 der genannten Verordnung gehalten werden müssen und das Ergänzungskapital höchstens ein Drittel des harten Kernkapitals betragen muss.

(30) Anfangskapital im Sinne dieses Gesetzes ist das aus Bestandteilen gemäß Artikel 26 Absatz 1 Satz 1 Buchstabe a bis e der Verordnung (EU) Nr. 575/2013 bestehende harte Kernkapital.

(31) [1] Sichere Aktiva mit niedrigem Risiko im Sinne dieses Gesetzes sind Aktiva, die unter eine der Kategorien nach Artikel 336 Absatz 1 der Verordnung (EU) Nr. 575/2013 fallen, für die die Eigenmittelanforderung für das spezifische Risiko nicht höher als 1,6 Prozent ist, wobei jedoch andere qualifizierte Positionen gemäß Artikel 336 Absatz 4 der Verordnung (EU) Nr. 575/2013 ausgeschlossen sind. [2] Sichere Aktiva mit niedrigem Risiko im Sinne dieses Gesetzes sind auch Anteile an einem Organismus für gemeinsame Anlagen in Wertpapieren, der ausschließlich in die in Satz 1 genannten Aktiva investiert.

(32) Bargeldabhebungsdienst ist die Ausgabe von Bargeld über Geldausgabeautomaten für einen oder mehrere Kartenemittenten, ohne einen eigenen Rahmenvertrag mit dem Geld abhebenden Kunden geschlossen zu haben.

(33) Zahlungsauslösungsdienst ist ein Dienst, bei dem auf Veranlassung des Zahlungsdienstnutzers ein Zahlungsauftrag in Bezug auf ein bei einem anderen Zahlungsdienstleister geführtes Zahlungskonto ausgelöst wird.

(34) Kontoinformationsdienst ist ein Online-Dienst zur Mitteilung konsolidierter Informationen über ein Zahlungskonto oder mehrere Zahlungskonten des Zahlungsdienstnutzers bei einem oder mehreren anderen Zahlungsdienstleistern.

(35) [1] Annahme und Abrechnung von Zahlungsvorgängen (Akquisitionsgeschäft) beinhaltet einen Zahlungsdienst, der die Übertragung von Geldbeträgen zum Zahlungsempfänger bewirkt und bei dem der Zahlungsdienstleister mit dem Zahlungsempfänger eine vertragliche Vereinbarung über die Annahme und die Verarbeitung von Zahlungsvorgängen schließt. [2] Die Ausgabe von Zahlungsinstrumenten beinhaltet alle Dienste, bei denen ein Zahlungsdienstleister eine vertragliche Verein-

V. Bankgeschäfte

barung mit dem Zahler schließt, um einem Zahler ein Zahlungsinstrument zur Auslösung und Verarbeitung der Zahlungsvorgänge des Zahlers zur Verfügung zu stellen.

c) Wichtige Begriffsbestimmungen (§ 675c III BGB iVm KWG und ZAG): Die Zahlungsdiensterichtlinie II und ihr folgend das ZDRL-II-UG arbeiten in erheblichem Umfang mit Legaldefinitionen, die europäisch vorgeprägt sind (→ Rn. C1, C2, C4). § 675c III BGB bestimmt, dass die Begriffsbestimmungen des **KWG** (→ Rn. A4) und des **ZAG** (→ Rn. C2, C7, C8) in ihrer jeweiligen Fassung anzuwenden sind. Das bedeutet eine begrüßenswerte Engführung von Bankvertrags- und Bankaufsichtsrecht, allerdings angesichts der Aufspaltung in drei verschiedene Gesetze auch eine gewisse Erschwernis für den Benutzer. Die wichtigsten Begriffsbestimmungen werden im Folgenden aufgeführt, wiederum nach BGB, KWG, ZAG und Richtlinie II. Diese Zusammenstellung ist, verkürzt, im Wesentlichen von Grüneberg/Sprau § 675c Rn. 11 und (Staub/)Grundmann 2020 Teil 3 Rn. 67 übernommen, dort auch Nachweise der Kommentierungsstellen dazu.

Begriff, amtliche Überschrift/Regelungsinhalt	§§ im BGB iVm KWG/ZAG	EU-Zahlungsdienste-RL II	SEPA-VO
Akquisitionsgeschäft (Annahme und Abrechnung von Zahlungsvorgängen)	§ 1 XXXV ZAG (§ 675c III)	Art. 4 Nr. 44 RL	
Authentifizierung	§ 1 XXIII ZAG (§ 675c III), § 675w S. 2	Art. 4 Nr. 29 RL	
Autorisierung	§ 675j I	Art. 64 RL	
Bank Identifier Code (BIC)			Art. 2 Nr. 16 VO
Bargeldabhebungsdienst	§ 1 XXXII ZAG (§ 675c III)	Art. 3 lit. o RL	
Basic Bank Account Number (BBAN)			Art. 2 Nr. 14 VO
Basiskontovertrag	§ 30 I ZKG		
E-Geld	§ 1 II ZAG (§ 675c III)		
Einzug			Art. 2 Nr. 20 VO
Einzelzahlungsvertrag	§ 675f I	sa Art. 43 RL	
Fernzahlungsvorgang	§ 1 XIX ZAG (§ 675c III)	Art. 4 Nr. 6 RL	
Finanztransfer	§ 1 II Nr. 6 ZAG (§ 675c III)	Art. 4 Nr. 22 RL	
Geldbetrag		Art. 4 Nr. 25 RL	
Geschäftstag	§ 675n I 4	Art. 4 Nr. 37 RL	
grenzüberschreitende Zahlung			Art. 2 Nr. 26 VO
Inlandszahlung			Art. 2 Nr. 27 VO
International Bank Account Number (IBAN)			Art. 2 Nr. 15 VO

(7) BankGesch C8

Begriff, amtliche Überschrift/Regelungsinhalt	§§ im BGB iVm KWG/ZAG	EU-Zahlungsdienste-RL II	SEPA-VO
Kleinbetragsinstrument (in der RL unter Kleinbetragszahlungsinstrument)	§ 675i I 2	Art. 63 RL	
Kleinstunternehmer		Art. 4 Nr. 36 RL	Art. 2 Nr. 23 VO
kontoführender Zahlungsdienstleister	§ 1 XVIII ZAG (§ 675c III)	Art. 4 Nr. 17 RL	
Kontoinformationsdienst	§ 1 XXXIV ZAG (§ 675c III)	Art. 4 Nr. 16 RL	
Kundenkennung (in der RL Kundenidentifikator)	§ 675r II	Art. 4 Nr. 33 RL	
Lastschrift	§ 1 XXI ZAG (§ 675c III)	Art. 4 Nr. 23 RL	Art. 2 Nr. 2 VO
Mandat			Art. 2 Nr. 21 VO
personalisierte Sicherheitsmerkmale	§ 1 XXV ZAG (§ 675c III)	Art. 4 Nr. 31 RL	
Referenzwechselkurs	§ 675g III 3	Art. 4 Nr. 27 RL	
Referenzzinssatz	§ 675g III 2	Art. 4 Nr. 28 RL	
starke Kundenauthentifizierung	§ 1 XXIV ZAG (§ 675c III)	Art. 4 Nr. 30 RL	
Überweisung	§ 1 XXII ZAG (§ 675c III)	Art. 4 Nr. 24 RL	Art. 2 Nr. 1 VO
Verbraucher	§ 13	Art. 4 Nr. 20 RL	Art. 2 Nr. 24 VO
Wertstellungsdatum	§ 675t I 2	Art. 4 Nr. 26 RL	
Zahler	§ 1 XV ZAG (§ 675c III)	Art. 4 Nr. 8 RL	Art. 2 Nr. 3 VO
Zahlungsauftrag	§ 675f III 2	Art. 4 Nr. 13 RL	Art. 2 Nr. 11 VO
Zahlungsauslösedienst	§ 1 XXXIII ZAG (§ 675c III)	Art. 4 Nr. 15 RL	
Zahlungsbetrag	§ 675q I		
Zahlungsdienst	§§ 1 I 2, 2 I ZAG (§ 675c III)	Art. 3, 4 Nr. 3 und Anh. I RL	
Zahlungsdiensterahmenvertrag	§ 675f II	Art. 4 Nr. 21 RL	
Zahlungsdienstleister	§ 1 I ZAG (§ 675c III), § 2 III ZKG	Art. 1 I, 4 Nr. 11, 32, 33 RL	Art. 2 Nr. 8 VO
Zahlungsdienstnutzer	§ 675f I	Art. 4 Nr. 10 RL	Art. 2 Nr. 9 VO

Begriff, amtliche Überschrift/Regelungsinhalt	§§ im BGB iVm KWG/ZAG	EU-Zahlungsdienste-RL II	SEPA-VO
Zahlungsempfänger	§ 1 XVI ZAG (§ 675c III)	Art. 4 Nr. 9 RL	Art. 2 Nr. 4 VO
Zahlungsinstitut	§ 1 I Nr. 5 ZAG (§ 675c III)	Art. 4 Nr. 4 RL	
Zahlungsinstrument	§ 1 XX ZAG (§ 675c III)	Art. 4 Nr. 14 RL	
Zahlungskontendienste, maßgebliche	§ 2 VI ZKG		
Zahlungskontenterminologie, standardisierte	§ 2 VII ZKG		
Zahlungskonto	§ 1 XVII ZAG (§ 675c III), § 2 VIII ZKG	Art. 4 Nr. 12 RL	Art. 2 Nr. 5 VO
mit einem Zahlungskonto verbundener Dienst	§ 2 II ZKG		
Zahlungssystem	§ 1 XI ZAG (§ 675c III)	Art. 4 Nr. 7 RL	Art. 2 Nr. 6 VO
Zahlungsvorgang	§ 675f III 1	Art. 4 Nr. 5 RL	Art. 2 Nr. 10 VO
Zahlverfahren			Art. 2 Nr. 7 VO

Das zu sehen, hilft dabei zu entscheiden, was von alter Dogmatik und früheren Urteilen in das neue Recht übernommen werden kann und was nicht.

d) Geschäftsbesorgungsvertrag über Zahlungsdienste (§ 675c I BGB): C9
Auf einen Geschäftsbesorgungsvertrag über die Erbringung von Zahlungsdiensten ist grundsätzlich Auftragsrecht anwendbar (§ 675c I BGB), also §§ 663, 665–670, 672–674 BGB mit Ausnahme der Vorschriften über Unübertragbarkeit, Haftung für Gehilfen, Widerruf und Kündigung. Dieser Zahlungsdienstevertrag zwischen dem Zahlungsdienstnutzer und dem Zahlungsdienstleister ist in §§ 675f ff. BGB näher geregelt (→ Rn. C27, C29). **Regelungshierarchie** ist also, vorbehaltlich der Vollharmonisierung (→ Rn. C4): 1. privatautonome Vereinbarungen, soweit zulässig (§ 675e BGB, → Rn. C14, § 4 ZKG), 2. §§ 675c–676c BGB, 3. Auftragsrecht gemäß § 675c I BGB und 4. Dienst- oder Werkvertragsrecht (§ 675 I BGB), MüKoBGB/Casper § 675c Rn. 51 ff., aber geringe praktische Bedeutung. Zu **§ 675c III BGB** → Rn. C8.

e) E-Geld (§ 675c II BGB): E-Geld (elektronisches Geld), Definition in C10 § 1 II ZAG (E-Geld-Geschäft → Rn. F27). Auf einen Vertrag über die Ausgabe und Nutzung von E-Geld finden §§ 675c–676c BGB Anwendung (§ 675c II BGB). Wichtige Ausnahme für E-Geld in § 675i III BGB. E-Geld ist Buchgeld, Omlor ZIP 2017, 1837, str. Näher Ellenberger/Bunte Bankrechts-HdB/Terlau § 35 (E-Geld, virtuelle Währungen); MüKoBGB/Casper § 675c Rn. 28 ff.; Grüneberg/Sprau § 675f Rn. 62 ff.; Omlor ZIP 2017, 1836; Harman BKR 2018, 457; Omlor WM 2020, 951, 1003 (Treuepunkteprogramm).

f) Kontoinformationsdienste (§ 675c IV BGB), Zahlungsauslösediens- C11 **te:** Zahlungsauslösedienste und Kontoinformationsdienste werden auch **Drittdienste** bzw. third party payments provider/TPP genannt, Zahrte NJW 2018, 337. Kontoinformationsdienste sind Zahlungsdienste (→ Rn. C7). Sie machen online konsolidierte Informationen über ein oder mehrere Konten des Zahlungs-

(7) BankGesch C12

dienstnutzers bei einem oder mehreren anderen Zahlungsdienstleistern verfügbar. Sie unterfallen zwar den §§ 675c ff. BGB. Da sie aber nicht Gelder des Zahlungsdienstnutzers halten (§ 51 ZAG), greifen die §§ 675c ff. BGB meist schon tatbestandlich nicht ein, stattdessen gelten Sonderregeln wie § 675c IV BGB (näher und weitere Fälle → Rn. C8). Anwendbar bleiben Informationspflichten und Beweislastregel nach § 675d II 2, III BGB. Datenschutz (§ 59 II ZAG), Sander BKR 2019, 66.

Zahlungsauslösedienste sind Zahlungsdienste (→ Rn. C7), bei denen auf Veranlassung des Zahlungsdienstnutzers ein Zahlungsauftrag bezüglich eines bei einem anderen Zahlungsdienstleister geführten Kontos ausgelöst wird (→ Rn. C8). Der Zahlungsauslösedienstleister stößt über eine Datenbrücke zwischen Onlineplattformen einen Zahlungsvorgang an (Geldtransfer vom Konto des Zahlungs auf das Konto des Empfängers, Push- oder Pullzahlung, → Rn. C34, vgl. → Rn. C71, C72), ohne die Transaktion selbst auszuführen und ohne auch nur kurzfristig Geld zu halten (vgl. § 49 I 2 ZAG). Seine Einschaltung dient der sofortigen Ausführung des Zahlungsvorgangs durch einen regulierten Zahlungsdienst (wie Barzahlung), ohne dass der Zahler seine persönlichen Daten seinem Vertragspartner zugänglich machen muss und mit Absicherung des Zahlungsdienstleisters des Zahlers (verschuldensunabhängiger Ausgleichsanspruch nach § 676a BGB, → Rn. C86). Der Zahlungsauslösedienstleister ist dabei nur (besitzloser) Bote (→ Rn. C34).

Der Zahlungsdienstnutzer hat das **Recht,** einen **Zahlungsauslösedienst oder Kontoinformationsdienst zu nutzen** (§ 657f III BGB, → Rn. C28). **Zahlungsauftrag** ist auch ein Auftrag, den ein Zahler mittelbar über einen Zahlungsauslösedienst erteilt (seit 2018: § 675f IV 2 BGB).

Aufsichtsrechtliche Regelung der Zahlungsauslöse- und Kontoinformationsdienstleister und ihr Zugang zu Zahlungskonten s. **§§ 48–52 ZAG,** in Kraft seit 14.9.2019; Omlor WM 2018, 57; Werner ZBB 2017, 345; Werner WM 2018, 449; Zahrte BKR 2019, 484 → Rn. C28.

C12 C. **Regelungstechnik der §§ 675c–676c BGB: a) Systematische Regelung nach dem Zahlungsablauf: §§ 675c–676c BGB trennen nicht** wie zuvor in der deutschen Rechtsprechung und Literatur **zwischen den einzelnen Zahlungsinstrumenten,** also zB Überweisung (→ Rn. C1), Lastschrift (→ Rn. D1) und Bankkunden-Karte uä (→ Rn. F1). Statt getrennt nach einzelnen Zahlungsinstrumenten ist abstrakt-generell der Zahlungsverkehr und dieser systematisch und nach seinem Ablauf geregelt, also in Untertitel 3: Kap. 1 Allgemeine Vorschriften, Kap. 2 Zahlungsdienstevertrag und Kap. 3 Erbringung und Nutzung von Zahlungsdiensten (dabei drei Unterkap: Autorisierung und Ausführung von Zahlungsvorgängen sowie Haftung). Dem folgen die Kommentierungen zu den BGB-Vorschriften, zB MüKoBGB/Casper (aber zB MüKoBGB/Casper § 675f Rn. 72 ff., einzelne Zahlungsdienste im Überblick), Grüneberg/Sprau (aber zB Grüneberg/Sprau § 675f Rn. 38 ff.), (Staub/)Grundmann und Ellenberger/Findeisen/Nobbe. **Demgegenüber** wird **hier** der bisherige, in der Bankpraxis gewohnte und den Bankkunden verständlichere Weg der **Darstellung getrennt nach Überweisung, Lastschrift und kartengesteuertem Zahlungsverkehr** beibehalten. Dem entsprechen die bankrechtlichen Spezialdarstellungen im Ellenberger/Bunte Bankrechts-HdB, in LBS, BHCasper ab Rn. 579 ff., im MüKoHGB Bankvertragsrecht, 4. Aufl. 2019, zB zur Überweisung MüKoHGB/Häuser B Rn. 1 ff. bis zu MüKoHGB/Einsele Q Depotgeschäft Rn. 1 ff., und in KMFS/Werner Rn. 4.91 ff. (Überweisung), Rn 4.401 ff. Lastschriftverfahren) usw., sowie in Aufsätzen zum Zahlungsdiensterecht. Diese Darstellung beschränkt sich, da Teil eines Kommentars zum HGB, auf die **Grundzüge** und beabsichtigt **nicht eine Detailkommentierung** wie in den Kommentierungen des BGB.

V. Bankgeschäfte　　　　　　　　　C13, C14　**BankGesch (7)**

b) Kernregelungen: Grundlage ist der **einheitliche Girovertrag,** also typischerweise ein Rahmenvertrag mit Geschäftsbesorgungscharakter, der die Erbringung von Zahlungsdiensten (und uU weitere Geschäftsbesorgungen) zum Gegenstand hat (**Zahlungsdienstevertrag,** §§ 675c, 675f BGB). Die ordentliche Kündigung des Zahlungsdiensterahmenvertrags ist in § 676h BGB geregelt (s. **(8)** AGB-Banken Nr. 19 I, II), für die Kündigung aus wichtigem Grund gelten wie schon zuvor § 314 BGB und **(8)** AGB-Banken Nr. 18 II, 19 III. Aufgrund des Zahlungsdienstevertrags kann ein **Überweisungsauftrag** als einseitige **Weisung** iSv §§ 675 I, 665 BGB erteilt werden, die idR die **Autorisierung** des Zahlungsvorgangs (§ 675j I 1 BGB) enthält (Vorabautorisierung, Jungmann WM 2021, 565). Für die Unterrichtung über eine **berechtigte Ablehnung** eines Zahlungsauftrags darf die Bank ein **Entgelt** vereinbaren (§ 675o I 4 BGB; anders die frühere Rspr., s. 34. Aufl.). Problematisch ist, dass die **Buchung allein** nach **Bank- und Kundenidentifikator** erfolgen kann (§ 675r iVm §§ 675y V, 675z S. 5 BGB), für die **Kundenkennung** also **nicht mehr** grundsätzlich der Name **entscheidend ist** (→ Rn. C43). Die Bank muss allerdings einen für den Kunden jederzeit erreichbaren Rund-um-die-Uhr-Sperrannahmedienst vorhalten (§ 675m I Nr. 3 BGB), sonst wird der Kunde frei (§ 675v V 2 BGB). Der Zahlungsauftrag wird **wirksam mit Zugang** (§ 675n I 1 BGB). Der Zeitpunkt für den **Widerruf** einer Weisung ist grundsätzlich auf den Zugang des Überweisungsauftrags vorverlegt (§§ 675j II, 675p BGB, Ausnahme Terminvereinbarung), was auch die Verkürzung der Ausführungszeit erleichtert (§ 675s BGB). Die früheren Überweisungsrückrufverfahren im Interbankenverhältnis sind damit überflüssig geworden. **Entgelte** bei Zahlungsdiensten nach § 675f V, VI BGB, **Aufwendungsersatz** § 675c I iVm § 670; § 675u BGB. **Entgeltabzugsverbot** (§ 675q nF BGB). **Ausführungsfrist** für Zahlungsvorgänge grundsätzlich nur bis zum Ende des auf den Zugangszeitpunkt des Zahlungsauftrags folgenden Geschäftstags (**D+1,** bei beleghaften Aufträgen 1 zusätzlicher Geschäftstag, § 675s BGB).

c) Unterrichtung bei Zahlungsdiensten (§ 675d BGB): Wie auch im Kapitalmarktrecht vertraut der Gesetzgeber bei der Regelung des Zahlungsverkehrs außer auf inhaltliche Vorschriften insbesondere auf Informationspflichten. § 675d BGB unterwirft alle Zahlungsdienstleister bei der Erbringung von Zahlungsdiensten **weitreichenden Informationspflichten,** die näher in **Art. 248 §§ 1 ff. EGBGB** geregelt sind. Sonderregeln für Zahlungsvorgänge mit Drittstaatenbezug (§ 675c VI BGB, ausführlich RegE S. 151). Zahlungsauslösedienstleister § 675d II 1, Kontoinformationsdienstleister § 675d II 2 BGB (zu beiden → Rn. C7, auch → Rn. C11). Die Beweislast trifft den Zahlungsdienstleister (§ 675d III BGB). § 675d IV BGB enthält den Grundsatz der unentgeltlichen Informationserteilung, Ausnahmen nur bei Zusatzleistung (häufiger, umfangreicher, andere Kommunikationsmittel) auf Verlangen des Zahlungsdienstnutzers, zB Nacherstellen von Kontoauszügen, BGH NJW 2014, 922 Rn. 17. Auch allgemeine Abrede als Verlangen, LBS/Herresthal 2. Kap. § 675d Rn. 12b. Entgeltvereinbarungen nur in den Grenzen des § 675d IV BGB, OLG Frankfurt a. M. ZIP 2013, 452. Unterschied zwischen „Mitteilen"/„Übermittlung" (unaufgefordert) und „Zugänglich machen" (zur Verfügung stellen); von Schickschuld/Holschuld spricht BHCasper Rn. 106. Entgelt (§ 675d IV 2 BGB), BGH NJW 2014, 922. Begrenzte Pauschalierung ist zulässig, keine Mischkalkulation (BGH → Rn. C50), krit. LBS/Herresthal. Das angemessene Entgelt muss Marktvergleich, aber nicht unbedingt nur die gewöhnliche Bankmarge, so aber Zahrte NJW 2018, 339. V 1 erfasst auch Dienstleister, die Bargeldabhebungsdienste erbringen (Entgelte für Abhebungen an Geldautomaten). V 2 macht Entgeltpflicht des Zahlers von vorheriger Bekanntmachung in voller Höhe abhängig. VI regelt den territorialen Anwendungsbereich der Informationspflichten von Zah-

(7) BankGesch C15–C17 2. Teil. Handelsrechtl. Nebenges.

lungsdienstleistern, der zunächst nach deutschem IPR zu bestimmen ist (→ Rn. C16), sodann Einschränkungen für Zahlungsvorgänge, bei denen keiner der beteiligten Zahlungsdienstleister im EWR belegen ist (VI 1 Nr. 2) sowie solche bei Teilen in Drittstaaten und bei one-leg transactions (VI 1 Nr. 1a, b); Zahlungsvorgänge mit Drittstaatenbezug (VI) näher MüKoBGB/Casper § 675d Rn. 26 ff. Zusammenstellung bei MüKoBGB/Casper § 675d Rn. 4 ff.; LBS/Herresthal 2. Kap. § 675d Rn. 1 ff.

C15 **d) Verhältnis der §§ 675c–676c BGB zum übrigen Bankvertragsrecht:** Das **Bankkonto** und seine Ausprägungen und Regelungen (→ Rn. A36 ff.) sind von den Zahlungsdienstleistungsrichtlinien unberührt geblieben. Zur **Gutschrift** und zum **Zeitpunkt derselben** (→ Rn. C92) und zur **Belastungsbuchung** und **Wertstellung** (**Mittelzuflussprinzip;** gleichtägige Wertstellung, → Rn. C49) grundsätzlich wie bisher (§ 675t BGB). Ebenso **Kontokorrentkredit** (§ 675f II 2 BGB, → Rn. C25, C26).

C16 **e) Anwendungsbereich der §§ 675c–676c BGB:** Diese erfassen sachlich alle Zahlungsdienste (→ Rn. C6), einerlei ob als Bargeschäft oder bargeldloses Geschäft (vgl. → Rn. C6) und in welcher Währung und ob ein Inland- oder Auslandsgeschäft, letzterenfalls gelten aber zT Sonderregeln (zB §§ 675d VI, 675e II, III BGB). Auch für SEPA Instant-Überweisung (s → Rn. C16, C18), §§ 675c ff. gehen den Regeln des Rulebook (s → Rn. C18) vor, zB hinsichtlich des Ausschlusses des Widerrufs (§§ 675p I, V), Herresthal ZIP 2019, 895 (900). Ob §§ 675c ff. BGB bei Auslandsberührung überhaupt gelten, richtet sich nach deutschem IPR (→ Rn. A60). Grenzüberschreitende Überweisung: Besonderheiten, soweit überhaupt nach der Rom-I-VO deutsches Recht anwendbar ist, s. (Staub/)Grundmann 2020 Teil 3 Rn. 10 f., 36 ff., 104; Einsele § 6 Rn. 163 ff. Die §§ 675c ff. BGB gelten für Unternehmer und für Verbraucher, einerlei ob Zahlungsdienstleister oder Zahlungsdienstnutzer; sind letztere jedoch nicht Verbraucher, sind abweichende Vereinbarungen im Rahmen von § 675e IV BGB zulässig. Zeitliche Geltung (Stichtag) → Rn. C3.

C17 **f) Halbzwingendes Recht, Ausnahmen (§§ 675e, 675i BGB):** § 675e BGB regelt die weitgehend ausgeschlossenen abweichenden Vereinbarungen nach dem Grundsatz des halbzwingenden Rechts, also grundsätzlich **keine Abweichung zum Nachteil des Zahlungsdienstnutzers** (§ 675e I BGB), außer wo vom Gesetz ausdrücklich (so die ZDRL II, → Rn. C3) vorgesehen (§ 675e II–IV BGB), danach Erleichterungen bei Zahlungsdienstnutzern, die **Nicht-Verbraucher** sind (§ 675e IV BGB). Der Zahlungsdienstleister kann also dem Zahlungsdienstnutzer vertraglich günstigere Bedingungen einräumen, nur halbzwingendes Recht, BGH WM 2015, 1704 Rn. 26. Was „**zum Nachteil**" des Zahlungsdienstnutzers ist, hat der Gesetzgeber bewusst offen gelassen und ist durch Auslegung zu bestimmen, dazu Grüneberg/Sprau § 675e Rn. 2. Da kaum je Individualabrede, ist das zu entscheiden wie auch sonst bei der **AGB-Inhaltskontrolle** nach (5) BGB § 307, also kundenfeindlichste Auslegung, Nichtigkeit nach § 134 BGB und keine geltungserhaltende Reduktion, BGH WM 2015, 1704 Rn. 26, 37. Bei der Auslegung kommt Kompensation eines Nachteils durch einen Vorteil (Gesamtbetrachtung) nur in engen Grenzen in Betracht, Grüneberg/Sprau § 675e Rn. 2; Staudinger/Omlor § 675e Rn. 5 f.; auch MüKoBGB/Jungmann § 675t Rn. 13. Bei mehreren Zahlungsdienstnutzern uU unterschiedliches Ergebnis. Der Zahlungsvertrag im Übrigen bleibt im Zweifel wirksam (§ 139 BGB), Grüneberg/Sprau § 675e Rn. 2. Bei mehreren Zahlungsdienstnutzern uU unterschiedliches Ergebnis. **Ausnahme**bestimmungen unter bestimmten Voraussetzungen für Zahlungsvorgänge in **Drittstaatenwährung** und **one-leg transactions** (§ 675e II iVm § 675d VI 1, 2, § 675e III BGB, RegE S. 151 ff.), dann Vertragsfreiheit, Geschäftsbesorgungs- und Auftragsrecht, ausnahmsweise auch Rechtsgedanken des Werk- und Dienstvertrags-

rechts, MüKoBGB/Casper § 675c Rn. 52 f. Art. 107 III UAbs. 2 der Richtlinie II, wonach Zahlungsdienstleister beschließen können, den Zahlungsdienstnutzern günstigere Konditionen einzuräumen, ist nicht ausdrücklich umgesetzt, ergibt sich aber e contrario aus § 675e I BGB (RegE ZDRL I S. 101). Auch für die ausgenommenen Sachverhalte verbleibt es aber jedenfalls bei § 675c iVm §§ 675 ff. BGB. So auch unter § 675e **IV** für den Unternehmerverkehr; auch dort nach der Rspr weitgehende AGB-Kontrolle. Im Ausnahmebereich erfolgt Regelung durch **Sonderbedingungen für den Zahlungsverkehr,** BHCasper Rn. 23 und Textanhang (dort: Bedingungen für den Überweisungsverkehr, die SEPA-Lastschriften und die girocard).
Ausnahmen für **Kleinbetragsinstrumente** und **E-Geld** in **§ 675i BGB.** Kleinbetragszahlungsinstrumente sind besonders ausgestaltete Zahlungsinstrumente mit betragsmäßigen Grenzen (§ 675i I BGB iVm § 1 XX ZAG, → Rn. C/7), Risikobegrenzung nach § 675i I 2 und 3 BGB, Grüneberg/Sprau § 675i Rn. 2. § 675i I 2 Nr. 1 BGB gilt für Prepaid- und für Postpaid-Kleinbetragsinstrumente. Zur Nahfeldkommunikationsfunktion (Near Field Communication) bei Kleinbetragszahlungen EuGH WM 2020, 2218 (DenizBank) mAnm Schinkels RdZ 2021, 57. Risikoverteilung bei Proximity Payments unter Einsatz von Postpaid-Kleinbetragsinstrumenten, § 675v IV BGB bleibt anwendbar (ausgespart in § 675i II Nr. 3 BGB), Jungmann WM 2021, 557, 565 ff.; auch Habersack EuZW 2020, 767.

D. **Überweisungen im europäischen Zahlungsraum (SEPA-Überweisungen):** Die **SEPA-Überweisung** (völlige Umstellung ab 2012, → Rn. D1) beruht auf der Zahlungsdiensterichtlinie I (→ Rn. C1), der SEPA-VO (→ Rn. D1) und einem vom European Payments Council (EPC) geschaffenen Vertragswerk, SEPA Credit Transfer Scheme Rulebook, Version 1.1 mit Wirkung von 18.11.2017 bei Staub/)Grundmann 2020 Teil 3 Rn. 84). **SEPA-Echtzeitüberweisung (instant payment,** SCT Inst., seit 21.11.17), SEPA Instant Credit Transfer (SCT Inst.) Scheme Rulebook 2019, Herresthal ZIP 2019, 895, → Rn. C33. Geltung auf Grund Beitrittsabkommen für die EU-Mitgliedstaaten und weitere Staaten. Das SEPA-Verfahren wird durch multilateralen Vertrag zwischen dem EPC und den beitretenden Geldinstituten und diesen untereinander vereinbart (Interbankenverhältnis, → Rn. C84). Für das Beitrittsabkommen und das SEPA-Überweisungsregelwerk gilt belgisches Recht. Für die einzelnen Vertragsverhältnisse (→ Rn. C18) gilt IPR (→ Rn. C16). Soweit die Richtlinie und das Rulebook Raum für vertragliche Vereinbarungen lassen, gelten AGB. Bei der SEPA-Überweisung und trotz des nachgelagerten Clearings auch bei der SEPA-Echtzeitüberweisung handelt es sich **rechtlich** um eine **Überweisung iSv §§ 675c ff.,** der Zahlungsauftrag ist unwiderruflich (§ 675p I BGB); die Überweisung wirkt wie eine Barzahlung und ist heute schon der Regelfall.

Neben den Rulebooks gibt es Überweisungsverkehr gibt es solche für den Lastschriftverkehr (**SEPA-Lastschrift,** → Rn. D42 f.). Näher www.bundesbank.de unter Zahlungsverkehr/SEPA. Lit.: LBS/Langenbucher 4. Kap. Vorb. Rn. 6 ff.; MüKoBGB/Casper § 675f Rn. 84 ff.; BHCasper Rn. 607 ff.; Grüneberg/Sprau § 675f Rn. 39; Dieckmann BKR 2018, 276; Herresthal ZIP 2019, 895 (SEPA Instant-Überweisung; Target Instant Payment Settlement TIPS); Casper RdZ 2020, 28.

Nach den Rulebooks gibt es Regeln ua für den Prozessablauf bei der SEPA-Überweisung, bei Rückgaben und Rückweisungen, für die Rechte und Pflichten der Teilnehmer und für die Haftung der Teilnehmer untereinander. Für die Kundenbeziehung gelten AGB. Näher Rulebooks des European Payments Council, www.europeanpaymentscouncil.eu. Die Datenübermittlung erfolgt bei der grenzüberschreitenden Überweisung standardisiert über S. W. I. F. T., die Verrechnung (Clearing) ist demgegenüber unterentwickelt, (Staub/)Grundmann

2020 Teil 3 Rn. 37. Lit.: Ellenberger/Dippel, SEPA-Überweisung, S. 1019; Ellenberger/Bunte Bankrechts-HdB/Haug § 30 Rn. 23.

2) Rechtliche Qualifikation, Abschluss und Kündigung des Giro- bzw Zahlungsdiensterahmenvertrags

C20 A. **Girogeschäft, Bedingungen für den Überweisungsverkehr 2018: a) Girogeschäft:** Das Girogeschäft (it giro = Kreis, Kreislauf) ist die Durchführung des bargeldlosen Zahlungsverkehrs und des Abrechnungsverkehrs (bis 2009 Bankgeschäft nach § 1 I 2 aF KWG, Text → Rn. A4), aufsichtsrechtliches downgrading, aber nunmehr zT Zahlungsdienste iSv § 1 I 2 ZAG, s. dort ua Überweisungsgeschäft iSv § 1 I 2 Nr. 3 lit. c, XXII ZAG, → Rn. A4 (letzterer ohne Text); gemeint ist damit das Geldgirogeschäft, nicht das Effektengirogeschäft (Depotgeschäft, § 1 I 2 Nr. 5 KWG, → **(13)** DepotG § 5 Rn. 1). Ein großer Teil des Überweisungsverkehrs wird heute beleglos abgewickelt (**belegloser Datentausch, Clearing-Abkommen**), BGH WM 2003, 432. Trotzdem gilt rechtlich immer noch der Grundsatz der Barzahlung (→ Rn. C106), MüKoBGB/Casper Vor § 675c Rn. 15. **Muster:** Hopt/Merkt VertrFormB/Werner Form IV. C.1 (Bedingungen für die Datenfernübertragung).

C21 **b) Vier Vertragsverhältnisse beim Girogeschäft:** Beim Girogeschäft schalten der Schuldner (Überweisender, Zahler) und der Gläubiger (Überweisungsempfänger, Zahlungsempfänger) Zahlungsdienstleister zwecks bargeldloser Zahlung ein. Daraus folgen idR vier oder mehr Vertragsverhältnisse; bei der Eigen- oder Umbuchungsüberweisung sind dagegen nur der Überweisende und seine Bank beteiligt, ganz hL, übersichtlich Omlor WM 2018, 937 (zahlungsverkehrsrechtliches Rechteck). Diese Vertragsverhältnisse sind **streng zu trennen:**

(1) Die Zahlungen des bzw. der Zahlungsdienstleister dienen der Erfüllung im Verhältnis von Überweisendem und Überweisungsempfänger (**Valutaverhältnis**), → Rn. C106. Durch die Einschaltung des bzw. der Zahlungsdienstleister treten zu dem Valutaverhältnis ein oder in der Regel zwei oder mehrere weitere Rechtsverhältnisse hinzu:

(2) Das Verhältnis zwischen dem Überweisenden und seiner Bank (**Deckungsverhältnis**), → Rn. C33, also der **Girovertrag** (Zahlungsdiensterahmenvertrag iSv § 675f II BGB), auf Grund dessen der Überweisende seiner Bank den Überweisungsauftrag erteilt.

(3) Das Verhältnis zwischen dem Überweisungsempfänger und seiner Bank (**Inkasso- oder Ausführungsverhältnis**), → Rn. C89, also in der Regel ebenfalls ein Girovertrag, auf Grund dessen der Überweisungsempfänger den Betrag auf sein Konto überwiesen erhält.

(4) Wenn wie in der Regel der Überweisende und der Überweisungsempfänger nicht ihre Konten bei derselben Bank haben, tritt das Verhältnis zwischen der Bank des Überweisenden und der Bank des Überweisungsempfängers hinzu (**mehrgliedriger Überweisungsverkehr, Interbankenverhältnis**), → Rn. C83. Wenn die Überweisung nicht innerhalb desselben Überweisungsnetzes erfolgt, ergeben sich sogar mehr als ein Interbankenverhältnis.

C22 Werden zwei oder mehr Banken in den Überweisungsvorgang eingeschaltet, bestehen **Vertragsbeziehungen** jeweils des Überweisenden und des Überweisungsempfängers **nur zu seiner eigenen Bank,** nicht zu anderen beteiligten Banken; Ausnahme bei einer von dem Zahlungsdienstnutzer vorgegebenen zwischengeschalteten Stelle (§ 675z S. 4 BGB), → Rn. C79). Zur Frage möglicher Schutzwirkungen → Rn. C88. Keine Ausnahme stellt § 675y I 3 BGB dar, danach hat nur der Überweisende, nicht auch der Überweisungsempfänger einen Anspruch auf Übermittlung des abgezogenen Betrags (→ Rn. C71).

C23 Wichtig zu sehen ist, dass **§§ 675c–676c BGB** mit wenigen Ausnahmen **nur das Deckungsverhältnis** zwischen dem Überweisenden und seiner Bank **und**

V. Bankgeschäfte C24, C25 **BankGesch (7)**

das Inkassoverhältnis zwischen dem Überweisungsempfänger und seiner Bank **regeln,** also jeweils zwischen Zahlungsdienstnutzer und Zahlungsdienstleister, dagegen **nicht das Interbankenverhältnis** (ausgenommen Ausgleichs- bzw. Haftungsanspruch nach § 676a BGB zwischen zwei Zahlungsdienstleistern oder einer zwischengeschalteten Stelle nach § 676a BGB, → Rn. C86) **und** überhaupt nicht **das Valutaverhältnis** (vgl. aber § 270a BGB, unwirksame Vereinbarungen zwischen Schuldner und Gläubiger für die Nutzung bargeldloser Zahlungsmittel, → Rn. C106). Der Zahlungsverkehr läuft unabhängig vom Valutaverhältnis ab, auch wenn dieses unwirksam ist oder fehlt (Verkehrsschutz, sog. Neutralität der bargeldlosen Zahlungen), BHCasper Rn. 11.

c) Bedingungen für den Überweisungsverkehr 8/2021 (Stand C24 31.8.2021): Neben den (8) AGB-Banken gelten für den Überweisungsverkehr Sonderbedingungen (s. (8) AGB-Banken Nr. 1 I 2), umfassend überarbeitete Fassung wie die der AGB-Banken zum 31.10.2009, sodann Fassung vom 1.2.2014 mit Änderungen zum 1.2.2016 und zum 13.1.2018 (neues Zahlungsdienstleistungsrecht). Entsprechend Bedingungen für den Überweisungsverkehr der Sparkassen (Stand 1.6.2018). Die Bedingungen für den Überweisungsverkehr regeln die Überweisung, soweit §§ 675c–676c BGB (bzw. die ZahlungsdiensteRL, → Rn. C1, C2, C5) dafür Raum lassen. Die Bedingungen enthalten drei Abschnitte. Im ersten (1 Allgemein) werden zunächst die wesentlichen Merkmale der Überweisung einschließlich des Dauerauftrags umrissen (Nr. 1.1). Es folgen Kundenkennung (Nr. 1.2, nF 2/2014: bei Euro Inlandsüberweisungen nur noch IBAN, grenzüberschreitend in EWR ebenfalls IBAN; bei anderer Währung Inland und EWR IBAN und BIC oder Kontonummer und BIC; bei Euro oder anderer Währung außerhalb EWR IBAN und BIC oder Kontonummer und BIC); Erteilung des Überweisungsauftrags und Autorisierung (Nr. 1.3), Zugang des Überweisungsauftrags bei der Bank (Nr. 1.4), Widerruf des Überweisungsauftrags (Nr. 1.5), Ausführung des Überweisungsauftrags (Nr. 1.6), Ablehnung der Ausführung (Nr. 1.7), Übermittlung der Überweisungsdaten (Nr. 1.8), Anzeige nicht autorisierter oder fehlerhaft ausgeführter Überweisungen (Nr. 1.9), Entgelte und deren Änderung (Nr. 1.10, nF 1/2021 Streichung der Zustimmungsfiktion) Wechselkurs (Nr. 1.11), Meldepflichten nach Außenwirtschaftsrecht (Nr. 1.12) und Außergerichtliche Streitschlichtung und sonstige Beschwerdemöglichkeit (Nr. 1.13 entspr. (8) AGB-Banken Nr. 21 nF 21.3.2016). Der zweite Abschnitt behandelt Inlands- und EWR-Überweisungen (Nr. 2.1–2.3: Nr. 2.1 Erforderliche Angaben nF 1.2.2016; Nr. 2.2 Maximale Ausführungsfrist: Fristlänge, Beginn der Ausführungsfrist; Nr. 2.3 Erstattungs- und Schadensersatzansprüche des Kunden). Nr. 2.3.4 regelt Erstattungsanspruch von Unternehmen (zulässig nach §§ 675y, 675e IV BGB), keine Haftung für zwischengeschaltete Stellen (weitergeleitete Ansprüche), nur für eigenes Verschulden der Bank. Der dritte Abschnitt gilt für Überweisungen in Drittstaatenwährung und Überweisungen in Drittstaaten (außerhalb EU/EWR, Nr. 3.1–3.3). **Muster:** Hopt/Merkt VertrFormB/Werner Form IV. C.2 (Bedingungen für den Überweisungsverkehr); BHCasper Textanhang. Lit.: BZ/Zahrte 4 Bedingungen für den Überweisungsverkehr, 5 Bedingungen für Echtzeit-Überweisungen (Sparkassen; auf der Basis des 2017 SEPA Instant Credit Transfer Rulebook, SICT RB) → Rn. C18, 33.

B. Girovertrag als Zahlungsdiensterahmenvertrag: a) Girovertrag: Der C25 Girovertrag ist ein Geschäftsbesorgungsvertrag mit Dienstleistungscharakter (§§ 675 I, 611 BGB), hL, BGHZ 133, 14; BGH NJW 1985, 2699; 1991, 978; 2019, 3731 Rn. 25; und zwar eine besondere Ausprägung des **Zahlungsdiensterahmenvertrags** (§ 675f II 1 BGB, → Rn. C27) und, da dieser Vertrag werk- und dienstvertragliche Elemente beinhaltet, ein gemischttypischer Vertrag (→ Rn. C27), str. Auf die Judikatur zum Girovertrag kann deshalb, soweit

(7) BankGesch C26

§§ 676f ff. BGB keine Sondervorschriften beinhalten, weiter zurückgegriffen werden, MüKoBGB/Casper § 675f Rn. 36. Hauptleistungspflichten sind die vom Geldinstitut zu erbringenden Zahlungsdienste nach § 675c III BGB iVm § 1 I 2 ZAG, also (Bar-)Einzahlungs- und -auszahlungsgeschäft und Ausführung von Zahlungsvorgängen, BGH NJW 2019, 3771 Rn. 25 mkritAnm Bronk/Schütt BKR 2020, 98. Soweit Zahlungsdienstleistungen erbracht werden, wird der Girovertrag durch die Regeln des Zahlungsdiensterechts überlagert, BGH NJW 2019, 3771 Rn. 28 (für Entgeltklausel → Rn. C50). Der Girovertrag umfasst noch weitere, dem Zahlungsdiensterecht nicht notwendig unterliegende Leistungen der Bank wie Darlehen (§§ 488 ff. BGB) und Verwahrungsleistungen (§ 700 BGB) beim Girokonto, BGH NJW 2019, 3771 Rn. 26. Durch den Girovertrag wird das Kreditinstitut berechtigt und verpflichtet, für den Kunden ein **Konto** einzurichten (→ Rn. C27, A36 ff.), Überweisungsaufträge zu Lasten dieses Kontos abzuwickeln und eingehende Zahlungen auf dem Konto gutzuschreiben. Das Konto wird kraft Abrede als Kontokorrent geführt (§§ 355 ff. HGB), → Rn. C/26. Zum **Überweisungsauftrag** und zur **Ausführung von Zahlungsvorgängen** im Einzelnen → Rn. C33. Vertragliche **Nebenpflichten,** nicht nur zu Kontoauszügen, sondern zB auf Auskunft (§§ 675 I, 666 BGB), BGH WM 1985, 1099, auch nach Ablauf der Aufbewahrungsfrist, falls Bank noch aufbewahrt, BGH NJW 2001, 1486. Beim aktiven Girokonto ist mit dem Girovertrag, von diesem streng zu trennen (BGHZ 131, 64), eine unregelmäßige **Verwahrung** (§§ 700, 488 ff. BGB, → Rn. B1), beim passiven Girokonto ein **Kreditvertrag** verbunden, BGHZ 124, 257. Verwahrfunktion als Hauptleistung, Bepreisung des Verwahrentgelts möglich, bejahend OLG Dresden ZIP 2022, 837 (kontrollfreie Preishauptabrede), MüKoHGB/Herresthal A Rn. 549, Strobel BKR 2022, 96, Placzek RdZ 2021, 26, verneinend, AGB-Kontrolle, unwirksam, LG Berlin WM 2021, 2336 mablAnm Wollgarten/Bohne BKR 2022, 113, LG Düsseldorf ZIP 2022, 368. Die Möglichkeit von Bareinzahlungen soll heute nicht mehr zum Mindestinhalt des Girovertrags gehören, Grund: Giroverträge mit Direktbanken; aber entsprechende Vereinbarung ist ohne weiteres möglich. Mit dem Girovertrag sind häufig, ohne dass dieser bereits ein Recht darauf einräumt, **Zusatzabreden über weitere Bankgeschäfte** verbunden, OLG Dresden ZIP 2022, 838, teils ausdrücklich, teils konkludent; zB Lastschrift (→ Rn. E6), Scheckinkasso (→ Rn. E6), Einzug von Wechseln und anderen Einzugspapieren, Scheckvertrag (→ Rn. E1), teils ausdrücklich zB Kartenvertrag (→ Rn. F3), GeldKartenvertrag (→ Rn. F14), Zulassung zum Online-Banking, OLG Frankfurt a. M. WM 2015, 1711 (→ Rn. F30); der Girovertrag verpflichtet nicht ohne weiteres zum Abschluss solcher Zusatzabreden. Kündigung solcher Nebenabreden → Rn. C32. **Abschluss, Änderung und Kündigung:** → Rn. C30, C31, C32. Bei **Insolvenz** erlischt der Girovertrag mit Eröffnung (§§ 115, 116 InsO), das Girokonto kann nur im Rahmen eines neuen, auch konkludent geschlossenen Girovertrags weitergeführt werden, BGH WM 2019, 550 Rn. 11. Zu Girovertrag und Kontokorrent Ellenberger/Bunte Bankrechts-HdB/Schmieder § 26.

C26 Die Bank eröffnet dem Kunden ein **Girokonto** (→ Rn. A36–47, C27) zum Zahlungsverkehr (Annahme und Gutschrift von eingehenden Zahlungen des Kunden oder Dritter für den Kunden) und Ausführung von Überweisungen des Kunden; es steht damit im Gegensatz zum Sparkonto (Geldsammlung, → Rn. B3–5). Bei **Bareinzahlung** erwirbt nach herkömmlicher Lehre der Kontoinhaber das Forderungsrecht sofort, nicht erst mit der Gutschriftsbuchung, BGHZ 74, 132; auch Belastungsbuchung bei Barauszahlung ist nur deklaratorisch, BGHZ 63, 93; richtiger auch hier nur **Anspruch auf Gutschrift**, nur so kann die Bank Einwendungen und Einreden dagegen erheben. Die **Gutschrift** kommt durch einseitige, in der Gutschrift selbst liegende Erklärung der Bank zustande, Kenntnis des Begünstigten oder auch nur Mitteilung an ihn ist unnötig (→ Rn. C92). Gutschrift der zum Einzug eingereichten Schecks erfolgt unter Vorbehalt (Bedin-

V. Bankgeschäfte	C27 **BankGesch (7)**

gung) des Eingangs (**Vorbehaltsgutschrift, E. v.**), dazu str. → Rn. E6, → **(8)** AGB-Banken Nr. 9 Rn. 1 (vgl. auch → Rn. C49, C90, C92). Von der **Belastungs- und Gutschriftsbuchung** sind die für Soll- und Habenzinsen maßgeblichen **Wertstellungsbuchungen** (Valutierung) zu unterscheiden, zu der die Rspr. schon früher Mindestanforderungen aufgestellt hatte, zB Unwirksamkeit der Klausel über Wertstellung erst am nächsten Tag, BGHZ 106, 259; 135, 316; BGH WM 1997, 1661, geregelt in § **675t BGB** (→ Rn. C49). Die **Giroguthaben** sind jederzeit verfügbar (Sichteinlagen, → Rn. B1), übertragbar und pfändbar (→ HGB § 357 Rn. 2–4); auch künftige Girotagesguthaben (→ HGB § 357 Rn. 8–10). Der Kunde kann durch Überweisung(sverträge) verfügen, idR aber auch durch Scheckzahlung, dann liegt zusätzlich ein Scheckvertrag vor (→ Rn. E1). **Girokontovollmacht** (→ Rn. A52) umfasst auch Verfügung mittels Schecks, BGH WM 1986, 901; aber nicht ohne Weiteres auch Befugnis zur Kontoüberziehung (→ Rn. G4). Überweisungen auf Grund des Lastschriftmandats des Schuldners erfolgen im Lastschriftverfahren (→ Rn. D17). Das Girokonto ist ein **Bankkontokorrentkonto**, Grüneberg/Sprau § 675f Rn. 33 ff.; ausführlich MüKoHGB/Herresthal A Rn. 582 ff., → HGB § 355 Rn. 4. Lit.: Borges WM 1998, 105 (Wertstellung), Schimansky FS BGH, 2000, 6 (AGBKontrolle).

b) Zahlungsdienste(rahmen)vertrag (§ 675f II 1 BGB): Der Girovertrag C27 ist auch ein Zahlungsdienstevertrag (Kapitelüberschrift vor §§ 675f ff. BGB), und zwar ein Zahlungsdiensterahmenvertrag (RegE ZDRL I S. 102), BGH WM 2019, 550 Rn. 11 mAnm Richter BKR 2019, 549 (Freigabeerklärung des Insolvenzverwalters); BGH NJW 2019, 3769 Rn. 25; Nobbe WM 2011, 961. Der Zahlungsdienstevertrag kann auch konkludent abgeschlossen werden, BGH NJW 2019, 1451, 2022, 67, iErg abl. Der Zahlungsdienstevertrag ist eine Sonderform des **Geschäftsbesorgungsvertrags** mit dienst- und werkvertraglichen Elementen, letztere dominieren idR, MüKoBGB/Casper § 675f Rn. 7, dienstvertraglich bezüglich Kontoführung, werkvertraglich (§§ 675 I, 631 BGB) bezüglich Überweisungen (nicht nur bei institutsinternen Überweisungen, so schon nach BGH WM 1991, 797), also nicht bei Sparkontovertrag, BGH NJW 2018, 2632 Rn. 30; EuGH NJW 2018, 3697: Sparkonto ist kein Zahlungskonto, auch wenn Ein- und Auszahlungen nur über Girokonto erfolgen können. Denn insoweit ist das Kreditinstitut als Zahlungsdienstleister zur erfolgreichen Ausführung eines Zahlungsvorgangs verpflichtet (§§ 675f I, 675s, 675y I 5, III 4 BGB: ungekürztes und rechtzeitiges Eingehen des Zahlungsbetrags; im Valutaverhältnis liegt Bringschuld vor, → Rn. C108), bei der Überweisung auf Konten eines anderen Kreditinstituts Gutschrift auf dem Eingangskonto des Kreditinstituts (des Begünstigten), idR Konto bei der DBBk, Girozentrale oder einem anderen Kreditinstitut. Der Zahlungsdiensterahmenvertrag verpflichtet zur Ausführung einzelner und aufeinander folgender Zahlungsvorgänge und gegebenenfalls zur Führung eines **Zahlungskontos** (§ 675f II BGB, Begriff → Rn. C8, auch **Girokonto**, → Rn. C26, C27) und ist ein **Dauerschuldverhältnis** iSv § 314 BGB. **§ 675f II 2 BGB** betrifft **Zusatzvereinbarungen,** wie sie heute beim Girovertrag (→ Rn. C/25) üblich sind, etwa Kartenzahlung (→ Rn. F/1 ff., aber auch eigener Kartenvertrag kann vorliegen). Der Zahlungsdienstevertrag kann danach auch Teil eines anderen Vertrags, etwa eines Kreditvertrags, sein oder mit diesem zusammenhängen, dies ohne Identität, da der Girovertrag auch Nicht-Zahlungsdienste wie Einlösung von Schecks und Wechseln umfassen kann, MüKoBGB/ Casper § 675f Rn. 36. Für Kreditvereinbarungen gelten §§ 488 ff. BGB, auch für den Überziehungskredit (→ Rn. G4). Zur Trennung zwischen dem Zahlungsdiensterahmenvertrag über das Girokonto (§ 675f II BGB) und einem damit zusammenhängenden Darlehen (Dispositionskredit), BGH WM 2015, 822 Rn. 34. Da der Girovertrag ein Zahlungsdiensterahmenvertrag ist, sind alle Vorschriften der §§ 675f ff. BGB über den Zahlungsdienstevertrag, aber auch der

(7) BankGesch C28, C29

§§ 675c ff. BGB über die Zahlungsdienste auf ihn anwendbar und gehen, soweit sie zwingend sind (→ Rn. C17), den allgemein auf ihn anwendbaren Regeln vor. Das gilt insbesondere für die Änderung und Kündigung (→ Rn. C31, C32) sowie die Durchführung der Überweisung (→ Rn. C33 ff.), vor allem ist für einen Zahlungsvorgang ein eigener Zahlungsauftrag (Weisung) erforderlich (→ Rn. C34). Was hier für die Überweisung und Kontoführung gesagt wird, gilt entsprechend für Zusatzabreden zum Girovertrag wie die Lastschrift, Online-Banking-Abrede und andere unter §§ 675c–676c BGB fallende Zahlungsvorgänge (→ Rn. C25), Grüneberg/Sprau § 675f Rn. 7, nicht dagegen für das Scheckinkasso, das von der ZahlungsdienstleistungsRL nicht erfasst ist (vgl. → Rn. C7). Der Zahlungsdienste(rahmen)vertrag ist idR **entgeltlich** (§ 675f V BGB, → Rn. C50). Zu Schutzwirkungen des Zahlungsdiensterahmenvertrags Omlor WM 2018, 57. In dem Zahlungsdiensterahmenvertrag zwischen dem Zahlungsempfänger und seinem Zahlungsdienstleister darf ersterem die Möglichkeit ausgeschlossen werden, dem Zahler eine Ermäßigung, zB Rabatt, oder einen anderweitigen Anreiz für die Nutzung eines bestimmten Zahlungsinstruments (Definition → Rn. C8, zB Kreditkarte mit Unterschrift oder PIN oder Debitkarte mit PIN, nicht Überweisung, Lastschrift oder einfache Nutzung einer Kreditkarte) anzubieten (**§ 675f VI BGB**, → Rn. F57; Verbot des **surcharging** im Valutaverhältnis im Rahmen des **§ 270a BGB** (→ Rn. C106), Omlor WM 2018, 941, Einschränkungen auch gegenüber Verbrauchern nach § 312a IV BGB. Lit.: MüKoBGB/Casper § 675f Rn. 20 ff.

C28 Nach § 675f III 1 BGB ist der Zahlungsdienstnutzer **berechtigt,** einen **Zahlungsauslösedienst** oder einen **Kontoinformationsdienst** (§ 675c IV BGB→ Rn. C11) **zu nutzen,** es sei denn, das Zahlungskonto des Zahlungsdienstnutzers ist für diesen nicht online zugänglich. Voraussetzung für die Inanspruchnahme dieser Dienste ist also, dass das Konto vereinbarungsgemäß als Onlinekonto geführt wird, RegE S. 154, Grüneberg/Sprau § 675f Rn. 11. Dann ist das ein zwingender Bestandteil des Zahlungsdienstevertrags und wird vermutet. Die Darlegungs- und Beweislast für das Fehlen der online-Zugänglichkeit liegt beim kontoführenden Zahlungsdienstleister („es sei denn", RegE S. 154). Das Recht nach § 675f III 1 BGB hängt nicht von einem diesbezüglichen Vertrag des Zahlungsauslösedienstleister oder des Kontoinformationsdienstleisters mit dem kontoführenden Zahlungsdienstleisters ab (§ 675f III 2 BGB, parallel §§ 48 II, 50 II ZAG). Zugangsverweigerungsrecht nach § 52 I ZAG. Schadensersatzansprüche bei unberechtigter Zugangsverweigerung, Drittschutzwirkung, Omlor WM 2018, 57. Zu III näher MüKoBGB/Casper § 675f Rn. 39 ff.; Grüneberg/Sprau § 675f Rn. 11 ff.; Conreder/Schild BB 2016, 1165; Omlor ZEuP 2021, 821; du Mont/van der Hout Recht der Zahlungsdienste 2022, 114.

C29 c) **Einzelzahlungsvertrag (§ 675f I BGB):** Neben dem Girovertrag als Zahlungsdiensterahmenvertrag (→ Rn. C27) spielt der Einzahlungsvertrag praktisch nur eine sehr geringe Rolle (Unterschiede ua hinsichtlich Informationspflichten § 675d I 1 BGB iVm Art. 248 § 12 EGBGB, → Rn. C14, keine Zahlungsinstrumente, s. C37); anders zwischen dem Zahler und dem Zahlungsauslösedienst auf Übermittlung der Zahlungsdaten an die Bank des Zahlers, BHCasper Rn. 87. Durch ihn wird der Zahlungsdienstleister (idR Bank) verpflichtet, für die Person, die einen Zahlungsdienst (hier Zahlung) als Zahler, Zahlungsempfänger oder in beiden Eigenschaften (zB Bargeldabhebung am Bankschalter oder Geldautomat) in Anspruch nimmt (**Zahlungsdienstnutzer,** Legaldefinition), einen Zahlungsvorgang (hier: Einzahlungen, Auszahlungen) auszuführen. Entgelt (§ 675f V 1 BGB, → Rn. C50), Aufwendungsersatz (§§ 675f I, 675 I, 670 BGB). Der Einzelzahlungsvertrag beinhaltet bereits den Zahlungsauftrag (→ Rn. C34), BGH NJW 2018, 2632 Rn. 30; MüKoBGB/Casper § 675f Rn. 18, üL, dieser kann nicht widerrufen werden (§ 675p BGB, → Rn. C40); das gilt auch für den Einzahlungsvertrag mangels Vorbehalts selbst, § 671 BGB über Widerruf und Kündigung ist in § 675c I BGB ausgespart. Zu den Barzahlungsaufträgen Ellenberger/Bunte Bankrechts-HdB/Schmieder § 28 Rn. 199 ff. Zur zulässigen Bepreisung von Barein- und -auszahlungen nach § 675f V 1 BGB → Rn. C50. Zu § 675f **IV** BGB → Rn. C34, C33. Zu § 675f **V** BGB → Rn. C50.

C. Abschluss, Änderung und Kündigung des Giro- bzw. Zahlungs- C30 diensterahmenvertrags: a) Abschluss: Auch der Girovertrag kommt formlos zustande, in der Praxis idR Schriftform. Das Kreditinstitut ist **zum Abschluss** eines Girovertrags **nicht verpflichtet,** BGH WM 2004, 1546 (für Überweisungsvertrag), Grüneberg/Sprau § 675f Rn. 3, auch nicht auf Grund des Bankvertrags (→ Rn. A6, kein neutrales Geschäft), Grund: bei Überweisung Erfolg geschuldet (→ Rn. C48) und Einstandspflicht. Erst recht kein Anspruch auf Online-Banking, OLG Frankfurt ZIP 2015, 1967. Aber Einschränkung durch **ZKG** 11.4.2016 BGBl. 720, Recht auf **Basiskonto** (→ Rn. A6). Der Girovertrag kommt **formlos** zustande, bei Barüberweisung (und vorhandenem Konto) idR mit ausdrücklicher Annahme, sonst nach § 362 HGB, hilfsweise § 151 BGB, Vertretung durch Eltern, ohne dass § 181 BGB eingreift, BGH WM 2004, 1546 (für Überweisungsvertrag). § 181 BGB greift bei Überweisung des Vertreters auf das eigene Konto nicht ein, weder unmittelbar noch analog, BGH WM 1958, 553; 1982, 549; aA Schlegelb/Hefermehl Rn. 17.

b) Änderung (§ 675g BGB): Für Änderungen des Giro- bzw. Zahlungs- C31 diensterahmenvertrags gilt § 675g BGB, also textformbedürftiges (Art. 248 §§ 2, 3 EGBGB) **Änderungsangebot** spätestens **zwei Monate** vor dem vorgeschlagenen Wirksamwerden (§ 675g **I** BGB), dies mit der Möglichkeit besonderer Vereinbarungen dazu (§ 675g **II, III** BGB über Zustimmungsfiktion und unmittelbare, auch dem Zahlungsdienstnutzer ungünstige Änderung von Zinssätzen oder Wechselkursen; ohne vorherige Benachrichtigung, aber Schadensersatz). Die Schranken des § 675g BGB gelten nur gegenüber Zahlungsdiensteverträgen, nicht gegenüber mit diesen verbundenen Verträgen wie Kreditverträgen, und nur bei solchen „auf Veranlassung des Zahlungsdienstleisters". Solche Änderungen müssen auf den vereinbarten Referenzzinssätzen beruhen (Legaldefinition § 675g III 2 BGB), diese müssen aus einer öffentlich zugänglichen und überprüfbaren Quelle stammen, nach MüKoBGB/Casper § 675g Rn. 15 muss die Quelle unabhängig vom Zahlungsdienstleister sein, str. Der Referenzzinssatz kann ein Aktiv- oder ein Refinanzierungszinssatz sein, zulässig ist aber nur eine Zinsgleitklausel, nicht eine Zinsanpassungsklausel mit Ermessenspielraum der Bank, Nobbe WM 2011, 962. Die Änderungen dürfen den Zahlungsdienstnutzer zur Berechnung nicht benachteiligen (§ 675g IV BGB), zB durch nachteilige Zinsberechnung (RegE ZDRL I S. 104); Kompensation durch Kündigungsrecht genügt nicht. Erfasst ist aber nur die Berechnung, der Ausgangswert kann also unterschiedlich sein, zB Soll- und Habenzins, (Staub/)Grundmann 2020 Teil 3 Rn. 186. § 675g **IV** BGB enthält ein spezielles **Benachteiligungsverbot**, das nur für III, nicht auch für I und II gilt, Grüneberg/Sprau § 675g Rn. 14. Der Zahlungsdienstnutzer kann fristlos kündigen und muss darauf hingewiesen werden (§ 675h II 2, 3 BGB).

Die **Zustimmungsfiktion von II** gilt aber **nicht für AGB im Verkehr mit** C31a **Verbrauchern** (unangemessene Benachteiligung, § 307 I 1, II Nr. 1 BGB, Inhaltskontrolle trotz § 675g II 1 BGB), **BGH 27.4.2021 (Postbank-Entscheidung)** WM 2021, 1128 = ZIP 2021, 1262 = NJW 2021, 2273, Grüneberg WM 2022, 157, ebenda Tz 27, und gängige Bankpraxis, vollumfängliche Nichtigkeit ohne Aufspaltung, Tz 40 (vgl. → **(8)** AGB-Banken Nr. 1 Rn. 7); sehr krit. Omlor NJW 2021, 2243; verfehlt Casper ZIP 2021, 2361 mit Handlungsoptionen; UBH/Fuchs/Zimmermann (8) Rn. 8a ff.; Rodi WM 2021, 1311 Fn. 18, 1357; Vogel ZBB 2021, 312; Herresthal ZHR 186 (2022) 373; Klanten

(7) BankGesch C32

BKR 2022, 211; Zahrte BKR 2022, 69; zust. Artz BKR 2021, 492, Diekmann BKR 2021, 657. Das Urteil hat ganz erhebliche Folgen: Streit um Reichweite der Entscheidung, Rückwirkung und Erstattung, Verjährung (drei Jahre wie nach BGH im Energierecht, krit. wegen EuGH Graf von Westphalen ZIP 2021, 1885, NJW 2021, 2330, oder sogar zehn Jahre?, ab Kenntnis oder grob fahrlässiger Unkenntnis des Kunden (§ 199 I BGB), dann ab Veröffentlichung des Urteils?), Rechtsunkenntnis hilft nur ganz ausnahmsweise, BGH NJW 2022, 389 (VVG), Kündigung(sdrohung) der Bank, Einzelheiten sehr str., Musterfeststellungsklagen sind anhängig; Übersicht über die Argumente, Schultess NJW 2022, 431. Unterschiedliche Reaktionen der Kreditwirtschaft, weitere Umsetzungsmöglichkeiten, Lang/Rösler ZIP 2022, 504. Zur Rückforderung und Verjährung ausführlich Herresthal ZHR 186 (2022) 403 ff.; Simon ZIP 2022, 13. Zu Zinsansprüchen → **(7)** Bankgeschäfte Rn. B1. Stillschweigende Einbeziehung der geänderten Kündigungsklausel unabhängig vom AGB-Vertragsänderungsmechanismus sollte zulässig bleiben, Habersack ZIP 2021, 1837. Für Vertrauensschutz und Drei-Jahresgrenze für Rückabwicklung wie nach BGH NJW 2015, 2566 Tz 24 f. (VIII. ZS) im Energierecht, Omlor NJW 2021, 2247. Zur Verjährung Lang BKR 2022, 78. Übertragung auf den **Unternehmensverkehr** wäre verfehlt, ist aber zu befürchten, krit. Casper ZIP 2021, 2365, dafür Graf von Westphalen NJW 2021, 3145 auch Lang/Kühler NJW 2022, 2145. Klarheit erst durch Vorlage an den EuGH, Sicherheit bietet Änderungsvertrag, allerdings sehr aufwändig, Ruf nach dem Gesetzgeber, Klanten BKR 2022, 211. Die **Neufassung der AGB-Banken** vom 31.8.2021 hat dem Rechnung getragen, → **(8)** AGB-Banken Nr. 1 II, dort Rn. 7. Im Übrigen gelten die allgemeinen AGB-Regeln, für die Einbeziehung §§ 305 II, III BGB, materielle Klauselkontrolle, Grüneberg/Sprau BGB § 675g Rn. 1, Feldhusen WM 2020, 400 u. 443, Graf von Westphalen BB 2021, 2700 (Auswirkung von Prämiensparverträgen).

C32 **c) Kündigung (§ 675h BGB):** Für die **ordentliche Kündigung** des Zahlungsdiensterahmenvertrags (zu unterscheiden vom Widerruf des Überweisungsauftrags, nicht mehr nach Zugang, → Rn. C36, C40) gilt § 675h BGB bezüglich **Frist** und **Form**, also für den Zahlungsdienstnutzer formlos und jederzeit, ggf. mit vereinbarter Kündigungsfrist von nicht mehr als einem Monat, für den Zahlungsdienstleister nur unter bestimmten Voraussetzungen, jedenfalls nicht unter zwei Monaten und nur in der Form von Art. 248 §§ 2 und 3 EGBGB (§ 675h **I, II** BGB), im Geschäftsverkehr mit Nichtverbrauchern auch kürzer (§ 675e BGB), MüKoBGB/Casper § 675h Rn. 18, str. Dieses Kündigungsrecht ist **entgeltfrei** (§ 675h **IV,** weder Gebühr noch Aufwendungsersatz; zwingend § 675e I; so auch, wenn der Zahlungsdienstevertrag weniger als sechs Monate bestand, RegE S. 155; aber anteilige Berechnung und Erstattung, § 675h III BGB). In der Sache ist also ordentliche Kündigung möglich (näher **(8)** AGB-Banken Nr. 19 Nr. 2), auch aus nicht geschäftlichen Gründen, anders für Girovertrag mit politischen Parteien bei Sparkassen und staatlich beherrschten Kreditinstituten (→ Rn. A6), BGHZ 154, 146; NJW 2004, 1031, nur kraft Gleichbehandlung, OVG Lüneburg WM 2010, 1804 (iErg abl.). Die Kündigung des Girovertrags bringt auch die **Zusatzabreden** zum Zahlungskonto (→ Rn. C25) zum Ende. Aber Kündigung gesondert zum Girovertrag abgeschlossener Verträge, zB Kreditkartenvertrag und anderer selbständiger Sondervereinbarungen, ist unabhängig vom Girovertrag zulässig, BGH NJW 2006, 430, NJW 2013, 3163 Rn. 44, nicht aber auf dem Girovertrag aufbauende unselbständige Zahlungsdienstabreden wie Bankkartenzahlungsabrede, (Staub/)Grundmann 2020 Teil 3 Rn. 188, jedenfalls keine Kündigung zur Unzeit, aA nur Kündigung aus wichtigem Grund, Häuser WM 1991, 3; **nicht** aber **Teilkündigung** einzelner Leistungselemente, zB Dauerauftrag (keine abtrennbare Geschäftsbeziehung iSv **(8)** AGB-Banken Nr. 19 I 1), BGH WM 2006, 179. **Änderungskündigung** ist möglich, Herresthal WM 2013, 775; iErg auch MüKoBGB/Casper § 675h Rn. 9. Im Fall der Kündigung nur anteilige Entgelte, ggf. Rückerstattung (§ 675h III BGB). Die **Kündigung aus wichtigem Grund** ist in §§ 675c–676c BGB nicht geregelt, es verbleibt bei § 314 BGB (für Girovertrag str., ob insoweit §§ 626, 627 BGB, vgl. → Rn. C25) und, soweit wirksam, besonderen AGB-Abreden (s. **(8)** AGB-Banken Nr. 19 III). § 675h BGB berührt auch nicht die Insolvenz. **Nach Erlöschen** des Girovertrags ist die Bank nicht mehr verpflichtet, aber nachwirkend noch berechtigt, als Zahlstelle eingehende Beträge auf dem Konto zu verbuchen, die sie dann herausgeben muss (§ 667 BGB), BGH WM 2007, 348; 2015, 733 Rn. 9; Ellenberger/Bunte Bankrechts-HdB/Schmieder § 26 Rn. 36; zT aA Schimansky FS Nobbe, 2009, 163; MüKoBGB/Casper § 675h Rn. 22. Kein Herausgabeanspruch, wenn die Bank den Betrag zwar entgegennimmt, aber nicht mehr für den früheren Kunden, OLG Karlsruhe ZIP 2011, 1705. Lit.: Hadding FS Hopt, 2010, 1900; Herresthal WM 2013, 773.

3) Das Rechtsverhältnis zwischen den Banken und dem Überweisenden (Deckungsverhältnis)

A. **Überweisungsauftrag und Autorisierung: a) Überweisungsauftrag als Weisung und Zahlungsauftrag (§ 675f IV 2 BGB):** Der Bankkunde kann auf Grund des Girovertrags einzelne Überweisungsaufträge erteilen. Bei einem solchen handelt es sich um einen Zahlungsauftrag (§ 675f IV 2 BGB, → Rn. C34), und zwar um eine einseitige, geschäftsbesorgungsrechtliche Weisung (§§ 675 I, 665 BGB), RegE S. 102, BGH NJW 2018, 2632 Rn. 30; Ellenberger/Bunte Bankrechts-HdB/Schmieder § 28 Rn. 2; MüKoBGB/Casper § 675f Rn. 52; MüKoHGB/Herresthal A Rn. 50; so schon früh BGHZ 10, 319; BGH NJW 1983, 1779; 1991, 2210; 1998, 1640. Diese ist eine Willenserklärung; Geschäftsunfähigkeit und Fälschung → Rn. C57, Rechtsschein → Rn. C35. Die Weisung kann an Voraussetzungen gebunden (zB bei Lastschrift) oder spezifiziert sein (→ Rn. C42). Dabei handelt es sich tatbestandlich nicht um eine echte Anweisung iSv §§ 783 ff. BGB (mangels Urkunde, Leistung von Sachen, Aushändigung ua), sondern um eine **Anweisung** iwS, die gleichzeitige Leistungen im Valutaverhältnis zwischen dem Überweisenden und dem Überweisungsempfänger (→ Rn. C106) und im Deckungsverhältnis zwischen Überweisungsbank und dem die Weisung erteilenden Kunden zur Folge hat (Simultanleistung); § 784 I Hs. 2 BGB (Einwendungsausschluss) ist entspr. anwendbar, wichtig für den Bereicherungsausgleich (→ Rn. C93 ff.). Die Anweisung kann auch ohne Giroverhältnis erteilt werden. Überweisungsaufträge ohne Deckung ist nicht unbedingt Betrug, BGH NJW 2001, 453, Einzelheiten str. Anspruch auf Bestätigung der Erteilung des Überweisungsauftrags (entsprechend Quittung, § 368 BGB), Ellenberger/Bunte Bankrechts-HdB/Schmieder § 28 Rn. 7. Anweisung nur bei zwei Leistungsbeziehungen, nicht, wenn der Gläubiger seinen Schuldner anweist, zur Erfüllung einer einzigen Leistungsverpflichtung eine Zahlung auf das Konto eines Dritten vorzunehmen, BGH WM 2021, 383 mkritAnm Wilhelm JZ 2021, 787. Beim **Dauerauftrag** erteilt der Zahler seinem Zahlungsdienstleister (General-)Weisung (§§ 675c I, 665 BGB) im Vorhinein, zu bestimmten wiederkehrenden Terminen gleiche Überweisungen zu tätigen, er ist widerruflich (→ Rn. C36), BGH NJW 2017, 3649 Rn. 52; kein selbständiger Zahlungsdiensterahmenvertrag, Grüneberg/Sprau § 675f Rn. 19. **SEPA-Echtzeitüberweisung** (instant payment, → Rn. C16, C18), eigene Bedingungen auf der Grundlage des SEPA Instant Credit Transfer Abkommen und Rulebook (→ Rn. C24), zu unterscheiden von Sofortüberweisung. **Inkassoauftrag** ist kein Zahlungsauftrag, BGH NJW 2012, 2571, str., aber ebenfalls Weisung, BHCasper Rn. 142.

Ein **Zahlungsvorgang** ist jede Bereitstellung, Übermittlung oder Abhebung eines Geldbetrags (Legaldefinition, § 675f **IV 1** BGB), einerlei ob Buch- oder Bargeld (RegE ZDRL I S. 102) und unabhängig von der zugrunde liegenden

(7) BankGesch C35

Rechtsbeziehung zwischen Zahler und Zahlungsempfänger (Valutaverhältnis, → Rn. C106), aber nur das Abheben selbst, nicht die Kontoführung und (spätere) Buchung, BGH NJW 2018, 299 Rn. 26. Zahlungsvorgang ist danach der tatsächliche Geldfluss/Transfer von Buch- oder Bargeldbeträgen, also auch Belastungsbuchungen mit Zins- und Provisionsansprüchen (Transfer von Buchgeld), OLG Köln WM 2022, 665. **Zahlungsauftrag** ist jeder Auftrag, den ein Zahler (nicht auch ein Zahlungsempfänger, zur Lastschrift → Rn. D17, so aber Art. 4 Nr. 16 ZahlungsdiensteRL) seinem Zahlungsdienstleister zur Ausführung eines Zahlungsvorgangs entweder unmittelbar oder mittelbar über einen Zahlungsauslösedienstleister (seit 2018, → Rn. C11) oder den Zahlungsempfänger erteilt (Legaldefinition, § 675f **IV 2** BGB). Der Einzelzahlungsvertrag beinhaltet diese bereits (→ Rn. C29). Ein subjektives Element, etwa Zweckrichtung, ist nicht erforderlich, hL, MüKoBGB/Casper § 675f Rn. 49, Grüneberg/Sprau § 675f Rn. 14. Bei der Überweisung brauchen Zahler und Zahlungsempfänger nicht unterschiedliche Personen zu sein. Zahlungsauftrag ist nur die Weisung (also einseitig) des Zahlers an seinen Zahlungsdienstleister (→ Rn. C33), unmittelbar wie bei der Überweisung (**push-Zahlung,** auch bei Finanztransfer → Rn. C49) oder mittelbar angestoßen durch einen Zahlungsauslösedienstleister oder den Zahlungsempfänger wie bei der Lastschrift (**pull-Zahlung,** auch bei Kreditkartenzahlung), bei der Einzugsermächtigung lag allerdings früher kein Zahlungsauftrag des Zahlers an die Zahlerbank vor (s. hier 36. Aufl. Rn. D19; vgl. → Rn. C40, C70), inzwischen aber Änderung der Lastschriftbedingungen (hier 36. Aufl. Rn. D10). Folgen des Zahlungsauftrags für die Autorisierung des Zahlungsvorgangs (beides gleichzeitig, aber nicht identisch), → Rn. C35. Bei einem Zahlungsvorgang mittels eines Zahlungsauslösedienstleisters (→ Rn. C11), etwa Überweisung oder Kreditkartenzahlung, ist dieser nur (besitzloser) Bote des Zahlers gegenüber dem kontoführenden Zahlungsdienstleister, er hat grundsätzlich keine Pflicht, die Zahlungsvorgänge zu überprüfen, OLG München WM 2020, 737.

C35 b) **Autorisierung (§ 675j BGB):** Die Autorisierung ist die **Zustimmung des Zahlers zu einem Zahlungsvorgang** (§ 675j **I** 1, Legaldefinition). § 675j ist damit der Dreh- und Angelpunkt des Zahlungsverkehrsrechts, BGH WM 2015, 1633. Die Zustimmung ist eine **einseitige, empfangsbedürftige Willenserklärung,** für die §§ 182 ff. BGB zumindest analog gelten, Ellenberg/Bunte Bankrechts-HdB/Schmieder § 28 Rn. 16, auch MüKoBGB/Jungmann § 675j Rn. 12, wie unten. Wenn ein wirksamer Zahlungsauftrag erteilt ist (→ Rn. C33), dann ist die Zahlung autorisiert, sonst nicht, BGH NJW 2015, 3093 Rn. 25; 2016, 2024 Rn. 58; zur (Un)Wirksamkeit der Autorisierung → Rn. C35 am Ende. Es gibt **drei Formen der Autorisierung:** die „einfache", die Autorisierung in Form der **Authentifizierung** (§ 1 XXIII ZAG) und seit 2018 die **starke Kundenauthentifizierung** durch zwei voneinander unabhängige Elemente (aus den Kategorien: Wissen, Besitz und Inhärenz; §§ 1 XXIV, 55 ZAG, → Rn. C63; personalisierte Sicherheitselemente → noch unten), Jungmann ZBB 2020, 2. Daran können **Rechtsscheinsgrundsätze wie Duldungs- und Anscheinsvollmacht** (→ Einl. vor § 48 Rn. 5 und 6) wegen Vorrangigkeit des europäischen Rechts nichts ändern, BGH NJW 2016, 2024 Rn. 58; WM 2021, 174 Rn. 13; MüKoBGB/Jungmann § 675j Rn. 15, allenfalls insoweit als europäisches Recht nicht tangiert wird; LBS/Langenbucher 4. Kap. BGB § 675j Rn. 12a; nach Langenbucher FS Köndgen, 2016, 383 beschränkt auf Vorsatz und grobe Fahrlässigkeit; großzügiger wohl Grüneberg/Sprau § 675j Rn. 2, Grundmann WM 2009, 1114 (aber auch → Rn. C65), vgl. Linardatos BKR 2015, 98; Borges ZBB 2016, 252; s. a. Omlor BKR 2019, 108; Zahrte BKR 2019,129; vgl. auch BGH NJW 2017, 2273 Rn. 35 (zu TKG); das **Missbrauchsrisiko** liegt danach grundsätzlich **beim Zahlungsdienstleister,** BGH WM 2021, 174 Rn. 19. Zu Rechtschein, Anscheinsbeweis und Anscheinsvollmacht auch

V. Bankgeschäfte **C35 BankGesch (7)**

→ Rn. C65, C69. Für Bevollmächtigte zur Autorisierung eigene PIN und TAN, BGH NJW 2016, 2024 Rn. 59. Die **Autorisierung** ist aber **vom Zahlungsauftrag zu unterscheiden,** denn dieser enthält zusätzlich die Weisung zur Ausführung, Ellenberger/Bunte Bankrechts-HdB/Schmieder § 49 Rn. 2, MüKoBGB/Casper § 675f Rn. 55 f., der von einem Doppeltatbestand spricht, auch MüKoBGB/Jungmann § 675j Rn. 19. Für die Autorisierung gelten die §§ 675j I 2–4, II, 675k–675m BGB. Der **Begriff des Zahlungsinstruments** (Legaldefinition § 675c III BGB iVm Art. 1 XX ZAG, → Rn. C8, BHCasper Rn. 173 ff.; früher Zahlungsauthentifizierungsinstrument, nur redaktionelle Angleichung an ZDRL II, RegE S. 145, dazu BGH WM 2021, 174 Rn. 38 ff.) ist weit auszulegen, jedenfalls die Kreditkarte im Präsenzverfahren, str. für Kreditkarte im Distanzgeschäft (früher: Mail-Order-Verfahren), bejahend (Staub/)Grundmann 2020 Teil 3 Rn. 248; Oechsler WM 2010, 1381; differenzierend MüKoBGB/Jungmann § 675j Rn. 62f. (aber dennoch Einwilligung); Casper/Pfeifle WM 2009, 2344; Debitkarte mit PIN, BGH NJW 2016, 560 Rn. 25; für Überweisungsauftrag durch eigenhändig unterschriebenen Zahlschein EuGH WM 2015, 813, aber anderer Zusammenhang, Piekenbrock WM 2015, 800; Online-Banking über PC oder App und Einsatz von Passwort und TAN, EuGH WM 2015, 813 Rn. 39, 40 ff., 44; Omlor BKR 2019, 107; Grüneberg/Sprau § 675j Rn. 5. Die Zustimmung erfolgt in der Regel als **Einwilligung,** also vorherige Zustimmung, so vor allem bei der Lastschrift-Zahlung, bei der Überweisung, iErg auch bei der Kartenzahlung, MüKoBGB/Jungmann § 675j Rn. 24. Einwilligung ist auch vorab und ohne Betragsangabe zulässig, Piekenbrock WM 2015, 802 (Globaleinwilligung, wie § 675x III, IV BGB). Bei entsprechender Vereinbarung (nur dann, sonst unwirksam, aber auch durch AGB, Laitenberger NJW 2010, 193) kann sie auch als **Genehmigung** erfolgen (§ 675j I 2 BGB). **Art und Weise,** insbesondere Benutzung eines Zahlungsinstruments (→ Rn. C37), können vereinbart werden (§ 675j I 3, 4 BGB), BGH NJW 2016, 2024 Rn. 14, mangels Vereinbarung **formlos** und ggf. konkludent, auch in AGB, § 309 Nr. 13 gilt nicht. Die Unterschrift genügt, zB Kreditkartenbeleg im Präsenzgeschäft, Grüneberg/Sprau § 675j Rn. 6; MüKoHGB/Casper § 675c Rn. 10; Jungmann ZBB 2020, 2. Nicht mehr notwendig sind, aber praktisch verwendet werden **personalisierte Sicherheitsmerkmale** (§ 1 XXV ZAG → Rn. C/8, BHCasper Rn. 183 ff.) wie **PIN** und **TAN,** zu diesen BGH WM 2017, 1844 Rn. 29; MüKoHGB/Häuser B Rn. 194 ff.; ob auch **Unterschrift** dazu gehört, str., bejahend LBS/Herresthal 3. Kap. § 675j Rn. 10, BHCasper Rn. 191, zweifelnd Grüneberg/Sprau § 675j Rn. 7, verneinend Hofmann BKR 2018, 65; zu den verschiedenen PIN/TAN-Verfahren LBS/Herresthal 3. Kap. Vorb. Rn. 55a ff.; BZ/Zahrte Rn. 16a ff.; s.a. Omlor BKR 2019, 107 und → Rn. C52, 63; biometrische Merkmale und auch in anderem Zusammenhang verwendete Kodierungen als personalisierte Sicherheitsmerkmale, str., Omlor BKR 2019, 107 f., auch → Rn. C63. Die **(Un)Wirksamkeit** der Autorisierung ist in §§ 675c–676c BGB nicht geregelt, es gelten daher die allgemeinen Regeln über Verfügungsbefugnis und Unwirksamkeitsgründe, § 181 BGB bei Überweisung auf eigenes Konto ist nicht anwendbar, Ellenberger/Bunte Bankrechts-HdB/Schmieder § 28 Rn. 17; § 183 BGB wird durch § 675j II mit § 675p (→ Rn. C/40) verdrängt, Grüneberg/Sprau § 675j Rn. 3. Bei Minderjährigen § 111 BGB mit §§ 108, 109 BGB analog sowie § 180 S. 2 BGB analog, Ellenberger/Bunte Bankrechts-HdB/Schmieder § 28 Rn. 19. Unwirksamkeit zB wegen Eröffnung des Insolvenzverfahrens (§ 81 InsO), BGH NJW-RR 2009, 981, wegen Anordnung eines Verfügungsverbots (§ 21 InsO), OLG Frankfurt a.M. ZIP 2013, 943. Anfechtung ist str., Grüneberg/Sprau § 675j Rn. 3: für grundsätzliche Geltung der §§ 119 ff. BGB LBS/Langenbucher 4. Kap. Rn. 11; dagegen mit Ausnahme von § 123 BGB MüKoBGB/Jungmann § 675j Rn. 16, mit § 675p Rn. 9; § 123 II BGB, OLG Brandenburg NJW-RR 2018, 733

Hopt 2375

(7) BankGesch C36–C38

Rn. 32 ff.; auch § 123 BGB verdrängt durch Widerrufsregelung, LBS/Herresthal 3. Kap. § 675j Rn. 2b, 12a; → Rn. C/40. Bei Täuschung des Zahlers durch einen Dritten Anfechtung nur nach § 123 II BGB, OLG Brandenburg NJW-RR 2018, 733. Die **Beweislast** trägt der Zahlungsdienstleister (§ 675w BGB, → Rn. C68).

C36 Der **Widerruf** der Zustimmung durch Erklärung gegenüber dem Zahlungsdienstleister ist **nur so lange** möglich, wie der **Zahlungsauftrag widerruflich** ist, nämlich bis zu dessen **Zugang** (§ 675j II 1 BGB iVm § 675p II 1 BGB, → Rn. C40). Dagegen kann bei Zustimmung zu mehreren Zahlungsvorgängen, zB **Dauerauftrag**, BGH NJW 2017, 3649 Rn. 52, oder Lastschriftmandat für wiederkehrende Zahlungen, so widerrufen werden, dass jeder nachfolgende Zahlungsvorgang (auch wenn der einzelne Zahlungsauftrag nicht mehr widerrufbar ist) nicht mehr autorisiert ist (§ 676p II 2 BGB). Diese zeitliche Einschränkung des Widerrufs dient der Beschleunigung im Einklang mit der Verkürzung der Ausführungsfrist (§ 675s BGB, → Rn. C48). Zum **Direktwiderruf** s. zur Unwiderruflichkeit → Rn. C40.

C37 c) **Zahlungsinstrumente (§§ 675k–675m BGB):** Bei Einsatz eines Zahlungsinstruments (Begriff str., → Rn. C35) können **Nutzungsbegrenzungen** vereinbart werden (**§ 675k I**, II BGB, abzugrenzen vom Deckungs- bzw. Verfügungsrahmen, dh Guthaben und Kreditlinie, → Rn. F5, und vom Überziehungskredit, → Rn. G4), und zwar **Betragsobergrenzen** (zB pro Tag für Überweisungen im Onlinebanking oder für Kartengeldabhebungen) und **Sperren** des Zahlungsinstruments (dazu näher → Rn. F6, F40), MüKoBGB/Jungmann § 675k Rn. 39 ff. Voraussetzungen für letztere, Unterrichtungs- und Entsperrungspflichten s. § 675k **II** BGB (da Pflichten, kein Entgelt, → Rn. F6), BGH NJW 2016, 560 Rn. 26. Aber Entgelt für darüber hinaus gehende Leistungen nach Vereinbarung, OLG Köln WM 2016, 354, Entgelt auch für Ersatzkarte bzw. neues Zahlungsinstrument (§ 675l I 3 BGB, → Rn. C52, anders früher). Verweigerung des Zugangs zum Zahlungskonto gegenüber einem Zahlungsauslöse- oder Kontoinformationsdienstleister (§ 675k **III** BGB, zu diesen → Rn. C7, C11).

Pflichten des Zahlungsdienstnutzers (→ Rn. C29) **in Bezug auf Zahlungsinstrumente (§ 675l BGB)** → Rn. C52, C60 ff.; zur Kreditkarte → Rn. F45).

Pflichten des Zahlungsdienstleisters organisatorischer Art s. **§ 675m I BGB**, insbesondere sicherzustellen, dass der Zahlungsdienstnutzer jederzeit die Anzeige nach § 675l I 2 BGB (→ Rn. C52) vornehmen kann, jederzeit erreichbarer Rund-um-die-Uhr-**Sperrannahmedienst**, dazu BGH NJW 2016, 560 Rn. 27, darin auch zu den Kosten für eine Ersatzkarte (vgl. → Rn. C51). Das **Risiko der Versendung** des Instruments und der Versendung personalisierter Sicherheitsmerkmale desselben (zu diesen → Rn. C52) an den Zahlungsdienstnutzer trägt der Zahlungsdienstleister (§ 675m **II** BGB). Risikoübergang mit Eingang im Herrschaftsbereich des Zahlers (§ 675l I BGB). Keine Pflicht des Zahlers, nach Ankündigung des Zahlungsdienstleisters Posteingang auf tatsächliche Zusendung zu überwachen, LBS/Langenbucher 4. Kap. § 675m Rn. 8, strenger Grüneberg/Sprau § 675m Rn. 4. Informationsanspruch des Zahlers gegenüber seinem kontoführenden Zahlungsdienstleister bei ersuchter Bestätigung, dass ein für die Ausführung eines kartengebundenen Zahlungsvorgangs erforderlicher Betrag auf dem Zahlungskonto verfügbar ist (§ 675m **III** BGB). Mindestanforderungen an die Sicherheit von Internetzahlungen (MaSi), BaFin Rschr 4/2015, Zahrte ZBB 2015, 410; auch → Rn. C42.

C38 d) **Zugang des Zahlungsauftrags (§ 675n BGB):** Der Zahlungsauftrag wird gegenüber der Bank **wirksam mit Zugang** (§§ 675n **I** 1 iVm § 130 BGB; Nr. 1.4 Überweisungsbedingungen, → Rn. C24), Grüneberg/Sprau § 675n Rn. 2, MüKoBGB/Jungmann § 675n Rn. 11, auch für Onlinebanking, nach aA bereits mit „Eingang" (Art. 78 der Richtlinie II, → Rn. C2) bei der Bank ohne

Möglichkeit der Kenntnisnahme, offen BGH WM 2019, 1017 Rn. 21 ff. Der Zeitpunkt des Zugangs ist maßgeblich für den Widerruf des Zahlungsauftrags (§ 675p I BGB), für den Beginn der Ausführungsfrist (§ 675s I 1 BGB) und für die Ablehnung eines Zahlungsauftrags (§ 675o I 1 BGB), Grüneberg/Sprau § 675n Rn. 1. Zugang, auch wenn der Tag kein Geschäftstag ist, BGH WM 2019, 1017 Rn. 24 ff. Geschäftstag i. S. v. I 2, 4 ist der (volle) Kalendertag BGH WM 2019, 1017 Rn. 34 ff., aA BHCasper Rn. 151 ff. I 2 gilt ohne die Einschränkung wie in I 3 (dort: für die Zwecke des § 675s I), also auch für den Fall des § 675p I; legt der Zahlungsdienstleister nach I 2 fest, dass am folgenden Geschäftstag als zugegangen gilt, kann bis dahin auch widerrufen werden, BGH WM 2019, 1017 Rn. 31 f. **Cut-off**-Zeiten § 675n **I 3,** Zweck: Tagesabschluss ermöglichen; Festlegung „nahe am Ende eines Geschäftstages": vernünftiges Geschäftsermessen, weit auszulegen, auch unterschiedliche Festlegung für verschiedene Formen der Einreichung (beleggestützte und beleglose), zB für SEPA-Echtzeitüberweisung (→ Rn. C18, C24), MüKoBGB/Jungmann § 675k Rn. 41 ff.; Grenze aber Geschäftstag selbst, Grüneberg/Sprau § 675n Rn. 5. Die cut-off-Zeiten können einseitig festgelegt, aA BHCasper Rn. 158, und geändert werden. Folge von § 675n I 3 BGB: Fiktion des Zugangs am folgenden Geschäftstag, aber nur für die Berechnung der Ausführungsfrist (§ 675s I BGB, (→ Rn. C48), nicht auch sonst, zB Zugang des Widerrufs des Zahlungsauftrags, BGH WM 2019, 1017 Rn. 33 (→ Rn. C38, 40). **Geschäftstag** (Legaldefinition, § 675n **I 4** BGB) ist nicht allgemein Bankgeschäftstag des Gewerbes, sondern der tatsächliche des betreffenden Zahlungsdienstleisters, BGH WM 2019, 1017 Rn. 35 ff., also derjenige bei der jeweils kontoführenden Stelle bzw. bei Zahlungsvorgängen ohne Kontoberührung bei der Stelle, mit der der Zahler bzw. der Zahlungsempfänger Kontakt hat, also uU auch Samstag, Ellenberger/Bunte Bankrechts-HdB/Schmieder § 28 Rn. 15, Folge: regionale Unterschiede; bei Bankautomaten alle Tage, an dem sie betrieben werden, auch Sonntag, BGH NJW 2018, 299 Rn. 23, dort auch zum erforderlichen Geschäftsbetrieb. Ausnahme **Terminvereinbarungen,** zB Terminüberweisung, Daueraufträge, Lastschriften (§ 675n **II** BGB), auch solche zwischen dem Zahlungsempfänger und seiner Bank, Voraussetzung vollständiger Zahlungsauftrag, BGH NJW 2019, 2469 Rn. 46, Terminfestlegung und entsprechende Vereinbarung, Grüneberg/ Sprau § 675n Rn. 6. Dieser **Zugangszeitpunkt** ist **besonders relevant,** weil maßgeblich für das **Ablehnungsrecht** (→ Rn. C39), die **Unwiderruflichkeit** (s. C40) und die **Ausführungsfrist** (→ Rn. C48). Der Zahlungsauftrag kann dem Zahlungsdienstleister des Zahlers unmittelbar durch diesen oder mittelbar über den Zahlungsempfänger zugehen (§ 675f IV 2 BGB, → Rn. C34). Der Zahlungsauftrag des Zahlers ist von dem Inkassoauftrag des Zahlungsempfängers an seinen Zahlungsdienstleister zu unterscheiden. Bei Abhebung vom **Geldautomaten** wird der Zahlungsauftrag durch Eingabe des gewünschten Geldbetrags und der Pin erteilt und der Vorgang ist mit Entnahme des Gelds durch den Kunden abgeschlossen, keine Nachdisposition (anders bei Überweisung, → Rn. 90), Buchung kann später erfolgen, BGH NJW 2018, 299 Rn. 22, 25.

e) Ablehnung des Zahlungsauftrags (§ 675o BGB): Ablehnung der Ausführung oder Auslösung eines Zahlungsauftrags (gegenüber dem Zahler durch seine Bank und gegenüber dem Zahlungsempfänger durch seine Bank) ist **möglich** (§ 675o **I** BGB, dann aber unverzügliche Unterrichtung, jedenfalls innerhalb der Frist des § 675s I BGB, (Staub/)Grundmann 2020 Teil 3 Rn. 292), **anders** bei **Zahlungsdiensterahmenvertrag** (§ 675o **II** BGB). Hier darf der Zahlungsdienstleister des Zahlers die Ausführung eines autorisierten Zahlungsauftrags **nicht ablehnen,** außer 1) bei Fehlen der vereinbarten Voraussetzungen (Form, Deckung, also ausreichendes Guthaben in Auftragswährung oder Kredit, erforderliche Angaben ua, vgl. Nr. 1.6, 2.1, 3.1 der Überweisungsbedingungen,

(7) BankGesch C40

→ Rn. C24, aber keine Pflicht zur Ablehnung, zB bei Obergrenze zu Kontostand nach AGB, anders bei Verfügungsrahmen für die einzelne Transaktion, BGH NJW 2012, 2422 Rn. 36 f.), zB Anhaltspunkte für Missbrauch der Vertretungsmacht, OLG Schleswig NJW-RR 2014, 741, oder 2) bei Verstoß der Ausführung des Zahlungsauftrags gegen Rechtsvorschriften, BGH ZIP 2013, 1828 Rn. 24, Nobbe WM 2011, 963; maßgeblicher Zeitpunkt: noch bis zum Beginn der Ausführung, BHCasper Rn. 225. Die Bank muss also bei Guthaben oder offener Kreditlinie die Überweisung vornehmen, auch wenn sie Kenntnis von der Zahlungsunfähigkeit des Schuldners hat, BGHZ 193, 129 Rn. 23; BGH ZIP 2013, 371 Rn. 30, dies auch im Cash-Pool-Verfahren, in diesem ist die Bank bloße Zahlstelle der Poolführerin, BGH ZIP 2013, 1828 Rn. 24. Ablehnung ist danach praktisch selten, denkbar zB bei fehlender Genehmigung nach AWG, Geldwäsche uä, nicht mehr einfach bei Überweisungen in unsichere Länder. Bei berechtigter Ablehnung kein Zugang (Fiktion) mit den an diesen geknüpften weitreichenden Folgen (§ 675o III BGB, → Rn. C39). **Entgelt** nach § 675o I 4 BGB nicht nur für Unterrichtung über eine berechtigte Ablehnung, sondern auch **für die Ablehnung selbst,** RegE BT-Drs. 18/11495, 158, anders noch nach der ZDRL I und aF, BGHZ 146, 377, NJW 2017, 3639 m. krit. Anm. Hingst. Anforderungen an Entgelt nach § 675f V 2 BGB (→ Rn. C50), **Gebühren** beim Zahlungsverkehr → Rn. C51.

C40 **f) Kein Widerruf nach Zugang des Zahlungsauftrags (§ 675p BGB):** Nach Zugang kann der Zahlungsdienstleister den Zahlungsauftrag **nicht mehr widerrufen** (§ 675p I BGB, Grundsatz der Unwiderruflichkeit), außer unter den engen Ausnahmen von § 675p II-IV BGB (Willenserklärung, Weisung). Tatsächlicher Zugang des Widerruf (§ 130 BGB, § 675n I BGB → Rn. C/38 und dort BGH WM 2019, 1017 Rn. 33; anders für § 675n I 2, 3 BGB, BHCasper Rn. 208, verschieben nur die Ausführungsfristen. Für Widerrufsmöglichkeit nach Zugang auch noch unter Anwesenden am Schalter BHCasper Rn. 209 (teleologische Reduktion). Nach Zugang erst recht **kein Direktwiderruf** unmittelbar gegenüber der Empfängerbank, Ellenberger/Bunte Bankrechts-HdB/Schmieder § 28 Rn. 23a, (Staub-/)Grundmann 2020 Teil 3 Rn. 306, aber bei Vereinbarung mit Unternehmerkunden (§ 675e IV BGB), Grundmann WM 2009, 1115 Fn. 34, str., näher BHCasper Rn. 206. Vereinbarung zwischen Zahler und Zahlungsdienstleister über Nichtausführung des noch nicht vollendeten Zahlungsvorgangs fällt nicht unter § 675p BGB (§§ 133, 157 BGB; vgl. § 675r BGB), BGH NJW 2015, 3093. Beim **Dauerauftrag** (mehrere Zahlungsvorgänge, (→ Rn. C40) kann die Weisung zu einzelnen (restlichen) Zahlungsvorgängen widerrufen werden, BGH NJW 2017, 3649 Rn. 52 f., Grund: gesetzliche Nebenpflicht, entgeltfrei bis zum Zeitpunkt nach § 675p IV 3. **Frühe Unwiderruflichkeit** bei Auslösung des Zahlungsvorgangs beim Zahlungsauslösedienstleister (§ 675f III BGB, Pushzahlung) oder vom oder über den Zahlungsempfänger, zB bei **Kreditkarten-** oder Point-of-Sale(POS)-Zahlungen (Pullzahlungen, § 675p II 1 BGB, → Rn. F38); dabei Zugang beim Zahlungsauslösedienstleister. Widerruf bei **Lastschriften** (§ 675p II 2 BGB, → Rn. D23 f.); trotz früher Unwiderruflichkeit Wirksamwerden des Zahlungsauftrags erst bei Zugang beim Zahlungsdienstleister des Zahlers (§ 657n I 1 BGB, → Rn. C38). **Anfechtung** nach § 119 I BGB, aber nur noch in den Grenzen von § 675p BGB, § 123 BGB bleibt, → Rn. C35; für Verdrängung auch von § 123 BGB, LBS/Herresthal 3. Kap. § 675p Rn. 1b. Nach OLG Köln WM 2016, 1782 auch kein Anspruch auf Anhalten bei Mitteilung von Verdachtsmomenten, aber Grenzen aus Rechtsmissbrauch und Warnpflicht, → Rn. C42, C43, Ellenberger/Bunte Bankrechts-HdB/Schmieder § 28 Rn. 58, 68, 93. Widerruf bei **Termin** für Ausführung eines Zahlungsauftrags (§ 675n II BGB) bis zum Ende des Vortags (§ 675p III BGB), so auch bei Dauerauftrag (→ Rn. C40). **Vereinbarte Widerruflichkeit** ebenso wie freiwillige Beachtung des nicht mehr zulässigen Widerrufs sind grundsätzlich zulässig (vgl. **IV** 1, Grenzen), MüKoBGB/Jungmann § 675p Rn. 51, auch in AGB; aufschiebende Bedingung der Rückholung bei Überweisung, MüKoBGB/Jungmann § 675p Rn. 34. Vereinbarung einer längeren Widerrufsfrist, ggf. gegen Entgelt (IV 3, aber nur für die Fälle des IV, BGH NJW 2017, 3649 Rn. 53), in den Fällen von § 675p II BGB aber nur mit Zustimmung des Zahlungsempfängers (§ 675p IV 2 BGB. Kann der Zahlungsauftrag nicht mehr widerrufen werden, ist auch die Autorisierung nicht mehr widerruflich (→ Rn. C36). **(8)** AGB-Banken Nr. 9 II 1 und (SEPA-)Bedingungen Ziff. 2.4.2 sind wirksam, betreffen aber nur die Einlösung, nicht den Widerruf nach § 675p BGB, MüKoBGB/Jungmann § 675p Rn. 29). Sonderregeln für Teilnehmer an Zahlungsverkehrssystemen über Vorverlegung des Zeitpunkts im System (§ 675p **V** BGB, Finalitätsrichtlinie, Zahlungsdienstleister untereinander), Ellenberger/Bunte Bankrechts-HdB/Schmieder § 28 Rn. 25 gegen Kritik. SEPA Instant-Überweisung → Rn. C16, C18.

B. Rechte und Pflichten der Bank: a) Formale Auftragsstrenge: Durch **C41** den Zahlungsauftrag wird das überweisende Kreditinstitut gegenüber dem Überweisenden verpflichtet, dem Zahlungsempfänger (kann auch der Auftraggeber selbst sein) einen bestimmten Geldbetrag zur Gutschrift auf dessen Konto bei der Empfängerbank (idR Konto-zu-Konto-Überweisung; werkvertraglich, → Rn. C27; mehrgliedrige Überweisungen → Rn. C83, C84) zur Verfügung zu stellen; bei entsprechender Vereinbarung auch in bar (Zahlungsvorgang, → Rn. C34). Formale Auftragsstrenge steht der Auslegung des Auftrags am objektiven Empfängerhorizont nicht entgegen (§§ 133, 157 BGB), Rückfragen bei Unklarheiten → Rn. C42. Überweisungen sind von der Bank unverzüglich (§ 121 I 1 BGB, § 347 HGB), auf jeden Fall aber innerhalb der Ausführungsfrist (§ 675s BGB, → Rn. C48) und **strikt an den vom Kunden als Empfänger Genannten** durchzuführen. Die Bank hat die **formale Anweisung** iwS (→ Rn. C33) ohne Rücksicht auf die zugrundeliegenden Rechtsverhältnisse der Beteiligten zu befolgen (Grundsatz der **formalen Auftragsstrenge**), BGH WM 1962, 460; 1991, 799, NJW 2003, 1390; 2004, 2519, OLG Düsseldorf WM 2004, 1234, zumal bei Sammelüberweisung BGH WM 1992, 1392; aber kein Kontonummern-Namensabgleich (§ 675r BGB, → Rn. C43), insoweit Abweichung von der Auftragsstrenge, MüKoBGB/Jungmann § 675r Rn. 3). Auch keine Plausibilitätskontrolle über die gewissenhafte Auftragserfüllung hinaus, BGH NJW 2003, 1390. Hat der als Empfänger Bezeichnete **mehrere Konten**, ist strikt auf das vom Kunden bezeichnete zu überweisen, auch wenn eine vorgedruckte **Fakultativklausel** („oder ein anderes Konto des Empfängers") nicht gestrichen ist, BGHZ 98, 24; Grund: Gefährdung des Kunden zB bei Kontopfändung oder Konto im Debet. Überweisung auf Und-, Oder-Konto → Rn. A38–40. Existiert das angegebene Girokonto nicht (mehr), keine Gutbringung auf Sparkonto ohne Rückfrage, BGH BB 1989, 2213. Die Wichtigkeit strikter Befolgung der Anweisung erweist sich bei debitorischen oder gepfändeten Konten und bei besonderer Zweckbindung der Überweisung. Weisungen des Empfängers an seinen Zahlungsdienstleister → Rn. C90. Bei nicht erfolgter, fehlerhafter oder verspäteter Ausführung Haftung des Zahlungsdienstleisters nach §§ 675u ff., 675y BGB (→ Rn. C54 ff., C55), grundsätzlich abschließend (§ 675z I 1 BGB, → Rn. C77).

Überweisungsaufträge werden durch Gutschrift (auf das angegebene Konto, **C42** → Rn. C41) ausgeführt, außer bei ausdrücklicher anderer Weisung außerhalb des Überweisungsträgers; solche **besonderen Weisungen und Bedingungen,** zB nur bei Vorlage bestimmter Urkunden, sind zulässig, Ellenberger/Bunte Bankrechts-HdB/Schmieder § 28 Rn. 83. Vermerke in der **Spalte Verwendungszweck** auf dem Überweisungsvordruck dienen für Mitteilungen des Bankkunden an den Empfänger (Valutaverhältnis → Rn. C106) und brauchen von der Bank

(7) BankGesch C43

idR **nicht beachtet** zu werden, BGHZ 50, 230, OLG Düsseldorf WM 1987, 954. **Anders in engen Ausnahmefällen,** zB wenn die Bank selbst Überweisungsempfänger ist oder der abweichende Wille des Kunden für die Bank offensichtlich ist, BGHZ 50, 230, WM 1962, 460, NJW 2003, 1390, OLG Düsseldorf WM 1986, 478, Ellenberger/Bunte Bankrechts-HdB/Schmieder § 28 Rn. 68, 83. Ist die Anweisung unklar, zB falsche Kontonummer und unkorrekte Empfängerbezeichnung, oder kann die Bank die Anweisung aus einem anderen Grund nicht ausführen, zB auch weil die Deckung auf dem Konto nicht ausreicht (→ Rn. C39; dann uU Teilausführung, wenn im Interesse des Auftraggebers), ist die Bank je nach Einzelfall zu unverzüglicher **Rückfrage** bzw. **Benachrichtigung** verpflichtet, BGHZ 68, 269 (Postscheck), WM 1978, 637, OLG Hamm WM 1985, 1162 (auch für Lastschrift → Rn. D39, für ungedeckten Scheck → Rn. E1); widersprüchliche oder erkennbar falsche Weisung darf sie, falls Wille klar, richtig stellen, im Ausnahmefall sogar, wenn zur Rückfrage keine Zeit bleibt, im Interesse des Überweisenden von der Weisung abweichen (§§ 675c I, 675 I, 665 S. 1, 2 BGB), Ellenberger/Bunte Bankrechts-HdB/Schmieder § 28 Rn. 85, 93. Die Bank hat aber keine Pflicht zur Kontrolle der Kontobewegungen, auch wenn sie weiß, dass das Guthaben wirtschaftlich einem Dritten zusteht. Rückfragepflicht muss Ausnahme bleiben, so Prüfungspflicht der Bank bei Verdacht missbräuchlicher Abbuchungen eines Vertreters des Kunden, BGH WM 2004, 1625, → Rn. A22, → HGB § 50 Rn. 5; Mitteilungspflicht bei Nichtausführung einer Überweisung mangels Deckung folgt schon aus § 675o I BGB, nicht nur, wenn der Kunde von Ausführung der Überweisung trotz fehlender Deckung ausgehen konnte, vgl. BGH NJW 2001, 1420. Besondere Sorgfaltspflicht bei telefonisch veranlasster Blitzüberweisung, OLG Schleswig ZIP 2005, 2008. **Warnpflicht** → Rn. A24, C45, durch Zahlungsdienstrichtlinie nicht ausgeschlossen, Ellenberger/Bunte Bankrechts-HdBb/Schmieder § 49 Rn. 68, 93, Nobbe WM Sonderbeil. 1/2012, 8; sehr zurückhaltend Grüneberg/Sprau § 675f Rn. 8, allenfalls nach Treu und Glauben im Einzelfall; so auch für den Zahlungsauslösedienstleister (→ Rn. C34), OLG München WM 2020, 736. Auskunfts- und Rechenschaftspflicht (§ 666 BGB), auch neben § 355 HGB; zB laufende Kontoauszüge, bei Vertragsende nicht noch einmal umfassend (unzumutbar), BGH NJW 1985, 2699, aber begrenzt und gegen Kostenerstattung (§ 242 BGB), BGH NJW-RR 1988, 1072. **Organisations- und Verhaltenspflichten** des Zahlungsdienstleisters in Bezug auf Zahlungsinstrumente zwecks Verhinderung von Missbräuchen sind **in § 675m BGB** niedergelegt (für Karten → Rn. F7), § 675m BGB ist in seinem Anwendungsbereich nicht als abschließend zu verstehen, MüKoBGB/Jungmann § 675m Rn. 3, str., aber unter der Kontrolle des EuGH (→ Rn. C4). Sorgfaltspflichten bzw. **Mitverschulden** (§ 254 BGB) **des Zahlers,** Ellenberger/Bunte Bankrechts-HdB/Schmieder § 28 Rn. 124 ff.; speziell bei Ermöglichung missbräuchlicher Nutzung eines Zahlungsinstruments (§ 675v BGB, → Rn. C60 ff.). Bei Haftung ist abschließender Charakter der §§ 675u, 675y BGB zu beachten (§ 675z BGB, näher → Rn. C77). Rechte und Pflichten der Überweisungsbank, Nobbe WM Sonderbeil. 1/2012, 6. Mindestanforderungen an die Sicherheit von Internetzahlungen (MaSi), BaFin Rschr 4/2015, Zahrte ZBB 2015, 410; bei mobilen Zahlungssystemen, zB Smartphone, Tablet, Watch, Söbbing WM 2016, 1066. Keine Entgeltklausel für Erfüllung einer Pflicht der Bank, zB zur Sperrung (auch → Rn. F6), OLG Düsseldorf ZIP 2012, 1748; auch → Rn. C37.

C43   **b) Kein Kontonummer-Namens-Abgleich (§ 675r BGB):** Die Zahlungsdienstleister können den Zahlungsvorgang **allein anhand von Kundenkennungen** (Legaldefinition in § 675r II BGB, früher Kontonummer mit Bankleitzahl, BBAN; seit 1.2.2014 **IBAN,** Grüneberg/Sprau § 675r Rn. 3, SEPA, → Rn. C24, D2, D16; Begriff in der ZDRL II Art. 88: Kundenidentifikator) durchführen (§ 675r I 1 BGB), **Konsequenz: Fiktion der ordnungsgemäßen**

Ausführung (§ 675r 2 BGB aber erst mit Gutschrift durch die Empfängerbank, MüKoBGB/Jungmann § 675r Rn. 33), keine Haftung der Bank (§ 675y V 1 BGB); so auch bei der (SEPA-)Überweisung (→ Rn. C18, C19); aA unter altem Recht Name entscheidend, BGHZ 68, 268 (Postscheck); 108, 386, NJW 1987, 1826, stRspr. Diese für den Zahler gefährliche Vorschrift (immerhin § 675r III, → Rn. C/44 und § 675y V 2, 3, 4 BGB, → Rn. C/75) ist europarechtlich vorgegeben (Art. 88 I der ZDRL II, → Rn. C2), EuGH WM 2019, 1006 für die Zahlungsdienstleister des Auftraggebers und des Empfängers, Grund: vollautomatisierte Zahlungsabwicklung (zu ZDRL I, → Rn. C1); immerhin Art. 88 III UAbs. 1 S. 2: Unterstützungspflicht der Empfängerbank mit den für die Wiedererlangung des Überweisungsbetrags „maßgeblichen Informationen", Hoffmann WM 2016, 1110 (→ Rn. C46). Das gilt zunächst für die **Bank des Zahlers** (auch bei institutsinternen Überweisungen, MüKoBGB/Jungmann § 675r Rn. 13); da in § 675r I 1 BGB von Zahlungsvorgang und nicht wie in Satz 2 von Zahlungsauftrag die Rede ist, gilt § 675r I 1 BGB bezüglich der Gutschrift auch für die **Bank des Zahlungsempfängers,** letztere hat aber **nur ein Recht, keine Pflicht zur Gutschrift allein nach Kontonummer,** Konsequenz: kein Anspruch des durch die Kundenkennung fehlerhaft bezeichneten Zahlungsempfängers auf Gutschrift (nach Gutschrift an ihn aber keine Stornierung mehr, MüKoBGB/Jungmann § 675r Rn. 44 → Rn. C90, auch → Rn. C104), Casper FS Nobbe, 2009, 18; Sprau Bankrechtstag 2009, 124; Ellenberger/Bunte Bankrechts-HdB/Schmieder § 28 Rn. 79, 81, 166; (Staub/)Grundmann 2020 Teil 3 Rn. 329; aA Hadding FS Schneider, 2011, 453; Einzelheiten str.; zum Anspruch des „wahren" Empfängers auf Gutschrift → Rn. C90. Wird ein Zahlungsauftrag in Übereinstimmung mit der Kundenkennung ausgeführt, **gilt** er im Hinblick auf den darin bezeichneten Zahlungsempfänger **als ordnungsgemäß ausgeführt** (§ 675r I 2 BGB, keine bloße Vermutung).

Wenn die vom Zahler angegebene Kundenkennung für den Zahlungsdienstleister erkennbar keinem Zahlungsempfänger oder keinem Zahlungskonto zuordenbar ist, zB Prüfziffer der IBAN nicht korrekt (Prüfungspflicht, Hoffmann WM 2016, 2112), muss dieser das dem Zahler unverzüglich melden und ihm ggf. den Zahlungsbetrag wieder herausgeben (**Unmöglichkeit der Zuordnung,** § 675r **III** BGB, Erstattung bzw. Wiedergutschrift, aber keine valutarische Korrektur, RegE S. 111, also keine Stornierung der Belastungsbuchung mit entsprechender Wertstellung, → Rn. C49). Für die Erkennbarkeit kommt es auf „das Ergebnis einer technisch möglichen, automatisierten Überprüfung" an, ein manuelles Eingreifen kann vom Zahlungsdienstleister nicht verlangt werden (RegE S. 111), auch nicht bei institutsinternen Überweisungen. Prüfzifferberechnungsverfahren der Praxis (Kohärenzprüfung), MüKoBGB/Jungmann § 675r Rn. 23. § 675r III BGB soll bei irrtümlicher Angabe einer existierenden Kontonummer mit Bankleitzahl (IBAN → Rn. C24) auf Seiten der Zahlerbank nicht eingreifen, Nobbe WM 2011, 964. Ziff. 1.6 II der Bedingungen für den Überweisungsverkehr (→ Rn. C24) machen von der Möglichkeit des § 675r BGB Gebrauch.

Für den Zahler-Bankkunden, der sich vertan hat, ist das insgesamt eine harte Regelung. Wenn dem Zahlungsdienstleister das Auseinanderfallen von Kundenkennung und Empfängername auffällt oder ihm von der Empfängerbank mitgeteilt wird, muss er aber den Zahler **über § 675r III BGB hinaus** nach § 241 II BGB unterrichten (Warnpflicht), BGH NJW 2015, 3093 Rn. 15, MüKoBGB/ Jungmann § 675r Rn. 23. Dann können beide die erneute Ausführung des nunmehr richtigen Zahlungsauftrags oder Stornierung vereinbaren, BGH NJW 2015, 3093 Rn. 15. Wenn die Bank den **Fehler positiv erkannt** hat, zB bei Filialüberweisung oder aus besonderen Umständen, kann sie sich auf § 675r I 2 BGB nicht berufen (**§ 242 BGB,** Rechtsmissbrauch), Ellenberger/Bunte Bankrechts-HdB/Schmieder § 28 Rn. 58, (Staub/)Grundmann 2020 Teil 3 Rn. 331, schon nach § 241 II BGB, Grüneberg/Sprau § 675r Rn. 8. In besonderen Fällen ist sogar ein anderer objektiver Erklärungswert von Weisung und Autorisierung nicht völlig ausgeschlossen, Ellenberger/Bunte Bankrechts-HdB/Schmieder § 28 Rn. 58, uU dann sogar Anspruch des materiell Berechtigten auf Auszahlung, Ellenberger/Bunte Bankrechts-HdB/Schmieder § 28 Rn. 80.

C46 **c) Keine Ansprüche des Zahlungsdienstnutzers gegen seine Bank bei irrtümlich angegebener Kontonummer:** Ein Ersatzanspruch des Zahlungsdienstnutzers gegen den Zahlungsdienstleister, der keinen Kontonummer-Namens-Abgleich gemacht hat, ist ausdrücklich ausgeschlossen (§§ 675y V 1, 675z S. 5 BGB, auch → Rn. C79), insoweit **keine Pflichtverletzung** (§ 675r BGB, → Rn. C39); aber bei positiv erkanntem Fehler → Rn. C45. Konsequent dann auch keine Anfechtung, Fornasier AcP 212 (2012), 450. Der Zahler kann nur Bemühung des Zahlungsdienstleisters um Wiedererlangung des Zahlungsbetrags verlangen und muss sich dafür sogar noch ein Entgelt desselben berechnen lassen (§ 675y V 2, 5 BGB); gegen Korrektur dieses Ergebnisses Nobbe WM 2011, 694, Schürmann Bankrechtstag 2009, 42. Das hat zur Konsequenz, dass der Zahler dann auf einen Bereicherungsanspruch gegen den ihm unbekannten Empfänger (§ 812 I 1 BGB) angewiesen bleibt (→ Rn. C110). Einen eigenen Anspruch gegen die Empfängerbank auf Nennung des Empfängers hat er nach hL nicht, MüKoBGB/Jungmann § 675r Rn. 51, aber immerhin Pflicht des Zahlungsdienstleisters des Zahlungsempfängers, dem Zahlungsdiensleister des Zahlers alle für die Wiedererlangung des Zahlungsbetrag notwendigen Informationen mitzuteilen, ggf. Weitergabe an den Zahler, nicht entgeltfrei (§ 675y V 3–5 BGB). Die Bank des Zahlungsempfängers, die sich an der angegebenen Kundenkennung des Empfängers gemäß § 675r BGB orientiert hat, hat kein Stornorecht (→ Rn. C104, **(8)** AGB-Banken Nr. 8 gegen den tatsächlichen Empfänger, MüKoBGB/Jungmann § 675r Rn. 44; MüKoHGB/Häuser B Rn. 566; Bitter WM 2010, 1729; Einsele FS Reuter, 2010, 59; aA LBS/Langenbucher 4. Kap. BGB § 675r Rn. 7, § 675t Rn. 11. Bei von der Empfängerbank nicht zuordenbarer Überweisung auch Rückgabeanspruch der Zahlerbank gegen diese aus Girovertrag und uU ÜberweisungsAbk (s. C84), Casper FS Nobbe, 2009, 20. Grundsätzlich **kein Zurückweisungsrecht des Empfängers** analog § 333 BGB, anders nur wenn überhaupt kein rechtswirksames Valutaverhältnis bestanden hat, so MüKoBGB/Jungmann § 675t Rn. 33, 35, § 675r Rn. 38, so bei Fehlüberweisung, MüKoHGB/Häuser B Rn. 536, 538, BGH NJW 1990, 324, BGHZ 128, 135, 139 (fehlendes Valutaverhältnis), aA auch dann nicht MüKoHGB/Herresthal A Rn. 347, dazu auch → Rn. C90, C95. Plausibilitätsprüfung der Kundenkennung durch die Empfängerbank in der Praxis, Schürmann Bankrechtstag 2009, 44, für diesbezügliche Rechtspflichten der Empfängerbank aus § 241 II BGB, Nobbe WM 2011, 964, ebenso und für AGB-Kontrolle außer bei IBAN, Bitter WM 2010, 1730. Lit.: Casper FS Nobbe, 2009, 16; Frank/Massari WM 2009, 1120; Rauhut ZBB 2009, 43; Scheibengruber/Breidenstein WM 2009, 1393 (zur ZahlungsdienstRL); Sprau Bankrechtstag 2009, 124; Bitter WM 2010, 1726; Hadding FS Schneider, 2011, 443; Fornasier AcP 212 (2012), 447.

C47 **d) Entgelte bei Zahlungsvorgängen ohne Abzüge (§ 675q BGB):** Der Betrag, der Gegenstand des Zahlungsvorgangs ist (Zahlungsbetrag, Legaldefinition § 675q I BGB) muss von der überweisenden Bank und sämtlichen an dem Zahlungsvorgang beteiligten zwischengeschalteten Stellen der Empfängerbank **ungekürzt übermittelt** werden (§ 675q I BGB, Abzugsverbot beim Zahler; dazu § 675y I 4, → Rn. C71). Vereinbarte Teilüberweisung mangels Deckung ist keine Kürzung iSv § 675q I BGB. Zwischengeschaltet sind Institute auch in Zahlungsverkehrssystemen, auch wenn vom Zahlungsempfänger beauftragt. Auch die Empfängerbank darf Entgelte vor Erteilung der Gutschrift nur bei entsprechender Vereinbarung mit dem Zahlungsempfänger abziehen (§ 675q **II** BGB, Abzugsverbot beim Empfänger, auch in AGB), dann aber Informationspflichten nach Art. 248 §§ 8, 15 EGBGB (§ 675q II BGB), dies zur Vermeidung irrtümlicher Mahnungen des Zahlungsempfängers. Die Entgelte jeweils ihrer Bank tragen Zahler und Zahlungsempfänger (§ 675q III BGB, **Share-Regel**, aber nur wenn beide Zahlungsdienstleister im EWR belegen sind), sie ist unabdingbar, str.; BHCasper Rn. 303 ff. Zahlungsvorgänge mit Drittstaatenbezug (§ 675 **IV** BGB iVm § 675d VI (→ Rn. C14), BHCasper Rn. 307 ff., Share-Regel, OUR-Klausel (alle Gebühren vom Zahler zu tragen), nicht mehr BEN-Klauseln (nur Beneficiary).

e) **Ausführungsfrist (§ 675s BGB)**: Beginn mit Zugang des Zahlungsauftrags, § 675n I, bei Terminvereinbarung II BGB, → Rn. C38, dies ohne weitere Voraussetzungen wie Pflicht des Zahlungsdienstleisters zur Ausführung des konkreten Auftrags, Staudinger/Omlor § 675s Rn. 6, aA Grüneberg/Sprau § 675s Rn. 3, auch bei Fehlen der Voraussetzungen für die Ausführung der Überweisung nach § 675o BGB, → Rn. C39, Ellenberger/Bunte Bankrechts-HdB/Schmieder § 28 Rn. 42). Der Zahlungsdienstleister des Zahlers muss für alle Arten von Zahlungsvorgängen sicherstellen, dass der Zahlungsbetrag, einerlei ob direkt oder über zwischengeschaltete Institute, **spätestens am Ende des** auf den Zugang des Zahlungsauftrags **folgenden Geschäftstags** (Legaldefinition § 675n I 4 BGB, Geschäftstag des Zahlungsdienstleisters des Zahlers, Grüneberg/Sprau § 675s Rn. 3, aA MüKoBGB/Jungmann § 675s Rn. 5) beim Zahlungsdienstleister des Zahlungsempfängers eingeht (§ 675s I 1 BGB). Diese Frist kann voll ausgeschöpft werden, kein zusätzliches Beschleunigungsgebot, MüKoBGB/Jungmann § 675s Rn. 2. Vereinbarung, auch AGB, möglich auf bis zu vier Geschäftstagen bei Zahlungsvorgängen im EWR nicht in Euro (§ 675s I 2 BGB, einerlei in welcher Währung sonst). Zur maximalen Ausführungsfrist Ziff. 2.2 Bedingungen für den Überweisungsverkehr (→ Rn. C24). Für in Papierform ausgelöste Zahlungsvorgänge können die Fristen von Satz 1 um einen Geschäftstag verlängert werden (§ 675s I 3 BGB); nach dem Normzweck auch Email, SMS und Fax. **Geschuldet** ist also ein **Erfolg** (vgl. § 675y III 4 BGB: rechtzeitiges Eingehen des Zahlungsbetrags, → Rn. C27; Ansprüche bei Verspätung → Rn. C73, C74). Ob der Zahlungsempfänger in bar abhebt oder zuvor noch gar kein Konto bei der Bank hat, spielt keine Rolle. Frist zur Weiterleitung bei vom Zahlungsempfänger angestoßenen Zahlungsvorgängen, zB Lastschrift und Kartenzahlungen, s. § 675s II BGB (→ Rn. D46). Wenn Zahler und Zahlungsempfänger dieselbe Bank benutzen, zB bei Filialüberweisung, kommt es statt auf § 675s BGB nur auf die Wertstellung nach § 675t BGB an (RegE ZDRL I S. 111). Weitergehende Vereinbarungen zum Nachteil des Zahlungsdienstnutzers sind nicht mehr zulässig, auch nicht mit Unternehmerkunden (§ 675e I, IV BGB, → Rn. C17). Zahlungsvorgänge mit Drittstaatenbezug (§ 675j III BGB mit § 675d VI 1 Nr. 1 BGB, → Rn. C17), dann bleibt es bei den allgemeinen Regeln; Drittstaatensachverhalte, Grüneberg/Sprau § 675s Rn. 5. Reicht die Deckung nicht aus oder fehlen Angaben (→ Rn. C39), kann die Bank rückfragen oder zuwarten, also Ablehnung verbunden mit Aufforderung zu neuem Zahlungsauftrag; zu mehreren Überweisungen ohne ausreichende Deckung Ellenberger/Bunte Bankrechts-HdB/Schmieder § 28 Rn. 36. Übersicht: Hadding WM 2014, 2065.

f) **Wertstellung und Verfügbarkeit; Sperrung (§ 675t BGB)**: Die strikte Ausführungsfrist findet ihr Gegenstück auf der **Empfängerbankseite** und beseitigt zu Recht frühere Bankenpraktiken zu Wertstellungsgewinnen. Der Zahlungsdienstleister des Zahlungsempfängers ist verpflichtet, den Zahlungsbetrag dem Zahlungsempfänger **unverzüglich** (§ 121 I BGB) nach Eingang auf dem Konto des Zahlungsdienstleisters **verfügbar zu machen** (§ 675t I 1 BGB, wie Anspruch auf Gutschrift, → Rn. C90; Ausnahme bei Währungsumrechnung, § 675t I 1 Nr. 2 BGB, vgl. → Rn. C49, C17), also die Gutschrift zu erteilen (→ Rn. C92). Ebenso, wenn der Zahlungsempfänger kein Konto unterhält

(7) BankGesch C49 2. Teil. Handelsrechtl. Nebenges.

(§ 675t I 3 BGB), dann Barzahlung; auch bei **Finanztransfer,** vor allem in Ländern ohne funktionierenden Giroverkehr, Grüneberg/Sprau BGB § 675f Rn. 68. Der Zahlungsdienstleister des Empfängers hat ein Recht, aber keine Pflicht zur Überprüfung des richtigen Empfängers (→ Rn. C43). Bei mehreren Konten ist das angegebene Konto maßgeblich, OLG Schleswig WM 1984, 549; AGB über Wahlrecht des Zahlungsdienstleisters ist unwirksam, Grüneberg/Sprau § 675t Rn. 6. Positiv erkannter Fehler → Rn. C56; für Gutschrift auf einem anderen Konto des namentlich angegebenen Empfängers nach Hinweis Grüneberg/Sprau § 675t Rn. 6. Der **Anspruch** nach § 675t BGB auf Verfügbarmachung und **auf die Gutschrift selbst (und der Anspruch aus dieser,** → Rn. C91, C92) sind **streng zu trennen,** MüKoBGB/Jungmann § 675t Rn. 15, LBS/Herresthal 3. Kap. § 675t Rn. 2, 7b; aA anscheinend RegE ZDRL I S. 112. Anspruchsberechtigter ist der angegebene Kontoinhaber, bei Oder-Konto jeder der beiden (→ Rn. A39). **Gutschrift unter Vorbehalt (E. v.,** → Rn. C90, C92), zB bei einem möglichen Erstattungsanspruch des Zahlers im Lastschriftverfahren (§ 675x BGB, s. C70) ist zulässig, MüKoBGB/Jungmann § 675t Rn. 21, Laitenberger NJW 2010, 195. Gutschrift auch auf debitorisches Konto. § 675t BGB steht Pfand-, Zurückbehaltungs- und Aufrechnungsrechten an dem Betrag der Gutschrift und der Einbringung in ein Kontokorrent nicht entgegen (RegE ZDRL I S. 112). Von dem Verfügbarmachen ist die **Wertstellung (Valutierung)** zu unterscheiden (§ 675t I 2 BGB). Das **Wertstellungsdatum** für die Zinsberechnung (Legaldefinition § 675t I 2 BGB) muss spätestens der **Geschäftstag des Eingangs** sein **(Grundsatz der taggleichen Wertstellung).** Wertstellung und tatsächliche Gutschrifts- bzw. Belastungsbuchungen können auseinanderfallen (vgl. § 675t I 2 BGB), die Praxis der valutarischen Gutschrift kann also fortgeführt werden (RegE ZDRL I S. 112). Abweichende Vereinbarungen sind auch zwischen Banken und Unternehmern ausgeschlossen, das gilt auch für **Sammellastschrift** mit einheitlichem Wertstellungsdatum, MüKoBGB/Jungmann § 675t Rn. 14, aber für Wahl eines einheitlichen Wertstellungsdatums für den Gesamtbetrag, falls für den Zahlungsempfänger ohne Nachteil, Grüneberg/Sprau § 675t Rn. 8 (→ Rn. D48). Bei **Bareinzahlungen** durch einen Verbraucher auf ein Zahlungskonto bei einem Zahlungsdienstleister muss der Betrag dem Zahlungsempfänger unverzüglich nach Entgegennahme verfügbar gemacht und wertgestellt werden; bei Bareinzahlung durch einen Nicht-Verbraucher spätestens an dem auf die Entgegennahme folgenden Geschäftstag (§ 675t II BGB), doch folgt aus § 675t **II** BGB keine Pflicht für Direktbanken zur Bargeldannahme (RegE ZDRL I S. 112). Eine **Belastung** auf dem Zahlungskonto des Zahlers darf wertstellungsmäßig frühestens zum Zeitpunkt der Belastung des Zahlungskontos erfolgen (§ 675t III 1 BGB), also nicht früher als tatsächlicher Mittelabfluss, und nicht vor Zugang des Zahlungsauftrags bei seinem Zahlungsdienstleister (§ 675t III 2 BGB). Das schließt zwar Kontobelastung als Vorschuss nach § 669 BGB nicht aus, aber vor Wertstellung vor dem Abfluss, Grüneberg/Sprau § 675t Rn. 10, str. § 676t BGB ist auch gegenüber Unternehmenskunden und der öffentlichen Hand zwingend (→ Rn. C17, § 675e IV BGB). Ein einheitliches, dem Zahlungsempfänger nicht nachteiliges Wertstellungsdatum soll möglich sein, wenn dieser mehrere Zahlungsvorgänge gleichzeitig auslöst, str. Die Möglichkeit der **Sperrung** eines verfügbaren Geldbetrags auf dem Zahlungskonto des Zahlers bei Pull-Zahlungen (§ 675f **IV** BGB) schützt den Zahler, der eine pauschale Zustimmung zu einem Zahlungsvorgang gibt, bevor er den endgültigen Zahlungsbetrag kennt, so bei Einsatz einer Kreditkarte schon vorab bei Autovermietung oder im Hotel. Der Zahlungsdienstleister des Zahlers darf bei einem kartengebundenen Zahlungsvorgang sperren, wenn der Zahlungsvorgang vom oder über den Zahlungsempfänger ausgelöst worden ist und der Zahler auch der genauen Höhe des zu sperrenden Geldbetrags zugestimmt hat (§ 675f IV 1 BGB), aber unbeschadet sonstiger gesetzlicher oder vertraglicher Rechte, zB AGB-Pfandrecht, Aufrechnungs- und Zurückbehaltungsrechte der kontoführenden Stelle (RegE S. 162). Zustimmung nur zur späteren Ausführung des Zahlungsvorgangs genügt also nicht. Freigabe nach § 675 IV 2 BGB. **Drittstaatenbezug** (§ 675t V iVm § 675d VI 1 Nr. 1 und 2 BGB, → Rn. C17), Grüneberg/Sprau § 675t Rn. 12.

g) Entgelte (§§ 675f V 1, 2, VI BGB): § 675f V BGB ist die Grundnorm für die Entgelte im Zahlungsverkehr (Haupt-, Neben- und Drittpflichten), mit Tabelle bei (Staub/)Grundmann 2020 Teil 3 Rn. 143 f. Geregelt sind hier Entgelte für die Bank bzw. den Zahlungsdienstleister und deren Dienstleistung, nicht solche, die der Zahlungsempfänger oder andere Dritte verlangen, zB für den Einsatz einer Kreditkarte, Grüneberg/Sprau § 675f Rn. 20. Die Bank hat Anspruch auf Ersatz ihrer **Auslagen** (§§ 675 I, 670 BGB) und auf das vereinbarte **Entgelt**, das im Wesentlichen frei vereinbart werden kann **(§ 675f V 1 BGB)**, Beispiele bei Grüneberg/Sprau § 675f Rn. 21, Grenze zB § 138 II BGB (vgl. für Kreditgeschäfte → Rn. G4, G6). PIN und TAN sind Bestandteil der Hauptleistung „Online-Banking", also Entgelt, also nur wenn sie tatsächlich der Erteilung eines Zahlungsvorgangs dienen, BGH WM 2017, 1744 Rn. 30. Die **Bepreisung von Barein- und -auszahlungen** am Bankschalter ohne Freipostenregelung ist nicht generell unzulässig, BGH NJW 2019, 3771 mzustAnm Omlor; anders noch nach § 307 III 1, I BGB BGHZ 124, 254; BGHZ 133, 10; und für das Geschäftsgirokonto BGH NJW 2015, 3025 Rn. 40. § 675f V 1 BGB sieht kein zahlungsdiensterechtliches Verbot einer Entgeltkontrolle vor, aber nach § 312a IV Nr. 2 BGB iVm § 312 I, V 1, 2 BGB sind nur transaktionsbezogene Kosten ohne Gemeinkosten absetzbar, BGH NJW 2019, 3771 Rn. 77 mkritAnm Bronk/Schütt BKR 2020, 98; so zB nachweisbare Personalmehrkosten, anteilige Zusatzkosten für Lagerung, Transport und Versicherung des Bargelds, nicht aber Schulungs-, Geräte- und Softwarekosten, BGH NJW 2019, 3771 Rn. 77, Omlor NJW 2019, 3778. Die Entgeltkontrolle bei Nutzung von Zahlungsmitteln (auch Bareinzahlung) nach § 312a IV Nr. 2 BGB für Verbraucher bleibt neben § 270a BGB europarechtlich zulässig, BGH NJW 2019, 3771 Rn. 66. **Grenzen** gelten **für Entgelte für die Erfüllung von Nebenpflichten** nach §§ 675c–676c BGB **(§ 675f V 2 BGB)**. Die Erfüllung von Nebenleistungen ist grundsätzlich unentgeltlich. Ein Anspruch besteht nur dann, wenn **zugelassen** (zB §§ 657d IV, 675l I 3, 675o I 4, 675p IV 3, 675y V 5 BGB; s. auch § 675d IV 1 BGB) und vereinbart, auch in AGB, OLG Bamberg NJW-RR 2012, 630; dann muss das Entgelt aber angemessen und an den tatsächlichen Kosten ausgerichtet sein (krit. Bitter WM 2010, 1781, Preiskontrolle). Das ist weiter als § 675l I 3 (nur in Höhe der unmittelbaren Kosten, → Rn. C52). Vgl. auch § 312a III BGB: im Verbrauchervertrag nur ausdrückliche Vereinbarung von Zahlungen, die über die Hauptleistung hinausgehen. **Angemessen** bedeutet: Entgelt deckt im Durchschnitt die Kosten der Institute und sichert einen angemessenen Gewinn, Zahrte NJW 2018, 339. Keine allgemeinen Personalkosten, OLG Bamberg NJW-RR 2012, 630, keine anteiligen Gemeinkosten wie Strom oder Miete, keine Mischkalkulation, BGH NJW 2014, 922; 2017, 3649 (zu § 675o I 4 BGB, → Rn. C39), aber Auslagen für Inanspruchnahme von Drittdienstleistungen sind ersatzfähig, MüKoBGB/Casper § 675f Rn. 66, missverständlich RegE ZDRL I S. 103. § 675f V 2 BGB geht § 670 BGB vor (Sperrwirkung), aber nur innerhalb seines Anwendungsbereichs, Aufwendungsersatz ohne Zusammenhang mit diesen Nebenpflichten bleibt möglich, zB für Zweitschrift eines Kontoauszugs (anders bei Kartensperre, → Rn. F6), MüKoBGB/Casper § 675f Rn. 66. Unangemessene Entgelte sind nichtig, keine geltungserhaltende Reduktion, BGH NJW 2014, 922 Rn. 27; MüKoBGB/Casper § 675f Rn. 55 a. E., krit. LBS/Herresthal 2. Kap. § 675f Rn. 67. Darlegungs- und Beweislast grundsätzlich bei der Bank, MüKoBGB/Casper § 675f Rn. 55 a. E., aA LBS/Herresthal 2. Kap. § 675f

(7) BankGesch C51, C52

Rn. 67. Entgelt bei **Basiskonten** (→ Rn. A6), AGB-Kontrolle nach § 307 III 1 BGB, BGH NJW 2020, 2726, Herresthal BKR 2016, 133 (141); Schelling/von Berg BKR 2021, 94; Grüneberg/Sprau § 675f Rn. 23, 28 ff. Verbot des **surcharging** bei Überweisung und Lastschrift, § 270a BGB und → Rn. C106. Für eine **berechtigte Ablehnung** kann ein **Entgelt** vereinbart werden (§ 675o I 4 BGB, → Rn. C39). Die Bank macht den Anspruch mit Kontobelastung, bei elektronischer Überweisung erst nach Nachdisposition (→ Rn. C90), geltend, BGH WM 2005, 1019. Im beleglosen Überweisungsverkehr gelten zwischen den Banken die durch die bevollmächtigten Verbände vereinbarten Richtlinien, zB zum Magnetbandclearing, BGHZ 108, 386. Bei fehlgegangener Auszahlung entsteht kein Aufwendungsersatzanspruch, aber Überweisung bei irrtümlicher Angabe der Kontonummer auf diese ist korrekt (→ Rn. C43, C46). § 254 BGB ist nur auf Schadensersatz- und analog auf Erstattungsansprüche nach §§ 667, 675 I BGB anwendbar, BGHZ 130, 87. Anzeige nach § 675l I 2 BGB ist kostenfrei, Entgelt bei Verlust des Zahlungsinstruments (§ 675l I 3 BGB, Sonderregel enger als § 675f V 2 Hs. 2 BGB, → Rn. C37). Kontoüberziehung (→ Rn. G4) → Rn. G14 ff., → (8) AGB-Banken Nr. 12 Rn. 2. EU-Richtlinie 23.7.2014 ABl. L 257, 214 (KontoRL, → Rn. A6, A36): Entgeltvergleichbarkeit. **Keine höheren Gebühren als für inländische Zahlungen**, VO (EU) 2019/518 v. 19.3.2019 über Entgelte für grenzüberschreitende Zahlungen in der Union und Entgelte für Währungsumrechnungen. Begrenzung der **Interbankentgelte für kartengebundene Zahlungsvorgänge** durch EU-VO 29.4.2015 ABl. L 123, 1, → Rn. F9.

C51 **Gebühren der Banken beim Zahlungsverkehr:** sehr weitgehende AGB-Inhaltskontrolle ua über Preisnebenbestimmungen (vgl. für das Kreditgeschäft → Rn. G4), vorrangig aber § 675o I 4 (→ Rn. C39). Ausführlich Bunte AGB-Banken Nr. 12 Rn. 248 RsprListe (nicht entgeltfähige Leistung §§ 675f IV, 675g II, III BGB); s. (8) AGB-Banken Nr. 12 III. Neuere Beispiele: BGH NJW 2015, 3025 (Kontoführungsgebühren), 2017, 3649 (Sparkasse), BGH NJW 2019, 3778 mAnm Hölldampf BKR 2020, 140 (kein Bearbeitungsentgelt einer Sparkasse für Treuhandauftrag bei Darlehensablösung, eigenes Vermögensinteresse der Bank, keine Sonderleistung); OLG Köln WM 2014, 1338 (Ersatzkarte). Einfluss des Unionsrechts, Müller 2018. **Entgeltklauseln im Zahlungsverkehr** Grüneberg/Sprau § 675f Rn. 20; Grüneberg BKR 2020, 365 (umfassend). **Entgeltklauseln im Kreditgeschäft** → Rn. G4, dort auch zu Kontoführung für Darlehenskonten.

Lit.: Grüneberg/Sprau § 675f Rn. 38 ff., ausführlich zu verschiedenen Zahlungsdiensten und -verfahren; Omlor WM 2018, 937; Werner WM 2018, 454.

§ 675v **VI** BGB über Ermäßigung für den Zahler → Rn. C27, C106, F57.

C52 **C. Rechte und Pflichten des Überweisenden (§ 675l BGB), keine Rechte des Überweisungsempfängers: a) Rechte und Pflichten des Überweisenden:** Der Zahlungsdienstnutzer hat die allgemeinen Rechte und Pflichten aus dem Giro- und dem Zahlungs(rahmen)vertrag (→ Rn. C25, C27). Praktisch wichtig sind vor allem die Pflichten des Zahlungsdienstnutzers in Bezug auf **Zahlungsinstrumente (§ 675l BGB).** Der Zahlungsdienstnutzer muss, bereits unmittelbar nach Erhalt eines solchen und auch weiterhin, **alle zumutbaren Vorkehrungen** treffen, um die **personalisierten Sicherheitsmerkmale** (zB PIN, TAN oder Passwort, nicht zB Kontonummer oder Kartennummer, RegE ZDRL I S. 106, → Rn. 35, 63) vor unbefugtem Zugriff zu schützen (§ 675l **I 1** BGB) und die Gefahr einer Fälschung soweit wie möglich auszuschalten, BGH WM 2012, 984 (→ Rn. F8, F31, Verschulden → Rn. C54, C60 ff.), Auslegung in Interessenabwägung; konkretisierende Ausgestaltung der Pflichten nach § 675l I 1 BGB, da generalklauselartig, ist mit der Richtlinie vereinbar, str., MüKoBGB/Jungmann § 675l Rn. 8, aber unter der Kontrolle des EuGH (→ Rn.

C4). Zusätzliche Pflichten können sich aus den vereinbarten Bedingungen für die Ausgabe und Nutzung des Zahlungsinstruments ergeben (vgl. § 675v III Nr. 2 Buchst. b BGB, → Rn. C62). Aber insoweit AGB-Kontrolle und keine Verschiebung der Beweislast zu Lasten des Verbrauchers (RegE ZDRL I S. 107, → Rn. C17). Bei Diebstahl, missbräuchlicher Verwendung oder sonstiger nicht autorisierter Nutzung des Instruments, auch bloßem Abhandenkommen, muss er den Zahlungsdienstleister oder eine von diesem benannte Stelle **unverzüglich** (§ 121 I 1 BGB) nach (positiver, str.) Kenntniserlangung **benachrichtigen** (§ 675l I 2 BGB); Form kann vereinbart werden, auch AGB. **Sorgfalts- und Anzeigepflichtverstöße** und Haftung des Zahlers, umfangreiche Rspr. bei Grüneberg/Sprau § 675l Rn. 92 ff.; MüKoBGB/Jungmann § 675l Rn. 21 ff., 61 ff. (meist zu § 675v II aF grobe Fahrlässigkeit); Hofmann BKR 2014, 105; 2018, 63; speziell zu den Sorgfaltspflichten beim Onlinebanking, Umgang mit PIN, Virenschutzprogramme auf dem PC, LBS/Herresthal 3. Kap. § 675l Rn. 11 ff.; s. auch zu Phishing, Skimming und Pharming F30. Bei Pflichtverstoß Sperre (→ Rn. F6), Haftung des Kunden → Rn. C62. Die Anzeige (Sperranzeige) nach § 675l I 2 BGB ist kostenfrei (§ 675m I 1 Nr. 4 BGB), also zB keine kostenpflichtige Hotline. Aber **Entgelt für Ersatzkarte,** also für Ersatz eines verlorenen, gestohlenen, missbräuchlich verwendeten oder sonst nicht autorisiert genutzten Zahlungsinstruments, kann nach **§ 675l I 3 BGB** nF vereinbart werden, anders zur aF BGH NJW 2016, 560, dies aber allenfalls in Höhe der ausschließlich und unmittelbar mit dem Ersatz verbundenen Kosten (enger als § 675f V 2 Hs. 2 BGB, → Rn. C50), kein Ersatz für Allgemeinkosten, Nachweis der Nicht-Autorisierung liegt beim Zahlungsdienstnutzer, MüKoBGB/Jungmann § 675k Rn. 42. Vorsicht bei AGB-Formulierung, BGH WM 2014, 253, Omlor WM 2018, 941. **Vertragliche Vereinbarungen** über **Bedingungen** für die Ausgabe und Nutzung eines Zahlungsinstruments müssen sachlich, verhältnismäßig und nicht benachteiligend (dies im Vergleich zu anderen Zahlungsdienstnutzern, RegE S. 157) sein, sonst Unwirksamkeit (§ 675l **II** BGB), zB OLG Bremen WM 2021, 1792 (zur Sperranzeige), mit Beispielen aus der Rspr. Grüneberg/Sprau BGB § 675l Rn. 8 f., Omlor BKR 2019, 110. Der Überweisende steht **in Vertragsbeziehung nur mit der von ihm beauftragten Bank,** nicht auch mit der Empfängerbank (oder sonst eingeschalteten Banken), BGHZ 108, 388.

b) Keine Rechte des Überweisungsempfängers: Der Überweisungsempfänger steht in Vertragsbeziehungen nur mit seinem eigenen Zahlungsdienstleister, also der Empfängerbank. Er hat deshalb Rechte nur gegen diese, nicht gegen die Bank des Zahlers, näher → Rn. C89, C90.

D. Mängel der Überweisungsanweisung, Haftung des Zahlungsdienstleisters (§§ 675u–675z, 676–676c BGB): a) Haftung des Zahlungsdienstleisters für nicht autorisierte Zahlungsvorgänge (§ 675u BGB): § 675u BGB ist eine **Risikozuweisungsnorm. §§ 675u und 675v BGB** sind die **beiden zentralen Haftungsnormen** und damit Grundsätze des Deckungsverhältnisses **bei nicht autorisierten Zahlungsvorgängen,** Casper FS Hopt 2020, 117, 119, § 675u BGB mit money-back-Garantie, valutagerechter Verbuchung beim Empfänger und Nachzahlung und § 675v BGB mit (komplex geregelter) Schadensersatzhaftung. Das Risiko für eine nicht autorisierte („missbräuchliche") Zahlung, zB Fehlüberweisung oder Kartenmissbrauch (Beispiele (→ Rn. C/57), trägt nach § 675u BGB der **Zahlungsdienstleister des Zahlers.** Bei einem nicht autorisierten Zahlungsvorgang (→ Rn. C35) hat der Zahlungsdienstleister des Zahlers gegen diesen **keinen Aufwendungsersatzanspruch** (§ 676u S. 1 BGB). Er muss dem Zahler den Zahlungsbetrag unverzüglich (ohne schuldhaftes Zögern, § 121 I 1 BGB) **erstatten** und, sofern der Betrag einem Zahlungskonto belastet worden ist, dieses Zahlungskonto wieder auf den Stand ohne diese

Belastung bringen (§ 675u **S. 2** BGB), BGH NJW 2015, 3093 Rn. 23; 2018, 299 Rn. 17; WM 2021, 174 Rn. 12; also Wiedergutschrift ex tunc, wenn das Konto ohne die Rückbuchung einen Habensaldo aufweist bzw. eine nicht ausgeschöpfte Kreditlinie besteht, OLG Celle ZIP 2021, 243; wertstellungsneutral, Anspruch der Bank auf Stornobuchung und Valutakorrektur. Der Erstattungsanspruch ist verschuldensunabhängig, auch kein Mitverschulden des Zahlers, OLG Celle ZIP 2021, 243. Dieser Anspruch ex lege **verdrängt** die bisherigen **Ansprüche aus § 667 BGB und Geschäftsbesorgung**, BGH WM 2021, 174 Rn. 23, und auch **die Bereicherungsansprüche** (§§ 812 ff. **BGB,** näher → Rn. C93, C94), aber nur im Verhältnis des Zahlungsdienstleister und des Zahlers, sowie ggf. auf Kontokorrentberichtigung (RegE ZDRL I S. 113); verschuldensabhängige Ansprüche nur nach § 675z S. 1 BGB (→ Rn. C77). Gutschrift an unrichtigen Empfänger steht nicht entgegen, BGH WM 1978, 367. Ausgeschlossen sind alle Ansprüche des Zahlungsdienstleisters gegen den Zahler, die sich, nur in anderem dogmatischen Gewand, auf Erstattung von Aufwendungen richten (§ 675z S. 1 BGB, → Rn. C77), auch Bereicherungsanspruch des Zahlungsdienstleisters (→ Rn. C94) sowie Entgeltanspruch, BGH NJW 2015, 3025 Rn. 35, Grüneberg/Sprau § 675u Rn. 3 (zu §§ 812 ff. BGB → Rn. C93 ff., C103). Nicht ausgeschlossen sind der Schadensersatzanspruch aus § 675o BGB und der Anspruch auf Vorschuss (§ 669 BGB), Grüneberg/Sprau § 675u Rn. 3, str. Der Erstattungsanspruch bleibt auch nach der Beendigung des Zahlungsdienstleistungsverhältnisses bestehen, BGH NJW 1992, 112. Schadensersatzansprüche des Zahlungsdienstleisters gegen den Zahler sind nicht ausgeschlossen, in Höhe des Anspruchs kann ersterer die Gutschrift verweigern, BGH WM 2021, 174 Rn. 24 ff., EU-Recht steht nicht entgegen. Verstoß gegen § 242 BGB, wenn der vom Kontoinhaber verfolgte Zweck trotz weisungswidriger Ausführung des Zahlungsauftrags erreicht wird, BGH NJW 2006, 296. Keine vertragliche Risikoverlagerung auf den Zahler (RegE ZDRL I S. 102, § 675x BGB, → Rn. C17); s. auch Anwendungsbereich (→ Rn. C16). Ausschluss des Erstattungsanspruchs aber nach §§ 676b II 1, 676c Nr. 2 BGB (→ Rn. C81, 82).

C55 Die **Fälligkeit** des Erstattungsanspruch ist seit 2018 in § 675u **S. 3–4** BGB geregelt. Der Erstattungsanspruch ist unverzüglich (§ 121 I 1 BGB), spätestens jedoch bis zum Ende des Geschäftstags zu erfüllen, der auf den Tag der Anzeige der Nichtautorisierung an den Zahlungsdienstleister (gleichstehend: anderweitige Kenntniserlangung) folgt (§ 675u S. 2 BGB, objektive Höchstfrist). Einschränkungen gelten für den Fall berechtigter Gründe für den Verdacht eines **betrügerischen Verhaltens** (nicht mit § 263 StGB gleichzusetzen, auch Versuch, Teilnahme) des Zahlers (§ 675u S. 3 BGB), nicht nur eines Dritten wie beim Phishing. Für den Verdacht genügen begründete Anhaltspunkte, weit überwiegende Wahrscheinlichkeit ist nicht notwendig, aA Staudinger/Omlor § 675u Rn. 28. Prüfung nach § 675u S. 4 ist bloße Obliegenheit (RegE S. 163), sonst eben Verpflichtung zur unverzüglichen Erstattung. Voraussetzung schriftliche Mitteilung an eine zuständige Behörde. Mangels einer solchen Mitteilung bleibt es bei der Fälligkeit, auch wenn die Prüfung des Betrugsverdachts noch nicht abgeschlossen ist. Stellt sich heraus, dass die Belastungsbuchung doch zu Recht erfolgt ist, kann die Wiedergutschrift kondiziert werden, dann Stornobuchung ins Kontokorrent, Zahrte NJW 2018, 340.

C56 Wurde der Zahlungsvorgang über einen **Zahlungsauslösedienstleister** (→ Rn. C7) ausgelöst, treffen die Pflichten aus § 675u S. 2–4 BGB den kontoführenden Zahlungsdienstleister (§ 675u **S. 5** BGB), obwohl er selbst nicht in die vertragliche Beziehung zwischen dem Zahler und dem Zahlungsauslösedienstleister einbezogen ist und er dem letzteren auch nicht den Zugriff auf das Zahlungskonto des Zahlers verwehren kann (§ 675f III 1 BGB, vgl. → Rn. C28). Das schützt den Zahler vor Unsicherheiten, wer von den beiden haftet. Der kontoführende Zahlungsdienstleister hat dann aber uU einen Ausgleichsanspruch

V. Bankgeschäfte C57, C58 **BankGesch (7)**

nach § 676a I BGB (→ Rn. C86). Vgl. entsprechend § 675y I 3 BGB (→ Rn. C71). Die Ansprüche aus § 675u S. 2–4 BGB stehen nur dem Zahlungsauslösedienstleister zu, nicht auch dem Zahler (abschließend, vgl. § 675z S. 1 BGB, RegE S. 164).

Nicht autorisierte Zahlungsvorgänge sind diejenigen, bei denen es an der C57 Zustimmung des Zahlers fehlt (→ Rn. C35, C97). **Beispiele** (auch → Rn. C98): Dazu gehören wie schon bisher die **Mängel der Überweisungsanweisung,** also Fehlen derselben, zB Doppelausführung, BGHZ 72, 9 (etwa bei Verkennung der schriftlichen Bestätigung als neuer Auftrag), NJW 2011, 66, dazu Müller WM 2010, 1293; versehentliche Überweisung an einen Dritten (Bsp. BGHZ 62, 372); Fälschung, BGH WM 1994, 1420, und Verfälschung, BGH WM 2005, 1564; 2008, 1119, auch wenn aus der Sphäre des Kontoinhabers herrührend (→ Rn. C58, aber auch → Rn. C59), Bspe bei Zahrte BKR 2019, 126 (CEO-Fraud); Scheinanweisung, BGHZ 152, 307; Nichtigkeit (zB Geschäftsunfähigkeit, BGHZ 111, 382, WM 2008, 1119; Vertretung ohne Vertretungsmacht, BGHZ 147, 145; 158, 1, WM 2008, 1119; 2010, 1218, aber uU Duldungs- oder Anscheinsvollmacht, Grundmann WM 2009, 1114 (→ HGB Einl. vor § 48 Rn. 5, 6), str., auch → Rn. 51, 52; für die Anfechtung (§§ 119 ff., 142 I BGB) str., aber wenig bedeutsam, außer wegen irrtümlich angegebener Kundenkennung (§ 675r I 2 BGB, → Rn. C43, C98); rechtzeitiger Widerruf des Dauerauftrags, Kontovollmacht beinhaltet keinen Zahlungsauftrag, BGH NJW 2015, 2725. In all diesen Fällen ist die **Überweisung** dem Zahler gegenüber **mangels Autorisierung unwirksam** mit den Folgen von § 675u BGB (→ Rn. C54). Täuschung durch den Anweisenden über Berechtigung eines Dritten zum Abruf der Kreditmittel macht die (abstrakte) Anweisung nicht unwirksam, BGHZ 147, 269. Keine Risikoabwälzung auf den Zahler (→ Rn. C58). Folgen für den **Bereicherungsausgleich,** insbesondere Direktanspruch gegen den Zahlungsempfänger und Kondiktionssperre gegenüber dem Zahler, → Rn. C101, C102, aber beachte → Rn. C103.

Das **Fälschungsrisiko** (und die Beweislast für die Echtheit, § 675w BGB, C58 → Rn. C68) **trägt die Bank,** Ellenberger/Bunte Bankrechts-HdB/Schmieder § 28 Rn. 31 (aber § 440 II ZPO), MüKoHGB/Häuser B Rn. 168 ff., BGH WM 1985, 511; 2001, 1713; 2012, 984; WM 2021, 174 Rn. 19 mzustAnm Zahrte ZBB 2021, 131; OLG Frankfurt a. M. ZIP 2017, 1559 (Beweis, dass Überweisungsauftrags-Fax vom Kunden stammt), ganz hL; auch wenn die Bank die Fälschung nicht erkennen konnte und diese durch in der Sphäre des Kontoinhabers liegende Umstände ermöglicht wurde (keine verschuldensunabhängige Sphärenhaftung), BGH NJW 2001, 2968, OLG Celle ZIP 2021, 243. Von § 675u BGB abweichende AGB sind nach § 675e BGB unwirksam (→ Rn. C17), also nicht nur gegenüber Privatkunden (§ 675e IV BGB spart § 675u BGB aus) und keine Differenzierung zwischen Fälschung und Verfälschung wie früher (s. 34. Aufl.); vgl. dagegen zur früheren Klausel bei Banken betr. Scheckverkehr (→ Rn. E1) und **(11)** ERA Art. 34, **(12)** ERI Art. 2, 8. **Beweislast** für die Autorisierung beim Zahlungsdienstleister, auch unter II, Grüneberg/Sprau § 675u Rn. 8, aA LBS/Herresthal 7. Kap. § 675u Rn. 6: nur sekundäre Beweislast; s. § 675w BGB (→ Rn. C68, auch → Rn. C66). Auch wenn die Bank das Fälschungsrisiko trägt, kann sie aber einen Anspruch nach § 280 I BGB gegen den Kunden wegen pflichtwidriger Ermöglichung der Fälschung haben (→ Rn. C59), dieser wiederum uU gemindert bei Mitverschulden der Bank wegen unzureichender Kontrolle, BGH WM 1967, 1142; 1985, 511; 1994, 2074, aber nicht schon bei Informationsweitergabe über Kontoverbindung an Person seines Vertrauens, BGH NJW 2001, 2968. Schadensersatz bei Fälschung s. BGH NJW 2001, 2629; 2001, 3183; 2001, 3191; krit. Häuser FS Kümpel 2003, 219. Ausgleich in Anweisungsfällen, Foerster AcP 213 (2013), 407.

(7) BankGesch C59–C61

C59 § 675u BGB schließt **Einwendungen aus § 242 BGB und Einwand des Mitverschuldens (§ 254 BGB)** nicht aus, Ellenberger/Bunte Bankrechts-HdB/ Schmieder § 28 Rn. 90, 91, Grundmann WM 2011, 1115. Wenn der Weisungsverstoß das Interesse des Auftraggebers iErg nicht verletzt hat, zB Überweisungszweck trotz Fehlbuchung erreicht wird, kann entweder Zustimmung des Auftraggebers anzunehmen sein oder gegen den Erstattungsanspruch der **Einwand des § 242 BGB** erhoben werden, BGH WM 1991, 1912; 2005, 1567, NJW 2006, 296, Grüneberg/Sprau § 675u Rn. 4, LBS/Herresthal 3. Kap. § 675u Rn. 18, iErg auch (Staub/)Grundmann 2020 Teil 3 Rn. 410. Dem Aufwendungsersatzanspruch kann **Mitverschulden** (§ 254 BGB, entspr. auch gegenüber § 667 BGB) entgegengehalten werden, wenn wegen § 675u BGB nicht direkt, so jedenfalls als **Gegenanspruch** des Zahlers aus § 675v I, II BGB (mit Begrenzung auf grobe Fahrlässigkeit nach § 675v III BGB, → Rn. C60 ff.).

C60 **b) Haftung des Zahlers bei missbräuchlicher Nutzung eines Zahlungsinstruments (§ 675v BGB):** § 675v BGB regelt die Haftung des Zahlers bei missbräuchlicher Nutzung oder sonstiger missbräuchlicher Verwendung eines Zahlungsinstruments (früher Zahlungsauthentifizierungsinstrument, Begriff → Rn. C35, gleichbedeutend, auch beleghafte Überweisung, BGH WM 2021, 174 Rn. 39 ff.) nach Erhalt des Zahlungsinstruments (§ 675l I 1 BGB), vorher liegt die Gefahr beim Zahlungsdienstleister (§ 675m II BGB). § 675v BGB betrifft **zwei Zeiträume, vor Eingang der Anzeige** (§ 675v I–IV BGB) und **nach Eingang der Anzeige** (§ 675v V BGB iVm § 675l I 2 BGB) **und** regelt **unübersichtlich:** Grundsatz der (begrenzten) Haftung des Zahlers (§ 675v I BGB) mit zwei Ausnahmen (Haftungsausschluss nach § 675v II Nr. 1 und 2 BGB) und einer Rückausnahme (unbegrenzte Haftung nach § 675v III Nr. 1 und 2 BGB, Betrug, Vorsatz, grobe Fahrlässigkeit) sowie einem weiteren Haftungsausschluss im Zusammenhang mit einer starken Kundenauthentifizierung (§ 675v IV BGB mit Ausnahme bei Betrug).

In dem Zeitraum **vor Eingang der Anzeige** (§ 675l I 2 BGB) **haftet der Zahler bei missbräuchlicher Nutzung des Zahlungsinstruments,** wenn auch nur sehr begrenzt. Damit soll dem Zahler einen Anreiz zur Verhinderung des Missbrauchs bzw. zu einer Anzeige des Verlusts oder Diebstahls geben (RegE S. 165). Beruhen (Kausalität) nicht autorisierte Zahlungsvorgänge auf der Nutzung eines verlorengegangenen, gestohlenen oder sonst abhanden gekommenen (entsprechend den Grundsätzen zu § 935 BGB, Grüneberg/Sprau § 675v Rn. 3) Zahlungsinstruments (Begriff s. C8, C35, also nicht beschränkt auf Zahlungskarten) oder auf der sonstigen missbräuchlichen Verwendung eines Zahlungsinstruments (also ohne oder gegen den Willen des Zahlers, zB Ausspionieren der Daten, Kartenkopie, Unterschriftsfälschung, s. § 675l BGB mit → Rn. C52; MüKoBGB/Jungmann § 675l Rn. 71 ff.), kann die Bank des Zahlers von diesem Schadensersatz **bis zu 50 Euro** (zuvor 150 Euro) verlangen, und zwar insgesamt, also auch bei mehrmaligen missbräuchlichen Verfügungen, Casper/Pfeifle WM 2009, 2347, ganz hL. Zu gefälschten Zahlungskarten Hofmann BKR 2018, 64.

C61 Die Haftung nach § 675v I BGB war nach der aF verschuldensunabhängig. Nunmehr haftet der Zahler nach § 675v **II** BGB nicht, wenn er den Verlust, Diebstahl (nicht eng technisch, str., → Rn. F7) etc **nicht rechtzeitig** vor dem nicht autorisierten Zahlungsvorgang **bemerken konnte** (§ 675v II Nr. 1 BGB, nach RegE Verschuldenselement, aber Wortlaut der Richtlinie) **oder** die **Ursache im Bereich des Zahlungsdienstleisters** (Aufzählung in § 675v II Nr. 2 BGB) lag. Der Begriff der Fahrlässigkeit richtet sich nach nationalem Recht (ZDRL II Erwägungsgrund 72), also nach § 276 BGB. II sollte weit ausgelegt werden, MüKoBGB/Jungmann § 675v Rn. 20. Zu gleichzustellenden Fällen, in denen den Zahler trotz Bemerkens kein Verschulden trifft, zB physischer Zwang, Grüneberg/Sprau § 675v Rn. 5. Nur begrenzte, anlassbezogene Nachforschungspflicht, Hofmann BKR 2018, 64, mit Beispielen BHCasper Rn. 373 ff. Das Verschulden muss für jeden von mehreren nicht autorisierten Zahlungsvorgängen gesondert festgestellt werden (RegE S. 165). § 675v II Nr. 2 BGB lässt die Haftung bei Eintritt des Verlusts in der Sphäre des Zahlungsdienstleisters (dort auch ohne Verschulden; nur Verlust, str.) auch dann entfallen, wenn der Zahler die Verursachung bemerken konnte (RegE S. 166). In Extremfällen hilft § 676c Nr. 1 BGB, → Rn. C82, MüKoBGB/Zetzsche § 675w Rn. 21.

Voller Schadensersatz dagegen bei betrügerischer Absicht oder vorsätzlichem oder grob fahrlässigem Verstoß des Zahlers gegen eine Pflicht aus § 675l BGB (→ Rn. C37, C52, nur die dort genannten Pflichten) oder gegen eine vereinbarte Bedingung für die Ausgabe und Nutzung des Zahlungsinstruments (**§ 675v III Nr. 1 und 2 Buchst. a und b BGB**). § 675v III BGB begründet eine **eigene Anspruchsgrundlage,** beseitigt also nicht nur die Höchstgrenze nach § 675v I, BHCasper Rn. 380. Ob grobe Fahrlässigkeit allein im Umgang mit dem Zahlungsinstrument, so üL, oder nur bei Vorliegen eines personalisierten Sicherheitsmerkmals haftbar macht, ist str., Hofmann BKR 2018, 66. Zur groben Fahrlässigkeit OLG Schleswig ZIP 2019, 456; LG Köln WM 2019, 1922 (telefonische Durchgabe von TAN). Das Handeln des Zahlers in betrügerischer Absicht nach § 675v III **Nr.** 1 BGB begründet vollumfängliche Haftung für den nicht autorisierten Zahlungsvorgang, auch wenn er zunächst das Abhandenkommen oder die missbräuchliche Verwendung des Zahlungsinstruments gar nicht bemerkt hat, sondern erst später betrügerisch ausnützt (RegE S. 166). Er braucht also den nicht autorisierten Zahlungsvorgang nicht kausal herbeigeführt zu haben. Andere deliktische Ansprüche sind nicht ausgeschlossen. Dagegen muss unter § 675v III **Nr.** 2 BGB die Pflichtverletzung kausal für den Schaden sein, Schaden nur, falls vom Schutzzweck der Pflicht gedeckt, Grüneberg/Sprau § 675v Rn. 9. Pflichtverletzung nach § 675l BGB → Rn. C52, C60 ff.; zur Kreditkarte → Rn. F45. Vorsatz und grobe Fahrlässigkeit wie sonst im Zivilrecht. Weitergabe von Zugangsdaten für das Online-Banking an Ehepartner unschädlich, jedenfalls nicht kausal, LG Nürnberg-Fürth ZIP 2021, 685. Anforderungen an die Bedingung stellt § 675l II BGB (→ Rn. C52). Ist eine solche Bedingung nicht erfüllt, schadet insoweit auch grobe Fahrlässigkeit (nach RegE S. 166) sogar Vorsatz des Zahlers nicht. Beispiel für grobe Fahrlässigkeit nach Erwägungsgrund 72 ist die offene und leicht für Dritte einzusehende gemeinsame Aufbewahrung des Zahlungsinstruments und der Sicherungsmerkmale, die zur Autorisierung eines Zahlungsvorgangs verwendet werden. Rechtsfolge: Schadensersatz nach §§ 249 ff. BGB; Mitverschulden des Zahlungsdienstleisters nach § 254 II BGB. Ausnahmen nach § 675 IV und V BGB, → Rn. C63. Rspr. zur grobfahrlässigen Pflichtverletzung bei Zahlungskarten, Geldausgabeautomaten, Onlinebanking, Phishing, MüKoBGB/Zetzsche § 675v Rn. 46 ff.

§ 675 **IV** BGB enthält eine **wichtige Ausnahme von der Haftung des Zahlers** nach I und III. Maßgeblich dafür ist die **starke Kundenauthentifizierung,** zu dieser Legaldefinition § 675c III iVm §§ 1 XXIV, 55 ZAG, → Rn. C7, C8, BHCasper Rn. 192 ff.: Vertraulichkeit geschützt durch mindestens **zwei voneinander unabhängige Elemente aus den Kategorien Wissen, Besitz oder Inhärenz,** so **PIN** und **TAN** für Wissen, biometrische Merkmale für Inhärenz, weitere Bspe bei Grüneberg/Sprau § 675v Rn. 10, näher → Rn. C35, C52; Ausnahmen (§ 55 V ZAG mit Delegierter VO (EU) 2018/389; auch § 675v IV BGB). Der Zahler **haftet** nach § 675v **IV** BGB abweichend von I und III seinem Zahlungsdienstleister **nicht,** wenn der Zahlungsdienstleister des Zahlers eine starke Kundenauthentifizierung nicht verlangt (außer bei betrügerischer Absicht des Zahlers, dann auch ohne Ursächlichkeit, RegE S. 166), zB bei Kartenzahlung im Distanzgeschäft (str. bloße Unterschrift bei Kartenzahlung im Präsenzverfahren; auch → Rn. F12), oder der Zahlungsempfänger oder sein Zahlungsdienstleister eine solche nicht akzeptiert, zB Zahlung nur mit Lastschrift.

(7) BankGesch C64, C65

Letzterenfalls muss aber der nicht Akzeptierende dem Zahlungsdienstleister des Zahlers den daraus entstehenden Schaden ersetzen (§ 675v IV 3 BGB), (Organisations-)Verschuldenshaftung, BHCasper Rn. 396, Jungmann ZBB 2020, 7. Der Haftungsausschluss nach IV setzt voraus, dass der Zahlungsdienstleister des Zahlers aufsichtsrechtlich (§ 55 ZAG i. V. m. Art. 11 ff. VO (EU) 2018/389) verpflichtet war, eine starke Kundenauthentifizierung zu verlangen, str., Casper FS Hopt 2020, 117/120 ff.; aA Jungmann ZBB 2020 1/3.: schon rein tatsächliches Nichterfolgen einer starken Kundenauthentifizierung. Vereinbarte Verwendung von Überweisungsbelegen mit Unterschrift bei Abgleichbarkeit mit einer bei der Bank hinterlegten Unterschriftsprobe, für personalisiertes Sicherheitsmerkmal und damit Zahlungsinstrument BHCasper Rn. 180, gegen Grüneberg/Sprau § 675v Rn. 10, Hofmann BKR 2018, 62/65, offen OLG Celle ZIP 2021, 244. Zum Verhältnis von Kartenaussteller und Vertragsunternehmen ist die Auslegung von IV 3 umstritten, → Rn. F12. Besonderheiten bei Kreditkarte, elektronischen Lastschriftverfahren, Mail-Order-Verfahren, BHCasper Rn. 390 ff. Nahfeldkommunikationsfunktion (NFC) einer personalisierten multifunktionalen Zahlungskarte für kontaktlose Zahlung eines Kleinstbetrags, EuGH WM 2020, 2218 (DenizBank), EuGH GA ZIP 2020, 1006, insoweit keine AGB über stillschweigende Zustimmung der Änderung des Rahmenvertrags; dazu Terlau DB 2021, 396; Habersack EuZW 2020, 767. Lit.: CT/Terlau ZAG 2. Aufl. 2020 § 55 und Anh § 55 zur DelegiertenVO (EU) 2018/389; Werner WM 2018, 453, Zahrte NJW 2018, 339. Zu § 675v IV Hofmann BKR 2018, 65; Omlor BKR 2019, 113; Jungmann ZBB 2020, 1 (Kreditkarte); Casper FS Hopt 2020, 117 (Zahlungen ohne Einsatz einer starken Kundenauthentifizierung); Hoffmann/Rastegar WM 2021, 957 (kontaktloses Zahlen), Omlor RdZ 2021, 180.

C64 Der Zahler haftet **nach Zugang der Anzeige** gemäß § 675l S. 2 BGB (→ Rn. C52, Absendung genügt) nicht für danach entstehende Schäden (§ 675v **V 1** BGB), nicht erst nach Sperre, LBS/Herresthal 3. Kap. § 675v Rn. 85. Dasselbe gilt nach § 675v **V 2** BGB auch bei Verstoß des Zahlungsdienstleisters gegen § 675m I Nr. 3 BGB (→ Rn. C37), einerlei ob der Verstoß für den Schaden ursächlich war (Wortlaut), also auch dann, wenn der Zahler gar keine Anzeige erstattet hat, Grüneberg/Sprau § 675v Rn. 12. Über den Wortlaut hinaus soll der Haftungsausschluss auch für die Fälle des § 675 III Nr. 2 gelten, Hofmann BKR 2017, 67, str. In beiden Fällen aber schadet betrügerische Absicht (§ 675v **V 3** BGB).

C65 § 675v BGB regelt Haftung und Haftungsbegrenzung nur für den Fall, dass der Zahlungsvorgang auf der Nutzung des verlorengegangenen, gestohlenen oder sonst abhanden gekommenen Zahlungsinstruments oder auf der sonstigen missbräuchlichen Verwendung eines Zahlungsinstruments beruht; insoweit ist dies abschließend, hL und Rspr, BGH ZIP 2012, 1014 Rn. 19, BGH WM 2021, 174 Rn. 43, dort auch zum Streit über die Reichweite; OLG Celle ZIP 2021, 245, MüKoBGB/Zetzsche § 675v Rn. 8. Danach sind **Ansprüche wegen Pflichtverletzungen außerhalb des § 675v I 1 Hs. 1 BGB nicht ausgeschlossen**, zB wegen leicht fahrlässiger Nichtanzeige bei Fälschung des Überweisungsträgers (kein solches Instrument, s. C8), Ellenberger/Bunte Bankrechts-HdB/Schmieder § 28 Rn. 125, MüKoBGB/Zetzsche § 675v Rn. 8. Dann aber zur Vermeidung von Wertungswidersprüchen Haftungsbeschränkung auf Vorsatz und grobe Fahrlässigkeit wie in § 675v III auch hier, OLG Celle ZIP 2021, 245g, BHCasper Rn. 361, erwägenswert auch nach Ellenberger/Bunte Bankrechts-HdB/Schmieder § 28 Rn. 125. Dies ist aber letztlich eine Frage für den EuGH (→ Rn. C2), Grundmann WM 2009, 1163. Ob **Rechtsscheinhaftung** aufgrund Duldungs- und Anscheinsvollmacht (→ Einl. vor § 48 Rn. 5) möglich bleibt, ist str. (→ Rn. C35, C69), jedenfalls außerhalb des § 675v I 1 Hs. 1 BGB bleibt Rechtsscheinhaftung unberührt.

V. Bankgeschäfte C66–C69 **BankGesch (7)**

Die **Beweislast** für Ansprüche aus § 675v I und III BGB liegt grundsätzlich C66
beim Zahlungsdienstleister, auch für den Zugang des Zahlungsinstruments und
der Anzeige nach § 675l S. 2 BGB, für eine betrügerische Absicht nach
§ 675l IV 2 und V 3 BGB. Der Zahler hat die Absendung der Anzeige nach
§ 675l S. 2 BGB (Erleichterung durch § 675m I 2 BGB) und die Voraussetzungen von II und IV zu beweisen. Beweislast für die fehlende Autorisierung ist in
§ 675w BGB geregelt. Zur differenzierten Beweislast MüKoBGB/Zetzsche
§ 675v Rn. 72 f. (aber zT zur aF); Grüneberg/Sprau § 675v Rn. 13; BHCasper
Rn. 398. Kein Anscheinsbeweis zu § 675 III Nr. 2 BGB, wenn bei Missbrauch
des Online-Banking die Nutzung eines Zahlungsinstruments korrekt aufgezeichnet wurde und die Prüfung der Authentifizierung beanstandungsfrei blieb, BGH
NJW 2016, 2014 Rn. 68.

Von §§ 675v–676 BGB **abweichende Vereinbarungen** nur mit Unternehmerkunden (§ 675e IV BGB, → Rn. C17), so Nr. 2.3.4 der Überweisungsbedingungen (→ Rn. C24). C67

c) Nachweis der Authentifizierung (§ 675w BGB): Der Zahlungsdienstleister muss bei Streit über die Autorisierung (und die Folgen für die Haftung C68
nach §§ 675u, 675v BGB, → Rn. C59, C60 ff.) nachweisen, dass eine Authentifizierung erfolgt ist (Legaldefinition, § 675w S. 2 BGB iVm § 675c III BGB und
§ 1 XXIII ZAG) und der Zahlungsvorgang ordnungsgemäß aufgezeichnet (Kartengebrauch mit Eingabe der richtigen PIN), verbucht sowie nicht durch eine
(nur: technische, RegE S. 167, 178) Störung beeinträchtigt wurde (§ 675w **S. 1**
BGB; zum Fälschungsrisiko schon C58), sonst ist der Nachweis gescheitert, BGH
NJW 2016, 2024 Rn. 16, aA BHCasper Rn. 410: auch andere Beweismittel.
§ 675w BGB betrifft nur das Deckungsverhältnis und setzt Nutzung eines Zahlungsinstruments voraus, Grüneberg/Sprau § 675w Rn. 2. Beweisvermutungen
in § 675w S. 3 Nr. 1–4 und S. 4 BGB. § 675w **S. 3** BGB gilt auch für den vom
Zahlungsauslösedienstleister (→ Rn. C7) ausgeführten Teil des Zahlungsvorgangs.
In einem Haftungsprozess des Zahlers gegen seinen kontoführenden Zahlungsdienstleister kann ersterer, der dem Zahler allein haftet (§ 675u S. 5 BGB), dem
Zahlungsauslösedienstleister den Streit verkünden (§§ 72 I, 68, 74 III ZPO; zum
Rechtsstreit zwischen diesen § 676a II, III BGB). Unsicherheiten ergeben sich
wegen § 675w S. 3 nF BGB („reicht ... allein nicht notwendigerweise aus, um
nachzuweisen"), vielmehr kommt es dann auf den Geschehensablauf im konkreten Einzelfall an (RegE ZDRL I S. 114), BGH NJW 2016, 2024 Rn. 25. § 675w
S. 4 nF ergänzt Satz 3: danach muss der (kontoführende) Zahlungsdienstleister
unterstützende Beweismittel vorlegen, um Betrug, Vorsatz oder grobe Fahrlässigkeit des Zahlungsdienstnutzers nachzuweisen. Die Aufzeichnung allein reicht also
nicht notwendigerweise aus. Das schließt aber Beweiserleichterungen wie den
Anscheinsbeweis nicht aus (→ Rn. C69). § 675w BGB betrifft **nur** den Fall, dass
die **Autorisierung** eines ausgeführten Zahlungsvorgangs **streitig** ist (§ 675w I 1
BGB), in allen anderen Fällen gelten die dort geregelten oder allgemeinen
Beweislastgrundsätze, zB §§ 676, 676a II, III BGB. **Starke Kundenauthentifizierung** → Rn. C35, C52, C63.

Anscheinsbeweis, der ohne Beweisvermutung bereits durch eine ernsthaft in C69
Betracht kommende Möglichkeit einer anderen Ursache erschüttert wird, bleibt
weiterhin grundsätzlich möglich, hL, MüKoBGB/Zetzsche § 675w
Rn. 21 ff., 27, 28 (wohl für Vorlage an EuGH), Grüneberg/Sprau § 675w
Rn. 4 f. mit Beispielen, Linardatos NJW 2017, 2145, Hofmann BKR 2018, 68,
Zahrte NJW 2018, 340; nur eingeschränkt, ausführlich BHCasper Rn. 417 ff.;
nach der Rspr jedoch nicht schematisch, sondern nur mit besonderen, hohen
Anforderungen, BGH NJW 2016, 2024 Rn. 23 m. krit. Anm. Herresthal JZ
2017, 28, und schon BGH WM 2004, 2310, OLG Bremen WM 2021, 1792;
OLG Frankfurt ZIP 2022, 73 mAnm Werner BKR 2022, 336; aus dem XI. ZS

(7) BankGesch C70 2. Teil. Handelsrechtl. Nebenges.

Grüneberg WM 2017, 61. Erschütterung ist auch durch außerhalb des Sicherheitssystems des Zahlungsdienstleisters liegende Umstände möglich, BGH NJW 2016, 2024 Rn. 48 mit Beispielen Rn. 50. Auch für online-banking ist der Anscheinsbeweis zwar nicht generell ausgeschlossen, aber dies nur bei Feststellung eines allgemein praktisch nicht zu überwindenden und im konkreten Einzelfall ordnungsgemäß angewandten und fehlerfrei funktionierenden Sicherungssystems, BGH NJW 2016, 2024 Rn. 38, Rn. 33 (Lit.); dies ist richtliniengemäß, Linardatos NJW 2017, 2145; näher auch für die Kreditkarte → Rn. F49. Anscheinsbeweis nur bei Verwendung der Originalkarte, nicht im Präsenzgeschäft ohne Einsatz von PIN, OLG Bremen WM 2021, 1792. Erhebliche Zweifel bestehen aber gegen die Anwendbarkeit der Grundsätze der **Anscheinsvollmacht** und eines Handelns unter fremdem Namen bei Missbrauch des Online-Banking, BGH NJW 2016, 2024 Rn. 57 ff., Grund: §§ 675j I 4, 675u, 675v II, 675e I BGB, näher → Rn. C35, auch C65, auch OLG Schleswig ZIP 2019, 455. Anscheinsvollmacht bei den CEO-Fraud-Fällen, MüKoBGB/Zetzsche § 675w Rn. 10; Zahrte BKR 2019, 129. Zum Anscheinsbeweis bejahend ausführlich MüKoHGB/Haertlein E Rn. 149 ff., bejahend, aber restriktiv MüKoBGB/Zetzsche § 675w Rn. 21 ff.; differenzierend (Staub/)Grundmann 2020 Teil 3 Rn. 443 ff.; Herresthal JZ 2017, 28 (Online-Banking), Hoffmann/Haupert/Freiling ZHR 181 (2017), 780, Hofmann BKR 2018, 68 (kritisch), Omlor BKR 2019, 109 (idR nicht); Zimmermann RdZ 2021, 34 (bei mobilen Zahlungen). Vgl. auch § 676 BGB (→ Rn. C80). Rspr. zur Beweislage (Rechtsprechung noch vor ZDRL II) bei Grüneberg/Sprau § 675w Rn. 4 f.

C70 d) **Erstattungsanspruch bei einem vom oder über den Zahlungsempfänger ausgelösten autorisierten Zahlungsvorgang (§ 675x BGB):** § 675x BGB betrifft nur das Verhältnis zwischen dem Zahler und seinem Zahlungsdienstleister (Deckungsverhältnis). Eigenständiger Anspruch, der die Autorisierung nicht entfallen lässt, kein Haftungsanspruch (RegE S. 168), dazu Einsele WM 2015, 1131, Piekenbrock ua WM 2017, 2281, und kein verlängertes Widerrufsrecht, BGH NJW 2010, 3512: § 377 I HGB analog, aA Obermüller/Kuder ZIP 2010, 354. § 675x BGB betrifft **nur** autorisierte, vom oder über den Zahlungsempfänger ausgelöste Zahlungsvorgänge und gibt unter bestimmten Umständen (§ 675x I 1 Nr. 1, 2 BGB), zB bei Hotelbuchungen oder Autovermietungen, bei denen bei Autorisierung der genaue Betrag nicht angegeben ist (Nr. 1, Blankettautorisierung) und der zu erwartende (in Nr. 2 näher spezifiziert) Zahlungsbetrag überstiegen wird, einen Anspruch des Zahlers auf Wiedergutschrift. Nr. 1 auch bei Angabe einer Obergrenze, auch bei abredewidrigem Einsatz eines höheren Betrags durch den Bevollmächtigten (Blankettmissbrauch), BHCasper Rn. 799, 800, offen Grüneberg/Sprau § 675x Rn. 3. Der Zahlungsvorgang muss autorisiert sein (§ 675j BGB, → Rn. C35); ohne Autorisierung gilt § 675u S. 2 BGB. Der Erstattungsanspruch geht auf den vollen Betrag, nicht nur den anteiligen (übersteigenden) Teil (RegE ZDRL I S. 115). **Wertstellungsdatum** spätestens Geschäftstag der Belastung auf dem Zahlungskonto (§ 675x I 2 BGB, also valutarisch neutral). Beweislast für die Voraussetzungen von § 675x I 1 Nr. 1 und 2 BGB beim Zahler (§ 675x I 3 BGB). Bei der **Lastschrift** (→ Rn. D38) besteht ein **bedingungsloser Erstattungsanspruch ohne Angabe von Gründen,** auch wenn § 675x I BGB nicht erfüllt ist (§ 675x II BGB, unbeschadet von § 675x III BGB); Grund: Verkehrs- und Verbraucherschutz; für Firmenlastschrift abdingbar und auch allgemein abbedungen (→ Rn. D31, D38). Die Zahlstelle braucht die Berechtigung des Erstattungsverlangens im Valutaverhältnis nicht zu überprüfen und muss erstatten, selbst wenn sie positiv weiß, dass das Erstattungsverlangen unberechtigt ist, das ist allein eine Sache des Valutaverhältnisses, Grenze erst bei § 826 BGB (→ Rn. D45). § 675x I 2 BGB (Wertstellungsdatum) ist auch auf § 675x II

BGB anwendbar, str. Der Anspruch auf Erstattung kann durch Vereinbarung des Zahlers mit seinem Zahlungsdienstleister ausgeschlossen werden, wenn der Zahler seine Zustimmung zum Zahlungsvorgang direkt seinem Zahlungsdienstleister erteilt hat und der Zahler über den anstehenden Zahlungsvorgang mindestens vier Wochen vor dem Fälligkeitstermin unterrichtet wurde (§ 675x **III** BGB). Diese Voraussetzungen liegen aber bei der SEPA-Lastschrift nicht vor, also praktisch wenig bedeutsam, Grüneberg/Sprau § 675x Rn. 8. Der Erstattungsanspruch ist nach § 675x III BGB **ausgeschlossen,** wenn der Zahler ihn nicht innerhalb von **acht Wochen** ab Belastung gegenüber seinem Zahlungsdienstleister geltend macht (§ 675x. **IV** BGB, formlos), zweifelnd wegen Art. 63 I Zahlungsdienstrichtlinie I (nur Mindestfrist), Grundmann WM 2009, 1161. § 675x IV BGB gilt für alle Erstattungsansprüche aus § 675x I BGB und für § 675x II BGB. Fristbeginn ist der Tag der Belastungsbuchung, Fristen nach §§ 187 I, 188 II, 193 BGB, Grüneberg/Sprau § 675x Rn. 6. Erstattung bzw. Verfahren bei Ablehnung (innerhalb von 10 Geschäftstagen) s. § 675x **V** BGB; geht der verlangte Nachweis nicht rechtzeitig ein, kann die Erstattung abgelehnt werden, weitergehend für Verwirkung des Anspruchs BHCasper Rn. 809. § 675x I BGB gilt nicht oder nur eingeschränkt für one-leg transactions (§ 675x VI BGB iVm § 675d **VI** 1 Nr. 1 Buchst. b BGB, → Rn. C17). Ist der Zahler Unternehmer, ist der Anspruch abdingbar (§ 675e IV BGB, → Rn. C17), das ist für Firmenlastschriften geschehen, dort keine Erstattung des dem Konto belasteten Lastschriftbetrags (→ Rn. D38).

e) Haftung des Zahlungsdienstleisters bei nicht erfolgter, fehlerhafter oder verspäteter Ausführung eines Zahlungsauftrags; Nachforschungspflicht (§ 675y BGB): § 675y BGB **regelt das Leistungsstörungsrecht des Zahlungsauftrags** getrennt nach nicht erfolgter und fehlerhafter und nach verspäteter Ausführung (§ 675y I und II, III und IV BGB), setzt also einen vom Zahler wirksam erteilten Zahlungsauftrag → Rn. C35) voraus, BGH NJW 2018, 299 Rn. 16. Dabei wird weiter zwischen Push-Zahlungen (§ 675y I, III BGB) und Pull-Zahlungen (§ 675y II, IV BGB) getrennt. § 675y V BGB regelt den Fall fehlerhaft angegebener Kundenkennung. Wird der Zahlungsvorgang vom **Zahler** ausgelöst (§ 675y **I** BGB, **Push-Zahlungen,** MüKoBGB/Zetzsche § 675y Rn. 11), kann dieser von seinem Zahlungsdienstleister im Fall einer nicht erfolgten oder fehlerhaften Ausführung des Zahlungsauftrags unverzügliche und ungekürzte **Erstattung** des Zahlungsbetrags (money-back-Garantie) nebst eventuell berechneter Entgelte und Zinsen (valutamäßige Stornobuchung) verlangen (**verschuldensunabhängig,** näher § 675y **I 1, 2, VI** BGB, krit. Köndgen ZBB 2018, 141). § 675y I BGB gibt einen eigenständigen Erstattungsanspruch, nach aA Schadensersatzanspruch; auf jeden Fall ist § 254 BGB ausgeschlossen. Folgeschäden, zB aus Verspätung, nur nach § 675z BGB (→ Rn. C77). Das Erstattungsverlangen beseitigt als Gegenweisung den Zahlungsauftrag, keine ex tunc-Wirkung (anders als Widerruf, → Rn. C40), aA Einsele WM 2015, 1126. Bei Auslösung des Zahlungsvorgangs durch den Zahler über einen Zahlungsauslösedienstleister treffen die Pflichten nach Satz 1 und 2 den kontoführenden Zahlungsdienstleister (§ 675y **I 3** BGB), Begründung und Regress entsprechend § 675u S. 5 (→ Rn. C56). Ausnahmen mit Außenhaftung des Zahlungsauslösedienstleisters, BHCasper Rn. 466 f., dort auch krit. zu AGB im Unternehmensverkehr. Bei **Kürzungen** (§ 675q I BGB, → Rn. C47) Pflicht des Zahlungsdienstleisters des Zahlers ohne weiteres (nicht gegenüber dem Zahlungsempfänger, vgl. RegE ZDRL I S. 116), den abgezogenen Betrag an den Zahlungsempfänger zu zahlen (§ 675y **I 4** BGB), nur Nachüberweisung, keine Erstattung. Die **Haftung entfällt, wenn** der Zahlungsdienstleister des Zahlers nachweist, dass der Zahlungsbetrag **ungekürzt** bei dem Zahlungsdienstleister des Zahlungsempfängers **eingegangen** ist (§ 675y **I 5** BGB, relevanter Zeitpunkt:

autorisierte Abrufpräsenz, → Rn. C92). Das führt zu einer Beweislastumkehr, näher § 676 BGB.

C72 § 675y II BGB betrifft den Fall, dass der Zahlungsvorgang vom oder über den **Zahlungsempfänger** ausgelöst wird (**Pull-Zahlungen**) und der Inkassoauftrag **nicht erfolgt oder fehlerhaft ausgeführt** wird. Dann auf Verlangen des Zahlungsempfängers ggf. erneute Übermittlung des Zahlungsauftrags durch seinen Zahlungsdienstleister an den Zahlungsdienstleister des Zahlers. Hat der Zahlungsdienstleister des Zahlungsempfängers nachweislich seine Pflichten erfüllt, muss der Zahlungsdienstleister des Zahlers diesem den ungekürzten Zahlungsbetrag entsprechend § 675y I 1, 2 BGB erstatten; bei Abzügen entgegen § 675q I, II BGB muss der Zahlungsdienstleister des Zahlungsempfängers diesem den abgezogenen Betrag unverzüglich auszahlen (§ 675y II 3 BGB); Haftung für zwischengeschaltete Stellen und Ausgleichsanspruch gegen diese (§ 676a BGB, → Rn. C85, C86).

C73 § 675y III und IV BGB regeln die Ansprüche bei **Verspätungen** (Ausführungsfrist bei Push- und bei Pull-Zahlungen, § 675s I, II BGB) und stellen damit klar, dass es sich dabei um eine eigenständige Kategorie der Leistungsstörungen mit eigenen Rechtsfolgen handelt. Bei **Push-Zahlungen** kann der **Zahler** bei **verspäteter Ausführung des Zahlungsauftrags** verlangen, dass sein Zahlungsdienstleister vom Zahlungsdienstleister des Zahlungsempfängers verlangt, Gutschrift auf dem Konto des Zahlungsempfängers ebenso wie bei ordnungsgemäßer, also fristgerechter Ausführung vorzunehmen (§ 675y **III** 1, 2 BGB). Dies ist für Zinsschäden relevant, Folgeschäden aus § 675z BGB (→ Rn. C77). Verspätung nach §§ 675s, 675t BGB (→ Rn. C48 f.), Verzug unnötig. Bei Verweigerung der Empfängerbank Abtretung des Anspruchs an den Zahler, BHCasper Rn. 480 f. Ausgleich zwischen dem Zahlungsdienstleister des Empfängers und dem des Zahlers nach § 676a I BGB. Zahlungsauslösedienstleister, § 675y III 3 BGB, vgl. § 675y I 3 (→ Rn. C71). Entlastungsbeweis des Zahlungsdienstleisters des Zahlers, § 675y III 4 BGB.

C74 Bei **Pull-Zahlungen** kann der **Zahlungsempfänger** bei **verspäteter Übermittlung des Zahlungsauftrags** verlangen, dass sein Zahlungsdienstleister die Gutschrift auf dem Konto des Zahlungsempfängers so wie bei ordnungsgemäßer Ausführung vornimmt (§ 675y **IV** 1 BGB). Soll- und Habenzinsen also gemäß der valutamäßigen Buchung. Bei Nachweis der rechtzeitigen Übermittlung hat der **Zahler** Anspruch gegen seinen Zahlungsdienstleister auf Erstattung, außer bei Nachweis des bloß verspäteten Eingangs des Zahlungsbetrags beim Zahlungsdienstleister des Zahlungsempfängers, dann Gutschrift wie nach Satz 1 durch diesen (§ 675y IV **2–4** BGB). Letzterenfalls Ausgleich zwischen den Zahlungsdienstleistern nach § 676a BGB. Unklarheiten bei § 675y IV 2–4 BGB, BHCasper Rn. E495 ff.

C75 Keine Ansprüche des Zahlungsdienstnutzers gegen seinen Zahlungsdienstleister nach § 675y I 1, 2, II 2 BGB bei Ausführung des Zahlungsauftrags in Übereinstimmung mit der vom Zahlungsdienstnutzer angegebenen **fehlerhaften Kundenkennung** (→ Rn. C46 mit Abhilfeversuchen), aber **Bemühenspflicht** im Rahmen seiner Möglichkeiten um Wiedererlangung des Zahlungsbetrags (**§ 675y V 1, 2 BGB**), zB wenn noch Stornierung möglich ist (RegE ZDRL I S. 117), unverzügliche Mitteilung im Interbankenverkehr, Grüneberg/Sprau § 675y Rn. 16. Bereicherungsansprüche muss der Zahler dagegen selbst ausüben, (Staub/)Grundmann 2020 Teil 3 Rn. 514. Dazu Informationsansprüche nach **§ 675y V 3, 4** BGB; diese gehen dem Bankgeheimnis und dem Datenschutz vor, BHCasper Rn. 282, Schadensersatzanspruch aus § 675z Satz 2 BGB auch gegen die Zahlungsdienstleister des Zahlungsempfängers, Drittschutz, BHCasper Rn. 285. Für die Tätigkeiten nach § 675y V 2–4 BGB kann Entgelt vereinbart werden (§ 675y V 5 BGB). Lit.: Hoffmann WM 2016, 1110.

Bei mangelhafter Ausführung eines Zahlungsauftrags ist ein Entgelt aus- C76 geschlossen, BGH NJW 2015, 1440 Rn. 14. **Entgelte und Zinsen** sind dem Zahlungsdienstnutzer zu erstatten (§ 675y **VI** BGB, keine eigene Anspruchsgrundlage, nur bei Vorliegen von § 675y I, II), nur Sollzinsen (arg. VI). Zinsschaden (Habenzinsen) und andere Folgeschäden aber nur nach § 675z iVm § 280 I BGB, Grüneberg/Sprau § 675y Rn. 17. Bei Nicht- oder fehlerhafter Ausführung des Zahlungsauftrags Anspruch auf Nachvollziehung des Zahlungsvorgangs und Unterrichtung des Zahlungsdienstnutzers Nachforschungs- und Auskunftsansprüche nach § 675y **VII** BGB, dies unentgeltlich (§ 675f V 2 BGB, → Rn. C50), abschließender Charakter str., BHCasper Rn. 498 ff. Zahlungsvorgänge mit Drittstaatenbezug (one-leg transacations), § 675y **VIII** BGB, → Rn. C17). Abschließende Regelung, s. § 675y I 1 (→ Rn. C77).

f) Sonstige Ansprüche bei nicht erfolgter, fehlerhafter oder verspäteter C77 **Ausführung eines Zahlungsauftrags oder bei einem nicht autorisierten Zahlungsvorgang (§ 675z BGB):** §§ 675u und 675y BGB sind **abschließend** (§ 675z **S. 1** BGB, **aber nur** „hinsichtlich der dort geregelten Ansprüche eines Zahlungsdienstnutzers"), also insoweit keine Ansprüche zB auf Erstattung des Zahlungsbetrags oder von Zinsen und Entgelten, auch bei (entgegen §§ 675u, 675v BGB) verschuldensabhängigen Ansprüchen sowie bereicherungsrechtliche, Herausgabe- und Folgenbeseitigungsansprüchen. Gesperrt sind also alle sonstigen Ansprüche auf dieselben Rechtsfolgen wie §§ 675u, 675v BGB. **Nicht ausgeschlossen** sind danach Ansprüche wegen Schäden, die **nicht bereits von §§ 675u oder 675y BGB erfasst** sind, zB **Folgeschäden** aus Ansprüchen des Zahlungsempfängers gegen den Zahler aus §§ 280 ff. BGB wie Verzugsschäden oder entgangener Gewinn des Zahlers, § 812 ff. und 823 ff. BGB, RegE S. 171, 176, Ellenberger/Bunte Bankrechts-HdB/Schmieder § 28 Rn. 66. Der Bürge ist nicht betroffen, EuGH WM 2021, 2278. § 675z S. 1 BGB selbst ist keine Anspruchsgrundlage, sondern setzt anderweitige Anspruchsgrundlagen voraus und sieht für die diese eine Haftungsbegrenzung vor (§ 675y S. 2 BGB).

Für nicht bereits von § 675y BGB erfasste Schäden kann **Haftungs-** C78 **begrenzung** vereinbart werden (auch durch AGB), und zwar auf 12.500 Euro für Ansprüche wegen nicht erfolgter, fehlerhafter oder verspäteter Ausführung (keine Grenze für sonstige Schäden), dies gilt nicht für Vorsatz und grobe Fahrlässigkeit, Zinsschaden und Gefahren, die der Zahlungsdienstleister besonders übernommen hat (§ 675z S. 2 BGB).

§ 675z S. 3, 4 BGB regeln die **Haftung im Fall von zwischengeschalteten** C79 **Stellen.** Haftung des Zahlungsdienstleisters für zwischengeschaltete Stellen (weiter als vertragliche Erfüllungsgehilfen) wie für eigenes Verschulden (§ 675z **S. 3** BGB). Spezialnorm zu § 278 BGB, nicht bloßes Auswahl- und Überwachungsverschulden nach § 664 I 2, 3 BGB), so auch bei erlaubter Substitution, Bitter WM 2010, 1781, krit. Köndgen ZBB 2018, 141. **(8)** AGB-Banken Nr. 3 II wäre damit für den Zahlungsverkehr nicht vereinbar, Bitter WM 2010, 1781, wohl auch Ellenberger/Bunte Bankrechts-HdB/Schmieder § 28 Rn. 139, aber Ziff. 2.3.3 der Überweisungsbedingungen geht vor (→ **(8)** AGB-Banken Nr. 3 Rn. 5), also keine Unklarheit. Keine Haftung aber, wenn die wesentliche Ursache bei einer vom Zahlungsdienstnutzer vorgegebenen zwischengeschalteten Stelle liegt, dann haftet diese dem Zahlungsdienstnutzer anstelle des Zahlungsdienstleisters des Zahlungsdienstnutzers (eigenständige **Direkthaftung der zwischengeschalteten Stelle,** § 675z **S. 4** BGB). Ob diese letztere Haftung noch eine vertragliche oder richtiger eine gesetzliche ist, ist str., MüKoBGB/Zetzsche § 675z Rn. 22 ff; zum Streit um die Drittschutzwirkung bzw. Schutzpflichten aus Gesetz → Rn. C88. Diese werden von § 675z S. 4 BGB nicht verdrängt, BHCasper Rn. 524, sehr str. Keine Haftung bei vom Zahlungdienstnutzers angegebener **fehlerhafter Kundenkennung** (§ 675z **S. 5** iVm § 675y V 1 BGB, nur klarstellend, → Rn. C75). Zahlungsvorgänge mit Drittstaatenbezug (one-leg transactions), § 675z S. 6 BGB (iVm § 676e II Nr. 1 BGB, → Rn. C17). Abweichende Vereinbarung mit Unternehmenskunden (s. § 675e IV BGB, → Rn. C17), Nr. 2.3.4 der Überweisungsbedingungen (→ Rn. C24). **Warnpflichten** → Rn. C42. Lit.: Bitter WM 2010, 1781.

C80 **g) Nachweis der Ausführung von Zahlungsvorgängen (§ 676 BGB):** § 676 BGB ergänzt § 675y BGB und gilt auch für dort nicht erfasste Folgeschäden (→ Rn. C77), Ellenberger/Bunte Bankrechts-HdB/Schmieder § 28 Rn. 51. Die Beweislast liegt beim Zahlungsdienstleister. Vgl. auch § 675w BGB (→ Rn. C68).

§ 676a BGB → Rn. C86.

C81 **h) Anzeige nicht autorisierter oder fehlerhaft ausgeführter Zahlungsvorgänge (§ 676b BGB):** Obliegenheit (trotz Formulierung in § 676b I BGB und RegE S. 178, Grund: Art. 71 ZDRL II) des Zahlungsdienstnutzers zur unverzüglichen Anzeige nach Feststellung (§ 676b **I** BGB, früher str. (Pflicht), hL, MüKoBGB/Zetzsche § 676b Rn. 6. Zahlungsvorgang § 675f IV 1 BGB (→ Rn. C34) **Verschuldensunabhängige Ausschlussfrist** für Ansprüche und Einwendungen des Zahlungsdienstnutzers von **13 Monaten** ab Belastung (entspricht dem Zeitpunkt des vierteljährlichen Rechnungsabschlusses), aber nur bei und sonst erst ab entsprechender Unterrichtung durch den Zahlungsdienstleister (§ 676b **II** BGB). Beweislast für den Ausschluss liegt beim Zahlungsdienstleister, OLG Köln WM 2022, 664. Saldoanerkenntnis und zeitlich frühere Genehmigung von Belastungen aus Lastschrift nach AGB sowie Geltendmachung bis zu sechs Wochen nach Rechnungsabschluss bleiben zulässig (→ **(8)** AGB-Banken Nr. 7 Rn. 3, **(9)** AGB-Spark Nr. 7 VII), ebenso die Prüf- und Rügepflichten (s. **(8)** AGB-Banken Nr. 11 IV, **(9)** AGB-Spark Nr. 20 I lit. g) MüKoBGB/Zetzsche § 676b Rn. 9, 10, 13, (Staub/)Grundmann 2020 Teil 3 Rn. 534 ff., vgl. auch Grüneberg/Sprau § 676b Rn. 5, aber str. wegen II, §§ 675w, 675e I BGB (Nachteil). Spätestens nach 13 Monaten **Fiktion der Genehmigung.** Die Ausschlussfrist gilt für andere Ansprüche des Zahlungsdienstnutzers gegen seinen Zahlungsdienstleister als die in § 675z S. 1 BGB genannten (nämlich §§ 675u, 675y BGB), zB Folgeschäden, nur eingeschränkt, nämlich Geltendmachung auch nach Fristablauf noch möglich, wenn der Zahlungsdienstnutzer diese Frist ohne Verschulden versäumt hat (§ 676b **III** BGB). Letzteres kann etwa der Fall sein, wenn der Zahlungsdienstleister selbst erst später in Anspruch genommen wird. § 676b IV und V BGB regeln den Ausschluss von Rechten bei Einschaltung eines Zahlungsauslösedienstleisters (→ Rn. C11). § 676b **IV** BGB regelt parallel zu § 676b II BGB die Ausschlussfrist für den Fall, dass der Zahlungsvorgang über einen Zahlungsauslösedienstleister ausgelöst worden ist. § 676b **V** BGB entspricht § 676b III BGB für Ansprüche des Zahlungsdienstnutzers gegen seinen kontoführenden Zahlungsdienstleister oder gegen den Zahlungsauslösedienstleister. Die Anzeige an den kontoführenden Zahlungsdienstleister erhält auch Ansprüche und Einwendungen des Zahlungsdienstnutzers gegen den Zahlungsauslösedienstleister (§ 676b **V** Nr. 1 BGB). Lit.: Foerster AcP 213 (2013), 407.

C82 **i) Haftungsausschluss (§ 676c BGB):** Ansprüche aus dem Kapitel (§§ 675j–676b BGB) sind ausgeschlossen bei einem unvermeidbaren Ereignis (näher umschrieben in § 676c Nr. 1 BGB) und bei gesetzlicher Verpflichtung (§ 676c Nr. 2 BGB), BGH NJW 2018, 299 Rn. 18 (§ 850k I ZPO). Der Begriff „unvermeidbares Ereignis" stammt aus der Richtlinie I und muss sich nicht mit dem der höheren Gewalt nach nationalem Recht decken, deswegen andere Fassung in § 676c Nr. 1 BGB. Fälle höherer Gewalt fallen ohne Weiteres darunter, Anforderungen des § 676c BGB an Unvermeidbarkeit sind geringer, vgl. auch OLG Schleswig ZIP 2019, 456. Fälschung von Zahlungsanweisungen ist für eine Bank grundsätzlich kein ungewöhnliches und unvorhersehbares Ereignis,

BGH WM 2021, 174 Rn. 20 (gefälschte Faxanweisung); OLG Frankfurt a. M. ZIP 2017, 1559; differenzierend nach den Gesamtumständen Zahrte BKR 2019, 129; je nach Erkennbarkeit, MüKoBGB/Zetsche § 676c Rn. 12 sowie § 675u Rn. 24, § 675w Rn. 10. Anwendungsbeispiele bei MüKoBGB/Zetzsche § 676c Rn. 6.

4) Das Rechtsverhältnis zwischen den Banken beim mehrgliedrigen Überweisungsverkehr (Interbankenverhältnis)

A. Rechtliche Qualifikation, kein Zahlungsdienst zwischen Teilnehmern von Zahlungssystemen (§ 2 I Nr. 7 ZAG): Der mehrgliedrige Überweisungsverkehr macht Überweisungen von Kunden der Überweisungsbank (uU über Zwischenbanken) zu Kunden der Empfängerbank möglich, ohne dass der Kunde der Überweisungsbank zu den anderen Banken in vertragliche Beziehungen tritt, BGH WM 1958, 1078. Das Rechtsverhältnis zwischen den Banken beim mehrgliedrigen Überweisungsverkehr ist zwar an sich ein Zahlungsdienst iSv § 675c BGB iVm § 1 I 2 Nr. 3 lit. c (Überweisungsgeschäft) ZAG, aber Zahlungsvorgänge zwischen Teilnehmern von Zahlungssystemen (Legaldefinition § 1 XI ZAG) sind nach § 2 I Nr. 7 ZAG ausgenommen. Da der Interbankenverkehr praktisch nur in solchen Systemen verläuft, MüKoBGB/Casper § 675c Rn. 49, § 675f Rn. 83, bedeutet das, §§ 675c–676c BGB auf das Interbankenverhältnis **grundsätzlich nicht anwendbar** sind, es sei denn, das sei dort besonders angesprochen (RegE ZDRL I S. 118, so § 676a BGB, → Rn. C86, aber SEPA Rulebooks und Abkommen, → Rn. C84). Soweit das Interbankenverhältnis ohne Zahlungssystem besteht, sind jedoch §§ 675c–676c BGB nicht ausgeschlossen, MüKoBGB/Häuser B Rn. 295 ff.; MüKoHGB/Omlor C Rn. 92 ff.; Staudinger/Omlor § 676a Rn. 2 ff.; aber beim Lastschriftverfahren nicht, soweit belgisches Recht Anwendung findet (→ Rn. D41). Das Rechtsverhältnis zwischen zwei Banken ist somit ein **Geschäftsbesorgungsvertrag** (§ 675 I BGB, wie Girovertrag, aber ohne Zahlungsdiensterahmenvertragscharakter iSv § 675f II 1 BGB, → Rn. C25, C27), BGHZ 103, 145; 108, 388; NJW 2003, 1389, WM 2012, 1384, mit Dienstleistungscharakter, aA Gößmann/van Look WM Sonderbeil. 1/2000, 43, Grund: nur Weiterleitungspflicht, kein Erfolg geschuldet; dieser ist idR ein Rahmenvertrag und als solcher ein Dauerschuldverhältnis. Diese Interbankenverhältnisse werden durch eigene Abkommen besonders geregelt (→ Rn. C84). Die Vertragsverpflichtung schließt einseitige Lösungsmöglichkeit des zwischengeschalteten Kreditinstituts aus (außer bei Rahmenvertrag, hier Kündigung nach allgemeinen Regeln), vertragliche Aufhebung bleibt möglich, ebenso Gegenweisung des überweisenden Kreditinstituts. Die Pflichten der Beteiligten ergeben sich aus den Abkommen zwischen ihnen, OLG Düsseldorf WM 1999, 1363, auch wenn sie hinter denen des Zahlungsdienstleisters des Zahlers diesem gegenüber aus §§ 675c ff. BGB zurückbleiben, Ellenberger/Bunte Bankrechts-HdB/Schmieder § 28 Rn. 151. Lit. zum Interbankenverhältnis bei der Überweisung: MüKoHGB/Häuser B Rn. 406 ff., BHCasper Rn. 287 ff., Nobbe WM Sonderbeil. 1/2012, 12.

B. Regelung des Zahlungssystems: In der Praxis erfolgt der mehrgliedrige Überweisungsverkehr durch Verrechnung in Gironetzen mit einer gemeinsamen Kopfstelle. Gironetze bestehen in den privaten Großbanken, den Sparkassen, den Volksbanken und Raiffeisenbanken und zwischen diesen Netzen durch die Zentralbank (DBBk mit einer LZBk, nunmehr Abrechnungsstelle der DBBk, in jedem Bundesland und Zweiganstalten, s. § 3 BBankG), s. Besondere Bedingungen der DBBk für den belegloser Datenträgeraustausch. Die DBBkAbrechnung erfolgt durch **Verrechnungsvertrag (Skontration),** BGH WM 1972, 1379, NJW 1987, 2439; dazu Canaris Rn. 892, 892a; Canaris WM 1976, 994, Sandberger BB 1976, 488, Pfister ZHR 143 (1979), 24. Warnpflichten im Abrech-

(7) BankGesch C85–C88

nungsverkehr → Rn. A24. Auch zwischen den beteiligten Banken bestehen Giroverträge (Kontokorrente), bei Zwischenbanken (nicht aber bei bloßer Einschaltung von Landeszentralbanken: diese sind bloße Boten, BGHZ 96, 13, Schlegelb/Hefermehl Rn. 49, str. für das vereinfachte Scheck- und Lastschrifteinzugsverfahren der DBBk, Häuser WM 1988, 1508), aber nur mit diesen, nicht auch unmittelbar zwischen der Überweisungsbank und der Empfängerbank, BGH WM 1957, 1047. Das **Abkommen zum Überweisungsverkehr** idF 2009, zwischen den Spitzenverbänden des Kreditgewerbes und der DBBk, ist mit der Einstellung der nationalen Überweisungs- und Lastschriftverfahren infolge der SEPA-Migration außer Kraft getreten (zu diesem Abkommen hier 36. Aufl. Rn. C62); auf SEPA-Überweisungen war es nicht anzuwenden. Für **SEPA-Inlandsüberweisungen** gilt das Überweisungs-Regelwerk des European Payments Council für Zahlungen im Inland (SEPA Credit Transfer Scheme Rulebook, → Rn. C18) und ergänzend das **Abkommen über die SEPA-Inlandsüberweisung** idF 24.11.2014. Zur insolvenzrechtlichen **Wirksamkeit von Verrechnungen** bei Einbringung in ein Verrechnungssystem (§ 147 I 2 ua InsO) → Rn. A58. Zur **internationalen Überweisung** Ellenberger/Bunte Bankrechts-HdB/Haug § 31; zum Geldautomatensystem Ellenberger/Bunte Bankrechts-HdB/Maihold § 32; zum Scheckabrechnungsverkehr mit und ohne DBBk (Interbankenverhältnis) Ellenberger/Bunte Bankrechts-HdB/Nobbe/Menges § 38 Rn. 106 ff. Zur Unwiderruflichkeit von Aufträgen zur Übertragung von Wertpapieren in Systemen s. **§ 675b BGB. Interbankenentgelte** im EU-Wettbewerbsrecht (Art. 101 I AEUV), EuGH WM 2020, 773.

C85 C. **Haftung des Zahlungsdienstleisters für Verschulden einer zwischengeschalteten Stelle (§ 675z S. 3 BGB):** → Rn. C79.

C86 D. **Ausgleichsanspruch zwischen Zahlungsdienstleistern oder zwischengeschalteten Stellen (§ 676a BGB), sonstige Ansprüche: a) Ausgleichsanspruch:** Verschuldensunabhängiger Ausgleichsanspruch (Regressanspruch) des Zahlungsdienstleisters (kein Anspruch des Zahlers), § 676a I BGB, dies ex lege (str., Grund: gilt auch wenn keine unmittelbaren Vertragsbeziehungen bestehen, RegE S. 177, sogenannter **Sprungregress**), wenn die Ursache für die Haftung eines Zahlungsdienstleisters nach §§ 675u, 675y und 675z BGB im Verantwortungsbereich eines anderen Zahlungsdienstleisters, eines Zahlungsauslösedienstleisters oder einer zwischengeschalteten Stelle liegt. Bloßes Vorkommen des Fehlers dort genügt nicht, wenn die eigentliche Ursache nicht dort vorliegt, also zB nicht bei fehlerhafter oder unvollständiger Weisung des vom Zahlungsdienstnutzers beauftragten Zahlungsdienstleisters, Grüneberg/Sprau § 675a Rn. 2. Bspe bei § 675u S. 5 BGB (→ Rn. C56), § 675y I 3 BGB (→ Rn. C71). Beweislast des Zahlungsauslösedienstleisters für Autorisierung und ordnungsgemäße Ausführung in seinem Verantwortungsbereich (§ 676a II, III BGB). § 676a BGB regelt **ausnahmsweise** das sonst von der Zahlungsdiensterichtlinie und den §§ 675c–676c BGB nicht erfasste **Interbankenverhältnis** (→ Rn. C83). § 676a BGB ist nicht abschließend (RegE ZDRL I S. 119). Mehrere zwischengeschaltete Stellen haften nach § 421 BGB, Ausgleich nur im Innenverhältnis (§ 426 BGB), bei Mitwirkung des erstbeauftragten Instituts § 254 BGB, Ellenberger/Bunte Bankrechts-HdB/Schmieder § 28 Rn. 145. Absicherung für den Haftungsausfall für Zahlungsauslösedienste nach § 16 ZAG.

C87 b) **Sonstige Ansprüche:** Weitere finanzielle Entschädigungen können sich aus den Vereinbarungen zwischen den Zahlungsdienstleistern und/oder zwischengeschalteten Stellen und aus dem auf diese Vereinbarungen anwendbaren Recht ergeben.

C88 c) **Drittschutzwirkung bzw. Schutzpflichten aus Gesetz:** Nach früherer Rechtslage hatten die Giroverträge zwischen den beteiligten Banken, zumutbare

Pflichten vorausgesetzt, uU **Drittschutzwirkung,** OLG Düsseldorf WM 1982, 575, OLG Frankfurt a. M. WM 1984, 726, OLG Düsseldorf WM 1987, 1008, OLG Köln WM 1988, 93, Hüffer ZHR 151 (1987), 93, besser **unmittelbare Schutzpflichten** aus Gesetz; nach **aA** ist **nur Drittschadensliquidation** möglich, Hadding FS Werner, 1984, 165; van Gelder WM 1995, 1253; Ellenberger/ Bunte Bankrechts-HdB/Schmieder § 28 Rn. 154 ff.; MüKoHGB/Häuser B Rn. 464 ff.; allgemein zur Drittschadensliquidation Langenbucher/Adolff FS Canaris, I, 2007, 679; Fleckner in Beiträge für Hopt, 2008, 3. Eine andere Frage war, in welchen konkreten Fallkonstellationen solche unmittelbaren Schutzpflichten anzunehmen sind, was jeweils besonders begründet werden und zumutbar sein muss (Reibungslosigkeit des Giroverkehrs), Canaris Rn. 396. Demgegenüber hat der BGH WM 2008, 1252 in einem Grundsatzurteil unter **Aufgabe früherer Rechtsprechung** (BGHZ 69, 85; 96, 17, WM 1988, 247, zum Lastschriftverkehr → Rn. D44) vertragliche Schutzpflichten von Banken zugunsten Dritter im bargeldlosen Zahlungsverkehr **generell abgelehnt,** zust. Ellenberger/Bunte Bankrechts-HdB/Schmieder § 28 Rn. 11. Darauf musste sich der Rechtsverkehr beim Überweisungsverkehr, bei der Lastschrift (→ Rn. D44) und beim Scheckgeschäft (→ Rn. E6) einstellen, auch wenn dogmatisch und im Ergebnis nach wie vor die **besseren Gründe für die alte Rechtsprechung** sprechen (sehr wohl bestimmungsgemäße, wenn auch nicht direkte Leistungsberührung; personenrechtlicher Einschlag ist heute zutr. nicht mehr nötig, das war gerade der Fortschritt der früheren Rspr.; dem Massengeschäftscharakter kann ohne Weiteres Rechnung getragen werden; das alleinige Interesse der Banken sollte nicht entscheidend sein, sie handeln im Interesse der Kunden; europarechtliche Überprüfung fehlt). Stattdessen werden die Kunden (außer bei Bareinzahlung, dann eigenständiger Geschäftsbesorgungsvertrag mit direkter Warnpflicht, BGH WM 2008, 1256) auf die Drittschadensliquidation und § 826 BGB verwiesen, was sie deutlich schlechter stellt (Notwendigkeit, zuerst die Abtretung zu erstreiten; Vorsatzerfordernis, vgl. im Übrigen 33. Aufl.). Bankgeheimnis → Rn. A9.

5) Das Rechtsverhältnis zwischen der Bank bzw den Banken und dem Überweisungsempfänger (Inkasso- oder Ausführungsverhältnis)

A. **Vor Gutschrift:** Der Girovertrag mit Überweisungsauftrag zwischen dem Überweisenden und der überweisenden Bank ist **kein Vertrag zugunsten Dritter** iSv § 328 BGB; der Überweisungsauftrag (→ Rn. C33) begründet für den Empfänger (Begünstigten) noch keinen unmittelbaren Anspruch gegenüber der überweisenden Bank, BGHZ 69, 85, NJW 1987, 318; 1998, 1640; Drittschutzwirkung → Rn. C88. Auch die Mitteilung (**Avis,** auch Eilavis oder Direktavis) des Überweisenden oder der überweisenden Bank an den Empfänger oder seine Bank ist nur eine Vorausankündigung, auch bei Auftragskopie mit Originalunterschriften; dazu OLG Nürnberg WM 1977, 1441, OLG Düsseldorf WM 1979, 1272, Koller BB 1972, 687; dann aber uU Schutzpflicht (vgl. Scheckauskunft, → Rn. E8). Möglich ist aber wie beim Scheck (→ Rn. E8) Anspruch des Empfängers aus anderem Rechtsgrund, zB **Bestätigung, Garantie** oder sonstiger Vereinbarung, RGZ 134, 77, BGH WM 1956, 1293, BB 1960, 343, **Auskunftsvertrag,** BGH NJW 1998, 1640 (iErg abl.), Ellenberger/Bunte Bankrechts-HdB/Schmieder § 28 Rn. 12 (aber mißverständlich zur „Bestätigung", vgl. → Rn. E8 mit verschiedenen Graden der Verbindlichkeit); Haftung aus § 826 BGB → Rn. A34. Bei der **Überweisung mit Zahlungsgarantie** erhält der Händler (zusätzlich zur Mitteilung über die Ausführung der Überweisung) eine Zahlungsgarantie des Zahlungsdienstleisters des Zahlers. Diese Garantie wird gegenüber der Betreibergesellschaft erteilt und wirkt als Vertrag zugunsten Dritter gegenüber dem Empfänger, der dadurch gegen Fehlen der Autorisierung, Verspätung oder Verlust in der Zahlungskette abgesichert wird. Einzelheiten zur Praxis von **giropay,** einem Zahlungsauslösedienstleister, und **paydirect** der deut-

(7) BankGesch C90

schen Kreditwirtschaft (ab 2021 Giropay) bei BHCasper Rn. 608, 687 ff. Eine förmliche **Bestätigung** der Überweisungsbank gegenüber dem Überweisungsempfänger (direkt oder über den Überweisenden) mit dem Inhalt, ohne Rücksicht auf Deckung oder Widerruf zu überweisen (Garantiewirkung wie Scheckeinlösungszusage, → Rn. E8), muss aber erkennbar gewollt sein (→ Rn. E8). Der bloße Stempelaufdruck „angenommen" genügt keinesfalls, auch nicht **Sperrzusage** (nur Sperrverpflichtung, uU Drittschutz, vgl. OLG Düsseldorf WM 2008, 1398). Liegt solche Garantie vor, ist der Widerruf des Überweisenden unbeachtlich. (Un)Widerruflichkeit des Überweisungsauftrags ist dafür irrelevant, str. Die Bestätigung kann an bestimmte Voraussetzungen gebunden sein, uU auch stillschweigend, zB Auslieferung der Ware, doch darf nicht auf diese Weise die Bestätigung konterkariert werden.

C90 Der Empfänger hat ab Eingang des Zahlungsbetrags auf dem Konto seines Zahlungsdienstleisters einen gesetzlichen **Anspruch auf unverzügliche Zurverfügungstellung** (§ 675t I 1 BGB, → Rn. C49). Dies entspricht dem bisherigen **Anspruch auf Gutschrift** (oder Weiterüberweisung, BGH WM 1958, 222) aus dem eigenen Girovertrag des Zahlungsempfängers mit seiner (Empfänger-)Bank (§ 676f iVm §§ 675 I, 667 BGB, → Rn. C25), RegE S. 112, Schürmann Bankrechtstag 2009, 45; BGH WM 1990, 6 mAnm. Häuser 1184. Der Empfänger hat also idR einen **eigenen Zahlungsdiensterahmenvertrag** mit seiner (Empfänger-)Bank (→ Rn. C27). Dieser letztere Anspruch entsteht allgemein auf Gutschrift eingehender Zahlungen bereits mit Abschluss des Girovertrags (insoweit durch § 676t I 1 BGB nicht verdrängt), als Anspruch auf Gutschrift eines konkreten Überweisungsbetrags dagegen mangels anderer Vereinbarung erst, wenn die Empfängerbank den Überweisungsbetrag erhalten hat; § 675t I 1 BGB hat also iErg am Anspruch auf Gutschrift nichts geändert, Ellenberger/Bunte Bankrechts-HdB/Schmieder § 28 Rn. 163, 171. Bei **irrtümlich angegebener Kontonummer** (→ Rn. C46) hat die Empfängerbank zwar ein Recht (§ 675t I 1 BGB), aber keine Pflicht zur Gutschrift an den in der Kundenkennung irrtümlich Genannten, str. (→ Rn. C46), nur der wahre, nicht der irrtümlich genannte Empfänger hat einen Anspruch auf Gutschrift, allerdings wegen § 676t I 1 BGB nur bis zur Gutschrift an den irrtümlich Genannten, Ellenberger/Bunte Bankrechts-HdB/Schmieder § 28 Rn. 79 f., 166, MüKoBGB/Jungmann § 675r Rn. 33, aA wohl Bitter WM 2010, 1728, str., aber jedenfalls Anspruch auf Stornierung, falls noch möglich (→ Rn. C46, C104). Zurückweisungsrecht des Empfängers gegenüber der Bank analog § 333 BGB, früher üL, offen BGH NJW 1990, 324 (aber bei fehlendem Valutaverhältnis), dezidiert (Staub/)Grundmann 2020 Teil 3 Rn. 342 (aber §§ 311, 780 BGB), ist unter § 675t BGB problematisch, grundsätzlich ablehnend außer bei fehlendem Valutaverhältnis MüKoHGB/Häuser B Rn. 536, 539; MüKoBGB/Jungmann § 675t Rn. 38; näher bei Fehlüberweisung, dazu → Rn. C46, C95. Zum Sonderfall des erkannten Fehlers → Rn. C45. **Eingang des Überweisungsbetrags** bzw. der buchmäßigen Deckung (Zeitpunkt in § 675t I 1 BGB nicht besonders geregelt): bei innerbetrieblicher Überweisung mit Erlangung der buchmäßigen Deckung durch Belastung des Kontos des Überweisenden, bei außerbetrieblicher Überweisung mit entspr. Belastung bzw. Gutschrift für die Empfängerbank; auf Kenntnis der Empfängerbank kommt es nicht an. Bei elektronischen Überweisungseingang ist außer der Belastungsbuchung eine **Nachdisposition** der Bank notwendig, bloßes Schweigen genügt nicht, BGH WM 2005, 1019, Nobbe WM Sonderbeil. 1/2012, 10, MüKoHGB/Häuser B Rn. 518. Ist die Deckung noch nicht eingegangen, erteilt die Bank entweder ein unverbindliches **Avis** oder schreibt **unter Vorbehalt** (E. v., → Rn. C92, E6, → **8**) AGB-Banken Nr. 9 Rn. 1) gut, Ellenberger/Bunte Bankrechts-HdB/Schmieder § 26 Rn. 13a. Fällt die Deckung wieder weg, zB durch Insolvenz der Überweisungs- oder der Zwischenbank, ist nichts herauszugeben, str., fraglich unter § 675 I BGB („eingegangen"). Der Anspruch ist unverzüglich zu erfüllen; Wertstellung spätestens Geschäftstag des Deckungseingang (§ 675t I 2 BGB, → Rn. C49). Der Anspruch auf Gutschrift ist grundsätzlich nicht abtretbar, aber pfändbar (analog § 851 II ZPO). Bei Geldbeträgen in **ausländischer Währung** muss die Empfängerbank mangels Fremdwährungskontos beim Empfänger rückfragen, bei kleineren Beträgen kann sie nach dem mutmaßlichen Willen des Kunden in Euro (Verkaufskurs der Fremdwährung) gutschreiben, in der Praxis bestehen dazu Schwellenwerte.

B. **Nach Gutschrift:** Die Gutschrift des überwiesenen Betrags durch die (Empfänger-)Bank für den Empfänger vollendet den Überweisungsvorgang. Der Empfänger soll sich durch sie möglichst wie bei Empfang von Bargeld stellen, BGHZ 6, 124. Die Gutschrift begründet deshalb für ihn ein **abstraktes Recht aus Gutschrift** (zur Vorverlagerung auf Eingang des Überweisungsbetrags, → Rn. C90), das von Einwendungen und Einreden aus dem Deckungs- und Valutaverhältnis (→ Rn. C21) unabhängig ist, BGHZ 6, 124; 26, 171, NJW 1951, 437, BB 1976, 1246 (Nichtbefolgen von Weisung zur Weiterleitung von Zweckangaben). **C91**

Die **Gutschrift** ist als abstrakte Schulderklärung der Empfängerbank gegenüber dem Empfänger anzusehen (§§ 780, 781 BGB), ganz hL, MüKoHGB/Häuser B Rn. 509, Einsele § 3 Rn. 14, aA Kupisch WM Sonderbeil. 3/1979, 20. Das gilt auch nach neuem Recht (→ Rn. C15), die Gutschrift ist danach mit dem Anspruch auf Verfügbarmachung aus § 675t I 1, 3 BGB (→ Rn. C49) nicht ohne weiteres gleichzusetzen, MüKoBGB/Jungmann § 675t Rn. 36 f. Sie beruht vielmehr **wie bisher** auf dem (wirksamen) Girovertrag, aus dem die Bank das Recht zur einseitigen Begründung abstrakter Rechte des Kunden ohne dessen Kenntniserlangung hat (nach aA antizipierte Angebote des Kunden mit Verzicht auf Erklärung der Annahme nach § 151 BGB, nach aA überhaupt einseitiges Rechtsgeschäft der Bank), Koller BB 1972, 692. Gutschrift **unter Vorbehalt** (Eingang vorbehalten, **E. v.**) ist möglich (trotz § 675t BGB, → Rn. C49, 90, D48), Ellenberger/Bunte Bankrechts-HdB/Schmieder § 26 Rn. 13a, MüKoBGB/Jungmann § 675t Rn. 57; OLG Frankfurt a. M. BB 1983, 148, aber, da die Bank sich vorher Deckung verschaffen kann, anders als bei Gutschrift von Einzugspapieren (s. **(8)** AGB-Banken Nr. 9 für Einzugsaufträge, Scheckinkasso → Rn. E/6) unüblich; erfolgt sie dennoch, gewährt die Bank konkludent Kredit. Auch der für die Entstehung der Gutschrift **maßgebliche Zeitpunkt** ist durch die Zahlungsdienstrichtlinien nicht vorgegeben (→ Rn. C15), zu unterscheiden vom Anspruch auf die Gutschrift und die Wertstellung (→ Rn. C90). Er ist bei **manueller** Bearbeitung die Gutschriftbuchung durch die Bank. Kenntnis des Empfängers ist irrelevant. Anzeige an ihn ist nur deklaratorisch, BGH NJW 1951, 437. Der maßgebliche Zeitpunkt für die Gutschrift ist beim **maschinellen** Buchungsverfahren der, in dem die Bank die Daten der Gutschrift zur vorbehaltlosen Bekanntgabe an den Empfänger zur Verfügung stellt: so je nach Organisation zB Eintragung in Kontokarte des Empfängers; Absendung des Kontoauszugs bzw. Bereitstellung zur Abholung; bei Kunden-EDVAnschluss, zB Kontoauszugsdrucker, bereits **autorisierte Abrufpräsenz** aus EDV-Anlage der Bank; BGHZ 103, 143, NJW 2000, 804, WM 2005, 1019, str.; das muss einheitlich auch für das Magnetbandclearing angenommen werden; s. auch **(8)** AGB-Banken Nr. 9 II für Lastschriften und Schecks. Gutschrift aus Ausland s. Polke ZIP 1985, 11. Zum Vorbehalt der **Nachdisposition** (→ Rn. C908) BGH NJW 2000, 804. Zum Forderungserwerb vor Gutschrift bei Bareinzahlung → Rn. C26. Gutschrift auf Konto pro Diverse (cpd, → Rn. A42, C107) begründet mangels Vertrags zwischen Bank und Empfänger, der bei ihr kein Konto hat, noch keinen Anspruch des letzteren, BGHZ 27, 241, NJW 1987, 55; anders in Ausnahmefällen, in denen dann aber ein mindestens konkludenter Vertragsschluss vorliegen muss. Besonderheiten beim Rentenzahlver- **C92**

(7) BankGesch C93–C95

fahren nach SGB, Ellenberger/Bunte Bankrechts-HdB/Schmieder § 28 Rn. 173 ff. Lit.: Hadding/Häuser WM 1988, 1149.

C93 C. **Bereicherungsausgleich bei Fehlüberweisung:** Die Gutschrift begründet ein abstraktes Recht des Empfängers, gegen das entspr. § 784 I Hs. 2 BGB (→ Rn. C33) Einwendungen und Einreden nur beschränkt zulässig sind. Für den Bereicherungsausgleich gilt der Grundsatz, dass die **Rückabwicklung** grundsätzlich **nur innerhalb des jeweiligen Leistungsverhältnisses** zu erfolgen hat, BGHZ 61, 291; 66, 363 (374); 111, 385; 147, 273, WM 2008, 1118, NJW 2014, 547 Rn. 11, stRspr, Nobbe WM Sonderbeil. 4/2001, 24. Das ist wegen des Prozess- und Insolvenzrisikos hoch relevant. Daran hat sich **im Grundsatz** (aber sogleich → Rn. C94 ff. und vor allem C103) **auch nach neuem Recht** nichts geändert, BGH WM 2020, 2287 (IX ZS) Rn. 21 ff.; Fornasier AcP 212 (2012), 433 ff., Dieckmann WM 2015, 16 f., Piekenbrock WM 2015, 797, Staudinger/Omlor § 675z Rn. 24, LBS/Herresthal 3. Kap. § 675u Rn. 221 ff.; **aA** → Rn. C103, Belling/Belling JZ 2010, 708, MüKoBGB/Zetzsche § 675u Rn. 33. **Nach neuem Recht anders nur im Verhältnis zwischen Zahler und seiner Bank** und auch **nur insoweit § 675u I BGB** eingreift (→ Rn. C103). Lit.: Staudinger/Omlor § 675z Rn. 24 ff.; Ellenberger/Bunte Bankrechts-HdB/Schmieder § 29; MüKoBGB/Zetzsche § 675u Rn. 25 ff.; MüKoHGB/Häuser B Rn. 642 ff.; (Staub/)Grundmann 2020 Teil 3 Rn. 417 ff. (zu verschiedenen Argumentationsmodellen); LBS/Herresthal 3. Kap. § 675u Rn. 20 ff.; LBS/Langenbucher 4. Kap. § 675u Rn. 10 ff.; KMFS/Werner Rn. 4.313 ff.; BHCasper Rn. 337 ff.; Winkelhaus 2012; Grundmann WM 2009, 1116; Bartels WM 2010, 1828; Belling/Belling JZ 2010, 708; Müller WM 2010, 1293; Winkelhaus BKR 2010, 441; Rademacher NJW 2011, 2169; Fornasier AcP 212 (2012), 410; Katzenstein WM 2013, 1495 (Rechtsschein); Piekenbrock WM 2015, 797.

C94 a) **Mängel im Deckungsverhältnis** zwischen der Bank und dem Überweisenden kann die Bank nicht gegen den Empfänger nach § 812 BGB, BGH WM 1955, 1476, sondern **nur gegen den Überweisungsauftraggeber** geltend machen (§ 812 I 1 Fall 1, nicht 2 BGB, Leistungskondiktion, nicht analog § 816 II BGB), BGH NJW 2014, 547 Rn. 11; das gilt auch, wenn der Überweisende insolvent geworden oder sein Konto ungedeckt oder gepfändet ist, hL, stRspr; anders nur, wenn die Gutschrift selbst unter Vorbehalt (E. v., → Rn. C90, C92) erteilt wurde, vgl. **(8)** AGB-Banken Nr. 9 (Scheck, Lastschrift). Ist der Betrag dem Überweisenden bereits belastet worden, hat dieser statt eines **Bereicherungsanspruchs** (§ 675z **BGB**, → Rn. C77, C54, aber auch C103) den **Erstattungsanspruch aus § 675u S. 2 BGB,** Ellenberger/Bunte Bankrechts-HdB/Schmieder § 29 Rn. 4, (Staub/)Grundmann 2020 Teil 3 Rn. 417 ff. (zu verschiedenen Argumentationsmodellen), eine bereits erfolgte Belastungsbuchung ist unverzüglich rückgängig zu machen (zum früheren Bereicherungsanspruch der Schuldnerbank gegen den Schuldner bei Entfallen des Direktanspruchs gegen den Empfänger, → Rn. C101; zur Rückabwicklung bei dem nur noch selten vorkommenden Widerruf (§ 675p BGB), → Rn. C99). **13monatige Ausschlussfrist** s. § 676b BGB, Ellenberger/Bunte Bankrechts-HdB/Schmieder § 29 Rn. 4 (→ Rn. C81). Überhaupt kein Mangel im Deckungsverhältnis liegt vor, wenn die Bank zur Ausführung der Überweisung rechtlich nicht verpflichtet war, etwa mangels ausreichender Deckung auf dem Konto oder Pfändung.

C95 b) **Mängel des Valutaverhältnisses** zwischen dem Überweisenden und dem Empfänger sind von den Zahlungsdiensterichtlinien nicht erfasst, sie sind unmittelbar und **nur zwischen dem Überweisenden und dem Empfänger** (nicht deren Banken) auszugleichen (vgl. → Rn. C110, aber → Rn. C97), hL, stRspr (Staub/)Grundmann 2020 Teil 3 Rn. 422, dies allerdings nur, soweit eine **wirksame Autorisierung** der Überweisung vorlag (→ Rn. C97 ff.). So zB bei Fehlüberweisung auf überschuldetes Konto des Empfängers nach erneuter Überwei-

V. Bankgeschäfte C96–C99 **BankGesch (7)**

sung auf das richtige Konto desselben (idR ohne § 818 III BGB), BGH NJW 1985, 2700; ebenso bei irrtümlich falscher Empfängerangabe (→ Rn. C43), vgl. BGH WM 1987, 530, oder bei Überweisung auf ein anderes als das dem Überweisenden angegebene Konto, dann auch keine Aufrechnung des weisungswidrig leistenden Schuldners mit seinem Bereicherungsanspruch; gegen ein Zurückweisungsrecht des Empfängers BGH NJW 1990, 324; BGHZ 128, 139 aus Gründen des ungehinderten Überweisungsverkehrs und der Kalkulierbarkeit des Tagessaldos für die Parteien, außer bei fehlendem Valutaverhältnis, str., → Rn. C46.

c) **Doppelmangel:** Dasselbe, also **Ausgleich nur über die einzelnen Rechtsverhältnisse,** gilt auch bei Doppelmangel des Deckungs- und Valutaverhältnisses, sonst würden Einwendungen und Aufrechnungsmöglichkeiten abgeschnitten; üL, aA RGZ 86, 347, JW 1934, 2459, offen BGHZ 48, 72; 147, 275; so auch nach neuem Recht, Bartels WM 2010, 1631. Ausnahme: Bei Mangel im Deckungsverhältnis und unentgeltlicher Leistung im Valutaverhältnis besteht mangels Bereicherungsanspruches (§§ 818 III, nicht IV, 819 BGB) gegen den Anweisenden ein unmittelbarer Anspruch des Angewiesenen gegen den Leistungsempfänger (entspr. § 822 BGB), BGHZ 88, 237; 147, 274, krit. Mühl WM 1984, 1441; dem Fehlen des Bereicherungsanspruchs gegen den Anweisenden steht nach § 822 BGB nicht gleich die mangelnde Durchsetzbarkeit des Primäranspruchs aus nur tatsächlichen Gründen, zB Zahlungsunfähigkeit des Anweisenden, BGH NJW 1969, 605; 1999, 1026, üL, aA Canaris 1. FS Larenz, 1973, 833, sehr str. **C96**

d) **Mängel der Anweisung:** Bei **Mängeln der** idR im Überweisungsauftrag liegenden **Anweisung** (Weisung, → Rn. C33 f., Mängel → Rn. C57, C98) **fehlt es an der Autorisierung** (→ Rn. C35) mit der zwingenden Folge der Erstattung durch die Bank direkt an den Zahler (→ Rn. C54). Ob eine (An-)Weisung fehlt, bestimmt sich nach der Zurechenbarkeit, Ellenberger/Bunte Bankrechts-HdB/Schmieder § 29 Rn. 6; insoweit parallel zur Anweisung (→ Rn. C33). Die Tilgungsbestimmung besagt dafür nichts, Schimansky FS Hopt, 2010, 217. Die Bank hat dann ihrerseits (von der Richtlinie I nicht geregelt) einen Bereicherungsanspruch (Stornorecht → Rn. C104) im Ausführungs- bzw. Vollzugsverhältnis unmittelbar gegen den Überweisungsempfänger (**Direktkondiktion nach § 812 BGB,** Nichtleistungskondiktion „in sonstiger Weise", idR gerichtet auf Zustimmung zur Aufhebung des abstrakten Rechts aus Gutschrift, → Rn. C91), BGHZ 111, 382; 147, 145; 147, 269; BGH WM 1990, 1280, insoweit auch nach neuem Recht, Ellenberger/Bunte Bankrechts-HdB/Schmieder § 29 Rn. 12 ff., 17; (Staub/)Grundmann 2020 Teil 3 Rn. 420. Zum Fehlen einer wirksamen Anweisung außerhalb von § 675u BGB BGH WM 2520, 2287 Rn. 24 ff. **C97**

Beispiele für Mängel der Anweisung und Autorisierung (auch → Rn. C57): Fehlen der Überweisungsanweisung, irrtümliche Doppelüberweisung, BGH WM 2010, 1218, bloße Kontovollmacht ohne Zahlungsauftrag, BGH NJW 2015, 2725 = WM 2015, 1458, krit. Müller WM 2016, 809, Gutschrift an falschen Empfänger, Fälschung, mangelnde Geschäftsfähigkeit. **Irrtümliche Zuvielüberweisung** wurde früher ganz der **Sphäre des Überweisenden** zugerechnet, BGH WM 1986, 1381; 2008, 1118, aA hinsichtlich des überschießenden Teils Canaris JZ 1987, 202, denn jedenfalls liegt bezüglich des Teilbetrags Weisung vor, so auch nach neuem Recht iErg Ellenberger/Bunte Bankrechts-HdB/Schmieder § 29 Rn. 9, dann § 675y BGB (→ Rn. C71), für fehlende Autorisierung, Bartels WM 2010, 1832. **C98**

Das gilt **auch** für den **Widerruf der Anweisung:** Bei Gutschrift trotz rechtzeitigen Widerrufs (wegen früher Unwiderruflichkeit nur noch selten, → Rn. C36, C40) wurzelt der Fehler zwar im Verhältnis zwischen Bank und Auftraggeber (Veranlassungsprinzip); Kündigung (bloße Gegenweisung), deshalb bisher Ausgleich nur im Deckungsverhältnis, Nobbe WM Sonderbeil. 4/2001, 8 li. Sp., **C99**

Hopt 2405

(7) BankGesch C100–C103

mit Begründung aus § 120 BGB Müller WM 2010, 1293; aber auch beim rechtzeitigen Widerruf **fehlt** es an der wirksamen (An-)Weisung und **Autorisierung**, sie führt deshalb zum Anspruch des Zahlers nach § 675u BGB und ist bereicherungsrechtlich wie ein anfänglicher Mangel der Anweisung zu behandeln, BGH WM 2015, 1631, Bartels WM 2010, 1833, Ellenberger/Bunte Bankrechts-HdB/Schmieder § 29 Rn. 9, zweifelnd wohl Grundmann WM 2009, 1117, aA Rademacher NJW 2011, 2169. Dasselbe muss für das Erlöschen des Girovertrags (→ Rn. D27) und das Erlöschen eines **Dauerauftrags** (→ Rn. C36) gelten, str.

C100 **Nicht:** bei **Anfechtung der Weisung** wegen irrtümlich angegebener Kundenkennung (aber Anfechtung sonst, § 142 I BGB, → Rn. C57), denn insoweit steht § 675r I 2 BGB als lex specialis entgegen, der Zahlungsauftrag gilt als ordnungsgemäß ausgeführt, Bereicherungsausgleich nur im Valutaverhältnis, Bartels WM 2010, 1832, Ellenberger/Bunte Bankrechts-HdB/Schmieder § 29 Rn. 26. Zu den Problemen bei § 675r BGB → Rn. C43. Zum Embargo Spoerr/Schlösser WM 2016, 1323.

C101 **Mängel der Anweisung** führen zu einem **Bereicherungsausgleich zwischen Bank und Zahlungsempfänger (Direktkondiktion** und zwar Nichtleistungskondiktion nach § 812 I 1 Fall 2 BGB). Das gilt **unabhängig** davon, ob der **Zahlungsempfänger** von der mangelnden Autorisierung **Kenntnis** hatte, anders noch BGHZ 87, 393; 88, 235; 89, 379, WM 2008, 1119; 2010, 1218. Diese Rspr. ist jedoch überholt, so BGH XI. ZS NJW 2015, 3093 = WM 2015, 1631 Rn. 21 ff., VIII. ZS JZ 2018, 517 Rn. 33 mAnm. Schwab, zuvor noch offen BGH WM 2015, 1458 Rn. 18 zum Widerruf; zust. Kropf WM 2016, 67, WM 2020, 2287 Rn. 25, krit. Müller WM 2016, 812, Jansen JZ 2015, 952, Foerster BKR 2015, 473, Schnauder JZ 2016, 603, Wilhelm BKR 2017, 8. Der Empfänger ist **jedoch** nach allgemeinen Grundsätzen gegen die Direktkondiktion **nach § 818 III BGB geschützt,** BGHZ 147, 151; 152, 315, OLG Zweibrücken WM 2006, 1102, aA Canaris Rn. 439 (§§ 172 f. BGB analog), seine Bereicherung kann danach durch seine Verfügung über den irrtümlich gutgeschriebenen Betrag entfallen. Dieser Schutz des Empfängers ist nach neuem Recht nicht weggefallen, (Staub/)Grundmann 2020 Teil 3 Rn. 416.

C102 Wenn die Bank ihre Direktkondiktion gegen den Empfänger wegen § 818 III BGB verliert, war nach **früherer Ansicht** zugleich Erfüllung im Valutaverhältnis eingetreten und der Zahler war bei Rückgängigmachung der Belastungsbuchung nach § 675u S. 2 BGB (→ Rn. C94) bereichert, diese Bereicherung war dann **zwischen dem Zahler und seiner Bank auszugleichen.** § 675u I BGB steht nach dieser Ansicht, da diese Konstellation nicht erfassend (Erwägungsgrund 47 der ZahlungsdiensteRL I: nur Ausschluss vertraglicher Ansprüche), einem solchen Bereicherungsanspruch der Bank gegen den Zahler nicht entgegen, (Staub/)Grundmann 2020 Teil 3 Rn. 420; Grundmann WM 2009, 1117, sehr str.

C103 Die **neuere Rechtsprechung** und die mittlerweile üL sehen das **nach neuem Recht jedoch anders:** BGH NJW 2015, 3093 Rn. 22 ff. m. krit. Anm. Kiehnle; Jansen JZ 2015, 952; zust. Langenbucher FS Köndgen, 2016, 395; MüKoBGB/Zetzsche § 675u Rn. 25 ff., 36; Ellenberger/Bunte Bankrechts-HdB/Schmieder § 29 Rn. 24, 13; LBS/Langenbucher 4. Kap. § 675u Rn. 9, 23; krit LBS/Herresthal 3. Kap. § 675u Rn. 22 ff. Diese Meinung argumentiert teils mit einer **Kondiktionssperre** durch die Richtlinie I (§ 675u BGB, → Rn. C54 ff.), teils unabhängig davon, dass mangels wirksamer Anweisung auch keine Erfüllung eingetreten sei, der Zahler also nichts erlangt habe und damit auch ein Bereicherungsanspruch der Bank gegen ihn ausscheide, BGH NJW 2015, 3093 Rn. 24 f., Bartels WM 2010, 1828, Belling/Belling JZ 2010, 710, Winkelhaus BKR 2010, 447, offen Nobbe WM Sonderbeil. 1/2012, 23. Lit.: Fornasier AcP 212 (2012), 410. Auch nach dieser neuen Ansicht bleibt es aber bei **Anweisungsfällen außerhalb des Anwendungsbereichs von § 675u BGB,** zB Scheckinkasso, bei den bisherigen Grundsätzen, BGH NJW 2015, 3083 Rn. 17 f., str., BHCasper Rn. 359 mwN.

D. Stornierung: Neben dem gesetzlichen Bereicherungsanspruch hat die Bank bei fehlerhaften Gutschriften, zB wenn sie sich selbst bei der Kontonummer vertan hat (sonst § 675r BGB ohne Namensabgleich; aber → Rn. C43, nur Recht, keine Pflicht der Empfängerbank allein nach Kontonummer gutzuschreiben), ein eigenständiges girovertragliches Rückbuchungsrecht (Stornierung, ausführlich zur **Stornoklausel** → **(8)** AGB-Banken Nr. 8 Rn. 1), dieses allerdings nicht gegen zwingendes Recht (§ 675z BGB, → Rn. C77); nach üL erstreckt sich das Stornorecht aber nur auf technische Buchungsfehler, richtiger auch auf Fälschung, Nichtigkeit und Anfechtung und Widerruf (vgl → Rn. C57, C98, C99); erstreckt man das Stornorecht auch auf diese Fälle, kommt dem Bereicherungsanspruch nur noch geringe Bedeutung zu, so uU bei einem Debetsaldo, → **(8)** AGB-Banken Nr. 8 Rn. 2, dort aber zur Differenzierung zwischen Hausüberweisung und überbetrieblicher Überweisung. Zum Einlösungszeitpunkt und zur Stornierung bei Einzugsaufträgen s. **(8)** AGB-Banken Nr. 9. Lit.: MüKoHGB/Häuser B Rn. 561 ff.; KMFS/Kropf Rn. 3.391 ff. C104

E. Verrechnung: Die Bank kann eingehende Überweisungen mit einem Debet des Empfängers verrechnen (→ HGB § 355 Rn. 7–12) und hat ein Pfandrecht an der eingegangenen Forderung nach **(8)** AGB-Banken Nr. 14; der Empfänger kann das nicht einseitig verhindern. Doch kann die Überweisung einen die Verrechnung untersagenden Sperrvermerk (Weisung des Überweisenden) enthalten, BGH WM 1962, 460; 1971, 158. In der **Insolvenz** des Kunden (→ Rn. A58) bestehen Zahlungsaufträge sowie Aufträge zwischen Zahlungsdienstleistern oder zwischengeschalteten Stellen (und Aufträge zur Übertragung von Wertpapieren) mit Wirkung für die Masse fort (§ 116 S. 3 InsO). C105

6) Das Rechtsverhältnis zwischen dem Überweisenden und dem Überweisungsempfänger (Valutaverhältnis)

A. Zulässigkeit der Überweisung: Das Valutaverhältnis zwischen dem Überweisenden und dem Überweisungsempfänger ist durch die Zahlungsdiensterichtlinien I praktisch unberührt geblieben, Grundmann WM 2009, 1116, so auch für die Zahlungsdiensterichtlinie II, aber surcharging (sogleich). Notwendig ist für die Überweisung zunächst das **Einverständnis** des Überweisungsempfängers (Gläubiger) mit der Überweisung statt mit Barzahlung (Schuldnerwechsel: statt des überweisenden Schuldners schuldet die Bank des Gläubigers; Buchgeld statt Bargeld). Einverständnis liegt vor bei Angabe des Bankkontos auf Rechnung, Briefkopf oder Prospekt, BGHZ 98, 30, WM 2004, 1219. Das Einverständnis kann sich auf eines von mehreren Konten des Empfängers beschränken (Zielkonto), zB bei Angabe nur eines von mehreren Konten auf Rechnung. Überweisung auf ein anderes Konto führt nicht zur Erfüllung (→ Rn. C107), der Überweisende erhält einen Bereicherungsanspruch (§ 812 I 1 Alt. 1 BGB), mit dem er aber nicht gegen den Anspruch auf Zahlung aufrechnen darf, weil sonst die Zielkontoangabe konterkariert würde (konkludentes Aufrechnungsverbot), MüKoHGB/Häuser B. Rn. 559, 593, BHCasper Rn. 14, aA OLG Köln OLGR 2005, 543 f., OLG Hamburg NJW 2011, 3524, Dräger MDR 2012, 1009: nur Schadensersatzanspruch des Empfängers; zum fehlenden Zurückweisungsrecht des Zahlungsempfängers mit Ausnahmen MüKoBGB/Jungmann § 675t Rn. 30 ff. Mitteilung einer geänderten Bankverbindung muss bei laufender Geschäftsbeziehung in besonders auffälliger Form erfolgen, sonst Vertrauensschaden, Ellenberger/Bunte Bankrechts-HdB/Schmieder § 28 Rn. 186. Die widerspruchslose Annahme einer Überweisung ist als Einverständnis zu werten, uU auch für künftige Zahlungen, BGH WM 1955, 1476. Eine Einverständniserklärung liegt aber angesichts der allgemeinen Üblichkeit der bargeldlosen Zahlung C106

(7) BankGesch C107

auch schon in der bloßen Errichtung eines Bankgirokontos (nicht Spar-, Festgeld- und andere nicht für den Zahlungsverkehr bestimmte Konten, → Rn. A36 ff.), auch ohne besondere Bekanntgabe, üL, iErg auch Ellenberger/Bunte Bankrechts-HdB/Schmieder § 28 Rn. 182 (§§ 157, 242 BGB), aA BGH NJW 1955, 897, → § 49 Rn. 185, Canaris Rn. 470. **Barzahlungsklausel** bedeutet nur sofortige Zahlung, nicht Ausschluss der bargeldlosen Zahlung. Die Bank wird durch den Girovertrag zur Annahme ermächtigt (entspr. §§ 362 II, 185 BGB); der Kontoinhaber kann sich, wenn er sein Geld anders empfangen will, durch entspr. Mitteilung an den Schuldner schützen. Eine Barzahlungsklausel steht der Überweisung idR nicht entgegen (→ HGB § 346 Rn. 40 „Zahlung"). Das Einverständnis mit Überweisung ist frei widerruflich (entspr. § 183 BGB); es ist nicht mehr widerruflich nach Eingang der Überweisung, anders in Sonderfällen, Canaris Rn. 474. Angabe eines neuen Bankkontos ist iZw konkludenter Widerruf des Einverständnisses bezüglich des alten, BGH WM 2004, 1219. Ausnahmsweise kann der Schuldner die **Annahme von Bargeld verweigern**, zB bei unüblich kleiner Stückelung oder bei Gefahr von Raub oder Diebstahl. **Einschränkung auf Lastschrift** und Jahresüberweisung ist im Energiebereich unwirksame Klausel, BGH NJW 2013, 2814. Lit.: v. Dücker WM 1999, 1257. Von der Barzahlungsklausel ist eine **Entgeltklausel für die Nutzung bargeldloser Zahlungsmittel** zu unterscheiden, eine solche ist für eine Überweisung (entsprechend für Lastschrift, → Rn. D56, und einschränkend für Zahlungskarte, → Rn. F65) nach **§ 270a BGB** ausgeschlossen (**surcharging-Verbot** aufgrund Zahlungsrichtlinie II Art. 62 IV, zur komplexen Reichweite des Verbots RegE S. 146, EuGH NJW 2022, 529 mAnm Augenhofer), aber Preisnachlässe im Akquisitionsverhältnis, § 675f VI BGB (→ Rn. C27); § 270a BGB gilt nicht für E-Geld, zB PayPal, auch nicht für einen nicht vom Schuldner (Push-Zahlung), sondern von einem Zahlungsauslösedienst ausgelösten Zahlungsauftrag („Sofortüberweisung"), Entgelt bei E-Geld, zB PayPal, sowie für einen nicht vom Schuldner (Push-Zahlung), sondern von einem Zahlungsauslösedienst ausgelösten Zahlungsauftrag („Sofortüberweisung") verstößt nicht gegen § 270a BGB, wenn es nur für diese Nutzung (nicht für die Überweisung) verlangt, BGH WM 2021, 872 mAnm Bronk BKR 2021, 450; OLG München WM 2020, 1018. § 270a BGB fällt unter § 3a UWG, BGH WM 2021, 872. Zu § 270a BGB OLG München WM 2020, 1018; Omlor JuS 2019, 384; Böger Bankrechtstag 2016, 287; Omlor WM 2018, 941; Zahrte NJW 2018, 339. Zur Sofortüberweisung KMFS/Werner Rn. 4.1006 ff.

C107 B. **Erfüllung:** Die Überweisung im (auch einseitigen, → Rn. C106) Einverständnis des Gläubigers ist Erfüllung (§ 362 BGB), nicht nur Leistung an Erfüllungs Statt (§ 364 I BGB), ganz üL, LBS/Langenbucher 4. Kap. § 675 Rn. 18; wohl auch BGH WM 1999, 11 (Erfüllung mit Gutschrift auf Konto mit alleiniger Verfügungsmacht), noch offen BGHZ 98, 30, aA BGHZ 58, 109 (beiläufig), Canaris Rn. 467, denn die Überweisung „an den Gläubiger" und Barzahlung stehen sich nach der Verkehrsanschauung gleich; das gilt auch bei zulässiger Überweisung auf Oder-Konto (→ Rn. A39), anders bei Überweisung auf Sparkonto wegen § 808 BGB, OLG Hamm NJW 1987, 70. Leistungsempfänger ist nur der Gläubiger (Kontoinhaber), nicht seine Bank (nur Zahlstelle), BGHZ 53, 142, NJW 1974, 458; 1979, 371; das ist wichtig für § 812 BGB. Bei Angabe eines falschen Kontos trägt das Risiko der Gläubiger (§ 270 III BGB analog), Ellenberger/Bunte Bankrechts-HdB/Schmieder § 28 Rn. 187, str. Erfüllung bei Zahlung über Online-Zahlungsdienst, BGH NJW 2018, 537, WM 2018, 32 (37) (Paypal, uU Rückbuchung und Wiederbegründung der getilgten Forderung), Guggenberger NJW 2018, 1057, Horn WM 2018, 1341, Ulrici JZ 2018, 785. Erfüllung (§ 362) jedenfalls bei SEPA Instant-Überweisung (s Rn C16, C18), Herresthal ZIP **19,** 907. **Tilgungsbestimmung** des Schuldners nach § 366 BGB ist anfechtbare Willenserklärung, BGHZ 106, 163. Die **Erfüllungswirkung**

(Verlustrisiko, (Staub/)Grundmann 2020 Teil 3 Rn. 99; nicht gleichzusetzen mit Rechtzeitigkeit, → Rn. C108; besondere Probleme bei der Lastschrift → Rn. D57) tritt nach bisher üL **erst mit Gutschrift** auf dem **Gläubigerkonto** ein (erst dann wie Barzahlung), BGHZ 6, 123; 58, 109, Ellenberger/Bunte Bankrechts-HdB/Schmieder § 28 Rn. 191 (ua wegen Risiken aus § 675r BGB, → Rn. C43); aus § 675s BGB wird man jedoch **richtigerweise** folgern können, dass die Erfüllungserwirkung **schon mit Eintreffen der Deckung bei der Empfängerbank** (bloße Zahlstelle) eintritt, allerdings nur wenn diese den Betrag dem Gläubiger auch zuordnen kann, (Staub/)Grundmann 2020 Teil 3 Rn. 99, LBS/ Langenbucher 4. Kap. § 675y Rn. 20a; MüKoBGB/Casper § 675f Rn. 88; vgl. für Rechtzeitigkeit EuGH NJW 2008, 1936 Rn. 26 (→ Rn. C108), zu diesem (Staub/)Grundmann 2020 Teil 3 Rn. 99; MüKoBGB/Casper § 675f Rn. 89. Auf jeden Fall aber noch nicht mit Unwiderruflichkeit (§ 675p BGB, → Rn. C40), BGH WM 1982, 294 (auch bei internationales Zahlungsabkommen); auch nicht mit Gutschrift auf Konto pro Diverse (cpd, → Rn. A42, C92). Überweisung **an Dritte,** auch auf Notaranderkonto (s. (9) AGB-Anderkonten), ist Erfüllung nach §§ 362 II, 185 BGB nur bei besonderer Vereinbarung (Verkäuferinsolvenzrisiko), BGHZ 87, 164 (vgl. → Rn. G3); so auch, wenn der Gläubiger nur Verfügungsmacht über Drittkonto hat, BGH NJW 1999, 210. Lit.: Brechtel, 2013; v. Dücker WM 1999, 1257; Gösele FS Nobbe, 2009, 75; Freitag AcP 213 (2013), 128 (Geldschuld, Europarecht).

C. **Rechtzeitigkeit:** Die Rechtzeitigkeit der Zahlung im Valutaverhältnis ist **C108** von der Zahlungsdiensterichtlinie I und von § 675s BGB (anderes Verhältnis) nicht geregelt (→ Rn. C4). Sie ist wichtig zB für Verzug, Wechselkursänderungen, Vertragsstrafe. Für sie kommt es bei einer **Geld-Bringschuld** wie der Steuerschuld (Erfüllungsort ist ausnahmsweise der Wohnsitz des Gläubigers) auf den Zeitpunkt der Gutschrift auf dem Gläubigerkonto an, BGH BB 1971, 147 (aber unten aE von Rn. C108). So nach der ZahlungsverzugsRi 29.6.2000, nunmehr RL 2011/7/EU v. 16.2.2011, zu dieser Oelsner EuZW 2011, 940, keine gespaltene Auslegung (Verbraucher/Unternehmer), Nobbe WM Sonderbeil. 1/2012, 14; aA für gespaltene Auslegung MüKoHGB/Häuser B Rn. 612; allgemeiner für Geldschuld EuGH NJW 2008, 1935 – Telekom; dazu (Staub/) Grundmann 2020 Teil 3 Rn. 101; Scheuren-Brandes ZIP 2008, 1463; Gsell GPR 2008, 165; Herresthal ZGS 2008, 259; Gösele FS Nobbe, 2009, 75; Heyers JZ 2012, 398; offen BGH WM 2011, 285 Rn. 36; für modifizierte Bringschuld auch OLG Karlsruhe WM 2014, 1422; Ellenberger/Bunte Bankrechts-HdB/ Schmieder § 28 Rn. 196; MüKoHGB/Häuser B Rn. 612 (nur für Unternehmerverkehr), der Schuldner hat bei Verzögerung Ansprüche gegen seine Bank (→ Rn. C71 ff.), auch Grundmann WM 2009, 1116, iErg auch Köndgen FS K Schmidt, 2009, 909; **aA die früher hL: Geldschuld** als eine idR **qualifizierte Schickschuld** (§§ 270 IV, 269 I BGB), bei der nur rechtzeitige Leistungshandlung geschuldet ist, differenzierend Schwab NJW 2011, 2833, jedenfalls für Skontoabzug OLG Stuttgart NJW 2012, 2360, Grund: rein vertraglich, gegen die hL schon Schön AcP 198 (1998), 443. Das **Risiko der Verzögerung** trägt also heute der **Schuldner,** nicht mehr wie früher der Gläubiger. Der BGH NJW 2017, 1596 mAnm. Bruns sieht das jedenfalls für Mietverträge mit Verbrauchern anders, Grund: von EU-RL nicht erfasst, auch keine solche Umsetzung; RechtzeitigkeitsAGBKlausel ist im Bereich der Wohnraummiete unwirksam. Auch nach EU-RL selbst keine Verzugsfolgen, wenn „der Schuldner für den Zahlungsverzug nicht verantwortlich ist" (Art. 3 I lit. b Hs. 2), Nobbe WM Sonderbeil. 1/2012, 14. Auch wenn man die Geldschuld als Bringschuld ansieht, fragt sich wie bei der Erfüllung, wie lange der Schuldner das Risiko der Verzögerung zu tragen hat, bis zur tatsächlichen Gutschrift oder nur bis zum Eintreffen der Deckung bei der Empfängerbank (→ Rn. C108). Für den zweitgenannten Zeit-

(7) BankGesch C109, C110

punkt sprechen auch hier die besseren Gründe, also ein Ende des Verzugs schon bei Eintreffen, Verzögerung der Gutschrift durch die Empfängerbank hat der Schuldner nicht zu verantworten, BHCasper Rn. 606 a. E., auch LBS/Langenbucher 3. Kap. § 675y, Rn. 28. Bei Verzögerung Abtretung des Anspruchs des Schuldners gegen seinen Zahlungsdienstleister an den Gläubiger. Lit.: Graf v. Westphalen BB 2000, 157.

C109 D. **Gefahrtragung:** Die Gefahrtragung richtet sich nach § 270 I BGB. Die Gefahr (zB Verlust, Insolvenz der Bank, Währungsreform) trägt im Verhältnis zum Gläubiger der Schuldner bis zur Gutschrift bzw. bis zum Eintreffen der Deckung bei der Empfängerbank (→ Rn. C107). Die Gefahr der Insolvenz der Empfängerbank nach diesem Zeitpunkt ist aber nach der Sphärentheorie dem Gläubiger zuzuweisen, BHCasper Rn. 604.

C110 E. **Bereicherungsausgleich:** Der Bereicherungsausgleich nach §§ 812 ff. BGB findet im Valutaverhältnis zwischen dem Überweisenden und dem Überweisungsempfänger, nicht deren Banken statt, → Rn. C106; Ausnahme bei Mängeln der Autorisierung, → Rn. C97 ff. Unterstützungspflicht der Empfängerbank → Rn. C46. Beweislast, dass der Betrag dem Überweisungsempfänger nicht zugeflossen ist, weil das auf ihn lautende Konto nur Strohmannkonto ist, liegt bei ihm, BGH NJW 1983, 626. Aufrechnung mit Bereicherungsanspruch nach Überweisung auf anderes Konto des Empfängers, OLG Hamburg NJW 2011, 3524 (→ Rn. C106). Nebenabrede auf Wiederbegründung der Forderung (hat Vorrang), BGH NJW 2018, 537, WM 2018, 32 (37) (Paypal). Bereicherungsausgleich bei Überweisung auf aufgelöstes Konto, OLG Karlsruhe WM 2018, 516. Lit.: *Stierle*, 1980; *Einsele* FS Reuter 2010, 53 (falsche Kontoangabe).

D. Lastschrift

Schrifttum

S zunächst C. Giroüberweisung. Zum Abbuchungslastschrift- und zum Einzugsermächtigungslastschriftverfahren s 36. Aufl.

a) Kommentare und Handbücher: Außer dem allgemeinen Schrifttum (s vor A1) und dem Schrifttum zum Zahlungsverkehr (s vor C1) *Ellenberger/Bunte* Bankrechts-HdB/*Ellenberger* §§ 36, 37; *Ellenberger/Bunte* Bankrechts-HdB/*Haug* § 30 (SEPA). – LBS *(Langenbucher/Bliesener/Spindler)/Werner* 3. Aufl. 2020. – BuB Rn 6/300 ff. – BZ (Bunte/Zahrte)/ *(Bearbeiter)*, AGB-Banken, AGB-Sparkassen, Sonderbedingungen, 5. Aufl 2019, Bedingungen für Zahlungen mittels Lastschrift im SEPA-Basislastschriftverfahren (4 SB Lastschrift). – *Canaris* (2. Kap: Zahlungswesen) 3. Aufl 1988, Rn 528. – KMFS/*Werner* Rn. 4.401 ff. – MüKoBGB/*Casper, /Jungmann, /Zetzsche* 8. Aufl 2020 §§ 675c–676c (Zahlungsdienste). – MüKoHGB/*Omlor* 4. Aufl Bd 6 2019 Bankvertragsrecht (C. Lastschriftverkehr). – (Staub/) *Grundmann* 2020 3. Teil Zahlungsgeschäft Rn. 105 ff. (zit. 2020 Teil 3 Rn. 105 ff.). – Staudinger/*Omlor* §§ 675c–676c (Zahlungsdiensterecht) 2020.

b) Sonstige Beiträge:

Zur ZahlungsdiensteRL I und II s Schrifttum vor Rn C1 sowie Rn C1 ff, D1 ff.

Zur SEPA-(Migrations-)VO 2012: Deutscher SEPA-Rat, SEPA-Migrationsplan Deutschland, 1/13 (periodisch). – *Bautsch/Zahrte* BKR 2012, 229. – *Werner* BKR 2012, 226. – *Walter* DB 2013, 385.

Zur SEPA-Lastschrift: *Bitter* WM 2010, 1730. – *Obermüller/Kuder* ZIP 2010, 349. – *Werner* BKR 2010, 9. – *Nobbe* WM 2011, 964, ZIP 2012, 1937 (Insolvenz). – *Omlor* NJW 2012, 2150 (neue Lastschriftbedingungen). – *Werner* BKR 2012, 221, WM 2014, 243. – *Walter* DB 2013, 385. – *Hoeren* WM 2014, 1061 (Internet-Lastschrift). – *Hadding* WM 2014, 97 (Erfüllung der Geldschuld). – *Werner* WM 2014, 243. – *Schnauder* WM 2014, 1701. – *Dieckmann* WM 2015, 14 (SEPA-Fehlüberweisung). – *Bitter* FS K. Schmidt Bd. I, 2019, 99 (Insolvenz). – *Köndgen* FS Hopt 2020, 539 (SEPA-Rulebook). **Muster:** Hopt/Merkt/Werner

V. Bankgeschäfte D1, D2 **BankGesch (7)**

Vertrags- und Formularbuch zum Hdl-, Ges- und Bankrecht 5. Aufl. 2022 Form IV. D.1–9 (Lastschrift). **RsprÜbersicht:** *Nobbe* WM Sonderbeil 3/2012 (Lastschriftverkehr).

1) Die (SEPA-)Lastschrift

A. SEPA-VO 2012 und Zulässigkeit nur der SEPA-Lastschrift: Die EU-Zahlungsdienstleistungsrichtlinie I 13.11.2007 ABlEU L 319, 1 hatte den Zahlungsverkehr allgemeiner und mit diesem auch die Lastschrift erfasst (SEPA, Single Euro Payment Area, Einheitlicher Europäischer Zahlungsraum, → Rn. C1 ff.). Die **SEPA-(Migrations-)VO** 14.3.2012 ABl. L 94, 22 (auch → Rn. C1) hat die grundsätzlich umfassende **Umstellung auf SEPA-Lastschriften** gebracht mit der Folge, dass die bisherigen nationalen Überweisungs- und Lastschriftverfahren weitgehend eingestellt werden mussten. Die Lastschrift hat eine in etwa ähnliche praktische Bedeutung wie die Überweisung, allerdings nur in Deutschland, (Staub/)Grundmann 2020 Teil 3 Rn. 20. **Legaldefinitionen** finden sich in Art. 2 SEPA-VO. **Stichtag (Enddaten)** für Überweisungen und Lastschriften war grundsätzlich **1.2.2014** (Art. 6 SEPA-VO). Ferner Europäische Kommission, Grünbuch zum europäischen Zahlungsverkehr (Karte, Internet, mobile Zahlungen) 11.1.2012 KOM 2011/0941. Die SEPA-VO wird durch das **SEPA-Begleitgesetz** 3.4.2013 BGBl. I 610 ergänzt (Ausnutzung von Mitgliedstaatsoptionen und Übergangsregelungen).

Anders als die Zahlungsdiensterichtlinien I und II setzt die SEPA-VO als VO **unmittelbar anwendbares Recht,** das nicht der Umsetzung bedarf. Das SEPA-Begleitgesetz (→ Rn. D1) hat an bankrechtlichen Änderungen im Wesentlichen nur Änderungen zum Aufsichtsrecht nach KWG (ua §§ 25a, 25b) und ZAG aF (nunmehr nF 17.7.2017) gebracht. Die SEPA-VO bezweckt die Entwicklung gemeinsamer unionsweiter Zahlungsdienste, die die derzeitigen inländischen Zahlungsdienste ersetzen. Gegenstand der VO sind **nur auf Euro lautende Überweisungen und Lastschriften innerhalb der Union** (Art. 1). **Nicht erfasst** sind ua Zahlungsvorgänge von Zahlungsdienstleistern intern und untereinander; Zahlungen über Großbetragszahlungssysteme; und **Zahlungen mit Zahlungskarten** oder einem ähnlichen Instrument (POS), einschließlich Barabhebungen (Geldautomatenverfügungen), sowie einige elektronische Verfahren, sofern diese nicht in eine Überweisung oder Lastschrift münden (Art. 1 II); auch nicht Dokumentenakkreditiv und -inkasso. Wichtig sind zahlreiche **Begriffsbestimmungen** in Art. 2, zB Überweisung, Lastschrift, Zahler, Zahlungsempfänger, Zahlungskonto, Zahlungsvorgang, Zahlungsauftrag, Interbankenentgelt, Verrechnungsdatum, Einzug, Mandat, R-Transaktion. Erreichbarkeit der Zahlungsdienstleister eines Zahlungsempfängers für Überweisungen und eines Zahlers für Lastschriften sowie Interoperabilität werden gefordert (Art. 3, 4). Es gibt umfangreiche **Anforderungen an Überweisungen und Lastschriften** (Art. 5 einschließlich ausführlicher **technischer Standards** gemäß Anhang zur VO, die denen des SEPA Rulebook entsprechen; dazu gehört auch die Möglichkeit von Zahlern, Lastschrifteinzüge nach Betrag und Periodizität zu begrenzen, ein Zahlungskonto für Lastschriften ganz zu blockieren und white lists oder **black lists** von Zahlungsempfängern vorzugeben, Art. 5 III lit. d). Überweisungen und Lastschriften müssen den meisten dieser Anforderungen – insbesondere Ansteuerung der Konten nur noch über IBAN, nicht wie zuvor nur Kontonummer und Bankleitzahl bzw. BBAN (IBAN-only-Ansatz, Bautsch/Zahrte BKR 2012, 231) – entsprechen (Art. 6). Zu erwähnen sind auch **Beschränkungen für Interbankenentgelte** für Lastschriften mit Ermöglichung von multilateralen Interbankentgelten für R-Transaktionen (Rückgabetransaktionen, Art. 8), Bautsch/Zahrte BKR 2012, 232. Kein Ausschluss der Zahlung, wenn der Zahler seinen Wohnsitz nicht in dem Mitgliedstaat hat, in dem der Zahlungsempfänger seinen Sitz hat, EuGH WM 2019, 1830 und schon Generalanwalt ZIP 2019, 1272 (Art. 9 II), BGH WM 2020, 832 (→ Rn. D56).

(7) BankGesch D3–D7

D3 Die Lastschrift ist ein „vom Zahlungsempfänger ausgelöste(r) inländische(r) oder grenzüberschreitende(r) Zahlungsdienst zur Belastung des Zahlungskontos des Zahlers, aufgrund einer Zustimmung des Zahlers zu einem Zahlungsvorgang." So die **Legaldefinition** in Art. 2 SEPA-VO, auch § 1 XXI ZAG (→ Rn. C8). Den Zahlungsbetrag gibt erst der Zahlungsempfänger an. Näher zum Ablauf der Lastschrifttransaktion sogleich → Rn. D7. Entsprechende auf das jeweilige Verhältnis der Bank zum Kunden (Schuldner oder Gläubiger) angepasste Definitionen in den Bedingungen (jeweils Nr. 1.1, → Rn. D13). Legaldefiniert sind ua auch Zahlungsempfänger, Zahlungsdienst(leister, -nutzer), Zahlungskonto, Zahler und Zahlungsvorgang (SEPA-VO Art. 2, → Rn. D1).

D4 B. **Grundbegriffe und Regeln für die Lastschrift (§§ 675c–676c BGB):** a) **Grundbegriffe:** Seit 1.2.2014 sind nur noch SEPA-Lastschriften zulässig (→ Rn. D1, zum Abbuchungslastschrift- und zum Einzugsermächtigungslastschriftverfahren s. D9 und D10). Im Folgenden ist deshalb mit Lastschrift die SEPA-Lastschrift gemeint (anders noch 38. Aufl.).

Im Folgenden werden gleichbedeutend die **herkömmlichen Begriffe** verwandt:

Lastschriftschuldner/Zahler; Gläubiger/Zahlungsempfänger, Schuldnerbank(Zahlungsdienstleister)/Zahlstelle; Gläubiger- oder Empfängerbank(Zahlungsdienstleister)/erste Inkassostelle.

b) **Regeln für die Lastschrift (§§ 675c–676c BGB):** Da die §§ 675c–676c BGB im Einklang mit den Zahlungsdiensterichtlinien I und II nicht zwischen Überweisung, Lastschrift und anderen Zahlungsinstrumenten unterscheiden, sondern allgemeiner für Zahlungsaufträge gelten (→ Rn. C12), kann auch für die Lastschrift auf das Recht und die Kommentierung zur Überweisung zurückgegriffen werden (→ Rn. C1 ff.). Kernpunkt ist danach, dass es für die **Wirksamkeit des Zahlungsvorgangs gegenüber dem Zahler** auf die (vorherige oder nachträgliche) **Autorisierung des Zahlers** ankommt (§ 675j I 1, 2 BGB). Ohne Autorisierung hat die Bank gegenüber ihrem Kunden keine Rechte, insbesondere keinen Aufwendungsersatzanspruch (§§ 675c I, 670, 675u I BGB). Für die Lastschrift ist die Zahlung gegenüber der Zahlstelle bereits vorab mit Erteilung des Lastschriftmandats autorisiert (Lastschriftmandat, → Rn. D17).

D5 C. **Halbzwingendes Recht, Ausnahmen (§ 675e BGB):** Soweit nichts anderes bestimmt ist, darf von §§ 675c–676c BGB nicht zum Nachteil des Zahlungsdienstnutzer abgewichen werden (§ 675e I BGB), aber Erleichterungen im Verkehr mit **Nicht-Verbrauchern** und Ausnahmen im Auslandsverkehr außerhalb des EWR (§ 675e II-IV BGB, wie für die Überweisung, → Rn. C17).

2) Rechtliche Qualifikation

D6 A. **Ablauf des Lastschriftverfahrens:** Das Lastschriftrecht ist grundsätzlich vollharmonisiert, auf die herkömmlichen dogmatischen Einordnungen kann deshalb nur noch begrenzt zurückgegriffen werden. Trotzdem macht es Sinn, nicht alles über Bord zu werfen, sondern auf bewährte dogmatische Vorstellungen, soweit europarechtlich zulässig, zurückzugreifen. Im Zweifel ist Vorlage an den EuGH geboten. Zum technischen Ablauf des SEPA-Lastschriftverfahrens BHCasper Rn. 636 ff.

D7 Das Lastschriftverfahren ist eine weit verbreitete (BGH NJW 2010, 3518 IX ZR, Rechtstatsachen bei BHCasper Rn. 9) Sonderform des Überweisungsverfahrens (→ Rn. C1 ff.; das Lastschriftgeschäft ist Zahlungsdienst iSv § 1 I 2 Nr. 3 lit. a ZAG 2017, → Rn. C2, C7); während dieses vom Schuldner (Überweisenden, push-Zahlung → Rn. C34) ausgeht, geht jenes (mit Zustimmung des Schuldners) vom Gläubiger aus (Einzug durch Lastschrift, **pull-Zahlung**); deswegen ist es früher auch als eine **„rückläufige Überweisung"** bezeichnet worden, BGHZ 69, 84 (187), was aber nicht bedeutet, dass die Vorschriften über die Überweisung unverändert Anwendung finden, vielmehr sind Überweisung und Lastschrift durchaus unterschiedlich geregelt. Die **Lastschriftvereinbarung** ist Zusatzabrede zum Girovertrag (→ Rn. C25). Mit der Lastschrift (idR beleglose Lastschriften, kaum noch Einzugspapier) erhebt der **Gläubiger** (Lastschriftgläubiger; Zahlungsempfänger, → Rn. D1) **mit Zustimmung des Schuldners** (Lastschriftschuldner; Zahler, → Rn. D1) durch Vermittlung seines Kreditinstituts (Gläubiger- oder Empfängerbank, **erste Inkassostelle;** Zahlungsdienstleister des Zahlungsempfängers, → Rn. D1) einen Betrag aus dem Guthaben des Schuldners bei demselben oder einem anderen Kreditinstitut des Schuldners (Schuldnerbank, **Zahlstelle,** Zahlungsdienstleister des Zahlers, → Rn. D1). Dieses herkömmliche Verständnis kann auch für die (SEPA-)Lastschrift beibehalten werden, bei der der Schuldner seinem eigenen Zahlungsdienstleister über den Gläubiger und dessen Zahlungsdienstleister vorweg eine Generalweisung erteilt, die entsprechenden Lastschriften ohne Weiteres einzulösen. Einzelheiten in den Bedingungen für Zahlungen mittels Lastschrift (→ Rn. D13).

B. **Formen der Lastschrift früher und heute: a) Das Abbuchungsauftragsverfahren (bis 1.2.2014):** Hier erteilte der Schuldner seiner Bank einen Abbuchungsauftrag, die vom Gläubiger über dessen Bank vorgelegte Lastschrift einzulösen. Erst der Gläubiger spezifizierte den Zahlungsbetrag. Dazu hier 36. Aufl. **(7)** Bankgeschäfte Rn. D5, D11–30. **D8**

b) Das Einzugsermächtigungsverfahren (bis 1.2.2016): Hier ermächtigte der Schuldner seinen Gläubiger, über die Bank des Gläubigers der Bank des Schuldners eine Lastschrift einzureichen. Dazu hier 36. Aufl. → **(7)** Bankgeschäfte Rn. D6, D10a, D10b, D19–36. **D9**

c) Lastschriftverfahren: Die Lastschrift beruht wie die Überweisung (→ Rn. C18) auf der Zahlungsdiensterichtlinie I und seit 2012 der SEPA-VO (→ Rn. D1). Entwickelt wurde sie ursprünglich als ein vom European Payments Council (EPC) geschaffenes Vertragswerk, SEPA Direct Debit Scheme Rulebook (SDD, in zwei Fassungen für Firmen und andere, → Rn. D13, D42). Geltung auf Grund Beitrittsabkommen für die EU-Mitgliedstaaten und weitere Staaten. Das SEPA-Verfahren wird durch Vertrag zwischen den beitretenden Geldinstituten mit dem EPC und unter einander vereinbart, geregelt ist nur das Interbankenverhältnis (→ Rn. C18; zum Interbankenverhältnis, → Rn. D41), Rechte und Pflichten bestehen nur zwischen diesen Instituten, es gilt belgisches Recht, insoweit auch bei rein innerstaatlichen SEPA-Lastschriften. Zu den Rulebooks MüKoHGB/Omlor C Rn. 93 ff. Für die übrigen einzelnen Vertragsverhältnisse gilt nationales Recht samt IPR (vgl. → Rn. C8). Soweit Raum für vertragliche Vereinbarungen bleibt, gelten AGB, und zwar in Deutschland die Bedingungen für Zahlungen mittels Lastschrift im **SEPA-Basislastschriftverfahren** (→ Rn. D14 ff.) und im **SEPA-Firmenlastschriftverfahren** (→ Rn. D28 ff.). **D10**

Das (SEPA-)Lastschriftverfahren entspricht, was die **Vorabautorisierung,** den **Widerruf** und den **Erstattungsanspruch** angeht, dem früheren Abbuchungsauftragsverfahren und dem früheren reformierten Einzugsermächtigungsverfahren. Im (SEPA-)Verfahren beruht die Lastschrift aber auf einer schriftlichen (str., ob auch rein elektronisch) Ermächtigung des Zahlers an den Zahlungsempfänger zum Einzug durch Lastschrift (Lastschriftmandat, Valutaverhältnis) und zur Weiterreichung der Weisung des Schuldners an den Zahlungsdienstleister des Zahlers, die Lastschrift einzulösen. In dieser letzteren Weisung liegt der Zahlungsauftrag an die Zahlstelle und die Autorisierung in Form der Einwilligung, BGH WM 2010, 1546 Rn. 17. **D11**

C. **Vier Vertragsverhältnisse bei der Lastschrift:** Die Einschaltung einer oder mehrerer Banken zur Durchführung des Zahlungsvorgangs führt ebenso wie bei der Überweisung (→ Rn. C21, Lastschrift als rückläufige Überweisung, **D12**

(7) BankGesch D13, D14

→ Rn. D7) idR dazu, dass vier oder mehr Vertragsverhältnisse vorliegen. Allerdings kommt ganz ausnahmsweise auch die Eigen- oder Umbuchungslastschrift vor, bei der der Gläubiger und der Schuldner dieselbe Person sind. Zu unterscheiden sind das **Deckungsverhältnis zwischen dem Schuldner und der Bank des Schuldners,** die auszahlen soll (**Zahlstelle,** → Rn. D36), das **Inkassoverhältnis zwischen dem Gläubiger und der Bank des Gläubigers,** die den Zahlungsbetrag einziehen soll (**erste Inkassostelle,** → Rn. D46), das Verhältnis zwischen diesen beiden (oder mehreren) Banken (**Interbank- oder Ausführungsverhältnis,** → Rn. D41) und das Verhältnis zwischen dem Schuldner und dem Gläubiger, in dem die Zahlung erfolgen und gültig sein soll (**Valutaverhältnis,** → Rn. D56). All diese Verhältnisse sind **rechtlich streng zu trennen.**

D13 **D. Bedingungen für Zahlungen mittels SEPA-Lastschrift (Stand 31.8.2021):** Neben den (8) AGB-Banken gelten für den Lastschriftverkehr Sonderbedingungen (s. (8) AGB-Banken Nr. 1 I 2), und zwar mehrere, zum 31.10.2009 umfassend überarbeitete Fassungen, die zum 9.7.2012 in Anpassung an die SEPA-VO (→ Rn. D1) und zum 1.2.2014 zwecks völliger Umstellung auf die SEPA-Lastschrift erneut geändert worden sind. Erneute Änderung zum **13.1.2018** (neues Zahlungsdienstleistungsrecht) und zum **31.8.2021** (Streichung der Zustimmungsfiktion). Dazu BZ/Zahrte 4 Sonderbedingungen Lastschrift.

Für das Deckungsverhältnis, also das Verhältnis zwischen Zahlstelle und Zahler (→ Rn. D36 ff.), gibt es die **Bedingungen für** Zahlungen mittels Lastschrift im **SEPA-Basislastschriftverfahren** (→ Rn. D14 ff.) und die **Bedingungen für** Zahlungen mittels Lastschrift im **SEPA-Firmenlastschriftverfahren** (→ Rn. D28 ff.).

Für das Interbankenverhältnis, also das Verhältnis zwischen Zahlstelle und erster Inkassostelle (→ Rn. D41 ff.) gelten die detaillierten SEPA Rulebooks (SEPA Core Direct Debit Scheme Rulebook und des SEPA Business to Business Direct Debit Scheme Rulebook) des European Payments Council, www.europeanpaymentscouncil.eu und implementation guidelines, www.bundesbank.de unter Zahlungsverkehr/SEPA. Diese werden ergänzt durch das Abkommen über die SEPA-Inlandslastschrift, MüKoHGB/Omlor C Rn. 92.

Für das Inkassoverhältnis, also das Verhältnis zwischen der ersten Inkassostelle und dem Zahlungsempfänger (→ Rn. D41 ff.) gelten die **Bedingungen für den Lastschrifteinzug,** Fassung vom 1.2.2014 mit Änderungen spätestens zum 21.3.2016. Darin sind die verschiedenen Lastschriftarten geregelt: nicht mehr die Einzugsermächtigungslastschrift (Nr. 2, nicht mehr nutzbar ab 1.2.2016) und die Abbuchungsauftragslastschrift (Nr. 3 entfallen, da seit 1.2.2014 nicht mehr zulässig), aber seit 1.2.2014 nicht mehr zulässig), die SEPA-Basislastschrift (b2c, Nr. 4) und die SEPA-Firmenlastschrift (b2b, Nr. 5). Zum Inhalt der Bedingungen für den Lastschrifteinzug näher → Rn. D47.

3) Grundlagen, wesentliche Merkmale und Verfahrensablauf des SEPA-Basislastschriftverfahrens

D14 **A. Rechtsgrundlagen und wesentliche Merkmale: a) Rechtsgrundlagen, SEPA-Basislastschriftbedingungen:** Das SEPA-Basislastschriftverfahren ist rechtlich die Grundform des SEPA-Lastschriftverfahren, geregelt in den Bedingungen für Zahlungen mittels Lastschrift im SEPA-Basislastschriftverfahren zwischen Kunde und Bank **(Stand 31.8.2021).** das SEPA-Firmenlastschriftverfahren bildet es mit einigen Besonderheiten nach (→ Rn. D28). Nach Nr. 1.1 der SEPA-(Basis- ebenso wie Firmen)Lastschriftbedingungen ist eine Lastschrift „ein vom Zahlungsempfänger ausgelöster Zahlungsvorgang zu Lasten des Kontos des Kunden, bei dem die Höhe des jeweiligen Zahlungsbetrages vom Zahlungsempfänger angegeben wird." (vgl. auch Definition in § 1 XXI ZAG). Für das SEPA-Basislastschriftverfahren gelten verschiedene Rechtsgrundlagen: zunächst europäisch die SEPA-VO (→ Rn. D1, unmittelbar geltendes Recht, → Rn. D2) und ergänzend das SEPA Core Direct Debit Scheme Rulebook (für das Interbankenverhältnis, → Rn. D42), sodann deutsch §§ 675c–676c BGB mit Art. 248 §§ 1–19 EGBGB (→ Rn. C12 ff.). Die Kreditinstitute haben das SEPA-Rulebook durch das Abkommen über die SEPA-Inlandslastschrift ergänzt (Interbankenverhältnis, → Rn. D43). Für das Verhältnis zwischen dem Zahler (Kunden) und seinem Zahlungsdienstleister (Bank, Deckungsverhältnis, → Rn. D36) gelten die Bedingungen für Zahlungen mittels Lastschrift im SEPA-Basislastschriftverfahren. Für das Verhältnis zwischen Kunden als Zahlungsempfänger und der ersten Inkassostelle (Bank) gelten die Bedingungen für den Lastschrifteinzug (Inkasso- oder Ausführungsverhältnis, → Rn. D46). Auch auf das Verhältnis zwischen dem Zahler und dem Zahlungsempfänger (Valutaverhältnis, → Rn. D56) wirken sich die SEPA-(Basis- und Firmen-)Lastschriftbedingungen aus. Dazu BZ/Zahrte 4 Sonderbedingungen Lastschrift (SEPA-Basis-Lastschriftverfahren).

b) Wesentliche Merkmale: Voraussetzung für die Ausführung von Zahlungen mittels SEPA-Basislastschriften ist (neben der Nutzung des SEPA-Basislastschriftverfahrens durch den Zahlungsempfänger bzw. Gläubiger und seinen Zahlungsdienstleister bzw. Gläubigerbank), dass der Zahler (Kunde) vor dem Zahlungsvorgang dem Zahlungsempfänger das SEPA-Basislastschriftmandat erteilt (→ Rn. D17). Der Zahlungsempfänger löst den Zahlungsvorgang dadurch aus, dass er über seinen Zahlungsdienstleiter der Bank die Lastschrift vorlegt. Der Zahler kann bei einer autorisierten Zahlung **innerhalb von acht Wochen** ab Belastungsbuchung von der Bank **Erstattung** des belasteten Lastschriftbetrags verlangen (§ 675x BGB, → Rn. C70; SEPA-Basislastschriftbedingungen Nr. 2.1.1, 2.5). **D15**

B. **Kundenkennung:** Der Kunde muss die ihm mitgeteilte **IBAN** (International Bank Acccount Number, internationale Bankkontonummer) der Bank als seine Kundenkennung gegenüber dem Zahlungsempfänger verwenden. Dann ist die Bank berechtigt, die Zahlung ausschließlich auf der Grundlage der ihr übermittelten Kundenkennung auszuführen (§ 675r BGB, **kein Kontonummer-Namensabgleich** mehr, → Rn. C43). Bei grenzüberschreitenden Zahlungen innerhalb des EWR muss der Kunde bis 31.1.2016 zusätzlich den BIC (Bank Identifier, Bank-Identifizierungscode) angeben (SEPA-Basislastschriftbedingungen Nr. 2.1.2). Begriffsbestimmungen von IBAN und BIC in Art. 2 Nr. 15 und 16 SEPA-VO. Der Begriff der Kundenkennung ist in § 675r II BGB definiert (→ Rn. C43). **D16**

C. **SEPA-Basislastschriftmandat des Zahlungspflichtigen:** Die Lastschriftzahlung durch die Bank des Zahlungspflichtigen beruht auf dessen SEPA-Basislastschriftmandat (SEPA Direct Debit Mandate). Mit dem Mandat **autorisiert** der Zahlungspflichtige gegenüber seiner Bank die Einlösung der Lastschrift des Zahlungsempfängers (→ Rn. D16). Das Mandat ist schriftlich oder in der mit seiner Bank vereinbarten Art und Weise (→ Rn. D36 zu § 120 BGB) zu erteilen. Das SEPA-Basislastschriftmandat muss zwei Erklärungen des Kunden enthalten: die Ermächtigung des Zahlungsempfängers, Zahlungen vom Konto des Kunden mittels der Lastschrift einzuziehen und die Weisung an die Bank, diese Lastschrift von dem Konto einzulösen (SEPA-Basislastschriftbedingungen Nr. 2.2.1; dort auch Auflistung der zwingend erforderlichen Autorisierungsdaten, zusätzliche Angaben sind zulässig). Zur Behandlung der Einzugsermächtigung als SEPA-Lastschriftmandat SEPA-Basislastschriftbedingungen Nr. 2.2.2). Das SEPA-Lastschriftmandat kann widerrufen werden (SEPA-Basislastschriftbedingungen Nr. 2.2.3, → Rn. D23). Auch Begrenzung und Nichtzulassung von SEPA-Basislastschriften durch den Kunden ist möglich (SEPA-Basislastschriftbedingungen Nr. 2.2.4). Das SEPA-Basislastschriftmandat unterliegt der AGB-Kontrolle, ist aber wirksam, jedenfalls angesichts des Erstattungsanspruchs innerhalb von acht **D17**

(7) BankGesch D18–D23

Wochen (→ Rn. D38; zur AGB-Kontrolle beim SEPA-Firmenlastschriftmandat mit Ausschluss des Erstattungsanspruchs → Rn. D32).

D18 D. **Maßnahmen des Zahlungsempfängers: a) Vorabinformation des Zahlers:** Damit der Lastschrifteinzug durchgeführt werden kann, muss der Zahlungsempfänger verschiedene Maßnahmen treffen, näher MüKoHGB/Omlor C Rn. 50–52. Der Zahlungsempfänger muss dem Zahler spätestens vierzehn Kalendertage (sofern nichts anderes vereinbart) vor dem Fälligkeitstag eine Vorabinformation (prenotification) über den Einzug mit dem Betrag und dem Belastungstag des geplanten Lastschrifteinzugs mitteilen (Schriftform, näher Rulebook). Das kann beispielsweise auch in der Rechnung geschehen und erlaubt dem Zahler, für Deckung auf seinem Konto zu sorgen.

D19 **b) Weiterleitung des SEPA-Basislastschriftmandats in elektronischer Form:** Wenn das SEPA-Basislastschriftmandat in Papierform erteilt worden ist, muss der Zahlungsempfänger dieses in elektronische Daten umwandeln (Rulebook), damit es vollautomatisiert durchgeführt werden kann (Lastschriftdatensatz). Diesen Lastschriftdatensatz muss der Zahlungsempfänger seinem Zahlungsdienstleister (erste Inkassostelle) weiterleiten und ihn auch bei jeder Folge-Lastschrift nicht früher als vierzehn Tage vor dem Fälligkeitstag der einzuziehenden Geldforderung erneut übermitteln. Die erste Inkassostelle übermittelt das Basislastschriftmandat in der elektronischen Form dann dem Kreditinstitut des Zahlers. Näher SEPA-Basislastschriftbedingungen Nr. 2.3 I und II.

D20 E. **Belastung des Zahlungskontos und Gutschrift:** Der eigentliche Zahlungsvorgang aufgrund der SEPA-Basislastschrift besteht in der Belastung des Kontos des Kunden mit dem Lastschriftbetrag und der Einlösung der SEPA-Basislastschrift. Die eingehende SEPA-Basislastschrift des Zahlungsempfängers wird am Fälligkeitstag (im Datensatz angegeben) mit dem vom Zahlungsempfänger angegebenen Lastschriftbetrag dem Konto des Kunden belastet (SEPA-Basislastschriftbedingungen Nr. 2.4.1 I). Die SEPA-Basislastschrift ist eingelöst, wenn die Belastungsbuchung auf dem Konto des Kunden nicht spätestens am zweiten Bankarbeitstag nach ihrer Vornahme rückgängig gemacht wird (SEPA-Basislastschriftbedingungen Nr. 2.4.2).

D21 In den Bedingungen sind auch die Fälle aufgeführt, in denen die Kontobelastung nicht erfolgt oder spätestens am zweiten Bankarbeitstag nach ihrer Vornahme rückgängig gemacht wird, nämlich 1. Widerruf des SEPA-Lastschriftmandats (→ Rn. D23), 2. fehlende Kontodeckung (Teileinlösungen nimmt die Bank nicht vor), 3. mangelnde Zuordenbarkeit der angegebenen IGAN des Zahlungspflichtigen zu einem Konto des Kunden bei der Bank und 4. fehlende Verarbeitbarkeit mangels hinreichender Daten (SEPA-Basislastschriftbedingungen Nr. 2.4.1 II) sowie 5. bei gesonderter Weisung des Kunden, Zahlungen aus SEPA-Basislastschriften zu begrenzen oder nicht zuzulassen (SEPA-Basislastschriftbedingungen Nr. 2.4.1 III iVm Nr. 2.2.4). Kommt es zur Nichtausführung oder Rückgängigmachung der Belastungsbuchung oder zur Ablehnung der Einlösung, muss die Bank den Kunden unverzüglich unterrichten (SEPA-Basislastschriftbedingungen Nr. 2.4.3).

D22 Zur **Rückgabe** von Lastschriften, die nicht auf dem normalen Weg bearbeitet werden können, unter den Banken (R-Transaktionen, Interbankenverhältnis → Rn. D41 ff.) näher Rulebook und MüKoHGB/Omlor C Rn. 55. Es handelt sich um Rückweisungen (rejects), Rückgaben (returns), Rückbuchungen (reversals) und Rückerstattungen (refunds). Zur Erstattung bei einem vom oder über den Zahlungsempfänger ausgelösten Zahlungsvorgang § 675x BGB (→ Rn. C69).

D23 F. **Widerruf und Ungültigwerden des SEPA-Lastschriftmandats; Kündigung des Zahlungsdiensterahmenvertrags: a) Widerruf des SEPA-Last-

schriftmandats: Das Besondere der SEPA-Lastschrift im Vergleich zu den bisherigen Abbuchungs- und Einziehungsermächtigungslastschriften ist, dass der Kunde (Zahler) durch Erklärung gegenüber dem Zahlungsempfänger oder seiner Bank das SEPA-Lastschriftmandat widerrufen kann, nicht formgebunden, aber „möglichst" schriftlich (SEPA-Basislastschriftbedingungen Nr. 2.2.3 Satz 1). Das ist deshalb besonders, weil das SEPA-Lastschriftmandat die Zustimmung zu dem Zahlungsvorgang (Autorisierung) enthält (§ 675j II BGB, → Rn. C35). Rechtlich ist zu unterscheiden, wem gegenüber der Widerruf erklärt wird und was er beinhaltet.

Wird der **Widerruf gegenüber der Bank** erklärt (Deckungsverhältnis), ist das **D24** als Widerruf der einzelnen Autorisierung der Zahlung (§ 675j II BGB) oder weitergehend der generellen Autorisierung aller weiterer Zahlungsvorgänge im SEPA-Verfahren möglich, näher MüKoHGB/Omlor C Rn. 58 ff. Ein Widerruf des Zahlungsauftrags ist zwar grundsätzlich nach dessen Zugang nicht mehr möglich (§ 675p I BGB), aber im Fall einer Lastschrift doch, nämlich bis zum Ende des Geschäftstags vor dem vereinbarten Fälligkeitstag, also bis zur Einlösung (§ 675p II 2 BGB, → Rn. C40; Ausnahme § 675p IV 2 BGB bei Vereinbarung und Zustimmung des Zahlungsempfängers, vgl. → Rn. C40). Rechtlich ist das ein zulässiger Widerruf als Gegenweisung zur ursprünglichen Generalweisung (§§ 675c I, 665 S. 1 BGB, → Rn. C36). Der Widerruf hat zur Folge, dass nachfolgende Zahlungsvorgänge nicht mehr autorisiert sind; das ist **zu unterscheiden von dem Erstattungsanspruch** des Kunden bei einer autorisierten Zahlung innerhalb von acht Wochen (SEPA-Basislastschriftbedingungen Nr. 2.5, → Rn. D38). Bei Widerruf gegenüber der Bank wird dieser am folgenden Geschäftstag wirksam (SEPA-Basislastschriftbedingungen Nr. 2.2.3 Satz 2).

Wird der **Widerruf gegenüber dem Zahlungsempfänger** erklärt, ist das **D25** ein Widerruf des Lastschriftmandats an diesen, also Widerruf seiner Ermächtigung, die Lastschrift bei der Zahlstelle des Zahlers einzureichen. Sowohl das Rulebook wie auch die SEPA-Basislastschriftbedingungen Nr. 2.2.3 Satz 1 lassen offen, was gilt, wenn der Zahlungsempfänger, der das Lastschriftmandat bereits weitergeleitet hat, den Widerruf nicht unverzüglich der Bank (Inkassobank und über diese der Bank des Zahlers, also der Zahlstelle) zur Kenntnis bringt. Aus dem Giroverhältnis wird man aber eine Pflicht des Kunden (Zahlers) entnehmen können, den Widerruf auch seiner Bank zu erklären. Andernfalls bleibt die von ihm unberechtigt eingereichte Lastschrift im Verhältnis zu seiner Bank autorisiert, MüKoHGB/Omlor C Rn. 62. Der Widerruf des dem Zahlungsempfänger erteilten SEPA-Lastschriftmandats kann vertraglich ausgeschlossen werden. **Unwiderruflichkeit** beim elektronischen Lastschriftverfahren mittels Debitkarte (→ Rn. F2), weil der Händler nur deshalb von der Barzahlung absieht. Unwiderruflichkeit der Lastschriftabrede, die mit dem Zahlungsempfänger für einen einmaligen Zahlungsvorgang getroffen war, ist str., jedenfalls aber Widerruflichkeit, soweit sie für weitere künftige Zahlungsvorgänge erteilt wird, für diese (→ Rn. C36); näher BHCasper Rn. 641.

b) Ungültigwerden des Lastschriftmandats: Wenn der Zahlungsempfänger **D26** innerhalb von 36 Monaten nach dem letzten Lastschrifteinzug keinen weiteren Einzug mehr tätigt, wird das SEPA-Lastschriftmandat unwirksam (Rulebook).

c) Kündigung des Zahlungsdiensterahmenvertrags insgesamt: Der **D27** Kunde kann nicht nur das SEPA-Lastschriftmandat widerrufen, sondern weitergehend den Zahlungsdiensterahmenvertrag mit seiner Bank kündigen, und zwar jederzeit, also fristlos (§ 675h I BGB, → Rn. C32, **(8)** AGB-Banken Nr. 18 I, dort → **(8)** AGB-Banken Nr. 18 Rn. 1, **(9)** AGB-Spark Nr. 26 I 1). Eine Kündigungsfrist kann vereinbart werden, aber nicht von mehr als einem Monat

(§ 675h I 2 BGB). Mit der Kündigung wird der Zahlungsdiensterahmenvertrag (samt den SEPA-Basislastschriftbedingungen) beendet (Deckungsverhältnis).

4) Das SEPA-Firmenlastschriftverfahren

D28 **A. Rechtsgrundlagen und wesentliche Merkmale: a) Rechtsgrundlagen, SEPA-Firmenlastschriftbedingungen:** Das SEPA-Firmenlastschriftverfahren ist wie schon erwähnt weitgehend parallel zum SEPA-Basislastschriftverfahren (→ Rn. D14 ff.) geregelt in den Bedingungen für Zahlungen mittels Lastschrift im SEPA-Firmenlastschriftverfahren zwischen Kunde und Bank **(Stand 31.8.2021).** Die Rechtsgrundlagen des SEPA-Firmenlastschriftverfahrens sind ähnlich (→ Rn. D14), nämlich europäisch die SEPA-VO (→ Rn. D1) und ergänzend das SEPA Business to Business Direct Debit Scheme Rulebook (→ Rn. D1). Die Kreditinstitute haben das SEPA-Rulebook durch das Abkommen über die SEPA-Inlandslastschrift ergänzt (Interbankenverhältnis, → Rn. D43). An deutschen Vorschriften gelten §§ 675c–676c BGB mit Art. 248 § 3 Nr. 1–16 EGBGB (→ Rn. C12 ff.), allerdings mit dem wichtigen Unterschied größerer Vertragsfreiheit (§ 675e IV BGB, → Rn. C17). Für das Verhältnis zwischen dem Zahler (Kunden) und seinem Zahlungsdienstleister (Bank, Deckungsverhältnis, → Rn. D36) gelten die Bedingungen für Zahlungen mittels Lastschrift im SEPA-Firmenlastschriftverfahren. Für das Verhältnis zwischen Kunden als Zahlungsempfänger und der ersten Inkassostelle (Bank) gelten die Bedingungen für den Lastschrifteinzug (Inkasso- oder Ausführungsverhältnis, → Rn. D46). Auf das Verhältnis zwischen dem Zahler und dem Zahlungsempfänger (Valutaverhältnis, → Rn. D56) wirken sich die SEPA-Firmenbedingungen ebenfalls aus. Dazu BZ/Zahrte 4 Sonderbedingungen Lastschrift (SEPA-Firmenlastschriftverfahren).

D29 **b) Wesentliche Merkmale:** Diese entsprechen denen beim SEPA-Basislastschriftverfahren (→ Rn. D15), allerdings mit zwei ganz wesentlichen Unterschieden: **Kein Anspruch auf Erstattung** bei einer autorisierten Zahlung innerhalb von acht Wochen (→ Rn. D31) und damit zusammenhängend: Notwendigkeit der **Bestätigung des SEPA-Firmenlastschriftmandats** durch den Kunden gegenüber der Bank (→ Rn. D33).

D30 **B. Besonderheiten gegenüber dem SEPA-Basislastschriftverfahren: a) Nutzung nur durch Nichtverbraucher-Kunden:** Am SEPA-Firmenlastschriftverfahren können nur Personen teilnehmen, die keine Verbraucher sind (SEPA-Firmenlastschriftbedingungen Nr. 2.1.1 I). Würde man nur auf diese Bedingungen sehen, wären der Verbraucherbegriff des § 13 BGB nF maßgeblich bzw. für Firmen das Gegenstück dazu im Unternehmerbegriff des § 14 BGB (so auch Fn. 1 zum Eingangssatz der SEPA-Firmenlastschriftbedingungen, wo auf § 13 BGB, übrigens noch in der aF, hingewiesen wird). Jedoch ist der Begriff durch Art. 2 Nr. 24 der SEPA-VO europäisch bindend vorgegeben. Danach ist „Verbraucher" „eine natürliche Person, die in Zahlungsdiensteverträgen zu Zwecken handelt, die nicht dem Handel oder ihrer gewerblichen oder beruflichen Tätigkeit zugerechnet werden können". Dieser Begriff unterscheidet sich von dem des § 13 BGB (bzw. § 14 BGB) dadurch, dass nicht von einer „selbständigen" Tätigkeit die Rede ist wie auch von dem Merkmal in § 13 BGB nF, dass die Zwecke „überwiegend" weder ihrer gewerblichen noch ihrer selbständigen beruflichen Tätigkeit zugerechnet werden können, zur überwiegenden Zweckbestimmung Bülow WM 2014, 1. Die Antwort ist eindeutig, beide Abweichungen des § 13 BGB nF gelten für das SEPA-Firmenlastschriftverfahren nicht, ebenso MüKoHGB/Omlor C Rn. 119.

D31 **b) Kein Erstattungsanspruch innerhalb von acht Wochen:** Im SEPA-Basislastschriftverfahren kann der Zahler bei einer autorisierten Zahlung innerhalb von acht Wochen ab Belastungsbuchung von der Bank **Erstattung** des belasteten Lastschriftbetrags verlangen (§ 675x BGB, → Rn. C70; SEPA-Basislastschriftbedingungen Nr. 2.1.1, 2.5). Nach § 675e IV BGB kann § 675x BGB jedoch **vertraglich ausgeschlossen** werden, wenn es sich bei dem Zahlungsdienstnutzer nicht um einen Verbraucher handelt. Das ist durch die SEPA-Firmenlastschriftbedingungen Nr. 2.1.1 V, 2.5 ausdrücklich geschehen. Denn unter Unternehmen ist zeitnahe Sicherheit wichtig.

AGB-Kontrolle: Allerdings wird in der Literatur angezweifelt, ob dieser Ausschluss einer AGB-Kontrolle standhält, MüKoHGB/Omlor C Rn. 121 mit Hinweis auf BGH WM 2010, 1546 = ZIP 2010, 1556 mAnm. Jacoby 1725. Dort hat der BGH das (entsprechend den SEPA-Anforderungen reformierte) Einzugsermächtigungsverfahren AGB-rechtlich für wirksam erachtet, weil dem Zahler nach § 675x II BGB der Erstattungsanspruch innerhalb von acht Wochen verbleibe. Tatsächlich bestehen aber für den Zahler, einerlei ob Verbraucher oder Unternehmer, bei einer bindenden Vorabautorisierung erhebliche Gefahren (so für das Abbuchungsauftragsverfahren BGH WM 1996, 335, unter 7), und eine AGB-Klausel, mit der ein Tankstellenverwalter sich zur Teilnahme am Abbuchungsverfahren verpflichtet hatte, wurde vom BGH (VIII ZS) WM 2010, 277 für unwirksam erachtet. Andererseits hat der BGH (IX ZS) WM 2013, 213 eine AGB-Klausel zur Tilgung von Darlehen zur Händlereinkaufsfinanzierung im Abbuchungsverfahren für wirksam erachtet. Das muss vor allem wegen der notwendigen Bestätigung (→ Rn. D33) auch für den Ausschluss des Erstattungsanspruchs gelten, also AGB-rechtlich wirksam, Berger BB 2013, 656, Billing/Kirsch ZVertriebsR 2015, 22. **D32**

c) Notwendigkeit der Bestätigung des SEPA-Firmenlastschriftmandats: Eine weitere Besonderheit des SEPA-Firmenlastschriftverfahren ist, dass für die Ausführung von Zahlung mittels SEPA-Lastschrift zusätzlich notwendig ist, dass der (Firmen)Kunde der Bank bestätigt die Erteilung des SEPA-Firmenlastschriftmandats bestätigt (SEPA-Firmenlastschriftbedingungen Nr. 2.1.1 III dritter Gedankenstrich). Die Bestätigung der Erteilung eines SEPA-Firmenlastschriftmandats wird in Nr. 2.2.2 wiederholt und näher ausgestaltet. Danach hat der Kunde seiner Bank die Autorisierung nach Nr. 2.1.1 unter Angabe der näher aufgeführten Daten aus dem Mandat unverzüglich zu bestätigen, etwa auch durch Kopie des SEPA-Firmenlastschriftmandats, und die Bank über Änderungen oder die Aufhebung des Mandats gegenüber dem Zahlungsempfänger unverzüglich, möglichst schriftlich, zu informieren. Wenn der Bank keine Bestätigung vorliegt, erfolgt die Kontobelastung nicht oder wird spätestens am zweiten Bankarbeitstag nach ihrer Vornahme rückgängig gemacht (SEPA-Firmenlastschriftbedingungen Nr. 2.4.1 II). Mit diesen verschiedenen Kautelen wird den Gefahren der bindenden Vorabautorisierung (→ Rn. D30 mit D17, keine Erstattung, → Rn. D31) wirksam vorgebeugt mit der Folge, dass der Ausschluss des Erstattungsanspruch AGB-rechtlich als wirksam angesehen werden muss (→ Rn. D32). **D33**

d) Widerruf des SEPA-Firmenlastschriftmandats: Das SEPA-Firmenlastschriftmandat kann vom Kunden durch Erklärung gegenüber seiner Bank widerrufen werden, und nur „zusätzlich" sollte dieser auch gegenüber dem Zahlungsempfänger erklärt werden (SEPA-Firmenlastschriftbedingungen Nr. 2.2.3; vgl. demgegenüber die Regelung des Widerrufs beim SEPA-Basislastschriftverfahren, → Rn. D23 ff.). Damit werden Unklarheiten und späterer Streit über die Wirksamkeit des Lastschriftmandats gegenüber der Bank beseitigt. **D34**

e) Weitere Besonderheiten: Näher und anders als im SEPA-Basislastschriftverfahren geregelt sind die Zurückweisung einzelner SEPA-Firmenlastschriften (SEPA-Firmenlastschriftbedingungen Nr. 2.2.4) und die Erstattungs- und Schadensersatzansprüche des Kunden (SEPA-Firmenlastschriftbedingungen Nr. 2.6). **D35**

(7) BankGesch D36–D38   2. Teil. Handelsrechtl. Nebenges.

5) Das Rechtsverhältnis zwischen den Banken und dem Lastschriftschuldner (Deckungsverhältnis)

D36 **A. Einlösungsanweisung, Autorisierung:** Beim (SEPA-)Lastschriftverfahren erteilt der Schuldner (Zahler) ein **Doppelmandat** („Doppelweisung", RegE S. 115, aber unpräzise, MüKoHGB/Omlor C Rn. 66) an den Gläubiger (Zahlungsempfänger) und an die Schuldnerbank (Zahlstelle), Jacoby ZIP 2010, 1733, nämlich nicht nur Einzugsermächtigung an den Zahlungsempfänger (Gläubiger) entsprechend § 185 BGB, sondern Generalweisung an die Bank einzulösen (SEPA-Lastschriftmandat, Valutaverhältnis, → Rn. D17, D56) MüKoBGB/Casper § 675f Rn. 100. Der Gläubiger ist zur Konkretisierung des Zahlungsauftrags durch bezifferte Lastschrift (Betrag, Fälligkeit) ermächtigt, BGH NJW 2010, 3512; Hadding FS Hüffer, 2010, 287. Der Gläubiger übermittelt diese Weisung des Schuldners an die Schuldnerbank als Erklärungsbote (vgl. § 120 BGB, BGH NJW 2010, 3512, Hadding FS Hüffer, 2010, 286, vgl. auch für die Kreditkarte → Rn. F37; genauer: nicht die schriftliche Erklärung, sondern den Datensatz, § 675i I 3, → Rn. D19), diese reicht weiter nach §§ 675s II, 675n II BGB, nach aA als vollmachtloser Vertreter. In dieser letzteren Weisung liegt der Zahlungsauftrag an die Zahlstelle, die mit Zugang an die Zahlstelle wirksam wird (§ 675n I 1 BGB); **Widerruf** ist nur noch bis zum Ende des Geschäftstags vor dem vereinbarten Fälligkeitstag möglich (§§ 675j II 1, 675p I, II 2 BGB, → Rn. D24, C40). Damit liegt dann die **Autorisierung** vor in Form der **Einwilligung** nach § 676j I 2 Alt. 1 BGB (jeweils Nr. 2.2.1 der SEPA-Lastschriftbedingungen Basis/Firmen) BGH NJW 2010, 3512 Rn. 17, Bitter WM 2010, 1731, Nobbe WM 2011, 965. Die Zahlung im SEPA-Lastschriftverfahren ist, da von vornherein eine Einwilligung mit Autorisierung vorliegt, **insolvenzfest**, dies trotz des Erstattungsanspruchs (→ Rn. D38). Auch **Internetlastschrift** kann vereinbart werden, Hoeren WM 2014, 1061, str. wegen Problem der Nichteinhaltung der Schriftform (§ 126 I BGB), Walter DB 2013, 390. Zum Deckungsverhältnis MüKoBGB/Casper § 675f Rn. 100 ff.; MüKoHGB/Omlor C Rn. 96 ff.

D37 **B. Entgelt, Aufwendungsersatzanspruch:** Wenn die Bank des Schuldners die ihr über den Gläubiger übermittelte Lastschrift durch Zahlung des Zahlungsbetrags an die erste Inkassostelle (Bank des Gläubigers) eingelöst hat (→ Rn. D20), § 675q I BGB, → Rn. C47; zur Einlösung vgl. → Rn. C89 f., 91 f.), hat sie Anspruch auf Entgelt (§ 675f V 1, → Rn. C50) und Aufwendungsersatz (§§ 675c I, 670 BGB). Die Höhe des Entgelts ergibt sich aus dem „Preis- und Leistungsverzeichnis" (SEPA-Basislastschriftbedingungen Nr. 1.2); bei Firmen SEPA-Firmenlastschriftbedingungen Nr. 1.2 mit (8) AGB-Banken Nr. 12 II-VI).

D38 **C. Erstattungsanspruch des Verbraucher-Schuldners:** Das (SEPA-)Lastschriftverfahren ist wegen der Vorabautorisierung mit dem Recht des Gläubigers, selbst die Höhe des Lastschriftbetrags zu konkretisieren (→ Rn. D36), gefährlich. Der Zahler hat deshalb, wenn er Verbraucher ist (→ Rn. D30), ein zeitlich befristetes **Erstattungsrecht** bzw. Anspruch auf **Wiedergutschrift** (RegE S. 115) gegen seine Bank ohne weitere Begründung (**acht Wochen**, s. § 675x I, II, IV BGB Erstattungsanspruch, vgl. → Rn. D38, C70; bestätigend Nr. 2.5 I der **SEPA-Basislastschriftbedingungen** Ellenberger/Bunte Bankrechts-HdB/Ellenberger § 36 Rn. 113, 142 ff., § 37 Rn. 2 ff. Für Nichtverbraucher abbedungen, Nr. 2.5 der SEPA-Firmenlastschriftbedingungen, → Rn. D31, Nobbe WM 2011, 967), was zulässig ist (§ 675e IV BGB), BHCasper Rn. 664. Dieser Erstattungsanspruch ist **kein verlängertes Widerrufsrecht** des Zahlers (zum Widerruf abschließend § 675j II 1, 675p BGB), sondern ein **eigenständiges Gegenrecht**, BGH NJW 2010, 3512, Nobbe WM 2011, 5, aA Obermüller/Kuder ZIP 2010, 354, str. Für einen konkludenten Verzicht auf Erstattung schon vor den acht Wochen (entsprechend den Voraussetzungen für eine stillschweigende Genehmigung beim Einzugsermächtigungsverfahren, BGH ZIP 2015, 434 Rn. 9, OLG

Stuttgart WM 2013, 1118 (Franchising), OLG Frankfurt a. M. ZIP 2013, 1636, näher hier 36. Aufl. Rn. D23) fehlen Anhaltspunkte, Nobbe ZIP 2012, 1946, Werner BKR 2012, 228, Burghardt WM 2013, 67, Auch § 675p IV 1 BGB greift schon mangels Zustimmung des Zahlungsempfängers (§ 675p IV 2, II BGB) nicht ein. Der Erstattungsanspruch der Bank ist vielmehr unpfändbar und gehört damit nicht zur Insolvenzmasse (§ 36 I 1 InsO; analog § 377 I; nicht auch § 377 II BGB, insoweit zweifelnd Bitter WM 2010, 1735), der Insolvenzverwalter behält aber sein Anfechtungsrecht nach §§ 129 ff. InsO, BGH NJW 2010, 3514 (XI ZS), mit IX ZS abgestimmt, BGH NJW 2010, 3517 Rn. 50 (XI ZS), Omlor NJW 2012, 2151, krit. gegen Begründung Nobbe WM 2011, 966, ZIP 2012, 1942 (für Erfüllung und Fußstapfentheorie, aber zustimmend zum Ergebnis). Der Erstattungsanspruch kann „ohne Angabe von Gründen" geltend gemacht werden (Nr. 2.5. I Satz 1 SEPA-Basislastschriftbedingungen; § 675x II BGB, → Rn. C70). Eine unwirksame, weil **missbräuchliche** Geltendmachung des Erstattungsanspruchs scheidet danach in aller Regel aus, dies jedenfalls im Verhältnis zur Bank, zum Valutaverhältnis → Rn. D56. Bei sittenwidriger Benutzung des Lastschriftverfahrens kann aber in seltenen Fällen § 826 BGB eingreifen, → Rn. D45. Gegen den Vorschlag der Kommission (ZahlungsdiensteRL II, → Rn. C2), den unbedingten Erstattungsanspruch bei Erfüllung der Vertragspflichten und Erhalt der Dienstleistungen oder Verbrauch der Waren einzuschränken, Spindler/Zahrte BKR 2014, 269.

D. Benachrichtigungspflicht der Bank: Bei Ausführung der Zahlung unterrichtet die Bank den Kunden (Nr. 2.4.4 III SEPA-Basislastschriftbedingungen). Bei Nichteinlösung, zB wegen mangelnder Deckung (näher → Rn. D21), muss die Schuldnerbank den Schuldner grundsätzlich unverzüglich **benachrichtigen** (§ 675o I 1 BGB, → Rn. C39; Nr. 2.4.3 SEPA-Basislastschriftbedingungen; früher schon nach §§ 675 I, 666 BGB oder selbständige Pflicht aus § 242 BGB), BGHZ 146, 382, WM 1989, 625 mAnm Terpitz NJW 1989, 2740, WM 2012, 1384 (aber für Überweisung → Rn. C43). Entgelt für die Unterrichtung → Rn. C39, Nr. 2.4.3 Satz 4 SEPA-Basislastschriftbedingungen. Bei Verletzung der Benachrichtigungspflicht Schadensersatzpflicht der Bank (§ 280 BGB). Warn- bzw. **Rückfragepflichten** der Bank → Rn. C42, aber auch → Rn. C43; → Rn. A22–29. **D39**

E. Mängel der Lastschriftanweisung, Haftung des Zahlungsdienstleisters (§§ 675u–675z, 676–676c BGB): Andere Mängel als Widerspruch, zB fehlender Abbuchungsauftrag, Fälschung, → Rn. C54 ff. Bereicherungsausgleich → Rn. D50 ff. **Fälschungsrisiko** → Rn. C50. **Haftung für zwischengeschaltete Institute** (§ 675z S. 3 BGB) wie bei der Überweisung (→ Rn. C79). Zu anderen Erstattungs- und Schadensersatzansprüchen des Zahlers Nr. 2.6 SEPA-Basislastschriftbedingungen, MüKoHGB/Omlor C Rn. 110 ff. **D40**

6) Das Rechtsverhältnis zwischen den Banken (Interbankenverhältnis)

A. Rechtliche Qualifikation: Der Lastschriftverkehr, der seit 1964 auf einen erheblichen Teil des gesamten bargeldlosen Zahlungsverkehrs angewachsen ist, erfolgt ebenso wie der Giroverkehr idR unter Einschaltung mehrerer Banken. Wie dort stehen dabei Gläubiger und Schuldner nur jeweils zu ihrer eigenen Bank in Vertragsbeziehungen. Unmittelbare vertragliche Beziehungen bestehen zwischen dem Gläubiger und der Bank des Schuldners nicht, BGHZ 69, 84; ebenso wenig zwischen dem Schuldner und der Bank des Gläubigers, BGHZ 74, 303; Ausnahme Hauslastschrift, wenn Schuldner und Gläubiger dieselbe Bank haben. Dagegen stehen die Zahlungsdienstleister des Zahlungsempfängers (erste Inkassostelle, Bank des Gläubigers) und der Zahlungsdienstleister des Zahlers (Zahlstelle, Bank des Schuldners) in direkten vertraglichen Beziehungen, soweit nicht Zwischenbanken eingeschaltet sind. Dabei handelt es sich um einen **Ge-** **D41**

schäftsbesorgungsvertrag (§ 675 I BGB, näher → Rn. C83). §§ 675c–676c BGB sind, soweit der Interbankenverkehr in einem Zahlungssystem verläuft, nicht anwendbar (Ausnahme § 676a BGB, → Rn. C83), MüKoHGB/Häuser B Rn. 295 ff. (zur überbetrieblichen Überweisung). Auch soweit das nicht der Fall ist, kommt im SEPA-Verfahren belgisches Recht zur Anwendung, → Rn. D10; auch MüKoHGB/Omlor C Rn. 92 aE.

D42 **B. SEPA-Lastschriftabkommen: a) Rulebooks:** Die Rulebooks (in zwei Formen: SEPA Core Direct Debit Scheme Rulebook und SEPA Business to Business Direct Debit Scheme Rulebook) des European Payments Council (→ Rn. D13) betreffen das Interbankenverhältnis und ähneln im Grundsatz dem früheren deutschen Lastschriftabkommen (hier 36. Aufl. Rn. D38). Wie dieses entfalten sie keine Rechtswirkungen auf die anderen Vertragsverhältnisse bei der Lastschrift (Deckungs-, Inkasso- und Valutaverhältnis). Dazu Köndgen FS Hopt 2020, 539; MüKoHGB/Omlor C Rn. 93 ff.

D43 **b) Abkommen über die SEPA-Inlandslastschrift:** Dieses Abkommen zwischen den Spitzeninstituten der deutschen Kreditwirtschaft sowie der Deutschen Bundesbank gibt es seit 9.7.2012 mit Änderungen ab 4.11.2013. Es enthält ergänzende Bestimmungen zu den SEPA Rulebooks für SEPA-Inlandslastschriften, insbesondere Auslagenersatz und Bearbeitungsprovision für zurückgegebene SE PA-Inlandslastschriften (Abschn. I Nr. 3), regelt die Nutzung von Einzugsermächtigungen als SEPA-Lastschriftmandate (Abschn. II) und ergänzt das SEPA Core Direct Debit Scheme Rulebook zur Nutzung der Option der Vorlagefrist von einem „Inter-Bank Business Day" (Abschn. III).

D44 **C. Drittschutzwirkungen bzw. Schutzpflichten aus Gesetz:** Das Fehlen einer Vertragsbeziehung zwischen Schuldner und Gläubigerbank bzw. Gläubiger und Schuldnerbank hindert nach dem Grundsatzurteil des BGH WM 2008, 1252 unter **Aufgabe früherer Rechtsprechung** (BGHZ 69, 85; 96, 17, WM 1988, 247) vertragliche Schutzpflichten von Banken zugunsten Dritter im Lastschriftverkehr und allgemeiner im bargeldlosen Zahlungsverkehr (→ Rn. C88, E/6). Darauf muss sich der Rechtsverkehr einstellen, auch wenn dogmatisch und im Ergebnis nach wie vor die besseren Gründe für die alte Rspr. sprechen (näher → Rn. C88). In Fällen etwa einer Pflichtverletzung der Schuldnerbank, wenn diese die Nichtbezahlung einer Lastschrift nicht alsbald an die Gläubigerbank meldet (vgl. **(10)** LSA II Nr. 2: Eilnachricht ab 3.000 EUR, nach Fassung 2012 6.000 Euro) und der Gläubiger infolgedessen weiter mit Lastschrift an den Schuldner liefert und den Gegenwert verliert, bleiben dem Geschädigten nur noch die Drittschadensliquidation und Ansprüche aus § 826 BGB; das gilt dann erst recht, wenn der Schuldner durch Pflichtverletzungen der Gläubigerbank oder die dritte Bank durch Pflichtverletzungen von Schuldner oder Gläubiger selbst (Canaris Rn. 613) zu Schaden kommen. Stattdessen lässt die Rspr. im mehrgliedrigen Zahlungsverkehr die Drittschadensliquidation zu, näher Ellenberger/Bunte Bankrechts-HdB/Ellenberger § 36 Rn. 196 ff. Zur Zulässigkeit der Direktliquidation in Dreipersonenverhältnissen Langenbucher/Adolff FS Canaris, I, 2007, 679.

D45 **D. Haftung aus § 826 BGB:** Ausnahmsweise hat die Gläubigerbank einen Schadensersatzanspruch gegen die Schuldnerbank aus § 826 BGB, wenn diese den Schuldner im eigenen Interesse zum Widerspruch (frühere Einzugsermächtigungslastschrift) animiert oder Lastschriftreiterei des Gläubigers schon vor Belastungsbuchung kennt und unter Inkaufnahme einer Schädigung der Gläubigerbank duldet, BGHZ 74, 313; 101, 153, NJW 2001, 2632, OLG Hamm OLGR 1998, 271, OLG Naumburg WM 2003, 433, OLG Saarbrücken WM 2005, 1660. In der Praxis spielt das nur eine geringe Rolle, da der Erstattungsanspruch nach § 675x II BGB bei der SEPA-Firmenlastschrift regelmäßig ausgeschlossen

V. Bankgeschäfte D46–D48 BankGesch (7)

ist (→ Rn. D31, D38), BHCasper Rn. 668. Lit.: Denck ZHR 144 (1980), 171; Westermann FS Hübner, 1984, 697; Nobbe WM Sonderbeil. 3/2012, 6.

7) Das Rechtsverhältnis zwischen den Banken und dem Lastschriftgläubiger (Inkasso- oder Ausführungsverhältnis)

A. **Inkassovereinbarung, Inkassoauftrag:** Der Gläubiger, der mit seiner **D46** Bank einen Girovertrag hat (→ Rn. C25, Zahlungsdiensterahmenvertrag, § 675f II 1 BGB, → Rn. C24), kann am Lastschriftverfahren nur teilnehmen, wenn die Gläubigerbank (erste Inkassostelle) ihn dazu vertraglich besonders zulässt (**Lastschriftinkassovereinbarung,** Inkassovertrag), formlos, aber typischerweise schriftlich, auch durch AGB; Entgelt jedenfalls entsprechend § 675f V BGB, BHCasper Rn. 644, str. Ein Anspruch auf **Zulassung** folgt nicht schon aus dem Bank- oder dem Girovertrag (kein „neutrales Geschäft", → Rn. A6). Die Bank lässt nur Kunden von unzweifelhafter Bonität zu. Computerbetrug bei Lastschrift, BGH ZIP 2013, 715. Die Gläubigerbank wird durch den **Inkassoauftrag** (Weisung → Rn. C33) nach § 675s II 1 BGB, sonst aus der Lastschriftabrede, Laitenberger NJW 2010, 195, dem Gläubiger gegenüber verpflichtet, den Zahlungsauftrag der Bank des Schuldners innerhalb der zwischen dem Gläubiger und der Gläubigerbank vereinbarten Fristen **weiterzuleiten,** damit die Ausführungsfrist für den Zahlungsdienstleister des Zahlers nach § 675s I BGB (→ Rn. C48) zu laufen beginnt. Bei der Lastschrift ist der Zahlungsauftrag so rechtzeitig zu übermitteln, dass die Verrechnung an dem vom Gläubiger mitgeteilten Fälligkeitstag ermöglicht wird (§ 675s II 2 BGB). Auszahlung des Betrags nach § 675t BGB (→ Rn. C49). Bei nicht erfolgter oder fehlerhafter Ausführung des Inkassoauftrags Anspruch des Gläubigers gegen seine Inkassobank aus § 675y II 1 BGB, bei verspäteter Weiterleitung des Inkassoauftrags § 675y IV 1 BGB (→ Rn. C72, C74). Zum Inkassoverhältnis Ellenberger/Bunte Bankrechts-HdB/Ellenberger § 36 Rn. 101 ff.; MüKoHGB/Omlor C Rn. 37.

B. **Bedingungen für den Lastschrifteinzug:** Die Bedingungen für den Last- **D47** schriftverkehr (→ Rn. D13) regeln die Lastschrift, soweit §§ 675c–676c BGB (und dh die Zahlungsdiensterichtlinie I mit SEPA-VO 2012, → Rn. C1, D1) dafür Raum lassen, für das Verhältnis des Zahlungsempfängers zu seiner Bank (erste Inkassostelle). Die Bedingungen beschreiben entsprechend dem Ablauf des jeweiligen Verfahrens (für die SEPA-Basislastschrift Abschn. 4, für die SEPA-Firmenlastschrift Abschn. 5) die Erteilung des Lastschriftmandats (Autorisierung), den Einzug auf der Grundlage des Lastschriftmandats durch den Zahlungsempfänger, den Zahlungsvorgang aufgrund der Lastschrift und die Einlösung der Lastschriften und regeln die Entgelte und eventuelle Erstattungs- und Schadensersatzansprüche.

C. **Gutschrift:** Den Gegenwert der Lastschrift schreibt die Gläubigerbank dem **D48** Gläubiger **Eingang vorbehalten (E. v.)** gut (so **(8)** AGB-Banken Nr. 9 I, auch → Rn. C89 f., C91 f.), BGH ZIP 2013, 717. Das bleibt von § 675p BGB unberührt. Der Gläubiger erhält also idR nicht erst einen Anspruch auf Gutschrift wie bei der Überweisung (→ Rn. C89), sondern sofort die Gutschrift selbst, aber nur unter der (aufschiebenden) Bedingung der Lastschrifteinlösung (zum Zeitpunkt der Einlösung → Rn. D20, D37) und der Bedingung der späteren Rückgabe der Lastschrift, BGHZ 74, 315, Bedingung aufschiebend (§ 158 I BGB), BGHZ 116, 177, Ellenberger/Bunte Bankrechts-HdB/Ellenberger § 36 Rn. 112, MüKoHGB/Omlor C Rn. 90; KMFS/Werner Rn. 4.415, aA auflösend, Nobbe/Ellenberger WM 2006, 1888, Obermüller/Kuder ZIP 2010, 351 (sogar doppelt); gleicher Streit bei Scheckeinlösung, → Rn. E/6. Erst wenn die Lastschrift eingelöst und auf dem Konto der Gläubigerbank eingegangen ist, hat die Gläubigerbank den Zahlungsbetrag dem Gläubiger unverzüglich verfügbar zu machen (§ 675t I 1 BGB). Für das **Wertstellungsdatum** gilt zwingend § 675t I 2 BGB

(7) BankGesch D49–D54

(vgl. → Rn. C49); auch für Sammellastschrift mit einheitlichem Wertstellungsdatum, Laitenberger NJW 2010, 196, Ellenberger/Bunte Bankrechts-HdB/Ellenberger § 36 Rn. 112, großzügiger früher BGH NJW 1997, 3169, auch zu → Rn. C49. Verfügungen über die Gutschrift „E. v." braucht die Gläubigerbank vor Eingang zwar nicht zuzulassen, tut das aber in der Praxis, umso wichtiger sind die Anforderungen an die Zulassung von Kunden (→ Rn. D52). Lit.: van Gelder FS Schimansky, 1999, 127.

D49 D. **Rückbelastung:** Wird die Lastschrift nicht eingelöst oder wird die eingelöste Lastschrift rückbelastet (→ Rn. D22), hat die Gläubigerbank ein Zurückbelastungsrecht gegen den Gläubiger auf Grund der Lastschriftinkassoabrede (→ Rn. D46; **Rücklastschrift** s. Nr. 4.7 und 5.7 Bedingungen für den Lastschrifteinzug). Dieses Zurückbelastungsrecht ist ein ex tunc wirkendes besonderes Stornorecht. Daneben besteht das allgemeine unbefristete Stornorecht aus **(8)** AGB-Banken Nr. 8 (dort → **(8)** AGB-Banken Nr. 8 Rn. 2) bei fehlerhafter Gutschrift, Ellenberger/Bunte Bankrechts-HdB/Ellenberger § 36 Rn. 114 ff. Insolvenzanfechtung der Gutschrift bei Insolvenz des Lastschriftgläubigers s. BGHZ 70, 177. Entgeltberechnung Zahrte NJW 2018, 339: Kosten der Ablehnung trägt der Zahler, Kosten der Rückgabe trägt der Zahlungsdienstleister des Lastschrifteinreichers (Erste Inkassostelle).

D50 E. **Bereicherungsausgleich bei fehlerhaften Lastschriften:** Für die Zahlung durch Lastschrift gelten dieselben Grundsätze wie für die durch Überweisung, also **Rückabwicklung nur innerhalb des jeweiligen Leistungsverhältnisses** (→ Rn. C93 ff.), BGHZ 69, 188; 167, 171, WM 1982, 1247, Grund: „rückläufige Überweisung" (→ Rn. D7), einheitliche Rückabwicklung fehlgeschlagener bargeldloser Zahlungsvorgänge. Diese Grundsätze gelten wie schon für die früheren Lastschriftverfahren auch für das SEPA-Lastschriftverfahren, MüKoHGB/Omlor C 159 ff. Zu beachten sind aber vorrangige Vertragsbestimmungen über die Rückabwicklungen (jeweils Nr. 2.6 der SEPA-Basis- bzw. -Firmenlastschriftbedingungen; bei Rücklastschriften (→ Rn. D49) Nr. 4.7 und 5.7 Bedingungen für den Lastschrifteinzug). Beweislast beim Gläubiger, BGH WM 2011, 1554.

D51 a) **Mängel in Deckungsverhältnis:** Solche Mängel kann die Schuldnerbank, die die Lastschrift eingelöst hat, nicht gegen den Empfänger geltend machen (→ Rn. C94), sondern nur im Deckungsverhältnis, also **nur gegen den Lastschriftauftraggeber.** Ist der Betrag dem Lastschriftauftraggeber bereits belastet worden, hat dieser **statt eines Bereicherungsanspruchs** (§ 675z → Rn. C77, C54) den **Erstattungsanspruch aus § 675u I BGB,** gleichsinnig Anspruch aus dem Girovertrag, BGHZ 69, 190 (für fehlende Einzugsermächtigung). Es gilt 13monatige Ausschlussfrist s. § 676b BGB.

D52 b) **Mängel des Valutaverhältnisses:** Solche Mängel sind **nur zwischen dem Schuldner und dem Empfänger** (nicht deren Banken) auszugleichen (→ Rn. C95); der Schuldner hat keinen Bereicherungsanspruch gegen die Gläubigerbank (bloße Leistungsmittlerin), BGHZ 69, 188 (für fehlende Einzugsermächtigung). Dazu MüKoHGB/Omlor C Rn. 161.

D53 c) **Doppelmangel:** Auch hier gibt es **Ausgleich nur über die einzelnen Rechtsverhältnisse,** → Rn. C96; MüKoHGB/Omlor C Rn. 167.

D54 d) **Mängel der Anweisung:** Beim SEPA-Lastschriftverfahren ohne wirksames SEPA-Lastschriftmandat fehlt es an der Autorisierung (→ Rn. D17, vgl. → Rn. D33); bei Widerspruch des Schuldners gegen die Kontenbelastung und Wiedergutschrift hat deshalb die Schuldnerbank einen (von der Richtlinie I nicht geregelten) unmittelbaren Bereicherungsanspruch gegen den Empfänger, sein Empfängerhorizont (→ Rn. C97) kann die fehlende Anweisung nicht ersetzen, BGHZ 167, 171. Deshalb **Direktkondiktion** gegen den Empfänger nach § 812

V. Bankgeschäfte D55–D57 **BankGesch (7)**

BGB (→ Rn. C97 ff.), BGHZ 167, 171, NJW 2010, 3511, WM 2011, 688 (745). Die Beweislast für die mangelnde Autorisierung liegt bei der Schuldnerbank als Bereicherungsgläubigerin, BGH WM 2011, 688, str.

Bei Einlösung der Lastschrift trotz rechtzeitigen **Widerrufs** wurzelt der Fehler **D55** zwar im Verhältnis zwischen der Zahlstelle und dem Schuldner. Die Bank hat nach neuem Recht trotzdem keinen unmittelbaren Bereicherungsanspruch gegen den Empfänger, denn auch hier fehlt es an der Autorisierung, also Mangel der Anweisung (→ Rn. D54, C98).

8) Das Rechtsverhältnis zwischen dem Lastschriftschuldner und dem Lastschriftgläubiger (Valutaverhältnis)

A. **Lastschriftabrede:** Das Valutaverhältnis zwischen dem Lastschriftschuldner **D56** und dem Lastschriftgläubiger ist durch die Zahlungsdiensterichtlinie I nicht erfasst. In diesem Valutaverhältnis wird die Abrede über den Lastschrifteneinzug getroffen. Die Lastschriftabrede ist eine **unselbstständige Nebenabrede zum Grundgeschäft,** sie ist grundsätzlich formlos (auch telekommunikative Übermittlung, § 127 II BGB) und kann wirksam auch in **AGB** erfolgen, (Staub/) Grundmann 2020 Teil 3 Rn. 106, Staudinger/Omlor § 675f Rn. 66, BGH WM 2013, 214 (IX ZS, SEPA-Firmenlastschrift) mAnm Berger BB 2013, 657, auch §§ 675p II 2, 675x II BGB, Graf von Westphalen NJW 2010, 2260. Zum SEPA-Lastschriftmandat als **Doppelmandat** → Rn. D16, 36. Widerruf desselben → Rn. D23 (vgl. für die Überweisung → C32). Der Schuldner ist auf Grund der Lastschriftabrede verpflichtet, auf dem Konto ausreichende Deckung vorzuhalten, BGHZ 150, 275, WM 2008, 1965, denn sonst kann der Zahlungsauftrag abgelehnt werden (§ 675o BGB, → Rn. C39). Der Schuldner kann im Deckungsverhältnis die Lastschrifteinzugsabrede durch ordentliche Kündigung **widerrufen,** Ellenberger/Bunte Bankrechts-HdB/Ellenberger § 36 Rn. 177 f., im konkreten Fall anders BGH NJW 1984, 872, nach aA nur bei wichtigem Grund. Wenn der Schuldner aber gegenüber seiner Bank die Zustimmung zum Lastschrifteinzug widerruft, kann er sich dem Gläubiger gegenüber schadensersatzpflichtig machen (§ 280 BGB), OLG Düsseldorf WM 1984, 724. Das gilt auch, wenn der Schuldner unbegründet einen Erstattungsanspruch geltend macht; zum Erstattungsanspruch des Verbraucher-Schuldners → Rn. D38. Ausschluss des Erstattungsanspruchs beim SEPA-Verfahren im Verhältnis zu beruflichen Kunden ist möglich (§§ 675j II 2 iVm 675e IV BGB), (Staub/)Grundmann 2020 Teil 3 Rn. 106, nach aA jedenfalls § 671 II BGB. Umgekehrt muss der Gläubiger, wenn er nicht mehr über Lastschrift einziehen will, das dem Schuldner rechtzeitig mitteilen, Hadding ZBB 2012, 149 (164). Nach der Lastschriftabrede wird die Geldschuld zur Holschuld (str., → Rn. D57); wird die ordnungsgemäß eingereichte Lastschrift nicht eingelöst, kann der Gläubiger wieder Zahlung nach allgemeinen Regeln für die Geldschuld (→ Rn. D57) verlangen, BGH WM 2009, 931. Die Lastschriftabrede darf dem Zahler nicht vorgeben, in welchem Mitgliedstaat er sein für Lastschriften erreichbares Zahlungskonto zu führen hat (Art. 9 II SEPA-VO; § 3a UWG, § 2 I I UKlaG), BGH NJW 2020, 1737 mkritAnm Omlor EWiR 2020, 291. Die Lastschriftabrede als solche hält der AGB-Kontrolle statt, Nobbe WM Sonderbeil. 3/2012, 7; Hoeren WM 2014, 1061. Ein **surcharging-Verbot,** also kein Entgelt, gilt für SEPA-Basislastschriften und für SEPA-Firmenlastschriften (§ 270a BGB) → Rn. C27, 106, → Rn. F65. Lit.: Zum Valutaverhältnis MüKoHGB/Omlor C Rn. 65 ff.; Nobbe WM Sonderbeil. 3/2012, 7.

B. **Erfüllung:** Die Lastschriftabrede, nach der der Gläubiger die Geldschuld **D57** (nur) im Wege des Lastschrifteinzugs einzuziehen hat, macht die Geldschuld von einer qualifizierten Schickschuld (§ 270 I, IV BGB, so noch üL) bzw. einer modifizierten Bringschuld (→ Rn. C107) zur **Holschuld** (§ 269 BGB), BGHZ

(7) BankGesch D58–D60

69, 367, NJW 1984, 872, WM 2008, 1965; 2009, 931, NJW 2010, 3513. Die Bank des Schuldners bleibt dessen Erfüllungsgehilfin iSv § 278 BGB, str. Die Erfüllung (§ 362 BGB, BGH WM 1978, 821, aber → Rn. C107 zur Überweisung) tritt mit Gutschrift ein (§ 362 BGB, sehr str. ist, welche Gutschrift, die bei der Empfängerbank oder erst die auf dem Gläubigerkonto, → Rn. C107). Beim SEPA-Firmenlastschriftverfahren ist die Gutschrift endgültig (→ Rn. D31, D38). Sieht man als Erfüllung nur eine vorbehaltslose, endgültige Leistung an und stellt man im Valutaverhältnis nicht nur auf den Zeitpunkt der Einwilligung (Autorisierung) des Schuldners, sondern erst auf den des Ablaufs der Acht-Wochenfrist für die Geltendmachung des **Erstattungsanspruchs** (§ 675x IV BGB) ab, weil erst dann die Zahlung für den Gläubiger endgültig ist, so beim SEPA-Basislastschriftverfahren (→ Rn. D31, D38), könnte sich die Erfüllung entsprechend hinauszögern. Das würde dem Parteiwillen aber nicht entsprechen, dieser dürfte vielmehr bei Benutzung des Lastschriftverfahrens dahin gehen, dass Erfüllung bereits mit der vorbehaltslosen Gutschrift durch die Bank des Empfängers eintritt, die Forderung gegen die Bank tritt dann an die Stelle der Forderung gegen den Schuldner (§§ 362 I, 364 BGB), BGHZ 177, 69; BGH NJW 2010, 3513; Nobbe WM 2009, 1544; FS Krämer, 2009, 504; dazu auch Ellenberger/Bunte Bankrechts-HdB/Ellenberger § 36 Rn. 182 ff.: für eine rechtsgeschäftliche Erfüllungsvereinbarung (§ 364 I BGB). Dass diese Forderung gegen die Bank durch späteren Widerruf wieder wegfallen kann und der Schuldner auf Schadensersatzansprüche gegen den Gläubiger verwiesen wird (§ 280 I BGB, § 826 BGB), soll als Folge seines Einverständnisses mit der Benutzung des Lastschriftverfahrens hinzunehmen sein, dies jedenfalls wenn man die Erfüllung, die hier ausnahmsweise eine rechtsgeschäftliche ist, als **(auflösend) bedingt** ansieht, BGH NJW 2010, 3513; WM 2022, 1221 Rn. 19, Nobbe WM Sonderbeil. 3/2012, 21; aber auch Nobbe FS Krämer, 2009, 508; aA Freitag AcP 213 (2013), 153; Hadding WM 2014, 100, und wie die für die ursprünglich bestellten Sicherheiten wieder aufleben bzw. auch für den Schadensersatzanspruch haften; auch Bitter WM 2010, 1733; für § 379 III BGB analog Jacoby ZIP 2010, 1734. So für die SEPA-Basislastschrift, bei der der Kunde bei einer autorisierten Zahlung binnen acht Wochen ohne Angabe von Gründen von seiner Bank Erstattung verlangen kann (§ 675x I, II, IV BGB iVm Nr. 2.5 I der SEPA-Basislastschriftbedingungen, → Rn. D38), BGH NJW 2010, 3513; WM 2022, 1221 Rn. 19, zu unterscheiden von Zahlung mittels PayPal, Rn. 21 ff., BGH WM 2018, 32 Rn. 14 ff., WM 2018, 37 Rn. 13 ff., und Rückbelastung bei Amazon, Rn. 22, BGH WM 2020, 2193 Rn. 10 f. Lit.: Nobbe FS Krämer, 2009, 497; WM Sonderbeil. 3/2012, 19; Hadding WM 2014, 97.

D58 C. **Rechtzeitigkeit (Verzögerungsgefahr):** Für Rechtzeitigkeit der Zahlung ergeben sich **Unterschiede zur Überweisung** (→ Rn. C108), da hier anders als dort **Holschuld** vorliegt, BGHZ 69, 366 (zu § 39 II aF, 38 nF VVG). Die Verzögerungsgefahr liegt also beim Gläubiger, str., BHCasper Rn. 643. Das ist vor allem bei Versicherungen wichtig. Wenn der Versicherungsnehmer (Schuldner) für hinreichende Deckung auf dem Konto gesorgt hat, bleibt der Versicherungsschutz gewahrt, MüKoHGB/Omlor C Rn. 73.

D59 D. **Gefahrtragung (Verlustgefahr):** Unterschiede zur Überweisung (→ Rn. C108), auch hinsichtlich der Gefahrtragung, da Holschuld vorliegt (→ Rn. C57). Auch insoweit liegt die Gefahr beim Gläubiger, MüKoHGB/Omlor C Rn. 73, hinsichtlich der Sphäre der Schuldnerbank allerdings beim Schuldner.

D60 E. **Bereicherungsausgleich im Valutaverhältnis:** Der Bereicherungsausgleich nach §§ 812 ff. BGB findet im Valutaverhältnis zwischen dem Schuldner und dem empfangenden Gläubiger, nicht deren Banken statt, → Rn. D52; Ausnahme bei Mängeln der Autorisierung, → Rn. D54.

V. Bankgeschäfte

E. Scheck

Schrifttum

a) Kommentare und Handbücher: Außer dem allgemeinen Schrifttum (s Einl vor A1) Ellenberger/Bunte Bankrechts-HdB/*Nobbe*/Menges § 38 (Scheckanweisung, Scheckeinziehung, Scheckrückgriff, Eurocheque und Reisescheck). – BH*Casper* (Baumbach/Hefermehl/*Casper*), Wechselgesetz Scheckgesetz, Recht des Zahlungsverkehrs, 24. Aufl 2020. – *Bülow* WG, ScheckG 5. Aufl 2013 (mit AGB-Banken Nr 9, 11, 15). – BZ (Bunte/Zahrte)/(*Bearbeiter*), AGB-Banken, AGB-Sparkassen, Sonderbedingungen, 5. Aufl 2019, Sonderbedingungen für den Scheckverkehr (4 SchB). – *Canaris* (2. Kap: Zahlungswesen) 3. Aufl 1988, Rn 675. – MüKoHGB/*Häuser* 4. Aufl Bd 6 2019 Bankvertragsrecht (D. Scheckverkehr). – MüKoHGB/*Häuser* 4. Aufl Bd 6 2019 Bankvertragsrecht (F. Reisescheck).

b) Lehrbücher: *Gursky* 2. Aufl 1997. – *Hueck/Canaris* 12. Aufl 1986. – *Zöllner* 15. Aufl 2006. – Schwintowski/Müller-Christmann 6. Aufl 2022 Kap. 15.

c) Sonstige Beiträge: *Gößmann* 3. Aufl 1997. – *Ernst* 1993 (Einwendungsausschluss). **Muster:** Hopt/Merkt/*Werner* Vertrags- und Formularbuch zum Hdl-, Ges- und Bankrecht, 5. Aufl. 2022, IV. E.1–2 (Bedingungen für den Scheckverkehr, Unterrichtung über Nichteinlösung eines BSE-Schecks). **RsprÜbersichten:** *Bundschuh* WM 1983, 1178; 1984, 1357; *Häuser* WM 1988, 1505 (Scheckeinlösung); *Nobbe* WM Sonderbeil 10/1991; *Müller-Christmann* WM 1998, 577, *Nobbe* WM Sonderbeil 5/2000, WM Sonderbeil 2/2012, 14 (Wechsel- und Scheckrecht).

Die Kommentierung **beschränkt sich auf das Scheckgeschäft der Banken** (Scheckvertrag, inneres Scheckrecht) ohne Scheck als Wertpapier, dazu s Komm zum ScheckG, und sie ist ganz kurz gehalten, weil das **Scheckgeschäft** gegenüber der Überweisung, Lastschrift und Bank- und Kreditkartenzahlung dramatisch **an Bedeutung verloren** hat, mit Zahlen (Staub/)Grundmann 2020 Teil 3 Rn. 16.

1) Scheckgeschäft

A. **Scheckvertrag:** Der Scheckvertrag **zwischen Bank und Scheckausstel-** E1 **ler** ist idR zusätzlich zum Girovertrag (→ Rn. C25 ff.) geschlossen, also durch Zusatzabrede verbunden, aber rechtlich zu unterscheiden. Er ist ein entgeltlicher Geschäftsbesorgungsvertrag mit Dienstleistungscharakter (§§ 675 I, 611 BGB, Grund: Dauerverpflichtung steht gegenüber dem jeweiligen Einlösungserfolg im Vordergrund; nach aA Werkvertrag, nach aA gemischttypisch mit dienst- und werkvertraglichen Elementen; praktische Bedeutung der Streitfrage gering). Für ihn gelten die **„Bedingungen für den Scheckverkehr" (Banken)** nF Juli 2018, BHCasper Textanhang (**Muster:** Hopt/Merkt VertrFormB/Werner Form IV. E.1), → **(8)** AGB-Banken Nr. 1 Rn. 6, Komm. BHCasper, Bülow, BZ/Zahrte 4 Scheckbedingungen, AGB-Kontrolle UBH/Fuchs/Zimmermann (38) Scheckbedingungen Rn. 1 ff. Der Scheckvertrag ist formfrei. Er ist kein Vertrag zugunsten Dritter. Nach dem Scheckvertrag ist die Bank zur Einlösung der auf den von der Bank zugelassenen Scheckvordrucken ausgestellten Schecks bei Deckung verpflichtet und trotz mangelnder Deckung (dann Überziehungskredit, vgl. → Rn. G4) berechtigt, BGHZ 53, 204. Eine Pflicht zur Einlösung trotz mangelnder Deckung besteht idR nicht; enge Ausnahmen § 242 BGB, Ellenberger/Bunte Bankrechts-HdB/Nobbe § 38 Rn. 151 (→ Rn. G28). Doch ist die Bank vor (wegen Warnfunktion nicht gleichzeitig) Nichteinlösung zur **Rückfrage** verpflichtet, die auch telefonisch erfolgen kann, angesichts des Massengeschäfts allerdings nur soweit möglich und zumutbar (§ 242 BGB), Ellenberger/Bunte Bankrechts-HdB/Nobbe/Menges § 38 Rn. 209 (auch für die Überweisung → Rn. C42, C43); Abbedingung der direkten Rückfragepflicht (so Scheckbedingungen Nr. 5. 2 aF: „Bei Nichteinlösung wird dem Vorleger des Schecks ohne vorherige Rückfrage beim Kontoinhaber die gesetzlich vorgesehene Bescheinigung erteilt") verstieß gegen **(5)** § 307 BGB, UBH/Fuchs/Zimmermann (38) Scheckbedingungen Rn. 2, Canaris Rn. 690. Bei Scheckeinlösung hat die Bank

(7) BankGesch E2

einen Aufwendungsersatzanspruch gegen den Aussteller (§ 670 BGB). Das gilt nicht, wenn sie (ohne Verstoß gegen ihre Prüfungspflicht, → Rn. E2) einen gefälschten Scheck einlöst, Grund: fehlende Anweisung, keine Sphärentheorie; klauselmäßige **Missbrauchsrisikoabwälzung** (so Scheckbedingungen 1989 Nr. 11, vgl. → **(8)** AGB-Banken Nr. 1 Rn. 6) ist **unwirksam,** BGHZ 135, 116, WM 1997, 1250, str., aA nur gegenüber Privatkunden, Koller NJW 1981, 2433, WM 1985, 825. Die Haftungsverteilung zwischen Kunde und Bank nach Mitverschuldensgrundsätzen gemäß Scheckbedingungen 2001 Nr. 3 I ist nach **(5)** §§ 305 ff. BGB wirksam. Dagegen war die Überwälzung des Missbrauchsrisikos auf den KfmKunden auch in den von ihm beherrschbaren Verantwortungsbereichen (Scheckbedingungen 1995 Nr. 3 III) unwirksam, da er eine verschuldensunabhängige Zufallshaftung enthielt, vgl. BGHZ 135, 116, aA Koller JZ 1997, 1070. Schadensersatzhaftung nach § 280 I BGB wegen Pflichtverletzung (betr. Aufbewahrung, Mitteilung des Abhandenkommens ua) des Kunden, BGHZ 135, 123; zu § 254 BGB → Rn. E3. **Zeitpunkt der Scheckeinlösung:** bei Bareinlösung diese; bei Vorlage an die bezogene Bank und bargeldloser Zahlung die Gutschrift (nicht die Belastung des Ausstellerkontos), BGH NJW 1987, 317, bei Filialgutschrift aber Prüfungs- und Stornierungsvorbehalt; bei Inkasso die Gutschrift unter Vorbehalt des Eingangs (E. v.) und der Nichtstornierung (→ Rn. E6), die Gutschrift wird somit endgültig mit der Belastungsbuchung des Ausstellerkontos durch die bezogene Bank, BGH NJW 1987, 318, Zeitpunkt der Gutschrift bei maschineller Bearbeitung → Rn. C90; bei DBBkAbrechnung spätestens mit Skontration (→ Rn. C84) bzw. Erfüllungswirkung der verspäteten Scheckrückgabe, BGH NJW 1987, 2439 Einzelheiten zur Einlösung durch die bezogene Bank und beim Scheckinkasso (→ Rn. E6) bei BHCasper Art. 28 Rn. 5 ff., 9 ff.; zu den Rechtsfolgen der Scheckeinlösung ausführlich Ellenberger/ Bunte Bankrechts-HdB/Nobbe/Menges § 38 Rn. 230 ff. Die **Bezahltmeldung** (s. **(8)** AGB-Banken Nr. 9 II 3) schafft keinen gesonderten Einlösungstatbestand (unbedingter Einlösungswille), auf Kontobelastung und Ablauf der Stornierungsfrist kommt es dann nicht mehr an, BGHZ 135, 307, Canaris Rn. 733; Scheckeinlösungsbestätigung → Rn. E8. Zur Scheckeinlösung Häuser WM 1988, 1505, Pleyer/Wallach ZHR 153 (1989), 539. **Scheck-Wechselverfahren** im Diskontgeschäft → Rn. J1. **Scheckrückgriff** s. Ellenberger/Bunte Bankrechts-HdB/ Nobbe/Menges § 38 Rn. 266 ff.

E2 B. **Prüfungspflicht der Bank, Bösgläubigkeit:** Die Bank ist zur sorgfältigen Prüfung der vorgelegten Schecks, ob wirksame Anweisung des Scheckausstellers-Kontoinhabers vorliegt, verpflichtet. Dies ist eine vertragswesentliche Pflicht, also unabdingbare Haftung nach § 280 I BGB für jedes Verschulden (zu unterscheiden von Haftungsbeschränkung auf grobe Fahrlässigkeit bei Prüfung der Berechtigung des Vorlegers nach Scheckbedingungen Nr. 4 aF, BGHZ 91, 231). Sofern zwischen Scheckeigentümer und einlösender Bank, idR Inkassobank, keine Vertragsbeziehungen bestehen, ergibt sich der Anspruch des Scheckeigentümers (je nachdem Scheckaussteller oder Schecknehmer) gegen die Bank aus **§§ 990, 989 BGB** iVm Art. 21 ScheckG; keine Belastung des Kontos des Kunden bei grob fahrlässiger Einlösung eines abhanden gekommenen Schecks (Scheckbedingungen 1995 Nr. 3 II). Dabei Wissenszurechnung (Kontounterlagen), BGHZ 135, 202, BHCasper ScheckG Art. 31 Rn. 25 ff. (→ Rn. A16). Zur **Bösgläubigkeit** bei Scheckeinlösung gibt es eine überaus reiche Rspr., näher BH/Casper ScheckG Art. 3 Rn. 30 ff., Art. 31 Rn. 21 ff., mit Fallgruppen Rn. 28 ff. Die Verdachtselemente können die Scheckurkunde, die Schecksumme, den Scheckeinreicher, die Ungewöhnlichkeit des Geschäfts und sonstige Begleitumstände betreffen. Die Prüfungspflicht darf aber angesichts des Massengeschäftscharakters des Scheckgeschäfts **nicht überspannt** werden; die Bank genügt der Prüfungspflicht hinsichtlich der Echtheit der (Inhaber-)Schecks idR, wenn sie sich dem Massenverkehr entsprechend davon überzeugt, dass der Scheck nach seinem äußeren Gesamtbild nach den Eindruck der Echtheit erweckt. Vor allem muss sich die Bank nicht um Angabe des Zahlungszwecks wie überhaupt um die zugrundeliegenden Rechtsbeziehungen des Ausstellers kümmern, BGH NJW 1969, 695; sie muss nicht jeweils die früher bei Kontoeröffnung gemachten Angaben über Beruf und damit verbundene interne Absprachen nachsehen; Verschiedenheit von Einreicher und Schecknehmer (Disparität, **disparische Schecks**) begründete nach früherer Rspr. keine Prüfungspflicht, BGH NJW 1987, 1264; das gilt heute nur noch, soweit die Weitergabe von Schecks zahlungshalber im kfm. Geschäftsverkehr üblich ist, BGH NJW 1996, 657, WM 1997, 2396 (Inhaberverrechnungsscheck), 2000, 2585 (blanko indossierte Orderverrechnungsschecks), interne Kontounterlagen sind ab bestimmter Mindestgrenze einzusehen, BGH WM 1997, 2395, OLG Karlsruhe ZIP 2006, 1576, Euro 6000, BHCasper ScheckG Art. 21 Rn. 30. Soweit die Weitergabe unüblich ist (HdlBrauch, Gutachten DIHT betr. Inhaberschecks, OLG Frankfurt a. M. ZIP 1999, 1208, OLG Karlsruhe ZIP 2007, 857), liegt grobe Fahrlässigkeit vor, OLG Frankfurt a. M. ZIP 1999, 1208, OLG Karlsruhe ZIP 2007, 857. Daraus folgt, dass die Bank verpflichtet ist zu prüfen, ob der disparische Scheck aus kfm. Verkehr stammt. Die Prüfungspflicht trifft nur die Inkassobank und Kflte beim Erwerb von Schecks aus kfm. Verkehr, BGH WM 2000, 1745, aber grundsätzlich nicht eine von Auslandsbank zur Weiterleitung an die bezogene Bank beauftragte Zwischenbank, BGH NJW 2001, 2971, Grund: rasche Weiterleitung ohne Prüfung von Auslandsrecht. Zur Prüfpflicht bei disparischen Schecks näher BHCasper ScheckG Art. 21 Rn. 31 ff. **Nachprüfungspflicht** besteht nicht schon wegen ungewöhnlich hoher Schecksumme, aber bei besonderen Umständen, dann uU auch bei Zwischenbank, vor allem in der Person des Einreichers oder Ungewöhnlichkeit des Geschäfts, BGH WM 1993, 736, wie oder wenn angesichts der Verhältnisse des Einreichers zusammen mit weiteren Umständen verdächtig, LG Stuttgart WM 2014, 1814, oder bei Abwicklung eines Geschäfts mit nur flüchtig Bekanntem über Scheck mit sehr hohem Betrag (100.000 EUR) in Gaststätte, OLG Saarbrücken ZIP 1998, 1267. Sorgfaltspflicht also zB bei **Prüfung der Unterschrift** auf Schecks (bei Vertrautsein mit Unterschriftsbild ist Vergleich mit Unterschriftsprobe entbehrlich), BGH NJW 1969, 694, OLG Karlsruhe WM 1975, 461, OLG Hamm WM 1975, 480; auch im beleglosen Scheckverfahren, doch nehmen die Banken dort die Schadensersatzpflicht (bei Ursächlichkeit) bewusst in Kauf (→ Rn. E6). Pflicht zur Prüfung der Rückseite, BGH BB 1976, 1247; Rückfragepflicht bei Einlösung eines nach den bisherigen Gepflogenheiten des Kontoinhabers außergewöhnlich hohen Barschecks durch Unbekannten, BGH WM 1986, 123, anders wenn Einreicher der Bank bekannt ist, OLG Koblenz NJW 1984, 467; Prüfung, ob die Ausstellung durch die Scheckzeichnungsvollmacht gedeckt ist, BGH NJW 1982, 1513. **Bareinlösung durch nicht kontoführende Stellen** der bezogenen Bank an Einreicher, der sich nicht als Kontoinhaber oder sonst Verfügungsberechtigter ausweisen kann, ist idR pflichtwidrig, BGHZ 91, 232; bloße telefonische Plausibilitätsprüfung der Unterschrift genügt nicht. Einzug eines erkennbar kfm. Zwecken dienenden Schecks auf Privatkonto des Geschäftsmanns ist nicht ungewöhnlich, BGH WM 1989, 944, auch nicht durch selbstständigen **Handelsvertreter** (Inkassovollmacht zum Einzug über Privatkonto nicht unüblich), BGH WM 1965, 706; 1965, 1976; anders jedoch Einreichung durch **Angestellte** eines Unternehmens (wenn das der Bank bekannt ist, keine Nachforschungspflicht insoweit) zur **Gutschrift auf persönliches Konto**, BGHZ 26, 268 (entspr. beim Konto pro Diverse), WM 1963, 892; 1965, 973; 1968, 1299; 1974, 155, OLG Stuttgart BB 1970, 1506 (zur Prüfung ist Rückfrage beim Arbeitgeber nur das letzte Mittel), OLG München WM 1969, 510 (Gutschrift auf Konto der Ehefrau), OLG Celle BB 1971, 327 (Buchführungsbüro), OLG Düsseldorf WM 1984, 637. Einziehung eines disparischen Verrechnungsschecks durch **Minderjährigen** auf eigenes Konto ist verdächtig, s. BGH NJW 1994, 2094 (Inhaberschuldverschreibung), Bank muss Minderjährigkeit auf Kontoblatt vermerken, BGH WM 1962, 524, Schütz BB 1965, 693, str. Pflicht zur Prüfung der Berechtigung des Einreichers von **Verrechnungsschecks** (Einlösung nur durch Gutschrift, Art. 39 II ScheckG) besteht vor allem bei Barauszahlungsbegehren, auch bei gleichzeitiger Kontoeröffnung, bei Einzug eines erkennbar kfm. Zwecken dienenden Schecks auf Sparkonto, BGH NJW 1987, 1264, uU auch sonst, jedoch keine Überspannung der Anforderungen; Voraussetzungen der groben Fahrlässigkeit iSv §§ 990, 989, 932 II BGB, Art. 21 ScheckG s. BGHZ 26, 268; 102, 316 (Adressaufkleber); 108, 353 (Orderscheck), WM 1993, 736. Haftung gegenüber Dritten → Rn. A30–35.

E3   **Mitverschulden des Kunden** iSv § 254 BGB bzw. Aufrechnung der Bank mit Schadensersatzanspruch nach § 280 I BGB wegen Sorgfaltspflichtverletzung des Kunden, uU nur zum Teil, BGH BB 1968, 232, ist möglich: zB bei Sendung des Schecks an einen falschen Empfänger, KG JW 2017, 113; nachlässiger Verwahrung der Scheckformulare und ausgestellten Schecks, BGH WM 1997, 1250, Verlust von Reisepass und Kundenkarte, mit denen dann ein Unberechtigter über das Konto verfügt, BGH BB 1968, 232, ungeeignete betriebliche Organisation, BGH NJW 1982, 1514, WM 2003, 2286 (iErg abl.), OLG Hamm WM 1983, 461, OLG Celle WM 1990, 2069, unzureichende laufende Kontrolle der Scheckverwendung anhand der Bankauszüge in einem Betrieb, BGH NJW 1969, 696, OLG Karlsruhe WM 1975, 460. Nicht: Versendung des (Verrechnungs-)Schecks, auch über einen hohen Betrag, im einfachen Brief, sofern nicht von außen ersichtlich (zB Fensterumschlag), BGHZ 139, 108. Lit.: BHCasper ScheckG Art. 21 Rn. 18 ff. (Mitverschulden des Kunden); Reiser WM 1984, 1557, Aden NJW 1994, 413, Bülow WM 1997, 10, Schnauder WM 1998, 1901, Binder WM 2004, 449 (Abhandenkommen).

E4   **C. Schecksperre:** Der Scheckvertrag verpflichtet die Bank zur Beachtung der von Kunden ihr wirksam erklärten Sperre eines (vom Kunden auf sie gezogenen, einem Dritten übergebenen) Schecks, dh des Widerrufs iSv Art. 32 ScheckG. Der Widerruf kann nach dem (abdingbaren) Art. 32 I ScheckG wirksam nach Ablauf der Vorlegungsfrist (im Inland 8 Tage ab angegebenem Ausstellungstag, Art. 29 I, II ScheckG) erklärt werden; doch muss der Widerruf der kontoführenden Stelle spätestens am Bankarbeitstag vor Scheckvorlage zugehen. Auch einen vor Ablauf der Vorlegungsfrist einseitig erklärten Widerruf muss die Bank beachten (Nebenpflicht des Scheckvertrags kraft HdlBrauch); Scheckbedingungen Nr. 10 S. 1 aF, der dafür besondere vertragliche Abrede verlangte, wurde nach **(5)** § 307 BGB für unwirksam gehalten, BGH (II ZS) BGHZ 104, 374, aA üL, hingegen wirksam daraufhin neu gefasst Scheckbedingungen 2001 Nr. 5: Widerruf wird beachtet, wenn er der Bank rechtzeitig genug zugeht. Eine wirksame Sperre verbietet der Bank die Einlösung des Schecks (bei Mißachtung kein Aufwendungsersatz nach § 670 BGB) und verpflichtet sie zur Mitteilung der Sperre an anfragende Dritte (Inhaber des Schecks, zB andere Bank, welcher der Scheck zum Einzug mit Antrag auf sofortige Gutschrift gemäß **(8)** AGB-Banken Nr. 9 eingereicht wird); selbstverständlich auf ausdrückliche Frage nach Ordnungsmäßigkeit des Schecks (→ Rn. E8), uU auch bei Frage mit anderem Inhalt, zB nach Zahlungsfähigkeit des Ausstellers, sofern diese erkennbar durch den gesperrten Scheck veranlasst ist, BGHZ 35, 222 (Gefahr des Verlusts von Einwendungen durch den Aussteller). Schecksperre im Verhältnis zwischen Gläubiger und Schuldner s. BGH NJW 2002, 1788.

E5   **D. Bereicherungsausgleich:** Nach früherer Ansicht galten hier uneingeschränkt dieselben Grundsätze wie bei Fehlüberweisungen (→ Rn. C93 ff.), BGHZ 89, 381. Nach neuerer Ansicht besteht wegen § 675u BGB, → Rn. C54 ff.) dort eine Kondiktionssperre (→ Rn. C99), außerhalb des Anwendungsbereichs von § 675u BGB, also zB bei Scheckinkasso und der bürgerlichrechtlichen Anweisung, bleibt es dann bei den bisherigen, nunmehr unterschiedlichen Grundsätzen, vgl. MüKoBGB/Zetzsche § 675u Rn. 30 (außerhalb des Anwendungsbereichs von § 675u). Bei Mängeln der Anweisung (zB Scheckfälschung, formunwirksamer Scheck, Geschäftsunfähigkeit des Ausstellers, Vertretung ohne Vertretungsmacht des Ausstellers für den Kontoinhaber) hat die bezogene Bank Bereicherungsanspruch gegen den Einreicher (Geldempfänger), BGHZ 158, 1, OLG Köln WM 1984, 728. Löst die Bank versehentlich den vom Aussteller widerrufenen Scheck ein, hat sie keinen Bereicherungsanspruch unmittelbar gegen den Inhaber (Geldempfänger), jedenfalls wenn dieser vom Widerruf nichts wusste, BGHZ 61, 289; anders wenn dieser davon wusste, OLG Köln WM 1983, 190 mAnm. Axer, str. Anders auch bei Einlösung eines nicht unterschriebenen Schecks, jedenfalls wenn der Inhaber sich des Mangels bewusst war, BGHZ 66, 364; 87, 396. Vgl. entspr. betr. Wechseleinlösung in der Insolvenz des Akzeptanten (Bankkunden) BGHZ 67, 79. Die Bank hat bei irrtümlicher Einlösung eines gesperrten Schecks Bereicherungsanspruch gegen den Kontoinhaber/Scheckgeber, keine aufgedrängte Bereicherung, OLG Köln WM 2003, 17. Lit.: MüKoHGB/Häuser D Rn. 486 f.; Canaris WM 1980, 363, Schnauder WM 1996, 1069.

2) Scheckeinziehung (Scheckinkasso)

A. **Scheckeinziehung (Scheckinkasso):** Der Girovertrag (→ Rn. C25) beinhaltet idR auch die Abrede, Schecks dritter Aussteller nach Weisung des Kunden (§ 665 S. 1 BGB) für diesen einzuziehen. Doch ist auch ein selbstständiger Inkassovertrag (§§ 675 I, 611 BGB, Tätigkeit wird geschuldet, nicht Erfolg) möglich, BGHZ 150, 272. Hinzu kommt Einziehungsvollmacht, ggf. Einziehungsermächtigung oder Verwaltungstreuhand, Ellenberger/Bunte Bankrechts-HdB/Nobbe/Menges § 38 Rn. 76 ff. Geregelt wird also das Verhältnis **zwischen Bank und Scheckeinzieher.** Entsprechendes gilt für Wechsel (Wechselinkasso). Das Scheckeinzugs- und das Wechseleinzugsgeschäft sind Bankgeschäfte (§ 1 I 2 Nr. 9 KWG idF ZahlungsdiensteUmsetzG 2009, → Rn. A4). Inkassoauftrag geht iZw nicht nur auf Einziehung des Schecks, sondern auch auf Geltendmachung des Rückgriffsanspruchs gegen den Aussteller, solange Inkassobank im Besitz des Schecks ist, BGH WM 1977, 1120. Die Inkassobank muss den Scheck auf dem schnellsten und sichersten Weg der bezogenen Bank vorlegen, BGHZ 22, 305; 96, 16; kurze Vorlegungsfristen nach Art. 29 ScheckG auch im Auslandsgeschäft, BGHZ 115, 247. Die Inkassobank haftet für schuldhafte Nichtvorlage des Schecks bei der bezogenen Bank; doch hat der Scheckeinreicher zu beweisen, dass zum Zeitpunkt ordnungsgemäßer Vorlage der Scheck gedeckt gewesen wäre, BGH WM 1981, 119, Ellenberger/Bunte Bankrechts-HdB/Nobbe/Menges § 38 Rn. 91, str. Die bezogene Bank und Zwischenbanken sind keine Erfüllungsgehilfen der Inkassobank nach § 278 BGB (§ 664 I 2 BGB; **(8)** AGB-Banken Nr. 3 II 3). Die DBBk ist im vereinfachten Scheck- und Lastschrifteinzug Botin der Inkassobank gegenüber der bezogenen Bank, BGHZ 96, 13; sie haftet der Inkassobank, die den Scheck im eigenen Namen für Rechnung des Einreichers einzieht, wegen Verneinung von Schutzpflichten im Zahlungsverkehr jedoch nicht auch dem Einreicher selbst, BGH WM 2008, 1252 (näher → Rn. C88, D44); Haftungsausschluss der DBBk für leichte Fahrlässigkeit bei Verzögerungen ist unwirksam (vertragswesentliche Pflicht), BGH WM 1988, 246. Der Einreicher hat **keinen Anspruch** gegen die Bank **auf Einlösung** des Schecks eines dritten Ausstellers; zwar hat dieser gegen die Bank einen Anspruch auf Einlösung zugunsten des Einreichers, aber dieser Anspruch ist weder dem Einreicher abgetreten, vgl. BGHZ 64, 341, noch ist der Scheckvertrag ein Vertrag zugunsten des Einreichers iSv § 328 BGB, vgl. BGHZ 3, 241; der Einreicher hat auch bei jahrelanger Einlösungspraxis keinen Schadens-

(7) BankGesch E7, E8

ersatzanspruch gegen die Bank wegen Nichteinlösung, BGH NJW 1974, 457. **Gutschrift** (→ Rn. C89f.) erfolgt idR sofort mit Einreichung, aber nur unter Vorbehalt des Eingangs (**Vorbehaltsgutschrift, E. v.**; für aufschiebende Bedingung der buchmäßigen Deckung, BGH (IX ZS) BGHZ 118, 177, Canaris Rn. 744, van Gelder FS Schimansky, 1999, 127; dagegen auflösende Bedingung BGH (II ZS) BGHZ 74, 315; BGH NJW 1980, 1964; 1987, 319; OLG Saarbrücken ZIP 1998, 1267; Ellenberger/Bunte Bankrechts-HdB/Schmieder § 26 Rn. 13a, Konsequenz: sofortige Einstellung ins Kontokorrent mit Wertstellung für Zinsberechnung; gleicher Streit bei Lastschrift, → Rn. D48); und unter dem weiteren Vorbehalt der Nichtstornierung (s. **(8)** AGB-Banken Nr. 9 I, Stornierungsvorbehalt auf Kontoauszug stellt dies nur klar), BGHZ 44, 180; 69, 27; 135, 307 (deshalb Sicherungstreuhand, nicht bloße Legitimationszession des Schecks, BGHZ 102, 70, s. **(8)** AGB-Banken Nr. 15 I), darin kann Aufwendung iSv §§ 670, 675 I BGB, BGHZ 118, 176, oder Darlehen iSv § 488 BGB liegen, Prost NJW 1969, 1233. **Zeitpunkt der Einlösung** → Rn. E1. Haftung (§ 826 BGB) der Inkassobank gegenüber dem Aussteller, BGHZ 102, 68. **Aufwendungsersatz** (§§ 675 I, 670 BGB), auch für Scheckrückgabegebühr, BGHZ 150, 273. Lit. zum Scheckinkasso: von Wrede, 1977; Ellenberger/Bunte Bankrechts-HdB/Nobbe/Menges § 38 Rn. 106 ff.; Prost NJW 1969, 1233.

E7 B. **Abkommen:** Das Rechtsverhältnis der Inkassobank und der bezogenen Bank richtet sich nach dem **Scheckabkommen,** nF 12.12.14 gültig zum 21.11.2016, BHCasper Textanhang. Das gilt auch, wenn die Erstbank den Scheck auf eigene Rechnung einzieht, BGHZ 109, 235. Das Scheckabkommen 1998 fasste die aF für den beleghaften Scheckeinzug, das Abkommen über das beleglose Scheckeinzugsverfahren (BSE-Abk. 8.7.1985) und andere Abkommen zusammen. Verletzung der Pflicht zur unverzüglichen Rüge (Scheckabkommen I Nr. 5 aF) lässt Schadensersatzanspruch nicht entfallen, nur Mitverschulden, BGHZ 109, 235, anders zu früherer Fassung BGHZ 53, 202. **Muster:** Hopt/Merkt VertrFormB/Werner Form IV. E.2 (Unterrichtung des Kunden über die Nichteinlösung eines BSE-Schecks).

3) Scheckauskunft

E8 Die auf Anfrage des Scheckinhabers erteilte Antwort der bezogenen Bank, sie werde den Scheck einlösen **(Scheckeinlösungszusage),** kann je nach den Umständen eine selbstständige Garantie (zeitlich begrenzt durch alsbaldige Vorlage im ordentlichen Geschäftsgang, aber Vorlagefrist des Art. 29 ScheckG ist nicht maßgeblich) begründen, BGHZ 77, 50, WM 1982, 924, erst recht die Antwort, „sie garantiere" die Einlösung, BGH WM 1978, 873. Voraussetzung ist aber, dass eine solche Garantie (und nicht nur einfache Scheckbestätigung) vom Anfragenden erkennbar gewollt ist, also nur bei eindeutiger und unmißverständlicher Anfrage, BGH (XI ZS) BGHZ 110, 263, BHCasper ScheckG Art. 4 Rn. 2 ff.; aA überholt: ohne Hinzutreten weiterer Umstände BGH (II ZS) BGHZ 77, 50; iZw nur Scheckbestätigung. Solche Umstände können zB bei erkennbar beabsichtigter Vermögensdisposition des Anfragenden oder Eigeninteresse der Bank vorliegen (vgl. → HGB § 347 Rn. 13), BHCasper ScheckG Art. 4 Rn. 4. Diese Garantie schließt Einwand der Scheckpräjudizierung und des Erlöschens der Ausstellerhaftung aus, kann aber im Einzelfall an bestimmte Voraussetzungen (zB Weiterbelieferung des Scheckausstellers mit Waren), gebunden sein, BGH WM 1982, 924. Die übliche Antwort, der Scheck sei gedeckt oder gehe in Ordnung, dh er würde eingelöst, wenn er zurzeit der Auskunft vorläge **(Scheckbestätigung)** ist dagegen keine Garantie, so für Bestätigung der Einlösung unter banküblichem Vorbehalt, OLG Hamm WM 1993, 1545 anders bei Scheckbestätigung der DBBk nach § 23 BBankG, aber Form- und Fristerfordernisse (III, Art. 40 ScheckG), BGHZ 96, 9, dazu Bülow ZIP 1991, 1469. Die Bank haftet aber uU aus Auskunftsvertrag oder laufender Geschäftsverbindung, BGHZ 49, 168; 77, 52, OLG Köln WM 1983, 1372, OLG Karlsruhe WM 2009, 168; Rieder WM 1979, 686. Das gilt auch bei der bloßen Tatsachenmitteilung, der Scheck sei eingelöst (**Scheckeinlösungsbestätigung**, Gut-Meldung), BGHZ 135, 315, Canaris Rn. 733, aA BGH WM 1959, 113, OLG Frankfurt a. M. WM 1986, 351, auch **Bezahltmeldung** → Rn. E1. Die Scheckauskunft ist dabei nicht schon richtig, wenn sie der letzten Eintragung auf dem Kontoblatt entspricht, vielmehr sind zur Einlösung bereits vorliegende Wechsel zu berücksichtigen, BGHZ 49, 169; idR besteht keine Benachrichtigungspflicht, wenn nach Erteilung der Bestätigung Gründe gegen die Einlösung entstehen, BGHZ 61, 176 (im konkreten Fall aber doch, → HGB § 347 Rn. 26). auch → Rn. A14–29. Keine wirksame Freizeichnung für Scheckauskunft unter Banken, da „klar abgrenzbarer und überschaubarer Vorgang", BGHZ 49, 173, WM 1974, 274. Rechtsstellung der Inkassobank s. Klein WM 1975, 374; zum Scheckinkasso Prost NJW 1969, 1233 u. 2041. Lit.: BHCasper ScheckG Art. 4 Rn. 2 ff.; Häuser FS Schimansky, 1999, 183.

4) Reisescheck

Schrifttum

MüKoHGB/*Herresthal* F Rn. 1 ff.; *Hadding* FS Krejci, 2001, 1181; *Saria/Stessl* RIW 2002, 35 (international); *Hofmann* BKR 2003, 935.

A. **Rechtliche Qualifikation:** Die Ausgabe oder Verwaltung von Reiseschecks ist kein Bankgeschäft nach § 1 I 2 KWG und auch nicht mehr Finanzdienstleistung nach § 1 I 2 Nr. 8 aF KWG, vielmehr ist das Reisescheckgeschäft jetzt Bankgeschäft nach § 1 I 2 Nr. 9 KWG idF ZahlungsdiensteUmsetzG 2009, → Rn. A4. Unternehmen, die gewerbsmäßig für andere das Reisescheckgeschäft betreiben (Reiseschecks ausgeben oder verwalten), sind danach Finanzdienstleistungsinstitute (§ 1 Ia 1 KWG, Text → Rn. A4). Der Reisescheck ist in den Zahlungsdiensterichtlinien I und II nicht geregelt, Zahlungsvorgänge mit Reisescheck in Papierform gelten auch nicht als Zahlungsdienste (§ 2 Nr. 6 lit. d ZAG). Der Reisescheck hat zugunsten der früheren Euroschecks und inzwischen der Bankkunden-, Geld- und Kreditkarte (→ Rn. F1, F13, F32) an Bedeutung weitgehend eingebüßt, wird aber zT als internationales Zahlungsinstrument immer noch eingesetzt.

Der Reisescheck wird zwar herkömmlich und von der Praxis schon wegen seines Namens wie ein vom Reisescheckersterwerber (Reisenden) an eigene Order ausgestellter Scheck behandelt. Er ist jedoch **kein Scheck** iSv Art. 1 ScheckG, heute hL, MüKoHGB/*Herresthal* F Rn. 6; aA früher üL, Canaris Rn. 859. Denn die Unterschriften des Reisescheckersterwerbers sollen keine scheckrechtliche Ausstellerhaftung (Art. 12 ScheckG) begründen (der Gegenwert ist bereits gezahlt), sondern dienen dem Ausweis; die Vorlegungsfrist (Art. 29 ScheckG) passt ersichtlich nicht, und der Widerruf (Art. 32 ScheckG) ist funktionslos. Der Reisescheck ist vielmehr eine **Anweisung an eigene Order** (§§ 783, 784 BGB), die von der ausgebenden Bank bzw. **vom Reisescheckemittenten angenommen** wird (deutlich zB American Express Travelers Cheque), MüKoHGB/*Herresthal* F Rn. 8; auch kein kfm. Verpflichtungsschein nach § 363 I 2 HGB, MüKoHGB/*Herresthal* F Rn. 8; aA je nach Ausgestaltung RGZ 79, 345, Einsele § 6 Rn. 72; aA je nach Ausgestaltung bloßes Legitimationspapier, OLG Frankfurt NJW-RR 2003, 555. Die Einlösestelle erhält damit einen **abstrakten Zahlungsanspruch** (§§ 784 I, 780 BGB; wie bei Überweisung, → Rn. C92, Akkreditiv, → Rn. K11, Garantie, → Rn. L7, Kreditkarte, → Rn. F53). Das trägt dem Umstand Rechnung, dass der Reisescheck nicht nur zur Bargeldbeschaffung, sondern auch in Hotels, Verkehrsunternehmen, Restaurants ua als Zahlungsmittel verwendet wird, Hadding FS Krejci, 2001, 1186.

Allerdings fehlt die Ausstellerunterschrift (§§ 784 II 1, 2, 126 BGB), doch genügt die faksimilierte Unterschrift analog § 793 II 2 BGB für die Annahme der Anweisung durch den Reisescheckemittenten. Gemäß § 783 BGB weist also der Reisescheckersterwerber **(Anweisender)** durch seine Unterschrift (Gegenzeichnung bei Einlösung, erste Namenszeichnung bereits nach Erwerb) und die Aushändigung des Reisescheckes an die Einlösestelle **(Anweisungsempfänger)** den Reisescheckemittenten **(Angewiesener)** an, den Betrag an die Einlösestelle (oder deren Rechtsnachfolger) zu bezahlen; diese ist ermächtigt, die Geldleistung bei dem Angewiesenen im eigenen Namen zu erheben; der Angewiesene ist ermächtigt, für Rechnung des Anweisenden an den Anweisungsempfänger zu bezahlen. Die auf dem Reisescheck erklärte Annahmeerklärung des Reisescheckemittenten ist das Angebot zum Abschluss eines Schuldversprechens nach § 780 BGB, das die einlösende Stelle durch Annahme des Reisescheckes annimmt (§§ 151, 784 II 2 BGB).

E11 Der Reisescheck ist **kein Wertpapier,** nach aA Scheck, so früher üL, Canaris Rn. 859. Dem Charakter als Anweisung entspricht **aber** seine Einordnung als **Rektapapier,** also nicht als bloße Legitimationsurkunde, MüKoHGB/Herresthal F Rn. 9, aA Schlegelb/Hefermehl Rn. 314. Denn die im Reisescheck verkörperte Forderung gegen den Reisescheckemittenten kann nur gegen Vorlegung der Urkunde geltend gemacht werden (Aushändigung, § 785 BGB). Für das Eigentum am Reisescheck gilt danach § 952 I BGB, das Recht am Papier folgt dem Recht aus dem Papier, str.

E12 B. **Das Rechtsverhältnis zwischen dem Reisescheckersterwerber und dem Reisescheckemittenten:** Der Reisescheckersterwerber (bei einem Reisescheck „für zwei" auch der Reisepartner, § 328 BGB) schließt mit der den Reisescheck ausgebenden Bank bzw. dem Reisescheckemittenten, wenn die Bank nur als dessen Vertreter (§ 164 I BGB) handelt (so idR, dann zwischen diesen gemischttypischer Vertrag mit Handelsvertreter-, Geschäftsbesorgungs- und Verwahrungselementen, MüKoHGB/Herresthal F Rn. 11) einen **Geschäftsbesorgungsvertrag** (§§ 675 I, 631 BGB, geschuldeter Erfolg ist Einlösung des Reisescheckes), OLG Frankfurt a. M. NJW-RR 2003, 555, Einsele § 6 Rn. 74, aA Kaufvertrag über die Reiseschecks. Dieser Vertrag gibt dem Reisescheckersterwerber einen zeitlich grundsätzlich unbegrenzten **Anspruch auf Einlösung** des (bereits bezahlten, Vorschuss nach § 669 BGB) Reisescheckes, MüKoHGB/Herresthal F Rn. 13.

E13 Der Reisescheckersterwerber hat einen Anspruch gegen den Reisescheckemittenten auf Rückerstattung, wenn er die Reiseschecks nicht einlöst. Hat der Reisescheckemittent die Reiseschecks selbst eingelöst oder an die Einlösestelle gezahlt, hat er einen **Aufwendungsersatzanspruch** gegen den Reisescheckersterwerber (§§ 675 I, 670 BGB), den er mit dem eingezahlten Gegenwert (Vorschuss, → Rn. E12) **verrechnen** kann, MüKoHGB/Herresthal F Rn. 14. Bei **Insolvenz** des Ersterwerbers erlischt das Geschäftsbesorgungsverhältnis (§§ 116 S. 1, 115 I InsO), MüKoHGB/Herresthal F Rn. 18 f.

E14 Ist der Reisescheck **abhandengekommen** und trägt eine gefälschte Unterschrift, zahlt der Reisescheckemittent wegen der Legitimationswirkung der Urkunde (vgl. § 783 BGB) mit Wirkung gegenüber dem Reisescheckersterwerber (dh Aufwendungsersatzanspruch wie → Rn. E13) an die Einlösestelle, sofern er seiner **Prüfungspflicht** aus dem Geschäftsbesorgungsvertrag mit dem Reisescheckersterwerber (→ Rn. E12) auf auffällige Abweichung der Gegenzeichnung von der Erstunterschrift nachkommt (einfache Fahrlässigkeit nach §§ 276, 278 BGB), MüKoHGB/Herresthal F Rn. 22. Bei **eigenem Verschulden** des Reisescheckersterwerbers hat der Reisescheckemittent einen Schadensersatzanspruch nach § 280 I BGB gegen diesen, dann anteilige Schadenstragung. Zu verschiedenen Konstellationen des Abhandenkommens MüKoHGB/Herresthal F Rn. 17 ff.

Voraussetzung für die Erstattung des Gegenwerts der Reiseschecks bei Abhandenkommen ist nach AGB sorgfältige Aufbewahrung und unverzügliche Benachrichtigung des Reisescheckemittenten bzw. einer zentralen Stelle. Das ist nach **(5)** §§ 307 ff. BGB wirksam, OLG Frankfurt a. M. NJW 2003, 1747 für Klausel „mit der gleichen Sorgfalt wie Bargeld". Keine Vorschussrückerstattung vor Verjährung der Zahlungsansprüche aus Reisescheck, OLG Frankfurt a. M. NJW 2003, 1747.

C. Das Rechtsverhältnis zwischen der Einlösestelle und dem Reisescheckemittenten: Die Einlösestelle hat einen **rechtlich selbstständigen Zahlungsanspruch** gegen den Reisescheckemittenten (§§ 784 I 1, 780 BGB, → Rn. E10), MüKoHGB/Herresthal F Rn. 28; daneben hat sie auch (nach aA nur) Anspruch aus §§ 675 I, 611, 670 BGB iVm entsprechenden Einlöseabkommen, Hotels, Restaurants ua nur aus §§ 677, 683 S. 1 BGB, **Einwendungen** können diesem Zahlungsanspruch nur begrenzt entgegengehalten werden (§ 784 I 2 BGB), nämlich weder aus dem Deckungsverhältnis zwischen dem Reisescheckemittenten und dem Reisescheckersterwerber (→ Rn. E14) noch aus dem Valutaverhältnis zwischen dem Reisescheckersterwerber und der Einlösestelle (→ Rn. E18), auch nicht bei Doppelmangel (entspr. wie bei der Überweisung, → Rn. C96 ff.). Mit der Auszahlung an die Einlösestelle erfüllt der Reisescheckemittent seine Verpflichtung aus §§ 780, 784 I 1 BGB (Ausführungs- bzw. Vollzugsverhältnis). **E15**

Bei **abhanden gekommenen** Reiseschecks mit gefälschter Unterschrift entsteht kein rechtlich selbstständiger Zahlungsanspruch (kein gutgläubiger Erwerb, kein Wertpapier, → Rn. E10), aber die Einlösestelle kann einen Anspruch aus §§ 675 I, 670 BGB iVm entsprechenden Einlöseabkommen zwischen dem Reisescheckemittenten und angeschlossenen Unternehmen haben oder aus §§ 677, 683 S. 1, 670 BGB (auch → Rn. E15), letzteres bei Hotels ua in aller Regel anzunehmen ist, MüKoHGB/Herresthal F Rn. 32 f., str., Grund: der Reisescheckemittent hat ein Interesse an Verbreitung der Reiseschecks. Voraussetzung ist allerdings, dass die Einlösestelle ihrer **Prüfungspflicht** auf auffällige Abweichung der Gegenzeichnung von der Erstunterschrift nachgekommen ist (§§ 276, 278 BGB); vgl. Prüfungspflicht der Bank bei Scheckeinlösung (→ Rn. E/2), Grundsätze dort sind aber nicht unbesehen übertragbar. Zu berücksichtigen sind auch Verdachtsmomente außerhalb des Reiseschecks. Einfache Fahrlässigkeit schadet, OLG Frankfurt a. M. WM 1980, 752. **Auszahlungssperre** wie nach Art. 32 ScheckG (Widerruf) ist technisch und rechtlich nicht möglich, MüKoHGB/ Herresthal F Rn. 15, aA die Mindermeinung (echter Scheck). **E16**

Übertragung: Der Reisescheck (genauer: die Anweisung) ist übertragbar (§ 792 I 1 BGB), dazu sind Schriftform und Aushändigung des Reiseschecks an den Dritten erforderlich (§ 792 I 2, 3 BGB), ergänzend gelten §§ 398 ff. BGB (§ 792 III 2 BGB). Eine Übertragung durch Indossament ist nicht möglich, aA Mindermeinung (echter Scheck). **E17**

D. Das Rechtsverhältnis zwischen dem Reisescheckersterwerber und der Einlösestelle: Der Reisescheckersterwerber hat grundsätzlich keinen Anspruch gegen andere Banken oder Dritte auf Einlösung; MüKoHGB/Herresthal F Rn. 26; anders ausnahmsweise auf Grund von zwischen der Einlösestelle und dem Reisescheckemittenten geschlossenen Einlöseabkommen (dann uU § 328 BGB wie bei Kreditkarten, → Rn. F52, aber iZw nicht). Auch scheckrechtliche Beziehungen bestehen nicht, aA Mindermeinung (echter Scheck). Aber Vertragsbeziehungen aus dem Kausalverhältnis, zB Hotel, Restaurant etc, auf Grund dessen mit dem Reisescheck bezahlt wird. **E18**

F. Die (Giro-)Karte; Geldkarte; POS; Kreditkarte

Schrifttum

a) Kommentare und Handbücher: Außer dem allgemeinen Schrifttum (s Einl vor A1) BH*Casper* (Baumbach/Hefermehl/*Casper*), Wechselgesetz, Scheckgesetz, Recht des Zahlungsverkehrs, 24. Aufl 2020. – Ellenberger/Bunte Bankrechts-HdB/Maihold § 32 (Geldautomatensystem), § 33 (Bankgeschäfte online), Ellenberger/Bunte Bankrechts-HdB/*Terlau* § 35 (elektronisches Geld, virtuelle Währungen, bitcoins ua), Ellenberger/Bunte Bankrechts-HdB/Omlor § 42 (Kreditkartengeschäft), Ellenberger/Bunte Bankrechts-HdB/ Koch § 43 (ec-Kassen, POS, GeldKarte). – LBS *(Langenbucher/Bliesener/Spindler)/(Bearbeiter)* 3. Aufl. 2020; LBS/*Jungmann* 6. Kap. Kreditkarte; LBS/*Herresthal* 7. Kap. Debitkarte; LBS/ *Borges/Sesing* 8. Kap. Geldkarte. – BZ (Bunte/Zahrte)/*(Bearbeiter),* AGB-Banken, AGB-Sparkassen, Sonderbedingungen, 5. Aufl 2019, Sonderbedingungen für die SparkassenCard (girocard) (4 SB Debitkarte), Sonderbedingungen für das Online-Banking (4 SB Online). – KMFS/*Werner* Rn 4.766 ff. (GeldKarte). – *Langenbucher/Gößmann/Werner* 2004. – MüKo-BGB/*Casper,* /*Jungmann,* /*Zetzsche* 8. Aufl 2020 §§ 675c–676c (Zahlungsdienste). – MüKo-HGB/*Haertlein/Herresthal/Linardatos* 4. Aufl Bd 6 2019 Bankvertragsrecht (E-G Bankkartenverfahren, Reisescheck, Zahlung mittels Kreditkarte, K Online-Banking). – (Staub/) *Grundmann* 2020 3. Teil Zahlungsgeschäft (zit. 2020 Teil 3 Rn.). – WLP *(Wolf/Lindacher/ Pfeiffer)/Pamp* AGB-Recht 7. Aufl 2020 EC-Bedingungen E 1 ff., Kreditkartenvertrag K 71 ff.

b) Sonstige Beiträge:

Lit zur GeldKarte → Rn. F13, *Lit zur Kreditkarte* → Rn. F32.

Zur ZahlungsdiensteRL I u II s Lit vor C1, D1. *Zum Recht ab 2009: Casper/Pfeifle* WM 2009, 2343 (Missbrauch). – *Grundmann* WM 2009, 1161. – *Bitter* WM 2010, 1773 (Telefon-/Mailorderverfahren). – *Oechsler* WM 2010, 1381. – *Nobbe* WM 2011, 967. – *Rengier* FS Heinz 2012, 808, FS Stürner 2013, 891 (Missbrauch § 266b StGB).

Muster: *Hopt/Merkt/Werner* Vertrags- und Formularbuch zum Hdl-, Ges- und Bankrecht 5. Aufl. 2021 Form IV. F.1–7 (girocard, Kreditkarte, automatisierte Zahlungssysteme, Online-Banking). **RsprÜbersicht:** *Hadding/Häuser* WM 1993, 1357; *Nobbe,* WM Sonderbeil 2/2012, 1 (Kartenzahlung).

1) Geltung der §§ 675c–676c BGB auch für die Kartenzahlung

F1 Die Regeln für Zahlungsdienste §§ 675c–676c BGB (→ Rn. C1, D1) gelten auch für die Kartenzahlung, also die Geldautomatenauszahlung, die ec/Maestro-Karten-Zahlung mit PIN und die Kreditkartenzahlung. §§ 675c–676c BGB unterscheiden nicht mehr zwischen Überweisung, Lastschrift und anderen Zahlungsinstrumenten (→ Rn. C12). Zu beachten sind auch hier der Grundsatz der Vollharmonisierung (→ Rn. C4, D1) und die neuen Begriffsbestimmungen (→ Rn. C8) sowie die Umstellung auf SEPA (→ Rn. C1, D1); die SEPA-VO gilt aber nicht für Zahlungen mit Zahlungskarten oder einem ähnlichen Instrument (POS, → Rn. D1). Änderungen zum Recht der Bankkunden-Karte betreffen ua das Entgelt (§ 675f V 2 BGB), die Barzahlungsklausel (§ 675f V BGB), den Ausschluss des Widerrufs (§ 675p II, IV BGB), die Wertstellung (§ 675t BGB, gleichtägige Wertstellung auch für Zahlungszufluss aus Kartenzahlungen auf das Einreicherkonto) und die Haftung vor allem bei Kartenmissbrauch (§§ 675u–676c BGB). Lit.: Grundmann WM 2009, 1162, Nobbe WM 2011, 967, MüKoHGB/Haertlein E Rn. 11 ff.

2) Die Karte (girocard, Debitkarte)

F2 A. **Einsatzbereich der Karte:** Die Bankkunden- oder Zahlungskarte, schlicht **Karte,** ist heute **multifunktional** einsetzbar, MüKoHGB/Haertlein E Rn. 2 ff. Einzelheiten ergeben sich aus den **Bedingungen für die girocard (Debitkarte) zwischen Kunde und Bank, Stand 31.8.2021** unter Berücksichtigung des neuen Zahlungsdienstleistungsrechts, BHCasper Textanhang, dort auch zur Entwicklung der Kartenzahlung, BHCasper Rn. 1 ff.; auch in Hopt/

Merkt VertrFormB/Werner Form. IV.F.1 und Ellenberger/Bunte Bankrechts-HdB/Maihold Anh. zu §§ 32–33. Der **Geltungsbereich** der Karte erstreckt sich auf Dienstleistungen in Verbindung **mit** der persönlichen Geheimzahl **(PIN) und ohne** Einsatz derselben (vgl. Bedingungen für die girocard A I 1–3). Zu ersteren gehören Abheben von Bargeld an Geldautomaten, bargeldlose Zahlung an automatisierten Kassen (→ Rn. F26) und Aufladen der GeldKarte an Ladeterminals (→ Rn. F13); zu letzteren gehören ebenfalls bargeldlose Zahlung an automatisierten Kassen (GeldKarte-Terminals) und der Einsatz als Speichermedium für unternehmensbezogene Zusatzanwendungen (Bedingungen C; nur nach Maßgabe der vom Karteninhaber mit Handels- und Dienstleistungsunternehmen abgeschlossenen Verträge, ohne größere bankrechtliche Besonderheiten). Bis 31.12.2001 diente die Karte als echte ec-Karte auch als Garantiekarte für den Euroscheck (eurocheque, s. 34. Aufl.). Nachdem diese Garantiefunktion weggefallen ist, handelt es sich nicht mehr eigentlich um eine echte ec-Karte oder Scheckkarte, sondern um eine allgemeine Bankkunden- oder Zahlungskarte, die AGB sprechen von der **girocard.** Einsatzfeld ist die Benutzung der Karte als **Debitkarte** (also unmittelbare Abbuchung vom Konto der Bankkunden ohne Kreditierung, demgegenüber Kreditkarte, → Rn. F32). Die Bedingungen 2021 enthalten ein Gesamtwerk für Bankkundenkarten, darin A. Garantierte Zahlungsformen (I. Geltungsbereich, II. Allgemeine Regeln (für alle Nutzungsarten), III. Besondere Regeln für einzelne Nutzungsarten (wie Geldautomaten-Service und Einsatz an automatisierten Kassen von Handels- und Dienstleistungsunternehmen und GeldKarte), B. Von der Bank angebotene andere Service-Leistungen, C. Zusatzanwendungen. Änderungen gab es wegen Umsetzung der Zweiten Zahlungsdiensterichtlinie zum 13.1.2018, Haftungsgrenze für leicht fahrlässiges Verschulden höchstens 50 Euro (Nr. II.15.1). Änderung zum 31.8.2021 Streichung der Zustimmungsfiktion. Online-Banking → Rn. F29. **AGB-Kontrolle** s. Einsele ZIP 2011, 1750 (keine Einwendungen), UBH/Fuchs/Zimmermann (21) Girocard-Sonderbedingungen Rn. 1 ff., → Rn. F12. Lit.: BHCasper Rn. 705 ff. und Textanhang. Für die Banken KMFS/Werner Rn. 4.646 ff.; für die Sparkassen BZ/Zahrte 4 Bedingungen für die Sparkassen-Card (Debitkarte).

B. Drei Vertragsverhältnisse, rechtliche Qualifikation: a) Drei Vertragsverhältnisse Beim Kartengeschäft sind typischerweise **drei Vertragsverhältnisse** gegeben (**beim Kreditkartengeschäft** typischerweise **vier,** → Rn. F33): (1) Das Verhältnis zwischen Käufer bzw. Kunde, der mit der Karte bezahlt, und dem Verkäufer bzw. Unternehmer (**Valutaverhältnis,** für die Kreditkarte → Rn. F65 ff.) (2) das Verhältnis zwischen dem Karteninhaber und der Bank bzw. dem Kartenaussteller (**Deckungsverhältnis,** dazu im Folgenden, für die Kreditkarte → Rn. F35 ff.) und (3) das Verhältnis zwischen dem Verkäufer bzw. Unternehmer und der Bank bzw. dem Kartenaussteller (**Vollzugsverhältnis,** auch Zuwendungs-, Inkasso- oder Ausführungsverhältnis, für die Kreditkarte → Rn. F52 ff.). Aber auch viergliedrige Beziehungen sind nicht ausgeschlossen, zB bei Co-Branding (→ Rn. F33) oder Einschaltung eines Zahlungsdienstleisters des Verkäufers. Für das Vollzugsverhältnis werden zwischen den einzelnen Händlern und der Kreditwirtschaft **Händlerbedingungen** vereinbart. Bei deren Abschluss tritt der Netzbetreiber als Vertreter aller kartenausgebenden Kreditinstitute auf, Einzelheiten bei BHCasper Rn. 751 ff. Zu der Vielzahl von Verträgen und Bedingungen beim electronic cash-Verfahren → Rn. F/19.

b) Rechtliche Qualifikation: Der **(Bank-)Kartenvertrag zwischen Bank und Karteninhaber** (Deckungsverhältnis, Emissionsvertrag; beim Kreditkarten Kreditkartenvertrag → Rn. F35) ist idR zusätzlich zum Girovertrag (→ Rn. C25; das Zahlungskartengeschäft ist **Zahlungsdienst** iSv § 1 I 2 Nr. 3 lit. b ZAG 2017, → Rn. A4) geschlossen, also durch Zusatzabrede verbunden, aber rechtlich zu unterscheiden (wie Scheckvertrag, → Rn. E1), BGH WM 2006, 179, OLG

Köln WM 2014, 1338. Er ist Zahlungsdiensterahmenvertrag (§ 675f II 1 BGB, → Rn. C27), Nobbe WM Sonderbeil. 2/2012, 3, anwendbar sind deshalb §§ 675c–676c BGB (→ Rn. C7). Im Rechtsverhältnis zwischen der Bank und dem Karteninhaber liegt ein gemischttypischer **Geschäftsbesorgungsvertrag** (§§ 675 I, 611, 631 BGB, Grund: Dauerverpflichtung, Multifunktionalität, Einlösungszusage; nach aA rein dienstvertraglich, nach aA werkvertraglich, Ellenberger/Bunte Bankrechts-HdB/Maihold § 32 Rn. 31. Das entspricht dem Girovertrag (→ Rn. C25) und ist idR anders bei der Kreditkarte (werkvertraglich, → Rn. F35); vgl. auch für den Scheckvertrag → Rn. E1. Die **Karte selbst** ist idR ein Zahlungsinstrument (näher → Rn. C35). Die Eigenschaft als Wertpapier ist dogmatisch umstritten. Sie ist einfaches Legitimationspapier und wird zT, soweit sie Anweisung iSv § 783 BGB ist, als Wertpapier angesehen, LBS/Herresthal 7. Vorb. Rn. 7, nach anderen nicht, MüKoHGB/Haertlein E 23 (Geldkarte → Rn. F14). Praktisch wichtiger ist, dass sie nach der Rspr. auch keine „über die Forderung vorhandene Urkunde" iSv § 836 III 1 ZPO ist, BGH WM 2003, 625, MüKoHGB/Haertlein E Rn. 23, krit. LBS/Herresthal 7. Kap. Vorb. Rn. 8. Die Karte bleibt nach den Kartenbedingungen idR im Eigentum des Kartenausstellers. Der Vertrag kommt **formlos** zustande, idR mit Aushändigung der Karte. Die Karte gilt nur für das angegebene Konto. Anspruch auf Zulassung besteht nicht (kein neutrales Geschäft, → Rn. A6). Die Karte ist höchstpersönlich und nicht vererblich, sie ist, da an das Konto gebunden, nicht abtretbar (§ 399 BGB) und nicht pfändbar (§ 851 ZPO), anders Geldkarte (→ Rn. F14). **Zusatz- oder Partnerkarten** sind möglich mit Fragen wie bei der Kreditkarte (→ Rn. F51); der Dritte erhält in der Regel Außenvollmacht, nach aA wird er Vertragspartner des Kartenunternehmens. **Muster:** Hopt/Merkt VertrFormB/Werner Form IV. F.1 (Bedingungen für die girocard, Bankenversion), Form IV. F.2 (Bedingungen für die SparkassenCard), Form IV. F.4 (Vereinbarung über das electronic cash-System zwischen den Kreditinstitutsverbänden).

F4   C. **Auszahlungsauftrag (Weisung) und Autorisierung:** s. § 675f IV 2 BGB mit → Rn. C33. Die Weisung liegt im Belastungsbeleg, sie ist unwiderruflich (§ 675p II 1 BGB, → Rn. C40), Nobbe WM Sonderbeil. 2/2012, 7. Näher → Rn. C33 ff. für die Überweisung. Für **Bargeldauszahlung** an institutsfremden Geldautomaten (→ Rn. F/9) gelten §§ 675c ff. BGB, Ellenberger/Bunte BankR-HdB/Maihold § 32 Rn. 65; differenzierend bei institutseigenen Geldautomaten, Staudinger/Omlor § 675u Rn. 9, MüKoHGB/Haertlein E Rn. 199: wie Auszahlung am Schalter, §§ 700, 488 BGB, § 362 BGB.

F5   D. **Rechte und Pflichten des Karteninhabers und der Bank:** Für die Ausgabe und Nutzung der Karte gibt es **allgemeine Regeln** (Bedingungen A II, → Rn. F2). Das ist angesichts der verschiedenen Einsatzmöglichkeiten der Karte (→ Rn. F1, F13, F19) wichtig. Der Karteninhaber ist berechtigt, nach Maßgabe der ihm durch die Karte bzw. durch besondere Vereinbarung eingeräumten Möglichkeiten die **verschiedenen Dienstleistungen** der Bank (→ Rn. F1) in Anspruch zu nehmen. Der Kunde kann die Karte **nur innerhalb der Betragsobergrenzen (Verfügungsrahmen,** § 675k I BGB, → Rn. C37) **und** darf sie nur innerhalb der in den Kreditkartenbedingungen enthaltenen **finanziellen Nutzungsgrenzen** (Deckung, Kontoguthaben oder vorher für das Konto eingeräumter Kredit) nutzen, MüKoBGB/Jungmann § 675k Rn. 8 ff. Überschreitet er diese Grenzen, hat die Bank trotzdem Anspruch auf Aufwendungsersatz, falls sie die Buchung vornimmt (auch Bedingungen A II 3), MüKoBGB/Jungmann § 675k Rn. 9, aA MüKoHGB/Linardatos G Rn. 194: dann unautorisiert (§§ 675j I 1, 675u S. 1 BGB). Bei Überschreitung des Deckungs- bzw. Verfügungsrahmens kommt es zu einer geduldeten Kontoüberziehung mit entsprechend höheren Zinsen (Bedingungen A II 3 Satz 3 → Rn. F2, → Rn. G4, → **(8)** AGB-Banken Nr. 12 Rn. 2); außerdem macht sich der Kunde schadensersatzpflichtig (§ 280 BGB). Der allgemeine Deckungs- bzw. Verfügungsrahmen dient nicht dem Schutz des Kunden, BGH WM 2012, 164; 2012, 987. Für die Kartenauszahlung kann aber eine den Verfügungsrahmen nicht ausschöpfende **Betragsobergrenze** für die einzelne Transaktion, zB pro Tag, vereinbart werden, die kundenschützend ist (§ 675k I BGB, → Rn. F40). Lit.: Ellenberger/Bunte Bankrechts-HdB/Maihold § 32 Rn. 30 ff. zum Bankkartenvertrag.

Sperre, Einziehung der Karte (§ 675k BGB): Nach § 675k II BGB kann F6 der Bank das Recht eingeräumt werden, die Karte zu sperren, allerdings **nur in drei** besonders aufgeführten **Fällen**, nämlich Sicherheitsgründe, Missbrauchsverdacht und bei Kreditkarte mit Kreditgewährung ein wesentlich erhöhtes Kreditrisiko (näher § 675k II 1 Nr. 1–3 BGB, auch → Rn. F40), implizit auch Gesetzesverstoß; nähere Ausgestaltung durch AGB ist zulässig, aber § 675e (→ Rn. C17). **Sperrabrede** ist nötig, auch unter § 675k II 1 Nr. 3 BGB für Kreditkarten und Debitkarten, str., Sperre nach § 675k II Nr. 1 BGB nicht schon bei wichtigem Grund zur Kündigung, sondern erst, wenn diese ausgesprochen wird, LBS/Langenbucher 4. Kap. § 675k Rn. 9, was auch konkludent zusammen geschehen kann, LBS/Herresthal 3. Kap. § 675k Rn. 7. Sperrung bei **mehrfacher falscher Eingabe** des persönlichen Geheimzahl ist von § 675k II 1 Nr. 1 BGB gedeckt. Sperrmöglichkeit auch bei der Kreditkarte, falls Überziehungsmöglichkeit eingeräumt, auch bei der Debitkarte, Grüneberg/Sprau § 675k Rn. 4, str. Nach berechtigter Sperre kann die Kreditkarte eingezogen werden. Einzelheiten bei MüKoHGB/Linardatos G Rn. 173 ff. Bei Sperre Unterrichtungs- und grundsätzlich Begründungspflicht (nach Vereinbarung auch durch SMS oder Email, auch AGB, MüKoBGB/Jungmann § 675k Rn. 33, str.) sowie **Pflicht zu Entsperrung,** wenn die Gründe wegfallen (§ 675k II 2–5 BGB), denn das Verwendungsrecht der Kartennutzer besteht fort. Weitergehende Anforderungen, etwa vorherige Kündigung, so Gössmann WM 1998, 1267, bestehen nicht (mehr), Grundmann WM 2009, 1162. Für die Sperrung darf **kein Entgelt** verlangt werden, OLG Düsseldorf ZIP 2012, 1748, Grund: § 675m I Nr. 4 BGB erfasst auch die Sperrung selbst); auch kein Entgelt für die Entsperrung (RegE S. 106, → Rn. C37, 50, Grund: keine vertragliche Nebenpflicht, s. § 675f V 2 BGB), jedoch nach § 675l I 3 BGB für den Ersatz der Karte nach Verlust, auch nach Sperrung, MüKoHGB/Linardatos G Rn. 190; MüKoBGB/Jungmann § 675l Rn. 87 mit einschränkender Auslegung (→ Rn. C50). Unberechtigte Sperre bzw. Einziehung macht die Bank schadensersatzpflichtig (§ 280 I BGB). Erstattung unverbrauchter Beträge.

Sorgfalts- und Mitwirkungspflichten des Karteninhabers (§ 675l BGB): F7 Besondere Sorgfalts- und Anzeigepflichten **in Bezug auf die Karte** sind in § 675l BGB niedergelegt (→ Rn. C52). Vertragliche Vereinbarungen dazu nur, soweit sachlich, verhältnismäßig und nicht benachteiligend (II), Omlor BKR 2019, 110, daneben auch AGB-Kontrolle, Unwirksamkeit nur im Rahmen von II, Verbot der geltungserhaltenden Reduktion insoweit str., LBS/Herresthal 7. Kap. § 675l Rn. 30n. Der Karteninhaber muss die Karte nach Erhalt (wie Zugang nach § 130 BGB, MüKoBGB/Jungmann § 675l Rn. 16, str.) unverzüglich unterschreiben. Er muss die Karte mit besonderer Sorgfalt aufbewahren, Rspr. bei MüKoHGB/Haertlein E Rn. 87 f., Frage des Einzelfalls. Er darf sie nicht unbeaufsichtigt im Kfz liegen lassen, so ausdrücklich Bedingungen für die girocard Nr. 7.2, OLG Düsseldorf BKR 2008, 41, LG Berlin WM 2010, 2354, richtiger je nach den Umständen des Einzelfalls, MüKoBGB/Jungmann § 675l Rn. 32, im Urlaub verstecktes Belassen im Wohnmobil zulässig nach OLG Frankfurt a. M. WM 2002, 1055, Hofmann WM 2005, 443. Besondere Anforderungen Wohngemeinschaft und Wohnheim. Sorgfaltspflichten bei Liegenlassen in der Wohnung bei Auslandsreise und schon bei Verlassen der Wohnung, dazu MüKoHGB/Haertlein E Rn. 80. Pflichten bei der Aufbewahrung der Karte im Büro, Rspr. geht zT zu weit, Nachweise bei LBS/Herresthal 7. Kap. § 675k

(7) BankGeschäftl F8, F9   2. Teil. Handelsrechtl. Nebenges.

Rn. 13. Der **Karteninhaber** muss die persönliche Geheimzahl (PIN) geheim halten, BGH WM 2000, 2421; OLG Hamm WM 1997, 1203; OLG Frankfurt a. M. NJW-RR 2001, 1341. Er darf sie insbesondere nicht auf der Karte vermerken oder zusammen mit dieser aufbewahren, OLG Köln WM 2003, 124 (zu den Bedingungen). Weitergabe von PIN und TAN an Vertreter ist zulässig, BGH NJW 2016, 2024 Rn. 59. Nach BHCasper Rn. 728 keine Weitergabe da Kreditkarte an Personal in Restaurants und Geschäften in Nebenräume. Umfassendes Weitergabeverbot an Familienangehörige, so üL, MüKoHGB/Haertlein E Rn. 90, geht zu weit, Hofmann WM 2005, 444, unverhältnismäßig. Getarnte Telefonnummer, etwa im Notizbuch oder Telefonverzeichnis, Frage des Einzelfalls, MüKoHGB/Haertlein E Rn. 90, str. Ebenso bezüglich Aufbewahrung in verschiedenen Behältnissen, mit Rspr. MüKoHGB/Haertlein E Rn. 91. Ein generelles Verbot, die PIN zu dokumentieren, ist auf jeden Fall unwirksam, da unverhältnismäßig, BHCasper Rn. 729. UU Rückfragepflicht bei Nichterhalt der Karte, KG NJW 2006, 381. Keine Pflicht zur periodischen Prüfung des Verbleibs der Karte, OLG Bamberg WM 1994, 194, Hofmann WM 2005, 445, strenger LBS/Herresthal 7. Kap. § 675k Rn. 23. Bei Feststellung von Verlust oder Missbrauch (**Kenntnis**, § 675l S. 2 BGB, nicht schon Kennenmüssen, § 122 II BGB, MüKoHGB/Haertlein E Rn. 94) unverzügliche **Sperranzeige** beim Kreditinstitut oder dem Zentralen Sperrannahmedienst, nach Bedingungen für die girocard Nr. 7.4 II sogar schon bei bloßem Verdacht. Verlegen der Karte ist nicht schon Verlust, MüKoHGB/Haertlein E Rn. 92. Pflicht zur Anzeige nicht schon bei bloßer Gefahr von Kartendiebstahl ua str., aA MüKoBGB/Jungmann § 675l Rn. 73. Anzeigepflicht bei Verlust und Diebstahl (II), die Tatbestandsvoraussetzungen des § 242 StGB brauchen nicht erfüllt zu sein, MüKoBGB/Jungmann § 675l Rn. 72, str. Bloße Gefahr einer missbräuchlichen Verwendung ist vom Wortlaut nicht erfasst und reicht nicht allgemein aus, aber Vereinbarung nach II möglich, Grüneberg/Sprau § 675l Rn. 6, str. Diebstahl oder Missbrauch sind unverzüglich bei der Polizei anzuzeigen, so Bedingungen für die girocard Nr. 7.4 I 7, dies über § 675l BGB hinaus, zulässig, MüKoHGB/Haertlein E Rn. 93; auch → Rn. C52. Zu den einzelnen Sorgfaltspflichten vgl. → Rn. F45 zur Kreditkarte. Haftung des Karteninhabers aber nur nach § 675v BGB, → Rn. F12. **Einzelheiten der Pflichten des Karteninhabers** bei MüKoBGB/Jungmann § 675l Rn. 10 ff., 27 ff.; Grüneberg/Sprau § 675l Rn. 9; BHCasper Rn. 720 ff. **Entgelt für Ersatzkarte** (§ 675l S. 3 BGB) → Rn. C/52.

F8 Die **Pflichten der Bank** in Bezug auf die Karte sind in § 675m I 1 Nr. 1–5, I 2 BGB im Einzelnen geregelt, OLG Düsseldorf ZIP 2012, 1748. Insbesondere muss die Bank sicherstellen, dass der Kunde jederzeit die Verlustanzeige nach § 675l S. 2 BGB vornehmen und die Aufhebung der Sperrung gemäß § 675k II 5 BGB verlangen kann. Die Gefahr der Versendung der Karte und personalisierter Sicherheitsmerkmale (→ Rn. 52) der Karte an den Kunden trägt die Bank (§ 675m II BGB). Wertstellung und Vorschussverbot s. § 675t BGB (für GeldKarte → Rn. F14). Zur streitigen Pflicht, die Funktionsfähigkeit des Gesamtsystems aufrechtzuerhalten, → Rn. F22. **Rechtsfragen der früheren eurocheque-Garantie** s. 34. Aufl.

F9 **Aufwendungsersatz, Entgelte der Bank** → Rn. C50, 51, Nobbe WM Sonderbeil. 2/2012, 6. **Geldabhebung an institutsfremden Geldautomaten** ist aufgrund der Vereinbarung über das deutsche Geldautomaten-System, Fassung 27.11.2014, bei den angeschlossenen Zahlungsdienstleistern möglich, abgedruckt Ellenberger/Bunte Bankrechts-HdB/Maihold Anh. 1 zu §§ 32, 33. Kooperation mit in anderen Staaten ansässigen Geldautomaten-Systemen. Ansprüche einzelner Karteninhaber sollen aus dieser Vereinbarung nicht entstehen, Ellenberger/Bunte Bankrechts-HdB/Maihold § 32 Rn. 5, 71, aA Hofmann WM 2005, 1309. Einigung im ZKA über die Abschaffung der Interbankenentgelte, seit 15.1.2011 werden diese Gebühren unmittelbar beim Kunden erhoben und der Preis wird am Automaten angezeigt, Ellenberger/Bunte Bankrechts-HdB/Maihold § 32 Rn. 45. Die **Interbankentgelte für kartengebundene Zahlungsvorgänge mit Verbrauchern** sind durch EU-VO 2015/751 über Interbankenentgelte für kartengebundene Zahlungsvorgänge (MIF-VO) 29.4.2015 ABl. L 123, 1 **begrenzt**. Das gilt für alle debit- und kreditkartengebundenen Zahlungsvorgänge, Oechsler WM 2016, 537, Omlor WM 2018, 938; s auch → Rn. F57.

Besondere Regeln mit weiteren Rechten und Pflichten der Beteiligten gelten bei Einsatz der Karte **für einzelne Nutzungsarten**, zB als GeldKarte (→ Rn. F13) oder beim electronic cash (→ Rn. F19). F10

Beendigung des Kartenvertrags: Der Kartenvertrag endet nicht schon mit Zeitablauf der Karte, BGH WM 2006, 179, sondern mit seiner ordentlichen oder außerordentlichen (grundsätzlich fristlosen) Kündigung (einzelne Geschäftsverbindung, s. **(8)** AGB-Banken Nr. 18, 19), die auch unabhängig vom Girovertrag erfolgen kann (→ Rn. C32). Der Kartenvertrag endet aber auch mit dem Girovertrag, mit dem er zusammenhängt. Der Karteninhaber ist dann zur unverzüglichen Rückgabe der Karte verpflichtet. In der Karte gespeicherte Beträge (GeldKarte, → Rn. F13) erstattet die Bank (Bedingungen A II 5 II); Verfallklausel wäre unwirksam. Beendigung des Kartenvertrags hat keine Auswirkung auf Zahlungsverpflichtung der Bank gegenüber Dritten, zB GeldKartenvertragsunternehmern, Betreibern automatisierter Kassen ua, Grund: § 172 II BGB (→ Rn. F17, F56) und die jeweiligen Bedingungen Ausnahme bei Kenntnis oder Kennenmüssen (§ 173 BGB). F11

E. **Haftung bei missbräuchlicher Nutzung der Karte:** Die Haftung der an den Zahlungsvorgängen Beteiligten ist in Umsetzung der Zahlungsdiensterichtlinie (→ Rn. C1 f.) detailliert geregelt (§§ 675u–676c BGB, näher → Rn. C54 ff.; für die Kreditkarte → Rn. F46–F50). **Haftung der Bank** für zwischengeschaltete Stellen (§ 675z S. 3 BGB, → Rn. C79). Aufrechterhaltung der Funktionsfähigkeit → Rn. F22. **Haftung des Karteninhabers** s. § 675v BGB (→ Rn. C60 ff., aber → Rn. C63; **Sorgfaltspflichten des Karteninhabers** → Rn. F7), Bedingungen A II 14, 15, Ellenberger/Bunte Bankrechts-HdB/Maihold § 32 Rn. 158 ff., 168 ff. zu den Bedingungen. **Beweis**, insbesondere **Anscheinsbeweis**, s. § 675w BGB (→ Rn. F49, C69), ausführlich zu den Beweisfragen Ellenberger/Bunte Bankrechts-HdB/Maihold § 32 Rn. 227 ff.; Nobbe WM Sonderbeil. 2/2012, 4. F12

3) GeldKarte

A. **Einsatzbereich:** Die **Geldkarte (elektronische Geldbörse)** ist ein E-Geldgeschäft (→ Rn. F27), auf das grundsätzlich §§ 675c–676c BGB Anwendung finden (§ 675c II BGB, → Rn. F28). Beim zweiseitigen GeldKartensystem fallen Kartenemittent und Leistungserbringer (Kartenakzeptant) zusammen; nur das dreiseitige GeldKartensystem, bei dem Kartenemittent und Leistungserbringer verschiedene Personen sind, ist von § 1 I 2 Nr. 11 KWG erfasst, Grund: Systemgefahr. Die GeldKarte (**prepaid-Karte,** wie eine virtuelle Geldbörse; zu unterscheiden von der normalen Karte, nicht prepaid, → Rn. F2) wird seit 1996 angeboten, hat aber mittlerweile stark an Bedeutung eingebüßt, wird nicht mehr ausgegeben und voraussichtlich nur bis Ende 2024 nutzbar sein, stattdessen andere Formen von Prepaid-Produkten mit Paysafe-Codes, Jungmann WM 2021, 559. Künftig wird die Zahlung mit Smartphone erfolgen. Von der Geldkarte zu unterscheiden ist die NFC (Near Field Communication)-Zahlung mit der Debitkarte (nicht prepaid). Auf der GeldKarte werden kleinere Beträge gespeichert (geladen), der Ladebetrag wird auf einem **Börsenverrechnungskonto** (Sammelkonto für alle von der Bank ausgegebenen GeldKarten) gespeichert, dort werden dann die Abbuchungen vorgenommen, Ellenberger/Bunte Bankrechts-HdB/Koch § 43 Rn. 66 ff. Die GeldKarte ist ein **Kleinbetragsinstrument** iSv § 675i I BGB, Betragsgrenze 200 Euro, wenn nur für inländische Zahlungsvor- F13

(7) BankGesch F14, F15

gänge nutzbar (Konsequenzen für Missbrauchsregelungen, → Rn. F18), das bedeutet, dass zahlreiche Vorschriften der §§ 675c–676c BGB **abbedungen** werden können (näher **§ 675i II BGB**) und in der Praxis abbedungen werden. Die Geldkarte kann Bestandteil der Zahlungskarte (Debitkarte → Rn. F1) sein, doch kommt die GeldKarte auch als eigene, auf diese Funktion beschränkte Karte ohne Zahlungskonto vor (White Card). Die GeldKarte ist ebenfalls in den die Karten regelnden **Bedingungen für die girocard** (dort A III 2 → Rn. F2) geregelt. Lit.: Ellenberger/Bunte Bankrechts-HdB/Koch § 43 Rn. 35 ff. (GeldKarte); MüKoHGB/Haertlein E Rn. 283 ff.; (Staub/)Grundmann 2020 Teil 3 Rn. 203; KMFS/Werner Rn. 4.766 ff.; LBS/Borges/Sesing 8. Kap.; BHCasper Rn. 832 ff.; BZ/Bunte/Zahrte, 4 Sonderbedingungen für die SparkassenCard (Debitkarte) Nr. 2 Geldkarte, Rn. 136 ff. – Hofmann 2001; Tegebauer 2002; Gross FS Schimansky, 1999, 165; Schinkels WM 2005, 450.

F14 B. **Rechtliche Qualifikation:** Die mit einem Chip ausgestattete Zahlungskarte (→ Rn. F1) kann auch als GeldKarte eingesetzt werden, so idR kraft Zusatzabrede zum Girovertrag. Dann gilt für die rechtliche Qualifikation dasselbe wie bei dieser (→ Rn. F3). Wird eine isolierte GeldKarte ausgegeben, liegt im Rechtsverhältnis zwischen der Bank und dem Karteninhaber ebenfalls ein **Geschäftsbesorgungsvertrag** vor, aber mit speziellerem Inhalt (GeldKartenvertrag, §§ 675 I, 611 BGB, nach aA werkvertraglich oder gemischttypisch, → Rn. F3, E1, Zahlungsdiensterahmenvertrag → Rn. C27). Verrechnungsabrede über vorausbezahlte Beträge (Vorschuss, §§ 675 I, 669 BGB), kein Darlehen, BGHZ 148, 80 (für Telefonkarte), Vorschussverbot des § 675t III BGB steht nicht entgegen, Grundmann WM 2009, 1161 Fn. 75. Denkbar wäre auch, statt Vorschuss eine Gutschrift auf der GeldKarte anzunehmen. Anspruch auf Zulassung besteht grundsätzlich nicht (→ Rn. F3), aA (Staub/)Grundmann 2020 Teil 3 Rn. 211: Anspruch auf Chipkarte, nicht aber auf GeldKarte; aber Ausnahme bei isolierter Geldkarte denkbar → Rn. A6 (risikoneutral, da prepaid, → Rn. F13). **Rechtsnatur** der GeldKarte ist str., für (je nachdem qualifiziertes) Legitimationspapier Pfeiffer NJW 1997, 1037, für Inhaberkarte nach § 807 BGB, Schinkels WM 2005, 454, gegen Wertpapier, aber zT Analogien, (Staub/)Grundmann 2020 Teil 3 Rn. 204, für Vollmachtsurkunde Kümpel WM 1997, 1041; zur Karte → Rn. F3. **Weisung und Autorisierung** (§§ 675 I, 665 iVm § 675j BGB) liegen in der Benutzung der GeldKarte, Ellenberger/Bunte Bankrechts-HdB/ Koch § 43 Rn. 58 ff., MüKoHGB/Haertlein E Rn. 297. Zahlungsauftrag des geschäftsunfähigen Kunden ist unwirksam, kein Anspruch der Bank nach §§ 675c I, 670 BGB, aber uU nach §§ 683 S. 1, 670 BGB, MüKoHGB/Haertlein E Rn. 299; bei Annahme eines antizipierten Zahlungsauftrags schon bei Aufladen ist das der maßgebliche Zeitpunkt. Mit der Bestätigung am Terminal erfolgt Umbuchung, kein Widerruf der Weisung (§ 675p II BGB, → Rn. C40). Im Valutaverhältnis bewirkt die Zahlung mit der Geldkarte **Erfüllung** (§ 362 I BGB), noch aA nur erfüllungshalber oder nur an Erfüllung statt, dazu BHCasper Rn. 850.

F15 C. **Rechte und Pflichten des Karteninhabers und der Bank:** Neben den allgemeinen Regeln für die Ausgabe und Nutzung der Karte (Bedingungen → Rn. F2), die auch hier gelten, gelten **besondere Regeln** für einzelne Nutzungsarten, hier für die GeldKarte (Bedingungen A III 2 → Rn. F2). Die GeldKarte ermöglicht außer Abhebung (bei der Bank selbst: Rückzahlung aus dem gespeicherten Geldbetrag, bei fremder Bank: abstraktes Schuldversprechen, → Rn. F17) bargeldlose Bezahlung an den GeldKarten-Terminals des Handels- und Dienstleistungsbereichs. Sie ermöglicht zunächst Speicherung eines Geldbetrags auf der Karte (entweder mit PIN-Angabe zu Lasten des auf der Karte angegebenen Kontos oder gegen Bargeld oder im Zusammenwirken mit einer anderen Karte zu Lasten des diesbezüglichen Kontos, sofortige Kontobelastung).

V. Bankgeschäfte   F16–F19   **BankGesch (7)**

Die GeldKarte ermöglicht sodann Verfügung über den auf ihr gespeicherten Geldbetrag ohne PIN-Angabe an den Terminals der angeschlossenen Vertragsunternehmen (Unterschied zum bargeldlosen Bezahlen an automatisierten Kassen, → Rn. F19); diese erhalten den Betrag durch Zahlung der Bank (Bargeldsubstitution, abstraktes Schuldversprechen → Rn. F23), während sich der in der GeldKarte gespeicherte Betrag bei jedem Bezahlvorgang um den verfügten Betrag vermindert. Kein Widerruf der Weisung nach Gebrauch der GeldKarte (vgl. auch → Rn. F38 für die Kreditkarte).

Beendigung des GeldKartenvertrags: wie beim Kartenvertrag → Rn. F11. **F16** AGB über Gültigkeitsbefristung mit Verfall des unverbrauchten Kartenguthabens verstößt gegen **(5)** § 307 BGB, BGHZ 147, 74 (Telefonkarte).

D. Zahlungsverpflichtung der Bank gegenüber den Vertragsunterneh- F17 men: Der GeldKarteninhaber weist die Bank mit dem Einsatz der GeldKarte konkludent zur Zahlung an den Vertragspartner aus dem auf der Geldkarte gespeicherten Betrag an. Dabei Begründung eines von Einwendungen aus dem Grundgeschäft unabhängigen **abstrakten Schuldversprechens,** BGHZ 150, 286, NJW 2002, 286 (für Kreditkarte, → Rn. F53), Einsele WM 1999, 1801, aA Zahlungsgarantie (wie bei der früheren ec-Karte, 34. Aufl.), nicht ganz klar Ellenberger/Bunte Bankrechts-HdB/Koch § 43 Rn. 71, wegen der online-Abbuchung bei der Bank ohne Vertretung derselben durch den Kunden; bei Einsatz durch Dritten weist die GeldKarte diesen als Rechtsscheinträger aus (entspr. §§ 172 f. BGB, nach aA § 808 BGB, nicht Wertpapier, str.).

E. Haftung bei missbräuchlicher Nutzung der GeldKarte: Das Miss- **F18** brauchsrisiko trägt hinsichtlich des auf der GeldKarte gespeicherten Geldbetrags der Kunde (Haftung bei Verlust der aufgeladenen Karte, Bedingungen → Rn. F2). Das ist zulässig, weil die Bank nicht die Möglichkeit hat, die GeldKarte zu sperren (§ 675i III 1 BGB, aber nur bis zu 200 Euro, III 2, → Rn. F13), unstr., **§§ 675u und 675v BGB** sind dann **unanwendbar.** Das entspricht dem Rechtsgedanken des § 935 II BGB, MüKoHGB/Haertlein E Rn. 83, 306, also auch bei Entwendung; Minderjährige § 110 BGB. So auch schon bisher unter **(5)** § 307 BGB, Grund: Der Kunde kann die Verlusthöhe selbst bestimmen und jeder, der im Besitz der Karte ist, kann über den darin gespeicherten Geldbetrag ohne PIN-Angabe verfügen. Bei Verschulden der Bank haftet diese. Bei missbräuchlichem Aufladen unter Verwendung von Karte und PIN (→ Rn. F15) gelten keine Besonderheiten.

4) Automatisierte Zahlungssysteme

A. Automatisierte Zahlungssysteme: Die automatisierten Zahlungssysteme **F19** sind zT kartengesteuert, zT nicht. Die Tendenz geht auf **electronic cash** unter Einsatz der multifunktionalen Karte. **Geldautomaten** und **automatisierte Kassen** können **mit der Karte** (→ Rn. F2) unter Einsatz der persönlichen Geheimzahl **(PIN)** institutsübergreifend genutzt werden. **Geldautomat:** Vertrag mit Aufsteller ist Mietvertrag, uU Schriftform (§§ 578 II, 550 BGB), BGH WM 2020, 2325; 2021, 847. **Muster:** Hopt/Merkt VertrFormB/Werner Form IV. F. 1, 2 (girocard/SparkassenCard-Bedingungen), Form IV. F.4 (Vereinbarung über ein electronic cash-System zwischen den Spitzeninstituten der Kreditwirtschaft), Form IV. F.5 (Händlerbedingungen – Bedingungen für die Teilnahme am electronic cash-System der deutschen Kreditwirtschaft), Form IV. F.6 (Netzbetreibervertrag). Lit.: zum Recht des elektronischen Zahlungsverkehrs: Bunte/Zahrte, AGB-Banken, AGB-Sparkassen, Sonderbedingungen, 5. Aufl. 2019, Sonderbedingungen für die SparkassenCard (Debitkarte) (4 SB Debitkarte), Sonderbedingungen für das Online-Banking (4 SB Online); KMFS/Werner Rn. 4.621 ff. (kartengesteuerte Zahlungssysteme); Neumann/Bock 2004 (Internet); Harbeke ZIP 2005, 250, Kartengesteuerter Zahlungsverkehr, Bankrechtstag 1998, 37 (97,

(7) BankGesch F20–F25

157); Hofmann WM 2005, 441; Schinkels WM 2006, 841; Wand ZIP 1996, 214; Nobbe WM Sonderbeil. 1/2012, 3; Zahrte BKR 2019, 484.

F20 B. **Rechtliche Qualifikation:** Soweit die Bank die Nutzung der automatisierten Zahlungssysteme mittels der (Bankkunden-)Karte ermöglicht (Online-Banking, → Rn. F29), so idR kraft Zusatzabrede zum Girovertrag, liegt wie allgemein bei diesem ein **Geschäftsbesorgungsvertrag** vor (→ Rn. F3). Wertpapiercharakter der Karte ist str. (→ Rn. F3), aber praktisch kaum relevant.

F21 C. **Rechte und Pflichten des Karteninhabers und der Bank:** Neben den allgemeinen Regeln für die Ausgabe und Nutzung der Karte (Bedingungen → Rn. F2), die auch hier gelten, können **besondere Regeln** für einzelne Nutzungsarten gelten, hier für den Geldautomaten-Service und das bargeldlose Bezahlen an automatisierten Kassen im electronic-cash- und Maestro-System. Die Bedingungen enthalten Regeln ua für den Verfügungsrahmen der Karte (→ Rn. F5), den Einzug der Karte bei Fehleingabe (→ Rn. F22) und die Zahlungsverpflichtung der Bank.

F22 **Sperre, Einziehung der Karte:** s. § 675k II BGB (→ Rn. F6). Die Kreditinstitute lehnten in ec-Bedingungen 1989 Nr. 7 II eine Pflicht zur Aufrechterhaltung der **Funktionsfähigkeit** des Geldautomaten- und des POS-Systems ab, Verstoß gegen **(5)** §§ 307, 309 Nr. 8 BGB war str., verneinend Canaris Rn. 572i, Grund: kein Verzug, da herkömmliche Auszahlung offensteht; kein Ersatz von Mangelfolgeschäden (Effizienzgedanke), (Staub/)Grundmann 2020 Teil 3 Rn. 240, jedenfalls bei Wartung und Berücksichtigung der technischen Entwicklung, nach aA aber Gewähr wie bei der Sperre (→ Rn. F6) zu bejahen, arg. aus § 675z S. 3, Ellenberger/Bunte Bankrechts-HdB/Maihold § 32 Rn. 55. Die Bank hat danach auch die Pflicht, die Funktionsfähigkeit des Gesamtsystems aufrechtzuerhalten, aber nicht jeder Automat bzw. Terminal muss jederzeit betriebsbereit sein, so BHCasper Rn. 708. Sperre bei **dreimaliger Fehleingabe der Geheimzahl** (Bedingungen A III 3.2 → Rn. F2) ist zulässig (→ Rn. F6). Diskriminierung durch **Zugangsbeschränkung** zu Geldautomaten konkurrierender Banken, OLG München BKR 2010, 341.

F23 D. **Zahlungsverpflichtung der Bank gegenüber den Betreibern: a) Rechtsnatur:** Die Bank hat eine Zahlungsverpflichtung gegenüber Betreibern von Geldautomaten und automatisierten Kassen für Beträge, über die unter Verwendung der an den Karteninhaber ausgegebenen Karte verfügt worden ist. Rechtlich handelt es sich dabei um die Begründung eines von Einwendungen aus dem Grundgeschäft unabhängigen **abstrakten Schuldversprechens** (wie für GeldKarte und Kreditkarte, → Rn. F17, F53), aA Zahlungsgarantie ua (→ Rn. F53), aber die Bedingungen A III 1.3 (→ Rn. F2) sprechen hier von „Zahlungsverpflichtung" (nicht Garantie), und die Konstruktion sollte für die einheitliche Karte (Bankkunden-Karte, GeldKarte, Kreditkarte) nicht ohne Grund unterschiedlich sein. Die Bank ist gegenüber den Betreibern auch bei Verlust der Karte durch den Karteninhaber zahlungspflichtig. Das folgt ohne Weiteres aus dem abstrakten Schuldversprechen, das die Bank bei Einsatz der Karte, auch durch einen durch sie als legitimiert geltenden Dritten, abgibt. Kraftloserklärung der abhanden gekommenen Karte entspr. § 176 BGB, kein Aufgebotsverfahren analog Art. 59 ScheckG (Karte verbrieft keine Rechte).

F24 Der Einwand des **Rechtsmissbrauchs** gegen den Betreiber spielt bei der Verwendung der Karte bei automatisierten Kassen zwar nicht dieselbe Rolle wie bei der früheren ec-Karte, ist aber auch hier nicht ausgeschlossen. Bei funktionsgerechter Verwendung (→ Rn. F21) schadet dem Betreiber nur Kenntnis, dass der Karteninhaber die Karte mangels Deckung nicht zur Zahlung benutzen durfte (§ 242 BGB), vgl. BGHZ 122, 156 (ec-Karte), näher → Rn. F54.

F25 E. **Haftung bei missbräuchlicher Nutzung der Karte:** → Rn. F12.

F. POZ; Elektronisches Lastschriftverfahren: Beim **POZ**-System (Point of **F26** Sale ohne Zahlungsgarantie, zum 31.12.2006 eingestellt) war bargeldloses Bezahlen an automatisierten Kassen möglich, und zwar mittels Lastschrift, aber ohne Zahlungsgarantie der Bank, KMFS/Werner Rn. 4.735 ff. Rechtsfragen des **Elektronischen Lastschriftverfahrens (ELV)** bei BHCasper Rn. 760 ff. **Muster:** Hopt/Merkt VertrFormB/Werner Form IV. F.7 (Bedingungen über das Online-Banking). Lit.: Ellenberger/Bunte Bankrechts-HdB/Koch § 43 I–V; MüKo-HGB/Haertlein E Rn. 236 ff.; (Staub/)Grundmann 2020 Teil 3 Rn. 156 ff., 236; BHCasper Rn. 760.; Brockmeier 1991; Reiser WM Sonderbeil. 3/1989; Harbeke WM Beil. 1/1994; ZIP 2005, 250; Wand ZIP 1996, 219; Göbel, Recht der Zahlungsdienste 2021, 27 (kartenbasiertes Mobile POS Payment).

G. E-Geld-Geschäft, Online-Banking: a) E-Geld-Geschäft: Das E-Geld- **F27** geschäft ist die Ausgabe von elektronischem Geld (§ 1 II 2, 3 ZAG; bis 2011 Bankgeschäft nach § 1 I 2 Nr. 11 KWG, mit UmsetzG 2. E-Geld-Richtlinie v. 1.3.2011 BGBl. I 288 nur noch im ZAG geregelt). Definition von E-Geld (für Aufsichtszwecke) in § 1 II 3 ZAG. E-Geld-Emittenten s. § 1 II ZAG, Erlaubnispflicht (§ 11 ZAG, BaFin). Anders als früher ist die Verwaltung von E-Geld im Gegensatz zur Ausgabe kein E-Geld-Geschäft mehr. Das E-Geld wird vom Benutzer auf der **GeldKarte** (→ Rn. F13) oder auf PC gespeichert (zB **Netzgeld**) und einmalig oder mehrfach verwendet, entweder durch Einsatz der GeldKarte oder zur Abwicklung von Fernzahlungen zwischen den beteiligten Rechnern (Substitution des herkömmlichen bargellosen Zahlungsverkehrs). Die Zahlungen erfolgen idR wie mit Bargeld anonym. Zur Benutzung von Konten kommt es nur beim Aufladen und ggf. beim späteren Einzahlen auf Konto.

Auf den Vertrag über die Ausgabe und Nutzung von elektronischem Geld sind **F28** die §§ **675c–676c BGB** anwendbar (§ 675c II BGB, → Rn. C10), **aber** Einschränkungen und Abbedingungen, wenn ein Kleinbetragsinstrument wie die Geldkarte (→ Rn. F13) vorliegt (**§ 675i II, III BGB**). Das Vorschussverbot des § 675t III BGB greift bei der Geldkarte nicht (→ Rn. F1). Auch der Einsatz von E-Geld ist ein Zahlungsvorgang nach § 675f IV 1 BGB, also nicht Abtretung nach § 398 BGB. Jederzeitige Rücktauschbarkeit von elektronischem Geld (§ 22p KWG). Lit.: Ellenberger/Bunte Bankrechts-HdB/Terlau § 35 (Elektronisches Geld, virtuelle Währungen, bitcoins, ether coins u. a.); MüKoBGB/Casper § 675c Rn. 28 ff.; Grüneberg/Sprau § 675f Rn. 62 ff.; Freitag AcP 213 (2013), 156; Omlor ZIP 2017, 1837.

b) Online-Banking, PayPal, paydirect: Beim Online-Banking (auch als **F29** Electronic Banking, Internetbanking, Homebanking, Direktbankgeschäft bezeichnet) kann der Kunde elektronisch Informationen über sein Konto abrufen und Geschäfte über dieses abwickeln. Das Online-Banking beruht auf einem Interbankenabkommen (Homebanking-Abkommen 1.10.1997). Das Online-Banking ersetzte das ausgelaufene Btx (30. Aufl.). Abwicklung nach den AGB Banken SB Online-Banking und Bedingungen für das Online-Banking (Sparkassen), MüKoHGB/Linardatos K Rn. 15 ff. Wichtige Systemelemente sind eine persönliche geheime Identifikationsnummer **(PIN)**, eine nur für einen einzigen Zahlungsvorgang gültige Transaktionsnummer **(TAN)** und Sperrvorkehrungen, über deren Gefahren bei Nichtgeheimhaltung die Bank den teilnehmenden Kunden aufklären muss, sonst Schadensersatzpflicht wegen Pflichtverletzung (§ 280 BGB). Zur **starken Kundenauthentifizierung** (→ Rn. C7, C35, C63), aufsichtsrechtlich vorgeschrieben, nunmehr in den Bedingungen, Zahrte BKR 2019, 488. **PayPal** ist ein Instrument des Zahlungsverkehrs mit einem person-to-person-Bezahlsystem über Internet, dazu ein eigenes umfangreiches Regelwerk, näher KMFS/Werner Rn. 4.972 ff.; **paydirect** ist ein spezielles Online-Bezahlverfahren, bei dem ohne Zwischenschaltung eines Drittanbieters direkt das Teilnehmerkonto belastet werden kann, KMFS/Werner Rn. 4.990 ff. Lit.: Ellenberger/Bunte Bankrechts-HdB/Maihold § 33; MüKoHGB/Linardatos 4. Aufl. Bd. 6 2019 Bankvertragsrecht (K Online-Banking); LBS/Herresthal 3. Kap. Online-Banking; KMFS/Werner Rn. 4.553 ff.; van Gelder, Gössmann/Bredenkamp FS Nobbe, 2009, 55 (93) (Phishing); Spindler FS Nobbe, 2009, 215. **Muster:** Hopt/Merkt VertrFormB/Werner Form IV. F.7 (Bedingungen für das Online-Banking); BZ/Zahrte 4 Sonderbedingungen für das Online-Banking; Zahrte BKR 2019, 488.

F30 Teilnahme am Online-Banking setzt idR Nebenabrede zum Girovertrag voraus (**Online-Vertrag**), Ellenberger/Bunte Bankrechts-HdB/Maihold § 33 Rn. 90 ff. Anspruch auf **Zulassung** besteht nicht, OLG Frankfurt a. M. WM 2015, 1711, str. (kein neutrales Geschäft, → Rn. A6). Online-Zugriff ist mangels zeitlicher Beschränkung grundsätzlich jederzeit möglich. Aufrechterhaltung der Funktionsfähigkeit → Rn. F22; Klausel über Nichthaftung der Bank bei grob fahrlässiger, zeitweiliger Zugangsunterbrechung verstößt auch gegen **(5)** § 309 Nr. 7b BGB, BGHZ 146, 138. **Zugangssperre** bei Falscheingabe dreimal hintereinander, bei (begründetem) Verdacht missbräuchlicher Nutzung und auf Wunsch des Kontoinhabers ist nach AGBKontrolle nicht zu beanstanden (wie → Rn. F6, F22). **Finanzielle Nutzungsgrenzen** setzt das Kontoguthaben bzw. ein dem Kunden vorher für das Konto eingeräumter Kredit (wie → Rn. F5).
Missbrauchsrisiko und Haftung: → Rn. F12. Haftung bei kriminellem Besorgen von PIN und TAN (**Phishing,** bei Vishing V für voice, **Skimming** mit Lesegerät; **Pharming** mit Manipulation der Internetadresse, BGH WM 2012, 986), LG Köln WM 2008, 354, BGHSt ZIP 2010, 2440, WM 2014, 507, BGH WM 2012, 983, Bender WM 2008, 2051. Zu den verschiedenen Angriffsformen LBS/Herresthal 3. Kap. Vorb. Rn. 2 ff. Warnpflicht der Bank gegenüber ihren Kunden beim Girogeschäft (Massengeschäft) nur unter ganz besonderen Voraussetzungen → Rn. A24.

F31 c) **Virtuelle Währungen, bitcoins, blockchain und distributed ledger:** Zu den Rechtstatsachen und den Fragen der rechtlichen Einordnung Ellenberger/Bunte Bankrechts-HdB/Terlau § 35 Rn. 175 ff. Dabei stellen sich Fragen zur Ausgabe von virtuellen Währungen, zu virtuellen Währungen als Zahlungsmittel im Sinn des Zivilrechts und zum Handel mit diesen als Finanzinstrumente und als Gegenstand des Bankaufsichtsrechts. Dazu bestehen noch viele Unsicherheiten. Lit.: Ellenberger/Bunte Bankrechts-HdB/Terlau § 35 Rn. 178 ff.; Möslein/Omlor, FinTech-Hdb, 2. Aufl. 2021, §§ 34 VI, 5 ff., 6 IV; Spindler/Bille WM 2014, 1357 (virtuelle Währung); Beck NJW 2015, 580 (Geld im Rechtssinn); Klöhn/Parhofer/Resas ZBB 2018, 89; Herz EuZW 2019, 63.

5) Kreditkarte

Schrifttum

a) **Kommentare und Handbücher:** Außer dem allgemeinen Schrifttum (s vor F1 und Einl vor A1) Ellenberger/Bunte Bankrechts-HdB/*Omlor* § 42; LBS *(Langenbucher/Bliesener/Spindler)/Jungmann* 3. Aufl. 2020, 6. Kap. Kreditkarte; Baumbach/Hefermehl/*Casper* 24. Aufl. 2020 Recht des Zahlungsverkehrs Rn. 781 ff.; KMFS/*Werner* Rn. 4.801 ff.; MüKoHGB/*Linardatos* G Rn. 1 ff.; WLP *(Wolf/Lindacher/Pfeiffer)/Pamp* AGB-Recht 7. Aufl 2020 Kreditkartenvertrag K 71 ff.

b) **Sonstige Beiträge:** *Freitag* ZBB 2002, 322 (Missbrauch); *Meder* WM 2002, 1993 (Mail-Order-Verfahren); *Langenbucher* BKR 2002, 119 (Missbrauch, Distanzgeschäft); *Hofmann* ZBB 2004, 405 (BGH Mailorder); *Körber* WM 2004, 563 (Risikoverteilung); *Jungmann* WM 2005, 1351 (Missbrauch, E-Commerce); *Bitter* ZBB 2007, 237 (Entgelte); *Joeres* FS Nobbe, 2009, 119 (Missbrauch bei Fernabsatz); *Casper/Pfeifle* WM 2010, 1773 (Missbrauch); *Heese* AcP 210 (2010) 251 (Risikozuweisung); *Oechsler* WM 2016, 537 (EC); *Herresthal* ZBB 2019, 353 (Haftung des Acquirers, Missbrauch); *Jungmann* ZBB 2020, 1 (Missbrauch, § 675v IV BGB); *Omlor* FS Martinek 2020, 569 (Kreditkartenvertrag).

V. Bankgeschäfte F32 **BankGesch (7)**

Muster: *Hopt/Merkt/Werner* Vertrags- und Formularbuch zum Hdl-, Ges- und Bankrecht 5. Aufl. 2022 Form IV. F.3 (Kreditkarte, Bedingungen für die MasterCard). **RsprÜbersicht:** *Nobbe,* WM Sonderbeil 2/2012, 1 (Kartenzahlung).

A. **Rechtliche Qualifikation: a) Kreditkartengeschäft:** Kreditkarten kommen in verschiedenen Formen vor. Bei einer von einem Verkäufer ausgegebenen Kreditkarte (**Kundenkreditkarte,** Spezialkreditkarte) liegt ein Rahmenvertrag vor, der den Karteninhaber zum Kreditkauf (Stundung der künftig zu begründenden Kaufpreisforderungen) berechtigt, BGHZ 114, 241. Das ist eine bloße Zweipersonenbeziehung; bei der kein Zahlungsauftrag ausgelöst wird (kein Zahlungsdienst, § 2 I Nr. 10 ZAG); die Kundenkreditkarte ist auch kein Zahlungsinstrument iSv § 1 XX ZAG, MüKoHGB/Linardatos G Rn. 20. Das ist anders bei den klassischen Kreditkarten (**Universalkreditkarte).** Diese werden von einem eigenen Kreditkartenunternehmen (**Kreditkartenemittenten,** zB Eurocard GmbH, American Express, Visa, Mastercard ua) ausgegeben. Diese können die Banken zur Ausgabe ihrer Kreditkarten lizenzieren (Interchange, Co-Branding), dann Lizenz- und Abrechnungsverhältnis (§ 675 I BGB, Schiedsklauseln), Staudinger/Omlor § 675f Rn. 76. Der Karteninhaber kann bei den dem System angeschlossenen Vertragsunternehmen (Hotels, Fluggesellschaften, Händler ua) Waren und Dienstleistungen **bargeldlos bezahlen.** Das Kreditkartenunternehmen verspricht, die so entstandenen fälligen Forderungen der Vertragsunternehmen gegen den Karteninhaber dem Vertragsunternehmen zu bezahlen, und fordert dafür ein Entgelt und Aufwendungsersatz beim Karteninhaber. Die Ausgabe oder Verwaltung von Kreditkarten ist kein Bankgeschäft nach § 1 I 2 KWG und seit 2009 auch keine Finanzdienstleistung nach § 1 Ia 2 Nr. 8 aF KWG (Text → Rn. A4) mehr, es liegt vielmehr eine Ausführung von Zahlungsvorgängen mittels einer Zahlungskarte oder eines ähnlichen Zahlungsinstruments (Zahlungskartengeschäft) vor, also ein Zahlungsdienst iSv § 1 I 2 Nr. 3b ZAG 2017, → Rn. A4) mit der Folge der **Anwendbarkeit der §§ 675c–676c BGB,** → Rn. C9 ff.; anders bei GeldKarte (Bankgeschäft und Kreditinstitut, → Rn. F13). Diese grundsätzliche **Bargeldersatzfunktion der Kreditkarte** ist für Einordnung und Auslegung zentral, BGH NJW 2002, 2234; WM 2014, 2259 Rn. 13 f.; Nobbe FS Hadding, 2004, 1011, Oechsler WM 2010, 1385; Staudinger/Omlor § 675f Rn. 75; MüKoHGB/Casper § 675f Rn. 117; zurückhaltend LBS/Jungmann 6. Vorb. Rn. 67 ff.; aA Langenbucher BKR 2002, 121; Heese AcP 210 (2010) 288; aA für das Distanzgeschäft Herresthal ZBB 2019, 364. Zu den Unterschieden des Karteneinsatzes im **Präsenz- und im Distanzgeschäft** LBS/Jungmann 6. Kap. Vorb. Rn. 56 f. Unterzeichnung und Übergabe des Belegs entsprechen der Geldübergabe bei Barzahlung, Bargeldersatzfunktion auch im Distanzgeschäft (Mailorderverfahren), bei dem das Vertragsunternehmen dem Kreditkartenunternehmen nur relevante Informationen aus der Kreditkarte (Kartennummer, Verfallsdatum und Prüfzahl) mitteilt, BGHZ 157, 263, WM 2005, 1601 (→ Rn. 55), zum Mailorderverfahren Oechsler WM 2010, 1361. Zweifel an der Bargeldersatzfunktion bei Casper/Pfeifle WM 2009, 2344 wegen § 675f V BGB (→ Rn. F57). Kreditkarten bieten heute **zusätzlich** zur Möglichkeit bargeldloser Bezahlung einen **Bargeldservice** zur Abhebung an Automaten, bei angeschlossenen Kreditinstituten oder elektronischen Kassen aus und sind insoweit wie Zahlungskarten (persönliche Geheimzahl PIN; Kreditkarten-Verfügungsrahmen bzw. finanzielle Nutzungsgrenze) ausgestaltet. Je nach Erstattungsweise ist zu unterscheiden: Bei der **Debit Card** Erstattung unmittelbar nach Einsatz der Kreditkarte, BGH NJW-RR 2015, 178 Rn. 13, also ohne Kreditierung; bei der normalen **Kreditkarte** (Charge Card) wird idR monatlich abgerechnet (mit der Sammelabrechnung verbundener Zahlungsaufschub), BGH WM 2014, 2259 Rn. 13); bei den **Kreditkarten mit Rahmenkreditabrede** (Credit Cards) wird dem Karteninhaber, idR ein Unternehmen, ein Rahmenkredit eingeräumt; LBS/Jungmann

(7) BankGesch F33, F34

6. Kap. Vorb. Rn. 35. Bei den beiden ersten Formen liegt idR kein Verbraucherdarlehensvertrag (§§ 491 ff. BGB) vor, anders bei Rahmenkreditabrede, LBS/Jungmann 6. Kap. Vorb. Rn. 37 f. **Muster:** Hopt/Merkt VertrFormB/Werner Form IV. F.3 (Kreditkarte, Bedingungen für die MasterCard), auch in WM 1991, 1937.

F33 b) **Drei, vier oder mehr Vertragsverhältnisse beim Kreditkartengeschäft:** Während bei der Kundenkreditkarte (→ Rn. F32) nur eine Vertragsbeziehung zwischen Verkäufer und Käufer vorliegt, sind bei der Universalkreditkarte und dem Zahlungskartengeschäft (→ Rn. F32) in der Grundkonstellation drei, BGH WM 2014, 2259 Rn. 11, regelmäßig aber vier oder mehr Vertragsverhältnisse zu unterscheiden, ausführlich mit Skizzen MüKoHGB/Linardatos G Rn. 16 ff:

(1) Die Zahlung mit der Kreditkarte dient der Erfüllung im Verhältnis zwischen Käufer bzw. Kunde und Verkäufer bzw. Unternehmer **(Valutaverhältnis),** → Rn. F65.

(2) Das Verhältnis zwischen dem Kreditkarteninhaber und dem die Kreditkarte ausgebenden Kreditkartenunternehmen **(Deckungsverhältnis),** es ist durch den Kreditkarten- oder **Emissionsvertrag** ausgestaltet (→ Rn. F35).

(3) Das Verhältnis zwischen dem Verkäufer bzw. Unternehmer und dem Kreditkartenunternehmen, das die Kreditkarte entweder selbst ausgegeben hat oder das vom Kartenausgeber lizenziert ist **(Vollzugsverhältnis,** auch Zuwendungs-, Inkasso- oder Ausführungsverhältnis), es ist durch den **Akquisitionsvertrag** geregelt, auf Grund dessen das Vertragsunternehmen die Kreditkarte als Zahlungsmittel annimmt und vom Kreditkartenunternehmen die Bezahlung erhält, → Rn. F52.

(4) Bei **viergliedrigen** Beziehungen schaltet das Kreditkartenunternehmen Kreditinstitute **(Interbankverhältnis)** oder die Unternehmen selbst zur Abwicklung des Zahlungsverkehrs ein (Lizenz), BGH WM 2014, 2259 Rn. 12, und konzentriert sich auf das Akquisitionsgeschäft **(Co-Branding),** EuGH WM 2018, 314 (321) – Amex; Jungmann WM 2005, 1353; Ellenberger/Bunte Bankrechts-HdB/Omlor § 42 Rn. 5. Das Verhältnis zwischen dem Kartenausgeber und dem lizenzierten Kreditkartenunternehmen wird als **Clearingverhältnis** bezeichnet. Bei **fünfgliedrigen** Beziehungen lizenziert das Kartenunternehmen den **Akquirer,** der dann Vertragspartner der Vertragsunternehmens wird (Akquisitionsvertrag, → Rn. F52), dazu und zum Clearingverhältnis zwischen Akquirer und Kartenunternehmen, Herresthal ZBB 2019, 353, 357. Auch der Akquirer ist seit 2018 **Zahlungsdienstleister** (Finanztransfergeschäft, § 1 I 2 Nr. 6 ZAG). Das Rechtsverhältnis zwischen dem Kreditkartenunternehmen und den weiteren eingeschalteten Unternehmen entspricht funktional dem Interbankenverhältnis bei der Überweisung (→ Rn. C83). Zum Akquisitionsvertrag (Händlervertrag) zwischen dem vom Kreditkartenunternehmen lizensierten Akquirer und dem Vertragsunternehmen Herresthal ZBB 2019, 359 ff. Zur Einschaltung von **Processing-Unternehmen** durch den Akquirer zur periodischen Abrechnung, Herresthal ZBB 2019, 356. Auf dem Empfängerseite ist nicht selten noch die **Bank des Empfängers** eingeschaltet.

(5) In der Praxis kommen auch **vielgliedrige** Beziehungen vor, möglich bei Co-Branding, aber auch ohne dieses, etwa bei Mastercard und VISA, dort typischerweise **sogar sechs Parteien:** Kontoinhaber, Händler, Kreditkartenunternehmen, Akquirer und die kontoführenden Zahlungsdienstleister von Karteninhaber und Händler, Staudinger/Omlor § 675f Rn. 76.

F34 c) **Bedingungen für das Kreditkartengeschäft:** Die großen internationalen Kreditkartenorganisationen setzten weltweit einheitliche Verfahrensregeln fest, darin u. a. Rückbelastungsgründe und -abwicklung. Die Bedingungen für Kreditkartenzahlung (VISA-Card der Bank of America und Mastercard eines europäischen Bankenverbundes, kleiner: American Express und Diners Club, (Staub/) Grundmann 2020 Teil 3 Rn. 58) sind unterschiedlicher als die Überweisungsbedingungen (→ Rn. C24) oder die verschiedenen Lastschriftbedingungen (→ Rn. D13). Das hat Unübersichtlichkeit zur Folge und eine wachsende Zahl von Urteilen zur **AGB-Kontrolle.** Ein gesetzliches Leitbild des Kreditkartenvertrags, auf das die Inhaltskontrolle nach **(5)** §§ 307 ff. BGB zurückgreifen könnte, gibt es nicht, BGHZ 114, 241; 137, 30, immerhin jetzt §§ **675u–676c BGB** über Haftung im Zusammenhang mit Zahlungsvorgängen (→ Rn. F46). Gebühren s. BGHZ 125, 343. AGB über Missbrauchsrisikoüberwälzung → Rn. F49, über Pflichten → Rn. F40. Allgemein zu KreditkartenAGB unter **(5)** §§ 307 ff. BGB s. UBH/Fuchs/Zimmermann (28) Kreditkarten-AGB Rn. 1 ff.; WLP/Pamp Kreditkartenvertrag K 71 ff. Die Abstimmung der Interbankenentgelte (Multilateral Interchange Fees, MIF) ist wettbewerbsbeschränkend, EuGH WM 2012, 1271. **Muster:** Eurocard-Kundenbedingungen WM 1991, 1937; Hopt/Merkt VertrFormB/Werner Form IV. F.3 (Kreditkarte, Bedingungen für die MasterCard).

B. **Das Rechtsverhältnis zwischen dem Kreditkarteninhaber und dem Kreditkartenunternehmen (Deckungsverhältnis): a) Kreditkarten- oder Emissionsvertrag:** In diesem Rechtsverhältnis (Deckungsverhältnis) liegt ein Geschäftsbesorgungsvertrag vor, BGHZ 152, 78, und zwar Dauerschuldverhältnis mit Werkvertragscharakter **(§§ 675 I, 631 BGB),** hL, Staudinger/Omlor § 675f Rn. 78, wohl auch BGHZ 152, 78. Grund: jeweilige Einlösungszusage steht im Vordergrund; nach aA § 611 BGB, OLG Frankfurt a. M. ZIP 1993, 666, oder gemischttypisch, Herresthal ZBB 2019, 356; anders Bankkunden-Karte → Rn. F3), offen BGHZ 125, 350. Der Kreditkartenvertrag ist ein eigenständiger **Zahlungsdiensterahmenvertrag** (§ 675f II 1 BGB, → Rn. C27), BGHZ 91, 223; BGH WM 2014, 2259 Rn. 11, MüKoHGB/Linardatos G Rn. 21; MüKoBGB/Casper § 675f Rn. 118. Hauptleistungspflicht des Karteninhabers ist die Zahlung der Jahresgebühr (Kreditkartenentgelt iSv § 675f V 1 BGB (→ Rn. F44); hinzu kommt der Aufwendungsersatz für die Zahlungen mit der Kreditkarte (→ Rn. F41); Hauptpflicht des Kreditkartenunternehmens ist die Ausführung der Zahlungsaufträge (→ Rn. F37). Für die Einbeziehung der AGB des Kreditkartenunternehmens in den Vertrag gilt **(5)** § 305 II BGB ohne Erleichterung, bloßes Angebot der Zusendung auf Anfordern genügt nicht. Der vom Karteninhaber unterschriebene Belastungsbeleg ist Weisung iSv §§ 675 I, 665 BGB (→ Rn. F37), BGHZ 91, 224; 152, 75, nach aA Anweisung (§ 783 BGB), Herresthal ZBB 2019, 356, nicht ohne Weiteres Schuldanerkenntnis gegenüber dem Vertragsunternehmen, str. Der Meinungsstreit spielt aber wegen des darin liegenden Zahlungsauftrags (→ Rn. F37) praktisch keine Rolle mehr, MüKoHGB/Casper § 675f Rn. 119.

Der **Abschluss** erfolgt nicht schon mit Eingang des unterschriebenen Antragsformulars beim Kreditkartenunternehmen, sondern erst mit konkludenter Annahme des Schreibens des Kreditkartenunternehmens nebst AGB (§ 151 S. 1 BGB), Ellenberger/Bunte Bankrechts-HdB/Omlor § 42 Rn. 9. AGB-rechtliche Anforderungen s. WLP/Pamp Kreditkartenvertrag K 72. Für Schweigen auf **Änderungsangebot** gilt § 675g BGB (→ Rn. C31). Der Kreditkartenvertrag endet nicht schon mit Ablauf des Gültigkeitsdatums der ausgegebenen Karte, BGH NJW 2006, 430 (für ec-Karte). Der Kreditkarteninhaber kann den Kreditkartenvertrag mit der vertraglich vereinbarten Kündigungsfrist (nicht mehr als ein Monat) kündigen (§ 675h I BGB). Das Kartenunternehmen kann **ordentlich** nur mit mindestens zwei Monaten Kündigungsfrist (OLG Frankfurt a. M. ZIP 1993, 665 noch sechs Wochen) **kündigen** und nur in der Form von Art. 248 §§ 2 und 3 EGBGB, dann anteilige Entgelterstattung (§ 675h II, III BGB, → Rn. C32). Klausel über Recht des Kartenunternehmens zur jederzeitigen fristlosen

(7) BankGesch F37–F39

Kündigung ohne wichtigen Grund war schon bisher unwirksam, BGHZ 125, 343, OLG Frankfurt a. M. ZIP 1993, 665, hL, Grund: Bargeldersatzfunktion der Kreditkarte, Schadensersatz wegen Kündigung zur Unzeit nach § 671 II 1 BGB reicht nicht aus, WLP/Pamp Kreditkartenvertrag K 107. **Kündigung aus wichtigem Grund** bleibt durch § 675h BGB unberührt, MüKoHGB/Linardatos G Rn. 172 (→ Rn. C32). Recht zur fristlosen Kündigung aus wichtigem Grund besteht schon nach Gesetz, die AGB können dafür aber Beispiele geben, was letztlich zwar nicht bindet, aber wirksam sein kann (wie → **(8)** AGB-Banken Nr. 19 Rn. 5).

F37 **b) Weisung und Autorisierung:** Der Kreditkartenkunde kann auf Grund des Kreditkartenvertrags **Weisung** an das Kreditkartenunternehmen zu zahlen erteilen (§§ 675 I, 675c I, 665 BGB). Dabei handelt es sich um einen **Zahlungsauftrag** (§ 675f IV 2 BGB, Anweisung iwS, → Rn. C33), MüKoHGB/Linardatos G Rn. 40. Die Weisung des Kreditkarteninhabers an das Kreditkartenunternehmen ist der beim Vertragsunternehmen unterzeichnete **Beleg,** den das Vertragsunternehmen beim Kreditkartenunternehmen (Bote; vgl. Lastschrift → Rn. D17) einreicht. Weisung ist aber auch **beleglos** möglich, zB bei telefonischem oder Fax-Einsatz der Kreditkarte beim Vertragsunternehmen (**Distanzgeschäft,** Mailorderverfahren, auch → Rn. F55), vgl. BGHZ 150, 286. Die Weisung enthält als Einwilligung zugleich die **Autorisierung** des Zahlungsvorgangs nach § 675j BGB (→ Rn. C35), MüKoHGB/Linardatos G Rn. 40. Die Karte wird dabei als Zahlungsinstrument benutzt (→ Rn. C8). Für die Unwirksamkeit der Autorisierung gelten die allgemeinen Regeln (→ Rn. C34, dort auch zu Minderjährigen). Die Art und Weise der Autorisierung können zwischen Zahlungsdienstleister und Nutzer vereinbart werden (§ 675j I 3, 4 BGB, → Rn. C35). Zur Autorisierung und Authentifizierung im Präsenzverfahren und im Distanzgeschäft MüKoHGB/Linardatos G Rn. 22 ff.; MüKoBGB/Jungmann § 675j Rn. 59 ff.

F38 **c) Widerruf der Weisung:** Die Weisung (idR durch unterzeichneten Beleg) ist **unwiderruflich,** sobald der Zahler die Zustimmung zur Ausführung des Zahlungsvorgangs an den Zahlungsempfänger übermittelt hat (§ 675p II 1 BGB, → Rn. C40), MüKoBGB/Jungmann § 675p BGB Rn. 13, Einsele § 6 Rn. 240 f., so schon früher (2002) BGHZ 152, 75, Grund: mit Unterzeichnung und Übergabe an das Vertragsunternehmen entsteht ein irreversibler Zahlungsanspruch des Vertragsunternehmens gegenüber dem Kartenunternehmen (§ 780 BGB, → Rn. F53); frühere andere Konstruktionen, zB entspr. § 790 BGB, Canaris Rn. 1634, sind überholt, auf die Begründung aus dem Vertragsverhältnis kann es nicht mehr ankommen. Damit scheidet zugleich auch ein Einwendungsdurchgriff nach § 358 BGB aus (→ Rn. F41). Ob die Weisung beleghaft oder beleglos erteilt wird, spielt nach § 675p II 1 BGB keine Rolle, noch üL, Nobbe WM 2011, 967; BeckOGK/Zahrte § 675p BGB Rn. 39; MüKoBGB/Jungmann § 675p Rn. 24; aber für Widerrufsmöglichkeit, wenn im Distanzgeschäft noch keine irreversible Vermögensdisposition erfolgt ist, MüKoHGB/Linardatos G Rn. 64 f.; auch schon Bitter WM 2010, 1774 (entspr. Lastschrift). Ein Widerruf nach Übermittlung kann zwar vereinbart werden, ist aber im Falle von § 675p II BGB nur mit Zustimmung des Zahlungsempfängers möglich, dafür kann dem ein Entgelt vereinbart werden (§ 675p IV BGB). Für Widerrufmöglichkeit trotz § 676p II 1 BGB allenfalls in engen Ausnahmefällen (§ 242 BGB), zB Betrug, Ellenberger/Bunte Bankrechts-HdB/Omlor § 42 Rn. 35, 37, dogmatisch eher Pflicht aus dem Kreditkartenvertrag, dem ausnahmsweise bestehenden Einwand aus § 242 BGB im Vollzugsverhältnis (→ Rn. F54) geltend zu machen. Das Verbraucherwiderrufsrecht (§ 312g BGB) bleibt von § 675p BGB unberührt, MüKoHGB/Linardatos G Rn. 70.

F39 **d) Autorisierte Zahlungen ohne Betragsangabe (§ 675x BGB):** Kreditkartenverfügungen werden in der Praxis oft blanko abgegeben, also ohne Angabe eines genauen Betrags bei der Autorisierung, zB in Hotels, bei Autovermietern oder an Tankautomaten. Wenn dann der Zahlungsbetrag den zu erwartenden Betrag übersteigt (näher § 675x I 1 Nr. 2 BGB), hat der Zahler einen Erstattungsanspruch gegen den Zahlungsdienstleister, den er innerhalb von acht Wochen ab Belastung geltend machen muss (Ausschlussfrist, § 675x I, IV BGB). Einzelheiten → Rn. C70).

e) **Rechte und Pflichten des Kreditkartenunternehmens:** Die Rechte F40 und Pflichten des Kreditkartenunternehmens bestimmen sich in erster Linie nach dem nicht abschließenden **§ 675m BGB**, dies sowohl im Präsenz- als auch im Distanzgeschäft. § 675m BGB für den Zahlungsdienstleister entspricht § 675l BGB für den Zahlungsdienstnutzer, aber für ersteren gelten als professionellen Anbieter höhere Standards, diese müssen jedoch zumutbar und praktisch und technisch umsetzbar sein, MüKoHGB/Linardatos G Rn. 101. Es handelt sich vor allem um Organisations- und Schutzpflichten, etwa zum Rund-um-die-Uhr-Sperrannahmedienst oder zur sicheren Versendung (→ Rn. C37). Die aufsichtsrechtlichen Standards (RTS-Standards, Delegierte VO (EU) 2018/389, 27.11.2017, ABl. L 69, 23) gelten zwar nicht unmittelbar zivilrechtlich, aber strahlen aus, MüKoHGB/Linardatos G Rn. 102 f.; MüKoHGB/Linardatos K Rn. 25 f. zur starken Kundenauthentifizierung. Das Kreditkartenunternehmen muss bei Vorliegen der vertraglich vereinbarten Voraussetzungen dem Karteninhaber die Möglichkeit zur Nutzung der Kreditkarte offenhalten. Möglich bleiben aber die Vereinbarung von **Betragsobergrenzen** (§ 675k I BGB, → Rn. C37, zu unterscheiden vom allgemeineren Verfügungsrahmen, → Rn. F5) und einer **Kreditkartensperre,** letztere allerdings nur in drei besonders aufgeführten Fällen, nämlich Sicherheitsgründe, Missbrauchsverdacht und bei Kreditkarte und Debitkarte mit Kreditgewährung ein wesentlich erhöhtes Kreditrisiko (§ 675k II Nr. 1–3 BGB, näher → Rn. F6). Betragsobergrenzen für die einzelne Transaktion, zB pro Tag, haben kundenschützende Wirkung, Mitverschulden der Bank bei Missachtung **(§ 254 BGB),** BGH WM 2012, 987.

Das Kartenunternehmen kann für die Zahlung vom Karteninhaber **Aufwen-** F41 **dungsersatz** verlangen (§§ 675 I, 675c, 670 BGB und vertragliche Abrede in den AGB), BGHZ 91, 223; 152, 81, bei Zusatzkarte str. (→ Rn. F51). Das gilt auch dann, wenn der Karteninhaber den Kreditkarten-Verfügungsrahmen nicht einhält, also die finanzielle Nutzungsgrenze überschreitet; die Genehmigung einzelner Umsätze bedeutet nicht schon die Gewährung eines Kredits. Der Karteninhaber kann dem Kreditkartenunternehmen, das bezahlt hat, **keine Einwendung** aus seinem Verhältnis zum Vertragsunternehmen entgegenhalten (unwiderruflicher Zahlungsauftrag, → Rn. F38), BGH WM 1990, 1059, OLG Karlsruhe WM 1994, 942 (wirksame Abbedingung von § 404 BGB) MüKoHGB/Jungmann § 675p Rn. 23, sondern hat nur Bereicherungsanspruch gegen dieses im Valutaverhältnis (vgl. → Rn. F65). Keine Einwendung auch bei unerlaubtem Online-Glücksspiel des Karteninhabers, Mü WM 2019, 1301. Aufwendungsersatz aber nur, wenn die Karte oder deren Daten nicht von einem Dritten missbräuchlich verwendet wurden, also nicht mangels Autorisierung (→ Rn. F46). Ist autorisiert, liegen aber im Vollzugsverhältnis die Voraussetzungen für die Einwendung des Rechtsmissbrauchs vor, also offensichtlich und liquide beweisbar (→ Rn. F54), kein Aufwendungsersatz, da Auszahlung nicht im Interesse des Karteninhabers (§ 670 BGB: nicht erforderlich), BGH NJW 2002, 3699, aber streitig wegen Vollharmonisierung (→ Rn. F54). Werden dem Kreditkartenunternehmen erst nachträglich nach der Zahlung Umstände bekannt, die es zur Verweigerung der Zahlung berechtigt hätten (Rechtsmissbrauch, → Rn. F54), kann der Kreditkarteninhaber nicht einwenden, das Kreditkartenunternehmen müsse zuvor Rückforderung beim Vertragsunternehmen (§ 812 BGB, → Rn. F64) ver-

(7) BankGesch F42–F45

suchen (§ 670 BGB, für erforderlich halten durfte), str., zweifelnd BGH NJW 2002, 3700.

F42 Für die **Wertstellung** ist § 675t BGB (→ Rn. C49) zu beachten. Eine Belastung auf dem Zahlungskonto des Zahlers ist so vorzunehmen, dass der Wertstellungsdatum frühestens der Zeitpunkt ist, an dem dieses Zahlungskonto mit dem Zahlungsbetrag belastet wird (§ 675t III BGB).

F43 Die Kreditkartenunternehmen treffen im Kartenvertrag idR Kontokorrentabreden. Die Anerkennung der periodischen Saldomitteilungen führt, wenn ein Kontokorrent vorliegt, zum **Saldoanerkenntnis** als einem **abstrakten Schuldanerkenntnis** nach § 781 BGB, Staudinger/Omlor § 675f Rn. 82 (→ HGB § 355 Rn. 10). An dieses kann sich dann, wenn in den AGB vereinbart, eine Genehmigungsfiktion zB bei sechswöchigem Schweigen wie im Bankverkehr (→ **(10)** AGB-Banken Rn. 7) anschließen. Solche fingierte Erklärungen halten unter **(5)** BGB § 308 Nr. 5 BGB bei angemessener Frist und besonderem Hinweis den Inhaltskontrolle statt, WLP/Pamp Kreditkartenvertrag K 104, aber Ausnahmen für längere Reisen bei Privatpersonen notwendig, Ellenberger/Bunte Bankrechts-HdB/Omlor § 42 Rn. 13. So jedenfalls, wenn mit dem Karteninhaber für das Debitkonto zugleich eine Kreditabrede geschlossen ist (Dispositionskredit), idR kein Kontokorrent, MüKoHGB/Linardatos G Rn. 49, aA OLG Oldenburg WM 1994, 379.

F44 Der Karteninhaber schuldet dem Kreditkartenunternehmen für seine Zahlungsdienste das vereinbarte **Entgelt** (§ 675f V 1 BGB), idR Jahresgebühr mit monatlicher Saldierung (→ Rn. F43). Für die Erfüllung von **Nebenpflichten** Anspruch auf ein Entgelt nur, sofern dies zugelassen und zwischen dem den beiden Parteien vereinbart worden ist; das Entgelt muss angemessen und an den tatsächlichen Kosten des Zahlungsdienstleisters ausgerichtet sein (§ 675f V 2 BGB, → Rn. C50). Informationspflichten über Entgelte folgen aus § 675d iVm Art. 248 EGBGBn (→ Rn. C14), bisher im Wesentlichen nur aus dem AGB-rechtlichen Transparenzgebot. Kein besonderes Entgelt für Auslandseinsatz, BHCasper Rn. 789, aber Entgelt für Ersatzkarte (→ Rn. C52). Zahlreiche weitere **AGB-Fragen** zum Emissionsvertrag, dazu Lit.: WLP/Pamp Kreditkartenvertrag K 72 ff.; UBH/Fuchs/Zimmermann (28) Kreditkarten-AGB Rn. 1 ff.; Grüneberg/Grüneberg § 307 Rn. 109 f.; Barnert WM 2003, 1153, Körber WM 2004, 563, Jungmann WM 2005, 1351.

F45 **f) Rechte und Pflichten des Kreditkarteninhabers:** Im Kartenvertrag wird dem Kunden idR ein **Verfügungsrahmen** eingeräumt, den er nicht überschreiten darf (Betragsobergrenze, § 675k I BGB, → Rn. F40). Vor allem aber ist der Kreditkarteninhaber verpflichtet, unmittelbar **nach Erhalt der Karte alle zumutbaren Vorkehrungen** zu treffen, um die personalisierten Sicherheitsmerkmale vor unbefugtem Zugriff zu schützen und er muss **Diebstahl,** missbräuchliche Verwendung und die sonstige nicht autorisierte Nutzung der Karte **unverzüglich anzeigen,** nachdem er hiervor Kenntnis erlangt hat (§ 675l S. 1, 2 BGB, → Rn. C52). Was zumutbar ist, kann in den AGB näher konkretisiert werden (aber AGB-Kontrolle). Außerdem können **weitere Pflichten** in den Bedingungen für die Ausgabe und Nutzung der Karte vereinbart werden (vgl. § 675v III Nr. 2 lit. b BGB, → Rn. C62), grundsätzlich zulässig, soweit die Bedingungen **sachlich, verhältnismäßig und nicht benachteiligend** sind (§ 675l II BGB); daneben bei AGB Inhaltskontrolle (§§ 307 ff. BGB), Grüneberg/Sprau § 675l Rn. 8 f.; MüKoHGB/Linardatos G Rn. 77 ff. Die AGB enthalten dementsprechend ausführliche Regeln über die **Sorgfalts- und Mitwirkungspflichten des Karteninhabers,** zB unverzügliche Unterschrift, Aufbewahrung mit besonderer Sorgfalt, Trennungspflicht, kein Vermerk der persönlichen Geheimzahl auf der Kreditkarte oder Aufbewahrung beider zusammen, BGHZ 145, 340 (ec-Karte), keine Weitergabe (Einzelfall, uU Vollmachtserteilung iSv § 164 BGB), unverzügliche Verlustmeldung zwecks Sperrung der Kreditkarte; das alles ist bei Inhaltskontrolle nicht zu beanstanden. Die ungesicherte Übermittlung der Kartendaten über das Internet ist zumindest nicht grob fahrlässig, BHCasper Rn. 817. Bei schuldhafter Zuwiderhandlung Schadensersatz wegen Pflichtverletzung (§ 280 BGB), aber nur in den Grenzen und unter den Voraussetzungen von § 675v II BGB. Der Karteninhaber braucht nicht zu sehen, dass Belastungsbeleg vor seinen Augen mit Kreditkarte abgestempelt wird. Überprüfung der Abrechnung durch Karteninhaber erst, aber alsbald nach Rückkehr von (auch längerer) Reise genügt, BGHZ 91, 221. Zum Erfordernis unverzüglicher Benachrichtigung des Kartenunternehmens bei Verlust oder Diebstahl OLG Bamberg NJW 1993, 2819; OLG Frankfurt a. M. NJW-RR 2004, 206. Ausführlich zu den einzelnen Verhaltenspflichten des Karteninhabers MüKoHGB/Linardatos G Rn. 83 ff.; instanzgerichtliche Rspr. und Lit. bei Ellenberger/Bunte Bankrechts-HdB/Maihold § 32 Rn. 162 ff.

g) Mängel der Kreditkartenanweisung, Haftung des Zahlungsdienst- F46
leisters und des Zahlers: Das Kreditkartenunternehmen kann Aufwendungsersatz nur verlangen, wenn der Zahlungsvorgang autorisiert war. **Mangels Autorisierung kein Aufwendungsersatz** und, sofern der Betrag dem Konto des Karteninhabers bereits belastet worden ist, **Wiedergutschrift** ex tunc, wertstellungsneutral (§ 675u BGB, → Rn. C54). Dieser gesetzliche Erstattungsanspruch nach **§ 675u BGB verdrängt** die bisherigen Ansprüche aus **§ 812 BGB** und, soweit gegeben, aus § 667 BGB und auf Kontokorrentberichtigung (→ Rn. C54) und die nach früherer Ansicht angenommene berechtigte Geschäftsführung ohne Auftrag (§§ 677, 683 BGB), MüKoHGB/Linardatos G Rn. 50 f.

Nicht autorisierte Zahlungsvorgänge sind diejenigen, bei denen es an der F47 Zustimmung des Karteninhabers fehlt. Bspe → Rn. C57 für Mängel der Überweisungsanweisung, so **fehlende Weisung** des Kreditkarteninhabers, BGHZ 145, 340 (ec-Karte); ein ausnahmsweise wirksamer Widerruf der Weisung (grundsätzlich unwiderruflich, → Rn. F38); gefälschte oder sonst nichtige Weisung (zB Vertretung ohne Vertretungsmacht, vgl. → Rn. C57). **Nicht:** bei **weisungswidriger Verwendung,** aA LG Karlsruhe NJW-RR 2001, 770, dann nur **§ 675y BGB;** keinesfalls bei bloßen Leistungsstörungen bei der Leistung, für die der Kreditkarteninhaber mit der Karte bezahlt. Das **Fälschungsrisiko** trägt die Bank (→ Rn. C58).

§ 675u BGB schließt **Einwendungen aus § 242 BGB und Einwand des** F48 **Mitverschuldens (§ 254 BGB)** nicht aus, str. (näher → Rn. C59 für die Überweisung). **Sorgfalts- und Mitwirkungspflichten des Kreditkarteninhabers,** s. §§ 675l, 675v III Nr. 2 lit. b BGB und diesbezügliche AGB (→ Rn. F45), sehr str., ob **§ 675v BGB** darüber hinaus sperrt (→ Rn. C60 ff.), vgl. Ellenberger/Bunte Bankrechts-HdB/Omlor § 42 Rn. 42, 42a. Nach § 675v II Nr. 2 BGB, richtlinienkonform ausgelegt, ist der Zahler für Schäden aus der Sphäre des Zahlungsdienstleisters nicht verantwortlich; können gefälschte Leistungsbelege nur von Bediensteten des Vertragsunternehmens gefertigt sein, liegt das Risiko beim Kartenausgeber, BGHZ 91, 226; MüKoHGB/Linardatos G Rn. 136 f. Fallbeispiele für **grobe Fahrlässigkeit** des Karteninhabers (§ 675v III Nr. 2 BGB) bei MüKoHGB/Linardatos G Rn. 140 ff.

Der **Nachweis der Authentifizierung** liegt beim Kreditkartenunternehmen F49 (§ 675w BGB, → Rn. C68), zB Beleg, Benutzung von PIN, aber auch anders, LG Karlsruhe NJW-RR 2001, 770, aA KG WM 1993, 2044, etwa (Zeugenaussage über) telefonische Warenbestellung unter Angabe der Kartennummer. Auch im Übrigen liegt die **Beweislast** für den Aufwendungsersatzanspruch beim Kreditkartenunternehmen. **Anscheinsbeweis,** BGH WM 2011, 924, aber mit besonderen Anforderungen an dessen Ausgestaltung, BGH NJW 2016, 2024 Rn. 23 ff. (online); vgl. einschränkend BGH WM 2012, 164 (Kreditkarte am

(7) BankGesch F50–F52

Geldautomaten) mAnm Schulte am Hülse/Welchering NJW 2012, 1262; danach bleibt Anscheinsbeweis weiterhin möglich, hL (→ Rn. C69 mwN), Nobbe WM 2011, 968, Günther WM 2013, 496, Ellenberger/Bunte Bankrechts-HdB/Omlor § 42 Rn. 46, MüKoHGB/Linardatos G Rn. 164 ff.; wohl auch RegE S. 114, aA Spindler FS Nobbe, 2009, 232; so uU wenn die Waren an den Kunden gesandt und von diesem angenommen wurden und das Vertragsunternehmen generell nur gegen Vorkasse liefert; eher einschränkend Ellenberger/Bunte Bankrechts-HdB/Maihold § 33 Rn. 171 ff., 405 ff. Allerdings laut Zahlungsdiensterichtlinie I Erwägungsgrund 34: Erhöhung der Beweislast für den Verbraucher oder Verringerung derselben für die kartenausgebende Stelle nichtig. Letztentscheidung liegt bei EuGH (→ Rn. C4). Erschütterung des Anscheinsbeweises, Nobbe WM Sonderbeil. 2/2012, 5.

F50 **Missbrauchsrisikoabwälzung** auf den Karteninhaber ist unwirksam, §§ 675u und 675y BGB sind hinsichtlich der dort geregelten Ansprüche eines Zahlungsdienstnutzer abschließend (§ 675z BGB, näher → Rn. C77). Auch keine Haftung des Zahlers bei missbräuchlicher Nutzung der Karte über § 675v BGB (→ Rn. C60) hinaus. Im Übrigen kann nach § 675e I BGB von §§ 675c–676c BGB nicht zum Nachteil des Zahlungsdienstnutzers abgewichen werden. § 675v BGB im kreditkartengestützten Mailorderverfahren, Oechsler WM 2010, 1381. Lit.: Nobbe WM Sonderbeil. 2/2012, 8.

F51 **h) Zusatzkreditkarte:** Bei Zusatzkreditkarten **(Familien-, Firmenkarte)** ist die gesamtschuldnerische Mithaftung des Hauptkreditkarteninhabers für durch Einsatz der Zusatzkreditkarte begründete Verbindlichkeiten (§ 421 BGB) nicht unangemessen, auch bei missbräuchlicher Verwendung (der Firmenkarte für Privatzwecke) durch den Zusatzkreditkarteninhaber (kein Dritter iSv § 676h aF BGB), OLG Oldenburg NJW 2004, 2907, OLG Koblenz NJW 2004, 3563, Gestaltungen: Außenvollmacht oder Schuldbeitritt des Hauptkreditkarteninhabers, kaum § 328 BGB, str. Haftung des Zusatzkreditkarteninhabers für Einsatz der Zusatzkreditkarte durch ihn selbst oder ggf. den Hauptkreditkarteninhaber, OLG Köln WM 1993, 369, str. vor allem für Firmenkarte. Dagegen ist seine Mithaftung für Einsatz der Hauptkreditkarte mit dem typischen Zweck der Zusatzkreditkarte unvereinbar und unwirksam (§ 305c I BGB, jedenfalls § 307 BGB), UBH/Fuchs/Zimmermann (28) Kreditkarten-AGB Rn. 12; LBS/Jungmann 6. Kap. Vorb. Rn. 41; str. für Firmenkarte, MüKoHGB/Linardatos G Rn. 55; differenzierend Zwade/Mühl WM 2006, 1231: wirksam, wenn Haupt- und Zusatzkarteninhaber gleichberechtigte Personen sind, zB Geschäftsführer oder Gfter, nicht Arbeitnehmer. Klausel über Haftung bis zur Rückgabe der Zusatzkarte verstößt nicht gegen **(5)** BGB §§ 305c I, 307, OLG Oldenburg NJW 2004, 2907, OLG Koblenz NJW 2004, 3563, aA Langenbucher NJW 2004, 3523. Lit.: Langenbucher NJW 2004, 3522.

F52 **C. Das Rechtsverhältnis zwischen dem Kreditkartenunternehmen und dem Vertragsunternehmen (Vollzugsverhältnis): a) Akquisitionsvertrag als Rahmenvertrag:** In diesem Rechtsverhältnis (**Vollzugsverhältnis** bzw. Zuwendungs-, Inkasso- oder Ausführungsverhältnis) besteht ein Rahmenvertrag (ähnlich dem Bankvertrag, → Rn. A6) auf Bezahlung der einzelnen Forderungen erfüllungshalber für den Karteninhaber, Meder ZBB 2000, 90. Dieser Vertrag ist ein **Rahmenvertrag mit Dauerschuldcharakter,** Ellenberger/Bunte Bankrechts-HdB/Omlor § 42 Rn. 58, MüKoBGB/Casper § 675f Rn. 120. Es ist Zahlungsdiensterahmenvertrag (§ 675f II 1 BGB), MüKoHGB/Linardatos G Rn. 21, 197; aA MüKoBGB/Casper § 675f Rn. 120. Der umsatzabhängige Entgeltanspruch des Kreditkartenunternehmens wird mit dem Anspruch des Vertragsunternehmens aus § 780 BGB verrechnet (Abzug eines Disagio), § 675q BGB steht nicht entgegen (§ 675q II BGB), LBS/Jungmann 6. Kap. Vorb. Rn. 50. Der Rahmenvertrag ist ein echter Vertrag zugunsten der Kreditkarteninhabers (**§ 328 I BGB**, → Rn. F65). Lit.: Nobbe WM Sonderbeil. 2/2012, 10; Omlor FS Martinek 2020, 581.

b) Zahlungsanspruch des Vertragsunternehmens: Die vertragliche Zahlungszusage ist idR (ähnlich bei Überweisung und Akkreditiv, → Rn. C92, K11) ein durch die **Unterzeichnung und Übergabe** (nicht erst Vorlage an das Kreditkartenunternehmen) eines ordnungsgemäßen **Belastungsbelegs** aufschiebend bedingtes, **abstraktes Schuldversprechen** (§§ 780, 158 I BGB), BGHZ 150, 286; 157, 246, NJW 2002, 286 (XI ZS), WM 2004, 1031 (1130); 2005, 1602; 2014, 2259 Rn. 14, hL, Staudinger/Omlor § 675f Rn. 98 ff., 101, MüKoBGB/Casper § 657f Rn. 121; LBS/Jungmann 6. Kap. Vorb. Rn. 47; nach aA Forderungskauf (§ 453 I BGB), BGH WM 1990, 1059 (VIII ZS, dann auch Haftung für den Bestand der Forderung (Verität nach § 437 aF BGB), was aber der Bargeldersatzfunktion widerstreitet), nach aA Krediteröffnungsvertrag mit einzelnen Darlehensverträgen, Canaris Rn. 1640; nach aA Garantie (vgl. → Rn. F17, F23), Bitter ZBB 1996, 118; WM 2011, 1775; dazu auch KMFS/Werner Rn. 4.847, 4.849; aber praktisch geringe Bedeutung. Einschränkungen der Zahlungszusage (zB Forderungslimit, Genehmigungsvorbehalt bei Überschreitung bestimmter Beträge, Sperrlisten) ist rechtlich möglich, BGH WM 2004, 1031; dem dienen **Rückfrageklauseln** → Rn. F58. **F53**

Der abstrakte Zahlungsanspruch des Vertragsunternehmens schützt dieses gegen unbeschränkte Einwendungen des Kreditkartenunternehmens uа aus dem Verhältnis mit dem Karteninhaber (**Einwendungsausschluss** ähnlich wie beim Akkreditiv, → Rn. K16 ff.), MüKoHGB/Linardatos G Rn. 215 ff.; also Einwendungen grundsätzlich nur aus dem Vollzugsverhältnis, keine Berufung auf Schlechtleistung des Vertragsunternehmens. So auch die Kartenbedingungen (→ Rn. F34). Ausnahmsweise kann aber **Rechtsmissbrauch** vorliegen, zB bei Betrug, und eingewandt werden (wie bei Akkreditiv und Garantie, → Rn. K20a, L13), BGHZ 150, 209; 152, 75, so zB §§ 138, 142 I iVm § 123 BGB, auch **offensichtliche und liquide beweisbare Unbegründetheit** (§ 242 BGB, → Rn. K20a, L13), zB wenn der Vertrag des Vertragsunternehmens mit dem Kreditkartenkunden nach §§ 134, 138 BGB nichtig ist, BGH NJW 2002, 2236; 2002, 3699; BGH NJW-RR 2005, 781; bisher hL, MüKoHGB/Linardatos G Rn. 219; Grüneberg/Sprau § 675f Rn. 56, 8; aA BHCasper Rn. 796 wegen Vollharmonisierung. Solche Fälle können die Kartenbedingungen nicht wirksam ausschließen, iErg Ellenberger/Bunte Bankrechts-HdB/Omlor § 42 Rn. 37. Liegen die Voraussetzungen für den Missbrauchseinwand vor, also offensichtlich und liquide beweisbar, handelt das Kreditkartenunternehmen auf eigenes Risiko, wenn es auszahlt (→ Rn. F41), hat aber einen Bereicherungsanspruch gegen das Vertragsunternehmen (→ Rn. F64). **F54**

Im **Distanzgeschäft (Mailorderverfahren)**, bei dem das Vertragsunternehmen dem Kreditkartenunternehmen lediglich die relevanten Informationen aus der Kreditkarte angibt ohne Vorlage der Karte und Unterschriftsvergleich (→ Rn. F32), muss das Vertragsunternehmen bei Inanspruchnahme des Kreditkartenunternehmens die beleglose Erteilung der Weisung durch den Karteninhaber nachweisen (Anspruchsbegründung nach § 780 BGB; vgl. auch F37, F39). An die Stelle des Belastungsbelegs tritt die Belegausfertigung, BGHZ 150, 295, WM 2004, 1131§ 675v BGB im Distanzgeschäft → Rn. F50. Aber seit 2020 **starke Kundenauthentifizierung** (→ Rn. C35, C63) auch im Mail-Order-Verfahren (§ 55 ZAG, BaFin); Geheimnummer samt Prüfziffer genügt nicht (EBA), zweiter Faktor wie TAN über Smartphone, BHCasper Rn. 391, 787. Lit.: Nobbe WM Sonderbeil. 2/2012, 11. **F55**

Die Klausel über **Rückforderungsrecht (Rückbelastungsklausel),** falls der Karteninhaber Zahlung verweigert, weil er die Karte nicht selbst verwendet habe (auflösende Bedingung, § 158 II BGB), ist nach der Rspr. nicht wirksam, sie **F56** verstößt gegen **(5)** § 307 BGB, BGHZ 150, 296; 157, 263, NJW 2002, 286, WM 2005, 1602, sehr str., Grund: unvereinbar mit § 675u BGB und der Bargeldfunktion der Kreditkartenzahlung, Staudinger/Omlor § 675f Rn. 103; MüKoBGB/Casper § 675f Rn. 123 f.; so die Rspr. und üL auch für das Distanzgeschäft, jedenfalls bei angemessener Aufteilung des Risikos (Vertragsabreden im Einzelfall), BGHZ 157, 256/263 ff.; MüKoHGB/Linardatos G Rn. 222 f.; zweifelnd MüKoBGB/Casper § 675f Rn. 125. Das verfahrensimmanente Missbrauchsrisiko kann das Kreditkartenunternehmen besser beherrschen, kalkulieren und auffangen; erst recht liegt das Bonitätsrisiko (Zahlungsunfähigkeit des Karteninhabers) allein beim Kreditkartenunternehmen. Zur Zulässigkeit von davon zu unterscheidenden Rückfrageklauseln → Rn. F58. Zur Reaktion der Kreditkartenunternehmen mit Angeboten mit und ohne Zahlungsgarantie, Körber WM 2004, 659, Bitter WM 2011, 1777, deshalb für Bonitätsrisiko beim Vertragsunternehmen Ellenberger/Bunte Bankrechts-HdB/Omlor § 42 Rn. 40, aber Schutz durch § 172 BGB. Ob diese Grundsätze unter dem neuen § 675 IV BGB noch gelten können, ist str. § 675 IV 3 BGB wird zT dahin ausgelegt, dass im Verhältnis von Kartenaussteller und Vertragsunternehmen nur das letztere haftet, wenn es nicht zu einer starken Kundenauthentifizierung gekommen ist, und zwar unabhängig von den aufsichtsrechtlichen Ausnahmen vom Erfordernis einer starken Kundenauthentifizierung, Jungmann ZBB 2020, 5 f. Für Tragung des Missbrauchsrisikos durch das Vertragsunternehmen, das auf einer starken Kundenauthentifizierung (→ Rn. C35) bestehen könnte, Herresthal ZBB 2019, 365. Klausel über Erstattung von Zahlungen, die das Kreditkartenunternehmen trotz Unvollständigkeit des Leistungsbelegs geleistet hat, ist nach **(5)** BGB § 307 III 1 kontrollfrei, BGH WM 2004, 1031.

F57 **c) Rechte und Pflichten der Parteien:** Die am Kreditkartenverfahren Beteiligten haben nach den Akquisitionsvertragsbedingungen zahlreiche Rechte und Pflichten. Diese können nach allgemeinen Regeln, insbesondere AGB-Kontrolle nach **(5)** BGB §§ 305 ff. BGB, vereinbart werden. Für Verhaltenspflichten nach § 675l BGB auch des Vertragsunternehmens als Zahlungsempfänger, weil es den Zahlungsdienst als Zahlungsdienstnutzer iSv § 675f V BGB in Anspruch nimmt, MüKoHGB/Linardatos G Rn. 198. Nach **§ 675f VI BGB** darf das Recht des Vertragsunternehmens, dem Zahler eine **Ermäßigung für Kreditkartenzahlung** anzubieten, nicht ausgeschlossen werden (§ 134 BGB, wenig praktisch), zu § 675f VI (V aF) BGB BGH WM 2010, 1567, für analoge Anwendung von § 675f VI BGB auch im Mail-Order-Verfahren Casper/Pfeifle WM 2009, 2345. Zu **Preisaufschlag bei Kartenbenutzung (surcharging)**, MüKoHGB/Linardatos G Rn. 201 ff., LBS/Jungmann 6. Kap. § 675f Rn. 19 ff.; → Rn. C3, C27, C106. Erlaubt bleibt eine Klausel, die Barzahlung ganz ausschließt, dann liegt in der Kartenzahlung keine Sonderleistung, für die Gebühren verlangt werden können, näher BGH WM 2010, 1564 (Luftverkehrsunternehmen). § 675f VI gilt auch im Distanzgeschäft bzw. Mailorderverfahren, da Zahlungsinstrument iSv § 1 XX ZAG, MüKoBGB/Casper § 675f Rn. 71; früher str. Die Vereinbarung in den diesbezüglichen Klauseln sind Abreden zugunsten der am Akquisitionsvertrag nicht beteiligten Karteninhaber (Vertrag zugunsten Dritter), MüKoBGB/Casper § 675f Rn. 127; LBS/Jungmann 6. Kap. Vorb. Rn. 48, üL. Entgeltabreden zwischen Zahlungsdienstleistern im Vollzugs- und Interbankenverhältnis fallen nicht unter § 675f VI BGB, da diese keine Zahlungsempfänger sind, MüKoHGB/Linardatos G Rn. 207; Omlor NJW 2014, 1705, ebensowenig das Entgelt des Kartenunternehmens, idR prozentual als Disagio von der dem Vertragsunternehmen abgekauften Forderung, (Staub/)Grundmann 2020 Teil 3 Rn. 179. Zu Art. 4 der MIF-VO (EU) 2015/751 über Interbankenentgelte, 29.4.2015 (→ Rn. F/9), EuGH WM 2015, 1510 (Mastercard); MüKoHGB/Linardatos G Rn. 205 f.

Sorgfalts- und Kontrollpflichten, Schadensersatz (§§ 280, 254 I BGB) wie **F58** im Giroverkehr (→ Rn. C42), BGHZ 157, 266. Das Vertragsunternehmen hat idR vertragliche Sorgfaltspflichten (Prüfung, Meldung ua) übernommen, deren Verletzung den Erstattungsanspruch auf Grund Vertragsklausel entfallen lassen kann oder jedenfalls schadensersatzpflichtig nach § 280 I BGB macht, BGHZ 157, 256; offen, ob Pflichtverstoß schon bei Aufteilung eines hohen Rechnungsbetrags auf mehrere Kreditkarten vorliegt, BGHZ 157, 268. Bei hinreichendem Verdacht muss das Vertragsunternehmen von Mailorderverfahren absehen, BGHZ 157, 268. Auch das Kreditkartenunternehmen hat Prüfungspflichten (Laufzeit und Bonität der Kreditkarte, besondere Verdachtsmomente, Übereinstimmung von Bestellern und Karteninhabern) im Mailorderverfahren, BGHZ 157, 267, WM 2004, 1130; 2005, 1604. Zahlt das Kreditkartenunternehmen trotz ungenehmigter Limitüberschreitung und ungereichten Belastungsbeleg, kann es dem Vertragsunternehmen vor Rückforderung zu einem Einziehungsversuch verpflichtet sein, OLG Köln WM 1995, 1914. **Rückfrageklauseln** über Einholung der Zustimmung des Kartenunternehmens vor Akzeptanz der Kreditkarte (→ Rn. F53), vor allem im Mail-Order-Verfahren, sind zulässig, OLG Frankfurt NJW-RR 1991, 1465; MüKoBGB/Casper § 675f Rn. 126; Staudinger/Omlor § 675f Rn. 112. Ob trotz Verstoß das Vertragsunternehmen einen Zahlungsanspruch hat, ist str., verneinend LBS/Jungmann 6. Kap. Vorb. Rn. 52; jedenfalls nicht ohne weiteres Verweigerung der Zahlung durch das Kartenunternehmen, dieses muss zuerst Einziehungsversuch beim Karteninhaber machen, OLG Köln WM 1995, 1914; gerichtliche Geltendmachung ist aber nicht erforderlich, BHCasper Rn. 830. Dagegen bei Verstoß und irrtümlicher Auszahlung an das Vertragsunternehmen Bereicherungsanspruch des Kartenunternehmens gegen dieses (§ 812 BGB), uU Schadensersatzanspruch (§ 280 I BGB), nicht aufschiebende Bedingung für §§ 780, 781 BGB (→ Rn. F53), Ellenberger/Bunte Bankrechts-HdB/Omlor § 42 Rn. 75. Klauseln über Einschränkungen der Zahlungszusage → Rn. F53. **AGB-Fragen** zum Akquisitionsvertrag, dazu Lit.: WLP/Pamp Kreditkartenvertrag K 114 ff.

d) Bereicherungsausgleich bei fehlerhafter Zahlung mit Kreditkarte: **F59**
Für den Bereicherungsausgleich gilt der Grundsatz, dass die Rückabwicklung grundsätzlich innerhalb des jeweiligen Leistungsverhältnisses zu erfolgen hat (→ Rn. C93). Für die bargeldlose Zahlung durch Kreditkarte gelten die Grundsätze für Zahlung durch Scheck entsprechend (→ Rn. E/5; vgl. für Überweisung → Rn. C93 ff., aber beachte → Rn. C103; für Lastschrift → Rn. D50 ff.), Grund: einheitliche Rückabwicklung fehlgeschlagener bargeldloser Zahlungsvorgänge, gegen das abstrakte Schuldversprechen (→ Rn. F53) sind Einwendungen und Einreden nur beschränkt zulässig. Lit.: Nobbe FS Hadding, 2004, 1007.
Mängel im Deckungsverhältnis zwischen dem Kreditkarteninhaber und **F60** dem Kreditkartenunternehmen sind in diesem Verhältnis geltend zu machen (→ Rn. C94, F35), nicht vom Kreditkartenunternehmen gegen das Vertragsunternehmen.
Mängel im Valutaverhältnis zwischen Kreditkarteninhaber und Vertrags- **F61** unternehmen berühren nur dieses, dort findet auch der Bereicherungsausgleich statt (→ Rn. C95, F65).
Dasselbe gilt bei **Doppelmangel** in beiden Verhältnissen (→ Rn. C96). **F62**
Nur bei **Mängeln der Weisung**, zB Fälschung oder Vertretung ohne Ver- **F63** tretungsmacht (→ Rn. F47), hat das Kreditkartenunternehmen einen Bereicherungsanspruch unmittelbar gegen das Vertragsunternehmen (**Direktkondiktion**, § 812 BGB, → Rn. C97 ff.). Das gilt auch für Geschäftsunfähigkeit des Kreditkarteninhabers (wie bei Scheck, → Rn. E/5, Überweisung → Rn. C98), anders in Auslegung des abstrakten Schuldversprechens (Unterzeichnung als solche, → Rn. F53) für Anspruch des Kreditkartenunternehmens gegen den geschäftsunfähigen

(7) BankGesch F64–F66

Karteninhaber aus Geschäftsbesorgung (§§ 683 S. 1, 677, 670 BGB), Nobbe FS Hadding, 2004, 1020 (1026).

F64 Bei **Mängeln im Ausführungs-** bzw. **Vollzugsverhältnis** selbst, zB unwirksames abstraktes Schuldversprechen, so idR auch bei unwirksamem Rahmenvertrag, hat das Kreditkartenunternehmen einen Bereicherungsanspruch gegen das Vertragsunternehmen. So auch wenn das Kreditkartenunternehmen den Einwand aus § 242 BGB hatte und trotzdem ausgezahlt hat (→ Rn. F54, aber auch → Rn. F41). Das Risiko des Missbrauchs der (nicht gefälschten) Kreditkarte trägt aber das Kreditkartenunternehmen, wenn das Vertragsunternehmen kein Verschulden trifft (→ Rn. F50), gegenteilige AGB ist unwirksam (→ Rn. F56); in diesem Fall kann sich das Kreditkartenunternehmen nur an den Dritten, der die Kreditkarte missbraucht hat, halten (§§ 812 I 1 Fall 2, 823 II BGB iVm § 263 StGB).

F65 D. **Das Rechtsverhältnis zwischen dem Kreditkarteninhaber und dem Vertragsunternehmen (Valutaverhältnis): a) Abrede über Zahlung mit Kreditkarte:** Dieses Rechtsverhältnis **(Valutaverhältnis)** besteht zwischen den Transaktionsparteien, das Kreditkartenunternehmen bzw. die Bank sind daran nicht beteiligt. Der Karteninhaber hat keinen Anspruch auf Vertragsschluss überhaupt, kein Kontrahierungszwang, str.; wenn abgeschlossen wird, hat er aber grundsätzlich Anspruch auf bargeldlose Zahlung (**Akzeptanzpflicht** nach **§ 328 I BGB;** Rahmenvertrag, → Rn. F52), hL, LBS/Jungmann 6. Kap. Vorb. Rn. 62, MüKoHGB/Linardatos G Rn. 224; also Stundung, in der Praxis wird dagegen oft verstoßen, für Anscheinsbeweis MüKoHGB/Linardatos G Rn. 226. Anspruch auch zugunsten eines Dritten, der für einen Karteninhaber bezahlt, (Staub/)Grundmann 2020 Teil 3 Rn. 117; LBS/Jungmann 6. Kap. Vorb. Rn. 66, aA LG Düsseldorf WM 1991, 1029; KMFS/Werner Rn. 4.841, da § 267 I BGB bei Leistung erfüllungshalber nicht eingreife. Streitig ist aber, ob das ein Preisaufschlagsverbot beinhaltet, dagegen spricht § 675f VI BGB, auch (Staub/)Grundmann 2020 Teil 3 Rn. 117, 178, bejahend Schinkels WM 2006, 842 (pactum de non petendo str. Aber nunmehr **surcharging-Verbot** (Preisaufschlagsverbot) nach § 270a S. 2 BGB im Verhältnis zwischen dem Gläubiger und dem Schuldner einer Geldschuld, aber nur bei dem üblichen Vier-Parteien-Kartenzahlungsverfahren, nicht für Dreiparteien-Kartenzahlungsverfahren (näher RegE S. 145 ff.), womit Verbraucher vor unerwarteten Preiserhöhungen für Waren oder Dienstleistungen geschützt werden sollen. Zur Regelung des Surchargingverbots nach § 675f VI BGB → Rn. 57. Der Anspruch auf bargeldlose Zahlung besteht auch, wenn der Kauf schon zustandegekommen ist, dann Anspruch auf entsprechende Vertragsänderung (§§ 328 I, 311 I BGB), str., vgl. Schinkels WM 2006, 843. Bei unberechtigter Weigerung Schadensersatzanspruch gegen Vertragsunternehmen und Kreditkartenunternehmen (§§ 280 iVm 278 BGB).

F66 b) **Erfüllung:** Zahlung mit Kreditkarte ist Zahlung **erfüllungshalber (§ 364 II BGB),** allgM, LBS/Jungmann 6. Kap. Vorb. Rn. 67. Das Vertragsunternehmen muss zunächst Zahlung beim Kreditkartenunternehmen einfordern und kann erst bei Mißlingen die gestundete Forderung gegen den Karteninhaber geltend machen. Die Erfüllungswirkung tritt nach üL trotz der Acht-Wochen-Frist des § 675x II, IV BGB ein, ist aber durch die Rückbelastung auflösend bedingt (§§ 158 II, 159 BGB), Herresthal ZBB 2019, 358, dies parallel zur Erfüllung bei der SEPA-Lastschrift → Rn. D57. Bei Leistungsstörungen kann der Kreditkarteninhaber uneingeschränkt alle Einwendungen und Ansprüche gegen das Vertragsunternehmen geltend machen, auch durch einstweiligen Rechtsschutz gegen Inanspruchnahme des Kreditkartenunternehmens. Bei Unwirksamkeit des Vertrags hat der Kreditkarteninhaber Anspruch gegen das Vertragsunternehmen auf Mitwirkung bei der Stornierung der Belastungsbuchung durch das Kreditkartenunternehmen, BGH NJW 2002, 3700.

c) **Bereicherungsausgleich:** Der Bereicherungsausgleich nach §§ 812 ff. **F67** BGB findet im Valutaverhältnis zwischen dem Kreditkarteninhaber und dem Vertragsunternehmen, nicht zwischen dem Kreditkartenunternehmen und dem Vertragsunternehmen statt, → Rn. F61. Ausgleich der Bereicherung des Vertragsunternehmens (Anspruch aus §§ 780, 781 BGB gegen das Kreditkartenunternehmen oder nach Bezahlung Wert des Anspruchs) erfolgt durch Erlassvertrag mit dem Kreditkartenunternehmen (§ 397 BGB, letzteres ist dem Karteninhaber zur Zustimmung verpflichtet) oder Wertersatz (§ 818 II BGB). Kein Wegfall der Bereicherung (§ 818 III BGB), falls Disagio nach Vereinbarung zwischen dem Kreditkartenunternehmen und dem Vertragsunternehmen bei ersterem verbleibt, Grund: Bargeldfunktion der Kreditkarte (→ Rn. F32). Lit.: *Nobbe* FS Hadding, 2004, 1015

4. Kap: Kreditgeschäft und Kreditsicherung

G. Kreditgeschäft (mit Finanzierungsdarlehen, ohne Verbraucherdarlehen)

Schrifttum

a) **Kommentare und Handbücher:** Außer dem *allgemeinen Schrifttum* (s Einl vor A1) Ellenberger/Bunte Bankrechts-HdB/*Pamp/ua* §§ 50–68. – LBS *(Langenbucher/Bliesener/Spindler)/(Bearbeiter)* 3. Aufl. 2020. – BuB Rn 3/1 ff. – BZ (Bunte/Zahrte)/*(Bearbeiter)*, AGB-Banken, AGB-Sparkassen, Sonderbedingungen, 5. Aufl 2019, 2 AGB-Banken, 3 AGB-Sparkassen. – *Canaris* 2. Aufl 1981, 3. Kap. – EBJS/*Menges* Bd 2 4. Aufl. 2020 BankR IV Rn. 1 ff. – *Einsele* 5. Aufl 2022 § 4. – *Hopt/Mülbert* 1989. – *Josten,* 2. Aufl 2017. – KMFS/*Wittig* Rn 5.1 ff (mit Verbrauchern). – KMFS/*Kropf,* Rn 6.7 ff. (mit Unternehmen). – *Möslein/Omlor,* FinTech-Hdb 2. Aufl 2021 §§ 23, 24 Kreditfinanzierung (Crowdlending). – *Nobbe* 3. Aufl 2018. – (Staub)/*Grundmann/Renner* Bd 1 2020 4. Teil Kreditgeschäft Rn. 1 ff. (zit. 2020 Teil 4 Rn. 1 ff.). – BZ (Bunte/*Freitag,* Staudinger/*Mülbert,* Darlehensrecht (§§ 488–490, 607–609) 2015. – UBH *(Ulmer/Brandner/Hensen)/(Fuchs/Zimmermann),* AGB-Recht, 13. Aufl. 2022, Teil 2 (15) Darlehensverträge Rn. 1 ff., /H. Schmidt (42) Sicherungsklauseln. – WLP *(Wolf/Lindacher/Pfeiffer)/H. Schmidt* AGB-Recht 7. Aufl 2020 Darlehensverträge D 1 ff.

Verbraucherdarlehen: s vor G34.

b) **Sonstige Beiträge:** *Heermann,* Geld und Geldgeschäfte, 2003. – *Klein* 2004 (Projektfinanzierung). – *Felke* 2004 (Internet). – *Runge* 2010 (Covenants). – *Freitag,* Der Darlehensvertrag im System des Schuldrechts, 2013. – *Köndgen* WM 2001, 1637. – *Freitag* WM 2001, 2370. – *Grundmann* BKR 2001, 66. – *Wittig/Wittig* WM 2002, 145. – *Mülbert* WM 2002, 465. – *Habersack, Weber* Bankrechtstag 2002, 3, 67. – *von Wilmowsky* WM 2008, 1189, 1237 (Insolvenz des Darlehensnehmers). – *Früh* FS Hopt 2010, 1823 (Übergang von Kreditrisiken). – *Poelzig* WM 2014, 917 (Nachrangdarlehen). – *Omlor* Bankrechtstag 2017, 41 (Negativzinsen). – *Gehrlein* WM 2021, 1 (sittenwidrige Schädigung durch Banken). – *Grundmann* FS Hopt 2020, 301/314 (Interessenwahrung im Kreditgeschäft). – *Steffek* FS Hopt 2020, 1219 (Enforcing bank loans in the EU). – *Kropf* WM 2021, 1025 (grüne Kredite). – *Rodi* BKR 2021, 220 (AGB, Kreditwirtschaft). – *Renner* AcP 222 (2022) 217 (Negativzinsen im Privatrecht). – *Schnauder* WM 2022, 645 (Bausparvertrag). – **Muster:** *Hopt/Merkt/Wittig* Vertrags- und Formularbuch zum Hdl-, Ges- und Bankrecht 5. Aufl. 2022 Form IV. G.1–6 (Kreditgeschäft mit Finanzierungsdarlehen und Verbraucherdarlehensverträgen). **RsprÜbersichten:** *Halstenberg* WM Sonderbeil 4/1988, *Mülbert* JZ 1992, 289, 401, 448, ÖBA 1993, 105, 186, 282; *Köndgen* NJW 1994, 1508; 2000, 468; *Grüneberg* WM 2017, 1.

1) Erscheinungsformen

Das **Kreditgeschäft der Banken** ist die Gewährung von Gelddarlehen und **G1** Akzeptkrediten (Bankgeschäft nach § 1 I Nr. 2 KWG, Text → Rn. A4, nicht (Einlagen-)Darlehen von Einlegern an die Bank, s. dort). Damit sind zwei sehr

(7) BankGesch G2

unterschiedliche Grundformen von Kredit unterschieden. Einen einheitlichen bürgerlichrechtlichen, alle Kreditarten umfassenden Rechtsbegriff des Kredits gibt es nicht, (Staub)/Grundmann/Renner 2020 Teil 4 Rn. 98, str.; das Gesetz spricht von Darlehen (§§ 488 ff. BGB), Sachdarlehen (§§ 607 ff. BGB), Kreditauftrag (§ 778 BGB bezüglich Darlehen oder Finanzierungshilfe) ua. **Gelddarlehen** ist **effektive Kreditgewährung (Zahlungskredit);** sie ist grundsätzlich in §§ 488 ff. BGB geregelt. Das Synallagma besteht zwischen Kapitalüberlassung und -belassung und Zinszahlungspflicht (§ 488 I BGB). Auch Bauspardarlehen sind Gelddarlehen, BGH NJW 2017, 2540 Rn. 28; OLG Celle WM 2022, 659 Rn. 25. **Akzeptkredit** ist **Kreditleihe (Haftungskredit);** die Bank verpflichtet sich zur Einlösung des Wechsels am Fälligkeitstag, auf dieses Akzept der Bank erhält der Kreditnehmer bei seinem Lieferanten Ware oder Geld „auf Kredit", ohne dass die Bank selbst effektiv zahlen soll (Deckung des Wechsels durch den Kunden vor Verfall). Der Akzeptkredit unterliegt unterschiedlichen Regeln, nicht generell §§ 488 ff. BGB. **Konsortialkredit,** parallel debt, → Rn. Y2; Konsortialgeschäft → Rn. Y1. Neuerdings gewinnen **grüne und nachhaltige Kredite** zunehmend an Bedeutung, dazu von der Loan Market Association (LMA) ua Green Loan Principles und Sustainability Linked Loan Principles mit Guidance sowie EU-Recht (TaxonomieVO), näher KMFS/Kropf Rn. 6.102 ff. **Nicht** hierher gehört der **„Warenkredit"** von Lieferanten an Kunden; er ist kein Kredit im Rechtssinn, sondern Stundung der Kaufpreisforderung gegen Sicherung durch (verlängerten) Eigentumsvorbehalt; das führt zum Zusammenprall mit der Sicherung der Geldkreditgeber durch Globalzession (→ Rn. H2). Von Kreditgewährung ist **Kreditvermittlung** zu unterscheiden, sie ist kein Kreditgeschäft, → HGB § 93 Rn. 5; Darlehensvermittlungsvertrag (mit Verbraucher) § 655a BGB idF WohnimmobKrRLG 2016. Zur wirtschaftlichen Sonderstellung des Kreditgeschäfts (Aufsichts-, Vertrags- und Formularrecht) Hopt ZHR 143 (1979), 147; (Staub)/Grundmann/Renner 2020 Teil 4 Rn. 1 ff., 11 ff., 98 ff. Zu den verschiedenen Kredittypen und Finanzierungshilfen LBS/Steffek 12. Kap.

2) Krediteröffnungsvertrag (einschließlich sittenwidriger Darlehen)

G2 A. **Zustandekommen und Inhalt des Vertrags:** a) Der Krediteröffnungsvertrag ist ein Grund- bzw. **Rahmenvertrag,** durch den sich der Kreditgeber zur Kreditgewährung bis zu einer bestimmten Höhe (Kreditrahmen, Kreditlinie) nach Abruf (→ Rn. G3) verpflichtet (nach aA Darlehensvorvertrag), BGHZ 83, 81, (Staub)/Grundmann/Renner 2020 Teil 4 Rn. 106, Staudinger/Mülbert BGB § 488 Rn. 410, 440. Krediteröffnungsvertrag und einzelne Kreditgeschäfte innerhalb seines Rahmens sind grundsätzlich rechtlich getrennt und folgen eigenen Regeln **(Trennungstheorie),** hL, Hopt ZHR 143 (1979), 160; (Staub)/Grundmann/Renner 2020 Teil 4 Rn. 107 f.; Staudinger/Mülbert BGB § 488 Rn. 413. Der Krediteröffnungsvertrag richtet sich idR auf Gelddarlehen und unterliegt dann selbst den §§ 488 ff. BGB; er kann sich aber auch auf Akzeptkredite ua richten und enthält dann bereits Elemente des jeweiligen Vertragstyps (§§ 488 ff., 675 I, 433 ff. BGB, Garantievertrag ua). Der Krediteröffnungsvertrag kann auch stillschweigend zustande kommen, str., aber idR noch nicht durch bloße Zulassung einer vertragswidrigen Kontoüberziehung, dies gibt keinen Anspruch auf Kredit, BGH NJW 2004, 3780; 2007, 1359; ZIP 2009, 2010, str., oder Einlösung eines ungedeckten Schecks (Überziehungskredit, nur einfaches Gelddarlehen nach §§ 488 ff. BGB, vgl. auch für Verbraucher §§ 504, 505 BGB idF VerbrKrUmsetzG 2009, → Rn. G4), Hopt ZHR 143 (1979), 157. Einen Anspruch auf Abschluss des Krediteröffnungsvertrags hat der Kunde auch nicht auf Grund Bankvertrag (→ Rn. A6); auch nicht im Sanierungsfall seitens der Hausbank, (Staub)/Grundmann/Renner 2020 Teil 4 Rn. 113, str., Sanierungskredit → Rn. G32. doch kann die Bank nach §§ 280, 311 II BGB aus Verschulden bei Vertragsverhandlungen haften (→ Rn. G28). **Muster:** Hopt/Merkt

V. Bankgeschäfte   G3 **BankGesch (7)**

VertrFormB/Wittig Form IV. G.1–6 (verschiedene Kredit- bzw. Darlehensverträge mit Kreditlinien). Der **Abruf der einzelnen Kreditbeträge** ist einseitiges **Gestaltungsrecht** G3 des Kreditnehmers, BGHZ 83, 81; BGH NJW 2004, 1445. Die Bank muss dafür stets leistungsbereit sein, (Staub)/Grundmann/Renner 2020 Teil 4 Rn. 118, str. Zum Dispositionskredit BGH NJW 2007, 1359; WM 2015, 822 Rn. 34. Der Kredit kann, falls besonders vereinbart (auch konkludent, str., offen BGH WM 1984, 1181), nach Rückzahlung erneut abgerufen werden (revolvierender Kredit, → Rn. G20). Ein Anspruch der Bank auf Ausnutzung der Kreditzusage besteht idR nicht, doch kann ein solcher Anspruch (nicht notwendig ausdrücklich) vereinbart werden, BGH WM 1962, 115; OLG Frankfurt a. M. NJW 1969, 327, so ohne Weiteres bei Grundstücksbeleihung durch Hypothekenbank (Anlagezweck), BGH WM 1991, 760 (zum Schadensersatz). Die Bank berechnet auf jeden Fall ihre **Bereitstellungsprovision**, BGH WM 1978, 422; keine echten Zinsen, sondern Gegenleistung, BGH WM 1986, 156. Sie ist Preisabrede, die der AGB-Inhaltskontrolle entzogen ist, BGH WM 2020, 1204; OLG Karlsruhe ZIP 2021, 2272; aA WLP/H. Schmidt D 29 jedenfalls insoweit, als eine (Teil-)Inanspruchnahme der Valuta nach dem Vertrag nicht ernsthaft in Frage kommt, dann keine gesondert bepreisbare Leistung, so auch bei Unternehmern. Die Bereitstellung, nicht nur die Überlassung, ist Hauptpflicht; sie ist Leistung iSv § 346 I 1 BGB, BGH NJW 2020, 1532; kein Rückerstattungsanspruch bezüglich der Bereitstellungsprovision nach Widerruf des Darlehensvertrags, OLG Stuttgart WM 2020, 15; Klauseln über Bereitstellungszinsen sind Preishauptabreden, keine AGB-rechtliche Inhaltskontrolle, OLG Hamm ZIP 2020, 408. Hölldampf BKR 2020, 240; Transparenzkontrolle, EuGH BKR 2020, 245. Die **Nichtabnahme** des Darlehens trotz Abnahmepflicht (§§ 133, 157 BGB, BGH WM 1962, 114; Wand WM 2005, 1936; WLP/H. D28, str.) fällt grundsätzlich in den Risikobereich des Kreditnehmers, Ausnahme bei Abhängigkeit von Zusatzkredit eines anderen Kreditgebers, OLG Schleswig WM 2011, 458. Kein Entschädigungsanspruch der Bank wegen Nichtinanspruchnahme eines Darlehens bei unverschuldeter Unmöglichkeit der Stellung einer bestimmten Sicherheit (s. **(5)** § 307 BGB), OLG Saarbrücken WM 1981, 1212). Schadensermittlung nach Wahl entweder nach hypothetischer Darlehensneuausreichung (Aktiv-Aktiv-Berechnung, Zinsmargen- und Zinsverschlechterungsschaden) oder hypothetische Wiederanlage in sicheren Kapitalmarkttiteln (Aktiv-Passiv-Vergleich), BGHZ 146, 10 (Annuitätendarlehen), konkrete Berechnung oder Pauschalierung, dann aber **(5)** BGB § 309 Nr. 5 BGB, (Staub)/Grundmann/Renner 2020 Teil 4 Rn. 205 ff, BGH ZIP 2021, 1389 (AGB wirksam). Die Bank muss den Kredit dem Kunden effektiv, iZw **in bar,** zur Verfügung stellen; Abdeckung eines Schuldsaldos, Pfandrecht und Aufrechnung sind damit nicht vereinbar, BGHZ 71, 21; (Staub)/Grundmann/Renner 2020 Teil 4 Rn. 120 (vgl. → **(8)** AGB-Banken Nr. 14 Rn. 10 ff.). **Auszahlung an Dritten** auf Weisung und im Interesse des Darlehensnehmers genügt (**"empfangen"**), BGHZ 167, 264; BGH ZIP 2010, 25, stRspr, (Staub)/Grundmann/Renner 2020 Teil 4 Rn. 181; auch auf debitorisches Konto, BGH ZIP 1985, 596. **Nicht** genügt Überweisung auf Konto pro Diverse (→ Rn. A42), BGH NJW 1987, 55, oder an Dritten, der **"verlängerter Arm"** des Kreditgebers ist, BGHZ 152, 337; BGH WM 1985, 223; 1985, 653; 1985, 994; NJW 1986, 2947; WM 1997, 1659; ZIP 2006, 846 (Notaranderkonto, → Rn. C107); gegenteilige AGB ist nach **(5)** § 307 BGB unwirksam, BGH NJW 1998, 3200 (Treuhänderkonto); andere (auch stillschweigende) Abrede ist möglich, BGHZ 113, 158. Der Anspruch auf Kreditgewährung mit der Zweckbindung **abtretbar** (aber → Rn. G5a). **Pfändbarkeit** ist str., → HGB § 357 Rn. 10. Rechte und Pflichten der Parteien (§ 488 I, II BGB), Leistungsstörungen, Staudinger/Freitag BGB § 488 Rn. 152 ff., 234 ff. **Aufklärungs- und Warnpflichten** der Bank → Rn. A25; **Aufklärungspflicht** des Kreditnehmers

(7) BankGesch G4

→ HGB § 347 Rn. 30. **Vermögenswahrungspflicht**, ua Pflicht, die Kreditwürdigkeit des Kunden nicht durch Werturteile oder Meinungsäußerungen, auch wahre, zu gefährden, BGHZ 166, 85 (keine Drittschutzwirkung, → Rn. A32). IdR keine Vermögensbetreuungspflicht des Darlehensgebers gegenüber dem Darlehensnehmer iSv § 266 I StGB, da Handeln im eigenen Interesse, Ausnahme uU bei zweckgebundenen Darlehen, BGH NJW 2020, 631 LS, NStZ 2020, 35 mAnm Brand. **Beweislast** für erfolgte Darlehenshingabe liegt beim Kreditgeber, auch bei notariell beurkundeter Vollstreckungsunterwerfung, BGHZ 147, 203 gegen BGH WM 1981, 1140, Grund: Beweislast folgt aus materiellem Recht, Beweislast für Erfüllung beim Darlehensschuldner, BGH WM 2007, 636. Streit über die Echtheit der Unterschrift, OLG Saarbrücken ZIP 2021, 2223.

G4 b) Der **Kreditpreis (Sollzins**, vgl. § 352 HGB) ist heute **frei.** Die ZinsVO des BAKred 5.2.1965 BGBl. 33 (betr. Kredit- und Einlagenzins) wurde durch VO 21.3.1967 BGBl. 352 wettbewerbspolitisch zu Recht ersatzlos aufgehoben. Die Marge zwischen Soll- und Habenzinsen ist Sache der Bank am Markt. Bereitstellungszinsen → Rn. G3. Variabler Zinssatz, BGH WM 2008, 1493; ZIP 2017, 862. Die Rspr. übt aber eine strenge **AGB-Kontrolle** über **kontrollfähige Preisnebenabreden im Gegensatz zu kontrollfreien Preisabreden, (5)** BGB § 307 III 1, aus, dies **vor allem für Verbraucherdarlehen** (→ Rn. G36) und zum Teil nur für diese (aber oft nicht sicher). Diese hat sich zu einer umfassenden Sondermaterie des BGB entwickelt, die **hier nicht nachgewiesen** werden kann, WLP/H. D 9 ff., WLP/Dammann § 309 Nr. 1 Rn. 1 ff. sowie Lit. aE dieser → Rn. G4. Wenn AGB, also keine Individualabrede vorliegt, dazu genügt nicht schon bloße Wahlmöglichkeit, BGH WM 2018, 1046 m. krit. Anm. Bitter/Linardatos ZIP 2018, 1203; BGH WM 2018, 1356 Rn. 15 (Avalkredit), prüft der BGH die AGB dreistufig: Kontrollfähigkeit der Klausel (keine bloße Preisabrede), Inhaltskontrolle, Interessenabwägung, zB BGH NJW 2017, 2538 mAnm. Metz. Preisnebenabreden sind Regelungen, mit denen der Verwender allgemeine Betriebskosten oder Aufwand zur Erfüllung eigener Pflichten oder für Tätigkeiten, die im eigenen Interesse liegen, auf den Kunden abwälzt, stRspr, BGH WM 2017, 80 Rn. 22; 2017, 84 Rn. 19; 2017, 87 Rn. 18; 2017, 2308 (Kostenbeteiligungsklausel), so auch bei verdeckten Preisnebenabreden, BGH WM 2017, 80 Rn. 28; 2017, 84 Rn. 25; so auch bei Bauspardarlehen, die ebenfalls Darlehen iSv § 480 BGB sind, BGH WM 2017, 87 Rn. 36 f. m. krit. Anm. Servatius ZIP 2017, 745, BaFin-Prüfung ändert nichts, trotz Transparenz (§ 307 I 2 BGB) Inhaltskontrolle, BGH NJW 2017, 2538 mAnm. Metz. Abgrenzung von Preis- und Preisnebenbestimmungen WLP/H. D11. Als Grundsatz gilt, dass Entgelte für vertraglich geschuldete Nebenleistungen von Banken idR unzulässig sind (vgl. § 675f IV 2 BGB, → Rn. C50), BGHZ 141, 385; 146, 380; 180, 257; BGH WM 2012, 1383 Rn. 38; OLG Frankfurt a. M. WM 2013, 1351. Inhaltskontrolle von Bearbeitungsentgelt für Abschluss und Vollzug von Darlehensverträgen, BGH WM 2019, 678, bei einem Online-Darlehensvertrag, zinsähnliches Teilentgelt nicht bei laufzeitunabhängiger Ausgestaltung, Bonitätsprüfung ausschließlich im Interesse der Bank, BGH WM 2014, 1325. Inhaltskontrolle von Zinscap-Prämie oder Zinssicherungsgebühr, BGH NJW 2018, 2950 m. krit. Anm. Bausch. Ergänzende Vertragsauslegung bei unwirksamer Zinsänderungsklausel in Sparvertrag, BGH ZIP 2017, 862. **Disagio** (vgl. → HGB § 250 Rn. 8) galt früher als Abgeltung des einmaligen Kreditbeschaffungsaufwands, ist aber heute idR integraler Bestandteil der laufzeitabhängigen Zinskalkulation, Vorauszahlung eines Teils der Zinsen, BGHZ 133, 355, und als Preishauptabrede der AGB-Inhaltskontrolle entzogen, wenn es integraler Bestandteil der laufzeitabhängigen (§ 488 I 2 BGB) Zinskalkulation ist, BGHZ 111, 289; 201, 168 Rn. 23, 42; BGH WM 2017, 87 Rn. 18. Das Disagio ist erst bei effektiver Auszahlung an Kunden verdient, BGH NJW 1985, 1831, und bei vorzeitiger Darlehenskündigung idR anteilig zurückzuzahlen (angemessene **Vorfälligkeitsentschädigung**), OLG Düsseldorf ZIP 2007, 1748, → Rn. G19a. **Nichtabnahmeentschädigung** bei Abnahmepflicht → Rn. G3. **Break up fee/Nichtabnahmegebühr**, dabei kommt es gerade nicht zum Abschluss des Darlehensvertrags, kann zwischen Bank und Unternehmer auch als AGB wirksam sein, OLG Nürnberg WM 2020, 1021. Die Bank kann sich nach bisheriger Rspr. wirksam durch AGB einseitige **Anpassung** (Erhöhung oder Senkung) der Kreditzinsen vorbehalten (§ 315 BGB), aber nur an kapitalmarktbedingte Änderungen der Refinanzierungskonditionen (DBBk), mit Normalzinssatz und unter Gleichbehandlung, BGHZ 97, 212; krit. Schwarz NJW 1987, 626, und nur bei gleichzeitiger Kündigungsmöglichkeit des Kunden, **(5)** § 307 BGB, BGH WM 1989, 740; mit Änderung musste gerechnet werden, vgl. Schimansky WM 2001, 1172; 2003, 1450; BGHZ 158, 149; so BGH WM 2009, 1077: Preisanpassungsklauselrecht gilt auch für Zinsanpassungsklauseln im Kreditgeschäft; Zinsänderung Neuregelung 2009 in **(8)** AGB-Banken Nr. 12, dort → **(8)** AGB-Banken Nr. 12 Rn. 1, 5. Anforderungen an Zinsanpassungsklauseln, Nobbe FS Lwowski, 2014, 83. Zur Problematik beim Aktivgeschäft → Rn. B2. **Laufzeitunabhängige Bearbeitungsgebühren** sind weder kontrollfreie Preishauptabrede noch Entgelt für Sonderleistung, in Privatkreditverträgen ist selbst „Bearbeitungsentgelt einmalig 1 %" unwirksam, BGH NJW 2014, 2420 (Grundsatzurteil), das gilt auch gegenüber Unternehmer BGH NJW 2017, 2986 m. krit. Anm. Tröger (Grundsatzurteil); BGH WM 2017, 1652; 2018, 1356 Rn. 23; 2018, 2183 Rn. 26; 2019, 678 Rn. 26; aA Bitter/Linardatos ZIP 2018, 2249; auch für Darlehen an Unternehmer in BankAGB bei Kontokorrentkredit, BGH ZIP 2017, 1654; aA Casper/Möllers WM 2015, 1689; Herweg/Fürtjes ZIP 2015, 1261; auch OLG Frankfurt a. M. ZIP 2016, 2211; Darlehens(auszahlungs)gebühr, BGH WM 2017, 87 (Bauspardarlehen); sofort fälliger Bereicherungsanspruch, BGH WM 2014, 1325, Verjährungsbeginn wegen zweifelhafter Rechtslage erst Ende 2011, BGH WM 2014, 2261; s. auch § 312a III BGB idF 2014. **Überziehungskredite** und **Überziehungszinsen**, BGH WM 2017, 80 (84), → **(8)** AGB-Banken Nr. 12 Rn. 4, Transparenz bei Verbrauchern nach §§ 504, 504a, 505 BGB: eingeräumte Überziehungsmöglichkeit und geduldete Überziehung. Deutliche Hervorhebung des Zinssatzes (Art. 247a § 2 II EGBGB), OLG Frankfurt BKR 2020, 298. Indexierungsverbot nach PaPkG mit PreisklauselVO (PrKV), → HGB Einl. vor § 373 Rn. 4) gilt nicht für sämtliche Finanzdienstleistungen, Schmidt-Räntsch NJW 1998, 3168. **Mahnung** für Verzug, OLG Frankfurt a. M. WM 2020, 14. **Schadensregelung bei Verzug s. (5)** § 309 Nr. 5 BGB. AGBKlausel über generelle Verzinsung des Bankkreditrestsaldos mit Vertragszinssatz nach vorzeitiger Fälligstellung wegen Verzug ist unwirksam, aber die Bank kann entweder den Vertragszins (nur) auf das Darlehenskapital und bis zur vertraglichen Fälligkeit oder zum nächsten Kündigungstermin verlangen (analog § 628 II BGB), BGHZ 104, 337, oder den markttüblichen Bruttosollzins entsprechend dem gesamten Aktivkreditgeschäft der Bank (abstrakte Schadensberechnung), BGHZ 62, 103; 104, 337, str.; nach aA Schaden nur in Höhe der Refinanzierungskosten. Verzugszinssatz 5 bzw. 8 Prozentpunkte über Basiszinssatz (§§ 288 I, II, 247 BGB). **Zinsanpassungsklauseln** sind grundsätzlich anerkannt, einseitige **Leistungsbestimmungsrecht** nach § 315 BGB, für Anpassungsymmetrie WLP/H. Schmidt D 22, aber kein späterer Risikozuschlag und keine Überwälzung innerbetrieblicher Kosten; Zinsanpassungsklauseln nach Bonität auch bei Festzinskrediten (Basel II, BankenRLUmsetzG 17.11.2006) können wirksam ausgestaltet werden, Mülbert WM 2004, 1205 (ratingbasiertes Margengitter); Langenbucher Bankrechtstag 2004, 63; Wand WM 2005, 1932 (1969); von Linden WM 2008, 195; Ellenberger FS Hopt, 2010, 1753; ergänzende Vertragsauslegung bei Unwirksamkeit, Berger/Nettekoven ZIP 2022, 293. Zu Zinsanpassungsklauseln bei **Prämiensparverträgen** → Rn. B/1. Entgeltklauseln im **Bausparbedingun-**

(7) BankGesch G5   2. Teil. Handelsrechtl. Nebenges.

gen, BGH WM 2011, 263; OLG Celle WM 2022, 659. **Kontoführungsgebühr bei Darlehenskonten** ist im Bankverkehr mit Verbrauchern sind anders als Abschlussgebühren unwirksam, da Tätigkeit der Bank im eigenen Interesse (Entgegennahme von Zins- und Tilgungszahlungen, Zahlungsüberwachung), BGH WM 2011, 1329; OLG Celle ZIP 2019, 1317 (bestehende Bausparverträge); OLG Koblenz WM 2020, 873; Haertlein BKR 2020, 321. **Bonitätsprüfung und Bewertung der** angebotenen **Sicherheit** liegen im eigenen Interesse der Bank, → Rn. A25. **Entgeltklauseln im Zahlungsverkehr** → Rn. C50, 51. Bedenken aus **Europarecht,** Piekenbrock/Ludwig WM 2012, 2349. **Negativzinsen** s. WLP/Dammann § 309 Nr. 1 Rn. 145 ff., Binder/Ettensberger WM 2015, 2069; Hingst/Neumann BKR 2016, 95; Söbbing/von Bodungen ZBB 2016, 39; Omlor Bankrechtstag 2017, 41; Feldhusen BKR 2022, 475; Renner AcP 222 (2022) 217; auch → Rn. B1. Negative Zinsen bei einer Zinsgleitklausel in an institutionelle Darlehensgeber adressiertem Schuldscheindarlehen (→ Rn. G24) sind umstritten, bejahend OLG Hamburg ZIP 2022, 1200, auch wenn sich der konkrete Darlehensnehmer atypischerweise inkongruent refinanziert hat, LG Düsseldorf ZIP 2020, 1954; Staudinger/Freitag, BGB 2015 § 488 Rn. 51a, b; konkludenter Ausschluss von „negativen Zinsen" aus Schuldscheindarlehen bei Absinken des Referenzzinssatzes, OLG Düsseldorf ZIP 2022, 211; OLG Düsseldorf BKR 2022, 523. **Referenzwerte,** EU-Benchmark-Verordnung 8.6.2016, Lorenz/Thomas WM 2019, 671; weitere Referenzzinssätze, Kropf WM 2021, 1019.

Lit.: zu Bankentgelten ausführlich KMFS/Wittig Rn. 3.721 ff., für einzelne Bankgeschäfte Rn. 3.746 ff.; BZ/Bunte AGB-Banken Nr. 12 Rn. 248 (Urteile unter § 315 BGB); (Staub)/Grundmann/Renner 2020 Teil 4 Rn. 191 ff.; Staudinger/Freitag BGB § 488 Rn. 181 ff.; UBH/Fuchs/Zimmermann (15) Darlehensverträge Rn. 1 ff.; Wimmer/Rösler WM 2011, 1788; Billing WM 2013, 1777, 1829; Haertlein WM 2014, 189 (Bausparverträge); Becher/Krepold BKR 2014, 45; Casper/Möllers BKR 2014, 69; Strube/Fandel BKR 2014, 133 (Bearbeitungsentgelte); Nobbe FS Lwowski, 2014, 83 (Zinsanpassungsklauseln); Reifner AcP 214 (2014), 696 (Zinsberechnung im Recht, Verbraucherperspektive); Casper/Möllers WM 2015, 1689; Piekenbrock ZBB 2015, 13; Hofauer BKR 2015, 397; Kropf/Habl BKR 2015, 316; Renner/Leidinger BKR 2015, 499 (AGB-Kontrolle Standardunternehmenskredite wie LMA); Guggenberger BKR 2017, 1; Koch WM 2016, 717; Weiß/Reps WM 2016, 1865 (AGB); Servatius ZIP 2017, 745 (Teil- und Zusatzentgelte-AGB); Kropf WM 2019, 1723 (AGB); Mülbert/Sajnovits WM 2019, 1813 (Tagesreferenzzinssätze); Kropf BKR 2020, 455 (Bereitstellungszinsen); Heinrich/Pendl BKR 2020, 374 (Kontoüberziehung und IPR); Rodi BKR 2021, 220 (AGB-Recht der Kreditwirtschaft); Feldhusen BKR 2022, 475; Kropf BKR 2022, 14 (Referenzzinsen); Renner AcP 222 (2022) 217 (Negativzinsen im Privatrecht).

G5 c) **Preisangaben** sind vorgeschrieben durch die PAngV idF 18.10.2002 BGBl. I 4147 (auch EG-RL 98/6/EG v. 16.2.1998 ABl. L 80, 27) mit wesentlichen Änderungen durch das WohnimmobKrRLG 2016, dazu Völker NJW 2000, 2787; Wimmer WM 2001, 447. Bei gewerbs-, geschäfts- oder regelmäßigem Angebot von Waren oder Leistungen an Letztverbraucher (gleichgestellt öffentliche Werbung) unter Angabe von Preisen sind Endpreise einschließlich MWSt anzugeben (Gesamtpreise, § 1 I PAngV), unter Beachtung von Preisklarheit, Preiswahrheit und deutlicher Lesbarkeit (§ 1 VI PAngV). Bei Leistungen ist ein Preisverzeichnis auszuhängen (§ 5 PAngV, EU-wirksam, BGH WM 2013, 1371). Bei Verbraucherdarlehen (§ 491 BGB, auch Immobiliar-Verbraucherdarlehensverträge) sind die Gesamtkosten (Oberbegriff für die Zinsen und die sonstigen Kosten im Zusammenhang mit dem Kreditvertrag) anzugeben und als „effektiver Jahreszins" zu bezeichnen (§ 6 PAngV nF 2016); zu Stundungsangebot gegen

V. Bankgeschäfte   G5a, G6   **BankGesch (7)**

prozentuale Bearbeitungsgebühr, BGHZ 108, 39. Die Gesamtkosten umfassen alle finanziellen Verpflichtungen des Kreditnehmers, die dieser bei regulärem Vertragsverlauf über die Rückzahlung des Kredits hinaus zu tragen hat. Die sonstigen Kosten müssen dem Kreditgeber bekannt sein. Internetangebote, BGH WM 2007, 2347. Zur Berechnung des effektiven Jahrszinses mathematische Formel nach § 6 II PAngV mit Anlage idF WohnimmobKrRLUmsetzG 2016), näher Wimmer WM 2001, 448. Pflichtangaben bei Werbung für Verbraucherdarlehen und bei Überziehungsmöglichkeiten iSv § 504 II BGB (§§ 6a, 6b PAngV idF WohnimmobKrRLUmsetzG). §§ 6a, 6b gelten auch für entgeltliche Finanzierungshilfen (§ 6c PAngV). Verstoß ist Ordnungswidrigkeit, führt aber nicht zur Nichtigkeit (str., → Rn. G/6). Kreditvermittler → HGB § 93 Rn. 5. Beratungspflicht bei Inanspruchnahme der Überziehungsmöglichkeit (§ 504a BGB idF WohnimmobKrRLUmsetzG 2016). **Informationspflicht** der Kreditinstitute nach § 675a BGB über Entgelte und Auslagen der Geschäftsbesorgung (→ Rn. A16; **(8)** AGB-Banken Nr. 12). Zur PAngV Lit.: Völker 2. Aufl. 2002; Wimmer/Stöckl-Pukall 1998 Nachtrag 2000; Völker NJW 1997, 3405; 2000, 2787; Wimmer WM 2001, 447 (Berechnungsbeispiele); Köhler WM 2012, 149 (Immobilienkredite).

d) Abtretung der Darlehensforderung durch die Bank ist nicht durch das **G5a** Bankgeheimnis ausgeschlossen (→ Rn. A9 mwN, früher str.), auch kein Kündigungsrecht bei Forderungsabtretung. Verkauf und Abtretung von Darlehensforderungen sind für Verbriefung, Konsortialfinanzierung, interbankmäßige Refinanzierung und Sanierung unverzichtbar. Aber Schutz durch **(5)** BGB § 308 Nr. 9 BGB (2021), Kalisz WM 2022, 65, § 309 Nr. 10 (Klauselverbot ohne Wertungsmöglichkeit, Wechsel des Vertragspartners), §§ 492 Ia 3, 492a, 496 II (Informationspflichten), 498 III (Schonfrist bei Kündigung), 1192 Ia, 1193 II 2 BGB (Sicherungsgrundschulden) BGB, §§ 769 I 2, 799a ZPO, § 354a II HGB idF RisikobegrenzungsG 12.8.2008 BGBl. 1666. Dagegen verstößt die formularmäßige Vollstreckungsunterwerfung nicht gegen **(5)** BGB § 307 ff., auch wenn die Bank die Darlehensforderung nebst Sicherungsgrundschuld frei an beliebige Dritte abtreten kann, sofern der Zessionär der Grundschuld in den Sicherungsvertrag eintritt und diese Prüfung dem Klauselerteilungsverfahren vorbehalten ist, BGH NJW 2008, 3210 mAnm. M. Zimmer NJW 2008, 3185; BGH NJW 2010, 2041 mAnm. Hinrichs/Jaeger, 2017 u. Herrler BB 2010, 1931; Bork ZIP 2008, 2049; 2009, 1261; Freitag, Binder/Piekenbrock WM 2008, 1813 (1816); Habersack NJW 2008, 3173; Wellenhofer FS Hopt, 2010, 2679; aA Schimansky WM 2008, 1049; LG Hamburg NJW 2008, 2784, Grund: Schutz durch BGB, ZPO, RisikobegrenzungsG. Lit.: Bork 2011; Dörrie ZBB 2008, 292; Langenbucher NJW 2008, 3169 (RisikobegrenzungsG); Höche FS Nobbe, 2009, 317; Stürner ZHR 173 (2009), 363; Herrler NJW 2011, 2762; Bergjan ZIP 2012, 1997 (Übertragung von Kreditportfolien).

B. **Nichtige, widerrufene und sittenwidrige Darlehen: a)** Der Vertrag ist **G6** nach allgemeinen Regeln **nichtig**, §§ 104 ff., 117, BGH WM 1999, 1501 (iErg abl.), §§ 125, 134; 138, BGH ZIP 1990, 915 (Bordell); §§ 142 I, 179 BGB ua. Darlehen als Scheingeschäft iSv § 117 BGB s. BGH WM 1980, 380 (Schenkungssteuerersparnis, iErg nein); BGH WM 1993, 1504 (Mitunterzeichnung), auch → Rn. N2. Enthält ein Vertragswerk einen Darlehensvertrag und eine Grundstücksveräußerungs- oder -erwerbsklausel, setzt § 311b I BGB einen rechtlichen, nicht nur wirtschaftlichen Zusammenhang beider voraus, BGH WM 1979, 868; DNotZ 1985, 279; NJW 1986, 1984. Die Verbindung von Kredit und Besorgung von Rechtsangelegenheiten (Unfallhelferringe ua) kann wegen Verstoß gegen **RBerG** nach § 134 BGB nichtig sein, BGHZ 61, 317; BGH NJW 1977, 38; 1977, 431; WM 1978, 1062; NJW 1998, 1955; aA Canaris ZIP 1980, 709; Verstoß gegen RBerG bei kreditfinanzierten Immobiliengeschäften

(7) BankGesch G7–G9a

→ **(7) Bankgeschäfte** Rn. G/9, → Anh. § 177a Rn. 78a. Steuerhinterziehung nur, wenn sie Hauptzweck des Vertrags ist, OLG Hamm WM 1984, 1149. Verstoß gegen Verbot, Geschäftsanteile zu kreditieren (§ 22 IV 2 GenG), BGH NJW 1983, 1420. Verstoß gegen EU-Beihilferecht, vgl. EuGH WM 2012, 926 mAnm. Soltész WM 2012, 923, str., zur Rückabwicklung BGH WM 2006, 468; 2006, 2274. Auswirkungen missbräuchlicher AGB-Klauseln in Verbraucherkreditverträgen, EuGH WM 2012, 2046 mAnm Graf von Westphalen NJW 2012, 1770. Das sittenwidrige Geschäft kann nicht einfach durch Änderung der Preisabrede geheilt, sondern muss neu vorgenommen werden (§ 141 BGB), BGH WM 2012, 2015. Übersicht über Haftung der Banken aus §§ 138 BGB und § 826 BGB, Gehrlein WM 2021, 1.

G7 **Annuitätendarlehen:** Nachträgliche Tilgungsverrechnung (Annuitätendarlehen, § 20 II HypBG) ist mangels Effektivzinsangabe und Tilgungsplanüberreichung unwirksam, BGHZ 106, 42, Transparenzgebot **(5)** § 307 I 2 BGB, Köndgen NJW 1989, 943; Reifner NJW 1989, 952; Hunecke WM 1989, 553. Anforderungen an die Zinsberechnungsklausel je nach Durchschnittskunden ohne Überforderung des Verwenders, BGHZ 112, 115; BGH WM 1992, 395; 1995, 1262. Rückabwicklung → Rn. G11, Disagio → Rn. G4. Berechnung der Nichtabnahmeentschädigung wie bei vorzeitiger Ablösung (→ Rn. G16), BGHZ 146, 5. Verjährung auch des Tilgungsanteils der Zins- und Tilgungsraten nach § 197 aF BGB, BGHZ 148, 90.

G8 **Ehegattenmitverpflichtung** für Kredite → Rn. G10, G10a–c. Bank- oder Teilzahlungskreditaufnahme durch Ehegatten ist nicht durch **Schlüsselgewalt** (§ 1357 I BGB) gedeckt, Unterschrift beider ist nötig, LG Aachen NJW 1980, 1472; Wacke NJW 1979, 2588, str., aber uU Haftung des Kontoinhabers trotz Nichtwissen nach § 812 BGB (→ Rn. G11). **Vollmachtsklauseln,** die im Interesse des Verwenders den einen Kontoinhaber mit Wirkung für den anderen über bloße Kontoüberziehung im banküblichen Rahmen hinaus zur weiteren Kreditaufnahme berechtigen, sind nach **(5)** §§ 305c I, 307 BGB unwirksam, BGHZ 108, 98; BGH NJW 1991, 923. Gesamtschuldnerausgleich bei gemeinsamer Darlehensaufnahme s. BGHZ 87, 265.

G9 **Nicht** zu Nichtigkeit führen Verstöße gegen das **KWG** (→ Rn. A5); gegen PAngV (→ Rn. G5), BGH WM 1980, 306; aA Canaris Rn. 1303a; gegen Beleihungsgrenze bei Hypotheken- und Schiffsbanken, BGH WM 1980, 862. **§ 56 I Nr. 6 GewO** umfasst nicht mehr den Abschluss von Darlehensgeschäften im Reisegewerbe, sondern nur noch ihre entgeltliche Vermittlung (→ HGB § 93 Rn. 5).

G9a **Außerhalb von Geschäftsräumen geschlossene Verträge (früher: Haustürgeschäfte):** Regelung aufgrund HaustürRL 1985 und VerbrKrRL 2008 ua in §§ 355 ff. BGB idF VerbrKrRLUmsetzungsG; nunmehr Konsolidierung der HaustürRL und FernabsatzRL (→ Rn. G/9e) durch VerbrRechteRL 2011/83/EU v. 25.10.2011 ABl. L 304, 64, umgesetzt durch VerbrRechteRLUmsG 20.9.2013, mit Vollharmonisierung in ihrem Geltungsbereich (ohne Finanzdienstleistungen, Art. 3 III lit. d, zahlreiche Ausnahmen im UmsetzG), Informationspflichten, Widerrufsrecht und Bestimmungen über Lieferung, Entgelte, Risikoübergang und zusätzliche Zahlungen. Eine Vertragsschlusserklärung, zu der der Kunde durch mündliche Verhandlungen an seinem Arbeitsplatz oder im Bereich einer (nicht nur seiner) Privatwohnung, anlässlich einer vom Unternehmer oder von einem Dritten zumindest auch im Interesse des Unternehmers durchgeführten Freizeitveranstaltung oder im Anschluss an ein überraschendes Ansprechen im Bereich öffentlicher Verkehrswege bestimmt worden ist, kann durch **Widerruf binnen zwei Wochen** (zur Fristwahrung genügt rechtzeitige Absendung) unwirksam werden (§§ 312g, 355 BGB); Ausnahmen (§ 312g II BGB), bei vorheriger Bestellung, BGHZ 109, 127; 110, 308. Form, Belehrung, Rechtsfolgen s. §§ 355 ff. BGB. EG-HaustürRL umfasst auch Realkredite, EuGH

V. Bankgeschäfte G9b BankGesch (7)

WM 2001, 2434 – Heininger, auch Kapitalanlage im geschlossenen Immobilienfonds in Form einer PersonenGes, EuGH NJW 2010, 1511 – Friz mAnm. Miras; Habersack ZIP 2010, 775; Kindler NZG 2010, 603. Zurechnung der Haustürsituation an die kreditgebende Bank nach rein objektiven Gesichtspunkten (nicht nach den Grundsätzen von § 123 II BGB), BGHZ 167, 252; BGH WM 2006, 220; 2006, 674; 2006, 2304 (II u. XI ZS, RsprÄnd nach EuGH s. unten). Rechtsfolgen der **fehlerhaften Gesellschaft** (→ § 105 Rn. 75) sind anwendbar, also Beteiligung des Verbrauchers an den Verlusten des Fonds und Anspruch nur auf Auseinandersetzungsguthaben mit Wert zum Zeitpunkt des Ausscheidens, EuGH NJW 2010, 1511 – Friz mAnm Habersack ZIP 2010, 775; Armbrüster EuZW 2010, 614; Ensthaler/Kluge BB 2010, 2835, auf Vorlagebeschluss BGH (II ZR) WM 2008, 1026 mAnm. Oechsler WM 2008, 2471; Schäfer ZIP 2008, 1022; Wagner NZG 2008, 447, dann auch Verlustdeckungspflicht nach § 739 BGB, BGH NJW 2010, 3096 – Friz II mAnm. Schäfer ZGR 2011, 352; BGH WM 2010, 1589. Umfangreiche und kontroverse Rspr. zu HaustürWG im Zusammenhang mit kreditfinanzierten Immobilien(fonds)geschäften, s. → Rn. G/9b sowie Komm. zu BGB. Lit.: umfassend Nobbe (II ZS) WM Sonderbeil. 1/2007, 11; Hammen WM 2008, 233; Mörsdorf ZIP 2012, 845; Schwab/Giesemann EuZW 2012, 253 (VerbrRechteRL); Förster ZIP 2014, 1569 (VerbrRechteRLUmsG).

Kreditfinanzierte Immobilien(fonds)geschäfte: Höchst streitig ist die **G9b** Rückabwicklung solcher Geschäfte („**Schrottimmobilien**"). Nach dem **EuGH** WM 2005, 2079 = NJW 2005, 3551 – Schulte; EuGH WM 2005, 2086 = NJW 2005, 3555 – Crailsheimer Volksbank erfasst zwar die VerbraucherkreditRL Immobilienkredite nicht, während die EG-HaustürRL auf sie unabhängig von Kenntnis oder Kennenmüssen der Haustürsituation anwendbar ist; beide stehen nicht entgegen, dass bei Widerruf der Verbraucher die Darlehensvaluta samt Zins sofort an den Darlehensgeber zurückzahlen muss; aber der Verbraucher müssen wirksam gegen Risiken mangels Belehrung geschützt werden (Art. 4). Was Letzteres konkret bedeutet, ist kontrovers, BGH (XI ZS) WM 2006, 1197 mwN; Hoffmann ZIP 2005, 1985; Habersack JZ 2006, 91; Oechsler NJW 2006, 2451; Lang/Rösler WM 2006, 513; Piekenbrock WM 2006, 466; Hofmann WM 2006, 1847; Jungmann WM 2006, 2193; Franzen FS Canaris, I, 2007, 251. Relevant dürfte ua sein, in welchen Verbundfällen die Bank trotz Fehlens einer Verbundklausel in der RL (so auch EuGH) als nach Art. 4 belehrungspflichtiger Gewerbetreibender angesehen muss. vgl. Schulte Rn. 98, 100). Der **BGH XI ZS** stRspr hält de lege lata den widerrufenden Anleger für verpflichtet, die Darlehensvaluta an die Bank zurückzubezahlen, BGH (XI ZS) BGHZ 150, 248; 152, 331; BGH NJW 2003, 199; 2004, 153 (154) (Vertretung); BGH WM 2006, 1194; 2006, 2303 (nach EuGH). Immobilienkredit liegt auch vor, wenn der Erwerber das Grundpfandrecht nicht selbst bestellt, sondern ein bestehendes (teilweise) übernimmt, BGHZ 161, 26; 167, 223; BGH WM 2006, 1060; 2006, 2343 (gegen BGH II ZS BGHZ 159, 307, aber II ZS hält daran nicht mehr fest, so BGHZ 167, 238). Empfangen hat der Darlehensnehmer die Valuta **auch bei verbundenen Geschäften** (auch bei Immobilienfonds in der Form einer PersonenGes, BGH WM 2011, 829 für eG, dann auch Rechtsfolgen der fehlerhaften Ges., wie → Rn. G/9a) durch weisungsgemäße Auszahlung an den Verkäufer, BGHZ 167, 223 (239, 263); BGH WM 2006, 1060, (XI ZS, II ZS hält an gegenteiliger Auffassung nicht mehr fest, so BGHZ 167, 266), an den (im Zeitpunkt der Auszahlung) bevollmächtigten Treuhänder, BGH NJW 2012, 3294. Bei verbundenem Geschäft kann der getäuschte Darlehensnehmer auch der finanzierenden Bank seine Ansprüche gegen die Fondsgesellschaft entgegenhalten, soweit ihm gegen letztere ein Abfindungsanspruch zusteht, BGHZ 156, 46 (II ZS); 167, 239 (XI ZS), nicht dagegen seine Ansprüche gegen Gründungsgfter, Fondsinitiatoren, maßgebliche Betreiber, Manager und Prospektherausgeber,

(7) BankGesch G9c

BGHZ 167, 239 (gegen BGH II ZS BGHZ 159, 307); BGH WM 2007, 1367. Der Darlehensnehmer kann bei einer idR auch insoweit kausalen arglistigen Täuschung auch den Darlehensvertrag anfechten (§ 123 BGB) und auch gegen die Bank seinen Anspruch aus culpa in contrahendo gegen den Vermittler (nicht Dritter iSv § 123 II BGB) geltend machen, BGHZ 167, 239 (gegen BGH [II. ZS] BGHZ 159, 280, aber II. ZS hält daran nicht mehr fest, so BGHZ 167, 250; vgl. hier 32. Aufl.). Fahrlässige Aufklärungspflichtverletzung des Vermittlers genügt nicht, BGH WM 2010, 2304. **Zur** Nichtigkeit des Kreditvertrags wegen **Nichtigkeit der Treuhändervollmacht nach Art. 1 § 1 RBerG,** BGHZ 159, 294 (II ZS); BGH NJW 2006, 1008 (XI ZS), dies **aber nur, wenn keine Rechtsscheinvollmacht eingreift,** BGHZ 167, 223 (XI ZS gegen II ZS, Nobbe WM Sonderbeil 1/2007, 3); BGH WM 2008, 683 – Crailsheimer Volksbank; **näher → Anh. § 177a Rn. 78a.**

G9c Der BGH (XI ZS) arbeitet verstärkt mit der Aufklärungspflicht der Bank auf Grund von konkretem **Wissensvorsprung** (→ Rn. A25), so schon früher zB wenn eine Mietgarantie wegen Überschuldung offenkundig wertlos und die Anlage deshalb ein höchst risikobehaftetes Vorhaben ist, BGH NJW 2004, 2741. Bei **institutionalisiertem Zusammenwirken der Bank mit Verkäufer oder Vertreiber** gelten zum Wissensvorsprung im Hinblick auf die Rspr. des EuGH (EuGH DNotZ 2006, 266 – Schulte/Badenia AG; EuGH DNotZ 2006, 273 – Crailsheimer Volksbank; s. → Rn. G/9b) **strengere Anforderungen an die Bank,** Beweiserleichterung durch widerlegliche **Vermutung der Kenntnis** der Bank unter bestimmten Voraussetzungen, ua **bei evidenter Unrichtigkeit** (objektive Evidenz, BGH WM 2010, 2070) der Angaben des Vermittlers oder im Prospekt (nicht bloße Anpreisungen), BGH WM 2006, 1194 (XI ZS, Ergänzung der Rspr., 1200); BGH WM 2007, 200; 2007, 882; 2007, 1257; 2007, 1456; 2008, 115 (prospektwidriger Mangel betriebswirtschaftlicher Vermietbarkeitsuntersuchung), BGH WM 2008, 688; 2008, 1260; 2008, 1346; 2008, 1396; BGH WM 2009, 1032; 2010, 2069; 2011, 310; NJW 2010, 598; BGH ZIP 2010, 72 (Wissenszurechnung der VertriebsGes, → Rn. A16); BGH WM 2011, 310; 2011, 449; OLG Schleswig WM 2010, 258; OLG München WM 2012, 168 (Filmfonds); Lang WM 2007, 1728. Zu den Beweisanforderungen bezüglich arglistiger Täuschung und Kausalität BGH WM 2006, 1194; 2006, 2343; 2006, 2350; 2008, 971; 2008, 1596; KG WM 2008, 1123; OLG Karlsruhe WM 2013, 641, sehr str. Institutionalisiertes Zusammenwirken liegt nicht schon bei bloßer Abgabe einer allgemeinen Finanzierungszusage vor, sondern setzt ständige Geschäftsbeziehung voraus, zB konkrete Vertriebsabsprachen, gemeinsames Vertriebskonzept, indiziell Überlassung von Büroräumen oder Bankformularen, wiederholte Finanzierungsvermittlung ua, BGH WM 2007, 882; 2007, 1257 (vgl. → Rn. G40 zu den objektiven Verbindungselementen beim Finanzierungsdarlehen); BGH NJW 2008, 3423 („Näheverhältnis"/„Nähebeziehung"). Mangels eigenen Aufklärungsverschuldens haftet die Bank für arglistige Täuschungen des Vermittlers nur im Bereich der Anbahnung des Kreditvertrags, nicht für Erklärungen zum Wert des Objekts ua, diese liegen außerhalb des Pflichtenkreises der Bank, BGH NJW 2006, 2106. Die Divergenzen zwischen dem XI und II ZS dürften, wie eingehend angemerkt (32. Aufl.), im Wesentlichen beigelegt sein. Erhebliche Unsicherheiten zur Fortbildung der WissensvorsprungsRspr, auch im Hinblick auf EuGH, bestehen fort, zB OLG Karlsruhe WM 2007, 355; Jungmann NJW 2007, 1562. Aufklärung über versteckte Innenprovisionen bei Bauherren-, Bauträger- und Erwerbermodellen → HGB § 347 Rn. 30. **Rückforderung** der trotz dauernder Einrede auf den Kredit geleisteten Zahlungen kann der Verbraucher vom Kreditgeber nach § 813 I 1 iVm § 812 I 1 verlangen (kein Rückforderungsdurchgriff analog § 9 II 4 VerbrKrG, gegen BGHZ 156, 54 II ZS, aber „kleiner Rückforderungsdurchgriff" bei Bestehen rechtshindernder Einwendungen aus dem finanzierten Vertragsverhältnis, § 813 BGB), BGHZ 174,

334; BGH WM 2008, 986; NJW 2010, 596; WM 2011, 261. Die Bank kann im Rahmen der Rückabwicklung nicht Übereignung der finanzierten Eigentumswohnung verlangen, BGH NJW 2007, 3127. Zur Verjährung BGH WM 2008, 1346; NJW 2010, 596. Zur Staatshaftung bei Schrottimmobilien Kahl/Essig WM 2007, 525. Lit.: Nobbe WM Sonderbeil 1/2007, 1; Mayen FS Nobbe, 2009, 399 u. Bankrechtstag 2008, 11 (Bericht WM 2008, 1436); Schoppmeyer WM 2009, 10 (Instanzgerichte); Stackmann NJW 2013, 341 (Rückabwicklung von Finanzanlagen); Wiechers WM 2013, 341 (Schrottimmobilien).

Gesamtkonzept des BGH (XI ZS) laut Mayen (XI ZS) Bankrechtstag 2008, **G9d** 12: (1) Die Wirksamkeitseinwendungen nach RBerG und VerbrKrG sind, bei finanzierten Fondsbeitritten und Wohnungskäufen gleichermaßen, vom Vorliegen eines Verbundgeschäfts unabhängig. (2) Auf das Vorliegen eines Verbundgeschäfts (§ 9 VerbrKrG, → Rn. G36, 39 ff.) kommt es dagegen in zwei Fallgruppen an: (a) für Rückabwicklung auf Grund wirksamen Widerrufs des Darlehensvertrags nach dem HWiG und (b) für Rückabwicklung ohne Rückzahlung des Darlehensbetrag wegen Anfechtung nach § 123 BGB oder kraft Schadensersatzanspruchs aus zugerechnetem vorsätzlichen Aufklärungsverschulden; hier kein Verbundgeschäft bei realkreditfinanzierten Wohnungskäufen oder Immobilienfondsbeteiligungen (wegen § 3 II Nr. 2 VerbrKrG, so auch unter HWiG, auch nicht über § 278 BGB) und bei arglistiger Täuschung durch FondsGfter, Initiatoren, maßgebliche Betreiber und Prospektherausgeber; in der Fallgruppe (b) aber doch Beweiserleichterung für die Anleger bei institutionalisiertem Zusammenwirken der Bank mit dem Vertrieb.

Verbraucherverträge (§§ 312 ff., 355 ff. BGB): Konsolidierung der Fern- **G9e** absatzRL und der HaustürRL (→ Rn. G/9a) durch VerbraucherrechteRL 25.10.2011 ABl. L 304, 64, ohne Finanzdienstleistungen (Art. 3 III lit. d), Umsetzung ua durch §§ 312 ff., 355 ff. BGB idF VerbrRechteRLUmsetzG 26.9.2013. Zum **Widerrufsrecht** nach §§ 355 ff., 495 BGB gibt es eine **umfassende**, in die Details gehende **Rspr. des BGH, die hier nicht nachgewiesen** werden kann; von 650 Neueingängen in einem Jahr 75% Widerruf eines Verbraucherdarlehensvertrags, Grüneberg BKR 2021, 121. Auch EuGH ZIP 2019, 1802 (Romano), Freitag WM 2020, 293. Lit.: Bittner/Clausnitzer/Föhlisch 2014; Benecke ZIP 2016, 1897 (Grenzen des Widerrufsrechts); weniger restriktiv EuGH ZIP 2019, 1802 (Romano), Freitag WM 2020, 293; EuGH WM 2020, 688 (unzulässiger Kaskadenverweis) mit potentiell weitreichenden Auswirkungen auf Widerrufsfrist ua bei Immobilien- und Autofinanzierung; Freitag ZBB 2020, 205 (eur./dtsch Recht). **RsprÜbersicht**: Lechner WM 2017, 698 (737) (Widerruf von Verbraucherkreditverträgen); Grüneberg WM 2017, 7 (XI. ZS); BKR 2019, 1; Stackmann NJW 2017, 2383; 2018, 2367; 2020, 2374 f. (Widerrufsbelehrungen); Peters WM 2020, 1348; 2020, 1393; Grüneberg BKR 2021, 121.

b) Hochverzinsliche Darlehen sind aber nach § 138 I BGB **sittenwidrig,** **G10** **wenn** zwischen den Leistungen des Darlehensgebers und den durch einseitige Vertragsgestaltung festgelegten Gegenleistungen des Darlehensnehmers (1) objektiv ein **auffälliges, grobes Missverhältnis** besteht **und** (2) der Darlehensgeber in Kenntnis oder zumindest leichtfertiger Unkenntnis der auf Grund seiner wirtschaftlichen Überlegenheit für den Darlehensnehmer bestehenden **Zwangslage** diese zu seinem Vorteil **ausnutzt.** Dazu ist (3) eine **Gesamtwürdigung aller Umstände** nötig, stRspr zusammenfassend BGHZ 80, 153; 98, 174; BGH NJW 1982, 2433 (2436); 1983, 2692; 1986, 2568; 1987, 2220; WM 1991, 179 (Kontokorrentkredit); BGH WM 2016, 2384 (keine pauschalierendes, vereinfachtes Ertragswertverfahren). Das grobe Missverhältnis führt zu einer tatsächlichen Vermutung der verwerflichen Gesinnung, befreit aber nicht von der Behauptungslast, BGHZ 146, 298; BGH NJW 2010, 363. Rspr. bei (Staub)/Grundmann/Renner 2020 Teil 4 Rn. 271 ff.

(7) BankGesch G10a

Wichtigste Bewertungsgrundlage ist dabei ein **Vergleich des effektiven Vertragszinses mit dem marktüblichen Effektivzins**, BGHZ 110, 336. Der **Effektivzinssatz** versteht sich samt Auslagen, Inkassogebühren, Bearbeitungsgebühren, Vermittlungsprovision (auch bei eigenem Anspruch des Kreditvermittlers gegen den Darlehensnehmer); Belastungen und Vertragsklauseln für den Verzugsfall, auch wenn sie nach **(5)** §§ 305 ff. BGB nichtig sind, BGHZ 80, 172; 98, 177; Umschuldung s. unten. Festkredit mit Kapitallebensversicherung ist wie marktüblicher Ratenkredit zu behandeln, BGHZ 111, 117. Belastungsmindernd sind dem Kreditnehmer erwachsende Vorteile anzusetzen, BGHZ 111, 122, so bei der Kapitallebensversicherung Gewinnbeteiligung und Steuervergünstigungen. Maßgebend sind die von der Bank ausbedungenen Rechte, nicht welche sie idR oder im Einzelfall tatsächlich geltend macht, BGH NJW 1982, 2434.

Der **Marktvergleich** ist mit finanzmathematisch genauer **Methode** vorzunehmen. Bei Kreditlaufzeiten über 48 Monate ist die Uniformmethode zu ungenau, BGH NJW 1987, 2220. Früher Rückgriff auf den von der DBBk ermittelten „Schwerpunktzins" (Durchschnittszins aller, nicht nur der Teilzahlungs-Banken, unterschiedliche Kosten- und Risikostruktur der Letzteren wird bei der Frage des „groben" Missverhältnisses berücksichtigt, str.), BGHZ 98, 175. Der Rückgriff auf die seit 2003/2011 EWU- bzw. MFI-Zinsstatistik ist umstritten, ggf. Sachverständigengutachten, Ellenberger/Bunte Bankrechts-HdB/Pamp § 62 Rn. 24, aA LG Saarbrücken ZIP 2020, 2060. Beim Vergleich zwischen Vertrags- und Marktzins sind Vermittlerkosten nur bei den Vertragszinsen, nicht auch den Marktzinsen anzusetzen, BGHZ 101, 392; BGH NJW 1987, 181. Die Kosten der Restschuldversicherung sind weder in den Vertrags- noch in den Marktzins einzubeziehen, BGH NJW 1988, 1661; WM 1993, 1325, hL, aA Reifner BKR 2009, 55, aber wohl nur, wenn Restschuldversicherung nicht zwingende Vorgabe war, noch offen BGH WM 2012, 30, str.

Absolute Zinsobergrenzen bestehen **nicht.** Feste Grenzprozentsätze für Teilzahlungskredite (als stets unwirksam oder stets wirksam) sind schon angesichts der Marktzinsschwankungen mit der stRspr abzulehnen, zB BGH NJW 1987, 182. Damit nicht zu verwechseln sind die in der Rspr. geltenden **Richtwerte.** Als kritische Grenze gelten ein **absoluter Zinsunterschied von 12 Prozentpunkten** zwischen Vertrags- und Marktzins (auch in Hochzinsphase), BGHZ 110, 336; BGH WM 1989, 1675, oder die **relative Überschreitung des marktüblichen Zinses um 100%** (ohne Berücksichtigung der Erwerbsnebenkosten), BGHZ 146, 301; BGH NJW 2003, 2530; 2004, 156; 2007, 3200; 2008, 1588; WM 2012, 31; 2017, 80 Rn. 34; 2017, 84 Rn. 32. Diese Richtwerte gelten aber nicht starr, zB mehr als 110% bei langfristigen Ratenkrediten aus Niedrigzinsphase, BGH WM 1991, 216; Sittenwidrigkeit kann aber auch schon zwischen 90–100 % anzunehmen sein, BGH WM 1990, 535; 1991, 272; 2012, 31. Auch eine **darunter** liegende Überschreitung macht den Teilzahlungs- oder Ratenkreditvertrag zwar nicht schon für sich allein sittenwidrig, aber zusammen mit Umständen, vgl. BGHZ 80, 153; BGH NJW 1987, 183 (auch bei absolut gesehen niedrigen Zinsen).

G10a **Finanzielle Überforderung bei Ausnutzung emotionaler Bindung:** Grundsätzlich kann jeder Volljährige ihn finanziell überfordernde Verbindlichkeiten eingehen, die ihn lebenslang auf den pfändungsfreien Teil seiner Einkünfte beschränken; die kreditgewährende Bank handelt, auch wenn sie sich darüber im Klaren ist, noch nicht sittenwidrig, die Rspr. zusammenfassend Schimansky WM 2002, 2437. Finanzielle Überforderung kann aber dann sittenwidrig sein, wenn die Bank Dritte unter Ausnutzung ihrer emotionalen Bindung zum Kreditnehmer in die Darlehens(rückzahlungs- und zins)haftung einbindet (im folgenden RsprGrundsätze genannt, hier → Rn. G10a) oder wenn sonstige besondere, der Bank zurechenbare Umstände hinzukommen (→ Rn. G10b), stRspr (XI ZS), BGH WM 1999, 1556 (Vorlagebeschluss an GrS, aber Revisionsrücknahme);

BGHZ 146, 37; 151, 34; BGH NJW 2002, 744 (746, 2230); 2005, 971 (973); 2009, 2671; WM 2013, 608; 2014, 989; 2017, 93; OLG Nürnberg WM 2010, 2348 (auch bei Verbraucherkredit), OLG Koblenz WM 2013, 882; früher abw. IX ZS (s. 30. Aufl.), aber überholt, vgl. schon BGH WM 2000, 410 (IX ZS) und Zuständigkeitswechsel zu Bürgschaftsrecht seit 1.1.2001. Diese RsprGrundsätze tragen der richtig verstandenen Gewährleistung der Privatautonomie Rechnung (Art. 2 GG), vgl. BVerfG WM 1993, 2199; dazu Schimansky WM 1995, 461; Joswig, Krämer FS Schimansky, 1999, 335 (367); Zöllner WM 2000, 1, str., nämlich Pflicht zur Inhaltskontrolle von Verträgen, die einen der beiden Vertragspartner ungewöhnlich stark belasten und das Ergebnis strukturell ungleicher Verhandlungsstärke sind; diese sehr allgemeinen verfassungsrechtlichen Kriterien müssen aber und können auch zivilrechtsdogmatisch präzisiert und praktikabel gemacht werden. Viele streitige Einzelheiten sind mittlerweile in der Rspr. des XI ZS geklärt und für die Kreditpraxis kalkulierbar. Lit.: Nobbe/Kirchhoff BKR 2001, 5; Schimansky WM 2002, 2437; Meder, Müller FS M. Wolf, 2011, 253 (269).

(1) **Abgrenzung zwischen echten Mitdarlehensnehmern und aus emotionaler Bindung mithaftenden Dritten:** Üblicherweise wird zwischen Mitdarlehensnehmern und mithaftenden Dritten unterschieden. Echter Mitdarlehensnehmer ist danach nur, wer erkennbar ein eigenes sachliches und/oder persönliches Interesse an der Kreditaufnahme hat und im Wesentlichen gleichberechtigt über die Auszahlung bzw. Verwendung der Darlehensvaluta mitentscheiden darf, bloßer Mithaftender bzw. Dritter ist, wer der Bank nicht als gleichberechtigter Darlehensnehmer gegenübersteht, BGHZ 146, 37; BGH WM 2009, 646; NJW 2009, 2672; WM 2017, 93 Rn. 16; was der Fall ist, richtet sich aber ausschließlich nach den für die Bank erkennbaren Verhältnissen auf Seiten der Vertragsgegner der Bank ohne Rücksicht auf Formulierungen im Darlehensvertrag, BGH NJW 2002, 744; 2002, 2705; OLG Karlsruhe WM 2013, 460. Für echte Mitdarlehensnehmer sprechen unmittelbare, gewichtige, geldwerte Vorteile; nur mittelbare, vor allem emotionale, aber auch geldwerte Vorteile genügen nicht, näher unten (5). Die Unterscheidung als solche hilft deshalb nicht für die Anwendung der RsprGrundsätze, sondern ist eher die Folge der Anwendung derselben; sie bietet nur eine Kurzformel für die Abgrenzungskriterien bei der Beurteilung von Mithaftungserklärungen, Schimansky WM 2002, 2438. Maßgeblich für die Abgrenzung ist der wahre Parteiwille (§§ 133, 157 BGB), Bezeichnung ist nicht entscheidend, BGH WM 2005, 418. Bsp.: Kreditfinanzierter Kauf eines gemeinsam zu nutzenden Pkw, BGH WM 2004, 1083; Wassermann WM 2004, 1611; Wassermann Schr. BrV Bd. 24 (Bankrechtstag 2004), S. 85. Die Bank muss Mitdarlehensnehmerschaft **beweisen,** der Schuldner sekundär das mangelnde Eigeninteresse darlegen, BGH WM 2009, 645. Lit.: Schimansky WM 2002, 2437; Madaus WM 2003, 1705.

(2) **Anwendungsbereich der RsprGrundsätze: (1) Auf Darlehensnehmerseite:** Die RsprGrundsätze gelten auf Darlehensnehmer- bzw. Mithaftendenseite für Mithaftung und Bürgschaft (nicht: bloße dingliche Haftung des zu finanzierenden Objekts, auch falls Eigenheim, oder sonstige Sicherheitenhingabe; Vollmachtsklauseln, → Rn. G/8) von grundsätzlich **allen dem Hauptschuldner persönlich nahestehenden Sicherungsgebern (Kindern, Ehegatten, Lebenspartnern und Verwandten)** im alleinigen Interesse des Kreditgebers, zB Mithaftung oder Bürgschaft einer Hausfrau für Betriebsmittelkredit des Ehemanns oder dessen Ges. **Nicht Gesellschaft und Geschäftsführer:** Die RsprGrundsätze gelten nicht (keine Ausnutzung emotionaler Verbundenheit) für GmbHGesellschafter und GmbHGeschäftsführer, grundsätzlich selbst bei bloßer Strohmannsfunktion, BGH NJW 2002, 956; 2002, 1337; OLG Schleswig WM 2011, 69, HdlBevollmächtigte, die anstelle des Geschäftsführers GmbH leiten, BGH NJW 2000, 1179, und Kommanditisten, die für ihre Ges. Mithaftung übernehmen oder

(7) BankGesch G10a

bürgen, BGH WM 2002, 1647, auch bei gemeinnütziger GmbH, BGH WM 2002, 923; „maßgebliche" Beteiligung (zB 10%) genügt, anders nur bei unbedeutenden Bagatell- und Splitterbeteiligungen, BGH NJW 2003, 967. Sittenwidrigkeit kann aber auch in solchen GfterFällen vorliegen, wenn der Gfter nur Strohmannfunktion hat, die Mithaftung oder Bürgschaft nur aus emotionaler Verbundenheit mit der hinter ihm stehenden Person übernimmt und beides für die kreditgebende Bank evident ist, BGH WM 2002, 1647, oder wenn besondere, der Bank zurechenbare Umstände hinzukommen (→ Rn. G10b). **(2) Auf Darlehensgeberseite:** Gebunden sind durch die Grundsätze der Rspr. nicht nur **Kreditinstitute**, sondern auch **andere gewerbliche und berufliche Kreditgeber** (iSv §§ 491 ff. BGB), BGH NJW 2002, 746; auf private Kreditgeber ausdehnend OLG Brandenburg WM 2007, 1021, problematisch. Die finanzielle Überforderung muss der Bank bewusst sein; aber das Unterlassen eigener banküblicher bzw. zumutbarer Nachforschungen steht gleich.

(3) **Finanzielle Überforderung bei Ausnutzung emotionaler Bindung des Mithaftenden oder Bürgen** ist grundsätzlich **auch ohne Hinzutreten besonders belastender Umstände sittenwidrig.** Das Interesse der Bank am Schutz vor Vermögensverschiebungen schließt dies grundsätzlich nur bei einer ausdrücklichen Beschränkung der Haftung auf den Fall der Vermögensverschiebung aus, BGHZ 151, 34; BGH NJW 2002, 2230 (Aufgabe von BGH NJW 1999, 58). **Bei krasser finanzieller Überforderung** besteht nach den RsprGrundsätzen eine tatsächliche (widerlegliche) **Vermutung**, dass die Bank die emotionale Beziehung zwischen Hauptschuldner und Mithaftendem sittenwidrig ausgenutzt hat, BGHZ 156, 307; BGH WM 2005, 422; 2017, 93 Rn. 20, so auch bei Arbeitnehmerbürgschaften ohne Gegenleistung, BGH NJW 2018, 3637. Krasse finanzielle Überforderung ist grundsätzlich dann zu bejahen, wenn der Mithaftende oder Bürge bei Übernahme der Verpflichtung voraussichtlich (Prognose auf Vertragslaufzeit, auch sehr kurze) **nicht einmal in der Lage** sein wird, auch nur die **vertraglich vereinbarten Darlehenszinsen** der Hauptschuld aus dem pfändbaren Teil seines Einkommens oder Vermögens bei Eintritt des Sicherungsfalls dauerhaft zu tragen, BGH NJW 2002, 746; 2009, 2672. Die Überforderung kann auch aus mehreren einzelnen Bürgschaften resultieren, OLG Köln WM 2003, 286. Haftung für Nebenforderungen, BGH WM 2013, 608 m. krit. Anm. Weber BB 2013, 980. Zur Relevanz einer Selbstauskunft des Bürgen, BGH WM 2014, 989. Abzustellen ist auf die **Vermögens- und Einkommensverhältnisse allein des Mithaftenden oder Bürgen** (Einzelbetrachtung), nach früherer aA anders mit Ehegatten, nicht mehr BGH WM 2000, 410 (IX ZS). Bei Grundbesitz sind anderweitige dingliche Belastungen zu berücksichtigen. **Anderweitige Sicherheiten** schließen Sittenwidrigkeit nur aus, wenn es allenfalls zu einer die Finanzkraft des Mithaftenden oder Bürgen nicht übersteigenden „Ausfallhaftung" kommt, BGH NJW 2009, 2671. Sittenwidrige Arbeitnehmerbürgschaften, Schlosser/Simon WM 2020, 2262.

(4) **Maßgeblicher Zeitpunkt** für die Beurteilung der finanziellen Überforderung ist grundsätzlich die Übernahme der Verpflichtung, stRspr, BGH NJW 2002, 745; nach aA ist Zukunftsprognose auch auf Zeitpunkt des Eintritts der Fälligkeit der Bürgschaftsschuld zu beziehen, zB bei Schul- und Berufsbildung oder anderen erwerbsrelevanten Fähigkeiten. Später eingetretene Besserung der finanziellen Verhältnisse kann aber vorhersehbar gewesen sein.

(5) **Eigenes wirtschaftliches oder persönliches Interesse des Mithaftenden oder Bürgen an der Kreditaufnahme** kann einen **angemessenen Ausgleich** zur krassen finanziellen Überforderung bilden und die obige Vermutung widerlegen, s. oben (1), (2). Erforderlich ist aber ein **unmittelbarer Vorteil** (XI ZS), zB Miteigentum eines mit den Kreditmitteln zu erwerbenden Grundstücks, BGHZ 120, 278, notarieller Entwurf über hälftiges Miteigentum am Objekt, BGH NJW-RR 2004, 337, Beteiligung an dem finanzierten Objekt in nennens-

wertem Umfang, BGH WM 2005, 421, gemeinsames Darlehen für KfzKauf, BGH WM 2004, 1082, mitunternehmerische Stellung im Betrieb des Hauptschuldners, OLG Koblenz WM 2010, 1597, aber nur bei rechtlich oder wirtschaftlich hinreichend gesicherter, bedeutsamer Beteiligung am Betrieb und im Wesentlichen gleichberechtigter Entscheidung über die Darlehensverwendung, BGH NJW 2005, 971 (973); OLG Dresden WM 2003, 277. **Nicht** ausreichend ist für sich allein ein bloß **mittelbarer Vorteil** aus dem Kredit des Hauptschuldners, BGHZ 146, 37; BGH NJW 2005, 971; aA noch BGH WM 1998, 2367: innerer Zusammenhang; Beispiele: wirtschaftlich unrealistische Planung eines Betriebs als Existenzgrundlage der ganzen Familie, BGH NJW 2005, 971, Verbesserung des Lebensstandards oder der Wohnverhältnisse, BGH WM 2017, 93 Rn. 30, höhere Unterhaltsleistung an den mithaftenden bzw. bürgenden Ehegatten, so auch BGH WM 2000, 410 (IX ZS), Finanzierung von Wohnung im Alleineigentum des Lebensgefährten, BGH NJW 2009, 2672, Aussicht auf Arbeitsplatz, auch verantwortlich, im künftigen Betrieb, BGH WM 2005, 421, erhebliche Mitarbeit im Betrieb des Hauptschuldners, OLG Celle WM 2008, 296, Mitwohnen, uU auch aufgedrängte Übernahme eines eigenen Anteils an dem zu finanzierenden Objekt, Nutzung des bereits finanzierten Kfz für gemeinsame Familienbedürfnisse, OLG Karlsruhe WM 2013, 460, str. Mitverpflichtung der Geschäftsführer (Vater und Sohn) neben GmbH ist wirksam, BGH WM 1993, 1504, Gewährung von Eigenkapitalhilfen, BGH WM 2017, 93 Rn. 31, und oben (2), ebenso Schuldbeitritt von Ehefrau, wenn der Kredit überwiegend für Hausstandsgründung und dem gemeinsamen Interesse dienende Anschaffungen verwandt wird, BGH WM 1998, 2366. Die Beweislast für Eigeninteresse liegt bei der Bank, BGH NJW 2002, 745; OLG Celle WM 2004, 1957.

(6) **Rechtsfolgen:** Der Darlehensvertrag, der den Dritten finanziell überfordert und ihm unter Ausnutzung seiner emotionalen Verbundenheit gewährt wird, ist sittenwidrig und nichtig (§ 138 BGB). Bei entsprechendem Parteiwillen ist **Teilaufrechterhaltung** der sittenwidrigen Mithaftungsabrede möglich, sofern sich der Vertragsinhalt eindeutig abgrenzbar in den nichtigen Teil und den Rest aufteilen lässt, BGHZ 146, 37; BGH WM 2009, 645; OLG Nürnberg WM 2010, 2348.

Finanzielle Überforderung bei anderen, besonderen, der Bank zurechenbaren Umständen: In anderen Fällen der finanziellen Überforderung (also ohne Ausnutzung der emotionalen Verbundenheit), die der Bank auch hier bewusst sein muss (→ Rn. G10a (2)), kann bei Bürgschaften von Ehegatten ua die Sittenwidrigkeit des Darlehensvertrags nur bei besonderen, der Bank zurechenbaren Umständen angenommen werden, BGH NJW 2002, 956; WM 2002, 1647 (Nachweise unter III 3), zB Überrumpelung in der ehelichen Wohnung, Appell an eheliche Verbundenheit, Bagatellisierung der Unterschrift ua, BGHZ 120, 272; 135, 66; BGH WM 1998, 2366 (iErg abl.); OLG München WM 2012, 938 (iErg abl., auch → Rn. G/9a); Verschweigen der hoffnungslosen Lage des Hauptschuldners oder beschönigende Angaben über seine wirtschaftlichen Verhältnisse, BGH NJW 2018, 3637 Rn. 26 (zu Arbeitnehmerbürgschaft, → Rn. G10a (3)); Ausnutzung der geschäftlichen Unerfahrenheit, BGH WM 1997, 512, Beeinträchtigung der freien Entscheidung durch Irreführung, BGH WM 1998, 240, Schaffung einer seelischen Zwangslage, BGH WM 1997, 512, oder Ausübung unzulässigen Drucks, BGH WM 1996, 592; 1998, 240. Lit.: Grundlegend Nobbe/Kirchhof BKR 2001, 5 (Vorbereitung für GrS, aber Rücknahme der Revision, → Rn. G10a); Schimansky WM 2002, 2437.

Zinsanpassung bei noch wirksamem Geschäft unterliegt der Kontrolle nach § 315 BGB, BGH WM 1991, 179. **Bestätigung** des sittenwidrigen Geschäfts (§ 141 BGB) ist trotz Wegfalls einzelner Umstände idR unwirksam, es sei denn das neue Geschäft ist insgesamt nicht sittenwidrig, BGH NJW 1982, 1981. Sittenwidrigkeit des alten Geschäfts führt bei **Umschuldung** und Folgekreditvertrag nicht ohne Weiteres zur Sittenwidrigkeit auch des für sich nicht sittenwidrigen neuen, aber zur Vertragsanpassung, BGHZ 99, 333; BGH WM 1987, 463; 1988, 184; NJW 1988, 818; Prüfungspflicht bei externer Umschuldung, BGH WM 1990, 534; Zusatzkredit, BGH WM 1990, 625; Canaris WM 1986, 1413; Scholz WM 1987, 711; Münstermann WM 1987, 745. Zur **subjektiven Tatbestandsseite** gilt zugunsten von Verbrauchern eine widerlegbare Vermutung, BGHZ 98, 178.

G10d Ist Sittenwidrigkeit zu verneinen, kann die Bank doch mangels **Aufklärung** (→ Rn. A25), zB über die speziellen Nachteile und Risiken der Vertragsbindung (→ HGB § 347 Rn. 8 ff.) schadensersatzpflichtig sein, BGHZ 111, 117; BGH WM 1989, 665 (Festkredit mit Kapitallebensversicherung); BGH WM 1991, 179; NJW 2018, 848 (Finanzierungsberatungsvertrag) mAnm Buck-Heeb ZIP 2018, 705 je nachdem auch Hinweispflicht der Bank bei **Schuldmitübernahme** auf finanzielle Überforderung, falls nicht schon § 138 BGB eingreift, aA oder zumindest zu weit gefasst BGH WM 1990, 59. Hinweis auf allgemeine Lebensrisiken → Rn. G/8.

G11 C. **Bereicherungsausgleich:** Der Bereicherungsausgleich bei Nichtigkeit des Vertrags (→ Rn. G/6 ff.) erfolgt nach §§ 812 ff. BGB. Die Ausnutzung eines **rechtskräftigen Vollstreckungstitels** kann gegen § 826 BGB verstoßen, BGHZ 101, 380; BGH WM 1990, 391 (393), jedoch nach BGHZ 112, 54 nicht schon, wenn der Gläubiger mehr erhält, als ihm an sich zustünde. Voraussetzung für § 812 BGB ist, dass der Kunde auf Kosten der Bank **etwas erlangt** hat. Der Kreditnehmer hat nichts erlangt, wenn die Valuta direkt an einen jetzt vermögenslosen Dritten zur Finanzierung eines gleichfalls nichtigen Vertrags bezahlt wurde, BGHZ 71, 358 (Golden Products), ebenso wenn er den Verrechnungsscheck der Bank an den Dritten weitergibt, BGH WM 1979, 2145; 1979, 1595, ebenso wenn sein nach RBerG nicht wirksam bevollmächtigter Vertreter Auszahlung der Darlehensvaluta an Dritte anweist, BGH WM 2007, 733; die Bank muss ihrerseits an sie geleistete Raten zurückzahlen, soweit der Kunde nicht selbst ungerechtfertigt bereichert ist, BGH NJW 1979, 1598. Die Ehefrau hat nichts erlangt, wenn das gemeinsame Darlehen (in ihrem Einverständnis) auf das Konto des Ehemanns ausbezahlt wurde und sie darüber keine Verfügungsmacht hatte, BGH NJW 1982, 2436 mAnm Berkenbrock BB 1983, 278. Ist das Darlehen auf das Konto des Ehemanns ausbezahlt und dort von der verfügungsberechtigten Ehefrau verbraucht worden, haftet der Ehemann nach §§ 812, 818 IV, 819, 166 BGB, BGHZ 83, 298; krit. Wilhelm AcP 183 (1983), 1.

G12 Der Bereicherungsanspruch geht nach seinem **Umfang** auf Rückzahlung des Kapitals, aber erst nach Ablauf der in dem unwirksamen Vertrag vorgesehenen Laufzeit, BGH NJW 1979, 209 und auf Rückzahlung sämtlicher Kreditzinsen, Gebühren und der an Vermittler geflossenen Beträge, BGH WM 1983, 951; 1991, 624. Der Bereicherungsanspruch umfasst auch einen Teil der Restschuldversicherungsprämie, und zwar idR die Hälfte (Schätzung nach § 287 II ZPO), ferner Vorschusszahlungen auf Geschäftsanteile bei Kreditgenossenschaft, BGH NJW 1983, 1422; 1983, 2693. Zahlungen des Restschuldversicherers an die Bank mindern ihren Bereicherungsanspruch, KG NJW 1983, 291. Wertersatz für gezogene Nutzung (§ 818 II BGB) scheitert an § 817 S. 2 BGB, BGH NJW 1983, 1422; 1983, 2696, aA üL: für kapitalmarktorientierten Zins, s. Bunte NJW 1983, 2676. Jedenfalls erstreckt sich der Bereicherungsanspruch nicht auf den mit dem Darlehen rechtsgeschäftlich erlangten Gegenwert, zB Wohnung, seine Nutzung und Gewinn aus seinem Verkauf, BGH NJW 1983, 868; 1984, 230; WM 2007, 731 (anders bei Schadensersatz, → Rn. G47).

G13 **Bürgschaft:** Der zu Unrecht in Anspruch genommene Bürge hat gegen den Gläubiger Anspruch aus § 813 I 1 BGB, zB bei Unwirksamkeit der Sicherungsvereinbarung, BGH NJW 2018, 458. Die Bürgschaft erstreckt sich je nach Ausgestaltung auch auf Bereicherungsanspruch nach nichtigem Darlehen (Rspr. → HGB § 349 Rn. 4).

D. Kündigung: Für Leistungsstörungen gelten die allgemeinen Regeln (§§ 320 ff. BGB), jedoch wie bei allen Dauerschuldverhältnissen mit dem Recht zur fristlosen Kündigung statt Rücktritt. Dasselbe gilt für die Beendigung. Diese richtet sich zunächst nach den Parteiabreden, zB fester Termin, Kündigungsfrist, Verfallklausel. Kein dauernder Ausschluss der ordentlichen Kündigung eines unbefristeten Darlehens, BGH WM 1980, 381. Bei unerlaubter Kontoüberziehung (→ **(8)** AGB-Banken Nr. 12 Rn. 2) ist keine Kündigung nötig; die Bank hat Anspruch auf sofortige Rückzahlung, BGHZ 73, 209. Informatives Schaubild bei LBS/Krepold 14. Kap. Rn. 12. **G14**

Bei jeder Kündigung ist die **Trennung von Krediteröffnungsvertrag und einzelnen Kreditgeschäften** (→ Rn. G2) zu beachten und genau zu unterscheiden, ob der gesamte Krediteröffnungsvertrag oder nur innerhalb dieses Rahmens der einzelne (Darlehens-)Vertrag beendet wird (auch → **(8)** AGB-Banken Nr. 19 Rn. 9); Leistungsstörung und Kündigung im einen Verhältnis bedeuten nicht notwendig dasselbe auch im anderen Verhältnis, zB Kündigung des Krediteröffnungsvertrages bei Belassung des gewährten Darlehens bis zum Ende der für dieses vereinbarten Laufzeit. Vgl. zur Trennung zwischen dem Zahlungsdiensterahmenvertrag über das Girokonto (§ 675f II BGB, → Rn. C27) und einem damit zusammenhängenden Darlehen (Dispositionskredit) BGH WM 2015, 822 Rn. 34. **G15**

a) Ordentliche Kündigung, ist mangels besonderer, auch stillschweigender Vereinbarung (so zB bei auf bestimmte Dauer angelegtem Darlehenszweck, etwa Sanierungsdarlehen, BGH NJW 2004, 3780 (3782), auch → Rn. G18) jederzeit möglich (s. **(8)** AGB-Banken Nr. 18 I, 19 II; Nr. 19 I seitens der Bank jederzeit mit angemessener Kündigungsfrist; § 488 III BGB: drei Monate, aber dispositiv), BGH WM 1983, 1038; OLG Köln NJW 2001, 452; das Verbot der Kündigung zur Unzeit gilt auch hier (§§ 627 II, 671 II, 675 I iVm § 671 II BGB analog), aber ohne Unwirksamkeitsfolge für die Kündigung, BGH NJW 2003, 2676; vgl. auch BGH WM 1984, 586 (Vorankündigung), verschuldensunabhängiger Schadensersatzanspruch, (Staub)/Grundmann/Renner 2020 Teil 4 Rn. 148, 266. Kündigung erfolgt nicht zur Unzeit, wenn der Kunde angesichts erheblicher Kontoüberziehung mit Kündigung rechnen muss, OLG Schleswig WM 2011, 460. Grenzen können aus einer Pflicht zu Rücksichtnahme (§ 242 BGB) folgen, BGH WM 1977, 835 (langjähriges Baudarlehen); BGH NJW 1981, 1364; WM 1987, 921 (Verknüpfung mit langfristiger Lebensversicherung); OLG Hamm WM 1985, 1411. Eine allgemeine Pflicht zur Abmahnung besteht aber nicht, OLG Frankfurt a.M. WM 1992, 1018, das folgt aber nicht erst aus AGB. Grundsätzlich bestehen jedoch keine Rechtspflichten der Bank zur Kreditbelassung und Sanierung außer bei entspr. vertraglicher Zusage, OLG Düsseldorf WM 1989, 1838 (ausführlich); OLG Frankfurt a.M. WM 1992, 1018, auch nicht zur Deckung eines kurzfristigen Liquiditätsbedarfs und bei Sicherheitsstellung, OLG Zweibrücken WM 1984, 1635; Hopt ZHR 143 (1979), 139; K. Schmidt WM 1983, 492; Berger FS Westermann, 2008, 109 u. BKR 2009, 45; strenger Canaris ZHR 143 (1979), 113. Verwirkung des Kündigungsrechts ist möglich, BGH WM 20, 736 (Bausparkasse, iErg abl). Zur rechtsmissbräuchlichen Kündigung Renner FS Hopt 2020, 993. **G16**

b) Ordentliche Kündigung nach § 489 BGB: § 489 (früher § 609 aF BGB, zuvor § 247 aF BGB). § 489 BGB ist nicht auf Verbraucher beschränkt, vielmehr darf die **Bausparkasse** einen Bausparvertrag (in der Ansparphase ein vom Sparer der Bausparkasse gewährtes Darlehen, erst nach Zuteilung Darlehen der Bausparkasse an den Sparer) nach Ablauf von 10 Jahren nach Zuteilungsreife (mit dieser vollständiger Empfang) ordentlich kündigen (nunmehr § 489 I Nr. 2 BGB), hL, **G17**

(7) BankGesch G18, G19

BGH WM 2017, 616 mAnm Herresthal ZIP 2017, 852 und Piekenbrock JZ 2017, 1014; BGH NJW 2019, 2920 (→ zu **(9)** AGB-Spark Nr. 26 Rn. 1); OLG Frankfurt ZIP 2021, 1910. Zur AGB-Kontrolle OLG Stuttgart BKR 2019, 82 m. abl. Anm. Schön. Bei vorzeitiger Prolongation ist für den Fristbeginn der Zeitpunkt des Prolongationsvertrags maßgeblich (§ 489 I Nr. 2 BGB), OLG München WM 2017, 1221, str.; beim Forward-Darlehen Herresthal ZIP 2017, 1541. Keine Kündigung nach § 489 BGB bei Namensschuldverschreibungen (Sparkassenbrief), OLG München WM 2012, 1535. Lit.: (Staub)/Grundmann/Renner 2020 Teil 4 Rn. 230 ff.; Komm. zum BGB; Wiehe/Kleißendorf BKR 2016, 234; Bergmann WM 2016, 2153 (Bausparkassen); Herresthal ZIP 2016, 1257; Gottschalk/Spiegel WM 2017, 2179 (Zinsswap).

G18 c) **Außerordentliche Kündigung,** idR fristlos, ist wie bei allen Dauerschuldverhältnissen (§ 314 BGB) bei wichtigem Grund möglich; s. **(8)** AGB-Banken Nr. 18 II, 19 III nF 1.4.2002, zum Spezialfall des § 490 BGB → Rn. G19. Einschränkungen beim Verbraucherdarlehensvertrag in § 498 BGB. **Wichtiger Grund** ist zB unmittelbar drohende Gefahr der Zahlungsunfähigkeit, BGH NJW 2003, 2674; mangelnde Sicherung; schuldhafte Verschlechterung einer vom Darlehensschuldner gestellten Sicherheit (§ 490 I BGB, → Rn. G19, ist insofern nicht lex specialis); bei Sanierungsdarlehen wesentliche Verschlechterung, sodass Sanierung als nicht mehr aussichtsreich erscheint, BGH NJW 2004, 3782; (Staub)/Grundmann/Renner 2020 Teil 4 Rn. 260; Bitter/Alles WM 2013, 537; Zahlungsverzug mit mindestens zwei aufeinander folgenden Raten, BGHZ 95, 362 (AGB-Kontrolle), auch dann aber Grenze aus § 242 BGB, OLG Schleswig ZIP 2006, 1339 (3 Raten, aber Rückstand von nur 1,7 %). Zins- oder Tilgungsverzug und dadurch ausgelöster Eigenbedarf des Gläubigers; beharrliche Nichtvorlage der Kreditunterlagen nach § 18 KWG, jedenfalls bei Kündigungsandrohung, BGH WM 1994, 838; Verschweigen von Zwangsvollstreckung, auch ungefragt, OLG Saarbrücken WM 2006, 2251. Entscheidend sind aber immer Gesamtwürdigung und Interessenabwägung, BGH NJW 1986, 1928. Bestreiten des Anspruchs und Verweigerung der fälligen Ratenzahlungen aus erwägenswerten rechtlichen Zweifeln durch offenbar vertragstreuen Darlehensschuldner sind kein wichtiger Grund, der Gläubiger kann auf Feststellung oder wegen Besorgnis nicht rechtzeitiger Leistung (§§ 256, 259 ZPO) klagen, BGH NJW 1981, 1666. Nachschieben von Kündigungsgründen ist zulässig, auch wenn vorher schon bekannt; entscheidend ist allein Vorliegen im Zeitpunkt der Kündigung; BGH WM 1985, 1493. Ausnahmsweise ist auch vor der außerordentlichen Kündigung Abmahnung nötig, zB wenn der Kunde an der Missbilligung der Kontoüberziehung durch die Bank zweifeln kann, BGH NJW 1978, 947; BB 1980, 698; Schneider JR 1978, 416. Außerordentliche Kündigung nur innerhalb angemessener Frist, BGH WM 1980, 381; 1983, 753. Verhältnis der außerordentlichen Kündigung zur Störung der Geschäftsgrundlage, BGHZ 133, 320; BGH WM 1980, 380; Siol FS Hadding, 2004, 1156.

G19 d) **Außerordentliche Kündigung nach § 490 I, II BGB:** § 490 I BGB idF SMG (mit erheblicher Änderung zu § 610 aF BGB) gibt dem Darlehensgeber ein außerordentliches Kündigungsrecht (früher Widerrufsrecht), das eine besondere Ausformung von § 314 BGB ist und im Übrigen § 313 BGB (Störung der Geschäftsgrundlage) und § 314 BGB (→ Rn. G18) unberührt lässt (§ 490 III BGB). Die Kündigung nach § 490 I BGB, auch Teilkündigung, OLG Celle WM 2010, 402, ist vor Auszahlung des Darlehens stets, nach Auszahlung nur in der Regel möglich (früher nicht mehr nach Auszahlung, BGH NJW 1959, 665), aber Mülbert WM 2002, 474: auch nach Auszahlung iErg stets. § 490 I BGB setzt voraus, dass in den Vermögensverhältnissen des Darlehensnehmers oder in der Werthaltigkeit einer für das Darlehen gestellten Sicherheit eine wesentliche Verschlechterung eintritt oder einzutreten droht, die die Rückzahlung des Darlehens, auch unter Verwertung der Sicherheit, gefährdet. Gefährdung iSv § 490 I BGB ist uU zu bejahen, wenn sich die bisherige Finanzplanung des Kunden als unzuverlässig erweist, BGH WM 1960, 576. Zu beachtende Umstände für Vermögensverschlechterung, relevant ist Kündigungszeitpunkt, OLG Stuttgart ZIP 2017, 1897. Gefährdung muss nach § 490 I BGB auch unter Verwertung der Sicherheit bestehen. Denn bei einer werthaltigen Sicherheit ist auch der schuldrechtliche Sicherheitenfreigabeanspruch des Darlehensnehmers Vollstreckungsobjekt. Bei Grundpfandrechten sind Rang und voraussichtliche Wertentwicklung zu berücksichtigen (Prognose), OLG Brandenburg WM 2010, 605. Der Darlehensgeber soll aber durch § 490 I BGB nicht gezwungen werden, immer zuerst eine von einem Dritten bestellte Sicherheit wie Bürgschaften oder Grundpfandrechte zu verwerten, Sonnenhol WM 2002, 1265; vgl. OLG Köln WM 2003, 280; wohl aA Mülbert WM 2002, 474. Die Sicherheit muss aber das volle Kreditrisiko abdecken, die Bewertung kann zeitaufwändig und schwierig sein (aber idR Zerschlagungswert), OLG Stuttgart ZIP 2017, 1897. Die Berücksichtigung von Sicherheiten ist abdingbar, auch durch AGB, Mülbert WM 2002, 474, aA Siol FS Hadding, 2004, 1163 (vgl. → Rn. G19a). Wenn Insolvenzantrag gestellt ist, kann auch eine ausreichend gesicherte Bank fristlos kündigen. Kontrollwechsel beim Darlehensnehmer gibt idR kein Kündigungsrecht, aber uU change of control-Klausel, Cramer WM 2011, 825. Lit.: (Staub)/Grundmann/Renner 2020 Teil 4 Rn. 247 ff.; Staudinger/Mülbert BGB § 490 Rn. 6 ff.; Freitag WM 2001, 2372; Wittig/Wittig WM 2002, 148; Mülbert WM 2002, 473; Sonnenhol WM 2002, 1264; Siol FS Hadding, 2004, 1164; Regenfus ZBB 2015, 383.

§ 490 II BGB idF VerbrKrRLUmsetzG gibt dem Darlehensnehmer ein außerordentliches Kündigungsrecht bei einem durch Grund- oder Schiffspfandrecht gesicherten Darlehen mit einem gebundenen Sollzinsatz (§ 489 V BGB idF VerbrKrRLUmsetzG). § 490 II BGB ist ein besonders geregelter Fall der Vertragsanpassung (vgl. § 313 BGB), Mülbert WM 2002, 475, str. Das Kündigungsrecht besteht nur, wenn die berechtigten Interessen des Darlehensnehmers dies gebieten, so insbesondere (also nicht nur) bei Bedürfnis nach anderweitiger Verwertung der beliehenen Sache (§ 490 II 2 BGB). In diesem Fall hat der Darlehensnehmer dem Kreditgeber jedoch den (vollen, nicht mehr nur angemessenen) Kündigungsschaden zu ersetzen (**Vorfälligkeitsentschädigung, § 490 II 3 BGB;** vgl. spezieller für Verbraucherdarlehensverträge (→ Rn. G36) § 502 BGB mit reicher, hier nicht nachzuweisender Rspr; zu Wohnimmobilienkredit Knops NJW 2018, 1505; zur Vorfälligkeitsentschädigung nach §§ 280 I, III, 281 BGB BGH NJW 2018, 1812 mAnm. Bausch, krit. Freitag WM 2018, 2261; auch bei Teilkündigung, OLG Celle WM 2010, 402. § 490 II 3 BGB ist ein gesetzlich normierter Schadensersatzanspruch, OLG Hamm WM 2005, 1265; OLG Nürnberg WM 2015, 374; ob daneben Verzugsschaden (§ 497 BGB) geltend gemacht werden kann, ist str., OLG Stuttgart WM 2015, 1009; Knöpfel NJW 2014, 3126. Ein Bedürfnis nach anderweitiger Verwertung ist auch unter II 2 anzunehmen, zB bei beabsichtigter Veräußerung des belasteten Grundstücks auch aus privaten Gründen, auch wegen günstiger Verkaufsgelegenheit, BGHZ 136, 161, auch wenn der Darlehensnehmer das beliehene Objekt zur Absicherung eines beim Darlehensgeber nicht erhältlichen umfangreicheren Kredits benötigt, BGH WM 1997, 1799, zum Zwecke der Umschuldung, wenn das Beleihungsobjekt sonst nicht gehalten werden könnte, OLG Naumburg ZIP 2007, 1900. Keine Vorfälligkeitsentschädigung bei zulässigem Sicherheitenaustausch, BGHZ 158, 11; bei einvernehmlicher Vertragsauflösung nur falls vereinbart, BGH WM 2016, 457 Rn. 23; 2016, 687 Rn. 30 (RsprÄnderung); BGH WM 2017, 97 (gegen Kritik bestätigt); Grüneberg WM 2017, 2; krit. Bunte NJW 2016, 1626 (mit Auswegen); Müller WM 2016, 2201. Schadensberechnung sowohl nach der Aktiv-Aktiv-Methode als auch nach der Aktiv-Passiv-Methode, BGHZ 136, 168;

146, 10; kein Anspruch auf die eine oder andere Methode, OLG Düsseldorf ZIP 2021, 2120; Berechnung der Vorfälligkeitsentschädigung nach der Bundesbankstatistik, BGHZ 161, 196; näher Rösler/Wimmer WM 2000, 164; v. Heymann/Rösler ZIP 2001, 441. § 490 II BGB lässt §§ 313, 314 BGB unberührt (s. oben). § 490 II BGB ist dispositiv (vgl. §§ 489 IV, 506 BGB), aA Siol FS Hadding, 2004, 1167, aber Grenzen bei Parteiabreden über Vorfälligkeitsentschädigung (§ 490 II 3 BGB) und für AGB bei Verbrauchern (§ 13 BGB) und Existenzgründern (§ 512 BGB), AGB-Kontrolle, BGH WM 2016, 457 m. krit. Anm. Bunte NJW 2016, 1626; OLG Frankfurt a. M. WM 2013, 1351. Vertragliches Sondertilgungsrecht, kündigungsunabhängig und ohne Vorfälligkeitsentschädigung, BGH WM 2012, 28. Lit.: LBS/Krepold 14. Kap. §§ 489, 490 BGB; (Staub)/Grundmann/Renner 2020 Teil 4 Rn. 252 ff.; Staudinger/Mülbert BGB § 490 Rn. 56 ff.; WLP/H. Schmidt D31 f.; Knöpfel NJW 2015, 3125; Ganter WM 2016, 1813; Wimmer/Rösler WM 2016, 1821 (Berechnung); Huber WM 2017, 605; Wimmer/Rösler WM 2020, 1906 (Berechnung); Rösler/Wimmer NJW 2021, 1194.

3) Rechtsprobleme besonderer Geldkreditgeschäfte

G20 A. **Kontokorrentkredit:** Dieser Kredit ist die häufigste Form von Geldkredit. Der Kreditnehmer unterhält bei der Bank ein Einlagenkonto (Kontokorrentkonto), das er bis zu einem bestimmten Kreditrahmen überziehen darf. Die Überziehungen können beliebig häufig sein (**revolvierender Kredit,** → Rn. G3). Beim Kontokorrentkredit liegen ein Krediteröffnungsvertrag und ein Girovertrag (→ Rn. G2, C25) vor; außerdem sind grundsätzlich §§ 355–357 HGB anwendbar (s. dort). Kontokorrentkredit s. Canaris WM Sonderbeil. 4/1987; K. Schmidt FS Claussen, 1997, 483; Mülbert/Grimm WM 2015, 2217 (Kontokorrentkredit als Gelddarlehensvertrag).

G21 B. **Lombardkredit:** Dieser Kredit ist ein Gelddarlehen, das durch Verpfändung oder Sicherungsübereignung bzw. Sicherungszession beweglicher Sachen oder Rechte gesichert ist (enger § 19 I Nr. 3 aF BBankG: verzinsliche Darlehen gegen Pfänder). Der Lombardkredit ist also (dinglich gesicherter) Realkredit (aber nicht Immobiliarkredit) im Gegensatz zum (nur durch Personen gesicherten) Personalkredit. Als Pfänder sind vor allem Effekten wichtig (Effektenlombard). Die Lombardsätze (Sollzinsen bei Lombardkreditgewährung) der DBBk sind für die Banken rechtlich nicht bindend, aber praktisch richtungsweisend. Lit.: Brand, 1968 (Effektenlombard); Staudinger/Mülbert BGB § 488 Rn. 500 ff.; Hopt/Mülbert Rn. 305.

G22 C. **Hypothekenbankkredit:** Dieser Kredit ist ein normaler, durch Hypotheken, Grundschulden oder die volle Gewährleistung einer inländischen Körperschaft oder Anstalt des öffentlichen Rechts gesichertes Darlehen einer privatrechtlichen Hypothekenbank, Schiffsbank oder öffentlichrechtlichen Kreditanstalt. Frühere Sonderregelungen (HypBG, SchiffsBG ua) sind aufgeh.; s. jetzt §§ 12 ff., 20, 21 ff. PfandBG.

G23 Beim **Pfandbriefdarlehen** wird der Hypothekenbankkredit ausnahmsweise statt in Geld in Hypothekenpfandbriefen der Bank gewährt; der Kreditnehmer kann dann nach seiner Wahl in Geld oder in Hypothekenpfandbriefen zu ihrem Nennwert zurückzahlen. Pfandbriefumlauf und Darlehensgewährung bzw. Hypothekenstock müssen sich entsprechen (Grundsatz der Deckungskongruenz, § 4 PfandBG). Reform des Pfandbriefrechts durch PfandBG 2005 (Wegfall des Spezialbankprinzips, Neuordnung des Deckungssystems, Risikomanagement). Lit.: Staudinger/Mülbert § 488 Rn. 516; Hopt/Mülbert Rn. 313; Frank/Glatzl WM 2005, 1681; Koppmann WM 2006, 305.

G24 D. **Schuldscheindarlehen:** Das sind Kredite von Kapitalsammelstellen, die typischerweise durch Vermittlung eines Finanzmaklers (auch → HGB § 93 Rn. 5

über Darlehensvermittler) oder einer Bank zustande kommen, von dieser bei Großanlegern (Kapitalgeber) plaziert werden, langfristig an kapitalsuchende Unternehmen und öffentliche Hände gegeben werden und idR besonders gesichert sind (Grundschulden, Treuhänder). Die Vertragsgestaltungen sind unterschiedlich; meist liegt zunächst ein Darlehen zwischen Bank und Kreditnehmer vor; in die Stellung der Bank rücken später die endgültigen Kreditgeber ein (§§ 398, 404 BGB; vgl. § 405 BGB). Der Schuldschein hat idR bloße Beweisfunktion (§§ 371, 952 BGB). Negative Zinsen beim Schuldscheindarlehen, Zinsgleitklausel → Rn. G4. Lit.: Schwintowski/Glaß 6. Aufl. 2022 Kap. 18; Staudinger/Mülbert BGB § 488 Rn. 556 ff.; Hopt/Mülbert Rn. 318; Warneke/Becker ZIP 2018, 1332; Neurath BKR 2022, 509 (kommunale Schuldscheindarlehen).

4) Rechtsprobleme der Akzeptkreditgeschäfte

A. Akzeptkredit: Der Akzeptkredit ist im Gegensatz zum Geldkredit (→ Rn. G20–24) bloßer Haftungskredit. Die Bank akzeptiert den vom Kreditnehmer auf sie gezogenen Wechsel und schafft durch diese wechselmäßige Haftung die Grundlage für die Kreditaufnahme des Kunden; dieser muss rechtzeitig vor Verfall des Wechsels Deckung beschaffen, so dass die Bank nicht effektiv zahlen muss. Je nach den Umständen des Falls, der Vertragsgestaltung und dem Einsatz eigener oder fremder Mittel der Bank liegt entweder Geschäftsbesorgung (§§ 675 I, 631 BGB) oder Darlehen (§ 488 BGB) vor, BGHZ 19, 288; BGH WM 1960, 608. Ersteres ist gegeben, wenn es Sache des Kunden ist, sich auf Grund des Akzepts den Geldkredit zu beschaffen, oder die Bank auf Rechnung und Gefahr des Kunden den Fremddiskont besorgt, BGHZ 19, 288; hL. Darlehen liegt vor, wenn die Bank den Geldkredit aus eigenen Mitteln gewährt (Eigendiskont) oder sich von vornherein auf eigene Rechnung und Gefahr Fremddiskont besorgt. Meist liegt ein Krediteröffnungsvertrag vor (→ Rn. G2), Akzeptkredit kann revolvierend sein. Der Anspruch auf Erteilung des Akzepts und ggf. Aushändigung des Wechsels zur eigenen Weitergabe ist abtretbar außer im Fall des § 399 BGB (zu diesem s. § 354a HGB), BGH WM 1970, 1095. Die Bank hat (auch bei Darlehen) Anspruch auf Akzeptprovision (nach Vereinbarung, sonst § 354 HGB) sowie auf rechtzeitige Anschaffung der Deckung. Beim bloßen Haftungskredit hat die Bank Anspruch auf Freistellung und Aufwendungsersatz (Revalierung, §§ 675 I, 669, 670 BGB), aber nur wenn sie tatsächlich Aufwendungen hat, nicht wenn das Akzept nicht vorgelegt wird, BGHZ 19, 291; KG WM 1956, 1554. Bei Darlehen besteht Anspruch auf Rückzahlung auf jeden Fall unabhängig von der Akzeptvorlegung. Kein Anspruch des Kunden gegen die Bank aus dem Wechsel nach Art. 28 WG, denn der Wechsel dient dem Kunden zur Geldbeschaffung (Einwand des Akzeptkreditgeschäfts). Lit.: (Staub)/Grundmann/Renner 2020 Teil 4 Rn. 295 ff.; Staudinger/Mülbert BGB § 488 Rn. 580 ff.; Hopt/Mülbert Rn. 333; Ellenberger/Bunte Bankrechts-HdB/Peters § 40 Rn. 43 ff.

B. Remburskredit: Der Remburskredit ist eine besondere Form des Akzeptkredits im Außenhandel und deshalb rechtlich wie dieser (→ Rn. G25) zu behandeln, Ellenberger/Bunte Bankrechts-HdB/Pamp § 50 Rn. 48 ff., vgl. BGH LM BGB § 675 Nr. 25. Er ist idR mit einem Akkreditiv gekoppelt, dann steht Akkreditivrecht (→ Rn. K1 ff.) im Vordergrund. Zugrunde liegt zB ein Kauf zwischen Exporteur (Verkäufer) und Importeur (Käufer). Remburskreditgeberin ist idR eine vom Käufer bzw. seiner Bank zum Akzept des vom Verkäufer ausgestellten Wechsels beauftragte Bank (Remboursbank). Der Verkäufer erhält gegen den Wechsel und die Übergabe der Verladedokumente (Konnossement mit Begleitpapieren) den Diskontlös von seiner ausländischen (Haus-)Bank (Negoziierung); diese reicht den Wechsel samt Dokumenten zum Akzept an die Remboursbank weiter und refinanziert sich durch Rediskontierung des Akzepts.

(7) BankGesch G27–G30

Der Rembourskredit wird dem Käufer eingeräumt, der sich bis zu Verfall und Revalierung des Wechsels durch Weiterverkauf der Importware refinanzieren kann. Rechtlich sind der isolierte Rembourskredit und der Rembourskredit mit Akkreditiv zu unterscheiden. Beim ersteren gelten grundsätzlich die Regeln für den Akzeptkredit (→ Rn. G25); diese werden beim letzteren durch Akkreditivrecht überlagert. Zwischen dem Käufer und der Bank liegt also wie beim Akkreditiv (→ Rn. K1 ff.) ein Geschäftsbesorgungsvertrag nach §§ 675 I, 631 BGB vor; bei Einschaltung einer dritten, idR ausländischen Bank kommt ein weiterer Geschäftsbesorgungsvertrag nach §§ 675 I, 631 BGB zwischen den beiden Banken hinzu. Zwischen Remboursbank und Verkäufer besteht nach Bestätigung des Akkreditivs (bestätigter Rembourskredit) ein abstraktes Schuldversprechen nach § 780 BGB bzw. die aus Akzept folgende rechtliche Beziehung (vgl. für das Akkreditiv → Rn. K10–24). Lit.: SBLBankrechtsHdb/Pamp § 50 Rn. 48 ff.; Staudinger/Mülbert BGB § 488 Rn. 608 ff.; Hopt/Mülbert Rn. 361; auch → vor Rn. K1 (Außenhandelsfinanzierung).

G27 C. **Avalkredit:** Der Avalkredit ist wie der Akzeptkredit ein bloßer Haftungskredit. Die Bank übernimmt gegen Zahlung einer Avalprovision durch den Kunden die Bürgschaft gegenüber dessen Gläubiger. Das kann durch Wechselbürgschaft (Art. 30 ff. WG, streng zu unterscheiden von Bürgschaft nach §§ 765 ff. BGB) oder in der Praxis häufiger durch Indossierung geschehen. Der Avalkreditvertrag (Innenverhältnis) ist streng von dem Bürgschaftsvertrag (Außenverhältnis) zu trennen. Er ist kein Vertrag zugunsten Dritter (des Gläubigers), BGH WM 1984, 768. Lit.: Ellenberger/Bunte Bankrechts-HdB/Pamp § 50 Rn. 48 ff.

5) Haftung der Bank bei Kreditvergabe

G28 A. **Haftung gegenüber dem Kreditnehmer: a)** Eine Haftung aus **Kreditversagung** gibt es mangels Abschlusszwangs im deutschen Recht nicht; die Ausnahmen, zB § 826 BGB, § 20 GWB (→ HGB Einl. vor § 343 Rn. 7), spielen für das Kreditgeschäft keine Rolle (Ermessen bei Beurteilung der Kreditwürdigkeit). Möglich ist aber Haftung der Bank nach §§ 280, 311 II BGB aus Verschulden bei Vertragsverhandlungen auf das negative Interesse, wenn der Kunde ausnahmsweise auf den Abschluss vertrauen durfte, nicht schon wegen Hausbankstellung, iErg auch (Staub)/Grundmann/Renner 2020 Teil 4 Rn. 141, nicht wenn er falsche (auch für den Abschluss letztlich nicht maßgebliche) Angaben machte, dann zumindest Mitverschulden, BGH WM 1960, 433; 1962, 347. Bei vorangegangener Duldung von Kontoüberziehungen (Überziehungskredit, vgl. für Verbraucherverträge: geduldete Überziehung, § 505 BGB idF VerbrKrRLUmsetzG, → Rn. G4 und → **(8)** AGB-Banken Nr. 12 Rn. 2) können Hinweis- und Warnpflichten der Bank bestehen, aber keine Erfüllungshaftung, Ausnahmen nach § 242 BGB nur in ganz atypischen Fällen, Hopt ZHR 143 (1979), 159; OLG Saarbrücken WM 1988, 1227 (Versicherungserstprämie), entspr. bei Scheckeinlösung (→ Rn. E1); Sanierung → Rn. G32. Lit.: Voglis 2001; Renner FS Hopt 2020, 993 (rechtsmissbräuchliche Kündigung).

G29 b) **Haftung bei Kreditvergabe** → Rn. A25 (Aufklärungspflichtverletzung, Einwendungsdurchgriff, Projekt- und Immobilienfinanzierung). Haftung aus **Kreditkündigung** ist bei Pflichtverletzung möglich, zB bei unberechtigtem vorzeitigem Entzug des Kredits, → Rn. G14–15, Schaden kann auch vor Sicherheitenverwertung durch die Bank entstehen, str., entgangener Gewinn (§ 252 BGB), für Insolvenz str.; Haftung aus **Knebelung** → Rn. H3.

G30 B. **Haftung gegenüber Dritten: a)** Haftung aus **Kreditversagung** ist nur ausnahmsweise denkbar, wenn der Dritte auf die Kreditgewährung vertrauen konnte (Vertrauenshaftung); zur Patronatserklärung → HGB § 349 Rn. 22.

V. Bankgeschäfte G31, G32 **BankGesch (7)**

b) Haftung aus **Kreditbelassung** ist häufiger (§§ 138, 826 BGB), zB Insol- G31
venzverschleppung, Kredittäuschung, Gläubigerbenachteiligung (alle drei
Fallgruppen ineinander übergehend) durch die selbst voll abgesicherte Bank,
zusammenfassend BGH NJW 2016, 2662 zur Sittenwidrigkeit bei Überbrü-
ckungskrediten (auch → Rn. H5) m. zust. Anm. Stürner JZ 2016, 1123; KG
WM 2016, 1073 m. krit. Anm. Längsfeld/Meyer-Löwy/Nardi WM 2016, 1269;
krit. Thole WM 2010, 685. Zeitliche Grenze für Überbrückungskredit str., für
drei Wochen (wie § 15a I 1 InsO), BGH ZIP 2010, 1443 Rn. 17; KG WM
2016, 1073, ein bis drei Monate, KG ZIP 2016, 1450; Weiß/v. Jeinsen ZIP 2016,
2251, keine starren Grenzen, Gesamtwürdigung des einzelnen Vertrags, BGH
ZIP 2017, 809. § 138 BGB greift aber neben den Sondervorschriften der Insol-
venz- bzw. Gläubigeranfechtung nur bei darüber hinausgehenden Umständen,
BGH NJW 2016, 2662 Rn. 43. Ebenso bei eigennütziger Veranlassung des
Schuldners zur bewussten Hinauszögerung des Insolvenzantrags, BGHZ 162,
143. Dabei ist für § 826 BGB mindestens bedingter Vorsatz nötig, stRspr, aA
Mertens ZHR 143 (1979), 182. Grenzen der Einflussnahme auf Schuldner Hoff-
mann WM 2012, 10.

6) Sanierung

Sinnvolle **Sanierungsversuche**, die nach sorgfältiger Prüfung der Erfolgsaus- G32
sichten dauerhafte Rettung als realistisch erscheinen lassen, machen auch bei
Fehlschlag nicht haftbar, BGHZ 10, 228; 75, 110 – Herstatt; BGHZ 96, 231 –
BuM; BGH NJW 1984, 1900; 1992, 3174; WM 2016, 1182 Rn. 14 mAnm
Reiner WM 2018, 993 (zur Anfechtung). Erforderlich ist nach einer knappen
Überlegungsfrist Aufstellung eines Sanierungsplanes (schlüssiges Sanierungskon-
zept), BGH WM 1998, 250; 2016, 1182 Rn. 15, idR unter Heranziehung eines
Wirtschaftsprüfers und Ablaufüberwachung, dagegen nicht Offenlegung der Sa-
nierung (Verfahrenspflichten). Anforderungen des Berufsstands an die Erstellung
von Sanierungskonzepten, IDW S 6 Stand 16.5.2018, Synopse ZIP Beil.
Heft 44/2018, 3, dazu F & A zu IDW S 6, Steffan ZIP 2018, 1767; der
Sanierungsplan muss aber nicht IDW S 6 entsprechen, BGH WM 2016, 1182
Rn. 19; ZIP 2018, 1794 Rn. 10; OLG Frankfurt a. M. ZIP 2018, 488. § 826
BGB schützt bei Missbrauch einer Kapitalerhöhung als Mittel zur Insolvenzverschleppung die Erwerber der Neuaktien, aber nicht die Käufer von Altaktien, die
Dritten während der Verschleppungszeit einen überhöhten Preis bezahlen,
BGHZ 96, 231. Außergerichtlicher Sanierungsvergleich, BGHZ 116, 319 (Gefahrengemeinschaft und § 242 BGB abl., iErg sehr problematisch). Zahlungsunfähigkeit tritt erst ein nach der nach außen verlautbarten Kreditverweigerung der Bank
ein, BGHZ 118, 171. Kooperationspflichten der Gfter → HGB § 109 Rn. 27,
der Gläubiger Eidenmüller ZHR 160 (1996), 343, inzwischen Problem entschärft
durch StaRUG 22.12.2020 BGBl I 3256, zahlreiche Kommentare. Sanierungsprivileg §§ 39 IV 2, 135 IV InsO. Sanierungskredite im Insolvenzplan s. § 264
InsO. Anfechtung bei Konsolidierungsdarlehen, KG ZIP 2013, 1486, bei Sanierungskrediten, anders bei Anschubfinanzierung, BGH WM 2009, 905; Ganter
WM 2009, 1441. KredReorgG v. 19.12.2010 BGBl. 1900, Wolfers/Voland WM
2011, 1159. Arbeitsrecht → § 59 Rn. 43. Anforderungen an die Erstellung von
Sanierungskonzepten, BGH NJW 2022, 2038 Rn. 76 ff., IDW S 6 (→ § 317
Rn. 1), (Sanierungs-)Bescheinigung nach § 270b InsO, IDW S 9 (→ § 317
Rn. 1), Sanierungsberatung, BGH NJW 2022, 2038, OLG Frankfurt a. M. ZIP
2018, 488; Kuss WPg 2009, 326. Sanierung bei Anleihebedingungen → **(7)**
Bankgeschäfte Rn. Y3. Vorsätzliche Insolvenzverschleppung (§ 826 BGB), BGH
WM 2021, 1635. Haftung des Sanierungsberaters, OLG Köln ZIP 2022, 384.
Sanierungskredit: Zu den Sorgfaltspflichten von Vorständen von Kreditinstitu-
ten gehört idR eine umfassende Prüfung der wirtschaftlichen Verhältnisse von
Kreditnehmern, der beabsichtigten Verwendung von Krediten sowie der Ein-

schätzung der damit verbundenen Chancen und Risiken, BGHSt WM 2021, 796 (zu Untreue, § 266 StGB). Kündigung von Sanierungskrediten → Rn. G16, 18. Zum Sanierungskredit (Staub)/Grundmann/Renner 2020 Teil 4 Rn. 389 ff., **MaSan** 25.4.2014, Mindestanforderungen an Sanierungspläne von potentiell systemgefährdenden Kreditinstituten. **Sanierungserlass** des BMF, gegen Billigkeitserlass, Verstoß gegen Art. 20 III GG, BFH ZIP 2017, 338 (GrS) mAnm Schüppen ZIP 2017, 752; Desens NZG 2018, 87, Gesetzesänderung unerlässlich, Kahlert/ Schmidt ZIP 2017, 503; Sistermann DStR 2017, 689, nunmehr G 11.12.2018 BGBl. 2018 I 2338, rückwirkend, Rüberg NJW-Spezial 2019, 267. Lit.: Kommentare zum StaRUG; Ellenberger/Bunte Bankrechts-HdB/Gehrlein § 64 Rn. 62 ff. (Gesellschafterdarlehen); Ellenberger/Bunte Bankrechts-HdB/Häuser § 65 (Sanierungsdarlehen); BuB/Früh/Müller-Arends Rn. 3/161a ff.; Eidenmüller 1999; Engert, 2005; IDW, Sanierung und Insolvenz, 2017; Pape/Opp 2017 (Sanierungsgutachten); Paulus/Knecht 2018 (Gerichtliche Sanierung); Schmittmann, 2. Aufl. 2018 (Haftung von Organen in Krise und Insolvenz); A. Schmidt 2. Aufl. 2019; Urlaub/Kamp ZIP 2014, 1465 (Bankenhaftung); Seibt ZIP 2014, 1909 (Sanierungsgesellschaftsrecht); Blöse WPg 2017, 1358 (Sanierungskonzept, Anfechtbarkeit); Rossbach BB 2017, 1411 (Sanierungsbeiträge von Banken); Kayser ZIP 2018, 2189 (IX. ZS); Reiner WM 2018, 993 (Sanierungskonzepte); Brandes/Rabenau ZIP 2021, 2566 (Pflichtenprogramm); Klöhn/Franke ZEuP 2022, 44 (Sanierungsrecht); Spiekermann NJW 2022, 1775 (Verfahrensvielfalt).

G33 *(derzeit unbelegt)*

7) Finanzierungsdarlehen und Verbraucherdarlehen

Schrifttum

a) Kommentare und Handbücher: Ellenberger/Bunte Bankrechts-HdB/*Gehrlein* § 64 Rn. 62 ff. (Gesellschafterdarlehen). – Ellenberger/Bunte Bankrechts-HdB/*Häuser* § 65 (Sanierungsdarlehen). – *Canaris* 2. Aufl. 1981, 3. Kap. – *Hopt/Mülbert* Kreditrecht 1989. **Verbraucherdarlehen:** Ellenberger/Bunte Bankrechts-HdB/*Münscher/Peters/Jungmann* § 56. – LBS *(Langenbucher/Bliesener/Spindler)/M. Roth* 3. Aufl. 2020 15. Kap Verbraucherdarlehen §§ 491 ff. BGB. – *Bülow/Artz*, Verbraucherkreditrecht, 10. Aufl. 2019. – *Bülow/Artz*, Verbraucherprivatrecht 6. Aufl. 2018. – Erman(Westermann/Grunewald/Maier-Reimer)/ *Nietsch* 15. Aufl 2017 §§ 491–515 BGB. – MüKoBGB/*Schürnbrand/Weber* Bd 3 8. Aufl. 2019 §§ 491–515 BGB. – Palandt/*Weidenkaff*, 80. Aufl. 2021. – *Reifner/Feldhusen* 2. Aufl. 2019. – (Staub)/*Grundmann/Renner* 2020 4. Teil Kreditgeschäft (zit. 2020 Teil 4 Rn. 542–922).

b) Sonstige Beiträge: *Heermann*, Drittfinanzierte Erwerbsgeschäfte, 1998. – *Nobbe* WM Sonderbeil 1/2007, 20 (Schrottimmobilien). – *Derleder* NJW 2009, 3198. – *Schürnbrand* Bankrechtstag 2009, 173. – *Binder, Schmolke* Bankrechtstag 2016, 3, 45. – *Omlor* NJW 2017, 1633 (WohnimmobKrRLUmsetzG). – *Kropf* WM 2022, 162 (grüne und nachhaltige Kreditfinanzierungen). **Muster:** *Hopt/Merkt/Wittig* Vertrags- und Formularbuch zum Hdl-, Ges- und Bankrecht 5. Aufl 2021 Form IV. G.4, 5 (Ratenkredit für Verbraucher, Kreditlinie für Verbraucher). **RsprÜbersichten:** *Halstenberg* WM Sonderbeil 4/1988, 10.

G34 A. **Finanzierungsdarlehen:** Beim Kreditgeschäft der Banken sind das **Verbraucherdarlehen** (§§ 491–505d BGB) und diesbezüglichen Finanzierungshilfen zwischen einem Unternehmer und einem Verbraucher (§§ 506–508 BGB) sowie Ratenlieferungsverträge zwischen diesen (§ 510 BGB) einerseits und die gewerblichen Kredite, darunter das **Finanzierungsdarlehen**, zu unterscheiden. Erstere sind zum Schutz des Verbrauchers detailliert geregelt, ursprünglich im AbzG (Abzahlungsgeschäft, Teilzahlungskredit), dann im VerbrKrG (Verbraucherkredit) und seit dem SMG im BGB. Letztere unterfallen dem allgemeinen Darlehensrecht des BGB **(§§ 488–490 BGB)** mit Ausformungen durch die Rspr. vor allem für das Finanzierungsdarlehen. Dogmatisch kann das Verbraucherdarlehen als besonders wichtige Unterform des Finanzierungsdarlehens behandelt werden (Canaris, Hopt/Mülbert), denn abgesehen vom Verbraucherschutz stellen sich die gleichen Probleme. Beim Finanzierungsdarlehen kauft der Käufer vom Verkäufer mit Mitteln, die die Bank vorstreckt; der Verkäufer wird also sofort bezahlt, der Käufer muss die Mittel an die Bank in Raten mit Gebühren und Zinsen zurückzahlen; sittenwidrig hohe Zinsen (§ 138 BGB) → Rn. G10, G10a–c. Die Mittel besorgt entweder der Käufer-Bankkunde selbst ohne Einschaltung des Verkäufers (persönlicher Kleinkredit, Anschaffungsdarlehen, → Rn. G54) oder der Verkäufer. Die Bank sichert sich außer durch Sicherungsübereignung der Kaufsache durch Mithaftung oder Bürgschaft des Verkäufers (B-Geschäft, → Rn. G39 ff.) oder durch einen Wechsel, den der Verkäufer ausstellt und der Käufer akzeptiert (C-Geschäft, → Rn. G51). Die ursprüngliche Form der Ausgabe von Warenschecks der Bank an den Käufer (A-Geschäft) kommt heute nicht mehr vor. Zwischen Käufer und Verkäufer liegt ein **Kauf** (Kreditkauf) vor. Zwischen Käufer und Bank besteht ein **Darlehensvertrag** (§ 488 BGB, Gelddarlehen im Unterschied zum Sachdarlehen nach § 607 BGB). Besorgt der Verkäufer den Kredit, liegt zwischen Verkäufer und Bank idR ein Grund- oder **Rahmenvertrag** (§§ 675 I, 611 BGB, vgl. → Rn. A6) vor, auf Grund dessen der Verkäufer der Bank Kunden zuführt und die Bank den Kunden bis zu einer bestimmten Gesamthöhe Kredite gewährt und die Darlehenssumme direkt an den Verkäufer ausbezahlt. Der Rahmenvertrag ist damit ein besonders gestalteter Krediteröffnungsvertrag (→ Rn. G2), str.

Die rechtliche Problematik beim Finanzierungsdarlehen besteht in der **Aufspaltung des** wirtschaftlichen und funktionellen **Zusammenhangs von Kauf und Darlehen** mit der Wirkung, dass der Käufer das Darlehen an die Bank zurückzahlen muss, ohne Rücksicht auf Schlecht- oder Nichterfüllung des Verkäufers. Hier sind Korrekturen nötig (verbundene Verträge, → Rn. G42), ohne dass jedoch entgegen Vertragsgestaltung und Parteiwillen die Verträge als rechtliche Einheit angesehen werden könnten, so die Trennungstheorie, hL, stRspr, aA Gernhuber FS Larenz, 1973, 476; Vollkommer FS Larenz, 1973, 712. Der Kauf hängt vom Zustandekommen des Darlehens ab, OLG Frankfurt a. M. BB 1977, 1573. Die dogmatische Begründung des Einwendungsdurchgriffs ist streitig. Die Rspr. arbeitete vor Erlass des VerbrKrG außer mit § 242 BGB mit Ansprüchen aus Verschulden bei Vertragsverhandlungen (Aufklärungs- und Warnpflichten), das Schrifttum ua mit §§ 139, 273, 404 BGB, Geschäftsgrundlage, Zweckverfehlung ua; Einwendungsdurchgriff als Sanktion (berufs)rollenwidrigen Verhaltens s. Hopt/Mülbert Rn. 429, → Rn. A25. Die verbundenen Verträge beim Verbraucherdarlehensvertrag sind in §§ 358, 359, 360 BGB geregelt, die bei Finanzierungshilfen zwischen einem Unternehmer und einem Verbraucher ebenfalls anwendbar sind (§ 506 I BGB). **Muster:** Hopt/Merkt VertrFormB/Wittig Form IV. G.4 (Ratenkredit für Verbraucher), Form IV. G.5 (Kreditlinie für Verbraucher). G35

B. **Verbraucherdarlehen:** Das Verbraucherdarlehen, Finanzierungshilfen und Ratenlieferungsverträge zwischen einem Unternehmer und einem Verbraucher sowie die Vermittlung von Verbraucherdarlehensverträgen und entgeltlichen Finanzierungshilfen samt Vermittlung sind im Wesentlichen in **§§ 491–515, 655a–655e BGB** geregelt. **Auf diese wird vollumfänglich verwiesen, die Rspr und Literatur dazu werden hier nicht nachgewiesen.** Das Verbraucherdarlehen ist weitgehend durch **Vorgaben der EU** bestimmt, so schon durch die EG-VerbraucherkreditRL 22.12.1986 ABl. 1987 L 42, 48, durch die **Neufassung der VerbraucherkreditRL** (2008/48/EG) v. 23.4.2008 ABl. L 133, 66, deren Reform sehr kontrovers war, Hoffmann, 2007; Rott WM 2008, 1104; Siems EuZW 2008, 454; Gsell/Schellhaas JZ 2009, 20; Rösler/Werner BKR 2009, 1; Herresthal WM 2009, 1174 und durch die **WohnimmobilienkreditRL** 2014/17/EU v. 28.2.2014 ABl. L 60, 34, geänd. durch VO 2016/1011 v. 8.6.2016 ABl. L 171, 1. Vorschlag der Kommission 30.6.2021 zur Überarbeitung G36

(7) BankGesch G36

der VerbraucherkreditRL, ua Ausdehnung des Geltungsbereichs, strengere Kreditwürdigkeitsprüfung, krit. Wittig/Wittig WM 2021, 2369. Vgl. auch das **Recht der Verbraucherverträge, §§ 312 ff.** BGB, streitintensiv vor allem das **Widerrufsrecht** bei Verbraucherverträgen, **§§ 355–361 BGB**, Übersicht Grüneberg WM 2022, 153; zusammenfassend zur Verwirkung dabei BGH WM 2018, 614; OLG Bremen WM 2018, 1453; OLG Karlsruhe ZIP 2019, 411; OLG Braunschweig WM 2019, 1632; aber inzwischen EuGH WM 2021, 1986: kein Einwand der Verwirkung, zu dieser Entscheidung im Einzelnen Knops/Fromm WM 2021, 2169; BGH Vorlagebeschluss WM 2022, 420. Kein Widerruf der Bürgschaft des Verbrauchers (keine Finanzdienstleistung, §§ 312g, 312 V 1 BGB), BGH NJW 2020, 3649 mAnm Fritz NJW 2020, 3629. Online-Verbraucherdarlehen, Freitag ZIP 2018, 1805. Zur Auslegung der VerbraucherkreditRL Rspr des EuGH, unter vielen zB EuGH NJW 2020, 3367 (missbräuchliche Vertragsklauseln), WM 2020, 1484 (Gesamtkosten des Kredits). Zur Pflicht zur Prüfung der Kreditwürdigkeit (Bonitätsprüfungspflicht) EuGH ZIP 2014, 1873 – Crédit Lyonnais m. krit. Anm. Barta/Braune BKR 2014, 324 und Herresthal EuZW 2014, 500; EuGH EuZW 2015, 189 mAnm. Rott (Effektivitätsgrundsatz, Beweislast nicht beim Kreditnehmer); EuGH NJW 2020, 1199 (Prüfungspflicht/ Nichtigkeitsfolge); Lauer ZIP 2019, 2448. **Die Umsetzung der Verbraucherkreditrichtlinie** erfolgte zum 11.6.2010 durch das VerbrKrRLUmsetzG 29.7.2009 BGBl. I 2355 und betraf Änderungen zu §§ 488–512 BGB (inzwischen weitere Änderungen durch das MusterwiderrufsInfoG 2010). Die **Umsetzung der Wohnimmobilienkreditrichtlinie** erfolgte zum 21.3.2016 durch das WohnimmobKrRLUmsetzG 11.3.2016 BGBl. I 396. Änderungen betreffen vor allem das Recht der Verbraucherdarlehensverträge (§§ 491 ff. BGB) und der entgeltlichen Finanzierungshilfen (§§ 655a ff. BGB) sowie die Informationspflichten (Art. 247 EGBGB). Das Verbraucherdarlehen umfasst den Allgemein-Verbraucherdarlehensvertrag und den Immobiliar-Verbraucherdarlehensvertrag (§ 491 I BGB) mit verschiedenen Regelungen. Eingeräumte Überziehungsmöglichkeit und Beratungspflicht dabei (§§ 504, 504a BGB). **Pflicht zur Kreditwürdigkeitsprüfung** bei Verbraucherdarlehensverträgen (**Bonitätsprüfungspflicht**, §§ 505a–505d BGB, § 18a KWG mit ImmoKWPLV 24.4.2018, responsible lending), also im Hinblick auf EuGH (EuGH ZIP 2014, 1873 – Crédit Lyonnais) kombinierte aufsichts- und zivilrechtliche Umsetzung, EBA-Leitlinien für die Kreditvergabe und die Überwachung von Krediten; zur Kreditwürdigkeitsprüfung KMFS/Wittig Rn. 5.159 ff.; Buck-Heeb WM 2017, 1329 und BKR 2018, 269; Omlor ZIP 2017, 112; NJW 2018, 2445; Binder ZIP 2018, 1201; Feldhusen WM 2019, 97; Hoffmann/Bartlitz AcP 220 (2020) 893; Buck-Heeb WM 2020, 157 (zur gespaltenen Auslegung); Feldhusen WM 2021, 2020 (EBA-Leitlinien). Das VerbrKrRLUmsetzG hat auch **die zivilrechtlichen Teile der Zahlungsdiensterichtlinie** I in §§ 675a–676c ff. BGB, dort mit einem eigenen Untertitel Zahlungsdienste mit Zahlungsdienstevertrag und Haftung, umgesetzt (→ Rn. C1; zur **ZDRL II** 6.6.2017 BGBl. I 1495 → Rn. C2 ff.). Zur Umsetzung Schürnbrand ZBB 2008, 383, Ady/Paetz WM 2009, 1061 (RegE); Schürnbrand, Knops Bankrechtstag 2009, 173 (195); Nobbe WM 2011, 625; Wendehorst ZEuP 2011, 263 (krit. zur Umsetzung); Metz NJW 2012, 1991. Zum VerbRechteRLUmsetzG Bittner/Clausnitzer/Föhlisch, 2014, zu §§ 358–360 ff. Bittner/Clausnitzer/Föhlisch Rn. 274 ff. **Fremdwährungskredite** und EuGH, von Bonin/Glos WM 2020, 350. Zum **Verbraucherkreditrecht (§§ 491–515 BGB)** Bülow/Artz, 10. Aufl. 2019; (Staub)/Grundmann/Renner 2020 4. Teil Kreditgeschäft (zit. 2020 Teil 4 Rn. 542 ff.) und Komm. zum BGB. **Corona-Pandemie (COVID-19):** Art. 240 § 3 EGBGB (idF COVID-19-Pandemie-Gesetz 27.3.2020 BGBl. I 569) Regelungen zum Darlehensrecht mit Dreimonatsstundung und Kündigungsausschluss, mangels einverständlicher Regelung Verlängerung; zum Gesetz Issmer WM 2020, 669; Knauth/Krafczyk WM

2020, 677; Weller/Lieberknecht/Habrich NJW 2020, 1017; Herresthal ZIP 2020, 989; Klöhn WM 2020, 1141; Rösler WM 2020, 1149; Köndgen BKR 2020, 209; Bohner NJW 2020, 2926 (Zinsen); Herdegen WM 2021, 465.

Das **Verbraucherdarlehen** ist, wie schon die Fülle verschiedener, zT sehr technischer Vorschriften im BGB anzeigt, Gegenstand einer umfänglichen Rspr. und umfassender Kommentierungen **(Verweisung).** Eine **Kurzdarstellung** derselben **in diesem Kommentar** ist **nicht sinnvoll.** Das **Finanzierungsdarlehen (als Grundform)** und das entsprechende **Kreditgeschäft der Banken** wird im BGB allerdings nur ausschnittsweise geregelt, nämlich sofern Verbraucher und Gleichgestellte (zB Existenzgründer) beteiligt sind. **Verbraucher** iSv § 13 BGB ist jede natürliche Person, die ein Rechtsgeschäft zu Zwecken abschließt, die überwiegend (mWv 13.6.2014) weder ihrer gewerblichen noch ihrer selbständigen beruflichen Tätigkeit zugerechnet werden können; dementsprechend **Unternehmer** s. § 14 BGB; Darlehensgeber iSv § 491 I BGB auch, wenn unternehmerische Tätigkeit sich nicht auf die Kreditvergabe bezieht, hL, BGH WM 2009, 262. Abgrenzung zwischen Verbraucher- und Unternehmerhandeln, OLG Braunschweig WM 2022, 761. §§ 491–511 BGB gelten auch für Existenzgründer (§ 513 BGB, Grenze: 75.000 Euro); Unternehmer ist auch, wer eigene Immobilien verwaltet, falls planmäßiger Geschäftsbetrieb notwendig ist, BGH NJW 2018, 1812 mAnm. Bausch; Freitag WM 2018, 2261; auch Arbeitgeber bei Kreditvergabe an Arbeitnehmer, EuGH NJW 2019, 2223 (Klauselrichtlinie). Auf Finanzierungshilfen zwischen einem Unternehmer und einem Verbraucher (Zahlungsaufschub, sonstige Finanzierungshilfe, § 506 BGB) sind §§ 358–360 BGB über **verbundene Verträge** (Einwendungsdurchgriff) und weitere Vorschriften aus dem Verbraucherdarlehensrecht anwendbar (§ 506 I BGB). Darlehensvertrag, Kaufvertrag und Restschuldversicherung sind verbundene Verträge i. S. v. § 358 BGB, auch wenn letztere eine Gruppenversicherung ist und damit Darlehensgeber und Unternehmer identisch sind, BGH ZIP 2021, 788.

Zu **kreditfinanzierten Immobilien(fonds)geschäften** → Rn. G/9a–G/9d.
Muster: Hopt/Merkt VertrFormB/Wittig Form IV. G.5, 6 (Kreditlinie für Verbraucher, Immobiliar-Verbraucherdarlehensvertrag).

Außerhalb von §§ 491 ff. BGB, also nicht schon bei Nichtvorliegen von **G37** Tatbestandsvoraussetzungen im Anwendungsbereich dieser Vorschriften, BGH NJW 2004, 1376, gelten die allgemeinen **Grundsätze über das Finanzierungsdarlehen,** wie sie die Rspr. entwickelt hat, grundsätzlich weiter. Dabei ist aber ein Doppeltes zu beachten: Zum einen ist damit zu rechnen, dass die Entwicklung in beiden Bereichen zT parallel verlaufen wird (ua für Definition und Behandlung der verbundenen Verträge, → Rn. G39). Zum anderen muss jeweils genau geprüft werden, ob frühere Entscheidungen nicht gerade auf Verbraucherschutz abzielen und deshalb für das Finanzierungsdarlehen nicht weitergelten können. Die folgenden Grundsätze betreffen also insbesondere **Finanzierungsdarlehen an Kaufleute, Kapitalgesellschaften** (AG, GmbH ua, soweit nicht natürliche Personen), **Gewerbetreibende** ohne KfmEigenschaft und **Freiberufler,** OLG München WM 2017, 1548, soweit diese Tätigkeiten bereits ausgeübt werden, also nicht Existenzgründungsdarlehen (§§ 13, 512 BGB).

Darlehensvermittler sind, soweit es um Vermittlung und Nachweis von Verbraucherdarlehensverträgen oder Hilfestellung beim Vertragsabschluss geht, in §§ 655a–e BGB idF WohnimmobKrRLG 2016 geregelt (→ HGB § 93 Rn. 5). **G38**

8) Das Rechtsverhältnis zwischen Bank, Käufer und Verkäufer beim Finanzierungsdarlehen (außerhalb von §§ 491 ff BGB)

A. **Wirtschaftliche Einheit von Kauf und Finanzierungsdarlehen (verbundene Verträge):** Voraussetzung für die Annahme eines mit dem Grundgeschäft verbundenen Darlehensgeschäfts und für besondere Aufklärungs- und Warnpflichten der Bank zwischen Käufer und Bank ist, dass Kauf und Darlehen **G39**

(7) BankGesch G40

"wirtschaftlich eine auf ein Ziel ausgerichtete Einheit bilden oder sich zu einer solchen Einheit ergänzen", stRspr, BGHZ 47, 255 (einschränkend für Immobilienkauf → Rn. G40). Die Definition der verbundenen Verträge in § 358 III BGB kann insoweit übernommen werden: Ein Vertrag über die Lieferung einer Ware oder die Erbringung einer anderen Leistung und ein Darlehen sind verbunden, „wenn das Darlehen ganz oder teilweise der Finanzierung des anderen Vertrags dient und beide Verträge eine wirtschaftliche Einheit bilden" (**§ 358 III 1 BGB** für den Verbrauchervertrag, → Rn. G36). Dogmatisch bedeutet wirtschaftliche Einheit: Überschreitung der bloßen Darlehensgeberrolle durch die Bank und (kumulativ) Bindung des Darlehensnehmers in der Verwendung der Valuta an den Vertragspartner des drittfinanzierten Geschäfts, Hopt/Mülbert Rn. 447.

G40 Die Rspr. hat zur Bestimmung der wirtschaftlichen Einheit eine Reihe **objektiver Verbindungselemente** entwickelt, die zT in § 358 III 2 BGB für den Verbrauchervertrag kodifiziert sind. Danach ist eine wirtschaftliche Einheit insbesondere (also nicht abschließend) im Falle der Finanzierung durch einen Dritten (also abgesehen von der Finanzierung durch die Unternehmer-Vertragspartei selbst) anzunehmen, „wenn sich der Darlehensgeber bei der Vorbereitung oder dem Abschluss des Darlehensvertrags der Mitwirkung des Unternehmers bedient" (idF 2014; mit Abweichungen für Grundstücke und grundstücksgleiche Rechte, § 358 III 3 BGB, Meinhof NJW 2002, 2273; BGH NJW 2000, 3066), dazu Müller WM 2015, 697. Typische objektive Verbindungselemente sind nach der **Rechtsprechung** zB Geschäftsverbindungen zwischen Bank und Verkäufer, das eigene Interesse der Bank am Zustandekommen des Kaufs wegen der Darlehensprovision und -zinsen, die unmittelbare Auszahlung des Darlehens durch die Bank an den Verkäufer, die formularmäßige Ausgestaltung der Verträge, Sicherungsübereignung der Kaufsache, BGHZ 47, 255, Benutzung derselben Vertriebsorganisation, BGHZ 159, 280 (294) = NJW 2004, 2731 (2736, 2735) Ls., 2742 (alle für VerbrKrG), Überlassung der Anbahnung auch des Kreditvertrags an den vom Immobilienfonds eingeschalteten Vermittler, BGH WM 2004, 1518 (II ZS); ähnlich BGH NJW 2006, 1877 (XI ZS), oder einen für diesen tätigen Finanzierungsvermittler, BGH NJW 2004, 3332 (VerbrKrG), enger zeitlicher und räumlicher Zusammenhang der Verträge, BGH NJW 1980, 1515, mangelnde freie Verfügung des Käufers über Darlehen, BGHZ 91, 12, Beteiligung der Bank an dem finanzierten (Immobilien-)Geschäft über ihre Rolle als Kreditgeberin hinaus (→ Rn. A25), BGHZ 83, 304; BGH NJW 1980, 43; 2000, 3066 ua. Zusammenfassend BGH WM 2008, 967. Diese Elemente brauchen nicht alle zugleich vorzuliegen, BGH NJW 1980, 940. Danach können Darlehensvertrag und Restschuldversicherung verbundene Geschäfte sein, BGH NJW 2010, 531 (zu § 358 III BGB) m. zust. Anm. Schürnbrand ZBB 2010, 123; aA Mülbert/Wilhelm WM 2009, 2241; Freitag ZIP 2009, 1301, str. **Nicht erforderlich** sind (entgegen früherer Rspr.) zB Dauerverbindung, BGHZ 47, 230; BGH NJW 1971, 2303, Sicherungsübereignung an die Bank, BGH NJW 1979, 2511; 1980, 938, mangelnde Geschäftserfahrung des Käufers, BGH NJW 1978, 1428. Die Zwischenschaltung von Darlehensvermittlern ändert nichts, BGH NJW 1980, 1516; 1983, 2252. Es genügt, dass Teilzahlung erst nachträglich vereinbart wird, BGHZ 91, 13; uU auch, dass der Kredit nur zum Teil (zB 3/4) für den Abzahlungskauf bestimmt ist, BGH BB 1970, 417. Bei Refinanzierung der Bank durch eine zweite Bank, erstreckt sich der Einwendungsdurchgriff auch auf diese, BGHZ 43, 260; 51, 78. Der Einwendungsdurchgriff erfasst nur den finanzierten Kauf, nicht auch einen zweiten, wenngleich auch mit diesem verknüpften Vertrag zwischen Käufer und Verkäufer, BGH BB 1973, 776 (Drehbankkauf mit Auftragszusage). Ein **subjektives** Element, dass dem Darlehensnehmer Kauf und Darlehen als Einheit erscheinen, ist **weder positiv nötig noch schadet** grundsätzlich sein Fehlen, aber → Rn. G44. Diese Grundsätze zum verbundenen

Geschäft gelten **auch bei kreditfinanzierten Immobilien(fonds)geschäften**, insoweit also keine Besonderheiten, → Rn. G/9 (dort auch zum früheren Streit zwischen XI und II ZS).

B. Anfechtung wegen arglistiger Täuschung des Verkäufers: Die Bank **G41** muss sich eine arglistige Täuschung auch des Verkäufers zurechnen lassen. Der **Verkäufer ist** wegen der wirtschaftlichen Einheit (→ Rn. G39) **nicht Dritter nach § 123 II 1 BGB**, stRspr, BGHZ 47, 231; NJW 1978, 2144; ebenso Darlehensvermittler, BGH NJW 1979, 1594; Vermittler bei Haustürgeschäftssituationen, BGHZ 159, 280 (294) = NJW 2004, 2731 (2736, 2742) Ls., 2742; auch Untervermittler, BGH NJW 2001, 359. Es kommt darauf an, ob der Vermittler, gleichgültig ob selbstständig oder nicht, mit Wissen und Wollen der späteren Vertragspartei Aufgaben übernimmt, die typischerweise ihr obliegen, BGH WM 1996, 2105; NJW 2001, 358. Etwas anders gilt bei arglistigem Zusammenwirken zwischen Käufer und Verkäufer, BGHZ 47, 233. Vertragsklauseln, der Verkäufer handele ausschließlich als Beauftragter des Käufers, ändern grundsätzlich nichts, BGHZ 47, 239; aA Canaris Rn. 1433. Die Anfechtung des Kaufvertrags erstreckt sich aber nicht ohne Weiteres auf den Darlehensvertrag, sondern muss für diesen grundsätzlich gesondert erklärt werden, BGH NJW 1964, 37. Bei Versäumung der einjährigen Anfechtungsfrist des § 124 BGB bleibt doch ein Einwendungsdurchgriff (Arglisteinrede, § 823 II BGB iVm § 263 StGB), BGH NJW 1980, 784. Lit.: Hopt FS Stimpel, 1985, 269.

C. Einwendungsdurchgriff bei verbundenen Verträgen: a) Einwen- G42 dungsdurchgriff: Der Käufer darf durch die Aufspaltung in Kauf und Darlehen (→ Rn. G35) nicht „rechtlos" oder „schlechter" gestellt werden also ohne diese, stRspr, BGHZ 47, 237. Er kann also die Einwendungen und Einreden gegen den Verkäufer grundsätzlich auch dem Darlehensrückzahlungsanspruch der Bank entgegenhalten (§ 242 BGB, so die Rspr.): zB Nichtlieferung der Kaufsache oder wirksame Anfechtung des Kaufvertrags, BGHZ 47, 233. Das entspricht im Wesentlichen dem Einwendungsdurchgriff nach § 359 BGB für Verbraucher (nicht für Freiberufler, OLG München WM 2017, 1548, → Rn. G37), der nicht gilt, wenn das finanzierte Entgelt 200 Euro nicht überschreitet, sowie bei Einwendungen, die auf einer zwischen dem Unternehmer und dem Verbraucher nach Abschluss des Verbraucherdarlehensvertrags vereinbarten Vertragsänderung beruhen (§ 359 S. 2 BGB). Dieser Einwendungsdurchgriff ist heute eine **allgemeine Rechtsfigur**, vgl. BGHZ 105, 299 (besondere Schutzbedürftigkeit); Canaris Rn. 1425; Hopt/Mülbert Vorb. 429 ff. zu § 607; Staudinger/Herresthal, 2017, § 359 Rn. 21; Canaris ZIP 1993, 411 f.; Finkenauer/Brand JZ 2013, 277 f.; der BGH hat den Einwendungsdurchgriff nach § 242 BGB nur für den VerbrKG unterfallende Realkredite ausgeschlossen, BGH WM 2006, 1194 Rn. 25, sehr str., aA MüKoBGB/Habersack, § 359 Rn. 20 mwN: allgemeiner Ausschluss sei hL. Zum (kleinen) **Rückforderungsdurchgriff** bei verbundenen Geschäften → Rn. G/9 c. Lit. zur Vorläufernorm § 9 III VerbrKrG Franz, 1996; Fuchs AcP 199 (1999), 306.

b) Stellung wie ohne Aufspaltung: Der Käufer soll grundsätzlich so stehen, **G43** wie er ohne Aufspaltung in Kauf und Darlehen stünde, also weder schlechter noch besser. Dem Käufer ist es nicht selten zumutbar, sich **erst an den Verkäufer** (auch an den phG der VerkäuferGes) zu halten, zB wegen Rücktritts oder Minderung **(Subsidiarität des Durchgriffs),** BGH NJW 1973, 452; 1978, 1428; weitergehend Canaris Rn. 1430, 1442: § 320 BGB, die Mängeleinrede und alle dilatorischen Einreden könnten von der Bank nie entgegengehalten werden. Für den Verbraucherdarlehensvertrag dagegen enger § 359 S. 1 BGB: Verweigerung der Kreditrückzahlung wie Verweigerung der Leistung; das Subsidiaritätsprinzip gilt also dort grundsätzlich (zum Nacherfüllungsverlangen s. § 359 S. 3 BGB) nicht. Der Käufer hat aber auch allgemein beim Finanzierungsdarlehen den

(7) BankGesch G44–G46

Einwendungsdurchgriff **sofort gegen die Bank,** wenn ihm die Inanspruchnahme des Verkäufers von vornherein unzumutbar ist, zB bei arglistiger Täuschung oder Sittenwidrigkeit des Kaufvertrags nach § 138 I BGB, BGH NJW 1980, 1157, oder wenn die Inanspruchnahme des Verkäufers fruchtlos erscheint, zB bei anhaltender Verweigerung, BGH NJW 1979, 2194, bei Vermögensverfall oder Unauffindbarkeit des Verkäufers, BGHZ 47, 240; BGH NJW 1979, 2512. Eine Klage gegen den Verkäufer ist dem Käufer aber idR nicht zuzumuten, aA BGH NJW 1973, 454; jedenfalls kein volles Durchprozessieren, BGH NJW 1979, 2195. Der Käufer soll aber auch **nicht besser gestellt** werden, BGH NJW 1984, 2818, also kein Einwendungsdurchgriff bei Verjährung der Ansprüche gegen den Verkäufer, BGH NJW 1978, 1429. Der Käufer hat den Einwendungsdurchgriff entweder oder er hat ihn nicht, eine Abstufung wie nach § 242 bzw. § 313 BGB (bei Störung der Geschäftsgrundlage vorrangig Vertragsanpassung) wird von der Rspr. bisher nicht anerkannt (trotz der entspr. dogmatische Begründung, → Rn. G35).

G44 c) **Ausschluss oder Verlust des Einwendungsdurchgriffs:** Der Einwendungsdurchgriff entfällt nicht schon, weil der Käufer eingetragener Kaufmann ist, aA BGHZ 37, 101; 47, 237; BGH NJW 1980, 782 (§ 8 AbzG aF analog); doch fehlt es bei **Verstoß gegen § 377 HGB** bereits an einer Einwendung des Käufers (auch) gegenüber der Bank, BGH NJW 1980, 782. Der Käufer verliert den Einwendungsdurchgriff aus Gründen, die er unabhängig von seiner Schutzbedürftigkeit selbst zu verantworten hat, zB Ausstellung einer **unrichtigen Vorausquittung** (Empfangsbestätigung über Erhalt der Kaufsache) trotz Belehrung (→ Rn. G47) und dadurch Veranlassung der Bank zur Auszahlung der Darlehenssumme an den Verkäufer, BGHZ 47, 221; OLG Celle NJW 1973, 372; ebenso Aushändigung einer Blankoerklärung an den Verkäufer; grundlose Verweigerung der Abnahme der Kaufsache, vgl. BGH WM 1963, 1277 (§ 254 BGB); Aufhebung des Kaufvertrags im Einverständnis mit dem Verkäufer, LG Freiburg MDR 1973, 495; Abtretung der Rechte aus dem Kauf an einen zweiten Käufer (§ 415 BGB), auch wenn die Bank informiert wird und dem zweiten Käufer einen Zahlungsplan übersendet, BGH NJW 1974, 187.

G45 Der Einwendungsdurchgriff kann **nicht durch AGB ausgeschlossen** werden, BGHZ 83, 301, auch nicht durch Trennungsklausel, BGHZ 95, 350. Für den Verbraucherdarlehensvertrag weitergehend auch nicht durch (Individual-) Vereinbarung, § 496 I BGB, allgemeiner §§ 511, 512 BGB (halbzwingend).

G46 D. **Aufklärungs- und Warnpflichten der Bank beim Finanzierungsdarlehen: a) Dogmatik:** Die Bank kann sich bei Verstoß gegen ihre Aufklärungs- und Warnpflichten (vgl. allgemein → Rn. A16–29, hier geht es spezieller um Aufklärung **über das Aufspaltungsrisiko**) gegenüber dem Käufer schadensersatzpflichtig machen. Nach der Rspr. kann der Käufer den Schadensersatzanspruch nach §§ 280, 311 II BGB aus Verschulden bei Vertragsverhandlungen dem Darlehensrückzahlungsanspruch der Bank entgegenhalten, stRspr, BGHZ 47, 207 (217), üL. Diese teils kumulativ, teils alternativ zum Einwendungsdurchgriff gebrauchte Konstruktion ist diesem gegenüber schwächer, weil sie vom Vorliegen aller Schadensersatzanspruchsvoraussetzungen abhängt, zB Pflichtverletzung, Verschulden, Kausalität, mangelndes Mitverschulden des Käufers. Demgegenüber ist festzuhalten, dass der Einwendungsdurchgriff heute auch außerhalb der §§ 491 ff. BGB aus den allgemeinen Grundsätzen des Finanzierungsdarlehens folgt (→ Rn. G34 ff.); auf eine Warnpflichtverletzung der Bank kommt es nicht mehr an, noch kann umgekehrt die Warnung den Einwendungsdurchgriff beseitigen, BGH NJW 1992, 2562 (→ Rn. G44). Die Rspr. zu den Aufklärungs- und Warnpflichten beim finanzierten Abzahlungskauf behält aber ihre Bedeutung: (1) der Einwendungsausschluss durch Aufspaltung kann ohne Aufklärung überraschend iSv **(5)** § 305c I BGB sein; (2) die Bank kann sich auch auf einen an sich zulässigen Einwendungsausschluss (Subsidiarität, Verlust infolge Empfangsbestätigung ua, → Rn. G44f) nicht berufen, wenn der Käufer bei entspr. Aufklärung das Geschäft so nicht abgeschlossen hätte; (3) die Bank muss die über den Einwendungsausschluss hinausgehenden Vertrauensschäden aus unterlassener Aufklärung ersetzen.

b) Inhalt und Umfang: Die Bank muss den Käufer, auch wenn er nicht besonders unerfahren ist, auf das Risiko der Darlehensrückzahlung unabhängig vom Kauf (Aufspaltungsrisiko) unmissverständlich hinweisen, BGHZ 47, 222 (239); sie muss ihn insbesondere vor Abgabe einer unrichtigen Vorausquittung warnen, BGHZ 47, 217; sie muss ihn bei KfzBriefübergabe durch den Verkäufer unmittelbar an die Bank darauf hinweisen, dass er mangels Briefvorlage nicht gutgläubig Eigentümer werden kann, BGHZ 47, 216. Die Warnung muss klar, drucktechnisch deutlich gestaltet und vom Käufer gesondert unterschrieben sein. Nicht ausreichend ist Warnung in einem für andere Zwecke bestimmten Selbstauskunftsformular, BGH WM 1975, 1298, allgemein in AGB statt im Text des Darlehensantrags, BGH NJW 1979, 2094, in Empfangsbestätigung (bereits Bindung nach § 145 BGB), BGH NJW 1979, 2512; 1980, 783. Keine besonderen Aufklärungspflichten treffen die Bank beim finanzierten Beitritt zu einer AbschreibungsGes und beim Erwerb von Bauherren- und Erwerbsmodellen (→ Rn. G53), Ausnahmen → Rn. A25. **Interessenkonflikte,** zB bei Einschaltung der Arbeitgeberfirma als Darlehensvermittlerin gegenüber den Arbeitnehmern, verstärken oder begründen uU erst die Pflicht zur Warnung vor gefährlichem Darlehensgeschäft, BGHZ 72, 102, für Projekt- und Immobilienfinanzierung → Rn. A25. Die Bank haftet dann für ein Verschulden des Verkäufers bei den Vertragsverhandlungen nach **§§ 280, 311 II iVm § 278 BGB,** BGHZ 47, 229; 72, 97; ebenso für Verschulden des Darlehensvermittlers, OLG Frankfurt a. M. BB 1980, 124. Der Verkäufer handelt auch dann in Erfüllung der Verbindlichkeit der Bank, wenn er den Käufer arglistig täuscht oder eine Blankoerklärung des Käufers abredewidrig ausfüllt, BGH WM 1973, 751. **Schaden** → HGB § 347 Rn. 35; die Vorteile aus Nutzung und Weiterveräußerung der Kaufsache sind anzurechnen, BGH NJW 1984, 230. **Ursächlichkeit** der Verletzung der Aufklärungspflicht für den Schaden (Vertragsabschluss) ist vom Käufer nicht zu beweisen, BGHZ 72, 106; BGH NJW 1980, 2303. **Mitverschulden** des Käufers ist nach § 254 BGB zu berücksichtigen; geschäftliche Unerfahrenheit und Unachtsamkeit sind aber nicht schon ohne Weiteres Mitverschulden, BGHZ 72, 107.

E. Bereicherungsausgleich: Rückabzuwickeln sind **Anweisungsleistungen,** denn die Bank zahlt an den Verkäufer nur auf Anweisung des Käufers (Darlehenskunde). Der Bereicherungsausgleich hier **entspricht deshalb** dem bei **Überweisung** (→ Rn. C93 ff., 110; man beachte aber neue Rspr. des BGH, → Rn. C103), **Scheck** (→ Rn. E/5) und **Lastschrift** (→ Rn. D50 ff., 60). Er findet grundsätzlich zwischen Bank und Käufer bzw. Käufer und Verkäufer statt (Doppelkondiktion), soweit nicht Schutzzwecke beim Finanzierungsdarlehen entgegenstehen. Besonderheiten gelten für den Verbraucherdarlehensvertrag, s. Fuchs AcP 199 (1999), 306: wegen Darlehensfortbestand Rückforderungsanspruch nur aus § 242 BGB, sowie bei Widerruf des Verbrauchers und bei Rücktritt des Kreditgebers (zu §§ 7, 13 aF VerbrKrG).

a) Bereicherungsanspruch der Bank: Ist der Kauf wirksam, das Darlehen unwirksam, hat die Bank einen Bereicherungsanspruch nicht gegen den Käufer; der Anspruch kann aber entfallen bei Mängeln des Kaufsache (Einwendungsdurchgriff, → Rn. G42) oder bei mangelnder Aufklärung (Gegenanspruch auf Schadensersatz → Rn. G46), BGH NJW 1980, 2302. Sind Kauf und Darlehen unwirksam, besteht ausnahmsweise je nach Schutzzweck der verletzten Norm (dann Unwirksamkeit auch der Anweisung selbst) ein Bereicherungsanspruch der

Bank nicht gegen den Käufer, sondern nur gegen den Verkäufer, vgl. BGHZ 91, 19 (§§ 1b, d AbzG aF); BGH NJW 1980, 940 (§ 1a I AbzG aF); BGH NJW 1980, 1157 (§ 138 BGB). Grundsätzlich hat die Bank jedoch auch bei Doppelmängeln (Anweisung bleibt wirksam) die Leistungskondiktion nur **gegen den Käufer,** an den sie durch die Auszahlung des Darlehens an den Verkäufer geleistet hat. Der Bereicherungsanspruch geht aber auch dann inhaltlich nicht auf Rückzahlung des Darlehens (wie es der vermögensmäßigen Entscheidung des Käufers nach § 818 III BGB an sich entsprechen würde, was aber mit dem Einwendungsdurchgriff unvereinbar wäre), sondern nur auf Abtretung des Anspruchs des Käufers gegen den Verkäufer (abzüglich der zurückgezahlten Darlehensraten), BGH NJW 1978, 2145; 1979, 1595. Bürgschaft des Verkäufers gegenüber der Bank erstreckt sich iZw auch auf Bereicherungsanspruch der Bank gegenüber dem Käufer, BGH NJW 1987, 2077. Übernimmt der Verkäufer die gesamtschuldnerische Haftung, schuldet er der Bank trotz Unwirksamkeit des Vertrags bei Widerruf des Käufers Nettokreditbetrag und marktübliche Verzinsung (ergänzende Vertragsauslegung), BGH WM 1993, 1236.

G50 b) **Bereicherungsanspruch des Käufers:** Der Käufer kann von der Bank nur die zurückgezahlten Darlehensraten verlangen, nicht die an den Verkäufer geleistete Anzahlung (anders für das Verbraucherdarlehen bei Widerruf des Verbrauchers § 358 II, IV 3 BGB, dazu BGH WM 2009, 932); wegen dieser muss er sich an den Verkäufer halten. Die Bank kann dem Kunden grundsätzlich die Auszahlung der Darlehensvaluta an den Verkäufer auf Weisung des Käufers entgegenhalten (Saldotheorie), denn das Verkäuferinsolvenzrisiko verlagert sich mit Ratenzahlung zunehmend auf den Käufer (wie auch ohne Einschaltung der Bank), Canaris Rn. 1452. Dem kann jedoch der Schutzzweck der verletzten Norm entgegenstehen (dann Zweikondiktionentheorie), so bei § 134 BGB iVm § 56 I Nr. 6 GewO aF (→ Rn. G/9), BGHZ 71, 365; BGH NJW 1979, 1599; bei § 138 I BGB, BGH NJW 1980, 1158; bei arglistiger Täuschung, BGH NJW 1978, 2145; 1979, 1595. Lit.: zur Rückabwicklung Hopt/Mülbert Rn. 525; Canaris WM 1981, 978.

G51 F. **Finanzierungsdarlehen mit Sicherung durch Wechsel:** Der Verkäufer stellt hier zur Sicherung des Finanzierungsdarlehens **zusätzlich** einen **Wechsel** an Order der Bank aus, den der Käufer annimmt (wechselmäßige Haftung des Verkäufers als Aussteller und des Käufers als Akzeptant, Art. 9, 28 WG; früher als C-Geschäft bezeichnet. Der Käufer hat gegen den wechselmäßigen Anspruch der Bank im Fall des Einwendungsdurchgriffs (→ Rn. G42) die Bereicherungseinrede, BGH WM 1962, 761; 1962, 1263; 1963, 1278. Eventuelle Rückgewähransprüche (§ 812 BGB) sind mangels gegenteiliger Vereinbarung durch den Wechsel nicht gesichert, BGHZ 51, 73. Auch eine zweite Bank, der die Erste den Wechsel zur Refinanzierung weitergegeben hat, kann bei wirtschaftlicher Einheit der Geschäfte (→ Rn. G39) den Einwendungen des Käufers nicht Art. 17 WG entgegenhalten, BGHZ 43, 260; 51, 78; BGH WM 1986, 1179; ebenso der Zessionar einer Sicherungsgrundschuld, BGHZ 66, 172, oder ein Garantiegläubiger, BGH NJW 1980, 1157. Für den Verbraucherdarlehensvertrag gilt Wechsel- und Scheckverbot (§ 496 II BGB).

G52 G. **Finanzierungsdarlehen bei anderen Leistungen als Waren:** Der Käuferschutz beim Finanzierungsdarlehen gilt bei gleicher Interessenlage entspr. auch bei finanzierten Verträgen über andere Leistungen als die Lieferung von Waren (ebenso für den Verbraucherdarlehensvertrag § 358 I BGB): zB finanzierte Dienstverträge, Ehemäklerverträge (nach aA bereits § 656 BGB analog gegenüber der Bank), BGHZ 72, 101, Werkverträge, BGH BB 1982, 1020; finanzierte Mitarbeiterverträge, auch unter Einschaltung von Kreditvermittlern, BGH NJW 1980, 1515; finanzierte Unfallhilfe, soweit der Kreditvertrag nicht schon wegen Verstoß gegen RBerG nichtig ist (→ Rn. G4); finanzierte Beteiligungen der

Arbeitnehmer an der Arbeitgeberfirma, BGHZ 72, 92; Beteiligung an AnlageGes, BGHZ 156, 46 (zu § 9 VerbrKrG); finanzierter Kauf anderer als beweglicher Sachen, etwa Erwerb einer Privatschule, BGH NJW 1987, 1813, eines Waschsalons, BGH NJW 1978, 1427, dabei Aufklärung über Zweifel der Bank an Ertragsfähigkeit, BGH WM 1981, 869; im Einzelfall auch beim finanzierten Bauträgervertrag über Eigentumswohnungen, BGH NJW 1980, 42. Leasing → Rn. P12ff.

Der Käuferschutz gilt grundsätzlich **nicht** beim finanzierten Beitritt zu einer AbschreibungsGes (→ HGB Anh. § 177a Rn. 52), BGHZ 93, 268; BGH NJW 1981, 389 oder einem **Bauherrn- oder Erwerbermodell**, BGH NJW 1988, 1584; WM 1992, 901; Grund: eigenes (steuerrechtliches ua) Interesse des Erwerbers an der Vertragsaufspaltung, idR geringere Aufklärungsbedürftigkeit (Höhe der Beteiligung, Einschaltung von Steuerberatern), idR selbstständige Rolle des Bauträgers, bloße Kreditgeberrolle der Bank; anders, wenn Bank über bloße Finanzierung hinausgeht (→ Rn. A25). Näher zu **kreditfinanzierten Immobilien(fonds)geschäften,** Einzelheiten sehr str., → Rn. G/9. Für das Verbraucherdarlehen ähnlich § 358 III 3 BGB.

9) Freie Darlehen (im Gegensatz zu Finanzierungs- und Verbraucherdarlehen)

Das freie Darlehen der Bank an den Käufer, häufig als persönlicher Kleinkredit ohne vertragliche Zweckbindung, und das idR größere Anschaffungsdarlehen der Bank an den Käufer mit einer je nach Vertrag unterschiedlich fixierten Zweckbindung (beides auch als **freier Personalkredit** bezeichnet) sind ebenso wie die **freien gewerblichen Kredite** durch das Fehlen von verbundenen Verträgen (→ Rn. G39) gekennzeichnet (vom Käufer „auf eigene Faust" besorgt, BGH NJW 1980, 516).

Folglich sind grundsätzlich weder die Anfechtung wegen Täuschung des Verkäufers noch der Einwendungsdurchgriff (→ Rn. G41 ff.) gegeben; str. für Anschaffungsdarlehen und bei Sicherungsübereignung der Kaufsache an die Bank. Anfechtung wegen Täuschung des Darlehensvermittlers bleibt aber auch beim Personalkredit möglich, BGH NJW 1979, 1595. Aufklärungs- und Warnpflichten bezüglich des Aufspaltungsrisikos (→ Rn. G46, Aufklärungspflichten im Übrigen → Rn. A16–29) können im Einzelfall jedoch auch hier bestehen, da sie auf der Geschäftsverbindung zwischen Bank und Kunde beruhen (→ Rn. A16); so bei Gefahr eines Irrtums des Kunden über die Risikoaufteilung (auch bei Einschaltung eines Kreditvermittlers), BGH NJW 1979, 2093. Die Bank braucht den Kunden aber nicht auf das über das Aufspaltungsrisiko hinausgehende wirtschaftliche Risiko hinzuweisen, BGHZ 83, 310 (→ Rn. A25).

10) Unternehmenskredit

Der Unternehmenskredit wirft besondere Probleme auf. Er hat sich weitgehend unabhängig von §§ 488 ff. BGB nach den Bedürfnissen und mit den Vertragsgestaltungen und Vertragsmustern der (heute internationalen) Praxis entwickelt. Während im angloamerikanischen Bereich die Finanzierung am Kapitalmarkt im Vordergrund steht, ist das in Deutschland traditionell die Finanzierung über Unternehmenskredite der Kreditinstitute, auch wenn Eigenkapital- und eigenkapitalnahe Finanzierungen durchaus eine Rolle spielen (Cash pooling, Mezzanine-Finanzierung und iErg auch GfterDarlehen. Typische **Formen** des Unternehmenskredits sind Betriebsmittelkredit, Investitionskredit, Akquisitionskredit, Projektfinanzierung und Sanierungskredit, (Staub)/Grundmann/Renner 2020 Teil 4 Rn. 374 ff. Im Rahmen des Unternehmenskredits werden in der Literatur teilweise auch das Factoring, → **(7)** Bankgeschäfte Rn. O1 ff., das Finanzierungsleasing, → **(7)** Bankgeschäfte Rn. P1 ff., das Forfaitierungsgeschäft, → **(7)** Bankgeschäfte Rn. J5 und das Repo-Geschäft, → **(7)** Bankgeschäfte Rn.

(7) BankGesch H1 2. Teil. Handelsrechtl. Nebenges.

T2 behandelt, vgl. (Staub)/Grundmann/Renner 2020 Teil 4 Rn. 395 ff. Der Unternehmenskredit wird entweder durch die Hausbanken, deren Bedeutung aber stark abgenommen hat, oder eine oder mehrere andere Banken gewährt, letzterenfalls handelt es sich um einen **Konsortialkredit,** der in verschiedenen Gestaltungen vorkommt, → **(7)** Bankgeschäfte Rn. Y2. Die Unternehmenskreditverträge werden zwischen Unternehmen und Kreditinstitute idR ausgehandelt, wenngleich diese letzteren ihre eigenen Formulare zugrundelegen, diese allerdings wiederum aufsichtsrechtlich standardisiert (MaRisk der BaFin; (Staub)/Grundmann/Renner 2020 Teil 4 Rn. 352 ff.). Im internationalen Geschäft finden sich aber zunehmend auch Standardverträge, zB die Vertragsmuster der **Loan Market Association** (LMA, London), dazu und zu den dabei typischerweise verwandten Vertragsklauseln, zB currency clauses, margin, market disruption, yield protection, break costs, events of default ua, dazu (Staub)/Grundmann/Renner 2020 Teil 4 Rn. 355 ff. Diese Klauseln sind nach deutschem Recht, soweit anwendbar, AGB, die der AGB-Kontrolle unterliegen, **(5)** BGB §§ 305 ff., und werden deshalb zT in einer für die BRD veränderten Form verwandt, (Staub)/Grundmann/Renner 2020 Teil 4 Rn. 354. Zur Kreditsicherung über **covenants** → **(7)** Bankgeschäfte Rn. H7. Lit.: (Staub)/Grundmann/Renner 2020 Teil 4 Rn. 306 ff.

H. Kreditsicherungsverträge

Schrifttum

a) Kommentare und Handbücher: Außer dem allgemeinen Schrifttum (s Einl vor A1) Ellenberger/Bunte Bankrechts-HdB/*Ganter/ua* §§ 69–79. – LBS *(Langenbucher/Bliesener/Spindler)/(Bearbeiter)* 3. Aufl. 2020 24.-29. Kap. – KMFS/*Federlin* Rn. 8.1 ff. – *Lwowski/Fischer/Gehrlein* 10. Aufl 2018 (Hdb), darin *Gehrlein* § 16 (Kreditsicherung und Gesellschaftsrecht). – *Serick,* Bd I 1963, II 2. Aufl 1986, III 1970, IV 1976, V 1982, VI 1986; 2. Aufl 1993 (Eigentumsvorbehalt u Sicherungsübertragung). – (Staub)/*Grundmann/Renner* Bd. 1 2020 4. Teil Kreditgeschäft Vertragliche Kreditsicherung (zit. 2020 Teil 4 Rn. 923 ff.).

b) Sonstige Beiträge: Basedow/Remien/Wenckstern 2010 (Europa). – Brinkmann 2011 (international). – *Grädler* 2012 (floating charge). – *von Bismarck* 2014 (internationale Konsortialkredite). – *Bülow* 10. Aufl 2021. – *Nobbe* BKR 2002, 747 (Sicherungszweckerklärung). – *Lwowski, Eidenmüller* Bankrechtstag 2004, 107, 117; WM 2004, 1613 (Übersicherung; Internationales). – *Kieninger* WM 2005, 2305, 2353 (international). – *Mucke* WM 2006, 1804 (Negativerklärung). – *Stöcker* WM 2006, 1941 (Eurohypothek). – *Piekenbrock* WM 2007, 141 (Globalzession). – *Obermüller* FS Lüer 2008, 415 (Pools). – *Hirte* FS Hopt 2010, 141 (Globalsicherheiten, floating charge). – *Bourgeois* BKR 2011, 103 (Sicherheitentreuhänder). – *Schulz/Mettke* WM 2014, 54 (Kreditsicherungsgarantie auf erstes Anfordern). – *Huber* WM 2018, 1585 (Sicherheitenpool). – *Hoffmann* AcP 220 (2020) 377 (Kollision von Kreditsicherheiten). – *Schumacher/Radke* BKR 2021, 204 („Tag ein"-Kreditsicherheiten). **Muster:** Hopt/Merkt/Wittig Vertrags- und Formularbuch zum Hdl-, Ges- und Bankrecht 5. Aufl 2022 Form IV. H.1–11 (Kreditsicherungsverträge: Sicherungsübereignung, Sicherungsabtretung, Bürgschaft, Pfandrechte, Grundpfandrechte). **RsprÜbersichten:** *Ganter* WM 2006, 1081.

1) Arten von Kreditsicherheiten

H1 **Personalsicherheiten** sind zB Wechsel, Bürgschaft und Garantie (s. § 349 HGB), Schuldbeitritt, Schuldübernahme. Auch die in notarieller Urkunde erklärte Unterwerfung unter die sofortige Zwangsvollstreckung und die Abgabe eines abstrakten Schuldanerkenntnisses (idR nicht schon in der bloßen Vorausquittung des erwarteten Darlehens) verbessern die Stellung des Kreditgebers; dazu OLG Schleswig WM 1980, 964. Bei Krediten gegen Negativerklärung verspricht der Kreditnehmer, während der Laufzeit des Kredits sein Vermögen nicht zum Nachteil des Kreditgebers, zB durch Sicherheiten an Dritte, zu verändern **(Negativklausel, negative pledge clause),** Mucke WM 2006, 1804. Konzernweite

Negativklauseln s. Schneider FS Stimpel, 1985, 887. **Realsicherheiten** (Sachsicherheiten) sind zB Grundpfandrechte (Realkredit ieS), Pfandrechte an beweglichen Sachen und Rechten, vor allem Wertpapieren (Lombard, → Rn. G21), Eigentumsvorbehalt, Sicherungsübereignung, Sicherungsabtretung, Hinterlegung, Zurückbehaltungsrecht (§§ 369 ff. HGB). Einzelheiten sind im Schuld- und Sachenrecht des BGB geregelt. Ohne Kredithingabe bleibt Sicherungszession iZw wirkungslos (Akzessorietät), BGH NJW 1982, 275 m. krit. Anm. Jauernig. Zur Zweckerklärung der Sicherungsgrundschuld Clemente NJW 1983, 6. Bei der Kreditsicherung besteht ein grundlegender Konflikt zwischen Kreditgeber und Kreditnehmer einerseits und Kreditgeber und anderen Gläubigern andererseits. Das wird besonders akut bei der Mantel- und Globalzession. **Mantelzession** ist eine Verpflichtung zur Abtretung künftiger (insbesondere aus künftigen Warenlieferungen oder anderen Leistungen des Kreditnehmers an Dritte entstehender) Forderungen des Kreditnehmers an die Bank; die Abtretung erfolgt dann zB durch Übersendung von Rechnungskopien, Kontokarten, Listen ausgeführter Leistungen und Forderungen auf das Entgelt. **Globalzession** ist Vorwegabtretung (bei Kreditvertragsschluss) bestimmter künftiger Forderungen; diese gehen bei Entstehung auf die Bank über, die Belege folgen. Globalzession (samt Werthaltigmachung zukünftiger Forderungen) in der Insolvenz als kongruente Deckung (§ 130 InsO), aber nicht Bargeschäft (§ 142 InsO), BGH NJW 2008, 430 (IX ZS), anders als Sicherungen nach **(8)** AGB-Banken Nr. 13–15 (→ **(8)** AGB-Banken Nr. 13 Rn. 5). **Sicherheitenpool** ist unabhängig von der dinglichen Rechtslage eine GbR (nach aA unechte Treuhand) von Gläubigern zwecks gemeinsamer Interessenwahrnehmung gegen Schuldner im Insolvenzverfahren, BGH NJW 1989, 895, hinzu kommen manchmal Sicherheitenabgrenzungsverträge zwischen den verschiedenen Gläubigergruppen; Risikoprämie in Sicherheitenpoolvertrag, OLG Frankfurt a. M. ZIP 2010, 1026. Sicherheitenpool im Konzern, BGHZ 138, 291, in der Insolvenz BGH WM 2005, 1790; Ganter WM 2006, 1087; Steinwachs NJW 2008, 2231; Cranshaw WM 2009, 1682. Neuerungen in InsO, InvG und **(13)** DepotG durch das **FinSichRLG 2004** in Umsetzung von Europarecht, Herring/Cristea ZIP 2004, 1627. **Corona (COVID-19)** und Kreditsicherheiten, Samhat WM 2020, 865.

2) Unwirksamkeit der Globalzession, Sittenwidrigkeit der Kreditsicherung

A. **Ungenügende Bestimmbarkeit, Abtretungsverbot, Insolvenz:** Die Globalzession muss wirksam vorgenommen werden: Sie ist unwirksam bei ungenügender Bestimmbarkeit der abgetretenen Forderung, BGHZ 71, 75. Unwirksamkeit der Forderungsabtretung (im Rahmen eines verlängerten Eigentumsvorbehalts) bei **Kontokorrent**abreden, OLG Stuttgart WM 1978, 149; Sicherungsvorausabtretung des künftigen Schlusssaldos ist aber möglich, → HGB § 357 Rn. 5–7. **Abtretungsverbot** (§ 399 BGB) ist durch § 354a HGB eingeschränkt, im Übrigen in AGB des Käufers idR wirksam unter **(5)** §§ 305 ff. BGB, BGHZ 77, 275; dazu Matthies WM 1981, 1042; dann allenfalls gutgläubiger Erwerb der unter verlängertem Eigentumsvorbehalt stehenden Ware, → HGB § 366 Rn. 6; zum Abtretungsverbot nach § 308 Nr. 9 BGB (2021) Kalisz WM 2022, 65. **Insolvenz:** Globalzession ist auch hinsichtlich der zukünftig entstehenden Forderungen grundsätzlich nur als kongruente Deckung anfechtbar (§ 130 InsO), Insolvenzanfechtung scheitert grundsätzlich nicht am Vorliegen eines Bargeschäfts (§ 142 InsO), BGH ZIP 2008, 183 (IX ZS), was nach OLG Karlsruhe ZIP 2005, 1248 sehr str. war, Kuder ZIP 2008, 289; Jacoby ZIP 2008, 385; Griesbeck ZIP 2008, 1813 (Konsortialkredit).

H3 **B. Knebelung:** Die Globalzession kann sittenwidrig aus dem Verhältnis zum Kreditnehmer sein (Knebelung), BGH BB 1974, 669; 1979, 12; OLG Celle ZIP 1982, 942; OLG Köln WM 1986, 452.

H4 **C. Kollision infolge Mehrfachabtretung:** Bei Kollision von Kreditsicherheiten infolge Mehrfachabtretung hat grundsätzlich die zeitlich erstere Abtretung Vorrang **(Prioritätsprinzip),** soweit nicht die spätere Abtretung durch eine iZw für widerrufliche **Einziehungsermächtigung** seitens des Vorrangigen gedeckt ist (§ 185 BGB), stRspr, BGHZ 32, 288. Die Rechtsprechung hat das Prioritätsprinzip aber zugunsten der Warenkreditgläubiger in mehrerer Hinsicht durchbrochen, für eine offene Korrektur Hoffmann AcP 220 (2020) 377. Globalzessionen sind aber trotz Priorität idR sittenwidrig iSv **§ 138 BGB,** wenn sie den Kreditnehmer = Zedenten zur **Täuschung** zu dadurch **Schädigung Dritter** verleiten, indem sie künftige Forderungen einbeziehen, die der Kreditnehmer auf Grund verlängerten Eigentumsvorbehalts an Lieferanten abtreten soll (Vertragsbruchtheorie) stRspr, BGHZ 72, 308, Ausnahmen nur, wenn die besicherte Bank auf Grund besonderer Umstände, zB Unüblichkeit des verlängerten Eigentumsvorbehalts in der Branche, Kollision der Sicherungsrechte für ausgeschlossen halten durfte, BGHZ 72, 310; BGH WM 1999, 126; 1999, 1216; sittenwidrig also, auch wenn die Einzelzessionen noch der Zustimmung der Drittschuldner bedürfen, BGHZ 55, 34; auch wenn der Kreditnehmer verpflichtet wird, mit den Kreditmitteln gerade jene Lieferanten laufend zu bezahlen, BGH NJW 1974, 943; auch bei nur schuldrechtlicher Teilverzichtsklausel, BGHZ 72, 308; BGH WM 1999, 126; auch bei Klausel betr. ausschließliche Zahlung an die Bank als Zahlstelle des Kreditnehmers, BGHZ 72, 316; OLG Frankfurt a. M. WM 1981, 974; auch bei Globalzessionen nicht an Geld-, sondern Warenkreditgläubiger, BGH NJW 1974, 942; 1977, 2261. Für Kollision zwischen zwei Globalzessionen (Bank, Maschinenvermieter) gilt die Vertragsbruchtheorie nicht, BGH NJW 2005, 1192. **Factoring** → Rn. O7 f. Aufrechterhaltung einer insoweit nichtigen Globalzession im Übrigen str., s. **(5)** § 306 II BGB. **Nicht sittenwidrig** sind Globalzessionen, wenn die Lieferantenansprüche aus (branchenüblichem) verlängertem Eigentumsvorbehalt der Globalzession auf jeden Fall mit dinglicher Wirkung vorgehen sollen, BGHZ 98, 314; formularvertragliche, revolvierende Globalsicherungen sind wirksam auch ohne ausdrückliche Regelung der Freigabe, einer zahlenmäßig bestimmten Deckungsgrenze und der Bewertung der Sicherungsgegenstände (Grund: auch ohne Akzessorietät ermessensunabhängige Freigabepflicht aus fiduziarischer Rechtsnatur), Deckungsgrenze bei 110% der gesicherten Forderungen, Freigabeanspruch idR bei 150% des Schätzwerts (§ 237 S. 1 BGB), BGH GrS BGHZ 137, 212 und schon BGHZ 133, 25 (XI ZS unter Aufgabe der stRspr seit BGHZ 109, 240), auch → **(8)** AGB-Banken Nr. 16 Rn. 2; wenn die durch Globalzession erlangten Mittel unmittelbar zur Befriedigung der Warenkreditgeber dienen, diese also nicht gefährdet werden, BGHZ 69, 254 (echtes Factoring, → Rn. O7); Diskontierung von Kundenwechseln → Rn. J1–2. Haftung aus § 826 BGB → Rn. A35.

Auskunftsanspruch des Warenlieferanten besteht gegen seinen Käufer, aber nicht ohne Weiteres gegen die einzelne Bank, BGH NJW 1980, 2463. **Offenlegung** der stillen Zession kann zulässig sein, BGH BB 1963, 574; WM 1979, 1180.

3) Sittenwidrigkeit, Unwirksamkeit von Sicherungsklauseln

H5 Die herkömmlichen Formularsicherungsklauseln der Kreditwirtschaft werden von der Rspr. zunehmend eng ausgelegt bzw. kritisch an **(5)** §§ 307, 308, 309 BGB gemessen, UBH/H. Schmidt (42) Sicherungsklauseln Rn. 1 ff. Die Klauselpraxis wird sich zT umstellen müssen. Die Rspr. bestimmt die **Sittenwidrigkeit** bei Kreditgewährung bzw. –besicherung nach sich zT überschneidenden Fall-

V. Bankgeschäfte   H6, H7   **BankGesch (7)**

gruppen wie Knebelung des Schuldners (für Globalzession → Rn. H3), Insolvenzverschleppung (→ Rn. G31) und anderweitiger Gläubigergefährdung bzw. Kredittäuschung (→ Rn. G31), BGH NJW 2016, 2662 Rn. 39, diese geben aber nur Anhaltspunkte, notwendig ist Gesamtwürdigung, BGH NJW 2016, 2662 Rn. 42. **Lohnabtretung** für Bankkredit, auch Teilzahlungskredit, ist zulässig. Eine Lohnabtretungsklausel muss aber hinreichend eindeutig sein und darf nicht zu unverhältnismäßiger Übersicherung führen, BGHZ 108, 98; seit 2021 § 308 Nr. 9 BGB, Kalisz WM 2022, 65. Lit.: Kohte ZIP 1988, 1225. Sicherungsübereignung → Rn. H4; Klausel über persönliche Haftungsübernahme bei Grundschuldbestellung für Drittkredit ist unwirksam, BGHZ 114, 9. Zulässiger Sicherheitenaustausch → Rn. G19a. Zu Einbeziehung der PersonenGes oder Gfter, Tiedtke NJW 1991, 3241; Bürgschaftsklauseln → HGB § 349 Rn. 3–10; **(8)** AGB-Banken Nr. 13–17. Keine Schätzgebührklausel für Wertermittlung von Sicherheiten, da im Interesse der Bank, OLG Düsseldorf WM 2010, 215, → Rn. A25.

4) Kündigung unbefristeter Sicherheitsbestellungen

Bei unbefristeten Sicherheitsbestellungen, zB Formularpfandrechten, aber auch **H6** Grundschulden und anderen Sicherheiten, kann der Sicherungsgeber nach Ablauf eines gewissen Zeitraums oder bei Eintritt besonders wichtiger Umstände mit Wirkung für die Zukunft kündigen (Dauerschuldverhältnis, § 314 BGB); BGH NJW 1985, 3007; 2003, 61. Besonders wichtige Umstände sind zB das Ausscheiden eines Gfter aus der Ges., für dessen Schulden er die Sicherheit bestellt hat, sofern gerade die GfterStellung Anlass für die Leistung der Sicherheit war, BGH WM 1985, 969 (1059); 1999, 685; 2002, 2367, Ausscheiden des Geschäftsführers, OLG Nürnberg WM 2013, 979. Die Ausschlussfrist des § 626 II BGB ist nicht anwendbar, OLG Nürnberg WM 2013, 979. Die Besicherung beschränkt sich dann auf die bei Wirksamwerden der Kündigung begründeten Verbindlichkeiten des Schuldners, bei Kontokorrentkredit also auf den entsprechenden Tagessaldo (vgl. → HGB § 356 Rn. 2), BGH NJW 2003, 61; OLG Nürnberg WM 2013, 979, neue Verbindlichkeiten sind nicht gedeckt. Prolongationskredit ist weitergesichert, wenn die Parteien des Kreditvertrags sich über die periodische Verlängerung von vornherein einig waren (Grundlage für die Prolongation bereits im Ursprungsvertrag), BGH NJW 2003, 62. Prolongationsklausel, Samhat WM 2016, 962.

5) Covenants

Covenants sind aus der angloamerikanischen Vertragspraxis stammende Ver- **H7** tragsklauseln zur Absicherung von Krediten nicht durch einzelne Kreditsicherheiten, sondern präventiv durch Überwachung des Kreditnehmers und erweiterte Rechte bei Nichteinhaltung der covenants weit im Vorfeld der Insolvenz, auch als Frühwarnsystem bezeichnet, Wittig WM 1996, 1385. Dabei werden **financial covenants** und **non-financial covenants** unterschieden. Erstere betreffen die Überwachung der Kapitalstruktur des Kreditnehmers anhand von Finanz- und Bilanzkennzahlen, letztere umfassen alle sonstigen Vorgaben, zB an Information und Transparenz (information covenants) und andere, die die Unternehmenspolitik des Kreditnehmers betreffende Pflichten (general covenants). Typische financial covenants-Klauseln betreffen ua betriebswirtschaftliche Kennzahlen (zB financial ratios), die Eigenkapitalausstattung (net worth), den Verschuldensgrad (EBIT und EBITDA), den Ertrag und die Erhaltung der Liquidität (current ratio), dabei ist die Kontinuität der Bilanzierungs- und Bewertungsmethoden unerlässlich, Wittig WM 1996, 1382. Wichtige andere Klauseln sind zB die change of control-Klausel, die MAC-Klausel (Hopt FS K. Schmidt, 2009, 681), negative pledge-Klauseln (keine weiteren Sicherheitenbestellungen), die pari passu-Klausel (Gleichrangklausel), im Einzelnen (Staub)/Grundmann/Renner 2020 Teil 4

(7) BankGesch J1

Rn. 933 ff. Die Rechtsfolgen der Verletzung von covenants werden typischerweise in einer events of default-Klausel eigens geregelt. Dazu gehören ein Nachbesicherungsanspruch (s. **(8)** AGB-Banken Nr. 13 II, wird durch financial covenant-Vereinbarung nicht ausgeschlossen, dort → **(8)** AGB-Banken Nr. 13 Rn. 7), Anpassungsrechte, die Möglichkeit der Kreditkündigung, automatisch wirkende cross default-Klauseln und die Einflussnahme auf die Geschäftsführung. Diese letztere ist aber gefährlich, weil sie zur Haftung des Kreditgebers führen kann (§ 826 BGB, → Rn. G28 ff.). All diese Klauseln sind, nach deutschem Recht, soweit anwendbar, AGB, die der AGB-Kontrolle unterliegen, **(5)** BGB §§ 305 ff., (Staub)/Grundmann/Renner 2020 Teil 4 Rn. 951 ff. Lit.: (Staub)/Grundmann/Renner 2020 Teil 4 Rn. 927 ff.; Staudinger/Freitag BGB § 488 Rn. 221 ff. (reps, covenants); Kästle 2003; Servatius 2008; Heinrich 2009; Weitnauer ZIP 2005, 1443; Hornuf/Reps/Schäferling ZBB 2013, 202; Servatius Corporate Finance Law 2013, 14; Graewe FS Lwowski, 2014, 15; Renner/Schmidt ZHR 180 (2016), 522.

J. Diskontgeschäft, Forfaitierungsgeschäft

Schrifttum

a) Kommentare und Handbücher: Außer dem allgemeinen Schrifttum (s Einl vor A1) Ellenberger/Bunte Bankrechts-HdB/*Peters* § 40 (Wechselkredit). – Ellenberger/Bunte Bankrechts-HdB/*Omlor* § 82 (Forfaitinggeschäft). – LBS *(Langenbucher/Bliesener/Spindler)/Omlor* 3. Aufl. 2020 18. Kap. – BuB/*Früh/Müller-Arends* Rn 3/241a ff (Diskontgeschäft), BuB/Nielsen Rn. 5/213 ff. (Forfaitierung). – *Canaris* 2. Aufl 1981, Rn. 1522. – EBJS/Hakenberg Bd 2 4. Aufl. 2020 BankR V Rn. 41 ff. (Forfaitinggeschäft). – Hopt/*Mülbert* 650, 693 (1989). – KMFS/*Bauer/Seeger* Rn 7.321 ff. (Forfaitierung). – (Staub)/*Grundmann/Renner* 2020 4. Teil Kreditgeschäft Forfaitierung Rn. 486 ff. (zit. 2020 Teil 4 Rn. 486 ff.). – Staudinger/*Mülbert* § 488 BGB Rn 637 ff. (Diskontgeschäft), Rn 681 ff. (Forfaitgeschäft).
b) Sonstige Beiträge: Zum Diskontgeschäft: Helm 1967. – Helm WM 1967, 310; 1968, 930. – *Stauder* WM 1968, 562, 1238. – Zum Forfaitierungsgeschäft: Bernard 1991. – Finger BB 1969, 765. – Schultz/Meister AWD 1972, 230. – Graf v Westphalen RIW 1977, 80. – *Schütze* WM 1979, 962 (IPR). – Graf v Westphalen WM 2001, 1837. **Muster:** Hopt/Merkt/Joos Vertrags- und Formularbuch zum Hdl-, See- und Bankrecht 5. Aufl 2022 Form IV. J.1–3 (Diskontgeschäft, Forfaitierungsgeschäft). **RsprÜbersicht:** vgl allgemeiner zum Wechsel- und Scheckrecht vor E1.

1) Rechtliche Qualifikation des Diskontgeschäfts

J1 **A. Erscheinungsformen:** Das Diskontgeschäft ist der Ankauf von Wechseln und Schecks (Bankgeschäft nach § 1 I 2 Nr. 3 KWG, Text → Rn. A4). Die Bank erwirbt dabei vom Einreicher (Diskontant) den noch nicht fälligen Wechsel und bezahlt dafür den Nennbetrag der Forderung abzüglich des Zwischenzinses für die Zeit bis zum Fälligkeitstag **(Diskont).** Der Wechselerwerb dient nicht als Grundlage eines Haftungskredits (wie beim Akzeptkredit, → Rn. G25), sondern ist Teil eines Geldkreditgeschäfts (Diskontkredit, vgl. § 21 I 1 Nr. 2 KWG). Die Bank refinanziert sich durch Weitergabe des Wechsels an eine andere Bank (Privatdiskont) oder über die DBBk nach Maßgabe der EZB, DBBk 11/1998, 21. Letzteres setzte bis 1999 voraus (§ 19 I Nr. 1 aF BBankG): Haftung grundsätzlich dreier als zahlungsfähig bekannter Verpflichteter aus dem Wechsel oder Scheck und Fälligkeit binnen dreier Monate ab Ankauftstag; außerdem sollte es sich um gute **Handelswechsel** handeln (Zugrundeliegen eines Warenumsatzgeschäftes; Gegensatz **Finanzwechsel**). Stattdessen gewährt die DBBk seither Offenmarktkredite in der Form von Hauptrefinanzierungsgeschäften mit vorgeschaltetem Standardtender sowie längerfristige Refinanzierungsgeschäfte (gewöhnlich als Zinstender mit dreimonatiger Laufzeit, AGB-DBBk V Nr. 14 ff.); die Besicherung der Offenmarktkredite erfolgt durch Verpfändung der refinan-

V. Bankgeschäfte J2, J3 **BankGesch (7)**

zierten Wechsel (AGB-DBBk V Nr. 3 ff., 9 ff.). Wechselrechtlich ist der Einreicher idR Aussteller oder Indossant (so der Warenkreditgläubiger); er kann aber auch Akzeptant sein (so der Warenkäufer; Akzeptantenwechsel), zB beim **umgekehrten Wechsel** bzw. **Scheck-Wechselverfahren,** Ellenberger/Bunte Bankrechts-HdB/Peters § 40 Rn. 32 ff., diese sind nicht sittenwidrig (keine Wechselreiterei oder Akzepttausch, vgl. BGHZ 27, 172), BGHZ 56, 265; BGH WM 1979, 272; 1980, 126; OLG Frankfurt a. M. WM 1993, 1710; Ulmer/Heinrich DB 1972, 1104 (1149); Thamm ZIP 1984, 922 (Sicherungsklausel, Skonto); ebenso umgekehrter Finanzwechsel, OLG Hamm ZIP 1986, 364. Die bloße Diskontierung eines Akzeptantenwechsels ist, auch wenn die Bank weiß, dass für Regress des Ausstellers wegen Sicherungsübereignungen kein vollstreckungsfähiges Vermögen mehr da ist, nicht sittenwidrig, BGH NJW 1984, 728; die Bank darf den Akzeptantenwechsel auch vor Ausstellung oder Einlösung des Schecks diskontieren, OLG Hamm NJW 1986, 2839. Zum Ausstellerkredit mittels umgedrehter Wechsel Hopt/Mülbert Rn. 376. **Muster:** Hopt/Merkt VertrFormB/Joos Form IV. J.1 (Forfaitierung avalierter Solawechsel), Form IV. J.2 (Forfaitierung von Solawechseln mit separater Garantie), Form IV. J.3 (Forfaitierung einer Akkreditivforderung).

B. **Rechtliche Qualifikation:** Das Diskontgeschäft ist idR **Kauf oder kaufähnliches Geschäft, ausnahmsweise Darlehen,** hL, stRspr, BGHZ 19, 292; 59, 200; BGH WM 1963, 507; 1968, 797; 1972, 72; Ellenberger/Bunte Bankrechts-HdB/Peters § 40 Rn. 3; aA Canaris Rn. 1532: idR Darlehen, Hingabe des Wechsels als Leistung erfüllungshalber zur Darlehensrückzahlung. Ein Darlehen kann vorliegen zB bei Diskontierung des Wechsels für Rechnung des Kunden und sofortiger Gutschrift aus eigenen Mitteln der Bank, vgl. BGHZ 19, 291; BGH WM 1966, 1222; bei Wechsel mit der Unterschrift nur des Ausstellers (eigener oder Solawechsel, Art. 75 WG) oder nur dem Akzept ohne Unterschrift des Ausstellers, BGH WM 1956, 188; bei Vorbehalt der Rückforderung des Diskonterlöses vom Verkäufer (vgl. auch → **(8)** AGB-Banken Nr. 9 Rn. 1) ua. Bei nicht nur einmaliger Diskontierung kann ein Diskontkrediteröffnungsvertrag vorliegen, auf dessen Grundlage dann das einzelne Diskontgeschäft zustande kommt, Ellenberger/Bunte Bankrechts-HdB/Peters § 40 Rn. 4 ff., → Rn. G2–19. Diskontierung von Kundenwechseln durch Wechseldiskontkredit gewährende Bank ist auch bei verlängertem Eigentumsvorbehalt der Lieferanten nicht sittenwidrig (→ Rn. H4), BGH BB 1979, 956; Muscheler NJW 1981, 657. Zum Selbstdiskont von Eigenakzepten beim Akzeptkredit → Rn. G25. **J2**

2) Rechte und Pflichten der Beteiligten

Der Diskontkreditnehmer hat Anspruch auf den Wechselgegenwert. Die Geldsumme ist effektiv, iZw in bar, auszuzahlen (→ Rn. G3); die Bank erwirbt auch bei Ablehnung der Diskontierung kein Pfandrecht an dem Wechsel oder Scheck nach **(8)** AGB-Banken Nr. 14 III (dort → **(8)** AGB-Banken Nr. 14 Rn. 11). Die Bank hat Anspruch auf Übertragung des Wechsels und Schecks, bei Verlangen auch durch Indossament, str., und erwirbt sicherungshalber auch die dem Wechselgeschäft zugrunde liegende Forderung (s. **(8)** AGB-Banken Nr. 15 II). Warnpflichten der Bank → Rn. A27. Der Kunde muss der Bank offenbaren, wenn es sich um einen Finanzwechsel handelt und die Bank das den Umständen nicht ohne Weiteres entnehmen kann, BGHZ 56, 266; denn dann scheiden Erwerb einer zugrundeliegenden Forderung nach **(8)** AGB-Banken Nr. 15 II und Rediskontierung durch die DBBk aus. Die Bank hat den wechsel- bzw. scheckrechtlichen Rückgriffsanspruch (Art. 9, 15, 47 ff. WG), den Rückgriffsanspruch aus Diskontvertrag (§ 453 I, uU § 488 BGB) und ggf. ein vertraglich vereinbartes Rückbelastungsrecht (früher in **(8)** AGB-Banken Nr. 42 II 2 aF), das als vertraglich vereinbartes Recht zum Rücktritt vom Kauf anzusehen ist (→ Rn. J2), **J3**

Ellenberger/Bunte Bankrechts-HdB/Peters § 40 Rn. 21 ff. Der Einreicher kann seinerseits den noch nicht fälligen Wechsel grundsätzlich nur bei Rücktritt zurückfordern, anders nur bei entsprechender Vereinbarung, Ellenberger/Bunte Bankrechts-HdB/Peters § 40 Rn. 27 f. Beim Akzeptantenwechsel (→ Rn. J1) erfüllt der Kunde (Schuldner, Akzeptant) mit Zahlung an den Gläubiger (Aussteller), nicht erst mit Wechseleinlösung, BGHZ 97, 197, aA mit guten Gründen üL; empfehlenswert ist abweichende Abrede.

3) Forfaitierungsgeschäft

J4 Beim Forfaitierungs- oder Forfaitgeschäft in der Form des Diskonts à forfait (frz.: in Bausch und Bogen) diskontiert die Bank (Forfaiteur) einen Wechsel unter Verzicht auf jeden Rückgriff beim Diskontkreditnehmer (Forfaitist, Exporteur). Das Forfaitierungsgeschäft kommt meist als Kauf von Exportforderungen vor, meist unter Verzicht auf Rückgriff (echtes Forfaitierungsgeschäft, sonst unechtes Forfaitierungsgeschäft), dies aber idR nur, wenn die Forderung gesichert ist, zB durch Bankgarantien. Das Forfaitierungsgeschäft ähnelt dem Factoring (→ Rn. O1), im Unterschied zu diesem ist es aber ein Einzelgeschäft, kein mit weiteren Dienstleistungen verbundenes Dauerverhältnis bzw. Rahmenvertrag; dazu Graf v. Westphalen RIW 1977, 80; Zusammentreffen mit Globalzession wie beim echten Factoring, OLG Hamburg ZIP 1983, 47, → Rn. O7. Das Forfaitierungsgeschäft dient vor allem der Exportfinanzierung, Hauptfall ist der Ankauf von Exportforderungen. Der Exporteur überträgt der Bank idR einen Solawechsel des ausländischen Importeurs durch Blankoindossament (Art. 13 II, 77 WG) mit eigenem Haftungsausschluss (Angstklausel); er kann ihr aber auch einen selbst ausgestellten, vom Importeur akzeptierten Wechsel übertragen, dann allerdings ohne Ausschluss der Haftung für Zahlung (Art. 9 WG, anders US-amerikanisches und englisches Recht), jedoch mit schuldrechtlicher, auch konkludenter Freistellungserklärung, Ellenberger/Bunte Bankrechts-HdB/Omlor § 82 Rn. 22 ff. In der Praxis kommt neben dem Wechselforfaitierungsgeschäft auch die Forfaitierung von Akkreditiv- und einfachen Buchforderungen vor sowie als Sonderform der Forfaitierung auch der regresslose Ankauf von Leasingforderungen durch die Bank zur Refinanzierung von Leasinggesellschaften vor, Ellenberger/Bunte Bankrechts-HdB/Omlor § 82 Rn. 4, 31 ff. Seit 1.1.2013 gelten die von der ICC/IFA erlassenen Einheitlichen Richtlinien für Forfaitierungen (Uniform Rules for Forfaiting, URF 800, engl), Vorpeil RIW Heft 3/2013, I (Erste Seite).

J4a Rechtlich liegt beim echten Forfaitierungsgeschäft wie beim Diskontgeschäft und beim **echten Factoring** ein **Rechtskauf** vor (→ Rn. J1–2, O2), BGHZ 126, 264; BFH WM 1999, 1763; OLG Hamburg ZIP 1983, 47; (Staub)/Grundmann/Renner 2020 Teil 4 Rn. 487, str., dabei wird vorausgesetzt, dass das Bonitätsrisiko vollständig auf den Käufer übergeht, also Haftung nur für die Verität, nicht die Bonität der übergegangenen Forderung. Beim unechten Forfaitierungsgeschäft (praktisch nur bei Forderungen) liegt wie beim unechten Factoring idR Kauf, ausnahmsweise Darlehen vor (→ Rn. O3), wie dort str. Beim Wechselforfaitierungsgeschäft begibt sich die Bank des Zurückbelastungsrechts und verzichtet schuldrechtlich (nicht wechselrechtlich, Art. 9 II WG) und formlos wirksam auch auf alle wechselrechtlichen Regressansprüche des Vertragspartners und sonstiger wechselrechtlich Verpflichteter (Freistellungserklärung), BGHZ 126, 261. Um die Einwendung des Verzichts (Art. 17 WG) gegen die Rediskontbank zu erhalten, muss die Bank diese auf den Forfaitierungscharakter hinweisen. Bei der Wechselforfaitierung wird die Kausalforderung aus dem Exportgeschäft idR nicht mitverkauft, Grund: Risiko der Anwendung des auf die Forderung anwendbaren ausländischen Rechts auch auf die Wechselforderung. **Muster:** Hopt/Merkt VertrFormB/Joos Form IV. J.1 (Forfaitierung avalierter Solawechsel), Form IV. J.2 (Forfaitierung von Solawechseln mit separater Garantie), Form IV. J.3 (Forfaitierung einer Akkreditivforderung). Lit.: Ellenberger/

Bunte Bankrechts-HdB/Omlor § 82; Schütze WM 1979, 962; Hakenberg RIW 1998, 906; Brink WM 2003, 1355 (SMG).

4) Pensionsgeschäft

Beim Pensionsgeschäft überträgt der Pensionsgeber Wechsel, Wertpapiere ua **J5** gegen Zahlung eines Betrags auf den Pensionsnehmer; diese sind entweder auf jeden Fall (Rückgabepflicht, echtes Pensionsgeschäft) oder nur auf Verlangen des Pensionsnehmers (bloßes Rückgaberecht, unechtes Pensionsgeschäft) gegen Zahlung eines Betrags wieder zurückzuübertragen. Definitionen und Bilanzierungsregeln für die Pensionsgeschäfte der Kreditinstitute enthält § 340b HGB (nF BankBiRLLiG 1990). Das Pensionsgeschäft hat idR Kreditcharakter und bringt Vorteile betr. Mindestreserven, Bilanzierung (s. § 340b HGB) ua. Anders als beim Effektenlombard (→ Rn. G21) erwirbt der Pensionsnehmer eine Kapitalanlage auf Zeit und trägt solange das Substanz- und Ertragsrisiko; das gilt auch für Zwangsvollstreckung und Insolvenz. Das Pensionsgeschäft ist Kauf mit fester Rückkaufvereinbarung (echtes Pensionsgeschäft) oder mit Rückverkaufsrecht (unechtes Pensionsgeschäft), im Einzelfall auch Darlehen, Bennat WM 1969, 1437; Schönle § 19 I 2; nach aA Darlehen mit Hingabe des Wechsels sicherungshalber. In der Praxis sind die Vorteile aus dem Papier und der Liquiditätsüberlassung idR im Rückkaufpreis einkalkuliert (Sell and buy back-Geschäft). International wird das Geschäft zunehmend dahin standardisiert, dass bei gleichen Preisen für Kauf und Rückkauf die Liquiditätsüberlassung durch Ausgleichszahlung vergütet wird, **Repo-Geschäft**, → (7) Bankgeschäfte Rn. T2. Lit.: (Staub)/ Grundmann/Renner 2020 Teil 4 Rn. 493 ff.; Staudinger/Mülbert BGB § 488 Rn. 769 ff.; Hopt/Mülbert Rn. 703 und → HGB § 340b Rn. 1.

Wechsel- und Scheckinkasso: → Rn. E1–8, **(12)** ERI. **J6**

5. Kap. Akkreditiv, Bankgarantie, Dokumenteninkasso und sonstiges Auslandsgeschäft

K. Akkreditivgeschäft

Schrifttum

S speziell vor **(11) ERA 600,** zu den **ERA 500** → **(11)** ERA Einl. vor Art. 1 Rn. 1, 3.

a) Kommentare und Handbücher: Außer dem *allgemeinen Schrifttum* (s Einl vor A1) Ellenberger/Bunte Bankrechts-HdB/*Haas* § 103. – LBS *(Langenbucher/Bliesener/Spindler)/ Segna* 3. Aufl. 2020 10. Kap. – BuB/*Nielsen* Rn 5/469 ff. – *Canaris,* 3. Aufl. 1988, Rn 916. – *Dolan,* The Law of Letters of Credit, Commercial and Standby Credits, 4th ed., 2007. – EBJS/*Hakenberg* Bd. 2 4. Aufl. 2020 BankR II Rn. 139 ff. – KMFS/*Seeger* Rn. 7.151 ff. – MüKoHGB/*Wedemann* 4. Aufl. Bd 6 2019 Bankvertragsrecht (H. Dokumentenakkreditiv im Internationalen Handel). – *Schütze/Vorpeil,* 7. Aufl. 2016. – (Staub)/*Grundmann* Bd. 1 2020 3. Teil Zahlungsgeschäft ERA Rn. 551 ff. (zit. 2020 Teil 3 Rn. 551 ff.). – *Todd,* Bills of Lading and Bankers' Documentary Credits, 4th ed., 2007. – WLP *(Wolf/Lindacher/Pfeiffer)/ H. Schmidt* AGB-Recht 7. Aufl. 2020 Akkreditivbedingungen A 121 ff.

b) Sonstige Beiträge: *ICC,* ISP 98 – International Standby Practices – The Commentary 1999 (IntHK-Publikation Nr 947, Sprache englisch). – *ICC,* Annual Surveys of Letter of Credit Law and Practice, zuletzt 2006 (IntHK-Publikation Nr 962, Sprache englisch). – *Raith* 1985 (USA, BRD). – *Richter* 1990 (Standby Letter of Credit). – *Enonchong* 2012 (Independence Principle). – *Jimenez,* ICC Guide to Export/Import – Global Standards for International Trade, 4th ed. 2012. – *Steindorff* FS von Caemmerer 1978, 761 (IPR). – *Canaris* ÖBA 1987, 769 (Einwendungsausschluss). – *Schütze* WM 1982, 226 (IPR), DB 1987, 2189 (Avisierung), RIW 1988, 343 (Zahlstelle). – *von Bar* ZHR 152 (1988), 38 (IPR). – *Lorenz* FS Steindorff 1990, 405 (IPR, Rembours). – *Koller* WM 1990, 293 (Dokumentenstrenge). – *Schefold* IPRax 1990, 20; 1996, 347 (IPR). – *Lenz* EuZW 1991, 297. – *Nielsen* WM Beil 3/ 1993 (Aufnahmefähigkeit von Transportdokumenten). – *Vorpeil* RIW 1993, 12 (Prüfungszeitraum). – *Nielsen* WM 1999, 2005, 2049 (international). – *Berger* FS Schütze 1999, 103 (Auslegung durch Rspr). – *Baumeister/Knobloch* WPg 2016, 836 (Gestaltung, Bilanzierung). – *Vorpeil* WM 2018, 751 (Dokumentenstrenge, letter of credit). – *Graf von Bernstorff* RIW 2018, 634 (Exportfinanzierung). – *Vorpeil* RIW 7/2020 Erste Seite (Akkreditive in der Corona-Krise). **Muster:** *Hopt/Merkt/Joos* Vertrags- und Formularbuch zum Hdl-, Ges- und Bankrecht 5. Aufl. 2022 Form IV. K.1–11 (Akkreditivgeschäft). **RsprÜbersichten:** *Liesecke* WM 1966, 458; 1969, 210; 1976, 258; *Eberth* RIW 1977, 522.

1) Rechtliche Qualifikation des Akkreditivs

K1 A. **Rechtliche Qualifikation:** Das Akkreditiv ist ein **selbstständiges Zahlungsversprechen iSv § 780 BGB,** das eine Bank auf Anweisung des Auftraggebers dem Begünstigten gegenüber abgibt und in dem sich die Bank verpflichtet, gegen Vorlage bestimmter Dokumente zu zahlen, BGHZ 108, 348; BGH WM 1992, 928; OLG München WM 1996, 2336; Schütze/Vorpeil Rn. 79; MüKoHGB/Wedemann H Rn. 56, hL. Die Anweisung ist eine solche iwS, nicht unmittelbar iSv § 783 BGB, aber §§ 783 ff. BGB sind zT entspr. anwendbar, zB §§ 784 I Hs. 2, 788 (790) BGB, Canaris Rn. 921, str. Das Akkreditiv dient vor allem der Zahlungssicherung im Außenhandel, daneben aber auch sonst der Sicherung und ggf. der Kreditgewährung. Zugrunde liegt ein **Warengeschäft,** zB Kauf, zwischen Exporteur (Verkäufer) und Importeur (Käufer), in dem der Käufer Bezahlung der Ware durch Stellung eines Akkreditivs bei einer Bank verspricht (Verpflichtung, „den Verkäufer bei der Bank zu akkreditieren"; sog. **Akkreditivklausel,** → Rn. K25). Der Käufer (**Akkreditivauftraggeber,** Akkreditivsteller, **Applicant,** idR der Käufer) erteilt seiner Bank (**Eröffnungsbank,** Akkreditivbank, **Issuing Bank,** meist Hausbank des Käufers) den Akkreditivauftrag (§§ 675 I, 631 BGB, → Rn. K3). Die Bank teilt dem Verkäufer (**Begünstigter,** Akkreditierter, **Beneficiary**) das Akkreditiv mit und eröffnet es. Mit Eröffnung des Akkreditivs erlangt der Verkäufer einen unmittelbaren und selbstständigen Anspruch gegen die eröffnende Bank auf Zahlung, Akzeptierung oder Negoziierung von Wechseln gegen Aushändigung der Warendokumente (→ Rn. K11). Das Akkreditiv hat eine Zahlungs-, Sicherungs- und Kreditfunktion und ist ein besonders wichtiges Zahlungsinstrument im Welthandel, MüKoHGB/Wedemann H Rn. 3 f. Die Besonderheit des Akkreditivs liegt vor allem darin, dass der Verkäufer sich nach Eröffnung des Akkreditivs auch berechtigte Einwendungen und Einreden aus dem Kaufvertrag nicht mehr entgegenhalten lassen muss; der Käufer ist auf Rückforderung nach § 812 BGB verwiesen (Grundsatz der **Unabhängigkeit des Zahlungsanspruchs vom Grundgeschäft,** Umkehr der Prozessrollen, „**erst bezahlen, dann prozessieren**", Einwendungsausschluss → Rn. K16). Dies ist nur tragbar, weil andererseits die Bank zur Zahlung nur gegen Vorlage der Warendokumente verpflichtet ist und diese den Akkreditivbedingungen auf das Genaueste entsprechen müssen (Grundsatz der **Dokumentenstrenge,** → Rn. K5). Jeder Versuch, die Dokumentenstrenge aufzuweichen, entwertet deshalb das Akkreditiv als vom Grundgeschäft unabhängiges Zahlungsinstrument. Zur praktischen Bedeutung des Akkreditivs, lange nicht so wie nicht verbriefte Zahlungsinstrumente, (Staub)/Grundmann 2020 Teil 3 Rn. 556. Das **Dokumentenakkreditiv** ist seit **1.7.2007** in **ERA 600** mit Anhang **eUCP** (englisch) Version 2.1 (dazu → **(11)** ERA 600 Einl. vor Art. 1 Rn. 1 ff.) **näher geregelt;** Wirksamkeit und Auslegung nach **(5)** §§ 305 ff. BGB → **(11)** ERA Einl. Rn. 4 ff., 8. Zu den **vier Abwicklungsformen von Akkreditiven** → **(11)** ERA Art. 6 Rn. 2. Die ERA gelten nur, wenn sie **besonders vereinbart** sind, **(11)** ERA 600 Art. 1: „**ausdrücklich**", aber auch konkludent, → **(11)** ERA Art. 1 Rn. 1, 3; sind sie aber vereinbart, sind sie für alle Beteiligten bindend, soweit sie im Akkreditiv nicht ausdrücklich geändert oder ausgeschlossen sind, sog. **fall back rules**). Sie sind heute nicht mehr schon in **(8)** AGB-Banken ohne Weiteres mitvereinbart (dort → **(8)** AGB-Banken Nr. 1

V. Bankgeschäfte   K1a, K2   **BankGesch (7)**

Rn. 6). **(11)** ERA erfasst auch den Standby Letter of Credit, → **(11)** ERA Art. 1 Rn. 2. **Muster:** Hopt/Merkt VertrFormB/Joos Form IV. K.2 (unwiderrufliches Dokumenten-Akkreditiv).

Der **Standby Letter of Credit (L/C, auch Guarantee Letter of Credit)**   **K1a**
ähnelt dem Dokumentenakkreditivs, ursprünglich war er eine Garantie amerikanischer Banken, die gegen ein Dokument zahlbar gestellt wird, vgl. BGH WM 1994, 1063; Eschmann RIW 1996, 913; Nielsen WM 1999, 2049; er hat aber auch Ähnlichkeiten mit der Bankgarantie, OLG Frankfurt a. M. WM 1997, 1893; zur streitigen Einordnung → Rn. L1a. Barzahlung beim Akkreditiv und Vorlage und Einlösung von Tratten beim L/C stehen funktional gleich. Ähnlichkeiten auch mit der Garantie auf erstes Anfordern, dazu die Einheitlichen Richtlinien für auf Anfordern zahlbare Garantien, → **(7)** Bankgeschäfte Rn. L1. Im Unterschied zum Akkreditiv, bei dem die Inanspruchnahme die Vertragserfüllung ist, ist aber beim Standby L/C die Erklärung des Begünstigten über die Nichterfüllung maßgeblich, MüKoHGB/Wedemann H Rn. 20; dies wie bei der Garantie auf erstes Anfordern (→ Rn. L8). Der Straight L/C ist nur bei einer ganz bestimmten Bank zahlbar gestellt, beim normalen L/C kann jede Bank zahlen, die Bonität der Eröffnungsbank angenommen. Unterschied zum Negoziierungskredit (drawing authorization): Ausschluss des wechselrechtlichen Regresses gegen den Begünstigten, Schütze/Vorpeil Rn. 119. Die **(11)** ERA beziehen seit 1983 auch die Standby Letters of Credit ein, → **(11)** ERA Art. 1 Rn. 2. Zum L/C MüKoHGB/Wedemann H Rn. 20, 39; Berger DZWir 1997, 426; Schütze/Vorpeil Rn. 121 ff. (Letter of Credit), 73 ff. (Standby Letter of Credit). ICC, International Standby Practices, zur Verwendung bei Standby letter of credit empfohlen, → **(11)** ERA Einl. Rn. 1. AGBKontrolle Haas ZBB 1999, 301. Eine gewisse Bedeutung haben auch die Uniform Rules for **Bank Payment Obligations (BPO)** der ICC 2016 erlangt, → **(11)** ERA Einl. Rn. 1. **Internationales Privatrecht** → Rn. A60.

B. **Einschaltung weiterer Banken:** Üblicherweise sind mehrere Banken eingeschaltet mit der Folge, dass **vier** oder mehr **Vertragsverhältnisse** vorliegen, so vor allem im internationalen Zahlungsverkehr. Teilweise wird dann, rechtlich unpräzise, von einer indirekten Garantie gesprochen. Die Bank des Käufers bzw. Importeurs **(Akkreditivbank oder Eröffnungsbank, Issuing Bank)**, schließt mit der zweiten, meist ausländischen Bank (Korrespondenzbank) einen Geschäftsbesorgungsvertrag mit Werkvertragscharakter (§§ 675 I, 631 BGB); anwendbares Recht → Rn. K2d. Die zweite Bank (**Zweitbank**, benannte Bank, **nominated bank, auch Zahlstelle genannt**, **(11)** ERA Art. 12) beschränkt sich **1) entweder** darauf, den Verkäufer bzw. Exporteur von der Stellung des Akkreditivs zu unterrichten (**Avisbank** bzw. avisierende Bank als **bloße technische Durchlaufstelle**, s. **(11)** ERA Art. 2 (Definition), aber auch Art. 9 lit. b, dazu Schütze/Vorpeil Rn. 381 ff.; DB 1987, 2189) und auch idR (ohne Übernahme einer eigenen Verbindlichkeit; aber Pflicht zur Überprüfung der augenscheinlichen Echtheit, dies im Außenverhältnis in Vollmacht, § 164 BGB, MüKoHGB/Wedemann H Rn. 109) ihm den Akkreditivbetrag gegen Prüfung der Warendokumente auszuzahlen (**Zahlstelle** oder ihren Aufgaben gemäß richtiger: Abwicklungsbank), BGH WM 1958, 1542; Schütze/Vorpeil Rn. 414 ff.; RIW 1988, 343, **oder 2)** sie übernimmt es, das (unwiderrufliche) Akkreditiv dem Verkäufer gegenüber zu bestätigen (**Bestätigungsbank, (11)** ERA Art. 2 mit Definition, Art. 8). Ersterenfalls muss der Begünstigte primär gegen die Zahlstelle vorgehen, also He mmung anderer Zahlungsansprüche, → **(8)** ERA Art. 7 Rn. 1. Letzterenfalls erhält der Verkäufer einen zusätzlichen, vom Grundgeschäft unabhängigen Zahlungsanspruch auch gegen die Bestätigungsbank (Gesamtschuld beider, § 425 BGB, aber Ersthaftung der Zahlstelle, → **(11)** ERA Art. 8 Rn. 2), ebenfalls § 780 BGB (→ Rn. K1), OLG Frankfurt a. M. WM 1996, 58; bei Zahlstellenver-

K2

einbarung wie im Regelfall bezüglich der Bestätigungsbank Auszahlung nur durch diese, **(11)** ERA Art. 10 lit. a, MüKoHGB/Wedemann H Rn. 126, 135, 136, bei Negoziierungsakkreditiv ist die Zahlstelle nur zur Negoziierung unter Vorbehalt (→ Rn. K14) verpflichtet, MüKoHGB/Wedemann H Rn. 138, str.

K2a Der Akkreditivauftrag erfolgt **schriftlich** (gewillkürtes Schriftformerfordernis), telefonisch höchst selten, Schütze/Vorpeil Rn. 140, Eröffnung und Avis (nicht Annahme, § 151 BGB) heute nur noch mit modernen Telekommunikationsmitteln (s. **(11)** ERA Art. 11), Schütze/Vorpeil Rn. 353, 356 wegen Dokumentenstrenge (→ Rn. K6) und HdlBrauch, letzteres kaum angesichts vieler abweichender Meinungen auch im Ausland, jedenfalls können die Parteien Formlosigkeit vereinbaren (→ **(11)** ERA Art. 1 Rn. 3). Unter den Banken ist heute aber Abwicklung über **SWIFT** absolut üblich (→ **(11)** ERA Einl vor Art. 1 Rn. 1). Die zweitbeauftragte Bank hat gegen die Akkreditivbank Anspruch auf Vorschuss und Aufwendungsersatz (§§ 675 I, 669, 670 BGB), wenn sie auftragsgemäß gegen die Dokumente auszahlt, sonst nicht, BGH NJW 1985, 551; bei Akkreditiv mit aufgeschobener Zahlung (deferred payment-Akkreditiv, → **(11)** ERA Art. 7 Rn. 1), BGHZ 101, 84; zur **Rembours**klausel → Rn. K2d, → **(11)** ERA Art. 13 Rn. 1.

K2b Der Käufer steht in vertraglicher Beziehung nur zur Akkreditivbank, nicht zur zweitbeauftragten Bank, RGZ 105, 50; 106, 27; OLG Düsseldorf WM 1978, 360. Die **Akkreditivbank haftet** aber dem Käufer **für die eingeschalteten Banken** je nach Einzelfall, nach aA immer, nach manchen nur Substitution nach § 664 I 2 BGB, so für die Zahlstelle MüKoHGB/Wedemann H Rn. 110); nach anderen Haftung für die eingeschalteten Banken als Erfüllungsgehilfen nach § 278 BGB, BGH WM 1958, 1542; Canaris Rn. 974; Schütze/Vorpeil Rn. 419; Schütze DB 1987, 2190; nach letzteren zB betr. Mitteilung und Eröffnung des Akkreditivs, nicht aber zB wenn der Auftraggeber die Einschaltung einer bestimmten Bank vorschreibt. Soweit § 278 BGB eingreift, ist die Freizeichnung nach **(11)** ERA Art. 37, jedenfalls gegenüber Verbrauchern, unwirksam, → **(11)** ERA Art. 37 Rn. 1, Canaris Rn. 975; Nielsen ZIP 1984, 239; aA Graf v. Westphalen WM 1980, 186: allgemein auch gegenüber Kflten; keine Haftungsbeschränkung nach **(8)** AGB-Banken (anders Nr. 25 aF von 1993). Teilweise werden Schutzpflichten der zweitbeauftragten Bank zugunsten des Käufers angenommen, Canaris Rn. 979, zB für richtige Akkreditivmitteilung (wie beim mehrgliedrigen Giroverkehr, → Rn. C88), zweifelnd MüKoHGB/Wedemann H Rn. 111; s. auch **(11)** ERA Art. 9 lit. b. Der Verkäufer (Begünstigter) hat vor Eröffnung des Akkreditivs keine eigenen Ansprüche gegen die eingeschalteten Banken, nachher hat er einen Anspruch aus § 780 BGB gegen die Akkreditivbank und ggf. gegen die Bestätigungsbank, nicht aber gegen die Avisbank und die Zahlstelle, Canaris Rn. 978, auch der Erfüllungsort bleibt der Sitz der Akkreditivbank, MüKoHGB/Wedemann H Rn. 119, str. **Muster**: Hopt/Merkt VertrFormB/Joos Form IV. K.2 (Unwiderrufliches Dokumenten-Akkreditiv mit Avisierungs-/Bestätigungsauftrag an Korrespondenzbank), Form IV. K.3 (Auftrag an Korrespondenzbank zur Avisierung einer Akkreditivänderung), Form IV. K.7 (Mitteilung über Akkreditiveröffnung mit Bestätigung durch die avisierende Bank).

K2c **Ankaufs- und Schutzzusagen:** In der Praxis haben sich neben der Einschaltung von Avis- und Bestätigungsbanken durch die beauftragte Bank Ankaufs- und Schutzzusagen (einer dritten Bank gegenüber dem Akkreditivbegünstigten außerhalb der Akkreditivbeziehungen) entwickelt (Schutzklauseln). Dabei geht es dem Begünstigten um Absicherung seines Anspruchs gegen die Akkreditivbank (Zahlungsunfähigkeit, Konvertierungs-, Transfer- und Moratoriumsrisiken). Der Sache nach geht es um stille oder verdeckte Bestätigungen, Schütze/Vorpeil Rn. 98 ff., 119 mit Musterformel. **Stille Bestätigung** einer dritten Bank für den Fall konformer Dokumentenvorlage und Nichtzahlung der ersten avisierenden Bank (§ 780 BGB), OLG Frankfurt a. M. WM 2010, 1405; MüKoHGB/ Wedemann H Rn. 148 ff. **Muster:** Hopt/Merkt VertrFormB/Joos Form IV. K.10 (Ankaufszusage), Form IV. K.11 (Schutzzusage).

Internationales Recht: Die Rechtsverhältnisse der Beteiligten unterliegen **K2d** nicht einem einheitlichen, sondern dem jeweils anwendbaren Recht: Käufer/ Verkäufer (→ Rn. K25), Bank/Akkreditivauftraggeber (→ Rn. K3), Akkreditivbank/Begünstigter (→ Rn. K11), Avis-Bestätigungsbank/Akkreditivbank (→ Rn. K2), Avis-, Bestätigungsbank/Begünstigter (→ Rn. K2); Übertragung (→ Rn. K23); Gegen- oder Unterakkreditiv (→ Rn. K24). Die Akkreditivbank erbringt die charakteristische Leistung (Art. 4 II Rom I-VO, Art. 28 II 2 aF EGBGB), OLG Frankfurt a. M. RIW 1992, 315; (Staub)/Grundmann 2020 Teil 3 Rn. 575; → Rn. A60. Das gilt entsprechend für die bestätigende Zweitbank, MüKoHGB/Wedemann H Rn. 128 (für Akkreditiv → Rn. L2), nach aA dann einheitlich deren Niederlassungsort für Ansprüche gegen beide Banken, OLG Frankfurt a. M. NJW-RR 1988, 682. Wenn deutsches Recht nicht anwendbar ist, kann uU der ordre public-Vorbehalt eingreifen, Art. 6 EGBGB (→ Rn. K20). Der **Bankenrembours** ist in den IntHK Einheitliche Richtlinien für Rembourse zwischen Banken, 1996, geregelt, s. **(11)** ERA Art. 13. Lit.: Schütze/Vorpeil Rn. 667 ff. (IPR), 703 ff. (internationaler Akkreditivprozess), Reithmann/Martiny/Freitag Rn. 13.507; Steindorff FS von Caemmerer, 1978, 761; von Bar ZHR 152 (1988), 38; Lorenz FS Steindorff, 1990, 405; Schefold IPRax 1990, 20; 1996, 347.

2) Das Rechtsverhältnis zwischen den Banken und dem Akkreditivauftraggeber (Käufer)

A. **Akkreditivauftrag:** Zwischen Akkreditivauftraggeber und seiner Bank **K3** (Akkreditivbank) besteht ein Werkvertrag mit Geschäftsbesorgungscharakter **(§§ 675 I, 631 BGB),** vgl. RGZ 114, 268; BGH WM 1956, 1542; 1998, 1770, ganz hL. Der Akkreditivauftrag ist zwar an sich formfrei (vgl. zum Akkreditiv selbst → Rn. K2a), aber Schriftform ist handelsüblich. Die Akkreditivbank schuldet den Erfolg der Bezahlung des Akkreditierten (Verkäufers) aus Akkreditiv. Im Einzelnen treffen die Bank gegenüber dem Akkreditivauftraggeber ua Pflichten zur Eröffnung des Akkreditivs (→ Rn. K11–15) durch unverzügliche Mitteilung von der Akkreditivstellung, vgl. RGZ 103, 379; 105, 34, zur Prüfung der Dokumente auf Vollständigkeit und Ordnungsmäßigkeit (→ Rn. K5–8) und zur Zahlung gegen fristgerechte Vorlage akkreditivgerechter Dokumente. Auch sonstige Nebenpflichten, zB Vertraulichkeit, Vorpeil RIW 2005, 854 (House of Lords). Bei Nichteröffnung des Akkreditivs muss die Bank den Auftraggeber unverzüglich benachrichtigen, RGZ 103, 379. Risikoabwälzungen durch **(11)** ERA Art. 34–37, Wirksamkeit str., s. dort. Bei offensichtlichen Fehlern oder Widersprüchen im Akkreditivauftrag Rückfrage der Bank (bei Dokumentenprüfung aber grundsätzlich keine Rückfragepflicht, → Rn. K6b), aber keine allgemeine Beratungspflicht, die Bank kennt das Grundgeschäft nicht und braucht es nicht zu kennen (Dokumentenstrenge, → Rn. K5), MüKoHGB/Wedemann H Rn. 77; aber uU **Warnpflichten** der Bank, str., Schütze/Vorpeil Rn. 146, 148 ff., → Rn. A28, zB wenn das Akkreditiv nichtig wäre (→ Rn. K13) oder beim Umladungsverbot (→ **(11)** ERA Art. 20 Rn. 2), Schütze/Vorpeil Rn. 149 ff., 190, weitergehend (Staub)/Grundmann 2020 Teil 3 Rn. 585. Die Bank kann andere Banken einschalten, je nach Einzelfall haftet sie aber für diese als ihre Erfüllungsgehilfen (§ 278 BGB), str., → Rn. K2b. Die Zahlung ist fällig gegen Präsentation akkreditivgerechter Dokumente nach notwendiger Prüfung (→ Rn. K5). Jedoch kann die Fälligkeit hinausgeschoben sein (**Akkreditiv mit hinausgeschobener Zahlung, Nachsichtzahlung, deferred payment,** → **(11)** ERA Art. 7 Rn. 1). Die **Konsequenzen für die vorzeitige Zahlung** sind **umstritten.** Nach herkömmlicher, auch internationaler Ansicht war dann die Bank

(7) BankGeschäftl K4

grundsätzlich auch nicht zur vorzeitigen Zahlung berechtigt (§ 271 II BGB gilt nur iZw), Canaris Rn. 955; vgl. MüKoHGB/Wedemann H Rn. 131, 145; vorzeitige Zahlung der Bank war danach weisungswidrig und wirkte nur als Vorschuss auf eigenes Risiko der Bank (Folgen → Rn. K4), so BGHZ 101, 87; Plagemann RIW 1987, 27 u. 948; Schönle ÖBA 1988, 311; Schütze/Vorpeil Rn. 106, nach OLG Frankfurt a. M. WM 1981, 445 nur vorzeitige Befriedigung des befristeten Zahlungsanspruchs des Begünstigten mit der Konsequenz: keine Erfüllung, der Akkreditivanspruch fällt in die Insolvenzmasse des Begünstigten. Die vorzeitige Zahlung ist jedoch unter ERA 600 ausdrücklich zugelassen, **(11)** ERA Art. 7 lit. c S. 2, 8 lit. c S. 2, die Auslegung und Wirksamkeit von Art. 12 lit. b ist aber streitig, dort → **(11)** ERA Art. 7 Rn. 2. Offen ist bisher, ob insoweit für die Bestätigungsbank der Grundsatz der Auftragsstrenge gilt oder ob sich diese insoweit auf ihr Sitzrecht berufen kann, MüKoHGB/Wedemann H Rn. 146. Geraten wird deshalb **(11)** ERA Art. 12b, 7 lit. c S. 2 und 8 lit. c S. 2 insoweit ausdrücklich abzubedingen, MüKoHGB/Wedemann H Rn. 131, 44, 52. Für die alte Auffassung spricht, dass die Funktion des Akkreditivs mit hinausgeschobener Zahlung es gerade ist, dass der Auftraggeber (Käufer) sich bis dahin den Betrag durch Weiterverkauf der Ware beschaffen kann und die Bank sich daran halten muss (Auftragsstrenge), Nielsen WM 2009, 479. In der Praxis ermächtigt die sog. **red clause** die Bank zur Auszahlung eines Teils des Akkreditivbetrags schon vor Dokumenteneinreichung (Vorschuss zwecks Warenbeschaffung), bei **green clause** müssen zuvor die Waren in Namen der eröffnenden Bank gelagert werden, Schütze/Vorpeil Rn. 102, 641 ff. Funktion: Der Begünstigte (Verkäufer) kann mit dem Vorschuss die zu liefernde Ware erst selbst beziehen, MüKoHGB/Wedemann H Rn. 265 ff. Der Akkreditivauftraggeber muss der Bank den Betrag als **Vorschuss** zur Verfügung stellen, hL, Canaris Rn. 968, aber bei vorbehaltsloser Annahme des Auftrags (Kreditfunktion des Akkreditivs) iZw Abbedingung, MüKoHGB/Wedemann H Rn. 88. Er muss den Betrag ggf. erstatten (Deckung, §§ 675 I, 669, 670 BGB), RGZ 102, 155 und eine Akkreditivprovision (§§ 675 I, 633 BGB), ggf. eine besondere Bestätigungsprovision bezahlen (§§ 675 I, 631 I BGB). Aufwendungsersatz auch bei unberechtigter gerichtlicher Inanspruchnahme aus dem Akkreditiv, BGH WM 1998, 1769; Ausnahme Schütze/Vorpeil Rn. 159. **Pactum de non petendo,** dass der Akkreditivauftraggeber die Bank nicht auf Unterlassung der Auszahlung verklagt (→ Rn. K21), ist häufig, Grenze aber Rechtsmissbrauch, Schütze/Vorpeil Rn. 162. **Muster:** Hopt/Merkt VertrFormB/Joos Form IV. K.1 (Akkreditivauftrag), Form IV. K.4–7 (Mitteilungen an Akkreditivauftraggeber).

K4 B. **Weisungen:** Die Bank muss die Weisungen des Auftraggebers **strikt befolgen** (Ausnahme § 665 BGB, → Rn. K7), BGH WM 1958, 292; 1958, 588; 1960, 39; 1964, 476; NJW 1970, 992; 1985, 551; → Rn. K8 aE; Nichtbefolgung führt zu Deckungsverlust (§ 670 BGB, Grenze: § 242 BGB bei Folgenlosigkeit, MüKoHGB/Wedemann H Rn. 85), BGH NJW 1989, 160, und Schadensersatzpflicht (§ 280 BGB, uU nur diese bei endgültiger Durchführung des Kaufvertrags, sehr str.). Die Weisungen müssen aber vollständig und genau sein (s. ausdrücklich noch **(11)** ERA 500 Art. 12), sonst kann die Bank das Akkreditiv nicht eröffnen und muss rückfragen (→ Rn. K3). Weisungen mit zu weit gehenden Einzelheiten (excessive details) sind aber gefährlich, Warnung der ICC Banking Commission, MüKoHGB/Wedemann H Rn. 73, die Bank kann sie ablehnen (s. **(11)** ERA 500 Art. 5a i; → **(11)** ERA 600 Art. 6 Rn. 7), um nicht die Unabhängigkeit der Akkreditivverpflichtung vom Grundgeschäft auszuhöhlen (zB Weisung, nur bei „vereinbarungsgemäßer Lieferung der Ware" zu zahlen, vgl. BGH BB 1955, 462). Nach Akkreditiveröffnung kann der Akkreditivauftraggeber die Rechtsstellung des Akkreditierten nicht mehr durch Gegenweisung an die Bank antasten (§ 790 BGB entspr., → Rn. K12). Beim Akkreditiv mit hinausgeschobener Zahlung (Nachsicht- bzw. deferred payment-Akkreditiv (→ **(11)** ERA Art. 7 Rn. 1) keine vorzeitige Zahlung (→ Rn. K3). Nichtordnungsgemäße Auszahlung, die aus den Dokumenten ersichtlich ist, muss der Auftraggeber unverzüglich rügen, sofern die Abweichung nicht offensichtlich ist, vgl. (im konkreten Fall ablehnend) RGZ 114, 268. Die Unterlassung der Rüge macht schadensersatzpflichtig nach § 280 BGB, bedeutet aber noch nicht ohne Weiteres eine (allerdings auch stillschweigend mögliche) Genehmigung oder Verwirkung, auch nicht bei Schweigen auf Zusendung oder Entgegennahme von akkreditivwidrigen Dokumenten durch den Auftraggeber, zutr. Canaris Rn. 948, MüKoHGB/Wedemann H Rn. 91, hL. Die Bank kann ein vertragliches Pfandrecht an den Dokumenten nach **(8)** AGB-Banken Nr. 14 (aber dort → **(8)** AGB-Banken Nr. 14 Rn. 2) erlangen, Liesecke WM 1964, 1282; 1969, 551. Freizeichnung s. **(11)** ERA Art. 34.

C. Prüfung der Dokumente (Dokumentenstrenge): a) Der **Akkreditiv-** **K5** **auftrag** gibt der Akkreditivbank genau an, gegen **welche Dokumente** sie zahlen bzw. Wechsel akzeptieren oder negoziieren soll. Wenn der Verkäufer die Dokumente der Bank andient, darf diese sie nur aufnehmen und einlösen, wenn aus ihnen hervorgeht, dass die Lieferung richtig ist, dh den Akkreditivbedingungen entspricht, zB dass die richtige Ware richtig verschifft ist. Solche **aufnahmefähige Dokumente** sind nach **(11)** ERA Art. 18–28, dazu MüKoHGB/Wedemann H 175 ff., außer der **Handelsrechnung** (Faktura, Art. 18) vor allem **Transportdokumente,** Art. 19–27: multimodales Transportdokument (dh mit mindestens zwei verschiedenen Beförderungsarten, zB FIATA Combined Transport Bill of Lading, (See)Konnossement, nichtbegebbarer Seefrachtbrief, Charterpartie-Konnossement, Lufttransportdokument, Dokumente des Straßen-, Eisenbahn- oder Binnenschiffstransports (zB Eisenbahnfrachtbrief, Flussladeschein oder entspr. Verladebescheinigungen, Frachtbriefdoppel), Kurierempfangsbestätigung, Posteinlieferungs-/Postempfangsschein, Postversandnachweis ua; ferner Versicherungsdokumente (Art. 28), Gewichtsbescheinigung und sonstige Dokumente (zB Qualitätszertifikate, Analysenzertifikate, Inspektionszertifikate ua). Die Bank darf **nur „reine" Transportdokumente** ohne hinzugefügte Klauseln betr. Mängel der Ware oder der Verpackung aufnehmen (s. **(11)** ERA Art. 27). ZT ergibt sich die Art der anzudienenden Dokumente aus der Art der vereinbarten Lieferung; so ist beim cif-Kauf (s. **(6)** Incoterms Nr. 11) das Versicherungsdokument vorzulegen, auch wenn das im Akkreditiv nicht besonders vorgeschrieben ist. Zu den Akkreditivdokumenten Schütze/Vorpeil Rn. 226–345.

b) Die Bank ist verpflichtet, die Dokumente mit angemessener Sorgfalt und in **K6** angemessener Zeit (→ **(11)** ERA Art. 14 Rn. 1, 2: maximal fünf Bankarbeitstage) darauf **zu prüfen,** ob sie der äußeren Aufmachung nach den Akkreditivbedingungen entsprechen (vertragswesentliche Pflicht bzw.). **Kardinalpflicht** der Bank iSv **(5)** § 307 II Nr. 2 BGB); zu prüfen ist **nur die förmliche Übereinstimmung** von Akkreditivbedingungen und Dokumenten (äußere Ordnungsmäßigkeit, Vollzähligkeit, Ausschluss von Widersprüchen), nicht die inhaltliche Richtigkeit der Dokumente, OLG München WM 1996, 2337, erst recht nicht die Waren (s. **(11)** ERA Art. 5, 14). Die insoweit beschränkte Prüfungspflicht ist eine vertragswesentliche Pflicht iSv **(5)** § 307 II Nr. 2 BGB, also keine Haftungsbeschränkung. Für die Echtheitsprüfung kann die Haftung für leichte Fahrlässigkeit dagegen durch AGB wirksam ausgeschlossen werden, BGHZ 108, 348. Bei der Prüfung gilt der **Grundsatz der Dokumentenstrenge** (auch → Rn. K1, 14): das Dokument muss den im Akkreditiv gestellten Bedingungen für die Zahlung genau entsprechen, BGH WM 1958, 292; 1958, 588; 1960, 39; 1964, 476; NJW 1970, 992; WM 1971, 159; 1984, 1214; 1989, 160; ZIP 2004, 1049; OLG Köln IHR 2016, 117; Nielsen WM 1962, 778; Vorpeil WM 2018, 751. Vor allem muss die Warenbeschreibung in der Handelsrechnung (Faktura) mit der im Akkreditiv strikt übereinstimmen (s. **(11)** ERA Art. 18 lit. c), BGH WM 1987, 612; MüKoHGB/Wedemann H Rn. 176: buchstabengetreue Wiedergabe. Auch beim Akkreditiv bleibt sonst aber **Auslegung** (§§ 133, 157 BGB) möglich, BGH WM 1994, 1963; OLG Frankfurt a. M. DZWir 1997, 423 mAnm. Berger (Standby Letter of Credit, → Rn. K1), str. Während früher unter den ERA wie in der angloamerikanischen Praxis, Nielsen Rn. 131 ff., von einer strict compliance ausgegangen wurde, geht die heutige Rechtsprechung und üL eher von einer **substantial compliance** aus, das heißt **Auslegung auch aus dem Kontext der Urkunde, soweit** Abweichungen **keine Missverständnisse** hervorrufen können **(could not possibly mislead)**, Vorpeil WM 2018, 751 (760 ff.); MüKoHGB/Wedemann H Rn. 157; danach ist eine Auslegung, die „nicht nur auf den Wortlaut, sondern auch auf den aus der Urkunde erkennbaren Sinn und Zweck" abstellt, zulässig, BGH WM 1994, 1063. Aber nicht einfach Auslegung nach Treu und Glauben (§ 242 BGB), MüKoHGB/Wedemann H Rn. 160. Rückgriff dabei auf Teile des Grundgeschäfts nur, soweit in der Akkreditivurkunde in Bezug genommen, Schütze/Vorpeil Rn. 548 f., 400a; auch vollständige Erfüllung des Grundgeschäfts hilft aber nicht über Dokumentenmängel hinweg, Canaris Rn. 957; (Staub)/Grundmann 2020 Teil 3 Rn. 612. In manchen Fällen ergibt sich schon aus dem Dokument selbst ohne Weiteres, dass die Lieferung Mängel hat (unclean documents), Canaris Rn. 960; (Staub)/Grundmann 2020 Teil 3 Rn. 612. Auf jeden Fall aber akribische, streng förmlich genaue Prüfung, BGH WM 1971, 158; OLG München WM 1996, 2337, denn die Bank vermag nicht zu übersehen, ob nicht bereits „die kleinste, wenn auch in ihren Augen belanglose Abweichung" den Auftraggeber erheblich schädigen kann, BGH WM 1971, 159. Trotzdem nicht rein sklavische Wortlautauslegung, sondern nach Sinn und Zweck der Akkreditivbedingungen, allerdings nur, sofern sie aus der Urkunde ersichtlich sind, BGH WM 1994, 1062 (zum Standby Letter of Credit; Schütze/Vorpeil Rn. 545 ff.; MüKoHGB/Wedemann H Rn. 157; Nielsen WM 2009, 480; krit. Berger FS Schütze, 1999, 110; Nielsen FS Kümpel, 2003, 417. Offenbare Schreib- und Zeichenfehler schaden nur dann nicht, wenn sie als solche klar erkennbar sind und keinesfalls irreführen können, Schütze/Vorpeil Rn. 520, zB ß/ss, ä/ae, nach ICC-Praxis im Einzelfall „Industrial Parl" statt „Industrial Park"; ebenso Klein- statt Großschreibung und umgekehrt, Nielsen WM 1962, 778; weitere Bspe bei MüKoHGB/Wedemann H Rn. 159. Stellung einer Bankgarantie hilft nicht über Fehlen eines Dokuments hinweg, wird aber in der Praxis nicht selten als Ersatz bei nicht vollzähliger oder unvollständiger Dokumentenlage gewählt, dann aber jedenfalls keine Pflicht der Bank, sich darauf einzulassen, Schütze/Vorpeil Rn. 524, 577 ff., str. (Vorbehaltszahlung s. **(11)** ERA 500 Art. 14 lit. f). § 242 BGB gilt auch hier, aber MüKoHGB/Wedemann H Rn. 160, str., zB wenn Transportpapiere als Empfänger statt des Auftraggebers die Akkreditivbank ausweisen, OLG München WM 1998, 554, aber Berufung auf Dokumentenstrenge ist grundsätzlich nicht treuwidrig, BGH NJW 1985, 552; OLG München WM 1996, 2335; weitergehend Koller WM 1990, 293.

K6a **Beispiele:** Andere Adresse und Firmenzusatz des Begünstigten beim nicht übertragbaren Akkreditiv (trotz behaupteter Identität), OLG München WM 1996, 2335; Wiedergabe der Wareneigenschaft in Anführungszeichen oder Klammern statt wie im Akkreditiv ohne solche ist schädlich (könnte bloßes Zitat sein); ebenso grundsätzlich deutscher Ausdruck statt des vorgeschriebenen fremdsprachigen (anders nur wenn absolut eindeutig); „new" statt „in new condition" oder „new, good"; „warehouse Bilbao" statt „fas Bilbao", BGH NJW 1985, 551; das Qualitätsattest muss von dem im Akkreditiv vorgesehenen Sachverständigen kommen, von keinem anderen, vgl. RGZ 96, 246; das spezifische Gewicht von Dieselkraftstoff darf nicht bei 157 statt gemäß Akkreditiv bei 200 festgestellt sein, auch wenn ein Ölfachmann die Angaben als gleichwertig beurteilt, BGH WM

1958, 292; das Analysenzeugnis muss, falls es hierauf ankommt, eindeutig nachweisen, dass auch die Art der Herstellung geprüft wurde, BGH WM 1958, 588; „attested by Govt. Authorities" umfasst auch Attest von IHK, Nielsen ZIP 1984, 240; die Dokumente dürfen sich nicht ihrer äußeren Aufmachung nach widersprechen (inconsistent), s. **(11) ERA** Art. 14 lit. d, e, positive Übereinstimmung ist aber nicht unbedingt notwendig, str.; bei Widerspruch zwischen FIATA FCR (Bruttogewicht) und packing list (Nettogewicht) liegt wohl solcher Widerspruch vor, aber str.

Vorzulegen sind die Dokumente in der **angegebenen Anzahl** und grundsätzlich **alle** Dokumente. Vorzulegen sind grundsätzlich **Originale;** aber Erweiterungen dazu s. **(11) ERA** Art. 17; Kopien s. **(11) ERA** Art. 17 lit. d, e. Bei HdlRechnungen braucht die Bank nicht sämtliche Einzelberechnungen nachzuprüfen. Rechnungsbetrag über und unter Akkreditivsumme → **(11) ERA** Art. 18 Rn. 2, 3; Übereinstimmung der Warenbeschreibung → **(11) ERA** Art. 18 Rn. 4. Über- und Unterschreiten der angegebenen Warenmenge **(Toleranzen)** → **(11) ERA** Art. 30 Rn. 1; Sonderfälle Teilinanspruchnahmen oder Teilverladungen und Sukzessivlieferungen, s. **(11) ERA** Art. 31, 32; Schütze/Vorpeil Rn. 211 ff., 216 ff. Ob die Dokumente akkreditivgerecht sind, entscheidet die Bank selbstständig und allein auf Grund der Dokumente (s. **(11) ERA** Art. 14 lit. a). Die Bank hat dabei aber kein Ermessen, anders ganz ausnahmsweise **(11) ERA** Art. 18 lit. b (dort → **(11) ERA** Art. 18 Rn. 1). Die Bank braucht bei Unstimmigkeit das Dokument nicht aufzunehmen; dies selbst dann nicht, wenn der Auftraggeber die Unstimmigkeit billigen sollte, str., eine Rückfragepflicht, um dies herauszufinden, hat sie jedenfalls nicht (s. **(11) ERA** Art. 14 lit. b „in eigenem Ermessen"). Hat die Bank Grund zur Annahme, dass die Warenangaben falsch sind, muss sie (auch bei Klausel „said to contain") **Zweifel vermerken,** Folge: Konnossement wird „unrein", keine Auszahlung, sonst uU Haftung nach § 826 BGB, BGH NZG 2004, 612. **Rückfragen** beim Auftraggeber sind dadurch zwar nicht ausgeschlossen, aber die Bank darf die Prüfung der Dokumente nicht auf den Auftraggeber verlagern. Eine Pflicht zur Rückfrage beim Auftraggeber besteht idR nicht, aber Akkreditiv kann Inspektionsklausel (Auszahlung erst gegen Bestätigungsvorlage) enthalten, BGH NJW 1983, 631. Die Bank kann sich zwecks Verzichts auf Geltendmachung der Unstimmigkeit an den Auftraggeber wenden (s. **(11) ERA** Art. 14 lit. b). Dieser kann zB wegen der zwischenzeitlichen Preisentwicklung an dem Verzicht interessiert sein. Verzichtet der Auftraggeber, kann die Bank die Dokumente aufnehmen, ohne den Begünstigten über die Tatsache des Verzichts aufzuklären, str.; hat der Auftraggeber nicht verzichtet und nimmt die Bank daraufhin die Dokumente nicht auf, kann sie dies nicht einseitig rückgängig machen, dies ist nur mit Zustimmung des Dokumenteneinreichers möglich (→ **(11) ERA** Art. 16 Rn. 2). **Muster:** Hopt/Merkt VertrFormB/Joos Form IV. K.4 (Alternative Abwicklungsnachrichten der Akkreditivbank an den Akkreditivauftraggeber). RsprÜbersicht: Vorpeil WM 2018, 751 (756).

Von den Akkreditivbedingungen darf (und uU muss) die Bank jedoch ganz ausnahmsweise **abweichen** (bei Gefahr im Verzug sogar ohne vorherige Verständigung des Akkreditivstellers, §§ 665, 675 I BGB, str.), wenn sie unter Zuziehung von Fachleuten völlig einwandfrei beurteilen kann, dass die Abweichung unerheblich und für den Auftraggeber unschädlich ist, BGH WM 1984, 1443; NJW 1985, 551; OLG München WM 1996, 2337; Canaris Rn. 945, str. Andererseits kann die Pflicht zur Aufnahme an sich einwandfreier Dokumente entfallen bei Vorliegen einer widersprechenden urkundlichen Erklärung, besonders wenn dadurch die Auszahlung eines der Bank eröffneten Gegenakkreditivs gefährdet wird, BGH WM 1964, 223. Unzulässige Abweichung und Folgen → Rn. K.4.

(7) BankGesch K8–K11

K8 Das **Fälschungsrisiko** trägt zwar an sich die Bank, doch ist es nach **(11)** ERA Art. 34 wirksam auf den Auftraggeber abgewälzt, soweit nicht eine vertragswesentliche Pflicht verletzt ist (→ **(11)** ERA Art. 34 Rn. 1).

K9 D. **Beendigung:** Der Akkreditivvertrag kann ohne Kündigungsgrund von beiden Seiten jederzeit gekündigt werden (§§ 675 I, 649 S. 1 BGB). Die Kündigung des Auftraggebers berührt aber einen bereits entstandenen Anspruch des Begünstigten aus dem Akkreditiv nicht. Die Eröffnung des Insolvenzverfahrens über das Vermögen des Auftraggebers lässt den Akkreditivauftrag erlöschen (§ 116 InsO), Schutz der Bank nach §§ 116, 115 II, III; ist das Akkreditiv bereits bestätigt, ist für das Verhältnis von Auftraggeber und Bank streitig, ob § 116 InsO oder § 103 InsO anzuwenden ist, Canaris Rn. 1079. Zum Akkreditiv in der Insolvenz Liesecke FS Fischer, 1979, 397. **Muster:** Hopt/Merkt VertrFormB/ Joos Form IV. K.5 (Mitteilung an den Akkreditivauftraggeber über die Erledigung bzw. Ermäßigung des Akkreditivs).

3) Das Rechtsverhältnis zwischen der Bank und dem Begünstigten (Verkäufer)

K10 A. **Vor Akkreditiveröffnung:** Der Begünstigte steht vor Akkreditiveröffnung in keinem Vertragsverhältnis (aus dem Akkreditiv) zur Akkreditivbank (vgl. entspr. zur Rechtslage vor Gutschrift bei der Überweisung, → Rn. C89). Der Akkreditivvertrag ist kein Vertrag zugunsten Dritter iSv § 328 BGB, auf Grund dessen der Begünstigte schon vor Akkreditiveröffnung einen Anspruch gegen die Bank erlangen könnte, hL, vgl. **(11)** ERA Art. 4 lit. a S. 4; das gilt mangels Auftragsverhältnisses zwischen Bank und Verkäufer sogar, wenn die Bank bereits Deckung erhalten hat, (Staub)/Grundmann 2020 Teil 3 Rn. 582 aE (aber Anspruch aus eigenem Girovertrag des Käufers, → Rn. C90). Zum **Voravis (11)** ERA Art. 11 lit. b.

K11 B. **Nach Akkreditiveröffnung: a)** Die Akkreditivbank eröffnet das Akkreditiv durch Mitteilung an den Begünstigten (formlos per Fax ua, § 350 HGB, str. ob auch (fern)mündlich, → Rn. K2a; s. auch **(11)** ERA Art. 11; Zugangserfordernis, nach anderen Rechtsordnungen mailbox theory, Schütze/Vorpeil Rn. 362) und wird mit Annahme durch den Begünstigten (auch stillschweigend, § 151 BGB) diesem vertraglich **unmittelbar und abstrakt zur Zahlung** (aufschiebend bedingt) gegen Vorlage der vorgeschriebenen Dokumente **verpflichtet** (§ 780 BGB), RGZ 144, 136; BGHZ 60, 264; OLG Düsseldorf WM 1978, 124, nach aA Garantievertrag. Mindestangaben des Akkreditivs s. **(11)** ERA Art. 6; möglichst ohne Verweisungen auf frühere Akkreditive **(similar credit)**, → **(11)** ERA Art. 6 Rn. 7. Diese Zahlungspflicht ändert nichts daran, dass der Begünstigte vorrangig die **Zahlstelle in Anspruch nehmen** muss, zwischen fristwahrender Dokumenteneinreichung und Auszahlung des Akkreditivs ist zu unterscheiden, ersteres ist auch bei der Eröffnungsbank möglich (→ **(11)** ERA Art. 6 lit. a S. 2), MüKoHGB/Wedemann H Rn. 140. Entspricht das Akkreditiv nicht dem Grundgeschäft, muss der Begünstigte umgehend widersprechen; nachträgliche Änderungen des eröffneten Akkreditivs nur mit Zustimmung des Begünstigten, s. **(11)** ERA Art. 10 lit. a. Die **Mitteilung** kann **über eine andere Bank (Avisbank)** erfolgen, s. **(11)** ERA Nr. 9; diese wird als bloßer Bote tätig (Werkvertrag, §§ 675 I, 631 I BGB, aber Sitzrecht der Avisbank, Art. 4 I lit. b Rom I-VO) und haftet selbst nur bei eigener Bestätigung des (unwiderruflichen) Akkreditivs gegenüber dem Begünstigten (bestätigtes Akkreditiv, §§ 780, 151 BGB, → Rn. K2), BGHZ 28, 129. Ob bloßes Avis oder Bestätigung vorliegt, folgt aus §§ 133, 157 BGB. Eine Regel, dass die Mitteilung iZw eine verbindliche Bestätigung darstelle, gibt es nicht. Akkreditivbank und Bestätigungsbank haften als Gesamtschuldner. Die Verpflichtung aus dem Akkreditiv kann sich außer auf Zahlung auch auf Akzeptierung oder Negoziierung eines Wechsels erstrecken

(→ **(11)** ERA Art. 6 Rn. 2, Art. 7 Rn. 1). Die fünf Modalitäten der Verpflichtung aus dem Akkreditiv sind aufgezählt in **(11)** ERA Art. 7 lit. a. **Revolvierende Akkreditive** sichern Forderungen aus Dauerschuldverhältnissen über einen in einem Zeitabschnitt jeweils fällig werdenden Betrag (cumulative or uncumulative), ggf. auch mit einem Gesamtbetrag, MüKoHGB/Wedemann H Rn. 40. **Muster:** Hopt/Merkt VertrFormB/Joos Form IV. K.6 (Mitteilung über Akkreditiveröffnung durch die avisierende Bank), Form IV. K.7 (Mitteilung über Akkreditiveröffnung mit Bestätigung durch die avisierende Bank).

b) Das Akkreditiv ist in der Praxis in aller Regel **unwiderruflich** (Definition des Akkreditivs in **(11)** ERA Art. 2, → **(11)** ERA Art. 2 Rn. 9, auch → Art. 3 Rn. 2), aber dispositiv, Art. 1 S. 2). Die Verpflichtung daraus kann nur mit Zustimmung aller Beteiligten geändert werden. Möglich ist aber auch, allerdings nicht mehr nach ERA 600 (aber → **(11)** ERA Art. 3 Rn. 3), ein **widerrufliches** Akkreditiv (zB wenn Zahlungsweg für Import/Exportgenehmigung anzugeben ist); es muss aber eindeutig als solches bezeichnet sein, allerdings ohne dass unbedingt das Wort „widerruflich/irrevocable" gebracht werden müsste. Auch das widerrufliche Akkreditiv ist abstraktes Schuldversprechen iSv § 780 BGB (→ Rn. K1), Schütze/Vorpeil Rn. 88, es ist bis zum Widerruf rechtlich verbindlich, früher str. Bestätigung eines (un)widerruflichen Akkreditivs s. **(11)** ERA Art. 8. Im Normalfall weist der Auftraggeber die Bank zum Widerruf an (sonst uU Schadensersatzpflicht der Bank), nur diese kann den Widerruf aussprechen. Widerruflichkeit (ohne sachlich gerechtfertigten und im Vertrag angegebenen Grund) widerspricht an sich **(5)** BGB § 308 Nr. 3, dessen Grundgedanken auch unter Unternehmern gelten, ist aber im Hinblick auf internationale Standards bei Schadensersatzpflicht (durch **(11)** ERA 600 nicht ausgeschlossen) zulässig, M. Wolf ZHR 153 (1989), 315 f. Die Bank kann das widerrufliche Akkreditiv jederzeit und ohne vorherige Nachricht an den Begünstigten widerrufen, Grenze § 242 BGB bei treuwidrigem Widerruf, aber nur in ganz gravierenden Fällen; sie muss dem Begünstigten, dem sie die Akkreditiveröffnung zuerst mitgeteilt hat, aber auch den (erfolgten) Widerruf mitteilen, sonst haftet sie nach § 280 I BGB auf den Vertrauensschaden. Das Recht zum Widerruf erlischt erst mit Leistung der Akkreditivbank oder Bestätigungsbank an den Begünstigten, RGZ 107, also nicht schon mit Aufnahme und Anerkennung der Dokumente durch die Zweitbank; anders, nämlich schon mit Dokumentenaufnahme nur beim Akkreditiv mit hinausgeschobener Zahlung (Nachsicht- bzw. deferred payment-Akkreditiv, → Rn. K3), Schütze/Vorpeil Rn. 90; bei ge mischtem Akkreditiv (zahlbar teils bei Sicht teils nach Sicht) bleibt Verpflichtung für die Nachsichtrate.

c) Der Anspruch des Begünstigten aus § 780 BGB ist **befristet**. Alle Akkreditive, auch die widerruflichen, müssen ein **Verfalldatum** für die Vorlage der Dokumente (nur dafür, Schütze/Vorpeil Rn. 181) enthalten (s. **(11)** ERA Art. 6 lit. d). Ohne Verfalldatum ist Akkreditiv nichtig (→ **(11)** ERA Art. 6 Rn. 4), Eröffnungsmitteilung ist dann nur unverbindlicher Avis, darauf muss die Bank den Auftraggeber (→ Rn. A28) und auch den Empfänger hinweisen (→ Rn. K3), Schütze/Vorpeil Rn. 149, str. Zu Problemen der Bestimmung des Verfalldatums Schütze/Vorpeil Rn. 186 ff. Die Bank darf (und muss gegenüber dem Auftraggeber) die Zahlung selbst bei geringfügiger Überschreitung des Verfalldatums verweigern, RGZ 105, 52; (Staub)/Grundmann 2020 Teil 3 Rn. 633; eine Pflicht zur Einräumung einer Nachfrist ist mit der Striktheit des Akkreditivs nicht vereinbar, auch nicht bei unverschuldeter Säumnis, aA Canaris Rn. 990 (aber strenge Anforderungen). Das ergibt sich aus der Funktion des Akkreditivs, nicht erst aus **(11)** ERA Art. 6 lit. d, e, also keine Frage der AGB-Kontrolle. Außer dem Verfalldatum muss jedes Akkreditiv, das ein Transportdokument verlangt, auch eine genau bestimmte Frist ab Ausstellungsdatum der Verladedokumente bis Vorlegung enthalten **(Vorlagefrist);** andernfalls Zurückweisung bei Vorlage

(7) BankGesch K14, K15

später als 21 Kalendertage nach dem Verladedatum, auch schon vorher bei Vorlage später als am Verfalldatum **(11)** ERA Art. 14 lit. c). Laufende Fristen werden auch nicht durch höhere Gewalt verlängert, OLG Stuttgart RIW 1980, 729, Ausnahme Bankschalterschließung nach **(11)** ERA Art. 29. Zur früheren Zurückweisung von Dokumenten wegen übermäßiger Verzögerung **(stale documents)** → **(11)** ERA Art. 14 Rn. 3. Zur Unterscheidung zwischen fristwahrender Dokumenteneinreichung und Auszahlung MüKoHGB/Wedemann H Rn. 140, Umgehung der Zahlstelle (Bypassing) H 99. Nachsichtzahlung, deferred payment → Rn. K3.

K14 d) Der Anspruch des Begünstigten aus § 780 BGB ist **durch Andienung akkreditivgerechter Dokumente bedingt.** Einfaches Akkreditiv mit bloßer Legitimierung des Begünstigten ist ungebräuchlich. Zu den Kriterien der **Dokumentenprüfung** im Einzelnen (Vollzähligkeit, äußerliche Ordnungsmäßigkeit, Ausschluss von Widersprüchen) → Rn. K5 ff., **(11)** ERA Art. 14, MüKoHGB/Wedemann H Rn. 151 ff. Der **Grundsatz der Dokumentenstrenge** gilt im Verhältnis zwischen Bank und Begünstigtem (Zahlung) ebenso wie zwischen Bank und Auftraggeber (Erstattung), → Rn. K5–8. Die Bank hat **zur Prüfung der Dokumente** eine **5 Bankarbeitstage** nicht überschreitende Frist (s. **(11)** ERA Art. 14 lit. b), das ist eine Höchstfrist, im konkreten Fall also je nachdem auch weniger (→ **(11)** ERA Art. 14 Rn. 2). Während dieser Zeit hält die Bank die Dokumente als Treuhänderin für den Begünstigten; an den Auftraggeber darf sie sie keinesfalls ohne Einwilligung des Begünstigten herausgeben (sonst uU keine Berufung mehr auf Mängel der Dokumente), BGHZ 101, 85, anders erst, wenn sie bezahlt hat. Verfahren bei unstimmigen Dokumenten, **Dokumentenrüge** s. **(11)** ERA Art. 16, MüKoHGB/Wedemann H Rn. 242 ff. Bei kleineren Unstimmigkeiten kommt Aufnahme der Dokumente und Zahlung **unter Vorbehalt** in Betracht (s. noch **(11)** ERA 500 Art. 14f, nicht mehr in ERA 600), Schütze/Vorpeil Rn. 580 ff., → **(11)** ERA Art. 16 Rn. 7, auch → Rn. K2. Vorbehalt ist (Kredit-)Abrede zwischen der Bank und dem Begünstigten ohne Änderung des Akkreditivs, str., Eberth WM 1983, 1302; nach Schütze/Vorpeil Rn. 583 macht Vorbehaltsvereinbarung aber nur Sinn, wenn mit Zustimmung aller Beteiligten die Fünftagesfrist (s. **(11)** ERA Art. 14 lit. b) verlängert wird. **Interner** Vorbehalt gegenüber dem Einreicher genügt, die Bank hat grundsätzlich keine Pflicht, die Eröffnungsbank auf die Zahlung nur unter Vorbehalt hinzuweisen, Nielsen Rn. 179. Bei wesentlichen Abweichungen ist **externer** Vorbehalt, dh Mitteilung durch die übersendende Bank an die Eröffnungs- bzw. Bestätigungsbank, üblich und auch geboten. Externer Vorbehalt entbindet die Eröffnungs- bzw. Bestätigungsbank nicht von der rechtzeitigen Dokumentenrüge. Keine Pflicht der Bank, gegen Garantie zu zahlen, → Rn. K6. Rückfrage → Rn. K6b. Für nicht akkreditivgerechte Dokumente muss die Bank uU Genehmigung des Käufers einholen (Dokumenteninkasso, → Rn. M1). Bei Nichtgenehmigung des Käufers hat die Bank Rückgewähranspruch auf Grund Vereinbarung, aA Canaris Rn. 994: § 812 BGB; Rückabwicklung sonst → Rn. K22. Bei Nichtaufnahme des Dokuments muss die Bank die Zweitbank bzw. den Begünstigten, von dem sie die Dokumente erhalten hat, unverzüglich (jedoch nicht später als am Ende des 5 Bankarbeitstags nach dem Tag der Dokumentenvorlage **(11)** ERA 16 lit. d) benachrichtigen. Erneute Andienung nach Beseitigung des Dokumentenmangels ist möglich. **Muster:** Hopt/Merkt VertrFormB/Joos Form IV. K.8 (Dokumenteneinreichung), Form IV. K.9 (Dokumentenspezifikation).

K15 e) Die Akkreditivbank zahlt an den Begünstigten oder die von diesem bevollmächtigte Bank. Eine Bank, die die Dokumente besitzt, ist auch zur **Entgegennahme der Akkreditivsumme** ermächtigt (HdlBrauch), BGH NJW 1989, 159.

C. **Einwendungsausschluss:** Der abstrakte Zahlungsanspruch bietet dem begünstigten Verkäufer nur deshalb die notwendige Sicherheit im (Export-)Geschäft, weil die Bank nicht unbeschränkt Einwendungen aus den verschiedenen Verhältnissen entgegenhalten kann. Beim eröffneten oder bestätigten Akkreditiv gilt ein weitgehender Einwendungsausschluss entspr. § 784 I Hs. 2 BGB (Akkreditiv als Anweisung iwS, → Rn. K1; zum Ganzen entspr. bei der Überweisung → Rn. C93 ff.; aber dort BGH NJW 2015, 3093 Rn. 22 ff., → Rn. C103), BGHZ 28, 130; BGH WM 1955, 767. **K16**

a) **Ausgeschlossen** sind **Einwendungen aus dem Deckungsverhältnis** zwischen Akkreditivbank und Akkreditivauftraggeber, zB der Letztere habe keine Deckung gestellt oder sei insolvent geworden, hL, MüKoHGB/Wedemann H Rn. 58. Dasselbe gilt für Einwendungen aus dem Verhältnis zwischen Bestätigungsbank und Akkreditivbank, BGH WM 1958, 292. **K17**

b) **Einwendungen aus dem Valutaverhältnis** zwischen Verkäufer und Käufer, zB Mängelansprüche, sind ebenfalls ausgeschlossen, BGHZ 60, 264; OLG München WM 1996, 2338. Der Käufer ist darauf angewiesen, notfalls die Zahlung direkt vom Verkäufer aus ungerechtfertigter Bereicherung zurückzuholen. Einwendungen aus dem Valutaverhältnis, zB Schadensersatzansprüche, kann die Bank dem begünstigten Verkäufer selbst dann nicht entgegensetzen, wenn der auftraggebende Käufer sie ihr abgetreten hat, BGHZ 28, 129; 6, 264; LG Köln IHR 2016, 112. Ausnahme des Rechtsmissbrauchs → Rn. K20a. **K18**

c) Das gilt zwecks Erhaltung der jeweiligen Gegenrechte **auch bei einem Doppelmangel** von Deckungs- und Valutaverhältnis. **K19**

d) **Zulässig** sind dagegen **(1)** die Einwendung von **Mängeln des Akkreditivauftrags** (richtiger: Mängel der Akkreditivanweisung, → Rn. K1; Mängel → Rn. K22; vgl. zum Mangel des Überweisungsauftrags → Rn. C97 ff., aber man beachte neue Rspr. des BGH, → Rn. C103), aA (Staub)/Grundmann 2020 Teil 3 Rn. 623 unter Hinweis auf § 818 III BGB mit Grenze erst bei Rechtsmissbrauch, auch alle folgenden Einwendungen will (Staub)/Grundmann 2020 Teil 3 Rn. 624 ff. nicht zulassen außer eng im Rahmen von § 242 BGB bzw. ordre public; weiter die Einwendungen nach § 784 I Hs. 2 BGB, also **(2)** Einwendungen, die die Gültigkeit der Annahme betreffen **(Gültigkeitseinwendung),** zB das Schuldversprechen nach § 780 BGB sei nach §§ 134, 138 I II, 142 I iVm §§ 123, 179 BGB nichtig. Devisenvorschriften und Export-, Importverbote, die sich auch gegen die Bank richten, fallen unter § 134 BGB; bei ausländischen Verboten kann § 138 BGB vorliegen, uU auch nur Rechtsmissbrauch, s. Canaris Rn. 1019. **(3)** Einwendungen aus dem Inhalt des Akkreditivs, dh der Akkreditivurkunde, nicht des Akkreditivauftrags **(inhaltliche Einwendungen),** zB die angedienten Dokumente seien nicht akkreditivgerecht oder erst nach Verfall eingereicht; **(4)** Einwendungen auf Grund des Verhältnisses zwischen Akkreditiv- oder Bestätigungsbank unmittelbar zum Begünstigten **(unmittelbare Einwendungen).** Die Bank darf aber idR (Vertragsauslegung) **nicht** gegen die Akkreditivforderung **aufrechnen,** denn der Begünstigte soll die Zahlung effektiv, also idR bar erhalten, so die ganz üL, BGHZ 60, 264, MüKoHGB/Wedemann H Rn. 62 (außer bei offensichtlicher und liquide beweisbarer Begründetheit, siehe sogleich), aA für liquide Gegenansprüche der Bank Schütze/Vorpeil Rn. 647 ff., Canaris Rn. 1009; wohl sogar allgemeiner (Staub)/Grundmann 2020 Teil 3 Rn. 622; offen BGHZ 60, 264, anders für Zahlungsgarantie (→ Rn. L12–15), BGHZ 94, 171, Differenzierung macht aber wenig Sinn. Das gilt nicht nur für Forderungen aus dem Grundverhältnis, sondern für alle eigenen Forderungen der Bank, außer wenn sie im Zusammenhang mit der Akkreditiveröffnung bzw. -bestätigung stehen, und erst recht für abgetretene des Auftraggebers (→ Rn. K18), so auch BGHZ 60, 264, letzterenfalls auch Schütze/Vorpeil **K20**

(7) BankGesch K20a–K22 2. Teil. Handelsrechtl. Nebenges.

Rn. 647. Entspr. gilt für den Erwerb von Sicherungsrechten der Bank (§ 369 HGB, **(8)** AGB-Banken Nr. 14, 15).

K20a e) Der **Einwand des Rechtsmissbrauchs (§ 242 BGB)** ist wie immer zulässig. Das kann aber nur in **ganz engen Ausnahmefällen** gelten, sonst wird die Abstraktheit des Akkreditivs ausgehöhlt. Das Erfordernis der Akkreditivinanspruchnahme trotz **offensichtlicher** und **liquide beweisbarer Unbegründetheit** wie beim Garantiegeschäft (→ Rn. L6–16), BGHZ 101, 91; 132, 317; BGH WM 1988, 1300; OLG Frankfurt a. M. DZWir 1997, 424; OLG Karlsruhe RIW 1997, 781; OLG Köln WM 2018, 1742; LG Köln IHR 2016, 112, hL. Wie dort wird der Beweis idR durch geeignete Dokumente geführt, uU aber auch Zeugenbeweis, str. Der Rechtsmissbrauchstatbestand ist **objektiv**, ein zusätzliches subjektives Element, etwa Schädigungsvorsatz des Begünstigten, ist nicht erforderlich, Nielsen WM 1999, 2013, MüKoHGB/Wedemann H Rn. 297, aA BGH WM 1996, 996 f.; vgl. objektiv MüKoBGB/Schubert § 242 Rn. 208, 499; vermittelnd BGH NJW 1975, 827 f. Bei einem solchen Rechtsmissbrauch und anderen Einwänden hat die Bank eine Pflicht gegenüber dem Auftraggeber, die Zahlung zu verweigern (→ Rn. L6–16), str. Ausstellung einer Bestätigung der Bank, dass ihr die Dokumente vorgelegt sind, ist kein Verzicht auf Rechtsmissbrauchseinwand, OLG Frankfurt a. M. WM 1997, 609. **Bsp.:** Verstoß des Grundgeschäfts gegen §§ 134, 138 BGB, RGZ 106, 307; völlige Ungeeignetheit der Ware zur Vertragserfüllung, BGHZ 101, 92 (auch für deferred payment-Akkreditiv); so grobe und evidente (liquide beweisbare) Mängel der Ware, dass das Zahlungsverlangen des Verkäufers arglistig erscheint, BGH WM 1955, 768; OLG Schleswig WM 1980, 50 (Erschleichen einer akkreditivähnlichen Rechtsstellung; aA Canaris Rn. 1021: nur bei Straftat oder unerlaubter Handlung (iErg wohl ohne großen Unterschied), oder der Umstand, dass die Forderung des Verkäufers gegen den Käufer rechtskräftig abgewiesen ist, BGH WM 1958, 697. **Nicht:** starker Verdacht nicht ordnungsgemäßer Erfüllung des Kaufvertrags, BGH NJW 1989, 159; schwere Mängel der Ware; Umstand, dass nach der Bestätigung durch ausländische Devisenvorschriften Deckung aus dem Ausland unmöglich geworden ist, aA RGZ 144, 137; Gerichtsentscheidung zu einstweiligem Rechtsschutz, OLG Karlsruhe RIW 1997, 784; aA OLG Frankfurt a. M. WM 1997, 610. Im **internationalen Verkehr** (→ Rn. K2d) bleibt der Rechtsmissbrauchseinwand bei hinreichenden Kontakten des Leistungsempfängers mit Deutschland unabhängig von Vertragsstatut als **ordre public**-Einwand zulässig (vgl. Art. 21, 4 ROM-I VO), (Staub)/Grundmann 2020 Teil 3 Rn. 575.

K21 f) **Verhinderung der Zahlung** durch **einstweilige Verfügung** oder **Arrest** ist **in engen Grenzen** denkbar, BGHZ 101, 92. Verhinderung der Zahlung ist zwar idR nicht durch einstweilige Verfügung gegen die Bank auf Unterlassung der Auszahlung möglich (bei grundloser Zahlung kann sie aber vom Auftraggeber keine Erstattung verlangen), OLG Düsseldorf WM 1978, 360; OLG Frankfurt a. M. WM 1981, 445, str., unklar BGHZ 101, 92; aber in engen Grenzen ist einstweilige Verfügung (§ 940 ZPO) gegen Rückbelastung beim Auftraggeber denkbar (→ Rn. L12–15), strenger mit Differenzierung zwischen einstweiliger Verfügung (nein) und Arrest (ja) MüKoHGB/Wedemann H Rn. 303, 308. Der Auftraggeber kann aber einen Anspruch aus dem Valutaverhältnis gegen den Begünstigten auf Nichtinanspruchnahme des Akkreditivs haben, LG Düsseldorf WM 1975, 67; Aden RIW 1976, 678; von Bernstorff RIW 1986, 332. Das gleiche Problem taucht vor allem bei der internationalen Bankgarantie auf (→ Rn. L14). Lit.: Heinze, 1984 (einstweiliger Rechtsschutz im Zahlungsverkehr der Banken). Zu den gerichtlichen Eilmaßnahmen MüKoHGB/Wedemann H. Rn. 298 ff.

K22 g) **Rückabwicklung:** Bei ausgeschlossenen Einwendungen (→ Rn. K17–19) erfolgt der Bereicherungsausgleich allein im Deckungs- bzw. im Valutaverhältnis.

V. Bankgeschäfte K23 **BankGesch (7)**

Die Bank kann auch nicht aus einem vom Begünstigten ausgestellten Wechsel Regress nehmen; Wechselremboursgeschäft → Rn. G26, Forfaitierungsgeschäft → Rn. J5. Nur bei zulässigen Einwendungen (→ Rn. K20 wie → Rn. C97, aber man beachte → Rn. C103, praktisch vor allem bei Mängeln der Akkreditivanweisung, aber auch bei Zahlung unter Verkennung eines Dokumentenmangels, sonst § 814 BGB) hat die Bank einen unmittelbaren Anspruch gegen den Begünstigten aus § 812 BGB. Teilweise wird noch restriktiver die Anfechtung (§§ 119 ff. BGB) der Dokumentenaufnahme gefordert, Nielsen FS Werner, 1984, 573, aber diese ist bloßer Realakt.

D. Übertragung, Zahlungsanspruchsabtretung, Pfändung: a) Ein Ak- K23 **kreditiv** kann **als Finanzierungsinstrument** eingesetzt werden. Dazu hilft die **Übertragung** (stattdessen kommt auch eine Bevorschussung des Akkreditiverlöses in Betracht, red clause, → Rn. K3). Ein Akkreditiv ist nur übertragbar, wenn es von der Akkreditivbank **ausdrücklich als übertragbar** (transferable) **bezeichnet** worden ist (allgemeine Zustimmung; aber bei Fusion Übergang auch des nicht übertragbaren Akkreditivs, Schütze/Vorpeil Rn. 467, teleologische Reduktion von § 399 BGB, jedenfalls § 354a HGB). Der Begünstigte **(Erstbegünstigte)** kann dann grundsätzlich ein einziges Mal das Akkreditiv ganz oder zT einem oder mehreren Dritten **(Zweitbegünstigte)** verfügbar machen, dh dieser erhält gegen Andienung eigener Dokumente (eigene Lieferung) Bezahlung von der Akkreditiv- oder Bestätigungsbank (s. **(11)** ERA Art. 38). Die tatsächliche Übertragung des (übertragbar gestellten) Akkreditivs bedarf überdies der Mitwirkung der Bank („**übertragende Bank**", s. **(11)** ERA Art. 38 lit. b), Baumhöfener WM 1969, 1462, nach hL, Schütze/Vorpeil Rn. 455: besondere Zustimmung, aA Canaris Rn. 1041: unnötige Verdoppelung; doch ist die Bank dazu im Rahmen der allgemeinen Übertragbarkeit und nach Deckung der entstehenden Kosten verpflichtet (nach **(11)** ERA Art. 38 lit. a mißverständlich: nur soweit die Bank ausdrücklich zugestimmt hat), MüKoHGB/Wedemann H Rn. 277, str., anders nur bei wichtigem Grund, Schütze/Vorpeil Rn. 455. Die Übertragung erfolgt nicht nach §§ 398 ff. BGB, str. (dann ohne Mitwirkung der Bank), sondern durch Erklärung der Bank gegenüber dem Zweitbegünstigten, Canaris Rn. 1035, hL, anders zT im Ausland, Schütze/Vorpeil Rn. 465. Grund: Begründung eines eigenständigen Rechts gegenüber der Bank. Die Übertragung lässt für die Zweitbegünstigten einen abstrakten Anspruch gegen die Bank nach § 780 BGB mit entspr. Einwendungsausschluss auch betr. das Verhältnis der Bank zum Erstbegünstigten (→ Rn. K16 ff.) entstehen, BGHZ 132, 313. Einwand des Rechtsmissbrauchs des Zweitbegünstigten (wie → Rn. K20a), BGHZ 132, 317. Der Erstbegünstigte hat insoweit aus dem Akkreditiv kein Recht mehr, es ist übertragen (anders beim Unterakkreditiv, → Rn. K24). Weiterübertragung durch den Zweitbegünstigten ist unzulässig. Zur Übertragung Stauder AWD 1968, 46.

b) Von der Übertragung des Akkreditivs **zu unterscheiden** ist die (auch beim unübertragbaren Akkreditiv) ohne Weiteres mögliche **Abtretung des bloßen Zahlungsanspruchs aus dem Akkreditiv** durch den Begünstigten (s. **(11)** ERA Art. 39, §§ 398, 404 ff. BGB; § 399 BGB liegt hier nicht vor), OLG Karlsruhe IPRax 1982, 102 mAnm. Nielsen IPRax 1982, 91; OLG Frankfurt a. M. WM 1992, 570, hL, aA früher BGH WM 1959, 970; auch Teilabtretung an mehrere. Abtretung auch schon vor Fälligkeit und Vorlegung akkreditivgerechter Dokumente, OLG Karlsruhe RIW 1997, 781. Abtretbarkeit macht Akkreditiv forfaitierbar, praktisch nur bei deferred payment (→ Rn. K3), Schütze/Vorpeil Rn. 480; Scheuermann/Göttsche RIW 2005, 894 (Insolvenzanfechtung, Nachsichtakkreditiv).

c) Das Akkreditivrecht ist **nicht pfändbar** (nur der Begünstigte kann seine eigenen Dokumente vorlegen); die Pfändung des Zahlungsanspruchs aus dem Akkreditiv ist zwar (außer durch den Käufer selbst, aA Aden RIW 1976, 680) möglich, aber ohne Vorlage der Dokumente praktisch nutzlos, außer bei Pfändung auch der Kaufpreisforderung, im Einzelnen str, MüKoHGB/Wedemann H Rn. 314 ff.

K24 E. **Gegen- oder Unterakkreditiv (back-to-back credit):** Der Begünstigte kann für einen Dritten (Unterbegünstigter) bei der Akkreditivbank oder der Bestätigungsbank ein selbstständiges Gegenakkreditiv (Unter-, Weiter-, Zwischen-, Zweitakkreditiv) bestellen, BGH WM 1958, 587; 1964, 223, mit Fristablauf vor dem Fristablauf des Hauptakkreditivs, so dass die vom Dritten in der Frist des Unterakkreditivs eingereichten Dokumente noch innerhalb der Frist des Hauptakkreditivs der Hauptakkreditivbank weitergereicht werden können. Das Unterakkreditiv ermöglicht dem Verkäufer, sich die verkaufte Ware erst noch zu beschaffen. Das Unterakkreditiv ist also ein neues Akkreditiv an den Unterbegünstigten, keine Übertragung des Rechts aus dem Hauptakkreditiv. Es ist also auch bei einem unübertragbaren Hauptakkreditiv möglich und kommt gerade dort vor. Der Erstbegünstigte behält seine vollen Rechte aus dem Hauptakkreditiv. Als Sicherung dient der Bank die Forderung des Begünstigten aus dem Hauptakkreditiv. Lit.: Schütze/Vorpeil Rn. 483 ff.; MüKoHGB/Wedemann H Rn. 283 ff.; Stauder AWD 1969, 385.

4) Das Rechtsverhältnis zwischen dem Akkreditivauftraggeber (Käufer) und dem Begünstigten (Verkäufer) (Valutaverhältnis)

K25 A. **Akkreditivklausel:** Der **Käufer** verpflichtet sich durch entspr. (auch konkludente) Vereinbarung zur Stellung des Akkreditivs zugunsten des Verkäufers (entspr. bei anderen Verträgen als Kauf). Die Akkreditivklausel enthält zweckmäßigerweise den Ausdruck Akkreditiv, rechtlich nötig ist das aber nicht. Zur Klausel „Kasse gegen Dokumente" BGHZ 41, 221 (→ HGB § 346 Rn. 40). Die Akkreditivklausel macht den Käufer vorleistungspflichtig (Akkreditivstellung, Zahlung gegen Dokumente ohne Untersuchung der Ware, vgl. → HGB § 377 Rn. 20), BGHZ 55, 342; BGH WM 1955, 767; 1965, 103. Die Verletzung der Pflicht zur Akkreditivstellung gewährt die Rechte aus §§ 280 III, 281 ff.; 323 ff. BGB, BGH WM 1958, 458; 1965, 103. Die Vereinbarung befristeter Akkreditivstellung ist idR Fixgeschäft (→ HGB § 376 Rn. 3, 4, 7), RGZ 104, 41; 104, 375; BGH WM 1958, 456; MüKoHGB/Wedemann H Rn. 80. Nicht notwendig ist bei einer solchen Vereinbarung auch die Lieferpflicht des Verkäufers „fix" mit entspr. Folge zugunsten des Käufers, OLG Nürnberg NJW 1966, 2272. Die Akkreditivbank ist Erfüllungsgehilfin des Käufers bei Ausführung der Zahlung durch Akkreditiv (§ 278 BGB), RGZ 105, 35; BGH WM 1955, 767, der Käufer haftet dem Verkäufer für ihr Verschulden, zB bei verspäteter Eröffnung des Akkreditivs oder unberechtigter Zurückweisung der vom Verkäufer angedienten Dokumente. Der **Verkäufer** verpflichtet sich, der Akkreditivbank akkreditivgerechte Dokumente anzudienen. Auch dies ist eine Hauptpflicht, str., aA RGZ 96, 248. Der Verkäufer haftet für die von ihm eingeschaltete Bank nach § 278 BGB. Fälligkeit der Kaufpreisforderung und Verjährungsbeginn sind bis zur Vorlage der Dokumente hinausgeschoben, BGHZ 55, 342.

K26 B. **Erfüllung:** Das Akkreditiv wird ebenso wie Wechsel und Scheckhingabe nur **erfüllungshalber** gestellt (entspr. §§ 788, 364 II BGB), BGH BB 1956, 546. Der Verkäufer muss Befriedigung erst aus dem Akkreditiv suchen (Akkreditiveinrede). Erst wenn die Bank nicht zahlt, kann der Verkäufer sich an den Käufer halten; das gilt auch bei Nichtzahlung aus vom Begünstigten zu vertretenden Gründen, zB Mängel der Dokumente. In der Akkreditivabrede liegt dementsprechend idR noch keine Vereinbarung, der Sitz der Akkreditivbank solle **Erfüllungsort** für alle Ansprüche sein, BGH NJW 1981, 1905. Die Akkreditivklausel verpflichtet den Käufer zur effektiven Zahlung, idR in bar **(keine Aufrechnung),** BGHZ 60, 264; das gilt nicht nach Verfall des Akkreditivs, außer

V. Bankgeschäfte K27–L1 **BankGesch (7)**

wenn dieser auf Gründe im Risikobereich des Käufers zurückgeht (§ 242 BGB), BGHZ 60, 265; OLG Hamburg BB 1978, 63, str. Zur Aufrechnung durch die Akkreditivbank → Rn. K20. Entsprechendes gilt für das Zurückbehaltungsrecht.

C. Gefahrtragung, Insolvenz: Die Gefahr der Nichtzahlung der Bank, zB ihre Insolvenz, trägt der Käufer, auch für die Zeit nach Akkreditiveröffnung (Grund: § 364 II BGB), hL, aA Canaris Rn. 1061. Bei Insolvenz des Auftraggebers vor Akkreditiveröffnung erlischt der Akkreditivauftrag (§§ 116 S. 1, 115 I InsO), nach Akkreditiveröffnung bleibt die Akkreditivbank aus § 780 BGB verpflichtet. Bei Insolvenz des Begünstigten vor Akkreditiveröffnung Rückfragepflicht der Bank beim Begünstigten, Warnpflicht gegenüber dem Auftraggeber str (→ Rn. A28); nach Akkreditiveröffnung kann der Insolvenzverwalter Erfüllung nach § 103 InsO wählen. Einzelheiten bei MüKoHGB/Wedemann H Rn. 320 ff. **K27**

D. Einstweilige Verfügung, Arrest: Der Käufer kann den Verkäufer uU durch Arrest oder einstweilige Verfügung (§§ 916 ff., 937 ff. ZPO) daran hindern, den Akkreditivbetrag von der Bank einzuziehen (vgl. → Rn. K21), Liesecke WM 1966, 468. Voraussetzung ist ein Verzichtsanspruch, zB bei Nichtigkeit des Kaufvertrags (§ 812 II BGB). Das gilt aber nicht schon bei Mängeln des Valutaverhältnisses, von denen die Zahlung durch Akkreditiv gerade unabhängig sein soll, zB Mängel der Ware, Schadensersatzpflicht des Verkäufers ua; etwas anderes gilt nur bei evidentem und liquide beweisbarem Rechtsmissbrauch, LG Düsseldorf WM 1975, 68; Liesecke WM 1976, 267; zur Garantie → Rn. L1–19. Pfändung der Kaufpreisforderung des Verkäufers durch Käufer s. bejahend OLG Hamburg BB 1978, 63 m. krit. Anm. Kremers. **K28**

L. Bankgarantiegeschäft (mit Bankbürgschaft und Patronatserklärung)

Schrifttum

a) Kommentare und Handbücher: Außer dem allgemeinen Schrifttum (s Einl vor A1) Ellenberger/Bunte Bankrechts-HdB/*T. Fischer* § 104. – BuB/*Nielsen/Joos* Rn. 5/231 ff. – *Canaris*, 3. Aufl 1988, Rn 1102. – KMFS/*Bauer* Rn. 7.2 ff. – MüKoHGB/*Samhat* 4. Aufl Bd 6 2019 Bankvertragsrecht (J. Bankgarantie). – UBH (*Ulmer/Brandner/Hensen*)(/*Christensen*), AGB-Recht, 13. Aufl. 2022, Teil 2 (19) Garantieklauseln, Garantieverträge Rn. 1 ff. – WLP *(Wolf/Lindacher/Pfeiffer)/Dammann* AGB-Recht 7. Aufl 2020 Garantievertrag G 1 ff.

b) Sonstige Beiträge: *Einsele* 5. Aufl 2022 § 5. – *ICC,* Bank Guarantees in International Trade, 3rd ed 2004 (IntHK-Publikation Nr 661). – *Kleiner/Landolt/Gemperli* (Schweiz) 5. Aufl 2016. – *Mülbert* 1985. – *Nielsen* 1986. – *Schröder* 2003 (Regress, Rückabwicklung). – *Schütze/Edelmann* 2011. – *Graf v Westphalen/Zöchling-Jud* 4. Aufl 2014 (mit Länderberichten). – *von Caemmerer* FS Riese 1964, 295. – *Coing* ZHR 147 (1983), 125. – *Nielsen* ZHR 143 (1983), 145. – *Heldrich* FS Kegel 1987, 175 (IPR). – *Canaris* ÖBA 1987, 769, ZIP 1998, 493. – *Graf v Westphalen* FS Schütze 1999, 947 (Bankenhaftung bei Garantiebetrug). – *Nielsen* WM 1999, 2005, 2049 (international). – *Wilhelm* NJW 1999, 3519. – *Schnauder* WM 2000, 2073. – *Kröll* WM 2001, 1553 (elektronisch). – *Schulz/Mettke* WM 2014, 54 (Kreditsicherungsgarantie auf erstes Anfordern). – Speziell zum Rechtsmissbrauch → Rn. L13. **Muster:** Hopt/Merkt/Siegmund Vertrags- und Formularbuch zum Hdl-, Ges- und Bankrecht 5. Aufl 2022 Form IV. L.1–24 (Garantiegeschäft mit Bankbürgschaft). **RsprÜbersichten:** *Grüneberg* WM Sonderbeil 3/2015, 1/2020 (Bürgschaft); vgl zum Akkreditiv vor K1.

1) Die rechtliche Qualifikation der Garantie

A. Funktion und Rechtsnatur: Das Garantiegeschäft ist die Übernahme von Bürgschaften, Garantien und sonstigen Gewährleistungen für andere (Bankgeschäft nach § 1 I 2 Nr. 8 KWG, Text → Rn. A4). Zur Bürgschaft s § 349 HGB; zur Patronatserklärung → HGB § 349 Rn. 22. Abgrenzung von Bank- **L1**

(7) BankGesch L1a

bürgschaft und Bankgarantie s. OLG Hamburg WM 1983, 188. Der Garantieauftraggeber (Schuldner, Käufer, Importeur) beauftragt seine Bank (Garantiebank) mit der Stellung einer Garantie an den Garantiebegünstigten (Gläubiger, Verkäufer, Exporteur). Bsp. für **Garantiearten:** allgemeine Zahlungsgarantie; Bietungs- oder Ausschreibungsgarantie (tender guarantee, bid bonds, Sicherheit für Vertragserfüllung des Bieters, falls er den Zuschlag erhält, üblicherweise 1–5 %, MüKoHGB/Samhat J Rn. 16); Anzahlungs- oder Rückzahlungsgarantie (repayment guarantee), idR mit Geldeingangsklausel; Leistungsgarantie oder Vertragserfüllungsgarantie (performance guarantee, Höhe üblicherweise zwischen 5–20 %, MüKoHGB/Samhat J Rn. 21); Lieferungsgarantie (delivery guarantee); Gewährleistungsgarantie (warranty guarantee); Konnossements- und Reversgarantien, Liesecke WM 1968, 24; MüKoHGB/Samhat J Rn. 24; Rück- oder Gegengarantie → Rn. L3; Hermes-Garantie → Rn. N3. Garantien im Auslandsgeschäft → Rn. N2. Konsortialgarantien → Rn. N2, Y2. Die **Bankgarantie** ist ein gesetzlich nicht geregelter **selbstständiger Garantievertrag** (Vertrag sui generis, § 311 I BGB), → HGB § 349 Rn. 15–20, dies im Unterschied zu den unselbständigen Garantien im BGB. Mit der Garantie verspricht der Garant, **verschuldensunabhängig** für einen bestimmten Erfolg einzustehen oder einen eventuellen künftigen Schaden zu übernehmen, BGH NJW 1985, 2941; 1999, 1543; OLG Frankfurt a. M. NJW 2007, 1467. Sie ist im Gegensatz zur Bürgschaft **nicht akzessorisch.** Die Bankgarantie steht **dem Akkreditiv nahe,** obwohl sie der Sicherung und uU der Kreditierung, nicht aber der Zahlung dient, MüKoHGB/Samhat J Rn. 6. Vor allem gelten auch hier der Grundsatz der **Unabhängigkeit** des Zahlungsanspruchs von Grundgeschäft und der **Grundsatz der Dokumentenstrenge** (→ Rn. K1, 16–24, 6). Diese Grundsätze sind besonders streng zu beachten, weil die internationale Bankgarantie die **Funktion des Bardepots** übernommen hat, also unmittelbarer Zugriff des Begünstigten auf liquide Vermögenswerte, wenn er den Garantiefall für gegeben erachtet. Umkehr der Prozessrollen, **„erst bezahlen, dann prozessieren".** **Muster:** Hopt/Merkt VertrFormB/Siegmund Form IV. L.7 (Garantiemuster: Bietungs-, Anzahlungs-, Liefergarantie, ohne ERA/URDG 758).

L1a   Die Bankgarantie ist in der **internationalen Vertragspraxis** bis ins einzelne geregelt (→ Rn. N2); für vom nationalen Recht autonome Auslegung Coing ZHR 147 (1983), 127. **Internationales Privatrecht** → Rn. A60; MüKoHGB/Samhat J Rn. 205. **Einheitliche Richtlinien für Vertragsgarantien** (Uniform Rules for Contract Guarantees) wurden von der IntHK 1978 veröffentlicht (IntHK-Publikation Nr. 325; Muster für Vertragsgarantien 1983 IntHK-Publikation Nr. 406), dazu Stumpf RIW 1979, 1; Trost RIW 1981, 659; in der Fassung von 1978 beachteten sie die rechtliche Selbstständigkeit der Garantie zu wenig und hatten sich deshalb in der Bankenpraxis nicht durchgesetzt, die Chancen für die ausgewogenere Fassung von 2010 sind besser, zu dieser Affaki/Goode, 2011 (engl). Die IntHK hat deshalb Ende 1991 ergänzend **Einheitliche Richtlinien für auf Anfordern zahlbare Garantien (Uniform Rules for Demand Guarantees, URDG)** aufgestellt (IntHK-Publikation Nr. 758 ED, Sprache engl/dtsch), zum 1.7.2010 revidiert (ICC-Publication No 758 EF), abgedruckt als **Muster:** Hopt/Merkt VertrFormB/Siegmund Form IV. L.4 (ERG der ICC/URDG 758); dazu International Standard Demand Guarantee Practice for URDG 758, 2021 (IntHK-Publikation Nr. 814E, engl), dazu Vorpeil, Editorial, RIW 6/2021 I, Hasse WM 1993, 1985, zu demand guarantees Marxen 2018. Diese sind **AGB,** müssen in den Vertrag einbezogen werden und unterliegen **(5)** §§ 305 ff. BGB und der Inhaltskontrolle, MüKoHGB/Samhat J Rn. 7; vgl. → **(11)** ERA Einl. Rn. 6; für Unwirksamkeit der Einbeziehungsregelung und von Art. 4 und 15 lit. a und c Graf von Westphalen BB 2022, 579. Auch bei einer auf Anfordern zahlbaren Garantie ist eine schriftliche Erklärung über Ob und Wie der Verletzung des zugrundeliegenden Vertrags beizufügen (Art. 20

V. Bankgeschäfte L2, L3 **BankGesch (7)**

Garantierichtlinien); Verzicht darauf nur, wenn in den Garantiebedingungen ausdrücklich vorgesehen, Grund: Kompromiss zwischen Exportindustrie und Banken, Risiko der „schriftlichen Lüge" bei Rechtsmissbrauch. Das verwässert die Garantie auf erstes Anfordern (→ Rn. L8), ist aber nicht überraschend iSv **(5)** § 305c I BGB, str. Der **Standby Letter of Credit** stammt ursprünglich aus den USA und wird dort statt der dort unüblichen Garantie benutzt. Er wird teils als Sonderform des Akkreditivs eingeordnet (so hier → Rn. K1a) oder als Sonderform der Garantie, so MüKoHGB/Samhat J Rn. 47. Je nachdem wird zunächst auf die Grundsätze des Akkreditivs zurückgegriffen, offen, aber iErg BGH WM 1994, 1063 (für die Auslegung), oder richtiger auf die der Bankgarantie, so OLG Frankfurt a. M. WM 1997, 1893 (zum Rechtsmissbrauch). Aber wenn der Standby Letter of Credit ausländischem Recht unterliegt, kommt es auf dieses an; ist mangels Rechtswahl deutsches Recht anwendbar, so bei der seltenen Ausstellung durch eine deutsche Bank, Ellenberger/Bunte Bankrechts-HdB/T. Fischer § 104 Rn. 270, gelten für das Akkreditiv und die Bankgarantie ohnehin vielfach ähnliche Grundsätze (→ Rn. L1). Die **International Standby Practices der ICC** von 1998 sind an US-amerikanischem Vorbild ausgerichtet mit erheblichen Unterschieden zum deutschen Garantierecht, Ellenberger/Bunte Bankrechts-HdB/T. Fischer § 104 Rn. 273 ff.

B. **Einschaltung mehrerer Banken:** Bei internationalen Bankgarantien sind **L2** idR **mehrere Banken** beteiligt mit der Folge, dass **vier** oder mehr **Vertragsverhältnisse** vorliegen. Der Schuldner beauftragt seine **Schuldnerbank** mit der Hinauslegung einer Garantie; dieser liegt dann ein Werkvertrag mit Geschäftsbesorgungscharakter zugrunde (§§ 675 I, 631 BGB). Die Schuldnerbank beauftragt eine zweite, idR vom Gläubiger benannte Bank (Zweitbank, vereinfacht: **Gläubigerbank**) im Land des Gläubigers mit der bloßen Mitteilung (Avis, → Rn. K2) oder idR der selbstständigen Hinauslegung einer Garantie; wiederum liegt ein Vertrag nach §§ 675 I, 631 BGB zugrunde, an dem aber der Schuldner-Käufer nicht beteiligt ist. Der Schuldner-Käufer steht in vertraglicher Beziehung nur zu seiner Bank, nicht zur zweitbeauftragten. Seine Bank haftet ihm für die eingeschaltete **Avisbank** nach § 278 BGB (→ Rn. K2b); nicht dagegen für die zweitbeauftragte Garantiebank, dann aber § 664 I 2 BGB (Substitution), hL, MüKoHGB/Samhat J Rn. 219. Das anwendbare Recht wird idR ausdrücklich vereinbart, andernfalls gilt das Recht am Sitz der Bank, die die für die Garantie typische Leistung erbringt (→ Rn. A60), BGH NJW 1985, 562; OLG Hamburg RIW 1978, 616; LG Frankfurt a. M. NJW 1963, 451, das gilt auch für die Zweitbank mit der Folge erheblicher Risiken für den Garantieauftraggeber (für Akkreditiv → Rn. K2d), MüKoHGB/Samhat J Rn. 224. Muß die Gläubigerbank bei Eintritt des Garantiefalls bezahlen, nimmt sie Regress bei der Schuldnerbank (§§ 675 I, 670 BGB); diese hält sich wiederum an den Garantieauftraggeber (§§ 675 I, 670 BGB). Bei der **bestätigten Garantie** übernimmt die Zweitbank gegenüber dem Begünstigten die gleiche Verpflichtung wie die Erstbank (Gesamtschuld), bei der **indossierten Garantie** haftet sie nur für den Ausfall der Erstbank (keine Gesamtschuld), MüKoHGB/Samhat J Rn. 39 ff. **Internationales Recht:** wie beim Akkreditiv (→ Rn. K2). **Muster:** Hopt/Merkt VertrFormB/Siegmund Form IV. L.9 (Avisierung von Garantien mit drei Varianten), Form IV. L.10 (Auftrag zur Garantiebestätigung), Form IV. L.11–14 (Bank-zu-Bank-Auftrag mit Bausteinen, ohne ERA/URDG 758).

C. **Rückgarantie:** Häufig lässt sich die Gläubigerbank von der Schuldnerbank **L3** zusätzlich, uU auch diese von einer dritten Bank eine Rückgarantie (Gegengarantie, counter guarantee) stellen. Anwendbares Recht ist das des Sitzes der Erstbank (→ Rn. L2), MüKoHGB/Samhat J Rn. 227, hL, nach aA das des Sitzes der Zweitbank. Bei Inanspruchnahme der Rückgarantie ist entscheidend, ob der Rückgarantiefall der Eintritt des Hauptgarantiefalls oder aber wie idR die rein

Hopt

(7) BankGesch L4

tatsächliche Inanspruchnahme und Zahlung der Hauptgarantiebank ist. Mangelnde Abstimmung der Rückgarantie mit der Hauptgarantie s. OLG Stuttgart WM 1981, 1265. Die Rückgarantie sichert den Aufwendungsersatzanspruch, idR auf erstes Anfordern (→ Rn. L8), BGHZ 145, 291, und unter anderer Rechtsordnung, aber uU Einwand nach § 242 BGB (doppelter Rechtsmissbrauch) oder Bereicherungseinrede, Canaris Rn. 1118, → Rn. L13. **Muster:** Hopt/Merkt VertrFormB/Siegmund Form IV. L.12.2, 14 (Rückgarantie mit Bausteinen).

2) Das Rechtsverhältnis zwischen den Banken und dem Garantieauftraggeber

L4 A. **Garantieauftrag:** Die Bank ist dem Garantieauftraggeber aus §§ 675 I, 631 ff. BGB verpflichtet, eine Garantie mit dem vereinbarten Inhalt (Bsp. → Rn. L1; Garantie auf erstes Anfordern → Rn. L8) zu eröffnen. Garantieauftrag ist idR ausdrücklich, aber auch konkludent möglich, BGH WM 1984, 253. Warnpflichten → Rn. A28. Die Bank hat Anspruch auf Avalprovision (vgl. → Rn. K3) und Auslagenersatz bei Auszahlung (§§ 675, 670 BGB). Anspruch auf Vorschuss (§§ 675, 669 BGB) hat sie nicht, aber Befreiungsanspruch nach § 775 BGB analog. Keine ordentliche Kündigung, auch keine außerordentliche Kündigung analog § 490 I BGB, dies weil die Sicherungs- und die Liquiditätsfunktion der Garantie die Kreditfunktion überwiegen, dies also anders als sonst bei den Dauerschuldverhältnissen, MüKoHGB/Samhat J Rn. 166. Aber § 490 III BGB lässt §§ 313 und 314 BGB ausdrücklich unberührt, unabhängig von § 490 I BGB können aus wichtige Gründen vorliegen, um die Garantie zu kündigen, MüKoHGB/Samhat J Rn. 88. Widerrufliche Garantien können jederzeit formlos widerrufen werden; internationale Garantien sind aber idR **unwiderruflich,** MüKoHGB/Samhat J Rn. 35 f. Andere Banken darf sie nur mit Einverständnis des Auftraggebers einschalten, je nach Einzelfall haftet sie dann nach § 278 BGB (→ Rn. K3), str. Sie muss die **Weisungen** des Auftraggebers strikt befolgen, OLG Stuttgart WM 1979, 734; nach Garantieerteilung kann der Auftraggeber aber die Rechtsstellung des Garantiebegünstigten nicht mehr durch Gegenweisung an die Bank antasten, vgl. BGH NJW 1991, 2211 (Überweisung), OLG Stuttgart WM 2013, 885. Bei Eintritt des Garantiefalls muss die Bank erst unverzüglich den Auftraggeber **benachrichtigen** (auch bei Garantie auf erstes Anfordern), um ihm Gelegenheit zur Stellungnahme, str., und bei der Garantie auf erstes Anfordern (→ Rn. L8) zum Vorbringen liquider Einwandtatsachen zu geben, BGHZ 95, 375; BGH NJW 1984, 923; 1989, 1606, bei Garantie auf erstes Anfordern (→ Rn. L8) aber nur so, dass Auszahlung nur unwesentlich verzögert wird, OLG München WM 1988, 1556. Die Bank darf (auch gegen den ausdrücklichen Widerspruch des Auftraggebers) **bezahlen,** aber **nur gegen genaue Prüfung der** zum Nachweis des Garantiefalls vorgeschriebenen **Dokumente;** bei schlüssigen, substantiierten und ohne Weiteres beweisbaren Einwendungen und Einreden darf die Bank im Verhältnis zum Kunden nicht zahlen, zB bei mangelnder Fälligkeit, BGH WM 1967, 1008; 1969, 834. Eine AGBKlausel, die für alle Garantien (nicht nur solche auf erstes Anfordern) der Bank das Recht zur Zahlung auf einseitiges Anfordern des Gläubigers einräumt (so **(8)** AGB-Banken Nr. 13 aF vor 1993, auch für Bürgschaften), ist bedenklich, aA BGHZ 95, 375, üL, aber Tiedtke BB 1986, 541; Graf v. Westphalen WM 1984, 8. Der Grundsatz der **Garantiestrenge** (ebenso im Verhältnis zum Garantiebegünstigten, → Rn. L7) gilt hier **wie beim Akkreditiv (Dokumentenstrenge,** → Rn. K6), OLG Hamburg WM 1978, 261; OLG Stuttgart WM 1979, 734. Verletzt sie diese Prüfungspflicht, verliert sie ihren Aufwendungsersatzanspruch gegenüber dem Auftraggeber aus §§ 675 I, 670 BGB (für Sicherheiten § 774 I 1 BGB analog, Canaris Rn. 1112; MüKoHGB/Samhat J Rn. 77; aA RGZ 96, 139; Kobl NJW-RR 2005, 1491: nur Anspruch auf Abtretung, dann aber nur mit Hauptforderung, §§ 412, 401 BGB) und (mangels Vorliegens des Garantiefalls, so wie formal festgelegt) uU auch den Rückgriffsanspruch gegen die Rückgarantiebank (→ Rn. L3). **AGB-Kontrolle** von Garantiebedingungen nach **(5)** BGB §§ 305 ff., UBH/Christensen (19) Garantieklauseln Rn. 1 ff. **Muster:** Hopt/Merkt VertrFormB/Siegmund Form IV. L.2 (Aval-/Garantieauftrag), Form IV. L.3 (Bedingungen für das Avalgeschäft), Form IV. L.15 (Freistellungserklärung), Form IV. L.16 (Ausführungsanzeige), Form IV. L.17 (Benachrichtigung über Garantie-Erledigung bzw. Ermäßigung).

B. **Fälschungsrisiko:** Das Fälschungsrisiko trägt die Bank; es ist anders als beim Akkreditiv (→ Rn. K8) nicht wirksam auf den Auftraggeber abgewälzt, Canaris Rn. 1109, MüKoHGB/Welter 3. Aufl. 2014 J Rn. 62, str, aA MüKoHGB/Samhat J Rn. 119, Abwälzung wäre zwar wie beim Akkreditiv möglich (auch dies ist str., → **(11)** ERA Art. 34 Rn. 1), URDG Art. 19 lit. a (→ Rn. L1), auf die sich Samhat beruft, müssten vereinbart sein. **L5**

3) Das Rechtsverhältnis zwischen den Banken und dem Garantiebegünstigten

A. **Vor Garantieeröffnung:** Vor Garantieeröffnung steht der Gläubiger in keinem Vertragsverhältnis (aus der Garantie) zur Garantiebank. Der Garantieauftrag ist kein Vertrag zugunsten Dritter iSv § 328 BGB (→ Rn. K10). Der Garantievertrag mit dem Begünstigten kommt formlos und idR konkludent zustande (§ 151 BGB), BGH WM 1964, 62; in der Praxis ist aber Schriftform handelsüblich, schon HdlBrauch (auch Fax, Email), vorsichtiger MüKoHGB/Samhat J Rn. 92: naheliegend. Bei öffentlichen Ausschreibungen wird manchmal als Teilnahmebedingung die Vorlage einer Bankbestätigung verlangt, die eine bloße Auskunft (→ Rn. A14) bis hin zu einer unwiderruflichen **Bereitschaftserklärung** sein kann, die Garantie zu erstellen. Die Garantie selbst wird in der heutigen Praxis mit mehr oder weniger formalisierten **Garantiebausteinen** erstellt (Präambel, Zahlungsklausel, Reduzierungsklausel, Valutierungsklausel, Erlöschensklausel, Übertragungsklausel, Außenwirtschaftliche Zulässigkeit, Rechtswahlklausel). **Muster:** Hopt/Merkt VertrFormB/Siegmund Form IV. L.5 (elementare Garantiebausteine ohne/mit Vereinbarung der ERA/URDG 758), Form IV. L.6 (variable und alternative Garantiebausteine, ohne ERG/UDG 758), Form IV. L.7 (Garantiemuster: Bietungs-, Anzahlungs-, Liefergarantie, ohne ERA/URDG 758), Form IV. L.8 (Bereitschaftserklärung). **L6**

B. **Nach Garantieeröffnung:** Nach Garantieeröffnung hat der Begünstigte einen durch Eintritt des Garantiefalls bedingten, selbstständigen Zahlungsanspruch gegen die Bank. Was Garantiefall sein soll und dementsprechend wie genau die Zahlungsaufforderung lauten muss, richtet sich nach dem Garantieversprechen. Dieses ist nach dem Grundsatz der **Garantiestrenge** (wie im Verhältnis zum Garantieauftraggeber, → Rn. L4) auszulegen, BGHZ 145, 293; BGH WM 1996, 393; Nichtberücksichtigung aller Umstände außerhalb der Garantieurkunde geht aber zu weit, Canaris Rn. 1133a; aA BGHZ 90, 291. Zu unterscheiden ist der formelle Garantiefall, wenn die in der Garantie bezeichneten Bedingungen vorliegen (→ Rn. L8, 9), und der materielle Garantiefall im Valutaverhältnis (→ Rn. L17), BGH NJW 1999, 571. Die Bank hat den Begünstigten auf die Fehlerhaftigkeit der Zahlungsaufforderung hinzuweisen (vgl. L9; sonst Schadensersatzpflicht), OLG Karlsruhe WM 1992, 2095, offen BGH WM 1996, 393, aA MüKoHGB/Samhat J Rn. 120; aber keine Pflicht zur Einräumung einer Nachfrist, → Rn. L10. Die **einfache Garantie,** bei der die Bank der Garantieforderung des Gläubigers alle Einwendungen aus dem Grundverhältnis entgegenhalten kann, nützt dem Gläubiger wenig. **L7**

Internationale Bankgarantien sind deshalb idR eine **„Garantie auf erstes Anforden"** (vgl. Bürgschaft auf erstes Anfordern, → HGB § 349 Rn. 6, Standby Letter of Credit → Rn. K1a). Dann ist zu zahlen schon auf die **bloße** **L8**

(7) BankGesch L9

Behauptung des Eintritts des Garantiefalls durch den Begünstigten und ggf. die Vorlage bestimmter Dokumente (→ Rn. L9); nach manchen braucht der Garantiefall nicht behauptet zu werden, es genügt schon die bloße Zahlungsaufforderung, MüKoHGB/Samhat J Rn. 116, aber das fällt, da die Zahlungsaufforderung ja im Kontext steht, in der Praxis zusammen. Nach aA muss diese Behauptung sogar schlüssig sein, Canaris Rn. 1130. Auf jeden Fall braucht der Käufer nicht darzutun, dass die Hauptforderung bestand, BGH NJW 1994, 381 (Bürgschaft auf erstes Anfordern), erst recht ist Individualisierung des Anspruchs, etwa der gerügten Mängel, nicht erforderlich, OLG Köln NJW-RR 1998, 1393; aA OLG München WM 1994, 2108 (Bürgschaft). Einwendungen aus dem Grundverhältnis werden damit ausgeschlossen, weitere gerichtliche oder andere Verfahren sollen nicht notwendig sein; Bsp.: BGH WM 1989, 433; 2011, 2216; Rückgarantie auf erstes Anfordern, BGHZ 145, 286. Die Übernahme einer unwiderruflichen Garantie bedeutet nicht zugleich, dass eine Garantie auf erstes Anfordern übernommen wird, MüKoHGB/Samhat J Rn. 35, aA OLG Saarbrücken WM 2001, 2057. Die Garantie auf erstes Anfordern macht den Käufer vorleistungspflichtig und verweist ihn darauf, notfalls die Zahlung vom Verkäufer wieder zurückzuverlangen (je nach Vereinbarung an dessen Gerichtsstand und nach ausländischem Recht), also **Grundsatz: erst zahlen, dann prozessieren** (→ Rn. L1). Der Anspruch muss beziffert sein, OLG Frankfurt a. M. WM 1983, 517; MüKoHGB/Samhat J Rn. 116; aA Mülbert ZIP 1985, 1105. Wörtliche Übereinstimmung der Inanspruchnahme mit Garantietext ist nur erforderlich, wenn besonders vereinbart, BGHZ 145, 293 (sonst auch bloße Bezugnahme auf Garantieurkunde möglich); BGH NJW 1997, 1435, aber dringend zu empfehlen (→ Rn. L9); aber Canaris Rn. 1133: genau in der Weise und mit dem Inhalt abzugeben, wie die Garantieurkunde es vorschreibt. Eine Auslegung muss im Text der Urkunde einen Anhaltspunkt haben, BGH NJW 1984, 2030; 1994, 2018; für das Akkreditiv → Rn. K6. Englischsprachige Garantie auf erstes Anfordern kann auch auf Deutsch rechtswirksam in Anspruch genommen werden, OLG Frankfurt a. M. WM 2001, 1108. Garantiestrenge bei Garantie auf erstes Anfordern, Namensänderung, s. Rüßmann/Britz WM 1995, 1825. Keine Pflicht der Bank, den Garantiebegünstigten auf Unvollständigkeit der vorgelegten Urkunden hinzuweisen, MüKoHGB/Samhat J Rn. 120, Ausnahmen sind denkbar, MüKoHGB/Welter 3. Aufl. 2014, J 63, offen BGH NJW 1996, 1053; aA OLG Karlsruhe WM 1992, 2097; Nachfrist → Rn. L10. Benachrichtigung des Käufers vor Auszahlung → Rn. L4. Garantie auf erstes Anfordern auch von Kflten, nicht nur Kreditinstituten und auch in Formularvertrag, OLG Stuttgart WM 2011, 691; Schulz/Mettke WM 2014, 64.

L9 Wegen der damit für den Käufer verbundenen Gefahren werden mitunter Beschränkungen vereinbart, vor allem die **Vorlage bestimmter Dokumente** verlangende (sog. bedingte) Garantie, bei der der Eintritt des Garantiefalls von bestimmten urkundlich nachzuweisenden Umständen (Bestätigungen, Zertifikate unabhängiger Dritter, zB Control-Co, uU auch Schiedsspruch) abhängig ist, dann idR Bedingung (§ 158 BGB) für Garantie, aber auch bloße schuldrechtliche Valutierungsklausel (→ Rn. L6) kann vorliegen, MüKoHGB/Welter 3. Aufl. 2014 J Rn. 47, nach MüKoHGB/Samhat J Rn. 95 bloße Frage der Wirkung des Garantievertrags. Mittellösung nach Art. 20 Garantierichtlinien (→ Rn. L1). Der **Grundsatz der Dokumentenstrenge** bzw. der formalen Garantiestrenge gilt auch gegenüber dem Gläubiger (→ Rn. L4), BGH WM 1996, 770; OLG Hamburg WM 1978, 261; OLG Stuttgart WM 1979, 734 (auch → Rn. L8). **Effektivklauseln** (zB „falls der Schaden eintritt") führen zu Rechtsunsicherheit, können aber, soweit sie reichen (Auslegung, → MüKoHGB/Samhat J Rn. 124), zur Überprüfungspflicht der Bank führen, sonst bleibt es beim bloßen „auf erstes Anfordern". Unzureichende Nachweise muss die Bank unverzüglich zurückweisen (wie **(11)** ERA Art. 16 lit. d), BGH WM 1996, 393. Üblich ist Klausel über automatische Garantieermäßigung bei nachweislicher Teilbefriedigung (**Ermäßigungsklausel**), aber nur bei dokumentärem Nachweis, MüKoHGB/Samhat J Rn. 98, 150. **Revolvierende Garantien** sichern Forderungen aus Dauerschuldverhältnissen über einen in einem bestimmten Zeitabschnitt jeweils fällig werdenden Betrag, MüKoHGB/Samhat J Rn. 97. **Muster:** Hopt/Merkt VertrFormB/Siegmund Form IV. L.12.1 (Reduzierungsklausel).

Der Garantieanspruch verjährt in 3 Jahren (§§ 195, 199 BGB), doch wird idR ein **Verfalldatum** vereinbart, bis zu dem die Garantie formgerecht in Anspruch genommen sein muss (**Garantiefrist**), OLG Hamburg RIW 1978, 616; OLG Stuttgart WM 1979, 733; Bezifferung der Anspruchshöhe ist dazu jedoch nicht nötig, Brändel FS Werner, 1984, 49; aA OLG Frankfurt a. M. WM 1983, 517. Praktisch wird häufig die Verlängerung der Garantie erzwungen („**pay or extend**"), das kann, muss aber nicht stets rechtsmissbräuchlich sein, → Rn. L13. Schweigen auf „pay or extend" verlängert Garantiefrist nicht; deutlicher Hinweis der Bank, erst nach Rücksprache mit Garantieauftraggeber reagieren zu können, BGH WM 1996, 393. Ein Verfalldatum wird in verschiedenen Rechtsordnungen nicht anerkannt. Eine Pflicht zur Einräumung einer **Nachfrist** nach § 242 BGB besteht bei der Striktheit der Garantie nicht, MüKoHGB/Samhat J Rn. 121, offen BGH NJW 1996, 1053; aA wohl Canaris Rn. 1127; auch nicht bei Fristversäumung infolge höherer Gewalt, Mülbert ZIP 1985, 1105. **L10**

Die häufige Klausel, dass die Garantie bei **Rückgabe der Urkunde** erlischt (iZw Rechtsgeschäft, nicht bloße Besitzänderung), nützt nur begrenzt. Immerhin wird bei freiwilliger Rückgabe idR Verzicht anzunehmen sein, wenn nicht besondere Umstände vorliegen, OLG Hamburg WM 1986, 62; MüKoHGB/Samhat J Rn. 160. Rückgabepflicht nach Erlöschen der Garantie BGH NJW 1989, 1482 (Bürgschaft); BGH WM 2015, 1523; OLG Düsseldorf WM 2017, 811; Schütze WM 1982, 1398; vgl. auch BGHZ 147, 99 (Bürgschaft); aber BGH WM 2008, 2201 (bei wertloser Bürgschaftsurkunde Rechtsmissbrauch). Die Rückgabepflicht ist konkludent vereinbart, sonst § 812 I 2 BGB, BGH WM 1987, 369. Besteht der zu sichernde Anspruch nicht und kann er auch nicht mehr entstehen, kann **Verzicht** auf die Garantie und Unterlassung verlangt werden (aus Vertrag oder § 812 BGB), BGH WM 1987, 369. IPR → Mülbert ZIP 1985, 1113. Kündigung → Rn. L4. **L11**

C. Einwendungsausschluss, Rechtsmissbrauch, Rückabwicklung: Für den **Einwendungsausschluss** gilt Entsprechendes wie beim eröffneten Akkreditiv, also keine Einwendungen aus dem Deckungs- und dem Valutaverhältnis, sondern nur Gültigkeits- und inhaltliche Einwendungen (→ Rn. K16–22), vgl. BGHZ 140, 49, zB bei Devisenbeschränkungen und Embargos, Ellenberger/Bunte Bankrechts-HdB/T. Fischer § 104 Rn. 207 ff. Einwendungen aus dem Valutaverhältnis, zB Schadensersatzansprüche, kann die Bank dem begünstigten Verkäufer selbst dann nicht entgegensetzen, wenn der auftraggebende Käufer sie ihr abgetreten hat, BGH NJW 1985, 1830 (→ Rn. K18 zum Akkreditiv). Das gilt **aber** nicht ohne Weiteres für die **Aufrechnung** der Bank, Grund: Garantie dient nicht der Zahlung (→ Rn. L1), deshalb ist je nach Garantiezweck zu differenzieren und Aufrechnung mit eigenen liquiden Ansprüchen der Bank bei Zahlungsgarantie zu bejahen, BGHZ 94, 171 mAnm Assmann IPRax 1986, 142, bei Anzahlungs-, Ausschreibungs-, Vertragserfüllungs- und Gewährleistungsgarantien aber meist ausdrücklich, idR aber nach ihrem Zweck ausgeschlossen, jedenfalls soweit es dem Begünstigen darauf ankommt, Barmittel zu erhalten, MüKoHGB/Samhat J Rn. 132. **L12**

Im Vordergrund steht hier die Einwendung des **Rechtsmissbrauchs** (§ 242 BGB), der idR schon objektiv vorliegen kann, ohne dass subjektive Elemente hinzutreten müssen (→ Rn. K20a), Wissen oder Inkaufnehmen ist jedenfalls nicht notwendig, MüKoHGB/Samhat J Rn. 146. Rechtsmissbräuchliches Verhalten **L13** des Begünstigten liegt nicht schon vor, wenn die Forderung aus dem Grundverhältnis bestritten, zweifelhaft oder auch möglicherweise inexistent ist. Die Garantie soll ihn gerade auch vor solchen Unsicherheiten abdecken. Rechtsmissbrauch liegt vielmehr nur bei Garantieabruf trotz **offensichtlicher und liquide beweisbarer Unbegründetheit** vor, hL, BGHZ 90, 292; 145, 291; BGH WM 1986, 1429; NJW 1988, 2610; WM 2011, 2216, zB bei in dieser Weise nachweislicher Befriedigung, OLG Hamburg ZIP 1982, 1431. Offensichtlich bedeutet, dass der Missbrauch „für jedermann klar erkennbar auf der Hand liegt", BGH NJW 2001, 284. Fehler des Grundgeschäfts schlagen gerade nicht auf die Garantie durch, bei Export- und Importverbote können aber Fehler des Grundgeschäft auch Fehler der Garantie darstellen (Fehleridentität), MüKoHGB/Samhat J Rn. 128. Auf jeden Fall sind alle nicht von selbst beantwortbaren tatsächlichen und rechtlichen Streitfragen allein Sache eines Rückforderungsprozesses. Liquide sind **präsente Beweismittel** und solche, die ohne förmliche Beweisaufnahme verwertbar sind, ganz hL, OLG Frankfurt a. M. WM 1988, 1482; MüKoHGB/Samhat J Rn. 141. Der Beweis wird in aller Regel nur durch geeignete Dokumente geführt, kein Zeugenbeweis (Urkundenprozess), MüKoHGB/Samhat J Rn. 142, aA ganz ausnahmsweise Zeugenbeweis, aber nur ohne jeden Aufwand, Canaris Rn. 1139, 1017; nur unter besonderen Umständen Sachverständigenbeweis, MüKoHGB/Samhat J Rn. 142, aA (noch strenger) überhaupt für Ausschluss des Missbrauchseinwands Weth AcP 189 (1989), 303. Diese Grundsätze gelten auch für die Rückgarantie, BGHZ 145, 291; OLG Saarbrücken WM 1981, 277. Einstweilige Verfügung gegen den Garantienehmer ist nicht ohne weiteres liquides Beweismittel für Rechtsmissbrauch, MüKoHGB/Samhat J Rn. 144; aA Hahn NJW 2001, 2450; offen BGH NJW 2001, 284, jedenfalls nicht wenn ohne Anhörung des Antragsgegners erlassen, BGHZ 145, 296. Nachschieben von Gründen ist grundsätzlich unzulässig, MüKoHGB/Samhat J Rn. 138. Bei einem solchen Rechtsmissbrauch und anderen Einwänden hat die Bank eine **Pflicht** gegenüber dem Garantieauftraggeber, die **Zahlung zu verweigern,** OLG Celle WM 2009, 1408, MüKoHGB/Samhat J Rn. 65, aA bloßes Verweigerungsrecht, OLG Stuttgart WM 2013, 883; OLG Düsseldorf ZIP 1999, 1520. Rückabwicklung → Rn. K22. Lit.: Schütze WM 1980, 1438; RIW 1981, 83; DB 1981, 779; Stockmayer AG 1980, 326; v. Mettenheim RIW 1981, 581; Nielsen ZIP 1982, 253; Mülbert ZIP 1985, 1101; Heldrich FS Kegel, 1987, 179; Jedzig WM 1988, 1469; Blau WM 1988, 1474.

L14 Verhinderung der Zahlung ist (idR, → Rn. L13) grundsätzlich nicht durch eine **einstweilige Verfügung** gegen Auszahlung der Garantiesumme durch die Garantiebank möglich, OLG Stuttgart NJW 1981, 1913; ZIP 2012, 2388; OLG Frankfurt a. M. WM 1988, 1480; OLG Köln WM 1991, 1751; OLG Düsseldorf ZIP 1999, 1520; SBLBankrechtsHdb/Nobbe § 92 Rn. 38, KMFS/Bauer Rn. 7.131, sehr str., aA OLG Saarbrücken WM 1981, 275; OLG Frankfurt a. M. WM 1983, 575; MüKoHGB/Samhat J Rn. 85, Ellenberger/Bunte BankrechtsHdB/T. Fischer § 104 Rn. 219 ff.; wegen der Auslandsrisiken der Bank dann aber nur gegen Sicherheitsleistung (§§ 936, 921 S. 2 ZPO), Nielsen ZHR 147 (1983), 159; **aber in engen Grenzen** ist einstweilige Verfügung (§ 940 ZPO) gegen Rückbelastung beim Garantieauftraggeber-Bankkunden denkbar, zB bei Auszahlung trotz Abrufs der Garantie erst nach Garantieablauf, OLG Stuttgart NJW 1981, 1913; ZIP 2012, 2390; auch OLG Frankfurt a. M. NJW 1981, 1914. Einstweilige Verfügung gegenüber dem Begünstigten → Rn. L17. Das **gleiche Problem** taucht **beim Akkreditiv** auf (→ Rn. K21 m. Nachw.).

L15 Rückabwicklung grundsätzlich wie beim Akkreditiv, → Rn. K22; war die Garantie mangels zulässiger Einwendungen (→ Rn. K16–22) zu erfüllen, hat die Bank auch bei Nichtbestehen oder späterer Erfüllung der gesicherten Forderung keinen Bereicherungsanspruch gegen den Begünstigten, BGH NJW 1999, 571; aA OLG Frankfurt a. M. ZIP 1998, 148; anders bei Bankbürgschaft auf erstes

Anfordern (→ HGB § 349 Rn. 1). Ein Bereicherungsanspruch gegen den Begünstigten besteht nur bei rechtsmissbräuchlicher Inanspruchnahme der Garantie. Lit.: Schröder, 2003; Panagiatopoulos, 2007 (Garantie auf erstes Anfordern); Canaris ZIP 1998, 493; Heermann ZBB 1998, 239; Wilhelm NJW 1999, 3519.

D. **Übertragung:** Der Anspruch aus dem Garantieversprechen ist übertragbar, **L16** auch im Voraus, BGH NJW 1997 463, § 399 BGB steht mangels Inhaltsänderung nicht entgegen, MüKoHGB/Samhat J Rn. 156. Der Garantieanspruch ist nicht akzessorisch und geht nicht nach § 401 BGB analog bei Abtretung der gesicherten Forderung mit über, BGH WM 1964, 62, üL, MüKoHGB/Samhat J Rn. 155; offen BGH WM 1975, 349; NJW 1987, 2075; aA Canaris Rn. 1150; zu § 774 BGB analog → Rn. L4. Das (isolierte) Recht zum Abruf der Garantie ist aber abtretbar, BGH NJW 1999, 571, sonst stark entwertet; es geht mangels anderer Vereinbarung auf den neuen Gläubiger mit über, BGH NJW 1987, 2075 (aber für Bürgschaft auf erstes Anfordern, § 401 BGB), 9. Lit.: P. Bydlinski ZBB 1989, 153.

4) Das Rechtsverhältnis zwischen dem Garantieauftraggeber und dem Garantiebegünstigten (Valutaverhältnis)

Der Käufer verpflichtet sich durch **Garantieklausel** zur Beschaffung einer **L17** Garantie mit genau bestimmtem Inhalt zugunsten des Verkäufers (entspr. bei anderen Verträgen, zB Werkvertrag, Vertrag über noch herzustellende oder zu erzeugende bewegliche Sache, § 650 BGB). Diese Garantiebeschaffungspflicht ist Vorleistungs- und Hauptleistungspflicht, MüKoHGB/Samhat J Rn. 174. Unwirksamkeit der Garantieklausel macht iZw den ganzen Vertrag unwirksam (§ 139 BGB). Zur Verletzung der Pflicht zur Garantiestellung → Rn. K25. Die Garantie wird nicht zahlungshalber (so Akkreditiv, → Rn. K26) gestellt, sondern sicherungshalber, der Begünstigte kann deshalb zunächst aus der gesicherten Forderung gegen den Garantieauftraggeber vorgehen, aber anders als bei der Bürgschaft keine Einrede der Vorausklage (§ 771 BGB). Anders als beim Akkreditiv (→ Rn. K26) gilt hier auch nicht ohne Weiteres ein Aufrechnungsverbot. Zur Aufrechnung durch die Garantiebank → Rn. L12. Der Käufer kann ebenso wie beim Akkreditiv (→ Rn. K28) gegen den Verkäufer mit einstweiliger Verfügung gegen die Einziehung des Garantiebetrags vorgehen, MüKoHGB/Samhat J Rn. 178, OLG Frankfurt a. M. BB 1974, 954, aber Garantie (auf erstes Anfordern) darf nicht als Sicherungsmittel hinfällig werden. Der missbräuchliche Abruf spielt bei der Garantie eine größere Rolle als beim Akkreditiv. Bei Rechtsmissbrauch (offensichtliche und liquide beweisbare Unbegründetheit, insbesondere Betrug des Verkäufers, → Rn. L13) kann sich der Käufer durch einstweilige Verfügung (§§ 937 ff. ZPO) wehren, hL (→ Rn. L15); für Arrest (§§ 916 ff. ZPO) fehlt es an einer Geldforderung (nur Unterlassungsanspruch), MüKoHGB/Samhat J Rn. 180. Bei unberechtigter Garantieziehung hat der Käufer Anspruch auf Rückzahlung aus Vertrag, uU auch aus Delikt; nach der Rspr. aus § 812 BGB (Leistung mittels der Garantiebank), BGH NJW 1997, 463, str., offen MüKoHGB/Welter J 110. Zur Rückabwicklung bei der Garantie auf erster Anfordern MüKoHGB/Samhat J 183 ff. **Muster:** Hopt/Merkt VertrFormB/Siegmund Form IV. L.1 (Garantieklausel im Grundgeschäft).

5) Bankbürgschaft

s. § 349 HGB. **Abgrenzung** kann **schwierig** sein, zumal im internationalen **L18** Geschäft mit anderem Sprachgebrauch von guarantee, MüKoHGB/Samhat J Rn. 43, bei Zusatz „auf erstes Anfordern", → Rn. L8. International ist die Bürgschaft auf erstes Anfordern wenig bekannt, im Außenhandel ist deshalb bei Klausel „auf erstes Anfordern" idR Garantie gewollt, MüKoHGB/Samhat J Rn. 43. Ist Parteiwille nicht zu klären, ist die mildere, formgebundene Bürgschaft

anzunehmen, BGH NJW 1967, 1021; WM 1975, 348. Globalbürgschaft, Pietzko BKR 2022, 493.
Muster: Hopt/Merkt VertrFormB/Siegmund Form IV. L.18 (Bürgschaftsklausel im Grundgeschäft), Form IV. L.19 (Auftrag zur Erstellung einer Bankbürgschaft), Form IV. L.20 (Bedingungen für das Avalgeschäft), Form IV. L.21 (Elementare Bürgschaftsbausteine), Form IV. L.22 (Variable und alternative Bürgschaftsbausteine), Form IV. L.23 (Bürgschaftsmuster: Bietungs-, Anzahlungs-, Liefer-, Vertragserfüllungs-, Mängelansprüche-, Zahlungs-, Kreditsicherungs-, Miet-, Prozess-, Scheckeinlösungs-, Wechseleinlösungsbürgschaft), Form IV. L.24 (Avalauftrags- und Ausführungsbestätigung).

6) Patronatserklärung

L19 → HGB § 349 Rn. 22.
Muster: Hopt/Merkt VertrFormB/Kraft/Link Form III. K.1 (weiche Patronatserklärung), Form III. K.2 (harte Patronatserklärung), Form III. K.3 (Rangrücktrittserklärung), Form III. K.4 (Besserungsvereinbarung).

M. Inkassogeschäft

Schrifttum

a) Kommentare und Handbücher: Außer dem allgemeinen Schrifttum (s Einl vor A1) Ellenberger/Bunte Bankrechts-HdB/*T. Fischer* § 102. – LBS *(Langenbucher/Bliesener/Spindler)*/*Segna* 3. Aufl. 2020 10. Kap. – BuB/*Nielsen* Rn 5/741 ff. – EBJS/Hakenberg Bd 2 4. Aufl. 2020 BankR II Rn. 116 ff. – KMFS/*Seeger* Rn 7.271 ff. – MüKoHGB/*Wedemann* 4. Aufl Bd 6 2019 Bankvertragsrecht (I. Dokumenteninkasso im Internationalen Handel).
b) Sonstige Beiträge: *Menkhaus* 1984. – *Nielsen* 1987. – *Senkbeil* 1992. – *Obermüller* FS Bärmann 1975, 709 (Sicherungsrechte). – *Nielsen* ZIP 1983, 535 (Andienung zu getreuen Händen). – *Obermüller* FS Nielsen 1996, 99 (Insolvenz). – *Jäckle* NJW 2013, 1393 (Inkassokosten). – *Stadler* JZ 2020, 321 (Grenzen der Inkassozession nach dem Rechtsdienstleistungsgesetz). **Muster:** *Hopt/Merkt/Joos*, Vertrags- und Formularbuch zum Hdl-, Ges- und Bankrecht 5. Aufl 2022, Form IV. M.1–5 (Inkassogeschäft).

1) Rechtliche Qualifikation

M1 Der **Inkassoauftraggeber** (Gläubiger, Verkäufer, Exporteur) beauftragt seine Bank (Inkassobank) mit dem Einzug seiner Kaufpreisforderung vom **Bezogenen** (Schuldner, Käufer, Importeur) gegen Aushändigung der Warendokumente. Das Inkasso kann auch auf Aushändigung von Dokumenten gegen Zahlung und/oder Akzeptierung oder unter anderen Bedingungen gerichtet sein. Der Inkassovertrag zwischen Gläubiger und Bank ist ein Dienstvertrag mit Geschäftsbesorgungscharakter **(§§ 675 I, 611 BGB),** vgl. BGH WM 1958, 224. Möglich sind Einziehungsermächtigung oder Inkassozession (treuhänderische Vollabtretung), → Rn. M3. Das Inkassogeschäft ist kein Bankgeschäft und auch keine Finanzdienstleistung (→ Rn. A4), die Inkassodienstleistung ist registrierungspflichtige Rechtsdienstleistung (§§ 2 II 1, 10 I 1 Nr. 1 RDG), BGH WM 2020, 1201. Das **Bankinkasso** ist in **(12) ERI näher geregelt;** diese sind in **(8)** AGB-Banken nicht mehr ohne weiteres mitvereinbart (dort → **(8)** AGB-Banken Nr. 1 Rn. 6) und regeln das **einfache Inkasso** (dh von Zahlungspapieren ohne Begleitung von HdlPapieren) und das **dokumentäre** (zu den diesbezüglichen Klauseln im Valutaverhältnis → Rn. M5), **(12)** ERI Art. 2c und Art. 2d. Im Übrigen gelten für das **Dokumenteninkasso** entsprechend die Grundsätze des Wechsel- und Scheckinkassogeschäfts (→ Rn. E/6). Wie beim **Akkreditiv** erhält der Berechtigte (Inkassoauftraggeber, Inkassobegünstigter) Zahlung von einer Bank allein gegen Vorlage von Dokumenten; insoweit kann zT auf Akkreditivrecht zurückgegriffen werden. Aber im Übrigen bestehen zum Akkreditiv erhebliche **Unter-**

schiede, so wird beim Dokumenteninkasso kein abstraktes Schuldversprechen abgegeben, und für die Inkassobank als vom Gläubiger eingeschaltete Bank gilt der Grundsatz der Dokumentenstrenge nicht. In der Praxis kommt das Dokumenteninkasso (auf Verkäuferseite) häufig gemeinsam mit einem Akkreditiv (auf Käuferseite) vor, so wenn der Verkäufer seinerseits eine Inkassobank einschaltet oder wenn die Akkreditivbank oder Bestätigungsbank den Einzug nicht akkreditivgerechter Dokumente beim Käufer versucht (oft nur als Vorbehaltszahlung oder gegen Bankgarantie), → Rn. K14, **(11)** ERA Art. 16 Rn. 7. Kreditsicherung beim Dokumenteninkasso s. BGHZ 95, 141.

Üblicherweise zieht nicht die erstbeauftragte Bank **(Einreicherbank)** ein, M2 sondern diese beauftragt die zweitbeauftragte Bank **(Inkassobank)** mit dem Einzug bei dem Bezogenen. Der Gläubiger steht dann zu der Inkassobank in keinen vertraglichen Beziehungen, OLG Hamburg MDR 1970, 335, er kann deshalb der Inkassobank auch keine Weisungen erteilen. Wie beim Überweisungsverkehr müssen Widerruf oder Änderungen des Inkassoauftrags an die Einreicherbank gerichtet und von dieser weitergeleitet werden, → Rn. M3, → **(12)** ERI Art. 4 Rn. 1; MüKoHGB/Wedemann I Rn. 25. Zwischen den beiden Banken besteht dagegen ein Vertrag nach §§ 675 I, 611 BGB. **(12)** ERI Art. 3 unterscheidet weitergehend: Einreicherbank, Inkassobank (jede mit der Durchführung des Inkassos befasste Bank mit Ausnahme der Einreicherbank) und **vorlegende Bank** (die Inkassobank, die gegenüber dem Bezogenen die Vorlegung vornimmt). **Muster:** Hopt/Merkt VertrFormB/Joos Form IV. M.2 (Inkasso-/Akzepteinholungsauftrag der Einreicherbank an die Inkassobank), Form IV. M.3 (alternative Mitteilungen der Einreicherbank an die Inkassobank).

2) Das Rechtsverhältnis zwischen den Banken und dem Gläubiger

Hat die Bank den **Inkassoauftrag** angenommen (bei Nichtannahme Pflicht M3 zur unverzüglichen Benachrichtigung, nach **(12)** ERI Art. 1c durch Telekommunikation), ist sie dem Gläubiger zur sorgfältigen Erledigung des Inkassoauftrags verpflichtet. Sie kann das als Bevollmächtigte oder im eigenen Namen tun (Einziehungsermächtigung nach § 185 BGB oder, so in aller Regel, **Treuhandübertragung** der Einzugsdokumente BGHZ 95, 154; Canaris Rn. 1092; MüKoHGB/Wedemann I Rn. 47, dementsprechend Erwerb von Sicherungsrecht durch die Bank, → **(8)** AGB-Banken Nr. 15 Rn. 1, 2), zur Abgrenzung BGH WM 2014, 66; NJW 2014, 1963. Die Einreicherbank darf eine andere Bank als Inkassobank einschalten, die dann aber eine bloße Einzugsermächtigung (§ 185 BGB, keine Vollmacht) erhält, Canaris Rn. 1096, MüKoHGB/Wedemann I Rn. 46. Sie haftet für diese idR nicht nach § 278 BGB, str., auch nicht für ein eingeschaltetes Transportunternehmen, OLG Frankfurt a. M. WM 2000, 1637, vielmehr liegt eine **zulässige Substitution** vor, hL, MüKoHGB/Wedemann I Rn. 32, **(12)** ERI Art. 11 ist deshalb wirksam, insoweit zutr. OLG Frankfurt a. M. WM 2000, 1637, das folgt aber nicht erst aus **(8)** AGB-Banken Nr. 3 II (dort → **(8)** AGB-Banken Nr. 3 Rn. 6); **(12)** ERI Art. 11 schließt die Haftung der Bank für eigenes Auswahl- und Instruktionsverschulden nicht aus, str. Die Einreicherbank hat die Weisungen des Gläubigers strikt zu befolgen, BGH WM 1980, 588 (Zahlungsauftrag); diese **formale Auftragsstrenge** steht auch scheinbar geringfügigen Abweichungen entgegen, BGH WM 1958, 225; Weisungen des Gläubigers sind nicht direkt an die Inkassobank möglich, aber von der Einreicherbank weiterzuleiten (→ Rn. M2). Die Banken müssen nur **prüfen,** ob die erhaltenen Dokumente den im Inkassoauftrag aufgelisteten Dokumenten zu entsprechen scheinen und bei Fehlen Nachricht geben, eine weitergehende Prüfungspflicht wie beim Akkreditiv haben sie nicht (s. **(12)** ERI Art. 12). Die Bank darf dem Schuldner die **Dokumente nur gegen Zahlung** aushändigen (s. **(12)** ERI Art. 17, 18); auch keine Andienung „zu getreuen Händen" (→ HGB § 346 Rn. 40, → **(12)** ERI Art. 5 Rn. 1); uU **Rückfragepflicht,** OLG Schles-

(7) BankGesch M4, M5

wig WM 2003, 22. Pflicht zur Herausgabe des Inkassoerlöses nach §§ 675, 667 BGB, **(12)** ERI Art. 16a. Der Herausgabeanspruch entsteht erst, wenn die Einreicherbank buchmäßige Deckung erlangt, vorher schuldet sie den einzuziehenden Betrag weder bedingt noch betagt, RGZ 53, 330, BGHZ 95, 155. Wie beim Akkreditivgeschäft (→ Rn. K3) hat die Einreicherbank keine allgemeine Beratungspflicht, aber uU **Warnpflichten** (→ Rn. A28), etwa wenn sie Kenntnis von der Insolvenz des Bezogenen hat und die Einziehung voraussichtlich scheitern wird, BGH WM 1960, 1322. Insolvenz der Einreicherbank, MüKoHGB/Wedemann I Rn. 54 f. Vom Scheitern des Inkasso muss sie den Gläubiger unverzüglich benachrichtigen (s. **(12)** ERI Art. 26c III, Bezahltmeldung und Meldung über Nichtzahlung). Pflichten bezüglich der Ware treffen sie idR nicht (s. **(12)** ERI Art. 10), vgl. aber für einen Sonderfall BGHZ 36, 339. Der Inkassovertrag kann jederzeit gekündigt werden (§§ 675 I, 649 S. 1 BGB; → Rn. K9), OLG Schleswig WM 2003, 20. **Muster:** Hopt/Merkt VertrFormB/Joos Form IV. M.1 (Inkassoauftrag), Form IV. M.4 (Alternative Mitteilungen der Einreicherbank an den Inkassoauftraggeber), Form IV. M.5 (Gutschriftsaufgabe).

3) Das Rechtsverhältnis zwischen den Banken und dem Schuldner

M4 Die Inkassobank bzw. die vorlegende Bank steht in keinem vertraglichen Verhältnis zum Schuldner (s. **(12)** ERI Art. 3b), das Inkasso ist insoweit nur ein tatsächlicher „Einziehungsversuch", OLG Schleswig WM 2003, 20. Zu einem Schuldanerkenntnis wie beim eröffneten oder bestätigten Akkreditiv (→ Rn. K11–15) kommt es nicht.

4) Das Rechtsverhältnis zwischen dem Gläubiger und dem Schuldner

M5 Im Valutaverhältnis zwischen Verkäufer und Käufer (entspr. für andere Verträge) ist Zahlung durch Inkasso (ohne Dokumente, clean collection) bzw. Dokumenteninkasso vereinbart (Kassaklausel), zB durch Klausel **„Kasse gegen Dokumente"**, „netto Kasse gegen Dokumente bei Ankunft des Dampfers", BGHZ 41, 221, **„D/P"** (documents against payment), **„D/A"** (documents against acceptance), → HGB § 346 Rn. 40. Der Käufer wird beim Dokumenteninkasso vorleistungspflichtig (Zahlung bzw. Wechselhingabe gegen Dokumente ohne Untersuchung der Ware, vgl. → HGB § 377 Rn. 20), BGHZ 41, 221. Aufrechnung und Zurückbehaltungsrechte sind ausgeschlossen, BGHZ 14, 62; die Grundsätze zum Akkreditiv gelten entspr., → Rn. K25.

N. Devisenhandels- und sonstiges Auslandsgeschäft

Schrifttum

a) Kommentare und Handbücher: Außer dem allgemeinen Schrifttum (s Einl vor A1) Ellenberger/Bunte Bankrechts-HdB/*T. Fischer* § 104 (Bankgarantien bei Außenhandelsgeschäften). – Ellenberger/Bunte Bankrechts-HdB/*Junker* § 105 (Exportkreditgarantien des Bundes, Hermesdeckungen). – LBS *(Langenbucher/Bliesener/Spindler)/Joos* 3. Aufl. 2020 19. Kap. Außenhandelsfinanzierung. – BuB/*Nielsen* Rn 5/1a ff. – *Blesch/Lange* 2007. – *Dortschy/Jung/Köller* 3. Aufl 2005. – *Graf von Bernstorff*, Praxishandbuch Internationale Geschäfte (LBl). – *Graf von Bernstorff*, Der Exportvertrag, 4. Aufl 2020. – *Graf von Bernstorff*, Die Exportfinanzierung (IntHK-Publikation Nr 2018 D). – KMFS/*Bauer* Rn. 7.301 ff. – *Ostendorf/Kluth*, Internationale Wirtschaftsverträge, 2013. – *Zahn/Ehrlich/Haas* 8. Aufl 2010.

b) Sonstige Beiträge: *Nielsen* 1988 (dokumentäre Import- und Exportsicherung). – *Kleiner* 1985 (internationales Devisenschuldrecht). – *Nolting* 1995 (Kompensationsgeschäfte). – *Krämer,* Finanzswaps und Swapderivate in der Bankpraxis, 1999. – *Decker* WM 1990, 1001 (Swapgeschäft). – *Wertenbruch* FS Westermann 2008, 695 (Kompensationsgeschäfte). **Muster:** Rahmenvertrag für Swap-Geschäfte WM 1990, 1047.

V. Bankgeschäfte N1, N2 **BankGesch (7)**

1) Devisenhandelsgeschäft

Der Devisenhandel ist der Handel mit ausländischen Zahlungsmitteln. Dazu **N1** gehören Sorten (ausländische Noten und Münzen), Fremdwährungsguthaben und im Ausland zahlbare Fremdwährungswechsel **und -schecks. Devisenhandel ist, wenn er im eigenen Namen und für fremde Rechnung betrieben** wird, Finanzkommissionsgeschäft (Devisen sind Finanzinstrumente, § 1 XI 1 KWG) und dann Bankgeschäft iSv § 1 I 2 Nr. 4 KWG, bei bloßem Eigenhandel für andere dagegen Finanzdienstleistung iSv § 1 Ia 2 Nr. 4 KWG. Auch der Handel mit Sorten (Sortengeschäft) ist Finanzdienstleistung (§ 1 Ia 2 Nr. 7 KWG, Text → Rn. A4). Das Sortengeschäft umfasst den Austausch von Banknoten oder Münzen, die gesetzliche Zahlungsmittel darstellen, sowie den Verkauf und Ankauf von Reiseschecks. Nicht erfasst werden Unternehmen wie Hotels, Reisebüros oder Kaufhäuser (§ 2 VI 1 Nr. 12 KWG). Rechtlich handelt es sich beim Devisenhandel idR um Kaufverträge. **Kassageschäfte** sind Verträge über Devisen, die nach zwei Tagen oder bei überseeischen Währungen binnen fünf Tagen zu erfüllen sind (Fixgeschäft iSv § 323 II Nr. 2 BGB, § 376 HGB). **Termingeschäfte** sind Verträge über Devisen, die von beiden Seiten erst zu einem späteren Zeitpunkt (als bei Tages- oder Kassageschäften) zu erfüllen sind; Hadding/Hennrichs FS Claussen, 1997, 447; vgl. auch **(8)** AGB-Banken, → **(8)** AGB-WPGeschäfte Einl. vor Nr. 1 Rn. 2. **Swapgeschäfte** sind eine Kombination aus Kassa- und Termingeschäften; zB wird ein Devisenkassakauf mit einem Devisenterminverkauf oder umgekehrt verbunden, vgl. OLG Naumburg WM 2005, 1313. Rechtlich kann ein doppelter Kauf oder ein Kauf mit Wiederverkaufsabrede (vgl. → Rn. J/5 zum Pensionsgeschäft), im Einzelfall, zB beim Finanzierungsswap, auch ein Darlehen vorliegen, Lüer WM Sonderbeil. 1/1977, 5. Der Swapsatz ist der Unterschied zwischen Kassa- und Terminkurs. Währungs- und Zinssatzswaps → Rn. G33. Switchgeschäfte, BGHZ 55, 336, und Swinggeschäfte sind heute selten. Überblick über Devisen- und Währungsrecht (AWG, AWV) s. BuB/Nielsen/Joos Rn. 5/900; Niestedt/Trennt BB 2013, 2115 (nF 2013). Zur Berücksichtigung ausländischer Devisenvorschriften Reithmann/Martiny/Thode Rn. 5.156. **Neue Finanzinstrumente** → Rn. G33. **Internationale Gerichtsbarkeit:** Internationale Zuständigkeit und Vollstreckung, vor allem EuGVVO, → HGB Einl. vor § 1 Rn. 87; internationale Anerkennung von Schiedssprüchen → HGB Einl. vor § 1 Rn. 99.

2) Sonstige Auslandsgeschäfte

Internationales Bankvertragsrecht, insbesondere Vertragsstatut, → Rn. **N2** A60. Der Sammelbegriff **Auslandsgeschäfte** umfasst sehr verschiedene Geschäfte und ist deshalb als solcher ohne rechtlichen Gehalt. Auch in der Bankrechtspraxis wird deshalb idR aufgeteilt, s. KMFS/Bauer Rn. 7.301 ff. Die wichtigsten Auslandsgeschäfte der Banken sind das Akkreditivgeschäft (→ Rn. K1), das Garantiegeschäft (→ Rn. L1) samt Ausfuhrgarantie und Ausfuhrbürgschaften (→ Rn. N3), das Dokumenteninkasso (→ Rn. M1), das Remboursgeschäft (→ Rn. G26) und das Forfaitierungsgeschäft (→ Rn. J5). Regelmäßig geht es dabei um Import- oder Exportfinanzierung und die entsprechenden Sicherheiten. Rolloverkredite und Bardepotpflicht s. BGH NJW 1979, 2097 mAnm Peltzer WM 1979, 788. Scheingeschäft (§ 117 BGB) zur Umgehung der Bardepotpflicht, BGH NJW 1980, 1572; Abgrenzung zwischen Schein- und Strohmannsdarlehen danach, ob nur der Hintermann oder der Strohmann selbst als Vertragspartei haftet, BGH NJW 1982, 569. Auswirkung von Devisensperren auf Bürgenhaftung, str., Kühn/Rotthege NJW 1983, 1233; Rüßmann WM 1983, 1126. Fehlende Genehmigung nach Außenwirtschaftsrecht (zB § 52 AWV) führt zur schwebenden Unwirksamkeit des Darlehensvertrags, BGH WM 1981, 190, vorsätzliche Mißachtung der Genehmigungspflicht zur Nichtigkeit, BGH WM 1981, 188. Lit.:

Dohm, Bankgarantien im internationalen Handel, 1985; Bankgarantie in 18 ausländischen Rechtsordnungen, MüKoHGB/Welter 3. Aufl. 2014 J 133–216.

3) Ausfuhrgewährleistungen des Bundes, Hermes-Garantien

N3 Exportkredite werden heute vielfach unter Mitwirkung der öffentlichen Hand gewährt, die den Exporteuren und Banken bei Lieferung in bestimmte Länder unberechenbare, wirtschaftliche und politische Risiken abnimmt (Ausfuhrgewährleistungen des Bundes, namentlich **Hermes-Deckungen** unter Konsortialführung der **Allianz Trade**, vor Namenänderung **Euler Hermes** SA (größter Kreditversicherer der Welt, Allianz S. E.) für den Bund, daneben Bundesgarantien für Direktinvestitionen im Ausland und für ungebundene Finanzkredite, sog. DIA- und UFK-Deckungen). Die wichtigsten **Deckungsformen** sind die Lieferantenkreditdeckung (dann meist Abtretung der gedeckten Forderung an eine Bank zur Refinanzierung), die Ausfuhr-Pauschal-Gewährleistungsdeckung (APG, Sammeldeckung eines Portfolios von Exportforderungen) und die Finanzkreditdeckung (für Kredit der Hausbank des Exporteurs an den ausländischen Besteller). Die **Richtlinien** für die Übernahme von Ausfuhrgewährleistungen 30.12.1983 BAnz. 1984 Nr. 42 (näher Frhr. v. Spiegel NJW 1984, 2005) mit späteren Änderungen sehen ein zweistufiges Verfahren vor: sie trennen eine erste, verwaltungsrechtliche Stufe mit der Übernahmeentscheidung und vertraglichen Abwicklung, geben Kriterien für die Übernahme und sehen eine grundsätzliche Stellungnahme (Zusicherung) gegenüber dem Antragsteller vor. In der zweiten, zivilrechtlichen Stufe steht der Einzelvertrag zwischen Hermes und dem Exporteur (Gewährleistungsvertrag), rechtlich ein Garantievertrag nach § 311 I BGB, Ellenberger/Bunte Bankrechts-HdB/T. Fischer § 105 Rn. 35. Dieser Vertrag enthält dann **als AGB** die **Hermes-Bedingungen** (nF seit 1.10.1986; vier Allgemeine Bedingungen: für Fabrikationsrisiko-Garantien, für Fabrikationsrisiko-Bürgschaften, für Ausfuhrgarantien, für Ausfuhrbürgschaften, Graf v. Westphalen ZIP 1986, 1497). Gewährt werden „Bürgschaft" und „Garantie" (erstere für öffentliche ausländische Besteller, letztere für private und mit einem Käufer (bonitäts-Prämien)zuschlag, mangels Akzessorietät beidesmal Garantievertrag, üL, aA Versicherungsvertrag, Selbstbehalte) für Fabrikations- und Ausfuhrrisiko, gedeckt werden wirtschaftliche ebenso wie politische Risiken. Die Fabrikationsrisikoabdeckung setzt Wirksamkeit des Ausfuhrvertrags voraus (Problem der Auswirkung ausländischer öffentlichrechtlicher Verbote). Hermes-Deckung ist vielfach Voraussetzung dafür, dass sich die Banken auf die Exportfinanzierung überhaupt einlassen können. Anrechnung von Zahlungen auf Hermesgarantie, BGH WM 1983, 151, 912. Rückforderung, BGH WM 1996, 2299. Derartige Staatsgarantien unterliegen dem europäischen Beihilferecht, Hopt/Mestmäcker WM 1996, 753 (801); Hadding WM 2005, 485. Reformdiskussion über Hermes-Voraussetzung, dass die Exporte grundsätzlich zu mehr als der Hälfte aus Deutschland stammen müssen (49 %-Regel), da viele Länder bei Großprojekten die Einbindung lokaler Zulieferer verlangen (local content). **Lit.:** Ellenberger/Bunte Bankrechts-HdB/Junker § 105; BuB/Nielsen Rn. 5/808 ff.; KMFS/Seeger/Bauer Rn. 7.301 ff.; MüKoHGB/Samhat J Rn. 25 ff.; Sellner/Külpmann RIW 2003, 410; Bischoff RIW 2009, 849; Bischoff/Klasen RIW 2012, 769; Harriehausen NJW 2014, 3407; Janus RIW 2015, 580.

6. Kap: Factoring und Finanzierungsleasing

O. Factoring

Schrifttum

a) Kommentare und Handbücher: Außer dem allgemeinen Schrifttum (s Einl vor A1) Ellenberger/Bunte Bankrechts-HdB/*Omlor* § 81. – LBS *(Langenbucher/Bliesener/Spindler)/ Omlor* 3. Aufl. 2020 18. Kap. – *Canaris* 2. Aufl 1981, Rn 1652. – EBJS/*E. Wagner* Bd. 2 4. Aufl. 2020 BankR V Rn. 1 ff. – *Hopt/Mülbert* 713 (1989). – *Krüger* 2018. – KMFS/*Freis-Janik* Rn 6.301 ff. – MüKo(HGB)/*Brink/Ferrari* 4. Aufl. Bd. 6 2019 Bankvertragsrecht (Unidroit Factoring Übk 1988) FactÜ. – RWH (Röhricht/Graf von Westphalen/Haas/*(Bearbeiter)*, HGB 5. Aufl 2019 Factoring. – Staub/*Renner* Bd 10/2, 2015 4. Teil Kreditgeschäft (zit. Bd. 10/2 Teil 4 Rn. 436 ff.). – Staudinger/*Mülbert* § 488 BGB Rn. 694 ff. – UBH *(Ulmer/Brandner/Hensen)(/H. Schmidt)*, AGB-Recht, 13. Aufl. 2022, Teil 2 (17) Factoringverträge Rn. 1 ff. – WLP *(Wolf/Lindacher/Pfeiffer)/Stoffels* AGB-Recht 7. Aufl. 2020 Factoring F 1 ff.

b) Sonstige Beiträge: *Reithmann/Martiny/Freitag* 9. Aufl. 2022 Rn. 13.68 (international). – *Basedow* ZEuP 1997, 615 (IPR). **Muster:** *Hopt/Merkt/Scharff*, Vertrags- und Formularbuch zum Hdl-, Ges-, Bank- u Kapitalmarktrecht, 5. Aufl. 2022, Form IV. O.1–2 (Factoring, Forfaitierung).

1) Rechtliche Qualifikation

Beim Factoringgeschäft überträgt der Factoringkunde (Gläubiger) seine Forderungen durch vorweggenommene Global- oder Mantelzession an den Factor unter der aufschiebenden Bedingung des jeweiligen Ankaufs der Forderung durch den Factor (§§ 398, 158 I BGB). Dieser vergütet dem Kunden sofort den Gegenwert der Forderungen abzüglich Provision (Einbehalt auf Sperrkonto), nimmt ihm die Debitorenbuchhaltung ab und zieht die Forderungen ein. Das Factoring erfolgt entweder einstufig oder zweistufig; idR liegt **Factoring-Rahmenvertrag** (→ Rn. O5) mit Einzelgeschäften vor, der als gemischttypischer Vertrag mit primär kaufrechtlichen, daneben aber auch dienstvertraglichen Elementen (§§ 433, 675 I iVm 611 und uU 488 BGB,) anzusehen und Dauerschuldverhältnis (§ 314 BGB) ist, differenzierend Staub/Renner Bd. 10/2 Teil 4 Rn. 443. Das Factoring ist, obschon meist von Banken betrieben, kein Bankgeschäft iSv § 1 I 2 KWG, wird aber meist von Banken betrieben. Unternehmen, die Factoring betreiben (laufender Ankauf von Forderungen auf der Grundlage von Rahmenverträgen mit oder ohne Rückgriff), sind Finanzdienstleistungsinstitute iSv KWG (§ 1 Ia 1, 2 Nr. 9 KWG, → Rn. A4). Eine Inkassodienstleistung nach § 2 II 1 Rechtsdienstleistungsgesetz liegt beim Factoring nicht vor, BGH NJW 2018, 2254, beim echten, weil das Factoringunternehmen eigene Angelegenheiten besorgt, beim unechten, weil die Abtretung erfüllungshalber zur Kreditsicherung und damit als Nebenleistung erfolgt. Rechtlich ist das Factoring(einzelgeschäft) weder einheitlich Kauf, so Blaurock ZHR 142 (1978), 341; 143 (1979), 71, noch einheitlich Darlehen, so Canaris Rn. 1655, vielmehr ist zu unterscheiden.

Beim **echten Factoring** (ähnlich Forfaitierungsgeschäft → Rn. J5) verkauft der Kunde der Bank laufend gegen Sofortzahlung seine idR noch nicht fälligen Forderungen aus Warenlieferungen oder Dienstleistungen. Die Zession erfolgt offen (Einzug durch die Bank im eigenen Namen) oder still (Einzug auf Konto des Kunden bei der Factoringbank). Vor Übernahme kann eine Bonitätsprüfung erfolgen. Der Factor übernimmt hier vollständig das Risiko der Zahlungsunfähigkeit des Schuldners (Delkredere). Rechtlich ist dies ein **Forderungskauf** (§§ 453, 433 BGB), BGHZ 69, 257; 76, 125; 100, 358; BGH NJW 2014, 2358 Rn. 17; 2018, 2254 Rn. 25 (mit der Folge eines Aussonderungsrechts am Vorbehaltseigentum nach § 47 InsO; anders der verlängerte Eigentumsvorbehalt,

BGH WM 2008, 811 Rn. 23). Die Zession ist Erfüllungsgeschäft des einzelnen Kaufs (§ 362 I BGB), keine Verwaltungstreuhand.

O3 Beim **unechten Factoring** vergütet die Bank die Kundenforderungen zwar ebenfalls sofort und muss Befriedigung zuerst aus den abgetretenen Forderungen suchen, das Ausfallrisiko verbleibt aber beim Kunden (Rückbelastungsrecht des Factors). Rechtlich ist das nach der Rspr. ein Kreditgeschäft (§ 488 I 1 BGB) mit Abtretung der Forderungen erfüllungshalber (§ 364 II BGB), BGHZ 58, 367; 69, 257; 71, 308; 82, 61; 100, 358; BGH NJW 2018, 2254 Rn. 33, üL, Staub/ Renner, Bd. 10/2 Teil 4 Rn. 446, Ellenberger/Bunte Bankrechts-HdB/Omlor § 80 Rn. 44; gemischtes Factoring (teils echtes, teils unechtes, Delkredere nur zu 90%), BGH NJW 2018, 2254; dazu Oechsler BKR 2019, 53 (auch → Rn. O8). Richtiger ist wie beim Diskontgeschäft (→ Rn. J1) idR **Kauf, ausnahmsweise Darlehen** mit Abtretung der Forderung erfüllungshalber anzunehmen, Staudinger/Mülbert § 488 Rn. 707; Hopt/Mülbert Rn. 726. Die praktischen Unterscheide beide Konstruktionen lassen sich in Grenzen halten.

O4 Für das Factoring ist der zwingende § 354a HGB bedeutsam, der Abtretungsverbotsklauseln einschränkt, vgl. → Rn. H2. **Bilanzierung** → HGB § 246 Rn. 19.

2) Verhältnis zwischen Bank und Kunden

O5 Der Factoringvertrag verstößt nicht gegen das RBerG, weder beim echten Factoring (reines Inkassogeschäft), BGHZ 76, 119, noch beim unechten Factoring (Kreditgeschäft mit Sicherungsabtretung), BGHZ 58, 364. Der Factoringvertrag ist (auch beim echten Factoring) ein Krediteröffnungsvertrag (→ Rn. G2–19). Möglich ist, dass sich der Rahmenvertrag nicht generell auf echtes oder unechtes Factoring festlegt, dann kann der Factor ein Wahlrecht iSv § 262 BGB haben, Canaris Rn. 1671. **Muster:** Hopt/Merkt VertrFormB/Scharff Form IV. O.1 (Factoringvertrag).

O6 Zur **ABG-Kontrolle** von Factoringverträgen unter (5) §§ 307 ff. BGB WLP/ Stoffels F Rn. 1 ff.; UBH/H. Schmidt (17) Factoringverträge Rn. 1 ff.

3) Globalzession

O7 A. **Beim echten Factoring:** Bei diesem ist die Globalzession (→ Rn. H1–5) an die Factoringbank auch gegenüber dem verlängerten Eigentumsvorbehalt der Warenkreditgläubiger wirksam, BGHZ 69, 258; Grund: Vorbehaltsverkäufer steht wie bei Bareinzug der Kaufpreisforderung durch den Vorbehaltskäufer. Eine dem Vorbehaltskäufer vom Vorbehaltsverkäufer erteilte Einzugsermächtigung deckt auch die Factoringzession der Forderungen aus dem Weiterverkauf der Vorbehaltsware, BGHZ 72, 15; 82, 288; aA Bähr DB 1981, 1759; gedeckt ist also auch die dem verlängerten Eigentumsvorbehalt nachfolgende Factoringzession, anders wenn der Factor zumutbare Schutzmaßnahmen zugunsten des Warenkreditgläubigers unterlässt, zB bei Mitwirkung an Überweisung der Factoringerlöse an Gläubigerbank des Vorbehaltskäufers, BGHZ 100, 353; OLG Frankfurt a. M. BB 1988, 232; krit. Kapp BB 1987, 1762, oder wenn das Delkredere des Factors völlig ausgehöhlt wird, OLG Koblenz WM 1988, 45. Ein Verbot des Factoring durch AGB des Vorbehaltsverkäufers ist unwirksam, OLG Frankfurt a. M. NJW 1977, 907, so idR auch für ein generelles Lieferantenabtretungsverbot, Lambsdorff BB 1982, 337, → Rn. O4. Einzugsermächtigung durch Geldkreditgeber, der durch Globalzession gesichert ist, berechtigt Darlehensnehmer nicht zur nochmaligen Abtretung im echten Factoring, BGHZ 75, 391; Grund: Substanzverlust der Sicherung durch Factorgebühren; die nochmalige Abtretung nach Globalzession ist aber gedeckt, wenn der Darlehensnehmer dafür den ungeschmälerten Gegenwert der Forderung (Abzinsung unschädlich) endgültig erhält, BGHZ 82, 283.

B. Beim unechten Factoring: Bei diesem ist anders als beim echten die **O8** Globalzession an die Factoringbank gegenüber dem verlängerten Eigentumsvorbehalt grundsätzlich unwirksam; denn entweder deckt schon die erteilte Einzugsermächtigung die Factoringzession nicht oder es gelten dieselben Grundsätze wie bei der Kollision von Geldkredit- und Warenkreditgläubigern (Vertragsbruchtheorie, → Rn. H4); BGHZ 82, 50; OLG Karlsruhe WM 1986, 1029; Serick BB 1979, 850; Serick NJW 1981, 794 u. 1715; Lambsdorff ZIP 1980, 543; Kübler ZIP 1980, 546; Kuhnt BB 1981, 334; aA Canaris NJW 1981, 249 u. 1347 (Barvorschusstheorie), weil der Rückbelastung uneinbringlicher Forderungen den Vorbehaltsverkäufer nicht wesentlich schlechter als ohne Factoring stelle und die Zulässigkeit ähnlicher Rückbelastungsrechte zB der diskontierenden Bank anerkannt ist (BGH BB 1979, 956). Die zurückzubuchenden Forderungen können jedenfalls nicht als Sicherheit für mit dem Factoringvertrag nicht zusammenhängende Gegenforderungen der Bank verwandt werden. Die zurückzubuchenden Forderungen gehen iZw kraft auflösender Bedingung an den Lieferanten zurück (§ 185 II 1 Fall 2 BGB), Canaris NJW 1981, 252. Zur Sittenwidrigkeit eins unechten Factorings gegenüber PublikumsGes → HGB Anh. § 177a Rn. 67. Das Factoring ist keine Vermögensübernahme iSv § 419 aF BGB, weder beim unechten Factoring, BGHZ 71, 306, noch beim echten. Gemischtes Factoring (teils echtes, teils unechtes, Delkredere nur zu 90 %), BGH NJW 2018, 2254; dazu Oechsler BKR 2019, 53 (auch → Rn. O8 und → § 354a Rn. 2, 3).

P. Finanzierungsleasing

Schrifttum

a) Kommentare und Handbücher: Außer dem allgemeinen Schrifttum (s Einl vor A1) Ellenberger/Bunte Bankrechts-HdB/*Omlor* § 80. – LBS *(Langenbucher/Bliesener/Spindler)/ Omlor* 3. Aufl. 2020 18. Kap. – *Canaris* 3. Aufl 1988, Rn 1710. – EBJS/*Schmalenbach* Bd. 2 4. Aufl. 2020 BankRV Rn 64 ff. – KMFS/*Freis-Janik* Rn 6.346 ff. – MüKoBGB/*Koch*, Bd 4, Finanzierungsleasing (Anh. § 515), 8. Aufl 2019. – RWH (Röhricht/Graf von Westphalen/ Haas/(Bearbeiter) HGB 5. Aufl 2019 Leasing. – Staub/*Renner* Bd 10/2, 2015 4. Teil Kreditgeschäft (zit. Bd. 10/2 Teil 4 Rn 390 ff). – Staudinger/*Stoffels* Leasing, 2018. – UBH *(Ulmer/ Brandner/Hensen)(/H. Schmidt)*, AGB-Recht, 13. Aufl. 2022, Teil 2 (29) Leasingverträge Rn. 1 ff. – WLP *(Wolf/Lindacher/Pfeiffer)/Stoffels* AGB-Recht 7. Aufl 2020 Leasingverträge L Rn. 21 ff.

b) Sonstige Beiträge: *Krüger/Ehl* 2014 (Krise, Insolvenz). – *Graf v Westphalen* 7. Aufl 2015. – *Reithmann/Martiny/Martiny* 9. Aufl 2022 Rn. 18.31. – *Gebler/Müller* ZBB 2002, 107. – *Reiner/Kaune* WM 2002, 2314. – *Schmalenbach/Sester* WM 2002, 2184 (SMG). – *Graf v Westphalen* ZIP 2006, 1653 (SMG). – *Beckmann* DStR 2007, 157. – *Habersack* WM 2008, 809 (Projektleasing). – *Omlor* NJW 2010, 2694 (Finanzierungsleasing mit Verbrauchern). – *Peters* WM 2011, 865, *Skusa* NJW 2011, 2993 (Umsetzung VerbrKrRiLi). – *Greiner* NJW 2012, 961 (Finanzierungsleasing). – *Peters* WM 2016, 630, 2021, 1874 (Verbraucherdarlehen/Leasing). **Muster:** *Hopf/Merkl/Scharff*, Vertrags- und Formularbuch zum Hdl-, Ges- und Bankrecht, 5. Aufl 2022, Form IV. P.1–5 (Finanzierungsleasing). **RsprÜbersichten:** Harriehausen NJW 2016, 1421; 2017, 1443; 2018, 1437; 2019, 1493; 2020, 1482; 2021, 3009; 2022, 1495.

1) Rechtliche Qualifikation

Beim **Leasinggeschäft** überlässt der Leasinggeber eine Sache oder Sach- **P1** gesamtheit dem Leasingnehmer gegen ein in Raten gezahltes Entgelt zur Nutzung auf Zeit (Gebrauchsüberlassung), dabei trägt der Leasingnehmer die Gefahr des Untergangs und der Beschädigung, BGHZ 158, 19; BGH WM 1998, 928; 2015, 1157 Rn. 26; er hat idR eine Kaufoption auf späteren Erwerb. Der Leasingnehmer deckt mit den Raten die Anschaffungs- und Herstellungskosten und alle Nebenkosten einschließlich der Finanzierungskosten des Leasinggebers, BGH

(7) BankGesch P2, P3

WM 2015, 1157 Rn. 26. Beim **Hersteller- oder Händlerleasing** zwischen Leasinggeber und Leasingnehmer ohne Dreiecksverhältnis handelt es sich um einen **Mietvertrag** mit fester Mietzeit, Deckung von Anschaffungs- bzw. Herstellungskosten und Gewinn durch die über die Laufzeit verteilten Raten und Gefahrtragung und Sachunterhaltung durch den Leasingnehmer, BGH NJW 2003, 505; s. dazu Komm. zu §§ 535 ff. BGB. Das **Operating-Leasing** zielt auf Amortisation durch mehrfaches Überlassen des Leasinggegenstands an verschiedene Leasingnehmer ab, BGHZ 97, 75; 111, 84; BGH NJW 1998, 1639; NJW 2003, 507; das ist ebenfalls Miete iSv § 535 BGB, hL. Einen Übergang zum Finanzierungsleasing stellt das **sale-and-lease back** dar, bei dem der Eigentümer (Leasingnehmer) einen Gegenstand zunächst veräußert und dann vom Erwerber zurückleast, BGHZ 109, 250, MüKoBGB/Koch Rn. 13. Das bringt Liquidität, senkt Kapitalzinsen und hat uU Bilanzvorteile (→ HGB § 246 Rn. 23). Beim **Nullzins-Leasing** wird kein besonderer Leasingzins erhoben, vielmehr einmaliger Sonderbetrag, Ratenzahlung und Erwerbsoption für den Käufer, für Finanzierungsleasingvertrag Staudinger/Stoffels Rn. 34, str. Abgrenzung zum **Mietkauf,** der auf den Kauf der Sache durch den Mieter gerichtet ist, Staudinger/Stoffels Rn. 39 ff. Zu den verschiedenen Erscheinungsformen des Leasing MüKoBGB/Koch Rn. 4 ff. Klauselkontrolle bei **Aktienleasing** mit Verbrauchern, EuGH WM 2021, 273.

P2 Beim **Finanzierungsleasing** (seit etwa 1970) erwirbt der Leasinggeber vom Hersteller/Lieferanten das Eigentum an dem Leasingobjekt und least dieses zum Gebrauch gegen Zahlung der Leasingraten weiter an den Leasingnehmer. Hauptmerkmal des Finanzierungsleasings ist außer der zeitweiligen Gebrauchsüberlassung, dass es auf den Rückfluss des eingesetzten Kapitals **(Amortisation der aufgewendeten Kosten)** zuzüglich der Gewinnmarge angelegt ist, BGHZ 111, 242, zu Amortisation und Andienung, OLG Düsseldorf BB 2011, 2319 m. abl. Anm. Graf von Westphalen. Das **Vollamortisationsleasing** ist heute eher selten geworden, üblich ist das **Teilamortisationsleasing,** bei dem der Leasinggeber sich entweder innerhalb des Konzerns oder mittels einer Forfaitierung (→ Rn. J5) refinanziert; dabei übernimmt der Leasinggeber das Veritätsrisikos, der Forfaiteur das Bonitätsrisiko (→ Rn. J5a); **Muster:** Hopt/Merkt VertrFormB/Scharff, 5. Aufl. 2022, Form IV.P1 (Vollamortisations-Leasingvertrag), Form IV. P.2 (Teilamortisations-Leasingvertrag mit Andienungsrecht). Daneben kommt auch Refinanzierung durch Darlehen einer Bank vor, jeweils gegen Sicherungsübereignung des Leasingguts. Zusätzlich zur Gebrauchsüberlassung übernimmt der Leasinggeber zunehmend weitere Dienstleistungen, etwa beim Immobilien- und beim Kfz-Leasing. Das Finanzierungsleasing ist danach typischerweise ein **Dreiecksverhältnis zwischen Hersteller/Lieferant, Leasinggeber und** dem zumeist vom Lieferanten angeworbenen **Leasingnehmer,** wobei rechtlich selbständige Vertragsverhältnisse vorliegen, die allerdings aufeinander Bezug nehmen (→ Rn. P25 ff.): also Liefervertrag zwischen Lieferant und Leasinggeber und Finanzierungsleasingvertrag zwischen Leasinggeber und Leasingnehmer (Trennungstheorie), hL, die Vertragsverbundstheorien haben sich zu Recht nicht durchgesetzt, Staub/Renner Bd. 10/2 Teil 4 Rn. 406. Der Leasinggeber ist wirtschaftlich auf die bloße Finanzierung der Gebrauchsnutzung durch den Leasingnehmer beschränkt und wälzt die Sach- und Preisgefahr auf diesen ab, BGHZ 71, 198.

P3 Das Finanzierungsleasing ist, obschon meist von Banken betrieben, **kein Bankgeschäft** iSv § 1 I 2 KWG, **aber** eine **Finanzdienstleistung** iSv § 1 Ia 2 Nr. 10 KWG, → Rn. A4. Unternehmen, die Finanzierungsleasing betreiben (Abschluss von Finanzierungsleasingverträgen als Leasinggeber und die Verwaltung von Objektgesellschaften iSd § 2 VI 1 Nr. 17 KWG), sind Finanzdienstleistungsinstitute (§ 1 Ia 1, 2 Nr. 10 KWG, Text → Rn. A4). Die komplexen steuer-, bilanz- und aufsichtsrechtlichen Vorgaben sind vielfach auch privatrecht-

V. Bankgeschäfte   P4–P7 **BankGesch (7)**

lich determinierend, so insbesondere die steuerlichen **Leasingerlasse,** Hopt/ Merkt VertrFormB/Scharff, 5. Aufl. 2022, Form IV.P1–5 (Finanzierungsleasing); Staudinger/Stoffels Anhänge; MüKoBGB/Koch Rn. 16 ff., 20 ff. Zur **Bilanzierung** → HGB § 246 Rn. 23.

Nach der **Rechtsprechung** handelt es sich beim Finanzierungsleasingvertrag **P4** um einen **atypischen Mietvertrag,** BGHZ 68, 123; 71, 189; 96, 106; 109, 370; 112, 71; WM 2006, 495; NJW 2009, 577, mit der Folge, dass in erster Linie Mietrecht anzuwenden ist, wenngleich die Finanzierungsfunktion und der Amortisationszweck des Vertrags dem Leasingvertrag ein **Eigengepräge** verleihen und **Besonderheiten** notwendig macht, BGHZ 112, 65/71 = NJW 1990, 3016, sehr str. Die vereinbarten Leasingraten sind Entgelt für die Verbrauchsüberlassung und die Finanzierungsleistung und deshalb betagte Forderungen (nur aufgeschobene Fälligkeit), BGHZ 111, 94; 118, 290; BGH ZIP 2013, 1082 Rn. 29. Auch das KfzLeasing mit km-Abrechnung ist Finanzierungsleasing, BGH NJW 1998, 1637. Demgegenüber liegt unstreitig ein Mietvertrag vor beim Operating-Leasing (Leasing mit mehreren Leasingnehmern hintereinander) BGHZ 111, 95. Die Einräumung einer Kaufoption ändert daran idR nichts, BGHZ 71, 194; der Lieferant ist Erfüllungsgehilfe des Leasinggebers (§ 278 BGB → Rn. P13, anders beim Eintrittsmodell, → Rn. P11) bis zur Übergabe durch ihn an den Leasingnehmer, BGH NJW 1988, 198, aber nicht bezüglich der vom Leasingnehmer abzugebenden Übernahmebestätigung (zu dieser → Rn. P14), insoweit auch keine Wissenszurechnung nach § 166 BGB, BGH NJW 2005, 365.

Im **Schrifttum** ist die Einordnung hoch kontrovers, ausführlich Staudinger/ **P5** Stoffels, Rn. 70 ff. Die jedenfalls üL folgt der Rechtsprechung in ihrem mietrechtlichen Ansatz. Nach manchen liegt ein gemischter (Geld-)Darlehens- und Kommissionsvertrag vor, bei dem der Leasinggeber Vereinbarungsdarlehensgeber (§§ 607 II aF, 488 I nF BGB) und bezüglich des Eigentums Treuhänder des Leasingnehmers (Darlehensnehmer, Treugeber) sein soll, Canaris Rn. 1719; ZIP 1993, 401, nach aA Kauf oder Geschäftsbesorgung (§ 675 I BGB). Nach vordringender, zutreffender Ansicht handelt es sich beim Finanzierungsleasing um einen **Vertrag sui generis,** nämlich selbstgeschaffenes Recht der Wirtschaft, bei dem es sich um eine finanzierte Gebrauchsüberlassung handelt, MüKoBGB/Koch Rn. 35; Ellenberger/Bunte Bankrechts-HdB/Omlor § 80 Rn. 27, 31 ff.; Staub/ Renner Bd. 10/2 Teil 4 Rn. 401; Staudinger/Stoffels, Rn. 76; u. a., mit teils mehr miet-, teils mehr geschäftsbesorgungs- und darlehensrechtlichen Antworten. Rückkauf in Leasingverhältnissen wie Kauf § 456 BGB, aber eingeschränkt), BGHZ 110, 191; BGH WM 2003, 1093; 2014, 1871 Rn. 12. Für die Lösung der einzelnen Rechtsprobleme ist diese **rechtliche Einordnung** wegen der atypischen Ausgestaltung **nur von begrenztem Wert,** BGH NJW 1988, 200, entscheidend ist die jeweils wertende Zuordnung, zB Staudinger/Stoffels, Rn. 78. **Immobilienleasing** als besondere Form des Finanzierungsleasings, BGH WM 2015, 1157; MüKoBGB/Koch Rn 22 ff; **Muster:** Hopt/Merkt VertrFormB/Scharff, 5. Aufl. 2022, Form IV.P1 (Vollamortisations-Leasingvertrag), Form IV. P.4 (Immobilien-Leasingvertrag).

2) Verhältnis zwischen Leasinggeber und Leasingnehmer

A. **Vertragsinhalt und AGB-Kontrolle:** Rahmenvertrag ist möglich und **P6** üblich, BGH WM 1986, 1024; 1987, 108; NJW 2014, 2269; vgl. → Rn. A6. Rahmenvertrag (→ Einl. vor § 343 Rn. 3) mit Abwicklungsrichtlinien zwischen Leasinggesellschaft und Vertragshändler, insoweit keine AGB-Kontrolle, da Hauptleistungsabrede, BGH NJW 2014, 2269. Konkludente Vertragsübernahme, OLG Düsseldorf BB 2011, 2319.

Der Finanzierungsleasingvertrag hat anders als typische andere Verträge **kein P7 festes Leitbild,** ist von der Praxis entwickelt worden und idR durch **AGB** geregelt. Diese unterliegen der **Inhaltskontrolle** nach **(5)** §§ 307 ff. BGB, zB

(7) BankGesch P8–P12

BGHZ 114, 57/66; BGH NJW 2001, 2165; UBH/H. Schmidt (29) Leasingverträge Rn. 1 ff. Bei der Kontrolle geht die Rechtsprechung von **(5)** § 307 II Nr. 1 BGB aus, beachtet aber, dass es sich nur um einen atypischen Mietvertrag handelt, BGHZ 112, 71 (Untervermietungsverbot). Die Lehre vom Vertrag sui generis (→ Rn. P5) stützt die Inhaltskontrolle dagegen auf § 307 II Nr. 2 BGB, mwN MüKoBGB/Koch Rn. 35, oft mit gleichen Ergebnissen. Anders als nach der mietrechtlichen Inhaltskontrolle sind danach erhebliche Abweichungen und Freizeichnungen zulässig, etwa zur Erhaltungspflicht nach § 535 I 2 BGB, zur Gefahrtragung (→ Rn. P15), zur Gewährleistung (→ Rn. P16) und zur Vertragsbeendigung und ihren Folgen (→ Rn. P18 ff.).

P8 Die **grundsätzliche Äquivalenz** der Rechte und Pflichten der Vertragspartner muss aber gewahrt bleiben, so für die **Hauptpflicht der Gebrauchsgewährung**, von der sich der Leasinggeber nicht gegenleistungsfrei freizeichnen kann, BGHZ 96, 103/109. Der Leasinggeber trägt auch das Insolvenzrisiko des Lieferanten, auch im unternehmerischen Verkehr, BGHZ 178, 227 Rn. 34, → Rn. P16.

Muster: Hopt/Merkt VertrFormB/Scharff Form IV. P.1 (Vollamortisations-Leasingvertrag), Form IV. P.2 (Teilamortisations-Leasingvertrag mit Andienungsrecht), Form IV. P.3, 4 (Auto-, Immobilien-Leasingvertrag), Form IV. P.5 (Ankaufsrecht).

P9 **Im Folgenden** wird vor allem **ausgewählte Rechtsprechung** berücksichtigt. Da diese grundsätzlich von einem mietvertragsähnlichen Ansatz ausgeht, werden auch mietvertragliche Leasing-Urteile nachgewiesen, die nicht speziell zum Finanzierungsleasing ergangen sind. Für alle Einzelheiten ist auf die Kommentare zum BGB-Mietrecht zu verweisen.

P10 B. **Vertragsschluss: a) Abschlussvarianten des Leasingvertrags im Dreiecksverhältnis:** Das leasingtypische Dreiecksverhältnis (→ Rn. P2) prägt bereits den Vertragsabschluss. Üblicherweise wird der **Leasingvertrag** zwischen Leasinggeber und Leasingnehmer **vor dem Kaufvertrag** zwischen Leasinggeber und Lieferant **oder zeitgleich abgeschlossen**. Die Auswahl des Kaufobjekts liegt auf jeden Fall beim Leasingnehmer, der Leasinggeber sorgt für den inhaltlichen Gleichlauf der beiden Verträge. Wenn der Leasinggeber wie häufig mit dem Lieferanten zusammenarbeitet, händigt er die Leasingvertragsformulare dem Lieferanten aus, die der Kunden ausfüllt. Der Lieferant ist aber auch dann nicht ohne weiteres Vertreter des Leasinggebers (§ 164 BGB), auch nicht kraft Duldungs- oder Anscheinsvollmacht, BGHZ 95, 170/174; BGH NJW 1988, 206; str, Staudinger/Stoffels Rn. 99.

P11 Daneben kommt auch das **Eintrittsmodell** vor. Bei diesem schließt der Käufer den Vertrag direkt mit dem Lieferanten ab (ggf. Verbrauchsgüterkauf nach §§ 474 ff. BGB), der Leasinggeber tritt dann in diesen Vertrag im Weg der Vertragsübernahme ein. Das Zustandekommen der Vertragsübernahme, die das Einverständnis aller drei Beteiligten voraussetzt, kann als auflösende Bedingung nach § 158 II BGB vereinbart werden, BGH NJW-RR 1990, 1010, Staudinger/Stoffels Rn. 105. Da der Leasinggeber dabei erst später dazukommt, haftet der Leasinggeber nicht ohne weiteres nach § 278 BGB (→ Rn. P13) für Aufklärungspflichtverletzungen des Lieferanten, BGH NJW 2011, 2878, aber MüKoBGB/Koch Rn. 55.

P12 b) **Zustandekommen des Leasingvertrags:** Der Vertrag ist grundsätzlich **formfrei**; anders zB beim Immobilienleasing (→ Rn. P5). Auf die **Sittenwidrigkeit** von Finanzierungsleasingverträgen über bewegliche Sachen sind, obschon nach der Rechtsprechung atypischer Mietvertrag (→ Rn. P3), die Grundsätze zum sittenwidrigen Darlehen bei finanzieller Überforderung (→ Rn. G10, 10a–c) übertragbar, BGHZ 128, 263; MüKoBGB/Koch Rn. 48 f. Eine **Preisanpassungsklausel** verstößt nicht gegen **(5)** § 309 Nr. 1 BGB (Dauerschuldverhältnis);

wenn aber einseitig oder unangemessen, dann Verstoß gegen (5) § 307 BGB, OLG Frankfurt a. M. NJW 1986, 1355, strenger üL, MüKoBGB/Koch Rn. 50. **Bearbeitungsentgelte** sind in AGB nach (5) AGB § 307 unzulässig, BGH NJW 2014, 2420 Rn. 44 ff.; BGH NJW 2014, 3713, wohl auch im unternehmerischen Verkehr, MüKoBGB/Koch Rn. 51. **Anfechtung** wegen arglistiger Täuschung durch den Lieferanten → Rn. P26; vgl. auch → Rn. P13. **VW-Abgasskandal und Dieselprobleme,** Harriehausen NJW 2018, 1437, NJW 2020, 1482, 2021, 3009; auch → Rn. P13.

c) **Aufklärungs- und Beratungspflichten des Leasinggebers/Bank:** Es P13 gilt dasselbe wie beim Finanzierungsdarlehen (→ Rn. G46–47), vgl. auch Staudinger/Stoffels Rn. 165. Die Bank braucht nicht ungefragt über Inhalt und Folgen des Leasing aufzuklären, BGH NJW 1987, 2084; sie haftet aber für den mit ihrem Wissen und Willen tätigen Lieferanten nach **§ 278 BGB**, str., zB für unterlassene Hinweise des Lieferanten, auch gegenüber Kfm, BGHZ 95, 170; BGH NJW 2011, 2877 Rn. 19; aber nicht bei Verstoß nur „bei Gelegenheit" (angebliche Kostenneutralität des Leasinggeschäfts bei Kopplungsgeschäft), BGH NJW-RR 2014, 622 Rn. 18, und idR nur bis zum Abschluss des Leasingvertrags, BGH BB 1989, 1500. § 278 BGB aber str. beim Eintrittsmodell (→ Rn. P11). Gegen § 278 BGB bei Übernahmebestätigung (→ Rn. P14). Zurechnungsfragen, BGH WM 2011, 1760 (iErg abl.), 1764.

C. Vertragsdurchführung, Gefahrtragung, Mängelhaftung. Vertrags- P14 **durchführung, insbesondere Übernahmebestätigung des Leasingnehmers:** Der Lieferant leistet typischerweise vor, der Leasinggeber verlangt den Nachweis der Lieferung und Abnahme des Leasingguts. Dann werden die Leasingraten fällig. Die Übernahmebestätigung ist kein Schuldanerkenntnis (§ 781 BGB), sondern Quittung nach § 368 BGB, mit ihr wird die Erfüllung der Gebrauchsüberlassungspflicht des Leasinggebers bescheinigt mit Auswirkung auf die Beweislage (§ 363 BGB), BGH NJW 1988, 204. Mängelansprüche werden dadurch aber nicht ausgeschlossen, AGB über Ausschluss ist auch im unternehmerischen Verkehr nach § 307 Abs. 2 unwirksam, BGH NJW 1988, 206. Schuldhaft unrichtige Übernahmebestätigung macht den Leasingnehmer nach § 280 I BGB schadensersatzpflichtig, BGH NJW 2005, 366 in Abgrenzung von BGH NJW 1988, 204. Der Lieferant, der im Auftrag des Leasinggebers an den Leasingnehmer ausliefert, ist bezüglich der Übernahmebestätigung nicht Erfüllungsgehilfe des Leasinggebers nach § 278 BGB (aber auch → Rn. P13) und auch nicht Wissensvertreter, BGB NJW 2005, 365 (Abgrenzung von BGH NJW 1988, 1331).

Die **Sach- und Gegenleistungsgefahr** (letzteres str.) kann der Leasinggeber P15 **wirksam auf den Leasingnehmer abwälzen,** BGHZ 93, 394; BGH NJW 1988, 200; NJW 2004, 1042 f; UBH/H. Schmidt (29) Leasingverträge Rn. 16, Grund: wie Kauf, Leasingnehmer mag sich versichern; anders, wenn die Leasingsache bei Nachbesserung beim Lieferanten untergeht, BGHZ 94, 44. Jedenfalls beim KfzLeasing ist dann aber kurzfristiges Kündigungsrecht einzuräumen (gegen Ausgleichszahlung), BGH NJW 1987, 377; BGH WM 1998, 1452; 1998, 2148; auf für andere Leasingobjekte MüKoBGB/Koch Rn. 96. Übergang der Sach- und Gegenleistungsgefahr beim Softwareleasing mit Bereitstellung der Software (Hauptleistungspflicht), danach auch keine Haftung mehr für den Lieferanten nach § 278 BGB, OLG Koblenz WM 2019, 1898. AGB über **Versicherungspflicht** des Leasingnehmers im eigenen Namen, aber zugunsten des Leasinggebers (Fremdversicherung, § 43 VVG) ist bei üblichem Versicherungsrahmen wirksam, vgl. BGH WM 2004, 1179; idR zusätzlich Abtretung, BGHZ 116, 278. Zweckbindung der Versicherungsleistung BGHZ 93, 391; 116, 284 (KfzLeasing); dann Stundungseinrede des Leasingnehmers, aber nur insoweit,

BGHZ 116, 284. Zur Gefahrtragung MüKoBGB/Koch Rn. 94 ff.; Staudinger/Stoffels Rn. 200 ff.

P16 Üblich ist der **Ausschluss eigener Mängelhaftung** des Leasinggebers **und** (unbedingte) **Abtretung der Mängelrechte** gegen den Lieferanten auf den Leasingnehmer (§ 413 BGB, Staub/Renner Bd. 10/2 Teil 4 Rn. 419); zu dieser Abtretungskonstruktion und zu der alternativen Ermächtigungskonstruktion MüKoBGB/Koch Rn. 106 ff. Das verstößt weder gegen **(5)** § 307 BGB, BGHZ 68, 124; 81, 302; 94, 47 (auch gegenüber NichtKfltn); BGH NJW 1984, 2688 (anders bei Übertragung nur gegen Zahlung aller Raten); BGH NJW 1988, 2467, noch gegen **(5)** § 309 Nr. 8b aa BGB, Canaris Rn. 1765, aA üL, UBH/H. Schmidt (29) Leasingverträge Rn. 15 (§ 278 iVm §§ 281, 283, 323 BGB, **(5)** BGB §§ 309 Nr. 7b, 8a, 307); anders bei Ausschluss der Mängelhaftung im Vertrag zwischen Leasinggeber und Lieferanten, BGH NJW 2006, 1066 Rn. 17. Doch liegt in der Abtretung die Erklärung des Leasinggebers, die Rechtsfolgen der Mängelhaftung als auch für sich verbindlich hinzunehmen, BGHZ 81, 305; 114, 57 (auch → Rn. P21); anders bei Kollusion zwischen Leasingnehmer und Lieferant, BGHZ 114, 64. Der Leasinggeber kann **aber** das **Risiko der Insolvenz des Lieferanten** bei wirksamem Rücktritt vom Kaufvertrag **nicht** durch AGB auf den Leasingnehmer **abwälzen** (Äquivalenzprinzip, → Rn. P8), BGHZ 114, 57, auch nicht im kfm. Verkehr, BGH NJW 1991, 1746, und auch nicht durch Ausbedingung eines eigenen Rücktrittsrechts, BGH NJW 2009, 575; auch BGH NJW 2009, 3295 bei wirtschaftlicher Einheit der Verträge (→ Rn. P25); zust MüKoBGB/koch Rn 38, aA Staudinger/Stoffels Rn. 256. Der Leasinggeber hat ohne entsprechende Vertragsklausel vor Kündigung kein Recht zur vorläufigen Sicherstellung der Sache wegen Zahlungsverzugs; nimmt er sie trotzdem an sich, verliert er solange den Anspruch auf die Leasingraten, BGHZ 82, 125; 144, 379. Zu Leistungsstörungen und Gewährleistung MüKoBGB/Koch Rn. 106 ff.; Staudinger/Stoffels Rn. 188 ff., 213 ff.

P17 **Rüge nach § 377 HGB,** Einzelheiten sehr str., → HGB § 377 Rn. 2, 34, 59; differenzierend MüKoBGB/Koch Rn 86 f; gegen die Rechtsprechung Staudinger/Stoffels Rn. 176 ff. Wenn die Mängelrechte gegen den Lieferanten auf den Leasingnehmer wirksam übertragen sind, muss dieser rügen, aber keine Abwälzung der Rüge auf nichtkfm Leasingnehmer durch AGB, MüKoBGB/Koch Rn. 86, aber auch BGH NJW 1990, 1290 (→ HGB § 377 Rn. 59). Geltendmachung durch den Leasinggeber, OLG Hamm WM 2013, 1098, Geltendmachung der kaufrechtlichen Gewährleistungsansprüche auf Leistung an den Leasinggeber mittels gewillkürter Prozessstandschaft im eigenen Namen durch den Leasingnehmer, BGH NJW 2014, 1970 Rn. 12, bei Abtretung nur auf Leistung an den Leasingnehmer.

P18 D. **Vertragsbeendigung:** Bei Vertragsbeendigung hat der Leasingnehmer das **Leasingobjekt zurückzugeben** (§ 546 I BGB, bei Rücktritt § 346 BGB), BGH NJW 2017, 1301, dort auch zum Leistungsort. Bei verspäteter Rückgabe Fortentrichtung der Leasingraten nach § 546a I BGB, BGH NJW 2007, 1594 Rn. 9, zust MüKoBGB/Koch Rb, 131, nach aA nur Nutzungswert nach § 812 BGB, Staudinger/Stoffels Rn. 286 f. Restwertgarantie bei KfzLeasing ist leasingtypische Preisabrede, BGH NJW 2014, 2940 mAnm. Greiner/Strippelmann, aber für unrealistisch hohen Restwert str. (entweder Hauptleistung, dann bloße Transparenzanforderung oder Angemessenheitskontrolle nach § 307 I BGB), MüKoBGB/Koch Rn. 142. Unwirksame Rückgabeklausel, BGH NJW 2017, 1301 mAnm. Martens. Der Leasingeber muss sich Versicherungsleistungen anrechnen lassen, BGH NJW 2021, 552. Neuwertspitze der Versicherungsleistung an den Leasingnehmen (KfzLeasing), BGH WM 2022, 91, 2022, 297, 488. Bei **vorzeitiger ordentlicher Kündigung** hat der Leasingnehmer eine **Abschlusszahlung** (Kostenersatz samt anteiligem Gewinn) zu erbringen (dazu **(5)** § 308 Nr. 7a

BGB), BGH NJW 2014, 2940 (Restwertgarantie). Diese umfasst auch die Vorfälligkeitsentschädigung des Leasinggebers an die Refinanzierungsbank, BGHZ 111, 237. Klausel über mehr als den anteiligen Gewinn ist unwirksam, BGH WM 1990, 2043. Mindestnutzungsentschädigung bei verspäteter Rückgabe (§ 546a BGB) auch beim Finanzierungsleasing, BGHZ 107, 123. Zur konkreten Berechnung der Abschlusszahlung MüKoBGB/Koch Rn. 137 ff.; zu einem Andienungsrecht des Leasinggebers und einem Optionsrecht des Leasingnehmers MüKoBGB/Koch Rn. 132.

Bei **fristloser Kündigung des Leasinggebers wegen Zahlungsverzugs** **P19** des Leasingnehmers (§ 543 II 1 Nr. 3 BGB) hat der Leasinggeber einen Schadensersatzanspruch (entgangener Mietzins, aber Vorteilsausgleichung), BGHZ 94, 194 (215); 95, 39; BGH NJW 1995, 954; 2004, 2823; davon abweichende AGBKlausel nach gegen (5) § 307 BGB verstoßen, zB Verfallklausel, BGHZ 82, 129, bei genereller Abzinsung von 6%, BGH WM 1986, 480. Berücksichtigung von Refinanzierungskosten beim Kündigungsschaden des Leasinggebers, BGH NJW 2020, 459. Der Leasinggeber ist nach fristloser Kündigung zur bestmöglichen Verwertung der Leasingsache verpflichtet, BGH NJW 1991, 221. Zu Abschlusszahlungsklauseln UBH/H. Schmidt (29) Leasingverträge Rn. 18 ff.

Bei Beeinträchtigung der Gebrauchsüberlassung kommt eine **außerordentli-** **P20** **che Kündigung des Leasingnehmers** in Betracht, entweder beim mietvertragsrechtlichen Ansatz nach § 543 II Nr. 1 BGB oder allgemeiner nach § 314 BGB, MüKoBGB/Koch Rn. 143. Bei Rücktritt des Leasingnehmers wegen Sachmängeln (§ 437 Nr. 2 BGB, nicht schon bei Nacherfüllungsverlangen nach § 437 Nr. 1 BGB, hL) verliert der Leasinggeber nach der **Rechtsprechung,** die hier eine **Störung der Geschäftsgrundlage** (§ 313 BGB) sieht, seinen **Anspruch auf Leasingraten,** und zwar grundsätzlich ex tunc, stRspr, BGH NJW 2016, 397 Rn. 28; auch soweit Leasingsache noch zeitweilig oder teilweise genutzt werden konnte, BGH NJW 1985, 796, auch nach SMG ex tunc (§§ 313 III 1, 346 ff. BGB bzw. §§ 326 I, IV, 346 ff. BGB); Anspruch auf Ausgleich des noch nicht amortisierten Gesamtaufwands, BGH NJW 2004, 1041, Berechnungswahlrecht, BGH NJW 2007, 290.

Im **Schrifttum** wird stattdessen eine kündigungsrechtliche Lösung vorgeschla- **P21** gen, Staudinger/Stoffels Rn. 249 ff., **außerordentliches Kündigungsrecht ex nunc** (§ 313 III 2 BGB), Staub/Renner Bd. 10/2 Teil 4 Rn. 425. Der Leasingnehmer kann (außerhalb von § 500 iVm § 359 BGB) die Zahlung der Leasingraten aber auch nach der Rechtsprechung **erst** dann (vorläufig) verweigern, **wenn** er gegen den Lieferanten **Klage auf Rückzahlung des Kaufpreises** (an den Leasinggeber) erhoben hat, vgl. BGHZ 97, 135 (noch zur Wandelung), ebenso zum Rücktritt BGH NJW 2010, 2798; NJW 2014, 1583; NJW 2016, 397 Rn 20; MüKoBGB/Koch Rn 120; RWH/Graf von Westphalen Leasing Rn. 100; hL. Der Leasinggeber muss dann aber den Ausgang des Rechtsstreits gegen sich gelten lassen, BGH NJW 1990, 314; NJW 1993, 123; NJW 1994, 577; NJW 2016, 397 Rn. 28 (auch → Rn. P16); dies auch bei außergerichtlicher Einigung (ohne Kollusion). Bei Insolvenz des Lieferanten notfalls Klage auf Feststellung zur Insolvenztabelle, BGH NJW 2014, 1583; ausnahmsweise anders, wenn nicht möglich oder nicht zumutbar, BGH NJW 2014, 1583 Rn. 18. Bei Erfolg der Klage muss der Leasinggeber den Leasingnehmer die Leasingraten herausgeben, ohne Abzug des an den Lieferanten gezahlten Kaufpreises und diesbezüglicher Vertragskosten, BGHZ 109, 139, jedoch Einbeziehung der vom Leasingnehmer gezogenen Nutzungen.

Einzelnachweise zur AGBKontrolle von Leasingverträgen unter **(5)** **P22** §§ 307 ff. BGB MüKoBGB/Koch Rn. 37 ff.; Staudinger/Stoffels Rn. 109 ff.; UBH/H. Schmidt (29) Leasingverträge Rn. 1 ff.; sowie die RsprÜbersichten vor P1.

(7) BankGesch P23–P26

P23 **E. Finanzierungsleasing als entgeltliche Finanzierungshilfe: a) Verbraucherdarlehen:** Finanzierungsleasing kommt etwa im Automobilleasing nicht nur wie meist unter Unternehmern, sondern auch mit Verbrauchern vor. Nach § 506 II BGB werden **Finanzierungsleasingverträge** nicht mehr namentlich benannt, vielmehr gelten **als entgeltliche Finanzierungshilfen** (in Abgrenzung von bloßen Gebrauchsüberlassungsverträgen wie Mietverträgen) drei Arten des Leasings: 1. der Verbraucher ist zum Erwerb des Gegenstands verpflichtet, 2. der Unternehmer kann vom Verbraucher den Erwerb des Gegenstands verlangen oder 3. der Verbraucher hat bei Vertragsbeendigung für einen bestimmten Wert des Gegenstands einzustehen. § 506 II Nr. 2 BGB erfasst das Andienungsrecht des klassischen Finanzierungsleasingvertrags; Nr. 3 erfasst Verträge mit Restwertgarantie mit Besonderheiten in § 506 II 2 BGB. § 506 I BGB gilt analog für Schuldbeitritt, Bürgschaft und Garantie für Finanzierungsleasing, wenn der Sicherungsgeber Verbraucher ist, Omlor NJW 2010, 2698, str. Kilometerleasingverträge fallen nicht unter § 506 II BGB, BGH NJW 2021, 1942 mAnm. Koch. Einzelheiten MüKoBGB/Koch Rn. 66 ff.; Komm. zu § 506 BGB. Das Recht des Verbrauchsgüterkaufs (§§ 474 ff. BGB) ist auf den Leasing- und Liefervertrag jedenfalls nicht unmittelbar anwendbar (aber beim Eintrittsmodell, → Rn. P11), im Übrigen sehr str., näher MüKoBGB/Koch Rn. 74 ff.

P24 **b) Finanzierungsdarlehen:** § 506 BGB gilt nur für Finanzierungshilfen zwischen einem Unternehmer und einem Verbraucher. Für das Finanzierungsleasing an andere Leasingnehmer als Verbraucher (§ 13 BGB), also an **Kaufleute, Kapitalgesellschaften, Gewerbetreibende ohne KfmEigenschaft** und **Freiberufler**, soweit diese Tätigkeiten bereits ausgeübt werden, also nicht Existenzgründungsdarlehen (§§ 13, 507 BGB, → Rn. G37), kann es deshalb nach wie vor bei den allgemeinen Grundsätzen über das Finanzierungsdarlehen wie folgt verbleiben, vgl. aber MüKoBGB/Koch Rn. 65.

P25 **c) Wirtschaftliche Einheit:** Die Anwendbarkeit der §§ 358, 359 BGB auf das Finanzierungsleasing ist umstritten. Die Rspr. hat sich jedenfalls beim Eintrittsmodell, bei dem ein Verbraucher zunächst einen Kaufvertrag über die spätere Leasingsache und zur Finanzierung einen Leasingvertrag abschließt (→ Rn. P11), gegen die unmittelbare und auch nur entsprechende Anwendung der §§ 358, 359 aF BGB entschieden, BGH NJW 2014, 1519 mAnm. Harriehausen (für § 360 BGB, zusammenhängende Verträge); der Verbraucher arbeitet stattdessen mit dem Wegfall der Geschäftsgrundlage nach § 313 I BGB (→ Rn. P20). Nach § 506 II 1 BGB sind Finanzierungsleasingverträge aber anders als einfache Gebrauchsüberlassungsverträge (Mietverträge) sonstige entgeltliche Finanzierungshilfen (§ 506 II 1 BGB, auf die §§ 358–360 BGB nach § 506 I 1 BGB entsprechend anwendbar). Das gilt, obschon hier nicht zwei verbundene Verträge vorliegen (Rechtsgrundverweisung), so Staudinger/Stoffels Rn. 266, Staudinger/Herresthal § 358 Rn. 238 ff. §§ 358, 359 BGB betreffen allerdings nur das Verbraucherdarlehen, sie schließen aber die Annahme einer **wirtschaftlichen Einheit nach § 242 BGB unter Nicht-Verbrauchern** nicht aus, Staudinger/Stoffels Rn. 271 (aber mit dem Erfordernis der Klageerhebung durch den Leasingnehmer, vgl → Rn. P21), sehr str, ua Bedingungslösung oder § 360 BGB, MüKoBGB/Koch Rn 73. Folgerungen für den Einwendungsdurchgriff → Rn. P27. Ferner Ellenberger/Bunte Bankrechts-HdB/Omlor § 80 Rn. 92 ff.

P26 **d) Anfechtung wegen arglistiger Täuschung durch den Lieferanten:** Wie allgemein beim Finanzierungsdarlehen (→ Rn. G41) ist der Lieferant bei Anfechtung des Leasingnehmers nicht Dritter nach § 123 II 1 BGB, BGH NJW 1989, 287; OLG Düsseldorf BB 2011, 2242 Ls.; MüKoBGB/Koch Rn. 57; Staudinger/Stoffels Rn. 174 (anders für das Eintrittsmodell, → Rn. P11); vgl. aber BGH NJW 2011, 2874 Rn. 20. Lieferanten als Erfüllungsgehilfe des Leasinggeber (§ 278 BGB), BGH NJW 1988, 207, → Rn. P13.

e) Einwendungsdurchgriff: Die §§ 358, 359 BGB sind nur auf Finanzierungsleasingverträge mit Verbrauchern anwendbar, aber der Einwendungsdurchgriff ist unter § 242 BGB auch auf Nichtverbraucher erstreckbar (→ Rn. P25), Staudinger/Stoffels Rn. 271, sehr str. Beide Teile haben das Recht zur außerordentlichen Kündigung; der Leasingnehmer muss aber zuvor versucht haben, sein Recht gegen den Lieferanten durchzusetzen (Subsidiarität, → Rn. G43; anders früher § 9 III VerbrKrG, nunmehr § 359 BGB außer für Nacherfüllung), BGHZ 68, 122; BGH BB 1982, 698. S. ferner BGHZ 81, 309, für Nichtverbraucher soll § 359 BGB aber entfallen, Staudinger/Stoffels Rn. 271. Ausschluss oder Verlust des Einwendungsdurchgriffs → Rn. G44. **P27**

3) Verhältnis des Leasinggebers zum Lieferanten und zu Dritten

Zwischen dem Leasinggeber und dem Lieferanten besteht der Liefervertrag, idR ein **Kauf oder Werk- bzw. Werklieferungsvertrag.** Zum Zusammenspiel der drei Verträge → Rn. P2, P25. Rügeobliegenheit des Leasinggebers nach § 377 HGB → Rn. P17. AGB über **Ausfallhaftung** des Lieferanten (§ 309 Nr. 11 lit. a BGB) ist grundsätzlich wirksam, MüKoBGB/Koch Rn. 58. Statt Ausfallhaftung kann auch eine **Rückkaufverpflichtung** des Lieferanten vereinbart werden (§ 158 BGB), aber Grenzen für AGB, BGH NJW 2014, 2269, MüKoBGB/Koch Rn. 61, Leyens MDR 2003, 312 (Vermarktungspflicht, Restwertgarantie). Mängelansprüche des Lieferanten bei Wiederverkaufsrecht des Leasinggebers nach §§ 434 ff. BGB; § 457 II 2 BGB gilt nicht analog, BGHZ 110, 183. **P28**

Der Leasinggeber hat als Eigentümer des Leasingobjekts bei Beschädigung durch Dritte **Ansprüche gegen den Dritten** aus § 823 I BGB; ist er Eigentümer, aber nicht Halter des LeasingKfz, muss er sich Mitverschulden des Leasingnehmers oder des Fahrers und KfzBetriebsgefahr nicht zurechnen lassen, BGH NJW 2007, 3120 mAnm. Weber, str. Die Schadensersatzsumme muss der Leasinggeber dem Leasingnehmer weiterreichen. Haftung des Leasinggebers für zur Refinanzierung an Bank verkaufte Leasingforderungen, BGHZ 161, 90; BGH WM 2005, 23, Flowtex. **P29**

4) Verhältnis des Leasingnehmers zum Lieferanten und zu Dritten

Zwischen dem Leasingnehmer und dem Lieferanten besteht idR **kein Vertragsverhältnis,** hL, Rspr., oder wie beim Eintrittsmodell jedenfalls nur ein vorübergehendes (→ Rn. P11). Auch unmittelbare Bereicherungsansprüche zwischen Leasingnehmer und Lieferanten bestehen nicht. Die **Mängelrechte des Leasinggebers** gegen Verkäufer und Werkunternehmer sind aber idR an den Leasingnehmer **abgetreten** (→ Rn. P16); andernfalls kommt Drittschadensliquidation des Leasinggebers für den Leasingnehmer in Betracht. Keine Umgehung (§ 475 I 2 BGB, Verbrauchsgüterkauf) bei Abtretung kaufrechtlicher Gewährleistungsansprüche an Leasingnehmer mit Verbrauchereigenschaft, BGH WM 2006, 495, krit. Graf von Westphalen ZIP 2006, 1653, str. Der Leasingnehmer kann die (abgetretene) Mängeleinrede gegen den an den Lieferanten abgetretenen Zahlungsausgleich auch vor gerichtlicher Entscheidung über den Rücktritt erheben, BGH NJW 1985, 796. Zulässig ist auch eine isolierte Drittwiderklage des Leasingnehmers gegen den Hersteller aus den abgetretenen Sachmängelgewährleistungsrechten des Leasinggebers auf Rückgewähr des Kaufpreises an den Leasinggeber, BGH NJW 2021, 1093 mAnm Skamel, Prozessökonomie, § 33 ZPO analog. Aber für den Fall, dass die Abtretung fehlschlägt, wird stattdessen mit guten Gründen eine **subsidiäre kaufrechtliche Einstandspflicht des Leasinggebers** angenommen, MüKoBGB/Koch Rn. 39 f, 129, str.; auf jeden Fall keine Belastung des Leasingnehmers mit dem Insolvenzrisiko des Lieferanten (→ Rn. P16). Anspruch des Leasingnehmer gegen den Hersteller aus **§ 826 BGB (Die-** **P30**

(7) BankGesch P31

sel-Kfz), Nutzungsvorteil während der Leasingzeit in Höhe der Leasingzahlungen, BGH ZIP 2022, 81.

P31 Der Leasingnehmer, der kein Eigentum hat, kann gegen **dritte Schädiger** einen Schadensersatzanspruch aus § 823 I BGB (Recht am Besitz, Nutzungsschaden) haben, etwa Mehraufwendungen infolge vorzeitiger Fälligstellung, BGHZ 116, 22, BGH ZIP 2019, 663. Aber Abtretung der Ersatzansprüche des Leasinggebers, etwa aus § 823 I BGB wegen Verletzung seines Eigentums (Rechtsgedanke des § 255 BGB), wenn der Leasinggeber gegen den Leasingnehmer auf Grund der Abwälzung der Sach- und Preisgefahr den leasingtypischen Ausgleichsanspruch geltend macht, BGH NJW 2004, 1042, str. Näher MüKoBGB/Koch Rn. 105.

7. Kap: Börse und Kapitalmarkt (Handelsgeschäfte, Wertpapierdienst- und Wertpapiernebendienstleistungen)

Q. Kauf und Verkauf von Wertpapieren

Schrifttum

a) Kommentare und Handbücher: Außer dem allgemeinen Schrifttum (s Einl vor A1) und spezieller vor **(14)** BörsG: *Assmann/Schneider/Mülbert,* WpHG, 7. Aufl. 2019. – Ellenberger/Bunte Bankrechts-HdB/*Seiler/Geier* § 84 (Effektengeschäft, Finanzkommissionsgeschäft). – LBS *(Langenbucher/Bliesener/Spindler)/Bergmann* 3. Aufl. 2020 36. Kap. Effektengeschäft. – *Canaris* 2. Aufl. 1981, Rn 1810. – *Fuchs/Zimmermann,* WpHG, 3. Aufl. 2022. – *Groß,* Kapitalmarktrecht, 8. Aufl. 2022 (BörsG, BörsZulV, WpPG, ProspektVO). – *Grüneberg,* Bankenhaftung bei Kapitalanlagen, 2017. – *Habersack/Mülbert/Schlitt,* Hdb der Kapitalmarktinformation, 3. Aufl. 2020. – *Habersack/Mülbert/Schlitt,* Unternehmensfinanzierung am Kapitalmarkt, 4. Aufl. 2019. – *Hirte/Möllers,* Kölner Kommentar zum WpHG, 2. Aufl. 2014. – *Klöhn,* Marktmissbrauchsverordnung (MAR) 2018. – *Kümpel/Hammen/Ekkenga* (ex *Bruns/ Rodrian*), Kapitalmarktrecht (LBl). – KMFS/*Braun/Kern* Rn 17.1 ff. – *Meyer/Veil/Rönnau,* Handbuch zum Marktmissbrauchsrecht, 2018. – *Möslein/Omlor,* FinTech-Hdb 2. Aufl. 2021, §§ 21, 22 Beteiligungsfinanzierung (Crowdfunding und Crowdinvesting), §§ 25–30 Effektengeschäft, Kapitalanlage (ua Tokens, Robo Advice). – MüKoHGB/*Ekkenga* 4. Aufl. Bd 6 2019 Bankvertragsrecht (P. Effektengeschäft). – *Schäfer/Hamann (LBl)* 2006 ff. – *Schwark/ Zimmer,* Kapitalmarktrechts-Kommentar, 5. Aufl. 2020. – (Staub)/*Grundmann* Bd 2 2021 8. Teil WpHG Rn. 1 ff. (zit. 2021 Teil 8 Rn. 1 ff.).

b) Sonstige Beiträge: *Assmann/Schlitt/von Kopp-Colomb,* WpPG, VermAnlG, 3. Aufl. 2017. – *Assmann/Schütze/Buck-Heeb,* Hdb des Kapitalanlagerechts 5. Aufl. 2020. – *Buck-Heeb,* Kapitalmarktrecht, 11. Aufl. 2020. – *Claussen* 5. Aufl. 2014. – *Fleischer* 64. DJT 2002 GA (Anlegerschutz). – *Grunewald/Schlitt,* Kapitalmarktrecht, 4. Aufl. 2020. – *Hopt,* Der Kapitalanlegerschutz im Recht der Banken, 1975 – *Langenbucher,* Aktien- und Kapitalmarktrecht, 4. Aufl. 2017. – *Poelzig,* Kapitalmarktrecht, 2. Aufl. 2021. – *Schäfer/Sethe/Lang,* Hdb Vermögensverwaltung, 3. Aufl. 2022. – *Schwarz,* Globaler Effektenhandel, 2016. – *Siering/Izzo-Wagner* 2017 (VermAnlG). – *Zoller* 4. Aufl. 2019 (Haftung bei Kapitalanlagen). – *Einsele* AcP 214 (2014), 793 (Zwischenschaltung von Treuhändern). – *Buck-Heeb* JZ 2017, 279 (Anlegerschutz). – *Buck-Heeb/Poelzig* BKR 2017, 485 (Verhaltenspflichten §§ 63 ff. WpHG nF). – *Einsele* RabelsZ 81 (2017), 781 (Kapitalmarktrecht und IPR). – *Grundmann* ZBB 2018, 1 (WpHG-Fundamentalreform 2018, Wohlverhaltensregeln). **Muster:** *Hopt/Merkt/Clouth/ Sänger* Vertrags- und Formularbuch zum Hdl-, Ges- und Bankrecht 5. Aufl. 2022 Form IV. Q.1 (Sonderbedingungen für Wertpapiergeschäfte Nr 1–12), Form IV. Q.2 (Wertpapier-Kaufauftrag und Wertpapier-Verkaufauftrag), Form IV. Q.3 (Wertpapierabrechnung). **RsprÜbersicht zum Kapitalmarktrecht** (s auch Schrifttum vor Rn. A1 zum Bankrecht); *Weber* 2020, 968; 2021, 985; 2022, 983; *Drescher* WM 2019, 137, 2020, 577, 2022, 405 (II. ZS); *Glos* WM 2020, 349 (EU); *Gurlitt* WM 2020, 57, 106; *Henning* WM 2019, Sonderbeil. 4 (Aufklärungspflicht bei Kapitalanlagen); *Herrmann/Reiter* WM 2018, 545; *Parmentier* EuZW 2018, 53; 2020, 125; 2022, 101 (EU); *Remmert* WM 2019, 237 (III. ZS, Kapitalanlagerecht); *Stackmann* NJW 2018, 217; NJW 2020, 196; NJW 2021, 211; *Tombrink* WM 2020, 245 (III.

V. Bankgeschäfte   Q1–Q3 **BankGesch (7)**

ZS); *Herrmann* WM 2021, 261 (III ZS, Kapitalanlagerecht); *Grüneberg* BKR 2021, 121 (XI ZS); 2022, 203.

Zur **Anlageberatung** → **(7)** Bankgeschäfte vor Rn. U; zu den **Sonderbedingungen für Wertpapiergeschäfte** s. **(8)** AGB-WPGeschäfte; zum **WpHG** s. **(16b)** WpHG, dort vor allem zur Haftung für falsche und unterlassene Kapitalmarktinformation nach **(16b)** WpHG §§ 97, 98.

Das **Finanzkommissionsgeschäft** (früher streng wertpapierbezogen: Effektenkommissionsgeschäft, Begriff Effekten → § 383 Rn. 8) ist die Anschaffung und die Veräußerung von Finanzinstrumenten (§ 1 XI KWG, einschließlich Derivaten) im eigenen Namen für fremde Rechnung (Bankgeschäft nach § 1 I 2 Nr. 4 KWG, Text → Rn. A4). **Anlagevermittlung** (Abschluss in mittelbarer Stellvertretung), **Abschlussvermittlung** (Abschluss in offener Stellvertretung) und **Finanzportfolioverwaltung** (Verwaltung einzelner in Finanzinstrumenten angelegter Vermögen für andere mit Ermessensspielraum) sind Finanzdienstleistungen (§ 1 Ia 2 Nr. 1, 2, 3 KWG, Text → Rn. A4). Das gilt auch, soweit als Dienstleistung für andere zu begreifen, für den **Eigenhandel** (Anschaffung und Veräußerung von Finanzinstrumenten für eigene Rechnung als Dienstleistung für andere, § 1 Ia 2 Nr. 4 KWG, Text → Rn. A4). Das gilt nach § 1 Ia 2 Nr. 1a KWG (Text → Rn. A4) auch für die Abgabe von persönlichen Empfehlungen an Kunden oder deren Vertreter, die sich auf Geschäfte mit bestimmten Finanzinstrumenten beziehen, sofern die Empfehlung auf eine Prüfung der persönlichen Umstände des Anlegers gestützt oder als für ihn geeignet dargestellt wird und nicht ausschließlich über Informationsverbreitungskanäle oder für die Öffentlichkeit bekannt gegeben wird **(Anlageberatung)**. Ein Finanzunternehmen liegt dagegen (unter anderem) vor, wenn die Haupttätigkeit darin besteht, Unternehmen über die Kapitalstruktur, die industrielle Strategie und die damit verbundenen Fragen zu beraten sowie bei Zusammenschlüssen und Übernahmen von Unternehmen diese zu beraten und ihnen Dienstleistungen anzubieten (§ 1 III 1 Nr. 7 KWG, Investmentbanking). Zum eigentlichen **Börsengeschäft s. (14)** BörsG. Zum Vertrieb von Vermögensanlagen (auch → Rn. U3): FinAnlVerm- und VermAnlG 6.12.2011 BGBl. I 2481 mit Erfordernis eines Vermögensanlagen-Informationsblatts (VIB), dazu *Bußalb/Vogel* WM 2012, 1416, *Hanten/Reinholz* ZBB 2012, 36, *Zingel/Varadinek* BKR 2012, 177, auch *Hellgardt* ZBB 2012, 73 (Informationshaftung); Crowdinvesting, § 2a VermAnlG; Laufzeit, Nichtzulassung, §§ 5a, b VermAnlG, *Wilhelmi/Seitz* WM 2016, 101. **KleinanlegerschutzG** 3.7.2015 BGBl. I 1114, *Buck-Heeb* NJW 2015, 2535; *Bußalb/Vogel* WM 2015, 1733 (1785); *Casper* ZBB 2016, 265. **Muster:** Hopt/Merkt VertrFormB/Clouth/Sänger Form IV. Q.1 (Sonderbedingungen für Wertpapiergeschäfte Nr. 1–12), Form IV. Q.2 (Wertpapier-Kaufauftrag und Wertpapier-Verkaufauftrag), Form IV. Q.3 (Wertpapierabrechnung).

Zum **Kommissionsgeschäft** (Waren- und Effektenkommission) s. **§§ 383 ff.** Q2 **HGB.** Provisionsschinderei **(churning)**, KG WM 2012, 594 (Depotbank); OLG Karlsruhe WM 2015, 2132; → § 384 Rn. 1. Interessenwahrungspflichten der Bank bei der Effektenkreditexekution OLG Köln ZIP 1990, 90; *Mülbert* ZBB 1990, 144. Interessenkonflikte → § 384 Rn. 1, → § 347 Rn. 30. **Tafelgeschäft** → § 383 Rn. 8.

Zu den **Aufklärungs- und Beratungspflichten der Bank** s. Lit. → Rn. Q3 A29, zur Anlageberatung und Vermögensverwaltung → HGB § 347 Rn. 8–40.

R. Derivatgeschäfte an der Eurex Deutschland und ausländischen Terminbörsen, Devisen- und Edelmetallgeschäfte

R1 s. §§ 99, 100 WpHG und **(14)** BörsG § 2. **Muster:** Hopt/Merkt/*Clouth/Sänger,* Vertrags- und Formularbuch zum Hdl-, Ges- und Bankrecht, 5. Aufl. 2021, Form IV. R.1–4 (Derivatgeschäfte).

S. Finanztermingeschäfte, OTC-Derivatgeschäfte

S 1 s. §§ 99, 100 WpHG und **(14)** BörsG § 2. Zu den grenzüberschreitenden OTC-Derivatgeschäften haben sich die von der **ISDA** (International Swaps and Derivatives Association) publizierten Musterrahmenverträge und -definitionen als Marktstandard durchgesetzt. Neue ISDA-Regeln 17.5.2021. **Muster:** *Hopt/Merkt/Clouth/Vollmuth,* Vertrags- und Formularbuch zum Hdl-, Ges- und Bankrecht, 5. Aufl. 2022, Form IV. S. 1–19 (OTC-Derivatgeschäfte mit ISDA Master Agreement).

T. Wertpapierdarlehen, Pensions- und Repogeschäfte

Schrifttum

a) Kommentare und Handbücher: Außer dem allgemeinen Schrifttum zum Effektengeschäft (s Einl vor Q1) Ellenberger/Bunte Bankrechts-HdB/*Teuber* § 85.

b) Sonstige Beiträge: *Sieger/Hasselbach* WM 2004, 1370 (Wertpapierdarlehen, Zurechnung). – *Kort* WM 2006, 2149 (WPDarlehen). – *Bachmann* ZHR 173 (2009), 596. – **Muster:** *Hopt/Merkt/Vollmuth* Vertrags- und Formularbuch zum Hdl-, Ges- und Bankrecht 5. Aufl. 2021 Form IV. T. 1–5 (Wertpapierdarlehen und Wertpapierpensionsgeschäfte, Repos).

1) Begriff des Wertpapierdarlehens

T1 Das Wertpapierdarlehen (Wertpapierleihe, securities lending) ist die Überlassung von Wertpapieren zu vollem Eigentum und zu freier Verfügung mit der Maßgabe, dass Papiere gleicher Art und Ausstattung zurückzugeben sind. Rechtlich liegt ein Sachdarlehen vor, Kort WM 2006, 2149. Der Verleiher wird idR durch schuldrechtliche Abrede mit dem Entleiher so gestellt, als sei er noch Inhaber der Papiere (Ausgleichszahlungen in Höhe der Bruttodividenden oder Zinszahlungen, die während der Laufzeit auf das Papier entfallen).

2) Abgrenzung zum echten Wertpapierpensionsgeschäft

T2 Das Wertpapierpensionsgeschäft (→ Rn. J/5, § 340b HGB) wird rechtlich als Kauf und (Gattungs- oder Stück-)Rückkauf ausgestaltet, so idR der Dokumentationspraxis (**Repo-Geschäft,** repurchase agreement), Ellenberger/Bunte Bankrechts-HdB/Teuber § 85 Rn. 19, Qualifikation aber auch als Darlehen (§§ 488 ff. BGB), Ellenberger/Bunte Bankrechts-HdB/Teuber § 85 Rn. 20, nur (Sach-)Darlehen (§ 607 BGB), Bachmann ZHR 173 (2009), 600. Dabei steht traditionell die Geldseite im Vordergrund, und die Wertpapiere haben Sicherungsfunktion. Wenn der Pensionsnehmer hinsichtlich der Pensionsgegenstände keinen Bindungen unterliegt und die Rückgabe nur als Gattungskauf ausgestaltet ist (früher: sog. unecht/echtes Pensionsgeschäft), kann aber die Wertpapierseite für den Pensionsnehmer die gleiche Funktion wie beim Wertpapierdarlehen für den Darlehennehmer erlangen; diese Nebenfunktion der Pensionsgeschäfte hat aber gegenüber der Finanzierungsfunktion bislang nur eine untergeordnete Bedeutung. Bilanzierung → HGB § 340b Rn. 4, 5, → HGB § 246 Rn. 17. Verpfändung s. **(13)** DepotG §§ 13, 15 II, III, 16.

3) Bedeutung

Das Wertpapierdarlehen dient der Belieferung anderweitiger Lieferverpflichtungen, zB zur Überbrückung von Lieferverzögerungen (unterschiedliche Erfüllungsfristen im grenzüberschreitenden Durchhandeln von Wertpapieren); bei Leerverkäufen zur Absicherung (Hedging, vor allem durch die Market Maker an der DTB, die bei Baisse futures und calls kaufen bzw. puts verkaufen und diese Terminpositionen am Kassamarkt absichern müssen), zur Baissespekulation (falls kein funktionsfähiger Terminmarkt besteht) und zur Arbitrage zwischen Termin- und Kassamarkt bei unterbewertetem Terminkurs; bei Aktienleihe zur Bedienung von Mehrzuteilungsoptionen (greenshoe); aber auch zur vorübergehenden Beschaffung der GfterRechte, zB Stimmrecht, empty voting, Bachmann ZHR 173 (2009), 639; aus Steuergründen, früher Dividendenstripping, jetzt § 36 II Nr. 3 Buchst. g EStG. Auch Benutzung zu Squeeze-out ist, da Vollrechtsübertragung, grundsätzlich zulässig, Kort WM 2006, 2150, im Einzelfall Missbrauch, str., OLG München ZIP 2005, 2259; 2006, 2370. **Ausgestaltungen** als Direktgeschäft, Agentengeschäft, Drei-Parteien-Geschäft, Ellenberger/Bunte Bankrechts-HdB/ Teuber § 85 Rn. 26 ff. **Wertpapierleihsysteme** werden von den Zentralverwahrern (DKV, Cedel, Euroclear, Clearstream Banking AG, → **(13)** DepotG § 1 Rn. 6) im Rahmen des Effektengiro angeboten, daneben auch von einzelnen Großbanken (Poolsystem der Deutschen Bank). **Standardvertrag** für das Interbanken-Leihgeschäft (Bundesverband Deutscher Banken eV), Rahmenvertrag und Musterverträge, Bachmann ZHR 173 (2009), 602. Die Rspr. ist bisher spärlich, zB BGH WM 1961, 243; 1963, 315; 1978, 1203 (Leerverkauf; Termin- und Differenzeinwand, die zugrundeliegenden **(14)** BörsG §§ 53 ff. aF, § 764 BGB wurden aber durch das 4. FinanzmarktfördG aufgehoben). Besonders schwierig sind die **Zuordnungsprobleme,** die im Aktien-, Kapitalmarkt- und Bilanzrecht auftreten, Bachmann ZHR 173 (2009), 609. **Bilanzierung** → HGB § 246 Rn. 18. **Muster:** Hopt/Merkt VertrFormB/Vollmuth Form IV. T.1 (Rahmenvertrag für Wertpapierdarlehen), Form IV. T.2 (Rahmenvertrag für Finanzgeschäfte, EMA, Produktanhang für Wertpapierdarlehen), Form IV. T.3 (Sonderbedingungen für Wertpapierdarlehen der Clearstream Banking AG), Form IV. T.4 (Rahmenvertrag für Wertpapierpensionsgeschäfte, Repos), Form IV. T.5 (Rahmenvertrag für Finanzgeschäfte, EMA, Produktanhang für Pensionsgeschäfte).

U. Wohlverhaltensregeln, Beratung, Vermögensverwaltung

Schrifttum

a) Kommentare und Handbücher: Außer dem allgemeinen Schrifttum zum Effektengeschäft (s Einl vor Q1) Assmann/Schütze/Buck-Heeb/*U. Schäfer,* Hdb des Kapitalanlagerechts 5. Aufl 2020 § 23. – Ellenberger/Bunte Bankrechts-HdB/*Faust* §§ 89 (Verhaltensregeln und Compliance); Ellenberger/Bunte Bankrechts-HdB/*Walz* § 90 (Beratungs- und Informationspflichten im Effektengeschäft); Ellenberger/Bunte Bankrechts-HdB/*Walz* § 91 (Vermögensverwaltung). – LBS *(Langenbucher/Bliesener/Spindler)/Möslein* 3. Aufl. 2020 34. Kap. – BuB/*Schäfer* Rn 11/1 ff. – *Habersack/Mülbert/Schlitt,* Hdb der Kapitalmarktinformation, 3. Aufl. 2020. – *Möslein/Omlor,* FinTech-Hdb 2. Aufl 2021, §§ 29, 30 Kapitalanlage (Roboadvice, digitale Kapitalanlage). – MüKoHGB/*Zahrte* 4. Aufl Bd 6 2019 Bankvertragsrecht (M. Anlageberatung). – MüKoHGB/*Herresthal* 4. Aufl Bd 6 2019 Bankvertragsrecht (O. Vermögensverwaltung). – *Schäfer/Sethe/Lang* 2. Aufl 2016 (Vermögensverwaltung). – Schwintowski/*Schäfer,* /*Bracht* 6. Aufl 2022 Kap. 20 (Vermögensverwaltung), 21 (Anlageberatung). – *Vortmann* 12. Aufl 2018. – *Welter/Lang,* Hdb der bankrechtlichen Informationspflichten, 2004.

b) Sonstige Beiträge: *Hopt,* Kapitalanlegerschutz 1975 S 413–510. – *Grundmann,* Treuhandvertrag, 1997. – *Sethe* 2005. – *Wiegand,* Bern 2005. – *Benicke* 2006. – *Coing* AcP

(7) BankGesch U1–U3

167 (1967), 99. – *Hopt*, Berufshaftung und Berufsrecht der Börsendienste, Anlageberater und Vermögensverwalter, FS Fischer 1979, 237. – *Assmann/Sethe* FS Westermann 2008, 67 (Warnpflichten). – *Krämer, Lang/Balzer* FS Nobbe 2009, 618, 639 (Bankenhaftung). – *Sethe* AcP 212 (2012), 80 (Treupflichten bei der Vermögensanlage). – *Veil* WM 2012, 1607 (Anlageberatung nach MiFID II). **Muster:** *Hopt/Merkt/Kumpan* Vertrags- und Formularbuch zum Hdl-, Ges- und Bankrecht 5. Aufl. 2021 Form IV. U.1–5 (Anlageberatung und Finanzportfolioverwaltung). **RsprÜbersichten:** Möllers WM 2008, 93; *Hopt* WM 2009, 1873 (Anlegerschutz), *Habersack, Ellenberger, Puszkajler, Beck* BrV 2010, 3, 37, 53, 65, *Stackmann* NJW 2018, 209. Zur Anlageberatung allgemein → HGB § 347 Rn. 8–40. Zur ähnlich liegenden Prospekthaftung → HGB Anh. § 177a Rn. 56–63, → HGB § 347 Rn. 8–40.

U1 **Vermögensverwaltung:** Die Vermögensverwaltung für andere, dh eine auf laufende Überwachung und Anlage von Vermögensobjekten gerichtete Tätigkeit, BGH WM 2011, 19, ist kein Bankgeschäft nach § 1 I 2 KWG. **Finanzportfolioverwaltung** ist die Verwaltung einzelner in Finanzinstrumenten (§ 1 XI KWG) angelegter Vermögen für andere mit Entscheidungsspielraum (Finanzdienstleistung nach § 1 Ia 2 Nr. 3 KWG, Text → Rn. A4). In den Portfolios, die der Finanzportfolioverwalter verwaltet, können auch Vermögen verschiedener Kunden zusammengefasst sein, BGH WM 2011, 19. Wertpapiere hat der Portfolioverwalter bei einer Depotbank verwahren zu lassen, sonst betreibt er selbst das Depotgeschäft und wird damit zum Kreditinstitut (§ 1 I 2 Nr. 5 KWG, Text → Rn. A4; **(13)** DepotG). Die Verwaltung einzelner oder mehrerer in Wertpapieren, Geldmarktinstrumenten, Derivaten oder Rechten auf Zeichnung von Wertpapieren und Vermögensanlagen (Finanzinstrumente, **(16b)** WpHG § 2 IV) angelegter Vermögen für andere mit Entscheidungsspielraum ist **Wertpapierdienstleistung** (s. **(16b)** WpHG § 2 VIII). Die Vermögensverwalter unterliegen damit den Verhaltensregeln der **(16b)** WpHG §§ 63 ff., Vermögensverwahrung nach **(16b)** WpHG § 84. Der Vermögensverwaltungsvertrag ist ein entgeltlicher **Geschäftsbesorgungsvertrag** mit Dienstleistungscharakter (§§ 675 I, 611 BGB) des Inhalts, dass der Verwalter laufend und selbstständig, also mit Entscheidungsspielraum und ohne Einzelweisungen des Kunden einzuholen, für diesen und in seinem Interesse Anlageentscheidungen trifft, hL, BGHZ 137, 73; BGH WM 2008, 112; L/B/S/Möslein 34. Kap. Rn. 18 ff., Sorgfalts- und Interessenwahrungspflichten → Rn. 30 ff. Ermessensgrenzen und Anlagenmix, OLG Düsseldorf WM 2006, 1576. RsprÜbersicht: Gaßner/Escher WM 1997, 93; Sprockhoff WM 2005, 1739.

U2 Je nach Vereinbarung handelt der Verwalter im freien Ermessen oder im Rahmen von Anlagerichtlinien, in deren Rahmen er sich dann halten muss, BGHZ 137, 69; BGH WM 2008, 112, zB konservative Anlagepolitik, OLG Düsseldorf WM 1991, 94. Auch bei freiem Ermessen ist idR eine angemessene Risikomischung geboten, OLG Frankfurt a. M. WM 1996, 665. Ausnahmsweise darf und ggf. muss der Verwalter im Kundeninteresse von den Richtlinien abweichen, aber idR nicht ohne Rückfrage (§ 665 BGB). Pflichten beim Investitionsprozess, Benicke ZGR 2004, 760. Pflichtverstoß macht treuhänderischen Vermögensverwalter nicht zum nichtberechtigt Verfügenden, BGH WM 1999, 23. Der Vermögensverwaltungskunde braucht Abrechnungen und Ausführungsanzeigen von Wertpapiergeschäften nicht zeitnah zu kontrollieren, BGHZ 137, 69. Schadensersatzermittlung bei Mißachtung der vereinbarten Anlagestrategie (§ 252 BGB), BGH NJW 2002, 2536. Beweislast → HGB § 347 Rn. 37. Keine formularmäßige Freizeichnung von den Hauptpflichten aus der Vermögensverwaltung, OLG Frankfurt a. M. WM 1996, 665, → HGB § 347 Rn. 38.

U3 **Anlageberatung:** Die bloße Anlageberatung ist kein Bankgeschäft nach § 1 I 2 KWG, aber Finanzdienstleistung nach § 1 Ia 2 Ziff. 1a KWG (→ Rn. A4). Unternehmen, deren Haupttätigkeit darin besteht, andere bei der Anlage in Finanzinstrumenten zu beraten, sind bloße Finanzunternehmen, falls sie nicht bereits Institute iSv KWG sind (§ 1 III 1 Nr. 6 KWG, Text → Rn. A4). Die

Beratung bei der Anlage in Wertpapieren, Geldmarktinstrumenten oder Derivaten ist seit dem FinanzmarktRiUmsetzG **Wertpapier(haupt)dienstleistung** (s. **(16b)** WpHG § 2 VIII Nr. 10 (Anlageberatung), Unternehmensberatung dagegen nur WPNebendienstleistung, **(16b)** WpHG § 2 IX Nr. 3. Anlageverwaltung iSv KWG → Rn. A4. Zu den Aufklärungs- und Beratungspflichten der Bank → Rn. A29, zur Anlageberatung und Vermögensverwaltung → HGB § 347 Rn. 8–40, Regelverjährung seit 2009 (→ § 347 Rn. 39). Interessenkonflikte → Rn. A19 und → HGB § 347 Rn. 30. Zum **VermAnlG** 6.12.2011 BGBl. 2481 (auch zum KAGB → Rn. X1) Klöhn DB 2012, 1854, Friedrichsen/Weisner ZIP 2012, 756, Zingel/Veradinek BKR 2012, 177; zur Anlageberatung und Anlagevermittlung außerhalb von Wertpapieren FinVermV 2.5.2012 BGBl. 1006. **Muster:** Hopt/Merkt VertrFormB/Kumpan Form IV. U.1 (Informationen über die Bank und ihre Dienstleistungen im Wertpapiergeschäft), Form IV. U.2 (WpHG-Gesprächsdokumentation), Form IV. U.3 (Broschüre: Basisinformationen über Wertpapiere und weitere Kapitalanlagen, Inhaltsverzeichnis), Form IV. U.4 (Beratungsdokumentation inklusive Geeignetheitserklärung), Form IV. U.5 (Vertrag über Finanzportfolioverwaltung).

V. Schrankfächer, Verwahrstücke und Tresore

Schrifttum

a) Kommentare und Handbücher: Außer dem allgemeinen Schrifttum zum Effektengeschäft (s Einl vor Q1) Ellenberger/Bunte Bankrechts-HdB/*Klanten* §§ 48, 49 (Safevertrag, Schließfach; Verwahrgeschäft). – BZ (Bunte/Zahrte)/*(Bearbeiter)*, AGB-Banken, AGB-Sparkassen, Sonderbedingungen, 5. Aufl 2019, Sonderbedingungen für die Vermietung von Schrankfächern (4 SB Vermiet), Sonderbedingungen für die Annahme von Verwahrstücken (4 SB Verwahr). – *Canaris* 2. Aufl 1981, Rn 2224.

b) Sonstige Beiträge: *Markus* Diss 1989. **Muster:** *Hopt/Merkt/Kumpan* Vertrags- und Formularbuch zum Hdl-, Ges- und Bankrecht 5. Aufl 2021 Form IV. V.1–4 (Schrankfächer und Verwahrstücke).

Der **Schrankfachvertrag** (Safevertrag) ist der Vertrag, durch den eine Bank dem Kunden ein Schrankfach (Stahlkammerfach, Safe, Tresor) zwecks Verwahrung zur Verfügung stellt; entweder der Kunde allein oder Kunde und Bank zusammen können das Fach öffnen (Allein-, Mitverschluss). Der Vertrag ist nicht Verwahrung der eingelagerten Gegenstände, die die Bank idR nicht kennt, sondern Miete (§§ 535 ff. BGB), RGZ 141, 101; OLG Koblenz WM 1997, 470; OLG Karlsruhe WM 2012, 1529; OLG Düsseldorf WM 2013, 1744. Die Einzelheiten des Vertrags regeln gewöhnlich AGB, zu deren Einbeziehung OLG Karlsruhe WM 2012, 1531. Das DepotG ist nicht anwendbar, → **(13)** DepotG § 1 Rn. 5. Die Bank schuldet dem Kunden Schutz des Schrankfachs nach letzter Technik, sorgsamste Überwachung des Zutritts, bei Gefahr möglichst Rettung des Inhalts des Schrankfachs, KG WM 2016, 923. Ansonsten geht Einbruch zu Lasten des Kunden, falls er über den geringeren Sicherheitsstandard aufgeklärt worden ist, OLG Karlsruhe WM 2012, 1529; Klausel über besondere Sicherung, OLG Düsseldorf WM 2013, 1744. Der Kunde ist unmittelbarer Alleinbesitzer des Schrankfachinhalts auch bei Mitverschluss der Bank, OLG Düsseldorf WM 2013, 1746; aA Werner JuS 1980, 176: Mitbesitz. Schon deshalb hat die Bank kein Pfandrecht nach **(8)** AGB-Banken Nr. 14 (dort → **(8)** AGB-Banken Nr. 14 Rn. 2) und kein Zurückbehaltungsrecht nach § 369 HGB. Möglich sind dagegen ein besitzloses Pfandrecht (§ 562 BGB) und Zurückbehaltungsrechte aus § 273 BGB ua, allerdings nach dem Sinn des Schrankfachvertrags nur für Forderungen der Bank gerade aus dem Schrankfachvertrag. Zwangsvollstreckung nach §§ 808, 809 ZPO: Gerichtsvollzieher nimmt dem Schuldner den Schlüssel weg und öffnet das Fach. Verweigert die Bank die Mitwirkung, ist der Anspruch des Schuldners

(7) BankGesch W1, X1

auf Mitwirkung nach § 857 ZPO zu pfänden, zu überweisen und anzuordnen, dass der vom Gläubiger zu beauftragende Gerichtsvollzieher statt des Schuldners Zutritt hat, vgl. LG Berlin DR 1940, 1639. Beweislast des Kunden für Schrankfachinhalt auch bei grober Fahrlässigkeit der Bank, OLG Düsseldorf WM 2013, 1744. Zur Zuwendung des Schrankfachinhalts auf den Todesfall OLG Oldenburg NJW 1977, 1780 mAnm O. Werner JuS 1980, 176. Anzeigepflicht der Bank im Todesfall nach § 33 ErbStG → Rn. A13. **Muster:** Hopt/Merkt VertrFormB/ Kumpan Form IV. V.1 (Bedingungen für die Vermietung von Schrankfächern), Form IV. V.2 (Schrankfach-Vollmacht), Form IV. V.3 (Einlieferungsschein für Verwahrstücke mit Bedingungen für die Annahme von Verwahrstücken), Form IV. V.4 (Vollmacht für Verwahrstücke).

W. Depotgeschäft

W1 **(13) DepotG.** Dienstleistungen im Rahmen der Verwahrung s. **(8)** AGB-WPGeschäfte Nr. 13–20. Informationspflichten → **(8)** AGB-WPGeschäfte Nr. 13 Rn. 1, Nr. 16 Rn. 1. **Muster:** *Hopt/Merkt/Kumpan* Vertrags- und Formularbuch zum Hdl-, Ges- und Bankrecht 5. Aufl. 2021 Form IV. W.1 (Depotvertrag), Form IV. W.2 (Sonderbedingungen für Wertpapiergeschäfte Nr. 13–20), Form IV. W.3 (Depotauszug), Form IV. W.4 (Auslandsverwahrung von Wertpapieren), Form IV. W.5.1–5 (Informationsblatt über die Teilnahme an den Hauptversammlungen inländischer Aktiengesellschaften und Ausübung des Stimmrechts, Stimmrechtsvollmacht, Kundenanschreiben und Weisungen).

X. Investmentgeschäft

Schrifttum

a) Kommentare und Handbücher: Außer dem allgemeinen Schrifttum zum Effektengeschäft (s Einl vor Q1) *Arndt/Voß/Bruchwitz* 2022 (alternative Investments). – ASB/*Eckhold/ Balzer,* Hdb des Kapitalanlagerechts 5. Aufl 2020 § 22. – *Assmann/Wallach/Zetzsche* 2019 (KAGB). – Ellenberger/Bunte Bankrechts-HdB/*Köndgen/Schmies* § 93. – LBS (*Langenbucher/ Bliesener/Spindler)/Jakovou* 3. Aufl. 2020 39. Kap. – *Baur/Tappen/Mehrkhah/Behme* 4. Aufl 2019. – *Beckmann/Scholtz/Vollmer* (LBI, früher *Flachmann*). – *Canaris* 2. Aufl 1981, Rn. 2325 – *Bungenberg/Griebel/Hobe/Reinisch* 2013 (international). – *Eilers/Koffka/Mackensen/Josenhans* 4. Aufl. 2022 (Private Equity). – *Emde/Dornseifer/Dreibus* 2. Aufl 2019. – KMFS/*Seidenschwann/Harrer* Rn 16.1 ff. – *Moritz/Klebeck/Jesch* Bd 1 (KAGB, GroßKo) 2016, Bd 2 (InvSteuerG) 2015. – *Möslein/Omlor,* FinTech-Hdb 2. Aufl 2021, §§ 21, 22 Beteiligungsfinanzierung (Crowdfunding und Crowdinvesting). – *Patzner/Döser/Kempf* 3. Aufl 2017. – *Weitnauer* 7. Aufl. 2022 (Hdb Venture Capital). – *Weitnauer/Boxberger/Anders* 3. Aufl 2021 (KAGB).

b) Sonstige Beiträge: *Schmolke* WM 2007, 1909 (Interessenkonflikte). – *Hövekamp/ Hugger* FS Hopt 2010, 2015 (Haftung der Depotbank). – *Zetzsche/Preiner* WM 2013, 2101 (AIF). – *Burgard/Heimann* WM 2014, 821 (KAGB). – *Einsele* AcP 214 (2014), 793 (Zwischenschaltung von Treuhändern). – *Merkt* DB 2015, 2988. – *Eckhold* ZBB 2016, 102 (KAGB, Schutzgesetze). – *Eichhorn* WM 2016, 110, 145 (offene InvKG). – *Nietsch* WM 2017, 1677 (AGB-Kontrolle). – *Wilhelmy* WM 2019, 2093 (Investmentrecht und Anlegerschutz). – *Gurlitt* WM 2020, 73.

X1 Das AIFM-UmsG hat das **Kapitalanlagegesetzbuch (KAGB)** eingeführt, das in über 350 Paragraphen umfassend die Kapitalanlage regelt, dazu → HGB Anh. § 177a Rn. 86–94. Es enthält ua allgemeine Bestimmungen für Investmentvermögen und Verwaltungsgesellschaften (Kap. 1) und Vorschriften über Publikumsinvestmentvermögen (Kap. 2), über inländische Spezial-AIF (Kap. 3) und für den Vertrieb und den Erwerb von Investmentvermögen (Kap. 4). Das Investmentgeschäft ist kein Bankgeschäft mehr (§ 1 I 2 Nr. 6 KWG ist aufgehoben, → Rn. A4), aber Erlaubnispflicht für Kapitalverwaltungsgesellschaften (KVG,

V. Bankgeschäfte X1 **BankGesch (7)**

§ 20 KAGB) und für OGAW- und AIF-Kapitalverwaltungsgesellschaften (§§ 21, 22 KAGB). Externe Kapitalverwaltungsgesellschaften (§ 17 II Nr. 1 KAGB) sind nur als AG, GmbH und GmbH & Co (phG kann nur GmbH sein) zulässig (§ 18 I KAGB). Inhaberanteilsscheine nur in Sammelurkunde, keine Tafelpapiere mehr (§§ 95, 97, 358 KAGB). Anlage nach dem Grundsatz der Risikomischung, str., BGH ZIP 2010, 1122; WM 2011, 255 (zu aF). Das Vertriebsverbot vor Erlaubnis (§ 32 aF KWG) bzw. Anzeige (§§ 8 I, 7 I aF AuslInvestmG) ist Schutzgesetz iSv § 823 II BGB, BGH ZIP 2010, 1123; 2011, 223. Allgemeine Verhaltens- und Organisationsvorschriften (§§ 26–38 KAGB), bei den sog. Wohlverhaltenspflichten steht die Interessenwahrungspflicht im Vordergrund (§ 26 I, II Nr. 2 KAGB), Ellenberger/Bunte Bankrechts-HdB/Köndgen/Schmies § 93 Rn. 123 ff. Vorschriften für Verwahrstellen (OGAW, AIF nach §§ 68 ff., 80 ff. KAGB). Überwachungspflichten der Depotbank, auch Pflicht zum vorbeugenden Eingreifen, aber nur Rechtmäßigkeits-, keine Zweckmäßigkeitskontrolle der Maßnahmen der KAG, BGHZ 149, 33, OLG Frankfurt a. M. WM 1997, 364. Haftung der Verwahrstellen nach §§ 77, 88 KAGB. Der **Investmentvertrag** ist kein kaufähnlicher Erwerb eines Anteils am Investmentvermögen, sondern Dienstvertrag mit Geschäftsbesorgungscharakter, BGH WM 2019, 20 Rn. 56, hL, aA Vertrag sui generis, Ellenberger/Bunte Bankrechts-HdB/Köndgen/Schmies § 93 Rn. 222. AGB-Inhaltskontrolle, auch soweit von der Aufsicht genehmigt, Ellenberger/Bunte Bankrechts-HdB/Köndgen/Schmies § 93 Rn. 229; Nietsch WM 2017, 1677. Der Investmentvertrag kommt bei der erstmaligen Ausgabe von Anteilen zwischen der Kapitalverwaltungsgesellschaft und dem Ersterwerber zustande, der Zweiterwerb erfolgt als Rechtskauf (§§ 433, 453 BGB), dies samt den AGB ohne erneute Einbeziehung, BGH WM 2022, 1057 Rn. 21. Der Vertrag zwischen der Kapitalverwaltungsgesellschaft und der Verwahrstelle (§ 72 KAGB) ist gemischttypischer Geschäftsbesorgungsvertrag, bezüglich der Verwahrung ein Depotvertrag, hL SBLBankrechtsHdb/Köndgen/Schmies § 113 Rn. 240 f. Gesetzliche Prozessstandschaft der Verwahrstellen zur Durchsetzung von Ansprüchen der Anleger gegen die Kapitalverwaltungsgesellschaft (§§ 78, 89 KAGB, entspr. umgekehrt gegen die Verwahrstelle, §§ 78 II, 89 II KAGB), sie schließt aber Anleger von Geltendmachung an sich selbst nicht aus (§§ 78 II 2, 89 II 2 KAGB), keine bloße actio pro socio, Ellenberger/Bunte Bankrechts-HdB/Köndgen/Schmies § 93 Rn. 276. Schutzgesetzeigenschaft einzelner Zulässigkeitsvoraussetzungen für den öffentlichen Vertrieb (noch für AuslInvestmG) BGH NJW 2004, 3706; OLG Celle WM 2003, 325 u. ZIP 2008, 123 Ls.; OLG Karlsruhe WM 2006, 967. Haftung der am unzulässigen Vertrieb mitwirkenden inländischen Funktionsträger aus § 826 BGB, BGH NJW 2004, 3706.

Y. Emissions- und (Effekten-)Konsortialgeschäft

Schrifttum

a) Kommentare und Handbücher: Außer dem allgemeinen Schrifttum zum Effektengeschäft (s Einl vor Q1) Ellenberger/Bunte Bankrechts-HdB/*Grundmann/Denga* § 92. – LBS *(Langenbucher/Bliesener/Spindler)/Groß* 3. Aufl. 2020 40. Kap. – LBS/*Castor/Walgenbach* 3. Aufl. 2020 16. Kap (internationale Konsortialkredite). – *Canaris* 2. Aufl. 1981 Rn 2236. – *Einsele* 5. Aufl 2022 § 7. – *Groß*, Kapitalmarktrecht, 8. Aufl. 2022. – *Habersack/Mülbert/ Schlitt*, Hdb der Kapitalmarktinformation 3. Aufl. 2020. – *Habersack/Mülbert/Schlitt*, Unternehmensfinanzierung am Kapitalmarkt, 4. Aufl 2019. – KMFS/*R. Müller/Schmidtbleicher* Rn 15.1 ff. – *Möslein/Omlor*, FinTech-Hdb 2. Aufl 2021, § 2 III 1d, 27 Initial Coin Offerings (ICO). – MüKoHGB/*Singhof* 4. Aufl. Bd 6 2019 Bankvertragsrecht (L. Emissionsgeschäft). – *Scholze*, Konsortialgeschäft der deutschen Banken, 1973. – *Schwintowski/Schantz* 6. Aufl. 2022 Kap. 25. – *Siebel*, Rechtsfragen internationaler Anleihen, 1997. – *(Staub)/ Grundmann* Bd 2 2021 6. Teil Marktregeln 1.-3. Abschn. Rn. 1 ff. (zit. 2021 Teil 6 Rn. 1 ff., 62 ff., 280 ff., Emissionsgeschäft, Prospektrecht, Marktmissbrauchsrecht). – *(Staub)/Grund-*

(7) BankGesch Y1, Y2

mann/Renner Bd 1 2020 4. Teil Kreditgeschäft (zit. 2020 Teil 4 Rn. 337 ff., Konsortialkredit). – Prospekthaftung s Anh § 177a Rn 59 und (15a) WpPG §§ 20–25.

b) Sonstige Beiträge: *Hopt,* Die Verantwortlichkeit der Banken bei Emissionen, 1991. – *Schaub,* Konsortialvertrag, 1991 (Industrieanlagenbau). – *de Meo,* Bankkonsortien, 1994. – *Poehler,* Das internationale Konsortialgeschäft der Banken, 1988. – *Singhof* 1998 (Außenhaftung von Emissionskonsorten). – *Rayermann,* Der internationale Konsortialvertrag, 2002. – *Müller,* Das Emissionskonsortium im Wettbewerbsrecht, 2008. – *Bialluch,* Anleiheschuldverhältnis, 2018. – *Hopt* FS Kellermann 1991, 181; FS Lorenz 1991, 413 (international). – *Grundmann,* Konsortien, Gesellschaftszweck und Gesamthandsvermögen, FS Boujong 1996, 159. – *Schücking* WM 1996, 281 (IPR). – *Brandt/Sonnenhol* WM 2001, 2329, 2355 (Konsortialkredit). – *Köhler/Weiser* DB 2003, 565 (comfort letter). – *Schlitt/Ries,* Preisbestimmungsverfahren bei Aktienemissionen, FS Schwark 2009, 241. – *Fleischer/Bedkowski* DB 2009, 2195 (pilot fishing). – *Möllers/Puhle* ZBB 2011, 212 (Platzierungsprovisionen). – *Renner* ZBB 2018, 278 (grenzüberschreitender Konsortialkredit, gegen Treuepflichten). **Muster:** unüblich; für Konsortialvertrag ICC Model Contract – Consortium Agreement, IntHK-Publikation Nr 779, Sprache Englisch ICC No 779 E, Ausgabe 2016.

Y1 **(Effekten-)Emissionsgeschäft nach KWG:** Das Emissionsgeschäft ist die Übernahme von Finanzinstrumenten für eigenes Risiko zur Platzierung oder die Übernahme gleichwertiger Garantien (Bankgeschäft nach § 1 I 2 Nr. 10 KWG, Text → Rn. A4). Das Emissionsgeschäft (underwriting) ist vom Finanzkommissionsgeschäft (→ Rn. Q1) zu trennen. Bankaufsichtsrechtlich sind Übernahmekonsortium, Begebungskonsortium und Geschäftsbesorgungskonsortium zu trennen: das Erste ist Bankgeschäft nach § 1 I 2 Nr. 10, das zweite Bankgeschäft nach § 1 I 2 Nr. 4, das dritte idR nur Finanzdienstleistung nach § 1 Ia 2 Nr. 2 KWG (Abschlussvermittlung). Das **Übernahmekonsortium** mehrerer Dienstleistungsunternehmen übernimmt die Emission zu einem festen Kurs gegen sofortige Vergütung des Emittenten in den eigenen Bestand (volles Absatzrisiko) und platziert dann im eigenen Namen und für eigene Rechnung. Das **Begebungskonsortium** platziert im eigenen Namen, aber kommissionsweise, also für fremde Rechnung (kein Absatzrisiko). Das **Geschäftsbesorgungskonsortium** platziert in offener Stellvertretung für den Emittenten. Verpflichten sich aber letzterenfalls die Konsorten, nicht verkaufte Emissionen in den Eigenbestand zu übernehmen (Garantie), wird auch das Geschäftsbesorgungskonsortium zum Bankgeschäft nach § 1 I 2 Nr. 10 KWG.

Y2 **Bankkonsortien** sind zeitweilige Vereinigungen selbstständig bleibender Banken zur Durchführung von Einzelgeschäften auf gemeinsame Rechnung, häufig mit dem Zweck, Risiko und Kapitalinanspruchnahme für den einzelnen Konsorten zu vermindern. Sie sind GbR (§§ 705 ff. BGB, → HGB Einl. vor § 105 Rn. 14), häufig mit Einzelteilvermögen statt GesVermögen iSv § 718 I BGB und Teil- statt Gesamthaftung gegenüber Vertragspartnern (auf Grund Vereinbarung mit diesen, vgl. § 427 BGB). Gegenstand des Konsortialgeschäfts ist insbesondere: Kreditgewährung, auch Prolongation und Stillhaltung; Konsortialgarantien (→ Rn. N2); Anleiheemission, auch Konversion (Änderung der Bedingungen einer Anleihe); Aktienemission, bei Gründung der AG oder Kapitalerhöhung; Börseneinführung von Wertpapieren (Obligationen oder Aktien, meist mit Emission verbunden); Kurspflege (Kauf und Verkauf von Wertpapieren zur Regulierung ihres Kurses oft anschließend an Emission und Börseneinführung). Beim **Konsortialkredit** wirken mehrere Kreditinstitute zusammen, entweder von vornherein (club deal) oder über einen Underwriter (Arranger), der den Kredit später syndiziert. (Konsortial)Kreditvertrag und Beziehung unter den Konsorten sind zu trennen. Die Syndizierung erfolgt idR durch Vertragsübernahme (§§ 414, 415 BGB analog, Zustimmung des Kreditnehmers), im angloamerikanischen Bereich durch Novation. Beim echten Konsortialkredit besteht der Kreditvertrag mit dem Konsortialführer oder einer AußenGbR, beim unechten direkt mit jedem Konsorten (also mehrere, gebündelte Kreditverträge), doch besteht bei beiden Kreditarten eine GbR zwischen den Konsorten (§§ 705 ff. BGB), Brandt/

V. Bankgeschäfte Y3, Y4 **BankGesch (7)**

Sonnenhol WM 2001, 2331; Staub/Renner Bd. 10/2 Teil 4 Rn. 331 ff. Außen- und Innenkonsortium, Unterkonsortium → Rn. Y4. Zur Haftung einzelner Mitglieder nach § 278 BGB für Beauftragte BGH NJW 1985, 2584; krit. Assmann ZHR 152 (1988), 371; Timm/Schöne ZGR 1994, 113. Zur Vertragsgestaltung und den verschiedenen, idR englischsprachigen Konsortialkreditvertragsklauseln und den typischen Vertragsklauseln Ellenberger/Bunte Bankrechts-HdB/Summ § 101 (Auslandskreditgeschäft); LBS/Castor/Walgenbach 16. Kap. Rn. 23 ff.; (Staub)/Grundmann 2021 Teil 6 Rn. 23 ff. Beim Konsortialkredit spielen **cross default**-Klauseln eine wichtige Rolle, wonach ein entsprechendes Kreditereignis im Verhältnis zu Dritten, zB Verzug, auch als ein solches gegenüber dem Kreditgeber gilt, Staub/Renner Bd. 10/2 Teil 4 Rn. 894. Zu derartigen internationalen Unternehmenskreditklauseln → Rn. G55; zu entsprechenden covenants → Rn. H7.

Effektenemission: Beim Emissionsgeschäft sind drei Rechtsverhältnisse zu unterscheiden: zwischen Emittent und Emissionskonsortium, zwischen der Emissionsbank (nicht dem Emissionskonsortium) und dem Anleger, zwischen den Konsortialbanken untereinander, im Einzelnen (Staub)/Grundmann 2021 Teil 6 Rn. 23 ff., 49 ff., 34 ff. Die Emission von Wertpapieren (Begriff Effekten → § 383 Rn. 8) durch Bankenkonsortien erfolgt entweder durch „reine" **Übernahme (firm commitment):** Kauf der Wertpapiere vom Emittenten, oft ohne Sofort-Weitergabe; oder „reine" **Begebung (best effort):** Verkauf für Rechnung des Emittenten, im eigenen Namen (Kommission, §§ 383 ff. HGB) oder im Namen des Emittenten (Übergang von Fremd- zur Selbstemission des Emittenten); oder meist **kombinierte Übernahme und Begebung (Einheitskonsortium):** Kauf zum Sofortweiterverkauf (Platzierung) im eigenen Namen für eigene Rechnung. Bei Festübernahme der Aktien werden die Emissionsbanken (Übernahmekonsortium, GbR, BGHZ 118, 99) selbst Inhaber der Aktien. Bei Verpflichtung zum Bezugsangebot an die Aktionäre der AG (§ 186 V AktG) haben diese einen Bezugsanspruch gegen die Bank (§ 328 BGB). Die Bank ist insoweit fremdnütziger Treuhänder; anders wenn sie vor Platzierung Recht aus den Aktien wahrnimmt oder Aktien durch Selbsteintritt erwirbt, BGHZ 118, 83; Wiedemann WM 1979, 990. Mehrzuteilungsoption **(Greenshoe),** BGH WM 2009, 951. Prospektpflichten nach **(15a) WpPG** 22.6.2005, BGBl. I 1698, Assmann/Schlitt/von Kopp-Colomb, WpPG, VermAnlG 3. Aufl. 2017. **Bookbuilding:** der Emissionspreis wird erst nach Einholung der Angebote der Aktionäre innerhalb eines vorgegebenen Preisrahmens festgesetzt; auch bei bezugsrechtsfreier Kapitalerhöhung (§ 186 II 2 nF AktG), Schlitt/Seiler WM 2003, 2175. Weitere Formen, zB Decoupled-Bookbuilding, Auktionsverfahren (Dutch, American auction), Schlitt/Ries FS Schwark, 2009, 241. **Emittentenleitfaden** der BaFin, 5. Aufl., in vier Etappen ab 2018.

Handelt die Konsortialführerin (abw. von § 709 I BGB) nicht wie in der Praxis überwiegend im Namen des Konsortiums (§§ 164, 714 BGB), dann **Außenkonsortium),** sondern als stiller Stellvertreter im eigenen Namen (für Rechnung aller Konsorten), besteht ein **Innenkonsortium.** Ein **Unterkonsortium** ist eine Innenkonsortialbeteiligung (Unterbeteiligung) an der Beteiligung eines Konsorten an einem (Außen-)Konsortium. Zur Vertragsgestaltung Brandt/Sonnenhol WM 2001, 2331. Innen- und Außengesellschaft → Einl. vor § 105 Rn. 10–11; stille Gesellschaft, Unterbeteiligung → HGB § 105 Rn. 38. **Metageschäft** (a-metà, it: Hälfte; → HGB § 230 Rn. 4) ist Verbindung (auch von mehr als zwei Kreditinstituten mit je 1/2 Beteiligung) zur Durchführung eines Bankgeschäfts auf geteilte Rechnung, jedoch nach außen durch nur ein einziges Institut ungeteilt im eigenen Namen.

Hopt 2549

Z. Schuldverschreibungen

Schrifttum

Hopt/Seibt, Schuldverschreibungsrecht, 2017; LBS *(Langenbucher/Bliesener/Spindler/Bliesener/H. Schneider* 3. Aufl. 2020 17. Kap. SchVG. – *Hopt,* Verantwortlichkeit der Banken bei Emissionen, 1991; *Reinhard/Schall* 2020. – *Siebel*, Rechtsfragen internationaler Anleihen, 1997; *Wilken/Schaumann/Zenker*, 2. Aufl. 2017 (Anleihen in Restrukturierung und Insolvenz); *Veranneman,* 2. Aufl. 2016; *Bliesener* in Beiträge für Hopt, 2008, 355; *Hopt* FS Schwark, 2009, 441; *Horn* ZHR 173 (2009), 12; *Sester* AcP 209 (2009), 628; *Baum* FS Hopt, 2010, 1595 (AGB); *Steffek* FS Hopt, 2010, 2597 (Änderung von Anleihebedingungen); *Vogel* ZBB 2010, 211 (Minderheitenschutz); *Podewils* ZHR 174 (2010), 274 (Zertifikatebedingungen); *Baums* ZHR 177 (2013), 807 (Reformbedarf); *Schnorbus/Ganzer* WM 2014, 155 (Änderung von Anleihebedingungen); *Florstedt/von Randow* ZBB 2014, 345 (Kündigung aus wichtigem Grund); *Horn* BKR 2014, 449 (gemeinsamer Vertreter); *Thole* FS Schütze, 2014, 601; *Gloeckner/Bankel* ZIP 2015, 2393 (gemeinsamer Vertreter); *Baums* FS Köndgen, 2016, 43 (Kündigung von Unternehmensanleihen); *Seibt* ZIP 2016, 997 (außerinsolvenzrechtliche Anleihenrestrukturierung); *Mann/Wansleben* BB 2017, 963 (Vollzugssperre); *Mühe* BKR 2017, 50 (Änderungen von Anleihebedingungen); *Fischer* WM 2018, 1529 (Anleihegläubiger bei Insolvenz des Emittenten); *Kusserow* WM 2020, 586 (elektronische Schuldverschreibungen, Blockchain-Anleihen); *Renner* ZHR 185 (2021) 840 (AGB, Emittentenhaftung, Gläubigerpflichten, IPR); *Casper* ZBB 2022, 65 (elektronische Schuldverschreibung). **RsprÜbersicht:** *Grüneberg* WM 2016, 1621.

Z1 **Anleihebedingungen sind AGB,** stRspr, BGH WM 2009, 1500 Rn. 20; 2016, 305 Rn. 17, str., unterfallen aber nicht **(5)** § 305 II BGB, konkludente Einbeziehungsvereinbarung genügt, BGHZ 163, 311, bei Übernahme durch Bankenkonsortium greift **(5)** § 310 I BGB, OLG Frankfurt a. M. WM 1993, 2089, str., dazu UBH/Habersack BGB § 305 Rn. 114a; SBLBankrechtsHdb/Grundmann § 112 Rn. 119 ff.; Hopt FS Steindorff, 1990, 341; von Randow ZBB 1994, 23; Bungert DZWiR 1996, 185; Assmann WM 2005, 1053; Gottschalk ZIP 2006, 1121; Renner ZHR 135 (2021) § 43.

Z2 Das **Schuldverschreibungsgesetz (SchVG)** 31.7.2009 BGBl. 2512 passte das völlig veraltete SchVG 4.12.1899, RGBl. 1899, 691 an internationale Standards an. Gemeinschaft der Anleihegläubiger (Obligationäre) in Anlehnung an §§ 705 ff., 741 ff. BGB mit einem gemeinsamen Vertreter der Gläubiger, der bereits in den Anleihebedingungen bestellt werden kann (§ 7 SchVG). Dieser ist aber keine Partei kraft Amtes, BGH WM 2016, 1589, sondern Vertreter der Schuldverschreibungsgläubiger, Schuldverschreibung ist aber nur der Genussschein, nicht unverbriefte Genussrechte, BGH NJW 2018, 2193; BGH WM 2020, 369 Rn. 18. Vergütung, BGH ZIP 2021, 319. Die Gläubigerversammlung erhält mehr Rechte (Mehrheitsbeschlüsse und Verfahren entspr. Hauptsammlung nach AktG). Die Zulässigkeit von Umschuldungsklauseln (collective action clauses) wird klargestellt. Die AGB-Problematik ist abgesehen von einem Transparenzgebot nicht aufgegriffen (anders noch DiskE, schon nicht mehr RefE), für **(5)** BGB § 310 IV 1 analog Sester AcP 209 (2009), 638. Optionsscheine sind Schuldverschreibungen, Inhaltskontrolle über Anpassungsklausel, BGH WM 2009, 1500. Änderung der Anleihebedingungen durch Mehrheitsbeschluss bei nach deutschem Recht vor 5.8.2009 begebenen Anleihen, auch wenn sie nicht unter das SchVG 1899 fielen, durch Opt-in nach § 24 II SchVG 2009, BGH WM 2014, 1810 mAnm Grell ua DB 2015, 111; OLG Schleswig WM 2014, 744; aA OLG Frankfurt a. M. WM 2012, 2277 mAnm Florstedt ZIP 2012, 2286, aber nur bei gleichen Bedingungen für alle Gläubiger, BGH WM 2014, 1810. Verbindlichkeit von Mehrheitsbeschlüssen (§ 5 SchVG) auch für Inhaber gekündigter Anleihen, BGH WM 2016, 305 m. krit. Anm. Florstedt ZIP 2016, 644; Veranneman NJW 2016, 1178; Vogel ZBB 2016, 179; K. Schmidt FS Baums, 2017, 1073; gegen OLG Frankfurt a. M. ZIP 2014, 2170 (Solarworld). Anleihe-

V. Bankgeschäfte **Einl AGB-Banken (8)**

kündigung nach § 314 BGB, str., BGH WM 2016, 1293; Seibt/Schwarz ZIP 2015, 401. Griechische Staatsanleihen, BGH ZIP 2016, 789; OLG Köln WM 2016, 1590; OLG Oldenburg WM 2016, 1878; OLG Schleswig ZIP 2016, 1501. Einberufung der Gläubigerversammlung in Insolvenz, OLG Stuttgart WM 2017, 526. Anfechtung von Beschlüssen, Haltefrist, Rechtsmissbrauch (§ 20 SchVG), OLG Karlsruhe ZIP 2015, 2116 mAnm Seibt ZIP 2016, 997. Gemeinsamer Vertreter (§§ 7, 8 SchVG) ist rechtsgeschäftlicher Vertreter; bei entsprechender Bevollmächtigung keine Prozessfähigkeit der Anleihegläubiger, OLG München ZIP 2018, 1497 (zu aF). Vergütung des gemeinsamen Vertreters, BGH WM 2017, 379. Der Vertrag zwischen der Emissionsbank und dem institutionellen Ersterwerber hat keine Schutzwirkung zugunsten von Zweiterwerbern, BGH WM 2017, 2237 Rn. 45. **AGB-Kontrolle** bei unverbrieften (nicht unter SchVG fallenden) Anleihen über Klausel wie § 5 SchVG str., für Unwirksamkeit OLG Stuttgart ZIP 2018, 1727. Klausel bei Ausgabe einer Namensschuldverschreibung über Beschlussfassung der Gläubiger über Rechte und Pflichten der Anleger ohne jede Beschränkung verletzt das Transparenzgebot, BGH WM 2020, 369. Harmonisierung von gedeckten Bankschuldverschreibungen (covered bonds) Stöcker EuZW 2020, 749, 793.

(8) Allgemeine Geschäftsbedingungen der Banken

Stand August 2021

Einleitung

Schrifttum

a) Kommentare und Handbücher: Außer dem allgemeinen Schrifttum (s **(7)** Bankgeschäfte Einl vor A1) BH*Casper* (Baumbach/Hefermehl/*Casper*), Wechselgesetz, Scheckgesetz, Recht des Zahlungsverkehrs, 24. Aufl 2020, AGB mit wechsel- und scheckrechtlichem Bezug, ScheckB. – *Bülow* 5. Aufl 2013 (WG, ScheckG, AGB-Banken). – BuB/ *Sonnenhol* (LBl). – BuB/*Beule* (AGB-WPGeschäfte, LBl). – BZ *(Bunte/Jahrte)/(Bearbeiter),* AGB-Banken, AGB-Sparkassen, Sonderbedingungen, 5. Aufl 2019, AGB der Banken (2 AGB-Banken), Sonderbedingungen für Wertpapiergeschäfte (4 SB Wp), zit BZ/Bearbeiter (2 Nr Rn) x, (4 Nr Rn) x. – *Canaris,* Bankvertragsrecht, 2. Aufl 1981, Rn 2532 ff. – DKB *(Derleder/Knops/Bamberger)/Casper)* 3. Aufl 2017 § 4. – Ellenberger/Bunte Bankrechts-HdB/ *Bunte/Artz* §§ 2, 3.– *Einsele,* Bank- und Kapitalmarktrecht, 5. Aufl 2022. – KMFS (Kümpel/ Mülbert/Früh/Seyfried)/*(Bearbeiter),* 6. Aufl 2022. – *Kümpel/Ott/Kümpel,* Kapitalmarktrecht (LBl). – (Staub)/*Grundmann* Bd 1 2020 2. Teil 4. Abschnitt AGB der Kreditinstitute Rn. 271 ff. (zit. 2020 Teil 2 Rn. 271 ff.), überarbeitete Sonderausgabe von Staub/*Grundmann* Bd 10/1 (Bankvertragsrecht I, Bank-Kunden-Verhältnis) 2016 (Teil 2/271 ff.). – UBH *(Ulmer/Brandner/Hense)/(Fuchs,* AGB-Recht, 12. Aufl 2016, Anh zu § 310 (8) Banken (Kreditinstitute) Rn. 1 ff, zit UBH/Fuchs (8) Banken Rn. – *Werhahn/Schebesta* (LBl). – *Graf v Westphalen,* Vertragsrecht und AGB-Klauselwerke (Banken- und Sparkassen-AGB, LBl). – WLP *(Wolf/Lindacher/Pfeiffer)/Pamp* ABG-Recht 7. Aufl 2020 AGB der Banken Rn. B 1 ff.; /*Damann* Pfandklauseln Rn. P 31 ff.

b) Sonstige Beiträge: *Raiser,* Das Recht der AGB, 1936 (1961). – *Schäfer,* Die Entstehung und der Umfang des Pfandrechts der Banken nach deren AGB, Diss Tüb 1959. – *Schaudwet,* Bankenkontokorrent und AGB, 1967. – *Schlenke,* AGB-Banken und ABGB, 1984. – *Schwintowski,* Bankrecht, 5. Aufl 2018 Kap. 3. – *Wittig,* Freizeichnungsklauseln in Banken-AGB 1994. – *Schimansky* BGHFS 2000, 3 (Inhaltskontrolle). – *Stoffels* Schr. BrV Bd. 31 Bankrechtstag 2010, 89. – *Strube* Bankrechtstag 2010, 115 (Entgelte, Preisanpassung). –

(8) AGB-Banken Einl 1, 2

Niebling MDR 2013, 1012 (AGBRecht). – *Rodi* WM 2021, 2182, 2217 (Reformvorschläge). **Muster:** *Hopt/Merkt/(Bearbeiter)*, Vertrags- und Formularbuch zum Hdl-, Ges- und Bankrecht (zit. Hopt/Merkt VertrFormB/*Bearbeiter*), 5. Aufl 2022, Teil IV A–W (mit rund 225 Vertragsmustern und Formularen zu den Bankgeschäften mit Börse und Kapitalmarkt). **RsprÜbersichten:** *Rodi* BKR 2021, 220, 2022, 419. Zur Fassung 1.1.93 außer verbandsinternen Sonderrundschreiben *Hoeren* NJW 1992, 3263, *Krings* ZBB 1992, 326, *Bruchner* DZWir 1993, 89, *Sonnenhol* WM 1993, 677 (Nr 1–10), *Merkel* WM 1993, 725 (Nr 11–20), *Westermann* WM 1993, 1865, *Schimansky* BGHFS 2000, 3. Zur Fassung 1.1.2000 *Sonnenhol* WM 2000, 853. Zur Fassung 1.1.98 *Sonnenhol* WM 2000, 853. **Zur nF 1.4.2002** *Sonnenhol* WM 2002, 1259, *Becher/Gößmann* BKR 2002, 519.

1) AGB-Banken

1 A. **Neufassungen:** Die AGB-Banken wurden 1937 aufgestellt und wiederholt geändert, ua 1955, 1969, 1976, 1977 (wegen **(5)** §§ 305 ff. BGB), 1984, 1986, 1988 und zum 1.1.1993 völlig neu gefasst (vom Bundesverband deutscher Banken eV, Berlin) mit weiteren Änderungen zum 1.1.2000 und zum 1.4.2002, auch als Fassungen 1.1.2000 bzw. 1.4.2002 bezeichnet. Die **Neufassung zum 31.10.2009** erfolgte zeitgleich mit dem Inkrafttreten der zivilrechtlichen Vorschriften in der EU-ZahlungsdienstleistungsRL 2007/64/EG, jetzt RL (EU) 2015/2366, auf Grund des VerbrKrRLUmsetzG 2009. Die AGB-Banken werden von (soweit bekannt) **allen privatrechtlich organisierten** (überwiegend diesem Verband angehörenden) Kreditinstituten verwendet.

2 Die **Neufassung 1993** regelte nicht mehr eine Vielzahl von Einzelfällen, sondern sollte ein Handbuch zum Umgang mit dem Konto sein. Sie war wesentlich transparenter, kürzer (statt bisher 47 nur noch 20 Klauseln, aber Sonderbedingungen → Rn. 5) und inhaltlich kundenfreundlicher als die aF, ua bei der Kündigungsregelung. Auf Haftungsfreizeichnungsklauseln wurde ganz verzichtet. Das Bankgeheimnis wurde ausdrücklich in die AGB aufgenommen. Die nF ersetzte nur die Teile I (Allgemeines, Nr. 1–28) und IV (Einzugs- und Diskontgeschäft, Wechsel- und Scheckverkehr, Nr. 40–47) der aF. Die Teile II und III (Effekten- und Depotgeschäft, Nr. 29–39) galten zunächst noch weiter, sind aber 1995 durch die **(8)** Sonderbedingungen für Wertpapiergeschäfte ersetzt worden. Parallel zur nF wurden **neue Formulare** eingeführt, zB für Kontoeröffnung, Sicherheitenbestellung, Sparverkehr und Zahlungsverkehr. Zur besseren Transparenz sind einzelne Klauseln aus der aF in die Formulare übernommen worden, zB betr. Vollmachten. Für die rechtliche Beurteilung der AGB-Banken bleibt die frühere Rspr. insoweit wichtig, als Teile der aF (bis 1993) übernommen worden sind, dazu Synopse des Bankenverbandes (s. 29. Aufl.) und Hinweise auf die aF (bis 1993), soweit nützlich, bei der jeweiligen Kommentierung der nF.

Die **Änderungen 1998** betrafen nur Nr. 20 über den Einlagensicherungsfonds und trugen § 23a nF KWG (ab 1.1.1998) Rechnung.

Die **Änderungen 2000** betrafen insbesondere die Einbeziehung der Sonderbedingungen für grenzüberschreitende Überweisungen (Nr. 1 I 2), die Verlängerung der Widerspruchs- und Kündigungsfristen von vier auf sechs Wochen (Nr. 1 II 3, Nr. 7 II 1, sowie einheitlich dann auch Nr. 12 IV 4, Nr. 19 I 3), die Schaffung einer Vertragsgrundlage für Umrechnungskurse (Nr. 10 IV), Einfügung von Auftragswährung in Nr. 11 II 3 und wegen § 675a I 2 BGB die Erweiterung auf „Preis- und Leistungsverzeichnis" (Nr. 12 I). Text: WM 2000, 95. Synopse der AGB-Banken aF 1993/1998 und nF 2000 WM 2000, 93.

Die **Änderungen 2002** betrafen besonders die elektronische Information über Bedingungsänderungen (Nr. 1 II 2, 3), die Genehmigung von Belastungen aus Lastschriften (Nr. 7 III), die gesetzlichen Kündigungsrechte (Nr. 18 III) und die Kündigung aus wichtigem Grund (Nr. 19 III, Anpassung an § 490 I BGB idF SMG). Kleinere Änderungen betrafen Anpassung an Euro (Nr. 10 III 2, Nr. 13 II 5), geänderte Verweisung auf BGB statt VerbrKrG (Nr. 12 VI, 13 II,

19 IV), den Wegfall der eurocheque-Garantie zum 31.12.2001 (Nr. 1 I 2, 19 I 1, III 2) und die Präzisierung und Bekanntgabe der Sicherungsgrenze (Nr. 20 I 4–6). Text WM 2002, 1307. Synopse AGB-Banken aF 2000 und nF 2002 WM 2002, 1303.

Die **Änderungen 2009** erfolgten vor allem im Hinblick auf die Umsetzung der EU-ZahlungsdienstleistungsRL und der EU-VerbraucherkreditRL durch das VerbrKrRLUmsetzG 2009 sowie auf neue Rechtsprechung des BGH zum Preisrecht. Sie betrafen die Modalitäten der Änderung der AGB und Sonderbedingungen (Nr. 1 II), die Genehmigung von Belastungen aus Lastschriften (Nr. 7 III), die Regelung von Zinsen, Entgelten und Auslagen (Nr. 12 V, VII), die Kündigungsrechte der Bank (Nr. 19 I), den Schutzumfang des Einlagensicherungsfonds (Nr. 20) und Hinweise auf das Ombudsmannverfahren (Nr. 21). Weitere meist kleinere Änderungen finden sich in Nr. 1 I 2, 7 II, 9 I, II, 10 IV, 11 I–V, 12 I–IV, 13 II 5 und 19 II, III.

Die **Änderungen 2012** betrafen zum 1.1.2012 Nr. 10 I aufgrund der Änderungen des Statuts des Einlagensicherungsfonds und zum Mai 2012 Nr. 12 aufgrund zweier Urteile des BGH WM 2012, 1189; 2012, 1344 betreffend **(9)** AGB-Spark und die Parallelregelung in Nr. 12 VI der AGB-Banken über Auslagenerstattung.

Eine **Änderung Februar 2014** in Nr. 9 II war notwendig als Anpassung wegen der SEPA-Migration. Anpassung der Länderliste in Nr. 12 VII Fn. 1, 2 und kleine Änderung in Nr. 21 zum Ombudsmannverfahren.

Die **Änderungen Juli 2014** betrafen zum 15.7.2014 Nr. 5 über Verfügungsberechtigung nach dem Tod des Kunden (Urkundenvorlage) aufgrund BGH NJW 2013, 3716 und Nr. 12 über Zinsen, Entgelte und Aufwendungen aufgrund des zum 13.6.2014 in Kraft getretenen § 312a III 1 BGB nF.

Die Änderungen **März 2016** wegen der WohnimmobKrRL, ZahlungskontenRL und ADRRL betrafen Nr. 13 II 5 (nunmehr 5 und 6) über die Bestellung und Verstärkung von Sicherheiten bei Verbraucherdarlehen, Nr. 19 III 2 1. Spiegelstrich mit neuen Kündigungsregelungen für Verbraucherdarlehen, Nr. 19 V mit einer neuen Kündigungsregelung für Basiskontenverträge, Nr. 21 zum Ombudsmann mit Anpassung an das VerbraucherstreitbeilegungsG.

Eine Änderung zum **Oktober 2017** betraf Nr. 20 mit Änderungen im Statut des Einlagensicherungsfonds.

Kleinere Änderungen wegen des neuen Zahlungsdienstleistungsrechts nach ZDRL-II-UG 17.7.2017 BGBl. I 2446 sind zum **13.1.2018** erfolgt (Nr. 1 II, 9 II, 12 V, VII, 21).

Änderung der Nr. 4 zum **Juli 2018** mit Einschränkung der Aufrechnungsverbotsklausel auf Nicht-Verbraucher wegen BGH WM 2018, 1049.

Änderung vom **31.8.2021** (mit Wirkung zum 1.10.2021, so zB Deutsche Bank) wegen des Urteils des BGH NJW 2021, 2273 zur Unwirksamkeit einer Zustimmungsfiktion bei Änderungen der AGB, ausführlich → **(7)** Bankgeschäfte Rn. C31a. Zunächst war als **Interimslösung** für das Neukundengeschäft der Anwendungsbereich von Nr. 1 II und Nr. 12 V AGB-Banken auf Nicht-Verbraucher eingeschränkt. Demgegenüber sind in **(9)** AGB-Sparkassen die bisherigen Nr. 2 und Nr. 17 ersatzlos, also auch für Unternehmenskunden, gestrichen worden, → **(9)** AGB-Sparkassen Einl. Rn 1. Nunmehr ist in Nr. 1 II AGB-Banken eine **komplizierte Neufassung** erstellt worden: Änderungsangebot (lit. a), Annahme durch den Kunden (lit. b), Annahme durch den Kunden im Wege der Zustimmungsfiktion (lit. c), Ausschluss der Zustimmungsfiktion (lit. d) und Kündigungsrecht des Kunden bei der Zustimmungsfiktion (lit. e).

Zu den Änderungen seit 2002 Ellenberger/Bunte Bankrechts-HdB/Bunte/ Artz § 2A Rn. 7.

3 **B. Meinungsverschiedenheiten:** Meinungsverschiedenheiten über die Geschäftsbedingungen und sonstige Kundenbeschwerden können vor einen **Ombudsmann** zur Schlichtung gebracht werden (→ **(7)** Bankgeschäfte Rn. A56). Darauf weist Nr. 21 nF ausdrücklich hin.

2) AGB anderer Kreditinstitute

4 Die **AGB-Banken** werden von **allen privatrechtlich organisierten Kreditinstituten** verwendet. Die gewerblichen und die ländlichen **Kreditgenossenschaften** verwenden nahezu unverändert die AGB-Banken (Bundesverband der Deutschen Volksbanken und Raiffeisenbanken eV), BZ/Bunte Rn. 178c. Andere, aber inhaltlich ähnliche AGB verwenden insbesondere **Sparkassen und Girozentralen,** s. **(9)** AGB-Spark. Konkordanzen AGB-Banken/AGB-Spark Staub/Grundmann 2020 Teil 2 Rn. 272, in beiden Richtungen in BuB.

Eigene AGB hat die **Deutsche Bundesbank.** Die **öffentlichrechtlichen** Geschäftsbanken verwenden zT (insbesondere soweit dem Sparkassen- und Giroverband angeschlossen) die AGB der Girozentralen, zT die der privatrechtlich organisierten Kreditinstitute, zT noch andere. Möglich sind Ergänzung und **Änderung einzelner Bestimmungen** solcher Gruppen-AGB durch ein einzelnes Institut; an die Annahme der Unterwerfung unter die AGB mit Einschluss solcher Abweichungen sind aber erhöhte Anforderungen zu stellen, s. **(5)** §§ 305 II, III, 305c I BGB.

3) Sonderbedingungen

5 Die AGB-Banken, die für die gesamte Geschäftsverbindung gelten, werden ergänzt durch „Sonderbedingungen" für bestimmte Geschäftsarten, vor allem die **(8)** Sonderbedingungen für Wertpapiergeschäfte Fassung 1.1.2007, unten nach Nr. 20. Beispiele und Einbeziehung s. unten Nr. 1 I 2 (ähnlich nach anderen AGB). S. auch **(10)** AGB-Anderkonten, **(11)** ERA, **(12)** ERI.

I. Grundregeln für die Beziehung zwischen Kunde und Bank

Geltungsbereich und Änderungen dieser Geschäftsbedingungen und der Sonderbedingungen für einzelne Geschäftsbeziehungen

AGB-Banken 1 (1) Geltungsbereich

¹**Die Allgemeinen Geschäftsbedingungen gelten für die gesamte Geschäftsverbindung zwischen dem Kunden und den inländischen Geschäftsstellen der Bank** (im folgenden Bank genannt). ²Daneben gelten für einzelne Geschäftsbeziehungen (zum Beispiel für das Wertpapiergeschäft, den Zahlungsverkehr und für den Sparverkehr) Sonderbedingungen, die Abweichungen oder Ergänzungen zu diesen Allgemeinen Geschäftsbedingungen enthalten; sie werden bei der Kontoeröffnung oder bei Erteilung eines Auftrages mit dem Kunden vereinbart. ³Unterhält der Kunde auch Geschäftsverbindungen zu ausländischen Geschäftsstellen, sichert das Pfandrecht der Bank (Nummer 14 dieser Geschäftsbedingungen) auch die Ansprüche dieser ausländischen Geschäftsstellen.

(2) Änderungen

a) Änderungsangebot

¹Änderungen dieser Geschäftsbedingungen und der Sonderbedingungen werden dem Kunden spätestens zwei Monate vor dem vorgeschlagenen Zeitpunkt ihres Wirksamwerdens in Textform angeboten. ²Hat der Kunde mit der Bank im Rahmen der Geschäftsbeziehung einen elektronischen

Kommunikationsweg vereinbart (zum Beispiel das Online-Banking), können die Änderungen auch auf diesem Wege angeboten werden.
b) **Annahme durch den Kunden**
Die von der Bank angebotenen Änderungen werden nur wirksam, wenn der Kunde diese annimmt, gegebenenfalls im Wege der nachfolgend geregelten Zustimmungsfiktion.
c) **Annahme durch den Kunden im Wege der Zustimmungsfiktion**
¹ Das Schweigen des Kunden gilt nur dann als Annahme des Änderungsangebots (Zustimmungsfiktion), wenn
  aa) das Änderungsangebot der Bank erfolgt, um die Übereinstimmung der vertraglichen Bestimmungen mit einer veränderten Rechtslage wiederherzustellen, weil eine Bestimmung dieser Geschäftsbedingungen oder der Sonderbedingungen
    – aufgrund einer Änderung von Gesetzen, einschließlich unmittelbar geltender Rechtsvorschriften der Europäischen Union, nicht mehr der Rechtslage entspricht oder
    – durch eine rechtskräftige gerichtliche Entscheidung, auch durch ein Gericht erster Instanz, unwirksam wird oder nicht mehr verwendet werden darf oder
    – aufgrund einer verbindlichen Verfügung einer für die Bank zuständigen nationalen oder internationalen Behörde (z. B. der Bundesanstalt für Finanzdienstleistungsaufsicht oder der Europäischen Zentralbank) nicht mehr mit den aufsichtsrechtlichen Verpflichtungen der Bank in Einklang zu bringen ist und
  bb) der Kunde das Änderungsangebot der Bank nicht vor dem vorgeschlagenen Zeitpunkt des Wirksamwerdens der Änderungen abgelehnt hat.
² Die Bank wird den Kunden im Änderungsangebot auf die Folgen seines Schweigens hinweisen.
d) **Ausschluss der Zustimmungsfiktion**
¹ Die Zustimmungsfiktion findet keine Anwendung
  – bei Änderungen der Nummern 1 Absatz 2 und 12 Absatz 5 der Geschäftsbedingungen und der entsprechenden Regelungen in den Sonderbedingungen oder
  – bei Änderungen, die die Hauptleistungspflichten des Vertrags und die Entgelte für Hauptleistungen betreffen, oder
  – bei Änderungen von Entgelten, die auf eine über das vereinbarte Entgelt für die Hauptleistung hinausgehende Zahlung des Verbrauchers gerichtet sind, oder
  – bei Änderungen, die dem Abschluss eines neuen Vertrags gleichkommen, oder
  – bei Änderungen, die das bisher vereinbarte Verhältnis von Leistung und Gegenleistung erheblich zugunsten der Bank verschieben würden.
² In diesen Fällen wird die Bank die Zustimmung des Kunden zu den Änderungen auf andere Weise einholen.
e) **Kündigungsrecht des Kunden bei der Zustimmungsfiktion**
¹ Macht die Bank von der Zustimmungsfiktion Gebrauch, kann der Kunde den von der Änderung betroffenen Vertrag vor dem vorgeschlagenen Zeitpunkt des Wirksamwerdens der Änderungen auch fristlos und kostenfrei kündigen. ² Auf dieses Kündigungsrecht wird die Bank den Kunden in ihrem Änderungsangebot besonders hinweisen.

1) Geltung der AGB nur kraft Vertrages

A. Geltungskraft Einbeziehung: Die AGB-Banken gelten wie alle AGB **nur durch Einbeziehung in den Vertrag**, s. (5) § 305 II, III BGB. Der Kunde

(8) AGB-Banken 1 2–4

muss also bei Vertragsschluss ausdrücklich auf sie hingewiesen werden, die Möglichkeit zumutbarer Kenntnis erhalten (Zurverfügungstellung des Gesamttextes) und mindestens stillschweigend zustimmen. Gegenüber einem Unternehmer, zB im Interbankenverkehr (auch mit Ausland), gilt das nicht, **(5)** BGB §§ 310 I, 305 II, III, BGH WM 2004, 1177; 2007, 874. Die AGB-Banken sind schon wegen der häufigen Änderung des Textes und der Unterschiede der AGB verschiedener Bankengruppen nicht Gewohnheitsrecht geworden, OLG Frankfurt a. M. WM 1973, 1151. Die AGB-Banken sind aber jedenfalls im Interbankenverkehr branchenüblich (→ Rn. 4), mit ihrer Verwendung ist also zu rechnen.

Wenn die AGB-Banken in den Vertrag einbezogen sind, richtet sich ihre **Auslegung** nach den allgemeinen AGB-rechtlichen Grundsätzen, also Grundsatz der kundenfeindlichsten Auslegung, Verbot der geltungserhaltenden Reduktion und Transparenzgebot, ganz hL, WLP/Pamp Rn. B 4. Für die AGB-Banken gelten auch das **Transparenzgebot** und die **Inhaltskontrolle,** beide finden nebeneinander statt, BGH NJW 2014, 2420 Rn. 59, 86. Beide Kontrollinstrumente sind besonders bei den Entgeltklauseln relevant, sofern sie kontrollfähige Preisnebenabreden darstellen, → **(7)** Bankgeschäfte Rn. G4. Sie spielen aber auch bei den **(9)** AGB-Sparkassen und bei allen sonstigen Bankbedingungen eine Rolle, auch bei international vereinheitlichten wie **(11)** ERA und **(12)** ERI. Sie sind Grund für immer wieder notwendige Änderungen der AGB der Banken und Sparkassen. Führt die Inhaltskontrolle zur Unwirksamkeit einer AGB-Klausel und damit zu einer Vertragslücke, stellt sich das Problem der Zulässigkeit einer Lückenschließung durch ergänzende Vertragsauslegung; die Rechtsprechung praktiziert das immer wieder, europarechtlich ist das aber nach der Rechtsprechung des EuGH grundsätzlich nicht zulässig, näher Ellenberger/Bunte Bankrechts-HdB/Bunte/Artz § 2 B Rn. 97 ff. **(8)** AGB-Banken und **(9)** AGB-Sparkassen als **Konditionenempfehlungen** nach § 1 GWB, s BZ/Bunte Rn. 29 ff.

2   B. **Vorrang individueller Vertragsabreden:** Individuelle Vertragsabreden gehen den AGB-Banken vor, s. **(5)** § 305b BGB. Individualabreden unterfallen nicht der AGB-Kontrolle im Unterschied zu Sonderbedingungen (→ Rn. 6). Die bloße Aufforderung, nicht gewollte Teile zu streichen (Bankvollmachtsformular), ist noch kein Aushandeln, s. **(5)** § 305 I 3 BGB.

2) Geltungsbereich der AGB (I)

3   A. **Gesamte Geschäftsverbindung (Nr. 1 I):** Nr. 1 I regelt den Geltungsbereich der AGB-Banken und der Sonderbedingungen. Er entspricht der Präambel und Nr. 28 I aF (bis 1993). **I 1** erstreckt die AGB-Banken auf die **gesamte Geschäftsverbindung** zwischen dem Kunden und der Bank. Die Geschäftsverbindung ist hier weit zu verstehen, sie umfasst also den allgemeinen Bankvertrag, die sonstigen Verträge und die Geschäftsverbindungen ieS als gesetzliches Schuldverhältnis iSv § 311 II BGB ohne primäre Leistungspflicht, → **(7)** Bankgeschäfte Rn. A6 ff. Geschäftsverbindung und Bankvertrag sind ein besonderes Vertrauensverhältnis. Das folgt schon aus der Berufsrolle der Bank und der Inanspruchnahme eines besonderen Vertrauens im Verkehr (ohne Änderung durch den Wegfall der Präambel aF (bis 1993).

4   B. **Kunde:** Kunde ist jeder, der mit der Bank in (bank)rechtsgeschäftlichen Kontakt tritt, auch zum ersten Mal, auch nur einmal, auch Auslandsverkehr (→ Rn. 5), nicht zB Lieferant von Waren oder Software, privater Rat oder Geschäft mit Bankier. Kunde kann auch eine andere Bank sein. Daher gelten die AGB idR **auch** im Verkehr **zwischen Banken** (→ Rn. 1). Im Verkehr zwischen den verschiedene AGB handhabenden Kreditinstituten sind idR die AGB desjenigen anzuwenden, das dem anderen seine Dienste zur Verfügung stellt, zB durch Kontoeröffnung, WPVerwahrung, Ausführung eines Auftrags, auch Auskunft, BGHZ 49, 17; BGH WM 1989, 1836. Dazu Pleyer/Battes DB 1971, 1289.

V. Bankgeschäfte   5–7   **1 AGB-Banken (8)**

C. **Bank:** „Bank" ist in I 1 für die gesamten AGB-Banken und die Sonderbe- 5
dingungen als die **„inländischen Geschäftsstellen der Bank"** definiert. Ausgenommen ist danach nur der Verkehr der (in- und ausländischen Kunden) mit ausländischen Geschäftsstellen der Bank. **I 3** stellt aber klar, dass das Pfandrecht nach Nr. 14 auch Ansprüche ausländischer Geschäftsstellen der Bank gegen den Kunden sichert. Im Übrigen bestehen die Banken auch im **Auslandsverkehr** auf der Anwendung ihrer AGB. Die Einbeziehung der AGB-Banken entscheidet sich nach deutschem IPR nach dem Recht des Vertragspartners, der die vertragstypische Leistung erbringt, also in aller Regel der Bank, BGHZ 108, 362. Schweigen des ausländischen Kunden auf Übersendung der AGB s. von Westphalen WM 1984, 17 (für deutsches Recht). Geltung der AGB ausländischer Banken s. Canaris Rn. 2516. Anwendung gegenüber ausländischer Bank s. BGH NJW 1971, 2126; dazu Ungnade WM 1973, 1130. AGB im internationalen Geschäftsverkehr, ua Sprachenproblem, s. UBH/H. Schmidt Anh. § 305 BGB, WLP/Hau IntGV sowie Kommentare zu **(5)** § 305 II, III BGB. **Rechtswahl** s. Nr. 6 I. Zum IPR bei Bankgeschäften allgemeiner → **(7)** Bankgeschäfte Rn. A60.

D. **Sonderbedingungen (I 2):** Neben den AGB-Banken gibt es Sonderbedin- 6
gungen für die einzelnen Geschäftsbeziehungen. Das ist mit **(5)** § 305 II, III BGB vereinbar, befreit aber nicht von dessen Voraussetzungen. Sonderbedingungen gelten wie die AGB-Banken nur bei Vereinbarung (→ Rn. 1), entweder schon bei Kontoeröffnung oder bei späterer Auftragserteilung. Einzelne Geschäftsbeziehungen mit Sonderbedingungen sind in I 2 genannt: WPGeschäft, Zahlungsverkehr (vor 1.4.2002 ec-Service, bis 31.0.2009 kartengestützter Zahlungsverkehr) und Sparverkehr. Bspe: Bedingungen für Sparkonten, vgl. → **(7)** Bankgeschäfte Rn. A36–51, B; Bedingungen für den Überweisungsverkehr (Überweisungsbedingungen), vgl. → **(7)** Bankgeschäfte Rn. C24; verschiedene Bedingungen für den Lastschriftverkehr, vgl. → **(7)** Bankgeschäfte Rn. D1; Bedingungen für den Scheckverkehr, für das Online Banking, für die girocard und für die MasterCard, → **(7)** Bankgeschäfte Rn. E1, F1; **(8)** Sonderbedingungen für Wertpapiergeschäfte, → **(10)** AGB-Anderkonten; zum Safevertrag → **(7)** Bankgeschäfte Rn. V1. Das gilt auch für **(11)** ERA über das Dokumentenakkreditiv und **(12)** ERI über Inkassi; diese sind anders als nach Nr. 28 I 2 aF (bis 1993) auch gegenüber Kflten nicht mehr schon durch die Vereinbarung der AGB-Banken mitvereinbart. **Keine AGB** sind bankinterne Anweisungen an nachgeordnete Geschäftsstellen außer bei Umgehung nach **(5)** BGB § 306a, BGHZ 162, 294 m. krit. Anm. Freitag ZIP 2005, 2052. Liste der Sonderbedingungen bei BuB/Sonnehol Rn. 1/19.

3) Änderungen (II)

A. **Änderungen (II 1–5): Neufassung von II 31.8.2021,** in Reaktion auf 7
BGH 27.4.2021 (Postbank-Entscheidung) WM 2021, 1128 = ZIP 2021, 1266,
→ **(8)** AGB-Banken Einleitung Rn. 2 und ausführlich → **(7)** Bankgeschäfte Rn. C31a. Änderungen der AGB-Banken und der Sonderbedingungen werden dem Kunden spätestens **zwei Monate** vor dem vorgeschlagenen Zeitpunkt ihres Wirksamwerdens in Textform (§ 126b BGB) angeboten (bis 2009 wegen II 5 aF iErg sechs Wochen und durch schriftliche Bekanntgabe) **(II lit. a Satz 1),** vgl. auch Nr. 19 I 3. Damit ist klar, dass Mitteilung in der Tagespresse oder allgemeiner Aushang oder bloßer Hinweis auf dem Kontoauszug nebst Auslage im Schalterraum nicht ausreichen, BZ/Bunte Rn. 38. In der Mitteilung liegt ein Vertragsänderungsangebot der Bank. Hat der Kunde mit der Bank im Rahmen der Geschäftsbeziehung einen elektronischen Kommunikationsweg vereinbart (zB Online Banking), können die Änderungen auch auf diesem Wege angeboten werden **(II lit. a Satz 2).** Das ist wirksam, aber auch notwendig, weil

Hopt 2557

§ 127 III 1 nF BGB elektronische Form nur genügen lässt, soweit nicht ein anderer Wille anzunehmen ist. Ein elektronischer Kommunikationsweg muss vereinbart sein, bloßer E-mail-Kontakt genügt nicht, BZ/Bunte Rn. 38; letzterenfalls bleibt es bei I 1, also nur Angebot in Textform. Der elektronische Kommunikationsweg impliziert Übermittlung der vorgeschlagenen Änderungen, sodass der Kunde die Daten speichern und ausdrucken kann, UBH/Fuchs (8) Banken Rn. 7, letzteres str., s. **(5)** BGB § 305 II. Der Kunde kann den Änderungen vor dem vorgeschlagenen Zeitpunkt entweder **zustimmen oder** sie **ablehnen** Der Kunde kann das Vertragsänderungsangebot **ausdrücklich oder stillschweigend** annehmen, zB durch anschließende neue Auftragserteilung, zB Kreditaufnahme, aber auch durch weitere Nutzung der bisherigen Produkte, Herresthal ZHR 185 (2022) 392 ff., strenger WLP/Pamp Rn. B9; aber nicht schon durch einfaches Laufenlassen von Daueraufträgen; enger zur Annahme vor Fristablauf, idR nicht konkludent, auch Herresthal ZHR 185 (2022) 391; wohl noch enger, überhaupt gegen konkludente Zustimmung durch Vornahme weiterer Bankgeschäfte vor Ablauf der zwei Monate, UBH/Fuchs/Zimmermann (8) Banken Rn. 8d. Widerspricht der Kunde, bleibt es bei den bis dahin geltenden AGB. Diese Ablehnung kann wie bisher schriftlich oder auf dem vereinbarten elektronischen Weg, aber seit 2009 auch mündlich erklärt werden. **Schweigen auf Annahme** gilt nicht mehr als Zustimmung, anders als noch vor 2021 vorgesehen (II 4 aF, Ausschlussfrist, § 675g II 1 BGB nF; bis 2009 innerhalb von sechs Wochen wegen BGHZ 141, 158). Das verstieß zwar nach bis dahin hL nicht gegen **(5)** §§ 305 II, III, 307, 308 Nr. 5, 6 BGB, OLG Köln ZIP 2020, 114, UBH/Fuchs/Zimmermann (8) Banken Rn. 8c, WLP/Pamp Rn. B 9; MüKoHGB/Ekkenga P Rn. 208, dies auch im Hinblick auf § 675g II BGB und das Transparenzgebot, Schmidt-Kessel/Rank WM 2018, 2208. **Aber BGH 27.4.2021 (Postbank-Entscheidung)** WM 2021, 1128 = ZIP 2021, 1266 gegen hL: Zustimmungsfiktion nach II aF gilt trotz § 675g II BGB nicht für AGB im Verkehr mit Verbrauchern (unangemessene Benachteiligung, **§§ 307 I 1, II Nr. 1** BGB), ausführlich → **(7)** Bankgeschäfte Rn. C31a. Deshalb zunächst noch Beschränkung vor II auf Kunden, die keine Verbraucher waren, aber dann **Neufassung von II 31.8.2021,** → **(8)** AGB-Banken Einleitung Rn. 2 und zu der Rechtsprechungsänderung ausführlich → **(7)** Bankgeschäfte Rn. C31a. Die **Zustimmungsfiktion** gilt danach **nur noch unter ganz engen Voraussetzungen.** Eine Annahme durch den Kunden im Wege der Zustimmungsfiktion ist nur noch für vier enge, genau beschriebene Fälle vorgesehen (II lit. c aa), diese Zustimmungsfiktion entfällt, wenn der Kunde schon vor dem vorgeschlagenen Änderungszeitpunkt abgelehnt hat (II lit. c bb), und sie ist überdies für besonders wichtige Änderungen überhaupt ausgeschlossen (II lit. d). Die AGB-Ausübungskontrolle über den Inhalt der AGB bleibt unberührt, OLG Köln ZIP 2020, 116. Für die Fristwahrung genügte bis 2009 die rechtzeitige Absendung (II 5 aF), wie Nr. 7 II 1, III 2, vgl. §§ 121 I 2, 355 I 2 BGB, so auch § 377 IV HGB, dort sind Tragung der Beweislast und Verlustgefahr str. (→ HGB § 377 Rn. 41). Das ist in der Neufassung 2009 beseitigt, die Ablehnung muss also rechtzeitig zugehen (§ 130 BGB). Nach allgemeinen Grundsätzen liegt die Beweislast für den Zugang und seine Rechtzeitigkeit bei dem Kunden, der sich darauf beruft. Eine eventuelle analoge Anwendung der genannten Normen verbietet sich wegen der Vollharmonisierung durch die EU-ZahlungsdiensteRL problematisch und würde angesichts der Streichung der alten AGB und der Beibehaltung in Nr. 7 II 1 wohl dem Parteiwillen widersprechen.

8 B. **Sonderkündigungsrecht:** Für **Zahlungsdienste,** zB Überweisungsbedingungen (→ **(7)** Bankgeschäfte Rn. C24), enthalten II 6 und 7 Sonderregelungen (vgl. Nr. 19 I 3), die ein **Sonderkündigungsrecht** enthalten und § 676g II 2, 3 nF BGB entsprechen. Werden dem Kunden Änderungen von Bedingungen zu

V. Bankgeschäfte 1, 2 **2 AGB-Banken (8)**

Zahlungsdiensten angeboten, kann er den von der Änderung betroffenen Zahlungsdiensterahmenvertrag (§ 675f II BGB) vor dem vorgeschlagenen Zeitpunkt des Wirksamwerdens auch fristlos und kostenfrei kündigen **(II 6)**. Auf diese Kündigungsrecht weist ihn die Bank in ihrem Angebot nach II 1 hin **(II 7)**.

Bankgeheimnis und Bankauskunft

AGB-Banken 2 (1) Bankgeheimnis

¹ Die Bank ist zur Verschwiegenheit über alle kundenbezogenen Tatsachen und Wertungen verpflichtet, von denen sie Kenntnis erlangt (Bankgeheimnis). ² Informationen über den Kunden darf die Bank nur weitergeben, wenn gesetzliche Bestimmungen dies gebieten oder der Kunde eingewilligt hat oder die Bank zur Erteilung einer Bankauskunft befugt ist.

(2) Bankauskunft

Eine Bankauskunft enthält allgemein gehaltene Feststellungen und Bemerkungen über die wirtschaftlichen Verhältnisse des Kunden, seine Kreditwürdigkeit und Zahlungsfähigkeit; betragsmäßige Angaben über Kontostände, Spargutthaben, Depot- oder sonstige der Bank anvertraute Vermögenswerte sowie Angaben über die Höhe von Kreditinanspruchnahmen werden nicht gemacht.

(3) Voraussetzungen für die Erteilung einer Bankauskunft

¹ Die Bank ist befugt, über juristische Personen und im Handelsregister eingetragene Kaufleute Bankauskünfte zu erteilen, sofern sich die Anfrage auf ihre geschäftliche Tätigkeit bezieht. ² Die Bank erteilt jedoch keine Auskünfte, wenn ihr eine anders lautende Weisung des Kunden vorliegt. ³ Bankauskünfte über andere Personen, insbesondere über Privatkunden und Vereinigungen, erteilt die Bank nur dann, wenn diese generell oder im Einzelfall ausdrücklich zugestimmt haben. ⁴ Eine Bankauskunft wird nur erteilt, wenn der Anfragende ein berechtigtes Interesse an der gewünschten Auskunft glaubhaft dargelegt hat und kein Grund zu der Annahme besteht, dass schutzwürdige Belange des Kunden der Auskunftserteilung entgegenstehen.

(4) Empfänger von Bankauskünften

Bankauskünfte erteilt die Bank nur eigenen Kunden sowie anderen Kreditinstituten für deren Zwecke oder die ihrer Kunden.

1) Bankgeheimnis (I)

A. **Bankgeheimnis:** Nr. 2 I regelt ohne Entsprechung in der aF (bis 1993) das **1 Bankgeheimnis.** Dieses gilt schon auf Grund des Bankvertrags (zum Bankgeheimnis ausführlich → **(7)** Bankgeschäfte Rn. A9; Datenschutz → **(7)** Bankgeschäfte Rn. I/36f). I ist insoweit nur deklaratorisch, hL, vgl. BGHZ 166, 93. Bankgeheimnis ist in I 1 definiert als die Pflicht der Bank zur Verschwiegenheit über alle kundenbezogenen Tatsachen und Wertungen, von denen sie Kenntnis erlangt. Im Rahmen der allgemeinen Interessenwahrungspflicht darf die Bank auch ihr nicht bekannte Geheimnisse des Kunden nicht verletzen, etwa durch Zugänglichmachung von Dokumenten oder sonstige Ermöglichung des Zugriffs auf Kundeninformationen, I 1 steht nicht entgegen.

B. **Grenzen des Bankgeheimnisses:** I 2 nennt drei **Grenzen** des Bank- **2** geheimnisses: Gesetz, Einwilligung des Kunden und zulässige Bankauskunft. Das ist nur deklaratorisch. Wie weit diese Grenzen reichen, folgt nicht aus den AGB-Banken, → **(7)** Bankgeschäfte Rn. A10 ff. Gegenüber Auskunftsverlangen ausländischer Behörden ist I 2 ohne Belang, aber vielleicht eine Argumentationshilfe.

2) Bankauskunft (II)

3 II entspricht Nr. 10 II 1 aF (bis 1993). II Hs. 1 umschreibt **Bankauskunft** als allgemein gehaltene Feststellungen und Bemerkungen über die wirtschaftlichen Verhältnisse des Kunden, seine Kreditwürdigkeit und Zahlungsfähigkeit (zur Bankauskunft → **(7)** Bankgeschäfte Rn. A14). Nach II Hs. 2 werden keine betragsmäßigen Angaben über Kontostände, Sparguthaben, Depot- oder sonstige der Bank anvertraute Vermögenswerte und über die Höhe von Kreditinanspruchnahmen gemacht. Das entspricht dem Bankgeheimnis, → **(7)** Bankgeschäfte Rn. A9. Weiter gehende Auskünfte (zB nicht allgemein gehalten, über private Verhältnisse, über Eignung für andere Geschäfte) sind trotz II Hs. 1 Bankkünfte im Rechtssinn, aber mangels Einwilligung des Kunden, über den Auskunft erteilt wird, rechtswidrig. Nicht in II geregelt sind **andere Auskünfte** der Bank, zB Scheckauskunft; s. BGHZ 49, 173, → **(7)** Bankgeschäfte Rn. E/8.

3) Voraussetzungen für die Erteilung einer Bankauskunft (III)

4 A. **Bankauskunft mangels anderer Weisung: III** entspricht Nr. 10 I, II 2 aF (bis 1993). Nach **III 1** hat die Bank mangels anderslautender Weisung **(III 2)** ein allgemeines **Bankauskunftserteilungsrecht über juristische Personen** und im HdlRegister **eingetragene Kaufleute** (trotz des Wortlauts nach Sinn und Zweck auch unternehmenstragende (rechtsfähige) GbR → HGB Einl. vor § 105 Rn. 14, BZ/Bunte Rn. 60; Staub/Grundmann 2020 Teil 2 Rn. 295; auch PartG, → Anh. § 160 Rn. 57, str.; auch EWIV, WLP/Pamp Rn. B 15, strenger üL, UBH/Fuchs (8) Banken Rn. 11), sofern sich die Anfrage auf ihre geschäftliche Tätigkeit bezieht (sonst gilt III 3), also nicht für einen VollKfm, der ein Privatkonto unterhält, KMFS/Büchel Rn. 3.281. Zu den Voraussetzungen für die Erteilung einer Bankauskunft → **(7)** Bankgeschäfte Rn. A14–15; zu den aus der Berufsstellung der Bank folgenden Aufklärungs- und Beratungspflichten → HGB § 347 Rn. 22 ff. Danach ist regelmäßig keine Rückfrage der Bank vor Auskunftserteilung notwendig. Denn die Auskunftserteilung liegt im Eigeninteresse dieser **Geschäftskunden**. III ist aber mangels eines diesbezüglichen HdlBrauchs konstitutiv, üL, WLP/Pamp Rn. B 15. Jedoch gilt dies auch gegenüber juristischen Personen und eingetragenen Kfltn nicht ausnahmslos, sondern nur, soweit auch ohne Klausel mutmaßliche Einwilligung anzunehmen wäre, so idR bei günstiger Auskunft (→ **(7)** Bankgeschäfte Rn. A15), nicht bei klar negativer Auskunft; ähnlich Horn WM 1984, 455; aA ohne Ausnahme KMFS/Büchel Rn. 3.280; dies lässt sich wohl noch durch Auslegung ohne Unwirksamkeit von III 1 feststellen (vgl. **(5)** § 305c II BGB). III 1 ist also wirksam, str. Zur Verpflichtung der Bank, den Kunden Tatsache und Inhalt der über ihn erteilten Kreditauskunft mitzuteilen, → **(7)** Bankgeschäfte Rn. A15, 55. Besonderheiten der Bank-zu-Bank-Auskunft → HGB § 347 Rn. 19. Anwendung von Nr. 10 aF (bis 1993) gegenüber einer ausländischen Bank s. BGH DB 1971, 1904.

5 B. **Bankauskünfte über andere Personen:** Nach **III 3** werden (entsprechend der Bankpraxis seit 1984) Bankauskünfte über alle nicht unter III 1 fallenden Kunden, vor allem Privatkunden und Vereinigungen (nicht rechtsfähige Vereine, nicht unternehmerische Außen-GbR, auch → Rn. 4), nur noch nach ausdrücklicher Zustimmung des Kunden erteilt. Die Zustimmung soll für den Einzelfall oder auch generell gegeben werden können. Eine von Privatleuten routinemäßig für alle künftigen Auskunftsfälle eingeholte Zustimmung kann jedoch nicht ausreichen. Eine allgemeine Rückfragepflicht bei Privatkunden schützt den Privatkunden am besten und belastet die Bank und den Rechtsverkehr nicht übermäßig. Zumindest müsste die Zustimmung von Verbrauchern auf bestimmte Bereiche und Zeiträume beschränkt werden. Diese Einschränkung lässt sich nicht mehr durch bloße Auslegung erreichen (keine geltungserhaltende Reduktion, **(5)** § 306 II BGB). III 3 „generell" ist danach **unwirksam,** zust. MüKoBGB/

V. Bankgeschäfte **3 AGB-Banken (8)**

Wurmnest § 307 Rn. 206, aA die üL, die sich daran nicht stößt, WLP/Pamp Rn. B 15; KMFS/Büchel Rn. 3.282; wohl auch BZ/Bunte Rn. 61.

C. Grenzen (III 4): III 4 verlangt ein glaubhaft dargelegtes berechtigtes **6** Interesse an der Auskunft, was praktisch kaum einschränkt. Außerdem darf kein Grund zur Annahme bestehen, dass schutzwürdige Belange des Kunden, über den Auskunft erteilt wird, entgegenstehen (vgl. § 28 BDSG); das gilt für Privatkunden und Kflte gleichermaßen. Nicht jeder zutreffende Hinweis auf negative Tatsachen verstößt schon für sich gegen schutzwürdige Kundenbelange, zust. KMFS/Büchel Rn. 3.288.

4) Empfänger von Bankauskünften (IV)

IV beschränkt wie 10 II 2 aF (bis 1993) den Empfängerkreis: nur **eigene** **7** **Kunden** und andere Kreditinstitute, letztere für ihre eigenen Zwecke und die ihrer Kunden. Die Bank gibt danach keine Bankauskünfte unmittelbar an Dritte, sondern nur im Wege einer **Bank-zu-Bank-Auskunft.** IV begründet aber keinen Rechtsanspruch auf Auskunftserteilung, ein solcher Anspruch kann sich aber aus einem anderen Rechtsgrund ergeben; das gilt auch für Bank-zu-Bank-Auskünfte, obschon diese allgemein üblich sind; für „eine rechtlich nicht fassbare Standespflicht des Kreditgewerbes" KMFS/Büchel Rn. 3.286. Zur Frage eigener Ansprüche Dritter gegen die auskunftsgebende Bank → HGB § 347 Rn. 19 ff.

5) Haftung für Bankauskünfte

Nr. 2 enthält anders als Nr. 10 II 3 aF (bis 1993) keine besondere Freizeich- **8** nung mehr. Die Bank haftet danach dem Kunden, über den sie Auskunft erteilt hat, und dem Auskunftsempfänger (→ Rn. 4) bei jeder Fahrlässigkeit auch ihrer Erfüllungsgehilfen (§§ 276, 278 BGB). Praktisch erhöht sich dadurch das Haftungsrisiko der Banken gegenüber früher kaum.

Haftung der Bank; Mitverschulden des Kunden

AGB-Banken 3 (1) Haftungsgrundsätze

¹Die Bank haftet bei der Erfüllung ihrer Verpflichtungen für jedes Verschulden ihrer Mitarbeiter und der Personen, die sie zur Erfüllung ihrer Verpflichtungen hinzuzieht. ²Soweit die Sonderbedingungen für einzelne Geschäftsbeziehungen oder sonstige Vereinbarungen etwas Abweichendes regeln, gehen diese Regelungen vor. ³Hat der Kunde durch ein schuldhaftes Verhalten (zum Beispiel durch Verletzung der in Nr. 11 dieser Geschäftsbedingungen aufgeführten Mitwirkungspflichten) zu der Entstehung eines Schadens beigetragen, bestimmt sich nach den Grundsätzen des Mitverschuldens, in welchem Umfang Bank und Kunde den Schaden zu tragen haben.

(2) **Weitergeleitete Aufträge**

¹Wenn ein Auftrag seinem Inhalt nach typischerweise in der Form ausgeführt wird, dass die Bank einen Dritten mit der weiteren Erledigung betraut, erfüllt die Bank den Auftrag dadurch, dass sie ihn im eigenen Namen an den Dritten weiterleitet (weitergeleiteter Auftrag). ²Dies betrifft zum Beispiel die Einholung von Bankauskünften bei anderen Kreditinstituten oder die Verwahrung und Verwaltung von Wertpapieren im Ausland. ³In diesen Fällen beschränkt sich die Haftung der Bank auf die sorgfältige Auswahl und Unterweisung des Dritten.

(3) **Störung des Betriebs**

Die Bank haftet nicht für Schäden, die durch höhere Gewalt, Aufruhr, Kriegs- und Naturereignisse oder durch sonstige von ihr nicht zu vertretende

Vorkommnisse (zum Beispiel Streik, Aussperrung, Verkehrsstörung, Verfügungen von hoher Hand im In- oder Ausland) eintreten.

1) Haftungsgrundsätze (I)

1 A. **Haftung (I 1): Nr. 3 I 1** lässt die Bank bei der Erfüllung ihrer Pflichten für **jedes auch nur leichte Verschulden** haften (§§ 276, 278 BGB), also entgegen Nr. 25 I aF (bis 1993) ohne Freizeichnung für andere Erfüllungsgehilfen als die eigenen Mitarbeiter wie zB dritte Banken oder selbstständige Rechenzentren. Die rechtlich zT unwirksamen Haftungsfreizeichnungsklauseln der aF (bis 1993), vor allem Nr. 10 III Hs. 2, sind zu Recht nicht mehr aufgenommen worden. Das erspart die schwierige Abgrenzung zwischen vertragswesentlichen und anderen Pflichten und zwischen Pflichten aus Vertrag und aus gesetzlichem Schuldverhältnis wie vor allem Aufklärungs- und Warnpflichten, BGH NJW 1991, 694 und hier 28. Aufl. Die Bank haftet also für Bank- und andere **Auskünfte, Aufklärung und Beratung** (→ HGB § 347 Rn. 8–40, → **(7)** Bankgeschäfte Rn. A16–29) samt deren Unterlassung für jede Fahrlässigkeit, auch im kfm. Verkehr. Das entspricht der Mittlerrolle der Banken mit besonderen Berufspflichten und Vertrauensstellung und ihrem wohlverstandenen Eigeninteresse, Hopt Kapitalanlegerschutz S. 351 ff.; Hopt FS Heinsius, 1991, 303; BZ/Bunte Rn. 67. Die Anpassung der Berufshaftpflichtversicherung (zB Vermögensschadenpflichtversicherung für Banken, unterhalten vom Bundesverband deutscher Banken) ist nur konsequent.

2 I 1 legt nicht selbst einen Sorgfaltsmaßstab fest, sondern verweist auf Gesetz und Vertrag (→ Rn. 2), wo mehr (zB Rechtsscheinhaftung, → HGB § 5 Rn. 11) oder weniger (zB § 708 BGB) verlangt sein kann. Nach § 276 II BGB, § 347 I HGB gilt ein objektiver Sorgfaltspflichtmaßstab mit unterschiedlichen Anforderungen je nach Verkehrs- und Berufskreis. Die allgemeinen berufstypischen Anforderungen an Professionalität und Loyalität der Kreditinstitute sind hoch, müssen aber sachgerecht bleiben. Unterschiedliche Anforderungen je nach Bankbranchen spielen im deutschen Universalbankensystem kaum eine Rolle. Besondere Kenntnisse und Fähigkeiten gerade dieser Bank sind zu berücksichtigen. Interessenkonflikte und Insiderwissen der Bank → HGB § 347 Rn. 30–33. Keine Hinzuziehung eines Erfüllungsgehilfen liegt bei bloßer Substitution vor, zB bei weitergeleiteten Aufträgen (II).

3 B. **Abweichende Vereinbarungen (I 2): I 2** lässt (rein deklaratorisch) abweichende Vereinbarungen in Sonderbedingungen (→ Nr. 1 Rn. 6) und sonstige Vereinbarungen (→ Nr. 1 Rn. 2) vorgehen.

4 C. **Mitverschulden (I 3): I 3** ebenfalls deklaratorisch verweist für das Mitverschulden des Kunden, zB Verletzung seiner Mitwirkungspflichten (Nr. 11), der Sache nach auf § 254 BGB und entsprechende Regelungen. Der Hauptfall ist die Verletzung von Mitwirkungspflichten, s. Nr. 11.

2) Weitergeleitete Aufträge (II)

5 A. **Substitution (II):** II entspricht Nr. 9 aF (bis 1993). **II 1** erlaubt entgegen §§ 613 S. 1, 664 I 1, 691 S. 1 BGB die **Substitution,** allerdings anders als nach Nr. 9 aF (bis 1993) nicht mehr allgemein, sondern nur noch, wenn ein Auftrag seinem Inhalt nach typischerweise durch bloße Weiterleitung ausgeführt wird (sog. **weitergeleiteter Auftrag**). Beispiele sind die Einholung von Bankauskünften bei anderen Kreditinstituten (vgl. Nr. 2 IV) und die Verwahrung und Verwaltung von Wertpapieren im Ausland (so **II 2**). Das hat dann zur Folge, dass die Bank nicht für Verschulden eines Erfüllungsgehilfen (→ Rn. 1), sondern **nur für eigenes Auswahl- und Unterweisungsverschulden** haftbar ist (so II 3) und nur etwaige Ansprüche gegen den Dritten dem Kunden auf Verlangen abzutreten hat (→ Rn. 7). II erstreckt sich **nicht** auf den **Überweisungsverkehr:** zwar ist auch hier Substitution zulässig, aber die Bank haftet für die zwischengeschalteten Banken nach § 675z S. 3 BGB (wie § 278 BGB (→ (7) Bankgeschäfte Rn. C79), das führt nicht zur Unwirksamkeit von II 2 insgesamt, denn Sonderbedingungen gehen vor, wie in Nr. 1 I 2 klargestellt (dort → Nr. 1 Rn. 6), vor, hier also Überweisungsbedingungen Nr. 2.3.3 I S. 3 und für Unternehmenskunden Nr. 2.3.4 S. 2.

II 1 macht mit dem Hinweis auf den typischen Vertragsinhalt und die Betrauung Dritter „mit der weiteren Erledigung" nicht hinreichend klar, ob und wann von §§ 664 I 2, 675 I BGB zu Lasten des Kunden abgewichen wird. Die Reichweite der rechtlich zulässigen Substitution kann nicht durch die Einführung des Begriffs des (bloß) weitergeleiteten Auftrags in AGB verschoben werden. Entscheidend ist vielmehr ua, dass der Beauftragte nicht gegen seinen Willen zur Übernahme nicht beherrschbarer und überschaubarer Risiken gezwungen wird, BGH WM 1991, 798. Das besondere, in die Bank selbst als Interessenwahrer gesetzte Vertrauen und die Umgehung der Beschränkung des **(5)** § 309 Nr. 7b BGB mit einschneidenden Folgen für den Kunden, der mit dem Dritten nichts zu tun hat (vgl. auch **(5)** § 309 Nr. 10 BGB), lassen **II 1 mit 3** nach **(5)** §§ 307, 309 Nr. 7b u. 10 BGB und dem Transparenzgebot nach **(5)** § 307 I 2 BGB als **unwirksam** erscheinen, LG Köln WM 2000, 720, str., für aF (bis 1993) ganz üL, Koller ZIP 1985, 1248; Hansen BB 1989, 2418; Bitter ZBB 2007, 252; aA zB OLG Frankfurt a. M. WM 2000, 1638; Kümpel WM 1977, 699; UBH/Fuchs (8) Banken Rn. 14; differenzierend DKB/Casper Rn. 36ff.; trotz Bedenken für Wirksamkeit Ellenberger/Bunte Bankrechts-HdB/Bunte/Artz § 3 Nr. 3 Rn. 39f. Unwirksamkeit von II bedeutet nicht, dass die Bank nie zulässig substituieren könnte, so ist Substitution zB beim Dokumenteninkasso ohne Verstoß gegen § 664 BGB zulässig (→ **(7)** Bankgeschäfte Rn. M3), insoweit zutr. OLG Frankfurt a. M. WM 2000, 1637.

B. **Rechtsfolge:** Die Rechtsfolge der Unwirksamkeit ist nur, dass es bei der allgemeinen Rechtslage verbleibt; danach schuldet die Bank aber in den meisten Fällen (außer in den in II 2 genannten Beispielsfällen, zB Scheck- und Dokumenteninkasso) nicht rein persönlich, sondern darf übertragen (§ 664 I 2 BGB), von Westphalen WM 1984, 7. **Praktisch** bleibt es also meist bei der bloßen Haftung für Auswahl- und Unterweisungsfehler wie nach **II 3**. Folgt die Bank bei der Einschaltung des Dritten einer Kundenweisung, haftet sie nicht (so noch ausdrücklich Nr. 9 S. 3 aF (bis 1993), doch bleiben die Aufklärungs- und Beratungspflichten der Bank (→ **(7)** Bankgeschäfte Rn. A16–29) unberührt. Über II 3 hinaus ist die Bank zur Abtretung von Ansprüchen gegen den Dritten verpflichtet (§ 667 BGB), BGH DB 1958, 133. Wegen der Abtretungspflicht sind diese Ansprüche von der Kontokorrentabrede zwischen dem Kunde und Bank Banken nicht erfasst, BGH WM 1978, 367. Zur Substitution der Banken Lit.: von Gablenz, 1983; Heymann/Horn II/34.

3) Störung des Betriebs (III)

III stellt im Wesentlichen nur deklaratorisch klar, dass die Bank nicht für unabwendbare **Zufallsschäden** haftet (Aufzählung wie in Nr. 25 II aF (bis 1993). Höhere Gewalt bedeutet auch durch äußerste, billigerweise zu erwartende Sorgfalt nicht abwendbar, schon geringstes Verschulden schadet, BGHZ 81, 355; BAG NJW 2003, 2849 (§ 206 BGB). Von der Bank zu vertretende (§ 276 I 1 BGB, auch Haftungsverschäfung aus Garantie oä Betriebsstörungen sind nicht erfasst. Soweit die Bank darüber hinaus schadensersatzpflichtig ist (Gefährdungshaftung) oder sonst das Risiko zu tragen hat (zB Betriebsrisiko), gilt III ebenfalls nicht. Das folgt aus III (Wortlaut, Zweck) ohne Verstoß gegen das Verbot der geltungserhaltenden Reduktion (s. **(5)** § 306 II BGB). III ist deshalb wirksam, str.

Keinesfalls verschafft III der Bank Ansprüche, die sie sonst nicht hätte, OGHZ 2, 91.

Grenzen der Aufrechnungsbefugnis des Kunden, der kein Verbraucher ist

AGB-Banken 4
¹Ein Kunde, der kein Verbraucher ist, kann gegen Forderungen der Bank nur aufrechnen, wenn seine Forderungen unbestritten oder rechtskräftig festgestellt sind. ²Diese Aufrechnungsbeschränkung gilt nicht für eine vom Kunden zur Aufrechnung gestellte Forderung, die ihren Rechtsgrund in einem Darlehen oder einer Finanzierungshilfe gemäß §§ 513, 491 bis 512 BGB hat.

1) Grenzen der Aufrechnungsbefugnis

1   Nr. 4 idF Juli 2018 wegen BGH NJW 2018, 2042 (→ Rn. 2), aber nur unverbindliche Empfehlung des Bundesverbandes Deutscher Banken, eventuell Unterrichtung der Kunden. Nr. 4 aF entsprach Nr. 2 I aF (bis 1993). Nr. 4 nF bringt ein **Aufrechnungsverbot** zu Lasten des Kunden, der nicht Verbraucher ist, außer bei unbestrittenen oder rechtskräftig festgestellten Verbindlichkeiten. Nr. 2 I aF ist herkömmlich allgemein für wirksam angesehen worden (s. **(5)** § 309 Nr. 3 BGB), nur durfte die Berufung darauf nicht treuwidrig sein, BGH NJW 1986, 1757; 2002, 2779, viele Nachweise in BGH NJW 2018, 2042 Rn. 15. Der Vorbehalt „in derselben Währung" folgt schon aus § 387 BGB (Gleichartigkeit; ausdrücklich Nr. 2 I aF (bis 1993). Das Aufrechnungsverbot galt schon bisher nicht bei gesetzlichem Einwendungsdurchgriff, → **(7)** Bankgeschäfte Rn. G42; in Insolvenz der Bank, BGH NJW 1984, 357. Grundlose oder unsubstantiierte Einwendungen machen die Forderung nicht zur bestrittenen, BGHZ 12, 136 (zu **(18)** ADSp § 32 aE); BGH BB 1977, 815.

2) Unwirksamkeit des Aufrechnungsverbots im Verkehr mit Verbrauchern und Existenzgründern

2   Nr. 4 Satz 1 nF gilt **nur für Kunden,** die **keine Verbraucher** sind, und trägt damit der Entscheidung des BGH NJW 2018, 2042 (zu **(9)** AGB-Spark Nr. 11) Rechnung, die AGB über Aufrechnungsverbot **im Verkehr mit Verbrauchern** für **unwirksam** hält. Gründe: unzulässige Erschwerung des Widerrufsrechts (§§ 355 III 1, 357a BGB; Zwang zur Geltendmachung der Ansprüche aus dem Rückabwicklungsverhältnis aktiv im Klagewege (mit Gerichtskostenvorschuss); Beschränkung der Verteidigung gegen Klage (der Bank) auf Widerklage; mangels anteiliger, rückwirkender (§ 389 BGB) Tilgung der Hauptforderung Verzugs- und Prozesszinsen, die durch § 361 I BGB nicht ausgeschlossen sind; insgesamt Erschwerung der praktischen Durchsetzung der Forderung des Verbrauchers. Krit zum Widerrufsargument Lühmann NJW 2018, 2044, zu diesem auch Seggewiße/Erkis MDR 2017, 1273 (1275). Nr. 4 Satz 1 ist, da nur für den Unternehmensverkehr geltend, wirksam, Bedenken wegen Intransparenz (Vorbehalt von Aufrechnungsausschlüssen) bei Rodi WM 2021, 2184.

3   Nr. 4 Satz 2 nF stellt klar, dass Nr. 4 Satz 1 **auch nicht für Existenzgründer** gilt (näher §§ 513, 491–512 BGB).

3) Grenzen der Aufrechnungsbefugnis im Unternehmensverkehr

4   BGH NJW 2018, 2042 spricht die Unwirksamkeit nur für den Verkehr mit Verbrauchern aus. Für Unternehmer greift das Argument der Erschwerung des Widerrufsrechts (§§ 355 III 1, 357a BGB) nicht. Die Beibehaltung der Aufrechnungsverbotsklausel wird vor allem mit den Anforderungen der Bundesbank begründet, die ein Aufrechnungsverbot des Kreditnehmers für von der Bank zur Besicherung von geldpolitischen Geschäften an die Bundesbank abgetretene Kreditforderungen verlangt. Danach muss das Aufrechnungsverbot des Schuldners

gegen den Kreditgeber und etwaige Rechtsnachfolger, zB Zessionare der Kreditforderung, in Übereinstimmung mit dem anwendbaren Recht in der Kreditvereinbarung ausgeschlossen werden. Es bleibt aber abzuwarten, ob der BGH wegen der übrigen Erschwerungen das Aufrechnungsverbot nicht auch im Unternehmensverkehr für unwirksam erklären wird. Solange die Klausel insoweit wirksam bleibt, bleiben die schon bisher geltenden Einschränkungen (→ Rn. 5) zu beachten.

Die Berufung auf das Aufrechnungsverbot wäre **missbräuchlich,** wenn die Gegenforderung des Kunden nach Grund und Höhe feststeht, zumal wenn sie aus schuldhafter Pflichtverletzung der Bank hervorgeht, BGH NJW 1978, 2244; 1985, 2820; 1991, 840. In besonderen Fällen kann die Berufung auf das Aufrechnungsverbot nach § 393 BGB und auch sonst nach § 242 BGB unzulässig sein, BGH WM 1961, 1357; 1966, 734; 1976, 1332; OLG Nürnberg WM 1977, 311, zB wenn die Gegenforderung auf einer vorsätzlichen unerlaubten Handlung beruht, BZ/Bunte Rn. 97, entspr. bei vorsätzlicher Vertragsverletzung oder culpa in contrahendo, Canaris Rn. 2551a, im Einzelfall soll die Berufung auf das vertragliche Aufrechnungsverbot aber bei besonderen Schwierigkeiten der diesbezüglichen Prüfung und ganz undurchsichtiger Gegenforderung möglich bleiben, BZ/Bunte Rn. 97. Das Aufrechnungsverbot gilt nicht gegen begründete, entscheidungsreife Forderungen, BGH BB 1977, 814; WM 1978, 628, str. S. Kommentare zu **(5)** § 309 Nr. 3 BGB. **Zurückbehaltungsrechte** erfasst Nr. 4 **nicht** (s. **(5)** §§ 305c II, 309 Nr. 2 BGB), hL, UBH/Fuchs (8) Banken Rn. 17; DKB/Casper Rn. 43; aA OLG Frankfurt a. M. WM 1977, 156 Ls.

Verfügungsberechtigung nach dem Tod des Kunden

AGB-Banken 5 ¹Nach dem Tod des Kunden hat derjenige, der sich gegenüber der Bank auf die **Rechtsnachfolge des Kunden beruft, der Bank seine erbrechtliche Berechtigung nachzuweisen.**

²**Wird der Bank eine Ausfertigung oder eine beglaubigte Abschrift der letztwilligen Verfügung (Testament, Erbvertrag) nebst zugehöriger Eröffnungsniederschrift vorgelegt, darf die Bank denjenigen, der darin als Erbe oder Testamentsvollstrecker bezeichnet ist, als Berechtigten ansehen, ihn verfügen lassen und insbesondere mit befreiender Wirkung an ihn leisten.** ³**Dies gilt nicht, wenn der Bank bekannt ist, dass der dort Genannte (zum Beispiel nach Anfechtung oder wegen Nichtigkeit des Testaments) nicht verfügungsberechtigt ist oder wenn ihr dies infolge Fahrlässigkeit nicht bekannt geworden ist.**

1) Vorlage von Urkunden (Satz 1)

Nr. 5 nF zum 15.7.2014, statt S. 1 und 2 aF S. 1 nF, Satz 3 und 4 aF wurden zu S. 2 und 3 nF. Nr. 5 regelt die **Legitimation der Erben,** Testamentsvollstrecker ua, zB Zeugnis des Nachlassgerichts über die Fortsetzung der Gütergemeinschaft, nach dem Tod des Kunden, Ausdehnung auf Vormundschaft, Pflegschaft, Insolvenz ua (Bestallungsurkunden) ist nicht vorgesehen (anders Nr. 24 III aF). Nr. 5 S. 1 und 2 aF betrafen das Recht der Bank die Vorlegung eines Erbscheins, eines Testamentsvollstreckerzeugnisses oder weiterer hierfür notwendiger Unterlagen zu verlangen und sich stattdessen mit einer Ausfertigung oder einer beglaubigten Abschrift der letztwilligen Verfügung nebst Eröffnungsniederschrift zu begnügen. Dies war jedoch unwirksam, BGH NJW 2013, 3716 (für Nr. 5 AGB-Sp, kundenfeindlichste Auslegung); OLG Hamm WM 2013, 221; Wurmnest WM 2015, 1597, aA, wenn auch zT zweifelnd, bisherige Rspr., OLG Celle NJW 1998, 83; OLG Saarbrücken BeckRS 2013, 20971 und hL; zur Rspr. des BGH

Ellenberger/Bunte Bankrechts-HdB/Bunte/Artz § 3 Nr. 5 Rn. 1 ff.; BZ/Bunte Rn. 100b ff. Schon bisher wurde S. 1 so ausgelegt, dass die Bank nicht stets auf Vorlage des Erbscheins bestehen konnte, RGZ 54, 343; BGH WM 2005, 1432, sondern nur nach billigem Ermessen (§ 315 I BGB); Keim WM 2006, 753.

2 Nunmehr sieht S. 1 nF nur noch vor, dass derjenige, der sich gegenüber der Bank auf die Rechtsnachfolge des verstorbenen Kunden beruft, der Bank seine erbrechtliche Berechtigung in geeigneter Weise nachzuweisen hat. Wie, das ist eine Frage der jeweiligen Umstände, zB durch Vorlage eines eröffneten eigenhändigen Testaments bei eindeutigem Nachweis der Erbfolge, BGH NJW 2016, 2409. S. 1 nF ist danach wirksam, Ellenberger/Bunte Bankrechts-HdB/Bunte/ Artz Nr. 5 Rn. 13 ff., 17 ff.; UBH/Fuchs (8) Banken Rn. 19. Auch nach Wegfall der AGB kann die Bank aber bei (konkreten) Zweifeln die Vorlegung eines Erbscheins (§§ 2353 ff. BGB) verlangen, BGH NJW 2013, 3716 Rn. 40 wie schon BGH WM 2005, 1432; Wiechers WM 2014, 152, ebenso Testamentsvollstreckerzeugnis (§ 2368 BGB) ua (ggf. in deutscher Übersetzung), Günther NJW 2013, 3683; Starke NJW 2005, 3186, ggf. weitere geeignete Unterlagen, BZ/ Bunte Rn. 103. Wegen der Gefahr doppelter Inanspruchnahme soll die Bank bei privatschriftlichen Testamenten nahezu immer einen Erbschein verlangen dürfen, so Günther NJW 2013, 3683, dies zu weitgehend, so aber, wenn überhaupt keine letztwillige Verfügung vorhanden ist. Eine Ausfertigung oder beglaubigte Abschrift der letztwilligen Verfügung wird idR als Erbrechtsnachweis ausreichen, wenn zugleich die zugehörige (ordnungsgemäße) Eröffnungsniederschrift (§ 2260 II BGB) vorgelegt wird (so schon bisher Satz 2 aF). Wenn nötig, sind auch mehrere Urkunden vorzulegen. Postmortale Vollmacht als Ersatz für Erbschein, Zimmer NJW 2016, 3341 gegen OLG München NJW 2016, 3381. Mangels eines zulässig geforderten Nachweises hat die Bank ein Leistungsverweigerungsrecht, ggf. Hinterlegung (§ 372 S. 2 BGB). Ausführlich zur nF Wurmnest WM 2015, 1597. Europäisches Nachlasszeugnis, EuGH NJW 2021, 2421.

2) Leistung mit befreiender Wirkung (Satz 2, 3)

3 S. 2 und 3 nF wie Satz 3 und 4 aF. Die Bank darf den in einer Ausfertigung oder einer beglaubigten Abschrift der letztwilligen Verfügung (Testament, Erbvertrag) als Erbe oder Testamentsvollstrecker Bezeichneten als Berechtigten ansehen und verfügen lassen, also zB **mit befreiender Wirkung** an ihn **leisten (Satz 2)**. S. 2 ist, jedenfalls angesichts von S. 3, wirksam, OLG Celle NJW 1998, 82, BZ/Bunte Rn. 107, Grund: Wille des Erblassers, vergleichbar einer postmortalen Vollmacht (→ Rn. A51), aA Rodi WM 2021, 2217. Die Niederschrift kann in Kurzform auch auf dem Testament selbst stehen. Ein reiner Eröffnungsvermerk genügt dagegen nicht. Die Bank wird entgegen S. 2 nicht frei, wenn sie die mangelnde Verfügungsmacht des in der Urkunde Bezeichneten, zB bei Nichtigkeit oder Anfechtung des Testaments, kennt oder fahrlässig nicht kennt (S. 3). Bsp.: Einlösung von Erblasserschecks trotz Widerrufs durch Alleinerben, der noch keinen Erbschein hat, LG Krefeld WM 1977, 379, aber keine eigenen Ermittlungen außerhalb des eigenen Einfluss- und Kenntnisbereichs, BGH NJW 2001, 232; WM 2004, 1978 (für Hinterlegung). Vorlage eines eröffneten eigenhändigen Testaments belegt Erbrecht, wenn das Testament die Erbfolge mit der im Rechtsverkehr erforderlichen Eindeutigkeit nachweist, BGH NJW 2016, 2409 mAnm Kroiß. Anders als ein eröffnetes öffentliches Testament hat das private Testament allerdings keine (widerlegbare) Vermutung dafür. Deshalb etwa Nachfrage der Bank, ob ein Rechtsstreit oder ein Erbscheinsverfahren anhängig ist.

V. Bankgeschäfte 1–3 **6 AGB-Banken (8)**

Maßgebliches Recht und Gerichtsstand bei kaufmännischen und öffentlich-rechtlichen Kunden

AGB-Banken 6 (1) Geltung deutschen Rechts

Für die Geschäftsverbindung zwischen dem Kunden und der Bank gilt deutsches Recht.

(2) Gerichtsstand für Inlandskunden

¹Ist der Kunde ein Kaufmann und ist die streitige Geschäftsbeziehung dem Betriebe seines Handelsgewerbes zuzurechnen, so kann die Bank diesen Kunden an dem für die kontoführende Stelle zuständigen Gericht oder bei einem anderen zuständigen Gericht verklagen; dasselbe gilt für eine juristische Person des öffentlichen Rechts und für öffentlich-rechtliche Sondervermögen. ²Die Bank selbst kann von diesen Kunden nur an dem für die kontoführende Stelle zuständigen Gericht verklagt werden.

(3) Gerichtsstand für Auslandskunden

Die Gerichtsstandsvereinbarung gilt auch für Kunden, die im Ausland eine vergleichbare gewerbliche Tätigkeit ausüben, sowie für ausländische Institutionen, die mit inländischen juristischen Personen des öffentlichen Rechts oder mit einem inländischen öffentlich-rechtlichen Sondervermögen vergleichbar sind.

1) Geltung deutschen Rechts (I)

Nr. 6 I enthält wie Nr. 25 I 2 aF (bis 1993) eine wirksame **Rechtswahl** 1 zugunsten des deutschen Rechts, BGH WM 2004, 1177, hL, aber kein Hinweis auf Art. 6 II 2 Rom-I-VO für Verbraucherverkehr, vgl. EuGH WM 2019, 2258 Rn. 58,# für Unwirksamkeit deshalb Rodi WM 2021, 2220. Bsp.: Bankgarantie, BGHZ 108, 362 I führt idR zum gleichen Ergebnis wie Art. 4 lit. b, 19 Rom I-VO (mangels Rechtswahl engste Verbindungen, Grenze Art. 6 Rom I-VO für Verbraucherverträge, KMFS/Kropf Rn. 3.364 f.) und ist mit **(5)** § 307 BGB vereinbar (→ **(7)** Bankgeschäfte Rn. A60). I gilt nur für die Geschäftsverbindungen von In- und Auslandskunden mit inländischen Geschäftsstellen der Bank (Nr. 1 I 1). Zum IPR bei Bankgeschäften → Nr. 1 Rn. 5, allgemeiner → **(7)** Bankgeschäfte Rn. A60.

2) Gerichtsstand für Inlandskunden (II)

II entspricht Nr. 26 II aF (bis 1993) und enthält eine **Gerichtsstandsverein-** 2 **barung** für Inlandskunden, und zwar Kfte (nicht für deren Privatgeschäfte, Abgrenzung §§ 343, 344, BZ/Bunte Rn. 114; insoweit anders § 38 I ZPO, → Einl. vor § 1 Rn. 76), juristische Personen des öffentlichen Rechts und öffentlich-rechtliche Sondervermögen. Diese Klausel entspricht § 38 I ZPO und ist auch mit **(5)** §§ 305c I, 307 BGB vereinbar (→ HGB Einl. vor § 1 Rn. 86), zweifelnd Rodi WM 2021, 2223. Zuständig ist für die Bank als Klägerin wahlweise (S. 1), für den Kunden als Kläger ausschließlich (S. 2) das für die kontoführende Stelle zuständige Gericht. Eine Regelung des Erfüllungsorts ist nicht getroffen (anders Nr. 26 I 1 aF (bis 1993).

3) Gerichtsstand für Auslandskunden (III)

III entspricht Nr. 26 I 1, 26 II aF (bis 1993). III erstreckt der Sache nach 3 (entspr. § 38 II ZPO, → Rn. 2) II auf Auslandskunden. Art. 23 EuGVVO enthält Formerfordernis (→ HGB Einl. vor § 1 Rn. 87). Auch für Auslandskunden gilt danach der Gerichtsstand des für die kontoführende Stelle zuständigen Gerichts. Das ist ein deutsches Gericht, denn die AGB-Banken gelten nur für inländische

Geschäftsstellen der Bank (Nr. 1 I 1, dort → Nr. 1 Rn. 5). Eine Gerichtsstandsvereinbarung auch für ausländische Geschäftsstellen enthält III nicht.

II. Kontoführung

Rechnungsabschlüsse bei Kontokorrentkonten (Konten in laufender Rechnung)

AGB-Banken 7 (1) Erteilung der Rechnungsabschlüsse

¹ Die Bank erteilt bei einem Kontokorrentkonto, sofern nicht etwas anderes vereinbart ist, jeweils zum Ende eines Kalenderquartals einen Rechnungsabschluss; dabei werden die in diesem Zeitraum entstandenen beiderseitigen Ansprüche (einschließlich der Zinsen und Entgelte der Bank) verrechnet. ² Die Bank kann auf den Saldo, der sich aus der Verrechnung ergibt, nach Nummer 12 dieser Geschäftsbedingungen oder nach der mit dem Kunden anderweitig getroffenen Vereinbarung Zinsen berechnen.

(2) Frist für Einwendungen; Genehmigung durch Schweigen

¹ Einwendungen wegen Unrichtigkeit oder Unvollständigkeit eines Rechnungsabschlusses hat der Kunde spätestens vor Ablauf von sechs Wochen nach dessen Zugang zu erheben; macht er seine Einwendungen in Textform geltend, genügt die Absendung innerhalb der Sechs-Wochen-Frist. ² Das Unterlassen rechtzeitiger Einwendungen gilt als Genehmigung. ³ Auf diese Folge wird die Bank bei Erteilung des Rechnungsabschlusses besonders hinweisen. ⁴ Der Kunde kann auch nach Fristablauf eine Berichtigung des Rechnungsabschlusses verlangen, muss dann aber beweisen, dass zu Unrecht sein Konto belastet oder eine ihm zustehende Gutschrift nicht erteilt wurde.

1) Erteilung der Rechnungsabschlüsse (1)

1   Nr. 7 I 1 gibt dem Kunden Anspruch auf Erteilung von Rechnungsabschlüssen bei Kontokorrentkonten (Konten in laufender Rechnung) nicht nur jährlich (so § 355 II HGB, Nr. 14 I aF (bis 1993), sondern jeweils zum Ende des Kalenderquartals, dies in Übereinstimmung mit der Regelabrechnungsperiode von § 493 BGB. Abweichende Vereinbarung mit dem Kunden ist möglich, zB monatlich mit kfm. Kundschaft. I 1 Hs. 2 beschreibt deklaratorisch für den Kunden die Verrechnungswirkung des Kontokorrents (→ § 355 Rn. 7). **I 2** weist den Kunden auf die Zinsesberechnung auch aus dem Periodenschlusssaldo hin, die nach § 355 I HGB ohne Verstoß gegen das Zinseszinsverbot des § 248 I BGB zulässig ist.

2) Frist für Einwendungen; Genehmigung durch Schweigen (II)

2   A. **Einwendungen (II 1):** Nach **II 1** muss der Kunde **Einwendungen** wegen Unrichtigkeit oder Unvollständigkeit des Rechnungsabschlusses erheben (folgt schon aus §§ 242, 254 BGB), und zwar spätestens vor Ablauf (nF 2002, aF: innerhalb) von sechs Wochen (nF 2000 wie Nr. 1 I 2 wegen BGHZ 141, 158) seit **Zugang** (§ 130 BGB, dazu umfangreicher Rspr., auch BZ/Bunte Rn. 131; bei vereinbarter Abholung bzw. Kontoauszugsdrucker: idR Bereitstellung bzw. Abrufmöglichkeit, aA Becher/Gößmann BKR 2002, 521 f., WLP/Pamp Rn. B 32). Erhebung der Einwendung formlos, auch mündlich, vgl. dagegen → **(9) AGB-Spark** Nr. 7 Rn. 2, aber wirksam. Macht der Kunde seine Einwendungen in **Textform** (§ 126b BGB) geltend, genügt für die Fristwahrung die **rechtzeitige Absendung** innerhalb der **Sechs-Wochen-Frist** (II 1 Hs. 2 wie Nr. 1 II 5 aF; dort → Nr. 1 Rn. 7; vgl. §§ 121 I 2, 355 I 2 BGB, auch § 377 IV

HGB, dort sind Tragung der Beweislast und Verlustgefahr str., → HGB § 377 Rn. 41). Diese Fristbestimmung ist wirksam, vgl. BGHZ 125, 243 (vgl. § 621 Nr. 4 BGB, sechs Wochen zum Quartalsende für Kreditkartenkündigung). Für den Zugang ist die Bank, für die rechtzeitige Absendung der Kunde beweispflichtig, KMFS/Kropf Rn. 3.381, 3.378. Bei Verstoß gegen II 1 Schadensersatzpflicht, unabhängig von II 2 (→ Rn. 8). Der Kunde kann auch ausdrücklich oder stillschweigend zustimmen, dann kommt es erst gar nicht zur Genehmigungsfiktion nach II 2 (vgl. auch → Nr. 1 Rn. 7), auch BZ/Bunte Rn. 133; aA wohl DKB/Casper Rn. 50.

B. **Genehmigungsfiktion (II 2):** Nach **II 2** gilt das Unterlassen rechtzeitiger 3 Einwendungen (II 1) als (rechtsgeschäftliche) Genehmigung (vgl. entspr. → HGB § 346 Rn. 16f, 30ff.; § 362 HGB). II 2 betrifft nur **Rechnungsabschlüsse** bei Kontokorrentkonten. Diese **Genehmigungsfiktion** des II 2 ist wirksam, BGH NJW 2014, 1441 Rn. 21 (zu **(9)** AGB-Spark, näher dort → **(9)** AGB-Spark Rn. 1); BGH NJW 2000, 2667; OLG Dresden ZIP 1999, 1626 (zu **(9)** AGB-Spark Nr. 7 III); ebenso BZ/Bunte Rn. 133; UBH/Fuchs (8) Banken Rn. 22; nicht durchgreifende Zweifel unter § 676b BGB → **(7)** Bankgeschäfte Rn. C81. Denn die Frist von sechs Wochen des II 1 ist hier angemessen und die Bank ist nach **II 3** verpflichtet, den Kunden zu Fristbeginn darauf besonders hinzuweisen (s. **(5)** § 308 Nr. 5 BGB); vgl. BGH NJW 2014, 1441 Rn. 29 → **(9)** AGB-Spark Nr. 7 III 4, klar, nicht versteckt in größerer Summe von Einzelmitteilungen. Auch gibt II 2 der Bank kein einseitiges Bestimmungsrecht, was nicht wirksam wäre, BGH WM 1998, 558 (für AVB); BGH WM 1999, 1367; vgl. Nr. 1 II, dort → Nr. 1 Rn. 7. Allerdings führt die Genehmigungsfiktion im Ergebnis zu einer Beweislastumkehr; das Saldoanerkenntnis im Kontokorrent verstößt aber als gesetzlich anerkanntes Institut nicht gegen **(5)** § 309 Nr. 12 BGB, Wo-Ho-Li § 10 Nr. 5 Rn. 30, vgl. BGHZ 99, 282, früher str. Schadensersatz → Rn. 2.

Nach allgemeinen Grundsätzen greift die Genehmigungsfiktion **nicht** ein, 4 wenn die Bank nicht mit dem Einverständnis des Kunden rechnen kann, BZ/Bunte Rn. 134, zB bei Maßnahmen der Bank ohne Auftrag des Kunden, etwa bei mangelnder Einziehungsermächtigung der Bank, OLG Düsseldorf WM 1978, 771, oder gefälschtem Überweisungsauftrag, offen OLG Hamburg WM 1983, 518, bei krassen Abweichungen (vgl. zum Bestätigungsschreiben → HGB § 346 Rn. 27) oder sonst unrechtmäßigen Verfügungen der Bank. Wenn solche Posten in den Rechnungsabschluss eingehen, kann sich das auf die Rückforderung und die Beweislast dabei (→ Rn. 6) auswirken, berührt aber nicht die Wirksamkeit von II 2.

Die Genehmigungsfiktion betrifft nicht auch sonstige Abrechnungen und ins- 5 besondere **Tages(konto)auszüge,** Depot- und Wertpapieraufstellungen (anders Nr. 15 S. 3 aF (bis 1993). Tageskontoauszüge dienen nach als reiner Postensaldo nur rein tatsächlichen Zwecken (→ HGB § 355 Rn. 9). Das Unterlassen von Einwendungen ist deshalb insoweit keine rechtsgeschäftliche Genehmigung, zB einer Überweisung zu Lasten des Kontos ohne Auftrag, sondern die rein tatsächliche Erklärung, dass der Kunde gegen die Buchung nichts einzuwenden hat, BGHZ 73, 207 (zu Nr. 10 ABG-Spark); BGHZ 95, 108; 144, 354, ohne Beweislastumkehr. Jedoch Schadensersatzpflicht des Kunden nach § 280 I BGB wegen Verletzung des Girovertrags bei fahrlässig mangelhafter Kontrolle der Kontoauszüge, BGHZ 73, 211; 95, 108; OLG Hamm WM 1986, 704.

C. **Unrichtigkeit des Saldoanerkenntnisses:** Bei Unrichtigkeit des Saldo- 6 anerkenntnisses ist in besonderen Fällen die **Anfechtung** des Saldoanerkenntnisses möglich, allerdings nicht wegen Irrtums über die Bedeutung des Schweigens (→ HGB § 346 Rn. 32). Ist das unrichtige Saldoanerkenntnis im Kontokorrent ein wirksames Anerkenntnis iSv § 781 BGB (str., → § 355 Rn. 7), kann der Kunde es bei eigener Beweislast als rechtsgrundlos widerrufen **(Bereiche-**

rungsanspruch, § 812 II BGB), 55, → § 355 Rn. 10. Denn unberechtigte Belastungsbuchungen werden durch das Saldoanerkenntnis weder rechtmäßig noch ohne weiteres genehmigt, BGHZ 144, 355. Die Genehmigungsfiktion des II 2 kann und will solche gesetzlichen Rechte nicht beschneiden. **II 4** sagt dazu deklaratorisch, dass der Kunde auch nach Fristablauf Berichtigung verlangen kann, dann aber beweispflichtig ist.

3) Genehmigung von Belastungen aus Lastschriften (III aF, nunmehr in Sonderbedingungen)

7 III ist 2009 aus den AGB-Banken gestrichen und zur besseren Verständlichkeit in die früheren Bedingungen für Zahlungen mittels Lastschrift im Einzugsermächtigungsverfahren (dort Nr. 2.4) übernommen worden, BGH NJW 2010, 3155, hier 36. Aufl. **(7)** Bankgeschäfte Rn. D29. Inhaltliche Änderungen sollen damit nicht verbunden sein.

Storno- und Berichtigungsbuchungen der Bank

AGB-Banken 8 (1) Vor Rechnungsabschluss

Fehlerhafte Gutschriften auf Kontokorrentkonten (zum Beispiel wegen einer falschen Kontonummer) darf die Bank bis zum nächsten Rechnungsabschluss durch eine Belastungsbuchung rückgängig machen, soweit ihr ein Rückzahlungsanspruch gegen den Kunden zusteht (Stornobuchung); der Kunde kann in diesem Fall gegen die Belastungsbuchung nicht einwenden, dass er in Höhe der Gutschrift bereits verfügt hat.

(2) Nach Rechnungsabschluss

¹ Stellt die Bank eine fehlerhafte Gutschrift erst nach einem Rechnungsabschluss fest und steht ihr ein Rückzahlungsanspruch gegen den Kunden zu, so wird sie in Höhe ihres Anspruchs sein Konto belasten (Berichtigungsbuchung). ² Erhebt der Kunde gegen die Berichtigungsbuchung Einwendungen, so wird die Bank den Betrag dem Konto wieder gutschreiben und ihren Rückzahlungsanspruch gesondert geltend machen.

(3) Information des Kunden; Zinsberechnung

¹ Über Storno- und Berichtigungsbuchungen wird die Bank den Kunden unverzüglich unterrichten. ² Die Buchungen nimmt die Bank hinsichtlich der Zinsberechnung rückwirkend zu dem Tag vor, an dem die fehlerhafte Buchung durchgeführt wurde.

1) Vor Rechnungsabschluss (I)

1 A. **Stornorecht (I): Nr. 8** entspricht Nr. 4 I 3 aF (bis 1993). **I** regelt das **Stornorecht.** Dieses ist ein eigenständiges, von den Unsicherheiten des Bereicherungsrechts unabhängiges, girovertragliches Rückbuchungsrecht, BGHZ 87, 251; KG WM 1988, 1723, seiner Rechtsnatur nach ein Widerrufsrecht, BGHZ 72, 11; von Westphalen WM 1984, 4, oder besser ein vertragliches Anfechtungsrecht (Rückwirkung § 142 I BGB), Otto BB 1978, 987 u. 1383. Es bezweckt Rückgewähr durch Selbsthilfe (ohne §§ 122 bzw. 818 III BGB) und setzt deshalb materiellrechtlich Bestehen eines Rückgewähranspruchs gegen den Kontoinhaber (→ **(7)** Bankgeschäfte Rn. C104, aber man beachte → **(7)** Bankgeschäfte Rn. C54) voraus, BGHZ 87, 252; aA zur aF (bis 1993) Canaris Rn. 447. Das Stornorecht beseitigt zugunsten der Bank die Schutzgrenze der §§ 818 III, 819 I BGB und dreht die Parteirollen im Prozess um, ohne Ansprüche gegen die Bank wegen fehlerhafter Buchung abzuschneiden. I trägt dem Rechnung und ist wirksam (auch → Rn. 2), BZ/Bunte Rn. 155; UBH/Fuchs (8) Banken Rn. 29, nach

V. Bankgeschäfte 2–4 **8 AGB-Banken (8)**

aA nur bei Beschränkung auf technische Buchungsfehler, aA ganz unwirksam. Das Bestehen des Stornorechts lässt Bereicherung nicht entfallen, BGHZ 167, 177, str. Lit.: Berninghaus, 1980; Wallach, 1992; Liesecke WM 1975, 238; Otto-Stierle WM 1978, 530; Otto BB 1978, 987; Kümpel WM 1979, 378; Sonderbeil. 3/1979; Blaurock NJW 1984, 1.

B. **Reichweite des Stornorechts:** Nach üL ist das Stornorecht auf technische 2 Buchungsfehler, zB Fehl- oder Zuvielüberweisung (etwa infolge falscher Kontonummer, so Bsp. in I), beschränkt. Richtiger ist es (entspr. der Abgrenzung beim Bereicherungsanspruch, → **(7)** Bankgeschäfte Rn. C93 ff.), auch **bei allen von Anfang an gegebenen Mängeln** wie Fälschung, Nichtigkeit und (str.) Anfechtung der Überweisungsanweisung (§ 142 I BGB) Stornierung zuzulassen (→ **(7)** Bankgeschäfte Rn. C104), BZ/Bunte Rn. 150 (Kommentierung hier missverstanden, → **(7)** Bankgeschäfte Rn. C104, C99); MüKoHGB/Häuser B Rn. 565; Canaris Rn. 449; wie Fälschung grundsätzlich auch Phishing, OLG Hamburg ZIP 2006, 1981 mAnm. Borges, OLG Karlsruhe WM 2008, 632; aber Differenzierung nach Hausüberweisung und überbetrieblicher Überweisung parallel zum Bestehen oder Nichtbestehen eines Bereicherungsanspruchs, MüKoHGB/Häuser B Rn. 567, 569; auch BZ/Bunte Rn. 152, 152a; zum Bereicherungsanspruchs beim Phishing Löhnig/Würdinger WM 2007, 963. Auch dann liegt eine fehlerhafte Gutschrift iSv I vor. Das Stornorecht besteht nach Änderung der Rspr. des BGH WM 2015, 1631 Rn. 21 (→ Rn. C99) auch **bei Widerruf** der Überweisungsanweisung (wie → **(7)** Bankgeschäfte Rn. C99). Bei Irrtum der Bank über Deckung des Kontos besteht es keinesfalls. Es kann auch bei nicht ausreichendem Kontoguthaben ausgeübt werden, also **ins Debet** führen, OLG München WM 1971, 265; OLG Nürnberg WM 1977, 1336; KG KTS 1983, 450; aA Otto/Stierle WM 1978, 544; Canaris Rn. 448; zur Überziehungszinsfolge → Rn. 7.

C. **Frist:** Das Stornorecht besteht nur **bis zum nächsten Rechnungs-** 3 **abschluss** (dann gilt II). Abgesehen davon ist es nicht fristgebunden, BGHZ 72, 11 (nach aA gilt § 121 BGB analog); ausnahmsweise ist aber Stornierung nach längerer Zeit, wenn der Empfänger mit ihr nicht mehr zu rechnen braucht, rechtsmissbräuchlich, zust. BZ/Bunte Rn. 154; der Kunde kann auch einen Anspruch nach § 280 I BGB wegen Pflichtverletzung entgegenhalten, nach aA aus § 122 BGB analog (dann ohne Verschulden der Bank).

2) Nach Rechnungsabschluss (II); Erlöschen des Stornorechts

A. **Erlöschen mit Rechnungsabschluss (II):** Das **Stornorecht** nach I **er-** 4 **lischt mit Rechnungsabschluss (II),** also wenn die irrtümliche Gutschrift in ein Saldoanerkenntnis eingegangen ist. Die Bank kann diese für den Kunden zwischenzeitlich begründete günstige Rechtslage nicht einseitig beseitigen, sondern ist auf einen (ebenfalls kontokorrentgebundenen) Bereicherungsanspruch wegen des Saldoanerkenntnisses angewiesen, so zur aF (bis 1993) BGHZ 72, 11; OLG Düsseldorf NJW 1985, 2723 m. krit. Anm. Jähn BB 1985, 2285; dazu Otto BB 1978, 987 u. 1383. **II 1** erlaubt dementsprechend der Bank eine bloße **Berichtigungsbuchung.** Dabei bucht die Bank zwar zunächst wie bei einer Stornobuchung nach I ab, aber darin liegt nur ein Angebot an den Kunden zu einer Stornierungsvereinbarung, die auf eine Herausnahme des Postens aus dem (nach der Rspr. durch Novation gebildeten) Saldo geht. Lehnt der Kunde das Angebot ausdrücklich oder stillschweigend ab (Erhebung von **Einwendungen**), wird rückgutgeschrieben, und die Bank muss ihren **Rückzahlungsanspruch gesondert** geltend machen **(II 2).** Einwendung iSv II 2 ist untechnisch als fehlendes Einverständnis gemeint, auf Begründetheit kommt es nicht an, BZ/Bunte Rn. 160, str. II 2 enthält für die Einwendung weder eine Frist noch eine Genehmigungsfiktion. II 1 verschiebt zwar nicht unmittelbar die Beweislast ent-

Hopt

gegen **(5)** § 309 Nr. 12 BGB, aber führt doch dazu, dass der Kunde auch bei unverschuldetem Schweigen oder wegen Missinterpretation des Begriffs „Einwendungen" seine Rechte aus dem Saldoanspruch insoweit verliert. Das ist trotz II 2 nicht unbedenklich, vgl. Bsp. Blaurock NJW 1984, 7, aber wohl noch hinnehmbar, UBH/Fuchs (8) Banken Rn. 30, KMFS/Kropf Rn. 3.406, str., zur Rechtsfolge des III 2 → Rn. 7. **Bei Einwendung** des Kunden nach II 2 bleibt der Bank § 812 BGB (→ Rn. 1); zu §§ 818 III, 819 I BGB → **(7)** Bankgeschäfte Rn. C91 ff., aber man beachte → Rn. C103. Trotz Rückgutschrift kann der Kunde aber über diesen Betrag nicht verfügen, wenn die Bank das verweigert (Einrede nach § 821 BGB).

5   B. **Erlöschen sonst:** Das Stornorecht erlischt nicht schon mit Beendigung des Bankvertrags, Grund: AGB gelten auch im Abwicklungsstadium (→ Nr. 19 Rn. 10), KG KTS 1983, 449; aA BGHZ 63, 93; OLG Celle DB 1977, 2138; offen BGHZ 87, 251; auch nicht mit Eröffnung des Insolvenzverfahrens über das Vermögen des Schuldners, Canaris Rn. 453; aA BGHZ 63, 93. Jedenfalls bleiben spätere rein banktechnische Berichtigungsbuchungen möglich, solange der Saldo nicht festgestellt ist, so auch BGHZ 63, 93.

3) Information des Kunden; Zinsberechnung (III)

6   A. **Information (III 1):** III 1 verpflichtet die Bank zu unverzüglicher (ohne schuldhaftes Zögern, § 121 I 1 BGB) **Benachrichtigung** des Kunden über Storno- und Berichtigungsbuchungen nach I, II. Mitteilung im Kontoauszug genügt nur bei klarem Hinweis auf den Fehler. Bei länger zurückliegenden Fehlern kann gesonderte Mitteilung mit Erläuterung nötig sein. Führt die Buchung ins Debet, ist auf die Zinsfolgen hinzuweisen, BZ/Bunte Rn. 163. Verstoß macht zwar die Buchung nicht unwirksam, aber die Bank schadensersatzpflichtig nach § 280 I BGB wegen Pflichtverletzung.

7   B. **Zinsberechnung (III 2):** III 2 gilt für die Storno- und die Berichtigungsbuchung (arg. e III 1) und betrifft die Folgen für die Zinsberechnung, dass nämlich rückwirkend der Tag der fehlerhaften Buchung maßgeblich ist **(valutagerechte Buchung).** III 2 ist für die Stornobuchung dann problematisch, wenn diese ins Debet führt (Überziehungszinsen, → Nr. 12 Rn. 1). III 2 wäre insoweit allenfalls dann akzeptabel, wenn man die Berechnung solcher Zinsen erst ab Benachrichtigung nach III 1 zulässt (außer wenn die Fehlbuchung vom Kunden selbst verschuldet ist, dann ex tunc), Blaurock NJW 1984, 7, strenger WLP/Pamp Rn. B 38: keine geltungserhaltende Reduktion. Für die Berichtigungsbuchung, die über den dazwischen liegenden Rechnungsabschluss zurückreicht, verschärft sich das Problem. III 2 darf nicht dazu führen, dass der Kunde uU erhebliche Zinsnachteile erleidet. Da der Kunde, zumal wenn die fehlerhafte Gutschrift längere Zeit zurückliegt, diese Folgen nicht ohne weiteres ermessen kann, liegt jedenfalls ein Verstoß gegen das Transparenzgebot nach **(5)** § 307 I 2 BGB vor. III 2 ist deshalb **unwirksam,** UBH/Fuchs (8) Banken Rn. 31; WLP/Pamp Rn. B 38; DKB/Casper Rn. 60; aA BZ/Bunte Rn. 165f, und zwar insgesamt ohne Beschränkungsmöglichkeit auf den Fall der Berichtigungsbuchung (keine geltungserhaltende Reduktion, vgl. Kommentare zu **(5)** § 306 II BGB).

Einzugsaufträge

AGB-Banken 9
(1) **Erteilung von Vorbehaltsgutschriften bei der Einreichung**

¹ Schreibt die Bank den Gegenwert von Schecks und Lastschriften schon vor ihrer Einlösung gut, geschieht dies unter dem Vorbehalt ihrer Einlösung, und zwar auch dann, wenn diese bei der Bank selbst zahlbar sind. ² Reicht der Kunde andere Papiere mit dem Auftrag ein, von einem Zahlungspflichtigen

einen Forderungsbetrag zu beschaffen (zum Beispiel Zinsscheine), und erteilt die Bank über den Betrag eine Gutschrift, so steht diese unter dem Vorbehalt, dass die Bank den Betrag erhält. ³ Der Vorbehalt gilt auch dann, wenn die Schecks, Lastschriften und andere Papiere bei der Bank selbst zahlbar sind. ⁴ Werden Schecks oder Lastschriften nicht eingelöst oder erhält die Bank den Betrag aus dem Einzugsauftrag nicht, macht die Bank die Vorbehaltsgutschrift rückgängig. ⁵ Dies geschieht unabhängig davon, ob in der Zwischenzeit ein Rechnungsabschluss erteilt wurde.

(2) Einlösung von Lastschriften und vom Kunden ausgestellter Schecks

¹ Lastschriften sowie Schecks sind eingelöst, wenn die Belastungsbuchung nicht spätestens am zweiten Bankarbeitstag¹ – bei SEPA-Firmenlastschriften nicht spätestens am dritten Bankarbeitstag – nach ihrer Vornahme rückgängig gemacht wird. ² Barschecks sind bereits mit Zahlung an den Scheckvorleger eingelöst. ³ Schecks sind auch schon dann eingelöst, wenn die Bank im Einzelfall eine Bezahltmeldung absendet. ⁴ Schecks, die über die Abrechnungsstelle der Bundesbank vorgelegt werden, sind eingelöst, wenn sie nicht bis zu dem von der Bundesbank festgesetzten Zeitpunkt zurückgegeben werden.

1) Erteilung von Vorbehaltsgutschriften bei der Einreichung (I)

Nr. 9 II idF 13.1.2018. **Nr. 9 I** entspricht Nr. 41 I aF (bis 1993). **I 1** stellt klar, dass die Bank den Gegenwert von **Schecks und Lastschriften** (anders als bei der Überweisung, → **(7)** Bankgeschäfte Rn. C26) nur unter dem Vorbehalt ihrer Einlösung, also des tatsächlichen Eingangs des Gegenwerts oder des Erhalts der Deckung (vgl. I 4), Heymann/Horn II/68, gutschreibt (**Vorbehaltsgutschrift, E. v.,** → **(7)** Bankgeschäfte Rn. E/6). Das gilt ausdrücklich auch dann, wenn diese Papiere bei der Bank selbst zahlbar sind. Wechsel sind in I 1 nicht genannt, weil sie entweder angekauft (dann Gutschrift abzüglich Diskont) oder zum Inkasso hereingenommen werden (dann Gutschrift nicht auf Kundenkonto, sondern auf internem Konto der Bank, also keine Gutschrift E. v.). Dasselbe gilt nach **I 2, 3** allgemein für andere **Einzugspapiere**, zB Zinsscheine, auch für bei der Bank selbst zahlbare Lastschriften und Schecks (ausdrücklich I 1, 3 nF 2009); auch Wechsel, falls ausnahmsweise E. v. gutgeschrieben. 1

Nach **I 3** kann die Bank, wenn die Schecks oder Lastschriften nicht eingelöst werden oder der Betrag aus dem Einzugsauftrag nicht eingeht, die Vorbehaltsgutschrift rückgängig machen. Das ist eine besondere Stornierung, die von den Voraussetzungen der Stornierung nach Nr. 8 I unabhängig ist, also schlichte Rückbuchung, BZ/Bunte Rn. 171b, vgl. BGHZ 135, 315. Das kann sie trotz zwischenzeitiger Erteilung eines Rechnungsabschlusses (**I 4**; s. Nr. 8 II), I 4 Alt. 2 verstößt nicht gegen **(5)** §§ 305 ff. BGB, BGHZ 135, 307; I 4 gilt auch für den Einzug von Schecks. 2

2) Einlösung von Lastschriften und vom Kunden ausgestellter Schecks (II)

II nF 2014, II 2 aF entfällt, II 3–5 aF werden II 2–4 nF, Einfügung zu II 1 2017. Noch zur aF mit Abbuchungsauftrags- und Einzugsermächtigungslastschriften BZ/Bunte Rn. 195 ff.; zur nur noch zulässigen **SEPA-Lastschrift** klarstellende Einfügung 2017 für SEPA-Firmenlastschriften sowie → **(7)** Bankgeschäfte Rn. D1 ff. II betrifft den **Einlösungszeitpunkt** (→ **(7)** Bankgeschäfte Rn. E1). Nach **II 1** sind **Lastschriften** sowie **Schecks** erst eingelöst, wenn die Bank die Belastungsbuchung nicht spätestens am **zweiten Bankarbeitstag** (alle Werktage außer Sonnabende, 24. und 31.12.) nach ihrer Vornahme rückgängig macht 3

---

¹ Bankarbeitstage sind alle Werktage außer: Sonnabende, 24. und 31.12.

(8) AGB-Banken 10 2. Teil. Handelsrechtl. Nebenges.

(Stornierung, s. Nr. 8), ohne darüber hinausgehende Bekundung des Einlösungswillens, OLG Saarbrücken ZIP 1998, 1268; aA noch BGHZ 53, 203; einerlei, ob Vor- oder Nachdisposition stattgefunden hat, str., anders nur bei Mitteilung der Nichteinlösung vor Ablauf der Stornierungsfrist, näher zur Einlösung und Vorbehaltsgutschrift → **(7)** Bankgeschäfte Rn. E/6. II 1 verstößt nicht gegen § 675p BGB (→ **(7)** Bankgeschäfte Rn. C40). **II 2 aF** hatte klarstellend besagt, dass für Lastschriften aus anderen Verfahren (also SEPA-Lastschriften) die Einlösungsregeln in den hierfür vereinbarten Sonderbedingungen (→ Nr. 1 Rn. 6) galten. Die damit verbundene Rechtsspaltung für nationale und für SEPA-Lastschriften war jedoch unglücklich. Mit dem Wegfall von II 2 aF verbleibt es wie schon vor 2009 bei dem einheitlichen Regelfall, der auch institutsübergreifend zu einer einheitlichen Praxis der AGB-Banken und AGB-Sparkassen führt. Folgeänderungen jeweils in Nr. 2.4.1 II und Nr. 2.4.2 der Bedingungen für Zahlungen mittels Lastschrift im SEPA-Basis-Lastschriftverfahren und der im SEPA-Firmenlastschriftverfahren. Damit wird einheitlich an den Bankarbeitstag angeknüpft. Nr. 41 II aF (bis 1993) hatte nach der Rspr. einen einheitlichen Einlösungszeitpunkt festgelegt, unabhängig von Vor- oder Nachdisposition (→ **(7)** Bankgeschäfte Rn. C90, 91), so BGHZ 104, 374 (zu Nr. 1 V AGB-Spark); aA BGHZ 79, 387; Bauer WM 1983, 206.

4 **II 2–4** (wie bisher) stellen klar, dass die Zweitagesfrist des II 1 nur eine Regelfrist ist und zählen (abschließend) die Fälle auf, in denen **schon frühere Einlösung** anzunehmen ist. Nach **II 2** sind **Barschecks** bereits mit Zahlung an den Scheckvorleger eingelöst. **II 3** setzt die Einlösung bei **Bezahltmeldung** von Schecks (→ **(7)** Bankgeschäfte Rn. E1, 8) auch schon bei Absendung fest. **II 4** betrifft die Einlösung von Lastschriften und Schecks bei Vorlage in der **(7) Abrechnung** mit der Bundesbank.

Fremdwährungsgeschäfte und Risiken bei Fremdwährungskonten

AGB-Banken 10   (1) Auftragsausführung bei Fremdwährungskonten

¹Fremdwährungskonten des Kunden dienen dazu, Zahlungen an den Kunden und Verfügungen des Kunden in fremder Währung bargeldlos abzuwickeln. ²Verfügungen über Guthaben auf Fremdwährungskonten (zum Beispiel durch Überweisungen zu Lasten des Fremdwährungsguthabens) werden unter Einschaltung von Banken im Heimatland der Währung abgewickelt, wenn sie die Bank nicht vollständig innerhalb des eigenen Hauses ausführt.

(2) Gutschriften bei Fremdwährungsgeschäften mit dem Kunden

Schließt die Bank mit dem Kunden ein Geschäft (zum Beispiel ein Devisentermingeschäft) ab, aus dem sie die Verschaffung eines Betrages in fremder Währung schuldet, wird sie ihre Fremdwährungsverbindlichkeit durch Gutschrift auf dem Konto des Kunden in dieser Währung erfüllen, sofern nicht etwas anderes vereinbart ist.

(3) Vorübergehende Beschränkung der Leistung durch die Bank

¹Die Verpflichtung der Bank zur Ausführung einer Verfügung zu Lasten eines Fremdwährungsguthabens (Absatz 1) oder zur Erfüllung einer Fremdwährungsverbindlichkeit (Absatz 2) ist in dem Umfang und so lange ausgesetzt, wie die Bank in der Währung, auf die das Fremdwährungsguthaben oder die Verbindlichkeit lautet, wegen politisch bedingter Maßnahmen oder Ereignisse im Lande dieser Währung nicht oder nur eingeschränkt verfügen kann. ²In dem Umfang und solange diese Maßnahmen oder Ereignisse andauern, ist die Bank auch nicht zu einer Erfüllung an einem anderen Ort außerhalb des Landes der Währung, in einer anderen Währung (auch nicht in Euro)

oder durch Anschaffung von Bargeld verpflichtet. ³Die Verpflichtung der Bank zur Ausführung einer Verfügung zu Lasten eines Fremdwährungsguthabens ist dagegen nicht ausgesetzt, wenn sie die Bank vollständig im eigenen Haus ausführen kann. ⁴Das Recht des Kunden und der Bank, fällige gegenseitige Forderungen in derselben Währung miteinander zu verrechnen, bleibt von den vorstehenden Regelungen unberührt.

(4) **Wechselkurs**
¹Die Bestimmung des Wechselkurses bei Fremdwährungsgeschäften ergibt sich aus dem „Preis- und Leistungsverzeichnis". ²Bei Zahlungsdiensten gilt ergänzend der Zahlungsdiensterahmenvertrag.

Übersicht

	Rn
1) Auftragsausführung bei Fremdwährungskonten (I)	1–3
2) Gutschriften bei Fremdwährungsgeschäften mit dem Kunden (II)	4
3) Vorübergehende Beschränkung der Leistung durch die Bank (III)	5–11
A. Risikotragung (III):	5
B. Kein Ersatzort oder Ersatzwährung (III 2):	6–8
C. Hausinterne Ausführung (III 3):	9
D. Verrechnung:	10
E. Politische Transferrisiken:	11
4) Wechselkurs (IV)	12

1) Auftragsausführung bei Fremdwährungskonten (I)

Nr. 10 ersetzt Nr. 3 II aF (bis 1993). **I** regelt **Fremdwährungskonten.** Diese 1 dienen der bargeldlosen Zahlung an und durch Kunden in fremder Währung (**I 1**). Unmittelbare Ein- und Auszahlungen sind anders als bei Euro-Konten nicht vorgesehen. Zum Fremdwährungskonto Staub/Grundmann 2020 Teil 2 Rn. 184 ff.

Verfügungen über Guthaben auf Fremdwährungskonten (zB durch 2 Überweisungen zu Lasten des Fremdwährungsguthabens) werden grundsätzlich über Banken im Heimatland der Währung abgewickelt (**I 2** idF 1.4.2002). Das ist entscheidend für politische Fremdwährungsrisiken (s. III). Eine besondere anderweitige Kundenweisung, zB Abwicklung über ein Drittland, bleibt möglich (ausdrücklich nur II). Der Kunde entgeht damit zwar idR dem Fremdwährungslandsrisiko (s. III), trägt dann aber das Drittlandsrisiko (entspr. III; uU Hinweis darauf, da dort nicht angesprochen), zust. Heymann/Horn II/79.

Etwas anderes gilt auch bei vollständiger **Ausführung im eigenen Haus** (I 2 3 Hs. 2), zB bei bloßer Umbuchung vom Fremdwährungskonto des Kunden auf das entsprechende Fremdwährungskonto des Empfängers.

2) Gutschriften bei Fremdwährungsgeschäften mit dem Kunden (II)

II regelt die Erfüllung einer **Fremdwährungsverbindlichkeit** der Bank. Bei 4 Fremdwährungsgeschäften mit dem Kunden, zB Devisentermingeschäft, erteilt die Bank alle Gutschriften daraus auf den Konto des Kunden in der Fremdwährung, falls nichts anderes vereinbart ist. II umschreibt damit klar den Umfang der Schuld der Bank. § 244 BGB gilt für echte Fremdwährungsschulden nicht.

3) Vorübergehende Beschränkung der Leistung durch die Bank (III)

A. **Risikotragung (III):** III regelt die Risikotragung bei politisch bedingten 5 Maßnahmen oder Ereignissen im Land der Fremdwährung **(politische Fremdwährungsrisiken).** Bspe: Enteignung, Beschlagnahme, politisch motivierte Devisenbeschränkungen, aber auch nur mittelbare Beschränkungen durch von Drittstaaten verursachte devisen- und währungsrechtliche Maßnahmen des Landes der Fremdwährung. Nichtpolitische Transferrisiken, zB Zerstörung, Diebstahl, selbstständige Auslandsfilialinsolvenz ua sind nicht erfasst. Kann die Bank infolge solcher Maßnahmen oder Ereignisse im Lande der Fremdwährung (nicht in anderen Ländern, wichtig deshalb das Abwicklungsland nach I 2, → Rn. 2) nicht oder nur eingeschränkt verfügen, so ist die **Erfüllungspflicht** nach I bzw. II **suspendiert,** soweit und solange die Beschränkung gilt (**III 1**). Die Bank übernimmt nach III 1 von vornherein keine weitergehende Erfüllungspflicht (keine Übernahme eines Beschaffungsrisikos iSv § 276 I 1 BGB). III 1 führt damit dazu, dass die Verbindlichkeit der Bank nach I bzw. II vorübergehend oder auch endgültig **unmöglich** wird. Das ist wirksam, denn der Umfang des Leistungsversprechens kann in AGB kontrollfrei festgelegt werden (s. **(5)** § 307 III 1 BGB). Die Anpassung nach § 242 BGB wird davon aber nicht berührt (→ Rn. 7f). Die Beschränkung kann auch zur bloßen Teilunmöglichkeit führen. Soweit die Auslandsfiliale zB bei Beschlagnahme davon nicht erfasste Fremdwährungsbestände außerhalb des Landes der Fremdwährung hat, besteht keine Unmöglichkeit. Reicht der Vorrat für die Belieferung mehrerer Gläubiger nicht aus, ist grundsätzlich an alle verhältnismäßig zu verteilen (**Repartierung,** Gefahrengemeinschaft der Gläubiger), dies ist mit § 307 BGB vereinbar, BZ/Bunte Rn. 211, str. Zur Abwicklung über ein Drittland → Rn. 2 III lässt die Haftung der Bank nach § 280 I BGB für Pflichtverletzungen, zB nicht rechtzeitigen Transfer oder Abwicklung über ein Drittland ohne Zustimmung des Kunden, unberührt. Lit.: Kleiner, Internationales Devisen-Schuldrecht, Zürich 1985; Ebke, 1990; Maier-Reimer NJW 1985, 2049; Weber IPRax 1985, 56.

6   B. **Kein Ersatzort oder Ersatzwährung (III 2):** Die Bank ist in den Fällen von III 1, zB bei USD, auch nicht zur Erfüllung an einem anderen Ort außerhalb des Landes der Währung, zB Deutschland oder Drittland, oder in einer anderen Währung (auch Euro) oder in Bargeld verpflichtet (III 2 idF 1.4.2002). Das politische Fremdwährungsrisiko wird damit (durch Leistungsbeschreibung von vornherein) Risiko des Fremdwährungskunden (**Ausschluss des politischen Risikos des Heimatlandes der Währung**). Diese Risikoabwälzung nach III 2 wird durch die Ausnahmen in III 3, 4 begrenzt. III 2 ist **noch wirksam,** Grund: die Ausnahmen nach § 242 BGB (→ Rn. 6) bleiben von III 2 unberührt und brauchen, da sie unmittelbar aus Gesetz folgen, in den AGB nicht ausdrücklich aufgeführt zu werden.

7   Allerdings kann eine Zahlungspflicht der Bank **ausnahmsweise** trotzdem begründet sein (**Anpassung der Fremdwährungsschuld, § 242 BGB**), Weber IPRax 1985, 58, str. (iErg hL), nach aA ausnahmsweise Pflicht zur Ersetzung (§ 244 BGB analog; aber → Rn. 4) oder sogar allgemeiner Umwandlung der Fremd- in eine Inlandswährungsschuld (aber zu rigoros). Solche mögliche Ausnahmefälle könnten sein: die Bank hat den Gegenwert bereits erhalten oder ist sonst bereichert (richtiger: bloßer Bereicherungsanspruch, → Rn. 8); die politische Maßnahme verwirklicht nur ein eigenes Risiko der Bank, zB erfasst nur die Eigen-, nicht die Kundenbestände der Bank. Die Anpassung muss aber zumutbar sein (Grenze wie bei Störung der Geschäftsgrundlage, § 313 BGB). Unzumutbar wäre es auf jeden Fall, wenn die Bank über ihre gesamten, auch außerhalb des Landes der Fremdwährung gehaltenen Eigen- (nicht Kunden)bestände hinaus in Anspruch genommen würde.

8   Jedenfalls soweit die Bank bereits den Gegenwert erhalten hat oder sonst **ungerechtfertigt bereichert** ist, wird sie trotz III 2 nicht schlechthin ohne tatsächliche Zahlung befreit (§§ 285, 326 III BGB). Die Bank darf keine windfall profits auf Kosten der Kunden machen. Die Höhe einer solchen Bereicherung lässt sich allerdings bei zwischenzeitigen Gegenanlagen und Gewinnen der Bank kaum ermitteln.

C. **Hausinterne Ausführung (III 3):** Eine Suspendierung nach III 1 findet 9
nicht statt, wenn die Ausführung völlig hausintern erfolgt (III 3).

D. **Verrechnung:** Die Verrechnung fälliger gegenseitiger Forderungen in der- 10
selben Währung bleibt für beide Teile unberührt **(III 4).**

E. **Politische Transferrisiken:** Nr. 10 regelt **nicht** die **politischen Trans-** 11
ferrisiken im internationalen Wertpapiergeschäft der Kreditinstitute. Dazu
Nr. 2 der Sonderbedingungen für Auslandsgeschäfte in Wertpapieren (in Überarbeitung). Dieses Problem ist verwandt, aber rechtlich nicht gleich gelagert.

4) Wechselkurs (IV)

IV idF 2009 gibt nach dem Wegfall der amtlichen Feststellung der Devisen- 12
kurse (Euro, 1.1.1999) die Grundlage für die Vereinbarung von Umrechnungsmodalitäten bei Fremdwährungsgeschäften. Die Bestimmung des Wechselkurses bei Fremdwährungsgeschäften folgt nunmehr aus dem „Preis- und Leistungsverzeichnis" der jeweiligen Bank **(IV 1).** Die Bank nimmt dabei nach eigener (System-)Wahl Bezug auf ein bestimmtes Devisenfixingsystem (zB Hausfixing, EZB-Fixing, EuroFX). Über diese Referenzkurse muss die Bank den Kunden informieren (§ 675a I 2 BGB). Bei Zahlungsdiensten gilt nach **IV 2** neu 2009 ergänzend der Zahlungsdiensterahmenvertrag (§ 675f II BGB idF VerbrKrRLUmsetzG). Das trägt § 675g II BGB und Art. 248 § 5 EGBGB idF VerbrKrRLUmsetzG Rechnung.

III. Mitwirkungspflichten des Kunden

Mitwirkungspflichten des Kunden

AGB-Banken 11 (1) Mitteilung von Änderungen

¹ **Zur ordnungsgemäßen Abwicklung des Geschäftsverkehrs ist es erforderlich, dass der Kunde der Bank Änderungen seines Namens und seiner Anschrift sowie das Erlöschen oder die Änderung einer gegenüber der Bank erteilten Vertretungsmacht (insbesondere einer Vollmacht) unverzüglich mitteilt.** ² **Diese Mitteilungspflicht besteht auch dann, wenn die Vertretungsmacht in ein öffentliches Register (zum Beispiel in das Handelsregister) eingetragen ist und ihr Erlöschen oder ihre Änderung in dieses Register eingetragen wird.** ³ **Darüber hinaus können sich weitergehende gesetzliche Mitteilungspflichten, insbesondere aus dem Geldwäschegesetz, ergeben.**

(2) **Klarheit von Aufträgen**

¹ **Aufträge müssen ihren Inhalt zweifelsfrei erkennen lassen.** ² **Nicht eindeutig formulierte Aufträge können Rückfragen zur Folge haben, die zu Verzögerungen führen können.** ³ **Vor allem hat der Kunde bei Aufträgen auf die Richtigkeit und Vollständigkeit seiner Angaben, insbesondere der Kontonummer und der Bankleitzahl oder IBAN**[1] **und BIC**[2] **sowie der Währung zu achten.** ⁴ **Änderungen, Bestätigungen oder Wiederholungen von Aufträgen und Überweisungen müssen als solche gekennzeichnet sein.**

(3) **Besonderer Hinweis bei Eilbedürftigkeit der Ausführung eines Auftrags**

¹ **Hält der Kunde bei der Ausführung eines Auftrags besondere Eile für nötig, hat er dies der Bank gesondert mitzuteilen.** ² **Bei formularmäßig erteilten Aufträgen muss dies außerhalb des Formulars erfolgen.**

---

[1] International Bank Account Number (Internationale Bankkontonummer).
[2] Bank Identifier Code (Bank-Identifizierungs-Code).

(4) Prüfung und Einwendungen bei Mitteilungen der Bank

Der Kunde hat Kontoauszüge, Wertpapierabrechnungen, Depot- und Erträgnisaufstellungen, sonstige Abrechnungen, Anzeigen über die Ausführung von Aufträgen sowie Informationen über erwartete Zahlungen und Sendungen (Avise) auf ihre Richtigkeit und Vollständigkeit unverzüglich zu überprüfen und etwaige Einwendungen unverzüglich zu erheben.

(5) Benachrichtigung der Bank bei Ausbleiben von Mitteilungen

¹Falls Rechnungsabschlüsse und Depotaufstellungen dem Kunden nicht zugehen, muss er die Bank unverzüglich benachrichtigen. ²Die Benachrichtigungspflicht besteht auch beim Ausbleiben anderer Mitteilungen, deren Eingang der Kunde erwartet (Wertpapierabrechnungen, Kontoauszüge nach der Ausführung von Aufträgen des Kunden oder über Zahlungen, die der Kunde erwartet).

1) Mitteilung von Änderungen (I)

1 A. **Mitteilung (I 1): Nr. 11 I** entspricht Nr. 1 I aF (bis 1993) I 3 nF 2009. **I 1** verlangt die **unverzügliche** (ohne schuldhaftes Zögern, § 121 I 1 BGB) **Mitteilung** der Änderung von Namen, Anschrift und Vertretungsmacht, letzterenfalls nur wenn sie gegenüber der Bank erteilt wurde (vgl. § 167 I Fall 2 BGB). Formlose Mitteilung, zB telefonisch, genügt (anders Nr. 1 I 1 aF (bis 1993), nicht aber bloßer anderer Absendervermerk, WLP/Pamp Rn. B 46. Die Rechtsfolge von Verstößen, also zB Fortbestehen der Vollmacht, ist in I 1 nicht geregelt (anders Nr. 1 I aF (bis 1993). Ob es sich bei I um eine bloße Obliegenheit mit der bloßen Folge von Mitverschulden oder nur im Kern oder immer um eine echte Schadensersatzpflicht handelt, so Bunte/Zahrte/Bunte Rn. 218, ist streitig, WLP/Pamp Rn. B 46, jedenfalls → Rn. 2.

2 I 1 lässt die weitergehenden Pflichten sowie **Rechtsfolgen** aus Geschäftsverbindung, Bankvertrag und Gesetz, zB Rechtsschein, unberührt. Der Kunde ist über I 1 hinaus verpflichtet, der Bank zur Vermeidung von Schäden alle für die Geschäftsverbindung wesentlichen Tatsachen mitzuteilen (für eilbedürftige Aufträge ausdrücklich III); sonst macht er sich schadensersatzpflichtig nach § 280 I BGB, OLG Hamm WM 1984, 926. Eine Pflichtverletzung des Kunden kann auch als Mitverschulden im Rahmen einer Haftung der Bank berücksichtigt werden (§ 254 BGB; ausdrücklich Nr. 3 I 3), zB wenn die Bank bei fahrlässiger Unkenntnis des Erlöschens der Vollmacht ohne befreiende Wirkung leistet und der Kunde dies hätte verhindern können. Das Fortbestehen einer der Bank gegenüber erteilten Vollmacht ergibt sich auch ohne Verletzung von I 1 aus §§ 170, 173 BGB sowie nach Duldungs- und Anscheinsvollmacht (→ HGB Einl. vor § 48 Rn. 5).

3 B. **Öffentliche Register (I 2):** I 2 lässt für die Vertretungsmacht (→ Rn. 1) die Publizität des **Handelsregisters** oder anderer öffentlicher Register, zB Genossenschaftsregister, nicht ausreichen und fordert über § 15 II HGB, § 29 II GenG ua hinaus eigene Mitteilung des Erlöschens oder der Änderung. Eine solche Pflicht zum Hinweis auf Rechts- und Registereintragsänderung ist in besonderen Fällen ohnehin anerkannt (Rspr. → HGB § 15 Rn. 15). I 2 erweitert diese Pflicht (iErg nur für Firmenkunden) wirksam ohne Verstoß gegen **(5)** §§ 305 ff. BGB. Rechtsfolge (→ Rn. 2) ist Schadensersatzpflicht des Kunden, die jedoch bei Mitverschulden der Bank (zB schuldhaftes Nichtauswerten des HdlReg, BAnz. ua) ganz oder teilweise entfallen kann. Unabhängig von I 2 kann in bestimmten Fällen eine Haftung aus Rechtsschein (gegen den Registerinhalt) bestehen, den zu beseitigen Sache des Kunden ist (→ HGB § 15 Rn. 15).

C. **Gesetzliche Mitteilungspflichten:** I 3 stellt klar, dass sich darüber hinaus 4 weitergehende gesetzliche Mitteilungspflichten, insbesondere aus dem Geldwäschegesetz (→ Rn. A12) ergeben können.

2) Klarheit von Aufträgen (II)

II idF 2009. Nach **II 1** trifft den Kunden bei **allen Aufträgen** eine allgemeine 5 Klarheitspflicht. Von Üerweisungen ist in hier und mehrfach in Nr. 11 nicht mehr die Rede, weil das VerbrKrRLUmsetzG 2009 wieder das alte, vor dem ÜberweisungsG 1999 geltende, auftragsrechtliche Modell mit Rahmenvertrag (§ 675f II BGB) und Weisung eingeführt hat; der allgemeine Begriff ist „Zahlungsauftrag" (§ 675f III 2 BGB nF). Die Klarheitspflicht wird, wenn ein Missverständnis besonders naheliegt wie bei Auftragsänderung ua, zur Kennzeichnungspflicht (**II 4**). Rechtsfolgen: Auslegung entgegen dem vom Kunden nicht klargemachten Willen (so schon §§ 133, 157 BGB, § 346 HGB), uU Schadensersatzpflicht des Kunden nach § 280 I BGB. **II** 2 weist rein deklaratorisch auf Verzögerungen durch Rückfragen bei nicht eindeutig formulierten Aufträgen hin.

II 3 idF 2009 betrifft **Kundenaufträge zu Kontogutschriften** (zB bei Last- 6 schrift- und Scheckeinreichungen). Der Kunde muss auf Richtigkeit und Vollständigkeit seiner Angaben, bei SEPA-Lastschriften **IBAN und BIC sowie Währung** achten (→ **(7)** Bankgeschäfte Rn. D16). Eine Pflicht zur Angabe auch der Kontonummer und der Bankleitzahl folgt nicht aus II 3 (s. **(5)** § 305c II BGB), aber uU aus Bank- oder Girovertrag. Eine Einstandspflicht des Kunden bzw. Risikoabwälzung auf ihn durch II 3 besteht nicht (anders Nr. 4 III 2 aF (bis 1993). Sie wäre auch jedenfalls für den herkömmlichen Überweisungsverkehr mit Belegträgern unwirksam gewesen, zu Nr. 4 III 2 aF (bis 1993) BGHZ 108, 386. II 3 nF spricht anders als die aF nicht mehr vom Namen des Zahlungsempfängers.

II 4 idF 1.4.2002 verlangt ergänzend, dass Änderungen, Bestätigungen oder Wiederholungen von Aufträgen als solche zu kennzeichnen sind.

Rechtsfolgen: Haftung der Bank ohne Freizeichnung für leichte Fahrlässigkeit (anders Nr. 4 III 3 aF (bis 1993), aber unwirksam, 28. Aufl., offen BGH NJW 1991, 3208), aber begrenzt durch Mitverschulden des Kunden und seiner Erfüllungsgehilfen (§ 254 BGB; Nr. 3 I 3). Im Falle von Fehlüberweisungen bei falscher Kontonummer, aber richtiger Namensangabe hatte die Bank früher ihre Leistungspflicht aus Vertrag nicht erfüllt, aber heute erfolgt kein Kontonummer-Namens-Abgleich mehr (§ 675r BGB, → Rn. C43).

3) Besonderer Hinweis bei Eilbedürftigkeit der Ausführung eines Auftrags (III)

III idF 1.4.2002 entspricht Nr. 7, 40 I aF (bis 1993). Der Kunde muss **bei** 7 **besonderer Eile** des Auftrags dies der Bank **gesondert** mitteilen (III 1). Bei formularmäßig erteilten Aufträgen muss diese Mitteilung außerhalb des benutzten Formulars erfolgen (III 2). Bspe: Fristgebundenheit der Zahlung oder wenn über den Zinsschaden hinaus Schäden aus Verzögerung oder Fehlleitung drohen. Das ist wirksam, da nur Aufträge erfasst werden, die in kürzerer Zeit als banküblich (vgl. § 676a II 1 BGB: baldmöglichst) zu erledigen sind, UBH/Fuchs (8) Banken Rn. 37; Seibert NJW 2006, 2362, str., aA zu Nr. 7 S. 1 aF (bis 1993) Canaris Rn. 2577, weil Hinweispflicht außer auf außergewöhnliche oder besonders hohe Schäden den Kunden unbillig belaste. Je nachdem muss der Kunde eben einen besonderen Eilauftrag erteilen, zB Eilüberweisung oder bei Scheck- oder Wechselinkasso.

Rechtsfolgen: Bei Verzögerung oder Fehlleitung trotz Hinweises haftet die 8 Bank für jede, auch leichte Fahrlässigkeit. Bei fehlendem Hinweis haftet die Bank je nachdem mangels Verschuldens gar nicht oder bei Verschulden ohne Freizeichnung (anders Nr. 7 S. 2, 40 I 2 aF (bis 1993), aber begrenzt durch ein

Mitverschulden des Kunden (§ 254 BGB; Nr. 3 I 3). Bei eigenem Schaden hat sie einen Schadensersatzanspruch gegen den Kunden, begrenzt durch ihr Mitverschulden. Ein eigenes Verschulden der Bank kann in mangelnder Aufklärung des Kunden liegen, zB über längere Inkassolaufzeiten von in ländlichen Regionen oder im Ausland zahlbaren Schecks.

4) Prüfung und Einwendungen bei Mitteilungen der Bank (IV)

9 IV idF 1.4.2002 entspricht Nr. 15 aF (bis 1993). Der Kunde muss Kontoauszüge, Wertpapier- und sonstige Abrechnungen, Depot- und Ertragnisaufstellungen, Ausführungsanzeigen von Aufträgen sowie Avise (Definition in IV: Informationen über erwartete Zahlungen und Sendungen) auf Richtigkeit und Vollständigkeit unverzüglich (→ Rn. 1) überprüfen und ggf. unverzüglich beanstanden, BGH WM 2012, 937. Das ist auch bereits ohne IV, deklaratorisch, eine bank- bzw. giro- und depotvertragliche Nebenpflicht, nicht nur eine Obliegenheit, BZ/Bunte Rn. 231; aA DKB/Casper Rn. 71, 77; UBH/Fuchs (8) Banken Rn. 38 unter Hinweis auf Nr. 3 I 3; Verstoß gegen eine solche Nebenpflicht macht den Kunden schadensersatzpflichtig nach § 280 I BGB, BGH WM 1973, 211; 1995, 108; NJW 2010, 3517; WM 2010, 2309. Nach aA handelt es sich richtlinienkonform nur um eine Obliegenheit, dann bleibt IV wirksam, MüKoBGB/Zetzsche § 676b Rn. 6, 13. Schweigen gilt in bestimmten Fällen als Genehmigung (→ Nr. 7 Rn. 3). Zur Anwendung gegen den Insolvenzverwalter s. BGH WM 1972, 285.

5) Benachrichtigung der Bank bei Ausbleiben von Mitteilungen (V)

10 V idF 1.4.2002 entspricht Nr. 16 aF (bis 1993). Der Kunde muss die Bank unverzüglich (→ Rn. 1) benachrichtigen, falls Rechnungsabschlüsse (Nr. 7 I) und Depotaufstellungen nicht zum normalen Zeitpunkt (zB Quartalsende, Nr. 7 I 1) zugehen (V 1). Das gilt auch bei anderen Mitteilungen, wenn der Kunde Anlass hat, ihren Eingang zu erwarten. Die Aufzählung dazu (Wertpapierabrechnungen, Kontoauszüge nach der Ausführung von Aufträgen des Kunden oder über Zahlungen, die der Kunde erwartet) in V 2 idF 1.4.2002 ist abschließend (vgl. (5) § 305c II BGB). Bsp.: telefonische Kontoeröffnung, BGH WM 1985, 511. Die Kontroll- und Mitteilungspflicht bezieht sich damit nicht schon auf jeden einzelnen Buchungsvorgang und das Ausbleiben einzelner Kontoauszüge, sondern nur auf erkennbar bedeutsame Ausfälle; vgl. OLG Düsseldorf WM 1987, 1215 ("auffällig"). Verletzung kann Mitverschulden (§ 254 BGB) oder Schadensersatzpflicht des Kunden nach § 280 I BGB wegen Pflichtverletzung begründen, BGH NJW 1984, 922.

IV. Kosten der Bankdienstleistungen

Zinsen, Entgelte und Aufwendungen

AGB-Banken 12 (1) **Zinsen und Entgelte im Geschäft mit Verbrauchern**

¹ **Die Höhe der Zinsen und Entgelte für die üblichen Bankleistungen, die die Bank gegenüber Verbrauchern erbringt, einschließlich der Höhe von Zahlungen, die über die für die Hauptleistung vereinbarten Entgelte hinausgehen, ergeben sich aus dem „Preisaushang – Regelsätze im standardisierten Privatkundengeschäft" und aus dem „Preis- und Leistungsverzeichnis".**

² Wenn ein Verbraucher eine dort aufgeführte Hauptleistung in Anspruch nimmt und dabei keine abweichende Vereinbarung getroffen wurde, gelten

die zu diesem Zeitpunkt im Preisaushang oder Preis- und Leistungsverzeichnis angegebenen Zinsen und Entgelte.

³ Eine Vereinbarung, die auf eine über das vereinbarte Entgelt für die Hauptleistung hinausgehende Zahlung des Verbrauchers gerichtet ist, kann die Bank mit dem Verbraucher nur ausdrücklich treffen, auch wenn sie im Preisaushang oder im Preis- und Leistungsverzeichnis ausgewiesen ist.

⁴ Für die Vergütung der nicht im Preisaushang oder im Preis- und Leistungsverzeichnis aufgeführten Leistungen, die im Auftrag des Verbrauchers erbracht werden und die, nach den Umständen zu urteilen, nur gegen eine Vergütung zu erwarten sind, gelten, soweit keine andere Vereinbarung getroffen wurde, die gesetzlichen Vorschriften.

(2) Zinsen und Entgelte im Geschäft mit Kunden, die keine Verbraucher sind.

¹ Die Höhe der Zinsen und Entgelte für die üblichen Bankleistungen, die die Bank gegenüber Kunden, die keine Verbraucher sind, erbringt, ergeben sich aus dem „Preisaushang – Regelsätze im standardisierten Privatkundengeschäft" und aus dem „Preis- und Leistungsverzeichnis", soweit der Preisaushang und das Preis- und Leistungsverzeichnis übliche Bankleistungen gegenüber Kunden, die keine Verbraucher sind (zum Beispiel Geschäftskunden), ausweisen.

² Wenn ein Kunde, der kein Verbraucher ist, eine dort aufgeführte Bankleistung in Anspruch nimmt und dabei keine abweichende Vereinbarung getroffen wurde, gelten die zu diesem Zeitpunkt im Preisaushang oder Preis- und Leistungsverzeichnis angegebenen Zinsen und Entgelte.

³ Im Übrigen bestimmt die Bank, sofern keine andere Vereinbarung getroffen wurde und gesetzliche Bestimmungen dem nicht entgegenstehen, die Höhe von Zinsen und Entgelten nach billigem Ermessen (§ 315 des Bürgerlichen Gesetzbuches).

(3) Nicht entgeltfähige Leistung

Für eine Leistung, zu deren Erbringung die Bank kraft Gesetzes oder auf Grund einer vertraglichen Nebenpflicht verpflichtet ist oder die sie im eigenen Interesse wahrnimmt, wird die Bank kein Entgelt berechnen, es sei denn, es ist gesetzlich zulässig und wird nach Maßgabe der gesetzlichen Regelung erhoben.

(4) Änderung von Zinsen; Kündigungsrecht des Kunden bei Erhöhung

¹ Die Änderung der Zinsen bei Krediten mit einem veränderlichen Zinssatz erfolgt aufgrund der jeweiligen Kreditvereinbarung mit dem Kunden. ² Die Bank wird dem Kunden Änderungen von Zinsen mitteilen. ³ Bei einer Erhöhung kann der Kunde, sofern nichts anderes vereinbart ist, die davon betroffene Kreditvereinbarung innerhalb von sechs Wochen nach der Bekanntgabe der Änderung mit sofortiger Wirkung kündigen. ⁴ Kündigt der Kunde, so werden die erhöhten Zinsen für die gekündigte Kreditvereinbarung nicht zugrunde gelegt. ⁵ Die Bank wird zur Abwicklung eine angemessene Frist einräumen.

(5) Änderungen von Entgelten bei typischerweise dauerhaft in Anspruch genommenen Leistungen

¹ Änderungen von Entgelten für Bankleistungen, die von Kunden im Rahmen der Geschäftsverbindung typischerweise dauerhaft in Anspruch genommen werden (zum Beispiel Konto- und Depotführung), werden dem Kunden spätestens zwei Monate vor dem vorgeschlagenen Zeitpunkt ihres Wirksamwerdens in Textform angeboten. ² Hat der Kunde mit der Bank im Rahmen

der Geschäftsbeziehung einen elektronischen Kommunikationsweg vereinbart (zum Beispiel das Online-Banking), können die Änderungen auch auf diesem Wege angeboten werden. ³Die von der Bank angebotenen Änderungen werden nur wirksam, wenn der Kunde diese annimmt. ⁴Eine Vereinbarung über die Änderung eines Entgelts, das auf eine über die Hauptleistung hinausgehende Zahlung eines Verbrauchers gerichtet ist, kann die Bank mit dem Verbraucher nur ausdrücklich treffen.

(6) Ersatz von Aufwendungen

Ein möglicher Anspruch der Bank auf Ersatz von Aufwendungen richtet sich nach den gesetzlichen Vorschriften.

(7) Besonderheiten bei Verbraucherdarlehensverträgen und Zahlungsdiensteverträgen mit Verbrauchern für Zahlungen

¹Bei Verbraucherdarlehensverträgen und Zahlungsdiensteverträgen mit Verbrauchern für Zahlungen richten sich die Zinsen und die Kosten (Entgelte und Auslagen) nach den jeweiligen vertraglichen Vereinbarungen und Sonderbedingungen sowie ergänzend nach den gesetzlichen Vorschriften. ²Die Änderung von Entgelten von Zahlungsdiensterahmenverträgen (zum Beispiel Girovertrag) richtet sich nach Absatz 5.

Übersicht

	Rn
1) Zinsen, Entgelte und Aufwendungen (I)	1–5
2) Zinsen und Entgelte im Geschäft mit Kunden, die keine Verbraucher sind (II)	6, 7
3) Nicht entgeltfähige Leistungen (III)	8
4) Änderung von Zinsen; Kündigungsrecht des Kunden bei Erhöhung (IV)	9, 10
5) Änderungen von Entgelten bei typischerweise dauerhaft in Anspruch genommenen Leistungen (V)	11, 12
6) Ersatz von Aufwendungen (VI)	13
7) Besonderheiten bei Verbraucherdarlehensverträgen und Zahlungsdienstleistungsverträgen mit Verbrauchern für Zahlungen	14

1) Zinsen, Entgelte und Aufwendungen (I)

1 Nr. 12 nF 2009, 2014 (I, II, V nF) und zum 13.1.2018 (V 3, VII 2) enthält eine **originäre Preisvereinbarung**. Änderung von V 2021 → Rn. 11. **I gilt nur für Verbraucher** (§ 13 BGB; Nichtverbraucherkunden s. II, → Rn. 6). Die Höhe der Zinsen und Entgelte für die üblichen Bankleistungen der Bank gegenüber Verbrauchern, einschließlich der Höhe von Zahlungen über die für die Hauptleistung vereinbarten Entgelte hinaus, ergeben sich dem **„Preisaushang** – Regelsätze im standardisierten Privatkundengeschäft" und ergänzend aus dem **„Preis- und Leistungsverzeichnis" (I 1)**. Demgegenüber hatte I aF nicht zwischen Verbrauchern (§ 13 BGB) und Nichtverbrauchern unterschieden, sondern zwischen Zinsen und Entgelten im Privatkundengeschäft (Privatkunden vgl. auch Nr. 2 III 3) und außerhalb desselben (Firmenkundengeschäft). Bei den genannten Bankleistungen handelt es sich zB um Standardkredite und andere typische Leistungen. Aushang und Verzeichnis sind nur der Ort, wo die „üblichen" Bankleistungen ausgewiesen sind, regeln aber nicht abschließend, ob die dort ausgewiesenen Bankleistungen üblich sind.

2 I 2 und 3 unterscheiden zwischen Entgelt für Hauptleistungen und für darüber hinausgehende Leistungen, denn erstere unterfallen nicht § 312a III 1 BGB, nur letztere (deswegen I 3). Bei Inanspruchnahme einer im Aushang oder Verzeichnis (→ Rn. 1) aufgeführten **Hauptleistung** durch einen Verbraucher gelten mangels

abweichender Vereinbarung die zu diesem Zeitpunkt im Aushang oder Verzeichnis angegebenen Zinsen und Entgelte (**I 2**). Eine Vereinbarung, die auf eine über das vereinbarte Entgelt für die Hauptleistung hinausgehende Zahlung des Verbrauchers gerichtet ist, kann die Bank mit dem Verbraucher nur ausdrücklich (nicht nur konkludent, RegE § 312a III, dort noch als V) treffen, auch wenn sie im Aushang oder Verzeichnis ausgewiesen ist (**I 3**). Entsprechend für Änderung (V 9, → Rn. 12). I 3 entspricht nahezu wortgleich § 312a III 1 BGB. § 312a III BGB gilt nicht im Bereich der Zahlungsdienste, für diese gilt Nr. 2 VII AGB-Banken, der auf der EU-vorgegebenen Sonderregelung des § 675g BGB beruht (zu diesem → **(7)** Bankgeschäfte Rn. C31). Zur Unterscheidung von Haupt- und Nebenleistungen bei der AGB-Inhaltskontrolle → **(7)** Bankgeschäfte Rn. G4, BZ/Bunte Rn. 239a, 239b, 241 ff.

Für **im Preisaushang oder im Preis- und Leistungsverzeichnis nicht** **3** **aufgeführte Leistungen** im Auftrag des Verbrauchers (§§ 662 ff. BGB) richtet sich die nach den Umständen zu erwartende Vergütung (vgl. § 612 I BGB) mangels Vereinbarung nach den gesetzlichen Vorschriften (**I 4**, wie 3 aF 2009). Die bis 2009 geltende Regelung, nach der die Bank die Vergütung dann einseitig nach billigem Ermessen (§ 315 BGB) bestimmen konnte, war zwar nach üL durch § 354 HGB, § 612 BGB gedeckt und mit **(5)** § 309 Nr. 1 BGB vereinbar, war aber angesichts der höchstrichterlichen Rechtsprechung zu der allerdings weiteren und unbestimmteren Klausel in **(9)** AGB-Sp Nr. 17 II 1, BGH WM 2009, 1077, OLG Nürnberg WM 2008, 1921 zweifelhaft geworden. Entgelt für Löschungsbewilligung bei Grundpfandrechten widerspricht § 369 I BGB, **(5)** § 307 BGB, BGHZ 114, 330. Zinsänderung bei variablem Kredit und Dauerleistungen s. IV, → Rn. 9f, und V, → Rn. 11 f. Abrechnung → Rn. 5. Allgemeiner zu Kreditzinsrecht und Entgeltklauseln → **(7)** Bankgeschäfte Rn. G4.

Überziehungskredite sind in den AGB-Banken nicht besonders geregelt **4** (anders Nr. 14 III aF bis 1993). Für vereinbarte Überziehungskredite (klassischer Dispositionskredit) ist bei Verbraucherdarlehen § 504 BGB idF VerbrKrRLUmsetzG (eingeräumte Überziehungsmöglichkeit) zu beachten; für nur geduldete, eigenmächtige Kontoüberziehungen (ohne Dispositionskredit oder über den Dispositionsrahmen hinaus) gilt bei Verbraucherverträgen § 505 BGB idF VerbrKrRLUmsetzG (geduldete Überziehung), zum Ersatz von Aufwendungen s. VI, → Rn. 13, keine Pauschalierung, BGH WM 2017, 80 (84); zur Unterscheidung beider Formen BGHZ 154, 237; auch → **(7)** Bankgeschäfte Rn. G2, 4. Nicht vereinbarte Überziehungen banküblich bis zu 10 % des nach den Umständen möglichen Überziehungskredits, OLG Köln WM 1999, 1003, OLG Brandenburg WM 2007, 2150; bis zum Zwei- oder Dreifachen der monatlichen Gutschriften, OLG Düsseldorf BKR 2015, 107. Für Kontoüberziehungen kann die Bank wirksam erhöhte Zinsen berechnen, wie im Preisaushang angegeben, BGHZ 118, 126; BGH WM 1992, 940 (942); Eckert ZBB 1991, 101; BZ/Bunte Rn. 248 (Überziehungszinsen), Rn. 260. Die Inanspruchnahme von Kredit über den vereinbarten Termin hinaus ist kein solcher Überziehungskredit (anders unwirksam Nr. 14 III 1 Fall 2 aF (bis 1993), 18 I 1 Hs. 2), sondern normaler Verzug mit Verzugsfolgen nur nach §§ 280 II, 286, 288, 289 S. 2 BGB, BGHZ 154, 230; BGH WM 1986, 10; OLG Düsseldorf NJW 1991, 2429; BKR 2015, 107. Keine Überziehungszinsen nach Vertragsende, → Nr. 19 Rn. 12. Überziehungsentgelte, Cahn WM 2010, 1197, Mindestgebührklausel für geduldete Kontoüberziehungen ist nach OLG Frankfurt a. M. WM 2015, 721 unwirksam. AGB-Kontrolle von Überziehungszinsen WLP/H. Schmidt Rn. D 21.

Die Bank schuldet ihren (kfm. und privaten) Kunden, Verbrauchern und **5** Nichtverbraucherkunden, **Abrechnung** (§ 384 HGB, § 666 BGB; ausdrücklich Nr. 14 II 4 aF bis 1993). Die Bank muss also eine „Rechnung" stellen und darin Leistungen, Entgelte und Sachkosten etc spezifizieren. Pauschalpreis ist nicht ausgeschlossen. Bei Abrechnung auf Stundenbasis sind aber Stundenzahl und Stundensatz aufzuschlüsseln.

2) Zinsen und Entgelte im Geschäft mit Kunden, die keine Verbraucher sind (II)

6 II nF 2009 und 2014, II 1 aF wird zu II 3 nF, II 1 und 2 neu. Die Höhe der Zinsen und Entgelte für die üblichen Bankleistungen an Nichtverbraucherkunden ergeben sich aus dem „Preisaushang – Regelsätze im standardisierten Privatkundengeschäft" und aus dem „Preis- und Leistungsverzeichnis", soweit in diesem Aushang bzw. Verzeichnis übliche Bankleistungen gegenüber Nichtverbraucherkunden, zB Geschäftskunden, ausgewiesen sind **(II 1)**. Nimmt ein Nichtverbraucherkunde eine dort aufgeführte Bankleistung in Anspruch, gelten mangels abweichender Vereinbarung die zu diesem Zeitpunkt im Aushang bzw. Verzeichnis angegebenen Zinsen und Entgelte **(II 2)**.

7 Im Übrigen, also wenn II 1 und 2 nicht eingreifen, kann die Bank mangels Vereinbarung und mangels entgegenstehender gesetzlicher Bestimmungen die Höhe von Zinsen und Entgelten einseitig nach billigem Ermessen (§ 315 BGB) bestimmen **(II 3)**. Das ist wirksam (→ Rn. 1), iErg auch DKB/Casper Rn. 85; zweifelnd UBH/Fuchs (8) Banken Rn. 43. Zur Sittenwidrigkeit bei hochverzinslichen Darlehen → **(7)** Bankgeschäfte Rn. G10.

3) Nicht entgeltfähige Leistungen (III)

8 III neu 2009 stellt im Hinblick auf die höchstrichterliche Rechtsprechung (→ Rn. 1) und § 675g BGB idF VerbrKrRLUmsetzG vorsorglich klar, dass die Bank für eine Leistung, zu deren Erbringung sie kraft Gesetzes oder aufgrund einer vertraglichen Nebenpflicht verpflichtet ist oder die sie im eigenen Interesse wahrnimmt, kein Entgelt berechnet, es sei denn, es ist gesetzlich zulässig und wird nach Maßgabe der gesetzlichen Regelung erhoben. Das deckt sich bis hin in den Wortlaut mit der Rechtsprechung, BGH WM 2009, 1079 mwN, und ist eigentlich selbstverständlich, mag aber im Hinblick auf den Grundsatz der kundenfeindlichsten Auslegung kautelarjuristischer Vorsicht entsprechen. Dazu, wann ein Entgelt berechnet bzw. nicht berechnet werden kann, gibt es eine umfangreiche Rechtsprechung, die jedenfalls in ihren Grundzügen weiter relevant ist. Umfassende Auflistung der verschiedenen Bankleistungen mit der dazu ergangenen Rechtsprechung bei BZ/Bunte Rn. 248 (für Zahlungsdienste vgl. §§ 675f IV, 675g II, III BGB), Bankgeschäfte → Rn. C50, 51.

4) Änderung von Zinsen; Kündigungsrecht des Kunden bei Erhöhung (IV)

9 IV idF 2009. IV enthält selbst **keine Zinsanpassungsklausel.** Nach **IV 1** kann die Bank die Zinsen bei **Krediten mit veränderlichem Zinssatz** während der Laufzeit nur nach der jeweiligen Kreditvereinbarung mit dem Kunden ändern. Bsp.: variabler Kredit an Firmenkunden nach entsprechendem Kreditzusage- oder -bestätigungsschreiben, bei Änderung der Marktzinsen dann einseitige Anpassung und Mitteilung. Auch die Zinsanpassungsvoraussetzungen müssen vertraglich festgelegt werden. Zinsanpassungsklauseln müssen neben der Erhöhung auch die Senkung des allgemeinen Zinsniveaus berücksichtigen. Zu den Zulässigkeitsvoraussetzungen für Zinsanpassungsklauseln nach § 315 BGB → **(7)** Bankgeschäfte Rn. G4. Verbraucherdarlehensverträge s. VII, → Rn. 14. Die Bank verpflichtet sich, dem Kunden Änderungen von Zinsen **mitzuteilen (IV 2).** IV 2 betrifft nur Änderungen von Zinsen nach IV 1, nicht auch Änderungen im Preisaushang und Preisverzeichnis nach I. Mitteilung an den Kunden, nicht nur allgemein durch Aushang, aber nicht notwendigerweise schriftlich, auch auf Kontoauszug, BZ/Bunte Rn. 255.

V. Bankgeschäfte

Bei Zinserhöhung kann der Kunde mangels anderweitiger Vereinbarung die 10
davon betroffene Kreditvereinbarung innerhalb von sechs Wochen nach der
Bekanntgabe der Änderung (IV 2, → Rn. 9) **mit sofortiger Wirkung kündigen (IV 3)**, vgl. Nr. 18 I sowie § 489 III BGB, dazu auch **(9)** AGB-Spark 5,
dort → **(9)** AGB-Spark 5 Rn. 1. Dann werden die erhöhten Zinsen für die
gekündigte Kreditvereinbarung nicht zugrunde gelegt **(IV 4)**. Zur Abwicklung
räumt die Bank eine angemessene Frist ein **(IV 5)**.

5) Änderungen von Entgelten bei typischerweise dauerhaft in Anspruch genommenen Leistungen (V)

V neu 2009, 2018 (→ Rn. 1). Nunmehr ist eine **Neufassung** vom 31.8.2021 11
erstellt worden, dazu → Nr. 1 Rn. 7. Zur Vermeidung von Rechtsrisiken ist die
Zustimmungsfiktion gestrichen worden, und es gilt ein Ausdrücklichkeitserfordernis für bestimmte Entgeltänderungsvereinbarungen.

V 9 und 10 entfallen, → Rn. 11.   12

6) Ersatz von Aufwendungen (VI)

VI nF 2000 und Mai 2012 zusammen mit angepasster Überschrift. Nach VI aF 13
konnte die Bank dem Kunden in seinem Auftrag oder mutmaßlichen Interesse
gemachten Auslagen sowie die Kosten im Zusammenhang mit Sicherheiten in
Rechnung stellen (zu beidem Bspe in VI aF). VI aF war im Verkehr mit Verbrauchern nach § 307 I, II Nr. 1 BGB unwirksam, BGH WM 2012, 1189; 2012,
1344 (Unklarheitenregel, „kundenfeindlichste" Auslegung); zT krit. Bork WM
2013, 1101; anders noch BGH WM 1989, 129; die Auslagen müssen im Interesse
des Kunden liegen und dürfen nicht aus Tätigkeiten nur im eigenen Interesse der
Bank resultieren. Nach der nF hat die Bank Anspruch auf Aufwendungsersatz
nach den gesetzlichen Vorschriften, also grundsätzlich nach §§ 675 I, 670 BGB.
Parallel dazu wurden **(8a)** AGB-WPGeschäfte Nr. 3 III (s. dort) und Nr. 2 der
Sonderbedingungen für Termingeschäfte geändert. Überziehungskredite sind
nicht mehr besonders geregelt (anders VI 3 aF, → Rn. 4).

7) Besonderheiten bei Verbraucherdarlehensverträgen und Zahlungsdiensteleistungsverträgen mit Verbrauchern für Zahlungen

VII nF 2018 nimmt Verbraucherdarlehensverträge von Nr. 12 zu Recht aus. 14
Hier richten sich die Zinsen und Kosten (Entgelte und Auslagen) nach den
jeweiligen vertraglichen Vereinbarungen und Sonderbedingungen sowie ergänzend nach den gesetzlichen Vorschriften (VII 1, § 675g II BGB idF VerbrKrRLUmsetzG). Die Änderung von Entgelten von Zahlungsdiensterahmenverträgen (zB Girovertrag, → **(7)** Bankgeschäfte Rn. C25) richtet sich nach V **(VII 2)**.

V. Sicherheiten für die Ansprüche der Bank gegen den Kunden

Bestellung oder Verstärkung von Sicherheiten

AGB-Banken 13 (1) **Anspruch der Bank auf Bestellung von Sicherheiten**

¹Die Bank kann für alle Ansprüche aus der bankmäßigen Geschäftsverbindung die Bestellung bankmäßiger Sicherheiten verlangen, und zwar auch dann, wenn die Ansprüche bedingt sind (zum Beispiel Aufwendungsersatzanspruch wegen der Inanspruchnahme aus einer für den Kunden übernommenen Bürgschaft). ²Hat der Kunde gegenüber der Bank eine Haftung für Verbindlichkeiten eines anderen Kunden der Bank übernommen (zum Beispiel als Bürge), so besteht für die Bank ein Anspruch auf Bestellung oder

Verstärkung von Sicherheiten im Hinblick auf die aus der Haftungsübernahme folgende Schuld jedoch erst ab ihrer Fälligkeit.

(2) Veränderungen des Risikos
¹Hat die Bank bei der Entstehung von Ansprüchen gegen den Kunden zunächst ganz oder teilweise davon abgesehen, die Bestellung oder Verstärkung von Sicherheiten zu verlangen, kann sie auch später noch eine Besicherung fordern. ²Voraussetzung hierfür ist jedoch, dass Umstände eintreten oder bekannt werden, die eine erhöhte Risikobewertung der Ansprüche gegen den Kunden rechtfertigen. ³Dies kann insbesondere der Fall sein, wenn

– sich die wirtschaftlichen Verhältnisse des Kunden nachteilig verändert haben oder sich zu verändern drohen, oder
– sich die vorhandenen Sicherheiten wertmäßig verschlechtert haben oder zu verschlechtern drohen.

⁴Der Besicherungsanspruch der Bank besteht nicht, wenn ausdrücklich vereinbart ist, dass der Kunde keine oder ausschließlich im Einzelnen benannte Sicherheiten zu bestellen hat. ⁵Bei Verbraucherdarlehensverträgen besteht der Anspruch auf die Bestellung oder Verstärkung von Sicherheiten nur, soweit die Sicherheiten im Kreditvertrag angegeben sind. ⁶Übersteigt der Nettodarlehensbetrag 75 000 Euro, besteht der Anspruch auf Bestellung oder Verstärkung auch dann, wenn in einem vor dem 21. März 2016 abgeschlossenen Verbraucherdarlehensvertrag oder in einem ab dem 21. März 2016 abgeschlossenen Allgemein-Verbraucherdarlehensvertrag im Sinne von § 491 Abs. 2 BGB keine oder keine abschließenden Angaben über Sicherheiten enthalten sind.

(3) Fristsetzung für die Bestellung oder Verstärkung von Sicherheiten
¹Für die Bestellung oder Verstärkung von Sicherheiten wird die Bank eine angemessene Frist einräumen. ²Beabsichtigt die Bank, von ihrem Recht zu fristlosen Kündigung nach Nr. 19 Absatz 3 dieser Geschäftsbedingungen Gebrauch zu machen, falls der Kunde seiner Verpflichtung zur Bestellung oder Verstärkung von Sicherheiten nicht fristgerecht nachkommt, wird sie ihn zuvor hierauf hinweisen.

1) Anspruch der Bank auf Bestellung von Sicherheiten (I)

1 A. **Allgemeiner Besicherungsanspruch (I 1):** Nr. 13 I entspricht Nr. 19 I aF (bis 1993). I ist wirksam, hL. Der **Anspruch der Bank auf bankmäßige Sicherheiten (I 1)** besteht nur gegen den Kunden der Bank. Das zeigt die Abschnittsüberschrift und folgt schon aus der Reichweite der AGB (→ Nr. 1 Rn. 1, 4). Der Anspruch besteht also nicht gegen den Bürgen des Kunden, BGHZ 92, 301, außer wenn dieser selbst Kunde der Bank ist (vgl. I 2).

2 Der Anspruch der Bank besteht **für alle Ansprüche aus der bankmäßigen Geschäftsverbindung.** Der Anspruch ist auch bei festem Darlehen auf bestimmte Zeit nicht ausgeschlossen.

3 Die Bank hat **Anspruch auf bankmäßige Sicherheiten,** also vornehmlich solche mit leichter und rascher Verwertbarkeit; sie hat keinen Anspruch auf eine bestimmte Sicherheit, die freie Wahl der Art und des Gegenstandes bleibt beim Kunden, BGH NJW 1981, 1363. Die Bank hat aber keinen Anspruch auf Übersicherung (Nr. 16, § 242 BGB) und muss bei einem Wechsel der Sicherheiten die Belange des Kunden angemessen berücksichtigen, zB kein Verlangen zur Unzeit, BGH NJW 1983, 2703.

4 Der Anspruch der Bank besteht **ohne weiteres.** Die Bank braucht keinen besonderen Anlass für ihr Verlangen, zB genügen veränderte Beurteilung der Lage des Kunden oder vorsichtigere Geschäftspolitik; Verschlechterung der Ver-

mögensverhältnisse des Kunden ist nicht Anspruchsvoraussetzung, BGH NJW 1981, 1364; aA Grunewald ZIP 1981, 586; **(5)** § 305b BGB. Er besteht **sofort,** auch wenn die zu sichernden Ansprüche bedingt sind, zB Aufwendungsersatz vor Inanspruchnahme aus einer Bankbürgschaft für den Kunden (§§ 765, 670 BGB). Trotz des Sicherungsrechts nach I ist die vom Kunden nach §§ 232 ff. BGB konkretisierte (also keine Wahlschuld iSv § 262 BGB) Sicherung in der kritischen Zeit nach § 131 InsO **„inkongruent",** daher anfechtbar, BGHZ 33, 394 (Grundschuld); BGHZ 150, 122; BGH NJW 2004, 1660 (Kundenforderungsgutschrift, → Nr. 14 Rn. 7); BGH NJW 2008, 431; Ganter WM 2006, 1088; ebenso Pfandrecht nach Nr. 14 (→ Nr. 14 Rn. 1), Jacobi ZIP 2006, 2351, und Sicherungsabtretung nach Nr. 15 II (→ Nr. 15 Rn. 3); anders bei bloßem Sicherheitentausch (Gutschrift auf Kontokorrentkonto), BGH WM 2017, 446 Rn. 12, bei Globalzession (näher → **(7)** Bankgeschäfte Rn. H1. Sicherheitenfreigabepflicht aus § 242 BGB), OLG Schleswig WM 2011, 1254. Lit.: Pleyer-Weiser DB 1985, 2233 (Übersicht zu Nr. 13); Ganter WM 2017, 261 (Sicherheitenaustausch). 5

B. Bürgschaft (I 2): Ist die Bank durch die Haftungsübernahme eines Kunden 6 A für einen anderen Kunden B gesichert, zB Kundenbürgschaft gegenüber der Bank, kann sie **Sicherheiten** nach I 1 **für die Bürgenschuld** des A **erst ab Fälligkeit** derselben verlangen (I 2). Ein Unterlegungsanspruch schon vorher widerspräche dem Leitbild der Bürgschaft und **(5)** § 307 BGB, BGHZ 92, 300; BGH WM 1989, 129; 1990, 1910. I 2 ist wirksam, BZ/Bunte Rn. 266; DKB/Casper Rn. 95; UBH/Fuchs (15) Bürgschaftsverträge Rn. 16. Auch unter I 2 bleibt es aber bei dem Erfordernis der bankmäßigen Geschäftsverbindung (→ Rn. 2). Wird der Bürge erst später Kunde der Bank, werden bis dahin eingegangene Bürgschaften nicht ohne weiteres Teil der neuen Geschäftsverbindung, Köndgen NJW 1992, 2267; nach aA sind Bürgschaftsansprüche der Bank gegen den Kunden überhaupt nicht Teil ihrer bankmäßigen Geschäftsverbindung mit ihm, Krings ZBB 1992, 331, dann wäre I 2 unwirksam.

2) Veränderungen des Risikos (II)

II 1 enthält wie Nr. 19 I aF (bis 1993) eine **Nachbesicherungsklausel** bei 7 Risikoveränderung. Sie ist bis auf den Betrag in II 52009 unverändert geblieben. Die Bank hat aber keinen Anspruch auf ein konkretes Sicherungsmittel, nur auf bankmäßige Sicherungen überhaupt, Auswahl liegt beim Kunden, BGH NJW 1981, 1363. Statt Nachbesicherung kann die Bank auch bestehende Sicherheit zB durch Kontosperre aktivieren (→ Nr. 14 Rn. 1), BGH NJW 2004, 1662. Der Nachbesicherungsanspruch besteht aber nach **II 2** nur bei einer berechtigten erhöhten Risikobewertung auf Grund neu eintretender oder (der Bank) erst später bekannt werdender Umstände, OLG Nürnberg WM 2012, 1866 (zu **(9)** AGB-Spark Nr. 22 I). Der Nachbesicherungsanspruch setzt also viel früher ein als die außerordentliche Kündigung, bei der ein wichtiger Grund für diese vorliegen muss, → Nr. 19 Rn. 4 ff. Bei verschuldeter Fehleinschätzung der Bank bei Kreditvergabe besteht nicht später ein uneingeschränkter Nachbesicherungsanspruch, BZ/Bunte Rn. 275b (Verbot widersprüchlichen Verhaltens), kein Nachbesicherungsanspruch bei grober Fahrlässigkeit der Bank, DKB/Casper Rn. 97; UBH/Fuchs (8) Banken Rn. 57, erst recht nicht bei Änderung der internen Bewertungsgrundsätze oder vorsichtige Geschäftspolitik der Bank bei objektiv gleichem Risiko, BZ/Bunte Rn. 275b. Nachbesicherungsanspruch aber bei nur leichter Fahrlässigkeit, DKB/Casper Rn. 97. Ob die Vereinbarung von **financial covenants,** also Rechte der Bank bei Nichteinhaltung bestimmter Kennzahlen (→ **(7)** Bankgeschäfte Rn. H7), den Nachbesicherungsanspruch nach Nr. 13 II 2 ausschließt, bestimmt sich nach §§ 133, 157 BGB, danach iZw abschließende Individualvereinbarung, Ellenberger/Bunte Bankrechts-HdB/Merkel/Richrath § 77

Rn. 175; anders, nur bei ausdrücklichem Ausschluss, Ellenberger/Bunte Bankrechts-HdB/Bunte/Artz § 3 Nr. 13 Rn. 22 ff.; BZ/Bunte Rn. 275d. **II 3** gibt dafür nicht abschließend zwei Beispiele: tatsächliche oder drohende nachteilige Veränderung der wirtschaftlichen Verhältnisse des Kunden; entsprechende wertmäßige Verschlechterung der vorhandenen Sicherheiten, zB bei sinkenden Kursen verpfändeter Aktien. Die wertmäßige Verschlechterung nach II 3 braucht nicht eine wesentliche zu sein wie für Nr. 19 III 2 Spiegelstrich 2 (dann Kündigungsrecht der Bank; bewusste Abstufung, BZ/Bunte Rn. 275a). Der Nachbesicherungsanspruch entfällt bei ausdrücklicher anderer Vereinbarung, so bei abschließender Benennung der zu bestellenden Sicherheiten **(II 4)**, auch bei Blankokredit (anders für AGB-Pfandrecht, → Nr. 14 Rn. 6), BZ/Bunte Rn. 277; ebenso bei Gleichbehandlungsklausel (Kunde versichert etwa bei kurzfristigen Großkrediten, auch keiner anderen Bank Sicherheit zu stellen), BZ/Bunte Rn. 276. Obwohl II 4 von ausdrücklicher Vereinbarung spricht, geht jede andere, auch konkludente Individualvereinbarung vor, II 4 ist iErg wirksam, DKB/Casper Rn. 96, an Wirksamkeit von II 4 zweifelnd UBH/Fuchs (8) Banken Rn. 57. Kreditgewährung ohne oder ohne hinreichende Sicherheit ist nicht ohne weitere Vereinbarung iSv II 4, BGH NJW 1980, 399; 1981, 1364, str. (auch → Nr. 14 Rn. 6). Eine **Sicherungszweckabrede** bestimmt nur, dass die in Frage stehende Sicherung einen bestimmten Kredit absichert, OLG Hamm WM 2005, 1265, nicht dass keine weiteren Sicherungen mehr verlangt werden dürfen, BZ/Bunte Rn. 275b. Beweislast dafür liegt idR beim Kunden. Bei einer **Positiverklärung** geht es um die Verpflichtung des Kunden zu einer Sicherheitsbestellung, die von den Voraussetzungen von Nr. 13 unabhängig ist; aus einer **Negativerklärung,** Dritten keine Sicherheiten zu gewähren, entsteht kein eigener Anspruch der Bank auf Sicherheiten, BZ/Bunte Rn. 275e. **II 5 und 6** idF 2016 tragen der WohnimmobKrRL und deren Umsetzung in §§ 491 ff., 492 II nF BGB Rechnung (Allgemein-Verbraucherdarlehensvertrag, § 491 I 2, II BGB). Danach müssen die zu bestellenden Sicherheiten in der Vertragserklärung des Darlehensnehmers angegeben sein (§ 492 BGB), nur bei Nettodarlehensbetrag über 75.000 EUR (vgl. § 494 VI 1 BGB, vorher 50.000 EUR) schadet Nichtangabe nicht (§ 494 VI 2 letzter Hs. BGB), Ellenberger/Bunte Bankrechts-HdB/Bunte/Artz § 3 Nr. 13 Rn. 30.

3) Fristsetzung für die Bestellung oder Verstärkung von Sicherheiten (III)

8   Die Bank muss dem Kunden für die Aufbringung der Sicherheiten eine angemessene Frist einräumen **(III 1).** Nach erfolglosem Verstreichen dieser Frist kann die Bank außerordentlich kündigen (Nr. 19 III 3). Will die Bank davon Gebrauch machen, muss sie den Kunden auf diese gravierende Folge zuvor hinweisen **(III 2).** Dieser Hinweis ist schon bei Fristsetzung nach III 1 nötig, andernfalls ist erneut Frist nach III 1 einzuräumen.

Vereinbarung eines Pfandrechts zugunsten der Bank

AGB-Banken 14 (1) Einigung über das Pfandrecht

¹**Der Kunde und die Bank sind sich darüber einig, dass die Bank ein Pfandrecht an den Wertpapieren und Sachen erwirbt, an denen eine inländische Geschäftsstelle im bankmäßigen Geschäftsverkehr Besitz erlangt hat oder noch erlangen wird.** ²**Die Bank erwirbt ein Pfandrecht auch an den Ansprüchen, die dem Kunden gegen die Bank aus der bankmäßigen Geschäftsverbindung zustehen oder künftig zustehen werden (zum Beispiel Kontoguthaben).**

(2) Gesicherte Ansprüche

¹Das Pfandrecht dient der Sicherung aller bestehenden, künftigen und bedingten Ansprüche, die der Bank mit ihren sämtlichen in- und ausländischen Geschäftsstellen aus der bankmäßigen Geschäftsverbindung gegen den Kunden zustehen. ²Hat der Kunde gegenüber der Bank eine Haftung für Verbindlichkeiten eines anderen Kunden der Bank übernommen (zum Beispiel als Bürge), so sichert das Pfandrecht die aus der Haftungsübernahme folgende Schuld jedoch erst ab ihrer Fälligkeit.

(3) Ausnahmen vom Pfandrecht

¹Gelangen Gelder oder andere Werte mit der Maßgabe in die Verfügungsgewalt der Bank, dass sie nur für einen bestimmten Zweck verwendet werden dürfen (zum Beispiel Bareinzahlung zur Einlösung eines Wechsels), erstreckt sich das Pfandrecht der Bank nicht auf diese Werte. ²Dasselbe gilt für die von der Bank selbst ausgegebenen Aktien (eigene Aktien) und für die Wertpapiere, die die Bank im Ausland für den Kunden verwahrt. ³Außerdem erstreckt sich das Pfandrecht nicht auf die von der Bank selbst ausgegebenen eigenen Genussrechte/Genussscheine und nicht auf die verbrieften und nicht verbrieften nachrangigen Verbindlichkeiten der Bank.

(4) Zins- und Gewinnanteilscheine

Unterliegen dem Pfandrecht der Bank Wertpapiere, ist der Kunde nicht berechtigt, die Herausgabe der zu diesen Papieren gehörenden Zins- und Gewinnanteilscheine zu verlangen.

Übersicht

	Rn
1) Einigung über das Pfandrecht (I)	1–7
A. Allgemeines Bankenpfandrecht (I):	1
B. Begründung und Reichweite des Pfandrechts (I 1):	2–6
C. Auch Ansprüche des Kunden gegen die Bank selbst (I 2):	7
2) Gesicherte Ansprüche (II)	8, 9
A. Sicherung aller Ansprüche der Bank (II 1):	8
B. Bürgschaft (II 2):	9
3) Ausnahmen vom Pfandrecht (III)	10–12
A. Zweckbestimmte Gelder (III 1):	10
B. Einzelfälle des III 1:	11
C. Weitere Ausnahmen (III 2–3):	12
4) Zins- und Gewinnanteilscheine (IV)	13

1) Einigung über das Pfandrecht (I)

A. **Allgemeines Bankenpfandrecht (I): Nr. 14** regelt wie Nr. 19 II aF (bis 1993) den Erwerb eines **weitreichenden Pfandrechts der Bank** und ist damit mit die wichtigste Bestimmung der AGB-Banken. Der schuldrechtliche Anspruch der Bank auf ein solches ergibt sich aus Nr. 13, offen BGHZ 150, 126. Nr. 14 liegt im berechtigten Interesse der Bank an Sicherung und dem des Kunden an rascher (Dispositions-)Kreditgewährung einschließlich erlaubter Kontoüberziehung. II ist mit **(5)** §§ 305c I, 307 BGB vereinbar, BGHZ 93, 75; BGH NJW 1983, 2702; auch die Erstreckung auf erst künftig entstehende Forderungen der Bank, auch gegen NichtKflte, BGH NJW 1981, 756. Geltendmachung des Pfandrechts schon vor Pfandreife durch Kontosperre (§ 1281 S. 2 BGB), BGH NJW 2004, 1660. Das Pfandrecht nach Nr. 14 begründet in der Insolvenz nur eine inkongruente Sicherung, BGHZ 150, 126; BGH NJW 2007, 2324; Ganter WM 2006, 1088; ebenso Nr. 13 (→ Nr. 13 Rn. 5) und Nr. 15 (→ Nr. 15 Rn. 3). Ein besonderes **Zurückbehaltungsrecht** der Bank dort, wo ein Pfandrechtserwerb ausscheidet, ist nicht vorgesehen (anders Nr. 19 IV aF bis 1993), es bleibt bei § 273 BGB, §§ 369 ff. HGB. Nr. 14 ist wirksam, aA Piekenbrock WM 2009, 49 (besondere Freigabeklausel, Form § 492 I 5 Nr. 7 BGB).

2   B. **Begründung und Reichweite des Pfandrechts (I 1):** Das Pfandrecht erstreckt sich nach I 1 auf **Wertpapiere und Sachen.** Das können auch unbewegliche Sachen, also Grundstücke sein. Voraussetzung ist, dass irgendeine inländische Geschäftsstelle der Bank (Filialklausel) daran **Besitz erlangt hat oder noch erlangen wird.** Besitz kann unmittelbar oder mittelbar sein (→ Rn. 4). Kein Besitz, auch kein Mitbesitz der Bank am Inhalt eines Schließfachs, auch nicht bei Mitverschluss der Bank, → **(7)** Bankgeschäfte Rn. V1. I 1 erstreckt sich **nicht** auf Forderungen und andere Rechte (anders Nr. 19 II 1 aF (bis 1993); Ausnahme aber II 2, → Rn. 7), zB Anwartschaftsrechte, Immaterialgüterrechte; auch nicht wenn ein **Dokument über eine Forderung** des Kunden in den Besitz der Bank kommt, zB Sparbuch, Lebensversicherungspolice, Briefe über Grundpfandrechte ua, hL. Grund: I 1 will nicht auf diesem indirekten Weg Forderungen erfassen; jedenfalls fehlt es aber am Erlangen des „Besitzes" an dem Grundpfandrecht usw, BGHZ 60, 174; dazu Kollhosser JR 1973, 315. In diesen Fällen kann sich eine Sicherungsabtretung anbieten, zB bei kfm. HdlPapieren (Nr. 15 II).

3   Die Wertpapiere und Sachen muss die Bank nach I 1 im **bankmäßigen Geschäftsverkehr** erlangen, so wie die Ansprüche nach I 2 aus der **bankmäßigen Geschäftsverbindung** herrühren müssen. So schon zur aF (bis 1993) stRspr, BGHZ 101, 34; BGH NJW 1981, 756; 1983, 2702; 1985, 849; Grund: keine vertrauens- und zurechnungswidrige Ausnutzung des als Bank erlangten Zugriffs. Geschäftsverbindung ist die auf eine unbestimmte Vielzahl von Geschäftsvorfällen angelegte tatsächliche Beziehung zwischen Bank und Kunden, BGH WM 2007, 875 (vgl. → Einl. vor § 343 Rn. 3). Im bankmäßigen Geschäftsverkehr erlangt sind zB Ansprüche aus laufender Rechnung oder Kreditgewährung, auch nach Kündigung der Geschäftsverbindung; auch abgetretene Ansprüche aus Diskontgeschäft oder Sicherungsabtretung, OLG Koblenz WM 2010, 551; auch Haftung einer GmbH (§ 128) für Bankkredit der GmbH & Co KG, BGH NJW-RR 2007, 983; BZ/Bunte Rn. 302; aber **nicht** nur zum Einzug für Dritte abgetretene Ansprüche, OLG Koblenz WM 2010, 551, Ansprüche auf Erstattung von Prozesskosten aus Rechtsstreitigkeiten zwischen Bank und Kunden, BGH WM 1998, 23, oder zufällig erlangte deliktsrechtliche Ansprüche.

4   **Begründung** des Pfandrechts nach I 1 erfolgt durch antizipierte Einigung, die in I 1 erklärt ist. Diese Einigung muss bis zur Entstehung des Pfandrechts (Besitzerlangung) fortbestehen und tut das auch ohne besonderes Rechtsfolgebewusstsein, BGHZ 128, 299; aber bis dahin kann sie der Kunde einseitig widerrufen, str. Die Einigung genügt, wenn die Bank im Besitz der Sache ist (§ 1205 I 2 BGB), sonst muss die Übergabe oder ein Übergabesurrogat hinzukommen (§ 1205 BGB). Für das Pfandrecht an Inhaberpapieren (Aktien, Rentenwerte) gelten die Vorschriften über das Pfandrecht an beweglichen Sachen (§§ 1293, 1205 BGB). Der mittelbare Besitz der Bank an bei einer Wertpapiersammelbank (→ **(13)** DepotG § 1 Rn. 6) aufbewahrten Wertpapieren des Kunden genügt. **Gutgläubiger Erwerb** auf Grund I (§§ 932 ff., 1207 f. BGB, §§ 366 f. HGB, Art. 16 II WG, Art. 21 ScheckG ua) ist nicht schlechthin ausgeschlossen, Staud/Wiegand BGB Anh. § 1257 Rn. 9; aA OLG Hamburg MDR 1970, 422; der gutgläubige Pfandrechtserwerb an Gegenständen Dritter ist aber uU im Einzelfall ausgeschlossen, zB wenn die Bank gar nicht im Vertrauen auf die Sicherheit disponiert hat, vgl. Canaris Rn. 2666, str. Relevanter Zeitpunkt für Anfechtbarkeit nach InsO, BGHZ 150, 126; BGH WM 2005, 1791.

5   **Verwaltung der Sicherheiten** ist nach wie vor Sache des Kunden (ausdrücklich § 19 V aF (bis 1993), jetzt Regelung in Sicherheitenvordrucken); Verwaltungspflichten der Bank bestehen nur bei besonderer Abrede oder wenn nur die

Bank die Sicherheiten kontrollieren kann, vgl. BGH WM 1972, 73, zB bei unmittelbarem Besitz der Bank.

Abbedingung ist wie stets bei AGB möglich (Individualabrede oder Sonderbedingungen, → Nr. 1 Rn. 2, 6), doch gelten dabei strenge Anforderungen, BGHZ 128, 299. I wird nicht schon durch die Vereinbarung bestimmter Sicherheiten abbedungen (vgl. Nr. 13 II „Verstärkung"), BGH NJW 1980, 399; 1981, 1364 (auch → Nr. 13 Rn. 7); auch nicht bezüglich solcher Werte des Kunden, die die Bank bei Sicherungsabrede schon im Besitz hat, die Bank kann also auch nicht als Sicherheit vorgesehene Werte in Anspruch nehmen, BGH NJW 1983, 2702. Wenn für die beabsichtigte gemeinsame Sanierung durch mehrere Banken nötig, ist konkludente Abbedingung möglich, BGH NJW-RR 1998, 485. **Blankokredit** beinhaltet nicht Abbedingung des Pfandrechts nach Nr. 14, BZ/Bunte Rn. 298, anders für Nachbesicherung (→ Nr. 13 Rn. 7).

C. **Auch Ansprüche des Kunden gegen die Bank selbst (I 2):** Dem Pfandrecht unterfallen auch Ansprüche des Kunden gegen die Bank selbst (Pfandrecht an eigener Schuld; **I 2**), BGHZ 93, 76; BGH NJW 1983, 2702; 1988, 3262. Vorausgesetzt ist, dass sie dem Kunden aus der bankmäßigen Geschäftsverbindung (→ Rn. 3) zustehen oder künftig zustehen werden. Bsp.: Kontoguthaben (so Bsp. in I 2), Erlösauszahlungsanspruch nach Wertpapierverkauf, künftige Kostenerstattungsansprüche aus verlorenen Prozessen der Bank mit dem Kunden, OLG Bremen BB 1974, 154. Die **Begründung** des Pfandrechts der Bank an solchen künftigen Forderungen erfolgt im Wege antizipierter Einigung und Abtretung (§§ 1205, 1274 BGB), BGH NJW 1983, 2702, später eintretende Geschäftsunfähigkeit hindert nicht, BGH NJW 1988, 3268. § 1280 BGB greift hier seinem Schutzzweck nach nicht ein (Schuldner ist Pfandgläubiger), BGH NJW 2004, 1662, jedenfalls aber liegt hier in der Begründung ausnahmsweise zugleich die formlos mögliche Anzeige (des Kunden) nach § 1280 BGB an den Schuldner (Bank). II 2 ersetzt nicht Zustimmung nach § 1274 I 1 BGB, § 68 II AktG. Das Pfandrecht am Guthaben auf einem im Kontokorrent geführten Girokonto erstreckt sich auch auf den girovertraglichen Anspruch auf das Tagesguthaben, BGH ZIP 2020, 2079 Rn. 39. Wird das vom Pfandrecht erfasste Guthaben durch von der Bank hingenommene Sollbuchung herabgemindert, liegt darin insoweit eine stillschweigende Freigabeerklärung der Bank, BGH WM 2004, 668; BGH ZIP 2020, 2079 Rn. 43. Die Einziehung nach § 1282 BGB erfolgt bei eigener Geldschuld durch einfache Erklärung der Bank. Klausel über vorzeitige Kündigung ist problematisch, OLG Düsseldorf WM 1992, 1941.

2) Gesicherte Ansprüche (II)

A. **Sicherung aller Ansprüche der Bank (II 1):** II entspricht Nr. 19 II aF (bis 1993). II 1 umschreibt den Kreis der gesicherten Ansprüche umfassend. Gesichert sind grundsätzlich **alle Ansprüche der Bank gegen den Kunden aus der bankmäßigen Geschäftsverbindung**, einerlei ob bestehende oder gekündigt, künftig oder nur bedingt (aber s. II 2). Die Bank sind hier nicht nur die inländischen Geschäftsstellen der Bank (Nr. I 1 S. 1), sondern ausdrücklich auch alle ausländischen (Filialklausel). Darauf weist bereits Nr. 1 I 3 hin. Künftige Ansprüche müssen mindestens bestimmbar sein, OLG Bremen WM 1973, 1229; Canaris Rn. 2676. Im Einzelnen fallen unter II auch erst später an die Bank abgetretene Ansprüche, BGHZ 58, 722; 77, 919, außer bei missbräuchlicher Abtretung, BGH ZIP 1983, 667; WM 2007, 875. Ansprüche der Bank gegen GmbH & Co, für die eine GmbH als phG haftet, gehören noch zur Geschäftsverbindung der Bank mit der GmbH, BGH WM 2007, 875, Grenzen vgl. BGHZ 98, 260 (zu **(9)** AGB-Spark Nr. 21 III 1). Das gilt aber nicht ohne weiteres auch für alle Ansprüche der Bank gegen eine OHG oder KG, für die anderer Kunde als eine phG-GmbH persönlich haftet (§ 128 HGB), sie sind, wenn nicht aus der bankmäßigen Geschäftsverbindung mit dem Kunden resultierend, nach Wegfall von Nr. 19 II 2 aF (bis 1993) nicht mehr umfasst, Bruchner DZWir 1993, 94; auch nicht Ansprüche der Bank gegen GbR, deren Gfter Bankkunde ist; alte Klausel war unwirksam, OLG Schleswig WM 2006, 1578 (für **(9)** AGB-Spark Nr. 21 III 2); Clemente ZBB 2007, 55; offen BGH WM 2007, 876. Auch Ersatzansprüche der Bank aus einer Geschäftsführung ohne Auftrag fallen darunter sowie deliktsrechtliche Ansprüche im Zusammenhang mit der Geschäftsverbindung, BZ/Bunte Rn. 301b. Nicht erfasst wird der Rückerstattungsanspruch der Bank aus Verbraucherdarlehen (§§ 491, 488 I 2 aE BGB), UBH/Fuchs **(8)** Banken Rn. 60, Grund: §§ 492 I 5 Nr. 7, 494 II 6 BGB: deliktische Ansprüche ohne Zusammenhang mit dem Geschäftsverkehr.

9 B. **Bürgschaft (II 2):** II 2 entspricht Nr. 13 I 2, also kein Pfandrecht vor Fälligkeit der Bürgenschuld (→ Nr. 13 Rn. 6), BGH WM 1998, 2463; 2007, 875 (zu **(9)** AGB-Spark Nr. 21 III 3); BZ/Bunte Rn. 305 II 2 ist bei Nur-Verpfändungserklärung zugunsten einer Drittschuld nicht anwendbar, Bank kann also schon vor Fälligkeit Wertpapierorder ablehnen, OLG München WM 2008, 122.

3) Ausnahmen vom Pfandrecht (III)

10 A. **Zweckbestimmte Gelder (III 1):** III entspricht Nr. 19 III aF (bis 1993). Danach sind drei Ausnahmen vom Pfandrecht vorgesehen. Nach **III 1** erstreckt sich das Pfandrecht **nicht** auf **Gelder und andere Werte**, die die Bank nur **zur Verwendung für einen bestimmten Zweck** erlangt hat. So schon früher die stRspr, zB BGH WM 1968, 695; 1973, 167; OLG Düsseldorf WM 1988, 1688. Für eine solche besondere Zweckbestimmung genügt ein auch stillschweigender, aus den Umständen zu schließender Vorbehalt des Kunden, zB bei Treuhandkonten, → Rn. 11. Aber stillschweigender Ausschluss muss erkennbar sein, bei AGB-Pfandrecht der Bank nur unter strengen Anforderungen, BGH NJW 1995, 1086. Einzelfälle des III 1 → Rn. 11, auch Fallgruppen bei BZ/Bunte Rn. 307; KMFS/Federlin Rn. 3.553 ff.

11 B. **Einzelfälle des III 1: Bareinzahlung** des Kunden zur Einlösung eines Wechsels (so Bsp. in III 1); Einzahlung mit ausdrücklichem Überweisungsauftrag, auch wenn die Bank wegen Zahlungseinstellung des Kunden den Girovertrag einseitig aufhebt, BGHZ 74, 132.
Verwahrung: Wertsachen, die der Kunde der Bank zur vorübergehenden Aufbewahrung gibt, zB wegen Reparatur des Haussafes, BGH WM 1958, 1480 (vgl. → **(7)** Bankgeschäfte Rn. V1 zum Safevertrag). Am Inhalt eines Schließfaches hat die Bank kein Pfandrecht, da sie nicht (Mit-)Besitzerin ist, (→ **(7)** Bankgeschäfte Rn. V1.
Scheck- und Wechseleinreichung nur zur Prolongation oder nur zur Auszahlung oder Gutschrift für einen Dritten, BGH WM 1990, 6.
Wechseleinreichung nur zum Diskont, RGZ 126, 348; BGH WM 1968, 695; 1984, 1391; bei Konzernkreditnehmereinheit gilt dies auch zugunsten des konzernangehörigen Überweisungsempfängers, OLG Hamburg WM 1988, 571. Lehnt die Bank den Diskont ab, um den Wechsel zur Minderung des Debets des Einreichers zu verwenden, und widerspricht der Einreicher nicht, so ist Treuhandsicherungsübereignung des Wechsels an die Bank anzunehmen, BGH NJW 1970, 42. Wirkung von I gegen Aussteller eines Wechsels zur Sicherung von Kredit an Akzeptant auch nach Wegfall der Ausstellerhaftung, BGH DB 1976, 768.
Einzug beim Dokumentenakkreditiv (→ **(7)** Bankgeschäfte Rn. K1–28, **(11)** ERA) **und Inkassogeschäft** (s. **(12)** ERI): Nicht ohne weiteres, nur bei besonderem Vorbehalt des Kunden, BGH WM 1971, 179 (zum Scheckinkasso); Einsele § 6 Rn. 90, aber zweifelhaft. Die Bank erlangt aber jedenfalls ein Pfandrecht am Herausgabeanspruch des Kunden gegen sie selbst, BGHZ 1995, 154.

V. Bankgeschäfte　　　　　　　　　　**15 AGB-Banken (8)**

Kreditvaluta: III gilt im Einzelfall auch beim Kreditgeschäft (→ **(7)** Bankgeschäfte Rn. G1 ff.), so jedenfalls bei zweckgebundenen Krediten. Aber auch bei Krediteröffnungsvertrag und Kreditauszahlung will der Kunde ersichtlich die Verfügungsmacht über den Kredit, nicht nur Abdeckung einer Verbindlichkeit gegenüber der Bank, das Pfandrecht erstreckt sich also nicht auf den sich aus der Kreditzusage ergebenden Auszahlungsanspruch, BGHZ 147, 198; daran ändert „Auszahlung" durch Gutschrift auf Konto des Kunden nichts, aA BGH WM 1956, 218.

Treuhand: Anderkonto, (10) AGB-Anderkonten Nr. 8, 12. Auch sonstiges **offenes Treuhandkonto,** → **(10)** AGB-Anderkonten Einl. vor Nr. 1 Rn. 1, → **(7)** Bankgeschäfte Rn. A36 ff., 44; hier ist nach §§ 133, 157 BGB konkludenter Ausschluss der Aufrechnung und Zurückbehaltung durch die Bank anzunehmen, also Rechtslage entspr. (10) AGB-Anderkonten Nr. 8, BGHZ 61, 77; BGH WM 1983, 873; NJW 1985, 1954; WM 1990, 1954; 1993, 1524. Bei **verdecktem** Treuhandkonto nur, wenn der Bank die wirtschaftliche Fremdinhaberschaft bekannt ist, zB bei Baugeld (iSd G über die Sicherung der Bauforderungen), BGH NJW 1988, 263; nicht ohne weiteres bei zu Bauzwecken dienendem Festgeldkonto einer TreuhandGes, über das nur nach Baufortschritt verfügen kann, BGH NJW 1985, 1955. Spätere Offenlegung der Treuhandbindung steht dem Pfand-, Aufrechnungs-, Zurückbehaltungsrecht nicht entgegen, BGH WM 1990, 1954. Bei unklarer Bezeichnung besteht keine Nachforschungspflicht der Bank, BGHZ 61, 78. Näher BZ/Bunte Rn. 307.

Sozialleistungen: innerhalb der siebentägigen Frist nach § 55 SGB I, BZ/Bunte Rn. 307.

Nicht unter III fallen: **von Dritten** nur für eine bestimmte Schuld des Kunden gegebene Sicherheiten, OLG Frankfurt a. M. WM 1973, 1151; Bürgschaft eines Dritten für bestimmte Kundenschuld, OLG Stuttgart BB 1977, 416.

C. **Weitere Ausnahmen (III 2–3):** Nach **III 2** unterfallen dem Pfandrecht **12** auch **nicht**: von ihr selbst ausgegebene, sog. **eigene Aktien der Bank** (§ 71e AktG) und von der Bank **im Ausland für den Kunden verwahrte Wertpapiere.** Grund: Überschreiten der Grenze des § 71e I 2 AktG bzw. Probleme mit Kunden, ausländischen Gläubigern und ausländischem Recht. Ebenso **III 3**: eigene Genussrechte und Genussscheine der Bank (§ 10 V KWG); nachrangige Verbindlichkeiten der Bank (§ 10 V a KWG).

4) Zins- und Gewinnanteilscheine (IV)

IV entspricht Nr. 21 I 2 aF (bis 1993). Bei einem Pfandrecht der Bank an **13** Wertpapieren bleiben die zugehörigen Zins- und Gewinnanteilsscheine bei diesen. IV bedingt § 1296 II BGB wirksam ab, Ellenberger/Bunte BankrechtsHdB/Bunte/Artz § 3 Nr. 14 Rn. 64; aA UBH/Fuchs (8) Banken Rn. 62.

Sicherungsrechte bei Einzugspapieren und diskontierten Wechseln

AGB-Banken 15 (1) Sicherungsübereignung

¹**Die Bank erwirbt an den ihr zum Einzug eingereichten Schecks und Wechseln im Zeitpunkt der Einreichung Sicherungseigentum.** ²**An diskontierten Wechseln erwirbt die Bank im Zeitpunkt des Wechselankaufs uneingeschränktes Eigentum; belastet sie diskontierte Wechsel dem Konto zurück, so verbleibt ihr das Sicherungseigentum an diesen Wechseln.**

(2) Sicherungsabtretung

Mit dem Erwerb des Eigentums an Schecks und Wechseln gehen auch die zugrunde liegenden Forderungen auf die Bank über; ein Forderungsübergang

findet ferner statt, wenn andere Papiere zum Einzug eingereicht werden (zum Beispiel Lastschriften, kaufmännische Handelspapiere).

(3) Zweckgebundene Einzugspapiere
Werden der Bank Einzugspapiere mit der Maßgabe eingereicht, dass ihr Gegenwert nur für einen bestimmten Zweck verwendet werden darf, erstrecken sich die Sicherungsübereignung und die Sicherungsabtretung nicht auf diese Papiere.

(4) Gesicherte Ansprüche der Bank
¹Das Sicherungseigentum und die Sicherungsabtretung dienen der Sicherung aller Ansprüche, die der Bank gegen den Kunden bei Einreichung von Einzugspapieren aus seinen Kontokorrentkonten zustehen oder die infolge der Rückbelastung nicht eingelöster Einzugspapiere oder diskontierter Wechsel entstehen. ²Auf Anforderung des Kunden nimmt die Bank eine Rückübertragung des Sicherungseigentums an den Papieren und der auf sie übergegangenen Forderungen an den Kunden vor, falls ihr im Zeitpunkt der Anforderung keine zu sichernden Ansprüche gegen den Kunden zustehen oder sie ihn über den Gegenwert der Papiere vor deren endgültiger Bezahlung nicht verfügen lässt.

1) Sicherungsübereignung (I)

1   Nr. 15 I entspricht Nr. 42 V aF (bis 1993). Die Bank erwirbt Sicherungseigentum an den ihr eingereichten Einzugspapieren (Wechsel, Scheck) im Zeitpunkt der Einreichung (I 1) und an diskontierten Wechseln im Zeitpunkt des Wechselankaufs (I 2 Hs. 1). Die antizipierte Einigung liegt in I 1 (vgl. → Nr. 14 Rn. 4). Das so erworbene Sicherungseigentum bleibt der Bank erhalten, auch wenn sie den diskontierten Wechsel dem Konto zurückbelastet (I 2 Hs. 2). Über II behält die Bank als Sicherheit auch nach Zurückbelastung die scheck- und wechselrechtlichen Zahlungsansprüche. Bei der Auslegung von I ist auf Nr. 13, 14 zurückzugreifen. I verstößt nicht gegen **(5)** § 305b BGB, str. I ist wirksam (nicht sittenwidrig) auch für nicht dem Kunden gehörende Schecks, OLG Düsseldorf WM 1973, 739.

2) Sicherungsabtretung (II)

2   II entspricht Nr. 44 aF (bis 1993). Die Bank erhält zugleich **mit** dem Eigentum am **Scheck oder Wechsel** (s. I) auch **die zugrundeliegenden Forderungen (II Hs. 1),** BGHZ 95, 152. Dazu gehören auch die Hilfsrechte, zB Fälligkeitskündigung, Mängelrechte, nicht aber ohne weiteres auch sonstiger Rücktritt und Anfechtung, **(5)** § 305c II BGB, offen BGHZ 96, 196; vgl. BGH WM 1985, 1108. Sonstige Sicherheiten sind nicht ausdrücklich angesprochen. Unselbstständige Sicherheiten gehen mit über (§ 401 BGB), selbständige sind an die Bank abzutreten, sofern nicht eine Abrede mit dem Sicherungsgeber entgegensteht (§ 157 BGB oder entspr. § 401 BGB).

3   II enthält eine antizipierte Forderungsabtretung (§ 398 BGB; vgl. → Rn. 1, → Nr. 14 Rn. 4, 7). Der Schuldner wird von der Abtretung nicht benachrichtigt (anders bei Verpfändung § 1280 BGB); ob dies die Wirksamkeit der Abtretung beeinträchtigt, entscheidet das für die abgetretene Forderung maßgebende Recht, BGHZ 95, 152. Die Sicherungsabtretung der einem Scheck zugrundeliegenden Forderung nach II begründet in der Insolvenz nur eine inkongruente Sicherung, BGH NJW 2007, 2324 (wie → Nr. 14 Rn. 1); vgl. auch BGH WM 2009, 1203. Rechtsfolgen bei Einzug im Insolvenzverfahren über das Vermögen des Schuldners s. BGHZ 95, 149.

4   Sicherungsabtretung wie nach I erfolgt nach **II Hs. 2** auch bei Einreichung anderer Papiere zum Einzug. Solche **andere Einzugspapiere** sind nicht nur

Zahlungspapiere, zB Lastschriften (→ **(7)** Bankgeschäfte Rn. D1 ff.), BGHZ 70, 185; BGH NJW 1980, 1964; sondern auch HdlPapiere, zB kfm. HdlPapiere (II Hs. 2; vgl. **(12)** ERI Art. 2b ii); BGHZ 95, 151. Benachrichtigung des Schuldners ist nicht nötig (→ Rn. 3). Nicht unter II fallende Rechte werden in der Praxis durch besondere, auch antizipierte Einigung als Sicherheit genommen, zB GesAnteile, Immaterialgüterrechte, Konsortialbeteiligungen, Lebensversicherungsansprüche, BGH WM 1988, 658.

3) Zweckgebundene Einzugspapiere (III)

III bringt für die Sicherungsübereignung und Sicherungsabtretung nach I und II eine entsprechende Einschränkung wie Nr. 14 III 1 für das Pfandrecht (→ Nr. 14 Rn. 10f), BGH WM 1990, 6. Auch kein Pfandrecht am Erlös, BGH WM 1990, 6.

4) Gesicherte Ansprüche der Bank (IV)

IV entspricht Nr. 42 V, 44 aF (bis 1993). Gesichert sind alle Ansprüche, die der Bank gegen den Kunden bei Einreichung von Einzugspapieren aus seinen Kontokorrentkonten zustehen oder die infolge der Rückbelastung entstehen **(IV 1)**. Bspe: der einreichende Kunde ist im Debet, BGHZ 5, 285; 95, 149; BGH WM 1975, 20; das Konto wird erst durch Rückbelastung (nach Gutschrift und prompter Auszahlung) debitorisch, BGHZ 69, 31. Es genügt auch, dass der Einreicher zwar selbst nicht im Debet ist, aber für einen anderen haftet, BGHZ 69, 30; BGH WM 1977, 49. Vor Fälligkeit der Bürgschuld hat die Bank aber keine Rechte aus Nr. 15, BGH NJW 1991, 100 (zu aF bis 1993). Nach **IV 2** ist die Bank unter bestimmten Voraussetzungen auf Anfordern des Kunden zur Rückübertragung des Sicherungseigentums und der übergegangenen Forderungen verpflichtet. IV 1 ist deshalb wirksam, auch DKB/Casper Rn. 107, str.

Begrenzung des Besicherungsanspruchs und Freigabeverpflichtung

AGB-Banken 16 (1) Deckungsgrenze

Die Bank kann ihren Anspruch auf Bestellung oder Verstärkung von Sicherheiten so lange geltend machen, bis der realisierbare Wert aller Sicherheiten dem Gesamtbetrag aller Ansprüche aus der bankmäßigen Geschäftsverbindung (Deckungsgrenze) entspricht.

(2) Freigabe

¹Falls der realisierbare Wert aller Sicherheiten die Deckungsgrenze nicht nur vorübergehend übersteigt, hat die Bank auf Verlangen des Kunden Sicherheiten nach ihrer Wahl freizugeben, und zwar in Höhe des die Deckungsgrenze übersteigenden Betrages; sie wird bei der Auswahl der freizugebenden Sicherheiten auf die berechtigten Belange des Kunden und eines dritten Sicherungsgebers, der für die Verbindlichkeiten des Kunden Sicherheiten bestellt hat, Rücksicht nehmen. ²In diesem Rahmen ist die Bank auch verpflichtet, Aufträge des Kunden über die dem Pfandrecht unterliegenden Werte auszuführen (zum Beispiel Verkauf von Wertpapieren, Auszahlung von Spargutthaben).

(3) Sondervereinbarungen

Ist für eine bestimmte Sicherheit ein anderer Bewertungsmaßstab als der realisierbare Wert oder ist eine andere Deckungsgrenze oder ist eine andere Grenze für die Freigabe von Sicherheiten vereinbart, so sind diese maßgeblich.

1) Deckungsgrenze (I)

1 **Nr. 16 I** hat keine Entsprechung in der aF (bis 1993). Der Besicherungsanspruch der Bank geht nur bis zur Deckungsgrenze (sonst II). Das ist die Grenze, bei der der realisierbare Wert aller Sicherheiten (nach Nr. 14, 15 und anderweitig bestellt) dem Gesamtbetrag aller Ansprüche der Bank aus der bankmäßigen Geschäftsverbindung (s. Nr. 13 I 1) entspricht. Die Deckungsgrenze wird also nicht schon durch Vereinbarung bestimmter Sicherheiten festgesetzt. Überblick: Lauer ZBB 1992, 310.

2) Freigabe (II)

2 A. **Freigabeanspruch des Kunden (II 1):** Die Freigabepflicht bei Übersicherung der Bank ist Wirksamkeitsvoraussetzung für Sicherheitenbestellung nach Nr. 13 ff.; anders beim Pfandrecht, Grund: Akzessorietät bewirkt Freiwerden schon ex lege, Übersicherung bei Verpfändung mehrerer Sachen bis zur Grenze des § 242 BGB, BGHZ 128, 300 (zu Nr. 19 II aF (bis 1993). II 1 mit I sind wirksam, vgl. BGHZ 109, 240 (Freigabeklausel bei Globalzession, → **(7)** Bankgeschäfte Rn. H4); ein schuldrechtlicher Freigabeanspruch genügt, offen BGHZ 108, 108 (Lohnabtretungsklausel). Die von BGH GrS BGHZ 137, 212 aufgestellten angemessenen Grenzen (Deckungsgrenze 110% der gesicherten Forderungen, Freigabegrenze idR 150% des Schätzwertes, → **(7)** AGB-Banken Rn. H4) brauchen nicht ausdrücklich in II enthalten zu sein, vgl. UBH/H. Schmidt (43) Sicherungsklauseln Rn. 19, auch UBH/Fuchs (8) Banken Rn. 64. Nach II 1 ist ein Deckungsgesamtplan zu erstellen, der sonst nicht unbedingt erforderlich ist, vgl. OLG Hamm WM 1993, 1590; 1993, 2046. Die Bank muss auf Verlangen des Kunden Sicherheiten in der Höhe freigeben, in welcher der realisierbare Wert aller Sicherheiten die vereinbarte Deckungsgrenze (I) nicht nur vorübergehend übersteigt. Bei sonst sittenwidriger Übersicherung bedarf es keines Verlangens, BGH NJW 1983, 2702. Überschreiten der Deckungsgrenze bestimmt sich nach dem Liquidationswert (vgl. → Nr. 19 Rn. 5). Der Kunde hat Anspruch auf Freigabe des überschießenden Betrags, nicht nur billiges Ermessen der Bank, so zu aF (bis 1993) BGH NJW 1981, 571. Die Wahl der freizugebenden Gegenstände obliegt grundsätzlich der Bank (II 1, § 262 BGB); das ist, da kein ermessensabhängiger Freigabeanspruch iSv BGHZ 137, 212, wirksam; die Bank darf aber nicht gegen schützenswerte Belange des Kunden verstoßen, BGH NJW 1983, 2703. Nach II 1 nimmt die Bank auch auf die Belange eines dritten Sicherungsgebers Rücksicht (nur § 328 BGB); das bedeutet aber nicht, dass dessen Sicherheit zuerst freizugeben wäre. Lit.: Heymann/Horn II/149 ff.; Claussen FS Brandner, 1996, 527.

3 B. **Kundenaufträge bei Freigabe (II 2):** verpflichtet die Bank, im Rahmen von I 1 Kundenaufträge auszuführen, zB Wertpapierverkauf. Die Bank muss also den Kunden über das Pfandrecht unterfallende Vermögenswerte verfügen lassen, soweit sie nach I 1 gesichert ist.

3) Sondervereinbarungen (III)

4 III nF 2000 (nur klarstellend) hat keine Entsprechung in der aF (bis 1993). Sondervereinbarungen zu Bewertungsmaßstab (zB Nennwertprinzip statt realisierbarer Wert), Deckungsgrenze (zB mehr als 100%, klargestellt; bezogen nicht nur auf eine bestimmte Sicherheit) oder Freigabe sind im Rahmen des rechtlich Zulässigen (→ Rn. 2 und → **(7)** Bankgeschäfte Rn. H4) möglich und gehen vor. Verweis auf den Beleihungswert (gesetzliche Beleihungsgrenze) bedeutet nicht Sondervereinbarung zu Bewertungsmaßstab, BZ/Bunte Rn. 355.

Verwertung von Sicherheiten

AGB-Banken 17 (1) Wahlrecht der Bank

¹ Wenn die Bank verwertet, hat die Bank unter mehreren Sicherheiten die Wahl. ² Sie wird bei der Verwertung und bei der Auswahl der zu verwertenden Sicherheiten auf die berechtigten Belange des Kunden und eines dritten Sicherungsgebers, der für die Verbindlichkeiten des Kunden Sicherheiten bestellt hat, Rücksicht nehmen.

(2) Erlösgutschrift nach dem Umsatzsteuerrecht

Wenn der Verwertungsvorgang der Umsatzsteuer unterliegt, wird die Bank dem Kunden über den Erlös eine Gutschrift erteilen, die als Rechnung für die Lieferung der als Sicherheit dienenden Sache gilt und den Voraussetzungen des Umsatzsteuerrechts entspricht.

1) Wahlrecht der Bank (I)

Nr. 17 regelt die Verwertung von Sicherheiten (nicht nur von Pfandrechten) nur noch in zwei Punkten (erheblich weitergehend Nr. 20–22 aF bis 1993). Weitere und ggf. vorrangige Verwertungsregeln sind Sache des jeweiligen Sicherheitenbestellungsvertrags (zB Sicherungsübereignung oder -zession, Grundschuldbestellung), zumal bei atypischen Sicherheiten (zB GmbH-Anteile, ausländische Sicherheiten). Im Übrigen genügen die gesetzlichen Regeln, zB zum Pfandverkauf §§ 1220, 1221, 1228 ff. BGB, § 368 HGB. Abweichung davon könnte ohnehin gegen (5) §§ 305 ff. BGB verstoßen, so zB Verwertung bei Sicherungsabtretung ohne Androhung und Wartefrist nach § 1234 BGB, § 368 HGB, BGH WM 1992, 1359; 2005, 1168 (Nr. 20 aF bis 1993). Kosten der Verwertung s. zu Nr. 12. Lit.: (zu Nr. 20 ff. aF bis 1993): Kümpel WM 1978, 973; von Westphalen WM 1980, 1422; 1984, 14; Mülbert ZBB 1990, 144 (Effektenkreditexekution). 1

I 1 nF 2000 (klarstellend wegen des Verwertungsrechts des Insolvenzverwalters, ua § 165 InsO) gestattet (wie Nr. 20 I 2 aF bis 1993) der Bank die Wahl unter mehreren Sicherheiten. I 1 entspricht § 1230 S. 1 BGB und ist daher wirksam. Für Verwertung und Auswahl gilt das Gebot der Rücksichtnahme zugunsten des Kunden und eines dritten Sicherungsgebers (I 2, § 242 bzw. § 241 II BGB), BGH WM 1987, 853; OLG Düsseldorf WM 1990, 1062; OLG Hamburg WM 1991, 581; OLG Frankfurt a. M. WM 1991, 930. Dieses Gebot beinhaltet die Wahrung des **Verhältnismäßigkeitsgrundsatzes** und die Pflicht der Bank, sich um den bestmöglichen Preis für die Sicherheit zu bemühen. Ein Recht, zunächst auf anderes Kundenvermögen als die Sicherheit zuzugreifen, besteht nicht (anders bedenklich Nr. 20 I 3 aF (bis 1993). Verwertung von Sicherheiten nicht im Interesse der Bank selbst, sondern im Drittinteresse ist rechtsmissbräuchlich, BGH WM 1983, 537; 1991, 846. Bei Sicherungsabtretung ist die Offenlegung der Zession erlaubt, um Zahlungen bei anderen Banken zu unterbinden, aber bei Offenlegung einer Global- und Lohnzession muss die Bank darauf achten, dass der Kunde nicht unnötigen Schaden erleidet, BGH WM 1992, 1359; 1994, 1613; BZ/Bunte Rn. 366; vgl. auch BGH NJW 1998, 2206. 2

2) Erlösgutschrift nach dem Umsatzsteuerrecht (II)

II entspricht Nr. 20 I 4 aF (bis 1993). 3

VI. Kündigung

Kündigungsrechte des Kunden

AGB-Banken 18 (1) Jederzeitiges Kündigungsrecht

Der Kunde kann die gesamte Geschäftsverbindung oder einzelne Geschäftsbeziehungen (zum Beispiel den Scheckvertrag), für die weder eine Laufzeit noch eine abweichende Kündigungsregelung vereinbart ist, jederzeit ohne Einhaltung einer Kündigungsfrist kündigen.

(2) Kündigung aus wichtigem Grund

Ist für eine Geschäftsbeziehung eine Laufzeit oder eine abweichende Kündigungsregelung vereinbart, kann eine fristlose Kündigung nur dann ausgesprochen werden, wenn hierfür ein wichtiger Grund vorliegt, der es dem Kunden, auch unter Berücksichtigung der berechtigten Belange der Bank, unzumutbar werden lässt, die Geschäftsbeziehung fortzusetzen.

(3) Gesetzliche Kündigungsrechte
Gesetzliche Kündigungsrechte bleiben unberührt.

1) Jederzeitiges Kündigungsrecht (I)

1   Nr. 18 I entspricht Nr. 17 S. 1 aF (bis 1993). Nr. 18 und 19 gehören zusammen. Sie unterscheiden übersichtlich die Kündigungsrechte des Kunden und der Bank (anders Nr. 17, 18 aF (bis 1993): Kündigung und ihre Rechtsfolgen). I gibt dem Kunden grundsätzlich ein jederzeitiges Kündigungsrecht für die gesamte und für jede einzelne Geschäftsverbindung (→ Nr. 1 Rn. 3, 6). Das gilt nicht, wenn eine Laufzeit oder eine Kündigungsfrist vereinbart ist; insoweit ist aber der sich darauf berufende Kunde beweispflichtig, BGH WM 1979, 458. Rechtsfolgen vgl. → Nr. 19 Rn. 9.

2) Kündigung aus wichtigem Grund (II)

2   II idF 1.4.2002 entspricht Nr. 17 S. 2 aF (bis 1993). Der Kunde kann auch vor Ende der Laufzeit oder ohne Einhaltung der Kündigungsfrist eine außerordentliche (fristlose) Kündung aussprechen, wenn hierfür ein wichtiger Grund vorliegt. Wichtiger Grund ist ein solcher, der es dem Kunden auch unter (bis 1.4.2002: angemessener) Berücksichtigung der berechtigten Belange der Bank unzumutbar werden lässt, die (gesamte oder einzelne) Geschäftsbeziehung fortzusetzen. Das ist zwingendes Recht, II ist nur deklaratorisch (§§ 675 I, 626 BGB, BZ/Bunte Rn. 380, str., → **(7)** Bankgeschäfte Rn. A6; im Übrigen §§ 314 ua BGB, zu § 490 BGB → **(7)** Bankgeschäfte Rn. G19). Rechtsfolgen vgl. → Nr. 19 Rn. 9.

3) Gesetzliche Kündigungsrechte (III)

3   III neu 1.4.2002 stellt klar, dass Nr. 18 gesetzliche Kündigungsrechte (des Kunden, nur davon handelt Nr. 18) unberührt lässt. Das bezieht sich auf § 490 II BGB idF SMG, der es dem Darlehensnehmer ermöglicht, einen grund- oder schiffspfandrechtlich gesicherten Festsatzkredit gegen Zahlung einer Vorfälligkeitsentschädigung außerordentlich zu kündigen, vgl. zuvor zT abweichend BGHZ 136, 161; BGH WM 1997, 1799 (→ **(7)** Bankgeschäfte Rn. G16); Sonnenhol WM 2002, 1264. III gilt für außerordentliche wie ordentliche Kündigungsrechte, etwa § 489 nF BGB (§ 609a aF BGB, → **(7)** Bankgeschäfte Rn. G17).

Kündigungsrechte der Bank

AGB-Banken 19 (1) Kündigung unter Einhaltung einer Kündigungsfrist

¹ Die Bank kann die gesamte Geschäftsverbindung oder einzelne Geschäftsbeziehungen, für die weder eine Laufzeit noch eine abweichende Kündigungsregelung vereinbart ist, jederzeit unter Einhaltung einer angemessenen Kündigungsfrist kündigen (zum Beispiel den Scheckvertrag, der zur Nutzung von Scheckvordrucken berechtigt). ² Bei der Bemessung der Kündigungsfrist wird die Bank auf die berechtigten Belange des Kunden Rücksicht nehmen. ³ Für die Kündigung eines Zahlungsdiensterahmenvertrages (zum Beispiel laufendes Konto oder Kartenvertrag) und eines Depots beträgt die Kündigungsfrist mindestens zwei Monate.

(2) Kündigung unbefristeter Kredite

¹ Kredite und Kreditzusagen, für die weder eine Laufzeit noch eine abweichende Kündigungsregelung vereinbart ist, kann die Bank jederzeit ohne Einhaltung einer Kündigungsfrist kündigen. ² Die Bank wird bei der Ausübung dieses Kündigungsrechts auf die berechtigten Belange des Kunden Rücksicht nehmen.

Soweit das Bürgerliche Gesetzbuch Sonderregelungen für die Kündigung eines Verbraucherdarlehensvertrages vorsieht, kann die Bank nur nach Maßgabe dieser Regelungen kündigen.

(3) Kündigung aus wichtigem Grund ohne Einhaltung einer Kündigungsfrist

¹ Eine fristlose Kündigung der gesamten Geschäftsverbindung oder einzelner Geschäftsbeziehungen ist zulässig, wenn ein wichtiger Grund vorliegt, der der Bank deren Fortsetzung auch unter Berücksichtigung der berechtigten Belange des Kunden unzumutbar werden lässt. ² Ein wichtiger Grund liegt insbesondere vor,

– wenn der Kunde unrichtige Angaben über seine Vermögensverhältnisse gemacht hat, die für die Entscheidung der Bank über eine Kreditgewährung oder über andere mit Risiken für die Bank verbundene Geschäfte (zum Beispiel Aushändigung einer Zahlungskarte) von erheblicher Bedeutung waren; bei Verbraucherdarlehen gilt dies nur, wenn der Kunde für die Kreditwürdigkeitsprüfung relevante Informationen wissentlich vorenthalten oder diese gefälscht hat und dies zu einem Mangel der Kreditwürdigkeitsprüfung geführt hat oder

– wenn eine wesentliche Verschlechterung der Vermögensverhältnisse des Kunden oder der Werthaltigkeit einer Sicherheit eintritt oder einzutreten droht und dadurch die Rückzahlung des Darlehens oder die Erfüllung einer sonstigen Verbindlichkeit gegenüber der Bank – auch unter Verwertung einer hierfür bestehenden Sicherheit – gefährdet ist, oder

– wenn der Kunde seiner Verpflichtung zur Bestellung oder Verstärkung von Sicherheiten nach Nr. 13 Absatz 2 dieser Geschäftsbedingungen oder aufgrund einer sonstigen Vereinbarung nicht innerhalb der von der Bank gesetzten angemessenen Frist nachkommt.

³ Besteht der wichtige Grund in der Verletzung einer vertraglichen Pflicht, ist die Kündigung erst nach erfolglosem Ablauf einer zur Abhilfe bestimmten angemessenen Frist oder nach erfolgloser Abmahnung zulässig, es sei denn, dies ist wegen der Besonderheiten des Einzelfalles (§ 323 Absätze 2 und 3 des Bürgerlichen Gesetzbuches) entbehrlich.

(4) Kündigung von Verbraucherdarlehensverträgen bei Verzug

Soweit das Bürgerliche Gesetzbuch Sonderregelungen für die Kündigung wegen Verzuges mit der Rückzahlung eines Verbraucherdarlehensvertrages vorsieht, kann die Bank nur nach Maßgabe dieser Regelungen kündigen.

(5) Kündigung eines Basiskontovertrags
Einen Basiskontovertrag kann die Bank nur nach den zwischen der Bank und dem Kunden auf der Grundlage des Zahlungskontengesetzes getroffenen Vereinbarungen und den Bestimmungen des Zahlungskontengesetzes kündigen.

(6) Abwicklung nach einer Kündigung
Im Falle einer Kündigung ohne Kündigungsfrist wird die Bank dem Kunden für die Abwicklung (insbesondere für die Rückzahlung eines Kredits) eine angemessene Frist einräumen, soweit nicht eine sofortige Erledigung erforderlich ist (zum Beispiel bei der Kündigung des Scheckvertrages die Rückgabe der Scheckvordrucke).

Übersicht

	Rn
1) Kündigung unter Einhaltung einer Kündigungsfrist (I)	1, 2
A. Ordentliche Kündigung der Bank (I):	1
B. Kündigungsfrist:	2
2) Kündigung unbefristeter Kredite (II)	3
3) Kündigung aus wichtigem Grund ohne Einhaltung einer Kündigungsfrist (III)	4–6
A. Außerordentliche Kündigung (III 1):	4
B. Beispiele für wichtige Gründe (III 2):	5–5c
C. Abhilfefrist oder Abmahnung (III 3):	6
4) Kündigung von Verbraucherdarlehensverträgen bei Verzug (IV)	7
5) Kündigung eines Basiskontovertrages (V)	8
6) Abwicklung nach einer Kündigung (VI)	9
7) Rechtsfolgen der Kündigung; Fortgeltung der AGB	10–13
A. Rechtsfolgen der Kündigung:	10
B. Fortgeltung der AGB:	11
C. Beispiele für Rechtsfolgen:	12, 13

1) Kündigung unter Einhaltung einer Kündigungsfrist (I)

1 A. **Ordentliche Kündigung der Bank (I): Nr. 19 I** nF 2009. Die Bank kann nach **I 1** die gesamte Geschäftsverbindung (Bankvertrag, → Nr. 1 Rn. 3) oder einzelne Geschäftsbeziehungen (→ Nr. 1 Rn. 6, zB Krediteröffnungsvertrag, → **(7)** Bankgeschäfte Rn. G32; auch einzelne Sparverträge, NJW 2019, 2920 Rn. 35, nicht aber nur einzelne Leistungselemente, BGH WM 2006, 179, → **(7)** Bankgeschäfte Rn. C3) jederzeit kündigen (**ordentliche Kündigung** im Gegensatz zu III). Dies ist wirksam, BGH NJW 2019, 2920 m. zust. Anm. Stöhr NJW 2019, 2902 (näher → **(9)** AGB-Spark Nr. 26 Rn. 1), beim Prämiensparvertrag aber Kündigung erst nach Erreichen der höchsten Prämienstufe (konkludenter befristeter Ausschluss des Kündigungsrechts nach I), BGH NJW 2019, 2920 Rn. 40; → **(7)** Bankgeschäfte Rn. B2. Interessenabwägung ist keine Voraussetzung, BGH WM 2013, 316, OLG Bremen WM 2012, 1239; anders **(9)** AGB-Spark Nr. 26 I 2, dazu OLG Hamburg WM 2012, 1243. Bspe: Kündigung des Scheckvertrags, der zur Nutzung von Scheckvordrucken berechtigt (vor 1.4.2002 auch zur Nutzung der Scheckkarte); Kündigung des Darlehensvertrags (§ 488 III BGB). Kündigung auch aus nichtgeschäftlichen Gründen ist zulässig (→ **(7)** Bankgeschäfte Rn. C32), anders für Konten politischer Parteien (bei Sparkassen), BGHZ 154, 146; OLG Dresden NJW 2002, 757 – NPD, nicht ohne Weiteres auf private Banken übertragbar, OLG München NJW-RR 2002, 194;

BZ/Bunte Rn. 396. Das gilt nicht, wenn eine Laufzeit oder eine abweichende Kündigungsregelung vereinbart ist. Bsp. für bestimmte Laufzeit BGH NJW 1981, 1363; Sondervereinbarung Guthabenkonto, OLG Karlsruhe WM 2009, 215 (Sparkassen); Sanierungsvereinbarung → **(7)** Bankgeschäfte Rn. G16. I gilt gegenüber allen Kunden der Bank, auch einer Genossenschaftsbank gegenüber langjährigen Mitgliedern, BGH NJW 1978, 947. Kündigung wegen Kontenpfändung ist nicht ausgeschlossen, der Kunde hat die Möglichkeit der Umwandlung des Girokontos in ein Pfändungsschutzkonto (→ **(7)** Bankgeschäfte Rn. A46a), BZ/Bunte Rn. 398. Allgemeine Schranken aus § 242 BGB, BGH WM 2013, 318 (iErg abl.), kein Gleichbehandlungsgebot, BGH WM 2013, 316; Wiechers WM 2014, 153; BZ/Bunte Rn. 403 ff.; anders auf der Basis des allgemeinen Bankvertrags im Massengeschäft → Rn. A6.

B. **Kündigungsfrist:** Für eine solche ordentliche Kündigung ist an sich keine **2** Frist vorgeschrieben (§§ 675 I, 671 I BGB), vgl. BGH WM 1985, 1136; Härten im Einzelfall, zB bei Kreditkündigung, sind über entsprechende Rücksichtspflichten der Bank zu bewältigen (→ **(7)** Bankgeschäfte Rn. G16). Dennoch verpflichtet sich die Bank in I außer bei unbefristeten Krediten (II) zur **Einhaltung einer Kündigungsfrist**. Diese beträgt für die Kündigung eines Zahlungsdiensterahmenvertrags (§ 675f II BGB, zB laufendes Konto oder Kartenvertrag) und eines Depots mindestens **zwei Monate (I 3** nF 2009, § 675h II 2 BGB idF VerbrKrRLUmsetzG; nach aF sechs Wochen), das erlaubt das Aufbrauchen von Scheckvordrucken, Briefbögen etc und gibt Zeit für die Umstellung von Daueraufträgen ua auf eine neue Kontoverbindung. In den übrigen Fällen muss sie angemessen sein **(I 1)**. Bei der Bemessung der Kündigungsfrist verspricht die Bank **Rücksichtnahme** auf die berechtigten Belange des Kunden **(I 2)**. Das entspricht dem Verbot der Kündigung zur Unzeit und weiteren Schranken aus § 242 BGB (→ **(7)** Bankgeschäfte Rn. G16).

2) Kündigung unbefristeter Kredite (II)

II bringt eine Ausnahme zur Kündigungsfrist nach I 1. Unbefristete Kredite **3** und Kreditzusagen kann die Bank jederzeit **ohne Einhaltung einer Kündigungsfrist** kündigen **(II 1)**, so zB die auf einem Girokonto „bis auf weiteres" (Baw) zugesagten Kredit- bzw. Dispolinien. Die Bank verspricht aber Rücksichtnahme auf die berechtigten Belange des Kunden **(II 2;** vgl. I 2, → Rn. 2); außerdem gilt V mit einer Abwicklungsfrist. Damit werden die von der Rspr. teilweise zu streng gefassten Grenzen des ordentlichen Kündigungsrechts (§ 242 BGB) angesprochen, ohne diese näher zu regeln. Da Unsicherheiten danach bestehen blieben, stellt II **UAbs. 2** nF 2009 klar, dass bei Sonderregelung des BGB für die Kündigung eines Verbraucherdarlehensvertrages die Bank nur nach Maßgabe dieser Regelungen kündigen kann. II ist bewusst so gefasst, damit die Kreditzusagen nicht der Kapitalunterlegungspflicht nach KWG (Grundsatz I) unterfallen. II verstößt nicht gegen **(5)** §§ 307, 308 Nr. 3 BGB, OLG Köln WM 1999, 1004, hL. Lit.: Ellenberger/Bunte Bankrechts-HdB/Bunte/Artz § 3 Nr. 19 Rn. 24 ff., Hadding FS Hopt 2010, 1893 (AGB-Spark).

3) Kündigung aus wichtigem Grund ohne Einhaltung einer Kündigungsfrist (III)

A. **Außerordentliche Kündigung (III 1):** Auch bei einer von I 1 abweichen- **4** den Vereinbarung über Laufzeit oder Kündigungsregelung hat die Bank wie bei allen Dauerschuldverhältnissen (§ 314 BGB idF SMG) das Recht zur fristlosen Kündigung aus wichtigem Grund (**außerordentliche Kündigung, III 1;** entspr. für den Kunden Nr. 18 II). **Wichtiger Grund** ist ein solcher, der der Bank die Fortsetzung der (gesamten oder einzelnen) Geschäftsbeziehung auch unter (bis 1.4.2002: angemessener, Wittig/Wittig WM 2002, 150) Berücksichtigung der berechtigten Belange des Kunden unzumutbar werden lässt, die (gesamte oder einzelne) Geschäftsbeziehung fortzusetzen. Das ist zwingendes Recht, III 1 ist nur deklaratorisch. Die außerordentliche Kündigung wird nicht dadurch zur ordentlichen, dass die Bank dem Kunden entgegenkommend doch eine Frist einräumt, es sei denn, sie wählt trotz des wichtigen Grundes eine bloße ordentliche Kündigung. Ausnahmsweise kann auch bei der außerordentlichen Kündigung erst Abmahnung nötig sein (→ **(7)** Bankgeschäfte Rn. G18).

5 **B. Beispiele für wichtige Gründe (III 2):** III 2 idF 1.4.2002 gibt drei wichtige, aber letztlich nicht bindende **Beispiele für solche wichtigen Gründe** (str.; → **(7)** Bankgeschäfte Rn. G18), Ellenberger/Bunte Bankrechts-HdB/Bunte/Artz § 3 Nr. 19 Rn. 41 ff. III 2 ist somit richtig ausgelegt wirksam, hL, stRspr Die dort genannten drei Fälle, die in der nF zwecks besserer Übersichtlichkeit in drei Spiegelstrichen auseinandergezogen sind, sind nicht abschließend („insbesondere"), zB unberechtigte Vorwürfe und Beleidigungen, OLG Köln WM 1993, 325; OLG Düsseldorf BKR 2015, 106.

5a **a) Unrichtige Angaben** des Kunden **über seine Vermögensverhältnisse (III 2 Spiegelstrich 1** idF 2016) genügen nur, wenn sie für die Entscheidung der Bank von erheblicher Bedeutung waren, zB die Sicherheit des Kredits gefährden oder etwa im Fall der Aushändigung einer Zahlungskarte Zweifel an der Zuverlässigkeit des Kunden begründen. Den unrichtigen Angaben steht pflichtwidrige Unterlassung vollständiger Aufklärung gleich (jedenfalls ist III 2 nicht abschließend, → Rn. 5), Ellenberger/Bunte Bankrechts-HdB/Bunte/Artz § 3 Nr. 19 Rn. 46 jedenfalls bei vereinbartem jederzeitigen Einblick in die wirtschaftlichen Verhältnisse, OLG Nürnberg BKR 2010, 458. Für Verbraucherdarlehen gilt dies nur, wenn der Kunde für die Kreditwürdigkeitsprüfung relevante Informationen wissentlich (also nicht nur fahrlässig) vorenthalten oder diese gefälscht hat und (zusätzlich) dies zu einem Mangel der Kreditwürdigkeitsprüfung geführt hat (III 2 Spiegelstrich 1 Hs. 2, vgl. § 499 III nF BGB), Ellenberger/Bunte Bankrechts-HdB/Bunte/Artz § 3 Nr. 19 Rn. 48 ff.

5b **b)** Wichtiger Grund ist auch, wenn eine **wesentliche Verschlechterung der Vermögensverhältnisse** des Kunden **oder der Werthaltigkeit einer Sicherheit** eintritt oder einzutreten droht und dadurch die Rückzahlung des Darlehens oder die Erfüllung einer sonstigen Verbindlichkeit gegenüber der Bank – auch unter Verwertung einer hierfür bestehenden Sicherheit – gefährdet ist (**III 2 Spiegelstrich 2** idF 1.4.2002). Die nF bildet im Wesentlichen § 490 I BGB idF SMG nach, dazu → **(7)** Bankgeschäfte Rn. G19 (aF entsprach im Wesentlichen § 610 aF BGB; ließ aber schon bloß drohenden Eintritt der Vermögensverschlechterung genügen, was nicht zu beanstanden war). III 2 Spiegelstrich 2 beschränkt sich aber nicht wie § 490 I BGB auf Darlehen, sondern erfasst allgemeiner auch die Erfüllung sonstiger Verbindlichkeiten gegenüber der Bank, womit auch für diese Fälle die Einschränkung „unter Verwertung" einer Sicherheit gilt. III 2 Spiegelstrich 2 ist wirksam, Sonnenhol WM 2002, 1265, und zwar einerlei ob § 490 I BGB insoweit ein gesetzliches Leitbild enthält oder nicht, was str. ist, Köndgen WM 2001, 1643; Mülbert WM 2002, 474, zu beachten ist aber, dass bei der Auslegung von § 490 I BGB das Wort „oder" korrigierend als „und" gelesen wird, Staudinger/Mülbert § 490 Rn. 9 ff., 29 ff. Für Verbraucherkredite soll § 498 BGB dem § 490 BGB vorgehen, Knops WM 2012, 1651 mit Konsequenzen auch für Nr. 19 IV. Die Vermögensverschlechterung bzw. ihr Drohen muss objektiv vorliegen, nicht nur aus Sicht des Darlehensgebers, OLG Düsseldorf WM 2021, 70 (zu **(9)** AGB-Spark Nr. 26). Eine Vermögensverschlechterung liegt jedenfalls bei Insolvenzreife vor. Sie ist ohne weiteres anzunehmen, wenn Insolvenzantrag gegen den Hauptschuldner gestellt ist; so selbst bei ausreichenden Sicherheiten, wenn bereits ein Verfügungsverbot angeordnet ist, OLG Saarbrücken ZIP 2019, 366. Ein wichtiger Grund liegt auch noch vor, wenn die schlechten Vermögensverhältnisse erst nachträglich bekannt werden, str.

(wenn nicht III 2 Spiegelstrich 2, dann III 1), aber mangels hinreichender Informationsbemühungen vorher kann die Bank sich nach § 242 BGB nicht darauf berufen (vgl. § 321 BGB: Unsicherheitseinrede bei erst nachträglicher Erkennbarkeit der Anspruchsgefährdung). Bei der Bewertung ist nach dem Zweck von III idR auf den Liquidationswert abzustellen, BGH NJW 1978, 947 (vgl. aber → HGB Einl. vor § 1 Rn. 37). Lit.: Hopt/Mülbert § 609 Rn. 103 ff.; Ellenberger/Bunte Bankrechts-HdB/Bunte/Artz § 3 Nr. 19 Rn. 48 ff., Knops WM 2012, 1649.

c) Wichtiger Grund ist nach **III 2 Spiegelstrich 3** auch, wenn der **Anspruch der Bank auf Sicherheiten** aus Nr. 13 II oder auf Grund sonstiger Abrede nicht innerhalb der von der Bank gesetzten angemessenen Frist erfüllt wird. III 2 Spiegelstrich 3 ist wirksam (→ Rn. 5). Der Anspruch auf Sicherheiten muss aber tatsächlich gegeben sein (Nr. 13 I, II), im Einzelfall kann § 242 BGB entgegenstehen, BGH NJW 1981, 1363.

C. **Abhilfefrist oder Abmahnung (III 3):** III 3 neu 1.4.2002 trägt § 314 BGB idF SMG Rechnung und übernimmt diesen nahezu wörtlich in die AGB-Banken, § 314 II 2, 3 nF iVm § 323 II Nr. 1, 2 mWv 13.6.2014, vgl. OLG Düsseldorf BKR 2015, 108. Besteht der wichtige Grund in der Verletzung einer vertraglichen Pflicht, ist die Kündigung grundsätzlich erst nach erfolglosem Ablauf einer angemessenen Abhilfefrist oder nach erfolgloser Abmahnung zulässig (III 3 Hs. 1). Das gilt nur dann nicht, wenn die Setzung einer Abhilfefrist oder die Abmahnung wegen der Besonderheiten des Einzelfalles (§ 323 II, III BGB idF SMG) entbehrlich ist (III 3 Hs. 2). III 3 Hs. 2 übernimmt §§ 314 II 2 iVm 323 II BGB und ist insoweit nur deklaratorisch, OLG Düsseldorf BKR 2015, 106; die einzelnen Fälle des § 323 II BGB braucht III 3 Hs. 2 deshalb trotz des Transparenzgebots nicht aufzuzählen. § 323 II BGB nennt drei Fälle solcher Entbehrlichkeit: ernsthafte und endgültige Leistungsverweigerung; Nichtbewirken einer termin- oder fristgebundenen Leistung, wenn der Fortbestand des Leistungsinteresses des Gläubigers vertraglich an die Rechtzeitigkeit der Leistung gebunden ist; und besondere Umstände, die unter Abwägung der beiderseitigen Interessen den sofortigen Rücktritt rechtfertigen.

4) Kündigung von Verbraucherdarlehensverträgen bei Verzug (IV)

IV idF 1.4.2002 verweist für die Kündigung wegen Verzuges mit der Rückzahlung eines Verbraucherdarlehens rein deklaratorisch auf die besonderen Kündigungsvorschriften des BGB (vgl. zwingend §§ 498, 506 nF BGB, §§ 12, 18 aF VerbrKrG).

5) Kündigung eines Basiskontovertrages (V)

V nF 2016 schränkt die Kündigung eines Basiskontovertrages (→ **(7)** Bankgeschäfte Rn. A6) durch die Bank ein. Kündigung ist danach nur möglich nach den Vereinbarungen zwischen der Bank und dem Kunden, die auf der Grundlage des Zahlungskontengesetzes (§§ 42 f. ZKG, → **(7)** Bankgeschäfte Rn. A6) v. 11.4.2016 getroffen sind, und nach den Bestimmungen dieses Gesetzes (Differenzierung wie in § 42 II, III ZKG), Ellenberger/Bunte Bankrechts-HdB/Bunte/Artz § 3 Nr. 19 Rn. 71.

6) Abwicklung nach einer Kündigung (VI)

VI räumt (wie V aF, ohne Entsprechung in Nr. 18 aF bis 1993) dem Kunden im Falle einer Kündigung ohne Kündigungsfrist (II, aber auch III) eine **angemessene Abwicklungsfrist** ein. Das gilt vor allem für die Rückzahlung eines Kredits. Eine solche Frist entfällt nur, wenn die sofortige Erledigung nötig ist, zB Rückgabe von Scheckvordrucken beim Scheckvertrag.

7) Rechtsfolgen der Kündigung; Fortgeltung der AGB

10 A. **Rechtsfolgen der Kündigung:** Die Rechtsfolgen der Kündigung sind in Nr. 18, 19 mit Ausnahme der Einräumung einer angemessenen Abwicklungsfrist für den Kunden (s. V) **nicht geregelt** (anders Nr. 18 aF bis 1993). Diese ergeben sich aus allgemeinem Vertrags- und Gesetzesrecht. Dabei ergeben sich erhebliche Unterschiede je nachdem, ob eine einzelne oder die gesamte Geschäftsverbindung aufgelöst werden (**Trennung zwischen** dem **Bankvertrag und** den **einzelnen Bankgeschäften**). Mit der Auflösung der Letzteren enden nicht ohne Weiteres auch alle ersteren, → **(7)** Bankgschäfte Rn. G15. Zu den erheblichen Konsequenzen für bereits gewährte Kredite s. Canaris Rn. 1240.

11 B. **Fortgeltung der AGB:** Die AGB der Bank gelten nach Kündigung einzelner auf Dauer angelegter Geschäftsbeziehungen ohne Weiteres fort, aber auch nach Kündigung der Geschäftsverbindung im Ganzen **bis zur völligen Beendigung** (vgl. V; ausdrücklich Nr. 18 II aF bis 1993). Denn bei Dauerschuldverhältnissen fallen die Auflösung und Vollbeendigung (nach Abwicklung) nicht unbedingt zusammen, und auch das Abwicklungsverhältnis betrifft noch zwei Vertragspartner. Dem steht nicht entgegen, dass **nicht mehr Vertragserfüllung**, zB vertragliche Überziehungszinsen, geschuldet wird (→ Rn. 12). Bereits bestellte **Sicherheiten** haften weiter. Stornorecht während Abwicklung → Nr. 8 Rn. 5. Bei Sicherheiten, die die Bank erst während der Abwicklung der gesamten Geschäftsverbindung erlangt, wird es idR am fortdauernden Einigsein des Kunden mit der Bestellung fehlen (→ Nr. 14 Rn. 4). Dann hat die Bank aber jedenfalls Zurückbehaltungs- und Aufrechnungsrechte.

12 C. **Beispiele für Rechtsfolgen:** Mit Ende der Geschäftsverbindung wird der Gesamtsaldo auch vor Kontokorrentperiodenende fällig (→ HGB § 355 Rn. 23). Die Bank kann Verpflichtungen, insbesondere solche in fremder Währung, glattstellen. Die Bank kann spätestens jetzt Aufwendungsersatz, Befreiung von für den Kunden eingegangenen Verbindlichkeiten und bis dahin Sicherheitsleistung verlangen (§§ 670, 257 BGB, vgl. § 775 BGB). Ob die Bank Bürgschaften, Garantien und sonstige Haftungsverpflichtungen kündigen kann, richtet sich nach dem jeweiligen Haftungsvertrag; idR ist dieser unkündbar, Ausnahmen sind möglich. Entsprechendes gilt für die Zurückbelastung diskontierter Wechsel, Hopt/Mülbert Vorb. zu §§ 607 ff. Rn. 687

13 Nach Vertragsende kann die Bank **nicht** mehr die vertraglichen **Überziehungszinsen** verlangen (anders Nr. 14 III aF (bis 1993, aber unwirksam), sondern ist auf §§ 280 II, 286, 288, 289 S. 2 BGB ua angewiesen, BGH WM 1986, 10; Kilimann NJW 1990, 1154. Überziehungskredite → Nr. 12 Rn. 2.

VII. Schutz der Einlagen

Einlagensicherungsfonds

AGB-Banken 20 (1) Schutzumfang

¹**Die Bank ist dem Einlagensicherungsfonds des Bundesverbandes deutscher Banken e. V. angeschlossen.** ²**Der Einlagensicherungsfonds sichert gemäß seinem Statut – vorbehaltlich der darin vorgesehenen Ausnahmen – Einlagen, d. h. Guthaben, die sich im Rahmen von Bankgeschäften aus Beträgen, die auf einem Konto verblieben sind, oder aus Zwischenpositionen ergeben und die nach den geltenden Bedingungen von der Bank zurückzuzahlen sind.**

³ Nicht gesichert werden unter anderem die zu den Eigenmitteln der Bank zählenden Einlagen, Verbindlichkeiten aus Inhaber- und Orderschuldverschreibungen sowie Einlagen von Kreditinstituten im Sinne des Art. 4 Abs. 1 Nr. 1 der Verordnung (EU) Nr. 575/2013, Finanzinstituten im Sinne des Art. 4 Abs. 1 Nr. 26 der Verordnung (EU) Nr. 575/2013, Wertpapierfirmen im Sinne des Art. 4 Abs. 1 Nr. 1 der Richtlinie 2004/39/EG und Gebietskörperschaften.

⁴ Einlagen von anderen Gläubigern als natürlichen Personen und rechtsfähigen Stiftungen werden nur geschützt, wenn

(i) es sich bei der Einlage um keine Verbindlichkeit aus einer Namensschuldverschreibung oder einem Schuldscheindarlehen handelt und
(ii) die Laufzeit der Einlage nicht mehr als 18 Monate beträgt. ⁵ Auf Einlagen, die bereits vor dem 1. Januar 2020 bestanden haben, findet die Laufzeitbeschränkung keine Anwendung. ⁶ Nach dem 31. Dezember 2019 entfällt der Bestandsschutz nach vorstehendem Satz, sobald die betreffende Einlage fällig wird, gekündigt werden kann oder anderweitig zurückgefordert werden kann, oder wenn die Einlage im Wege einer Einzel- oder Gesamtrechtsnachfolge übergeht.

⁷ Verbindlichkeiten der Banken, die bereits vor dem 1. Oktober 2017 bestanden haben, werden nach Maßgabe und unter den Voraussetzungen des bis zum 1. Oktober 2017 geltenden Regelungen des Statuts des Einlagensicherungsfonds gesichert. ⁸ Nach dem 30. September 2017 entfällt der Bestandsschutz nach dem vorstehenden Satz, sobald die betreffende Verbindlichkeit fällig wird, gekündigt oder anderweitig zurückgefordert werden kann, oder wenn die Verbindlichkeit im Wege einer Einzel- oder Gesamtrechtsnachfolge übergeht.

(2) Sicherungsgrenzen

¹ Die Sicherungsgrenze je Gläubiger beträgt bis zum 31. Dezember 2019 20%, bis zum 31. Dezember 2024 15% und ab dem 1. Januar 2025 8,75% der für die Einlagensicherung maßgeblichen Eigenmittel der Bank im Sinne von Art. 72 der Verordnung (EU) Nr. 575/2013. ² Für Einlagen, die nach dem 31. Dezember 2011 begründet oder prolongiert werden, gelten, unabhängig vom Zeitpunkt der Begründung der Einlage, die jeweils neuen Sicherungsgrenzen ab den vorgenannten Stichtagen. ³ Für Einlagen, die vor dem 31. Dezember 2011 begründet wurden, gelten die alten Sicherungsgrenzen bis zur Fälligkeit der Einlage oder bis zum nächstmöglichen Kündigungstermin.

⁴ Diese Sicherungsgrenze wird dem Kunden von der Bank auf Verlangen bekannt gegeben. Sie kann auch im Internet unter www. bankenverband.de abgefragt werden.

(3) Geltung des Statuts des Einlagensicherungsfonds

Wegen weiterer Einzelheiten der Sicherung wird auf § 6 des Statuts des Einlagensicherungsfonds verwiesen, das auf Verlangen zur Verfügung gestellt wird.

(4) Forderungsübergang

Soweit der Einlagensicherungsfonds oder ein von ihm Beauftragter Zahlungen an einen Kunden leistet, gehen dessen Forderungen gegen die Bank in entsprechender Höhe mit allen Nebenrechten Zug um Zug auf den Einlagensicherungsfonds über.

(5) Auskunftserteilung

Die Bank ist befugt, dem Einlagensicherungsfonds oder einem von ihm Beauftragten alle in diesem Zusammenhang erforderlichen Auskünfte zu erteilen und Unterlagen zur Verfügung zu stellen.

1) Einlagensicherungsfonds

1 Nr. 20 idF 1.10.2017 mit umfangreichen Änderungen, I und II ganz neu. Nr. 20 nF trägt der Änderung des Statuts des Einlagensicherungsfonds ebenfalls zum 1.10.2017 Rechnung. Nr. 20 entspricht den Anforderungen von **§ 23a KWG,** Sonnenhol WM 2000, 853. § 23a KWG verlangt nähere Information der Bankkunden über die Zugehörigkeit der Bank zu einer Sicherungseinrichtung (Legaldefinition in § 23a I 1 KWG: Einrichtung zur Sicherung der Ansprüche von Einlegern und Anlegern). Nr. 20 enthält kein Vertragsangebot der Bank auf Abschluss eines Garantievertrags, LG Berlin WM 2010, 1743. Zu Einlagensicherung und Anlegerentschädigung näher → **(7)** Bankgeschäfte Rn. A57a, A57b. Das Statut des Einlagensicherungsfonds, Fassung 16.12.2021, ist abgedruckt in Ellenberger/Bunte Bankrechts-HdB/Bunte/Artz § 3 Anh. 3.

2) Schutzumfang (I)

2 I informiert über den **Schutzumfang,** zunächst darüber, dass die Bank dem Einlagensicherungsfonds des Bundesverbandes deutscher Banken angeschlossen ist **(I 1).** Welche Kundenforderungen gesichert sind, ergibt sich aus I 2, welche nicht oder nur unter bestimmten Voraussetzungen gesichert sind, folgt aus I 3 und 4, Sicherungsgrenzen sind aus II ersichtlich. **Gesichert** sind **Einlagen,** dh Guthaben, die sich im Rahmen von Bankgeschäften aus Beträgen, die auf einem Konto verblieben sind, oder aus Zwischenpositionen ergeben und die nach den geltenden Bedingungen von der Bank zurückzuzahlen sind **(I 2).** Dazu zählen Sicht-, Termin- und Spareinlagen (→ **(7)** Bankgeschäfte Rn. B1), was nicht mehr ausdrücklich gesagt ist. **Nicht gesichert** sind ua die zu den Eigenmitteln der Bank zählenden Einlagen, Verbindlichkeiten aus Inhaber- und Orderschuldverschreibungen sowie Einlagen von Kreditinstituten, Finanzinstituten, Wertpapierfirmen und Gebietskörperschaften (dazu Definitionen, **I 3**). **Einschränkungen** gelten für andere Gläubiger als natürliche Personen und rechtsfähige Stiftungen **(I 4). Bestandsschutz** für Verbindlichkeiten, die bereits vor dem 1.10.2017 bestanden haben **(I 5).** Ende des Bestandsschutzes nach I 5 gemäß **I 6.**

3) Sicherungsgrenzen (II)

3 II bringt **Sicherungsgrenzen.** Die Sicherungsgrenze je Gläubiger betrug bis Ende 2011 30% des für die Einlagensicherung jeweils maßgeblichen haftenden Eigenkapitals der Bank (I 4 aF), ab 1.1.2015 wurde die Sicherungsgrenze in drei Schritten über einen Zeitraum von 10 Jahre abgesenkt. Nunmehr beträgt die Sicherungsgrenze je Gläubiger bis zum 31.12.2019 20%, bis zum 31.12.2024 15% und ab dem 1.1.2025 8,75% der für die Einlagensicherung maßgeblichen Eigenmittel der Bank (diese definiert, bisher haftendes Eigenkapital genannt; **II 1**). II 2 und 3 wie aF mit Übergangsbestimmungen.

4 Der Kunde kann von der Bank die Bekanntgabe der Sicherungsgrenze verlangen und diese auch beim Bundesverband deutscher Banken (www.bankenverband.de) im Internet abfragen, wo die jeweilige Zahl prompt erhältlich ist **(II 4)** Das ist nicht nur eine Tatsachenerklärung, die die Bank ggf. richtigzustellen hat, sondern begründet eine wesentliche Vertragspflicht für die Bank (→ **(7)** Bankgeschäfte Rn. A57), deren Verletzung einen wichtigen Kündigungsgrund darstellen (Nr. 18 II) und die Bank schadensersatzpflichtig machen würde (aber keine Vertrauenshaftung, → **(7)** Bankgeschäfte Rn. A57).

4) Geltung des Statuts des Einlagensicherungsfonds (III)

5 III verweist wegen weiterer Einzelheiten des Sicherungsumfangs auf § 6 des Statuts des Einlagensicherungsfonds (→ Rn. 1, → **(7)** BankGesch Rn. A57a).

5) Forderungsübergang (IV)

IV enthält, um zu Rechtsfolge wie nach § 774 BGB zu kommen, eine (durch Forderungserwerb des Kunden und Zahlung der Entschädigung an ihn) aufschiebend bedingte antizipierte Forderungsabtretung (§ 398 BGB), Canaris Rn. 2722; BZ/Bunte Rn. 479, die ua wegen der für die Forderungen bestellten Sicherungsrechte wichtig ist (§ 401 BGB). Der Forderungsübergang findet nur in Höhe der an den Kunden geleisteten Entschädigung, Zug um Zug und mit allen Nebenrechten statt. IV ist wirksam, da die Forderungen hinreichend bestimmt sind. Der Forderungsabtretung liegt ein Forderungskauf zugrunde.

6) Auskunftserteilung (V)

V begründet für die Bank das Recht zur Auskunftserteilung an den Einlagensicherungsfonds oder einen von ihm Beauftragten und zur Zurverfügungstellung aller notwendigen Unterlagen (insoweit Befreiung vom Bankgeheimnis). Das ist angesichts der Zweckrichtung und Eingrenzung wirksam. Dass die allgemeinen rechtlichen Grenzen eingehalten werden müssen, braucht V nicht eigens zu sagen.

Ombudsmannverfahren

Beschwerde- und Alternative Streitbeilegungsverfahren

AGB-Banken 21
Der Kunde hat folgende außergerichtliche Möglichkeiten:

¹Der Kunde kann sich mit einer Beschwerde an die im Preis- und Leistungsverzeichnis genannte Kontaktstelle der Bank wenden. ²Die Bank wird Beschwerden in geeigneter Weise beantworten, bei Zahlungsdiensteverträgen erfolgt dies in Textform (zum Beispiel mittels Brief, Telefax oder E-Mail).

³Die Bank nimmt am Streitbeilegungsverfahren der Verbraucherschlichtungsstelle „Ombudsmann der privaten Banken" (www.bankenombudsmann.de) teil. ⁴Dort hat der Verbraucher die Möglichkeit, zur Beilegung einer Streitigkeit mit der Bank den Ombudsmann der privaten Banken anzurufen. ⁵Betrifft der Beschwerdegegenstand eine Streitigkeit über einen Zahlungsdienstevertrag (§ 675f des Bürgerlichen Gesetzbuches), können auch Kunden, die keine Verbraucher sind, den Ombudsmann der privaten Banken anrufen.⁶Näheres regelt die „Verfahrensordnung für die Schlichtung von Kundenbeschwerden im deutschen Bankgewerbe", die auf Wunsch zur Verfügung gestellt wird oder im Internet unter www.bankenverband.de abrufbar ist. ⁷Die Beschwerde ist in Textform (zB mittels Brief, Telefax oder E-Mail) an die Kundenbeschwerdestelle beim Bundesverband deutscher Banken e. V., Postfach 04 03 07, 10062 Berlin, Telefax: (030) 1663–3169, E-Mail: ombudsmann@bdb.de zu richten.

⁸Ferner besteht für den Kunden die Möglichkeit, sich jederzeit schriftlich oder zur dortigen Niederschrift bei der Bundesanstalt für Finanzdienstleistungsaufsicht, Graurheindorfer Straße 108, 53117 Bonn, über Verstöße der Bank gegen das Zahlungsdiensteaufsichtsgesetz (ZAG), die §§ 675c bis 676c des Bürgerlichen Gesetzbuches (BGB) oder gegen Artikel 248 des Einführungsgesetzes zum Bürgerlichen Gesetzbuche (EGBGB) zu beschweren.

⁹Die Europäische Kommission hat unter http://ec.europa.eu/consumers/odr/ eine Europäische Online-Streitbeilegungsplattform (OS-Plattform) errichtet. ¹⁰Die OS-Plattform kann ein Verbraucher für die außergerichtliche Beilegung einer Streitigkeit aus Online-Verträgen mit einem in der EU niedergelassenen Unternehmen nutzen.

(8a) AGB-WPGeschäfte

1) Nr. 21 nF 2016 aufgrund §§ 11, 36 f. VSBG 19.2.2016 BGBl. I 254, 1039, und nochmals zum 13.1.2018, erstmals 2009, weist auf die verschiedenen Möglichkeiten von Beschwerde- und Streitbeilegungsverfahren zwischen Bank und Verbraucher (iSv § 13 BGB) hin. Zunächst kann sich der Kunde mit seiner Beschwerde schon an die im Preis- und Leistungsverzeichnis genannte Kontaktstelle der Bank selbst wenden (Sätze **1, 2**). Außerdem kann der Kunde den Ombudsmann der privaten Banken anrufen (**3, 4**), näher → **(7)** Bankgeschäfte Rn. A56. Bei Streitigkeiten über einen Zahlungsdienstevertrag (§ 675f BGB) können auch Kunden, die nicht Verbraucher sind (§ 13 BGB), den Ombudsmann anrufen (**5**). Satz 5 nF 2014 knüpft an § 14 UKlaG nF mit dem dort und in § 675f BGB (→ **(7)** Bankgeschäfte Rn. C27) verwandten Begriff des Zahlungsdienstevertrags an (→ **(7)** Bankgeschäfte Rn. C27). Sätze **6 und 7** weisen auf die Verfahrensordnung und die Kundenbeschwerdestelle beim Bundesverband deutscher Banken eV hin. Zur Schlichtungsstelle bei Kundenbeschwerden aus §§ 675c–676c BGB → **(7)** Bankgeschäfte Rn. A56. Ferner kann sich der Kunde an die BaFin wenden und Verstöße gegen das ZAG, §§ 675c–676c BGB (dazu → **(7)** Bankgeschäfte Rn. C1–C110) oder **(1)** EGHGB Art. 248 vortragen **(8)**. Schließlich gibt es noch bei der Europäischen Kommission eine Online-Streitbeilegungsplattform (OS-Plattform, **9, 10**).

(8a) Sonderbedingungen für Wertpapiergeschäfte (AGB-WPGeschäfte)

Stand Januar 2018

Einleitung

Schrifttum

S vor **(8)** AGB-Banken. Spezieller BuB/*Wagner* 7/24 (AGB-WPGeschäfte). – *Bunte/Zahrte,* AGB-Banken, AGB-Sparkassen, Sonderbedingungen, 5. Aufl 2019, Sonderbedingungen für Wertpapiergeschäfte (4 SB Wp). – *Wagner,* Sonderbedingungen für Wertpapiergeschäfte, 2008. – *Wagner* WM 2007, 1725. **Muster:** *Hopt/Merkt/Clouth/Sänger* Vertrags- und Formularbuch zum Hdl-, Ges- und Bankrecht (zit: Hopt/Merkt Form) 5. Aufl. 2022 Form IV. Q.1 (Sonderbedingungen für Wertpapiergeschäfte Nr 1–12), Form IV. Q.2 (Wertpapier-Kaufauftrag und Wertpapier-Verkaufauftrag), Form IV. Q.3 (Wertpapierabrechnung).

1) AGB-WPGeschäfte

→ **(8)** AGB-Banken Einl. vor Rn. 5. Den **Sonderbedingungen für Wertpapiergeschäfte** der Banken **vom 1.11.2007 mit Änderungen** im Juni 2012, auch in WM 2007, 1769, **zuletzt im Januar 2018** (Nr. 20 III), entsprechen die **(9)** Bedingungen für WPGeschäfte (Sparkassen) (→ **(9)** Einl. vor Nr. 1 Rn. 1). Die **(8)** Sonderbedingungen für Wertpapiergeschäfte sind 1995, WM 1995, 362, an die Stelle der bis dahin geltenden **(8)** AGB-Banken Nr. 29–29 aF getreten (s. 29. Aufl.), und zwar wegen der Anpassungsschwierigkeiten später als die **(8)** AGB-Banken nF 1.1.1993. Sie sind im Hinblick auf die Änderungen der Bedingungen der Deutsche Börse AG zum 1.1.2000 (Nr. 6 über das Erlöschen laufender Aufträge) und im Hinblick auf das 4. FinanzmarktfördG 2002 und die Einführung eines „Zentralen Kontrahenten" (CCP) durch die Deutsche Börse im ersten Quartal 2003 zum 1.1.2003, zu diesem Horn WM Sonderbeil. 2/2002, erneut geändert worden. Die Fassung vom 1.11.2007 wurde durch das FinanzmarktRLUmsetzG (FRUG) erforderlich und trägt neueren Kapitalmarktentwicklungen Rechnung. Diesbezügliche Änderungen betreffen Nr. 1–9 und 20 mit zT erheblichen sprachlichen und inhaltlichen Abweichungen gegenüber früher. Die Änderungen zum Juni 2012 betreffen Nr. 3 III und tragen zwei neuen Entscheidungen des BGH Rechnung. Die Sonderbedingungen lassen Pflichten ex lege, soweit nicht abdingbar, unberührt, zB die privatrechtlichen allgemeinen Verhaltenspflichten der Bank, → **(7)** Bankgeschäfte Rn. A6ff., oder die öffentlichrechtlichen Verhaltensregeln für WPDienstleistungsinstitute nach **(16b)** WpHG §§ 63ff. (→ Nr. 13 Rn. 1). Namentlich die **Aufklärungs- und Beratungspflichten der Bank** beim WPGeschäft sind in den Sonderbedingungen nicht geregelt und bleiben **unberührt** (→ **(7)** Bankgeschäfte Rn. A29 und im Einzelnen → HGB § 347 Rn. 26). Lit. zur Fassung 1995: Langbein, 1995; Grimm WiB 1995, 56; Kümpel WM 1995, 137; Bankrechtstag 1995, 165; zur **Fassung 2018:** Hopt/Merkt VertrFormB/Clouth/Sänger Form IV.Q.1 (Nr. 1–12); Hopt/Merkt VertrFormB/Kumpan IV.W.2 (Nr. 13–20) sowie Schrifttum oben.

2) Anwendungsbereich

Die Sonderbedingungen für WPGeschäfte gelten für den Kauf oder Verkauf 2 sowie für die Verwahrung von WP, einerlei ob verbrieft oder nicht (Einl. S. 1); zu Wertrechten → **(13)** DepotG § 1 Rn. 2. Sie gelten nicht für Finanztermingeschäfte, bei denen die Rechte nicht in Urkunden verbrieft sind (so noch ausdrücklich Einl. S. 2 Fassung 2003). Für diese gelten andere Bedingungen (Sonderbedingungen für Termingeschäfte). Finanztermingeschäfte in verbrieften Rechten, zB Aktienindexoptionsscheine, fallen dagegen wie Papiere aus dem Kassabereich unter die Sonderbedingungen. Auch Devisen- und Sortengeschäfte (→ **(7)** Bankgeschäfte Rn. N1) fallen nicht unter die Sonderbedingungen für WPGeschäfte (anders früher), sondern unmittelbar unter Kommissions- oder Kaufrecht (§§ 383ff. HGB, §§ 433ff. BGB) und ggf. die Sonderbedingungen für Termingeschäfte.

3) Aufbau

Die Sonderbedingungen für WPGeschäfte regeln diese in vier Abschnitten: 3 Geschäfte in WP **(Nr. 1–2),** besondere Regelungen für das Kommissionsgeschäft **(Nr. 3–9),** Erfüllung der WPGeschäfte **(Nr. 10–12)** und die Dienstleistungen im Rahmen der Verwahrung **(Nr. 13–20).**

Diese Sonderbedingungen gelten für den Kauf oder Verkauf sowie für die Verwahrung von Wertpapieren, und zwar auch dann, wenn die Rechte nicht in Urkunden verbrieft sind (nachstehend: „Wertpapiere").

4) Wertpapiergeschäfte

Die Sonderbedingungen gelten für **Wertpapiergeschäfte.** Was unter **Wert-** 4 **papier** verstanden wird, wird nicht näher definiert, außer dass es nicht auf Verbriefung ankommen soll (Einl. S. 1), doch ist der bankrechtliche WPBegriff unter Einschluss der Bucheffekten zugrundezulegen (→ **(13)** DepotG § 1 Rn. 1, 2), vgl. auch die WPDefinitionen in **(16b)** WpHG § 2 I und § 1 XI 2 KWG. Für Finanztermingeschäfte ohne Verbriefung gelten die Sonderbedingungen für Termingeschäfte, Hopt/Merkt VertrFormB/Clouth/Sänger IV.R.1–4 (Derivatgeschäfte), VertrFormB/Clouth/Vollmuth IV.S. 1–19 (OTC-Derivatgeschäfte).

Diese Sonderbedingungen gelten für den Kauf oder Verkauf sowie für die Verwahrung von Wertpapieren, und zwar auch dann, wenn die Rechte nicht in Urkunden verbrieft sind (nachstehend: „Wertpapiere").

Geschäfte in Wertpapieren

Formen des Wertpapiergeschäfts

AGB-WPGeschäfte 1   (1) Kommissions-/Festpreisgeschäfte

Kommissions-/Festpreisgeschäfte Bank und Kunde schließen Wertpapiergeschäfte in Form von Kommissionsgeschäften (2) oder Festpreisgeschäften (3) ab.

(2) Kommissionsgeschäfte

[1] Kommissionsgeschäfte führt die Bank Aufträge ihres Kunden zum Kauf oder Verkauf von Wertpapieren als Kommissionärin aus, schließt sie für Rechnung des Kunden mit einem anderen Marktteilnehmer oder einer Zentralen Gegenpartei ein Kauf- oder Verkaufsgeschäft (Ausführungsgeschäft) ab, oder sie beauftragt einen anderen Kommissionär (Zwischenkommissionär), ein Ausführungsgeschäft abzuschließen. [2] Im Rahmen des elektronischen Handels an einer Börse kann der Auftrag des Kunden auch gegen die Bank oder den Zwischenkommissionär unmittelbar ausgeführt werden, wenn die Bedingungen des Börsenhandels dies zulassen.

(3) Festpreisgeschäfte

[1] Festpreisgeschäfte vereinbaren Bank und Kunde miteinander für das einzelne Geschäft einen festen oder bestimmbaren Preis (Festpreisgeschäft), so kommt ein Kaufvertrag zustande; dementsprechend übernimmt die Bank vom Kunden die Wertpapiere als Käuferin, oder sie liefert die Wertpapiere an ihn als Verkäuferin. [2] Die Bank berechnet dem Kunden den vereinbarten Preis, bei verzinslichen Schuldverschreibungen zuzüglich aufgelaufener Zinsen (Stückzinsen).

[(4) Verzicht des Kunden auf Herausgabe von Vertriebsvergütungen

[1] Die Bank erhält im Zusammenhang mit Wertpapiergeschäften, die sie mit Kunden über Anteile an Investmentvermögen, Zertifikate oder strukturierte Anleihen, verzinsliche Wertpapiere und andere Finanzinstrumente abschließt, umsatzabhängige Zahlungen von Dritten (zB Kapitalverwaltungsgesellschaften, EU-Verwaltungsgesellschaften, ausländischen Verwaltungsgesellschaften, Zertifikate-/Anleiheemittenten, anderen Wertpapierdienstleistungsunternehmen, einschließlich Unternehmen der Sparkassen-Finanzgruppe), die diese an die Sparkasse für den Vertrieb der Wertpapiere leisten („Vertriebsvergütungen"). [2] Vertriebsvergütungen werden als einmalige und als laufende Vertriebsvergütungen gezahlt. [3] Einmalige Vertriebsvergütungen fallen beim Vertrieb von Anteilen an Investmentvermögen, Zertifikaten oder strukturierten Anleihen und verzinslichen Wertpapieren an. [4] Sie werden von dem Dritten als einmalige, umsatzabhängige Vergütung an die Sparkasse geleistet. [5] Die Höhe der einmaligen Vertriebsvergütung beträgt in der Regel beispielsweise bei Rentenfonds zwischen 0,1 und 5,5 % des Nettoinventarwerts des Anteils, bei Aktienfonds, offenen Immobilienfonds und Misch- bzw Dachfonds zwischen 0,1 und 5,75 % des Nettoinventarwerts des Anteils, bei Zertifikaten und strukturierten Anleihen zwischen 0,1 und 5 % des Nennbetrages und bei verzinslichen Wertpapieren zwischen 0,1 und 3,5 % des Nennbetrages. [6] Laufende Vertriebsvergütungen fallen im Zusammenhang mit dem Verkauf von Anteilen an Investmentvermögen und in Ausnahmefällen im Zusammenhang mit dem Verkauf von Zertifikaten oder strukturierten Anleihen und verzinslichen Wertpapieren an. [7] Sie werden von dem Dritten als wiederkeh-

rende, bestandsabhängige Vergütung an die Sparkasse geleistet. ⁸Die Höhe der laufenden Vertriebsvergütung beträgt in der Regel beispielsweise bei Rentenfonds zwischen 0,1 und 1,2 % p. a., bei Aktienfonds zwischen 0,1 und 1,5 % p. a., bei offenen Immobilienfonds zwischen 0, 1 und 0,6 % p. a. und bei Misch- bzw Dachfonds zwischen 0,1 und 1,7 % p. a. ⁹Sofern auch bei dem Vertrieb von Zertifikaten oder strukturierten Anleihen und verzinslichen Wertpapieren laufende Vertriebsvergütungen gezahlt werden, beträgt die laufende Vertriebsvergütung in der Regel zwischen 0,1 und 1,5 % p. a. ¹⁰Einzelheiten zu den Vertriebsvergütungen für ein konkretes Wertpapier teilt die Sparkasse dem Kunden auf Nachfrage, im Fall der Anlageberatung unaufgefordert vor dem Abschluss eines Wertpapiergeschäfts mit. ¹¹Der Kunde erklärt sich damit einverstanden, dass die Bank die von dem Dritten an sie geleisteten Vertriebsvergütungen behält, vorausgesetzt, dass die Sparkasse die Vertriebsvergütungen nach den Vorschriften des Wertpapierhandelsgesetzes (insbesondere § 70 WpHG) annehmen darf. ¹²Insoweit treffen der Kunde und die Sparkasse die von der gesetzlichen Regelung des Rechts der Geschäftsbesorgung (§§ 675, 667 BGB, 384 HGB) abweichende Vereinbarung, dass ein Anspruch des Kunden gegen die Bank auf Herausgabe der Vertriebsvergütungen nicht entsteht. ¹³Ohne diese Vereinbarung müsste die Sparkasse – die Anwendbarkeit des Rechts der Geschäftsbesorgung auf alle zwischen der Bank/ Sparkasse und dem Kunden geschlossenen Wertpapiergeschäfte unterstellt – die Vertriebsvergütungen an den Kunden herausgeben.]

1) Nr. 1 I–III betrifft die verschiedenen Formen von **Wertpapiergeschäften.** I stellt klar klar, dass Bank und Kunde WPGeschäfte in Form von Kommissionsgeschäften (II) oder Festpreisgeschäften (III) abschliessen, BGH NJW 2014, 924 Rn. 14. Demgegenüber behandelten Nr. 1 aF nur die einfache Kommission (jetzt II) und Nr. 9 aF die Festpreisgeschäfte (jetzt III). Nr. 1 I dient nicht nur der Klarstellung, sondern trägt **(16b)** WpHG § 82 Rechnung, wonach jedes Kreditinstitut zur bestmöglichen Ausführung von WPGeschäften entsprechende Ausführungsgrundsätze zu verfassen hat. Die früher in Nr. 1 aF, 9 aF enthaltenen, abstrakt formulierten Ausführungsgrundsätze reichten dafür nicht mehr aus. Organisationspflichten dazu in **(16b)** WpHG § 80. Jedes Kreditinstitut kann für sich entscheiden, ob es WPGeschäfte im Wege des Kommissiongeschäfts oder des Festpreisgeschäfts abschliessen will. Nur auf diesem Hintergrund ist Nr. 1 I–III nF verständlich, Wagner WM 2007, 1726.

2) II regelt den Fall der Ausführung von Kundenaufträgen (nicht technisch iSv § 662 BGB) zum Kauf oder Verkauf von WP im Wege der **einfachen Kommission** (→ HGB § 383 Rn. 2), also kein Selbsteintritt wie (→ § 400 Rn. 2), BGH WM 2012, 1524. Das ist anders als nach Nr. 1 aF, BGH WM 2002, 1688; OLG Frankfurt a.M. WM 2009, 1033, nicht mehr, der Regelfall (→ § 383 Rn. 8), sondern wird von der Bank gemäß ihren Ausführungsgrundsätzen (→ Rn. 1) entschieden. Festpreisgeschäfte s. III (→ Rn. 5).

Ausführung nach **II 1** geschieht entweder durch Abschluss des Ausführungsgeschäfts (Kauf oder Verkauf) durch die Bank mit einem **anderen Marktteilnehmer** (also auch außerhalb der Börse, zB mit einem anderen Kreditinstitut) oder durch Beauftragung eines **Zwischenkommissionärs** (zB eine Landesbank oder bei Auslandsgeschäft ein dortiger Händler bzw. Broker), der dann seinerseits ein Ausführungsgeschäft abschließt **(II 1)**, BGH WM 2012, 1520. II 1 erwähnt zusätzlich die Möglichkeit der Einschaltung einer **Zentralen Gegenpartei** zwischen dem Kunden und der Bank, wie von der Deutschen Börse AG als Trägerin der Frankfurter WPBörse ab 2003 eingerichtet (Central Counter Party, CCP). Das dient der Klarheit, da die Zentrale Gegenpartei streng genommen kein anderer Marktteilnehmer iSv II 1 ist, BZ/Zahrte Rn. 4 SB Wp Rn. 51. Die

(8a) AGB-WPGeschäfte 1

Bank sieht danach gemäß II 1 (anders als früher, Nr. 29 I 1 aF) generell von der Vereinbarung eines Selbsteintritts nach §§ 400–405 HGB ab, und zwar selbst für Ausnahmefälle (keine escape-Klausel). Es gelten also §§ 383 ff. HGB. Folge der kommissionsrechtlichen Ausführung ist, dass dem Kunden alle Vorteile aus dem Ausführungsgeschäft (Herausgabepflicht nach § 667 BGB, ohne Beweislast des Kunden wie beim Selbsteintritt), aber auch alle Verluste und Nachteile zukommen, an sich auch das Insolvenzrisiko des Ausführungsgeschäftspartners der Bank, aber insoweit gilt zugunsten des Kunden Nr. 9. Die Zuordnung des Ausführungsgeschäfts an einen bestimmten Kunden ist kraft Auftragsrechts aber auch nach **(16b)** WpHG § 83 erforderlich.

4 **II 2** dient als rechtliche Grundlage für Orderausführungen in Xetra-Best und ähnlichen Systemen, bei denen Banken oder WPHdlHäuser einen Preis stellen. **Im elektronischen Handel** an der Börse können danach Aufträge des Kunden **auch gegen die Bank oder den Zwischenkommissionär unmittelbar** ausgeführt werden, sofern die Bedingungen des Börsenhandels dies zulassen. Bietet die Bank die Orderausführung in Xetra-Best oder einem ähnlichen System nicht an, greift II 2 nicht ein. Wird diese Möglichkeit angeboten, tritt sie als weiterer Weg neben das Kommissionsgeschäft (§§ 383 ff. HGB, ohne Selbsteintritt, → Rn. 3) und das Festpreisgeschäft (III).

5 **3) III** (früher Nr. 9) regelt den Fall, dass Bank und Kunde miteinander für das einzelne Geschäft einen festen oder bestimmbaren Preis vereinbaren, BGH WM 2012, 1521. Dann handelt es sich um ein **Festpreisgeschäft** (auch Eigenhandel oder Propergeschäft genannt, → § 383 Rn. 8). III soll mit der Einfügung „miteinander" gegenüber Nr. 9 aF deutlicher machen, dass beim Festpreisgeschäft anders als bei der Kommission keine Dritten eingeschaltet sind, sondern die Pflichten allein den Kunden oder die Bank treffen. Ein Festpreisgeschäft liegt auch vor, wenn der vereinbarte Preis zwar zum Zeitpunkt des Vertragsschlusses noch nicht beziffert, aber nach den von den Parteien festgelegten Kriterien verlässlich bestimmt werden kann („bestimmbar"), Wagner WM 2007, 1727. So wird zB beim Fondskauf und Fondsverkauf der endgültige Preis erst durch den Ausgabe- oder Rücknahmepreis bestimmt, der von der KapitalGes oder unter ihrer Mitwirkung auf der Basis des Inventarwerts börsentäglich neu ermittelt wird (§ 36 InvG). Festpreisgeschäft kommt vor zB beim Erwerb von festverzinslichen WP oder Investmentzertifikaten im Tafelgeschäft der Banken, uU auch mit institutionellen Anlegern, Kümpel WM 1995, 139. Beim Festpreisgeschäft handelt es sich statt um ein Kommissionsgeschäft um einen **Kauf** zwischen Bank und Kunde (**III 1**). Die Bank berechnet den vereinbarten Kaufpreis, bei verzinslichen Schuldverschreibungen kommen die aufgelaufenen Zinsen (Stückzinsen) hinzu (**III 2**). Der Preis des Deckungsgeschäfts geht den Kunden beim Festpreisgeschäft nichts an, ihr im Gegenzug hat die Bank keine Provisions- und Aufwendungsersatzansprüche (sog. Nettoabrechnung). Ob Kommission- oder Festpreisgeschäft vorliegt, bestimmt sich nach dem Parteiwillen bzw. besonderen Indizien (ausführlich → HGB § 383 Rn. 7), insbesondere nach den Ausführungsgrundsätzen der jeweiligen Bank (s. Nr. 2). Auch beim Festpreisgeschäft ist Bedingung des Abschlusses einen Deckungsgeschäfts möglich, das muss aber ausdrücklich vereinbart werden, BZ/Zahrte Rn. 4 SB Wp Rn. 60. Aufklärungspflichten beruhen auch beim Proper(Eigen-)geschäft auf der Berufsstellung der Bank (→ HGB § 347 Rn. 22); beim Festpreisgeschäft ist Gewinninteresse offenkundig, keine Aufklärungspflicht über Gewinnmarge, ebensowenig beim Kommissionsgeschäft über die Kommissionsgebühr, BGH WM 2012, 1522. Aufklärungspflicht besonders bei Berechnung von Preisen, die eindeutig nicht marktgerecht sind (vgl. Rspr. zu Warenterminoptionsprämien, → HGB § 347 Rn. 26; Recht und Praxis in USA: ab 5% über Marktpreis; prospektgestützter Kapitalanlagevertrieb ab 15% von der Gegenleistung des Anlegers, → § 347 Rn. 30). Auch beim Festpreisgeschäft gel-

V. Bankgeschäfte **3 AGB-WPGeschäfte (8a)**

ten **(13)** DepotG §§ 18–30, **(13)** DepotG § 31 und **(16b)** WpHG. Preis- und Vergütungsgestaltung im WPHandel Köndgen FS Canaris, II, 2007, 183.

4) Zur Frage der Geltung inländischer oder ausländischer **Usancen,** relevant ua für Lieferfrist, s. BuB/Wagner 7/106; BZ/Zahrte Rn. 4 SB Wp Rn. 61 f.

5) **Einzelne Institute** haben in ihrer **Neufassung zum 3.1.2018** als **Nr. 1 IV** eine Regelung über den Verzicht des Kunden über die Herausgabe von Vertriebsvergütungen eingeführt. Gekennzeichnet ist das durch Setzung in eckige Klammern.

Ausführungsgrundsätze für Wertpapiergeschäfte

AGB-WPGeschäfte 2 [1]Die Bank führt Wertpapiergeschäfte nach ihren jeweils geltenden **Ausführungsgrundsätzen aus.** [2]Die Ausführungsgrundsätze **sind Bestandteil der Sonderbedingungen.** [3]Die Bank ist berechtigt, die Ausführungsgrundsätze entsprechend den aufsichtsrechtlichen Vorgaben zu ändern. [4]Über die Änderungen der Ausführungsgrundsätze wird die Bank den Kunden jeweils informieren.

1) **Nr. 2** betrifft die Ausführungsgrundsätze für WPGeschäfte. Nr. 2 ist gegenüber Nr. 2 idF 2003 viel schlanker, weil die Bank, wie nunmehr **Satz 1** besagt, WPGeschäfte nach ihren jeweils geltenden eigenen Ausführungsgrundsätzen ausführt, die sie nach **(16b)** WpHG § 82 festlegen und mindestens jährlich überprüfen muss. Eine abstrakte Vorabfestlegung in den Sonderbedingungen wie bisher erübrigt sich damit. Die Bank ist gegenüber dem Kunden an diese Ausführungsgrundsätze gebunden. Doch kann sie einen Auftrag auch gemäß einer ausdrücklichen Kundenweisung ausführen, s. **(16b)** WpHG § 82 IV. Die Ausführungsgrundsätze sind Bestandteil der vorliegenden Sonderbedingungen, werden also Bestandteil der vereinbarten AGB **(Satz 2).** Wenn die Bank ihre Ausführungsgrundsätze, wie nach **(16b)** WpHG § 82 vorgesehen, überprüft und entsprechend den aufsichtsrechtlichen Vorgaben der BaFin ändert, dann erstrecken sich diese Änderungen nach **Satz 3** auch auf das Verhältnis zwischen Kunde und Bank. Kommt es zu einer solchen Änderung, wird die Bank den Kunden jeweils informieren **(Satz 4).** Weitere Informationspflichten der Bank enthält **(16b)** WpHG § 82 VI.

Besondere Regelungen für das Kommissionsgeschäft

Usancen/Unterrichtung/Preis

AGB-WPGeschäfte 3 (1) **Geltung von Rechtsvorschriften/Usancen/Geschäftsbedingungen.**
Die Ausführungsgeschäfte unterliegen den für den Wertpapierhandel am Ausführungsplatz geltenden Rechtsvorschriften und Geschäftsbedingungen (Usancen); daneben gelten die Allgemeinen Geschäftsbedingungen des Vertragspartners der Bank.

(2) **Unterrichtung**
[1]Über die Ausführung des Auftrags wird die Bank den Kunden unverzüglich unterrichten. [2]Wurde der Auftrag des Kunden im elektronischen Handel an einer Börse gegen die Bank oder den Zwischenkommissionär unmittelbar ausgeführt, bedarf es keiner gesonderten Benachrichtigung.

(8a) AGB-WPGeschäfte 4

(3) Preis des Ausführungsgeschäfts/Entgelt/Aufwendungen

¹Die Bank rechnet gegenüber dem Kunden den Preis des Ausführungsgeschäfts ab. ²Sie ist berechtigt, ihr Entgelt und ihre Auslagen einschließlich fremder Kosten in Rechnung zu stellen. ³Ein möglicher Anspruch der Bank auf Ersatz von Aufwendungen richtet sich nach den gesetzlichen Vorschriften.

1 1) Nr. 3 entspricht in I und III wortgleich den bisherigen Nr. 1 II, III. Die Ausführungsgeschäfte unterliegen den für den WPHandel am Ausführungsplatz geltenden Rechtsvorschriften und AGB, sog. **Usancen (I)**, auch besonderen Usancen für den Freihandel. Ferner gelten die AGB des Vertragspartners der Bank.

2 2) Die Bank verspricht dem Kunden unverzügliche **Unterrichtung** über die Ausführung des Auftrags **(II 1)**. Eine gesonderte Benachrichtigung ist dann nicht erforderlich, wenn der Auftrag des Kunden im elektronischen Handel an einer Börse gegen die Bank oder den Zwischenkommissionär unmittelbar ausgeführt wird **(II 2)**.

3 3) Bei der Ausführung des Kommissionsauftrags rechnet die Bank gegenüber dem Kunden den exakten Preis des konkret zurechenbaren Ausführungsgeschäftes ab (III 1). Hinzu kommen ihre Provision (Entgelt) und ihre Auslagen (§ 670 BGB), zu den letzteren gehören insbesondere fremde Kosten, die die Bank zB ihrerseits nach § 670 BGB übernehmen muss (III 2). III nF Juni 2012 parallel zu **(8)** AGB-Banken Nr. 12 VI (s. dort) wegen BGH WM 2012, 1189; 2012, 1344. Aufwendungsersatz richtet sich, nunmehr klargestellt, nach den gesetzlichen Vorschriften, also grundsätzlich nach §§ 675 I, 670 BGB. Bei der Abrechnung ist § 384 II HGB zu beachten.

Erfordernis eines ausreichenden Kontoguthabens/Depotbestandes

AGB-WPGeschäfte 4

¹Die Bank ist zur Ausführung von Aufträgen oder zur Ausübung von Bezugsrechten nur insoweit verpflichtet, als das Guthaben des Kunden, ein für Wertpapiergeschäfte nutzbarer Kredit oder der Depotbestand des Kunden zur Ausführung ausreichen. ²Führt die Bank den Auftrag ganz oder teilweise nicht aus, so wird sie den Kunden unverzüglich unterrichten.

1 1) Nr. 4 regelt das Erfordernis eines **ausreichenden Kontoguthabens** (oder eines für WPGeschäfte nutzbaren Kredits) bzw. **Depotbestands (Satz 1)**. Nr. 4 entspricht der Vorschusspflicht nach § 669 BGB, danach besteht diese allerdings nur bei Verlangen von Vorschuss, Nr. 4 sieht davon wirksam ab. Nr. 4 gilt grundsätzlich auch bei Verkaufsaufträgen, BZ/Zahrte Rn. 4 SB Wp Rn. 73, differenzierend BuB/Wagner 7/91, das ist wirksam. Die Bank kann auch teilweise ausführen (vgl. Satz 2). Nr. 4 begründet für die Bank keine Pflicht und schützt nicht den Kunden, OLG Karlsruhe NJW-RR 2004, 1052. Die Bank kann wie jeder Kommissionär auch ohne Vorschuss(verlangen) ausführen, doch kann sie unter besonderen Umständen zur vorherigen Nachfrage verpflichtet sein, iErg abl. OLG Nürnberg BKR 2003, 550; vgl. auch BZ/Zahrte Rn. 4 SB Wp Rn. 74 aE, str. Unverzügliche (§ 121 I 1 BGB) Benachrichtigung durch die Bank **(Satz 2)**. Satz 2 konkretisiert § 384 II 1 HGB.

V. Bankgeschäfte 1 **6 AGB-WPGeschäfte (8a)**

Festsetzung von Preisgrenzen

AGB-WPGeschäfte 5 Der Kunde kann der Bank bei der Erteilung von Aufträgen Preisgrenzen für das Ausführungsgeschäft vorgeben (preislich limitierte Aufträge).

1) Nr. 5 stellt im Anschluss an § 386 HGB deklaratorisch klar, dass der Kunde 1 bei der Erteilung von Aufträgen **Preislimits** (Höchst- oder Mindestpreis) setzen kann. Das entspricht der allgemeinen Weisungsfreiheit des Kunden (→ Nr. 2 Rn. 1). **Bestens**-Auftrag ist Kommissionsgeschäft mit entspr. Bemühenspflicht der Bank, aber schon Interessenwahrungspflicht nach § 384 I HGB.

Gültigkeitsdauer von unbefristeten Kundenaufträgen

AGB-WPGeschäfte 6 (1) Preislich unlimitierte Aufträge

¹Ein preislich unlimitierter Auftrag gilt entsprechend den Ausführungsgrundsätzen (Nr. 2) nur für einen Handelstag; ist der Auftrag für eine gleichtägige Ausführung nicht so rechtzeitig eingegangen, dass seine Berücksichtigung im Rahmen des ordnungsgemäßen Arbeitsablaufs möglich ist, so wird er für den nächsten Handelstag vorgemerkt. ²Wird der Auftrag nicht ausgeführt, so wird die Bank den Kunden hierüber unverzüglich benachrichtigen.

(2) **Preislich limitierte Aufträge**

¹Ein preislich limitierter Auftrag ist bis zum letzten Handelstag des laufenden Monats gültig (Monats-Ultimo). ²Ein am letzten Handelstag eines Monats eingehender Auftrag wird, sofern er nicht am selben Tag ausgeführt wird, entsprechend den Ausführungsgrundsätzen (Nr. 2) für den nächsten Monat vorgemerkt. ³Die Bank wird den Kunden über die Gültigkeitsdauer seines Auftrags unverzüglich unterrichten.

1) Nr. 6 nF 2007 (früher Nr. 4) regelt ohne große praktische Bedeutung 1 entsprechend den in Nr. 2 geregelten Ausführungsgrundsätzen (so ausdrücklich I und II) die **Gültigkeitsdauer** von unbefristeten **Kundenaufträgen** unterschiedlich für preislich unlimitierte, dann nur für einen Handelstag (**I 1**, Tagesgültigkeit, außer wenn zu spät eingegangen, dass Weiterleitung vor Börsenschluss nicht mehr möglich, dann Vormerkung für den nächsten Handelstag, I 1 Hs. 2, OLG Karlsruhe ZIP 1999, 1125), und preislich limitierte Aufträge, dann bis zum Monats-Ultimo (**II 1**, Ultimogültigkeit), ausnahmsweise Vormerkung für den gesamten nächsten Monat (**II 2**). Änderung des früheren Begriffs „Börsentag" in „Handelstag" ist rein redaktionell (Grund → Rn. 8, → Rn. 1). Die bloße **Tagesgültigkeit preislich unlimitierter Aufträge** schützt den Kunden bei hohen Volatilitäten, die auch im WPKassamarkt vorkommen. Unterrichtungspflicht der Bank (**I 2, II 3**). Bei Vormerkung für den nächsten Handelstag nach I 1 Hs. 2 erübrigt sich die Mitteilung am selben Handelstag, Mitteilung erst, wenn auch an diesem Tag nicht ausgeführt werden kann, OLG Karlsruhe ZIP 1999, 1125. Unterrichtung nach II 3 erfolgt als sog. Limit-Bestätigung, BuB/Wagner 7/80; BZ/Zahrte Rn. 4 SB Wp Rn. 83, vgl. § 384 II, III HGB. Erlischt der Auftrag infolge fahrlässig nicht rechtzeitiger Ausführung, haftet die Bank nach §§ 280 III, 283 BGB, da sie zu umgehender Weiterleitung verpflichtet ist (→ § 384 Rn. 4). Abrechnung erfolgt zu dem leicht fahrlässig versäumten Kurs des Eingangstags (§ 249 BGB, vgl. für Selbsteintritt §§ 401 I, 402).

Hopt 2615

(8a) AGB-WPGeschäfte 8   2. Teil. Handelsrechtl. Nebenges.

Gültigkeitsdauer von Aufträgen zum Kauf oder Verkauf von Bezugsrechten

AGB-WPGeschäfte 7

¹Preislich unlimitierte Aufträge zum Kauf oder Verkauf von Bezugsrechten sind für die Dauer des Bezugsrechtshandels gültig. ²Preislich limitierte Aufträge zum Kauf oder Verkauf von Bezugsrechten erlöschen mit Ablauf des vorletzten Tages des Bezugsrechtshandels. ³Die Gültigkeitsdauer von Aufträgen zum Kauf oder Verkauf ausländischer Bezugsrechte bestimmt sich nach den maßgeblichen ausländischen Usancen. ⁴Für die Behandlung von Bezugsrechten, die am letzten Tag des Bezugsrechtshandels zum Depotbestand des Kunden gehören, gilt Nr. 15 Abs. 1.

1 1) Nr. 7 regelt die **Gültigkeitsdauer** von **Aufträgen** zum Kauf oder Verkauf von **Bezugsrechten** ähnlich wie Nr. 6, nämlich wiederum unterschiedlich für preislich unlimitierte Aufträge (UAbs. I 1) und preislich limitierte (UAbs. I 2). Bezugsrechtshandel mindestens zwei Wochen (§ 186 I 2 AktG), Fristbestimmung durch Satzung, Hauptversammlung oder Vorstand. Bei Aufträgen über ausländische Bezugsrechte sind die maßgeblichen ausländischen Usancen für die Gültigkeitsdauer des Auftrags bestimmend (UAbs. I 3, der UAbs. I 2 vorgeht). Grund: Gleichlauf im Verhältnis Bank–Kunde und Bank–Makler. Für die Behandlung der Bezugsrechte am letzten Tag der Bezugsfrist gilt das Gebot bestmöglicher Verwertung (UAbs. 2, Nr. 15 I).

Erlöschen laufender Aufträge

AGB-WPGeschäfte 8
(1) **Dividendenzahlungen, sonstige Ausschüttungen, Einräumung von Bezugsrechten, Kapitalerhöhung aus Gesellschaftsmitteln**

¹Preislich limitierte Aufträge zum Kauf oder Verkauf von Aktien an inländischen Ausführungsplätzen erlöschen bei Dividendenzahlung, sonstigen Ausschüttungen, der Einräumung von Bezugsrechten oder einer Kapitalerhöhung aus Gesellschaftsmitteln mit Ablauf des Handelstages, an dem die Aktien letztmalig einschließlich der vorgenannten Rechte gehandelt werden, sofern die jeweiligen Regelungen des Ausführungsplatzes ein Erlöschen vorsehen. ²Bei Veränderung der Einzahlungsquote teileingezahlter Aktien oder des Nennwertes von Aktien und im Falle des Aktiensplittings erlöschen preislich limitierte Aufträge mit Ablauf des Handelstages vor dem Tag, an dem die Aktien mit erhöhter Einzahlungsquote bzw. mit dem veränderten Nennwert bzw. gesplittet notiert werden.

(2) **Kursaussetzung**

Wenn an einem inländischen Ausführungsplatz die Preisfeststellung wegen besonderer Umstände im Bereich des Emittenten unterbleibt (Kursaussetzung), erlöschen sämtliche an diesem Ausführungsplatz auszuführenden Kundenaufträge für die betreffenden Wertpapiere, sofern die Bedingungen des Ausführungsplatzes dies vorsehen.

(3) **Ausführung von Kundenaufträgen an ausländischen Ausführungsplätzen**

Bei der Ausführung von Kundenaufträgen an ausländischen Ausführungsplätzen gelten insoweit die Usancen der ausländischen Ausführungsplätze.

(4) **Benachrichtigung**

Von dem Erlöschen eines Kundenauftrags wird die Bank den Kunden unverzüglich benachrichtigen.

V. Bankgeschäfte 1 **9 AGB-WPGeschäfte (8a)**

1) Nr. 8 regelt das **Erlöschen laufender Aufträge.** Nr. 8 entspricht Nr. 6   1
aF, letztere im Anschluss an die Änderung der Bedingungen für Geschäfte an der
Frankfurter WPBörse über die Behandlung laufender Aufträge vom 26.4.1999,
wonach laufende preislich limitierte Aufträge in deutschen Aktien nicht mehr an
ersten Börsentag nach der Hauptversammlung um die Bruttodividende abgeschlagen werden, sondern zu diesem Zeitpunkt erlöschen, Grund: Vereinheitlichung. **Dividendenzahlungen** und die anderen in I genannten Umstände lassen
preislich limitierte Aufträge zum Kauf oder Verkauf von Aktien an inländischen
Ausführungsplätzen erlöschen, sofern die jeweiligen Regelungen des Ausführungsplatzes ein Erlöschen vorsehen **(I).** Bei ausländischen Börsen bzw. Ausführungsplätzen gilt das nicht. Änderung der früheren Begriffe „Börse" und „Börsentag" (so Nr. 6 aF) in „Ausführungsplatz" und „Handelstag" ist rein redaktionell (Grund: FinanzmarktRLUmsetzG behandelt börsen- und multilaterale
HdlSysteme neutral).

2) Bei **Kursaussetzung** (s. **(14)** BörsG § 25 I 1 Nr. 1), die an einem inländi   2
schen Ausführungsplatz wegen besonderer Umstände im Bereich des Emittenten
(also nicht zB bei technischen Störungen, die zur Aussetzung führen können)
erfolgt, erlöschen sämtliche an dieser Börse auszuführenden Kundenaufträge für
die betreffenden WP **(II).** Das gilt auch, wenn das in besonders gelagerten
Einzelfällen nicht der Interessenlage von Kunde und Bank entspricht, Grund für
II ist sichere Rechtslage, auch Vermeidung von Problemen mit Insider- und Adhoc-Publizitätsregeln (s. **(16a)** MAR Art. 7 ff.), BZ/Zahrte Rn. 4 SB Wp
Rn. 86.

3) Bei Ausführung von Kundenaufträgen an ausländischen Ausführungsplätzen   3
gelten insoweit die dortigen Usancen **(III),** Grund: Gleichlauf (→ Nr. 7 Rn. 1).

4) Bei Erlöschen des Kundenauftrags unverzügliche (§ 121 I 1 BGB) Benach   4
richtigung durch die Bank **(IV).** Diese braucht angesichts des Massengeschäftscharakters nicht unbedingt telefonisch zu erfolgen, andererseits genügt auch nicht
in jedem Fall bloße schriftliche Unterrichtung, aA BuB/Wagner 7/90, vielmehr
zumutbar rascheste Unterrichtung, zB Fax, e-mail, BZ/Zahrte Rn. 4 SB Wp
Rn. 87.

Haftung der Bank bei Kommissionsgeschäften

AGB-WPGeschäfte 9 [1]**Die Bank haftet für die ordnungsgemäße Erfüllung des Ausführungsgeschäfts durch ihren Vertragspartner oder den Vertragspartner des Zwischenkommissionärs.** [2]**Bis zum Abschluss eines Ausführungsgeschäfts haftet die Bank bei der Beauftragung eines Zwischenkommissionärs nur für dessen sorgfältige Auswahl und Unterweisung.**

1) Nr. 9 regelt die **Haftung der Bank bei Kommissionsgeschäften.** Die   1
Bank haftet für die ordnungsgemäße Erfüllung des Ausführungsgeschäfts durch
ihren Vertragspartner oder den Vertragspartner des Zwischenkommissionärs (vgl.
Nr. 1 II 1), also ohne Einschränkung nach **§ 278 BGB,** keine Substitution
(Satz 1). Eine Benennung des Vertragspartners (vgl. § 384 III HGB) ist nicht
vorgesehen, aber auch nicht ausgeschlossen und kann im Einzelfall erforderlich
werden. Das gilt aber erst ab Abschluss des Ausführungsgeschäfts. Vorher haftet
die Bank bei Beauftragung eines Zwischenkommissionärs nur für Auswahl- und
Unterweisungsverschulden **(Satz 2).** Satz 2 ist wirksam, Grund: Satz 2 beinhaltet
keine Freizeichnung von Auswahl- und Unterweisungsverschulden oder von
Fehlern bei der Entgegennahme des Auftrags, OLG Nürnberg WM 2001, 2440.
Zu den Grenzen der Substitution → **(8)** AGB-Banken Nr. 3 Rn. 5 ff.

Hopt 2617

Erfüllung der Wertpapiergeschäfte

Erfüllung im Inland als Regelfall

AGB-WPGeschäfte 10 Die Bank erfüllt Wertpapiergeschäfte im Inland, soweit nicht die nachfolgenden Bedingungen oder eine anderweitige Vereinbarung die Anschaffung im Ausland vorsehen.

1 1) Nr. 10–12 regeln die **Erfüllung** der WPGeschäfte. Diese werden idR im Inland erfüllt (Nr. 10). Dann gilt Nr. 11, bei Anschaffung im Ausland Nr. 12.

Anschaffung im Inland

AGB-WPGeschäfte 11 [1]Bei der Erfüllung im Inland verschafft die Bank dem Kunden, sofern die Wertpapiere zur Girosammelverwahrung bei der deutschen Wertpapiersammelbank (Clearstream Banking AG) zugelassen sind, Miteigentum an diesem Sammelbestand – Girosammel-Depotgutschrift – (GS-Gutschrift). [2]Soweit Wertpapiere nicht zur Girosammelverwahrung zugelassen sind, wird dem Kunden Alleineigentum an Wertpapieren verschafft. [3]Diese Wertpapiere verwahrt die Bank für den Kunden gesondert von ihren eigenen Beständen und von denen Dritter (Streifbandverwahrung).

1 1) Nr. 11 regelt den Regelfall, **Anschaffung im Inland**. Das gilt, wenn nichts anderes bestimmt ist (besondere Abrede oder Nr. 2 II, 12). Der Kunde erhält durch eine Girosammel-Depotgutschrift (s. **(13)** DepotG § 5) Miteigentum am Sammelbestand bezüglich des jeweiligen WP (**Satz 1, (13)** DepotG § 5). Bei nicht zur Sammelverwahrung zugelassenen WP erhält der Kunde Alleineigentum unter Streifbandverwahrung (**Satz 2; (13)** DepotG § 2).

Anschaffung im Ausland

AGB-WPGeschäfte 12 (1) Anschaffungsvereinbarung

Die Bank schafft Wertpapiere im Ausland an, wenn

– sie als Kommissionärin Kaufaufträge in in- oder ausländischen Wertpapieren im Ausland ausführt, oder
– sie dem Kunden im Wege eines Festpreisgeschäftes ausländische Wertpapiere verkauft, die im Inland weder börslich noch außerbörslich gehandelt werden oder
– sie als Kommissionärin Kaufaufträge in ausländischen Wertpapieren ausführt oder dem Kunden ausländische Wertpapiere im Wege eines Festpreisgeschäftes verkauft, die zwar im Inland börslich oder außerbörslich gehandelt, üblicherweise aber im Ausland angeschafft werden.

(2) Einschaltung von Zwischenverwahrern

[1]Die Bank wird die im Ausland angeschafften Wertpapiere im Ausland verwahren lassen. [2]Hiermit wird sie einen anderen in- oder ausländischen Verwahrer (zB die Clearstream Banking AG) beauftragen oder eine eigene ausländische Geschäftsstelle damit betrauen. [3]Die Verwahrung der Wertpapiere unterliegt den Rechtsvorschriften und Usancen des Verwahrungsorts

V. Bankgeschäfte 1, 2 **12 AGB-WPGeschäfte (8a)**

und den für den oder die ausländischen Verwahrer geltenden Allgemeinen Geschäftsbedingungen.

(3) **Gutschrift in Wertpapierrechnung**

[1] Die Bank wird sich nach pflichtgemäßem Ermessen unter Wahrung der Interessen des Kunden das Eigentum oder Miteigentum an den Wertpapieren oder eine andere im Lagerland übliche, gleichwertige Rechtsstellung verschaffen und diese Rechtsstellung treuhänderisch für den Kunden halten. [2] Hierüber erteilt sie dem Kunden Gutschrift in Wertpapierrechnung (WR-Gutschrift) unter Angabe des ausländischen Staates, in dem sich die Wertpapiere befinden (Lagerland).

(4) **Deckungsbestand**

[1] Die Bank braucht die Auslieferungsansprüche des Kunden aus der ihm erteilten WR-Gutschrift nur aus dem von ihr im Ausland unterhaltenen Deckungsbestand zu erfüllen. [2] Der Deckungsbestand besteht aus den im Lagerland für die Kunden und für die Bank verwahrten Wertpapieren derselben Gattung. [3] Ein Kunde, dem eine WR-Gutschrift erteilt worden ist, trägt daher anteilig alle wirtschaftlichen und rechtlichen Nachteile und Schäden, die den Deckungsbestand als Folge von höherer Gewalt, Aufruhr, Kriegs- und Naturereignissen oder durch sonstige von der Bank nicht zu vertretende Zugriffe Dritter im Ausland oder im Zusammenhang mit Verfügungen von hoher Hand des In- oder Auslands treffen sollten.

(5) **Behandlung der Gegenleistung**

Hat ein Kunde nach Absatz 4 Nachteile und Schäden am Deckungsbestand zu tragen, so ist die Bank nicht verpflichtet, dem Kunden den Kaufpreis zurückzuerstatten.

1) Nr. 12 regelt die **Anschaffung im Ausland,** die nach Nr. 10 die Ausnahme ist. **I** stellt klar, wann die Bank WP im Ausland anschafft, nämlich in drei näher beschriebenen Fällen. **II** erlaubt die Einschaltung von Zwischenverwahrern. II 3 bestimmt die Anwendbarkeit der ausländischen Rechtsvorschriften, Usancen des Verwahrungsorts und der AGB des ausländischen Verwahrers, was sachgerecht und wirksam ist. Der Kunde erhält bei WP, die im Ausland angeschafft und verwahrt werden, entspr. **(13)** DepotG § 22 eine Gutschrift in Wertpapierrechnung **(WR-Gutschrift, III).**

2) **IV** und **V** regeln die besonderen, gravierenden Risiken der Auslandsverwahrung (Krieg, Eingriffe von hoher Hand ua). Die Bank präzisiert und beschränkt damit ihren Pflichtenkreis, teilweise Risikoverlagerung auf den Kunden, was aber insgesamt ausgewogen und wirksam ist, BuB/Wagner 7/130; BZ/Zahrte Rn. 4 SB Wp Rn. 113 ff. Kundenschützend wirken die sog. **Drei-Punkte-Erklärungen,** die die Bank mit der ausländischen Lagerstelle vereinbart, BuB/Wagner 7/132 ff., abgedruckt bei BuB/Decker 8/183, kurz auch BZ/Zahrte Rn. 4 SB Wp Rn. 113. Die Bank braucht die Auslieferungsansprüche des Kunden aus der ihm erteilten WR-Gutschrift nur aus dem von ihr im Ausland unterhaltenen **Deckungsbestand** zu erfüllen **(IV 1).** Das bedeutet statt reiner Gattungsschuld eine bloße Vorratsschuld (§ 243 BGB). Die Leistungsgefahr geht damit von der Bank auf den Kunden über (§§ 243 II, 275 BGB). Der Vorrat ist nicht der bei dem ausländischen Zwischenverwahrer, sondern der gesamte Bestand der Bank im (betreffenden, s. IV 2) Ausland. **IV 2** engt den Deckungsbestand auf die im Lagerland für die Kunden und die Bank verwahrten WPe derselben Gattung ein. Wird der Deckungsbestand durch höhere Gewalt, Enteignung ua vermindert, kommt es zu einer **Gefahrengemeinschaft** zwischen Kunde und Bank mit anteiliger Tragung aller wirtschaftlichen und rechtlichen Nachteile und Schäden durch den Kunden **(IV 3). V** regelt die Gegenleistung in

Hopt 2619

Fällen von IV dahin, dass der Kunde nicht den Kauf preis von der Bank zurückverlangen kann. Die Vergütungsgefahr liegt damit abweichend von § 326 I BGB beim Kunden.

Die Dienstleistungen im Rahmen der Verwahrung

Depotauszug

AGB-WPGeschäfte 13 Die Bank erteilt mindestens einmal jährlich einen Depotauszug.

1   1) Nr. 13–20 regeln, welche **Dienstleistungen** die Bank im Rahmen der WPVerwahrung erbringt **(Verwaltungspflichten der Bank),** Nr. 13 ff. sprechen von Dienstleistungen, nicht wie § 1 I 2 Nr. 5 KWG (Depotgeschäft) von Verwahrung und Verwaltung, um das Depotgeschäft von der Vermögensverwaltung (→ **(7)** Bankgeschäfte Rn. U1) mit wesentlich weitergehenden Verwaltungspflichten abzuheben. Zunächst erteilt die Bank mindestens einmal jährlich, nach Vereinbarung auch öfter, einen Depotauszug **(Nr. 13).** Weitergehende Pflichten aus Depotvertrag als aus Nr. 13–20 übernimmt die Bank zulässigerweise nicht, OLG Karlsruhe WM 1992, 577; vgl. OLG München WM 1997, 1802; OLG Hamm BB 1999, 1676; Nr. **13 ff.** betr. Informations- und Überwachungspflichten der Bank sind also **wirksam,** OLG Karlsruhe WM 1991, 276 (zu Nr. 5 aF, Bezugnahme auf Bekanntmachung in WM). Jedoch werden damit allgemeine Aufklärungs-, Beratungs- und sonstige Verhaltenspflichten der Bank aus anderen Rechtsgründen nicht beschränkt (→ Einl. vor Nr. 1 Rn. 1). Aus dem WPDepot-Vertrag folgt aber keine Pflicht zu vollumfänglicher Betreuung und laufender Beratung, ganz hL, BGH WM 2005, 270 (auch → Nr. 16 Rn. 1). Zum Depotvertrag → **(13)** DepotG § 1 Rn. 4, Pflichten bezüglich der Stimmrechtsvollmacht (früher: Depotstimmrecht) s. §§ 128, 135 AktG; Komm. zu **(2a)** AktG.

Einlösung von Wertpapieren/Bogenerneuerung

AGB-WPGeschäfte 14 (1) Inlandsverwahrte Wertpapiere

¹Bei im Inland verwahrten Wertpapieren sorgt die Bank für die Einlösung von Zins-, Gewinnanteil- und Ertragsscheinen sowie von rückzahlbaren Wertpapieren bei deren Fälligkeit. ²Der Gegenwert von Zins-, Gewinnanteil- und Ertragsscheinen sowie von fälligen Wertpapieren jeder Art wird unter dem Vorbehalt gutgeschrieben, dass die Bank den Betrag erhält, und zwar auch dann, wenn die Papiere bei der Bank selbst zahlbar sind. ³Die Bank besorgt neue Zins-, Gewinnanteil- und Ertragscheinbogen (Bogenerneuerung).

(2) **Auslandsverwahrte Wertpapiere**

Diese Pflichten obliegen bei im Ausland verwahrten Wertpapieren dem ausländischen Verwahrer.

(3) **Auslosung und Kündigung von Schuldverschreibungen**

¹Bei im Inland verwahrten Schuldverschreibungen überwacht die Bank den Zeitpunkt der Rückzahlung infolge Auslosung und Kündigung anhand der Veröffentlichungen in den „Wertpapier-Mitteilungen". ²Bei einer Auslosung von im Ausland verwahrten rückzahlbaren Schuldverschreibungen, die anhand deren Urkundennummern erfolgt (Nummernauslosung), wird die Bank nach ihrer Wahl den Kunden für die ihm in Wertpapierrechnung gutgeschrie-

benen Wertpapiere entweder Urkundennummern für die Auslosungszwecke zuordnen oder in einer internen Auslosung die Aufteilung des auf den Deckungsbestand entfallenden Betrages auf die Kunden vornehmen. ³Diese interne Auslosung wird unter Aufsicht einer neutralen Prüfungsstelle vorgenommen; sie kann statt dessen unter Einsatz einer elektronischen Datenverarbeitungsanlage durchgeführt werden, sofern eine neutrale Auslosung gewährleistet ist.

(4) Einlösung in fremder Währung

¹Werden Zins-, Gewinnanteil- und Ertragscheine sowie fällige Wertpapiere in ausländischer Währung oder Rechnungseinheiten eingelöst, wird die Bank den Einlösungsbetrag auf dem Konto des Kunden in dieser Währung gutschreiben, sofern der Kunde ein Konto in dieser Währung unterhält. ²Andernfalls wird sie dem Kunden hierüber eine Gutschrift in Euro erteilen, soweit nicht etwas anderes vereinbart ist.

1) **Nr. 14** regelt die **Einlösung** von WP und die **Besorgung von Bogen-** 1 **erneuerungen** (Zins-, Gewinnanteil- und Ertragsscheinbogen). Dabei wird wie auch sonst in den AGB-WPGeschäften zwischen Inland (I, III 1) und Ausland (II, III 2, 3) unterschieden. Soweit die Bank danach tätig zu werden verspricht, braucht der Kunde keine Eigeninitiative zu entfalten. **I** betrifft die im Inland verwahrten WP. Bei im Ausland verwahrten WP obliegen die in I genannten Pflichten dem ausländischen (Zwischen)Verwahrer **(II)**. Bei im Inland verwahrten Schuldverschreibungen überwacht die Bank den Zeitpunkt der Rückzahlung infolge Auslosung und Kündigung anhand der WM **(III 1)**, nicht auch des BAnz., zulässig, OLG Karlsruhe WM 1991, 276; 1992, 577. Die Bank behält sich bei der Auslosung die Wahl zwischen zwei Alternativen vor **(III 2)**. Die Bank kann dem Kunden für die ihm in WPRechnung gutgeschriebenen WP Urkundennummern für die Auslosungszwecke zuordnen (III 2 Alt. 1); statt nach Urkundennummern (so Wortlaut) kann Verlosung auch nach Serien- oder Gruppeneinteilungen vorgehen, BuB/Decker 8/276; BZ/Zahrte Rn. 4 SB Wp Rn. 134, Grund: Fortentwicklung der WPPraxis, keine Kundengefährdung. Bei der internen Auslosung (III 2 Alt. 2) ist Aufsicht einer neutralen Prüfstelle erforderlich **(III 3)**. Diese kann auch intern sein, zB hauseigene Revision, BuB/Wagner 7/166; BZ/Zahrte Rn. 4 SB Wp Rn. 131, str. Statt Prüfstelle ist EDVVerfahren möglich, sofern eine neutrale Auslosung gewährleistet ist (III 3 Hs. 2), BuB/Decker 8/275, Dokumentation ist empfehlenswert. **IV** regelt die Einlösung fälliger WP in fremder Währung. Die Gutschrift erfolgt in Fremdwährung, sofern der Kunde ein Konto in dieser Währung unterhält. Der Kunde soll nicht das Kursrisiko des Währungsumtausches tragen. Andernfalls erhält der Kunde Gutschrift in Euro. Gutschriften von Zinsen, Dividenden und Kapitalrückzahlungen von Wertpapieren erfolgen nur unter dem Vorbehalt des tatsächlichen Eingangs des Betrags (s. **(8)** AGB-Banken Nr. 9); Gutschriftsbuchung (→ **(7)** Bankgeschäfte Rn. C48, 91 f.) bedeutet also nicht ohne Weiteres schon Bezahlung des Papiers.

Behandlung von Bezugsrechten/Optionsscheinen/Wandelschuldverschreibungen

AGB-WPGeschäfte 15 (1) Bezugsrechte

¹Über die Einräumung von Bezugsrechten wird die Bank den Kunden benachrichtigen, wenn hierüber eine Bekanntmachung in den „Wertpapier-Mitteilungen" erschienen ist. ²Soweit die Bank bis zum Ablauf des vorletzten Tages des Bezugsrechtshandels keine andere Weisung des Kunden erhalten

(8a) AGB-WPGeschäfte 16

hat, wird sie sämtliche zum Depotbestand des Kunden gehörenden inländischen Bezugsrechte bestens verkaufen; ausländische Bezugsrechte darf die Bank gemäß den im Ausland geltenden Usancen bestens verwerten lassen.

(2) Options- und Wandlungsrechte
Über den Verfall von Rechten aus Optionsscheinen oder Wandlungsrechten aus Wandelschuldverschreibungen wird die Bank den Kunden mit der Bitte um Weisung benachrichtigen, wenn auf den Verfalltag in den „Wertpapier-Mitteilungen" hingewiesen worden ist.

1   1) **Nr. 15** regelt wirksam (→ Nr. 13 Rn. 1) die Behandlung von **Bezugsrechten** (I) und von Options- und Wandlungsrechten (II). Die Bank kann nicht ohne Auftrag des Kunden für ihn eine Anlageentscheidung treffen, deshalb wird sie nach I 2 Bezugsrechte bestens verkaufen; ausnahmsweise ist (telefonische) Rückfrage beim Kunden erforderlich, vgl. OLG Frankfurt a. M. WM 1977, 986; BZ/Zahrte Rn. 4 SB Wp Rn. 136 f. Verkaufspflicht nach I 2 gilt nur für I, nicht auch für II, BGHZ 151, 5. Benachrichtigung nach II ist Schick-, nicht Bringschuld, Benachrichtigungspflicht nach II oder § 666 BGB wird mit Absendung erfüllt, § 130 I 1 BGB ist auf bloße Benachrichtigungen (anders Anzeigen mit Rechtsfolgen) nicht anwendbar, BGHZ 151, 5. Klarheitsgebot, Mitverschulden und Vermutung aufklärungsrichtigen Verhaltens → HGB § 347 Rn. 26, 36, 37. Zu Nr. 39 aF Kümpel WM 1980, 707.

Weitergabe von Nachrichten

AGB-WPGeschäfte 16

[1] Werden in den „Wertpapier-Mitteilungen" Informationen veröffentlicht, die die Wertpapiere des Kunden betreffen, oder werden der Bank solche Informationen vom Emittenten oder von ihrem ausländischen Verwahrer/Zwischenverwahrer übermittelt, so wird die Bank dem Kunden diese Informationen zur Kenntnis geben, soweit sich diese auf die Rechtsposition des Kunden erheblich auswirken können und die Benachrichtigung des Kunden zur Wahrung seiner Interessen erforderlich ist. [2] So wird sie insbesondere Informationen über

– gesetzliche Abfindungs- und Umtauschangebote,
– freiwillige Kauf- und Umtauschangebote,
– Sanierungsverfahren

zur Kenntnis geben. [3] Eine Benachrichtigung des Kunden kann unterbleiben, wenn die Information bei der Bank nicht rechtzeitig eingegangen ist oder die vom Kunden zu ergreifenden Maßnahmen wirtschaftlich nicht zu vertreten sind, weil die anfallenden Kosten in einem Missverhältnis zu den möglichen Ansprüchen des Kunden stehen.

1   1) **Nr. 16** regelt wirksam (→ Nr. 13 Rn. 1) die Weitergabe von Nachrichten betreffend die verwahrten WPe des Kunden. Eine nachwirkende Pflicht (Wechsel der Bankverbindung, Veräußerung der WP ua) besteht aus Nr. 16 nicht. Informationspflichten aus dem WPGeschäft im Übrigen, etwa Kauf und Verkauf (Kommissions- und Festpreisgeschäfte, Nr. 1–8, 9) sind hier nicht geregelt (→ Nr. 13 Rn. 1). Das gilt auch für die Nachforschungs- und Überprüfungspflichten beim WPGeschäft (→ HGB § 347 Rn. 27). Zur Beschaffung von Informationen über Satz 1 hinaus ist die Bank bei bloßer WPVerwahrung (Nr. 13 ff.) grundsätzlich nicht verpflichtet, OLG Karlsruhe WM 1992, 577, aA für „offizielle" Informationen aus dem In- und Ausland, BZ/Zahrte Rn. 4 SB Wp Rn. 150. Ausnahmen aber nach § 242 BGB. Erforderlichkeit zur Wahrung der Interessen des Kunden (S. 1, § 666 BGB), vgl. auch **(16b)** WpHG § 63. Die Bank muss

dem Kunden nach Nr. 16 die in WM veröffentlichten, für ihn relevanten Informationen vollständig und unmißverständlich weiterleiten, aber nicht auf ihre Konsequenzen und wirtschaftliche Bedeutung hinweisen, BGH WM 2005, 270 (→ Nr. 13 Rn. 1). Die Weiterleitungspflicht von den Konditionen eines Kauf- öder Umtauschangebots abhängig zu machen, zB nicht bei 20% unter dem derzeitigen Börsenkurs, so Gericke/Saager WM 2008, 629, ist jedenfalls unter besonderen Umständen problematisch, es ist Sache des Kunden zu entscheiden. Jedenfalls bei Pflichtangeboten besteht Weiterleitungspflicht ohne Rücksicht auf die Konditionen. Unterrichtung auch bei (US-amerikanischen) Sammelklagen (Beitritt, Entschädigung); Ellenberger/Bunte Bankrechts-HdB/Klanten, § 47 Rn. 192. Aus Nr. 16 folgt grundsätzlich keine Pflicht, ausländische Urkunden für den Kunden zu übersetzen, Ausnahmen bei vorausgegangener Beratung und Empfehlung der WP sind denkbar, BuB/Wagner 7/177; BZ/Zahrte Rn. 4 SB Wp Rn. 149. Satz 3 ist Ermessensregelung, sie ist wirksam, für Alt. 1 selbstverständlich, Alt. 2 liegt im Interesse des Kunden, der sonst die Kosten erstatten müsste (s. **(8)** AGB-Banken Nr. 12 V, § 670 BGB). Lit.: Gericke/Saager WM 2008, 623; Klanten FS Schwark, 2009, 495.

Prüfungspflicht der Bank

AGB-WPGeschäfte 17

¹Die Bank prüft anhand der Bekanntmachungen in den „Wertpapier-Mitteilungen" einmalig bei der Einlieferung von Wertpapierurkunden, ob diese von Verlustmeldungen (Opposition), Zahlungssperren und dergleichen betroffen sind. ²Die Überprüfung auf Aufgebotsverfahren zur Kraftloserklärung von Wertpapierurkunden erfolgt auch nach Einlieferung.

1) Nr. 17 regelt wirksam (→ Nr. 13 Rn. 1) die **Prüfungspflicht** der Bank 1 bei Einlieferung von WP; Überprüfung nach Einlieferung erfolgt nur ausnahmsweise, nämlich auf Aufgebotsverfahren zur Kraftloserklärung von WPUrkunden, sonst nicht. Wünscht der Kunde mehr, muss er das vereinbaren bzw. eine entsprechende Vermögensverwaltung abschließen (vgl. → **(7)** Bankgeschäfte Rn. U1). Die Bank hat aber Pflicht zur Überprüfung der sog. Oppositionslisten (abhanden gekommene Papiere), auch bei ausländischen WP, bei Inhaberpapieren aber angesichts der Besitzvermutung nur eingeschränkt, OLG Frankfurt a. M. WM 1995, 52 (analog Nr. 38 aF, methodisch verfehlt).

Umtausch sowie Ausbuchung und Vernichtung von Urkunden

AGB-WPGeschäfte 18 (1) Urkundenumtausch

¹Die Bank darf ohne vorherige Benachrichtigung des Kunden einer in den „Wertpapier-Mitteilungen" bekanntgemachten Aufforderung zur Einreichung von Wertpapierurkunden Folge leisten, wenn diese Einreichung offensichtlich im Kundeninteresse liegt und damit auch keine Anlageentscheidung verbunden ist (wie zB nach der Fusion der Emittentin mit einer anderen Gesellschaft oder bei inhaltlicher Unrichtigkeit der Wertpapierurkunden). ²Der Kunde wird hierüber unterrichtet.

(2) Ausbuchung und Vernichtung nach Verlust der Wertpapiereigenschaft

¹Verlieren die für den Kunden verwahrten Wertpapierurkunden ihre Wertpapiereigenschaft durch Erlöschen der darin verbrieften Rechte, so können sie zum Zwecke der Vernichtung aus dem Depot des Kunden ausgebucht werden. ²Im Inland verwahrte Urkunden werden soweit möglich dem Kunden

auf Verlangen zur Verfügung gestellt. ³Der Kunde wird über die Ausbuchung, die Möglichkeit der Auslieferung und die mögliche Vernichtung unterrichtet. ⁴Erteilt er keine Weisung, so kann die Bank die Urkunden nach Ablauf einer Frist von zwei Monaten nach Absendung der Mitteilung an den Kunden vernichten.

1 **1) Nr. 18** regelt **Urkundenumtausch (Umbuchung) (I),** zB bei Fusion und bei inhaltlicher Unrichtigkeit der WPUrkunden, so bei Kraftloserklärung nach § 73 AktG, und **Ausbuchung** und Vernichtung von Urkunden nach Verlust der WPEigenschaft, sog. Nonvaleurs **(II,** ausführlich wegen des Eigentumsverlustes des Kunden am Papier).

Haftung

AGB-WPGeschäfte 19 (1) Inlandsverwahrung

¹Bei der Verwahrung von Wertpapieren im Inland haftet die Bank für jedes Verschulden ihrer Mitarbeiter und der Personen, die sie zur Erfüllung ihrer Verpflichtungen hinzuziehen. ²Soweit dem Kunden eine GS-Gutschrift erteilt wird, haftet die Bank auch für die Erfüllung der Pflichten der Clearstream Banking AG.

(2) **Auslandsverwahrung**

¹Bei der Verwahrung von Wertpapieren im Ausland beschränkt sich die Haftung der Bank auf die sorgfältige Auswahl und Unterweisung des von ihr beauftragten ausländischen Verwahrers oder Zwischenverwahrers. ²Bei einer Zwischenverwahrung durch die Clearstream Banking AG oder einen anderen inländischen Zwischenverwahrer sowie einer Verwahrung durch eine eigene ausländische Geschäftsstelle, haftet die Bank für deren Verschulden.

1 **1) Nr. 19** regelt die **Haftung der Bank bei der Verwahrung** von WP, getrennt nach Inlandsverwahrung **(I)** und Auslandsverwahrung **(II).** Bei Inlandsverwahrung bleibt es uneingeschränkt (insoweit nur deklaratorisch) bei § 278 BGB für alle Mitarbeiter und sonstigen Erfüllungsgehilfen, auch WPSammelbanken (→ **(13)** DepotG § 1 Rn. 6). Bei Auslandsverwahrung haftet die Bank nur für Auswahl- und Unterweisungsverschulden **(II 1),** außer wenn es sich um einen inländischen Zwischenverwahrer oder eine eigene ausländische Geschäftsstelle der Bank handelt, dann § 278 BGB **(II 2).**

Sonstiges

AGB-WPGeschäfte 20 (1) Auskunftsersuchen

¹Ausländische Wertpapiere, die im Ausland angeschafft oder veräußert werden oder die ein Kunde von der Bank im Inland oder im Ausland verwahren lässt, unterliegen regelmäßig einer ausländischen Rechtsordnung. ²Rechte und Pflichten der Bank oder des Kunden bestimmen sich daher auch nach dieser Rechtsordnung, die auch die Offenlegung des Namens des Kunden vorsehen kann. ³Die Bank wird entsprechende Auskünfte an ausländische Stellen erteilen, soweit sie hierzu verpflichtet ist; sie wird den Kunden hierüber benachrichtigen.

(2) **Einlieferung/Überträge**

¹Diese Sonderbedingungen gelten auch, wenn der Kunde der Bank in- oder ausländische Wertpapiere zur Verwahrung effektiv einliefert oder Depotgut-

haben von einem anderen Verwahrer übertragen lässt. ²Verlangt der Kunde die Verwahrung im Ausland, wird ihm eine WR-Gutschrift nach Maßgabe dieser Sonderbedingungen erteilt.

[(3) **Spitzenregulierung**
¹Bei der Durchführung von Kapitalmaßnahmen (z. B. Zusammenfassung mehrerer Aktien zu einer Aktie oder Umtausch von Aktien) können im Depot des Kunden Bruchstücke von Wertpapieren entstehen. ²Sofern eine Verwertung möglich ist und es sich nicht um Bruchstücke von Fondsanteilen handelt, wird die Bank die Bruchstücke aller betroffenen Kunden zusammenfassen und diese gemäß den Grundsätzen für die Ausführung von Aufträgen in Finanzinstrumenten veräußern. ³Den auf den Kunden entfallenden Erlösanteil wird sie nach Abzug des mit dem Kunden vereinbarten Entgelts gutschreiben. ⁴Soweit Bruchstücke von Wertpapieren nicht verwertbar sind, kann das zugrundeliegende Depot nur nach Erteilung eines Auftrags zu Ausbuchung von Wertpapieren durch den Kunden in Bezug auf diese Bruchstücke geschlossen werden.]

1) Nr. 20 idF 3.1.2018 regelt zwei ganz verschiedene Fragen. **I** betrifft das für Bank und Kunden immer wichtiger werdende Problem der Auskunftsersuchen ausländischer Stellen (nicht mehr nur wie nach Nr. 20 aF ausländischer AG). Ausländische Kapitalmarktaufsichtsbehörden, Börsen und andere Kapitalmarktüberwachungsstellen stellen vermehrt Auskunftsersuchen an die deutschen Banken im Zusammenhang mit der Anschaffung, Veräußerung oder Verwahrung ausländischer Wertpapiere für deutsche Kunden, zB bei Verdacht von Insidergeschäften oder Kursmanipulationen. Die Bank kann sich dem zumeist nicht entziehen, weil die betreffenden Wertpapiere idR einer ausländischen Rechtsordnung unterliegen (Grund: Geltung der für den WPHandel am Ausführungsplatz geltenden Rechtsvorschriften, → Nr. 3 Rn. 1) und diese häufig auch die Offenlegung des Namens des Kunden vorsehen (wie **I 1, 2** feststellen). Der Kunde wird durch **I 3** besonders darauf aufmerksam gemacht, dass die Bank entsprechende Auskünfte erteilt, soweit sie hierzu verpflichtet ist. Die Bank verspricht, ihn hierüber zu benachrichtigen **(I 4)**. Wann sie letzteres tut, ist in I 4 nicht präzisiert. Der Kunde wird idR ein Interesse daran haben, dass die Bank ihn vor Auskunftserteilung informiert, weil er entsprechende Dispositionen treffen will. Doch sehen die ausländischen Rechtsvorschriften häufig explizit vor, dass der Kunde gerade nicht vorher informiert werden darf. Das muss die Bank beachten und der Kunde respektieren.

2) II betrifft Einlieferungen und Überträge und stellt für diese klar, dass diese Sonderbedingungen auch dann gelten, wenn der Kunde **effektive Stücke** einliefert oder übertragen lässt. Bei Auslandsverwahrung erhält der Kunde eine WR-Gutschrift (s. Nr. 12).

3) Einzelne Institute, etwa die Deutsche Bank, haben in ihrer Neufassung zum 3.1.2018 als **Nr. 20 III** eine Regelung über Spitzenregulierung eingeführt. Gekennzeichnet ist das durch Setzung in eckige Klammern. Dazu BZ/Bunte SB Wp Nr. 4 Rn. 11, 167.

(9) Allgemeine Geschäftsbedingungen der Sparkassen (AGB-Spark)

Stand September 2021

Einleitung

Schrifttum

Vgl **(8)** AGB-Banken sowie spezieller BZ *(Bunte/Zahrte)/(Bunte,* AGB-Banken, AGB-Sparkassen, Sonderbedingungen 5. Aufl 2019, AGB der Sparkassen (3 AGB Sparkassen). – **Zur nF 1.4.02** *Danco* ZBB 2002, 136. – *Becher/Gößmann* BKR 2002, 519; zu den WPBedingungen **nF 1.1.03** *Zingel* ZBB 2003, 59.

1) AGB-Sparkassen

1   A. **Besondere, aber ähnliche AGB:** Die **Sparkassen und Girozentralen** verwenden besondere AGB, hrsg. vom Deutschen Sparkassen- und Giroverband, nF 1975, 1977, 1983, 1986, 1988 völlig neu gefasst zum 1.1.1993 (Text NJW 1993, 840, Synopse nF/aF ZIP 1992, 1811). Änderungen 2002 (Text ZBB 2002, 139), und nach geringfügigen Änderungen Fassung 2005. Die Neufassung zum 31.10.2009 erfolgte zeitgleich mit dem Inkrafttreten der zivilrechtlichen Vorschriften in der EU-ZahlungsdienstleistungsRL auf Grund des VerbrKrRLUmsetzG 2009 und zu der Neufassung 2009 der **(8)** AGB-Banken. In der nunmehrigen Fassung vom Juli 2012 ist nur Nr. 18.

B. **Neufassungen:** B. Die **Neufassung 1993** erfolgte parallel zu der der **(8)** AGB-Banken idF 1.1.1993. Auch die AGB-Spark sind damit wesentlich transparenter, kürzer (statt früher 55 nur noch 28 Klauseln, aber Sonderbedingungen → Rn. 4) und inhaltlich kundenfreundlicher als früher. Für die rechtliche Beurteilung der AGB-Spark bleiben die frühere Rspr. und die entsprechenden Verweise auf die AGB-Banken in der aF (28. Aufl.) insoweit wichtig, als Teile der aF (bis 1993) übernommen worden sind, dazu Synopse des Sparkassenverbandes (s. 29. Aufl.) und Hinweise auf die aF (bis 1993), soweit nützlich, bei der jeweiligen Kommentierung der nF.

Die **Neufassung 2002** erfolgte ebenfalls parallel zu der der **(8)** AGB-Banken idF 1.4.2002. Sie betrifft ua die Verlängerung von Fristen auf sechs Wochen (Nr. 2 II, 7 III, 17 III), die Berücksichtigung von per e-mail abgegebenen Erklärungen (Nr. 2 II, 4 I, 7 III, 20 I a), die Genehmigung für Belastungen aus Einzugsermächtigungslastschriften (Nr. 7 IV), die Festlegung der Modalitäten zur Währungsumrechnung (Nr. 13, 15), die Sicherung von Bürgschaftsschulden durch das AGB-Pfandrecht (Nr. 21 III) und die Kündigung aus wichtigem Grund (Nr. 26 II). Ferner gibt es zahlreiche redaktionelle Änderungen. Deshalb wird in den Anmerkungen zu den einzelnen Nr. unten nur bei den wichtigeren Fällen nF 1.4.2002 vermerkt.

Für die **Fassung August 2005** Änderungen zu Nr. 28 S. 2.

Die **Neufassung Oktober 2009** erfolgte wie die zeitgleiche der **(8)** AGB-Banken vor allem im Hinblick auf die Umsetzung der EU-ZahlungsdienstleistungsRL und der EU-VerbraucherkreditRL durch das VerbrKrRLUmsetzG 2009 sowie auf neue Rechtsprechung des BGH zum Preisrecht. Sie betrafen die Grundlagen der Geschäftsbeziehung (Nr. 1 II 2), die Modalitäten der Änderung der AGB und besonderen Bedingungen (Nr. 2 I–IV, ganz neu), den Rechnungsabschluss und die Genehmigung von Belastungen aus Lastschriften (Nr. 7 II–IV, ganz neu), die Einlösung (Nr. 9 II 1, 3), Zinsen und Entgelte (Nr. 17 I–VIII, ganz neu), Auslagen (Nr. 18), Pfandrecht und Sicherungsrechte (Nr. 21 III), Nachsicherung und Freigabe (Nr. 22 I UAbs. 2), das Kündigungsrecht (Nr. 26 I, III) und den Schutz der Einlagen durch Institutssicherung (Nr. 28). Weitere meist kleinere Änderungen finden sich in Nr. 4 I, 6 I, 8, 9 I, II 4, 15, 16, 20. Die AGB-Spark **unterscheiden** sich von den AGB-Banken nur in einigen, aber nicht unwichtigen Punkten: ua andere zeitliche Geltung der Vertretungs- und Verfügungsbefugnis (Nr. 4; **(8)** AGB-Banken Nr. 11 I), mehr Haftungsbeschränkungen (Nr. 19; ohne eine solche **(8)** AGB-Banken Nr. 3), keine Regelung des Bankgeheimnisses (anders **(8)** AGB-Banken Nr. 2 I). Geltung s. zu **(8)** AGB-Banken Nr. 1.

Die **Fassung Juli 2012** änderte Nr. 18 über den Ersatz von Aufwendungen.

Die **Fassung März 2014** änderte Nr. 2 über Änderungen der Geschäftsbedingungen, Nr. 5 I über den Erbnachweis nach dem Tod des Kunden (Legitimationsurkundenvorlage) sowie Nr. 17 VI 1 über Änderungen von Entgelten.

In der **Fassung 21.3.2016** ist zunächst Nr. 20 I lit. d zur Verwendung von Vordrucken der Sparkasse ersatzlos gestrichen und Nr. 26 I 1 zur ordentlichen Kündigung und Nr. 28 zur Einlagensicherung geändert worden. Sodann wurden Nr. 22 I 2, 4 I 1, 7 III 1, 20 Ia und 5 II geändert.

Die **Fassung 26.11.2018** enthält eine Änderung der Aufrechnungsklausel Nr. 11. Dabei wurde Nr. 11 I geändert und Nr. 11 II ersatzlos aufgehoben.

Die **Fassung 27.4.2021,** sogenannte **Streichfassung** (die bisherige Nummerierung blieb), folgte dem Urteil des BGH NJW 2021, 2273 zur Unwirksamkeit einer Zustimmungsfiktion bei Änderungen der AGB, ausführlich → **(7)** Bankgeschäfte Rn. C31a. Die bisherigen Nr. 2 und Nr. 17 VI und VIII wurden ersatzlos gestrichen, diese Streichung des AGB-Änderungsmechanismus galt auch für Unternehmenskunden. **(9a)** Bedingungen für Wertpapiergeschäfte blieben unberührt.

Die **Fassung vom September 2021** enthält eine erneute Änderung von Nr. 2 und zu Nr. 17 VI. Nr. 2 über Änderungen der AGB übernimmt statt der vorausgegangenen Streichfassung mit kleinen Anpassungen die Fassung von **(8)** AGB-Banken Nr. 1 II. Ebenso übernimmt Nr. 17 VI mit kleinen Anpassungen die Fassung von **(8)** AGB-Banken Nr. 12 V.

Da die AGB-Spark jedenfalls in der Fassung 2005 verschiedentlich kundenungünstiger als die **(8)** AGB-Banken sind, so UBH/Fuchs (8) Banken Rn. 4, sind sie insoweit unter der **AGB-Inhaltskontrolle** nach **(5)** §§ 307 ff. BGB zT bedenklich, zB **(9)** AGB-Spark Nr. 2 I, 4 I, II, 5 III 2, 7 III, 8 III iVm II, 10, 17 II, 19 II, 20 I, 21 V, 22 I, II, 26 II 3c, d, e, 18, so UBH/Fuchs (8) Banken Rn. 1 ff. Auch wenn diese Bedenken zT ausgeräumt werden können, ist damit doch **Rechtsunsicherheit** verbunden. Die Neufassung 2009 hat die wichtigsten Punkte ausgeräumt.

2) Sonderbedingungen

Die AGB werden ergänzt durch „Sonderbedingungen" für bestimmte Geschäftsarten, s. unten Nr. 1 II 2. An die Stelle der früher auch in den AGB enthaltenen Regelungen über Wertpapiere, Devisen und Sorten (Nr. 36–46 aF) sind die im Anschluss an die **(9)** AGB-Sparkassen abgedruckten **(9a)** Bedingungen für Wertpapiergeschäfte (Sparkassen) getreten.

Die Bedingungen für den **Lastschriftverkehr** sind in der Deutschen Kreditwirtschaft gemeinsam erarbeitet worden und bis auf geringfügige terminologische Unterschiede zwischen den Institutsgruppen weitgehend identisch, dazu ausführlich → **(7)** Bankgeschäfte Rn. D13. Allerdings gibt es im Sparkassensektor keine Sonderbedingungen für den Lastschrifteinzug (Inkassoseite), sondern die entsprechenden Regeln werden direkt in den Inkassoverträgen mit den Lastschrifteinreichern vereinbart. Näher: Bedingungen für Zahlungen mittels Lastschrift im SEPA-Basis-Lastschriftverfahren, Fassung Februar 2014, und Bedingungen für

(9) AGB-Spark Nr. 2. 2. Teil. Handelsrechtl. Nebenges.

Zahlungen mittels Lastschrift im SEPA-Firmen-Lastschriftverfahren, Fassung März 2014. Änderungen gegenüber den früheren Fassungen infolge der SEPA-VO und des SEPA-Begleitgesetzes (→ **(7)** Bankgeschäfte Rn. C1, D1).

3) Inhalt und Kommentierung

4 Inhaltlich entsprechen die AGB-Sparkassen, von Unterschieden im Einzelnen abgesehen, den **(8)** AGB-Banken. Vergleich der **(8)** AGB-Banken und der **(9)** AGB-Sparkassen bei BZ/Bunte Rn. 4 ff., danach sollen die letzteren in Teilbereichen für den Kunden ungünstiger sein. Die Rechtsprechung und Kommentierung zu den **(8)** AGB-Banken ist jedenfalls grundsätzlich auch für die **(9)** AGB-Sparkassen verwendbar. Das gilt auch umgekehrt. Die **Konkordanzen** werden jeweils zu den einzelnen Nr. der **(9)** AGB-Spark nachgewiesen. Für die Zwecke der Kommentierung ist weniger entscheidend, ob ein Urteil zu dem einen oder dem anderen Klauselwerk ergangen ist. Grundsätzlich werden deshalb **Urteile auch zu (9) AGB-Spark bei der entsprechenden Klausel der (8) AGB-Banken** nachgewiesen.

Allgemeine Geschäftsbedingungen der Sparkassen

Grundlagen der Geschäftsbeziehung zwischen Kunden und Sparkasse
Stand 27. April 2021

[I.] Allgemeines

Nr. 1. Grundlagen der Geschäftsbeziehungen

(1) **Geschäftsbeziehung als Vertrauensverhältnis**

¹Die Geschäftsbeziehung zwischen dem Kunden und der Sparkasse ist durch die Besonderheiten des Bankgeschäfts und ein besonderes Vertrauensverhältnis geprägt. ²Der Kunde kann sich darauf verlassen, dass die Sparkasse seine Aufträge mit der Sorgfalt eines ordentlichen Kaufmanns ausführt und das Bankgeheimnis wahrt.

(2) **Allgemeine und besondere Geschäftsbedingungen**

¹Für die Geschäftsbeziehung gelten ergänzend zu den einzelvertraglichen Vereinbarungen diese Allgemeinen Geschäftsbedingungen (AGB). ²Für einzelne Geschäftszweige gelten ergänzend oder abweichend besondere Bedingungen, z. B. für die Bereiche des Zahlungsverkehrs, des Sparverkehrs und der Wertpapiergeschäfte; diese werden beim Vertragsabschluss (etwa bei der Kontoeröffnung) oder bei der Erteilung von Aufträgen mit dem Kunden vereinbart.

1 1) **Nr. 1 I** hat keine entsprechende Regelung in **(8)** AGB-Banken. Nr. 1 II nF 2009 entspricht **(8)** AGB-Banken Nr. 1 I. Auslegen der besonderen Geschäftsbedingungen in den Kassenräumen der Sparkasse wie nach der aF genügte nicht mehr, eigene Vereinbarung ist notwendig. Die konkrete Handhabung der Aushändigung bzw. Einsichtnahmemöglichkeit wurde bewusst offen gelassen.

Nr. 2. Änderungen

(1) **Änderungsangebot**

¹Änderungen dieser Geschäftsbedingungen und der besonderen Bedingungen werden dem Kunden spätestens zwei Monate vor dem vorgeschlagenen Zeitpunkt ihres Wirksamwerdens in Textform angeboten. ²Hat der Kunde

V. Bankgeschäfte   Nr. 2. AGB-Spark (9)

mit der Sparkasse im Rahmen der Geschäftsbeziehung einen elektronischen Kommunikationsweg vereinbart (z. B. das Elektronische Postfach), können die Änderungen auch auf diesem Wege angeboten werden.

(2) Annahme durch den Kunden

Die von der Sparkasse angebotenen Änderungen werden nur wirksam, wenn der Kunde diese annimmt, gegebenenfalls im Wege der nachfolgend geregelten Zustimmungsfiktion.

(3) Annahme durch den Kunden im Wege der Zustimmungsfiktion

¹Das Schweigen des Kunden gilt nur dann als Annahme des Änderungsangebots (Zustimmungsfiktion), wenn

a) das Änderungsangebot der Sparkasse erfolgt, um die Übereinstimmung der vertraglichen Bestimmungen mit einer veränderten Rechtslage wiederherzustellen, weil eine Bestimmung der Allgemeinen Geschäftsbedingungen oder der besonderen Bedingungen
  – aufgrund einer Änderung von Gesetzen, einschließlich unmittelbar geltender Rechtsvorschriften der Europäischen Union, nicht mehr der Rechtslage entspricht oder
  – durch eine rechtskräftige gerichtliche Entscheidung, auch durch ein Gericht erster Instanz, unwirksam wird oder nicht mehr verwendet werden darf oder
  – aufgrund einer verbindlichen Verfügung einer für die Sparkasse zuständigen nationalen oder internationalen Behörde (z. B. der Bundesanstalt für Finanzdienstleistungsaufsicht oder der Europäischen Zentralbank) nicht mehr mit den aufsichtsrechtlichen Verpflichtungen der Sparkasse in Einklang zu bringen ist
und
b) der Kunde das Änderungsangebot der Sparkasse nicht vor dem vorgeschlagenen Zeitpunkt des Wirksamwerdens der Änderungen abgelehnt hat.

²Die Sparkasse wird den Kunden im Änderungsangebot auf die Folgen seines Schweigens hinweisen.

(4) Ausschluss der Zustimmungsfiktion

¹Die Zustimmungsfiktion findet keine Anwendung

– bei Änderungen der Nummern 2 und 17 Abs. 6 der Allgemeinen Geschäftsbedingungen und der entsprechenden Regelungen in den besonderen Bedingungen oder
– bei Änderungen, die die Hauptleistungspflichten des Vertrages und die Entgelte für Hauptleistungen betreffen, oder
– bei Änderungen von Entgelten, die auf eine über das vereinbarte Entgelt für die Hauptleistung hinausgehende Zahlung des Verbrauchers gerichtet sind, oder
– bei Änderungen, die dem Abschluss eines neuen Vertrags gleichkommen, oder
– bei Änderungen, die das bisher vereinbarte Verhältnis von Leistung und Gegenleistung erheblich zugunsten der Sparkasse verschieben würden.

²In diesen Fällen wird die Sparkasse die Zustimmung des Kunden zu den Änderungen auf andere Weise einholen.

(5) Kündigungsrecht des Kunden bei der Zustimmungsfiktion

¹Macht die Sparkasse von der Zustimmungsfiktion Gebrauch, kann der Kunde den von der Änderung betroffenen Vertrag vor dem vorgeschlagenen Zeitpunkt des Wirksamwerdens der Änderungen auch fristlos und kostenfrei kündigen.

(9) AGB-Spark Nr. 4.
2. Teil. Handelsrechtl. Nebenges.

² Auf dieses Kündigungsrecht wird die Bank den Kunden in ihrem Änderungsangebot besonders hinweisen.

1 **1) Nr. 2** entspricht seit September 2021 (→ Einleitung Rn. 1) statt der vorausgegangenen Streichfassung mit kleinen Anpassungen der Fassung von **(8)** AGB-Banken Nr. 1 II. Auf die Kommentierung dort, → **(8)** AGB-Banken Nr. 1 Rn. 7, kann verwiesen werden, ebenso auf die nähere Erläuterung der Änderung → **(7)** Bankgeschäfte Rn. C31a.

Nr. 3. Bankauskünfte

(1) Inhalt von Bankauskünften

¹ Bankauskünfte sind allgemein gehaltene Feststellungen und Bemerkungen über die wirtschaftlichen Verhältnisse von Kunden, deren Kreditwürdigkeit und Zahlungsfähigkeit. ² Betragsmäßige Angaben über Kontostände, Sparguthaben, Depot- oder sonstige der Sparkasse anvertraute Vermögenswerte sowie Kreditinanspruchnahmen werden nicht gemacht.

(2) Voraussetzungen für die Auskunftserteilung

¹ Die Sparkasse darf Bankauskünfte über juristische Personen und im Handelsregister eingetragene Kaufleute erteilen, sofern sich die Anfrage auf deren geschäftliche Tätigkeit bezieht und der Sparkasse keine anders lautende Weisung des Kunden vorliegt. ² In allen anderen Fällen darf die Sparkasse Bankauskünfte nur erteilen, wenn der Kunde dem allgemein oder im Einzelfall ausdrücklich zugestimmt hat. ³ Bankauskünfte erhalten nur eigene Kunden sowie andere Kreditinstitute für deren eigene Zwecke und die ihrer Kunden; sie werden nur erteilt, wenn der Anfragende ein berechtigtes Interesse an der gewünschten Auskunft glaubhaft darlegt.

(3) Schriftliche Bestätigung

Bei mündlichen Auskünften über Kreditwürdigkeit und Zahlungsfähigkeit behält sich die Sparkasse eine unverzügliche schriftliche Bestätigung vor, deren Inhalt von diesem Zeitpunkt an maßgeblich ist.

1 **1) Nr. 3** I entspricht **(8)** AGB-Banken Nr. 2 II. Nr. 3 II entspricht **(8)** AGB-Banken Nr. 2 III, Nr. 3 II 3 entspricht **(8)** AGB-Banken Nr. 2 IV. Nr. 3 III ohne Entsprechung. Nr. 3 III lässt eine Haftung für fehlerhafte mündliche Auskunft unberührt (→ HGB § 347 Rn. 8 ff.), Richtigstellung in der schriftlichen Bestätigung vermag nur den Schaden zu begrenzen (zur Kausalität → HGB § 347 Rn. 35), UBH/Fuchs **(8)** Banken Rn. 12; WLP/Pamp Rn. B 17; BZ/Bunte AGB-Sparkassen Nr. 3 Rn. 21.

Nr. 4. Vertretungs- und Verfügungsbefugnisse

(1) Bekanntgabe

¹ Der Sparkasse bekannt gegebene Vertretungs- oder Verfügungsbefugnisse gelten, bis ihr eine Mitteilung über das Erlöschen oder eine Änderung zugeht, es sei denn, diese Umstände sind der Sparkasse bekannt oder infolge Fahrlässigkeit nicht bekannt. ² Dies gilt auch, wenn die Befugnisse in einem öffentlichen Register eingetragen sind und eine Änderung veröffentlicht ist.

(2) Mangel in der Geschäftsfähigkeit des Vertreters

Der Kunde trägt den Schaden, der daraus entstehen sollte, dass die Sparkasse von einem eintretenden Mangel in der Geschäftsfähigkeit seines Vertreters unverschuldet keine Kenntnis erlangt.

1) Nr. 4 I entspricht **(8)** AGB-Banken Nr. 11 I. In Nr. 4 I idF 2016 wurde 1 das Schriftformerfordernis im Hinblick auf § 309 Nr. 13 nF BGB ersatzlos gestrichen; wegen Altfällen s. Art. 229 EGBGB. Ob das Schriftformerfordernis in Nr. 4 I aF unwirksam war (wie Nr. 20 I lit. a, dort → Nr. 20 Rn. 1), UBH/Fuchs **(8)** Banken Rn. 39, oder wirksam wegen Auslegung, dass andere Mitteilungsart genügt, BZ/Bunte AGB-Sparkassen Nr. 3 Rn. 22, war umstritten. Für Wirksamkeit auch in Nr. 4 I spricht, dass der BGH NJW 2014, 1441 Rn. 22 das Schriftformerfordernis in Nr. 7 III 1 für wirksam erachtet hat (dort → Nr. 7 Rn. 1), ein berechtigtes Interesse der Sparkasse an Klarheit wird man auch hier annehmen können, in besonderen Fällen hilft § 242 BGB, BGH NJW 2014, 1441 Rn. 24. Nr. 4 II ohne Entsprechung, die Überwälzung des Risikos auf den geschäftsunfähigen Kunden ist aber unwirksam, UBH/Fuchs **(8)** Banken Rn. 41; BZ/Bunte AGB-Sparkassen Nr. 3 Rn. 23; zweifelnd auch Aden NJW 1993, 833. Vgl. auch zu **(8)** AGB-Banken Nr. 23 aF zur Risikotragung der eigenen Geschäftsunfähigkeit des Kunden, unwirksam, BGH NJW 1991, 2414.

Nr. 5. Legitimationsurkunden

(1) **Erbnachweis**

¹ Nach dem Tod des Kunden hat derjenige, der sich gegenüber der Sparkasse auf die Rechtsnachfolge des Kunden beruft, der Sparkasse seine erbrechtliche Berechtigung nachzuweisen.

(2) **Leistungsbefugnis der Sparkasse**

¹ Werden der Sparkasse eine Ausfertigung oder eine beglaubigte Abschrift der letztwilligen Verfügung (Testament, Erbvertrag) sowie der Niederschrift über die zugehörige Eröffnungsverhandlung vorgelegt, darf die Sparkasse denjenigen, der darin als Erbe oder Testamentsvollstrecker bezeichnet ist, als Berechtigten ansehen, ihn verfügen lassen und insbesondere mit befreiender Wirkung an ihn leisten. ² Dies gilt nicht, wenn der Sparkasse die Unrichtigkeit oder Unwirksamkeit dieser Urkunden bekannt oder infolge Fahrlässigkeit nicht bekannt geworden ist.

(3) **Sonstige ausländische Urkunden**

¹ Werden der Sparkasse ausländische Urkunden als Ausweis der Person oder zum Nachweis einer Berechtigung vorgelegt, so wird sie prüfen, ob die Urkunden zum Nachweis geeignet sind. ² Sie haftet jedoch für deren Eignung, Wirksamkeit und Vollständigkeit sowie für deren richtige Übersetzung und Auslegung nur bei Fahrlässigkeit oder wenn die Urkunde insgesamt gefälscht ist. ³ Im vorstehenden Rahmen kann die Sparkasse die in den Urkunden als Berechtigte bezeichneten Personen als berechtigt ansehen, insbesondere sie verfügen lassen und mit befreiender Wirkung an sie leisten.

1) Nr. 5 I nF 2014, **II 1** nF 2013. Nr. 5 I aF betraf das Recht der Sparkasse 1 die Vorlegung eines Erbscheins, eines Testamentsvollstreckerzeugnisses oder ähnlicher gerichtlicher Zeugnisse zu verlangen und sich stattdessen mit einer Ausfertigung oder einer beglaubigten Abschrift der letztwilligen Verfügung nebst Eröffnungsniederschrift zu begnügen. Dies war jedoch **unwirksam,** BGH NJW 2013, 3716 (kundenfeindlichste Auslegung), näher zu **(8)** AGB-Banken Nr. 5, dort → **(8)** AGB-Banken Nr. 5 Rn. 1 und 2, auch BZ/Bunte Rn. 24 ff. Nr. 5 II 1 nF 2013, redaktionelle Änderung. Nr. 5 I, II entsprechen im Übrigen **(8)** AGB-Banken Nr. 5. Nr. 5 II nF 2016. Nr. 5 III ohne Entsprechung, angesichts der Einschränkungen in Nr. 5 II 2 und 3 („in diesem Rahmen") wirksam, WLP/Pamp Rn. B 25, BZ/Bunte Rn. 25 ff.

(9) AGB-Spark Nr. 7.

Nr. 6. Rechtswahl, Gerichtsstand, Erfüllungsort

(1) Deutsches Recht

Auf die Geschäftsbeziehung findet deutsches Recht Anwendung, sofern dem nicht zwingende gesetzliche Regelungen entgegenstehen.

(2) Erfüllungsort

Erfüllungsort für die Sparkasse und den Kunden ist der Sitz der Sparkasse.

(3) Gerichtsstand

Ist der Kunde ein Kaufmann, eine juristische Person des öffentlichen Rechts oder ein öffentlich-rechtliches Sondervermögen, kann die Sparkasse an ihrem allgemeinen Gerichtsstand klagen und nur an diesem Gerichtsstand verklagt werden.

1 **1) Nr. 6** entspricht **(8)** AGB-Banken Nr. 6, der aber ausführlicher regelt. Nr. 6 ist aber auch so wirksam, WLP/Pamp Rn. B 29.

[II.] Kontokorrentkonten und andere Geschäfte

Nr. 7. Kontokorrent, Rechnungsabschluss

(1) Kontokorrent

Die Sparkasse führt ein Konto zur Abwicklung des laufenden Geschäfts- und Zahlungsverkehrs (Girokonto) als Kontokorrent im Sinne des § 355 des Handelsgesetzbuches (Konto in laufender Rechnung).

(2) Rechnungsabschluss

[1] Soweit nichts anderes vereinbart ist, erteilt die Sparkasse jeweils zum Ende des Kalenderquartals einen Rechnungsabschluss. [2] Bei Vorliegen eines berechtigten Interesses einer der Vertragsparteien wird der Rechnungsabschluss auch zu sonstigen Terminen erteilt.

(3) Einwendungen gegen den Rechnungsabschluss

[1] Einwendungen gegen Rechnungsabschlüsse müssen der Sparkasse zugehen. [2] Unbeschadet der Verpflichtung, Einwendungen gegen Rechnungsabschlüsse unverzüglich zu erheben (Nr. 20 Absatz 1 Buchst. g), gelten diese als genehmigt, wenn ihnen nicht vor Ablauf von sechs Wochen nach Zugang des Rechnungsabschlusses widersprochen wird. [3] Zur Wahrung der Frist genügt die rechtzeitige Absendung. [4] Die Sparkasse wird den Kunden bei Erteilung des Rechnungsabschlusses auf diese Folgen besonders hinweisen. [5] Stellt sich nachträglich die Unrichtigkeit heraus, so können sowohl der Kunde als auch die Sparkasse eine Richtigstellung aufgrund gesetzlicher Ansprüche verlangen.

1 **1) Nr. 7** nF 2009 entspricht im Wesentlichen **(8)** AGB-Banken Nr. 7. Nr. 7 IV aF betraf die Genehmigung von Belastungen aus Lastschriften und ist in der Fassung 2009 ebenso wie die entsprechende **(8)** AGB-Banken Nr. 7 III aF weggefallen, dort → **(8)** AGB-Banken Nr. 7 Rn. 8. Nr. 7 III 1 aF (Formvorschrift), und III 2, 4 (Genehmigungsfiktion) stehen im Einklang mit § 308 Nr. 5 BGB, BGH NJW 2014, 1441 Rn. 21; 2000, 2667. Das gilt auch für Nr. 7 III 1 aF (Formvorschrift), BGH NJW 2014, 1441 Rn. 22, in Ausnahmefällen hilft § 242 BGB, BGH NJW 2014, 1441 Rn. 24; WM 2013, 316 Rn. 25 mAnm Omlor NJW 2013, 1522 (→ **(8)** AGB-Banken Nr. 19 Rn. 1). Aber in Nr. 7 III 1 nF 2016 ist das Schriftformerfordernis wie in Nr. 4 I idF 2016 ersatzlos gestrichen. Besonderer Hinweis nach III 3, BGH NJW 2014, 1441 Rn. 29, klar, nicht versteckt in größerer Summe von Einzelmitteilungen.

V. Bankgeschäfte   **Nr. 9. AGB-Spark (9)**

Nr. 8. Korrektur fehlerhafter Gutschriften

(1) Stornobuchung vor Rechnungsabschluss
Gutschriften, die ohne einen verpflichtenden Auftrag gebucht werden (z. B. wegen Irrtums, Schreibfehlers, darf die Sparkasse bis zum nächsten Rechnungsabschluss durch einfache Buchung rückgängig machen (Stornobuchung), soweit ihr ein Rückforderungsanspruch gegen den Kunden zusteht.

(2) Korrekturbuchung nach Rechnungsabschluss
¹Den Rückforderungsanspruch nach Absatz 1 kann die Sparkasse auch noch nach Rechnungsabschluss durch Korrekturbuchung geltend machen, wenn sie die fehlerhafte Gutschrift nicht mehr rechtzeitig vor diesem Zeitpunkt festgestellt hat. ²Bei Widerspruch des Kunden wird die Sparkasse die Korrekturbuchung rückgängig und ihren Anspruch anderweitig geltend machen.

(3) Kennzeichnung
Storno- und Korrekturbuchungen werden im Kontoauszug gekennzeichnet.

1) Nr. 8 idF 2009 entspricht mit Abweichungen (ua kein Ausschluss des 1
Entreicherungseinwands) **(8)** AGB-Banken Nr. 8. Nr. 8 I ist wirksam. Dass die
Tragung des Fälschungsrisikos durch die Bank nicht ausdrücklich erwähnt ist,
steht nicht entgegen, kein Verstoß gegen das Transparenzgebot, UBH/Fuchs (8)
Banken Rn. 32. Denn Nr. 8 I setzt einen wirksamen Rückforderungsanspruch
voraus. Nr. 8 II, Korrekturbuchung nach Rechnungsabschluss macht die Sparkasse rückgängig, sodass der Kunde nicht belastet ist. Nr. 8 III ohne Entsprechung
in **(8)** AGB-Banken Nr. 8, dort wird der Kunde unterrichtet. Hier soll der
Kontoauszug, aus dem die Storno- oder Korrekturbuchungen ersichtlich sind,
ausreichen, mit üL wirksam, Westermann WM 1993, 1870; BZ/Bunte AGB-
Sparkassen Nr. 3 Rn. 39; DKB/Casper Rn. 59 (Rechnungsabschluss); aA UBH/
Fuchs (8) Banken Rn. 32; wohl auch WLP/Pamp Rn. B 39.

Nr. 9. Gutschriften und Einlösung von Einzugspapieren

(1) Gutschriften „Eingang vorbehalten"
¹Schreibt die Sparkasse den Gegenwert von Schecks, Lastschriften oder anderen Einzugspapieren schon vor ihrer Einlösung gut, so geschieht dies unter dem Vorbehalt der Einlösung und des Einganges des Gegenwertes (E. v.-Gutschrift). ²Das gilt auch dann, wenn die Schecks, Lastschriften oder anderen Einzugspapiere bei der Sparkasse selbst zahlbar sind. ³Werden Schecks oder Lastschriften nicht eingelöst oder geht der Sparkasse der Gegenwert aus einem Einzugspapier nicht zu, so macht sie die Gutschrift gemäß Nr. 23 Absatz 2 dieser AGB rückgängig, und zwar auch nach einem zwischenzeitlich erfolgten Rechnungsabschluss.

(2) Einlösung
¹Schecks und andere Einzugspapiere sind erst eingelöst, wenn die Belastungsbuchung nicht bis zum Ablauf des übernächsten Bankarbeitstages¹ rückgängig gemacht wird. ²Sie sind auch eingelöst, wenn die Sparkasse ihren Einlösungswillen schon vorher Dritten gegenüber erkennbar bekundet hat (z. B. durch Bezahltmeldung). ³Für Lastschriften aus anderen Verfahren gelten die Einlösungsregeln in den hierfür vereinbarten besonderen Bedingun-

---

¹ Bankarbeitstage sind alle Werktage, außer Sonnabende und 24. und 31.12.

(9) AGB-Spark Nr. 12. 2. Teil. Handelsrechtl. Nebenges.

gen. ⁴Über die Abrechnungsstelle der Deutschen Bundesbank eingezogene Schecks sind eingelöst, wenn sie nach deren Geschäftsbedingungen nicht mehr zurückgegeben werden können. ⁵Barschecks sind mit Zahlung an den Scheckvorleger eingelöst.

1   1) **Nr. 9** nF 2009 entspricht **(8) AGB-Banken Nr. 9.** Nr. 9 II 1, 3 beziehen sich der Sache nach auf die SEPA-Lastschrift und die diesbezüglichen Sonderbedingungen. Für Nr. 9 II 2, Bezahltmeldung genügt wie in **(8) AGB-Banken** Nr. 9 II 3 die Absendung, Zugang ist nicht erforderlich, WLP/Pamp Rn. B 42; offen BGHZ 135, 312.

Nr. 10. Auftragsbestätigung vor Ausführung

Bei telefonischen oder auf anderen technischen Wegen erteilten sowie bei nicht unterschriebenen Aufträgen behält sich die Sparkasse die unverzügliche Einholung einer Bestätigung vor Auftragsausführung vor.

1   1) **Nr. 10** ohne Entsprechung in **(8) AGB-Banken**. Nr. 10 ist wirksam, die Sparkasse behält sich nur das Recht vor sich zu vergewissern, wohl auch Aden NJW 1993, 835; aA bedenklich UBH/Fuchs **(8) Banken** Rn. 76.

Nr. 11. Aufrechnung durch den Kunden

¹Ist der Kunde kein Verbraucher, kann er gegen Forderungen der Sparkasse nur aufrechnen, wenn seine Forderungen unbestritten oder rechtskräftig festgestellt sind. ²Satz 1 gilt nicht, wenn die Voraussetzungen des § 513 BGB (Existenzgründer) vorliegen. ³Gesetzliche Aufrechnungsbefugnisse bleiben unberührt.

1   1) **Nr. 11** nF 26.11.2018 im Ergebnis wie → **(8) AGB-Banken** nF Juli 2018 Rn. 1. Nach BGH NJW 2018, 2042 war Nr. 11 I aF im Verkehr mit Verbrauchern unwirksam (ausführlich zu → **(8) AGB-Banken Nr. 4** Rn. 2). Nunmehr gilt Nr. 11 nicht für Verbraucher (Satz 1) und auch nicht für Existenzgründer (§ 513 BGB, **Satz 2**), sondern nur noch **im Unternehmensverkehr** (verbleibende Zweifel in → **(8) AGB-Banken Nr. 4** Rn. 4). Die negative Formulierung („kein Verbraucher") soll erweiternd zB auch Kommunen erfassen, die weder Verbraucher noch Unternehmer sind. Der Unternehmerkunde kann danach gegen Forderungen der Sparkasse nur aufrechnen, wenn seine Forderungen unbestritten oder rechtskräftig festgestellt sind **(Satz 1)**, Grund für die Beibehaltung → **(8) AGB-Banken Nr. 4** Rn. 4. Gesetzliche Aufrechnungsbefugnisse bleiben unberührt **(Satz 3)**, dies klarstellend im Hinblick auf den absoluten Aufrechnungsausschluss nach § 29 PfandBG iVm § 394 BGB. Hierher gehört auch der Fall, dass die Berufung auf das Aufrechnungsverbot missbräuchlich wäre (dazu → **(8) AGB-Banken Nr. 4** Rn. 5).

2   2) **Nr. 11 II aF** zur Verrechnung durch die Sparkasse war ohne Entsprechung in den AGB-Banken und ist bei der Neufassung als entbehrlich ersatzlos gestrichen worden.

Nr. 12. Konten in ausländischer Währung

Konten in ausländischer Währung dienen ausschließlich zur bargeldlosen Abwicklung von Zahlungen an den Kunden und von Verfügungen des Kunden in ausländischer Währung.

V. Bankgeschäfte **Nr. 17. AGB-Spark (9)**

1) Nr. 12 weitgehend neu 1.4.2002 entspricht **(8)** AGB-Banken Nr. 10 I. Nr. 12–15 entsprechen **(8)** AGB-Banken Nr. 10 und sind wie diese wirksam, WLP/Pamp Rn. B 44.

Nr. 13. Leistungsbefreiung bei Geschäften in ausländischer Währung

¹Die Verpflichtung der Sparkasse zur Ausführung einer Verfügung zulasten eines Guthabens in ausländischer Währung oder zur Erfüllung einer Verbindlichkeit in ausländischer Währung ist in dem Umfang und solange ausgesetzt, wie die Sparkasse in der Währung, auf die das Guthaben oder die Verbindlichkeit lautet, wegen politisch bedingter Maßnahmen oder Ereignisse im Lande dieser Währung nicht oder nur eingeschränkt verfügen kann. ²In dem Umfang und solange diese Maßnahmen oder Ereignisse andauern, ist die Sparkasse auch nicht zu einer Erfüllung an einem anderen Ort außerhalb des Landes der Währung, in einer anderen Währung (auch nicht in Euro) oder durch Anschaffung von Bargeld verpflichtet. ³Die Verpflichtung der Sparkasse zur Ausführung einer Verfügung zulasten eines Guthabens in ausländischer Währung ist dagegen nicht ausgesetzt, wenn die Sparkasse diese vollständig im eigenen Haus ausführen kann. ⁴Das Recht des Kunden und der Sparkasse, fällige gegenseitige Forderungen in derselben Währung miteinander zu verrechnen, bleibt von den vorstehenden Regelungen unberührt.

1) Nr. 13 entspricht **(8)** AGB-Banken Nr. 10 III.

Nr. 14. Geldeingang in ausländischer Währung

Geldbeträge in ausländischer Währung darf die Sparkasse mangels ausdrücklicher gegenteiliger Weisung des Kunden in Euro gutschreiben, sofern sie nicht für den Kunden ein Konto in der betreffenden Währung führt.

1) Nr. 14 nF 1.4.2002 entspricht **(8)** AGB-Banken Nr. 10, aber mit anderer Regelung.

Nr. 15. Wechselkurs

¹Die Bestimmung des Wechselkurses bei Geschäften in ausländischer Währung ergibt sich aus dem Preis- und Leistungsverzeichnis. ²Bei Zahlungsdiensten gilt ergänzend der Zahlungsdiensterahmenvertrag.

1) Nr. 15 nF 2009 trägt § 675g nF BGB Rechnung und entspricht **(8)** AGB-Banken Nr. 10 IV.

Nr. 16. Einlagengeschäft

¹Mangels abweichender Vereinbarungen sind Einlagen ohne Kündigung fällig (täglich fällige Gelder). ²Die jeweils gültigen Zinssätze für täglich fällige Gelder werden durch Aushang bekannt gemacht. ³Für die Zinsberechnung bei Einlagen wird jeder Monat zu 30 Tagen gerechnet.

1) Nr. 16 nF 2009 ohne Entsprechung in **(8)** AGB-Banken. Nr. 16 aF über Akkreditiv und Kreditbrief ist weggefallen.

[III.] Entgelte und Aufwendungen

Nr. 17. Zinsen und Entgelte

(1) **Zinsen und Entgelte im Geschäftsverkehr mit Verbrauchern**

(9) AGB-Spark Nr. 17.

¹Die Höhe der Zinsen und Entgelte für die im Geschäftsverkehr mit Verbrauchern üblichen Kredite und Leistungen ergibt sich aus dem Preisaushang und ergänzend aus dem Preis- und Leistungsverzeichnis. ²Wenn ein Verbraucher einen dort aufgeführten Kredit oder eine dort aufgeführte Leistung in Anspruch nimmt und dabei keine abweichende Vereinbarung getroffen wurde, gelten die zu diesem Zeitpunkt im Preisaushang oder Preis- und Leistungsverzeichnis angegebenen Zinsen und Entgelte.

(2) Zinsen und Entgelte außerhalb des Geschäftsverkehrs mit Verbrauchern

Außerhalb des Geschäftsverkehrs mit Verbrauchern bestimmen sich die Zinsen und Entgelte für in Anspruch genommene Kredite und Leistungen nach der getroffenen Vereinbarung, ergänzend nach dem Preis- und Leistungsverzeichnis in der zum Zeitpunkt der Inanspruchnahme geltenden Fassung.

(3) Entgelte für sonstige Leistungen

Für Leistungen, die nicht Gegenstand einer Vereinbarung oder im Preisaushang bzw. im Preis- und Leistungsverzeichnis aufgeführt sind und die im Auftrag des Kunden oder in dessen mutmaßlichem Interesse erbracht werden und die, nach dem Umständen zu urteilen, nur gegen eine Vergütung zu erwarten sind, kann die Sparkasse ein nach Maßgabe der gesetzlichen Bestimmungen angemessenes Entgelt verlangen.

(4) Nicht entgeltpflichtige Tätigkeiten

Für Tätigkeiten, zu deren Erbringung die Sparkasse bereits gesetzlich oder aufgrund einer vertraglichen Nebenpflicht verpflichtet ist oder die sie im eigenen Interesse erbringt, wird die Sparkasse kein Entgelt berechnen, es sei denn, es ist gesetzlich zulässig und wird nach Maßgabe der gesetzlichen Regelungen erhoben.

(5) Änderung von Zinsen, Kündigungsrecht des Kunden bei Erhöhung

¹Die Änderung der Zinsen bei Krediten mit einem veränderlichen Zinssatz erfolgt aufgrund der jeweiligen Kreditvereinbarungen mit dem Kunden. ²Die Sparkasse wird dem Kunden Änderungen von Zinsen mitteilen. ³Bei einer Erhöhung kann der Kunde, sofern nichts anderes vereinbart ist, die davon betroffene Kreditvereinbarung innerhalb von sechs Wochen nach der Bekanntgabe der Änderung mit sofortiger Wirkung kündigen. ⁴Kündigt der Kunde, so werden die erhöhten Zinsen für die gekündigte Kreditvereinbarung nicht zugrunde gelegt. ⁵Eine Kündigung des Kunden gilt als nicht erfolgt, wenn er den geschuldeten Betrag nicht binnen zweier Wochen nach Wirksamwerden der Kündigung zurückzahlt.

(6) Änderung von Entgelten bei typischerweise dauerhaft in Anspruch genommenen Leistungen

¹Änderungen von Entgelten für Bankleistungen, die von Kunden im Rahmen der Geschäftsbeziehung typischerweise dauerhaft in Anspruch genommen werden (z. B. Konto- und Depotführung), werden dem Kunden spätestens zwei Monate vor dem vorgeschlagenen Zeitpunkt ihres Wirksamwerdens in Textform angeboten.

²Hat der Kunde mit der Sparkasse im Rahmen der Geschäftsbeziehung einen elektronischen Kommunikationsweg vereinbart (z. B. das Elektronische Postfach), können die Änderungen auch auf diesem Wege angeboten werden.

³Die von der Sparkasse angebotenen Änderungen werden nur wirksam, wenn der Kunde diese annimmt.

⁴ Eine Vereinbarung über die Änderung eines Entgelts, das auf eine über die Hauptleistung hinausgehende Zahlung eines Verbrauchers gerichtet ist, kann die Sparkasse mit dem Verbraucher nur ausdrücklich treffen.

(7) Besonderheiten bei Verbraucherdarlehensverträgen

Bei Verbraucherdarlehensverträgen richten sich die Zinsen und Entgelte nach den jeweiligen vertraglichen Vereinbarungen sowie ergänzend nach den gesetzlichen Vorschriften.

(8) Besonderheiten bei Zahlungsdiensteverträgen mit Verbrauchern

¹ Bei Zahlungsdiensteverträgen mit Verbrauchern richten sich die Entgelte nach den jeweiligen vertraglichen Vereinbarungen und besonderen Bedingungen. ² Soweit dort keine Regelung getroffen ist, gelten die Absätze 1 und 4 sowie – für die Änderung jeglicher Entgelte bei Zahlungsdiensterahmenverträgen (z. B. Girovertrag) – Absatz 6.

1) Nr. 17 nF 2009 mit Entsprechung in **(8)** AGB-Banken Nr. 12, s. näher dort. VI und VIII waren in der Fassung vom 27.4.2021 ersatzlos gestrichen worden (sogenannte Streichfassung), die Fassung vom September 2021 (→ Einleitung Rn. 1) übernahm dann aber für VI mit kleineren Änderungen die Fassung von **(8)** AGB-Banken Nr. 12 V. Auf die Kommentierung dort, → **(8)** AGB-Banken Nr. 12 Rn. 11, kann verwiesen werden, ebenso auf die nähere Erläuterung der Änderung → **(7)** Bankgeschäfte Rn. C31a. Für VIII blieb es bei der ursprünglichen Fassung. V 5 ist wirksam, str., aber entspricht § 489 III BGB, UBH/Fuchs (8) Banken Rn. 55; WLP/Pamp Rn. B 59. Zu Nr. 17 näher BZ/Bunte AGB-Sparkassen Nr. 3 Rn. 49 ff.; zu Nr. 17 VI Schmidt-Kessel/Rank WM 2018, 2205.

Nr. 18. Ersatz von Aufwendungen

Der Ersatz von Aufwendungen der Sparkasse richtet sich nach den gesetzlichen Vorschriften.

1) Nr. 18 neu 2012, weil die aF nach BGH WM 2012, 1189; 2012, 1344 gegen AGB-Recht verstieß, näher → **(8)** AGB-Banken Nr. 12 Rn. 8. Ursprünglich betraf Nr. 18 aF Überziehungszinsen, dazu → **(8)** AGB-Banken Nr. 12 Rn. 2.

[IV.] Pflichten und Haftung von Sparkasse und Kunde

Nr. 19. Haftung der Sparkasse

(1) Haftung für Verschulden

¹ Die Sparkasse haftet für eigenes Verschulden sowie das Verschulden von Personen, derer sie sich zur Erfüllung ihrer Verpflichtung gegenüber dem Kunden bedient, soweit sich nicht aus den folgenden Absätzen, den besonderen Bedingungen oder aus einzelvertraglichen Regelungen etwas Abweichendes ergibt. ² Haftet die Sparkasse und ist ein Schaden nicht ausschließlich von der Sparkasse verursacht oder verschuldet, so richtet sich die Verpflichtung zum Schadensersatz nach den Grundsätzen des Mitverschuldens, § 254 Bürgerliches Gesetzbuch.

(2) Haftung für Dritte

¹ Die Sparkasse darf Aufträge bei Fehlen einer gegenteiligen Weisung ganz oder teilweise auf Dritte zur selbstständigen Erledigung übertragen, soweit dies unter Berücksichtigung der Art des Auftrages und der Interessen von Sparkasse und Kunde erforderlich erscheint. ² In diesen Fällen beschränken

sich die Verpflichtung und Haftung der Sparkasse auf die Weiterleitung des Auftrags einschließlich sorgfältiger Auswahl und Unterweisung des Dritten.

(3) **Haftung bei höherer Gewalt**

Die Sparkasse haftet nicht für Schäden, die durch Störung ihres Betriebs (z. B. Bombendrohung, Banküberfall), insbesondere infolge von höherer Gewalt (z. B. von Kriegs- und Naturereignissen) sowie infolge von sonstigen, von ihr nicht zu vertretenden Vorkommnissen (z. B. Streik, Aussperrung, Verkehrsstörung) verursacht sind oder die durch Verfügungen von hoher Hand des In- und Auslands eintreten.

1 1) **Nr. 19** entspricht (8) AGB-Banken Nr. 3 II, weitgehende Substituierbarkeit mit der Rechtsfolge des § 664 I 2 BGB. II ist angesichts der für den Kunden nicht ersichtlichen Rechtsfolge des Nichteingreifens von § 278 BGB unklar und nach üL unwirksam, WLP/Pamp Rn. B 21; UBH/Fuchs (8) Banken Rn. 15; aA BZ/Bunte AGB-Sparkassen Nr. 3 Rn. 61.

Nr. 20. Mitwirkungs- und Sorgfaltspflichten des Kunden

(1) **Grundsatz**

¹Die Sparkasse führt die Aufträge des Kunden mit der Sorgfalt eines ordentlichen Kaufmanns aus. ²Für den Kunden bestehen seinerseits besondere Mitwirkungs- und sonstige Sorgfaltspflichten, insbesondere folgende Pflichten:

a) **Mitteilung wesentlicher Angaben und Änderungen**
Der Sparkasse sind unverzüglich alle für die Geschäftsbeziehung wesentlichen Tatsachen anzuzeigen, insbesondere Änderungen des Namens, der Anschrift, des Personenstandes, der Verfügungs- oder Verpflichtungsfähigkeit des Kunden (z. B. Eheschließung, Eingehung einer Lebenspartnerschaft, Änderung des Güterstandes) oder der für ihn zeichnungsberechtigten Personen (z. B. nachträglich eingetretene Geschäftsunfähigkeit eines Vertreters oder Bevollmächtigten) sowie Änderungen des wirtschaftlich Berechtigten oder der der Sparkasse bekannt gegebenen Vertretungs- oder Verfügungsbefugnisse (z. B. Vollmachten, Prokura). Die Anzeigepflicht besteht auch dann, wenn die Tatsachen in öffentlichen Registern eingetragen und veröffentlicht werden. Die Namen der für den Kunden vertretungs- oder verfügungsbefugten Personen sind der Sparkasse mit eigenhändigen Unterschriftsproben auf den Vordrucken der Sparkasse bekannt zu geben. Darüber hinaus können sich weitergehende gesetzliche Mitteilungspflichten, insbesondere aus dem Geldwäschegesetz ergeben.

b) **Eindeutige Angaben bei Aufträgen und Weisungen**
Aufträge und Weisungen jeder Art müssen den Inhalt des Geschäfts zweifelsfrei erkennen lassen. Abänderungen und Bestätigungen müssen als solche gekennzeichnet sein. Bei Zahlungsaufträgen hat der Kunde insbesondere auf richtige, vollständige, unmissverständliche und leserliche Angaben, vor allem der Kontonummer und Bankleitzahl oder IBAN[1] und BIC[2] zu achten.

c) **Sorgfalt bei besonderer Auftragsübermittlung**
Bei telefonischen oder auf anderen technischen Wegen erteilten Aufträgen oder Weisungen hat der Kunde dafür zu sorgen, dass sich keine Übermittlungsfehler, Missverständnisse, Missbräuche und Irrtümer ergeben.

d) *(weggefallen)*

---

[1] International Bank Account Number.
[2] Bank Identifier Code.

e) **Ausdrücklicher Hinweis bei besonderer Weisung**
Besondere Weisungen für die Ausführung von Aufträgen hat der Kunde der Sparkasse gesondert mitzuteilen, bei formularmäßig erteilten Aufträgen außerhalb des Formulars. Dies gilt insbesondere, wenn Zahlungen auf bestimmte Forderungen der Sparkasse verrechnet werden sollen.

f) **Hinweis auf Fristen und Termine**
Der Kunde hat entsprechend Buchst. e) besonders darauf hinzuweisen, wenn Aufträge innerhalb bestimmter Fristen oder zu bestimmten Terminen ausgeführt sein sollen oder wenn bei nicht ordnungsgemäßer, insbesondere nicht fristgemäßer Ausführung von Aufträgen außergewöhnliche Schäden drohen. Auf die besondere Hinweispflicht bei knappen Scheckvorlegungsfristen nach Nr. 24 wird verwiesen.

g) **Unverzügliche Reklamation**
Einwendungen gegen Rechnungsabschlüsse, Lastschriften, Kontoauszüge, Wertpapieraufstellungen oder sonstige Mitteilungen der Sparkasse sowie Einwendungen gegen die Ordnungsmäßigkeit von der Sparkasse gelieferter Wertpapiere oder sonstiger Werte müssen unverzüglich erhoben werden. Falls Rechnungsabschlüsse oder Depotaufstellungen dem Kunden nicht zugehen, muss er die Sparkasse unverzüglich benachrichtigen. Die Benachrichtigungspflicht besteht auch beim Ausbleiben anderer Anzeigen, Mitteilungen oder Sendungen, deren Eingang der Kunde erwarten oder mit deren Eingang er rechnen muss.

h) **Kontrolle von Bestätigungen der Sparkasse**
Soweit Bestätigungen der Sparkasse von Aufträgen oder Weisungen des Kunden abweichen, hat er dies unverzüglich zu beanstanden.

(2) **Haftung bei Pflichtverletzungen**

¹Schäden und Nachteile aus einer schuldhaften Verletzung von Mitwirkungs- und sonstigen Sorgfaltspflichten gehen zulasten des Kunden. ²Bei schuldhafter Mitverursachung des Schadens durch die Sparkasse richtet sich die Haftung nach den Grundsätzen des Mitverschuldens, § 254 Bürgerliches Gesetzbuch.

1) **Nr. 20** I als umfängliche Gesamtregelung ohne Entsprechung in **(8)** AGB-Banken. Aber Nr. 20 I 2 lit. a entspricht **(8)** AGB-Banken Nr. 11 I. Nr. 20 I 2 lit. b entspricht **(8)** AGB-Banken Nr. 11 II. Nr. 20 I 2 lit. c–e ohne Entsprechung. In Nr. 1a Satz 1 nF 2016 ist das Schriftformerfordernis wie in Nr. 4 I idF 2016 ersatzlos gestrichen. Nr. 20 I 2 lit. d zur Verwendung von Vordrucken der Sparkasse ersatzlos gestrichen, April 2016. Nr. 20 I 2 lit. f entspricht **(8)** AGB-Banken Nr. 11 III. Nr. 20 I 2 lit. g, h entsprechen **(8)** AGB-Banken Nr. 11 IV, V. Nr. 20 II ohne Entsprechung. Nr. 20 I 2 lit. a Schriftformerfordernis ist wirksam (wie Nr. 4 I, dort → Nr. 4 Rn. 1), DKB/Casper Rn. 73, BZ/Bunte AGB-Sparkassen Nr. 3 Rn. 64, 64a; aA UBH/Fuchs **(8)** Banken Rn. 39. Nr. 20 I 2 lit. b über eindeutige Angaben ist wirksam, ebenso Nr. 20 I 2 lit. c–e bezüglich Übermittlungsfehler und besondere Weisungen, BZ/Bunte AGB-Sparkassen Nr. 3 Rn. 65, 66, 68; für Nr. 20 lit. g und h MüKoBGB/Zetzsche § 676b Rn. 6, 13 (bloße Obliegenheit); aA mit Bedenken gegen Nr. 20 I 2 lit. c und f bei UBH/Fuchs **(8)** Banken Rn. 40, gegen Nr. 20 I 2 lit. c und f auch bei WLP/Pamp Rn. B 51, gegen lit. c bei DKB/Casper Rn. 73. Keine Schadensersatzhaftung des Kunden schon wegen leicht fahrlässiger Verletzung von Nr. 20 II, Grund: § 675v III BGB, OLG Bremen WM 2021, 1792.

[V.] AGB-Pfandrecht, Nachsicherung, Sicherheitenfreigabe

Nr. 21. Pfandrecht, Sicherungsabtretung

(1) Umfang

¹Der Kunde räumt hiermit der Sparkasse ein Pfandrecht ein an Werten jeder Art, die im bankmäßigen Geschäftsverkehr durch den Kunden oder durch Dritte für seine Rechnung in ihren Besitz oder ihre sonstige Verfügungsmacht gelangen. ²Zu den erfassten Werten zählen sämtliche Sachen und Rechte jeder Art (Beispiele: Waren, Devisen, Wertpapiere einschließlich der Zins-, Renten- und Gewinnanteilscheine, Sammeldepotanteile, Bezugsrechte, Schecks, Wechsel, Konnossemente, Lager- und Ladescheine). ³Erfasst werden auch Ansprüche des Kunden gegen die Sparkasse (z. B. aus Guthaben). ⁴Forderungen des Kunden gegen Dritte sind an die Sparkasse abgetreten, wenn über die Forderungen ausgestellte Urkunden im bankmäßigen Geschäftsverkehr in die Verfügungsmacht der Sparkasse gelangen.

(2) Ausnahmen

¹Gelangen Gelder oder andere Werte mit der ausdrücklichen Zweckbestimmung für eine bestimmte Verwendung in die Verfügungsmacht der Sparkasse (z. B. Bareinzahlung zur Einlösung eines Schecks, Wechsels oder Ausführung einer bestimmten Überweisung), so erstreckt sich das Pfandrecht der Sparkasse nicht auf diese Werte. ²Im Ausland verwahrte Wertpapiere unterliegen – vorbehaltlich anderweitiger Vereinbarung – nicht dem Pfandrecht. ³Dasselbe gilt für die von der Sparkasse selbst ausgegebenen Genussrechte/Genussscheine und für Ansprüche des Kunden aus nachrangigem Haftkapital (z. B. nachrangig haftende Inhaberschuldverschreibung).

(3) Gesicherte Ansprüche

¹Das Pfandrecht sichert alle bestehenden und künftigen, auch bedingten oder befristeten, auch gesetzlichen Ansprüche der Sparkasse gegen den Kunden, die sie im Zusammenhang mit der Geschäftsverbindung erwirbt. ²Ansprüche gegen Kunden aus von diesen für Dritte übernommenen Bürgschaften werden erst ab deren Fälligkeit gesichert.

(4) Geltendmachung des Pfandrechts

¹Die Sparkasse darf die dem AGB-Pfandrecht unterliegenden Werte nur bei einem berechtigten Sicherungsinteresse zurückhalten. ²Ein solches besteht insbesondere unter den Voraussetzungen des Nachsicherungsrechts gemäß Nr. 22.

(5) Verwertung

¹Die Sparkasse ist zur Verwertung dieser Werte berechtigt, wenn der Kunde seinen Verbindlichkeiten bei Fälligkeit und trotz Mahnung mit angemessener Nachfrist und einer Androhung der Verwertung entsprechend § 1234 Absatz 1 Bürgerliches Gesetzbuch nicht nachkommt. ²Bei mehreren Sicherheiten hat die Sparkasse die Wahl. ³Bei der Auswahl und Verwertung wird die Sparkasse auf die berechtigten Belange des Kunden Rücksicht nehmen. ⁴Die Sparkasse hat das Recht, Verwertungserlöse, die nicht zur Befriedigung sämtlicher Forderungen ausreichen, nach ihrem billigen Ermessen zu verrechnen. ⁵Die Sparkasse wird dem Kunden erteilte Gutschriften über Verwertungserlöse so gestalten, dass sie als Rechnungen im Sinne des Umsatzsteuerrechts anzusehen sind.

1) Nr. 21 I entspricht (8) AGB-Banken Nr. 14 I, IV. Nr. 21 II entspricht (8) AGB-Banken Nr. 14 III. Nr. 21 III entspricht (8) AGB-Banken Nr. 14 II. Nr. 21 III 2 aF, wonach das Pfandrecht aus Ansprüchen der Sparkasse gegen Dritte, für deren Erfüllung ihr der Kunde persönlich haftet, sicherte, ist weggefal-

len, Nr. 21 III 3 aF ist nunmehr III 2 nF. Nr. 21 III 2 trägt BGH WM 1998, 2463 Rechnung; Danco ZBB 2002, 138. Nr. 21 IV ohne Entsprechung, wirksam, Aden NJW 1993, 838; aber UBH/Fuchs (8) Banken Rn. 62: „wenig konkret". Nr. 21 V entspricht (8) AGB-Banken Nr. 17 I, II, und ist wirksam, WLP/Pamp Rn. B 83, aber die Befugnis, Verwertungserlöse nach billigem Ermessen zu verrechnen (V 4), halten für bedenklich UBH/Fuchs (8) Banken Rn. 67. Das weicht von § 366 BGB ab, jedoch ergibt sich das Erfordernis, dabei die Interessen des Schuldners angemessen zu berücksichtigen, BGHZ 91, 380, schon aus der allgemeinen Interessenwahrungspflicht der Sparkasse gegenüber ihren Kunden, aber nach WLP/Pamp Rn. B 83 zweifelhaft.

Nr. 22. Nachsicherung und Freigabe

(1) **Nachsicherungsrecht**

Die Sparkasse kann vom Kunden die Bestellung oder Verstärkung von Sicherheiten für seine Verbindlichkeiten verlangen, wenn sich aufgrund nachträglich eingetretener oder bekannt gewordener Umstände, z. B. aufgrund einer Verschlechterung oder drohenden Verschlechterung der wirtschaftlichen Verhältnisse des Kunden, eines Mithaftenden oder Bürgen oder des Werts bestehender Sicherheiten, eine Veränderung der Risikolage ergibt.

Bei Verbraucherdarlehensverträgen besteht ein Anspruch auf die Bestellung oder Verstärkung von Sicherheiten nur, soweit die Sicherheiten im Kreditvertrag angegeben sind. Übersteigt der Nettodarlehensbetrag 75.000 Euro, besteht der Anspruch auf Bestellung oder Verstärkung auch dann, wenn in einem vor dem 21. März 2016 abgeschlossenen Verbraucherdarlehensvertrag oder in einem ab dem 21. März 2016 abgeschlossenen Allgemein-Verbraucherdarlehensvertrag im Sinne von § 491 Abs. 2 BGB keine oder keine abschließenden Angaben über Sicherheiten enthalten sind.

(2) **Freigabe-Verpflichtung**

[1] **Die Sparkasse ist auf Verlangen zur Freigabe von Sicherheiten nach ihrer Wahl verpflichtet, soweit der realisierbare Wert aller Sicherheiten den Gesamtbetrag aller Forderungen der Sparkasse nicht nur vorübergehend um mehr als 10 v. H. übersteigt.** [2] **Diese Deckungsgrenze erhöht sich um den jeweils aktuellen Umsatzsteuersatz, soweit die Sparkasse im Verwertungsfall mit der Abführung der Umsatzsteuer aus Verwertungserlösen belastet ist.** [3] **Die Sparkasse wird bei der Auswahl der freizugebenden Sicherheiten auf die berechtigten Belange des Kunden Rücksicht nehmen.**

1) **Nr. 22** I entspricht (8) AGB-Banken Nr. 13 II. Nr. 22 I UAbs. 2 nF 2016 wie Nr. 13 II 5 und 6 idF 2016 (8) AGB-Banken entsprechend §§ 491 ff., 492 II nF BGB (s. dort). Nr. 22 II entspricht (8) AGB-Banken Nr. 16 II. Nr. 22 I „bekannt geworden" ist dahin zu verstehen, dass die Sparkasse den später bekannt gewordenen Umstand ohne Fahrlässigkeit nicht erkannt hat, UBH/Fuchs (8) Banken Rn. 58; BZ/Bunte AGB-Sparkassen Nr. 3 Rn. 75; zurückhaltend WLP/Pamp Rn. B 64; auch muss tatsächlich eine Änderung der Risikolage eingetreten sein (selbstverständlich, jedenfalls § 242 BGB), BZ/Bunte AGB-Sparkassen Nr. 3 Rn. 75. Dass ein Hinweis auf den Vorrang einer Individualabrede wie in (8) AGB-Banken Nr. 13 II 4 fehlt, verstößt nicht gegen das Transparenzgebot, hL. Nr. 22 II Freigabeklausel, wirksam, WLP/Pamp Rn. B 64, 80, Hinweis auf Vorrang einer Sondervereinbarung ist nicht notwendig, BZ/Bunte AGB-Sparkassen Nr. 3 Rn. 77, aA II deswegen und aus mehreren anderen Gründen bedenklich, UBH/Fuchs (8) Banken Rn. 65.

(9) AGB-Spark Nr. 25.

[VI.] Einzugspapiere

Nr. 23. Inkasso im Einzugsgeschäft

(1) Inkasso-Vereinbarung

Schecks, Wechsel, Lastschriften oder sonstige Einzugspapiere werden von der Sparkasse nur zum Einzug (Inkasso) hereingenommen, soweit nichts anderes vereinbart ist.

(2) Rückbelastung

[1] Hat die Sparkasse den Gegenwert von Einzugspapieren schon vor Eingang gutgeschrieben, so kann sie den Gegenwert bei Nichteinlösung der Papiere rückbelasten, und zwar auch nach einem zwischenzeitlichen Rechnungsabschluss. [2] Das Gleiche gilt, wenn

– ihr der Gegenwert nicht zugeht oder
– die freie Verfügung über den Gegenwert durch Gesetz oder behördliche Maßnahmen beschränkt ist oder
– die Papiere infolge unüberwindlicher Hindernisse nicht oder nicht rechtzeitig vorgelegt werden können oder
– der Einzug mit im Zeitpunkt der Hereinnahme nicht bekannten unverhältnismäßigen Schwierigkeiten verbunden ist oder
– in dem Land, in dem die Papiere einzulösen sind, ein Moratorium ergangen ist.

[3] Unter den gleichen Voraussetzungen kann die Sparkasse Einzugspapiere auch schon vor Fälligkeit zurückgeben. [4] Die Rückbelastung ist auch zulässig, wenn die Papiere nicht zurückgegeben werden können. [5] Ist dies von der Sparkasse zu vertreten, so trägt sie einen sich hieraus ergebenden Schaden des Kunden.

1   1) Nr. 23 ohne Entsprechung in (8) AGB-Banken.

Nr. 24. Vorlegungsfrist, Eilmittel

Wenn Schecks, die am Bankplatz der Sparkasse zahlbar sind, nicht spätestens am dritten Geschäftstag, Schecks auf auswärtige Bankplätze nicht spätestens am vierten Geschäftstag vor Ablauf der Vorlegungsfrist (Artikel 29 Scheckgesetz) eingereicht werden bzw. bei Übersendung nicht innerhalb dieser Fristen vor Geschäftsschluss bei der Sparkasse eingehen, so hat der Kunde auf den Ablauf der Vorlegungsfrist und die eventuelle Anwendung von Eilmitteln gesondert hinzuweisen.

1   1) Nr. 24 ohne Entsprechung in (8) AGB-Banken.

Nr. 25. Sicherungsrechte im Einzugsgeschäft

(1) Sicherungseigentum

[1] Mit der Einreichung von Schecks und Wechseln zum Einzug überträgt der Kunde der Sparkasse das Sicherungseigentum an den Papieren für den Fall, dass das Einzugspapier nicht eingelöst wird und der Sparkasse aufgrund von Vorausverfügungen des Kunden im Hinblick auf das Einzugsgeschäft Ansprüche gegen den Kunden zustehen, und zwar bis zum Ausgleich dieser Ansprüche. [2] Mit dem Erwerb des Sicherungseigentums gehen auch die zugrunde liegenden Forderungen auf die Sparkasse über.

(2) Sicherungsabtretung

V. Bankgeschäfte   **Nr. 26. AGB-Spark (9)**

Werden andere Papiere zum Einzug eingereicht (z. B. Lastschriften, kaufmännische Handelspapiere), so gehen die zugrunde liegenden Forderungen unter den Voraussetzungen des Absatzes 1 auf die Sparkasse über.

1) Nr. 25 I entspricht (8) AGB-Banken Nr. 15 I, IV. Nr. 25 II entspricht (8)   **1** AGB-Banken Nr. 15 II.

[VII.] Auflösung der Geschäftsbeziehung

Nr. 26. Kündigungsrecht

(1) Ordentliche Kündigung

¹Soweit weder eine Laufzeit noch eine abweichende Kündigungsregelung vereinbart sind, können der Kunde und bei Vorliegen eines sachgerechten Grundes auch die Sparkasse die gesamte Geschäftsbeziehung oder einzelne Geschäftszweige jederzeit ohne Einhaltung einer Kündigungsfrist kündigen ²Kündigt die Sparkasse, so wird sie den berechtigten Belangen des Kunden angemessen Rechnung tragen, insbesondere nicht zur Unzeit kündigen.

Für die Kündigung eines Zahlungsdiensterahmenvertrages (z. B. Girovertrag oder Kartenvertrag) durch die Sparkasse beträgt die Kündigungsfrist mindestens zwei Monate.

(2) Kündigung aus wichtigem Grund

¹Ungeachtet anderweitiger Vereinbarungen kann sowohl der Kunde als auch die Sparkasse die gesamte Geschäftsbeziehung oder einzelne Geschäftszweige jederzeit fristlos kündigen, wenn ein wichtiger Grund vorliegt, aufgrund dessen dem Kündigenden die Fortsetzung der Geschäftsbeziehung nicht zugemutet werden kann. ²Dabei sind die berechtigten Belange des anderen Vertragspartners zu berücksichtigen. ³Für die Sparkasse ist ein solcher Kündigungsgrund insbesondere gegeben, wenn aufgrund der nachfolgend beispielhaft aufgeführten Umstände die Einhaltung der Zahlungsverpflichtungen des Kunden oder die Durchsetzbarkeit der Ansprüche der Sparkasse – auch unter Verwertung etwaiger Sicherheiten – gefährdet wird:

a) wenn eine wesentliche Verschlechterung oder eine erhebliche Gefährdung der Vermögensverhältnisse des Kunden oder in der Werthaltigkeit der für ein Darlehen gestellten Sicherheiten eintritt, insbesondere wenn der Kunde die Zahlungen einstellt oder erklärt, sie einstellen zu wollen, oder wenn von dem Kunden angenommene Wechsel zu Protest gehen;

b) wenn der Kunde seiner Verpflichtung zur Bestellung oder zur Verstärkung von Sicherheiten (Nr. 22 Absatz 1) nach Aufforderung durch die Sparkasse nicht innerhalb angemessener Frist nachkommt;

c) wenn der Kunde unrichtige Angaben über seine Vermögensverhältnisse gemacht hat;

d) wenn gegen den Kunden eine Zwangsvollstreckung eingeleitet wird;

e) wenn sich die Vermögensverhältnisse eines Mitverpflichteten oder des persönlich haftenden Gesellschafters wesentlich verschlechtert haben oder erheblich gefährdet sind, sowie bei Tod oder Wechsel des persönlich haftenden Gesellschafters.

³Besteht der wichtige Grund in der Verletzung einer Pflicht aus dem Vertrag, ist die Kündigung erst nach erfolglosem Ablauf einer zur Abhilfe bestimmten Frist oder nach erfolgloser Abmahnung zulässig. ⁴Etwas anderes gilt nur, wenn der Kunde die Leistung ernsthaft und endgültig verweigert, er die Leistung zu einem im Vertrag bestimmten Termin oder innerhalb einer bestimmten Frist nicht bewirkt, obwohl die Sparkasse den Fortbestand ihres Leistungsinteresses vertraglich an die Rechtzeitigkeit der Leistung gebunden

(9) AGB-Spark Nr. 26. [1]

hat, oder wenn besondere Umstände vorliegen, die unter Abwägung der beiderseitigen Interessen eine sofortige Kündigung rechtfertigen.

(3) **Kündigung bei Verbraucherdarlehensverträgen**
Soweit das Bürgerliche Gesetzbuch zwingende Sonderregelungen für die Kündigung von Verbraucherdarlehensverträgen vorsieht, kann die Sparkasse nur nach Maßgabe dieser Regelungen kündigen.

(4) **Rechtsfolgen bei Kündigung**
¹Mit der Auflösung der gesamten Geschäftsbeziehung oder einzelner Geschäftszweige werden die auf den betroffenen Konten geschuldeten Beträge sofort fällig. ²Der Kunde ist außerdem verpflichtet, die Sparkasse insoweit von allen für ihn oder in seinem Auftrag übernommenen Verpflichtungen zu befreien.

³Die Sparkasse ist berechtigt, die für den Kunden oder in seinem Auftrag übernommenen Verpflichtungen zu kündigen und sonstige Verpflichtungen, insbesondere solche in fremder Währung, mit Wirkung gegen den Kunden auszugleichen sowie hereingenommene Wechsel und Schecks sofort zurückzubelasten; die wechsel- oder scheckrechtlichen Ansprüche gegen den Kunden und jeden aus dem Papier Verpflichteten auf Zahlung des vollen Betrages der Wechsel und Schecks mit Nebenforderungen verbleiben der Sparkasse jedoch bis zur Abdeckung eines etwaigen Schuldsaldos.

1 1) **Nr. 26** I nF 2016 entspricht **(8)** AGB-Banken Nr. 18 I, 19 I, II. I aF war unwirksam, nach OLG Nürnberg WM 2014, 1477 intransparent schon wegen § 5 II BaySpkO (→ **(7)** Bankgeschäfte Rn. A6, Hadding FS Hopt, 2010, 1904 f.). Nach BGH ZIP 2015, 1380 waren die salvatorische Klausel („soweit keine zwingenden Vorschriften entgegenstehen", nunmehr gestrichen) in Satz 1 und die mangelnde Klarstellung der Zulässigkeit der Kündigung nur aus einem sachgerechten Grund (nunmehr eingefügt) intransparent, I war danach gegenüber Verbrauchern unwirksam, soweit das Recht der Sparkasse zur ordentlichen Kündigung betroffen war. Nr. 26 I erlaubt ordentliche Kündigung ohne Einhaltung einer Frist und wird schon deshalb zT für unwirksam gehalten, UBH/Fuchs **(8)** Banken Rn. 72, zT aber (abgesehen von der Intransparenz) angesichts Nr. 26 I 2 und §§ 671 II, 675 I BGB für wirksam gehalten, Hadding FS Hopt, 2010, 1899 f.; WLP/Pamp Rn. B 91a. Jedoch hängt die Kündigung für die Sparkasse von einem sachlichen Grund ab, das ist wirksam, BGH NJW 2019, 2920. Beim Prämiensparvertrag (→ **(7)** Bankgeschäfte Rn. B1), Grundsatzurteil BGH 6.10.2021 WM 2021, 2234 = NJW 2022, 311) ist die Kündigung bis zum Erreichen der höchsten Prämienstufe ausgeschlossen, dann aber möglich (konkludenter befristeter Ausschluss des Kündigungsrechts nach I, geht §§ 700 I 3, 696 BGB vor, § 488 III, 489 BGB sind unanwendbar); BGH NJW 2019, 2920 Rn. 40 zust. Anm. Stöhr NJW 2019, 2902; BGH WM 2022, 761; Omlor JuS 2019, 1206; Edelmann BB 2019, 2066; Furche/Götz WM 2019, 145; zT krit Tröger/Kelm BKR 2019, 573; aA Stößer BB 2019, 1223, 1224 f. wegen unbefristeter Laufzeit. Kündigungsausschluss (Bank) bei Prämiensparvertrag über 99 Jahre, OLG Nürnberg WM 2022, 665; bei Prämienstaffel, OLG Nürnberg WM 2022, 768. Ein sachlicher Grund ist eine objektiv nachvollziehbare, nach der Sachlage angemessene Reaktion, die angesichts des veränderten Zinsumfelds berechtigt ist, BGH NJW 2019, 2920 Rn. 45 f.; Stöhr NJW 2019, 2903. Ein sachlicher Grund können auch erheblich verstärkte Sorgfaltspflichten mit erhöhten Haftungsrisiken nach GwG sein, OLG Düsseldorf ZIP 2020, 1907. Wirksame Vereinbarung einer langjährigen Laufzeit für Prämiensparvertrag mit Ausschluss des ordentlichen Kündigungsrechts der Sparkasse, OLG Dresden NJW 2020, 620. Nr. 26 I 2 ist strenger als **(8)** AGB-Banken (dort → **(8)** AGB-Banken Nr. 26 Rn. 1), dazu OLG Hamburg WM 2012, 1243: Kontoweiterführung mangels

V. Bankgeschäfte **Nr. 28. AGB-Spark (9)**

zumutbarer gleichwertiger Alternativen (Iran-Embargo), aber Unwirksamkeit von I 1 machte I 2 und 3 obsolet, BGH ZIP 2015, 1380, nunmehr wirksam. Nr. 26 II Kündigung aus wichtigem Grund, nicht abdingbar, unstreitig, OLG Dresden NJW 2020, 620 Rn. 57. Nr. 26 II 3 lit. a (fristlose Kündigung bei Zahlungseinstellung des Kunden) ist wirksam, Thole ZHR 181 (2017), 566 wegen § 490 BGB, aber unsicher wegen BGH NJW 2013, 1159, vgl. BGH NJW 2016, 1945. Nr. 26 II nF 1.4.2002 entspricht **(8)** AGB-Banken Nr. 18 II und 19 III nF 1.4.2002, aber Nr. 26 II 3 lit. c, d und e sind absoluter formuliert als **(8)** AGB-Banken Nr. 19 III und unwirksam (keine geltungserhaltende Reduktion), WLP/Pamp Rn. B 91c, aA Ellenberger/Bunte Bankrechts-HdB/Bunte/Artz § 3 Nr. 19 Rn. 83 f.; BZ/Bunte AGB-Sparkassen Nr. 3 Rn. 86a, 86b, weil Gefährdung vorausgesetzt ist (Nr. 26 II 3). Nr. 26 II 3 lit. a (wesentliche Verschlechterung der Vermögensverhältnisse) ist objektiv zu beurteilen; nicht wesentlich, wenn nur vorübergehend oder nicht akut; fortbestehende Werthaltigkeit einer Sicherheit schließt Kündigung aus, OLG Düsseldorf WM 2021, 70. Nr. 26 II UAbs. 3 nF 1.4.2002 entspricht **(8)** AGB-Banken Nr. 19 III 3 nF 1.4.2002. Zur Abmahnung nach Nr. 26 II UAbs. 3 OLG Düsseldorf WM 2021, 72. Nr. 26 III nF 2009 klarstellend. Nr. 26 IV 1 mit sofortiger Fälligkeit (anders **(8)** AGB-Banken Nr. 19 V: angemessene Frist) ist bedenklich, UBH/Fuchs **(8)** Banken Rn. 73; DKB/Casper Rn. 142; ohne Stellungnahme WLP/Pamp Rn. B 91c; BZ/Bunte AGB-Sparkassen Nr. 3 Rn. 88; zu IV 2 Staudinger/Mülbert BGB § 488 Rn. 443 ff. Zu Nr. 26 I Linnenbrink BKR 2014, 10.

Nr. 27. Weitergeltung der Allgemeinen Geschäftsbedingungen

Auch nach Auflösung der gesamten Geschäftsbeziehung oder einzelner Geschäftszweige gelten für die Abwicklung und in dem Abwicklungsverhältnis entsprechenden Umfange die Allgemeinen Geschäftsbedingungen weiter.

1) Nr. 27 ohne Entsprechung in **(8)** AGB-Banken, Fortgeltungsklausel. Dort 1 auch nicht notwendig, da die AGB bis zur Vollbeendigung der Geschäftsverbindung weiter gelten, BZ/Bunte AGB-Sparkassen Nr. 3 Rn. 89. Vorher erworbene Pfandrechte und Rechtspositionen bleiben unberührt. Nr. 27 ist wirksam, WLP/Pamp Rn. B 10.

Nr. 28. Schutz der Einlagen durch anerkanntes Einlagensicherungssystem

(1) Freiwillige Institutssicherung

¹**Die Sparkasse gehört dem institutsbezogenen Sicherungssystem der Deutschen Sparkassen-Finanzgruppe (Sicherungssystem) an.** ²**Primäre Zielsetzung des Sicherungssystems ist es, die angehörenden Institute selbst zu schützen und bei diesen drohende oder bestehende wirtschaftliche Schwierigkeiten abzuwenden.** ³**Auf diese Weise schützt die Institutssicherung auch die Einlagen der Kunden.** ⁴**Hierzu zählen im Wesentlichen Spareinlagen, Sparkassenbriefe, Termineinlagen, Sichteinlagen und Schuldverschreibungen.**

(2) Gesetzliche Einlagensicherung

¹**Das Sicherungssystem ist als Einlagensicherungssystem nach dem Einlagensicherungsgesetz (EinSiG) amtlich anerkannt.** ²**Sollte entgegen Absatz 1 ausnahmsweise die Institutssicherung nicht greifen, hat der Kunde gegen das Sicherungssystem einen Anspruch auf Erstattung seiner Einlagen im Sinne des § 2 Absätze 3 bis 5 EinSiG bis zu den Obergrenzen des § 8 EinSiG.**

Nicht entschädigungsfähig nach § 6 EinSiG sind unter anderem Einlagen, die im Zusammenhang mit Geldwäschetransaktionen entstanden sind, sowie

Inhaberschuldverschreibungen der Sparkasse und Verbindlichkeiten aus eigenen Akzepten und Solawechseln.

(3) Informationsbefugnisse
Die Sparkasse ist befugt, dem Sicherungssystem oder einem von ihm Beauftragten alle in diesem Zusammenhang erforderlichen Auskünfte zu erteilen und Unterlagen zur Verfügung zu stellen.

(4) Forderungsübergang
Soweit das Sicherungssystem oder ein von ihm Beauftragter Zahlungen an den Kunden leistet, gehen dessen Forderungen gegen die Sparkasse in entsprechender Höhe mit allen Nebenrechten Zug um Zug auf das Sicherungssystem über.

1 1) **Nr. 28** nF 2016 entspricht **(8)** AGB-Banken Nr. 20. Dazu Ellenberger/Bunte Bankrechts-HdB/Bunte/Artz § 3 Nr. 20 Rn. 29 ff.

(9a) Bedingungen für Wertpapiergeschäfte (Sparkassen)

Stand November 2018

Schrifttum
Wie vor **(8a)** AGB-WPGeschäfte.

Einleitung

1 1) → **(9)** AGB-Sparkassen Einl. Rn. 2. Die Bedingungen für Wertpapiergeschäfte (Sparkassen) **Fassung November 2018** (unberührt von der Streichfassung der AGB-Sparkassen, → **(9)** AGB-Sparkassen Einl. Rn. 1) entsprechen im Wesentlichen den **(8)** Sonderbedingungen für WPGeschäfte (Banken) Fassung Juni 2012, anders Nr. 1.4 nF 2015 Verzicht auf die Herausgabe von Vertriebsvergütungen. Nr. 1.4 Abs. 2 letzter Satz nF 2018 („Einzelheiten zu den Vertriebsvergütungen teilt die Sparkasse dem Kunden jeweils vor dem Abschluss eines Wertpapiergeschäfts mit."), da aufgrund der durch MiFID II erforderlichen ex-ante Kostenausweise der Kunde auch im beratungsfreien Geschäft – nicht nur bei Vorliegen einer Anlageberatung – ungefragt über die Einzelheiten der Vertriebsvergütung aufgeklärt wird. Die Behaltensklausel in Nr. 1.4 nF 2015 (→ HGB § 347 Rn. 20) im Anschluss an eine entsprechende, vom BGH NJW 2014, 924 für zulässig erachtete Klausel der privaten Banken (→ HGB § 384 Rn. 9). In der Praxis wird überwiegend die Fassung mit Nr. 1.4 verwendet. Zu früheren Fassungen und ihren Änderungen (2003, 2007, 2012, 2015) siehe Baumbach/Hopt/Hopt, 38. Aufl.

Text entsprechend der Fassung für die privaten Banken, oben **(8)** Bedingungen für Wertpapiergeschäfte (vom Abdruck wurde deshalb abgesehen).

(10) Bedingungen für Anderkonten und Anderdepots (AGB-Anderkonten)

Einleitung

Schrifttum

a) Kommentare und Handbücher: Außer dem allgemeinen Schrifttum (s **(7)** Bankgeschäfte Einl vor A1) Ellenberger/Bunte Bankrechts-HdB/*Hadding/Häuser* 6. Aufl 2022 §§ 21, 22 (Treuhandkonto, Anderkonto). – BuB/*Gößmann* 2/225 (LBl). – BZ/*Zahrte,* AGB-Banken, AGB-Sparkassen, Sonderbedingungen, 5. Aufl 2020, Sonderbedingungen für Anderkonten und Anderdepots von Rechtsanwälten und Gesellschaften von Rechtsanwälten (4 SB Ander RA), Sonderbedingungen für Anderkonten und Anderdepots von Notaren (4 SB Ander Notar). – *Canaris* 3. Aufl 1988, Rdn 288 ff. – *Hellner*, Geschäftsbedingungen für Anderkonten (Fassung 1962), 1963. – *Hopt/Mülbert* Vor § 607 Rn 201. – MüKoHGB/*Herresthal* 4. Aufl Bd 6, 2019, Bankvertragsrecht (A. Zahlungsverkehr) A Rn. 287 ff. (Treuhandkonto). – Ferner Komm und Hdb zum Notarrecht.

b) Sonstige Beiträge: *Coing,* Bemerkungen zum Treuhandkonto im deutschen Recht, FS Cohn 1975, 23. – *Bambring,* Kaufpreiszahlung über Notaranderkonto, DNotZ 1990, 615. – *Reichmann* WM 1991, 1493 (Rückforderung). – *Kreft* FS Merz 1992, 313 (Insolvenz). – *Lüke* ZIP 1992, 150 (Notaranderkonto). – *Hellner* FS Nielsen 1996, 29. – *Hadding* FS Schippel 1996, 163 (Postbank). – *Ganter* FS Kreft 2004, 251 (Treuhandkonto). – *K. Schmidt* FS Wiegand 2005, 933 (Treuhandkonto). – *Lange* NJW 2007, 2513. **Zur nF** 1.4.2000 *Gößmann* WM 2000, 857. Allgemein zur Kontoinhaberschaft s **(7)** Bankgeschäft A36–52.

1) Verdeckte und offene Treuhandkonten

A. Treuhand und Treuhandkonto: Ein Treuhandkonto ist ein Konto, das 1 jemand zu dem Zweck errichtet, auf diesem Konto Geldbeträge gutgeschrieben zu erhalten, die ihm als Kontoinhaber von einem Dritten anvertraut werden, BGH NJW 2018, 463. Bspe: Kautionskonto des Vermieters, WEG-Verwalterkonto, Fremdgelderkonto von Anwälten, Treuhandkonto eines Mittelverwendungskontrolleurs einer Fondsgesellschaft, BGH NJW 2018, 462; WM 2018, 24, ohne Schutzwirkung zugunsten der Anleger, BGH WM 2017, 2296, ua. Inhaber der Werte und Inhaber des Kontos ist (privat)rechtlich der Treuhänder, BGHZ 124, 300; 127, 232; BGH WM 2011, 798. Zum Treuhänder und Treugeber näher → HGB § 105 Rn. 31 ff. Das **Unmittelbarkeitsprinzip,** wonach der Treuhänder das Treugut aus dem Vermögen des Treugebers, nicht von dritter Seite erhalten muss (sonst keine Aussonderung, im Einzelnen str.), **gilt hier nicht,** BGHZ 155, 231; BGH WM 2005, 1997; 2011, 799. Ein Treuhandkonto soll aber nur vorliegen, wenn es ausschließlich für Vermögenswerte des Treugebers bestimmt ist, BGHZ 61, 78; BGH WM 2003, 1641; 2005, 1797; 2011, 800. Dass Treugüter verschiedener Treugeber zu Unrecht auf einem Treuhandkonto gehalten werden, berührt Treuhandcharakter der Kontos aber nicht, sofern das Konto als Ganzes treuhandgebunden ist, BGH NJW-RR 2003, 1375. Das **Treuhandverhältnis** kann **verdeckt,** dh der Bank als solches nicht erkennbar sein; dann bleibt das Fremdinteresse im Bankverhältnis unerheblich, BGH NJW 1987, 3250. Ein Fremdkonto liegt dann nicht vor (→ **(7)** Bankgeschäfte Rn. A41). Der Treugeber kann trotzdem Drittwiderspruchsklage erheben (§ 771 ZPO), BGH WM 1993, 1524, NJW 1996, 1543, und aussondern (§ 47 InsO), **Publizität** des Treuhandkontos wie beim Anderkonto ist dafür **nicht erforderlich,** BGH WM 2005, 1797; 2011, 800. Die Treuhand kann **offen,** dh als solche der Bank offenbart sein, BGH NJW 1985, 1955. Kontozusatz „wegen ..." ist interne Information für Kontoinhaber, nicht schon deswegen offene Treuhand, BGHZ 61, 77, ebenso Zusatz „Mietkonto", BGH WM 1990, 1955. Aufrechnung der Bank mit Ansprüchen gegen den Treuhänder ist beim offenen Treuhandkonto ausgeschlossen, BGHZ 61, 77; BGH NJW 1987, 3250. Für Treuhandverhältnisse typisch sind wirtschaftliches Eigentum des Treugebers am Treuhandvermögen, Kündigungsrecht des Treuhänders aus wichtigem Grund (§ 671 III BGB), Möglichkeit des Vermögensrückfalls bei Insolvenz des Treugebers (§§ 115, 80 InsO, § 667 BGB), BGHZ 157, 182. Das gilt aber nur solange, als das Treugut noch beim Treuhänder vorhanden ist, BGH NJW 1959, 1125, Holzer ZIP 2009, 2328. Der Treuhänder kann wirksam verfügen (§ 137 BGB), auch unter Vereitelung der Rechte des Treugebers, BGH WM 2011, 800. Mit Abbuchung auf eigenes Geschäftskonto des Treuhänders soll Treugutcharakter verschwinden, OLG Frankfurt a. M. ZIP 2010, 440, str., aber § 392 II analog, str. (→ § 392 Rn. 7). Keine Aussonderung von Guthaben auf Konten, die auch für eigene Zwecke des Treuhänders genutzt werden (schädliche Vermischung), BGHZ 191, 105; BGH ZIP 2003, 1404; WM 2011, 799; OLG Frankfurt a. M. ZIP 2012, 1922. Keine Treuhand soll vorliegen, wenn das Geld nicht verwaltet, sondern sofort weitergeleitet werden soll, anders bei zusätzlicher vertraglicher Verpflichtung, BGH WM 2007, 135. Aufrechnungsverbot kraft Treuhandverhältnis, BGHZ 189, 54; BGH NJW 2012, 3300. Fremdnütziger Verwaltungstreuhandvertrag erlischt bei Insolvenz des Treugebers, Treuhänder ist nun der Insolvenzverwalter, anders bei eigennütziger Sicherungstreuhand, BGH WM 2015, 2273 Rn. 41. Bei doppel- oder mehrseitiger Treuhandvereinbarung fortdauernde Wirksamkeit, wenn dies zur Wahrung der Rechte des Drittbegünstigten erforderlich ist, BGH WM 2015, 2273. Bei Zahlung auf Vollrechtsstreuhandkonto Bereicherungsanspruch gegen den vorläufigen Insolvenzverwalter, nicht den Schuldner, BGH WM 2015, 1053. Aufklärung bei Treuhandkonto (→ § 347 Rn. 25), OLG Karlsruhe WM 2013, 643. Das Treuhandkonto ist **nicht mit Bank als Treuhänder zu verwechseln** (Treuhandauftrag), BGH WM 1987, 883; Treuhandverhältnis ohne Treuhandkonto, BGH WM 2018, 1508 (IATA-Vertriebsagent). RsprÜbersicht zur Bank als Treuhänder von Heymann NJW 1990, 1141. Lit.: Kreft FS Merz, 1992, 313 (Insolvenz); Jungclaus/Keller ZIP 2011, 942 (Bereicherungsfragen).

2   **B. Formen offener Treuhandkonten: a) Sonderkonten der gesetzlichen Treuhänder,** zB Testamentsvollstrecker, Insolvenz-, Nachlass-, Zwangsverwalter; der Insolvenzverwalter führt das Konto auf seinen Namen mit Bezeichnung Sonderkonto für bestimmte Insolvenzmasse (→ Rn. 6), BGH WM 1995, 353.

3   **b)** Die vertraglich als solche begründeten **gewöhnlichen Treuhandkonten,** bezeichnet zB als „Treuhand" – oder „Sonder-Konto B" (Treugeber) des A (Treuhänder-Kontoinhaber). Zur Auslegung bei unklarer Bezeichnung und/oder Vereinbarung, BGHZ 11, 41; 21, 151; 61, 77. Zum konkludenten Abschluss eines Treuhandvertrags dabei, BGH NJW 2006, 3777. Ein Eigenkonto kann ohne Änderung der Bezeichnung durch Vereinbarung zwischen Inhaber und Bank Fremdkonto werden, BGH BB 1963, 574.

4   **c) Anderkonten,** → Rn. 5–7. Lit.: zum Treuhandkonto – Hopt/Mülbert Rn. 186.

2) Anderkonten

5   **A. Neufassung der Anderkontenbedingungen:** Diese wurden erstmals 1931 eingeführt, näher BGHZ 165, 237. Die Fassung von 1962 wurde einheitlich festgestellt durch alle Gruppen der Kreditinstitute, eine geänderte Fassung datiert von 1978, jetzt **Neufassung** vom Bundesverband deutscher Banken eV **2013,** Stand März 2013, die AGB-Anderkonten von Rechtsanwälten und Wirtschaftsprüfern mit kleinen Änderungen Stand September 2011. Die nF berücksichtigt die neuen gesellschaftsrechtlichen Formen bei Zusammenschlüssen von Rechts- und Patentanwälten (außer GbR auch PartG, AnwaltsGmbH; zulässig auch AnwaltsAG, BayObLG NJW 2000, 1647) und die sehr verbreiteten Sammelander-

konten (außer bei Notaren, Verbot § 54b II 3 BeurkG). Außerdem werden in Nr. 1 I 2 außer für Notare das für das Anderkonto typische Treuhandverhältnis deutlicher angesprochen, den besonderen Anforderungen an das Notaranderkonto (§§ 54a ff. BeurkG) entsprochen, auf Forderung der BaFin die Wiederverwendung von Anderkonten für andere Mandanten transparent gemacht (Nr. 2 I 2) und die Rechtsnachfolge klarer gefasst (Nr. 13 bzw. 12). Lit.: Hopt/Mülbert Rn. 201; Gößmann WM 2000, 857.

B. Anderkonten: Anderkonten sind **offene Vollrechtstreuhandkonten** 6 (BGHZ 11, 43; 164, 282; BGH WM 1971, 221; 1995, 353; 2009, 562; 2011, 1179; 2019, 629 Rn. 29; OLG Köln ZIP 1984, 475. Sie sind **beschränkt auf Angehörige gewisser Berufe**, denen besonders oft fremde Vermögenswerte von ihren Mandanten zu vollem Recht anvertraut werden und die ein eigenes Standesrecht haben: **Rechtsanwälte, Notare** (der Anwalts-Notar kann wählen, s. unter Nr. 3; für Verwahrung durch Notare s. §§ 54a ff. BeurkG, Notaranderkonto s. § 54b I 1 BeurkG), **„Treuhänder"**, dh Wirtschaftsprüfer, vereidigte Buchprüfer, Steuerberater, Steuerbevollmächtigte, Wirtschaftsprüfungs-, Buchprüfungs-, Steuerberatungsgesellschaften (Aufzählung in Nr. I 1 der einschlägigen Bedingungen ohne Bezeichnung „Treuhänder") und **Patentanwälte.** Insolvenzverwalter gehört nicht dazu, BGH WM 1988, 1222; 2009, 562 (→ Rn. 2). Die Einrichtung eines Anderkontos für Angehörige anderer Berufsgruppen ist aber möglich und rechtlich wirksam, zB für Obmann von Schiedsgerichten. Sie ist aber, auch bei Bezeichnung als Anderkonto, iZw nicht gewollt (konkludente Individualabrede iSv **(5)** § 305b BGB), BGH WM 1988, 1222. Zahlung auf RAAnderkonto ist Zahlung an die Ges., wenn das Konto ausschließlich im Interesse der Ges. geführt und über das Konto ihr Zahlungsverkehr abgewickelt wird, OLG Düsseldorf GmbHR 1998, 1227 (eigenkapitalersetzende Darlehen). Notaranderkonto (§ 58 BeurkG), Verwahrungsanweisung, keine notarielles Sammelanderkonto, BGH WM 2017, 1706, ebenso für Rechtsanwalt als Betreuer, BGH WM 2018, 2320, OLG Bremen WM 2022, 116. Weisungen bei Notaranderkonto, Drittschadensliquidation, KG WM 2016, 919. Anderkonto des Insolvenzverwalters, BGH WM 2007, 2299, Paulus WM 2008, 473, kein RA-Anderkonto als Insolvenzkonto, nur Masse selbst, BGH WM 2019, 629 mAnm Heerma/Rinck ZIP 2019, 2000, zum Insolvenz-Sonderkonto Saager/d'Avoine/Berg ZIP 2019, 2041, d'Avoine/Büchel ZIP 2020, 1280; Wischemeyer/Dimassi ZIP 2020, 1210, Anderkonto für nicht zur Masse gehörende Verkaufserlöse bleibt zulässig, vgl. Sachverhalt BGH ZIP 2019, 472. Zweckwidrige Verwendung von Mandantengeldern auf Anderkonto (Untreue, § 266 StGB, Vermögensnachteil), BGH NJW 2020, 1689. Lit.: König, 1988 (Darlehensvalutierung); Lüke ZIP 1992, 150; Schulte-Kaubrügger ZIP 2011, 1400 (Insolvenzverwalter); Undritz ZIP 2012, 1153 (doppelnützige Treuhand).

C. Vier besondere Fassungen des AGB: Die **„Bedingungen für Ander-** 7 **konten und Anderdepots"** sind Sonderbedingungen, die neben den AGB-Banken für die besondere Geschäftsbeziehung gelten (→ **(8)** AGB-Banken Nr. 1 Rn. 6). Zugrunde gelegt werden im Folgenden die **Versionen der Banken** (Banken-Verlag), die **Versionen der Sparkassen** (Bedingungen für Anderkonten und Anderdepots Rechtsanwälte, Fassung September 2018, und Bedingung für Anderkonten und Anderdepots Notare, Fassung September 2018, Sparkassen-Verlag) weichen in kleinen Details ab. Eine Abstimmung, die schon aus kartellrechtlichen Gründen problematisch ist, wurde bisher nicht erreicht (Stand Mai 2018). Die Bedingungen gelten für die in → Rn. 6 genannten vier Berufsgruppen in **vier besonderen Fassungen,** die sich für Rechtsanwälte, Patentanwälte sowie für Wirtschaftsprüfer und Steuerberater weitestgehend gleichen, während die Notaranderkonten-Bedingungen wegen der besonderen Stellung des Notars (Ausübung eines öffentlichen Amtes als Beliehener, Aufsicht der Berufskammer)

(10) AGB-Anderk Einl 8

graduell unterschiedlich sind. Die Bedingungen sind für alle vier Berufsgruppen einheitlich aufgebaut: Begriffsbestimmungen (Nr. 1 mit Sammelanderkonto Nr. 1 II außer für Notare und für Wirtschaftsprüfer und Steuerberater), Kontoeröffnung (Nr. 2, 3, nur Nr. 2 für Wirtschaftsprüfer und Steuerberater), Kontoführung (Nr. 4–12, Nr. 3–10 für Wirtschaftsprüfer und Steuerberater, Nr. 4–10 für Notare) und Rechtsnachfolge (Nr. 13 bzw. 11 für Notare und für Wirtschaftsprüfer und Steuerberater), besonders für Notare Verfügungsbefugnis und Rechtsnachfolge (Nr. 11) und Einzelverwahrung von fremden Wertpapieren und Kostbarkeiten (Nr. 12). Die gemeinsamen Grundsätze sind: (1) Alleinige Berechtigung und Verpflichtung des Inhabers, (2) Unangreifbarkeit für Gläubiger der Begünstigten, (3) Trennung vom Eigenvermögen des Inhabers und Abwehr von Inhaber-Gläubigern, auch der Bank selbst.

8 **D. Rechtsfragen bei AGB-Anderkonten:** Die AGB-Anderkonten gelten wie alle **AGB** nur Kraft vertraglicher Vereinbarung, diese kann aber konkludent erfolgen. Eine „analoge" Anwendung der AGB-Anderkonten auf sonstige Treuhandkonten ist nicht möglich, aA OLG Hamburg WM 1970, 1308 (zu Nr. 8 aF), wohl aber Heranziehung im Rahmen von § 157 BGB, Canaris Rn. 292. Kontoformen bei Anderkonten, debitorisches Anderkonto (→ Nr. 1 Rn. 1). Gläubiger des Treugebers können in das Guthaben auf dem Anderkonto nicht vollstrecken, da Inhaber der Treuhänder ist (Erinnerung, § 766 ZPO), sondern nur den Anspruch des Treugebers gegen den Treuhänder auf Rückübertragung der Forderung pfänden, BGHZ 11, 37; BGH NJW 1959, 1225. **Widerspruchsrecht des Treugebers (§ 771 ZPO)** gegen die (trotz Unabtretbarkeit und Unverpfändbarkeit, s. Nr. 10, nach § 851 II ZPO zulässige, s. Nr. 11) Vollstreckung durch Gläubiger des Treuhänders bei „echtem Anderkonto", auch ad hoc gebildetem Sonderkonto, nicht RA-Privatkonto, BGH DB 1971, 1157, WM 1996, 662; KG WM 2013, 1407; auch bei Treuhand für mehr als einen Treugeber, aber nicht weitergehend immer noch dann, wenn sich Treugut und Eigengut noch klar trennen lassen, BGH WM 2003, 1641; aA Canaris Rn. 280, erst recht nicht bei Nutzung zugleich als Eigenkonto, BGH WM 2003, 1641, auch → **(13)** DepotG § 2 Rn. 1. **Bei Insolvenz des Treuhänders Aussonderung** des Guthabens auf dem Anderkonto durch den Treugeber (§ 47 InsO), BGH WM 2011, 798; 2012, 1497, der Treuhandvertrag erlischt (§§ 116 S. 1, 115 I InsO), die Anderkontoforderung ist dem Treugeber zurückzuübertragen (nicht automatisch). Mehrseitige Treuhand beim Anderkonto (§ 328 BGB), BGHZ 109, 52; Abrede zwischen Börsentermingeschäftsvermittler und Anwalt, über dessen Treuhandkonto die Einzahlungen zur Sicherheit der Anleger weiterzuleiten sind, schützt auch diese (§ 328 BGB), BGH WM 2004, 1287. Einzahlungen auf das Anderkonto des Insolvenzverwalters fallen weder in das Schuldnervermögen noch in die Masse, BGH WM 2009, 562. **Bei Insolvenz des Treugebers** erlischt der Treuhandvertrag, der Verwalter kann das Treugut nicht aussondern, aber als wirtschaftlichen Bestandteil der Insolvenzmasse an sich ziehen, BGH WM 2012, 1497. Der Notar hat anvertraute Gelder unverzüglich einem Notaranderkonto zuzuführen (§ 54b BeurkG). Zum Notaranderkonto ohne Einlagensicherung BGHZ 165, 232. Vorläufig amtsenthobener Notar, BGHZ 164, 275; Auszahlung trotz Veruntreuung, BGH WM 2017, 613. **„Empfangen"** durch Darlehensnehmer bei Auszahlung an Dritte → **(7)** Bankgeschäfte Rn. G3. Dem Notar auf Notar-Anderkonten überwiesenen (oder ihm bar übergebene) Gelder bleiben zwar für ihn „fremde" Gelder (Treuhanderwerb), aber auch dabei geht das Eigentum auf den Erwerber über (Summenverwahrung, vgl. § 700 BGB), BGHZ 76, 13; fehlerhafte Abwicklung, BGH WM 1990, 483. Die vereinbarte **„Hinterlegung"** beim Notar (Überweisung auf Notar-Anderkonto) ist keine Hinterlegung iSv §§ 372, 378 BGB und idR noch nicht Erfüllung nach §§ 362 II, 185 BGB, BGHZ 87, 160; ebenso bei Auszahlung durch den Darlehensgeber des

V. Bankgeschäfte 1, 2   **1. AGB-Anderk (10a)**

Käufers unmittelbar an den Verkäufer, der darüber aber noch nicht verfügen darf, BGHZ 145, 44. Keine einseitige Änderung der Verwahrungsanweisung mehr, wenn bei mehrseitigem Treuhandverhältnis der Kaufpreis auf Notaranderkonto hinterlegt ist, BGH NJW 2002, 1326. Bei vereinbarter Kaufpreisabwicklung über Notaranderkonto hat der Verkäufer mit Geldeingang gegen den Notar einen öffentlichrechtlichen Auszahlungsanspruch, der aber nur zusammen mit der Kaufpreisforderung abtretbar ist (entspr. § 401 I BGB), BGHZ 138, 179.

a) Bedingungen für Anderkonten und Anderdepots von Rechtsanwälten und Gesellschaften von Rechtsanwälten

Fassung März 2013

Begriffsbestimmungen

1. (1) ¹**Für Rechtsanwälte oder Gesellschaften von Rechtsanwälten**[1] **(im Weiteren: „Kontoinhaber") werden Anderkonten und Anderdepots (beide im Folgenden „Anderkonten" genannt) eingerichtet.** ²**Diese dienen der Verwahrung von Vermögenswerten eines Mandanten, die dem Kontoinhaber anvertraut wurden.** ³**Der Bank gegenüber ist nur der Kontoinhaber berechtigt und verpflichtet.**

(2) **Ein Sammelanderkonto dient der Verwahrung von Vermögenswerten verschiedener Mandanten.**

1) Anderkonten werden nach diesen Bedingungen **Nr. 1 I** nur für die dort 1 genannten Berufsgruppen eingerichtet (aber → Einl. vor Nr. 1 Rn. 6). Sie dienen der Verwahrung von Vermögenswerten eines Mandanten, die dem Kontoinhaber anvertraut sind **(I 2)**. Der Anwalt muss nämlich fremde Gelder unverzüglich an den Empfangsberechtigten weiterleiten oder auf ein Anderkonto einzahlen (§ 43 V 2 BRAO). AGB-Anderkonten sind in verschiedenen **Kontoformen** möglich, häufig als Kontokorrentkonto (§ 355 HGB), auch als Depot, Festgeldkonto; wenn nicht dem Zahlungsverkehr dienend, auch als Sparkonto, BZ/Zahrte SB Anderkonten RA Nr. 4 Rn. 13, str. Ein als Girokonto geführtes Anderkonto kann **debitorisch** werden, etwa bei Überziehung, OLG Düsseldorf WM 1989, 211; aA OLG München WM 1973, 439. Das sollte aber vermieden werden (→ Nr. 13 Rn. 1). Der Bank gegenüber ist nur der Kontoinhaber berechtigt und verpflichtet **(I 3)**. Anderkonten sind nach Nr. I als **Vollrechtstreuhand** (nicht wie Treuhandkonten idR sonst als Ermächtigungstreuhand) ausgestaltet, Kontoinhaber ist also allein der Rechtsanwalt, vgl. BGHZ 11, 43; KG WM 1964, 1039; er haftet bei einem Debet, zB Sollzinsen (debitorisches Anderkonto). Zu Anderkonten für ausländische Kontoinhaber Hellner FS Nielsen, 1996, 46.

Sammelanderkonten dienen der Verwahrung von Vermögenswerten ver- 2 schiedener Mandanten **(I 2)**. Bei Anderkonten von Rechtsanwälten, Steuerberatern und Patentanwälten sind sie üblich und zulässig, verboten dagegen bei Anderkonten von Notaren (§ 54b II 3 BeurkG) und Wirtschaftsprüfern (Berufssatzung), dort zulässig aber Anderkonto mit Stammnummern und Unterkontonummern, Gößmann WM 2000, 861; BZ/Zahrte SB Anderkonten RA Nr. 4 Rn. 16. Aber strengere Aufsichtspraxis der BaFin wegen Geldwäsche, Krais NJW 2022, 3. Anderkonten sind typische Durchlaufkonten. Eingehende Gelder wer-

---

[1] Gesellschaften von Rechtsanwälten sind Zusammenschlüsse von Rechtsanwälten in der Rechtsform der Gesellschaft bürgerlichen Rechts, der Partnerschaftsgesellschaft und der Rechtsanwalts-GmbH.

(10a) AGB-Anderk 4.

den idR unverzüglich an die Mandanten weitergeleitet bzw. auf spezielle Anderkonten für die einzelnen Treugeber/Mandanten umgebucht oder, falls die Gelder für die Anwälte selbst bestimmt sind, auf ihr Eigenkonto übertragen. Der Kontoinhaber hat dafür Sorge zu tragen, dass die Mandantengelder nur kurzfristig auf dem Sammelkonto verbleiben (Nr. 5). Die Bank muss das Sammelanderkonto als solches kenntlich machen (Nr. 2 II 1).

Kontoeröffnung

2. (1) Auf Verlangen der Bank ist der Kontoinhaber verpflichtet, der Bank die von ihm zu erhebenden, nach § 4 Abs. 5 GwG[1] zur Feststellung der Identität des wirtschaftlich Berechtigten erforderlichen Angaben mitzuteilen.

(2) **Beantragt der Kontoinhaber die Eröffnung eines Sammelanderkontos, so ist dieses als „Sammelanderkonto" kenntlich zu machen**[2].

(3) **Auf Wunsch des Kontoinhabers kann die Bank weitere Anderkonten auch ohne schriftlichen Kontoeröffnungsantrag einrichten.**

1   1) Der Kontoinhaber muss nach **Nr. 2** bei jeder **Kontoeröffnung** den wirtschaftlich Berechtigten (Treugeber) mit Namen und Anschrift benennen (I 1), bei Wiederverwendung des Anderkontos durch den Kontoinhaber für einen anderen Treugeber als nach I 1 erneute schriftliche Mitteilung (I 2), Grund: Geldwäsche (§ 8 I 1 GwG). I gilt nicht für Sammelanderkonten (→ Nr. 1 Rn. 2), da bei Kontoeröffnung die künftigen Treugeber noch nicht feststehen, aber Mitteilungspflicht des Kontoinhabers auf Verlangen der Bank (II 2). Sammelanderkonten müssen aber als solche kenntlich gemacht werden (II 1). Die Bank vermerkt die Angaben nach I 1 und II 1 im Konto-Dokumentationsbogen. Schriftlicher Kontoeröffnungsantrag ist nur für das erste Anderkonto nötig, für weitere (Unter-)Anderkonten desselben Kontoinhabers genügt mündliche bzw. telefonische Weisung (III). Anderkonten und GwG Hellner FS Nielsen, 1996, 38.

3. Ist der Rechtsanwalt auch Notar (Anwaltsnotar, Notaranwalt) oder Patentanwalt, so führt die Bank seine Anderkonten als Rechtsanwalts-Anderkonten, sofern er nicht beantragt hat, ein Anderkonto als Notar- oder als Patentanwalts-Anderkonto zu führen.

1   1) Die Bank führt das Anderkonto für den Rechtsanwalt iZw als Rechtsanwalts-Anderkonto **(Nr. 3)**. **Doppelberufler** können aber auch Notar- oder Patentanwalts-Anderkonto wählen. Der Anwaltsnotar bzw. Notaranwalt muss klarstellen, welche Art Anderkonto er eröffnen will. Das betrifft nur die Anderkontoeröffnung. Ob der Doppelberufler in seiner Beziehung zum Kunden als Anwalt oder als Notar tätig wird, ist eine andere, die Bank nicht unmittelbar berührende Frage, iZw als Rechtsanwalt, ausnahmsweise zwingend als Notar (§ 24 II BNotO), BZ/Zahrte SB Anderkonten RA Nr. 4 Rn. 20 f. Auch spätere Umwandlung ist möglich (Nr. 6 S. 2).

Kontoführung

4. [1]**Der Kontoinhaber darf Werte, die seinen eigenen Zwecken dienen, nicht einem Anderkonto zuführen oder auf einem Anderkonto belassen.** [2]**Diese Werte sind auf ein Eigenkonto zu übertragen.**

---

[1] Geldwäschegesetz.
[2] Im Konto-Dokumentationsbogen ist dies zu vermerken.

V. Bankgeschäfte   1 8. AGB-Anderk (10a)

1) Nr. 4–11 regeln die Kontoführung. Grundregel ist die getrennte Kontoführung von Eigen- und Fremdgeldern (Nr. 4). Der Rechtsanwalt darf Eigengelder weder einem Anderkonto zuführen noch es auf diesem belassen (Nr. 4 S. 1), sondern muss sie auf ein Eigenkonto (→ **(7)** Bankgeschäfte Rn. A37) übertragen (Nr. 4 S. 2).

5. Der Kontoinhaber sorgt dafür, dass auf einem Sammelanderkonto in der Regel Werte über 15 000 Euro für einen einzelnen Mandanten nicht länger als einen Monat verbleiben.

1) Sammelanderkonten sind **Durchlaufkonten** (→ Nr. 2 Rn. 2), Mandantenwerte sind kurzfristig (in **Nr. 5** näher definiert) auf eigene Anderkonten zu übertragen. Verstoß kann die Bank zur außerordentlichen Kündigung berechtigen, Gößmann WM 2000, 861; BZ/Zahrte SB Anderkonten RA Nr. 4 Rn. 24.

6. ¹**Die Eigenschaft eines Kontos als Anderkonto kann nicht aufgehoben werden.** ²**Ist der Rechtsanwalt auch Notar (Anwaltsnotar, Notaranwalt) oder Patentanwalt, so kann er bestimmen, daß ein Anderkonto in Zukunft als Notar- oder als Patentanwalts-Anderkonto zu führen ist.**

1) Die Eigenschaft eines Kontos als Anderkonto kann nicht aufgehoben werden (**Nr. 6** S. 1), aber es kann bei Doppelberuflern in ein anderes Anderkonto seiner Wahl umgewandelt werden (Nr. 6 S. 2, vgl. Nr. 3). Nr. 6 schließt Sicherung der Bank nach **(8)** AGB-Banken Nr. 14 nicht aus, OLG Düsseldorf MDR 1966, 761.

7. Eine Kontovollmacht darf der Kontoinhaber nur einem Rechtsanwalt, Notar, Notarassessor, Patentanwalt, Wirtschaftsprüfer, vereidigtem Buchprüfer, Steuerberater oder Steuerbevollmächtigtem erteilen.

1) Nach **Nr. 7** ist Kontovollmacht nur an einen der genannten Berufsträger zulässig. Nr. 7 ist abschließend, also zB keine Vollmacht an Bürovorsteher, BZ/Zahrte SB Anderkonten RA Nr. 4 Rn. 27. Für die Kontovollmacht gelten die allgemeinen Grundsätze.

8. ¹**Die Bank nimmt unbeschadet der Regelung in Nr. 2 Abs. 1 keine Kenntnis vom Rechtsverhältnis zwischen Kontoinhaber und seinem Mandanten.** ²**Rechte des Mandanten auf Leistung aus einem Anderkonto oder auf Auskunft über ein Anderkonto bestehen der Bank gegenüber nicht; die Bank ist demgemäß nicht berechtigt, dem Mandanten Verfügungen über ein Anderkonto zu gestatten oder Auskunft über das Anderkonto zu erteilen, selbst wenn nachgewiesen wird, dass das Konto im Interesse des Mandanten errichtet worden ist.**

1) **Nr. 8** trägt dem Charakter des Anderkontos als offenem Vollrechtstreuhandkonto Rechnung (→ Einl. vor Nr. 1 Rn. 6). Das Treuhandverhältnis zwischen dem Rechtsanwalt und dem Treugeber/Mandanten geht sie nichts an. Die Bank nimmt demnach keine Kenntnis von dem Rechtsverhältnis zwischen Kontoinhaber und seinem Mandanten (Satz 1). Rechte des Mandanten bezüglich des Anderkontos gegenüber der Bank bestehen nicht und diese gestattet dem Mandanten keine Verfügungen über das Anderkonto und gibt auch keine Auskunft

Hopt   2653

darüber (Satz 2). Nr. 8 schließt Sicherung der Bank durch Pfandrecht nach **(8) AGB-Banken** Nr. 14 nicht aus, OLG Düsseldorf MDR 1966, 671.

9. Die Bank prüft die Rechtmäßigkeit der Verfügungen des Kontoinhabers in seinem Verhältnis zu Dritten nicht, auch wenn es sich um Überweisungen von einem Anderkonto auf ein Eigenkonto handelt.

1) **Nr. 9,** wonach die Bank Verfügungen des Kontoinhabers nicht auf ihre Rechtmäßigkeit in seinem Verhältnis zu Dritten prüft, auch bei Überweisungen vom Anderkonto auf Eigenkonto, hat nur klarstellende Bedeutung (Folge der Vollrechtstreuhand). Die Konsequenz, dass die Bank dann für den einem Dritten aus einer unrechtmäßigen Verfügung des Kontoinhabers entstehenden Schaden nicht haftet, ist anders als nach Nr. 7 S. 2 aF nicht mehr ausdrücklich niedergelegt, aber ergibt sich auch so; beides ist wirksam unter **(5)** §§ 305 ff. BGB. Schadensersatzansprüche des Treugebers gegen die Bank aus **§§ 823 ff., 826 BGB** werden durch Nr. 9 ebenso wie durch Nr. 7 S. 2 aF (Vertrag Bank – Kunde) nicht berührt, so wenn die Bank sehenden Auges Missbräuche des Treuhänders zulässt (zur Haftung der Bank bei Missbrauch der Vertretungsmacht → **(7)** Bankgeschäfte Rn. A22). Solche Missbräuche können in Barabhebungen von dem Anderkonto, in Überweisungen auf ein Eigen- oder Fremdkonto und in Missachtung von Verfügungsbeschränkungen bestehen, näher BuB/Gößmann Rn. 2/305 ff. Abreden zwischen Treuhänder und Bank im Zusammenhang mit der Anderkontoeröffnung können (aber nicht ohne Weiteres) Drittschutzwirkung zugunsten des Treugebers bzw. Destinatärs haben, zB Rechtsanwaltstreuhandkonto zur Sicherung von Anlegergeldern, BGH WM 2004, 1287; OLG Düsseldorf WM 1986, 637; Canaris Rn. 294; aA LG Berlin WM 1988, 1309; BankrechtsHdb/Hadding/Häuser, 5. Aufl. 2017, § 38 Rn. 6. Die Bank haftet, wenn sie wissentlich zulässt, dass der Nachlasspfleger Nachlasswerte auf sein Anderkonto überträgt und von diesem die Erben schädigende Verfügungen vornimmt, notwendig wäre Sperrvermerk, LG Kempten WM 1991, 69. Die Bank kann sich wie bei jeder Art von Treuhandkonto entgegen Nr. 9 dem Treugeber oder sonst interessierten Dritten zur Überwachung der Verfügungen des Treuhänder-Kontoinhabers verpflichten und ist dann bei Verletzung dieser Pflicht für Schaden durch unrechtmäßige Verfügung nach § 280 I BGB haftbar, BGH BB 1967, 1453. Ebenso wie Nr. 9 kann ein nicht den AGB-Anderkonten unterstelltes „gewöhnliches" Treuhandkonto (Einl. vor Nr. 1) zu beurteilen sein, BGH JZ 1954, 438.

10. Ansprüche gegen die Bank aus Anderkonten sind nicht abtretbar und nicht verpfändbar.

1) **Vertragliches Abtretungsverbot** nach **Nr. 10** (§ 399 Alt. 2 BGB), aber seit 2021 → § 308 Nr. 9 BGB, Kalisz WM 2022, 65. Für Verpfändungen (nicht abtretbarer Forderungen) folgt das bereits aus § 1274 II BGB. § 354a HGB ist nicht einschlägig (kein beiderseitiges HdlGeschäft, da Freiberufler, → HGB § 1 Rn. 19). Abtretung auch nicht an den Treugeber selbst, BZ/Zahrte SB Anderkonten RA Nr. 4 Rn. 37; vgl. BGH WM 1990, 940. Auch gewillkürte Prozessstandschaft ist grundsätzlich ausgeschlossen, anders ausnahmsweise, wenn nur noch endgültig abzuwickeln ist, zB Auskehrung des Treuguts (Erlös) an den Insolvenzverwalter nach Erlöschen des Treuhandvertrags, OLG Köln WM 1987, 1279. Wegen § 851 II ZPO bleibt aber Pfändung möglich (→ Nr. 11 Rn. 1).

11. Im Falle der Pfändung wird die Bank den pfändenden Gläubiger im Rahmen der Drittschuldnererklärung auf die Eigenschaft als Anderkonto hinweisen.

1) Eine **Pfändung** in das Vermögen des Kontoinhabers, also des Treuhänders, ist nach **Nr. 11** wegen § 850 II ZPO (auch → § 10 Rn. 1) möglich, aber der Treugeber kann nach § 771 ZPO widersprechen (→ Einl. vor Nr. 1 Rn. 8). Um ihm dieses zu ermöglichen, verpflichtet Nr. 11 die Bank, bei Pfändung (Forderungspfändung, § 829 ZPO) den pfändenden Gläubiger im Rahmen der Drittschuldnererklärung (§ 840 ZPO) auf die Eigenschaft des Kontos als Anderkonto hinzuweisen. Das liegt im Interesse aller Beteiligten, KG WM 2013, 1407, denn der Treugeber kann der Pfändung widersprechen (§ 771 ZPO, → Einl. vor Nr. 1 Rn. 8). Die Pfändung durch Gläubiger des Treugebers und zur Insolvenz des Treuhänders → Einl. vor Nr. 1 Rn. 8.

12. Die Bank wird bei einem Anderkonto weder das Recht der Aufrechnung noch ein Pfand- oder Zurückbehaltungsrecht geltend machen, es sei denn wegen Forderungen, die in Bezug auf das Anderkonto selbst entstanden sind.

1) **Nr. 12** enthält eine **Privilegierung** des Anderkontos dahingehend, dass die Bank auf die **Aufrechnung** (§§ 387 ff. BGB) verzichtet und **Pfand- und Zurückbehaltungsrechte** nicht geltend zu machen verspricht, außer wegen Forderungen (auch Nebenforderungen wie Zinsen, Provisionen, Auslagen ua) bezüglich des Anderkontos selbst. Das entspricht der Rechtslage allgemeiner bei offenen Treuhandkonten (→ **(8)** AGB-Banken Nr. 14 Rn. 10).

Rechtsnachfolge

13. (1) **Ist der Rechtsanwalt alleiniger Kontoinhaber, so ist im Falle seines Todes der vom Rechtsanwalt oder von der zuständigen Rechtsanwaltskammer bestimmte Vertreter verfügungsberechtigt, bis die zuständige Rechtsanwaltskammer einen Abwickler bestellt.**

(2) **Ist der Rechtsanwalt alleiniger Kontoinhaber und erlischt die Zulassung des Kontoinhabers zur Rechtsanwaltschaft oder wird gegen ihn ein Berufs- oder Vertretungsverbot verhängt, ist der von der zuständigen Rechtsanwaltskammer bestellte Vertreter oder Abwickler verfügungsberechtigt.**

1) **Nr. 13** regelt die **Rechtsnachfolge** bei Tod des Rechtsanwalts **(I)** und **Verlust der Zulassung (II)**. Die Forderungen aus dem Anderkonto gehen also nicht auf seine Erben über. Der in I und II bezeichnete neue Rechtsinhaber erwirbt im Wege des Vertrags zugunsten Dritter (§§ 328 I, 331 I BGB, so noch ausdrücklich Nr. 13 I aF), BZ/Zahrte SB Anderkonten RA Nr. 4 Rn. 43, aA nur angesichts der Änderung nach Standesrecht, Ellenberger/Bunte Bankrechts-HdB/Hadding/Häuser, § 22 Rn. 11. Bei ausnahmsweise debitorischem Anderkonto (→ Nr. 1 Rn. 1) haftet der Rechtsnachfolger nicht für das Debet, dieses ist vielmehr aus den Eingängen auszugleichen, BZ/Zahrte SB Anderkonten RA Nr. 4 Rn. 44. Die Bank muss die Legitimation des neuen Kontoinhabers nach allgemeinen Grundsätzen prüfen.

b) Bedingungen für Anderkonten und Anderdepots von Notaren

Fassung März 2013

Begriffsbestimmungen

1. [1] Für Notare werden Anderkonten und Anderdepots (beide im Folgenden „Anderkonten" genannt) als Sonderkonten für fremde Gelder und Wertpapiere, die ihnen als Notare anvertraut wurden, eingerichtet. [2] Der Bank gegenüber ist nur der Notar berechtigt und verpflichtet.

Kontoeröffnung

2. [1] Auf Verlangen der Bank ist der Notar verpflichtet, der Bank die von ihm zu erhebenden, nach § 4 Abs. 5 GwG[1] zur Feststellung der Identität des wirtschaftlich Berechtigten erforderlichen Angaben mitzuteilen. [2] Auf Wunsch des Notars kann die Bank weitere Anderkonten auch ohne schriftlichen Kontoeröffnungsantrag einrichten.

3. Ist der Notar auch Rechtsanwalt (Anwaltsnotar), so führt die Bank das Anderkonto als Rechtsanwaltsanderkonto, sofern er nicht beantragt hat, das Anderkonto als Notaranderkonto zu führen.

Kontoführung

4. Der Notar darf Werte, die ihm nicht als Notar anvertraut wurden, nicht einem Anderkonto zuführen oder auf einem Anderkonto belassen.

5. [1] Die Eigenschaft eines Kontos als Anderkonto kann nicht aufgehoben werden. [2] Ist der Notar auch Rechtsanwalt (Anwaltsnotar), so kann er bestimmen, dass ein Anderkonto in Zukunft als Rechtsanwaltsanderkonto zu führen ist.

6. [1] Die Bank nimmt unbeschadet der Regelung in Nr. 2 Satz 1 keine Kenntnis davon, wer bei einem Anderkonto Rechte gegen den Notar geltend zu machen befugt ist. [2] Rechte Dritter auf Leistung aus einem Anderkonto oder auf Auskunft über ein Anderkonto bestehen der Bank gegenüber nicht; die Bank ist demgemäß nicht berechtigt, einem Dritten Verfügungen über ein Anderkonto zu gestatten oder Auskunft über das Anderkonto zu erteilen, selbst wenn nachgewiesen wird, dass das Konto im Interesse des Dritten errichtet worden ist.

7. Die Bank prüft die Rechtmäßigkeit der Verfügungen des Notars in seinem Verhältnis zu Dritten nicht, auch wenn es sich um Überweisungen von einem Anderkonto auf ein Eigenkonto handelt.

8. Ansprüche gegen die Bank aus Anderkonten sind nicht abtretbar und nicht verpfändbar.

9. Im Falle der Pfändung wird die Bank den pfändenden Gläubiger im Rahmen der Drittschuldnererklärung auf die Eigenschaft als Anderkonto hinweisen.

10. Die Bank wird bei einem Anderkonto weder das Recht der Aufrechnung noch ein Pfand- oder Zurückbehaltungsrecht geltend machen, es sei denn wegen Forderungen, die in Bezug auf das Anderkonto selbst entstanden sind.

---

[1] Geldwäschegesetz.

Verfügungsbefugnis und Rechtsnachfolge

11. (1) Über das Notaranderkonto darf nur der Notar persönlich, dessen amtlich bestellter Vertreter oder der Notariatsverwalter oder eine sonstige nach § 58 Absatz 3 Beurkundungsgesetz berechtigte Person verfügen.

(2) Wenn der Notar oder Notariatsverwalter aus rechtlichen Gründen (z. B. Erlöschen des Amtes, Verlegung des Amtssitzes, vorläufige Amtsenthebung) an der Amtsausübung gehindert ist, endet seine Verfügungsbefugnis.

(3) [1] Nach einer vorläufigen Amtsenthebung steht die Verfügungsbefugnis dem von der Landesjustizverwaltung wegen der Amtsenthebung bestellten Vertreter oder Notariatsverwalter zu, vor dessen Bestellung der zuständigen Notarkammer. [2] Bis zur Bestellung eines Vertreters oder Notariatsverwalters bleibt der Notar Kontoinhaber ohne Verfügungsbefugnis (§ 55 Abs. 2 Satz 3 Bundesnotarordnung). [3] Mit der Bestellung wird der Notariatsverwalter Kontoinhaber (§ 58 Abs. 1 Bundesnotarordnung).

(4) In den übrigen Fällen wird die zuständige Notarkammer Kontoinhaber, bis die Landesjustizverwaltung einen Notariatsverwalter bestellt oder einem anderen Notar die Verfügungsbefugnis übertragen hat (§ 58 Abs. 3 Satz 2 Beurkundungsgesetz).

Einzelverwahrung von fremden Wertpapieren und Kostbarkeiten

12. Für die Einzelverwahrung von fremden Wertpapieren und Kostbarkeiten, die nicht unter Verwendung eines Anderkontos erfolgt, gelten auf Antrag des Notars die vorstehenden Bedingungen mit Ausnahme von Nr. 2 sinngemäß.

c) Bedingungen für Anderkonten und Anderdepots von Angehörigen der öffentlich bestellten wirtschaftsprüfenden und wirtschafts- und steuerberatenden Berufe

Fassung September 2011

Begriffsbestimmungen

1. [1] Für Wirtschaftsprüfer, vereidigte Buchprüfer, Steuerberater und Steuerbevollmächtigte sowie Wirtschaftsprüfungsgesellschaften, Buchprüfungsgesellschaften und Steuerberatungsgesellschaften (im weiteren: „Kontoinhaber") werden Anderkonten und Anderdepots (beide im Folgenden „Anderkonten" genannt) eingerichtet. Diese dienen der Verwahrung von Vermögenswerten eines Mandanten, die dem Kontoinhaber anvertraut wurden. [2] Der Bank gegenüber ist nur der Kontoinhaber berechtigt und verpflichtet.

Kontoeröffnung

2. [1] Bei jeder Kontoeröffnung ist der Kontoinhaber verpflichtet, den Namen und die Anschrift desjenigen mitzuteilen, auf dessen Veranlassung er handelt (wirtschaftlich Berechtigter)[1]. [2] Wird das Anderkonto vom Kontoinhaber für einen anderen als den nach Satz 1 benannten

---

[1] Im Konto-Dokumentationsbogen ist dies zu vermerken.

wirtschaftlich Berechtigten wiederverwendet, ist der Kontoinhaber verpflichtet, unverzüglich Name und Anschrift des neuen wirtschaftlich Berechtigten schriftlich mitzuteilen. ³Auf Wunsch des Kontoinhabers kann die Bank weitere Anderkonten auch ohne schriftlichen Kontoeröffnungsantrag einrichten.

Kontoführung

3. ¹Der Kontoinhaber darf Werte, die seinen eigenen Zwecken dienen, nicht einem Anderkonto zuführen oder auf einem Anderkonto belassen. Diese Werte sind auf ein Eigenkonto zu übertragen.

4. Die Eigenschaft eines Kontos als Anderkonto kann nicht aufgehoben werden.

5. Eine Kontovollmacht darf der Kontoinhaber nur einem Wirtschaftsprüfer, vereidigten Buchprüfer, Steuerberater, Steuerbevollmächtigten, Rechtsanwalt, Notar, Notarassessor oder Patentanwalt erteilen.

6. ¹Die Bank nimmt unbeschadet der Regelung in Nr. 2 keine Kenntnis vom Rechtsverhältnis zwischen Kontoinhaber und seinem Mandanten. ²Rechte des Mandanten auf Leistung aus einem Anderkonto oder auf Auskunft über ein Anderkonto bestehen der Bank gegenüber nicht; die Bank ist demgemäß nicht berechtigt, dem Mandanten Verfügungen über ein Anderkonto zu gestatten oder Auskunft über das Anderkonto zu erteilen, selbst wenn nachgewiesen wird, dass das Konto im Interesse des Mandanten errichtet worden ist.

7. Die Bank prüft die Rechtmäßigkeit der Verfügungen des Kontoinhabers in seinem Verhältnis zu Dritten nicht, auch wenn es sich um Überweisungen von einem Anderkonto auf ein Eigenkonto handelt.

8. Ansprüche gegen die Bank aus Anderkonten sind nicht abtretbar und nicht verpfändbar.

9. Im Falle der Pfändung wird die Bank den pfändenden Gläubiger im Rahmen der Drittschuldnererklärung auf die Eigenschaft als Anderkonto hinweisen.

10. Die Bank wird bei einem Anderkonto weder das Recht der Aufrechnung noch ein Pfand- oder Zurückbehaltungsrecht geltend machen, es sei denn wegen Forderungen, die in Bezug auf das Anderkonto selbst entstanden sind.

Rechtsnachfolge

11. (1) Wird das Anderkonto als Einzelkonto für einen Wirtschaftsprüfer, vereidigten Buchprüfer, Steuerberater oder Steuerbevollmächtigten geführt, so wird im Falle seines Todes die zuständige Berufskammer oder die von ihr bestimmte Person Kontoinhaber, bis die zuständige Berufskammer einen Abwickler bestellt.

(2) ¹Absatz 1 gilt entsprechend, wenn der Kontoinhaber infolge Zurücknahme oder Erlöschens seiner Zulassung aus dem Personenkreis der Wirtschaftsprüfer, vereidigten Buchprüfer, Steuerberater oder Steuerbevollmächtigten ausscheidet oder gegen ihn ein Berufs- oder Vertretungsverbot verhängt ist. ²Wird im Falle eines Berufs- oder Vertretungsverbots von der zuständigen Berufskammer ein Vertreter für den Kontoinhaber bestellt, so tritt dieser an die Stelle der in Absatz 1 genannten Personen. ³Die Wirksamkeit von Rechtshandlungen des Wirtschaftsprüfers, vereidigten Buchprüfers, Steuerberaters oder Steuerbevollmächtigten wird durch ein Berufs- oder Vertretungsverbot nicht berührt (§ 144 Abs. 4 Wirtschaftsprüferordnung; § 139 Abs. 5 StBerG).

V. Bankgeschäfte **AGB-Anderk (10d)**

d) Bedingungen für Anderkonten und Anderdepots von Patentanwälten und Gesellschaften von Patentanwälten

Fassung März 2013

Begriffsbestimmungen

1. (1) [1] Für Patentanwälte oder Gesellschaften von Patentanwälten[1] (im Weiteren: „Kontoinhaber") werden Anderkonten und Anderdepots (beide im Folgenden „Anderkonten" genannt) eingerichtet. [2] Diese dienen der Verwahrung von Vermögenswerten eines Mandanten, die dem Kontoinhaber anvertraut wurden. [3] Der Bank gegenüber ist nur der Kontoinhaber berechtigt und verpflichtet.

(2) Ein Sammelanderkonto dient der Verwahrung von Vermögenswerten verschiedener Mandanten.

Kontoeröffnung

2. (1) Auf Verlangen der Bank ist der Kontoinhaber verpflichtet, der Bank die von ihm zu erhebenden, nach § 4 Abs. 5 GwG[2] zur Feststellung der Identität des wirtschaftlich Berechtigten erforderlichen Angaben mitzuteilen.

(2) [1] Beantragt der Kontoinhaber die Eröffnung eines Sammelanderkontos, so ist dieses als „Sammelanderkonto" kenntlich zu machen.[3]

(3) Auf Wunsch des Kontoinhabers kann die Bank weitere Anderkonten auch ohne schriftlichen Kontoeröffnungsantrag einrichten.

3. Ist der Patentanwalt auch Rechtsanwalt so führt die Bank seine Anderkonten als Rechtsanwalts-Anderkonten, sofern er nicht beantragt hat, ein Anderkonto als Patentanwalts-Anderkonto zu führen.

Kontoführung

4. [1] Der Kontoinhaber darf Werte, die seinen eigenen Zwecken dienen, nicht einem Anderkonto zuführen oder auf einem Anderkonto belassen. [2] Diese Werte sind auf ein Eigenkonto zu übertragen.

5. Der Kontoinhaber sorgt dafür, dass auf einem Sammelanderkonto in der Regel Werte über 15 000 Euro für einen einzelnen Mandanten nicht länger als einen Monat verbleiben.

6. [1] Die Eigenschaft eines Kontos als Anderkonto kann nicht aufgehoben werden. [2] Ist der Patentanwalt auch Rechtsanwalt, so kann er bestimmen, daß ein Anderkonto in Zukunft als Rechtsanwalts-Anderkonto zu führen ist.

7. Eine Kontovollmacht darf der Kontoinhaber nur einem Patentanwalt, Rechtsanwalt, Notar, Notarassessor, Wirtschaftsprüfer, vereidigten Buchprüfer, Steuerberater oder Steuerbevollmächtigten erteilen.

---

[1] Gesellschaften von Patentanwälten sind Zusammenschlüsse von Patentanwälten in der Rechtsform der Gesellschaft bürgerlichen Rechts, der Partnerschaftsgesellschaft und der Patentanwalts-GmbH.
[2] Geldwäschegesetz.
[3] Im Konto-Dokumentationsbogen ist dies zu vermerken.

8. ¹Die Bank nimmt unbeschadet der Regelung in Nr. 2 Abs. 1 keine Kenntnis vom Rechtsverhältnis zwischen Kontoinhaber und seinem Mandanten. ²Rechte des Mandanten auf Leistung aus einem Anderkonto oder auf Auskunft über ein Anderkonto bestehen der Bank gegenüber nicht; die Bank ist demgemäß nicht berechtigt, dem Mandanten Verfügungen über ein Anderkonto zu gestatten oder Auskunft über das Anderkonto zu erteilen, selbst wenn nachgewiesen wird, dass das Konto im Interesse des Mandanten errichtet worden ist.

9. Die Bank prüft die Rechtmäßigkeit der Verfügungen des Kontoinhabers in seinem Verhältnis zu Dritten nicht, es sei denn, es sich um Überweisungen von einem Anderkonto auf ein Eigenkonto handelt.

10. Ansprüche gegen die Bank aus Anderkonten sind nicht abtretbar und nicht verpfändbar.

11. Im Falle der Pfändung wird die Bank den pfändenden Gläubiger im Rahmen der Drittschuldnererklärung auf die Eigenschaft als Anderkonto hinweisen.

12. Die Bank wird bei einem Anderkonto weder das Recht der Aufrechnung noch ein Pfand- oder Zurückbehaltungsrecht geltend machen, es sei denn wegen Forderungen, die in Bezug auf das Anderkonto selbst entstanden sind.

Rechtsnachfolge

13. (1) Ist der Patentanwalt alleiniger Kontoinhaber, so ist im Falle seines Todes der vom Patentanwalt oder von der Patentanwaltskammer bestimmte Vertreter verfügungsberechtigt, bis die Patentanwaltskammer einen Abwickler bestellt.

(2) Ist der Patentanwalt alleiniger Kontoinhaber und erlischt die Zulassung des Kontoinhabers zur Patentanwaltschaft oder wird gegen ihn ein Berufs- oder Vertretungsverbot verhängt, ist der von der Patentanwaltskammer bestellte Vertreter oder Abwickler verfügungsberechtigt.

(11) Einheitliche Richtlinien und Gebräuche für Dokumenten-Akkreditive (ERA)

Revision 2007 (ERA/UCP 600)
Text der ERA © Internationale Handelskammer

Einleitung

Schrifttum

S allgemein zum (Dokumenten)Akkreditivgeschäft **(7)** Bankgeschäfte vor Rn K1, hier nur speziell zu ERA.

a) Kommentare und Handbücher: *ICC,* Commentary on UCP 600, 2007 (ICC-Publikation No 680, nur engl, by UCC Drafting Group, zit Drafting Group). – *ICC,* Users' Handbook for Documentary Credits under UCP 600, 2008 (IntHK-Publikation No 694). – *Byrne/Taylor* ICC Guide to the EUCP: Understanding the Electronic Supplement to the UCP 500, 2002 (ICC Publication No 639). – *Byrne/Maulella/Soh/Zelenov* 2010, mit Supplement 2018 von *Byrne/Kozakowski/Berger.* – Ellenberger/Bunte Bankrechts-HdB/*Haas* 6. Aufl 2022 § 103 (Akkreditivgeschäft). – LBS *(Langenbucher/Bliesener/Spindler)/Segna* 3. Aufl. 2020 10. Kap. – BuB/*Nielsen* 5/250 (LBl). – *Canaris,* Bankvertragsrecht, 3. Aufl

V. Bankgeschäfte 1 **Einl ERA (11)**

1988, Rn 925 ff. – *Einsele* 5. Aufl 2022 § 5 I. – *Graffe/Weichbrodt/Xueref* ICC 1993. – Kröll in Mankowski, Commercial Law, 2019. – MüKoHGB/*Wedemann* 4. Aufl Bd 6 2019 Bankvertragsrecht (H. Dokumentenakkreditiv im Internationalen Handel). – *Nielsen,* Richtlinien für Dokumentenakkreditive, 3. Aufl 2008 (zit). – *Schütze/Vorpeil,* Dokumentenakkreditiv im internationalen Handelsverkehr, 7. Aufl 2016 (zit). – *Stapel* 1998. – *Staub/Grundmann* Bd 10/2 2015 3. Teil Zahlungsgeschäft ERA 3/551 ff. – UBH *(Ulmer/Brandner/Hense) (/Fuchs,* AGB-Recht, 12. Aufl 2016, Anh zu § 310 (8) Banken (Kreditinstitute) Rn. 1 ff, zit UBH/Fuchs Rn. – WLP (Wolf/Lindacher/Pfeiffer)/*H. Schmidt,* AGB-Recht, 7. Aufl. 2020 Akkreditivbedingungen Rn. A 121 ff.

b) **Sonstige Beiträge:** *ICC,* International Standard Banking Practice for the Examination of Documents under Documentary Credits 2003 (IntHK-Publikation Nr 681). – *ICC,* International Standard Banking Practice – 2007 Revision for UCP 600, 2007 (IntHK-Publikation Nr 681). – *ICC,* International Standard Banking Practice (ISBP) 2013 Edition (IntHK-Publikation Nr 745). – *ICC,* International Standard Banking Practice for the Examination of Documents under ERA 600 (ISBP, IntHK-Publikation Nr 745E/D), 2016, deutsche Fassung auch in Schütze/Vorpeil (oben a) Anh II; *ICC,* ICC Banking Commission Opinions, 1980 ff, zuletzt 2012–2016 (IntHK-Publikation Nr 785, Sprache engl), inzwischen weit über 500 (Stand 2006), dazu *Vorpeil* WM 2013, 340. – *ICC,* Case Studies on Documentary Credits, vols 1, 2 (IntHK-Publikation Nr 459, 489, Sprache engl). – *ICC,* Collected DOCDEX Decisions 1997–2003, 2004 und 2004–2008, 2008, 2009–2012, 2012 (IntHK-Publikation Nr 665, 696, 739, 853). – *ICC,* Unpublished Opinions 1995–2004 on UCP 500, e-UCP et al, 2005 (IntHK-Publikation Nr 660). – Laufend: Annual Survey of Letter of Credit Law & Practice (seit 1992, vol 2006 in honor of *Kozolchyk,* zuletzt 2008 IntHK-Publikation No 967); Documentary Credits INSight (DCInsight, kostenpflichtiger Newsletter). – *ICC,* Documentary Credit Law throughout the world, Annotated legislation for more than 35 countries, 2002. – *ICC, Katz,* Insights into UCP 600 (Aufsatzsammlung) und *Taylor,* The Complete UCP (Materialien), beide 2008. – *Ellinger/Neo* Oxford 2009. – *Hare* London 2d ed 2009. – *Kurkela* London 2007. – *Schönle,* Die Rechtsnatur der ERA, NJW 1968, 726. – *Graf v Westphalen,* ERA und ERI im Lichte des AGBG, WM 1980, 178. – *Grundmann* Jb Junger Zivilrechtswissenschaftler 1999, 43 (lex mercatoria und ERA). – *Graf v Westphalen* RIW 1994, 453 (AGB und ERA 1993). – *Holzwarth* FS Nielsen 1996, 49 (Regeln der ICC über Akkreditivstreitfall-Gutachten). – *Obermüller* FS Nielsen 1996, 99 (Insolvenz). – *Wälzholz* WM 1994, 1457 (AGB). – *Berger* FS Schütze 1999, 103 (Rspr zur Auslegung von Dokumentenakkreditiven). – *Haas* ZBB 1999, 301 (International Standby Practices ISP 1998). – *Vorpeil* RIW 2003, 370 (DOCDEX). – Zur **Revision 1983** *Eberth* WM Sonderbeil 4/1984; *Nielsen* ZIP 1984, 230. – Zur **Revision 1993:** *Nielsen* WM Sonderbeil 3/1993, 30; WM Sonderbeil 2/1994, WM 1999, 2005, 2049. – Zur **Revision 2007:** Stellungnahmen aus ICC DCINsight, *ua Malmqvist, Taneja; Vorpeil* RIW 12/2006 1 S; *Holzwarth* IHR 2007, 136, *Banks Sutton* DAJV Newsletter 2012, 62; *Vorpeil* WM 2018, 751 (Dokumentenstrenge). – Zu den **el. ERA 2.0 2019:** *Vorpeil* WM 2019, 1469 und 1521. – **Muster:** *Hopt/Merkt/Joos* Vertrags- und Formularbuch zum Hdl-, Ges- und Bankrecht 5. Aufl 2022 Form IV. K.1–11 (Akkreditivgeschäft).

1) ERA 2007 (ERA 600) mit Anhang (el.ERA) und dazu gehörende Unterlagen

Die **Einheitlichen Richtlinien und Gebräuche für Dokumenten-Akkre-** 1 **ditive (ERA)** wurden auf Grund einer Vereinbarung der Bankvereinigungen von der IntHK 1933 veröffentlicht und später mehrfach revidiert: 1951, 1962, 1974, 1983 (ERA 400), 1993 (ERA 500) und 2007 die **ERA 600/UCP 600** (Uniform Customs and Practices for Documentary Credits). Die ERA 600 wurden am 25.10.2006 nach langen Vorarbeiten (seit Mai 2003, mehr als 5.000 eingegangene Kommentare, 15 Entwurfsfassungen) seitens der ERA-Drafting Group (Vorsitz Collyer) und der ERA-Consulting Group aus mehr als 40 Mitgliedern von 26 Ländern (Vorsitz Turnbull und Di Ninni) und der ICC-Kommission für Banktechnik und -praxis (Bankenkommission) beschlossen und nach längerer Verzögerung im Frühjahr 2007 zur Geltung ab **1.7.2007** veröffentlicht (ICC-Publikation Nr. 600, Sprache engl/deutsch). Dokumentenakkreditive, die nicht den ERA in einer der verschiedenen Versionen unterliegen, spielen in der Praxis keine Rolle, Schütze/Vorpeil Rn. 49.

(11) ERA Einl 1

Der **Anhang zu den ERA 600 für die Vorlage elektronischer Dokumente (el.ERA, EUCP),** Version 2.0, 1.7.2019 (nur englisch) ersetzt die el.ERA Version 1.1 1.7.2007, die sich nicht durchsetzen konnten; Text und Einleitung unter **(11a)** EUCP Version 2.0.

Zur Nutzung von **SWIFT** s ICC SWIFT UCP 600 Guidelines (wird ständig aktualisiert). Dabei handelt es sich um ein weltweites Netz der Bank-zu-Bank-Telekommunikation. Akkreditive werden regelmäßig über SWIFT eröffnet, und zwar über Message Type (MT) 700. Lit: Schütze/Vorpeil Rn 142, 223, 353; MüKoHGB/Wedemann H Rn. 72; Vorpeil WM 2019, 1470 ff.

In Kooperation mit dem Finanzdienstleister SWIFT hat die ICC 2013 als neue Zahlungsverkehrsbedingung im Außenhandel die **Uniform Rules for Bank Payment Obligation (URBPO 750)** entwickelt (IntHK-Publikation Nr 750, Sprache engl), dazu ICC Guide (IntHK-Publikation Nr 751, Sprache engl), dazu Hennah, The ICC Guide to the Uniform Rules for Bank Payment Obligations, 2013; Graf von Bernstoff RIW 2014, 34. Da die BPO ausschließlich elektronisch durchgeführt werden, war erwartet worden, dass diese die Akkreditive (in Papierform) ablösen oder jedenfalls eine wichtige Alternative sein würden. Diese Erwartung hat sich aber nicht erfüllt. BPO ist kein elektronisches Akkreditiv und ist kein „L/C light" geworden, dazu Vorpeil WM 2019, 1476. Auch die Abwicklung von Akkreditiven unter Einsatz von **Blockchain** ist bisher noch keine Alternative, dazu Vorpeil WM 2019, 1474. Für die elektronische Abwicklung steht nunmehr **(11a)** eUCP zur Verfügung. Dazu Vorpeil WM 2019, 1476; RIW 5/2019, Die erste Seite.

Einführend zu ERA IntHK/del Busto, Leitfaden für Dokumenten-Akkreditiv-Geschäfte 1994 (IntHK-Publikation Nr. 515, Sprache engl), Kurzkommentar Graffe/Weichbrodt/Xueref (IntHK-Publikation Nr. 500/1), ERA-Revision 1983/1993, Vergleich und Erläuterung (IntHK-Publikation Nr. 511, Sprache engl), praktische Ergänzung zu ERA 600: **International Standard Banking Practice** for the Examination of Documents under ERA 600 (ISBP, IntHK-Publikation Nr. 745, Sprache engl). Speziell zu el.ERA ICC Guide to the eUCP 2002 (IntHK-Publikation Nr. 639). Dazu **Standardformulare für Dokumentenakkreditive** 1951, 1993 (IntHK-Publikation Nr. 516, Sprache engl). Liste der Länder, in denen die ERA mit den Standardformeln angewandt werden, BuB/Nielsen 5/255. Für Meinungsverschiedenheiten im Zusammenhang mit Dokumentenakkreditiven, Remboursierungen, auf Anfordern zahlbare Garantien und grenzüberschreitende Inkassi stehen die ICC **DOCDEX** Rules (Rules for Documentary Instruments Dispute Resolution Expertise, überarbeitet 1.1.2015, kostenlos abrufbar bei ICC) für ein formalisiertes, kurzfristiges Verfahren (30 bis 60 Tage) zur Verfügung, das Verfahren führt aber nicht zu einem vollstreckbaren Titel, sondern nur zu einer Expertenentscheidung; Coll DOCDEX Decisions 2009–2012, 2012 ed, IntHK-Publikation Nr. 739 E, Schütze/Vorpeil Rn. 785 ff.; Vorpeil RIW 2003, 370; WM 2013, 1532.

Seit 1996 IntHK **Einheitliche Richtlinien für Rembourse** zwischen Banken unter Dokumenten-Akkreditiven (ERR 725/URR 725, → Art. 13 Rn. 2). Zum **Standby Letter of Credit** (→ Art. 1 Rn. 2, → **(7)** Bankgeschäfte Rn. K1a), ICC, International Standby Practices (ISP 98), 1998 mit Official Commentary (IntHK-Publikationen Nr. 590, 947) und ISP 98 & UCP 500 Compared, 2000 (IntHK-Publikation No 950), dazu Schütze/Vorpeil Rn. 121 ff. (Letter of Credit L/C), 73 ff. (Standby Letter of Credit); Praxishinweise auf Fallstricke der ISP 98 im Vergleich zu ERA bei Nielsen WM 1999, 2005 (2049); Haas ZBB 1999, 301.

2) Synopse ERA 500 mit ERA 600

Die ERA 600 haben nur noch 39 Art. im Vergleich zu 49 Art. der ERA 500, die eUCP haben wie bisher 12 Artikel. Der Anhang el.ERA Version 1.0 (hinter **(11)** ERA) ist artikelmäßig gleich geblieben wie Supplement eUCP Version 1.1. Die Zwischenüberschriften in ERA 500 sind weggefallen.

ERA 600	Inhalt	ERA 500
Art. 1	Anwendbarkeit der ERA	Art. 1
Art. 2	Definitionen	neu
Art. 3	Auslegungen	neu
Art. 4	Akkreditive im Verhältnis zu Verträgen	Art. 3
Art. 5	Dokumente im Verhältnis zu Waren, Dienstleistungen oder Leistungen	Art. 4
Art. 6	Benutzbarkeit, Verfalldatum und Ort für die Dokumentenvorlage	zT Art. 42
Art. 7	Verpflichtung der eröffnenden Bank	Art. 9
Art. 8	Verpflichtung der bestätigenden Bank	Art. 9
Art. 9	Avisierung von Akkreditiven und Änderungen	Art. 7
Art. 10	Änderungen	neu
Art. 11	Akkreditive und Änderungen per Telekommunikation und Voravis	Art. 11
Art. 12	Nominierung	neu
Art. 13	Bank-zu-Bank Remboursvereinbarungen	Art. 19
Art. 14	Grundsatz der Dokumentenprüfung	Art. 13
Art. 15	Konforme Dokumentenvorlage	neu
Art. 16	Unstimmige Dokumente, Verzicht auf Geltendmachung der Unstimmigkeiten und Benachrichtigung	neu
Art. 17	Originale und Kopien von Dokumenten	neu
Art. 18	Handelsrechnung	Art. 37
Art. 19	Transportdokument über mindestens zwei verschiedene Beförderungsarten	Art. 26
Art. 20	Konnossement	Art. 23
Art. 21	Nichtbegebbarer Seefrachtbrief	Art. 24
Art. 22	Charterpartie-Konnossement	Art. 25
Art. 23	Lufttransportdokument	Art. 27
Art. 24	Dokumente des Straßen-, Eisenbahn- oder Binnenschiffstransports	Art. 28
Art. 25	Kurierempfangsbestätigung, Posteinlieferungs-/Postempfangsschein oder Postversandnachweis	Art. 29
Art. 26	„An Deck", „Shipper's Load and Count", „Said by Shipper to Contain" und zusätzliche Kosten zur Fracht	Art. 31
Art. 27	Reine Transportdokumente	Art. 32
Art. 28	Versicherungsdokument und -deckung	Art. 34
Art. 29	Verlängerung des Verfalldatums oder des letzten Tags der Dokumentenvorlage	
Art. 30	Toleranz bzgl. Akkreditivbetrag, Menge und Preis pro Einheit	Art. 39
Art. 31	Teilinanspruchnahmen oder Teilverladungen	Art. 40
Art. 32	Inanspruchnahme oder Verladung in Raten	Art. 41
Art. 33	Vorlegungszeiten	Art. 45
Art. 34	Haftungsausschluss für Wirksamkeit von Dokumenten	Art. 15
Art. 35	Haftungsausschluss für Nachrichtenübermittlung und Übersetzung	zT Art. 16
Art. 36	Höhere Gewalt	Art. 17
Art. 37	Haftungsausschluss für Handlungen einer beauftragten Partei	Art. 18
Art. 38	Übertragbare Akkreditive	Art. 48
Art. 39	Abtretung von Akkreditiverlösen	Art. 49
eUCP Supplement for Electronic Presentation Version 2.0		Anhang el.ERA Version 2.0
Art. 1–12		Art. e1–e14.

3) Die Änderungen der ERA 600 gegenüber ERA 500

3 Die Neufassung ERA 600 (im Folgenden: **nF**) trägt den Entwicklungen im Bank-, Transport- und Versicherungswesen seit den ERA 500 von 1993 (im Folgenden: **aF**) Rechnung. Sprache und Ausdrucksweise sind im Interesse einheitlicher Anwendung überarbeitet. Nach Angaben der ICC sind circa 70% der unter Akkreditiven vorgelegten Dokumente bei der ersten Dokumentenvorlage zurückgewiesen worden, für Mängelrügen wurde eine Abweichungsgebühr eingeführt und es kam zu einer erheblichen Zahl von Rechtsstreitigkeiten insbesondere zu den Documentary Instruments Dispute Resolution Expertise Rules (DOCDEX, seit 1997, revidiert 2002, → Rn. 1). Die Aufnahme von **13 Definitionen (Art. 2,** Akkreditiv iSv ERA nur noch „unwiderruflich"; neu zB „Honorieren"; „Negoziierung" präzisiert als „Ankauf" unter Vorleistung) und **12 Auslegungsregeln (Art. 3)** sorgen für **Vereinheitlichung** und trugen zur **Straffung** von 49 auf 39 Artikel bei. Inhaltlich sind die **wichtigsten Änderungen** solche **der Struktur** und **der Sprache** der ERA, die präziser geworden sind (ua Beseitigung der in ERA 500 laufend wiederholten selbstverständlichen Formel „soweit im Akkreditiv nicht anders geregelt", vgl. Art. 1 über Anwendbarkeit der ERA 600) und auf generalklauselartige, streitanfällige Begriffe wie „angemessene Sorgfalt" (Art. 7a S. 1, 13a I 1 ERA 500) oder „angemessene Zeit" (Art. 13b, 14 d.i ERA 500) verzichten. Dagegen sind **sonst** (also hinsichtlich der tatsächlichen Regeln) **ziemlich wenige Änderungen** vorgenommen worden. Das gilt besonders für die tägliche Arbeit, denn die meisten dieser Änderungen beruhen auf den offiziellen ICC Banking Commission Opinions (schon bis 2006 weit über 500, Sammlung oben Schrifttum b), die die Basis der International Standard Banking Practice (ISBP, → Rn. 3c aE) bilden. **Art. 6** stellt klar, dass ein Akkreditiv bei einer bestimmten Bank, bei jeder Bank in einem bestimmten geographischen Gebiet oder schlechthin bei jeder Bank benutzbar gestellt werden kann. **Art. 6c** präzisiert: Ein Akkreditiv **„darf nicht"** durch eine Tratte gezogen auf den Auftraggeber benutzbar gestellt sein (Art. 9 b. iv. S. 2 ERA 500: „soll nicht"). **Art. 7a. iii.** und **8 a. i. c)** stellen für ein **Akkreditiv mit hinausgeschobener Zahlung** (Nachsichtzahlung, → **(7)** Bankgeschäfte Rn. K3) klar, dass die eröffnende und die bestätigende Bank bei Nichtzahlung der benannten Bank das Akkreditiv honorieren müssen. Die **eröffnende Bank muss** die benannte Bank (erst) bei Fälligkeit **rembourisieren, unabhängig davon, ob die benannte Bank** vor Fälligkeit gezahlt oder angekauft hat (Art. 7c S. 2, 8c S. 2, anders zuvor Rspr. im Anschluss an Banco Santander/Banque Paribas-Fall). Im Zusammenhang damit steht Art. 12b, wonach die eröffnende Bank die benannte Bank ermächtigt, ihr Akzept oder ihre eingegangene Verpflichtung zur hinausgeschobenen Zahlung im Voraus zu zahlen oder anzukaufen. Das ist wichtig für die Finanzierung von Nach-Sicht-Akkreditiven. Art. 14 beschreibt (viel ausführlicher als Art. 13 ERA 500), was die Bank bei der Dokumentenprüfung zu beachten hat. Praktisch besonders wichtig ist die Änderung in Art. 14 und 16, die den Zeitrahmen für die Dokumentenprüfung präzisiert (bisher, zu sehr auslegungsfähig, „eine angemessene, sieben Bankarbeitstage nach dem Tag des Dokumentenerhalts nicht überschreitende Zeit", Art. 13b, 14 d.i ERA 500), nunmehr „maximal fünf Bankarbeitstage nach dem Tag der Dokumentenvorlage" (Art. 14b) bzw. „nicht später als am Ende des fünften Bankarbeitstags nach dem Tag der Dokumentenvorlage" (Art. 16d). Nach Art. 14d müssen Angaben in einem Dokument nicht identisch sein mit Angaben in diesem Dokument, irgendeinem anderen vorgeschriebenen Dokument oder dem Akkreditiv, dürfen damit aber auch nicht im Widerspruch stehen. Nach Art. 14g wird ein vorgelegtes Dokument, das in dem Akkreditiv nicht verlangt wird, nicht beachtet und kann dem Einreicher zurückgegeben werden. Art. 14j erlaubt gewisse Abweichungen zu den im Akkreditiv und in einem anderen vorgeschriebenen Dokument angegebenen Adressen. Art. 16 erweitert die Möglichkeiten der Bank im Falle unstimmiger Dokumente im Hinblick auf einen Verzicht des Auftraggebers. Art. 17 betrifft Originale und Kopien von Dokumenten und klärt, wann was vorzulegen ist. Es ist mindestens ein Original von jedem im Akkreditiv vorgeschriebenen Dokument vorzulegen (Art. 17a). Nach Art. 22 muss beim Charterpartie-Konnossement nicht mehr der Name des Kapitäns genannt werden. Eine Änderung in Art. 23 gilt, wenn das Lufttransportdokument einen speziellen, das tatsächliche Verladedatum ausweisenden Vermerk enthält. Art. 28 erlaubt auch Ausstellung bzw. Anschein derselben durch einen Bevollmächtigten. Kleinere Änderungen betreffen den Inhalt des Versicherungsdokuments (Art. 28 f.ii und f.iii). Art. 31b enthält eine Änderung zur Teilverladung. Art. 35 II stellt Folgendes klar: Wenn eine benannte Bank entscheidet, dass eine Dokumentenvorlage konform ist und die Dokumente an die eröffnende oder bestätigende Bank versendet, müssen diese das Akkreditiv honorieren, auch wenn die Dokumente inzwischen verloren gegangen sind. Art. 38e, i und k enthalten verschiedene Änderungen zu übertragbaren Akkreditiven. Wichtig ist insbesondere Art. 38k, wonach die Dokumentenvorlage durch oder für den Zweitbegünstigten an die übertragende Bank erfolgen muss. Ersatzlos weggefallen sind ua die Bestimmungen in ERA 500 über das widerrufliche Akkreditiv (Art. 6 a.i, 8), die Vorbehaltszahlung (Art. 14f, weil das nicht die Verpflichtungen der eröffnenden oder bestätigenden Bank berührt, Art. 14f S. 2, → Art. 16 Rn. 7), die Erwähnung von Spediteur-Transportdokumenten (Art. 30). Widerrufliche Akkreditive außerhalb der ERA 600 bleiben selbstverständlich möglich (→ **(7)** Bankgeschäfte Rn. K12).

4) Geltung als AGB und in weiten Teilen als Handelsbrauch

Die **Einbeziehung** der ERA und der el.ERA in den Vertrag ist notwendig, **4** sie ist in **(11)** ERA Art. 1 und **(11)** el.ERA Art. e 1, e 2 geregelt (s. Anhang zu ERA). Dazu ist aber die Rechtsnatur der ERA als AGB zu berücksichtigen (→ Rn. 5, 6).

Die ERA sind zwar schon angesichts der zahlreichen Revisionen in ihrer **5** Gesamtheit weder Gewohnheitsrecht noch Handelsbrauch, Canaris Rn. 926; Graf v. Westphalen RIW 1994, 454; Drettmann FS Graf v. Westphalen, 2010, 76, hL, str., offen BGH WM 1984, 1443, ohne Stellungnahme BGHZ 108, 351 = NJW 1990, 255; aA OLG Frankfurt a.M. WM 1997, 610 (Gewohnheitsrecht); Schütze DB 1987, 2190; Wälzholz WM 1994, 1457; Nielsen WM 1999, 2011 u. TranspR 2008, 271 (AGB); BuB/Nielsen 5/256; Schütze Rn. 19 (sui generis); zweifelnd auch Staub/Grundmann 3/562. Vieles in ihnen Aufgezeichnete, vor allem die **Grundsätze der Unabhängigkeit des Akkreditivs vom Grundgeschäft und der Dokumentenstrenge** (→ **(7)** Bankgeschäfte Rn. K1), dürfte aber in weiten Bereichen **Handelsbrauch** iSv § 346 HGB sein (schon vor oder infolge der Aufzeichnung) und ohne Unterwerfung gelten (→ HGB Einl. vor § 1 Rn. 18); dazu (zu weitgehend) BGH WM 1958, 459; ZIP 1998, 1102; LG Frankfurt a.M. WM 1996, 153; MüKoHGB/Wedemann H Rn. 67; Staub/Grundmann 3/572 (Abstraktionsgrundsatz); Schütze/Vorpeil Rn. 33 ff.; Schönle NJW 1968, 726; Holzwarth IHR 2007, 149. Soweit die ERA HdlBrauch sind, unterliegen sie nicht der Inhaltskontrolle nach **(5)** § 307 BGB (→ HGB § 346 Rn. 10), aber uU Verstoß gegen § 242 BGB (→ HGB § 346 Rn. 10).

In ihrer Gesamtheit sind die ERA jedoch **AGB**, BGH WM 1960, 40; OLG **6** München WM 1996, 2336; hL, Eberth FS Neumayer, 1985, 200; Canaris Rn. 927; WLP/H. Schmidt Rn. A 123, MüKoHGB/Wedemann H Rn. 67, Vorpeil WM 2019, 1472, str. (→ Rn. 5), nicht angesprochen in BGH ZIP 1989, 1452. Dass sie von der ICC stammen, ändert nichts daran, dass die eine Partei sie der anderen zur **Einbeziehung** in den Vertrag stellt, aA Schütze/Vorpeil Rn. 25, aber AGB-rechtlich nicht haltbar. Sie gelten also nur kraft vertraglicher

(11) ERA 1 2. Teil. Handelsrechtl. Nebenges.

Unterwerfung der Kunden; bei Kflten idR konkludent (denn **(5)** § 305 II, III BGB gilt nach § 310 I 1 BGB gegenüber Unternehmern nicht), OLG München WM 1996, 2336 (→ Art. 1 Rn. 1), nach MüKoHGB/Wedemann H Rn. 69 unter Kflten als Hldbrauch (aber → Rn. 5). Für Bankkunden → **(8)** AGB-Banken Nr. 1 Rn. 6. Bei Akkreditiveröffnung durch **SWIFT** (→ Einl vor Art. 1 Rn. 1) gelten ERA ohne Weiteres als vereinbart, MüKoHGB/Wedemann H Rn. 69.

7   Soweit die ERA nur AGB sind, ist die **Inhaltskontrolle** nach **(5)** § 307 BGB grundsätzlich möglich, WLP/H. Schmidt Rn. A 125, Einsele § 5 Rn. 8, 10, Graf von Westphalen WM 1980, 178, str., einschließlich des Verbots der geltungserhaltenden Reduktion, s. **(5)** § 306 II BGB, aA Canaris Rn. 929 (§ 319 I BGB analog), Staub/Grundmann 3/563 (nur § 138 BGB und ordre public, zu diesem → **(7)** Bankgeschäfte Rn. K20), Schütze/Vorpeil Rn. 37 (nur §§ 242, 138 BGB); sie ist aber ohne wesentliche praktische Bedeutung (s. zu Art. 9, 13, 15, 17, 18, 20 ua ERA 500, 33 in der 33. Aufl. und zu Art. 10, 14, 34–37 ua ERA 600 unten), ebenso Staub/Grundmann 3/563, der auch auf die ICC-Schiedsgerichtsbarkeit hinweist (→ HGB Einl. vor § 1 Rn. 97).

8   Die ERA sind nach dem von ihnen verfolgten Zweck aus sich selbst heraus ohne Rückgriff auf nationale Gesetze auszulegen; der Zweck der ERA und der Parteiwille legen eine möglichst international einheitliche **Auslegung** nahe (§§ 133, 157 BGB), Schütze/Vorpeil Rn. 38 ff., Steindorff FS von Caemmerer, 1978, 765; MüKoHGB/Wedemann H Rn. 68; aA Canaris Rn. 930; vermittelnd WLP/H. Schmidt Rn. A 125: grundsätzlich deutsch, aber Internationalität zu berücksichtigen; Einsele § 5 Rn. 9. Das bedeutet Lückenfüllung aus den ERA selbst; nur ergänzend gilt die nationale Rechtsordnung, str. Dem entspricht die Auslegungspraxis der IntHK-Bankenkommission, → Rn. 1. Kollisionsrecht s. Schütze WM 1982, 226, von Bar ZHR 152 (1988), 38. AGB im internationalen Geschäftsverkehr s. UBH/H. Schmidt Anh. zu § 305 BGB, WLP/Hau IntGV.

5) Erläuterungen

9   Die folgenden Erläuterungen zu den ERA 600 berücksichtigen die offiziöse Kommentierung der Drafting Group: ICC, Commentary on UCP 600, Article-by-Article Analysis by the UCP 600 Drafting Group, Chair Collyer, ICC-Publication No 680 aus 2007, zit.: Drafting Group. Diese Kommentierung zeigt, was die Drafting Group sich zur Neufassung überlegt hat und ist die wichtigste Auslegungsquelle, sie ist aber nicht vorher mit der ICC Banking Comission abgestimmt. Das deutsche Standardwerk ist Schütze/Vorpeil, Das Dokumentenakkreditiv im Internationalen Handelsverkehr, 7. Aufl. 2016 (zit. Schütze/Vorpeil Rn.), mit technischen Details Kommentar Nielsen, 3. Aufl. 2008 (zit. Nielsen Rn.). Die Erläuterungen zu den ERA 600 sind nur im Zusammenhang mit der Kommentierung allgemein zum Akkreditivgeschäft verständlich, → **(7)** Bankgeschäfte Rn. K1. ICC-Dokumente und andere lit. zu ERA → vor Rn. 1.

10 Die **Überschriften** zu den einzelnen Artikeln sind anders als zuvor in der Revision 1993 offiziell.

Definitionen

ERA 1   [1]**Die Einheitlichen Richtlinien und Gebräuche für Dokumenten-Akkreditive, Revision 2007, ICC-Publikation Nr. 600 („ERA"), sind Regeln, die für jedes Dokumenten-Akkreditiv („Akkreditiv") gelten (einschließlich, soweit anwendbar, für jeden Standby Letter of Credit), wenn der Wortlaut des Akkreditivs ausdrücklich besagt, dass es diesen Regeln unterliegt.** [2]**Sie sind für alle Beteiligten bindend, soweit sie im Akkreditiv nicht ausdrücklich geändert oder ausgeschlossen sind.**

1) Definition von ERA (Art. 1 S. 1)

Art. 1 nF entspricht Art. 1 aF. Art. 1 S. 1 definiert die **ERA** (offizielle Abkür- 1
zung) als Regeln für Dokumentenakkreditive. **Rechtsnatur** → Einl. vor Art. 1
Rn. 5, 6. Wenn in den ERA von „Akkreditiv" („credit") die Rede ist, ist nach
Satz 1 ein Dokumentenakkreditiv gemeint. Was ein **Akkreditiv** ist, ist in Art. 2
definiert, nämlich „jede wie auch immer benannte oder bezeichnete Vereinbarung, die unwiderruflich ist und dadurch eine feststehende Verpflichtung der eröffnenden Bank begründet, eine konforme Dokumentenvorlage zu honorieren". Die ERA müssen, um Geltung zu erlangen, in den Akkreditivtext einbezogen sein **(Einbeziehungshinweis)**. Nach Art. 1 S. 1 ERA 600 muss dies, um Zweifel auszuschließen, anders als nach ERA 500 „ausdrücklich" geschehen. Die neuen SWIFT-Regeln tragen dem Rechnung. Bei Akkreditiveröffnung durch SWIFT gelten die ERA ohne weiteres als vereinbart, → Einl. vor Art. 1 Rn. 6. Nach Ansicht der Drafting Group zu Art. 1 sollen die ERA mangels ausdrücklicher Inkorporation nur als Beschreibung von Handelsbräuchen für Akkreditive Anwendung finden. Indessen steht nichts entgegen, dass die ERA auch konkludent vereinbart werden (§§ 133, 157 BGB). Nach deutschem Recht gelten die ERA als AGB auf jeden Fall nur bei Einbeziehung in den Vertrag, die aber unter Kflten konkludent erfolgen kann und idR erfolgt (→ Einl. vor Art. 1 Rn. 4, 6), OLG München WM 1996, 2336, LG Frankfurt a.M. WM 1996, 153. AGB-Kontrolle → Einl. vor Art. 1 Rn. 7. Einbeziehung der el.ERA und Verhältnis der el.ERA zu den ERA s. Anhang el.ERA Art. e 1 und e 2.

Art. 1 gilt auch, soweit anwendbar, für die **Standby Letters of Credit** 2
(Garantien amerikanischer Banken in Form von Akkreditiven, die gegen Dokument zahlbar gestellt werden, → **(7)** Bankgeschäfte Rn. K1a), → Einl. vor Art. 1
Rn. 1. Dabei ist der Einbeziehungshinweis unbedingt nötig, weil die Geltung der ERA hier nicht selbstverständlich ist. Auch dann gelten die ERA nicht insgesamt („soweit anwendbar"), deshalb ist Klarstellung empfehlenswert, dass die ERA und nicht die International Standby Practices (ISP 98, → Einl. vor Art. 1 Rn. 3) gelten sollen und am besten auch welche Artikel der ERA, sinnvoll vor allem für Art. 14, 34–37, auch Nielsen Rn. 5f. (nach Nielsen, 2. Aufl. 2001, Rn. 8: Art. 13–18, 42–45 und 3, 4, 6, 10a, b, 14 und 20 ERA 500).

2) Bindungswirkung (Art. 1 S. 2)

Art. 1 S. 2 erklärt die ERA für alle Beteiligten bindend, soweit sie im Ak- 3
kreditiv nicht ausdrücklich geändert oder ausgeschlossen sind. Da die ERA keine Rechts-, sondern nur Vertragsregeln sind (→ Einl. vor Art. 1 Rn. 4, 5), können sie von den Parteien völlig frei ganz oder teilweise geändert werden. Wenn das ausdrücklich geschieht, dient das der Rechtssicherheit, doch ist das ebenso wie die Einbeziehung in den Vertrag auch konkludent möglich (→ Rn. 1), Staub/Grundmann 3/573. Das Inkrafttreten des Akkreditivs kann auch von einer Bedingung abhängig gemacht werden, zB Beibringung einer Bankgarantie durch den Begünstigten oder Verwirklichung eines Reexportprogramms, Nielsen Rn. 7, dann unter der Rubrik „Special Conditions".

Definitionen

ERA 2 Im Sinne dieser Regeln bedeutet:

<u>avisierende Bank</u> die Bank, die das Akkreditiv im Auftrag der eröffnenden Bank avisiert;

<u>Auftraggeber</u> die Partei, in deren Auftrag das Akkreditiv eröffnet wurde;

Bankarbeitstag ein Tag, an dem eine Bank an dem Ort, an dem eine Handlung unter diesen Regeln auszuführen ist, üblicherweise geöffnet ist;

Begünstigter die Partei, zu deren Gunsten das Akkreditiv eröffnet ist;

konforme Dokumentenvorlage eine Dokumentenvorlage in Übereinstimmung mit den Akkreditiv-Bedingungen, den anwendbaren Bestimmungen dieser Regeln und dem Standard internationaler Bankpraxis;

Bestätigung eine feststehende Verpflichtung der bestätigenden Bank, zusätzlich zu derjenigen der eröffnenden Bank, eine konforme Dokumentenvorlage zu honorieren oder negoziieren;

bestätigende Bank die Bank, die einem Akkreditiv aufgrund Ermächtigung oder im Auftrag der eröffnenden Bank ihre Bestätigung hinzufügt;

Akkreditiv jede wie auch immer benannte oder bezeichnete Vereinbarung, die unwiderruflich ist und dadurch eine feststehende Verpflichtung der eröffnenden Bank begründet, eine konforme Dokumentenvorlage zu honorieren;

Honorieren
a) bei Sicht zu zahlen, wenn das Akkreditiv durch Sichtzahlung benutzbar ist,
b) eine Verpflichtung zur hinausgeschobenen Zahlung zu übernehmen und bei Fälligkeit zu zahlen, wenn das Akkreditiv durch hinausgeschobene Zahlung benutzbar ist,
c) einen vom Begünstigten gezogenen Wechsel („Tratte") zu akzeptieren und diesen bei Fälligkeit zu zahlen, wenn das Akkreditiv durch Akzeptleistung benutzbar ist;

eröffnende Bank die Bank, die ein Akkreditiv im Auftrag des Auftraggebers oder in eigenem Interesse eröffnet;

Negoziierung der Ankauf von Tratten (die auf eine andere Bank als die benannte Bank gezogen sind) und/oder von Dokumenten aus einer konformen Dokumentenvorlage durch die benannte Bank unter Vorleistung oder Übernahme einer Verpflichtung zur Vorleistung von Geldmitteln an den Begünstigten vor oder an dem Bankarbeitstag, an dem der Rembours an die benannte Bank fällig ist;

benannte Bank die Bank, bei der das Akkreditiv benutzbar gestellt ist, oder im Fall eines Akkreditivs, das bei jeder Bank benutzbar gestellt ist, jede Bank.

Dokumentenvorlage entweder die Vorlage der Dokumente unter einem Akkreditiv bei der eröffnenden Bank oder der benannten Bank oder die vorgelegten Dokumente selbst;

Einreicher ein Begünstigter, eine Bank oder ein Dritter, der eine Dokumentenvorlage tätigt.

Übersicht

	Rn
1) Definitionen	1
2) Avisierende Bank	2
3) Auftraggeber	3
4) Bankarbeitstag	4
5) Begünstigter	5
6) Konforme Dokumentenvorlage	6
7) Bestätigung	7
8) Bestätigende Bank	8
9) Akkreditiv	9
10) Honorieren	10
11) Eröffnende Bank	11

V. Bankgeschäfte   1–6   **2 ERA (11)**

Rn
12) Negoziierung 12
13) Benannte Bank 13
14) Dokumentenvorlage 14
15) Einreicher 15

1) Definitionen

Art. 2 (neu) enthält 14 Definitionen, die für die gesamten ERA gelten (vgl. 1 demgegenüber Art. 3 mit 12 Auslegungsregeln). Im Folgenden ist untechnisch von Legaldefinitionen die Rede, obwohl die ERA keinen Gesetzesrang haben (→ Einl. vor Art. 1 Rn. 4, 5). Die spezielleren Definitionen, die für übertragbare Akkreditive wichtig sind, sind unmittelbar in Art. 38 integriert. Einige weitere Definitionen finden sich in Art. 9 (zweite avisierende Bank), 11 (Voravis), 13 (Rembours beanspruchende Bank und Remboursbank) und 37 (Spesen). Viele dieser Definitionen fanden sich schon in ERA 500, sind aber in den ERA 600 präzisiert, zum Teil sind sie ganz neu. Im Folgenden werden die Definitionen zusammen mit ihrer englischen Bezeichnung (nach diesen in den ERA alphabetisch gereiht) zunächst noch einmal kurz wiedergegeben und dann ggf. erläutert.

2) Avisierende Bank

Avisierende Bank (advising bank) bedeutet die Bank, die das Akkreditiv (Legal- 2 definition weiter unten) im Auftrag der eröffnenden Bank (→ Rn. 11) avisiert. Zur Avisierung s. Art. 9 und → **(7)** Bankgeschäfte Rn. K2.

3) Auftraggeber

Auftraggeber (applicant) bedeutet die Partei, in deren Auftrag das Akkreditiv 3 eröffnet wurde. Auftraggeber wird in der Regel der Kunde der eröffnenden Bank sein, kann aber auch Kunde einer Korrespondenzbank oder einer Tochter der Bank sein. Die Definition in ERA 500 war diesbezüglich zu eng. Partei bedeutet nicht, dass der Betreffende formal in das Akkreditiv einbezogen sein müsste, Drafting Group zu Art. 2. → **(7)** Bankgeschäfte Rn. K1, 3.

4) Bankarbeitstag

Bankarbeitstag (banking day) bedeutet ein Tag, an dem eine Bank an dem Ort, 4 an dem eine Handlung unter diesen Regeln auszuführen ist, üblicherweise geöffnet ist. Damit ist klar gestellt, dass die Bank an diesem Tag, zB samstags, üblicherweise nicht nur für das Massengeschäft, sondern gerade auch für das Akkreditivgeschäft geöffnet sein muss.

5) Begünstigter

Begünstigter (beneficiary) bedeutet die Partei, zu deren Gunsten das Akkreditiv 5 eröffnet ist. → **(7)** Bankgeschäfte Rn. K1, 10 ff.

6) Konforme Dokumentenvorlage

Dokumentenvorlage bedeutet Vorlage des im Akkreditiv beschriebenen 6 Dokuments, das ein Warendokument, aber auch ein anderes Dokument sein kann. **Konforme Dokumentenvorlage** (complying presentation) bedeutet eine Dokumentenvorlage in Übereinstimmung mit den Akkreditivbedingungen, den anwendbaren Bestimmungen dieser Regeln und dem Standard internationaler Bankpraxis. Eine Dokumentenvorlage ist danach nur dann konform, wenn sie allen drei Voraussetzungen entspricht: den Bedingungen des Akkreditivs selbst, den ERA und dem Standard internationaler Bankpraxis. Was Standard internationaler Bankpraxis ist, ist weder in den ERA definiert noch textlich irgendwo festgehalten, wenngleich viele (nicht alle) dieser Standards in ICC Banking Commission, International Standard Banking Practice for the Examination of Documents under ERA 600 (IntHK-Publikation Nr. 745) enthalten sind. Beweislast nach allgemeinen Grundsätzen, also wer sich darauf beruft, ggf. Einholung von Sachverständigengutachten bei ICC oder IHK, auch Nielsen Rn. 4, 14. → **(7) Bankgeschäfte** Rn. K14.

7) Bestätigung

7   Bestätigung (confirmation) bedeutet eine feststehende Verpflichtung der bestätigenden Bank (→ Rn. 8), zusätzlich zu derjenigen der eröffnenden Bank, eine konforme Dokumentenvorlage zu honorieren oder zu negoziieren. Die einzelnen Begriffe dieser Definition sind ihrerseits legaldefiniert, zB konforme Dokumentenvorlage, Honorieren, Negoziierung. → **(7) Bankgeschäfte** Rn. K2.

8) Bestätigende Bank

8   Bestätigende Bank (confirming bank) bedeutet die Bank, die einem Akkreditiv auf Grund Ermächtigung oder im Auftrag der eröffnenden Bank (→ Rn. 11) ihre Bestätigung hinzufügt. → **(7) Bankgeschäfte** Rn. K2.

9) Akkreditiv

9   Art. 2 enthält eine sehr weit gefasste Begriffsdefinition für Akkreditiv (auch Standby Letter of Credit, → Art. 1 Rn. 2). Akkreditiv (credit) iSv ERA bedeutet jede wie auch immer benannte oder bezeichnete Vereinbarung, die unwiderruflich ist und dadurch eine feststehende Verpflichtung der eröffnenden Bank begründet, eine konforme Dokumentenvorlage zu honorieren. Damit ist die Unwiderruflichkeit des Akkreditivs Teil der Legaldefinition. Vgl. allgemeiner → **(7) Bankgeschäfte** Rn. K1. Die Figur des widerruflichen Akkreditivs (→ **(7) Bankgeschäfte** Rn. K12), die noch in ERA 500 vorgesehen war und kaum praktisch war, ist unter ERA 600 nicht mehr vorgesehen, bleibt aber privatautonom weiterhin möglich (→ Art. 3 Rn. 3). Konforme Dokumentenvorlage und Honorieren sind ihrerseits legaldefiniert. Akkreditiv iSv Art. 2 ist Oberbegriff für alle dokumentären Zahlungsversprechen. Diese brauchen nicht unbedingt als „Akkreditiv" bezeichnet zu werden („wie auch immer benannt oder bezeichnet"). Die Bank handelt typischerweise im Auftrag und nach den Weisungen eines Kunden. Dass eine Bank ein Akkreditiv „im eigenen Interesse" hinauslegt (Art. 2 vor i aF), ist selten, aber rechtlich zulässig, vgl. BGH ZIP 1999, 607. Zwingende Angaben s. Art. 6, mögliche Leistungsinhalte des Akkreditivs Art. 6 lit. b, 7 i.–v. Zum el.ERA-Akkreditiv s. Anhang el.ERA Art. e 2 und e 5.

10) Honorieren

10   Honorieren (honour) bedeutet a) bei Sicht zu zahlen, wenn das Akkreditiv durch Sichtzahlung benutzbar ist, b) eine Verpflichtung zur hinausgeschobenen Zahlung zu übernehmen und bei Fälligkeit zu zahlen, wenn das Akkreditiv durch hinausgeschobene Zahlung benutzbar ist, c) einen vom Begünstigten gezogenen Wechsel („Tratte") zu akzeptieren und diesen bei Fälligkeit zu zahlen, wenn das Akkreditiv durch Akzeptleistung benutzbar ist. Honorieren kann danach in einer der drei verschiedenen Arten (bei Sicht zahlen, Übernahme der Verpflichtung später zu zahlen und Akzept und Bezahlung einer Tratte) erfolgen, aber auch als Kombination derselben (gemischte Zahlung). → **(7) Bankgeschäfte** Rn. K3.

11) Eröffnende Bank

11   Eröffnende Bank (issuing bank) bedeutet die Bank, die ein Akkreditiv im Auftrag des Auftraggebers oder in eigenem Interesse eröffnet. Akkreditive können auch von einem Unternehmen, das nicht Bank ist, eröffnet werden. Meistens handelt es sich dabei um L/Cs (letters of credit, → Art. 1 Rn. 2), die von Unternehmen ausgestellt sind und von den Parteien den ERA unterstellt sind, was privatautonom ohne Weiteres möglich ist. Für das das Akkreditiv eröffnende

V. Bankgeschäfte   **3 ERA (11)**

Unternehmen gilt dann alles, was in den ERA für die eröffnende Bank gilt. Einzelheiten dazu sind enthalten in der Opinion R.505 der ICC (abgedruckt als TA 537 in Drafting Group zu Art. 2). Dort wird besonders auf das höhere Risiko bei einem nicht von einer Bank eröffneten Akkreditiv und auf die Gefahr einer Irreführung des Begünstigten hingewiesen, was je nach anwendbarem Recht zu einer Haftung der avisierenden Bank führen könne. → **(7)** Bankgeschäfte Rn. K2b.

12) Negoziierung

Negoziierung (negotiation) bedeutet der Ankauf von Tratten (die auf eine andere Bank als die benannte Bank gezogen sind) und/oder von Dokumenten aus einer konformen Dokumentenvorlage durch die benannte Bank unter Vorleistung oder Übernahme einer Verpflichtung zur Vorleistung von Geldmitteln an den Begünstigten vor oder an dem Bankarbeitstag, an dem der Rembours an die benannte Bank fällig ist. Die Legaldefinition benützt den Begriff „Ankauf" statt wie Art. 10 lit. b ii ERA 500 den Begriff „Zahlung" („giving of value"), der in der Praxis zu Zweifeln geführt hatte. Erhalt oder Prüfung und Weiterleitung von Dokumenten stellt keine Negoziierung dar (Art. 12 lit. c). Für die Negoziierung ist entscheidend die Vorleistung oder Übernahme einer Verpflichtung zur Vorleistung. Daraus folgt dann, ohne dass das Teil der Definition von Negoziierung wäre, die Pflicht, die Bank zu remboursieren (Art. 7 lit. c, 8 lit. c), Drafting Group zu Art. 2. Die eröffnende Bank negoziiert nicht, wenn sie honoriert, das kann aber die benannte Bank tun. In der Praxis zahlen die Zahlstellen, die nicht selbst bestätigt haben, Negoziierungsakkreditive idR nur unter Vorbehalt aus.

13) Benannte Bank

Benannte Bank (nominated bank) bedeutet die Bank, bei der das Akkreditiv benutzbar gestellt ist, oder im Fall eines Akkreditivs, das bei jeder Bank benutzbar gestellt ist, jede Bank. Zahlstelle oder Abwicklungsbank → **(7)** Bankgeschäfte Rn. K2.

14) Dokumentenvorlage

Dokumentenvorlage (presentation) bedeutet entweder die Vorlage der Dokumente unter einem Akkreditiv bei der eröffnenden Bank (→ Rn. 11) oder der benannten Bank (→ Rn. 13) oder die vorgelegten Dokumente selbst. Welche der beiden Bedeutungen gemeint ist, ergibt sich aus dem Kontext, ob also physische Vorlage der Dokumente erfolgt oder die Dokumente bereits vorgelegt sind und sich bei der Bank befinden. → **(7)** Bankgeschäfte Rn. K5, 14.

15) Einreicher

Einreicher (presenter) bedeutet ein Begünstigter (→ Rn. 5), eine Bank oder ein Dritter, der eine Dokumentenvorlage tätigt. Diese Legaldefinition erlangt besonders unter Art. 16 Bedeutung, wenn es um die Benachrichtigung von der Ablehnung zu honorieren oder zu negoziieren geht.

Auslegungen

ERA 3 Im Sinne dieser Regeln gilt:

Wo immer anwendbar, schließen Worte im Singular den Plural ein, und Worte im Plural schließen den Singular ein.

Ein Akkreditiv ist selbst dann unwiderruflich, wenn es keine dementsprechende Angabe enthält.

Ein Dokument kann handschriftlich, durch Faksimile-Unterschrift, perforierte Unterschrift, Stempel, Symbol oder durch irgendeine andere mechanische oder elektronische Authentisierungsmethode unterzeichnet sein.

Eine Bedingung, wonach ein Dokument legalisiert, mit einem Sichtvermerk versehen, beglaubigt sein muss oder ähnliches, gilt als erfüllt durch irgendeine Unterschrift, ein Zeichen, einen Stempel oder Aufkleber auf dem Dokument, wodurch diese Bedingung erfüllt zu sein scheint.

Filialen einer Bank in unterschiedlichen Ländern gelten als separate Banken.

Begriffe wie „erstklassig", „gut bekannt", „qualifiziert", „unabhängig", „offiziell", „kompetent" oder „örtlich", die zur Beschreibung eines Ausstellers eines Dokuments verwendet werden, lassen jeden Aussteller mit Ausnahme des Begünstigten für die Ausstellung dieses Dokuments zu.

Worte wie „prompt", „unverzüglich" oder „baldmöglichst" werden nicht beachtet, soweit nicht gefordert ist, dass sie in einem Dokument zu verwenden sind.

Der Begriff „am oder um den" oder ähnliche Begriffe werden als eine Bestimmung ausgelegt, wonach ein Ereignis innerhalb eines Zeitraums von fünf Kalendertagen vor bis fünf Kalendertagen nach dem angegebenen Datum eintreten muss, wobei der erste und letzte Tag eingeschlossen sind.

Die Worte „bis", „bis zum", „ab" und „zwischen" schließen, wenn sie zur Bestimmung einer Verladefrist verwendet werden, das angegebene Datum oder die angegebenen Daten ein, und die Worte „vor" und „nach" schließen das angegebene Datum aus.

Die Worte „ab" und „nach" schließen, wenn sie zur Bestimmung eines Fälligkeitsdatums verwendet werden, das angegebene Datum aus.

Die Begriffe „erste Hälfte" und „zweite Hälfte" eines Monats bedeuten „1. bis 15. einschließlich" bzw. „16. bis letzter Tag des Monats einschließlich".

Die Begriffe „Anfang", „Mitte" oder „Ende" eines Monats bedeuten „1. bis 10. einschließlich", „11. bis 20. einschließlich" bzw. „21. bis letzter Tag des Monats einschließlich".

Übersicht

	Rn
1) Auslegungen	1
2) Singular/Plural	2
3) Unwiderrufliches Akkreditiv	3
4) Unterzeichnung	4
5) Legalisierung und Beglaubigung	5
6) Filialen einer Bank	6
7) Beschreibungen des Ausstellers als erstklassig uä	7
8) „prompt", „unverzüglich", „baldmöglichst"	8
9) „am oder um den"	9
10) Verladefrist „bis" uä und „vor" und „nach"	10
11) Fälligkeitsdatum „ab" und „nach"	11
12) „erste Hälfte", „zweite Hälfte" eines Monats	12
13) „Anfang", „Mitte", „Ende" eines Monats	13

1) Auslegungen

1 Art. 3 (neu) enthält 12 Auslegungsregeln. Art. 2 enthält demgegenüber Legaldefinitionen.

2) Singular/Plural

2 Was gemeint ist, hängt vom Kontext ab.

3) Unwiderrufliches Akkreditiv

Die ERA 600 kennen nur noch unwiderrufliche Akkreditive (→ Art. 2 Rn. 9). Dass ein Akkreditiv unter den ERA 600 unwiderruflich sein soll, braucht also nicht eigens gesagt zu werden. Da die ERA die Privatautonomie unangetastet lassen (→ Art. 1 Rn. 3), können die Parteien aber auch ein widerrufliches Akkreditiv vorsehen (→ **(7)** Bankgeschäfte Rn. K12), was allerdings kaum vorkommt. Ob ein solches ausnahmsweise vorliegt, ergibt die Auslegung (§§ 133, 157 BGB). Das Wort „widerruflich" muss nicht unbedingt benutzt werden.

4) Unterzeichnung

Die Auslegungsregel betreffend Unterzeichnung (entsprechend Art. 20b ERA 500, wo von Originaldokument die Rede war) lässt insbesondere Faksimileunterschrift ausreichen. Bei el.ERA-Akkreditiv bedeutet „unterzeichnen" elektronische Signatur, Anhang el.ERA e 3a iv. Originale und Kopien von Dokumenten s. Art. 17.

5) Legalisierung und Beglaubigung

Bedingungen, wonach ein Dokument legalisiert oder beglaubigt sein muss, zB verifizierte Kopie (verified copy), kommen in der Praxis häufig vor. Die Auslegungsregel besagt, was dafür genügt (entsprechend Art. 20d ERA 500 für Authentisierung). Ob diese Bedingungen Wirksamkeitserfordernisse sind, folgt zT aus Art. 6 sowie zB aus § 127 BGB bzw. nationalem Recht, Staub/Grundmann 3/580 f., näher → (7) Bankgeschäfte Rn. K 2 aE.

6) Filialen einer Bank

Nach dieser Auslegungsregel gelten Filialen einer Bank in unterschiedlichen Ländern als separate Banken. Das ist spezifisch für Akkreditive und wichtig, weil es von dem üblichen rechtlichen Verständnis von Filiale (Zweigniederlassung, → HGB § 13 Rn. 3) abzuweichen scheint. Die Auslegungsregel besagt jedoch nicht, dass es sich um eine andere Bank handelt, sondern nur, dass die Filiale eine separate Bank ist, was die Funktionen angeht, die sie bezüglich eines Akkreditivs unter den ERA zu erfüllen hat. Da Filialen einer Bank in unterschiedlichen Ländern als andere Bank gelten, genügt Einreichung bei der falschen Filiale derselben Bank nicht (zB Frist) bzw. bindet nicht. Diese Fiktion gilt aber nur für die Anwendung der ERA selbst, nicht zB für den Gerichtsstand.

7) Beschreibungen des Ausstellers als erstklassig uä

Begriffe wie erstklassig uä zur Beschreibung eines Ausstellers eines Dokuments lassen jeden Aussteller mit Ausnahme des Begünstigten für die Ausstellung des Dokuments zu (entsprechend Art. 20 lit. a ERA 500). Klauselbeispiele bei Nielsen Rn. 29 ff.

8) „prompt", „unverzüglich", „baldmöglichst"

Derartige Worte werden nicht beachtet, soweit nicht gefordert ist, dass sie in einem Dokument zu verwenden sind (entsprechend Art. 46 lit. b ERA 500).

9) „am oder um den"

Diese Auslegungsregel enthält eine praktisch überaus wichtige Zeitbestimmung, wonach ein Ereignis innerhalb von fünf Kalendertagen vor bis fünf Kalendertagen nach dem angegebenen Datum eintreten muss, wobei der Erste und letzte Tag eingeschlossen sind (entsprechend Art. 46 lit. c ERA 500).

10) Verladefrist „bis" uä und „vor" und „nach"

Praktisch wichtige Auslegungsregel für die Bestimmung einer Verladefrist (nicht sonst), wonach das angegebene Datum bzw. die angegebenen Daten eingeschlossen sind, während sie bei den Worten „vor" und „nach" ausgeschlossen sind (entsprechend Art. 47 lit. a ERA 500).

11) Fälligkeitsdatum „ab" und „nach"

11 „Ab" und „nach" schließen, wenn sie zur Bestimmung eines Fälligkeitsdatums verwendet werden (nur dafür gilt die Auslegungsregel, nicht für Zeitabschnitte), das angegebene Datum aus. Der Begriff „ab" wird hier anders gebraucht als bezüglich Verschiffungsperioden, Drafting Group zu Art. 3.

12) „erste Hälfte", „zweite Hälfte" eines Monats

12 Diese Begriffe bedeuten „1. bis 15. einschließlich" bzw. „16. bis letzter Tag des Monats einschließlich" (entsprechend Art. 47 lit. c ERA 500).

13) „Anfang", „Mitte", „Ende" eines Monats

13 Diese Begriffe bedeuten „1. bis 10. einschließlich", „11. bis 20. einschließlich" bzw. „21. bis letzter Tag des Monats einschließlich" (entsprechend Art. 47 lit. d ERA 500).

Akkreditive im Verhältnis zu Verträgen

ERA 4

a **[1]Ein Akkreditiv ist seiner Natur nach ein von dem Kauf- oder anderen Vertrag, auf dem es möglicherweise beruht, getrenntes Geschäft. [2]Banken haben in keiner Hinsicht etwas mit einem solchen Vertrag zu tun und sind durch ihn auch nicht gebunden, selbst wenn im Akkreditiv irgendein Bezug darauf enthalten ist. [3]Folglich ist die Verpflichtung einer Bank zu honorieren, negoziieren oder irgendeine andere Verpflichtung unter dem Akkreditiv zu erfüllen, nicht abhängig von Ansprüchen oder Einreden des Auftraggebers, die sich aus seinen Beziehungen zur eröffnenden Bank oder zum Begünstigten ergeben.
[4]Ein Begünstigter kann sich keinesfalls auf die vertraglichen Beziehungen berufen, die zwischen den Banken oder zwischen dem Auftraggeber und der eröffnenden Bank bestehen.**
b **Eine eröffnende Bank sollte jedem Versuch des Auftraggebers, Kopien des zugrunde liegenden Vertrags, Proforma-Rechnung und Ähnliches als integralen Bestandteil des Akkreditivs aufzunehmen, entgegentreten.**

1) Unabhängigkeit des Akkreditivs (Art. 4 lit. a)

1 Art. 4 nF entspricht Art. 3 aF. Art. 4 lit. a S. 1 enthält den Grundsatz der Unabhängigkeit des Akkreditivs vom Grundgeschäft (**Einwendungsausschluss**), zB LG Köln IHR 2016, 114, ausführlich → **(7)** Bankgeschäfte Rn. K1, 16–22. Der Grundsatz ist für Akkreditive zentral wichtig und kann heute als HdlBrauch angesehen werden (→ Einl. vor Art. 1 Rn. 5). Bezugnahme im Akkreditiv auf das Grundgeschäft ändert daran nichts (Art. 4 lit. a S. 2), Staub/Grundmann 3/573. Die Verpflichtung einer Bank zu honorieren, negoziieren oder irgendeine andere Verpflichtung unter dem Akkreditiv zu erfüllen (vgl. Legaldefinitionen in Art. 2), ist nicht abhängig von Gegenansprüchen oder Einreden des Auftraggebers aus seinen Beziehungen zur eröffnenden Bank oder zum Begünstigten (Art. 4 lit. a S. 3). Rechtsmissbrauch und Verhinderung der Zahlung durch einstweilige Verfügung und Arrest → **(7)** Bankgeschäfte Rn. K20, 21; Art. 4 lit. a steht dem nicht entgegen. Zu internationalen Unterschieden bei Abstraktheit und Missbrauch Nielsen Rn. 38, 40. Ebensowenig kann sich ein Begünstigter auf die vertraglichen Beziehungen zwischen den Banken oder zwischen dem Auftraggeber und der eröffnenden Bank berufen (Art. 4 lit. a S. 4).

V. Bankgeschäfte 6 ERA (11)

Der Umfang des Einwendungsausschlusses richtet sich selbstverständlich nach dem jeweils anwendbaren Recht.

2) Separierung von Akkreditiv und Vertragsdokumenten (Art. 4 lit. b)

Art. 4 lit. b (ähnlich wie Art. 5 lit. a i ERA 500) zieht die praktischen Konsequenzen aus der Unabhängigkeit des Akkreditivs vom Grundgeschäft. Um der (unberechtigten) Berufung auf letzteres oder auch nur diesbezüglichen Irrtümern und Missverständnissen vorzubeugen, sollte eine eröffnende Bank (→ Art. 2 Rn. 11) jedem Versuch des Auftraggebers entgegentreten, Kopien des zugrundeliegenden Vertrags, Proforma-Rechnungen oder Ähnliches als integralen Bestandteil des Akkreditivs aufzunehmen. Ausgeschlossen wird das angesichts der Privatautonomie, die vorgeht (→ Art. 1 Rn. 3), aber nicht. Doch kann sich dann eine Bank, die mit der Avisierung des Akkreditivs oder einer Änderung beauftragt ist, entschließen, das abzulehnen (Art. 9 lit. c). Auch sollten sich Auftraggeber darüber im Klaren sein, dass ihnen eine derartige Aufnahme in das Akkreditiv für die Güter und deren Güte nichts bringt, Drafting Group zu Art. 4. 2

Dokumente im Verhältnis zu Waren, Dienstleistungen oder Leistungen

ERA 5 Banken befassen sich mit Dokumenten und nicht mit Waren, Dienstleistungen oder Leistungen, auf die sich die Dokumente möglicherweise beziehen.

1) Ausschließliche Maßgeblichkeit der Dokumente

Art. 5 nF (zu Art. 5 aF → Art. 6 Rn. 6) entspricht Art. 4 aF, der aber unrichtig weit formuliert war („alle Parteien", der Begünstigte befasst sich jedoch sehr wohl mit der Ware ua). Art. 5 ist Ausfluss des Grundsatzes der Unabhängigkeit des Akkreditivs vom Grundgeschäft (→ Art. 4 Rn. 1). Beim Akkreditiv befassen sich die Banken mit Dokumenten, nicht mit Waren, Dienstleistungen oder Leistungen, auf die sich die Dokumente möglicherweise beziehen, → **(7)** Bankgeschäfte Rn. K1, 5 ua. Elektronisches Dokument s. Anhang ERA e 1, 3 II. 1

Benutzbarkeit, Verfalldatum und Ort für die Dokumentenvorlage

ERA 6

a ¹Ein Akkreditiv muss die Bank angeben, bei der es benutzbar ist, oder, ob es bei jeder Bank benutzbar ist. ²Ein bei einer benannten Bank benutzbares Akkreditiv ist auch bei der eröffnenden Bank benutzbar.

b Ein Akkreditiv muss angeben, ob es durch Sichtzahlung, hinausgeschobene Zahlung, Akzeptleistung oder Negoziierung benutzbar ist.

c Ein Akkreditiv darf nicht durch eine Tratte gezogen auf den Auftraggeber benutzbar gestellt sein.

d i. ¹Ein Akkreditiv muss ein Verfalldatum für die Dokumentenvorlage angeben. ²Ein für die Honorierung oder Negoziierung angegebenes Verfalldatum gilt als Verfalldatum für die Dokumentenvorlage.

ii. ¹Der Ort der Bank, bei der das Akkreditiv benutzbar ist, ist der Ort für die Dokumentenvorlage. ²Der Ort für die Dokumentenvorlage unter einem bei jeder Bank benutzbaren Akkreditiv ist der Ort jeder Bank. ³Ein Ort für die Dokumentenvorlage, der vom Ort der eröffnenden Bank abweicht, gilt zusätzlich zum Ort der eröffnenden Bank.

e Vorbehaltlich der Bestimmung von Artikel 29 (a) muss eine Dokumentenvorlage durch oder für den Begünstigten am oder vor dem Verfalldatum erfolgen.

1) Benutzbarkeit bei welcher Bank (Art. 6 lit. a)

1 **Art. 6 nF** entspricht in lit. d und e ERA 500 Art. 42 lit. a und b und in lit. c zT Art. 9 lit. a iv, b iv, ist aber im Übrigen neu. Art. 6 regelt die zwingenden Mindestangaben in einem Akkreditiv (auch → Rn. 7). Nach lit. a S. 1 muss das Akkreditiv angeben, bei welcher Bank es benutzbar ist, oder ob es bei jeder Bank benutzbar ist. Ein bei einer benannten Bank benutzbares Akkreditiv ist auch bei der eröffnenden Bank (→ Art. 2 Rn. 11) benutzbar (Art. 6 lit. a S. 2). Aber das heißt nur, dass der Begünstigte die Dokumente entweder bei der benannten Zweitbank oder bei der eröffnenden Bank einreichen kann, die Honorierung erfolgt grundsätzlich nur durch die Zweitbank, außer wenn die Honorierung durch die Zweitbank nicht möglich ist, zB wegen Devisenbeschränkungen oder Unruhen, MüKoHGB/Wedemann H Rn. 34. Trotz des Ausdrucks „benutzbar" kein Bypassing der Zahlstelle, MüKoHGB/Wedemann H Rn. 141.

2) Art der Benutzbarkeit (Art. 6 lit. b)

2 Das Akkreditiv kommt nach seinem Verpflichtungsinhalt in **vier Abwicklungsformen** vor: Zahlungsakkreditive, Zahlungsakkreditive mit hinausgeschobener Fälligkeit, Akzeptierungsakkreditive und Negoziierungsakkreditive, die nicht kombiniert werden können (Art. 6 lit. b, auch Art. 7 lit. a). Das Akkreditiv muss deshalb angeben, ob es durch 1) **Sichtzahlung** (payment at sight), 2) **hinausgeschobene Zahlung** (Nachsichtzahlung, deferred payment), 3) **Akzeptleistung** (if the credit provides for acceptance) oder 4) **Negoziierung** (if the credit provides for negotiation) benutzbar gestellt ist (vgl. Legaldefinition von Honorieren und Negoziierung in → Art. 2 Rn. 10, 12). Die Verpflichtung der eröffnenden und der bestätigenden Bank zu honorieren variiert je nach Art der Benutzbarkeit des Akkreditivs, näher → Art. 7 Rn. 1, → Art. 8 Rn. 1. Zum deferred payment-Akkreditiv BGHZ 101, 92; Zulässigkeit der vorzeitigen Zahlung → Art. 12 Rn. 2.

3) Keine Benutzbarkeit durch eine auf den Auftraggeber gezogene Tratte (Art. 6 lit. c)

3 Das Akkreditiv darf nicht durch eine Tratte gezogen auf den Auftraggeber benutzbar gestellt sein. Tratte ist ein vom Begünstigten gezogener Wechsel (s. Legaldefinition von Honorieren in → Art. 2 Rn. 10). Der Auftraggeber soll aus dem Prozess der Bezahlung des Akkreditivs herausgehalten werden. In Art. 9 lit. a iv, b iv ERA 500 war für den Fall, dass das Akkreditiv dennoch Trattenziehung auf den Auftraggeber vorschreibt, vorgesehen, dass die Banken solche Tratten als zusätzliche Dokumente behandeln. Art. 6 lit. c sieht das zwar nicht mehr vor, um zu unterstreichen, dass das unerwünscht ist. Sieht ein Akkreditiv das dennoch vor, wird die Tratte wie jedes andere vom Akkreditiv vorgeschriebene Dokument behandelt, und die eröffnende Bank muss dann eben die Bedingungen und den Inhalt der Tratte im Einzelnen festlegen, Drafting Group zu Art. 6

4) Verfalldatum und Ort für die Dokumentenvorlage (Art. 6 lit. d)

4 Akkreditive **ohne Verfalldatum** nach Art. 6 lit. d i sind **nichtig** (entsprechend Art. 42 lit. a ERA 500), Eröffnungsmitteilung ist dann nur unverbindlicher Avis, Schütze/Vorpeil Rn. 193, Hinweispflicht der Bank → **(7)** Bankgeschäfte Rn. K13. Verfalldatum, von Rspr. und Lehre sehr strikt verstanden, → **(7)** Bankgeschäfte Rn. K13. Ein für die Honorierung oder Negoziierung angegebenes Verfalldatum gilt als Verfalldatum für die Dokumentenvorlage, denn der Begünstigte hat nur auf die Rechtzeitigkeit der letzteren Einfluss (Art. 6 lit. d i S. 2). Nach Art. 42c ERA 500 sollte das Verfalldatum ausdrücklich, also mit bestimmtem Endtermin und nicht nur indirekt über die Benutzbarkeit des Akkreditivs „für einen Monat" oä angegeben sein; letzterenfalls begann die Frist mit dem Tag

der Akkreditiveröffnung, also ohne Rücksicht auf Akkreditivannahme (vgl. → **(7)** Bankgeschäfte Rn. K11), krit. Nielsen, 2. Aufl. 2001, Rn. 402, aber zulässig. Verfalldatum sollte die Versandfrist so überschreiten, dass der Begünstigte die Versandfrist voll ausschöpfen kann, Schütze/Vorpeil Rn. 180. Tratten und Berechnung des Fälligkeitsdatums mit Bsp., International Standard Banking Practice (ICC Publication No 745) B1–18.

Ein **Vorlageort** (place of expiry) braucht **nicht mehr** angegeben zu werden. Aber auch schon unter ERA 500 machte das Fehlen das Akkreditiv nicht nichtig, Vorlage dann bei der Eröffnungsbank bzw. Zahlstelle, Nielsen, 2. Aufl. 2001, Rn. 397. Der Ort der Bank, bei der das Akkreditiv benutzbar ist, ist der Ort für die Dokumentenvorlage bzw. bei einem bei jeder Bank benutzbaren Akkreditiv der Ort jeder Bank (Art. 6 lit. d ii S. 1, 2). Bei Abweichung des Orts der Dokumentenvorlage und des Orts der eröffnenden Bank gelten beide Orte als Vorlageorte (Art. 6 lit. d ii S. 1, 2), aber besser zu vermeiden, MüKoHGB/ Wedemann H Rn. 33. „Ort der Vorlage" von elektronischen Dokumenten bedeutet bei el.ERA-Akkreditiv eine elektronische Adresse, Anhang el.ERA Art. e 3a iii; Vorlage Art. e 5.

5) Zeitpunkt der Dokumentenvorlage (Art. 6 lit. e)

Nach Art. 6 lit. e (entsprechend Art. 42 lit. b ERA 500) muss eine Dokumentenvorlage durch oder für den Begünstigten strikt am oder vor dem Verfalldatum (→ Rn. 4) erfolgen. Der Vorbehalt verweist auf Art. 29 lit. a (arbeitsfreie Tage). Die Dokumentenvorlage kann für den Begünstigten zB durch eine andere Bank oder einen Frachtführer vorgelegt werden. S. auch Art. 14 lit. c und Art. 29 lit. c.

6) Weitere, fakultative Angaben

Art. 6 regelt die Mindestangaben im Akkreditiv, soweit sie nicht schon aus der Definition des Akkreditivs folgen (→ Art. 2 Rn. 9). Das Akkreditiv kann selbstverständlich weitere Angaben enthalten (→ Art. 1 Rn. 3). Art. 5a i, ii aF besagte dazu aber zu Recht, dass die Banken jedem Versuch entgegentreten sollen, zu weit gehende Einzelheiten in das Akkreditiv aufzunehmen und im Akkreditiv auf früher eröffnete Akkreditive Bezug zu nehmen. Damit sollte die Praxis zurückgedrängt werden, auf frühere gleiche Akkreditive (besser: ähnliche, englisch: **„similar credit";** Unterschiede, zB in Laufzeit ua, liegen immer vor) zu verweisen, wenn sie Gegenstand von Änderungen waren, denn dann drohen Missverständnisse. Wird trotzdem verwiesen, sind iZw die ursprünglichen Bedingungen gemeint (vgl. Art. 13 ERA 1983), aber iZw Rückfragepflicht, MüKoHGB/ Wedemann H Rn. 98.

Verpflichtung der eröffnenden Bank

ERA 7

a **Werden die vorgeschriebenen Dokumente der benannten Bank oder der eröffnenden Bank vorgelegt und stellen [sie] eine konforme Dokumentenvorlage dar, muss die eröffnende Bank honorieren, wenn das Akkreditiv benutzbar ist durch:**
  i. **Sichtzahlung, hinausgeschobene Zahlung oder Akzeptleistung bei der eröffnenden Bank;**
  ii. **Sichtzahlung bei einer benannten Bank und diese benannte Bank nicht zahlt;**
  iii. **hinausgeschobene Zahlung bei einer benannten Bank und diese benannte Bank keine Verpflichtung zur hinausgeschobenen Zahlung übernimmt oder, falls sie eine Verpflichtung zur hinausgeschobenen Zahlung übernommen hat, bei Fälligkeit nicht zahlt;**

iv. Akzeptleistung bei der benannten Bank und diese benannte Bank eine auf sie gezogene Tratte nicht akzeptiert oder, nachdem sie die Tratte akzeptiert hat, bei Fälligkeit nicht zahlt;
v. Negoziierung bei einer benannten Bank und diese benannte Bank nicht negoziiert.

b Eine eröffnende Bank ist ab dem Zeitpunkt der Eröffnung des Akkreditivs unwiderruflich zur Honorierung verpflichtet.

c ¹Eine eröffnende Bank verpflichtet sich, die benannte Bank, die eine konforme Dokumentenvorlage honoriert oder negoziiert und die Dokumente an die eröffnende Bank versandt hat, zu rembourrsieren. ²Rembours in Höhe des Betrags der konformen Dokumentenvorlage unter einem Akkreditiv, das durch Akzeptleistung oder hinausgeschobene Zahlung benutzbar ist, ist bei Fälligkeit zu leisten, unabhängig davon, ob die benannte Bank vor Fälligkeit gezahlt oder angekauft hat. ³Die Verpflichtung der eröffnenden Bank, die benannte Bank zu rembourrsieren, ist unabhängig von der Verpflichtung der eröffnenden Bank gegenüber dem Begünstigten.

1) Verpflichtung der eröffnenden Bank zur Honorierung je nach Art der Benutzbarkeit des Akkreditivs (Art. 7 lit. a)

1   Art. 7 lit. a nF entspricht Art. 9 lit. a i–iii aF. Art. 7 lit. a enthält die **Verpflichtung der eröffnenden Bank** (→ Art. 2 Rn. 11), bei konformer Dokumentenvorlage **zu honorieren (must honour)**, und zwar unterschiedlich je nach Art der Benutzbarkeit des Akkreditivs. Art. 7 lit. a unterscheidet fünf Formen: Sichtzahlung, hinausgeschobene Zahlung (Nachsichtzahlung, deferred payment) (lit. a i–iii), Akzeptleistung und Negoziierung (a iv–v), jeweils mit bestimmtem Leistungsinhalt. Zum deferred payment-Akkreditiv BGHZ 101, 84, Wirksamkeit der vorzeitigen Zahlung bei diesem ist umstritten, → **(7)** Bankgeschäfte Rn. K3. Negoziierung ist definiert in Art. 2 (dort → Art. 2 Rn. 12). Art. 7 lit. a regelt die Verpflichtung der eröffnenden Bank, Art. 8 lit. a die der bestätigenden Bank, → **(7)** Bankgeschäfte Rn. K2. Art. 7 betont die sog. Ersthaftung oder Primärhaftung der Eröffnungsbank (und der Bestätigungsbank, Art. 8 lit. a), aber missverständlich, Ersthaftung bedeutet nur, dafür einzustehen, dass die Zweitbank (Zahlstelle) das Akkreditiv erfüllt, krit. MüKoHGB/Wedemann H Rn. 53. Ist Zahlung bei einer anderen Bank als Zahlstelle bzw. Bestätigungsbank vereinbart (→ **(7)** Bankgeschäfte Rn. K2), ist trotz Art. 7 lit. a nur über diese auszuzahlen, also keine Direktzahlung durch die eröffnende Bank, die nur durch die andere Bank zu erfüllen versprochen hat, Nielsen Rn. 67, Staub/Grundmann 3/591. Nach Art. 7 lit. a, Art. 8 lit. a ist Dokumenteneinreichung entweder bei der Eröffnungs- oder der Bestätigungsbank möglich.

2) Unwiderrufliche Verpflichtung der eröffnenden Bank zur Honorierung (Art. 7 lit. b)

2   Art. 7 lit. b nF formuliert weitergehend als Art. 9 lit. d i S. 1 aF. Eine eröffnende Bank ist ab dem Zeitpunkt der Eröffnung des Akkreditivs unwiderruflich zur Honorierung verpflichtet. Zur (Un-)Widerruflichkeit → Art. 3 Rn. 3.

3) Verpflichtung der eröffnenden Bank zur Remboursierung (Art. 7 lit. c)

3   Art. 7 lit. c betrifft die Remboursierung durch die eröffnende Bank, entsprechend Art. 8 lit. c die durch die bestätigende Bank (wie Art. 14 lit. a ERA 500). Bank-zu-Bank Remboursvereinbarungen sind in Art. 13 geregelt. Art. 7 lit. c S. 1 enthält die Remboursierungsverpflichtung. Art. 7 lit. c S. 2 bestimmt, wann zu rembourrsieren ist, nämlich zum Zeitpunkt der Fälligkeit, ohne Rücksicht darauf, ob die benannte Bank vor Fälligkeit gezahlt oder angekauft hat, wozu diese nach Art. 12 lit. b berechtigt ist (aber Wirksamkeit umstritten, dort

V. Bankgeschäfte 1 **8 ERA (11)**

→ Art. 12 Rn. 2). Geraten wird deshalb, Art. 7 lit. c S. 2 insoweit ausdrücklich abzubedingen, → **(7) Bankgeschäfte** Rn. K3. Art. 7 lit. c S. 3 hält noch einmal fest, dass die Remboursierungspflicht der eröffnenden Bank unabhängig von ihrer Verpflichtung gegenüber dem Begünstigten ist.

Verpflichtung der bestätigenden Bank

ERA 8

a **Werden die vorgeschriebenen Dokumente der bestätigenden Bank oder einer anderen benannten Bank vorgelegt und stellen eine konforme Dokumentenvorlage dar, muss die bestätigende Bank:**
  i. **honorieren, wenn das Akkreditiv benutzbar ist durch**
    a) **Sichtzahlung, hinausgeschobene Zahlung oder Akzeptleistung bei der bestätigenden Bank;**
    b) **Sichtzahlung bei einer anderen benannten Bank und diese benannte Bank nicht zahlt;**
    c) **hinausgeschobene Zahlung bei einer anderen benannten Bank und diese benannte Bank keine Verpflichtung zur hinausgeschobenen Zahlung übernimmt oder, falls sie eine Verpflichtung zur hinausgeschobenen Zahlung übernommen hat, bei Fälligkeit nicht zahlt;**
    d) **Akzeptleistung bei einer anderen benannten Bank und diese benannte Bank eine auf sie gezogene Tratte nicht akzeptiert oder, nachdem sie die Tratte akzeptiert hat, bei Fälligkeit nicht zahlt;**
    e) **Negoziierung bei einer anderen benannten Bank und diese benannte Bank nicht negoziiert.**
  ii. **ohne Regress negoziieren, wenn das Akkreditiv durch Negoziierung bei der bestätigenden Bank benutzbar ist.**
b **Eine bestätigende Bank ist ab dem Zeitpunkt der Hinzufügung ihrer Bestätigung zu dem Akkreditiv unwiderruflich zur Honorierung oder Negoziierung verpflichtet.**
c ¹**Eine bestätigende Bank verpflichtet sich, eine andere benannte Bank, die eine konforme Dokumentenvorlage honoriert oder negoziiert und die Dokumente an die bestätigende Bank versandt hat, zu remboursieren.** ²**Rembours in Höhe des Betrags der konformen Dokumentenvorlage unter einem Akkreditiv, das durch Akzeptleistung oder hinausgeschobene Zahlung benutzbar ist, ist bei Fälligkeit zu leisten, unabhängig davon, ob die benannte Bank diesen Betrag vor Fälligkeit gezahlt oder angekauft hat.** ³**Die Verpflichtung einer bestätigenden Bank, eine andere benannte Bank zu remboursieren, ist unabhängig von der Verpflichtung der bestätigenden Bank gegenüber dem Begünstigten.**
d **Wenn eine Bank von der eröffnenden Bank ermächtigt oder beauftragt ist, ein Akkreditiv zu bestätigen, hierzu aber nicht bereit ist, muss sie die eröffnende Bank unverzüglich davon unterrichten und kann das Akkreditiv ohne Bestätigung avisieren.**

1) Verpflichtung der bestätigenden Bank zur Honorierung je nach Art der Benutzbarkeit des Akkreditivs (Art. 8 lit. a)

Art. 8 nF entspricht Art. 9 lit. b i–iii aF. Art. 8 lit. a enthält die **Verpflich-** 1
tung der bestätigenden Bank (→ Art. 2 Rn. 8), bei konformer Dokumentenvorlage **zu honorieren,** und zwar unterschiedlich je nach Art der Benutzbarkeit des Akkreditivs (Art. 8a lit. a i a–e). Art. 8 lit. a i entspricht für die bestätigende Bank Art. 7 lit. a für die eröffnende Bank, näher → Art. 7 Rn. 1. Die bestätigende Bank muss ohne Regress (vorbehaltslos, without recourse) negoziieren, wenn

das Akkreditiv durch Negoziierung bei ihr benutzbar gestellt ist (Art. 8 lit. a ii); aber auch unter Art. 8 lit. a i ist vorbehaltslos zu honorieren, MüKoHGB/Wedemann H Rn. 50.

2   Art. 8 lit. a regelt die Verpflichtung der bestätigenden Bank wie schon Art. 7 lit. a die der eröffnenden Bank. Aber zur Einstandspflicht beider Banken (Gesamtschuld) kommt es erst, wenn die Zahlstelle nicht leistet, Zahlstelle ist aber idR die Bestätigungsbank (→ **(7)** Bankgeschäfte Rn. K2). Zur Bedeutung der sog. Ersthaftung der Eröffnungsbank → Art. 7 Rn. 2. Nach Art. 7 lit. a, Art. 8 lit. a ist Dokumenteneinreichung entweder bei der Eröffnungs- oder der Bestätigungsbank möglich.

2) Unwiderrufliche Verpflichtung der bestätigenden Bank zur Honorierung (Art. 8 lit. b)

3   Art. 8 lit. b nF formuliert weitergehend als Art. 9 lit. d ii S. 2 aF. Eine bestätigende Bank ist ab dem Zeitpunkt der Bestätigung des Akkreditivs unwiderruflich zur Honorierung oder zur Negoziierung verpflichtet. Zur Unwiderruflichkeit s. schon bei der Definition des Akkreditivs in → Art. 2 Rn. 9. Bestätigung ist zwar auch beim widerruflichen Akkreditiv (→ Art. 3 Rn. 3) möglich, str., kommt aber praktisch nicht vor.

3) Verpflichtung der bestätigenden Bank zur Remboursierung (Art. 8 lit. c)

4   Art. 8 lit. c nF (entsprechend Art. 14 lit. a aF) betrifft die Remboursierung durch die bestätigende Bank, entsprechend Art. 7 lit. c die durch die eröffnende Bank. Art. 8 lit. c S. 2 bestimmt, wann zu remboursieren ist, nämlich zum Zeitpunkt der Fälligkeit, ohne Rücksicht darauf, ob die benannte Bank vor Fälligkeit gezahlt oder angekauft hat, wozu diese nach Art. 12 lit. b berechtigt ist (Wirksamkeit str., dort → Art. 12 Rn. 2). Geraten wird deshalb, Art. 8 lit. c S. 2 insoweit ausdrücklich abzubedingen, → **(7)** Bankgeschäfte Rn. K3. Bank-zu-Bank-Remboursvereinbarungen sind in Art. 13 geregelt.

4) Ablehnung der Bestätigung (Art. 8 lit. d)

5   Art. 8 lit. d nF entspricht Art. 9 lit. d ii S. 3 aF. Lehnt die von der eröffnenden Bank zur Bestätigung ermächtigte oder beauftragte Bank die Bestätigung ab, muss sie die eröffnende Bank unverzüglich davon unterrichten. Sie kann das Akkreditiv aber ohne Bestätigung avisieren, zur Avisierung näher Art. 9. Zum Unterschied zwischen bloßer Ermächtigung und Beauftragung MüKoHGB/Wedemann H Rn. 132.

Avisierung von Akkreditiven und Änderungen

ERA 9

a [1] Ein Akkreditiv und jegliche Änderung kann dem Begünstigten durch eine avisierende Bank avisiert werden. [2] Eine avisierende Bank, die nicht bestätigende Bank ist, avisiert das Akkreditiv und jegliche Änderungen, ohne irgendeine Verpflichtung zu honorieren oder zu negoziieren.

b Durch die Avisierung des Akkreditivs oder der Änderung gibt die avisierende Bank zu erkennen, dass sie sich der augenscheinlichen Echtheit des Akkreditivs oder der Änderung vergewissert hat und dass das Avis die Bedingungen des ihr zugegangenen Akkreditivs oder der ihr zugegangenen Änderung genau wiedergibt.

c [1] Eine avisierende Bank kann sich einer anderen Bank („zweite avisierende Bank") zur Avisierung des Akkreditivs und jeglicher Änderung an den Begünstigten bedienen. [2] Durch die Avisierung des Akkreditivs oder der

Änderung gibt die zweite avisierende Bank zu erkennen, dass sie sich der augenscheinlichen Echtheit des bei ihr eingegangenen Avises vergewissert hat und dass ihr Avis die Bedingungen des ihr zugegangenen Akkreditivs oder der ihr zugegangenen Änderungen genau wiedergibt.

d Eine Bank, die sich der Dienste einer avisierenden oder zweiten avisierenden Bank zur Avisierung eines Akkreditivs bedient, muss dieselbe Bank zur Avisierung von jeder Änderung dazu benutzen.

e Wenn sich eine Bank, die mit der Avisierung eines Akkreditivs oder einer Änderung beauftragt ist, entschließt, dies nicht zu tun, muss sie darüber unverzüglich die Bank unterrichten, von der sie das Akkreditiv, die Änderung oder das Avis erhalten hat.

f ¹ Wenn eine Bank mit der Avisierung eines Akkreditivs oder einer Änderung beauftragt ist, sich jedoch nicht der augenscheinlichen Echtheit des Akkreditivs, der Änderung oder des Avises vergewissern kann, muss sie unverzüglich die Bank, von der sie den Auftrag erhalten zu haben scheint, davon unterrichten. ² Wenn die avisierende oder zweite avisierende Bank sich dennoch zur Avisierung des Akkreditivs oder der Änderung entschließt, muss sie den Begünstigten oder die zweite avisierende Bank davon unterrichten, dass sie sich nicht der augenscheinlichen Echtheit des Akkreditivs oder der Änderung oder des Avises vergewissern konnte.

1) Avisierung von Akkreditiven und Änderungen (Art. 9 lit. a)

Art. 9 nF entspricht zT Art. 7 und 11 lit. b aF. Art. 9 regelt die Avisierung von 1 Akkreditiven und von Änderungen derselben durch die avisierende oder Avisbank (→ Art. 2 Rn. 2). Die avisierende Bank, die nicht bestätigende Bank ist (Abgrenzung → **(7)** Bankgeschäfte Rn. K11), übernimmt mit der Avisierung keine Verpflichtung zu honorieren oder zu negoziieren (Art. 9 lit. a S. 2), auch → **(7)** Bankgeschäfte Rn. K2. Schweigen des Begünstigten ist nicht ohne Weiteres Zustimmung (→ HGB § 346 Rn. 32), MüKoHGB/Wedemann H Rn. 93. **Stille Bestätigung** (→ **(7)** Bankgeschäfte Rn. K2c), OLG Frankfurt a. M. WM 2010, 1405.

2) Prüfungspflicht der avisierenden Bank (Art. 9 lit. b)

Durch die Avisierung gibt die Bank zu erkennen, dass sie sich der augen- 2 scheinlichen Echtheit des Akkreditivs bzw. der Änderung vergewissert hat und dass das Avis den Bedingungen des Akkreditivs bzw. der Änderung genau entspricht. Mit ersterem soll Fälschungen vorgebeugt werden. Die Pflicht, sich nur der augenscheinlichen Echtheit zu vergewissern (Art. 9 lit. b Alt. 1), ersetzt die Pflicht, „mit angemessener Sorgfalt" dies „zu überprüfen" (Art. 7 lit. a ERA 500), was zu erheblicher Unsicherheit geführt hatte. Intendiert ist mit der nF offenbar ein Weniger gegenüber der aF, obwohl es sich doch um eine Pflicht (responsibility) der Bank handeln soll, Drafting Group zu Art. 9. Die Pflicht, im Avis die Bedingungen des Akkreditivs bzw. der Änderung „genau wiederzugeben", bedeutet nicht, dass alle möglichen „Bank zu Bank"-Informationen weitergegeben werden müssen, zB Refinanzierungsersuchen, Kreditvereinbarungen und spezielle Instruktionen für die benannte Bank. Diese können vielmehr aus dem Avis entfernt werden; wichtig ist nur, dass der Begünstigte mindestens alle Informationen erhält, die er für den dokumentären Kredit benötigt, Drafting Group zu Art. 9. Weitere Nachprüfungspflichten als in Art. 9 lit. b hat die avisierende Bank grundsätzlich nicht. Falls Vergewisserung nicht möglich ist, bestehen Mitteilungspflichten (Art. 9 lit. f, → Rn. 6). Drittschutz des Begünstigten → **(7)** Bankgeschäfte Rn. K2b, MüKoHGB/Wedemann H Rn. 103.

3) Einschaltung einer zweiten avisierenden Bank (Art. 9 lit. c)

3 Die avisierende Bank kann sich entsprechend einer seit einigen Jahren bestehenden Praxis für das Avis einer zweiten avisierenden Bank bedienen, für die dann dasselbe wie für die Erste gilt (Art. 9 lit. c S. 2 entspricht Art. 9 lit. b, → Rn. 2).

4) Keine verschiedenen Banken für Avisierung des Akkreditivs und von Änderungen (Art. 9 lit. d)

4 Art. 9 lit. c (wie Art. 11 lit. b aF) will Irrtümer durch Einschaltung verschiedener Banken für die Avisierung des Akkreditivs und von Änderungen desselben verhindern.

5) Pflicht bei Ablehnung des Avisierungsauftrags (Art. 9 lit. e)

5 Bei Auftragsablehnung (Art. 9 lit. e nF wie Art. 7 lit. a aF) besteht Mitteilungspflicht an die Bank, von der das Akkreditiv, die Änderung oder das Avis gekommen ist. Bloßes Schweigen kann schadensersatzpflichtig (§§ 280 I, 311 II BGB) machen, gilt aber nicht ohne Weiteres als Annahme (→ HGB § 346 Rn. 30 ff.).

6) Mitteilungspflicht mangels Vergewisserung der augenscheinlichen Echtheit (Art. 9 lit. f)

6 Kann sich die Bank nicht der augenscheinlichen Echtheit vergewissern (→ Rn. 2), muss sie das mitteilen, je nachdem an die Bank bzw. den Begünstigten (Art. 9 lit. f S. 1, 2 nF wie Art. 7 lit. b aF). In der Praxis wird die Bank sich jedoch bei der eröffnenden Bank über die Echtheit erkundigen.

Änderungen

ERA 10

a Soweit Artikel 38 nichts anderes vorsieht, kann ein Akkreditiv ohne die Zustimmung der eröffnenden Bank, der möglicherweise vorhandenen bestätigenden Bank und des Begünstigten weder geändert noch annulliert werden.

b [1] Eine eröffnende Bank ist ab dem Zeitpunkt der Erstellung einer Änderung unwiderruflich an die Änderung gebunden. [2] Eine bestätigende Bank kann ihre Bestätigung auf eine Änderung erstrecken und ist ab dem Zeitpunkt ihrer Avisierung der Änderung unwiderruflich verpflichtet. [3] Eine bestätigende Bank kann jedoch dem Begünstigten eine Änderung auch avisieren, ohne ihre Bestätigung darauf zu erstrecken, und muss dann die eröffnende Bank unverzüglich und den Begünstigten in ihrer Avisierung unterrichten.

c [1] Die Bedingungen des ursprünglichen Akkreditivs (oder eines Akkreditivs mit zuvor angenommenen Änderungen) bleiben für den Begünstigten in Kraft, bis der Begünstigte seine Annahme der Änderung der Bank mitteilt, die ihm die Änderung avisiert hat. [2] Der Begünstigte sollte mitteilen, ob er eine Änderung annimmt oder ablehnt. [3] Wenn der Begünstigte diese Mitteilung unterlässt, gilt die Dokumentenvorlage, die dem Akkreditiv und jeglicher noch nicht angenommener Änderung entspricht, als Mitteilung der Annahme der Änderung durch den Begünstigten. [4] Ab diesem Zeitpunkt ist das Akkreditiv geändert.

d Eine Bank, die eine Änderung avisiert, sollte die Bank, von der sie die Änderung erhalten hat, von jeglicher Mitteilung über die Annahme oder Ablehnung informieren.

e Eine teilweise Annahme einer Änderung ist nicht erlaubt und gilt als Mitteilung über die Ablehnung der Änderung.

f Eine Bestimmung in einer Änderung des Inhalts, dass die Änderung wirksam werden soll, sofern der Begünstigte sie nicht binnen einer bestimmten Frist ablehnt, wird nicht beachtet.

1) Keine Änderung ohne Zustimmung (Art. 10 lit. a)

Art. 10 lit. nF entspricht Art. 9 lit. d aF. Änderungen und Annullierung des Akkreditivs sind nur mit Zustimmung der eröffnenden Bank, bei Bestätigung der bestätigenden Bank und des Begünstigten möglich. Sonderregelungen enthält Art. 38 für übertragbare Akkreditive.

2) Bindung an die Änderung (Art. 10 lit. b)

Die eröffnende Bank ist bereits ab Erstellung einer Änderung unwiderruflich daran gebunden, auch wenn die Mitteilung dem Begünstigten noch nicht zugegangen ist (Art. 10 lit. b S. 1), sog. mailbox theory, krit. Nielsen Rn. 108. Die bestätigende Bank ist dagegen nur gebunden, wenn sie ihre Bestätigung auf die Änderung erstreckt, dann ab dem Zeitpunkt ihrer Avisierung der Änderung (Satz 2). Tut die bestätigende Bank das nicht, muss sie die eröffnende Bank unverzüglich und den Begünstigen in ihrer Avisierung unterrichten (Satz 3).

3) Weitergeltung für den Begünstigten bis zur Annahme der Änderung (Art. 10 lit. c)

Die Bedingungen des ursprünglichen bzw. geänderten Akkreditivs bleiben für den Begünstigten in Kraft, bis er seine Annahme der Änderung der Bank mitteilt, die ihm die Änderung avisiert hat (Art. 10 lit. c S. 1). Wenn der Begünstigte diese Mitteilung unterlässt (nach Satz 2 Obliegenheit, keine Pflicht), soll nach Satz 3 die Dokumentenvorlage, die dem Akkreditiv und einer jeglichen noch nicht angenommenen Änderung entspricht, als Mitteilung der Annahme gelten. Der Begünstigte gibt jedoch seine Zustimmung nicht schon durch Schweigen, str., Grund: Änderung seiner Rechte; er kann allein durch Art. 10 lit. c S. 3 nicht gebunden werden, Nielsen Rn. 109, vgl. **(5)** BGB § 308 Nr. 5 und → Einl. vor Art. 1 Rn. 7. Aus demselben Grund ist auch eine Fristsetzung der Bank wirkungslos, MüKoHGB/Wedemann H Rn. 93. Nach Satz 4 ist der Zeitpunkt der Dokumentenvorlage gemäß Satz 3 für die Änderung maßgeblich.

4) Mitteilung der Bank (Art. 10 lit. d)

Wenn die avisierende oder zweite avisierende Bank eine Mitteilung über die Annahme oder Ablehnung der Änderung bis zur oder bei Vorlage der Dokumente erhält, sollte sie die Bank, von der sie die Änderung erhalten hat, darüber informieren.

5) Keine teilweise Änderung (Art. 10 lit. e)

Art. 10 lit. e nF entspricht Art. 9 lit. d iv aF. Teilweise Änderung gilt als Mitteilung über die Ablehnung der Änderung. Das gilt aber nur, wenn sie in ein- und derselben Änderungsanzeige enthalten ist, sonst nicht, denn dann liegen mehrere konsekutive Änderungsmitteilungen vor, die der Begünstigte jeweils annehmen oder ablehnen kann; andere Vereinbarung aller Betroffenen bleibt möglich (→ Art. 1 Rn. 3), str.

6) Keine Annahme der Änderung durch den Begünstigten mangels Ablehnung (Art. 10 lit. f)

Wenn eine Akkreditivänderung bestimmt, dass sie mangels Ablehnung durch den Begünstigten binnen einer bestimmten Frist wirksam wird, ist das unbeachtlich (so schon Position Paper No 1 der ICC zu ERA 500).

Akkreditive und Änderungen per Telekommunikation und Voravis

ERA 11

a ¹Eine authentisierte Telekommunikation eines Akkreditivs oder einer Änderung gilt als das operative Akkreditiv oder als die operative Änderungsmitteilung; eine darauf folgende briefliche Bestätigung wird nicht beachtet. ²Wenn eine Telekommunikation den Hinweis „vollständige Einzelheiten folgen" (oder Worte ähnlicher Bedeutung) enthält oder angibt, dass die briefliche Bestätigung das operative Akkreditiv oder die operative Änderungsmitteilung sein soll, dann wird die Telekommunikation nicht als das operative Akkreditiv oder die operative Änderungsmitteilung angesehen. ³Die eröffnende Bank muss dann unverzüglich das operative Akkreditiv oder die operative Änderungsmitteilung erstellen mit Bedingungen, die der Telekommunikation nicht widersprechen.

b ¹Eine Voranzeige („Voravis") über die Eröffnung oder Änderung eines Akkreditivs soll nur versendet werden, wenn die eröffnende Bank bereit ist, das operative Akkreditiv oder die operative Änderungsmitteilung zu erstellen. ²Die eröffnende Bank, die ein Voravis versendet, ist unwiderruflich verpflichtet, das operative Akkreditiv oder die operative Änderungsmitteilung unverzüglich, mit Bedingungen, die dem Voravis nicht widersprechen, zu erstellen.

1) Telekommunikation eines Akkreditivs oder einer Änderung (Art. 11 lit. a)

1   Art. 11 nF entspricht Art. 11 lit. a, c aF. Das Akkreditiv wird nach Art. 11 lit. a mit authentisierter Telekommunikation wirksam, letztere gilt als das Instrument für die Inanspruchnahme des (operativen) Akkreditivs. Briefliche Bestätigung ist dann nicht nur unnötig und wirkungslos (Art. 11 lit. a S. 1), sondern braucht von der Zweitbank nicht geprüft zu werden, das Risiko von Übertragungsfehlern der Telekommunikation liegt also trotz schriftlicher Korrektur voll bei der eröffnenden Bank, Nielsen Rn. 114 mit Fall. Soll etwas anderes gelten, muss die eröffnende Bank das klar sagen, zB „vollständige Einzelheiten folgen" oä (Art. 11 lit. a S. 2), dann liegt, auch wenn der Text schon komplett ist, noch kein wirksames Akkreditiv vor. Dies ist von einem Voravis zu unterscheiden, das noch keinen kompletten Text enthält, aber bereits bestimmte Pflichten beinhaltet (→ Rn. 2).

2) Voranzeige („Voravis") eines Akkreditivs oder einer Änderung (Art. 11 lit. b)

2   Eine Voranzeige (Voravis, pre-advice) über Eröffnung oder Änderung eines Akkreditivs (Satz 1) verpflichtet die sie versendende Bank unwiderruflich (→ Art. 2 Rn. 9) zur unverzüglichen Erstellung des Akkreditivs oder der Änderung (Satz 2), zweifelnd MüKoHGB/Wedemann H Rn. 99, denn Voravis enthält noch nicht alle Akkreditivbedingungen. Voraussetzung ist, dass die Voranzeige konkret genug ist. Keine Verbindlichkeit nach Art. 11 lit. b bei klarer Erklärung, dass es sich nicht um ein Voravis handelt.

Nominierung

ERA 12

a Sofern die benannte Bank nicht die bestätigende Bank ist, begründet die Ermächtigung zu honorieren oder zu negoziieren keine Verpflichtung der

benannten Bank zur Honorierung oder Negoziierung, es sei denn, die benannte Bank hat diese ausdrücklich übernommen und dies dem Begünstigten mitgeteilt.
b Durch die Benennung einer Bank zur Akzeptierung einer Tratte oder zur Übernahme einer Verpflichtung zur hinausgeschobenen Zahlung ermächtigt die eröffnende Bank diese benannte Bank, ihr Akzept oder ihre eingegangene Verpflichtung zur hinausgeschobenen Zahlung im Voraus zu zahlen oder anzukaufen.
c Erhalt oder Prüfung und Weiterleitung von Dokumenten durch eine benannte Bank, die keine bestätigende Bank ist, verpflichtet die benannte Bank nicht zur Honorierung oder Negoziierung, stellt aber auch keine Honorierung oder Negoziierung dar.

1) Keine Verpflichtung anderer als der bestätigenden Bank durch Nominierung (Art. 12 lit. a)

Art. 12 lit. a, c nF entspricht Art. 10 lit. c, lit. b ii aF. Die Ermächtigung einer Bank zu honorieren (→ Art. 2 Rn. 10) oder negoziieren (→ Art. 2 Rn. 12) begründet für diese Bank (benannte Bank, → Art. 2 Rn. 13) keine Verpflichtung zur Honorierung oder Negoziierung. Anders, wenn die benannte Bank diese Verpflichtung ausdrücklich übernommen und dies dem Begünstigten mitgeteilt hat (Hs. 2).

2) Nominierung zur Akzeptierung einer Tratte oder zur Übernahme einer Verpflichtung zur hinausgeschobenen Zahlung (Art. 12 lit. b)

In der Benennung der Bank liegt eine Ermächtigung durch die eröffnende Bank, im Voraus zu zahlen oder anzukaufen, dann Aufwendungsersatz bzw. Remboursierung durch die eröffnende Bank, s. Art. 7 lit. c, Art. 8 lit. c. Aber vorzeitige Zahlung beim Akkreditiv mit hinausgeschobener Zahlung wird nach herkömmlicher Ansicht als unzulässig angesehen, üL, aber unter ERA 600 ausdrücklich zugelassen, → **(7)** Bankgeschäfte Rn. K3; nach bisheriger Ansicht deshalb AGB-rechtliche Bedenken bei Blesch/Lange/Keßler, Bankgeschäfte mit Auslandsbezug, 2007, Rn. 661; MüKoHGB/Wedemann H Rn. 131, 146; Nielsen Rn. 6, 81, 118 und WM 2009, 479 (überraschende AGB, jedenfalls unwirksam), ohne Stellungnahme WLP/H. Schmidt Rn. A 126, für wirksam erachtet von Staub/Grundmann 3/608. Geraten wird deshalb, Art. 12b insoweit ausdrücklich abzubedingen, → **(7)** Bankgeschäfte Rn. K3. Voraussetzung ist auftragsgemäße Honorierung und Aufnahme der Dokumente; gehen die Dokumente auf dem Weg von der benannten Bank zur eröffnenden Bank verloren, berührt das den Anspruch nicht mehr (Art. 35 II). Aufwendungsersatz an die benannte Bank entweder direkt durch die eröffnende Bank oder indirekt über die Remboursbank (Art. 13).

3) Erhalt oder Prüfung oder Weiterleitung von Dokumenten (Art. 12 lit. c)

Art. 12 lit. c stellt klar, dass die benannte Bank nicht schon als solche (auch nicht nach Aufnahme, Prüfung und Weiterleitung der Dokumente, denn die benannte Bank handelt in Vollmacht, → **(7)** Bankgeschäfte Rn. K2) dem Begünstigten haftet, sondern nur bei Bestätigung ihm gegenüber, → **(7)** Bankgeschäfte Rn. K2.

Bank-zu-Bank Remboursvereinbarungen

ERA 13

a Wenn ein Akkreditiv bestimmt, dass Rembours seitens der nominierten Bank („Rembours beanspruchende Bank") durch Anforderung bei einer anderen Partei („Remboursbank") erlangt werden soll, muss das Akkreditiv angeben, ob der Rembours den ICC-Regeln für Bank-zu-Bank-Rembourse unterliegen soll, die zum Zeitpunkt der Eröffnung des Akkreditivs in Kraft sind.

b Wenn ein Akkreditiv nicht angibt, dass der Rembours den ICC-Regeln für Bank-zu-Bank-Rembourse unterliegt, gilt Folgendes:

  i. [1] Eine eröffnende Bank muss der Remboursbank eine Remboursermächtigung erteilen, die mit der Benutzbarkeit des Akkreditivs in Einklang steht. [2] Die Remboursermächtigung sollte kein Verfalldatum tragen.

  ii. Von einer Rembours beanspruchenden Bank soll nicht verlangt werden, der Remboursbank eine Bestätigung über die Erfüllung der Akkreditiv-Bedingungen zu übermitteln.

  iii. Eine eröffnende Bank haftet für jeglichen Zinsverlust sowie jegliche Auslagen, wenn der Rembours von der Remboursbank nicht auf erstes Anfordern gemäß den Akkreditiv-Bedingungen geleistet wird.

  iv. [1] Die Spesen der Remboursbank gehen zu Lasten der eröffnenden Bank. [2] Wenn jedoch die Spesen zu Lasten des Begünstigten gehen, liegt es in der Verantwortung der eröffnenden Bank, einen entsprechenden Hinweis in das Akkreditiv und die Remboursermächtigung aufzunehmen. [3] Wenn die Spesen der Remboursbank zu Lasten des Begünstigten gehen, müssen sie bei Leistung des Remboursamt von dem an die Rembours beanspruchende Bank zu zahlenden Betrag abgezogen werden. [4] Wenn kein Rembours geleistet wird, bleibt die eröffnende Bank für die Spesen der Remboursbank haftbar.

c Eine eröffnende Bank wird von ihren Verpflichtungen zur Remboursleistung nicht befreit, wenn die Remboursbank nicht auf erstes Anfordern Rembours leistet.

1) Rembours

1 Art. 13 nF entspricht Art. 19 aF. Art. 13 regelt den Rembours näher und enthält die dazu gehörenden Definitionen (nicht in Art. 2, dort → Art. 2 Rn. 1). Die Remboursklausel in einem Akkreditiv bestimmt, dass Rembours seitens der nominierten Bank (Rembours beanspruchende Bank, claiming bank) durch Anforderung bei einer anderen Partei (Remboursbank, reimbursing bank) erlangt werden kann (Art. 13 lit. a Hs. 1). Die Remboursklausel betrifft nur das Verhältnis zwischen Eröffnungsbank und Zweitbank, → (7) Bankgeschäfte Rn. K2. Der Rembours ist ein eigenes Rechtsverhältnis, das von dem Akkreditiv und der Dokumentenprüfung zu unterscheiden ist. Rembours ist typisch bei Währungsakkreditiven (zum Wechselrembours → (7) Bankgeschäfte Rn. G26). Remboursbank iSv Art. 13 ist eine „andere Partei", also auch Nichtbank. Die Remboursbank fungiert als reine Zahlstelle, die Eröffnungsbank soll deshalb nicht verlangen, dass die den Rembours beanspruchende Bank der Remboursbank eine Bestätigung über die Erfüllung der Akkreditivbedingungen (certificate of compliance) abgibt (Art. 13 lit. b ii). Art. 13 lit. c stellt klar, dass die Einschaltung der Remboursbank nur erfüllungshalber erfolgt, das gilt für lit. a und lit. b. Lit.: Mü-KoHGB/Wedemann H Rn. 259 ff.; Schütze/Vorpeil Rn. 434 ff.; Lorenz FS Steindorff, 1990, 405 (IPR); Nielsen FS Schütze, 1999, 593.

2) ICC Einheitliche Richtlinien für Rembourse zwischen Banken

Die ICC Einheitliche Richtlinien für Rembourse zwischen Banken unter 2 Dokumenten-Akkreditiven (ICC Uniform Rules for Bank-to-Bank Reimbursements under Documentary Credits, ERR 725/URR 725) (IntHK-Publikation Nr. 725 E, engl, mit Kurzkomm Nr. 551 und Guide Nr. 575, beides englisch, auch bei Schütze/Vorpeil Anh. III) regelt seit 1996 den **Bankenrembours,** 2008 Anpassung an ERA 600. Die ERR gelten für alle Rembourse zwischen Banken, sofern sie in den Text der Remboursermächtigung einbezogen sind, die ERA werden durch sie nicht geändert (Art. 1 ERR). IZw hatte schon Art. 19 ERA 500 Vorrang, Nielsen, 2. Aufl. 2001, Rn. 215. Art. 13 verlangt nunmehr Klarstellung im Akkreditiv, ob dieses den (jeweils geltenden) ICC-Regeln unterliegen soll (Art. 13 lit. a), bzw. regelt, was gilt, wenn das Akkreditiv dazu schweigt, nämlich Geltung von Art. 13 lit. b. Die Eröffnungsbank haftet für Übermittlungsfehler (Art. 5 ERR). Die Remboursbanken schließen Haftung für Nachrichtenübermittlung und Übersetzungsirrtümer aus (Art. 14 ERR, vgl. Art. 35 ERA); das gilt nur, soweit nach **(5)** §§ 305 ff. BGB zulässig (→ ERA Einl. vor Art. 1 Rn. 7).

Grundsatz der Dokumentenprüfung

ERA 14

a Eine benannte Bank, die gemäß ihrer Benennung handelt, eine möglicherweise vorhandene bestätigende Bank und die eröffnende Bank müssen die Dokumentenvorlage prüfen, um allein aufgrund der Dokumente zu entscheiden, ob die Dokumente ihrer äußeren Aufmachung nach eine konforme Dokumentenvorlage zu bilden scheinen.

b [1] Eine benannte Bank, die gemäß ihrer Benennung handelt, eine möglicherweise vorhandene bestätigende Bank und die eröffnende Bank haben jeweils maximal fünf Bankarbeitstage nach dem Tag der Dokumentenvorlage um zu entscheiden, ob eine Dokumentenvorlage konform ist. [2] Dieser Zeitraum wird nicht verkürzt oder anderweitig beeinflusst von einem Verfalldatum oder letzten Tag für die Dokumentenvorlage an oder nach dem Tag der tatsächlichen Dokumentenvorlage.

c Eine Dokumentenvorlage, die ein oder mehrere Original-Transportdokumente gemäß Artikeln 19, 20, 21, 22, 23, 24 oder 25 mit einschließt, muss von dem oder für den Begünstigten nicht später als 21 Kalendertage nach dem gemäß diesen Regeln bestimmten Verladedatum, aber in jedem Fall nicht später als an dem Verfalldatum des Akkreditivs vorgelegt werden.

d Angaben in einem Dokument, im Zusammenhang mit dem Akkreditiv, dem Dokument selbst und dem Standard internationaler Bankpraxis gelesen, müssen nicht identisch sein mit Angaben in diesem Dokument, irgendeinem anderen vorgeschriebenen Dokument oder dem Akkreditiv, dürfen damit aber auch nicht im Widerspruch stehen.

e In anderen Dokumenten als der Handelsrechnung kann die Beschreibung der Waren, Dienstleistungen oder Leistungen, soweit angegeben, in allgemeinen Begriffen gehalten sein, die nicht im Widerspruch zu ihrer Beschreibung im Akkreditiv stehen.

f Wenn ein Akkreditiv die Vorlage eines anderen Dokuments als ein Transportdokument, Versicherungsdokument oder eine Handelsrechnung verlangt, ohne den Aussteller des Dokuments oder dessen Inhaltsmerkmale zu bestimmen, nehmen Banken das Dokument so an, wie es vorgelegt wird, wenn sein Inhalt die Funktion des verlangten Dokuments zu erfüllen scheint und im übrigen Artikel 14 (d) entspricht.

g Ein vorgelegtes Dokument, das in dem Akkreditiv nicht verlangt ist, wird nicht beachtet und kann dem Einreicher zurückgegeben werden.
h Wenn ein Akkreditiv eine Bedingung enthält, ohne das zum Erfüllungsnachweis vorzulegende Dokument anzugeben, betrachten die Banken eine solche Bedingung als nicht angegeben und werden sie nicht beachten.
i Ein Dokument kann vor dem Ausstellungsdatum des Akkreditivs datiert sein, darf aber nicht später datiert sein als das Datum der Dokumentenvorlage.
j [1] Wenn die Adressen des Begünstigten und des Auftraggebers in einem vorgeschriebenen Dokument enthalten sind, müssen sie nicht den Adressen entsprechen, die im Akkreditiv und in einem anderen vorgeschriebenen Dokument angegeben sind, müssen aber in demselben Land angesiedelt sein wie die entsprechenden im Akkreditiv erwähnten Adressen. [2] Kontaktdaten (Telefax, Telefon, E-Mail und Ähnliches), die als Teil der Adresse des Begünstigten und Auftraggebers genannt sind, werden nicht beachtet. Ist jedoch die Adresse bzw. Kontaktdaten des Auftraggebers in einem Transportdokument gemäß Artikel 19, 20, 21, 22, 23, 24 oder 25 als Teil der Empfänger- oder „Notify-Address"-Angaben anzugeben, müssen sie den Akkreditiv-Bedingungen entsprechen.
k Der Ablader oder Absender der Waren in einem Dokument muss nicht der Akkreditiv-Begünstigte sein.
l Ein Transportdokument kann von jeder anderen Person als dem Frachtführer, Eigentümer, Master oder Charterer ausgestellt sein, vorausgesetzt, das Transportdokument erfüllt die Anforderungen der Artikel 19, 20, 21, 22, 23 oder 24 dieser Regeln.

Übersicht

	Rn
1) Alleinige Dokumentenprüfung (Art. 14 lit. a)	1
2) Prüfungszeitraum (Art. 14 lit. b)	2
3) Dokumentenvorlage mit Original-Transportdokumenten (Art. 14 lit. c)	3
4) Angaben in Dokumenten (Art. 14 lit. d)	4
5) Warenbeschreibung in Dokumenten (Art. 14 lit. e)	5
6) Dokumente ohne Bestimmung des Ausstellers oder der Inhaltsmerkmale (Art. 14 lit. f)	6
7) Im Akkreditiv nicht verlangte Dokumente (Art. 14 lit. g)	7
8) Bedingungen ohne Angabe eines Dokuments (Art. 14 lit. h)	8
9) Datierung von Dokumenten (Art. 14 lit. i)	9
10) Adressen (Art. 14 lit. j)	10
11) Ablader oder Absender der Waren in einem Dokument (Art. 14 lit. k)	11
12) Transportdokumente (Art. 14 lit. l)	12

1) Alleinige Dokumentenprüfung (Art. 14 lit. a)

1 Art. 14 nF (entsprechend Art. 13 aF) betrifft die Prüfung der Dokumente. Zusätzliche Vorschriften dazu enthalten die Regeln über Transportdokumente, Versicherungsdokumente und Handelsrechnungen (Art. 19 ff., 28, 18). Nach Art. 14 lit. a nF (entsprechend Art. 13 lit. a, 14 lit. b aF) **prüfen die verschiedenen Banken** (die eröffnende, bestätigende und benannte) die Dokumentenvorlage und entscheiden dabei allein auf Grund der Dokumente, ob die Dokumente ihrer äußeren Aufmachung nach eine **konforme Dokumentenvorlage** zu bilden scheinen, OLG Düsseldorf ZIP 2003, 1786, OLG Frankfurt a. M. WM 2010, 1407. Der Grundsatz der alleinigen Dokumentenprüfung ist für das Dokumentenakkreditiv bestimmend, die Banken befassen sich nur mit Dokumenten (Art. 5). Art. 14 lit. a könnte dahin gelesen werden, dass die Dokumentenvorlage

V. Bankgeschäfte

nicht konform (→ Art. 2 Rn. 6) sein muss, sondern nur nach der äußeren Aufmachung der Dokumente als eine solche erscheinen muss (on their face) oder dass die Bank gar nur den äußeren Anschein prüfen müsste, unklar Drafting Group zu Art. 14. Das würde indessen den Grundsatz der Dokumentenstrenge (→ Einl. vor Art. 1 Rn. 5, → **(7)** Bankgeschäfte Rn. K5) in Frage stellen, zu dem anerkannt ist, dass eine sehr strenge, genaue Prüfung zu erfolgen hat (→ **(7)** Bankgeschäfte Rn. K5). Vielmehr ist damit eine **streng förmliche Prüfung allein der Dokumente** gemeint (vgl. Art. 5; auch Schütze/Vorpeil Rn. 510, die die Akkreditivgemäßheit dann verneinen wollen, wenn ein an sich dem Akkreditiv entsprechendes Dokument äußerlich nicht in Ordnung ist). Prüfungsziel bleibt, ob eine konforme Dokumentenvorlage gegeben ist, was eine dreifache Prüfung impliziert: ob die Dokumente dem Akkreditiv selbst, den ERA und dem Standard internationaler Bankpraxis entsprechen (→ § 2 Rn. 6). Dieser Prüfungsmaßstab nach Art. 14 lit. a nF ist an die Stelle von „mit angemessener Sorgfalt prüfen" (Art. 13 lit. a aF) getreten. Damit wird also der Sorgfaltsmaßstab nicht abgesenkt, sondern der Prüfungsmaßstab nur präzisiert, was wegen der Weiterentwicklung der internationalen Standardbankpraxis möglich war, die Drafting Group verweist dabei auf die ICC Publications No 645 (2003) und 681 mit UCP 600 (Schrifttum vor → Einl. vor Art. 1 Rn. 1), dazu auch Nielsen Rn. 137. **Zu prüfen sind** die **Vollzähligkeit** der Dokumente, ihre **äußerliche Ordnungsmäßigkeit** und ihre Übereinstimmung miteinander (**keine Widersprüchlichkeit**, s. Art. 14 lit. d, e), BGH ZIP 2004, 1049, → **(7)** Bankgeschäfte Rn. K5–8. Die Prüfungspflicht nach Art. 14 ist also keine umfassende, sondern gerichtet auf die formelle Übereinstimmung mit den Akkreditivbedingungen. Nur insoweit ist sie vertragswesentlich iSv (5) § 307 II Nr. 2 BGB, insoweit dann aber auch keine Haftungsbeschränkung, BGHZ 108, 348, → **(7)** Bankgeschäfte Rn. K6. Strenge, akribische Prüfung (→ **(7)** Bankgeschäfte Rn. K6). Für eine benannte Bank gilt Art. 14 lit. a und b nur, wenn sie „gemäß ihrer Benennung handelt", dazu Drafting Group zu Art. 14. Zur Prüfung von elektronischen Dokumenten s. Anhang Art. e 6, zusätzlicher Haftungsausschluss Art. e 12. Behandlung von Abkürzungen, International Standard Banking Practice (ICC Publication No 745) A1–2; von Korrekturen, A7–9; von Datumsangaben, A11–16; von Originalen und Kopien, A27–31; von Unterschriften, A35–38. Zur Dokumentenstrenge nach ERA 600 Vorpeil WM 2018, 751 (755).

2) Prüfungszeitraum (Art. 14 lit. b)

Art. 14 lit. b legt ganz genau der Prüfungszeitraum fest. Die verschiedenen Banken (die eröffnende, bestätigende und benannte) haben für die Prüfung der konformen Dokumentenvorlage (→ Art. 2 Rn. 6) jeweils maximal fünf (nach ERA 500 sieben) Bankarbeitstage (Legaldefinition in Art. 2, dort → Art. 2 Rn. 4) nach dem Tag der Dokumentenvorlage (Satz 1). Dieser Prüfungszeitraum kann zwar in Ausnahmefällen notwendig sein und wird durch ein Verfalldatum oder letzten Tag für die Dokumentenvorlage nicht berührt (Satz 2). Die angemessene Frist nach Art. 14 lit. b ist aber normalerweise kürzer, sie kann im konkreten Fall durchaus bei weniger als fünf Bankarbeitstagen nach dem Tag des Dokumentenerhalts (bloße Höchstfrist) liegen, zB 3–4 Tage oder darunter, Einzelfall entscheidet, OLG Düsseldorf ZIP 2003, 1786. Außer in schwierigen Prüfungsfällen eher nur 2–3 Tage, MüKoHGB/Wedemann H Rn. 162. Die Frist nach Art. 14 lit. b gilt nicht nur gegenüber dem Begünstigten, sondern auch unter den beteiligten Banken, aber nicht kumulativ. Aber Verlust des Rügerechts nur für Eröffnungs- und/oder Bestätigungsbank, Art. 16 lit. f, MüKoHGB/Wedemann H Rn. 122, 162: für den Begünstigten unbefriedigend.

3) Dokumentenvorlage mit Original-Transportdokumenten (Art. 14 lit. c)

3   Art. 14 lit. c nF (entsprechend Art. 43 lit. a aF; anstelle von Art. 41 ERA 1974 über Ablehnung von „stale documents" wegen übermäßiger Verzögerung, Schütze/Vorpeil Rn. 183) betrifft die Dokumentenvorlage bei Original-Transportdokumenten (Art. 19, 20, 21, 22, 23, 24 oder 25). Schließt die Dokumentenvorlage ein solches Dokument mit ein, gilt eine Frist von nicht später als 21 Kalendertagen nach dem gemäß den ERA (Art. 19 lit. a ii) bestimmten Verladedatum. Spätester Zeitpunkt ist aber auch dann das Verfalldatum des Akkreditivs (→ auch Art. Rn. Rn. 6).

4) Angaben in Dokumenten (Art. 14 lit. d)

4   Art. 14 lit. d nF entspricht Art. 21 S. 2, 13 lit. a Abs. 1 S. 3 aF. Angaben in dem Dokument selbst, in anderen Dokumenten oder im Akkreditiv werden häufig nicht identisch sein. Wenn das verlangt würde, wäre der Akkreditivverkehr stark beeinträchtigt. Unerlässlich ist jedoch, dass sie miteinander **nicht im Widerspruch** stehen, MüKoHGB/Wedemann H Rn. 156. Ob ein Widerspruch vorliegt, ist durch Lesen der Angaben im Zusammenhang mit dem Akkreditiv, dem Dokument selbst und gemäß internationaler Bankpraxis festzustellen. Die Drafting Group zu Art. 14 kritisiert dazu, dass die Banken häufig schon bloße Tipp- und Grammatikfehler als widersprüchlich behandelt haben. Ein Widerspruch liegt auch nicht vor bei unterschiedlichem Bedeutungsinhalt eines Begriffs in verschiedenen Dokumenten, zB „consignee" bzw. Empfänger in einem Herkunftszeugnis (für den Zoll) und einem Konnossement (zB für ein Sicherheiten gebende Bank), Drafting Group zu Art. 14. Was Standard internationaler Bankpraxis ist, kann über das von der ICC Niedergelegte (International Standard Banking Practice, IntHK-Publikation Nr. 681, inzwischen Nr. 745) hinausgehen, Drafting Group zu Art. 14. Zum Grundsatz der Dokumentenstrenge unter ERA 600 Vorpeil WM 2018, 755.

5) Warenbeschreibung in Dokumenten (Art. 14 lit. e)

5   Art. 14 lit. e nF entspricht Art. 37 lit. c aF. Die Beschreibung der Waren, Dienstleistungen oder Leistungen, soweit angegeben (also nicht in jedem Dokument unbedingt notwendig), kann in allgemeinen Begriffen erfolgen. Wie nach Art. 14 lit. d darf die Beschreibung aber nicht im Widerspruch zu ihrer Beschreibung im Akkreditiv stehen. Art. 14 lit. e gilt nicht für die Handelsrechnung, für diese gelten strengere Regeln nach Art. 18, s. dort.

6) Dokumente ohne Bestimmung des Ausstellers oder der Inhaltsmerkmale (Art. 14 lit. f)

6   Art. 14 lit. f nF (entsprechend Art. 21 aF) ergänzt lit. d und lit. e für den Fall, dass ein vorzulegendes Dokument den Aussteller oder die Inhaltsmerkmale des Dokuments nicht bestimmt. In diesem Fall genügt es, wenn der Inhalt des vorgelegten Dokuments die Funktion des verlangten Dokuments zu erfüllen scheint (zB als Untersuchungsbericht oder als Packliste) und nicht iSv Art. 14 lit. d widersprüchlich ist (→ Rn. 4). Art. 14 lit. f gilt nicht für Transportdokumente (Art. 19 ff.), Versicherungsdokumente (Art. 28) und Handelsrechnungen (Art. 18). Als Dokumente iSv lit. f kommen zB in Betracht: Ursprungszeugnis, Qualitätszertifikat, Analysezertifikat, Inspektionszertifikat, aber auch sonstige Dokumente, zB Export- oder Importgenehmigungen, Versicherungsnachweise, Schiffsregistrierung und andere Bestätigungen. Hier brauchen Aussteller und Wortlaut bzw. Inhalt nicht bestimmt zu werden. Das sonstige Dokument wird dann so angenommen wie vorgelegt (außer bei Widerspruch zu einem anderen vorgeschriebenen Dokument), auch wenn das Dokument nicht handelsüblich ist, auch wenn es vom Akkreditivbegünstigten selbst stammt, Schütze/Vorpeil

Rn. 534. Zu Ursprungszeugnissen (certificates of origin) International Standard Banking Practice (ICC Publication No 745) L1–8; zu Zertifikaten Q1–11.

7) Im Akkreditiv nicht verlangte Dokumente (Art. 14 lit. g)

Nach Art. 14 lit. g prüft die Bank im Akkreditiv nicht vorgeschriebene Dokumente nicht. Die Bank kann (freigestellt, anders Art. 13 lit. a Abs. 2 S. 2 aF) sie entweder dem Einreicher zurückgeben oder leitet sie unverbindlich weiter (aber Risiko, dass Widersprüchlichkeit der Dokumente behauptet wird). Das ist unter (5) § 307 BGB nicht zu beanstanden, zT aA Graf von Westphalen RIW 1994, 456.

8) Bedingungen ohne Angabe eines Dokuments (Art. 14 lit. h)

Nach Art. 14 lit. h sind nichtdokumentäre Akkreditivbedingungen unbeachtlich, zweifelnd MüKoHGB/Wedemann H Rn. 164, das betrifft aber nicht sichere künftige Ereignisse wie Verfall- oder Verladedatum. Ohne Angabe eines vorzulegenden Dokuments kann der Eintritt der Bedingung nicht durch die bloße Dokumentenprüfung nach Art. 14 lit. a (→ Rn. 1) festgestellt werden. Die Bedingung gilt deshalb als nicht gegeben und wird nicht beachtet. Art. 14 lit. h entbindet aber nicht von der Prüfung nach Art. 14 lit. d auf Widersprüchlichkeit. Auf jeden Fall empfiehlt es sich, für jede Akkreditivbedingung ein diesbezügliches Dokument anzugeben, zB statt „shipment by conference line vessel" besser „bill of lading to indicate shipment by conference line vessel", Drafting Group zu Art. 14.

9) Datierung von Dokumenten (Art. 14 lit. i)

Art. 14 lit. i nF entspricht Art. 22 aF. Die vorzulegenden Dokumente können ein Datum vor dem Ausstellungsdatum des Akkreditivs haben, oder sogar eines, das später als das Datum der Dokumentenvorlage liegt. Denn bei letzterer erfolgt die maßgebliche Dokumentenprüfung (→ Rn. 1). Das Ausstellungsdatum der Dokumente kann vor dem des Akkreditivs liegen, aber Grenzen bei Widersprüchlichkeit, zB wenn es in einem Untersuchungsbericht heißt, „auf Grund unserer heutigen Untersuchung" und das Verschiffungsdatum schon vorher liegt, Drafting Group zu Art. 14, oder bei Rechtsmissbrauch, zB wenn ein Gesundheitsattest für Fleisch oder Analysezertifikat so lange zurückliegt, dass die Nachweiseigenschaft verloren ist, Nielsen Rn. 181; doch kann Rechtsmissbrauch nur in engen Ausnahmefällen angenommen werden (→ (7) Bankgeschäfte Rn. K7/20). Ausstellungsdatum bei elektronischen Dokumenten bei el.ERA-Akkreditiv s. Anhang el.ERA Art. e 9.

10) Adressen (Art. 14 lit. j)

Art. 14 lit. j regelt den häufigen Fall, dass die Adressen im Akkreditiv und in vorgeschriebenen Dokumenten nicht übereinstimmen.

11) Ablader oder Absender der Waren in einem Dokument (Art. 14 lit. k)

Art. 14 lit. k nF (weiter als Art. 31 iii aF) bestimmt, dass der Ablader oder Absender der Waren in einem Dokument nicht der Akkreditivbegünstigte sein muss. Danach kann statt des Begünstigten zB ein mit dem Vortransport beauftragter Spediteur als Absender erscheinen („third party shipper").

12) Transportdokumente (Art. 14 lit. l)

Art. 14 lit. l nF ersetzt Art. 30 aF (→ Art. 19 Rn. 1). Entscheidend ist, dass das Transportdokument die Anforderungen der Art. 19, 20, 21, 22, 23 oder 24 erfüllt. Dann kann das Transportdokument von jeder anderen Person als dem Frachtführer, Eigentümer, Master oder Charterer ausgestellt sein.

Konforme Dokumentenvorlage

ERA 15

a Wenn eine eröffnende Bank entscheidet, dass eine Dokumentenvorlage konform ist, muss sie honorieren.

b Wenn eine bestätigende Bank entscheidet, dass eine Dokumentenvorlage konform ist, muss sie honorieren oder negoziieren und die Dokumente an die eröffnende Bank senden.

c Wenn eine benannte Bank entscheidet, dass eine Dokumentenvorlage konform ist, und honoriert oder negoziiert, muss sie die Dokumente an die bestätigende Bank oder die eröffnende Bank senden.

1) Pflichten der Banken bei konformer Dokumentenvorlage (Art. 15)

1   Art. 15 bestimmt, welche Pflichten die eröffnende (lit. a), die bestätigende (lit. b) und die benannte Bank, falls sie honoriert oder negoziiert, haben, wenn sie entscheiden, dass eine Dokumentenvorlage konform ist (→ Art. 2 Rn. 6). „Entscheiden" bedeutet nicht, dass die Bank einen Ermessensspielraum bezüglich der Feststellung der Konformität hätte, Staub/Grundmann 3/615, dazu Art. 14, anders für ihr Verhalten, wenn sie die mangelnde Konformität festgestellt hat, → Art. 16 Rn. 1. Mit dem Wort „wenn" wird der Beginn der jeweiligen Pflicht festgelegt. „Wenn" bedeutet nicht „sofort", sondern dass der Prozess der Honorierung oder Negoziierung beginnen muss. Die tatsächliche Ausführung wird je nachdem eine Stunde oder einen Tag in Anspruch nehmen oder auch erst am nächsten Morgen erfolgen können, Drafting Group zu Art. 15.

Unstimmige Dokumente, Verzicht auf Geltendmachung der Unstimmigkeiten und Benachrichtigung

ERA 16

a Wenn eine benannte Bank, die gemäß ihrer Benennung handelt, eine möglicherweise vorhandene bestätigende Bank oder die eröffnende Bank entscheidet, dass eine Dokumentenvorlage nicht konform ist, kann sie ablehnen zu honorieren oder zu negoziieren.

b Wenn eine eröffnende Bank entscheidet, dass eine Dokumentenvorlage nicht konform ist, kann sie sich in eigenem Ermessen zwecks Verzichts auf Geltendmachung der Unstimmigkeiten („Verzicht") an den Auftraggeber wenden. Dadurch verlängert sich jedoch nicht der in Artikel 14 (b) erwähnte Zeitraum.

c ¹Wenn eine benannte Bank, die gemäß ihrer Benennung handelt, eine möglicherweise vorhandene bestätigende Bank oder die eröffnende Bank sich entscheidet, abzulehnen zu honorieren oder zu negoziieren, muss sie dem Einreicher eine einzige dementsprechende Mitteilung senden.

²Diese Mitteilung muss angeben,

i. dass die Bank sich weigert zu honorieren oder zu negoziieren; und
ii. jede Unstimmigkeit, wegen der sich die Bank weigert zu honorieren oder zu negoziieren; und
iii. a) dass die Bank die Dokumente bis zum Erhalt weiterer Anweisungen vom Einreicher bei sich hält; oder
b) dass die eröffnende Bank die Dokumente hält, bis sie einen Verzicht von dem Auftraggeber erhält und diesen annimmt oder vor ihrer Verzichtsannahme weitere Instruktionen von dem Einreicher erhält; oder
c) dass die Bank die Dokumente zurücksendet; oder

d) dass die Bank in Überstimmung mit vorher von dem Einreicher erhaltenen Weisungen handelt.

d Die in Artikel 16 (c) verlangte Mitteilung muss durch Telekommunikation oder, wenn dies nicht möglich ist, auf anderem schnellen Weg nicht später als am Ende des fünften Bankarbeitstags nach dem Tag der Dokumentenvorlage erfolgen.

e Eine benannte Bank, die gemäß ihrer Benennung handelt, eine möglicherweise vorhandene bestätigende Bank oder die eröffnende Bank kann, nachdem sie die Mitteilung gemäß Artikel 16 (c) (iii) a) oder b) gemacht hat, die Dokumente jederzeit dem Einreicher zurücksenden.

f Wenn eine eröffnende Bank oder eine bestätigende Bank nicht gemäß den Bestimmungen dieses Artikels handelt, kann sie nicht geltend machen, dass die Dokumente nicht konform vorliegen.

g Wenn eine eröffnende Bank sich weigert zu honorieren oder eine bestätigende Bank sich weigert zu honorieren oder zu negoziieren und eine dementsprechende Mitteilung gemäß diesem Artikel gemacht hat, dann ist sie berechtigt, Rückzahlung jedes geleisteten Rembourses zuzüglich Zinsen zu verlangen.

1) Vorgehensweisen bei unstimmigen Dokumenten (Art. 16)

Art. 16 nF entspricht Art. 14 aF. Hierzu gab es unter der alten Fassung die meisten Rückfragen bei der ICC Banking Commission, dazu ICC „Examination of Documents, Waiver of Discrepancies and Notice unter UCP 500" (2002). Art. 16 nF beruht auf dieser Stellungnahme. Art. 16 entspricht für den Fall unstimmiger Dokumente Art. 15 für den Fall einer konformen Dokumentenvorlage. Über Art. 16 lit. f führt der Weg zu Art. 15 (→ Rn. 5). Zur Unstimmigkeit von Dokumenten bei der Dokumentenprüfung → (7) Bankgeschäfte Rn. K5–8, 14. Nach Art. 16 hat die Bank bei Unstimmigkeit verschiedene Entscheidungsmöglichkeiten, insoweit also Ermessen, Staub/Grundmann 3/616 (anders bezüglich der Konformität, → Art. 15 Rn. 1). Entscheidungen der Bank über die Aufnahme von Dokumenten bei Teillieferungen sind grundsätzlich unabhängig voneinander. Art. 16 nF regelt nicht mehr die Vorbehaltszahlung wie noch Art. 14 lit. f aF, zu dieser → (7) Bankgeschäfte Rn. K14.

2) Ablehnung der Honorierung oder Negoziierung (Art. 16 lit. a)

Art. 16 lit. a enthält die Grundregel bei unstimmigen Dokumenten. Bei nicht konformer Dokumentenvorlage können die benannte Bank, die gemäß ihrer Benennung handelt, eine bestätigende Bank oder die eröffnende Bank die Dokumentenvorlage ablehnen zu honorieren oder zu negoziieren. Keine einseitige Rücknahme der Nichtaufnahme, Nielsen, 2. Aufl. 2001, Rn. 174, str.

3) Verzicht auf Geltendmachung der Unstimmigkeiten (Art. 16 lit. b)

Statt wie nach lit. a abzulehnen, kann die eröffnende Bank nach eigenem Ermessen beim Auftraggeber rückfragen (Art. 16 lit. b S. 1), → (7) Bankgeschäfte Rn. K6b. Der Zeitraum von maximal 5 Bankarbeitstagen nach Art. 14 lit. b verlängert sich dadurch aber nicht (Art. 16 lit. b S. 2). Art. 16 lit. b betrifft nur die eröffnende Bank, da nur sie in direkten Vertragsbeziehungen zum Auftraggeber steht. Die eröffnende Bank handelt nach eigenem Ermessen, wird also durch entsprechende Ersuchen des Begünstigten, der bestätigenden Bank oder der benannten Bank nicht zur Rückfrage verpflichtet. Keine einseitige Rücknahme des Verzichts, str. (→ Rn. 2).

4) Mitteilung und Rücksendung der Banken an den Einreicher bei Ablehnung der Honorierung oder Negoziierung (Art. 16 lit. c, d, e)

4   Art. 16 lit. c–d statuieren eine Mitteilungspflicht der Banken an den Einreicher bei Ablehnung der Honorierung oder Negoziierung und enthalten Einzelheiten zu Inhalt und Zeitpunkt der Mitteilung. „Jede Unstimmigkeit" muss genau angegeben werden (Art. 16 lit. c ii), allgemeine Angaben wie „invoice not as per LC" oder „conflicting data between documents" reichen nicht aus, Drafting Group zu Art. 16. Nach Art. 16 lit. c ii hat die Bank vier Handlungsoptionen. Der Zeitraum in Art. 16 lit. d entspricht dem in Art. 14 lit. b. Art. 16 lit. e enthält das Recht der Banken zur jederzeitigen Rücksendung der Dokumente an den Einreicher. Das ist wichtig, weil der Einreicher häufig nicht oder nicht rechtzeitig antwortet. Die Bank tut jedoch gut daran, den Einreicher vor Rücksendung zu benachrichtigen, Drafting Group zu Art. 16. MüKoHGB/Wedemann H Rn. 242 weist noch besonders darauf hin, dass der Begünstigte sich nach Einreichung seiner Dokumente auf die 5-Tages-Frist nicht verlassen kann, weil die Frist für jede eingeschaltete Bank nach Erhalt der Dokumente gilt.

5) Verlust des Einwands der Unstimmigkeit (Art. 16 lit. f)

5   Wenn eine eröffnende oder eine bestätigende Bank nicht gemäß den Bestimmungen dieses Artikels handeln, können sie nicht mehr geltend machen, dass die Dokumente nicht konform vorliegen, OLG Frankfurt a. M. WM 2010, 1407 (zu Art. 14 lit. e ERA 500). Sie verlieren also diesen Einwand und müssen sich so behandeln lassen, als wäre die Dokumentenvorlage konform. Sie haben dann die Pflichten nach Art. 15 wie bei konformer Dokumentenvorlage. Art. 16 lit. f gilt nicht für die bloße Zahlstelle, zB wenn diese die Frist überschreitet. Art. 16 lit. f ist AGB-rechtlich nicht zu beanstanden, ebenso WLP/H. Schmidt Rn. A 126.

6) Rückzahlung des Rembourses (Art. 16 lit. g)

6   Art. 16 lit. g gibt unter den dort genannten Voraussetzungen einen Anspruch auf Rückzahlung des Rembourses.

7) Handlungsoptionen bei Ablehnung mangelhafter Dokumente

7   Unstimmigkeiten bei der Erstvorlage von Dokumenten sind ausgesprochen häufig, nach Angaben der ICC bis zu 70%, ICC-Publ. No. 600 (ED), Einführung S. 11. Die Versuchung, dies dahin auszunutzen, sich bei Preisbewegungen auf die Warenmärkten von Akkreditivverpflichtungen zu lösen, ist groß und in der internationalen Praxis nicht zu verkennen. Als Handlungsoptionen bieten sich an: **Vorbehaltsvereinbarungen** oder **Auszahlung gegen Garantie des Begünstigten**. Nach Art. 14f ERA 500 hatte die mit der Abwicklung des Akkreditivs befasste Bank zwei Möglichkeiten: 1) eine nur **interne** Vorbehaltsvereinbarung mit dem Begünstigten, in der aber klargestellt werden sollte, dass der Begünstigte bei Nichtaufnahme der Dokumente durch die Erstbank, einerlei aus welchen Gründen, zur Rückzahlung verpflichtet sein sollte, so bei Zweifeln idR die Praxis, oder 2) offene Mitteilung der festgestellten Mängel und der Vorbehaltszahlung an die Bestätigungs- bzw. die Eröffnungsbank **(externer Vorbehalt)**. So können die Banken nach ihrem Ermessen aber auch heute noch verfahren; dass die ERA 600 keine entsprechende Klausel mehr enthalten, steht nicht entgegen. Näher → **(7)** Bankgeschäfte Rn. K14; MüKoHGB/Wedemann H Rn. 254 ff.; Slongo, Die Zahlung unter Vorbehalt im Akkreditiv-Geschäft, 1980, S. 104 ff.

Originale und Kopien von Dokumenten

ERA 17

a Es ist mindestens ein Original von jedem im Akkreditiv vorgeschriebenen Dokument vorzulegen.

b Eine Bank behandelt jedes Dokument als Original, das Originalunterschriften, Zeichen, Stempel oder Aufkleber des Ausstellers des Dokuments zu tragen scheint, es sei denn, das Dokument weist aus, kein Original zu sein.

c Soweit sich aus einem Dokument nichts anderes ergibt, akzeptiert eine Bank auch ein Dokument als Original, wenn es
   i. vom Aussteller handschriftlich oder eigenhändig mit der Maschine geschrieben, perforiert oder gestempelt zu sein scheint; oder
   ii. auf dem Originalbriefpapier des Ausstellers erstellt zu sein scheint; oder
   iii. angibt, dass es ein Original ist, es sei denn, diese Angabe scheint sich nicht auf das vorgelegte Dokument zu beziehen.

d Wenn ein Akkreditiv die Vorlage von Kopien von Dokumenten verlangt, ist die Vorlage entweder von Originalen oder von Kopien zulässig.

e Wenn ein Akkreditiv die Vorlage von mehrfachen Exemplaren von Dokumenten durch Begriffe wie „doppelt", „zweifach" oder „zwei Exemplare" verlangt, gilt dies als erfüllt, wenn mindestens ein Original und in verbleibender Anzahl Kopien vorgelegt werden, es sei denn, das Dokument gibt selbst etwas anderes an.

1) Originale und Kopien von Dokumenten (Art. 17)

Art. 17 nF entspricht Art. 20 lit. b und c aF. Von jedem im Akkreditiv 1 vorgeschriebenen Dokument ist mindestens ein Original vorzulegen (Art. 17 lit. a), Fax oder Photokopie des unterzeichneten Originals genügen nicht. Art. 17 lit. b iVm Art. 3 (Unterzeichnung, dort → Art. 17 Rn. 4) erweitert den Begriff des Originaldokuments, Faksimile- und entsprechende elektronische Unterschriften genügen. Die Auslegungsregel kann aber an diesbezüglichen zwingenden Formvorschriften des anwendbaren Rechts nichts ändeRn. Das Dokument muss als Original erkennbar sein, idR Überstempelung als Original, was bei original maschinengeschriebenen oder per Hand unterschriebenen Dokumenten nicht nötig ist, str., aber zu empfehlen. Art. 20b aF sollte nicht für Abänderungen eines Dokuments gelten, Nielsen, 2. Aufl. 2001, Rn. 227, aber wenig überzeugend, in der Praxis häufig nur Stempel „correction approved". Mehrere Änderungen müssen, soweit erforderlich, einzeln oder mit klarer Gesamtformel authentisiert werden. Ist das Dokument von einem Dritten ausgestellt, muss dieser authentisieren, Nielsen Rn. 213, ISBP ICC-Publ Nr. 681 E §§ 9–12. Kopien s. Art. 17 lit. c. Kopien brauchen weder unterzeichnet noch datiert zu sein, International Standard Banking Practice (ICC Publication No 745) A31b. Sind mehrfache Exemplare vorzulegen, genügt grundsätzlich ein Original und im Übrigen Kopien (Art. 17 lit. e), vgl. aber auch Art. 19 lit. a iv. Bei el.ERA-Akkreditiv bedeutet „unterzeichnen" elektronische Signatur, Anhang el.ERA e 3a iv.

Handelsrechnung

ERA 18

a Eine Handelsrechnung:
   i. muss dem Anschein nach vom Begünstigten ausgestellt sein (vorbehaltlich der Bestimmungen des Artikels 38);
   ii. muss auf den Namen des Auftraggebers lauten (vorbehaltlich der Bestimmungen des Artikels 38 (g));

iii. muss in der Währung des Akkreditivs aufgemacht sein; und
iv. braucht nicht unterzeichnet zu sein.

b Eine benannte Bank, die gemäß ihrer Benennung handelt, eine möglicherweise vorhandene bestätigende Bank oder die eröffnende Bank kann eine Handelsrechnung akzeptieren, die auf einen die Akkreditivsumme übersteigenden Betrag lautet, und ihre Entscheidung bindet alle Beteiligten, vorausgesetzt, die in Frage stehende Bank hat nicht für einen höheren Betrag honoriert oder negoziiert, als im Akkreditiv erlaubt ist.

c Die Beschreibung der Waren, Dienstleistungen oder Leistungen in der Handelsrechnung muss mit der Beschreibung im Akkreditiv übereinstimmen.

1) Handelsrechnung (Art. 18 lit. a)

1   Art. 18 nF (entsprechend Art. 37 aF) regelt die Handelsrechnungen (commercial invoices). Art. 18 lit. a regelt, wann ein Dokument als Handelsrechnung anerkannt wird, ua Ausstellung durch den Begünstigten, Unterzeichnung ist dafür nicht nötig. Die Handelsrechnung muss in der Währung des Akkreditivs aufgemacht sein. Ist das der Fall, schadet es nicht, wenn auch der entsprechende Betrag in lokaler Währung vermerkt ist. Dagegen genügt es nicht, wenn die Handelsrechnung in lokaler Währung aufgemacht ist und nur die Entsprechung in der Währung des Akkreditivs vermerkt ist, Drafting Group zu Art. 18. Zu Rechnungen und Handelsrechnung International Standard Banking Practice (ICC Publication No 745) C1–15; für Vorlage einer vorgeschriebenen „Handelsrechnung" genügt auch ein als „Rechnung" bezeichnetes Dokument, C1b.

2) Höhere Beträge (Art. 18 lit. b)

2   Eine Handelsrechnung über einen höheren Betrag als die Akkreditivsumme braucht nicht zurückgewiesen zu werden, aber Honorierung oder Negoziierung über die Akkreditivsumme ist nicht zulässig (Art. 18 lit. b). Die Bank hat dazu Ermessensfreiheit („kann"; in ERA ganz ausnahmsweise, → (7) Bankgeschäfte Rn. K6). Das trifft zB den Fall, dass der Verkäufer schon eine Anzahlung erhalten hat, das Akkreditiv nur den Restbetrag deckt und die (aufgeschlüsselte) Rechnung über den gesamten Betrag geht. Vgl. auch Art. 30 zu Toleranzen.

3   Eine Handelsrechnung über einen niederen Betrag als die Akkreditivsumme ist nicht aufnahmefähig, außer im Rahmen von Toleranzen nach Art. 30. Ermessensentscheidungen der Bank sind dazu nicht möglich, Schütze/Vorpeil Rn. 328. Teilverladungen s. Art. 31.

3) Übereinstimmung der Warenbeschreibung (Art. 18 lit. c)

4   Art. 18 lit. c verlangt genaue Übereinstimmung der Warenbeschreibung in der Handelsrechnung mit der im Akkreditiv (Dokumentenstrenge, → (7) Bankgeschäfte Rn. K6). Art. 18 lit. c ist strikt zu beachten, BGH WM 1987, 612 (zur aF), MüKoHGB/Wedemann H Rn. 176: bei Faktura Dokumentenstrenge mit äußerster Rigorosität. Fehlerhafte Warenbezeichnungen kommen besonders häufig vor, Beispiele bei MüKoHGB/NWedemann H Rn. 177 f. Die Bezeichnung der Ware als „new" stimmt nicht mit „in new condition" überein. Beschreibung der Waren als „gebraucht" in der Rechnung, nicht aber im Akkreditiv verletzt Art. 18 lit. c. Warenbezeichnung in einer anderen Sprache nur in absolut eindeutigen Ausnahmefällen. Mindestprozentsätze bei der Warenangabe können überschritten werden. Kalkulationsfehler in Rechnungen werden nicht überprüft, zu prüfen ist nur, ob der Endbetrag identisch ist. Weitere Beispiele, fremdsprachliche Ausdrücke, Schütze/Vorpeil Rn. 319 ff. Auch FOB-Lieferklausel kann Teil der Warenbeschreibung sein, Nielsen Rn. 225.

Transportdokument über mindestens zwei verschiedene Beförderungsarten

ERA 19

a Ein wie auch immer benanntes Transportdokument über mindestens zwei verschiedene Beförderungsarten (Dokument für multimodalen oder kombinierten Transport) muss dem Anschein nach:
 i. ¹den Namen des Frachtführers angeben und unterzeichnet sein vom
   - Frachtführer oder einem namentlich genannten Agenten für den Frachtführer, oder
   - Master oder einem namentlich genannten Agenten für den Master.

   ²Jede Unterschrift des Frachtführers, Master oder Agenten muss als diejenige des Frachtführers, Master oder Agenten gekennzeichnet sein.

   ³Jede Unterschrift eines Agenten muss angeben, ob der Agent für den Frachtführer oder für den Master gezeichnet hat.
 ii. ¹ausweisen, dass die Ware an dem im Akkreditiv vorgeschriebenen Ort versandt, übernommen oder an Bord verladen worden ist, und zwar durch:
   - vorgedruckten Wortlaut, oder
   - Stempel oder Vermerk, der das Datum angibt, an dem die Ware versandt, übernommen oder an Bord verladen worden ist.

   ²Das Ausstellungsdatum des Transportdokuments gilt als das Datum der Versendung, Übernahme oder Verladung an Bord und als das Verladedatum. ³Wenn jedoch das Transportdokument durch Stempel oder Vermerk ein Datum der Versendung, Übernahme oder Verladung an Bord angibt, gilt dieses Datum als das Verladedatum.
 iii. den Versand-, Übernahme- oder Verladeort und einen endgültigen Bestimmungsort gemäß dem Akkreditiv ausweisen, unabhängig davon, ob:
   a) das Transportdokument zusätzlich einen anderen Versand-, Übernahme- oder Verladeort oder endgültigen Bestimmungsort ausweist oder
   b) das Transportdokument den Hinweis „intended" oder einen ähnlichen Vorbehalt in Bezug auf das Schiff, den Verlade- oder Löschungshafen enthält.
 iv. das einzige Original des Transportdokuments oder, wenn es in mehr als einem Original ausgestellt ist, der im Transportdokument angegebene volle Satz sein.
 v. die Beförderungsbedingungen enthalten oder auf eine andere Quelle verweisen, die diese Beförderungsbedingungen enthält (Kurzform- oder Blanko-Rückseite-Transportdokument); der Inhalt der Beförderungsbedingungen wird nicht geprüft.
 vi. keinen Hinweis enthalten, dass es einer Charterpartie unterliegt.

b Umladung im Sinne dieses Artikels bedeutet Ausladen aus einem Beförderungsmittel und Wiederverladen auf ein anderes Beförderungsmittel (derselben Beförderungsart oder einer anderen Beförderungsart) während des Transports vom Versand-, Übernahme- oder Verladeort zum endgültigen Bestimmungsort, wie sie im Akkreditiv vorgeschrieben sind.

c i. Ein Transportdokument darf vorsehen, dass Umladung der Ware stattfinden wird oder kann, vorausgesetzt, dass der gesamte Transport durch ein und dasselbe Transportdokument gedeckt ist.
 ii. Ein Transportdokument, das vorsieht, dass Umladung stattfinden wird oder kann, ist aufnahmefähig, selbst wenn das Akkreditiv Umladung verbietet.

Hopt

1) Separate Regelung der verschiedenen Transportdokumente (Art. 19–27)

1   Art. 19–27 bringen wie ERA 500 und entgegen ERA 400 (1983, Einheitsregelung) **für jedes Transportdokument** eine **geschlossene** Eigenregelung. Das wird teilweise eher als ein Rückschritt angesehen, da es zahlreiche wörtliche Wiederholungen impliziert, zB reine Duplizierung in Art. 20 und 21. Im Kern gelten für alle Transportdokumente: Übernahme der Transportverpflichtung durch einen Frachtführer, Unzulässigkeit von Speditionspapieren, Beachtung der im Akkreditiv vorgeschriebenen Reiseroute, Beachtung von Umladeverboten, Unerheblichkeit der Bezeichnung eines Transportdokuments, Nielsen, 2. Aufl. 2001, Rn. 254 ff. Frachtführer (carrier) kann jeder sein, der die Beförderung im eigenen Namen verspricht, auch NichtKfm, juristische Person. Aufnahmefähig sind danach nur Frachtpapiere (auch FIATA FBL, FIATA Combined Transport Bill of Lading), nicht aber reine Speditionspapiere wie FIATA, FCR und FCT (vgl. → HGB § 453 Rn. 4, 8), Schütze/Vorpeil Rn. 292, Grund: keine Übernahme der Transportverpflichtung durch den ausstellenden Spediteur (forwarding agent). Doch kann das Speditionsunternehmen als Frachtführer oder als namentlich genannter Agent für den Frachtführer zeichnen (ausdrücklich noch Art. 30 ERA 500, nunmehr Art. 14 lit. l, Drafting Group zu Art. 14 aE). Das Frachtpapier braucht nicht als solches bezeichnet zu sein („wie immer benannt"), entscheidend ist allein sein Inhalt. Zu den Transportdokumenten MüKoHGB/Wedemann H Rn. 179 ff.

2) Multimodales oder kombiniertes Transportdokument (Art. 19 lit. a)

2   Art. 19 nF entspricht Art. 26 aF. Art. 19 regelt das multimodale Transportdokument (multimodal or combined transport document, §§ 452–452d HGB), das in der Praxis am häufigsten vorkommt und deshalb von ERA als erstes der Transportdokumente geregelt ist (Durchkonnossemente, Through Bills of Lading). Das Transportdokument muss sich aber auf mindestens zwei Beförderungsarten erstrecken. Art. 19 erfasst also nicht die gleichartige Durchfracht und damit nicht den gesamten multimodalen Transport (§ 452 HGB). Art. 19 gilt für echte und unechte Durchkonnossemente (bei letzteren eigene Transportpflicht des Erstfrachters nur für den ersten Teilabschnitt), Schütze/Vorpeil Rn. 275. In der Praxis liegt meist ein Seekonnossement vor (Art. 20). Abgrenzung des multimodalen Transportdokuments vom Seekonnossement (Reiseroute, Intended-Vermerke/An-Bord-Vermerke und kein Ausweis unterschiedlicher Beförderungsmittel/-arten) bei MüKoHGB/Wedemann H Rn. 189 ff. In dem Dokument muss der Name des Frachtführers (carrier) angegeben sein, andere Bezeichnungen, zB multimodal transport operator, genügen nicht, Drafting Group zu Art. 19. Für Unterzeichnung nach Art. 19 lit. a i genügen Faksimile- und entsprechende elektronische Unterschriften (→ Art. 3 Rn. 4). Art. 19 lit. a iii trägt dem Umstand Rechnung, dass der Frachtführer die günstigste Reiseroute wählen soll. Kein Ausschluss von „intended"-Vermerken (Art. 19 lit. a iii b, vgl. zum Konnossement Art. 20a ii, iii). Art. 19 lit. a iv verlangt bei mehreren Originalen den ganzen Satz, vgl. demgegenüber Art. 17 lit. e. Art. 19 lit. a v regelt die Kurzform- oder Blanko-Rückseite-Transportdokumente. Multimodal transport documents und Anwendungspraxis zu Art. 19, International Standard Banking Practice (ICC Publication No 745) D1–32.

3) Umladung (Art. 19 lit. b, c)

3   Umladung ist dem multimodalen Transport (→ Rn. 1) wesenseigen, deshalb Legaldefinition (Art. 19 lit. b) und Regelung, dass ein Transportdokument, das Umladung vorsieht, aufnahmefähig ist, auch wenn das Akkreditiv versehentlich Umladung verbietet (Art. 19 lit. c).

Konnossement

ERA 20

a Ein wie auch immer benanntes Konnossement muss dem Anschein nach:
  i. ¹den Namen des Frachtführers ausweisen und unterzeichnet sein vom
     - Frachtführer oder einem namentlich genannten Agenten für den Frachtführer, oder
     - Master oder einem namentlich genannten Agenten für den Master.

     ²Jede Unterschrift des Frachtführers, Master oder Agenten muss als diejenige des Frachtführers, Master oder Agenten gekennzeichnet sein.

     ³Jede Unterschrift eines Agenten muss angeben, ob der Agent für den Frachtführer oder für den Master gezeichnet hat.
  ii. ¹ausweisen, dass die Ware an dem im Akkreditiv vorgeschriebenen Ort an Bord eines namentlich genannten Schiffes verschifft worden ist, und zwar durch:
     - vorgedruckten Wortlaut, oder
     - einen An-Bord-Vermerk, der das Datum angibt, an dem die Ware an Bord verladen worden ist.

     ²Das Ausstellungsdatum des Konnossements gilt als das Verladedatum, es sei denn, das Konnossement enthält einen An-Bord-Vermerk, der das Verladedatum angibt, wodurch das im An-Bord-Vermerk angegebene Datum als das Verladedatum gilt.

     ³Weist das Konnossement den Hinweis „intended vessel" oder eine ähnliche Einschränkung in Bezug auf den Namen des Schiffes aus, ist ein An-Bord-Vermerk, der das Verladedatum und den Namen des tatsächlich benutzten Schiffes ausweist, erforderlich.
  iii. ¹den Transport vom Verladehafen zum Löschungshafen, wie sie im Akkreditiv vorgeschrieben sind, ausweisen.

     ²Wenn das Konnossement nicht den Verladehafen ausweist, der im Akkreditiv als Verladehafen vorgeschrieben ist oder wenn es den Hinweis „intended" oder eine ähnliche Einschränkung in Bezug auf den Verladehafen enthält, ist ein An-Bord-Vermerk erforderlich, der den Verladehafen, wie er im Akkreditiv vorgeschrieben ist, das Verladedatum und den Namen des Schiffes angibt. ³Diese Bestimmung gilt auch, wenn die Verladung an Bord oder die Verschiffung mit einem namentlich genannten Schiff durch einen auf dem Konnossement vorgedruckten Wortlaut ausgewiesen ist.
  iv. das einzige Original des Transportdokuments oder, wenn es in mehr als einem Original ausgestellt ist, der im Transportdokument angegebene volle Satz sein.
  v. die Beförderungsbedingungen enthalten oder auf eine andere Quelle verweisen, die diese Beförderungsbedingungen enthält (Kurzform- oder Blanko-Rückseite-Transportdokument); der Inhalt der Beförderungsbedingungen wird nicht geprüft.
  vi. keinen Hinweis enthalten, dass es einer Charterpartie unterliegt.
b Umladung im Sinne dieses Artikels bedeutet Ausladen aus einem Schiff und Wiederverladen auf ein anderes Schiff während des Transports vom Verladehafen zum Bestimmungshafen, wie sie im Akkreditiv vorgeschrieben sind.
c i. Ein Konnossement darf vorsehen, dass Umladung der Ware stattfinden wird oder kann, vorausgesetzt, dass der gesamte Transport durch ein und dasselbe Konnossement gedeckt ist.
  ii. Wenn gemäß Angabe im Konnossement die Ware im Container, Anhänger oder „LASH"-Leichter verladen ist, ist ein Konnossement, das aus-

weist, dass Umladung der Ware stattfinden kann oder wird, aufnahmefähig, selbst wenn das Akkreditiv Umladung verbietet.
d Klauseln in einem Konnossement, mit denen sich der Frachtführer das Recht zur Umladung vorbehält, werden nicht beachtet.

1) Konnossement (Art. 20 lit. a)

1   Art. 20 nF entspricht Art. 23 aF. Art. 20 regelt separat (→ Art. 19 Rn. 1) das in der Dokumentenakkreditivpraxis besonders wichtige (See)Konnossement (bill of lading; in Art. 23 aF noch als Seekonnossement, ocean/marine bill of lading bezeichnet, port-to-port shipment). Das Seekonnossement ist das wichtigste Verladedokument im internationalen Handel, Schütze/Vorpeil Rn. 235. Die Abgrenzung zum multimodalen Transportdokument (Art. 19, Durchkonnossemente) ist in der Praxis schwierig, aber wichtig, weil ersteres flexibler ist, Nielsen Rn. 249, deshalb ist genaue Bezeichnung wichtig. Aufnahmefähig ist jedes Seekonnossement, das §§ 513 ff., §§ 642 ff. aF HGB entspricht. In der Praxis werden einheitliche Formulare für (See)Konnossemente (mit Vor- und Nachreise) und Dokumente des kombinierten Transports verwandt (Mehrzweckformulare). Art. 20a i, insbesondere i II enthält unbequeme Formalerfordernisse für die Zeichnung, zB auch bei einem den Frachtführer ausweisenden Briefkopf Zeichnung „For Hapag-Lloyd (carrier), Smith (as agent) Unterschrift". Beim Konnossement ist ein An-Bord-Vermerk nötig (Art. 20a ii), „intended"-Vermerke s. Art. 20a ii, iii, Nielsen Rn. 267. Ocean/marine bills of lading (mitsamt port-to-port shipment) und Anwendungspraxis zu Art. 23 aF, International Standard Banking Practice (ICC Publication No 745) E1–28. **Muster** von Seefrachtdokumenten (Seekonnossement/BIMCO, Multimodalkonnossement Hapag-Lloyd, Seefrachtbrief Hapag Lloyd) s. Hopt/Merkt VertrFormB/Leyens Form I. P. 1–3.

2) Umladung (Art. 20 lit. b–d)

2   Art. 20b–d regeln Umladung und Umladungsverbot. Art. 20 lit. c trägt der Praxis Rechnung, dass umgeladen wird. Soll Umladung wirklich verhindert werden, genügt diesbezügliche Angabe im Akkreditiv nicht, vielmehr muss auch Geltung des Art. 20 lit. c ii abbedungen werden (vgl. → Art. 1 Rn. 3), Drafting Group zu Art. 20. UU Hinweispflicht der Bank, Schütze/Vorpeil Rn. 150, → **(7)** Bankgeschäfte Rn. K3.

Nichtbegebbarer Seefrachtbrief

ERA 21

a   [1]Ein wie auch immer benannter Nichtbegebbarer Seefrachtbrief muss dem Anschein nach:
   i. den Namen des Frachtführers ausweisen und unterzeichnet sein vom
      • Frachtführer oder einem namentlich genannten Agenten für den Frachtführer, oder
      • Master oder einem namentlich genannten Agenten für den Master.
      [2]Jede Unterschrift des Frachtführers, Master oder Agenten muss als diejenige des Frachtführers, Master oder Agenten gekennzeichnet sein.
      [3]Jede Unterschrift eines Agenten muss angeben, ob der Agent für den Frachtführer oder für den Master gezeichnet hat.
   ii. [1]ausweisen, dass die Ware an dem im Akkreditiv vorgeschriebenen Ort an Bord eines namentlich genannten Schiffes verschifft worden ist, und zwar durch
      • vorgedruckten Wortlaut, oder

- einen An-Bord-Vermerk, der das Datum angibt, an dem die Ware an Bord verladen worden ist.

²Das Ausstellungsdatum des Nichtbegebbaren Seefrachtbriefs gilt als das Verladedatum, es sei denn, der Nichtbegebbare Seefrachtbrief enthält einen An-Bord-Vermerk, der das Verladedatum angibt, wodurch das im An-Bord-Vermerk angegebene Datum als das Verladedatum gilt.

³Weist der Nichtbegebbare Seefrachtbrief den Vermerk „intended vessel" oder eine ähnliche Einschränkung in Bezug auf den Namen des Schiffes aus, ist ein An-Bord-Vermerk, der das Verladedatum und den Namen des tatsächlich benutzten Schiffes ausweist, erforderlich.

iii. ¹den Transport vom Verladehafen zum Löschungshafen, wie sie im Akkreditiv vorgeschrieben sind, ausweisen.

²Wenn der Nichtbegebbare Seefrachtbrief nicht den Verladehafen ausweist, der im Akkreditiv als Verladehafen vorgeschrieben ist, oder wenn er den Hinweis „intended" oder eine ähnliche Einschränkung in Bezug auf den Verladehafen enthält, ist ein An-Bord-Vermerk erforderlich, der den Verladehafen, wie er im Akkreditiv vorgeschrieben ist, das Verladedatum und den Namen des Schiffes angibt. ³Diese Bestimmung gilt auch, wenn die Verladung an Bord oder die Verschiffung auf einem namentlich genannten Schiff durch einen auf dem Konnossement vorgedruckten Wortlaut ausgewiesen ist.

iv. das einzige Original des Transportdokuments oder, wenn es in mehr als einem Original ausgestellt ist, der im Transportdokument angegebene volle Satz sein.

v. ¹die Beförderungsbedingungen enthalten oder auf eine andere Quelle verweisen, die diese Beförderungsbedingungen enthält (Kurzform- oder Blanko-Rückseite-Transportdokument). ²Der Inhalt der Beförderungsbedingungen wird nicht geprüft.

vi. keinen Hinweis enthalten, dass es einer Charterpartie unterliegt.

b Umladung im Sinne dieses Artikels bedeutet Ausladen aus einem Schiff und Wiederverladen auf ein anderes Schiff während des Transports vom Verladehafen zum Bestimmungshafen, wie sie im Akkreditiv vorgeschrieben sind.

c i. Ein Nichtbegebbarer Seefrachtbrief darf vorsehen, dass Umladung der Ware stattfinden wird oder kann, vorausgesetzt, dass der gesamte Transport durch ein und denselben Nichtbegebbaren Seefrachtbrief gedeckt ist.

ii. Wenn gemäß Angabe im Nichtbegebbaren Seefrachtbrief die Ware im Container, Anhänger oder „LASH"-Leichter verladen ist, ist ein Nichtbegebbarer Seefrachtbrief, der ausweist, dass Umladung der Ware stattfinden kann oder wird, aufnahmefähig, selbst wenn das Akkreditiv Umladung verbietet.

d Klauseln im Nichtbegebbaren Seefrachtbrief, mit denen sich der Frachtführer das Recht zur Umladung vorbehält, werden nicht beachtet.

1) Nichtbegebbarer Seefrachtbrief (Art. 21)

Art. 21 nF entspricht Art. 24 aF. Art. 24 betrifft separat (→ Art. 19 Rn. 1) den Seefrachtbrief (non-negotiable sea waybill), in der Akkreditivpraxis eher selten, aber zB bei konzerninternen Geschäften. Regelung des Art. 21 exakt wie in Art. 20, s. dort. Als Grund für die merkwürdige Separierung in zwei Artikel wird vorgebracht, dass das Konnoseement begebbar ist, der Seefrachtbrief hier nicht, Drafting Group zu Art. 21. Unter Art. 21 sollen alle im Vorwort zu den (6) Incoterms Nr. 20 aufgeführten Transportdokumente fallen, vgl. Schütze/Vorpeil Rn. 255 (noch zu Incoterms 1990 Nr. 19), also Liner Waybills, Frachtempfangsbescheinigungen ua. Zum Nichtbegebbaren Seefrachtbrief International Standard Banking Practice (ICC Publication No 745) F1–25. **Muster:** Hopt/Merkt VertrFormB/Leyens Form I. P.3 (Seefrachtbrief, Hapag Lloyd).

Charterpartie-Konnossement

ERA 22

a [1] Ein wie auch immer benanntes Konnossement, das einen Hinweis enthält, dass es einer Charterpartie unterliegt (Charterpartie-Konnossement), muss dem Anschein nach:
  i. unterzeichnet sein vom:
   - Master oder einem namentlich genannten Agenten für den Master, oder
   - Schiffseigner oder einem namentlich genannten Agenten für den Schiffseigner, oder
   - Charterer oder einem namentlich genannten Agenten für den Charterer.

  [2] Jede Unterschrift des Master, Eigentümers, Charterer oder Agenten muss als diejenige des Master, Eigentümers, Charterer oder Agenten gekennzeichnet sein.

  [3] Jede Unterschrift des Agenten muss angeben, ob der Agent für den Master, Eigentümer oder Charterer gezeichnet hat.

  [4] Ein Agent, der für einen Eigentümer oder Charterer zeichnet, muss den Namen des Eigentümers oder Charterer angeben.

  ii. [1] ausweisen, dass die Ware an dem im Akkreditiv vorgeschriebenen Ort an Bord eines namentlich genannten Schiffes verschifft worden ist, und zwar durch:
   - vorgedruckten Wortlaut, oder
   - einen An-Bord-Vermerk, der das Datum angibt, an dem die Ware an Bord verladen worden ist.

  [2] Das Ausstellungsdatum des Charterpartie-Konnossements gilt als das Verladedatum, es sei denn, das Charterpartie-Konnossement enthält einen An-Bord-Vermerk, der das Verladedatum angibt, wodurch das im An-Bord-Vermerk angegebene Datum als das Verladedatum gilt.

  iii. den Transport vom Verladehafen zum Löschungshafen, wie sie im Akkreditiv vorgeschrieben sind, ausweisen; der Löschungshafen kann auch in der Form mehrerer Häfen oder einer geografischen Region ausgewiesen sein, wie sie im Akkreditiv vorgeschrieben sind.

  iv. das einzige Original des Transportdokuments oder, wenn es in mehr als einem Original ausgestellt ist, der im Transportdokument angegebene volle Satz sein.

b Banken prüfen Charterpartie-Verträge nicht, selbst wenn sie nach den Akkreditiv-Bedingungen vorzulegen sind.

1) Charterpartie-Konnossement (Art. 22)

Art. 22 nF entspricht Art. 25 aF. Art. 22 betrifft separat (→ Art. 19 Rn. 1) das Charterpartie-Konnossement (charter party bill of lading). Regelung wie in Art. 20 zum Konnossement, s. dort. Nach Art. 22 lit. b prüfen Banken Charterpartie-Verträge nicht, selbst wenn sie nach den Akkreditivbedingungen vorzulegen sind oder wenn auf sie im Akkreditiv Bezug genommen ist, zB „freight and all other conditions as per charter party" (incorporation clause), Schütze/Vorpeil Rn. 261. Charter party bills of lading und Anwendungspraxis zu Art. 25 aF, International Standard Banking Practice (ICC Publication No 745) G1–27.

V. Bankgeschäfte   **24 ERA (11)**

Lufttransportdokument
ERA 23

a Ein wie auch immer benanntes Lufttransportdokument muss dem Anschein nach:
   i. ¹den Namen des Frachtführers angeben und unterzeichnet sein vom:
   - Frachtführer, oder
   - einem namentlich genannten Agenten für den Frachtführer.

   ²Jede Unterschrift des Frachtführers oder Agenten muss als diejenige des Frachtführers oder Agenten gekennzeichnet sein.
   ³Jede Unterschrift eines Agenten muss angeben, dass der Agent für den Frachtführer gezeichnet hat.
   ii. ausweisen, dass die Ware zur Beförderung angenommen worden ist.
   iii. ¹das Ausstellungsdatum ausweisen. ²Dieses Datum gilt als das Verladedatum, es sei denn, das Lufttransportdokument enthält einen speziellen, das tatsächliche Verladedatum ausweisenden Vermerk, wodurch das in diesem Vermerk ausgewiesene Datum als das Verladedatum gilt.

   ³Sonstige Angaben, die auf dem Lufttransportdokument zu Flugnummer und Flugdatum erscheinen, werden für die Bestimmung des Verladedatums nicht beachtet.
   iv. den im Akkreditiv vorgeschriebenen Abflughafen und Bestimmungsflughafen ausweisen;
   v. das für den Absender oder Ablader bestimmte Original sein, selbst wenn das Akkreditiv einen vollen Satz Originale vorschreibt.
   vi. ¹Beförderungsbedingungen enthalten oder auf eine andere Quelle verweisen, die diese Beförderungsbedingungen enthält. ²Der Inhalt der Beförderungsbedingungen wird nicht geprüft.
b Umladung im Sinne dieses Artikels bedeutet Ausladen aus einem Flugzeug und Wiederverladen auf ein anderes Flugzeug während des Transports vom Abflughafen zum Bestimmungsflughafen, wie sie im Akkreditiv vorgeschrieben sind.
c i. Ein Lufttransportdokument darf vorsehen, dass Umladung der Ware stattfinden wird oder kann, vorausgesetzt, dass der gesamte Transport durch ein und dasselbe Lufttransportdokument gedeckt ist.
   ii. Ein Lufttransportdokument, das ausweist, dass Umladung der Ware stattfinden kann oder wird, ist aufnahmefähig, selbst wenn das Akkreditiv Umladung verbietet.

1) Lufttransportdokument (Art. 23)

Art. 23 nF entspricht Art. 27 aF. Art. 23 betrifft separat (→ Art. 19 Rn. 1) das **1** Lufttransportdokument (air transport document). Üblich, aber nicht nötig (→ Art. 19 Rn. 1) ist die Bezeichnung air waybill bzw. Luftfrachtbrief. Air transport documents und Anwendungspraxis zu Art. 27 aF, International Standard Banking Practice (ICC Publication No 745) H1–27. **Muster:** Hopt/Merkt VertrFormB/Leyens Form I. O.4 (Frachtbrief internationale Luftbeförderung, Lufthansa Cargo).

Dokumente des Straßen-, Eisenbahn- oder Binnenschiffstransports
ERA 24

a Ein wie auch immer benanntes Straßen-, Eisenbahn- oder Binnenschiffs-Transportdokument muss dem Anschein nach:
   i. ¹den Namen des Frachtführers ausweisen und:

- vom Frachtführer oder einem namentlich genannten Agenten für den Frachtführer unterzeichnet sein, oder
- den Empfang der Ware durch Unterschrift, Stempel oder Vermerk des Frachtführers oder eines namentlich genannten Agenten für den Frachtführer ausweisen.

²Jede(r) Unterschrift, Stempel oder Vermerk über den Empfang der Ware durch den Frachtführer oder Agenten muss als die-/derjenige des Frachtführers oder Agenten gekennzeichnet sein.

³Jede(r) Unterschrift, Stempel oder Vermerk über den Empfang der Ware durch den Agenten muss angeben, dass der Agent für den Frachtführer gezeichnet oder gehandelt hat.

⁴Wenn ein Eisenbahn-Transportdokument den Frachtführer nicht identifiziert, ist jede(r) Unterschrift oder Stempel der Eisenbahngesellschaft als Nachweis dafür, dass das Dokument vom Frachtführer gezeichnet ist, akzeptabel.

  ii. ¹das Verladedatum oder das Datum ausweisen, an dem die Ware zur Verladung, Versendung oder Beförderung an dem im Akkreditiv vorgeschriebenen Ort in Empfang genommen worden ist. ²Sofern das Transportdokument nicht einen datierten Empfangsstempel oder eine Angabe des Empfangsdatums oder des Verladedatums enthält, gilt das Ausstellungsdatum des Transportdokuments als Verladedatum.

  iii. den Verladeort und den Bestimmungsort, wie sie im Akkreditiv vorgeschrieben sind, ausweisen.

b i. Ein Straßen-Transportdokument muss dem Anschein nach das für den Absender oder Ablader bestimmte Original sein oder darf keinen Hinweis darauf enthalten, für wen das Dokument erstellt wurde.

  ii. Ein Eisenbahn-Transportdokument, das als „Duplikat" gekennzeichnet ist, ist als Original aufnahmefähig.

  iii. Ein Eisenbahn- oder Binnenschiffs-Transportdokument wird als ein Original akzeptiert, unabhängig davon, ob es als Original gekennzeichnet ist.

c Mangels Angabe der Zahl der ausgestellten Originale in dem Transportdokument gilt die Zahl der vorgelegten Dokumente als voller Satz.

d Umladung im Sinne dieses Artikels bedeutet Ausladen aus einem Beförderungsmittel und Wiederverladen auf ein anderes Beförderungsmittel innerhalb derselben Transportart im Verlauf des Transports vom Ort der Verladung, Versendung oder Beförderung zum Bestimmungsort, wie sie im Akkreditiv vorgeschrieben sind.

e i. Ein Dokument des Straßen-, Eisenbahn- oder Binnenschiffstransports darf ausweisen, dass Umladung der Ware stattfinden kann oder wird, vorausgesetzt, dass der gesamte Transport durch ein und dasselbe Transportdokument gedeckt ist.

  ii. Ein Dokument des Straßen-, Eisenbahn- oder Binnenschiffstransports, das ausweist, dass Umladung stattfindet, ist aufnahmefähig, selbst wenn das Akkreditiv Umladung verbietet.

1) Dokumente des Straßen-, Eisenbahn- oder Binnenschiffstransports (Art. 24)

1   Art. 24 nF entspricht Art. 28 aF. Art. 24 regelt separat (→ Art. 19 Rn. 1) Dokumente des Straßen-, Eisenbahn- oder Binnenschiffstransports (road, rail or inland waterway transport documents). Beispiele: Frachtbriefdoppel (Eisenbahn), CMR-Frachtbrief (internationaler Straßengüterverkehr, s. **(17)** CMR Art. 4), Ladeschein (Binnenschifffahrt). FBL → Art. 19 Rn. 1. „Empfangen" bei elektronischen Dokumenten bei el.ERA-Akkreditiv s. Anhang el.ERA Art. e 3b v. Ro-

ad, rail or inland waterway transport documents und Anwendungspraxis zu Art. 28 aF, International Standard Banking Practice (ICC Publication No 745) J1–20. Zu den Dokumenten des Straßen-, Eisenbahn- oder Binnenschiffstransport MüKoHGB/Wedemann H Rn. 213 ff. **Muster:** Hopt/Merkt VertrFormB/ Leyens Form I. O.1–3, Luftfrachtbrief → Art. 23 Rn. 1.

Kurierempfangsbestätigung, Posteinlieferungs-/Postempfangsschein oder Postversandnachweis

ERA 25

a Eine wie auch immer benannte Kurierempfangsbestätigung, die den Empfang der Ware zum Transport ausweist, muss dem Anschein nach:
  i. den Namen des Kurierdienstes ausweisen und durch einen namentlich genannten Kurierdienst an dem Ort, von dem das Akkreditiv den Versand der Ware vorschreibt, gestempelt oder unterzeichnet sein; und
  ii. ein Abhol- oder Empfangsdatum oder einen entsprechenden Wortlaut ausweisen. Dieses Datum gilt als Verladedatum.
b Eine Bedingung, wonach die Spesen des Kuriers bezahlt oder vorausbezahlt sein müssen, kann durch ein von einem Kurierdienst ausgestelltes Transportdokument erfüllt werden, das ausweist, dass Kurierspesen zu Lasten eines anderen Beteiligten als des Empfängers gehen.
c Ein Posteinlieferungs-/Postempfangsschein oder Postversandnachweis, der, wie auch immer benannt, den Empfang der Ware für den Transport ausweist, muss dem Anschein nach an dem Ort, von dem das Akkreditiv den Versand der Ware vorschreibt, gestempelt oder unterzeichnet und datiert sein. Dieses Datum gilt als Verladedatum.

1) Postdokumente (Art. 25)

Art. 25 nF entspricht Art. 29 aF. Art. 25 regelt die Postdokumente, also die Kurierempfangsbestätigung, den Posteinlieferungs- bzw. Postempfangsschein und den Postversandnachweis (courier receipt, post receipt, certificate of posting). Die Reihenfolge trägt der relativen Häufigkeit von Kuriersendungen Rechnung. Notwendig ist Stempelung oder Unterzeichnung, für letztere genügen Faksimile- und entsprechende elektronische Unterschriften (→ Art. 3 Rn. 4). Der Ort muss ausgewiesen werden, Aufgabe bei verschiedenen Postämtern desselben Orts schadet nicht, Schütze/Vorpeil Rn. 286. „Gestempelt" bei elektronischen Dokumenten bei el.ERA-Akkreditiv s. Anhang el.ERA Art. e 3a v.

„An Deck", „Shipper's Load and Count", „Said by Shipper to Contain" und zusätzliche Kosten zur Fracht

ERA 26

a Ein Transportdokument darf nicht ausweisen, dass die Ware an Deck verladen ist oder wird. Eine Klausel in einem Transportdokument, wonach die Ware an Deck verladen werden kann, ist annehmbar.
b Ein Transportdokument mit einer Klausel wie „Shipper's Load and Count" bzw. „Said by Shipper to Contain" ist annehmbar.
c Ein Transportdokument darf durch Stempel oder auf andere Weise auf zusätzlich zur Fracht anfallende Kosten hinweisen.

(11) ERA 28 2. Teil. Handelsrechtl. Nebenges.

1) „An Deck", „Shipper's Load and Count", „Said by Shipper to Contain" und zusätzliche Kosten zur Fracht (Art. 26)

1   Art. 26 nF entspricht Art. 31 aF (Art. 31 iii aF entspricht jetzt Art. 14 lit. k). Art. 26 lit. a regelt das Verbot der „An Deck"-Verladung; bloße Gestattung der „An Deck"-Verladung schadet nicht (Satz 2). Art. 26 lit. b anerkennt die Klausel „Shipper's Load and Count", welche insoweit die Nachprüfung durch den Verfrachter ausschließt; wichtig vor allem bei Containerverladung. Ein Transportdokument darf auf zusätzliche Kosten zur Fracht hinweisen (Art. 26 lit. c).

Reine Transportdokumente

ERA 27 [1] Banken nehmen nur reine Transportdokumente an. [2] Ein reines Transportdokument enthält keine Klauseln oder Vermerke, die ausdrücklich auf einen mangelhaften Zustand der Ware oder deren Verpackung hinweisen. [3] Das Wort „clean" muss nicht auf dem Transportdokument erscheinen, selbst wenn das Akkreditiv eine Bedingung enthält, nach der ein Transportdokument „clean on board" sein soll.

1) Reine Transportdokumente (Art. 27)

1   Art. 27 nF entspricht Art. 32 aF. Banken nehmen nur reine Transportdokumente an, so jetzt ausdrücklich Art. 27 S. 1. Satz 2 definiert, wann ein Dokument als rein (clean) gilt. Der Reinheitsbegriff gilt für alle Transportdokumente, nicht nur für Konnossemente, sondern auch für den Land- und Lufttransport. Schädlich ist nur der ausdrückliche Vermerk der Mangelhaftigkeit des Zustands der Ware und/oder Verpackung. Zulässig bleiben Unbekanntklauseln, zB Inhalt und Gewicht unbekannt. Das Wort „rein" braucht danach nicht auf dem Dokument zu erscheinen, auch wenn das Akkreditiv ausdrücklich ein „reines" Dokument verlangt. Art. 27 S. 3 betrifft die Klausel „clean on board". Beispiele für (nicht) akkreditivschädliche Klauseln, zB multiple bill of lading clause, Caspiana-Klausel, bei Nielsen Rn. 352; open top container (nur Art des Transports, kein Mängelvermerk) und weitere Klauseln aus der ICC-Gutachtenpraxis Schütze/Vorpeil Rn. 293 ff.

Versicherungsdokument und -deckung

ERA 28

a [1] Ein Versicherungsdokument wie eine Versicherungspolice, ein Versicherungszertifikat oder eine „declaration" unter einem Open Cover („laufende Police") muss dem Anschein nach von einer Versicherungsgesellschaft, einem Versicherer („underwriter") oder deren Agenten oder deren Bevollmächtigten ausgestellt sein.
[2] Jede Unterschrift eines Agenten oder Bevollmächtigten muss ausweisen, ob der Agent oder Bevollmächtigte für eine Versicherungsgesellschaft oder einen Versicherer gezeichnet hat.

b Wenn das Versicherungsdokument ausweist, dass es in mehr als einem Original ausgestellt ist, müssen alle Originale vorgelegt werden.

c Deckungsbestätigungen („cover notes") werden nicht angenommen.

d Eine Versicherungspolice ist anstelle eines Versicherungszertifikates oder einer „declaration" unter einer laufenden Police annehmbar.

e Das Versicherungsdokument darf nicht nach dem Verladedatum datiert sein, es sei denn, aus dem Versicherungsdokument geht hervor, dass die Deckung ab einem Datum, das nicht nach dem Verladedatum liegt, wirksam wird.

f i. Das Versicherungsdokument muss den Betrag der Versicherungsdeckung ausweisen und in derselben Währung wie das Akkreditiv ausgestellt sein.
  ii. ¹Verlangt ein Akkreditiv, dass die Versicherungsdeckung auf einen Prozentsatz des Werts der Waren, des Rechnungswerts oder eines ähnlichen Werts lauten muss, gilt dies als Anforderung eines Mindestbetrags der erforderlichen Versicherungsdeckung.
   ²Wenn im Akkreditiv keine Angabe zur Höhe der erforderlichen Versicherungsdeckung enthalten ist, muss der Betrag der Versicherungsdeckung mindestens 110% des CIF- oder CIP-Werts der Ware sein.
   ³Wenn der CIF- oder CIP-Wert aufgrund der Dokumente nicht bestimmt werden kann, muss der Betrag der Versicherungsdeckung auf der Basis des Betrags berechnet werden, für den Honorierung oder Negoziierung verlangt wird, oder des Bruttowerts der Ware gemäß Handelsrechnung, je nachdem, welcher Betrag höher ist.
  iii. Das Versicherungsdokument muss ausweisen, dass die Risiken mindestens zwischen dem im Akkreditiv vorgeschriebenen Übernahme- oder Verladeort und dem im Akkreditiv vorgeschriebenen Auslieferungs- oder endgültigen Bestimmungsort gedeckt sind.
g ¹Das Akkreditiv sollte vorschreiben, welche Art von Versicherung verlangt wird und, gegebenenfalls, welche zusätzlichen Risiken zu decken sind. ²Ein Versicherungsdokument wird ungeachtet der Risiken, die nicht gedeckt sind, angenommen, wenn im Akkreditiv ungenaue Begriffe wie „übliche Risiken" oder „handelsübliche Risiken" verwendet werden.
h Wenn ein Akkreditiv „Versicherung gegen alle Risiken" vorschreibt und ein Versicherungsdokument mit einem Vermerk oder einer Klausel über „alle Risiken" vorgelegt wird, wird das Versicherungsdokument unabhängig davon, ob es mit der Überschrift „alle Risiken" versehen ist oder nicht, ohne Rücksicht darauf angenommen, ob irgendwelche Risiken ausdrücklich ausgeschlossen sind.
i Ein Versicherungsdokument darf einen Hinweis auf jegliche Ausschlussklauseln enthalten.
j Ein Versicherungsdokument darf ausweisen, dass die Deckung einer Franchise oder einer Abzugsfranchise unterworfen ist.

1) Versicherungsdokument und -deckung (Art. 28)

Art. 28 nF entspricht Art. 34–36 aF. Art. 28 regelt die Behandlung von Versicherungsdokumenten und Versicherungsdeckung, dazu ausführlich Drafting Group zu Art. 28. Art. 28 lit. a nennt (nicht abschließend) als Beispiele Versicherungspolice, Versicherungszertifikat und eine „declaration" unter einem Open Cover (laufende Police). Unterzeichnung eines Versicherers oder seines Agenten bzw. Bevollmächtigten (dies üblich, „as agent") genügt, auch bei Konsortium, doch muss die Unterschrift ausweisen, dass letztere für den Versicherer unterzeichnet haben (Art. 28 lit. a S. 2, vgl. für Transportdokumente Art. 19a i ua). Versicherungsdokumente unter einem Open Cover verlangen üblicherweise eine Gegenzeichnung des Versicherten oder einer anderen bestimmten Partei zu der vorherigen Unterschrift des Versicherers, ohne diese ist das Dokument dann nicht aufnahmefähig. Art. 29 lit. b betrifft mehrfache Originale (vgl. Art. 19 lit. a iv). Das Wort „Duplikat" deutet nicht unbedingt auf ein Original hin, sondern wird im Zweifel als Kopie behandelt. Bloße Deckungsbestätigungen (cover notes) sind nicht akzeptabel (Art. 28 lit. c). Eine Versicherungspolice ist statt eines Versicherungszertifikats oder einer „declaration" unter einer laufenden Police annehmbar (Art. 28 lit. d), das gilt aber nicht umgekehrt. Art. 28 lit. e gilt trotz der transit clause in Institute Cargo Clauses. Nach Art. 28 lit. f sind bei

(11) ERA 30 2. Teil. Handelsrechtl. Nebenges.

Nichtangabe im Akkreditiv bestimmte Mindestdeckungssummen vorgeschrieben. Arten der Versicherung (Art. 28 lit. g) sind zB Institute Cargo Clauses „A" (alle Risiken), „B" (spezifizierte Risiken), „C" (weniger spezifizierte Risiken) und Institute Cargo Clauses (Air) (alle Risiken, aber nur Lufttransport). Bei einer Akkreditivklausel „Versicherung gegen alle Risiken" ist ein Versicherungsdokument, das die Klausel oder einen Vermerk über „alle Risiken" enthält (nicht notwendigerweise in der Überschrift), aufnahmefähig, auch wenn irgendwelche Risiken ausdrücklich ausgeschlossen sind (Art. 29 lit. h). Ausweis in einem Versicherungsdokument, dass die Deckung einer Franchise (franchise, Betrag unter einem Mindestbetrag wird nicht ersetzt) oder einer Abzugsfranchise (excess/deductible, bei jedem Betrag vorzunehmender Abzug) unterworfen ist, ist zulässig (Art. 19 lit. j). Ein Versicherungsdokument darf einen Hinweis auf jegliche Ausschlussklauseln enthalten (Art. 29 lit. i), üblich sind heute zB Ausschlussklauseln für Terrorismus. Insurance documents und Anwendungspraxis zu Art. 34–36 aF, International Standard Banking Practice (ICC Publication No 745) K1–23.

Verlängerung des Verfalldatums oder des letzten Tags der Dokumentenvorlage

ERA 29

a Wenn das Verfalldatum des Akkreditivs oder der letzte Tag der Dokumentenvorlagefrist auf einen Tag fällt, an dem die Bank, der die Dokumente vorzulegen sind, aus anderen als den unter Artikel 36 genannten Gründen geschlossen ist, wird das vorgeschriebene Verfalldatum oder der letzte Tag der Dokumentenvorlage auf den nächstfolgenden Bankarbeitstag hinausgeschoben.

b Wenn eine Dokumentenvorlage an dem nächstfolgenden Bankarbeitstag erfolgt, muss die benannte Bank der eröffnenden oder bestätigenden Bank eine Erklärung in ihrem Dokumentenversandschreiben abgeben, dass die Dokumentenvorlage innerhalb der gemäß Artikel 29 (a) hinausgeschobenen Fristen erfolgt ist.

c Das letzte Verladedatum wird durch Artikel 29 (a) nicht hinausgeschoben.

1) Verlängerung des Verfalldatums oder des letzten Tags der Dokumentenvorlage (Art. 29)

1   Art. 29 nF entspricht Art. 44 aF. Art. 29 lit. a verlängert die Verfallfrist bei arbeitsfreien Tagen (nur allgemeine, nicht individuelle Schließungsgründe, nicht lokale Feiertage wie Rosenmontag, Nielsen Rn. 368) auf den nächsten Bankarbeitstag (banking day, dazu Nielsen Rn. 369), nicht bei Schließung der Bank aus Gründen höherer Gewalt (Art. 36). Das gilt nach Art. 29 lit. c nicht auch für das mit Akkreditiv festgesetzte letzte Verladedatum, dieses wird nicht hinausgeschoben. In anderen Fällen als nach lit. a auch bei höherer Gewalt (Art. 36) keine Verlängerung (→ **(7)** Bankgeschäfte Rn. K13).

Toleranz bzgl. Akkreditivbetrag, Menge und Preis pro Einheit

ERA 30

a Die Worte „etwa" oder „ungefähr" im Zusammenhang mit dem Akkreditivbetrag oder der im Akkreditiv angegebenen Menge oder dem im Akkreditiv angegebenen Preis pro Einheit sind dahin gehend auszulegen, dass eine Toleranz von bis zu 10 % nach oben oder bis zu 10 % nach unten von dem

Betrag, der Menge oder dem Preis pro Einheit, auf die sie sich beziehen, statthaft ist.

b Eine Toleranz in der Warenmenge von bis zu 5 % nach oben oder bis zu 5 % nach unten ist statthaft, vorausgesetzt, dass das Akkreditiv die Menge nicht in einer bestimmten Anzahl von Verpackungseinheiten oder Stücken vorschreibt und dass der Gesamtbetrag der Inanspruchnahmen den Akkreditivbetrag nicht überschreitet.

c [1] Selbst wenn Teilverladungen nicht erlaubt sind, ist eine Toleranz um bis zu 5 % weniger als der Akkreditivbetrag zulässig, vorausgesetzt, dass bei einer im Akkreditiv gegebenenfalls vorgeschriebenen Warenmenge diese in vollem Umfang geliefert und bei einem im Akkreditiv gegebenenfalls vorgeschriebenen Preis pro Einheit dieser Preis nicht unterschritten wird oder dass Artikel 30 (b) nicht anwendbar ist. [2] Diese Toleranz ist nicht anwendbar, wenn im Akkreditiv eine besondere Toleranz ausgewiesen ist oder die Begriffe gemäß Artikel 30 (a) verwendet werden.

1) Toleranzen (Art. 30)

Art. 30 nF entspricht Art. 39 aF. Art. 30 regelt Toleranzen. Art. 30 lit. a enthält eine Auslegungsregel für Toleranzangaben („etwa", „ungefähr"), hat aber durch SWIFT MT7, wo genaue Prozentsätze verlangt werden, an Bedeutung verloren, Drafting Group zu Art. 30. Abweichungen von bis zu 10 % nach oben oder unten sind statthaft. Bei Unterschreiten der Warenmenge wird entsprechend weniger ausgezahlt, bei Überschreiten aber nicht mehr als der Akkreditivbetrag. Art. 30 lit. b lässt auch ohne Toleranzangaben 5 % Toleranz zu; das gilt aber nur bei pauschaler Mengenangabe, nicht für Stückangaben, Schütze/Vorpeil Rn. 204, zB ist ein Konnossement über 5.000 Sack Zucker bei Fehlen von nur 3 nicht aufnahmefähig, Nielsen ZIP 1984, 249. Art. 30 lit. c betrifft Minderinanspruchnahme von bis zu 5 % des Akkreditivbetrags, auch bei verbotener Teilverladung. Bei Teillieferungen muss die Toleranz für jede einzelne Teillieferung beachtet werden, ICC Banking Commission, Nielsen Rn. 377.

Teilinanspruchnahmen oder Teilverladungen

ERA 31

a Teilinanspruchnahmen oder Teilverladungen sind zulässig.

b [1] Eine Dokumentenvorlage, die aus mehr als einem Satz von Transportdokumenten besteht, die Verladungsbeginn auf demselben Beförderungsmittel und für dieselbe Reise ausweisen, vorausgesetzt sie geben dasselbe Ziel an, wird nicht als eine Teilverladung abdeckend angesehen, selbst wenn die Transportdokumente unterschiedliche Verladedaten oder unterschiedliche Verladehäfen, Übernahme- oder Versandorte ausweisen. [2] Besteht die Dokumentenvorlage aus mehr als einem Satz von Transportdokumenten, gilt das letzte Verladedatum, wie es sich aus einem der Sätze von Transportdokumenten ergibt, als das Verladedatum.

[3] Eine Dokumentenvorlage, die aus einem oder mehreren Sätzen von Transportdokumenten besteht und Verladung auf mehr als einem Beförderungsmittel innerhalb derselben Beförderungsart ausweist, wird als eine Teilverladung abdeckend angesehen, selbst wenn die Beförderungsmittel an demselben Tag zu demselben Ziel abgehen.

c Eine Dokumentenvorlage bestehend aus mehr als einer Kurierempfangsbestätigung, Posteinlieferungs-/Postempfangsschein oder Postversandnachweis wird nicht als eine Teilverladung angesehen, wenn die Kurierempfangsbestätigungen, Posteinlieferungs-, Postempfangsscheine oder

Postversandnachweise dem Anschein nach von demselben Kurier oder Postdienst an demselben Ort und Datum für dasselbe Ziel abgestempelt oder unterzeichnet sind.

1) Teilinanspruchnahmen oder Teilverladungen (Art. 31)

1   Art. 31 nF entspricht Art. 40 aF. Teilinanspruchnahmen und Teilverladungen sind nach Art. 31 lit. a zulässig, falls im Akkreditiv nicht etwas anderes vorgeschrieben (→ Art. 1 Rn. 3), Schütze/Vorpeil Rn. 211 ff. Letzterenfalls bleiben noch immer die Ausnahmen von einem solchen Verbot nach Art. 31 lit. c (Post- und Kurierversand) und lit. b (gilt für alle sonstigen Beförderungsarten). Über Teilinanspruchnahme hat der Begünstigte zu entscheiden, nicht die Zweitbank, der das Akkreditiv vorgelegt wird; dass ein Teil der Dokumente akkreditivgerecht ist, genügt daher nicht, OLG Düsseldorf ZIP 2003, 1785. Bei zulässiger Teilleistung nach Art. 31 ist Teilausnutzung des Akkreditivs bis zum letzten Tage möglich, auch wenn es zu der vollen Leistung ersichtlich nicht mehr kommen wird. „Unterzeichnen", „gestempelt" bei elektronischen Dokumenten bei el.ERA-Akkreditiv s. Anhang el.ERA Art. e 3a iv, v.

Inanspruchnahme oder Verladung in Raten

ERA 32 Ist im Akkreditiv Inanspruchnahme oder Verladung in Raten innerhalb bestimmter Zeiträume vorgeschrieben und ist irgendeine Rate nicht innerhalb des für sie vorgeschriebenen Zeitraums in Anspruch genommen oder verladen worden, kann das Akkreditiv für diese betreffende und jede weitere Rate nicht mehr benutzt werden.

1) Inanspruchnahme oder Verladung in Raten (Art. 32)

1   Art. 32 nF entspricht Art. 41 aF. Art. 32 regelt den Fall, dass das Akkreditiv Inanspruchnahme oder Verladung in Raten innerhalb bestimmter Zeiträume vorschreibt (Sukzessivlieferungen), Schütze/Vorpeil Rn. 216 ff. Dann schadet Versäumung schon einer einzigen Rate, falls im Akkreditiv nicht etwas anderes vorgeschrieben (→ Art. 1 Rn. 3), auch für alle anderen Raten. Art. 32 setzt voraus, dass Raten „innerhalb bestimmter Zeiträume" vorgeschrieben sind, also nicht nur Zahl der Raten, sondern feste Termine.

Vorlegungszeiten

ERA 33 Banken sind nicht verpflichtet, Dokumente außerhalb ihrer Öffnungszeiten entgegenzunehmen.

1) Vorlegungszeiten (Art. 33)

1   Art. 33 nF entspricht Art. 45 aF. Wirksamkeit bezweifelnd Nielsen Rn. 385, außer bei individueller Zustellung der Dokumente, zB durch Kurierdienste.

Haftungsausschluss für Wirksamkeit von Dokumenten

ERA 34 Banken übernehmen keine Haftung oder Verantwortung für Form, Vollständigkeit, Genauigkeit, Echtheit, Verfälschung oder Rechtswirksamkeit irgendeines Dokuments oder für die allgemeinen oder besonderen Bedingungen, die in irgendeinem Dokument angegeben oder demselben hinzugefügt sind; Banken übernehmen auch keine Haftung oder Verantwortung für Bezeichnung, Menge, Gewicht, Qualität, Beschaffenheit, Verpackung, Lieferung, Wert oder Vorhandensein der durch irgendein Dokument repräsentierten Waren, Dienstleistungen oder anderen

V. Bankgeschäfte 1 35 ERA (11)

Leistungen oder für Treu und Glauben oder Handlungen oder Unterlassungen sowie für Zahlungsfähigkeit, Leistungsvermögen oder Ruf von Absender, Frachtführer, Spediteur, Empfänger oder Versicherer der Waren oder irgendeiner anderen Person.

1) Haftungsausschluss für Wirksamkeit von Dokumenten (Art. 34)

Art. 34 nF entspricht fast wörtlich Art. 15 aF. Fälschungsrisiko → **(7)** Bank- 1 geschäfte Rn. K8. Art. 34 bezieht sich nicht auf die Pflicht der Bank zur Prüfung der Dokumente nach Art. 14 (vertragswesentliche Pflicht, dort → § Rn. 1, zur Reichweite der Prüfungspflicht ebd.Rn.), hL, so auch ausdrücklich Drafting Group zu Art. 34. Auch sonst gelten die allgemeinen Grenzen von **(5)** §§ 307, 309 Nr. 7b BGB. Art. 34 Hs. 1 soll selbst nicht zum Ausschluss der Haftung für eigene Pflichtverletzung der Bank führen; aber bei gebotener kundenfeindlichster Auslegung wäre an sich Unwirksamkeit die Folge, so WLP/H. Schmidt Rn. A 127 für Hs. 1, str., aber wirksame Überwälzung des Risikos von Fälschungen und anderen unverschuldeten Unregelmäßigkeiten und Vorrang von Art. 13 (Pflicht, alle im Akkreditiv vorgeschriebenen Dokumente zu prüfen), Ellenberger/Bunte Bankrechts-HdB/Haas, 6. Aufl. 2022, § 103 Rn. 212; MüKoHGB/Wedemann H Rn. 161; Staub/Grundmann 3/637. Im Übrigen ist AGB mit Haftungsausschluss für leichte Fahrlässigkeit bei Echtheitsprüfung wirksam, BGHZ 108, 348 (→ **(7)** Bankgeschäfte Rn. K6). Auch Art. 34 Hs. 2 ist AGB-rechtlich wirksam, WLP/H. Schmidt Rn. A 127; wohl auch MüKoHGB/Wedemann H Rn. 86, 161, hL. Entsprechende Meinungsverschiedenheiten bestehen zu **(11a)** eUCP Art. e13 lit. a und lit. b (→ **(11a)** eUCP Einl. Rn. 4 und Art. e13 Rn. 1).

Haftungsausschluss für Nachrichtenübermittlung und Übersetzung

ERA 35 ¹Banken übernehmen keine Haftung oder Verantwortung für die Folgen von Verzögerungen, Verlusten, Verstümmelungen oder sonstigen Irrtümern bei der Übermittlung von Nachrichten oder Versand von Briefen oder Dokumenten, wenn diese Nachrichten, Briefe oder Dokumente gemäß den im Akkreditiv gestellten Anforderungen übermittelt oder abgesandt werden oder wenn die Bank, mangels entsprechender Weisungen im Akkreditiv, selbst die Initiative bei der Auswahl des Beförderungsdienstes ergriffen hat.

²Wenn eine benannte Bank entscheidet, dass eine Dokumentenvorlage konform ist, und die Dokumente an die eröffnende oder bestätigende Bank versendet, unabhängig davon, ob die benannte Bank honoriert oder negoziiert hat, muss die eröffnende oder bestätigende Bank honorieren oder negoziieren oder diese benannte Bank rembourisieren, selbst dann, wenn die Dokumente auf dem Weg von der benannten Bank zur eröffnenden Bank oder bestätigenden Bank oder zwischen der bestätigenden und der eröffnenden Bank verloren gegangen sind.

³Banken übernehmen keine Haftung oder Verantwortung für Irrtümer bei der Übersetzung oder Auslegung von technischen Begriffen und können Akkreditiv-Bedingungen unübersetzt weiterleiten.

1) Haftungsausschluss für Nachrichtenübermittlung und Übersetzung (Art. 35)

Art. 35 S. 1 und 3 nF entsprechen Art. 16 aF. Art. 35 S. 1 bezieht sich nicht 1 auf die Pflicht zur Mitteilung über die Eröffnung des Akkreditivs (vgl. **(5)** §§ 305c II, 307 II Nr. 2 BGB), str., oder eine sonstige Akkreditivpflichtverletzung, Bsp.: die Bank wählt einen anderen Kurier als im Akkreditiv vorgeschrieben, Drafting Group zu Art. 35. Art. 35 S. 1 enthält danach einen wirksamen Haftungsausschluss für leichte Fahrlässigkeit, üL, Staub/Grundmann 3/638, aA WLP/H. Schmidt Rn. A 128: keine geltungserhaltende Reduktion. Haftungsausschluss für Dokumentenverlust bei Versand vgl. → **(12)** ERI Art. 14 Rn. 1. Art. 35 S. 2 enthält eine begrenzte Ausnahme zu Satz 1 zugunsten einer benannten Bank, wenn die Dokumente unterwegs verloren gehen. Die benannte Bank muss aber auf Anforderung Kopien der relevanten Dokumente liefern, damit Konformität der Dokumentenvorlage nachgeprüft werden kann; zur Aufbewahrung solcher Kopien ist sie allerdings nicht verpflichtet, Drafting Group zu Art. 35. Art. 35 S. 3 betrifft Übersetzungen und Auslegung von technischen Begriffen, die die Bank ihren Kunden als Service leistet. Satz 3 lässt Pflicht des Art. 14 zur Dokumentenprüfung unberührt, ebenso andere vertragswesentliche Pflichten, vgl. → Art. 34 Rn. 1, str., und ist wirksam, str.; nach aA ist Art. 35 S. 3 (auch im unternehmerischen Verkehr) hinsichtlich grober Fahrlässigkeit oder sogar gänzlich (Unklarheitenregel, **(5)** § 306 BGB, aber Canaris Rn. 941) unwirksam.

Höhere Gewalt

ERA 36 [1]Banken übernehmen keine Haftung oder Verantwortung für die Folgen der Unterbrechung ihrer Geschäftstätigkeit durch Fälle höherer Gewalt, Unruhen, Aufruhr, Aufstände, Kriege, Terrorakte oder durch irgendwelche Streiks oder Aussperrungen oder irgendwelche anderen Ursachen außerhalb ihrer Kontrolle.

[2]Banken werden nach Wiederaufnahme ihrer Geschäftstätigkeit unter einem Akkreditiv, das während einer solchen Unterbrechung ihrer Geschäftstätigkeit verfallen ist, nicht honorieren oder negoziieren.

1) Höhere Gewalt (Art. 36)

1   Art. 36 nF entspricht Art. 17 aF, neu eingefügt „Terrorakte", aber der Sache nach schon nach aF erfasst. Art. 36 lit. a schließt die Haftung der Banken für höhere Gewalt (force majeure) aus, zB wenn der Begünstigte deshalb das Akkreditiv nicht rechtzeitig in Anspruch nehmen kann. Art. 36 ist wirksam, aber nicht generell, was die Folgen von Arbeitskämpfen angeht, da teilbar, nicht insgesamt unwirksam, WLP/H. Schmidt Rn. A 129. Tritt die höhere Gewalt erst nach Einreichung ordnungsgemäßer Dokumente ein und verhindert Leistung innerhalb der Akkreditivfrist, wird die Bank aber nicht überhaupt frei, BGH WM 1960, 38. Ist das Akkreditiv während einer solchen Unterbrechung der Geschäftstätigkeit der Bank verfallen, bleibt es dabei (Art. 36 II), also keine Schonfrist nach Wiedereröffnung, Drafting Group zu Art. 36.

Haftungsausschluss für Handlungen einer beauftragten Partei

ERA 37

a Bedient sich eine Bank einer anderen Bank, um die Weisungen des Auftraggebers auszuführen, tut sie dies für Rechnung und Gefahr des Auftraggebers.

b Eine eröffnende oder avisierende Bank übernimmt keine Haftung oder Verantwortung, wenn die von ihr einer anderen Bank übermittelten Weisungen nicht ausgeführt werden, selbst wenn sie die Initiative bei der Auswahl dieser Bank ergriffen hat.

c [1]Eine Bank, die eine andere Bank beauftragt, Leistungen zu erbringen, haftet für alle Provisionen/Kommissionen, Gebühren, Kosten oder Aus-

lagen („Spesen"), die dieser Bank im Zusammenhang mit ihren Weisungen entstanden sind.
² Wenn ein Akkreditiv vorschreibt, dass die Spesen für Rechnung des Begünstigten gehen und die Spesen nicht eingezogen oder von Erlösen abgezogen werden können, bleibt die eröffnende Bank für die Zahlung der Spesen haftbar.
³ Ein Akkreditiv oder dessen Änderung sollte nicht vorschreiben, dass die Avisierung an den Begünstigten davon abhängig ist, dass die avisierende Bank oder zweite avisierende Bank ihre Spesen erhält.
d Der Auftraggeber muss alte Verpflichtungen und Verantwortlichkeiten übernehmen, die auf ausländischen Gesetzen und Gebräuchen beruhen, und muss die Banken für alle hieraus resultierenden Folgen schadlos halten.

1) Haftungsausschluss für Handlungen einer beauftragten Partei (Art. 37)

Art. 37 nF entspricht Art. 18 aF, beschränkt den Haftungsausschluss aber auf 1 Banken. Art. 18a und 18b aF waren, soweit § 278 BGB vorliegt, jedenfalls gegenüber Privatleuten nach **(5)** § 309 Nr. 7b BGB unwirksam, nach aA allgemein auch gegenüber Unternehmern, Graf von Westphalen RIW 1994, 456, → **(7)** Bankgeschäfte Rn. K2 b. Art. 37 lit. a, b nF trägt dem durch die engere Fassung Rechnung und wird deshalb richtig verstanden (keine Freizeichnung von Auswahlverschulden) als wirksam angesehen, mit Differenzierungen näher → **(7)** Bankgeschäfte Rn. K2b, Ellenberger/Bunte Bankrechts-HdB/Haas § 103 Rn. 422 ff., Staub/Grundmann 3/639, iErg auch WLP/H. Schmidt Rn. A 130; zT auch mit Differenzierung nach § 278 BGB (Erfüllungsgehilfe) und § 664 I 2 BGB (Unterbeauftragung). Jedenfalls keine wirksame Freizeichnung für eigene Filialen der Bank im Ausland (vgl. → Art. 3 Rn. 6), Ellenberger/Bunte Bankrechts-HdB/Haas § 103 Rn. 430 f.

2) Auslandsakkreditive (Art. 37 lit. d)

Sind Auftraggeber und Begünstigter in verschiedenen Ländern ansässig, ergeben sich für die Banken besondere Gefahren aus der Anwendbarkeit ausländischen Rechts. Nach Art. 37 lit. d muss der Auftraggeber alle Verpflichtungen und Verantwortlichkeiten übernehmen, die auf ausländischen Gesetzen und Gebräuchen beruhen, und muss die Banken für Folgen daraus schadlos halten. Art. 37 lit. d erfasst nicht den Fall eigener Pflichtverletzung der Bank; sonst wäre er nach **(5)** § 307 BGB unangemessen, Canaris Rn. 975, strenger WLP/H. Schmidt Rn. A 130, str.

Übertragbare Akkreditive

ERA 38

a Keine Bank ist verpflichtet, ein Akkreditiv zu übertragen außer in dem Umfang und in der Art, wie ausdrücklich von der Bank zugestimmt.
b ¹ Im Sinne dieses Artikels bedeutet:
übertragbares Akkreditiv ein Akkreditiv, das ausdrücklich als „übertragbar" bezeichnet ist. ² Ein übertragbares Akkreditiv kann im Auftrag des Begünstigten („Erstbegünstigter") ganz oder teilweise für einen anderen Begünstigten („Zweitbegünstigter") benutzbar gestellt werden;
³ übertragende Bank eine benannte Bank, die das Akkreditiv überträgt, oder, bei einem bei jeder Bank benutzbaren Akkreditiv, eine Bank, die von der eröffnenden Bank ausdrücklich zur Übertragung ermächtigt ist und das Akkreditiv überträgt. ⁴ Eine eröffnende Bank kann eine übertragende Bank sein;

⁵ übertragenes Akkreditiv ein Akkreditiv, das durch die übertragende Bank für einen Zweitbegünstigten benutzbar gemacht worden ist.

c Soweit zum Zeitpunkt der Übertragung nichts anderes vereinbart ist, gehen alle Spesen (wie Provisionen/Kommissionen, Gebühren, Kosten oder Auslagen), die durch die Übertragung anfallen, zu Lasten des Erstbegünstigten.

d ¹ Ein Akkreditiv kann in Teilen an mehr als einen Zweitbegünstigten übertragen werden, vorausgesetzt, dass Teilinanspruchnahmen oder Teilverladungen zulässig sind.
² Ein übertragenes Akkreditiv kann im Auftrag des Zweitbegünstigten nicht an einen nachfolgenden Begünstigten übertragen werden. Der Erstbegünstigte gilt nicht als nachfolgender Begünstigter.

e Jeder Übertragungsauftrag muss angeben, ob und unter welchen Bedingungen Änderungen dem Zweitbegünstigten avisiert werden können. Das übertragene Akkreditiv muss diese Bedingungen klar ausweisen.

f ¹ Wird ein Akkreditiv an mehr als einen Zweitbegünstigten übertragen, macht die Ablehnung einer Änderung durch einen oder mehrere Zweitbegünstigte die Annahme durch andere Zweitbegünstigte nicht unwirksam, denen gegenüber das übertragene Akkreditiv entsprechend geändert ist.
² Für jeden Zweitbegünstigten, der die Änderung abgelehnt hat, bleibt das übertragene Akkreditiv unverändert.

g ¹ Das übertragene Akkreditiv muss die Bedingungen des Akkreditivs, einschließlich einer möglicherweise vorhandenen Bestätigung, genau widerspiegeln. Davon ausgenommen sind:
– Akkreditivbetrag,
– jeder im Akkreditiv angegebene Preis pro Einheit,
– Verfalldatum,
– Dokumentenvorlagefrist, oder
– letztes Verladedatum oder angegebene Verladefrist,
die einzeln oder insgesamt ermäßigt oder verkürzt werden können.
² Der Prozentsatz, auf den die Versicherungsdeckung lauten muss, kann erhöht werden, um den im Akkreditiv oder in diesen Artikeln vorgeschriebenen Deckungsbetrag zu erreichen.
³ Der Name des Erstbegünstigten kann an die Stelle des Namens des Auftraggebers des Akkreditivs gesetzt werden.
⁴ Wenn im Akkreditiv ausdrücklich verlangt wird, dass der Name des Auftraggebers in irgendeinem anderen Dokument als der Rechnung erscheint, muss sich diese Bedingung im übertragenen Akkreditiv widerspiegeln.

h Der Erstbegünstigte hat das Recht, seine eigene Rechnung und, gegebenenfalls, Tratte an die Stelle derjenigen des Zweitbegünstigten zu setzen, und zwar in einem Betrag, der den im Akkreditiv angegebenen Betrag nicht übersteigt; und aufgrund eines solchen Austauschs kann der Erstbegünstigte unter dem Akkreditiv den Differenzbetrag in Anspruch nehmen, der gegebenenfalls zwischen seiner Rechnung und der des Zweitbegünstigten besteht.

i Wenn der Erstbegünstigte seine eigene Rechnung und, gegebenenfalls, Tratte vorzulegen hat, aber der ersten Aufforderung hierzu nicht nachkommt oder wenn die vom Erstbegünstigten vorgelegte Rechnung Unstimmigkeiten herbeiführt, welche die Dokumentenvorlage des Zweitbegünstigten nicht aufwies und die der Erstbegünstigte nicht auf erste Aufforderung korrigiert, dann hat die übertragende Bank das Recht, der eröffnenden Bank die Dokumente, die sie vom Zweitbegünstigten erhalten hat, zu präsentieren, ohne weitere Verantwortlichkeit gegenüber dem Erstbegünstigten.

j ¹Der Erstbegünstigte kann in seinem Übertragungsauftrag verlangen, dass die Honorierung oder Negoziierung gegenüber dem Zweitbegünstigten an dem Ort, an den das Akkreditiv übertragen worden ist, vorgenommen wird, und zwar bis zum Verfalldatum des Akkreditivs einschließlich. ²Dies gilt unbeschadet des Rechts des Erstbegünstigten gemäß Artikel 38 (h).

k Die Dokumentenvorlage durch oder für den Zweitbegünstigten muss an die übertragende Bank erfolgen.

1) Übertragbare Akkreditive (Art. 38 lit. a)

Art. 38 nF entspricht Art. 48 aF. Art. 38 betrifft übertragbare Akkreditive → **(7)** Bankgeschäfte Rn. K23. Art. 38 regelt nur die Übertragung des Akkreditivs insgesamt (Vollübertragung), nicht die bloße Abtretung des Zahlungsanspruchs (Art. 39). Art. 38 lit. a hält als Grundsatz fest, dass eine Bank nur bei ausdrücklicher Zustimmung zur Übertragung verpflichtet ist, aber so uneingeschränkt ist dies problematisch (→ **(7)** Bankgeschäfte Rn. K23).

2) Definitionen (Art. 38 lit. b)

Art. 38 lit. b enthält Definitionen (vgl. → Art. 2 Rn. 1): übertragbares Akkreditiv (transferable), übertragende Bank (transferring bank) und übertragenes Akkreditiv (transferred credit). Art. 38 lit. b verlangt schon kraft Definition ausdrückliche Bezeichnung als „übertragbar" („transferable"), andere Ausdrücke wie „divisible" ua genügen nicht. Auch die eröffnende Bank kann eine übertragende Bank sein, was in der Praxis häufig vorkommt. Ein übertragbares Akkreditiv kann im Auftrag des Begünstigten (Erstbegünstigter, first beneficiary) ganz oder teilweise für einen anderen Begünstigten (Zweitbegünstigter, second beneficiary) benutzbar gestellt werden (Art. 38 lit. b S. 2).

3) Weitere Regelungen (Art. 38 lit. c–j)

Art. 38 lit. c ist eine Spesenregelung, die Bank kann sich grundsätzlich an den ihr bekannten Erstbegünstigten halten. Art. 38 lit. d regelt Teilübertragungen an mehr als einen Zweitbegünstigten, falls Teilübertragungen oder Teilverladungen (Art. 31) zulässig sind, sonst nicht, da erhebliche Erschwernisse. Grundsätzlich ist nur eine einmalige Übertragung möglich. Rückübertragung an den Erstbegünstigten gilt nicht als zweite Übertragung. Mehrere zulässige Teilübertragungen gelten als eine zulässige einmalige Übertragung. Art. 38 lit. e regelt die Avisierung von Änderungen bei Zweitbegünstigung, Einzelheiten dazu in Drafting Group zu Art. 39. Mehrere Zweitbegünstigte können sich nach Art. 38 lit. f gegenüber Änderungen unterschiedlich entscheiden. Das übertragene Akkreditiv muss die (Original)Bedingungen des Akkreditivs (einschließlich einer Bestätigung) genau widerspiegeln, doch sind mehrere Ausnahmen vorgesehen (Art. 38 lit. g). Art. 38 lit. h gibt das Recht zum Tausch von Tratten. Damit kann sich der Erstbegünstigte seine Gewinnmarge sichern, ohne den bezahlten Preis und den tatsächlichen Lieferanten zu nennen. Art. 38 lit. j gibt das Recht auf Verlegung der Abwicklungsstelle. Die Dokumentenvorlage durch oder für den Zweitbegünstigten muss an die übertragende Bank erfolgen (Art. 38 lit. k). Näher MüKoHGB/Wedemann H Rn. 273 ff.; zu lit. j und k Drafting Group zu Art. 39.

Abtretung von Akkreditiverlösen

ERA 39 ¹Die Tatsache, dass ein Akkreditiv nicht als übertragbar bezeichnet ist, berührt nicht die Rechte des Begünstigten, seinen unter einem solchen Akkreditiv bestehenden oder künftig entstehenden Anspruch auf den Erlös gemäß den Bestimmungen des anzuwendenden

Rechts abzutreten. ²Dieser Artikel bezieht sich nur auf die Abtretung des Akkreditivverlöses und nicht auf die Abtretung des Rechts auf Inanspruchnahme des Akkreditivs.

1) Abtretung von Akkreditivverlösen (Art. 39)

1 **Art. 39** nF entspricht Art. 49 aF. Art. 39 betrifft die bloße Abtretung des Zahlungsanspruchs (ohne Vollübertragung, Art. 38), → **(7)** Bankgeschäfte Rn. K23. Diese ist stets zulässig, also auch bei nicht übertragbar gestellten Akkreditiven iS Art. 38. Einzelheiten bei MüKoHGB/Wedemann H Rn. 268 ff.

(11a) Uniform Customs and Practice for Documentary Credits for Electronic Presentation (eUCP) Version 2.0

anwendbar ab 1. Juli 2019
© Internationale Handelskammer

Einleitung

Schrifttum

s. zunächst **(11)** ERA, allgemein zum (Dokumenten)Akkreditivgeschäft **(7)** Bankgeschäfte vor Rn K1.

a) Kommentare und Handbücher: zunächst wie vor **(11)** ERA;

ICC Banking Commission, Supplement to the „Commentary on eUCP Version 2.0 and eURC Version 1.0 (eRules) – 10-12-2019;

zur Vorläuferfassung eUCP Version 1.0 ICC, Guide to the eUCP, *ICC* Publication No. 639.

b) Sonstige Beiträge: *Meynell,* Commentary on eUCP Version 2.0, eURC Version 1.0, 2019, available at < https://cdn.iccwbo.org/content/uploads/sites/3/2019/07/icc-commentary-on-eucp-2-0-and-eurc-1-0-article-by-article-analysis.pdf > (letzter Abruf 22.4.2020); *Saive/Stabel* RIW 2019, 642; *Vorpeil* RIW 5/2019 Die erste Seite; *Vorpeil* WM 2019, 1469 und 1521.

1) eUCP Version 2.0 (2019): Funktion und Inhaltsübersicht

1 Der **Anhang zu den ERA 600 für die Vorlage elektronischer Dokumente (el.ERA, eUCP), Version 2.0,** 1.7.2019 (nur englisch), ersetzt die el.ERA Version 1.1, 1.7.2007, die sich nicht durchsetzen konnte. Die **(11a)** eUCP sind ebenso wie die **(12a)** eURC von der ICC Banking Commission erlassen worden. Sie sind keine Revision der ERA, sondern Anhang dazu. Die eUCP ergänzen die ERA 600 und verweisen auf sie. Die 14 Artikel der eUCP sind im Anhang zur ERA abgedruckt, offizielle Bezeichnung: Art e1 – e14. Akkreditive werden zwar heute immer noch ganz überwiegend per Kurier in Papierform vorgelegt. Aber die eUCP ermöglichen die alleinige Vorlage elektronischer Dokumente oder eine gemischte Vorlage aus elektronischen und Papierdokumenten. Die eUCP gelten, da Anhang zu ERA, für ERA-Kredite ohne ausdrückliche Einbeziehung (Art. e.2 lit. a). Zu beachten sind die Definitionen in Art. e3. Wie für alle Akkreditive bestimmt auch Art. e.4 die Abstraktheit des Akkreditivs von dem zugrundeliegenden Geschäft. Einzelheiten im Hinblick auf Format, Vorlegung und Prüfung von elektronischen Dokumenten, Ablehnung, Originale und Kopien, Ausstellungsdatum, Transport, Veränderung nach Empfang, zusätzlicher Haftungsausschluss und höhere Gewalt sind in Art. e.5 bis e.14 geregelt. Die zusätzliche Freizeichnung ist in Art. e.13 enthalten. Zur Nutzung von SWIFT → **(11)** ERA Einl vor Art. 1 Rn. 1.

2) (11a) eUCP und nationales Recht

Die ICC Baking Commission weist in ihrem Supplement besonders darauf hin, dass zwischen den eUCP und den meisten nationalen eCommerce-Gesetzen und -Regelwerken kein Konflikt existiert. Das gilt besonders für das UNCITRAL Model Law on Electronic Commerce, dem wichtigsten einschlägigen Text, an dem sich die eUCP orientiert haben. Kerngedanke des UNCITRAL Model Law sind die Funktionsäquivalenz der herkömmlichen, auf Papier basierenden Dokumentation und der elektronischen, Meynell zu Art. e3 UNCITRAL, sowie die Technologieneutralität. Immerhin kann es vorkommen, dass ein solches nationales Recht strengere Anforderungen an die elektronische Signatur und Authentifizierung stellt als die eUCP. Deshalb sollten für den Fall der Zugrundelegung der eUCP für ein Akkreditiv die jeweiligen Kundenverträge auf Abweichungen, insbesondere schon in den in Art. e3 gebrauchten Begriffsbestimmungen, durchgesehen werden, um Konflikte zu vermeiden. Da die eUCP so konzipiert sind, dass sie technologieneutral auf Funktionsäquivalenz der elektronischen und analogen Fassung der Transportdokumente ausgerichtet sind, ist ein weitgehender Gleichlauf mit den elektronischen Transportdokumenten des HGB (vgl. §§ 443 III, 475c IV, 516 II HGB für elektronische Konnossemente, Lager- und Ladescheine und §§ 408 III, 526 IV HGB für elektronische Land- und Seefrachtbriefe) festzustellen, Saive/Stapel RIW 2019, 649.

3) Anwendung der eUCP

Die Anwendung der eUCP setzt voraus, dass alle Beteiligten – der Auftraggeber, die (eröffnenden, avisierenden, bestätigenden und benannten) Banken und der Begünstige – die technischen Voraussetzungen dazu haben und damit einverstanden sind. Die ICC gibt dazu in ihrem Supplement zahlreiche praktische und technische Hinweise.

4) Geltung als AGB

Die **(11a)** eUCP sind Anhang der **(11)** ERA und teilen deren rechtliche Einordnung. Sie sind also nach deutschem Recht AGB (→ **(11)** ERA Einl. Rn. 4 ff.) und schon wegen ihrer bisherigen geringen Verbreitung und jetzigen Neufassung auch nicht in Einzelteilen Handelsbrauch, sondern in ihrer Gesamtheit AGB und unterliegen der Inhaltskontrolle nach **(5)** § 307 BGB. Fraglich ist vor allem, ob die weitgehenden Haftungsausschlüsse in Art. e13 lit. a und lit. b der Inhaltskontrolle standhalten. Hier wird man genauso entscheiden müssen wie zu **(11)** Art. 34 über den Haftungsausschluss für Wirksamkeit von Dokumenten, der von der üL für zulässig gehalten wird (→ **(11)** ERA Art. 34 Rn. 1, zuletzt MüKoHGB/Wedemann H Rn. 161), aber str., für Unwirksamkeit sowohl von **(11a)** eUCP Art. e13 lit. a wie auch lit. b Saive/Stapel RIW 2019, 647.

[Contents eUCP]

	Rn
Preliminary Considerations	
Scope of the Uniform Customs and Practice for Documentary Credits (UCP 600) Supplement for Electronic Presentation („eUCP")	e1
Relationship of the eUCP to the UCP	e2
Definitions	e3
Electronic Records and Paper Documents v. Goods, Services or Performance	e4
Format	e5
Presentation	e6
Examination	e7
Notice of Refusal	e8
Originals and Copies	e9

Hopt

	Rn
Date of Issuance	e10
Transport	e11
Data Corruption of an Electronic Record	e12
Additional Disclaimer of Liability for Presentation of Electronic Records under eUCP	e13
Force Majeure	e14

Preliminary Considerations

The mode of presentation to the nominated bank, confirming bank, if any, or the issuing bank, by or on behalf of the beneficiary, of electronic records alone or in combination with paper documents, is outside the scope of the eUCP.

The mode of presentation to the applicant, by the issuing bank, of electronic records alone or in combination with paper documents, is outside the scope of the eUCP.

Where not defined or modified in the eUCP, definitions given in UCP 600 will continue to apply.

Before agreeing to issue, advise, confirm, amend or transfer an eUCP credit, banks should satisfy themselves that they can examine the required electronic records in a presentation made thereunder.

Scope of the Uniform Customs and Practice for Documentary Credits (UCP 600) Supplement for Electronic Presentations („eUCP")

eUCP e1

a. The eUCP supplements the Uniform Customs and Practice for Documentary Credits (2007 Revision, ICC Publication No. 600) („UCP") in order to accommodate presentation of electronic records alone or in combination with paper documents.

b. The eUCP shall apply where the credit indicates that it is subject to the eUCP („eUCP credit").

c. This version is Version 2.0. An eUCP credit must indicate the applicable version of the eUCP. If not indicated, it is subject to the latest version in effect on the date the eUCP credit is issued or, if made subject to the eUCP by an amendment accepted by the beneficiary, the date of that amendment.

d. An eUCP credit must indicate the physical location of the issuing bank.

In addition, it must also indicate the physical location of any nominated bank and, if different to the nominated bank, the physical location of the confirming bank, if any, when such location is known to the issuing bank at the time of issuance. If the physical location of any nominated bank and/or confirming bank is not indicated in the credit, such bank must indicate its physical location to the beneficiary no later than the time of advising or confirming the credit or, in the case of a credit available with any bank, and where another bank willing to act on the nomination to honour or negotiate is not the advising or confirming bank, at the time of agreeing to act on its nomination.

1) Anwendbarkeit (Art. e1)

1   Art. e1 lit. a stellt klar, das die eUCP die ERA 600 ergänzen, um eine Vorlage allein von elektronischen Dokumenten oder eine gemischte Vorlage von elektro-

V. Bankgeschäfte   eUCP e3 (11a)

nischen und Papierdokumenten zu ermöglichen. Die eUCP stehen also nicht für sich selbst, sondern sind unbedingt und immer nur im Zusammenhang mit den **(11)** ERA zu lesen, Meynell zu Art. e1. Nach Art. e1 lit. b finden die eUCP Anwendung, wenn auf dem Akkreditiv vermerkt ist, dass es den eURC unterliegen soll. Die Grundlage dafür gibt der Auftrag zur Eröffnung eines Akkreditivs. Die tatsächliche Einbeziehung der eUCP erfolgt über S. W. I. F.T, dazu Vorpeil WM 2019, 1470 ff. Ein eURC-Akkreditiv muss die anwendbare Fassung der eUCP angeben, sonst gilt grundsätzlich die letzte Fassung am Datum des eUCP-Akkreditivs (Art. e1 lit. c).

Das eUCP-Akkreditiv muss den physischen Ort der Eröffnungsbank angeben 2 und denjenigen der benannten Bank sowie den einer ggf. davon abweichenden bestätigenden Bank, soweit dieser Ort der Eröffnungsbank im Zeitpunkt der Eröffnung des Akkreditivs bekannt ist (Art. e1 lit. d Satz 1). Sonst muss das ggf. die benannte oder bestätigende Bank später nachholen (näher Art. e1 lit. d S. 2). Der Ort der Bank, bei der das Akkreditiv benutzbar ist, ist der Ort für die Dokumentenvorlage, **(11)** ERA Art. 6 lit. d ii. Die Angabe des physischen Orts hat regulatorische Gründe, Meynell zu Art. e1 Physical Location; Vorpeil WM 2019, 1522.

Relationship of the eUCP to the UCP

eUCP e2

a. **An eUCP credit is also subject to the UCP without express incorporation of the UCP.**
b. **Where the eUCP applies, its provisions shall prevail to the extent that they would produce a result different from the application of the UCP.**
c. **If an eUCP credit allows the beneficiary to choose between presentation of paper documents or electronic records and it chooses to present only paper documents, the UCP alone shall apply to that presentation. If only paper documents are permitted under an eUCP credit, the UCP alone shall apply.**

1) Verhältnis der eUCP und der (11) ERA (Art. e2)

Art. e2 stellt klar, dass auf ein eUCP-Akkreditiv ohne weiteres auch die 1 UCP/ERA Anwendung finden, das braucht in dem eUCP-Akkreditiv also nicht eigens bestimmt zu werden, wird aber für die Praxis empfohlen, Meynell zu Art. e2. Bei Widerspruch beider gehen die eUCP vor (Art. e2 lit. a, b). Art. e2 lit. c regelt den Fall, dass der Begünstigte zwischen der Vorlage von Papierdokumenten und elektronischen Dokumenten wählen kann. Werden dann nur Papierdokumente vorgelegt, bleibt es auch bei einem eUCP-Akkreditiv bei der alleinigen Anwendung der ERA. Wenn unter einem eUCP-Akkreditiv nur die Vorlage von Papierdokumenten erlaubt ist, finden nur die ERA Anwendung, auch wenn das Akkreditiv auf die eUCP verweist. Wenn der Einreicher zunächst nur ein Papierdokument einreicht, aber nicht klarstellt, dass nur Papierdokumente eingereicht werden, soll die Prüfungsfrist nach Art. e7 lit. a i weiterlaufen, also die 5-Tage-Frist von **(11)** ERA Art. 16 lit. d nicht beginnen, Meynell zu Art. e2.

Definitions

eUCP e3

a. **Where the following terms are used in the UCP, for the purpose of applying the UCP to an electronic record presented under an eUCP credit, the term:**
   i. *Appear on their face* **and the like shall apply to examination of the data content of an electronic record.**

ii. *Document* shall include an electronic record.
   iii. *Place for presentation* of an electronic record means an electronic address of a data processing system.
   iv. *Presenter* means the beneficiary, or any party acting on behalf of the beneficiary who makes a presentation to a nominated bank, confirming bank, if any, or to the issuing bank directly.
   v. *Sign* and the like shall include an electronic signature.
   vi. *Superimposed, notation* or *stamped* means data content whose supplementary character is apparent in an electronic record.
 b. The following terms used in the eUCP shall have the following meaning:
   i. *Data corruption* means any distortion or loss of data that renders the electronic record, as it was presented, unreadable in whole or in part.
   ii. *Data processing system* means a computerised or an electronic or any other automated means used to process and manipulate data, initiate an action or respond to data messages or performances in whole or in part.
   iii. *Electronic record* means data created, generated, sent, communicated, received or stored by electronic means, including, where appropriate, all information logically associated with or otherwise linked together so as to become part of the record, whether generated contemporaneously or not, that is:
     • capable of being authenticated as to the apparent identity of a sender and the apparent source of the data contained in it, and as to whether it has remained complete and unaltered, and
     • capable of being examined for compliance with the terms and conditions of the eUCP credit.
   iv. *Electronic signature* means a data process attached to or logically associated with an electronic record and executed or adopted by a person in order to identify that person and to indicate that person's authentication of the electronic record.
   v. *Format* means the data organisation in which the electronic record is expressed or to which it refers.
   vi. *Paper document* means a document in a paper form.
   vii. *Received* means when an electronic record enters a data processing system, at the place for presentation indicated in the eUCP credit, in a format capable of being accepted by that system. Any acknowledgement of receipt generated by that system does not imply that the electronic record has been viewed, examined, accepted or refused under an eUCP credit.
   viii. *Re-present* or *re-presented* means to substitute or replace an electronic record already presented.

1) Definitionen (Art. e3)

1   Zahlreiche wichtige Definitionen, die sich an dem UNICTRAL Model Law on Electronic Commerce orientieren, finden sich in **Art. e3,** Meynell zu Art e3. Das ist an sich nicht ungewöhnlich, zumal entsprechende Definitionen schon in **(11)** ERA Art. 2 zu finden sind. Besonders und wichtig ist jedoch, dass die Definitionen, die dort und hier verwendet werden, zum Teil voneinander abweichen. Das wird leicht übersehen. Wenn die eUCP tatsächlich Anwendung finden, gehen die Definitionen in Art. e3 vor, allerdings nur im Anwendungsbereich der eUCP, also was die Vorlage von elektronischen Dokumenten angeht. Das bedeutet, dass bei wahlweiser Vorlage von elektronischen oder Papierdokumenten es darauf ankommt, was gewählt wird (Art. e2). Je nachdem gelten die Definitionen

des Art. e3 oder die in **(11)** ERA Art. 2. Zum Ganzen Saive/Stabel RIW 2019, 643.

Art. e3 lit. a enthält sechs Begriffe, die in den ERA verwendet werden und für eUCP besonders definiert werden. Dazu gehören unter anderem:
- der **Prüfungsmaßstab (appear on their face)**, Art. e3 lit. a i; das bezieht sich auf den Dateninhalt der elektronischen Dokumente und entspricht Art. e4 über die Unabhängigkeit des Akkreditivs vom Grundgeschäft; vgl. **(11)** ERA Art. 14 lit. a und augenscheinliche Echtheit in **(11)** ERA Art. 9 lit. b;
- **Dokument (Document)**, nämlich elektronisches Dokument, Art. e3 lit. a ii, also Äquivalenz zwischen Dokument und elektronischem Dokument;
- der **Vorlageort (Place for presentation)** und **Einreicher (Presenter)**, Art. e3 lit. a iii und iv; der Begriff des Einreichers in **(11)** ERA Art. 2 reicht weiter als der in Art. e3 lit. a iii, Meynell zu Art. e3 Presenter;
- **Unterschrift (Sign)** erfasst ua auch die elektronische Unterschrift, Art. e3 lit. a v; vgl. **(11)** ERA Art. 3 III Unterzeichnung. Zum entsprechenden Art. 7 des UNCITRAL Model Law on Electronic Signatures Meynell zu Art. e3 lit. a v UNCITRAL.
- Art. e3 lit. a vi: **hinzugefügt (superimposed)**, vgl. **(11)** ERA Art. 34; **Vermerk (notation)**, vgl. **(11)** ERA Art. 19 lit. a ii, 20 lit. a ii und iii, ua; **Stempel (stamp)**, vgl. **(11)** ERA Art. 17 lit. b;

Art. e3 lit. b definiert Begriffe, die in den eUCP verwandt werden. Unter anderem:
- **Beschädigung von elektronischen Dokumenten nach Einreichung (data corruption)**, Art. e3 lit. b i; gemeint sind Veränderungen oder Verlust elektronischer Daten nach Empfang von dem Einreicher (presenter); dazu Art. e12.
- **Elektronisches Dokument (electronic record)**, Art. e3 lit. b iii; der Begriff ist weit gefasst, denn die ERA sind nicht systemgebunden; die Authentifizierung ist nach Art. e3 lit. b iii in dem dort geregelten Umfang möglich, die Authentifizierung als solche wird dort aber nicht geregelt, dazu aber UNCITRAL Model Law on Electronic Commerce; Meynell zu Art. e3 Electronic record;
- zum Verhältnis von Art. e3 lit. b iv **(elektronische Unterschrift, electronic signature)** und Verordnung (EU) Nr. 910/2014 vom 23.7.2014 über elektronische Identifizierung (eIDAS-VO) Saive/Stabel RIW 2019, 644; danach muss ein elektronisches Transportdokument mit einer fortgeschrittenen elektronischen Signatur iSv Art. 3 Nr. 11 iVm Art. 26 eIDAS-VO versehen werden, was den Anforderungen des HGB und der eUCP genügt;
- die **verwendete software (format)**, Art. e3 lit. b v, und den Empfang des **elektronischen Dokuments (received)**, Art. e3 lit. b vii.

Electronic Records and Paper Documents v. Goods, Services or Performance

eUCP e4 Banks do not deal with the goods, services or performance to which an electronic record or paper document may relate.

1) Elektronische Dokumente und Papierdokumente versus Güter, Dienstleistungen oder Leistungen (Art. e4)

Art. e4 wiederholt Art. 5 ERA. Banken befassen sich mit Dokumenten und nicht mit Waren, Dienstleistungen oder Leistungen, auf die sich die Dokumente möglicherweise beziehen. Dazu **(11)** ERA Einl. Rn. 1.

Format

eUCP e5 An eUCP credit must indicate the format of each electronic record. If the format of an electronic record is not indicated, it may be presented in any format.

1) Format des elektronischen Dokuments (Art. e5)

1   Ein eUCP-Akkreditiv muss nach **Art. e5** das Dateiformat angeben, in dem das elektronische Dokument vorgelegt wird. Sonst kann es in jedem Format vorgelegt werden, die Parteien sind dann frei in der Wahl des Dateiformats. Definition des Formats in Art. e3 lit. b v.

Presentation

eUCP e6

a.   i. An eUCP credit must indicate a place for presentation of electronic records.
  ii. An eUCP credit requiring or allowing presentation of both electronic records and paper documents must, in addition to the place for presentation of the electronic records, also indicate a place for presentation of the paper documents.
b. Electronic records may be presented separately and need not be presented at the same time.
c.   i. When one or more electronic records are presented alone or in combination with paper documents, the presenter is responsible for providing a notice of completeness to the nominated bank, confirming bank, if any, or to the issuing bank, where a presentation is made directly. The receipt of the notice of completeness will act as notification that the presentation is complete and that the period for examination of the presentation is to commence.
  ii. The notice of completeness may be given as an electronic record or paper document and must identify the eUCP credit to which it relates.
  iii. Presentation is deemed not to have been made if the notice of completeness is not received.
  iv. When a nominated bank, whether acting on its nomination or not, forwards or makes available electronic records to a confirming bank or issuing bank, a notice of completeness need not be sent.
d.   i. Each presentation of an electronic record under an eUCP credit must identify the eUCP credit under which it is presented. This may be by specific reference thereto in the electronic record itself, or in metadata attached or superimposed thereto, or by identification in the covering letter or schedule that accompanies the presentation.
  ii. Any presentation of an electronic record not so identified may be treated as not received.
e.   i. If the bank to which presentation is to be made is open but its system is unable to receive a transmitted electronic record on the stipulated expiry date and/or the last day for presentation, as the case may be, the bank will be deemed to be closed and the expiry date and/or last day for presentation shall be extended to the next banking day on which such bank is able to receive an electronic record.
  ii. In this event, the nominated bank must provide the confirming bank or issuing bank, if any, with a statement on its covering schedule that the presentation of electronic records was made within the time limits extended in accordance with sub-article e6 (e) (i).

V. Bankgeschäfte eUCP e7 (11a)

iii. If the only electronic record remaining to be presented is the notice of completeness, it may be given by telecommunication or by paper document and will be deemed timely, provided that it is sent before the bank is able to receive an electronic record
f. An electronic record that cannot be authenticated is deemed not to have been presented.

1) Dokumentenvorlage (Art. e6)

Art. e6 enthält zahlreiche Einzelheiten zur Vorlage elektronischer Dokumente, namentlich zum Vorlageort, zur Vollständigkeit, über die eine Mitteilung erforderlich ist, zur Identifizierung des betroffenen eUCP-Akkreditivs und zu dem Fall, dass die Bank das elektronische Dokument nicht empfangen kann. Wichtig zu sehen ist, dass eine Vollständigkeitserklärung erforderlich ist, Art. e6 lit. c i. Eine Vorlage gilt nach Art. e6 lit. c iii nicht erfolgt, wenn die Vollständigkeitserklärung nicht eingegangen ist; aber das gilt nur für den Teil der Präsentation, der sich auf elektronische Dokumente bezieht. Zur Vollständigkeitserklärung Meynell zu Art. e6 Notice of Completeness; Vorpeil WM 2019, 1523. Zu den Grundsätzen der Dokumentenvorlage und -prüfung **(11)** ERA Art. 14. Die Anforderungen von Art. e6 an die Authentifizierung gehen weiter als **(11)** ERA, was mit dem elektronischen Dokument zusammenhängt; näher Meynell zu Art. e6 Authentication. Art. e6 lit. e i nimmt noch auf die Öffnungszeiten der Bank Bezug, krit. Saive/Stapel RIW 2019, 645. 1

Examination

eUCP e7

a. i. The period for the examination of documents commences on the banking day following the day on which the notice of completeness is received by the nominated bank, confirming bank, if any, or by the issuing bank, where a presentation is made directly.
  ii. If the time for presentation of documents or the notice of completeness is extended, as provided in sub-article e6 (e) (i), the time for the examination of documents commences on the next banking day following the day on which the bank to which presentation is to be made is able to receive the notice of completeness, at the place for presentation.
b. i. If an electronic record contains a hyperlink to an external system or apresentation indicates that the electronic record may be examined by reference to an external system, the electronic record at the hyperlink or the external system shall be deemed to constitute an integral part of the electronic record to be examined.
  ii. The failure of the external system to provide access to the required electronic record at the time of examination shall constitute a discrepancy, except as provided in sub-article e7 (d) (ii).
c. The inability of a nominated bank acting on its nomination, a confirming bank, if any, or the issuing bank, to examine an electronic record in a format required by an eUCP credit or, if no format is required, to examine it in the format presented is not a basis for refusal.
d. i. The forwarding of electronic records by a nominated bank, whether or not it is acting on its nomination to honour or negotiate, signifies that it has satisfied itself as to the apparent authenticity of the electronic records.
  ii. In the event that a nominated bank determines that a presentation is complying and forwards or makes available those electronic records to

(11a) eUCP e10

the confirming bank or issuing bank, whether or not the nominated bank has honoured or negotiated, an issuing bank or confirming bank must honour or negotiate, or reimburse that nominated bank, even when a specified hyperlink or external system does not allow the issuing bank or confirming bank to examine one or more electronic records that have been made available between the nominated bank and the issuing bank or confirming bank, or between the confirming bank and the issuing bank.

1) Prüfung von elektronischen Dokumenten (Art. e7)

1   Art. e7 enthält weitere Einzelheiten zur Prüfung von elektronischen Dokumenten. Zum Grundsatz der Dokumentenprüfung unter den ERA ausführlich → **(11)** ERA Art. 14 Rn. 1. Nach Art. e7 lit. a i beginnt der Fristlauf für die Prüfung am ersten Bankarbeitstag, nachdem die Vollständigkeitsanzeige bei der Bank eingegangen ist, krit. wie zu Art. e6 lit. e i Rn. 1. Zum Rückgriff auf einen Hyperlink zu externen Systemen bei der Prüfung Art. e7 lit. b; Meynell zur Art. e7 External Systems; wichtig dabei ist, dass Art. e4 unberührt bleibt. Blockchainbasierte elektronische Dokumente, Vorpeil WM 2019, 1474; Saive/Stapel RIW 2019, 646.

Notice of Refusal

eUCP e8 If a nominated bank acting on its nomination, a confirming bank, if any, or the issuing bank, provides a notice of refusal of a presentation which includes electronic records and does not receive instructions from the party to which notice of refusal is given for the disposition of the electronic records within 30 calendar days from the date the notice of refusal is given, the bank shall return any paper documents not previously returned to that party, but may dispose of the electronic records in any manner deemed appropriate without any responsibility.

1) Mitteilung der Ablehnung (Art. e8)

1   Art. e8 geht in den Ablehnungsgründen weiter als die ERA, Meynell zu Art. e8. Art. e8 regelt für den Fall, dass die Ablehnung ohne Antwort und Instruktionen über das weitere Vorgehen bleibt, die Rückgabe aller Papierdokumente und den angemessenen Umgang mit den elektronischen Dokumenten; vgl. **(11)** ERA zur Ablehnung von unstimmigen (Papier-)Dokumenten und Mitteilung darüber, **(11)** ERA Art. 16 lit. b, c und d; zur Rücksendung **(11)** ERA Art. 16 lit. e.

Originals and Copies

eUCP e9 Any requirement for presentation of one or more originals or copies of an electronic record is satisfied by the presentation of one electronic record.

1) Originale und Kopien (Art. e9)

1   Art. e9 ergänzt **(11)** ERA Art. 17 für elektronische Dokumente.

Date of Issuance

eUCP e10 An electronic record must provide evidence of its date of issuance.

V. Bankgeschäfte

1 eUCP e12 (11a)

1) Ausstellungsdatum (Art. e10)

Nach **Art. e10** muss ein elektronisches Dokument das Ausstellungsdatum nachweisen. 1

Transport

eUCP e11 If an electronic record evidencing transport does not indicate a date of shipment or dispatch or taking in charge or a date the goods were accepted for carriage, the date of issuance of the electronic record will be deemed to be the date of shipment or dispatch or taking in charge or the date the goods were accepted for carriage. However, if the electronic record bears a notation that evidences the date of shipment or dispatch or taking in charge or the date the goods were accepted for carriage, the date of the notation will be deemed to be the date of shipment or dispatch or taking in charge or the date the goods were accepted for carriage. Such a notation showing additional data content need not be separately signed or otherwise authenticated.

1) Transportdokumente (Art. e11)

Art. e11 bringt Klarstellungen zu elektronischen Transportdokumenten und betrifft das Ausstellungsdatum derselben. Zum Verzicht auf elektronische Bordvermerke wie nach Seerecht in Art. e11 und zu ihrer Zulässigkeiten Saive/Stapel RIW 2019, 646. Zu den Transportdokumenten unter den ERA → **(11)** ERA Art. 19 ff., 27. 1

Data Corruption of an Electronic Record

eUCP e12

a. If an electronic record that has been received by a nominated bank acting on its nomination or not, confirming bank, if any, or the issuing bank, appears to have been affected by a data corruption, the bank may inform the presenter and may request it to be re-presented.
b. If a bank makes such a request:
   i. the time for examination is suspended and resumes when the electronic record is re-presented; and
   ii. if the nominated bank is not a confirming bank, it must provide any confirming bank and the issuing bank with notice of the request for the electronic record to be re-presented and inform it of the suspension; but
   iii. if the same electronic record is not re-presented within 30 calendar days, or on or before the expiry date and/or last day for presentation, whichever occurs first, the bank may treat the electronic record as not presented.

1) Beschädigung der elektronischen Dokumente (Art. e12)

Art. e12 regelt das Vorgehen der Bank, wenn sie ein elektronisches Dokument erhalten hat, das anscheinend später beschädigt wurde oder verloren ging bzw. nicht mehr lesbar ist. Definition der Beschädigung (corruption) von elektronischen Dokumenten in Art. e3 lit. b i. Zur Freizeichnung Art. e13. 1

Additional Disclaimer of Liability for Presentation of Electronic Records under eUCP

eUCP e13

a. By satisfying itself as to the apparent authenticity of an electronic record, a bank assumes no liability for the identity of the sender, source of the information, or its complete and unaltered character other than that which is apparent in the electronic record received by the use of a data processing system for the receipt, authentication, and identification of electronic records.

b. A bank assumes no liability or responsibility for the consequences arising out of the unavailability of a data processing system other than its own.

1) Zusätzlicher Haftungsausschluss bei Vorlage elektronischer Dokumente unter eUCP (Art. e13)

1   Art. e13 enthält einen zusätzlichen Haftungsausschuss, er betrifft nur die Vorlage elektronischer Dokumente und dies nur, soweit die eUCP eingreifen; die Haftungsausschlüsse nach **(11)** ERA Art. 34, Art. 35 und Art. 37 bleiben daneben bestehen, Meynell zu Art. e13. Zum Streit um die Wirksamkeit unter der deutschen AGB-Inhaltskontrolle → Einl Rn. 4.

Force Majeure

eUCP e14

A bank assumes no liability or responsibility for the consequences arising out of the interruption of its business, including but not limited to its inability to access a data processing system, or a failure of equipment, software or communications network, caused by Acts of God, riots, civil commotions, insurrections, wars, acts of terrorism, cyberattacks, or by any strikes or lockouts or any other causes, including failure of equipment, software or communications networks, beyond its control.

1) Höhere Gewalt (Art. e14)

1   Art. e14 über höhere Gewalt (force majeure) ergänzt **(11)** ERA Art. 36 I für elektronische Dokumente. Zur Wirksamkeit unter der AGB-Inhaltskontrolle → **(11)** ERA Art. 36 Rn. 1; für Unwirksamkeit des pauschalen Haftungsausschlusses in Art. e14 Saive/Stapel RIW 2019, 649.

(12) Einheitliche Richtlinien für Inkassi (ERI)

Revision 1995 Text der ERI © Internationale Handelskammer

Einleitung

Schrifttum

S allgemein zum Inkassogeschäft **(7)** Bankgeschäfte vor Rn M1, hier nur speziell zu **(12)** ERI.

a) Kommentare und Handbücher: Ellenberger/Bunte Bankrechts-HdB/*Klanten* 6. Aufl 2022 § 49 (Verwahrgeschäft). – LBS *(Langenbucher/Bliesener/Spindler)/Segna* 3. Aufl. 2020 10. Kap. – BuB/*Nielsen* (LBl). – *Canaris,* Bankvertragsrecht, 2. Aufl 1981, Rdn 1088 ff.

V. Bankgeschäfte **1 ERI (12)**

– *Einsele,* Bank- und Kapitalmarktrecht, 5. Aufl 2022. – MüKoHGB/*Wedemann* 4. Aufl Bd 6 2019 Bankvertragsrecht (I. Dokumenteninkasso im Internationalen Handel). – *Hoffmann,* ERI (Revision 1995), 1995. – *Wickremeratne,* ICC Guide to Collection Operations (for the ICC URC 522), Paris 1996. – *Zahn/Eberding/Ehrlich,* Zahlung und Zahlungssicherung im Außenhandel, 6. Aufl 1986.

b) Sonstige Beiträge: *ICC,* ICC Banking Commission Opinions, 1980 ff, zuletzt 2012–2016 (IntHK-Publikation Nr 785, Sprache engl), dazu *Vorpeil* WM 2013, 340. – *Liesecke,* Inkasso von Konnossementen, WM 1964, 1287. – *Kümpel,* Rechtsprobleme bei der Bevorschussung von Inkassodokumenten, Bank-Betrieb 1968, 195. – *Prost,* Spielarten und Rechtsfragen des Scheckinkasso, NJW 1969, 1233. – *Schinnerer,* Das Dokumenteninkasso, ÖA 1969, 394. – *Obermüller,* Sicherungsrechte der Bank beim Dokumenteninkasso, FS Bärmann 1975, 709. – *Graf von Westphalen,* ERA und ERI im Lichte des AGBG, WM 1980, 178. – *Nielsen,* Die Rechte am Inkassoerlös bei der Bevorschussung von Exportinkassi, ZIP 1985, 777. – Zur **nF 1995:** *Graf von Westphalen* FS Nielsen 1996, 141.

1) Entstehung und Neufassung

Die **Einheitlichen Richtlinien für Inkassi** (bis 1978: für das Inkasso von 1 Handelspapieren) (**ERI/URC**, Uniform Rules for Collections) wurden von der IntHK veröffentlicht 1956, revidiert 1967, 1978 und **1995** (IntHK-Publikation Nr. **522** ED, engl/dtsch, mit Kurzkomm Nr. 550, Sprache engl), zur Anwendung empfohlen ab 1.1.1996. Der jetzige Titel berücksichtigt, dass Inkassodokumente Zahlungs- oder Handelspapiere sein können. Länder, in denen die ERI angewandt werden, ähnlich wie bei ERA, → **(11)** ERA Einl. vor Rn. 3. Die Revision 1995 berücksichtigt ua den Einsatz technischer Hilfsmittel und nimmt Anpassungen an **(11)** ERA 500 vor, mittlerweile liegt allerdings **(11)** ERA 600 aus 2007 vor (Abdruck und Kommentar oben). Der Text der ERI ist abgedruckt mit freundlicher Genehmigung der Deutschen Gruppe der Internationalen Handelskammer, Köln.

Der **Anhang zu den ERI 522 für die Vorlage elektronischer Dokumente, Version (el.ERI, eURC)**, 1.1, 1.7.2019 (nur englisch), ist anders als der Anhang **(11a)** eUCP zu den ERA 600 (ebenfalls 1.7.2019) neu. Dazu **(12a)** eURC.

2) Geltung als AGB

Die ERI sind AGB ebenso wie die ERA, hL, Graf von Westphalen FS Nielsen, 2 1996, 141; Einsele § 6 Rn. 86; → **(11)** ERA Einl. vor Rn. 6; nach aA HdlBrauch OLG Hamburg MDR 1970, 335; Wälzholz WM 1994, 1457; nach aA in der Mehrzahl sogar Gewohnheitsrecht, MüKoHGB/Wedemann I Rn. 4. Das Risiko der AGB-Kontrolle wird durch die Präzisierung in Stellungnahme der ICC Banking Commission verringert, zu diesen MüKoHGB/Wedemann I Rn. 4.

3) Erläuterungen

Allgemein zum Inkassogeschäft → **(7)** Bankgeschäfte Rn. M1 (Dokumente- 3 ninkasso), E/6 (Scheckinkasso). Zur Klausel Kasse gegen Dokumente → § 346 Rn. 40.

A. Allgemeine Regeln und Begriffsbestimmungen

Anwendbarkeit der ERI 522

ERI 1

a. Die Einheitlichen Richtlinien für Inkassi, Revision 1995, ICC-Publikation 522, gelten für alle Inkassi wie in Artikel 2 definiert, soweit sie in den Text eines „Inkassoauftrags" gemäß Artikel 4 einbezogen sind und sind für alle

(12) ERI 2 1   2. Teil. Handelsrechtl. Nebenges.

Beteiligten bindend, sofern nicht ausdrücklich anderweitige Vereinbarungen getroffen worden sind oder nicht nationale, staatliche oder örtliche Gesetze und/oder Verordnungen entgegenstehen, von denen nicht abgewichen werden darf.

b. Banken sind nicht verpflichtet, ein Inkasso oder irgendeine Inkassoweisung oder spätere sich darauf beziehende Weisungen zu bearbeiten.

c. Wenn eine Bank sich aus irgendeinem Grund entschließt, ein erhaltenes Inkasso oder sich darauf beziehende Weisungen nicht zu bearbeiten, muß sie unverzüglich denjenigen Beteiligten, von dem sie das Inkasso oder die Weisungen erhalten hat, durch Telekommunikation oder, wenn dies nicht möglich ist, auf anderem schnellen Wege davon unterrichten.

1   **1) Art. 1:** Die Bank braucht den Inkassoauftrag nicht anzunehmen, muss dann aber den Auftrag- bzw. Weisungsgeber unverzüglich durch Telekommunikation davon unterrichten (Art. 1b, c). Keine Benachrichtigungspflicht nach Art. 1c soll in den Fällen von Art. 10a und 16b bestehen, so Hoffmann S. 4, aber fraglich, s. dort. Vorrang zwingenden nationalen Rechts, Art. 1a Hs. 2.

Definition des Inkassos

ERI 2   Im Sinne dieser Richtlinien bedeuten:

a. „Inkasso" die Bearbeitung von nachstehend unter Artikel 2 (b) definierten Dokumenten durch Banken in Übereinstimmung mit erhaltenen Weisungen, um:
   i. Zahlung und/oder Akzeptierung zu erhalten
   oder
   ii. Dokumente gegen Zahlung und/oder Akzeptierung auszuhändigen
   oder
   iii. Dokumente unter anderen Bedingungen auszuhändigen

b. „Dokumente"-Zahlungspapiere und/oder Handelspapiere:
   i. „Zahlungspapiere" Wechsel, Solawechsel, Schecks oder andere ähnliche zum Erlangen von Zahlungen dienende Dokumente;
   ii. „Handelspapiere" Rechnungen, Transportdokumente, Dispositions- oder andere ähnliche Dokumente sowie irgendwelche andere Dokumente, die keine Zahlungspapiere darstellen.

c. „Einfaches Inkasso" das Inkasso von Zahlungspapieren, die nicht von Handelspapieren begleitet sind.

d. „Dokumentäres Inkasso" das Inkasso von:
   i. Zahlungspapieren, die von Handelspapieren begleitet sind;
   ii. Handelspapieren, die nicht von Zahlungspapieren begleitet sind.

1   **1) Art. 2a** stellt klar, dass **(12)** ERI nur für Inkasso durch Banken gilt. Doch können die Parteien auch etwas anderes vereinbaren. Inkasso durch Banken liegt auch vor, wenn der Auftraggeber sich die Inkassoformulare der Bank blanko aushändigen lässt und dann selbst versendet (direktes Inkasso), zB wegen Kosten- oder Transportvorteilen, Hoffmann S. 6. Art. 2b definiert Dokumente als Zahlungspapiere und/oder HdlPapiere (financial/commercial documents). Art. 2c, d definieren **einfaches und dokumentäres Inkasso** (clean, documentary collection), erstere nur Inkasso von Zahlungspapieren ohne Handelspapiere, letztere mit Handelspapieren. D/P, D/A → **(7)** Bankgeschäfte Rn. M5, → HGB § 346 Rn. 40. Muster für Finanz-, Hdl-, Versicherungs- und Transportdokumente in ICC Guide Kap. 6 (engl).

V. Bankgeschäfte

Beteiligte an einem Inkasso

ERI 3

a. Im Sinne dieser Richtlinien sind die „Beteiligten":
   i. der „Auftraggeber", das ist derjenige, der eine Bank mit der Bearbeitung eines Inkassos betraut;
   ii. die „Einreicherbank", das ist die vom Auftraggeber mit der Bearbeitung des Inkassos betraute Bank;
   iii. die „Inkassobank", das ist jede mit der Durchführung des Inkassos befaßte Bank mit Ausnahme der Einreicherbank;
   iv. die „vorlegende Bank", das ist diejenige Inkassobank, die gegenüber dem Bezogenen die Vorlegung vornimmt.
b. Der „Bezogene" ist derjenige, demgegenüber in Übereinstimmung mit dem Inkassoauftrag die Vorlegung zu erfolgen hat.

1) Art. 3a definiert den Begriff der Beteiligten: **Auftraggeber** und **Bezogener**, → (7) Bankgeschäfte Rn. M1, sowie **Einreicherbank** und **Inkassobank**, → (7) Bankgeschäfte Rn. M2. Der Bezogene ist danach, obwohl in Art. 3b besonders erwähnt, kein Beteiligter iSd ERI (s (7) Bankgeschäfte Rn M4).

B. Form und Gliederung von Inkassi

Inkassoauftrag

ERI 4

a. i. Alle zum Inkasso übersandten Dokumente müssen von einem Inkassoauftrag begleitet sein, der angibt, daß das Inkasso den ERI 522 unterliegt und in dem vollständige und genaue Weisungen erteilt werden. Banken sind nur berechtigt, gemäß den in einem solchen Inkassoauftrag erteilten Weisungen sowie in Übereinstimmung mit diesen Richtlinien zu verfahren.
   ii. Banken werden Dokumente nicht auf darin enthaltene Weisungen prüfen.
   iii. Sofern im Inkassoauftrag nicht anderweitig ermächtigt, werden Banken Weisungen von einem anderen Beteiligten/einer anderen Bank als dem Beteiligten/der Bank, von welchem/welcher sie das Inkasso erhalten haben, keine Beachtung schenken.
b. Ein Inkassoauftrag sollte die folgenden Informationen, soweit anwendbar, enthalten:
   i. Einzelheiten über die Bank, von der das Inkasso zuging einschließlich des vollständigen Namens, Postanschrift, SWIFT-Adresse, Telex-, Telefon-, Telefax-Nummern und Referenz.
   ii. Einzelheiten über den Auftraggeber einschließlich des vollständigen Namens, Postanschrift und gegebenenfalls Telex-, Telefon-, Telefax-Nummern.
   iii. Einzelheiten über den Bezogenen einschließlich des vollständigen Namens, Postanschrift oder der Domizilstelle, bei der die Vorlegung zu erfolgen hat und gegebenenfalls Telex-, Telefon-, Telefax-Nummern.
   iv. Einzelheiten über die etwaige vorlegende Bank einschließlich des vollständigen Namens, Postanschrift und gegebenenfalls Telex-, Telefon-, Telefax-Nummern.
   v. Einzuziehende(r) Beträge (Betrag) und Währung(en).

vi. Auflistung der beigefügten Dokumente und Angabe der Anzahl jedes einzelnen Dokumentes.
vii. a. Bedingungen, unter denen Zahlung und/oder Akzeptierung zu erhalten ist.
b. Bedingungen für die Aushändigung von Dokumenten gegen:
1. Zahlung und/oder Akzeptierung
2. andere Bedingungen
Der Beteiligte, der den Inkassoauftrag erstellt, ist verantwortlich dafür, daß die Bedingungen für die Aushändigung von Dokumenten klar und eindeutig angegeben sind, andernfalls übernehmen Banken für daraus resultierende Folgen keine Verantwortung.
viii. Einzuziehende Gebühren mit der Angabe, ob oder ob nicht auf sie verzichtet werden kann.
ix. Falls zutreffend, einzuziehende Zinsen mit der Angabe, ob oder ob nicht auf sie verzichtet werden kann, einschließlich:
a. Zinssatz
b. Berechnungszeitraum
c. Art der anzuwendenden Zinsberechnung (zB das Jahr zu 360 oder 365 Tagen).
x. Art der Zahlung und Form des Zahlungsavises.
xi. Weisungen für den Fall von Nichtzahlung, Nichtakzeptierung und/oder Nichterfüllung anderer Weisungen.
c. i. Inkassoweisungen sollen die vollständige Anschrift des Bezogenen enthalten oder die Domizilstelle, bei der die Vorlage zu erfolgen hat. Wenn die Anschrift unvollständig oder unrichtig ist, kann die Inkassobank ohne eigene Haftung und Verantwortlichkeit versuchen, die richtige Anschrift festzustellen.
ii. Die Inkassobank ist nicht haftbar oder verantwortlich für Verzögerungen aufgrund unvollständiger/unrichtiger Adresse.

1 1) **Art. 4a i** handelt vom **Inkassoauftrag.** Der Auftrag zwischen Einreicherbank und Inkassobank ist iZw selbstständig (nicht Unterauftrag); daher ist die Inkassobank an Weisungen gebunden und hat iZw auch kein Recht zur Wareneinlagerung auf Kosten des Auftraggebers, OLG Hamburg MDR 1970, 335 (→ **(7)** Bankgeschäfte Rn. M2). Zu Art. 4a ii s. auch Art. 12 (Haftungsausschluss für erhaltene Dokumente). Art. 4a iii stellt klar, dass die Bank, wenn nichts anderes vereinbart ist, nur **Weisungen** von dem Beteiligten beachten muss, von dem sie das Inkasso bzw. die Dokumente erhalten hat. Das gilt auch für Weisungen des ursprünglichen Auftraggebers (→ **(7)** Bankgeschäfte Rn. M2) und, praktisch wichtig, für sogenannte global collections, bei denen eine Einreicherbank das Inkasso an eine Inkassobank sendet und zugleich eine Drittbank mit der Überwachung beauftragt, Hoffmann S. 10. Art. 4b enthält eine Checkliste mit Informationen, die der Inkassoauftrag enthalten soll; sie ist rechtlich weder bindend („soll") noch abschließend.

C. Form der Vorlegung

Vorlegung

ERI 5

a. Im Sinne dieser Richtlinien bedeutet Vorlegung das Verfahren, mit dem die vorlegende Bank die Dokumente dem Bezogenen weisungsgemäß verfügbar macht.

V. Bankgeschäfte **1   6 ERI (12)**

b. Der Inkassoauftrag sollte die genaue Frist angeben, innerhalb derer der Bezogene Maßnahmen zu ergreifen hat.

¹ Ausdrücke wie „erster", „prompt", „unverzüglich" und ähnliche sollten nicht im Zusammenhang mit der Vorlegung oder in bezug auf eine Frist verwendet werden, innerhalb der die Dokumente aufzunehmen sind oder der Bezogene anderweitige Maßnahmen zu ergreifen hat. ² Wenn solche Ausdrücke verwendet werden, werden die Banken sie nicht beachten.

c. ¹ Dokumente müssen dem Bezogenen in der Form vorgelegt werden, in der sie empfangen worden sind. ² Banken sind jedoch berechtigt, etwa notwendige Stempelmarken anzubringen, und zwar, sofern keine anderen Weisungen erteilt worden sind, auf Kosten des Beteiligten, von dem ihnen das Inkasso zugegangen ist, und etwa erforderliche Indossamente vorzunehmen oder irgendwelche Stempel oder andere Erkennungszeichen oder -symbole anzubringen, die für den Inkassovorgang üblich oder erforderlich sind.

d. ¹ Um die Weisungen des Auftraggebers auszuführen, betraut die Einreicherbank als Inkassobank die vom Auftraggeber benannte Bank. ² Mangels einer solchen Benennung wird die Einreicherbank eine Bank nach eigener Wahl oder Wahl einer anderen Bank im Lande der Zahlung oder Akzeptierung oder in dem Land, in dem andere Bedingungen zu erfüllen sind, betrauen.

e. Dokumente und Inkassoauftrag können von der Einreicherbank direkt oder über eine zwischengeschaltete andere Bank der Inkassobank übersandt werden.

f. Falls die Einreicherbank keine spezielle vorlegende Bank benennt, kann sich die Inkassobank einer vorlegenden Bank nach eigener Wahl bedienen.

1) Art. 5a definiert die Vorlegung als Verfahren, mit dem die vorlegende   1
Bank die Dokumente dem Bezogenen weisungsgemäß verfügbar macht. Werden die Dokumente, statt Zug um Zug gegen Erfüllung der Inkassobedingungen, wie zT vorkommend, **„zu getreuen Händen"** ausgehändigt, **ist das keine Vorlegung** iSv lit. a und der **(12)** ERI, Hoffmann S. 16, MüKoHGB/Wedemann I Rn. 37; die Bank handelt dabei auf eigenes Risiko und kann sich schadensersatzpflichtig machen (§ 280 BGB, → HGB § 346 Rn. 40 zu getreuen Händen, → **(7)** Bankgeschäfte Rn. M3).

Sicht/Akzeptierung

ERI 6 Bei Sicht zahlbare Dokumente muß die vorlegende Bank unverzüglich zur Zahlung vorlegen.

Nicht bei Sicht zahlbare Dokumente muß die vorlegende Bank im Falle verlangter Akzeptierung unverzüglich zur Akzeptierung und im Falle verlangter Zahlung nicht später als am betreffenden Fälligkeitsdatum zur Zahlung vorlegen.

1) Art. 6 verlangt **unverzügliche Vorlage**, also ohne schuldhaftes Zö-   1
geRn. Die Höchstfrist von 5 Tagen wie in **(11)** ERA Art. 14 lit. b und der Verlust des Rügerechts nach **(11)** ERA Art. 16 lit. f passen hier nicht und sind bewusst nicht hierher übernommen worden, Hoffmann S. 20 (zur aF).

Freigabe von Handelspapieren/Dokumente gegen Akzept (D/A) und Dokumente gegen Zahlung (D/P)

ERI 7

a. Inkassi sollten keine erst später fälligen Wechsel mit Weisungen enthalten, daß die Handelspapiere gegen Zahlung auszuhändigen sind.
b. Wenn ein Inkasso einen erst später fälligen Wechsel enthält, sollte im Inkassoauftrag bestimmt werden, ob die Handelspapiere dem Bezogenen gegen Akzeptierung (D/A) oder gegen Zahlung (D/P) freizugeben sind. Fehlt eine solche Bestimmung, werden Handelspapiere nur gegen Zahlung freigegeben und die Inkassobank ist nicht verantwortlich für jegliche Folgen irgendwelcher Verzögerungen in der Aushändigung der Dokumente.
c. Wenn ein Inkasso einen erst später fälligen Wechsel enthält und der Inkassoauftrag angibt, daß Handelspapiere gegen Zahlung freizugeben sind, werden die Dokumente nur gegen entsprechende Zahlung freigegeben und die Inkassobank ist nicht verantwortlich für jegliche Folgen irgendwelcher Verzögerungen in der Aushändigung der Dokumente.

1   1) Art. 7: Art. 7b und c stellen klar, dass die Inkassobank in den genannten Fällen nicht für Verzögerungsschäden haftet. Das ist praktisch wichtig, zB wenn unter den auszuhändigenden Handelspapieren Traditionspapiere sind (Lagerkosten und andere Unkosten). Traditionspapiere s § 448 HGB Rn. 2 ff.

Erstellung von Dokumenten

ERI 8

Hat die Inkassobank oder der Bezogene gemäß Weisung der Einreicherbank Dokumente zu erstellen (Wechsel, Solawechsel, Trust Receipts, Verpflichtungsschreiben oder andere Dokumente), die nicht dem Inkasso beigefügt waren, müssen Form und Wortlaut derartiger Dokumente von der Einreicherbank vorgeschrieben werden; andernfalls ist die Inkassobank für Form und Wortlaut solcher von ihr und/oder dem Bezogenen gelieferten Dokumente nicht haftbar oder verantwortlich.

D. Haftung und Verantwortlichkeit

Treu und Glauben und angemessene Sorgfalt

ERI 9

Banken handeln nach Treu und Glauben und mit angemessener Sorgfalt.

Dokumente und Waren/Dienstleistungen/Leistungen

ERI 10

a. Waren sollten nicht direkt an die Adresse einer Bank oder zur Verfügung oder an die Order einer Bank versandt werden, ohne daß diese Bank zuvor zugestimmt hat.
Wenn der Bank dennoch ohne ihre vorherige Zustimmung Waren direkt an ihre Adresse oder zu ihrer Verfügung oder an ihre Order zwecks Freigabe an einen Bezogenen gegen Zahlung, Akzeptierung oder unter anderen Bedingungen zugesandt werden, ist diese Bank nicht zur Entgegennahme der Waren verpflichtet, für welche Gefahr und Verantwortlichkeit beim Absender verbleiben.

b. ¹Banken sind nicht verpflichtet, irgendwelche Maßnahmen hinsichtlich der Waren zu ergreifen, auf die sich das dokumentäre Inkasso bezieht, einschließlich ihrer Einlagerung und Versicherung, selbst wenn spezielle Weisungen, dies zu tun, erteilt wurden. ²Banken werden derartige Maßnahmen nur ergreifen, wenn und in dem Ausmaß, in dem sie dazu im Einzelfall bereit sind. ³Ungeachtet der Bestimmungen des Artikels 1 (c) findet diese Regelung auch bei Fehlen einer diesbezüglichen Benachrichtigung durch die Inkassobank Anwendung.

c. ¹Falls Banken dennoch, ob beauftragt oder nicht, Maßnahmen zum Schutze der Waren ergreifen, übernehmen sie keine Haftung oder Verantwortlichkeit für Schicksal und/oder Zustand der Waren und/oder irgendwelche Handlungen und/oder Unterlassungen Dritter, die mit der Verwahrung und/oder dem Schutz der Waren betraut wurden. ²Die Inkassobank muß jedoch diejenige Bank, von der ihr der Inkassoauftrag zuging, unverzüglich über alle ergriffenen Maßnahmen benachrichtigen.

d. Alle Gebühren und/oder Auslagen, die den Banken im Zusammenhang mit irgendeiner Maßnahme zum Schutze der Ware entstanden sind, gehen zu Lasten des Beteiligten, von dem sie das Inkasso erhalten haben.

e. i. Wenn die Waren, ungeachtet der Bestimmungen des Artikels 10 (a), zur Verfügung der Inkassobank oder an deren Order gesandt werden und der Bezogene das Inkasso durch Zahlung, Akzeptierung oder andere Bedingungen honoriert hat und die Inkassobank die Freigabe der Ware veranlaßt, gilt die Inkassobank als von der Einreicherbank hierzu ermächtigt.

ii. Wenn eine Inkassobank auf Weisungen der Einreicherbank oder nach den vorstehenden Bedingungen von Artikel 10 (e) i die Freigabe der Waren veranlaßt, muß die Einreicherbank diese Inkassobank für alle entstandenen Schäden und Auslagen entschädigen.

1) Art. 10 stellt klar, dass die Banken beim Inkasso ebenso wie beim Akkreditiv, **(11)** ERA Art. 5, **nur mit Dokumenten zu tun** haben und **nicht mit Waren.** Letztere brauchen sie nicht entgegenzunehmen oder in Sicherheit zu bringen. Das gilt auch, wenn die Bank eine entsprechende (nicht vereinbarte) Weisung erhalten hat. Nach Art. 10b S. 3 ebenso, wenn die Inkassobank die absendende Bank nicht nach Art. 1c benachrichtigt. Die Benachrichtigungspflicht (nach Art. 1c oder aus allgemeinen Grundsätzen) bleibt aber unberührt, was zur Schadensersatzpflicht führen kann (§ 280 BGB), missverständlich Hoffmann S. 4, 25. Nach Art. 10e gilt die Inkassobank als von der Einreicherbank ermächtigt, die Ware nach Honorierung des Inkassos, also Aufnahme der Dokumente, durch den Bezogenen freizugeben. Alle Auslagen und Schäden der Inkassobank infolge Freigabe gehen dann zu Lasten der Einreicherbank.

Haftungsausschluß für Handlungen einer beauftragten Partei

ERI 11

a. Bedienen sich Banken einer oder mehrerer anderer Banken, um die Weisungen des Auftraggebers auszuführen, tun sie dies für Rechnung und Gefahr dieses Auftraggebers.

b. Die Banken übernehmen keine Haftung oder Verantwortung, wenn die von ihnen übermittelten Weisungen nicht ausgeführt werden sollten, auch wenn sie selbst die Auswahl dieser anderen Bank(en) getroffen haben.

c. Ein Beteiligter, der einen anderen Beteiligten beauftragt, Leistungen zu erbringen, muß alle Verpflichtungen und Verantwortlichkeiten übernehmen, die auf ausländischen Gesetzen und Gebräuchen beruhen, und er muß den beauftragten Beteiligten für alle hieraus resultierenden Folgen schadlos halten.

1 1) **Art. 11**b entspricht zwar dem Wortlaut nach **(11)** ERA Art. 37 lit. b (→ **(11)** ERA Art. 37 Rn. 1, unwirksam). 11a und b enthält aber eine **zulässige Substitution** ohne Verstoß gegen **(5)** § 307 BGB, → **(7)** Bankgeschäfte Rn. M3, MüKoHGB/Wedemann I Rn. 32, str. Die Bank haftet für Auswahl- und Instruktionsverschulden (vgl. Art. 5d, f). Nach Art. 11c trägt der Auftraggeber das Risiko des ausländischen Rechts. Die Aufträge unterliegen idR ausländischem Recht, mangels anderer Vereinbarung gilt das Recht der beauftragten Bank (Art. 4 II Rom-1-VO), MüKoHGB/Wedemann I Rn. 23 f.

Haftungsausschluß für erhaltene Dokumente

ERI 12

a. Die Banken müssen prüfen, ob die erhaltenen Dokumente den im Inkassoauftrag aufgelisteten Dokumenten zu entsprechen scheinen und vom Fehlen irgendwelcher Dokumente, oder, wenn andere als die aufgelisteten festgestellt wurden, denjenigen Beteiligten, von dem ihnen der Inkassoauftrag zuging, unverzüglich durch Telekommunikation oder, wenn dies nicht möglich ist, auf anderem schnellen Wege benachrichtigen.
Banken haben in dieser Hinsicht keine weitere Verpflichtung.
b. Wenn die Dokumente nicht aufgelistet zu sein scheinen, kann die Einreicherbank nicht Art und Anzahl der von der Inkassobank erhaltenen Dokumente bestreiten.
c. Unter Berücksichtigung der Artikel 5 (c) und 12 (a) und 12 (b) werden Banken Dokumente wie erhalten, ohne weitere Prüfung vorlegen.

1 1) Nach **Art. 12a** I müssen die Banken nur **prüfen,** ob die erhaltenen Dokumente den im Inkassoauftrag aufgelisteten Dokumenten zu entsprechen scheinen und bei Fehlen Nachricht geben, eine weitergehende Prüfungspflicht wie beim Akkreditiv haben sie nicht, → **(7)** Bankgeschäfte Rn. M3. Art. 12a II ist wirksam unter **(5)** § 307 BGB, denn die Prüfungspflichten gehen beim Dokumenteninkasso weniger weit als beim Akkreditiv, → **(7)** Bankgeschäfte Rn. K1; M1, 3.

Haftungsausschluß für Wirksamkeit von Dokumenten

ERI 13

¹Die Banken übernehmen keine Haftung oder Verantwortung für Form, Vollständigkeit, Genauigkeit, Echtheit, Verfälschung oder Rechtswirksamkeit von Dokumenten oder für die allgemeinen und/oder besonderen Bedingungen, die in den Dokumenten angegeben oder denselben hinzugefügt sind. ²Sie übernehmen auch keine Haftung oder Verantwortung für Bezeichnung, Menge, Gewicht, Qualität, Beschaffenheit, Verpackung, Lieferung, Wert oder Vorhandensein der durch Dokumente ausgewiesenen Waren, nicht für Treu und Glauben oder Handlungen und/oder Unterlassungen sowie für Zahlungsfähigkeit, Leistungsvermögen oder Ruf der Absender, Frachtführer, Spediteure, Empfänger oder Versicherer der Waren oder irgendwelcher anderer Personen.

1 1) **Art. 13** entspricht **(11)** ERA Art. 34 (aber die Prüfungspflichten gehen beim Dokumenteninkasso weniger weit als beim Akkreditiv, → **(7)** Bankgeschäfte Rn. K1; M1, 3).

Haftungsausschluß für Verzögerungen, Verlust bei Übermittlung und Übersetzung

ERI 14

a. Die Banken übernehmen keine Haftung oder Verantwortung für die Folgen von Verzögerungen und/oder Verlusten bei Übermittlung von Nachrichten, Briefen oder Dokumenten, sowie für Verzögerung, Verstümmelung oder sonstige Irrtümer, die aus der Übermittlung einer Telekommunikation resultieren oder für Irrtümer bei der Übersetzung und/oder Auslegung von technischen Ausdrücken.

b. Banken sind nicht haftbar oder verantwortlich für Verzögerungen, die aus der Notwendigkeit der Klärung erhaltener Weisungen resultieren.

1) Art. 14a enthält einen totalen Haftungsausschluss, der unter **(5)** § 307 BGB unwirksam ist, Einsele § 6 Rn. 89. Nach OLG Frankfurt a.M. EWiR 2000, 617 m. krit. Anm. Koller ist das mit dem Transport der Dokumente beauftragte Drittunternehmen beim mehrgliedrigen Dokumenteninkasso idR nicht im Pflichtenkreis der Einreicherbank tätig. Art. 14b ist dagegen wirksam.

Höhere Gewalt

ERI 15

Die Banken übernehmen keine Haftung oder Verantwortung für die Folgen der Unterbrechung ihrer Geschäftstätigkeit durch Fälle höherer Gewalt, Unruhen, Aufruhr, Aufstand, Kriege oder irgendwelche anderen Ursachen, die außerhalb ihrer Kontrolle liegen, sowie durch Streiks oder Aussperrungen.

1) Art. 15 entspricht **(11)** ERA Art. 36 und ist wirksam.

E. Zahlung

Unverzügliche Zahlung

ERI 16

a. Eingezogene Beträge (gegebenenfalls abzüglich Gebühren und/oder Aufwendungen und/oder Auslagen) müssen in Übereinstimmung mit dem Inkassoauftrag unverzüglich dem Beteiligten zur Verfügung gestellt werden, von dem der Inkassoauftrag zuging.

b. Ungeachtet der Bestimmungen des Artikels 1 (c) wird die Inkassobank, sofern sie keiner anderweitigen Vereinbarung zugestimmt hat, Zahlung des eingezogenen Betrages nur zugunsten der Einreicherbank vornehmen.

1) Art. 16a verpflichtet zur unverzüglichen Zahlung eingezogener Beträge (abzüglich Unkosten) an den Beteiligten, von dem der Inkassoauftrag zuging, das ergäbe sich auch aus §§ 675, 665 BGB. Der Herausgabeanspruch entsteht erst mit dem Erhalt der Deckung, BGHZ 95, 155, → **(7)** Bankgeschäfte Rn. M3. Art. 16a verlangt „unverzügliche" Weiterleitung ohne eine Höchstfrist, vgl. → Art. 6 Rn. 1. Nach Art. 16b braucht die Inkassobank grundsätzlich nur an die Einreicherbank zu zahlen, und zwar auch dann, wenn der Inkassoauftrag zur Zahlung an einen Dritten anweist, Grund: Verhinderung von Geldwäsche und Betrug; Ausnahmen zB für Zahlung von Vertreterprovisionen, Hoffmann S. 34. Dass Art. 16b die Benachrichtigungspflicht nach Art. 1c ausschaltet, folgt nicht aus dem Wortlaut und ist fraglich, aA Hoffmann S. 4, 34.

Zahlung in inländischer Währung

ERI 17 Dokumente, die in der Währung des Zahlungslandes (inländische Währung) zahlbar sind, darf die vorlegende Bank, sofern im Inkassoauftrag keine anderen Weisungen erteilt worden sind, dem Bezogenen nur dann gegen Zahlung in inländischer Währung freigeben, wenn diese Währung gemäß der im Inkassoauftrag vorgeschriebenen Art sofort verfügbar ist.

1 1) **Art. 17:** Die Bank darf dem Schuldner die **Dokumente nur gegen Zahlung** aushändigen, bei inländischer Währung nur bei sofortiger Verfügbarkeit. Bei Freigabe der Dokumente gegen Versprechen „Zahlung erfolgt nach Erhalt und Gutbefund der Ware (innerhalb von 90 Tagen)" hat die Bank keinen Erstattungsanspruch, OLG Schleswig WM 2003, 20. Schadensersatzpflicht der Bank bei Freigabe ohne Sicherstellung der Zahlung, etwa durch unwiderruflichen und durch Guthaben bzw. Kreditlinie gedeckten Zahlungsauftrag des Bezogenen, MüKoHGB/Wedemann I Rn. 38.

Zahlung in ausländischer Währung

ERI 18 Dokumente, die in einer anderen Währung als der des Zahlungslandes (ausländische Währung) zahlbar sind, darf die vorlegende Bank, sofern im Inkassoauftrag keine anderen Weisungen erteilt worden sind, dem Bezogenen nur dann gegen Zahlung in der betreffenden ausländischen Währung freigeben, wenn diese ausländische Währung gemäß der im Inkassoauftrag erteilten Weisungen sofort verfügbar ist.

1 1) **Art. 18** betrifft Anweisung zur Zahlung in **ausländischer Währung** (dh zahlbar in einer anderen Währung als der des Zahlungslandes). Nach Art. 18 ist bei Inkassi über Fremdwährung **Transferierbarkeit** notwendig. Schwierigkeiten treten auf, wenn das anwendbare Recht besagt, dass auch in Landeswährung erfüllt werden kann. Für diesen Fall wird Effektivklausel empfohlen, Hoffmann S. 35. Unabhängig davon kann Anweisung zur Zahlung in inländischer Währung nach Art. 17 der nach Art. 18 praktisch vorzuziehen sein, so bei Devisenvorschriften und Zollabfertigung erst nach Erhalt der Dokumente, Hoffmann S. 35. Risiken bei Fremdwährungskonten s. **(8) AGB-Banken Nr. 10**.

Teilzahlungen

ERI 19

a. [1] Bei einfachen Inkassi können Teilzahlungen angenommen werden, wenn und soweit Teilzahlungen nach dem am Zahlungsort geltenden Recht gestattet sind. [2] Die Zahlungspapiere werden dem Bezogenen erst nach Erhalt der vollen Zahlung freigegeben.

b. [1] Bei dokumentären Inkassi werden Teilzahlungen nur angenommen, wenn der Inkassoauftrag eine ausdrückliche Ermächtigung hierzu enthält. [2] Jedoch wird die vorlegende Bank, sofern keine anderen Weisungen erteilt worden sind, die Dokumente dem Bezogenen erst nach Erhalt der vollen Zahlung freigeben, und die vorlegende Bank ist nicht verantwortlich für Folgen von Verzögerungen in der Aushändigung von Dokumenten.

c. In allen Fällen werden Teilzahlungen nur entsprechend den jeweils anwendbaren Bestimmungen der Artikel 17 oder 18 angenommen.
Angenommene Teilzahlungen werden gemäß den Bestimmungen des Artikels 16 behandelt.

V. Bankgeschäfte

1) **Art. 19** betrifft Teilzahlungen und regelt sie unterschiedlich für einfache 1
und für dokumentäre Inkassi (Art. 2c und 2d). Freigabe erst nach Erhalt der
vollen Zahlung, → Art. 17 Rn. 1.

F. Zinsen, Gebühren und Auslagen

Zinsen

ERI 20

a. **Wenn der Inkassoauftrag angibt, daß Zinsen einzuziehen sind und der Bezogene deren Bezahlung verweigert, kann die vorlegende Bank das (die) Dokument(e) je nach Lage des Falles gegen Zahlung oder Akzeptierung oder unter anderen Bedingungen ohne Einzug solcher Zinsen aushändigen, sofern nicht Artikel 20 (c) Anwendung findet.**
b. **In Fällen, in denen solche Zinsen eingezogen werden sollen, muß der Inkassoauftrag den Zinssatz, den Berechnungszeitraum und die Art der Zinsberechnung angeben.**
c. [1] **In Fällen, in denen der Inkassoauftrag ausdrücklich vorschreibt, daß auf die Zinsen nicht verzichtet werden darf und der Bezogene sich weigert, solche Zinsen zu zahlen, wird die vorlegende Bank die Dokumente nicht aushändigen und keine Verantwortung für Folgen von Verzögerungen in der Aushändigung der Dokumente tragen.** [2] **Wenn die Zahlung von Zinsen verweigert wurde, muß die vorlegende Bank unverzüglich die Bank, von der der Inkassoauftrag zuging, durch Telekommunikation oder, wenn dies nicht möglich ist, auf anderem schnellen Wege unterrichten.**

1) **Art. 20** schreibt vor, dass eine Zinsklausel im Inkassoauftrag selbst enthalten 1
sein muss, Angabe auf einem Zahlungspapier oder einem anderen Dokument
genügt nicht.

Gebühren und Auslagen

ERI 21

a. **Wenn der Inkassoauftrag angibt, daß Inkassogebühren und/oder Auslagen zu Lasten des Bezogenen gehen und der Bezogene deren Zahlung verweigert, kann die vorlegende Bank das (die) Dokument(e) je nach Lage des Falles gegen Zahlung oder Akzeptierung oder unter anderen Bedingungen ohne Einzug der Inkassogebühren und/oder Auslagen aushändigen, sofern nicht Artikel 21 (b) Anwendung findet.**
Wird so auf Inkassogebühren und/oder Auslagen verzichtet, gehen diese zu Lasten des Beteiligten, von dem das Inkasso zuging und dürfen vom Erlös abgezogen werden.
b. [1] **In Fällen, in denen der Inkassoauftrag ausdrücklich vorschreibt, daß auf die Gebühren und/oder Auslagen nicht verzichtet werden darf und der Bezogene sich weigert, solche Gebühren und/oder Auslagen zu zahlen, wird die vorlegende Bank die Dokumente nicht aushändigen und keine Verantwortung für Folgen von Verzögerungen in der Aushändigung der Dokumente tragen.** [2] **Wenn die Zahlung von Gebühren und/oder Auslagen verweigert worden ist, muß die vorlegende Bank unverzüglich die Bank, von der der Inkassoauftrag zuging, durch Telekommunikation oder, wenn dies nicht möglich ist, auf anderem schnellen Wege unterrichten.**

c. Sind gemäß den ausdrücklichen Bedingungen des Inkassoauftrags oder nach diesen Richtlinien Aufwendungen und/oder Auslagen und/oder Inkassogebühren vom Auftraggeber zu tragen, ist (sind) die Inkassobank(en) berechtigt, sich für ihre Aufwendungen, Auslagen und Gebühren sofort bei der Bank zu erholen, von der ihr (ihnen) der Inkassoauftrag zuging; die Einreicherbank ist berechtigt, sich für solche von ihr geleisteten Zahlungen sowie für eigene Aufwendungen, Auslagen und Gebühren unabhängig vom Ergebnis des Inkassos sofort beim Auftraggeber zu erholen.
d. Banken behalten sich das Recht vor, von dem Beteiligten, von dem ihnen der Inkassoauftrag zuging, Zahlung von Gebühren und/oder Auslagen im voraus zu verlangen, um Kosten abzudecken, die im Zusammenhang mit der Ausführung von Weisungen entstehen; sie behalten sich das Recht vor, solche Weisungen bis zum Erhalt dieser Zahlung nicht auszuführen.

G. Andere Regeln

Akzeptierung

ERI 22 Die vorlegende Bank ist dafür verantwortlich, darauf zu achten, daß die Form der Akzeptierung eines Wechsels vollständig und richtig erscheint, jedoch ist sie für die Echtheit von Unterschriften oder für die Zeichnungsberechtigung irgendeines Unterzeichners des Akzeptes nicht verantwortlich.

1   1) **Art. 22:** Anders als beim Dokumentenakkreditiv hat die Bank keine Pflicht zur Prüfung der Unterschriften auf Echtheit, str., anders bei konkretem Verdacht, dann Prüfungspflicht aus Art. 1. Art. 22 verstößt deshalb nicht gegen (5) § 307 BGB, Canaris Rn. 1090, str. Pflicht zur Unterschriftsprüfung kann aber vereinbart werden.

Solawechsel und andere Dokumente

ERI 23 Die vorlegende Bank ist für die Echtheit von Unterschriften oder für die Zeichnungsberechtigung irgendeines Unterzeichners eines Solawechsels, einer Quittung oder anderer Dokumente nicht verantwortlich.

1   1) Vgl. → Art. 22 Rn. 1.

Protest

ERI 24 Der Inkassoauftrag sollte spezielle Weisungen hinsichtlich des Protestes (oder eines entsprechenden rechtlichen Verfahrens) im Falle der Nichtzahlung oder Nichtakzeptierung enthalten.

Bei Fehlen solcher speziellen Weisungen sind die mit dem Inkasso befaßten Banken nicht verpflichtet, die Dokumente wegen Nichtzahlung oder Nichtakzeptierung protestieren (oder einem entsprechenden rechtlichen Verfahren unterwerfen) zu lassen.

Alle Gebühren und/oder Auslagen, die den Banken im Zusammenhang mit einem solchen Protest oder entsprechenden rechtlichen Verfahren entstehen, gehen zu Lasten des Beteiligten, von dem ihnen der Inkassoauftrag zuging.

V. Bankgeschäfte **26 ERI (12)**

1) Der Ausschluss der Pflicht zum Protest auch bei Papieren, bei denen dieser Voraussetzung für die Rechtserhaltung ist, macht II nach (5) § 307 BGB **unwirksam,** str.

Notadresse

ERI 25 Wenn der Auftraggeber einen Vertreter bestellt, der als Notadresse bei Nichtzahlung und/oder Nichtakzeptierung tätig werden soll, dann sollte der Inkassoauftrag die Befugnisse einer solchen Notadresse klar und vollständig angeben. Bei Fehlen einer solchen Angabe nehmen die Banken keinerlei Weisungen der Notadresse entgegen.

Benachrichtigungen

ERI 26 Inkassobanken sind gehalten, Benachrichtigungen nach folgenden Regeln vorzunehmen:

a. Form der Benachrichtigung
Sämtliche Meldungen oder Nachrichten seitens der Inkassobank an diejenige Bank, von der ihr der Inkassoauftrag zuging, müssen geeignete Einzelheiten enthalten, und zwar in jedem Fall auch die Referenznummer des Inkassoauftrags der letzteren Bank.

b. Art der Benachrichtigung
[1] Die Einreicherbank ist verantwortlich dafür, daß der Inkassobank Weisungen über die Art der Übermittlung der in den Absätzen (c) i, (c) ii und (c) iii dieses Artikels beschriebenen Benachrichtigungen erteilt werden. [2] Bei Fehlen solcher Weisungen wird die Inkassobank die Benachrichtigung nach eigener Wahl auf Kosten der Bank, von der ihr der Inkassoauftrag zuging, vornehmen.

c. i. Bezahltmeldung
Die Inkassobank muß derjenigen Bank, von der ihr der Inkassoauftrag zuging, unverzüglich eine Bezahltmeldung zusenden mit detaillierter Angabe des eingezogenen Betrags oder der eingezogenen Beträge, der gegebenenfalls abgezogenen Gebühren und/oder Aufwendungen und/oder Auslagen sowie der Art der Verfügbarstellung des Erlöses.

ii. Akzeptmeldung
Die Inkassobank muß derjenigen Bank, von der ihr der Inkassoauftrag zuging, unverzüglich eine Akzeptmeldung zusenden.

iii. Meldung über Nichtzahlung und/oder Nichtakzeptierung
Die vorlegende Bank sollte versuchen, die Gründe einer solchen Nichtzahlung und/oder Nichtakzeptierung festzustellen, und diejenige Bank unverzüglich entsprechend benachrichtigen, von der ihr der Inkassoauftrag zuging.

Die vorlegende Bank muß derjenigen Bank, von der ihr der Inkassoauftrag zuging, unverzüglich eine Meldung über Nichtzahlung und/oder Nichtakzeptierung zusenden.

Bei Erhalt einer solchen Benachrichtigung muß die Einreicherbank geeignete Weisungen hinsichtlich der weiteren Behandlung der Dokumente erteilen. Falls die vorlegende Bank solche Weisungen nicht innerhalb von 60 Tagen nach ihrer Meldung über Nichtzahlung und/oder Nichtakzeptierung erhält, können die Dokumente ohne eine weitere Verantwortlichkeit seitens der vorlegenden Bank derjenigen Bank zurückgesandt werden, von der ihr der Inkassoauftrag zuging.

1 **1) Art. 26** betrifft die Pflicht der Inkassobank zur Mitteilung der erfolgreichen Ausführung des Inkassoauftrags oder des Scheiterns desselben (sogenannte Schicksalsmeldungen), wichtig, damit die Einreicherbank beim Inkassoauftraggeber neue Weisungen zu den Warenpapieren einholen kann MüKoHGB/Wedemann I Rn. 44. Verweigerung der Freigabe der Dokumente und Benachrichtigung über das Scheitern des Inkassoauftrags, OLG Schleswig 2003, 22.

(12a) URC 522 ICC Uniform Rules for Collections, Supplement for Electronic Presentation (eURC) Version 1.0

anwendbar ab 1. Juli 2019

Einleitung

Schrifttum

s. zunächst **(12)** ERI, allgemein zum Inkassogeschäft **(7)** Bankgeschäfte vor Rn. M1.

a) Kommentare und Handbücher: zunächst wie vor **(12)** ERI;

ICC Banking Commission, Supplement to the „Commentary on eUCP Version 2.0 and eURC Version 1.0 (eRules) – 10-2-2019;

b) Sonstige Beiträge: *Meynell,* Commentary on eUCP Version 2.0, eURC Version 1.0, 2019, abrufbar unter https://cdn.iccwbo.org/content/uploads/sites/3/2019/07/icc-commentary-on-eucp-2-0-and-eurc-1-0-article-by-article-analysis.pdf (letzter Abruf 1.5.2021); *Vorpeil* WM 2019, 1469 und 1521; *Saive/Stabel* RIW 2019, 642 (zu eUCP).

1) eURC Version 1.0 (2019): Funktion und Inhaltsübersicht

1 Der **Anhang zu den ERI 522 für die Vorlage elektronischer Dokumente, Version (el.ERI, eURC), Version 1.0,** 11.7.2019 (nur englisch), ist anders als der Anhang eUCP zu den ERA 600 (→ **(11a)** ERA), ebenfalls 1.7.2019) neu. Die **(12a)** eURC sind ebenso wie die **(11a)** eUCP von der ICC Banking Commission erlassen worden. Die eURC sind weitgehend entsprechend den eUCP aufgebaut. Sie sind keine Revision der ERI, sondern Anhang dazu. Die eURC ergänzen die ERI 522 und verweisen auf sie. Die 13 Artikel sind im Anhang zur ERI abgedruckt, offizielle Bezeichnung: Art. e1 – e13. Die eURC ermöglichen die alleinige Vorlage elektronischer Dokumente oder eine gemischte Vorlage aus elektronischen und Papierdokumenten. Die eURC sollen nur dann in den Inkassoauftrag einbezogen werden, wenn eine Vereinbarung zwischen der Einreicherbank und der Inkassobank und/oder der vorlegenden Bank besteht, dass elektronische Dokumente allein oder zusammen mit Papierdokumenten vorgelegt werden (Art. e1 lit. a). Die eURC sind anwendbar, wenn das in der Vorlage gesagt wird (Art. e2 lit. b). Eine eURC-Vorlage unterfällt den ERI auch ohne ausdrückliche Einbeziehung der ERI (Art. e3 lit. a). Zu beachten sind die Definitionen in Art. e4. Art. e.5 bestimmt die Abstraktheit von dem zugrundeliegenden Geschäft. Einzelheiten im Hinblick auf Format, Vorlegung und Prüfung von elektronischen Dokumenten, Mitteilung über Nichtzahlung oder Nichtakzeptierung, Fälligkeitsdatum, Zugriff auf die elektronischen Dokumente, Beschädigung, Haftungsausschluss und höhere Gewalt sind in Art. e.6 bis e.13 geregelt. Eine zusätzliche Freizeichnung ist in Art. e.12 enthalten, zur Frage ihrer Wirksamkeit → Rn. 4. Zur Nutzung von SWIFT oben **(11)** ERA Einl vor Art. 1 Rn. 1.

2) (12a) eURC und nationales Recht

Die ICC Banking Commission weist in ihrem Supplement besonders darauf hin, dass zwischen den e.UCP und den meisten nationalen eCommerce-Gesetzen und Regelwerken kein Konflikt existiert, aber doch für die Kundenverträge auf Abweichungen geachtet werden muss. Vgl. dazu schon für die eUCP → **(11a)** eUCP Einl Rn. 2.

3) Anwendung der eUCP

Die Anwendung der eUCP setzt voraus, dass alle Beteiligten die technischen Voraussetzungen dazu haben und damit einverstanden sind. Die ICC gibt dazu in ihrem Supplement zahlreiche praktische und technische Hinweise.

4) Geltung als AGB

Die **(12a)** eURC sind Anhang der **(12)** ERI und teilen deren rechtliche Einordnung. Sie sind also nach deutschem Recht AGB (→ **(12)** ERI Einl Rn. 2) und schon wegen ihrer bisherigen geringen Verbreitung und jetzigen Neufassung auch nicht in Einzelteilen Handelsbrauch, sondern in ihrer Gesamtheit AGB und unterliegen der Inhaltskontrolle nach **(5)** § 307 BGB. Fraglich ist vor allem, ob die weitgehenden Haftungsausschlüsse in Art. e12 lit. a und lit. b der Inhaltskontrolle standhalten. Hier wird man genauso entscheiden müssen wie zu **(12)** ERI (→ **(12)** ERI Einl. Rn 2) und **(11)** Art. 34 über den Haftungsausschluss für Wirksamkeit von Dokumenten, der dort von der üL für zulässig gehalten wird (→ **(11)** ERA Art. 34 Rn. 1, zuletzt MüKoHGB/Wedemann H Rn. 161), aber str., für Unwirksamkeit sowohl von **(11)a** eUCP Art. e13 lit. a wie auch lit. b Saive/Stapel RIW 2019, 647.

[Contents eURC]

	Rn
Preliminary Considerations	
Application of the eURC	e1
Scope of the eURC	e2
Relationship of the eURC to the URC	e3
Definitions	e4
Electronic Records and Paper Documents v. Goods, Services or Performance	e5
Format	e6
Presentation	e7
Advice of Non-Payment or Non-Acceptance	e8
Determination of a Due Date	e9
Release of Electronic Records	e10
Data Corruption of an Electronic Record	e11
Additional Disclaimer of Liability for Presentation of Electronic Records under eURC	e12
Force Majeure	e13

PRELIMINARY CONSIDERATIONS

The mode of presentation to the remitting bank, by or on behalf of the principal, of electronic records alone or in combination with paper documents, is outside the scope of the eURC.

The mode of presentation to the drawee, by the collecting or presenting bank, of electronic records alone or in combination with paper documents, is outside the scope of the eURC.

Where not defined or modified in the eURC, definitions given in URC 522 will continue to apply.

Application of the eURC

eURC e1

a. A collection instruction should only indicate that it is subject to the Uniform Rules for Collections (URC 522) Supplement for Electronic Presentation („eURC") where a prior arrangement exists between the remitting bank and the collecting or presenting bank, for the presentation of electronic records alone or in combination with paper documents.
b. Such prior arrangement should specify:
   i. the format in which each electronic record will be issued and presented; and
   ii. the place for presentation, to the collecting or presenting bank.

Scope of the eURC

eURC e2

a. The eURC supplements the Uniform Rules for Collections (1995 Revision, ICC Publication No. 522) („URC") in order to accommodate presentation of electronic records alone or in combination with paper documents.
b. The eURC shall apply where a collection instruction indicates that it is subject to the eURC („eURC collection instruction").
c. This version is Version 1.0. An eURC collection instruction must indicate the applicable version of the eURC. If not indicated, it is subject to the version in effect on the date the eURC collection instruction is issued or, if made subject to the eURC by an amendment, the date of that amendment.

Relationship of the eURC to the URC

eURC e3

a. An eURC collection instruction is also subject to the URC without express incorporation of the URC.
b. Where the eURC applies, its provisions shall prevail to the extent that they would produce a result different from the application of the URC.
c. Where an eURC collection instruction is issued but the presentation consists of only paper documents, the URC alone shall apply.

Definitions

eURC e4

a. Where the following terms are used in the URC, for the purpose of applying the URC to an electronic record presented under an eURC collection instruction, the term:
   i. *„advices"* includes electronic records originating from a data processing system;
   ii. *„collection instruction"* shall include an instruction originating from a data processing system;
   iii. *„document"* shall include an electronic record;
   iv. *„place for presentation"* of an electronic record means an electronic address of a data processing system;

v. *„sign"* and the like shall include an electronic signature;
vi. *„superimposed"* means data content whose supplementary character is apparent in an electronic record.
b. The following terms used in the eURC shall have the following meaning:
  i. *„data corruption"* means any distortion or loss of data that renders the electronic record, as it was presented, unreadable in whole or in part;
  ii. *„data processing system"* means a computerised or an electronic or any other automated means used to process and manipulate data, initiate an action or respond to data messages or performances in whole or in part;
  iii. *„electronic record"* means data created, generated, sent, communicated, received or stored by electronic means including, where appropriate, all information logically associated with or otherwise linked together so as to become part of the record, whether generated contemporaneously or not, that is:
    a. capable of being authenticated as to the apparent identity of a sender and the apparent source of the data contained in it, and as to whether it has remained complete and unaltered, and
    b. capable of being viewed to ensure that it represents the type and/or description of the electronic record listed on the eURC collection instruction;
  iii. *„electronic signature"* means a data process attached to or logically associated with an electronic record and executed or adopted by a person in order to identify that person and to indicate that person's authentication of the electronic record;
  iv. *„format"* means the data organisation in which the electronic record is expressed or to which it refers;
  v. *„paper document"* means a document in a paper form;
  vi. *„presenter"* means the principal or a party that makes a presentation on behalf of the principal;
  vii. *„received"* means when an electronic record enters a data processing system, at the agreed place for presentation, in a format capable of being accepted by that system. Any acknowledgement of receipt generated by that system is not to be construed that the electronic record has been authenticated and/or viewed under the eURC collection instruction;
  viii. *„re-present"* means to substitute or replace an electronic record already presented.

Electronic Records and Paper Documents v. Goods, Services or Performance

eURC e5 Banks do not deal with the goods, services or performance to which an electronic record or paper document may relate.

Format
eURC e6
a. An eURC collection instruction must indicate the format of each electronic record.
  i. The format of each electronic record must be as previously arranged between the remitting bank and the collecting or presenting bank, as required by sub-article e1 (b).

ii. An electronic record received in a format that has not previously been agreed may be treated as not received, and the collecting or presenting bank must inform the remitting bank accordingly.

Presentation

eURC e7

a. When electronic records alone are presented under an eURC collection instruction, these must be accessible to a collecting or presenting bank at the time the collecting or presenting bank receives the eURC collection instruction.
b. When electronic records, in combination with paper documents, are presented by the remitting bank under an eURC collection instruction, all the electronic records referred to in the eURC collection instruction must be accessible to the collecting or presenting bank at the time the collecting or presenting bank receives the eURC collection instruction enclosing the paper documents.
c. An electronic record that cannot be authenticated is deemed not to have been presented.
d. i. The remitting bank is responsible for ensuring that each presentation of an electronic record, and any presentation of paper documents, identifies the eURC collection instruction under which presentation is being made. For electronic records this may be by specific reference thereto in the electronic record itself, or in metadata attached or superimposed thereto, or by identification in the eURC collection instruction itself.
ii. Any electronic record or paper document not so identified may be treated as not received.

Advice of Non-Payment or Non-Acceptance

eURC e8
If a collecting or presenting bank receives an eURC collection instruction and issues an advice of non- payment and/or non-acceptance to the bank from which it received the collection instruction and does not receive instructions from such bank for the disposition of the electronic records within 60 calendar days from the date the advice of non-payment and/or non- acceptance is given, the collecting or presenting bank may dispose of the electronic records in any manner deemed appropriate without any responsibility.

Determination of a Due Date

eURC e9
When settlement under an eURC collection instruction is due a number of days after the date of shipment or dispatch of the goods, or a number of days after any other date appearing in an electronic record, an eURC collection instruction must indicate the due date.

Release of Electronic Records

eURC e10

a. An eURC collection instruction must indicate the manner in which electronic records may be accessed by the drawee.
b. When electronic records are presented in combination with paper documents, and one of those paper documents is a bill of exchange that is to be accepted by the drawee, the electronic records and paper documents are to be released against acceptance of the bill of exchange (D/A) and the eURC collection instruction must indicate the manner in which those electronic records may be accessed by the drawee.

Data Corruption of an Electronic Record

eURC e11

a. If an electronic record that has been received by a bank appears to have been corrupted, the remitting bank may inform the presenter, or the collecting or presenting bank may inform the remitting bank, and may request it to re-present the electronic record.
b. If a collecting or presenting bank makes such a request and the presenter or remitting bank does not re-present the electronic record within 30 calendar days, the collecting or presenting bank may treat the electronic record as not presented and may dispose of the electronic records in any manner deemed appropriate without any responsibility.

Additional Disclaimer of Liability for Presentation of Electronic Records under eURC

eURC e12

a. By satisfying itself as to the apparent authenticity of an electronic record, a bank assumes no liability for the identity of the sender, source of the information, or its complete and unaltered character other than that which is apparent in the electronic record received by the use of a data processing system for the receipt, authentication, and identification of electronic records.
b. A bank assumes no liability or responsibility for the consequences arising out of the unavailability of a data processing system other than its own.

Force Majeure

eURC e13

A bank assumes no liability or responsibility for the consequences arising out of the interruption of its business, including but not limited to its inability to access a data processing system, or a failure of equipment, software or communications network, caused by Acts of God, riots, civil commotions, insurrections, wars, acts of terrorism, cyberattacks, or by any strikes or lockouts or any other causes, including failure of equipment, software or communications networks, beyond its control.

(13) Gesetz über die Verwahrung und Anschaffung von Wertpapieren (Depotgesetz – DepotG)

Vom 4. Februar 1937 (RGBl I 171) idF vom 11. Januar 1995 (BGBl I 34/ BGBl III FNA 4130-1),
zuletzt geändert durch Art. 4 G zur Einführung von elektronischen Wertpapieren vom 3.6.2021 (BGBl. I S. 1923)

Einleitung

Schrifttum

a) Kommentare und Handbücher: Außer dem allgemeinen Schrifttum (s **(7)** Bankgeschäfte Einl vor A1) BankrechtsHdb/*Klanten* 6. Aufl 2022 § 47. – BuB/*Kümpel* 8/1 (LBl). – *Canaris*, Bankvertragsrecht, 2. Aufl 1981, Rdn 2080 ff. – *Decker/Kümpel* 2. Aufl 2007. – Ebenroth/Boujong/Joost/*Scherer* HGB, Bd. 2, DepotG, 4. Aufl 2020. – *Einsele*, Bank- und Kapitalmarktrecht 4. Aufl 2018, § 9. – *Grundmann*, Bankvertragsrecht, Bd. 2, 2021, 8. Teil, 2. Abschnitt (DepotG). – *Heinsius/Horn/Than*, 1975. – *Kümpel/Mülbert/Früh/ Seyfried*(/*Bauer*), 6. Aufl 2022 Rn 18.1 ff. –Langenbucher/Bliesener/Spindler/*Binder*, Bankrechts-Kommentar, 3. Aufl. 2020, 38. Kap. – *MüKoHGB/Einsele* Depotgeschäft, Bd. 6: Bankvertragsrecht, 4. Aufl. 2019. – *Opitz*, 2. Aufl 1955. – *Scherer* 2012. – Schlegelberger/ *Hefermehl*, Bd VI, Anh § 406, 5. Aufl 1977.

b) Sonstige Beiträge: BaFin, Merkblatt Hinweise zum Tatbestand des Depotgeschäfts, 6.1.09, zuletzt geändert 17.2.14. – BaKred (jetzt BaFin), Bekanntmachung über die Anforderungen an die Ordnungsmäßigkeit des Depotgeschäfts und der Erfüllung von Wertpapierlieferungsverpflichtungen v. 21.12.98. – *Beckmann*, Reformbedarf und Reformperspektiven im Recht der giroverwahrten Wertpapiere, 2013. – *Bruns*, Depotgeschäft, 3. Aufl 1972. – *Buxbaum*, Anlegerschutz zwischen Bankbedingungen und Rechtsnormen, 2002 (zum DepotG von 1896). – *Conac/Segna/Thévenoz*, Intermediated Securities, 2013. – *Delorme*, Die Wertpapiersammelbanken, 1970. – *Opitz*, 50 Depotrechtliche Abhandlungen, 1954. – *Einsele*, Wertpapierrecht als Schuldrecht, 1995. – *Dittrich*, Effektengiroverkehr mit Auslandsberührung, 2002. – *Decker*, Depotgeschäft 2007. – *Ege*, Das Kollisionsrecht der indirekt gehaltenen Wertpapiere, 2006. – *Lehmann*, Finanzinstrumente 2009. – *Martini*, Wertpapierverpfändung, 2013. – *Micheler*, Wertpapierrecht zwischen Schuld- und Sachenrecht, 2004u in Leible(/Lehmann/Zech, Unkörperliche Güter im Zivilrecht, 2011), S 129. – *Casper* in Leible(/Lehmann/Zech, Unkörperliche Güter im Zivilrecht, 2011) S 174. – *Schwarz*, Globaler Effektenhandel, 2016. – *Segna*, Bucheffekten, 2018. – *Wust*, Die grenzüberschreitende Verbuchung von Wertpapieren, 2011. – *Brand*, ZBB 2015, 40. – *Einsele* ZHR 177 (2013), 50, dies AcP 214 (2014), 793. – *Geier* ZBB 2010, 289. – *Hövekamp/Hugger* FS Hopt 2010, 2015 (Haftung der Depotbank). – *Kreße*, WM 2015, 463. – **Muster:** Hopt/Kumpan, Vertrags- und Formularbuch, 4. Aufl 2013 Form IV. W.1–4 (Depotgeschäft: Sonderbedingungen für Wertpapiergeschäfte Nr 13–20; Auslandsverwahrung von Wertpapieren; Depotauszug; Stimmrechtsausübung).

1) Depotgesetz

1 Das DepotG 1937 löste das DepotG 1896 ab (vgl. § 48), Amtl. Begr. RAnz. 1937 Nr. 29, Änderungen ua durch G 17.7.1985 BGBl. 1507 (Gesetzesüberschrift, §§ 1 III, 5 IV, 24 III), 2. FinanzmarktfördG 26.7.1994 BGBl. 1749 (ua §§ 2 S. 1; 5 I, II, IV 1 Nr. 4; 9a I 1; 12a; 16) und EGInsO 5.10.1994 BGBl. 2911, in Kraft ab 1.1.1999 (Überschrift 3. Abschn., §§ 32, 33, 37). Neufassung 11.1.1995 BGBl. 34. Seither zahlreiche Einzeländerungen. Das DepotG regelt in Abschn. 1 das Depotgeschäft (Verwahrung), in Abschn. 2 zT das Effektengeschäft (Einkaufskommission und Eigengeschäft) und in Abschn. 3 ein besonderes Insolvenzvorrecht. Abschn. 4, 5 enthalten Straf- und Schlussvorschriften.

Das DepotG ist trotz der vielen Änderungen veraltet und reformbedürftig. **1a** Dem modernen Effektengiroverkehr und den internationalen Entwicklungen (→ Rn. 5, 6) wird es nicht mehr gerecht. Schon seit 2007 plante das BMJ eine grundlegende **Erneuerung des Depotrechts** (Eckpunktepapier zur Reform des Depotrechts, Mai 2008). Nach einem RefE für ein Gesetz zur Einführung von **elektronischen Wertpapieren** vom August 2020 und einem Regierungsentwurf vom Dezember 2020 (BT-Drs. 19/26925) ist im Juni 2020 das Gesetz zur Einführung von elektronischen Wertpapieren 3.6.2021, BGBl. 1423, in Kraft getreten, mit dem insbesondere das Gesetz über elektronische Wertpapiere (eWpG) sowie einige Änderungen des DepotG erlassen wurden. Es soll nun nicht mehr notwendig auf die urkundliche Verbriefung ankommen; vielmehr soll diese durch eine Eintragung in ein elektronisches Wertpapierregister ersetzt werden können. Dadurch soll auch die Begebung von Kryptowertpapieren und die Nutzung der Blockchaintechnologie ermöglicht werden. Dennoch orientiert sich das Gesetz stark am Sachenrecht. So sollen z. B. eWertpapiere als Sachen iSv § 90 BGB gelten (§ 2 III eWPG) und soll ein gutgläubiger Erwerb von eWertpapieren möglich sein (§ 26 eWPG). Die neuen Regelungen gelten jedoch nur für Inhaberschuldverschreibungen – ein Unterfall davon sind sog. Kryptowertpapiere (laut § 4 III eWPG: elektronische Wertpapiere, die in ein Kryptowertpapierregister eingetragen sind) –, für Aktien sollen die neuen Regelungen nicht gelten (§ 1 eWPG: eWPG nur auf Schuldverschreibungen auf den Inhaber anwendbar). Lit. zum Entwurf Doding/Wentz WM 2020, 2312, Dubovitskaya ZIP 2020, 2551, Lehmann BKR 2020, 431, Linardatos ZBB 2020, 329, Mittwoch WM 2021, 375, Preuse/Wockener/Gillenkirch BKR 2020, 551, Segna WM 2020, 2312.

2) Depotprüfung

A. Das Depotgeschäft ist die Verwahrung und die Verwaltung von Wertpapie- **2** ren für andere (Bankgeschäft nach § 1 I 2 Nr. 5 KWG, Text → **(7)** Bankgeschäfte Rn. A4); nur Kreditinstitute unter der Aufsicht der BaFin dürfen es betreiben. Bei Instituten, die das Depotgeschäft betreiben, hat der Prüfer bei der Prüfung des Jahresabschlusses dieses Geschäft besonders zu prüfen und darüber gesondert zu berichten (§ 29 II 3 KWG); die gesonderte, idR einmal jährlich vorzunehmende Depotprüfung (§ 30 aF KWG) ist zur Entlastung der Institute entfallen. Nähere Bestimmungen zur Prüfung siehe BaFin, PrüfungsberichtsVO (PrüfbV) 23.11.2009 BGBl. 3793 sowie die Begründung zur VO unter www.bafin.de. Zu den Anforderungen an die Organisation des Depotgeschäfts s. BAKred (jetzt BaFin) „Bekanntmachung über die Anforderungen an die Ordnungsmäßigkeit des Depotgeschäfts und der Erfüllung von Wertpapierlieferungsverpflichtungen" v. 21.12.1998 (BAnz. 1998 Nr. 246). Näher s. Kommentare zum KWG, vgl. → **(7)** Bankgeschäfte Rn. A4. Lit.: Miletzki WM 1999, 1451.

B. Im Verkehr zwischen Kreditinstituten werden folgende Depots unterschie- **3** den: **a) Fremddepot: Depot B, b) Eigendepot: Depot A** (Nostrobestände sowie WP nach §§ 12 IV, 13, 19–21), **c) Pfanddepot: Depot C** (WP nach § 12 II), **d) Sonderpfanddepot: Depot D** (WP nach § 12 III; für jeden einzelnen Kunden ist ein besonderes Depot D zu führen). Dazu BAKred, Bekanntmachung, Nr. 10 IV.

3) Depotgeschäft: Muster

Hopt/Kumpan, 4. Aufl. 2013, Form IV. W.1 (Sonderbedingungen für Wert- **4** papiergeschäfte Nr. 13–20), Form IV. W.2 (Auslandsverwahrung von Wertpapieren), Form IV. W.3 (Depotauszug), Form IV. W.4.1–5 (Stimmrechtsausübung).

4) Internationalisierung des Depotgeschäfts

Wertpapierverwahrung und -verfügung sind zunehmend international. Das **5** wirft wegen der unterschiedlichen schuld-, sachen- und depotrechtlichen Regeln, ua betr. Gutglaubenserwerb, ganz erhebliche Probleme auf. Die Reaktion über IPR (§ 17a) reicht wegen der ebenfalls unterschiedlichen Regeln zur Lösung nicht mehr aus. Global und regional gibt es deshalb Rechtsangleichungsversuche, vor allem Haager Übk. v. 5.7.2006 (IPR zwischenverwahrter WP, bisher nur ratifiziert von Mauritius, Schweiz, USA), RabelsZ 68 (2004), 757; dazu Einsele WM 2003, 2349; Merkt/Rossbach ZVglRWiss 102 (2003), 33; Reuschle BKR 2003, 562; IPRax 2003, 495 u. RabelsZ 68 (2004), 725, und UNIDROIT-Konventionsentwurf (Sachenrecht betr. intermediärverwahrte Wertpapiere) WM 2005, 1147; dazu Paech, Einsele WM 2005, 1101 (1109), nunmehr Genfer UNIDROIT-Übk. betreffend materiellrechtliche Normen für intermediär-verwaltete Wertpapiere, 9.10.2009, mit einem wegen der Systemunterschiede (USA/BRD) funktionalen Ansatz, Kronke WM 2010, 1625; Than FS Hopt, 2010, 231; Keijser/Parmentier BKR 2010, 151; Mülbert ZBB 2010, 445; Eichholz WM 2013, 250; Conac/Segna/Thévenoz, Intermediated Securities, 2013, Kanda ua, Official Commentary on the Unidroit Convention, 2012. Teilaspekte sind im Rahmen der VO 909/2014 (dazu noch → Rn. 6) schon umgesetzt worden. Lit.: Einsele, Bank- und Kapitalmarktrecht, 3. Aufl. 2014, § 9 III; Donald WM 2008, 526 (US Uniform Commercial Code); Einsele ZHR 177 (2013), 50; auch → § 17a Rn. 1.

5) Europäischer Binnenmarkt auf dem Nachhandelssektor

6 Während das Börsenrecht in der EU weitgehend harmonisiert ist, zuletzt durch die MiFiD 2004 (→ **(14)** BörsG Einl. vor § 1 Rn. 8 ff., 17), ist der Binnenmarkt auf dem Nachhandelssektor noch sehr zersplittert (Giovannini-Berichte 2001, 2003 mit 15 Barrieren). Erste Harmonisierungsschritte durch Finalitätsrichtlinie (dazu Einsele WM 2001, 2415; Keller WM 2000, 1269, in der Folge Einführung von § 17a DepotG) und Finanzsicherheitenrichtlinie (dazu Herring/Cristea ZIP 2004, 1627; Kollmann WM 2004, 1012; Obermüller/Hartenfels BKR 2004, 440), geändert durch Richtlinie 2009/44/EG. Seit 2014 gelten aufgrund von VO 909/2014 EU-weit einheitliche Regelungen zu Wertpapierlieferungen und -abrechnungen sowie für Zentralverwahrer. Geplant ist außerdem ein harmonisierter sach- und internationalprivatrechtlicher Rechtsrahmen für mittels eines Kontoführers verwahrte Wertpapiere und für die Ausübung von Rechten in der (grenzüberschreitenden) Verwahrkette, freie Wahl der (Zentral- und anderen)Verwahrer seitens der Emittenten und Aufsicht über Wertpapierverwahrer und -verwalter. Die EUKommission erarbeitet dazu im Anschluss an die Legal Certainty Group zur Harmonisierung des Depotrechts (Berichte mit Empfehlungen von 2006 und 2008) eine Richtlinie (Wertpapierrechtsrichtlinie).

Allgemeine Vorschriften

DepotG 1 (1) ¹Wertpapiere im Sinne dieses Gesetzes sind Aktien, Kuxe, Zwischenscheine, Zins-, Gewinnanteil- und Erneuerungsscheine, auf den Inhaber lautende oder durch Indossament übertragbare Schuldverschreibungen, ferner andere Wertpapiere, wenn diese vertretbar sind, mit Ausnahme von Banknoten und Papiergeld. ²Wertpapiere im Sinne dieses Gesetzes sind auch Namensschuldverschreibungen, soweit sie auf den Namen einer Wertpapiersammelbank ausgestellt wurden. ³Wertpapiere im Sinne dieses Gesetzes sind auch elektronisch begebene Wertpapiere im Sinne des Gesetzes über elektronische Wertpapiere.

(2) Verwahrer im Sinne dieses Gesetzes ist, wem im Betrieb seines Gewerbes Wertpapiere unverschlossen zur Verwahrung anvertraut werden.

(3) ¹Wertpapiersammelbanken sind Kreditinstitute, die nach Artikel 16 Absatz 1 der Verordnung (EU) Nr. 909/2014 des Europäischen Parlaments und

des Rates vom 23. Juli 2014 zur Verbesserung der Wertpapierlieferungen und -abrechnungen in der Europäischen Union und über Zentralverwahrer sowie zur Änderung der Richtlinien 98/26/EG und 2014/65/EU und der Verordnung (EU) Nr. 236/2012 (ABl. L 257 vom 28.8.2014, S. 1) als Zentralverwahrer zugelassen sind und die die in Abschnitt A Nummer 2 des Anhangs zu dieser Verordnung genannte Kerndienstleistung im Inland erbringen.

1) A. **Wertpapiere** iSd DepotG sind die in I besonders genannten Arten, ferner andere vertretbare (vgl. § 91 BGB) WP (außer Banknoten und Papiergeld), auch Sparbriefe. **Kuxe** sind Namenspapiere, die die Mitgliedschaft an einer bergrechtlichen Gewerkschaft verbriefen; **Zwischenscheine** verbriefen Rechtsposition eines Aktionärs vor der endgültigen Ausgabe der Aktien; **Zins- und, Gewinnanteilsscheine** verbriefen Zins- bzw. Dividendenansprüche und können unabhängig von der Haupturkunde gehandelt und übertragen werden; **Erneuerungsscheine** (Talons; sind nur Legitimationspapiere) berechtigen zum Bezug neuer Zins- bzw. Gewinnanteilsscheine. Vertretbar sind alle im Kurszettel verzeichneten Papiere, Namensaktien und Zwischenscheine (heute in der Praxis des Depotwesens Bedeutung verloren), wenn blanko indossiert; dann auch vinkulierte Namensaktien, Kümpel WM Sonderbeil. 8/1983, außerdem Namensanleihen (eigentlich Rektapapiere), die durch Indossament vertretbar werden (Scherer § 1 Rn. 2). Bezüglich Fondsanteilen s. § 97 I KAGB. **Nicht unter das DepotG fallen** zB Schuldscheine auf Namen, Quittungen, Ausweisurkunden (zB Sparbücher), Schuldscheindarlehen, die Traditionspapiere nach HGB (Ladeschein, Orderlagerschein, Konnossement, §§ 448, 475g, 513 HGB), Wechsel, Schecks, Versicherungsscheine, Hypotheken- und Grundschuldbriefe (BGH BB 1973, 307), GmbHAnteilsscheine. Auch **ausländische Papiere** der in I bezeichneten Kategorien sind WP iSd DepotG (Voraussetzung ist, dass sie nach der auf sie anwendbaren Rechtsordnung (WP-Rechtsstatut) als vertretbares WP zu qualifizieren sind), nicht aber die WR-Gutschrift. WPBegriff des DepotG ist daher enger als der WPRechts und der des HdlRechts (vgl. § 1 II Nr. 1 aF HGB), jedoch weiter als der bank- und kapitalmarktrechtliche WPBegriff (Effekten, Kapitalmarktpapiere, vor allem Aktien, Schuldverschreibungen bzw. Obligationen und Investmentzertifikate; vgl. auch § 2 I WpHG, da nur Vertretbarkeit der WP erforderlich ist (dazu Schwark/Zimmer/Kumpan § 2 WpHG Rn. 5, 7 ff.). WP sind auch Namensschuldverschreibungen, soweit sie auf den Namen einer WPSammelbank ausgestellt sind, **I 2** idF SchVFalscherG 2009. Auch global bonds (idR in beiden Ländern zum Handel zugelassene Namenschuldverschreibungen deutscher oder US-amerikanischer Schuldner) unterfallen danach dem sachenrechtlichen WPGiro, sofern eine inländische WPSammelbank (zB Clearstream Banking AG Frankfurt) im Register des Schuldners als Inhaber des Rechts eingetragen ist. **I 3** wurde mit dem Gesetz zur Einführung von elektronischen Wertpapieren 3.6.2021 BGBl. I 1423 eingefügt und erweitert den Wertpapierbegriff iSd DepotG auch auf elektronische Wertpapiere iSd eWpG.

B. **Wertrechte** sind unverbriefte Vermögensrechte. Man spricht auch von **Bucheffekten** im Gegensatz zu Briefeffekten, Canaris Rn. 2045. Reichsschatzanweisungen und Reichsschuldbuchforderungen (VO über Verwaltung und Anschaffung von Reichsschuldbuchforderungen 5.1.1940 RGBl. 30 sowie 1. und 2. VO über die Behandlung von Reichsanleihen im Bank- und Börsenverkehr 31.12.1940 RGBl. 1941, 21, und 18.4.1942, RGBl. 183) wurden zur Förderung des stückelosen Handels mit Reichsanleihen, obwohl nicht verbrieft, depotrechtlich den WP gleichgestellt, und zwar originäre Schuldbuchforderungen ebenso wie in solche umgewandelte Reichsschatzanweisungen; auf beide sind §§ 5 ff. DepotG (Sammelverwahrung) anwendbar, BGHZ 5, 31. Dasselbe wie nach den drei genannten VO gilt für **Bundesanleihen** und **Buchschulden des Bundes** (Anleihegesetz 29.3.1951 BGBl. I 218), für **Schatzanweisungen** des Bundes, der DBB und der DBP (Bek. 8.7.1963 BGBl. 462) und für Schuldverschreibungen auf Grund von Anleihen der Länder und in die Schuldbücher der Länder eingetragene Anleiheforderungen (DepotÄndG 24.5.1972 BGBl. 802). Die vorgenannten Gesetze und VOen wurden 2001 durch BWpVerwG aufgehoben, das wiederum 2006 vom BSchuWG abgelöst wurde (vgl. insbesondere § 6 BSchuWG bzgl. Sammelschuldbuchforderungen). EZB kann unter entsprechender Anwendung der für Schuldbuchforderungen des Bundes geltenden Regelungen Schuldbuchforderungen emittieren (Art. 10 II Abkommen über den Sitz der EZB v. 18.12.1998, BGBl. II 2995). Seit 1972 ist die **Sammelurkunde** in § 9a DepotG geregelt (Begriff dort I 1), eine kunstvolle Übergangsform zum rein stückelosen Effektenverkehr. Zur Entwicklung der Bundesschuldenverwaltung Wagner WM 1999, 1949. Die besondere von Opitz vertretene **Wertrechtslehre** (Wertrechte als quasidingliche Rechte mit voller Anwendung des DepotG und der §§ 929 ff. BGB, s. auch BGHZ 5, 30) ist zwar de lege lata nicht haltbar. Die Entwicklung geht aber in diese Richtung, und viele einzelne **Analogien** sind – insbesondere wegen der gesetzlich angeordneten Fiktion – schon **de lege lata** möglich. ZB gutgläubiger Erwerb bei Sammelschuldbuchforderungen, dabei Anknüpfung an Schuldbucheintragung anstelle des Besitzes (vgl. dazu § 8 II 1 BSchuWG). **Lit.:** Brink, 1976; Peters WM 1976, 890; Peters, 1978; Lütticke, 1980; Koller (Schuldrechtskommission II 1496), 1981; Peters, 1983; Kreuzer, 1988; Dechamps, 1989 (Effektengiroverkehr); Einsele, 1995; Micheler, 2004; Canaris, 2040; Koller DB 1972, 1857 (1906); Zöllner FS Raiser, 1974, 249; Kümpel WM 1982, 730; Zahn/Kock WM 1999, 1955 (EZB); Than FS Schimansky, 1999, 821; Habersack/Mayer WM 2000, 1678; Einsele WM 2001, 7; Casper in Leible S. 174; Micheler in Leible S. 129; Kreße WM 2015, 463 (Girosammelverwahrung von Wertrechten durch Kreditinstitute).

3 2) A. Nach der Legaldefinition des **II** idF HRefG 1998 ist **Verwahrer** iSd DepotG jeder, dem im Betrieb seines (auf solche oder andere Geschäfte gerichteten) Gewerbes WP unverschlossen zur Verwahrung anvertraut werden: zB eine TreuhandGes, kleingewerblicher Verwahrer (HdlGewerbe nach § 1 II HGB ist nicht mehr erforderlich), nicht ein Rechtsanwalt (Freiberufler, problematisch, aber → HGB § 1 Rn. 20), nicht ein Kfm., der außerhalb seines Gewerbebetriebs WP so empfängt (zB als Vormund). „Anvertraut" ist ein WP, wenn Verwahrer Besitz daran erlangt hat. „Zuwendungstreuhand" (Verwahrung mit Vereinbarung der Zuwendung an X im Zeitpunkt Y) im Depotrecht s. Scherner BB 1969, 816.

4 B. **Rechtsnatur** des Depotgeschäfts: Das Depotgeschäft ist die Verwahrung und die Verwaltung von WP für andere (§ 1 I 2 Nr. 5 KWG, Text → **(7)** Bankgeschäfte Rn. A4, auch wenn KWGBegriff nicht maßgeblich für DepotG iA). Der **Depotvertrag** ist ein entgeltlicher Geschäftsbesorgungsvertrag mit Dienstleistungs- und Verwahrungselementen (§§ 675 I, 611, 688 BGB), hL, BGH NJW 1991, 978; Mentz/Fröhling NZG 2002, 203, ist Konsensualvertrag (Depoteröffnungsantrag und dessen Annahme durch den Verwahrer, hL, zB MüKoHGB/ Einsele Depotgeschäft Rn. 3; endet durch Rückforderung durch Hinterleger, § 695 S. 1 BGB, oder Rücknahmeverlangen des Verwahrers, § 696 S. 1 BGB, dazu BGH NJW 1991, 978, aber angemessene Kündigungsfrist, vgl. **(8)** AGB-Banken Nr. 19 I 3: mindest. 2 Monate, ebenso A VI (1) 3 AGB Clearstream Banking AG). Weitere Konkretisierung durch **(8)** AGB-WPGeschäfte. WPKontoinhaber vgl. → **(7)** Bankgeschäfte Rn. A48; entspr. gibt es Gemeinschafts- (Oder- [Gesamtgläubiger iS § 428 BGB, aber mit jeweils eigenem Forderungs- und Weisungsrecht], Und- [Bruchteilsgemeinschaft, § 741 BGB], zur Eigentumslage BGH NJW 1997, 1434), Fremd-, Sonder-, Treuhand- und Ander- sowie Sperrdepots. Sperrdepot ist ein Depot, bei dem besondere Einschränkungen für die Verfügungsmacht des Berechtigten bestehen; rechtsgeschäftl Begründung über Vertrag zugunsten Dritter oder „Selbstbeschränkung" des Depotinhabers,

OLG München WM 1999, 319. Dagegen keine Einordnung als Vertrag mit Schutzwirkung zugunsten Dritter (des Sperrbegünstigten), wenn es an weiteren Abreden fehlt, OLG Schleswig ZIP 2014, 1938; zum Depot zugunsten Dritter Langenbucher ua/Binder 38. Kap. Rn. 4. Übertragung der Depots im Gegensatz zum Einlagendepot (§ 398 BGB) entweder durch Abtretung des Herausgabeanspruchs gegen den Verwahrer (§ 931 BGB) oder durch Anweisung an Verwahrer zur Umschreibung des Depots (§ 929 S. 1 BGB), s. BGH WM 1975, 1261; Canaris Rn. 2091. Das DepotG ist auch bei Nichtigkeit des Depotgeschäfts anwendbar (II „anvertraut", Schutzzweck des DepotG). Das verschlossene Depot ist dagegen ein reiner Verwahrungsvertrag; das DepotG ist unanwendbar (→ Rn. 3).

C. Der **Safevertrag** (Mietvertrag, → **(7)** Bankgeschäfte Rn. V1) fällt nicht unter das DepotG, weil er nicht auf die Verwahrung von Wertpapieren iSv § 1 gerichtet ist.

3) Wertpapiersammelbanken (auch: Zentralverwahrer) sind in **III** (nF 2017) in Anlehnung an die VO 909/2014 definiert. Dabei wird formal auf die Kreditinstitutseigenschaft abgestellt, was vor dem Hintergrund von § 1 I 2 Nr. 6 iVm VI KWG zu sehen ist, wo die Tätigkeit als Zentralverwahrer als Bankgeschäft eingestuft wird. Damit ist die Zentralverwahrertätigkeit ein eigenständiges Bankgeschäft neben dem Depotgeschäft, das in § 1 I 2 Nr. 5 KWG geregelt ist. Für die Zulassung ist nunmehr nur noch die BaFin (bzw. allgemein die Aufsichtsbehörde des Sitzstaates) zuständig (§ 6 I KWG und VO 909/2014 iVm § 6 Ic KWG); für eine Anerkennung durch Länderbehörden (frühere Rechtslage) besteht kein Raum mehr (RegE 1. FiMaNoG, BT-Drs. 18/7482, 79). Weitere Änderungen, etwa im Hinblick auf eigentumsrechtliche Aspekte hinsichtlich der vom Zentralverwahrer verwahrten Wertpapiere oder im Hinblick auf gesellschaftsrechtliche Regelungen, sind mit der Änderung der Begriffsdefinition nicht beabsichtigt (RegE 1. FiMaNoG, BT-Drs. 18/7482, 79). Dies soll mit Hilfe des Hinweises auf die in Abschnitt A Nr. 2 der VO 909/2014 genannten Kerndienstleistung („Bereitstellung und Führung von Depotkonten auf oberster Ebene") sichergestellt werden.

Bis Ende 1989 gab es sieben WPSammelbanken an den inländischen Börsenplätzen mit Ausnahme von Bremen, teils hießen sie Kassenvereine. 1990 wurden sie auf die Frankfurter Kassenverein AG verschmolzen, die später in Deutsche Kassenverein AG, 1997 in Deutsche Börse Clearing AG und inzwischen in **Clearstream Banking AG** umfirmiert wurde. Über ihre Muttergesellschaft Clearstream International S. A. und deren Muttergesellschaft Clearstream Holding AG gehört sie zu deren Muttergesellschaft Deutsche Börse AG. Sie ist heute die einzige WPSammelbank nach II. 1996 übernahm sie auch die Funktionen der auf sie verschmolzenen Deutsche Auslandskassenverein AG. Ihre Geschäftstätigkeit umfasst die Sammelverwahrung nebst den üblichen Geschäftsbesorgungen als Verwahrer, die Belieferung der von den Depotbanken getätigten Effektengeschäfte im Effektengiroverkehr, die Auslandsverwahrung von Wertpapieren, den Treuhandgiroverkehr und die Mitwirkung als Treuhänder bei der Zulassung ausländischer Wertpapiere zur Börse. Auslandsaufbewahrung s. auch § 22. Kontoinhaber bei einer WPSammelbank können grundsätzlich nur Kredit- und Finanzdienstleistungsinstitute mit Sitz im In- und Ausland sein, möglich weitere Kontoinhaber nach AGB-WSB. Zum Effektengiroverkehr der WPSammelbanken Canaris, 2007, zur Sammelurkunde und den Besitzverhältnissen dabei § 9a DepotG. Zu den Besitzverhältnissen BGHZ 207, 28 f.; BGH WM 1996, 518; 1997, 1136; OLG Karlsruhe WM 1999, 2455; Habersack/Mayer WM 2000, 1679; Hirte/Knof WM 2008, 10 ff. Lit.: Horn WM Sonderbeil. 2/2002 (CCP, zentraler Kontrahent); Eder NZG 2004, 107 (rechtsgeschäftliche Übertragung von Aktien).

Kumpan

1. Abschnitt. Verwahrung

Sonderverwahrung

DepotG 2 ¹Der Verwahrer ist verpflichtet, die Wertpapiere unter äußerlich erkennbarer Bezeichnung jedes Hinterlegers gesondert von seinen eigenen Beständen und von denen Dritter aufzubewahren, wenn es sich um Wertpapiere handelt, die nicht zur Sammelverwahrung durch eine Wertpapiersammelbank zugelassen sind, oder wenn der Hinterleger die gesonderte Aufbewahrung verlangt. ²Etwaige Rechte und Pflichten des Verwahrers, für den Hinterleger Verfügungen oder Verwaltungshandlungen vorzunehmen, werden dadurch nicht berührt.

1) Sonder- oder Streifbandverwahrung

1 Das **Streifbanddepot** war herkömmlich die **Grundform der WPVerwahrung**. Infolge der Trennung des Kundenbestands von den eigenen Beständen der Bank (Nostrobesitz) und Drittbeständen war diese Form für den Kunden am ungefährlichsten. Sie ist jedoch heute durch die günstigere Sammelverwahrung überholt (→ § 5 Rn. 1). § 2 macht seit 1994 dieses Regel-Ausnahme-Verhältnis deutlich und beschränkt die Sonderverwahrung auf zwei Fälle: Sie ist nur geboten, wenn es sich um Wertpapiere handelt, die nicht zur Sammelverwahrung durch eine Wertpapiersammelbank (§ 5) zugelassen sind, oder wenn der Hinterleger die gesonderte Aufbewahrung verlangt **(Satz 1).** Anwendungsbereich ist damit weiter als bei Sammelverwahrung (auch nicht vertretbare WP iSv § 1 I). Gesonderte Verwahrung ist für Treuhänder ua Grundsatz, Henssler AcP 196 (1996), 58, und verschiedentlich ausdrücklich vorgeschrieben (s. zB § 84 WpHG, §§ 36 III, 68, 80 KAGB, § 292 I 2 InsO), sonst verliert er sein Widerspruchsrecht (§ 771 ZPO), BGH WM 2003, 1641 (→ **(9)** AGB-Anderkonten Einl. vor a) Nr. 1 Rn. 8). Ob der Treuhänder sich daran hält, ist eine andere Frage, für die Bank kommt es auf die Weisung des Hinterlegers an. Die Weisung des Hinterlegers an den Verwahrer ist formlos. Sie kommt in Betracht, wenn der Hinterleger effektive Stücke einliefert. Für die Verwahrung gelten §§ 688 ff. BGB, dazu gegenüber Nichtbankier-Kunden idR **(8)** Sonderbedingungen für WPGeschäfte, s. dort zu den Verwaltungspflichten der Bank Nr. 14–20. WP müssen ihrem Hinterleger zu jeder Zeit zugeordnet werden können. Mäntel und Bögen von WP sind getrennt voneinander aufzubewahren (BAKred, Bekanntmachung, Nr. 2 IV). Hinterleger verliert durch Einlieferung nicht sein Eigentum an den hinterlegten WP. Er kann Herausgabe der WP nach § 985 BGB, nach § 695 S. 1 BGB und bei Insolvenz der Depotbank nach § 47 InsO verlangen (mit Rückforderung konkludente Kündigung des Verwahrvertrages). Kann der Verwahrer verwahrte WP nicht zurückgeben, obliegt ihm Entlastung nach § 280 I 2 BGB; anders, wenn der Kunde die Depotführung nicht überwachte und die Unterlagen nach Ablauf der Aufbewahrungsfrist (vgl. § 257 HGB) vernichtet wurden, BGH WM 1972, 281. Übertragung der WP nach §§ 929 ff. BGB. Möglich ist auch die Verwahrung einer Inhaberglobalaktie durch eine „kleine Aktiengesellschaft" (nicht börsennotiert und weniger als 500 Arbeitnehmer, außerdem im vorliegenden Zusammenhang mit nur einem oder wenigen Anteilseignern und Ausschluss der Anteilsverbriefung in der Satzung) für ihre Aktionäre, wenn alle Aktionäre dies verlangen (kein Fall des § 1 I 2 Nr. 5 KWG, solange keine Vergütung verlangt wird), s. BaFin, Merkblatt – Hinweise zum Tatbestand des Depotgeschäfts, v. 6.1.2009, idF 17.2.2014, unter 2.

2 **2) Depotscheine** sind Ausweispapier, nicht kfm. Verpflichtungsschein iSv § 363 I HGB; nicht, wenn an Order gestellt (indossabel iSv §§ 364, 365 HGB),

ihre Übertragung mit Indossament ist Abtretung des Anspruchs auf Herausgabe des WP, RGZ 118, 38.

Drittverwahrung

DepotG 3 (1) ¹Der Verwahrer ist berechtigt, die Wertpapiere unter seinem Namen einem anderen Verwahrer zur Verwahrung anzuvertrauen. ²Zweigstellen eines Verwahrers gelten sowohl untereinander als auch in ihrem Verhältnis zur Hauptstelle als verschiedene Verwahrer im Sinne dieser Vorschrift.

(2) ¹Der Verwahrer, der Wertpapiere von einem anderen Verwahrer verwahren läßt (Zwischenverwahrer), haftet für ein Verschulden des Drittverwahrers wie für eigenes Verschulden. ²Für die Beobachtung der erforderlichen Sorgfalt bei der Auswahl des Drittverwahrers bleibt er auch dann verantwortlich, wenn ihm die Haftung für ein Verschulden des Drittverwahrers durch Vertrag erlassen worden ist, es sei denn, daß die Papiere auf ausdrückliche Weisung des Hinterlegers bei einem bestimmten Drittverwahrer verwahrt werden.

1) § 691 BGB verbietet dem Verwahrer iZw die **Hinterlegung bei Dritten**. § 3 weicht davon ab und gestattet neben Hausverwahrung auch Drittverwahrung, damit Lokalbanken WP an Zentralbanken zu sicherer Verwahrung oder uU leichterer Verwertung geben können. Von größter praktischer Bedeutung ist heute Drittverwahrung bei WPSammelbank (s. § 1 III). Dritter iSv **I 1** ist nur ein anderer Verwahrer iSv § 1 II, nicht ein beliebiger Dritter. Zu Verfügungen oder Verwaltungshandlungen ermächtigt § 3 nicht, abgesehen von der Begründung eines gesetzlichen Pfandrechts des Drittverwahrers (zum Schutz gegen Pfand- und Zurückbehaltungsrecht des Dritten s. § 4). Drittverwahrung ist nicht nur bei Sonderverwahrung (§ 2) statthaft, sondern auch bei anderen Verwahrungsarten, zB Sammelverwahrung (§ 5 III). Auch der Drittverwahrer darf weitergeben („Verwahrkette", Besitzmittlung: Drittverwahrer mittelt Besitz für Zwischenverwahrer (1. Stufe), dieser mittelt den Besitz für Hinterleger (2. Stufe)). Der Zwischenverwahrer hinterlegt unter seinem Namen, nicht dem seines Hinterlegers; er hat also gegenüber dem Drittverwahrer selbst die Rechtsstellung eines Hinterlegers. Zusammenlegung von Beständen mehrerer Kunden sowie mit eigenen Beständen des Zwischenverwahrers und sodann Hinterlegung als einheitlicher Bestand bei Drittverwahrer zulässig (Einschränkung von § 2; aber auch Hinterlegung im Namen des Depotkunden möglich). Unmittelbare Vertragsbeziehungen zwischen dem Drittverwahrer und dem ersten Hinterleger (Kunde des Zwischenverwahrers) existieren nicht; doch besteht ein direkter **Herausgabeanspruch** entspr. §§ 546 II, 604 IV BGB sowie aus § 985 BGB (bei Sonderverwahrung, falls Eigentümer) bzw. §§ 7 I, 8 DepotG iVm § 749 BGB (bei Sammelverwahrung). Ferner uU Vertrag mit Drittschutzwirkung (Inanspruchnahme von Vertrauen durch Banken hinsichtlich interessen- und sachgerechter Abwicklung im Wege der Drittverwahrung und Wahrnehmung vermögensrechtlicher Interessen des Hinterlegers gegenüber Drittverwahrer durch Zwischenverwahrer) und Drittschadensliquidation, s. Canaris Rn. 2164. Mehrere Niederlassungen des Verwahrers behandelt **I 2** als verschiedene Verwahrer, um die Möglichkeit der Drittverwahrung bei solchen klarzustellen („**Hausdrittverwahrung**", bedeutet aber keine partielle Rechtsfähigkeit der Zweigstellen, Haftung daher nach § 276 BGB). Zur Drittverwahrung s. **(8)** Sonderbedingungen für WPGeschäfte Nr. 12, 19. Zur Unterverwahrung nach dem KAGB Kapteina/Davis WM 2013, 1977.

2 2) § 3 gilt auch für **Drittverwahrung im Ausland** in Form der Streifbandverwahrung (zur ausländischen Girosammelverwahrung s. § 5 IV, außerhalb von § 5 IV stattfindende „direkte" ausländische Drittsammelverwahrung ohne nennenswerte praktische Bedeutung), diese ist also auch ohne Einverständnis des Depotkunden möglich, str. (dazu MüKoHGB/Einsele Depotgeschäft Rn. 32; Scherer/Löber § 3 Rn. 10). Inländische Zwischenverwahrer holen von ausländischem Verwahrern sog. **„Drei-Punkte-Erklärung"** ein (dazu BAKred, Bekanntmachung, Nr. 3 IV): (1) Kenntnisnahme, dass im Depot verbuchte WP Kunden des Zwischenverwahrers zustehen und Depot als Kundendepot zu führen ist, (2) Zusicherung, dass Pfand-, Zurückbehaltungs- oder ähnliche Rechte an diesen WP nur wegen Forderungen aus Anschaffung, Verwaltung oder Verwahrung dieser WP geltend gemacht werden und die Verpflichtung, den inländischen Zwischenverwahrer unverzüglich von Pfändungen und Zwangsvollstreckungsmaßnahmen Dritter zu unterrichten, (3) Verpflichtung zur Verwahrung der WP im jeweiligen Land und Abstandnahme von der Betrauung Dritter mit der Verwahrung ohne ausdrückliche Zustimmung des Zwischenverwahrers. **Keine Drittverwahrung** iSv § 3 ist die **Gutschrift in Wertpapierrechnung** (schuldrechtlicher Lieferanspruch gegen Bank auf wahlweise Eigentumsverschaffung an WP oder Weiterveräußerung der WP an Dritte; Auslandsverwahrung auf treuhänderischer Basis).

3 3) Der **Zwischenverwahrer (II 1) haftet** (entspr. § 278 BGB) für Verschulden des Drittverwahrers wie für sein eigenes. Diese Haftung können Zwischenverwahrer und Hinterleger vertraglich ausschließen (geschieht insbesondere bei Drittverwahrung im Ausland); auch dann haftet der Zwischenverwahrer für Sorgfalt bei Auswahl des Drittverwahrers, wenn nicht der Hinterleger ihm diesen ausdrücklich vorschreibt (**II 2**). Dazu **(8)** Sonderbedingungen für WPGeschäfte Nr. 12 II, 19. Sofern im Ausland verwahrte WP für den Hinterleger von einem inländischen Zwischenverwahrer über eine inländische WP-Sammelbank bei einer ausländischen WP-Sammelbank nach § 5 IV (GS-Gutschrift) als Miteigentumsanteil „verwahrt" werden, haftet die inländische WP-Sammelbank jedoch nach § 5 IV 2 iVm § 3 II 1 für das Verschulden der ausländ WP-Sammelbank wie für ihr eigenes. Haftungsausschluss greift in dem Fall nur bei WR-Gutschrift.

Beschränkte Geltendmachung von Pfand- und Zurückbehaltungsrechten

DepotG 4 (1) ¹Vertraut der Verwahrer die Wertpapiere einem Dritten an, so gilt als dem Dritten bekannt, daß die Wertpapiere dem Verwahrer nicht gehören. ²Der Dritte kann an den Wertpapieren ein Pfandrecht oder ein Zurückbehaltungsrecht nur wegen solcher Forderungen geltend machen, die mit Bezug auf diese Wertpapiere entstanden sind oder für die diese Wertpapiere nach dem einzelnen über sie zwischen dem Verwahrer und dem Dritten vorgenommenen Geschäft haften sollen.

(2) **Absatz 1** gilt nicht, wenn der Verwahrer dem Dritten für das einzelne Geschäft ausdrücklich und schriftlich mitteilt, daß er Eigentümer der Wertpapiere sei.

(3) ¹Vertraut ein Verwahrer, der nicht Bankgeschäfte betreibt, Wertpapiere einem Dritten an, so gilt Absatz 1 nicht. ²Ist er nicht Eigentümer der Wertpapiere, so hat er dies dem Dritten mitzuteilen; in diesem Falle gilt Absatz 1 Satz 2.

1 1) A. § 4 soll bei Drittverwahrung (§ 3) den Hinterleger durch eine **Fremdvermutung** vor Ansprüchen des Drittverwahrers auf Grund guten Glaubens an das **Eigentum** des Zwischenverwahrers schützen. Vermutung gilt gegenüber jedem Dritten, der WP anvertraut erhält, nicht nur gegenüber Drittverwahrern iSv § 3. „Anvertraut" ist ein WP, wenn Verwahrer Besitz daran erlangt hat; für welchen Zweck und von wem die WP geliefert werden, ist ohne Belang. Mangels ausdrücklicher (also nicht nur in AGB) schriftlicher Eigenanzeige des Zwischenverwahrers (II) gelten die Papiere gegenüber dem Drittverwahrer als Eigentum eines anderen als des Zwischenverwahrers, **I 1**. Sie unterliegen daher einem Pfand- oder Zurückbehaltungsrecht des Drittverwahrers nur wegen auf die Papiere sich beziehender Forderungen (zB Depotgebühren, Verwaltungskosten) oder bei besonderer Absprache (nicht nur Pfandklausel in AGB des Drittverwahrers), **I 2**, nicht wegen anderer Ansprüche des Drittverwahrers gegen den Zwischenverwahrer (vgl. § 369 HGB). So kann bei Verpfändung nach § 12 II der Drittverwahrer ein Pfandrecht nur wegen des Rückkredits geltend machen, bei Verpfändung nach § 12 IV wegen aller Forderungen gegen den Zwischenverwahrer. Dies gilt sowohl für gesetzliche als auch vertragliche Pfand- und Zurückbehaltungsrechte, RGZ 71, 338. „Geltend machen" in I 2 missverständlich, da die Rechte schon nur in dem beschränkten Umfang entstehen, Heinsius/Horn/Than § 4 Rn. 9.

B. § 4 enthält eine Fremdvermutung bezüglich des Eigentums. Der **gute** **2** **Glaube an die Verfügungsmacht** des Zwischenverwahrers wird nicht berührt. § 366 HGB gilt; strenge Anforderungen an die Gutgläubigkeit bei Einlieferung in Eigendepot A (→ Einl. vor § 1 Rn. 2–3). Nachforschungspflichten aber nur bei besonderem Anlass, vgl. RGZ 117, 96. § 4 enthält nur eine Vermutung, betrifft also nicht echte Nostrobestände des Zwischenverwahrers; deshalb ist hier keine Eigenanzeige nach II nötig. Zum echten Nostrobestand gehören nicht WP, an denen die Bank nur Durchgangseigentum erwirbt; hier bleibt § 4 anwendbar.

C. § 4 gilt beim Einkaufs- ebenso wie beim Verkaufs-Effektengeschäft der **3** Bank. Der Schutz des Kunden erfasst aber grundsätzlich nur die zu veräußernden WP, nicht auch den von der Bank dafür erzielten Kaufpreis. § 4 ist darauf auch nicht entspr. anwendbar, wohl aber uU § 392 II HGB, s. dort.

D. Ggü. **Dritten mit Sitz im Ausland,** denen WP anvertraut werden, gilt **4** Fremdvermutung nach I idR nicht (lex cartae sitae, wenn Papiere im Ausland physisch hinterlegt werden; bei auf Konto verbuchten WP gilt § 17a, danach Ort entscheidend, an dem die rechtsbegründende Gutschrift erfolgt, so dass § 4 nicht anwendbar, wenn WP bei ausländ WP-Sammelbank verwahrt wird). Ebensowenig bei **WR-Gutschrift** (da schuldrechtlicher Anspruch), in diesem Fall muss inländischer Verwahrer aber vergleichbare Regelungen mit dem ausländischen Drittverwahrer vertraglich vereinbaren, s. BAKred, Bekanntmachung, Nr. 3 IV.

2) Die Fremdvermutung des I wird durch die **Eigenanzeige** entkräftet **(II)**. **5** Anzeige muss schriftlich (§ 126 BGB) erfolgen, Befreiung s. § 16. Für Ausdrücklichkeit reicht idR Weisung, WP in Depot A (Eigendepot) einzubuchen, BuB/Decker Rn. 8/29. Ist die Eigenanzeige unwahr, gelten die Vorschriften über den Erwerb durch guten Glauben an das Eigentum (§§ 932 ff., 1207 f. BGB, § 365 HGB, § 16 II WG), nicht nur § 366 HGB. Entfallen die Voraussetzungen der Eigenanzeige, ist sie zu widerrufen; dann greift wieder die Fremdvermutung ein. Drittverwahrer trägt Beweislast für uneingeschränkte Entstehung von Pfand- und Zurückbehaltungsrechten. Bei wahrheitswidriger Eigenanzeige Strafbarkeit nach **(13)** DepotG § 35.

3) I gilt nicht, also keine Fremdvermutung, wenn der Verwahrer nicht Bank- **6** geschäfte (vgl. § 1 I 2 KWG) betreibt, **III**. Denn dann braucht die drittverwahrende Bank nicht mit fremdem Eigentum zu rechnen. Vielmehr gilt umgekehrt Eigenvermutung, sofern der Zwischenverwahrer nicht **Fremdanzeige** macht. Tut er das, greift I 2 ein. Fremdanzeige muss keiner Form genügen, aber deutlich sein, RGZ 142, 316; kann jederzeit widerrufen werden, wenn unrichtig geworden. Wegen Art. 4 II Rom I-VO gilt III auch für **ausländische Verwahrer** (die

keine Bankgeschäfte betreiben), die inländischen Dritten WP anvertrauen, da Leistungen des letzteren dem Vertrag das charakteristische Gepräge geben; gilt auch, wenn das DepotG auf das Verhältnis Verwahrer zu Hinterleger nicht anwendbar ist, Scherer/Löber § 4 Rn. 17.

Sammelverwahrung

DepotG 5 (1) ¹Der Verwahrer darf vertretbare Wertpapiere, die zur Sammelverwahrung durch eine Wertpapiersammelbank zugelassen sind, dieser zur Sammelverwahrung anvertrauen, es sei denn, der Hinterleger hat nach § 2 Satz 1 die gesonderte Aufbewahrung der Wertpapiere verlangt. ²Anstelle der Sammelverwahrung durch eine Wertpapiersammelbank darf der Verwahrer die Wertpapiere ungetrennt von seinen Beständen derselben Art oder von solchen Dritter selbst aufbewahren oder einem Dritten zur Sammelverwahrung anvertrauen, wenn der Hinterleger ihn dazu ausdrücklich und schriftlich ermächtigt hat. ³Die Ermächtigung darf weder in Geschäftsbedingungen des Verwahrers enthalten sein noch auf andere Urkunden verweisen; sie muß für jedes Verwahrungsgeschäft besonders erteilt werden.

(2) Der Verwahrer kann, anstatt das eingelieferte Stück in Sammelverwahrung zu nehmen, dem Hinterleger einen entsprechenden Sammelbestandanteil übertragen.

(3) Auf die Sammelverwahrung bei einem Dritten ist § 3 anzuwenden.

(4) ¹Wertpapiersammelbanken dürfen einem ausländischen Verwahrer im Rahmen einer gegenseitigen Kontoverbindung, die zur Aufnahme eines grenzüberschreitenden Effektengiroverkehrs vereinbart wird, Wertpapiere zur Sammelverwahrung anvertrauen, sofern

1. der ausländische Verwahrer in seinem Sitzstaat die Aufgaben einer Wertpapiersammelbank wahrnimmt und einer öffentlichen Aufsicht oder einer anderen für den Anlegerschutz gleichwertigen Aufsicht unterliegt,
2. dem Hinterleger hinsichtlich des Sammelbestands dieses Verwahrers eine Rechtsstellung eingeräumt wird, die derjenigen nach diesem Gesetz gleichwertig ist,
3. dem Anspruch der Wertpapiersammelbank gegen den ausländischen Verwahrer auf Auslieferung der Wertpapiere keine Verbote des Sitzstaats dieses Verwahrers entgegenstehen und
4. die Wertpapiere vertretbar und zur Sammelverwahrung durch die Wertpapiersammelbank und den ausländischen Verwahrer im Rahmen ihrer gegenseitigen Kontoverbindung zugelassen sind.

²Die Haftung der Wertpapiersammelbanken nach § 3 Abs. 2 Satz 1 für ein Verschulden des ausländischen Verwahrers kann durch Vereinbarung nicht beschränkt werden.

1) **Sammelverwahrung** ist ungetrennte Verwahrung vertretbarer Wertpapiere derselben Gattung in einem einheitlichen Sammelbestand für alle Depotinhaber, die diese Wertpapiere hinterlegt haben (BuB/Decker Rn. 8/47). Zu ihrer Geschichte s. 29. Aufl. Sie ist heute in der Praxis und seit dem 2. Finanzmarktfördg 1994 auch rechtlich der **Regelfall**. Sie hat gegenüber der Sonder- oder Streifbandverwahrung (§ 2) viele **Vorteile**. Sie ist kostengünstiger, BGHZ 161, 194; obwohl nicht Alleineigentum (wie Sonderverwahrung), sondern nur Miteigentumsanteile gewährend (§ 6), mindestens ebenso sicher und abwicklungstechnisch einfacher. Sie erlaubt vor allem auch eine schnellere Eigentumsverschaffung bei Effektenkäufen, da hierfür ohne Bewegung der WP Buchungen

ausreichen. **Zur Sammelverwahrung geeignet** sind vertretbare WP derselben Art (dh die dasselbe Recht verbriefen). WP s. § 1 I; vertretbar (§ 91 BGB) und daher austauschbar (wichtig insbes. für § 7 I) sind alle im Kurszettel verzeichneten Papiere, Namensaktien (wenn blanko indossiert und damit durch bloße Einigung und Übergabe übertragbar; auch nicht voll eingezahlte, allerdings darf Sammelverwahrer nicht als Treuhänder im Aktienbuch eingetragen sein, s. BAKred, Bekanntmachung, Nr. 1 I) und Zwischenscheine, wenn blanko indossiert (Heinsius/Horn/Than § 5 Rn. 25); dann auch vinkulierte Namensaktien (solange die Praxis der Zustimmungserteilung der Gesellschaft die Verkehrsfähigkeit nicht beeinträchtigt), da nur deren Übertragbarkeit an bestimmte Erwerberkreise, nicht aber ihre Vertretbarkeit als solche durch Vinkulierung betroffen ist, dazu Kümpel WM Sonderbeil. 8/1983; Scherer/Rögner § 5 Rn. 10 f. Sammelverwahrung von Schuldbuchforderungen (Wertrechte, → § 1 Rn. 2) des Bundes, wenn auf den Namen einer WPSammelbank in das Bundesschuldbuch eingetragen (§ 6 I, II S. 1 BSchuWG), zur Sammelverwahrung von Wertrechten durch Kreditinstitute Kreße WM 2015, 463. Sammelverwahrignung von Fondsanteilen s. § 97 I KAGB. Einzeln auslosbare WP sind sammelverwahrfähig, wenn keine Auslosung erfolgt, ansonsten rechtzeitige Bekanntgabe der Auslosung nötig, um WP aus Sammelverwahrung herauszuholen. Bei Gruppen auslosbarer WP ist jede Gruppe eine Wertpapierart, wenn den einzelnen Gruppen besondere Wertpapierkennnummern zugeteilt sind (BAKred, Bekanntmachung, Nr. 1 I). Von der Eignung zur Sammelverwahrung ist rechtlich die konkrete Zulassung von WP durch die WPSammelbank gemäß ihren AGB zu unterscheiden (vgl. I 1). Lit.: Brink, 1976 (Effektengiroverkehr); Kümpel WM 1976, 942 (Internationalisierung); Heißel/Kienle WM 1993, 1909 (vinkulierte Namensaktien); Mentz/Fröhling NZG 2002, 204; Than FS Nobbe, 2009, 791 (vinkulierte Namensaktien).

2) Erlaubnis zur Sammelverwahrung: Der Verwahrer darf vertretbare WP, die zur Sammelverwahrung durch eine WPSammelbank geeignet (→ Rn. 1) und zugelassen sind, dieser ohne weiteres zur **Sammelverwahrung** anvertrauen, anders nur, wenn der Hinterleger nach § 2 S. 1 Sonderverwahrung (Streifbanddepot) verlangt **(I 1).** Die **Verwahrung ungetrennt** von den eigenen Beständen des Verwahrers derselben Art **(Haussammelverwahrung)** oder von solchen Dritter oder Anvertrauung zur Sammelverwahrung an Dritte, die nicht WPSammelbanken sind, ist demgegenüber wegen der damit verbundenen Gefahren nur bei ausdrücklicher (bei Auslegung der Erklärung auf Verständnis eines nicht fachkundigen Dritten abzustellen) und schriftlicher (§ 126 BGB) **Ermächtigung** zulässig **(I 2).** Diese ungetrennte Verwahrung ist nicht mit der Sonderverwahrung zu verwechseln (I 1, § 2 S. 1). Ermächtigung auch erforderlich, wenn zu bereits in Haussammelverwahrung befindlichen WP weitere WP derselben Art in die Haussammelverwahrung eingebracht werden sollen, dagegen nicht erforderlich, wenn WP von einem Haussammelbestand in einen anderen transferiert werden, Heinsius/Horn/Than § 5 Rn. 34. Die Ermächtigung darf nicht in AGB des Verwahrers enthalten sein und nicht auf andere Urkunden verweisen, muss also in sich vollständig sein, und sie muss für jedes Verwahrungsgeschäft besonders erteilt werden **(I 3),** s. auch BAKred, Bekanntmachung, Nr. 1 II und III. Befreiung von der Formvorschrift nach I 2, 3 s. § 16. An zur Sammelverwahrung geeigneten WP (→ Rn. 1) entsteht das Miteigentum (s. § 6) auch bei unerlaubter Sammelverwahrung.

3) Übertragung eines Sammelbestandanteils **(II)** erfolgt entweder durch Einigung und Einräumung des mittelbaren Mitbesitzes (§§ 929, 930 BGB, näher → § 6 Rn. 2), wobei der Verwahrer die Einigung mittels Insichgeschäft vornimmt (II enthält eine Befreiung von § 181 BGB), oder durch Eintragung eines Vermerks im Verwahrungsbuch (§ 24 II analog); gleichzeitig geht das Eigentum am eingelieferten Stück von Rechts wegen (ohne besonderen Aneignungsakt,

(13) DepotG 6

str.) auf die Bank über (Verlautbarung im Verwahrungsbuch, § 14). Ist der Hinterleger nicht Eigentümer des eingelieferten Stücks, wird nicht er, sondern entspr. § 6 der wahre Eigentümer des Stücks neuer Miteigentümer (→ § 6 Rn. 1–2). Dazu MüKoHGB/Einsele Depotgeschäft Rn. 77f; Scherer/Rögner § 5 Rn. 58.

4 4) Der Verwahrer ist, wenn ihm Sammelverwahrung erlaubt ist (§ 3), ohne weitere Erlaubnis zur Sammelverwahrung (im eigenen Namen) **bei Dritten** (vgl. auch WPSammelbanken, § 1 III) befugt, **III,** § 3 I, mit entspr. Haftung wie bei Sonderverwahrung (§ 2) bei Dritten, s. § 3 II.

5 5) **IV** nF 1985, IV 1 Nr. 4 idF HRefG 1998, erleichtert den grenzüberschreitenden Effektengiroverkehr (Einrichtung direkter Kontoverbindung ermöglicht GS-Gutschrift, damit nicht mehr nur WR-Gutschrift möglich). Nach **IV 1** dürfen WP auch einer ausländischen WPSammelbank (auch solche mit zusätzlichen anderen Aufgaben) anvertraut werden (kein Stückeversand mehr), wenn ein gleichwertiger (nicht unbedingt gleicher) Anlegerschutz (§ 1 III 2) wie bei deutschen WPSammelbanken nach § 1 III gewährleistet ist. Insbesondere müssen Vollstreckungsmaßnahmen der Gläubiger des ausländ Verwahrers (wegen Verlusten in anderen Geschäftsbereichen) in die Sammelbestände ausgeschlossen sein, RegE BT-Drs. 10/1904, 10. Voraussetzungen sind: **(Nr. 1)** öffentliche oder gleichwertige andere Aufsicht über die ausländische WPSammelbank (idR erfüllt bei zulässigem Betrieb des Verwahrgeschäfts im Sitzland und Vorhandensein gesetzlicher Regelungen bzgl. Bonität des Verwahrers und bzgl. Zuverlässigkeit und fachlicher Eignung der Geschäftsleiter, die staatlich oder durch eine unabhängige Institution („gleichwertige Aufsicht") überwacht werden); **(Nr. 2)** gleichwertige Rechtsstellung des Hinterlegers; der Gutglaubenserwerb nach dem ausländischen Recht kann unterschiedlich sein, notwendig ist aber eine eigentumsähnliche Stellung des Hinterlegers (er muss in der Insolvenz des Verwahrers zur Aussonderung berechtigt und gegen Zwangsmaßnahmen in den Sammelbestand sowie gegen die Geltendmachung von Pfand- und Zurückbehaltungsrechten des Verwahrers gegen den Zwischenverwahrer aus anderen Geschäften als der Verwahrung geschützt sein, RegE BT-Drs. 10/1904, 11; dazu „Drei-Punkte-Erklärung", → § 3 Rn. 2); **(Nr. 3)** keine Verbote der Auslieferung der WP (meint devisenrechtliche oder sonstige öffentliche Beschränkungen, s. BR-Drs. 239/1984, 25). **(Nr. 4)** Sammelverwahreignung der WP (vertretbare WP, aber nur geringe Anforderungen an Vertretbarkeit, wie Aufnahme von Namensschuldverschreibungen in § 1 I 2 zeigt) und Zulassung zur Sammelverwahrung durch die WPSammelbank und den ausländischen Verwahrer im Rahmen ihrer gegenseitigen Kontoverbindung, denn dann kann der Hinterleger jederzeit den Wert der WP hier wie dort realisieren. Das Erfordernis der Zulassung der einzubeziehenden WP zu einem Markt im Inland oder (ursprünglich: und) Ausland wurde 1998 zu Recht fallengelassen, Erstreckung also nunmehr auch auf außerbörslich gehandelte WP (OTC-Handel). Nach **IV 2** haftet die deutsche WPSammelbank zwingend für ein Verschulden der ausländischen WPSammelbank (§ 3 II 1). Substitution (§ 3 II 2) kann nicht wirksam vereinbart werden. Lit.: Pleyer, 1985; Keßler Die Bank 1985, 443; BuB/Decker Rn. 8/58 ff.; Scherer/Rögner § 5 Rn. 92 ff. (insbesondere im Hinblick auf Verwahrung in den USA).

Miteigentum am Sammelbestand, Verwaltungsbefugnis des Verwahrers bei der Sammelverwahrung

DepotG 6   (1) [1]Werden Wertpapiere in Sammelverwahrung genommen, so entsteht mit dem Zeitpunkt des Eingangs beim Sammelverwahrer für die bisherigen Eigentümer Miteigentum

V. Bankgeschäfte 1, 2 **6 DepotG (13)**

nach Bruchteilen an den zum Sammelbestand des Verwahrers gehörenden Wertpapieren derselben Art. ²Für die Bestimmung des Bruchteils ist der Wertpapiernennbetrag maßgebend, bei Wertpapieren ohne Nennbetrag die Stückzahl.

(2) ¹Der Hinterleger kann zur Ausübung seiner Rechte jederzeit gegen einen angemessenen Aufwendungsersatz vom Verwahrer einen in Schriftform ausgestellten Auszug über den für den Hinterleger in Verwahrung genommenen Anteil am Sammelbestand verlangen (Depotbescheinigung zur Rechtsausübung). ²Der Verwahrer steht für die Richtigkeit seiner Depotbescheinigung zur Rechtsausübung ein. ³Wem die Depotbescheinigung zur Rechtsausübung den hinterlegten Anteil am Sammelbestand zuweist, gilt zum Zwecke der Beweisführung als sein Inhaber. ⁴Der Leistungsanspruch des Hinterlegers aus seinem Anteil am Sammelbestand ist von vornherein dahingehend beschränkt, dass er gegen die Leistung einen der Leistung entsprechenden Anteil am Sammelbestand auf den Aussteller überträgt.

(3) ¹Der Sammelverwahrer kann aus dem Sammelbestand einem jeden der Hinterleger die diesem gebührende Menge ausliefern oder die ihm selbst gebührende Menge entnehmen, ohne daß er hierzu der Zustimmung der übrigen Beteiligten bedarf. ²In anderer Weise darf der Sammelverwahrer den Sammelbestand nicht verringern. ³Diese Vorschriften sind im Falle der Drittverwahrung auf Zwischenverwahrer sinngemäß anzuwenden.

1) A. Die bisherigen Eigentümer (nicht die Hinterleger, BGH WM 1957, **1** 676) werden **Miteigentümer** des Sammelbestands nach Bruchteilen, I (vgl. § 469 II HGB), BGHZ 160, 124. Eigentumserwerb erfolgt mit Eingang der Papiere beim Sammelverwahrer kraft § 6 (eigener Erwerbstatbestand), nicht erst durch Vermischung (§ 948 BGB) und unabhängig von der Wirksamkeit des Depotvertrags (→ § 1 Rn. 4), der Ermächtigung iSv § 5 I 2, 3 und des Eigentums bzw. der Verfügungsmacht des Hinterlegers. Rechte Dritter erlöschen (entspr. § 949 S. 1 BGB) und entstehen dafür an dem Miteigentumsanteil (§ 949 S. 2 BGB). §§ 6 ff. verdrängen §§ 1008 ff. BGB. Gehen effektive WP zu anderem Zweck als der Sammelverwahrung ein, entsteht kein Miteigentum, sondern erst, wenn WP zur Sammelverwahrung bestimmt sind Heinsius/Horn/Than § 6 Rn. 4. Im Fall der **Giro- oder** der **Drittsammelverwahrung** ist der Eingang bei WP-Sammelbank bzw. Drittverwahrer entscheidend, nicht der Eingang beim Zwischenverwahrer, Canaris Rn. 2113, anders im Fall von § 5 II.

B. §§ 741 ff. BGB gelten nur zT, nicht zB §§ 742 (gleiche Anteile), 744–746 **2** (Verwaltung), 748 (Lasten, Kosten), zT 749–757 (Aufhebung der Gemeinschaft). Jeder Beteiligte hat mittelbaren Mitbesitz; beim Effektengiroverkehr (→ § 1 Rn. 6) ist der Mitbesitz mehrstufig (Besitzgebäude zB Kunde – Verwahrer (=mittelbarer Fremdbesitzer) – Sammelverwahrer (= unmittelbarer Fremdbesitzer)), in diesem Zusammenhang OLG München BeckRS 2018, 132 4. Ls. u. Rn. 37; Brand ZBB 2015, 40. **Übertragung:** Der Hinterleger kann nur über seinen Anteil an dem gesamten Sammeldepotguthaben ganz oder teilweise verfügen (§§ 929, 931 BGB), nicht über seine Miteigentumsrechte an den einzelnen WP in Sammelverwahrung (§ 747 BGB ist unanwendbar), vgl. BGH WM 1975, 1261. Statt Übergabe des Papiers nach § 929 S. 1 BGB erfolgt Umbuchung im Verwahrungsbuch (§ 14 DepotG), BGHZ 160, 124; BGH NJW 1999, 1393. Dies zeigt Umstellung des Besitzmittlungsverhältnisses (für Besitzmittlungsverhältnis erforderlicher Herausgabeanspruch wird §§ 7, 8 entnommen, BGHZ 161, 191; s. auch Hirte/Knof WM 2008, 10). Gutgläubiger Erwerb von Sammeldepotanteilen im Effektengiroverkehr ist möglich, Lit.: Becker, 1981; Koller DB 1972, 1857 (1905); Vertrauensgrundlage ist nicht der Mitbesitz, sondern die Buchung im Verwahrungsbuch (§ 14), aA MüKoHGB/Einsele Depotgeschäft Rn. 107.

Kumpan

(13) DepotG 6 3, 4

Die Kündigung von Übertragungsverträgen mit dem depotführenden Kreditinstitut ist nur wirksam, wenn sie dem depotführenden Unternehmen des Begünstigten rechtzeitig vor Verbuchung mitgeteilt wird (§ 676 BGB). Lit.: Mentz/Fröhling NZG 2002, 204 (Übertragung). **Verpfändung** nach § 1205 I BGB durch Umstellung des Besitzmittlungsverhältnisses durch den Verwahrer oder nach § 1205 II BGB durch Übertragung des mittelbaren Besitzes an dem Sammelbestandsanteil mittels Abtretung des Auslieferungsanspruchs (§ 7), hL, nach aA (kein Besitz des Depotinhabers am Sammelbestand) nur nach §§ 1274 I 1, 1280 BGB durch Verpfändung des Auslieferungsanspruchs, Einsele § 9 Rn. 38, str., zur Praxis Nodoushani WM 2007, 289. **Zwangsvollstreckung:** Die Anteile sind pfändbar, unstr., Verfahren ist str.: §§ 857, 829, 835, 836 ZPO, üL, gegen Heranziehung von § 857 I, IV ZPO, Einigungserklärung über § 894 I 1 ZPO, Herausgabe entspr. §§ 886, 883, 884 ZPO, BGHZ 160, 121; BGH WM 2008, 400. Zustellung an Verwahrer (als Drittschuldner), nicht an die Miteigentümer (der Verwahrer ist von diesen stillschweigend zum Empfang der Zustellung ermächtigt). Miteigentümer an einem Aktiensammelbestand können entspr. ihrem Anteil stimmen (die Sammelbank als Vertreter aller Miteigentümer ermächtigt die Einzelnen dazu). Urteil auf Herausgabe von Papieren in Sammelverwahrung muss auf Anweisung der verwahrenden Bank zur Umschreibung des Depots lauten, BGH WM 1975, 1259. Verlust am Sammelbestand s. § 7 II. Vor- und Nachgirodepot (Handbestand) s. Canaris Rn. 2111. Bestimmtheitsgrundsatz bei Verfügungen über Sammeldepotguthaben, Kümpel WM 1980, 422.

3 Nach **II 1** hat der Hinterleger einen Anspruch gegen den Verwahrer auf einen Depotauszug (Auszug aus dem Verwahrbuch gem. § 14 DepotG), dessen Richtigkeit der Verwahrer nach **II 2** garantiert. Damit wird klargestellt, dass die physische Auslieferung von sammelverwahrten Wertpapieren zur Ausübung des Rechts nicht erforderlich ist – das gilt auch dann, wenn Einzelstücke vorhanden sind oder hergestellt werden könnten (BT-Drs. 19/26925, 72). Die Pflicht zur Erteilung eines zutreffenden Depotauszugs ist drittschützend (BT-Drs. 19/26925, 72). II 3 regelt, dass der Depotauszug zur Rechtsausübung die Inhaberschaft des Hinterlegers an ihm im Verwahrbuch zugeordneten Anteil am Sammelbestand beweist. Daher kann im Erkenntnisverfahren die Einrede, dass der unmittelbare Besitz an der Urkunde nicht vorliege, keine Wirkung entfalten, wenn der Hinterleger mittels des Depotauszugs nachweisen kann, dass ihm ein Anteil am Sammelbestand in dem von ihm geltend gemachten Umfang zusteht. Die Depotbescheinigung genügt auch im Vollstreckungsverfahren als Nachweis der Inhaberschaft, unabhängig davon, ob es sich im Einzelfall um ein kontradiktorisches Verfahren handelt oder nicht (BT-Drs. 19/26925, 72). **II 4** stellt zudem klar, dass der Anspruch des Hinterlegers auf die buchmäßige Übertragung des entsprechenden Anteils am Sammelbestand beschränkt ist. Aufgrund der Verweisung in §§ 9a und 9b gilt die Regelung auch für in Sammelurkunden verbriefte Wertpapiere sowie für elektronische Wertpapiere in Sammeleintragung.

4 **2)** Sammelverwahrer darf den Anteil ohne Zustimmung der anderen beteiligten Hinterleger ausliefern, anders darf er den Sammelbestand nicht verringern, **III** (Strafandrohung § 34 DepotG, §§ 246, 266 StGB). Umwandlung des Miteigentums an Sammelbestand in Alleineigentum an ausgelieferten WP entspr. I 1, da Auslieferung Spiegelbild zu I 1 und Schutzgedanke von I („Schutz des bisherigen Eigentümers") andernfalls nicht wirksam gewährleistet würde (Eigentumsübergang darf nicht vom Willen des Sammelverwahrers abhängig sein), Scherer/Rögner § 6 Rn. 8. Mit der Auslieferung wird entspr. I 1 der bisherige Miteigentümer und nicht der Empfänger der ausgelieferten Stücke neuer Alleineigentümer (→ Rn. 1, → § 8 Rn. 1). § 6 II 1, 2 (Entnahmerecht, Erhaltungspflicht) gelten außer für den (Dritt-)Sammelverwahrer auch für den Zwischenverwahrer (§ 6 II 3).

Auslieferungsansprüche des Hinterlegers bei der Sammelverwahrung

DepotG 7 (1) Der Hinterleger kann im Falle der Sammelverwahrung verlangen, daß ihm aus dem Sammelbestand Wertpapiere in Höhe des Nennbetrags, bei Wertpapieren ohne Nennbetrag in Höhe der Stückzahl der für ihn in Verwahrung genommenen Wertpapiere ausgeliefert werden; die von ihm eingelieferten Stücke kann er nicht zurückfordern.

(2) ¹Der Sammelverwahrer kann die Auslieferung insoweit verweigern, als sich infolge eines Verlustes am Sammelbestand die dem Hinterleger nach § 6 gebührende Menge verringert hat. ²Er haftet dem Hinterleger für den Ausfall, es sei denn, daß der Verlust am Sammelbestand auf Umständen beruht, die er nicht zu vertreten hat.

1) Aufgrund des Depotvertrags kann der Hinterleger, auch wenn er nicht der Eigentümer ist, jederzeit Auslieferung von Papieren gemäß seinem Anteil (nicht der von ihm eingelieferten Stücke) fordern (entspricht § 695 BGB), **I.** Anspruchsgegner sind der Verwahrer als Vertragspartner und der Drittverwahrer entspr. §§ 546 II, 604 IV BGB. Neben dem schuldrechtlichen Auslieferungsanspruch nach § 7 steht der dingliche nach § 8; zum Auseinanderfallen s. dort. Auslieferungs-, ggf. Ersatzanspruch nach I, II gegen (Dritt-)Sammelverwahrer hat Zwischenverwahrer, gegen diesen hat ihn Hinterleger. Vollstreckung gegen (Dritt-)Sammelverwahrer aus § 883 ZPO, gegen Zwischenverwahrer durch Pfändung seines Herausgabeanspruchs gegen Sammelverwahrer. AGB über Entgelt für Übertragung von Wertpapieren in ein anderes Depot ist unwirksam, Grund: jederzeit geltend machbarer, gesetzlicher Herausgabeanspruch aus §§ 7, 8 bzw. §§ 695 S. 1, 985 BGB, (s. **(5)** BGB § 307 I 1, II Nr. 1), BGHZ 161, 189; BGH WM 2005, 274, Herausgabe erfolgt üblicherweise durch bloße Übertragung mittels Umbuchung von Girosammel-Depotgutschriften (→ § 5 Rn. 3, → § 6 Rn. 2). WP sind dort auszuliefern, wo sie aufzubewahren waren.

2) Gehen Stücke verloren, trifft der Verlust am Sammelbestand nicht denjenigen, von dem die Stücke kommen, sondern der Sammelverwahrer muss (nicht nur „darf") auf alle Miteigentümer umlegen. Ob Miteigentümer Verlust zu vertreten hat, ist dabei unbeachtlich. Beruht der Verlust auf einer unrechtmäßigen Verfügung einer Girobank, ist nur auf deren Kunden umzulegen, Koller DB 1972, 1907. Der Sammelverwahrer haftet uU für den Ausfall (ihn trifft Beweislast für Nichtvertreten), **II.** Er muss dann (soweit möglich und zumutbar) gleichartige Stücke als Ersatz liefern (sonst Geld, §§ 249 I, 251 I BGB).

Ansprüche der Miteigentümer und sonstiger dinglich Berechtigter bei der Sammelverwahrung

DepotG 8 Die für Ansprüche des Hinterlegers geltenden Vorschriften von § 6 Absatz 2 und 3 Satz 1 und des § 7 sind sinngemäß auf Ansprüche eines jeden Miteigentümers oder sonst dinglich Berechtigten anzuwenden.

1) Der Hinterleger ist uU nicht Miteigentümer, weil er nicht Eigentümer war (also ein anderer Miteigentümer wurde, → § 6 Rn. 1, oder weil er sein Miteigentum veräußerte), oder der Hinterleger (oder Miteigentümer, der nicht Hinterleger ist) ist nicht verfügungsberechtigt, weil der Anteil einem anderen verpfändet oder zugunsten eines anderen sonstwie belastet ist. Dann hat der Hinterleger nur schuldrechtliche Ansprüche (§ 7); die dinglichen hat der wahre Berechtigte (§ 8, besondere Ausprägung des § 985 BGB, s. auch Bankrechts-

Kumpan

(13) DepotG 9a

HdB/Klanten § 72 Rn. 88). Für dinglichen Herausgabeanspruch gelten dieselben Voraussetzungen wie für Anspruch des Hinterlegers nach § 7 und er hat denselben Umfang. Der Verwahrer kann mit befreiender Wirkung entweder an den Hinterleger (idR ohne Prüfung) oder an den berechtigten Nichthinterleger (idR nach Prüfung) ausliefern. Liefert der Verwahrer an den nichtberechtigten Hinterleger aus, wird entspr. § 6 der Miteigentümer am Sammelbestand Alleineigentümer der ausgelieferten WP (→ § 6 Rn. 1, 3), str. Unwirksamkeit von Entgeltklausel → § 7 Rn. 1. Sonstige dinglich Berechtigte sind insbesondere Pfandgläubiger.

Beschränkte Geltendmachung von Pfand- und Zurückbehaltungsrechten bei der Sammelverwahrung

DepotG 9 § 4 gilt sinngemäß auch für die Geltendmachung von Pfandrechten und Zurückbehaltungsrechten an Sammelbestandanteilen.

1) Für Geltendmachung von Pfand- und Zurückbehaltungsrechten durch (Dritt-)Sammelverwahrer und Zwischenverwahrer am Sammelbestandanteil des Hinterlegers gilt § 4 entspr. (insbesondere Fremdvermutung, wenn Zwischenverwahrer Bankgeschäfte betreibt). § 9 findet Anwendung, wenn WP dem Sammelbestand zugeführt worden sind, davor kommt § 4 direkt zur Anwendung.

Sammelurkunde

DepotG 9a (1) ¹Der Verwahrer hat ein Wertpapier, das mehrere Rechte verbrieft, die jedes für sich in vertretbaren Wertpapieren einer und derselben Art verbrieft sein könnten (Sammelurkunde), einer Wertpapiersammelbank zur Verwahrung zu übergeben, es sei denn, der Hinterleger hat nach § 2 Satz 1 die gesonderte Aufbewahrung der Sammelurkunde verlangt. ²Der Aussteller kann jederzeit und ohne Zustimmung der übrigen Beteiligten

1. eine von der Wertpapiersammelbank in Verwahrung genommene Sammelurkunde ganz oder teilweise durch einzelne in Sammelverwahrung zu nehmende Wertpapiere oder
2. einzelne Wertpapiere eines Sammelbestands einer Wertpapiersammelbank durch eine Sammelurkunde

ersetzen.

(2) Verwahrt eine Wertpapiersammelbank eine Sammelurkunde allein oder zusammen mit einzelnen Wertpapieren, die über Rechte der in der Sammelurkunde verbrieften Art ausgestellt sind, gelten die §§ 6 bis 9 sowie die sonstigen Vorschriften dieses Gesetzes über Sammelverwahrung und Sammelbestandanteile sinngemäß, soweit nicht in Absatz 3 etwas anderes bestimmt ist.

(3) ¹Wird auf Grund der §§ 7 und 8 die Auslieferung von einzelnen Wertpapieren verlangt, so hat der Aussteller die Sammelurkunde insoweit durch einzelne Wertpapiere zu ersetzen, als dies für die Auslieferung erforderlich ist; während des zur Herstellung der einzelnen Wertpapiere erforderlichen Zeitraums darf die Wertpapiersammelbank die Auslieferung verweigern. ²Ist der Aussteller nach dem zugrunde liegenden Rechtsverhältnis nicht verpflichtet, an die Inhaber der in der Sammelurkunde verbrieften Rechte einzelne Wertpapiere auszugeben, kann auch von der Wertpapiersammelbank die Auslieferung von einzelnen Wertpapieren nicht verlangt werden.

1) § 9a, eingefügt 1972, geändert durch 2. FinanzmarktfördG 1994, ordnet Fragen betreffend die Verwahrung von Sammelurkunden. **Sammelurkunde** bzw. **Globalurkunde** ist ein WP, das mehrere Rechte verbrieft, die jedes für sich in vertretbaren WP einer und derselben Art verbrieft sein könnten (Legaldefinition, I 1). Durch Zusammenfassung der Einzelrechte im Rahmen der Sammelurkunde verlieren die Einzelrechte nicht ihre rechtliche Selbständigkeit. Ohne Sammel- bzw. Globalurkunden ist der moderne Kapitalmarkt nicht vorstellbar, BGHZ 161, 191. Verpflichtung der Emittenten auf Entmaterialisierung der WP nunmehr ausdrücklich in Art. 3, 4 VO 909/2014. Entwicklung, Wertrechte und stückeloser Effektenverkehr → § 1 Rn. 2. Sammelverwahrung der Sammelurkunde ist die Regel, Sonderverwahrung die Ausnahme wie in § 5 I 1, § 2 S. 1 (s. dort). Von Sammelurkunde zu unterscheiden ist sog. Großstück (Einzelurkunde über hohen Nennbetrag, nicht mehrere Einzelrechte). Zu den Besitzverhältnissen an der Sammelurkunde BGHZ 207, 28 f., Habersack/Mayer WM 2000, 1679, entsprechend in diesem Zusammenhang → § 6 Rn. 2. Übertragung bei girosammelverwahrten Globalurkunden str., Mentz/Fröhling NZG 2002, 208. Verpfändung erfolgt nach den Vorschriften über das Pfandrecht an beweglichen Sachen, BGH WM 2015, 2273. Lit.: Pleyer/Schleiffer DB 1972, 77; Bremer AG 1972, 363; Pleyer WM 1979, 850 (Rückgabe von Schuldverschreibungen an Emittenten) u. FS Werner, 1984, 639 (Mehrfachurkunde); Than FS Heinsius, 1991, 809 u. FS Schimansky, 1999, 828; Einsele WM 2001, 7; Habersack/Mayer WM 2000, 1678; Mentz/Fröhling NZG 2002, 208; Noack FS Wiedemann, 2002, 1141; Hirte/Knof WM 2008, 7 (49) (Pfandrecht in Insolvenz).

2) Sammelurkunden lassen sich nach ihrer Funktion in **drei Typen** einteilen: **Technische Globalurkunden** sind girosammelverwahrfähige Sammelurkunden, die (einen Teil der) von einem Sammelverwahrer verwahrte(n) Einzelurkunden von WP derselben Art ersetzen (s. § 9a I 2). Sie lauten auf Höchstbetrag oder Höchststückzahl der in ihnen verbrieften Miteigentumsanteile. **Interimistische Globalurkunden** sind vorläufige Urkunden und verbriefen eine gesamte Emission; sie ermöglichen den Handel einer neuen Emission am organisierten Markt schon vor dem Zeitpunkt, ab dem Einzelurkunden gedruckt sind und geliefert werden können. Bei **Dauer-Globalurkunden** sind die Auslieferungsansprüche der Inhaber dauerhaft ausgeschlossen (§ 9a III 2 Hs. 2), zB Bundesschatzbriefe oder Inhabersammelzertifikate der Clearstream Banking AG über einen im Ausland lagernden Deckungsbestand an WP (Scherer/Rögner § 5 Rn. 8). Alle genannten Urkunden sind börsenmäßig nicht lieferbar und unterliegen geringeren Anforderungen bei ihrer Ausstellung als effektive Stücke, s. zu letzteren „Gemeinsame Grundsätze der deutschen Wertpapierbörsen für den Druck von Wertpapieren" vom 13.10.1991, zuletzt geändert am 17.4.2000. Zu sog. **Neuen Globalurkunden** (new global notes) für internationale Anleihen, die als Sicherheiten bei geldpolitischen Transaktionen des Eurosystems verwendet werden Scherer/Martin § 9a Rn. 16.

3) II bewirkt ua, dass die in der Sammelurkunde verbrieften Einzelrechte als Miteigentumsanteile entspr. § 6 dem Effektengiroverkehr unterliegen und auf Sammelurkunden die Regelungen über die Sammelverwahrung und Sammelbestandanteile anwendbar sind. Denn Sammelurkunden sind nicht vertretbar (§ 91 BGB), da sie nicht nach Nennwert oder Stückzahl gehandelt werden, Pleyer/Schleiffer DB 1972, 79. II gilt nur bei Verwahrung durch WPSammelbanken.

4) III regelt das Verhältnis zwischen den Auslieferungsansprüchen in § 7 und § 8 und dem Recht des Ausstellers, eine Sammelurkunde zu verwenden, insbes. ist ein befristetes Leistungsverweigerungsrecht während des für die Herstellung der Einzelurkunden erforderlichen Zeitraums vorgesehen. III 2 schließt einen depotrechtlichen Anspruch auf Ausstellung von Einzelurkunden aus, wenn Aussteller aufgrund des zugrunde liegenden Rechtsverhältnisses nicht dazu verpflichtet ist, lässt aber entspr. Ansprüche aus anderem Rechtsgrund unberührt. Ein solcher Anspruch auf Verbriefung des Anteils besteht bei Aktien (Mitgliedschaftsrecht); die Satzung kann aber ausschließen (§ 10 V AktG idF KonTraG 1998), Seibert DB 1999, 267, aA früher hL, GroßKoAktG/Brändel § 10 Rn. 23. Bei Anleihen ist Ausschluss solcher Ansprüche ohne weiteres möglich, auch kein Verstoß gegen **(5)** § 307 BGB, Than FS Schimansky, 1999, 829.

Elektronische Schuldverschreibungen in Sammeleintragung

DepotG 9b (1) [1] **Für elektronisch begebene Schuldverschreibungen auf den Inhaber, die in Form einer Sammeleintragung in einem elektronischen Wertpapierregister eingetragen sind und die vom Verwahrer auf einem Depotkonto des Hinterlegers verbucht werden, gelten die Vorschriften dieses Gesetzes über Sammelverwahrung und Sammelbestandanteile sinngemäß, soweit nicht Absatz 2 etwas anderes bestimmt.** [2] **Der Verwahrer darf Anteile an der elektronischen Schuldverschreibung in Sammeleintragung auf den von ihm geführten Depotkonten nur bis zur Höhe der auf ihn lautenden Sammeleintragung gutschreiben.**

(2) **Wird auf Grund der §§ 7 und 8 die Auslieferung von einzelnen Wertpapieren verlangt, so hat der Verwahrer die Sammeleintragung im Wertpapierregister in Höhe des auf den Hinterleger entfallenden Anteils auf Kosten des Hinterlegers in eine Einzeleintragung überführen zu lassen, wenn nicht in den Emissionsbedingungen anderes geregelt ist.**

1 I enthält eine § 9a II entsprechende Verweisung auf die allgemeinen Vorschriften zur Sammelverwahrung. Dabei handelt es sich um eine ergänzende Klarstellung der Fiktion des § 9 I eWpG. II enthält eine Modifizierung des Anspruchs auf Auslieferung effektiver Stücke. An die Stelle des Auslieferungsanspruchs tritt der Anspruch auf Überführung in eine Einzeleintragung.

Tauschverwahrung

DepotG 10 (1) [1] **Eine Erklärung, durch die der Hinterleger den Verwahrer ermächtigt, an Stelle ihm zur Verwahrung anvertrauter Wertpapiere Wertpapiere derselben Art zurückzugewähren, muß für das einzelne Verwahrungsgeschäft ausdrücklich und schriftlich abgegeben werden.** [2] **Sie darf weder in Geschäftsbedingungen des Verwahrers enthalten sein noch auf andere Urkunden verweisen.**

(2) **Derselben Form bedarf eine Erklärung, durch die der Hinterleger den Verwahrer ermächtigt, hinterlegte Wertpapiere durch Wertpapiere derselben Art zu ersetzen.**

(3) **(gegenstandslos)**

1 **1)** Tauschverwahrung ist ein Fall der Sonderverwahrung. Bei Ermächtigung in der Form entspr. § 5 I 2, 3 (vgl. → § 5 Rn. 2, Befreiung s. § 16) darf der Verwahrer die (zur Sonderverwahrung, § 2) hinterlegten WP (die vertretbar, vgl. → § 5 Rn. 1, sein müssen) während der Verwahrung **(II)** oder bei Rückgabe **(I)** durch gleichartige ersetzen (weiter dazu → § 11 Rn. 1). Ermächtigungserklärung ist jederzeit widerruflich (§ 183 BGB). Hinterleger kann Tauschermächtigung auf bestimmte Stückelung der zu erhaltenden WP beschränken.

Umfang der Ermächtigung zur Tauschverwahrung

DepotG 11 ¹Eine Erklärung, durch die der Hinterleger den Verwahrer ermächtigt, an Stelle ihm zur Verwahrung anvertrauter Wertpapiere Wertpapiere derselben Art zurückzugewähren, umfaßt, wenn dies nicht in der Erklärung ausdrücklich ausgeschlossen ist, die Ermächtigung, die Wertpapiere schon vor der Rückgewähr durch Wertpapiere derselben Art zu ersetzen. ²Sie umfaßt nicht die Ermächtigung zu Maßnahmen anderer Art und bedeutet nicht, daß schon durch ihre Entgegennahme das Eigentum an den Wertpapieren auf den Verwahrer übergehen soll.

1) Die Ermächtigung zur Rückgewährung anderer WP umfasst mangels ausdrücklichen Ausschlusses die Ersetzung schon vor Rückgewähr (S. 1). Dasselbe gilt umgekehrt. Sie umfasst nicht andere Verfügungen, zB Verpfändung (S. 2 Hs. 1). Die Ermächtigung nach § 10 I oder II übereignet noch nicht (entspr. § 700 BGB) die Papiere dem Verwahrer (S. 2 Hs. 2). Erst beim Tausch geht das Eigentum an den hinterlegten Papieren auf den Verwahrer oder anderen Eigentümer von hinterlegten Papieren (dessen Papiere der Verwahrer in gleicher Weise wirksam tauscht) über und erlangt der alte Eigentümer (nicht der Hinterleger, § 6 analog, dort → § 6 Rn. 1–2) das Eigentum an den ihm nunmehr zugeteilten Stücken (nach §§ 929, 930, 868, 688 BGB im Wege des Insichgeschäfts nach § 181 BGB). Sofern Hinterleger nicht Eigentümer der hinterlegten WP ist, wird bisheriger Eigentümer entspr. § 6 I auch Eigentümer der getauschten Stücke. 1

Ermächtigungen zur Verpfändung

DepotG 12 (1) ¹Der Verwahrer darf die Wertpapiere oder Sammelbestandanteile nur auf Grund einer Ermächtigung und nur im Zusammenhang mit einer Krediteinräumung für den Hinterleger und nur an einen Verwahrer verpfänden. ²Die Ermächtigung muß für das einzelne Verwahrungsgeschäft ausdrücklich und schriftlich erteilt werden; sie darf weder in Geschäftsbedingungen des Verwahrers enthalten sein noch auf andere Urkunden verweisen.

(2) ¹Der Verwahrer darf auf die Wertpapiere oder Sammelbestandanteile Rückkredit nur bis zur Gesamtsumme der Kredite nehmen, die er für die Hinterleger eingeräumt hat. ²Die Wertpapiere oder Sammelbestandanteile dürfen nur mit Pfandrechten zur Sicherung dieses Rückkredits belastet werden. ³Der Wert der verpfändeten Wertpapiere oder Sammelbestandanteile soll die Höhe des den Hinterlegern eingeräumten Kredits mindestens erreichen, soll diese jedoch nicht unangemessen übersteigen.

(3) ¹Ermächtigt der Hinterleger den Verwahrer nur, die Wertpapiere oder Sammelbestandanteile bis zur Höhe des Kredits zu verpfänden, den der Verwahrer für diesen Hinterleger eingeräumt hat (beschränkte Verpfändung), so bedarf die Ermächtigung nicht der Form des Absatzes 1 Satz 2. ²Absatz 2 Satz 3 bleibt unberührt.

(4) ¹Ermächtigt der Hinterleger den Verwahrer, die Wertpapiere oder Sammelbestandanteile für alle Verbindlichkeiten des Verwahrers und ohne Rücksicht auf die Höhe des für den Hinterleger eingeräumten Kredits zu verpfänden (unbeschränkte Verpfändung), so muß in der Ermächtigung zum Ausdruck kommen, daß der Verwahrer das Pfandrecht unbeschränkt, also für alle seine Verbindlichkeiten und ohne Rücksicht auf die Höhe des für den Hinterleger eingeräumten Kredits bestellen kann. ²Dies gilt sinngemäß, wenn der Hinterleger den Verwahrer von der Innehaltung einzelner Beschränkungen des Absatzes 2 befreit.

Kumpan

(5) **Der Verwahrer, der zur Verpfändung von Wertpapieren oder Sammelbestandanteilen ermächtigt ist, darf die Ermächtigung so, wie sie ihm gegeben ist, weitergeben.**

1 1) A. Der Verwahrer darf hinterlegte WP (§§ 2, 10, 11) und Sammelbestandanteile (§§ 5–9) nur **verpfänden** im Zusammenhang mit einer Krediteinräumung für den Hinterleger (Rückkredit, → Rn. 2), nur zugunsten eines anderen Verwahrers (§ 1 II) und in der Form entspr. § 5 I 2, 3 (→ § 5 Rn. 2) und § 10 I, so **I 1, 2** (außer wenn der Hinterleger selbst Bank ist, § 16). Der Ermächtigung bedarf auch der Verwahrer, der selbst ein Pfandrecht an den Papieren hat. Befreiung von den Formvorschriften des § 12 s. § 16.

2 B. § 12 betrifft nur das Verhältnis zwischen Verwahrer und Hinterleger. Verpfändet der Verwahrer ohne Ermächtigung, kann ein Dritter das Pfandrecht doch gutgläubig erwerben (wegen der Fremdvermutung des § 4 idR nicht nach §§ 1207, 1208 BGB, aber nach § 366 HGB). Fahrlässig handelt der Zentralbankier, wenn er es unterlässt, sich über die Kreditwürdigkeit des verpfändenden Zwischenverwahrers zu vergewissern, RGZ 164, 299.

3 2) Ergibt sich aus der Ermächtigung nichts anderes, so darf der Verwahrer auf die Papiere oder Sammelbestandanteile **Rückkredit** bei Dritten **(II)** nur bis zur (Gesamt-)Höhe der von ihm den Hinterlegern (die ihn zur Verpfändung ermächtigt haben) eingeräumten Kredite nehmen. Für andere Verbindlichkeiten des Verwahrers haften die Papiere (Anteile) nicht. Für den Rückkredit haftet jedes Papier (jeder Anteil) jedes Hinterlegers. Der Wert der verpfändeten Papiere (Anteile) soll die Höhe des dem Hinterleger eingeräumten Kredits mindestens erreichen, ihn aber nicht unangemessen übersteigen. Dies dient der Verteilung des Risikos unter den Hinterlegern entsprechend dem von ihnen in Anspruch genommenen Kredits. Der Verwahrer darf danach ungedeckte Kredite an den Hinterleger nicht in den Rückkredit einbeziehen. Verstoß kann als Untreue strafbar sein, § 266 StGB. Unberechtigte Verpfändung von WP oder Sammelbestandanteilen ist nach § 34 strafbar. Insolvenz des Verwahrers s. § 32 f.

4 3) **Beschränkte Verpfändung (III):** Der Verwahrer darf die Papiere (Anteile) nur bis zur Höhe des gerade diesem Hinterleger eingeräumten Kredits verpfänden. Dann muss der Geldgeber (Zentralbank), anders als im Fall II, besondere Depots für die einzelnen Hinterleger (Kunden der Lokalbank) bilden (Sonderpfanddepots (Depot D), → Einl. vor § 1 Rn. 3). Auch hier gilt volle, nicht übermäßige Deckung (II 3). Die (nach I nötige) Ermächtigung bedarf hier keiner Form. Die Einschränkung muss in der Erklärung selbst enthalten sein; allgemeinere Ermächtigungen schließen die aus III nicht ein, RGZ 164, 298.

5 4) **Unbeschränkte Verpfändung (IV):** Der Verwahrer darf die Papiere (Anteile) für alle seine Verbindlichkeiten und ohne Rücksicht auf die Höhe des für Hinterleger eingeräumten Kredits verpfänden. Dies muss (neben den Erfordernissen nach I 2) in der Verpfändungsermächtigung (I 1) zum Ausdruck kommen. Ausdrücke wie „zu eigenem Nutzen zu verfügen", die Verpfändung geschehe „unbeschränkt" oder ähnliche genügen nicht. Die Verwendung des Wortlauts des Gesetzes ist nicht nötig, aber zu empfehlen. Diese strenge Formvorschrift gilt auch, wenn der Hinterleger den Verwahrer nur von einzelnen Beschränkungen nach II befreit. So verpfändete WP bzw. Anteile sind in Depot A aufzunehmen (BAKred, Bekanntmachung, Nr. 10 IV lit. a).

6 5) Die Ermächtigung ist nicht höchstpersönlich, sondern Verwahrer darf sie weitergeben, **V**.

V. Bankgeschäfte

Verpfändung als Sicherheit für Verbindlichkeiten aus Börsengeschäften

DepotG 12a (1) ¹Abweichend von § 12 darf der Verwahrer die Wertpapiere oder Sammelbestandanteile auf Grund einer ausdrücklichen und schriftlichen Ermächtigung als Sicherheit für seine Verbindlichkeiten aus Geschäften an einer Börse, die einer gesetzlichen Aufsicht untersteht, an diese Börse, deren Träger oder eine von ihr mit der Abwicklung der Geschäfte unter ihrer Aufsicht beauftragte rechtsfähige Stelle, deren Geschäftsbetrieb auf diese Tätigkeit beschränkt ist, verpfänden, sofern aus einem inhaltsgleichen Geschäft des Hinterlegers mit dem Verwahrer Verbindlichkeiten des Hinterlegers bestehen. ²Der Wert der verpfändeten Wertpapiere oder Sammelbestandanteile soll die Höhe der Verbindlichkeiten des Hinterlegers gegenüber dem Verwahrer aus diesem Geschäft nicht unangemessen übersteigen. ³Die Ermächtigung des Hinterlegers nach Satz 1 kann im voraus für eine unbestimmte Zahl derartiger Verpfändungen erteilt werden.

(2) ¹Der Verwahrer muß gegenüber dem Pfandgläubiger sicherstellen, daß die verpfändeten Wertpapiere oder Sammelbestandanteile für seine in Absatz 1 genannten Verbindlichkeiten nur insoweit in Anspruch genommen werden dürfen, als Verbindlichkeiten des Hinterlegers gegenüber dem Verwahrer nach Absatz 1 bestehen. ²Der Verwahrer haftet für ein Verschulden des Pfandgläubigers wie für eigenes Verschulden; diese Haftung kann durch Vereinbarung nicht beschränkt werden.

1) § 12a neu durch 2. FinanzmarktfördG 1994. § 12 ermöglicht unter bestimmten Kautelen die Heranziehung auch von **Depotkundenpositionen als Sicherheitsleistung der Kreditinstitute** für ihr Gesamtengagement **beim Clearing**, andernfalls wären kleinere Institute gegenüber größeren mit genügend Eigenpositionen benachteiligt. § 12a erleichtert gegenüber § 12 die Verpfändung von WP oder Sammelbestandanteilen als Sicherheit für die Verbindlichkeiten des Verwahrers aus Börsengeschäften, soweit aus einem inhaltsgleichen Geschäft des Hinterlegers (Kunden) mit dem Verwahrer (Kreditinstitut ua) Verbindlichkeiten des Hinterlegers bestehen (I 1). Es handelt sich dabei also um eine **beschränkte Verpfändung** nur in Höhe dieser Verbindlichkeiten und nur zugunsten einer Börse (auch einer ausländischen, wenn gesetzlich beaufsichtigt) oder ähnlichen rechtsfähigen Stelle; weitere, aber nur Sollbeschränkung der Höhe nach in I 2. Deshalb ist zwar auch in § 12a eine ausdrückliche und schriftliche **Ermächtigung** unverzichtbar, aber I 3 erleichtert die Formerfordernisse gegenüber § 12: Ermächtigung im Voraus, nicht für jedes einzelne Geschäft gesondert, sondern für unbestimmte Zahl solcher Verpfändungen. II sorgt im Kundeninteresse durch entsprechende Verhaltenspflicht und zwingende **Haftung** des Verwahrers für die Einhaltung der Beschränkung der Verpfändung durch den Pfandgläubiger.

Ermächtigung zur Verfügung über das Eigentum

DepotG 13 (1) ¹Eine Erklärung, durch die der Verwahrer ermächtigt wird, sich die anvertrauten Wertpapiere anzueignen oder das Eigentum an ihnen auf einen Dritten zu übertragen, und alsdann nur verpflichtet sein soll, Wertpapiere derselben Art zurückzugewähren, muß für das einzelne Verwahrungsgeschäft ausdrücklich und schriftlich abgegeben werden. ²In der Erklärung muß zum Ausdruck kommen, daß mit der Ausübung der Ermächtigung das Eigentum auf den Verwahrer oder einen Dritten übergehen soll und mithin für den Hinterleger nur ein schuldrechtlicher Anspruch auf Lieferung nach Art und Zahl bestimmter Wertpapiere

Kumpan

(13) DepotG 14

entsteht. ³ Die Erklärung darf weder auf andere Urkunden verweisen noch mit anderen Erklärungen des Hinterlegers verbunden sein.

(2) Eignet sich der Verwahrer die Wertpapiere an oder überträgt er das Eigentum an ihnen auf einen Dritten, so sind von diesem Zeitpunkt an die Vorschriften dieses Abschnitts auf ein solches Verwahrungsgeschäft nicht mehr anzuwenden.

1 1) Mit Ermächtigung in der Form (Befreiung s. § 16) entspr. §§ 5 I 2, 3; 10 I; 12 I 2 (so I 1, 3; und I 2 wiederholt das Erfordernis der ausdrücklichen Erklärung des in I 1 bezeichneten Inhalts) darf der Verwahrer die hinterlegten Papiere sich aneignen oder Dritten übereignen und schuldet nur Rückgabe von Papieren derselben Art (ähnlich der uneigentlichen Verwahrung nach § 700 BGB). Die Ermächtigung nach § 13 zur Verfügung über das Eigentum deckt auch weniger weitgehende Verfügungen des Verwahrers, str. § 13 betrifft insbesondere auch die Wertpapierleihe (→ **(7)** Bankgeschäfte Rn. T1), aber § 16. Im Unterschied zu § 15 wird Eigentum nicht in jedem Fall sofort auf den Verwahrer oder Dritten übertragen, sondern nur wenn Verwahrer von Ermächtigung (uU zu einem späteren Zeitpunkt) Gebrauch macht.

2 2) Sobald der Verwahrer von der Ermächtigung nach I Gebrauch macht (muss nach außen deutlich werden, zB Ausbuchung aus Verwahrungsbuch) und Eigentum an den hinterlegten WP übergeht, wird das DepotG (nicht nur „dieser" Abschn.) entspr. § 15 (→ § 15 Rn. 1) auf das Geschäft unanwendbar **(II)**, Befreiung s. § 16. Ab dann nach § 700 I 2 BGB Anwendung der §§ 607 ff. BGB, Zeit und Ort der Rückgabe richten sich aber gemäß § 700 I 3 BGB im Zweifel nach Verwahrvertrag (§ 695 BGB: jederzeit). Der Dritte wird im Erwerb ggf. geschützt nach §§ 932 ff. BGB, § 366 HGB. Sofortige Übereignung entspr. I 1 s. § 15. Aneignung oder Übertragung muss auf der Ermächtigungsurkunde vermerkt und dem Hinterleger mitgeteilt werden, BAKred, Bekanntmachung, Nr. 7 III.

Verwahrungsbuch

DepotG 14 (1) ¹Der Verwahrer ist verpflichtet, ein Handelsbuch zu führen, in das jeder Hinterleger und Art, Nennbetrag oder Stückzahl, Nummern oder sonstige Bezeichnungsmerkmale der für ihn verwahrten Wertpapiere einzutragen sind. ²Wenn sich die Nummern oder sonstigen Bezeichnungsmerkmale aus Verzeichnissen ergeben, die neben dem Verwahrungsbuch geführt werden, genügt insoweit die Bezugnahme auf diese Verzeichnisse.

(2) Die Eintragung eines Wertpapiers kann unterbleiben, wenn seine Verwahrung beendet ist, bevor die Eintragung bei ordnungsmäßigem Geschäftsgang erfolgen konnte.

(3) Die Vorschriften über die Führung eines Verwahrungsbuchs gelten sinngemäß auch für die Sammelverwahrung.

(4) ¹Vertraut der Verwahrer die Wertpapiere einem Dritten an, so hat er den Ort der Niederlassung des Dritten im Verwahrungsbuch anzugeben. ²Ergibt sich der Name des Dritten nicht aus der sonstigen Buchführung, aus Verzeichnissen, die neben dem Verwahrungsbuch geführt werden, oder aus dem Schriftwechsel, so ist auch der Name des Dritten im Verwahrungsbuch anzugeben. ³Ist der Verwahrer zur Sammelverwahrung nach § 5 Abs. 1 Satz 2, zur Tauschverwahrung, zur Verpfändung oder zur Verfügung über das Eigentum ermächtigt, so hat er auch dies in dem Verwahrungsbuch ersichtlich zu machen.

(5) **Teilt ein Verwahrer dem Drittverwahrer mit, daß er nicht Eigentümer der von ihm dem Drittverwahrer anvertrauten Wertpapiere ist (§ 4 Abs. 3), so hat der Drittverwahrer dies bei der Eintragung im Verwahrungsbuch kenntlich zu machen.**

1) Das Verwahrungsbuch dient dem Hinterleger im Streitfall zum Beweis seines Rechts, dem Verwahrer (Sonder-, Dritt-, Zwischen-, Sammelverwahrer) zur Verwaltung der anvertrauten Papiere und den mit der Depotprüfung betrauten Stellen (→ Einl. vor § 1 Rn. 2–3) zur Überwachung der Geschäftsführung des Verwahrers. Jeder Verwahrer (§ 1 II) muss ein Verwahrungsbuch führen. Neben dem in I 1 vorgeschriebenen **persönlichen** (dh auf den einzelnen Hinterlegern aufgebauten) Verwahrungsbuch ist ein **sachliches** Verwahrungsbuch nach WPArten üblich. Hervorzuheben ist der **Nummernzwang** nach I 1; WP sind so genau zu bezeichnen, dass sie zweifelsfrei zu bestimmen sind. Das Buch ist **Handelsbuch**, §§ 238 ff. HGB sind zu beachten. Jede Hinterlegung von WP zu Sonder- oder Sammelverwahrung ist eintragungspflichtig, nicht bei unregelmäßiger Verwahrung nach § 15. Bei Drittverwahrung besteht Pflicht für Zwischenverwahrer und Dritten. Zur Bedeutung der Eintragung in das Verwahrungsbuch für den Eigentumserwerb → § 6 Rn. 2. Zu weiteren Anforderungen an die Führung des Verwahrbuches BAKred, Bekanntmachung, Nr. 10.

Unregelmäßige Verwahrung, Wertpapierdarlehen

DepotG 15 (1) **Wird die Verwahrung von Wertpapieren in der Art vereinbart, daß das Eigentum sofort auf den Verwahrer oder einen Dritten übergeht und der Verwahrer nur verpflichtet ist, Wertpapiere derselben Art zurückzugewähren, so sind die Vorschriften dieses Abschnitts auf ein solches Verwahrungsgeschäft nicht anzuwenden.**

(2) ¹**Eine Vereinbarung der in Absatz 1 bezeichneten Art ist nur gültig, wenn die Erklärung des Hinterlegers für das einzelne Geschäft ausdrücklich und schriftlich abgegeben wird.** ²**In der Erklärung muß zum Ausdruck kommen, daß das Eigentum sofort auf den Verwahrer oder einen Dritten übergehen soll und daß mithin für den Hinterleger nur ein schuldrechtlicher Anspruch auf Lieferung nach Art und Zahl bestimmter Wertpapiere entsteht.** ³**Die Erklärung darf weder auf andere Urkunden verweisen noch mit anderen Erklärungen des Hinterlegers verbunden sein.**

(3) **Diese Vorschriften gelten sinngemäß, wenn Wertpapiere jemandem im Betrieb seines Gewerbes als Darlehen gewährt werden.**

1) A. Bei unregelmäßiger Verwahrung (**I**, auch sog. Aberdepot) verliert der Hinterleger das Eigentum an den WP und ist auf den schuldrechtlichen Rückgewähranspruch beschränkt, hat also zB kein Aussonderungsrecht in Insolvenzverfahren über das Vermögen des Verwahrers. Hier gilt § 700 I 1 BGB über die unregelmäßige Verwahrung. Das DepotG (nicht nur „dieser" Abschn.) ist unanwendbar (**I**), also zB auch § 32.

B. **I** betrifft nicht schuldrechtliche Lieferungsansprüche aus Einkaufskommission bzw. Eigengeschäft (Wertpapierguthaben). Hier gelten §§ 18 ff., 32.

2) Wegen der Gefährlichkeit für den Hinterleger sieht **II** besondere Kautelen vor: **Form** (Befreiung s. § 16) entspr. § 13 I (betr. Ermächtigung des Verwahrers zur Übereignung auf sich oder Dritten).

3) III idF HRefG 1998 stellt der unregelmäßigen Verwahrung ein WPDarlehen, das jemandem im Betriebe seines Gewerbes gewährt wird, gleich. Der Gewerbetreibende ist dann nicht Verwahrer iSv § 1 II. **II, III** betreffen insbeson-

Kumpan

(13) DepotG 17a 1   2. Teil. Handelsrechtl. Nebenges.

dere auch die Wertpapierleihe (→ **(7)** Bankgeschäfte Rn. T1). Befreiung von den Formvorschriften s. § 16.

Befreiung von Formvorschriften

DepotG 16 Die Formvorschriften des § 4 Abs 2, des § 5 Abs. 1 Satz 2 und 3 und der §§ 10, 12, 13 und 15 Abs. 2 und 3 sind nicht anzuwenden, wenn der Verwahrer einer gesetzlichen Aufsicht untersteht und der Hinterleger ein Kaufmann ist, der
1. in das Handelsregister oder Genossenschaftsregister eingetragen ist oder
2. im Falle einer juristischen Person des öffentlichen Rechts nach der für sie maßgebenden gesetzlichen Regelung, nicht eingetragen zu werden braucht oder
3. nicht eingetragen wird, weil er seinen Sitz oder seine Hauptniederlassung im Ausland hat.

1 **1)** § 16 idF FinSichRLG 2004, ergänzt um § 4 II. Nr. 2 idF HRefG 1998 enthält eine **Befreiung von Formvorschriften** nach §§ 4 II, 5 I 2, 3, §§ 10, 12, 13, 15 II, III unter zwei **Voraussetzungen:** Der **Verwahrer** muss einer gesetzlichen (auch ausländischen) Aufsicht unterstehen, zB Kreditinstitute (aber schon KWG), und der **Hinterleger** muss nach Nr. 1–3 typisiert nicht des Schutzes bedürfen, nämlich eingetragener Kfm., juristische Person des öffentlichen Rechts, ausländischer Kfm. sein. Die Befreiung von den Formvorschriften nach §§ 13 I, 15 II, III durch § 16 ist insbesondere wichtig für das Wertpapierleihgeschäft (→ **(7)** Bankgeschäfte Rn. T1). Die Befreiung von § 4 II ist vor allem für grenzüberschreitende Sicherheitenlieferungen bei der DBBk wichtig, RegE ZIP 2003, 1572. Zum FinSichRLG Kollmann WM 2004, 1012.

Pfandverwahrung

DepotG 17 Werden jemandem im Betrieb seines Gewerbes Wertpapiere unverschlossen als Pfand anvertraut, so hat der Pfandgläubiger die Pflichten und Befugnisse eines Verwahrers.

1 **1)** § 17 idF HRefG 1998. Der Pfandverwahrer hat die Rechte und Pflichten eines Verwahrers iSv DepotG (§§ 2–16); im Übrigen gelten §§ 1204–1258 BGB, bes. für die Stellung des Pfandverwahrers als Pfandgläubiger.

Verfügungen über Wertpapiere

DepotG 17a Verfügungen über Wertpapiere oder Sammelbestandanteile, die mit rechtsbegründender Wirkung in ein Register eingetragen oder auf einem Konto verbucht werden, unterliegen dem Recht des Staates, unter dessen Aufsicht das Register geführt wird, in dem unmittelbar zugunsten des Verfügungsempfängers die rechtsbegründende Eintragung vorgenommen wird, oder in dem sich die kontoführende Haupt- oder Zweigstelle des Verwahrers befindet, die dem Verfügungsempfänger die rechtsbegründende Gutschrift erteilt.

1 **1)** § 17a idF G 8.12.1999 BGBl. 2384 (Umsetzung EU-RL über Wirksamkeit von Abrechnungen, → **(7)** Bankgeschäfte Rn. A58) enthält eine internationalprivatrechtliche Vorschrift für Verfügungen über WP oder Sammelbestandanteile, die mit rechtsbegründender (nicht nur deklaratorischer) Wirkung in ein Register eingetragen oder auf einem Konto verbucht werden. Maßgeblich ist das Recht

V. Bankgeschäfte 1 **18 DepotG (13)**

des Staates, unter dessen Aufsicht das betreffende Register geführt wird. § 17a hat wenig Bedeutung, da er auf Eigentumserwerb nach § 24 bezogen ist (→ § 24 Rn. 2) und Verfügungen über rein schuldrechtliche Ansprüche nicht erfasst. Rechtsangleichung in der EU auf dem Nachhandelssektor und UNIDROIT-Übk., → **(13)** DepotG Einl. vor § 1 Rn. 5 und allgemeiner → HGB Einl. vor § 1 Rn. 45. Lit.: Dittrich, 2002; Einsele, Bank- und Kapitalmarktrecht, 4. Aufl. 2018, § 9 III; Wust, 2009; Einsele RIW 1997, 269 (USA); Keller WM 2000, 1269 (EU-RL); Einsele WM 2001, 15 (EU-RL); Schefold IPRax 2000, 468 (§ 17a); FS Kümpel, 2003, 463 (eur. Kollisionsrecht); Than FS Kümpel, 2003, 543 (grenzüberschreitender Effektengiroverkehr); Gruson AG 2004, 358 (Doppelnotierung USA/BRD); Reuschle RabelsZ 68 (2004), 687 (grenzüberschreitender Effektengiroverkehr); Haubold RIW 2005, 656 (PRIMA).

2. Abschnitt. Einkaufskommission

Überblick vor § 18

Der 2. Abschn. regelt nicht das Depotgeschäft, sondern die Erfüllung des 1 Effektengeschäfts. Einkaufskommission und Eigengeschäft sind dabei gleichgestellt, § 31. Kernstück der §§ 18 ff. ist der Effektenkundenschutz durch zwei von §§ 929 ff. BGB abweichende, zusätzliche Eigentumserwerbsmöglichkeiten kraft Gesetzes: Absendung des Stückeverzeichnisses (§ 18 III) und Eintragung des Übertragungsvermerks im Verwahrungsbuch der Bank (§ 24 II 1), → § 18 Rn. 1. Zum Effektengeschäft im Übrigen s. Erläuterungen zu §§ 383 ff. HGB.

Stückeverzeichnis

DepotG 18 (1) ¹**Führt ein Kommissionär (§§ 383, 406 des Handelsgesetzbuchs) einen Auftrag zum Einkauf von Wertpapieren aus, so hat er dem Kommittenten unverzüglich, spätestens binnen einer Woche ein Verzeichnis der gekauften Stücke zu übersenden.** ²**In dem Stückeverzeichnis sind die Wertpapiere nach Gattung, Nennbetrag, Nummern oder sonstigen Bezeichnungsmerkmalen zu bezeichnen.**

(2) **Die Frist zur Übersendung des Stückeverzeichnisses beginnt, falls der Kommissionär bei der Anzeige über die Ausführung des Auftrags einen Dritten als Verkäufer namhaft gemacht hat, mit dem Erwerb der Stücke, andernfalls beginnt sie mit dem Ablauf des Zeitraums, innerhalb dessen der Kommissionär nach der Erstattung der Ausführungsanzeige die Stücke bei ordnungsmäßigem Geschäftsgang ohne schuldhafte Verzögerung beziehen oder das Stückeverzeichnis von einer zur Verwahrung der Stücke bestimmten dritten Stelle erhalten konnte.**

(3) **Mit der Absendung des Stückeverzeichnisses geht das Eigentum an den darin bezeichneten Wertpapieren, soweit der Kommissionär über sie zu verfügen berechtigt ist, auf den Kommittenten über, wenn es nicht nach den Bestimmungen des bürgerlichen Rechts schon früher auf ihn übergegangen ist.**

1) Beim Kauf von WP (Inhaberpapieren oder blanko indossierten Orderpapie- 1 ren) durch den Kommissionär (§§ 383, 406 HGB), auch Ersterwerb aus einer Emission (RGZ 104, 120) erlangt der **Kommittent** das **Eigentum** an den Papieren, wenn nicht früher (vgl. → HGB § 383 Rn. 29, RGZ 139, 114; 140, 229), so **spätestens durch Absendung** (auch ohne Zugang, RGZ 95, 257) **eines Stückeverzeichnisses, III** (Absendefrist und Inhalt → Rn. 2–4). Bei Er-

Kumpan

werb von Miteigentum an einem WPSammelbestand erlangt der Kommittent dieses Miteigentum spätestens durch **Eintragung des Übertragungsvermerks im Verwahrungsbuch** des Kommissionärs, § 24 II 1. **Beide Möglichkeiten** sind **alternativ**. Sie gelten nur, soweit der Kommissionär verfügungsberechtigt ist (§§ 18 III, 24 II 1, § 185 BGB), also nicht zB bei Erwerb unter Eigentumsvorbehalt ohne Verfügungsrecht; auch guter Glaube an Eigentum oder Verfügungsrecht des Kommissionärs verschafft dem Kommittenten kein Eigentum (Miteigentum) durch Absendung des Verzeichnisses (Übertragungsvermerk); nur durch Erlangung des Besitzes an bestimmten Stücken, §§ 932 ff. BGB, § 366 HGB. Für die Übersendung des Stückeverzeichnisses gelten §§ 164 ff. BGB entspr. Die irrtümliche Übersendung an einen anderen als den Kommittenten ist wirkungslos. Bei irrtümlicher Übersendung an mehrere Kommittenten erwirbt der, an den zuerst abgesandt wurde; falls Reihenfolge nicht mehr feststellbar, Miteigentum, str. Im Übrigen ist die Übersendung entspr. §§ 119 ff. BGB anfechtbar, auch gemäß §§ 129 ff. InsO sowie AnfG. §§ 18 III, 24 II 1 ersetzen nicht eine zur Übertragung nötige besondere Form; sie gelten also nicht für Orderpapiere (außer bei Blankoindossament). Folgen der Unterlassung der Übersendung s. § 25. Vgl. ferner §§ 19–24, 26–31.

2 2) A. Das Stückeverzeichnis ist gemäß I 1 **unverzüglich**, spätestens binnen einer Woche abzusenden. Die Frist läuft, falls der Kommissionär bei Ausführungsanzeige einen Dritten als Verkäufer benannt hat (vgl. → HGB § 384 Rn. 12–14), mit dem Erwerb durch den Kommissionär, der schnellstmöglich zu bewirken ist, sonst (bei Ausführung durch Geschäft mit Dritten ohne dessen Nennung und bei Selbsteintritt) vom Zeitpunkt, bis zu dem nach der Ausführungsanzeige (dem Selbsteintritt, → HGB § 400 Rn. 7–9) der Kommissionär die Stücke hätte erwerben können (auch durch Empfang eines Stückeverzeichnisses von einer zur Verwahrung bestimmten dritten Stelle), **II.** Verkürzung der Frist ist zulässig, nicht aber Verlängerung, außer wenn der Kommittent selbst eine Bank ist (§ 28). Das Stückeverzeichnis ist auch dann fristgerecht zu übersenden, wenn der Kommittent bereits Eigentümer der WP geworden ist, RGZ 81, 439, aber vgl. → § 23 Rn. 1.

3 B. **Inhalt** des Stückeverzeichnisses s. **I 2.** Auch bei Verletzung von I 2 ist das Stückeverzeichnis wirksam iSv III, wenn die Stücke nur (mindestens durch Gattung und Nummer) individualisierbar sind, RGZ 95, 259. Das Stückeverzeichnis braucht sich nicht unbedingt auf die „gekauften" Stücke zu beziehen (unsinnige Bindung, bes. bei Selbsteintritt und Eigengeschäft, an das Deckungsgeschäft), RGZ 73, 247.

4 C. **Ausnahmen** von der Pflicht zur Übersendung des Stückeverzeichnisses s. §§ 19, 20, 22, 23. Dadurch werden sonstige (vertragliche und gesetzliche) Zurückbehaltungsrechte des Kommissionärs ausgeschlossen; nicht dagegen Pfandrechte an Effekten zB nach **(8)** AGB-Banken Nr. 14.

Aussetzung der Übersendung des Stückeverzeichnisses

DepotG 19 (1) ¹Der Kommissionär darf die Übersendung des Stückeverzeichnisses aussetzen, wenn er wegen der Forderungen, die ihm aus der Ausführung des Auftrags zustehen, nicht befriedigt ist und keine Stundung bewilligt hat. ²Als Stundung gilt nicht die Einstellung des Kaufpreises ins Kontokorrent.

(2) ¹Der Kommissionär kann von der Befugnis des Absatzes 1 nur Gebrauch machen, wenn er dem Kommittenten erklärt, daß er die Übersendung des Stückeverzeichnisses und damit die Übertragung des Eigentums an den Papieren bis zur Befriedigung wegen seiner Forderungen aus der Ausführung

des Auftrags aussetzen werde. ²Die Erklärung muß, für das einzelne Geschäft gesondert, ausdrücklich und schriftlich abgegeben und binnen einer Woche nach Erstattung der Ausführungsanzeige abgesandt werden, sie darf nicht auf andere Urkunden verweisen.

(3) Macht der Kommissionär von der Befugnis des Absatzes 1 Gebrauch, so beginnt die Frist zur Übersendung des Stückeverzeichnisses frühestens mit dem Zeitpunkt, in dem der Kommissionär wegen seiner Forderungen aus der Ausführung des Auftrags befriedigt wird.

(4) ¹Stehen die Parteien miteinander im Kontokorrentverkehr (§ 355 des Handelsgesetzbuchs), so gilt der Kommissionär wegen der ihm aus der Ausführung des Auftrags zustehenden Forderungen als befriedigt, sobald die Summe der Habenposten die der Sollposten zum erstenmal erreicht oder übersteigt. ²Hierbei sind alle Posten zu berücksichtigen, die mit Wertstellung auf denselben Tag zu buchen waren. ³Führt der Kommissionär für den Kommittenten mehrere Konten, so ist das Konto, auf dem das Kommissionsgeschäft zu buchen war, allein maßgebend.

(5) Ist der Kommissionär teilweise befriedigt, so darf er die Übersendung des Stückeverzeichnisses nicht aussetzen, wenn die Aussetzung nach den Umständen, insbesondere wegen verhältnismäßiger Geringfügigkeit des rückständigen Teils, gegen Treu und Glauben verstoßen würde.

1) Der Kommissionär darf (in Ausübung eines Zurückbehaltungsrechts entspr. § 273 BGB, § 369 HGB) mit Erklärung gemäß **II** die Übersendung des Stückeverzeichnisses (§ 18 I, II) bis nach Befriedigung seiner Ansprüche gegen den Kommittenten (falls er sie nicht gestundet hat) aussetzen, **I, III, V.** Die Erklärung nach II 1, 2 hat Warnfunktion für den Kunden. Zugang nach § 130 BGB ist entgegen dem Wortlaut von II 2 nötig, str. **1**

2) Im Kontokorrentverkehr gilt der Kommissionär als befriedigt, sobald sein Guthaben ausgeglichen ist, **IV.** Das entspricht (punktuell) dem Staffelkontokorrent (→ HGB § 355 Rn. 8), aber ohne dass deshalb ein bestehender Periodenkontokorrent zum Staffelkontokorrent wird. **2**

Übersendung des Stückeverzeichnisses auf Verlangen

DepotG 20 (1) Wenn der Kommissionär einem Kommittenten, mit dem er im Kontokorrentverkehr (§ 355 des Handelsgesetzbuchs) steht, für die Dauer der Geschäftsverbindung oder für begrenzte Zeit zusagt, daß er in bestimmtem Umfange oder ohne besondere Begrenzung für ihn Aufträge zur Anschaffung von Wertpapieren auch ohne alsbaldige Berichtigung des Kaufpreises ausführen werde, so kann er sich dabei vorbehalten, Stückeverzeichnisse erst auf Verlangen des Kommittenten zu übersenden.

(2) Der Kommissionär kann von dem Vorbehalt des Absatzes 1 nur Gebrauch machen, wenn er dem Kommittenten bei der Erstattung der Ausführungsanzeige schriftlich mitteilt, daß er die Übersendung des Stückeverzeichnisses und damit die Übertragung des Eigentums an den Papieren erst auf Verlangen des Kommittenten ausführen werde.

(3) ¹Erklärt der Kommittent, daß er die Übersendung des Stückeverzeichnisses verlange, so beginnt die Frist zur Übersendung des Stückeverzeichnisses frühestens mit dem Zeitpunkt, in dem die Erklärung dem Kommissionär zugeht. ²Die Aufforderung muß schriftlich erfolgen und die Wertpapiere, die in das Stückeverzeichnis aufgenommen werden sollen, genau bezeichnen.

Kumpan

(13) DepotG 22 1

1 1) § 20 ist auf die Konten zugeschnitten, auf denen sich die mehr spekulativen Geschäfte abwickeln und bei denen der Kommissionär entweder für die Dauer der Geschäftsverbindung oder für begrenzte Zeit mit dem Kommittenten einen besonderen Kredit zum Ankauf von WP, die der Kunde dann also nicht alsbald bezahlen soll, vereinbart. Bei Vorbehalt (auf Dauer) gemäß I und Mitteilung (im Einzelfall) gemäß II läuft die Frist zur Übersendung des Stückeverzeichnisses (§ 18 I 1) erst ab förmlicher Anforderung des Verzeichnisses durch den Kommittenten (III 1, 2).

Befugnis zur Aussetzung und Befugnis zur Übersendung auf Verlangen

DepotG 21 Will der Kommissionär die Übersendung des Stückeverzeichnisses sowohl deshalb aussetzen, weil er wegen seiner Forderungen nicht befriedigt ist (§ 19), als auch deshalb, weil er sich die Aussetzung mit Rücksicht auf die Besonderheit des Kontokorrentverkehrs mit dem Kommittenten vorbehalten hat (§ 20), so hat er dem Kommittenten bei Erstattung der Ausführungsanzeige schriftlich mitzuteilen, daß er die Übersendung des Stückeverzeichnisses und damit die Übertragung des Eigentums an den Papieren erst auf Verlangen des Kommittenten, frühestens jedoch nach Befriedigung wegen seiner Forderungen aus der Ausführung des Auftrags ausführen werde.

1 1) Will der Kommissionär die Übersendung des Stückeverzeichnisses sowohl aus § 19 als aus § 20 aussetzen, darf er die beiden Erklärungen miteinander verbinden, muss aber zur Unterrichtung des Kunden die im § 21 vorgeschriebene Mitteilung machen. Hier setzt das Verlangen des Kommittenten die Frist des § 18 I noch nicht in Lauf, es bedarf auch vorheriger Befriedigung des Kommissionärs.

Stückeverzeichnis beim Auslandsgeschäft

DepotG 22 (1) ¹Wenn die Wertpapiere vereinbarungsgemäß im Ausland angeschafft und aufbewahrt werden, braucht der Kommissionär das Stückeverzeichnis erst auf Verlangen des Kommittenten zu übersenden. ²Der Kommittent kann die Übersendung jederzeit verlangen, es sei denn, daß ausländisches Recht der Übertragung des Eigentums an den Wertpapieren durch Absendung des Stückeverzeichnisses entgegensteht oder daß der Kommissionär nach § 19 Abs. 1 berechtigt ist, die Übersendung auszusetzen.

(2) ¹Erklärt der Kommittent, daß er die Übersendung des Stückeverzeichnisses verlange, so beginnt die Frist zur Übersendung des Stückeverzeichnisses frühestens mit dem Zeitpunkt, in dem die Erklärung dem Kommissionär zugeht. ²Die Aufforderung muß schriftlich erfolgen und die Wertpapiere, die in das Stückeverzeichnis aufgenommen werden sollen, genau bezeichnen.

1 1) Bei Kommission zur Anschaffung und Aufbewahrung der WP im Ausland verpflichtet § 22 (Anwendbarkeit deutschen Depotrechts vorausgesetzt, so idR nach **(8)** AGB-Banken Nr. 6 I) den Kommissionär nur auf Verlangen des Kommittenten, das Verzeichnis zu übersenden, wenn nicht ausländisches Recht entgegensteht oder der Kommissionär gemäß § 19 I zurückhalten darf, BGH WM 1988, 404. Das (zugegangene) Verlangen des Kommittenten setzt Frist des § 18 I 1 in Lauf. Nach den **(8)** Sonderbedingungen für WPGeschäfte Nr. 12 erteilt die Bank bei Aufbewahrung der WP im Ausland Gutschrift in Wertpapierrechnung (Verschaffungsanspruch gegen die Bank, dieser beschränkt auf den jeweiligen Deckungsbestand, → **(8)** Sonderbedingungen für WP-Geschäfte

Nr. 12 Rn. 1), BGHZ 161, 192. Zu den **Treuhand-WR-Gutschriften** BuB/ Kümpel 8/123; Kümpel/Ott/Kümpel 220/55.

Befreiung von der Übersendung des Stückeverzeichnisses

DepotG 23 Die Übersendung des Stückeverzeichnisses kann unterbleiben, soweit innerhalb der dafür bestimmten Frist (§§ 18 bis 22) die Wertpapiere dem Kommittenten ausgeliefert sind oder ein Auftrag des Kommittenten zur Wiederveräußerung ausgeführt ist.

1) Auslieferung setzt Verschaffung des unmittelbaren Besitzes, nicht nur des **1** Eigentums voraus. Der Wiederveräußerung „im Auftrag" des Kommittenten steht es gleich, wenn der Kommissionär aus anderen Gründen zur Veräußerung der WP innerhalb der Frist berechtigt war, RGZ 81, 439.

Erfüllung durch Übertragung von Miteigentum am Sammelbestand

DepotG 24 (1) Der Kommissionär kann sich von seiner Verpflichtung, dem Kommittenten Eigentum an bestimmten Stücken zu verschaffen, dadurch befreien, daß er ihm Miteigentum an den zum Sammelbestand einer Wertpapiersammelbank gehörenden Wertpapieren verschafft; durch Verschaffung von Miteigentum an den zum Sammelbestand eines anderen Verwahrers gehörenden Wertpapieren kann er sich nur befreien, wenn der Kommittent im einzelnen Falle ausdrücklich und schriftlich zustimmt.

(2) ¹Mit der Eintragung des Übertragungsvermerks im Verwahrungsbuch des Kommissionärs geht, soweit der Kommissionär verfügungsberechtigt ist, das Miteigentum auf den Kommittenten über, wenn es nicht nach den Bestimmungen des bürgerlichen Rechts schon früher auf ihn übergegangen ist. ²Der Kommissionär hat dem Kommittenten die Verschaffung des Miteigentums unverzüglich mitzuteilen.

(3) Kreditinstitute und Kapitalverwaltungsgesellschaften brauchen die Verschaffung des Miteigentums an einem Wertpapiersammelbestand und die Ausführung der Geschäftsbesorgung abweichend von Absatz 2 Satz 2 sowie von den §§ 675 und 666 des Bürgerlichen Gesetzbuchs und von § 384 Abs. 2 des Handelsgesetzbuchs dem Kunden erst innerhalb von dreizehn Monaten mitzuteilen, sofern das Miteigentum jeweils auf Grund einer vertraglich vereinbarten gleichbleibenden monatlichen, zweimonatlichen oder vierteljährlichen Zahlung erworben wird und diese Zahlungen jährlich das Dreifache des höchsten Betrags nicht übersteigen, bis zu dem nach dem Fünften Vermögensbildungsgesetz in der jeweils geltenden Fassung vermögenswirksame Leistungen gefördert werden können.

1) § 24 ist grundlegend für den stückelosen Effektengiroverkehr und hat we- **1** sentlich zur Durchsetzung der Girosammelverwahrung als Regelform in der Praxis (→ § 5 Rn. 1) beigetragen. Nach I kann der Kommissionär die WP-Stück-Einkaufskommission ausführen (an Erfüllungs Statt) durch Verschaffung von Miteigentum am Sammelbestand (§§ 5–9) einer WPSammelbank (§ 1 III, insoweit auch ohne Zustimmung des Kommittenten) oder (bei ausdrücklicher schriftlicher Zustimmung des Kommittenten) eines anderen Verwahrers (§ 1 II, facultas alternativa, nicht Wahlrecht).

2) II enthält einen **Sondertatbestand des Eigentumserwerbs.** Da es dann **2** mangels eines Stückeverzeichnisses nicht zum Eigentumserwerb nach § 18 III kommt, sieht II 1 Eigentumserwerb **durch Eintragung des Übertragungsver-**

merks im Verwahrungsbuch vor, dazu im Einzelnen → § 18 Rn. 1 II greift nur ein, „soweit der Kommissionär verfügungsberechtigt ist", begründet also keinen gutgläubigen Erwerb. Rückdatierung ist wirkungslos. Mitteilungspflicht, II 2; Mitteilung ist aber für Eigentumserwerb belanglos, BGHZ 5, 34. Bei Schuldbuchforderungen (→ § 1 Rn. 2) ist der Eigentumserwerb nach § 24 II die Regel; die Anteilsübertragung nach BGB ist ungebräuchlich, OLG Düsseldorf WM 1964, 36, str. Im Übrigen findet aber beim Effektengiro idR ein Eigentumserwerb nach § 929 BGB (→ § 6 Rn. 2), und zwar an den es angeht (→ HGB § 383 Rn. 28), zeitlich vor der Eintragung im Verwahrungsbuch statt.

3 **3) III** nF 1985 ua, 2007 InvÄndG, erleichtert das Wertpapiersparen. Bei gleich bleibenden, regelmäßigen (1, 2 oder 3 Monate), nach oben begrenzten (4. VermBG in der jeweiligen Fassung) WPKäufen genügt Mitteilung innerhalb von 13 Monaten (abw. von II 2, §§ 675 I, 666, BGB, § 384 II HGB).

Rechte des Kommittenten bei Nichtübersendung des Stückeverzeichnisses

DepotG 25 (1) ¹Unterläßt der Kommissionär, ohne hierzu nach den §§ 19 bis 24 befugt zu sein, die Übersendung des Stückeverzeichnisses und holt er das Versäumte auf eine nach Ablauf der Frist zur Übersendung des Stückeverzeichnisses an ihn ergangene Aufforderung des Kommittenten nicht binnen drei Tagen nach, so ist der Kommittent berechtigt, das Geschäft als nicht für seine Rechnung abgeschlossen zurückzuweisen und Schadensersatz wegen Nichterfüllung zu beanspruchen. ²Dies gilt nicht, wenn die Unterlassung auf einem Umstand beruht, den der Kommissionär nicht zu vertreten hat.

(2) Die Aufforderung des Kommittenten verliert ihre Wirkung, wenn er dem Kommissionär nicht binnen drei Tagen nach dem Ablauf der Nachholungsfrist erklärt, daß er von dem in Absatz 1 bezeichneten Recht Gebrauch machen wolle.

1 **1)** § 25 regelt die Folgen der Nichtübersendung des Stückeverzeichnisses. Zurückweisungsrecht und Schadensersatzanspruch (I 1, „wegen Nichterfüllung", seit SMG: statt der Leistung) setzen voraus:

a) Vom Kommissionär **zu vertretende** (I 2, vgl. § 280 I 2 BGB) **Nichtübersendung** des Stückeverzeichnisses, obwohl Übersendungspflicht bestand (vgl. §§ 19–24).

2 **b) Aufforderung** des Kommittenten (empfangsbedürftige Willenserklärung, muss nach Ablauf der Übersendungsfrist dem Kommissionär zugehen) zur Nachholung des Versäumten. Setzen einer Nachfrist (so §§ 281 I 1, 323 I BGB) ist unnötig. Die gesetzliche Nachfrist ist unverkürzbar, aber verlängerbar, str. Aufforderung ist (wie nach §§ 281 II, 323 II BGB) entbehrlich, wo der Kommissionär die Erfüllung ernstlich und endgültig verweigert hat, RGZ 65, 182, str.

3 **c) Unterlassen der Nachholung** binnen drei Tagen seit Zugang der Aufforderung. Teilweise Nachholung lässt die Rechte des Kommittenten aus § 25 iZw teilweise entfallen, RGZ 73, 249. Fristberechnung nach § 187 BGB. Absendung des Stückeverzeichnisses, nicht auch Zugang muss binnen drei Tagen erfolgen.

4 **d) Erklärung des Kommittenten** (und Zugang der Erklärung) binnen drei Tagen nach Ablauf der Nachfrist, dass er das Geschäft nicht als für seine Rechnung abgeschlossen gelten lasse und Schadensersatz wegen Nichterfüllung bzw. statt der Leistung verlange (wie in §§ 280 III, 281 ff. BGB). Die Erklärung ist formlos. Nachholung des Versäumten durch den Kommissionär nach dieser Erklärung ist unzulässig. Versäumt der Kommittent die Frist, hat er die Rechte

V. Bankgeschäfte **28 DepotG (13)**

aus § 25 I 1 nicht; der Kommissionär kann das Stückeverzeichnis nachträglich zusenden. Bis dahin kann der Kommittent das Verfahren (→ Rn. 2–4) erneut in Gang bringen. Erfolgt die Zurückweisung fristgerecht, gilt das Ausführungsgeschäft für den Kommittenten als nicht verbindlich. Der Kommissionsvertrag besteht fort, RGZ 65, 182, str. Kommittent kann ihn aber kündigen. Zurückweisung (bzw. nach der Mindermeinung Rücktritt vom Kommissionsvertrag) und Schadensersatz statt der Leistung bestehen (wie nach § 325 BGB) nebeneinander. Verzicht auf das Stückeverzeichnis ist unwirksam, § 28.

Stückeverzeichnis beim Auftrag zum Umtausch und zur Geltendmachung eines Bezugsrechts

DepotG 26 ¹Der Kommissionär, der einen Auftrag zum Umtausch von Wertpapieren oder von Sammelbestandanteilen gegen Wertpapiere oder einen Auftrag zur Geltendmachung eines Bezugsrechts auf Wertpapiere ausführt, hat binnen zwei Wochen nach dem Empfang der neuen Stücke dem Kommittenten ein Verzeichnis der Stücke zu übersenden, soweit er ihm die Stücke nicht innerhalb dieser Frist aushändigt. ²In dem Stückeverzeichnis sind die Wertpapiere nach Gattung, Nennbetrag, Nummern oder sonstigen Bezeichnungsmerkmalen zu bezeichnen. ³Im übrigen finden die §§ 18 bis 24 Anwendung; § 25 ist insoweit anzuwenden, als der Kommittent nur Schadensersatz wegen Nichterfüllung verlangen kann.

1) Bei Auftrag zum Umtausch von WP oder von Sammelbestandanteilen **1** gegen WP oder zur Geltendmachung eines Bezugsrechts muss der Kommissionär dem Kommittenten binnen (abw. von § 18 I 1) 2 Wochen seit Empfang der neuen Stücke das Stückeverzeichnis senden oder die Stücke aushändigen. § 26 ist auch anwendbar bei Umtausch von Miteigentum am Sammelbestand in Sondereigentum, str. Von der Frist abgesehen sind §§ 18–24 anwendbar. Die Umtauschkommission gleicht der Einkaufskommission. § 25 ist nur beschränkt anwendbar; der Kommittent darf bei Unterbleiben der Sendung nicht zurückweisen, sondern muss die Ausführung gegen sich gelten lassen; er ist auf Schadensersatz wegen Nichterfüllung (seit SMG: statt der Leistung wie in §§ 280 III, 281 ff. BGB) beschränkt, braucht aber auch keine Provision zu zahlen (§ 27).

Verlust des Provisionsanspruchs

DepotG 27 Der Kommissionär, der den in § 26 ihm auferlegten Pflichten nicht genügt, verliert das Recht, für die Ausführung des Auftrags Provision zu fordern (§ 396 Abs. 1 des Handelsgesetzbuchs).

1) Vgl. § 26. Der Kommissionär verliert im Falle des § 27 den Provisions- **1** anspruch sofort, nicht erst mit Ablauf einer Nachfrist (vgl. § 25 I 1). Bezahlte Provision ist als ungerechtfertigte Bereicherung zurückzuzahlen.

Unabdingbarkeit der Verpflichtungen des Kommissionärs

DepotG 28 Die sich aus den §§ 18 bis 27 ergebenden Verpflichtungen des Kommissionärs können durch Rechtsgeschäft weder ausgeschlossen noch beschränkt werden, es sei denn, daß der Kommittent gewerbsmäßig Bankgeschäfte betreibt.

Kumpan

1 1) Die Pflichten des Kommissionärs aus §§ 18–27 (Einkaufskommission) gestatten vertragliche Erweiterung, nicht Ausschließung oder Beschränkung. Dieser Schutz ist außer im Interbankgeschäft unverzichtbar und auch für die Praxis nicht übermäßig belastend (RegE 2. FinanzmarktfördG). Durch Schweigen kann Kommittent, besonders eine Bank (RGZ 72, 59), nach allgemeinen Regeln auf die Ansprüche gegen Kommissionär verzichten oder sie verwirken.

Verwahrung durch den Kommissionär

DepotG 29 Der Kommissionär hat bezüglich der in seinem Besitz befindlichen, in das Eigentum oder das Miteigentum des Kommittenten übergegangenen Wertpapiere die Pflichten und Befugnisse eines Verwahrers.

1 1) Hat der Kommissionär WP in seinem (auch mittelbaren, auch Mit-)Besitz, die dem Kommittenten als Allein- oder Miteigentümer gehören, so hat er die Pflichten eines Verwahrers nach Abschn. 1 (§§ 2–17); zB nur beschränkte Geltendmachung von Pfand- und Zurückbehaltungsrechten, § 4, Führung des Verwahrungsbuchs, § 14.

Beschränkte Geltendmachung von Pfand- und Zurückbehaltungsrechten bei dem Kommissionsgeschäft

DepotG 30 (1) Gibt der Kommissionär einen ihm erteilten Auftrag zur Anschaffung von Wertpapieren an einen Dritten weiter, so gilt als dem Dritten bekannt, daß die Anschaffung für fremde Rechnung geschieht.

(2) § 4 gilt sinngemäß.

1 1) Gibt der Kommissionär den Anschaffungsauftrag an einen anderen weiter (von Bank zu Bank), so gilt Fremdvermutung entspr. § 4. § 30 gilt für die Zeit vor dem Eigentumserwerb des Kommittenten (für die Zeit nachher schon § 29) und wirkt insoweit als Verfügungsbeschränkung zu seinen Gunsten. Die zweite Bank kann ein Pfand- oder Zurückbehaltungsrecht an den angeschafften WP nur wegen Forderungen geltend machen, die mit Bezug auf diese Papiere entstanden sind oder die diese nach dem über sie vorgenommenen Geschäft haften sollen (§ 4 I 2). Anders bei Eigenanzeige entspr. § 4 II; anders ferner, wenn ein Nichtbankier den Anschaffungsauftrag weitergibt, ihm obliegt Fremdanzeige, § 4 III. § 30 gilt auch bei Auftrag zum Kauf von Sammelbestandanteilen. § 30 ist zwingend.

Eigenhändler, Selbsteintritt

DepotG 31 Die §§ 18 bis 30 gelten sinngemäß, wenn jemand im Betrieb seines Gewerbes Wertpapiere als Eigenhändler verkauft oder umtauscht oder einen Auftrag zum Einkauf oder zum Umtausch von Wertpapieren im Wege des Selbsteintritts ausführt.

1 1) § 31 idF HRefG 1998. §§ 18–30 sind sinngemäß anwendbar, wenn Kommissionär die Kauf- oder Tauschkommission durch **Selbsteintritt** ausführt. Das Stückeverzeichnis muss die gewährten Stücke nennen, nicht die durch ein Deckungsgeschäft erworbenen. Die Frist des § 18 I beginnt mit Ablauf des Zeitraums, in dem Kommissionär nach Eintrittserklärung die Stücke ohne schuldhaftes Zögern bezeichnen oder das Stückeverzeichnis vom Drittverwahrer erhalten konnte (§ 18 II).

V. Bankgeschäfte **32 DepotG (13)**

2) §§ 18–30 gelten auch, wenn jemand im Betrieb seines Gewerbes Papiere als **2**
Eigenhändler (vgl. **(8)** Sonderbedingungen für WPGeschäfte Nr. 9) kauft oder umtauscht. Die einheitliche Behandlung des Effektengeschäfts, einerlei ob Kommission oder Propergeschäft, ist Ausdruck der allgemein an die Berufsstellung (und nicht so sehr an Vertragstyp und -ausgestaltung) anknüpfenden Verhaltenspflichten der Bank, vgl. → HGB § 347 Rn. 22. Das Stückeverzeichnis muss die gewährten Stücke nennen, nicht die durch ein Deckungsgeschäft erworbenen (→ § 18 Rn. 3).

3. Abschnitt. Vorrang im Insolvenzverfahren

Vorrangige Gläubiger

DepotG 32 (1) Im Insolvenzverfahren über das Vermögen eines der in den §§ 1, 17, 18 bezeichneten Verwahrer, Pfandgläubiger oder Kommissionäre haben Vorrang nach den Absätzen 3 und 4:

1. Kommittenten, die bei Eröffnung des Insolvenzverfahrens das Eigentum oder Miteigentum an Wertpapieren noch nicht erlangt, aber ihre Verpflichtungen aus dem Geschäft über diese Wertpapiere dem Kommissionär gegenüber vollständig erfüllt haben; dies gilt auch dann, wenn im Zeitpunkt der Eröffnung des Insolvenzverfahrens der Kommissionär die Wertpapiere noch nicht angeschafft hat;
2. Hinterleger, Verpfänder und Kommittenten, deren Eigentum oder Miteigentum an Wertpapieren durch eine rechtswidrige Verfügung des Verwahrers, Pfandgläubigers oder Kommissionärs oder ihrer Leute verletzt worden ist, wenn sie bei Eröffnung des Insolvenzverfahrens ihre Verpflichtungen aus dem Geschäft über diese Wertpapiere dem Schuldner gegenüber vollständig erfüllt haben;
3. die Gläubiger der Nummern 1 und 2, wenn der nichterfüllte Teil ihrer dort bezeichneten Verpflichtungen bei Eröffnung des Insolvenzverfahrens zehn vom Hundert des Wertes ihres Wertpapierlieferungsanspruchs nicht überschreitet und wenn sie binnen einer Woche nach Aufforderung des Insolvenzverwalters diese Verpflichtungen vollständig erfüllt haben.

(2) Entsprechendes gilt im Insolvenzverfahren über das Vermögen eines Eigenhändlers, bei dem jemand Wertpapiere gekauft oder erworben hat, und im Insolvenzverfahren über das Vermögen eines Kommissionärs, der den Auftrag zum Einkauf oder zum Umtausch von Wertpapieren im Wege des Selbsteintritts ausgeführt hat (§ 31).

(3) ¹Die nach den Absätzen 1 und 2 vorrangigen Forderungen werden vor den Forderungen aller anderen Insolvenzgläubiger aus einer Sondermasse beglichen; diese wird gebildet aus den in der Masse vorhandenen Wertpapieren derselben Art und aus den Ansprüchen auf Lieferung solcher Wertpapiere. ²Die vorrangigen Forderungen werden durch Lieferung der vorhandenen Wertpapiere beglichen, soweit diese nach dem Verhältnis der Forderungsbeträge an alle vorrangigen Gläubiger verteilt werden können. ³Soweit eine solche Verteilung nicht möglich ist, wird der volle Erlös der nichtverteilten Wertpapiere unter die vorrangigen Gläubiger im Verhältnis ihrer Forderungsbeträge verteilt.

(4) ¹Die Gläubiger der Absätze 1 und 2 haben den beanspruchten Vorrang bei der Anmeldung der Forderung nach § 174 der Insolvenzordnung anzugeben. ²Sie können aus dem sonstigen Vermögen des Schuldners nur unter entsprechender Anwendung der für die Absonderungsberechtigten geltenden

(13) DepotG 33 2. Teil. Handelsrechtl. Nebenges.

Vorschriften der §§ 52, 190 und 192 der Insolvenzordnung Befriedigung erlangen. ³Im übrigen bewendet es für sie bei den Vorschriften der Insolvenzordnung über Insolvenzgläubiger.

(5) ¹Das Insolvenzgericht hat, wenn es nach Lage des Falles erforderlich ist, den vorrangigen Gläubigern zur Wahrung der ihnen zustehenden Rechte einen Pfleger zu bestellen. ²Für die Pflegschaft tritt an die Stelle des Betreuungsgerichts das Insolvenzgericht. ³§ 317 Absatz 2 bis 5 des Versicherungsaufsichtsgesetzes ist sinngemäß anzuwenden.

1 1) § 32 gilt in der Insolvenz eines WPVerwahrers (§ 1 II), WPPfandgläubigers (§ 17), WPEinkauf- oder Umtauschkommissionärs (§§ 18, 26; nach II auch nach Selbsteintritt) und Eigenhändler-WPVerkäufers (II). Kommittenten (I Nr. 1), Hinterleger, Verpfänder und Kommittenten (I Nr. 2), bestimmte Gläubiger derselben (I Nr. 3) sowie Käufer von einem Eigenhändler (II), die **nicht Eigentum**, also kein Aussonderungsrecht haben, bzw. deren Eigentum rechtwidrig verletzt ist, die aber ihre Gegenpflichten vollständig erfüllt haben (oder einen noch unerfüllten kleinen Teil ihrer Gegenpflichten noch prompt erfüllen, I Nr. 3, II), haben nach III, IV ein Recht auf **vorrangige Befriedigung** aus den in der Insolvenzmasse befindlichen WP gleicher Art und den zur Masse gehörenden Ansprüchen auf Lieferung solcher Papiere (**Sondermasse**, III 1). Die Insolvenzgläubiger iSv I und II müssen den beanspruchten Vorrang bei der Anmeldung nach § 174 InsO angeben. Reicht die Sondermasse zur Befriedigung nicht aus, sind die Gläubiger wegen des Rests gewöhnliche Insolvenzgläubiger, § 52 InsO. Erforderlichenfalls ist ein Pfleger zu bestellen. V 2 nunmehr Betreuungsgericht (FGG-RG 2008). Lit.: Hopt BB 1975, 397; DB 1975, 1061.

Ausgleichsverfahren bei Verpfändung

DepotG 33 (1) Im Insolvenzverfahren über das Vermögen eines Verwahrers, dessen Pfandgläubiger die ihm nach § 12 Abs. 2 verpfändeten Wertpapiere oder Sammelbestandanteile ganz oder zum Teil zu seiner Befriedigung verwertet hat, findet unter den Hinterlegern, die die dem Pfandgläubiger verpfändeten Wertpapiere oder Sammelbestandanteile dem Verwahrer anvertraut haben, ein Ausgleichsverfahren mit dem Ziel der gleichmäßigen Befriedigung statt.

(2) ¹Die am Ausgleichsverfahren beteiligten Hinterleger werden aus einer Sondermasse befriedigt. ²In diese Sondermasse sind aufzunehmen:

1. die Wertpapiere oder Sammelbestandanteile, die dem Pfandgläubiger nach § 12 Abs. 2 verpfändet waren, von diesem aber nicht zu seiner Befriedigung verwertet worden sind;
2. der Erlös aus den Wertpapieren oder Sammelbestandanteilen, die der Pfandgläubiger verwertet hat, soweit er ihm zu seiner Befriedigung nicht gebührt;
3. die Forderungen gegen einen am Ausgleichsverfahren beteiligten Hinterleger aus dem ihm eingeräumten Kredit sowie Leistungen zur Abwendung einer drohenden Pfandverwertung.

(3) ¹Die Sondermasse ist unter den am Ausgleichsverfahren beteiligten Hinterlegern nach dem Verhältnis des Wertes der von ihnen dem Verwahrer anvertrauten Wertpapiere oder Sammelbestandanteile zu verteilen. ²Maßgebend ist der Wert am Tag der Eröffnung des Insolvenzverfahrens, es sei denn, daß die Wertpapiere oder Sammelbestandanteile erst später verwertet worden sind. ³In diesem Falle ist der erzielte Erlös maßgebend. ⁴Ein nach Befriedigung aller am Ausgleichsverfahren beteiligter Hinterleger in der Sondermasse verbleibender Betrag ist an die Insolvenzmasse abzuführen.

(4) ¹Jeder am Ausgleichsverfahren Beteiligte ist berechtigt und verpflichtet, die von ihm dem Verwahrer anvertrauten und in der Sondermasse vorhandenen Wertpapiere oder Sammelbestandanteile zu dem Schätzungswert des Tages der Eröffnung des Insolvenzverfahrens zu übernehmen. ²Übersteigt dieser Wert den ihm aus der Sondermasse gebührenden Betrag, so hat er den Unterschied zur Sondermasse einzuzahlen. ³Die Wertpapiere oder Sammelbestandanteile haften als Pfand für diese Forderung.

(5) Jeder Hinterleger kann seine Forderungen, soweit er mit ihnen bei der Befriedigung aus der Sondermasse ausgefallen ist, zur Insolvenzmasse geltend machen.

(6) § 32 Abs. 4 und 5 ist sinngemäß anzuwenden.

1) Mehrere Hinterleger, deren Verwahrer gemäß § 12 II Rückkredit mit Verpfändung der hinterlegten Papiere genommen hat, sind, wenn die Papiere ganz oder teilweise verwertet worden sind, im Insolvenzverfahren über das Vermögen des Verwahrers gleichmäßig zu befriedigen (Ausgleichsverfahren nach I, Gedanke der Gefahrengemeinschaft). Ausgleichsberechtigt sind Hinterleger, die eine Verpfändungsermächtigung nach § 12 erteilten, wenn diese Ermächtigung ausgenutzt wurde, nicht Hinterleger bei unberechtigter Verpfändung, sie haben ggf. ein Insolvenzanfechtungsrecht. Bildung und Verteilung der Sondermasse s. II–IV. Soweit die Sondermasse nicht ausreicht, sind die Hinterleger gewöhnliche Insolvenzgläubiger (V).

4. Abschnitt. Strafbestimmungen

Depotunterschlagung

DepotG 34 Wer, abgesehen von den Fällen der §§ 246 und 266 des Strafgesetzbuchs, eigenen oder fremden Vorteils wegen

1. über ein Wertpapier der in § 1 Abs. 1 bezeichneten Art, das ihm als Verwahrer oder Pfandgläubiger anvertraut worden ist oder das er als Kommissionär für den Kommittenten im Besitz hat oder das er im Falle des § 31 für den Kunden im Besitz hat, rechtswidrig verfügt,
2. einen Sammelbestand solcher Wertpapiere oder den Anteil an einem solchen Bestand dem § 6 Absatz 3 Satz 2 zuwider verringert oder darüber rechtswidrig verfügt,

wird mit Freiheitsstrafe bis zu fünf Jahren oder mit Geldstrafe bestraft.

1) § 34 idF HRefG 1998. Täter kann jeder sein, dem WP als Verwahrer oder Pfandgläubiger anvertraut sind oder der sie als Kommissionär für den Kommittenten oder als Kommissionär nach Selbsteintritt oder als Eigenhändler nach Verkauf für den Kunden (§ 31) in Besitz hat. Verfügung nach Nr. 1 ist alles, was die für den Kunden aus dem Papier folgenden Rechte beeinträchtigt, vgl. RGSt 46, 144, also auch Vernichtung. Rechtswidrig sind Verfügungen, wenn die Ermächtigung fehlt oder unzulässig bzw. sonst unwirksam ist.

Unwahre Angaben über das Eigentum

DepotG 35 Wer eigenen oder fremden Vorteils wegen eine Erklärung nach § 4 Abs. 2 wahrheitswidrig abgibt oder eine ihm nach § 4 Abs. 3 obliegende Mitteilung unterläßt, wird, wenn

(13) DepotG 42 2. Teil. Handelsrechtl. Nebenges.

die Tat nicht nach anderen Vorschriften mit schwererer Strafe bedroht ist, mit Freiheitsstrafe bis zu einem Jahr oder mit Geldstrafe bestraft.

1 **1)** § 35 idF HRefG 1998. → § 4 Rn. 1–4. Entstehung eines Schadens unnötig. § 35 kann zusammentreffen mit §§ 246, 266 StGB.

Strafantrag

DepotG 36 Ist in den Fällen der §§ 34 und 35 durch die Tat ein Angehöriger (§ 11 Abs. 1 Nr. 1 des Strafgesetzbuchs) verletzt, so wird sie nur auf Antrag verfolgt.

1 **1)** Verletzung der §§ 34, 35 ist Antragsdelikt, wenn Täter Angehöriger des Verletzten ist. Verletzt ist der am WP oder Sammelbestand Berechtigte.

Strafbarkeit im Falle der Zahlungseinstellung oder des Insolvenzverfahrens

DepotG 37 Wer einer Vorschrift der §§ 2 und 14 oder einer sich aus den §§ 18 bis 24, 26 ergebenden Pflicht zuwiderhandelt, wird mit Freiheitsstrafe bis zu zwei Jahren oder mit Geldstrafe bestraft, wenn er seine Zahlungen eingestellt hat oder über sein Vermögen das Insolvenzverfahren eröffnet worden ist und wenn durch die Zuwiderhandlung ein Anspruch des Berechtigten auf Aussonderung der Wertpapiere vereitelt oder die Durchführung eines solchen Anspruchs erschwert wird.

1 **1)** § 37 idF HRefG 1998. Verletzung der §§ 2 (Sonderverwahrung), 14 (Verwahrungsbuch), 18–24, 26 ist (unbeschadet etwaiger Strafbarkeit der Tat nach anderen Vorschriften) strafbar nach § 37 nach Zahlungseinstellung des Täters oder Eröffnung des Insolvenzverfahrens über sein Vermögen, wenn ein Aussonderungsanspruch vereitelt oder dessen Durchführung erschwert ist.

DepotG 38–40 *(weggefallen)*

5. Abschnitt. Schlußbestimmungen

DepotG 41 *(weggefallen)*

Anwendung auf Treuhänder, Erlass weiterer Bestimmungen

DepotG 42 Das Bundesministerium der Justiz und für Verbraucherschutz kann im Einvernehmen mit dem Bundesministerium der Finanzen und dem Bundesministerium für Wirtschaft und Energie durch Rechtsverordnung, die nicht der Zustimmung des Bundesrates bedarf, die Anwendung von Vorschriften dieses Gesetzes für Fälle vorschreiben, in denen Kaufleute als Treuhänder für Dritte Wertpapiere besitzen oder erwerben oder Beteiligungen oder Gläubigerrechte ausüben oder erwerben oder in öffentliche Schuldbücher oder sonstige Register eingetragen sind.

V. Bankgeschäfte **Einl BörsG (14)**

Übergangsregelung zum Ersten Finanzmarktnovellierungsgesetz

DepotG 43 Ein Kreditinstitut, das am Tag, den die Bundesregierung nach Artikel 17 Absatz 3 Satz 2 des Gesetzes vom 30. Juni 2016 (BGBl. I S. 1514) im Bundesgesetzblatt bekannt gibt, über eine Anerkennung als Wertpapiersammelbank von der nach Landesrecht zuständigen Stelle des Landes, in dessen Gebiet das Kreditinstitut seinen Sitz hat, verfügt, gilt bis zur Bestandskraft der Entscheidung über den Antrag auf Zulassung als Zentralverwahrer nach Artikel 17 Absatz 1 der Verordnung (EU) Nr. 909/2014 weiterhin als Wertpapiersammelbank im Sinne dieses Gesetzes.

1) Die Vorschrift enthält eine Übergangsregelung für Zentralverwahrer im Zusammenhang mit dem Ersten Finanzmarktnovellierungsgesetz, wonach bisher als Wertpapiersammelbanken angesehene Kreditinstitute weiterhin als solche anerkannt werden, bis über ihren Antrag auf Zulassung als Zentralverwahrer nach VO 909/2014 entschieden worden ist.

(14) Börsengesetz (BörsG)

Vom 16. Juli 2007 (BGBl I 1351/FNA 4110-8),
zuletzt geändert durch Art. 6 G zur begleitenden Ausführung der VO (EU) 2020/1503 und der Umsetzung der RL EU 2020/1504 vom 3.6.2021(BGBl. I 1568)

Einleitung

Schrifttum

a) Kommentare und Handbücher: Außer dem allgemeinen Schrifttum (s → (7) Bankgeschäfte Einl vor A1, Effektengeschäft Q1) und zum Kapitalmarktrecht: BuB*(/Hellner/Steuer)* (LBl) 7/79 ff. – *Canaris,* Bankvertragsrecht, 2. Aufl 1981, Rdn 2236 ff (Emissionsgeschäft). – Ebenroth/Boujong/Joost/Strohn/*Groß* HGB, Bd. 2, BörsG, 4. Aufl 2020 – *Groß,* Kapitalmarktrecht, 8. Aufl 2022. – *Habersack/Mülbert/Schlitt,* Unternehmensfinanzierung am Kapitalmarkt, 4. Aufl 2019, §§ 37, 40. – *Heidel,* Aktienrecht und Kapitalmarktrecht, 5. Aufl. 2019, BörsG. – *Kümpel/Hammen/Ekkenga,* Kapitalmarktrecht (LBl). – *Kümpel/Mülbert/Früh/Seyfried(/Seiffert)* 6. Aufl 2022 Rn 14.91 ff. – *Marsch-Barner/Schäfer,* Hdb börsennotierte AG, 4. Aufl 2017. – *Schäfer/Hamann,* Kapitalmarktgesetze, 2. Aufl 2006 ff (LBl). – *Schwark/Zimmer(/Bearbeiter),* Kapitalmarktrechts-Komm, 5. Aufl 2020.

b) Lehrbücher: *Buck-Heeb,* Kapitalmarktrecht, 10. Aufl 2019. – *Claussen,* Bank- und Börsenrecht, 5. Aufl 2014. – *Grunewald/Schlitt,* Einführung in das Kapitalmarktrecht, 4. Aufl. 2020. – *Kümpel/Hammen,* Börsenrecht, 2. Aufl 2003.

c) Sonstige Beiträge: *BaFin,* Emittentenleitfaden, Modul C, Stand 25.3.2020. – *Hopt,* Kapitalanlegerschutz, 1975. – *Hopt/Rudolph/Baum,* Börsenreform, 1997. – *Fleischer u Merkt* 64. DJT 2002 GA (Anlegerschutz). – *Lang,* Informationspflichten bei Wertpapierdienstleistungen, 2003. – *Reithmann/Martiny/Mankowski* Internationales Vertragsrecht, 8. Aufl. 2015, Rz 6.1658 ff (Finanzmarktverträge, Art 6 IV lit d, e Rom I-VO). – *Kumpan* 2006 (außerbörsliche WPHdlSysteme). – *Christoph,* Börsenkooperationen und Börsenfusionen, 2009. – *Seehafer,* Grenzüberschreitende Börsenkonzentrationen im deutschen und britischen Recht, 2009. – *Gurlit/Mülbert,* Der Börsenträger im Spannungsfeld von Gemeinwohlauftrag und Privatinteresse, 2012. – *Schanz,* Börseneinführung, 4. Aufl 2012. – *Fleckner/Hopt* HK Hbg 2008, 249 (Entwicklung des Börsenrechts). – *Baum/Fleckner/Sumida,* RabelsZ 82 (2018), 697. – *Kaufhold,* ZHR 184 (2020), 562 (Verfassung der Börse). – *Fleckner* JZ 2021, 554 (Mistrades). – *Habersack,* FS Hager, 2021, 382 (Mistrades).

RsprÜbersichten zum Börsen- und Kapitalmarktrecht: BGHFS WissII/*Schwark* u *Hopt* 2000, 455, 497 (mit Prospekthaftung), M. Weber NJW 2000, 2061, 3461; 2003, 18;

(14) BörsG Einl 1–3   2. Teil. Handelsrechtl. Nebenges.

2004, 28, 3674; 2005, 3682; 2006, 3685; 2007, 3688; 2009, 33; 2010, 274; 2011, 273; 2012, 274; 2013, 275; 2013, 2324, *von Bonin/Glos* WM 2012, 917, WM 2013, 1201, WM 2014, 1653, WM 2015, 2257, *Schlick* WM 2014, 581 und 633, WM 2015, 261 und 309.

Übersicht

	Rn
1) Börsengesetz	1
2) Börsenrechtsreformen 1986–2007	2–9
3) Finanzmarktrichtlinie-Umsetzungsgesetz 2007	10, 11
4) Anschließende Börsenrechtsreformen	12
5) Finanzmarktnovellierungsgesetze 2016 und 2017	13
6) Weitere Änderungen	14, 15

1) Börsengesetz

1   Das BörsG stammt ursprünglich vom 22.6.1896, nF 27.5.1908 RGBl. 215; geändert in vielen Punkten ua durch G 28.4.1975 BGBl. 1013, G 15.5.1986 BGBl. 721 (§§ 88, 89 nF), BörsZulG 16.12.1986 BGBl. 2478 (abgestuftes Inkrafttreten nach Art. 5 zum 1.1.1987, 1.5.1987 und für die neue Zwischenberichterstattung 1.7.1988; Übergangsregelung in § 97 nF), G 11.7.1989 BGBl. 1412, EWRG 27.4.1993 BGBl. 512, 2. FinanzmarktfördG 26.7.1994 BGBl. 1749, BörsG nF 17.7.1996 BGBl. 1030; dieses geändert durch BegleitG 22.10.1997 BGBl. 2567, 3. FinanzmarktfördG 24.3.1998 BGBl. 529, 9.6.1998 BGBl. 1242, G 22.6.1998 BGBl. 1474 zu BörsG nF 9.9.1998 BGBl. 2682; 4. FinanzmarktfördG 21.6.2002 BGBl. 2010 BörsG nF 21.6.2002 BGBl. 2010, nunmehr geltend völlige **Neufassung 16.7.2007** BGBl. 1351 durch FinanzmarktRLUmsetzG. Danach durch InvestmentänderungsG 21.12.2007 BGBl. 3089, BeteiligungsRLUmsG 12.3.2009 BGBl. 470, PfandBFortentwicklungsG 20.3.2009 BGBl. 607, FGG-RG 17.12.2008 BGBl. 2586, VermAnlGEG 6.12.2011 BGBl. 2481, EUFAAnpG 4.12.2011 BGBl. 2427, ProspRLUmsetzG 2012 26.6.2012 BGBl. 1375, EU-LeerVkAG 6.11.2012 BGBl. 2286, EMIR-AG 13.2.2013 BGBl. 174, HFHandelG 7.5.2013 BGBl. 1162, AmtshilfeRLUmsG 26.6.2013 (BGBl. 1809, AIFM-UmsG 4.7.2013 BGBl. 1981, FiMaAnpG 15.7.2014 BGBl. 934, Zehnte Zuständigk-AnpVO 31.8.2015 BGBl. 1474, TransparenzRLÄndRL-UmsetzG 20.11.2015 BGBl. 2029, 1. FiMaNoG 30.6.2016 BGBl. 1514, 2. FiMaNoG 23.6.2017 BGBl. 1693, 2. EUProspVO-AnpG 8.7.2019 BGBl 1002, 2. DSAnpUG-EU 20.11.2019 BGBl 1626, WpIGEG 12.5.2021 BGBl. I 990, FoStoG 3.6.2021 BGBl. I 1498, FISG 3.6.2021 BGBl. I 1534, SchwFinBG 3.6.2021 BGBl. I 1568.

2) Börsenrechtsreformen 1986–2007

2   Das Börsenrecht ist seit 1986 in ständiger Reform, teils angestoßen durch EU-RL, die viele Neuerungen in der behäbig gewordenen deutschen Börsenlandschaft erzwangen, teils infolge von Wettbewerb und Internationalisierung. Weitere Reformen stehen bevor. Es ist deshalb wichtig, sich zu vergewissern, wo das Börsenrecht steht, wie es dazu gekommen ist und wohin die Börsenreform geht.

3   **BörsZulG 1986:** Die Börsennovelle 1986 enthielt zwei große Regelungskomplexe: (1) Umsetzung dreier EG-RL zwecks **Schaffung eines europäischen Börsenrechts** im Rahmen der EU-Rechtsvereinheitlichung (vgl. Europäisches GesRecht → HGB Einl. vor § 105 Rn. 34), und zweier EG-RL 5.3.1979 **(Börsenzulassungsbedingungen),** EG-RL 17.3.1980 **(Börsenzulassungsprospekte),** EG-RL 15.2.1982 **(Zwischenberichterstattung** börsennotierter AG); (2) Erleichterung des Börsenzugangs, insbesondere für kleine und mittlere Unternehmen, zwecks verbesserter Eigenkapitalausstattung der Unternehmen, und zwar durch **Einführung eines neuen Marktabschnitts** an den Wertpapierbörsen **(geregelter Markt,** dh Börsenhandel mit nichtamtlicher Notierung). Die

V. Bankgeschäfte   4–8   **Einl BörsG (14)**

Detailregelungen sind nicht in das **(14)** BörsG aufgenommen worden, sondern bleiben hinsichtlich der Umsetzung der EG-RL der BörsZulV überlassen (näher § 32), hinsichtlich des geregelten Marktes den BörsO. **Lit.**: Schwark NJW 1987, 2041; Schäfer ZIP 1987, 953.

Börsenrechtsnovelle 1989: Die Börsenrechtsnovelle vom 11.7.1989 **4** BGBl. 1412 hatte zwei Ziele: die **Stärkung des Finanzplatzes Deutschland** durch Modernisierung des Börsenrechts und Schaffung der Voraussetzungen für die Deutsche Terminbörse Frankfurt und die Umsetzung der EG-RL 22.6.1987 über die **gegenseitige Anerkennung der Börsenzulassungsprospekte in der EU** in das nationale Recht. Dem ersten Ziel dienten die Ausweitung des Begriffs „Börsentermingeschäft", die Einschränkung des Termin- und Differenzeinwands, die Stärkung der Funktion der Kursmakler und der freien Makler durch eine bessere Beaufsichtigung und Absicherung, die nunmehr mögliche Notierung von Wertpapieren auch in ausländischer Währung und in Rechnungseinheiten wie Ecu und die Befreiung der Börsenteilnehmer von dem Erfordernis der physischen Anwesenheit an der Börse. Dem zweiten Ziel galt die Vereinfachung des Zulassungsverfahrens für Wertpapiere, die bereits an einer Börse im Inland oder in einem anderen EU-Mitgliedstaat zugelassen sind. **Lit.**: Schwark NJW 1989, 2675; Kümpel WM 1989, 1313 u. 1485.

Zweites Finanzmarktförderungsgesetz 1994: Der wichtigste Einschnitt **5** seit Erlass des BörsG 1896 erfolgte durch das 2. FinanzmarktfördG (Artikelgesetz) 26.7.1994 BGBl. 1749. Es brachte in Art. 1 das WpHG mit dem gesetzlichen Insiderrecht, der erweiterten Ad-hoc-Publizität und dem BAWe (→ Rn. 8). Art. 2 enthielt zahlreiche Änderungen des BörsG, ua die HdlAufsicht an der Börse, eine andere Börsenleitungsstruktur, eine schärfere Börsenaufsicht und Grundlagen für Warenterminbörsen. **Lit.**: Kümpel WM 1993, 2025.

Begleitgesetz 1997, Drittes Finanzmarktförderungsgesetz 1998: Die **6** 1993 erlassene **EG-Wertpapierdienstleistungs-Richtlinie** 10.5.1993 WM 1993, 1432 war bis Ende 1995 umzusetzen, wurde aber zusammen mit der KapitaladäquanzRL erst durch das BegleitG 1997 22.10.1997 BGBl. 2567 zusammen mit der 6. KWGNovelle 22.10.1997 BGBl. 2518 und das 3. FinanzmarktfördG 24.3.1998 BGBl. 529 umgesetzt. Diese haben einschneidende Änderungen für Kreditinstitute, Wertpapierdienstleistungsunternehmen und Börsen gebracht. **Lit.**: zur WPDienstleistungsRL Jentsch WM 1993, 2189; zur Börsenrechtsreform 1997 Meixner WM 1998, 431; zum 3. FinanzmarktfördG Weisgeber/Baur, Pötzsch WM 1998, 949; Hopt FS Drobnig, 1998, 525.

Viertes Finanzmarktförderungsgesetz 2002: Das 4. FinanzmarktfördG **7** vom 21.6.2002 BGBl. 2010 brachte erneut grundlegende Änderungen für Börsen, Wertpapierdienstleistungsunternehmen und Kreditinstitute und führte zur **Neufassung des BörsG 21.6.2002** (mit nunmehr **amtlichen Paragraphenüberschriften**). An Börsenreformmaßnahmen sind hervorzuheben: die Deregulierung der Preisbildung an den WPBörsen durch Wegfall der amtlichen Preisfeststellung und Übertragung der Verantwortung für die verschiedenen Handelssegmente und die Preisfeststellung dort an die Börse; die Möglichkeit der Börse, für Teilbereiche über die gesetzlichen Vorgaben hinaus weitere Zulassungsfolgepflichten einzuführen; die Regelung von Lock-up-Vereinbarungen und die Neuordnung des Maklerrechts unter Entfallen der amtlichen Kursfestsetzung durch die Kursmakler (§§ 30–35 aF, s. 30. Aufl., stattdessen optional Skontroführer). Entfallen ist auch die Börsenschiedsgerichtsbarkeit (§ 28 aF, s. 30. Aufl.). **Lit.**: Beck BKR 2002, 662 (699); Fleischer NJW 2002, 2977; Rudolph BB 2002, 1036; Hutter/Leppert NZG 2002, 650.

Prospektrichtlinie-Umsetzungsgesetz 2005: Die **EG-Prospekt-Richt-** **8** **linie** 4.11.2003 ABl. L 345, 64 und die DurchführungsVO 29.4.2004 ABl. L 215, 3 haben maßgebliche Vorgaben gemacht. Das ProspRLUmsetzG 22.6.2005 BGBl. 1698 bringt nach weiteren kleinen Änderungen des BörsG wichtige Ein-

(14) BörsG Einl 9–11   2. Teil. Handelsrechtl. Nebenges.

schnitte, weil das Prospektrecht (mit Ausnahme der Prospekthaftung) in einem eigenen **WpPG** 22.6.2005 BGBl. 1698 zusammengefasst ist. Die Änderungen betreffen vor allem die Zulassungsvorschriften (§§ 30, 32, 33, 34, 35, 51, 64) und die Prospekt- u. Unternehmensberichtshaftung (§§ 44 aF, 55). Kleine Änderungen durch KapMuG (§§ 48, 55). Lit.: Assmann/Schlitt/von Koop-Colomb, 2. Aufl. 2010; Groß Kapitalmarktrecht, 5. Aufl. 2012 (WpPG); Arndt/Voß, 2008 (VerkProspG); Holzborn, WpPG, 2. Aufl. 2014; Unzicker, 2010 (VerkProspG); Wiegel, 2008 (ProspektRL); Just/Voß/Ritz/Zeising, 2009 (WpPG); Crüwell AG 2003, 243 (ProspektRL); Holzborn/Schwarz-Gondeck BKR 2003, 927 (ProspektRL); Fischer-Appelt/Werlen EUREDIA 2004, 379 (ProspektRL); Fleischer WM 2004, 1897 (fehlender Prospekt); Holzborn/Israel ZIP 2005, 1668 (WpPG); Kullmann/Sester WM 2005, 1068 (WpPG); Mülbert/Steup WM 2005, 1633 (WpPG); Schlitt/Singhof/Schäfer BKR 2005, 251 (WpPG). Auch → Anh. § 177a Rn. 59.

9   **Transparenzrichtlinie-Umsetzungsgesetz (TUG) 2007:** Das TUG 5.1.2007 BGBl. 10 hat einige börsenrechtliche Vorschriften (§§ 39 Nr. 1–3 aF, 40 sowie §§ 63, 64, 66, 67 aF BörsZulV) in das nach Vorgaben der TransparenzRL grundlegend geänderte WpHG überführt und in § 42a (jetzt § 43) Pflichten des Insolvenzverwalters statuiert (wie § 24 WpHG).

3) Finanzmarktrichtlinie-Umsetzungsgesetz 2007

10   **Finanzmarktrichtlinie-Umsetzungsgesetz 2007:** Das FinanzmarktRL-UmsetzG (inoffiziell auch FRUG abgekürzt) 16.7.2007 BGBl. 1330 hat das BörsG völlig neu gefasst und durch einheitliche Regelung der Zulassung von Wertpapieren zum Börsenhandel (keine Trennung mehr zwischen amtlichem und geregeltem Markt) von 64 auf 52 Paragraphen verschlankt. Die Reform wurde notwendig infolge der **MiFID (Markets in Financial Instruments Directive, FinanzmarktRL)** 21.4.2004 über Märkte für Finanzinstrumente ABl. 2004 L 145, 1. Zusammen mit dieser wurde die DurchführungsRL der Kommission 10.8.2006 ABl. L 241, 26 umgesetzt. Die MiFID, mittlerweile abgelöst von ihrer Nachfolgerin MiFID II, war das Grundgesetz des europäischen Finanzmarktrechts. Sie ersetzte die völlig veraltete WPDienstleistungRL (Investment Services Directive ISD) 10.5.1993 ABl. L 141, 27 und brachte wesentliche Änderungen mit sich. Die Neuerungen betrafen insbesondere den Anwendungsbereich, Transparenzanforderungen für Handelsplattformen und die rechtlichen Grundlagen zur Ausführung von Wertpapiergeschäften. Die Europäische Kommission hatte Durchführungsvorschriften erlassen: die bereits erwähnte **EU-DurchführungsRL** 10.8.2006 ABl. L 241, 26 und die **EUDurchführungsVO** Nr. 1287/2006 der Kommission 10.8.2006 ABl. L 241, 1 über Aufzeichnungspflichten für Wertpapierfirmen, Meldung von Geschäften, Markttransparenz, Zulassung von Finanzinstrumenten zum Handel und bestimmte Definitionen. Während die DurchführungsRL durch das FinanzmarktRLUmsetzG mitumgesetzt wurde, galt die EUDurchführungsVO ohne Umsetzungsbedarf unmittelbar, diesbezügliche Vorschriften im Börsen- und WPRecht waren deshalb aufgehoben worden. Von der Praxis unmittelbar zu beachten waren sowohl das deutsche Recht gemäß dem FinanzmarktRLUmsetzG als auch die EUDurchführungsVO. Mittelbar relevant blieben aber auch die MiFID und entsprechende DurchführungsRL der Kommission, weil eine eventuelle unrichtige oder unvollständige Umsetzung über **Vorlageverfahren beim EuGH** (Art. 267 AEUV, Art. 234 aF EGV) geklärt werden konnte. Die Umsetzung durch Bundesgesetz erfolgte nach Art. 74 I Nr. 11 GG und war im Hinblick auf die europäische Harmonisierung, die Gefahr föderaler Zersplitterung und die Vermeidung von Aufsichtsarbitrage unbedingt notwendig.

11   **Wesentliche Änderungen für Börsen durch das FinanzmarktRL-UmsetzG:** Die **Transparenzanforderungen** für Handelsplattformen sind

durch die Vorschriften über Vor- und Nachhandelstransparenz für an organisierten Märkten zugelassene Aktien ganz erheblich gestiegen. **Handelsplattformen** sind **Börsen, multilaterale Handelssystem (multilateral trading facilities, MTF,** also Handelssysteme außer der Börsenmärkte) **und Internalisierungssysteme,** bei denen Banken und Broker hausintern Kundenaufträge auf regelmäßiger Basis ausführen. Lit.: Zur FinanzmarktRL Clouth ua, 2007; Kühne BKR 2005, 275; Spindler/Kasten WM 2006, 1749 (1797); Spinder/Kasten AG 2006, 785; Duve/Keller BB 2006, 2425 (2477, 2537); Fleischer BKR 2006, 389; Hirschberg AG 2006, 398; Kumpan WM 2006, 797; Kumpan/Hellgardt DB 2006, 1714; Schlicht BKR 2006, 469; Seyfried WM 2006, 1375; Teuber BKR 2006, 429; Volhard/Wilkens DB 2006, 2051; Göres BKR 2007, 85; Roth/Loff WM 2007, 1249; Voß BKR 2007, 45; Weichert/Wenninger WM 2007, 627. Zum FinanzmarktRLUmsetzG Kasten BKR 2007, 261; Mülbert WM 2007, 1149; Spindler/Kasten WM 2007, 1245; Weichert/Wenninger WM 2007, 627; Zingel BKR 2007, 173; Holzborn/Israel NJW 2008, 791; Sester ZBB 2008, 369 (Anteile an geschlossenen Fonds); Gomber/Jäger ZBB 2014, 40 (Zielerreichung).

4) Anschließende Börsenrechtsreformen

Die Börsenreform war mit der Fundamentalreform durch das FinanzmarktRL- 12 UmsetzG zu einem vorläufigen Ende gebracht worden. Manche Petita der Praxis und Wissenschaft waren trotzdem noch nicht erfüllt, zB **Privatisierungswahlrecht für Börsen; Clearing und Settlement;** Ersetzung der dezentralen Länderaufsicht über die Börsen durch eine **bundeseinheitliche Aufsicht über die Börsen** und den Kapitalmarkt wie in anderen EUMitgliedstaaten ua, dazu Beschlüsse des 64. DJT NJW 2002, 3082, Verzicht auf letztere hat die BReg beim FinanzmarktRLUmsetzG als Kompromiss den Ländern zugestanden. Vieles ist hoch streitig, insbesondere die Frage der öffentlich- und/oder privatrechtlichen Organisation und der zentralen Börsenaufsicht (→ Rn. 6, 7). Hinzu kommen neue Reformzwänge durch Aktivitäten der EU, die auf **weitere Integration des europäischen Binnenkapitalmarkts** abzielen, Foelsch BKR 2007, 94, insbesondere auch auf dem **Nachhandelssektor** (→ (13) DepotG Einl. vor § 1 Rn. 6) und Überlegungen der BReg, die auf den Wettbewerb der europäischen und internationalen Finanzplätze reagieren muss. Im Rahmen des **VermAnlGEG** 6.12.2011 BGBl. 2481 ist die Prospekthaftung nun mit einigen ergänzenden Regelungen aus den §§ 44 ff. aF BörsG in §§ 21 ff. WpPG aF (jetzt **(15a)** WpPG §§ 8 ff.) überführt worden. Die Verjährungsregelung des § 46 aF BörsG ist dabei weggefallen und im WpPG nicht mehr enthalten. Gewichtige Neuerungen für die Börsen hat auch das **HFHandelG** 7.5.2013 BGBl. 1162 gebracht. Sie zielen darauf ab, Risiken algorithmischer Hochfrequenzhandelsprogramme für die Systemstabilität und Marktintegrität zu begrenzen. Durch das **G zur Umsetzung der Transparenzrichtlinie-Änderungsrichtlinie** 20.11.2015 BGBl. 2029 wurde in Reaktion auf die geänderte Rechtsprechung des BGH zum Delisting (insbesondere bzgl. Hauptversammlungsbeschluss und Pflichtangebot) § 39 BörsG erheblich umgestaltet, danach ist nun in bestimmten Fällen des Widerrufs der Börsenzulassung von Wertpapieren ein Wertpapiererwerbsangebot nach dem WpÜG erforderlich.

5) Finanzmarktnovellierungsgesetze 2016 und 2017

Umfangreiche Änderungen des Kapitalmarktrechts mit Auswirkungen auch 13 auf das Börsengesetz erfolgten 2016 und 2017 durch die beiden Finanzmarktnovellierungsgesetze. Das **Erste Finanzmarktnovellierungsgesetz** (1. FiMaNoG) 30.6.2016 BGBl. 1514 diente insbesondere der Verankerung der unmittelbar anwendbaren europäischen Marktmissbrauchsverordnung von 2014 (VO 596/ 2014 16.4.2014 ABl. L 173, 1), die seit 3.7.2016 Anwendung findet, mittels entsprechender Ausführungsbestimmungen sowie der Umsetzung der komplementierenden Sanktionsrichtlinie (RL 2014/57/EU 16.4.2014 ABl. L 173, 179) soweit die Vorgaben nicht mit der noch umzusetzenden MiFID II verbunden sind. Weiterhin wird die Verordnung Nr. 909/2014 (23.6.2014 ABl. L 257, 1) die der Verbesserung der Wertpapierlieferungen und -abrechnungen dient und Regelungen zu Zentralverwahrern enthält, sowie die PRIIPS-VO (VO 1286/2014 26.11.2014 ABl. L 352, 1) mittels Ausführungsvorschriften verankert. Zu den Neuerungen Becker/Rodde ZBB 2016, 11; Bator BKR 2016, 1. Größere Veränderungen im BörsG brachte das **Zweiten Finanzmarktnovellierungsgesetz (2. FiMaNoG)** 23.6.2017 BGBl. 1693, mit dem die neue FinanzmarktRL II (**MiFID II,** RL 2014/65/EU 15.5.2014 ABl. L 173, 349) umgesetzt wurde. Wichtige Neuerungen gab es insbesondere hinsichtlich der Leitungs- und Aufsichtsorgane der Börse (§§ 4a, 4b), bei den Befugnissen der Aufsichtsbehörde (§§ 3a, 3b), den mittelbaren Teilnehmern (§ 19a), der Sicherung des Handelsablaufs (§§ 26c ff.), KMU-Wachstumsmärkten (§ 48a), organisierte Handelssystemen (§ 48b) und bei den Sanktionen (§§ 50, 50a) sowie die Streichung der §§ 30, 31 aF. Die MiFID II wird flankiert durch die unmittelbar anwendbare **MiFIR** (VO 600/2014 15.5.2014 ABl. L 173, 84), die vor allem Transparenz-, Veröffentlichungs-, Meldepflichten und für Handelsplätze und Wertpapierfirmen sowie Vorschriften zum Derivatehandel, zur Produktintervention und zum diskriminierungsfreien Zugang zum Handel und Clearing enthält. Zu Änderungen durch die MiFID II zB Loff/Hahne WM 2012, 1512; Veil/Lerch WM 2012, 1557 u. 1608; Grundmann WM 2012, 1745; Geier/Schmitt WM 2013, 915; Möllers/Poppele ZGR 2013, 437; Buck-Heeb ZBB 2014, 221; Gomber/Nassauer ZBB 2014, 250; Brenncke WM 2015, 1173; Balzer ZBB 2016, 226; Eckhold WM 2016, 2063; Hoops ZBB 2016, 47; Roth/Blessing WM 2016, 1157; Busch WM 2017, 409; Eufinger WM 2017, 1581.

6) Weitere Änderungen

14   Im Wesentlichen redaktionelle Änderungen hat das **2. EUProspVOAnpG** 8.7.2019 BGBl. 1002 gebracht. So wurden in § 2 die Verweise auf Vorschriften des WpHG korrigiert, deren Stellung sich aufgrund des 2. FiMaNoG geändert hat. In §§ 32, 36, 48a wurden die bisherigen Verweise auf das WpPG durch Verweise auf die EU-ProspektVO ersetzt und in § 52 wurden wegen des Übergangs auf die EU-ProspektVO zwei neue Absätze (10 und 11) mit Übergangsregelungen für nach dem bis 20.7.19 geltenden WpPG gebilligten Prospekte ergänzt. Durch das **2. DSAnpUG-EU** 20.11.2019 BGBl 1626 wurde der Gesetzestext in § 3b II und III begrifflich an die VO (EU) 2016/679 angepasst, mit der aber nicht die materielle Rechtslage geändert werden sollte, und § 22b neu eingefügt.

15   Im Jahr 2021 kamen weitere Änderungen hinzu. Im Rahmen des **Gesetzes zur Umsetzung der Richtlinie (EU) 2019/2034,** 12.5.2021 BGBl. 990, kam es nur zu redaktionellen Anpassungen durch die Aufnahme des Begriffs „Wertpapierinstitute" in einige Bestimmungen. Inhaltliche Änderungen kamen mit dem **FISG** vom 3.6.2021 BGBl. 1534: § 10 eine Regelung über die Weitergabe von Informationen an ausländische Stellen aufgenommen, wenn bzgl. der Informationen eine Verschwiegenheitspflicht besteht. In § 22 wurde eine Pflicht des Sanktionsausschusses zu Unterrichtung der Geschäftsführung normiert. Weiterhin wurde § 42 angepasst und in § 50a ein neuer Abs. 3 aufgenommen, der vorsieht, dass Börsen Maßnahmen und Sanktionen auf ihren Internetseiten bekanntmachen können. Durch das **FoStoG** vom 3.6.2021 BGBl. 1498 wurde § 10 III angepasst. Schließlich wurde durch das **Schwarmfinanzierung-BegleitG** vom 3.6.2021 BGBl 1568 § 26f geändert, u. a. indem bzgl. der Positionsmanagementkontrollen ein Verweis auf die MiFID II und die technischen Regulierungsstandards aufgenommen wurde. Der neue § 53a sieht zudem vor, dass § 26e bis 27.2.2023 keine Anwendung findet.

V. Bankgeschäfte 1 **1 BörsG (14)**

Lit.: Hopt/Rudolph/Baum, Börsenreform 1997, Merkt 64. DJT 2002 GA G, Ferrarini/Hopt/Wymeersch, Capital Markets in the Age of the Euro, The Hague 2002; Hopt/Wymeersch, Capital Markets and Company Law, Oxford 2003; Blumentritt, 2003 (privatrechtlich organisierte Börse); Ferrarini/Hopt/Winter/ Wymeersch, Reforming Company and Takeover Law in Europe, Oxford 2005; Hopt/Voigt, Prospekt- und Kapitalmarktinformationshaftung, 2005 u. WM 2004, 1801; Ferrarini/Wymeersch, Investor Protection in Europe, Oxford 2006 (MiFID and beyond); Brockmeier, FinanzmarktRLUmsetzG, 2007; Köndgen FS Lutter, 2000, 1401; Ferrarini CMLRev 36 (1999), 569; EBOR 3 (2002), 249; Hutter/Leppert NJW 2002, 2208; Spindler DStR 2002, 1576; Wymeersch EBOR 8 (2007), 237 (Financial Supervision in Europe); Jaskulla BKR 2013, 221; Kobbach BKR 2013, 233.

Abschnitt 1. Allgemeine Bestimmungen über die Börsen und ihre Organe

Anwendungsbereich

BörsG 1 (1) Dieses Gesetz enthält Regelungen insbesondere zum Betrieb und zur Organisation von Börsen, zur Zulassung von Handelsteilnehmern, Finanzinstrumenten, Rechten und Wirtschaftsgütern zum Börsenhandel, zur Ermittlung von Börsenpreisen, zu den Zuständigkeiten und Befugnissen der zuständigen obersten Landesbehörde (Börsenaufsichtsbehörde) und zur Ahndung von Verstößen hinsichtlich

1. der Vorschriften dieses Gesetzes,
2. der Artikel 4 und 15 der Verordnung (EU) 2015/2365 vom 25. November 2015 über die Transparenz von Wertpapierfinanzierungsgeschäften und der Weiterverwendung sowie zur Änderung der Verordnung (EU) Nr. 648/ 2012 (ABl. L 337 vom 23.12.2015, S. 1) sowie der auf Grundlage des Artikels 4 dieser Verordnung erlassenen delegierten Rechtsakte und Durchführungsrechtsakte der Europäischen Kommission in der jeweils geltenden Fassung und
3. der Verordnung (EU) Nr. 600/2014 des Europäischen Parlaments und des Rates vom 15. Mai 2014 über Märkte für Finanzinstrumente und zur Änderung der Verordnung (EU) Nr. 648/2012 (ABl. L 173 vom 12.6.2014, S. 84; L 6 vom 10.1.2015, S. 6; L 270 vom 15.10.2015, S. 4), die durch die Verordnung (EU) 2016/1033 (ABl. L 175 vom 30.6.2016, S. 1) im der jeweils geltenden Fassung.

Es ist auch anzuwenden auf den Betrieb von multilateralen oder organisierten Handelssystemen durch Börsenträger an einer Börse.

(2) Ist eine Börse beauftragt worden, Versteigerungen gemäß der Verordnung (EU) Nr. 1031/2010 der Kommission vom 12. November 2010 über den zeitlichen und administrativen Ablauf sowie sonstige Aspekte der Versteigerung von Treibhausgasemissionszertifikaten gemäß der Richtlinie 2003/87/ EG des Europäischen Parlaments und des Rates über ein System für den Handel mit Treibhausgasemissionszertifikaten in der Gemeinschaft (ABl. L 302 vom 18.11.2010, S. 1) durchzuführen, gelten hinsichtlich dieser Versteigerungen die Vorschriften dieses Gesetzes, soweit in der Verordnung (EU) Nr. 1031/2010 in der jeweils geltenden Fassung nichts anderes bestimmt ist.

1) Anwendungsbereich

§ 1 I nF 2. FiMaNoG 2017 umschreibt ausdrücklich den Anwendungsbereich **1** des Gesetzes, was angesichts von dessen Weite, die aus der Bezeichnung BörsG

Kumpan 2789

nicht ohne weiteres ersichtlich ist, zu begrüßen ist. Durch das 2. FiMaNoG ist diese im Rahmen des FRUG 2007 eingeführte Vorschrift klarer und weiter gefasst worden. Auch jetzt erschließt sich der Anwendungsbereich jedoch erst in Zusammenschau mit den nachfolgenden Vorschriften des BörsG. Er erstreckt sich auf den Betrieb und die Organisation der Börsen (§§ 2 ff.), die Zulassung von HdlTeilnehmern (§ 19), Finanzinstrumenten, Wirtschaftsgütern und Rechten zum Börsenhandel (§ 23), die Ermittlung von Börsenpreisen (§ 24), die Ahndung von Verstößen gegen Art. 4 und 15 Verordnung (EU) 2015/2365 und die MiFIR (VO (EU) 600/2014, ABl. 2014 L 173, 84). Klargestellt ist nun zudem, dass auch vom Börsenträger betriebene multilaterale und organisierte Handelssysteme unter die Aufsicht nach dem BörsG fallen (RegE 2. FiMaNoG, BT-Drs. 18/10936, 267; über diese Aufsicht durch die Länder).

2) Börsenbetrieb

2   Der Begriff des Börsenbetriebs iSv § 1 ist weit zu verstehen (RegE FRUG, BT-Drs. 16/4028, 79). Er umfasst nach RegE außer der Bereitstellung und dem Betrieb der Börsenhandels- und -abwicklungssysteme auch insbesondere den Börsenhandel in den gesetzlichen Börsensegmenten und dem Freiverkehr sowie sämtliche Vorgänge und Abläufe in der Selbstverwaltung der Börse einschließlich der Schaffung und Durchsetzung des börslichen Regelwerks.

3) Versteigerungen

3   II eingefügt durch VermAnlGEG 6.12.2011 BGBl. 2481, da nach § 3 I Emissionshandels-VersteigerungsVO 2012 die Versteigerung als Teil des Börsenhandels durchgeführt werden muss, diese allerdings zT von den Regelungen des BörsG abweicht, zB hins. Aufsicht, zugelassenen Teilnehmern. Daher erfolgt die Klarstellung, dass insoweit die EU VO Vorrang hat, FinA, BT-Drs. 17/7453, 77.

Börsen und weitere Begriffsbestimmungen

BörsG 2 (1) **Börsen sind teilrechtsfähige Anstalten des öffentlichen Rechts, die nach Maßgabe dieses Gesetzes multilaterale Systeme regeln und überwachen, welche die Interessen einer Vielzahl von Personen am Kauf und Verkauf von dort zum Handel zugelassenen Wirtschaftsgütern und Rechten innerhalb des Systems nach nichtdiskretionären Bestimmungen in einer Weise zusammenbringen oder das Zusammenbringen fördern, die zu einem Vertrag über den Kauf dieser Handelsobjekte führt.**

(2) [1]**Wertpapierbörsen im Sinne dieses Gesetzes sind Börsen, an denen Wertpapiere und sich hierauf beziehende Derivate im Sinne des § 2 Absatz 3 des Wertpapierhandelsgesetzes gehandelt werden.** [2]**An Wertpapierbörsen können auch andere Finanzinstrumente im Sinne des § 2 Absatz 4 des Wertpapierhandelsgesetzes und Edelmetalle gehandelt werden.**

(3) [1]**Warenbörsen im Sinne dieses Gesetzes sind Börsen, an denen Waren im Sinne des § 2 Absatz 5 des Wertpapierhandelsgesetzes und Termingeschäfte in Bezug auf Waren gehandelt werden.** [2]**An Warenbörsen können auch Termingeschäfte im Sinne des § 2 Absatz 3 Nummer 2 des Wertpapierhandelsgesetzes und die diesen zugrunde liegenden Basiswerte gehandelt werden.**

(4) **Auf eine Börse, an der sowohl die in Absatz 2 als auch die in Absatz 3 genannten Wirtschaftsgüter und Rechte gehandelt werden, sind sowohl die sich auf Wertpapierbörsen als auch die sich auf Warenbörsen beziehenden Vorschriften anzuwenden.**

(5) **Handelsplätze im Sinne dieses Gesetzes sind Börsen, multilaterale Handelssysteme und organisierte Handelssysteme.**

(6) Ein multilaterales Handelssystem im Sinne dieses Gesetzes ist ein multilaterales System, das die Interessen einer Vielzahl von Personen am Kauf und Verkauf von Finanzinstrumenten innerhalb des Systems und nach nichtdiskretionären Bestimmungen in einer Weise zusammenbringt, die zu einem Vertrag über den Kauf dieser Finanzinstrumente führt.

(7) Ein organisiertes Handelssystem im Sinne dieses Gesetzes ist ein multilaterales System, bei dem es sich nicht um eine Börse oder ein multilaterales Handelssystem handelt und das die Interessen einer Vielzahl Dritter am Kauf und Verkauf von Schuldverschreibungen, strukturierten Finanzprodukten, Emissionszertifikaten oder Derivaten innerhalb des Systems in einer Weise zusammenbringt, die zu einem Vertrag über den Kauf dieser Finanzinstrumente führt.

(8) Handelsteilnehmer im Sinne dieses Gesetzes sind die nach § 19 zur Teilnahme am Börsenhandel zugelassenen Unternehmen, Börsenhändler, Skontroführer und skontroführenden Personen. Mittelbare Handelsteilnehmer im Sinne dieses Gesetzes sind Personen, die einem Handelsteilnehmer Aufträge elektronisch übermitteln, die unter eingeschränkter oder ohne menschliche Beteiligung von dem Handelsteilnehmer an die Börse weitergeleitet werden oder die einen direkten elektronischen Zugang nutzen.

(9) Ein direkter elektronischer Zugang im Sinne dieses Gesetzes ist eine Vereinbarung, in deren Rahmen ein Handelsteilnehmer einer anderen Person die Nutzung seines Handelscodes gestattet, damit diese Person Aufträge in Bezug auf Finanzinstrumente elektronisch direkt an den Handelsplatz übermitteln kann, mit Ausnahme der in Artikel 20 der Delegierten Verordnung (EU) 2017/565 der Kommission vom 25. April 2016 zur Ergänzung der Richtlinie 2014/65/EU des Europäischen Parlaments und des Rates in Bezug auf die organisatorischen Anforderungen an Wertpapierfirmen und die Bedingungen für die Ausübung ihrer Tätigkeit sowie in Bezug auf die Definition bestimmter Begriffe für die Zwecke der genannten Richtlinie (ABl. L 87 vom 31.3.2017, S. 1), in der jeweils geltenden Fassung genannten Fälle. Der direkte elektronische Zugang umfasst auch Vereinbarungen, die die Nutzung der Infrastruktur oder eines anderweitigen Verbindungssystems des Handelsteilnehmers durch diese Person zur Übermittlung von Aufträgen beinhalten (direkter Marktzugang), sowie diejenigen Vereinbarungen, bei denen eine solche Infrastruktur nicht durch diese Person genutzt wird (geförderter Zugang).

(10) Kleine und mittlere Unternehmen im Sinne dieses Gesetzes sind Unternehmen, deren durchschnittliche Marktkapitalisierung auf der Grundlage der Notierungen zum Jahresende in den letzten drei Kalenderjahren weniger als 200 Millionen Euro betrug. Nähere Bestimmungen enthalten die Artikel 77 bis 79 der Delegierten Verordnung (EU) 2017/565.

(11) In verwaltungsgerichtlichen Verfahren kann die Börse unter ihrem Namen klagen und verklagt werden.

Übersicht

	Rn
1) Börsenbegriff (I)	1–2b
A. Entwicklung:	1
B. Einzelheiten zur Legaldefinition (I):	2–2b
2) Rechtsnatur der Börse (I)	2c, 2d
3) Begriff der Wertpapierbörse (II)	3, 4
4) Begriff der Warenbörse (III)	5, 6
5) Wertpapier- und Warenbörsen (IV)	6a
6) Handelsplätze und -systeme (V–VII)	6b

	Rn
7) Handelsteilnehmer und Zugang (VIII–IX)	6c
8) Kleinere und mittlere Unternehmen (X)	6d
9) Prozessfähigkeit im verwaltungsgerichtlichen Verfahren (XI)	7

1) Börsenbegriff (I)

1   A. **Entwicklung:** § 2 I nF 2007 enthält zum ersten Mal eine Definition der Börse. Bisher war der allgemeine Begriff der Börse ungeregelt und Einzelheiten dazu streitig geblieben. Nach herkömmlicher Ansicht waren Börsen Einrichtungen für die regelmäßige Zusammenkunft von Kaufleuten am gleichen Ort zum Massenumsatz von Waren, Wertpapieren oder Devisen durch standardisierte Verträge. Diese Ortsgebundenheit entsprach nicht mehr die modernen technischen Entwicklungen, stattdessen nun **Systemgebundenheit mit Abschlusselementen.** Der Begriff ähnelt der zuvor verbreitet vertretenen funktionellen Begriffsbildung. Danach wurde Börse verstanden als organisierte Zusammenführung von Angebot und Nachfrage in vertretbaren, nicht zur Stelle gebrachten Gegenständen (Wertpapiere, Devisen, Waren, Derivate) mit dem Ziel, Vertragsabschlüsse zwischen zum Handel zugelassenen Personen zu ermöglichen. Lit.: Schäfer/Peterhoff § 1 aF Rn. 19; Hopt/Baum S. 377; Hellwig ZGR 1999, 787; Wastl/Schlitt WM 2001, 1702; Merkt DJTGA 2002, G 74; Kümpel FS Hadding, 2004, 915.

2   B. **Einzelheiten zur Legaldefinition (I):** I stellt klar, dass die Börsen teilrechtsfähige Anstalten des öffentlichen Rechts sind, so schon RegE 4. FinanzmarktfördG, OLG Frankfurt a. M. ZIP 2001, 731; ausführlich Kaufhold ZHR 184 (2020), 568 ff. Die Mindermeinung, es handele sich wegen des Vorhandenseins von Mitgliedern um Körperschaften oder Einrichtungen sui generis ist nicht mehr haltbar. Die Börsen sind mangels Verleihung nicht vollrechtsfähig, sondern nur **teilrechtsfähig**. Vollrechtsfähig ist die Börse aber im Bereich des öffentlichen Rechts, sie kann daher durch ihre Organe voll wirksam öffentlich-rechtlich handeln, also zB Verwaltungsakte oder auch Satzungen erlassen. Teilrechtsfähige Börsen und ihr rechtsfähiger **Börsenträger** (dazu → **(14)** BörsG § 5 Rn. 1) sind zu unterscheiden (vgl. Unternehmen und Unternehmensträger, → HGB Einl. vor § 1 Rn. 41). Der Träger der Börse kann ohne weiteres privatrechtlich sein, also zB eine BörsenAG wie in Frankfurt. Auch reine Computerbörsen sind Börsen iSd BörsG, zB Genehmigung der DTB Deutsche Terminbörse (jetzt Eurex) 1990, Samm WM 1990, 1265; zur Eurex Kümpel/Mülbert/Früh/Seyfried/Seiffert Rn. 14.282 ff.

2a   **Merkmale des Börsenbegriffs:** Zentrales Merkmal der Börsendefinition ist das „**Zusammenbringen** der Interessen am Kauf und Verkauf". Darin kommt die Markt- und Allokationsfunktion von Börsen zum Ausdruck. Markt und Börse sind verwandt, Börse ist eine Unterart des Markts. An Börsen wie allgemeiner an Märkten bilden sich Preise. **Börsen- und Marktpreise** → HGB § 253 Rn. 16. Laut der Legaldefinition reicht es aus, dass das Zusammenbringen durch das System **gefördert** wird. Damit käme es nicht darauf an, dass Verträge im System zustande kommen, sodass sogar Inseratsysteme von diesem Begriff erfasst werden. Mit dieser wortlautgetreuen Umsetzung von Art. 4 I Nr. 14 MiFID wird der Börsenbegriff übermäßig weit. Er ist daher teleologisch dahingehend zu reduzieren, dass das Matching von Kauf- und Verkaufsorders (nicht die Abwicklung) innerhalb des Systems erfolgen muss. Damit wird am Merkmal der **Systemgebundenheit** festgehalten (Zusammenbringen innerhalb des Systems), das die früher erforderliche Ortsgebundenheit ersetzt hat. Mit dem Merkmal „**Vielzahl von Interessen**" wird verdeutlicht, dass nicht nur ein begrenztes Angebot und eine begrenzte Nachfrage zusammengeführt werden sollen. Handelssysteme, die nicht einer Vielzahl von Marktteilnehmern für den – zumindest mittelbaren – Handel offenstehen, sondern von vornherein nur wenigen die Nutzung ermöglichen, sind von ihrer Bestimmung her nicht auf eine Zentralisierung von Angebot und Nachfrage angelegt, wie dies bei einem Markt regelmäßig der Fall ist. Durch dieses Merkmal werden **bilaterale Systeme,** wie systematische Internalisierer iSv Art. 4 I Nr. 20 MiFID II, **ausgegrenzt.** Für bilaterale Systeme ist typisch, dass die Geschäfte stets mit dem Systembetreiber zustande kommen. Ein-Market-Maker-Systeme, die von Börsen betrieben werden (nicht aber von anderen, wegen § 72 I 1 Nr. 13 WpHG), sind daher nicht als bilaterale Systeme einzuordnen. Dazu Kumpan/Müller-Lankow WM 2017, 1777. **Nicht ausgeschlossen** wird auch der Handel über einen **zentralen Kontrahenten** (Central Counterparty, CCP). Bei Systemen mit einem CCP werden die Geschäfte zwar rechtlich immer mit diesem geschlossen und er übernimmt die Risiken hins. der Gegenparteien, wirtschaftlich finden die Geschäfte aber weiterhin zwischen den Handelsteilnehmern statt. Lit. zu CCPs Alfes, Central Counterparty, 2005; Kunz, Ausgewählte Probleme des Zentralen Kontrahenten, 2008; Habersack/Ehrl ZfPW 2015, 312; Horn WM 2002, Sonderbeil. 2; Jobst ZBB 2010, 384; Redeke WM 2015, 554 (Corporate Governance von CCPs). Durch das Merkmal **„nichtdiskretionäre Bestimmungen"** wird schließlich sichergestellt, dass der Systembetreiber keinen Ermessensspielraum hinsichtlich der Zusammenführung von Kauf- und Verkaufsinteressen hat.

Abgrenzung zu multilateralen Handelssystemen iSv § 2 VIII 1 Nr. 8 WpHG, nur noch formal (ex post) anhand der Genehmigung als Börse, keine materielle Abgrenzung (ex ante) möglich. Somit **Wahlrecht** für Betreiber hins. Genehmigung eines multilateralen Handelssystems als Börse. **Electronic Communication Networks** (ECN) iSd US-amerikanischen Rule 600(b)(23) der Regulation NMS (17 CFR § 242.600(b)(23)), die vor allem professionellen Marktteilnehmern, insbes. institutionellen Anlegern, Brokern und Market Makern, ermöglichen, gegen in das System eingestellte Orders von Market Makern zu handeln und die Geschäfte im System zur Ausführung zu bringen, sind als multilaterale Handelssysteme und bei entsprechender Genehmigung als Börse einzustufen (da bilateraler Handel laut der Definition nicht erfasst werden soll). ECNs in Deutschland sind primär auf den Devisenhandel spezialisiert und erhalten von verschiedenen Liquiditätsgebern (idR Banken) Kurse bzw. Orders, gegen die Kunden handeln können. **Keine Börsen** (insbes. wegen des Fehlens von Geschäftsabschlüssen direkt im System) sind **bloße Informationssysteme, Orderroutingsysteme** und sog. **Bulletin Boards bzw. Inseratsysteme** (elektronische Systeme, in das Interessenten Handelsangebote einstellen, bei denen dann aber die Geschäftsabschlüsse außerhalb des Systems erfolgen). Keine Börsen sind auch **systematische Internalisierer** nach Art. 4 I Nr. 20 MiFID II, da es bei ihnen an dem Zusammenbringen der Interessen einer „Vielzahl" von Personen fehlt (s. auch das Merkmal „multilateral" des der Börsendefinition zugrunde liegenden Art. 4 I Nr. 21 der MiFID). Für multilaterale Handelssysteme finden sich die wesentlichen Vorschriften in §§ 72, 74 WpHG. Lit.: Kumpan, 2006; Loff, 2007; Mutschler, 2007 (Internalisierung), im Hinblick auf MiFiD II etwa Hoops RdF 2017, 14; Kumpan/Müller-Lankow WM 2017, 1777; Schelling BKR 2015, 211.

2) Rechtsnatur der Börse (I)

Nach § 2 I nF 2007 ist die Börse eine teilrechtsfähige Anstalt des öffentlichen Rechts, dazu Kaufhold, ZHR 184 (2020), 568 ff. (auch zu einer verfassungsrechtlichen Einordnung, insbes. S. 574 ff.) trotz der Börsenmitglieder keine Körperschaft. Eine **Anstalt** ist nach hM ein Bestand von Mitteln, sachlichen wie persönlichen, der in der Hand eines Trägers öffentlicher Verwaltung einem besonderen öffentlichen Zweck dauernd zu dienen bestimmt ist. Der besondere **öffentliche Zweck** ist bei **der Börse** die Unterhaltung eines funktionsfähigen Börsenhandels, weil dieser für eine marktwirtschaftliche Volkswirtschaft von zentraler Bedeutung ist (Kümpel/Mülbert/Früh/Seyfried/Seiffert, Rn. 14.134). Aus dem Anstaltsbegriff lässt sich für die Börse allerdings nicht mehr ableiten, als dass es sich bei ihr um eine selbstständige hoheitliche Verwaltungseinheit handelt, da der Anstaltsbegriff aufgrund der ganz unterschiedlichen von ihm erfassten Organisationsphänomene wenig Erklärungswert hat und die Börse mit dem historischen Leitbild der Anstalt wenig Ähnlichkeit aufweist.

2d Die Börse ist nur **teilrechtsfähig** (nur bestimmte Rechte „nach Maßgabe dieses Gesetzes"), beschränkt auf den öffentlich-rechtlichen Bereich (s. etwa **(14)** BörsG §§ 2 XI, 15 III). Privatrechtlich handelt für die Börse deren Träger (Börse kann zB kein Eigentum an Sacheinrichtungen, etwa EDV-Anlagen, erlangen). Zum Börsenträger s. Kommentierung zu **(14)** BörsG § 5. Dagegen stehen alle wesentlichen Gestaltungs- und Entscheidungsbefugnisse für die Organisation und die Durchführung des Börsenbetriebs der Anstalt **Börse und deren Organen** zu; der Börsenträger hat darauf keinen rechtlich vermittelten Einfluss. Umgekehrt steht der Börse keine Einflussnahme auf die Geschäftspolitik des Trägers zu, so lange er keine Maßnahmen ergreift, die eine Verletzung der Betriebspflicht darstellt.

3) Begriff der Wertpapierbörse (II)

3 II 1 nF 2007 enthält eine **Definition der Wertpapierbörse.** Wertpapierbörsen sind Börsen (I), an denen Wertpapiere und sich hierauf beziehende derivative Geschäfte iSv § 2 III WpHG (zu Waren- und Edelmetallderivaten → Rn. 5) gehandelt werden. II 1 verweist auf die ausführlichen Definitionen in § 2 I WpHG für **Wertpapiere** (dies allerdings anders als nach § 1 VII 1 aF nicht mehr ausdrücklich, aber doch der Sache nach, vgl. → § 32 Rn. 2) und § 2 III WpHG für **derivative Geschäfte** (insoweit ausdrücklich). Wertpapier-(Effekten-)Börsen gibt es in Frankfurt a. M. und Berlin (Börse Berlin und seit 2010 Tradegate Exchange), Düsseldorf, Hamburg und Hannover (die drei letzteren unter einem Dach), München und Stuttgart. Der ganz überwiegende Anteil des Börsengeschäfts entfällt auf die in Frankfurt, vom Handel deutscher Aktien insgesamt haben allerdings andere Handelssysteme, wie BATS Europe (früher ein MTF, mittlerweile ein geregelter Markt im Sinne der MiFID II), bereits einen wesentlichen Teil an sich gezogen. Die **Frankfurter Wertpapierbörse** wird von der Deutsche Börse AG (als ihr Börsenträger) betrieben. Hinzu kommt die Eurex (seit 1990, damals noch Deutsche Terminbörse) als reine Computerbörse. Außerdem ist die Deutsche Börse AG an zahlreichen weiteren Gesellschaften beteiligt, wie etwa an der Tradegate Exchange GmbH, Börse Frankfurt Zertifikate AG, Clearstream Holding AG oder Deutsche Boerse Systems, Inc. Vom Börsenhandel (Begriff umfasst den früheren amtlichen und den geregelten Markt, jetzt regulierter Markt) sind der Freiverkehr (§ 48) und der Telefonhandel zu unterscheiden (→ § 48 Rn. 14).

4 II 2 stellt klar, dass an Wertpapierbörsen nicht nur Wertpapiere, sondern **auch andere Finanzinstrumente** iSv § 2 IV WpHG und Edelmetalle gehandelt werden können, doch begründet das nicht die Eigenschaft als Wertpapierbörse; werden nur diese gehandelt, liegt eine Warenbörse vor (III, → Rn. 5). Zu den Finanzinstrumenten gehören nach § 2 IV WpHG neben Wertpapieren iSv § 2 I WpHG auch Anteile an Investmentvermögen iSv § 1 KAGB Geldmarktinstrumente iSv § 2 II WpHG, derivative Geschäfte iSv § 2 III WpHG, auch solche auf Waren (RegE FRUG, BT-Drs. 16/4028, 79) und Rechte auf Zeichnung von Wertpapieren iSv § 2 IV Nr. 6 WpHG sowie unter § 2 IV Nr. 7 WpHG fallende Vermögensanlagen. An einigen Wertpapierbörsen werden seit 1953 auch Devisenbörsen betrieben (Handel in Devisen, Valuten, Privatdiskonten); Schäfer/Ledermann § 96 aF Rn. 1. Devisen sind auf Währung lautende (girale oder verbriefte) Forderungen oder Verbindlichkeiten, wie zB Bankguthaben, Wechsel oder Schecks.

4) Begriff der Warenbörse (III)

III 1 nF 2007 enthält eine **Definition der Warenbörse**. Warenbörsen sind Börsen (I), an denen Waren iSv § 2 V WpHG und Termingeschäfte in Bezug auf Waren gehandelt werden. **Waren** in diesem Sinne sind fungible Wirtschaftsgüter, die geliefert werden können; dazu zählen auch Metalle, Erze und Legierungen, landwirtschaftliche Produkte und Energien wie zB Strom. Auch reine Warenterminbörsen unterliegen, da sie Börsen iSv I sind, dem BörsG (Einbeziehung der Waren- und Edelmetallderivate). **Termingeschäfte in Bezug auf Waren** sind als Festgeschäfte oder Optionsgeschäfte ausgestaltete Termingeschäfte, deren Preis unmittelbar oder mittelbar abhängt von dem Börsen- oder Marktpreis von Waren oder Edelmetallen. Der Derivatbegriff in § 2 III WpHG ist wesentlich weiter. Rechtsform und Organisation von bestehenden Waren-(Produkten-)börsen sind verschieden; zT handelt es sich nicht um Börsen iSv § 2 III BörsG, sondern um anders organisierte Märkte. Seit 2002 besteht die European Energy Exchange in Leipzig, hervorgegangen aus den deutschen Strombörsen Frankfurt und Leipzig, an der ua Strom, Kohle und Emissionsberechtigungen gehandelt werden; zahlreiche Warenterminbörsen gibt es im Ausland. Lit.: Dannhoff, 1993; dazu de Lousanoff ZHR 158 (1994), 685; Dannhoff WM 1994, 485 (Warenterminrecht).

III 2 stellt klar, dass an Warenbörsen nicht nur Waren und Termingeschäfte auf Waren, sondern auch **Termingeschäfte** iSv § 2 III Nr. 2 WpHG und die diesen **zugrunde liegenden Basiswerte** gehandelt werden können. Das sind Termingeschäfte mit Bezug auf Frachtsätze, Emissionsberechtigungen, Klima- oder andere physikalische Variablen, Inflationsraten oder andere volkswirtschaftliche Variablen oder sonstige Vermögenswerte, Indices oder Messwerte als Basiswerte unter bestimmten weiteren dort genannten Bedingungen möglich. All diese und die zugrunde liegenden Basiswerte können an Warenbörsen gehandelt werden, Termingeschäfte auf Aktienindices und andere wertpapierbezogene Rechnungsgrößen, zB der BUND-Future, können dagegen weiterhin nur an Wertpapierbörsen gehandelt werden (FinA FRUG, BT-Drs. 16/4899, 13).

5) Wertpapier- und Warenbörsen (IV)

Eingefügt durch ProspRLUmsetzG 2012. IV stellt klar, dass Börsen zugleich als Wertpapierbörsen und als Warenbörsen fungieren können. An diesen Börsen können einerseits Wertpapiere und sich hierauf beziehende Derivate iSv § 2 III WpHG, andere Finanzinstrumente iSv § 2 IV WpHG und Edelmetalle gehandelt werden. Andererseits stehen sie auch dem Handel von Waren iSv § 2 V WpHG, dem Abschluss von Termingeschäften iSv § 2 III Nr. 2 WpHG und dem Handel von diesen zugrunde liegenden Basiswerte offen. Da eine solche Börse sowohl II als auch III erfüllt, finden sämtliche Vorschriften, die an II und an III anknüpfen Anwendung.

6) Handelsplätze und -systeme (V–VII)

V–VII, eingefügt durch 2. FiMaNoG 2017, enthalten Definitionen für Handelsplätze und Handelssysteme. Dies dient, zusammen mit den Vorschriften **(14)** BörsG §§ 48–48b, der Klarstellung, dass das BörsG auch auf vom Börsenträger betriebene außerbörsliche Handelssysteme Anwendung findet. **V** definiert den Begriff **Handelsplatz** als Oberbegriff für Börsen, multilaterFale und organisierte Handelssysteme. VI definiert multilaterale Handelssysteme (wie § 2 VIII 1 Nr. 8 WpHG). **Multilaterale Handelssysteme (MTF)** sind privat betriebene Handelseinrichtungen, nicht Börsen. Sie müssen mindestens über ein Regelwerk verfügen, eine technische Handelsplattform nicht notwendig. Können quote- (Market Maker) oder auftragsgetrieben sein, mit Auktionen oder kontinuierlichem Handel. Wichtig ist, dass Kauf- und Verkaufsinteressen (weit zu verstehen, s. BaFin, Merkblatt – Tatbestand des Betriebs eines multilateralen Handelssystems, Stand 25.7.2013, 1b hinsichtlich Finanzinstrumenten innerhalb des Systems zusammengebracht werden, dh in das System eingegeben Aufträge müssen miteinander interagieren können und Abschlüsse im System selbst durchgeführt werden; nicht erfasst werden daher Orderroutingsysteme, Informationssysteme, passive und teilaktive Inseratssysteme, Kommunikationsforen oder Telefonhandel. Zusammenführung muss nach festgelegten Bestimmungen erfolgen, dh nach den Regeln des Systems oder mit Hilfe der Protokolle oder internen Betriebsverfahren des MTF (Erw 7 II S. 2 MiFIR), Weder die Parteien (RegE FRUG, BT-Drs. 16/4028, 56) noch das System (Erw 7 II S. 3 MiFIR) dürfen dabei Entscheidungsspielraum haben. MTF müssen „multilaterale" Systeme sein, dh Marktteilnehmer müssen untereinander handeln können; daher bilaterale Systeme (Systembetreiber ist Gegenpartei jedes geschlossenen Vertrages) nicht erfasst. Zentrale Gegenpartei steht Erfassung aber nicht entgegen, da zumindest die Geschäftsabschlüsse im wirtschaftlichen Sinne zwischen den Marktteilnehmern zustande kommen (zur zentralen Gegenpartei etwa BaFin, Merkblatt – Hinweise zum Tatbestand der Tätigkeit als zentrale Gegenpartei, Stand 19.9.2013). Vielzahl von Personen muss über das System handeln können, damit zahlreiche B2B-Plattfomen nicht erfasst. **VII** definiert **organisierte Handelssysteme.** Der Begriff ist teils weiter, da eine Zusammenführung nach nichtdiskretionären Bestimmungen nicht erforderlich ist, teils enger, da die gehandelten Produkte nur Schuldverschreibungen, strukturierten Finanzprodukten, Emissionszertifikaten oder Derivaten sein können. Lit.: Kumpan Außerbörsliche Wertpapierhandelssysteme, 2006, Cohn-Heeren Kapitalmarktrechtliche Regulierungskonzepte für Alternative Handelssysteme, 2006, Loff Alternative Handelssysteme, 2007, Hammen Börsen und multilaterale Handelssysteme im Wettbewerb, 2011; außerdem Krause, Alternative Wertpapierhandelssysteme, 2005; Kasiske BKR 2015, 454 (Dark Pools); Hoops RdF 2017, 14.

7) Handelsteilnehmer und Zugang (VIII-IX)

6c In **VIII** 1 neu 2. FiMaNoG 2017 sind **Handelsteilnehmer** definiert. Wie bisher sind dies die nach **(14)** BörsG § 19 zur Teilnahme am Börsenhandel zugelassenen Unternehmen, Börsenhändler (Legaldefinition in **(14)** BörsG § 19 I), und, falls es sie an der Börse gibt, die Skontroführer (Legaldefinition in **(14)** BörsG § 27 I 1) und die skontroführenden Personen (Legaldefinition in **(14)** BörsG § 27 I 3). Begriff des **mittelbaren Handelsteilnehmers** in VIII 2 eingefügt durch 2. FiMaNoG 2017 (zuvor § 3 IV 1 aF) ist im Zuge der Umsetzung von MiFID II erweitert worden. Der Gesetzgeber wollte dabei sicherstellen, dass der algorithmische Handel im Wege des Orderroutings auch weiterhin erfasst wird (RegE 2. FiMaNoG, BT-Drs. 18/10936, 267). Dies muss vor dem Hintergrund des in IX neu 2. FiMaNoG 2017 definierten und im Rahmen der MiFID II-Umsetzung (Art. 4 I Nr. 41 MiFID II) veränderten Begriffs des **direkten elektronischen Zugangs** gesehen werden, der früher auch den algorithmischen Handel zugeschnitten war. Die erste Variante von VIII 2 erfaßt insbesondere Kunden von Smart-Order-Routing-Systemen (dazu ESMA2014/1569, 5 Nr. 24, S. 324). Die zweite Variante erfaßt Personen, die einen direkten elektronischen Zugang iSv IX nutzen (nicht gleichzusetzen mit dem untechnischen Begriff des Orderroutings). Dazu Delegierte VO (EU) 2017/565 25.4.2016 ABl. L 87, 1.

8) Kleinere und mittlere Unternehmen (X)

6d **X,** eingefügt durch 2. FiMaNoG 2017, definiert kleinere und mittlere Unternehmen (KMU) in Umsetzung von Art. 4 I Nr. 13 MiFID II und ist im Zusammenhang mit **(14)** BörsG § 48a zu sehen (Wachstumsmärkte). Die Definition entspricht § 2 XLVI WpHG Für die Definition wird im Gefolge der MiFID II mit der Marktkapitalisierung ein marktbezogenes Kriterium verwendet, das ist in anderen europäischen Rechtsakten anders (etwa Prospektrichtlinie 2003/71/EG 4.11.2003 ABl. 2003 L 345, 64, Kommissionsempfehlung vom

V. Bankgeschäfte   **3 BörsG (14)**

6.5.2003 ABl. 2003 L 124, 36). Die Ausrichtung auf KMU wird auf EU-Ebene immer stärker vorangetrieben, nicht zuletzt auch im Rahmen der geplanten Europäischen Kapitalmarktunion (Europäische Kommission, Aktionsplan zur Schaffung einer Kapitalmarktunion, Brüssel, 30.9.2015, COM(2015) 468 final, Europäische Kommission, Grünbuch Schaffung einer Kapitalmarktunion 18.2.2014, COM(2015) 63 final). Dazu Kumpan ZGR 2016, 2; Kumpan ECFR 2017, 336.

9) Prozessfähigkeit im verwaltungsgerichtlichen Verfahren (XI)

XI, ehemals V idF 2007 (wie § 13 VI aF) stellt klar, dass die Börse im verwaltungsgerichtlichen Verfahren unter ihrem Namen klagen und verklagt werden kann. Die Börse ist insoweit teilrechtsfähig (vgl. Legaldefinition in I). Sie ist prozessrechtsfähig, allerdings beschränkt auf das verwaltungsgerichtliche Verfahren, VGH Kassel NJW-RR 1997, 121. Für die Börse handeln ihrer Geschäftsführer nach näherer Maßgabe der BörsO (§ 15 III). Hingegen ist die Börse im Zivilprozess nicht parteifähig, OLG Frankfurt a. M. BeckRS 2013, 15308; dort ist vielmehr der Börsenträger, der von seinem gesetzlichen Vertreter vertreten wird, parteifähig.   **7**

Aufgaben und Befugnisse der Börsenaufsichtsbehörde

BörsG 3 (1) ¹Die zuständige oberste Landesbehörde (Börsenaufsichtsbehörde) übt die Aufsicht über die Börse nach den Vorschriften dieses Gesetzes aus. ²Ihrer Aufsicht unterliegen insbesondere der Börsenrat, die Börsengeschäftsführung, der Sanktionsausschuss und die Handelsüberwachungsstelle (Börsenorgane) sowie der Börsenträger, die Einrichtungen, die sich auf den Börsenverkehr einschließlich der nach § 5 Abs. 3 ausgelagerten Bereiche beziehen, und der Freiverkehr. ³Die Aufsicht erstreckt sich auf die Einhaltung der börsenrechtlichen Vorschriften und Anordnungen, die ordnungsmäßige Durchführung des Handels an der Börse sowie die ordnungsmäßige Erfüllung der Börsengeschäfte (Börsengeschäftsabwicklung).

(2) ¹Die Börsenaufsichtsbehörde ist berechtigt, an den Beratungen der Börsenorgane teilzunehmen. ²Die Börsenorgane sind verpflichtet, die Börsenaufsichtsbehörde bei der Erfüllung ihrer Aufgaben zu unterstützen.

(3) Die Börsenaufsichtsbehörde nimmt die ihr nach diesem Gesetz zugewiesenen Aufgaben und Befugnisse nur im öffentlichen Interesse wahr.

(4) ¹Die Börsenaufsichtsbehörde kann, soweit dies zur Erfüllung ihrer Aufgaben erforderlich ist, auch ohne besonderen Anlass von der Börse und dem Börsenträger sowie von den Handelsteilnehmern, von mittelbaren Handelsteilnehmern und von den Emittenten der zum regulierten Markt zugelassenen Wertpapiere Auskünfte und die Vorlage von Unterlagen verlangen sowie Prüfungen vornehmen. ²Die Börsenaufsichtsbehörde kann verlangen, dass die Übermittlung der Auskünfte und Unterlagen auf automatisiert verarbeitbaren Datenträgern erfolgt. ³Sofern Anhaltspunkte vorliegen, welche die Annahme rechtfertigen, dass börsenrechtliche Vorschriften oder Anordnungen verletzt werden oder sonstige Missstände vorliegen, welche die ordnungsmäßige Durchführung des Handels an der Börse oder die Börsengeschäftsabwicklung beeinträchtigen können, kann die Börsenaufsichtsbehörde von jedermann Auskünfte, die Vorlage von Unterlagen und die Überlassung von Kopien verlangen sowie Personen laden und vernehmen, soweit dies zur Erfüllung ihrer Aufgaben erforderlich ist. ⁴Sie kann in diesen Fällen insbesondere

1. von den Handelsteilnehmern die Angabe der Identität der Auftraggeber und der aus den getätigten Geschäften berechtigten oder verpflichteten

Personen sowie der Veränderungen der Bestände von Handelsteilnehmern in an der Börse gehandelten Finanzinstrumenten verlangen,
2. von den Auftraggebern und berechtigten oder verpflichteten Personen Auskünfte über die getätigten Geschäfte einschließlich der Angabe der Identität der an diesen Geschäften beteiligten Personen verlangen,
3. von Wertpapiersammelbanken und Systemen zur Sicherung der Erfüllung von Börsengeschäften Auskünfte über Veränderungen der Bestände von Handelsteilnehmern in an der Börse gehandelten Finanzinstrumenten verlangen,
4. von der Börse, den Handelsteilnehmern und mit diesen verbundenen Unternehmen die Vorlage von bereits existierenden Aufzeichnungen von Telefongesprächen und Datenübermittlungen verlangen; das Grundrecht des Artikels 10 des Grundgesetzes wird insoweit eingeschränkt, die Betroffenen sind nach § 101 der Strafprozessordnung zu benachrichtigen und
5. von den Handelsteilnehmern, die den algorithmischen Handel im Sinne des § 33 Absatz 1a Satz 1 des Wertpapierhandelsgesetzes betreiben, jederzeit Informationen über ihren algorithmischen Handel, die für diesen Handel eingesetzten Systeme sowie eine Beschreibung der algorithmischen Handelsstrategien und der Einzelheiten zu den Handelsparametern oder Handelsobergrenzen, denen das System unterliegt, verlangen.

⁵ Die Auskunftspflichtigen haben den Bediensteten der Börsenaufsichtsbehörde während der üblichen Arbeitszeit das Betreten ihrer Grundstücke und Geschäftsräume zu gestatten, soweit dies zur Wahrnehmung der Aufgaben der Börsenaufsichtsbehörde erforderlich ist. ⁶ Das Betreten außerhalb dieser Zeit oder, wenn die Geschäftsräume sich in einer Wohnung befinden, ist ohne Einverständnis nur zur Verhütung von dringenden Gefahren für die öffentliche Sicherheit und Ordnung zulässig und insoweit zu dulden. ⁷ Das Grundrecht der Unverletzlichkeit der Wohnung (Artikel 13 des Grundgesetzes) wird insoweit eingeschränkt. ⁸ Die Befugnisse und Verpflichtungen nach diesem Absatz gelten entsprechend, sofern von der Börsenaufsichtsbehörde beauftragte Personen und Einrichtungen nach diesem Gesetz tätig werden. ⁹ Der zur Erteilung einer Auskunft Verpflichtete kann die Auskunft auf solche Fragen verweigern, deren Beantwortung ihn selbst oder einen der in § 383 Abs. 1 Nr. 1 bis 3 der Zivilprozessordnung bezeichneten Angehörigen der Gefahr strafgerichtlicher Verfolgung oder eines Verfahrens nach dem Gesetz über Ordnungswidrigkeiten aussetzen würde. ¹⁰ Der Verpflichtete ist über sein Recht zur Verweigerung der Auskunft zu belehren.

(4a) ¹ Die Börsenaufsichtsbehörde kann, soweit dies zur Erfüllung ihrer Aufgaben erforderlich ist, auch ohne besonderen Anlass von der Börse und von dem Börsenträger Informationen über die durch algorithmischen Handel im Sinne des § 80 Absatz 2 Satz 1 des Wertpapierhandelsgesetzes erzeugten Aufträge verlangen. ² Auch kann sie verlangen, insoweit von der Börse Zugang zu dem Orderbuch oder den entsprechenden Daten zu erhalten.

(5) ¹ Die Börsenaufsichtsbehörde ist befugt, zur Aufrechterhaltung der Ordnung und für den Geschäftsverkehr an der Börse Anordnungen zu erlassen. ² Sie kann gegenüber jedermann Anordnungen treffen, die geeignet und erforderlich sind, Verstöße gegen börsenrechtliche Vorschriften und Anordnungen zu verhindern oder Missstände zu beseitigen, welche die ordnungsgemäße Durchführung des Handels an der Börse, der Börsengeschäftsabwicklung oder deren Überwachung beeinträchtigen können. ³ Sie kann zu diesem Zweck insbesondere

1. die Aussetzung oder Einstellung des Börsenhandels mit einzelnen oder mehreren Finanzinstrumenten, Rechten oder Wirtschaftsgütern anordnen,

2. der Börse die Nutzung einer zentralen Gegenpartei, einer Clearingstelle oder eines börslichen Abwicklungssystems untersagen, wenn hierdurch die ordnungsgemäße Durchführung des Handels an der Börse oder der Börsengeschäftsabwicklung beeinträchtigt wird oder die Voraussetzungen des Artikels 7 Absatz 4 oder des Artikels 8 Absatz 4 der Verordnung (EU) Nr. 648/2012 des Europäischen Parlaments und des Rates vom 4. Juli 2012 über OTC-Derivate, zentrale Gegenparteien und Transaktionsregister (ABl. L 201 vom 27.7.2012, S. 1) vorliegen,
3. die Nutzung eines externen Abwicklungssystems untersagen oder
4. die Nutzung einer algorithmischen Handelsstrategie untersagen,

soweit dies zur Durchsetzung der Vorschriften dieses Gesetzes geboten ist. [4] Eine Maßnahme nach Satz 1 Nr. 1 hat die Börsenaufsichtsbehörde unverzüglich auf ihrer Internetseite zu veröffentlichen.

(5a) [1] Hat die Geschäftsführung die Zulassung eines Finanzinstruments gemäß § 39 widerrufen oder den Handel mit diesem gemäß § 25 Absatz 1 ausgesetzt oder eingestellt, ordnet die Börsenaufsichtsbehörde den Widerruf der Zulassung, die Aussetzung oder die Einstellung des Handels dieses Finanzinstruments oder der mit diesem verbundenen Derivate im Sinne von Anhang I Abschnitt C Nummer 4 bis 10 der Richtlinie 2014/65/EU des Europäischen Parlaments und des Rates vom 15. Mai 2014 über Märkte für Finanzinstrumente sowie zur Änderung der Richtlinien 2002/92/EG und 2011/61/EU (ABl. L 173 vom 12.6.2014, S. 349; L 74 vom 18.3.2015, S. 38; L 188 vom 13.7.2016, S. 28; L 273 vom 8.10.2016, S. 35), die zuletzt durch die Richtlinie (EU) 2016/1034 (ABl. L 175 vom 30.6.2016, S. 8) geändert worden ist, auch an anderen Börsen in ihrem Zuständigkeitsbereich an, soweit der Widerruf der Zulassung oder die Aussetzung oder die Einstellung des Handels durch den Verdacht eines Marktmissbrauchs, ein Übernahmeangebot oder die Nichtveröffentlichung von Insiderinformationen über den Emittenten oder einen Verstoß gegen die Artikel 7 und 17 der Verordnung (EU) Nr. 596/2014 des Europäischen Parlaments und des Rates vom 16. April 2014 über Marktmissbrauch (Marktmissbrauchsverordnung) und zur Aufhebung der Richtlinie 2003/6/EG des Europäischen Parlaments und des Rates und der Richtlinien 2003/124/EG, 2003/125/EG und 2004/72/EG der Kommission (ABl. L 173 vom 12.6.2014, S. 1), die zuletzt durch die Verordnung (EU) 2016/1033 (ABl. L 175 vom 30.6.2016, S. 1) geändert worden ist, bedingt ist. [2] Dies gilt nicht in den Fällen, in denen der Widerruf oder die Aussetzung oder Einstellung des Handels die Anlegerinteressen oder das ordnungsgemäße Funktionieren des Marktes erheblich schädigen könnte.

(5b) [1] Die Börsenaufsichtsbehörde teilt eine Entscheidung nach Absatz 5a Satz 1 unverzüglich der Bundesanstalt für Finanzdienstleistungsaufsicht (Bundesanstalt), anderen inländischen Börsenaufsichtsbehörden, die Börsen beaufsichtigen, an denen die jeweils betroffenen Finanzinstrumente ebenfalls gehandelt werden, und der Europäischen Wertpapier- und Marktaufsichtsbehörde mit und veröffentlicht diese Entscheidung unverzüglich. [2] Ergreift sie keine Maßnahmen an weiteren Börsen in ihrem Zuständigkeitsbereich, so teilt sie die Gründe hierfür den in Satz 1 genannten Behörden mit.

(5c) [1] Erhält die Börsenaufsichtsbehörde Kenntnis vom Widerruf der Zulassung oder der Aussetzung oder der Einstellung des Handels eines Finanzinstruments oder eines mit diesem verbundenen Derivats im Sinne von Anhang I Abschnitt C Nummer 4 bis 10 der Richtlinie 2014/65/EU an einer Börse in einem anderen Mitgliedstaat der Europäischen Union oder in einem anderen Vertragsstaat des Abkommens über den Europäischen Wirtschaftsraum oder an einer anderen inländischen Börse, so ordnet sie den Widerruf der Zulassung oder die Aussetzung oder die Einstellung des Handels der betroffenen Finanzinstrumente im Sinne des Satzes 1 an Börsen innerhalb ihres Zuständigkeitsbereiches an, soweit der Widerruf der Zulassung oder die Aussetzung oder die Einstellung des Handels durch den Verdacht eines Marktmissbrauchs, ein Übernahmeangebot oder die Nichtveröffentlichung von Insiderinformationen über den Emittenten oder einen Verstoß gegen die Artikel 7 und 17 der Verordnung (EU) 596/2014 bedingt ist. ² Absatz 5a Satz 2 und Absatz 5b gelten entsprechend.

(6) Stellt die Börsenaufsichtsbehörde Tatsachen fest, welche die Rücknahme oder den Widerruf der Erlaubnis zur Ermittlung des Börsenpreises oder der Zulassung des Unternehmens oder andere Maßnahmen der Geschäftsführung rechtfertigen können, hat sie die Geschäftsführung zu unterrichten.

(7) Die nach Landesrecht zuständige Stelle wird ermächtigt, Aufgaben und Befugnisse der Börsenaufsichtsbehörde auf eine andere Behörde zu übertragen.

(8) Die Börsenaufsichtsbehörde kann sich bei der Durchführung ihrer Aufgaben anderer Personen und Einrichtungen bedienen.

(9) Widerspruch und Anfechtungsklage gegen Maßnahmen nach den Absätzen 4 und 5 haben keine aufschiebende Wirkung.

(10) Kommt die Börse oder eines ihrer Organe wiederholt und dauerhaft den Anordnungen der Börsenaufsicht nicht nach, kann die Börsenaufsichtsbehörde, sofern ihre sonstigen Befugnisse nicht ausreichen und soweit und solange der ordnungsgemäße Börsenbetrieb es erfordert, Beauftragte bestellen, die die Aufgaben der Börse oder eines ihrer Organe auf Kosten des Börsenträgers wahrnehmen.

(11) Adressaten von Maßnahmen nach Absatz 4, die von der Börsenaufsichtsbehörde wegen eines möglichen Verstoßes gegen die Verbote des § 26 dieses Gesetzes oder des Artikels 14 oder des Artikels 15 der Verordnung (EU) Nr. 596/2014 des Europäischen Parlaments und des Rates vom 16. April 2014 über Marktmissbrauch (Marktmissbrauchsverordnung) und zur Aufhebung der Richtlinie 2003/6/EG des Europäischen Parlaments und des Rates und der Richtlinien 2003/124/EG, 2003/125/EG und 2004/72/EG der Kommission (ABl. L 173 vom 12.6.2014, S. 1), in der jeweils geltenden Fassung vorgenommen werden, dürfen andere Personen als staatliche Stellen und solche, die auf Grund ihres Berufs einer gesetzlichen Verschwiegenheitspflicht unterliegen, von diesen Maßnahmen oder von einem daraufhin eingeleiteten Ermittlungsverfahren nicht in Kenntnis setzen.

(12) Die Börsenaufsichtsbehörde ist zuständige Behörde im Sinne des Titels II sowie der Artikel 22 und 25 Absatz 2, der Artikel 29 bis 31 und des Artikels 36 der Verordnung (EU) Nr. 600/2014 geändert worden ist, soweit die Pflichten von Börsenträgern und Börsen betroffen sind.

Übersicht

	Rn
1) Börsenaufsichtsbehörde, Reichweite der Börsenaufsicht (I) ...	1–3
2) Selbstverwaltung der Börse	3a
3) Teilnahmerecht der Börsenaufsichtsbehörde, Unterstützungspflicht der Börsenorgane (II)	4
4) Börsenaufsicht nur im öffentlichen Interesse (III)	5
5) Auskunfts-, Einsichts-, Prüfungs- und andere Rechte der Börsenaufsichtsbehörde (IV und IVa)	6–6c
6) Anordnungen der Börsenaufsichtsbehörde (V)	7–7b

V. Bankgeschäfte 1–1b **3 BörsG (14)**

Rn
7) Widerruf der Zulassung oder Handelseinstellung delisteter Finanzinstrumente (Va–Vc) 7c
8) Unterrichtung der Geschäftsführung (VI) 8
9) Übertragung von Aufgaben und Befugnissen (VII) 9
10) Einschaltung anderer Personen und Einrichtungen (VIII) 10
11) Keine aufschiebende Wirkung von Rechtsmitteln (IX) 11
12) Bestellung eines Beauftragten (X) 12
13) Benachrichtigungsverbot für Adressaten von Maßnahmen und Ermittlungsverfahren (XI) 13
14) Zuständigkeit der Börsenaufsichtsbehörde bzgl. MiFIR (XII) . 14

1) Börsenaufsichtsbehörde, Reichweite der Börsenaufsicht (I)
§ 3 nF 2007, XI nF 1. FiMaNoG 2016, IV-Vc, XII neu 2. FiMaNoG 2017, **1** enthält umfangreiche Regelungen über die Aufgaben und Befugnisse der Börsenaufsichtsbehörde. **I 1** überträgt die Börsenaufsicht ausschließlich den staatlichen Börsenaufsichtsbehörden. Eine unmittelbare Börsenaufsicht durch den Träger der Börse (Handelskammer, kaufmännische Korporation, → HGB Einl. vor § 1 Rn. 21) ist nicht mehr möglich. **Börsenaufsicht** war früher Landes-, 1934-45 Reichs-, dann wieder Landessache (für Waren idR Wirtschafts-, für Wertpapiere idR Finanzressort). Der Bund hat von seiner konkurrierenden Kompetenz (Art. 74 Nr. 11 GG) bisher nicht Gebrauch gemacht, der DiskE eines Börsenaufsichtsmodernisierungsgesetzes des BMF September 2008 ist am Widerstand der Länder gescheitert. Nach **I 1** ist **Börsenaufsichtsbehörde** die **zuständige oberste Landesbehörde** (dafür kommt es auf den Verwaltungssitz der Börse an). Die Börsenaufsicht ist somit Ländersache und damit dezentralisiert. Mangels Zentralisierung müssen die Börsenaufsichtsbehörden der Länder eng und institutionell verankert zusammenarbeiten, die relevanten Informationen rasch und komplett austauschen (§ 8) und die Ermessensspielräume möglichst einheitlich nutzen. Die Börsenaufsichtsbehörde erteilt die Erlaubnis zur Errichtung einer Börse (§ 4 I) und kann diese auch wieder aufheben (§ 4 V). Die Börsenaufsichtsbehörde übt die Aufsicht nach den Vorschriften des BörsG aus und muss sich dabei im Rahmen der allgemeinen Gesetze halten. Zur Börsenaufsicht an der jeweiligen Börse selbst (Handelsüberwachungsstelle) s. § 7.

Keine Börsenaufsicht, sondern bloße **Marktaufsicht** nach WpHG übt die **1a Bundesanstalt für Finanzdienstleistungsaufsicht (BaFin)** in Bonn/Frankfurt, aus. In der BaFin sind das frühere Bundesaufsichtsamt für den Wertpapierhandel (BAWe) und das Bundesaufsichtsamt für das Kreditwesen (BAKred) sowie das Bundesaufsichtsamt für Versicherungen (BAV) aufgegangen. Sie ist auch für die Zulassung und Solvenzaufsicht über Kreditinstitute und Finanzdienstleistungsinstitute zuständig (→ **(7)** Bankgeschäfte Rn. A4). Die frühere strikte Trennung in mehrere Behörden ist damit wie vielfach im Ausland zugunsten einer einheitlichen Aufsicht über Markt und Marktteilnehmer aufgegeben, zugleich bleibt eine sinnvolle funktionale Arbeitsteilung zwischen Markt- und Marktteilnehmeraufsicht innerhalb der BaFin selbst erhalten.

Rechtspolitisch und international ist die Zersplitterung der Aufsicht in BaFin **1b** und Börsenaufsichtsbehörden überholt, stattdessen einheitliche Verantwortung der BaFin für Börse und Kapitalmarkt erstrebenswert, Hopt/Baum Rn. 449; Merkt G 122, str., dazu Hellwig ZGR 1999, 810. Europarechtlich sind überdies geregelte Märkte und multilaterale Handelssysteme in Art. 4 I Nr. 14 und 15 FinanzmarktRL parallel geregelt mit der Konsequenz, dass ein Wahlrecht der betreibenden Unternehmen besteht und allein die BaFin nach § 1 Ia 2 Nr. 1b KWG zuständig ist, wenn das Unternehmen eine nicht als Börse genehmigte multilaterale Handelsplattform betreibt, eine höchst merkwürdige Zuständigkeitsaufspaltung. Mittelfristig stellt sich die weitere Frage einer europäischen Börsenaufsicht, für die viele Marktteilnehmer plädieren, die aber auch ihre Probleme hat.

2   Die **Börsenaufsicht** erstreckt sich **auf alle Börsenorgane, den Börsenträger** sowie alle **Einrichtungen,** die sich auf den Börsenverkehr einschließlich der nach § 5 III ausgelagerten Bereiche (Outsourcing; nicht erfasst werden die Betreiber der ausgelagerten Bereiche, da diese nicht erwähnt sind, Aufsichtslücken werden aber durch Weisungs- und Kontrollrechte des Börsenträgers, siehe **(14)** BörsG § 5 III 2, vermieden) beziehen, und auch auf den **Freiverkehr (I 2),** also zB auch die gesamte EDV mit ihren besonderen Gefahren für Anleger und Markt. I 2 enthält eine **Legaldefinition der Börsenorgane,** nämlich Börsenrat, Börsengeschäftsführung, Sanktionsausschuss und Handelsüberwachungsstelle.

3   Die Börsenaufsicht erstreckt sich nicht nur auf die Einhaltung der börsenrechtlichen Vorschriften und Anordnungen, sondern auch auf die ordnungsgemäße Durchführung des Handels an der Börse sowie die ordnungsgemäße Erfüllung der Börsengeschäfte **(I 3).** Die Börsenaufsicht ist also nicht mehr wie früher nur **Rechtsaufsicht** (keine Fachaufsicht), sondern auch **Markt- bzw. Handelsaufsicht (IV und V),** also auch eine Handelsaufsicht vor Ort über Börsenhandel, Handelsteilnehmer und die elektronischen Hilfseinrichtungen der Börse sowie die Kontrolle der ordnungsgemäßen Preisbildung. Die Börsenaufsicht kann also, falls für Markt- und Handelsaufsicht notwendig, trotz Börsenselbstverwaltung (dazu → Rn. 3a) direkt, auch parallel zur Selbstverwaltung eingreifen (nicht aber generell, da dem der Grundsatz der Selbstverwaltung entgegensteht). Rechtssowie Markt- und Handelsaufsicht erfolgt auch gegenüber dem Börsenträger, da aber darüber hinaus keine Fachaufsicht gegeben ist, kann sie nicht hinsichtlich der Strukturen und allgemeinen Geschäftspolitik des Trägers eingreifen oder Weisungen erteilen (Gurlit/Mülbert, Börsenträger, 2012, 78 ff.), kritisch sind auch Zustimmungsvorbehalte hinsichtlich der Auflösung des Trägers zu sehen. **Börsengeschäftsabwicklung** (Legaldefinition in I 3, Durchführung des Handels an der Börse und Erfüllung der Börsengeschäfte) umfasst das gesamte Verfahren bis zur Schlussnote eines Auftrags einschließlich Clearing, nicht aber das außerhalb stattfindende dingliche Abwicklungsgeschäft durch die Clearstream Banking AG der Deutschen Börse (→ **(13)** DepotG § 1 Rn. 6), Schwark/Zimmer/Kumpan § 3 BörsG Rn. 16.

2) Selbstverwaltung der Börse

3a Prägender Grundsatz der Börsenorganisation ist das Prinzip der **Selbstverwaltung der Börse.** Im Rahmen der Selbstverwaltung nehmen unterstaatlicher Träger öffentlicher Verwaltung die ihnen überlassene oder zugewiesenen öffentlichen Angelegenheiten eigenverantwortlich und frei von Weisungen Dritter als eigene Aufgaben wahr. Maßgeblich dafür ist insbesondere der Börsenrat als das Organ, das die für die Selbstverwaltung typischen Kompetenzen ausübt, dazu § 12. Aufgrund der Zusammensetzung (von den Handelsteilnehmern und Emittenten gewählte Personen) ist Börsenrat demokratisch legitimiert. Der **Umfang** der Selbstverwaltung wird durch zwingende börsengesetzliche Bestimmungen, wie die Preisfindung oder die Zulassungsvoraussetzungen, beschränkt. Soweit es keine zwingenden Regelungen gibt, ist die Börse dagegen in ihren Entscheidungen frei, zB bzgl. Organisation und Ausgestaltung des Handelsbetriebs. Im **Verhältnis zum Börsenträger** obliegt es der Börse, mit diesem beim Betrieb der Börse zusammenzuarbeiten, dabei die vom Börsenträger zu stellenden Mittel abzufordern und die Zusammenarbeit zu überwachen.

3) Teilnahmerecht der Börsenaufsichtsbehörde, Unterstützungspflicht der Börsenorgane (II)

4   II 1 nF 2007 gibt der Börsenaufsichtsbehörde das Recht, an den Beratungen der Börsenorgane teilzunehmen. Diese haben die Pflicht, die Börsenaufsichts-

V. Bankgeschäfte 5, 6 **3 BörsG (14)**

behörde bei der Erfüllung ihrer Aufgaben zu unterstützen (**II 2**). Konkretisierungen ua in §§ 7 II 1, 20 IV 6.

4) Börsenaufsicht nur im öffentlichen Interesse (III)

Die Börsenaufsichtsbehörde nimmt die ihr nach dem BörsG zugewiesenen 5
Aufgaben und Befugnisse nur im öffentlichen Interesse wahr (III nF 2007). Das entspricht der Regelung in § 4 IV FinDAG und ist wie dort nicht unumstritten (→ **(7)** Bankgeschäfte Rn. A5), aber geltendes Recht, OLG Frankfurt a. M. ZIP 2006, 285. So fällt der einzelne Anleger zB nicht in den Schutzbereich der bei der Aussetzung des Terminhandels zu beachtenden Amtspflichten, OLG Frankfurt a. M. ZIP 2001, 730. Sein Schutz ist bloßer Rechtsreflex. Unberührt bleibt die Pflicht zu rechtmäßigem Verhalten in Bezug auf die zu beaufsichtigenden Personen und Unternehmen, insoweit Amtshaftung des jeweiligen Bundeslandes nach allgemeinen Grundsätzen (§ 839 BGB iVm Art. 34 GG). Entsprechende Regelungen gelten für alle Börsenorgane, etwa die Börsengeschäftsführung (§ 15 VI, dort → § 15 Rn. 5). Die Mitglieder der Börsengeschäftsführung und der anderen Börsenorgane sind Beamte im haftungsrechtlichen Sinne, OLG Frankfurt a. M. ZIP 2001, 731; OLG Frankfurt a. M. 1 U 176/10, BeckRS 2013, 15308 = juris Rn. 101.

5) Auskunfts-, Einsichts-, Prüfungs- und andere Rechte der Börsenaufsichtsbehörde (IV und IVa)

IV nF 2007, IV 1 nF 2. FiMaNoG 2017 regelt die Befugnisse der Börsen- 6
aufsichtsbehörde, ua Auskunfts-, Einsichts- und Prüfungsrechte gegenüber der Börse selbst und dem Börsenträger sowie den nach § 19 zur Teilnahme am Börsenhandel zugelassenen Unternehmen, Börsenhändlern, Skontroführeren und skontroführenden Personen und den mittelbaren Handelsteilnehmern sowie den Emittenten der zum regulierten Markt zugelassenen Wertpapiere sowie mittelbaren Börsenteilnehmern (**IV 1**). Aufgrund der Beschränkung auf zur Erfüllung der Aufgaben erforderliche Maßnahmen in IV 1 muss im Einzelfall ein **konkreter Bezug** zu den Aufgaben der Börsenaufsicht bestehen, damit Aufsichtsbehörde Auskunft verlangen kann (daher wäre eine allgemeine Ausforschung ohne Anhaltspunkte nicht zulässig; dagegen ist **kein besonderer Anlass** (konkreter Verdacht) erforderlich. Anspruch auf Vorlage von Unterlagen umfasst auch deren Erstellung. Zur Definition der **Handelsteilnehmer** und **mittelbaren Handelsteilnehmer** (insbesondere der algorithmische Handel) (14) BörsG § 2 VIII. Die Erstreckung auf **Emittenten** hat sich in der Praxis als unabweisbar erwiesen und bedurfte einer Rechtsgrundlage (schon in § 2 I aF). Bei entsprechenden Anhaltspunkten („Anfangsverdacht" im Einzelfall) kann die Börsenaufsichtsbehörde sogar von jedermann Auskünfte und Vorlage von Unterlagen verlangen sowie Personen laden und vernehmen (**IV 3**). Damit korrespondieren nun auch die Anordnungsbefugnisse nach V, die im Rahmen des „.1/2. FiMaNoG" erweitert wurden und nun gegenüber „jedermann" gelten. Wichtig ist, dass die Börsenaufsichtsbehörde bei entsprechenden Anhaltspunkten von den an der jeweiligen (nicht anderen) Börse zugelassenen Handelsteilnehmern (nicht von Dritten) die Angabe der Identität der Auftraggeber und der aus den getätigten Geschäften Berechtigten oder Verpflichteten sowie der Veränderungen der Bestände in an der Börse gehandelten Finanzinstrumenten verlangen kann (**IV 4 Nr. 1**). Dieses Auskunftsrecht erstreckt sich weiter auf die Auftraggeber und die Berechtigten und Verpflichteten selbst (**IV 4 Nr. 2**). Das erschwert Manipulation der Börsenpreise über Auftragsketten, Hopt FS Drobnig, 1998, 542. Allerdings erscheint die Erstreckung auch auf Nicht-Handelsteilnehmer fragwürdig, da diese ipso jure nicht gegen Börsenrecht verstoßen können. Bei entsprechenden Anhaltspunkten kann die Börsenaufsichtsbehörde auch Bestandsveränderungen von Handelsteilnehmern in an der Börse (nur dieser, nicht anderen) gehandelten

Kumpan 2803

Finanzinstrumenten bei Wertpapiersammelbanken und Clearingstellen abfragen **(IV 4 Nr. 3)**. Nicht jede Bestandsveränderung bei den Handelsteilnehmern führt allerdings auch zu Bestandsveränderungen auf den Depotkonten bei der Wertpapiersammelbank, zB wenn zwei Kunden eines Handelsteilnehmers mit Depots bei diesem miteinander handeln. Von Nr. 3 erfasst werden auch außerbörsliche Geschäftsaktivitäten, allerdings nur bei einem unmittelbaren Bezug zum Börsengeschehen. Des Weiteren kann die Börsenaufsichtsbehörde von der Börse, den Handelsteilnehmern und mit diesen verbundenen Unternehmen die Vorlage von existierenden Aufzeichnungen von Telefongesprächen und Datenmittlungen verlangen **(IV 4 Nr. 4)**. Durch das HFHandelG 2013 wurde überdies eine besondere Auskunftspflicht für Handelsteilnehmer eingeführt, die mit algorithmischen Handelsprogrammen am Börsenhandel teilnehmen **(IV 4 Nr. 5)**, um den Börsenaufsichtsbehörden deren Überwachung zu erleichtern. Da (14) BörsG § 2 VIII zwischen Handelsteilnehmern und mittelbaren Handelsteilnehmern strikt trennt und mittelbare Handelsteilnehmer in IV 1, nicht aber in IV 4 Nr. 5 erwähnt werden, ergibt sich daraus systematisch, dass IV Nr. 5 nicht bzgl. mittelbarer Handelsteilnehmer gilt.

6a IV 5 und 6 regeln den Zugang zu den Geschäftsräumen der Börse und der Handelsteilnehmer, was für eine umfassende und wirkungsvolle Aufsicht erforderlich ist. Welche Arbeitszeit dabei „üblich" ist, muss aus Perspektive des Auskunftspflichtigen bestimmt werden. Schutzgüter iSv Satz 6, die ein Betreten auch außerhalb der üblichen Arbeitszeit erlauben, sind insbesondere die Rechtsordnung, speziell Börsengesetz und Börsenordnung, die Funktionsfähigkeit und Integrität des Börsenhandels und der Anlegerschutz. **IV 8** regelt die Heranziehung von Hilfspersonen, die dann dieselben Befugnisse, aber auch dieselben Pflichten wie die Börsenaufsichtsbehörde haben. Dadurch wird der Börsenaufsichtsbehörde der Zugriff auf externes Know-how ermöglicht (zB EV-Experten oder Wirtschaftsprüfer). **IV 9** gewährt den zur Aussage Verpflichteten unter den dort genannten Voraussetzungen ein Auskunftsverweigerungsrecht; dieses gilt aber nur hinsichtlich Aussagen, nicht auch zB hinsichtlich der Vorlage von Dokumenten.

6b Über IV 3 und 5 hinaus gibt **IVa** (neu 2. FiMaNoG 2017) der Börsenaufsichtsbehörde hinsichtlich des algorithmischen Handels **weitergehende Informationsmöglichkeiten** auch ohne Anhaltspunkte für Verstöße oder Missstände. Allerdings gilt auch hier der Erforderlichkeitsgrundsatz (konkreter Bezug der Informationen zu den Aufgaben der Börsenaufsichtsbehörde), hinsichtlich der Orderlage aber grds. gegeben. Adressaten sind dem Wortlaut zufolge nur Börsen und Börsenträger, nicht aber Skontroführer oder diejenigen, die selbst den algorithmischen Handel betreiben. VIa 2 setzt Art. 48 XI MiFID II um.

6c Darüber hinaus sind im BörsG an anderen Stellen weitere Befugnisse der Börsenaufsichtsbehörde festgelegt: zB § 7 bzgl. der **HÜSt**, § 16 III (Genehmigung der **Börsenordnung**), § 17 II (Genehmigung der **Gebührenordnung**), § 20 IV 6 (Unterrichtung der Behörde von weiteren Sicherheitsleistungen, Ausschlüssen etc **zugelassener Unternehmen und Skontroführer**).

6) Anordnungen der Börsenaufsichtsbehörde (V)

7 Nach V nF 2007, V 2 nF 2. FiMaNoG 2017 kann die Börsenaufsichtsbehörde im Rahmen ihrer Rechts- und Handelsaufsicht (→ Rn. 3) die geeigneten und erforderlichen **Anordnungen,** namentlich Verwaltungsakte iSd § 35 VwVfG, erlassen. **V 1** enthält eine allgemeine Anordnungsbefugnis, sie ist lex specialis gegenüber V 2 und 3. „**Ordnung der Börse**" umfasst dabei alle geschriebenen und ungeschriebenen Regeln und Anordnungen, die im Hinblick auf das äußere Verhalten und für einen vernünftigen Umgang der Handelsteilnehmer und Dritter miteinander und untereinander beim Besuch der Börse und der Teilnahme am Handel einzuhalten sind. Nicht darunter fallen Bestimmungen, die den

Handel oder die Preisermittlung regeln oder der Zulassung von Wertpapieren, Rechten und Gütern. **„Geschäftsverkehr"** ist enger zu verstehen und meint alle Normen und Anordnungen, die den äußeren Ablauf des Börsenhandels regeln, wie zB die Festlegung der Handelszeit. Er ist gestört, wenn der technische oder organisatorische Ablauf des Börsenhandels als Ganzes betroffen ist. Vorrangig ist aber nach **(14)** BörsG § 15 IV die Börsengeschäftsführung zur Sicherstellung berufen, da sie sachnäher ist.

V 2 enthält (nunmehr basierend auf Art. 70 VI lit. b MiFID II) die Grundlage 7a für ein **Einschreiten bei Missständen**, welche die ordnungsgemäße Durchführung des Handels an der Börse, der Börsengeschäftsabwicklung oder der Überwachung beeinträchtigen können. Auch präventives Einschreiten ist zulässig („verhindern"). Mit der Ausweitung auf „jedermann" durch das 2. FiMaNoG ist nunmehr Parallelität zwischen IV 3 und V 2 hergestellt. Bei Missständen im Wertpapierhandel und im Kredit- und Finanzdienstleistungswesen geben § 6 II WpHG, § 6 III KWG entsprechende Eingriffsmöglichkeiten. Mit Blick auf die Börse handelt es sich um eine Auffangregelung, sofern nicht speziellere Normen (zB **(14)** BörsG § 16 III 2) greifen. **Börsenrechtliche Vorschriften** iSv V 2 sind alle Normen des BörsG, die darauf basierenden Rechtsverordnungen und die von der Börse erlassenen Regelungen (insbesondere die Börsenordnung); **Anordnungen** ist untechnisch zu verstehen, erfasst nicht nur Verwaltungsakte sondern auch schlicht-hoheitliches Handeln, zB Informationsschreiben. **„Missstand"** ist eng zu verstehen; erfasst werden nur Verhaltensweisen, die den Zielen des BörsG und den hierzu erlassenen Bestimmungen zuwiderlaufen.

V 3 nennt nicht abschließend die möglichen Anordnungen. Hierzu gehört die 7b Aussetzung oder Einstellung des Börsenhandels mit einzelnen oder mehreren Finanzinstrumenten, Rechten oder Wirtschaftsgütern (**V 3 Nr. 1,** dann unverzügliche Veröffentlichung V 4 und Unterrichtung der BaFin, § 8 II). Weiterhin genannt ist die Untersagung der Nutzung eines zentralen Kontrahenten, einer Clearingstelle oder eines Abwicklungssystems **(V 3 Nr. 2).** Hier sind bei der näheren Bestimmung der „ordnungsgemäßen Durchführung des Börsenhandels oder der Börsengeschäftsabwicklung" die Voraussetzungen von V 2 zu berücksichtigen. Eine Untersagung eines zentralen Kontrahenten ist außerdem möglich, wenn das reibungslose und ordnungsgemäße Funktionieren der Märkte beeinträchtigt oder Systemrisiken verstärkt würden, Art. 7 IV und Art. 8 IV Fall 2 VO 648/2012. Das umfasst auch Untersagungen wegen erforderlicher Interoperabilität oder wegen Fehlens angemessener Mechanismen zur Verhinderung einer Fragmentierung der Liquidität. Ebenfalls in V 3 aufgeführt ist die Untersagung eines externen Abwicklungssystems **(V 3 Nr. 3);** dies sind Systeme, die nicht (im Wege vertraglicher oder gesellschaftsrechtlicher Verbindung) Teil der eigenen Infrastruktur der Börse sind. Schließlich kann die Börsenaufsichtsbehörde die Nutzung von algorithmischen Handelsstrategien untersagen **(V 3 Nr. 4),** etwa im Falle fehlerhafter oder manipulierter Computerprogramme. Diese Anordnungen stehen unter dem Vorbehalt, dass und soweit sie zur Durchsetzung der Vorschriften des BörsG geboten sind.

7) Widerruf der Zulassung oder Handelseinstellung delisteter Finanzinstrumente (Va–Vc)

Va-Vc, eingefügt durch 2. FiMaNoG 2017, dienen der Umsetzung von 7c Art. 52 II MiFID II. Durch **Va** soll ein marktweit bzw. **handelsplatzübergreifend abgestimmtes Vorgehen** sichergestellt werden, wenn es in den in der Vorschrift genannten Fällen zu einem Widerruf der Zulassung, einer Aussetzung oder Einstellung des Handels in einem Finanzinstrument kommt. Wird ein Finanzinstrument an mehreren Handelsplätzen gehandelt, würde eine lediglich einzelhandelsplatzbezogene Maßnahme (jede Börse kann nur für ihren Marktplatz entscheiden) in den genannten Fällen idR wenig bringen. Dabei muss Anleger-

und Funktionsschutz berücksichtigt werden, allerdings soll nur eine „erhebliche" Schädigung dieser Schutzgüter entgegenstehen (wobei hinsichtlich des Anlegerschutzes ohnehin wenig Raum bleibt, da die Untersagung das Anlegerinteresse an der jederzeitigen Veräußerbarkeit im Kern trifft). **Vb** statuiert eine Mitteilungspflicht der Börsenaufsichtsbehörde gegenüber anderen betroffenen Aufsichtsbehörden des Kapitalmarktes (BaFin, andere Börsenaufsichtsbehörden, die Börsen beaufsichtigen, an denen das Instrument gehandelt wird), diese bezieht sich ausschließlich auf die Entscheidung, Maßnahmen an weiteren Börsen in ihrem Zuständigkeitsbereich zu treffen (RegE 2. FiMaNoG, BT-Drs. 18/10936, 268).

Vc regelt, was Börsenaufsichtsbehörden zu tun haben, wenn sie von solchen Maßnahmen anderer Aufsichtsbehörden erfahren, seien es andere inländische Börsenaufsichtsbehörden, seien es zuständige EU/EWR-ausländische Aufsichtsbehörden.

8) Unterrichtung der Geschäftsführung (VI)

8   Nach VI nF 2007 hat die Börsenaufsichtsbehörde ihrerseits die Börsengeschäftsführung zu unterrichten, wenn sie Tatsachen feststellt, die sie zu Rücknahme oder Widerruf von bestimmten Erlaubnissen oder Zulassungen oder anderen Maßnahmen der Geschäftsführung berechtigen können.

9) Übertragung von Aufgaben und Befugnissen (VII)

9   VII nF 2007 berechtigt zur Weiterübertragung der Befugnisse der Börsenaufsichtsbehörde (§ 3 I 1) auf eine andere Behörde. Diese Regelung ist **weit auszulegen**. **Auch** eine **Vollübertragung** von Aufgaben und Befugnissen ist als zulässig anzusehen. Nur so wird der Sinn und Zweck der Vorschrift erreicht, den Ländern größtmögliche Flexibilität bei der Organisation der Börsenaufsicht zu geben, was gerade im Fall von Regionalbörsen wichtig ist, bei denen es nicht immer sinnvoll und effizient sein kann, eine eigene Börsenaufsichtsbehörde vorzusehen. **„Andere Behörden"** sind insbesondere die Börsenaufsichtsbehörden anderer Bundesländer, hinsichtlich der BaFin sind die verfassungsrechtlichen Grenzen zu beachten (Verbot der Mischverwaltung, Normvollzug durch die Länder). Hinsichtlich der **rechtlichen Qualifizierung der Übertragung** (in Betracht kommen Organleihe, Mandatierung oder Delegation) ist in Anbetracht der Zielsetzung von VII, eine möglichst effiziente Wahrnehmung der Börsenaufsicht zu ermöglichen, davon auszugehen, dass die beauftragende Behörde wählen kann, welchen Weg der Übertragung sie wählt.

10) Einschaltung anderer Personen und Einrichtungen (VIII)

10   Nach VIII nF 2007 kann sich die Börsenaufsichtsbehörde bei der Durchführung ihrer Aufgaben anderer Personen und Einrichtungen bedienen. Das umfasst die **Rechts- und Amtshilfe** durch andere Behörden des Bundes und der Länder. Es können aber auch andere Personen als Amtsträger, also auch Private, zB Wirtschaftsprüfer, einbezogen werden (besondere Verpflichtung der Privatpersonen zur Unterstützung besteht aber nicht). Wegen **(14)** BörsG § 7 I 3, II 3 kann VIII aus systematischen Gründen nicht als Rechtsgrundlage für die Heranziehung der Handelsüberwachungsstelle herangezogen werden.

11) Keine aufschiebende Wirkung von Rechtsmitteln (IX)

11   IX nF 2007 stellt sicher, dass die Maßnahmen der Börsenaufsichtsbehörde nach IV und V auch bei Widerspruch und Anfechtungsklage sofort durchgesetzt werden können. Das ist angesichts der Schnelligkeit des Börsengeschehens unerlässlich.

V. Bankgeschäfte 1 **3a BörsG (14)**

12) Bestellung eines Beauftragten (X)

Als ultima ratio hat die Börsenaufsichtsbehörde das Recht, einen Beauftragten 12
einzusetzen (Verwaltungsakt), der die Aufgaben der Börse oder eines ihrer Organe auf Kosten des Börsenträgers wahrnimmt (X nF 2007). Voraussetzung ist, dass die sonstigen Befugnisse der Aufsicht nicht ausreichen und der ordnungsgemäße Börsenbetrieb dies erfordert. Damit soll die Börse der Börsenhandel auch dann funktionsfähig gehalten werden, wenn die Börse selbst nicht mehr bereit ist, ihren gesetzlichen Verpflichtungen nachzukommen (RegE FRUG, BT-Drs. 16/4028, 81). Von der früheren Möglichkeit, einen Staatskommissar (Beamter der Börsenaufsichtsbehörde) für die Durchführung der Börsenaufsicht einzusetzen (III 1 aF vor 2002), ist nur dreimal Gebrauch gemacht worden.

13) Benachrichtigungsverbot für Adressaten von Maßnahmen und Ermittlungsverfahren (XI)

XI nF 2007 begründet eine Verschwiegenheitspflicht, sofern es um Ermitt- 13
lungen wegen eines Verstoßes gegen § 26 BörsG oder **(16a)** MAR Art. 14 (Insiderhandelsverbot) oder Art. 15 MAR (Marktmanipulationsverbot) geht.

14) Zuständigkeit der Börsenaufsichtsbehörde bzgl. MiFIR (XII)

XII neu 2. FiMaNoG 2017 regelt, dass die Börsenaufsichtsbehörden im Hin- 14
blick auf die Börsen und deren Betreiber die zuständigen Behörden für die Überwachung der Pflichten nach der MiFIR (VO (EU) 600/2014) sind.

Aufgaben und Befugnisse der Börsenaufsichtsbehörde zur Ausführung der Verordnung (EU) 2015/2365

BörsG 3a (1) **Die Börsenaufsichtsbehörde überwacht die Einhaltung der Verbote und Gebote der Verordnung (EU) 2015/2365 durch die Börse und den Börsenträger und kann Anordnungen treffen, die geeignet und erforderlich sind, Verstöße gegen die Artikel 4 und 15 der Verordnung (EU) 2015/2365 sowie gegen die auf Grundlage des Artikels 4 erlassenen delegierten Rechtsakte und Durchführungsrechtsakte der Europäischen Kommission in der jeweils geltenden Fassung zu verhindern oder Missstände zu beseitigen.**

(2) ¹**Bei Verstößen gegen die in Absatz 1 genannten Vorschriften sowie sich hierauf beziehende Anordnungen der Börsenaufsichtsbehörde kann diese eine dauerhafte Einstellung der den Verstoß begründenden Handlungen oder Verhaltensweisen verlangen.** ²**Verstößt eine Person, die bei der Börse oder dem Börsenträger tätig ist, vorsätzlich gegen die in Absatz 1 genannten Vorschriften oder eine sich auf diese Vorschriften beziehende Anordnung der Börsenaufsichtsbehörde und setzt sie dieses Verhalten trotz Verwarnung durch die Börsenaufsichtsbehörde fort, kann die Börsenaufsichtsbehörde dieser Person für einen Zeitraum von bis zu zwei Jahren die Wahrnehmung von Führungsaufgaben bei Börsen oder Börsenträgern untersagen.**

§ 3a neu 2. FiMaNoG 2017 dient der Umsetzung von Art. 22 VO (EU) 2015/ 1
2365 und stattet die Börsenaufsichtsbehörden mit den für die Überwachung der dortigen Ge- und Verbote notwendigen Befugnissen aus. Sie soll die Erfüllung der Pflichten aus Art. 4 und Art. 15 der VO 2015/2365 sowie den damit verbundenen delegierten Rechtsakte und Durchführungsrechtsakte der Europäischen Kommission durch die Börse und den Börsenträger überwachen und gegebenenfalls durchsetzen können. Art. 4 der VO 2015/2365 regelt die Meldepflicht und Sicherheitsvorkehrungen für Wertpapierfinanzierungsgeschäfte: Danach sind Abschlüsse, Änderungen oder Beendigungen von Wertpapierfinanzierungsgeschäften einem Transaktionsregister zu melden. Art. 15 VO 2015/2365

regelt die Weiterverwendung von als Sicherheit gehaltenen Finanzinstrumenten. Bei der Überwachung und Durchsetzung dieser Regelungen hat die Aufsichtsbehörde den Verhältnismäßigkeitsgrundsatz zu beachten.

Meldung von Verstößen

BörsG 3b (1) [1]Die Börsenaufsichtsbehörde trifft geeignete Vorkehrungen, um die Meldung von möglichen oder tatsächlichen Verstößen gegen dieses Gesetz oder gegen die Verordnung (EU) 600/2014 oder gegen Artikel 4 oder 15 der Verordnung (EU) 2015/2365 oder gegen die zur Durchführung dieses Gesetzes oder der Verordnung (EU) 600/2014 oder der Artikel 4 oder 15 der Verordnung (EU) 2015/2365 erlassenen Verordnungen, Rechtsakte oder Anordnungen oder gegen sonstige Vorschriften, deren Einhaltung sie zu überwachen hat, zu ermöglichen. [2]Die Meldungen können auch anonym abgegeben werden.

(2) [1]Die Börsenaufsichtsbehörde ist zu diesem Zweck befugt, personenbezogene Daten zu verarbeiten, soweit dies zur Erfüllung ihrer Aufgaben nach Absatz 1 erforderlich ist. [2]Die eingehenden Meldungen unterliegen den datenschutzrechtlichen Bestimmungen.

(3) [1]Die Börsenaufsichtsbehörde macht die Identität einer Person, die eine Meldung erstattet hat, nicht bekannt, ohne zuvor die ausdrückliche Einwilligung dieser Person eingeholt zu haben. [2]Ferner gibt die Börsenaufsichtsbehörde die Identität einer Person, die Gegenstand einer Meldung ist, nicht preis. [3]Die Sätze 1 und 2 gelten nicht, wenn eine Weitergabe der Information im Zusammenhang mit weiteren Ermittlungen oder nachfolgenden Verwaltungs- oder Gerichtsverfahren erforderlich ist oder wenn die Offenlegung durch eine gerichtliche Entscheidung angeordnet wird.

(4) Die Informationsfreiheitsgesetze der Länder finden auf die Meldung von Verstößen nach Absatz 1 keine Anwendung.

(5) Mitarbeiter, die bei Unternehmen oder Personen beschäftigt sind, die von einer Börsenaufsichtsbehörde beaufsichtigt werden, oder die bei Unternehmen oder Personen beschäftigt sind, auf die Tätigkeiten von beaufsichtigten Unternehmen oder Personen ausgelagert wurden, und die eine Meldung nach Absatz 1 abgeben, dürfen wegen dieser Meldung weder nach arbeitsrechtlichen oder strafrechtlichen Vorschriften verantwortlich noch schadenersatzpflichtig gemacht werden, es sei denn, es ist vorsätzlich oder grob fahrlässig eine unwahre Meldung abgegeben worden.

(6) Die Berechtigung zur Abgabe von Meldungen nach Absatz 1 durch Mitarbeiter, die bei Unternehmen oder Personen beschäftigt sind, die von der Börsenaufsichtsbehörde beaufsichtigt werden oder die bei anderen Unternehmen oder Personen beschäftigt sind, auf die Tätigkeiten von beaufsichtigten Unternehmen oder Personen ausgelagert wurden, die bei einer Börse oder einem Börsenträger beschäftigt sind, darf vertraglich nicht eingeschränkt werden. Entgegenstehende Vereinbarungen sind unwirksam.

(7) Die Rechte einer Person, die Gegenstand einer Meldung ist, insbesondere die Rechte nach den anwendbaren Verwaltungsverfahrensgesetzen, nach den §§ 68 bis 71 der Verwaltungsgerichtsordnung und nach den §§ 137, 140, 141 und 147 der Strafprozessordnung werden durch die Einrichtung des Systems zur Meldung von Verstößen nach Absatz 1 nicht eingeschränkt.

1 § 3b neu 2. FiMaNoG 2017 setzt Art. 24 I und II VO (EU) 2015/2365 um, wobei I aufgrund von Art. 73 I MiFID II modifiziert worden ist. Da die Börsenaufsichtsbehörden im Hinblick auf die Börsen die zuständigen Behörden nach der

VO bzw. nach MiFID II bzw. MiFIR (VO (EU) 600/2014) sind, obliegt ihnen die Aufgabe, Meldungen von Verstößen gegen Art. 4 und 15 VO (EU) 2015/2365 sowie gegen die MiFIR und das BörsG und sonstige Vorschriften, deren Einhaltung die Börsenaufsichtsbehörde zu überwachen hat, zu ermöglichen.

Erlaubnis

BörsG 4 (1) **Die Errichtung einer Börse bedarf der schriftlichen Erlaubnis der Börsenaufsichtsbehörde.**

(2) ¹Der Antrag auf Erteilung der Erlaubnis ist schriftlich bei der Börsenaufsichtsbehörde zu stellen. ²Er muss enthalten:
1. einen geeigneten Nachweis der nach § 5 Abs. 5 zum Börsenbetrieb erforderlichen Mittel,
2. die Namen der Geschäftsleiter und der Mitglieder des Verwaltungs- oder Aufsichtsorgans des Börsenträgers sowie Angaben, die für die Beurteilung der Anforderungen nach den §§ 4a und 4b erforderlich sind,
3. einen Geschäftsplan, aus dem die Art der geplanten Geschäfte und der organisatorische Aufbau und die geplanten internen Kontrollverfahren des Trägers der Börse hervorgehen, sowie das Regelwerk der Börse,
4. die Angabe der Eigentümerstruktur des Trägers der Börse, insbesondere die Inhaber bedeutender Beteiligungen im Sinne des § 6 Abs. 6 und deren Beteiligungshöhe, und
5. die Angaben, die für die Beurteilung der Zuverlässigkeit der Inhaber bedeutender Beteiligungen erforderlich sind; ist der Inhaber einer bedeutenden Beteiligung eine juristische Person oder Personenhandelsgesellschaft, sind die für die Beurteilung der Zuverlässigkeit seiner gesetzlichen oder satzungsmäßigen Vertreter oder persönlich haftenden Gesellschafter wesentlichen Tatsachen anzugeben.

³Die Börsenaufsichtsbehörde kann zusätzliche Angaben verlangen, soweit diese erforderlich sind, um zu prüfen, ob der Antragsteller die Einhaltung der Vorschriften dieses Gesetzes gewährleistet. ⁴Handelt es sich bei den Geschäftsleitern des Trägers der Börse um solche eines organisierten Marktes, kann der Antragsteller hinsichtlich dieser Personen von den Angaben nach Satz 2 Nr. 2 und 5 absehen.

(3) **Die Erlaubnis ist insbesondere zu versagen, wenn**
1. der Nachweis der zum Börsenbetrieb erforderlichen Mittel nicht erbracht wird,
2. Tatsachen vorliegen, aus denen sich ergibt, dass eine der in Absatz 2 Satz 2 Nummer 2 genannten Personen den Anforderungen nach den §§ 4a und 4b nicht entspricht,
3. Tatsachen die Annahme rechtfertigen, dass der Inhaber einer bedeutenden Beteiligung oder, wenn er eine juristische Person ist, auch ein gesetzlicher oder satzungsmäßiger Vertreter, oder, wenn er eine Personenhandelsgesellschaft ist, auch ein Gesellschafter, nicht zuverlässig ist oder aus anderen Gründen nicht den im Interesse einer soliden und umsichtigen Führung des Trägers einer Börse zu stellenden Ansprüchen genügt; dies gilt im Zweifel auch dann, wenn Tatsachen die Annahme rechtfertigen, dass er die von ihm aufgebrachten Mittel durch eine Handlung erbracht hat, die objektiv einen Straftatbestand erfüllt, oder
4. sich aus den vom Antragsteller vorgelegten Unterlagen ernstliche Zweifel an seiner Fähigkeit ergeben, die sich aus diesem Gesetz ergebenden Anforderungen an den Betrieb der Börse zu erfüllen.

(4) Die Erlaubnis erlischt, wenn von ihr nicht innerhalb eines Jahres seit ihrer Erteilung Gebrauch gemacht wird.

(5) ¹Die Börsenaufsichtsbehörde kann die Erlaubnis außer nach den Vorschriften der Verwaltungsverfahrensgesetze der Länder aufheben, wenn

1. der Börsenbetrieb, auf den sich die Erlaubnis bezieht, seit mehr als sechs Monaten nicht mehr ausgeübt worden ist,
2. ihr Tatsachen bekannt werden, welche die Versagung der Erlaubnis nach Absatz 3 rechtfertigen würden, oder
3. die Börse oder der Träger der Börse nachhaltig gegen Bestimmungen dieses Gesetzes oder der Verordnung (EU) 600/2014 oder der Artikel 4 und 15 der Verordnung (EU) 2015/2365 oder die zur Durchführung dieser Gesetze erlassenen Verordnungen oder Anordnungen verstoßen hat.

²Die den § 48 Abs. 4 Satz 1 und § 49 Abs. 2 Satz 2 des Verwaltungsverfahrensgesetzes entsprechenden Regelungen der Landesgesetze sind nicht anzuwenden.

(5a) ¹Die Börsenaufsichtsbehörde kann die Erlaubnis mit Auflagen versehen, soweit dies erforderlich ist, um die Erlaubnisvoraussetzungen sicherzustellen. ²Die nachträgliche Aufnahme von Auflagen oder die nachträgliche Änderung oder Ergänzung bestehender Auflagen ist unter den Voraussetzungen des Satzes 1 zulässig.

(6) ¹Die Landesregierungen werden ermächtigt, Art, Umfang, Zeitpunkt und Form der nach Absatz 2 zu machenden Angaben und vorzulegenden Unterlagen durch Rechtsverordnung näher zu bestimmen. ²Die Landesregierung kann die Ermächtigung durch Rechtsverordnung auf die Börsenaufsichtsbehörde übertragen.

(7) ¹Der Börsenträger hat der Börsenaufsichtsbehörde einen Wechsel bei den Personen der Geschäftsleitung sowie wesentliche Änderungen hinsichtlich der nach Absatz 2 Satz 2 Nr. 1 bis 5 gemachten Angaben unverzüglich anzuzeigen. ²Absatz 2 Satz 3 und 4 gilt entsprechend.

1) Erlaubnispflicht für die Errichtung einer Börse (I)

1 § 4 setzt Art. 44 MiFID II, seinerzeit Art. 36 MiFID, um, der für die Zulassung als geregelter Markt und damit auch als Börse detaillierte Anforderungen an die Börse selbst und ihre Betreiber stellt. Die Errichtung einer Börse bedarf der schriftlichen Erlaubnis der Börsenaufsichtsbehörde (I). Zuständige Börsenaufsichtsbehörde bestimmt sich nach dem Verwaltungssitz der (künftigen) Börse und ihrer Organe, Sitz des Trägers muss damit nicht identisch sein. Die Regelung als Erlaubnispflicht statt Verbot mit **Erlaubnisvorbehalt** trägt der Börsendefinition nach § 2 I Rechnung, da diese mit der Beschreibung der Rechtsnatur als Anstalt des öffentlichen Rechts als Wesenselement auch formelle Aspekte enthält (so RegE FRUG, BT-Drs. 16/4028, 81). Erlaubnis ist ein (mitwirkungsdürftiger) begünstigender (Dauer-)Verwaltungsakt iSd § 35 VwVfG. Antragsteller und Adressat der Erlaubnis ist der Börsenträger, nicht die Börse. Es besteht kein Rechtsanspruch auf Erlaubniserteilung.

2 Statt Antrag auf Börsenzulassung zu stellen, kann ein Unternehmen den Betrieb auch als multilaterales Handelssystem nach §§ 72, 74 WpHG führen. Das **Wahlrecht zwischen Betrieb als Börse oder als multilaterales Handelssystem** geht auf die parallele Begriffsbestimmung in Art. 4 I Nr. 21 und 22 MiFID II und der sehr ähnlichen materiellen Anforderungen an geregelte Märkte (Börsen) und multilaterale Handelssysteme durch Art. 31 f. und Art. 44 ff. MiFID II zurück. Das hat eine rechtlich und praktisch ganz erhebliche Konsequenz für das deutsche Recht. Wer eine nicht als Börse genehmigte multilaterale Handelsplattform betreibt, betreibt damit anders als früher keine ungenehmigte Börse mit

entsprechenden börsenrechtlichen Konsequenzen. Vielmehr ist das nunmehr eine erlaubnispflichtige Finanzdienstleistung nach § 1 Ia 2 Nr. 1b KWG im ausschließlichen Aufsichtsbereich der BaFin. Liegt diese Erlaubnis nicht vor, kann nicht die Börsenaufsichtsbehörde nach BörsG, sondern nur die BaFin nach KWG einschreiten (zur Kritik → § 3 Rn. 1b).

Die Erlaubnis hat eine doppelte Rechtsfolge: Sie führt zur Entstehung der 2a Börse (**konstitutiver Rechtsakt,** nach (14) BörsG § 12 V bestellt Börsenaufsichtsbehörde bereits einen vorläufigen Börsenrat, das zentrale Selbstverwaltungsorgan) und der Börsenträger wird berechtigt und verpflichtet, die Börse künftig zu betreiben und zu erhalten (dagegen keine Delegation staatlicher Organisationsgewalt oder staatlicher Aufgabe auf den Träger). Es erfolgt auch **keine Beleihung** (aA hM, siehe zuletzt umfänglich Kaufhold ZHR 184 (2020), 585 ff. mwN). Börsenträger ist vielmehr **Verwaltungshelfer,** der für das wirtschaftliche Management der Börse zuständig ist. Er hat keinen rechtlich vermittelten Einfluss auf die in die Zuständigkeit der öffentlich-rechtlichen Börse und ihrer Organe fallenden Angelegenheiten (in der Praxis kann aber Einfluss gegeben sein, etwa aufgrund von Personalunion der Verantwortlichen oder Übernahme von Initiativen des Trägers durch die Börse). Ausführlich Schwark/Zimmer/Kumpan, KMRK § 4 Rn. 4 ff.

2) Antrag (II, VI)

II regelt die Einzelheiten des Antrags auf Erteilung der Erlaubnis. Dabei 3 kommt es auf die zum Börsenbetrieb notwendige finanzielle Leistungsfähigkeit des Börsenträgers (**II 2 Nr. 1,** § 5 V) an, die sich an Art und Umfang der abgeschlossenen Geschäfte sowie an den Risiken, denen die Börse dabei ausgesetzt ist, orientiert. Des Weiteren auf die Erfüllung der Anforderungen an die Geschäftsleiter und Mitglieder des Börsenrats, insbesondere deren Zuverlässigkeit und fachliche Eignung (**II 2 Nr. 2,** §§ 4a, 4b, s. Kommentierung bei §§ 4a und 4b). Es muss ein Geschäftsplan mit dem geplanten internen Kontrollverfahren des Börsenträgers und Regelwerk der Börse vorgelegt werden (**II 2 Nr. 3).** Dies soll die Prüfung ermöglichen, ob alle Vorgaben des Titels III der MiFID II eingehalten werden. Hinsichtlich der Einzelheiten ist eine Orientierung an der Genehmigungspraxis der BaFin zu § 32 I 2 Nr. 5 KWG möglich. Demzufolge ua Angabe der handelbaren Handelsprodukte, Art des Handels (Kassa, Termin), vorgesehene Infrastrukturen, angenommene Börsenumsätze und Erträge. Weiterhin ist die Eigentümerstruktur anzugeben, insbesondere was die Inhaber bedeutender Beteiligungen und deren Beteiligungshöhe angeht sowie deren Zuverlässigkeit (**II 2 Nr. 4, 5,** § 6 I). In diesem Zusammenhang auch → (14) BörsG § 6 Rn. 3. Näheres folgt aus einer RVO (**VI).** Im Einzelfall kann die Börsenaufsichtsbehörde zusätzliche Informationen verlangen (**II 3).**

3) Versagung, Erlöschen und Aufhebung der Erlaubnis (III–Va)

III Nr. 1–4 enthält die **Versagungsgründe,** die aber nicht abschließend, 4 sondern nur Regelbeispiele sind („insbesondere"), eine „Bedürfnisprüfung" für weitere Marktplätze ist aber ausgeschlossen (FinA FRUG, BT-Drs. 16/4899, 13). Diese sind parallel zu den Erlaubnisgründen (II 2 Nr. 1, 2, 4, 5) gefasst. Wer also Börse betreiben will, muss die anfänglichen Anforderungen der MiFID II an den Betreiber von geregelten Märkten erfüllen (RegE FRUG). ZT Prognosen erforderlich, die auf Tatsachen beruhen müssen, bloße Vermutungen und Gerüchte reichen nicht (materielle Beweislast liegt bei der Börsenaufsichtsbehörde); bloße Zweifel am Nichtvorliegen der Untersagungsvoraussetzungen reichen bei Nr. 2 und 3 reichen nicht aus, etwas geringere Anforderungen bei Nr. 4 („ernstliche Zweifel"). **Nr. 4** bezieht sich auf die Pflichten des Börsenträgers nach **(14)** BörsG § 5, ist kein genereller Auffangtatbestand. Da Versagungsgründe nicht abschließend sind, können auch andere gewichtige Gründe herangezogen werden, die aber den in III genannten vergleichbar sein müssen, Erwägungen außerhalb des Pflichtenkreises des Börsenträgers (zB standortpolitische Fragen) dürfen dabei keine Rolle spielen.

4a Nach **IV** erlischt die Erlaubnis, wenn von ihr nicht innerhalb eines Jahres seit Erteilung Gebrauch gemacht wird. Die **Frist** läuft mit Zustellung des Erlaubnisbescheids und berechnet sich nach §§ 187 I, 188 II BGB. Erforderlich ist, dass der genehmigte Börsenbetrieb aufgenommen worden ist, bei mehreren Geschäftszweigen zumindest in einem von ihnen. **Weitere Erlöschenstatbestände** sind der Untergang des Trägers und der Trägerwechsel (gesellschaftsrechtliche Umstrukturierungsmaßnahmen, in diesem Fall erwogene „Überleitung" ist neue Erlaubnis für Nachfolger, da personenbezogener Verwaltungsakt nicht nachfolgefähig ist); ein Genehmigungsverzicht ist nach hM dagegen unzulässig. Erlischt die Erlaubnis, geht die öffentlich-rechtliche Börse unter; anders wenn der Börsenträger wechselt, dann muss bei Erlaubniserteilung durch zeitlichen Anschluss sichergestellt werden, dass zu keiner Zeit trägerloser Zustand besteht.

4b V regelt die Voraussetzung der Aufhebung der Erlaubnis durch die Börsenaufsichtsbehörde. Ist überprüfbare Ermessensentscheidung und ultima ratio. Keine Bindung der Börsenaufsichtsbehörde an Jahresfrist ab Kenntniserlangung (**V 2**). Mit V 2 zugleich klargestellt, dass (L)VwVfG anwendbar ist. Bzgl. Frist nach **V 1 Nr. 1** wie → Rn. 4a. Verstöße nach **V 1 Nr. 3** sind jedenfalls Fälle nach **(14)** BörsG §§ 49, 50. **Rechtsschutz** des Börsenträgers mittels Anfechtungsklage, § 42 I VwGO, Klagebefugnis auch der Börse selbst (rechtliche Drittwirkung wegen Untergang der Börse). Außerdem Entschädigungsanspruch auf Ersatz des Vertrauensschadens. **Va**, eingefügt durch HFreqHG, ermöglicht der Börsenaufsichtsbehörde, Auflagen zu erlassen. Soll der Börsenaufsichtsbehörde die Möglichkeit geben, auf künftige Entwicklungen zu reagieren, zB Sitzverlegung eines Börsenträgers ins Ausland, Eingliederung eines Börsenträgers in einen Börsenkonzern mit einer Holding sowie Veränderungen des Marktumfelds durch neue EU-Regulierungen (RegE HFHandelG, BT-Drs. 17/11631, 21).

4) Mitteilungspflicht des Börsenträgers (VII)

5 VII dient der laufenden Kontrolle der Erstzulassungsvoraussetzungen durch die Börsenaufsichtsbehörde. Der Börsenträger hat einen Wechsel in der Geschäftsleitung sowie wesentliche Änderungen der übrigen Angaben nach II unverzüglich anzuzeigen.

Geschäftsleitung des Börsenträgers

BörsG 4a (1) Die Geschäftsleiter des Börsenträgers müssen fachlich geeignet und zuverlässig sein und der Wahrnehmung ihrer Aufgaben ausreichend Zeit widmen.

(2) ¹Bei der Zahl der Leitungs- oder Aufsichtsmandate, die ein Geschäftsleiter gleichzeitig innehaben kann, sind der Einzelfall und die Art, der Umfang und die Komplexität der Geschäfte des Börsenträgers zu berücksichtigen. ²Geschäftsleiter eines Börsenträgers, der auf Grund seiner Größe, seiner internen Organisation und der Art, des Umfangs und der Komplexität seiner Geschäfte von erheblicher Bedeutung ist, kann nicht sein, wer in einem anderen Unternehmen Geschäftsleiter ist oder bereits in mehr als zwei Unternehmen Mitglied des Verwaltungs- oder Aufsichtsorgans ist. ³Dabei gelten mehrere Mandate als ein Mandat, wenn sie bei Unternehmen wahrgenommen werden,

1. die derselben Gruppe im Sinne des Artikels 2 Nummer 11 der Richtlinie 2013/34/EU des Europäischen Parlaments und des Rates vom 26. Juni 2013 über den Jahresabschluss, den konsolidierten Abschluss und damit verbun-

dene Berichte von Unternehmen bestimmter Rechtsformen und zur Änderung der Richtlinie 2006/43/EG des Europäischen Parlaments und des Rates und zur Aufhebung der Richtlinien 78/660/EWG und 83/349/EWG des Rates angehören oder
2. an denen der Börsenträger eine bedeutende Beteiligung im Sinne des § 1 Absatz 9 des Kreditwesengesetzes hält.

⁴ Mandate als Geschäftsleiter einer Börse oder als Mitglied eines Börsenrates und Mandate bei Organisationen und Unternehmen, die nicht überwiegend gewerbliche Ziele verfolgen, insbesondere Unternehmen, die der kommunalen Daseinsvorsorge dienen, werden bei den nach Satz 2 höchstens zulässigen Mandaten nicht berücksichtigt. ⁵ Die Börsenaufsichtsbehörde kann einem Geschäftsleiter unter Berücksichtigung der Umstände im Einzelfall gestatten, ein zusätzliches Mandat in einem Verwaltungs- oder Aufsichtsorgan innezuhaben, wenn dies den Geschäftsleiter nicht daran hindert, der Wahrnehmung seiner Aufgaben bei dem Börsenträger ausreichend Zeit zu widmen.

1) Zuverlässigkeit

§ 4a neu 2. FiMaNoG 2017, setzt Art. 45 I–VI der MiFID II im Hinblick auf 1 die Geschäftsleitung des Börsenträgers um und lehnt sich eng an §§ 25c und 25d KWG an (RegE 2. FiMaNoG, BT-Drs. 18/10936, 268). **Zuverlässig** bedeutet nach allgemeinem Verständnis, dass der Betreffende erwarten lässt, dass er die ihm obliegenden Pflichten ordnungsgemäß erfüllen wird (dazu allgemein BVerwGE 65, 1 f.). Dabei handelt es sich um eine Prognose. Der Maßstab ist aus dem Gewerberecht abgeleitet und wird im BörsG auch an anderer Stelle verwendet (s. **(14) BörsG** § 6 II und § 19 IV). Daher kann für die Auslegung auf die allgemeinen gewerbe- und handelsrechtlichen Grundsätze zurückgegriffen werden. Bezugspunkt ist hier aber die Erfüllung der Betriebspflicht nach **(14) BörsG** § 5 I. Weiterhin ist als im börsenrechtlichen Sinne nicht zuverlässig anzusehen, wer einschlägige aufsichts- und wirtschaftsrechtlichen Normen oder Anordnungen verletzt oder schwere Vermögens- oder Geldwäschedelikte begangen hat. Zuverlässigkeit muss nicht positiv dargelegt werden, sondern ist zunächst einmal anzunehmen, sofern keine gegenteiligen Tatsachen erkennbar sind.

2) Fachliche Eignung

Fachliche Eignung bedeutet, dass der Betreffende über **theoretische und** 2 **praktische Kenntnisse** in den betreffenden Geschäften und über eine **ausreichende Leitungserfahrung** verfügt. Wie das Kriterium der Zuverlässigkeit auch an anderer Stelle im BörsG verwendet (zB **(14) BörsG** § 19). Sie ist im Gegensatz zur Zuverlässigkeit positiv festzustellen. Sie bezieht sich nicht allein auf die Tätigkeit des Börsenträgers. Europarechtskonform ausgelegt (Art. 45 MiFID II) muss sich die fachliche Eignung der Geschäftsleiter auch auf die Spezifika der vom Börsenträger betriebenen Börse erstrecken. Dh, es kommt insbesondere auch auf die Art der an den Börsen gehandelten Wirtschaftsgüter und die Komplexität der dort abgeschlossenen Geschäfte an (RegE FRUG, BT-Drs. 16/4028, 83, vgl. auch → § 13 Rn. 1). Angesichts der diesbezüglich geringen Verwaltungspraxis im Börsenbereich kann eine Übertragung der bei den Kreditinstituten entwickelten Grundsätze erwogen werden, ist aber von Fall zu Fall zu prüfen.

3) Anzahl und Art der Mandate

II enthält umfängliche Regelung über Anzahl und Art der von einem Ge- 3 schäftsleiter gleichzeitig wahrnehmbaren Mandate. Ähnelt § 100 II 1 AktG, sieht aber ausdrücklich vor, dass auf individuellen Einzelfall und Art, Umfang und Komplexität der Geschäfte abzustellen ist. Enge Grenzen gelten für Börsenträger **„von erheblicher Bedeutung"**, was primär die FWB betreffen wird. Zur Ermittlung der **Größe** kann auf die Bilanzsumme, Erlöse oder Anzahl der

Angestellten abgestellt werden. Für eine Orientierung kommt § 267 HGB in Betracht. Hinsichtlich der **internen Organisation** kommt es auf die Komplexität der Organisationsstruktur und die Zahl der Abteilungen und Unterabteilungen an. Bei den „**Geschäften**" kann es nur um die an der Börse abschließbaren Geschäfte gehen. Besonderheiten gelten für Mandate bei Konzernunternehmen sowie bei nicht gewerblichen Unternehmen, insbesondere der kommunalen Daseinsvorsorge. Die Börsenaufsichtsbehörde kann Ausnahmen zulassen.

Verwaltungs- oder Aufsichtsorgan des Börsenträgers

BörsG 4b (1) ¹**Die Mitglieder des Verwaltungs- oder Aufsichtsorgans des Börsenträgers müssen zuverlässig sein, die erforderliche Sachkunde zur Wahrnehmung der Kontrollfunktion sowie zur Beurteilung und Überwachung der Geschäfte, die das jeweilige Unternehmen betreibt, besitzen und der Wahrnehmung ihrer Aufgaben ausreichend Zeit widmen.** ²**Bei der Prüfung, ob eine der in Satz 1 genannten Personen die erforderliche Sachkunde besitzt, sind die Art, der Umfang und die Komplexität des Börsenträgers zu berücksichtigen.**

(2) ¹Das Verwaltungs- oder Aufsichtsorgan muss in seiner Gesamtheit die Kenntnisse, Fähigkeiten und Erfahrungen haben, die zur Wahrnehmung der Kontrollfunktion sowie zur Beurteilung und Überwachung der Geschäftsleitung notwendig sind. ²Jedes Mitglied hat aufrichtig und unvoreingenommen zu handeln, um die Entscheidungen der Geschäftsleitung beurteilen und erforderlichenfalls in Frage stellen zu können und die Entscheidungsfindung wirksam überwachen zu können. ³Die Vorschriften der Mitbestimmungsgesetze über die Wahl und die Abberufung der Arbeitnehmervertreter im Verwaltungs- oder Aufsichtsorgan bleiben unberührt.

(3) ¹Das Verwaltungs- oder Aufsichtsorgan hat insbesondere die Aufgabe, zu überwachen, ob Unternehmensführungsregelungen bestehen und eingehalten werden, die eine wirksame und umsichtige Führung sicherstellen und insbesondere eine Aufgabentrennung in der Organisation und die Vorbeugung von Interessenkonflikten vorsehen. ²Dies hat auf eine Weise zu erfolgen, durch die die Integrität des Markts gefördert wird. ³Das Verwaltungs- oder Aufsichtsorgan hat gegebenenfalls angemessene Schritte zur Behebung etwaiger Mängel einzuleiten.

(4) ¹Bei der Zahl der Leitungs- oder Aufsichtsmandate, die ein Mitglied des Verwaltungs- oder Aufsichtsorgans gleichzeitig innehaben kann, sind der Einzelfall und die Art, der Umfang und die Komplexität der Geschäfte des Börsenträgers zu berücksichtigen. ²Mitglied des Verwaltungs- oder Aufsichtsorganes eines Börsenträgers, der auf Grund seiner Größe, seiner internen Organisation und der Art, des Umfangs und der Komplexität seiner Geschäfte von erheblicher Bedeutung ist, kann nicht sein,

1. wer in einem anderen Unternehmen Geschäftsleiter ist und zugleich in mehr als zwei Unternehmen Mitglied des Verwaltungs- oder Aufsichtsorgans ist oder
2. wer in mehr als vier Unternehmen Mitglied des Verwaltungs- oder Aufsichtsorgans ist.

³Dabei gelten mehrere Mandate als ein Mandat, wenn die Mandate bei Unternehmen wahrgenommen werden,

1. die derselben Gruppe im Sinne des Artikels 2 Nummer 11 der Richtlinie 2013/34/EU des Europäischen Parlaments und des Rates vom 26. Juni 2013 über den Jahresabschluss, den konsolidierten Abschluss und damit verbundene Berichte von Unternehmen bestimmter Rechtsformen und zur Ände-

rung der Richtlinie 2006/43/EG des Europäischen Parlaments und des Rates und zur Aufhebung der Richtlinien 78/660/EWG und 83/349/EWG des Rates angehören oder

2. an denen der Börsenträger eine bedeutende Beteiligung im Sinne des § 1 Absatz 9 des Kreditwesengesetzes hält.

[4] Mandate als Geschäftsleiter einer Börse oder als Mitglied eines Börsenrates und Mandate bei Organisationen und Unternehmen, die nicht überwiegend gewerbliche Ziele verfolgen, insbesondere Unternehmen, die der kommunalen Daseinsvorsorge dienen, werden bei den höchstens zulässigen Mandaten nicht berücksichtigt. [5] Die Börsenaufsichtsbehörde kann einem Mitglied des Verwaltungs- oder Aufsichtsorgans des Börsenträgers unter Berücksichtigung der Umstände im Einzelfall gestatten, ein zusätzliches Mandat in einem Verwaltungs- oder Aufsichtsorgan innezuhaben, wenn dies das Mitglied nicht daran hindert, der Wahrnehmung seiner Aufgaben bei dem Börsenträger ausreichend Zeit zu widmen.

(5) [1] Das Verwaltungs- oder Aufsichtsorgan eines Börsenträgers, der auf Grund seiner Größe, seiner internen Organisation und der Art, des Umfangs und der Komplexität seiner Geschäfte von erheblicher Bedeutung ist, hat aus seiner Mitte einen Nominierungsausschuss zu bestellen. [2] Der Nominierungsausschuss unterstützt das Verwaltungs- oder Aufsichtsorgan bei der:

1. Ermittlung von Bewerbern für die Besetzung einer Stelle im Verwaltungs- oder Aufsichtsorgan und in der Geschäftsleitung und Vorbereitung von Wahlvorschlägen für die Wahl von deren Mitgliedern; hierbei hat er auf darauf zu achten, dass die Kenntnisse, Fähigkeiten und Erfahrungen aller Mitglieder des betreffenden Organs unterschiedlich und ausgewogen sind und eine Stellenbeschreibung mit einem Bewerberprofil zu entwerfen sowie den mit der Aufgabe verbundenen Zeitaufwand anzugeben;

2. Erarbeitung einer Strategie zur Förderung der Vertretung des unterrepräsentierten Geschlechts im Verwaltungs- oder Aufsichtsorgan sowie zur Förderung der Diversität, um eine große Bandbreite von Eigenschaften und Fähigkeiten bei dessen Mitgliedern zu erreichen;

3. regelmäßige, mindestens jährliche Bewertung der Struktur, Größe, Zusammensetzung und Leistung der Geschäftsleitung und des Verwaltungs- oder Aufsichtsorgans und Erarbeitung von Empfehlungen an das Verwaltungs- oder Aufsichtsorgan zu Verbesserungen;

4. regelmäßige, mindestens jährliche Bewertung der Kenntnisse, Fähigkeiten und Erfahrung sowohl der einzelnen Geschäftsleiter und der einzelnen Mitglieder des Verwaltungs- oder Aufsichtsorgans als auch des jeweiligen Organs in seiner Gesamtheit und

5. Überprüfung der Grundsätze des Verwaltungs- oder Aufsichtsorgans für die Auswahl und Bestellung der Geschäftsleiter und Abgabe diesbezüglicher Empfehlungen an das Verwaltungs- oder Aufsichtsorgan.

[3] Der Nominierungsausschuss hat bei der Wahrnehmung seiner Aufgaben insbesondere darauf zu achten, dass die Entscheidungsfindung innerhalb der Geschäftsleitung oder des Verwaltungs- oder Aufsichtsorgans durch einzelne Personen oder Gruppen nicht in einer Weise beeinflusst wird, die dem Börsenbetreiber insgesamt schadet. [4] Er kann bei der Wahrnehmung seiner Aufgaben auf alle aus seiner Sicht erforderlichen Mittel zurückgreifen und auch externe Berater hinzuziehen. Zu diesem Zweck soll er vom Unternehmen angemessene Finanzmittel erhalten.

§ 4b, neu durch 2. FiMaNoG 2017, setzt Art. 45 I–VI der MiFID II im Hinblick auf das Verwaltungs- und Aufsichtsorgan des Börsenträgers um und lehnt sich eng an §§ 25c und 25d KWG an (RegE 2. FiMaNoG, BT-Drs. 18/10936, 268). Bzgl. Zuverlässigkeit → **(14) BörsG § 4a Rn. 1. Erforderliche Sachkunde** ist europarechtskonform im Sinne von erforderlichen Kenntnissen, Fähigkeiten und Erfahrungen in einer Angelegenheit zu verstehen. Diese müssen sich bei einem Organ des Börsenträgers grds. auf dessen Geschäfte beziehen. Dabei sollen Art, Umfang und Komplexität der Geschäfte des Börsenträgers berücksichtigt werden. Aufgrund europarechtskonformer Auslegung (Art. 45 MiFID II) muss sich dies aber auch auf die Börse, die Abläufe an der Börse und die dort geschlossenen Geschäfte beziehen.

2 **II** enthält gremienbezogene Regelung. Danach muss Organ in seiner Gesamtheit in der Lage sein, die Geschäftsleitung zu überwachen. Außerdem soll falsch verstandenem Corpsgeist entgegengewirkt werden. **III** beschreibt Überwachungsaufgaben und muss, da es sich um den Börsenträger handelt, vor dem Hintergrund von (14) BörsG § 5 verstanden werden. **IV** beschränkt die ausübbaren Mandate, dazu → § 4a Rn. 3. **V** enthält für „bedeutende" Börsenträger Regelungen zum Nominierungsausschuss.

Pflichten des Börsenträgers

BörsG 5 (1) [1] **Mit Erteilung der Erlaubnis wird der Antragsteller als Träger der Börse zu deren Errichtung und Betrieb berechtigt und verpflichtet.** [2] **Er ist verpflichtet, der Börse auf Anforderung der Geschäftsführung der Börse die zur Durchführung und angemessenen Fortentwicklung des Börsenbetriebs erforderlichen finanziellen, personellen und sachlichen Mittel zur Verfügung zu stellen.**

(2) **Der Börsenträger ist verpflichtet, die aktuellen Angaben zu seiner Eigentümerstruktur in dem nach § 4 Abs. 2 Satz 2 Nr. 4 erforderlichen Umfang auf seiner Internetseite zu veröffentlichen.**

(3) [1] **Die Auslagerung von Bereichen, die für die Durchführung des Börsenbetriebs wesentlich sind, auf ein anderes Unternehmen darf weder die ordnungsmäßige Durchführung des Handels an der Börse und der Börsengeschäftsabwicklung noch die Aufsicht über die Börse beeinträchtigen.** [2] **Der Börsenträger hat sich insbesondere die erforderlichen Weisungsbefugnisse vertraglich zu sichern und die ausgelagerten Bereiche in seine internen Kontrollverfahren einzubeziehen.** [3] **Der Börsenträger hat die Absicht der Auslagerung sowie ihren Vollzug der Börsenaufsichtsbehörde unverzüglich anzuzeigen.**

(4) **Der Börsenträger ist verpflichtet,**

1. **Vorkehrungen zu treffen, um Konflikte zwischen Eigeninteressen des Börsenträgers oder dessen Eigentümern und dem öffentlichen Interesse am ordnungsgemäßen Betrieb der Börse zu erkennen und zu verhindern, soweit diese geeignet sind, sich nachteilig auf den Börsenbetrieb oder auf die Handelsteilnehmer auszuwirken, insbesondere soweit die der Börse gesetzlich übertragenen Überwachungsaufgaben betroffen sind,**
2. **angemessene Vorkehrungen und Systeme zur Ermittlung und zum Umgang mit den wesentlichen Risiken des Börsenbetriebs zu schaffen, um diese wirksam zu begrenzen, und**
3. **die technische Funktionsfähigkeit der Börsenhandels- und Abwicklungssysteme sicherzustellen, technische Vorkehrungen für eine reibungslosen und zeitnahen Abschluss der im Handelssystem ausgeführten Geschäfte zu schaffen und insbesondere wirksame Notfallmaßnahmen vorzusehen, die bei einem Systemausfall oder bei Störungen in seinen Handelssystemen die Kontinuität seines Geschäftsbetriebs gewährleisten.**

(4a) Der Börsenträger muss über Systeme und Verfahren verfügen, um
1. sicherzustellen, dass seine Handelssysteme belastbar sind und über ausreichende Kapazitäten für Spitzenvolumina an Aufträgen und Mitteilungen verfügen, und
2. Aufträge abzulehnen, die die im Voraus festgelegten Grenzen für Volumina und Kurse überschreiten oder eindeutig irrtümlich zustande kamen.

(5) Der Börsenträger muss über ausreichende finanzielle Mittel für eine ordnungsgemäße Durchführung des Börsenbetriebs verfügen, wobei Art, Umfang und Risikostruktur der an der Börse getätigten Geschäfte zu berücksichtigen sind.

(6) Der Börsenträger hat das Land, in dessen Gebiet die Börse ansässig ist, von allen Ansprüchen Dritter wegen Schäden freizustellen, die durch die für die Börse Handelnden in Ausübung der ihnen übertragenen Aufgaben verursacht werden.

(7) Dem Börsenträger ist es nicht gestattet, an einer Börse Kundenaufträge unter Einsatz seines eigenen Kapitals auszuführen oder auf die Zusammenführung sich deckender Kundenaufträge im Sinne von § 2 Absatz 29 des Wertpapierhandelsgesetzes zurückzugreifen.

(8) Der Börsenträger muss über einen Prozess verfügen, der es den Mitarbeitern unter Wahrung der Vertraulichkeit ihrer Identität ermöglicht, mögliche oder tatsächliche Verstöße gegen die Verordnung (EU) Nr. 596/2014, gegen die Verordnung (EU) 2015/2365, gegen die Verordnung (EU) Nr. 600/2014, gegen die Verordnung (EU) Nr. 1286/2014 des Europäischen Parlaments und des Rates vom 26. November 2014 über Basisinformationsblätter für verpackte Anlageprodukte für Kleinanleger und Versicherungsanlageprodukte (PRIIP) (ABl. L 352 vom 9.12.2014, S. 1, L 358 vom 13.12.2014, S. 50), gegen dieses Gesetz, gegen das Wertpapierhandelsgesetz oder gegen die auf Grund des Wertpapierhandelsgesetzes erlassenen Rechtsverordnungen sowie etwaige strafbare Handlungen innerhalb des Unternehmens an geeignete Stellen zu berichten.

1) Errichtungs-, Betriebs- und Ausstattungspflicht des Börsenträgers (I)

§ 5 I nF 2007, basierend nunmehr auf Art. 44 III MiFID II, trägt dem Umstand Rechnung, dass die Börsen von einem von ihnen verschiedenen Träger betrieben werden. **Börsenträger** (Träger der Börse) waren früher die öffentlich-rechtlichen IHK (Kammerbörsen) oder privatrechtliche rechtsfähige oder nicht rechtsfähige Vereine (Vereinsbörsen). Heute sind es in der Regel **Aktiengesellschaften.** I stellt klar, dass der Träger der Börse mit der Erlaubnis nicht nur Rechte erhält, sondern auch Pflichten übernimmt (Errichtungs- und Betriebspflicht, **I 1**). Er muss der Börse auf Anforderung der Geschäftsführung der Börse – damit kommt ihm eine eher dienende Rolle zu – die zur Durchführung und angemessenen Fortentwicklung notwendigen finanziellen, personellen und sachlichen Mittel zur Verfügung stellen (**I 2**). Dies regelt die Pflichten abschließend. Außerdem ergibt sich daraus, dass dem Träger keine hoheitlichen Befugnisse zugewiesen sind, diese liegen vielmehr bei der Börse.

Die **Betriebspflicht** ist sowohl gegenwarts- (Durchführung des Börsenbetriebs) als auch zukunftsbezogen (Fortentwicklung). Art und Umfang der **Pflicht zur Durchführung des Börsenbetriebs** ergeben sich aus den konkreten Anforderungen, die an einen funktionierenden und ordnungsgemäßen Börsenhandel der einzelnen Börse zu stellen sind. Untergrenze dafür ergibt sich aus V. Dabei sind die modernen Möglichkeiten und Entwicklungen im Börsenhandel zu berücksichtigen, insbesondere was EDV und Hilfseinrichtungen betrifft. Dazu gehören außerdem Anstellungsverträge für Mitarbeiter, Miet- und Leasingverträge für Räume und Geräte sowie Wartungsverträge. Die Betriebspflicht ist nicht statisch zu sehen, der Träger kann sich also nicht darauf zurückziehen, die Börse nur in ihrem einmal genehmigten Bestand zu halten. Vielmehr ergibt sich aus der **Fortentwicklungspflicht,** dass die relative Wettbewerbsposition der Börse auch für die Zukunft zu erhalten ist. Dies ist allerdings auf die Leistungspflichten beschränkt, da für Organisation und Durchführung des Börsenhandels die Börse zuständig ist. I 2 verlangt allerdings nur „angemessene" Fortentwicklung, zeigt also Grenzen der Investitionspflicht auf. Eine Verpflichtung des Trägers zu Maßnahmen über seine Leistungskraft hinaus oder gegen die Bedürfnisse des Marktes lässt sich I 2 nicht entnehmen, das gilt auch bezüglich der Durchführungspflicht. Maßnahmen müssen in einem vernünftigen Verhältnis zum Bedarf stehen. Zur Existenzsicherung kann allerdings zusätzliche Kapitalaufnahme erwartet werden. Es ist ratsam, wenn sich der Träger bei der Genehmigung (§ 4 I) den Rahmen der Betriebspflicht, die er übernimmt, konkreter umreißen lässt, was rechtlich ohne weiteres möglich ist. Zu den Pflichten und Aufgaben des Trägers Schwark/Zimmer/Kumpan, § 5 BörsG Rn. 2 ff., Gurlit/Mülbert, Der Börsenträger (...), 2012, S. 26 ff., Christoph, Börsenkooperationen und Börsenfusionen, 2009, S. 150 ff., Bredt WM 2013, 1841 ff., außerdem Groß BörsG § 5 Rn. 4 f.

2) Publizitätspflicht des Börsenträgers (II)

2   II nF 2007 verpflichtet nach Vorgabe von nun Art. 46 II Buchstabe a MiFID II den Börsenträger, die aktuellen Angaben zu seiner Eigentümerstruktur in dem nach § 4 II Nr. 4 erforderlichen Umfang auf seiner Internetseite zu veröffentlichen. Damit soll sichergestellt werden, dass nicht nur wesentliche Veränderungen der Eigentümerstruktur, sondern auch die jeweilige gegenwärtige Zusammensetzung der Anteilseigner der Öffentlichkeit über die Internetseite des Börsenträgers ersichtlich sind. Es geht also um öffentliche Transparenz der Eigentumsverhältnisse. II erfasst auch solche Börsenträger, die bei ihrer Zulassung der diesbezüglichen Angabepflicht nach § 4 II Nr. 4 noch nicht unterlagen.

3) Auslagerung (Outsourcing, III)

3   III nF 2007 regelt den Fall, dass der Börsenträger Bereiche, die für die Durchführung des Börsenbetriebs wesentlich sind, auf ein anderes Unternehmen auslagert (Outsourcing). Das wird zwar nicht schlechthin verboten, aber die ordnungsmäßige Durchführung des Handels an der Börse und der Börsengeschäftsabwicklung (§ 3 I 3) und die Aufsicht über die Börse dürfen dadurch nicht beeinträchtigt werden (**III 1**). Wesentlich sind nicht nur Teilakte des Börsenbetriebs, sondern auch wesentliche Hilfsfunktionen (für den Börsenhandel eingesetzte elektronische Handelssysteme, Abwicklung der Börsengeschäfte, BR 4. FMFG, BT-Drs. 14/8017, 146). Nicht auslagerbar sind zentrale Führungsaufgaben der Geschäftsführung (originäre Leitungsaufgaben). Abgesichert wird die Auslagerung durch die Pflicht des Börsenträgers zur vertraglichen Sicherung der erforderlichen Weisungsbefugnisse und die Einbeziehung der ausgelagerten Funktionen und Tätigkeiten in seine internen Kontrollverfahren (**III 2**). Dadurch wird zugleich die vollständige Auslagerung der laufenden internen Kontrollverfahren ausgeschlossen. Outsourcing ist ein allgemeines Problem des Aufsichtsrechts, insbesondere im Bank- und Börsenrecht (§ 25a II KWG, § 80 VI WpHG) und besonders bei Auslagerung ins Ausland. III entspricht mit kleinerer Abweichung der Sache § 25a II KWG, ähnlich § 80 VI WpHG. Bei III kann deshalb auf die Erfahrungen im Bank- und Wertpapierhandelsaufsichtsbereich zurückgegriffen werden, vgl. MaRisk der BaFin und BAKred Rundschreiben 11/2001 zu § 25a II KWG, Lensdorf/Schneider WM 2002, 1949 (KWG). Eine derartige Präzisierung des (un)zulässigen Umfangs der Auslagerung und der dabei zu stellenden Anforderungen (Auswahl, Instruktion und Kontrolle des Auslagerungsunternehmens, Sicherheit, Geheimhaltung, interne Revision, Abschlussprüfung)

ist unbedingt notwendig und sollte wie im Bankenbereich möglichst bundeseinheitlich sein. Die Auslagerungsabsicht und ihr Vollzug sind der Börsenaufsichtsbehörde unverzüglich anzuzeigen (**III 3**). Zu den gesellschafts- und konzernrechtlichen Problemen bei Auslagerung Mülbert in Bankrechtstag 2000, 3. Lit.: Schwark/Zimer/Kumpan § 5 BörsG Rn. 17 ff., BrV, Bankrechtstag 2000 (Kreditinstitute), Eyles u. Findeisen WM 2000, 1217 (1234), Beck BKR 2002, 666.

4) Organisatorische und technische Vorkehrungen (IV und IVa)

IV basiert nunmehr auf Art. 47 I MIFID II und regelt ablauforganisatorische und Risikomanagementanforderungen. **IV Nr. 1** betrifft den Umgang mit möglichen Konflikten zwischen Interessen des Börsenträgers oder dessen Eigentümern und dem öffentlichen Interesse am ordnungsgemäßen Betrieb der Börse. Beispiel dafür ist der Fall, dass der Wunsch nach möglichst hoher Gewinnausschüttung besteht, bei dessen Erfüllung dann aber nicht die erforderlichen Investitionen in den Börsenbetrieb erfolgen könnten. Das Regelbeispiel deutet darauf hin, dass insbesondere die börsliche Überwachungsaufgabe gesichert werden soll. Zu Interessenkonflikten ausführlich Kumpan Interessenkonflikt im deutschen Privatrecht, 2014. **IV Nr. 2** fordert angemessene (vgl. → Rn. 1, Orientierung an Art, Umfang und Komplexität des jeweiligen Börsenbetriebs) Vorkehrungen und Systeme zur Ermittlung und zum Umgang mit den wesentlichen Risiken des Börsenbetriebs, um diese wirksam zu begrenzen. Zur näheren Bestimmung kann auf die MaRisk der BaFin zurückgegriffen werden (RegE FRUG, BT-Drs. 16/4028, 82). Erforderlich sind insbesondere aufbau- und ablauforganisatorische Vorkehrungen und eine entsprechende technische Infrastruktur. IV Nr. 3 verlangt die Sicherstellung der technischen Funktionsfähigkeit der Systeme, insbesondere wirksame Notfallmaßnahmen bei einem Systemausfall. Danach haben alle Systeme im gewöhnlichen Betrieb, aber auch bei Einführung neuer Systeme, bei Erweiterungen oder Modifikationen störungsfrei und mit der erforderlichen bzw. vertraglich zugesagten Qualität zu funktionieren.

IVa neu 2. FiMaNoG 2017, der Art. 48 I, IV MiFID II umsetzt, verankert ergänzend die Einführung von Sicherungsmaßnahmen, insbesondere im Hinblick auf die Belastbarkeit sowie im Hinblick auf Notfallsicherungen (zB „circuit breakers" für übermäßig volatile Börsenkurse). Damit kann Kursverwerfungen wegen Fehleingaben von Mitarbeitern von Brokern vorgebeugt werden.

5) Finanzielle Ausstattung des Börsenträgers (V)

Der Börsenträger muss über ausreichende finanzielle Mittel für die ordnungsgemäße Durchführung des Börsenbetriebs verfügen (V Hs. 1). Das gilt aber nicht abstrakt, sondern bezogen auf die konkreten Umstände wie Art, Umfang und Risikostruktur der an der Börse getätigten Geschäfte (V Hs. 2). Die Börsenaufsichtsbehörde kann hierzu allerdings keine Vorgaben machen, da der Börsenträger nicht ihrer Fachaufsicht unterliegt.

6) Freistellungspflicht des Börsenträgers (VI)

VI, eingefügt durch das durch AmtshilfeRLUmsG (26.6.2013 BGBl. I 1809), verpflichtet den Börsenträger, das Bundesland, in dem die Börse ihren Sitz hat, im Fall von Amtshaftungsansprüchen freizustellen. Soweit es um Handeln von Personen geht, die der Börsenträger nicht ausgesucht und eingestellt hat, wie etwa die Börsengeschäftsführer (Wahl durch Börsenrat, **(14)** BörsG § 12 I 1 Nr. 2), ist diese Regelung überschießend und verfassungsrechtlich zweifelhaft.

7) Matched Principal Trading (VII) und Whistle-blowing (VIII)

VII, eingefügt durch 2. FiMaNoG 2017, setzt Art. 47 II MiFID II um. Bei den von VII erfassten Geschäften tritt bei der Ausführung ein Vermittler zwischen Käufer und Verkäufer, ohne dabei einem Marktrisiko ausgesetzt zu sein, wobei beide Geschäftsvorgänge gleichzeitig ausgeführt und zu einem Preis abgeschlossen werden, bei dem der Vermittler abgesehen von einer vorab offengelegten Provision, Gebühr oder sonstigen Vergütung weder Gewinn noch Verlust macht (§ 2 XXIX WpHG). Dies ist Geschäftsmodell sog. zentraler Kontrahenten. Börsenträgern ist somit verboten, an ihrer Börse als zentraler Kontrahent zu agieren. Lit. zu CCPs: Alfes, Central Counterparty, 2005; Kunz, Ausgewählte Probleme des Zentralen Kontrahenten, 2008; Horn WM 2002, Sonderbeil Nr. 2; Jobst ZBB 2010, 384; Habersack/Ehrl ZfPW 2015, 312; Redeke WM 2015, 554 (Corporate Governance von CCPs.

8 VIII, eingefügt durch 1. FiMaNoG 2016 und nF 2. FiMaNoG 2017, dient der Implementierung von Art. 32 III MAR (VO Nr. 596/2014) und Art. 28 IV PRIIPS-VO (VO 1286/2014) sowie der Umsetzung von Art. 73 II MiFID II und soll Whistleblowing ermöglichen, dh die Meldung strafbarer Handlungen und von Verstößen gegen gesetzliche Vorgaben, ohne dass die eigene Identität offengelegt werden muss. Lit. zum Whistleblowing zB Fleischer BB 2004, 2645, Fleischer ZGR 40 (2011), 155, Fleischer/Schmolke WM 2012, 1013, Fleischer/Schmolke NZG 2012, 361.

Inhaber bedeutender Beteiligungen

BörsG 6 (1) ¹**Wer beabsichtigt, eine bedeutende Beteiligung im Sinne des § 1 Abs. 9 des Kreditwesengesetzes an dem Träger einer Börse zu erwerben, hat dies der Börsenaufsichtsbehörde unverzüglich anzuzeigen.** ²**In der Anzeige hat er die Höhe der Beteiligung und gegebenenfalls die für die Begründung des maßgeblichen Einflusses wesentlichen Tatsachen sowie die für die Beurteilung seiner Zuverlässigkeit und die Prüfung der weiteren Untersagungsgründe nach Absatz 2 Satz 1 wesentlichen Tatsachen und Unterlagen, die durch Rechtsverordnung nach Absatz 7 näher zu bestimmen sind, sowie die Personen und Unternehmen anzugeben, von denen er die entsprechenden Anteile erwerben will.** ³**Die Börsenaufsichtsbehörde kann über die Vorgaben der Rechtsverordnung hinausgehende Angaben und die Vorlage von weiteren Unterlagen verlangen, falls dies für die Beurteilung der Zuverlässigkeit oder die Prüfung der weiteren Untersagungsgründe nach Absatz 2 Satz 1 zweckmäßig erscheint.** ⁴**Ist der Anzeigepflichtige eine juristische Person oder Personenhandelsgesellschaft, hat er in der Anzeige die für die Beurteilung der Zuverlässigkeit seiner gesetzlichen oder satzungsmäßigen Vertreter oder persönlich haftenden Gesellschafter wesentlichen Tatsachen anzugeben.** ⁵**Der Inhaber einer bedeutenden Beteiligung hat jeden neu bestellten gesetzlichen oder satzungsmäßigen Vertreter oder neuen persönlich haftenden Gesellschafter mit den für die Beurteilung von dessen Zuverlässigkeit wesentlichen Tatsachen der Börsenaufsichtsbehörde unverzüglich anzuzeigen.** ⁶**Der Inhaber einer bedeutenden Beteiligung hat der Börsenaufsichtsbehörde ferner unverzüglich anzuzeigen, wenn er beabsichtigt, den Betrag der bedeutenden Beteiligung so zu erhöhen, dass die Schwellen von 20 Prozent, 33 Prozent oder 50 Prozent der Stimmrechte oder des Kapitals erreicht oder überschritten werden oder dass der Träger der Börse unter seine Kontrolle im Sinne des § 1 Abs. 8 des Kreditwesengesetzes kommt.** ⁷**Die Börsenaufsichtsbehörde kann von Inhabern einer Beteiligung an dem Träger einer Börse Auskünfte und die Vorlage von Unterlagen verlangen, wenn Tatsachen die Annahme rechtfertigen, dass es sich hierbei um eine bedeutende Beteiligung handelt.**

(2) ¹**Die Börsenaufsichtsbehörde kann innerhalb eines Monats nach Eingang der vollständigen Anzeige nach Absatz 1 den beabsichtigten Erwerb der**

bedeutenden Beteiligung oder ihre Erhöhung untersagen, wenn Tatsachen die Annahme rechtfertigen, dass

1. der Anzeigepflichtige oder, wenn er eine juristische Person ist, auch ein gesetzlicher oder satzungsmäßiger Vertreter, oder, wenn er eine Personenhandelsgesellschaft ist, auch ein Gesellschafter, nicht zuverlässig ist oder aus anderen Gründen nicht den im Interesse einer soliden und umsichtigen Führung des Trägers der Börse zu stellenden Ansprüchen genügt; dies gilt im Zweifel auch dann, wenn Tatsachen die Annahme rechtfertigen, dass die von ihm aufgebrachten Mittel für den Erwerb der bedeutenden Beteiligung aus einer objektiv rechtswidrigen Tat herrühren,
2. die Durchführung und angemessene Fortentwicklung des Börsenbetriebs beeinträchtigt wird.

²Wird der Erwerb nicht untersagt, kann die Börsenaufsichtsbehörde eine Frist festsetzen, nach deren Ablauf die Person oder Personenhandelsgesellschaft, welche die Anzeige nach Absatz 1 Satz 1 oder Satz 6 erstattet hat, ihr den Vollzug oder den Nichtvollzug des beabsichtigten Erwerbs anzuzeigen hat. ³Nach Ablauf der Frist hat diese Person oder Personenhandelsgesellschaft die Anzeige unverzüglich bei der Börsenaufsichtsbehörde einzureichen.

(3) Die Börsenaufsichtsbehörde hat die Auskunfts- und Vorlagerechte nach Absatz 1 auch nach Ablauf der Frist des Absatzes 2 Satz 1.

(4) ¹Die Börsenaufsichtsbehörde kann dem Inhaber einer bedeutenden Beteiligung sowie den von ihm kontrollierten Unternehmen die Ausübung seiner Stimmrechte untersagen und anordnen, dass über die Anteile nur mit seiner Zustimmung verfügt werden darf, wenn

1. die Voraussetzungen für eine Untersagungsverfügung nach Absatz 2 Satz 1 vorliegen,
2. der Inhaber der bedeutenden Beteiligung seiner Pflicht nach Absatz 1 zur vorherigen Unterrichtung der Börsenaufsichtsbehörde nicht nachgekommen ist und diese Unterrichtung innerhalb einer von der Börsenaufsichtsbehörde gesetzten Frist nicht nachgeholt hat oder
3. die Beteiligung entgegen einer vollziehbaren Untersagung nach Absatz 2 Satz 1 erworben oder erhöht worden ist.

²In den Fällen des Satzes 1 kann die Ausübung der Stimmrechte auf einen Treuhänder übertragen werden; dieser hat bei der Ausübung der Stimmrechte den Interessen einer soliden und umsichtigen Führung des Trägers einer Börse Rechnung zu tragen. ³In den Fällen des Satzes 1 kann die Börsenaufsichtsbehörde über die Maßnahmen nach Satz 1 hinaus einen Treuhänder mit der Veräußerung der Anteile, soweit sie eine bedeutende Beteiligung begründen, beauftragen, wenn der Inhaber der bedeutenden Beteiligung der Börsenaufsichtsbehörde nicht innerhalb einer von dieser bestimmten angemessenen Frist einen zuverlässigen Erwerber nachweist; die Inhaber der Anteile haben bei der Veräußerung in dem erforderlichen Umfang mitzuwirken. ⁴Der Treuhänder wird auf Antrag des Trägers der Börse, eines an ihm Beteiligten oder der Börsenaufsichtsbehörde vom Gericht des Sitzes des Trägers der Börse bestellt. ⁵Sind die Voraussetzungen des Satzes 1 entfallen, hat die Börsenaufsichtsbehörde den Widerruf der Bestellung des Treuhänders zu beantragen. ⁶Der Treuhänder hat Anspruch auf Ersatz angemessener Auslagen und auf Vergütung für seine Tätigkeit. ⁷Das Gericht setzt auf Antrag des Treuhänders die Auslagen und die Vergütung fest; die Rechtsbeschwerde gegen die Vergütungsfestsetzung ist ausgeschlossen. ⁸Das Land schießt die Auslagen und die Vergütung vor; für seine Aufwendungen haften dem Land der betroffene Inhaber der bedeutenden Beteiligung und der Träger der Börse gesamtschuldnerisch.

(5) ¹Wer beabsichtigt, eine bedeutende Beteiligung an dem Träger der Börse aufzugeben oder den Betrag seiner bedeutenden Beteiligung unter die Schwellen von 20 Prozent, 33 Prozent oder 50 Prozent der Stimmrechte oder des Kapitals abzusenken oder die Beteiligung so zu verändern, dass der Träger der Börse nicht mehr kontrolliertes Unternehmen ist, hat dies der Börsenaufsichtsbehörde unverzüglich anzuzeigen. ²Dabei ist die beabsichtigte verbleibende Höhe der Beteiligung anzugeben. ³Die Börsenaufsichtsbehörde kann eine Frist festsetzen, nach deren Ablauf die Person oder Personenhandelsgesellschaft, welche nach Satz 1 die Anzeige erstattet hat, den Vollzug oder den Nichtvollzug der beabsichtigten Absenkung oder Veränderung der Börsenaufsichtsbehörde anzuzeigen hat. ⁴Nach Ablauf der Frist hat die Person oder Personenhandelsgesellschaft, welche die Anzeige nach Satz 1 erstattet hat, die Anzeige unverzüglich bei der Börsenaufsichtsbehörde zu erstatten.

(6) ¹Der Träger der Börse hat der Börsenaufsichtsbehörde unverzüglich den Erwerb oder die Aufgabe einer bedeutenden Beteiligung an dem Träger, das Erreichen, das Über- oder das Unterschreiten der Beteiligungsschwellen von 20 Prozent, 33 Prozent und 50 Prozent der Stimmrechte oder des Kapitals sowie die Tatsache, dass der Träger Tochterunternehmen eines anderen Unternehmens wird oder nicht mehr ist, anzuzeigen, wenn der Träger von der Änderung dieser Beteiligungsverhältnisse Kenntnis erlangt. ²Der Träger der Börse hat die nach Satz 1 anzeigepflichtigen Tatsachen unverzüglich auf seiner Internetseite zu veröffentlichen.

(7) ¹Die Landesregierungen werden ermächtigt, durch Rechtsverordnung nähere Bestimmungen über Art, Umfang und Zeitpunkt der nach den Absätzen 1, 5 und 6 vorgesehenen Anzeigen zu erlassen. ²Die Landesregierung kann die Ermächtigung durch Rechtsverordnung auf die Börsenaufsichtsbehörde übertragen.

1) Gesetzeszweck

1   § 6 nF 2007 wie § 3 aF, eingeführt durch 4. FMFG, 21.6.2002 BGBl. I 2010, europarechtliche Grundlage nun in Art. 46 I MiFID II, allerdings enger, da dort nur „Verwaltung" nicht aber „Fortentwicklung" erwähnt (daher diesbezüglich von einigen für europarechtlich unzulässig gehalten, zB Christoph, Börsenkooperationen und Börsenfusionen, 2007, 229; Christoph WM 2004, 1866, aber zweifelhaft, da Art. 44 V Buchst. e und Erw. 137 S. 2 MiFID II zeigen, dass nationales Recht weitergehende Regelungen enthalten kann). Die Regelung entspricht § 2c KWG und § 18 VAG (diese sind allerdings umfangreicher und mit zT anderer Zielrichtung) und regelt auch für die Börse, bzw. genauer deren Träger, die Kontrolle der Anteilseigner. Gesetzeszweck ist hier wie dort, dass die Börsenaufsichtsbehörde über jede relevante Veränderung der Inhaberstruktur des Börsenträgers unterrichtet wird, um die Übernahme von bedeutenden Beteiligungen durch Personen aus der organisierten Kriminalität zu erschweren und die Funktionsfähigkeit des Börsenbetriebs zu sichern (RegE 4. FMFG, BT-Drs. 14/8017, 72, zu § 3 aF). § 6 ist strikt auf diesen Zweck hin auszulegen (keine Industriepolitik, keine Überfremdungsabwehr), auch Schwark/Zimmer/Kumpan § 6 BörsG Rn. 20. Die Anteilseignerkontrolle geht ursprünglich auf die Erfahrungen mit der BCCI und die entsprechende EG-RL zurück. Der konkrete Anstoß zu § 3 aF war der Zusammenschlussversuch „iX" der Deutsche Börse AG und der London Stock Exchange.

2) Beteiligung

2   § 6 versucht, diesen Gesetzeszweck durch Anzeige- und Auskunftspflichten der Beteiligungsinhaber bzw. -interessenten und des Börsenträgers (I, III, V, VI

ua) und durch Eingriffsmöglichkeiten (II, IV) zu erreichen. **Bedeutende Beteiligung** wie in § 1 IX KWG iVm Art. 4 I Nr. 36 VO (EU) Nr. 575/2013 direktes oder indirektes Halten von mindestens 10 % des Kapitals oder der Stimmrechte im Eigen- oder Fremdinteresse oder Möglichkeit eines maßgeblichen Einflusses auf die Geschäftsführung. Für Berechnung der Stimmrechte (bei gleichzeitiger Beteiligung von Tochterunternehmen) ist ua § 34 I WpHG heranzuziehen (Zurechnung in voller Höhe). Da indirekte Beteiligung ausreicht, unterliegt auch Beteiligungserwerb an Muttergesellschaft eines konzernierten Börsenträgers der Kontrolle durch die Börsenaufsichtsbehörde.

3) Zuverlässigkeit und andere Gründe

Der Erwerb oder die Erhöhung der bedeutenden Beteiligung kann insgesamt untersagt werden **(II)**. Zur **Zuverlässigkeit** → § 4a Rn. 1, allerdings reicht es hier (§ 6) aus, dass Anzeigepflichtiger den Börsenträger nicht bei der Ausübung von dessen Pflichten beeinträchtigt. Der erforderlichen Prognose müssen **Tatsachen** (beweis- und nachprüfbar) zugrunde liegen, Vermutungen oder Annahmen reichen nicht. Beweislast trägt Börsenaufsichtsbehörde (allgemein BVerwGE 49, 156). **Andere Gründe** iSv II 1 Nr. 1 müssen ebenfalls personenbezogen sein (Auffangtatbestand; keine Standortinteressen oä, dazu auch → Rn. 6), Bezugspunkt ist auch hier die Erfüllung der Betriebspflicht durch den Börsenträger, allerdings ist zu beachten, dass Anzeigepflichtiger nur Anteil am Börsenträger erwerben will und nicht selbst die Betriebspflicht übernimmt; er darf also Börsenträger nicht an der Erfüllung von dessen Betriebspflicht hindern.

4) Durchführung und Fortentwicklung des Börsenbetriebs

Regelungsgehalt von **II 1 Nr. 2** str., Ziel ist mit Nr. 1 identisch (Verhinderung der Beeinträchtigung des Börsenbetriebs); Regelung umfasst nicht personenbezogenen Beeinträchtigungsmöglichkeiten der Betriebspflicht, die mit Anteilserwerb in Zusammenhang stehen, es geht um Erhaltung der wirtschaftlichen Leistungsfähigkeit des Börsenträgers (nicht Standortinteressen, dazu auch → Rn. 6, Christoph BKR 2016, 502, da zwischen diesen und der Leistungsfähigkeit des Börsenträgers kein Zusammenhang besteht), auch im Hinblick auf Anpassungen an neue Entwicklungen („Fortentwicklung", künftige Entwicklung von Börse näher auszuformen).

5) Konzernierung des Börsenträgers

Einer **Konzernierung des Börsenträgers** steht BörsG nicht entgegen. BörsG enthält keine Strukturvorgaben. Insbesondere ergibt sich ein Konzernierungsverbot nicht aus der Pflicht zur Interessenkonfliktvermeidung nach **(14)** BörsG § 5 IV Nr. 1, da dies mit der europarechtlichen Grundlage Art. 47 I lit. a MiFID II nicht zu vereinbaren wäre und **(14)** BörsG § 5 IV Nr. 1 schon von seinem Wortlaut her beschränkt ist („soweit"), außerdem erlaubt MiFID II Einzelunternehmen das Nebeneinanderbetreiben von geregelten Märkten und multilateralen Handelssystemen, was auf Konzernunternehmen übertragen werden kann. Für Doppelmandatsträger im Börsenträgerkonzern gilt das gleiche wie für andere Konzernunternehmen. Auch aus **II** folgt kein Konzernierungsverbot. Konzerneinbindung als solche begründet keine Unzuverlässigkeit und stellt als solche kein Hindernis für Börsenbetrieb dar. Zudem wird die Börsenbetriebspflicht durch die konzernrechtlichen Regelungen abgesichert, sowohl im faktischen (Nachteilsausgleich, Pflichten des Vorstands der abhängigen Gesellschaft, Verbot der Einlagenrückgewähr), als auch im Vertragskonzern (Weisungen dürfen nicht zu Rechtsverstoß veranlassen; Gewinnabführungsvertrags kann aber im Einzelfall problematisch sein, Teilgewinnabführungsverträge dagegen unproblematisch). II ist abschließend, da Behörde sich ihre Eingriffsbefugnisse nicht selbst schaffen darf.

(14) BörsG 7

Zudem zeigt Anzeigepflicht für Kontrollerwerb nach I, dass dieser gerade nicht verboten, sondern nur anzeigepflichtig ist.

6) Ausländische Erwerber

6   II hindert nicht den Erwerb durch **ausländischen Investor bzw. Unternehmen.** Heimat- bzw. Sitzland des Erwerbers spielt bei Anteilseignerkontrolle nach II keine Rolle, auch nicht, ob aus EU/EWR oder Drittstaat. Ausländereigenschaft führt nicht zu Unzuverlässigkeit oder Beeinträchtigung des Börsenhandels. Ein ungeschriebener börsenrechtlicher Grundsatz effektiver Börsenaufsicht oder der Schutz des deutschen Finanzplatzes können nicht als Verbotsgrundlage gegen ausländische Erwerber ins Feld geführt werden, ebenso wenig eine analoge Anwendung von § 2c Ib 1 Nr. 3 KWG und § 18 I Nr. 3 VAG (es fehlt die planwidrige Lücke, außerdem darf sich eine Behörde ihre Eingriffsbefugnisse nicht selbst schaffen). Extensive Auslegung von II vor dem Hintergrund der erwähnten KWG- und VAG-Normen ließe sich dagegen erwägen, allerdings ist dann zu berücksichtigen, dass in § 2 Ib 1 Nr. 3 KWG und § 18 I Nr. 3 VAG nur von „befriedigender" Zusammenarbeit mit den Drittstaatsbehörden die Rede ist. Das ist ein niedrigeres Kooperationsniveau als innerhalb der EU nach Art. 79 ff. MiFID II. Erwerber aus EU/EWR wie Inländer zu behandeln (eur. Grundfreiheiten). Bei Erwerbern aus Drittstaaten reicht es, dass Memorandum of Understanding mit Drittstaatsbehörde geschlossen werden kann.

7) Weitere Befugnisse der Börsenaufsichtsbehörde

7   Weitergehend kann die Börsenaufsichtsbehörde auch nach **(14) BörsG § 4 V Nr. 2** die Börsenerlaubnis aufheben (als ultima ratio), aber II ist vorrangig, da präventiv und weniger einschneidend, oder nach **(14) BörsG § 4 Va 2** nachträglich mit Auflagen versehen; auch Untersagung allein der Stimmrechtsausübung und Stimmrechtstreuhänderschaft sind möglich **(IV).** Auslöser für Anzeigepflicht des Trägers gegenüber Börsenaufsichtsbehörde nach **VI** ist dessen Kenntniserlangung. Bei den RVO nach **VII** kommt es auf Abstimmung zwischen den Ländern und mit den Regeln nach KWG und VAG an.

8   Lit.: Hirschmann Anteilseignerkontrolle, 2000; Kümpel/Hammen WM 2000, Sonderbeil. 3, 3; Schneider/Burgard WM 2000 Sonderbeil. 3, 24; Schwark WM 2000, 2517; Beck BKR 2002, 665; Posegga WM 2002, 2402; Christoph WM 2004, 1856; Christoph ZBB 2005, 82; Christoph, Börsenkooperationen und Börsenfusionen, 2009; Lepczyk, Rechtliche Aspekte internationaler Börsenfusionen, 2009; Seehafer, Grenzüberschreitende Börsenkonzentrationen im deutschen und britischen Recht, 2009; Burgard WM 2011, 1973 u. 2021; Gurlit/Mülbert, Der Börsenträger im Spannungsfeld von Gemeinwohlauftrag und Privatinteresse, 2012; Bredt WM 2013, 1847 (auch zur Konzerneinbindung); Hammen, Börsenerlaubnis, Anteilseignerkontrolle und Niederlassungsfreiheit bei der Fusion von Börsenorganisationen, 2013; Merkt FS Hoffmann-Becking, 2013, 793; Mayen FS Kirchner, 2014, 525; Bopp, Fusionen und Kooperationen deutscher Börsen und ihrer Träger, 2015.

Handelsüberwachungsstelle

BörsG 7 (1) ¹Die Börse hat unter Beachtung von Maßgaben der Börsenaufsichtsbehörde eine Handelsüberwachungsstelle als Börsenorgan einzurichten und zu betreiben, die den Handel an der Börse und die Börsengeschäftsabwicklung überwacht. ²Dies umfasst an einer Börse, an der Warenderivate gehandelt werden, die Überwachung, ob Positionslimits nach Abschnitt 9 des Wertpapierhandelsgesetzes durch die Handelsteilnehmer eingehalten werden. ³ § 57 Absatz 3 des Wertpapierhandelsgesetzes gilt hinsichtlich der Überwachung, ob Positionslimits eingehalten werden, mit der

Maßgabe entsprechend, dass die Handelsüberwachungsstelle die Börsenaufsichtsbehörde und die Bundesanstalt unterrichtet.⁴ Die Handelsüberwachungsstelle hat Daten über den Börsenhandel und die Börsengeschäftsabwicklung systematisch und lückenlos zu erfassen und auszuwerten sowie notwendige Ermittlungen durchzuführen. ⁵ An Warenbörsen, an denen Energie im Sinne des § 3 Nr. 14 des Energiewirtschaftsgesetzes gehandelt wird, sind von der Handelsüberwachungsstelle auch Daten über die Abwicklung von Geschäften systematisch und lückenlos zu erfassen und auszuwerten, die nicht über die Börse geschlossen werden, aber über ein Abwicklungssystem der Börse oder ein externes Abwicklungssystem, das an die börslichen Systeme für den Börsenhandel oder die Börsengeschäftsabwicklung einschließlich der Daten gemäß Artikel 25 Absatz 2 der Verordnung (EU) Nr. 600/2014, angeschlossen ist, abgewickelt werden und deren Gegenstand der Handel mit Energie oder Termingeschäfte in Bezug auf Energie sind; die Handelsüberwachungsstelle kann auf Basis dieser Daten notwendige Ermittlungen durchführen. ⁶ Die Börsenaufsichtsbehörde kann der Handelsüberwachungsstelle Weisungen erteilen und die Ermittlungen übernehmen. ⁷ Die Geschäftsführung kann die Handelsüberwachungsstelle im Rahmen der Aufgaben dieser Stelle nach den Sätzen 1 bis 3 mit der Durchführung von Untersuchungen beauftragen.

(2) ¹ Der Leiter der Handelsüberwachungsstelle hat der Börsenaufsichtsbehörde regelmäßig zu berichten. ² Die bei der Handelsüberwachungsstelle mit Überwachungsaufgaben betrauten Personen können gegen ihren Willen nur im Einvernehmen mit der Börsenaufsichtsbehörde von ihrer Tätigkeit entbunden werden. ³ Mit Zustimmung der Börsenaufsichtsbehörde kann die Geschäftsführung diesen Personen auch andere Aufgaben übertragen. ⁴ Die Zustimmung ist zu erteilen, wenn hierdurch die Erfüllung der Überwachungsaufgaben der Handelsüberwachungsstelle nicht beeinträchtigt wird.

(3) Der Handelsüberwachungsstelle stehen die Befugnisse der Börsenaufsichtsbehörde nach § 3 Abs. 4 Satz 1 bis 5 zu; § 3 Abs. 4 Satz 9 und 10 und Abs. 9 gilt entsprechend.

(4) ¹ Die Handelsüberwachungsstelle kann Daten über Geschäftsabschlüsse der Geschäftsführung und der Handelsüberwachungsstelle einer anderen Börse übermitteln, soweit sie für die Erfüllung der Aufgaben dieser Stellen erforderlich sind. ² Die Handelsüberwachungsstelle kann Daten über Geschäftsabschlüsse auch den zur Überwachung des Handels an ausländischen organisierten Märkten oder entsprechenden Märkten mit Sitz außerhalb der Europäischen Union oder eines Vertragsstaates des Abkommens über den Europäischen Wirtschaftsraum zuständigen Stellen übermitteln und solche Daten von diesen Stellen empfangen, soweit sie zur ordnungsgemäßen Durchführung des Handels und der Börsengeschäftsabwicklung erforderlich sind. ³ An diese Stellen dürfen solche Daten nur übermittelt werden, wenn diese Stellen und die von ihnen beauftragten Personen einer der Regelung des § 10 gleichwertigen Verschwiegenheitspflicht unterliegen. ⁴ Diese Stellen sind darauf hinzuweisen, dass sie die Daten nur zu dem Zweck verwenden dürfen, zu dessen Erfüllung sie ihnen übermittelt werden. ⁵ Die Handelsüberwachungsstelle hat der Börsenaufsichtsbehörde, der Geschäftsführung und der Bundesanstalt mitzuteilen, mit welchen zuständigen Stellen in anderen Staaten sie welche Art von Daten auszutauschen beabsichtigt.

(5) ¹ Stellt die Handelsüberwachungsstelle Tatsachen fest, welche die Annahme rechtfertigen, dass börsenrechtliche Vorschriften oder Anordnungen verletzt werden oder sonstige Missstände vorliegen, welche die ordnungsmäßige Durchführung des Handels an der Börse oder die Börsengeschäfts-

abwicklung beeinträchtigen können, hat sie die Börsenaufsichtsbehörde und die Geschäftsführung unverzüglich zu unterrichten. ²Die Geschäftsführung kann eilbedürftige Anordnungen treffen, die geeignet sind, die ordnungsmäßige Durchführung des Handels an der Börse und der Börsengeschäftsabwicklung sicherzustellen; § 3 Abs. 9 gilt entsprechend. ³Die Geschäftsführung hat die Börsenaufsichtsbehörde über die getroffenen Maßnahmen unverzüglich zu unterrichten. ⁴Stellt die Handelsüberwachungsstelle Tatsachen fest, deren Kenntnis für die Erfüllung der Aufgaben der Bundesanstalt erforderlich ist, unterrichtet sie unverzüglich die Bundesanstalt. ⁵Die Unterrichtung der Bundesanstalt hat insbesondere zu erfolgen, wenn die Handelsüberwachungsstelle Tatsachen feststellt, deren Kenntnis für die Verfolgung von Verstößen gegen das Verbot von Insidergeschäften nach Artikel 14 der Verordnung (EU) Nr. 596/2014 oder das Verbot der Marktpreismanipulation nach Artikel 15 der Verordnung (EU) Nr. 596/2014 erforderlich ist.

(6) Die Handelsüberwachungsstelle nimmt die ihr nach diesem Gesetz zugewiesenen Aufgaben und Befugnisse nur im öffentlichen Interesse wahr.

1) Handelsüberwachungsstelle als Börsenorgan

1 § 7 nF 2007, § 7 I 2 nF 2. FiMaNoG, § 7 I 4, 6 nF BeteiligungsRLUmsetzG 2009. An jeder Börse ist eine Handelsüberwachungsstelle (HüSt) als eigenes Börsenorgan einzurichten. Damit verfolgt das Gesetz zwei Ziele. Zum einen wird die Börsenaufsicht durch Überwachung vor Ort schneller und wirksamer. Zum anderen wird dadurch die Selbstverwaltung der Börse ausgeformt und gestärkt.

Die HüSt ist eine wichtige Einrichtung der Börsenaufsicht vor Ort durch Selbstverwaltung, sie muss deshalb von den übrigen Börsenorganen unabhängig sein (sachlich, personell), um ihre Überwachungsaufgaben erfüllen zu können; Interessenkonflikte sind soweit möglich zu vermeiden (RegE 2. FinanzmarktfördG). Dem trägt die Regelung des Zusammenwirkens bei der Bestellung des Leiters der HüSt Rechnung (§ 12 II 1 Nr. 5 wie II aF), ebenso II 2–4. Allerdings muss sie auch die Leitungsfunktion der Geschäftsführung beachten (RegE 2. FMFG, BT-Drs. 12/6679, 60), etwa bei Außendarstellung, sowie die allgemeinen öffentlich-rechtlichen Kooperations- und Treuepflichten zwischen den Börsenorganen. Sie steht, obwohl eigenes Börsenorgan, funktional zwischen Geschäftsführung und Börsenaufsichtsbehörde. Die HüSt unterliegt der Rechtsaufsicht der Börsenaufsichtsbehörde. Da Mitarbeiter der HüSt idR Mitarbeiter des Börsenträgers sind, hat dessen Geschäftsführung arbeitsrechtliches Direktionsrecht in allen Bereich, die nicht der öffentlich-rechtlichen Behördentätigkeit der HüSt zuzurechnen sind, zB Arbeitszeiten, Büroausstattung.

2) Aufgaben und Befugnisse

2 Im Rahmen ihrer **Aufgaben** hat die HüSt den Handel an der Börse und die Börsengeschäftsabwicklung (§ 3 I 3) eigenverantwortlich zu **überwachen (I 1)**. Zentral ist insbesondere die Überwachung der Preisbildung an der Börse, aber auch der Einhaltung der Handelsregelungen und die Überwachung der Handelsvolumina. Überwachung umfasst außerdem die Aufrechterhaltung der Ordnung im Börsensaal, soweit Störungen bei der Preisfeststellung auftreten. An Warenbörsen gehört dazu auch die Überwachung von Positionslimits nach Abschnitt 9 WpHG **(I 2)**. Sie muss für diese Aufgabe personell und sachlich angemessen ausgestattet sein. Die Überwachung darf sich nicht auf eine bloße Beobachtung beschränken, sondern muss die Daten systematisch und lückenlos erfassen und auswerten und soweit notwendig ermitteln **(I 4)**, wobei hinsichtlich der Lückenlosigkeit jedoch zu berücksichtigen ist, was tatsächlich möglich und mit vertretbarem Aufwand machbar ist; daher nicht Sammlung aller, sondern nur aller wesentlichen Daten. Bei Energiebörsen umfasst dies auch außerbörsliche Ge-

schäfte, die über börsliche Systeme oder börslich angeschlossene externe Systeme abgewickelt werden (**I 5**). Für einen engen Informations- und Weisungskontakt zwischen der HÜSt und der Börsenaufsichtsbehörde ist gesorgt (**II**).

HÜSt hat zu ermitteln, wenn begründete Zweifel bestehen, dass der Börsenhandel nicht ordnungsgemäß verläuft (RegE 2. FMFG, BT-Drs. 12/6679, 60). Sie sanktioniert nicht, sondern informiert nur die Stellen, die Sanktionsbefugnis haben, dh die Geschäftsführung oder die Börsenaufsichtsbehörde. Geschäftsführung kann die HÜSt im Rahmen ihrer Aufgaben mit der Durchführung von Untersuchungen beauftragen (**I 7**), allerdings muss es hier eigentlich „nach den Sätzen 1 bis 5" bzw. „nach den Sätzen, 1, 4 und 5" heißen, da die Verschiebungen der früheren Sätze 2–3 im Rahmen des 2. FiMaNoG hier nicht berücksichtigt und der Gesetzestext insoweit nicht angepasst worden ist.

Die **Befugnisse** der HüSt sind ähnlich denen der Börsenaufsichtsbehörde geregelt (**III**). Insbesondere kann auch die HüSt nach den Auftraggebern und den Berechtigten und Verpflichteten fragen (III iVm zT § 3 IV, → § 3 Rn. 6), Vorlage von Unterlagen verlangen, Prüfungen vornehmen und während der üblichen Arbeitszeit die Geschäftsräume betreten. **IV** erlaubt Datenübermittlung an andere Börsen und ihre HüSt (Grund ua Mehrfachnotizen), auch international, aber beschränkt auf für die Durchführung des Handels und der Geschäftsabwicklung erforderlichen Daten und nur, sofern Empfänger einer § 10 gleichwertigen Verschwiegenheitspflicht unterliegt. Zur Einrichtung gemeinsamer HüSt mehrerer Börsen Hopt/Baum S. 445. Die HüSt muss die Börsenaufsichtsbehörde und die Geschäftsführung bei entsprechenden Feststellungen unverzüglich **unterrichten** (**V 1**). Für Eilfälle hat die Börsengeschäftsführung eine Notkompetenz (**V 2**). **Eilbedürftigkeit** besteht idR dann, wenn die besondere Dringlichkeit der Situation ein Abwarten auf Maßnahmen der Aufsichtsbehörde nicht zulässt, etwa weil Anordnungen noch vor Börsenschluss desselben Tages erlassen werden müssen, und der Eintritt eines nennenswerten Schadens wahrscheinlich ist. Die BaFin ist, falls für die Erfüllung ihrer Aufgaben relevant, unverzüglich zu unterrichten (**V 4**). Letzteres wird durch ein Regelbeispiel unterstrichen (**V 5**), die BaFin ist danach insbesondere bei Verdacht von Insidergeschäften und Kurs- und Marktpreismanipulationen zu unterrichten (s. (**16a**) MAR).

3) Rechtsschutz

Das Handeln der HÜSt ist verwaltungsgerichtlich überprüfbar. Widerspruch ist bei der HÜSt selbst einzulegen (VGH Kassel NJW-RR 1999, 123); sie erlässt auch Widerspruchsbescheid, vgl. § 73 I 2 Nr. 3 VwGO. Evtl. Klage ist dann gegen Börse zu richten (§ 2 XI), vgl. § 78 I Nr. 1 VwGO. Führt die HÜSt jedoch Ermittlungen im Rahmen eines von der Börsenaufsichtsbehörde durchgeführten Ermittlungsverfahren durch, ist das Handeln der HÜSt der Börsenaufsichtsbehörde zuzurechnen (Schwark/Zimmer/Kumpan, § 7 BörsG Rn. 6). Widerspruch ist in diesem Fall bei der Börsenaufsichtsbehörde einzulegen und sodann ggf. Klage gegen das jeweilige Bundesland, vgl. § 78 I Nr. 1 VwGO.

Die HüSt nimmt die ihr nach dem BörsG zugewiesenen Aufgaben und Befugnisse **nur im öffentlichen Interesse** wahr (**VI**, wie ua § 15 VI für die Leitung der Börse), das ist wie zu § 3 III (dort → § 3 Rn. 5) nicht unumstritten. Daher keine Amtshaftung ggü Dritten. Haftung ggü unmittelbar Betroffenen aber möglich; Leiter der HÜSt ist Beamter im haftungsrechtlichen Sinne, weil HÜSt eine öffentlich-rechtliche Funktion ausübt (OLG Frankfurt ZIP 2001, 731). Lit.: Schwark/Zimmer/Kumpan § 7 BörsG Rn. 1 ff.; Brockhausen WM 1997, 1924.

Zusammenarbeit

BörsG 8 (1) Die Börsenaufsichtsbehörden und die Bundesanstalt arbeiten eng zusammen und tauschen nach Maßgabe des § 10 untereinander alle Informationen aus, die für die Wahrnehmung ihrer Aufgaben sachdienlich sind.

(2) Die Börsenaufsichtsbehörde unterrichtet die Bundesanstalt unverzüglich von Handelsaussetzungen und -einstellungen nach § 3 Abs. 5 Satz 3 Nr. 1, vom Erlöschen einer Erlaubnis nach § 4 Absatz 4 und von der Aufhebung einer Erlaubnis nach § 4 Absatz 5 oder den Vorschriften der Verwaltungsverfahrensgesetze der Länder.

(3) Die Börsenaufsichtsbehörde unterrichtet die Bundesanstalt unverzüglich über gemäß § 4a Absatz 2 Satz 5, § 4b Absatz 4 Satz 5 erteilte Genehmigungen.

(4) Die Börsenaufsichtsbehörde unterrichtet die Bundesanstalt regelmäßig und auf eine einheitliche und vergleichbare Art über die gemäß § 24 Absatz 2b festgelegten Parameter für eine Volatilitätsunterbrechung.

(5) Die Börsenaufsichtsbehörde und die für die Durchführung der Verordnung (EU) Nr. 1308/2013 des Europäischen Parlaments und des Rates vom 17. Dezember 2013 über eine gemeinsame Marktorganisation für landwirtschaftliche Erzeugnisse und zur Aufhebung der Verordnungen (EWG) Nr. 922/72, (EWG) Nr. 234/79, (EG) Nr. 1037/2001 und (EG) Nr. 1234/2007 des Rates (ABl. L 347 vom 20.12.2013, S. 671; L 189 vom 27.6.2014, S. 261; L 130 vom 19.5.2016, S. 18), die zuletzt durch die Delegierte Verordnung (EU) 2016/1226 (ABl. L 202 vom 28.7.2016, S. 5) geändert worden ist, zuständigen Behörden tauschen untereinander Informationen einschließlich personenbezogener Daten aus, die für die Erfüllung ihrer Aufgaben erforderlich sind.

1 § 8 I, II nF 2007, III-V neu 2. FiMaNoG 2017. Die Börsenaufsichtsbehörden der Länder (§§ 3 I 1, VII) und die BaFin arbeiten eng zusammen und tauschen unter Beachtung der Verschwiegenheitspflicht nach § 10 untereinander alle für die Wahrnehmung ihrer Aufgaben sachdienlichen Informationen aus. Das ist nicht nur von Art. 68 S. 1 und S. 3 MiFID II vorgeschrieben, sondern auch angesichts des Verzichts auf eine bundeseinheitliche Börsenaufsicht (→ § 3 Rn. 1) von größter Wichtigkeit. Aus dem Umkehrschluss aus § 3 VII und VIII ergibt sich, dass darunter nicht die Übertragung von Aufgaben und Befugnissen der Börsenaufsichtsbehörde auf andere Behörden etwa im Wege der Organleihe oder Mandatierung, fällt. Vorschrift hat daher primär Appellfunktion.

2 Nach **II** ist die BaFin von Handelsaussetzungen und -einstellungen (§ 3 V 3 Nr. 1) sowie vom Erlöschen von Erlaubnissen nach § 4 V und Aufhebungen von Erlaubnissen nach § 4 IV unverzüglich (vgl. § 121 BGB, da in zugrunde liegenden MiFID II-Vorschriften nicht enthalten) zu unterrichten. Gemäß **III** (neu 2. FiMaNoG 2017), der Art. 45 VIII MiFID II umsetzt (zT erfolgt dies schon durch II), ist die BaFin zu unterrichten, wenn einem Geschäftsleiter oder einem Aufsichtsrat erlaubt wird, mehr als die vorgeschriebenen Mandate zu bekleiden. **IV** (neu 2. FiMaNoG 2017) setzt Art. 48 V UAbs. 2 MiFID II um und soll sicherstellen, dass die BaFin die Parameter für Volatilitätsunterbrechungen kennt. Für die einheitliche und vergleichbare Art der Unterrichtung sind die in Art. 48 XIII MiFID II angesprochenen Leitlinien der ESMA zugrunde zu legen. Beide Vorschriften sollen gewährleisten, dass die BaFin in der Lage ist, diese Informationen an die Europäische Wertpapier- und Marktaufsichtsbehörde weiterzugeben (RegE 2. FiMaNoG, BT-Drs. 18/10938, 269). **V** (neu 2. FiMaNoG 2017) setzt Art. 79 VII MiFID II um betrifft die Zusammenarbeit im Hinblick auf Derivate aus landwirtschaftlichen Erzeugnissen.

Anwendbarkeit kartellrechtlicher Vorschriften

BörsG 9 (1) ¹Die Börsenaufsichtsbehörde hat darauf hinzuwirken, dass die Vorschriften des Gesetzes gegen Wettbewerbsbeschränkungen eingehalten werden. ²Dies gilt insbesondere für den Zugang zu Handels-, Informations- und Abwicklungssystemen und sonstigen börsenbezogenen Dienstleistungseinrichtungen sowie deren Nutzung.

(2) ¹Die Zuständigkeit der Kartellbehörden bleibt unberührt. ²Die Börsenaufsichtsbehörde unterrichtet die zuständige Kartellbehörde bei Anhaltspunkten für Verstöße gegen das Gesetz gegen Wettbewerbsbeschränkungen. ³Diese unterrichtet die Börsenaufsichtsbehörde nach Abschluss ihrer Ermittlungen über das Ergebnis der Ermittlungen.

1) Aufgaben der Börsenaufsichtsbehörde (I)

1 § 9 nF 2007 verpflichtet die Börsenaufsichtsbehörde, darauf hinzuwirken, dass die Vorschriften des GWB eingehalten werden, insbesondere bezüglich des Zugangs zu allen börsenbezogenen Systemen und Dienstleistungseinrichtungen. Das ist eine wichtige Aufgabe gerade auch für die Börsenaufsichtsbehörde.

2) Kartellaufsicht (II)

2 Die Aufgabe der Börsenaufsichtsbehörde nach I besteht unbeschadet der Zuständigkeit der Kartellbehörden (II 1). Die Behörden haben sich gegenseitig zu unterrichten (II 2, 3) und zu kooperieren. Die Börsen sind Unternehmen iSd GWB und unterliegen **uneingeschränkt** dem **GWB** und der **Kartellaufsicht**, Schwark/Zimmer/Kumpan § 9 BörsG Rn. 8 ff. Lit.: Röhrl, Börsenwettbewerb, 1996. Börsen im deutschen und europäischen Kartellrecht s. Beck WM 2000, 597.

Verschwiegenheitspflicht

BörsG 10 (1) ¹Die bei der Börsenaufsichtsbehörde oder einer Behörde, der Aufgaben und Befugnisse der Börsenaufsichtsbehörde nach § 3 Abs. 7 übertragen worden sind, Beschäftigten, die nach § 3 Abs. 8 beauftragten Personen, die Mitglieder der Börsenorgane sowie die beim Träger der Börse Beschäftigten oder unmittelbar oder mittelbar in seinem Auftrag handelnden Personen, soweit sie für die Börse tätig sind, dürfen die ihnen bei ihrer Tätigkeit bekannt gewordenen Tatsachen, deren Geheimhaltung im Interesse der Handelsteilnehmer, der zuständigen Behörden oder eines Dritten liegt, insbesondere Geschäfts- und Betriebsgeheimnisse sowie personenbezogene Daten, nicht unbefugt erheben oder verwenden, auch wenn sie nicht mehr im Dienst sind oder ihre Tätigkeit beendet ist. ²Dies gilt auch für andere Personen, die durch dienstliche Berichterstattung Kenntnis von den in Satz 1 bezeichneten Tatsachen erhalten. ³Ein unbefugtes Erheben oder Verwenden im Sinne des Satzes 1 liegt insbesondere nicht vor, wenn Informationen weitergegeben werden an

1. Strafverfolgungsbehörden oder für Straf- und Bußgeldsachen zuständige Gerichte,
2. kraft Gesetzes oder im öffentlichen Auftrag mit der Überwachung von Börsen oder anderen Märkten, an denen Finanzinstrumente gehandelt werden, von Kreditinstituten, Finanzdienstleistungsinstituten, Wertpapierinstituten, Kapitalverwaltungsgesellschaften, extern verwalteten Investmentgesellschaften, Finanzunternehmen, Versicherungsunternehmen, Versicherungsvermittlern oder den Vermittlern von Anteilen an Investmentvermögen im Sinne des § 2a Abs. 1 Nr. 7 des Wertpapierhandelsgeset-

zes oder mit der Überwachung des Handels mit Finanzinstrumenten oder Devisen betraute Stellen sowie von diesen beauftragten Personen,
3. Zentralnotenbanken, das Europäische System der Zentralbanken oder die Europäische Zentralbank in ihrer Eigenschaft als Währungsbehörden sowie an andere staatliche Behörden, die mit der Überwachung der Zahlungssysteme betraut sind,
4. mit der Liquidation oder dem Insolvenzverfahren über das Vermögen eines Wertpapierdienstleistungsunternehmens im Sinne des § 2 Abs. 4 des Wertpapierhandelsgesetzes, eines Börsenträgers oder eines organisierten Marktes mit Sitz im Ausland oder dessen Betreiber befasste Stellen, und an
5. die Europäische Zentralbank, das europäische System der Zentralbanken, die Europäische Wertpapier- und Marktaufsichtsbehörde, die Europäische Aufsichtsbehörde für das Versicherungswesen und die betriebliche Altersversorgung, die Europäische Bankenaufsichtsbehörde, den Gemeinsamen Ausschuss der Europäischen Finanzaufsichtsbehörden, den Europäischen Ausschuss für Systemrisiken oder die Europäische Kommission,

soweit die Kenntnis dieser Informationen für diese Stellen zur Erfüllung ihrer Aufgaben erforderlich ist. ⁴Für die bei diesen Stellen Beschäftigten gilt die Verschwiegenheitspflicht nach Satz 1 entsprechend. Befindet sich eine in Satz 3 Nummer 1 bis 4 genannte Stelle in einem anderen Staat, so dürfen die Informationen nur weitergegeben werden, wenn die bei dieser Stelle beschäftigten und von dieser Stelle beauftragten Personen einer dem Satz 1 entsprechenden Verschwiegenheitspflicht unterliegen.

(2) Für die Mitglieder der Börsenorgane sowie die beim Träger der Börse Beschäftigten oder unmittelbar oder mittelbar in seinem Auftrag handelnden Personen gilt § 10 Absatz 1 Satz 2 des Wertpapierhandelsgesetzes entsprechend.

(3) ¹Die §§ 93, 97 und 105 Absatz 1, § 111 Absatz 5 in Verbindung mit § 105 Absatz 1 sowie § 116 Absatz 1 der Abgabenordnung gelten nicht für die in Absatz 1 Satz 1 und 2 bezeichneten Personen nur soweit die Finanzbehörden die Kenntnisse für die Durchführung eines Verfahrens wegen einer Steuerstraftat sowie eines damit zusammenhängenden Besteuerungsverfahrens benötigen. ²Die in Satz 1 genannten Vorschriften sind jedoch nicht anzuwenden, soweit Tatsachen betroffen sind, die den in Absatz 1 Satz 1 oder 2 bezeichneten Personen durch eine Stelle eines anderen Staates im Sinne von Absatz 1 Satz 3 Nummer 2 oder durch von dieser Stelle beauftragte Personen mitgeteilt worden sind.

1 § 10 nF 2007 regelt die amtliche Verschwiegenheitspflicht im Zusammenhang mit der Börsenaufsicht in Abstimmung mit Insiderrecht (s. **(16a) MAR**) und Datenschutzrecht. Vgl. auch amtliche Verschwiegenheitspflicht nach § 21 WpHG und nach § 9 KWG. Sie gilt auch für natürliche Personen, die für die Börse tätig sind, ohne beim Börsenträger oder einer von ihm beauftragten Person angestellt zu sein. Wichtige Einschränkungen, also Möglichkeit der Informationsweitergabe, ergeben sich aus I 3 Nr. 1–4. Das betrifft ua die Strafverfolgung (Nr. 1) und die Finanzmarkt-, Kredit- und Versicherungsaufsicht (Nr. 2). Auf Art. 58 V, 54 II der MiFID (jetzt Art. 81 V, 76 II MiFID II) zurückgehend sind die Weitergabemöglichkeiten an die Zentralnotenbanken in ihrer Funktion als Währungsbehörden und andere mit der Überwachung der Zahlungssysteme betrauten Behörden (I 3 Nr. 3) und an Stellen, die mit der Liquidation oder dem Insolvenzverfahren über das Vermögen eines WPDienstleistungsunternehmens iSv § 2 X WpHG, eines Börsenträgers oder eines organisierten Marktes mit Sitz im Ausland oder dessen Betreiber befasst sind (I 3 Nr. 4). Mit dem durch das FISG 2021 eingeführten I 5 wird klargestellt, dass

Informationen auch an ausländische Stellen weitergegeben werden dürfen, solange für diese vergleichbare Verschwiegenheitspflichten gelten (dadurch Gelichlauf mit § 21 I 5 WpHG); das muss vor der Informationsweitergabe geprüft werden (BT-Drs. 19/26966 86). Die Änderungen in III durch das Schwarmfinanzierung-BegleitG führen dazu, dass die Auskunfts-, Vorlage-, Amtshilfe- und Anzeigepflichten der AO gegenüber Finanzbehörden nun auch für Börsen und Börsenaufsichtsbehörden bzgl. sämtlicher Steuerstrafverfahren gelten. Die Voraussetzung eines zwingenden öffentlichen Interesses gilt nun nicht mehr. Demgegenüber kann § 10 (ohne Abwägung) einem presserechtlichen Auskunftsanspruch entgegengehalten werden, BVerwG WM 2020, 1308, 1311 (zur Parallelnorm § 9 KWG). Im Hinblick auf Geschäftsgeheimnisse ist aber die Bedeutung des Zeitablaufs zu bedenken: nach fünf Jahren (rückgerechnet ab der letzten mündlichen Verhandlung vor dem Tatsachengericht) sind sie typischerweise nicht mehr aktuell und damit nicht mehr vertraulich, BVerwG WM 2020, 1308 f. Auskunftsanspruch kann sich zu einem Akteneinsichtsrecht verdichten.

Untersagung der Preisfeststellung für ausländische Währungen

BörsG 11 Das Bundesministerium der Finanzen kann im Einvernehmen mit dem Bundesministerium für Wirtschaft und Energie und nach Anhörung der Deutschen Bundesbank Einzelweisungen an eine Börse erteilen, die Preisermittlung für ausländische Währungen vorübergehend zu untersagen, wenn eine erhebliche Marktstörung droht, die schwerwiegende Gefahren für die Gesamtwirtschaft oder das Publikum erwarten lässt.

§ 11 nF 2007 enthält eine Notbefugnis des BMF zur Untersagung der Preisfeststellung für ausländische Währungen. **1**

Börsenrat

BörsG 12 (1) ¹Jede Börse hat einen Börsenrat zu bilden, der aus höchstens 24 Personen besteht. ²Im Börsenrat müssen die zur Teilnahme am Börsenhandel zugelassenen Unternehmen und die Anleger vertreten sein. ³Bei einer Wertpapierbörse gelten als Unternehmen nach Satz 2 insbesondere die zur Teilnahme am Börsenhandel zugelassenen Kreditinstitute, die zugelassenen Wertpapierinstitute, die zugelassenen Finanzdienstleistungsinstitute und sonstigen zugelassenen Unternehmen sowie die zur Teilnahme am Börsenhandel zugelassenen Kapitalverwaltungsgesellschaften. ⁴Handelt es sich bei der Börse zumindest auch um eine Wertpapierbörse, müssen im Börsenrat über die in Satz 2 genannten Unternehmen hinaus auch die Skontroführer, die Versicherungsunternehmen, deren emittierte Wertpapiere an der Börse zum Handel zugelassen sind, und andere Emittenten solcher Wertpapiere vertreten sein. ⁵Die Zahl der Vertreter der Kreditinstitute einschließlich der Wertpapierhandelsbanken sowie der mit den Kreditinstituten verbundenen Kapitalverwaltungsgesellschaften und sonstigen Unternehmen darf insgesamt nicht mehr als die Hälfte der Mitglieder des Börsenrates betragen. ⁶Die nach § 13 Absatz 4 zu erlassende Rechtsverordnung kann für einzelne Börsen Ausnahmen von den Bestimmungen der Sätze 2 bis 5 zulassen. ⁷Sie kann insbesondere vorsehen, dass sonstige betroffene Wirtschaftsgruppen im Börsenrat vertreten sind, und die Entsendung der Vertreter der nicht zum Börsenhandel zugelassenen Unternehmen regeln.

(2) ¹Dem Börsenrat obliegt insbesondere

1. der Erlass der Börsenordnung, der Bedingungen für Geschäfte an der Börse, der Gebührenordnung, der Zulassungsordnung für Börsenhändler und der Handelsordnung für den Freiverkehr, die jeweils als Satzung erlassen werden,
2. die Bestellung, Wiederbestellung und Abberufung der Geschäftsführer im Einvernehmen mit der Börsenaufsichtsbehörde,
3. die Überwachung der Geschäftsführung,
4. der Erlass einer Geschäftsordnung für die Geschäftsführung und
5. die Bestellung oder Wiederbestellung und Abberufung des Leiters der Handelsüberwachungsstelle auf Vorschlag der Geschäftsführung und im Einvernehmen mit der Börsenaufsichtsbehörde.

²Zur Überwachung der Geschäftsführung ist dem Börsenrat angemessener Zugang zu den dafür erforderlichen Informationen und Dokumenten zu gewähren. ³Die Entscheidung über die Einführung von technischen Systemen, die dem Handel oder der Abwicklung von Börsengeschäften dienen, bedarf der Zustimmung des Börsenrates. ⁴Die Börsenordnung kann für andere Maßnahmen der Geschäftsführung von grundsätzlicher Bedeutung die Zustimmung des Börsenrates vorsehen. ⁵Bei Kooperations- und Fusionsabkommen des Börsenträgers, die den Börsenbetrieb betreffen, sowie bei der Auslagerung von Funktionen und Tätigkeiten auf ein anderes Unternehmen nach § 5 Abs. 3 ist dem Börsenrat zuvor Gelegenheit zur Stellungnahme zu geben.

(3) ¹Der Börsenrat gibt sich eine Geschäftsordnung. ²Er wählt aus seiner Mitte einen Vorsitzenden und mindestens einen Stellvertreter, der einer anderen Gruppe im Sinne des Absatzes 1 Satz 2 angehört als der Vorsitzende. ³Wahlen nach Satz 2 sind geheim; andere Abstimmungen sind auf Antrag eines Viertels der Mitglieder geheim durchzuführen.

(4) Setzt der Börsenrat zur Vorbereitung seiner Beschlüsse Ausschüsse ein, hat er bei der Zusammensetzung der Ausschüsse dafür zu sorgen, dass Angehörige der Gruppen im Sinne des Absatzes 1 Satz 2, deren Belange durch die Beschlüsse berührt werden können, angemessen vertreten sind.

(5) Mit der Genehmigung einer neuen Börse bestellt die Börsenaufsichtsbehörde einen vorläufigen Börsenrat höchstens für die Dauer eines Jahres.

(6) Der Börsenrat nimmt die ihm nach diesem Gesetz zugewiesenen Aufgaben und Befugnisse nur im öffentlichen Interesse wahr.

1) Einrichtung und Zusammensetzung des Börsenrats (I)

1 § 12 nF 2007, II 2 nF 2. FiMaNoG 2017. §§ 12 und 15 betreffen die Leitungsstruktur der Börse, die in § 12 nunmehr für Wertpapier- und Warenbörsen einheitlich geregelt wird. Mit der **zwingenden Trennung von Börsenrat und Börsenleitung** (zu letzterer § 15) orientiert sich das Gesetz am **aktienrechtlichen Modell** (in Deutschland, in anderen Ländern überwiegt das one-tier board-System). Die Ausübung von Aufsichtsratsfunktionen wird bei Ausschöpfung der Maximalgröße von 24 Personen stark erschwert, in aktienrechtlicher Reformdiskussion gilt der (mitbestimmte) Aufsichtsrat der AG als zu groß. Der (öffentlich-rechtliche) Börsenrat ist aber mit dem (privatrechtlichen) Aufsichtsrat der Börsenträger AG nicht zu verwechseln. Die Größe ist der Preis für die durch § 12 gleichzeitig eröffnete Möglichkeit einer angemessenen **Mitbestimmung** der verschiedenen Interessen- und Interessenuntergruppen (ua die zugelassenen Finanzdienstleistungsinstitute und Unternehmen, Emittenten, institutionelle und Privatanleger) neben den herkömmlich dominierenden Kreditinstituten (einschließlich der Wertpapierhandelsbanken). An die Stelle der Kursmakler sind, falls

V. Bankgeschäfte

an der Börse vorhanden, die Skontroführer getreten. Die freien Makler gehören zu den Finanzdienstleistungsinstituten. Näheres zur Wahl in § 13.

2) Aufgaben und Befugnisse (II–VI)

Die Aufgaben des Börsenrats ergeben sich aus II. Der Börsenrat hat vor allem die Aufgabe der Rechtssetzung und der Kontrolle. Ihm obliegen insbesondere der Erlass der BörsO (→ § 16 Rn. 1 ff.), der Börsengeschäftsbedingungen (→ § 16 Rn. 4), der Gebührenordnung und der Zulassung für Börsenhändler als Satzung (**II 1 Nr. 1** weiter als § 9 II Nr. 1 aF), die Bestellung, Wiederbestellung und Abberufung der Geschäftsführer (**II 1 Nr. 2,** nur im Einvernehmen mit der Börsenaufsichtsbehörde), die Überwachung der Geschäftsführung (**II 1 Nr. 3**) und die Bestellung oder Wiederbestellung und Abberufung des Leiters der HÜSt (**II 1 Nr. 5 iVm § 7,** wie § 4 II 1 aF). Damit dem Börsenrat eine wirksame Überwachung möglich ist, sieht **II 2** vor, dass er angemessenen Zugang zu den dafür notwendigen Informationen und Dokumenten erhalten muss. Geschäftsordnung und Ausschüsse s. **III, IV.** Der Börsenrat nimmt die ihm nach dem BörsG zugewiesenen Aufgaben und Befugnisse wie die Geschäftsführung (§ 15 VI) und alle anderen Börsenorgane und Börsenstellen nur im öffentlichen Interesse wahr (VI, → § 15 Rn. 5).

Wahl des Börsenrates

BörsG 13 (1) Die Mitglieder des Börsenrates werden für die Dauer von bis zu drei Jahren von den in § 12 Absatz 1 Satz 2 bis 4 genannten Gruppen jeweils aus ihrer Mitte gewählt; die Vertreter der Anleger werden von den übrigen Mitgliedern des Börsenrates hinzugewählt.

(2) ¹Unternehmen, die mehr als einer der in § 12 Absatz 1 Satz 2 bis 4 genannten Gruppen angehören, dürfen nur in einer Gruppe wählen. ²Verbundene Unternehmen dürfen im Börsenrat nur mit einem Mitglied vertreten sein.

(3) ¹Die Mitglieder des Börsenrates müssen zuverlässig sein und die erforderliche fachliche Eignung haben. ²§ 4b Absatz 1 und Absatz 2 Satz 2 gilt entsprechend.

(4) ¹Das Nähere über die Amtszeit des Börsenrates, die Aufteilung in Gruppen, die Ausübung des Wahlrechts und die Wählbarkeit, die Durchführung der Wahl und die vorzeitige Beendigung der Mitgliedschaft im Börsenrat wird durch Rechtsverordnung der Landesregierung nach Anhörung des Börsenrates bestimmt. ²Die Landesregierung kann diese Ermächtigung durch Rechtsverordnung auf die Börsenaufsichtsbehörde übertragen. ³Die Rechtsverordnung muss sicherstellen, dass alle in § 12 Absatz 1 Satz 2 bis 4 genannten Gruppen angemessen vertreten sind. ⁴Sie kann zudem vorsehen, dass bei vorzeitigem Ausscheiden eines Mitglieds ein Nachfolger für die restliche Amtsdauer aus der Mitte der jeweiligen Gruppe durch die übrigen Mitglieder des Börsenrates hinzugewählt wird.

§ 13 nF 2007, III nF 2017. Die Mitglieder des Börsenrats müssen zuverlässig und fachlich geeignet sein. Das wird in **III** geregelt und dort durch den Verweis auf **(14)** BörsG § 4 I noch einmal zusätzlich unterstrichen, zudem müssen sie danach für ihre Überwachungsaufgabe ausreichend Zeit mitbringen. Mit dem Verweis auf **(14)** BörsG § 4b II 2 wird darüber hinaus geregelt, dass die Mitglieder aufrichtig und unvoreingenommen sein sollen, um eine wirksame Überwachung zu gewährleisten. Damit werden die wesentlichen Anforderungen an die Mitglieder des Verwaltungs- oder Aufsichtsorgans des Börsenträgers auf die

Mitglieder des Börsenrats erstreckt (RegE 2. FiMaNoG, BT-Drs. 18/10936, 269). Für die fachliche Eignung zählen insbesondere die Art der an der Börsen gehandelten Wirtschaftsgüter und die Komplexität der dort abgeschlossenen Geschäfte (RegE FRUG, BT-Drs. 16/4028, 83). Zur Zusammensetzung ist in **IV 3** nur vorgeschrieben, dass alle in § 12 I 2 genannten Gruppen angemessen vertreten sein müssen, nicht mehr wie ursprünglich bestimmte Mindestzahlen und Untergruppen. Näher **RVO** der Landesregierung nach Anhörung des Börsenrats.

BörsG 14 *(weggefallen)*

Leitung der Börse

BörsG 15 (1) [1] Die Leitung der Börse obliegt der Geschäftsführung in eigener Verantwortung. [2] Sie kann aus einer oder mehreren Personen bestehen. [3] Die Geschäftsführer müssen zuverlässig sein, der Wahrnehmung ihrer Aufgaben ausreichend Zeit widmen und die für die Leitung der Börse erforderliche fachliche Eignung besitzen. [4] Sie werden für höchstens fünf Jahre bestellt; die wiederholte Bestellung ist zulässig. [5] Die Bestellung eines Geschäftsführers ist unverzüglich der Börsenaufsichtsbehörde anzuzeigen. [6] Die Anzeige muss die in § 4 Abs. 2 Satz 2 Nr. 2 genannten Angaben enthalten. [7] § 4 Abs. 2 Satz 3 und 4 gilt entsprechend.

(2) Die Börsenaufsichtsbehörde hat ihr Einvernehmen zu der Bestellung der Geschäftsführer zu verweigern, wenn aus objektiven und nachweisbaren Gründen Zweifel an der Zuverlässigkeit oder fachlichen Eignung der Geschäftsführer bestehen oder die ordnungsgemäße Leitung der Börse und die Marktintegrität gefährdet erscheint.

(3) [1] Die Geschäftsführer vertreten die Börse gerichtlich und außergerichtlich, soweit nicht der Träger der Börse zuständig ist. [2] Das Nähere über die Vertretungsbefugnis der Geschäftsführer regelt die Börsenordnung.

(4) [1] Die Geschäftsführung kann gegenüber Handelsteilnehmern alle Anordnungen treffen, die geeignet und erforderlich sind, um Verstöße gegen börsenrechtliche Vorschriften und Anordnungen zu verhindern oder Missstände zu beseitigen, welche die ordnungsgemäße Durchführung des Handels an der Börse beeinträchtigen können. [2] Sie kann zu diesem Zweck insbesondere Handelsteilnehmern längstens für die Dauer von sechs Monaten die vollständige oder teilweise Teilnahme am Börsenhandel untersagen.

(5) [1] Die Geschäftsführung überwacht die Einhaltung der Pflichten der Handelsteilnehmer und der für sie tätigen Personen. [2] Sie trifft geeignete Vorkehrungen, die eine wirksame und dauerhafte Überwachung der Pflichten nach Satz 1 gewährleisten. [3] Die Aufgaben der Handelsüberwachungsstelle nach § 7 bleiben unberührt.

(6) Widerspruch und Anfechtungsklage gegen Maßnahmen nach Absatz 4 haben keine aufschiebende Wirkung.

(7) [1] Die Geschäftsführung ist zuständige Behörde im Sinne des Artikels 23 Absatz 1 der Verordnung (EU) Nr. 236/2012 des Europäischen Parlaments und des Rates vom 14. März 2012 über Leerverkäufe und bestimmte Aspekte von Credit Default Swaps (ABl. L 86 vom 24.3.2012, S. 1), sofern Finanzinstrumente betroffen sind, die an einem regulierten Markt oder im Freiverkehr dieser Börse gehandelt werden. [2] § 10 Absatz 1 Satz 3 und 4 ist insoweit nicht anwendbar.

(8) **Die Geschäftsführung nimmt die ihr nach diesem Gesetz zugewiesenen Aufgaben und Befugnisse nur im öffentlichen Interesse wahr.**

1) Leitung der Börse (I)

§ 15 nF 2007, I, II, IV und VI nF 2. FiMaNoG 2017. **I** weist die Leitung der Börse der **Geschäftsführung** in eigener Verantwortung zu. Die Geschäftsführung entspricht dem aktienrechtlichen Vorstand, ihr steht der Börsenrat, ähnlich einem Aufsichtsrat, gegenüber (→ § 12 Rn. 1). Die Geschäftsführer müssen zuverlässig und fachlich geeignet sein, die Anforderungen entsprechen denen an die Geschäftsleitung des Börsenträgers nach **(14)** BörsG § 4a I (I 3). Für die fachliche Eignung der Geschäftsleiter zählen insbesondere die Art der an der Börsen gehandelten Wirtschaftsgüter und die Komplexität der dort abgeschlossenen Geschäfte (RegE FRUG BT-Drs. 16/4028, 83, vgl. auch → § 13 Rn. 1). Sie werden für höchstens fünf Jahre bestellt, Wiederwahl ist zulässig (I 4).

2) Einvernehmen der Börsenaufsichtsbehörde (II)

II basiert nunmehr auf Art. 45 VII MiFID II. Die Vorschrift regelt das notwendige Einvernehmen der Börsenaufsichtsbehörde mit der Bestellung der Geschäftsführer. Diese hat das Einvernehmen zu verweigern, wenn aus objektiven und nachweisbaren Gründen Zweifel an ihrer Zuverlässigkeit oder Eignung bestehen oder die ordnungsgemäße Leitung der Börse und die Marktintegrität gefährdet erscheint. Letzteres ist der Fall, wenn ein beruflicher Interessenkonflikt des Geschäftsführers ihn für die Wahrnehmung ausschließlich öffentlicher Interessen im Rahmen der Geschäftsführung ungeeignet macht (RegE FRUG BT-Drs. 16/4028, 83).

3) Vertretung der Börse (III)

Die Börse wird durch die Geschäftsführer gerichtlich und außergerichtlich vertreten, soweit nicht der Börsenträger zuständig ist. Näheres in der BörsO (s. bei **(14)** BörsG § 16).

4) Aufgaben und Befugnisse (IV, V, VII)

IV (nF 2. FiMaNoG 2017), V und VII (eingefügt durch EU-LeerVkAG 2012) regeln die Aufgaben und Befugnisse der Geschäftsführung. IV regelt die Anordnungsbefugnisse der Geschäftsführung; diese sind nicht mehr wie vor dem 2. FiMaNoG 2017 auf die Ordnung in den Börsenräumen zugeschnitten, sondern gehen nun weiter, sodass auch der elektronische Handel umfasst ist (RegE 2. FiMaNoG, BT-Drs. 18/10936, 269). Wichtig ist V 3, wonach die Aufgaben der Handelsüberwachungsstelle nach § 7 unberührt bleiben (Grund → § 7 Rn. 1). VII überträgt der Börsengeschäftsführung wegen deren größerer Sachnähe und schnelleren Reaktionsmöglichkeiten die Befugnisse nach Art. 23 I der EU-VO bei signifikantem Kursverfall (Verbot oder Beschränkung von Leerverkäufen sowie anderweitige Beschränkungen von Transaktionen).

5) Keine aufschiebende Wirkung von Widerspruch und Anfechtungsklage (VI)

VI neu 2. FiMaNoG 2017 regelt, dass Widerspruch und Anfechtungsklage gegen Anordnungsmaßnahmen der Geschäftsführung keine aufschiebende Wirkung haben und diese damit sofort vollzogen werden können. Damit wird sichergestellt, dass die Geschäftsführung schnellstmöglich Maßnahmen ergreifen und umsetzen kann, was bei der modernen Geschwindigkeit des Börsenhandels von erheblicher Bedeutung ist.

6) Leitung nur im öffentlichen Interesse (VIII)

5   Die Geschäftsführung nimmt die ihr nach dem BörsG zugewiesenen Aufgaben und Befugnisse ebenso wie die Börsenaufsicht (§ 3 III) und die HüSt (§ 7 VI), der Börsenrat (§ 12 VI), der Sanktionsausschuss (§ 22 II 3) und die frühere Zulassungsstelle (§§ 31 V aF, 49 II 3 aF, zuständig jetzt die Geschäftsführung, § 32 I nF) nur im öffentlichen Interesse wahr (VIII). Die Geschäftsführung ist als Leitungsorgan der öffentlichrechtlichen Anstalt Börse (§ 2 I) Behörde und erlässt als solche Verwaltungsakte. Amtshaftung nach § 839 BGB iVm Art. 34 GG (→ § 3 Rn. 5), es haftet das jeweilige Bundesland, in dem die Börse ihren Sitz hat, nicht der Börsenträger, Elle ZHR 128 (1966), 291. Die Mitglieder der Börsengeschäftsführung sind Beamte im haftungsrechtlichen Sinne, OLG Frankfurt a. M. ZIP 2001, 731; OLG Frankfurt a. M. 1 U 176/10, BeckRS 2013, 15308 = juris Rn. 107. Zur Haftung Schwark/Zimmer/Schwark § 15 BösG Rn. 33.

Börsenordnung

BörsG 16

(1) [1] Die Börsenordnung soll sicherstellen, dass die Börse die ihr obliegenden Aufgaben erfüllen kann und dabei den Interessen des Publikums und des Handels gerecht wird. [2] Sie muss Bestimmungen enthalten über

1. den Geschäftszweig der Börse;
2. die Organisation der Börse;
3. die Handelsarten;
4. die Veröffentlichung der Preise und Kurse sowie der ihnen zugrunde liegenden Umsätze;
5. eine Entgeltordnung für die Tätigkeit der Skontroführer.

(2) Bei Wertpapierbörsen muss die Börsenordnung zusätzlich Bestimmungen enthalten über

1. die Bedeutung der Kurszusätze und -hinweise,
2. die Sicherstellung der Börsengeschäftsabwicklung und die zur Verfügung stehenden Abwicklungssysteme nach Maßgabe des § 21 und
3. die Kennzeichnung der durch algorithmischen Handel im Sinne des § 80 Absatz 2 Satz 1 des Wertpapierhandelsgesetzes erzeugten Aufträge durch die Handelsteilnehmer, die Kenntlichmachung der hierfür jeweils verwendeten Handelsalgorithmen sowie die Kenntlichmachung der Personen, die diese Aufträge initiiert haben.

(3) [1] Die Börsenordnung bedarf der Genehmigung durch die Börsenaufsichtsbehörde. [2] Diese kann die Aufnahme bestimmter Vorschriften in die Börsenordnung verlangen, wenn und soweit sie zur Erfüllung der der Börse oder der Börsenaufsichtsbehörde obliegenden gesetzlichen Aufgaben notwendig sind.

1) Börsenordnung

1   § 16 regelt die Anforderungen an die BörsO. Die für jede Börse von deren Börsenrat zu erlassen ist (§ 12 II Nr. 1). Sie ist, wie § 12 II Nr. 1 ausdrücklich feststellt, öffentlich-rechtliche **Satzung** der teilrechtsfähigen Anstalt des öffentlichen Rechts Börse (§ 2 I), BGHZ 147, 351, hL, Kümpel FS Pleyer, 1986, 59, nach früher aA Rechtsverordnung. Richtungweisend war die BörsO der Berliner Börse vom 4.4.1934. **Mindestinhalt** nach **I 2 Nr. 1–5**, darunter ua Bestimmungen über die **Handelsarten** (I 2 Nr. 3), die Veröffentlichung der Preise und Kurse sowie der ihnen zugrunde liegenden Umsätze (I 3 Nr. 4 neu) und die Entgeltordnung für die Skontroführertätigkeit (I 2 Nr. 5, §§ 27 ff.). Die Börsen

können im Rahmen ihrer Selbstverwaltung die Handelsarten flexibel an die Bedürfnisse und den Wettbewerb anpassen, zB in einem Segment Auktionsverfahren mit Intermediären, im anderen elektronisch mit fortlaufendem Orderausgleich oder auch unterschiedlich im gleichen Segment, zB für besonders liquide Untersegmente elektronisch, für die anderen herkömmlich. Die BörsO braucht nicht alle Einzelheiten der für die verschiedenen Segmente gewählten Preisfeststellungsregeln selbst zu enthalten, sondern kann die konkrete Ausformung norminterpretierenden Verwaltungsvorschriften überlassen, wenn die Regelung nur für die Anleger transparent genug ist (RegE 4. FinanzmarktfördG). Dass die BörsO eine zeitlich angemessen verzögerte Veröffentlichung der Preise und der ihnen zugrunde liegenden Umsätze vorsehen kann (so noch II 3 aF), was zB für den Blockhandel wegen der unerwünschten Preiseffekte sinnvoll sein kann, ist nicht mehr vorgesehen, denn insoweit greifen die unmittelbar geltende MiFIR 15.5.2014 (ABl. L 173, 84) sowie § 24 II iVm MiFIR über die Nachhandelstransparenz ein (→ § 24 Rn. 6); auch die Vorhandelstransparenz mit Ausnahmen ist nunmehr in der MiFIR geregelt.

Zusätzlicher Mindestinhalt bei Wertpapierbörsen folgt aus **II**, insbesondere Bestimmungen über die Bedeutung der Kurszusätze und -hinweise (**II Nr. 1**, → § 24 Rn. 10b). Die BörsO muss (basierend auf Art. 53 II Buchst. e MiFID II) Bestimmungen über die Sicherstellung der Börsengeschäftsabwicklung und die zur Verfügung stehenden Abwicklungssysteme nach Maßgabe des § 21 enthalten (**II Nr. 2**). Eingeführt durch das HFHandelG 2013 müssen Aufträge, die mittels algorithmischer Handelssysteme generiert werden, besonders gekennzeichnet und der verwendete Algorithmus kenntlich gemacht werden (**II Nr. 3**), um eine angemessene Überwachung dieser Handelsteilnehmer und der Auswirkungen ihrer Tätigkeit zu ermöglichen. Hierbei geht es um die Unterscheidbarkeit der einzelnen Auftraggeber und Algorithmen und seit dem 2. FiMaNoG 2017 (basierend auf Art. 48 X MiFID II) auch der initiierenden Personen, die jeweiligen Algorithmen selbst müssen nicht offengelegt werden. Die Börsenordnung bedarf der **Genehmigung** der Börsenaufsichtsbehörde (**III**). Bsp.: BörsO für die Frankfurter Wertpapierbörse; VGH Kassel ZIP 2007, 215 hatte die alte BörsO für teilweise unwirksam erklärt. Lit.: Schlitt AG 2003, 57 (Prime Standard, General Standard der Frankfurt a. M. WPBörse).

2) Börsenordnung und Anlegerschutz

Die Bestimmungen der BörsO haben keine zivilrechtliche anlegerschützende Drittwirkung, BGHZ 147, 351 (zur Einholung von Sicherheitsleistungen bei Optionsgeschäften), str. Sie können aber auf das zivilrechtliche Verhältnis zwischen dem Börsenteilnehmer und dem Kunden mittelbar ausstrahlen und zivilrechtlich bedeutsame Mindeststandards begründen, offen BGHZ 147, 351; das ist aber jeweils besonders zu prüfen, eine diesbezügliche Vermutung besteht nicht. Der Anlegerschutz ist aber jedenfalls Rechtsreflex und bei Erlass der BörsO wie bei der Börse insgesamt wesentlich mitzubedenken. Die Aufnahme von Bestimmungen über die Handelsarten in die BörsO bedeutet notwendige Genehmigung der Börsenaufsichtsbehörde, was dem Erfordernis eines angemessenen Anleger- und Funktionenschutzes Rechnung trägt.

3) Börsenusancen, AGB

Zusätzlich zum BörsG und den dortigen Rechtsregeln können an der jeweiligen Börse gleiche oder unterschiedliche Börsenusancen gelten. Börsenusancen gelten zT als und zT (soweit es um von der Börse publizierte Klauseln im Regelungsbereich der Börsengeschäftsbedingungen geht) kraft Gewohnheitsrecht, Fleckner ZHR 180 (2016), 458, dort insbes. 506 ff., außerdem Fleckner WM 2009, 2071; 2011, 596, andere ordnen sie als HdlBrauch ein, Kümpel/Mülbert/Früh/Seyfried/Oulds, Rn. 11.11; Baumbach/Hopt/Hopt § 346 Rn. 7.

(14) BörsG 17 2. Teil. Handelsrechtl. Nebenges.

Die „**Bedingungen** für Geschäfte an den deutschen Wertpapierbörsen" (1.1.1983, unter den Börsen vereinheitlicht, Text WM 1984, 76, Änderungen für die Frankfurter Wertpapierbörse WM 1998, 466 betr. WPGeschäfte im elektronischen HdlSystem, mittlerweile wieder unterschiedliche Fassungen unter den Börsen, aktuelle Fassung der „Bedingungen für Geschäfte an der Frankfurter Wertpapierbörse" vom 21.11.2016) wurden, da privatrechtlich, ohne weiteres Vertragsbestandteil für die an dieser Börse abgeschlossenen Geschäfte, falls die Vertragsparteien nichts anderes vereinbaren. Nach § 12 II Nr. 1 idF FinanzmarktRLUmsetzG werden auch die Bedingungen für Geschäfte an der Börse als Satzung erlassen, krit. Hammen WM 2007, 1297. Kontrolle deshalb nicht privatrechtlich nach **(5)** BGB §§ 305 ff., Groß BörsG §§ 11–14 Rn. 5: § 242 BGB. Für zusätzliche privatrechtliche Übernahme der Bedingungen in die jeweiligen Verträge Hammen WM 2007, 1304, AGB-rechtlich ist das zulässig, Ul/Br/He § 305 Rn. 7a. Zu den **Going Public Grundsätzen** der Deutsche Börse AG Meyer WM 2002, 1864, Schlitt ua AG 2002, 478. **Grundsätze für die Zuteilung von Aktienemissionen an Privatanleger,** Börsensachverständigenkommission ZBB 2000, 287.

Gebühren und Entgelte

BörsG 17 (1) Die Gebührenordnung kann die Erhebung von Gebühren und die Erstattung von Auslagen vorsehen für

1. die Zulassung zur Teilnahme am Börsenhandel und für die Teilnahme am Börsenhandel,
2. die Zulassung zum Besuch der Börse ohne das Recht zur Teilnahme am Handel,
3. die Zulassung von Finanzinstrumenten, anderen Wirtschaftsgütern und Rechten zum Börsenhandel, die Einbeziehung von Wertpapieren zum Börsenhandel im regulierten Markt sowie den Widerruf der Zulassung und der Einbeziehung,
4. die Einführung von Wertpapieren an der Börse,
5. die Notierung von Wertpapieren, deren Laufzeit nicht bestimmt ist,
6. die Prüfung der Druckausstattung von Wertpapieren,
7. die Ablegung der Börsenhändlerprüfung.

(1a) [1]Die Gebührenstrukturen, einschließlich der Ausführungsgebühren, Nebengebühren und möglichen Rabatte müssen transparent und diskriminierungsfrei ausgestaltet sein. [2]Die Gebühren dürfen keine Anreize schaffen, Aufträge so zu platzieren, zu ändern oder zu stornieren oder Geschäfte so zu tätigen, dass dies zu Beeinträchtigungen des ordnungsgemäßen Börsenhandels oder zu Marktmissbrauch beiträgt. [3]Insbesondere dürfen Rabatte in Bezug auf einzelne Aktien oder Aktienportfolios nur als Gegenleistung für die Übernahme von Market-Making-Pflichten gewährt werden.

(2) [1]Die Gebührenordnung bedarf der Genehmigung durch die Börsenaufsichtsbehörde. [2]Die Genehmigung gilt als erteilt, wenn die Gebührenordnung nicht innerhalb von sechs Wochen nach Zugang bei der Börsenaufsichtsbehörde von dieser gegenüber der Börse beanstandet wird.

(3) Unbeschadet der nach Absatz 1 erhobenen Gebühren kann der Börsenträger separate Entgelte verlangen. Dies gilt auch für Dienstleistungen, welche er im Rahmen des Börsenbetriebs für Handelsteilnehmer oder Dritte erbringt, sowie für die Offenlegung von Vorhandels- und Nachhandelsdaten.

(4) [1]Unbeschadet des § 26a hat die Börse für die übermäßige Nutzung der Börsensysteme, insbesondere durch unverhältnismäßig viele Auftragseingaben, -änderungen und -löschungen, separate Gebühren zu erheben, sofern

nicht der Börsenträger hierfür bereits separate Entgelte verlangt. ²Die Höhe dieser Gebühren oder Entgelte ist so zu bemessen, dass einer übermäßigen Nutzung im Sinne des Satzes 1 und der damit verbundenen negativen Auswirkungen auf die Systemstabilität oder die Marktintegrität wirksam begegnet wird.

§ 17 nF 2007, IV nF HFHandelG 2013, Ia neu, III nF 2. FiMaNoG 2017. 1
International gebräuchlich und für die Börsen wichtig ist, dass sie außer Einführungsgebühren auch Notierungsgebühren (ohne Wahlrecht des Emittenten) vorsehen können (I Nr. 5). Ia setzt Art. 48 IX MiFID II um und stellt sicher, das Gebühren transparent und nicht diskriminierend ausgestaltet sind, zudem soll einer fehlerhaften, weil marktgefährdenden Anreizsetzung vorgebeugt werden. III deckt die derzeitige Praxis ab, wonach der Börsenträger für Dienstleistungen, die er im Rahmen des Börsenbetriebs für Handelsteilnehmer oder Dritte erbringt, separate Entgelte, also unbeschadet der Gebühren nach I, erheben kann. Klargestellt wird nunmehr, dass dies auch für die Zurverfügungstellung von Vor- und Nachhandelsdaten gilt. IV flankiert die durch das HFHandelG 2013 eingeführte Regelung in § 26a: Entgelte für die übermäßige Nutzung der Börsensysteme sollen eine übermäßige Belastung der Börseninfrastruktur verhindern. Bei deren Festlegung besteht ein Ermessensspielraum.

Sonstige Benutzung von Börseneinrichtungen

BörsG 18 ¹Die Börsenordnung kann für einen anderen als den nach § 16 Abs. 1 Satz 2 Nr. 1 zu bezeichnenden Geschäftszweig die Benutzung von Börseneinrichtungen zulassen. ²Ein Anspruch auf die Benutzung erwächst in diesem Falle für die Beteiligten nicht.

§ 18 nF 2007. Die Vorschrift hatte für die hanseatischen Börsen Bedeutung, an 1
denen der Börsenhandel nicht auf bestimmte Geschäftszweige beschränkt war, ist aber heute angesichts der Spezialisierung der Börsen und Märkte ohne praktische Bedeutung, Schäfer/Peterhoff § 6 aF Rn. 1. Vorstellbar wäre die Benutzung von Börseneinrichtungen für sonstige Kontrakte wie Strom- oder Gaskontrakte, Immobiliengeschäfte oder Dienstleistungen, falls man nicht (aber richtiger) auch Dienstleistungsbörsen anerkennt.

Zulassung zur Börse

BörsG 19 (1) Zum Besuch der Börse, zur Teilnahme am Börsenhandel und für Personen, die berechtigt sein sollen, für ein zur Teilnahme am Börsenhandel zugelassenes Unternehmen an der Börse zu handeln (Börsenhändler), ist eine Zulassung durch die Geschäftsführung erforderlich.

(2) Zur Teilnahme am Börsenhandel darf nur zugelassen werden, wer gewerbsmäßig bei börsenmäßig handelbaren Gegenständen
1. die Anschaffung und Veräußerung für eigene Rechnung betreibt oder
2. die Anschaffung und Veräußerung im eigenen Namen für fremde Rechnung betreibt oder
3. die Vermittlung von Verträgen über die Anschaffung und Veräußerung übernimmt

und dessen Gewerbebetrieb nach Art und Umfang einen in kaufmännischer Weise eingerichteten Geschäftsbetrieb erfordert.

(3) Die Zulassung von Personen ohne das Recht zur Teilnahme am Handel regelt die Börsenordnung.

(3a) ¹Ein direkter elektronischer Zugang darf nur eingeräumt werden, wenn die Börsenordnung angemessene Standards für Risikokontrollen und Schwellen für den Handel über diesen Zugang festlegt. ²Die Börsenordnung muss Regelungen über die Kennzeichnung von Aufträgen und Geschäften, die von einer Person über einen direkten elektronischen Zugang abgeschlossen werden, enthalten. ³Dabei muss die Börsenordnung auch die Möglichkeit vorsehen, dass ein direkter elektronischer Zugang bei Verstößen gegen die entsprechenden Vorschriften der Börsenordnung jederzeit ausgesetzt oder beendet werden kann.

(4) ¹Die Zulassung eines Unternehmens zur Teilnahme am Börsenhandel nach Absatz 2 Satz 1 ist zu erteilen, wenn

1. bei Unternehmen, die in der Rechtsform des Einzelkaufmanns betrieben werden, der Geschäftsinhaber, bei anderen Unternehmen die Personen, die nach Gesetz, Satzung oder Gesellschaftsvertrag mit der Führung der Geschäfte des Unternehmens betraut und zu seiner Vertretung ermächtigt sind, zuverlässig sind und zumindest eine dieser Personen die für das börsenmäßige Wertpapier- oder Warengeschäft notwendige berufliche Eignung hat;
2. die ordnungsgemäße Abwicklung der an der Börse abgeschlossenen Geschäfte sichergestellt ist;
3. das Unternehmen ein Eigenkapital von mindestens 50 000 Euro nachweist, es sei denn, es ist ein Kreditinstitut, ein Finanzdienstleistungsinstitut, ein Wertpapierinstitut oder ein nach § 53 Abs. 1 Satz 1 oder § 53b Abs. 1 Satz 1 des Kreditwesengesetzes tätiges Unternehmen, das zum Betreiben des Finanzkommissionsgeschäfts im Sinne des § 1 Abs. 1 Satz 2 Nr. 4 oder zur Erbringung einer Finanzdienstleistung im Sinne des § 1 Abs. 1a Satz 2 Nr. 1 bis 4 des Kreditwesengesetzes befugt ist; als Eigenkapital sind das eingezahlte Kapital und die Rücklagen nach Abzug der Entnahmen des Inhabers oder der persönlich haftenden Gesellschafter und der diesen gewährten Kredite sowie eines Schuldenüberhanges beim freien Vermögen des Inhabers anzusehen;
4. bei dem Unternehmen, das nach Nummer 3 zum Nachweis von Eigenkapital verpflichtet ist, keine Tatsachen die Annahme rechtfertigen, dass es unter Berücksichtigung des nachgewiesenen Eigenkapitals nicht für eine ordnungsmäßige Teilnahme am Börsenhandel erforderliche wirtschaftliche Leistungsfähigkeit hat.

²Die Börsenordnung kann vorsehen, dass bei Unternehmen, die an einer inländischen Börse oder an einem organisierten Markt im Sinne des § 2 Abs. 5 des Wertpapierhandelsgesetzes mit Sitz im Ausland zur Teilnahme am Handel zugelassen sind, die Zulassung ohne den Nachweis der Voraussetzungen nach Satz 1 Nr. 1, 3 und 4 erfolgt, sofern die Zulassungsbestimmungen des jeweiligen Marktes mit diesen vergleichbar sind. ³Die Börsenordnung kann vorsehen, dass Handelsteilnehmer für den Zugang zu Handelssystemen der Börse weitere Voraussetzungen erfüllen müssen.

(5) Als Börsenhändler ist zuzulassen, wer zuverlässig ist und die notwendige berufliche Eignung hat.

(6) ¹Die berufliche Eignung im Sinne des Absatzes 4 Satz 1 Nr. 1 ist regelmäßig anzunehmen, wenn eine Berufsausbildung nachgewiesen wird, die zum börsenmäßigen Wertpapier- oder Warengeschäft befähigt. ²Die berufliche Eignung im Sinne des Absatzes 5 ist anzunehmen, wenn die erforderlichen fachlichen Kenntnisse und Erfahrungen nachgewiesen werden, die zum Handel an der Börse befähigen. ³Der Nachweis über die erforderlichen fachlichen Kenntnisse kann insbesondere durch die Ablegung einer Prüfung vor der

Prüfungskommission einer Börse erbracht werden. ⁴Das Nähere über die Anforderungen an die fachliche Eignung der zum Börsenhandel befähigten Personen und das Prüfungsverfahren regelt eine vom Börsenrat zu erlassende Zulassungsordnung für Börsenhändler, die der Genehmigung durch die Börsenaufsichtsbehörde bedarf.

(7) Das Nähere darüber, wie die in den Absätzen 4 bis 6 genannten Voraussetzungen nachzuweisen sind, bestimmt die Börsenordnung.

(8) ¹Besteht der begründete Verdacht, dass eine der in den Absätzen 2, 4 oder 5 bezeichneten Voraussetzungen nicht vorgelegen hat oder nachträglich weggefallen ist, so kann die Geschäftsführung das Ruhen der Zulassung längstens für die Dauer von sechs Monaten anordnen. ²Das Ruhen der Zulassung kann auch für die Dauer des Verzuges mit der Zahlung der nach § 17 Abs. 1 Nr. 1 und 2 festgesetzten Gebühren oder der nach § 22 Absatz 2 auferlegten Ordnungsgelder angeordnet werden. ³Ferner kann die Geschäftsführung das Ruhen der Zulassung längstens das Ruhen der Zulassung für die Dauer von sechs Monaten anordnen, wenn ein Handelsteilnehmer das Order-Transaktions-Verhältnis im Sinne des § 26a nicht einhält; hält ein Handelsteilnehmer wiederholt das Order-Transaktions-Verhältnis im Sinne des § 26a nicht ein, kann die Geschäftsführung die Zulassung widerrufen. ⁴Das Recht einer nach Absatz 5 zugelassenen Person zum Abschluss von Börsengeschäften ruht für die Dauer des Wegfalls der Zulassung des Unternehmens, für das sie Geschäfte an der Börse abschließt.

(9) ¹Die Geschäftsführung kann gegenüber Handelsteilnehmern mit Sitz außerhalb der Mitgliedstaaten der Europäischen Union oder der anderen Vertragsstaaten des Abkommens über den Europäischen Wirtschaftsraum das Ruhen der Zulassung längstens für die Dauer von sechs Monaten anordnen oder die Zulassung widerrufen, wenn die Erfüllung der Meldepflichten nach § 9 des Wertpapierhandelsgesetzes oder der Informationsaustausch zum Zwecke der Überwachung der Verbote von Insidergeschäften oder des Verbots der Marktmanipulation mit den in diesem Staat zuständigen Stellen nicht gewährleistet erscheint. ²Die Bundesanstalt teilt der Geschäftsführung und der Börsenaufsichtsbehörde die für eine Anordnung oder den Widerruf nach Satz 1 maßgeblichen Tatsachen mit.

(10) Beabsichtigt die Geschäftsführung der Börse, Handelsteilnehmern in anderen Staaten einen unmittelbaren Zugang zu ihrem Handelssystem zu gewähren, hat sie dies der Börsenaufsichtsbehörde und der Bundesanstalt anzuzeigen, sofern es sich um die erstmalige Zugangsgewährung an einen Handelsteilnehmer in dem betreffenden Staat handelt.

(11) Die Geschäftsführung der Börse übermittelt der Börsenaufsichtsbehörde regelmäßig ein aktuelles Verzeichnis der an der Börse zugelassenen Handelsteilnehmer.

Übersicht

	Rn
1) Zulassung zur Börse (I)	1–4
2) Zulassung zur Teilnahme am Börsenhandel (II)	5
3) Zulassung zum Besuch der Börse (III)	6
4) Elektronischer Zugang (IIIa)	7
5) Zulassungsvoraussetzungen (IV–VII)	8–12
6) Ruhen der Zulassung (VIII)	13, 14
7) Aufhebung und Verzicht	15
8) Handelsteilnehmer aus Drittstaaten (IX)	16
9) Unmittelbarer Zugang für Handelsteilnehmer aus anderen Staaten (X)	17

Kumpan

| 10) Laufendes Handelsteilnehmerverzeichnis (XI) | 18 |
| 11) Rechtsschutz | 19 |

1) Zulassung zur Börse (I)

1 § 19 nF 2007, IIIa und VIII nF 2. FiMaNoG 2017. **I 1** unterscheidet zwischen **Besuch der Börse, Teilnahme am Börsenhandel** und Personen, die für ein zur Teilnahme am Börsenhandel zugelassenes Unternehmen an der Börse zu handeln berechtigt sein sollen (Legaldefinition **Börsenhändler**). Nach I 1 besteht für alle drei **Zulassungspflicht.** Die Unterscheidung entspricht der Entwicklung der neuen elektronischen Kommunikationsmittel und der technischen Möglichkeit einer reinen Computerbörse. Rechtlich ist somit die Teilnahme einer Person am Börsenhandel auch ohne physische Anwesenheit möglich. Die Zulassung erfolgt durch die Geschäftsführung. Der **Börsenhandel** umfasst heute ohne weiteres auch Geschäfte über zugelassene Gegenstände mit elektronischer Auftragsübermittlung (so noch ausdrücklich I 2 aF). Der Begriff Börsenhandel basiert auf dem Börsenbegriff in § 2 I, nur an einer solchen Börse kann Börsenhandel stattfinden.

2 **Zweck** der Norm ist die Beschränkung des Zugangs zur Börse auf professionelle Teilnehmer, um einen reibungslosen Börsenhandel sicherzustellen (BVerwG WM 1986, 965). Denn angesichts der zT hohen Handelsvolumina sind Schnelligkeit, Genauigkeit und Zuverlässigkeit der Handelsteilnehmer von entscheidender Bedeutung (RegE, BT-Drs. 7/101, 10). Das gilt vor allem vor dem Hintergrund des geltenden Kontrahierungszwangs im Börsenhandel und auch angesichts des Vorhandenseins von zentralen Gegenparteien bzw Clearingstellen (RegE, BT-Drs. 7/101, 11). Das ist mit dem **Grundgesetz,** insbes Art. 12 GG vereinbar. Bei den Regelungen in § 19 handelt es sich mit Blick auf die Betroffenen im Wesentlichen um Berufsausübungsregelungen, mit Ausnahme der ausschließlich im Börsenhandel tätigen Unternehmen und der Börsenhändler, hinsichtlich derer das Zulassungserfordernis eine Berufszulassungsregel darstellt. Auch diese sind aber wegen der Sicherung der Funktionsfähigkeit der Börsen angesichts deren großer volkswirtschaftlicher Bedeutung gerechtfertigt. Lit. Schwark/Zimmer/Kumpan, § 19 BörsG Rn. 5 ff., 11 ff. mwN

3 Zulassung nach § 19 stellt einen **begünstigenden Verwaltungsakt** dar, der von der Geschäftsführung erlassen wird – unabhängig davon, ob Zulassung an anderer Börse besteht. Er ist mitwirkungsbedürftig, da die Zulassung auf Antrag des Antragstellers erfolgt. Bei Erfüllung der Voraussetzungen besteht ein **Rechtsanspruch auf Zulassung,** der im Verwaltungsrechtsweg (Anfechtungs- oder Verpflichtungsklage nach VwGO) verfolgt werden kann (BVerwG WM 1976, 193). Für Skontroführer gilt die Sondervorschrift des § 27. Mit der Zulassung entsteht ein **öffentlich-rechtliches Benutzungsverhältnis,** das erst mit Erlöschen der Zulassung endet. Durch Zulassung erwirbt der Zugelassene ein subjektiv-öffentliches Recht auf Nutzung der Börseneinrichtungen. Das umfasst aber nur Leistungen, die im Zusammenhang mit dem Abschluss von Handelsgeschäften erbracht werden, nicht hingegen Leistungen im Zusammenhang mit der Erfüllung der Geschäfte, wie zB Abwicklungsdienstleistungen der Wertpapiersammelbanken oder die Leistungen der Clearinggesellschaften. Im Gegenzug zum Recht auf Nutzung sind die Handelsteilnehmer der Anstaltsgewalt der Börse und damit etwa ihren Eingriffsbefugnissen unterworfen. Lit. Schwark/Zimmer/Kumpan, § 19 BörsG Rn. 7 ff.

4 § 19 ist kein Verbotsgesetz iSv § 134 BGB, dh Börsengeschäfte von nicht nach § 19 zugelassenen Teilnehmern sind zivilrechtlich wirksam.

2) Zulassung zur Teilnahme am Börsenhandel (II)

II regelt den Zugang zur Börse, also wer zur **Teilnahme am Börsenhandel** 5 zugelassen werden kann. Er ist mit Art. 12 I GG vereinbar (s. → Rn. 1a). Teilnehmer können Eigenhändler, Kommissionäre oder in unmittelbarer Stellvertretung auftretende Vermittler sein (II 1 Nr. 1–3). Sie müssen dies gewerbsmäßig (→ HGB § 1 Rn. 11) bei börsenmäßig handelbaren Gegenständen (Waren, Wertpapiere, Derivate etc) betreiben und ihr Gewerbebetrieb muss außer bei Warenbörsen nach Art und Umfang einen in kfm. Weise eingerichteten Geschäftsbetrieb erfordern (vgl. § 1 II HGB, aber keine Vermutung). Für Zulassung reicht die Erbringung einer dieser Tätigkeiten aus. Umfang der Zulassung ist dann geringer, was bei der Erbringung von Sicherheiten zu berücksichtigen ist ((14) BörsG § 20 I 2). Die aufgezählten Tätigkeiten erfüllen auch die Tatbestände in § 1 I 2 Nr. 4, Ia 2 Nr. 1 und Nr. 4 und III 1 Nr. 5 KWG. Außer bei letzterer Tätigkeit ist daher eine KWG-Erlaubnis (§ 32 KWG) erforderlich. Zulassungsfähig sind daher Kredit- und Finanzdienstleistungsinstitute, nicht aber Privatanleger. Bei professionellen Investoren iSd § 67 II WpHG ist zu differenzieren – nur wenn diese die genannten Handelstätigkeiten selbst gewerbsmäßig betreiben (zB Vermittlung von Börsengeschäften gegen Provision) und diese nicht bloß Begleiterscheinung einer anderweitigen Haupttätigkeit sind, können sie zugelassen werden.

3) Zulassung zum Besuch der Börse (III)

Wer zum bloßen Besuch der Börse, also ohne das Recht zur Teilnahme, 6 zugelassen wird, regelt die BörsO (§ 16). Dies umfasst zB Pressevertreter, Gäste oder das Hilfspersonal der Börsenhändler oder der zugelassenen Unternehmen (vgl. § 17 I BörsO FWB idF 28.6.2021). Deren Zulassung erfolgt durch die Geschäftsführung nach pflichtgemäßem Ermessen. Pressevertreter und Hilfspersonal verlieren ihre Zulassung mit dem Ausscheiden aus ihrem Unternehmen, als dessen Angehörige sie zugelassen wurden.

4) Elektronischer Zugang (IIIa)

IIIa nF 2. FiMaNoG 2017 setzt Art. 48 VII MiFID II um und regelt, unter 7 welchen Voraussetzungen ein direkter elektronischer Zugang ((14) BörsG § 2 IX; Begriff ist nicht gleichzusetzen mit dem untechnischen Begriff des Orderrouting) gewährt werden kann. Die Regelung zeugt von der Sorge insbesondere in Bezug auf den algorithmischen Handel und verlangt daher von den Börsen, in ihrer BörsO ua Regelungen zur Risikokontrollen und zur Kenntlichmachung von Aufträgen vorzusehen. Mit der Aussetzung oder Beendigung des elektrischen Zugangs wird zudem eine Sanktion vorgeschrieben.

5) Zulassungsvoraussetzungen (IV–VII)

Die Schranken von **IV 1 Nr. 1–4** für die Zulassung zum Börsenhandel sind 8 mit Art. 12 I GG vereinbar. IV 1 verlangt ua Zuverlässigkeit und die für das börsenmäßige Wertpapier- oder Warengeschäft notwendige berufliche Eignung der Leitungspersonen (Nr. 1), Sicherstellung der ordnungsmäßigen Abwicklung der an der Börse abgeschlossenen Geschäfte, und zwar aller, nicht nur der im Präsenzhandel (Nr. 2), und den Nachweis eines Mindesteigenkapitals (Nr. 3, 4). Beurteilung der **Zuverlässigkeit** ist Prognoseentscheidung. Zuverlässigkeit kann nicht positiv nachgewiesen werden, sondern ist zunächst einmal anzunehmen, wenn keine gegenteiligen Tatsachen erkennbar sind. Börse muss daher darlegen, ob jemand unzuverlässig ist. Unzuverlässig ist, wer nach seiner gesamten Persönlichkeit nicht die Gewähr dafür bietet, dass er sein Gewerbe künftig ordnungsgemäß ausüben bzw. die ihm obliegenden Pflichten ordnungsgemäß erfüllen wird. Das ist für den Börsenhandel etwa der Fall, wenn jemand einschlägige aufsichts- und wirtschaftsrechtliche Normen oder Anordnungen verletzt hat oder

Kumpan 2843

schwere Vermögens- oder Geldwäschedelikte begangen hat (§ 15 I 2 BörsO Berlin idF 17.12.2018). Auch Neigung zu unangemessenen Risiken oder unwahre Angaben in der Antragsstellung können Unzuverlässigkeit begründen. Während alle Leitungspersonen zuverlässig sein müssen, reicht es, wenn wenigstens eine Leitungsperson die **berufliche Eignung** aufweist. Sie wird etwa vermutet, wenn der Betreffende eine Berufsausbildung nachweist, die zum börsenmäßigen Wertpapier- und Warenhandel befähigt (zB kaufmänn. Lehre oder Wirtschaftsstudium sowie praktische Erfahrungen; dazu etwa § 16 BörsO Berlin idF 17.12.2018). Leitungspersonen müssen nicht mit allen Einzelheiten des elektronischen Handels vertraut sein, aber die wesentlichen Rahmenbedingungen und Vorschriften des Börsenhandels kennt. Ausführlicher Schwark/Zimmer/Kumpan, § 19 BörsG Rn. 23 ff. mwN.

9 Die Voraussetzung der Gewährleistung der **ordnungsgemäßen Abwicklung** der Geschäfte **(I 1 Nr. 2)** ist im Kontext von (14) BörsG §§ 20 III, 21 und Art. 35 MiFIR zu sehen. Dies erlaubt der Börse, Teilnehmer zur Nutzung geeigneter Einrichtungen, zB Clearingstellen, zu verpflichten. Von der **Eigenkapitalanforderung (I 1 Nr. 3;** zur Definition siehe der 2. HS) sind Kredit- und Finanzdienstleistungsunternehmen und Unternehmen nach § 53 I 1 bzw § 53b I 1 KWG ausgenommen. Erstere müssen ohnehin schon nach der CRR und dem KWG über ein ausreichendes Eigenkapital verfügen und unterliegen besonderen Organisationspflichten zum Umgang mit Risiken. Letztere Unternehmen stammen aus einem anderen EU/EWR-Mitgliedstaat und haben daher nach Art. 36 I MiFID II Anspruch auf Zulassung, sofern sie in ihrem Heimatstaat aufgrund der MiFID II zugelassen sind. I 1 Nr. 4 dient einer Evidenzkontrolle, ob Zweifel an der wirtschaftlichen Leistungsfähigkeit eines Antragstellers bestehen, die wegen Pfändungsversuchen durch Gläubiger.

10 IV 2 sieht im Interesse des erleichterten Zugangs zu deutschen Börsen die Möglichkeit eines **vereinfachten Zulassungsverfahrens** für Unternehmen vor, die bereits an einer anderen inländischen Börse oder an einem anderen organisierten Markt in der EU/EWR zur Teilnahme am Handel zugelassen sind (gegenseitige Anerkennung). Voraussetzung ist nicht nur ein organisierter Markt (Legaldefinition in § 2 XI WpHG), sondern dass die Zulassungsbestimmungen des jeweiligen Marktes mit den Voraussetzungen nach IV 1 Nr. 1, 3 und 4 vergleichbar sind. Nach **IV 3** kann die BörsO vorsehen, dass Handelsteilnehmer für den Zugang zum Handelssystem der Börse über IV hinausgehende, weitere Voraussetzungen erfüllen müssen. Das ist für die qualitätsmäßige Differenzierung verschiedener Handelssysteme im Börsenwettbewerb wichtig.

11 **Börsenhändler** (Legaldefinition I 1) müssen zuverlässig (vgl. → Rn. 4) sein und die hierfür notwendige berufliche Eignung haben **(V),** was mehr ist als die allgemeine Eignung nach IV 1 Nr. 1 und in **VI** näher umschrieben wird. **Berufliche Eignung** meint die erforderlichen fachlichen Kenntnisse und Erfahrungen, die am Börsenhandel befähigen (VI 2). Dies meint Kenntnisse über die wirtschaftlichen und rechtlichen Rahmenbedingungen, insbes die Regelwerke der jeweiligen Börse, und der Funktionsweise des elektronischen Handelssystem der Börse. Außerdem müssen praktische Erfahrungen im Wertpapiergeschäft erworben worden sein, wenn auch nicht zwingend an der Börse (BVerwG WM 1986, 963). Diese kann der Antragsteller zB nachweisen, indem er erfolgreich an einer funktionalen Systemschulung der Börse oder für mindestens sechs Monate innerhalb der letzten zwei Jahre am Handel an einer Börse oder einem multilateralen Handelssystem teilgenommen hat und entsprechend belegt (zB § 16 IV BörsO Berlin idF 17.12.2018). Auch muss der Betreffende über für den Börsenhandel erforderlichen Eigenschaften und Fähigkeiten verfügen, wie zB Schnelligkeit, Genauigkeit und Kombinationsvermögen (BverwG WM 1986, 963). Liegen diese Voraussetzungen vor, besteht ein Anspruch auf Zulassung.

VI ist flexibel gestaltet, da die Anforderungen an die Eignung je nach Börsenmarkt, etwa Präsenzbörse oder rein elektronisches Handelssystem, unterschiedlich sind. Konsequenz dieser Flexibilisierung ist die Aufhebung der problematischen Regelung von § 17 aF über den Zugang zu einem elektronischen Handelssystem, krit. Hopt FS Drobnig, 1998, 537. Eine Börsenhändlerprüfung ist nicht mehr zwingend vorgeschrieben, kann aber zum Nachweis der fachlichen Kenntnisse abgelegt werden (**VI 3**). VI 4 sieht dazu eine Zulassungsordnung für Börsenhändler vor. Einzelheiten bestimmt die BörsO (**VII**, § 16). Die Börsenordnungen dürfen aber keine weiteren, gesetzlich nicht vorgesehenen Zulassungsvoraussetzungen einführen. Ausführlicher Schwark/Zimmer/Kumpan, § 19 BörsG Rn. 41 ff. mwN.

6) Ruhen der Zulassung (VIII)

Unter besonderen Voraussetzungen kann (Ermessensentscheidung) das Ruhen der Zulassung (bis höchstens sechs Monate, erneute Anordnung nicht zulässig, um Umgehung zu vermeiden) angeordnet werden, **VIII 1** (erstreckt sich auch auf die Zulassung der Börsenhändler des Unternehmens, **VIII 4**). Dies kommt insbesondere dann in Betracht, wenn untersucht wird, ob die Zulassung zurückgenommen oder widerrufen werden muss. Ein **begründeter Verdacht,** wie ihn die Norm fordert, besteht, wenn die Geschäftsführung Kenntnis von Tatsachen hat oder von dritter, glaubwürdiger Seite zugetragen bekommt, die die Vermutung nahelegen, dass eine Rücknahme oder ein Widerruf der Zulassung erforderlich ist. Im Rahmen des 2. FiMaNoG ist diese Regelung auf Fälle erstreckt worden, in denen Ordnungsgelder nach § 22 II nicht gezahlt worden sind, da das Ruhen der Zulassung insbesondere bei ausländischen Handelsteilnehmern häufig eine wirksame Sanktion ist, weil bei ihnen die Zahlung von Ordnungsgeldern nur erschwert vollstreckt werden kann (RegE 2. FiMaNoG, BT-Drs. 18/10936, 270). Ausführlicher Schwark/Zimmer/Kumpan, § 19 BörsG Rn. 47 ff. mwN.

Widerspruch gegen Anordnung hat aufschiebende Wirkung (§ 80 I VwGO), sodass Anordnung der sofortigen Vollziehbarkeit erforderlich ist, wenn verhindert werden soll, dass betroffener Handelsteilnehmer nach dem Widerspruch seine Aktivitäten fortsetzt. Dafür erforderliches öffentliches Interesse besteht idR, weil die Sicherstellung des gesetzeskonformen Verhaltens aller Teilnehmer schwerer wiegt als das Individualinteresse an einer Handelsteilnahme. **Folge der Anordnung** nach VIII ist, dass Rechte und Pflichten des Adressaten ausgesetzt sind, zB Nutzung der Börseneinrichtungen. Orders und Quotes des Adressaten werden gelöscht (zB § 18 I 3 BörsO FWB idF 28.6.2021).

7) Aufhebung und Verzicht

Zulassung kann (Ermessensentscheidung) von der Geschäftsführung durch **Rücknahme oder Widerruf** nach §§ 48, 49 (L)VwVfG entzogen werden. Vor Aufhebung der Zulassung muss der Betroffene Gelegenheit erhalten, innerhalb einer kurzen Frist für die Einhaltung der Zulassungsvoraussetzungen zu sorgen, es sei denn, die Voraussetzungen können nicht mehr erfüllt werden, zB bei Insolvenz. Sofern Zulassungsvoraussetzungen dauerhaft nicht eingehalten werden, ist das Ermessen auf null reduziert, da Sicherheit und Funktionsfähigkeit der Börse gewährleistet werden muss. **Freiwilliger Verzicht** auf Zulassung ist möglich, davon sind dann auch die jeweiligen Börsenhändlerzulassungen betroffen. Zulassung des Börsenhändlers erlischt auch bei Ausscheiden aus dem Unternehmen, für das er Zulassung erhalten hat. Ausführlicher Schwark/Zimmer/Kumpan, § 19 BörsG Rn. 54 f. mwN.

8) Handelsteilnehmer aus Drittstaaten (IX)

16 Die Geschäftsführung kann (Ermessen) gegen Handelsteilnehmer aus Drittstaaten außerhalb der EU/EWR vorgehen (Anordnung des Ruhens der Zulassung nach VIII bis hin zum Widerruf der Zulassung), wenn die Erfüllung der Meldepflichten der dortigen Behörden nach Art. 26 MiFIR iVm § 22 WpHG und des Informationsaustauschs zu Insidergeschäften und Kurs- und Marktpreismanipulation nicht gewährleistet erscheint. Dauer und Schweregrad der Defizite können berücksichtigt werden. Dabei Zusammenarbeit von BaFin, Geschäftsführung und Börsenaufsichtsbehörde.

9) Unmittelbarer Zugang für Handelsteilnehmer aus anderen Staaten (X)

17 X entspricht nun Art. 53 VI UAbs. 2 S. 1 MiFID II. Soll Handelsteilnehmern aus anderen Staaten, auch Drittstaaten, ein unmittelbarer Zugang zum Handelssystem der Börse gewährt werden, ist das der Börsenaufsichtsbehörde und der BaFin anzuzeigen, wenn es erstmalig bezüglich des betreffenden Staates ist (spätere Zugangsgewährungen sind aus dem Verzeichnis nach XI ersichtlich). Die BaFin muss ihrerseits die zuständigen Stellen in den anderen EU/EWR Mitgliedstaaten informieren (s. § 18 VIII WpHG). Unmittelbarer Zugang iSv X ist technisch zu verstehen, dh er liegt vor, wenn Handelsteilnehmer ihre Orders ohne physisch an einem Handelsplatz präsent zu sein, auf elektronischem Weg direkt an diesen leiten können.

10) Laufendes Handelsteilnehmerverzeichnis (XI)

18 XI findet seine Grundlage nunmehr in Art. 53 VII MiFID II. Danach ist der Börsenaufsichtsbehörde regelmäßig ein aktuelles Verzeichnis der an der Börse zugelassenen Handelsteilnehmer zu übermitteln.

11) Rechtsschutz

19 Gegen Ablehnung der Zulassung kann Antragsteller Widerspruch (§ 68 VwGO) bei der Geschäftsführung (§ 73 I Nr. 3 VwGO) einlegen und später Verpflichtungsklage gegen die Börse (s. (14) BörsG § 2 XI) erheben. Gegen Rücknahme oder Widerruf einer Zulassung ist ebenfalls Widerspruch (einzulegen bei der Geschäftsführung) und sodann Anfechtungsklage (gegen Börse) möglich. Gleiches gilt bzgl. der Ruhensanordnung.

Verantwortung des Handelsteilnehmers für Aufträge von mittelbaren Handelsteilnehmern

BörsG 19a Der Handelsteilnehmer ist bei Aufträgen von mittelbaren Handelsteilnehmern im Sinne des § 2 Absatz 8 Satz 2, denen er Zugang zur Börse gewährt, für die Einhaltung der börsenrechtlichen Vorschriften verantwortlich.

1 § 19a neu 2. FiMaNoG 2017 weitet die Verantwortlichkeit der (nach § 19) zugelassenen Handelsteilnehmer auf die Einhaltung der börsenrechtlichen Vorschriften durch mittelbare Handelsteilnehmer (zB Orderrouting-Nutzer, Nutzer eines direkten elektronischen Zugangs) aus. Mittelbare Handelsteilnehmer waren bisher nicht den börsengesetzlichen Regelungen unterworfen. Sie haben mittlerweile aber nahezu die gleichen Möglichkeiten im Börsenhandel wie zugelassene Handelsteilnehmer (RegE 2. FiMaNoG, BT-Drs. 18/10936, 270). Dementsprechend sollen sie denselben Anforderungen unterliegen. § 19a überträgt die Verantwortung den zugelassenen Handelsteilnehmern und sichert damit die Überwachung der mittelbaren Handelsteilnehmer ab. Gegenüber den mittelbaren Teilnehmern kann die Börsenaufsichtsbehörde unmittelbar nach § 3 IV und V Maßnahmen ergreifen.

Sicherheitsleistungen

BörsG 20 (1) ¹Die Börsenordnung kann bestimmen, dass die zur Teilnahme am Börsenhandel zugelassenen Unternehmen und die Skontroführer ausreichende Sicherheit zu leisten haben, um die Verpflichtungen aus Geschäften, die an der Börse sowie in einem an der Börse zugelassenen elektronischen Handelssystem abgeschlossen werden, jederzeit erfüllen zu können. ²Die Höhe der Sicherheitsleistung muss in angemessenem Verhältnis zu den mit den abgeschlossenen Geschäften verbundenen Risiken stehen. ³Das Nähere über die Art und Weise der Sicherheitsleistung bestimmt die Börsenordnung.

(2) ¹Wird die nach der Börsenordnung erforderliche Sicherheitsleistung nicht erbracht oder entfällt sie nachträglich, kann die Börsenordnung vorsehen, dass das Ruhen der Zulassung längstens für die Dauer von sechs Monaten angeordnet werden kann. ²Die Börsenordnung kann vorsehen, dass zur Teilnahme am Börsenhandel zugelassene Unternehmen auf die Tätigkeit als Vermittler beschränkt werden können, wenn die geleistete Sicherheit nicht mehr den in der Börsenordnung festgelegten Erfordernissen entspricht. ³Die Börsenordnung kann auch bestimmen, dass das Recht eines Börsenhändlers zum Abschluss von Börsengeschäften für die Dauer des Ruhens der Zulassung des Unternehmens ruht, für das er Geschäfte an der Börse abschließt.

(3) Die Börsenordnung kann Regelungen zur Begrenzung und Überwachung der Börsenverbindlichkeiten von zur Teilnahme am Börsenhandel zugelassenen Unternehmen und Skontroführern vorsehen.

(4) ¹Die Handelsüberwachungsstelle hat die nach Absatz 1 zu leistenden Sicherheiten und die Einhaltung der Regelungen nach Absatz 3 zu überwachen. ²Ihr stehen die Befugnisse der Börsenaufsichtsbehörde nach § 3 Abs. 4 zu. ³Sie kann insbesondere von der jeweiligen Abrechnungsstelle die Liste der offenen Aufgabegeschäfte und die Mitteilung negativer Kursdifferenzen verlangen. ⁴Stellt die Handelsüberwachungsstelle fest, dass der Sicherheitsrahmen überschritten ist, hat die Geschäftsführung Anordnungen zu treffen, die geeignet sind, die Erfüllung der Verpflichtungen aus den börslichen Geschäften nach Absatz 1 sicherzustellen. ⁵Sie kann insbesondere anordnen, dass das zur Teilnahme am Börsenhandel zugelassene Unternehmen und der Skontroführer unverzüglich weitere Sicherheiten zu leisten und offene Geschäfte zu erfüllen haben oder diese mit sofortiger Wirkung ganz oder teilweise vom Börsenhandel vorläufig ausschließen. ⁶Die Geschäftsführung hat die Börsenaufsichtsbehörde über die Überschreitung des Sicherheitsrahmens und die getroffenen Anordnungen unverzüglich zu unterrichten.

(5) Widerspruch und Anfechtungsklage gegen Maßnahmen nach Absatz 4 haben keine aufschiebende Wirkung.

§ 20 nF 2007 ermöglicht Bestimmungen in der BörsO über die Leistung ausreichender Sicherheiten durch die zur Teilnahme am Börsenhandel zugelassenen Unternehmen und die Skontroführer (§ 27 I 1), die der Situation am Kapitalmarkt Rechnung tragen (nicht zu verwechseln mit Verpflichtung zur Sicherheitsleistung für Nutzung einer Clearingstelle, die bei **(14)** BörsG § 19 IV 1 Nr. 2 angesiedelt sind). **Sicherheiten** sind nur für Verpflichtungen aus solchen Geschäften zu leisten, die an der Börse oder einem an der Börse zugelassenen elektronischen Handelssystem abgeschlossen werden. Insbes Risiken aus **Aufgabegeschäften** (Skontroführer behält sich Benennung des Vertragspartners vor und trägt ggf. das Erfüllungsrisiko) und **negativen Kursdifferenzen** (vom Skontroführer benannter Vertragspartner ist nur zu schlechterem Kurs zu Vertragsschluss bereit) sind abzusichern. Bei negativen Kursdifferenzen sind evtl vorhandene positive Kursdifferenzen nicht zu berücksichtigen (weil sie auf Manipulation beruhen könnten). Erfasst werden außerdem Verpflichtungen aufgrund Zwangsregulierung, Ansprüche aus Verzug, auf Schadensersatz sowie auf Courtage. **Nicht erfasst** sind außerbörsliche Geschäfte, auch wenn sie über die Systeme der Börse abgewickelt werden sollten, denn diese werden von der Bafin ausreichend überwacht.

2   Die **Höhe der Sicherheiten** muss im Verhältnis zu den Risiken angemessen sein, es dürfen auf diese Weise keine Marktzutrittsschranken aufgebaut werden (I 2). Kriterien können zB Art und Umfang der angestrebten Geschäfte oder die Anzahl der für das Unternehmen tätigen Börsenhändler sein. Hinsichtlich der **Art der Sicherheiten,** kommen nur solche in Betracht, die **jederzeit verwertet** werden können. Das sind Geld, (Bank-)Garantien, Kautionsvereinbarungen, (notenbankfähige) Wertpapiere, nicht dagegen wegen ihrer Akzessorietät Bürgschaften oder Pfandrechte.

3   Die Handelsüberwachungsstelle (§ 7) hat die Sicherheiten nach I und die Einhaltung der Regelungen zur Begrenzung und Überwachung der Börsenverbindlichkeiten nach III zu überwachen und hat dafür die (sämtlichen) Befugnisse der Börsenaufsichtsbehörde nach § 3 IV (**IV 1, 2**). **Abrechnungsstelle** ist jedes nach (14) BörsG § 19 zugelassene Kreditinstitut, das die (mittelbaren) Eigengeschäfte für den jeweiligen Handelsteilnehmer abwickelt. Sofern Handelsüberwachungsstelle feststellt, dass Sicherheitsrahmen überschritten ist, muss Geschäftsführung geeignete Anordnungen treffen (hat dabei ein Auswahlermessen), um die Erfüllung der Verpflichtungen sicherzustellen (**IV 4**), wobei die in **IV 5** erwähnten möglichen Maßnahmen nicht abschließend genannt sind, BörsO kann also noch andere Maßnahmen vorsehen. Gegen Maßnahmen der Geschäftsführung kann der Betroffene den Verwaltungsrechtsweg beschreiten. Lit. Schwark/Zimmer/Kumpan, § 20 BörsG Rn. 1 ff. mwN.

Externe Abwicklungssysteme

BörsG 21 (1) **Wegen der Anbindung von externen Abwicklungssystemen an die Systeme der Börse für den Börsenhandel und die Börsengeschäftsabwicklung wird auf Artikel 35 der Verordnung (EU) Nr. 600/2014 verwiesen.**

(2) **Sind nach Absatz 1 mehrere alternative Abwicklungssysteme verfügbar, ist es den Handelsteilnehmern freizustellen, welches der Systeme sie zur Erfüllung der Börsengeschäfte nutzen.**

(3) **Der Börsenträger hat die Börsenaufsichtsbehörde über das Stellen von Anträgen auf Zugang nach Artikel 7 der Verordnung (EU) Nr. 648/2012 sowie den Eingang eines Antrags auf Zugang nach Artikel 8 der Verordnung (EU) Nr. 648/2012 unverzüglich schriftlich zu unterrichten.**

1   § 21 I nF 2. FiMaNoG 2017 enthält nur noch einen Verweis auf Art. 35 MiFIR. Dort sind nunmehr die Voraussetzungen für den Zugang zu zentralen Gegenparteien (aufgrund des Verweises auf Art. 35 MiFIR externes Abwicklungssystems zu verstehen) abschließend geregelt. **Zentrale Gegenpartei** ist nach Art. 2 I EMIR „eine juristische Person, die zwischen die Gegenparteien der auf einem oder mehreren Märkten gehandelten Kontrakte tritt und somit als Käufer für jeden Verkäufer bzw. als Verkäufer für jeden Käufer fungiert". Märkte meint hier Börsen bzw. organisierte Märkte, multilaterale sowie organisierte Handelssysteme. Gehandelte Kontrakte bezieht sich auf die geschlossenen Verträge über Finanzinstrumente (insbes Kaufverträge, Wertpapierdarlehen). Die zentrale Gegenpartei muss zwischen die Vertragsparteien treten, dh an die Stelle eines bilateralen Verhältnisses zwischen den beiden Handelsparteien treten zwei

Einzelverträge der Parteien jeweils mit der zentralen Gegenpartei zu den gleichen Bedingungen. **Extern** ist ein System, wenn es von einem anderen Rechtsträger als der Börse betrieben wird (arg. ex Art. 35 MiFIR), wobei auch konzernverbundene Systeme von § 21 ausgenommen sind. Schwark/Zimmer/Kumpan, § 21 BörsG Rn. 9f.

II schreibt nach Vorgabe von Art. 37 II 1 MiFID II vor, dass bei Verfügbarkeit mehrerer alternativer Abwicklungssysteme nach I die Handelsteilnehmer zwischen diesen zur Erfüllung der Börsengeschäfte wählen können.

III, eingefügt durch das EMIR-Ausführungsgesetz 2013, verpflichtet den Börsenträger dazu, die Börsenaufsichtsbehörde unverzüglich (§ 121 BGB) schriftlich zu unterrichten, wenn er einen Antrag auf Zugang zu einem zentralen Kontrahenten für OTC-Derivate (Art. 7 EMIR) stellt oder einen Antrag von einem zentralen Kontrahenten auf Zugang zum Handelsplatz erhält (Art. 8 EMIR).

Sanktionsausschuss

BörsG 22 (1) ¹Die Landesregierung wird ermächtigt, durch Rechtsverordnung Vorschriften über die Errichtung eines Sanktionsausschusses, seine Zusammensetzung, sein Verfahren einschließlich der Beweisaufnahme und der Kosten sowie die Mitwirkung der Börsenaufsichtsbehörde zu erlassen. ²Die Vorschriften können vorsehen, dass der Sanktionsausschuss Zeugen und Sachverständige, die freiwillig vor ihm erscheinen, ohne Beeidigung vernehmen und das Amtsgericht um die Durchführung einer Beweisaufnahme, die er nicht vornehmen kann, ersuchen darf. ³Die Landesregierung kann ihre Ermächtigung nach Satz 1 durch Rechtsverordnung auf die Börsenaufsichtsbehörde übertragen.

(2) ¹Der Sanktionsausschuss kann einen Handelsteilnehmer mit Verweis, mit Ordnungsgeld bis zu einer Million Euro oder mit vollständigem oder teilweisem Ausschluss von der Börse bis zu 30 Handelstage belegen, wenn der Handelsteilnehmer oder eine für ihn tätige Person vorsätzlich oder fahrlässig gegen börsenrechtliche Vorschriften verstößt, die eine ordnungsgemäße Durchführung des Börsenhandels oder der Börsengeschäftsabwicklung sicherstellen sollen. ²Mit einem Verweis oder mit Ordnungsgeld bis zu einer Million Euro kann der Sanktionsausschuss auch einen Emittenten belegen, wenn dieser oder eine für ihn tätige Person vorsätzlich oder fahrlässig gegen seine Pflichten aus der Zulassung verstößt. ³Der Sanktionsausschuss teilt seine Entscheidung über Sanktionen der Geschäftsführung unverzüglich mit. ⁴Der Sanktionenausschuss nimmt die ihm nach diesem Gesetz zugewiesenen Aufgaben und Befugnisse nur im öffentlichen Interesse wahr.

(3) ¹In Streitigkeiten wegen der Entscheidungen des Sanktionsausschusses nach Absatz 2 ist der Verwaltungsrechtsweg gegeben. ²Vor Erhebung einer Klage bedarf es keiner Nachprüfung in einem Vorverfahren.

(4) ¹Haben sich in einem Verfahren vor dem Sanktionsausschuss Tatsachen ergeben, welche die Rücknahme oder den Widerruf der Zulassung eines Handelsteilnehmers oder eines Skontroführers rechtfertigen, so ist das Verfahren an die Geschäftsführung abzugeben. ²Sie ist berechtigt, in jeder Lage des Verfahrens von dem Sanktionsausschuss Berichte zu verlangen und das Verfahren an sich zu ziehen. ³Hat die Geschäftsführung das Verfahren übernommen und erweist sich, dass die Zulassung nicht zurückzunehmen oder zu widerrufen ist, so verweist sie das Verfahren an den Sanktionsausschuss zurück.

§ 22 nF 2007 ermächtigt zur Errichtung eines Sanktionsausschusses (zB Hess-BörsVO in Hessen). Dadurch sollen Transparenz, Fairness und Chancengleichheit an der Börse sichergestellt und das Vertrauen der Handelsteilnehmer in die Funktionsfähigkeit der Börse geschützt werden (RegE 2. FMFG, BT-Drs, 12/6679, 68, RegE 4. FMFG, BT-DRs. 14/8017, 75). Sanktionsausschuss ist Organ der Börse und unterliegt der Aufsicht der Börsenaufsichtsbehörde. Er entscheidet im Wege des Verwaltungsverfahrens. Seine Befugnisse kollidieren nicht mit Art. 92 GG.

2 Der **Anwendungsbereich** erstreckt sich auf alle Handelsteilnehmer **(II 1)**, dh die zugelassenen Unternehmen, Börsenhändler Skontroführer und skontroführenden Personen (s. **(14)** BörsG § 2 VIII 1) sowie Emittenten **(II 2)**. Zulassung muss zum Zeitpunkt des zu sanktionierenden Verstoßes vorgelegen haben, dann keine Entziehung durch Verzicht auf Zulassung möglich. **Befugnisse und Sanktionsmöglichkeiten** sind durch das 2. FiMaNoG 2017 erweitert und an die Bußgeldtatbestände angeglichen worden. Neben dem vollständigen Ausschluss sieht **II** nunmehr auch einen nur teilweisen Ausschluss als Sanktionsmöglichkeit vor. Das soll dem Sanktionsausschuss mehr Flexibilität geben, indem es ihm ermöglicht wird, zB auch nur eine bestimmte Art von Geschäften, wie etwa Eigengeschäfte, zeitweise zu untersagen (RegE 2. FiMaNoG, BT-Drs. 18/10936, 270). Außerdem können Verweis und Ordnungsgeld verhängt werden. Verweis oder Ordnungsgeld können auch gegen Emittenten ausgesprochen werden (II 2), wenn dieser seine Pflichten aus der Zulassung (s. **(14)** BörsG § 32 ff.) verletzt (also nicht bei Verstößen gegen Mitteilungspflicht im Rahmen der Notierungsaufnahme gem. **(14)** BörsG § 38 I 2). Verhängung von Sanktionen liegt im Ermessen des Ausschusses („kann"), bei der Verhängung muss Grundsatz der Verhältnismäßigkeit gewahrt werden.

3 **Börsenrechtliche Vorschriften** iSv II 1 sind neben Vorschriften des BörsG, börsenrechtlichen Verordnungen und dem Satzungsrecht der Börse (s. insbes **(14)** BörsG § 12 II 1 Nr. 1) auch alle börsenrechtlichen Regelwerke ohne Rechtsnormqualität, VGH Kassel WM 2014, 1279; ZIP 2008, 1525 Ls., nicht aber privatrechtliche AGB, VG Frankfurt a. M. ZIP 2009, 18. So kann etwa bei Marktmanipulation iS § 121 IV BörsO FWB idF 28.6.2021 (s. auch Art. 15 MAR) Ordnungsgeld verhängt werden, VG Frankfurt a. M. BeckRS 2015, 43458, s. auch VG Frankfurt a. M. BeckRS 2016, 50491. Nicht erfasst sind hingegen zB WpHG-Vorschriften und sonstige nicht börsenrechtliche Gesetze. **Börsengeschäftsabwicklung** (s. **(14)** BörsG § 3 I 2) umfasst das Verfahren bis zur Erstellung der Schlussnote.

4 Nach **II 4** handelt der Sanktionsausschuss nur im öffentlichen Interesse (vgl. dazu → § 7 Rn. 5). Für Tatsachen, die seinem Beschluss zugrunde liegen, trägt grundsätzlich die Börse die Beweislast, VGH Kassel WM 2014, 1277. Rücknahme und Widerruf der Zulassung sind allein Sache der Geschäftsführung (IV). Zum Sanktionsverfahren und Einstellungsmöglichkeiten nach dem Opportunitätsprinzip Hugger/Pasewaldt WM 2016, 726. Rechtsschutz gegen Entscheidungen des Sanktionsausschusses kann auf dem Verwaltungsrechtsweg angestrebt werden. Lit. Schwark/Zimmer/Kumpan, § 22 BörsG Rn. 1 ff. mwN.

Synchronisierung von im Geschäftsverkehr verwendeten Uhren

BörsG 22a ¹Börse und Handelsteilnehmer müssen die von ihnen im Geschäftsverkehr verwendeten Uhren synchronisieren. ²Zum Verfahren wird auf die Delegierte Verordnung (EU) Nr. 2017/574 der Kommission vom 7. Juni 2016 zur Ergänzung der Richtlinie 2014/65/EU des Europäischen Parlaments und des Rates druch technische Regulierungsstandards für den Grad an Genauigkeit von im Geschäftsverkehr verwendeten Uhren (ABl. L 87 vom 31.3.2017, S. 148), in der jeweils geltenden Fassung, verwiesen.

§ 22a nF 2. FiMaNoG 2017 setzt Art. 50 MiFID II um, weitergehende Regelungen finden sich in der Delegierten VO (EU) 2017/574. Damit soll sichergestellt werden, dass Datum und Uhrzeit von Ereignissen, die von den Handelsplätzen und ihren Mitgliedern oder Teilnehmern gemeldet werden müssen, einheitlich sind. Für die Feststellung und Verbreitung der Zeit ist in Deutschland die Physikalisch-Technische Bundesanstalt (PTB) zuständig (§ 6 II EinhZeitG, BGBl. 1985 I 408). Diese wird vom Internationalen Büro für Maß und Gewicht (Bureau International des Poids es Mesures) in seinem aktuellen Jahresbericht „Annual Report on Time Activities" aufgeführt (RegE 2. FiMaNoG, BT-Drs. 18/10936, 271), worauf in Art. 1 Delegierte VO (EU) 2017/574 verwiesen wird. Für die technische Umsetzung der Synchronisierungsvorgabe muss eine Empfangseinrichtung für Zeitsignale betrieben werden, bspw. der deutsche Normalfrequenz- und Zeitzeichensender DCF77 (für Genauigkeits-Anforderungen von 1s bis 1 ms), oder die globalen Navigationssatellitensysteme (GNSS) GPS oder Galileo (für höhere Genauigkeitsanforderungen bis 100 µs); die individuellen Server können dann innerhalb des lokalen Netzwerks mit dem Precise Timing Protocol (PTP gem. IEEE1588) synchronisiert werden (RegE 2. FiMaNoG, BT-Drs. 18/10936, 271). Zum Grad der Genauigkeit der Uhren s. Art. 2 iVm Tabelle 1 des Anhangs Delegierte VO (EU) 2017/574. Nach Art. 4 Delegierte VO (EU) 2017/574 muss zudem ein System der Rückverfolgbarkeit auf die UTC (Universal Time Coordinated, Nachfolger von Greenwich Mean Time) eingerichtet und jährlich überprüft werden. Ausführlicher Schwark/Zimmer/Kumpan, § 22a BörsG Rn. 1 ff. mwN.

Verarbeitung personenbezogener Daten

BörsG 22b (1) ¹Die Börsenaufsichtsbehörde, der Börsenrat, die Geschäftsführung, die Handelsüberwachungsstelle und der Sanktionsausschuss sind befugt, personenbezogene Daten zu verarbeiten, soweit dies zur Erfüllung ihrer gesetzlichen Aufgaben erforderlich ist. ²Verarbeiten die in Satz 1 genannten Stellen personenbezogene Daten im Zuge einer Maßnahme zur Durchführung ihrer Aufgaben nach diesem Gesetz, stehen den betroffenen Personen die Rechte aus den Artikeln 15 bis 18 und 20 bis 22 der Verordnung (EU) 2016/679 des Europäischen Parlaments und des Rates vom 27. April 2016 zum Schutz natürlicher Personen bei der Verarbeitung personenbezogener Daten, zum freien Datenverkehr und zur Aufhebung der Richtlinie 95/46/EG (Datenschutz-Grundverordnung) (ABl. L 119 vom 4.5.2016, S. 1; L 314 vom 22.11.2016, S. 72; L 127 vom 23.5.2018, S. 2) in der jeweils geltenden Fassung nicht zu, soweit die Erfüllung der Rechte der betroffenen Personen Folgendes gefährden würde:

1. die Stabilität und Integrität der Finanzmärkte der Bundesrepublik Deutschland oder eines oder mehrerer Mitgliedstaaten des Europäischen Wirtschaftsraums,
2. den Zweck der Maßnahme,
3. ein sonstiges wichtiges Ziel des allgemeinen öffentlichen Interesses der Bundesrepublik Deutschland oder eines oder mehrerer Mitgliedstaaten des Europäischen Wirtschaftsraums, insbesondere ein wichtiges wirtschaftliches oder finanzielles Interesse, oder
4. die Verhütung, Ermittlung, Aufdeckung oder Verfolgung von Straftaten oder die Strafvollstreckung, einschließlich des Schutzes vor und der Abwehr von Gefahren für die öffentliche Sicherheit.

³Unter diesen Voraussetzungen sind die Börsenaufsichtsbehörde, der Börsenrat, die Geschäftsführung, die Handelsüberwachungsstelle und der Sanktions-

ausschuss auch von den Pflichten nach den Artikeln 5, 12 bis 14, 19 und 34 der Verordnung (EU) 2016/679 befreit.

(2) Die jeweils betroffene Person ist über das Ende der Beschränkung in geeigneter Form zu unterrichten, sofern dies nicht dem Zweck der Beschränkung abträglich ist.

(3) ¹Soweit der betroffenen Person in den Fällen des Absatzes 1 keine Auskunft erteilt wird, ist die Auskunft auf Verlangen der betroffenen Person der nach Landesrecht für den Datenschutz zuständigen Aufsichtsbehörde zu erteilen, soweit nicht im Einzelfall festgestellt wird, dass dadurch die öffentliche Sicherheit des Bundes oder eines Landes oder die Stabilität und Integrität der Finanzmärkte gefährdet würde. ²Die Mitteilung der nach Landesrecht für den Datenschutz zuständigen Aufsichtsbehörde an die betroffene Person über das Ergebnis der datenschutzrechtlichen Prüfung darf keine Rückschlüsse auf den Erkenntnisstand der genannten Stellen zulassen, sofern diese nicht einer weitergehenden Auskunft zustimmen.

(4) Soweit Personen oder Unternehmen personenbezogene Daten zur Erfüllung der Aufgaben nach Absatz 1 an die Börsenaufsichtsbehörde, den Börsenrat, die Geschäftsführung, die Handelsüberwachungsstelle oder den Sanktionsausschuss übermitteln oder diese von dort erhoben werden, bestehen die Pflicht zur Information der betroffenen Person nach Artikel 13 Absatz 3 und Artikel 14 Absatz 4 der Verordnung (EU) 2016/679 und das Recht auf Auskunft der betroffenen Person nach Artikel 15 der Verordnung (EU) 2016/679 nicht.

1 § 22b eingeführt durch das 2. DSAnPUG-EU 2019. I stellt klar, dass die Börsenorgane personenbefugte Daten verarbeiten dürfen, soweit dies für ihre Tätigkeit erforderlich ist. Außerdem beschränkt I die in den genannten Vorschriften der VO (EU) 2016/679 niedergelegten Auskunfts- und Informationspflichten, inkl. Berichtigungs-, Lösungs- und Widerspruchspflichten (Art. 12–22), Pflichten bzgl. der Datenverarbeitung (Art. 5) und Benachrichtigungspflichten (Art. 34) der Börsenorgane. Diese Einschränkungen sind nach Art. 23 VO (EU) 2016/679 zulässig.

2 Betroffen sind alle Maßnahmen, mit denen die ordnungsgemäße Durchführung des Börsenhandels und die ordnungsgemäße Börsengeschäftsabwicklung sichergestellt werden sollen (RegE 2. DSAnpUG-EU, BT-Drs. 19/4674, 285), sofern eine Gefährdung einer der in Nr. 1–4 genannten Voraussetzungen vorliegt. In den dort genannten Fällen sind Maßnahmen in der Regel zeitkritisch und müssen sorgfältig vorbereitet werden. Erhalten die Finanzmärkte frühzeitig Kenntnis von den Maßnahmen, kann dies die Maßnahmen erheblich gefährden und ggf. negative Auswirkungen auf andere Unternehmen haben (RegE 2. DSAnpUG-EU, BT-Drs. 19/4674, 285).

3 II gewährleistet die spätere Information der betroffenen Personen. Diese sollen von der Beendigung der Beschränkung unterrichtet werden, wenn sich die fragliche Maßnahme in jeder Hinsicht erledigt hat und der Zweck der Beschränkung eine Unterrichtung nicht mehr hindert (RegE 2. DSAnpUG-EU, BT-Drs. 19/4674, 285). III entspricht § 34 III BDSG und dient dem Schutz der öffentlichen Sicherheit und der Verhütung und Verfolgung von Straftaten. IV soll sicherstellen, dass Unternehmen, die personenbezogene Daten an die Aufsicht oder die Börsenorgane übermitteln, nicht selbst informations- und auskunftspflichtig werden. Dadurch wird ein Gleichlauf mit I bewirkt und verhindert, dass der Schutzzweck von I konterkariert wird.

Abschnitt 2. Börsenhandel und Börsenpreisfeststellung

Zulassung von Wirtschaftsgütern und Rechten

BörsG 23 (1) ¹Wirtschaftsgüter und Rechte, die an der Börse gehandelt werden sollen und nicht zum Handel im regulierten Markt zugelassen oder in den regulierten Markt oder in den Freiverkehr einbezogen sind, bedürfen der Zulassung zum Handel durch die Geschäftsführung. ²Vor der Zulassung zum Handel hat der Börsenrat Geschäftsbedingungen für den Handel an der Börse zu erlassen. ³Das Nähere regeln die Artikel 36 und 37 der Verordnung (EG) Nr. 1287/2006 der Kommission vom 10. August 2006 zur Durchführung der Richtlinie 2004/39/EG des Europäischen Parlaments und des Rates betreffend die Aufzeichnungspflichten für Wertpapierfirmen, die Meldung von Geschäften, die Markttransparenz, die Zulassung von Finanzinstrumenten zum Handel und bestimmte Begriffe im Sinne dieser Richtlinie (ABl. EU Nr. L 241 S. 1) und die Börsenordnung.

(2) ¹Unbeschadet des Absatzes 1 hat die Geschäftsführung vor der Zulassung von Derivaten zum Handel die Kontraktspezifikationen festzusetzen. ²Diese müssen so ausgestaltet sein, dass ein ordnungsgemäßer Börsenhandel und eine wirksame Börsengeschäftsabwicklung möglich sind. ³Absatz 1 Satz 3 gilt entsprechend.

1) Zulassung von Wirtschaftsgütern und Rechten (I)

Nach I bedürfen **Wirtschaftsgüter und Rechte,** die an der Börse (auch 1 Terminbörse) gehandelt werden sollen, der Zulassung zum Handel durch die Geschäftsführung, sofern sie nicht zum Handel im regulierten Markt zugelassen oder in den regulierten Markt oder in den Freiverkehr einbezogen sind (für letztere §§ 32 ff., 48 bzw. Freiverkehrsrichtlinien der Börsen). Zulassung erfolgt durch Verwaltungsakt durch Geschäftsführung, ebenso Rücknahme oder Widerruf nach § 48 bzw. § 49 LVwVfG. Gegen Zulassung ist grds. kein Rechtsmittel möglich, da kein Dritter beschwert ist. Beendigungsentscheidung kann nur angegriffen werden, wenn sie zu einem Eingriff in Kontraktpositionen führt, die im Börsenhandel begründet worden sind.

Die formelle Zulassung (**I 1**) und die vorherige Festsetzung von AGB für ihren 2 Handel an der Börse durch den Börsenrat (**I 2,** vgl. § 9 II Nr. 5) schaffen die notwendige Klarheit für die Handelsteilnehmer. **Wirtschaftsgüter** sind insbesondere Wertpapiere (hier aber auszunehmen, da für sie in **(14)** BörsG §§ 32, 33, 48 besondere Regelungen bestehen), Investmentanteile (eigene Kategorie von Finanzinstrumenten, s. § 2 IV Nr. 2 WpHG; hier insbes. Zu prüfen, ob die erforderlichen Betriebserlaubnisse vorliegen, vgl. dazu Art. 4 I DelVO 2017/568) aber auch Waren (handelbare bewegliche Sachen, → HGB Einl. vor § 373 Rn. 8), Devisen und Rechnungseinheiten. Auch **Dienstleistungen,** die sich zum Handel an einer Börse eignen, können darunter fallen. Der Begriff **Rechte** umfasst auch Derivate (dazu → Rn. 2). Der Begriff ist sehr weit (s. vgl. § 2 III Nr. 1–5 WpHG, erfasst sind also zB auch Wetter- und Katastrophen-Futures; § 23 lässt auch den Handel in solchen Produkten zu, falls sich in der Praxis ein Bedürfnis dafür entwickelt, zutr. BReg z4. FMFG Gegenäußerung zu Nr. 14, Art. 1 § 21 BörsG. In **I 3** erfolgt ein Hinweis auf Art. 36, 37 der EUDurchführungsVO 10.8.2006 (→ Einl. vor § 1 Rn. 10), der nur klarstellend ist, da die VO unmittelbar gilt. Näheres regelt die BörsO (§ 16), was den Börsen Flexibilität gibt und den Wettbewerb stärkt.

Kumpan

2) Derivate (II)

3 II ergänzt I für **Derivate** (nach Vorgabe von Art. 51 II MiFID II). Zum weiten Begriff der Derivate → Rn. 1. Die Geschäftsführung muss vor der Zulassung von Derivaten zum Handel die Kontraktspezifikationen festsetzen (II 1). Diese müssen so ausgestaltet sein, dass ein ordnungsgemäßer Börsenhandel und eine wirksame Börsengeschäftsabwicklung möglich sind (II 2). Art. 36 und 37 der EUDurchführungsVO 10.8.2006 (→ Einl. vor § 1 Rn. 10) gelten entsprechend (II 3 iVm I 3). Nach Art. 37 I EUDurchführungsVO 10.8.2006 ist erforderlich: eine hinreichende Bestimmtheit der Kontraktbedingungen, insbes. eine präzise Definition des Basiswertes und eine Korrelation zwischen Derivat und Basiswert, außerdem ein verlässlicher und öffentlicher Marktpreis für den Basiswert, ausreichende öffentliche Informationen, um das Derivat bewerten zu können, Vorkehrungen für die Bestimmung des Abrechnungspreises des Derivats derart, dass er dem Basiswert angemessen Rechnung trägt, und das Vorhandensein ausreichender Informationen über den Basiswert und angemessene Abwicklungs- und Lieferverfahren. Lit. Schwark/Zimmer/Kumpan, § 23 BörsG Rn. 1 ff. mwN.

Börsenpreis

BörsG 24 (1) ¹Preise, die während der Börsenzeit an einer Börse festgestellt werden, sind Börsenpreise. ²Satz 1 gilt auch für Preise, die während der Börsenzeit im Freiverkehr an einer Wertpapierbörse festgestellt werden.

(2) ¹Börsenpreise müssen ordnungsmäßig zustande kommen und der wirklichen Marktlage des Börsenhandels entsprechen. ²Soweit in Titel II der Verordnung (EU) Nr. 600/2014 nichts anderes bestimmt ist, müssen den Handelsteilnehmern insbesondere Angebote zugänglich und die Annahme der Angebote möglich sein. ³Bei der Ermittlung des Börsenpreises können auch Preise einer anderen Börse, eines organisierten Marktes mit Sitz im Ausland oder eines multilateralen Handelssystems im Sinne des § 2 Abs. 8 Satz 1 Nr. 8 des Wertpapierhandelsgesetzes berücksichtigt werden. ⁴Die Börse trifft nähere Bestimmungen über die Aufhebung, Änderung und Berichtigung von Geschäften durch die Geschäftsführung, insbesondere auch für den Fall, dass Börsenpreise auf Grund erheblicher Preisschwankungen nicht ordnungsgemäß zustande gekommen sind.

(2a) ¹Die Börse hat geeignete Vorkehrungen zu treffen, um auch bei erheblichen Preisschwankungen eine ordnungsgemäße Ermittlung des Börsenpreises sicherzustellen. ²Geeignete Vorkehrungen im Sinne des Satzes 1 sind insbesondere kurzfristige Änderungen des Marktmodells und kurzzeitige Volatilitätsunterbrechungen unter Berücksichtigung statischer oder dynamischer Preiskorridore oder Limitsysteme der mit der Preisfeststellung betrauten Handelsteilnehmer.

(2b) Die Börse hat geeignete Vorkehrungen zu treffen, um auch bei erheblichen Preisschwankungen eine ordnungsgemäße Preisermittlung sicherzustellen; geeignete Vorkehrungen sind insbesondere kurzfristige Änderungen des Marktmodells, kurzzeitige Volatilitätsunterbrechungen unter Berücksichtigung statischer oder dynamischer Preiskorridore und Limitsysteme der mit der Preisfeststellung betrauten Handelsteilnehmer, wobei es der Börse in Ausnahmefällen möglich sein muss, jedes Geschäft aufzuheben, zu ändern oder zu berichtigen; die Parameter für solche Volatilitätsunterbrechungen müssen der Liquidität der einzelnen Kategorien und Teilkategorien der betreffenden Finanzinstrumente, der Art des Marktmodells und der Art der Handelsteilnehmer Rechnung tragen und ermöglichen, dass wesentliche Störungen eines ordnungsgemäßen Börsenhandels unterbunden werden; die Börse hat der Börsenaufsichtsbehörde diese Parameter mitzuteilen.

(3) ¹Soweit in Titel II der Verordnung (EU) Nr. 600/2014 nichts anderes bestimmt ist, müssen Börsenpreise und die ihnen zugrunde liegenden Umsätze den Handelsteilnehmern unverzüglich und zu angemessenen kaufmännischen Bedingungen in leicht zugänglicher Weise bekannt gemacht werden, es sei denn, es erscheint eine verzögerte Veröffentlichung im Interesse der Vermeidung einer unangemessenen Benachteiligung der am Geschäft Beteiligten notwendig. ²Das Nähere regelt die Börsenordnung. ³Die Börsenordnung kann auch festlegen, dass vor Feststellung eines Börsenpreises den Handelsteilnehmern zusätzlich der Preis des am höchsten limitierten Kaufauftrags und des am niedrigsten limitierten Verkaufsauftrags zur Kenntnis gegeben werden muss.

(4) Geschäfte, die zu Börsenpreisen geführt haben, sind bei der Eingabe in das Geschäftsabwicklungssystem der Börse besonders zu kennzeichnen.

Übersicht

	Rn
1) Börsenpreis (I)	1
2) Arten der Börsenpreisermittlung	2–10a
A. Preisermittlung im elektronischen Handel oder durch Skontroführer:	2
B. Wahl der Art der Preisermittlung:	3
C. Fortlaufender Handel	4, 5
D. Auktionshandel	6, 7
E. Referenzpreishandel	8
F. Market Makers	9
G. Preisanfragesystem	10, 10a
3) Kurszusätze und -hinweise bei der Preisfeststellung	10b
4) Anforderungen an Börsenpreise (II)	11–13
5) Vorkehrungen zur Sicherung der Preisermittlung (IIa u. IIb)	14
6) Nachhandelstransparenz (III)	15, 16
7) Kennzeichnung (IV)	17

1) Börsenpreis (I)

§ 24 nF 2007, II 2 u. 4, IIb nF 2. FiMaNoG 2017. § 24 definiert den Börsen- **1** preis und bestimmt die Anforderungen an einen solchen. Die ordnungsmäßige, durch die Börsenaufsicht überwachte Bildung von Börsenpreisen ist eines der wichtigsten Qualitätsmerkmale und volkswirtschaftliche Funktion von Börsen (Bewertungsfunktion). § 24 hat **doppelte Zielrichtung:** Festlegung von Qualitätsstandards für die Preisermittlung an den Börsen und Schaffung eines Bezugspunktes für die wirksame Überwachung der Preisbildung an den Börsen. **Börsenpreise** sind staatlich überwachte Preise für Finanzinstrumente (§ 2 IV WpHG, also auch für Derivate, ausdrücklich noch § 24 I 2 aF), die während der Börsenzeit an einer Börse festgestellt werden (**I 1**). Das umfasst alle im Börsenhandel festgestellten Preise, dh es gibt kein Börsenhandel ohne Ermittlung von Börsenpreisen. Mit Börse ist hier, abweichend von § 2 I, der Handelsplatz bzw das multilaterale System (insbes auch ein elektronisches) gemeint. Dazu gehören – jedenfalls bis zur aufsichtsrechtlichen oder sonstigen Beanstandung – auch vollständig oder teilweise manipulierte Börsenpreise (Börsenpreis im formalen Sinn, dh es ist nicht darauf abzustellen, ob die Voraussetzungen nach II erfüllt sind; das hat Bedeutung für die Strafbarkeit nach § 119 II Nr. 1 WpHG), BGH WM 2014, 417. Börsenpreise sind **auch** Preise, die während der Börsenzeit im **Freiverkehr** (§ 48) an einer Wertpapierbörse festgestellt werden (**I 2**). Das gilt auch für Handelsfunktionalitäten, wie **XetraBest** (Frankfurt) oder **PartnerEx** (Berlin), dazu Schwark/Zimmer/Kumpan, § 24 BörsG Rn. 10 f. **Außerbörslicher**

Handel über andere multilaterale oder organisierte Handelssysteme oder systematische Internalisierer wird hingegen nicht erfasst. **Keine Börsenpreise** sind reine Geld-, Brief- oder Taxkurse ohne Börsenumsatz, BGH WM 1990, 1408; 2014, 416. Lit.: Köndgen/Theissen WM 2003, 1497; Weber ZGR 2004, 280 (Börsenkurs aus ökonomischer Perspektive).

2) Arten der Börsenpreisermittlung

2 A. **Preisermittlung im elektronischen Handel oder durch Skontroführer:** § 24 stellt zwar gewisse Mindestanforderungen an den Börsenpreis (II, → Rn. 11), überlässt aber die Wahl zwischen Präsenzbörse (Skontroführer, § 27 I) oder elektronischer Preisermittlung den Börsen selbst. Heutzutage findet die Preisermittlung überwiegend im elektronischen Handel statt, zumal der Präsenzhandel mittlerweile computerunterstützt erfolgt. Manche Börsen, wie zB die FWB, haben zudem komplett auf den elektronischen Handel umgestellt.

Lit.: Beck BKR 2002, 701.

3 B. **Wahl der Art der Preisermittlung:** Auch die Entscheidung darüber, welche Art der Preisermittlung (zB ordergetriebene, preis-/quotegetriebene oder hybride Handelsmodelle) für welches Börsensegment zweckmäßiger ist, ist allein Sache der Börse. Die frühere zwingende Verbindung eines Marktsegments mit einer bestimmten Art von Preisermittlung, etwa amtliche Börsenpreisfeststellung mit amtlicher Notierung (so noch §§ 29, 36 I aF mit der Konsequenz von Kursmaklern, §§ 30 ff. aF) ist bereits durch das 4. FinanzmarktfördG 2002 beseitigt worden, dazu Hopt/Baum S. 409; Hellwig ZGR 1999, 796. Die Wahl ist **nicht** Sache der **Geschäftsführung, sondern** in der **BörsO** zu treffen (§ 16 I 2 Nr. 3 Handelsarten). Damit wird zugleich sichergestellt, dass die Börsenaufsichtsbehörde dies genehmigt (§ 16 III 1). Die Börse ist frei zu entscheiden, wie der Preis in den verschiedenen Segmenten ermittelt wird, zB in einem Segment Auktionsverfahren mit Intermediären, in einem anderen elektronisch mit fortlaufendem Orderausgleich oder auch unterschiedlich im gleichen Segment, zB für besonders liquide Untersegmente elektronisch, für die anderen herkömmlich (RegE zu § 24 idF 4. FinanzmarktfördG, auch → § 32 Rn. 1 zum früheren amtlichen und geregelten Markt und der Gestaltungsfreiheit der Börsen dazu). Eine Beschreibung der verschiedenen Modelle für die Preisfeststellung findet sich in Anhang I Tabelle 1 der Delegierte VO (EU) 2017/587 ABl. 2017 L 87, 387, dort unterschieden: Orderbuch-Handelssystem basierend auf einer fortlaufenden Auktion, Quotierungsgetriebenes Handelssystem, Handelssystem basierend auf periodischen Auktionen, Preisanfrage-Handelssystem und sonstiges Handelssystem. Durch die Berücksichtigung der letzten (sehr allgemein gehaltenen) Kategorie wird sichergestellt, dass die Delegierte VO die Börsen in ihrer Wahl der Handelsarten und Preismechanismen nicht beschränkt. In Deutschland wird traditionell wie folgt unterschieden.

4 C. **Fortlaufender Handel.** Bei dieser Handelsform wird während des Handelstages durchgehend gehandelt. Diese Handelsform ist **ordergetrieben,** dh die verschiedenen Anleger geben zunächst ihre Kauf- bzw. Verkaufsorders auf, die dann miteinander interagieren können, und im Rahmen von deren Zusammenführung kommen daraufhin die Preise zustande. Die Rolle von Intermediären, wie zB Skontroführern beschränkt sich darauf, Ungleichgewichte im Orderfluss auszugleichen. Je nach Ordertyp (zB Limit, dh Order mit Preisangabe, oder Market, Order ohne Preisangabe) und -vorgaben kommt es zu einer Zusammenführung (Matching) mit einer korrespondierenden Order der Gegenseite (bei mehreren Orders auf einem Limit ist die **Preis-Zeit-Priorität** zu beachten; Market-Orders haben Vorrang vor Limit-Orders) oder wird die Order in das Orderbuch eingestellt. Bei unterschiedlichen Ordergrößen kann es ggf. zu Teilausführungen kommen. **Im Einzelnen** gilt: Trifft eine ausführbare Order auf ein

Orderbuch, in dem auf der gegenüberliegenden Seite nur Limit-Orders stehen, wird der Preis durch das im Orderbuch stehende höchste Kauf- bzw. niedrigste Verkaufslimit bestimmt. Stehen im Orderbuch auf der Gegenseite nur Market-Orders, wird eine hereinkommende Market-Order zum Referenzpreis (letzter in einer Auktion oder im fortlaufenden Handel festgestellter Preis) ausgeführt. Bei einer eingehenden Limit-Order orientiert sich in diesem Fall die Preisermittlung ebenfalls am Referenzpreis (sofern bei einem Verkaufslimit das Limit nicht höher bzw. bei einem Kauflimit das Limit nicht niedriger bestimmt worden ist).

Der fortlaufende Handel kann **mit Auktionen** (dazu → Rn. 6) **kombiniert** 5 werden. In diesem Fall findet zu Beginn des Präsenzhandels eine Anfangsauktion statt, bei der der Anfangskurs (Eröffnungspreis, Eröffnungskurs, erster Kurs) auf der Grundlage der dem Skontroführer bis dahin vorliegenden Aufträge festgestellt wird. Nach Ablauf etwa der Hälfte der Börsenzeit wird ein nach der Einheitskursmethode gebildeter Kassakurs (Einheitspreis) festgestellt. Bei Börsenschluss kommt es zum Schlusskurs. Er ist entweder der Letzte registrierte Kurs oder wird zum Börsenschluss nach der Einheitskursmethode (dazu → Rn. 7) gebildet, Schäfer/Ledermann § 11 aF Rn. 13.

D. **Auktionshandel.** Beim **Auktionshandel** (auch periodischer Handel oder 6 „call market") handelt es sich ebenfalls um einen **ordergetriebenen** Handel, bei dem die Preise den Orders folgen. Bei dieser Handelsform werden die Orders über einen längeren Zeitraum in einem zentralen Limit-Orderbuch gesammelt und dann zu einem oder mehreren bestimmten Zeitpunkten während des Handelstages im Rahmen einer Auktion gleichzeitig zusammengeführt (Einheitskursverfahren → Rn. 7). Die Auktion beginnt mit der Aufrufphase, während der Teilnehmer Aufträge eingeben sowie diese ändern oder wieder löschen können. Sodann findet die Preisermittlung statt. Dabei wird ein gemeinsamer Preis ermittelt, zu dem die meisten Orders gegeneinander ausgeführt werden können (größtmöglicher Umsatz, sog. **Meistausführungsprinzip**). Sofern auf diese Weise kein eindeutiger Preis ermittelt werden kann, wird derjenige Preis gewählt, bei dem es zum geringsten **Überhang** an nicht ausgeführten Orders kommt. Sollte auch das zu keinem eindeutigen Preis führen, wird der Überhang berücksichtigt (dh der Marktdruck). Schließlich kann noch auf den **Grundsatz der Preiskontinuität** (geringste Abweichung vom letzten notierten Preis) zurückgegriffen werden.

Einheitskurs: Einmal pro Börsentag derart festgesetzter Kurs (idR im Rah- 7 men einer Auktion), dass zu ihm möglichst viele Aufträge ausgeführt werden können. Einheitskurse werden für Werte mit geringer Liquidität gebildet. Dazu besondere Regeln der einzelnen Börsen für die Preisfeststellung im Präsenzhandel. **Kassakurs** ist missverständlich, an sich gleichbedeutend mit Einheitskurs, nicht zu verwechseln mit Kassahandel (das sind alle Geschäfte, die unverzüglich, spätestens nach zwei Börsentagen, zu erfüllen sind), bei dem heute je nach Wertpapier auch fortlaufender Handel (→ Rn. 4) erfolgt. Da es beim Einheitskursverfahren zu Teilausführungen kommen kann, enthalten Börsenordnungen Bestimmungen über Kurszusätze, denen Genaueres zu den Teilausführungen entnommen werden kann (dazu → Rn. 10b).

E. **Referenzpreishandel.** Auch hier ist der Handel ordergetrieben. Die Preise 8 werden nicht aufgrund der Preisvorgaben der miteinander interagierenden Orders ermittelt, sondern es wird ein Referenzpreis herangezogen, zu dem die Orders zusammengeführt werden. Dieser kann zB von einem anderen Handelsplatz importiert werden oder (wie in Frankfurt) den Mittelpunkt zwischen den jeweils besten im Orderbuch stehenden Kauf- und Verkaufslimits des jeweiligen Finanzinstruments bilden (in Frankfurt gilt hierbei eine Volumen-Zeit-Priorität).

F. **Market Makers.** Market Maker treten am Markt als Käufer und Verkäufer 9 auf, indem sie jeweils verbindliche (dazu Schelling BKR 2015, 226) und kontinuierlich aktualisierte Kursofferten für die Geld- und die Briefseite (sog. Quotes) stellen, zu denen sie zu Geschäften bereit sind und die andere Handelsteilnehmer annehmen können. Die Differenz (**Bid/Ask-Spread**) stellt den Preis für die Bereitschaft dar, sofort als Vertragspartner zur Verfügung zu stehen. Bei dieser Art des Handels folgen die Orders bzw. Aufträge den Preisen, deshalb wird er als quotegetrieben bezeichnet. Im Gegensatz zu den oben genannten ordergetriebenen Handelsformen handeln Anleger in Market-Maker-Systemen nicht miteinander sondern immer mit einem für eigene Rechnung handelnden Market Maker. Diese Art des Handels eignet sich vor allem für den Handel von Finanzinstrumenten mit geringer Liquidität. Angesichts des heutigen sehr schnellen Handels (insbes bei Berücksichtigung des Hochfrequenzhandels) sind Market Maker dem Risiko schneller Veränderungen der Marktlage ausgesetzt. Um dies abzufedern, können ihnen Handelsplatzbetreiber (zB an der FWB) einen sog. **Last Look** gewähren (zwischen Aufruf der Auktion und der Preisermittlung wird eine weitere Phase zwischengeschaltet, in der Market Maker noch einmal auf das Orderbuch zugreifen und eine Ausführung ihres Quotes ggf. verhindern können). Zum Market Making ausführlich Müller-Lankow, Market-Making, 2018.

10 G. **Preisanfragesystem.** Bei **Preisanfragesystemen** (request for quote system) fragen Anleger bei einem Market Maker an, zu welchem Preis er bereit ist ein bestimmtes Volumen eines Finanzinstruments zu handeln. Daraufhin stellt der Market Maker einen zeitlich befristeten verbindlichen Quote (Kauf- und Verkaufspreis samt Volumenangabe). Das sog. **Geschäftsanfragesystem** (request for trade system) läuft vergleichbar ab, jedoch ist der gestellte Quote nicht verbindlich, sondern lediglich indikativ. Hier liegt es am Anleger auf Basis des Quotes ein Angebot abzugeben. Bei Preisanfragesystemen räumen manche Handelssysteme den Market Makern trotz der nur kurzen Zeitspanne, während der ihr Quote angenommen kann, ein Rücktrittsrecht ein.

10a Lit.: Tilly, 1975; Ledermann, 1990 (Kursmakler); Bittner, Der deutsche Kassahandel, 1997; Rudolph/Röhrl in Hopt/Rudolph/Baum, Börsenreform, 1997, S. 211; Kress, Kapitalmarktregulierung, 1996, S. 113 ff.; Kumpan, Außerbörsliche Wertpapierhandelssysteme, 2006, S. 13 ff.; Schwark/Zimmer/Kumpan, § 24 BörsG Rn. 15 ff. Zur Preisermittlung im elektronischen Handelssystem Xetra der Frankfurter Wertpapierbörse Beck WM 1998, 426.

3) Kurszusätze und -hinweise bei der Preisfeststellung

10b Sofern die Orderzusammenführung und die Preisermittlung so gestaltet ist, dass es zu Teilausführungen kommen kann, enthalten die Börsenordnungen Bestimmungen über die Bedeutung von Kurszusätzen und -hinweisen. Diese Bestimmungen sind, sofern noch vorhanden, heute weitgehend einheitlich, Schäfer/Peterhoff § 4 aF Rn. 14. Die BörsO FWB idF 28.6.2021 enthält allerdings keine Kurszusätze, diese gibt es nicht nach der Umstellung auf Xetra nicht mehr. Anders noch nach anderen BörsO, Bsp.: § 30 I der BörsO der Hanseatischen Wertpapierbörse, Stand 20.9.2021 lautet:

§ 30 Zusätze und Hinweise bei der Preisfeststellung

(1) Der Skontroführer hat nach Maßgabe der Einführungsmöglichkeiten der vorliegenden Aufträge bei der Preisfeststellung folgende Preiszusätze und Hinweise zu verwenden:

I. Zusätze

Zu den festgestellten Preisen müssen bei Nummern 1 bis 5 außer den unlimitierten Kauf- und Verkaufsaufträge alle über dem festgestellten Preis limitierten Kaufaufträge und alle unter dem festgestellten Preis limitierten Verkaufsaufträge ausgeführt sein. Inwieweit die zum festgestellten Preis limitierten Kauf- und Verkaufsaufträge ausgeführt werden konnten, ergeben die Preiszusätze.

1. b oder Preis ohne Zusatz = bezahlt: Alle Aufträge sind ausgeführt;

2. bG = bezahlt Geld: Die zum festgestellten Preis limitierten Kaufaufträge müssen nicht vollständig ausgeführt sein; es bestand weitere Nachfrage;
3. bB = bezahlt Brief: Die zum festgestellten Preis limitierten Verkaufsaufträge müssen nicht vollständig ausgeführt sein; es bestand weiteres Angebot;
4. ebG = etwas bezahlt Geld: Die zum festgestellten Preis limitierten Kaufaufträge konnten nur zu einem geringen Teil ausgeführt werden;
5. ebB = etwas bezahlt Brief: Die zum festgestellten Preis limitierten Verkaufsaufträge konnten nur zu einem geringen Teil ausgeführt werden;
6. ratG = rationiert Geld: Die zum Preis und darüber limitierten sowie die unlimitierten Kaufaufträge konnten nur beschränkt ausgeführt werden;
7. ratB = rationiert Brief: Die zum Preis und niedriger limitierten sowie die unlimitierten Verkaufsaufträge konnten nur beschränkt ausgeführt werden;
8. * = Sternchen: Kleine Beträge konnten ganz oder teilweise nicht gehandelt werden.

II. Hinweise

Außerdem werden folgende Hinweise verwendet:
1. G = Geld: Es fand kein Umsatz statt, zu diesem Preis bestand nur Nachfrage;
2. B = Brief: Es fand kein Umsatz statt, zu diesem Preis bestand nur Angebot;
3. – = gestrichen: Unterbrechung;
4. – G = gestrichen Geld: Ein Preis konnte nicht festgestellt werden. Es bestand unlimitierte Nachfrage;
5. – B = gestrichen Brief: Ein Preis konnte nicht festgestellt werden. Es bestand unlimitiertes Angebot;
6. – T = gestrichen Taxe: Ein Preis konnte nicht festgestellt werden; der Preis ist geschätzt;
7. – GT = gestrichen Geld/Taxe: Ein Preis konnte nicht festgestellt werden, da der Preis auf der Nachfrageseite geschätzt ist;
8. – BT = gestrichen Brief/Taxe: Ein Preis konnte nicht festgestellt werden, da der Preis auf der Angebotsseite geschätzt ist;
9. ex D = nach Dividende: Erste Notiz unter Abschlag der Dividende;
10. ex A = nach Ausschüttung: Erste Notiz unter Abschlag einer Ausschüttung;
11. ex BR = nach Bezugsrecht: Erste Notiz unter Abschlag eines Bezugsrechts;
12. ex BA = nach Berichtigungsaktien: Erste Notiz nach Umstellung des Preises auf das aus Gesellschaftsmitteln berichtigte Aktienkapital;
13. ex SP = nach Splitting: Erste Notiz nach Umstellung des Preises auf die geteilten Aktien;
14. ex ZS = nach Zinsen: Erste Notiz unter Abschlag der Zinsen;
15. ex AZ = nach Ausgleichszahlung: Erste Notiz unter Abschlag einer Ausgleichszahlung;
16. ex BO = nach Bonusrecht: Erste Notiz unter Abschlag eines Bonusrechts;
17. ex abc = ohne verschiedene Rechte: Erste Notiz unter Abschlag verschiedener Rechte;
18. ausg = ausgesetzt: Die Preisnotierung ist ausgesetzt; eine Preisnotierung ist nicht gestattet;
19. – Z = gestrichen Ziehung: Die Notierung der Schuldverschreibung ist wegen eines Auslosungstermins ausgesetzt. Die Aussetzung beginnt zwei Börsentage vor dem festgesetzten Auslosungstag und endet mit Ablauf des Börsentages danach;
20. H = Hinweis: Auf Besonderheiten wird gesondert hingewiesen;
21. C = Kompensationsgeschäft: Zu diesem Preis wurden ausschließlich Aufträge ausgeführt, bei denen Käufer und Verkäufer identisch waren. Der Hinweis „C" wird bei einem Umsatz von einem Stück auch bei einem Kompensationsgeschäft des Skontroführers zum Zwecke der Auslösung einer Stopp-Order verwendet.

4) Anforderungen an Börsenpreise (II)

Die Anforderungen an das ordnungsmäßige Zustandekommen der Börsenpreise regelt im Einzelnen II. Sind die Voraussetzungen erfüllt, entspricht der ermittelte Börsenpreis den börsenrechtlichen Vorgaben, ob er auch dem inneren Wert eines Finanzinstruments entspricht, ist unerheblich **(formale Preis- oder Kurswahrheit).** Darüber hinausgehende Anforderungen an die Preisermittlung an Wertpapierbörsen gibt es nicht mehr. Das hat zur Folge, dass auch hybride Börsenhandelssysteme zulässig sind (s. auch Art. 3 II MiFIR; reine „Präsenzbörsen" gibt es heute in Deutschland nicht mehr, so RegE FRUG, BT-Drs. 16/4028, 86). Der allgemeine Grundsatz ist in **II 1** formuliert: Börsenpreise müssen ordnungsgemäß zustande kommen und **der wirklichen Marktlage** des Börsenhandels **entsprechen**. Für die Auslegung kann bzgl des **Skontroführerhandels** auf die zu § 29 III aF entwickelten Grundsätze zurückgegriffen werden. Danach kommt es zunächst auf die Aufträge und Geschäfte an der jeweiligen preisbildenden Börse unter Beachtung des Meistausführungsprinzips und der Preiskontinuität an. Dabei sind grundsätzlich alle an der Börse getätigten Geschäfte (nicht aber bloße Geld-, Brief- oder Taxkurse) zu berücksichtigen (Ausnahme zB Scheingeschäfte im Gegensatz zu echten Geschäften, mit denen eine Partei den Kurs zu beeinflussen sucht). Wirklich repräsentative Kurse wären allerdings nur bei Umsatzkonzentration an der Börse erreichbar. Daher lässt II 3 die Berücksichtigung von Preisen anderer Börsen sowie von multilateralen Handelssystemen zu (dazu → Rn. 12). Wichtig ist hier insbes der für das jeweilige Instrument liquideste Markt (vgl dazu Art. 48 II UAbs. 2 MiFID II iVm Delegierte VO (EU) 2017/570). Dis kann auf den **elektronischen Handel** übertragen werden, wobei hier die Berücksichtigung aller an einer Börse getätigten Geschäfte schon deshalb unproblematisch möglich ist, weil alle Aufträge und Geschäfte im Handelssystem als der zentralen Infrastruktur zustande kommen und im einsehbaren Orderbuch aufgezeichnet werden. Entscheidend ist nach II 1, dass der Börsenpreis manipulationsfrei gebildet wird und dass Chancengleichheit der Handelsteilnehmer und Transparenz herrschen. Darauf zu achten, ist eine wesentliche Aufgabe der Börsenaufsicht. Eine Verletzung von II führt jedoch nicht dazu, dass es sich bei dem jeweiligen (manipulierten) Preis nicht mehr um einen Börsenpreis handelt. Denn die Preisfeststellung hat heute keinen regelnden Charakter mehr. Zudem enthält II Anforderungen an den Börsenhandel, der zu Börsenpreisen führen soll, nimmt aber nicht den einzelnen Börsenpreis in Bezug (dazu Schwark/Zimmer/Kumpan, § 24 BörsG Rn. 25).

11a Soweit Titel II der MiFIR (ersetzt §§ 30 f. aF) nichts anderes bestimmt, müssen den Handelsteilnehmern insbesondere Angebote zugänglich und die Annahme der Angebote möglich sein **(II 2)**. II 2 gebietet **Transparenz** und **Chancengleichheit**. Sofern Marktmodelle einzelne Handelsteilnehmer bevorzugen (zB besondere Zugriffsrechte oder schnellere Zugriffszeiten gewähren), können sie nicht zu Börsenpreisen führen (anderes gilt, wenn Bevorzugungen nicht im Marktmodell angelegt sind, sondern nur auf das Fehlverhalten eines Teilnehmers im Einzelfall zurückgehen, dann ist der jeweilige Preis durchaus Börsenpreis, weil § 24 keine verhaltensregelnde Norm ist). Danach sind **keine Börsenpreise**: Preise bei Direktgeschäften im Präsenzhandel, bei Kompensationsgeschäften unter Vermittlung eines Skontroführers oder Crossing-Geschäften im elektronischen Handel sowie bei anderen Geschäften, die bilateral und unter Ausschluss des Gesamtmarktes zustande kommen (Schwark/Zimmer/Kumpan § 24 BörsG Rn. 32). **Titel II der MiFIR** enthält für Eigenkapitalinstrumente (Art. 3–7 MiFIR) und für Schuldverschreibungen und andere Nichteigenkapitalinstrumente (Art. 8–11 MiFIR) spezifische Regelungen und Ausnahmen zu Vor- und Nachhandelstransparenz. Die zu veröffentlichenden Informationen sind gesondert (Art. 12 MiFIR) sowie zu angemessenen kaufmännischen Bedingungen und diskriminierungsfrei (Art. 13 MiFIR) offenzulegen.

12 Die Marktlage beim elektronischen Handel ergibt sich auf Grund der Orderlage systembedingt, allerdings grundsätzlich ohne dass Preise, die sich außerhalb des Systems an anderen Börsen oder organisierten Märkten ergeben, berücksichtigt werden. Bei der Preisfeststellung durch den Skontroführer kennt nur dieser, nicht auch die Handelsteilnehmer die Orderlage (geschlossenes Orderbuch), sie können also auf diese auch nicht reagieren, was eine engere Informationsbasis des Skontroführers über die wirkliche Marktlage impliziert. Bei der Ermittlung des Börsenpreises gibt es keine Beschränkung mehr auf den Börsenhandel nur an der Wertpapierbörse selbst. Vielmehr können **auch Preise anderer** inländischer Börsen, eines organisierten Marktes mit Sitz im Ausland oder eines multilateralen Handelssystem iSv § 2 VIII 1 Nr. 8 WpHG (entspricht § 2 VI BörsG; somit auch Freiverkehr) **berücksichtigt** werden (**II 3**), dem Wortlaut nach aber nicht die Preise von organisierten Handelssystemen, ebenso wenig von außerbörslichen Handelssystemen außerhalb der EU (das kein multilaterales Handelssystem iSv § 2 VIII 1 Nr. 8 WpHG ist). In besonderen Fällen kann die Berücksichtigung sogar geboten sein, so, wenn die wesentliche Liquidität in einem Wertpapier anderswo (zB an der Hauptbörse) vorhanden ist, was insbesondere bei Auslandswerten häufig der Fall sein wird; insoweit dann ausnahmsweise Pflicht des Skontroführers bzw. bei elektronischem Handel in engen Grenzen entsprechende Pflicht zur Ermöglichung durch das System, str. Der Begriff des **organisierten Marktes** ist hier nicht im Sinne von § 2 XI WpHG zu verstehen. Diese Begriffsbestimmung enthält einen Ortsbezug (Inland, EU/EWR), was hier dazu führen würde, dass zB die Preise US-amerikanischer Börsen nicht berücksichtigt werden dürften. Aus der Gesetzesentwicklung von § 2 XI WpHG lässt sich ableiten, dass der Gesetzgeber eine solche Beschränkung nicht vornehmen wollte (s. Schwark/Zimmer/Kumpan § 24 BörsG Rn. 35 ff.). Der Begriff des organisierten Marktes ist in II 3 daher so zu verstehen, dass alle ausländischen Märkte erfasst sind, die deutschen Börsen vergleichbar sind. Aus II 3 folgt, dass auch das **Dachskontroverfahren** (börsenübergreifende einheitliche Preisfeststellung im Präsenzhandel) zulässig ist, das Ende der 1990er Jahre an mehreren deutschen Börsen praktiziert wurde. Lit.: Schwark/Zimmer/Kumpan § 24 BörsG Rn. 34 ff.; Beck BKR 2002, 703.

Nach **II 4** hat die Börse für Eingriffe (Aufhebung, Änderung, Berichtigung) in **13** abgeschlossene Geschäfte durch die Börsengeschäftsführung besondere Regelungen zu erlassen. Solche Eingriffe können etwa von Bedeutung sein, wenn es zu erheblichen Preisschwankungen gekommen ist und die Börsenpreise deshalb nicht ordnungsgemäß zustande gekommen sind. Damit gibt es nun eine Ermächtigungsgrundlage für Regelungen zu sog. **Mistrades**. Regelungen dazu finden sich etwa im Fall der FWB in §§ 23 ff. der Bedingungen für Geschäfte an der FWB idF 11.11.2019. Da Eingriffe der Börsengeschäftsführung in abgeschlossene Geschäfte allerdings in Form eines Verwaltungsaktes (§ 35 (L)VwVfG) erfolgen, und somit einen hoheitlichen Eingriff in privatrechtliche Sachverhalte darstellen, reicht eine privatrechtliche Regelung in AGB für eine „nähere Bestimmung" nicht aus. Zu Mistrades zB Fleckner WM 2011, 585, Fleckner/Vollmuth WM 2004, 1263, Fleckner JZ 2021, 554; Habersack FS Hager, 2021, 381.

5) Vorkehrungen zur Sicherung der Preisermittlung (IIa u. IIb)

IIa neu durch HFreqHG 2013, IIb neu durch 2. FiMaNoG 2017. Auch bei **14** Marktturbulenzen und erheblichen Preisschwankungen hat die Börse eine ordnungsgemäße Preisfeststellung zu gewährleisten. In den BörsOen gibt es hierfür entsprechende Regelungen, s. zB §§ 100, 101 BörsO FWB idF 28.6.2021 (hinsichtlich Volatilitätsunterbrechungen). Volatilitätsunterbrechungen haben den Zweck, Ruhe in den Markt zu bringen und den Marktteilnehmern Gelegenheit zu geben, auf eine veränderte Marktsituation zu reagieren, die zu größeren Preissprüngen führen könnte. **IIa** verankert die entsprechende Anforderung nebst Regelbeispielen (Satz 2) im BörsG. Siehe dazu auch ESMA2012/122, Leitlinie 3 Nr. 2g, S. 17. IIb setzt Art. 48 V MiFID II um und ist in seinem ersten Teil identisch mit IIa. In Ausnahmefällen soll es der Geschäftsführung möglich sein, in die abgeschlossenen Geschäfte einzugreifen, für diesen Fall können Mistraderegelungen wie nach II 4 vorgesehen werden (→ Rn. 13, dort auch zu Kritik). Weiterhin fordert IIb eine individuelle Ausgestaltung der Volatilitätsunterbrechungen, die die jeweilige Liquidität, das jeweilige Marktmodell und die Art der Handelsteilnehmer berücksichtigen. Von den genauen Parametern für die Volatilitätsunterbrechung muss die Börsenaufsichtsbehörde unterrichtet werden. Ausführlicher Schwark/Zimmer/Kumpan, § 24 BörsG Rn. 42 ff.

6) Nachhandelstransparenz (III)

15 III geändert durch 2. FiMaNoG 2017, basiert nun auf Art. 51 III MiFID II. Soweit in Titel II der MiFIR nichts anderes bestimmt ist (die dortigen Regelungen gehen vor), müssen Börsenpreise und die ihnen zugrunde liegenden Umsätze den Handelsteilnehmern unverzüglich und zu angemessenen kaufmännischen Bedingungen in leicht zugänglicher Weise bekannt gemacht werden **(III 1 Hs. 1)**. Da das im Einzelfall, zB beim Blockhandel, zu Problemen führen kann, gilt davon eine Ausnahme, wenn eine verzögerte Veröffentlichung im Interesse der Vermeidung einer unangemessenen Benachteiligung der am Geschäft Beteiligten notwendig ist **(III 1 Hs. 2)**. Den Börsen ist es infolge von III 1 möglich, die festgestellten Preise separat von den Gebührentatbeständen des § 17 zu angemessenen kaufmännischen Bedingungen zu vermarkten (RegE FRUG, BT-Drs. 16/4028, 86). Neben den ausführlichen Regelungen in Titel II der MiFIR, die über § 31 aF (frühere Verweisung) hinausgehen, kommt III nur noch eine Auffangfunktion zu.

16 Alles Weitere, insbesondere Einzelheiten zu den Qualitätsstandards für den Börsenpreis, ergibt sich aus der jeweiligen **BörsO** (III 2 iVm § 16 II 2 Nr. 3, 4). Die BörsO kann auch festlegen, dass vor Feststellung eines Börsenpreises den Handelsteilnehmern zusätzlich der Preis des am höchsten limitierten Kaufauftrags und des am niedrigsten limitierten Verkaufsauftrags zur Kenntnis gegeben werden muss **(III 3)**. Eine solche Bekanntgabe der Preisspanne (Geld- und Briefkurs, zu dem der Skontroführer verbindlich einen Abschluss herbeiführen würde) muss nicht gleichbedeutend mit einem „gläsernen Skontro" sein. Über die nach § 16 II Nr. 1 in der BörsO zwingend zu regelnden, je nach Geschäftslage gebotenen **Kurszusätze** und -hinweise bei der Preis- bzw. Kursfeststellung s. zB § 30 BörsO für die Hanseatische WPBörse, Text bei → § 16 Rn. 3.

7) Kennzeichnung (IV)

17 Nach IV sind Geschäfte, die zu Börsenpreisen geführt haben, bei der Eingabe in das Geschäftsabwicklungssystem der Börse besonders zu kennzeichnen. Dadurch wird leichter nachvollziehbar, welche Preise der Überwachung durch HÜSt und Börsenaufsichtsbehörde unterliegen (die Börsenpreise). Das ist insbesondere von Bedeutung, wenn außerbörsliche Geschäftsabschlüsse nur zu Abwicklungszwecken in das Börsenabwicklungssystem eingegeben werden. Preise, die im Direkthandel vor der Maklerschranke oder im außerbörslichen Handel zustande kommen, entbehren dagegen der Transparenz und Überwachung und sind keine Börsenpreise.

Aussetzung und Einstellung des Handels

BörsG 25 (1) ¹Die Geschäftsführung kann den Handel von Finanzinstrumenten, Wirtschaftsgütern oder Rechten

1. **aussetzen, wenn ein ordnungsgemäßer Börsenhandel zeitweilig gefährdet oder wenn dies zum Schutz des Publikums geboten erscheint; und**
2. **einstellen, wenn ein ordnungsgemäßer Börsenhandel nicht mehr gewährleistet erscheint.**

²Die Geschäftsführung ist verpflichtet, Maßnahmen nach Satz 1 zu veröffentlichen. ³Nähere Bestimmungen über die Veröffentlichung sind in der Börsenordnung zu treffen.

(1a) ¹**Betrifft die Aussetzung des Handels nach Absatz 1 Satz 1 Nummer 1 ein Finanzinstrument im Sinne von Anhang I Abschnitt C der Richtlinie 2014/65/EU, so setzt die Geschäftsführung auch den Handel von mit diesem Finanzinstrument verbundenen Derivaten im Sinne von Anhang I Abschnitt**

C Nummer 4 bis 10 dieser Richtlinie aus, wenn dies zur Verwirklichung der Ziele der Aussetzung des Handels mit dem zugrunde liegenden Finanzinstrument erforderlich ist. ²Das Gleiche gilt für eine Einstellung des Handels nach Absatz 1 Satz 1 Nummer 2.

(1b) **Die Börsenaufsichtsbehörde und die Bundesanstalt sind von einer Aussetzung oder Einstellung des Handels nach Absatz 1 oder 1a unverzüglich in Kenntnis zu setzen.**

(2) **Widerspruch und Anfechtungsklage gegen die Aussetzung des Handels haben keine aufschiebende Wirkung.**

(3) **Für Maßnahmen nach Artikel 23 Absatz 1 der Verordnung (EU) Nr. 236/2012 gelten Absatz 1 Satz 2 und Absatz 2 entsprechend.**

1) Aussetzung, Einstellung (I, Ia)

§ 25 I, Ia, Ib nF 2. FiMaNoG 2017, III idF EU-LeerVkAG 2012; die Regelungen zum Widerruf finden sich in § 39. § 25 basiert nunmehr auf Art. 52 I MiFID II. § 25 regelt die Aussetzung (nur für einige Tage) und die Einstellung (auf Dauer) des Handels von Finanzinstrumenten (§ 2 IV WpHG), Wirtschaftsgütern und Rechten **(I)**. Davon erfasst werden auch die Derivate der jeweiligen ausgesetzten Instrumente **(Ia,** s. auch Art. 1 Delegierte VO (EU) 2017/569). Die frühere, nicht erwähnte Streichung (Nichtfestsetzung für ein oder zwei Tage) ist in der Aussetzung, die nicht länger als unbedingt notwendig dauern darf, aufgegangen. 1

Aussetzung (Handel in dem betroffenen Produkt wird vorübergehend, dh für maximal wenige Tage, beendet) ist möglich (Kann-Vorschrift), wenn ein ordnungsgemäßer Börsenhandel zeitweilig gefährdet oder wenn sie zum Schutz des Publikums geboten erscheint **(I 1 Nr. 1). Zweck** der Regelung ist, den Marktteilnehmern in Situationen, in denen ein ordnungsgemäßer Handel nicht mehr möglich ist, Zeit zu geben, um sich zu informieren und die Situation daraufhin angemessen zu bewerten, damit sich der Handel wieder normalisiert. **Ordnungsgemäßer Börsenhandel** bedeutet insbesondere, dass eine geordnete Preisbildung ohne Verzerrungen durch Sonderfaktoren möglich sein muss (vgl. dazu **(14)** BörsG § 24 II). **Gefährdung** muss konkret, dh durch tatsächliche Umstände begründet, nicht lediglich abstrakt sein. **Beispiele für eine Gefährdung** sind: wenn keine ausreichende Liquidität (mehr) vorhanden ist, kurserhebliche Umstände eingetreten sind oder deren Eintritt unmittelbar bevorsteht, bei starken Kursschwankungen ohne sachliche Veranlassung oder auf Grund von Kurs- oder Preismanipulation (s. Art. 15 iVm Art. 12 MAR), Insidergeschäften (s. Art. 14 iVm Art. 8 MAR) oder Verstößen gegen die Ad-hoc-Publizität nach **(16a)** MAR Art. 17, sofern es dadurch zu Missständen kommt, die das Vertrauen der Marktteilnehmer erschüttern. Eine Gefährdung kann auch bei allgemeinen wirtschaftlichen oder politischen Ereignissen (zB bei Terroranschlägen wie am 11.9.2001, siehe Kursblatt/Bekanntmachungen FWB vom 12., 13. und 17.9.2001) vorliegen, ebenso wenn Hochfrequenzalgorithmen außer Kontrolle geraten. Das gilt allerdings nur dann, wenn andere Sicherungsmechanismen nicht ausreichen. Technische Gründe (zB Verzögerungen bei der EDV) erlauben idR keine Aussetzung, ebenso wenig eine geringe Liquidität oder niedrige Transaktionsdichte für sich genommen. Eine Gefährdung ist **zeitweilig,** wenn sie kurzfristig (maximal nach wenigen Tagen) wieder entfällt; Aussetzung erfolgt nur für den Zeitraum, in dem die Gefährdung vorliegt; Verlängerung ist möglich. Der **Schutz des Publikums** umfasst die Sicherung des ordnungsgemäßen Börsenhandels, geht aber noch darüber hinaus. Erfasst werden auch Fälle, in denen der äußere Ablauf des Handelsgeschehens gestört wird. Die Aussetzung liegt im Ermessen der Geschäftsführung, keine Haftung, OLG Frankfurt a. M. ZIP 2001, 2

Kumpan

730 (→ § 1 Rn. 7), zu ermessenslenkenden Vorgaben VG Frankfurt a. M. ZIP 2002, 1450.

3 **Einstellung** (mittelfristiger Stopp des Börsenhandels ohne zeitliche Begrenzung) nur, wenn ein ordnungsgemäßer Börsenhandel länger als nur zeitweilig nicht mehr gewährleistet erscheint **(I 1 Nr. 2)**, zB bei Eröffnung eines Insolvenzverfahrens des Emittenten, nicht dagegen zB bei Eingliederung (§ 320a AktG) oder Squeeze-out (§§ 327a ff. AktG). Denn wegen der negativen Folgen für die betroffenen Emittenten sind hieran höhere Anforderungen zu stellen als an die Aussetzung. Ist ebenfalls Ermessensentscheidung der Geschäftsführung. **Widerruf der Zulassung** wegen Nichterfüllung der Emittentenpflichten nach §§ 39 I, 42 II (Wertpapiere) bzw. § 49 I VwVfG (andere Wirtschaftsgüter oder Rechte), Widerruf auf Antrag des Emittenten nach § 39 II. Die Geschäftsführung muss die Maßnahme veröffentlichen **(I 2)**. Näheres über die Veröffentlichung bestimmt die BörsO **(I 3)**. Unverzügliche Mitteilung an die Börsenaufsichtsbehörde und die BaFin ist ua wegen Insiderhandelsverbot und Ad-hoc-Publizität nach **(16a)** MAR Art. 7 ff., 17 wichtig **(Ib)**. Lit.: Schwark/Zimmer/Kumpan, § 25 BörsG Rn. 1 ff., Jaskulla WM 2002, 1093.

2) Rechtsfolgen und Rechtsschutz (II)

4 Aussetzung stellt **kein allgemeines Handelsverbot** dar, außerbörslicher Handel ist weiter möglich. An der Börse für das ausgesetzte Finanzinstrument bestehende **Kundenaufträge werden gelöscht** (Rechtssicherheit), § 59 I 3 BörsO FWB idF 28.6.2021 (Geschäftsführung kann aber anders entscheiden, dann nur Unterbrechung des Handels, persistente Orders bleiben wirksam, § 59 II BörsO FWB idF 28.6.2021). Gilt nicht bei Einstellung, sodass in diesem Fall immer auch eine Aussetzung angeordnet werden sollte. Banken haben ihre Kunden von einer Aussetzung zu unterrichten, § 666 BGB iVm Nr. 8 IV Sonderbedingungen WP. Widerspruch und Anfechtungsklage gegen die Aussetzung des Handels nach I 1 Nr. 1 (Verwaltungsakt, OLG Frankfurt a. M. ZIP 2001, 732) haben **keine aufschiebende Wirkung** (II, wie § 3 IX für die Börsenaufsichtsbehörde, dort → § 3 Rn. 11). Das gilt im Gegenschluss aber **nicht bei Einstellung** der Notierung nach I 1 Nr. 2. **Klagebefugt** sind nur Handelsteilnehmer, nicht die einzelnen Anleger, OLG Frankfurt a. M. ZIP 2001, 732. **Gerichtliche Nachprüfung nur eingeschränkt möglich**, da Prognoseentscheidung für die Geschäftsführung, für die diese eine Einschätzungsprärogative hat. I 1 Nr. 1 begründet kein subjektiv-öffentliches Recht des einzelnen Anlegers auf Aussetzung des Börsenhandels, VGH Mannheim ZIP 2020, 973.

3) Entsprechende Anwendung bei Leerverkäufen (III)

5 III, eingeführt durch EU-LeerVkAG 2012, gewährleistet, dass Verbote und Beschränkungen von Leerverkäufen und anderweitige Beschränkungen von Transaktionen (Art. 23 I der EU-VO 236/2012) sofort vollziehbar sind und Börsenaufsichtsbehörde und BaFin unverzüglich informiert werden.

Verleitung zu Börsenspekulationsgeschäften

BörsG 26 (1) Es ist verboten, gewerbsmäßig andere unter Ausnutzung ihrer Unerfahrenheit in Börsenspekulationsgeschäften zu solchen Geschäften oder zur unmittelbaren oder mittelbaren Beteiligung an solchen Geschäften zu verleiten.

(2) Börsenspekulationsgeschäfte im Sinne des Absatzes 1 sind insbesondere
1. An- oder Verkaufsgeschäfte mit aufgeschobener Lieferzeit, auch wenn sie außerhalb einer inländischen oder ausländischen Börse abgeschlossen werden, und

2. Optionen auf solche Geschäfte,
die darauf gerichtet sind, aus dem Unterschied zwischen dem für die Lieferzeit festgelegten Preis und dem zur Lieferzeit vorhandenen Börsen- oder Marktpreis einen Gewinn zu erzielen.

1) Verbot der Verleitung zu Börsenspekulationsgeschäften (I)

§ 26 nF 2007. Getrennt ist zwischen Verbotstatbestand in § 26 I und Strafvorschrift in § 49. **Zweck** ist nicht, Spekulation durch Privatpersonen zu verbieten, sondern unerfahrene Anleger davor schützen, dass ihre Unerfahrenheit von anderen ausgenutzt wird. Dient damit Schutz des Einzelnen (ist **Schutzgesetz** iSv § 823 II BGB, OLG Düsseldorf WM 1989, 175). § 26 ist **abstraktes Gefährdungsdelikt**, dh Vermögensschaden muss nicht eingetreten sein, vielmehr sogar dann erfüllt, wenn Anleger Gewinn gemacht hat. **Geschütztes Rechtsgut** ist das Vermögen und die Willens- und Entschließungsfreiheit. Mögliche Täter sind primär Wertpapierhändler und Anlageberater.

Gewerbsmäßiges Handeln (Begehung in der Absicht, sich durch wiederholte Begehung eine fortlaufende – nicht notwendig hauptsächliche – Einnahmequelle von einiger Dauer und einigem Umfang zu schaffen, BGHSt 19, 76, BGH NJW 1952, 113) kann auch schon beim ersten Mal vorliegen (wenn auf Wiederholung gerichteter Wille erkennbar ist, BGHSt 19, 76). **Unerfahrenheit** (fehlende geschäftliche Einsicht, um die Tragweite solcher Geschäfte zu übersehen, RegE 2. WiKG, BT-Drs. 10/318, 48, BGH NStZ-RR 2002, 84, dh fehlendes Wissen über die Risiken des Geschäfts und Unvermögen, diese Risiken einzuschätzen) ist nur solche in Börsengeschäften. Durchschnittliche Geschäftskenntnisse und Lebenserfahrungen beseitigen Unerfahrenheit iSv § 26 nicht (vgl. RegE 2.WiKG, BT-Drs. 10/310, 48), eine gründliche, auf das jeweilige Geschäft bezogene (Risiko-)Aufklärung hingegen schon (OLG Bremen wistra 1990, 163, OLG Bremen wistra 1993, 34, vgl. auch OLG Düsseldorf WM 1989, 179); Erfüllung der Pflichten nach § 63 VII, § 64 II WpHG reicht aber nicht in jedem Fall aus. Auch Kfm. kann unerfahren iSv I sein (vgl. → HGB § 347 Rn. 23).

Neben einem objektiven Element ist ein subjektives nötig (vgl. § 138 I BGB, → **(7)** Bankgeschäfte Rn. G10). **Ausnutzen** liegt vor, wenn der Täter die Unerfahrenheit des Verleiteten kennt und sich als zumindest mitursächliches Moment für den Geschäftsabschluss zunutze macht (OLG Düsseldorf wistra 1991, 158); Anhaltspunkt kann etwa eine aggressive Werbung sein. Kein Ausnutzen, wenn verlässliche Aufklärung erfolgt oder Anleger freiwillig auf eine solche verzichtet oder sich als erfahren geriert und eine solche abblockt. **Verleiten** (Bestimmung eines anderen durch Willensbeeinflussung, s. OLG Düsseldorf wistra 1991, 158, OLG Düsseldorf WM 1989, 180, entspricht Anstiften) setzt nicht unlautere Mittel voraus, kausale Einwirkung auf den Unerfahrenen genügt. Nicht jede Verletzung der Aufklärungspflicht (→ § 347 Rn. 8–40 und → **(7)** Bankgeschäfte Rn. A16–29) fällt schon unter § 23, dieser ist vielmehr deutlich enger. Mit Geschäftsabschluss ist die Verleitung vollendet, mit Verwirklichung der Gewinnerzielungsabsicht des Täters auch beendet. **Eventualvorsatz** reicht aus (OLG Düsseldorf WM 1989, 180), **Ausnutzungsbewusstsein** erforderlich (insoweit reicht ebenfalls Eventualvorsatz), nicht dagegen Bereicherungsabsicht. Lit.: Schröder, Hdb KapitalmarktstrafR, 3. Aufl. 2015, 5. Kapitel, Schwark/Zimmer/Kumpan, § 26 BörsG Rn. 1 ff.

2) Börsenspekulationsgeschäfte (II)

II definiert, was Börsenspekulationsgeschäfte iSv I sind. Allgemein sind dies Geschäfte mit aufgeschobener Lieferzeit, bei dem aus der Differenz zwischen dem für die Lieferzeit vereinbarten Preis und dem dann tatsächlich herrschenden Marktpreis ein Gewinn erzielt werden soll, zB Finanz- oder Warentermingeschäfte, Contracts for Difference, Geschäfte mit Optionsscheinen und Zertifikaten (bei entsprechender Ausgestaltung), nicht dagegen Geschäfte, bei denen es sich um Absicherungs- bzw. Hedgegeschäfte handelt. Wie Gewinnrealisierung erfolgt, ist unerheblich. Erfasst werden auch außerbörsliche Spekulationsgeschäfte, auch bei Beteiligung an einem treuhänderischen Sammelkonto, auch bei rein schuldrechtlichen Ansprüchen, ebenso bloß vorgetäuschte Geschäfte (RegE 2. WiKG, BT-Drs. 10/318, 48). § 26 reicht also weit über den Geltungsbereich des BörsG im Übrigen hinaus (Kapitalmarktrecht, → HGB Anh. § 177a Rn. 54). Ausführlicher Schwark/Zimmer/Kumpan, § 26 BörsG Rn. 2 ff. mwN.

3) Konkurrenzen

5   Tateinheit mit §§ 263, 264a StGB möglich, wobei § 26 allerdings keinen Schaden voraussetzt. Tat nach § 26 kann unter § 264a StGB fallen, wenn es um Termingeschäft geht, aufgrund dessen ausnahmsweise die Lieferung von Wertpapieren vereinbart ist. Ebenso Tateinheit mit § 266 I Fall 2 StGB, wenn besonderes Treueverhältnis besteht. Denkbar ist auch Tateinheit mit § 120 XV Nr. 2 WpHG iVm Art. 15 MAR, wenn durch Manipulation Verleitung zum Börsenspekulationsgeschäft.

Order-Transaktions-Verhältnis

BörsG 26a [1]Die Handelsteilnehmer sind verpflichtet, ein angemessenes Verhältnis zwischen ihren Auftragseingaben, -änderungen und -löschungen und den tatsächlich ausgeführten Geschäften (Order-Transaktions-Verhältnis) zu gewährleisten, um Risiken für den ordnungsgemäßen Börsenhandel zu vermeiden. [2]Das Order-Transaktions-Verhältnis ist dabei jeweils für ein Finanzinstrument und anhand des zahlenmäßigen Volumens der jeweiligen Aufträge und Geschäfte innerhalb eines Tages zu bestimmen. [3]Ein angemessenes Order-Transaktions-Verhältnis liegt insbesondere dann vor, wenn dieses auf Grund der Liquidität des betroffenen Finanzinstruments, der konkreten Marktlage oder der Funktion des handelnden Unternehmens wirtschaftlich nachvollziehbar ist. [4]Die Börsenordnung muss nähere Bestimmungen zum angemessenen Order-Transaktions- Verhältnis für bestimmte Gattungen von Finanzinstrumenten treffen.

1   § 26a, eingeführt durch das HFHandelG 2013, Satz 2 geändert durch 2. FiMaNoG 2017, zielt insbesondere auf sog. Hochfrequenzhändler (Unterfall des algorithmischen Handels, bei dem Computer Finanzinstrumente handeln, indem sie vollautomatisch, ohne menschliches Zutun am Markt regelbasiert Transaktionen eingehen, Schwark/Zimmer/Kumpan, § 26a BörsG Rn. 4), die regelmäßig eine Vielzahl an Orders aufgeben und innerhalb kürzester Zeit (Bruchteile von Sekunden) einen Großteil davon wieder stornieren. Dieses Verhalten lässt es fraglich erscheinen, ob sie tatsächlich handeln oder nur mittels ihrer Ordereinstellungen den Preis in eine gewünschte Richtung treiben wollen, RegE HFreqHG BT-Drs. 17/11631, 16. Ein solches Verhalten kann auch ohne Manipulationsabsicht den ordnungsgemäßen Börsenhandel gefährden. Die Regelung berücksichtigt, dass Finanzinstrumente unterschiedlich liquide sind, auch abhängig von der jeweiligen Marktsituation, und außerdem Unternehmen am Markt tätig sind, deren zahlreiche Ordereinstellungen positiv zu bewerten sind, weil sie als sog. Liquiditätsspender agieren. Für andere Handelsplätze als Börsen enthält § 72 I 1 Nr. 7 WpHG eine vergleichbare Regelung. Durchsetzung von § 26a wird durch **(14) BörsG** § 16 II Nr. 3 erleichtert, wonach Orders des algorithmischen Handels kenntlich gemacht werden müssen (vgl. auch § 72 I 1 Nr. 10 WpHG). Lit. zur Regulierung des Hochfrequenzhandels Jaskulla BKR 2013, 221; Kobbach

BKR 2013, 233; Schultheiß WM 2013, 596; Kindermann/Coridaß ZBB 2014, 178; außerdem Mattig WM 2014, 1940; Schwark/Zimmer/Kumpan, § 26a BörsG Rn. 1 ff. und § 26d BörsG Rn. 1 ff.

Mindestpreisänderungsgröße

BörsG 26b [1] Die Börse ist verpflichtet, eine angemessene Größe der kleinstmöglichen Preisänderung bei den gehandelten Finanzinstrumenten festzulegen, um negative Auswirkungen auf die Marktintegrität und -liquidität zu verringern. [2] Bei der Festlegung der Mindestgröße nach Satz 1 ist insbesondere zu berücksichtigen, dass diese den Preisfindungsmechanismus und das Ziel eines angemessenen Order-Transaktions-Verhältnisses im Sinne des § 26a nicht beeinträchtigt. [3] Wegen der einzelnen Anforderungen an die Festlegung der Mindestpreisänderungsgröße wird auf die Delegierte Verordnung (EU) 2017/588 der Kommission vom 14. Juli 2016 zur Ergänzung der Richtlinie 2014/65/EU des Europäischen Parlaments und des Rates durch technische Regulierungsstandards für das Tick-Größen-System für Aktien, Aktienzertifikate und börsengehandelte Fonds (ABl. 87 vom 31.3.2017, S. 411) in der jeweils geltenden Fassung, verwiesen. [4] Nähere Bestimmungen kann die Börsenordnung treffen.

§ 26b, eingeführt durch das HFHandelG 2013, Satz 3 eingefügt durch 2. 1 FiMaNoG 2017, soll die (eigentlich positive) Entwicklung hin zu immer kleineren Mindestpreisgrößen eindämmen. Diese Entwicklung hatte die vermehrte Aktivität von Hochfrequenzhändlern befördert, und zu kleine Mindestpreisänderungsgrößen sollen dem Regierungsentwurf zufolge eine Gefahr für den Preisfindungsmechanismus darstellen, RegE HFreqHG BT-Drs. 17/11631, 16. Die Mindestpreisgröße („Tick") legt den kleinstmöglichen Abstand zwischen zwei Preisstufen bei Aufträgen für ein Finanzinstrument im Orderbuch fest. Weitergehende Regelungen zu Tick-Größen sind der Delegierten VO (EU) 2017/588 zu entnehmen (inkl. Festlegung von Liquiditätsbändern und Preisbandbreiten). Dort finden sich allerdings nur Regelungen für Aktien, Aktienzertifikate und börsengehandelte Fonds. Satz 3 spricht daher für eine enge Auslegung des Begriffs **„gehandelte Finanzinstrumente"**, denn danach bezieht sich § 26b nur auf die in der VO genannten Instrumente. Der Vergleich mit der im Rahmen des 2. FiMaNoG eingeregten Parallelnorm § 72 I Nr 8 WpHG spricht hingegen für einen weiten Anwendungsbereich des nicht eingeengten § 26b, sodass auch bzgl. anderer gehandelter Finanzinstrumente Tick-Größen festzulegen sind.

Die Vorgabe von Tick-Größen bezieht sich auf **Aufträge,** aber auch **Quotes** 2 (da gleichzeitige Eingabe von limitierten Kauf- und Verkaufsaufträgen), **nicht** aber hinsichtlich der bei Zusammenführung ermittelten **Preise** (vgl. Erw 8 Satz 1 und Art. 2 I, III DelVO (EU) 2017/588). Gilt sowohl für Auftragsbuchsysteme als auch für Market-Maker-Systeme (Verengung auf „Finanzinstrumenten im Auftragsbuch" in Erw 8 DelVO (EU) 2017/588 ist gesetzgeberisches Versehen; nach ESMA soll „Auftrag" ohnehin weit verstanden werden, s. ESMA, Q&A on MiFID II and MiFIR market structure topics, 12.7.2019, ESMA70–872942901-38, Nr. 4 Antwort 10 – dort allerdings nicht explizit bzgl. Tick-Größen). Lit. Schwark/Zimmer/Kumpan/Müller-Lankow, § 26b BörsG Rn. 1 ff.

Market-Making-Systeme

BörsG 26c (1) Die Börsenordnung muss Bestimmungen enthalten über die Zulassung von Wertpapierdienstleistungsunternehmen durch die Geschäftsführung, die an der Börse eine Market-Making-Strategie im Sinne des § 80 Absatz 5 des Wertpapierhandelsgesetzes verfolgen.

(2) ¹Die Börse trifft geeignete Vorkehrungen, um sicherzustellen, dass eine ausreichende Zahl an Wertpapierdienstleistungsunternehmen als Market Maker zugelassen wird, die feste und wettbewerbsfähige Preise stellen, wodurch dem Markt in stetiger und verlässlicher Weise Liquidität zugeführt wird (Market-Making-Systeme). ²Dies gilt nicht, soweit die in Artikel 5 der Delegierten Verordnung (EU) 2017/578 der Kommission vom 13. Juni 2016 zur Ergänzung der Richtlinie 2014/65/EU des Europäischen Parlaments und des Rates über Märkte für Finanzinstrumente durch technische Regulierungsstandards zur Angabe von Anforderungen an Market-Maker-Vereinbarungen und -Systeme (ABl L 87 vom 31.3.2017, S. 183), in der jeweils geltenden Fassung, geregelte Ausnahme greift oder soweit eine solche Anforderung nach Art und Umfang des Handels an der jeweiligen Börse aus sonstigen Gründen nicht sachgerecht ist.

(3) ¹Die Börsenordnung muss Verpflichtungen des Wertpapierdienstleistungsunternehmens im Zusammenhang mit der Zuführung von Liquidität enthalten. ²Sie kann Bestimmungen über sonstige Rechte und Pflichten enthalten, die sich aus der Teilnahme an den in Absatz 2 genannten Systemen ergeben.

(4) ¹Die Gebührenordnung muss Bestimmungen über die Verringerung von Gebühren enthalten, die einem Wertpapierdienstleistungsunternehmen dafür gewährt werden, dass es dem Markt in stetiger und verlässlicher Weise Liquidität zuführt. ²Dies gilt nicht, sofern und soweit der Börsenträger bereits entsprechende Vereinbarungen mit dem Wertpapierdienstleistungsunternehmen getroffen hat.

(5) Wegen der einzelnen Anforderungen an die Ausgestaltung von Market-Making-Systemen wird auf die Delegierte Verordnung (EU) 2017/578 verwiesen.

1) Zweck der Regelung

1 § 26c, eingeführt durch 2. FiMaNoG 2017, setzt Art. 48 II u. III MiFID II um und trifft besondere Regelungen für das Market Making an Börsen. Diese enthalten einerseits eine Verpflichtung der Börsen, Quotierungspflichten mit Market Makern zu vereinbaren (I und III), und andererseits die Einrichtung von Market-Maker-Systemen (II und IV). Ergänzt werden die Regelungen durch die Delegierte VO (EU) 2017/578, die technische Regulierungsstandards zu Market-Making-Systemen enthält (**V**). Die Regelungen verfolgen das **Ziel**, die Liquidität im Orderbuch besser vorhersehbar zu machen und Anreize für Market Maker zu schaffen, am Markt präsent zu sein (Erw. 1 Delegierte VO (EU) 2017/578).

2) Market-Making-Strategie (I)

2 Nach **I** soll die BörsO Regelungen bzgl. der Zulassung von Market Makern enthalten. **Market Making** wird in § 2 VIII 1 Nr. 2 lit. a WpHG (vergleichbar Art. 4 I Nr. 7 MiFID II) definiert als das „kontinuierliche Anbieten des An- oder Verkaufs von Finanzinstrumenten an den Finanzmärkten zu selbst gestellten Preisen für eigene Rechnung unter Einsatz des eigenen Kapitals". Market Making ist vor allem für den Handel wenig liquider Werte von Bedeutung (s. auch Erw 113 MiFID II). Grund dafür ist, dass Market Maker kontinuierlich verbindliche Kursofferten (Quotes) für Angebot und/oder Nachfrage stellen, zu denen sie zu Geschäften mit anderen Marktakteuren bereit sind (→ § 24 Rn. 9) und damit einen jederzeitigen Handel ermöglichen. Auf diese Weise stellen sie Liquidität bereit, wirken auf die Verringerung der Volatilität der Kurse und die Senkung der Transaktionskosten hin. Diese Aufgabe übernehmen an den Börsen bisher im

Wesentlichen die Skontroführer (§ 27) bzw. in Frankfurt, wo der Skontroführerhandel im Freiverkehr (2011) und im regulierten Markt (2012) abgeschafft worden ist, sog. Designated Sponsors bzw. Spezialisten. Anders als Skontroführer im Präsenzhandel vermitteln Market Maker keine Geschäftsabschlüsse, sondern schließen sie als Vertragspartei im eigenen Namen ab. Ihre Erlöse erzielen sie aus der Spanne zwischen ihren Kauf- und Verkaufsangeboten. Lit. Schwark/Zimmer/Kumpan/Müller-Lankow § 26c BörsG Rn. 1 ff.

Eine **Market-Maker-Strategie iSv § 80 V WpHG** (wie Art. 17 IV MiFID II) liegt vor, wenn jemand, der auf eigene Rechnung handelt, bei seinem Handel für ein oder mehrere Finanzinstrumente zeitgleiche An- und Verkaufskurse vergleichbarer Höhe zu wettbewerbsfähigen Preisen stellt. Damit wird aber nicht jede Liquiditätsversorgung erfasst, sondern nur eine „kontinuierliche und regelmäßige" (Müller-Lankow WM 2017, 2341). Einzelheiten zu den Tatbestandsmerkmalen der Definition der Market-Maker-Strategie finden sich in Art. 1 II der Delegierten VO (EU) 2017/578. Aus Art. 1 Delegierte VO (EU) 2017/578 lässt sich ableiten, dass die Regelung auf **Auftragsbuchsysteme** beschränkt ist, die Versorgung eines quote-getriebenen Market-Maker-Handelssystems mit Liquidität ist hier nicht gemeint; aufgrund ihres Telos weiterhin einzuschränken ist die Regelung auf Auftragsbuchsysteme, bei denen der Betreiber nicht bereits auf andere Weise ein Austrocknen der Liquidität und einen damit zusammenhängenden Zusammenbruch der ordnungsgemäßen Preisermittlung verhindert (ausführlicher Schwark/Zimmer/Kumpan/Müller-Lankow § 26c BörsG Rn. 18 f.). 3

Die **Zulassung** von Market Makern stellt einen Verwaltungsakt dar, der zu einer Erweiterung des bereits aufgrund der Zulassung nach § 19 bestehenden öffentlich-rechtlichen Anstaltsnutzungsverhältnis um die Pflichten und ggf. Rechte bzgl. des Market Making führt. 4

3) Regelungen in der Börsenordnung (II und III)

II überlässt es der Börse, geeignete Maßnahmen zu treffen, um eine ausreichende Zahl an Market Makern sicherzustellen. Allerdings sind Börsen (und andere Handelsplätze) grds. nicht verpflichtet, Market-Making-Systeme zu betreiben **(keine Vorgabe zum Marktmodell der Börsen)**. Da nach § 16 III 1 die BörsO von der Börsenaufsichtsbehörde genehmigt werden muss, besteht hinsichtlich der geregelten Maßnahmen eine aufsichtliche Kontrolle. Zudem unterliegen Börsen hinsichtlich des einzurichtenden Market-Maker-Systems nach Art. 7 Delegierte VO (EU) 2017/578 besonderen Transparenz-, Gleichbehandlungs- und Kontrollpflichten. 5

III regelt allgemein, dass die BörsO Verpflichtungen im Zusammenhang mit der Zuführung von Liquidität vorsehen muss. **Art. 2 I Delegierte VO (EU) 2017/578** regelt detaillierter, dass **Market Maker verpflichtet** sein sollen, während der Hälfte der Handelstage eines Monats „feste, zeitliche Geld- und Briefofferten vergleichbarer Höhe zu wettbewerbsfähigen Preisen stellen (zu) müssen" und „für eigene Rechnung an einem Handelsplatz zumindest während 50 % der täglichen Handelszeiten des fortlaufenden Handels an dem betreffenden Handelsplatz mit mindestens einem Finanzinstrument handeln müssen" (allerdings nicht während der Eröffnungs- und Schlussauktionen). Nicht zur Quotierung verpflichtet ist ein Market Maker, wenn außergewöhnliche Umstände vorliegen (§ 80 IV Nr. 1 WpHG, § 26c iVm Art. 3 Delegierte VO (EU) 2017/578; die Regelung in Art. 3 Delegierte VO (EU) 2017/578 ist abschließend). 6

4) Finanzielle Anreize (IV)

IV stellt sicher, dass finanzielle Anreize geschaffen werden, damit Unternehmen die Aufgabe des Market Making übernehmen; verpflichtend sind diese aber 7 nur im Hinblick auf angespannte Marktbedingungen (s. dazu auch Erw. 8 u. Art. 6 Delegierte VO (EU) 2017/578).

Algorithmische Handelssysteme und elektronischer Handel

BörsG 26d (1) [1]Die Börse muss sicherstellen, dass algorithmische Handelssysteme nicht zu Beeinträchtigungen des ordnungsgemäßen Börsenhandels führen oder zu solchen Beeinträchtigungen beitragen. [2]Um den von algorithmischen Handelssystemen ausgehenden Gefahren für den ordnungsgemäßen Börsenhandel vorzubeugen, hat die Börse geeignete Vorkehrungen zu treffen, einschließlich Vorkehrungen zur Begrenzung des Verhältnisses von nicht ausgeführten Handelsaufträgen zu ausgeführten Handelsaufträgen für den Fall, dass die Systemkapazität der Börse übermäßig in Anspruch genommen wird und die Gefahr besteht, dass die Kapazitätsgrenze erreicht wird.

(2) [1]Die Handelsteilnehmer sind verpflichtet, ihre Algorithmen in einer von der Börse zur Verfügung gestellten Umgebung zu testen. [2]Die Geschäftsführung überwacht die Einhaltung der Pflicht nach Satz 1 und teilt der Börsenaufsichtsbehörde Anhaltspunkte für Verstöße mit.

(3) Wegen der geeigneten Vorkehrungen nach Absatz 1 und der Anforderungen an die Ausgestaltung der Tests nach Absatz 2 wird auf die Delegierte Verordnung (EU) 2017/584 der Kommission vom 14. Juli 2016 zur Ergänzung der Richtlinie 2014/65/EU des Europäischen Parlaments und des Rates durch technische Regulierungsstandards zur Festlegung der organisatorischen Anforderungen an Handelsplätze (ABl. L 87 vom 31.3.2017, S. 350), in der jeweils geltenden Fassung, verwiesen.

1) Zweck der Regelung

1 § 26d, eingeführt durch 2. FiMaNoG 2017, setzt Art. 48 VI MiFID II um. Die Regelung stellt sicher, dass die Börse Sicherungen im Hinblick auf den algorithmischen Handel (automatische Ausführung von Handelsstrategien durch eigenständig entscheidende Computer) vorsieht, das gilt insbesondere im Hinblick auf den Hochfrequenzhandel (Unterfall des algorithmischen Handels, bei dem durch Einsatz hochentwickelter Hard- und Software äußerst schnell gehandelt wird und dabei Geschwindigkeitsvorteile genutzt werden, vgl. dazu RegE HFreqHG, BT-Drs. 17/11631, 24; Schwark/Zimmer/Kumpan, § 26d BörsG Rn. 2 ff. mwN). Dies beruht auf der Sorge, dass diese Form des Handels ua aufgrund seines Umfangs und seiner Geschwindigkeit zu Belastungen der elektronischen Systeme der Börsen und damit zu Beeinträchtigungen des Börsenhandels führen könnte (zur Notwendigkeit der Regulierung des Hochfrequenzhandels Schwark/Zimmer/Kumpan § 26d BörsG Rn. 6 ff. mwN). **Zweck** der Norm ist es daher, dafür zu sorgen, dass der algorithmische und hochfrequente Handel nicht zu Störungen der Märkte führt (Erw 64 MiFID II).

2 Insbesondere die Anforderungen an Preisanfrage- und Hybridsysteme sollen sich an Art, Umfang und Komplexität des algorithmischen Handels ausrichten (Erw. 5 Delegierte VO (EU) 2017/584). Ergänzt werden die Regelungen durch die Delegierte VO (EU) 2017/584 **(III)**. Diese enthält ua Regelungen hinsichtlich des Testens der Systeme selbst, die Mitglieder einsetzen (Art. 8), und von deren Konformität mit den Systemen des jeweiligen Handelsplatzes (Art. 9) sowie hinsichtlich der von Mitgliedern eingesetzten Algorithmen (Art. 10), außerdem zu vorbeugenden Maßnahmen gegen marktstörende Handelsbedingungen (Art. 18), Mechanismen zur Steuerung der Volatilität (Art. 19) und zur Vorhandels- und Nachhandelskontrolle (Art. 20).

2) Geeignete Vorkehrungen (I)

Algorithmische Handelssysteme dürfen den Börsenhandel nicht beeinträchtigen **(I)**. Da ein „**Beitragen**" ausreicht, ist es nicht erforderlich, dass die Handelssysteme so ausgelegt sind, dass sie allein zu Handelsbeeinträchtigungen führen. Es reicht vielmehr, dass sie (nur) mit anderen Systemen gemeinsam den Handel beeinträchtigen. Dagegen soll die Börse Maßnahmen ergreifen. Zu den dafür „**geeigneten Vorkehrungen**" gehören die in Art. 18 I Delegierte VO (EU) 2017/584 aufgelisteten vorbeugenden Maßnahmen gegen marktstörende Handelsbedingungen, wie zB Obergrenzen für die Anzahl der pro Sekunde pro Mitglied aufgebbaren Orders, Mechanismen zur Steuerung der Volatilität (dazu auch Art. 19 der VO) und die in Art. 20 Delegierte VO (EU) 2017/584 weiter ausgeführten Vorhandelskontrollen, wie zB Preisbänder, Auftragshöchstwerte und -höchstvolumina. Da Art. 18 I Delegierte VO (EU) 2017/584 davon spricht, dass diese Maßnahmen „mindestens" getroffen werden müssen, haben alle Börsen diese Vorkehrungen einzuführen.

Hinzukommt die Festlegung des Verhältnisses von nicht ausgeführten Handelsaufträgen zu ausgeführten Handelsaufträgen **(Order-Transaktions-Verhältnis)**, die sich an die Regelung in **(14)** BörsG § 26a anlehnt. Ziel der Festlegung dieses Verhältnisses ist es, die Aufgabe absichtsloser Orders zu begrenzen, dh Orders, bei denen von vornherein nicht die Absicht besteht, dass sie zur Ausführung kommen. Da die Festlegung des Order-Transaktions-Verhältnisses „einschließlich" einzuführen ist, hat der deutsche Gesetzgeber die Einführung dieser vorbeugenden Maßnahme verbindlich vorgesehen. Allerdings bleibt die nähere Ausformung den Börsen überlassen, die je nach ihrer Systemkapazität für sich eigene Schwellenwerte festlegen können. Die Börsen (Handelsplätze) sind jedoch nach Art. 2 Delegierte VO (EU) 2017/566 verpflichtet, das Verhältnis von nicht ausgeführten Aufträgen und Geschäften zu berechnen und dafür die Methodik gemäß Art. 3 Delegierte VO (EU) 2017/566 zu verwenden. Eine weitere Maßnahme, um der übermäßigen Aufgabe absichtsloser Orders entgegenzuwirken, ist daneben die **Erhebung von besonderen Gebühren** für ein hohes Mittelaufkommen (dazu **(14)** BörsG § 17 IV), da dies entsprechende Handelsstrategien verteuert und damit unattraktiver macht. Eine weitere Maßnahme ist die sog. **Kill-Funktion**, mit der noch nicht ausgeführte Orders storniert werden können (dazu Art. 18 II lit. c, III lit. c Delegierte VO (EU) 2017/584). **Latenzbezogene Regelungen** (zB Mindestverweildauern der Orders im Orderbuch, dazu seinerzeit vorgeschlagene § 26h-E BörsG) sind bisher noch nicht Gesetz geworden.

3) Testen von Algorithmen (II)

Die Handelsteilnehmer sind verpflichtet, ihre algorithmischen Handelssysteme vorab in einer von der Börse bereitgestellten Umgebung zu testen **(II 1)**. Damit erhält die Börse die Möglichkeit, die Auswirkungen der Algorithmen zu untersuchen und ihre Vorkehrungen entsprechend anzupassen, notfalls auch ein gefährliches algorithmisches Handelsprogramm nicht zuzulassen. Da die Börse die Umgebung zur Verfügung stellen muss, kann sie von den Handelsteilnehmern nicht verlangen, dass diese entweder selbst eine Testumgebung schaffen oder ihre Handelsprogramme andernorts testen lassen. Die Börsengeschäftsführung überwacht die Tests und informiert ggf. die Börsenaufsichtsbehörde, wenn es zu Verstößen kommt **(II 2)**. Der Einsatz ungetesteter Algorithmen stellt nach **(14)** BörsG § 50 II Nr. 20 eine Ordnungswidrigkeit dar.

4) Ausgestaltung der Vorkehrungen und Tests (III)

III verweist bzgl. der Ausgestaltung der Vorkehrungen nach I und der Tests nach II auf die **Delegierte VO (EU) 2017/584**. Diese enthält ua Regelungen hinsichtlich des Testens von Systemen (Art. 8) und deren Konformität mit den Systemen des jeweiligen Handelsplatzes (Art. 9), hinsichtlich der von Mitgliedern

(14) BörsG 26f

eingesetzten Algorithmen (Art. 10), zu vorbeugenden Maßnahmen bei marktstörenden Handelsbedingungen (Art. 18), über Mechanismen zur Steuerung der Volatilität (Art. 19) und zur Vor- und Nachhandelskontrollen (Art. 20).

Lit. zum algorithmischen und Hochfrequenzhandel: Aldridge, High-Frequency Trading, 2nd ed 2013, Gresser, Praxishandbuch Hochfrequenzhandel, 2016, Schwark/Zimmer/Kumpan § 26d BörsG Rn. 1 ff., Jaskulla BKR 2013, 221, Kobbach BKR 2013, 233, Schultheiß WM 2013, 596, Kasiske WM 2014, 1933, Kindermann/Coridaß ZBB 2014, 178, in diesem Zusammenhang zu latenzminimierenden Infrastrukturen Mattig WM 2014, 1940.

Informationen über die Ausführungsqualität

BörsG 26e [1] Börsen müssen für jedes Finanzinstrument, das an ihnen gehandelt wird, mindestens einmal jährlich gebührenfrei Informationen über die Qualität der Ausführung von Aufträgen veröffentlichen. [2] Die Veröffentlichungen müssen ausführliche Angaben zum Preis, den mit einer Auftragsausführung verbundenen Kosten, der Geschwindigkeit und der Wahrscheinlichkeit der Ausführung enthalten. [3] Wegen der einzelnen Anforderungen an Inhalt und Form der Veröffentlichungen nach den Sätzen 1 und 2 wird auf die Delegierte Verordnung (EU) 2017/575 der Kommission vom 8. Juni 2016 zur Ergänzung der Richtlinie 2014/65/EU des Europäischen Parlaments und des Rates über Märkte für Finanzinstrumente durch technische Regulierungsstandards bezüglich der Daten, die Ausführungsplätze zur Qualität der Ausführung von Geschäften veröffentlichen müssen (ABl. L 87 vom 31.3.2017, S. 152), in der jeweils geltenden Fassung, verwiesen.

1 § 26e, eingeführt durch 2. FiMaNoG 2017, setzt Art. 27 III MiFID II um und konkretisiert die Informationspflicht von Börsen hinsichtlich der Ausführungsqualität. Weitergehende Regelungen zu Inhalt, Format und Periodizität enthält die **Delegierte VO (EU) 2017/575.** Danach haben Börsen (= Handelsplätze) für jedes von ihnen betriebene Marktsegment und jedes Finanzinstrument bestimmte Informationen zur Art des Ausführungsplatzes (Art. 3 I), zur Art des Finanzinstrumentes (Art. 3 II), zum Ausführungspreis (Art. 4), zu den für jedes Mitglied und jeden Nutzer veranschlagten Kosten (Art. 5), zur Ausführungswahrscheinlichkeit (Art. 6) sowie bestimmte zusätzliche Informationen zu veröffentlichen (Art. 7 u. 8). Der Anhang der VO enthält Vorlagen für die Veröffentlichung der Informationen (Art. 10 iVm dem Anhang). Die Informationen sind quartalsweise, spätestens drei Monate nach Ende des Quartals zu veröffentlichen (zu den Zeitpunkten s. Art. 11). Kommen Börsenträger der Veröffentlichungspflicht nach Satz 1 nicht mindestens einmal jährlich nach, ist dies nach **(14)** BörsG § 50 II Nr. 21 ordnungswidrig.

Positionsmanagementkontrollen

BörsG 26f (1) [1] Eine Börse, an der Warenderivate gehandelt werden, muss Verfahren zur Überwachung der Einhaltung der nach § 54 Absatz 1 bis 5 und § 55 des Wertpapierhandelsgesetzes festgelegten Positionslimits (Positionsmanagementkontrollen) einrichten. [2] Diese müssen transparent und diskriminierungsfrei ausgestaltet werden, festlegen, wie sie anzuwenden sind und der Art und Zusammensetzung der Handelsteilnehmer sowie deren Nutzung der zum Handel zugelassenen Kontrakte Rechnung tragen. [3] Im Rahmen von Kontrollen nach den Sätzen 1 und 2 hat die Börse insbesondere sicherzustellen, dass sie das Recht hat,

1. die offenen Kontraktpositionen jedes Handelsteilnehmers zu überwachen,
2. von Handelsteilnehmern Zugang zu Informationen, einschließlich aller einschlägigen Unterlagen, über Größe und Zweck einer eingegangenen Position oder offenen Forderung, über wirtschaftliche oder tatsächliche Eigentümer, etwaige Absprachen sowie alle etwaigen zugehörigen Vermögenswerte oder Verbindlichkeiten im einschlägigen Basiswert zu erhalten, gegebenenfalls auch zu Positionen, die in Warenderivaten mit demselben Basiswert und denselben Eigenschaften an anderen Handelsplätzen und in wirtschaftlich gleichwertigen OTC-Kontrakten über Mitglieder und Teilnehmer gehalten werden,
3. von jedem Handelsteilnehmer die zeitweilige oder dauerhafte Auflösung oder Reduzierung einer von ihm eingegangenen Position zu verlangen und, falls der Betreffende dem nicht nachkommt, einseitig geeignete Maßnahmen zu ergreifen, um die Auflösung oder Reduzierung sicherzustellen, und
4. von jedem Handelsteilnehmer zu verlangen, zeitweilig Liquidität zu einem vereinbarten Preis und in vereinbartem Umfang eigens zu dem Zweck in den Markt zurückfließen zu lassen, die Auswirkungen einer großen oder marktbeherrschenden Position abzumildern.

⁴ Nähere Bestimmungen zum Inhalt der Positionsmanagementkontrollen ergeben sich aus den von der Kommission aufgrund der gemäß Artikel 57 Absatz 8 der Richtlinie 2014/65/EU in der jeweils geltenden Fassung in Verbindung mit den Absätzen 10 bis 14 der Verordnung (EU) Nr. 1095/2010 erlassenen technischen Regulierungsstandards.

(2) ¹ Die Börse unterrichtet die Börsenaufsichtsbehörde über Einzelheiten der Positionsmanagementkontrollen nach Absatz 1. ² Die Börsenaufsichtsbehörde übermittelt diese Informationen an die Bundesanstalt und an die Europäische Wertpapier- und Marktaufsichtsbehörde.

§ 26f, eingeführt durch 2. FiMaNoG 2017, setzt Art. 57 VIII bis X MiFID II **1** um. Danach sind Börsen, an denen Warenderivate gehandelt werden, verpflichtet, die Einhaltung der Positionslimits durch geeignete Kontrollverfahren zu überwachen **(I)** und darüber der Börsenaufsichtsbehörde zu berichten **(II)**. **Warenderivate** sind nach Art. 4 I Nr. 50 MiFID II iVm Art. 2 I Nr. 30 MiFIR zu bestimmen. Danach sind Warenderivate Finanzinstrumente, deren Preis sich durch Waren bestimmt, auf die sie sich beziehen, wobei es nicht darauf ankommt, ob es am Stichtag zu einer physischen Lieferung (physical delivery) oder zu einem Barausgleich (cash settlement) kommen soll. Aufgrund des Verweises in Art. 2 I Nr. 30 MiFIR auf Anhang I Abschnitt C Nr. 10 MiFID II sind auch Derivate auf Klimavariablen, Frachtsätze, Inflationsraten etc. Warenderivate und damit von § 26f erfasst.

Die **Positionslimits** (= quantitative Schwellenwerte für die maximale Größe **2** einer Position in dem jeweiligen Derivat, die eine Person halten darf) werden in Deutschland von der BaFin festgelegt, § 54 I WpHG (für nur in Deutschland gehandelte Derivate) bzw. § 55 I WpHG (für auch andernorts im EWR gehandelte Derivate nur, sofern die BaFin die „zentrale zuständige Stelle" ist, was dann der Fall ist, wenn das größte Volumen des jeweiligen Derivats an einem inländischen Marktplatz gehandelt wird). Das Positionslimit ist so zu bestimmen, dass Marktmissbrauch (iSd MAR) verhindert wird und es zu einer geordneten Preisbildung und Abwicklung beiträgt (§ 54 II WpHG). Regelungen zur **Berechnung der Nettopositionen** in Warenderivaten und zur Methodologie für die Berechnung der Positionslimits enthält die Delegierte VO (EU) 2017/591. Werden entgegen § 26f keine Positionsmanagementkontrollen eingerichtet, stellt dies nach **(14)** BörsG § 50 II Nr. 2 eine Ordnungswidrigkeit dar.

Kumpan

Übermittlung von Daten

BörsG 26g Die Geschäftsführung kann von den Handelsteilnehmern die Übermittlung von Daten in Bezug auf deren Finanzinstrumente verlangen, soweit dies zur Erfüllung der Anforderungen aus Artikel 25 Absatz 2 der Verordnung (EU) Nr. 600/2014 erforderlich ist.

1 § 26g, eingeführt durch 2. FiMaNoG 2017, gibt der Geschäftsführung das Recht, von den Handelsteilnehmern die Übermittlung von Daten zu verlangen, die sie benötigt, um ihre Pflichten nach Art. 25 II MiFIR zu erfüllen. Art. 25 II MiFIR verpflichtet die Betreiber von Handelsplätzen, Daten über sämtliche über das System mitgeteilte Aufträge für Finanzinstrumente fünf Jahre lang aufzubewahren und der zuständigen Behörde zur Verfügung zu stellen. Diese Daten werden durch die **Delegierte VO (EU) 2017/580** näher konkretisiert. Sofern Handelsteilnehmer die von der Geschäftsführung verlangten Daten entgegen § 26g nicht übermitteln, stellt dies nach **(14) BörsG § 50 II Nr. 23** eine Ordnungswidrigkeit dar.

Abschnitt 3. Skontroführung und Transparenzanforderungen an Wertpapierbörsen

Zulassung zum Skontroführer

BörsG 27 (1) ¹Die Geschäftsführung einer Wertpapierbörse kann unter Berücksichtigung des von der Börse genutzten Handelssystems zur Teilnahme am Börsenhandel zugelassene Unternehmen auf deren Antrag mit der Feststellung von Börsenpreisen an dieser Wertpapierbörse betrauen (Zulassung als Skontroführer). ²Der Antragsteller und seine Geschäftsleiter müssen die für die Skontroführung erforderliche Zuverlässigkeit haben und auf Grund ihrer fachlichen und wirtschaftlichen Leistungsfähigkeit zur Skontroführung geeignet sein. ³Die Geschäftsführung hat Personen, die berechtigt sein sollen, für einen Skontroführer bei der Skontroführung zu handeln (skontroführende Personen), zuzulassen, wenn diese Personen Börsenhändler sind und die für die Skontroführung erforderliche berufliche Eignung haben. ⁴Das Nähere regelt die Börsenordnung.

(2) ¹Die Geschäftsführung hat die Zulassung als Skontroführer nach Anhörung der Börsenaufsichtsbehörde außer nach den Vorschriften des Verwaltungsverfahrensgesetzes zu widerrufen, wenn der Skontroführer sich einer groben Verletzung seiner Pflichten schuldig gemacht hat. ²Die Geschäftsführung kann die Zulassung widerrufen, wenn die Bundesanstalt Maßnahmen zur Sicherung der Erfüllung der Verbindlichkeiten des Skontroführers gegenüber dessen Gläubigern ergriffen hat. ³In dringenden Fällen kann die Geschäftsführung einem Skontroführer auch ohne dessen Anhörung die Teilnahme am Börsenhandel mit sofortiger Wirkung vorläufig untersagen; Widerspruch und Anfechtungsklage haben keine aufschiebende Wirkung.

(3) Besteht der begründete Verdacht, dass eine der in Absatz 1 bezeichneten Voraussetzungen nicht vorgelegen hat oder nachträglich weggefallen ist, so kann die Geschäftsführung das Ruhen der Zulassung eines Skontroführers längstens für die Dauer von sechs Monaten anordnen.

(4) Die Bundesanstalt hat die Geschäftsführung unverzüglich zu unterrichten, wenn sie Maßnahmen zur Sicherung der Erfüllung der Verbindlichkeiten des Skontroführers gegenüber dessen Gläubigern ergriffen hat.

§§ 27–29 nF 2007 sind gegenüber den entprechenden früheren Vorschriften 1
flexibilisiert, was den neuen Entwicklungen in Technik und Markt zutreffend
Rechnung trägt. Das BörsG regelt nur noch die Zulassung und Pflichten der mit
der Feststellung von Börsenpreisen betrauten Unternehmen (Skontroführer, Legaldefinition in § 27 I 1). Die Unterscheidung zwischen Börsenmaklern, die
Preise feststellen oder ermitteln (Kursmakler, §§ 29 ff. aF, und **Skontroführer**,
§ 8b aF), und anderen Börsenmaklern (Freimaklern) ist schon seit dem 4. FinanzmarktfördG für das BörsG hinfällig geworden. Ob die Börse als Präsenzbörse mit
Skontroführern oder als elektronisches Handelssystem oder als Mischform betrieben werden soll, ist Sache der Börse selbst (→ § 24 Rn. 3). Während die Bedeutung der Preisstellungsfunktion der Skontroführer immer weiter zurückgegangen
ist, hat die liquiditätsspendende Funktion immer mehr Bedeutung erlangt. An der
FWB wurde der Skontrohandel im Freiverkehr 2011 und im regulierten Markt
2012 abgeschafft und durch ein Spezialistenmodell ersetzt.

Wegen ihrer Funktion der Feststellung von Börsenpreisen und den damit 2
verbundenen Pflichten (§ 28) bedürfen die Skontroführer einer besonderen **Zulassung durch die Geschäftsführung** nach § 27 (anfechtbarer Verwaltungsakt),
und zwar unter Berücksichtigung des von der Börse genutzten Handelssystems (**I
1**, → Rn. 1). I 1 regelt die Zulassung als Skontroführer als Sondervorschrift zu
§ 19: Als Skontroführer zugelassen werden können nur zur Teilnahme am Börsenhandel zugelassene Unternehmen (§ 19). Die Zulassung zur Teilnahme am
Börsenhandel und als Skontroführer kann auch uno acto geschehen (RegE). Die
Zulassung erfolgt nur auf Antrag. Dies liegt im Ermessen der Börsengeschäftsführung, die eine Bedürfnisprüfung (anhand des Arbeitsaufkommens) vornimmt.
Dabei hat sie die Wettbewerbsfreiheit und den allgemeinen Gleichheitsgrundsatz
(Chancengleichheit) zu beachten. Zeitgleich mit der Zulassung zum Skontroführer hat die Zuteilung von Skontren zu erfolgen. Die Zulassungsvoraussetzungen
(persönliche Zuverlässigkeit und Eignung für Skontroführung auf Grund fachlicher und wirtschaftlicher Leistungsfähigkeit, auch den Geschäftsleiter des skontroführenden Instituts) ergeben sich aus **I 2**. Für Nachweis der Zuverlässigkeit des
Antragstellers reicht aus, dass keine negativen Tatsachen vorliegen (zB Verstöße
gegen Pflichten als Skontroführer). Zulassung als **skontroführende Personen**
(Legaldefinition) nach **I 3**. Näheres regelt die BörsO (**I 4**).

Widerruf der Zulassung bei grober Pflichtverletzung, (**II 1**), insbesondere bei 3
Verstoß gegen Pflichten aus § 28 (ist gebundene Entscheidung); Widerruf außerdem möglich (Ermessen, sofern aber Preisfeststellung gefährdet Reduzierung „auf
Null"), wenn BaFin Maßnahmen gegen Skontroführer ergriffen hat, weil dessen
wirtschaftliche Leistungsfähigkeit fraglich ist (**II 2**). In dringenden Fällen (etwa bei
Verstößen gegen § 28) kann die Skontroführertätigkeit mit sofortiger Wirkung
(aber nur vorläufig) untersagt werden (**II 3**); dafür sind konkrete Anhaltspunkte
nötig und ein Verstoß muss in hohem Maße wahrscheinlich sein, aber ansonsten
keine zu hohen Anforderungen nötig, denn Zweck ist der Schutz der ganz
wesentlichen ordnungsgemäßen Preisfestestellung. Ruhen der Zulassung bei begründetem Verdacht (**III**). Mitteilung durch die Geschäftsführung an die BaFin
(**IV**). Lit.: Beck BKR 2002, 704.

Pflichten des Skontroführers

BörsG 28 (1) ¹**Der Skontroführer und die skontroführenden Personen haben im Rahmen der Aufgaben des Skontroführers auf einen geordneten Marktverlauf hinzuwirken und die Skontroführung neutral auszuüben.** ²**Der Skontroführer hat durch geeignete organisatorische Maßnahmen die Einhaltung der ihm obliegenden Pflichten sicherzustellen.** ³**Bei der Preisfeststellung hat er weisungsfrei zu handeln.** ⁴**Die Wahrnehmung**

der Pflichten hat so zu erfolgen, dass eine wirksame Überwachung der Einhaltung der Pflichten gewährleistet ist. ⁵ Das Nähere regelt die Börsenordnung.

(2) ¹ Der Skontroführer und die skontroführenden Personen haben alle zum Zeitpunkt der Preisfeststellung vorliegenden Aufträge bei ihrer Ausführung unter Beachtung der an der Börse bestehenden besonderen Regelungen gleich zu behandeln. ² Das Nähere regelt die Börsenordnung.

1   1) § 28 nF 2007 regelt die **Pflichten** des Skontroführers und der skontroführenden Personen. Seine Aufgabe ist es, die Vermittlung und den Abschluss von Börsengeschäften in den zur Skontroführung zugewiesenen Wertpapieren zu betreiben. In diesem Rahmen hat er **auf einen geordneten Marktverlauf hinzuwirken** und die Skontroführung **neutral** auszuüben (**I 1**). Mit der bloßen Zusammenführung von Aufträgen ist es also für den Skontroführer nicht getan, er muss vielmehr auf die Aufrechterhaltung des Handels und die Sicherstellung der Preiskontinuität in den ihm zugewiesenen Wertpapieren hinwirken (RegE). Das kann auch durch Eigen- und Aufgabegeschäfte geschehen, soweit sie dem Skontroführer erlaubt sind, was näher zu regeln Sache der BörsO ist (zB bei unausgeglichener Marktlage, Fehlen marktnah limitierter Aufträge oder von Gegenangeboten, also nicht nur für Spitzenausgleich möglich: **unzulässig** sind tendenzverstärkende Eigenhandelsaktivitäten). Ein Recht dazu (ausnahmsweise sogar eine Pflicht) kann je nach BörsO zB bei unausgeglichener Marktlage oder bei Vorliegen unlimitierter Aufträge bestehen, deren Vermittlung zu nicht marktgerechten Preisen möglich wäre (vgl. RegE 4. FinanzmarktfördG). Der Skontroführer muss seine Tätigkeit so organisieren, dass die Einhaltung seiner Pflichten sichergestellt ist (**I 2**). Die Neutralitätspflicht des Skontroführers nach I 1 erfordert ihrerseits **Weisungsfreiheit** bei der Preisfeststellung (**I 3**). Es liegt auf der Hand, dass der Skontroführer seine besonderen Informationen nicht zu seinem eigenen Vorteil oder zu dem Dritter benutzen darf (sonst Insiderhandel nach MAR). Die besondere Vertrauensstellung des Skontroführers und die (zulässigen) Interessenkonflikte aus der Kombination von Skontroführung und Eigen- und Aufgabegeschäften bedingen, dass der Skontroführer seine Pflichten so wahrnehmen und seine Tätigkeit so organisieren muss, dass eine **wirksame Überwachung** der Einhaltung der Pflichten gewährleistet ist (**I 4**). Näher die BörsO (**I 5**).

2   2) Der Skontroführer ist zur **Gleichbehandlung** der zum Zeitpunkt der Feststellung des Börsenpreises vorliegenden Aufträge verpflichtet (**II 1**), was aber unter Beachtung der an der Börse bestehenden besonderen Regelungen zu erfolgen hat. Aus II resultiert ein **Ausführungsanspruch** der Handelsteilnehmer, soweit möglich. II 2 aF, wonach dem Skontroführer der Handel in anderen als ihm zur Skontroführung übertragenen Wertpapieren nur, soweit seine Aufgabe der Skontroführung nicht beeinträchtigt wird, gestattet wurde, ist weggefallen und wie alles sonstige nähere Sache der BörsO (**II 2**), die dies aber sinnvollerweise ähnlich regeln wird. Die BörsO muss eine Entgeltordnung für die Tätigkeit der Skontroführer enthalten (§ 16 I 2 Nr. 5). § 28 ist kein **Verbotsgesetz** iSd § 134 BGB.

Verteilung der Skontren

BörsG 29 ¹ Über die Verteilung der Skontren unter den für die Skontroführung geeigneten Antragstellern nach § 27 Abs. 1 Satz 2 und die Anzahl der Skontroführer entscheidet die Geschäftsführung. ² Die Zuteilung von Skontren kann befristet erfolgen. ³ Das Nähere regelt die Börsenordnung. ⁴ Die Börsenordnung kann als Kriterien für die

Zuteilung der Skontren insbesondere die fachliche und wirtschaftliche Leistungsfähigkeit des Antragstellers vorsehen.

§ 29 nF 2007 behandelt die im Wettbewerb der Skontroführer hoch relevante Verteilung der Skontren, regelt dies aber sehr flexibel ohne weitere Vorgaben wie nach aF, aber verfassungsgemäß, VG Düsseldorf ZIP 2010, 466; dazu Bracht ZBB 2010, 52. Die Verteilung der Skontren unter den geeigneten Antragstellern nach § 27 I 2 und die Entscheidung über die Anzahl der Skontroführer ist allein Sache der Geschäftsführung (Satz 1). Die Beteiligung eines Ausschusses mit Sitz und Stimme der Skontroführer ist nicht mehr vorgeschrieben, kann aber in der BörsO vorgesehen werden. Die Entscheidung ist ein Verwaltungsakt. Die Betroffenen haben einen Anspruch auf ermessensfehlerfreie Entscheidung. Skontroführer, die bei der Skontrenzuteilung im vorhergehenden Zuteilungszeitraum rechtswidrig von der Skontrenzuteilung ausgeschlossen waren, dürfen bei erneuter Zuteilung gegenüber seinerzeit erfolgreichen Mitbewerbern nicht benachteiligt werden, BVerwG NVwZ-RR 2014, 465. Zu Schadensersatzansprüchen übergangener Skontroführer im Zusammenhang mit der Skontrenzuteilung OLG Frankfurt a. M. BeckRS 2013, 15308. Die Zuteilung kann befristet erfolgen (Satz 2). Näheres ist zu Recht der BörsO vorbehalten (Satz 3), was zugleich die Geschäftsführung entlastet und die Genehmigung der Börsenaufsichtsbehörde impliziert (§ 16 III). Unwirksamkeit der Verteilung von Skontren in der seinerzeitigen BörsO FWB, VGH Kassel ZIP 2007, 215, rechtswidrige Zuteilung, VGH Kassel ZIP 2008, 1520, Skontrenzuteilung keine grundsätzliche Maßnahme im Sinne der Amtshaftung, sondern gehört zur laufenden Verwaltung, OVG Münster WM 2012, 1996.

BörsG 30 *(aufgehoben)*

BörsG 31 *(aufgehoben)*

Abschnitt 4. Zulassung von Wertpapieren zum Börsenhandel

Zulassungspflicht

BörsG 32 (1) Wertpapiere, die im regulierten Markt an einer Börse gehandelt werden sollen, bedürfen der Zulassung oder der Einbeziehung durch die Geschäftsführung, soweit nicht in § 37 oder in anderen Gesetzen etwas anderes bestimmt ist.

(2) [1] Die Zulassung ist vom Emittenten der Wertpapiere zusammen mit einem Kreditinstitut, Finanzdienstleistungsinstitut, einem Wertpapierinstitut oder einem nach § 53 Abs. 1 Satz 1 oder § 53b Abs. 1 Satz 1 des Kreditwesengesetzes tätigen Unternehmen zu beantragen. [2] Das Institut oder Unternehmen muss an einer inländischen Wertpapierbörse mit dem Recht zur Teilnahme am Handel zugelassen sein und ein haftendes Eigenkapital im Gegenwert von mindestens 730 000 Euro nachweisen. [3] Ein Emittent, der ein Institut oder Unternehmen im Sinne des Satzes 1 ist und die Voraussetzungen des Satzes 2 erfüllt, kann den Antrag allein stellen. [4] Die Geschäftsführung kann vom Emittenten die Übermittlung von Referenzdaten in Bezug auf die zu-

zulassenden Wertpapiere verlangen, soweit dies zur Erfüllung der Anforderungen aus Artikel 4 der Verordnung (EU) Nr. 596/2014 erforderlich ist.

(3) Wertpapiere sind zuzulassen, wenn
1. der Emittent und die Wertpapiere den Anforderungen nach Artikel 35 der Verordnung (EG) Nr. 1287/2006 sowie den Bestimmungen entsprechen, die zum Schutz des Publikums und für einen ordnungsgemäßen Börsenhandel nach § 34 erlassen worden sind, und
2. ein nach der Verordnung (EU) 2017/1129 des Europäischen Parlaments und des Rates vom 14. Juni 2017 über den Prospekt, der beim öffentlichen Angebot von Wertpapieren oder bei der Zulassung zum Handel an einem geregelten Markt zu veröffentlichen ist und zur Aufhebung der Richtlinie 2003/71/EG (ABl. L 168 vom 30.6.2017 S. 12) gebilligter oder bescheinigter Prospekt oder ein Verkaufsprospekt im Sinne des § 42 des Investmentgesetzes in der bis zum 21. Juli 2013 geltenden Fassung veröffentlicht worden ist, der für den in § 345 Absatz 6 Satz 1 des Kapitalanlagegesetzbuchs vorgesehenen Zeitraum noch verwendet werden darf, oder ein Verkaufsprospekt im Sinne des § 165 des Kapitalanlagegesetzbuchs oder ein Prospekt im Sinne des § 318 Absatz 3 des Kapitalanlagegesetzbuchs veröffentlicht worden ist, soweit nicht nach Artikel 1 Absatz 2 oder Absatz 5 der Verordnung (EU) 2017/1129 von der Veröffentlichung eines Prospekts abgesehen werden kann.

(4) Der Antrag auf Zulassung der Wertpapiere kann trotz Erfüllung der Voraussetzungen des Absatzes 3 abgelehnt werden, wenn der Emittent seine Pflichten aus der Zulassung zum regulierten Markt an einem anderen organisierten Markt nicht erfüllt.

(5) ¹Die Geschäftsführung bestimmt mindestens drei inländische Zeitungen mit überregionaler Verbreitung zu Bekanntmachungsblättern für die vorgeschriebenen Veröffentlichungen (überregionale Börsenpflichtblätter). ²Die Bestimmung kann zeitlich begrenzt werden; sie ist durch Börsenbekanntmachung zu veröffentlichen.

1) Zulassung von Wertpapieren zum Börsenhandel (I)

1   Der **IV. Abschnitt** nF 2007 regelt die Zulassung von Wertpapieren zum Börsenhandel. Der Freiverkehr ist transparent in einem eigenen V. Abschnitt § 48 geregelt (weitere Marktsegmente → § 48 Rn. 1). **Amtlicher und geregelter Markt** werden nach Aufhebung ihrer Trennung im IV. Abschn. **nunmehr zusammengefasst (regulierter Markt),** was eine erhebliche Verschlankung des BörsG nach sich gezogen hat (Aufhebung von §§ 49–56 aF). Auch in der Sache ist die Aufhebung der Trennung zu begrüßen. Die Unterschiede zwischen den beiden Marktsegmenten sind durch die EUTransparenzRL 2004/109/EG 15.12.2004 ABl. L 390, 38 deutlich relativiert worden. Vor allem aber haben die **Börsen breite Gestaltungsmöglichkeiten,** wie sie ihre Handelssegmente ausformen, ob sie für Teilbereiche ihrer Märkte zusätzliche Zulassungs- und Zulassungsfolgepflichten einführen und wie sie sich dadurch im zunehmend härteren, nationalen und internationalen Börsen- und Finanzmarktwettbewerb positionieren (dazu schon → § 24 Rn. 3 ff.). Auch wenn somit das BörsG nicht mehr zwischen amtlichem und geregeltem Markt unterscheidet, wird diese Unterscheidung der Sache nach gemäß Börsenpraxis und BörsO fortbestehen. Das praktische Bedürfnis nach einem Marktsegment mit erleichtertem Zugang liegt auf der Hand, um mehr Unternehmen an die Börse heranzuführen und dadurch die Eigenkapitalausstattung deutscher Unternehmen zu verbessern. Beides liegt auch im Interesse der Anleger und rechtfertigt deshalb einen gegenüber dem ersten Marktabschnitt segmentspezifisch niedrigeren Anlegerschutz. Dieser darf aber

trotzdem nicht zweitklassig sein, weil sonst das für die Akzeptanz des neuen Marktabschnitts notwendige Vertrauen gefährdet wäre. Über das größere Risiko an einem solchen Markt und den geringeren Anlegerschutz dort müssen die Kreditinstitute ihre Kunden uU besonders aufklären (RegE 1986; → HGB § 347 Rn. 8–40, → **(7)** Bankgeschäfte Rn. A16–29). Die **Doppelnotierung** in mehreren Marktabschnitten derselben Börse ist nicht mehr ausdrücklich verboten (so noch § 49 I 1 Hs. 2 aF), wird aber idR die marktgerechte Preisfeststellung gefährden. Zum früheren geregelten Markt näher Hopt WM 1985, 793; Woopen ZIP 1986, 258; Schierenbeck BFuP 1988, 430.

§ 32 nF 2007, II 4 neu durch 1. FiMaNoG 2016. Nach **I** bedürfen **Wert-** 2 **papiere,** die im regulierten Markt an einer Börse gehandelt werden sollen, grundsätzlich der **Zulassung** oder der **Einbeziehung** (§ 33), die **durch die Geschäftsführung** ausgesprochen wird. Die Übertragung auch der Zulassung auf die BaFin (RefE FinanzmarktRLUmsetzG) ist zu Gesetz geworden, Hammen WM 2007, 1299. **Ausnahmen** von I gelten zB nach § 37 für staatliche Schuldverschreibungen und § 33 IV EGAktG für neue Aktien aus Kapitalerhöhung aus Gesellschaftsmitteln, wenn die alten zum regulierten Markt zugelassen sind (Kapitalherabsetzung s. Kümpel WM 1980, 694). Der **Wertpapierbegriff** ist im BörsG selbst nicht direkt geregelt (vgl. aber über § 2 II betreff Wertpapierbörsen, → § 2 Rn. 3), kann aber aufgrund der Bezugnahme in § 2 II „auf sich hierauf [dhWertpapiere] beziehende Derivate im Sinne des § 2 Absatz 3 WpHG" (bzw. im WpHG derivative Geschäfte) in Anlehnung an das WpHG bestimmt werden, Schwark/Zimmer/Heidelbach § 32 BörsG Rn. 25, idR nur fungible Wertpapiere (Effekten). Teilbereiche des regulierten Marktes mit besonderen Pflichten für Emittenten s. § 42. Zur Zulassung von GmbH- und KdtAnteilen krit. üL, Hommelhoff ZHR 153 (1989), 181, dafür mittels zwischengeschalteter Holding (Stuttgarter Modell) Vollmer WM Sonderbeil. 2/1991. Widerruf und Rücknahme der Zulassung sowie freiwilliger Rückzug vom Börsenmarkt **(Delisting)** s. § 39. Zur Entkopplung von Zulassung und amtlicher Preisfeststellung → § 24 Rn. 3.

2) Gemeinsame Antragstellung (II)

Der Zulassungsantrag ist vom Emittenten der Wertpapiere zusammen mit 3 einem an einer (auch anderen) inländischen Wertpapierbörse zugelassenen **Kreditinstitut, Finanzdienstleistungsinstitut** oder Unternehmen nach §§ 53 I 1, 53b I 1 KWG mit einem Mindesteigenkapital zu stellen (vgl. → **(7)** Bankgeschäfte Rn. A4). Dieses setzt damit sein standing ein und wird rechtlich in Pflicht genommen, BGHZ 139, 230: ua Prospekthaftung, III Nr. 2 iVm **(15a)** WpPG § 9, weitere Betreuung der Emission, zB Einsatz als Zahlstelle für Dividenden, Beratung und uU Mitwirkung bei der Sicherstellung der laufenden Bekanntmachungspflichten und der Informationen über für die Kursbildung wichtige Tatsachen (Ad-hoc-Publizität, **(16a)** MAR Art. 17), Gewährleistung der börsenmäßigen Lieferbarkeit der Wertpapiere, vgl. §§ 40 ff. zu den Emittentenpflichten (Emissionsgeschäft → **(7)** Bankgeschäfte Rn. Y1). Alleiniger Antrag bei Eigenemissionen von Kreditinstituten ua **(II 3).** Zwangsnotierung wie zT im Ausland ist ausgeschlossen. Zum Freiverkehr → § 48 Rn. 6.

3) Zulassungsvoraussetzungen (III)

III regelt die materiellen **Zulassungsvoraussetzungen,** namentlich **Pro-** 4 **spektzwang** nach **III Nr. 2** idF ProspRLUmsetzG (→ Einl. vor § 1 Rn. 8), unter Verweis ab 2005 auf das WpPG (→ Einl. vor § 1 Rn. 8, nach § 3 WpPG Prospektpflicht für die im Inland öffentlich angebotenen Wertpapiere mit Ausnahmen) und §§ 42, 137 III InvG, Grund für letzteres: Vermeidung doppelter Prospektpflicht insbesondere von InvestmentAG mit fixem Kapital (RegE 4. FinanzmarktfördG). Die Zulassung kann erst erfolgen, wenn keine Einwendungen nach III Nr. 1 (Anforderungen der VO (EG) 1287/2006 10.8.2006, → Einl. vor § 1 Rn. 10, und Schutzvorschriften für Publikum und ordnungsgemäßen Börsenhandel nach RVO auf Grund von § 34) erhoben werden und wenn nach III Nr. 2 ein nach den genannten Vorschriften ordnungsgemäß gebilligter oder bescheinigter Prospekt veröffentlicht worden ist. Die Billigung durch die BaFin (Art. 20 EU-ProspektVO) ist ein Verwaltungsakt. Inhaltlich übernimmt die billigende Stelle damit aber keine Gewähr für die Richtigkeit, Prospekthaftung wird durch Billigung nicht ausgeschlossen (→ **(15a)** WpPG § 9 Rn. 7). III Nr. 2 begründet kein Wahlrecht.

5   **Schutz des Publikums und allgemeiner Interessen:** II Nr. 2 aF (aufgehoben durch ProspektRLUmsetzG, → Einl. vor § 1 Rn. 8) bestimmte ausdrücklich, dass dem Zulassungsantrag nur stattgegeben werden darf, wenn keine Umstände bekannt sind, die bei Zulassung zu einer Übervorteilung des Publikums oder einer Schädigung erheblicher allgemeiner Interessen führen. II Nr. 3 begründete allerdings weder eine Emissionspreiskontrolle noch eine Bonitätsprüfung, BGHZ 123, 130; aber eine Versagung(spflicht) bei Betrug und Missbrauch oder Verstoß gegen ordre public (zB erhebliche kapitalmarktpolitische Interessen), str., aA Zahn ZGR 1981, 110. Mit der Aufhebung war nicht beabsichtigt, diese Prüfung überhaupt zu beseitigen, sondern nur, die Prüfung dieser Voraussetzungen, die eine Prospektprüfung impliziert, allein bei der für diese zuständige BaFin zu konzentrieren und die Doppelprüfung durch die Zulassungsstellen (nunmehr Geschäftsführung) zu vermeiden (BR ProspektRLUmsetzG, BT-Drs. 15/5219, 6). Andererseits fehlt nunmehr eine ausdrückliche Grundlage für die Versagung der Zulassung aus diesen Gründen. Eine speziell diesbezügliche Schutzvorschrift iSv III Nr. 1 iVm RVO nach § 34 bzw. §§ 48 ff. BörsZulV ist nicht ersichtlich. Eventuell kann in solchen Fällen auf III Nr. 1 iVm VO (EG) 1287/2006 Art. 35 VI zurückgegriffen werden, wonach ein „fairer" Handel in den übertragbaren Papieren gewährleistet sein muss. Lehnt man das ab, wird es bei Beeinträchtigung des Schutzes des Publikums oder allgemeiner Interessen aber idR an der Vollständigkeit bzw. Klarheit des Prospekts fehlen. „Bekannt sein" iSv II Nr. 2 aF schloss nicht Prüfungs- und Erkundigungspflichten der Geschäftsführung bei gegebenem Anlass aus, doch waren eigene Ermittlungen über die Bonität des Emittenten und die Absicherung der zuzulassenden Wertpapiere nicht vorgesehen, BGHZ 123, 130.

6   **Marktschutzvereinbarungen:** Die Einhaltung von Marktschutzvereinbarungen (lock up) zwischen dem Emittenten und einem oder mehreren Aktionären ist keine Zulassungsvoraussetzung (anders RegE 4. FinanzmarktfördG § 29 III Nr. 4). Hierbei handelt es sich um rein private Vereinbarungen, die allein Sache der Beteiligten sind. Eine Rechtsgrundlage für eine öffentlichrechtliche Pflicht zur Einhaltung solcher Vereinbarungen gibt es bisher nicht. Lit.: Fleischer WM 2002, 2305.

4) Ablehnung des Zulassungsantrags (IV)

7   IV ergänzt III dahin, dass der Zulassungsantrag trotz Erfüllung der Voraussetzungen von III abgelehnt werden kann, wenn der Emittent seine Pflichten aus der Zulassung zum regulierten Markt (→ § 40 Rn. 1) an einem anderen organisierten Markt nicht erfüllt. Organisierter Markt ist in § 2 XI WpHG definiert. Es kann sich dabei nicht nur um eine andere inländische Börse, sondern auch um eine solche in EU/EWR handeln. Letzterenfalls ergeben sich die Pflichten des Emittenten aus ausländischem Recht, sie sind aber innerhalb EU/EWG weitgehend harmonisiert.

5) Veröffentlichung (V)

8   V nF 2007. Die Geschäftsführung bestimmt mindestens drei (nach aF zwei) überregionale Börsenpflichtblätter (Legaldefinition) für die vorgeschriebenen

V. Bankgeschäfte 1, 2 **33 BörsG (14)**

Veröffentlichungen. Die Veröffentlichungspflicht für den Prospekt folgt aus der DurchführungsVO zur EU-Prospekt-RL (→ Einl. vor § 1 Rn. 8) und § 14 WpPG, die frühere Zeitungspublizität des Prospekts hat das ProspRLUmsetzG (→ Rn. 4) aufgehoben.

Einbeziehung von Wertpapieren in den regulierten Markt

BörsG 33 (1) Wertpapiere können auf Antrag eines Handelsteilnehmers oder von Amts wegen durch die Geschäftsführung zum Börsenhandel in den regulierten Markt einbezogen werden, wenn

1. die Wertpapiere bereits
   a) an einer anderen inländischen Börse zum Handel im regulierten Markt,
   b) in einem anderen Mitgliedstaat der Europäischen Union oder in einem anderen Vertragsstaat des Abkommens über den Europäischen Wirtschaftsraum zum Handel an einem organisierten Markt oder
   c) an einem Markt in einem Drittstaat, sofern an diesem Markt Zulassungsvoraussetzungen und Melde- und Transparenzpflichten bestehen, die mit denen im regulierten Markt für zugelassene Wertpapiere vergleichbar sind, und der Informationsaustausch zum Zwecke der Überwachung des Handels mit den zuständigen Stellen in dem jeweiligen Staat gewährleistet ist,
   zugelassen sind und
2. keine Umstände bekannt sind, die bei Einbeziehung der Wertpapiere zu einer Übervorteilung des Publikums oder einer Schädigung erheblicher allgemeiner Interessen führen.

(2) ¹Die näheren Bestimmungen über die Einbeziehung von Wertpapieren sowie über die von dem Antragsteller nach erfolgter Einbeziehung zu erfüllenden Pflichten sind in der Börsenordnung zu treffen. ²Die Börsenordnung muss insbesondere Bestimmungen enthalten über die Unterrichtung des Börsenhandels über Tatsachen, die von dem Emittenten an dem ausländischen Markt, zu dem die Wertpapiere zugelassen sind, zum Schutz des Publikums und zur Sicherstellung der ordnungsgemäßen Durchführung des Handels zu veröffentlichen sind; § 38 Abs. 1, die §§ 39 und 41 finden keine Anwendung.

(3) Die Geschäftsführung unterrichtet den Emittenten, dessen Wertpapiere in den Handel nach Absatz 1 einbezogen wurden, von der Einbeziehung.

(4) ¹Für die Aussetzung und die Einstellung der Ermittlung des Börsenpreises gilt § 25 entsprechend. ²Für den Widerruf der Einbeziehung gilt § 39 Abs. 1 entsprechend.

1) Einbeziehung von Wertpapieren in den regulierten Markt (I)

§ 33 nF 2007 regelt die materiellen **Einbeziehungsvoraussetzungen bei** 1
bereits bestehender anderweitiger Zulassung. Parallelnorm für die erstmalige Zulassung ist § 32. Mit der Einbeziehung **in den regulierten Markt** (vgl. Definition des geregelten Marktes in Art. 4 I Nr. 21 MiFID II) bietet sich für die Handelsteilnehmer die Möglichkeit, im In- oder Ausland anderweitig zugelassene Wertpapiere ebenfalls an der Börse zu handeln, was das Angebot der Börse und diese selbst im internationalen Wettbewerb stärkt.

Die Einbeziehung von Wertpapieren zum Börsenhandel in den regulierten 2
Markt erfolgt **durch die Geschäftsführung (I Hs. 1)** auf **Antrag** eines Handelsteilnehmers **oder von Amts wegen** (neu), wenn die Geschäftsführung ein entsprechendes Marktbedürfnis erkennt. Einbezogen werden können danach

Kumpan 2881

nach Wertpapiere, die bereits a) an einer anderen inländischen Börse zum Handel im regulierten Markt, b) an einem organisierten Markt in der EU/EWR oder c) an einem Markt in einem Drittstatt (bei vergleichbaren Zulassungsvoraussetzungen und Melde- und Transparenzpflichten und gewährleisteter Zusammenarbeit bei der Überwachung) zugelassen sind **(I Nr. 1)**. Voraussetzung ist weiter, dass keine Umstände bekannt sind, die bei Einbeziehung zu einer Übervorteilung des Publikums oder einer Schädigung erheblicher allgemeiner Interessen führen **(I Nr. 2**, vgl. → § 32 Rn. 5). Der Fall I Nr. 1a) ist unproblematisch, weil angesichts der bereits erfolgten inländischen Zulassung der Schutz des BörsG bereits greift. Im Fall I Nr. 1b) sorgen die EU-RL, insbesondere die MiFID II, die EUDurchführungsRL (→ Einl. vor § 1 Rn. 10) und die **(16a)** MAR für einen vergleichbaren Schutz. Sofern die Zusammenarbeit der zuständigen Stellen des Drittstaates bei der Überwachung nach I Nr. 1c) nicht gewährleistet ist, bleibt nur die Einbeziehung in den Freiverkehr (§ 48). Fehlt es an einem vergleichbaren Anlegerschutz und Transparenz kann es auch an den Voraussetzungen für die Einbeziehung in den Freiverkehr fehlen, jedenfalls hat die Börsengeschäftsführung die Möglichkeit, einzuschreiten (§ 48 II).

2) Regelungen der BörsO (II)

3 Die näheren Bestimmungen über die Einbeziehung und die darauf folgenden Pflichten trifft die BörsO **(II 1)**. Dazu bringt **II 2** Mindestanforderungen hinsichtlich der Unterrichtung des Börsenhandels über in dem ausländischen Markt veröffentlichte Tatsachen zum Schutz des Publikums und zur Sicherstellung der ordnungsgemäßen Durchführung des Handels. Denn es ist unverzichtbar, dass der inländische Börsenhandel über die Veröffentlichungen des ausländischen Emittenten an der Heimatbörse zeitnah unterrichtet wird, damit diese Informationen in den Preisbildungsprozess einfließen können. §§ 38 I, 39 und 41 über Einführung, Widerruf und Auskunftserteilung finden jedoch keine Anwendung (II 2 letzter Hs.).

3) Unterrichtung des Emittenten (III)

4 Die Geschäftsführung unterrichtet den Emittenten von der Einbeziehung seiner Papiere.

4) Aussetzung, Einstellung, Widerruf (IV)

5 Für Aussetzung und Einstellung der Ermittlung des Börsenpreises verweist IV auf § 25, für den Widerruf der Einbeziehung auf § 39 I. Zuständig ist wie für die Einbeziehung die Geschäftsführung. Ein freiwilliges Delisting auf Antrag des Emittenten wie nach § 39 II ist hier nicht vorgesehen.

Ermächtigungen

BörsG 34 Die Bundesregierung wird ermächtigt, durch Rechtsverordnung mit Zustimmung des Bundesrates die zum Schutz des Publikums und für einen ordnungsgemäßen Börsenhandel erforderlichen Vorschriften über

1. die Voraussetzungen der Zulassung, insbesondere
    a) die Anforderungen an den Emittenten im Hinblick auf seine Rechtsgrundlage, seine Größe und die Dauer seines Bestehens;
    b) die Anforderungen an die zuzulassenden Wertpapiere im Hinblick auf ihre Rechtsgrundlage, Handelbarkeit, Stückelung und Druckausstattung;
    c) den Mindestbetrag der Emission;

V. Bankgeschäfte   **1   36 BörsG (14)**

d) das Erfordernis, den Zulassungsantrag auf alle Aktien derselben Gattung oder auf alle Schuldverschreibungen derselben Emission zu erstrecken;
2. das Zulassungsverfahren
zu erlassen.

§ 34 nF 2007. S. BörsZulV.

Verweigerung der Zulassung

BörsG 35 (1) Lehnt die Geschäftsführung einen Zulassungsantrag ab, so hat sie dies den anderen Börsen, an denen die Wertpapiere des Emittenten gehandelt werden sollen, unter Angabe der Gründe für die Ablehnung mitzuteilen.

(2) ¹Wertpapiere, deren Zulassung von einer anderen Börse abgelehnt worden ist, dürfen nur mit Zustimmung dieser Börse zugelassen werden. ²Die Zustimmung ist zu erteilen, wenn die Ablehnung aus Rücksicht auf örtliche Verhältnisse geschah oder wenn die Gründe, die einer Zulassung entgegenstanden, weggefallen sind.

(3) ¹Wird ein Zulassungsantrag an mehreren inländischen Börsen gestellt, so dürfen die Wertpapiere nur mit Zustimmung aller Börsen, die über den Antrag zu entscheiden haben, zugelassen werden. ²Die Zustimmung darf nicht aus Rücksicht auf örtliche Verhältnisse verweigert werden.

§ 35 nF 2007 betrifft das Verhältnis verschiedener Börsen im Hinblick auf die Zulassung. Zulassung bei mehreren Börsen ist heute üblich. Eine Ablehnung der Zulassung hat die Geschäftsführung den anderen Börsen mit Gründen für die Ablehnung mitzuteilen (**I**). Bei Wertpapieren, deren Zulassung von einer anderen Börse abgelehnt worden ist, ist grundsätzlich Zustimmung dieser Börse nötig (**II**). Bei Zulassungsantrag an mehreren Börsen ist Zustimmung aller dieser Börsen notwendig (**III 1**). Besonderen örtlichen Verhältnissen wird Rechnung getragen (**II 2, III 2**).

Zusammenarbeit in der Europäischen Union

BörsG 36 (1) **Beantragt ein Emittent mit Sitz in einem anderen Mitgliedstaat der Europäischen Union oder in einem anderen Vertragsstaat des Abkommens über den Europäischen Wirtschaftsraum, dessen Aktien entsprechend der Richtlinie 2001/34/EG des Europäischen Parlaments und des Rates vom 28. Mai 2001 über die Zulassung von Wertpapieren zur amtlichen Börsennotierung und über die hinsichtlich dieser Wertpapiere zu veröffentlichenden Informationen (ABl. EG Nr. L 184 S. 1) in diesem Mitgliedstaat oder Vertragsstaat zugelassen sind, die Zulassung von Wertpapieren, mit denen Bezugsrechte für diese Aktien verbunden sind, so hat die Geschäftsführung vor ihrer Entscheidung eine Stellungnahme der zuständigen Stelle des anderen Mitgliedstaates oder Vertragsstaates einzuholen.**

(2) **Die Vorschriften über die Zusammenarbeit nach der Verordnung (EU) 2017/1129 bleiben unberührt.**

1) § 36 nF 2007 betrifft die Zusammenarbeit in der EU. Die Zusammenarbeit der BaFin mit zuständigen Stellen im Ausland ist im WpHG geregelt, auch was die Wertpapierzulassung angeht. I betrifft das Zulassungsverfahren für Wertpapiere mit Bezugsrechten eines Emittenten mit Sitz in einem anderen EU-Mitgliedstaat bzw. EWR-Vertragsstaat, wenn dessen Aktien gemäß der EGZulassungsRL

Kumpan   2883

(14) BörsG 38 1–3   2. Teil. Handelsrechtl. Nebenges.

28.5.2001 ABl. L 184, 1 in diesem Mitglied- oder Vertragsstaat bereits zugelassen sind. I sieht dann die Einholung einer Stellungnahme der erstzulassenden ausländischen Stelle durch die zweitzulassende inländische vor. II (wie III aF idF ProspRLUmsetzG 2005, → Einl. vor § 1 Rn. 8) stellt klar, dass die Vorschriften über die Zusammenarbeit nach der EU-ProspektVO unberührt bleiben.

Staatliche Schuldverschreibungen

BörsG 37 Schuldverschreibungen des Bundes, seiner Sondervermögen oder eines Bundeslandes, auch soweit sie in das Bundesschuldbuch oder in die Schuldbücher der Bundesländer eingetragen sind, sowie Schuldverschreibungen, die von einem anderen Mitgliedstaat der Europäischen Union oder von einem anderen Vertragsstaat des Abkommens über den Europäischen Wirtschaftsraum ausgegeben werden, sind an jeder inländischen Börse zum Handel im regulierten Markt zugelassen.

Einführung

BörsG 38 (1) ¹Die Geschäftsführung entscheidet auf Antrag des Emittenten über die Aufnahme der Notierung zugelassener Wertpapiere im regulierten Markt (**Einführung**). ²Der Emittent hat der Geschäftsführung in dem Antrag den Zeitpunkt für die Einführung und die Merkmale der einzuführenden Wertpapiere mitzuteilen. ³Das Nähere regelt die Börsenordnung.

(2) Wertpapiere, die zur öffentlichen Zeichnung aufgelegt werden, dürfen erst nach beendeter Zuteilung eingeführt werden.

(3) Die Bundesregierung wird ermächtigt, durch Rechtsverordnung mit Zustimmung des Bundesrates zum Schutz des Publikums den Zeitpunkt zu bestimmen, zu dem die Wertpapiere frühestens eingeführt werden dürfen.

(4) ¹Werden die Wertpapiere nicht innerhalb von drei Monaten nach Veröffentlichung der Zulassungsentscheidung eingeführt, erlischt ihre Zulassung. ²Die Geschäftsführung kann die Frist auf Antrag angemessen verlängern, wenn ein berechtigtes Interesse des Emittenten der zugelassenen Wertpapiere an der Verlängerung dargetan wird.

1) Einführung (I)

1   § 38 nF 2007 regelt die nach der Zulassung der Wertpapiere erfolgende Aufnahme der ersten Notierung im regulierten Markt (**Einführung**, Legaldefinition in I 1). Die Geschäftsführung entscheidet auf Antrag des Emittenten. Einführung ist Verwaltungsakt, ggf. Verpflichtungsklage. Zur Mitteilung nach I 2 ist der Emittent verpflichtet. Näheres in der BörsO (**I 3**). Zur Einführung und zum Einführungskurs Schwark/Zimmer/Heidelbach § 38 BörsG Rn. 2 ff., 6 ff., zu Greenshoe KG NZG 2008, 29, T. Bezzenberger AG 2010, 765.

2) Zur öffentlichen Zeichnung aufgelegte Wertpapiere (II)

2   Das Verbot der Einführung vor beendeter Zuteilung soll den Handel von Wertpapieren per Erscheinen verhindern.

3) Frühestmögliche Einführung (III)

3   III betrifft den Mindestabstand zwischen zB der Prospektveröffentlichung, die das Publikum erst aufnehmen können muss, und der Einführung.

4) Erlöschen der Zulassung mangels Einführung (IV)

Die Zulassung erlischt mangels Einführung in drei Monaten **(IV 1)**, Grund: 4
Prospektaktualität. Erlöschen von Gesetzes wegen. Eine Verlängerung (Verwaltungsakt) ist möglich **(IV 2)**.

Widerruf der Zulassung bei Wertpapieren

BörsG 39 (1) Die Geschäftsführung kann die Zulassung von Wertpapieren zum Handel im regulierten Markt außer nach den Vorschriften des Verwaltungsverfahrensgesetzes widerrufen, wenn ein ordnungsgemäßer Börsenhandel auf Dauer nicht mehr gewährleistet ist und die Geschäftsführung die Notierung im regulierten Markt eingestellt hat oder der Emittent seine Pflichten aus der Zulassung auch nach einer angemessenen Frist nicht erfüllt.

(1a) Börsenaufsichtsbehörde und Bundesanstalt sind von einem Widerruf nach Absatz 1 unverzüglich in Kenntnis zu setzen.

(2) ¹Die Geschäftsführung kann die Zulassung im Sinne des Absatzes 1 auch auf Antrag des Emittenten widerrufen. ²Der Widerruf darf nicht dem Schutz der Anleger widersprechen. ³Bei Wertpapieren im Sinne des § 2 Absatz 2 des Wertpapiererwerbs- und Übernahmegesetzes ist ein Widerruf nur zulässig, wenn

1. bei Antragstellung unter Hinweis auf den Antrag eine Unterlage über ein Angebot zum Erwerb aller Wertpapiere, die Gegenstand des Antrags sind, nach den Vorschriften des Wertpapiererwerbs- und Übernahmegesetzes veröffentlicht wurde oder
2. die Wertpapiere weiterhin zugelassen sind
   a) an einer anderen inländischen Börse zum Handel im regulierten Markt oder
   b) in einem anderen Mitgliedstaat der Europäischen Union oder einem anderen Vertragsstaat des Abkommens über den Europäischen Wirtschaftsraum zum Handel an einem organisierten Markt, sofern für einen Widerruf der Zulassung zum Handel an diesem Markt Nummer 1 entsprechende Voraussetzungen gelten.

(3) ¹Im Fall des Absatzes 2 Satz 3 Nummer 1 darf das Angebot nicht von Bedingungen abhängig gemacht werden. ²Auf das Angebot ist § 31 des Wertpapiererwerbs- und Übernahmegesetzes mit der Maßgabe entsprechend anzuwenden, dass die Gegenleistung in einer Geldleistung in Euro bestehen und mindestens dem gewichteten durchschnittlichen inländischen Börsenkurs der Wertpapiere während der letzten sechs Monate vor der Veröffentlichung nach § 10 Absatz 1 Satz 1 oder § 35 Absatz 1 Satz 1 des Wertpapiererwerbs- und Übernahmegesetzes entsprechen muss. ³Hat während dieses Zeitraums

1. der Emittent entgegen Artikel 17 Absatz 1 der Verordnung (EU) Nr. 596/2014 oder einer entsprechenden Vorschrift des anwendbaren ausländischen Rechts eine Insiderinformation, die ihn unmittelbar betrifft, nicht sobald wie möglich veröffentlicht oder in einer Mitteilung nach Artikel 17 Absatz 1 dieser Verordnung oder einer entsprechenden Vorschrift des anwendbaren ausländischen Rechts eine unwahre Insiderinformation, die ihn unmittelbar betrifft, veröffentlicht, oder
2. der Emittent oder der Bieter in Bezug auf die Wertpapiere, die Gegenstand des Antrags sind, gegen das Verbot der Marktmanipulation nach Artikel 15 der Verordnung (EU) Nr. 596/2014 verstoßen,

so ist der Bieter zur Zahlung des Unterschiedsbetrags zwischen der im Angebot genannten Gegenleistung und der Gegenleistung verpflichtet, die dem anhand einer Bewertung des Emittenten ermittelten Wert des Unternehmens entspricht; dies gilt nicht, soweit die in Nummern 1 und 2 bezeichneten Verstöße nur unwesentliche Auswirkungen auf den nach Satz 2 errechneten Durchschnittskurs hatten. ⁴Sind für die Wertpapiere des Emittenten, auf die sich das Angebot bezieht, während der letzten sechs Monate vor der Veröffentlichung nach § 10 Absatz 1 Satz 1 oder § 35 Absatz 1 Satz 1 des Wertpapiererwerbs- und Übernahmegesetzes an weniger als einem Drittel der Börsentage Börsenkurse festgestellt worden und weichen mehrere nacheinander festgestellte Börsenkurse um mehr als 5 Prozent voneinander ab, so ist der Bieter zur Zahlung einer Gegenleistung verpflichtet, die dem anhand einer Bewertung des Emittenten ermittelten Wert des Unternehmens entspricht.

(4) Auf Emittenten mit Sitz im Ausland finden im Hinblick auf das Angebot nach Absatz 2 die Vorschriften des Wertpapiererwerbs- und Übernahmegesetzes nach Maßgabe des Absatzes 3 entsprechende Anwendung.

(5) ¹Die Geschäftsführung hat einen Widerruf nach Absatz 2 unverzüglich im Internet zu veröffentlichen. ²Der Zeitraum zwischen der Veröffentlichung und der Wirksamkeit des Widerrufs darf zwei Jahre nicht überschreiten. ³Nähere Bestimmungen über den Widerruf sind in der Börsenordnung zu treffen.

(6) Im Hinblick auf die Anforderungen des Absatzes 3 bleibt die Rechtmäßigkeit des Widerrufs unberührt.

Übersicht

	Rn
1) Widerruf der Zulassung aus börslichen Gründen (I, Ia)	1
2) Widerruf der Zulassung auf Antrag des Emittenten (II–III, freiwilliges Delisting)	2–10
A. Freiwilliger Rückzug vom Börsenmarkt:	2
B. Entwicklungen:	3–5
C. Voraussetzungen (II–III):	6–10
3) Delisting ausländischer Emittenten (IV)	11
4) Widerruf der Zulassung auf Antrag des Emittenten nach BörsO (V 5)	12–14
5) Verfahren der Geschäftsführung	15
6) Unechtes Delisting	16

1) Widerruf der Zulassung aus börslichen Gründen (I, Ia)

1 § 39 I, II 1–2 und V nF 2015 entsprechen der Fassung von § 39 idF 2007, Ia neu 2. FiMaNoG 2017. Vom Widerruf zu unterscheiden sind Aussetzung und Einstellung, die in § 25 geregelt sind. Nach I kann die Geschäftsführung die Zulassung von Wertpapieren zum Handel am regulierten Markt widerrufen, aber nur unter engen Voraussetzungen und als letztes Mittel. Damit wird eine zusätzliche Widerrufsmöglichkeit neben den Vorschriften des Verwaltungsverfahrensgesetzes eröffnet (nicht einschlägig § 19 IX, betrifft Widerruf der Zulassung zur Börse). Der Widerruf ist nach I in zwei Fällen möglich. Der eine ist, dass ein ordnungsgemäßer Börsenhandel auf Dauer nicht mehr gewährleistet ist und die Geschäftsführung die Notierung im regulierten Markt eingestellt hat (letzteres nach § 25 I 1 Nr. 2), der andere ist, dass der Emittent seine Pflichten aus der Zulassung auch nach einer angemessenen Frist nicht erfüllt. Insolvenz für sich genommen ist kein Widerrufsgrund, Heidel BKR 2021, 530 mwN. § 46 I BörsO FWB idF 28.6.2021 über den Widerruf der Zulassung von Amts wegen wiederholt im Wesentlichen II und regelt die unverzügliche Veröffentlichung. Nach Ia sind Börsenaufsichtsbehörde und BaFin von einem Widerruf zu unterrichten. Das

ist insbesondere vor dem Hintergrund der Abstimmung mit anderen europäischen Aufsichtsbehörden von Bedeutung.

2) Widerruf der Zulassung auf Antrag des Emittenten (II–III, freiwilliges Delisting)

A. Freiwilliger Rückzug vom Börsenmarkt: II ermöglicht der Geschäftsführung den Widerruf der Zulassung iSv I auch auf Antrag des Emittenten (→ Rn. 6ff.). Von Seiten des Emittenten kann ein freiwilliger Rückzug vom Börsenmarkt sinnvoll sein, entweder ganz (going private oder Notierung nur noch an einer ausländischen Börse) oder nur teilweise, zB Notierung nur noch an einer inländischen Börse. Reguläres Delisting und Downlisting (→ Rn. 5) sowie unechtes oder „kaltes" Delisting (→ Rn. 16) sind zu unterscheiden. Funktional ist Anlegerschutz sowohl über gesellschafts- als auch über börsenrechtliche Anforderungen möglich. Im Zuge der Änderung der Rechtsprechung des BGH und der anschließenden gesetzlichen Neuregelung von § 39 im Rahmen des Transparenzrichtlinie-Änderungsrichtlinie-Umsetzungsgesetzes vom Nov. 2015 wird der Anlegerschutz beim Delisting von im regulierten Markt gehandelten Aktien nur noch über das Börsenrecht gewährleistet. Der Rechtsschutz für Aktionäre ist zweigleisig ausgestaltet: Die Unangemessenheit der Gegenleistung kann vor den Zivilgerichten geltend gemacht werden. Vor den Verwaltungsgerichten können Aktionäre eine Anfechtungsklage gegen den Widerufsbescheid erheben und zumindest das Fehlen eines Antrags des Emittenten rügen sowie vorbringen, dass die Entscheidung der Börsengeschäftsführung ermessensfehlerhaft sei und dadurch dem Schutz der Anleger widerspreche, HessVGH BKR 2021, 436, dazu Gabriel ZIP 2022, 1251.

B. Entwicklungen: 1.) Früher wurde zunächst wegen der Auswirkungen des Delistings auf die Verkehrsfähigkeit der Aktien ein Hauptversammlungsbeschluss und ein Pflichtangebot der Aktiengesellschaft in den Grenzen der §§ 71f AktG oder des Großaktionärs über den Kauf der Aktien der Minderheitsaktionäre für erforderlich gehalten, wenn die Aktien delistet werden sollten (entspr. §§ 29, 207 UmwG, §§ 327aff. AktG), BGHZ 153, 47 – Macrotron; BayObLG AG 2005, 288, üL, Benecke WM 2004, 1122; zT weitergehend Lutter FS Zöllner, 1999, 321; aA damals LG München I ZIP 1999, 2017; Bungert BB 2000, 57; Mülbert ZHR 165 (2000), 125; Wackerbarth WM 2012, 2078; kein Pflichtangebot dagegen bei einem Wechsel in ein qualifiziertes Segment des Freiverkehrs unter Rückzug vom regulierten Markt, seinerzeit OLG München WM 2008, 1602; KG NZG 2009, 752 (Entry Standard des Freiverkehrs); Seibt/Wollenschläger AG 2009, 807; so auch BVerfG WM 2012, 1380; anders seinerzeit Frankfurt a.M. für den Fall des Wechsels in den gewöhnlichen Freiverkehr, OLG Frankfurt a.M. AG 2012, 331; dagegen Schnaittacher/Westerheide/Stindt WM 2012, 2229. Weitere Lit.: Hopt/Baum, Börsenreform, 1997, S. 417; Schiemzik, 2005 (Segmentwechsel); Krolop, 2005; Picot, 2009; Thomas, 2009; Hopt FS Drobnig, 1998, 534; Schwark/Geiser ZHR 161 (1997), 739; Groß ZHR 165 (2001), 141; Mülbert ZHR 165 (2001), 104; Hellwig/Bormann ZGR 2002, 465; Beck/Hedtmann BKR 2003, 190; Ekkenga ZGR 2003, 878; Klöhn ZBB 2003, 208; Schlitt ZIP 2004, 533; Grunewald ZIP 2004, 542 (kalt); H. Henze FS Raiser, 2005, 145; Krolop NZG 2005, 546; Pluskat BKR 2007, 54 (kaltes Delisting); Holzborn/Hilpert WM 2010, 1347; Krug, Der Rückzug von der Börse, 2019 (insbes. 48ff.).

2.) Das BVerfG entschied dann jedoch, dass der durch die Beeinträchtigung der Verkehrsfähigkeit allein betroffene Vermögenswert des Aktieneigentums und einzelne wertbildende Faktoren nicht verfassungsrechtlich geschützt seien, BVerfG WM 2012, 1378, dem folgend BGH WM 2013, 2214 (in ausdrücklicher Abkehr von BGHZ 153, 47 (Macrotron)); dazu Habersack ZHR 176 (2012), 464; Heldt/Royé AG 2012, 660; Kiefner/Gillessen AG 2012, 645; Klöhn NZG

2012, 1041; Schnaittacher/Westerheide/Stindt WM 2012, 2225; Wackerbarth WM 2012, 2077; Drygala/Straake ZIP 2013, 905; Paschos/Klaaßen ZIP 2013, 154. Daraufhin erfolgte eine **grundlegende Änderung der Rechtsprechung des BGH:** Dieser entschied, dass bei einem Delisting weder ein Hauptversammlungsbeschluss noch ein im Spruchverfahren überprüfbares Barabfindungsgebot an die Aktionäre erforderlich sei. Dabei differenzierte er nicht danach, ob ein Handel im Freiverkehr weiterhin möglich ist (so im entschiedenen Fall) oder nicht (vorsichtiger war er aber in Bezug auf ein mögliches Barabfindungsangebot, BGH WM 2013, 2215 f.). Es sei genügend Schutz gewährleistet, wenn ausreichend Zeit verbleibe, die betroffenen Wertpapiere im regulierten Markt zu veräußern (zB bei Hinausschiebung des Widerrufs der Zulassung um sechs Monate), so BGH WM 2013, 2215. Das musste dann erst recht für einen bloßen Wechsel des Börsensegments, die Begründung des Listings sowie für den Rückzug von einer inländischen Börse bei Zulassung und Handel noch an einer anderen Börse innerhalb der EU oder einer fortbestehenden Notierung im EUAusland gelten. Berücksichtigung dieser Rechtsprechungsänderung während eines laufenden Spruchverfahrens durch ein OLG ist verfassungsgemäß, BVerfG WM 2016, 39. Lit.: Auer JZ 2015, 71; Bayer ZfPW 2015, 163; Bayer ZIP 2015, 853; Brellochs AG 2014, 633; Bungert/Leyendecker-Langner BB 2014, 521; Glienke/Röder BB 2014, 899; Habersack JZ 2014, 147; Hasselbach/Pröhl NZG 2015, 209; Kocher/Widder NJW 2014, 127; Lampert/Weichel WM 2014, 1024; v. d. Linden NZG 2015, 176 (Börsennotierung nach der Satzung); Lochner/Schmitz AG 2014, 489 (Rückwirkung auf Spruchverfahren); Mense/Klie GWR 2013, 505; Paschos/Klaaßen ZIP 2013, 154; Paschos/Klaaßen AG 2014, 33; Rosskopf ZGR 2014, 487; Schmitt/Süßmann BB 2014, 1451; Stöber WM 2014, 1757; Thomale ZGR 2013, 686; Wasmann/Glock DB 2014, 105; Wieneke NZG 2014, 22.

5   3.) Im Rahmen der **Umsetzung der Transparenzrichtlinie-Änderungsrichtlinie** setzte sich der Gesetzgeber mit dieser Entwicklung auseinander und führte eine börsenrechtliche Abfindungsregelung für den Rückzug aus dem regulierten Markt in § 39 II 3-IV ein (dazu FinA BT-Drs. 18/6220, 83 ff.). Damit soll der Verlust der Handelbarkeit der Aktien aufgrund des Rückzugs des Emittenten vom regulierten Markt bzw. die Beeinträchtigung der Veräußerungsmöglichkeiten bei einem Wechsel in den (qualifizierten) Freiverkehr (sog. Downlisting) ausgeglichen werden, FinA BT-Drs. 18/6220, 84. Lit.: Bungert/Leyendecker-Langner ZIP 2016, 49; Häller ZIP 2016, 1903 (Delisting in der Insolvenz); Morell ZBB 2016, 67 (Effizienzuntersuchung); Thomale/Walter ZGR 2016, 679 (Schutzbedürftigkeit von Kleinanlegern beim Delisting, mit Empirie); Wackerbarth WM 2016, 385 (Folgen dieser Regelung); außerdem Hammen ZBB 2016, 398 (verwaltungsrechtlicher Rechtsschutz für Aktionäre); Krug, Der Rückzug von der Börse, 2019 (dort insbes. S. 154 ff.).

6   C. **Voraussetzungen (II–III):** Börsenrechtlich ist der Rückzug **nicht** einfach durch **Verzicht** auf die Börsenzulassung möglich, aA Eickhoff WM 1988, 1713; Fluck WM 1995, 553, sondern **nur** durch **Widerruf der Zulassung** durch die Geschäftsführung **auf Antrag des Emittenten (II 1).** Das Ermessen ist kein freies Ermessen, sondern ein durch II–V eingeschränktes pflichtgemäßes Ermessen. Im Einzelfall kann das Ermessen sich auch auf Null schrumpfen.

7   Das Ermessen der Geschäftsführung ist dadurch eingeschränkt, dass der Widerruf nicht dem **Schutz der Anleger** widersprechen darf **(II 2).** II 2 ist nach Wortlaut und Sinn nicht als Vorschrift nur im öffentlichen Interesse anzusehen, sondern dient dem Individualschutz; Konsequenzen für den Rechtsschutz → Rn. 15. Bei ihrer Entscheidung hat die Geschäftsführung zu berücksichtigen, dass es für die Anleger einen wesentlichen Unterschied macht, ob das Papier noch an einer anderen Börse zugelassen ist oder nicht. Rechtliche Interessen einzelner Börsen an der Aufrechterhaltung der Notierung an ihnen oder anderer Markt-

teilnehmer wie Skontroführer, Makler ua sind nicht anzuerkennen, dahingehende Wünsche des Bundesrats beim 4. FinanzmarktfördG haben keinen Eingang in das Gesetz gefunden, Schäfer/Hamann § 43 aF Rn. 26. Interessen der einzelnen Börse an einem diversifizierten Kurszettel zu berücksichtigen, wäre ermessensfehlerhaft, Schwark/Zimmer/Heidelbach § 39 BörsG Rn. 15.

Im Rahmen der Umsetzung der Transparenzrichtlinie-Änderungsrichtlinie hat **8** der Gesetzgeber eine umfangreiche Neuregelung der Abfindung der Aktionäre im Fall des Delistings in § 39 II–IV vorgenommen. Nach **II** darf ein Widerruf der Zulassung von Wertpapieren iSv § 2 II WpÜG (also Aktien, mit diesen vergleichbare Wertpapiere, Zertifikate, die Aktien vertreten, und Wertpapiere, mit denen man die vorgenannten Papiere erwerben kann) zum regulierten Markt nur unter bestimmten Bedingungen erfolgen: Entweder ist zuvor ein Erwerbsangebot bzgl. aller betroffenen Papiere nach dem WpÜG erfolgt oder die Papiere sind weiterhin zugelassen in einem regulierten Markt im Inland oder in einem organisierten Markt im EU/EWR-Ausland, bei dem vergleichbare Delisting-Voraussetzungen gelten. Das gilt auch in der Insolvenz, wenn der Insolvenzverwalter das Listing beenden möchte (keine teleologische Extension von II 3), VGH Kassel BKR 2021, 580, VG Frankfurt/Main ZIP 2020, 1816 mAnm Häller EWiR 2020, 621, zu diesen Entscheidungen Heidel BKR 2021, 532, s. außerdem Korch BKR 2020, 285, Häller ZIP 2016, 1903. Im Fall eines vorherigen Erwerbsangebots muss sich das Angebot auf alle betroffenen Wertpapiere erstrecken, Teilangebote reichen nicht aus, FinA BT-Drs. 18/6220, 84. Mit dem Erfordernis, dass eine **Angebotsunterlage veröffentlicht** sein muss (II 3 Nr. 1), wird sichergestellt, dass die BaFin die Unterlage zur Prüfung erhalten und das Angebot nicht nach § 15 WpÜG untersagt hat. Das umfasst insbesondere eine Prüfung, dass die Gegenleistung nicht offensichtlich unangemessen ist und finanziert werden kann sowie dass der durchschnittliche Börsenkurs richtig berechnet wurde, FinA BT-Drs. 18/6220, 86. Lit.: Zimmer/von Imhoff NZG 2016, 1056 (Bedingungsfeindlichkeit des Delistingangebots und zeitlicher Zusammenhang zwischen Erwerbsangebot und Delistingantrag).

Das vorherige Erwerbsangebot darf nicht unter Bedingungen abgegeben worden sein (**III 1),** zB dass die Gesellschafterversammlung des Bieters noch zustimmt; denn falls es zum Zeitpunkt der Widerrufsentscheidung noch läuft, muss die Abwicklung des Verfahrens sichergestellt sein, FinA BT-Drs. 18/6220, 85. Außerdem muss das Angebot eine angemessene Gegenleistung bieten, hinsichtlich derer III 2 besondere Vorgaben enthält. So wird mit dem **Verweis auf § 31 WpÜG** insbesondere § 31 VII WpÜG und damit §§ 3–7 WpÜG-AngebVO in Bezug genommen, wobei allerdings für die Ermittlung des anzusetzenden durchschnittlichen Börsenkurses, anders als bei § 5 I WpÜG-AngebVO, nicht nur drei sondern sechs Monate zugrunde zu legen sind. Darüber hinaus darf die Gegenleistung, anders als bei § 31 II WpÜG, nur in Geld bestehen. Anleger hat keinen Anspruch auf Vorlage einer korrigierten Angebotsunterlage unter Berücksichtigung des seiner Meinung nach anzusetzenden Unternehmenswertes; Klage auf Festsetzung einer „angemessenen Abfindung" ist nicht zulässig; Rechte des Anlegers sind auf zivilrechtliche Zahlungsansprüche gegen den Bieter vor den ordentlichen Gerichten beschränkt, BGH BKR 2020, 306 f., zur gerichtlichen Kontrolle von Abfindungen beim Delisting von Berg BKR 2020, 339. Mit der **Berechnung anhand des Börsenkurses** wird dem Umstand Rechnung getragen, dass sich das Delisting nur auf die Handelbarkeit der Aktie auswirkt, nicht aber auf die Mitgliedschaftsrechte (siehe BVerfG WM 2012, 1378, FinA BT-Drs. 18/6220, 84). Nur in **Ausnahmefällen** (siehe **III 3)** kommt eine Berechnung der Abfindung anhand einer **Unternehmensbewertung** in Betracht: Erforderlich ist entweder ein (rechts- bzw. bestandskräftig festgestellter, siehe FinA BT-Drs. 18/6220, 85) Verstoß gegen die Ad-hoc-Pflicht nach **(16a)** MAR Art. 17 (sofern kein Fall des **(16a)** MAR Art. 17 IV) oder gegen das Verbot der Markt-

Kumpan

manipulation, Art. 15 iVm Art. 12 MAR, s. auch KG AG 2021, 597. In diesen Fällen ist der Börsenkurs verzerrt und eignet sich daher nicht als Grundlage für die Ermittlung der Abfindung. Ein Ausnahmefall liegt hingegen nicht schon vor, wenn ein Self Tender Offer des Emittenten erfolgt, vgl. KG AG 2021, 602, dazu Guntermann NZG 2021, 1627 f. Aber auch das Vorliegen eines Ausnahmefalls reicht für sich genommen noch nicht. Denn das Gesetz sieht eine **Wesentlichkeitsschwelle** vor (III 3 Hs. 2). „Wesentlich" muss dabei anders verstanden werden als „erheblich" iSv **(16a)** MAR Art. 7 I lit. a. Während sich die Wesentlichkeitsschwelle in III 3 Hs. 2 auf den Durchschnittskurs (über sechs Monate) bezieht, geht es bei der „Erheblichkeit" iSv **(16a)** MAR Art. 7 I lit. a um Veränderungen beim Einzelkurs. Einzelne „erhebliche" Kursausschläge können bei einer Durchschnittsbetrachtung über einen längeren Zeitraum durchaus verblassen. Zur Näherung an den „Wesentlichkeitsbegriff" kann die **5 %-Schwelle in III 4** herangezogen werden; denn diesen hat der Gesetzgeber als so relevant angesehen, dass er daran in III 4 besondere Folgen geknüpft hat. Bei III 4 geht es um die Fälle, in denen nach den Maßstäben des Übernahmerechts der Börsenkurs nicht in aussagekräftiger Weise festgestellt werden kann, FinA BT-Drs. 18/6220, 85. III 4 setzt voraus, dass mindestens zwei unmittelbar nacheinander festgestellte Börsenkurse um mehr als 5 % voneinander abweichen, BGH BKR 2020, 305.

10 Die Geschäftsführung hat den Widerruf unverzüglich im Internet zu **veröffentlichen (V 1).** Der Widerruf kann – anders als das Angebot des Emittenten (siehe III) – unter **Bedingungen**, zB Barabfindungsangebot, und **befristet auf ein erst späteres Wirksamwerden** erfolgen. Letzterenfalls darf aber der Zeitraum zwischen der Veröffentlichung des Widerrufs und der Wirksamkeit des Widerrufs **zwei Jahre** nicht überschreiten **(V 2),** länger darf der Emittent also keinesfalls festgehalten werden, er hat insoweit einen Rechtsanspruch auf Entlassung. Näheres bestimmt die BörsO (→ Rn. 12 ff.). Zu den Pflichten von Vorstand und Aufsichtsrat angesichts dieser Regelung Wieneke/Schulz AG 2016, 809.

3) Delisting ausländischer Emittenten (IV)

11 IV ordnet für ausländische Emittenten, deren Wertpapiere an einer inländischen Börse zugelassen sind, eine entsprechende Geltung der WpÜG-Vorschriften an, die für das Angebot nach II gelten. Denn das WpÜG gilt uneingeschränkt nur für inländische Emittenten. Damit hat der Gesetzgeber entschieden, dass es für **ausländische Emittenten,** die sich ganz von deutschen Börsen zurückziehen wollen, kein Sonderrecht gibt. Doch dürfen auch ausländische Emittenten nicht einfach deswegen festgehalten werden, weil sonst keine inländische Notierung bzw. Notierung im EU/EWR-Ausland mehr existiert. Auch hier macht es einen wesentlichen Unterschied, ob das Papier wenigstens noch an einer ausländischen Börse notiert ist. Und auch hier gilt jedenfalls die Zweijahresgrenze des V.

4) Widerruf der Zulassung auf Antrag des Emittenten nach BörsO (V 5)

12 Nähere Bestimmungen über den Widerruf trifft die **BörsO (II 5).** Diese hat insbesondere die Vorgabe von II 2 über den Anlegerschutz zu beachten, im Übrigen besteht ein weiter Gestaltungsspielraum. Regelungen zum Widerruf auf Antrag des Emittenten finden sich in der BörsO FWB idF 28.6.2021 in § 46 (General Standard) und § 57 (Prime Standard).

13 § 46 BörsO FWB idF 28.6.2021 lehnt sich an die gesetzliche Regelung an und regelt zusätzlich wesentliche **Fristen.** Widerruf ist möglich, wenn der Schutz der Anleger dem nicht entgegensteht (§ 46 I 1, insoweit wie II 2, → Rn. 7). Der Widerruf nach § 46 I 2 Nr. 1 (iVm § 39 II 3 Nr. 1 BörsG, nach öffentlichem Erwerbsangebot) und Nr. 2 (iVm § 39 II 3 Nr. 2 lit. a BörsG, weiterhin Handel im regulierten Markt an inländ. Börse möglich) wird drei Börsentage nach dessen Veröffentlichung wirksam, bei ausschließlich noch EU/EWR-ausländischer Notierung, § 46 I 2 Nr. 3 (iVm § 39 II 3 Nr. 2 lit. b BörsG) nach Dreimonatsfrist,

s. § 46 III 1 u. 2. Bei Wertpapieren, für die § 39 II 3 BörsG nicht gilt, steht der Anlegerschutz nach § 46 II einem Widerruf insbesondere dann nicht entgegen, wenn entweder Zulassung und Handel des Wertpapiers an einem inländischen oder ausländischen organisierten Markt iSv § 2 XI WpHG gewährleistet erscheint (**II Nr. 1**), oder mangels Zulassung und Handel an irgendeinem solchen Markt den Anlegern wenigstens ausreichend Zeit für die Veräußerung der Wertpapiere über den regulierten Markt der FWB bleibt (**II Nr. 2**). Der Widerruf nach § 46 II Nr. 1 wird bei weiter möglichem inländ. Handel drei Börsentage nach dessen Veröffentlichung, sonst drei Monate nach dessen Veröffentlichung wirksam. Der Widerruf nach § 46 II Nr. 2 wird sechs Monate nach dessen Veröffentlichung wirksam. Verkürzung der Frist ist auf Antrag des Emittenten möglich, wenn dies dem Anlegerinteresse nicht zuwiderläuft (§ 46 IV – wenn Rücknahme gegen angemessenen Barausgleich gesichert ist). Die Beweislast betr. Widerrufsvoraussetzungen und Fristen liegt beim Emittenten (§ 46 V). Bekanntmachung nach § 46 VI.

Die Fristenlösung nach § 46 I u. II Nr. 1 iVm III BörsO FWB idF 28.6.2021 **14** ist unbedenklich, auch bei einem Handel nur an einem ausländischen organisierten Markt, zumal ein Markt iSv § 2 XI WpHG vorausgesetzt wird. § 46 II Nr. 2 iVm III BörsO FWB idF 28.6.2021 ist für die Anleger jedoch nicht unproblematisch, denn mit Bekanntmachung des Widerrufs drohen Verkaufswettlauf und rapider Kursverlust, ohne (börsenrechtlichen) Ausgleich durch ein Abfindungsangebot. Ein verbleibender Freiverkehr kann das idR nicht wettmachen. Lit.: Hellwig/Bormann ZGR 2002, 465; Wilsing/Kruse NZG 2002, 807; Holzborn/Schlößer BKR 2002, 486; Krämer/Theiß AG 2003, 231; Streit ZIP 2002, 1279; 2003, 393.

5) Verfahren der Geschäftsführung

Die Börsengeschäftsführung kann sich bei ihrer Entscheidung auf die formale **15** Kontrolle der Vorgaben nach II 3 beschränken. Mit der Prüfung der Angebotsunterlage durch die BaFin und der Sicherstellung, dass keine offensichtlich unangemessene Gegenleistung angeboten wird, ist bereits eine ausreichende inhaltliche Kontrolle vorgesehen. Gegen den Verwaltungsakt der Geschäftsführung können auch einzelne Aktionäre vorgehen (arg. e II 2 iVm § 42 II VwGO), sehr str., VG Frankfurt a. M. EWiR 2002, 953 (anders aber jetzt VG Frankfurt a. M. AG 2013, 848); Hellwig/Bomann ZGR 2002, 468; Groß ZHR 165 (2001), 158 f., nach aA schützt II 2 nur die Gesamtheit der Anleger im öffentlichen Interesse, so jetzt VG Frankfurt a. M. AG 2013, 848 (keine drittschützende Wirkung von II 1 und 2 zugunsten individuell bestimmbarer Aktionäre); § 15 VI, wonach die Geschäftsführung nur im öffentlichen Interesse handelt, steht nicht entgegen, str., II 2 ist spezieller. Das gilt auch, wenn die Geschäftsführung sich im Rahmen der Widerrufsbestimmungen der BörsO (→ Rn. 12–14) hält, insoweit Inzidentkontrolle derselben. Außerdem ist Normenkontrolle der BörsO nach § 47 VwGO auf Antrag einzelner Anleger und Anlegerschutzvereinigungen möglich (II 2 iVm § 47 II VwGO), Streit ZIP 2002, 185, str.

6) Unechtes Delisting

Statt des regulären Delisting auf Antrag des Emittenten nach II kommt ein **16** unechtes Delisting („kalter" Rückzug, cold delisting) durch Umwandlung (→ HGB Einl. vor § 105 Rn. 19) in Betracht, also Verschmelzung auf eine nicht notierte Ges. oder Formwechsel in eine nicht börsenfähige Rechtsform, Schwark/Zimmer/Heidelbach § 39 BörsG Rn. 41 ff.; Pluskat WM 2002, 833, Grenze Rechtsmissbrauch. Die börsenrechtliche Kontrolle versagt hier, gefordert ist das GesRecht; Mitwirkung der Hauptversammlung und Abfindungsangebot folgen schon aus Umwandlungsrecht, eventuelle Lücken sind uU durch Analogie zu füllen, dazu Hüffer/Koch AktG § 119 Rn. 40, offen OLG Stuttgart AG 2006, 421; 2010, 46. Lit.: Funke, 2005.

Pflichten des Emittenten

BörsG 40 (1) Der Emittent zugelassener Aktien ist verpflichtet, für später ausgegebene Aktien derselben Gattung die Zulassung zum regulierten Markt zu beantragen.

(2) Die Bundesregierung wird ermächtigt, durch Rechtsverordnung mit Zustimmung des Bundesrates Vorschriften darüber zu erlassen, wann und unter welchen Voraussetzungen die Verpflichtung nach Absatz 1 eintritt.

1 § 40 nF 2007. **I** regelt zT die (Zulassungsfolge)Pflichten des Emittenten zur Stellung des Zulassungsantrags auch für bestimmte spätere Aktienemissionen. Die Details regelt eine VO **(II)**, s. § 69 BörsZulV (Zulassung später ausgegebener Aktien). Lit.: Zietsch/Holzborn WM 2002, 2356 (2393); Schlitt AG 2003, 57.

Auskunftserteilung

BörsG 41 (1) Der Emittent der zugelassenen Wertpapiere sowie das Institut oder Unternehmen, das die Zulassung der Wertpapiere nach § 32 Abs. 2 Satz 1 zusammen mit dem Emittenten beantragt hat, sind verpflichtet, der Geschäftsführung aus ihrem Bereich alle Auskünfte zu erteilen, die zur ordnungsgemäßen Erfüllung ihrer Aufgaben im Hinblick auf die Zulassung und die Einführung der Wertpapiere erforderlich sind.

(2) ¹Die Geschäftsführung kann verlangen, dass der Emittent der zugelassenen Wertpapiere in angemessener Form und Frist bestimmte Auskünfte veröffentlicht, wenn dies zum Schutz des Publikums oder für einen ordnungsgemäßen Börsenhandel erforderlich ist. ²Kommt der Emittent dem Verlangen der Geschäftsführung nicht nach, kann die Geschäftsführung nach Anhörung des Emittenten auf dessen Kosten diese Auskünfte selbst veröffentlichen.

1 **I** regelt die Auskunftspflicht des Emittenten und der nach § 32 II 1 beteiligten Kreditinstitute ua gegenüber der Geschäftsführung, **II** das Veröffentlichungsverlangen der Geschäftsführung und eine Veröffentlichung von Amts wegen. II schließt Schadensersatzhaftung nicht aus; diese setzt ihrerseits kein Veröffentlichungsverlangen voraus.

Teilbereiche des regulierten Marktes mit besonderen Pflichten für Emittenten

BörsG 42 (1) Die Börsenordnung kann für Teilbereiche des regulierten Marktes ergänzend zu den vom Unternehmen einzureichenden Unterlagen zusätzliche Voraussetzungen für die Zulassung von Aktien oder Aktien vertretenden Zertifikate und weitere Unterrichtungspflichten des Emittenten auf Grund der Zulassung von Aktien oder Aktien vertretenden Zertifikate zum Schutz des Publikums oder für einen ordnungsgemäßen Börsenhandel vorsehen.

(2) ¹Liegen zusätzliche Voraussetzungen nach Absatz 1 nicht mehr vor oder erfüllt der Emittent auch nach einer ihm gesetzten angemessenen Frist weitere Unterrichtungspflichten nach Absatz 1 nicht, kann die Geschäftsführung den Emittenten aus dem entsprechenden Teilbereich des regulierten Marktes ausschließen. ²§ 25 Abs. 1 Satz 2 und 3 gilt bei Maßnahmen der Geschäftsführung nach diesem Absatz entsprechend.

1) Besondere Pflichten des Emittenten in Teilbereichen des regulierten Marktes (I)

§ 42 nF 2007 trägt dem Umstand Rechnung, dass im Wettbewerb der Börsen Segmente mit zusätzlichen Qualitätsstandards an Publizität sinnvoll sein können (Gütesiegeleffekt, Hopt/Baum S. 399). I gibt deshalb die Rechtsgrundlage für die Statuierung weiterer Publizitätspflichten, zB Quartalsberichte, als Zulassungsfolgepflichten (nur) für Teilbereiche des amtlichen Marktes durch die BörsO, Quartalsberichtspflicht für Prime Standard ist wirksam, VGH Kassel WM 2007, 1264. Festlegung in der BörsO garantiert Transparenz und Mitwirkung der Börsenaufsichtsbehörde (§ 16 I, III). Zu den Teilsegmenten General Standard und Prime Standard im regulierten (früher amtlichen) Markt der Frankfurter Wertpapierbörse Schlitt AG 2003, 60; Gebhardt WM Sonderbeil. 2/2003; Spindler WM 2003, 2073.

2) Rechtsfolgen bei Verstößen (II)

II enthält Rechtsfolgen bei Verstoß des Emittenten gegen I. Ausschluss des Emittenten ist danach möglich, wenn eine Voraussetzung für die Zulassung zu dem entsprechenden Teilbereich nicht mehr vorliegt oder der Emittent auch nach Fristsetzung zusätzliche Unterrichtungspflichten nach I nicht erfüllt (II 1). Sind für den jeweiligen Teilbereich des regulierten Marktes Voraussetzungen festgelegt, die während der gesamten Dauer der Zulassung vorliegen müssen, kann die Geschäftsführung die Zulassung ohne weitere Fristsetzung nach pflichtgemäßem Ermessen widerrufen (BT-Drs. 19/26966, 86). Dadurch wird sichergestellt, dass in Fällen wie bei Wirecard schnell reagiert werden kann. Ausschluss ist aber nur für den betroffenen Teilbereich, nicht für den regulierten Markt insgesamt zulässig. Der Ausschluss nach II steht selbstständig neben dem Widerruf nach § 39 I aus börslichen Gründen (→ § 39 Rn. 1) und nach § 39 II auf Antrag des Emittenten. II lässt haftungsrechtliche Sanktionen unberührt. Unterrichtungs- und Veröffentlichungspflichten der Geschäftsführung wie bei Aussetzung und Einstellung nach § 25 II 2, 3 (II 2).

Verpflichtung des Insolvenzverwalters

BörsG 43 (1) Wird über das Vermögen eines nach diesem Gesetz zu einer Handlung Verpflichteten ein Insolvenzverfahren eröffnet, hat der Insolvenzverwalter den Schuldner bei der Erfüllung der Pflichten nach diesem Gesetz zu unterstützen, insbesondere indem er aus der Insolvenzmasse die hierfür erforderlichen Mittel bereitstellt.

(2) Wird vor Eröffnung des Insolvenzverfahrens ein vorläufiger Insolvenzverwalter bestellt, hat dieser den Schuldner bei der Erfüllung seiner Pflichten zu unterstützen, insbesondere indem er der Verwendung der Mittel durch den Verpflichteten zustimmt oder, wenn dem Verpflichteten ein allgemeines Verfügungsverbot auferlegt wurde, indem er die Mittel aus dem von ihm verwalteten Vermögen zur Verfügung stellt.

1) Unterstützungspflicht des Insolvenzverwalters (I)

§ 43 nF 2007 entspricht § 24 WpHG. § 43 stellt sicher, dass auch im Insolvenzfall die börsenrechtlichen Pflichten erfüllt werden können. Denn diese dienen dem notwendigen Informationsfluss marktrelevanter Daten. Zwar bleiben die diesbezüglichen Pflichten nach wie vor Sache des Emittenten. Aber der Insolvenzverwalter muss ihn bei der Erfüllung dieser Pflichten unterstützen, insbesondere (aber nicht nur) indem er aus der Insolvenzmasse die hierfür erforderlichen Mittel bereitstellt, soweit die organschaftlichen Vertreter des Emittenten keinen Zugriff auf entsprechende Mittel haben (I). Eigene Meldepflichten des Insolvenzverwalters begründet § 43 nicht, Grund: Vermeidung weiterer Haftungsrisiken. Denkbar ist, dass der Insolvenzverwalter auf Grund seiner Verwaltung des Schuldnervermögens einen Informationsvorsprung vor dem Schuldner hat. Dann muss er dem Schuldner die zur Erfüllung seiner kapitalmarktrechtlichen Pflichten notwendigen Informationen weiterleiten (RegE TUG). Die Norm wurde notwendig infolge einer restriktiven Entscheidung des BVerwG WM 2005, 1655.

2) Unterstützungspflicht des vorläufigen Insolvenzverwalters (II)

2   Dieselbe Verpflichtung hat der vorläufige Insolvenzverwalter. Er muss insbesondere der Verwendung der Mittel durch den Verpflichteten zustimmen oder, wenn dem Verpflichteten ein allgemeines Verfügungsverbot auferlegt wurde, die Mittel aus dem von ihm verwalteten Vermögen zur Verfügung stellen.

BörsG 44–47 *(aufgehoben)*

Abschnitt 5. Freiverkehr, KMU-Wachstumsmarkt und organisiertes Handelssystem

Freiverkehr

BörsG 48 (1) ¹Für Wertpapiere, die weder zum Handel im regulierten Markt zugelassen noch zum Handel in den regulierten Markt einbezogen sind, kann die Börse den Betrieb eines Freiverkehrs durch den Börsenträger zulassen, wenn durch eine Handelsordnung sowie durch Geschäftsbedingungen des Börsenträgers, die von der Geschäftsführung gebilligt wurden, eine ordnungsmäßige Durchführung des Handels und der Geschäftsabwicklung gewährleistet erscheint. ²Die Handelsordnung regelt den Ablauf des Handels. ³Die Geschäftsbedingungen regeln die Teilnahme am Handel und die Einbeziehung von Wertpapieren zum Handel. ⁴Emittenten, deren Wertpapiere ohne ihre Zustimmung in den Freiverkehr einbezogen worden sind, können durch die Geschäftsbedingungen nicht dazu verpflichtet werden, Informationen in Bezug auf diese Wertpapiere zu veröffentlichen.

(2) Die Börsenaufsichtsbehörde kann den Handel im Freiverkehr untersagen, wenn ein ordnungsgemäßer Handel für die Wertpapiere nicht mehr gewährleistet erscheint.

(3) ¹Der Betrieb eines Freiverkehrs bedarf der schriftlichen Erlaubnis der Börsenaufsichtsbehörde. ²Der Freiverkehr gilt als multilaterales Handelssystem. ³Der Börsenträger legt der Börsenaufsichtsbehörde eine ausführliche Beschreibung der Funktionsweise des Handelssystems, einschließlich etwaiger Verbindungen zu einem anderen multilateralen oder organisierten Handelssystem oder einem systematischen Internalisierer in seinem Eigentum, sowie eine Liste der Handelsteilnehmer vor. ⁴Die Börsenaufsichtsbehörde stellt diese Informationen der Bundesanstalt und auf deren Verlangen der Europäischen Wertpapier- und Marktaufsichtsbehörde zur Verfügung und teilt diesen jede Erteilung einer Erlaubnis eines Freiverkehrs mit. ⁵Auf den Betrieb des Freiverkehrs sind unbeschadet der Absätze 4 und 5 die Vorschriften dieses Gesetzes mit Ausnahme der §§ 27 bis 43 entsprechend anzuwenden.

(4) Der Börsenträger hat sicherzustellen, dass der Freiverkehr über mindestens drei aktive Handelsteilnehmer verfügt, denen es jeweils möglich ist, mit

allen übrigen Handelsteilnehmern zum Zwecke der Preisbildung zu interagieren.

(5) Der Börsenträger kann von einem Emittenten die Übermittlung von Referenzdaten in Bezug auf dessen Finanzinstrumente verlangen, soweit dies zur Erfüllung der Anforderungen aus Artikel 4 der Verordnung (EU) Nr. 596/2014 erforderlich ist.

Übersicht

	Rn
1) Einordnung des Freiverkehrs	1, 2
2) Handelsordnung (I 2)	3
3) Geschäftsbedigungen (I 3)	4, 4a
4) Zulassungsverfahren (I, III)	5
5) Einbeziehung von Wertpapieren	6
6) Prospektpflicht, Prospekthaftung	7
7) Ausschließliche Unterstellung unter das BörsG (III 5), insbesondere Börsenpreise	8
8) Untersagung des Handels (II)	9
9) Gewährleistung des Handels (IV)	10
10) Neuer Markt, Entry Standard, Scale	11–13
A. Neuer Markt:	11
B. Entry Standard:	12
C. Scale:	13
11) Telefonhandel	14

1) Einordnung des Freiverkehrs

§ 48 II nF 2007, I 1, 2, 3, 4 nF PfandBFortentwicklungsG 2009, III nF 2. FiMaNoG 2017 (in Umsetzung von Art. 18, 19 MiFID II), IV, V neu 2. FiMaNoG 2017. Der Freiverkehr ist trotz der Regelung in § 48 kein geregelter Markt iSv Art. 4 I Nr. 21 der MiFID II bzw. **kein organisierter Markt** iSv § 2 XI WpHG, weil er die dafür erforderlichen Voraussetzungen (insbesondere dass er gemäß den Bestimmungen des Titel III der MiFID II funktioniert bzw. durch staatliche Stellen genehmigt, geregelt und überwacht wird) nicht hinreichend erfüllt, hL, OLG München WM 2008, 1605. Das war ein Grund für die komplizierte Konstruktion des Neuen Marktes (→ Rn. 8). Der Freiverkehr ist jedoch ein multilaterales HdlSystem iSv Art. 4 I Nr. 22 MiFID II und iSv § 2 VIII 1 Nr. 8 WpHG (so jetzt ausdrücklich **III 2;** seinerzeit schon BR zu § 48 BörsG-E, BT-Drs. 16/4028, 111 und FinA BT-Drs. 16/4899, 15), allerdings mit Besonderheiten, s. **III,** da nicht auf die WpHG-Vorschriften verwiesen wird, sondern die börsengesetzlichen Regelungen (mit Ausnahme von §§ 27–43) entsprechend angewendet werden sollen (auch → Rn. 6). 1

Rechtsnatur des Freiverkehrs: § 48 gilt für den gesamten Freiverkehr, dieser ist **privatrechtlich** einzuordnen, wie hL und Rspr. bestätigt (FinA BT-Drs. 16/4899, 15 zu Art. 48 I und 3), OLG München WM 2008, 1604. Das zeigt sich ua darin, dass I 1 von Geschäftsbedingungen spricht, die von der Geschäftsführung gebilligt wurden. Eine Trennung wie früher zwischen geregeltem und ungeregeltem Freiverkehr (§ 43 aF 27. Aufl.) ist nicht vorgesehen, aber auch nicht untersagt (→ Rn. 9). § 48 gestattet einen den Handel im regulierten Markt (Abschn. 4 §§ 32 ff.) ergänzenden Handel an der Börse und lässt dafür den Betrieb eines Freiverkehrs zu, wenn durch eine Handelsordnung (als Satzung zu erlassen, s. § 12 II 1 Nr. 1, dazu → Rn. 3) sowie durch von der Geschäftsführung gebilligte Geschäftsbedingungen des Börsenträgers (dazu → Rn. 4) eine ordnungsmäßige Durchführung des Handels und der Geschäftsabwicklung gewährleistet erscheint **(I 1).** An der Deutschen Börse AG Frankfurt wird der Freiverkehr seit Oktober 2005 als **„Open Market"** bezeichnet. 2

Kumpan

2) Handelsordnung (I 2)

3 Die **Handelsordnung** regelt den Ablauf des Handels **(I 2)**. Sie ist im Gegensatz zu den Geschäftsbedingungen als **öffentlich-rechtlich** zu qualifizieren (Satzung, s. § 12 II 1 Nr. 1) und die Regelungen sind börsenrechtliche Vorschriften iSv § 22 II 1. Damit ist der Freiverkehr in die öffentlich-rechtliche Organisation der Börse integriert, LG Frankfurt a. M. NJW-RR 2013, 425, und damit Bestandteil der Börsenselbstverwaltung. Das Erfordernis der Handelsordnung ist durch PfandBFortentwicklungsG 2009, BGBl. 607, eingeführt, um das Sanktionsverfahren bei Regelverstößen im Freiverkehr gesetzlich zu verankern. Grund ist, dass nach VG Frankfurt a. M. ZIP 2009, 18 die Geschäftsbedingungen für den Freiverkehr keine börsenrechtlichen Vorschriften sind, sondern rein privatrechtlich. Damit besteht insoweit keine Sanktionsgewalt des Sanktionsausschusses, vielmehr nur noch zivilrechtliche Klagemöglichkeit. Wegen der besonderen Bedeutung der Ordnungsmäßigkeit des Handels müssen jedoch Vorschriften, die einen ordnungsgemäßen Handel gewährleisten, sanktionierbar sein (FinA BT-Drs. 16/11929, 9). Daher war eine öffentlich-rechtliche Regelung im Rahmen einer nun als Satzung zu erlassenden Handelsordnung notwendig, da dann als börsenrechtlich zu qualifizieren und Sanktionsgewalt des Sanktionsausschusses besteht. Wichtig ist dies vor dem Hintergrund, dass im Freiverkehr zustandekommende Preise Börsenpreise iSv **(14)** BörsG § 24 sind und diese öffentlich-rechtlich erfasst und überwacht und Missstände daher auch durch den Sanktionsausschuss sanktioniert werden müssen. Dementsprechend ist zB für den Rechtsschutz gegen die Aussetzung des Handels im Freiverkehr (einzuordnen als Verwaltungsakt) nicht der Zivilrechtsweg gegeben (LG Frankfurt a. M. NJW-RR 2013, 424). Zur Einordnung auch Groß, BörsG § 48 Rn. 2 f.

3) Geschäftsbedingungen (I 3)

4 Die privatrechtlichen (s. FinA BT-Drs. 16/4883, 4) **Geschäftsbedingungen** (AGB iSv §§ 305 ff. BGB) regeln die Teilnahme am Handel und die Einbeziehung von Wertpapieren zum Handel **(I 3)**. Nach VG Frankfurt a. M. ZIP 2009, 18 handelt es sich nicht um börsenrechtliche Vorschriften iSv § 22 II 1, sodass der Sanktionsausschuss diesbzgl. nicht tätig werden kann. Änderungen des Regelwerks sind mangels Vereinbarung über eine ordentliche Kündigung nicht ohne weiteres möglich, jedenfalls aber Kündigung aus wichtigem Grund (Dauerschuldverhältnis, § 314 BGB), OLG Frankfurt a. M. NJW 2002, 1958 (iErg abl.). Börsenaufsichtsbehörde hat Eingriffsmöglichkeiten (Genehmigung nach III 1 nF und Untersagungsmöglichkeit nach II nF, beides Verwaltungsakte, → Rn. 4, 7). Aber auch für Sanktionsmöglichkeit nach § 20 VG Frankfurt a. M. ZIP 2003, 528.

4a Lit. zu Rn. 1–4: Hopt WM 1985, 797; Claussen FS Stimpel, 1985, 1049; Kümpel WM Sonderbeil. 5/1985; Schwark NJW 1987, 2046; Harrer/Müller WM 2006, 653; Freytag/Koenen WM 2011, 1594 (Open Market).

4) Zulassungsverfahren (I, III)

5 Voraussetzung für den Betrieb eines Freiverkehrs ist zunächst einmal, dass die Börse den Betrieb eines Freiverkehrs durch den Börsenträger überhaupt zugelassen hat, was davon abhängig ist, dass durch eine Handelsordnung **(I 2)** und durch von der Geschäftsführung gebilligte Geschäftsbedingungen **(I 3)** eine ordnungsmäßige Durchführung des Handels und der Geschäftsabwicklung gewährleistet erscheint **(I 1)**. Die **Zulassung** des Betriebs eines Freiverkehrs erfolgt **durch die Börse**, für die die Geschäftsführung handelt (§ 15). Der Betrieb des Freiverkehrs bedarf überdies der schriftlichen **Erlaubnis der Börsenaufsichtsbehörde** (III 1, vgl. Art. 71 V der FinanzmarktRL), deren Versagung ist Verwaltungsakt. Zur Erlangung der Erlaubnis der Börsenaufsichtsbehörde ist dieser eine ausführliche Beschreibung der Funktionsweise des Freivekehrs, einschließlich etwaiger Verbindungen zu anderen multilateralen oder organisierten Handelssystemen oder systematischen Internalisierern in seinem Eigentum (also nicht zu fremden Systemen), sowie eine Liste der Handelsteilnehmer vorzulegen (**III 3**). Bestehende Erlaubnisse für den Betrieb eines Freiverkehrs bleiben bestehen, ein erneutes Antragsverfahren nach III ist nicht nötig (RegE 2. FiMaNoG, BT-Drs. 18/10936, 272).

5) Einbeziehung von Wertpapieren

Für die Einbeziehung eines Wertpapiers zum Freiverkehr gelten **nicht** §§ 32–47, also Abschn. 4 (**III 5), sondern** § 48 (eigener Abschn. 5). **Antragsberechtigt** hinsichtlich der Einbeziehung eines Wertpapiers in den Freiverkehr ist idR **jedes** an der Börse zur Teilnahme am Handel **zugelassene Unternehmen**. Die Ablehnung der Einbeziehung durch die Geschäftsführung ist kein Verwaltungsakt, sondern erfolgt auf privatrechtlicher Grundlage (s. dazu die Geschäftsbedingungen für den Freiverkehr), privatrechtliche Klage gegen den Börsenträger (→ § 2 Rn. 2 und → § 5 Rn. 1) ist möglich, Groß BörsG § 48 Rn. 8, zB bei willkürlicher Diskriminierung nach § 826 BGB, aber kein allgemeiner Anspruch auf Einbeziehung. Bspw. in Frankfurt zuständig für die Entscheidung über die Einbeziehung von Wertpapieren in den Open Market ist die Deutsche Börse AG, § 9 AGB Freiverkehr FWB idF 2.1.2019, zum dortigen Einbeziehungsverfahren Groß BörsG § 48 Rn. 4 ff. Die Einbeziehung ist, anders als in den anderen Marktsegmenten, nach den Geschäftsbedingungen der Börsen idR ohne Einwilligung des Emittenten zulässig (in Frankfurt nur bzgl. Quotation Board, dagegen ist für Scale ein Antrag des Emittenten erforderlich § 16 I AGB Freiverkehr FWB idF 2.1.2019. Emittenten, deren Wertpapiere ohne ihre Zustimmung in den Freiverkehr einbezogen worden sind, können aber durch die Geschäftsbedingungen nicht dazu verpflichtet werden, Informationen in Bezug auf diese Wertpapiere zu veröffentlichen (**I 4**, vgl. Art. 51 V 3 MiFiD II). Die Aussetzung des Handels von nicht auf Antrag des Emittenten in den Freiverkehr einbezogenen Aktien berührt keine Rechte des Emittenten, so dass diese dagegen nicht klagen können, VG Frankfurt a. M. ZIP 2013, 317.

6) Prospektpflicht, Prospekthaftung

Prospektpflicht nach BörsG besteht nicht; eine Prospekthaftung nach (**15a**) WpPG §§ 8 ff. kommt nur unter den Voraussetzungen von (**15a**) WpPG § 1 iVm EU-ProspektVO in Frage (s. aber § 17 I lit. b AGB Freiverkehr FWB idF 2.1.2019 für den Entrystandard, öffentliches Angebot mit WPProspekt Voraussetzung, dazu → Rn. 9; für das Quotation Board setzt § 11 I lit. b AGB Freiverkehr FWB idF 2.1.2019 für WP, die keine Aktien sind, voraus, dass ein Prospekt vorliegt, und für Aktien oder Aktien vertretende Zertifikate setzt § 12 I AGB Freiverkehr FWB idF 2.1.2019 eine Zulassung zu einem börsenmäßigen Handelsplatz voraus, sodass jedenfalls darüber Prospektrecht und -haftung greifen können). Der Börse ist ein **Exposé** bzw., wenn zugleich öffentlich angeboten wird, der Prospekt einzureichen, aber diese dienen ihr als bloß interne Entscheidungsgrundlage, sodass auch eine allgemein zivilrechtliche Prospekthaftung (→ HGB Anh. § 177a Rn. 59) ausscheidet (sofern wie in Frankfurt a. M. geregelt, Haftung nach (**15**) WpPG § 8 ff.); der Freiverkehrsträger haftet für den Inhalt nicht, Schwark/Zimmer/Schwark § 48 BörsG Rn. 30. Der Antrag auf Einbeziehung und die Einbeziehung selbst sind **kein öffentliches Angebot,** aber ein öffentliches Angebot eines dafür verantwortlichen Anbieters kann zu bejahen sein, wenn zusätzlich zum Antrag auf Einbeziehung Werbemaßnahmen erfolgen (so in der Praxis bei den im Freiverkehr gehandelten Optionsscheinen), Groß WpPG § 2 Rn. 20. Auch die Aufnahme des Handels selbst und die bloße Information darüber sind kein öffentliches Angebot, vielmehr liegt nur eine Vielzahl von Einzelgeschäften ohne Zutun des Emittenten vor, Harrer/Müller

WM 2006, 656. Subsidiär kann die allgemeine zivilrechtliche Prospekthaftung (→ **(15a)** WpPG § 16 Rn. 4) eingreifen, so wenn der Freiverkehrsträger Veröffentlichung des Prospekts verlangt hat oder Emittent oder Kreditinstitut ausnahmsweise Werbemaßnahmen veranlasst haben, Schwark/Zimmer/Schwark § 48 BörsG Rn. 30; vgl. LG Frankfurt a. M. WM 1987, 204. Lit.: Schwark FS Schimansky, 1999, 739 (VerkProspG und Freiverkehr); Lenz/Ritz WM 2000, 904 (Bek. BAWe); Harrer/Müller WM 2006, 653.

7) Ausschließliche Unterstellung unter das BörsG (III 5), insbesondere Börsenpreise

8 Aufruf und Preisermittlung obliegt den durch die Geschäftsführung bestimmten Skontroführern – für diese gelten aber nicht §§ 27–29 (III 5), also auch keine Vorgaben für die Verteilung von Skontren wie nach § 29 – bzw. in Frankfurt den sog. Designated Sponsors – zu deren Pflichten etwa VG Frankfurt a. M. BB 2015, 129 f., zu den Grenzen des Designated Sponsoring VG Frankfurt a. M. BB 2015, 129. Preise für Wertpapiere, die während der Börsenzeit an einer Wertpapierbörse im Freiverkehr ermittelt werden, sind **Börsenpreise** (III 5 iVm § 24, → § 24 Rn. 1, s. auch § 120 III BörsO FWB idF 28.6.2021). Dass das auch bei elektronischem Handel so ist, versteht sich angesichts von § 24, der keinen Unterschied mehr zwischen der Preisfeststellung durch Intermediäre und dem elektronischen Handel macht, von selbst (ausdrücklich noch II 2 aF). Als Börsenpreise müssen sie den Anforderungen nach § 24 II genügen, OLG München WM 2008, 1602. III 5 bewirkt zusammen mit den Ausnahmeregelungen in § 3 I Nr. 13 WpHG und § 2 VI 1 Nr. 16 (iVm XII) KWG, dass der **Freiverkehr abschließend im BörsG geregelt** ist und §§ 63 ff. WpHG für ihn nicht gelten (FinA FRUG, BT-Drs. 16/4899, 15). Der Börsenträger unterliegt nach III 5 auch hinsichtlich des Freiverkehrs den **Pflichten nach § 5** hinsichtlich des Betriebs der Börse, wobei er die Anforderungen der MiFID II an den Betrieb eines multilateralen Handelssystem erfüllen muss (vgl. Art. 18 I MiFID II, so schon auf Grund europarechtskonformer Auslegung FinA FRUG, BT-Drs. 16/4899, 15 zu Art. 5 II MiFID), was die Börsenaufsichtsbehörde überwachen muss. Börsenpreise sind aber, da nicht amtlich festgestellt, kein amtlicher Preis iSv § 400 I HGB (aber → § 400 Rn. 2), jedoch Börsenpreis iSv § 253 III HGB. Sie werden in einer Beilage zum amtlichen Kursblatt oder in der Börsenzeitung veröffentlicht.

8) Untersagung des Handels (II)

9 Die Börsengeschäftsführung hat schon auf Grund der Einbindung des Freiverkehrs in die öffentlichrechtliche Selbstverwaltung die Möglichkeit einzuschreiten, wenn sie Beanstandungen hat. II ergänzt diese Möglichkeit um ein von den Einbindungsmodalitäten unabhängiges, gesetzliches Untersagungsrecht der Börsenaufsichtsbehörde. Diese kann unabhängig von der Börsengeschäftsführung den Handel im Freiverkehr durch Verwaltungsakt untersagen, wenn ein ordnungsgemäßer Handel für die Wertpapiere nicht mehr gewährleistet erscheint. Das ist wegen der Anbindung des privatrechtlichen Freiverkehrs an die Börse und den damit verbundenen Erwartungen des Börsenpublikums an Seriosität und staatliche Mindest- und Letztkontrolle unerlässlich.

9) Gewährleistung des Handels (IV)

10 IV neu 2. FiMaNoG 2017 setzt Art. 18 VII MiFID II um und entspricht § 72 XIII WpHG. Damit wird der Börsenträger dazu angehalten zu gewährleisten, dass ein Handel auch tatsächlich stattfindet. Dafür müssen mindestens drei aktive Handelsteilnehmer vorhanden sein. Der Begriff **„aktiv"** ist vor dem Hintergrund der Bedeutung von Liquidität für den Börsenhandel zu verstehen und deutet auf eine stete Präsenz hin. Diese Voraussetzung ist sicher erfüllt, wenn drei Market Maker (§ 26c), Designated Sponsors (§ 32 AGB Freiverkehr FWB idF 9.12.2019 iVm § 82 BörsO FWB idF 28.6.2021), Spezialisten (§ 33 AGB Freiverkehr FWB idF 9.12.2019) oä im Freiverkehr handeln.

10) Neuer Markt, Entry Standard, Scale

A. Neuer Markt: Der Neue Markt war ein 1997 geschaffenes Marktsegment der Deutsche Börse AG, das dem Freiverkehr zuzuordnen war, hL, str., und wegen der dort vorgekommenen Missbräuche eingestellt worden ist. Zu Konstruktion und Rechtsfragen s. 30. Aufl., BGHZ 160, 65, Potthoff/Stuhlfauth WM Sonderbeil. 3/1997; Kersting AG 1997, 222. Weiterhin wichtig Primary Markets Arbitration Panel BKR 2001, 152; 2002, 410 (468) zur Befugnis der Deutschen Börse AG zur einseitigen Änderung des Regelwerks, Krämer BKR 2001, 131; Bauer/Pleyer/Hirche BKR 2002, 102; Heyder BKR 2002, 806. Reformfragen s. Claussen BB 2002, 105. Zur Beendigung des Neuen Markt und des SMAX Schlitt AG 2003, 60. **11**

B. Entry Standard: Von Oktober 2005 bis Februar 2017 betrieb die Deutsche Börse AG eine neue Alternativ-Plattform für KMU (Entry Standard, „Mittelstandsbörse"). Der Entry Standard war ein Qualitätssegment innerhalb des Open Market (→ Rn. 1). Der Zugang war kostengünstiger und die regulatorischen Anforderungen waren niedriger als im Prime Standard (seinerzeit §§ 48 ff. BörsO FWB idF 18.3.2016) und General Standard (seinerzeit §§ 45 ff. BörsO FWB idF 18.3.2016), die Segmente des regulierten Marktes (→ Rn. 1) sind. Die Einbeziehung in den Entry Standard erfolgte nur im Einvernehmen mit dem Emittenten. Voraussetzung war ua ein prospektpflichtiges öffentliches Angebot mit einem nach den Vorschriften des WpPG gültigen und gebilligten oder bescheinigten Wertpapierprospekt, § 17 I lit. a und III lit. a AGB Freiverkehr FWB idF 3.7.2016 (damit für Emittenten im Entrystandard Prospekthaftung nach §§ 21 ff. WpPG aF). Der Emittent übernahm bestimmte laufende Mindestverpflichtungen, insbesondere Publizitätspflichten. Regelungen für den Entry Standard fanden sich in §§ 16 ff. AGB Freiverkehr FWB idF 3.7.2016. Notierung im Entry Standard war oft Vorstufe zu einem Uplisting in den Prime Standard, dann mit höheren Anforderungen (IFRS-Konzernabschlüsse, mehr Transparenz). Lit.: Sudmeyer ua BB 2005, 2703; Harrer/Müller WM 2006, 657 (auch zu M:access der Börse München); Oelke BKR 2006, 7; Schlitt/Schäfer AG 2006, 147; Hammen FS Nobbe, 2009, 595; Veil FS Schneider, 2011, 1313. **12**

C. Scale: Seit März 2017 hat die Deutsche Börse AG den Entry Standard durch das neue Segment Scale ersetzt. Auch dieses zielt auf KMU, wobei eine gewisse Bewährung vorausgesetzt wird („erprobte Geschäftsmodelle"). Um in das neue Segment aufgenommen zu werden, sind ua Mindestgrößen bei bestimmten Unternehmenskennzahlen zu erfüllen und die Zusammenarbeit mit einem der Deutsche Börse Capital Market Partner vorzuweisen, der die Eignung für das Segment prüft und die Unternehmen auch nach dem Börsengang betreut. Ebenfalls verpflichtend sind die von der Deutschen Börse beauftragten und bezahlten Research-Reports. Zu den Regelungen siehe §§ 16 ff. AGB Freiverkehr FWB idF 2.1.2019. **13**

11) Telefonhandel

Der Telefonhandel wird meist mit dem ungeregelten Freiverkehr gleichgesetzt, vgl. Schäfer/Ledermann Vor § 71 aF Rn. 5, ist jedoch nicht mit dem ungeregelten Freiverkehr, der in § 48 aufgegangen ist, zu verwechseln. Er ist Handel (auch in börslich notierten Werten) völlig außerhalb der Börsen (entweder örtlich oder zeitlich) und wird deshalb auch nicht als weiteres Marktsegment gezählt. Es gilt grundsätzlich nur allgemeines Vertrags- und Effektengeschäftsrecht. Für den außerbörslichen Handel in zum Handel im regulierten Markt zugelassenen Wer- **14** ten, dh außerhalb der Börsenzeiten, gelten aber ebenfalls die Usancen wie im regulierten Markt.

KMU-Wachstumsmarkt

BörsG 48a (1) ¹Der Börsenträger kann einen Freiverkehr bei der Börsenaufsichtsbehörde als Wachstumsmarkt für kleine und mittlere Unternehmen (KMU-Wachstumsmarkt) registrieren lassen, sofern folgende Anforderungen erfüllt sind:

1. bei mindestens 50 Prozent der Emittenten, deren Finanzinstrumente zum Handel in den Freiverkehr einbezogen sind, handelt es sich um kleine und mittlere Unternehmen;
2. der Börsenträger hat geeignete Kriterien für die Einbeziehung der Finanzinstrumente zum Handel in den Freiverkehr festgelegt;
3. der Börsenträger macht die Einbeziehung von Finanzinstrumenten zum Handel in den Freiverkehr davon abhängig, dass bei der Zulassung ausreichende Informationen veröffentlicht werden, um dem Publikum eine zutreffende Beurteilung des Emittenten und der Finanzinstrumente zu ermöglichen; bei diesen Informationen handelt es sich entweder um ein Einbeziehungsdokument oder einen Prospekt, falls auf Basis der Verordnung (EU) 2017/1129 festgelegte Anforderungen im Hinblick auf ein öffentliches Angebot im Zusammenhang mit der ursprünglichen Einbeziehung des Finanzinstruments zum Handel in den Freiverkehr Anwendung finden;
4. der Börsenträger stellt sicher, dass eine geeignete regelmäßige Finanzberichterstattung durch den Emittenten am Markt stattfindet, dessen Finanzinstrumente zum Handel in den Freiverkehr einbezogen sind, insbesondere durch geprüfte Jahresberichte;
5. die in Artikel 3 Absatz 1 Nummer 21 der Verordnung (EU) Nr. 596/2014 definierten Emittenten und die in Artikel 3 Absatz 1 Nummer 25 der Verordnung (EU) Nr. 596/2014 definierten Personen, die bei einem Emittenten Führungsaufgaben wahrnehmen, sowie die in Artikel 3 Absatz 1 Nummer 26 der Verordnung (EU) Nr. 596/2014 definierten Personen, die in enger Beziehung zu diesen stehen, erfüllen die jeweiligen Anforderungen, die für sie gemäß der Verordnung (EU) Nr. 596/2014 gelten;
6. der Börsenträger erfasst Informationen, die von einem Emittenten auf Grund einer rechtlichen Verpflichtung veröffentlicht wurden, und stellt diese öffentlich zur Verfügung und
7. der Börsenträger richtet wirksame Systeme und Kontrollen ein, die geeignet sind, einen Marktmissbrauch an dem betreffenden Markt gemäß der Verordnung (EU) Nr. 596/2014 zu erkennen und zu verhindern.

²Die Möglichkeit des Börsenträgers, zusätzliche Anforderungen festzulegen, bleibt unberührt.

(2) ¹Die Börsenaufsichtsbehörde hebt die Registrierung eines KMU-Wachstumsmarktes auf, wenn der Börsenträger dies beantragt oder wenn die Voraussetzungen für eine Registrierung nach Absatz 1 nicht mehr vorliegen. ²Die Börsenaufsichtsbehörde unterrichtet die Bundesanstalt und die Europäische Wertpapier- und Marktaufsichtsbehörde unverzüglich über die Registrierung eines KMU-Wachstumsmarktes und über deren Aufhebung.

(3) ¹Ein Finanzinstrument, das zum Handel in den Freiverkehr einbezogen ist, kann nur dann in einem anderen KMU-Wachstumsmarkt gehandelt werden, wenn der Emittent des Finanzinstruments hierüber unterrichtet wurde und dem nicht widersprochen hat. ²In einem solchen Fall entstehen dem

Emittenten im Hinblick auf diesen anderen KMU-Wachstumsmarkt keine Verpflichtungen in Bezug auf die Unternehmensführung und -kontrolle oder erstmalige, laufende oder punktuelle Veröffentlichungspflichten.

1) § 48a nF 2. FiMaNoG 2017 setzt Art. 33 MiFID II um und regelt in Anlehnung an § 76 WpHG die Einstufung eines multilateralen Systems als Wachstumsmarkt für kleine und mittlere Unternehmen (KMU). Damit ist es auch Börsenbetreibern möglich, einen Freiverkehr als sog. KMU-Wachstumsmarkt registrieren zu lassen. KMU-Wachstumsmärkte werden als wichtige Marktformen angesehen, um die Finanzierungssituation von KMU zu verbessern, die sich insbesondere im Zuge der strengeren Bankenregulierung in Folge der Finanzkrise verschlechtert hat. Siehe Europäische Komission, Aktionsplan zur Schaffung einer Kapitalmarktunion, COM(2015) 468 final, 14, und Green Paper, Building a Capital Markets Union, COM(2015) 63 final, 10, dazu Kumpan ZGR 2016, 2.

2) Die Registrierung als KMU-Wachstumsmarkt wird an verschiedene Voraussetzungen geknüpft: So muss es sich bei mindestens der Hälfte der Emittenten um KMU handeln **(I 1 Nr. 1)**, also um Unternehmen mit einer durchschnittlichen Marktkapitalisierung von weniger als 200 Mio. Euro (s. § 2 X). Der Börsenträger muss geeignete Kriterien für die Einbeziehung der Finanzinstrumente festgelegt haben **(I 1 Nr. 2)**. Bei der Einbeziehung müssen ausreichende Informationen über das KMU veröffentlicht werden **(I 1 Nr. 3)**. Das hat durch einen Prospekt oder ein vergleichbares Dokument mit umfänglichen Informationen zu geschehen. Damit wird die Information der Anleger gewährleistet. Weiterhin muss als Folgepflicht eine regelmäßige Finanzberichterstattung vorgeschrieben sein **(I 1 Nr. 4**, s. dazu §§ 48 ff. WpHG nF). Ad hoc-Publizität, Directors Dealings-Vorschriften etc der MAR müssen beachtet werden **(I 1 Nr. 5)**. Der Börsenträger muss die vom Emittenten veröffentlichen Pflichtinformationen öffentlich zur Verfügung stellen **(I 1 Nr. 6)** und damit für zusätzliche Transparenz sorgen. Und schließlich muss der Börsenträger eine Marktmissbrauchskontrolle gewährleisten **(I 1 Nr. 7)**, also eine Handelsüberwachung einrichten.

3) Die Registrierung als KMU-Wachstumsmarkt wird auf Antrag des Betreibers oder auch von Amts wegen, wenn die Voraussetzungen nicht mehr vorliegen, wieder aufgehoben **(II)**.

4) Finanzinstrumente eines KMU, die in einen KMU-Wachstumsmarkt einbezogen worden sind, dürfen nur dann an einem anderen KMU-Wachstumsmarkt gehandelt werden, wenn das jeweilige KMU zuvor unterrichtet wurde und keine Einwände erhoben hat **(III)**. Die Vorschrift ist ungenau. „Freiverkehr" deutet darauf hin, dass auch Handelsplätze erfasst werden, die zwar als Freiverkehr zugelassen sind, aber nicht als KMU-Wachstumsmarkt registriert sind. Dagegen spricht aber zum einen die Verortung in § 48a, zum anderen der weitere Wortlaut „in einen anderen KMU-Wachstumsmarkt". Damit wird sichergestellt, dass KMU nicht mit einer unvorhergesehenen Ausweitung ihrer Pflichten rechnen müssen und deshalb möglicherweise von der Nutzung eines KMU-Wachstumsmarktes abgeschreckt würden. Auch III 2 wirkt dem entgegen. Eine ähnliche, aber eingeschränktere Regelung für den „normalen" Freiverkehr enthält § 48 I 4.

Organisiertes Handelssystem an einer Börse

BörsG 48b (1) ¹Der Betrieb eines organisierten Handelssystems an einer Börse bedarf der schriftlichen Erlaubnis der Börsenaufsichtsbehörde. ²Der Börsenträger legt der Börsenaufsichtsbehörde eine ausführliche Beschreibung der Funktionsweise des organisierten Handelssystems vor, einschließlich etwaiger Verbindungen zu einem anderen organisierten oder multilateralen Handelssystem oder einem systematischen Internalisierer in seinem Eigentum, sowie eine Liste der Handelsteilnehmer. ³Die Börsenaufsichtsbehörde stellt diese Informationen der Bundesanstalt und auf deren Verlangen der Europäischen Wertpapier- und Marktaufsichtsbehörde zur Verfügung und teilt diesen jede Zulassung eines organisierten Handelssystems mit. ⁴Soweit die Absätze 2 bis 9 keine abweichende Regelung treffen, sind die für den Freiverkehr geltenden Vorschriften dieses Gesetzes entsprechend anzuwenden.

(2) Der Börsenträger als Betreiber eines organisierten Handelssystems hat geeignete Vorkehrungen zu treffen, durch die die Ausführung von Kundenaufträgen in dem organisierten Handelssystem unter Einsatz des eigenen Kapitals des Betreibers oder eines Mitglieds derselben Unternehmensgruppe verhindert wird.

(3) ¹Der Börsenträger als Betreiber eines organisierten Handelssystems darf auf die Zusammenführung sich deckender Kundenaufträge im Sinne von § 2 Absatz 29 des Wertpapierhandelsgesetzes für Schuldverschreibungen, strukturierte Finanzprodukte, Emissionszertifikate und bestimmte Derivate zurückgreifen, wenn der Kunde dem zugestimmt hat. ²Er darf auf die Zusammenführung sich deckender Kundenaufträge über Derivate nicht zurückgreifen, wenn diese der Verpflichtung zum Clearing nach Artikel 4 der Verordnung (EU) Nr. 648/2012 unterliegen.

(4) Der Handel für eigene Rechnung ist dem Börsenträger als Betreiber eines organisierten Handelssystems nur gestattet, soweit es sich nicht um die Zusammenführung sich deckender Kundenaufträge im Sinne von § 2 Absatz 29 des Wertpapierhandelsgesetzes handelt und nur in Bezug auf öffentliche Schuldtitel, für die kein liquider Markt besteht.

(5) ¹Der Börsenträger darf ein organisiertes Handelssystem nicht innerhalb derselben rechtlichen Einheit mit einer systematischen Internalisierung betreiben. ²Ein organisiertes Handelssystem darf keine Verbindung zu einem systematischen Internalisierer oder einem anderen organisierten Handelssystem in einer Weise herstellen, die eine Interaktion von Aufträgen in dem organisierten Handelssystem mit den Aufträgen oder Angeboten des systematischen Internalisierers oder in dem organisierten Handelssystem ermöglicht.

(6) ¹Der Börsenträger als Betreiber eines organisierten Handelssystems kann ein anderes Wertpapierdienstleistungsunternehmen beauftragen, unabhängig an diesem organisierten Handelssystem Market-Making zu betreiben. ²Ein unabhängiges Betreiben liegt nur dann vor, wenn keine enge Verbindung des Wertpapierdienstleistungsunternehmens zu dem Börsenträger besteht.

(7) ¹Der Börsenträger als Betreiber des organisierten Handelssystems hat die Entscheidung über die Ausführung eines Auftrags in dem organisierten Handelssystem nach Ermessen zu treffen, wenn er darüber entscheidet,

1. einen Auftrag über das von ihnen betriebene organisierte Handelssystem zu platzieren oder zurückzunehmen oder
2. einen bestimmten Kundenauftrag nicht mit anderen zu einem bestimmten Zeitpunkt im System vorhandenen Aufträgen zusammenzuführen.

²Im Falle des Satzes 1 Nummer 2 darf eine Zusammenführung nur dann unterbleiben, wenn dies mit etwaigen Anweisungen des Kunden sowie der Verpflichtung zur bestmöglichen Ausführung von Kundenaufträgen im Sinne von § 82 des Wertpapierhandelsgesetzes vereinbar ist. ³Bei einem System, bei dem gegenläufige Kundenaufträge eingehen, kann der Betreiber entscheiden, ob, wann und in welchem Umfang er zwei oder mehr Aufträge innerhalb des

Systems zusammenführt. ⁴Im Einklang mit den Absätzen 2, 3, 5 und 6 und unbeschadet des Absatzes 4 kann der Betreiber bei einem System, über das Geschäfte mit Nichteigenkapitalinstrumenten in die Wege geleitet werden, die Verhandlungen zwischen den Kunden erleichtern, um so zwei oder mehr möglicherweise kompatible Handelsinteressen in einem Geschäft zusammenzuführen.

(8) ¹Die Börsenaufsichtsbehörde kann von dem Börsenträger als Betreiber eines organisierten Handelssystems jederzeit, insbesondere bei Antrag auf Zulassung des Betriebs, eine ausführliche Erklärung darüber verlangen, warum das organisierte Handelssystem keinem regulierten Markt, multilateralen Handelssystem oder systematischen Internalisierer entspricht und nicht in dieser Form betrieben werden kann. ²Die Erklärung hat eine ausführliche Beschreibung zu enthalten, wie der Ermessensspielraum genutzt wird, insbesondere wann ein Auftrag im organisierten Handelssystem zurückgezogen werden kann und wann und wie zwei oder mehr sich deckende Kundenaufträge innerhalb des organisierten Handelssystems zusammengeführt werden. ³Außerdem hat der Börsenträger als Betreiber eines organisierten Handelssystems der Börsenaufsichtsbehörde Informationen zur Verfügung zu stellen, mit denen der Rückgriff auf die Zusammenführung sich deckender Kundenaufträge erklärt wird. ⁴Die Börsenaufsichtsbehörde hat diese Informationen der Bundesanstalt und auf deren Verlangen der Europäischen Wertpapier- und Marktaufsichtsbehörde zur Verfügung zu stellen.

(9) Die Börsenaufsichtsbehörde überwacht den Handel durch Zusammenführung sich deckender Aufträge durch den Börsenträger als Betreiber des organisierten Handelssystems, damit sichergestellt ist, dass dieser die hierfür geltenden Anforderungen einhält und dass der von ihm betriebene Handel durch Zusammenführung sich deckender Aufträge nicht zu Interessenkonflikten zwischen dem Betreiber und seinen Kunden führt.

(10) § 63 Absatz 1, 3 bis 7 und 9, § 64 Absatz 1 sowie die §§ 69, 70 und 82 des Wertpapierhandelsgesetzes gelten entsprechend für Geschäfte, die über ein organisiertes Handelssystem an einer Börse abgeschlossen wurden.

1) § 48b neu 2. FiMaNoG 2017 setzt Art. 18 und 20 MiFID II um. Auch Börsenträger dürfen künftig organisierte Handelssysteme betreiben. Zuständig für die Erlaubnis ist die Börsenaufsichtsbehörde, nicht die BaFin, sodass eine einheitliche Aufsicht über den Börsenträger und die von ihm betriebenen Systeme gewährleistet ist. **I** entspricht § 48 III (somit Zulassungsverfahren **wie beim Freiverkehr**, dazu → § 48 Rn. 5). I 4 verweist auf die Vorschriften über den Freiverkehr und damit auf die börsenrechtlichen Vorschriften (§ 48 III 4), soweit II–IX (diese basieren auf Art. 20 MiFID II) nichts anderes vorschreiben.

2) **II–VI** regeln Situationen, in denen Interessenkonflikte des Betreibers entstehen könnten, wenn er dem Betreiben des Handelssystems auch selbst noch dort auf eigenes Risiko handeln würde. Ein solcher Interessenkonflikt könnte dazu führen, dass der Handelsablauf beeinträchtigt wird, etwa wenn der Betreiber den Handel aussetzt oä, wenn (und weil) eine Position gegen ihn läuft. Nach **II** hat der Betreiber zu verhindern, dass Kundenaufträge unter Einsatz des Kapitals des Betreibers oder eines seiner Konzernunternehmen ausgeführt werden. Damit wird sichergestellt, dass der Betreiber nicht mit eigenem Geld für den Kunde ins Risiko geht. **III 1** stellt das sog. Matched Principal Trading (§ 2 XXIX WpHG), bei dem der Betreiber als eine Art „zentraler Kontrahent" agiert, unter den Vorbehalt, dass der Kunde zugestimmt hat. Derivate, für die ein Clearing nach Art. 4 EMIR verpflichtend ist, sind davon aber ausgenommen **(III 2)**. Über III 1 hinausgehend darf der Betreiber auf seinem System grds. keinen Eigenhandel (mit eigenem Risiko) betreiben **(IV)**. In die gleiche Rich-

tung geht **V**, wonach ein organisiertes Handelssystem und systematische Internalisierung nicht unter einem Dach betrieben werden dürften. Market Making im Rahmen des organisierten Handelssystems darf nur unabhängig vom Betreiber erfolgen **(VI)**. Das ist dann der Fall, wenn keine enge Verbindung zwischen dem Unternehmen und dem Betreiber besteht. Für das Verständnis des Begriffs **„enge Verbindung"** kann Art. 4 I Nr. 35 MiFID II herangezogen werden. Danach liegt eine enge Verbindung vor, wenn (1) der Betreiber 20% der Stimmrechte bzw. des Kapitals an dem anderen Unternehmen hält oder umgekehrt das andere Unternehmen am Betreiber, (2) zwischen beiden Unternehmen ein Mutter-Tochter-Verhältnis im Sinne von Art. 22 I oder II RL 2013/34/EU (26.6.2013 ABl. L 182, 19) besteht (auch Enkelunternehmen gelten in diesem Zusammenhang als Tochterunternehmen) oder (3) dieselbe dritte Person beide Unternehmen kontrolliert. Ein **Mutter-Tochter-Verhältnis nach Art. 22 I RL 2013/34/EU** liegt vor, wenn ein Unternehmen (1) an einem anderen Unternehmen die Mehrheit der Stimmrechte hat (mindestens 20%), (2) das Recht, die Mehrheit der Mitglieder des Verwaltungs-, Leitungs- oder Aufsichtsorgans des anderen Unternehmens zu bestellen oder abzuberufen, hat und gleichzeitig Aktionär/Gesellschafter dieses Unternehmens ist, (3) aufgrund eines Beherrschungsvertrages oder der Satzung des anderen Unternehmens einen beherrschenden Einfluss auf dieses Unternehmen hat, dessen Aktionär/Gesellschafter es ist, (4) aufgrund allein der Ausübung seiner Stimmrechte die Mehrheit der im Amt befindlichen Mitglieder des Verwaltungs-, Leitungs- oder Aufsichtsorgans bestellt hat oder aufgrund einer Vereinbarung mit anderen Aktionären/Gesellschaftern allein über die Mehrheit der Stimmrechte in dem anderen Unternehmen verfügt. Art. 22 II RL 2013/34/EU sieht die Möglichkeit der Erweiterung auf (1) alle Situationen vor, in denen ein Unternehmen einen beherrschenden Einfluss auf ein anderes Unternehmen ausüben kann oder tatsächlich ausübt und (2) auf die Fälle, in denen zwei Unternehmen unter einheitlicher Leitung desselben Mutterunternehmens stehen.

3 3) **VII** greift den Umstand regelnd auf, dass der Betreiber eines organisierten Handelssystems im Gegensatz zu multilateralen Handelssystemen einen erheblichen Ermessensspielraum hat. Das gilt sowohl im Hinblick auf die Platzierung und Rücknahme als auch hinsichtlich der Zusammenführung von Orders (VII 1), wobei von einer Zusammenführung aber nur abgesehen werden kann, wenn dies keine bestmögliche Ausführung nach § 82 bedeuten würde (VII 2). Insofern ist das Ermessen eingeschränkt, was auch bei der Entscheidung über das „ob" der Zuammenführung in VII 3 berücksichtigt werden muss. Im Übrigen ist die Entscheidung nur auf Ermessensfehler überprüfbar. Der Betreiber kann Kunden die Verhandlungen ermöglichen und erleichtern, um einen Abschluss zwischen diesen zu ermöglichen, etwa indem er Kommunikationsmöglichkeiten für die Kunden vorsieht.

4 4) Nach **VIII** muss sich der Betreiber auf Nachfrage der Börsenaufsichtsbehörde rechtfertigen, warum er für seinen Handelsplatz die Form eines organisierten Handelssystems gewählt hat und nicht eine der anderen Handelsplatzarten. Damit bringt VIII zum Ausdruck, dass organisierte Handelssystem lediglich ein Auffangtatbestand sind under der Gesetzgeber grds. die anderen Marktformen (regulierte Märkte, multilaterale Handelssysteme und sogar systematische Internalisierung) präferiert. Da der Betreiber bei regulierten Märkten und multilateralen Handelssystemen anders als bei organisierten Handelssystemen erheblich weniger Möglichkeiten hat, in den Handel einzugreifen (im Wesentlichen nur um einen ordnungsgemäßen Handel zu gewährleisten), besteht bei ihnen ein höheres Anlegerschutzniveau. Ähnlich ist es bei der systematischen Internalisierung, für die es erhebliche Vorgaben gibt.

5) IX regelt die Überwachung von organisierten Handelssystemen durch die Börsenaufsichtsbehörde. **X** ordnet an, dass § 63 I, III–VII und IX (allgemeine Verhaltensregeln), § 64 I (besondere Informationspflichten im Fall der Anlageberatung) sowie §§ 69 (Bearbeitung von Kundenaufträgen), 70 (Zuwendungen und Gebühren) und 82 (bestmögliche Ausführung von Kundenaufträgen) WpHG für organisierte Handelssysteme entsprechend anwendbar sind.

Abschnitt 6. Straf- und Bußgeldvorschriften; Schlussvorschriften

Strafvorschriften

BörsG 49 Mit Freiheitsstrafe bis zu drei Jahren oder mit Geldstrafe wird bestraft, wer entgegen § 26 Abs. 1 andere zu Börsenspekulationsgeschäften oder zu einer Beteiligung an einem solchen Geschäft verleitet.

§ 49 nF 2007 (wie § 61 aF und zT früher § 89 aF) bringt die Strafnorm zu § 26 nF 2007. Getrennt ist zwischen Verbotstatbestand in § 26 I und Strafvorschrift in § 49.

Bußgeldvorschriften

BörsG 50 (1) Ordnungswidrig handelt, wer vorsätzlich oder leichtfertig entgegen

1. § 3 Absatz 11 eine Person über eine Maßnahme oder ein eingeleitetes Ermittlungsverfahren in Kenntnis setzt oder
2. § 41 Absatz 1 der Geschäftsführung der Börse eine dort benannte Auskunft nicht, nicht richtig oder nicht vollständig erteilt.

(2) Ordnungswidrig handelt, wer vorsätzlich oder fahrlässig
1. einer vollziehbaren Anordnung nach
   a) § 3 Absatz 4 Satz 1 oder Satz 3, jeweils auch in Verbindung mit § 7 Absatz 3, oder § 3 Absatz 5 Satz 2 oder
   b) § 6 Absatz 2 Satz 1 oder Absatz 4 Satz 1 zuwiderhandelt,
2. entgegen § 3 Absatz 4 Satz 5 oder 6, jeweils auch in Verbindung mit Satz 8, ein Betreten nicht gestattet oder nicht duldet,
3. als Börsenträger einer vollziehbaren Anordnung nach § 3 Absatz 4a Satz 1 zuwiderhandelt,
4. bei der Antragstellung nach § 4 Absatz 2 Satz 1 unrichtige Angaben zu den in § 4 Absatz 2 Satz 2 oder 3 genannten Tatsachen macht,
5. entgegen § 4 Absatz 7 Satz 1 einen Wechsel bei einer dort genannten Person der Geschäftsleitung nicht, nicht richtig, nicht vollständig oder nicht rechtzeitig anzeigt,
6. als Geschäftsleiter eines Börsenträgers von erheblicher Bedeutung die nach § 4a Absatz 2 Satz 2 in Verbindung mit den Sätzen 3 und 4 und einer etwaigen Genehmigung nach Satz 5 zulässige Anzahl von Mandaten durch Annahme eines weiteren Mandats überschreitet,
7. als Mitglied des Verwaltungs- oder Aufsichtsorgans eines Börsenträgers von erheblicher Bedeutung die nach § 4b Absatz 4 Satz 2 in Verbindung mit den Sätzen 3 und 4 und einer etwaigen Genehmigung nach Satz 5 zulässige Anzahl von Mandaten durch Annahme eines weiteren Mandats überschreitet,
8. entgegen § 4a Absatz 1 der Wahrnehmung der Aufgaben als Geschäftsleiter nicht die erforderliche Zeit widmet,

9. als Mitglied des Verwaltungs- oder Aufsichtsorgans eines Börsenträgers bei Vorliegen der Voraussetzungen des § 4b Absatz 5 Satz 1 nicht auf die Einsetzung eines Nominierungsausschusses hinwirkt,
10. entgegen § 5 Absatz 4 Nummer 1 keine oder keine hinreichenden Vorkehrungen trifft, um dort genannte Konflikte zu erkennen und zu verhindern,
11. entgegen § 5 Absatz 4 Nummer 2 keine angemessenen Vorkehrungen und Systeme schafft,
12. entgegen § 5 Absatz 4 Nummer 3 nicht die technische Funktionsfähigkeit der betreffenden Systeme sicherstellt oder keine technischen Vorkehrungen für den reibungslosen und zeitnahen Abschluss der betreffenden Geschäfte schafft,
13. als Börsenträger eine Börse betreibt, ohne über die in § 5 Absatz 4a genannten Systeme und Verfahren zu verfügen,
14. als Börsenträger eine Börse betreibt, ohne über ausreichende finanzielle Mittel im Sinne des § 5 Absatz 5 zu verfügen,
15. als Börsenträger entgegen § 5 Absatz 7 an einer von ihm betriebenen Börse Kundenaufträge unter Einsatz seines eigenen Kapitals ausführt oder auf die Zusammenführung sich deckender Kundenaufträge zurückgreift,
16. entgegen
    a) § 6 Absatz 1 Satz 1, 5 oder 6 oder
    b) § 6 Absatz 5 Satz 1 oder 4 oder Absatz 6 Satz 1,
    jeweils auch in Verbindung mit einer Rechtsverordnung nach § 6 Absatz 7, eine Anzeige nicht, nicht richtig, nicht vollständig oder nicht rechtzeitig erstattet,
17. einer vollziehbaren Anordnung der Börsenaufsichtsbehörde nach § 6 Absatz 1 Satz 7 zuwiderhandelt,
18. entgegen § 6 Absatz 6 Satz 2 eine Veröffentlichung nicht oder nicht rechtzeitig vornimmt,
19. entgegen § 26c Absatz 2 Satz 1 kein Market-Making- System einrichtet,
20. als Handelsteilnehmer bei der Teilnahme am Börsenhandel einen Algorithmus im Sinne von § 26d Absatz 2 einsetzt, ohne diesen zuvor auf etwaige marktstörende Auswirkungen getestet zu haben,
21. als Börsenträger entgegen§ 26e Satz 1 die dort genannte Veröffentlichung nicht mindestens einmal jährlich vornimmt,
22. als Börsenträger entgegen § 26f Absatz 1 keine Positionsmanagementkontrollen einrichtet oder
23. als Handelsteilnehmer entgegen § 26g die von der Geschäftsführung verlangten Daten nicht übermittelt.

(3) Ordnungswidrig handelt, wer gegen die Verordnung (EU) Nr. 648/2012 des Europäischen Parlaments und des Rates vom 4. Juli 2012 über OTC-Derivate, zentrale Gegenparteien und Transaktionsregister (ABl. L 201 vom 27.7.2012, S. 1) verstößt, indem er vorsätzlich oder fahrlässig als Betreiber eines Freiverkehrs im Sinne des § 48 entgegen Artikel 8 Absatz 1 in Verbindung mit Absatz 4 Unterabsatz 1 Handelsdaten nicht, nicht richtig, nicht vollständig, nicht in der vorgeschriebenen Weise oder nicht rechtzeitig zur Verfügung stellt.

(4) Ordnungswidrig handelt, wer als Börsenträger gegen die Verordnung (EU) 2015/2365 des Europäischen Parlaments und des Rates vom 25. November 2015 über die Transparenz von Wertpapierfinanzierungsgeschäften und der Weiterverwendung sowie zur Änderung der Verordnung (EU) Nr. 648/2012 (ABl. L 337 vom 23.12.2015, S. 1) verstößt, indem er vorsätzlich oder leichtfertig

V. Bankgeschäfte **50 BörsG (14)**

1. entgegen Artikel 4 Absatz 1 eine Meldung nicht, nicht richtig, nicht vollständig, nicht in der vorgeschriebenen Weise oder nicht rechtzeitig vornimmt,
2. entgegen Artikel 4 Absatz 4 Aufzeichnungen nicht, nicht vollständig oder nicht mindestens für die vorgeschriebene Dauer aufbewahrt,
3. entgegen Artikel 15 Absatz 1 Finanzinstrumente weiterverwendet, ohne dass die dort genannten Voraussetzungen erfüllt sind oder
4. entgegen Artikel 15 Absatz 2 ein Recht auf Weiterverwendung ausübt, ohne dass die dort genannten Voraussetzungen erfüllt sind.

(5) Ordnungswidrig handelt, wer gegen die Verordnung (EU) Nr. 600/2014 des Europäischen Parlaments und des Rates vom 15. Mai 2014 über Märkte für Finanzinstrumente und zur Änderung der Verordnung (EU) Nr. 648/2012 (ABl. L 173 vom 12.6.2014, S. 84; L 6 vom 10.1.2015, S. 6; L 270 vom 15.10.2015, S. 4), die durch die Verordnung (EU) 2016/1033 (ABl. L 175 vom 30.6.2016, S. 1) geändert worden ist, verstößt, indem er vorsätzlich oder leichtfertig als Marktbetreiber im Sinne des Artikels 4 Absatz 1 Nummer 18 der Richtlinie 2014/65/EU oder als Börsenträger, der ein multilaterales Handelssystem im Sinne des Artikels 4 Absatz 1 Nummer 22 der Richtlinie 2014/65/EU oder ein organisiertes Handelssystem im Sinne des Artikels 4 Absatz 1 Nummer 23 der Richtlinie 2014/65/EU betreibt,

1. entgegen
   a) Artikel 3 Absatz 1,
   b) Artikel 6 Absatz 1,
   c) Artikel 8 Absatz 1,
   d) Artikel 8 Absatz 4,
   e) Artikel 10 Absatz 1,
   f) Artikel 11 Absatz 3 Unterabsatz 3 in Verbindung mit Artikel 10 Absatz 1 oder
   g) Artikel 31 Absatz 2
   nicht richtig, nicht vollständig, nicht in der vorgeschriebenen Weise oder nicht rechtzeitig vornimmt,
2. beim Betrieb eines Handelsplatzes ein dort genanntes System betreibt, das nicht oder nicht vollständig den in Artikel 4 Absatz 3 Unterabsatz 1 beschriebenen Anforderungen entspricht,
3. entgegen
   a) Artikel 3 Absatz 3 oder Artikel 6 Absatz 2 nicht in der dort beschriebenen Weise Zugang zu den betreffenden Systemen gewährt,
   b) Artikel 7 Absatz 1 Unterabsatz 3 Satz 1 oder Artikel 11 Absatz 1 Unterabsatz 3 Satz 1 eine Genehmigung nicht oder nicht rechtzeitig einholt oder auf geplante Regelungen nicht, nicht richtig, nicht vollständig, nicht in der vorgeschriebenen Weise oder nicht rechtzeitig hinweist,
   c) Artikel 8 Absatz 3 oder Artikel 10 Absatz 2 nicht in der dort beschriebenen Weise Zugang zu den betreffenden Regelungen gewährt,
   d) Artikel 12 Absatz 1 eine Information nicht, nicht richtig, nicht vollständig, nicht in der vorgeschriebenen Weise oder nicht rechtzeitig offenlegt,
   e) Artikel 13 Absatz 1 eine Angabe oder Information nicht, nicht richtig, nicht in der vorgeschriebenen Weise oder nicht rechtzeitig offenlegt oder bereitstellt oder keinen diskriminierungsfreien Zugang zu den Informationen sicherstellt,
   f) Artikel 22 Absatz 2 erforderliche Daten nicht für einen ausreichend langen Zeitraum speichert,
   g) Artikel 25 Absatz 2 die einschlägigen Daten eines Auftrags nicht für mindestens fünf Jahre zur Verfügung hält,

h) Artikel 29 Absatz 1 nicht sicherstellt, dass Geschäfte von einer zentralen Gegenpartei gecleart werden,
i) Artikel 29 Absatz 2 Unterabsatz 1 nicht über die dort bezeichneten Systeme, Verfahren und Vorkehrungen verfügt,
j) Artikel 31 Absatz 3 Satz 1 eine Aufzeichnung nicht, nicht richtig, nicht vollständig oder nicht in der vorgeschriebenen Weise führt,
k) Artikel 31 Absatz 3 Satz 2 eine Aufzeichnung nicht, nicht vollständig oder nicht rechtzeitig zur Verfügung stellt,
l) Artikel 35 Absatz 2 einen Antrag nicht, nicht vollständig oder nicht in der vorgeschriebenen Weise an eine zuständige Behörde übermittelt,
m) Artikel 36 Absatz 1 Handelsdaten nicht auf diskriminierungsfreier und transparenter Basis bereitstellt,
n) Artikel 36 Absatz 3 Satz 1 nicht, nicht in der vorgeschriebenen Weise oder nicht rechtzeitig antwortet,
o) Artikel 36 Absatz 3 Satz 2 einen Zugang verweigert,
p) Artikel 36 Absatz 3 Satz 3, auch in Verbindung mit Satz 4, eine Untersagung nicht ausführlich begründet oder eine Unterrichtung oder Mitteilung nicht oder nicht in der vorgeschriebenen Weise vornimmt oder
q) Artikel 36 Absatz 3 Satz 5 einen Zugang nicht oder nicht rechtzeitig ermöglicht.

(6) Ordnungswidrig handelt, wer gegen die Verordnung (EU) Nr. 600/2014 verstößt, indem er vorsätzlich oder fahrlässig

1. als Marktbetreiber im Sinne des Artikels 4 Absatz 1 Nummer 18 der Richtlinie 2014/65/EU,
2. als Börsenträger, der ein multilaterales Handelssystem im Sinne des Artikels 4 Absatz 1 Nummer 22 der Richtlinie 2014/65/EU oder ein organisiertes Handelssystem im Sinne des Artikels 4 Absatz 1 Nummer 23 der Richtlinie 2014/65/EU betreibt oder
3. als ein mit einem Marktbetreiber nach Nummer 1 oder mit einem Börsenträger nach Nummer 2 verbundenes Unternehmen

entgegen Artikel 37 Absatz 3 mit dem Erbringer eines Referenzwerts eine Vereinbarung trifft, die eine andere zentrale Gegenpartei oder einen anderen Handelsplatz am Zugang zu den in Artikel 37 Absatz 1 genannten Informationen, Rechten oder Lizenzen hindern würde.

(7) Ordnungswidrig handelt, wer gegen die Verordnung (EU) Nr. 909/2014 des Europäischen Parlaments und des Rates vom 23. Juli 2014 zur Verbesserung der Wertpapierlieferungen und -abrechnungen in der Europäischen Union und über Zentralverwahrer sowie zur Änderung der Richtlinien 98/26/EG und 2014/65/EU und der Verordnung (EU) Nr. 236/2012 (ABl. L 257 vom 28.8.2014, S. 1), die durch die Verordnung (EU) 2016/1022 (ABl. L 175 vom 30.6.2016, S. 1) geändert worden ist, verstößt, indem er vorsätzlich oder fahrlässig als Börsenträger oder als Betreiber eines Freiverkehrs im Sinne des § 48 einem Zentralverwahrer entgegen Artikel 53 Absatz 1 Unterabsatz 1 Transaktionsdaten nicht, nicht richtig, nicht vollständig, nicht in der vorgeschriebenen Weise oder nicht rechtzeitig zur Verfügung stellt.

(8) Die Ordnungswidrigkeit kann in den Fällen des Absatzes 1 Nummer 2 und des Absatzes 3 mit einer Geldbuße bis hunderttausend Euro, in den übrigen Fällen mit einer Geldbuße bis fünfzigtausend Euro geahndet werden.

(9) [1] Die Ordnungswidrigkeit kann in den Fällen der Absätze 2 und 5 bis 7 mit einer Geldbuße von bis zu fünf Millionen Euro geahndet werden. [2] Gegenüber einer juristischen Person oder Personenvereinigung kann über Satz 1 hinaus eine höhere Geldbuße in Höhe von bis zu 10 Prozent des Gesamtumsatzes, den die juristische Person oder Personenvereinigung im der Behör-

V. Bankgeschäfte **50 BörsG (14)**

denentscheidung vorangegangenen Geschäftsjahr erzielt hat, verhängt werden. ³Über die in den Sätzen 1 und 2 genannten Beträge hinaus kann die Ordnungswidrigkeit mit einer Geldbuße bis zum Zweifachen des aus dem Verstoß gezogenen wirtschaftlichen Vorteils geahndet werden. ⁴Der wirtschaftliche Vorteil umfasst erzielte Gewinne und vermiedene Verluste und kann geschätzt werden.

(10) ¹Die Ordnungswidrigkeit kann in den Fällen des Absatzes 4 mit einer Geldbuße bis zu fünf Millionen Euro geahndet werden. ²Gegenüber einer juristischen Person oder Personenvereinigung kann über Satz 1 hinaus eine höhere Geldbuße verhängt werden; diese darf

1. in den Fällen des Absatzes 4 Satz 1 Nummer 1 und 2 den höheren der Beträge von fünf Millionen Euro und 10 Prozent des Gesamtumsatzes, den die juristische Person oder Personenvereinigung in der Behördenentscheidung vorangegangenen Geschäftsjahr erzielt hat,
2. in den Fällen des Absatzes 4 Satz 1 Nummer 3 und 4 den höheren der Beträge von fünfzehn Millionen Euro und 10 Prozent des Gesamtumsatzes, den die juristische Person oder Personenvereinigung in der Behördenentscheidung vorangegangenen Geschäftsjahr erzielt hat,

nicht überschreiten.

³Über die in den Sätzen 1 und 2 genannten Beträge hinaus kann die Ordnungswidrigkeit mit einer Geldbuße bis zum Dreifachen des aus dem Verstoß gezogenen wirtschaftlichen Vorteils geahndet werden. ⁴Der wirtschaftliche Vorteil umfasst erzielte Gewinne und vermiedene Verluste und kann geschätzt werden.

(11) ¹Gesamtumsatz im Sinne des Absatzes 9 Satz 2 und des Absatzes 10 Satz 2 ist

1. im Falle des Börsenträgers der Betrag der Nettoumsätze nach Maßgabe des auf den Börsenträger anwendbaren nationalen Rechts im Einklang mit Artikel 2 Nummer 5 der Richtlinie 2013/34/EU des Europäischen Parlaments und des Rates vom 26. Juni 2013 über den Jahresabschluss, den konsolidierten Abschluss und damit verbundene Berichte von Unternehmen bestimmter Rechtsformen und zur Änderung der Richtlinie 2006/43/EG des Europäischen Parlaments und des Rates und zur Aufhebung der Richtlinien 78/660/EWG und 83/349/EWG des Rates (ABl. L 182 vom 29.6.2013, S. 19; L 369 vom 24.12.2014, S. 79), die zuletzt durch die Richtlinie 2014/102/EU (ABl. L 334 vom 21.11.2014, S. 86) geändert worden ist,
2. im Falle von Kreditinstituten, Zahlungsinstituten, Wertpapierinstituten und Finanzdienstleistungsinstituten der Gesamtbetrag, der sich aus dem auf das Institut anwendbaren nationalen Recht im Einklang mit Artikel 27 Nummer 1, 3, 4, 6 und 7 oder Artikel 28 Nummer B1, B2, B3, B4 und B7 der Richtlinie 86/635/EWG des Rates vom 8. Dezember 1986 über den Jahresabschluss und den konsolidierten Abschluss von Banken und anderen Finanzinstituten (ABl. L 372 vom 31.12.1986, S. 1; L 316 vom 23.11.1988, S. 51), die zuletzt durch die Richtlinie 2006/46/EG (ABl. L 224 vom 16.8.2006, S. 1) geändert worden ist, ergibt, abzüglich der Umsatzsteuer und sonstiger direkt auf diese Erträge erhobener Steuern,
3. im Falle von Versicherungsunternehmen der Gesamtbetrag, der sich aus dem auf das Versicherungsunternehmen anwendbaren nationalen Recht im Einklang mit Artikel 63 der Richtlinie 91/674/EWG des Rates vom 19. Dezember 1991 über den Jahresabschluss und den konsolidierten Abschluss von Versicherungsunternehmen (ABl. L 374 vom 31.12.1991, S. 7), die zuletzt durch die Richtlinie 2006/46/EG (ABl. L 224 vom 16.8.2006,

(14) BörsG 50a 2. Teil. Handelsrechtl. Nebenges.

S. 1) geändert worden ist, ergibt, abzüglich der Umsatzsteuer und sonstiger direkt auf diese Erträge erhobener Steuern,
4. im Übrigen der Betrag der Nettoumsätze nach Maßgabe des auf das Unternehmen anwendbaren nationalen Rechts im Einklang mit Artikel 2 Nummer 5 der Richtlinie 2013/34/EU.

²Handelt es sich bei den in Satz 1 genannten Personen um juristische Personen oder Personenvereinigungen, die zugleich Mutterunternehmen oder Tochtergesellschaften sind, so ist anstelle des Gesamtumsatzes der juristischen Person oder Personenvereinigung der jeweilige Gesamtbetrag in dem Konzernabschluss des Mutterunternehmens maßgeblich, der für den größten Kreis von Unternehmen aufgestellt wird. ³Wird der Konzernabschluss für den größten Kreis von Unternehmen nicht nach den in Satz 1 genannten Vorschriften aufgestellt, ist der Gesamtumsatz nach Maßgabe der dem in Satz 1 vergleichbaren Posten des Konzernabschlusses zu ermitteln. ⁴Ist ein Jahresabschluss oder Konzernabschluss für das maßgebliche Geschäftsjahr nicht verfügbar, ist der Jahres- oder Konzernabschluss für das unmittelbar vorangehende Geschäftsjahr maßgeblich; ist auch dieser nicht verfügbar, kann der Gesamtumsatz geschätzt werden.

(12) ¹§ 17 Absatz 2 des Gesetzes über Ordnungswidrigkeiten ist nicht anzuwenden bei Verstößen gegen Gebote und Verbote, die in den Absätzen 9 und 10 in Bezug genommen werden. ²§ 30 des Gesetzes über Ordnungswidrigkeiten gilt auch für juristische Personen oder Personenvereinigungen, die über eine Zweigniederlassung oder im Wege des grenzüberschreitenden Dienstleistungsverkehrs im Inland tätig sind. ³Die Verfolgung der Ordnungswidrigkeiten nach den Absätzen 9 und 10 verjährt in drei Jahren.

Bekanntmachung von Maßnahmen

BörsG 50a (1) ¹Die Börsenaufsichtsbehörde hat jede unanfechtbar gewordene Bußgeldentscheidung nach § 50 Absatz 3 unverzüglich auf ihrer Internetseite öffentlich bekannt zu machen, es sei denn, diese Veröffentlichung würde die Finanzmärkte erheblich gefährden oder zu einem unverhältnismäßigen Schaden bei den Beteiligten führen. ²Die Bekanntmachung darf keine personenbezogenen Daten enthalten.

(2) ¹Die Börsenaufsichtsbehörde macht Entscheidungen über Maßnahmen und Sanktionen, die von ihr wegen Verstößen gegen Verbote oder Gebote der §§ 4, 4a, 4b, 5, 6, 26c, 26d, 26e, 26f und 26g oder gegen die Verbote oder Gebote der Artikel 3, 4, 6, 7, 8, 10, 11, 12, 13, 22, 25, 29, 31, 35, 36 und 37 der Verordnung (EU) Nr. 600/2014 oder von Artikel 4 oder 15 der Verordnung (EU) 2015/2365 sowie gegen die zur Durchführung dieser Vorschriften erlassenen Rechtsverordnungen oder sonstigen Rechtsakte oder gegen eine im Zusammenhang mit einer Untersuchung betreffend die Pflichten nach diesen Vorschriften ergangene vollziehbare Anordnung der Börsenaufsichtsbehörde nach § 3 oder § 6 erlassen wurden, auf ihrer Internetseite unverzüglich nach Unterrichtung der natürlichen oder juristischen Person, gegen die die Maßnahme oder Sanktion verhängt wurde, bekannt. ²Dies gilt nicht für Entscheidungen, mit denen Maßnahmen mit Ermittlungscharakter verhängt werden. ³In der Bekanntmachung benennt die Börsenaufsichtsbehörde die Vorschrift, gegen die verstoßen wurde, und die für den Verstoß verantwortliche natürliche oder juristische Person oder Personenvereinigung. ⁴Ist die Bekanntmachung der Identität der juristischen Personen oder der personenbezogenen Daten der natürlichen Person unverhältnismäßig oder gefährdet die Bekannt-

machung laufende Ermittlungen oder die Stabilität der Finanzmärkte, so kann die Börsenaufsichtsbehörde
1. die Entscheidung, mit der die Sanktion bzw. Maßnahme verhängt wird, erst dann bekanntmachen, wenn die Gründe für den Verzicht auf ihre Bekanntmachung nicht mehr bestehen, oder
2. die Entscheidung, mit der die Sanktion bzw. Maßnahme verhängt wird, ohne Nennung personenbezogener Daten bekanntmachen, wenn diese anonymisierte Bekanntmachung einen wirksamen Schutz der betreffenden personenbezogenen Daten gewährleistet, oder
3. gänzlich von der Bekanntmachung der Entscheidung, mit der die Sanktion bzw. Maßnahme verhängt wird, absehen, wenn die unter den Nummern 1 und 2 genannten Möglichkeiten nicht ausreichen, um zu gewährleisten, dass
   a) die Stabilität der Finanzmärkte nicht gefährdet wird oder
   b) die Verhältnismäßigkeit der Bekanntmachung gewahrt bleibt.

⁵Entscheidet sich die Börsenaufsichtsbehörde für eine Bekanntmachung in anonymisierter Form, kann die Bekanntmachung um einen angemessenen Zeitraum aufgeschoben werden, wenn vorhersehbar ist, dass die Gründe für die anonymisierte Bekanntmachung innerhalb dieses Zeitraums wegfallen werden. ⁶Wird gegen die Bußgeldentscheidung ein Rechtsbehelf eingelegt, so macht die Börsenaufsichtsbehörde auch diesen Sachverhalt und das Ergebnis des Rechtsbehelfsverfahrens umgehend auf ihrer Internetseite bekannt. ⁷Ferner wird jede Entscheidung, mit der eine frühere Bußgeldentscheidung aufgehoben oder geändert wird, ebenfalls bekanntgemacht. ⁸Eine Bekanntmachung nach Satz 1 ist nach fünf Jahren zu löschen. ⁹Abweichend davon sind personenbezogene Daten zu löschen, sobald ihre Bekanntmachung nicht mehr erforderlich ist. ¹⁰Die Börsenaufsichtsbehörde unterrichtet die Bundesanstalt und die Europäische Wertpapier- und Marktaufsichtsbehörde über alle Bußgeldentscheidungen, die im Einklang mit Satz 4 Nummer 3 nicht bekanntgemacht wurden, sowie über alle Rechtsbehelfe in Verbindung mit diesen Bußgeldentscheidungen und die Ergebnisse der Rechtsbehelfsverfahren. ¹¹Über die Bekanntmachung einer Bußgeldentscheidung unterrichtet die Börsenaufsichtsbehörde die Bundesanstalt und die Europäische Wertpapier- und Marktaufsichtsbehörde gleichzeitig.

(3) ¹Die Geschäftsführung kann Entscheidungen über Maßnahmen und Sanktionen nach § 22 Absatz 2 Satz 1 und 2 und § 42 Absatz 2 Satz 1 gegen Handelsteilnehmer und Emittenten auf der Internetseite der Börse bekannt machen. ²Für die Bekanntmachung gilt Absatz 2 Satz 2 bis 9 entsprechend.

Geltung für Wechsel und ausländische Zahlungsmittel

BörsG 51 (1) Die §§ 24 und 27 bis 29 gelten auch für den Börsenhandel mit Wechseln und ausländischen Zahlungsmitteln.

(2) **Als Zahlungsmittel im Sinne des Absatzes 1 gelten auch Auszahlungen, Anweisungen und Schecks.**

§ 51 nF 2007 wie § 63 aF. Inländische Wechsel werden an den WPBörsen gehandelt (→ § 2 Rn. 3). §§ 24 und 27–29 über die Ermittlung des Börsenpreises und über Skontroführung gelten auch für **Wechsel und ausländische Zahlungsmittel (I).** II stellt klar, dass Zahlungsmittel iSv I auch Auszahlungen, Anweisungen und Schecks sind (weite Legaldefinition). Zu den früheren Streitfragen zu Vorgängernorm und im Zusammenhang mit ihr s. 30. Aufl.

Übergangsregelungen

BörsG 52 (1) Sind Prospekte, auf Grund derer Wertpapiere zum Börsenhandel mit amtlicher Notierung zugelassen worden sind, oder Unternehmensberichte vor dem 1. April 1998 veröffentlicht worden, so sind auf diese Prospekte und Unternehmensberichte die Vorschriften der §§ 45 bis 49 und 77 des Börsengesetzes in der Fassung der Bekanntmachung vom 17. Juli 1996 (BGBl. I S. 1030) weiterhin anzuwenden.

(2) Sind Prospekte, auf Grund derer Wertpapiere zum Börsenhandel im amtlichen Markt zugelassen worden sind, oder Unternehmensberichte vor dem 1. Juli 2002 veröffentlicht worden, so ist auf diese Prospekte und Unternehmensberichte die Vorschrift des § 47 des Börsengesetzes in der Fassung der Bekanntmachung vom 9. September 1998 (BGBl. I S. 2682), das zuletzt durch Artikel 35 des Gesetzes vom 27. April 2002 (BGBl. I S. 1467) geändert worden ist, weiterhin anzuwenden.

(3) [1] Sind Prospekte, auf Grund derer Wertpapiere zum Handel im amtlichen Markt zugelassen worden sind, vor dem 1. Juli 2005 veröffentlicht worden, so ist auf diese Prospekte die Vorschrift des § 45 dieses Gesetzes in der vor dem 1. Juli 2005 geltenden Fassung weiterhin anzuwenden. [2] Auf Unternehmensberichte, die vor dem 1. Juli 2005 veröffentlicht worden sind, finden die §§ 44 bis 47 und 55 des Börsengesetzes in der vor dem 1. Juli 2005 geltenden Fassung weiterhin Anwendung.

(4) [1] Für Wertpapiere, deren Laufzeit nicht bestimmt ist und die am 1. Juli 2002 weniger als zehn Jahre an einer inländischen Börse eingeführt sind, gilt § 5 Abs. 1 Satz 1 des Börsengesetzes in der Fassung der Bekanntmachung vom 9. September 1998 (BGBl. I S. 2682), das zuletzt durch Artikel 35 des Gesetzes vom 27. April 2002 (BGBl. I S. 1467) geändert worden ist. [2] Auf die in Satz 1 genannten Wertpapiere ist § 17 Abs. 1 Nr. 5 erst mit Ablauf von zehn Jahren seit der Einführung anzuwenden.

(5) [1] Börsenträger, denen vor dem 1. November 2007 eine Genehmigung nach § 1 Abs. 1 des Börsengesetzes in der bis zum 31. Oktober 2007 geltenden Fassung erteilt worden ist, bedürfen insoweit keiner Erlaubnis nach § 4. [2] Sie müssen jedoch der Börsenaufsichtsbehörde bis zum 30. April 2009 die nach § 4 Abs. 2 Satz 2 erforderlichen Unterlagen einreichen. [3] Die Befugnisse der Börsenaufsichtsbehörde nach § 4 gelten in Ansehung der vor dem 1. November 2007 erteilten Genehmigungen entsprechend.

(6) Börsenträger, die den Betrieb eines Freiverkehrs bereits vor dem 1. November 2007 begonnen haben, sind verpflichtet, den Antrag auf Erteilung der Erlaubnis nach § 48 Abs. 3 Satz 1 bis zum 30. April 2009 nachzureichen.

(7) Wertpapiere, die vor dem 1. November 2007 zum amtlichen Markt oder zum geregelten Markt zugelassen waren, gelten ab dem 1. November 2007 als zum regulierten Markt zugelassen.

(8) Für Ansprüche wegen fehlerhafter Prospekte, die Grundlage für die Zulassung von Wertpapieren zum Handel an einer inländischen Börse sind und die vor dem 1. Juni 2012 im Inland veröffentlicht worden sind, sind die §§ 44 bis 47 in der bis zum 31. Mai 2012 geltenden Fassung weiterhin anzuwenden.

(9) Auf Anträge auf Widerruf der Zulassung von Wertpapieren im Sinne des § 2 Absatz 2 des Wertpapiererwerbs- und Übernahmegesetzes zum Handel im regulierten Markt, die nach dem 7. September 2015 und vor dem 26. November 2015 gestellt worden sind und über die am 26. November 2015 noch nicht bestands- oder rechtskräftig entschieden worden ist, ist § 39 Absatz 2 bis 6 in der ab dem 26. November 2015 geltenden Fassung mit der Maßgabe an-

V. Bankgeschäfte **Einl Prospekthaftung (15)**

zuwenden, dass abweichend von § 39 Absatz 2 Satz 3 Nummer 1 in der ab dem 26. November 2015 geltenden Fassung ein Erwerbsangebot auch nach Antragstellung veröffentlicht werden kann.

(10) § 32 Absatz 3 Nummer 2 in der bis zum 20. Juli 2019 geltenden Fassung findet weiterhin Anwendung für den Fall eines Prospekts, der nach dem Wertpapierprospektgesetz in der bis zum 20. Juli 2019 geltenden Fassung gebilligt wurde, solange dieser Prospekt Gültigkeit hat, und für den Fall, dass die Zulassung vor dem 21. Juli 2019 beantragt wurde und zu diesem Zeitpunkt von der Veröffentlichung eines Prospekts nach § 1 Absatz 2 oder § 4 Absatz 2 des Wertpapierprospektgesetzes in der bis zum 20. Juli 2019 geltenden Fassung abgesehen werden durfte.

(11) § 48a Absatz 1 Satz 1 Nummer 3 in der bis zum 20. Juli 2019 geltenden Fassung findet weiterhin Anwendung für den Fall eines Prospekts, der nach dem Wertpapierprospektgesetz in der bis zum 20. Juli 2019 geltenden Fassung gebilligt wurde, solange dieser Prospekt Gültigkeit hat.

Anwendungsbestimmung zum Schwarmfinanzierung-Begleitgesetz

BörsG 53 § 26e findet bis zum 27. Februar 2023 keine Anwendung.

(15) Prospekthaftung

Einleitung

Schrifttum

Assmann/Schlitt/von Koop-Colomb WpPG/VermAnlG 3. Aufl 2017; *Assmann/Kumpan* (in Assmann/Schütze/Buck-Heeb, Hdb Kapitalanlagerecht, 5. Aufl 2020), § 5; *Buck-Heeb/Dieckmann* (in Bas/Buck-Heeb/Werner, Anlegerschutzgesetze, 2019, 5. Teil, Kapitel 1); *Buck-Heeb* Kapitalmarktrecht 12. Aufl 2022 § 5, *Groß* Kapitalmarktrecht 8. Aufl. 2022 §§ 21 ff. *WpPG*, *Habersack* (in Habersack/Mülbert/Schlitt, Hdb der Kapitalmarktinformation, 3. Aufl 2020) § 28, *Holzborn* WpPG 2. Aufl 2014, *Mülbert/Steup* (in Habersack/Mülbert/Schlitt, Unternehmensfinanzierung am Kapitalmarkt, 4. Aufl 2019, § 41); *Grundmann* Bankvertragsrecht, Bd. 2, 6. Teil, 2. Abschnitt, F. (Prospektrecht); Staub/*Grundmann* HGB 5. Aufl 2017 Bd 11/1, 6. Teil F. Prospekthaftung; Schwark/Zimmer/(Bearbeiter), Kapitalmarktrechtskommentar, 5. Aufl. 2020; Siering/Izzo-Wagner, VermAnlG, 2017; *Unzicker,* VermAnlG, 2. Aufl 2013 – *Biermann,* Prospekthaftung und Allokationseffizienz, 2019; *Denninger,* Grenzüberschreitende Prospekthaftung und IPR, 2015; *Roller,* Die Prospekthaftung im Englischen und im Deutschen Recht, 2021; *Schmidt,* Prospekthaftung im Spannungsfeld von Gesetz und richterrechtlicher Gestaltung, 2019; *Schroeder,* Der persönliche Anwendungsbereich der Prospekthaftung, 2017; *Taggeselle,* Die zivilrechtliche Haftung bei fehlerhaften Produktinformationsblättern, 2018; *Zoller,* Die Haftung bei Kapitalanlagen, 4. Aufl. 2019 – *Arnold/Aubel* ZGR 2012, 113; *Beck/Maier* WM 2012, 1898; *Bender* WM 2022, 409 (Genossenschaft); *Bauerschmidt* AG 2022, 57; *Beck* NZG 2014, 1410; *Bongertz* BB 2012, 470; *Brocker/Wohlfarter* BB 2013, 393; *Buck-Heeb/Dieckmann* ZHR 184 (2020), 646 (Grundlagen); *Buck-Heeb/Dieckmann* BKR 2020, 425 (Verhältnis Prospekt- und Anlageberaterhaftung); *Buck-Heeb/Diekmann* ZBB 2022, 84; *Buck-Heeb/Diekmann* ZIP 2022, 145; *Freitag* WM 2015, 1165 (IPR); *Hellgardt* ZBB 2012, 73; *Herresthal* Bankrechtstag 2015, 2016, 103; *Hoffmeyer* NZG 2016, 1133; *Hopt* WM 2013, 101 (Kapitalmarktinformationshaftung); *Klöhn* DB 2012, 1854; *Klöhn* FS Hoffmann-Becking 2013, 679; *Klöhn* NZG 2021, 1063; *Koch* BKR 2022, 271; *Lawall/Maier* DB 2012, 2443 und 2503; *Leuering* NJW 2012, 1905; *Lorenz/Schönemann/Wolf* CFL 2011, 346; *Nobbe* WM 2013, 193 (geschlossene Fonds); *Schlitt/Landschein* ZBB 2019, 103; *Schmidt* WM 2022, 1207; *Spindler* WM 2018, 2019 (ICOs); *Weber* ZHR 176 (2012), 184; *Weber* NJW 2013, 275; *Weinrich/Tiedemann,* BKR 2016, 50 (Darstellung IRR-Methode); *Wieneke* NZG 2012, 1420.

RsprÜbersichten: *Schlick* WM 2014, 581 u. 633; *Schlick* WM 2015, 261 u. 309; *Herrmann/Reiter* WM 2018, 545; *Drescher* WM 2019, 137; *Buck-Heeb* BKR 2021, 317; *Drescher*

(15) Prospekthaftung Einl 1–4   2. Teil. Handelsrechtl. Nebenges.

WM 2020, 577; *Stackmann* NJW 2020, 196: *Drescher* WM 2022, 405; *Grüneberg* BKR 2022, 203; *Grüneberg* WM 2022, 153; *Stackmann* NJW 2022, 224; *Weber* NJW 2022, 983.

A. Begriff und Rechtsnatur der Prospekthaftung

1 **Prospekthaftung (im engeren Sinne)** ist die Haftung der Prospektverantwortlichen für die Richtigkeit und Vollständigkeit eines Prospekts, der aufgrund einer (spezial-)gesetzlichen Verpflichtung oder freiwillig für eine Emission oder Platzierung von Wertpapieren erstellt und verbreitet wurde. Umfasst sind hiervon sowohl die allgemein-zivilrechtliche (→ Rn. 8 ff.) als auch die spezialgesetzliche Prospekthaftung (zu dieser **(15a)** WpPG und **(15b)** VermAnlG) von Prospektverantwortlichen. Die Prospekthaftung im engeren Sinne beruht auf dem Gedanken, dass „der Prospekt in der Regel für den Anlageinteressenten die wichtigste und häufigste Informationsquelle" darstellt (BGH NJW 2011, 2719, 2720, siehe auch BGHZ 160, 134, 138 = NJW 2004, 2664) und insoweit „an die Stelle einer individuellen Aufklärung" durch Emittenten, Anbieter oder Vertriebshelfer tritt (BGH NJW 2011, 2719, 2721). Wer den Prospektangaben vertraut und sie zur „Grundlage für seine Anlageentscheidung" macht (BGH NJW 2011, 2719, 2721), dem gewährt die Prospekthaftung einen individuellen Anspruch gegen die Prospektverantwortlichen, wenn der Prospekt mangelhaft ist (typisiertes Vertrauen). Dazu Assmann/Kumpan § 5 Rn. 1 f., 26 f.

2 Die sog. **Prospekthaftung im weiteren Sinne** umfasst die Haftung von Personen, die nicht zu den vorgenannten Prospektverantwortlichen gehören, sondern gegenüber einem Anlegerinteressenten auskunfts- und beratungspflichtig sind und dabei einen von Dritten erstellten fehlerhaften Prospekt verwenden. Anknüpfungspunkt ist hier nicht die Verantwortlichkeit für einen fehlerhaften Prospekt, sondern eine selbständige Aufklärungspflicht als Vertragspartner oder Sachwalter aufgrund persönlich in Anspruch genommenen besonderen Vertrauens, und in deren Erfüllung ein Prospekt herangezogen wird (cic, §§ 280 I iVm § 311 II BGB, aufgrund in Anspruch genommenen (konkreten) Vertrauens. Das ist zB der Fall, wenn der Kontakt zwischen einem Emissionshelfer und einem Kunden zu einem (ggf. auch konkludent zustande gekommenen) auf Auskunft oder Beratung gerichteten Vertragsverhältnis erstarkt und der Auskunfts- oder Beratungspflichtige sich hierbei mangelhafter Prospekte bedient (BGH ZIP 2004, 452, 455). Gleiches gilt für die Erfüllung von Aufklärungspflichten einer Finanzierungsbank wegen der Inanspruchnahme besonderen persönlichen Vertrauens durch die Verwendung eines Prospekts (etwa OLG Karlsruhe WM 1999, 1059, 1063). Außerdem zählt hierzu der Fall, dass jemand einen aus seiner Person hergeleiteten zusätzlichen Vertrauenstatbestand in dem Sinne schafft, dass er dem Anleger gegenüber als Garant für die Richtigkeit der Prospektangaben erscheint (grundlegend BGHZ 74, 103, 109. Ferner BGHZ 77, 172, 175; BGHZ 111, 314, 319 ff.; BGH WM 1992, 901, 906). Allein aus der Verwendung des Prospekts im Rahmen eines Beratungsgesprächs folgt allerdings noch nicht die Inanspruchnahme eines besonderen persönlichen Vertrauens (BGH WM 2018, 1594, 1595). Dazu Assmann/Kumpan § 5 Rn. 1 f., 26 f.

3 Ihrer **Rechtsnatur** nach ist die Prospekthaftung ein kapitalmarktrechtlicher Unterfall der Vertrauens- und Berufshaftung (→ Anh. § 177a Rn. 62; → § 347 Rn. 22), Hopt BGHFSWiss Bd. II, 2000, 524; vgl. BGH NJW 2003, 2384 (zu AVB).

B. Entwicklung und Anwendungsbereich

4 Eine Prospekthaftung (für fehlerhafte Börsenzulassungsprospekte) kannte bereits das Börsengesetz von 1896 (mit seinem seinerzeitigen § 43). Dieser Haftungstatbestand hatte jedoch bis in die 1980er Jahre keine wirkliche Bedeutung (*Assmann*, Prospekthaftung, 1985, S. 61 ff.). Größere Bedeutung erhielt die Prospekthaftung erst mit dem Aufkommen eines – gesetzlich ungeregelten, deshalb als „grau" bezeichneten – Markts für nicht wertpapiermäßig verbriefte Kapitalanla-

gen. Die dabei auftretenden Schutzlücken führten zur Entwicklung der sog. allgemein-zivilrechtliche Prospekthaftung durch die höchstrichterliche Rechtsprechung basierend auf dem Gedanken einer Vertrauenshaftung aus *culpa in contrahendo*. Das beeinflusste auch die Entwicklung der spezialgesetzlich geregelten, dh seinerzeit börsengesetzlichen, investmentrechtlichen und später verkaufsprospektrechtlichen, Prospekthaftung. Dazu → Rn. 9, Assmann/Kumpan § 5 Rn. 3 f.

Mit der Ausweitung der gesetzlichen Regelung der Prospekthaftung, die mit dem **5** Erlass des Verkaufsprospektgesetzes (VerkProspG) vom 13.12.1990 (BGBl. I 1990, 2749) begann, verlor die Zweiteilung der Prospekthaftung (im engeren Sinne) jedoch zunehmend an Bedeutung. Nach der Aufteilung und Überführung der Prospekthaftung nach dem VerkProspG in das Wertpapierprospektgesetz (WpPG) und das Vermögensanlagegesetz (VermAnlG) sowie nach dem Erlass des Kapitalanlagegesetzbuchs (KAGB) mit seinen besonderen Prospekthaftungsregelungen ist sie heute praktisch aufgehoben. Denn spätestens mit dem KAGB sind **der allgemein-zivilrechtlichen Prospekthaftung die letzten Anwendungsfelder entzogen** worden. Es lässt sich nur schwer vorstellen, dass Anlageprodukte mittels Prospekts öffentlich angeboten werden, die nicht von den Regelungen des WpPG/EU-ProspektVO, VermAnlG oder KAGB erfasst werden. Der weite Anwendungs- und Regelungsbereich der spezialgesetzlichen Bestimmungen hat auch die Bedeutung der allgemein-zivilrechtlichen Prospekthaftung als Auffangtatbestand für Dokumente entfallen lassen, die anstatt, vor und neben Prospekten veröffentlicht wurden, die kraft entsprechender Prospektpflicht zu veröffentlichen gewesen wären oder veröffentlicht wurden. Dazu Assmann/Kumpan § 5 Rn. 5 f., 24, Koch BKR 2022, 281 ff.

Darüber hinaus hat die Rechtsprechung mittlerweile deutlich gemacht, dass **im 6 Anwendungsbereich der spezialgesetzlichen Prospekthaftung auch die Anwendung der Prospekthaftung im weiteren Sinne ausgeschlossen** ist, BGHZ 220, 100 = NJW-RR 2019, 301 (§ 127 I InvG aF), BGHZ 228, 237 = NJW 2021, 1318 (Gründungsgesellschafter), BGH ZIP 2022, 945 (Kommanditist), BGH ZIP 2022, 1267 (Rechtsnachfolger eines Prospektverantwortlichen; Gründungsgesellschafter), BGH BKR 2022, 395 (Fondsinitiatoren, Treuhandkommanditisten, BGH NZG 2022, 671 (Gründungsgesellschafter). Für die Haftung aus § 280 I iVm § 311 II BGB bleiben dann im Wesentlichen nur noch unrichtige mündliche Zusicherungen oder irreführende Vertragsgestaltungen, BGHZ 220, 100 Rn. 57 = NJW-RR 2019, 301 (§ 127 I InvG aF); BGHZ 228, 237 Rn. 26 = NJW 2021, 1318 (§§ 13 VerkProspG, 44 ff. BörsG aF) mAnm Ott (Dreiklang der Prospekthaftung beendet), offener Anm Fohrer BKR 2021, 377 (Einzelfallprüfung), Buck-Heeb BKR 2021, 317 (auch Vorrang von VermAnlG; Prozessrisiko für Anlageberater und -vermittler vgl. einfacher Fahrlässigkeit), Buck-Heeb/Dieckmann ZIP 2022, 145, Klöhn NZG 2021, 1063, Koch BKR 2022, 283 ff., Schmidt WM 2022, 1207. Relevanz haben diese Entscheidungen, weil die Prospekthaftung im weiteren Sinne für Anleger günstiger ist als die spezialgesetzliche (bzgl. Verschuldensmaßstab, Rechtsfolge, bei Altfällen (§ 13 VerkProspG aF iVm §§ 44–47 BörsG aF) auch die unterschiedliche Verjährungsregelung). Der Anwendungsvorrang gilt auch für die verschiedenen Haftungstatbestände für fehlerhafte Informationsblätter (u. a. § 11 WpPG, § 22 VermAnlG), die nach dem Vorbild der spezialgesetzlichen Prospekthaftung geregelt worden sind. Eine Haftung wegen Verschuldens bei Vertragshandlungen ist aber weiterhin möglich, wenn eine Sachverhaltsgestaltung vorliegt, die nicht von der spezialgesetzlichen Prospekthaftung erfasst wird, BGH NJW 2021, 1318 Rn. 26; OLG Bremen 2022, 519.

Ob der **Anwendungsbereich** des jeweiligen Spezialgesetzes (und damit der **7** jeweiligen spezialgesetzlichen Prospekthaftung) **eröffnet** ist, hängt von dem jeweiligen Anlageprodukt und den Marktplatz ab, über den es vertrieben werden soll (Buck-Heeb/Dieckmann ZIP 2022, 147). Str. ist, ob dies auch in Bezug auf Personen gilt, die nicht zum Kreis der Haftungsadressaten der jeweiligen spezialgesetzlichen Prospekthaftung gehören – dafür Buck-Heeb/Dieckmann ZIP 2022,

(15) Prospekthaftung Einl

147 und 148 (die Haftung sei abschließend geregelt und die diesbezügliche Wertentscheidung des Gesetzgebers dürfe nicht umgangen werden), dagegen Klöhn NZG 2021 1066 (nicht bzgl. Personen, die nicht zu den Prospektverantwortlichen gehörten, eine Ausnahme von diesem Grundsatz gebe es nur in § 306 IV KAGB).

C. Allgemein-zivilrechtliche Prospekthaftung

8 I. **Konzeptionelle Grundlagen.** Die sog. allgemein-zivilrechtliche Prospekthaftung ist ein Unterfall der Prospekthaftung im engeren Sinne, dh der Haftung der Prospektverantwortlichen für die Richtigkeit und Vollständigkeit eines Prospekts (dazu → Rn. 1). Ihre Entwicklung erfolgte durch richterrechtliche Fortbildung der Grundsätze der Verletzung vorvertraglicher Aufklärungspflichten *(culpa in contrahendo)* und orientierte sich an den (insbesondere börsen-)gesetzlichen Prospekthaftungsregelungen. Sie basiert auf dem Gedanken, dass es eine Vertrauenshaftung nicht nur für ein von einem bestimmten Menschen ausgehendes persönliches Vertrauen geben könne, sondern auch für ein typisiertes Vertrauen. Dieses typisierte Vertrauen leite sich aus einer **Garantenstellung** derjenigen ab, die für das Handeln der kapitalsuchenden Gesellschaft und damit gegebenenfalls auch für die Herausgabe eines Anlageprospekts verantwortlich seien (grundlegend BGHZ 71, 284, 287 ff. = NJW 1978, 1625; BGHZ 72, 284, 287 = NJW 1979, 430; BGHZ 79, 337, 341 f. = NJW 1981,1449; BGHZ 83, 222, 223 f. = NJW 1982, 1514. Sa BGHZ 123, 106, 109 f. = NJW 1993, 2865; BGH NZG 2008, 661, 662 Rn. 12; BGH NZG 2010, 188, 189 Rn. 13; BGH NJW 2010, 1077, 1079 Rn. 21). Von diesen Personen soll ein Anlageinteressent erwarten dürfen, dass sie den Prospekt mit der erforderlichen Sorgfalt prüfen und seine Adressaten über alle Umstände informieren, die für seine Anlageentscheidung von wesentlicher Bedeutung sind (BGHZ 71, 284, 287 ff. = NJW 1978, 1625). Für die so begründete Haftung ist es unerheblich, ob die so zu Informationsgaranten und Vertrauensadressaten erhobenen Personen bei der Vertragsanbahnung mit dem Anlageinteressenten in sozialen Kontakt traten oder ihm gar namentlich bekannt geworden sind (BGHZ 79, 337, 342 = NJW 1981, 1449; BGHZ 83, 222, 224 = NJW 1982, 1514; BGHZ 123, 106 = NJW 1993, 2865; BGH NZG 2008, 661, 662 Rn. 12).

9 Die allgemein-zivilrechtliche Prospekthaftung war die „Keimzelle der Prospekthaftung als publizitätsbezogenes Regelungsinstrument des Kapitalmarkts" (Assmann/Kumpan § 5 Rn. 24). Ihre Entstehung verdankt sie der Entwicklung des sog. grauen Kapitalmarkts in den 1970er Jahren. Bei ihrer Ausgestaltung orientierte sich die Rechtsprechung an der börsengesetzlichen Prospekthaftung (s. etwa BGHZ 79, 337, 342; BGH WM 1981, 1021, 1022; BGHZ 83, 222, 224), ging aber bald über deren Beschränkungen und Besonderheiten hinweg. Die allgemein-zivilrechtliche Prospekthaftung wurde dann ihrerseits zum Maßstab für eine Reform der börsengesetzlichen Prospekthaftung und über diese für weitere spezialgesetzliche Regelungen. Mit der Ausweitung der gesetzlichen Regelung der Prospekthaftung, die mit dem Erlass des Verkaufsprospektgesetzes (VerkProspG) vom 13.12.1990 (BGBl. I 1990, 2749) begann, wurden dann jedoch immer mehr Anwendungsfälle der allgemein-zivilrechtlichen Prospekthaftung einer spezialgesetzliche Prospekthaftung (dazu **(15a)** und **(15b)**) unterworfen. Mit dem KAGB wurden der allgemein-zivilrechtlichen Prospekthaftung dann die letzten Anwendungsfelder entzogen (→ Rn. 5). Die allgemein-zivilrechtliche Prospekthaftung ist heute aber immer noch für Altfälle von Bedeutung. Zudem betreffen noch heute viele wichtige gerichtliche Entscheidungen zur Prospekthaftung die allgemein-zivilrechtlichen Prospekthaftung. Damit stellt sie zurzeit noch den **„Angelpunkt und Speicher der Rechtsdogmatik der Prospekthaftung"** (Assmann/Kumpan § 5 Rn. 24) dar.

10 II. **Prospektbegriff.** Wesentlicher Bezugspunkt der Haftung ist der **Begriff des Prospekts.** Prospekt im Sinne der allgemein-zivilrechtlichen Prospekthaf-

V. Bankgeschäfte 11–13 **Einl Prospekthaftung (15)**

tung „ist eine marktbezogene schriftliche Erklärung, die für die Beurteilung der angebotenen Anlage erhebliche Angaben enthält oder den Anschein eines solchen Inhalts erweckt" und „dabei tatsächlich oder zumindest dem von ihr vermittelten Eindruck nach den Anspruch" erhebt, „eine das Publikum umfassend informierende Beschreibung der Anlage zu sein", BGH NJW 2012, 758 Rn. 22, zu dieser Entscheidung etwa Hellgardt ZBB 2012, 73; Klöhn WM 2012, 97. Nicht unter den Prospektbegriff fallen somit alle Werbemaßnahmen mittels Film oder Rundfunk. Schriftform wird aber wohl auch eingehalten im Fall von Angaben auf **elektronischen Datenträgern oder Medien,** wie dem **Internet.** Ein Prospekt kann auch vorliegen, wenn **mehrere separate Dokumente** miteinander verknüpft werden und bei der gebotenen Gesamtbetrachtung als einheitlicher Prospekt zu betrachten sind; das gilt auch für vom Prospekt körperlich getrennte Schriftstücke (BGH NJW 2012, 758 Ls. 1, 759 f. Rn. 23, 25 f.). Werbebroschüren und andere erkennbar werbliche Dokumente, die nicht den Anschein erwecken, alle bzgl der Anlage erheblichen Angaben zu enthalten, stellen keinen Prospekt dar (BGH NJW 2013, 2343 Rn. 26). Dazu etwa Assmann/Kumpan § 5 Rn. 38 ff., Nobbe WM 2013, 198.

III. **Prospektmangel.** Ein Prospekt muss über alle Umstände, die von wesent- 11 licher Bedeutung sind oder sein können, sachlich richtig und vollständig unterrichten, zB BGH NZG 2012, 1262 Rn. 23; NZG 2012, 107 Rn. 16. Dementsprechend liegt ein **Prospektmangel** vor, wenn für die Beurteilung der Kapitalanlage wesentliche Angaben (wiedergegebene Tatsachen, aber auch Meinungen, Werturteile, Prognosen, zB BGH NJW-RR 2010, 115; BGH NJW 2010, 2506) in einem Prospekt **unrichtig oder unvollständig** sind. Es müssen alle entscheidungserheblichen Umstände richtig und vollständig mitgeteilt werden, BGHZ 116, 12; 145, 198; BGH WM 2008, 726. Dies sind alle Umstände, die objektiv zu den wertbildenden Faktoren einer Anlage gehören und die ein verständiger Anleger „eher als nicht" bei seiner Anlageentscheidung berücksichtigen würde, BGH NZG 2012, 1262. Die Maßstäbe bei dieser Beurteilung sind die gleichen, wie bei den spezialgesetzlichen Prospekthaftungsregelungen. Abweichungen treten nur insoweit auf, wie einzelne Gesetze neben dem Prospekt spezielle Dokumente oder Informationen verlangen oder spezielle Prospektbestandteile vorschreiben. **Tatsachen** sind unrichtig, wenn sie nachweislich unwahr sind, dh von den wirklichen Verhältnissen abweichen. **Prospektprognose** braucht nicht einzutreten, muss aber kfm. vertretbar gewesen sein (ex-ante Betrachtung), BGH NJW-RR 2010, 115 Rn. 19; NJW 2010, 2506; NJW 2018, 1675 Rn. 28; Umhängung im Konzern von Mutter auf Tochter als normaler Verkauf, BGH NJW 2015, 236 Rn. 120 – Telekom. Nicht eine isolierte Formulierung, sondern das dem Anleger vermittelte **Gesamtbild ist maßgeblich,** BGH NJW 1982, 2824 – BuM; BGH WM 2013, 734 (Prospekt).

Die Beurteilung, was entscheidungserheblich und damit wesentlich ist, erfolgt 12 aus einer **Ex-ante-Perspektive,** vom **Empfängerhorizont** der jeweiligen Prospektadressaten (abzustellen sei auf den „aufmerksamen durchschnittlichen Anleger ohne überdurchschnittliche Fachkenntnisse und ohne Kenntnis der in eingeweihten Kreisen gebräuchlichen Fach- und Schlüsselsprache", s. Zusammenfassung der Rechtsprechung bei Nobbe, WM 2013, 194) und ist objektiv im Hinblick auf das jeweiligen Anlageobjekt vorzunehmen, Assmann/Kumpan § 5 Rn. 45 ff. Wendet sich der Emittent ausdrücklich auch an das **unkundige und börsenunerfahrene Publikum,** bestimmt sich der Empfängerhorizont nach den Fähigkeiten und Erkenntnismöglichkeiten eines durchschnittlichen (Klein-) Anlegers, der sich allein anhand der Prospektangaben über die Kapitalanlage informiert und über keinerlei Spezialkenntnisse verfügt, BGH NZG 2012, 1262.

Umfangreiche Rspr. zu **Prospektangaben,** die der Anleger sorgfältig durch- 13 lesen muss, BGH WM 2016, 504 Rn. 22. Im Prospekt kann die Angabe von

Kumpan 2917

(15) Prospekthaftung Einl 14   2. Teil. Handelsrechtl. Nebenges.

Bewertungsansatz und angewandten Bewertungsmethoden für maßgeblichen Grundstücksbesitz in der Bilanz notwendig sein, aber Grundstücksbewertung ist im Rahmen zulässiger Toleranz nicht fehlerhaft, BGH NJW 2015, 236 – Telekom; BGH ZIP 2017, 318 – Telekom (Clusterbewertung); bei Immobilienanlageprospekt unmissverständliche Angaben über Wohnflächen und deren Berechnung, BGHZ 145, 121; konkreter, behördlich festgestellter Altlastenverdacht, KG WM 2015, 2365 (aber ohne Wissenszurechnung, BGH NJW 2017, 250, → **(7)** Bankgeschäfte Rn. A16); angebliche Erfahrungswerte der Vergangenheit, BGH NJW 2010, 2506; Anschlussförderung werde „gewährt", obwohl nur zu erwarten, BGH NJW-RR 2010, 952; Änderung der Marktverhältnisse vor Prospektherausgabe so, dass mangels zeitgerechter Projektumsetzung Investitionsmittel für Funktionsträger eingesetzt werden, BGH NJW 2000, 3346 (Kabelfernsehen); bei offenem Immobilienfonds Möglichkeit der zeitweiligen Aussetzung der Anteilsrücknahme, BGH NJW 2014, 2945 mAnm. Sieg/Wendt BKR 2014, 485; OLG Düsseldorf WM 2016, 1387; bei Prospekt über geschlossenen Immobilienfonds dessen besondere Risiken, etwa kein funktionierender Zweitmarkt (Fungibilität), BGH WM 2015, 128; ZIP 2015, 1981; widersprüchlicher Prospekt eines geschlossenen Immobilienfonds, OLG München NZG 2016, 1423; Schiffspool, OLG Hamburg WM 2017, 1096 (iErg zutr. abl.); OLG München WM 2017, 1107 (nicht über loan-to-value-Klausel); Risiken der nachhaltigen Einnahmenerzielung, BGH NJW 2004, 2228, auch sonstige **„weiche Kosten"**, die die Rentabilität mindern, BGH ZIP 2009, 1057; NZG 2010, 232; WM 2016, 1487; unrealistische Rentabilitätsprognose (Mieteinnahmen, Unterhaltungskosten, Wiederverkauf), BGHZ 156, 378; BGH NJW 2005, 983; ZIP 2017, 181 (Eigentumswohnung als Kapitalanlage); Sicherheitsabschlag bei Winderträgen, BGH WM 2008, 1116; bei Prospektangabe über eine Absicherung nähere Darlegung und uU Angabe der Gegenleistung, OLG München WM 2008, 872 (Medienfonds); bei Kapitalanlagemodell Bestehen eines Verlustübernahmevertrags, BGH WM 2008, 391; bei Mietpoolvertrag nicht Verlustrisiken, BGH NJW 2008, 3059 (3060), aber Beteiligung am Leerstandsrisiko aller, BGH NJW 2007, 1874 und fehlende Einkalkulierung des Mietausfallrisikos, BGH NJW 2008, 649; bei Wohnungskauf Zinssubventionierung, falls nicht über die gesamte Laufzeit, BGH NJW 2008, 506; bei Filmfonds steuerliche Anerkennungsfähigkeit, Lizenzgebühren, BGH WM 2015, 2238; bei Wirtschaftsprüfertestat über Kontenkontrolle prospektwidrige Beschränkung des Kontrollauftrags auf einzelne Stufen des Kapitalanlagegeldflusses, Warnpflicht bei Unregelmäßigkeiten, BGHZ 145, 187; besondere Risiken wegen Marktenge, BGH NJW 2002, 1868; Auslegungsrisiken in uneindeutigem Prospekt, BGH WM 2013, 258; Aufklärung bei Treuhandkonto (→ **(10)** AGB-Anderkonten Einl. Rn. 1), OLG Karlsruhe WM 2013, 643; Bestehen von relevanten **Informationslücken,** BGH NJW 1982, 1096; WM 1985, 1530; 1993, 1238; OLG Koblenz WM 2003, 189; OLG Stuttgart WM 2007, 593.

14   **IV. Maßgeblicher Zeitpunkt und Aktualisierungspflicht, Prospektprüfung. Maßgeblicher Zeitpunkt** für Pflichterfüllung bzw. -verletzung ist grundsätzlich der der Prospektvorlage. Nachträglich eingetretene, wesentliche Änderungen bis dahin machen **Nachtrag** erforderlich, bei Verkaufsprospekten während der ganzen Dauer des öffentlichen Angebots (§ 16 WpPG, § 11 VermAnlG), BGHZ 71, 291; 123, 110 (115); 139, 232; BGH WM 2004, 379; OLG München AG 2005, 168 (169); OLG München AG 2005, 169 (171). Auch nach diesem Zeitpunkt kann **Pflicht zur Berichtigung** (schuldlos) unrichtiger Angaben bestehen; in engen Grenzen (grobe bzw. die Aussage im Kern berührende Unrichtigkeit, drohender schwerer Schaden, Leichtigkeit der Warnung) sogar Pflicht zur Berichtigung ursprünglich richtiger, später unrichtig gewordener Mitteilungen, BGH BB 1984, 94 (Bauherrenmodelltreuhänder). Für die Dauer

ihres Gebrauchs besteht für Prospekte somit eine „**permanente Aktualisierungspflicht**", Assmann/Kumpan § 5 Rn. 47; diesbzgl. BGHZ 139, 225 = NJW 1998, 3345.

Eine Rechtspflicht zur Veranlassung einer **Prospektprüfung** durch Wirtschaftsprüfer besteht nicht; wird aber mit Prospektprüfung geworben, sind die Grundsätze ordnungsmäßiger Beurteilung von Verkaufsprospekten über öffentlich angebotene Vermögensanlagen zu beachten, IDW S 4 (→ § 323 Rn. 1), dazu Küting DStR 2006, 1007; OLG Düsseldorf ZIP 1982, 852; Grotherr DB 1988, 741; Wagner BFuP 2000, 594; auch Grundsätze für die Erstellung von **Fairness Opinions**, IDW S 8, WP-HdB 2014 II E 417 ff. → § 317 Rn. 1, → Einl v § 1 Rn. 47). Haftung des Wirtschaftsprüfers bei **Prospektprüfung** → § 347 Rn. 21 und BGHZ 145, 187; BGH NJW 2004, 3420; Hopt FS Pleyer, 1986, 350; Ebke/Scheel WM 1991, 389. Durchführung der Prospektprüfung durch Treuhänder statt durch unabhängigen Wirtschaftsprüfer ist bedenklich. Zur Haftung des Wirtschaftsprüfers aus Testaten s. § 323. 15

V. Kausalität, Schaden, Beweis, Verjährung. Prospektmangel muss für den Anlageentschluss ursächlich gewesen sein, s. zB BGH WM 1990, 1280. Bei der Prospekthaftung ist Schutzzweck nicht nur Schutz vor bestimmten Risiken, sondern informierte Selbstbestimmung des Anlegers; dass statt der bestimmten Risiken andere eingetreten sind, entlastet deshalb nicht, entscheidend ist Ursächlichkeit im Zeitpunkt der Vermögensdisposition, BGHZ 123, 111; BGH NJW 1995, 1026. Der Schaden umfasst den **entgangenen Gewinn** (§ 252 BGB, § 287 ZPO), BGH NJW 2012, 2433; OLG Frankfurt a. M. ZIP 2013, 1953, bei Rückgängigmachung zB Anlagezinsentgang, BGH NJW 1992, 1223; Schadensberechnung bei Schneeballsystem (Phoenix), BGH ZIP 2014, 1084; vgl. auch BGH NJW 2011, 677. Der Schaden umfasst auch die auf Schadensersatz zu entrichtende Steuer, BGH WM 1987, 1336; nicht aber anderweitig entgangene Steuervorteile (§ 252 BGB), jedenfalls nicht mangels ganz konkreten Vorbringens, BGH NJW 2004, 1870. 16

Es gilt die (widerlegliche, zB BGHZ 79, 346; 84, 148, BGH NJW 2010, 1077 Rn. 23) Vermutung, dass ein Prospektfehler für die Anlageentscheidung **ursächlich** geworden ist, BGH NJW 2000, 3347; 2002, 1712; WM 2006, 668; NJW 2009, 1143; 2010, 2507; WM 2010, 1539, auch ohne Kenntnisnahme des Prospekts durch den Anleger bei seiner Verwendung als Arbeitsgrundlage der Anlagevermittler, BGH WM 2018, 1504 (anders für Haftung wegen Inanspruchnahme persönlichen Vertrauens), OLG Bamberg WM 2006, 960 (iErg abl.), einerlei ob gerade dieser Prospektfehler zum Scheitern des Projekts geführt hat, aber mangels Prospektvorlage Widerlegung der Vermutung, BGH NJW 2010, 1079; **Vermutung aufklärungsrichtigen Verhaltens,** also dass bei pflichtgemäßer Aufklärung der Schaden nicht eingetreten wäre, stRspr, zB BGHZ 123, 114; BGH NJW 2010, 2506 Rn. 17. 17

Bei der **Verjährung** von Prospekthaftungsansprüchen im engeren Sinne wird von der Rspr. auf nach dem 1.7.2002 (Inkrafttreten des 4. FinFöG) herausgegebene Prospekte der mit diesem Datum in Kraft getretene § 46 BörsG (aF) angewendet, auf die der seinerzeitige § 13 VerkProspG Bezug nehmen: Danach Verjährung in einem Jahr seit dem Zeitpunkt, in dem der Erwerber von der Unrichtigkeit oder Unvollständigkeit der Angaben des Prospekts Kenntnis erlangt hat, spätestens in drei Jahren nach dem Abschluss des Gesellschafts-/Beitrittsvertrags. Für die Zeit ab dem 1.6.2012 (nach Aufhebung des VerkProspG und Inkrafttreten des VermAnlG) ist mit der Anwendung der allgemeinen Verjährungsregelungen nach dem BGB zu rechnen. Mangelnde Lektüre des Prospekts ist nicht ohne Weiteres grob fahrlässig iSv § 199 I Nr. 2 BGB, BGH NJW 2011, 3573. Kontrolle von Verjährungsklauseln in Emissionsprospekten und GesVerträgen, BGH WM 2012, 1296 (1298); Zusatz, „soweit nicht zwingende Vor- 18

schriften (…) entgegenstehen", hilft nicht, da unverständlich und umgehend, BGH WM 2015, 2359.
Zur **örtlichen Zuständigkeit** bei Prospektfehlern einer Bank EuGH NZG 2019, 307 (Ls.).

(15a) §§ 8–16 Wertpapierprospektgesetz (WpPG): (Börsen-)Prospekthaftung

Vom 22. Juni 2005 (BGBl. I S. 1698/FNA 4110-9),
zuletzt geändert durch Art. 3 G zur weiteren Stärkung des Anlegerschutzes vom 9.7.2021 (BGBl. I S. 2570)

Einleitung

1   Das **2. EUProspVOAnpG** v. 8.7.2019 BGBl. 1002 hat zu einer erheblichen Umgestaltung des WpPG geführt, da die wesentlichen Prospektvorschriften nunmehr in der EU-ProspektVO, ABl.EU 2017 L 168/12, geregelt sind und daher die entsprechenden Bestimmungen aus dem WpPG entfernt wurden. Die Vorschriften zur Prospekthaftung sind aber weiterhin im WpPG zu finden, weil nach Art. 11 EU-ProspektVO die Mitgliedstaaten die diesbezüglichen Regelungen zu treffen haben. Die Prospekthaftungsvorschriften sind nunmehr mit gewissen Anpassungen im Wortlaut in WpPG §§ 8–16 geregelt, wobei § 8 über die Prospektverantwortlichen neu hinzugekommen ist. Auch wenn der Wortlaut der Regelungen im Vergleich zu §§ 21 ff. WpPG aF weitgehend gleich geblieben ist, ergibt sich der Maßstab für das Verhalten der Prospektverantwortlichen nun jedoch aus der EU-ProspektVO, sodass neue Entwicklungen und anderslautende Entscheidungen nicht ausgeschlossen sind (s. Bauerschmidt BKR 2019, 331). Allerdings fußte auch das bisherige nationale Prospektrecht auf unionsrechtlichen Vorgaben (Prospektrichtlinie), sodass umwälzende Änderungen in der Rechtsprechung nicht zu erwarten sind. Zur EU-ProspektVO zB Bauerschmidt BKR 2019, 324, Geyer/Schelm, BB 2019, 1731, außerdem Lenz AG 2019, 451, Poelzig BKR 2018, 357, Schulz WM 2018, 212; schon zuvor zu dem seinerzeit geplanten Änderungen Schulz WM 2016, 1417, Bronger/Scherer WM 2017, 460.

2   **Anknüpfungspunkt** der Prospekthaftung nach dem WpPG ist ein Prospekt (dazu → § 9 Rn. 1). Ein solcher muss stets veröffentlicht werden, wenn Wertpapiere öffentlich angeboten oder zum Börsenhandel am regulierten Markt (**(14)** BörsG § 32 I) zugelassen werden sollen, Art. 3 I bzw. III EU-ProspektVO. Ist dieser fehlerhaft, greifen die Haftungsvorschriften §§ 9, 12 WpPG. Im Falle nicht an einer inländischen Börse zugelassener Wertpapiere, für die nach Art. 3 I EU-ProspektVO ein „sonstiger" Prospekt veröffentlicht wird, kommt es bei dessen Fehlerhaftigkeit bzw. Nichtveröffentlichung zu einer Haftung nach §§ 10, 12 WpPG, wobei § 10 weitgehend auf § 9 verweist.

Abschnitt 3. Prospekthaftung und Haftung bei Wertpapier-Informationsblättern

Prospektverantwortliche

WpPG 8 ¹Die Verantwortung für den Inhalt des Prospekts haben zumindest der Anbieter, der Emittent, der Zulassungsantragsteller oder der Garantiegeber ausdrücklich zu übernehmen. ²Bei einem Prospekt für das öffentliche Angebot von Wertpapieren nach Artikel 3 Absatz 1 der Verordnung (EU) 2017/1129 hat in jedem Fall der Anbieter die Verantwortung für den Inhalt des Prospekts zu übernehmen. ³Sollen auf Grund des Prospekts Wertpapiere zum Handel an einem geregelten Markt zugelassen werden, hat neben dem Emittenten stets auch das Kreditinstitut, das Finanzdienstleistungsinstitut, das Wertpapierinstitut oder das nach § 53 Absatz 1 Satz 1 oder § 53b Absatz 1 Satz 1 des Kreditwesengesetzes tätige Unternehmen, mit dem der Emittent zusammen die Zulassung der Wertpapiere beantragt, die Verantwortung für den Prospekt zu übernehmen. ⁴Wenn eine Garantie für die Wertpapiere gestellt wird, hat auch der Garantiegeber die Verantwortung für den Inhalt des Prospekts zu übernehmen.

Satz 1 stellt klar, welche Personen als Prospektverantwortliche einzuordnen sind und orientiert sich dabei an Art. 11 der EU-ProspektVO an. Umfasst sind **Anbieter** (§ 2 Nr. 6 WpPG iVm Art. 2 lit. i EU-ProspektVO: eine Rechtspersönlichkeit und natürliche Person, die Wertpapiere öffentlich anbietet), **Emittenten** (§ 2 Nr. 5 WpPG iVm Art. 2 lit. h EU-ProspektVO: eine Rechtspersönlichkeit, die Wertpapiere begibt oder zu begeben beabsichtigt), **Zulassungsantragsteller** (§ 2 Nr. 7 WpPG: diejenigen, die die Zulassung zum Handel an einem geregelten Markt beantragen, neben dem Emittenten auch die emissionsbegleitenden Kredit- und Finanzdienstleistungsinstitute, dazu § 8 III) und **Garantiegeber**. Die Aufzählung ist nicht abschließend. Inhaltliche Änderungen gegenüber früher sollen mit § 8 nicht erfolgen (RegE BT-Drs. 19/8005, 47). Dementsprechend ist wie bisher davon auszugehen, dass allgemein alle diejenigen als Prospektverantwortliche einzuordnen sind, die nach außen erkennbar den Prospekt erlassen haben, also insbesondere diejenigen, die den Prospekt unterzeichnet haben (wozu vor allem die in § 8 Genannten gehören). Ausführlicher → § 9 Rn. 9. 1

Die Folgesätze sehen genauere Vorgaben für das öffentliche Angebot von Wertpapieren (Satz 2), die Zulassung zum Handel an einem geregelten Markt (Satz 3, bisher § 5 IV 4 aF; zum geregelten Markt s. § 2 Nr. 8 WpPG iVm Art. 2 lit. j EU-ProspektVO iVm Art. 4 Abs. 1 Nr. 21 MiFID II) und Garantiestellungen (Satz 4) vor. 2

Ist der **Emittent nicht Anbieter** und nicht in das Angebot involviert, kommt er als Haftungsadressat nicht in Betracht. Da Emittent in diesem Fall keinen Vertrauenstatbestand setzt, ist § 8 für diesen Fall teleologisch zu reduzieren. Bei der **Emission von Token** sind nicht die Softwareentwickler, sondern die Initiatoren des Token-Projekts Emittenten, Spindler WM 2018, 2115. 3

Haftung bei fehlerhaftem Börsenzulassungsprospekt

WpPG 9 (1) ¹Der Erwerber von Wertpapieren, die auf Grund eines Prospekts zum Börsenhandel zugelassen sind, in dem für die Beurteilung der Wertpapiere wesentliche Angaben unrichtig oder unvollständig sind, kann

1. von denjenigen, die für den Prospekt die Verantwortung übernommen haben, und
2. von denjenigen, von denen der Erlass des Prospekts ausgeht,

als Gesamtschuldnern die Übernahme der Wertpapiere gegen Erstattung des Erwerbspreises, soweit dieser den ersten Ausgabepreis der Wertpapiere nicht überschreitet, und der mit dem Erwerb verbundenen üblichen Kosten verlangen, sofern das Erwerbsgeschäft nach Veröffentlichung des Prospekts und innerhalb von sechs Monaten nach erstmaliger Einführung der Wertpapiere abgeschlossen wurde. ²Ist kein Ausgabepreis festgelegt, gilt als Ausgabepreis der erste nach Einführung der Wertpapiere festgestellte oder gebildete Börsenpreis, im Falle gleichzeitiger Feststellung oder Bildung an mehreren inländischen Börsen der höchste erste Börsenpreis. ³Auf den Erwerb von Wertpapieren desselben Emittenten, die von den in Satz 1 genannten Wertpapieren nicht nach Ausstattungsmerkmalen oder in sonstiger Weise unterschieden werden können, sind die Sätze 1 und 2 entsprechend anzuwenden.

(2) Ist der Erwerber nicht mehr Inhaber der Wertpapiere, so kann er die Zahlung des Unterschiedsbetrags zwischen dem Erwerbspreis, soweit dieser den ersten Ausgabepreis nicht überschreitet, und dem Veräußerungspreis der Wertpapiere sowie der mit dem Erwerb und der Veräußerung verbundenen üblichen Kosten verlangen. Absatz 1 Satz 2 und 3 ist anzuwenden.

(3) Sind Wertpapiere eines Emittenten mit Sitz im Ausland auch im Ausland zum Börsenhandel zugelassen, besteht ein Anspruch nach Absatz 1 oder 2 nur, sofern die Wertpapiere auf Grund eines im Inland abgeschlossenen Geschäfts oder einer ganz oder teilweise im Inland erbrachten Wertpapierdienstleistung erworben wurden.

(4) Einem Prospekt stehen Dokumente gleich, welche gemäß Artikel 1 Absatz 5 Buchstabe e, f, g, h oder j Ziffer v und vi der Verordnung (EU) 2017/1129 zur Verfügung gestellt wurden.

Übersicht

	Rn
1) Prospekt (I, IV)	1–2a
2) Unrichtigkeit oder Unvollständigkeit des Prospekts	3–8
3) Prospekthaftpflichtige	9–11
A. Prospektverantwortliche (I 1 Nr. 1, siehe außerdem § 8):	9–9c
B. Prospektveranlasser (I 1 Nr. 2):	10
C. Gesamtschuldnerische Haftung	10a
D. Verhältnis zur aktienrechtlichen Kapitalerhaltung:	11
4) Anspruchsberechtigte	12, 13
A. Erwerber junger Stücke (I 1, 3):	12
B. Sechsmonatsgrenze (I 1 letzter Halbsatz):	13
5) Ersatzfähiger Schaden (I 1, 2, II)	14, 15
A. Ersatzfähiger Schaden (I 1, 2):	14
B. Ersatzfähiger Schaden bei Veräußerung der Wertpapiere (II):	15
6) Auslandsgeschäft (III)	16
7) Verjährung und Gerichtszuständigkeit	17

1) Prospekt (I, IV)

1 § 9 (früher § 21 aF, davor § 44 BörsG aF) regelt die Haftung für fehlerhaften Börsenzulassungsprospekt; bei sonstigen fehlerhaften Prospekten s. § 10. Prospekt ist eine markt bezogene schriftliche Erklärung, die den Anspruch erhebt, das Anlagepublikum über die angebotene Anlage umfassend zu informieren, BGHZ 191, 317. Dazu gehört der **Börsenzulassungsprospekt** iSv **(14)** BörsG § 32 III Nr. 2, § 48 II BörsZulV iVm EU-ProspektVO, der Vollprospekt nach Art. 6

iVm Art. 13 EU-ProspektVO, der verkürzte Prospekt nach Art. 6 iVm Art. 18 EU-ProspektVO und der Basisprospekt nach Art. 8 EU-ProspektVO, § 48a BörsZulV. Außerdem der **freiwillige Prospekt** nach Art. 4 EU-ProspektVO (bisher § 1 III WpPG, für freiwillige Prospekte vor dem 1.7.2005 analoge Anwendung der spezialgesetzlichen Prospekthaftung, BGH WM 2015, 30). Gegenstand der Prospekthaftung sind Prospekte aber nur, wenn sie gebilligt und veröffentlicht worden sind. Auch körperlich vom als Prospekt bezeichneten Druckwerk getrennte Schriftstücke, die aber mit ihm zusammen vertrieben werden, können Bestandteil eines Anlageprospekts sein (Gesamtbetrachtung geboten), BGHZ 191, 310 Wie Prospekte zu behandeln (auch hinsichtlich Haftung) sind Nachträge nach Art. 23 EU-ProspektVO (sofern erforderliche Nachträge nicht erfolgen, jedoch keine Haftung nach § 14, sondern nach §§ 9, 10 wegen dann fehlerhaftem Prospekt). **Keine Prospekte** sind Ad-hoc-Mitteilungen nach **(16a)** MAR Art. 17, Finanzberichte gemäß §§ 114 ff. WpHG, Werbung gemäß Art. 22 EU-ProspektVO, Veröffentlichungen nach §§ 49 f. WpHG und Bezugsangebote (§ 186 V 2 AktG, BGH WM 1982, 867). Auch nach den Freiverkehrsrichtlinien ggf zu erstellende Dokumente für die Einbeziehung von Wertpapieren in den Freiverkehr sind keine Börsenzulassungsprospekte (sofern durch Einbeziehung ein öffentliches Angebot erfolgt, greift Prospektpflicht nach Art. 3 I EU-ProspektVO). Informationsmemoranden können je nach Einsatz Prospekte (oder auch prospektbefreiende Darstellungen nach IV) darstellen, Groß WpPG § 9 Rn. 26 ff. Erstreckung auch auf andere schriftliche Veröffentlichungen, zB Anzeigen, Werbungen (inkl. Roadshow-Präsentationen, dazu Schlitt/Landschein ZBB 2019, 111 f.), Pressevorveröffentlichungen (OLG Frankfurt a. M. ZIP 1997, 1105) ua ist de lege lata ausgeschlossen (anders bei zivilrechtlicher Prospekthaftung, → § 16 Rn. 4, dazu ebenfalls Schlitt/Landschein ZBB 2019, 111 f). Ggf. muss aber Prospekt richtig stellen; falls dies nicht geschieht, greift Haftung für fehlerhaften Prospekt. Produktinformationsblättern nach § 64 II WpHG und Basis-Informationsblätter iSv Art. 13 PRIIP-VO fallen nicht unter die Prospekthaftung nach §§ 9, 10, da sie keine Prospekte iSd EU-ProspektVO sind. Für Wertpapier-Informationsblätter iSv § 4 WpPG gelten die besonderen Regelungen der **(15a)** WpPG §§ 11, 13, 15. Lit.: Assmann/Kumpan § 5 Rn. 123 ff.; Mülbert/Steup § 41 Rn. 41.21 ff., 33 f., Schlee/Maywald BKR 2012, 320.

Auch dem **Prospekt vergleichbare Dokumente** (IV) nach Art. 1 Abs. 5 **2** Buchst. e, f, g, h oder j Ziffer v und vi EU-ProspektVO unterliegen der Prospekthaftung nach § 9. Art. 1 Abs. 5 Buchst. e betrifft Tauschangebote, Buchst. f Angebote bei Verschmelzung oder Spaltung, Buchst. g ungeltlich oder als Dividende angebotene/zugeteilte Aktien (derselben Gattung), Buchst. h Führungskräften und Mitarbeitern angebotene/zugeteilte Wertpapiere und Buchst. j v und vi zum Handel zugelassene Wertpapiere. Die aufgezählten Fallgruppen entsprechen den seinerzeit in § 4 WpPG aF aufgezählten. Diese sind wie Prospekte zu behandeln, sodass bei deren Fehlerhaftigkeit nach § 9 gehaftet wird (aufgrund der früher anders lautenden Regelung seinerzeit anders Mülbert/Steup § 41 Rn. 41.30 ff, weil diese Dokumente bei Fehlerhaftigkeit keine Befreiungswirkung nach § 4 I WpPG aF entfaltet hätten). Die Aufzählung in IV unter Nennung der einzelnen Normen spricht für eine abschließende Regelung.

Der Prospekt bzw. die vergleichbaren Dokumente müssen sich **auf Wert- 2a papiere beziehen,** d. h. auf übertragbare Wertpapiere, die auf dem Kapitalmarkt gehandelt werden können, § 2 Nr. 1 WpPG iVm Art. 2 lit. a EU-ProspektVO iVm Art. 4 I Nr. 44 MiFID II. Aufgrund der Verweisung auf die MiFID II, deren Wertpapierbegriff im WpHG umgesetzt worden ist, kann auf die diesbezüglichen Kommentierungen zum WpHG verwiesen werden. Siehe Schwark/Zimmer/Kumpan § 2 WpHG Rn. 4 ff. Vom Wertpapierbegriff ausgenommen sind Geldmarktinstrumente mit einer Laufzeit von weniger als zwölf Monaten (z. B. Schatzanweisungen, Commercial Papers). Mangels Handelbarkeit nicht erfasst sind Namensschuldverschreibungen, Schuldscheindarlehen, Kommanditanteile, GmbH-Anteile, Anteilscheine von Organismen für gemeinsame Anlagen sowie Wertpapiere bestimmter öffentlich-rechtlicher Emittenten (zB von EU-Mitgliedstaaten, EZB etc.). Erfasst sind dagegen Genussscheine, Investment Token (nicht dagegen Currency Token, str bzgl Utility Token; für § 2 Nr. 1 WpPG idF bis zum 20.7.2019 die Erfassung von Token ablehnend LG Berlin WM 2021, 683, 688). Soweit die Regelungen der EU-ProspektVO und des WpPG nicht auf sog. Initial Coin Offerings anwendbar sind, kann die Haftungslücke im Wege einer Gesamtanalogie zu den spezialgesetzlichen Vorschriften geschlossen werden, Palandt/Grüneberg, BGB, 81. Aufl. § 311 Rn. 68 aE. Erfasst werden auch Wertpapiere von **Emittenten mit Sitz im Ausland,** wenn die Wertpapiere zum Börsenhandel zugelassen sind. Sofern die Wertpapiere auch im Ausland zum „Börsenhandel" (gemeint ist wohl Handel an einem geregelten Markt oder vergleichbaren Handelsplatz) zugelassen sind, gilt § 9 III.

2) Unrichtigkeit oder Unvollständigkeit des Prospekts

3 Gehaftet wird nur für inhaltliche Fehler. Entscheidend ist, ob eine vorhandene oder fehlende Angabe für die Anlageentscheidung wesentlich ist, OLG Frankfurt a. M. WM 1994, 291. **Angaben** nach § 9 I u. § 10 sind nicht nur Tatsachenbehauptungen, sondern auch wertende Angaben, BGH WM 1982, 865, WM 2009, 2303, u. Prognosen (Art. 6 I lit. a EU-ProspektVO „Aussichten"), sofern ausreichende Tatsachenbasis zugrunde liegt bzw. die Tatsachen sorgfältig ermittelt sind und sie aus ex ante-Sicht (kaufmännisch) vertretbar sind, RegE BT-Drs. 13/8933, 76, BGH WM 1982, 865, WM 2012, 1293, BGH NJW-RR 2022, 915. Dann darf auch eine optimistische Erwartung der Prognose zugrunde gelegt werden, BGH WM 2021, 1047 Rn. 70. Bei erheblichen Risiken ist eine vorsichtige Kalkulation vorzunehmen, BGH WM 2012, 1295. Prognosen sind kenntlich zu machen, auf die entgegenstehenden Risiken ist hinzuweisen, BGH WM 1982, 865, Groß WpPG § 9 Rn. 52. Prognoseherausgeber übernimmt grds. keine Gewähr, dass die von ihm prognostizierte Entwicklung tatsächlich eintritt, BGH WM 2021, 1047 Rn. 70.

4 Die **Wesentlichkeit** von Angaben ist gegeben, wenn die Angaben für die Anlageentscheidung eines durchschnittlichen, verständigen Anlegers entscheidungserheblich sind, dh der jeweilige Umstand „eher als nicht" bei der Anlageentscheidung berücksichtigt wird, BGH WM 2012, 2150, WM 2014, 690, OLG Frankfurt a. M. ZIP 2011, 1911, OLG Dresden WM 2014, 1129, Assmann/Kumpan § 5 Rn. 144, es sich also um Umstände handelt, die den Wert der Investition bestimmen, OLG Frankfurt a. M. ZIP 2012, 1240, zB Geschäftsaussichten, Geschäftsmodell. Dem entspricht Art. 6 I EU-ProspektVO. Auch Umstände, die den Vertragszweck vereiteln können, zB Möglichkeit zur Erteilung nachteiliger Weisungen durch herrschendes Unternehmen, BGH WM 2012, 2150, WM 2014, 691 (bloße Erwähnung eines Beherrschungs- und Gewinnabführungsvertrages reicht nicht), OLG Frankfurt a. M. WM 2011, 1909, Umstände, die die Erreichbarkeit von Mieteinnahmen bei Immobilienfonds beeinträchtigen, BGH WM 2013, 258, der Stand der erteilten behördlichen Genehmigungen (zB Baugenehmigungen, wenn Einnahmen aus Vermietung und Verpachtung der Anlageobjekte erzielt werden sollen), BGH WM 2020, 2411. Bei Investition in Beteiligung an Drittunternehmen Darstellung von dessen Geschäftsmodell, BGH WM 2010, 262; OLG Hamm 34 U 216/12, BeckRS 2014, 14421 = juris Rn. 110, außerdem alle wesentlichen kapitalmäßigen und personellen Verflechtungen mit anderen Unternehmen, deren Geschäftsleitern und beherrschenden Gesellschaftern, die Interessenkonflikte begründen können, das umfasst auch (außerhalb des Gesellschaftsvertrages erfolgte) Sondervorteile, die einem Gründungsgesellschafter oder mit ihm kapitalmäßig oder personell verflochtenen Unternehmen bereits gewährt wurden und im Zusammenhang mit dem Anlageobjekt stehen, auch wenn sie bereits vor dem Beitritt eines Anlegers erfolgt sind, BGH WM 2020, 169 f. BGH WM 2021, 678 Rn. 88, BGH WM 2021, 1426 Rn. 46. Ein Sondervorteil liegt auch vor, wenn durch Zwischenerwerb ein Gewinn durch teurere Weiterveräußerung an die Fondsgesellschaft innerhalb kurzer Zeit anfällt, BGH AG 2022, 443 Rn. 12 = BeckRS 2022, 6337. Des Weiteren Hinweis auf das Risiko, keinen Abnehmer für Genussrechte zu finden, OLG Hamm 34 U 221/12, BeckRS 2014, 4916 = juris Rn. 139, nicht aber Hinweis auf geringere Aussagekraft unkonsolidierter Bilanzzahlen im Vergleich zu vollständig konsolidierter Konzernbilanz, wenn deutlich wird, dass erhebliche Anzahl von Tochtergesellschaften nicht konsolidiert ist, OLG Nürnberg 6 U 644/13 (juris), Tenor. Ebenfalls in den Prospekt aufzunehmen ist, sofern einschlägig, eine Darstellung aller wesentlichen kapitalmäßigen und personellen Verflechtungen zwischen der (Fonds-)Gesellschaft, ihren Geschäftsleitern und beherrschenden Gesellschaftern, in deren Hand die (Beteiligungs-)Gesellschaft die nach dem Prospekt durchzuführenden Vorhaben ganz oder wesentlich gelegt hat, und die Aufklärung über die diesem Personenkreis (im Zusammenhang mit der jeweiligen Anlage bereits früher) gewährten Sonderzuwendungen oder Sondervorteile, BGH NZG 2020, 264 mwN. Hinsichtlich der investierten Gelder reicht es aus, wenn der Anleger dem Prospekt entnehmen kann, in welchem Umfang seine Beteiligung nicht in das Anlageobjekt fließt, sondern für Aufwendungen außerhalb der Anschaffungs- und Herstellungskosten verwendet wird, BGH WM 2016, 74. Hinweis auf einen möglichen Totalverlust ist kein Freibrief, andere Risiken unzutreffend oder unvollständig darzustellen, OLG Hamm 34 U 216/12, BeckRS 2014, 14421 = juris Rn. 105.

Die **Beurteilung** des Prospekts hat aus der **Ex-ante-Perspektive** zu erfolgen, 5 wobei der **Beurteilungszeitpunkt** derjenige der Billigung des Prospekts ist, Assmann/Kumpan § 5 Rn. 135. **Beurteilungsperspektive** ist für Börsenzulassungsprospekte die eines durchschnittlichen Anlegers, der eine Bilanz lesen kann, aber nicht unbedingt mit der in eingeweihten Kreisen gebräuchlichen Schlüsselsprache vertraut zu sein braucht, BGH WM 1982, 863, WM 2012, 2150, Groß WpPG § 9 Rn. 41 (besser sei: verständiger Anleger). Bei Wertpapieren, die nicht an der Börse gehandelt werden (zur Haftung → **(15a)** WpPG § 10), ist das Verständnis des angesprochenen Publikums entscheidend; sofern auch Kleinanleger angesprochen werden, können weder Fähigkeit zum Bilanzlesen noch Spezialkenntnisse erwartet werden, BGH WM 2012, 2150; 2014, 690; OLG Dresden WM 2014, 1129 (diese Differenzierung zwischen Prospektarten ist fragwürdig, da dem Wortlaut der Vorschriften noch der Prospektrichtlinie noch der Prospektverordnung zu entnehmen); Fehler in der Bilanzierung wären dann in vielen Fällen wegen fehlender Auswirkung auf den Kaufentschluss nicht wesentlich, vgl. OLG Nürnberg 6 U 644/13, juris Rn. 206 (aA OLG Hamm 23 U 216/12, BeckRS 2014, 5743 = juris Rn. 168), sehr fraglich. Zum Anlegerleitbild Möllers/Steinberger NZG 2015, 329. Andererseits ist davon auszugehen, dass der Prospekt eingehend und sorgfältig, nicht nur flüchtig gelesen wird, BGH WM 2008, 725, WM 2012, 1294, WM 2013, 734, WM 2014, 691. Lit. Zum Beurteilungsmaßstab: Assmann/Kumpan § 5 Rn. 139 ff.

Der Prospekt kann **unrichtig** sein (dh Tatsachen stimmen nicht mit den wirk- 6 lichen Verhältnissen überein, Prognosen und Werturteile sind nicht ausreichend durch Tatsachen gestützt und/oder nicht kaufmännisch vertretbar, Assmann/ Kumpan § 5 Rn. 147 mwN), zB bei Verstoß gegen zwingendes Bilanzrecht oder gegen das Aktualitätsgebot; unrichtige Angabe der Zahlstelle ist iZw unwesentlich. Abzustellen ist auf den Zeitpunkt der Prospektveröffentlichung, OLG Frankfurt a. M. WM 1994, 295. Das Immobilienvermögen einer Emittentin ist zutreffend auszuweisen (insbes. wenn beträchtlicher Teil des Eigenkapitals), umfasst insbes. Bewertungsansatz und angewandte Bewertungsverfahren, sofern für sachgerechte Einschätzung des Grundstückswertes erforderlich, BGH WM 2015,

22, bei der Bewertung sind aber Toleranzen zu berücksichtigen (zulässige Schwankungsbreite von ca. 20%), BGH WM 2015, 35. Übertragung eines erheblichen Aktienpakets auf Konzerntochter im Wege der Sacheinlage ist exakt zu beschreiben, ebenso, dass Buchgewinn durch dabei erfolgte Aufdeckung stiller Reserven später zu einem Verlust wegen Sonderabschreibung des Beteiligungsbuchwertes an der Tochter und Beeinträchtigung einer späteren Dividende führen kann, BGH WM 2015, 22. „Defeasance-Struktur" eines Medienfonds stellt als solche grds. keinen Prospektfehler dar, Zahlungsabwicklung darf aber von den prospektierten Zahlungsflüssen abweichen, OLG München WM 2017, 133. Zur nicht zu beanstandenden Darstellung der Risiken von Swaps, Konkurenzsituationen, Weichkosten und Abfindungsguthaben im Fall der Kündigung BGH WM 2021, 1221. Bei Orderschuldverschreibungen kann ein Prospekt fehlerhaft sein, wenn wesentliche Änderungen der Geschäftsausrichtung der Gesellschaft nicht offengelegt werden, OLG Dresden WM 2018, 1783. Für die **Zusammenfassung nach Art. 7 I EU-ProspektVO** gilt nach **(15a)** WpPG § 12 II Nr. 5 nur eine beschränkte Richtigkeits- und Vollständigkeitskontrolle.

7 **Unvollständigkeit** (dh nicht alle für einen Anlageentschluss wesentlichen Informationen enthaltend) ist, obschon Unterfall der Unrichtigkeit, wegen praktischer Bedeutung besonders aufgeführt (vgl. → HGB § 347 Rn. 25). Fehlen von Mindestangaben (s. Art. 13 II EU-ProspektVO iVm DelVO (EU) 2019/980) macht Prospekt noch nicht in jedem Fall unrichtig oder unvollständig (da nicht alle Informationen für Beurteilung wesentlich sind), uU zusätzliche Angaben erforderlich. Bsp.: Hinweis auf Anfechtungsklage gegen Kapitalerhöhungsbeschluss, auf dem die Emission neuer Aktien beruht, BGHZ 139, 226, Hinweis auf ungesicherte Großforderung der Ges., OLG Frankfurt a. M. AG 2000, 133, klare und verständliche Angaben zur Mittelverwendung, BGH WM 2014, 691, Hinweis auf weiche Kosten (Kosten, die nicht dem Anlageobjekt zugute kommen, BGH NJW 2006, 2042), wenn diese von nicht unerheblicher Höhe sind (nicht aber wenn bei Wertpapieren nur max. 5% − bei Beteiligungen an Sachvermögen auch mehr), OLG Nürnberg 6 U 644/13 (juris), Tenor, aber Hervorhebung einzelner Bestandteile der Weichkosten nicht erforderlich, OLG München WM 2017, 133. Es reicht aus, wenn der Anleger dem Prospekt entnehmen kann, in welchem Umfang seine Beteiligung nicht in das Anlageobjekt fließt, sondern für Aufwendungen außerhalb der Anschaffungs- und Herstellungskosten verwendet wird, BGH WM 2016, 74, dies muss ihm andererseits aber auch möglich sein (auch bei einer sog. Defeasance-Struktur, OLG München WM 2017, 133. Hinweis auf negative Wirtschaftspresse ist nicht nötig, auf negative Ratings jedenfalls nicht generell, str.; selektive Wiedergabe kann jedoch zu Wahrnehmungsverzerrung führen und so Prospekt unvollständig werden lassen. Bei Übernahme von Angaben sachverständiger Dritter braucht deren Namen nicht unbedingt angegeben zu werden, str. Billigung der BaFin steht nicht entgegen, ebenso wenig Zulassung durch Börsengeschäftsführung, OLG Frankfurt a. M. WM 1994, 297. Entscheidend ist der vermittelte **Gesamteindruck**, nicht isoliert einzelne Formulierungen, zB BGH WM 2021, 285 Rn. 375; WM 2013, 734, OLG Frankfurt a. M. WM 1994, 295, Assmann/Kumpan § 5 Rn. 146 iVm Rn. 65 f.; objektiv unberechtigte Erfolgserwartungen dürfen nicht erweckt werden; die genaue Höhe der Betriebsverluste braucht die Emissionsbank aber idR nicht zu offenbaren, BGH WM 1982, 862 (864), ferner OLG Düsseldorf WM 1984, 586, OLG Frankfurt a. M. AG 2000, 132, AG 2004, 267, WM 2004, 1835, AG 2005, 851; Insiderinformationen → **(16a)** MAR Art. 7 Rn. 1, Prospektwahrheit hat Vorrang. Die Möglichkeiten zur Verbesserung des Bilanzbilds dürfen zwar ausgeschöpft werden, doch kann dann doch der Gesamteindruck unrichtig werden, BGH WM 1982, 863. Richtigkeit und Vollständigkeit des Prospekts nötigen aber auch nicht zur Schwarzmalerei. Formale oder stilistische Gestaltungsmängel machen Prospekt nicht unrichtig, sofern er dadurch nicht unver-

ständlich wird. Bei bedeutenden Brutto-Veränderungen nach Beginn des Berichtszeitraums sind Pro-forma-Informationen erforderlich (Anhang I Punkt 18.4.1/Anhang 3 Punkte 11.5 iVm Anhang 20 DelVO (EU) 2019/980).
Bei Veränderungen ursprünglich zutreffend dargestellter Verhältnisse besteht **8** zeitnahe **Aktualisierungspflicht bzw.** bei ursprünglich unzutreffenden Angaben **Berichtigungspflicht** (davon zu unterscheiden ist die haftungsbefreiende Berichtigungsmöglichkeit nach **(15a)** WpPG § 12 II Nr. 4) durch Anpassung der Antragsfassung des Prospekts (vor Prospektbilligung) bzw. **Prospektnachtrag** gemäß Art. 23 EU-ProspektVO (nach Prospektbilligung bis zum endgültigen Schluss des öffentlichen Angebots oder, falls später, mit der Handelseinführung), dazu etwa Assmann/Kumpan § 5 Rn. 135 ff., Lenz/Heine AG 2019, 451, s. auch schon Oulds WM 2011, 1452 sowie BGHZ 139, 225, Hopt Verantwortlichkeit § 8 I, Kalss FS Hopt, 2010, 2061, auch berufliche Sachkenner, Assmann AG 2004, 441; bis zum Auslaufen der Angebotsfrist oder – sofern später – der Handelseinführung an einem geregelten Markt iSv. Art. 2 lit. j EU-ProspektVO iVm Art. 4 I Nr. 21 MiFID II (Notierungsaufnahme, **(14)** BörsG § 38 I), Art. 23 I EU-ProspektVO. Erfolgt Berichtigung, haben Anleger Widerrufsmöglichkeit nach Art. 23 II EU-ProspektVO, spätere Prospekthaftung wegen dieses berichtigten Fehlers scheidet dann aus. Auch Verstoß gegen Nachtragspflicht fällt unter §§ 9 ff. (vgl. auch → HGB § 347 Rn. 28). Billigung des Prospekts durch BaFin lässt Prospekthaftung nicht entfallen, RegE BT-Drs. 15/4999, 34, BGH WM 2012, 2153. Für Kausalität des Prospektfehlers für Anlageentscheidung gilt **Vermutung aufklärungsrichtigen Verhaltens** (Ausnahme allenfalls bei hochspekulativen Geschäften), s. nur BGH WM 2012, 1295 mwN, näher → HGB § 347 Rn. 37. Zum **Verschulden** (Entlastungsbeweis bei einfacher Fahrlässigkeit) → § 12 Rn. 1. Lit.: Scieranksi, 2010 (Prognosen); Fleischer AG 2006, 7 (Prognosen); Veil AG 2006, 690 (Prognosen).

3) Prospekthaftpflichtige

A. **Prospektverantwortliche (I 1 Nr. 1,** siehe außerdem § 8**):.** Wertpapier- **9** prospekthaftpflichtig (Anspruchsgegner) sind die Prospektverantwortlichen nach § 8 WpPG (dazu **(15a)** WpPG § 8, keine abschließende Aufzählung). Das ist außer dem Anbieter (§ 8 iVm § 2 Nr. 6 WpPG), also idR dem **Emittenten** (§ 8 iVm § 2 Nr. 5 WpPG iVm. Art. 2 lit. h EU-ProspektVO), bei einer angestrebten Marktzulassung der Wertpapiere das emissionsbegleitende Kreditinstitut (§ 8 iVm § 2 Nr. 4 WpPG, Art. 2 lit. g EU-ProspektVO, Art. 4 Abs. 1 Nr. 1 CRR) Finanzdienstleistungsinstitut (§ 1 Abs. 1a KWG) oder Unternehmen iSv § 53 Abs. 1 Satz 1 oder § 53b Abs. 1 Satz 1 KWG (s. auch → **(14)** BörsG § 32 Rn. 3), einerlei ob es als Mitverfasser des Prospekts auftritt oder dort als mitverantwortlich aufgeführt ist, BGHZ 139, 229; auch wenn der Emittent den Zulassungsantrag allein stellt (**(14)** BörsG § 32 II 3).

Prospektverantwortliche ist jedenfalls die **konsortialführende Bank,** OLG **9a** Frankfurt a. M. WM 1994, 298, aber auch die **übrigen Konsortialbanken,** wenn sie durch entsprechende Prospekterklärungen zurechenbar den Eindruck erwecken, auch sie seien für den Prospekt (mit)verantwortlich, und (selbst) die tatbestandlichen Voraussetzungen der Prospekthaftung erfüllen (keine Zurechnung nach § 278 BGB), ohne Rücksicht auf das Konsortialinnenverhältnis (aber Differenzierung beim Verschulden, → § 12 Rn. 1), Hopt Verantwortlichkeit Rn. 118, Schwark FS Hadding, 2004, 1122. Gleiches gilt für **Vertriebsorganisationen,** die der Emittent bei der Emission einschaltet und die die Platzierung der Papiere übernehmen. Die **Emissionsbank haftet dafür,** dass Werturteile und Prognosen ausreichend durch Tatsachen gestützt und kaufmännisch vertretbar sind, BGH WM 1982, 865. Angaben des Emittenten hat die Emissionsbank (Konsortialführer) zu prüfen und ggf. zu berichtigen bzw. zu ergänzen, soweit möglich und zumutbar; bloße Plausibilitätskontrolle genügt nicht, str., anders für einfache Konsortialmitglieder (da idR kein unmittelbarer Zugang zum Emittenten). Bei Fehlern des Emittenten oder anderer Konsortialbanken keine Zurechnung nach § 278 BGB, ggf. aber eigenes Verschulden (zB wenn Prospekt nicht zumindest auf Plausibilität überprüft oder Konsortialführer nicht überwacht). Auf das Prüfungsergebnis des Wirtschaftsprüfers (sowie auf Informationen anderer Fachleute) darf sich die Emissionsbank bei Überprüfung des Prospekts idR verlassen; anders wenn berechtigte Zweifel nahe liegen, BGHZ 139, 225, Hopt Verantwortlichkeit § 7 II (vgl. → HGB § 347 Rn. 27), Groß WpPG § 9 Rn. 81 f. Zu Kontroll- und Nachforschungspflichten Assmann/Kumpan § 5 Rn. 190 f.

9b **Wirtschaftsprüfer** haften nicht nach I 1 Nr. 1, weil sie nicht – wie der Wortlaut es verlangt – die Verantwortung für den (Gesamt-)Prospekt übernommen haben, hL, s. etwa Staub/Grundmann, HGB, Bd. 11/1, Rn. 189 (Experten haften grds. nicht nach WpPG, ggf. aber nach § 311 III BGB), Assmann AG 2004, 435 (bei zivilrechtlicher Prospekthaftung nur anteilig, → HGB Anh. § 177a Rn. 64), wohl auch BGH WM 2014, 935 (trotz WP-Prospekt nur Prüfung eines Vertrags mit Schutzwirkung zugunsten Dritter), aA Schwark FS Hadding, 2004, 1126 (für die von ihnen verantworteten Teile), Groß WpPG § 21 Rn. 37 (eine Übernahme der Gesamtverantwortung sei dafür nicht erforderlich). Wenn auch keine Prospekthaftung, so kommt doch Haftung aufgrund Vertrages mit Schutzwirkung zugunsten Dritter in Frage, BGH WM 2014, 936 f., dazu Ebke ZGR 2015, 325, allerdings nur wenn das Testat eigens für die Prospektveröffentlichung gefertigt worden ist, BGH BKR 2019, 408; zur Abschlussprüferhaftung für unrichtige Bestätigungsvermerke in Prospekten auch OLG Dresden BKR 2019, 411, Meyer BKR 2019, 372. Zum Umfang ihrer Verantwortung s. IDW PS 910 4/2004 Grundsätze für die Erteilung eines **Comfort Letter** (→ § 316 Rn. 5), IDW PS 910, WPg 2004, 342, Meyer WM 2003, 1745; hinsichtlich überholter Feststellungen eines Wirtschaftsprüfertestats in einem Anlageprospekt, BGH AG 2013, 522, Schlitt/Landschein ZBB 2019, 106 (keine Prospekthaftung für Testate von Jahres- und Zwischenabschlüsse, aber für Comfort Letters). Umfasst ist auch Haftung für **Bescheinigungen bzgl Gewinnprognosen** (BGH WM 2014, 936 f., aA etwa Schlitt/Landschein ZBB 2019, 106 f.).

9c Keine Haftung nach I 1 Nr. 1 trifft auch andere im Prospekt für bestimmte Angaben benannte **berufliche Sachkenner**, hL, aA Schwark FS Hadding, 2004, 1127, allerdings können sie Anlegern im Zusammenhang mit einem Vertrag mit Schutzwirkung für Dritte haften. Zu beruflichen Sachkennern BGH NJW 2012, 758 (Spitzenpolitiker, Hochschullehrer), BGH WM 2019, 582 (wer aufgrund besonderer beruflicher oder wirtschaftlicher Stellung oder aufgrund von Fachkunde Garantenstellung einnimmt, weil er durch sein nach Außen in Erscheinung tretendes Mitwirken Vertrauenstatbestand geschaffen hat; bloße Indienststellung des „guten Namens" eines Projektpartners ohne Hinzutreten weiterer Umstände begründet aber noch keine solche Vertrauenshaftung). Keine Prospekthaftung der Ersteller von **Gutachten und Marktstudien**, wenn daraus Angaben in den Prospekt übernommen werden, Schlitt/Landschein ZBB 2019, 107 f. Alle Prospekthaftungspflichtigen haften als **Gesamtschuldner** (§§ 421 ff. BGB) unabhängig vom Innenverhältnis.

10 **B. Prospektveranlasser (I 1 Nr. 2):** Für den Prospekt haften auch diejenigen, von denen der Erlass ausgeht, ohne dass sie nach außen die Verantwortung übernommen haben. Das sind die tatsächlichen Urheber des Prospekts, die typischerweise ein eigenes wirtschaftliches Interesse an der Emission haben (RegE BT-Drs. 13/8933, 78); nach BGH soll ausreichen, dass der Betreffende die Emission als solche beeinflusst hat und der Prospekt mit seiner Kenntnis in den Verkehr gebracht wurde, BGH WM 2012, 2152 (muss nicht als Einflussnehmender nach außen in Erscheinung getreten sein und Anleger muss dessen Eigenschaft nicht kennen, BGH III ZR 262/09, BeckRS 2010, 16518 = juris Rn. 9; OLG Hamm 34 U 216/12, BeckRS 2014, 14421 = juris Rn. 147; OLG Hamm 34 U 221/12, BeckRS 2014, 4916 = juris Rn. 147). In Frage kommen zB Konzernmutter, die auf Börsengang und Prospekt der Tochter maßgeblichen Einfluss genommen hat, vgl. BGH WM 2006, 427, WM 2012, 2152, ebenso andere (Alt-)Aktionäre, die besonderen (steuernden) Einfluss ausgeübt haben (dazu Schlitt/Landschein ZBB 2019, 104 f.), eine Bank, die bei einer problematischen Emission eine andere vorgeschoben hat, uU auch Gründer, Initiatoren, Inhaber, Vorstandsmitglieder (Finanzvorstand) und gegebenenfalls Drahtzieher (aber → Rn. 4), dh alle, die hinter der Gesellschaft stehen und auf ihr Geschäftsgebaren oder die Gestaltung des konkreten Anlagemodells einen der Geschäftsleitung vergleichbaren Einfluss ausüben, OLG Hamm I-31 U 97/12, BeckRS 2012, 211034, juris Rn. 104, zB bei persönlicher Information durch Organvertreter gegenüber Anlageinteressenten, BGH WM 2008, 1545 mAnm Müllert/Leuschner JZ 2009, 158. Dabei ist aber darauf zu achten, dass es nicht zu einer allgemeinen Durchgriffshaftung auf Konzernmütter, Inhaber und Organe kommt; eigenes geschäftliches Interesse an der Emission erforderlich, bloßes persönliches Interesse genügt nicht, vgl. die zutr. Rspr. zum Durchgriff (→ HGB Anh. § 177a Rn. 51b) und zur Eigenhaftung des Vertreters (→ HGB Einl. vor § 48 Rn. 9). Nicht erfasst sind Personen, die an der Prospektstellung nur beteiligt waren, nur in Teilbereichen Einfluss ausgeübt haben oder nur Material für die Prospekterstellung geliefert haben oder, ohne tatsächlichen Einfluss auf die Prospekterstellung auszuüben, am Emittenten nur unwesentlich beteiligt sind. Lit.: Wackerbarth WM 2011, 193.

C. **Gesamtschuldnerische Haftung.** Mehrere Anspruchsgegner haften nach § 9 I 1 als Gesamtschuldner nach Maßgabe der §§ 421 ff. BGB. Abweichende Vereinbarungen sind im Außenverhältnis nicht beachtlich. Innenregress nach dem Maß der Mitverantwortlichkeit unter Berücksichtigung des jeweiligen Beitrags zur Fehlerhaftigkeit des Prospekts und des jeweiligen Verschuldens (Rechtsgedanke des § 254 BGB). **10a**

D. **Verhältnis zur aktienrechtlichen Kapitalerhaltung:** Die emittierende AG wird nicht durch die aktienrechtlichen Kapitalschutzregeln (§§ 57 I 1, 71 ff. AktG) vor der Wertpapierprospekthaftung geschützt, §§ 8 ff. enthalten insoweit abschließende Spezialregelungen, die diesen Vorschriften vorgehen (ausdrücklich RegE BT-Drs. 13/8933, 78), LG Frankfurt a. M. WM 1998, 1185, OLG Frankfurt a. M. AG 2000, 134. Kein Unterschied mehr zwischen Zeichnungs- und Umsatzerwerb, Groß WppG § 9 Rn. 14, aA RGZ 71, 99, str.; sonst auch erhebliche Unsicherheiten in der Abgrenzung. Diese klare Entscheidung einer früher höchst strittigen Rechtsfrage kann auch nicht dadurch unterlaufen werden, dass die aktienrechtlichen Schranken des zulässigen Erwerbs eigener Aktien (10%-Grenze, Kapitalgrenze, § 71 II 1, 2 AktG) analog angewendet werden, aA Schäfer/Hamann §§ 45, 46 aF Rn. 48. Der Vorstand muss vielmehr die Aktien gegen Erstattung des Erwerbspreises übernehmen und analog § 71c I AktG innerhalb eines Jahres nach ihrem Erwerb veräußern. Lit.: Gebauer, 1999; Schwark FS Raisch, 1995, 269; Henze NZG 2005, 115, Hopt/Voigt, Prospekt- und Kapitalmarktinformationshaftung, S. 60 ff. (rechtsvergleichend), Groß § 9 Rn. 10 ff.; Arnold/Aubel ZGR 2012, 113; Mülbert/Steup § 41 Rn. 41.5 ff.; Bayer WM 2013, 961. **11**

4) Anspruchsberechtigte

A. **Erwerber junger Stücke (I 1, 3):** Anspruchsberechtigt sind alle Erwerber von Wertpapieren, die auf Grund des Prospekts zum Börsenhandel zugelassen sind (sowohl Erst-, als auch spätere Erwerber). Anspruchsberechtigt sind danach **nur Erwerber von jungen Stücken**, nicht von alten Stücken (Wertpapiere derselben Gattung, die bereits am Markt waren), fragwürdig, vgl. BGH WM **12**

1982, 868, NJW 1986, 840, OLG Frankfurt a. M. WM 1997, 361, **aber** gemildert durch **I 3**, wonach Wertpapiere desselben Emittenten, also **alte Stücke**, die von den jungen Stücken **nicht** nach Ausstattungsmerkmalen oder sonst **unterschieden** werden können, zB durch WPKennnummer, **gleichstehen**. Haftungsbegründende **Kausalität** zwischen Prospekt und (späterem) Kaufentschluss des Anlegers ist, wie § 12 II Nr. 1 zeigt, notwendig, wird aber für die Dauer von sechs Monaten (diese Zeitspanne hat die Figur der Anlagestimmung abgelöst → Rn. 13 und → § 12 Rn. 2, BGH WM 2021, 480, Assmann/Kumpan § 5 Rn. 168) widerleglich vermutet, der Anleger braucht den Prospekt also nicht gekannt zu haben, BGHZ 139, 233, BGH WM 2018, 1595, WM 1982, 867, OLG Frankfurt a. M. AG 2017, 323, WM 1994, 298, WM 1996, 1216, OLG Düsseldorf WM 1984, 596. Dieser Anscheinsbeweis ist aber nicht auf die Haftung für fehlerhafte Ad-hoc-Mitteilungen nach § 826 BGB übertragbar, BGHZ 160, 134, BGH NJW 2004, 2668 – Infomatec, BGH WM 2008, 395 (398) – Comroad. Haftungsausfüllende Kausalität s. § 12 II Nr. 2. Börslicher ebenso wie außerbörslicher Erwerb, Ersterwerb ebenso wie Zweiterwerb und unabhängig vom Veräußerer. Nur entgeltlicher Erwerb soll erfasst sein, sonst fehle es am Erwerbspreis iSv I 1, II (so RegE BT-Drs. 13/8933, 76), aber nicht überzeugend, auch Beschenkter kann geschädigt sein, statt Erwerbspreis Börsen- bzw. Marktpreis im Schenkungszeitpunkt, str. Unproblematisch dagegen beim Erben oder Vermächtnisnehmer, hier kann der vom Erblasser gezahlte Erwerbspreis zugrunde gelegt werden und es kommt nicht zu einer Vervielfachung von Anspruchsberechtigten. Dazu Assmann/Kumpan, § 5 Rn. 176. Inhaberschaft des Wertpapiers ist keine Voraussetzung für Aktivlegitimation: Ersterwerber und spätere Erwerber (dann II) sind geschützt, was zu einer Haftung über den Emissionsgesamtbetrag hinaus führen kann. Berechtigung ist unabhängig davon, ob vom Anbieter selbst oder von Dritten erworben wurde. Zur Anspruchsberechtigung von Anlegern bei **Cornerstone-Investment-Strukturen** (Erwerbszusage schon vor Prospektbilligung – ist als Vorvertrag einzuordnen, der Kaufvertrag selbst wird erst nach Prospektbilligung geschlossen) und bei **Privatplatzierungen** Schlitt/Landschein ZBB 2019, 108 ff. (idR in beiden Fällen vertragliche Regelung, dass WpPG-Prospekthaftung greift und nicht allgemeine bürgerlich-rechtliche Prospekthaftung). Gläubigergesamtheiten, etwa bei Girosammelverwahrung, s. Hopt Verantwortlichkeit S. 74; die Fragen dazu sind durch II nur teilweise erledigt, str. Lit.: Klühs BKR 2008, 154 (alte Stücke), Langenbucher FS K. Schmidt, 2009, 1053 (Anlagestimmung).

13 B. **Sechsmonatsgrenze (I 1 letzter Halbsatz):** Anspruchsberechtigt sind nur diejenigen Erwerber, die ihr Erwerbsgeschäft (schuldrechtliches Geschäft, Übereignung kann nachfolgen, RegE BT-Drs. 13/8933, 77) nach Veröffentlichung des Prospekts und innerhalb von sechs Monaten nach erstmaliger Einführung der Wertpapiere (**(14)** BörsG § 38 I) abgeschlossen haben, s. auch BGH WM 1982, 867. Auch Erwerbsgeschäfte in (Alt-)Aktien nach Prospektveröffentlichung, aber vor Einführung (der jungen Aktien) können (zumindest bei Zweit- und weiteren Emissionen) erfasst werden, OLG Frankfurt a. M. BeckRS 2016, 114441, Tenor 5 (= Beschluss in AG 2017, 323, dort aber kein weiterer Text abgedruckt); dabei muss beachtet werden, dass für alte Stücke eine Wertpapierprospekthaftung nur im Fall von I 3 überhaupt in Frage kommt (dazu auch → **(15a)** WpPG § 12 Rn. 2). Die Wertpapierprospekthaftung ist damit auf ein kurzes, idR unter 6 Monaten liegendes **Haftungsfenster** eingeschränkt, BGHZ 160, 145 – Infomatec. Damit wird nicht nur die Dauer der Haftung (→ **(15a)** WpPG § 12 Rn. 2) begrenzt, sondern dem Anleger auch der Gegenbeweis tatsächlicher Kausalität bei späterem Erwerb abgeschnitten. Ausnahme (keine Anwendung der 6-Monatsgrenze), wenn nicht börsennotierte Wertpapiere fortgesetzt unter missbräuchlicher Nutzung von Nachträgen vertrieben werden, BGH WM 2014, 695,

OLG Dresden WM 2014, 1120. Die Grenze des I 1 letzter Hs. ist streng von der Verjährung zu unterscheiden. Während des Sechsmonatszeitraums wird **Ursächlichkeit des Prospektmangels** für Wertpapiererwerb widerleglich vermutet (dazu → **(15a)** WpPG § 12 Rn. 2). Widerlegung möglich, etwa durch Nachweis, dass Erwerb allein aufgrund eines Hinweises eines Freundes o. ä. erfolgt. Beweislast bzgl. Kausalität liegt somit beim Anspruchsgegner. Nicht ausreichend ist der Nachweis, dass Anleger den Prospekt nicht kannte. Ebenfalls ohne Bedeutung ist ein Nachweis, dass die Anlagestimmung schon vor Ende des Sechsmonatszeitraums bereits weggefallen gewesen sei. Da Einführung des Sechsmonatszeitraums Rechtssicherheit für alle Beteiligten schaffen sollte, ist für Erwägungen bzgl. einer Anlagestimmung kein Raum mehr. Dazu Assmann/Kumpan § 5 Rn. 178 f. Siehe auch BGH WM 2021, 480.

5) Ersatzfähiger Schaden (I 1, 2, II)

A. **Ersatzfähiger Schaden (I 1, 2):** Der Erwerber kann nur die Übernahme des Wertpapiers Zug um Zug (außer bei Wertlosigkeit, zB weil Recht bei Optionsscheinen erloschen ist, nicht aber bei Insolvenz des Emittenten) gegen Erstattung des **(tatsächlich gezahlten) Erwerbspreises** verlangen (auch über Marktpreis, aber nicht höher als der erste Ausgabepreis, zu diesem **I 2;** bei variablen Ausgabepreisen, zB bei Daueremissionen, ist dies der anfängliche Ausgabepreis am ersten Tag des Angebots, RegE BT-Drs. 13/8933, 78, im Fall eines „Umtauschs" von Wertpapieren bestimmt sich der Erwerbspreis nach den nach außen hin hervorgetretenen Preisvorstellungen der Parteien, insbes. dem Ausgabepreis (Emissionspreis), OLG Dresden WM 2014, 1123, außerdem kann er Erstattung der mit dem Erwerb verbundenen üblichen Kosten verlangen. Diese Abweichung vom allgemeinen Schadensersatzrecht ist trotz möglicher Preisschwankungen am Markt fragwürdig. Sie kann keinesfalls auf die allgemeine zivilrechtliche Prospekthaftung übertragen werden (→ § 16 Rn. 4, → HGB § 347 Rn. 35). Zu den **üblichen Kosten** gehören Maklercourtage und Provisionen, OLG Frankfurt a. M. AG 2017, 323. Entgangener Gewinn (§ 252 BGB) ist nicht ersatzfähig. Zwischenzeitlich gezahlte Dividenden sind bei der Bestimmung des Anspruchsumfangs zu berücksichtigen (Vorteilsanrechnung), OLG Frankfurt a. M. AG 2017, 324. Mitverschulden nach **§ 254 BGB** liegt idR nicht schon darin, dass der Erwerber sich bei Kursverfall nicht schon vor Ablauf der Verjährungsfrist beim Prospekthaftpflichtigen meldet, im Einzelfall kann das anders sein, str. vgl. (offen) RGZ 80, 202; auch nicht in der Tätigung einer risikoreichen Anlage, OLG Frankfurt a. M. AG 2005, 853.

B. **Ersatzfähiger Schaden bei Veräußerung der Wertpapiere (II):** Der Erwerber, der nicht mehr Inhaber des Wertpapiers ist, einerlei ob auf Grund von Veräußerung oder Ausübung des Erwerbsrechts bei Optionsschein oder Wandelschuldverschreibung, hat nur noch Anspruch auf die Differenz zwischen dem Erwerbspreis (nicht höher als der erste Ausgabepreis, → Rn. 14) und dem Veräußerungspreis nebst üblichen Erwerbs- und Veräußerungskosten. Bei Optionsscheinen Differenz zwischen Marktpreis des erworbenen Optionsgegenstands im Zeitpunkt der Rechtsausübung und Options- oder Bezugspreis. Mangels Besitzerfordernisses auch bei Verlust der Wertpapiere, dann statt Veräußerungs- der Marktpreis zum Zeitpunkt des Verlusts. **§ 254 BGB** bleibt anwendbar, zB Veräußerung unter Börsenpreis (RegE BT-Drs. 13/8933, 79), aber idR nicht schon bei Zuwarten mit Verkauf bei sinkenden Kursen bis zur Verjährung (→ Rn. 14), Ellenberger FS Schimansky, 1999, 606, Fleischer/Kalss AG 2002, 334, str.

6) Auslandsgeschäft (III)

Die Haftung besteht bei Wertpapieren eines Emittenten mit Sitz im Ausland bei in- und ausländischer Notierung (nicht wenn nur Freiverkehr) **nur bei Inlandsbezug,** nämlich wenn die Wertpapiere auf Grund eines im Inland geschlossenen Geschäfts oder einer ganz oder teilweise im Inland erbrachten WPDienstleistung (§ 2 VIII WpHG), also im wesentlichen Effektengeschäft und WPVermögensverwaltung, erworben wurden. III wird teils als Sachnorm, teils als (einseitige, teils auch allseitige) Kollisionsnorm, teils als beides verstanden. Anwendbar ist Deliktsstatut (Rom II-VO bzw. Art. 40 EGBGB), besser Anknüpfung an Platzierungsmarkt, auch wenn Prospekthaftung als Vertrauenshaftung angesehen wird. Zur **Statutenkumulierung** von Börsenzulassungs- (hM: gilt primär) sowie Transaktionsstatut Staub/Grundmann, HGB, Bd. 11/1, Rn. 202, III greift nur bei Doppelzulassung („auch"). Lit. zum IPR Grundmann RabelsZ 54 (1990), 283; Hopt FS Lorenz, 1991, 413 (Prospekthaftung); Bischoff AG 2002, 489; Kuntz WM 2007, 432; Oulds WM 2008, 1575; Weber WM 2008, 1581 (Rom II); Freitag WM 2015, 1165.

7) Verjährung und Gerichtszuständigkeit

17 **Verjährung nach allgemeinen Vorschriften,** §§ 195, 199 BGB (denn § 46 BörsG aF wurde bei Überführung der Prospekthaftungsvorschriften in das WpPG gestrichen). Sofern eine falsche Rechtsanwendung haftungsauslösender Fehler ist, ist für Verjährungsbeginn Kenntnis bzw. grob fahrlässige Unkenntnis von der Fehlerhaftigkeit der Rechtsanwendung erforderlich, BGH WM 2014, 939. Zeitpunkt der Entstehung des Prospekthaftungsanspruchs ist derjenige des Erwerbs der Wertpapiere, nicht derjenige der Prospektveröffentlichung. **Gerichtliche Zuständigkeit:** ausschließliche örtliche nach § 32b ZPO (Sitz des Emittenten), für Begriff der „öffentlichen Kapitalmarktinformation" iSv § 32b ZPO s. § 1 II KapMuG (auch Wertpapierprospekte). Ausschließliche sachliche Zuständigkeit des Landgerichts s. § 71 II Nr. 3 GVG, dort Kammer für Handelssachen, § 95 I Nr. 6 GVG.

Haftung bei sonstigem fehlerhaften Prospekt

WpPG 10 Sind in einem nach Artikel 3 Absatz 1 der Verordnung (EU) 2017/1129 veröffentlichten Prospekt, der nicht Grundlage für die Zulassung von Wertpapieren zum Handel an einer inländischen Börse ist, für die Beurteilung der Wertpapiere wesentliche Angaben unrichtig oder unvollständig, ist § 9 entsprechend anzuwenden mit der Maßgabe, dass

1. bei der Anwendung des § 9 Absatz 1 Satz 1 für die Bemessung des Zeitraums von sechs Monaten anstelle der Einführung der Wertpapiere der Zeitpunkt des ersten öffentlichen Angebots im Inland maßgeblich ist und
2. § 9 Absatz 3 auf diejenigen Emittenten mit Sitz im Ausland anzuwenden ist, deren Wertpapiere auch im Ausland öffentlich angeboten werden.

1 Die Norm (bisher § 22 aF) regelt iVm § 9 WpPG die Haftung für alle Prospekte im Sinne der EU-ProspektVO, die keine Börsenzulassungsprospekte sind (unabhängig davon, ob die Wertpapiere, auf die sich der Prospekt bezieht, bereits zu einem früheren Zeitpunkt zum Börsenhandel zugelassen worden sind). Damit wird insbesondere das öffentliche Angebot von Wertpapieren, die nicht zum Handel an einem regulierten Markt einer inländischen Börse zugelassen werden sollen, sowie von zu einem früheren Zeitpunkt (aufgrund eines anderen Prospektes) börslich zugelassenen Wertpapieren erfasst (auch Freiverkehr). **Öffentliches Angebot** ist nach § 2 Nr. 2 WpPG iVm Art. 2 lit. d EU-ProspektVO „eine Mitteilung an die Öffentlichkeit in jedweder Form und auf jedwede Art und Weise, die ausreichende Informationen über die Angebotsbedingungen und die anzubietenden Wertpapiere enthält, um einen Anleger in die Lage zu versetzen, über den Kauf oder die Zeichnung dieser Wertpapiere zu entscheiden."

V. Bankgeschäfte 1 **11 WpPG (15a)**

Bei Umplatzierungen bereits börslich zugelassener Wertpapiere auch Haftung 2
für Informationsmemoranden, wenn damit Prospektpflicht nach Art. 3 I EU-
ProspektVOG erfüllt wird, für freiwillige Informationsmemoranden bzw. Prospekte nach Art. 4 EU-ProspektVO analoge Anwendung von § 10. Werbungen, Analysen, Presse- sowie Ad-hoc-Mitteilungen sind wie bei § 9 keine Prospekte iSv § 10. Bei fehlender Billigung des veröffentlichten Prospekts Haftung nach **(15a)** WpPG § 14 (fehlender Prospekt), Klöhn DB 2012, 1854. Grund: Wegen des Schutzzwecks von Art. 3 I EU-ProspektVO muss „Veröffentlichen" in Art. 3 I EU-ProspektVO vor dem Hintergrund von Art. 20 EU-ProspektVO verstanden werden (Beachtung des Billigungserfordernisses). Für den maßgeblichen Empfängerhorizont für die Beurteilung der Unrichtigkeit oder Unvollständigkeit (in Abweichung von Börsenzulassungsprospekten) → **(15a)** WpPG § 9 Rn. 5. Anspruchsberechtigt sind nur diejenigen Erwerber, die ihr Erwerbsgeschäft (schuldrechtliches Geschäft, Übereignung kann nachfolgen) innerhalb von sechs Monaten nach dem ersten öffentlichen Angebot der Wertpapiere im Inland abgeschlossen haben. Für weiteres s. Kommentierung bei → **(15a)** WpPG § 9.

Haftung bei fehlerhaftem Wertpapier-Informationsblatt

WpPG 11 (1) **Sind in einem veröffentlichten Wertpapier-Informationsblatt nach § 4 Absatz 1 Satz 1 für die Beurteilung der Wertpapiere wesentliche Angaben unrichtig oder irreführend oder ist der Warnhinweis nach § 4 Absatz 4 nicht enthalten, kann der Erwerber dieser Wertpapiere von denjenigen, von denen der Erlass des Wertpapier-Informationsblatts ausgeht, und vom Anbieter als Gesamtschuldnern die Übernahme der Wertpapiere gegen Erstattung des Erwerbspreises, soweit dieser den ersten Ausgabepreis der Wertpapiere nicht überschreitet, und der mit dem Erwerb verbundenen üblichen Kosten verlangen, sofern das Erwerbsgeschäft nach Veröffentlichung des Wertpapier-Informationsblatts und während der Dauer des öffentlichen Angebots, spätestens jedoch innerhalb von sechs Monaten nach dem ersten öffentlichen Angebot der Wertpapiere im Inland abgeschlossen wurde.**

(2) **Ist der Erwerber nicht mehr Inhaber der Wertpapiere, so kann er die Zahlung des Unterschiedsbetrags zwischen dem Erwerbspreis, soweit dieser den ersten Ausgabepreis nicht überschreitet, und dem Veräußerungspreis der Wertpapiere sowie der mit dem Erwerb und der Veräußerung verbundenen üblichen Kosten verlangen.**

(3) **Werden Wertpapiere eines Emittenten mit Sitz im Ausland auch im Ausland öffentlich angeboten, besteht ein Anspruch nach Absatz 1 oder Absatz 2 nur, sofern die Wertpapiere auf Grund eines im Inland abgeschlossenen Geschäfts oder einer ganz oder teilweise im Inland erbrachten Wertpapierdienstleistung erworben wurden.**

Das Wertpapier-Informationsblatt (WIB) dient als **Prospektersatz** und soll 1
Anlegern eine informierte Entscheidung ermöglichen sowie außerdem die Vergleichbarkeit der prospektfreien Wertpapierangebote erhöhen (RegE BT-Drs. 19/2435, 30). Das WIB ist vom Basisinformationsblatt der PRIIP-VO sowie den wesentlichen Anlegerinformationen nach § 306 KAGB abzugrenzen. **Anwendungsbereich** (s. dazu § 4 I WpPG) umfasst öffentliche Angebote von Wertpapieren, deren Gesamtwert im EWR über einen Zeitraum von 12 Monaten nicht mehr als 8 Mio. EUR beträgt, und von Wertpapieren, die über einen 12-Monatszeitraum im Inland mit einem Gesamtgegenwert im EWR iHv von 100.000 bis weniger als 1 Mio. EUR angeboten werden. Die Regelung ist in Anlehnung an **(15a)** WpPG § 9 ausgestaltet, zT aber auch an **(15b)** VermAnlG

Kumpan 2933

§ 22 orientiert (RegE BT-Drs. 19/2435, 46). Wird als europarechtskonform eingestuft, s. Klöhn ZIP 2018, 1713 (1717 f.). Zu Besonderheiten bei Bezugsrechtsemissionen Ebbinghaus/Kleemann NZG 2019, 441.

2 Haftung knüpft an **Unrichtigkeit** des WIB, seinen **irreführenden Inhalt** oder das **Fehlen des Warnhinweises** gem. § 4 IV WpPG an. Im Gesetz kein besonderer Hinweis auf Wesentlichkeit, denn Gesetzgeber geht davon aus, dass WIB nur wesentliche Informationen enthält (s. § 4 III 2 WpPG). Alle Angaben müssen redlich, eindeutig und nicht irreführend sein, außerdem keine werbenden Informationen (§ 4 VII 3 u. 4 WpPG). Des Weiteren müssen sie für Anleger verständlich sein, ohne dass weitere Dokumente herangezogen werden müssen (§ 4 VII 1 WpPG). Abgestellt wird auf den durchschnittlichen, aber aufmerksamen (Klein-)Anleger ohne Spezialwissen, s. Klöhn ZIP 2018, 1713 (1718). **Unvollständigkeit** führt **nur** im Fall des fehlenden Warnhinweises zur Haftung (s. § 11 I) oder wenn Auslassung Irreführung bewirkt. Dies ist nach dem zum VermAnlG geltenden und hierauf übertragbaren Grundsätzen der Fall, wenn Angabe zwar formal zutreffend, ihre Darstellung aber missverständlich ist und zu fehlerhaftem Eindruck bei Anlegern führen kann (Schulz NZG 2018, 925).

3 **Anspruchsgegner** ist neben dem **Prospekterlasser** auch der **Anbieter** (Rechtspersönlichkeit oder natürliche Person, die Wertpapiere öffentlich anbietet, s. nach § 2 Nr. 6 WpPG iVm Art. 2 lit. i EU-ProspektVO, zur Definition des öffentlichen Angebots § 2 Nr. 2 WpPG iVm Art. 2 lit. d EU-ProspektVO). **Haftung** aber **beschränkt** auf Erwerbsgeschäfte, die nach Veröffentlichung des WIB und nur während der Dauer des öffentlichen Angebots, maximal innerhalb von sechs Monaten nach dem öffentlichen Angebot erfolgen.

4 **Haftungshöhe** bestimmt sich wie bei § 9 I nach den üblichen Erwerbskosten und dem Erwerbspreis der Wertpapiere, also dem Preis, zu dem die Wertpapiere vom Anspruch erhebenden Anleger erworben wurden; allerdings Begrenzung auf ersten Aufgabepreis (RegE BT-Drs. 19/2435, 46).

5 II entspricht § 9 II 1. III lehnt sich an § 9 III an, wobei hier allerdings auf das öffentliche Angebot von Wertpapieren eines ausländischen Emittenten abgestellt wird, nicht auf die Zulassung zum Börsenhandel. Damit greift § 11 grds. weiter. Im Übrigen kann im Hinblick auf II und III auf die Kommentierung zu § 10 verwiesen werden. Lit. zu 11: Buck-Heeb WM 2018, 1197 (PRIIP); Klöhn ZIP 2018, 1713 (1717 f.); Poelzig BKR 2018, 357; Schulz NZG 2018, 921.

Haftungsausschluss bei fehlerhaftem Prospekt

WpPG 12 (1) **Nach den §§ 9 oder 10 kann nicht in Anspruch genommen werden, wer nachweist, dass er die Unrichtigkeit oder Unvollständigkeit der Angaben des Prospekts nicht gekannt hat und dass die Unkenntnis nicht auf grober Fahrlässigkeit beruht.**

(2) **Ein Anspruch nach den §§ 9 oder 20 besteht nicht, sofern**

1. **die Wertpapiere nicht auf Grund des Prospekts erworben wurden,**
2. **der Sachverhalt, über den unrichtige oder unvollständige Angaben im Prospekt enthalten sind, nicht zu einer Minderung des Börsenpreises der Wertpapiere beigetragen hat,**
3. **der Erwerber die Unrichtigkeit oder Unvollständigkeit der Angaben des Prospekts bei dem Erwerb kannte,**
4. **vor dem Abschluss des Erwerbsgeschäfts im Rahmen des Jahresabschlusses oder Zwischenberichts des Emittenten, einer Veröffentlichung nach Artikel 17 der Verordnung (EU) Nr. 596/2014 des Europäischen Parlaments und des Rates vom 16. April 2014 über Marktmissbrauch (Marktmissbrauchsverordnung) und zur Aufhebung der Richtlinie 2003/6/EG des Europäischen Parlaments und des Rates und der Richtlinien 2003/124/EG,**

V. Bankgeschäfte 1 **12 WpPG (15a)**

2003/125/EG und 2004/72/EG der Kommission (ABl. L 173 vom 12.6.2014, S. 1) in der jeweils geltenden Fassung oder einer vergleichbaren Bekanntmachung eine deutlich gestaltete Berichtigung der unrichtigen oder unvollständigen Angaben im Inland veröffentlicht wurde oder
5. er sich ausschließlich auf Grund von Angaben in der Zusammenfassung nach Artikel 7 der Verordnung (EU) 2017/1129 oder in der speziellen Zusammenfassung eines EU-Wachstumsprospekts im Sinne des Artikels 15 Absatz 1 Unterabsatz 2 Satz 2 der Verordnung (EU) 2017/1129 samt etwaiger Übersetzungen ergibt, es sei denn, die Zusammenfassung ist irreführend, unrichtig oder widersprüchlich, wenn sie zusammen mit den anderen Teilen des Prospekts gelesen wird, oder sie enthält, wenn sie zusammen mit den anderen Teilen des Prospekts gelesen wird, nicht alle gemäß Artikel 7 Absatz 1 Unterabsatz 1 in Verbindung mit den Absätzen 5 bis 7 Buchstabe a bis d und Absatz 8 der Verordnung (EU) 2017/1129 erforderlichen Basisinformationen; im Falle der speziellen Zusammenfassung eines EU-Wachstumsprospekts richtet sich die Vollständigkeit der relevanten Informationen nach den Vorgaben in Artikel 33 der Delegierten Verordnung (EU) 2019/980 der Kommission vom 14. März 2019 zur Ergänzung der Verordnung (EU) 2017/1129 des Europäischen Parlaments und des Rates hinsichtlich der Aufmachung, des Inhalts, der Prüfung und der Billigung des Prospekts, der beim öffentlichen Angebot von Wertpapieren oder bei deren Zulassung zum Handel an einem geregelten Markt zu veröffentlichen ist, und zur Aufhebung der Verordnung (EG) Nr. 809/2004 der Kommission (ABl. L 166 vom 21.6.2019, S. 26).

1) Entlastungsbeweis bei leichter Fahrlässigkeit (I)

§ 12 (bisher § 23 aF, zuvor § 45 BörsG aF) regelt Haftungsausschluss. I schränkt 1 die allgemeine Verschuldenshaftung auf **Kenntnis oder grobfahrlässige Unkenntnis** ohne Unterschied zwischen Unrichtigkeit oder Unvollständigkeit der Prospektangaben ein. Letztere kann auch unbewusst sein, BGHZ 139, 225 (zur Vorgängernorm (**14**) BörsG § 45 aF). Zur groben Fahrlässigkeit im vorliegenden Zusammenhang auch BGH WM 2021, 489f. (u. a.: keine Entlastung des Prospektverantwortlichen damit, dass er hinsichtlich der gebotenen Richtigstellung nur leicht fahrlässig gehandelt habe; bei Hinzuziehung externer Berater muss Prospektverantwortlicher das Ergebnis bewerten und auf Plausibilität kontrollieren, auch wenn er auf deren Qualifikation und Fachkompetenz vertraut). Die Beschränkung auf grobe Fahrlässigkeit ist rechtspolitisch fragwürdig, kritisch auch Staub/Grundmann, HGB, Bd. 11/1, Rn. 208, für europarechtswidrig haltend Grundmann/Selbherr WM 1996, 987, und jedenfalls nicht analog anwendbar auf die allgemeine Prospekthaftung (→ § 16 Rn. 4, → HGB § 347 Rn. 34). Bei Bestimmung der groben Fahrlässigkeit sind unterschiedliche fachliche und sachliche Kenntnis, unterschiedliche Sachnähe und Nachforschungsmöglichkeiten zu berücksichtigen, zB Assmann/Kumpan § 5 Rn. 188, Groß § 9 Rn. 75. Was beim Emittenten grob fahrlässig ist, kann beim Emissionsbegleiter nur leicht fahrlässig sein; ähnlich Konsortialführer und Konsorten (→ § 9 Rn. 9), Groß § 9 Rn. 83. Der Prospekthaftpflichtige muss sich entlasten (Beweislastumkehr, vgl. → HGB § 347 Rn. 37), BGHZ 160, 147 (Infomatec), OLG Frankfurt a. M. AG 2017, 323 (echte Beweislastumkehr), Folge: Dokumentationslast (vgl. → HGB § 347 Rn. 37). Zur umstr Frage, ob und inwieweit sich Emissionsbanken auf Prüfungsergebnisse Dritter verlassen dürfen, → WpPG § 9 Rn. 9a, Assmann/Kumpan § 5 Rn. 189 f. (bejahend, keine Zurechnung des Verschuldens nach § 278 BGB), Staub/Grundmann, HGB, Bd. 11/1, Rn. 210f mwN (bejahend). Bejaht man dies, muss man, um Haftungslücken zu vermeiden, konsequenterweise eine eigenständige Haftung dieser Dritten annehmen. Dazu → § 9 Rn. 9b, 9c.

2) Gesetzliche Haftungsausschlüsse (II Nr. 1–5)

2 **A. II Nr. 1:** Die Haftung nach **(15a) WpPG §§ 9, 10** ist ausgeschlossen für **nicht auf Grund des Prospekts erworbene Wertpapiere** (haftungsbegründende Kausalität, → § 9 Rn. 12, BGH WM 2021, 486). Erwerber alter Stücke bleiben also wie früher grds. ungeschützt, auch wenn sie innerhalb der Sechsmonatsfrist erworben haben, vgl. BGH WM 1982, 867, NJW 1986, 840. Abhilfe durch die allgemeine zivilrechtliche Prospekthaftung ist hier problematisch (→ § 16 Rn. 4). Für nicht unterscheidbare alte Stücke lässt § 9 I 3 allerdings einen Anspruch zu; dies wird durch II Nr. 1 nicht wieder aufgehoben. **Aufgrund des Prospekts erworben** bedeutet nicht, dass der Anleger den Prospekt gelesen oder auch nur gesehen oder überhaupt Kenntnis von seiner Existenz gehabt haben muss (BGH WM 2021, 488); Erwerb innerhalb der Sechsmonatsgrenze (§ 9 I 1 letztes Hs., → § 9 Rn. 13) genügt; auf Rechtsfigur der Anlagestimmung kommt es nicht (mehr) an, BGH WM 2021, 486 mit Begründung und mwN. Vermutet wird die (mittelbare) Erwerbskausalität des Prospekts schlechthin, BGH WM 2021, 488. Gegenbeweis nach II Nr. 1 wird deshalb selten praktisch, aber zB bei Order der Wertpapiere vor Vorliegen des Prospekts, OLG Frankfurt a. M. ZIP 1997, 1105. **Beweislastumkehr** bei **II Nr. 1–5** wie nach I. Zur Widerlegung der Kausalitätsvermutung hat Anspruchsgegner nachzuweisen, dass im jeweiligen Einzelfall der individuelle Erwerbsentschluss nicht durch den fehlerhaften Prospekt beeinflusst wurde, BGH WM 2021, 478.

3 **B. II Nr. 2:** II Nr. 2 betrifft die **haftungsausfüllende Kausalität** (zur haftungsbegründenden → Rn. 2), so auch BGH WM 2021, 481 (zur Vorgängerregelung) mwN. Ein Anspruch scheidet aus, wenn der Sachverhalt, über den der Prospekt unzutreffende Angaben enthält, nicht zu einer Minderung des Börsenpreises beigetragen hat, dann fehlt es schon nach allgemeinen Regeln an **(Mit-) Ursächlichkeit.** Bezugspunkt der Kausalitätsprüfung ist nach dem BGH somit nicht die (unzureichende) Darstellung im Prospekt, sondern – eng am Wortlaut der Norm orientiert – der zugrunde liegende Sachverhalt als solcher, BGH WM 2021, 481. Dem BGH zufolge muss daher ein nach Erwerb eingetretener Kursrückgang auf das Risiko zurückzuführen sein, das dem Sachverhalt innewohnt, der im Prospekt unrichtig dargestellt worden ist, BGH WM 2021, 481 mit eingehender Begründung. D. h. die Risiken, die zur Börsenpreisminderung geführt haben, müssen mit den im Prospekt unrichtig dargestellten Risiken identisch sein („innerer Rechtswidrigkeitszusammenhang"); das allgemeine Markt- oder Spekulationsrisiko kann der Anleger nicht auf den Emittenten abwälzen, vgl. BGH WM 2021, 482 (Buck-Heeb BKR 2021, 320 kritisiert, daß der BGH dies mit seinem Vorgehen aber gerade nicht erreicht). Das ist sinnvoll, denn wer den Spekulationsgewinn einstreichen möchte, muss auch das damit zusammenhängende Risiko tragen. Wie der BGH ausführt, fehlt der „innere Rechtswidrigkeitszusammenhang" nicht bereits, wenn der unrichtige Sachverhalt und dessen Risiken (bekannt und damit) „eingepreist" sind (siehe auch das Bsp. in RegE BT-Drs. 13/8933, 80: Anleger erwirbt in Kenntnis der zwischenzeitlichen Insolvenz des Emittenten zu einem erheblich verminderten Börsenpreis); es kommt vielmehr auf die tatsächliche nacherwerbliche Kursentwicklung an, BGH WM 2021, 482, aA etwa Buck-Heeb/Dieckmann, §§ 21–23 WpPG Rn. 93. Ob das Bekanntwerden des wahren Sachverhalts zu einem Kursrückgang geführt hat, ist nach BGH ohne Bedeutung, BGH WM 2021, 481. Dies sollte jedoch nicht dazu führen, dass Mitursächlichkeit schon immer dann angenommen wird, wenn der Einfluss auf den Kursrückgang ausschließlich aus der Risikoverwirklichung resultiert, aber nicht auf einen fehlenden oder zu geringen Risikoabschlag im noch mit Unsicherheit über die Risikoverwirklichung behafteten Erwerbszeitpunkt zurückgeht. Die bei der Ad-hoc-Pflicht geltenden Maßstäbe sollen nach dem BGH nicht übertragen werden können. Dies begründet der BGH nicht näher, obwohl es nicht ohne weiteres einleuchtet. Mittels Ad-hoc-Publizität werden dem Markt neue einzelne Informationen übermittelt. Die Preise der jeweiligen Finanzinstrumente reflektieren diese Informationen (Stichwort Kapitalmarkteffizienz). Der Prospekt bringt nicht nur eine Information, sondern eine ganze Reihe von Informationen an den Markt und nimmt damit auf die Preisgestaltung des betreffenden Finanzinstruments massiv Einfluss. Umso größere Bedeutung hat er für die Preisgestaltung und umso mehr wirken sich Fehler bei den Informationen auf den Kurs aus. Ob eine eng am Wortlaut der Norm verhaftete Auslegung dem gerecht werden kann, erscheint doch fraglich. Ebenso ist nach dem BGH für II Nr. 2 ohne Bedeutung, ob der Prospektfehler innerhalb des Sechsmonatszeitraums bekannt geworden ist, aA zB Assmann/Kumpan § 5 Rn. 184 aE mwN oder der Kursverfall später wieder ausgeglichen worden ist. Somit hat der Anspruchsgegner darzulegen und zu beweisen, dass sich die dem unrichtig prospektierten Sachverhalt innewohnenden Risiken nach dem Erwerb nicht realisiert haben oder diese Risiken, wenn sie sich realisiert haben, eine nach Erwerb eingetretene Börsenpreisminderung nicht beeinflusst haben, BGH WM 2021, 478. Zum Nachweis des Haftungsausschlusses ist Vollbeweis (§ 286 ZPO) zu erbringen, das erleichterte Beweismaß des § 287 ZPO findet keine Anwendung, BGH WM 2021, 478. Nachweis fehlender Preisrelevanz kann durch Sachverständigengutachten geführt werden, BGH WM 2021, 485, dort auch zu sog. Event-Studies.

Anknüpfung an Börsenpreis ist ein Redaktionsversehen, denn sonst würde **3a** Regelung nur für zum Börsenhandel zugelassene Wertpapiere gelten (nur für diese kann Börsenpreis festgestellt werden). Für andere Wertpapiere (§ 10) ist aber die gleiche Regelung gewollt, wie der frühere § 13 VerkProspG zeigt. Daher ist hier für Fälle des § 10 WpPG auf den Erwerbspreis abzustellen. Dazu Assmann/Kumpan § 5 Rn. 182.

C. **II Nr. 3**: Die Haftung entfällt (nur) bei **Kenntnis des Erwerbers** von der **4** Unrichtigkeit und Unvollständigkeit des Prospekts. Damit schadet selbst grobfahrlässiges Mitverschulden entgegen § 254 BGB nicht, fragwürdig und jedenfalls auf die allgemein zivilrechtliche Prospekthaftung nicht übertragbar (→ § 16 Rn. 4, → HGB § 347 Rn. 36). Es handelt sich um eine abschließende Regelung der Berücksichtigung des Mitverschuldens im Hinblick auf die Haftungsbegründung, s. Assmann/Kumpan § 5 Rn. 192, aA Buck-Heeb/Dieckmann, §§ 21–23 WpPG Rn. 105, wohl auch BGH WM 2021, 495. Spekulationsabsicht ist unter II Nr. 3 irrelevant, OLG Frankfurt a. M. WM 1996, 298 (aF). Durch II Nr. 3 wird aber nicht Mitverschulden bezüglich des Schadens ausgeschlossen (→ § 9 Rn. 14 f.).

D. **II Nr. 4**: Ein unrichtiger oder unvollständiger Prospekt kann berichtigt **5** werden mit der Folge, dass für Wertpapiere, die **nach der Berichtigung** erworben werden, die Prospekthaftung entfällt (im Fall eines gestreckten Erwerbsvorgangs, wie des Bookbuildings, reicht es, dass die Berichtigung vor Abschluss des Vorgangs erfolgt, bis dahin kann jeder Anleger sein Kaufangebot zurücknehmen). Bereits entstandene Prospekthaftungsansprüche bleiben unberührt. Auf den Nachweis der Kenntnis des Erwerbers von der Berichtigung verzichtet II Nr. 4 ebenso wie auf den Nachweis der Kenntnis des Erwerbers vom Prospekt (→ Rn. 2). Diese Parallelität geht zu Lasten des Geschädigten und ist nur als typisierend deshalb akzeptabel, weil eine wesentliche Berichtigung sich unabhängig von individueller Kenntnis idR auf den Marktpreis auswirken wird. Berichtigung kann im Jahresabschluss, Zwischenbericht, Ad-hoc-Meldung nach **(16a)** MAR Art. 17 oder einer vergleichbaren Bekanntmachung erfolgen. Nicht vorgeschrieben sind darüber hinaus Form und Ort der Berichtigung oder Hinweis auf die ursprüngliche Unrichtigkeit bzw. Unvollständigkeit (s. auch RegE BT-Drs. 13/8933, 81). Die Berichtigung muss aber deutlich und für die (verständigen) Anleger unmissverständlich sein, Kort AG 1999, 15, dh sie muss als solche sofort erkennbar, möglichst sogar ausdrücklich als solche bezeichnet sein. Berichtigung ist selbst kein Prospekt (keine Prospekthaftung, aber ggf. anderweitige Haftung) und führt nicht zu einer Verlängerung der Sechs-Monats-Frist nach § 9 I 1.

6 E. **II Nr. 5:** Nach II Nr. 5 darf niemand lediglich aufgrund der Zusammenfassung einschließlich einer Übersetzung davon haften, es sei denn, die Zusammenfassung ist irreführend, unrichtig oder widersprüchlich, wenn sie zusammen mit den anderen Teilen des Prospekts gelesen wird, oder es fehlen erforderliche Basisinformationen. Letzteres kann aber nur angenommen werden, wenn die Zusammenfassung unter Berücksichtigung des Vollprospektes fehlerhaft erscheint (also im Wesentlichen bei Widersprüchlichkeit, aber nur bei hinreichend gewichtigen Abweichungen). II Nr. 5 ist angesichts der in einer Zusammenfassung und ihrer Übersetzung liegenden Verkürzungsrisiken sachgerecht. Für den EU-Wachstumsprospekt wird bzgl der Vollständigkeit auf Art. 33 DelVO (EU) 2019/980 ABlEU 2019 L 166, 26 verwiesen.

Haftungsausschluss bei fehlerhaftem Wertpapier-Informationsblatt

WpPG 13 (1) Nach § 11 kann nicht in Anspruch genommen werden, wer nachweist, dass er die Unrichtigkeit der Angaben des Wertpapier-Informationsblatts oder die Irreführung durch diese Angaben nicht gekannt hat und dass die Unkenntnis nicht auf grober Fahrlässigkeit beruht.

(2) Ein Anspruch nach § 11 besteht nicht, sofern

1. die Wertpapiere nicht auf Grund des Wertpapier-Informationsblatts erworben wurden,
2. der Sachverhalt, über den unrichtige oder irreführende Angaben im Wertpapier-Informationsblatt enthalten sind, nicht zu einer Minderung des Börsenpreises der Wertpapiere beigetragen hat,
3. der Erwerber die Unrichtigkeit der Angaben des Wertpapier-Informationsblatts oder die Irreführung durch diese Angaben bei dem Erwerb kannte oder
4. vor dem Abschluss des Erwerbsgeschäfts im Rahmen des Jahresabschlusses oder Zwischenberichts des Emittenten, im Rahmen einer Veröffentlichung nach Artikel 17 der Verordnung (EU) Nr. 596/2014 des Europäischen Parlaments und des Rates vom 16. April 2014 über Marktmissbrauch (Marktmissbrauchsverordnung) und zur Aufhebung der Richtlinie 2003/6/EG des Europäischen Parlaments und des Rates und der Richtlinien 2003/124/EG, 2003/125/EG und 2004/72/EG der Kommission (ABl. L 173 vom 12.6.2014, S. 1; L 287 vom 21.10.2016, S. 320; L 306 vom 15.11.2016, S. 43; L 348 vom 21.12.2016, S. 83), die zuletzt durch die Verordnung (EU) 2016/1033 (ABl. L 175 vom 30.6.2016, S. 1) geändert worden ist, in der jeweils geltenden Fassung oder einer vergleichbaren Bekanntmachung eine deutlich gestaltete Berichtigung der unrichtigen oder irreführenden Angaben im Inland veröffentlicht wurde.

1 § 13 regelt die Voraussetzungen für den Haftungsausschluss im Fall eines fehlerhaften Wertpapier-Informationsblattes (WIB). Die Regelung ist an § 12 angelehnt (RegE BT-Drs. 19/2435, 47), wobei allerdings anders als dort auch auf die Irreführung abgestellt wird (I, II Nr. 2 und Nr. 3). In I „Irreführung" anstelle von „Unvollständigkeit" (s. dazu bei § 22). Beweislastverteilung nach dem gleichen Prinzip wie bei § 12 II geregelt (RegE BT-Drs. 19/2435, 47). Eine § 12 II Nr. 5 entsprechende Regelung fehlt, weil beim WIB keine Zusammenfassung existiert (RegE BT-Drs. 19/2435, 47). Angesichts der engen Anlehnung an § 12 kann im Wesentlichen auf die Kommentierung dort verwiesen werden.

Haftung bei fehlendem Prospekt

WpPG 14 (1) ¹Ist ein Prospekt entgegen Artikel 3 Absatz 1 der Verordnung (EU) 2017/1129 nicht veröffentlicht worden, kann der Erwerber von Wertpapieren von dem Emittenten und dem Anbieter als Gesamtschuldnern die Übernahme der Wertpapiere gegen Erstattung des Erwerbspreises, soweit dieser den ersten Erwerbspreis nicht überschreitet, und der mit dem Erwerb verbundenen üblichen Kosten verlangen, sofern das Erwerbsgeschäft vor Veröffentlichung eines Prospekts und innerhalb von sechs Monaten nach dem ersten öffentlichen Angebot im Inland abgeschlossen wurde. ²Auf den Erwerb von Wertpapieren desselben Emittenten, die von den in Satz 1 genannten Wertpapieren nicht nach Ausstattungsmerkmalen oder in sonstiger Weise unterschieden werden können, ist Satz 1 entsprechend anzuwenden.

(2) ¹Ist der Erwerber nicht mehr Inhaber der Wertpapiere, so kann er die Zahlung des Unterschiedsbetrags zwischen dem Erwerbspreis und dem Veräußerungspreis der Wertpapiere sowie die mit dem Erwerb und der Veräußerung verbundenen üblichen Kosten verlangen. ²Absatz 1 Satz 1 gilt entsprechend.

(3) Werden Wertpapiere eines Emittenten mit Sitz im Ausland auch im Ausland öffentlich angeboten, besteht ein Anspruch nach Absatz 1 oder Absatz 2 nur, sofern die Wertpapiere auf Grund eines im Inland abgeschlossenen Geschäfts oder eines ganz oder teilweise im Inland erbrachten Wertpapierdienstleistung erworben wurden.

(4) Der Anspruch nach den Absätzen 1 bis 3 besteht nicht, sofern der Erwerber die Pflicht, einen Prospekt zu veröffentlichen, beim Erwerb kannte.

1) Anwendungsbereich

Die Norm (bisher § 24 aF) regelt die Haftung für den Fall, dass die Veröffentlichung eines (Angebots-, nicht dagegen Börsenzulassungs-, weil dessen Vorliegen nach **(14)** BörsG § 32 III Nr. 2 geprüft wird) Prospekts entgegen Art. 3 I EU-ProspektVO vollständig unterbleibt. Auch die Veröffentlichung eines von der BaFin nicht gebilligten (oder nicht mehr gültigen) Prospekts wird von § 14 erfasst, selbst wenn er hätte gebilligt werden können, Assmann/Kumpan § 5 Rn. 217, Klöhn DB 2012, 1854 (zur Vorgängernorm), aA (dies sei ein Fall des § 10 bzw. bisher § 22 aF) Mülbert/Steup § 41 Rn. 41.63. **Abgrenzung zwischen fehlendem und fehlerhaftem Prospekt** danach, ob sich aus dem Dokument (ausdrücklich oder nach seinem sachlichen Zuschnitt) ergibt, dass damit umfassend über alle für die Anlageentscheidung eines durchschnittlichen, verständigen Anlegers aus dem Kreis des mit dem Angebot angesprochenen Publikums wesentlichen Faktoren informiert werden soll (dann Prospekt) oder nicht, vgl. Mülbert/Steup § 41 Rn. 41.64. Die innere Willensrichtung des Emittenten ist dabei nicht entscheidend, str. (zB Mülbert/Steup § 41 Rn. 41.64, aA Fleischer WM 2004, 1902 f. (indizielle Bedeutung)). Demgegenüber führt Verstoß gegen Veröffentlichungsform nicht zur Haftung nach § 14. Unterlassener Nachtrag führt zu Haftung nach §§ 9, 10, nicht nach § 14. Die Regelung in § 14 stellt klar, dass ein Verstoß gegen die Prospektpflicht die Wirksamkeit des Kaufvertrags nicht berührt.

2) Prospekthaftpflichtige

2   Für fehlenden Prospekt haften dem Wortlaut zufolge nur der **Emittent** (nach § 2 Nr. 5 WpPG iVm Art. 2 lit. h EU-ProspektVO jede Rechtspersönlichkeit, die Wertpapiere begibt oder zu begeben beabsichtigt) und der Anbieter (I 1). **Anbieter** ist nach § 2 Nr. 6 WpPG iVm Art. 2 lit. i EU-ProspektVO „eine Rechtspersönlichkeit oder natürliche Person, die Wertpapiere öffentlich anbietet". Um Schutzlücken im Hinblick auf Hintermänner zu vermeiden ist der Begriff „Anbieter" **weit auszulegen,** so schon bisher Mülbert/Steup § 41 Rn. 41.84, s. auch OLG München 20 U 2289/11, BeckRS 2011, 25505 = juris Rn. 35; offen lassend BGH WM 2014, 696 (grds. aber: jeden, der zur Prospekterstellung verpflichtet ist, trifft Prospekthaftung). Emittent und Anbieter haften allerdings nur dann, wenn sie jeweils nach Art. 3 I EU-ProspektVO prospektpflichtig sind (s. auch Klöhn DB 2012, 1859, Haftung des Emittenten nur bei eigener Prospektpflicht), dann als Gesamtschuldner (§§ 421 ff. BGB). Der Emittent haftet somit zB nicht bei einer Zweitplatzierung, die nur von einem Dritten veranlasst wird, sondern dann nur der Dritte, Assmann/Kumpan § 5 Rn. 225, Mülbert/Steup § 41 Rn. 41.83.

3) Anspruchsberechtigte

3   Anspruchsberechtigte sind nur diejenigen Erwerber, die ihr Erwerbsgeschäft (schuldrechtliches Geschäft, Übereignung kann nachfolgen) **innerhalb von sechs Monaten** nach dem ersten öffentlichen Angebot der Wertpapiere abgeschlossen haben. Sollte ein Prospekt verspätet veröffentlicht werden, muss das Erwerbsgeschäft vor Veröffentlichung des Prospekts erfolgt sein. Die Wirksamkeit des Erwerbsgeschäfts bleibt von dem Verstoß gegen die Prospektpflicht unberührt, Groß WpPG § 14 Rn. 3.

4) Kausalität, Verschulden und Schaden, Verjährung

4   **Haftungsbegründende Kausalität** der Pflichtverletzung wird widerleglich vermutet, wobei fehlende Ursächlichkeit vom Anspruchsgegner nachzuweisen ist, Assmann/Kumpan, § 5 Rn. 226 f. Haftung nach § 14 erfordert **Verschulden** (Beweislastumkehr analog **(15a)** WpPG § 12 I, Vorsatz oder grobe Fahrlässigkeit), s. Mülbert/Steup § 41 Rn. 41, 123, aA Klöhn DB 2012, 1858, dahin tendierend auch OLG Dresden WM 2014, 696 (für § 13a VerkProspG). Gesetzesgeschichte spricht zwar dagegen (Referentenentwurf des Anlegerschutzverbesserungsgesetzes enthielt noch Verschuldenserfordernis), Prospekthaftung ist aber eine Haftung für pflichtwidriges Handeln, die im deutschen Rechtssystem regelmäßig als Verschuldenshaftung ausgestaltet ist, Assmann/Kumpan § 5 Rn. 228 (auch für weitere Argumente). § 14 IV enthält gesetzliche Sonderregelung der Berücksichtigung des **Mitverschuldens.** Zum ersatzfähigen **Schaden** → § 9 Rn. 14 f, wobei hier der Erwerbspreis sowie der erste Erwerbspreis zugrunde zu legen ist. Unter **„erster Erwerbspreis"** ist derjenige Preis zu verstehen, zu dem die Papiere am (ersten) Tag des öffentlichen Angebots durch den Anbieter ausgegeben wurden. Zu Verjährung und Gerichtszuständigkeit → § 9 Rn. 17.

Haftung bei fehlendem Wertpapier-Informationsblatt

WpPG 15   (1) Ist ein Wertpapier-Informationsblatt entgegen § 4 Absatz 1 Satz 1 oder Satz 2 nicht veröffentlicht worden, kann der Erwerber von Wertpapieren von dem Emittenten und dem Anbieter als Gesamtschuldnern die Übernahme der Wertpapiere gegen Erstattung des Erwerbspreises, soweit dieser den ersten Erwerbspreis nicht überschreitet, und der mit dem Erwerb verbundenen üblichen Kosten verlangen,

V. Bankgeschäfte 1, 2 **16 WpPG (15a)**

sofern das Erwerbsgeschäft vor Veröffentlichung eines Wertpapier-Informationsblatts und während der Dauer des öffentlichen Angebots, spätestens jedoch innerhalb von sechs Monaten nach dem ersten öffentlichen Angebot der Wertpapiere im Inland abgeschlossen wurde.

(2) ¹ Ist der Erwerber nicht mehr Inhaber der Wertpapiere, so kann er die Zahlung des Unterschiedsbetrags zwischen dem Erwerbspreis, soweit dieser den ersten Erwerbspreis nicht überschreitet, und dem Veräußerungspreis der Wertpapiere sowie der mit dem Erwerb und der Veräußerung verbundenen üblichen Kosten verlangen. ² Absatz 1 gilt entsprechend.

(3) Werden Wertpapiere eines Emittenten mit Sitz im Ausland auch im Ausland öffentlich angeboten, besteht ein Anspruch nach Absatz 1 oder Absatz 2 nur, sofern die Wertpapiere auf Grund eines im Inland abgeschlossenen Geschäfts oder einer ganz oder teilweise im Inland erbrachten Wertpapierdienstleistung erworben wurden.

(4) Der Anspruch nach den Absätzen 1 bis 3 besteht nicht, sofern der Erwerber die Pflicht, ein Wertpapier-Informationsblatt zu veröffentlichen, beim Erwerb kannte.

I entspricht § 14 I 1, wobei allerdings die zusätzliche zeitliche Beschränkung **1** erfolgt, dass das Erwerbsgeschäft während der Dauer des öffentlichen Angebots abgeschlossen worden sein muss. II entspricht im Wesentlichen § 14 II, wobei hier zusätzlich noch die Deckelung durch den ersten Erwerbspreis erwähnt wird. Abs. 3 und 4 enrtsprechen § 14 III und IV. Für Einzelheiten siehe daher die Kommentierung zu § 14.

Unwirksame Haftungsbeschränkung; sonstige Ansprüche

WpPG 16 (1) Eine Vereinbarung, durch die Ansprüche nach den §§ 9, 10, 11, 14 oder 15 im Voraus ermäßigt oder erlassen werden, ist unwirksam.

(2) Weitergehende Ansprüche, die nach den Vorschriften des bürgerlichen Rechts auf Grund von Verträgen oder unerlaubten Handlungen erhoben werden können, bleiben unberührt.

1) Wertpapierprospekthaftung als zwingendes Recht (I)

Nach § 16 (bisher § 25 aF, zuvor § 47 BörsG aF) sind Wertpapierprospekthaf- **1** tungsansprüche sowie Haftungsansprüche hinsichtlich Wertpapier-Informationsblättern zwingend. Verzicht und Haftungsbeschränkung nicht im Voraus möglich, aber nach Kenntnis des Anspruchsberechtigten von seinem Anspruch aus Wertpapierprospekthaftung, zB im Rahmen eines Vergleichs. Nicht hierunter fallen interne Vereinbarungen der Prospektverantwortlichen über den jeweiligen Umfang der Haftung (zB Haftungsfreistellung der Emissionsbegleiter durch Emittenten).

2) Verhältnis zu anderen Ansprüchen (II)

Weitergehende Ansprüche aus Vertrag oder Delikt bleiben unberührt (II, vor **2** allem § 826 BGB mit umfangreicher Rspr. nach Informatec, Comroad und EM.TV), insoweit auch nicht Haftungsgrenzen nach §§ 9, 12 analog, zu den Vorgängerregelungen BörsG §§ 44, 45 aF, OLG Frankfurt a.M. NJW 2003, 1258, früher str., offen BGH NJW 1986, 840. Das gilt uneingeschränkt für vertragliche Ansprüche, OLG Düsseldorf WM 1981, 965, und für vertragsähnliche gesetzliche Ansprüche (Verschulden bei Vertragsverhandlungen, Vertrauenshaftung, Berufshaftung, → HGB § 347 Rn. 22) etwa wegen Nichtaufklärung, Falschberatung oder einem anderen individuellen vorvertraglichen Verhältnis, zB

Kumpan

bei persönlicher Information durch Organvertreter gegenüber Anlageinteressenten, BGH WM 2008, 1545 mAnm Mülbert/Leuschner JZ 2009, 158, → HGB § 347 Rn. 20. Die vermögensanlage- und investmentrechtliche Prospekthaftung (→ Rn. 3) konkurrieren schon tatbestandlich nicht mit der Wertpapierprospekthaftung. Diese geht der allgemeinen zivilrechtlichen Prospekthaftung (→ Rn. 4) vor (RegE BT-Drs. 13/8933, 81), OLG Frankfurt a. M. WM 1997, 361, s. auch BGH NZG 2019, 181 (bzgl investmentrechtlicher Prospekthaftung), insoweit auch wenn diese als Verschulden bei Vertragsverhandlungen verstanden wird, aber nur in ihrem Anwendungsbereich (Börseneinführung, öffentliche Angebote von Wertpapieren), andernfalls nicht. Gesellschaftsrechtliche Ansprüche, zB aus §§ 47 Nr. 3, 117, 399 I Nr. 3, 4, 400 I AktG, vgl. BGH WM 1982, 866; 1982, 868, OLG Düsseldorf WM 1984, 597 (alle BuM), sind insoweit ausgeschlossen, als im konkreten Fall auf einen Wertpapierprospekt im Bereich der Börseneinführung bzw. entspr. Unternehmensbericht abgestellt wird, sonst nicht. Unberührt bleiben auch deliktische Ansprüche für die Zeit vor Veröffentlichung des Wertpapierprospekts, BGH NJW 1986, 841, in diesem Fall uU auch Haftung nach § 14 WpPG, ebenso aus der Zeit nachher, und aus anderen als Wertpapierprospekten, OLG Düsseldorf WM 1981, 965 (971). Aber im Anwendungsbereich der §§ 9 ff. gehen die wertpapierprospekthaftungsrechtlichen Regelungen vor und sind abschließend. §§ 9 ff. WpPG sind (wie seinerzeit schon §§ 44, 45 BörsG aF) zudem keine Schutzgesetze iSv § 823 II BGB.

3) Vermögensanlage- und investmentrechtliche Prospekthaftung

3   Weitere spezialgesetzlich geregelte Fälle der Prospekthaftung sind die Verkaufsprospekthaftung nach **(15b)** §§ 20 ff. VermAnlG und die investmentrechtliche Prospekthaftung nach § 306 KAGB. Lit.: Assmann/Kumpan, Hdb. KapitalanlageR, 5. Aufl. 2020, § 5, Assmann/Wallach/Zetzsche, KAGB, 2019; Unzicker, VermAnlG, 2. Aufl. 2013; Weitnauer/Boxberger/Anders, KAGB, 2. Aufl. 2017; noch zum ehem. InvG → **(7)** Bankgeschäfte X; Heisterhagen in Emde/Dornseifer/Dreibus/Hölscher InvG § 127.

4) Allgemeine zivilrechtliche Prospekthaftung

4   Die allgemeine zivilrechtliche Prospekthaftung geht wesentlich weiter als die Wertpapierprospekthaftung (ausführlich → **(15)** Einleitung Rn. 8 ff., → HGB Anh. § 177a Rn. 60); sie erfasst ua Zwischenberichte, dagegen für Ad-hoc-Publizitätsmeldungen wegen **(16b)** WpHG § 26 III 1, str., aber **(16b)** WpHG § 26 III 2. Die wertpapier- und anderen spezialgesetzlichen Prospekthaftungen gehen ihr aber in deren Anwendungsbereich vor (→ Rn. 2). Die Vorschriften der §§ 9 ff. sind „insoweit" (RegE 3. FinFöG, BT-Drs. 13/8933, 81 zu § 48 BörsG aF) als abschließend anzusehen, als es um Prospektverantwortliche geht. Denn für diese sollen die §§ 9 ff. eine Begrenzung des Haftungsrisikos bewirken (RegE 3. FinFöG, BT-Drs. 13/8933, 81 zu § 48 BörsG aF). Hinsichtlich anderer Personen als den Prospektverantwortlichen sagt die Gesetzesbegründung hingegen nichts, sie sollen durch die **(15a)** WpPG §§ 9 ff. also nicht privilegiert werden. Für ein solches Verständnis spricht auch die Entstehungsgeschichte der bürgerlich-rechtlichen Prospekthaftung und, dass es andernfalls zu Haftungslücken käme. Für Personen, die nicht zu den in § 9 I iVm. § 8 Genannten gehören, kann die bürgerlich-rechtliche Prospekthaftung daher bei Vorliegen eines Prospektes im Sinne des WpPG zur Anwendung kommen, wenn alle (weiteren) Voraussetzungen dafür erfüllt sind.

(15b) §§ 20–22 Vermögensanlagegesetz (VermAnlG): (Verkaufs-)Prospekthaftung

Vom 6. Dezember 2011 (BGBl. I S. 2481/FNA 4110-11), zuletzt geändert durch Art. 4 G zur Änd. des BGB und des EGBGB in Umsetzung der RL (EU) 2019/2161 und zur Aufhebung der VO zur Übertragung der Zuständigkeit für die Durchführung der VO (EG) Nr. 2006/2004 auf das Bundesministerium der Justiz und für Verbraucherschutz vom 10.8.2021 (BGBl. I S. 3483)

Einleitung

1 Das VermAnlG, das am 1.6.2012 in Kraft getreten ist und das VerkProspG ablöste, hat zu einer Anhebung des bisher vergleichsweise niedrigen Regulierungsniveaus auf dem sog. Grauen Kapitalmarkt geführt. Die aufsichts-, zivil- und bilanzrechtlichen Pflichten der Anbieter und Emittenten von nicht in Wertpapieren verbrieften Vermögensanlagen iSv § 1 II VermAnlG wurden beträchtlich erweitert. Die Beratungs- und Offenlegungspflichten des regulierten Marktes wurden auf den Grauen Markt ausgedehnt. Für Inhalt und Prüfung von Prospekten durch die BaFin gelten nun strengere Anforderungen. Die Prospektpflicht wird in § 6 VermAnlG statuiert. Die Anforderungen an den Prospekt ergeben sich aus § 7 VermAnlG iVm der VermVerkProspV (dazu Beck/Maier WM 2012, 1898). Außerdem müssen die Anleger mittels Vermögensanlageninformationsblättern über angebotene Vermögensanlagen informiert werden, § 13 VermAnlG. Für die Verletzung der Prospektpflicht sehen §§ 20, 21 VermAnlG eine Haftung vor, für unrichtige Angaben im Informationsblatt wird nach § 22 VermAnlG gehaftet. Die Abgrenzung zwischen VermAnlG und WpPG erfolgt anhand des Wertpapierbegriffs des WpPG (§ 2 Nr. 1 WpPG). Im Anwendungsbereich der spezialgesetzlichen Prospekthaftung ist die Prospekthaftung i. w. S. ausgeschlossen, BGH WM 2021, 726 (Gründungsgesellschafter), Buck-Heeb BKR 2021, 319. Lit.: *Mattil* DB 2011, 2533 (zum Gesetzentwurf), Bußalb/Vogel WM 2012, 1416, Friedrichsen/Weisner ZIP 2012, 756, Hanten/Reinholz ZBB 2012, 36; *Hellgardt* ZBB 2012, 73; Zingel/Varadinek BKR 2012, 177; *Hahn* VersR 2012, 393; *Nobbe* WM 2013, 193; *Schnauder* NJW 2013, 3207; *Suchomel* NJW 2013, 1126; Schroeter WM 2014, 1163.

Abschnitt 2. Verkaufsprospekt, Vermögensanlagen-Informationsblatt und Information der Anleger

Unterabschnitt 3. Haftung

Haftung bei fehlerhaftem Verkaufsprospekt

VermAnlG 20 (1) ¹Sind für die Beurteilung der Vermögensanlagen wesentliche Angaben in einem Verkaufsprospekt unrichtig oder unvollständig, kann der Erwerber der Vermögensanlagen von denjenigen, die für den Verkaufsprospekt die Verantwortung übernommen haben, und denjenigen, von denen der Erlass des Verkaufsprospekts ausgeht, als Gesamtschuldnern die Übernahme der Vermögensanlagen gegen Erstattung des Erwerbspreises, soweit dieser den ersten Erwerbspreis der Vermögensanlagen nicht überschreitet, und der mit dem

(15b) VermAnlG 20

Erwerb verbundenen üblichen Kosten verlangen, sofern das Erwerbsgeschäft nach Veröffentlichung des Verkaufsprospekts und während der Dauer des öffentlichen Angebots nach § 11, spätestens jedoch innerhalb von zwei Jahren nach dem ersten öffentlichen Angebot der Vermögensanlagen im Inland, abgeschlossen wurde. ²Auf den Erwerb von Vermögensanlagen desselben Emittenten, die von den in Satz 1 genannten Vermögensanlagen nicht nach Ausstattungsmerkmalen oder in sonstiger Weise unterschieden werden können, ist Satz 1 entsprechend anzuwenden.

(2) ¹Ist der Erwerber nicht mehr Inhaber der Vermögensanlagen, so kann er die Zahlung des Unterschiedsbetrags zwischen dem Erwerbspreis, soweit dieser den ersten Erwerbspreis nicht überschreitet, und dem Veräußerungspreis der Vermögensanlagen sowie der mit dem Erwerb und der Veräußerung verbundenen üblichen Kosten verlangen. ²Absatz 1 Satz 2 ist anzuwenden.

(3) Nach Absatz 1 oder Absatz 2 kann nicht in Anspruch genommen werden, wer nachweist, dass er die Unrichtigkeit oder Unvollständigkeit der Angaben des Verkaufsprospekts nicht gekannt hat und dass die Unkenntnis nicht auf grober Fahrlässigkeit beruht.

(4) Der Anspruch nach Absatz 1 oder Absatz 2 besteht nicht, sofern

1. die Vermögensanlagen nicht auf Grund des Verkaufsprospekts erworben wurden,
2. der Sachverhalt, über den unrichtige oder unvollständige Angaben im Verkaufsprospekt enthalten sind, nicht zu einer Minderung des Erwerbspreises der Vermögensanlagen beigetragen hat oder
3. der Erwerber die Unrichtigkeit oder Unvollständigkeit der Angaben des Verkaufsprospekts beim Erwerb kannte.

(5) Werden Vermögensanlagen eines Emittenten mit Sitz im Ausland auch im Ausland öffentlich angeboten, besteht der Anspruch nach Absatz 1 oder Absatz 2 nur, sofern die Vermögensanlagen auf Grund eines im Inland abgeschlossenen Geschäfts oder einer ganz oder teilweise im Inland erbrachten Wertpapierdienstleistung erworben wurden.

(6) ¹Eine Vereinbarung, durch die der Anspruch nach Absatz 1 oder Absatz 2 im Voraus ermäßigt oder erlassen wird, ist unwirksam. ²Weiter gehende Ansprüche, die nach den Vorschriften des bürgerlichen Rechts auf Grund von Verträgen oder unerlaubten Handlungen erhoben werden können, bleiben unberührt.

1 Haftung nach § 20 bezieht sich auf von der BaFin nach § 8 VermAnlG **gebilligte und** gemäß § 6 VermAnlG **veröffentlichte Verkaufsprospekte** für Vermögensanlagen. Nach § 6 VermAnlG ist ein Verkaufsprospekt zu veröffentlichen, wenn im Inland Vermögensanlagen öffentlich angeboten werden, sofern der Anbieter nicht bereits nach anderen Vorschriften einer Prospektpflicht unterliegt oder bereits ein gültiger Verkaufsprospekt nach dem VermAnlG veröffentlicht worden ist. **Vermögensanlagen** iSd VermAnlG sind nicht in Wertpapieren iSd WpPG verbriefte und nicht als Anteile an Investmentvermögen iSd § 1 Abs. 1 des KAGB ausgestaltete (1) Anteile, die eine Beteiligung am Ergebnis eines Unternehmens gewähren, (2) Anteile an einem Vermögen, das der Emittent oder ein Dritter im eigenen Namen für fremde Rechnung hält oder verwaltet (Treuhandvermögen), (3) partiarische Darlehen, (4) Nachrangdarlehen, (5) Genussrechte, (6) Namensschuldverschreibungen, (7) sonstige Anlagen, die eine Verzinsung und Rückzahlung oder einen vermögenswerten Barausgleich im Austausch für die zeitweise Überlassung von Geld gewähren oder in Aussicht stellen und (8) Anlagen, die im Austausch für die zeitweise Überlassung von Geld oder handelsüblichen Edelmetallen (a) eine Verzinsung und Rückzahlung, (b) eine

Verzinsung und Herausgabe von handelsüblichen Edelmetallen, (c) einen vermögenswerten Barausgleich oder (d) einen vermögenswerten Ausgleich durch die Herausgabe von handelsüblichen Edelmetallen gewähren oder in Aussicht stellen (§ 1 Abs. 2 VermAnlG). Unternehmensbeteiligungen sind u. a. auch Genossenschaftsanteile (OLG Hamm NZG 2021, 1318); für die Frage, welche Fassung des diesbzgl. geltenden Ausnahmetatbestands in § 2 I Nr. 1 VermAnlG zugrundezulegen ist, kommt es auf den Zeitpunkt der Anlageentscheidung des Anlegers an (OLG Hamm NZG 2021, 1318 Rn. 39, 40). **Nachträge** iSv § 11 sind wie Verkaufsprospekte zu behandeln. **Keine Verkaufsprospekte** iSd VermAnlG sind Produktinformationsblätter nach § 64 II 1 WpHG oder Basis-Informationsblätter nach Art. 13 PRIIP-VO.

§ 20 VermAnlG basiert im Wesentlichen auf dem früheren § 13 VerkProspG **2** iVm § 44 BörsG aF. VerkProspG durch VermAnlGEG aufgehoben. Statt eines Verweises auf die Vorschriften des WpPG, wie früher bei § 13 VerkProspG auf §§ 44 ff. BörsG aF, ist der Tatbestand nun ausformuliert. Inhaltlich sind die Regelungen mit denen des WpPG vergleichbar, allerdings mit angepasstem Wortlaut – siehe auch schon früher bei § 13 VerkProspG. Da **(15a)** WpPG §§ 10 (iVm 9), 14 ebenfalls das Haftungsregime der §§ 13, 13a VerkProspG aF übernommen haben, kann auf die dortigen Ausführungen verwiesen werden, sofern das VermAnlG keine besonderen Regelungen vorsieht: I entspricht weitgehend **(15a)** WpPG § 9 I, allerdings mit einer **Frist** von 2 Jahren statt 6 Monaten, da bei Vermögensanlagen iSd VermAnlG der Verkaufsprospekt als häufig die zentrale und einzige Informationsquelle für die Anlageentscheidung eine größere und zeitlich längere Bedeutung hat und Platzierungen häufig länger dauern als bei Wertpapieren, RegE BT-Drs. 17/6051, 36. Für die Dauer des öffentlichen Angebots unterliegen Anbieter einer Nachtragspflicht nach § 11 I VermAnlG. Für Nachträge, insbes. wenn sie Zeichnungsfrist erweitern, wird ebenfalls gehaftet (andernfalls Gefahr der Haftungsumgehung), BGH WM 2014, 694 f. **II** entspricht **(15a)** WpPG § 9 II, III entspricht **(15a)** WpPG § 12 I, IV entspricht **(15a)** WpPG § 12 II Nr. 1–3, V entspricht **(15a)** WpPG § 9 III, VI entspricht **(15a)** WpPG § 16. Für die Kommentierung siehe jeweils bei den genannten Vorschriften des WpPG.

Unrichtig sind Angaben über Tatsachen, wenn sie mit den wirklichen Verhältnissen nicht übereinstimmen, Prognosen, Meinungen und Werturteile, wenn sie nicht ausreichend auf Tatsachen gestützt und/oder kaufmännisch nicht vertretbar sind. **Formale Mängel** des Prospekts (zB Verstoß gegen Gliederungsbestimmung nach § 2 III 1 VermVerkProspV) machen die betroffenen Aussagen nicht unrichtig, können aber ggf. zu einem unzutreffenden oder irreführenden Gesamteindruck führen, der eine Haftung nach § 20 nach sich zieht. **Unvollständig** ist der Prospekt, wenn Angaben fehlen, die für den Anlagenentschluss von wesentlicher Bedeutung sind oder sein können. Vorhandensein der erforderlichen Mindestangaben nach Art. 7 III VermAnlG iVm § 2 I 2 VermVerkProspV bedeutet nicht, dass Prospekt vollständig ist. Billigung des Prospekts durch die BaFin stellt kein Urteil über die Vollständigkeit des Prospekts dar und erlaubt auch keine diesbezügliche Vermutung. **Angaben** iSv 20 umfassen neben Tatsachen auch auf ihre Vertretbarkeit überprüfbare Meinungen, Werturteile sowie Prognosen. **Wesentlich** sind Angaben, die objektiv zu den wertbildenden Faktoren einer Anlage gehören und die ein durchschnittlicher, verständiger Anleger „eher als nicht" bei seiner Anlageentscheidung berücksichtigen würde (s. dazu § 7 I 1 VermAnlG). Dazu gehören auch die Umstände, die den Vertragszweck vereiteln können, sowie solche, die es wahrscheinlich machen, dass sie den vom Anleger verfolgten Zweck gefährden, zB BGH ZIP 2021, 1549 Rn. 65. Für die Bestimmung der Unrichtigkeit und/oder Unvollständigkeit kommt es nicht nur auf die präsentierten Einzeltatsachen, sondern auch auf das vermittelte Gesamtbild der Verhältnisse des Unternehmens an, zB BGH ZIP 2021, 1549 Rn. 65 mwN.

Beurteilungszeitpunkt für Unrichtigkeit oder Unvollständigkeit ist der Zeitpunkt, zu dem der Prospekt aufgestellt wurde, BGH ZIP 2021, 1549 Rn. 65. **Beurteilungsmaßstab** ist der durchschnittliche Anleger derjenigen Marktgruppe, an die sich das öffentliche Angebot richtet. Sofern sich das Angebot nicht an eine bestimmte Anlegergruppe richtet, ist davon auszugehen, dass der durchschnittliche Anleger nicht mit der gebräuchlichen Schlüsselsprache vertraut ist, dafür aber den Prospekt nicht nur flüchtig, sondern sorgfältig und eingehend liest st.Rspr., zB BGH WM 2021, 1221 Rn. 45. Lit.: Assmann/Kumpan § 5 Rn. 251 ff. mwN.

4   Im Prospekt muss auch über Risiken von Interessenkollisionen aufgeklärt werden, OLG Karlsruhe WM 2013, 1182. Die Anforderungen an den Emissionsprospekt bzgl. der Darstellung von Fungibilität und Provisionen (geschlossene Immobilienfonds) dürfen nicht überspannt werden, BGH BKR 2014, 504, dazu Vogel/Habbe BKR 2016, 7 (offene Immobilienfonds). Insbesondere erweckt der Hinweis auf einen „zur Zeit" nicht vorhandenen Markt für den Handel von Anteilen an geschlossenen Immobilienfonds nicht den unzutreffenden Eindruck, dass eine Veräußerung nur vorübergehend nicht möglich ist, BGH WM 2015, 1935. Zur Aufklärung über die steuerliche Anerkennungsfähigkeit des Anlagemodells und über die Erzielung von Lizenzgebühren BGH WM 2015, 2238. Zu den Anforderungen an einen Prospekt über Investition in englische Immobilien BGH AG 2021, 638. Bzgl. Angaben zu den Risiken der Durchsetzung von Schiffsgläubigerrechen (Einschiffgesellschaften) BGH ZIP 2021, 1549. Hinweis auf §§ 30, 31 GmbHG ist im Prospekt für eine GmbH & Co KG entbehrlich, wenn eine Unterdeckung des Stammkapitals der Komplementär-GmbH mehr als fernliegend ist, OLG Köln WM 2015, 872. Kein Prospektfehler liegt vor, wenn ein Hinweis auf ein Interesse des Vorstandsvorsitzenden fehlt, sofern sich eine dort vorgenommene kritische Äußerung auf einen Umstand bezieht, den der Anleger mit Hilfe des Prospekts auch selbst beurteilen können, BGH WM 2021, 672 Rn. 47.

5   Als **Anspruchsgegner** kommen in Betracht: der Erlasser des Prospekts und der Prospektunterzeichner, der tatsächliche Urheber eines Prospekts (Hintermänner, Mitglieder der Leitungsgruppe, Prospektveranlasser), der Emittent der Vermögensanlage, der Anbieter der Vermögensanlage, Dritte, die durch entsprechende Prospekterklärung die Verantwortung für den Prospekt übernehmen, Vertriebshelfer, einschließlich eines Konsortiums aus Vertriebshelfern, sofern ein entsprechender Kundgebungstatbestand im Prospekt vorhanden ist. Auch Genossenschaften können als Anspruchsgegner in Betracht kommen, OLG Hamm NZG 2021, 1318, Bender WM 2022, 409.

6   **Verschulden** ist in § 20 I nicht ausdrücklich geregelt, III enthält aber eine mit **(15a)** WpPG 12 I vergleichbare Regelung. Daraus lässt sich ableiten, dass Verschulden erforderlich ist, aber auf Vorsatz und grobe Fahrlässigkeit beschränkt. Außerdem wird das Verschulden des Anspruchsgegners vermutet, was dieser aber widerlegen kann. Lit.: Assmann/Kumpan § 5 Rn. 270 f. Bzgl. **Mitverschulden** besteht Sonderregelung in IV Nr. 3.

Haftung bei fehlendem Verkaufsprospekt

VermAnlG 21 (1) ¹Der Erwerber von Vermögensanlagen kann, wenn ein Verkaufsprospekt entgegen § 6 nicht veröffentlicht wurde, von dem Emittenten der Vermögensanlagen und dem Anbieter als Gesamtschuldnern die Übernahme der Vermögensanlagen gegen Erstattung des Erwerbspreises, soweit dieser den ersten Erwerbspreis nicht überschreitet, und der mit dem Erwerb verbundenen üblichen Kosten verlangen, sofern das Erwerbsgeschäft vor Veröffentlichung eines

Verkaufsprospekts und innerhalb von zwei Jahren nach dem ersten öffentlichen Angebot der Vermögensanlagen im Inland abgeschlossen wurde. ²Auf den Erwerb von Vermögensanlagen desselben Emittenten, die von den in Satz 1 genannten Vermögensanlagen nicht nach Ausstattungsmerkmalen oder in sonstiger Weise unterschieden werden können, ist Satz 1 entsprechend anzuwenden.

(2) ¹Ist der Erwerber nicht mehr Inhaber der Vermögensanlagen, kann er die Zahlung des Unterschiedsbetrags zwischen dem Erwerbspreis und dem Veräußerungspreis der Vermögensanlagen sowie der mit dem Erwerb und der Veräußerung verbundenen üblichen Kosten verlangen. ²Absatz 1 Satz 1 gilt entsprechend.

(3) Werden Vermögensanlagen eines Emittenten von Vermögensanlagen mit Sitz im Ausland auch im Ausland öffentlich angeboten, besteht ein Anspruch nach Absatz 1 oder Absatz 2 nur, sofern die Vermögensanlagen auf Grund eines im Inland abgeschlossenen Geschäfts oder einer ganz oder teilweise im Inland erbrachten Wertpapierdienstleistung erworben wurden.

(4) Der Anspruch nach den Absätzen 1 bis 3 besteht nicht, sofern der Erwerber die Pflicht, einen Verkaufsprospekt zu veröffentlichen, beim Erwerb kannte.

(5) ¹Eine Vereinbarung, durch die ein Anspruch nach den Absätzen 1 bis 3 im Voraus ermäßigt oder erlassen wird, ist unwirksam. ²Weiter gehende Ansprüche, die nach den Vorschriften des bürgerlichen Rechts auf Grund von Verträgen oder unerlaubten Handlungen erhoben werden können, bleiben unberührt.

1 Die Vorschrift basiert auf dem aufgehobenen § 13a VerkProspG aF – jedoch ohne § 13a V (Verjährung) und VII (Verweis auf § 32b ZPO) VerkProspG aF. Mit Ausnahme der Frist in I, die gegenüber § 13a VerkProspG aF auf 2 Jahre ausgedehnt worden ist, sind die Unterschiede weitgehend nur redaktionelle Anpassungen des Wortlauts. In V ist gegenüber § 13a VI allerdings nicht mehr von „vorsätzlichen unerlaubten Handlungen" die Rede; dennoch **Verschulden** erforderlich (entsprechend **(15a)** WpHG § 9 I 1 iVm § 12 I Vorsatz und grobe Fahrlässigkeit bei Umkehr der Beweislast, Assmann in Assmann/Schlitt/v. Kopp-Colomb, WpPG/VermAnlG, § 21 VermAnlG Rn. 17, wohl aA OLG Hamm NZG 2021, 1318 Rn. 54). I–IV entsprechen **(15a)** WpPG § 14, V entspricht **(15a)** WpPG § 16. Für eine Kommentierung siehe jeweils bei den genannten Vorschriften des **(15a)** WpPG.

2 Bzgl. **Verkaufsprospekten** → VermAnlG § 20 Rn. 1. § 21 setzt voraus, dass ein Verkaufsprospekt entgegen § 6 VermAnlG (dazu → § 20 Rn. 1) nicht veröffentlicht wurde. Ein von der Haftung des 21 VermAnlG befreiender Prospekt ist nur ein solcher, der von der BaFin gebilligt und anschließend veröffentlicht wurde (OLG Hamm NZG 2021, 1318 Rn. 44, Assmann in Assmann/Schlitt/v.Kopp-Colomb, WpPG/VermAnlG, § 21 VermAnlG Rn. 2 u. 4) – formaler Prospektbegriff. Unterbleibt ein **Nachtrag,** führt dies nicht zu einer Haftung nach § 21, sondern nach § 20 wegen des dann unrichtigen oder unvollständigen Prospekts.

3 **Anspruchsgegner** sind Emittent und Anbieter (als Gesamtschuldner, sofern verschiedene Personen). Emittent haftet aber nur, wenn er zugleich Anbieter ist (s. dazu → **(15a)** WpPG § 8 Rn. 3). **Emittent** von Vermögensanlagen ist nach § 1 III VermAnlG die Person oder Gesellschaft, deren Vermögensanlagen auf Grund eines öffentlichen Angebots im Inland ausgegeben wurden. **Anbieter** ist entsprechend § 2 Nr. 6 WpPG iVm. Art. 2 lit. EU-ProspektVO jede Rechtspersönlichkeit oder natürliche Person, die Wertpapiere öffentlich anbietet. Zum öffentlichen Angebot → **(15a)** WpPG § 10 Rn. 1.

4 **Haftungsbegründende Kausalität** der Pflichtverletzung wird bei Nichtveröffentlichung des Prospekts widerleglich vermutet, sofern der Erwerb vor Veröffentlichung eines Prospekts erfolgt ist (Assmann in Assmann/Schlitt/v.Kopp-Colomb, WpPG/VermAnlG, § 21 VermAnlG Rn. 14) – nach aA ist eine Kausalität zwischen dem Fehlen des Prospekts und der Anlageentscheidung nicht erforderlich, weil eine Platzierung ohne Prospekt die Haftung ohne Weiteres begründe (OLG Hamm NZG 2021, 1318, Rn. 48). Spätere Veröffentlichung eines Prospekts lässt den Anspruch unberührt (OLG Hamm NZG 2021, 1318 Rn. 45). Hinsichtlich des Erwerbs ist auf das schuldrechtliche Geschäft abzustellen.

Haftung bei unrichtigem oder fehlendem Vermögensanlagen-Informationsblatt

VermAnlG 22

(1) Wer Vermögensanlagen auf Grund von Angaben in einem Vermögensanlagen-Informationsblatt erworben hat, kann von dem Anbieter die Übernahme der Vermögensanlagen gegen Erstattung des Erwerbspreises, soweit dieser den ersten Erwerbspreis der Vermögensanlagen nicht überschreitet, und der mit dem Erwerb verbundenen üblichen Kosten verlangen, wenn

1. die in dem Vermögensanlagen-Informationsblatt enthaltenen Angaben irreführend, unrichtig oder nicht mit den einschlägigen Teilen des Verkaufsprospekts vereinbar sind und
2. das Erwerbsgeschäft nach Veröffentlichung des Verkaufsprospekts und während der Dauer des öffentlichen Angebots nach § 11, spätestens jedoch innerhalb von zwei Jahren nach dem ersten öffentlichen Angebot der Vermögensanlagen im Inland abgeschlossen wurde.

(1a) Sofern die Erstellung eines Verkaufsprospekts nach § 2a oder § 2b entbehrlich ist, besteht der Anspruch nach Absatz 1 unter der Voraussetzung, dass

1. die in dem Vermögensanlagen-Informationsblatt enthaltenen Angaben irreführend oder unrichtig sind und
2. das Erwerbsgeschäft während der Dauer des öffentlichen Angebots nach § 11, spätestens jedoch innerhalb von zwei Jahren nach dem ersten öffentlichen Angebot der Vermögensanlagen im Inland abgeschlossen wurde.

(2) Ist der Erwerber nicht mehr Inhaber der Vermögensanlagen, kann er die Zahlung des Unterschiedsbetrags zwischen dem Erwerbspreis, soweit dieser den ersten Erwerbspreis nicht überschreitet, und dem Veräußerungspreis der Vermögensanlagen sowie der mit dem Erwerb und der Veräußerung verbundenen üblichen Kosten verlangen.

(3) Nach Absatz 1 oder Absatz 2 kann nicht in Anspruch genommen werden, wer nachweist, dass er die Unrichtigkeit des Vermögensanlagen-Informationsblatts nicht gekannt hat und dass die Unkenntnis nicht auf grober Fahrlässigkeit beruht.

(4) Der Anspruch nach Absatz 1, Absatz 1a oder Absatz 2 besteht nicht, sofern

1. der Erwerber die Unrichtigkeit der Angaben des Vermögensanlagen-Informationsblatts beim Erwerb kannte oder
2. der Sachverhalt, über den unrichtige Angaben im Vermögensanlagen-Informationsblatt enthalten sind, nicht zu einer Minderung des Erwerbspreises der Vermögensanlagen beigetragen hat.

V. Bankgeschäfte 1, 2 **22 VermAnlG (15b)**

(4a) Der Erwerber kann von dem Anbieter die Übernahme der Vermögensanlage gegen Erstattung des Erwerbspreises, soweit dieser den ersten Erwerbspreis der Vermögensanlage nicht überschreitet, und der mit dem Erwerb verbundenen üblichen Kosten verlangen, wenn
1. ihm das Vermögensanlagen-Informationsblatt entgegen § 15 nicht zur Verfügung gestellt wurde,
2. das Vermögensanlagen-Informationsblatt den Hinweis nach § 13 Absatz 4 Satz 1 nicht enthalten hat oder
3. er die Kenntnisnahme des Warnhinweises nach § 13 Absatz 4 Satz 1 nicht nach § 15 Absatz 3 oder Absatz 4, auch in Verbindung mit einer Rechtsverordnung nach § 15 Absatz 5, bestätigt hat.

Absatz 2 gilt entsprechend.

(5) Werden Vermögensanlagen eines Emittenten mit Sitz im Ausland auch im Ausland öffentlich angeboten, besteht der Anspruch nach Absatz 1, Absatz 1a, Absatz 2 oder Absatz 4a nur, sofern die Vermögensanlagen auf Grund eines im Inland abgeschlossenen Geschäfts oder einer ganz oder teilweise im Inland erbrachten Wertpapierdienstleistung erworben wurden.

(6) ¹Eine Vereinbarung, durch die der Anspruch nach Absatz 1, Absatz 1a, Absatz 2 oder Absatz 4a im Voraus ermäßigt oder erlassen wird, ist unwirksam. ²Weiter gehende Ansprüche, die nach den Vorschriften des bürgerlichen Rechts auf Grund von Verträgen oder unerlaubten Handlungen erhoben werden können, bleiben unberührt.

§ 22 ist an die Haftung bei fehlerhafter Prospektzusammenfassung ((**15a**) WpHG §§ 9, 12 II Nr. 5) angelehnt. Informationsblatt hat prospektgleiche Funktion. Ia und IVa wurden durch das KleinanlegerschutzG 2015 eingefügt. **Anspruchsgegner** ist der Anbieter, dem nach § 13 VermAnlG die Pflicht obliegt, ein Vermögensanlagen-Informationsblatt von nicht mehr als drei DIN-A4-Seiten (§ 13 III 1 VermAnlG) zu erstellen, dass die wesentlichen Informationen über die Vermögensanlage in übersichtlicher und leicht verständlicher Weise enthält (§ 13 III 2 VermAnlG). I verlangt **keine Vollständigkeit** des Informationsblattes, da ein solches nicht die gleiche Informationsmenge enthalten kann wie ein Prospekt. Ein Vollständigkeitserfordernis würde zu einer Überfrachtung der Informationsblätter führen und damit dem Ziel von kurzen und verständlichen Informationen entgegenwirken. Informationsblatt darf nicht irreführend, unrichtig oder nicht mit den einschlägigen Teilen des Verkaufsprospekts vereinbar sein. Dies entspricht (**15a**) WpHG § 12 II Nr. 5, dazu → (**15a**) WpHG § 12 Rn. 6. 1

I Satz 1 Nr. 2 übernimmt die **Ausschlussfrist des § 20**. Die in § 13 V VermAnlG geregelte Aktualisierungspflicht ist zeitlich begrenzt und knüpft grds. an die Dauer des öffentlichen Angebots an. II–VI (mit Ausnahme des neuen IVa) entsprechen weitgehend § 20 II–VI (ausgenommen IV Nr. 1), was zu einem Gleichlauf der Ansprüche wegen fehlerhaften Verkaufsprospekts und wegen unrichtiger Angaben im Vermögensanlagen-Informationsblatt führt. Insofern kann auf die dortigen Ausführungen verwiesen werden (s. § 20). Wie bei der Haftung für den Verkaufsprospekt ist für die Haftung **Verschulden** nötig, wie sich aus III ableiten lässt: Gehaftet wird für Vorsatz und grobe Fahrlässigkeit, Verschulden wird widerleglich vermutet. Anders als bei der Prospekthaftung nach § 20 wird die **haftungsbegründende Kausalität** jedoch **nicht vermutet**, sondern muss vom Anleger dargelegt und bewiesen werden. **Haftungsausfüllende Kausalität** findet eine Regelung in IV Nr. 2, die Beweislast trägt hier der Anspruchsgegner. Bzgl. **Mitverschulden** abschließende Sonderregelung in IV Nr. 1. **Verjährung** der Ansprüche aus I, Ia, II, IVa nach den allgemeinen Regeln (idR in drei Jahren, § 195 BGB). 2

Kumpan

3 Für den Fall, dass ein Verkaufsprospekt entbehrlich ist und eine Vermögensanlage nur auf Grundlage eines Informationsblatts angeboten wird, sieht **Ia** idF KleinanlegerschutzG 2015 eine Haftung unter den dort genannten Voraussetzungen vor und schließt somit eine Haftungslücke: § 2a VermAnlG betrifft Schwarmfinanzierungen, bei denen der Verkaufspreis sämtlicher in einem Zeitraum von zwölf Monaten angebotenen Vermögensanlagen desselben Emittenten sechs Mio. EUR nicht übersteigt und die über eine Internet-Dienstleistungsplattform vermittelt werden, die besondere Prüfpflichten hat. § 2b VermAnlG regelt eine Ausnahme für soziale Projekte, die sowohl hinsichtlich ihres Vertriebs und Verkaufs besonderen Regelungen unterliegen (u. a. keine erfolgsabhängige Vergütung) als auch hinsichtlich ihrer Bilanz und Umsatzerlöse (jeweils höchstens 10 Mio. EUR, im letzteren Fall in den letzten zwölf Monaten). Darüber hinaus erweitert **IVa** idF KleinanlegerschutzG 2015 die Haftung auf Fälle eines fehlenden oder nicht unterschriebenen Informationsblattes; in diesem Fall ist weder Kausalität des Informationsblattes für den Anteilserwerb noch Verschulden (III bezieht sich nicht auf IVa) gefordert. Lit. Assmann/Kumpan § 5 Rn. 301 ff.

(16) Insiderhandelsverbot und Ad-hoc-Publizität

Schrifttum

a) Kommentare und Handbücher: *Assmann/Schneider/Mülbert*, Wertpapierhandelsrecht, 7. Aufl. 2019; BankrechtsHdb/*Hopt/Kumpan* 6. Aufl 2022 § 86 (Insider, Ad-hoc-Publizität); *Grundmann*, Bankvertragsrecht, Bd. 2, 6. Teil, 3. Abschnitt (Marktmissbrauchsregime); GroßKommHGB/*Grundmann* 5. Aufl. 2017, Bd. 11, Teil 6; Ebenroth/Boujong/Joost/Strohn/*Poelzig* HGB, Bd. 2, Verordnung (EU) Nr. 596/2014, 4. Aufl 2020; *Fuchs*, WpHG, 2. Aufl. 2016; *Habersack/Mülbert/Schlitt*, Hdb Kapitalmarktinformation, 3. Aufl. 2020; *Just/Voß/Ritz/Becker*, Wertpapierhandelsgesetz, 2015; *Klöhn*, MAR, 2018; *Kümpel/Mülbert/Früh/Seyfried*, Bank- und Kapitalmarktrecht, 6. Aufl 2022; *Meyer/Veil/Rönnau*, HdB Marktmissbrauchsrecht, 2018; *Park* Kapitalmarktstrafrecht, 5. Aufl 2019; MüKoHGB/*Ekkenga*, Effektengeschäft, Bd. 6: Bankvertragsrecht, 4. Aufl 2019; *Schröder*, Hdb Kapitalmarktstrafrecht, 4. Aufl. 2020; *Schwark/Zimmer(/Bearbeiter)*, Kapitalmarktrechts-Komm, 5. Aufl 2020.

b) Lehrbücher: *Buck-Heeb*, Kapitalmarktrecht, 12. Aufl 2022; *Claussen*, Bank- und Börsenrecht, 5. Aufl 2014; *Grunewald/Schlitt* 4. Aufl. 2020; *Langenbucher*, Aktien- und Kapitalmarktrecht 5. Aufl 2022;– *Veil*, Europäisches Kapitalmarktrecht, 3. Aufl 2022.

c) Sonstige Beiträge zum Marktmissbrauchsrecht nF:
BaFin, Emittentenleitfaden, Modul C, akt. Stand 25.3.2020, dazu *Bekritsky* WM 2020, 1959, *Kraack* ZIP 2020, 1389, *Seibt/Kraack*, BKR 2020, 313, *Zöllter-Petzoldt*, BKR 2020, 272.– *Bachmann* Das Europäische Insiderhandelsverbot, 2015; *Bekritsky*, Wissen und Ad-Hoc-Publizität, 2022; *Bekritsky* BKR 2020, 382 (Zuständigkeit des Aufsichtsrats, Ad-hoc-Publizität); *Bühren* NZG 2017, 1172; *Fietz*, Die Wissenszurechnung gegenüber juristischen Personen, 2021; *Fleischer/Maas* AG 2021, 893 (Familiengesellschaften); *Florstedt* AG 2016, 557; *Fromberger*, Die Pflicht zur Veröffentlichung einer Ad-hoc-Mitteilung bei Compliance-Verstößen, 2022; *Grimm*, Das Insiderhandelsverbot zwischen Rechtstheorie und Rechtspraxis, Baden-Baden 2022; *Habbe/Giescher* NZG 2016, 454; *Hammen* WM 2019, 341; *Hansen* ECFR 14 (2017), 34; *Hellgardt* BKR 2021, 255 (Erwerb und Veräußerung iSv §§ 97, 98 WpHG); *Helm* ZIP 2016, 2201; *Hemeling* ZHR 184 (2020), 397 (neuer Emittentenleitfaden); *Hopt* FS K. Schmidt, 2019, S. 527 (Beteiligungsaufbau, Übernahmen); *Hopt/Kumpan* ZGR 2017, 765; *Kiesewetter/Parmentier* BB 2013, 2371; *Klöhn* ZHR 180 (2016), 707; *Klöhn* ZHR 181 (2017), 746; *Klöhn* AG 2016, 423; *Klöhn* ZIP 2016, Beilage zu Heft 22, S. 44; *Klöhn* WM 2016, 1665 (Finanzanalysten); *Klöhn* WM 2017, 2085; *Klöhn* ZHR 181 (2017), 746; *Klöhn* ZBB 2020, 265 (zu Art. 6 MAR); *Klöhn/Büttner* ZIP 2016, 1801; *Klöhn/Schmolke* ZGR 2016, 866; *Knauth* WM 2022, 704 (Kreditratings und MAR); *Köpferl/Wegner* WM 2017, 1924; *Kötz*, Das Verhältnis von Kapitalmarkt- und Gesellschaftsrecht am Beispiel der Ad-hoc-Publizität bei Compliance-Sachverhalten, 2022; *Kraack* AG 2022, 267 (Verhältnis Ad hoc zu periodischer Berichterstattung); *Krämer/Kiefer* AG 2016, 621; *Krause* CCZ 2014, 248; *Kudlich* AG 2016, 459 (Sanktionen); *Kudlich* ZBB 2017, 72; *Kumpan* AG 2016, 446

V. Bankgeschäfte (16)

(Directors Dealings); *Kumpan* DB 2016, 2039 (Ad hoc-Publizität); *Kumpan* VGR 2018, 2019, S. 109 (Zwischenschritte); *Kumpan/Misterek* ZBB 2020, 10 (konzerndimensionale Sachverhalte); *Kumpan/Misterek* ZHR 184 (2020), 180 (verständiger Anleger); *Langenbucher* AG 2016, 417 (verständiger Anleger); *Leyens* ZGR 2020, 256 (Zwischenschritte und Compliance-Vorfälle); *Luy,* Kapitalmarktinformationspflichten und Lauterkeitsrecht, 2016; *Merkner/Sustmann/Retsch* NZG 2021, 1198 (Ad-hoc-Publizitätspflicht und kartellrechtliche Kronzeugenprogramme); *Mock* BKR 2021, 61 (verschobene Veröffentlichung von Finanzberichten); *Möllers/Schauer* NZG 2021, 1333 (twitternde Vorstandsmitglieder); *Mülbert/Sajnovits* WM 2017, 2001 u 2041; *Mülbert/Sajnovits* WM 2020, 1557 (ESG und Insiderrecht); *Nietsch* ZIP 2018, 1421 (Wissenszurechnung); *Nietsch* WM 2020, 717 (Kapitalmarkttransparenz und Marktmanipulation); *Nietsch* ZBB 2021, 229 (Hypo Real Estate); *Parmentier* BKR 2013, 133; *Poelzig* NZG 2016, 492; *Poelzig* NZG 2016, 528; *Poelzig* NZG 2016, 761; *Redenius-Hövermann/Walter* ZIP 2020, 1331 (Ad-hoc-Pflichten bei verbandsinternen Untersuchungen); *Retsch* NZG 2016, 1201 (Selbstbefreiung); *Roth,* Kartellrechtliche Leniency Programme und Ad-hoc-Publizität nach der MAR, 2021; *Saliger* WM 2017, 2329 u. 2365; Sajnovits, WM 2016, 765 (Wissenszurechnung) *Scholz* NZG 2016, 1286 (Ad-hoc-Publizität und Freiverkehr); *Schwarzfischer* ZBB 2022, 12 (Zwischenschritte): *Seibt/Wollenschläger* AG 2014, 593; *Singhof* ZBB 2017, 193 (Market Sounding); *Schmolke* AG 2016, 434 (Marktmanipulation); *Spatz* Die Insiderinformation bei Unvorhersehbarkeit der Richtung der Kursauswirkung, 2019; *Stüber* DStR 2016, 1221 (Directors' Dealings); *Suchsland,* Insiderinformation im Aufsichtsrat, 2022; *Szesny* DB 2016, 1420 (Sanktionsregime); *Teigelack* BB 2016, 1604 (Ad hoc bei Zivilprozessen); *Thelen* ZHR 182 (2018), 62; *Veil* ZBB 2014, 85; *Veil/Grumpp/Templer/ Voigt* ZGR 2020, 2 (Praxis der Ad-hoc-Publizität in Deutschland, personalbezogene Ad-hoc-Meldungen); *Vetter/Engel/Lauterbach* AG 2019, 160; *Waldecker,* Ad-hoc-Pflichten im deutschen Profifußball, 2021; *Walla/Knierbein* WM 2018, 2349 (Compliance unter MAR); *Wilsing* ZGR 2020, 276 (Ad-hoc-Publizität bei Compliance-Vorfällen); *Winter,* Der nach den §§ 97 und 98 WpHG zu ersetzende Schaden, 2019; *Zetzsche* AG 2016, 610 (Marktsondierung). Zu österreichischen Gerichtsentscheidungen zur Ad-hoc-Publizität *Rathammer/Sam* ZBB 2020, 135.

d) Sonstige Beiträge zum Marktmissbrauchsrecht nach dem WpHG aF:

BaFin, Jahresberichte. – BAWe/Deutsche Börse, Insiderhandelsverbote und Ad hoc-Publizität nach dem Wertpapierhandelsgesetz, 2. Aufl 1998. – *Möllers/Rotter* Ad-hoc-Publizität 2003, *Hopt/Voigt* Prospekt- und Kapitalmarktinformationshaftung 2005, Gunßer 2008, *Hellgardt* Kapitalmarktdeliktsrecht 2008. – Hopt ZGR 2002, 333 (Insider, Übernahmeangebote), ZGR 2004, 1 (Interessenwahrung und Interessenkonflikte), FS Doralt (Wien) 2004, 213 (Sanktionen bei Interessenkonflikten), *Tollkühn* ZIP 2004, 2215, *Harbarth* ZIP 2004, 1898 (Unternehmenskauf), *Möllers* WM 2005, 1393 (§ 15 III), *Nietsch* BB 2005, 785, *Cahn/Götz* AG 2007, 221, *Hutter/Kaulamo* NJW 2007, 471 (TUG), *Fleischer/Schmolke* AG 2007, 841 (Gerüchte), *Parmentier* NZG 2007, 407 (Allenplazierung, Börsengang), *Widder/Bedkowski* BKR 2007, 405 (Übernahmen), *Assmann* u *Bachmann* ZHR 172 (2008), 635, 597, *Möllers* NZG 2008, 330 (Europarecht), *Seibt/Bremkamp* AG 2008, 469 (Erwerb eigener Aktien), *Eufinger/Teigelack* in Hopt/Veil/Kämmerer, Kapitalmarktgesetzgebung, 2008, 63, *Leuering* VGR 2008, 171 (Praxisfragen), *Engelhart* AG 2009, 856, *Zimmer* FS Schwark 2009, 669 (Selbstbefreiung), *Schall* JZ 2010, 352, *Seibt/Huizinga* CFL 2010, 289 (Prognosen), *Fleischer, Groß* FS Schneider 2011, 333, 385, *Veil/Koch* WM 2011, 2297, *Frowein* in Habersack/ Nülbert/Schlitt, Hdb Kapitalmarktinformation, 2. Aufl 2013, § 10, *Krämer/Teigelack* AG 2012, 20, *Ekkenga* NZG 2013, 1081, *Ihrig/Kranz* BB 2013, 451, *Kocher* WM 2013, 1305 (Anleihen), *Kocher/Schneider* ZIP 2013, 1607 (Zuständigkeitsfragen), *Krause/Brellochs* AG 2013, 309, *Mennicke* ZBB 2013, 244, *Meyer-Uellner* NZG 2013, 1052 (soziale Medien), *Pattberg/Bredol* NZG 2013, 87, *Seibold* NZG 2013, 809, *Thiele/Fedtke* AG 2013, 288 (in der Insolvenz), *Wilsing/Goslar* DStR 2013, 1610, *Klöhn* ZHR 178 (2014), 55, *Klöhn/Bartmann* AG 2014, 737 (soziale Medien), *Leyendecker-Langner/Kleinhenz* AG 2015, 72, *Klöhn* CMLJ 10 (2015), 162, *Klöhn* NZG 2015, 809, Klöhn/Rothermund ZBB 2015, 73, *Bunz* NZG 2016, 1249, *Klöhn* FS Köndgen 2016, S. 311, *Leyendecker-Langner/Kleinhenz,* AG 2016, 72, *Sajnovits* WM 2016, 765 (Wissenszurechnung).

RsprÜbersichten zum Kapitalmarktrecht: BGHFSWissII/*Schwark* u *Hopt* 2000, 455, 497 (mit Prospekthaftung), *Puszkajler* Bankrechtstag 2010, 53 (OLGRspr zum WpHG), *M. Weber* NJW 2000, 2061, 3461; 2003, 18; 2004, 28, 3674; 2005, 3682; 2006, 3685; 2007, 3688; 2009, 33; 2010, 274; 2011, 273; 2012, 274; 2013, 275; 2013, 2324, *von Bonin/Glos* WM 2012, 917, WM 2013, 1201, WM 2014, 1653, WM 2015, 2296, *Schlick* WM 2014, 581 und 633, WM 2015, 261 und 309.

(16a) Art. 7–11, 14, 17 Marktmissbrauchsverordnung (MAR)

Verordnung (EU) Nr. 596/2014 des Europäischen Parlaments und des Rates vom 16. April 2014 über Marktmissbrauch (Marktmissbrauchsverordnung) und zur Aufhebung der RL 2003/6/EG des Europäischen Parlaments und des Rates und der RL 2003/124/EG, 2003/125/EG und 2004/72/EG der Kommission (ABl. EU 2014 L 173/1),
zuletzt geändert durch VO (EU) 2019/2115 des Europäischen Parlaments und des Rates vom 27. November 2019 zur Änderung der RL 2014/65/EU und der VO (EU) Nr. 596/2014 und (EU) 2017/1129 zur Förderung der Nutzung von KMU-Wachstumsmärkten (ABl. EU 2019 L 320/1)

Vorbemerkung

1 Die MAR von 2014 hat die Marktmissbrauchsrichtlinie von 2003 abgelöst, die die bisherigen Vorschriften in §§ 12 ff. WpHG aF geprägt hat. Da die Verordnung in den Mitgliedstaaten der EU unmittelbare Wirkung entfaltet, gelten nun EU-weit einheitliche Regelungen zum Insiderrecht, die einheitlich anzuwenden sind. Verankert sind dort nun auch die Entscheidungen des EuGH zum Insiderrecht. Die MAR lehnt sich in weiten Teilen an die Marktmissbrauchsrichtlinie von 2003 an. Begleitet wird sie von der strafrechtlichen Marktmissbrauchsrichtlinie (Crim-MAD, RL 2014/57/EU, ABl. 2014 L 173, 179), die Vorgaben für die strafrechtliche Ahndung von Marktmissbrauch durch die Mitgliedstaaten enthält.

2 Markante Änderungen gab es etwa im sachlichen Anwendungsbereich der insiderrechtlichen Vorschriften. Dieser ist gegenüber der Marktmissbrauchsrichtlinie ausgeweitet worden und erfasst nun auch Finanzinstrumente, die ausschließlich in multilateralen (Art. 4 I Nr. 22 RL 2014/65/EU (MiFID II), ABl. 2014 L 173, 349) oder organisierten (Art. 4 I Nr. 23 MiFID II) Handelssystemen gehandelt werden bzw. deren Wert von einem solchen Instrument abhängt (Erwägungsgrund 8 und Art. 2 I MAR). Damit wird der Entwicklung Rechnung getragen, dass Finanzinstrumente zunehmend über multilaterale oder organisierte Handelssysteme gehandelt werden. In Deutschland galt das Insiderhandelsverbot zwar schon bisher – über die Vorgabe in der Marktmissbrauchsrichtlinie hinaus – auch für den Handel im Freiverkehr, vgl. § 12 WpHG aF, nicht aber für den ausschließlichen Handel über andere multilaterale oder gar organisierte Handelssysteme.

3 Grundlegendes Tatbestandsmerkmal für die Eröffnung des Anwendungsbereichs ist nach wie vor die Insiderinformation (zu den Änderungen von Art. 7 MAR ausführlich Schwark/Zimmer/Kumpan/Misterek MAR Art. 7 Rn. 8 ff.). Der Verordnungsgeber ist dabei dem sog. Einheitsprinzip (einstufiges Modell) gefolgt. Eine gewisse Einschränkung gilt insofern bei Art. 17 MAR, als dieser voraussetzt, dass die Insiderinformation den Emittenten unmittelbar betreffen muss. An das Merkmal der Insiderinformation knüpfen insbesondere auch die drei Grundtypen der nach der Marktmissbrauchsrichtlinie verbotenen Tätigkeiten „Tätigen von Insidergeschäften", „unrechtmäßige Offenlegung von Insiderinformationen" und „Empfehlung bzw. Verleitung zu Insidergeschäften" an. Diese sind in die Marktmissbrauchsverordnung übernommen worden.

4 An die Stelle der Art. 2 und 4 MAD (Tätigen von Insidergeschäften) sind nun Art. 8, 9, 14 lit. a MAR getreten, wobei Art. 14 lit. a das eigentliche Verbot enthält und Art. 8 regelt, was unter Insidergeschäften zu verstehen ist. Art. 9

enthält spezielle Regelungen dazu, unter welchen Bedingungen ein Handeln im Besitz von Insiderinformation kein Insiderhandel darstellt (sog. legitime Handlungen). Weitergehend als in der Marktmissbrauchsrichtlinie von 2003 gilt nun auch das Stornieren oder Ändern eines Auftrags als Insiderhandel, wenn dies aufgrund einer Insiderinformation erfolgt, Art. 8 I 2 MAR. Zwar enthält Art. 8 IV MAR noch eine Unterscheidung zwischen Primär- und Sekundärinsidern und verlangt, dass letztere in Kenntnis oder fahrlässiger Unkenntnis hinsichtlich der Eigenart der Information als Insiderinformation gehandelt haben müssen. Ist dies aber erfüllt, werden beide gleichbehandelt.

Das Verbot der unrechtmäßigen Offenlegung von Insiderinformationen ist in Art. 10, 14 lit. c MAR geregelt, wobei Art. 14 lit. c das eigentliche Verbot enthält, während Art. 10 regelt, was eine „unbefugte Offenlegung von Insiderinformationen" darstellt. Art. 11 MAR enthält umfängliche Regelungen zu Marktsondierungen. 5

Die Empfehlung von und das Verleiten zu Insidergeschäften sind in der MAR in Art. 8 II und III, Art. 14 lit. b MAR geregelt. Das eigentliche Verbot enthält Art. 14 lit. b, Art. 8 II und III regeln, wann eine verbotene Empfehlung oder Verleitung vorliegt. Neu ist hier insbesondere, dass nun auch die Empfehlung bzw. Verleitung zum Stornieren oder Löschen von Aufträgen erfasst wird. 6

Darüber hinaus sind auch die begleitenden Regelungsinstrumente in die MAR übernommen und auf dieser Regelungsebene erheblich detaillierter ausgestaltet worden. Hierzu gehören etwa die Vorschriften über die Ad-hoc-Publizität, die in Art. 17 MAR niedergelegt sind (nun mit der „Wahrung der Finanzstabilität" als neu hinzugekommenem Grund für den Aufschub der Veröffentlichung), oder die Führung von Insiderlisten, die in Art. 18 MAR geregelt ist, sowie die Managers' Transactions-(früher Directors' Dealings)-Vorschriften, die sich in Art. 19 MAR finden. Hinzukommt ein zeitweiliges Handelsverbot für Führungskräfte nach Art. 19 XI MAR. 7

Zur näheren Ausgestaltung der Regelungen hat die Europäische Kommission mehrere Delegierte Verordnungen und Durchführungsverordnungen erlassen. In der Delegierten Verordnung 2016/522 (ABl. 2016 L 88, 1) hat sie weitergehende Regelungen ua zu der Ausnahme für öffentliche Stellen und Zentralbanken, zur Marktmanipulation, den Schwellenwerten für die Offenlegung und den Managers' Transactions getroffen. In der Durchführungsverordnung 2016/523 (ABl. 2016 L 88, 19) finden sich Bestimmungen zu den technischen Durchführungsstandards im Zusammenhang mit Managers' Transactions. Die Durchführungsverordnung 2016/347 (ABl. 2016 L 65, 49) widmet sich den technischen Durchführungsstandards für Insiderlisten, die Durchführungsverordnung 2016/378 (ABl. 2016 L 72, 1) den technischen Durchführungsstandards zu Meldungen an die Aufsichtsbehörden. Zudem gibt es eine Durchführungsrichtlinie 2015/2392 (ABl. 2015 L 332, 126) zum Umgang mit Meldungen von Verstößen gegen die MAR. Die Delegierte Verordnung 2016/908 (ABl. 2016 L 153, 3) enthält Regelungen zur Festlegung von zulässigen Marktpraktiken. In der Delegierten Verordnung 2016/909 (ABl. 2016 L 153, 13) sind technische Vorgaben für den Inhalt der den Behörden zu übermittelnden Meldungen und den Umgang mit Listen von solchen Meldungen enthalten. Die Delegierte Verordnung 2016/957 (ABl. 2016 L 160, 1) enthält Vorgaben für die Einrichtung von Systemen zur Bekämpfung von Marktmissbrauch, die Delegierte Verordnung 2016/958, ABl. 2016 L 160, 15) Vorgaben für Anlageempfehlungen und deren Weitergabe durch Dritte. Die Durchführungsverordnung 2016/959 (ABl. 2016 L 160, 23) regelt technische Durchführungsstandards für Marktsondierungen etwa in Bezug auf die zu nutzenden Systeme und Mitteilungsmuster und die Delegierte Verordnung 2016/960 (ABl. 2016 L 160, 29) technische Regulierungsstandards für Regelungen, Systeme und Verfahren bei der Durchführung von Marktsondierungen. Des Weiteren regelt die Delegierte Verordnung 8

(16a) MAR 7

2016/1052 (ABl. 2016 L 173, 34) technische Regulierungsstandards für Rückkaufprogramme und Stabilisierungsmaßnahmen. Schließlich enthält die Durchführungsverordnung 2016/1055 (ABl. 2016 L 173, 47) technische Durchführungsstandards hinsichtlich der Bekanntgabe von Insiderinformationen und deren Aufschub. Diese Regelungen basieren auf Empfehlungen der ESMA, die im Februar 2015 einen Abschlussbericht mit Stellungnahmen zu möglichen delegierten Rechtsakten zur MAR vorgelegt hat (ESMA2015/224). Des Weiteren hat die ESMA im September 2015 einen Abschlussbericht mit Vorschlägen zu technischen Standards vorgestellt (ESMA2015/1455). Darüber hinaus hinzugekommen sind Leitlinien der ESMA zu Marktsondierungen und zum Aufschub von Ad-hoc-Mitteilungen (ESMA2016/1130) und zu Warenderivatemärkten (ESMA2016/1480) sowie Q&As der ESMA (ESMA 70–145-111).

9 **Gründe für das Insiderhandelsverbot** sollen Verletzung der Chancengleichheit sein (Erw 23 MAR) oder die Sanktionierung untreuen Handelns von Insidern, die Informationen ausnutzen, die ihnen nur wegen ihrer besonderen Stellung im oder zum Unternehmen zugänglich sind oder die sie sich widerrechtlich angeeignet haben. Überzeugend ist aber allein, dass durch Insiderhandel sog. Informationshändler abgeschreckt werden (s. Klöhn/Klöhn MAR Vor Art. 7 Rn. 38 ff., 110 ff. (mit Rn. 85); Klöhn ZHR 177 (2013), 349). Insiderhandelsverbote dienen dem Anleger- und Funktionsschutz (s. auch die Zielsetzung nach Erw 24 Satz 2 MAR). Insidergeschäfte werden im EU-Recht als **Marktdelikte** eingeordnet (anders in den USA: antifraud rule des Sec 10(b) Securities Exchange Act). Bei §§ 12 ff. WpHG aF wurde **Schutzgesetzcharakter** der Insiderhandelsvorschriften von der hL abgelehnt, s. nur seinerzeit KöKoWpHG/Klöhn § 14 Rn. 7 ff. in der MAR ist dies weniger eindeutig, Individualschutz ablehnend Klöhn/Klöhn MAR Art. 14 Rn. 9 ff., aA Beneke/Tholen BKR 2017, 12 individualschützender Charakter einiger Normen kann aber nicht pauschal abgelehnt werden. Dazu BankrechtsHdb/Hopt/Kumpan § 86 Rn. 5, 173 f. Zumindest im Hinblick auf die Veröffentlichungspflichten nach Art. 17 ist diese Frage durch die Schadensersatzvorschriften in §§ 97, 98 WpHG entschärft.

Kapitel 2. Insiderinformationen, Insidergeschäfte, unrechtmäßige Offenlegung von Insiderinformationen und Marktmanipulation

Insiderinformationen

MAR 7 (1) Für die Zwecke dieser Verordnung umfasst der Begriff „Insiderinformationen" folgende Arten von Informationen:

a) nicht öffentlich bekannte präzise Informationen, die direkt oder indirekt einen oder mehrere Emittenten oder ein oder mehrere Finanzinstrumente betreffen und die, wenn sie öffentlich bekannt würden, geeignet wären, den Kurs dieser Finanzinstrumente oder den Kurs damit verbundener derivativer Finanzinstrumente erheblich zu beeinflussen;

b) in Bezug auf Warenderivate nicht öffentlich bekannte präzise Informationen, die direkt oder indirekt ein oder mehrere Derivate dieser Art oder direkt damit verbundene Waren-Spot-Kontrakte betreffen und die, wenn sie öffentlich bekannt würden, geeignet wären, den Kurs dieser Derivate oder damit verbundener Waren-Spot-Kontrakte erheblich zu beeinflussen, und bei denen es sich um solche Informationen handelt, die nach Rechts- und Verwaltungsvorschriften der Union oder der Mitgliedstaaten, Handelsregeln, Verträgen, Praktiken oder Regeln auf dem betreffenden Warenderivate- oder Spotmarkt offengelegt werden müssen bzw. deren Offenlegung nach vernünftigem Ermessen erwartet werden kann;

c) in Bezug auf Emissionszertifikate oder darauf beruhende Auktionsobjekte nicht öffentlich bekannte präzise Informationen, die direkt oder indirekt ein oder mehrere Finanzinstrumente dieser Art betreffen und die, wenn sie öffentlich bekannt würden, geeignet wären, den Kurs dieser Finanzinstrumente oder damit verbundener derivativer Finanzinstrumente erheblich zu beeinflussen;

d) für Personen, die mit der Ausführung von Aufträgen in Bezug auf Finanzinstrumente beauftragt sind, bezeichnet der Begriff auch Informationen, die von einem Kunden mitgeteilt wurden und sich auf die noch nicht ausgeführten Aufträge des Kunden in Bezug auf Finanzinstrumente beziehen, die präzise sind, direkt oder indirekt einen oder mehrere Emittenten oder ein oder mehrere Finanzinstrumente betreffen und die, wenn sie öffentlich bekannt würden, geeignet wären, den Kurs dieser Finanzinstrumente, damit verbundener Waren-Spot-Kontrakte oder zugehöriger derivativer Finanzinstrumente erheblich zu beeinflussen.

(2) ¹Für die Zwecke des Absatzes 1 sind Informationen dann als präzise anzusehen, wenn damit eine Reihe von Umständen gemeint ist, die bereits gegeben sind oder bei denen man vernünftigerweise erwarten kann, dass sie in Zukunft gegeben sein werden, oder ein Ereignis, das bereits eingetreten ist oder von den vernünftigerweise erwarten kann, dass es in Zukunft eintreten wird, und diese Informationen darüber hinaus spezifisch genug sind, um einen Schluss auf die mögliche Auswirkung dieser Reihe von Umständen oder dieses Ereignisses auf die Kurse der Finanzinstrumente oder des damit verbundenen derivativen Finanzinstruments, der damit verbundenen Waren-Spot-Kontrakte oder der auf den Emissionszertifikaten beruhenden Auktionsobjekte zuzulassen. ²So können im Fall eines zeitlich gestreckten Vorgangs, der einen bestimmten Umstand oder ein bestimmtes Ereignis herbeiführen soll oder hervorbringt, dieser betreffende zukünftige Umstand bzw. das betreffende zukünftige Ereignis und auch die Zwischenschritte in diesem Vorgang, die mit der Herbeiführung oder Hervorbringung dieses zukünftigen Umstandes oder Ereignisses verbunden sind, in dieser Hinsicht als präzise Information betrachtet werden.

(3) Ein Zwischenschritt in einem gestreckten Vorgang wird als eine Insiderinformation betrachtet, falls er für sich genommen die Kriterien für Insiderinformationen gemäß diesem Artikel erfüllt.

(4) Für die Zwecke des Absatzes 1 ist sind unter „Informationen, die, wenn sie öffentlich bekannt würden, geeignet wären, den Kurs von Finanzinstrumenten, derivativen Finanzinstrumenten, damit verbundenen Waren-Spot-Kontrakten oder auf Emissionszertifikaten beruhenden Auktionsobjekten spürbar zu beeinflussen" Informationen zu verstehen, die ein verständiger Anleger wahrscheinlich als Teil der Grundlage seiner Anlageentscheidungen nutzen würde.

Im Fall von Teilnehmern am Markt für Emissionszertifikate mit aggregierten Emissionen oder einer thermischen Nennleistung in Höhe oder unterhalb des gemäß Artikel 17 Absatz 2 Unterabsatz 2 festgelegten Schwellenwerts wird von den Informationen über die physischen Aktivitäten dieser Teilnehmer angenommen, dass sie keine erheblichen Auswirkungen auf die Preise der Emissionszertifikate und der auf diesen beruhenden Auktionsobjekte oder auf damit verbundene Finanzinstrumente haben.

(5) ¹Die ESMA gibt Leitlinien für die Erstellung einer nicht erschöpfenden indikativen Liste von Informationen gemäß Absatz 1 Buchstabe b heraus,

deren Offenlegung nach vernünftigem Ermessen erwartet werden kann oder die nach Rechts- und Verwaltungsvorschriften des Unionsrechts oder des nationalen Rechts, Handelsregeln, Verträgen, Praktiken oder Regeln auf den in Absatz 1 Buchstabe b genannten betreffenden Warenderivate- oder Spotmärkten offengelegt werden müssen. ²Die ESMA trägt den Besonderheiten dieser Märkte gebührend Rechnung.

Übersicht

	Rn
1) Präzise Information (I iVm II)	1–4
2) Künftige Umstände bzw. Ereignisse (II Satz 1)	5
3) Zeitlich gestreckte Geschehensabläufe und Zwischenschritte (II Satz 2, III)	6
4) Gerüchte	7
5) Nicht öffentlich bekannt (I)	8–8b
6) Emittenten- oder Finanzinstrumentenbezug (I)	9
7) Eignung zur erheblichen Kursbeeinflussung (I, IV)	10–15
8) Beispiele	16
9) Informationen in Bezug auf Warenderivate (I lit. b)	17–20
10) Informationen in Bezug auf Emissionszertifikate (I lit. c)	21
11) Informationen von Kunden, front running (I lit. d)	22
12) Bewertung aufgrund öffentlich bekannter Umstände (Erw 28 MAR)	23, 24

1) Präzise Information (I iVm II)

1 „Präzise Information" wie der früher im WpHG verwendete Begriff „konkrete Information" zu verstehen, der den Begriff „präzise Information" aus der MAD 2003 umsetzte, Begriff wird in II näher umrissen. Plural in der Art. 7 zeigt, dass es nicht um einzelne Information, sondern um **Informationslage** geht (bei mehreren Informationen „Addierung" des Gehalts der Einzelinformationen, aber keine Saldierung bei gegenläufigen Informationen). Eine Information (bzw. Informationslage) ist **„präzise"**, wenn sie eine hinreichende Grundlage für eine Einschätzung des Wertes eines Finanzinstruments bietet bzw. einen Schluss auf die mögliche Auswirkung auf den Kurs der Finanzinstrumente zulässt, s. RegE AnSVG, BT-Drs. 15/3174, 34, BaFin Emittentenleitfaden, Modul C, 2020, Ziff. I.2.1.2, dh Kursbewegungen sich gerade dieser Information zuordnen lassen, Parmentier WM 2013, 971. **Unerheblich** ist aber, ob abzusehen ist, in **welche Richtung** die Kursbewegung erfolgen wird, EuGH WM 2015, 816 mAnm Kumpan EuZW 2015, 389; aA Klöhn ZIP 2014, 945; Klöhn CMLJ 2015, 162; monographisch Spatz, Die Insiderinformation bei Unvorhersehbarkeit der Richtung der Kursauswirkung, 2019. Bezieht sich die Information auf einen existierenden Umstand oder ein bereits eingetretenes Ereignis, muss sie daher spezifisch genug sein, um einen Schluss auf die mögliche Auswirkung dieses Umstands oder Ereignisses auf die Kurse des Finanzinstruments zu erlauben, BGH WM 2013, 1174. Die Information muss sich auf **„Umstände"** oder **„Ereignisse"** beziehen. Das umschreibt jeden der Wahrnehmung zugänglichen Vorgang (der Vergangenheit, Gegenwart und Zukunft) und umfasst außer **Tatsachen** (der sinnlichen Wahrnehmung zugängliche – innere oder äußere – Zustände bzw. Geschehnisse, die in die Wirklichkeit getreten und dem Beweis zugänglich sind, s. nur BGH JR 1977, 28 = BeckRS 1976, 00342, vgl. auch CESR/06–562 Tz. 1.5, zB Höhe des Subprime-Anteils von Investments, BGH WM 2012, 307, Beschluss des Aufsichtsrates, Schadensersatzklage gegen den Altvorstand zu erheben, BGH WM 2018, 2229, ebenso der Klageeinreichung, OLG Frankfurt a. M. BeckRS 2015, 36), auch überprüfbare **Werturteile,** Einschätzungen, Absichten, Prognosen (aufgrund konkreter Anhaltspunkte und von einer gewissen Eintrittswahrscheinlichkeit und von kompetenter Seite, dh dem Emittenten, abgegeben; zudem kann

auch ihre Existenz als solche eine Insiderinformation sein) und **Gerüchte** (hinreichend konkreter Tatsachenkern erforderlich), RegE AnSVG, BT-Drs. 15/3174, 33, VGH Kassel AG 1998, 436, BaFin Emittentenleitfaden, Modul C, 2020, Ziff. I.2.1.4.4, I.2.1.5.1, nicht dagegen unsubstantiierten „Börsentratsch" ohne Tatsachengrundlage oder rein innere Umstände ohne Außenbezug (bloße Überlegungen, vage Hoffnungen).

Auch **selbstgeschaffene Informationen** (zB Absprache der Kursbeeinflussung) können Insiderinformationen darstellen, s. EuGH WM 2007, 1603, ausnahmsweise auch Unternehmensplanungen, Reichert/Ott FS Hopt, 2010, 2385 außerdem vom Emittenten erstellte Prognosen, dazu BaFin, Emittentenleitfaden, Modul C, 2020, I.2.1.5.1. **„Drittbezug"** für Einstufung als Insiderinformation (so zur früheren Rechtslage hins. „Tatsache" BGHSt 48, 373) ist **nicht erforderlich,** vgl. EuGH WM 2007, 1603 (Georgakis). Bei selbstgeschaffenen Informationen fehlt es aber in der Regel an der Nutzung, s. Art. 9 V.   **2**

Bei **unwahren Tatsachen** ist zu differenzieren, wobei auf die ex-ante Perspektive des Insiders abzustellen ist: Zustände, die sich erst nachträglich als unwahr herausstellen und bei Bekanntwerden vom Markt noch als zutreffende Informationen aufgefasst werden, stellen präzise Informationen dar. Weiß der Insider hingegen von der Unwahrheit der Information, ist diese Information keine Insiderinformation, wohl aber das Wissen um ihre Unwahrheit.   **3**

Nach hM dient das Merkmal der Präzision der **Evidenzkontrolle** (Auslesefunktion), zB Klöhn/Klöhn Art. 7 Rn. 82 ff., Meyer/Veil/Rönnau/Krause § 6 Rn. 28 f. Dies erschöpft sich aber nicht in einer kursorischen Prüfung der Kurserheblichkeit. Vielmehr hat das Merkmal eigenständige Bedeutung. An Art. 7 MAR orientiert ist allgemein **von fehlender Präzision auszugehen,** wenn bei isolierter Betrachtung der Information klar ist, dass diese abstrakt unter keinen Umständen jemals einen Handelsanreiz begründen kann. Zum Merkmal der Präzision ausführlich Schwark/Zimmer/Kumpan/Misterek MAR Art. 7 Rn. 19 ff.   **4**

2) Künftige Umstände bzw. Ereignisse (II Satz 1)

Zukunftsbezogene Umstände wie Pläne, Vorhaben und Absichten (deren Inhalt, nicht hingegen ihr Bestehen als solches, das als Fakt ein gegenwärtiger Umstand ist) einer Person können Insiderinformationen sein, wenn sie hinreichend präzise sind und ihre Verwirklichung vernünftigerweise erwartet werden kann (zweistufige Prüfung), **II 1.** Der Ereigniseintritt muss bei vernünftiger Würdigung „tatsächlich zu erwarten" sein, eine hohe Wahrscheinlichkeit ist dafür aber nicht erforderlich, EuGH WM 2012, 1811 – Geltl, sondern dass mit dem Eintreten des künftigen Ereignisses eher zu rechnen ist als mit seinem Ausbleiben (Eintrittswahrscheinlichkeit von 50% + x), BGH WM 2013, 1176, s. BaFin, Emittentenleitfaden, Modul C, 2020, Ziff. I.2.1.2, s. dazu schon früher BGH WM 2008, 641 m. krit. Anm. Möllers NZG 2008, 330; OLG Stuttgart ZIP 2009, 962; sog. probability/magnitude-Test (dazu Klöhn NZG 2011, 168) zur Beurteilung, ob präzise Information vorliegt, nicht geeignet, Erw 16 MAR, EuGH WM 2012, 1811. Die Auslegung darf sich dabei nicht in einer reinen Wahrscheinlichkeitsbeurteilung erschöpfen, BGH WM 2013, 1175, sondern es ist auch auf die Regeln der allgemeinen Erfahrung abzustellen und dabei sind alle tatsächlichen Umstände einzubeziehen, EuGH EuZW 2012, 710 = WM 2012, 1811, BGH WM 2013, 1176. Dies gilt entsprechend für Umstände, deren gegenwärtige Existenz unsicher ist, dh bei denen der Informationsgegenstand unsicher ist (zB Vorsitzender ist erkrankt, es ist aber unklar, wie schwer), nicht wenn die Information als solche unsicher ist (zB es gibt ein unbestätigtes Gerücht, dass der Vorsitzende erkrankt sei). Zu zukunftsbezogenen Informationen Klöhn/Klöhn MAR Art. 7 Rn. 92 ff.   **5**

3) Zeitlich gestreckte Geschehensabläufe und Zwischenschritte (II Satz 2, III)

6 Bei **gestreckten Vorgängen,** zB mehrstufigen Entscheidungsprozessen, kann auch ein Zwischenschritt hin zu dem jeweiligen Ereignis eine Insiderinformation sein, II 2, III, so schon EuGH WM 2012, 1807, dem folgend BGH WM 2013, 1171, dazu (EuGH) Bachmann DB 2012, 2206; Bingel AG 2012, 685; Klöhn ZIP 2012, 1885; Mock ZBB 2012, 286; Schall ZIP 2012, 1286; Wilsing/Goslar DStR 2012, 1709; Parmentier WM 2013, 970, und (BGH) Ihrig/Kranz AG 2013, 515; Brellochs ZIP 2013, 1170; Herfs DB 2013, 1650; s. außerdem BGH WM 2011, 14 (Vorlage z EuGH); BGH ZIP 2008, 639; OLG Stuttgart ZIP 2007, 481 (Aufsichtsratsbeschluss abzuwarten) u. ZIP 2009, 962 (bei abgestimmten Aufsichtsratsbeschluss schon vorher Insiderinformation), BaFin Emittentenleitfaden, Modul C, 2020, Ziff. I.2.1.4.3. BaFin sieht sowohl Zwischenschritte als erfasst, die aus sich heraus Insiderinformation darstellen, als auch solche, die ihre insiderrechtliche Relevanz aus ihrem Bezug zum künftigen Endereignis beziehen, BaFin, Emittentenleitfaden, Modul C, 2020, I.2.1.4.3, ähnlich schon zuvor Schwark/Zimmer/Kumpan/Misterek MAR Art. 7 Rn. 164. Nur im zweiten Fall kann Probability/Magnitude-Test für Kursrelevanz Anwendung finden; bleibt dagegen Endergebnis außer Betracht, muss auch nicht die damit verbundene Unsicherheit gewürdigt werden. IE zutr Habersack AG 2020, 701, aber nicht wie angegeben im Widerspruch zu Kumpan VGR 2018, 2019, Rn. 33 ff., 48 ff. (dort Befürwortung des Probability/Magnitude-Tests nur zur Würdigung von Unsicherheitsfaktoren und damit gerade nicht für Zwischenschritte, die bereits gegenwärtig sicher aus sich heraus kursrelevant sind). In der Praxis wird sich Kursrelevanz eines Zwischenschritts häufig aus beiden Quellen gemeinsam ableiten. **Beispiele** für gestreckte Geschehensabläufe: Ausscheiden eines Vorstandsvorsitzenden, Unternehmensübernahmen, Auf- und Feststellung des Jahresabschlusses. Zu gestreckten Geschehensabläufen außerdem BankrechtsHdb/Hopt/Kumpan § 86 Rn. 46–49 mwN, Kumpan, VGR 2018, 2019, S. 109, Leyens ZGR 2020, 256, Vetter/Engel/Lauterbach AG 2019, 160, Schwarzfischer ZBB 2022, 12.

4) Gerüchte

7 **Gerüchte** können grds. Insiderinformation darstellen (Umstände iSv II), wenn sie ernstzunehmenden Kern enthalten, BaFin, Emittentenleitfaden, Modul C, 2020, I.2.1.4.4, BankR-HdB/Hopt/Kumpan § 86 Rn. 50, Buck-Heeb Kapitalmarktrecht Rn. 375, für bisheriges Recht schon VGH Kassel AG 1998, 436 m. krit. Anm. Assmann, BaFin Emittentenleitfaden, Modul C, 2020, Ziff. I.2.1.4.4, Claussen/Florian AG 2005, 749; Spindler WM 2004, 3450; aA (grds. nicht) Bürgers BKR 2004, 425 Fn. 11; Diekmann/Sustmann NZG 2004, 930; Holzborn/Israel WM 2004, 1951; Möllers WM 2005, 1394. Einfluss von Gerüchten auf den Kurs ist empirisch nachgewiesen, s. Pound/Zeckhauser 63 J. Bus. 291 (1990); Zivney/Bertin/Torabzadeh 36 Quarterly Review of Economics and Finance 89 (1996); Böhmer/Löffler zfbf 51 (1999), 299. Ob Gerücht im Einzelfall Insiderinformation ist, entscheidet sich häufig an der Eignung zur Preisbeeinflussung (abhängig ua von Quelle, zugrundeliegenden Fakten, Verfassung des Marktes und Situation des Emittenten, BaFin, Emittentenleitfaden, Modul C, 2020, I.2.1.4.4, zudem ist ein gewisser Verbreitungsgrad erforderlich). Anstehende Veröffentlichung eines journalistischen Artikels zu Gerüchten kann eine Insiderinformation darstellen (wenn dies Kursauswirkung haben kann − Voraussetzungen insb.: (1) bei einem Übernahmeangebot wird ein konkreter Preis genannt, (2) Bekanntheit des Journalisten und des Presseerzeugnisses − auf die Präzision des Gerüchts selbst kommt es dann wohl nicht mehr an), EuGH ZIP 2022, 738, dazu Assmann AG 2022, 390, Mock ZIP 2022, 777; s. auch schon

Harnos AG 2021, R 312 (zu den Schlussanträgen in diesem Verfahren). Lit. Schwark/Zimmer/Kumpan/Misterek MAR Art. 7 Rn. 75 ff.

5) Nicht öffentlich bekannt (I)

Öffentlich bekannt ist eine Information, von der eine unbestimmten Anzahl **8** von Personen Kenntnis nehmen kann, zB aufgrund ihrer Verbreitung über Massenmedien. **Bereichsöffentlichkeit reicht nicht mehr,** da Öffentlichkeit (engl. Version: „public") im Rahmen der MAR im Sinne von **„breites Anlegerpublikum"** zu verstehen ist (dazu BaFin, Emittentenleitfaden, Modul C, 2020, I.2.1.1, Schwark/Zimmer/Kumpan/Misterek MAR Art. 7 Rn. 93 ff., BankrechtsHdb/Hopt/Kumpan § 86 Rn. 52). Dadurch Parallelität zur Ad-hoc-Publizität. **Nicht ausreichend,** um öffentliche Bekanntheit herzustellen, ist die Veröffentlichung in der Hauptversammlung (Zutritt nur für Aktionäre und zugelassene Gäste), zB Hopt ZGR 1997, 16, in Pressekonferenz, Analystentreffen oder in einem nur in bestimmten Kreisen verwendeten Börseninformationsdienst. Ebenso wenig reicht die Abrufbarkeit der Information im Handelsregister oder auf der Website des Emittenten, die Gerichtsöffentlichkeit oder die Veröffentlichung in einer Regionalzeitung oder Fachzeitschrift, BaFin, Emittentenleitfaden, Modul C, 2020, Ziff. I.2.1.1. Bei landesweit vertriebenen Presseerzeugnissen reicht die bloße Weitergabe der Nachricht an die Presse nicht, die Information muss auch veröffentlicht werden; bei (überregionaler) Fernseh- oder Rundfunksendung muss sie ausgestrahlt werden.

Bei Verschiebung der Veröffentlichung von Finanzberichten muss neuer Ver- **8a** öffentlichungstermin bekannt gegeben werden (dadurch Bekanntgabe der Verschiebung und diesbzgl. keine zusätzlich Ad-hoc-Meldung nötig, Mock BKR 2021, 65, gilt aber nicht hinsichtlich des Hintergrunds der Verschiebung), bei anschließend neuem Inhalt des Finanzberichts Ad-hoc-Meldung erforderlich.

Öffentliche Bekanntheit aus objektiver Perspektive zu beurteilen, unerheb- **8b** lich ist, wer (insbes. ob der Emittent) sie und wie (insbes. ob auf dem richtigen Verbreitungsweg) er sie bekannt gemacht hat. Entscheidend ist, ob die Anleger die Möglichkeit eines tatsächlichen Zugangs zur Information haben (vgl. dazu Erw 1 und Art. 2 I VO (EU) 2016/1055: zeitgleicher, gleichberechtigter, unentgeltlicher (allgemeine, nicht übersteuerte Nutzungsentgelte aber unschädlich, vgl. auch BaFin, Emittentenleitfaden, Modul C, 2020, Ziff. I.2.1.1) Zugang). Vorahnungen im Markt, ohne dass die Information bekannt ist, reichen nicht aus, vgl. BGH WM 2010, 400. Zu Einzelheiten BaFin Emittentenleitfaden, Modul C, 2020, Ziff. I.2.1.1, Schwark/Zimmer/Kumpan/Misterek MAR Art. 7 Rn. 101 ff., Klöhn ZHR 180 (2016), 707.

6) Emittenten- oder Finanzinstrumentenbezug (I)

Emittentenbezug ist bei Informationengegeben, die interne Vorgänge des **9** Unternehmens oder dessen Beziehung zur Außenwelt betreffen und daher für seine Marktstellung relevant sind (zB Schwark/Zimmer/Kumpan/Misterek MAR Art. 7 Rn. 87 mwN). Erfasst sind also Informationen über die Vermögens- oder Finanzsituation, Ertragslage, Geschäftsverlauf, personelle oder organisatorische Struktur des Emittenten, Caspari ZGR 1994, 539, zB Geschäftszahlen, personelle Veränderungen bei den Organen, Kapitalmaßnahmen, Erfindungen oder Entdeckungen, Abschluss von Beherrschungs- oder Gewinnabführungsverträgen, aber auch etwa der Beginn von Ermittlungs- oder Gerichtsverfahren, die Auswirkungen auf Emittenten haben können, vgl. dazu zB BaFin Emittentenleitfaden, Modul C, 2020, Ziff. I.2.1.5. Erfasst werden unternehmensinterne wie -externe (zB Übernahmeangebote) Umstände, die den Emittenten betreffen, RegE AnSVG, BT-Drs. 15/3174, 35. **Finanzinstrumentenbezug** besteht, wenn das Finanzinstrument bzw dessen Handel betroffen ist, zB Änderung der Dividende, Aufkauf größerer Wertpapierpositionen, bevorstehende Kursaussetzung, Kurspflegemaßnahmen, vorzeitige Kündigung einer Schuldverschreibung, BT-Drs. 12/6679, 46. Da indirekter Bezug ausreicht, werden auch **Marktdaten** (Informationen zu allgemeiner wirtschaftlicher Situation, ohne spezifischen Bezug zum Emittenten oder dessen Papieren) erfasst, insbes. wenn sie nur einen Teil der Unternehmen (bestimmte Branchen) betreffen, zB höhere Rohstoffpreise. Grundsätzlich auch allgemeine Daten, zB Arbeitslosenzahlen, Naturkatastrophen, da auch Informationen erfasst, die Emittenten nur mittelbar betreffen, BGH WM 2012, 307, RegE AnSVG, BT-Drs. 15/3174, 33, BaFin Emittentenleitfaden, Modul C, 2020, Ziff. I.2.1.3 und I.3.2.2.2.

7) Eignung zur erheblichen Kursbeeinflussung (I, IV)

10 Eignung zur kurserheblichen Beeinflussung liegt vor, wenn ein verständiger Anleger die Information wahrscheinlich als Teil seiner Anlageentscheidung nutzen würde (IV UAbs. 1). Die Information muss also ein Kauf- bzw. Verkaufsanreiz auslösen können. Der **„verständige Anleger"** kann als Personifizierung des effizienten Marktes verstanden werden, s. Klöhn ZHR 177 (2013), 377 ff., BankrechtsHdb/Hopt/Kumpan § 86 Rn. 55, Schwark/Zimmer/Kumpan/Misterek MAR Art. 7 Rn. 128 ff., insb. 136 ff., Kumpan/Misterek ZHR 184 (2020), 180 ff. In der Rechtsprechung wird der verständige Anleger dagegen als Individuum angesehen iSv „mit den Marktgegebenheiten vertrauter, börsenkundiger Anleger", BGH WM 2012, 308; Bachmann ZHR 172 (2008), 603, BaFin geht von einem „durchschnittlichen börsenkundigen Anleger" aus, „der seine Entscheidungen auf objektiv nachvollziehbarer Informationsgrundlage trifft", kein besonderes Fachwissen hat, aber mit den Usancen des Wertpapierhandels und dem Unternehmensrecht in Grundzügen vertraut ist und auch die gegenwärtige Marktsituation und das Verhalten anderer Marktteilnehmer in vergleichbaren früheren Situationen berücksichtigt, s. BaFin, Emittentenleitfaden, Modul C, 2020, I.2.1.4.1; allgemein Langenbucher AG 2016, 418 f.; zu § 13 aF OLG Düsseldorf ZIP 2004, 2042, auch CESR/02–089d, Tz. 27 Fn. 1 (rational); Veil ZBB 2006, 163, u. ZHR 172 (2008), 249 (rationaler Anleger). Ob verständiger Anleger auch irrationale Reaktionen anderer Marktteilnehmer berücksichtigt, ist str., dafür z. B. Assmann/Schneider/Mülbert/Assmann, Art. 7 VO Nr. 596/2014 Rn. 84, Fuchs/Mennicke/Jakovou, § 13 Rn. 142a; ob so auch BGH WM 2012, 308 zu verstehen ist, erscheint fraglich (siehe Kumpan/Misterek ZHR 184 (2020) 197 f.); krit. jedenfalls zu Recht Klöhn AG 2012, 349, Kumpan/Misterek ZHR 184 (2020), 210 ff., insb. 213.

11 Die **Eignung** zur erheblichen Kursbeeinflussung ist in objektiv-nachträglicher, auf den Zeitpunkt des Insiderhandelns abstellender Ex-ante-Prognose aus der Perspektive eines verständigen Anlegers zu bestimmen (IV UAbs. 1, Erw. 14 MAR, BGH WM 2010, 400; 2012, 308; 2013, 1174). Auf tatsächliche Kursbeeinflussung kommt es nicht an, BaFin, Emittentenleitfaden, Modul C, 2020, I.2.1.4.1. Als relative Größe muss die Kursrelevanz mittels Vergleichs zwischen der Informationslage des Insiders und des realen Marktes ermittelt werden. Geht man vom Modell des effizienten Marktes aus, bewegen sich Kurse nur bei Fundamentalwertbezug. Für die Eignung ist daher zu fragen, ob eine Information für die Fundamentalbewertung relevant ist. Dann kommt es auf einen Vergleich des vom Markt anhand öffentlicher Informationen ermittelten Fundamentalwertes und des Fundamentalwertes aus Sicht des Insiders an. Bestimmung des Fundamentalwertes erfolgt unter Berücksichtigung der zukünftig zu erwartenden Zahlungsströme und der zu erwartenden Risiken. Bei der Ermittlung der Fundamentalwertrelevanz müssen sämtliche Umstände des Einzelfalls gewürdigt werden, wie zB die Gesamttätigkeit des Emittenten, die Verlässlichkeit der Informationsquelle und andere Marktvariablen (s. Erw 14 Satz 3 MAR), wie Preis, Ertrag, Liquidität, Volatilität etc. Des Weiteren sind Unsicherheitsfaktoren zu berücksichtigen. Dafür kann der **Probability/Magnitude-Test** (Multiplika-

tion von Kursauswirkung und Eintrittswahrscheinlichkeit des jeweiligen Umstands abgezinst auf den heutigen Tag) herangezogen werden, den der EuGH nur für die Kursspezifität verworfen hat, aber nicht für die Kurserheblichkeit. Problem dieses Tests ist allerdings die Schwierigkeit, den genauen Unsicherheitsfaktor prozentual zu bestimmen. Insbesondere zukunftsbezogene Informationen sind klassischer Anwendungsfall dieses Tests. Lit. Schwark/Zimmer/Kumpan/Misterek MAR Art. 7 Rn. 144 ff.

Erhebliche Kursbeeinflussung ist nach hM anzunehmen, wenn Kursausschläge deutlich über den bei dem jeweiligen Wert üblichen Schwankungen liegen, wobei rein marktbedingte Ausschläge unberücksichtigt bleiben, BAWe/ Deutsche Börse, Insiderhandelsverbote, 2.2.1.6, S. 38. Bei der Ermittlung ist somit die Volatilität des jeweiligen Finanzinstruments zu berücksichtigen. Eine starre Grenze, ab der von einer Kurserheblichkeit gesprochen werden kann, gibt es nicht, BGH WM 2010, 400 (in diese Richtung dagegen noch BT-Drs. 12/6679, 47, unter Bezugnahme auf Minus-/Plusankündigungen). BaFin verfolgt bei der Ermittlung der Kurserheblichkeit eine Zweistufenprüfung, BaFin, Emittentenleitfaden, Modul C, 2020, I.2.1.4.2. Sieht man im verständigen Anleger die Personifikation des effizienten Marktes so ist von Kurserheblichkeit nicht bei solchen Informationen auszugehen, die den Fundamentalwert eines Finanzinstruments so weit steigern oder senken, dass die für die Transaktion aufzuwendenden Kosten vom Gewinn gedeckt sind. Nur dann besteht ein **Handelsanreiz**. Dagegen sind wegen des Zwecks von Art. 7 MAR, Sondervorteile mittels Insidergeschäften zu verhindern, solche Geschäfte unproblematisch, bei denen sich die Ausnutzung eines Informationsvorsprungs nicht lohnt. Zu den Kosten, die durch den Gewinn (die durch die nicht öffentlich bekannte Information herbeigeführte Veränderung des Fundamentalwerts) gedeckt sein müssen, gehören die Handelskosten (wie zB Ordergebühren, Geld-Brief-Spannen) und Opportunitätskosten (Rendite bei Investition in vergleichbare alternative Finanzanlagen, s. BaFin, Emittentenleitfaden, Modul C, 2020, I.2.1.4.2, Bachmann ZHR 172 (2008), 603).

Zweck des Erheblichkeitserfordernisses ist nach hM der Ausschluss von Bagatellfällen ohne nennenswerte wirtschaftliche Vorteile. Mit Erw 23 MAR aber nur schwer zu vereinbaren, da auch viele Fälle mit geringem Gewinn können Integrität des Kapitalmarkts untergraben. Größe oder Sicherheit des Gewinns sind daher grds. unerheblich, Fuchs/Mennicke/Jakovou § 13 Rn. 164. Sofern ein Geschäft aufgrund einer Information die Gewinngrenze nicht überschreitet, kommt es in einem effizienten Markt bei isolierter Betrachtung schon nicht zu einer Kursveränderung.

Ob Handelnder Information für kurserheblich hält oder es zu tatsächlichen Kursveränderungen kommt, ist irrelevant, BGH WM 2012, 308; es handelt sich um ein abstraktes Gefährdungsmerkmal, Fuchs/Mennicke/Jakovou § 13 Rn. 123. Tatsächliche erhebliche Kursveränderung nach Veröffentlichung der Information aber **Indiz für Beeinflussungspotential**, BGH WM 2021, 285 Rn. 229, BGH WM 2012, 308; 2013, 1176, BaFin Emittentenleitfaden, Modul C, 2020, Ziff. I.2.1.4.2, jedenfalls dann, wenn andere Umstände als das öffentliche Bekanntwerden der Information als Grund dafür praktisch ausgeschlossen sind, BGH WM 2012, 308, und sogar möglich, wenn Kursveränderung in die Gegenrichtung erfolgt und Insider daher Verluste macht; Beweiswert steigt mit Stärke des Kursausschlags, BGH ZIP 2010, 427. Bei gestreckten Geschehensabläufen kann ein Kursanstieg nach einer Ad-hoc-Meldung aber nur eingeschränkt als Indiz für die Kurserheblichkeit eines früheren Zwischenschritts herangezogen werden, wenn vor Veröffentlichung der Information zunächst noch andere Zwischenschritte stattgefunden haben, BGH WM 2013, 1175.

Die Eignung zur erheblichen Kursbeeinflussung ist bei Informationen bezüglich der wirtschaftlichen Lage des Emittenten naheliegend. **Beispiele** sind Geschäftszahlen, Kapitalmaßnahmen, Mergers & Acquisitions, Insolvenzen (dazu krit. Kührt BKR 2022, 502) etc, s. BaFin Emittentenleitfaden, Modul C, 2020, Ziff. I.2.1.5. Bei Gerüchten und Prognosen nur, wenn sie einer vertrauenswürdigen Quelle entspringen und sich auf nachprüfbare Fakten beziehen, s. BaFin, Emittentenleitfaden, Modul C, 2020, Ziff. I.2.1.4.4 und I.2.1.5.1 (bei Prognosen: Emittent). Hinsichtlich zukünftiger Entwicklungen oder mehrstufiger Entscheidungen besteht Eignung umso eher, je wahrscheinlicher deren Eintritt ist und je größer die potentielle Auswirkung auf das Unternehmen ist. Bei Derivaten (die aufgrund von § 12 S. 1 Nr. 3 nicht an der Börse gehandelt werden müssen) reicht erhebliches Kursbeeinflussungspotential entweder beim Derivat oder beim zugrundeliegenden Basisinstrument, zB bei Derivaten auf Strom ein Kraftwerksausfall, dazu und zu weiteren Bsp. seinerzeit BaFin Emittentenleitfaden von 2013, Ziff. III.2.1.5. Im Fall von Genussscheinen s. auch BGH WM 2018, 2232 (wenn Rechte und Pflichten der Inhaber in erheblich bewertungsrelevanter Weise betroffen sind, dies ist abhängig von den Genussscheinbedingungen). Im Fall (potentieller) Reputationsbeeinträchtigung kommt es für die Beurteilung der Kursrelevanz auf die Reputationsvermögensschäden, nicht aber auch reine Reputationsverluste an, OLG Braunschweig AG 2022, 164 (4. Ls.) = BeckRS 2021, 35001 mAnm Kumpan/Misterek AG 2022, 484.

8) Beispiele

16 Insiderinformationen können sein: Abschluss von Beherrschungs- und Gewinnabführungsverträgen, Informationen über Erwerbs-, Übernahme- oder Pflichtangebote, über Squeeze-outs, den Rückzug vom organisierten Markt oder aus dem Freiverkehr (nicht aber bloßes Downlisting, jedenfalls wenn beim künftigen Markt Liquidität und Schutzniveau vergleichbar sind), Maßnahmen zur Eigen- oder Fremdkapitalbeschaffung (jedenfalls ab Vorstandsbeschluss zur Durchführung der Maßnahme), Erwerb eigener Aktien und Rückkauf ausgegebener Anleihen (zumindest ab Ausübung des Ermächtigungsbeschlusses), den Unternehmenswert verändernde Investitionen, Informationen über Erfindungen, Patente und Lizenzen sowie über Fort- und Rückschritte auf dem Weg dorthin (nicht aber bloße Ideen oder vage Hoffnungen), Personalveränderungen auf der Führungsebene und bei für den Unternehmenserfolg wesentlichen Mitarbeitern, deren Ausscheiden und in besonderen Fällen auch deren schwere Erkrankung, Informationen über den Eintritt der Zahlungsunfähigkeit, der Überschuldung oder auch der Verlust der Hälfte des Grundkapitals sowie andere Krisenzeichen, Bilanzierungsfehler (Markworth, BKR 2020, 443), Ankündigung der Versagung oder Einschränkung des Bestätigungsvermerks durch Abschlussprüfer, Verschiebung der Veröffentlichung von Finanzberichten sowie deren Hintergrund (Mock BKR 2021, 63) außerdem Meinungen, Bewertungen oder Ratings von Analysten, Wirtschaftsprüfern, Ratingagenturen, Unternehmenskäufern ua (BankrechtsHdb/Hopt/Kumpan § 86 Rn. 44, 62). Dazu und zu weiteren Beispielen BaFin, Emittentenleitfaden, Modul C, 2020, I.2.1.5. Keine Insiderinformationen sind zB bloße Zielvorgaben an das Unternehmen (Reichert/Ott FS Hopt, 2010, 2406), bloße Überlegungen, die nicht über den engen persönlichen Bereich hinausgelangen, wie zB Rücktrittsgedanken eines Vorstandsvorsitzenden, BGH WM 2013, 1174. Lit.: Klöhn/Klöhn MAR Art. 7 Rn. 372 ff.

9) Informationen in Bezug auf Warenderivate (I lit. b)

17 Die Definition der Insiderinformationen in Bezug auf Warenderivate entspricht weitgehend der Definition in lit. a. Bei Warenderivaten (definiert in Art. 3 I Nr. 24 MAR iVm Art. 2 I Nr. 30 MiFIR iVm Art. 4 I Nr. 44 lit. c iVm Anhang I Abschnitt C Nr. 5, 6, 7, 10 MiFID II) werden zudem Informationen erfasst, die den Derivaten zugrunde liegende Waren-Spot-Kontrakte betreffen. **Waren** sind nach Art. 3 I Nr. 14 MAR iVm Art. 2 Nr. 1 MiFID I-DurchfVO 1287/2006/EG Güter fungibler Art, die geliefert werden können, wie zB Metalle, landwirtschaftliche Produkte oder Energien. Ein **Waren-Spot-Kontrakt** ist nach Art. 3 I Nr. 15 MAR ein „Kontrakt über die Lieferung einer an einem Spotmarkt gehandelten Ware, die bei Abwicklung des Geschäfts unverzüglich geliefert wird, sowie einen Kontrakt über die Lieferung einer Ware, die kein Finanzinstrument ist, einschließlich physisch abzuwickelnde Terminkontrakte". **Spotmärkte** sind nach Art. 3 I Nr. 16 MAR Warenmärkte, an denen Waren gegen bar verkauft und bei Abwicklung des Geschäfts unverzüglich geliefert werden sowie andere Märkte, die keine Finanzmärkte sind, wie zB Warenterminmärkte.

Erforderlich ist ein direkter oder indirekter Bezug zu einem oder mehreren **18** Warenderivaten oder ein direkter Bezug zu hiermit verbundenen Waren-Spot-Kontakten. Ein direkter Bezug ist immer dann gegeben, wenn es für den Basiswert einen Spotmarkt gibt. Informationen können aber nur dann Insiderinformationen sein, wenn nach Rechts- oder Verwaltungsvorschriften der EU oder der Mitgliedstaaten, Handelsregeln, Verträgen etc. offengelegt werden müssen bzw. deren Veröffentlichung nach vernünftigem Ermessen erwartet werden kann. Nach der ESMA ist letzteres der Fall, wenn die Information (1) nach der Offenlegung einem breiten Publikum in nichtdiskriminierender Form zugänglich ist, (2) in einer offiziellen Erklärung enthalten und nicht Teil einer privaten oder persönlichen Meinung oder Analyse ist und (3) es sich dabei nicht um Gerüchte oder spekulative Aussagen handelt, ESMA, MAR-Leitlinien, ESMA2016/1480, Rn. 100. Lit. Schwark/Zimmer/Kumpan/Misterek MAR Art. 7 Rn. 232 ff. **Beispiele** für von lit. b erfasste Informationen sind etwa Daten aus dem **19** Mineralölsektor über Förderung, Importe, Exporte, Lagerbestände, Raffinerieeingang und Nachfrage in Bezug auf Erdölprodukte und aus dem Erdgassektor (Erw. 20 Satz 3 MAR, ESMA MAR-Leitlinien, ESMA2016/1480 Rn. 19), im Hinblick auf Stromderivate zB Kraftwerksausfälle oder Leitungskapazitäten (seinerzeit BaFin, Emittentenleitfaden von 2013, III.2.1.5). Außerdem, insbesondere auch im Hinblick auf Emissionszertifikate, werden Informationen erfasst, die **nach Verordnung (EU) 1227/2011** (REMIT) **offenzulegen** sind. Dazu gehören nach Art. 4 I REMIT Informationen über die Kapazität und die Nutzung von Anlagen zur Erzeugung und Speicherung, zum Verbrauch oder zur Übertragung bzw. Fernleitung von Strom oder Erdgas sowie Informationen, die die Kapazität und die Nutzung von Flüssiggasanlagen, einschließlich der geplanten oder ungeplanten Nichtverfügbarkeit dieser Anlagen, betreffen.

Darüber hinaus hat die ESMA in ihren **MAR-Leitlinien, ESMA2016/1480 20** vom 17.1.2017 Beispiele für Informationen im Hinblick auf Warenderivate und Waren-Spot-Kontrakten aufgelistet, die zum Großteil unter dem Vorbehalt stehen, dass ihre Offenlegung nach vernünftigem Ermessen erwartet werden können muss. Dazu gehören ua Informationen über die aggregierten, von Handelsteilnehmern gehaltenen Positionen in Warenderivaten, Veränderungen bei den zugrunde liegenden Warenspezifikationen oder im zugrunde liegenden Warenindex, über die Lagerbestände oder Warenbewegungen in Lagerhallen oder Speicheranlagen. Weiterhin: amtliche Wirtschaftsstatistiken und Prognosen von öffentlichen Stellen in und außerhalb der EU (Eurostat, EZB, nationale Zentralbanken, nationale Statistikämter), zB BIP, Zahlungsbilanzdaten, Inflationsraten, sowie Informationen von Informationsanbietern, Organisationen ohne Erwerbszweck und staatlichen Stellen zur Fracht im Schiffsverkehr. Außerdem: Informationen über Auktionen auf den Spotmärkten für Energiekontrakte, die am Tag nach der Energielieferung bekannt gemacht werden, Mitteilungen von Konferenzen ölproduzierender Ländern über Beschlüsse zu Produktionsmengen, Informationen über Produkte, Importe, Exporte und Lagerbestände von Waren, auf denen ein Warenderivat basiert, sowie Transaktionsinformationen über Aktivitäten auf Waren-Spotmärkten. Zudem: statistische Daten in Bezug auf Waren, Informationen von agenturübergreifenden Plattformen zur Verbesserung der

Transparenz des Lebensmittelmarktes und zur Förderung der Koordinierung politischer Maßnahmen, Informationen von privaten Einrichtungen zu Veränderungen der Warenlagerungsbedingungen, ihren Warenzu- und -abgangsquoten, ihren Warenlagerungs- und -umschlagskapazitäten, den Lagerbeständen oder Warenbewegungen innerhalb von Lagern, die gemäße den Praktiken eines Waren-Spotmarktes veröffentlicht werden. Schließlich: das Auftreten wichtiger Krankheiten, die Auswirkungen auf landwirtschaftliche Erzeugnisse oder die Beihilfepolitik haben, und Aktivitäten und Maßnahmen der Europäischen Kommission, der Mitgliedstaaten und anderer amtlich beauftragter Stellen, die Agrarmärkte und die Fischerei (im Rahmen der Gemeinsamen Agrarpolitik bzw. Gemeinsamen Fischereipolitik) verwalten.

10) Informationen in Bezug auf Emissionszertifikate (I lit. c)

21 Emissionszertifikate sind Anteile in Übereinstimmung mit der Richtlinie 2003/87/EG (Art. 3 I Nr. 19 MAR iVm Anhang I Abschnitt C Nr. 11 MiFID II). Sind nach Art. 2 I UAbs. 2 MAR ausdrücklich in Anwendungsbereich der MAR einbezogen. Da lediglich die Merkmale von Art. 7 I lit. a MAR wiederholt werden, gelten die allgemeinen Maßstäbe. Aber für die Kurserheblichkeit kann auf die Mindestschwellen nach Art. 17 II UAbs. 2 MAR iVm Art. 5 Delegierte VO (EU) 2016/522 zurückgegriffen werden (Kohlendioxidäquivalent von 6 Mio. Tonnen pro Jahr und thermische Nennleistung von 2430 MW), s. dazu Art. 7 IV UAbs. 2 MAR. **Beispiele** für Insiderinformationen: Maßnahmen oder Ereignisse, die den unmittelbaren Betrieb einer Anlage bzw. der Luftverkehrstätigkeit eines Marktteilnehmers betreffen, zB (ungeplanter) Ausfall, teilweise oder endgültige Stilllegung von Anlagen, Investitionsentscheidungen hinsichtlich der Errichtung neuer Anlagen bzw. ein (teilweiser) Flottenausfall, eine Flottenaufstockung, Wechsel der Flugzeuge etc. BaFin, Emittentenleitfaden, Modul C, 2020, I.2.2.2.

11) Informationen von Kunden, front running (I lit. d)

22 Bei der Ausführung von Kundenaufträgen stellen auch die diesbezüglichen handelsbezogenen Informationen Insiderinformationen dar. Bei diesen fehlt ein Fundamentalwertbezug, aber auch solche Informationen bieten die Möglichkeit, mittels Arbitragemöglichkeiten ungerechtfertigte Sondervorteile zu erlangen. Anreiz-Test (→ Rn. 12) bleibt anwendbar. Eigengeschäfte von WPUnternehmen in Kenntnis von (kursrelevanten) Kundenaufträgen (Frontrunning, Vor-, Mit-, Gegenlaufen sowie Intermarktvorlaufen) sind somit verboten, ebenso das short squeezing in Kenntnis von Shortpositionen der Kunden. Allerdings ist auch in allen diesen Fällen Kursbeeinflussungseignung erforderlich. Dazu BankrechtsHdb/Hopt/Kumpan § 86 Rn. 59, Schwark/Zimmer/Kumpan/Misterek MAR Art. 7 Rn. 250 ff.

12) Bewertung aufgrund öffentlich bekannter Umstände (Erw 28 MAR)

23 **Analysen** (jede methodisch geordnete Untersuchung, die darauf abzielt, Arbitragemöglichkeiten zu identifizieren, Klöhn/Klöhn, MAR, Art. 7 Rn. 344) und **Bewertungen** (Äußerungen, in denen jemand seine Meinung über den Wert eines Finanzinstruments zum Ausdruck bringt, die diesen Wert jedoch nicht selbst ändern, BankrechtsHdb/Hopt/Kumpan § 86 Rn. 60) aufgrund öffentlich verfügbarer (dh öffentlich bekannter iSv **(16a)** MAR Art. 7 I lit. a) Informationen – nicht aber solche unter Nutzung nicht öffentlich bekannter Informationen (auch wenn anders als bei § 13 II WpHG aF „ausschließlich" fehlt, ergibt sich dies doch aus dem Regelungszweck) – sind in der Regel keine Insiderinformationen (Erw. 28 MAR; Auslegungshilfe zur Bestimmung der Reichweite von Art. 7 MAR). Dies dient dem Schutz insbesondere von Analysten, Börsenjournalisten und Wirtschaftsprüfern, aber auch anderen Bewertern (Bereichsausnahme für Bewertungen

V. Bankgeschäfte **8 MAR (16a)**

und Analysen). Die von ihnen erstellte Bewertung selbst (unabhängig von den zugrunde gelegten Informationen) kann eine Insiderinformation darstellen (allerdings stellt deren Eigenverwendung keine „Nutzung" dar, s. **(16a) MAR Art. 9 V)**, vgl. Satz 2. Allerdings sehen Erwägungsgrund 28 Satz 2 und 3 MAR **Rückausnahmen** für die Fälle vor, dass der Markt die Bewertungen „routinemäßig erwartet" und sie zur Preisbildung beitragen oder sie Ansichten eines anerkannten Marktkommentators oder einer Institution enthält, die die Preise verbundener Finanzinstrumente beeinflussen können, wobei dies nur Beispielsfälle sein sollen. Das geht sehr weit, sodass Einschränkungen erwogen werden, s. Klöhn WM 2016, 1665; AG 2016, 427 f. Rückausnahme zielt vom Telos her auf Bewertungen und Analysen, die mit dem Ziel der Veröffentlichung erstellt wurden und denen der Markt aufgrund ihres Urhebers oder anderer Begleitumstände einen tatsächlichen Mehrwert beimisst. Aus den Regelbeispielen in Satz 2 ergibt sich zudem, dass von ihnen die Gewähr dafür ausgehen muss, dass ihre Veröffentlichung regelmäßig die Preise beeinflusst. Beispiel: Berichte von Ratingagenturen. Lit.: BankrechtsHdb/Hopt/Kumpan § 86 Rn. 60 ff.; Klöhn WM 2014, 537; Schwark/Zimmer/Kumpan/Misterek MAR Art. 7 Rn. 253 ff.

Lit. zur Insiderinformation zB BankrechtsHdb/Hopt/Kumpan § 86 **24** Rn. 42 ff.; Klöhn/Klöhn MAR Art. 7 Rn. 23 ff.; Klöhn ZHR 180 (2016), 707; Parmentier WM 2013, 970, Schwark/Zimmer/Kumpan/Misterek MAR Art. 7 Rn. 1 ff., im europäischen Rechtsvergleich Krause/Brellochs AG 2013, 309; Langenbucher NZG 2013, 1401.

Insidergeschäfte

MAR 8 (1) ¹**Für die Zwecke dieser Verordnung liegt ein Insidergeschäft vor, wenn eine Person über Insiderinformationen verfügt und unter Nutzung derselben für eigene oder fremde Rechnung direkt oder indirekt Finanzinstrumente, auf die sich die Informationen beziehen, erwirbt oder veräußert.** ²**Die Nutzung von Insiderinformationen in Form der Stornierung oder Änderung eines Auftrags in Bezug auf ein Finanzinstrument, auf das sich die Informationen beziehen, gilt auch als Insidergeschäft, wenn der Auftrag vor Erlangen der Insiderinformationen erteilt wurde.** ³**In Bezug auf Versteigerungen von Emissionszertifikaten oder anderen darauf beruhenden Auktionsobjekten, die gemäß der Verordnung (EU) Nr. 1031/2010 gehalten werden, schließt die Nutzung von Insiderinformationen auch die Übermittlung, Änderung oder Zurücknahme eines Gebots durch eine Person für eigene Rechnung oder für Rechnung eines Dritten ein.**

(2) **Für die Zwecke dieser Verordnung liegt eine Empfehlung zum Tätigen von Insidergeschäften oder die Verleitung Dritter hierzu vor, wenn eine Person über Insiderinformationen verfügt und**

a) **auf der Grundlage dieser Informationen Dritten empfiehlt, Finanzinstrumente, auf die sich die Informationen beziehen, zu erwerben oder zu veräußern, oder dazu verleitet, einen solchen Erwerb oder eine solche Veräußerung vorzunehmen, oder**

b) **auf der Grundlage dieser Informationen Dritten empfiehlt, einen Auftrag, der ein Finanzinstrument betrifft, auf das sich die Informationen beziehen, zu stornieren oder zu ändern, oder sie dazu verleitet, eine solche Stornierung oder Änderung vorzunehmen.**

(3) **Die Nutzung von Empfehlungen oder Verleitungen gemäß Absatz 2 erfüllt den Tatbestand des Insidergeschäfts im Sinne dieses Artikels, wenn die Person, die die Empfehlung nutzt oder der Verleitung folgt, weiß oder wissen sollte, dass diese auf Insiderinformationen beruht.**

(4) Dieser Artikel gilt für jede Person, die über Insiderinformationen verfügt, weil sie
a) dem Verwaltungs-, Leitungs- oder Aufsichtsorgan des Emittenten oder des Teilnehmers am Markt für Emissionszertifikate angehört;
b) am Kapital des Emittenten oder des Teilnehmers am Markt für Emissionszertifikate beteiligt ist;
c) aufgrund der Ausübung einer Arbeit oder eines Berufs oder der Erfüllung von Aufgaben Zugang zu den betreffenden Informationen hat oder
d) an kriminellen Handlungen beteiligt ist.

Dieser Artikel gilt auch für jede Person, die Insiderinformationen unter anderen Umständen als nach Unterabsatz 1 besitzt und weiß oder wissen müsste, dass es sich dabei um Insiderinformationen handelt.

(5) Handelt es sich bei der in diesem Artikel genannten Person um eine juristische Person, so gilt dieser Artikel nach Maßgabe des nationalen Rechts auch für die natürlichen Personen, die an dem Beschluss, den Erwerb, die Veräußerung, die Stornierung oder Änderung eines Auftrags für Rechnung der betreffenden juristischen Person zu tätigen, beteiligt sind oder diesen beeinflussen.

Übersicht

	Rn
1) Konkretisierung des Erwerbs- und Veräußerungsverbots (I) ...	1–6
2) Empfehlungs- oder Verleitungsverbot (II)	7, 8
3) Nutzung einer Empfehlung oder Verleitung (III)	9
4) Primär- und Sekundärinsider (IV, V)	10–13

1) Konkretisierung des Erwerbs- und Veräußerungsverbots (I)

1 Art. 8 konkretisiert das Insiderhandelsverbot, dh das Verbot des Tätigens von Insidergeschäften in Art. 14 lit. a. **Ziel** ist die Gewährleistung der informationellen Chancengleichheit, Klöhn/Klöhn, Art 8 Rn. 43. Fokussierung auf objektive Verstöße dient der besseren Prävention, Art. 8 MAR enthält daher kein besonderes subjektives Tatbestandselement. Die in Art. 8, 9 MAR geregelte widerlegliche Vermutung der Kausalität der Insiderinformation für den Geschäftsentschluss verstößt nicht gegen die Unschuldsvermutung nach Art. 6 II EMRK, EuGH WM 2010, 69.

2 Für **Erwerb oder Veräußerung** genügt Verpflichtungsgeschäft, BaFin, Emittentenleitfaden, Modul C, 2020, Ziff. I.4.2.1, BankrechtsHdb/Hopt/Kumpan § 86 Rn. 63; OLG Karlsruhe WM 2004, 2486. Voraussetzung ist, dass gesicherter Anspruch auf Erlangung der Inhaberschaft an dem jeweiligen Finanzinstrument erlangt bzw. eingeräumt wird, BaFin, Emittentenleitfaden, Modul C, 2020, Ziff. I.4.2.1. Geschäft muss auf Entschluss des Insiders beruhen. Unerheblich ist dann, ob rechtsgeschäftlicher oder gesetzlicher Erwerbstatbestand, zB auch Erwerb im Rahmen einer Verschmelzung oder eines Squeeze-outs, wenn vom erwerbenden Insider initiiert; nicht aber wenn Vorschriften den gesetzlichen Erwerb so flankieren, dass trotz Insiderwissens keine unangemessene Benachteiligung der Gegenseite möglich ist, zB Spruchverfahren. Auf Entgeltlichkeit des Geschäfts kommt es nicht an. Daher werden auch Pensionsgeschäfte und Wertpapierdarlehen erfasst, nicht aber Verpfändung, Vererbung, Schenkung oder bedingte Übertragungen, da bzw. wenn diese von Willenserklärung des Vertragspartners abhängen oder kein eigener Entschluss des Insiders fehlt, BaFin, Emittentenleitfaden, Modul C, 2020, Ziff. I.4.2.1, BankrechtsHdb/Hopt/Kumpan § 86 Rn. 66 f. Die Geschäfte können durch den Insider selbst oder über ein Wertpapierdienstleistungsunternehmen bzw. Strohmann erfolgen (dh auf eigene oder fremde Rechnung, im eigenen oder fremden Namen), BaFin, Emittentenleitfa-

den, Modul C, 2020, Ziff. I.4.2.1 BaFin, Emittentenleitfaden, Modul C, 2020, Ziff. I.4.2.1. Auch Geschäfte außerhalb der Börse werden erfasst, s. Art. 2 III MAR. Lit.: Schwark/Zimmer/Kumpan/Schmidt Art. 8 MAR Rn. 36 ff.

Erfasst wird nunmehr auch die **Stornierung** (bereits erteilte Order wird nach- 3 träglich gelöscht, unabhängig davon, welcher zivilrechtliche Weg gewählt wird) sowie die Änderung (Modifikation des Inhalts einer Order) eines vor Erhalt der Insiderinformation erteilten Auftrages **(I 2)**, nicht aber das **Unterlassen von Transaktionen** im Übrigen, etwa Nichtausübung einer Kauf- oder Verkaufsoption, auch wenn Insiderwissen dafür ursächlich ist.

Verfügen über eine Insiderinformation bedeutet, tatsächliche **Kenntnis** 4 von ihr haben; für das Verfügen nicht erforderlich ist die Kenntnis über die Eigenschaft als Insiderinformation (dazu IV). Indizien sind zB Zugang zu Informationen oder Personen, die solche Informationen haben, plötzlich auftretende erhebliche Veränderungen im Handelsverhalten, erhebliche Transaktionen kurz vor Ankündigung wichtiger Unternehmensereignisse. Maßgeblicher **Zeitpunkt der Kenntnis** der Insiderinformation ist derjenige der verbindlichen Ordererteilung bzw. der letzten Entscheidung, die zum Erwerb bzw. zur Veräußerung führt, BankrechtsHdb/Hopt/Kumpan § 86 Rn. 71. Kenntnis erst beim Verfügungsgeschäft schadet nicht, vgl. **(16a)** MAR Art. 9 III, BaFin, Emittentenleitfaden, Modul C, 2020, Ziff. I.4.2.4.

Nutzung einer Insiderinformation bedeutet Handeln in Kenntnis der 5 Information und Berücksichtigung der Information bei der Entscheidung hinsichtlich der Vornahme des Geschäfts, Erw. 24 Satz 1 MAR, BaFin, Emittentenleitfaden, Modul C, 2020, Ziff. I.4.2.5. Zur „Nutzung vs. Kenntnis"-Debatte KöKoWpHG/Klöhn, 2. Aufl. 2014, § 14 Rn. 63 ff. Information muss mindestens mitursächlich für Vornahme des Geschäfts sein, hL, Assmann/Schneider/Mülbert/Assmann VO Nr. 596/2014 Art. 8 Rn. 31 mwN. Nach Erw 24 Satz 1 MAR, folgend EuGH WM 2010, 65 – Spector Photo („Nutzung" in Art. 2 I MAD 2003), impliziert Handeln in Kenntnis der Information deren Nutzung (widerlegliche, vgl. Erw 24 Satz 2 MAR, Vermutung, sog. **Spector-Vermutung**, Widerlegung mittels Darlegung und Beweis, dass die Information für das Handeln nicht kausal war), krit. dazu im Hinblick auf Vereinbarkeit mit deutschem Strafrecht zB Gehrmann ZBB 2010, 48; Heusel BKR 2010, 77; Opitz BKR 2010, 71; Rolshoven/Renz/Hense BKR 2010, 74; Schulz ZIP 2010, 609. Zur Spector-Vermutung im Insiderrecht nach der MAR Klöhn WM 2017, 2085. Außerdem objektive Eignung des Geschäfts zur Erzielung eines **wirtschaftlichen Sondervorteils** erforderlich, EuGH WM 2010, 70; Assmann/Schneider/Mülbert/Assmann VO Nr. 596/2017 Art. 8 Rn. 40; diesbezügliche Absicht aber nicht notwendig. **Keine Nutzung** ist anzunehmen, wenn die Insiderinformation rechtlich oder tatsächlich das Handeln des Insiders nicht beeinflusst haben kann; das gilt etwa für automatische Einbuchungen von Finanzinstrumenten im Rahmen von Fondssparplänen oder Aktienoptionsprogrammen, nicht aber für die vorgelagerte Erklärung, an einem solchen Programm teilzunehmen. Ebenso kann der Erwerb mittels Ausübung einer zuvor erworbenen Option ausgenommen sein, doch wird (im Fall der Kenntnis) der vorgelagerte Erwerb einer Option vom Insiderhandelsverbot erfasst. Wann keine Nutzung vorliegt, regelt nunmehr umfänglich **(16a)** MAR Art. 9, s. Kommentierung dort. Lit.: Schwark/Zimmer/Kumpan/Schmidt Art. 8 MAR Rn. 55 ff.

Bei der Versteigerung von Emissionszertifikaten oder anderen darauf beruhen- 6 den Auktionsobjekten erstreckt sich das Verbot auch auf die Übermittlung, Änderung oder Zurücknahme von Geboten (I 3).

2) Empfehlungs- oder Verleitungsverbot (II)

Ergänzt Offenlegungsverbot insbes. für Fälle, in denen Insider einem Dritten 7 (jede andere natürliche oder juristische Person, aber nicht Öffentlichkeit, sodass öffentliche Kauf-/Verkaufsempfehlungen nicht erfasst werden) einen Tipp gibt, ohne dass dieser von der Insiderinformation erfährt. Die Weitergabe der Insiderinformation ist daher für II nicht erforderlich, BaFin, Emittentenleitfaden, Modul C, 2020, Ziff. I.4.3. **Ziel der Norm** ist die Verringerung des Insiderrisikos im Hinblick auf eigentlich redliche Marktteilnehmer. **Verleitung** ist die Beeinflussung des Willens eines anderen unabhängig vom verwendeten Mittel mit dem Ziel, diesen zum Erwerb/Veräußerung von Finanzinstrumenten bzw. zur Änderung/Stornierung eines diesbzgl. Auftrags zu bewegen, BaFin, Emittentenleitfaden, Modul C, 2020, Ziff. I.4.3.1. Insbesondere ist kein persönlicher Kontakt erforderlich. **Empfehlung** ist eine rechtlich unverbindliche Erklärung, mittels der dem Adressaten ein bestimmtes Handeln (zB Erwerb oder Veräußerung von Finanzinstrumenten) als für ihn vorteilhaft dargestellt und ihm dessen Verwirklichung angeraten wird, BaFin, Emittentenleitfaden, Modul C, 2020, Ziff. I.4.3.2, BankrechtsHdb/Hopt/Kumpan § 86 Rn. 75. Ist Unterfall des Verleitens; sofern keine Empfehlung festzustellen, kann immer noch Verleitung vorliegen. Erfasst werden, anders als bei Art. 10 II MAR, jedoch nur eigene Empfehlungen, BaFin, Emittentenleitfaden, Modul C, 2020, Ziff. I.4.3.2.

8   Der Tipp (Empfehlung oder Verleitung), ein Geschäft zu unterlassen, wird nicht erfasst, BaFin, Emittentenleitfaden, Modul C, 2020, Ziff. I.4.3, es sei denn, darin kommt der Rat zum Ausdruck, ein gegenläufiges Geschäft vorzunehmen, erfasst wird auch die Verleitung zum Stornieren oder Ändern eines zuvor gegebenen Auftrags. Empfehlung muss die Insiderinformation nicht enthalten oder diese andeuten; es reicht, dass sie aufgrund der Insiderinformation erteilt wird. Gegenleistung ist nicht erforderlich. Auch Rat an Verwandte, Freunde, Bekannte wird erfasst, ebenso wenn Empfehlung rein altruistisch erfolgt. Ob Adressat der Empfehlung oder der Verleitung folgt, ist ohne Belang. Der **Tatbestand ist vollendet**, wenn dem Dritten die Empfehlung/Verleitung tatsächlich zugänglich gemacht wurde, dh so in seinen Machtbereich gelangt ist, dass er die Möglichkeit zur Kenntnisnahme hat, BaFin, Emittentenleitfaden, Modul C, 2020, Ziff. I.4.3. **Auf der Grundlage dieser Information** handelt der Insider, wenn er die Insiderinformation kennt, dh widerlegliche Vermutung, dass bei Kenntnis der Insiderinformation diese die Empfehlung oder Verleitung beeinflusst hat (Übertragung der Spector-Vermutung, dazu Schwark/Zimmer/Kumpan/Schmidt Art. 8 MAR Rn. 71).

3) Nutzung einer Empfehlung oder Verleitung (III)

9   III betrifft die Nutzung von Empfehlungen oder Verleitungen. Bildet zusammen mit Art. 10 Abs. 2 MAR „Tippempfänger-Haftung" der MAR. Insiderinformation muss kausal für Empfehlung bzw Verleitung gewesen sein und Tippempfänger muss Kenntnis von der Empfehlung bzw. Verleitung gehabt haben. Tippempfänger muss sodann die Empfehlung bzw Verleitung (nicht aber unbedingt die Insiderinformation als solche) „genutzt", dh auf ihrer Grundlage ein Geschäft abgeschlossen haben (dh (Mit-)Ursächlichkeit der Empfehlung bzw Verleitung). Dabei ist erforderlich, dass der Nutzende weiß oder wissen sollte (fahrlässige Nichtkenntnis reicht aus), dass die Empfehlung oder Verleitung auf einer Insiderinformation beruht. Dann verstößt der Adressat selbst gegen Art. 14 MAR. Tippempfänger, der von der Qualität als Insiderinformation nichts weiß, macht sich nicht strafbar, wenn er der Empfehlung folgt, BaFin, Emittentenleitfaden, Modul C, 2020, Ziff. I.4.3.2. Lit.: Schwark/Zimmer/Kumpan/Schmidt Art. 8 MAR Rn. 73 ff.

4) Primär- und Sekundärinsider (IV, V)

10   IV unterscheidet zwar noch zwischen Primär- (wer unmittelbaren Zugang zur Insiderinformation hat) und Sekundärinsider (jeder Dritte, der nicht Primärinsider ist). Aber dies ist nur noch für die Frage relevant, ob das Wissen um den

V. Bankgeschäfte   **9 MAR (16a)**

Charakter der Information als Insiderinformation unwiderleglich vermutet wird (Primärinsider) oder gesondert geprüft werden muss (Sekundärinsider). „Person" umfasst natürliche und juristische Personen, Art. 3 I Nr. 13 MAR. Der Begriff der **„juristischen Person"** muss unionsrechtlich ausgelegt werden, er umfasst etwa AG, GmbH und SE, aber nicht Personen(handels)gesellschaften, arg. ex Art. 3 I Nr. 26 lit. d MAR sowie Berücksichtigung strafrechtlicher Grundsätze, dazu Schwark/Zimmer/Kumpan/Schmidt Art. 8 MAR Rn. 16, aA wohl BaFin, Emittentenleitfaden, Modul C, 2020, Ziff. I.4.2.5.1.1. Demgegenüber ist der Begriff des **„Emittenten"** weiter zu verstehen und umfasst auch Personengesellschaften.

IV UAbs. 1 lit. a erfasst die Mitglieder von Verwaltungs-, Leitungs- und **11** Aufsichtsorganen, nicht dagegen von **Beiräten** oder **Gesellschafterausschüssen**, solange diese nur eine Beratungsfunktion haben. **Faktische Organe** sind dagegen erfasst, da sie Zugang zu Insiderinformationen haben können. Organmitglieder von **konzernrechtlich verbundenen Unternehmen** werden dagegen nicht erfasst (hier fehlt es am „angehören"). **IV UAbs. 1 lit. b** erfasst **Anteilseigner** unabhängig von der Beteiligungshöhe. IdR werden allerdings Kleinanleger nicht aufgrund ihrer Eigenschaft als Anteilseigner Zugang zu Insiderinformationen erhalten, Großaktionäre hingegen schon, ebenfalls die Gesellschafter von Familienunternehmen. Mittelbare Beteiligungen an Mutter- oder Tochterunternehmen werden angesichts des Wortlauts idR nicht erfasst (aber str.), ausnahmsweise aber dann, wenn es sich um bloße Vorschalt- oder Zwischengesellschaften handelt, die Beteiligung lediglich verschleiern sollen. **IV UAbs. 1 lit. c** erfasst **Berufsinsider**. Bei diesen besteht zwischen der Tätigkeit und der Erlangung der Insiderinformation eine kausale Verknüpfung („aufgrund"), allerdings muss Kenntniserlangung nicht mehr „bestimmungsgemäß" erfolgt sein, dh die Information kann auch im Zuge einer Pflichtverletzung oder zufällig erlangt worden sein. Damit fallen hierunter auch Reinigungskräfte in einem betroffenen Unternehmen oder IT-Entsorgungsunternehmen, die auf Datenträgern Restinformationen finden, oder auch Beschäftigte öffentlicher Stellen sowie Wirtschaftsjournalisten und Finanzanalysten. **IV Uabs. 1 lit. d** erfasst Personen, die durch kriminelle Handlungen Insiderinformationen erlangt haben, also zB **Werkspione** oder **Hacker**. Lit.: Schwark/Zimmer/Kumpan/Schmidt Art. 8 MAR Rn. 11 ff. mwN.

Sekundärinsider kann jedermann sein, der kein Primärinsider ist (Auffang- **12** tatbestand). Für das „Wissen" oder „Wissenmüssen" reicht die laienhafte Einschätzung, dass es sich bei einer Information um Insiderwissen nach Art. 7 MAR handeln muss; für Wissen ist dolus directus 2. Grades erforderlich. Im Hinblick auf das Wissenmüssen genügt einfache Fahrlässigkeit. Lit.: Schwark/Zimmer/ Kumpan/Schmidt Art. 8 MAR Rn. 30 ff. mwN.

V sieht eine besondere Regelung für juristische Personen vor. **An dem Be-** **13** **schluss beteiligte Personen** sind hier solche, die an der Abstimmung bzgl. des Insidergeschäfts beteiligt waren, unabhängig davon ob sie dazu befugt waren oder nicht. Von einer **Beeinflussung** ist auszugehen, wenn auf die Abfassung oder Vornahme des Beschlusses eingewirkt wurde, wobei es nicht darauf ankommt, welches Mittel dafür gewählt wurde.

Legitime Handlungen

MAR 9 (1) Für die Zwecke der Artikel 8 und 14 wird aufgrund der bloßen Tatsache, dass eine juristische Person im Besitz von Insiderinformationen ist oder war, nicht angenommen, dass sie diese Informationen genutzt und daher auf der Grundlage eines Erwerbs oder einer Veräußerung Insidergeschäfte getätigt hat, wenn diese juristische Person

a) zuvor angemessene und wirksame interne Regelungen und Verfahren eingeführt, umgesetzt und aufrechterhalten hat, durch die wirksam sichergestellt wird, dass weder die natürliche Person, die in ihrem Auftrag den Beschluss gefasst hat, Finanzinstrumente zu erwerben oder zu veräußern, auf die sich die Informationen beziehen, noch irgendeine andere natürliche Person, die diesen Beschluss in irgendeiner Weise beeinflusst haben könnte, im Besitz der Insiderinformationen gewesen ist, und
b) die natürliche Person, die im Auftrag der juristischen Person Finanzinstrumente, auf die sich die Informationen beziehen, erworben oder veräußert hat, nicht auffordert, ihr keine Empfehlungen gegeben, sie nicht angestiftet oder anderweitig beeinflusst hat.

(2) Für die Zwecke der Artikel 8 und 14 wird aufgrund der bloßen Tatsache, dass eine Person im Besitz von Insiderinformationen ist, nicht angenommen, dass sie diese Informationen genutzt und daher auf der Grundlage eines Erwerbs oder einer Veräußerung Insidergeschäfte getätigt hat, wenn diese Person

a) ein Market-Maker für die Finanzinstrumente ist, auf die sich diese Informationen beziehen, oder eine Person, die als Gegenpartei für die Finanzinstrumente zugelassen ist, auf die sich diese Informationen beziehen, und wenn der Erwerb oder die Veräußerung von Finanzinstrumenten, auf die sich diese Informationen beziehen, rechtmäßig im Zuge der normalen Ausübung ihrer Funktion als Market-Maker oder Gegenpartei für das betreffende Finanzinstrument erfolgt, oder
b) wenn diese Person zur Ausführung von Aufträgen für Dritte zugelassen ist und der Erwerb oder die Veräußerung von Finanzinstrumenten, auf die sich der Auftrag bezieht, dazu dient, einen solchen Auftrag rechtmäßig im Zuge der normalen Ausübung der Beschäftigung des Berufs oder der Aufgaben dieser Person auszuführen.

(3) Für die Zwecke der Artikel 8 und 14 wird aufgrund der bloßen Tatsache, dass eine Person im Besitz von Insiderinformationen ist, nicht angenommen, dass sie diese Informationen genutzt und daher auf der Grundlage eines Erwerbs oder einer Veräußerung Insidergeschäfte getätigt hat, wenn diese Person ein Geschäft zum Erwerb oder zur Veräußerung von Finanzinstrumenten tätigt, das, in gutem Glauben und nicht zur Umgehung des Verbots von Insidergeschäften, durchgeführt wird, um einer fällig gewordenen Verpflichtung nachzukommen, und wenn

a) die betreffende Verpflichtung auf der Erteilung eines Auftrags oder dem Abschluss einer Vereinbarung aus der Zeit vor dem Erhalt der Insiderinformationen beruht oder
b) das Geschäft der Erfüllung einer rechtlichen Verpflichtung oder Regulierungsauflage dient, die vor dem Erhalt der Insiderinformationen entstanden ist.

(4) Für die Zwecke des Artikels 8 und 14 wird aufgrund der bloßen Tatsache, dass eine Person Insiderinformationen besitzt, nicht angenommen, dass sie diese Informationen genutzt und daher Insidergeschäfte getätigt hat, wenn sie diese Insiderinformation im Zuge der Übernahme eines Unternehmens oder eines Unternehmenszusammenschlusses auf der Grundlage eines öffentlichen Angebots erworben hat und diese Insiderinformationen ausschließlich nutzt, um den Unternehmenszusammenschluss oder die Übernahme auf der Grundlage eines öffentlichen Angebots weiterzuführen, unter der Voraussetzung, dass zum Zeitpunkt der Genehmigung des Unternehmenszusammenschlusses oder der Annahme des Angebotes durch die Anteilseigner des betreffenden Unternehmens sämtliche Insiderinformationen öffentlich gemacht

worden sind oder auf andere Weise ihren Charakter als Insiderinformationen verloren haben.
Dieser Absatz gilt nicht für den Beteiligungsaufbau.

(5) Für die Zwecke der Artikel 8 und 14 stellt die bloße Tatsache, dass eine Person ihr Wissen darüber, dass sie beschlossen hat, Finanzinstrumente zu erwerben oder zu veräußern, beim Erwerb oder der Veräußerung dieser Finanzinstrumente nutzt, an sich noch keine Nutzung von Insiderinformationen dar.

(6) Unbeschadet der Absätze 1 bis 5 des vorliegenden Artikels kann es als Verstoß gegen das Verbot von Insidergeschäften gemäß Artikel 14 betrachtet werden, wenn die zuständige Behörde feststellt, dass sich hinter den betreffenden Handelsaufträgen, Geschäften oder Handlungen ein rechtswidriger Grund verbirgt.

Übersicht

	Rn
1) Vorbemerkungen	1
2) Juristische Personen (I)	2–6
3) Market Maker und Ausführung von Kundenaufträgen (II)	7–10
4) Erfüllung von Verpflichtungen (III)	11
5) Übernahme (IV)	12–14
6) Ausführung eigener Pläne (V)	15
7) Nicht aufgeführte Ausnahmen	16
8) Rückausnahme (VI)	17

1) Vorbemerkungen

Art. 9 listet, anknüpfend an die Spector Photo Entscheidung des EuGH (WM 2010, 65 = ZIP 2010, 78), nicht abschließend (vgl. Erw 24 Sätze 2, 3 MAR) tatbestandsausschließende Ausnahmen vom Insiderhandelsverbot nach Art. 14 lit. a iVm Art. 8 I MAR (Art. 9 MAR bezieht sich nur auf das Tätigen von Geschäften, zudem steht die Norm systematisch hinter Art. 8 MAR, nicht Art. 10 MAR) bzw. von der damit verbundenen Vermutungsregel, wonach von der Kenntnis einer Insiderinformation auf deren Nutzung geschlossen werden kann; es handelt sich aber nicht um Bereichsausnahmen, arg. ex Art. 9 VI MAR. **Zweck der Norm** ist es, die für den Kapitalmarkt relevanten Tätigkeiten und insiderrechtlich unproblematischen Handlungen vom Insiderhandelsverbot auszunehmen, vgl. Erw 29 Satz 1 MAR. Aufgrund des damit in Verbindung stehenden Insiderhandelsverbots und dessen Zwecks muss im Rahmen von Art. 9 MAR besonderes Augenmerk auf den Grundsatz des gleichberechtigten Zugangs zu Informationen gelegt werden. Es gelten die herkömmlichen **Beweislastregeln.** Im Strafverfahren muss daher das Vorliegen einer Privilegierung nach Art. 9 MAR nur plausibel gemacht werden.

2) Juristische Personen (I)

Nach **I** ist bei einer juristischen Person (dazu → (16a) MAR 8 Rn. 10) des privaten oder öffentlichen (s. allerdings Art. 6 MAR) Rechts nicht von einer Nutzung von Insiderinformationen auszugehen, wenn diese Regelungen und Verfahren eingeführt hat, die sicherstellen, dass die für den Handel von Finanzinstrumenten zuständigen Personen keine Kenntnis von der Insiderinformation haben (lit. a). Diese Ausnahme zielt im Wesentlichen auf die Wissenszurechnung bei juristischen Personen. Lit. a ermöglicht dem Unternehmen, ihr Haftungsrisiko zu steuern, indem sie geeignete Maßnahmen gegen Marktmissbrauch ergreifen und so die Wissenszurechnung verhindern (sog. compliance defense); sie sind aber nicht dazu verpflichtet.

3 **Verhaltens- sowie Wissenszurechnung** ist unionsrechtlich zu bestimmen, nicht nach nationalem Recht; diesbezüglich Annäherung über Art. 8 I, II Crim-MAD: Zurechnung des Verhaltens (und dann auch des Wissens) aller Personen, die der Organisationsherrschaft der juristischen Person unterstehen (Klöhn/Klöhn, MAR, Art. 8 Rn. 88 ff.). Beschlussfassende Personen müssen aber Aufgaben der juristischen Person in deren Auftrag (Art. 9 I lit. a MAR) und in deren Namen (Erw. 30 Satz 2 MAR) ausführen. Dh für den privaten Insiderhandel ihrer Organmitglieder und Beschäftigten ist die juristische Person nicht verantwortlich, sondern nur deren Handlungen im Zuge der Aufgabenerfüllung für die juristische Person. „Beschlussfassung" ist hier untechnisch zu verstehen als „Entschluss" der handelnden natürlichen Person (nicht iSv Beschluss des Organs). Personen, die den Entschluss beeinflusst haben könnten, sind Personen, die nicht selbst handeln, aber in dienstlichem Kontakt zu der handelnden Person stehen (Klöhn/Klöhn, MAR, Art 9 Rn. 33). Unerheblich ist, ob die juristische Person von der Handlung profitiert (arg. e contrario Art. 8 Crim-MAD).

4 Juristische Personen müssen angemessene und wirksame interne **Regelungen und Verfahren** einführen **(lit. a).** Regelungen sind abstrakt formuliert und gelten allgemein, sind also nicht einzelfallbezogen; im Rahmen der Compliance-Organisation sind die der Organisationsebene zuzuordnen. Verfahren sind Abläufe und institutionelle Vorkehrungen, mittels derer Regelungen um- bzw. durchgesetzt werden (Klöhn/Klöhn, MAR, Art. 9 Rn. 30). Die Regelungen und Verfahren müssen darauf gerichtet sein zu **verhindern,** dass für die juristische Person Handelnde Insiderinformationen erlangen und ihre Entscheidungen für die juristische Person davon beeinflussen lassen (Steuerung des Informationsflusses, BaFin, Emittentenleitfaden, Modul C, 2020, Ziff. I.4.2.5.2.1.1, Klöhn/Klöhn, MAR, Art. 9 Rn. 31). Außerdem muss der Informationsfluss im Nachhinein nachvollziehbar sein, BaFin, Emittentenleitfaden, Modul C, 2020, Ziff. I.4.2.5.2.1.1. Im Hinblick auf die **Angemessenheit und Wirksamkeit** ist eine individuelle Betrachtung der jeweiligen juristischen Person erforderlich; zumindest muss der Tätigkeitsbereich, die Größe und Komplexität des Unternehmens, das zugrundeliegende Risiko, die potenziellen Auswirkungen von Insiderverstößen und die erforderlichen Aufwendungen für die Maßnahmen berücksichtigt werden (BaFin, Emittentenleitfaden, Modul C, 2020, Ziff. I.4.2.5.2.1.1, Klöhn/Klöhn, MAR, Art. 9 Rn. 38). Die Regelungen und Verfahren müssen **eingeführt,** dh aufgestellt, **umgesetzt,** dh so implementiert werden, dass sie tatsächlich Wirkung entfalten können, und **aufrechterhalten** werden, dh kontinuierlich angewendet werden.

5 Die **konkrete Ausgestaltung** der Regelungen und Verfahren bleibt den Unternehmen überlassen, BaFin, Emittentenleitfaden, Modul C, 2020, Ziff. I.4.2.5.2.1.1. Bewährt haben sich Informationsbarrieren, sog. *Chinese walls* (dazu und zu weiteren organisatorischen Maßnahmen Kumpan, Der Interessenkonflikt im deutschen Privatrecht, 295 ff.). Zu Organisationsvorkehrungen nach Art. 9 I MAR BaFin, Emittentenleitfaden, Modul C, 2020, Ziff. I.4.2.5.2.1.1, GroßKommHGB/Grundmann, Bd. 11, Schwark/Zimmer/Kumpan/Schmidt Art. 8 Rn. 13 ff., Teil 6 Rn. 401 ff.; allgemein bzgl. Insiderwissen zB Buck-Heeb FS Hopt, 2010, 1647.

6 Darüber hinaus darf die juristische Person auch nicht die für sie Handelnden zu entsprechenden Geschäftsabschlüssen bewegen **(lit. b);** das erstreckt sich auch auf Abteilungen und Entscheidungsträger innerhalb des Unternehmens, die über Insiderinformationen verfügen, sodass die Gefahr besteht, dass sie andere Mitarbeiter, die keinen Zugriff auf die Insiderinformation haben, beeinflussen könnten. Auffordern bedeutet anweisen, zum Empfehlen s. → **(16a) MAR** 8 Rn. 7, Anstiften lehnt sich an das Verleiten (→ **(16a) MAR** 8 Rn. 7) an.

3) Market Maker und Ausführung von Kundenaufträgen (II)

II erfasst Berufsträger (dazu schon BGH ZIP 2010, 428), wie Market Maker und Skontroführer (§ 27 BörsG), die sich auf die Ausübung ihrer rechtmäßigen Geschäftstätigkeit beschränken (s. auch Erw 30 MAR). Zweck der Ausnahme ist es zu verhindern, dass die für den Kapitalmarkt essentielle Tätigkeit dieser Liquiditätsanbieter und Intermediäre blockiert wird (vgl. Erw 29 MAR), da diese etwa aufgrund ihres Einblicks in das Orderbuch bzw in den Orderfluss von ihren Kunden regelmäßig in den Besitz von Insiderwissen gelangen, dazu Schwark/Zimmer/Kumpan/Schmidt, Art. 9 MAR Rn. 44.

Market Maker (lit. a) ist nach Art. 3 I Nr. 30 MAR iVm Art. 4 I Nr. 7 MiFID II „eine Person, die an den Finanzmärkten auf kontinuierlicher Basis ihre Bereitschaft anzeigt, durch den An- und Verkauf von Finanzinstrumenten unter Einsatz des eigenen Kapitals Handel für eigene Rechnung zu von ihr gestellten Kursen zu betreiben". Aufgrund der Weite des Begriffs „Market Maker" können darunter auch Skontroführer, Liquidity Provider und andere Liquiditätsspender gefasst werden. **„Gegenparteien"** sind sog. zentrale Gegenparteien (Central Counterparties, CCPs) iSv Art. 4 I Nr. 51 MiFID II iVm Art. 2 I EMIR, BaFin, Emittentenleitfaden, Modul C, 2020, Ziff. I.4.2.5.2.1.2, nicht „geeignete Gegenparteien" iSv. Art. 30 II MiFID II. CCPs bekleiden eine besondere Abwicklungs- und Stabilisierungsfunktion für den Markt, das sie das Ausfallrisiko der Marktteilnehmer übernehmen, indem sie sich zwischen zwei Geschäftsparteien schieben und für diese jeweils als Vertragspartner fungieren (als Käufer für den Verkäufer und als Verkäufer für den Käufer).

Die genannten Berufsträger müssen für den Handel in dem jeweiligen Finanzinstrument zugelassen sein und das Geschäft rechtmäßig im Zuge der normalen Ausübung ihrer Funktion vornehmen (s. schon BT-Drs. 12/6679, 47, BGH WM 2010, 401), bei Market Makern zB Hedginggeschäfte. Rechtmäßigkeit hängt von der Funktion des Handelnden, den Regelungen des Handelsplatzes oder der jeweiligen Handelsbeziehung ab, Klöhn/Klöhn, MAR, Art. 9 Rn. 84. An deutschen Börsen ist dies am BörsG und der jeweiligen Börsenordnung zu messen, s. auch BaFin, Emittentenleitfaden, Modul C, 2020, Ziff. I.4.2.5.2.1.2.

Lit. b erfasst ausschließlich Personen, die zugelassen sind, um Aufträge von Dritten ausführen. Das ist mit Art. 4 I Nr. 5 MiFID II vergleichbar. Lit. b erfasst daher vor allem Kreditinstitute, Broker und vergleichbare Unternehmen und deren Kommissions- oder Festpreisgeschäfte für Dritte. Auch diese müssen rechtmäßig im Zuge der normalen Ausübung der Beschäftigung ihres Berufs oder ihrer Aufgaben tätig sein. Das ist der Fall, wenn sich Insiderinformationen, die der Auftragnehmer kennt, nicht auf die Auftragsausführung auswirken. Das ist immer dann anzunehmen, wenn das Geschäft vom Kunden ausgeht und der Auftragnehmer kein Ermessen hinsichtlich des Auftrags hat, BaFin, Emittentenleitfaden, Modul C, 2020, Ziff. I.4.2.5.2.1.3. Ebenso, wenn Broker bzw Bank ohne Kenntnis von der Insiderinformation weisungsgemäß den Auftrag eines Kunden ausführt, der Insider ist, es sei denn, er/sie weiß, dass Kunde Insiderinformation besitzt (dann muss er/sie das Geschäft ablehnen, BankrechtsHdb/Hopt/Kumpan § 86 Rn. 84, andernfalls Strafbarkeit wegen Beihilfe, s. auch BT-Drs. 12/6679, 47, aber keine Nachforschungspflicht, BankrechtsHdb/Hopt/Kumpan § 86 Rn. 83). Soll eine Bank eine **interessewahrende Order** ausführen und hat selbst Insiderinformationen, muss sie den Auftrag an einen unwissenden Dritten abgeben, BT-Drs. 12/6679, 47, BankrechtsHdb/Hopt/Kumpan § 86 Rn. 85. Lit.: Schwark/Zimmer/Kumpan/Schmidt, Art. 9 MAR Rn. 48 ff.

4) Erfüllung von Verpflichtungen (III)

Erfüllung von (eigenen, nicht fremden ohne eigene Einstandspflicht) **fälligen Verpflichtungen** (bloße Gefälligkeiten oder Obliegenheiten reichen nicht aus;

Fälligkeit richtet sich nach der Rechtsordnung, die dem Geschäft zugrunde liegt), die vor Kenntnis der Insiderinformation eingegangen bzw. auferlegt worden sind, ist ebenfalls freigestellt (III). Erfasst sind aber nur Verpflichtungen aus Geschäften, die sich **unmittelbar** auf die Übertragung von Finanzinstrumenten beziehen (Erwerb, Veräußerung), bloß mittelbare Verbindung reicht nicht aus, BaFin, Emittentenleitfaden, Modul C, 2020, Ziff. I.4.2.5.2.1.4. Sofern Entstehen der Verpflichtung noch von Erklärung der Vertragspartei oder einem Umstand nach Erteilung des Auftrags abhängig ist, auf den eine Vertragspartei Einfluss hat, wird dies von III nur dann erfasst, wenn dies vor Kenntniserlangung erfolgt, dh die Verpflichtung vor Kenntniserlangung voll wirksam entstanden ist, vgl. auch BaFin, Emittentenleitfaden, Modul C, 2020, Ziff. I.4.2.5.2.1.4. Von III erfasst sind auch sog. **Dauerorders** und **Mitarbeiterprogramme,** sofern sie vor Kenntnis der Insiderinformation eingerichtet worden sind, BaFin, Emittentenleitfaden, Modul C, 2020, Ziff. I.4.2.5.2.1.4. Lit. b muss erweiternd ausgelegt werden für den Fall, dass dem Insider eine rechtliche Verpflichtung oder Regulierungsauflage ohne sein Zutun auferlegt wird. Dann muss Kenntnis der Insiderinformationen irrelevant sein, BankrechtsHdb/Hopt/Kumpan § 86 Rn. 86. Lit.: Schwark/Zimmer/Kumpan/Schmidt, Art. 9 MAR Rn. 52 ff.

5) Übernahme (IV)

12   Ist Insiderinformation im Zuge der Übernahme bzw. des Zusammenschlusses (oder auch im Vorfeld, Schwark/Zimmer/Kumpan/Schmidt Art. 9 MAR Rn. 67) erworben worden und wird nur für deren Fortführung verwendet, gilt auch hierfür eine Ausnahme. **Zweck** von IV ist zu verhindern, dass Unternehmensübernahmen und -zusammenschlüsse dem Insiderhandelsverbot zu Opfer fallen (BankrechtsHdb/Hopt/Kumpan § 86 Rn. 90). Es muss allerdings sichergestellt werden, dass zum Zeitpunkt der Genehmigung bzw. Angebotsannahme (Zeitpunkt der Entscheidung der Aktionäre) sämtliche Insiderinformationen öffentlich bekannt sind (iSv Art. 7 I lit. a MAR, breite Öffentlichkeit); hier kann sog. **Insiderfalle** auftreten, wenn Zielgesellschaft Insiderinformation nicht veröffentlicht und Bieter nicht veröffentlichen darf und Zielgesellschaft nicht dazu bewegen kann.

13   IV adressiert Bieter und mit ihm hinsichtlich der Übernahme zusammenarbeitende Personen. Sachlich erfasst sind **Erwerbsgeschäfte nach Due-Diligence-Prüfungen** im Zuge von **Übernahmen** (Erwerb von Wertpapieren, durch den Stimmrechtsanteile an einem Unternehmen aufgrund eines öffentlichen Angebots, Art. 2 I lit. a Übernahmerichtlinie, übermittelt werden; Überschreiten der Kontrollschwelle ist nicht relevant; erfasst sowohl freiwillige Übernahmeangebote als auch Pflichtangebote iSv § 35 II WpÜG) oder **Unternehmenszusammenschlüssen** (iSv Zusammenführung von Unternehmen zu einer wirtschaftlichen Einheit, zB durch Verschmelzung, Sachkapitalerhöhungen, Joint Ventures oder scheme of arrangement, Klöhn/Brellochs, MAR Art. 11 Rn. 68, Meyer/Veil/Rönnau/Veil § 7 Rn. 75), BaFin, Emittentenleitfaden, Modul C, 2020, Ziff. I.4.2.5.2.1.5. Unternehmenskauf, Kontrollerwerb und öffentliche Übernahmeangebote müssen aber im vor der Prüfung festgelegten Umfang erfolgen („weiterführen"), s. auch BaFin, Emittentenleitfaden, Modul C, 2020, Ziff. I.4.2.5.2.15, zu Insiderfragen bei Übernahmen Hopt/Kumpan ZGR 2017, 765; außerdem Bühren NZG 2017, 1172; Hopt, FS K. Schmidt, 2019, S. 527, Hopt ZGR 2002, 333; Vaupel/Uhl WM 2003, 2126, s. auch Bank NZG 2012, 1337 (M&A). Insiderinformationen können aber auf die Weise berücksichtigt werden, dass sie in das Angebot eingepreist werden, Bühren NZG 2017, 1176. Darüber hinausgehende Käufe (sog. **Alongside-Käufe**) unter Nutzung der Insiderinformation sind unzulässig (BaFin, Emittentenleitfaden, Modul C, 2020, Ziff. I.4.2.5.2.1.5), ebenso Verkäufe von bereits erworbenen Finanzinstrumenten (da kein „weiterführen"), hier muss abgewartet werden, bis die entsprechende

Insiderinformation öffentlich bekannt ist. Zudem muss ein öffentliches Angebot folgen, ein lediglich (sukzessiver) Beteiligungsaufbau im Anschluss ist nicht zulässig (IV UAbs. 2). **Beteiligungsaufbau** ist „Erwerb von Anteilen an einem Unternehmen, durch den keine rechtliche oder regulatorische Verpflichtung entsteht, in Bezug auf das Unternehmen ein öffentliches Übernahmeangebot abzugeben" (Art. 3 I Nr. 31 MAR).

Insiderrechtlich beachtlich ist das Weiterkaufen nach Überschreiten einer Beteiligungsschwelle ohne die vorgeschriebene Meldung, sofern sich durch den Einstieg der Fundamentalwert der Finanzinstrumente ändert. Weitergabe der Insiderinformation über bevorstehendes Übernahmeangebot ist problematisch, das gilt im Fall des Bieters für Weitergabe an befreundete Anleger und Banken zur Unterstützung bei der Übernahme **(Warehousing)**, zulässig aber dann, wenn dies im Rahmen einer Bietergemeinschaft erfolgt – arg. e Art. 5 I Übernahmerichtlinie –, unzulässig dagegen auch für sog. Dawn Raids. Im Fall der Zielgesellschaft zulässig an **White Knights** – arg. e Art. 9 II Übernahmerichtlinie (aber nur für ernsthaft konkurrierende Gebote). Dazu Hopt/Kumpan ZGR 2017, 765. Lit.: Schwark/Zimmer/Kumpan/Schmidt, Art. 9 MAR Rn. 58 ff. 14

6) Ausführung eigener Pläne (V)

Selbst geschaffene Insiderinformationen, zB Ausführung des eigenen (nicht fremden) Entschlusses hins. Unternehmensbeteiligung, Pakethandel oder abgesprochene Kursstützung durch Hauptaktionäre und Vorstandsmitglieder (schon so zur aF („Ausnutzen") EuGH WM 2007, 1603, BT-Drs. 12/6679, 47, außerdem Erw-gründe 29, 30 MAD 2003), sind zwar Insiderinformationen (relevant im Hinblick auf Dritte), werden aber von dem Betroffenen selbst nicht „genutzt", sofern nicht schon der Entschluss dazu auf Insiderinformation beruht. **Zweck** ist es, das Zustandekommen größerer Transaktionen nicht zu behindern und dem insoweit zu weiten Wortlaut von **(16a)** MAR Art. 8 entgegenzuwirken; andernfalls dauerhafte Blockade von kurserheblichen Transaktionen und Unternehmensübernahmen. V zeigt, dass **Drittbezug für eine Insiderinformation nicht erforderlich** ist, gegenteilig lautender Erw 54 Satz 3 MAR ist Redaktionsversehen, dazu Klöhn ZIP-Beil. zu Heft 22/2016, 46; BankrechtsHdb/Hopt/Kumpan § 86 Rn. 93. Die Begriffe Erwerb, Veräußerung sind wie in **(16a)** MAR Art. 8 zu verstehen, auch Stornierungen und Änderungen werden erfasst. Ausnahme muss auf Erfüllungsgehilfen des Betroffenen erstreckt werden (erfüllen ihm gegenüber nur ihre vertraglichen Pflichten) und anderen Personen, die allein den Entschluss des Betroffenen umsetzen, BaFin, Emittentenleitfaden, Modul C, 2020, Ziff. I.4.2.5.2.1.6 (analoge Anwendung), BankrechtsHdb/ Hopt/Kumpan § 86 Rn. 94. Lit.: Schwark/Zimmer/Kumpan/Schmidt, Art. 9 MAR Rn. 82 ff. 15

7) Nicht aufgeführte Ausnahmen

Art. 9 MAR ist nicht abschließend (vgl. Erw 24 Sätze 2, 3 MAR). Ebenfalls ausgenommen sind **Face-to-Face-Geschäfte,** bei denen beide Vertragspartner die Insiderinformation kennen, **Handeln entgegen der Insiderinformation, Verwerten von Sicherheiten,** die **Ausführung eines Masterplans** (sofern dieser kein Ermessen hinsichtlich der Essentialia des Geschäfts vorsieht), Vermögensverwaltung durch selbständig handelnde Dritte sowie Fälle, in denen sich die Insiderinformation nicht auf den Preis des Geschäfts auswirken kann, weil etwa eine staatliche Preiskontrolle besteht, wie zB im Fall von §§ 305, 320b AktG, § 207 UmwG oder beim Squeeze-out (Spruchverfahren). Lit.: BaFin, Emittentenleitfaden, Modul C, 2020, Ziff. I.4.2.5.2.2, Schwark/Zimmer/Kumpan/Schmidt, Art. 9 MAR Rn. 97 ff. 16

8) Rückausnahme (VI)

17 Durch VI sollen Umgehungen verhindert werden, die nur vordergründig eine der Ausnahmen des Art. 9 erfüllen. Bedeutung des „rechtswidrigen Grundes" unklar. Mit Blick auf Erw 24 Satz 3 MAR dann anzunehmen, wenn mit einer eigentlich legitimen Handlung gegen den Grundsatz des gleichberechtigten Informationszugangs verstoßen und aufgrund einer Insiderinformation ein Sondervorteil gegenüber dem Anlegerpublikum realisiert wird, BaFin, Emittentenleitfaden, Modul C, 2020, Ziff. I.4.2.5.2.1.7, Klöhn/Klöhn, MAR, Art. 9 Rn. 137. Die „Feststellung" iSv VI kann sowohl durch Behörde (in Deutschland BaFin), als auch – im Gerichtsverfahren – durch Gerichte erfolgen, Meyer/Veil/Rönnau/Veil, § 7 Rn. 83. Lit.: Schwark/Zimmer/Kumpan/Schmidt, Art. 9 MAR Rn. 89 ff.

Unrechtmäßige Offenlegung von Insiderinformationen

MAR 10 (1) **Für die Zwecke dieser Verordnung liegt eine unrechtmäßige Offenlegung von Insiderinformationen vor, wenn eine Person, die über Insiderinformationen verfügt und diese Informationen gegenüber einer anderen Person offenlegt, es sei denn, die Offenlegung geschieht im Zuge der normalen Ausübung einer Beschäftigung oder eines Berufs oder der normalen Erfüllung von Aufgaben.**

Dieser Absatz gilt für alle natürlichen oder juristischen Personen in den Situationen oder unter den Umständen gemäß Artikel 8 Absatz 4.

(2) **Für die Zwecke dieser Verordnung gilt die Weitergabe von Empfehlungen oder das Verleiten anderer, nachdem man selbst verleitet wurde, gemäß Artikel 8 Absatz 2 als unrechtmäßige Offenlegung von Insiderinformationen gemäß diesem Artikel, wenn die Person, die die Empfehlung weitergibt oder andere verleitet, nachdem sie selbst verleitet wurde, weiß oder wissen sollte, dass die Empfehlung bzw. Verleitung auf Insiderinformationen beruht.**

1) Zweck und Anwendungsbereich

1 **Zweck** des Verbots ist, Personenkreis mit Kenntnis von Insiderinformationen so klein wie möglich zu halten und Verbreitung entgegenzuwirken, um Gefahr von Insiderhandel zu senken (Vorfeldtatbestand), BaFin, Emittentenleitfaden, Modul C, 2020, Ziff. I.4.4, BaFin, Emittentenleitfaden, Modul C, 2020, Ziff. I.4. Daher Tatbestand nicht erfüllt, wenn Empfänger die Insiderinformation bereits kennt (dann aber Strafbarkeit wegen Versuchs möglich) oder bei Veröffentlichung gegenüber der breiten Kapitalmarktöffentlichkeit (dann keine Insiderinformation mehr, vgl. Erw 49 MAR), BaFin, Emittentenleitfaden, Modul C, 2020, Ziff. I.4.4.1. Ist abstraktes Gefährdungsdelikt. Persönlicher Anwendungsbereich umfasst sowohl Primär- als auch Sekundärinsider, I UAbs. 2 iVm **(16a)** MAR 8 IV dazu → **(16a)** MAR 8 Rn. 10 ff. Kann insbes. auch durch den Urheber der Insiderinformation erfüllt werden, Klöhn AG 2016, 426.

2) Verfügen über Insiderinformationen

2 Offenlegender muss über die Insiderinformation „**verfügen**", dh tatsächliche Kenntnis von ihr haben. Er muss aber nicht den Insidercharakter der Information kennen. Bei juristischen Personen erfolgt Wissenszurechnung, dazu → **(16a)** MAR Art. 9 Rn. 3. Wer Insiderinformation verbreitet, ohne sie zu kennen, verstößt nicht gegen Art. 10 MAR, zB Weitergabe eines ungeöffneten Briefes eines anderen, ohne den Inhalt zu kennen.

3) Offenlegung

Offenlegung (wie bisher „Weitergabe" in der MAD 2003 zu verstehen, BaFin, Emittentenleitfaden, Modul C, 2020, Ziff. I.4.4.1) ist Ermöglichung der Kenntnisnahme (durch Tun oder Unterlassen) und **umfasst bisherige Fälle der Mitteilung und des Zugänglichmachens**, BankrechtsHdb/Hopt/Kumpan § 86 Rn. 103, s. auch BaFin, Emittentenleitfaden, Modul C, 2020, Ziff. 1.4.4.1 (inhaltlich ändere sich ggü der alten Rechtslage nichts). **Mitteilung** (unmittelbare Offenlegung) bedeutet direkte Weiterreichung der Information; dabei ist unerheblich auf welche Art und Weise, zB selbst oder durch Hilfspersonen. **Zugänglichmachen** (mittelbare Offenlegung, Ermöglichung der Kenntnisnahme) liegt vor, wenn die Voraussetzungen dafür geschaffen werden, dass ein anderer von der Information Kenntnis erlangen kann, zB Übermittlung eines Passwortes, mit dem eine verschlüsselte Datei mit Insiderinformationen geöffnet werden kann, BaFin Emittentenleitfaden von 2013, Ziff. III.2.2.2.1. **Art der Kommunikation** ist unerheblich, also zB schriftlich, mündlich, ausdrücklich, durch Gestik etc. Offenlegung **gegenüber** einer oder auch mehreren **Personen** (natürliche, juristische, Art. 3 I Nr. 13 MAR), auch gegenüber unbestimmter Vielzahl von Personen, solange es sich nicht um breite Kapitalmarktöffentlichkeit handelt.

Empfänger muss nicht wissen, dass es sich um eine Insiderinformation handelt. Auch ist angesichts des Zwecks der Norm für eine Tatbestandsverwirklichung nicht nötig, dass der Empfänger tatsächlich Kenntnis von der Information erlangt, BaFin, Emittentenleitfaden, Modul C, 2020, Ziff. I.4.4.1, Meyer/Veil/Rönnau/Veil § 8 Rn. 5, 7. Verschafft sich der Dritte rechtswidrig Zugriff auf Insiderinformationen, liegt keine Offenlegung iSv Art. 10 MAR vor. Lit.: Schwark/Zimmer/Kumpan/Grütze, Art. 10 MAR Rn. 3 ff.

4) Unrechtmäßig

Offenlegung grundsätzlich **unrechtmäßig** (objektives Tatbestandsmerkmal), wenn nicht gesetzlich (vertraglich reicht nicht, BaFin, Emittentenleitfaden, Modul C, 2020, Ziff. I.4.4.2) gefordert oder in engem Zusammenhang mit Beschäftigungs-/Berufs-/Tätigkeitsausübung und – in Anlehnung an die EuGH-Rechtsprechung, an der sich MAR-Gesetzgeber orientiert – für deren Erfüllung unerlässlich, EuGH WM 2006, 612 – Grongaard und Bang (Rspr. weiterhin anwendbar); dazu BankrechtsHdb/Hopt/Kumpan § 86 Rn. 105; Sethe ZBB 2006, 250; M. Weber NJW 2006, 3686; Bachmann ZHR 172 (2008), 624; Veil ZHR 172 (2008), 239. Dies ist mittels Abwägung des Offenlegungsinteresses des Insiders mit dem Marktinteressen an der Eindämmung von Insiderinformationen zu ermitteln, BaFin, Emittentenleitfaden, Modul C, 2020, Ziff. I.4.4.1, Klöhn/Klöhn, MAR, Art. 10 Rn. 43 ff. (Verhältnismäßigkeitsprüfung, insbes. Berücksichtigung des Need-to-know-Prinzips). Ohne Bedeutung ist, ob Empfänger einer Verschwiegenheitspflicht unterliegt. Offenlegung gegen Verhaltens- oder Organisationspflichten idR unrechtmäßig, aber nicht zwingend. Einhaltung dieser Pflichten macht Offenlegung aber auch nicht per se rechtmäßig. Offenlegung im privaten Bereich grds unzulässig, aber Ausnahmen im Zusammenhang mit Wahrnehmung von Grundrechten.

Rechtmäßig (weil unerlässlich) ist **unternehmensinterne Weitergabe,** dh innerbetrieblicher und konzerninterner (str., dazu Ziemons AG 1999, 499; Schneider FS Wiedemann, 2002, 1255; Veil ZHR 172 (2008), 268) Informationsfluss, sofern aus betrieblichen Gründen erforderlich, insbesondere an den **Vorstand** und zwischen dessen Mitgliedern, bzw. im Rahmen von **Berichtspflichten** (zB §§ 90, 170f AktG, §§ 80 II, 90, 92 BetrVG). Offenlegung gegenüber **Hauptversammlung erst nach Vornahme der Ad hoc-Meldung,** außerhalb der Hauptversammlung gegenüber **Aktionären** grds. unrechtmäßig, Ausnahmen bei besonders bedeutsamen und notwendigen Veränderungen ggf.

möglich. Zur Offenlegung gegenüber Hauptversammlung und Aktionären BankrechtsHdb/Hopt/Kumpan § 86 Rn. 143, Schwark/Zimmer/Kumpan/Grütze Art. 10 MAR Rn. 51 ff. mwN.

7 **Weitergabe an Unternehmensexterne** rechtmäßig im Fall von Berichtspflichten (zB §§ 9, 15 IV, 21 ff. oder auch §§ 39, 59 GWB, § 320 II HGB, § 145 II AktG), außerdem im Rahmen von Due-Diligence-Prüfungen bei Erwerb im Rahmen von Unternehmensübernahmen und -zusammenschlüssen durch Veräußerer/Zielgesellschaft an Erwerber (ergibt sich aus **(16a) MAR** Art. 9 IV) und deren Hilfspersonen. Weitergabe von ad-hoc-pflichtigen Informationen an **Journalisten** (dabei ist Art. 21 MAR zu beachten) nur befugt, wenn zeitgleich eine Bekanntmachung nach **(16a) MAR** Art. 17 I erfolgt, bei anderen Insiderinformationen (bzw. wenn der Betroffene die Veröffentlichungsmöglichkeit nach **(16a) MAR** Art. 17 I nicht hat) nur, wenn durch Veröffentlichung Aufhebung der Insiderinformationseigenschaft zu erwarten, Cloppenburg/Kruse WM 2007, 1113. Weitergabe an **Ratingagenturen** rechtmäßig, wenn für ein korrektes öffentlich bekanntes Rating unerlässlich, vgl. CESR/05–139b Rn. 124 (wohl sogar weiter). Weitergabe durch Journalisten – auch Ratingagenturen – befugt, wenn dadurch Öffentlichkeit (nicht nur Bereichsöffentlichkeit) hergestellt wird. Weitergabe an **Finanzanalysten** daher nunmehr grds. unrechtmäßig. Weitergabe an **externe Berater,** wenn Informationen zur Erfüllung ihrer vertraglichen Verpflichtungen ggü. Emittenten notwendig. Dazu Schwark/Zimmer/ Schwark/Kruse § 14 Rn. 60; Sturm ZBB 2010, 27 ff. Ein Spannungsverhältnis besteht zu **Aufklärungs- und Warnpflichten** von Banken: Bank muss in diesem Fall Insiderinformation geheim halten und unter Berufung darauf Rat, Aufklärung und Warnung verweigern dürfen. Ausnahme, wenn Insiderwissen in Verkaufsprospekt einfließt (da prospektrechtlich geschuldet). Bei **Übernahmen** Offenlegung durch Bieter ggü. andere Mitgliedern einer Bietergemeinschaft sowie durch Zielgesellschaft ggü. White Knight zulässig. Lit. Schwark/Zimmer/Kumpan/Grütze Art. 10 MAR Rn. 22 ff., 50 ff.

5) Weitergabe von Empfehlungen bzw. Verleitungen (II)

8 II erstreckt Offenlegungsverbot auf die Weitergabe von Empfehlungen und die Verleitung durch selbst Verleitete, allerdings nur, wenn der Weitergebende weiß oder wissen muss, dass Empfehlung bzw. Verleitung auf Insiderinformation beruht (mittels Parallelwertung in der Laiensphäre). **Zweck der Norm** ist die informationelle Chancengleichheit sicherzustellen und zu verhindern, dass Personen wie Insider handeln, die nicht eigentlich Insider sind. Art. 10 MAR normiert den Fall der „**Kettenempfehlung**" bzw „**Kettenverleitung**". Erfasst werden damit Personen, die zwar nicht selbst über Insiderinformationen verfügen, aber als Adressat einer Empfehlung/Verleitung (siehe → **(16a) MAR** Art. 8 Rn. 7) die Information mittelbar weitergeben (Zweitempfehlung/-verleitung).

Marktsondierungen

MAR 11 (1) **Eine Marktsondierung besteht in der Übermittlung von Informationen vor der Ankündigung eines Geschäfts an einen oder mehrere potenzielle Anleger, um das Interesse von potenziellen Anlegern an einem möglichen Geschäft und dessen Bedingungen wie seinem Umfang und seiner preislichen Gestaltung abzuschätzen durch**

a) den Emittenten;

b) einen Zweitanbieter eines Finanzinstruments, der das betreffende Finanzinstrument in einer Menge oder mit einem Wert anbietet, aufgrund derer bzw. dessen sich das Geschäft vom üblichen Handel unterscheidet, wobei

es außerdem auf einer Verkaufsmethode beruht, die auf der Vorabbewertung des potenziellen Interesses möglicher Anleger beruht;
c) einen Teilnehmer am Markt für Emissionszertifikate oder
d) einen Dritten, der im Auftrag oder für Rechnung einer der unter Buchstabe a, b oder c genannten Personen agiert.

(2) Unbeschadet des Artikels 23 Absatz 3 stellt auch die Offenlegung von Insiderinformationen durch eine Person, die beabsichtigt, ein Übernahmeangebot für die Anteile eines Unternehmens oder für einen Unternehmenszusammenschluss an Dritte zu richten, die Anspruch auf die Anteile des Unternehmens haben, einem Marktsondierung dar, wenn

a) die Informationen erforderlich sind, um den Dritten, die Anspruch auf die Unternehmensanteile haben, zu ermöglichen, sich über ihre Bereitschaft, ihre Unternehmensanteile anzubieten, eine Meinung zu bilden, und
b) die Bereitschaft der Dritten, die Anspruch auf die Unternehmensanteile haben, ihre Unternehmensanteile anzubieten, nach vernünftigem Ermessen für den Beschluss, das Angebot für die Übernahme oder den Unternehmenszusammenschluss abzugeben, erforderlich ist.

(3) ¹Ein offenlegender Marktteilnehmer berücksichtigt vor der Durchführung einer Marktsondierung insbesondere, ob die Marktsondierung die Offenlegung von Insiderinformationen umfasst. ²Der offenlegende Marktteilnehmer führt schriftliche Aufzeichnungen über seine Schlussfolgerung und über ihre Gründe. ³Er legt diese schriftlichen Aufzeichnungen der zuständigen Behörde auf deren Ersuchen hin vor. ⁴Dieser Verpflichtung gilt für jede Offenlegung von Informationen im Verlauf der Marktsondierung. ⁵Der offenlegende Marktteilnehmer aktualisiert die schriftlichen Aufzeichnungen gemäß diesem Absatz entsprechend.

(4) Für die Zwecke des Artikels 10 Absatz 1 wird eine Offenlegung von Insiderinformationen, die im Verlauf einer Marktsondierung vorgenommen wurde, so betrachtet, dass sie im Zuge der normalen Ausübung der Beschäftigung oder des Berufs oder der normalen Erfüllung der Aufgaben einer Person vorgenommen wurde, wenn der offenlegende Marktteilnehmer die Verpflichtungen gemäß den Absätzen 3 und 5 dieses Artikels erfüllt.

(5) Für die Zwecke des Absatzes 4 muss der offenlegende Marktteilnehmer vor der Offenlegung:

a) die Zustimmung der Person einholen, die die Marktsondierung erhält, dass sie Insiderinformationen erhält;
b) die Person, die die Marktsondierung erhält, davon in Kenntnis setzen, dass ihr die Nutzung und der Versuch der Nutzung dieser Informationen in Form des Erwerbs oder der Veräußerung von Finanzinstrumenten, auf die sich diese Informationen beziehen, ob direkt oder indirekt, für eigene Rechnung oder für die Rechnung Dritter, untersagt sind;
c) die Person, die die Marktsondierung erhält, davon in Kenntnis setzen, dass ihr die Nutzung und der Versuch der Nutzung in Form der Stornierung oder Änderung eines bereits erteilten Auftrags in Bezug auf ein Finanzinstrument, auf das sich diese Informationen beziehen, untersagt sind, und
d) die Person, die die Marktsondierung erhält, davon in Kenntnis setzten, dass sie sich mit der Zustimmung, die Informationen zu erhalten, auch verpflichtet ist, die Vertraulichkeit der Informationen zu wahren.

¹Der offenlegende Marktteilnehmer muss Aufzeichnungen über sämtliche Informationen erstellen und führen, die der Person, die die Marktsondierung erhält, übermittelt wurden, einschließlich der Informationen, die gemäß Unterabsatz 1 Buchstabe a bis d übermittelt wurden, sowie über die Identität der potenziellen Anleger, gegenüber denen die Informationen offengelegt wur-

den, einschließlich unter anderem der juristischen und natürlichen Personen, die im Auftrag des potenziellen Anleger handeln, und des Datums und der Uhrzeit einer jeden Offenlegung. ²Der offenlegende Marktteilnehmer muss der zuständigen Behörde diese Aufzeichnungen auf deren Ersuchen zur Verfügung stellen.

(6) Wenn im Zuge einer Marktsondierung Informationen offengelegt wurden und nach Einschätzung des offenlegenden Marktteilnehmers ihre Eigenschaft als Insiderinformationen verlieren, setzt dieser die den Empfänger unverzüglich davon in Kenntnis Insiderinformation.

Der offenlegende Marktteilnehmer führt Aufzeichnungen über die Informationen, die er im Einklang mit diesem Absatz übermittelt hat, und stellt diese Aufzeichnungen der zuständigen Behörde auf deren Ersuchen zur Verfügung.

(7) Unbeschadet der Bestimmungen dieses Artikels nimmt die Person, die die Marktsondierung erhält, selbst die Einschätzung vor, ob sie im Besitz von Insiderinformationen ist und wenn sie nicht mehr im Besitz von Insiderinformationen ist.

(8) Die Aufzeichnungen gemäß diesem Artikel werden von dem offenlegenden Marktteilnehmer mindestens fünf Jahre lang aufbewahrt.

(9) Um die durchgehende Harmonisierung dieses Artikels sicherzustellen, arbeitet die ESMA Entwürfe technischer Regulierungsstandards aus, um angemessene Regelungen, Verfahren und Aufzeichnungsanforderungen festzulegen, mittels derer Personen die Anforderungen der Absätze 4, 5, 6 und 8 einhalten können.

Die ESMA legt der Kommission diese Entwürfe technischer Regulierungsstandards bis zum 3. Juli 2015 vor.

Der Kommission wird die Befugnis übertragen, die in Unterabsatz 1 genannten technischen Regulierungsstandards nach Artikel 10 bis 14 der Verordnung (EU) Nr. 1095/2010 zu erlassen.

(10) Um die durchgehende Harmonisierung dieses Artikels sicherzustellen, arbeitet die ESMA Entwürfe technischer Durchführungsstandards aus, in denen festgelegt wird, welche Systeme und Mitteilungsmuster zur Einhaltung der Vorschriften der Absätze 4, 5, 6 und 8 zu nutzen sind, insbesondere das genaue Format der Aufzeichnungen nach den Absätzen 4 bis 8 und die technischen Mittel für eine angemessene Übermittlung der Informationen gemäß Absatz 6 an die Person, die die Marktsondierung erhält.

Die ESMA legt der Kommission diese Entwürfe technischer Durchführungsstandards bis zum 3. Juli 2015 vor.

Der Kommission wird die Befugnis übertragen, die in Unterabsatz 1 genannten technischen Durchführungsstandards nach Artikel 15 der Verordnung (EU) Nr. 1095/2010 zu erlassen.

(11) Die ESMA gibt für die Personen, die die Marktsondierung erhalten, gemäß Artikel 16 der Verordnung (EU) Nr. 1095/2010 Leitlinien zu Folgendem heraus:

a) den Faktoren, die diese Personen berücksichtigen müssen, wenn ihnen gegenüber als Bestandteil der Marktsondierung Informationen offengelegt werden, damit sie beurteilen können, ob diese Informationen Insiderinformationen sind;
b) den Schritten, die diese Personen unternehmen müssen, wenn ihnen gegenüber Insiderinformationen offengelegt wurden, um die Artikel 8 und 10 dieser Verordnung einzuhalten, und

c) **den Aufzeichnungen, die diese Personen führen sollten, um nachzuweisen, dass sie die Artikel 8 und 10 dieser Verordnung eingehalten haben.**

1) Marktsondierung

Besondere Ausnahmeregelungen gelten für sog. Marktsondierungen. Nach **I** 1 handelt es sich bei einer Marktsondierung um die Übermittlung von Informationen vor der Ankündigung eines Geschäfts an potenzielle Anleger, um deren Interesse an einem möglichen Geschäft und dessen Bedingungen (insbesondere preislicher Ausgestaltung und Umfang) abzuschätzen. Zum Zweck von Marktsondierungen Zetzsche AG 2016, 611. Für Marktsondierungen kommt Grøngaard/Bang-Rechtsprechung des EuGH nicht mehr zur Anwendung, BankrechtsHdb/Hopt/Kumpan § 86 Rn. 113 (Wortlaut und Systematik von Art. 11 iVm Art. 10). Zu Regelungen, Systemen und Verfahren für die Durchführung von Marktsondierungen s. Delegierte Verordnung (EU) 2016/960, zu Vorgaben zu den zu nutzenden Systemen und Mitteilungsmustern s. Durchführungsverordnung (EU) 2016/959. Für weitere Vorgaben siehe ESMA, MAR-Leitlinien ESMA2016/1130. Lit. außerdem Singhof ZBB 2017, 193.

2) Persönlicher Anwendungsbereich

Persönlicher Anwendungsbereich: Emittenten, Zweitanbieter und Teilnehmer 2 am Markt für Emissionszertifikate, bei Zweitanbietern aber Voraussetzung, dass **ungewöhnliche Menge angeboten wird** (dh ein im Vergleich zum durchschnittlichen Handelsvolumen/zur durchschnittlichen Marktkapitalisierung so erheblicher Umfang, dass Ausführung während durchschnittlichem Handelstag beeinträchtigt wäre oder erheblichen Einfluss auf den Kurs hätte) oder zu einem ungewöhnlichen Wert und Vorabbewertung für Verkaufsmethode erforderlich. Bieter bzw. Erwerbsinteressenten (nur diese, nicht Dritte) werden nur privilegiert, wenn sie Übernahmeangebot beabsichtigen (**II**, dazu → Rn. 3).

3) Übernahmeangebote (II)

II enthält besondere Regelungen für Marktsondierungen bei Übernahmeange- 3 boten (iSv Art. 2 I lit. a Übernahmerichtlinie 2004/25/EG, nicht Erwerbsangebote, s. Poelzig NZG 2016, 534, aA Zetzsche AG 2016, 612). Offenlegung nur gegenüber Personen, auf die es ankommt, um einen für den Bieter günstigen Beschluss zu erreichen (lit. b), „Dritter" ist aber generalisiert zu verstehen, es kommt nicht auf den individuellen Einzelnen an, dh es ist nicht zulässig, nur einzelne ausgewählte Anteilsinhaber zu informieren, um die für den Beschluss erforderliche Mehrheit gerade so sicherzustellen (das wäre Ungleichbehandlung im Widerspruch zu sonst in der MAR verfolgtem Zweck). Bereitschaft Dritter ist dann nicht erforderlich, wenn Übertragung der Anteile auch gegen deren Willen möglich, zB bei Squeeze-out (§ 327a AktG, § 39a WpÜG).

4) Dokumentations- und Informationspflichten (III, V)

Offenlegung im Rahmen einer Marktsondierung zulässig, wenn besondere 4 Dokumentations- (III) und Informationspflichten (V) beachtet werden. Zu diesen Pflichten und ihren Implikationen für die Praxis Zetzsche AG 2016, 614 ff. Erheblicher Verwaltungsaufwand bei Dokumentationspflichten (III), da einmalige Überlegung und Aufzeichnung am Anfang nicht ausreicht, sondern bei jeder einzelnen Ansprache neu erfolgen muss; ebenso erheblicher Verwaltungsaufwand durch Informationspflichten (V), da umfangreiche Dokumentation. Für detaillierte technische Regelungen siehe Delegierte Verordnung (EU) 2016/960 (insbesondere zu Verfahren und Aufzeichnungsanforderungen) und Durchführungsverordnung (EU) 2016/959 (insbesondere zu bei Marktsondierungen zu nutzende Systeme und Mitteilungsmuster).

5) Unterrichtungspflicht, Aufbewahrungspflicht, Pflichten des Dritten (VI–VIII)

5 Sobald Insiderinformation ihre Eigenschaft als Insiderinformation verliert, muss offenlegender Marktteilnehmer den Empfänger schnellstmöglich unterrichten, dies dokumentieren und ggf. der Aufsichtsbehörde vorlegen **(VI)**. Aufzeichnungen sind fünf Jahre aufzubewahren **(VIII)**. Pflichten des Offenlegenden entbinden Empfänger nicht von eigener Einschätzung, ob er Insiderinformationen erhalten hat oder diese ihren Charakter als Insiderinformationen verloren haben **(VII)**. Empfänger kann sich also nicht auf Offenlegenden verlassen und sich darauf berufen. Er hat zudem die Leitlinien der ESMA zu beachten, s. ESMA MAR-Leitlinien ESMA2016/1130, 2 (→ Rn. 1 ff.) sowie Annex IV.

Verbot von Insidergeschäften und unrechtmäßiger Offenlegung von Insiderinformationen

MAR 14 Folgende Handlungen sind verboten:

a) das Tätigen von Insidergeschäften und der Versuch hierzu,
b) Dritten zu empfehlen, Insidergeschäfte zu tätigen, oder Dritte dazu zu verleiten, Insidergeschäfte zu tätigen, oder
c) die unrechtmäßige Offenlegung von Insiderinformationen.

1 Art. 14 enthält das Verbot von Insidergeschäften und unrechtmäßiger Offenlegung, dessen Tatbestände werden jedoch in den vorangegangenen Vorschriften konkretisiert. Lit. a ist im Zusammenhang mit Art. 8 und 9, lit. b im Zusammenhang mit Art. 8 II und 9 sowie lit. c im Zusammenhang mit Art. 10 und 11 zu lesen.

2 Verstoß gegen Insiderhandelsverbot macht Rechtsgeschäft **nicht** nach § 134 **BGB** nichtig, da sich Insiderhandelsverbot nicht gegen den Inhalt, sondern nur die Art und Weise des Zustandekommens des Geschäfts richtet, Klöhn/Klöhn, MAR, Art. 14 Rn. 116. Ebenso wenig nach § 138 BGB. Auch liegt in diesem Fall **kein Anfechtungsgrund** nach § 119 II BGB oder nach § 123 I Fall 1 BGB vor (sofern nicht aktiv getäuscht wird; denn idR keine Aufklärungspflicht), Klöhn/Klöhn, MAR, Art. 14 Rn. 118 f. Ein Ausnahmefall liegt cic nur im Fall von face-to-face-Transaktionen, Klöhn/Klöhn, MAR, Art. 14 Rn. 120. Von einigen wird § 826 BGB als möglich angesehen, aber str., idR dürfte es an Kausalität fehlen. Zum Schutzgesetzcharakter (§ 823 II BGB) → Vorb. Rn. 9; Schwark/Zimmer/Kumpan/Grütze, Art. 14 MAR Rn. 49 ff. Jedenfalls Beschränkung bei der Schadensersatzberechnung: Vermutung des § 252 S. 2 BGB ist nicht anzuwenden, wenn der von dem Geschädigten verlangte Gewinn nur über Insidergeschäft erzielt werden kann, OLG Schleswig 5 U 128/12, BeckRS 2014, 7732 = juris Rn. 306, 308 (zu § 14 WpHG aF). Zum Aussageverweigerungsrecht (Art. 47, 48 GR-Charta) ggü einer Behörde bei Ermittlungen zum Marktmissbrauch EuGH WM 2021, 340 mwN, Anm. Nietsch WuB 2021, 374. Lit.: **(16b)** WpHG § 97 Rn. 8, Schwark/Zimmer/Kumpan/Grütze, Art. 14 MAR Rn. 1 ff.

Kapitel 3. Offenlegungsvorschriften

Veröffentlichung von Insiderinformationen

MAR 17 (1) Emittenten geben der Öffentlichkeit Insiderinformationen, die unmittelbar den diesen Emittenten betreffen, unverzüglich bekannt.

V. Bankgeschäfte   **17 MAR (16a)**

¹ Die Emittenten stellen sicher, dass die Insiderinformationen in einer Art und Weise veröffentlicht werden, die es der Öffentlichkeit ermöglicht, schnell auf sie zuzugreifen, falls vorhanden, und sie vollständig, korrekt und rechtzeitig zu bewerten, und dass sie in dem amtlich bestellten System gemäß Artikel 21 der Richtlinie 2004/109/EG des Europäischen Parlaments und des Rates (1) veröffentlicht werden. ² Die Emittenten dürfen die Veröffentlichung von Insiderinformationen nicht mit der Vermarktung ihrer Tätigkeiten verbinden. ³ Die Emittenten veröffentlichen alle Insiderinformationen, die sie der Öffentlichkeit mitteilen müssen, auf ihrer Website und zeigen sie dort während eines Zeitraums von mindestens fünf Jahren an.

Dieser Artikel gilt für Emittenten, die für ihre Finanzinstrumente eine Zulassung zum Handel an einem geregelten Markt in einem Mitgliedstaat beantragt oder genehmigt haben, bzw. im Falle von Instrumenten, die nur auf einem multilateralen oder organisierten Handelssystem gehandelt werden, für Emittenten, die für ihre Finanzinstrumente eine Zulassung zum Handel auf einem multilateralen oder organisierten Handelssystem in einem Mitgliedstaat erhalten haben oder die für ihre Finanzinstrumente eine Zulassung zum Handel auf einem multilateralen Handelssystem in einem Mitgliedstaat beantragt haben.

(2) ¹ Jeder Teilnehmer am Markt für Emissionszertifikate gibt Insiderinformationen in Bezug auf ihm gehörende Emissionszertifikate für seine Geschäftstätigkeit, darunter Luftverkehr gemäß Anhang I der Richtlinie 2003/87/EG und Anlagen im Sinne von Artikel 3 Buchstabe e jener Richtlinie, die der betreffende Marktteilnehmer, dessen Mutterunternehmen oder ein verbundenes Unternehmen besitzt oder kontrolliert und für dessen betriebliche Angelegenheiten der Marktteilnehmer, dessen Mutterunternehmen oder ein verbundenes Unternehmen vollständig oder teilweise verantwortlich ist, öffentlich, wirksam und rechtzeitig bekannt. ² In Bezug auf Anlagen umfasst diese Offenlegung die für deren Kapazität und Nutzung erheblichen Informationen, darunter die geplante oder ungeplante Nichtverfügbarkeit dieser Anlagen.

Unterabsatz 1 gilt nicht für Teilnehmer am Markt für Emissionszertifikate, wenn die Emissionen der Anlagen oder Luftverkehrstätigkeiten in ihrem Besitz, unter ihrer Kontrolle oder ihrer Verantwortlichkeit im Vorjahr eine bestimmte Kohlendioxidäquivalent-Mindestschwelle nicht überschritten haben und, sofern dort eine Verbrennung erfolgt, deren thermische Nennleistung eine bestimmte Mindestschwelle nicht überschreitet.

Der Kommission wird die Befugnis übertragen, gemäß Artikel 35 zur Anwendung der im Unterabsatz 2 dieses Absatzes vorgesehenen Ausnahme delegierte Rechtsakte zur Festlegung einer Kohlendioxidäquivalent-Mindestschwelle und einer Mindestschwelle für die thermische Nennleistung zu erlassen.

(3) Der Kommission wird die Befugnis übertragen, delegierte Rechtsakte gemäß Artikel 35 zur Festlegung der zuständigen Behörde für die Mitteilungen gemäß den Absätzen 4 und 5 des vorliegenden Artikels zu erlassen.

(4) Ein Emittent oder ein Teilnehmer am Markt für Emissionszertifikate, kann auf eigene Verantwortung die Offenlegung von Insiderinformationen für die Öffentlichkeit aufschieben, sofern sämtliche nachfolgenden Bedingungen erfüllt sind:

a) die unverzügliche Offenlegung wäre geeignet die berechtigten Interessen des Emittenten oder Teilnehmers am Markt für Emissionszertifikate zu beeinträchtigen,

b) die Aufschiebung der Offenlegung wäre nicht geeignet, die Öffentlichkeit irrezuführen,
c) der Emittent oder Teilnehmer am Markt für Emissionszertifikate kann die Geheimhaltung dieser Informationen sicherstellen.

Im Falle eines zeitlich gestreckten Vorgangs, der aus mehreren Schritten besteht und einen bestimmten Umstand oder ein bestimmtes Ereignis herbeiführen soll oder hervorbringt, kann ein Emittent oder Teilnehmer am Markt für Emissionszertifikate auf eigene Verantwortung die Offenlegung von Insiderinformationen zu diesem Vorgang vorbehaltlich des Unterabsatzes 1 Buchstaben a, b und c aufschieben.

[1] Hat ein Emittent oder ein Teilnehmer am Markt für Emissionszertifikate die Offenlegung von Insiderinformationen nach diesem Absatz aufgeschoben, so informiert er die gemäß Absatz 3 festgelegte zuständige Behörde unmittelbar nach der Offenlegung der Informationen über den Aufschub der Offenlegung und erläutert schriftlich, inwieweit die in diesem Absatz festgelegten Bedingungen erfüllt waren. [2] Alternativ können Mitgliedstaaten festlegen, dass die Aufzeichnung einer solchen Erläuterung nur auf Ersuchen der gemäß Absatz 3 festgelegten zuständigen Behörde übermittelt werden muss.

(5) Zur Wahrung der Stabilität des Finanzsystems kann ein Emittent, bei dem es sich um ein Kreditinstitut oder ein Finanzinstitut handelt, auf eigene Verantwortung die Offenlegung von Insiderinformationen, einschließlich Informationen im Zusammenhang mit einem zeitweiligen Liquiditätsproblem und insbesondere in Bezug auf den Bedarf an zeitweiliger Liquiditätshilfe seitens einer Zentralbank oder eines letztinstanzlichen Kreditgebers, aufschieben, sofern sämtliche nachfolgenden Bedingungen erfüllt sind:

a) die Offenlegung der Insiderinformationen birgt das Risiko, dass die finanzielle Stabilität des Emittenten und des Finanzsystems untergraben wird;
b) der Aufschub der Veröffentlichung liegt im öffentlichen Interesse;
c) die Geheimhaltung der betreffenden Informationen kann gewährleistet werden, und
d) die gemäß Absatz 3 festgelegte zuständige Behörde hat dem Aufschub auf der Grundlage zugestimmt, dass die Bedingungen gemäß Buchstaben a, b, und c erfüllt sind.

(6) [1] Für die Zwecke des Absatzes 5 Buchstaben a bis d setzt der Emittent die gemäß Absatz 3 festgelegte zuständige Behörde von seiner Absicht in Kenntnis, die Offenlegung der Insiderinformationen aufzuschieben, und legt Nachweise vor, dass die Voraussetzungen gemäß Absatz 5 Buchstaben a, b, und c vorliegen. [2] Die gemäß Absatz 3 festgelegte zuständige Behörde hört gegebenenfalls die nationale Zentralbank oder, falls eingerichtet, die makroprudenzielle Behörde oder andernfalls die folgenden Stellen an:

a) falls es sich bei dem Emittenten um ein Kreditinstitut oder eine Wertpapierfirma handelt, die gemäß Artikel 133 Absatz 1 der Richtlinie 2013/36/EU des Europäischen Parlaments und des Rates (1) benannte Behörde;
b) in anderen als den in Buchstabe a genannten Fällen jede andere für die Aufsicht über den Emittenten zuständige nationale Behörde.

[1] Die gemäß Absatz 3 festgelegte zuständige Behörde stellt sicher, dass der Aufschub für die Offenlegung von Insiderinformationen nur für den im öffentlichen Interesse erforderlichen Zeitraum gewährt wird. [2] Die gemäß Absatz 3 festgelegte zuständige Behörde bewertet mindestens wöchentlich, ob die Voraussetzungen gemäß Absatz 5 Buchstaben a, b und c noch vorliegen.

Wenn die gemäß Absatz 3 festgelegte zuständige Behörde dem Aufschub der Veröffentlichung von Insiderinformationen nicht zustimmt, muss der Emittent die Insiderinformationen unverzüglich offenlegen.

Dieser Absatz gilt für Fälle, in denen der Emittent nicht beschließt, die Offenlegung von Insiderinformationen gemäß Absatz 4 aufzuschieben.

Verweise in diesem Absatz auf die gemäß Absatz 3 festgelegte zuständige Behörde in diesem Absatz lassen die Befugnis der zuständigen Behörde, ihre Aufgaben gemäß Artikel 23 Absatz 1 wahrzunehmen, unberührt.

(7) Wenn die Offenlegung von Insiderinformationen gemäß Absatz 4 oder 5 aufgeschoben wurde und die Vertraulichkeit der dieser Insiderinformationen nicht mehr gewährleistet ist, muss der Emittent die Öffentlichkeit so schnell wie möglich über diese Informationen informieren.

Dieser Absatz schließt Sachverhalte ein, bei denen ein Gerücht auf eine Insiderinformation Bezug nimmt, die gemäß Absatz 4 oder 5 nicht offengelegt wurden, wenn dieses Gerücht ausreichend präzise ist, dass zu vermuten ist, dass die Vertraulichkeit dieser Information nicht mehr gewährleistet ist.

(8) [1] Legt ein Emittent oder ein Teilnehmer am Markt für Emissionszertifikate oder eine in ihrem Auftrag oder für ihre Rechnung handelnde Person im Zuge der normalen Ausübung ihrer Arbeit oder ihres Berufs oder der normalen Erfüllung ihrer Aufgaben gemäß Artikel 10 Absatz 1 Insiderinformationen gegenüber einem Dritten offen, so veröffentlicht er diese Informationen vollständig und wirksam, und zwar zeitgleich bei absichtlicher Offenlegung und unverzüglich im Fall einer nicht absichtlichen Offenlegung. [2] Dieser Absatz gilt nicht, wenn die die Informationen erhaltende Person zur Verschwiegenheit verpflichtet ist, unabhängig davon, ob sich diese Verpflichtung aus Rechts- oder Verwaltungsvorschriften, einer Satzung oder einem Vertrag ergibt.

(9) Insiderinformationen in Bezug auf Emittenten, deren Finanzinstrumente zum Handel an einem KMU-Wachstumsmarkt zugelassen sind, können auf der Website des Handelsplatzes anstatt der Website des Emittenten angezeigt werden, falls der Handelsplatz sich für die Bereitstellung dieser Möglichkeit für Emittenten auf jenem Markt entscheidet.

(10) Um einheitliche Bedingungen für die Anwendung dieses Artikels sicherzustellen, arbeitet die ESMA Entwürfe technischer Durchführungsstandards zur Festlegung

a) der technischen Mittel für die angemessene Bekanntgabe von Insiderinformationen gemäß den Absätzen 1, 2, 8 und 9 und

b) der technischen Mittel für den Aufschub der Bekanntgabe von Insiderinformationen gemäß den Absätzen 4 und 5 aus.

Die ESMA legt der Kommission diese Entwürfe technischer Durchführungsstandards bis zum 3. Juli 2016 vor.

Der Kommission wird die Befugnis übertragen, die in Unterabsatz 1 genannten technischen Durchführungsstandards nach Artikel 15 der Verordnung (EU) Nr. 1095/2010 zu erlassen.

(11) Die ESMA gibt Leitlinien für die Erstellung einer nicht abschließenden indikativen Liste der in Absatz 4 Buchstabe a genannten berechtigten Interessen des Emittenten und von Fällen heraus, in denen die Aufschiebung der Offenlegung von Insiderinformationen gemäß Absatz 4 Buchstabe b geeignet ist, die Öffentlichkeit irrezuführen.

Übersicht

	Rn
1) Übersicht	1, 2
2) Normadressaten	3–5
3) Unmittelbare Betroffenheit	6–9
4) Unverzügliche Bekanntgabe	10–14
5) Aufschub der Offenlegung (IV)	15–21
6) Aufschub der Offenlegung zur Wahrung der Stabilität des Finanzsystems (V, VI)	22, 23
7) Fehlende Gewährleistung der Geheimhaltung (VII)	24
8) Offenlegung bei unbefugter Informationsweitergabe (VIII)	25–28

1) Übersicht

1   Die Pflicht zur unverzüglichen Veröffentlichung und Mitteilung von Insiderinformationen (Ad-hoc-Publizität) ist von praktisch größter Wichtigkeit. Sie zielt auf Markttransparenz (Gewährleistung „realistischer" Marktpreise), sichert also die Funktionsfähigkeit des Kapitalmarktes, und Zurückdrängung von Insidergeschäften (Prävention von Marktmissbrauch), BGH ZIP 2013, 1169 f. Hierzu sind primär die Durchführungsverordnung (EU) 2016/1055 (technische Mittel für die Bekanntgabe und Aufschub der Bekanntgabe von Insiderinformationen), die Delegierte Verordnung (EU) 2016/522 (insbes. zuständige Behörde für Meldung des Aufschubs), die Leitlinien der ESMA ESMA2016/1130 (insbes. Aufschub der Veröffentlichung) und die FAQs der ESMA sowie außerdem noch der Emittentenleitfaden der BaFin, Modul C, 2020, I.3, Ad-hoc-Publizität) zu beachten.

2   Der **Emittent** muss sämtliche Insiderinformationen (Begriff derselbe wie in Art. 7), die ihn **unmittelbar** betreffen unverzüglich veröffentlichen und sie außerdem unverzüglich, jedoch nicht vor ihrer Veröffentlichung, dem Unternehmensregister nach § 8b HGB übermitteln (§ 26 I WpHG, → HGB § 8b Rn. 4). Sofern zB Auskunft an Aktionäre (§ 131 AktG) Insiderinformation betreffen sollte, muss erst Mitteilung nach Art. 17 erfolgen (dazu → Art. 10 Rn. 6); unlösbare Konflikte sollten bei richtiger Vorbereitung der Hauptversammlung nicht zu befürchten sein. Ad-hoc-Publizität steht selbständig neben anderen Transparenzregelungen, deren Erfüllung nicht von Ad-hoc-Publizität befreit. Da die MAR keine Beschränkung der Art und Weise der Veröffentlichung vorsieht, können Insiderinformationen auch anders als mittels Ad-hoc-Mitteilungen veröffentlicht werden, solange nur Öffentlichkeit hergestellt wird. Ob Art. 17 MAR Schutzgesetzcharakter hat, ist str., dazu Schwark/Zimmer/Kumpan/Grütze Art. 17 MAR Rn. 19 ff. mwN.

2) Normadressaten

3   Normadressaten sind **Emittenten** (Art. 3 I Nr. 21 MAR: „juristische Person des privaten oder öffentlichen Rechts, die Finanzinstrumente emittiert oder deren Emission vorschlägt, wobei der Emittent im Fall von Hinterlegungsscheinen, die Finanzinstrumente repräsentieren, der Emittent des repräsentierten Finanzinstruments ist"). Zum Begriff des Finanzinstruments s. Art. 3 I Nr. 1 MAR iVm. Art. 3 I Nr. 14 iVm Anhang I Abschnitt C MiFID II. Zum Begriff der juristischen Person bzw. des Emittenten in der MAR Schwark/Zimmer/Kumpan/Schmidt Art. 8 MAR Rn. 16 f. („juristische Person" eng zu verstehen, „Emittent" dagegen weit zu verstehen, wegen unterschiedlicher engl. Sprachfassung), Klöhn/Wimmer WM 2020, 761 (beides weit zu verstehen, insbes. jeweils auch Personengesellschaften umfassend), auch schon, wenn Antrag auf Zulassung gestellt, s. I UAbs. 3 (dann allerdings wegen fehlenden Marktpreises Kurserheblichkeit problematisch, wenn Finanzinstrumente nicht bereits außerbörslich gehandelt werden oder eine Preisspanne für sie festgelegt wurde), nicht aber, wenn er nur öffentlich angekündigt ist; auch Freiverkehr (multilaterales Handelssystem, **(14)** BörsG § 48 III 2), aber wegen der verbundenen Sanktionen nur, wenn Einbeziehung auf Initiative bzw. mit Zustimmung der Freiverkehrsemittenten erfolgt ist (Erw 49 Satz 5 MAR). Dazu BaFin, Emittentenleitfaden, Modul C, 2020, I.3.2.1.1, Scholz NZG 2016, 1286. Anwendungsbereich von Art. 17 entspricht damit Art. 14 (allerdings müssen Informationen bei Art. 17 unmittelbaren Bezug zum Emittenten haben).

Normadressaten sind dagegen **nicht Vorstandsmitglieder.** Aber im Rahmen **4** der Organisationspflicht müssen diese auf Einhaltung von Art. 17 hinwirken (sonst § 9 OWiG möglich), gilt auch in der Insolvenz (nicht Insolvenzverwalter), BVerwGE 123, 210 (zu § 25 I WpHG aF), BaFin, Emittentenleitfaden, Modul C, 2020, I.3.2.1.5 (bei Insolvenz bleibt Emittent weiter verpflichtet). Dazu Klöhn NZG 2017, 1285; Nietsch ZIP 2018, 1421. Vorstand ist aber nach Binnenverfassung für die Ad-hoc-Veröffentlichung zuständig, nicht der Aufsichtsrat, hL, zB BaFin, Emittentenleitfaden, Modul C, 2020, I.3.3.1.1; Schwark/Zimmer/Kumpan/Grütze, KMRK, Art. 17 MAR Rn. 154 f, Meyer/Veil/Rönnau/Veil/ Brüggemeier § 10 Rn. 38. Auch Bereichsleiter (im technischen Unternehmensbereich) sind hinsichtlich der Ad-hoc-Publizitätspflicht keine verfassungsmäßig berufenen Vertreter des Emittenten, OLG Braunschweig AG 2022, 164 (8. Ls.) = BeckRS 2021, 35001 mAnm Kumpan/Misterek AG 2022, 484.

Nach II gilt Ad-hoc-Publizitätspflicht auch für **Teilnehmer am Markt für** **5** **Emissionszertifikate** (Definition in Art. 3 I Nr. 20 MAR), wobei II UAbs. 2 an Schwellenwerten orientierte Ausnahmen vorsieht, die von der Kommission konkretisiert werden (s. Art. 5 Delegierte Verordnung 2016/522: Kohlendioxidäquivalent-Mindestschwelle von 6 Mio. Tonnen/Jahr und Mindestschwelle für thermische Nennleistung bei 2.430 MW müssen überschritten werden, die Werte gelten auf Konzernebene und für alle Geschäftsbereiche).

3) Unmittelbare Betroffenheit

Insiderinformation s. Art 7. Es erfolgt keine „Saldierung", wenn sich aufeinan- **6** derfolgende Insiderinformationen hinsichtlich ihrer Kursrelevanz neutralisieren. **Unmittelbare Betroffenheit des Emittenten** bedeutet einen direkten Bezug zum Emittenten selbst (dadurch enger Anwendungsbereich als bei Insiderhandelsverbot), dh die Information bezieht sich auf Umstände, die im Tätigkeitsbereich des Emittenten eingetreten sind, BGH WM 2012, 308, kann aber auch andere Umstände erfassen, die unmittelbaren Emittentenbezug aufweisen, Bankrechts-Hdb/Hopt/Kumpan § 86 Rn. 140; ist nicht der Fall, wenn (nur) die von ihm emittierten Finanzinstrumente betroffen sind, str. Umstände im Tätigkeitsbereich des Emittenten sind alle Umstände, die unmittelbare Folge der unternehmerischen Tätigkeit sind **(unternehmensinterne Umstände),** zB Vertragsabschlüsse, Vorstands- und Aufsichtsratsbeschlüsse, personelle Veränderungen in den Organen, Kapitalerhöhungen und generell erhebliche Veränderungen der Vermögens- oder Ertragslage, Erfindungen, Schwark/Zimmer/Zimmer/Kruse § 15 Rn. 35. Zur Ad-hoc-Publizitätspflicht bei Personalveränderungen und anderen personalbezogenen Umständen im Profisport (Fussball), Drechsler, BKR 2021, 562. Andere, dh **unternehmensexterne** (außerhalb des Emittenten ihren Ursprung habende) **Umstände,** die besonderen Bezug zum Emittenten haben, sind etwa solche mit direkten Auswirkungen auf dessen Betriebsmittel sowie Willensbetätigungen Dritter ihm gegenüber (zB Vertragskündigung ggü. Emittenten, Ankündigung eines Squeeze-out durch Großaktionär und damit einhergehend eine Änderung der Aktionärsstruktur). Dazu BaFin, Emittentenleitfaden, Modul C, 2020, I.3.2.2.2; Schwark/Zimmer/Kumpan/Grütze Art. 17 MAR Rn. 56. Abzugrenzen von Marktdaten, die eine Mehrzahl von Unternehmen oder den ganzen Kapitalmarkt betreffen, BaFin, Emittentenleitfaden, Modul C, 2020, I.3.2.2.2. Diese sind nicht veröffentlichungspflichtig, uU aber deren Folgen für den Emittenten. Anderen zufolge besteht ein unmittelbarer Emittentenbezug, wenn Information unmittelbar fundamentalwertrelevant (wenn sich entweder zu erwartende Auszahlungen des Finanzinstruments ändern oder sich das mit ihm verbundene Risiko verändert) und emittenenspezifisch ist, Klöhn/Klöhn, MAR, Art. 17 Rn. 73; Bartmann, Ad-hoc-Publizität, 2017, S. 283 f.

7 Art. 17 enthält keine besondere Regelung für **Konzerne**, sodass eine selbst nicht ad-hoc-publizitätspflichtige Mutter nicht verpflichtet ist, ad-hoc-publizitätspflichtige Tatsachen ihrer Töchter zu veröffentlichen. Anderes gilt aber bei ad-hoc-pflichtiger Mutter mit unternehmerischem Einfluss auf Tochtergesellschaften (§§ 290 ff., § 271 II, §§ 310, 311 HGB), dann auch Umstände aus deren Bereich (BGH WM 2012, 303 – bzgl. Zweckgesellschaften), insbesondere wenn diese Rückwirkungen auf die Mutter haben; nicht dagegen für grds. ad-hoc-pflichtige Tochter für ad-hoc-publizitätspflichtige Umstände der Mutter- oder von Schwesterunternehmen (Ausnahme, wenn Muttertin vom Ereignis bei der Mutter doch unmittelbar betroffen ist, etwa bei Auswirkungen auf die Betriebsmittel der Emittentin); sind Mutter und Tochter unmittelbar betroffen, müssen beide ad hoc mitteilen. Ausführlicher Schwark/Zimmer/Kumpan/Grütze Art. 17 MAR Rn. 64 ff.

8 **Bsp. für veröffentlichungspflichtige Umstände:** bei Übernahmeangeboten, hL, aber erst nach Veröffentlichung der Entscheidung zur Abgabe eines Angebots, s. § 10 VI WpÜG (nicht bezüglich Entscheidung selbst); aktienrechtlicher Squeeze-out; Abschluss eines Unternehmenskaufvertrages oder eines Verschmelzungsvertrages, ggf. schon diesbezüglich letter of intent; Rückerwerb eigener Aktien; Ausscheiden des Vorstandsvorsitzenden (Wechsel sonstiger Vorstandsmitglieder idR nicht, aber uU aufgrund der Umstände des Ausscheidens oder wegen besonderer Bedeutung für Unternehmen, zB Gründer); außerordentliche Erträge oder Aufwendungen. Stimmrechtsveränderungen (Mitteilungspflichten nach §§ 33, 38, 40 wegen Beteiligung an anderen Unternehmen) können ebenfalls nach Art. 17 ad hoc-mitteilungspflichtig sein. Ebenso rechtmäßige Offenlegung nach Art. 17 VIII, es sei denn, der andere ist rechtlich zur Vertraulichkeit verpflichtet.

9 Zur Frage, wann bei **zeitlich gestreckten Vorgängen** eine Qualifikation als Insiderinformation in Betracht kommt, s. Art. 7 II 3, III (dazu Kommentierung → Art. 7 Rn. 36), zB bei Übernahmeangeboten, OLG Schleswig WM 2005, 696, und, ob Aufsichtsratsbeschluss abgewartet werden darf, nun (als zulässiges Emittenteninteresse für den Aufschub einer Ad-hoc-Mitteilung) Erw. 50 MAR; ESMA, Final Report, ESMA2016/1130, S. 15 f Rn. 61 ff.; früher schon bejahend OLG Stuttgart WM 2007, 595; ZIP 2009, 962; dazu Fleischer NZG 2007, 401 (Ausscheiden des Vorstandsvorsitzenden, § 84 II AktG); verneinend OLG Frankfurt a. M. WM 2009, 647; sodann BGH WM 2013, 1171 im Anschluss an EuGH WM 2012, 1807 (→ Art. 7 Rn. 6) nach Vorlage BGH WM 2011, 14; zuvor BGH WM 2008, 641. Näheres zur Ad-hoc-Publizitätspflicht bei gestreckten Vorgängen, insbesondere Übernahmen und M&A, s. BankrechtsHdb/Hopt/Kumpan § 86 Rn. 144 ff.; Hopt/Kumpan ZGR 2017, 765.

4) Unverzügliche Bekanntgabe

10 Bei Vorliegen einer veröffentlichungspflichtigen Insiderinformation, ist diese **„unverzüglich" zu veröffentlichen,** dh insbes. auch unabhängig von Börsenhandelszeiten. Da „unverzüglich" (Berichtigung der MAR, ABl. 2016 L 348, 83) europarechtlicher Begriff, nicht eo ipso auf § 121 BGB abstellbar. Auf EU-Ebene (engl. „as soon as possible") kein Verschuldenselement wie bei § 121 BGB. Aber jedenfalls sind dem Emittenten die gleichen Freiräume eröffnet wie bei § 121 BGB. Daher hat der Emittent angemessene Zeit, um die Richtigkeit der Information, das Vorliegen der Voraussetzungen der Ad-hoc-Pflicht und eventuell Befreiungsmöglichkeiten (IV) zu prüfen, ua BGH WM 2021, 285 Rn. 263 mwN,

BaFin, Emittentenleitfaden, Modul C, 2020, I.3.4, Fuchs/Pfüller WpHG § 15 Rn. 261. Ggf. sind sachkundige Personen hinzuzuziehen, RegE BT-Drs. 12/6679, 48. Im Einzelnen zieht **ESMA** aber engere Grenzen, s. ESMA, Final Report, ESMA2016/1130, Annex IV, krit. dazu Krämer/Kiefer AG 2016, 622. So sind **Finanzinformationen** zu veröffentlichen, sobald sie vorliegen (nur bei Zweifeln der Mutter im Konzern an deren Richtigkeit ist Verzögerung möglich). Bei schwerer zu ermittelnden Veränderungen mehr Flexibilität (so viel Zeit, wie objektiv nötig, um eine Begründung zu erstellen und zu veröffentlichen); im Fall von Prognoseänderungen auch Einschaltung des Audit Committees möglich. Dazu Krämer/Kiefer AG 2016, 623 f, 626.

Unverzügliche Veröffentlichung erscheint nur möglich, wenn Emittent die **11** Information kennt. Kenntnis ist in Art. 17 MAR aber nicht vorgeschrieben. Str., wie damit umzugehen ist. In Betracht kommt **Wissenszurechnung** (nach altem Recht konnten § 31 oder § 166 BGB herangezogen werden, für unionsrechtlichen Art. 17 MAR aber ungeeignet), dabei wird Kenntnis als ungeschriebenes Tatbestandsmerkmal vorausgesetzt, Koch AG 2019, 276. Andere halten Kenntnis für entbehrlich und entnehmen dem Merkmal „unverzüglich" eine **Wissensorganisationspflicht** (Pflicht zur Informationssuche, Aufklärung, Weiterleitung und Analyse), Klöhn/Klöhn, MAR Art. 17 Rn. 106, krit. Koch AG 2019, 275, Nietsch ZIP 2018, 1427. Für eine ausführlichere Übersicht über den Streit s. Schwark/Zimmer/Kumpan/Grütze Art. 17 MAR Rn. 81 ff. **Zurechnung der Kenntnis** einer Information jedenfalls dann, wenn die Person Kenntnis von ihr hat, die nach der internen Zuständigkeitsordnung für die Angelegenheit verantwortlich ist oder wenn die Information aufgrund von Organisationsmängeln nicht zur zuständigen Person gelangt ist, Meyer/Veil/Rönnau/Veil/Brüggemeier § 10 Rn. 19. Zur Kenntniserlangung des Emittenten auch BaFin Emittentenleitfaden, Modul C, 2020, I.3.4 (Pflicht zur Identifizierung von (potentiellen) Insiderinformationen und Aufklärung unklarer Sachverhalte).

Vorgaben zur Veröffentlichung der Ad-hoc-Meldung: Mindestinhalt **12** s. § 4 WpAV, Sprache s. § 3b WpAV. Weitere Vorgaben zur Bekanntmachung (bzgl. Mittel, Anzeige auf der Website) enthalten Art. 2 und 3 der Durchführungsverordnung (EU) 2016/1055. Dazu BaFin, Emittentenleitfaden, Modul C, 2020, I.3.10. Darf nicht zu **Werbezwecken** missbraucht werden, I UAbs. 2 Satz 2 (Zweck dieser Regelung: Schutz des Kapitalmarktes vor unerheblichen und irrelevanten Informationen). „Vermarktung der Tätigkeit" meint jede Mitteilung, die die Voraussetzungen der Ad-hoc-Publizität offensichtlich nicht erfüllt und den Emittenten in einem guten Licht dastehen lassen soll, Klöhn/Klöhn, MAR, Art. 17 Rn. 575. Zur Bestimmung, was veröffentlichungspflichtig ist, ist auf die Perspektive eines durchschnittlichen (umfasst auch nicht börsenkundigen) Anlegers abzustellen, OLG München ZIP 2002, 1990, dazu RegE 4. FMFG BT-Drs. 14/8017, 87. Verbot nach I UAbs. 2 Satz 2 erfasst auch Veröffentlichung nicht kursrelevanter Angaben als selbständige Ad-hoc-Meldung (zu § 15 II 1 WpHG aF Schwark/Zimmer/Zimmer/Kruse WpHG § 15 Rn. 106 ff.).

Berichtigungspflicht hins. im Zeitpunkt der Veröffentlichung unwahrer **13** Angaben ergibt sich aus I, da dann immer unmittelbare Betroffenheit des Emittenten; bei zunächst wahren Angaben und nachträglichen erheblichen Veränderungen Aktualisierungspflicht, I iVm § 26 IV WpHG iVm § 4 II WpAV. Zum Inhalt der Ad-hoc-Mitteilung im Fall der Aktualisierung und der Berichtigung BaFin, Emittentenleitfaden, Modul C, 2020, I.3.6 und I.3.7. Weicht die Markterwartung von der Prognose des Emittenten erheblich ab, besteht erst dann eine Berichtigungspflicht, wenn der Emittent an seiner Prognose nicht mehr festhält, vgl. BaFin, Emittentenleitfaden, Modul C, 2020, I.2.1.5.1.

Ad-hoc-Publizitätspflicht richtet sich an den Emittenten. Innerhalb des Emit- **14** tenten ist bei einer AG aufgrund seiner Leitungs- (§ 76 AktG) und Vertretungsfunktion (§ 78 AktG) der **Vorstand** für die Meldungen **zuständig,** auch im

Insolvenzverfahren (Insolvenzverwalter stellt dafür die finanziellen Mittel zu Verfügung), ua BaFin, Emittentenleitfaden, Modul C, 2020, I.3.2.1.5, I.3.2.1.6, Meyer/Veil/Rönnau/Veil/Brüggemeier, § 10 Rn. 38 f. Vorstand muss daher auch entsprechende Organisationsstrukturen einrichten, um eine unverzügliche Veröffentlichung zu gewährleisten. Ob in dem Fall, dass der Aufsichtsrat für eine Angelegenheit originär zuständig ist bzw. der Vorstand von einer Maßnahme betroffen ist, der Aufsichtsrat (auch) für die Ad-hoc-Publizität zuständig sein soll, ist str., dagegen Assmann/Schneider/Mülbert/Assmann Art. 17 VO 596/2014 Rn. 25; Meyer/Veil/Rönnau/Veil/Brüggemeier § 10 Rn. 38; MüKoAktG/Habersack § 116 Rn. 54; Schwark/Zimmer/Kumpan/Grütze Art. 17 MAR Rn. 155, unklar dazu ist BaFin, Emittentenleitfaden, Modul C, 2020, I.3.2.1.6, wo auf I.3.3.1.1 verwiesen wird (Annexkompetenz des Aufsichtsrats bzgl. der Entscheidung über den Aufschub, aber die (spätere) Veröffentlichung soll dann durch Vorstand erfolgen). Im Fall von **Personengesellschaften** richtet sich Zuständigkeit für die Ad-hoc-Publizität ebenfalls nach den jeweiligen Vertretungsregelungen.

5) Aufschub der Offenlegung (IV)

15 Der Emittent kann **über den Aufschub** einer Ad-hoc-Veröffentlichung **eigenverantwortlich entscheiden** (Art. 17 IV, „auf eigene Verantwortung", somit (wirksamer – wegen engen Verständnisses der ESMA, s. u.) **Beschluss des zuständigen Organs** erforderlich, keine Legalausnahme, vgl. auch Art 17 VI UAbs. 4), so wohl auch zu § 15 III WpHG aF – zumindest konkludent – BGH WM 2013, 1176 (da er bei fehlendem Beschluss auf rechtmäßiges Alternativverhalten zurückgreift, was nicht erforderlich wäre, wenn Selbstbefreiung auch ohne Beschluss eintreten würden), ausdrücklich OLG Braunschweig AG 2022, 164 (5. Ls.) = BeckRS 2021, 35001 mAnm Kumpan/Misterek AG 2022, 484. Wichtige Konkretisierungen finden sich in der Durchführungsverordnung (EU) 2016/1055 und den Leitlinien der ESMA, ESMA2016/1130 und ESMA2016/1478. Scheinbare Erleichterung, aber mit Tücken, Veith NZG 2005, 254, Schneider/Gilfrich BB 2007, 53, Zimmer FS Schwark, 2009, 669, zu den zu beachtenden Interessen Kersting ZBB 2011, 442. Nach BaFin muss an der Entscheidung mindestens ein Mitglied der Geschäftsführung teilnehmen, s. BaFin, Emittentenleitfaden, Modul C, 2020, I.3.3.1.1, bei Beachtung dessen ist daher Delegation an Ausschuss möglich. Sofern originäre Entscheidungszuständigkeit des **Aufsichtsrats** (zB Bestellung, Abberufung des Vorstands), soll dieser für die Entscheidung über den Aufschub zuständig sein (Annexkompetenz), die spätere Veröffentlichung erfolge aber dann durch Vorstand, BaFin, Emittentenleitfaden, Modul C, 2020, I.3.3.1.1. Im Fall der **Insolvenz** muss Entsprechendes im Hinblick auf den Insolvenzverwalter gelten, dh dieser ist für die Entscheidung zuständig, Meyer/Veil/Rönnau/Veil/Brüggemeier § 10 Rn. 136, die spätere Veröffentlichung muss dann aber wieder vom Vorstand vorgenommen werden.

16 Auch **hilfsweise Befreiung** möglich, wenn Zweifel an Veröffentlichungspflicht bestehen, entbindet aber nicht von Pflicht, insiderrechtliche Relevanz im Blick zu behalten, **Vorratsbeschlüsse** sind hingegen unzulässig, Schwark/Zimmer/Kumpan/Grütze Art. 17 MAR Rn. 189 ff. mwN. Sofern die Insiderinformation tatsächlich erst später eintritt, wirkt eine vorher getroffene Selbstbefreiung auch noch zu diesem späteren Zeitpunkt, Selbstbefreiung muss dann nicht wiederholt werden. Aber ESMA versteht Aufschubmöglichkeit als Ausnahmevorschrift und legt IV eng aus, ESMA MAR-Leitlinien, ESMA2016/1130, 3.2.1 (S. 14 Rn. 54), dagegen für einen weiten Ansatz Securities and Markets Stakeholder Group (s. ESMA2016/1130, Annex III, S. 29 f. Rn. 23 ff.), Klöhn/Klöhn, MAR, Art. 17 Rn. 173 f., Kumpan DB 2016, 2043, Krämer/Kiefer AG 2016, 624.

Voraussetzungen: Berechtigte Interessen des Emittenten: wenn Ver- 17
öffentlichung der Informationen unternehmerische Ziele oder Entwicklungen
vereiteln, gefährden oder erheblich beeinträchtigen würde; Beeinträchtigung aus
ex ante-Sicht eines vernünftigen und börsenkundigen Marktteilnehmers mit
überwiegender (str.) Wahrscheinlichkeit zu erwarten; zT wird auch auf ökonomische Erwägungen abgestellt (Nutzen des Aufschubs muss Kosten einer unverzüglichen Veröffentlichung überwiegen), Klöhn/Klöhn, MAR, Art. 17
Rn. 151 ff., Klöhn ZHR 178 (2014), 78 f., zT auch auf potenziell negative Auswirkungen der Veröffentlichung auf den Fundamentalwert, Meyer/Veil/Rön-
nau/Veil/Brüggemeier § 10 Rn. 99, Klöhn ZHR 178 (2014), 80 f. Keine Einschätzungsprärogative des Emittenten, keine unternehmerische Entscheidung,
daher Business Judgement Rule nicht anwendbar, Meyer/Veil/Rönnau/Veil/
Brüggemeier § 10 Rn. 103). Berechtigte Emittenteninteressen bestehen insbesondere, wenn Ergebnis vom Gang laufender Verhandlungen beeinträchtigt
würde, zB Gefährdung der finanziellen Überlebensfähigkeit des Emittenten, oder
die erforderliche Zustimmung eines anderen Organs des Emittenten (typischerweise Aufsichtsrat, nicht aber Hauptversammlung, s. ESMA, ESMA2016/1478,
S. 5 Rn. 8 lit. c) noch aussteht (Erw 50 MAR, s. auch BaFin, Emittenleitfa-
den, Modul C, 2020, I.3.3.1.2, aber Art. 7 II 2, III, EuGH WM 2012, 1807 –
Geltl); im Fall der Zustimmung eines anderen Organs muss laut ESMA sofortige
Veröffentlichung die korrekte Einschätzung der Öffentlichkeit gefährden und die
Herbeiführung der Zustimmung so schnell wie möglich erfolgen, um Schwebe-
zustand zu beseitigen, ESMA, MAR-Leitlinien, ESMA2016/1130, 3.2.2 (S. 16
Rn. 64 ff.) sowie Annex V.5.1. Berechtigtes Emittenteninteresse ist idR auch bei
internen und behördlichen Ermittlungen wegen Compliance-Verstößen
anzunehmen (Voraussetzung allerdings, dass Emittent kooperationsbereit ist),
OLG Braunschweig AG 2022, 164 (6. Ls.) = BeckRS 2021, 35001 mAnm
Kumpan/Misterka, AG 2022, 484. In Ausnahmefällen können auch **konzern-
rechtliche Sachverhalte** Aufschub erlauben, aber nur wenn Geschehnisse bei
der Tochter für Mutter von solcher Relevanz und Gewichtigkeit, dass die
Interessen der Mutter wie die der Tochter betroffen sind; jedenfalls aber analoge
Anwendung von Art. 17 IV, um Gleichlauf der Veröffentlichungspflichten von
Mutter und Tochter zu gewährleisten, Schwark/Zimmer/Kumpan/Schmidt
Art. 17 MAR Rn. 212. Für eine nicht abschließende **indikative Liste berechtigter Interessen** (Begriff aber wohl enger als früher) s. ESMA, MAR-Leitlinien,
ESMA2016/1130, 3.2 (S. 13 Rn. 46 ff.), ua bei Fusionen, Übernahmen, Aufspal-
tungen, Spin-Offs, Umstrukturierungen, außerdem bei Erfindungen und Neu-
entwicklungen von Produkten, Erwerb oder Veräußerung von Anteilen an einem
anderen Unternehmen, erforderliche Einholung von behördlichen Genehmigungen. Abwägung mit Interessen des Kapitalmarktes bzw. seiner Teilnehmer nicht
(mehr) erforderlich, der diesbzgl anders lautende § 6 WpAV („überwiegen") ist
insoweit europarechtswidrig. Lit.: BankrechtsHdb/Hopt/Kumpan § 86
Rn. 152 f., Schwark/Zimmer/Kumpan/Schmidt Art. 17 MAR Rn. 207 ff.

Weiterhin darf **keine Irreführung der Öffentlichkeit** (dh des breiten An- 18
legerpublikums) zu erwarten sein (ex ante-Sicht eines verständigen und börsenkundigen Marktteilnehmers), bloße Informationsasymmetrie reicht dafür nicht,
Emittent darf aber nicht aktiv Signale setzen, die im Widerspruch zu den
nicht veröffentlichten Insiderinformation stehen, s. BaFin, Emittentenleitfaden,
Modul C, 2020, I.3.3.1.3. Auch wenn sich Insiderinformationen wesentlich von
früheren öffentlich bekanntgegebenen Ankündigungen des Emitteten unterscheidet, ist eine Irreführung zu befürchten, BGH WM 2021, 285 Rn. 266. Für eine
nicht abschließende indikative Liste mit Fällen der Irreführung s. ESMA, MAR-
Leitlinien, ESMA2016/1130, 3.3 (S. 18 f. Rn. 82 ff.) sowie Annex V.5.2.

Schließlich muss die **Geheimhaltung der Information** gewährleistet werden 19
können. Für organisatorische Maßnahmen Orientierung an § 80 WpHG, zB

Chinese walls, aber keine Pflicht zu deren Einrichtung, BankrechtsHdB/Hopt/ Kumpan, § 86 Rn. 157, Hopt/Kumpan ZGR 2017, 784; wegen Art. 17 VII UAbs. 1 allerdings nicht mehr geeignet, Emittenten bei Bekanntwerden ohne „Informationsleck" zu helfen, da nun auch dann (anders als früher) Pflicht zur Offenlegung besteht. Es genügt, dass Gerücht über Insiderinformation ausreichend präzise (wesentliche Umstände enthaltend) ist (dazu Art. 17 VII UAbs. 2 MAR). Darlegungs- und Beweislast für Vorliegen der Voraussetzungen des Art. 17 IV beim Emittenten, OLG Frankfurt a. M. 20.8.2014 – 23 Kap. 1/08 Rn. 162, juris (zu § 15 III WpHG aF).

20 **Nach Ende des Aufschubs** muss Information offengelegt und dann die zuständige Behörde informiert und ihr der Aufschub schriftlich erläutert werden **(IV UAbs. 3).** Dazu BaFin, Emittentenleitfaden, Modul C, 2020, I.3.9. Außerdem Pflicht zur **Nachholung der Veröffentlichung (VII),** sobald Vertraulichkeit nicht mehr gewährleistet ist, unabhängig davon, ob aufgrund eigener Vertraulichkeitslücke oder anders. Information muss dann aber noch als Insiderinformation zu qualifizieren sein (Wortlaut von VII UAbs. 1 und hL).

21 Zu den Standards für die technische Durchführung der Mitteilungen der aufgeschobenen Offenlegung von Insiderinformationen und der Absicht, die Offenlegung von Insiderinformationen aufzuschieben, s. Art. 4 und 5 der Durchführungsverordnung (EU) 2016/1055. Zur zuständigen Behörde, der nach IV UAbs. 3 ein Aufschub der Offenlegung zu melden ist, s. Art. 6 Delegierte Verordnung 2016/522. Zu Aufschub zum Schutz der Unternehmensreputation Klöhn/Schmolke ZGR 2016, 866, bei Internal Investigation Mülbert/Sajnovits WM 2017, 2001 u. 2041. Weitere Lit.: Retsch NZG 2016, 1201.

6) Aufschub der Offenlegung zur Wahrung der Stabilität des Finanzsystems (V, VI)

22 Für Kredit- (Art. 3 I Nr. 3 MAR iVm Art. 4 I Nr. 1 CRR) und Finanzinstitute (Art. 3 I Nr. 4 MAR iVm Art. 4 I Nr. 26 CRR) enthält V (Norm ist eng auszulegen, s ESMA, Final Report, ESMA2015/1455, S. 55 Rn. 251) besondere Aufschubmöglichkeit zur Wahrung der Stabilität des Finanzsystems. Hintergrund ist die Bankenkrise und die eingeführten Stresstests; negative Informationen zur Liquidität könnten zu Mittelabzug und damit zu einer Solvenzkrise führen. **Voraussetzungen (V): Gefährdung der finanziellen Stabilität des Emittenten und des Finanzsystems** in der Regel nur bei systemrelevanten (s. Art. 131 CRD IV) Instituten, Bestimmung im Einzelnen aber schwierig. Bzgl Institut könnte auch auf Art. 5 I BRRD, bzgl Finanzsystem auf Art. 10 V SRM-VO abgestellt werden, aber str., dazu Schwark/Zimmer/Kumpan/Grübler/Grütze Art. 17 MAR Rn. 296 ff. V muss angesichts seines Schutzzwecks auch für Konzernmütter gelten, wenn systemrelevante Tochter die Voraussetzungen von V erfüllt, Klöhn/Klöhn, MAR, Art. 17 Rn. 327, Schwark/Zimmer/Kumpan/Grübler/Grütze Art. 17 MAR Rn. 293, aA Assmann/Schneider/Mülbert/Assmann Art. 17 VO 596/2014 Rn. 131. Ob Insiderinformation systemgefährdend ist, muss Aufsichtsbehörde (III iVm Art. 6 Delegierte Verordnung (EU) 2016/522) prüfen. Ob die Veröffentlichung für die Gefährdung der finanziellen Stabilität kausal sein muss, ist str., dafür zB Klöhn/Klöhn, MAR, Art. 17 Rn. 347, dagegen zB Meyer/Veil/Rönnau/Veil/Brüggemeier § 10 Rn. 152. **Aufschub muss im öffentlichen Interesse** sein, dieses muss Interesse des Marktes an der Offenlegung überwiegen (Erw 52 Satz 3 MAR). **Geheimhaltung muss gewährleistet sein,** wie bei IV → Rn. 19. Gefahr der Irreführung ist ohne Bedeutung. Zuständige Behörde (in Deutschland: BaFin, s. Art. 22 MAR iVm § 6 V 1 WpHG) muss das Vorliegen der Voraussetzungen prüfen und zustimmen.

23 VI enthält besondere Verfahrensvorgaben für Aufschub nach V (gilt aber nicht für IV): Emittent muss zuständige Behörde über Aufschub informieren (VI UAbs. 1), diese hört ggf. nationale Zentralbank oder makroprudenzielle Behörde oder andere Stelle (VI UAbs. 1 Satz 2 Fall 3) an und prüft die Voraussetzungen von V (regelmäßig, dh wöchentlich, s. VI UAbs. 2 Satz 2), aber diesbzgl. keine Staatshaftung nach § 839 BGB. Sobald Aufsichtsbehörde dem Aufschub nicht (mehr) zustimmt, muss Emittent die Insiderinformation unverzüglich offenlegen. Lit.: Klöhn ZHR 181(2017), 746.

7) Fehlende Gewährleistung der Geheimhaltung (VII)

Kann Vertraulichkeit nicht mehr gewährleistet werden, muss Emittent so schnell wie möglich (entspricht „unverzüglich" iSv I → Rn. 10) die Öffentlichkeit über die Insiderinformation informieren. No-comment-Politik reicht dann nicht mehr. **Unerheblich ist, wer verantwortlich dafür ist,** dass Details bekanntgeworden sind. Emittent muss daher auch an die Öffentlichkeit gehen, wenn er alle erforderlichen organisatorischen Vorkehrungen für die Geheimhaltung getroffen hat, ESMA, Final Report, ESMA2015/1455, S. 53 Rn. 243; dazu Hopt/Kumpan ZGR 2017, 784, Kumpan, DB 2016, 2044. Im Fall von Gerüchten (VII UAbs. 2) muss beurteilt werden, ob diese so präzise sind, dass ihre Existenz nur mit mangelnder Geheimhaltung der Insiderinformationen erklärt werden kann. Maßnahmen des Emittenten zur verbesserten Geheimhaltung sind nicht ad-hoc-publizitätspflichtig, Schwark/Zimmer/Kumpan/Grütze, Art. 17 MAR Rn. 322. „Willkürliches" Streuen von Spekulationen, um nach Informationen zu „fischen", ist laut BaFin kein ausreichend präzises Gerücht, BaFin, Emittentenleitfaden, Modul C, 2020, I.3.3.1.4 und daher nicht nach VII UAbs. 2 beachtlich. 24

8) Offenlegung bei unbefugter Informationsweitergabe (VIII)

Sofern eine Insiderinformation (iSv Art. 7) mit Emittentenbezug (str., ob dieser **„unmittelbar"** sein muss, da in VIII nicht erwähnt, dafür Assmann/Schneider/Mülbert/Assmann Art. 17 VO 596/2014 Rn. 291; dagegen Klöhn/Klöhn, MAR, Art. 17 Rn. 468 f., Meyer/Veil/Rönnau/Veil/Brüggemeier § 10 Rn. 187) vom Emittenten bzw. einer in seinem Auftrag oder für seine Rechnung handelnden Person gegenüber Dritten, die nicht zur Vertraulichkeit verpflichtet sind (VIII Satz 2), offengelegt wird (iSv Art. 10), muss diese Information veröffentlicht werden, VIII Satz 1. **Dritte** sind wirtschaftlich und rechtlich nicht dem Emittenten zuzuordnende Personen, Klöhn/Klöhn, MAR, Art. 17 Rn. 473 ff., Schwark/Zimmer/Kumpan/Grütze Art. 17 MAR Rn. 335 f. mwN, (nicht nur einzelne, auch unbestimmter Personenkreis). 25

VIII ist Sonderfall von I, Zweck ist Gewährleistung der informationellen Chancengleichheit. Bei **absichtlicher Offenlegung** (str., ob auch grobe Fahrlässigkeit erfasst ist, weil unionsrechtlich auszulegen, dazu Schwark/Zimmer/Kumpan/Grütze Art. 17 MAR Rn. 337 mwN, vorzugswürdig ist Verständnis iSv „geplanter") hat Veröffentlichung zeitgleich zu erfolgen, bei unabsichtlicher (dh ungeplanter) Offenlegung unverzügliche Nachholung. Norm findet sowohl auf **rechtmäßige** als auch auf **unrechtmäßige Offenlegung** Anwendung, weil Zweck der Norm für weites Verständnis spricht, Schwark/Zimmer/Kumpan/Grütze, Art. 17 MAR Rn. 333 f. 26

Adressat von VIII sind neben Emittenten und Teilnehmer am Markt für Emissionszertifikate auch die in deren Auftrag oder für deren Rechnung handelnden Personen (Assmann/Schneider/Mülbert/Assmann Art. 17 VO 596/2014 Rn. 286, bzgl letzterem aA Meyer/Veil/Rönnau/Veil/Brüggemeier, § 10 Rn. 186). Daher keine Zurechnung des Handelns dieser Personen zum Emittenten bzw. Emissionszertifikatemarktteilnehmer. **„Im Auftrag"** ist iSv „auf Veranlassung" zu verstehen, kein Auftrag nach § 662 BGB erforderlich, weil unionsrechtlich auszulegen. Offenlegung muss nicht Teil des Auftrags sein. **„Auf Rechnung"** bedeutet, dass wirtschaftliche Folgen der Offenlegung der Information den Emittenten treffen müssen. 27

(16b) WpHG 26 2. Teil. Handelsrechtl. Nebenges.

28   Wegen VIII Satz 2 ist Weitergabe an bspw. Rechtsanwälte, Steuerberater oder BaFin ohne Veröffentlichungspflicht zulässig (wegen Verschwiegenheitspflichten nach BRAO, BNotO, MediationsG, WPO, StBerG, DRiG, BBG, BRRG, WpHG, KWG etc), nicht dagegen zB die Vorabveröffentlichung gegenüber Journalisten. „Im Zuge der normalen Ausübung …" weist systematischen Zusammenhang zu „unrechtmäßig" in Art. 10 I MAR auf, dazu → Art. 10 Rn. 5.

(16b) §§ 26, 27, 97, 98 Gesetz über den Wertpapierhandel (Wertpapierhandelsgesetz – WpHG)

Vom 26. Juli 1994 (BGBl I 1749) idF vom 9. September 1998 (BGBl I 2708/ BGBl III FNA 4110-4),
zuletzt geändert durch Art. 4 G vom 12.8.2020 (BGBl. I S. 1874)

Abschnitt 3. Marktmissbrauchsüberwachung

Vorbemerkung

1   Im Rahmen des 1. FiMaNoG 30.6.2016 (BGBl. 1514) wurden die Regelungen zum Insiderrecht im WpHG auf wenige Ausführungsbestimmungen zur Marktmissbrauchsverordnung (MAR, VO 596/2014, ABl. 2014 L 173, 1) reduziert. Zu Ahndungslücken ist es bei Übergang zu MAR nicht gekommen, BGH NJW 2017, 966. Dazu auch Klöhn/Büttner ZIP 2016, 1801, aA Rossi ZIP 2016, 2437, Rothenfußer/Jäger NJW 2016, 2689, Bülte/Müller NZG 2017, 205.

Übermittlung von Insiderinformationen und von Eigengeschäften; Verordnungsermächtigung

WpHG 26 (1) Ein Inlandsemittent, ein MTF-Emittent oder ein OTF-Emittent, der gemäß Artikel 17 Absatz 1, 7 oder 8 der Verordnung (EU) Nr. 596/2014 verpflichtet ist, Insiderinformationen zu veröffentlichen, hat diese vor ihrer Veröffentlichung der Bundesanstalt und den Geschäftsführungen der Handelsplätze, an denen seine Finanzinstrumente zum Handel zugelassen oder in den Handel einbezogen sind, mitzuteilen sowie unverzüglich nach ihrer Veröffentlichung dem Unternehmensregister im Sinne des § 8b des Handelsgesetzbuchs zur Speicherung zu übermitteln.

(2) Ein Inlandsemittent, ein MTF-Emittent oder ein OTF-Emittent, der gemäß Artikel 19 Absatz 3 der Verordnung (EU) Nr. 596/2014 verpflichtet ist, Informationen zu Eigengeschäften von Führungskräften zu veröffentlichen, hat diese Informationen unverzüglich, jedoch nicht vor ihrer Veröffentlichung, dem Unternehmensregister im Sinne des § 8b des Handelsgesetzbuchs zur Speicherung zu übermitteln sowie die Veröffentlichung der Bundesanstalt mitzuteilen.

(3) Verstößt der Emittent gegen die Verpflichtungen nach Absatz 1 oder nach Artikel 17 Absatz 1, 7 oder 8 der Verordnung (EU) Nr. 596/2014, so ist er einem anderen nur unter den Voraussetzungen der §§ 97 und 98 zum Ersatz des daraus entstehenden Schadens verpflichtet. Schadensersatzansprüche, die auf anderen Rechtsgrundlagen beruhen, bleiben unberührt.

V. Bankgeschäfte **27 WpHG (16b)**

(4) ¹Das Bundesministerium der Finanzen kann durch Rechtsverordnung, die nicht der Zustimmung des Bundesrates bedarf, nähere Bestimmungen erlassen über
1. den Mindestinhalt, die Art, die Sprache, den Umfang und die Form einer Mitteilung nach Absatz 1 oder Absatz 2,
2. den Mindestinhalt, die Art, die Sprache, den Umfang und die Form einer Veröffentlichung nach Artikel 17 Absatz 1, 2 und 6 bis 9 der Verordnung (EU) Nr. 596/2014,
3. die Bedingungen, die ein Emittent oder Teilnehmer am Markt für Emissionszertifikate nach Artikel 17 Absatz 4 Unterabsatz 1 der Verordnung (EU) Nr. 596/2014 erfüllen muss, um die Offenlegung von Insiderinformationen aufzuschieben,
4. die Art und Weise der Übermittlung sowie den Mindestinhalt einer Mitteilung nach Artikel 17 Absatz 4 Unterabsatz 3 Satz 1 und Absatz 6 Unterabsatz 1 Satz 1 der Verordnung (EU) Nr. 596/2014,
5. die Art und Weise der Übermittlung einer Insiderliste nach Artikel 18 Absatz 1 Buchstabe c der Verordnung (EU) Nr. 596/2014,
6. die Art und Weise der Übermittlung sowie der Sprache einer Meldung nach Artikel 19 Absatz 1 der Verordnung (EU) Nr. 596/2014,
7. den Inhalt, die Art, den Umfang und die Form einer zusätzlichen Veröffentlichung der Informationen nach Artikel 19 Absatz 3 der Verordnung (EU) Nr. 596/2014 durch die Bundesanstalt gemäß Artikel 19 Absatz 3 Unterabsatz 3 der Verordnung (EU) Nr. 596/2014.

²Das Bundesministerium der Finanzen kann die Ermächtigung durch Rechtsverordnung auf die Bundesanstalt übertragen.

I ergänzt Ad hoc-Mitteilungspflicht nach (16a) MAR Art. 17 I, VII, VIII um die Pflicht, die BaFin und die Geschäftsführungen der betroffenen Handelsplätze (Börsen, multilaterale und organisierte Handelssysteme) über die Insiderinformationen zu unterrichten und sie dem Unternehmensregister zu übermitteln. Dazu BaFin, Emittentenleitfaden, Modul C, 2020, I.3.12, II.3.4. II ergänzt die Meldepflicht für Eigengeschäfte von Führungskräften (Directors' Dealings) um die Pflicht, diese nach ihrer Veröffentlichung dem Unternehmensregister mitzuteilen und davon wiederum die BaFin zu unterrichten. III zieht die Verbindung zur Schadensersatzpflicht nach §§ 97, 98 WpHG. IV ermächtigt das Bundesfinanzministerium zum Erlass einer Rechtsverordnung (WpAV), die aber nur noch dort Regelungen vornimmt, wo nicht bereits die ESMA Vorschriften erlassen hat.

Aufzeichnungspflichten

WpHG 27 ¹Wertpapierdienstleistungsunternehmen sowie Unternehmen mit Sitz im Inland, die an einer inländischen Börse zur Teilnahme am Handel zugelassen sind, haben vor Durchführung von Aufträgen, die Finanzinstrumente im Sinne des Artikels 2 Absatz 1 Unterabsatz 1 der Verordnung (EU) Nr. 596/2014 oder Handlungen oder Geschäfte im Sinne des Artikels 2 Absatz 1 Unterabsatz 2 Satz 1 der Verordnung (EU) Nr. 596/2014 zum Gegenstand haben, bei natürlichen Personen den Namen, das Geburtsdatum und die Anschrift, bei Unternehmen die Firma und die Anschrift der Auftraggeber und der berechtigten oder verpflichteten Personen oder Unternehmen festzustellen und diese Angaben aufzuzeichnen. ²Die Aufzeichnungen nach Satz 1 sind mindestens sechs Jahre aufzubewahren. ³Für die Aufbewahrung gilt § 257 Abs. 3 und 5 des Handelsgesetzbuchs entsprechend.

Kumpan

1 Vorschrift ergänzt die MAR um Aufzeichnungspflichten für Handelsteilnehmer. Diese haben vor Auftragsdurchführung Informationen von ihren Kunden aufzunehmen, dh von natürlichen Personen (Name, Geburtsdatum, Anschrift) und Unternehmen (Firma, Anschrift der Auftraggeber und der berechtigten oder verpflichteten Personen oder Unternehmen), und dann sechs Jahre aufzubewahren.

Abschnitt 12. Haftung für falsche und unterlassene Kapitalmarktinformationen

Schadenersatz wegen unterlassener unverzüglicher Veröffentlichung von Insiderinformationen

WpHG 97

(1) Unterlässt es ein Emittent, der für seine Finanzinstrumente die Zulassung zum Handel an einem inländischen Handelsplatz genehmigt oder an einem inländischen regulierten Markt oder multilateralen Handelssystem beantragt hat, unverzüglich eine Insiderinformation, die ihn unmittelbar betrifft, nach Artikel 17 der Verordnung (EU) Nr. 596/2014 zu veröffentlichen, ist er einem Dritten zum Ersatz des durch die Unterlassung entstandenen Schadens verpflichtet, wenn der Dritte

1. die Finanzinstrumente nach der Unterlassung erwirbt und er bei Bekanntwerden der Insiderinformation noch Inhaber der Finanzinstrumente ist oder
2. die Finanzinstrumente vor dem Entstehen der Insiderinformation erwirbt und nach der Unterlassung veräußert.

(2) Nach Absatz 1 kann nicht in Anspruch genommen werden, wer nachweist, dass die Unterlassung nicht auf Vorsatz oder grober Fahrlässigkeit beruht.

(3) Der Anspruch nach Absatz 1 besteht nicht, wenn der Dritte die Insiderinformation im Falle des Absatzes 1 Nr. 1 bei dem Erwerb oder im Falle des Absatzes 1 Nr. 2 bei der Veräußerung kannte.

(4) Weitergehende Ansprüche, die nach Vorschriften des bürgerlichen Rechts auf Grund von Verträgen oder vorsätzlichen unerlaubten Handlungen erhoben werden können, bleiben unberührt.

(5) Eine Vereinbarung, durch die Ansprüche des Emittenten gegen Vorstandsmitglieder wegen der Inanspruchnahme des Emittenten nach Absatz 1 im Voraus ermäßigt oder erlassen werden, ist unwirksam.

1) Überblick

1 Abschn. 12 enthält Schadenersatzregeln wegen des Unterlassens unverzüglicher Veröffentlichung von Insiderinformationen und wegen Veröffentlichung unwahrer Tatsachen in einer Mitteilung über Insiderinformationen, §§ 97, 98 iVm **(16a)** MAR Art. 17 früher geregelt in §§ 37b, 37c aF). Nicht voll durchgehaltenes Vorbild war die Prospekthaftung nach §§ 44 ff. BörsG aF, später §§ 21 ff. WpPG aF, jetzt **(15a)** WpPG §§ 8 ff.

2) Anspruchsverpflichtete

2 **Anspruchsverpflichtet** sind nur Emittenten, nicht Vorstands- und Aufsichtsratsmitglieder (aber zwingende Innenhaftung gegenüber der Ges., s. §§ 97 V, 98 V, Reformdiskussion → Rn. 8). Erfasst werden alle (auch ausländische) Emittenten, die einen inländischen Handelsplatz für den Handel ihrer Finanzinstrumente willentlich in Anspruch nehmen (Mülbert/Steup § 41 Rn. 41, 199; aufgrund eigener Beantragung oder durch Genehmigung einer Beantragung durch andere; bei regulierten Märkten und multilateralen Handelssystemen reicht ein gestellter Zulassungsantrag). Zu **Finanzinstrumenten** s. § 2 IV. **Inländischen Handelsplatz** meint nach § 2 XXII WpHG einen organisierten Markt iSv § 2 XI WpHG, ein multilaterales Handelssystem nach § 2 VIII 1 Nr. 8 WpHG (also auch Freiverkehr iSv § 48 BörsG) oder ein organisiertes Handelssystem nach § 2 VIII 1 Nr. 9 WpHG. Damit werden nun insbesondere auch Freiverkehrsemittenten der Haftung nach §§ 97, 98 WpHG unterworfen.

3) Anspruchsberechtigte

Anspruchsberechtigt sind nur Anleger, die nach dem pflichtwidrigen Unterlassen der Veröffentlichung (dh spätester Zeitpunkt, zu dem die Veröffentlichung hätte erfolgen müssen) Wertpapiere erworben haben und im Zeitpunkt der Veröffentlichung bzw. sonstigem Bekanntwerden (dann Ende der Informationspflichtverletzung, Schwark/Zimmer/Zimmer/Steinhaeuser §§ 97, 98 Rn. 44) der Insiderinformation noch inne gehabt haben (Nr. 1, „zu teuer gekauft") oder die bereits vor der Unterlassung des Emittenten Wertpapiere erworben hatten und dann bis zur Veröffentlichung bzw. sonstigem Bekanntwerden der Insiderinformation die Papiere veräußert haben (Nr. 2, „zu billig verkauft"). Zum Erwerbsbegriff ausführlich BGH WM 2021, 285 Rn. 322 mwN. (weit zu verstehen, dh auch Erwerb von Akten bei Durchführung einer Kapitalerhöhung durch Sacheinlagen). Maßgebend ist das Verpflichtungsgeschäft, h. M., dazu z. B. ausführlich Hellgardt BKR 2021, 255 mwN. Nachträgliche Veräußerung nach Bekanntwerden der Information schadet nicht. Ordnungsgemäße Nachholung der Veröffentlichung hat keine Auswirkung auf entstandene Ansprüche. Anleger, die kein Geschäft während dieser Phase getätigt haben, oder Anleger, die die Papiere während dieser Phase sowohl erworben als auch veräußert haben, sind hingegen nicht anspruchsberechtigt. Nicht anspruchsberechtigt sind auch Anleger, die Transaktionen in von Dritten begebenen Derivaten bzgl. der betroffenen Finanzinstrumente getätigt haben, Schwark/Zimmer/Zimmer/Steinhaeuser §§ 97, 98 Rn. 89. Zum Begriff des Erwerbs auch Wagner NZG 2014, 531 (Aktientausch).

4) Pflichtverletzung (I)

Unterlassen iSv § 97 liegt vor bei Verletzung der Veröffentlichungspflichten nach **(16a)** MAR Art. 17 I, VII, VIII (Voraussetzungen wie dort), aufgrund der Erstreckung der Ad-hoc-Veröffentlichungspflicht auf multilaterale Handelssysteme werden nun auch Freiverkehrsemittenten ad-hoc-pflichtig und haften damit nach §§ 97, 98. Unterlassen liegt auch vor bei Nichtberichtigung fehlerhafter früherer Ad-hoc-Meldungen oder (unwahrer) sonstiger Mitteilungen (zB Pressemitteilungen), die nicht die Form einer Ad-hoc-Meldung hatten, aber (erstmals) zu einer Insiderinformation führten (BGH WM 2021, 285 Rn. 219 mit ausführlicher Begründung und weiteren Nachweisen in der folgenden Rn., dazu Nietsch ZBB 2021, 229), sowie bei verspäteter Veröffentlichung, da nicht unverzüglich (§ 121 BGB, nicht aber im Fall von **(16a)** MAR Art. 17 IV für die Dauer der Befreiung), und bei nicht formgerechter Veröffentlichung (zB Verstöße gegen § 3b II 1 WpAV). Eine unterlassene Veröffentlichung ist zB eine unterbleibende oder verspätete Gewinnwarnung, falls diese ad-hoc-publizitätspflichtig ist. Bei teilweisem Unterlassen (einzelne Informationen eines Gesamtzusammenhangs nicht veröffentlicht) greift § 97, wenn die einzelne nicht veröffentlichte Information als Insiderinformation anzusehen ist, sonst nicht (dann aber uU § 98). Zum Begriff **Insiderinformation** s. **(16a)** MAR Art. 7; erfasst auch Einzelinformationen eines zu veröffentlichenden Gesamtzusammenhangs, wenn diese für sich publizitätspflichtig. Emittent ist **unmittelbar betroffen,** wenn es um Umstände im Tätigkeitsbereich des Emittenten (auch Tochterunternehmen) geht, sowohl unternehmensinterne als auch -externe (besonders mit seinem Tätigkeitsbereich verbundene, weil sich auf seine Betriebsmittel oder ihn selbst auswirkend), aber auch von außen kommende, RegE BT-Drs. 15/3174, 35.

5) Verschulden (II)

5   Hinsichtlich **Verschulden** (beschränkt auf Vorsatz und grobe Fahrlässigkeit) sieht § 97 II eine Umkehr der Beweislast vor. Maßstab sind professionelle Sorgfaltsanforderungen, andererseits ist die regelmäßig kurze Zeitspanne für Entscheidungen mildernd zu berücksichtigen. Grob fahrlässig ist zB das Verkennen der prinzipiellen Verpflichtung zur Ad-hoc-Publizität oder auch des Kursbeeinflussungspotenzials, wenn Emittent übliche Börsenreaktionen nicht bedenkt, dazu Maier-Reimer/Webering WM 2002, 1859, Mülbert/Steup § 41 Rn. 41.209.

6) Schadensersatz und Beweislast

6   Ersatz nur des **negativen Interesses**. Nach BGH hat Anleger die Wahl zwischen Rückabwicklung des Geschäfts Zug um Zug oder Ersatz des Kursdifferenzschadens, BGH WM 2012, 309, krit. zurecht ua Hellgardt DB 2012, 677; Klöhn AG 2012, 352; Schmolke ZBB 2012, 175; Mülbert/Steup § 41 Rn. 41.216. Differenzschaden ist trotz Schwierigkeiten ermittelbar (§ 287 ZPO, Sachverständige), möglicher Rückschluss aus Kursveränderung unmittelbar nach Bekanntwerden der wahren Sachlage, BGH NJW 2005, 2453 (EM.TV). Bei der Bemessung des Kursdifferenzschadens muss der Einfluss von Gesamtmarktbewegungen herausgerechnet werden. Des Weiteren sind Gewinne aus gegenläufigen Leerverkaufspositionen im Wege der Vorteilsanrechnung anzurechnen; das gilt auch dann, wenn Wertpapiere eines anderen Emittenten leerverkauft werden und Käufe und Leerverkäufe auf einer einheitlichen Investitionsentscheidung beruhen und Risiken (zB Pflichtverletzung des Emittenten), gegen die sich der Kläger mittels der Leerverkäufe abgesichert hat, OLG Stuttgart ZIP 2022, 1047 (Kauf von Aktien der Muttergesellschaft, Leerverkauf von Aktien der Tochtergesellschaft, sodann Eintreten einer Pflichtverletzung bei Tochter), dazu Klöhn ZIP 2022, 1025. Für **Rückabwicklung** ist Nachweis der haftungsbegründenden **Kausalität** erforderlich, dh, dass der Anleger bei korrekter Veröffentlichung der Information die Transaktion nicht vorgenommen hätte. Kausalität soll laut BGH im Fall unterlassener negativer Information dagegen zB dann nicht anzunehmen sein, wenn jemand nur einen Tag nach einem massiven Kursverlust Wertpapiere erwirbt, BGH WM 2012, 310. **Darlegungs- und Beweislast** hinsichtlich des objektiven Tatbestandes liegt beim Anleger, OLG Stuttgart BB 2007, 568, Ausnahme gilt hinsichtlich **(16a)** MAR Art. 17 IV; außerdem hinsichtlich „so bald wie möglich" (**(16a)** MAR Art. 17 I), hL zu § 15 WpHG aF. Die Grundsätze der Vermutung aufklärungsrichtigen Verhaltens, zB BGHZ 61, 121; 124, 159, finden keine Anwendung, ebenso wenig eine Analogie zu § 23 II Nr. 1 WpPG (mangels planwidriger Regelungslücke) oder generell der Grundsatz der „Anlagestimmung" (bei unterbliebener Veröffentlichung fehlt es an einem Anknüpfungspunkt dafür, dh an positiven Signalen, bei unwahrer Veröffentlichung, § 98, fehlt es daran, dass Ad-hoc-Mitteilungen nicht als ausschließliche Informationsgrundlage geeignet sind), BGH WM 2012, 311, Ausnahme hinsichtlich letzterem dann, wenn im Einzelfall tatsächlich Anlagestimmung ausgelöst wurde, zB BGHZ 160, 146. Für Kausalitätsnachweis bei Anspruch auf Ersatz des **Kursdifferenzschadens** reicht aus, dass der Kurs bei rechtzeitiger Ad-hoc-Mitteilung zum Zeitpunkt des Kaufs niedriger bzw. zum Zeitpunkt des Verkaufs höher gewesen wäre, BGH WM 2012, 311, hL, aA Mülbert/Steup § 41 Rn. 41.228. Kursdifferenzschaden bezieht sich auf den Unterschied zwischen dem tatsächlichen Transaktionspreis und dem hypothetischen Kurs, der sich bei pflichtgemäßem Verhalten des Emittenten zum Zeitpunkt der Transaktion gebildet hätte. Zur näherungsweisen Ermittlung des

hypothetischen Kurses kann die Reaktion des Börsenkurses auf die Veröffentlichung der Insiderinformation herangezogen werden, Hopt/Voigt Kapitalmarktinformationshaftung S. 135. Der Anleger hat keine Obliegenheit, für eine Schadensminderung, § 254 BGB, zu sorgen. Lit. zum Schaden bei §§ 97, 98: Winter, Der nach den §§ 97 und 98 WpHG zu ersetzende Schaden, 2019.

7) Verjährung

Nach der Aufhebung von § 37b IV aF (§ 37b Vorgängernorm von § 97) durch das KleinanlegerschutzG 2015 erfolgt die Verjährung nunmehr nach den allgemeinen Regeln des BGB. Lit.: Asmus/Moini WM 2016, 1626.

8) Konkurrenzen und Ansprüche nach bürgerlichem Recht (IV)

Weitergehende Ansprüche sind dann nicht ausgeschlossen, wenn sie auf Vertrag oder vorsätzlicher unerlaubter Handlung beruhen (IV). **(16a)** MAR Art. 17 ist wie § 15 WpHG aF zwar kein Schutzgesetz (→ Vorb. Rn. 9). Aber **Vorstandsmitglieder haften** für fehlerhafte Ad-hoc-Mitteilungen **persönlich nach § 826 BGB** (Naturalrestitution), nicht nach Prospekthaftung, BGHZ 160, 142 (iErg abl.), NJW 2004, 2668 – Infomatec; dazu Fleischer DB 2004, 2031; Leisch ZIP 2004, 1573; M. Körner NJW 2004, 3386; Kort AG 2005, 21; Möller JZ 2005, 75; ebenso BGH NJW 2005, 2450 – EM.TV; BGH WM 2007, 683 (684) – Comroad I, II; dazu Hutter/Stürwald NJW 2005, 2428; Kowalewski/Hellgardt DB 2005, 1839; Möllers BB 2005, 1637; zahlreiche weitere Urteile, zB BGH WM 2007, 486; 2007, 1557; 2007, 1560; 2008, 395; 2008, 398; 2008, 790 – Comroad III-VIII; für formlose Mitteilungen an den Kapitalmarkt sind an die Haftung nach § 826 BGB strengere Anforderungen zu stellen als bei falschen Ad-hoc-Mitteilungen, OLG Stuttgart WM 2015, 875. Auch die AG selbst haftet analog § 31 BGB; §§ 57, 71 AktG (Verbote von Einlagenrückgewähr und Erwerb eigener Aktien) stehen der Naturalrestitution nicht entgegen, BGH NJW 2005, 2450 – EM.TV; BGH ZIP 2007, 326. Naturalrestitution (§ 249 BGB) bedeutet Erstattung des gezahlten Kaufpreises oder bei zwischenzeitlicher Veräußerung der Aktien gegen Anrechnung des Veräußerungspreises, BGHZ 160, 149; BGH NJW 2005, 2450 – EM.TV; gravierender Nachteil: dem Anleger wird das gesamte spätere Kursrisiko abgenommen, deshalb anders §§ **97, 98** (auch Differenzschaden). Die Grundsätze über die Anlagestimmung (→ **(15a)** WpPG § 9 Rn. 12, 13) sind idR nicht übertragbar, BGHZ 160, 144; BGH NJW 2004, 2668; ZIP 2007, 326, aber im Einzelfall ist solche Anlagestimmung möglich, dann ohne Bindung an die Zeitgrenzen wie bei der Prospekthaftung, aber auch nicht unbegrenzt, BGHZ 160, 146; BGH NJW 2004, 2671. Eventualvorsatz auch bei Euphorie und hochspekulativen Papieren, BGH NJW 2004, 2668. Direkt vorsätzliche Beeinflussung des Sekundärmarktpublikums durch wiederholte, grob unrichtige Ad-hoc-Mitteilungen ist sittenwidrig, BGH NJW 2004, 2670. Ad-hoc-Mitteilungen fallen idR nicht unter § 400 I Nr. 1 AktG (Schutzgesetz iSv § 823 II BGB, BGHZ 149, 20), BGHZ 160, 140; BGH NJW 2004, 2668, Grund: keine „Übersicht über den Vermögensstand", anders für Ad-hoc-Mitteilung mit Halbjahreszahlen, BGH NJW 2005, 447; 2005, 2453 – EM.TV. Kausalitätsnachweis und Schaden sind besonders umstritten; ebenso Klageberechtigung nicht veräußernder Altanleger, vgl. BGH NJW 2005, 2453 li. Sp. (obiter). Kausalitätsanforderungen bei Schadensersatz wegen Gründungs- und Kapitalerhöhungsschwindel (§ 399 I Nr. 1, 4 AktG), BGH NJW 2005, 3721, nicht fraud-on-the market-theory, BGH ZIP 2007, 326 – Comroad; BGH ZIP 2007, 679 (681); WM 2007, 683 (684), auch nicht bei extrem unseriöser Kapitalmarktinformation, BGH WM 2007, 1557 (1561); 2008, 395; 2008, 398; 2008, 790 – alle Comroad: Angst vor uferloser Ausweitung.

Lit.: s. zunächst wie vor MAR; Dühn, 2003; Sauer, 2004; Hopt ZHR 159 (1995), 135; Fleischer BB 2002, 1869 u. ZGR 2004, 437 (rvgl); Maier-Reimer/

Webering WM 2002, 1857; Mülbert JZ 2002, 835; Baums ZHR 167 (2003), 139; Fleischer BKR 2003, 608; Veil ZHR 167 (2003), 365; Hopt/Voigt WM 2004, 1801; DAV ZIP 2004, 2348; NZG 2004, 1099; Ekkenga ZIP 2004, 781; Leisch ZIP 2004, 1573; Semler/Gittermann NZG 2004, 1081; Spindler WM 2004, 2089; Zimmer WM 2004, 9; Casper BKR 2005, 83; Fleischer ZIP 2005, 1805; Kowalewski/Hellgardt DB 2005, 1839; Mülbert/Steup WM 2005, 1633; Sauer ZBB 2005, 24; Veil BKR 2005, 91; Sester ZGR 2006, 1; Bachmann, Informationshaftung, in Bachmann, Steuerungsfunktionen, 2007, S. 93; Findeisen/Backhaus WM 2007, 100 (Kausalität); Unzicker WM 2007, 1596; Zimmer/Cloppenburg ZHR 171 (2007), 519; Buck-Heeb AG 2008, 681; Heybey BKR 2008, 353 (Rückvergütungen); Leuschner ZIP 2008, 1050; Longino DStR 2008, 2068; Möllers NZG 2008, 413; Schäfer/Weber/Wolf ZIP 2008, 197 (Differenzschadensberechnung); Wagner ZGR 2008, 495 (Schadensberechnung); Klöhn WM 2010, 1869 (selektive Informationsweitergabe); Hellgardt AG 2012, 154 u. DB 2012, 673; Klöhn AG 2012, 345; Schäfer ZIP 2012, 2421; Schmolke ZBB 2012, 165; von Bernuth/Wagner/Kremer WM 2012, 831; Bayer WM 2013, 961 (Kapitalerhaltung); Hannich WM 2013, 449; Hopt WM 2013, 101; Maier-Reimer/Seulen in Habersack/Mülbert/Schlitt, HdB Kapitalmarktinformation, 2. Aufl. 2013, § 30 Rn. 53 ff.; Mülbert/Steup in Habersack/Mülbert/Schlitt, Unternehmensfinanzierung am Kapitalmarkt, 4. Aufl. 2019, § 41 Rn. 180 ff.; Klöhn AG 2014, 807 (fraud-on-the-market); Wagner NZG 2014, 531; Klöhn ZIP 2015, 53; Florstedt AG 2017, 557; Wichmann Haftung für fehlinformationsbedingte Anlegerschäden, 2017, Brinkmann AG 2021, 489 (Behandlung kapitalmarktrechtlicher Schadensersatzansprüche bei Insolvenz des Emittenten).

Schadenersatz wegen Veröffentlichung unwahrer Insiderinformationen

WpHG 98 (1) Veröffentlicht ein Emittent, der für seine Finanzinstrumente die Zulassung zum Handel an einem inländischen Handelsplatz genehmigt oder an einem inländischen regulierten Markt oder multilateralen Handelssystem beantragt hat, in einer Mitteilung nach Artikel 17 der Verordnung (EU) Nr. 596/2014 eine unwahre Insiderinformation, die ihn unmittelbar betrifft, ist er einem Dritten zum Ersatz des Schadens verpflichtet, der dadurch entsteht, dass der Dritte auf die Richtigkeit der Insiderinformation vertraut, wenn der Dritte

1. die Finanzinstrumente nach der Veröffentlichung erwirbt und er bei dem Bekanntwerden der Unrichtigkeit der Insiderinformation noch Inhaber der Finanzinstrumente ist oder
2. die Finanzinstrumente vor der Veröffentlichung erwirbt und vor dem Bekanntwerden der Unrichtigkeit der Insiderinformation veräußert.

(2) Nach Absatz 1 kann nicht in Anspruch genommen werden, wer nachweist, dass er die Unrichtigkeit der Insiderinformation nicht gekannt hat und die Unkenntnis nicht auf grober Fahrlässigkeit beruht.

(3) Der Anspruch nach Absatz 1 besteht nicht, wenn der Dritte die Unrichtigkeit der Insiderinformation im Falle des Absatzes 1 Nr. 1 bei dem Erwerb oder im Falle des Absatzes 1 Nr. 2 bei der Veräußerung kannte.

(4) **Weitergehende Ansprüche, die nach Vorschriften des bürgerlichen Rechts auf Grund von Verträgen oder vorsätzlichen unerlaubten Handlungen erhoben werden können, bleiben unberührt.**

(5) **Eine Vereinbarung, durch die Ansprüche des Emittenten gegen Vorstandsmitglieder wegen der Inanspruchnahme des Emittenten nach Absatz 1 im Voraus ermäßigt oder erlassen werden, ist unwirksam.**

V. Bankgeschäfte 1, 2 98 WpHG (16b)

S. zunächst die Kommentierung von § 97. § 98 (weitgehend wie bisher § 37c **1** aF) bezieht sich auf Veröffentlichung unwahrer Informationen im Rahmen von Mitteilungen nach § 15. Keine Erstreckung auf freiwillige Verlautbarungen, zB Pressemitteilungen, auch nicht analog, da es an Regelungslücke fehlt, BGH WM 2012, 305; OLG Düsseldorf AG 2011, 708. Sofern eine solche Verlautbarung aber erstmals eine Insiderinformation begründet, kommt eine Haftung nach § 97 in Betracht, dazu → § 97 Rn. 4. Die Publizitätspflicht wird zudem verletzt, wenn in der Veröffentlichung einer freiwilligen fehlerhaften Sekundärmarktinformation zugleich die Unterlassung einer ad-hoc-publizitätspflichtigen Aufklärung über den tatsächlichen Tatbestand liegt, BGH WM 2012, 307. **Insiderinformation** ist hier zu verstehen als Information, die im hypothetischen Fall ihrer Wahrheit eine Insiderinformation iSv **(16a)** MAR Art. 7 I wäre, Mülbert/Steup § 41 Rn. 41.191, Maier-Reimar/Seulen § 30 Rn. 74. **Nicht öffentlich bekannt** iSv **(16a)** MAR Art. 7 I ist hier dahingehend teologisch auszulegen, dass die Unrichtigkeit der Insiderinformation nicht öffentlich bekannt sein darf, nicht die behaupteten Umstände, s. Schwark/Zimmer/Zimmer/Steinhaeuser §§ 97, 98 Rn. 51. **Unwahr** ist eine Insiderinformation, wenn sie inhaltlich **unrichtig** ist (mitgeteilte Umstände bestehen nicht oder sind falsch dargestellt; ex ante Betrachtung ausgehend von einem objektiven Empfängerhorizont eines breiten Anlegerpublikums, s. Schwark/Zimmer/Zimmer/Steinhaeuser §§ 97, 98 Rn. 48), s. bspw. BGH ZIP 2018, 1633 ((1) Verschweigen des richtigen Stichtags, zu dem eine Beteiligung erfolgt ist, (2) Einbeziehung des Umsatzes aus Lizenzvertrag in die Halbjahreszahlen, obwohl dieser in diesem Halbjahr noch nicht geschlossen war, (3) Mitteilung eines zu hohen Umsatzes). Bei Werturteilen u. Prognosen: wenn sie nicht hinreichend auf Tatsachen gestützt sind, die ihnen zugrunde liegenden Tatsachen nicht zutreffen bzw. sie kaufmännisch nicht vertretbar sind, BGH WM 2021, 285 Rn. 75 mWn (zu § 37c WpHG aF), dazu Nietsch ZBB 2021, 234 f., BGH WM 1982, 865 zu § 45 aF BörsG. Der Emittent übernimmt dar grds keine Gewähr dafür, dass die von ihm prognostizierte Entwicklung tatsächlich eintritt, BGH WM 2021, 285 Rn. 77. Da Prognosen nur vertretbar sein müssen, hat der Emittent hinsichtlich der Auswahl des Prognoseverfahrens und der zugrunde gelegten Information einen Beurteilungsspielraum, BGH WM 2021, 285 Rn. 77. Unwahr sind auch Informationen, wenn sie **unvollständig** wiedergegeben sind. Dies ist aus Perspektive eines durchschnittlichen Anlegers zu ermitteln, RegE BT-Drs. 14/8017, 87. Beurteilungszeitpunkt ist der Zeitpunkt der Veröffentlichung bzw Verlautbarung (bei späteren besseren Erkenntnissen aber ggf. Berichtigungspflicht, zu den Auswirkungen der späteren Berichtigung Schwark/Zimmer/Zimmer/Steinhaeuser §§ 97, 98 Rn. 57 ff., bei späterem Unwahrwerden einer zunächst richtigen Information Ad-hoc-Pflicht, wenn die nachfolgenden Veränderungen als „neue Umstände" selbst Insiderinformationen sind, Nietsch ZBB 2021, 235).

Die für die Ermittlung der **Anspruchsberechtigten** wesentliche Phase der **2** Fehlinformation des Kapitalmarktes beginnt im Fall von § 98 mit der Veröffentlichung der unwahren Information, sonst wie → § 97 Rn. 3. Durch eine unrichtige Ad-hoc-Mitteilung kann im Einzelfall eine **Anlagestimmung** entstehen, BGH ZIP 2018, 2634 (individuell zu ermitteln). Zum **Verschulden** sieht § 98 II eine Umkehr der Beweislast vor, dazu etwa OLG Düsseldorf AG 2011, 709; das Verschulden (und die Exkulpation) bezieht sich auf die Unrichtigkeit der unwahren Information (Emittent bzw. dessen Vorstand als für die Veröffentlichung zuständiges Organ darf diese nicht gekannt oder grob fahrlässig verkannt haben); dabei kommt es auf den Veröffentlichungszeitpunkt an, später erlangte richtige Kenntnis führt nicht zur Haftung nach § 98, wenn sie zum maßgeblichen Zeitpunkt nicht vorlag (spätere Kenntnis erst im Rahmen von § 97 zu berücksichtigen). Hinsichtlich von Umständen aus der Sphäre des Emittenten ist Nichtoder Verkennen dieser Umstände durch den Emittenten bzw. seine Organe regelmäßig grob fahrlässig.

Kumpan

VI. Transport (Fracht-, Speditions-, Lager- und andere Transportgeschäfte)

(17) Übereinkommen über den Beförderungsvertrag im internationalen Straßengüterverkehr (CMR)

Vom 19. Mai 1956/16. August 1961 (BGBl 1961 II 1119, 1962 II 12), geändert durch Protokoll zum Übereinkommen über den Beförderungsvertrag im int. Straßenverkehr (CMR) vom 5.7.1978 (BGBl. 1980 II S. 733)

Einleitung

Schrifttum

a) Kommentare: *E(benroth/)B(oujong/)J(oost/)S(trohn)/(Bearbeiter)* Bd. 2 4. Aufl. 2020. – *GK(HGB)/(Ensthaler ua)* 8. Aufl. 2015. – *Didier/Andresen* Leitfaden zur CMR 8. Aufl. 2015. – *Herber/Piper* 1996. – *Koller* Transportrecht 10. Aufl. 2020. – *Mankowski* Commercial Law 2019. – *MüKoHGB/Jesser-Huß* Bd. 7 4. Aufl. 2020. – *Precht/Endrigkeit* CMR-Handbuch 3. Aufl. 1972. – *Staub/Canaris/Habersack/Schäfer* Handelsgesetzbuch Großkommentar, CMR, Bd. 14 5. Aufl. 2017. – *Thume/(Bearbeiter)* Kommentar zur CMR 3. Aufl. 2013. – *Knorre/Demuth/Schmid* Handbuch des Transportrechts 2. Aufl. 2015. – *Widmann* 1993. – *Ferrari/Kieninger/Mankowski/u. a.* Intern. VertragsR 3. Aufl. 2018. – *Clarke* International Carriage of Goods by Road: CMR 6th ed. London 2014. –*Messent/Glass* CMR: Contracts for the International Carriage of Goods by Road 4th ed. London 2020. – *Theunis* International Carriage of Goods by Road (CMR) London 1987. – *Yates* Contracts for the Carriage of Goods by Land, Sea and Air, part 3.1, Carriage of Goods by Road, CMR, London (LBl.).

b) Lehrbücher: *Dubischar* Grundriß des gesamten Gütertransportrechts, 1987. – *Paschke/Furnell* Transportrecht 2011. – *Wieske* Transportrecht 4. Aufl. 2020.

c) Einzeldarstellungen und Sonstiges:. – *Heuer* Die Haftung des Frachtführers nach der CMR 1975. – *Loewe* Erläuterungen zur CMR ETR 1976, 503–597. – *Decker* 1985. – *Basedow* Der Transportvertrag 1987. – *Münchner CMR-Colloquium* Einzelbeiträge in VersR 1988, 548. – *Seltmann* Die CMR in der österreichischen Praxis Wien 1988. – *Thesing* Das Recht des nationalen und internationalen Straßengüterverkehrs 1991. – *Lieser* Ergänzung der CMR durch unvereinheitlichtes deutsches Recht 1991. – *Fischer*, Ergänzung der CMR durch unvereinheitlichtes deutsches Recht nach der Transportrechtsreform, TranspR 1999, 261. – *Jesser* Frachtführerhaftung nach CMR Wien 1992 – *Fischer*, Der „Güter"-Begriff der CMR, TranspR 1995, 326 – *Jung* The convention on the contract for the international carriage of goods by road (CMR) 1997. – *Thume* Aktivlegitimation und Regressverfolgung in Deutschland ETR 2005, 801–809. – *Haak* Revision der CMR? TranspR 2006, 325–336. – *Koller* Schadensverhütung und Quersubventionen bei der CMR aus deutscher Sicht TranspR 2006, 413–421. – *Desfougères/Vogl* Rechtsfragen bei Warenschäden infolge Autonomisierung der LKWs SV 3/2019 4–12.– *Münchner CMR-Colloquium* Einzelbeiträge in VersR 1988, 548. – *Seltmann* Die CMR in der österreichischen Praxis Wien 1988. – *Thesing* Das Recht des nationalen und internationalen Straßengüterverkehrs 1991. –Allgemeiner s. §§ 407 ff. HGB. – **RsprÜbersichten und ausländisches Recht:** *Jesser-Huß* Aktuelle transportrechtliche Probleme in Österreich TranspR 2009, 109–117. – *Gruber* Aktuelle transportrechtliche Probleme in Frankreich TranspR 2009, 123–129. – *Benz* Einige aktuelle Probleme im schweizerischen Transportrecht TranspR 2009, 185–188. – *Eckoldt* Die niederländische CMR-Rechtsprechung TranspR 2009, 117–123. – *Haak* Europäische Lösung der deutsch-niederländischen Kontroverse in der CMR-Interpretation? TranspR 2009, 189–199 (Vorlagebeschluss TranspR 2009, 279). – *Polić Foglar* Schweizerisches Transportrecht TranspR 2009, 290–298. – *Atamer* Reform des türkischen Transport- und Seefrachtrechts TranspR 2010, 50–61. – *Becher* Englisches Transportrecht TranspR 2010, 127. – *Alba* The

New Spanish Law on the Contracts for the Carriage of Goods by Land TranspR 2012, 134. – *Spanjaart* GODAFOSS, the applicability of the CMR within multimodal contracts of carriage TranspR 2012, 278. – *Tountopoulos* Die griechische Rechtsprechung zum Begriff des „wilful misconduct" des Frachtführers nach Art. 29 CMR TranspR 2012, 283.
Pokrant/Gran Transport- und Logistikrecht: Höchstrichterliche Rechtsprechung und Vertragsgestaltung 11. Aufl. 2016. – *van Rossenberg* Anwendung der CMR auf Speditionsverträge aus der Sicht der Niederlande TranspR 2017, 214. – *Pellegrino* The Interpretation of Art. 13 CMR: Recent Italian Case Law TranspR 2017, 399. – *Benz* Im Westen nichts Neues? Neuigkeiten zum Transportrecht aus der Schweiz, TranspR 2018, 138. – *Kalagiakos* Griechisches Transportrecht TranspR 2018, 238. – *Lubach* Aktuelle spanische Rechtsprechung zur Haftungsbegrenzung des Frachtführers bei Straßengütertransporten TranspR 2018, 339. – *Pokrant* Die Rechtsprechung zur CMR von 2018 bis 2020 im Überblick, RdTW 2018, 122. – *Csoklich* Wechselseitige deutsche und österreichische Einflüsse auf die CMR-Rechtsprechung, RdTW 2021, 127.

1) Entstehung und Geltung

Das Übereinkommen ist gem. Bek. 28.12.1961 BGBl. 1962 II 12 für die Bundesrepublik Deutschland in Kraft getreten und ist aufgrund seiner Ratifizierung auch innerstaatliches Gesetz. Es trifft materielle Regelungen, enthält aber auch Kollisionsrecht (zB → Art. 1 I). Vertragsstaaten sind ua Belgien, Bulgarien, Dänemark, Finnland, Frankreich, Griechenland, Großbritannien, Italien, Luxemburg, Niederlande, Norwegen, Österreich, Polen, Portugal, Rumänien, Russland (mit Protokoll, Oberstes Arbitragegericht der Russischen Föderation TranspR 2009, 29), Schweden, Schweiz, Slowakei, Spanien, Tschechien und Ungarn; vgl. Bek. in BGBl. II seit 1962. Änderungen durch Protokoll 5.7.1978 BGBl. 1980 II 733, in Kraft für die BRD 28.12.1980 BGBl. II 1443 (Art. 23 III nF, Art. 23 VII–IX neu), aber nicht für alle anderen Vertragsstaaten; näher Hein/Eichoff/Pukall/Krien J 111 aE (mit Übersicht aller Vertragsstaaten). Aufgrund des stetigen Wachstums des Straßengütertransports hat die CMR in den vergangenen Jahren hat die CMR erheblich an praktischer Bedeutung gewonnen, MüKoHGB/Jesser-Huß Rn. 1. Trotz Geltung nur für grenzüberschreitende Transporte führt die europaweite Billigung zu einer wachsenden Bedeutung der CMR für national geregelte innerstaatliche Transporte, MüKoHGB/Jesser-Huß Rn. 28, zB durch Übernahme von CMR-Vorschriften für den innerstaatlichen Verkehr. Reformvorschläge FIATA s. TranspR 1984, 113. Zum Konventionskonflikt CMR und EuGVVO s. EuGH EuzW 2014, 221, näher → Art. 31 Rn. 2. Von der CMR kann durch Vereinbarung nur in engen Grenzen (Art. 40) abgewichen werden, diese ist damit weitestgehend zwingendes Recht, näher → Art. 41 Rn. 1.

2) Auslegung

Die CMR ist als internationales Abkommen in erster Linie aus sich selbst nebst Materialien auszulegen; dabei kommen dem Wortlaut und dem Zusammenhang der Einzelvorschriften der CMR besondere Bedeutung zu, BGHZ 75, 94 = NJW 1979, 2472; BGH NJW 1975, 1598; TranspR 2008, 325; OLG Düsseldorf RIW 1981, 558. Sie unterliegt den für völkerrechtliche Übereinkommen geschaffenen Auslegungsregeln der Art. 31–33 WVRK, MüKoHGB/Jesser-Huß Rn. 18. Maßgeblich sind die englische und französische Sprache (→ Art. 51), die möglichst einheitlich interpretiert werden sollen, Thume/de la Motte/Temme Rn. 86. Die CMR lehnt sich idR eng an die CIM an, eine einheitliche Auslegung bietet sich dann an, BGHZ 75, 94 (96) = NJW 1979, 2472. Gewollte Regelungslücken in CMR sind durch Heranziehung des zuständigen nationalen Rechts zu schließen, BGH NJW 94, 74 = NJW 1985, 2091; BGH NJW 1974, 412; 1974, 1615; OLG Düsseldorf RIW 1984, 234; zB Haftung wegen Pflichtverletzung gem. § 280 I BGB → Art. 17 Rn. 1; Einzelfälle bei EBJS/Boesche Rn. 15 ff. Ungewollte Regelungslücken sind im Wege von Analogiebildungen, Umkehrschlüssen und unter Berücksichtigung der Prinzipien der CMR zu füllen,

Koller vor Art. 1 Rn. 4; für Zurückhaltung bei Analogieschlüssen: MüKoHGB/ Jesser-Huß Rn. 37. Zu den einzelnen Lücken und der deutschen Rspr. Koller vor Art. 1 Rn. 5 ff., zur engl. Rechtspraxis Becher TranspR 2007, 232. Zur Auslegung von mehrsprachigen Verträgen: MüKoHGB/Jesser-Huß Einl. CMR Rn. 20. Nur soweit die CMR keine Regelung trifft und Lückenfüllung nicht möglich ist, ist ergänzend anwendbares nationales Recht anzuwenden, EBJS/ Boesche Rn. 13.

3) Internationales Privatrecht

3   Art. 1 I statuiert die CMR als Einheitsrecht. Anwendungsbereich der CMR kann nicht durch nationales IPR bestimmt werden, sondern ist den einheitlichen Regeln selbst zu entnehmen, Koller Rn. 3. Die CMR verdrängt in ihrem Anwendungsbereich (→ Art. 1) nationales Recht. Ist ein Gericht eines Nichtvertragsstaates zuständig, wird das Recht nach seinem eigenen IPR bestimmt, Koller Rn. 3. Zur Frage, ob die CMR Sachnorm- oder Gesamtnormverweisungen enthält: MüKoHGB/Jesser-Huß Rn. 40.

Präambel

DIE VERTRAGSPARTEIEN HABEN in der Erkenntnis, daß es sich empfiehlt, die Bedingungen für den Beförderungsvertrag im internationalen Straßengüterverkehr, insbesondere hinsichtlich der in diesem Verkehr verwendeten Urkunden und der Haftung des Frachtführers, einheitlich zu regeln, FOLGENDES VEREINBART:

Kapitel I. Geltungsbereich

[Geltungsbereich, völkerrechtliche Verbindlichkeit]

CMR 1 (1) [1]Dieses Übereinkommen gilt für jeden Vertrag über die entgeltliche Beförderung von Gütern auf der Straße mittels Fahrzeugen, wenn der Ort der Übernahme des Gutes und der für die Ablieferung vorgesehene Ort, wie sie im Vertrage angegeben sind, in zwei verschiedenen Staaten liegen, von denen mindestens einer ein Vertragstaat ist. [2]Dies gilt ohne Rücksicht auf den Wohnsitz und die Staatsangehörigkeit der Parteien.

(2) Im Sinne dieses Übereinkommens bedeuten „Fahrzeuge" Kraftfahrzeuge, Sattelkraftfahrzeuge, Anhänger und Sattelanhänger, wie sie in Artikel 4 des Abkommens über den Straßenverkehr vom 19. September 1949 umschrieben sind.

(3) Dieses Übereinkommen gilt auch dann, wenn in seinen Geltungsbereich fallende Beförderungen von Staaten oder von staatlichen Einrichtungen oder Organisationen durchgeführt werden.

(4) Dieses Übereinkommen gilt nicht
a) für Beförderungen, die nach den Bestimmungen internationaler Postübereinkommen durchgeführt werden;
b) für die Beförderung von Leichen;
c) für die Beförderung von Umzugsgut.

(5) Die Vertragsparteien werden untereinander keine zwei- oder mehrseitigen Sondervereinbarungen schließen, die Abweichungen von den Bestimmungen dieses Übereinkommens enthalten; ausgenommen sind Sondervereinbarungen unter Vertragsparteien, nach denen dieses Übereinkommen

nicht für ihren kleinen Grenzverkehr gilt, oder durch die für Beförderungen, die ausschließlich auf ihrem Staatsgebiet durchgeführt werden, die Verwendung eines das Gut vertretenden Frachtbriefes zugelassen wird.

1) Anwendungsvoraussetzungen

Art. 1 bestimmt den persönlichen, sachlichen und räumlichen Anwendungsbereich der CMR. Voraussetzung ist ein entgeltlicher, gültiger und grenzüberschreitender Frachtvertrag und eine Beförderung mit Kfz. Entgeltlicher Beförderungsvertrag ist eine Vereinbarung, durch die sich der Frachtführer überwiegend verpflichtet, unter eigener Verantwortung Güter gegen Entgelt von einem Ort zum anderen zu transportieren, Staub/Reuschle Rn. 60. Anwendbarkeit reicht in zeitlicher Hinsicht von Vertragsschluss bis zur gesamten Dauer der Beförderung, Koller Rn. 1. Die CMR findet keine Anwendung auf unentgeltliche Transporte, Beförderung von Leichen und Umzugsgut sowie auf Beförderungen nach internationalen Postübereinkommen (**IV**). Auf multimodalen Transport ist die CMR außerhalb von Art. 2 nicht unmittelbar anwendbar, BGH NJW 2008, 2783 m. zust. Anm. Ramming NJW 2009, 414; OLG Karlsruhe TranspR 2008, 471; zu diesem → HGB § 452 Rn. 2, 8; dort auch zum gebrochenen Verkehr → HGB § 452 Rn. 4. Fixkostenspedition unterfällt **I**, Mankowski Rn. 4. Abgesehen von §§ 458–460 HGB gilt CMR jedoch nicht für Speditionsverträge, Pokrant/Gran Rn. 409; aA für Speditionsvertrag als Rahmenvertrag, LG Aachen TranspR 2018, 24. I ist lex specialis zur Rom I-VO, Staub/Reuschle Rn. 40. Güter sind alle beweglichen körperlichen Gegenstände unabhängig von ihrem Wert, also insbes. nicht Personen. Zum Fahrzeugbegriff (**II**) MüKoHGB/Jesser-Huß Rn. 14 ff. CMR gilt auch bei Beförderung durch Hoheitsträger (**III**). Umzugsgut fällt trotz **IV** in den Anwendungsbereich, wenn neue Möbelstücke transportiert werden oder solche aus einer Wohnung herausgelöst werden, ohne dass sie dem gleichen Zweck in einer neuen Wohnung dienen sollen, Staub/Reuschle Rn. 95. Bei ladungsbezogenem einzelnen Lohnfuhrvertrag ist CMR anwendbar, nicht dagegen bei Verträgen über die Vercharterung eines Fahrzeugs mit Fahrer, OLG Nürnberg RdTW 2015, 301. **V** verbietet völkerrechtliche Sondervereinbarungen zwischen Vertragsstaaten, nicht jedoch zwischen Vertrags- und Nichtvertragsstaaten, MüKoHGB/Jesser-Huß Rn. 39.

2) Vertragswidrige Transportmittel

Die CMR findet nur auf internationale Güterbeförderung auf der Straße Anwendung. Dabei kommt es auf die vertragliche Vereinbarung an, auch wenn Güter vertragswidrig mit einem anderen Verkehrsmittel befördert werden, MüKoHGB/Jesser-Huß Rn. 22. Bei fehlender Angabe des Transportmittels (**unbenannter Transportvertrag**) entscheidet ergänzend anwendbares nationales Recht über Auslegung des Vertrages, EBJS/Bahnsen Rn. 15. Die CMR ist auch dann anwendbar, wenn der Auftragnehmer das Transportmittel bestimmen kann und sich für Beförderung per Kfz entscheidet, Koller Rn. 5, nicht aber bei Vereinbarung eines Luft-, Eisenbahn- oder Schifftransports und anschließender vertragswidriger Beförderung mit Kfz, EBJS/Bahnsen Rn. 16.

3) Vereinbarung der CMR

Liegen die Voraussetzungen von I nicht vor, kann Anwendung der CMR auch ganz oder partiell privatautonom vereinbart werden, Thume/de la Motte/Temme Rn. 60, auch wenn beide Parteien aus Nichtvertragsstaaten stammen, näher MüKoHGB/Jesser-Huß Rn. 1. Schriftform ist nicht erforderlich; Einigung kann auch auf Indizien gestützt werden, Koller Rn. 13. Anwendung der CMR kann auch zB durch AGB vereinbart werden, soweit das einschlägige Recht nicht zwingender Natur und nicht AGB-fest ist, Koller Rn. 13.

4) Beweislast

4 Die Beweislast für die Anwendungsvoraussetzungen der CMR trägt diejenige Partei, die sich auf ihre Anwendung beruft.

[Besondere Gerichtsstände]

CMR 1a Für Rechtsstreitigkeiten aus einer dem Übereinkommen unterliegenden Beförderung ist auch das Gericht zuständig, in dessen Bezirk der Ort der Übernahme des Gutes oder der für die Ablieferung des Gutes vorgesehene Ort liegt.

1 **1)** Soweit die EUGVVO die örtliche Zuständigkeit regelt, verdrängt diese Art. 1a, Staub/Reuschle zu Art. 1a → § 30 ZPO.

[Geltung für kombinierten Transport]

CMR 2 (1) ¹Wird das mit dem Gut beladene Fahrzeug auf einem Teil der Strecke zur See, mit der Eisenbahn, auf Binnenwasserstraßen oder auf dem Luftwege befördert und wird das Gut – abgesehen von Fällen des Artikels 14 – nicht umgeladen, so gilt dieses Übereinkommen trotzdem für die gesamte Beförderung. ²Soweit jedoch bewiesen wird, daß während der Beförderung durch das andere Verkehrsmittel eingetretene Verluste, Beschädigungen oder Überschreitungen der Lieferfrist nicht durch eine Handlung oder Unterlassung des Straßenfrachtführers, sondern durch ein Ereignis verursacht worden sind, das nur während und wegen der Beförderung durch das andere Beförderungsmittel eingetreten sein kann, bestimmt sich die Haftung des Straßenfrachtführers nicht nach diesem Übereinkommen, sondern danach, wie der Frachtführer des anderen Verkehrsmittels gehaftet hätte, wenn ein lediglich das Gut betreffender Beförderungsvertrag zwischen dem Absender und dem Frachtführer des anderen Verkehrsmittels nach den zwingenden Vorschriften des für die Beförderung durch das andere Verkehrsmittel geltenden Rechts geschlossen worden wäre. ³Bestehen jedoch keine solchen Vorschriften, so bestimmt sich die Haftung des Straßenfrachtführers nach diesem Übereinkommen.

(2) Ist der Straßenfrachtführer zugleich der Frachtführer des anderen Verkehrsmittels, so haftet er ebenfalls nach Absatz 1, jedoch so, als ob seine Tätigkeit als Straßenfrachtführer und seine Tätigkeit als Frachtführer des anderen Verkehrsmittels von zwei verschiedenen Personen ausgeübt würden.

1) Anwendungsvoraussetzungen

1 Art. 2 ist der geographischen Lage Großbritanniens geschuldet und soll Haftung nach CMR auch bei Beförderung mit anderen Verkehrsmitteln gewährleisten. Multimodaler bzw. kombinierter Transport → HGB § 452 Rn. 2. Nach der hM ist Art. 2 auch bei vertragswidriger Umladung anzuwenden, Koller Rn. 4a. Transport mit anderem Verkehrsmittel darf nur eine Teilstrecke ausmachen. Außerhalb von Art. 2 findet die CMR auf den multimodalen Transport keine unmittelbare Anwendung, BGH NJW 2008, 2783 m. zust. Anm. Ramming NJW 2009, 414; OLG Karlsruhe TranspR 2008, 471. Zum anzuwendenden Recht bei Auseinanderfallen von Schadensursache und -verwirklichung beim Multimodaltransport, öOGH RdTW 2017, 384 m. Anm. Zehetbauer/Motter. Huckepack-Transport ist unter bestimmten Voraussetzungen möglich, Koller Rn. 3; näher zum Huckepackverkehr: Staub/Reuschle Rn. 3 ff. Zur Abgrenzung von Huckepackverkehr und multimodalem Transport, Staub/Reuschle Rn. 6. Zum Begriff der „zwingenden Vorschriften" iSv I 2 als objektives Gesetzesrecht, das für sich genommen auch dispositiv sein kann s. BGH TranspR 2012, 330; OLG Düsseldorf TranspR 2011, 153; OLG München TranspR 2011, 158 mwN sowie OLG Hamburg TranspR 2011, 230 m. zust. Anm. Herber TranspR 2011, 232; Bahnsen TranspR 2012, 400. Verbot der Umladung (I 1) greift nicht, wenn Gut auf einen anderen LKW umgeladen wird, MüKoHGB/Jesser-Huß Rn. 8. Bei Vorliegen der Voraussetzungen ist nach **I 1** auf die gesamte Beförderung die CMR anzuwenden (insbes. → Art. 17 ff.). Bei Identität von Straßen- und Seebeförderer richtet sich die Haftung ebenfalls nach **I (II)**.

2) Haftung nach von CMR abweichenden Haftungsregeln (I 2)

Die Haftung richtet sich nach dem für den jeweiligen Abschnitt, in dem der Schaden eingetreten ist, geltenden Haftungsregime, wenn bewiesen wird, dass der Schadenseintritt nur während und wegen der Beförderung durch das andere Beförderungsmittel eingetreten sein kann (**I 2**). Die Beweislast für die ihm günstige Anwendung des entsprechenden Haftungsregimes obliegt dem Frachtführer. Es muss sich eine dem Trägertransportmittel immanente Gefahr verwirklicht haben, Ferrari/Kieninger/Mankowski/u. a./Ferrari Rn. 14. Es handelte sich nicht um einen bloßen Verweis auf die entsprechenden Haftungsvorschriften, sondern um eine eigene, kraft CMR anzuwendende Haftungsordnung, EBJS/Bahnsen Rn. 14.

2

Kapitel II. Haftung des Frachtführers für andere Personen

[Haftung für Gehilfen]

CMR 3 Der Frachtführer haftet, soweit dieses Übereinkommen anzuwenden ist, für Handlungen und Unterlassungen seiner Bediensteten und aller anderen Personen, deren er sich bei Ausführung der Beförderung bedient, wie für eigene Handlungen und Unterlassungen, wenn diese Bediensteten oder anderen Personen in Ausübung ihrer Verrichtungen handeln.

1) Allgemeines

Der zwingende Art. 3 ist keine Haftungs-, sondern Zurechnungsnorm, Koller Rn. 1 (→ vgl. § 428 HGB). Daraus ergibt sich auch mittelbar die Zulässigkeit der Einschaltung von Gehilfen. Zugerechnet wird nicht das Verschulden der Hilfsperson, sondern deren Tun und Unterlassen als solches, MüKoHGB/Jesser-Huß Rn. 2. Der Frachtführer haftet aber für schuldloses Gehilfenhandeln, wenn er selbst nach CMR-Vorschriften für bloß schädigendes Verhalten haften würde, Ferrari/Kieninger/Mankowski/u. a./Ferrari Rn. 3. Keine Anwendung von Art. 3 auf den Absender oder Empfänger, MüKoHGB/Jesser-Huß Rn. 9.

1

2) Anwendungsvoraussetzungen

Genannt werden Bedienstete und andere Personen als Unterkategorien der Gehilfen. Diese Unterscheidung kann eine Rolle spielen für die Frage, ob eine Zurechnung erfordert, dass die Gehilfen gerade in Ausübung des vertragsgegenständlichen Transports gehandelt haben, s. MüKoHGB/Jesser-Huß Rn. 13, 14. Der Begriff der Bediensteten ist weit auszulegen und erfordert insbes. kein soziales Abhängigkeitsverhältnis, Koller Rn. 3. Ist der Frachtführer zur Be- und Entladung nicht verpflichtet, findet Art. 3 Anwendung, wenn er seine Leute selbst hierzu auffordert, gefälligkeitshalber erbrachte Leistungen duldet oder seine Leute Spezialeinrichtungen des Beförderungsfahrzeugs bedienen, EBJS/Boesche Rn. 9. „Bei Ausführung der Beförderung" erfordert eine Einschaltung der anderen Person zur Erfüllung der dem Frachtführer obliegenden Pflichten, Koller Rn. 4.

2

"In Ausübung ihrer Verrichtungen" als Tatbestandsmerkmal wird wie im nationalen Recht verstanden, Staub/Reuschle Rn. 10. Daher keine Zurechnung, wenn Gehilfe lediglich bei Gelegenheit der Verrichtung schädigend handelt, Ferrari/Kieninger/Mankowski/u. a./Ferrari Rn. 12. Beauftragt Frachtführer Unterfrachtführer, dem Obhutspflicht übertragen wird, haftet er auch für dessen vorsätzlich und organisiert kriminelles Verhalten, öOGH TranspR 2017, 317; aA Pokrant/Gran Rn. 419. Der Schadensersatzanspruch des Absenders statt der Leistung fällt nicht unter die CMR, entspr. Freizeichnung für Hilfspersonen nicht unter Art. 3, sondern unter das nationale Recht, BGH NJW 1979, 2470. Der Frachtführer haftet für den Unterfrachtführer, auch wenn Art. 34 ff. nicht eingreifen, OLG Hamburg TranspR 1985, 266; LG Frankfurt a. M. VersR 1986, 384.

3) Rechtsfolge und Beweislast

3   Unabdingbare (→ Art. 41) Rechtsfolge ist die Behandlung des Frachtführers, als ob er das schädigende Tun oder Unterlassen selbst begangen hätte. Der Frachtführer kann sich auch nicht durch Mängel des Beförderungsfahrzeugs von der Haftung befreien, → Art. 17 III; zum Verhältnis von Art. 3 zu anderen Vorschriften MüKoHGB/Jesser-Huß Rn. 4 ff. Der Geschädigte trägt die Beweislast, Koller Rn. 6. Zur Haftung des Gehilfen, die sich nach außervertraglichen Anspruchsgrundlagen richtet: Staub/Reuschle Rn. 13. **Lit.** Schmid TranspR 2004, 351.

Kapitel III. Abschluß und Ausführung des Beförderungsvertrages

[CMR-Frachtbrief]

CMR 4   ¹**Der Beförderungsvertrag wird in einem Frachtbrief festgehalten.** ²**Das Fehlen, die Mangelhaftigkeit oder der Verlust des Frachtbriefes berührt weder den Bestand noch die Gültigkeit des Beförderungsvertrages, der den Bestimmungen dieses Übereinkommens unterworfen bleibt.**

1) Allgemeines

1   Der Beförderungsvertrag nach der CMR ist Konsensual-, nicht Formal- oder Realvertrag. Vertragsabschluss unterliegt trotz der irreführenden Kapitelüberschrift nationalem Recht, Mankowski Rn. 2, nicht aber im Hinblick auf Formerfordernisse (S. 2). Konsens umfasst Wagenstellung; für damit verbundene Leistungsstörung ist nationales Recht anzuwenden, MüKoHGB/Jesser-Huß Rn. 7. Der Frachtbrief ist kein Wertpapier, sondern nur eine (widerlegbare, vgl. Art. 9) Beweisurkunde, BGHZ 83, 96 (100) = NJW 1982, 1818; BGHZ 123, 307 = NJW 1993, 3331 mit Begleit-, Beweis-, Quittungs- und Sperrfunktion. Der Frachtbrief hat keine konstitutive, sondern nur Vermutungswirkung (zB Art. 9 I, II, 12 Va, 24, 26, 34); das Fehlen des Frachtbriefs, sein Verlust oder seine Mangelhaftigkeit lassen die Gültigkeit des Vertrags unberührt und sind auch kein Indiz für die Unanwendbarkeit der CMR, EBJS/Boesche Rn. 1; zur ausnahmsweisen konstitutiven Wirkung des Frachtbriefs, zB für Art. 12 V: EBJS/Boesche Rn. 3. Zur Funktion des Frachtbriefs als Informationsträger über Gut und am Transport Beteiligten sowie als Quittung für Menge und Zustand des Gutes Thume/Teutsch Rn. 24.

2) Keine Ausstellungsplicht

Art. 4 lässt sich nach eA keine Pflicht zur Ausstellung des Frachtbriefs entnehmen; insoweit fehle es bereits an einem Adressaten einer solchen Pflicht, Ferrari/Kieninger/Mankowski/u. a./Otte Rn. 9. Befürwortet wird insoweit eine beidseitige Mitwirkungspflicht, wobei sich die Folgen der Mitwirkungsverweigerung, in Ermangelung einer CMR Regelung nach nationalem Recht richteten, EBJS/Boesche Rn. 4. Zur Ausstellung können sich sowohl Absender als auch Frachtführer verpflichten, öOGH RdTW 2015, 17, für eine grundsätzliche Pflicht des Absenders insoweit aber MüKoHGB/Jesser-Huß Rn. 9. Zu den Folgen der Nichtausstellung des Frachtbriefs: Staub/Reuschle Rn. 9.

[Ausfertigungen, Form des Frachtbriefs]

CMR 5 (1) ¹Der Frachtbrief wird in drei Originalausfertigungen ausgestellt, die vom Absender und vom Frachtführer unterzeichnet werden. ²Die Unterschriften können gedruckt oder durch den Stempel des Absenders oder des Frachtführers ersetzt werden, wenn dies nach dem Recht des Staates, in dem der Frachtbrief ausgestellt wird, zulässig ist. ³Die erste Ausfertigung erhält der Absender, die zweite begleitet das Gut, die dritte behält der Frachtführer.

(2) Ist das zu befördernde Gut auf mehrere Fahrzeuge zu verladen oder handelt es sich um verschiedenartige oder um in verschiedene Posten aufgeteilte Güter, können sowohl der Absender als auch der Frachtführer verlangen, daß so viele Frachtbriefe ausgestellt werden, als Fahrzeuge zu verwenden oder Güterarten oder -posten vorhanden sind.

1) Allgemeines

Art. 5 trifft eine Regelung zu Form und Inhalt des Frachtbriefes und legt die erforderliche Anzahl fest. Es gibt keinen einzelnen Aussteller, sondern die Parteien müssen den Frachtbrief gemeinsam ausstellen, Staub/Reuschle Rn. 4. Absender und Frachtführer müssen Originalfrachtbrief unterzeichnen (**I 1**). Druck und Stempel können je nach nationalem Recht als Unterschrift genügen, EBJS/Boesche Rn. 4. Jedes unterschriebene Exemplar ist gleichwertig, Staub/Reuschle Rn. 1. Fehlen Unterschriften, entfallen ua Beweiswirkung (Art. 9) und Haftung (Art. 7); es bleibt Raum für Haftung nach nationalem Recht, Koller Rn. 3. Einem nur von einer Partei unterschriebenen Frachtbrief kann bei Anwendbarkeit deutschen Prozessrechts der Beweiswert einer Urkunde nach § 416 ZPO zukommen, Pokrant/Gran Rn. 421. Elektronische Unterschriften erfüllen die Voraussetzungen nicht, Koller Rn. 3. Frage der Gültigkeit des Frachtbriefs wird von CMR nicht geregelt, bloßer Ladeschein genügt insoweit nicht, Staub/Reuschle Rn. 8. Ausstellung von mehr als drei Originalausfertigungen ist zulässig; sie sind als Kopien zu betrachten, EBJS/Boesche Rn. 2. Zur bislang geringen Bedeutung des elektronischen Frachtbriefes, dessen Gleichstellung sich aus dem Zusatzprotokoll (e-CMR) ergibt, s. MüKoHGB/Jesser-Huß Rn. 16. Bedeutung könnte elektronischer Frachtbrief durch die vorgeschlagene EU-Verordnung zur behördlichen Akzeptanz von Frachtinformationen in elektronischen Frachtbriefen (COM (2018) 279) gewinnen. Inwieweit elektronische Frachtbriefe als Ersatz für die Papierform Gültigkeit haben, soll nicht Regelungsgegenstand der Verordnung sein.

2) Teilfrachtbriefe (II)

II bezieht sich auf Teilfrachtbrief und dient damit Handelszwecken. Hierbei handelt es sich nicht um Ausfertigungen iSd I, MüKoHGB/Jesser-Huß Rn. 14.

II wird eine Pflicht zur Mitwirkung an der Ausstellung von Teilfrachtbriefen entnommen, Ferrari/Kieninger/Mankowski/u. a./Otte Rn. 4.

[Angaben im Frachtbrief]

CMR 6 (1) Der Frachtbrief muß folgende Angaben enthalten:
a) Ort und Tag der Ausstellung;
b) Name und Anschrift des Absenders;
c) Name und Anschrift des Frachtführers;
d) Stelle und Tag der Übernahme des Gutes sowie die für die Ablieferung vorgesehene Stelle;
e) Name und Anschrift des Empfängers;
f) die übliche Bezeichnung der Art des Gutes und die Art der Verpackung, bei gefährlichen Gütern ihre allgemein anerkannte Bezeichnung;
g) Anzahl, Zeichen und Nummern der Frachtstücke;
h) Rohgewicht oder die anders angegebene Menge des Gutes;
i) die mit der Beförderung verbundenen Kosten (Fracht, Nebengebühren, Zölle und andere Kosten, die vom Vertragsabschluß bis zur Ablieferung anfallen);
j) Weisungen für die Zoll- und sonstige amtliche Behandlung;
k) die Angabe, daß die Beförderung trotz einer gegenteiligen Abmachung den Bestimmungen dieses Übereinkommens unterliegt.

(2) Zutreffendenfalls muß der Frachtbrief ferner folgende Angaben enthalten:

a) das Verbot umzuladen;
b) die Kosten, die der Absender übernimmt;
c) den Betrag einer bei der Ablieferung des Gutes einzuziehenden Nachnahme;
d) die Angabe des Wertes des Gutes und des Betrages des besonderen Interesses an der Lieferung;
e) Weisungen des Absenders an den Frachtführer über die Versicherung des Gutes;
f) die vereinbarte Frist, in der die Beförderung beendet sein muß;
g) ein Verzeichnis der dem Frachtführer übergebenen Urkunden.

(3) Die Parteien dürfen in den Frachtbrief noch andere Angaben eintragen, die sie für zweckmäßig halten.

1) Allgemeines

1   Vgl. → Art. 4 Rn. 1. Art. 6 betrifft den Inhalt des Frachtbriefs (vgl. § 408 I HGB). Die Norm gliedert sich in obligatorische Angaben (I), Eventualangaben (II) und fakultative Angaben (III). Sie ist insbesondere maßgeblich für Art. 7. Zu den Rechtsfolgen eines Verstoßes gegen Art. 6, der selbst keine Sanktionen bereithält Thume/Teutsch Rn. 3. Zum Rekurs auf nationales Recht bei Lückenhaftigkeit Koller Rn. 1.

2) Mindestangaben (I)

2   **I a:** Angabe des Ortes begründet widerleglichen Beweis für Vertragsschluss an diesem Ort, MüKoHGB/Jesser-Huß Rn. 4. Ort ist für zulässige Form der Unterschrift bedeutsam (→ Art. 5 I 2). **I b:** Absender ist der Vertragspartner des Frachtführers, BGH TranspR 2006, 363. Name und Anschrift des Absenders spielen für Art. 7, 9, 10, 11 II, 12 eine Rolle. **I c:** Angabe des Frachtführers, dh des Vertragspartners des Absenders, ist für Art. 9 von Bedeutung **I d:** „Stelle" meint

genaue Bezeichnung des geographischen Ortes mit Straße und Hausnummer; nicht lediglich politische Gemeinde BGH NJW-RR 2000, 1633. Datum ist relevant als Nachweis der tatsächlichen Übergabe der Güter wie im Frachtbrief beschrieben, Mankowski Rn. 6. **I e:** Empfänger ist angesichts der Art. 12–15 von Bedeutung. Str. ist, ob Frachtbrief mehrere Empfänger benennen kann, zutreffend ablehnend: Ferrari/Kieninger/Mankowski/u. a./Otte Rn. 11; bei gleichwohl erfolgender Mehrfacheintragung von Empfängern entfaltet die Eintragung keine Vermutungswirkung, EBJS/Boesche Rn. 7. **I f:** Gefährliche Güter müssen in ihrer allgemein anerkannten Bezeichnung eingetragen werden; die allgemein gebräuchliche Bezeichnung genügt nicht, MüKoHGB/Jesser-Huß Rn. 15. **I g:** Bezeichnung muss deutlich und haltbar angebracht sein, Thume/Teutsch Rn. 14. **I h:** Angaben für Art. 8 III von Relevanz, Koller Rn. 9. **I i:** Kosten brauchen sich aus dem Frachtbrief nicht ziffernmäßig zu ergeben; Erkennbarkeit des Umfangs der Zahlungspflicht bes. durch Hinweis auf Tarife genügt, OLG Düsseldorf NJW 1981, 1910. **I j:** Umfasst anfängliche Weisungen, die Teil des Beförderungsvertrags werden; für Art. 9 I von Bedeutung. **I j:** Gilt in denen Fällen, in denen CMR nicht bereits aufgrund von Art. 1 anzuwenden ist.

3) Eventualangaben (II)

II betrifft Angaben im Falle besonderer Beförderungsvereinbarungen. Die Eintragung führt zu einer vereinfachten Beweisführung, Koller Rn. 24. **II a:** verbietet die Umladung dann nicht, wenn nur zumutbare Risiken entstehen, Koller Rn. 13. **II b:** Bedeutsam für Art. 13 II. **II c:** Nachnahmevereinbarung muss klar, eindeutig und dem Fahrer verständlich sein, BGHZ 83, 96 (100) = NJW 1982, 1818, wozu „Kasse gegen Dokumente", OLG Köln AWD 1975, 162, oder „Auslieferung gegen Bankakzept und Bankaval", OLG Düsseldorf VersR 1988, 77, nicht genügt. Anders für „Auslieferung gegen Bankscheck" OLG Hamburg TranspR 1991, 297. Gültigkeit des Frachtvertrags und Frachtbriefs wird durch fehlende oder unvollständige Angaben nicht berührt, Staub/Reuschle Rn. 1. **II d:** Vgl. Art. 23 VI. **II f:** Die Lieferfristvereinbarung ist auch ohne Eintragung im Frachtbrief wirksam, OLG Düsseldorf TranspR 1986, 57.

4) Zweckmäßige Angaben (III)

Parteien können nach **III** weitere Eintragungen in den Frachtbrief vornehmen, die sie für zweckdienlich halten. Angaben werden vorausgesetzt in Art. 12 III, 17 IV a, 22 I, 24, 26, 31 und 33, hierzu auch Thume/Teutsch Rn. 36. Rechtsfolgen eines Verstoßes gegen die inhaltlichen Vorgaben des Art. 6: Art. 7, 11 II, III.

[Haftung für unrichtige und fehlende Angaben]

CMR 7 (1) **Der Absender haftet für alle Kosten und Schäden, die dem Frachtführer dadurch entstehen, daß folgende Angaben unrichtig oder unvollständig sind:**

a) **die in Artikel 6 Absatz 1 Buchstabe b, d, e, f, g, h und j bezeichneten Angaben;**
b) **die in Artikel 6 Absatz 2 bezeichneten Angaben;**
c) **alle anderen Angaben oder Weisungen des Absenders für die Ausstellung des Frachtbriefes oder zum Zwecke der Eintragung in diesen.**

(2) Trägt der Frachtführer auf Verlangen des Absenders die in Absatz 1 bezeichneten Angaben in den Frachtbrief ein, wird bis zum Beweise des Gegenteils vermutet, daß der Frachtführer hierbei im Namen des Absenders gehandelt hat.

(3) Enthält der Frachtbrief die in Artikel 6 Absatz 1 Buchstabe k bezeichnete Angabe nicht, so haftet der Frachtführer für alle Kosten und Schäden, die

dem über das Gut Verfügungsberechtigten infolge dieser Unterlassung entstehen.

1) Haftung des Absenders (I)

1   Art. 7 regelt die haftungsrechtlichen Folgen von fehlerhaften Angaben im Frachtbrief und trägt dem Umstand, dass der Absender die Güter regelmäßig besser als der Frachtführer kennt, Rechnung. Die Haftung des Absenders ist unbegrenzt und verschuldensunabhängig, MüKoHGB/Jesser-Huß Rn. 3. **I** betrifft die Absenderhaftung für unzulängliche Angaben im Frachtbrief, für die der Frachtführer beweisbelastet ist, EBJS/Boesche Rn. 1. I ist nicht anwendbar bei völlig fehlenden Angaben oder wenn kein Frachtbrief ausgestellt wurde, Mankowski Rn. 3; in diesen Fällen ist der Frachtführer aufgrund der Erkennbarkeit der Unvollständigkeit nicht schutzbedürftig; es kommt aber eine Haftung nach ergänzend anwendbarem nationalen Recht in Betracht, Koller Rn. 1. Den Frachtführer kann Mitverschulden bei Kenntnis oder Kennenmüssen der Unrichtigkeit sowie bei Verletzung seiner Überprüfungsobliegenheiten treffen, MüKoHGB/Jesser-Huß Rn. 3, zu dessen Kontrollobliegenheiten Koller Rn. 1. I kann nicht analog auf die nicht genannten Frachtbriefangaben angewandt werden, Ferrari/Kieninger/Mankowski/u. a./Otte Rn. 2. Zum Sonderfall, wenn Absender und Frachtführer identisch sind, zB bei Spedition: Thume/Teutsch Rn. 9. Der Frachtführer ist beweisbelastet, Staub/Reuschle Rn. 8a.

2) Eintragungen des Frachtführers im Namen des Absenders

2   Nach **II** wird bei Eintragungen des Frachtführers auf Verlangen des Absenders vermutet, dass der Frachtführer hierbei im Namen des Absenders gehandelt hat. II enthält damit eine Beweisvermutung zugunsten des Frachtführers, Ferrari/Kieninger/Mankowski/u. a./Otte Rn. 3. Der Frachtführer muss jedoch beweisen, dass der Absender die Eintragung verlangt hat, Koller Rn. 4. Zur Bestimmung des Schadensumfangs ist ergänzend das nationale Recht hinzuzuziehen, Staub/Reuschle Rn. 8.

3) Fehlender Hinweis auf Geltung der CMR

3   Nach **III** haftet der Frachtführer für alle Kosten und Schäden, die aus einem fehlenden CMR-Vermerk resultieren. Hiermit wird Anwendung der CMR sichergestellt und vermieden, dass Ladungsberechtigter vor den Gerichten aufgrund des fehlenden CMR-Vermerks seine Rechte nicht in einem der CMR entsprechenden Umfang durchsetzen kann, MüKoHGB/Jesser-Huß Rn. 9. Auch diese Haftung ist verschuldensunabhängig und unbegrenzt, MüKoHGB/Jesser-Huß Rn. 9. Zu Kosten und Schäden iSd III gehören Prozesskosten im Nichtvertragsstaat und die Differenz gegenüber nach der CMR höheren Ersatzansprüchen, EBJS/Boesche Rn. 7.

[Überprüfungspflichten]

CMR 8 (1) **Der Frachtführer ist verpflichtet, bei der Übernahme des Gutes zu überprüfen**

a) die Richtigkeit der Angaben im Frachtbrief über die Anzahl der Frachtstücke und über ihre Zeichen und Nummern;
b) den äußeren Zustand des Gutes und seiner Verpackung.

(2) ¹**Stehen dem Frachtführer keine angemessenen Mittel zur Verfügung, um die Richtigkeit der in Absatz 1 Buchstabe a bezeichneten Angaben zu überprüfen, so trägt er im Frachtbrief Vorbehalte ein, die zu begründen sind.**
²**Desgleichen hat er Vorbehalte zu begründen, die er hinsichtlich des äußeren Zustandes des Gutes und seiner Verpackung macht.** ³**Die Vorbehalte sind für**

den Absender nicht verbindlich, es sei denn, daß er sie im Frachtbrief ausdrücklich anerkannt hat.

(3) ¹Der Absender kann vom Frachtführer verlangen, daß dieser das Rohgewicht oder die anders angegebene Menge des Gutes überprüft. ²Er kann auch verlangen, daß der Frachtführer den Inhalt der Frachtstücke überprüft. ³Der Frachtführer hat Anspruch auf Ersatz der Kosten der Überprüfung. ⁴Das Ergebnis der Überprüfung ist in den Frachtbrief einzutragen.

1) Allgemeines

Art. 8 bezweckt eine reibungslose Abwicklung des Transports, Koller Rn. 1. **1** Auch die Begrenzung des Haftungszeitraums auf den Obhutszeitraum macht eine Überprüfung des Gutes bei Ablieferung erforderlich, MüKoHGB/Jesser-Huß Rn. 1. Die Obliegenheiten, Thume/Teutsch Rn. 3, hM, nach I b, II bestehen nicht dem Absender gegenüber; Verletzungsfolge ist vielmehr Vermutung nach Art. 9 II, BGH NJW 1979, 2471; auch ein Mitverschulden bei Verpackungsmängeln kommt in Betracht, Koller Rn. 1. Überprüfung der Vorkühlung des Gutes, OLG Zweibrücken RdTW 2019, 239, aber keine Pflicht zur Ablehnung des Transports bei Gefahr des Verderbs, diese Entscheidung ist Sache des Auftraggebers, OLG Frankfurt a. M. RIW 1982, 205. Prüfobliegenheit besteht nur bei wirksamem und ausgehändigtem Frachtbrief, Staub/Reuschle Rn. 10. Bei Verderb umgekehrt Anspruch des Frachtführers wegen Pflichtverletzung gem. § 280 I BGB auf Ersatz von Reinigungskosten und Standgeld, OLG Düsseldorf RIW 1984, 234. Verladung und Stauung der Güter sind nach hM nicht zu überprüfen, Mankowski Rn. 8. Str. ist die Zulässigkeit einer Vereinbarung einer Überprüfungspflicht, bejahend Ferrari/Kieninger/Mankowski/u. a./Otte Rn. 4. Auch Zusatzpflichten des Frachtführers, zB Überprüfung der Verladung können vereinbart werden, EBJS/Boesche Rn. 5.

2) Vorbehalte (II)

II schränkt die Überprüfungsobliegenheit ein, wenn keine angemessenen Mittel für die Überprüfung bereitstehen und kann insbesondere einschlägig sein bei unangemessenem hohen zeitlichen oder personellen Aufwand der Prüfung oder bei hohem Schadensrisiko, Koller Rn. 4. Anerkenntnis des Absenders setzt ausdrückliche Zustimmung voraus; bloßes Unterschreiben des Frachtbriefs mit Vorbehalten ist nicht ausreichend, Mankowski Rn. 12, str. Auch nicht anerkannter Vorbehalt zerstört Beweiswirkung des Art. 9; Frachtführer muss sich an diesem festhalten lassen, MüKoHGB/Jesser-Huß Rn. 21. **2**

3) Einschränkung der Überprüfungsobliegenheit (II)

III 3 gibt dem Frachtführer für zusätzliche, auf Verlangen des Absenders durchgeführte Überprüfungen einen Anspruch auf Ersatz der Überprüfungskosten und trägt damit dem Umstand Rechnung, dass dem Frachtführer nur zumutbare Überprüfungstätigkeiten auferlegt werden sollen. III statuiert eine echte Rechtspflicht, EBJS/Boesche Rn. 13. Die Ergebnisse der nach III 1–2 durchgeführten Überprüfungen sind nach III 4 in den Frachtbrief einzutragen. Hinsichtlich der Beweiswirkung ist Art. 9 analog anzuwenden, Koller Rn. 10. **3**

[Beweiskraft des Frachtbriefs]

CMR 9 (1) **Der Frachtbrief dient bis zum Beweise des Gegenteils als Nachweis für den Abschluß und Inhalt des Beförderungsvertrages sowie für die Übernahme des Gutes durch den Frachtführer.**

(2) **Sofern der Frachtbrief keine mit Gründen versehenen Vorbehalte des Frachtführers aufweist, wird bis zum Beweise des Gegenteils vermutet, daß**

(17) CMR 10

das Gut und seine Verpackung bei der Übernahme durch den Frachtführer äußerlich in gutem Zustande waren und daß die Anzahl der Frachtstücke und ihre Zeichen und Nummern mit den Angaben im Frachtbrief übereinstimmen.

1) Beweisvermutung nach I

1 Der ordnungsgemäß unterzeichnete Frachtbrief ist lediglich Beweisurkunde (keine konstitutive Funktion), BGH TranspR 2006, 363. Die in I genannten Umstände können auch anders als durch den Frachtbrief bewiesen werden, MüKoHGB/Jesser-Huß Rn. 6. Die widerlegliche Vermutung nach I setzt einen nach Art. 5, 6 ausgestellten Frachtbrief voraus, BGH NJW 1979, 2471; OLG Hamm TranspR 1985, 107. Ladeliste genügt daher nicht, BGH VersR 2015, 342. Unzureichend ist auch die bloße Quittierung der Ablieferung durch den Empfänger ohne Unterzeichnung des Frachtbriefs durch die Vertragsparteien, OLG Köln RdTW 2021, 352. Frachtbrief stellt keine Beweisregel für das Bestehen oder Fehlen innerer Schäden am Gut auf, Staub/Reuschle Rn. 3, Vermutung erstreckt sich auch nicht auf den Inhalt der Frachtstücke, OLG Köln RdTW 2015, 441, oder Gewicht und Menge, sofern sie nicht auf Verlangen des Absenders geprüft und im Frachtbrief bestätigt sind, Mankowski Rn. 7, auch nicht auf das Fehlen von Willensmängeln oder Fragen der Geschäftsfähigkeit oder Vertretungsmacht, Staub/Reuschle Rn. 2, jedoch auf die korrekte Anzahl der einzelnen Frachtstücke, OLG Köln TranspR 2015, 292, und damit Vollständigkeit, Koller Rn. 2. Vermutungswirkung setzt ordnungsgemäße Unterzeichnung iSv Art. 5 voraus, BGH NJW-RR 1998, 33; OLG Köln RdTW 2015, 440; OLG München RdTW 2015, 446; Beweiswirkung des nur von Absender oder Frachtführer unterzeichneten Frachtbriefs richtet sich nach nationalem Recht, Mankowski Rn. 2. Gilt auch für Vertreterhandeln bei Unterzeichnung, BGH NJW-RR 2013, 744. Bei Vorliegen der Beweisvermutung muss voller Gegenbeweis geführt werden, MüKoHGB/Jesser-Huß Rn. 6. Bei Fehlen des Frachtbriefs oder nicht ordnungsgemäßer Unterzeichnung gilt nicht Art. 9, sondern nationales Beweisrecht, EBJS/Boesche Rn. 1. Vorbehalte im Frachtbrief heben die Beweiswirkung analog Art. 9 II auf, soweit sie reichen, Koller Rn. 2.

2) Beweisvermutung nach II

2 Auch II statuiert im Zusammenhang mit Art. 8 II eine widerlegliche Beweisvermutung. Der Grund für die fehlende Eintragung des Vorbehalts ist unerheblich, Koller Rn. 3. Vermutung reicht nur so weit, wie äußere Mängel des Gutes bei Evidenzprüfung (→ Art. 8) erkennbar gewesen wäre und erstreckt sich damit nicht auf solche Mängel, zu deren Feststellung besondere Instrumente erforderlich sind, Thume/Teutsch Rn. 9. Zu II OLG Hamm TranspR 1985, 187. Keine Beweiskraft bzgl. ordnungsgemäßer Verstauung und Verladung, soweit dahingehend keine Überprüfungspflicht besteht, MüKoHGB/Jesser-Huß Rn. 10. Zur analogen Anwendung auf Eintragungen nach Art. 8 III → Art. 8 Rn. 3.

[Haftung für mangelhafte Verpackung]

CMR 10 Der Absender haftet dem Frachtführer für alle durch mangelhafte Verpackung des Gutes verursachten Schäden an Personen, am Betriebsmaterial und an anderen Gütern sowie für alle durch mangelhafte Verpackung verursachten Kosten, es sei denn, daß der Mangel offensichtlich oder dem Frachtführer bei der Übernahme des Gutes bekannt war und er diesbezüglich keine Vorbehalte gemacht hat.

VI. Transport **11 CMR (17)**

1) Allgemeines

Art. 10 trägt dem Umstand, dass der Absender das Gut besser als der Frachtführer kennt, Rechnung und statuiert eine unbegrenzte und verschuldensunabhängige Versenderhaftung für Schäden durch objektiv schlecht verpacktes Gut. Die Norm umfasst Schäden an Personen, am Betriebsmaterial sowie an anderen Gütern von Dritten, Thume/Teutsch Rn. 14. Unter Kosten fallen auch Aufwendungen zur Neuverpackung des Gutes und Standgeld, Thume/Temme Rn. 23. Das Betriebsmaterial muss nicht dem Betrieb des Hauptfrachtführers zugehörig sein, sondern umfasst auch vom Unterfrachtführer für den Transport benutztes Material, öOGH TranspR 2021, 329. Die Verpackung ist geeignet, wenn sie hinreichend Schutz vor den Einwirkungen des Straßenverkehrs gewährleistet, Ferrari/Kieninger/Mankowski/u. a./Otte Rn. 6, was für jedes Gut gesondert zu bestimmen ist, näher Thume/Temme Rn. 4 ff. Erfasst sind auch Schäden durch völliges Fehlen der Verpackung, Koller Rn. 2. Als Ausnahmevorschrift nicht bei fehlerhafter Verladung oder Stauung (analog) anwendbar, Staub/Reuschle Rn. 3, auch nicht, wenn Ladefehler zur Zerstörung der Verpackung führt, Koller Rn. 1; hier aber Ansprüche nach nationalem Recht möglich, EBJS/Boesche Rn. 1. Zum Vorliegen von Verpackungsschäden vgl. → § 411 HGB. Es gelten die allgemeinen Beweisgrundsätze, Thume/Temme Rn. 44 f.

2) Haftungsumfang

Haftung entfällt bei offensichtlichen Verpackungsmängeln oder fehlendem Vorbehalt trotz Kenntnis der Mangelhaftigkeit **(Hs. 2).** Zur Form des Vorbehalts: Staub/Reuschle Rn. 25. Allgemeine Regeln über Mitverschulden gelten, Koller Rn. 4. Passivlegitimiert ist alleine der Absender, Staub/Reuschle Rn. 16, Frachtführer muss Schaden des Dritten liquidieren, Koller Rn. 3. Offensichtlich ist ein Mangel, der nur bei oberflächlicher Besichtigung des Gutes ins Auge fallen muss, MüKoHGB/Jesser-Huß Rn. 4. Haftung erfasst dem Frachtführer unmittelbar entstehende Schäden und Schäden Dritter, sofern dafür ein Rückgriffsanspruch gegen den Frachtführer besteht, Mankowski Rn. 5, aA Koller Rn. 3. Art. 10 ist nicht einschlägig, wenn der Frachtführer Verpackung übernommen hat, Koller Rn. 2. Versender kann Haftung durch zulässige (→ Art. 41) Vereinbarung von Verpackungspflicht des Frachtführers entgehen, MüKoHGB/Jesser-Huß Rn. 1. Zum Verhältnis von Art. 10 zur Frachtführerhaftung: Thume/Teutsch Rn. 27 f.

[Begleitpapiere]

CMR 11 (1) **Der Absender hat dem Frachtbrief die Urkunden beizugeben, die für die vor der Ablieferung des Gutes zu erledigende Zoll- oder sonstige amtliche Behandlung notwendig sind, oder diese Urkunden dem Frachtführer zur Verfügung zu stellen und diesem alle erforderlichen Auskünfte zu erteilen.**

(2) [1]**Der Frachtführer ist nicht verpflichtet zu prüfen, ob diese Urkunden und Auskünfte richtig und ausreichend sind.** [2]**Der Absender haftet dem Frachtführer für alle aus dem Fehlen, der Unvollständigkeit oder Unrichtigkeit der Urkunden und Angaben entstehenden Schäden, es sei denn, daß den Frachtführer ein Verschulden trifft.**

(3) **Der Frachtführer haftet wie ein Kommissionär für die Folgen des Verlustes oder der unrichtigen Verwendung der im Frachtbrief bezeichneten und diesem beigegebenen oder dem Frachtführer ausgehändigten Urkunden; er hat jedoch keinen höheren Schadenersatz zu leisten als bei Verlust des Gutes.**

(17) CMR 12

1) Allgemeines

1 Der Absender ist aufgrund seiner Kenntnis und Sachnähe zur Beibringung der notwendigen Zollurkunden und für Urkunden zur sonstigen amtliche Behandlung sowie zur Erteilung der erforderlichen Auskünfte verpflichtet (**I**). Der Umfang der erforderlichen Urkunden ist einzelfallabhängig; nur nützliche Urkunden müssen aber nicht beigegeben werden, Thume/Temme Rn. 8. Auskünfte sind erforderlich, soweit sie von einem ordentlichen Frachtführer nicht erwartet werden können, Koller Rn. 2. Nicht zu den „notwendigen Urkunden" iSv I zählen Dokumente, die die Beförderung nur beschleunigen, wie etwa ein Carnet TIR, BGH TranspR 2011, 180. Erforderliche Auskünfte hängen vom Einzelfall ab. Absender kann bei fehlender Kenntnis des Frachtführers von sich aus zur Aufklärung verpflichtet sein, MüKoHGB/Jesser-Huß Rn. 3. Frachtführer ist nicht zur Überprüfung der Absenderangaben verpflichtet, sondern kann sich auf deren Richtigkeit verlassen, EBJS/Reuschle Rn. 1. Übernahme der Pflicht zur Beschaffung oder Überprüfung der Urkunden durch den Frachtführer nicht nach Art. 41 ausgeschlossen, in diesem Fall insbesondere keine Haftung nach II, EBJS/Boesche Rn. 5.

2) Absenderhaftung

2 Verschuldensunabhängige und unbegrenzte Haftung nach **II 2** für aus Unvollständigkeit oder Unrichtigkeit der Urkunden und Angaben resultierende Schäden. Der Anspruch ist bei Verschulden des Frachtführers ausgeschlossen (Hs. 2), wofür der Absender beweisbelastet ist. Es handelt sich in Abweichung von zB Art. 17 V um einen Fall des „Alles-oder-Nichts-Prinzips", MüKoHGB/Jesser-Huß Rn. 5. Zur Diskussion um eine quotale Schadensteilung bei beidseitigem Verschulden: Koller Rn. 3; Thume/Temme Rn. 24.

3) Frachtführerhaftung

3 Haftung für unrichtige Verwendung, **III,** BGHZ 136, 156. Güter- und Verspätungsschäden unterliegen nach hM Art. 17 als lex specialis, OLG München TranspR 2011, 435; MüKoHGB/Jesser-Huß Rn. 17. Es ist nicht von Belang, ob die betreffenden Begleitpapiere im Frachtbrief genannt sind, Staub/Reuschle Rn. 27. Analoge Anwendung von III auf unrichtige Verwendung von Auskünften scheidet aus, Thume/Temme Rn. 28; Ferrari/Kieninger/Mankowski/u. a./Otte Rn. 18.

[Verfügungsrecht über das Gut]

CMR 12 (1) ¹**Der Absender ist berechtigt, über das Gut zu verfügen.** ²**Er kann insbesondere verlangen, daß der Frachtführer das Gut nicht weiterbefördert, den für die Ablieferung vorgesehenen Ort ändert oder das Gut einem anderen als dem im Frachtbrief angegebenen Empfänger abliefert.**

(2) ¹**Dieses Recht erlischt, sobald die zweite Ausfertigung des Frachtbriefes dem Empfänger übergeben ist oder dieser sein Recht nach Artikel 13 Absatz 1 geltend macht.** ²**Von diesem Zeitpunkt an hat der Frachtführer den Weisungen des Empfängers nachzukommen.**

(3) **Das Verfügungsrecht steht jedoch dem Empfänger bereits von der Ausstellung des Frachtbriefes an zu, wenn der Absender einen entsprechenden Vermerk in den Frachtbrief eingetragen hat.**

(4) **Hat der Empfänger in Ausübung seines Verfügungsrechtes die Ablieferung des Gutes an einen Dritten angeordnet, so ist dieser nicht berechtigt, seinerseits andere Empfänger zu bestimmen.**

(5) Die Ausübung des Verfügungsrechtes unterliegt folgenden Bestimmungen:
a) der Absender oder in dem in Absatz 3 bezeichneten Falle der Empfänger hat, wenn er sein Verfügungsrecht ausüben will, die erste Ausfertigung des Frachtbriefes vorzuweisen, worin die dem Frachtführer erteilten neuen Weisungen eingetragen sein müssen, und dem Frachtführer alle Kosten und Schäden zu ersetzen, die durch die Ausführung der Weisungen entstehen;
b) die Ausführung der Weisungen muß zu dem Zeitpunkt, in dem sie die Person erreichen, die sie ausführen soll, möglich sein und darf weder den gewöhnlichen Betrieb des Unternehmens des Frachtführers hemmen noch die Absender oder Empfänger anderer Sendungen schädigen;
c) die Weisungen dürfen nicht zu einer Teilung der Sendung führen.

(6) Kann der Frachtführer auf Grund der Bestimmungen des Absatzes 5 Buchstabe b die erhaltenen Weisungen nicht durchführen, so hat er unverzüglich denjenigen zu benachrichtigen, der die Weisungen erteilt hat.

(7) Ein Frachtführer, der Weisungen nicht ausführt, die ihm unter Beachtung der Bestimmungen dieses Artikels erteilt worden sind, oder der solche Weisungen ausführt, ohne die Vorlage der ersten Ausfertigung des Frachtbriefes verlangt zu haben, haftet dem Berechtigten für den daraus entstehenden Schaden.

1) Inhalt und Ausübung des Verfügungsrechts

I gibt dem Absender ein inhaltlich weitgehendes und zahlenmäßig unbegrenztes Recht zur nachträglichen Vertragsänderung, Koller Rn. 2. Das Weisungsrecht umfasst nachträgliche Änderungen, die zB die Ablieferung betreffen (I 2), nicht aber Weisungen zB zur längeren Lagerung, EBJS/Boesche Rn. 3. Grenzen zudem durch Verfügungsberechtigung. Weisung ist der Auslegung zugänglich, Koller Rn. 1 und kann durch neue Weisung widerrufen werden, EBJS/Boesche Rn. 4. Sie steht unter dem Vorbehalt der Ausführ- und Zumutbarkeit (**V b**), dh unmögliche oder gesetzeswidrige Weisungen binden nicht, Thume/Temme Rn. 22; dann aber Benachrichtigungspflicht nach **VI**. Der Frachtführer haftet für Nichtausführung einer Weisung des berechtigten Absenders, auch wenn kein CMR-Frachtbrief ausgestellt wird, BGH NJW 1982, 1944; TranspR 2018, 13. Sonst wäre der Absender ab Auftragserteilung einflusslos. Weisung ist eine einseitige Willenserklärung und wird mit Zugang beim Frachtführer wirksam, BGH TranspR 2018, 13. Vom Frachtführer eingesetzter Fahrer ist im Allgemeinen nicht empfangsbevollmächtigt, BGH TranspR 2018, 14. Entgegen den Voraussetzungen in Va können die Parteien nach Vertragsschluss formfrei vereinbaren, dass der Frachtführer eine erteilte Weisung als wirksam zu behandeln hat, BGH NJW-RR 2002, 1608. Weisung darf weder den Kern des Beförderungsvertrags ändern noch dessen Natur betreffen, BGH TranspR 2018, 13; dies ist nur Angebot auf Abschluss von Änderungsvertrag, Thume/Temme Rn. 7. Übernahme anderer oder zusätzlicher Güter kann nicht durch Weisung angeordnet werden, MüKoHGB/Jesser-Huß Rn. 16; ebenso nicht die Vernichtung des Gutes oder längerfristige Lagerung, Koller Rn. 2. Zur Abgrenzung von Weisung und Vertragsänderung Staub/Reuschle Rn. 11. An eine solche Vereinbarung sind jedoch strenge Anforderungen zu stellen. Teilungsverbot des V c ist gegenstandslos bei gesonderten Frachtbriefen (Art. 5 II), BGHZ 79, 305. Durch Rücktrittserklärung im Anwaltsschreiben wegen des Hinweises auf die Rechtsfolgen (Rückgewähr) keine Rückbeförderung iS einer Weisung angeordnet, OLG Stuttgart TranspR 2010, 152. Der Grenzspediteur hat gegen den Empfänger Anspruch auf Ersatz der für ihn bezahlten Grenzumsatzsteuer nicht vor Erlangung der Verfügungsbefugnis über das Gut nach I (§§ 683, 684 S. 2 BGB mit Annahme des Guts und der Steuerbelege), OLG Hamm NJW 1983, 1983. Das Pfandrecht des CMR-Frachtführers regelt sich nach nationalem Recht, BGH NJW-RR 1987, 1518. Das Weisungsrecht des Empfängers iSd III hat die gleiche inhaltliche Reichweite wie dasjenige des Absenders, MüKoHGB/Jesser-Huß Rn. 17. Für die Entstehung des Verfügungsrechts nach II oder III trägt Empfänger Darlegungs- und Beweislast, zu weiteren Beweisfragen vgl. Thume/Temme Rn. 65 ff. Abdingbarkeit von Art. 12 ist str., bejahend: EBJS/Boesche Rn. 4; ablehnend: MüKoHGB/Jesser-Huß Rn. 2; Koller Rn. 1.

2) Ersatzanspruch des Frachtführers (Va)

2 Nach Va hat der Weisungsgeber dem Frachtführer alle aus der Ausführung der Weisung entstehenden Kosten und Schäden zu ersetzen. Str. ist aber, ob bei Mitverschulden des Frachtführers die Haftung entfällt oder zu einer Schadensteilung führt, hierzu Staub/Reuschle Rn. 44. Str. ist auch, ob Frachtführer die Weisungsausführung von einer Vorschusszahlung abhängig machen kann, hierzu: Ferrari/Kieninger/Mankowski/u. a./Otte Rn. 26; Koller Rn. 3; jedenfalls kann aber Geltendmachung eines Vorschusses rechtsmissbräuchlich sein, zB bei sehr geringen Kosten, Staub/Reuschle Rn. 43. Zur Frage, inwieweit der Empfänger als Weisungsgeber erstattungspflichtig ist: MüKoHGB/Jesser-Huß Rn. 27.

3) Haftung des Frachtführers (VII)

3 VII statuiert eine verschuldensunabhängige und unbegrenzte Haftung des Frachtführers für die Nichtausführung von (wirksam erteilten) Weisungen oder die Ausführung ohne Vorlage der Absenderausfertigung. Art. 23 begrenzt jedoch Haftung bei Güter- und Verzögerungsschäden. Für analoge Anwendung von Art. 17 V bei Mitverschulden: Koller Rn. 9. Anspruchsberechtigt ist der Verfügungsberechtigte, Ferrari/Kieninger/Mankowski/u. a./Otte Rn. 27. Auch andere Personen können in den Schutzbereich von VII gelangen und aktivlegitimiert sein, MüKoHGB/Jesser-Huß Rn. 36. Anwendung des VII str., wenn kein Frachtbrief ausgestellt worden ist, ablehnend: Koller Rn. 9; bejahend: Ferrari/Kieninger/Mankowski/u. a./Otte Rn. 28. Zur Haftung bei Ausführung von Weisungen eines nicht Weisungsberechtigten, der gleichwohl Absenderausfertigung vorlegt: Koller Rn. 11.

[Rechte des Empfängers nach Ankunft, Zahlungspflicht]

CMR 13 (1) [1]**Nach Ankunft des Gutes an dem für die Ablieferung vorgesehenen Ort ist der Empfänger berechtigt, vom Frachtführer zu verlangen, daß ihm gegen Empfangsbestätigung die zweite Ausfertigung des Frachtbriefes übergeben und das Gut abgeliefert wird.** [2]**Ist der Verlust des Gutes festgestellt oder ist das Gut innerhalb der in Artikel 19 vorgesehenen Frist nicht angekommen, so kann der Empfänger die Rechte aus dem Beförderungsvertrage im eigenen Namen gegen den Frachtführer geltend machen.**

(2) [1]**Der Empfänger, der die ihm nach Absatz 1 zustehenden Rechte geltend macht, hat den Gesamtbetrag der aus dem Frachtbrief hervorgehenden Kosten zu zahlen.** [2]**Bei Streitigkeiten hierüber ist der Frachtführer zur Ablieferung des Gutes nur verpflichtet, wenn ihm der Empfänger Sicherheit leistet.**

1) Rechtsstellung des Empfängers

1 Art. 13 I gibt dem Empfänger eigenständige Rechte und stellt damit den Charakter des CMR-Vertrags als Vertrag zugunsten Dritter klar, EBJS/Boesche Rn. 1; zur dogmatischen Einordnung: MüKoHGB/Jesser-Huß Rn. 2. Ablieferung iSv I 1 ist die frachtbriefmäßig vorgeschriebene vollständige und unbe-

schädigte Herausgabe des Gutes, BGHZ 75, 95; kritisch hierzu, da danach Ablieferung von beschädigtem Gut nicht verlangt werden könnte: Thume/Temme Rn. 8. „Ort" meint nicht die konkrete Ablieferungsstelle, sondern bereits die politische Gemeinde der Ablieferungsstelle, Koller Rn. 2; ähnlich MüKoHGB/Jesser-Huß Rn. 8; aA Thume/Temme Rn. 7. Bereits mit Verlangen der Übergabe der zweiten Ausfertigung des Frachtbriefs wird Empfänger verfügungsbefugt iSd Art. 12 II, Thume/Temme Rn. 1. Empfangsbestätigung, idR durch Quittung, muss in schriftlicher Form ausgestellt werden, MüKoHGB/Jesser-Huß Rn. 13, ansonsten hat Frachtführer ein Leistungsverweigerungsrecht, Thume/Temme Rn. 6. Der verfügungsberechtigte Empfänger kann die Rechte aus dem Beförderungsvertrag zwischen Absender und Frachtführer wegen Beschädigung des Gutes im eigenen Namen gegen den Frachtführer geltend machen (Argument aus I 2, 18 II 2, 20 I, 27), BGHZ 75, 92; BGH NJW-RR 1988, 478; Koller RIW 1988, 254. Dies gilt auch für die Ansprüche zwischen Haupt- und Unterfrachtführer, BGHZ 172, 336 (Aufgabe von BGHZ 116, 15 Ls. 1) m. zust. Anm. Thume TranspR 2007, 427; Ramming NJW 2008, 292, da Frachtbrief iSv I 1 nur den Frachtbrief im Besitz des Abliefernden meint und der Unterfrachtführer vielfach nicht den des Ur-Absenders besitzt, abl. Herber TranspR 2008, 240. Vorschrift ist nicht auf Ansprüche des Absenders des Hauptfrachtführers anwendbar (Art. 34 ff. sind insoweit abschließend), LG Ulm RdTW 2018, 108. Für analoge Anwendung von Art. 36 auf Ablieferungsansprüche mit der Folge einer Einschränkung der Passivlegitimation von Unterfrachtführern aber Koller TranspR 2009, 460. Hat der Empfänger die Verfügungsbefugnis über das Transportgut einmal erlangt, kann er die Rechte nach I auch dann im eigenen Namen geltend machen, wenn er die Annahme der Ware verweigert, BGHZ 140, 84. Empfänger und Absender sind Gesamtgläubiger (§ 428 BGB; Doppellegitimation), BGHZ 116, 19, wobei der Absender wahlweise die Leistung an sich selbst oder an den Empfänger verlangen kann (Wahlschuld § 263 I BGB), BGH NJW 2019, 3726 m. zust. Anm. Steinmann; ebenso: Jesser-Haß TranspR 2020, 110 (aA Ersetzungsbefugnis Koller RdTW 2019, 443 f.; Ramming RdTW 2020, 48); zu einer Doppelbelastung des Frachtführers, weil das frachtrechtliche Verfügungsrecht des Absenders erst später (Art. 12 II) erlischt, als das des Empfängers nach I entsteht, kommt es deshalb nicht, BGHZ 140, 93. Der Absender ist zur Geltendmachung von Schäden Dritter aus dem Verlust des Gutes legitimiert, gleichviel ob die Schäden dem Vertragspartner des Absenders (Empfänger) oder aber dem Endempfänger erwachsen sind, BGH TranspR 2006, 309. Ersatzansprüche wegen Verlustes kann der Empfänger auch von Verfügungsberechtigten geltend machen, BGHZ 140, 89. Nur die Leistung des Frachtführers an einen der beiden Ersatzberechtigten, nicht aber diejenige des Transportversicherers, des Absenders oder Empfängers lässt auch die Anspruchsberechtigung des anderen Gläubigers entfallen, BGH NJW-RR 2006, 1546. Rechte des Absenders sowie des Empfängers nach nationalem Recht bleiben von der CMR unberührt, BGH NJW 1974, 1615, der Empfänger kann Schadensersatzansprüche aber auch dann geltend machen, wenn das nationale Recht eine Drittschadensliquidation nicht kennt, BGH TranspR 2008, 326. Gewillkürte Prozessstandschaft des geschädigten Dritten, für den der Empfänger als Empfangs- oder Hausspediteur tätig war, BGH NJW 1981, 2640. Die Empfängerrechte nach I 2 sind abtretbar, auch wenn der Empfänger die Verfügungsbefugnis noch nicht erlangt hat, BGH NJW 1988, 3095. Beförderungsvertrag iSv I 2 ist der Vertrag zwischen Absender und (Unter-)Frachtführer unabhängig von Art. 34, BGHZ 172, 337 (Aufgabe von NJW-RR 1988, 481); s. bereits Koller VersR 1988, 673. Zu II 1: Die Angabe der Kosten im Frachtbrief wird nicht ersetzt durch Mitübergabe der Frachtrechnung, OLG Hamm NJW 1974, 1056.

2) Zahlungspflicht des Empfängers

2 Nach **II** haftet Empfänger bei Geltendmachung der Rechte aus I für den Gesamtbetrag der aus dem Frachtbrief hervorgehenden Kosten. Kosten sind die noch offenen, mit dem Transport verbundenen Belastungen des Beförderers, MüKoHGB/Jesser-Huß Rn. 23. II setzt einen gültigen Frachtbrief voraus, Ferrari/Kieninger/Mankowski/u. a./Otte Rn. 21, und ist abschließende Sonderregelung, LG Koblenz TranspR 2015, 167; auch wenn kein Frachtbrief ausgestellt wurde, OLG Koblenz RdTW 2017, 394; ausführlich zu den Rechtsfolgen des Fehlens eines Frachtbriefs oder eines Vermerks der Fracht: Koller Rn. 11. Zur Entstehung des Zahlungsanspruchs: Staub/Reuschle Rn. 21. Fehlen Voraussetzungen des Art. 13 I 1 (Ablieferungsverlangen) oder 2 (Schadensersatzbegehren), liegt keine Regelungslücke vor, sondern die Anspruchsvoraussetzungen sind nicht erfüllt, OLG Koblenz RdTW 2017, 394. Der Empfänger hat die Frachtkosten nur in dem aus dem Frachtbrief hervorgehenden Umfang zu zahlen. Alleine eine gesonderte Rechnung genügt insoweit nicht, Staub/Reuschle Rn. 23. Weitere Kostenersatzansprüche, zB aus Geschäftsführung ohne Auftrag, sind ausgeschlossen, OLG Düsseldorf NJW 1981, 1910; Thume/Temme Rn. 36; aA OLG Stuttgart NJW 1976, 2079. In Folge von BGHZ 172, 337 ist Zahlungspflicht aber auch gegenüber Unterfrachtführer zu bejahen, vgl. Thume TranspR 2007, 428; Ramming NJW 2008, 292; Herber TranspR 2008, 240. II 1 lässt Zahlungspflicht des Absenders unberührt; Absender und Empfänger werden Gesamtschuldner, EBJS/Boesche Rn. 11. Sicherheitsleistung nach II 2 hat wenig praktische Relevanz, Staub/Reuschle Rn. 25.

[Unbehebbare, behebbare Beförderungshindernisse]

CMR 14 (1) Wenn aus irgendeinem Grunde vor Ankunft des Gutes an dem für die Ablieferung vorgesehenen Ort die Erfüllung des Vertrages zu den im Frachtbrief festgelegten Bedingungen unmöglich ist oder unmöglich wird, hat der Frachtführer Weisungen des nach Artikel 12 über das Gut Verfügungsberechtigten einzuholen.

(2) Gestatten die Umstände jedoch eine von den im Frachtbrief festgelegten Bedingungen abweichende Ausführung der Beförderung und konnte der Frachtführer Weisungen des nach Artikel 12 über das Gut Verfügungsberechtigten innerhalb angemessener Zeit nicht erhalten, so hat er die Maßnahmen zu ergreifen, die ihm im Interesse des über das Gut Verfügungsberechtigten die besten zu sein scheinen.

1) Unbehebbare Beförderungshindernisse (I)

1 Vorschrift (vgl. → § 419 HGB) konkretisiert Obhutspflicht im Falle der Unmöglichkeit einer Ablieferung, die nach Übernahme, aber vor Ankunft des Gutes eingetreten ist oder unmittelbar bevorsteht. Verschulden ist irrelevant, Staub/Reuschle Rn. 10. Rein subjektive Unmöglichkeit genügt nicht, Staub/Reuschle Rn. 9, ebenso bloße Erschwerungen des Transports, Koller Rn. 3. Zeitweise Hindernisse sind ausreichend, wenn die vertragsgemäße Lieferzeit oder die Frist nach Art. 19 überschritten würde, EBJS/Boesche Rn. 3. Ein unbehebbares Beförderungshindernis liegt auch vor, wenn das Gut nicht ohne (weiteren) Schaden transportiert werden kann, Koller Rn. 3. Ursprung des Beförderungshindernisses ist nur für die Haftung und Kostentragungspflicht des Art. 16 relevant, Mankowski Rn. 2. Zur Unterscheidung zwischen Beförderungs- und Ablieferungshindernis (→ Art. 15): Staub/Reuschle Rn. 1. Keine Schadensersatzpflicht und auch kein Mitverschulden des Absenders bei nicht erteilten Weisungen, Koller Rn. 6. Gilt analog, wenn sich die unmöglich einzuhaltenden Beförderungsbedingungen nicht aus dem Frachtbrief ergeben, aber sonst keine vertragsgemäße

Beförderung möglich ist, OLG Stuttgart RdTW 2018, 188. Rechtsfolgen von Beförderungshindernissen ergeben sich zT aus Art. 16. Nichteinholung von Weisungen kann aber nach Art. 16 II, III gerechtfertigt sein, näher: Staub/Reuschle Rn. 17. Für vor Übernahme entstehende Hindernisse gilt das ergänzend anwendbare nationale Recht, EBJS/Boesche Rn. 1. Kritisch zu Art. 14 ff.: MüKoHGB/Jesser-Huß Rn. 4. Frachtführer muss Vorliegen von unbehebbaren Hindernissen beweisen, Koller Rn. 3a.

2) Behebbare Beförderungshindernisse (I)

II betrifft behebbare Beförderungshindernisse, dh Fälle, in denen die Umstände immer noch eine andere Art der Erfüllung ermöglichen, Staub/Reuschle Rn. 5. Entscheidung des Frachtführers zum Tätigwerden erfordert eine Interessensabwägung zwischen Hindernis und Maßnahme, MüKoHGB/Jesser-Huß Rn. 16. Zu Fällen, in denen schnelles Handeln erforderlich ist: Thume/Temme Rn. 15. Zum Anspruch auf Erstattung der durch Maßnahmen nach II entstandenen Kosten: MüKoHGB/Jesser-Huß Rn. 19.

[Ablieferungshindernisse]

CMR 15 (1) [1] **Treten nach Ankunft des Gutes am Bestimmungsort Ablieferungshindernisse ein, so hat der Frachtführer Weisungen des Absenders einzuholen.** [2] **Wenn der Empfänger die Annahme des Gutes verweigert, ist der Absender berechtigt, über das Gut zu verfügen, ohne die erste Ausfertigung des Frachtbriefes vorweisen zu müssen.**

(2) **Der Empfänger kann, auch wenn er die Annahme des Gutes verweigert hat, dessen Ablieferung noch so lange verlangen, als der Frachtführer keine dem widersprechenden Weisungen des Absenders erhalten hat.**

(3) **Tritt das Ablieferungshindernis ein, nachdem der Empfänger auf Grund seiner Befugnisse nach Artikel 12 Absatz 3 Anweisung erteilt hat, das Gut an einen Dritten abzuliefern, so nimmt bei der Anwendung der Absätze 1 und 2 dieses Artikels der Empfänger die Stelle des Absenders und der Dritte die des Empfängers ein.**

1) Vorschrift (vgl. → § 419 HGB) ist im Zusammenhang mit Art. 14 u. 16 zu sehen. Erfasst sind in Abgrenzung zu Art. 14 Hindernisse, die nach Ankunft des Gutes eintreten, Koller Rn. 1, zB das Fehlen von notwendigen Entladevorrichtungen, für deren Vorliegen der Frachtführer beweisbelastet ist. Verschulden ist für das Vorliegen eines Ablieferungshindernisses ohne Bedeutung, Ferrari/Kieninger/Mankowski/u. a./Otte Rn. 6. Ablieferung kann aus einem von außen kommenden oder einem in der Person des Frachtführers oder Empfängers liegenden Grund unmöglich sein, Mankowski Rn. 3. Ein Ablieferungshindernis liegt nicht schon darin, dass dem Frachtführer die genaue Anschrift des Empfängers nicht mitgeteilt war, OLG Hamburg TranspR 1988, 277; in diesem Fall muss er Nachforschungen anstellen, Staub/Reuschle Rn. 5. Str. ist, ob Weigerung des Empfängers, die Fracht zu zahlen, ein Ablieferungshindernis begründet; hierzu: Thume/Temme Rn. 6. Vgl. weiter zu den Anforderungen an die Unmöglichkeit → Art. 14 Rn. 1. Frachtführer hat Wahlrecht zwischen Einholung von Weisungen und der Ausübung der Rechte aus Art. 16, Staub/Reuschle Rn. 7. Frachtführer hat bei verlangtem Rücktransport hinsichtlich der Kosten kein Zurückbehaltungsrecht; ergänzend ist neben der CMR § 420 HGB hinzuzuziehen, OLG München TranspR 2016, 70. Ohne angezeigte Weisungseinholung auch kein Anspruch auf Kostenersatz nach Art. 16, Staub/Reuschle Rn. 9. Ablieferung iSv II und 13 I 1 sind nicht deckungsgleich; bei Annahmeverweigerung erlischt die nach Art. 12 II übergegangene Verfügungsbefugnis des Empfängers nicht, BGH NJW 1999, 1110 f.; auch die Obhut des Frachtführers mit potentieller Haftungsfolge (→ Art. 17) bleibt aufrechterhalten, Staub/Reuschle Rn. 2. II ist Ausprägung des allgemeinen Prioritätsgrundsatzes, MüKoHGB/Jesser-Huß Rn. 13. Konkludente Ablehnung genügt für Verweigerung iSv II, MüKoHGB/Jesser-Huß Rn. 5. Analoge Anwendung des I 2 bei ernstlicher und endgültiger Verweigerung vor Entgegennahme des Gutes str., EBJS/Boesche Rn. 1; für direkte Anwendung von I: Ferrari/Kieninger/Mankowski/u. a./Otte Rn. 10. III neuer Empfänger erhält auch frachtvertragliches Weisungsrecht unter den Voraussetzungen und Grenzen von Art. 12 II–IV, MüKoHGB/Jesser-Huß Rn. 15. Analoge Anwendung von Art. 15, wenn kein Frachtbrief ausgestellt worden ist, Thume/Temme Rn. 1; ebenso, wenn Empfänger Gut zwar entgegennimmt, aber die Entladung des Fahrzeugs verweigert, Koller Rn. 2.

[Kostenerstattung, Ausladung und Verwahrung, Notverkauf]

CMR 16 (1) **Der Frachtführer hat Anspruch auf Erstattung der Kosten, die ihm dadurch entstehen, daß er Weisungen einholt oder ausführt, es sei denn, daß er diese Kosten verschuldet hat.**

(2) ¹**In den in Artikel 14 Absatz 1 und in Artikel 15 bezeichneten Fällen kann der Frachtführer das Gut sofort auf Kosten des Verfügungsberechtigten ausladen; nach dem Ausladen gilt die Beförderung als beendet.** ²**Der Frachtführer hat sodann das Gut für den Verfügungsberechtigten zu verwahren.** ³**Er kann es jedoch auch einem Dritten anvertrauen und haftet dann nur für die sorgfältige Auswahl des Dritten.** ⁴**Das Gut bleibt mit den aus dem Frachtbrief hervorgehenden Ansprüchen sowie mit allen anderen Kosten belastet.**

(3) ¹**Der Frachtführer kann, ohne Weisungen des Verfügungsberechtigten abzuwarten, den Verkauf des Gutes veranlassen, wenn es sich um verderbliche Waren handelt oder der Zustand des Gutes eine solche Maßnahme rechtfertigt oder wenn die Kosten der Verwahrung in keinem Verhältnis zum Wert des Gutes stehen.** ²**Er kann auch in anderen Fällen den Verkauf des Gutes veranlassen, wenn er innerhalb einer angemessenen Frist gegenteilige Weisungen des Verfügungsberechtigten, deren Ausführung ihm billigerweise zugemutet werden kann, nicht erhält.**

(4) ¹**Wird das Gut auf Grund der Bestimmungen dieses Artikels verkauft, so ist der Erlös nach Abzug der auf dem Gut lastenden Kosten dem Verfügungsberechtigten zur Verfügung zu stellen.** ²**Wenn diese Kosten höher sind als der Erlös, kann der Frachtführer den Unterschied beanspruchen.**

(5) **Art und Weise des Verkaufes bestimmen sich nach den Gesetzen oder Gebräuchen des Ortes, an dem sich das Gut befindet.**

1) Kostenerstattungsanspruch

1 Art. 16 betrifft die Rechtsfolgen von Art. 14 u. 15. Auch Art. 16 konkretisiert die Obhutspflicht. Kosten sind freiwillige Aufwendungen des Frachtführers (vgl. → § 670 BGB) zur Einholung und Durchführung von Weisungen, EBJS/Boesche Rn. 3. Hierzu gehört auch entgangener Gewinn, Koller Rn. 2. Bei durch Ausführung von Weisungen eingetretenen Schäden analoge Anwendung des Art. 12 V a, EBJS/Boesche Rn. 4, aber nicht bei vor Weisungseinholung entstandenen Kosten, Thume/Temme Rn. 4. Ersatzpflicht nach I entfällt bei Verschulden in Bezug auf die Einholung und Ausführung der Weisung oder auf das Transporthindernis, Mankowski Rn. 3. Kostenerstattung in Ermangelung einer Weisung str., hierzu: Staub/Reuschle Rn. 3. UU Wahlmöglichkeit: Einholen von Weisungen (Art. 15 I 1) oder sofort Ausladen (Art. 16 II 1), OLG Köln BB 1973, 405. Zur Einholung von Weisungen ist der Frachtführer aber nicht ver-

VI. Transport

pflichtet (II 1: sofort). Zum Umfang des Kostenerstattungsanspruchs: Koller Rn. 2. Für Kosten nach **II** 4 hat Frachtführer Pfandrecht zB nach § 440 HGB, CMR regelt das nicht, BGH WM 1987, 593. Zur Beweislast: Staub/Reuschle Rn. 35 ff.

2) Verkauf des Gutes

III–V regeln den Selbsthilfeverkauf. CMR regelt Erstattungsansprüche wegen Transporthindernissen abschließend, daher kein Rückgriff auf § 420 III HGB, Koller Rn. 4. Fracht kann aber unter Rückgriff auf § 419 IV HGB bestimmt werden, Staub/Reuschle Rn. 22. Bloßer Wertverlust rechtfertigt kein Verkaufsrecht, Koller Rn. 8. **V** Verkauf richtet sich in Deutschland nach §§ 419 III 3, 373 HGB, EBJS/Boesche Rn. 12.

2

Kapitel IV. Haftung des Frachtführers

[Haftung des Frachtführers, Haftungsausschlüsse]

CMR 17 (1) **Der Frachtführer haftet für gänzlichen oder teilweisen Verlust und für Beschädigung des Gutes, sofern der Verlust oder die Beschädigung zwischen dem Zeitpunkt der Übernahme des Gutes und dem seiner Ablieferung eintritt, sowie für Überschreitung der Lieferfrist.**

(2) **Der Frachtführer ist von dieser Haftung befreit, wenn der Verlust, die Beschädigung oder die Überschreitung der Lieferfrist durch ein Verschulden des Verfügungsberechtigten, durch eine nicht vom Frachtführer verschuldete Weisung des Verfügungsberechtigten, durch besondere Mängel des Gutes oder durch Umstände verursacht worden ist, die der Frachtführer nicht vermeiden und deren Folgen er nicht abwenden konnte.**

(3) Um sich von seiner Haftung zu befreien, kann sich der Frachtführer weder auf Mängel des für die Beförderung verwendeten Fahrzeuges noch gegebenenfalls auf ein Verschulden des Vermieters des Fahrzeuges oder der Bediensteten des Vermieters berufen.

(4) **Der Frachtführer ist vorbehaltlich des Artikels 18 Absatz 2 bis 5 von seiner Haftung befreit, wenn der Verlust oder die Beschädigung aus den mit einzelnen oder mehreren Umständen der folgenden Art verbundenen besonderen Gefahren entstanden ist:**

a) Verwendung von offenen, nicht mit Planen gedeckten Fahrzeugen, wenn diese Verwendung ausdrücklich vereinbart und im Frachtbrief vermerkt worden ist;
b) Fehlen oder Mängel der Verpackung, wenn die Güter ihrer Natur nach bei fehlender oder mangelhafter Verpackung Verlusten oder Beschädigungen ausgesetzt sind;
c) Behandlung, Verladen, Verstauen oder Ausladen des Gutes durch den Absender, den Empfänger oder Dritte, die für den Absender oder Empfänger handeln;
d) natürliche Beschaffenheit gewisser Güter, derzufolge sie gänzlichem oder teilweisem Verlust oder Beschädigung, insbesondere durch Bruch, Rost, inneren Verderb, Austrocknen, Auslaufen, normalen Schwund oder Einwirkung von Ungeziefer oder Nagetieren, ausgesetzt sind;
e) ungenügende oder unzulängliche Bezeichnung oder Numerierung der Frachtstücke;
f) Beförderung von lebenden Tieren.

Merkt

(5) **Haftet der Frachtführer auf Grund dieses Artikels für einzelne Umstände, die einen Schaden verursacht haben, nicht, so haftet er nur in dem Umfange, in dem die Umstände, für die er auf Grund dieses Artikels haftet, zu dem Schaden beigetragen haben.**

1) Allgemeines

1 Art. 17 I normiert im Zusammenspiel mit Art. 17 II bei Vorliegen eines Frachtvertrags zwingend (→ Art. 41) eine Obhuts- und Verspätungshaftung für vermutetes Verschulden, Staub/Reuschle Rn. 24. Zu den Unterschieden zwischen Obhuts- und Verspätungshaftung: MüKoHGB/Jesser-Huß Rn. 90 f. Verlust oder Beschädigung muss in der Obhutszeit eintreten, OLG Koblenz RdTW 2020, 235; OLG Wien TranspR 2020, 173. Frachtführer haftet auch für in Obhut des Unterfrachtführers eingetretene Beschädigung und Verlust (→ Art. 3), OLG Brandenburg RdTW 2020, 375. Ersatzverpflichtet ist Frachtführer oder in den Fällen der §§ 458–460 HGB Spediteur, Pokrant/Gran Rn. 444. Anspruchsberechtigt ist Person mit welcher der Frachtvertrag geschlossen wurde (nicht „vertragsloser Absender"), LG Saarbrücken TranspR 2019, 174 m. Anm. Vyvers. Schadensersatz statt der Leistung richtet sich nicht nach Art. 17, sondern nach nationalem Recht, BGH NJW 1979, 2470; ebenso Anspruch aus § 280 I BGB (Pflichtverletzung), sofern der Schaden nicht Folge von Verlust, Beschädigung des Guts oder Lieferfristüberschreitung, BGH NJW 1979, 2473, zB von unrichtigen Angaben zur Ankunft des Transportfahrzeugs am Bestimmungsort, BGHZ 123, 200 = NJW 1993, 2808, oder von Ungeeignetheit des Transportfahrzeugs ist, OLG Naumburg TranspR 2013, 237. So steht CMR zB einer vertraglichen Überprüfungspflicht des Frachtführers nicht entgegen, OLG Karlsruhe TranspR 2011, 186. Dagegen treffen Art. 17 ff. eine abschließende Regelung (Art. 23, 25, höchstens Substanzschaden) für die Fälle des Verlustes und der Beschädigung von Transportgut oder Lieferfristüberschreitung und verdrängen iSv § 280 I BGB, OLG Düsseldorf TranspR 1995, 288; 2007, 196; aA MüKoHGB/Jesser-Huß Rn. 97 (für den Fall des Fixgeschäfts). Bei Verlust kommt es auf die Gründe hierfür nicht an, OLG Köln RdTW 2015, 442; OLG Stuttgart RdTW 2020, 425. Begriffe des Verlusts und der Beschädigung entsprechend den in §§ 425, 429 HGB verwendeten Begriffen, Koller Rn. 1–2. Beschädigung des Transportguts liegt danach vor, wenn seine Qualität während des Transports gemindert wird, OLG Brandenburg RdTW 2020, 256, Koller TranspR 2020, 471, zB bei Abweichung von Herstellervorgaben hinsichtlich des Transports von Arzneimitteln, OLG Brandenburg TranspR 2020, 349. Verlust liegt vor, wenn der Frachtführer auf unabsehbare Zeit außer Stande ist, das Gut weisungsgemäß an den berechtigten Empfänger auszuliefern oder wenn Art. 20 I einschlägig ist, OLG Stuttgart TranspR 2020, 346. Verlust auch bei Nichtablieferung und Falschauslieferung, Staub/Reuschle Rn. 6; bei Auslieferung an Nichtberechtigten, wenn das Gut nicht alsbald zurückerlangt werden kann, OLG Koblenz RdTW 2021, 167. Führt Verlust eines Sendungsteils zu einer Wertminderung des abgelieferten Gutes liegt kein Teilverlust, sondern Beschädigung vor, Staub/Reuschle Rn. 7. Die Ansprüche aus Art. 17 macht der versendende Spediteur in Drittschadensliquidation geltend entweder auf Zahlung an sich oder direkt an den Absender oder an den Empfänger (vgl. aber Art. 13), BGH NJW 1989, 3099. Haftung für Dritte s. Art. 3. Nichtigkeit abw. Vereinbarungen s. Art. 41. Die CMR legt keine Versicherungspflicht der Frachtführer fest; die Versicherer haben sich aber bereit erklärt, die Haftungs-Versicherung auf Haftung aus der CMR zu erstrecken. AGB-Kontrolle auch der freiwilligen Haftpflichtversicherung, BGH NJW 1985, 559; Roth IPRax 1986, 16. Haftung wegen Nichtabschlusses vereinbarter Transportversicherung s. BGH WM 1975, 523. Person des Schadensersatzberechtigten → Art. 13 Rn. 1. Die Beweislast obliegt dem Ersatzverlangenden, Staub/Reuschle Rn. 45; OLG Brandenburg RdTW 2020, 256. Bei Übergabe an nicht legitimierten Dritten genügt jedoch bereits der Hinweis auf diese unstreitige Tatsache, OLG Koblenz RdTW 2020, 235. Bei Haftung von aufeinander folgenden Frachtführern sind Art. 34 ff. zu beachten. Haftungstatbestände der CMR sind nicht abschließend; bei Fehlen einer Haftungsregel greift subsidiär anwendbares nationales Recht ein, Thume/Thume vor Art. 17 Rn. 3.

2) Haftung für Verlust und Beschädigung (I)

Das Verladen ist im Zweifel Sache des Absenders, auch bei Benutzung fahrzeugspezifischer Sicherungsmittel, OLG Hamm TranspR 1985, 107; öOGH RdTW 2017, 385, aber der Frachtführer, der mangelhafte Verladung erkennt, hat Hinweispflicht, BGH NJW-RR 1988, 479, weitergehend Koller DB 1988, 589, insbesondere, wenn er bei Anwendung äußerster Sorgfalt die Entstehung eines Schadens hätte vermeiden können, LG München TranspR 2014, 295. Keine Anwendung der Zweifelsregel zwischen Subfrachtführern, obwohl Frachtführer gegenüber Unterfrachtführer als Absender gilt, wenn tatsächliche Verantwortung für Verladung bei Urabsender liegt, öOGH TranspR 2019, 324 m. Anm. Steger. Ausladen ist noch Teil der Beförderung (vgl. Art. 16 II 1), fällt unter 17 I; Entlastung nach II, weil Empfänger Ausladegerät abzog, OLG Köln BB 1973, 405. Zum Begriff der Ablieferung (I) → HGB § 425 Rn. 3 und OLG Bamberg RdTW 2015, 331. Ordnungsgemäße Ablieferung kann auch vorliegen, wenn die im Transportvertrag festgehaltene Lieferadresse zwar nicht existiert, der Absender dem Frachtführer aber Kontaktdaten einer Person überlässt, die aus Sicht des Frachtführers Weisungen hinsichtlich der Ablieferung erteilen soll und wenn mit dieser Person eine Ablieferung vereinbart und durchgeführt wird, ohne dass der Frachtführer erkennt, dass hierdurch ein Betrug zulasten des Absenders vollzogen wird, OLG Hamm TranspR 2020, 353. Ablieferung vor Erreichen des Empfangsorts, wenn Empfänger (dessen Beauftragter) vorher übernimmt; dann Wegfall der Haftung aus Art. 17, aber uU (wenn Frachtführer nicht so übergeben durfte) Haftung aus Pflichtverletzung gem. § 280 I BGB, OLG Hamm NJW 1976, 2077. Verlust iSv I auch bei Auslieferung an Nichtberechtigten, so zB bei Auslieferung an örtliche SchwesterGes. des Frachtführers ohne Benachrichtigung des Empfängers über Wareneingang, BGH TranspR 2009, 411; auch bei Beschlagnahme und Verkauf durch Zollbehörde, öOGH RdTW 2015, 18; auch wenn Absender Gut bei Drittem auffindet und wieder an sich bringt, dann aber entspr. Schadensminderung, BGH NJW 1979, 2473; auch bei Nichtauslieferung und Versteigernlassen, BGH NJW 1995, 2917; „Beschädigung" von Lebensmitteln, auch ohne „inneren Verderb" (vgl. IVd), bei Verwertbarkeit nur mit Mindererlös, OLG Celle NJW 1975, 1603 (Verklumpung von Bohnen); auch vollständige Entwertung des Gutes in Gestalt eines technischen oder wirtschaftlichen Totalschadens, BGH RdTW 2018, 467; Haftung für Falschablieferung auch dann, wenn richtiger Empfänger infolge betrugsbedingter Täuschung gar nicht existiert, OLG Hamm TranspR 2013, 432; ordnungsgemäße Ablieferung hingegen bei Übergabe an die vom Absender benannte Person trotz deren vorgetäuschter Identität, OLG Koblenz TranspR 2020, 26. Bei einem solchen Eingehungsbetrug gegenüber dem Absender scheidet die Haftung des Frachtführers auch dann aus, wenn dieser die Ablieferung an den frachtvertraglichen Empfänger nicht nachweisen kann, da Schaden des Absenders (Entzug des Gutes ohne Gegenleistung) auch bei korrekter Ablieferung eingetreten wäre, OLG Frankfurt a. M. TranspR 2020, 23; differenzierend Koller RdTW 2020, 82 f. Beweislast für Eintreten des Schadens zwischen Übernahme und Ablieferung liegt beim Kläger, wozu der Beweis des ordnungsgemäßen Zustands der Ware bei Übergabe gehört, BGH TranspR 2018, 195; WM 1988, 1704; aA Koller TranspR 2019, 1. Beweislast für Fehlverhalten des Frachtführers liegt beim Geschädigten, sofern dieses nicht voll dem Organisationsbereich des Frachtführers zuzuordnen ist, OLG Jena TranspR 2007, 201; Koller Art. 29 Rn. 7. **Ablieferung** setzt Besitzerlangung durch den verfügungsberechtigten Empfänger voraus, OLG München TranspR 2015, 451. Ablieferungsvorgang ist abgeschlossen, wenn dem entgegennahmebereiten Empfänger Einwirkungsmöglichkeit auf das Gut eingeräumt wird, öOGH TranspR 2018, 59. Obhutszeit dauert fort, wenn ein kurzzeitiges oder endgültiges Ablieferungshindernis besteht, weil Empfänger Annahme verweigert, OLG Düsseldorf RdTW 2018, 19. Beweis für die Anzahl der übergebenen Frachtstücke kann auch durch vom Frachtführer ausgestellte Empfangsquittung geführt werden, BGH VersR 2015, 342. Anscheinsbeweis bei Abhandenkommen des Gutes nur ausreichend, wenn dieses in verschlossenem Behältnis übergeben wird, BGH NJW-RR 2003, 756, nicht für Frage, ob Sendung überhaupt in Obhut des Frachtführers gelangt ist, BGH NJW-RR 2008, 120. Vom Frachtführer zu erbringender Nachweis ordnungsgemäßer Ablieferung erfordert Angabe von Ort, Datum und Unterschrift, BGH NJW-RR 2000, 1631. Anwendbarkeit von § 254 BGB auf I ist zweifelhaft und wird von der Rspr. bisher offengelassen, vgl. BGH NJW-RR 2006, 823; OLG Saarbrücken TranspR 2008, 411. Nach OLG Stuttgart, TranspR 2020, 347 kann Absender ohne Verstoß gegen die Schadensminderungspflicht die Rücknahme bzw. weitere Verwertung des Gutes ablehnen, wenn dieses nach der vereinbarten Lieferzeit bei wirtschaftlicher Betrachtung keinen objektiven Wert mehr hat; kritisch hierzu Koller, TranspR 2020, 469 ff., der für eine Ähnlichkeit mit einem dauerhaften Besitzverlust und einer daraus resultierenden Unmöglichkeit der Ablieferung oder zumindest einer Ähnlichkeit zur Verlustvermutung nach Art. 20 plädiert. Zur Beweislast: Koller Rn. 12. Frachtführer haftet auch für eine Beschädigung, die durch eine dem Frachtführer zurechenbare schuldhafte Beistellung eines untauglichen Containers durch einen Unterfrachtführer verursacht wird, öOGH, RdTW 2021, 197.

3) Mitverschulden des Frachtführers

II und V berücksichtigen Mitverschulden der Anspruchsberechtigten, wobei II im letzen Hs. eine allgemeine Grenze der Frachtführerhaftung festlegt, Staub/Reuschle Rn. 24. II ist nicht anwendbar, wenn dem Frachtführer bereits beschädigtes Gut übergeben wurde, da Auftraggeber für unbeschädigte Übergabe an Frachtführer beweisbelastet ist, OLG Brandenburg TranspR 2020, 352. Annahmeverweigerung ist mangels frachtrechtlicher Pflicht zur Entgegennahme des Gutes in aller Regel kein Verstoß des Empfängers, BGHZ 140, 84 = NJW 1999, 1110. Hält der Frachtführer Mitwirkung des Absenders in Bezug auf Sicherheitsmaßnahmen für erforderlich, so muss er dies zum Gegenstand des Beförderungsvertrags machen, BGH NJW 2001, 448. Lehnt der Absender einen zweiten Fahrer ab, kann dies Mitverschulden begründen, OLG München TranspR 2015, 393. Die Haftungsausschlüsse nach **IV** sind „bevorrechtigt" durch die Vermutung des Art. 18 II, diejenigen nach **II** als „allgemeine Ausschlussgründe" dagegen nicht (Art. 18 I). **Unabwendbares Ereignis** iSv **II** liegt vor, wenn der Schaden auch bei Anwendung der äußersten dem Frachtführer möglichen und zumutbaren Sorgfalt nicht hätte vermieden werden können, BGH NJW-RR 1999, 541 (Raub eines abgestellten Lkw), BGH NJW 1998, 897 (Raubüberfall auf fahrenden Lkw) m. krit. Anm. Koller EWiR 1998, 551; OLG Karlsruhe TranspR 2004, 34 mwN. Es gilt nicht § 276 II BGB, sondern der Maßstab der „äußersten wirtschaftlich zumutbaren Sorgfalt", Staub/Reuschle Rn. 33. Auf die Unvorhersehbarkeit des Ereignisses kommt es nicht an, OLG Köln RdTW 2017, 138. **Nicht unvermeidbar** ist ein Ereignis, falls schon nicht angenommen werden kann, dass das Gut überhaupt in den Lkw gelangt und von dem behaupteten Unfall betroffen ist, BGH TranspR 2018, 386, die Entwendung von Kfz von einem Lastzug, wenn die Schlüssel der Neuwagen im Reißverschlussverfahren verwahrt werden, OLG Saarbrücken TranspR 2007, 63, Diebstahl eines 3 Stunden unbeaufsichtigten und nur mit einem Anhängerkupplungsschloss gesicherten Anhängers, der Digitalkameras und Camcorder enthält, OLG Saarbrücken TranspR 2008, 409,wenn die Ursache des Brandes eines geparkten LKW samt Ladung ungeklärt bleibt, OLG Nürnberg RdTW 2021, 313, Überfall auf Lkw während Ruhepause, wenn zusätzliche Sicherungsmaßnahmen möglich sind, OLG Stuttgart TranspR 2011, 343, Beschädigung des Gutes durch Eindringen von Flüchtlingen in den Lkw im grenzüberschreitenden Verkehr, OLG Köln RdTW 2017, 138, sowie LG München TranspR 2020, 365, auch vermeidbar ist die Beschädigung durch Migranten im Zuge „bürgerkriegsähnlicher Zustände" an den Kanalhäfen, OLG Koblenz TranspR 2021, 327, nicht jedoch bei Überprüfung von Sicherung und Verplombung vor und nach der Ruhepause, LG Aachen TranspR 2017, 118. Bei Unterlassung von Sicherheitsvorgaben an Frachtführer liegt bei Beschädigung durch mitreisende Flüchtlinge auch kein Mitverschulden des Absenders vor, wenn diese Gefahr, dass Flüchtlinge im grenzüberschreitenden Verkehr versuchen, auf die befördernden Lkw zu gelangen, den Parteien bewusst ist, LG München TranspR 2020, 366. Beschlagnahme des gesamten Transportgutes durch Polizei, wenn Fahrer nachträglich Schmuggelgut an Bord nimmt, OLG München TranspR 2011, 337. Sendungsdiebstahl infolge einer einen Krankenhausaufenthalt erforderlich machenden Erkrankung des Fahrers während einer Beförderung, wenn Fahrer vor Abholung ins Krankenhaus seinen Arbeitgeber noch unterrichten kann, OLG Düsseldorf TranspR 2020, 479. Weitere Einzelfälle bei Staub/Reuschle Rn. 76 ff. Auch Überschreitung der Lieferfrist wegen weiterer Aufträge des Absenders führt nicht zur Haftungsbefreiung, OLG Hamm TranspR 2009, 168. Haftung bei Verkehrsunfall wegen Nichteinhaltung der äußersten Sorgfalt, OLG Zweibrücken NJW-RR 2004, 1177; BGH TranspR 2003, 304 m. Anm. Thume; Haftung trotz Diebstahls des Kfz aus Zollbereich, OLG Düsseldorf RIW 1981, 558. Zur Frage der Unvermeidbarkeit bei Raubüberfällen in Osteuropa BGH VersR 2000, 1437; NJW-RR 2001, 1253; OLG Karlsruhe TranspR 2004, 127; Bracker Beil. zu TranspR 3/2004, VII; allg. Boecker VersR 2003, 556; insbesondere durch falschen Polizisten, OLG Hamburg TranspR 2003, 352 m. Anm. Herber; OLG Karlsruhe VersR 2002, 466; LG Karlsruhe VersR 2006, 1431 m. Anm. Boettge VersR 2006, 1618; zu fingierter Polizeikontrolle in Slowakei OLG Stuttgart TranspR 2007, 322. Zu Verpackungsmangel BGH TranspR 1984, 212 (zu IV b); für Verpackungsbedürftigkeit ist zu berücksichtigen, dass bei Straßentransport die Verwendung eines Planenfahrzeugs, das keinen absoluten Schutz gegen Eindringen von Staub und Feuchtigkeit bietet, üblich ist, öOGH RdTW 2017, 209; OLG Düsseldorf TranspR 1984, 38 (zu IV a, b); OLG Köln DB 1975, 1074 (zu IV c: Säcke rutschten ab, Verladefehler fraglich); OLG München TranspR 2004, 326 (zu IV c: Frachtführer als Erfüllungsgehilfe des abladepflichtigen Versenders); OLG Frankfurt a. M. NJW-RR 2004, 834 (zu IV d); Roesch BB 1982, 20 (Verladung). Für IV c ist allein maßgebend, wer tatsächlich die Verladung durchgeführt hat, BGH NJW-RR 2007, 1482; ob der Frachtführer vertraglich zum Verladen verpflichtet ist, spielt keine Rolle, BGH NJW 1985, 2092. Wenn IVc nicht eingreift, ist vom Absender verschuldeter Schadensbeitrag nach II, V zu berücksichtigen, BGH NJW-RR 2007, 1483. Anscheinsbeweis → Art. 18 Rn. 1. Bei durch Corona-Pandemie bedingten Grenzschließungen des Zielstaats wird der Schaden regelmäßig unvermeidbar sein, da Ausweichrouten kaum in Betracht kommen, Maurer, TranspR in Corona-Krise, in: Effer-Uhe/Monert, Vertragsrecht in Corona-Krise, 215. Eine bereits bei Übergabe des Gutes vorhandene Beschädigung stellt keinen besonderen Mangel iSd **II** dar, da der Auftraggeber für die unbeschädigte Übergabe an den Frachtführer beweisbelastet ist, OLG Brandenburg RdTW 2020, 256.

4) Fahrzeugmängel (III)

4 III schränkt II ein. Nach III haftet der Frachtführer bei durch Fahrzeugmängel bedingtem Verlust oder Beschädigung daher nach reinem Kausalprinzip, Thume/Thume Rn. 112, dh Gewährhaftung für Fahrzeugmängel. Haftung kann aber durch Mitverschulden des Verfügungsberechtigten gemindert sein, Staub/Reuschle Rn. 42. Fahrzeugmangel ist gegeben, wenn das Fahrzeug nicht während des gesamten Transports die vereinbarte oder aus Sicht des Frachtführers erkennbar zum sicheren Transport erforderlichen Eigenschaften aufweist, Koller Rn. 34; für weite Auslegung des Begriffs: MüKoHGB/Jesser-Huß Rn. 50. Auch Mängel an fahrzeugeigenen Zusatzanlagen fallen unter III, Staub/Reuschle Rn. 36. Fahrzeugmangel ist aber nicht gegeben, wenn der Schaden am Fahrzeug durch ungewöhnliche äußere Einwirkungen entsteht, Thume/Thume Rn. 120. Beweislast für Vorliegen eines Fahrzeugmangels ist str., hierzu: Ferrari/Kieninger/Mankowski/u. a./Otte Rn. 84 ff. sowie MüKoHGB/Jesser-Huß Rn. 51.

5) Schadensteilung (V)

5 In Fällen der Schadensteilung nach V ist zunächst der Schaden nach Art. 23 I und II bei Verlust oder nach Art. 25, 23 I und II bei Beschädigung festzustellen, der Haftungsanteil des Frachtführers an diesem Schaden zu bewerten und erst anschließend zu prüfen, ob der Anteil die Haftungshöchstgrenzen des Art. 23 III bzw. Art. 25 II überschreitet und die Entschädigung entsprechend zu kürzen ist, öOGH TranspR 2019, 323. Transportgefahr führt für sich noch nicht zu einer Schadensteilung, Ferrari/Kieninger/Mankowski/u. a./Otte Rn. 139. V ist auch bei qualifiziertem Verschulden (Art. 29 I) anwendbar, OLG München TranspR 2006, 401. Bsp. für Schadensteilung nach V bei Verladefehler (→ Rn. 2), BGH NJW-RR 1988, 479; LG München TranspR 2014, 265. Bei einem durch Zusammenwirken von haftungsbegründendem Frachtführerverschulden und haftungsbefreienden Transportgefahren entstandenen Schaden ist bei Vorsatz oder einer diesem gleichstehenden Fahrlässigkeit eine Schadensteilung ausgeschlossen, öOGH TranspR 2018, 59; OLG Wien TranspR 2020, 173. Zu Fragen der Beweislast bei Fahrzeugmängeln nach III Thume VersR 2000, 821; Desfougères/Vogl SV 3/2019, 10 (automatisiertes Fahren).

[Beweislast, Vermutungen]

CMR 18 (1) **Der Beweis, daß der Verlust, die Beschädigung oder die Überschreitung der Lieferfrist durch einen der in Artikel 17 Absatz 2 bezeichneten Umstände verursacht worden ist, obliegt dem Frachtführer.**

(2) [1] **Wenn der Frachtführer darlegt, daß nach den Umständen des Falles der Verlust oder die Beschädigung aus einer oder mehreren der in Artikel 17 Absatz 4 bezeichneten besonderen Gefahren entstehen konnte, wird vermutet, daß der Schaden hieraus entstanden ist.** [2] **Der Verfügungsberechtigte kann jedoch beweisen, daß der Schaden nicht oder nicht ausschließlich aus einer dieser Gefahren entstanden ist.**

(3) **Diese Vermutung gilt im Falle des Artikels 17 Absatz 4 Buchstabe a nicht bei außergewöhnlich großem Abgang oder bei Verlust von ganzen Frachtstücken.**

(4) **Bei Beförderung mit einem Fahrzeug, das mit besonderen Einrichtungen zum Schutze des Gutes gegen die Einwirkung von Hitze, Kälte, Temperaturschwankungen oder Luftfeuchtigkeit versehen ist, kann sich der Frachtführer auf Artikel 17 Absatz 4 Buchstabe d nur berufen, wenn er beweist, daß er alle ihm nach den Umständen obliegenden Maßnahmen hin-**

sichtlich der Auswahl, Instandhaltung und Verwendung der besonderen Einrichtungen getroffen und ihm erteilte besondere Weisungen beachtet hat.

(5) **Der Frachtführer kann sich auf Artikel 17 Absatz 4 Buchstabe f nur berufen, wenn er beweist, daß er alle ihm nach den Umständen üblicherweise obliegenden Maßnahmen getroffen und ihm erteilte besondere Weisungen beachtet hat.**

1) Art. 18 betrifft nur die Beweislast für Haftungsbefreiungsgründe, nicht aber für die Haftungsbegründung. Hinsichtlich der Haftungsbegründung gelten die allgemeinen Regeln, Ferrari/Kieninger/Mankowski/u. a./Otte Rn. 3. Während I den vollen Entlastungsbeweis fordert, genügt nach II die Darlegung bestimmter Gefahren. Anscheinsbeweis ist zulässig (keine unzulässige Umkehr der Beweislast nach CMR); jedoch nicht für Verpackungsmängel bei einem normalen Transportverlauf, BGH NJW 1985, 554 und → Art. 17 Rn. 2. Zu Art. 17, 18 II BGH NJW 1985, 2092; VersR 2001, 216. Man beachte die Beweiserleichterung nach Art. 9 und die Regelung in Art. 30 bei erfolgter Ablieferung des Gutes. Beweisführung richtet sich nach Recht des angerufenen Gerichts, Koller Rn. 2. Zu den Erfordernissen eines substantiierten Klagevorbringens Staub/Reuschle Rn. 6. Beweislast für Verspätungsschäden trägt Ersatzberechtigter, Koller Rn. 1. IV Beweis der ungenügenden Vorkühlung des Gutes, die der Frachtführer gem. Art. 8 I b zu überprüfen hat, OLG Zweibrücken RdTW 2019, 239. Art. 18 ist nicht abdingbar (→ Art. 41 II).

[Überschreitung der Lieferfrist]

CMR 19
Eine Überschreitung der Lieferfrist liegt vor, wenn das Gut nicht innerhalb der vereinbarten Frist abgeliefert worden ist oder, falls keine Frist vereinbart worden ist, die tatsächliche Beförderungsdauer unter Berücksichtigung der Umstände, bei teilweiser Beladung insbesondere unter Berücksichtigung der unter gewöhnlichen Umständen für die Zusammenstellung von Gütern zwecks vollständiger Beladung benötigten Zeit, die Frist überschreitet, die vernünftigerweise einem sorgfältigen Frachtführer zuzubilligen ist.

1) S. OLG Hamburg VersR 1980, 290; TranspR 1985, 37; 2005, 117; OLG Düsseldorf TranspR 2007, 196. Lieferfrist ist nach der Legaldefinition der Zeitraum bis zur pflichtgemäßen Ablieferung. Sie bemisst sich entweder nach Parteivereinbarung oder nach den gewöhnlichen Umständen. Wirksamkeit der Vereinbarung einer Lieferfrist, ihre Auslegung und Fristberechnung richten sich nach nationalem Recht, EBJS/Boesche Rn. 3. Vereinbarte Frist muss nicht im Frachtbrief eingetragen sein, Koller Rn. 4. In Ermangelung einer Vereinbarung bestimmt sich die Frist aus der ex-ante Perspektive eines ordentlichen Frachtführers, Koller Rn. 5. Überschreitung der Ladefrist ist nicht gleichzusetzen mit Überschreitung der Lieferfrist, OLG Naumburg TranspR 2013, 237. Wirksamkeit der Fristvereinbarung erfordert nicht Eintragung im Frachtbrief, Mankowski Rn. 3. Fehlt eine vertragliche Fristbestimmung, ist vernünftige Frist maßgeblich, Staub/Reuschle Rn. 2, die aus ex-ante-Sicht zu ermitteln ist, MüKoHGB/Jesser-Huß Rn. 9 mwN. Art. 23 V beschränkt die Haftung abweichend zu § 431 III auf die Höhe der Fracht; Ausnahme: → Art. 29. Zu den Rechtsfolgen einer Lieferfristüberschreitung EBJS/Boesche Rn. 9 f. Keine analoge Anwendung von Art. 18 auf Ladungsfristüberschreitungen, Koller Rn. 3. Weiter zu den Konkurrenzen: MüKoHGB/Jesser-Huß Rn. 4 f.

[Verlustvermutung, Wiederauffinden]

CMR 20 (1) Der Verfügungsberechtigte kann das Gut, ohne weitere Beweise erbringen zu müssen, als verloren betrachten, wenn es nicht binnen dreißig Tagen nach Ablauf der vereinbarten Lieferfrist oder, falls keine Frist vereinbart worden ist, nicht binnen sechzig Tagen nach der Übernahme des Gutes durch den Frachtführer abgeliefert worden ist.

(2) ¹Der Verfügungsberechtigte kann bei Empfang der Entschädigung für das verlorene Gut schriftlich verlangen, daß er sofort benachrichtigt wird, wenn das Gut binnen einem Jahr nach Zahlung der Entschädigung wieder aufgefunden wird. ²Dieses Verlangen ist ihm schriftlich zu bestätigen.

(3) Der Verfügungsberechtigte kann binnen dreißig Tagen nach Empfang einer solchen Benachrichtigung fordern, daß ihm das Gut gegen Befriedigung der aus dem Frachtbrief hervorgehenden Ansprüche und gegen Rückzahlung der erhaltenen Entschädigung, gegebenenfalls abzüglich der in der Entschädigung enthaltenen Kosten, abgeliefert wird; seine Ansprüche auf Schadenersatz wegen Überschreitung der Lieferfrist nach Artikel 23 und gegebenenfalls nach Artikel 26 bleiben vorbehalten.

(4) Wird das in Absatz 2 bezeichnete Verlangen nicht gestellt oder ist keine Anweisung in der in Absatz 3 bestimmten Frist von dreißig Tagen erteilt worden oder wird das Gut später als ein Jahr nach Zahlung der Entschädigung wieder aufgefunden, so kann der Frachtführer über das Gut nach dem Recht des Ortes verfügen, an dem es sich befindet.

1) Verlustvermutung

1   I enthält iSd Rechtssicherheit eine unwiderlegliche Verlustvermutung eines Teil(Verlusts)(nur) für den Verfügungsberechtigten (vgl. → § 424 HGB). „Verfügungsberechtigter" meint den Ersatzberechtigten, Koller Rn. 1. Der Anspruchsberechtigte hat die Wahl zwischen Schadensersatz wegen (vermuteten) Verlustes und Abwarten des Wiederauffindens und dann Herausgabe sowie Schadensersatz wegen Lieferfristüberschreitung und/oder Beschädigung, BGHZ 140, 90 = NJW 1999, 1110; OLG Düsseldorf TranspR 1990, 66. Die Wahl des ersteren muss deutlich zu erkennen gegeben werden, vorher greift I nicht, BGHZ 140, 90 = NJW 1999, 1110. Vorbehaltlose Entgegennahme der Sendung, ohne dass zuvor der Absender nach Fristablauf ausdrücklich erklärt, sich auf die Verlustvermutung zu berufen, kann als konkludente Wahl der Ablieferung gedeutet werden, OLG Stuttgart TranspR 2017, 310 m. krit. Anm. Koller TranspR 2018, 373. Fristberechnung str.; für analoge Anwendung von Art. 30 I, IV: Koller Rn. 1; für ergänzende Anwendung des nationalen Rechts: MüKoHGB/Jesser-Huß Rn. 2. Annahme von wieder aufgefundenem Gut ist grundsätzlich nur im Wege der bestehenden Schadensersatzanspruch mindernden Vorteilsausgleichung zu berücksichtigen, BGH TranspR 2002, 198; 2011, 179, Beweislast für Vorteil trägt Frachtführer, OLG Düsseldorf TranspR 2008, 38. Verfügungsberechtigter kann sich mit dem Schadensersatz zufriedengeben, Staub/Reuschle Rn. 11. Der Frachtführer kann sich trotz bestehender Verlustvermutung auf Einwendungen aus Art. 17 II, IV, V berufen, Ferrari/Kieninger/Mankowski/u. a./Otte Rn. 3.

2) Wiederauffinden des Gutes (II-IV)

2   II erfordert weder für das Verlangen noch für die Bestätigung Schriftform iSv § 126 BGB, es genügt ua auch E-Mail, MüKoHGB/Jesser-Huß Rn. 9. III Ablieferungsverlangen ist bindend und verhindert Zurückgehen auf Verlustver-

mutung, EBJS/Boesche Rn. 4. Frachtführer erlangt nach **IV** kein Eigentum, sondern dingliches Verfügungsrecht, Pokrant/Gran Rn. 496.

[Ablieferung ohne Einziehung der Nachnahme]

CMR 21 Wird das Gut dem Empfänger ohne Einziehung der nach dem Beförderungsvertrag vom Frachtführer einzuziehenden Nachnahme abgeliefert, so hat der Frachtführer, vorbehaltlich seines Rückgriffsrechtes gegen den Empfänger, dem Absender bis zur Höhe des Nachnahmebetrages Schadenersatz zu leisten.

1) Art. 21 statuiert eine verschuldensunabhängige Haftung; daneben findet nationales Recht keine Anwendung, Staub/Reuschle Rn. 9. Die Art der geschuldeten Nachnahme ist primär durch Auslegung des formlos möglichen Nachnahmeauftrags zu ermitteln. Führt dies zu keinem Ergebnis, kann auf nationales Recht zurückgegriffen werden, MüKoHGB/Jesser-Huß Rn. 11. Eintragung der Nachnahmevereinbarung ist nicht erforderlich, gleichwohl aber für den Absender obliegender Beweis der Vereinbarung von Bedeutung, Staub/Reuschle Rn. 11. Nach deutschem Recht (§ 307 BGB) kann der einen auf Barzahlung gerichteten Nachnahmeauftrag annehmende Frachtführer sich durch AGB nicht wirksam die Befugnis einräumen, das Gut gegen Scheck auszuliefern, OLG Düsseldorf TranspR 2007, 25. „Bis zur Höhe des Nachnahmebetrages" bedeutet nur Obergrenze, Schadensersatz (Höhe im Übrigen) und Beweislast richten sich nach allgemeinen Grundsätzen, BGHZ 115, 299 = NJW 1992, 566, Zinsen s. Art. 27. Bei Unmöglichkeit der Einziehung der Nachnahme ist die Zustimmung des Verfügungsberechtigten einzuholen, Staub/Reuschle Rn. 22. Nicht erfasst ist Einzug von anderen Dokumenten als Zahlungspapieren, zB FBL, FCR, Mankowski Rn. 3. Zur Schadensberechnung: Thume/Fremuth Rn. 130. Ist die Nachnahmeabrede unwirksam oder undurchführbar kommt nichtsdestotrotz eine Haftung nach § 280 BGB bei Nichteinziehung in Betracht, EBJS/Boesche Rn. 5. Bei ausgestelltem Frachtbrief ist der Rückgriff gegen den Empfänger nach Art. 13 II nur nach Maßgabe des Frachtbriefs möglich, MüKoHGB/Jesser-Huß Rn. 18. Art. 21 ist lex specialis zu Art. 7 I; Art. 17 II, V finden analoge Anwendung, Koller Rn. 3. Der Ersatzberechtigte ist beweisbelastet, Koller Rn. 4.

[Gefährliche Güter]

CMR 22 (1) ¹Der Absender hat den Frachtführer, wenn er ihm gefährliche Güter übergibt, auf die genaue Art der Gefahr aufmerksam zu machen und ihm gegebenenfalls die zu ergreifenden Vorsichtsmaßnahmen anzugeben. ²Ist diese Mitteilung im Frachtbrief nicht eingetragen worden, so obliegt es dem Absender oder dem Empfänger, mit anderen Mitteln zu beweisen, daß der Frachtführer die genaue Art der mit der Beförderung der Güter verbundenen Gefahren gekannt hat.

(2) Gefährliche Güter, deren Gefährlichkeit der Frachtführer nicht im Sinne des Absatzes 1 gekannt hat, kann der Frachtführer jederzeit und überall ohne Schadensersatzpflicht ausladen, vernichten oder unschädlich machen; der Absender haftet darüber hinaus für alle durch die Übergabe dieser Güter zur Beförderung oder durch ihre Beförderung entstehenden Kosten und Schäden.

1) Allgemeines

Art. 22 trägt der Warenkenntnis des Absenders Rechnung, MüKoHGB/Jesser-Huß Rn. 1. Die Rechtsfolgen hängen von Kenntnis des Frachtführers ab. Güter sind gefährlich, wenn bei normalem Transportverlauf aus ihnen (nicht: aus ihrer

Transportart) eine unmittelbare Gefahr für das Transportmittel, andere transportierte Güter oder andere Rechtsgüter resultiert, EBJS/Boesche Rn. 3. Gefährlich sind jedenfalls die Güter der nicht abschließenden Enumeration im Europäischen Übereinkommen über die internationale Beförderung gefährlicher Güter auf der Straße (ADR), MüKoHGB/Jesser-Huß Rn. 4.

2) Kenntnis der Gefährlichkeit (I)

I Absender kann Frachtführer durch Eintragung im Frachtbrief oder anderweitig informieren (I 2). Bei fehlender Eintragung im Frachtbrief trägt Absender die Beweislast für die Kenntnis des Frachtführers, I 2. Den Frachtführer trifft keine Pflicht, aus eigener Initiative Informationen zur Gefährlichkeit des Gutes einzuholen, Ferrari/Kieninger/Mankowski/u. a./Otte Rn. 7. Zum Zeitpunkt der letztmöglichen Information: Thume/de la Motte/Temme Rn. 37.

3) Rechte des Frachtführers (II)

II Frachtführer kann bei Unkenntnis gefährliche Güter ausladen, vernichten oder unschädlich machen. Die Gefährlichkeit muss aus der Beschaffenheit des Gutes resultieren, EBJS/Boesche Rn. 6. Frachtführer muss mildestes Mittel wählen. Zu den Folgen der Wahl eines unverhältnismäßigen Mittels: Koller Rn. 4. Der Absender haftet verschuldensunabhängig und unbegrenzt bei Unterlassen der Information über die Gefährlichkeit (II Hs. 2). Zur Schadensersatzpflicht des Absenders BGH NJW 1987, 1144. Die Haftung ggü. Dritten richtet sich nach dem anwendbaren nat. Delikts- und Gefährdungshaftungsrecht, Ferrari/Kieninger/Mankowski/u. a./Otte Rn. 2.

[Haftungsumfang, Höchstbeträge]

CMR 23 (1) **Hat der Frachtführer auf Grund der Bestimmungen dieses Übereinkommens für gänzlichen oder teilweisen Verlust des Gutes Schadenersatz zu leisten, so wird die Entschädigung nach dem Wert des Gutes am Ort und zur Zeit der Übernahme zur Beförderung berechnet.**

(2) **Der Wert des Gutes bestimmt sich nach dem Börsenpreis, mangels eines solchen nach dem Marktpreis oder mangels beider nach dem gemeinen Wert von Gütern gleicher Art und Beschaffenheit.**

(3) **Die Entschädigung darf jedoch 8,33 Rechnungseinheiten für jedes fehlende Kilogramm des Rohgewichts nicht übersteigen.**

(4) **Außerdem sind – ohne weiteren Schadenersatz – Fracht, Zölle und sonstige aus Anlaß der Beförderung des Gutes entstandene Kosten zurückzuerstatten, und zwar im Falle des gänzlichen Verlustes in voller Höhe, im Falle des teilweisen Verlustes anteilig.**

(5) **Wenn die Lieferfrist überschritten ist und der Verfügungsberechtigte beweist, daß daraus ein Schaden entstanden ist, hat der Frachtführer dafür eine Entschädigung nur bis zur Höhe der Fracht zu leisten.**

(6) **Höhere Entschädigungen können nur dann beansprucht werden, wenn der Wert des Gutes oder ein besonderes Interesse an der Lieferung nach den Artikeln 24 und 26 angegeben worden ist.**

(7) [1] **Die in diesem Übereinkommen genannte Rechnungseinheit ist das Sonderziehungsrecht des Internationalen Währungsfonds.** [2] **Der in Absatz 3 genannte Betrag wird in die Landeswährung des Staates des angerufenen Gerichts umgerechnet; die Umrechnung erfolgt entsprechend dem Wert der betreffenden Währung am Tag des Urteils oder an dem von den Parteien**

vereinbarten Tag. ³Der in Sonderziehungsrechten ausgedrückte Wert der Landeswährung eines Staates, der Mitglied des Internationalen Währungsfonds ist, wird nach der vom Internationalen Währungsfonds angewendeten Bewertungsmethode errechnet, die an dem betreffenden Tag für seine Operationen und Transaktionen gilt. ⁴Der in Sonderziehungsrechten ausgedrückte Wert der Landeswährung eines Staates, der nicht Mitglied des Internationalen Währungsfonds ist, wird auf eine von diesem Staat bestimmte Weise errechnet.

(8) ¹Dessenungeachtet kann ein Staat, der nicht Mitglied des Internationalen Währungsfonds ist und dessen Recht die Anwendung des Absatzes 7 nicht zuläßt, bei der Ratifikation des Protokolls zum CMR oder dem Beitritt zu jenem Protokoll oder jederzeit danach erklären, daß sich der in seinem Hoheitsgebiet geltende Haftungshöchstbetrag des Absatzes 3 auf 25 Werteinheiten beläuft. ²Die in diesem Absatz genannte Werteinheit entspricht 10/31 Gramm Gold von 900/1000 Feingehalt. ³Die Umrechnung des Betrags nach diesem Absatz in die Landeswährung erfolgt nach dem Recht des betreffenden Staates.

(9) ¹Die in Absatz 7 letzter Satz genannte Berechnung und die in Absatz 8 genannte Umrechnung erfolgen in der Weise, daß der Betrag nach Absatz 3, in der Landeswährung des Staates ausgedrückt, soweit wie möglich dem dort in Rechnungseinheiten ausgedrückten tatsächlichen Wert entspricht. ²Die Staaten teilen dem Generalsekretär der Vereinten Nationen die Art der Berechnung nach Absatz 7 oder das Ergebnis der Umrechnung nach Absatz 8 bei der Hinterlegung einer der in Artikel 3 des Protokolls zum CMR genannten Urkunden sowie immer dann mit, wenn sich die Berechnungsart oder das Umrechnungsergebnis ändert.

1) Allgemeines

III nF 1980, VII–IX eingefügt 1980 (→ Einl. vor Art. 1 Rn. 1). Art. 23 regelt die Rechtsfolgen der Frachtführerhaftung aus Art. 17. Angesichts der verschuldensunabhängigen Haftung wird lediglich pauschalierter Wertersatz bei Geltung einer summenmäßigen Haftungshöchstgrenze geleistet, Ferrari/Kieninger/Mankowski/u.a./Otte Rn. 2. Naturalrestitution ist ausgeschlossen. Reparatur- und Wiederbeschaffungskosten sind nicht zu ersetzen, EBJS/Reuschle Rn. 9. Nach VI kann nur unter den Voraussetzungen von Art. 24, 26 eine höhere Entschädigung verlangt werden. Str. ist, ob Art. 23 auf Aufwendungen zur Schadensverhütung anzuwenden ist; befürwortend: EBJS/Boesche Rn. 1; ablehnend und stattdessen für Anwendung nationaler Regelungen: Koller Rn. 1; Thume/Thume/Riemer Rn. 1. Keine analoge Anwendung des Art. 23 auf Absender- und Empfängerhaftung, Thume/Thume/Riemer Rn. 1. Abschließend für Folgen eines Beförderungsverzugs, nicht jedoch für Rechtsfolgen einer verspäteten Entschädigung, OLG Karlsruhe TranspR 2017, 220.

2) Entschädigung bei (Teil)Verlust (I–IV)

I betrifft die Berechnung des Schadensersatzes. Zu ersetzen ist der Wert des Gutes am Ort und zur Zeit der Übernahme der Beförderung. Totalschaden liegt vor, wenn die Wiederherstellungskosten (oder bei Schadensverdacht die voraussichtlichen Untersuchungskosten) den ursprünglichen Wert des Guts übersteigen, BGer Lausanne RdTW 2018, 276; OLG München TranspR 2018, 114. Die Grundsätze der Vorteilsausgleichung sind zu berücksichtigen, wenn das verlorene Gut wieder in die Hände der Berechtigten gelangt, Koller Rn. 5. Auch wenn Art. 23 pauschalierten Schadensersatz gewährt, wird ein Schaden vorausgesetzt, MüKoHGB/Jesser-Huß Rn. 4. An einem Schaden fehlt es, wenn die Ware zwar an einen Nichtberechtigten abgeliefert worden ist, der Schaden des Absenders aber auch bei Ablieferung an den Berechtigten und Käufer eingetreten wäre, weil dieser den Kaufpreis ohnehin nicht zahlen wollte, OLG Frankfurt a. M. RdTW 2020, 304. Zur Frage, ob rechtmäßiges Alternativverhalten generell einen Schaden ausschließt Ramming RdTW 2020, 309. Wird die beförderte Ware nicht an der Börse gehandelt, ist gem. II der Durchschnittswert entscheidend, den das Gut im Allgemeinen bei einem Verkauf am Versandort erzielen würde (Marktpreis). Maßgeblich ist stets die Handelsstufe des Kaufvertrages, zu dessen Erfüllung der Transport bestimmt ist. Der Fakturenwert ist in der Regel ein Indiz für den Marktpreis, OLG Düsseldorf TranspR 2003, 456. Wertersatz ist Mindest- und Höchstbetrag, EBJS/Boesche Rn. 3. Die Haftungshöchstsumme nach III ist nach dem Rohgewicht der verlorenen Sendung zu berechnen, einerlei, ob die Werte einzelner Waren oder in Rechnungen oder Verpackungseinheiten zusammengefasster Stücke für sich die Höchstsumme erreichen, BGHZ 79, 302 = NJW 1981, 1902. Zur Berechnung bei Teilverlust, EBJS/Boesche Rn. 52. Schadensteilung nach Art. 17 Abs. 5 CMR führt nicht dazu, dass die Haftungshöchstsumme nach III (bzw. Art. 25 II) geteilt wird, öOGH, RdTW 2021, 197. Das Gewicht des Verpackungs- oder Lademittels ist nicht hinzuzurechnen, wenn dieses unbeschädigt geblieben und ohne Einschränkung für weitere Transporte verwendbar ist (Fall des Art. 25 II lit. b), BGH RdTW 2018, 467; aA Koller RdTW 2019, 42 ff. Unbeschädigt ist die Verpackung trotz normaler Verschleißerscheinung, Eckardt TranspR 2019, 72. Wiederverwendbarkeit richtet sich bei Standard-Lademitteln nach objektiven Kriterien, bei speziellen Lademitteln nach der tatsächlichen oder von den Parteien beabsichtigten Wiederverwendung, Freise TranspR 2019, 420. Im Falle des qualifizierten Verschuldens gem. Art. 29 ist der Schadensersatzanspruch nicht durch Art. 23 beschränkt, vielmehr gelten bei Anwendbarkeit deutschen Rechts die §§ 249 ff. BGB, BGH TranspR 2010, 437; OLG Bamberg TranspR 2016, 159. Bei Mitverschulden nach Art. 17 II, V ist nicht die Summe aus III zu quoteln, sondern zunächst der Schaden insgesamt festzustellen, bevor eine Abwägung nach Art. 17 V folgt und ggf. deren ermittelter Haftungsanteil höhenmäßig nach III begrenzt wird, öOGH TranspR 2019, 323; OLG Stuttgart RdTW 2015, 306; OLG Saarbrücken Transpr 2008, 411; Thume/Thume Rn. 56. Kosten iSv **IV** sind neben dem Wert des Gutes alle mit dem Transport zusammenhängenden, uU auch erst nachträglich entstandenen Kosten, OLG Frankfurt a. M. NJW-RR 1986, 577, aber nicht zusätzliche aus Verlust oder Beschädigung, BGH NJW-RR 2004, 32; NJW 1980, 2021; OLG Düsseldorf TranspR 2007, 200, also zB nicht Rücktransport-, Gutachterkosten ua, str., vgl. Koller Rn. 10 mwN; auch nicht frustrierte Steuern und Versicherungen oder Kosten der Ersatzanmietung für verlustig gegangenes Transportgut, OLG München TranspR 2019, 213, oder Kosten, die bereits den Versandwert des Gutes nach I u. II beeinflusst haben, BGH NJW 2010, 1818. Zu IV Heuer TranspR 1987, 357; Koller VersR 1989, 2. Nicht ersatzfähig nach I oder IV sind bei Verlust eines Motorrads die Kosten für die Anmietung eines Ersatzmotorrads, frustrierte Steuern und Versicherungen, vorgerichtliche Anwaltskosten (bei Fehlen der Voraussetzungen des Art. 29), OLG München RdTW 2019, 39.

3) Entschädigung bei Lieferfristüberschreitung (V)

V gewährt nicht Wertersatz, sondern echten Schadensersatz für durch Lieferfristüberschreitung bedingte Schäden, Staub/Reuschle Rn. 60. Ersatzfähig sind zB entgangener Gewinn oder Preisverfall wegen Verspätung, EBJS/Boesche Rn. 17. Verspätungsschaden kann kumulativ neben einem Substanzschaden geltend gemacht werden, sofern kein kausaler Zusammenhang zwischen den Schadenspositionen besteht, BGH NJW 2019, 3725 m. zust. Anm. Steinmann. V setzt keine Obergrenze für Substanzschäden, BGH NJW 1993, 1269, und beschränkt Ersatz nicht auf unmittelbare Schäden (anders I); ersatzfähig daher auch Aufwendungen zur Verhütung von (ersatzfähigen) Schäden, BGHZ 123, 303 = NJW

1993, 3331; str., Bischof VersR 1982, 1132; Knorre TranspR 1985, 241; Glöckner TranspR 1988, 327 (Art. 23–29), s. Übersicht bei MüKoHGB/Jesser-Huß Rn. 39. Zur Abgrenzung zwischen Güter- und Verspätungsschäden: Thume/Thume/Riemer Rn. 45. Art. 23 betrifft nicht die Haftung wegen verspäteter Entrichtung der Entschädigung als Sekundärpflichtverletzung; insoweit ist ein Rückgriff auf das nationale Recht (§§ 280 I, II, 286 BGB) möglich, falls der Entschädigungsverzug nicht durch Art. 27 ausgeschlossen ist, BGH VersR 2001, 397. Darlegungs- und Beweislast für den Wert des Gutes und die Kausalität trägt der Ersatzberechtigte, Staub/Reuschle Rn. 17.

4) Sonstiges

Für Umrechnung nach VII 2 kommt es auf den Tag der Verkündung des **4** letztinstanzlichen Urteils (ggf. bezüglich des in Rede stehenden Teils des Streitgegenstands) an, BGH RdTW 2018, 468. Zur Bindung an Feststellungen zum Wert im Regressprozess des Frachtführers gegen den SubUnt., OLG Karlsruhe TranspR 2017, 219 f.

[Einvernehmliche Erhöhung des Höchstbetrags]

CMR 24 Der Absender kann gegen Zahlung eines zu vereinbarenden Zuschlages zur Fracht einen Wert des Gutes im Frachtbrief angeben, der den in Artikel 23 Absatz 3 bestimmten Höchstbetrag übersteigt; in diesem Fall tritt der angegebene Betrag an die Stelle des Höchstbetrages.

1) S. Oeynhausen TranspR 1982, 113. Art. 24 betrifft nur summenmäßige **1** Haftungsbegrenzung, gewährt aber keinen Schutz vor mittelbaren Schäden, Staub/Reuschle Rn. 1; diesbezüglich ist → Art. 26 zu beachten. Wertdeklaration kann nicht einseitig bestimmt werden, sondern bedarf einer Vereinbarung zwischen Absender und Frachtführer, BGH NJW 2021, 775. Eine einvernehmliche Erhöhung des Haftungshöchstbetrags wird durch Vereinbarung über den Abschluss einer Transportversicherung gegen Aufpreis sowie die Angabe des Versicherungswerts im Frachtvertrag nicht begründet, BGH NJW 2021, 776; besprochen bei Ramming, RdTW 201, 139. Die vorbehaltlose Entgegennahme des Frachtbriefs stellt noch keine konkludente Annahme der Wertangabe dar, EBJS/Boesche Rn. 2. Zur Frage, ob Wertdeklaration auch noch bei Abholung des Frachtguts vereinbart werden kann: Ferrari/Kieninger/Mankowski/u. a./Otte Rn. 6. Vereinbarung oder Zahlung des Zuschlags sind nach hM nicht erforderlich, MüKoHGB/Jesser-Huß Rn. 9; aA Mankowski Rn. 2. Eintragung im Frachtbrief ist konstitutiv; mündliche Vereinbarung ist auch unwirksam, wenn kein Frachtbrief ausgestellt wurde, MüKoHGB/Jesser-Huß Rn. 6 mwN.; auch eine Vereinbarung in einem Transportauftrag genügt den strengen Formanforderungen an eine Vereinbarung der Erhöhung des Haftungshöchstbetrags nicht, BGH NJW 2021, 773 f. Wertberechnung erfolgt gem. Art. 23, Koller Rn. 4. Wertangabe erzeugt nicht die Vermutung für einen entsprechenden Wert des Gutes, Koller Rn. 4. Für Vereinbarung der Werterhöhung ist Anspruchsteller beweisbelastet, Thume/Thume/Riemer Rn. 16. Zur geringen praktischen Bedeutung angesichts der Möglichkeit der Transportversicherung: MüKoHGB/Boesche Rn. 1.

[Obergrenze bei Beschädigung]

CMR 25 (1) Bei Beschädigung hat der Frachtführer den Betrag der Wertverminderung zu zahlen, die unter Zugrundelegung des nach Artikel 23 Absatz 1, 2 und 4 festgestellten Wertes des Gutes berechnet wird.

(2) Die Entschädigung darf jedoch nicht übersteigen,
a) wenn die ganze Sendung durch die Beschädigung entwertet ist, den Betrag, der bei gänzlichem Verlust zu zahlen wäre,
b) wenn nur ein Teil der Sendung durch die Beschädigung entwertet ist, den Betrag, der bei Verlust des entwerteten Teiles zu zahlen wäre.

1) Allgemeines

1   Art. 25 gewährt entsprechend Art. 23 pauschalierten Wertersatz (vgl. § 429 II BGB). Eine Beschädigung liegt vor, wenn noch vorhandenes und abgeliefertes Gut in seinem Wert durch Substanzverschlechterung gemindert wurde, Ferrari/Kieninger/Mankowski/u. a./Otte Rn. 1. Ersetzt wird lediglich die Wertminderung des beschädigten Teils, EBJS/Boesche Rn. 3; zu deren Berechnung: MüKoHGB/Jesser-Huß Rn. 3 ff. Nach Art. 25 kein Ersatz von Reparaturkosten, BGH NJW 1980, 2021. Str. ist die Ersatzfähigkeit von Schadensminderungskosten, hierzu: Thume/Thume/Riemer Rn. 16.

2) Haftungshöchstgrenze

2   Wiederverwendbare Verpackungs- und Lademittel sind Teil der Sendung iSv II, BGH RdTW 2018, 467. Eine Entwertung der ganzen Sendung gem. II a kann nicht nur bei einem wirtschaftlichen Totalschaden, sondern auch dann anzunehmen sein, wenn durch die Beschädigung nur eines Teils die gesamte Sendung unbrauchbar wird, BGH NJW-RR 1997, 1122; OLG Celle TranspR 2004, 123; OLG Bremen TranspR 2008, 258; OLG München TranspR 2018, 113; BGer Lausanne RdTW 2018, 276, oder jedenfalls in ihrem Wert verringert, BGH NJW 2021, 777, nicht aber, wenn eine Ersatzbeschaffung oder Reparatur der beschädigten Teile in angemessener Zeit möglich ist und zu einer vollständigen Wiederherstellung der Sachgesamtheit führt, BGH TranspR 1997, 336. Maßgeblich ist, ob bei wirtschaftlicher Betrachtung Haftungseinheit wegen teilweiser Beschädigung wirtschaftlichen Totalschaden erlitten hat, Pokrant/Gran Rn. 530. Die Berechnung ist auf den Vergleich zwischen Gesamtwert bei Übernahme und Ankunftswert zu stützen, Staub/Reuschle Rn. 2. Bei Teilbeschädigung Berechnung des Wertverlustes auf der Basis der gesamten Sendung, Koller Rn. 4. Der Schaden besteht auch bei anderweitiger Veräußerung ohne Verlust in den Kosten des Hin- und Her-Transports, BGH NJW 1974, 1616. Zum Zusammentreffen von Teilbeschädigung und Teilverlust: Koller Rn. 5. **Lit.** Knorre TranspR 1985, 241.

[Besonderes Lieferungsinteresse]

CMR 26 (1) **Der Absender kann gegen Zahlung eines zu vereinbarenden Zuschlages zur Fracht für den Fall des Verlustes oder der Beschädigung und für den Fall der Überschreitung der vereinbarten Lieferfrist durch Eintragung in den Frachtbrief den Betrag eines besonderen Interesses an der Lieferung festlegen.**

(2) **Ist ein besonderes Interesse an der Lieferung angegeben worden, so kann unabhängig von der Entschädigung nach den Artikeln 23, 24 und 25 der Ersatz des weiteren bewiesenen Schadens bis zur Höhe des als Interesse angegebenen Betrages beansprucht werden.**

1   **1)** Besonderes Interesse nach I setzt Eintragung im Frachtbrief voraus, BGHZ 123, 200. Notwendig ist die Festsetzung eines bestimmten, nach oben unbegrenzten und vom tatsächlichen Wert unabhängigen Betrages, EBJS/Boesche

Rn. 2. Abrede, nach der pauschal alle Schäden ersatzfähig sind, genügt nicht, Koller Rn. 1. Eine Vereinbarung in einem Transportauftrag genügt den strengen Formanforderungen an eine Vereinbarung der Erhöhung des Haftungshöchstbetrags nicht, BGH NJW 2021, 773 f. Art. 26 bezieht sich auf Schäden, die nach der CMR ansonsten nicht ersatzfähig sind, Koller Rn. 4. Als Folge können mittelbare Folgeschäden und über Art. 23 III hinausgehende Schäden verlangt werden, Staub/Reuschle Rn. 5; aA Ramming, RdTW 2021, 142. Ersatzfähigkeit der Schadensarten bestimmt sich nach nationalem Recht, Mankowski Rn. 1; str. für immaterielle Schäden, s. MüKoHGB/Jesser-Huß Rn. 11. Vereinbarung oder Zahlung des Zuschlags sind wie bei Art. 24 nach hM nicht erforderlich, MüKoHGB/Jesser-Huß Rn. 9; aA Mankowski Rn. 4. Zum Verhältnis von Art. 26 zu Art. 24: MüKoHGB/Jesser-Huß Rn. 2 f. Weitergehende Vertragsstrafenabreden sind insoweit nicht möglich; Art. 23 sind insoweit abschließend, Koller Rn. 6.

[Zinsen, Währungsumrechnung]

CMR 27 (1) ¹**Der Verfügungsberechtigte kann auf die ihm gewährte Entschädigung Zinsen in Höhe von 5 v. H. jährlich verlangen.** ²**Die Zinsen laufen von dem Tage der schriftlichen Reklamation gegenüber dem Frachtführer oder, wenn keine Reklamation vorausging, vom Tage der Klageerhebung an.**

(2) **Wird die Entschädigung auf Grund von Rechnungsgrößen ermittelt, die nicht in der Währung des Landes ausgedrückt sind, in dem die Zahlung beansprucht wird, so ist die Umrechnung nach dem Tageskurs am Zahlungsort der Entschädigung vorzunehmen.**

1) Art. 27 schafft Anreize zur schnellen Zahlung des Frachtführers und gilt nicht nur für Art. 17 I, sondern für alle Ansprüche aus Art. 17 ff., auch aus Art. 21, BGHZ 115, 299 = NJW 1992, 566, und Art. 37, 34, sowie § 426 I BGB, BGH TranspR 2004, 80; nicht jedoch im Falle qualifizierten Verschuldens nach Art. 29 I, Pokrant/Gran Rn. 533; aA öOGH RdTW 2014, 60 oder für deliktische Ansprüche. I schließt weitergehende Zinsansprüche, auch aus Verzugsschaden, nach nationalem Recht aus, BGHZ 115, 299 = NJW 1992, 566, nicht jedoch andere Arten von Verzugsschäden, BGH VersR 2001, 397; zum Streit: EBJS/Boesche Rn. 7–10; generell zur Frage, ob Art. 27 zwingend ist: Miklauschina/Honzak, TranspR 2020, 174. Vorschrift erstreckt sich entgegen dem Wortlaut auf jeden Anspruchsteller, MüKoHGB/Jesser-Huß Rn. 24. Maßgeblich für Beginn der Verzinsung ist Absendedatum der Reklamation, Mankowski Rn. 3. Zur näheren Bestimmung des Begriffs Reklamation ist Art. 32 II heranzuziehen, Staub/Reuschle Rn. 9 **II** BGH verurteilt zu Schadensersatz in Landeswährung unter Berücksichtigung von in fremder Währung berechneter Schadensposten als Rechnungsfaktoren, BGH NJW 1991, 637, krit. MüKoHGB/Jesser-Huß Rn. 26.

[Außervertragliche Ansprüche]

CMR 28 (1) **Können Verluste, Beschädigungen oder Überschreitungen der Lieferfrist, die bei einer diesem Übereinkommen unterliegenden Beförderung eingetreten sind, nach dem anzuwendenden Recht zur Erhebung außervertraglicher Ansprüche führen, so kann sich der Frachtführer demgegenüber auf die Bestimmungen dieses Übereinkommens berufen, die seine Haftung ausschließen oder den Umfang der zu leistenden Entschädigung bestimmen oder begrenzen.**

(2) Werden Ansprüche aus außervertraglicher Haftung für Verlust, Beschädigung oder Überschreitung der Lieferfrist gegen eine der Personen erhoben, für die der Frachtführer nach Artikel 3 haftet, so kann sich auch diese Person auf die Bestimmungen dieses Übereinkommens berufen, die die Haftung des Frachtführers ausschließen oder den Umfang der zu leistenden Entschädigung bestimmen oder begrenzen.

1) Art. 28 betrifft (anders als Art. 32) nur außervertragliche Ansprüche, BGH NJW 1979, 2473. Diese werden nicht ausgeschlossen, sondern nach Inhalt und Höhe entsprechend der vertraglichen Ansprüche der CMR beschränkt, EBJS/Bahnsen Rn. 1. Ansprüche, die nicht aufgrund von Verlust oder Beschädigung des Gutes oder wegen Überschreitung der Lieferfrist geltend gemacht werden, bleiben unberührt, MüKoHGB/Jesser-Huß Rn. 7. Str. ist, ob **I** auch Ansprüche am Frachtvertrag Unbeteiligter einschränken kann; ablehnend: EBJS/Bahnsen Rn. 6. Ebenso streitig ist, ob Art. I Anwendung findet, wenn außervertraglicher Anspruchsinhaber nach CMR nicht legitimiert sein kann, hierzu: Koller Rn. 3. Für analoge Anwendung des Art. 28 auf Art. 1 III und Art. 21: Koller Rn. 2. Unter „Frachtführer" fallen auch ihrem Auftraggeber vertraglich nach CMR haftende Unterfrachtführer, Koller Rn. 2a. Unter **II** fällt auch die Verjährungsregelung Art. 32, öOGH RdTW 2017, 213. Näher Staub/Reuschle Rn. 5. Drittschadensliquidation bleibt aber weiterhin möglich, Koller Rn. 5a.

[Vorsatz, gleichgestellte Fahrlässigkeit, Gehilfenhaftung]

CMR 29 (1) **Der Frachtführer kann sich auf die Bestimmungen dieses Kapitels, die seine Haftung ausschließen oder begrenzen oder die Beweislast umkehren, nicht berufen, wenn er den Schaden vorsätzlich oder durch ein ihm zur Last fallendes Verschulden verursacht hat, das nach dem Recht des angerufenen Gerichtes dem Vorsatz gleichsteht.**

(2) [1]**Das gleiche gilt, wenn Bediensteten des Frachtführers oder sonstigen Personen, deren er sich bei Ausführung der Beförderung bedient, Vorsatz oder ein dem Vorsatz gleichstehendes Verschulden zur Last fällt, wenn diese Bediensteten oder sonstigen Personen in Ausübung ihrer Verrichtungen handeln.** [2]**In solchen Fällen können sich auch die Bediensteten oder sonstigen Personen hinsichtlich ihrer persönlichen Haftung nicht auf die in Absatz 1 bezeichneten Bestimmungen dieses Kapitels berufen.**

1) Allgemeines

Im Falle eines vorsätzlichen oder dem Vorsatz gleichstehenden Verschuldens erscheint der Frachtführer nicht schutzwürdig. **I** schneidet ihm daher die Berufung auf sämtliche haftungsausschließenden-, haftungsbegrenzenden Normen- oder die Beweislast umkehrenden Normen der Art. 17–28 ab, begründet aber keinen eigenen Anspruch. Dies gilt auch für die Bediensteten des Frachtführers oder sonstige Personen, die in Ausübung ihrer Verrichtungen handeln **(II 1)**. I umfasst bei der gebotenen autonomen Auslegung sowohl den direkten als auch den bedingten Vorsatz, Thume/Harms Rn. 6. Zur Bestimmung des dem Vorsatz gleichstehenden Verschuldens ist auf § 435 HGB zurückzugreifen, Staub/Reuschle Rn. 11, Thume TranspR 2017, 145, OLG Köln TranspR 2021, 11. Es liegt danach vor, wenn eine Pflichtverletzung leichtfertig in dem Bewusstsein begangen wird, dass ein Schaden mit Wahrscheinlichkeit eintreten wird, OLG Brandenburg RdTW 2020, 375; OLG Stuttgart RdTW 220, 427. Ein dem Vorsatz gleichstehendes Verschulden besteht damit korrespondierend nach österreichischem Verständnis bei grober Fahrlässigkeit, OGH Wien RdTW 2020, 373. Anspruchssteller ist für Nachweis des qualifizierten Verschuldens beweispflichtig, wobei den Frachtführer aber eine sekundäre Darlegungslast trifft, OLG Hamburg RdTW 2020, 140, OLG Köln TranspR 2021, 13. Zur französischen Rechtsprechung: Koller Rn. 4c. Parteien können aber Verhaltenspflichten vertraglich absenken, Staub/Reuschle Rn. 3. **II 2** stellt sicher, dass die Eigenhaftung von Hilfspersonen nicht hinter der Eigenhaftung des Frachtführers zurückbleibt. Lit. Thume TranspR 2017, 141 (Rspr. Übersicht); Tuma TranspR 2007, 333; Harms TranspR 2008, 310; Marx TranspR 2010, 174. Zur sekundären Darlegungslast Schmidt TranspR 2019, 53. Zur Frage nach der Anwendbarkeit von Art. 29 bei Automatisierung von LKW, auch im Hinblick auf den Schadensersatzpflichtigen Desfougères/Vogl TranspR 2020, 387.

2) Einzelfälle

Ein dem Vorsatz gleichstehendes Verschulden wurde im Falle eines unbewachten Abstellens eines beladenen Lkw in Mailand angenommen, BGH NJW 1984, 2033, auch bei unzureichender Eingangs- und Ausgangskontrolle im Umschlagslager eines Paketdienstes bejaht, OLG Nürnberg VersR 2000, 1523, ebenso bei Verstoß gegen ein Umladeverbot, OLG Köln VersR 2003, 88, auch bei fehlender Kontrolle des Ein- und Ausgangs der Güter zur Erkennung von Fehlbeständen und damit auch zur Eingrenzung des Schadensbereichs, OLG Brandenburg RdTW 2020, 375, ebenfalls bei Abstellen eines LKW auf unbewachtem Parkplatz trotz Klausel im Transportauftrag, dass dies zu unterlassen ist, OLG Bremen TranspR 2020, 79, gleichermaßen bei unbewachtem Abstellen wertvoller Güter auf öffentlichem Parkplatz in südenglischem Gewerbegebiet, OLG Düsseldorf TranspR 2020, 479 f.; ebenso, wenn Fahrer nach Anweisung einer ihm unbekannten Person ohne Rückfrage beim Auftraggeber die Ware ohne Identitäts- und Legitimitätsprüfung entlädt, wenn auf dem Gelände mehrere Firmen ansässig sind und demnach davon auszugehen ist, dass sich dort auch nicht dem Empfänger zugehörige Mitarbeiter aufhalten, OLG Koblenz, RdTW 2021, 165 sowie RdTW 2021, 168; auch bei Beschädigung einer Sendung infolge des Abbruchs einer Hebebühne, wenn Frachtführer zur Gestellung eines Fahrzeugs mit Hebebühne verpflichtet ist und weiß, dass deren Höchstgewicht durch Sendungsgewicht überschritten wird, LG Göttingen, TranspR 2020, 485, ebenso bei nicht ausreichender Betriebsorganisation zu Nachforschung bei Verlusten, OLG Köln TranspR 2021, 12, wohl auch bei Nichteinhaltung einer Aktualisierungsobliegenheit bei automatisiertem Frachtfahrzeug, Desfougères/Vogl SV 3/2019, 6, nicht aber bei Diebstahl im Falle verweigerter Zufahrt auf Betriebsgelände des Empfängers, OLG Düsseldorf TranspR 2016, 395 oder bei Abstellen eines Lkw auf einem Parkplatz neben anderen Lkw in Südengland, OLG Stuttgart TranspR 2015, 194; s. auch OLG München TranspR 2016, 193; RdTW 2018, 280 und Koller Rn. 4 ff. mit zahlreichen weiteren Nachweisen zur alten Rechtslage, auch nicht bei ungeklärter Ursache des Brandes eines geparkten LKW samt Ladung OLG Nürnberg RdTW 2021, 313, zudem nicht, wenn die Portaltüren eines zulässigerweise eingesetzten Planen-LKW nicht mit einem Schloss gesichert sind, OLG Düsseldorf TranspR 2021, 466. Vorsätzliche Unterschlagung von Gut durch einen via Frachtenbörse beauftragten SubUnt. muss sich Frachtführer zurechnen lassen, OLG Schleswig TranspR 2015, 158. Frachtführer muss bei Überhöhe des Sattelzuges peinlich genau kontrollieren, ob Voraussetzungen einer Ausnahmegenehmigung eingehalten werden, OLG Schleswig TranspR 2014, 73. Hingegen muss er bei Presswerkzeugen nicht von einer gesteigerten Diebstahlsgefahr ausgehen, LG Essen TranspR 2014, 197. Für ab dem 1.7.1998 abgeschlossene Frachtverträge ist vor deutschen Gerichten auf Grund § 435 HGB nF ein leichtfertiges Handeln in dem Bewusstsein, dass ein Schaden mit Wahrscheinlichkeit eintreten werde, zu verlangen, BGH NJW-RR 2005, 1278 m. Anm. Neumann TranspR 2006, 67; BGH NJW-RR 2007, 1631; OLG Hamm TranspR 2005, 123; OLG Düsseldorf TranspR 2003, 345. Zum Schluss von leichtfertigem Handeln auf das Bewusstsein der Wahrscheinlichkeit eines Schadenseintritts OLG Düsseldorf RdTW 2017, 105. Dazu → HGB § 435 Rn. 2. Handeln in Ausübung ihrer Verrichtung nach II s. BGH TranspR 1985, 338. Bei Wahrscheinlichkeit für Art. 29 trifft Frachtführer sekundäre Darlegungslast betr. seiner Sorgfalt, BGH NJW-RR 2009, 752, dies gilt auch bei Paketdienstunternehmen hinsichtlich der in einem Umschlagslager stattfindenden Kontrollen, OLG Düsseldorf TranspR 2015, 286. Keine Beweislastumkehr, auch wenn der die Beweislast tragende Geschädigte ein zum Wahrnehmungsbereich des Gegners gehörendes Geschehen nicht darlegen kann, sondern allenfalls erhöhte Anforderungen an die Erklärungslast des Prozessgegners, BGH NJW 2010, 1816 m. zust. Anm. Thume TranspR 2010, 125. Außergerichtliche Zahlung des Haftungshöchstbetrages (Art. 17 I, 23 III) stellt weder Anerkenntnis einer unbegrenzten Haftung dar noch führt sie zur Beweislastumkehr hinsichtlich der Voraussetzungen des Art. 29, OLG Nürnberg TranspR 2018, 120. Regeln des Anscheinsbeweises sind für den Nachweis qualifizierten Verschuldens nicht anwendbar, soweit es sich um individuelle Vorgänge im Straßenverkehr handelt, OLG Hamburg RdTW 2018, 427 (Umkippen eines Lkw). Der Umfang des zu ersetzenden Schadens bestimmt sich nach dem jeweils anwendbaren nationalen Recht, BGH NJW-RR 2005, 1279, aA MüKoHGB/Jesser-Huß Rn. 36, und daher − wenn deutsches Recht zur Anwendung kommt − nach den §§ 249 ff. BGB. Dem Geschädigten ist es jedoch unbenommen, seinen Schaden stattdessen auf der Grundlage der Art. 17−28 zu berechnen, BGH NJW-RR 2005, 908; 2009, 46; OLG Nürnberg TranspR 2009, 260; Rinkler TranspR 2005, 305 (zu Grenzfällen Schmidt TranspR 2009, 1). Insbesondere entfällt bei Vorliegen der Voraussetzungen des Art. 29 das Recht des Frachtführers auf Haftungsbegrenzung nach Art. 17 II bis IV, 18, 23 und 25, BGH TranspR 2010, 441; öOGH TranspR 2019, 325. Bei mehrfacher Ausübung des Wahlrechts ist auf die zeitlich erste Geltendmachung des Schadens abzustellen, LG Nürnberg-Fürth TranspR 2018, 121. Bei Verlust vertretbarer Sachen iSv § 91 BGB sind die Kosten des Empfängers zur Wiederbeschaffung gleichwertiger Sachen maßgeblich; auf eine von seinen Kunden zur Wiederbeschaffung aufgewendete höhere Summe hat er nur Anspruch, wenn er diesen seinerseits in diesem Umfang haftet, BGH NJW-RR 2009, 104 (zu Art. 18 WA 1955). Bei qualifiziertem Verschulden kann der Frachtführer dem Absender nach § 254 I bzw. II 1 BGB entgegenhalten, nicht auf den Wert des Guts bzw. die Gefahr eines außergewöhnlich hohen Schadens hingewiesen worden zu sein, BGH TranspR 2006, 114; 2006, 117; 2006, 122 m. Anm. Tomhave TranspR 2006, 210; BGH TranspR 2010, 144; BGH NJW-RR 2005, 1280; vgl. auch OLG Köln TranspR 2007, 114.

Kapitel V. Reklamationen und Klagen

[Notwendige Vorbehalte]

CMR 30 (1) ¹**Nimmt der Empfänger das Gut an, ohne dessen Zustand gemeinsam mit dem Frachtführer zu überprüfen und ohne unter Angaben allgemeiner Art über den Verlust oder die Beschädigung an den Frachtführer Vorbehalte zu richten, so wird bis zum Beweise des Gegenteils vermutet, daß der Empfänger das Gut in dem im Frachtbrief beschriebenen Zustand erhalten hat; die Vorbehalte müssen, wenn es sich um äußerlich erkennbare Verluste oder Beschädigungen handelt, spätestens bei der Ablieferung des Gutes oder, wenn es sich um äußerlich nicht erkennbare Verluste oder Beschädigungen handelt, spätestens binnen sieben Tagen, Sonntage und gesetzliche Feiertage nicht mitgerechnet, nach der Ablieferung**

gemacht werden. ²Die Vorbehalte müssen schriftlich gemacht werden, wenn es sich um äußerlich nicht erkennbare Verluste oder Beschädigungen handelt.

(2) Haben Empfänger und Frachtführer den Zustand des Gutes gemeinsam überprüft, so ist der Gegenbeweis gegen das Ergebnis der Überprüfung nur zulässig, wenn es sich um äußerlich nicht erkennbare Verluste oder Beschädigungen handelt und der Empfänger binnen sieben Tagen, Sonntage und gesetzliche Feiertage nicht mitgerechnet, nach der Überprüfung an den Frachtführer schriftliche Vorbehalte gerichtet hat.

(3) Schadensersatz wegen Überschreitung der Lieferfrist kann nur gefordert werden, wenn binnen einundzwanzig Tagen nach dem Zeitpunkt, an dem das Gut dem Empfänger zur Verfügung gestellt worden ist, an den Frachtführer ein schriftlicher Vorbehalt gerichtet wird.

(4) Bei der Berechnung der in diesem Artikel bestimmten Fristen wird jeweils der Tag der Ablieferung, der Tag der Überprüfung oder der Tag, an dem das Gut dem Empfänger zur Verfügung gestellt worden ist, nicht mitgerechnet.

(5) Frachtführer und Empfänger haben sich gegenseitig jede angemessene Erleichterung für alle erforderlichen Feststellungen und Überprüfungen zu gewähren.

1) Allgemeines

Vorbehalt ist Rüge des Empfängers bzgl. des Güterverlusts oder der Güterbeschädigung oder der Lieferfristversäumung, EBJS/Reuschle Rn. 10. Art. 30 unterscheidet zwischen gemeinsamer und nicht gemeinsamer Überprüfung des Gutes (I, II) sowie jeweils zwischen erkennbaren und nicht erkennbaren Mängeln. Äußerliche Erkennbarkeit liegt vor, wenn der Mangel von außen ohne Öffnung der Verpackung feststellbar ist, Thume/Demuth Rn. 19; ggf. besteht aber eine Obliegenheit zur Verpackungsöffnung, Thume/Demuth Rn. 20. V verpflichtet Empfänger und Frachtführer zur Mitwirkung bei den erforderlichen Feststellungen und Überprüfungen. Beweislast für Vorbehaltserklärung trifft den Empfänger, Staub/Reuschle Rn. 23. Lit. zu Art. 30 ff. Loewe TranspR 1988, 309; Züchner, VersR 1968, 824.

2) Einfacher Empfängervorbehalt (I)

I 1 sieht bei vorbehaltsloser Annahme der Ware ohne Überprüfung nur eine Verschlechterung der Beweislage vor, keinen Rechtsverlust. Dies ist abschließend, also keine „reine Quittung", kein Erlöschen der Schadensersatzansprüche gegen den Frachtführer. Vorbehalt kann auch mündlich erfolgen, Koller Rn. 3. Zum einseitigen Vorbehalt Staub/Reuschle Rn. 9. Erfasst werden Qualitäts- und Quantitätsmängel, MüKoHGB/Jesser-Huß Rn. 4. Auch wirt. Totalschaden, mangels annahmefähigen Guts nicht jedoch Totalverlust, Mankowski Rn. 4. Art. 30 findet auch bei Nichtantritt der Reise, Rückbeförderung wegen Schäden oder in Ermangelung eines wirksamen CMR-Frachtbriefs keine Anwendung, Ferrari/Kieninger/Mankowski/u. a./Otte Rn. 7. Wirksamer Vorbehalt des Empfängers nach I führt aber nicht zu Beweislastumkehr zulasten des Frachtführers, OLG Hamm TranspR 2011, 182 m. zust. Anm. Pünder TranspR 2011, 184; aA Koller Rn. 7 (bei konkreten Vorbehalten). Konkreter Vorbehalt setzt gewissen Sachbezug zum Schaden voraus, wobei die Anforderungen als eher gering einzustufen sind, Staub/Reuschle Rn. 15. Er muss an Frachtführer bzw. ablieferndem Fahrer oder Unterfrachtführer als Empfangsboten gerichtet sein, MüKoHGB/Jesser-Huß Rn. 11 und spätestens bei Ablieferung erklärt werden, Koller Rn. 6. Bei nicht erkennbaren Mängeln ist der Vorbehalt an denjenigen Frachtführer zu richten, der haftbar gemacht werden soll, Mankowski Rn. 11. Vorbehalte sind nicht ohne Weiteres Schadensreklamationen iSd Art. 32 II, Pokrant/Gran

Rn. 539. Aufrechnung und Zurückbehaltungsrecht sind in CMR nicht geregelt (aber s. Art. 32 IV), insoweit gilt nationales Recht, BGHZ 94, 74 = NJW 1985, 2091.

3) Gemeinsame Schadensfeststellung (II)

3 II führt bei äußerlich erkennbaren Schäden nach gemeinsamer Überprüfung zu Präklusion des Empfängers. Zustand des Gutes kann vor, bei oder nach Ablieferung überprüft werden, EBJS/Boesche Rn. 14. Rechtsfolgen einer unsorgfältigen Überprüfung richten sich nach nationalem Recht, Staub/Reuschle Rn. 47. II findet keine Anwendung, wenn Parteien sich über Zustand des Gutes nicht einigen können, MüKoHGB/Jesser-Huß Rn. 18; Empfänger muss in diesem Fall Vorbehalt nach I erklären.

4) Lieferfristüberschreitung (III)

4 III führt anders als I bei Unterbleiben des Vorbehalts zum Rechtsverlust. Hinweis auf Lieferfristüberschreitung ohne Vorbehalt im Hinblick auf die etwaigen Schäden genügt nicht, Thume/Demuth Rn. 43. Die Berufung auf III kann rechtsmissbräuchlich iSv § 242 BGB sein, wenn der Frachtführer darauf hingewirkt hat, dass der Gegner die Frist verstreichen ließ oder sonst für den Zeitablauf die Verantwortung trägt, OLG Köln TranspR 2004, 323 mwN. Für III gilt Art. 29 nicht, BGHZ 116, 95 = NJW 1992, 1698, str. III gilt nicht für Schäden, die infolge der Lieferfristüberschreitung am Gut eingetreten sind, Koller Rn. 21. Gegen analoge Anwendung von Art. 30 III, wenn Frachtführer von Ablieferungshindernis ausgeht, weil ihm vor Erreichen der Ablieferungsstelle die Nichtannahme des Gutes mitgeteilt wird: Koller Rn. 18.

5) Mitwirkungspflicht (V)

5 V Rechtsfolgen für einen Verstoß gegen die Mitwirkungspflichten ergeben sich nicht aus der CMR, sondern aus allgemeinen Rechtsgrundsätzen und nationalen Vorschriften; in Deutschland Grundsatz von Treu und Glauben sowie Regeln über Beweisverteilung, MüKoHGB/Jesser-Huß Rn. 25.

[Internationale Zuständigkeit, Rechtshängigkeit, Rechtskraft, Vollstreckbarkeit, Sicherheitsleistung]

CMR 31

(1) [1] **Wegen aller Streitigkeiten aus einer diesem Übereinkommen unterliegenden Beförderung kann der Kläger, außer durch Vereinbarung der Parteien bestimmte Gerichte von Vertragstaaten, die Gerichte eines Staates anrufen, auf dessen Gebiet**

a) der Beklagte seinen gewöhnlichen Aufenthalt, seine Hauptniederlassung oder die Zweigniederlassung oder Geschäftsstelle hat, durch deren Vermittlung der Beförderungsvertrag geschlossen worden ist, oder

b) der Ort der Übernahme des Gutes oder der für die Ablieferung vorgesehene Ort liegt.

[2] **Andere Gerichte können nicht angerufen werden.**

(2) **Ist ein Verfahren bei einem nach Absatz 1 zuständigen Gericht wegen einer Streitigkeit im Sinne des genannten Absatzes anhängig oder ist durch ein solches Gericht in einer solchen Streitsache ein Urteil erlassen worden, so kann eine neue Klage wegen derselben Sache zwischen denselben Parteien nicht erhoben werden, es sei denn, daß die Entscheidung des Gerichtes, bei dem die erste Klage erhoben worden ist, in dem Staat nicht vollstreckt werden kann, in dem die neue Klage erhoben wird.**

(3) [1] **Ist in einer Streitsache im Sinne des Absatzes 1 ein Urteil eines Gerichtes eines Vertragstaates in diesem Staat vollstreckbar geworden, so wird es**

auch in allen anderen Vertragstaaten vollstreckbar, sobald die in dem jeweils in Betracht kommenden Staat hierfür vorgeschriebenen Formerfordernisse erfüllt sind. ²Diese Formerfordernisse dürfen zu keiner sachlichen Nachprüfung führen.

(4) **Die Bestimmungen des Absatzes 3 gelten für Urteile im kontradiktorischen Verfahren, für Versäumnisurteile und für gerichtliche Vergleiche, jedoch nicht für nur vorläufig vollstreckbare Urteile sowie nicht für Verurteilungen, durch die dem Kläger bei vollständiger oder teilweiser Abweisung der Klage neben den Verfahrenskosten Schadenersatz und Zinsen auferlegt werden.**

(5) **Angehörige der Vertragstaaten, die ihren Wohnsitz oder eine Niederlassung in einem dieser Staaten haben, sind nicht verpflichtet, Sicherheit für die Kosten eines gerichtlichen Verfahrens zu leisten, das wegen einer diesem Übereinkommen unterliegenden Beförderung eingeleitet wird.**

1) Allgemeines

Art. 31 setzt einen wirksamen Beförderungsvertrag voraus, für dessen Vorliegen der Kläger beweisbelastet ist, Thume/Demuth Rn. 3. Unerheblich ist, ob der Vertrag schon ausgeführt worden ist, Ferrari/Kieninger/Mankowski/u. a./Otte Rn. 4; mwN zur Gegenauffassung: MüKoHGB/Jesser-Huß Rn. 4. Art. 31 umfasst auch Ansprüche aus nationalem Recht, die aus der CMR unterliegenden Verträgen resultieren, EBJS/Boesche Rn. 3. Zur Geltung von Art. 31 für Dritte: MüKoHGB/Jesser-Huß Rn. 5. Anwendung von Art. 31 auf Spediteur-Frachtführer nach §§ 458–460, 466 III HGB streitig, hierzu: Staub/Reuschle Rn. 8. Zur Anwendung auf multimodalen Transport: MüKoHGB/Jesser-Huß Rn. 6.

2) Zuständigkeit

I soll verhindern, dass zu einem Lebenssachverhalt, aus dem Streitigkeiten hinsichtlich der CMR unterfallenden Beförderungen resultieren, divergierende gerichtliche Entscheidungen ergehen, BGH BeckRS 2019, 19069. I regelt nur die internationale gerichtliche Zuständigkeit; die örtliche richtet sich allein nach innerstaatlichem Prozessrecht, OLG Köln TranspR 2004, 360 m. Anm. Koller sowie Ramming VersR 2005, 607, auch wenn danach iErg ein inländischer Gerichtsstand nicht begründet ist, BGHZ 79, 332 = NJW 1981, 1902 m. abl. Anm. Kropholler NJW 1981, 1904. Gleiches gilt für die sachliche Zuständigkeit, Staub/Reuschle Rn. 18. Anwendbarkeit der Regelung muss bewiesen werden, BGH NJW-RR 2013, 743 m. krit. Anm. Baumert LMK 2013, 347774. Von I werden nicht nur die in den Vertragstaaten der CMR gelegenen Gerichte, sondern auch die der Nicht-Vertragstaaten erfasst, was sich aus der Unterscheidung zwischen „Vertragstaaten" (bezüglich einer Vereinbarung) und „Staaten" im Übrigen ergibt, Koller Rn. 2; aA Thume/Demuth Rn. 14. Zur Frage der Kollision von § 30.2 ADSp mit I OLG Karlsruhe TranspR 2005, 363. I gilt für vertragliche und außervertragliche Ansprüche gleichermaßen, sofern letztere mit der Güterbeförderung in einem sachlichen Zusammenhang stehen, BGH NJW-RR 2009, 1071. Dies gilt selbst dann, wenn direkte Ansprüche des Ursprungsversenders gegenüber einem Unterfrachtführer als Hilfsperson (Art. 3) geltend gemacht werden, BGH NJW-RR 2002, 31 m. Anm. Koller TranspR 2002, 133, oder gegen den Versicherer des Frachtführers Ansprüche des Absenders oder Empfängers direkt oder Ansprüche ihres Versicherers aus übergegangenem Recht geltend gemacht werden, BGH RdTW 2019, 340; kritisch hierzu: Hartenstein TranspR 2020, 57. Allein der zwischen Hauptfrachtführer und Auftraggeber geschlossene Gesamtbeförderungsvertrag entscheidet darüber, ob die Streitigkeit aus einer der CMR unterliegenden Beförderung entstanden ist, BGH TranspR 2009, 27 m. Anm. Koller LMK 2009, 276423; krit. Eichel TranspR

2010, 426, und wo Ort der Übernahme nach I b ist, BGH NJW-RR 2002, 32. Nimmt der Hauptfrachtführer den Unterfrachtführer im Wege des Rückgriffs in Anspruch, kommt es aber darauf an, wo dieser das Gut übernommen hat, BGH VersR 2015, 85 = NJW-RR 2014, 1064. Der für die Ablieferung vorgesehene Ort bleibt als Gerichtsstand nach I b auch dann erhalten, wenn das Gut im Hinblick auf seine Beschädigung nicht abgeliefert, sondern zurückbefördert wird, BGH NJW-RR 2004, 763. Die Anwendung von I b setzt bei deliktischen Ansprüchen gegen den Unterfrachtführer voraus, dass er weiß oder hätte wissen können, dass der Gesamtförderungsvertrag der CMR unterliegt, BGH NJW-RR 2009, 1072. Betrifft der Streit die Durchführung eines Rahmenvertrages, kommt es auf die tatsächlich durchgeführten Transporte nicht an und es kann keine Zuständigkeit auf den Ort der Übernahme oder Ablieferung gestützt werden, LG Aachen TranspR 2018, 25. „Hauptniederlassung" (I b) meint nicht Satzungssitz, sondern Sitz der Geschäftsführung, Ferrari/Kieninger/Mankowski/u. a./Otte Rn. 12 I erfasst nicht die Insolvenzanfechtungsklage eines Insolvenzverwalters, auch wenn die angefochtene Zahlung eine Forderung betrifft, die aus der Beförderung aufgrund eines gültigen CMR-Vertrages iSd Art. 1 resultiert, OLG Düsseldorf RdTW 2018, 475. Zur Frage nach dem Erfordernis einer realen Beförderung für die Anwendbarkeit des Art. 31: Koller Rn. 1. Gerichtsstand des Art. 31 I 1b ist auch für den gegen den Haftpflichtversicherer des Frachtführers nach dem insoweit anwendbaren nationalen Recht gegebenen Direktanspruch des Absenders oder Empfängers oder ihres Versicherers eröffnet, BGH BeckRS 2019, 19059; Anm. bei Yvers, NVZ 2020, 148.

3   Gerichtsstandsvereinbarung ist hier im Ergebnis formfrei; soweit Art. 23 EuGVVO anwendbar ist (→ HGB Einl. vor § 1 Rn. 107), gilt zwar dessen Form, str., aber formfreie Vereinbarung des Erfüllungsorts und damit der Zuständigkeit nach Art. 5 EuGVVO, dazu Mankowski TranspR 2008, 67 und → HGB Einl. vor § 1 Rn. 87; zu Ausgangs- und Bestimmungsort als Erfüllungsorte gem. Art. 5 Nr. 1 lit. b EuGVVO EuGH NJW 2009, 2801 m. zust. Anm. Mankowski TranspR 2009, 303 (auf Vorlagebeschluss BGH NJW 2008, 2121; TranspR 2011, 198). Art. 31 ist zwingend (Art. 41) und geht der EuGVVO, dem EuGVÜ sowie dem Übereinkommen von Lugano über die gerichtliche Zuständigkeit und Vollstreckung gerichtlicher Entscheidungen in Zivil- und Handelssachen v. 16.9.1988 (BGBl. 1995 II 221) vor, EuGH NJW 2005, 44 m. Anm. Vogl EWiR 2004, 1219 zu Art. 57 II lit. a S. 2 EuGVÜ (auf Vorlagebeschluss OLG München TranspR 2003, 155), ebenso bereits BGH NJW-RR 2003, 1347; 2004, 497; aA OLG Dresden VersR 1999, 1260; OLG München TranspR 2001, 401, mit Vorbehalten EuGH NJW 2010, 1736 zu Art. 71 EuGVVO. Andere Gerichtsstände können durch Gerichtsstandsvereinbarung neben I treten, Thume/Demuth Rn. 10. EuGH ist für Auslegung von Art. 31 nicht zuständig, EuGH NJW 2010, 1738. Mögliche Gerichtsstandsvereinbarung bezieht sich sowohl auf die internationale als auch die örtliche Zuständigkeit, näher Staub/Reuschle Rn. 21. Vereinbarung der ausschließlichen internationalen Zuständigkeit eines Gerichts ist nicht möglich, OLG Köln TranspR 2015, 115; aA Thume TranspR 2017, 355 (möglich sei „ausschließlich iSd Art. 25 EuGVVO"); ausführlich zu dieser Frage: Lubach, TranspR 2020, 73. Parteien können jedoch zusätzliche internationale Gerichtsstände bereitstellen, ohne die in Art. 31 genannten Zuständigkeiten auszuschließen, LG Aachen TranspR 2018, 25, OLG Stuttgart TranspR 2020, 346. Zur Umdeutung der unwirksamen Vereinbarung eines ausschließlichen Gerichtsstands in die eines zusätzlichen Wahlgerichtsstands öOGH TranspR 2009, 413 m. Anm. Jesser-Huß TranspR 2009, 415. Kein Konkurrenzverhältnis zu Rom I-VO, da CMR schon nicht von Art. 25 I Rom I-VO erfasst wird, Wagner TranspR 2009, 107 f.; aA Jayme/Nordmeier IPRax 2008, 507 f. (Vorrang CMR nach Art. 25 I Rom I-VO). Auf multimodale Transportverträge (dazu → HGB § 452 Rn. 2, 8) ist Art. 31 nicht unmittelbar anwendbar, BGH NJW 2008,

VI. Transport 1 **32 CMR (17)**

2783 m. zust. Anm. Ramming NJW 2009, 414; OLG Karlsruhe TranspR 2008, 471. Mittelbare Anwendung scheidet selbst bei Anwendbarkeit deutschen Rechts mangels Verweises von § 452a HGB auf diese Vorschrift aus, Koller § 452a Rn. 27. **Lit.** Thume TranspR 2017, 352; Shariatmadari TranspR 2006, 105; Herber TranspR 2003, 19.

3) Rechtshängigkeit und Rechtskraft (II)

II Eine erhobene negative Feststellungsklage in einem anderen CMR- und 4 EU-Mitgliedstaat steht einer späteren Leistungsklage in einem anderen Staat entgegen, BGH TranspR 2019, 510; EuGH EuZW 2014, 221 m. Anm. Hartenstein TranspR 2014, 61; zust. Anm. Antomo EuZW 2014, 222; krit. Mankowski TranspR 2014, 129; II regelt nicht Voraussetzungen, unter denen ein Rechtsstreit im Hinblick auf ein anderes Verfahren ausgesetzt werden kann, weshalb Anwendung von Art. 29 und 30 EuGVVO in Betracht kommt, BGH TranspR 2019, 509, 511.

[Verjährung]

CMR 32 (1) [1] Ansprüche aus einer diesem Übereinkommen unterliegenden Beförderung verjähren in einem Jahr. [2] Bei Vorsatz oder bei einem Verschulden, das nach dem Recht des angerufenen Gerichtes dem Vorsatz gleichsteht, beträgt die Verjährungsfrist jedoch drei Jahre. [3] Die Verjährungsfrist beginnt

a) bei teilweisem Verlust, Beschädigung oder Überschreitung der Lieferfrist mit dem Tage der Ablieferung des Gutes;
b) bei gänzlichem Verlust mit dem dreißigsten Tage nach Ablauf der vereinbarten Lieferfrist oder, wenn eine Lieferfrist nicht vereinbart worden ist, mit dem sechzigsten Tage nach der Übernahme des Gutes durch den Frachtführer;
c) in allen anderen Fällen mit dem Ablauf einer Frist von drei Monaten nach dem Abschluß des Beförderungsvertrages.

[4] Der Tag, an dem die Verjährung beginnt, wird bei der Berechnung der Frist nicht mitgerechnet.

(2) [1] Die Verjährung wird durch eine schriftliche Reklamation bis zu dem Tage gehemmt, an dem der Frachtführer die Reklamation schriftlich zurückweist und die beigefügten Belege zurücksendet. [2] Wird die Reklamation teilweise anerkannt, so läuft die Verjährung nur für den noch streitigen Teil der Reklamation weiter. [3] Der Beweis für den Empfang der Reklamation oder der Antwort sowie für die Rückgabe der Belege obliegt demjenigen, der sich darauf beruft. [4] Weitere Reklamationen, die denselben Anspruch zum Gegenstand haben, hemmen die Verjährung nicht.

(3) [1] Unbeschadet der Bestimmungen des Absatzes 2 gilt für die Hemmung der Verjährung das Recht des angerufenen Gerichtes. [2] Dieses Recht gilt auch für die Unterbrechung der Verjährung.

(4) Verjährte Ansprüche können auch nicht im Wege der Widerklage oder der Einrede geltend gemacht werden.

1) Verjährungsfrist (I)

I trägt der schwierigen Sachverhaltsermittlung Rechnung, MüKoHGB/Jesser- 1 Huß Rn. 2, und schützt den Frachtführer. Anwendbarkeit setzt einen wirksam geschlossenen Transportvertrag voraus und umfasst Ansprüche aller Art, Koller Rn. 1. Irrelevant ist, ob die Beförderung schon begonnen hat, EBJS/Bahnsen Rn. 4. Zur fehlenden Abdingbarkeit des Art. 32 vor Entstehen des Anspruchs

(→ Art. 41): MüKoHGB/Jesser-Huß Rn. 47. Nach Entstehung des Anspruchs können aber anderweitige Abreden getroffen werden, Koller Rn. 20. Vorrang vor ADSp, BGH NJW 1972, 1003 (Anwendung auf Anspruch aus Frachtzuvielzahlung), OLG Frankfurt a. M. NJW 1981, 1911. Regelung ist nicht vollständig, weshalb Berichtigung der Auslegung anhand nationalen Rechts möglich ist, öOGH TranspR 2017, 262. I gilt für Ansprüche des Frachtführers und gegen ihn, II nur für solche gegen ihn, BGH NJW 1975, 1075. – Art. 32 gilt für alle Ansprüche „aus der Beförderung" (nicht nur dem Beförderungsvertrag), zB kraft Gesetzes auf Auslagen-(Umsatzsteuer-)Erstattung, so OLG Nürnberg NJW 1975, 501; auch für deliktische Ansprüche, OLG Düsseldorf NJW 1976, 1594 (auch betr. Hemmung der Verjährung), auch für Anspr. aus § 280 I BGB (Pflichtverletzung), BGH NJW 1979, 2473; TranspR 2009, 477, aber stets nur für die direkt am Transportvertrag beteiligten Personen, OLG Frankfurt a. M. TranspR 2008, 476 m. abl. Anm. Boettge; öOGH RdTW 2017, 213 (zu Art. 28 II); RdTW 2017, 385. – Nach I 2 stand bis zum Inkrafttreten des TRG grobe Fahrlässigkeit dem Vorsatz gleich, Bsp. BGH NJW 1995, 2917. In Anlehnung an § 435 nF ist nunmehr „Leichtfertigkeit und Bewusstsein, dass ein Schaden mit Wahrscheinlichkeit eintreten werde" zu fordern, → Art. 29 Rn. 1. I 2 betrifft neben Schadensersatzansprüchen uä auch den Erfüllungsanspruch, BGH TranspR 2010, 227 (Aufgabe von BGH WM 1982, 854); öOGH TranspR 2011, 377, näher Staub/Reuschle Rn. 30. Vorsätzliche Nichtzahlung (des Primärleistungsanspruches auf Frachtlohn) ist dem Schuldner erst dann vorzuwerfen, wenn er entgegen besserem Wissen die Existenz eines Anspruchs abstreitet oder wider besseres Wissen behauptet, dass der gegen ihn gerichtete Anspruch nicht in der geltend gemachten Höhe entstanden sei, OLG München RdTW 2021, 402. Zum Verjährungsbeginn OLG Düsseldorf TranspR 1987, 224; Staub/Reuschle Rn. 32 ff., bei mehreren Teilablieferungen ist letzter Ablieferungsakt entscheidend, Koller Rn. 4, nun auch MüKoHGB/Jesser-Huß Rn. 14; ohne Ablieferung beginnt die Frist überhaupt nicht zu laufen, Thume/Demuth Rn. 28, str. Erteilt Absender wegen Weigerung des Empfängers, das Gut anzunehmen, Weisung iSd Art. 12, das Gut zu ihm zurückzubringen, beginnt Verjährung mit dem Eintreffen bei ihm, BGH TranspR 2018, 15. – Zu I 3c BGH WM 1982, 853. –

2) Verjährungshemmung (II, III)

II 1: Verjährungshemmung tritt nur ein, wenn der Reklamierende bereits Gläubiger des Ersatzanspruchs ist, BGHZ 116, 15; vgl. auch LG Aachen TranspR 2007, 44. Bei Erlass und Zustellung eines Mahnbescheides als Verjährungshemmung muss dieser den Formerfordernissen genügen, OLG Düsseldorf TranspR 2015, 57. Wirkung der Reklamation durch einen von mehreren Ersatzberechtigten richtet sich nach nationalem Recht, BGHZ 116, 15 = NJW 1992, 1766. Textform genügt, Koller Rn. 11. – Wirksame Reklamation erfordert nicht die nähere Spezifikation der geltend gemachten Ansprüche; es genügt, dass dem TransportUnt. seine Inanspruchnahme aus dem Schadensfall zum Bewusstsein gebracht wird, OLG Frankfurt a. M. TranspR 2005, 256. Ein bloßer Schadensvorbehalt iSv Art. 30 genügt aber nicht, hinzukommen muss die unmissverständliche Mitteilung, dass der Frachtführer für die Schäden einstehen soll, Staub/Reuschle Rn. 105. Auf eine Mitteilung der Höhe des Schadens kommt es nicht an, OLG Hamm TranspR 1998, 459. Das Reklamationsrecht kann von einem Dritten geltend gemacht werden, sofern der Inhaber eines Schadensersatzanspruchs ihn hierzu ermächtigt (ein schutzwürdiges Interesse des Dritten an einer Reklamation reicht nicht aus) oder diesem sein Recht abtritt, Pokrant/Gran Rn. 581 f. Strenge Anforderungen des § 126 BGB gelten nicht für die Schriftform, ausreichend ist jede Art der Verkörperung, Staub/Reuschle Rn. 110. Vorbehalte des Empfängers bei Gutannahme sind jedoch nicht ohne weiteres Schadensreklamation nach II, BGH TranspR 1984, 146. – Zu III Koller TranspR

2001, 425. – Zu III 1: nach deutschem Recht §§ 209, 203 ff. BGB, EBJS/Bahnsen Rn. 29 f. Zu III 2: „Unterbrechung der Verjährung" bedeutet nach deutschem Recht seit SMG Neubeginn der Verjährung, § 212 BGB. –

3) Aufrechnung (IV)

Nach **IV** darf entgegen § 215 BGB mit verjährten Ansprüchen nicht einseitig aufgerechnet werden. Ist die Aufrechnung schon vor Eintritt der Verjährung wirksam erklärt worden, greift IV nicht ein, OLG Zweibrücken NJW-RR 2004, 1178. IV regelt die Aufrechnung aber nicht im Übrigen, BGHZ 94, 74 = NJW 1985, 2091. Nach Verjährungseintritt auch keine Berufung auf Zurückbehaltungsrecht mehr möglich, Koller Rn. 21.

3

[Schiedsklausel]

CMR 33 Der Beförderungsvertrag kann eine Bestimmung enthalten, durch die die Zuständigkeit eines Schiedsgerichtes begründet wird, jedoch nur, wenn die Bestimmung vorsieht, daß das Schiedsgericht dieses Übereinkommen anzuwenden hat.

1) Art. 33 schließt die Zuständigkeit staatlicher Gerichte aus. Gilt für vor Entstehung des Streitfalls getroffene Schiedsabreden, MüKoHGB/Jesser-Hup Rn. 4. Nach Entstehung des Streitfalls sind Schiedsabreden uneingeschränkt zulässig, Thume/Demuth Rn. 4. Verweisung auf Schiedsklausel muss ausdrücklich im Beförderungsvertrag enthalten sein, hM, OLG Koblenz TranspR 2007, 251; Staub/Reuschle Rn. 3, aA Koller Rn. 1; die generelle Verweisung auf das auch die CMR umfassende nationale Recht führt zu Nichtigkeit der Klausel (Art. 41), öOGH TranspR 2007, 327; 2010, 383. Dies führt aber nicht zur Unwirksamkeit des gesamten Vertrags, Koller Rn. 2. Art. 23 Nr. 7 FENEX idF v. 1.7.2004 ist wirksam, OLG Koblenz TranspR 2007, 251, idF v. 4.1.1999 unwirksam, OLG Köln TranspR 2005, 472. Ansprüche müssen nicht zwingend der CMR selbst entstammen, der Vertrag muss dieser aber unterliegen, MüKoHGB/Jesser-Huß Rn. 5. Schiedsvereinbarung kann die Zuständigkeit der Gericht iSd Art. 31 ausschließen, Koller Rn. 2, str. Formerfordernis str., MüKoHGB/Jesser-Huß Rn. 3.

1

Kapitel VI. Bestimmungen über die Beförderung durch aufeinanderfolgende Frachtführer

[Mehrere aufeinanderfolgende Straßenfrachtführer]

CMR 34 Wird eine Beförderung, die Gegenstand eines einzigen Vertrages ist, von aufeinanderfolgenden Straßenfrachtführern ausgeführt, so haftet jeder von ihnen für die Ausführung der gesamten Beförderung; der zweite und jeder folgende Frachtführer wird durch die Annahme des Gutes und des Frachtbriefes nach Maßgabe der Bedingungen des Frachtbriefes Vertragspartei.

1) Aufeinanderfolgende Frachtführer iSv Art. 34 sind nicht schon eine Kette von Unterfrachtführern, die mit dem Absender des Hauptfrachtvertrags nicht in Vertragsbeziehungen stehen. Nicht erfasst ist auch kombinierter Verkehr mit Umladung auf ein anderes Transportmittel, einschl. Fall des Art. 2, EBJS/Boesche Rn. 4; gebrochener Verkehr ebenfalls nicht erfasst, Koller Rn. 2. Voraussetzungen sind vielmehr eine Beförderung, die Gegenstand eines einzigen Vertrages ist (Gesamtschuld bzw. Samtfrachtführerschaft) und Annahme des Gutes

1

und des Frachtbriefs, der von Absender und Hauptfrachführer unterzeichnet ist, BGH TranspR 2007, 417; unklar OLG München TranspR 2017, 368 m. krit. Anm. Boettge/Ellerbeck TranspR 2017, 356; ohne durchgehenden, auf die gesamte Strecke lautenden Frachtbrief greift Art. 34 nicht ein, BGH TranspR 1984, 146; NJW 1985, 555; 1999, 1713; OLG Hamm TranspR 2011, 182; anwendbar, wenn der erste Auftragnehmer für die gesamte Strecke ein Fixkostenspediteur (§ 459 HGB) ist, BGH NJW-RR 2008, 121; zur Abgrenzung vom Unterfrachtführer zum Teilfrachtführer: Ferrari/Kieninger/Mankowski/u. a./Otte Rn. 9; zum Zwischenfrachtführer: Staub/Reuschle Rn. 5; zur sehr umstrittenen Frage, ob die Anwendbarkeit der Art. 34 ff. voraussetzt, dass der Hauptfrachtführer das Gut selbst in seine Obhut übernommen und eine gewisse Strecke transportiert hat, Staub/Reuschle Rn. 29 mwN. Für Regressansprüche im Innenverhältnis ist Art. 39 II maßgebend, BGH NJW-RR 2008, 121. Haftung nach Art. 13 ist unabhängig von Art. 34, BGHZ 172, 337 (Aufgabe von NJW-RR 1988, 481), → Art. 13 Rn. 1. Zur Streitfrage, ob Hauptfrachtführer das Gut selbst in Obhut gehabt haben muss s. Koller Rn. 4. Rechtsfolge des Art. 34 ist, dass Unterfrachtführer Vertragspartner des Absenders werden und bei Vorliegen des Art. 13 Schuldner und Gläubiger des Empfängers werden, Koller Rn. 6. **Lit.** Neumann TranspR 2006, 384 (Spediteur-Frachtführer); Heuer TranspR 1984, 169.

[Überprüfungspflichten, Beweiskraft des Frachtbriefs]

CMR 35 (1) ¹**Ein Frachtführer, der das Gut von dem vorhergehenden Frachtführer übernimmt, hat diesem eine datierte und unterzeichnete Empfangsbestätigung auszuhändigen.** ²**Er hat seinen Namen und seine Anschrift auf der zweiten Ausfertigung des Frachtbriefes einzutragen.** ³**Gegebenenfalls trägt er Vorbehalte nach Artikel 8 Absatz 2 auf der zweiten Ausfertigung des Frachtbriefes sowie auf der Empfangsbestätigung ein.**

(2) **Für die Beziehungen zwischen den aufeinanderfolgenden Frachtführern gilt Artikel 9.**

1 1) Vorschrift beugt Beweislastnachteilen des vorhergehenden Frachtführers vor, Thume/Schmidt Rn. 4. Eintragungen haben keine konstitutive, sondern rein beweisrechtliche Wirkung, Staub/Reuschle Rn. 2 mwN. Art. 8 I ist in II vorausgesetzt und damit anwendbar; nicht hingegen III, Mankowski Rn. 2. Vermutung entfällt, wenn Vorbehalt nur auf der Empfangsbestätigung, nicht jedoch nur auf dem Frachtbrief vermerkt ist, Koller Rn. 1. Bei fehlender Empfangsbestätigung kann vorangehender Frachtführer das Gut zurückbehalten und ggf. Schadensersatz nach nationalem Recht verlangen, MüKoHGB/Jesser-Huß Rn. 4.

[Passivlegitimation]

CMR 36 **Ersatzansprüche wegen eines Verlustes, einer Beschädigung oder einer Überschreitung der Lieferfrist können, außer im Wege der Widerklage oder der Einrede in einem Verfahren wegen eines auf Grund desselben Beförderungsvertrages erhobenen Anspruches, nur gegen den ersten, den letzten oder denjenigen Frachtführer geltend gemacht werden, der den Teil der Beförderung ausgeführt hat, in dessen Verlauf das Ereignis eingetreten ist, das den Verlust, die Beschädigung oder die Überschreitung der Lieferfrist verursacht hat; ein und dieselbe Klage kann gegen mehrere Frachtführer gerichtet sein.**

VI. Transport 38 CMR (17)

1) Art. 36 dient dem Schutz des nicht an der Schadensverursachung beteiligten **1** Frachtführers und verhindert ein forum shopping des Anspruchsberechtigten, MüKoHGB/Jesser-Huß Rn. 2. Anwendbar nur auf aufeinanderfolgende Frachtführerer iSv Art. 34, Mankowski Rn. 1, bzgl. Ansprüchen aus Art. 17, MüKoHGB/Jesser-Huß Rn. 4. Dies setzt widerum die Ausstellung eines wirksamen durchgehenden Frachtbriefs voraus, OLG Hamburg TranspR 2020, 168. Frage der Wirkung von Reklamation iSd Art. 30 und der Verjährungshemmung nach Art. 32 II gegen alle Frachtführer richtet sich hingegen nach nationalem Recht, EBJS/Boesche Rn. 2. Norm stellt klar, dass die Haftung der verschiedenen Frachtführer eine gesamtschuldnerische ist, Supreme Court TranspR 2016, 362. Erster Frachtführer ist vom Absender beauftragter Hauptfrachtführer, MüKoHGB/Jesser-Huß Rn. 5. Letzter Frachtführer ist, wer Ware tatsächlich als letzter in Obhut hatte, EBJS/Boesche Rn. 3. Zur umstrittenen Frage, gegen wen Vorbehalte gerichtet werden müssen, Koller Rn. 1.

[Rückgriff]

CMR 37 Einem Frachtführer, der auf Grund der Bestimmungen dieses Übereinkommens eine Entschädigung gezahlt hat, **steht der Rückgriff hinsichtlich der Entschädigung, der Zinsen und der Kosten gegen die an der Beförderung beteiligten Frachtführer nach folgenden Bestimmungen zu:**

a) der Frachtführer, der den Verlust oder die Beschädigung verursacht hat, hat die von ihm oder von einem anderen Frachtführer geleistete Entschädigung allein zu tragen;

b) ist der Verlust oder die Beschädigung durch zwei oder mehrere Frachtführer verursacht worden, so hat jeder einen seinem Haftungsanteil entsprechenden Betrag zu zahlen; ist die Feststellung der einzelnen Haftungsanteile nicht möglich, so haftet jeder nach dem Verhältnis des ihm zustehenden Anteiles am Beförderungsentgelt;

c) kann nicht festgestellt werden, welche der Frachtführer den Schaden zu tragen haben, so ist die zu leistende Entschädigung in dem unter Buchstabe b bestimmten Verhältnis zu Lasten aller Frachtführer aufzuteilen.

1) Regress nach Art. 37, 39 IV setzt aufeinander folgende Frachtführer iSv **1** Art. 34 voraus, BGH NJW 1985, 556; OLG München RdTW 2017, 188 (keine analoge Anwendung); Staub/Reuschle Rn. 3; ebenso BGH NJW-RR 2008, 121 für Art. 39 II, und dass die Entschädigung tatsächlich bezahlt wurde, MüKoHGB/Jesser-Huß Rn. 5. Erfasst werden sämtliche in der CMR geregelten Ansprüche, EBJS/Boesche Rn. 2. Zur analogen Anwendung auf die Kosten des Vorprozesses Staub/Reuschle Rn. 16. Im Fall c kann einzelner Frachtführer Vermutung durch Nachweis entkräften, dass der Schaden nicht in seiner Sphäre entstanden ist; Schaden ist unter den übrigen Frachtführern aufzuteilen, MüKoHGB/Jesser-Huß Rn. 7. Fall a setzt nicht nur Schadensverursachung, sondern auch Verantwortung hierfür voraus, Koller Rn. 3.

[Ausgleichungspflicht bei Zahlungsunfähigkeit]

CMR 38 Ist ein Frachtführer zahlungsunfähig, so ist der auf ihn entfallende, aber von ihm nicht gezahlte Anteil zu Lasten **aller anderen Frachtführer nach dem Verhältnis ihrer Anteile an dem Beförderungsentgelt aufzuteilen.**

1) Anwendbar nur auf aufeinanderfolgende Frachtführer iSv Art. 34; auch **1** wenn zahlungsunfähiger Frachtführer den Schaden allein verursacht hat, EBJS/

Boesche Rn. 2. Zahlungsunfähigkeit bei erfolgloser oder aussichtsloser Zwangsvollstreckung, MüKoHGB/Jesser-Huß Rn. 2. Eröffnung eines Insolvenzverfahrens ist nicht notwendig, weist jedoch auf Zahlungsunfähigkeit hin, EBJS/Boesche Rn. 2.

[Rückgriffsverfahren]

CMR 39 (1) Ein Frachtführer, gegen den nach den Artikeln 37 und 38 Rückgriff genommen wird, kann nicht einwenden, daß der Rückgriff nehmende Frachtführer zu Unrecht gezahlt hat, wenn die Entschädigung durch eine gerichtliche Entscheidung festgesetzt worden war, sofern der im Wege des Rückgriffs in Anspruch genommene Frachtführer von dem gerichtlichen Verfahren ordnungsgemäß in Kenntnis gesetzt worden war und in der Lage war, sich daran zu beteiligen.

(2) ¹Ein Frachtführer, der sein Rückgriffsrecht gerichtlich geltend machen will, kann seinen Anspruch vor dem zuständigen Gericht des Staates erheben, in dem einer der beteiligten Frachtführer seinen gewöhnlichen Aufenthalt, seine Hauptniederlassung oder die Zweigniederlassung oder Geschäftsstelle hat, durch deren Vermittlung der Beförderungsvertrag abgeschlossen worden ist. ²Ein und dieselbe Rückgriffsklage kann gegen alle beteiligten Frachtführer gerichtet sein.

(3) **Die Bestimmungen des Artikels 31 Absatz 3 und 4 gelten auch für Urteile über die Rückgriffsansprüche nach den Artikeln 37 und 38.**

(4) ¹**Die Bestimmungen des Artikels 32 gelten auch für Rückgriffsansprüche zwischen Frachtführern.** ²**Die Verjährung beginnt jedoch entweder mit dem Tage des Eintrittes der Rechtskraft eines Urteils über die nach den Bestimmungen dieses Übereinkommens zu zahlende Entschädigung oder, wenn ein solches rechtskräftiges Urteil nicht vorliegt, mit dem Tage der tatsächlichen Zahlung.**

1 **1) I** Regressschuldner verliert Einrede der fehlenden Außenhaftung, nicht jedoch Einwendungen, die seine eigene Haftung gegenüber dem Regressgläubiger betreffen, zB aus abweichender Vereinbarung iSd Art. 40, MüKoHGB/Jesser-Huß Rn. 5. Zu **II** Fremuth TranspR 1983, 35. II bezieht sich allein auf Regressansprüche im Innenverhältnis zwischen aufeinander folgenden Frachtführern iSv Art. 34 CMR, BGH NJW-RR 2008, 121 und schafft eine internationale Zuständigkeit. Beurteilung der Möglichkeit einer Beteiligung richtet sich nach nationalem Zivilprozessrecht, Koller Rn. 2. Besonderer Gerichtsstand des II steht der Anwendung des Art. 31 nicht entgegen, OLG München TranspR 2017, 368 f. mAnm Boettge/Ellerbeck TranspR 2017, 356. Aufzählung in II ist abschließend, MüKoHGB/Jesser-Huß Rn. 6. Keine analoge Anwendung von **IV** auf sonstige Regressforderungen, Koller Rn. 5.

[Abweichende Vereinbarungen]

CMR 40 Den Frachtführern steht es frei, untereinander Vereinbarungen zu treffen, die von den Artikeln 37 und 38 abweichen.

1 **1) Ausnahme von Art. 41.** Wirksamkeit der Vereinbarung richtet sich nach nationalem Recht. Ist deutsches Recht anwendbar, sind die §§ 305 ff. BGB zu beachten, MüKoHGB/Jesser-Huß Rn. 1.

Kapitel VII. Nichtigkeit von dem Übereinkommen widersprechenden Vereinbarungen

[Zwingendes Recht]

CMR 41 (1) ¹Unbeschadet der Bestimmungen des Artikels 40 ist jede Vereinbarung, die unmittelbar oder mittelbar von den Bestimmungen dieses Übereinkommens abweicht, nichtig und ohne Rechtswirkung. ²Die Nichtigkeit solcher Vereinbarungen hat nicht die Nichtigkeit der übrigen Vertragsbestimmungen zur Folge.

(2) Nichtig ist insbesondere jede Abmachung, durch die sich der Frachtführer die Ansprüche aus der Versicherung des Gutes abtreten läßt, und jede andere ähnliche Abmachung sowie jede Abmachung, durch die die Beweislast verschoben wird.

1) Die CMR ist nach I unabdingbar, neben ihr sind die (18) ADSp anwendbar, wenn diese wirksam vereinbart wurden, BGHZ 94, 71 = NJW 1985, 2091. Gilt die CMR jedoch nur aufgrund von Parteivereinbarung, können die Parteien Abweichendes vereinbaren, BGH RdTW 2013, 277. ADSp können wirksam vereinbart werden, soweit die Regelungen der CMR ergänzt werden, Staub/Reuschle Rn. 17. Ausführlich zur Wirksamkeit von Abreden zur Transportdurchführung im Rahmen der CMR: Koller, RdTW 2021, 132. Fraglich ist, ob Absender wirksam auf Schadensersatzansprüche gegen Frachtführer verzichten kann; ein solcher Verzicht liegt nicht in „Selbstversicherung" des Absenders; solche (Sachschaden-)Versicherung des Absenders lässt die Haftung des Frachtführers (zum Ersatz desselben Schadens) unberührt, BGH NJW 1967, 500. Auch Vereinbarungen, die mittelbar von CMR abweichen sind nichtig, Koller Rn. 1b. CMR ist auch bei unbeabsichtigten, aber der Auslegung zugänglichen Lücken beidseitig zwingend, EBJS/Bahnsen Rn. 4. Abrede, wonach der Absender für die Eindeckung der CMR-Haftpflicht des Frachtführers zu sorgen hat, BGH NJW 1999, 1711 (iErg ohne Verstoß gegen I). Vereinbarungsspielraum besteht im Rahmen der primären Leistungspflichten ua bzgl. Entgelt, Aufrechnungsverboten und Vereinbarungen zur Empfangsbevollmächtigung, Jesser-Huß TranspR 2017, 360 f. Bei Nichtigkeit einer Vereinbarung tritt CMR an diese Stelle; der Beförderungsvertrag wird nicht unwirksam, MüKoHGB/Jesser-Huß Rn. 7. Zur Frage der Rechtsmissbräuchlichkeit, wenn auf eine sie belastende, gegen Art. 41 verstoßende Haftungsfreizeichnung hingewirkt und sich anschließend hierauf berufend wird: Ferrari/Kieninger/Mankowski/u. a./Otte Rn. 5.

Bspe für Unwirksamkeit: Vereinbarung eines Fixgeschäfts iS deutschen Rechts, OLG Düsseldorf TranspR 1995, 288; 2007, 196; aA Koller vor Art. 1 Rn. 29; MüKoHGB/Jesser-Huß Art. 17 Rn. 97; Schiedsgerichtsvereinbarung, die nicht die in Art. 33 bestimmte ausdrückliche Verweisung enthält, öOGH TranspR 2007, 327; 2010, 383; Vereinbarung einer Beförderung ohne Schnittstellenkontrollen, OLG Düsseldorf TranspR 2008, 40. Nicht unwirksam ist hingegen Vereinbarung über Verbotsgüter, die lediglich die Vertragsfreiheit betreffen, BGH NJW-RR 2010, 249; MüKoHGB/Jesser-Huß Rn. 8; eine Beförderungsausschlussklausel für Güter mit hohem Wert, BGH NJW-RR 2010, 247 und die Vereinbarung, wer die Ladetätigkeit vorzunehmen hat, öOGH TranspR 2016, 463; unter Mitwirkung des Frachtführers vorgenommene Abtretung der Transportversicherungsansprüche des Absenders an den Frachtführer, öOGH RdTW 2017, 385. **Lit.** Jesser-Huß TranspR 2017, 358; Koller TranspR 2016, 165; Zapp TranspR 2015, 361; Koller, RdTW 2021, 132.

2 2) **II** betrifft nur die Ansprüche aus Transportversicherungen des Absenders oder Empfängers, BGH NJW 1999, 1711, nicht aber die Haftpflichtversicherung.

Kapitel VIII. Schlußbestimmungen

CMR 42–51 *(nicht abgedruckt)*

(18) Allgemeine Deutsche Spediteur-Bedingungen 2017 (ADSp)

Einleitung

Schrifttum

a) Kommentare: *Andresen/Valder* HdB des Transportrechts (LBl.) – BeckOGK HGB/ (Bearbeiter), *Henssler,* Stand: 1.7.2021 *GK(HGB)/(Ensthaler u. a.)* 8. Aufl. 2015. – *Knorre/ Demuth/Schmid* HdB des Transportrechts 3. Aufl 2021. – *Koller* Transportrecht 10. Aufl. 2020. – *MüKoHGB)/Bahnsen,* Bd. 7 4. Aufl. 2020. – *Hättig* Spediteursbedingungen (ADSp) in *von Westphalen,* Vertragsrecht und AGB-Klauselwerke, Bd. 2 (LBl.). – *von Westphalen* ADSp'99 6. Aufl. 1999.

b) Lehrbücher: *Dubischar* Grundriß des gesamten Gütertransportrechts 1987.

c) Einzeldarstellungen und Sonstiges: *Wiesbauer-Zetter* Transporthaftung, Wien 1984 mit ErgBd 1990. – *Hector* ADSp u die Spediteurs- und Transportversicherung 2. Aufl. 2003. – Zur ADSp-Fassung 1993: *Widmann* ADSp, 5. Aufl 1993. – *Szuka/Wilting* Speditionsrecht 2. Aufl 2014. – *Valder* TranspR 1993, 81. – Zur ADSp Fassung 1999: *Widmann* ADSp'99 6. Aufl. 1999. – *Haverkamp* TranspR 1999, 217. – Zur ADSp Fassung 2003: Wolf/Thiel 20. Aufl. 2003. – Yvers/Thiel 25. Aufl. 2019 – Zur ADSp Fassung 2017: Yvers/Thiel 25. Aufl. 2019. – *Herber* TranspR 2016, 438. – *Neufang/Valder* TranspR 2017, 45. – *Ramming* RdTW 2017, 41. – *Ramming* RdTW 2017, 255 (zu Ziff. 23). – *Schwampe* RdTW 2017, 241 (zu Ziff. 28). – *Grass* TranspR 2018, 133. – *Vyvers* NVZ 2018, 58. – *Ramming* RdTW 2019, 281. – *Belger* TranspR 2019, 300 (zu Ziff. 32).

1) Entstehung und Neufassung

1 Entstehung und Grundgedanken der ADSp Schwartz ZHR 125 (63), 241. Erste Fassung 10.8.1927; Verbindlicherklärung RVerkM 29.12.1939 RAnz. 1940 Nr. 4, 9, seit 1945 unwirksam. Fassung 1.10.1978, als Empfehlung durch die Zentralen Wirtschaftsverbände, darunter Bundesverband Spedition und Lagerei, 19.9.1978; Empfehlung der ADSp beim BKartA angemeldet und veröffentlicht als Bek. Nr. 130/78 31.10.1978 BAnz. Nr. 211; geändert zum 1.1.1982 Bek. Nr. 19/82 25.2.1982 BAnz. Nr. 47, zum 1.1.1985 Bek. Nr. 100/84 19.11.1984 BAnz. Nr. 227 (§ 54), zum 1.2.1993 Bek. Nr. 13/93 11.2.1993 BAnz. Nr. 28 (vor allem §§ 7, 8 nF; § 2c S. 2 gestrichen), in der Praxis als Fassung 1.1.1993 bezeichnet. ADSp **neugefasst** (nach HRefG) am **1.1.2003**. Nachdem für 2016 Spediteure und Verlader unterschiedliche Bedingungen empfahlen, haben sich die Verbände nun einheitlich auf die **ADSp 2017** geeinigt, Herber TranspR 2016, 438. Aufbau und Sprachgebrauch der ADSp 2017 orientieren sich stärker an den ADSp 2016 als an den Deutschen Transport- und Lagerbedingungen (DTLB), Neufang/Valder TranspR 2017, 45. Zu den Neuerungen der ADSp 2017 im Vergleich zu den ADSp 2016 Ramming RdTW 2017, 44 ff. Die hohe Marktakzeptanz ergibt sich aus der Beteiligung aller Verbände der Speditionsunternehmen und der verladenden Wirtschaft an der Aushandlung der ADSp 2017, Neufang/Valder TranspR 2017, 52. Wenngleich die ADSp 2017 primär die Rechtsstellung des Spediteurs verbessern, empfehlen auch

VI. Transport 2–5 **Einl ADSp (18)**

Verbände, die typischerweise die Interessen von Auftraggebern vertreten, ihre Anwendung, Ramming RdTW 2019, 281.

2) Geltung

A. Die ADSp gelten nicht als HdlBrauch (so schon Raiser SJZ 1950, 666, 2 ausführlich Brüning Diss. Hmb. 1963, zweifelnd für ADSp 2017: Koller Rn. 1), sondern wie andere **AGB** (s. **(5) §§ 305 II, 310 I 1 BGB) nur kraft Unterwerfung**. Geltung der ADSp muss vereinbart werden, wofür ein Hinweis auf diese und das Fehlen eines Widerspruchs genügt, Koller Vor Ziff. 1 Rn. 14, Ramming RdTW 2017, 43. Dies gilt auch für ausländische Auftraggeber, Koller Vor Ziff. 1 Rn. 12, wobei ein Hinweis in der Vertragssprache oder einer anderen Sprache, die der Vertragspartner versteht, ausreicht, Neufang/Valder TranspR 2017, 52. Einbeziehung bei langen Geschäftsbeziehungen durch wiederholte Hinweise möglich, OLG Köln VersR 1994, 1496. Im Transportbereich ist den §§ 449 und 466 HGB zu genügen, Neufang/Valder TranspR 2017, 52. Nach BGH TranspR 2020, 128 werden die ADSp als branchenübliche AGB selbst ohne besonderen Hinweis Vertragsinhalt; zurückhaltend hierzu Huml, TranspR 2020, 129; siehe zudem BeckOGK HGB/(Ramming) ADSp2 Rn. 30. Spediteur ist nicht iSv § 452 HGB, sondern berufsständisch zu verstehen, Koller Vor Ziff. 1 Rn. 3. Notwendig sind Geschäfte, die mit dem Speditionsgewerbe typisch sachlich zusammenhängen („speditionelle Massengeschäfte"), BGH DB 1976, 382; NJW 1980, 1275 (nicht Fakturierung und Kaufpreiseinzug bei Kunden), BGH NJW 1981, 1906. UU Anwendbarkeit auf Grund Lagervertrags, wenn Lagerhalter auf Spediteurgrundstück lagert, BGH WM 1975, 1165. Auch die Einbeziehung über ein kaufmännisches Bestätigungsschreiben ist möglich, wenn Verhandlung und Vertragsschluss auf Deutsch erfolgt sind, OLG Köln VersR 1999, 640; Koller Vor Ziff. 1 Rn. 15. Führt die Einbeziehung weiterer Klauselwerke zu Unklarheit, welche der darin enthaltenen konkurrierenden Regelungen gelten soll, kommen alleine die gesetzlichen Vorschriften zur Anwendung, BGH TranspR 2006, 359 (zu ADSp Ziff. 19 aF). Soweit Klauseln der ADSp von zwingenden gesetzlichen Vorschriften abweichen, sind sie unbeachtlich, Ramming RdTW 2019, 281. – Die ADSp gelten außerhalb vertraglicher Beziehungen nur kraft spezieller Unterwerfung, BGH BB 1959, 826. Gelten im Einzelfall die ADSp, so nur mit solchen Bestimmungen, mit deren Aufstellung der Auftraggeber billiger- und gerechterweise rechnen kann, BGHZ 17, 3 = NJW 1955, 1145 (zu § 50 aF). AGB im internationalen Geschäftsverkehr s. UBH/H. Schmidt Anh. zu § 305 BGB, allg. zu AGB im kfm. Verkehr Vogt TranspR 2010, 15, zum Konflikt von Ziff. 27 ADSp u. dem Montrealer Übereinkommen BGH TranspR 2011, 83; 2011, 222; Brinkmann TranspR 2010, 216. **Lit.** Valder Beil. zu TranspR 3/2004, XLII.

B. Vereinbarung der **Nichtanwendbarkeit einzelner Bestimmungen** der 3 ADSp ist möglich, auch durch schlüssiges Verhalten, vgl. aber Fikentscher BB 1961, 297. Möglichkeit vorhergehender Vereinbarung über bestimmte Punkte, BGH DB 1977, 994. Ausschluss der gesamten ADSp wirkt in der Regel auch für den Folgevertrag, Koller Vor Ziff. 1 Rn. 18.

C. Sachlicher und persönlicher **Anwendungsbereich:** seit 1978 nur unter 4 Kaufleuten, seit 1999 grds. auch Anwendung auf Verträge mit Verbrauchern mit Ausnahme von Verkehrsverträgen mit Verbrauchern (Nr. 2.4). Anwendbarkeit, wenn ein Unt. mit „Schifffahrt, Spedition und Lagerei" auf fremden Schiffen befördert, OLG Karlsruhe DB 1971, 1469. Über ADSp Ziff. 36 entsteht Vertrag zugunsten Dritter, Koller Rn. 6. **Lit.** Heil/Bayer TranspR 1987, 1.

D. **Richterliche Inhaltskontrolle** nach **(5)** § 307 BGB erfasst zwar auch die 5 ADSp (→ Rn. 2), BGH BB 1981, 267 (zu §§ 54a, 57 Nr. 3 aF); aber die ADSp sind ein von allen beteiligten Kreisen ausgehandeltes Gesamtgefüge; einzelne

Merkt

(18) ADSp 1 2. Teil. Handelsrechtl. Nebenges.

Klauseln sollen daraus nicht herausgenommen und isoliert an dispositiven Rechtsnormen gemessen werden können, so BGHZ 113, 57 = NJW 1991, 976, BGHZ 127, 281 = NJW 1995, 1490; BGHZ 129, 349 = NJW 1995, 3117; BGH NJW 1982, 1821; aA zutr. UBH/Ulmer/Schäfer BGB Anh. § 310 Rn. 388, allerdings Einzelkontrolle nur mit Blick auf das Gesamtwerk. Die Klauselverbote der **(5)** §§ 308, 309 BGB sind (jedenfalls unmittelbar) auf die (nur gegenüber Nichtverbrauchern geltenden) ADSp nicht anwendbar (s. **(5)** § 310 I BGB). Das schließt Kontrolle nach **(5)** § 307 BGB nicht aus. Verbot geltungserhaltender Reduktion soll für ADSp nicht gelten, BGHZ 129, 349 = NJW 1995, 3118 (zu § 51b aF); aA Ramming RdTW 2017, 43. In der Regel ist der Spediteur Verwender und eine AGB-rechtliche Inhaltskontrolle dient dem Schutz des Auftraggebers als Vertragspartner, Neufang/Valder TranspR 2017, 45. **Lit.** UBH/Ulmer/Schäfer BGB Anh. § 310 Rn. 386; Helm VersR 1977, 585; Graf v. Westphalen ZIP 1981, 119; Bahnsen TranspR 2010, 19.

3) Auslegung

6 Die ADSp sind wie allgemein AGB unabhängig von der Gestaltung des Einzelfalls aus ihrem Inhalt auszulegen, BGHZ 7, 368; 17, 3. Das Revisionsgericht ist in der Auslegung frei, BGHZ 8, 56; 17, 3. Nach § 305c II BGB gehen Zweifel zulasten des Verwenders und damit idR gegen den Spediteur, Ramming, RdTW 2019, 282.

Präambel

Die Allgemeinen Deutschen Spediteurbedingungen 2017 (ADSp 2017) werden zur Anwendung ab dem 1. Januar 2017 empfohlen vom Bundesverband der Deutschen Industrie (BDI), Bundesverband Großhandel, und Außenhandel, Dienstleistungen (BGA), Bundesverband Güterkraftverkehr Logistik und Entsorgung (BGL), Bundesverband Möbelspedition und Logistik (AMÖ), Bundesverband Wirtschaft, Verkehr und Logistik (BWVL), Deutschen Industrie- und Handelskammertag (DHK), Deutscher Speditions- und Logistikverband (DSLV) und Handelsverband Deutschland (HDE). Diese Empfehlung ist unverbindlich. Es bleibt den Vertragsparteien unbenommen, vom Inhalt dieser Empfehlung abweichende Vereinbarungen zu treffen.

Begriffsbestimmungen

ADSp 1 1.1 Ablieferung

Der Begriff der Ablieferung umfasst auch die Auslieferung bei Lagergeschäften.

1.2 Auftraggeber

Die Rechtsperson, die mit dem Spediteur einen Verkehrsvertrag abschließt.

1.3 Diebstahlgefährdetes Gut

Gut, dass einem erhöhten Raub- und Diebstahlrisiko ausgesetzt ist, wie Geld, Edelmetalle, Schmuck, Uhren, Edelsteine, Kunstgegenstände, Antiquitäten, Scheckkarten, Kreditkarten oder andere Zahlungsmittel, Wertpapiere, Valoren, Dokumente, Spirituosen, Tabakwaren, Unterhaltungselektronik, Telekommunikationsgeräte, EDV-Geräte und -Zubehör sowie Chip-Karten.

1.4 Empfänger

Die Rechtsperson, an die das Gut nach dem Verkehrsweg oder aufgrund wirksamer Weisung des Auftraggebers oder eines sonstigen Verfügungsberechtigten abzuliefern ist.

1.5 Fahrzeug

Ein zum Transport von einem Gut auf Verkehrswegen eingesetztes Beförderungsmittel.

1.6 Gefährliche Güter

Güter, von denen auch im Rahmen einer normal verlaufenden Beförderung, Lagerung oder sonstigen Tätigkeit eine unmittelbare Gefahr für Personen, Fahrzeuge und Rechtsgüter Dritter ausgehen kann. Gefährliche Güter sind insbesondere die Güter, die in den Anwendungsbereich einschlägiger Gefahrgutgesetze und -verordnungen sowie gefahrstoff-, wasser- oder abfallrechtlicher Vorschriften fallen.

1.7 Lademittel

Mittel zur Zusammenfassung von Packstücken und zur Bildung von Ladeeinheiten, z. B. Paletten, Container, Wechselbrücken, Behälter.

1.8 Ladestelle/Entladestelle

Die postalische Adresse, soweit die Parteien nicht eine genauere Ortsbestimmung getroffen haben.

1.9 Leistungszeit

Die Zeit (Datum, Uhrzeit), zu der eine bestimmte Leistung zu erbringen ist, z. B. ein Zeitfenster oder ein Zeitpunkt.

1.10 Packstücke

Einzelstücke oder vom Auftraggeber zur Abwicklung des Auftrags gebildete Einheiten mit und ohne Lademittel, die der Spediteur als Ganzes zu behandeln hat (Frachtstücke im Sinne von §§ 409, 431, 504 HGB).

1.11 Schadenfall / Schadenereignis

Ein Schadenfall liegt vor, wenn ein Geschädigter aufgrund eines äußeren Vorgangs einen Anspruch aus einem Verkehrsvertrag oder anstelle eines verkehrsvertraglichen Anspruchs geltend macht; ein Schadenereignis liegt vor, wenn aufgrund eines äußeren Vorgangs mehrere Geschädigte aus mehreren Verkehrsverträgen Ansprüche geltend machen.

1.12 Schnittstelle

Nach Übernahme und vor Ablieferung des Gutes durch den Spediteur jede Übergabe des Gutes von einer Rechtsperson auf eine andere, jede Umladung von einem Fahrzeug auf ein anderes, jede (Zwischen-)Lagerung.

1.13 Spediteur

Die Rechtsperson, die mit dem Auftraggeber einen Verkehrsvertrag abschließt. Spediteure in diesem Sinne sind insbesondere Frachtführer im Sinne von § 407 HGB, Spediteure im Sinne von § 453 HGB, Lagerhalter im Sinne von § 467 HGB und Verfrachter im Sinne von §§ 481, 527 HGB.

1.14 Verkehrsverträge

Verträge des Spediteurs über alle Arten von Tätigkeiten, gleichgültig ob sie Speditions-, Fracht-, Seefracht-, Lager- oder sonstige üblicherweise zum Speditionsgewerbe gehörende Geschäfte (z. B. Zollabwicklung, Sendungsverfolgung, Umschlag) betreffen.

Diese umfassen auch speditionsübliche logistische Leistungen, wenn diese mit der Beförderung oder Lagerung von Gütern in Zusammenhang stehen,

(18) ADSp 2

insbesondere Tätigkeiten wie Bildung von Lagereinheiten, Kommussionieren, Etikettieren und Verwiegen von Gütern und Retourenabwicklung.

Als Frachtverträge gelten auch Lohnfuhrverträge über die Gestellung bemannter Kraftfahrzeuge zur Verwendung nach Weisung des Auftraggebers.

1.15 Verlader

Die Rechtsperson, die das Gut nach dem Verkehrsvertrag oder aufgrund wirksamer Weisung zur Beförderung übergibt.

1.16 Vertragswesentliche Pflichten

Pflichten, deren Erfüllung die ordnungsgemäße Durchführung des Verkehrsvertrags (Ziffer 1.14) erst ermöglicht und auf deren Einhaltung der Vertragspartner regelmäßig vertrauen darf.

1.17 Wertvolles Gut

Gut mit einem tatsächlichen Wert am Ort und zur Zeit der Übernahme von mindestens 100 Euro/kg.

1.18 Zeitfenster

Vereinbarter Leistungszeitraum für die Ankunft des Spediteurs an der Lade- oder der Entladestelle.

1.19 Zeitpunkt

Vereinbarter Leistungszeitpunkt für die Ankunft des Spediteurs an der Lade- oder der Entladestelle.

Anwendungsbereich

ADSp 2 2.1 Die ADSp gelten für alle Verkehrsverträge des Spediteurs als Auftragnehmer.

2.2 Gesetzliche Bestimmungen, von denen im Wege vorformulierter Vertragsbedingungen nicht abgewichen werden darf, gehen den ADSp vor.

2.3 Die ADSp gelten nicht für Geschäfte, die ausschließlich zum Gegenstand haben

2.3.1 Verpackungsarbeiten,

2.3.2 die Beförderung und Lagerung von abzuschleppendem oder zu bergendem Gut,

2.3.3 die Beförderung und Lagerung von Umzugsgut im Sinne von § 451 HGB,

2.3.4 Lagerung und Digitalisierung von Akten; Akten sind alle Arten von verkörperten und digitalisierten Geschäftspapieren, Dokumenten, Datenträgern sowie von gleichartigen der Sammlung von Informationen dienenden Sachen,

2.3.5 Schwer- oder Großraumtransporte, deren Durchführung eine verkehrsrechtliche Transporterlaubnis bzw. Ausnahmegenehmigung erfordert, Kranleistungen und damit zusammenhängende Montagearbeiten.

2.4 Die ADSp finden keine Anwendung auf Verkehrsverträge mit Verbrauchern i. S. v. § 13 BGB.

Pflichten des Auftraggebers bei Auftragserteilung; Informationspflichten, besondere Güterarten

ADSp 3 3.1 Der Auftraggeber unterrichtet den Spediteur rechtzeitig über alle ihm bekannten, wesentlichen, die Ausführung des Auftrages beeinflussenden Faktoren. Hierzu zählen

3.1.1 Adressen, Art und Beschaffenheit des Gutes, das Rohgewicht (inklusive Verpackung und vom Auftraggeber gestellte Lademittel) oder die anders angegebene Menge, Kennzeichen, Nummern, Anzahl und Art der Packstücke, besondere Eigenschaften des Gutes (wie lebende Tiere, Pflanzen, Verderblichkeit), der Warenwert (z. B. für zollrechtliche Zwecke oder eine Versicherung des Gutes nach Ziffer 21), und Lieferfristen,

3.1.2 alle öffentlich-rechtlichen, z. B. zollrechtlichen, außenwirtschaftsrechtlichen (insbesondere waren-, personen- oder länderbezogenen Embargos) und sicherheitsrechtlichen Verpflichtungen,

3.1.3 im Falle von Seebeförderungen alle nach den seerechtlichen Sicherheitsbestimmungen (z. B. SOLAS) erforderlichen Daten in der vorgeschriebenen Form,

3.1.4 Dritten gegenüber bestehende gewerbliche Schutzrechte, z. B. marken- und lizenzrechtliche Beschränkungen, die mit dem Besitz des Gutes verbunden sind, sowie gesetzliche oder behördliche Hindernisse, die der Auftragsabwicklung entgegenstehen,

3.1.5 besondere technische Anforderungen an das Beförderungsmittel und spezielle Ladungssicherungsmittel, die der Spediteur gestellen soll.

3.2 Bei gefährlichem Gut hat der Auftraggeber rechtzeitig dem Spediteur in Textform die Menge, die genaue Art der Gefahr und – soweit erforderlich – die zu ergreifenden Vorsichtsmaßnahmen mitzuteilen. Handelt es sich um Gefahrgut im Sinne des Gesetzes über die Beförderung gefährlicher Güter oder um sonstige Güter, für deren Beförderung oder Lagerung besondere gefahrgut- oder abfallrechtliche Vorschriften bestehen, so hat der Auftraggeber die für die ordnungsgemäße Durchführung des Auftrags erforderlichen Angaben, insbesondere eine Klassifizierung nach dem einschlägigen Gefahrgutrecht, mitzuteilen und spätestens bei Übergabe des Gutes die erforderlichen Unterlagen zu übergeben.

3.3 Bei wertvollem oder diebstahlgefährdetem Gut hat der Auftraggeber im Auftrag den Spediteur in Textform über Art und Wert des Gutes und das bestehende Risiko zu informieren, so dass der Spediteur über die Annahme des Auftrags entscheiden oder angemessene Maßnahmen für eine sichere und schadenfreie Abwicklung des Auftrags treffen kann. Nimmt er diesen Auftrag an, ist der Spediteur verpflichtet, geeignete Sicherungsmaßnahmen zum Schutz des Gutes zu ergreifen.

3.4 Der Auftraggeber hat dem Spediteur alle Urkunden und sonstigen Unterlagen zur Verfügung zu stellen und Auskünfte (z. B. Eintarifierung) zu erteilen, die insbesondere für die ordnungsgemäße Zoll- oder sonstige gesetzlich vorgeschriebene Behandlung – hierzu zählen auch Sicherheitskontrollen z. B. für Luftfrachtsendungen – des Gutes notwendig sind.

Rechte und Pflichten des Spediteurs

ADSp 4 4.1 Der Spediteur hat die Interessen des Auftraggebers wahrzunehmen. Er hat den ihm erteilten Auftrag auf offensichtliche Mängel zu prüfen und dem Auftraggeber alle ihm bekannten

Gefahrumstände für die Ausführung des Auftrages unverzüglich anzuzeigen. Erforderlichenfalls hat er Weisungen einzuholen.

4.2 Der Spediteur hat dafür Sorge zu tragen, dass die von ihm zur Transportabwicklung eingesetzten Fahrzeuge, Ladungssicherungsmittel und, soweit die Gestellung von Lademitteln vereinbart ist, diese in technisch einwandfreiem Zustand sind, den gesetzlichen Vorschriften und den im Verkehrsvertrag gestellten Anforderungen für das Gut entsprechen. Fahrzeuge und Lademittel sind mit den üblichen Vorrichtungen, Ausrüstungen oder Verfahren zum Schutz gegen Gefahren für das Gut, insbesondere Ladungssicherungsmitteln, auszustatten. Fahrzeuge sollen schadstoffarm, lärmreduziert und energiesparend sein.

4.3 Der Spediteur hat zuverlässiges und entsprechend der Tätigkeit fachlich geschultes, geeignetes und ordnungsgemäß beschäftigtes Fahrpersonal und, soweit erforderlich, mit Fahrerbescheinigung einzusetzen.

4.4 Der Spediteur hat auf einem fremden Betriebsgelände eine dort geltende und ihm bekanntgemachte Haus-, Betriebs- oder Baustellenordnung zu befolgen. § 419 HGB bleibt unberührt.

4.5 Der Spediteur ist berechtigt, die zollamtliche Abwicklung von der Erteilung einer schriftlichen Vollmacht abhängig zu machen, die ihm eine direkte Vertretung ermöglicht.

4.6 Wird der Spediteur mit der grenzüberschreitenden Beförderung des Gutes oder der Import- oder Exportabfertigung beauftragt, so beinhaltet dieser Auftrag im Zweifel auch die zollamtliche oder sonst gesetzlich vorgeschriebene Behandlung des Gutes, wenn ohne sie die grenzüberschreitende Beförderung bis zum Bestimmungsort nicht ausführbar ist. Er darf hierbei

4.6.1 Verpackungen öffnen, wenn dies zum Zweck der Durchführung einer gesetzlich vorgeschriebenen Kontrolle (z. B. Spediteur als Reglementierter Beauftragter) erforderlich ist, und anschließend alle zur Auftragsabwicklung erforderlichen Maßnahmen treffen, z. B. das Gut neu verpacken,

4.6.2 die zollamtlich festgesetzten Abgaben auslegen.

4.7 Bei einem Güter- oder Verspätungsschaden hat der Spediteur auf Verlangen des Auftraggebers oder Empfängers diesem unverzüglich alle zur Sicherung von Schadensersatzansprüchen erforderlichen und ihm bekannten Informationen zu verschaffen.

4.8 Der dem Spediteur erteilte Auftrag umfasst mangels ausdrücklicher Vereinbarung nicht

4.8.1 die Gestellung und den Tausch von Paletten oder sonstigen Lademitteln,

4.8.2 die Ver- und Entladung der Güter, es sei denn, aus den Umständen oder der Verkehrssitte ergibt sich etwas anderes,

4.8.3 ein Umladeverbot (§ 486 HGB findet keine Anwendung),

4.8.4 die Bereitstellung eines Sendungsverfolgungssystems, es sei denn, dies ist branchenüblich, wobei Ziffer 14 unberührt bleibt,

4.8.5 Retouren, Umfuhren und verdeckte Beiladungen; Werden in Abweichung vom Auftrag vom Auftraggeber ein oder mehrere weitere Packstücke zum Transport übergeben und nimmt der Spediteur dieses oder diese Packstücke zum Transport an, so schließen der Spediteur und der Auftraggeber über dieses Gut einen neuen Verkehrsvertrag ab. Bei Retouren oder verdeckten Beiladungen gelten mangels abweichender Vereinbarungen die Bestimmungen des ursprünglichen Verkehrsvertrages. Ziffer 5.2 bleibt unberührt.

VI. Transport

4.9 Weitergehende Leistungs- und Informationspflichten, z. B. über Qualitätsmanagementmaßnahmen und deren Einhaltung (Audits) sowie Monitoring- und Bewertungssysteme und Leistungskennzahlen, bedürfen der ausdrücklichen Vereinbarung.

Kontaktperson, elektronische Kommunikation und Dokumente

ADSp 5 5.1 Auf Verlangen einer Vertragspartei benennt jede Vertragspartei für den Empfang von Informationen, Erklärungen und Anfragen für die Vertragsabwicklung eine oder mehrere Kontaktpersonen und teilt Namen und Kontaktadressen der anderen Partei mit.

Diese Angaben sind bei Veränderung zu aktualisieren. Bestimmt eine Partei keine Kontaktperson, gilt diejenige Person als Kontaktperson, die den Verkehrsvertrag für die Partei abgeschlossen hat.

Über das Gesetz hinausgehende Informationspflichten, z. B. über Maßnahmen des Spediteurs im Falle von Störungen, insbesondere einer drohenden Verspätung in der Übernahme oder Ablieferung, bei Beförderungs- oder Ablieferungshindernissen, bei Schäden am Gut oder anderen Störungen (Notfallkonzept) bedürfen der ausdrücklichen Vereinbarung.

5.2 Mangels ausdrücklicher Vereinbarung bedürfen vertragliche Erklärungen des Lager- und Fahrpersonals zu ihrer Wirksamkeit der Genehmigung der jeweiligen Vertragspartei.

5.3 Der Auftraggeber hat dafür Sorge zu tragen, dass der Verlader oder Empfänger für den Auftraggeber die an der Lade- oder Entladestelle zur Abwicklung des Verkehrsvertrags erforderlichen Erklärungen abgibt und tatsächlich Handlungen, wie die Übergabe oder Übernahme des Gutes, vornimmt.

5.4 Wenn dies zwischen dem Auftraggeber und dem Spediteur vereinbart ist, werden die Parteien per EDI (Electronic Data Interchange)/DFÜ (Datenfernübertragung) Sendungsdaten einschließlich der Rechnungserstellung übermitteln bzw. empfangen. Die übermittelnde Partei trägt die Gefahr für den Verlust, die Vollständigkeit und die Richtigkeit der übermittelten Daten.

5.5 Bei einer Vereinbarung nach Ziffer 5.4 stellen die Parteien sicher, dass das eigene IT-System betriebsbereit ist und die üblichen Sicherheits- und Kontrollmaßnahmen durchgeführt werden, um den elektronischen Datenaustausch vor dem Zugriff Dritter zu schützen sowie der Veränderung, dem Verlust oder der Zerstörung elektronisch übermittelter Daten vorzubeugen. Jede Partei ist verpflichtet, der anderen Partei rechtzeitig Änderungen ihres IT-Systems mitzuteilen, die Auswirkungen auf den elektronischen Datenaustausch haben können.

5.6 Elektronisch oder digital erstellte Dokumente, insbesondere Abliefernachweise, stehen schriftlichen Dokumenten gleich.

Zudem ist jede Partei berechtigt, schriftliche Dokumente lediglich elektronisch oder digital zu archivieren und unter Beachtung der gesetzlichen Vorschriften die Originale zu vernichten.

Verpackungs- und Kennzeichnungspflichten des Auftraggebers

ADSp 6 6.1 Das Gut ist vom Auftraggeber zu verpacken und, soweit dies erforderlich ist, mit deutlich und haltbar angebrachten Kennzeichen für ihre auftragsgemäße Behandlung zu versehen.

Alte Kennzeichen sind zu entfernen oder unkenntlich zu machen. Gleiches gilt für Packstücke.

6.2 Darüber hinaus ist der Auftraggeber verpflichtet,

6.2.1 zu einer Sendung gehörende Packstücke als zusammengehörig erkennbar zu kennzeichnen,

6.2.2 Packstücke – soweit erforderlich – so herzurichten, dass ein Zugriff auf den Inhalt ohne Hinterlassen äußerlich sichtbarer Spuren nicht möglich ist.

Ladungssicherungs- und Kontrollpflichten des Spediteurs

ADSp 7 7.1 Erfolgt die Ver- oder Entladung an mehr als einer Lade- oder Entladestelle, stellt der Spediteur nach Abschluss der beförderungssicheren Verladung eines Gutes die Ladungssicherung durchgehend bis zur letzten Entladestelle sicher.

7.2 Der Spediteur ist verpflichtet, an jeder Schnittstelle Kontrollen durchzuführen. Er hat das Gut auf Vollzähligkeit und Identität sowie äußerlich erkennbare Schäden und Unversehrtheit von Label, Plomben und Verschlüssen zu überprüfen und Unregelmäßigkeiten zu dokumentieren.

Quittung

ADSp 8 8.1 Der Spediteur hat die Übernahme des Gutes – gegebenenfalls mit Vorbehalt – zu quittieren. Mit der Übernahmequittung bestätigt der Spediteur im Zweifel nur die Anzahl und Art der Packstücke, nicht jedoch deren Inhalt, Wert, Gewicht oder anders angegebene Menge.

8.2 Bei vorgeladenen oder geschlossenen Ladeeinheiten wie Containern oder Wechselbrücken und vorab vom Auftraggeber übermittelten Daten gilt die Richtigkeit einer Übernahmequittung über Anzahl und Art der geladenen Packstücke als widerlegt, wenn der Spediteur dem Auftraggeber unverzüglich (Mengen-)Differenzen und Beschädigungen meldet, nachdem er die Ladeeinheit entladen hat.

8.3 Als Ablieferungsnachweis hat der Spediteur vom Empfänger eine Ablieferungsquittung über die im Auftrag oder in sonstigen Begleitpapieren genannten Packstücke zu verlangen. Weigert sich der Empfänger, die Ablieferungsquittung zu erteilen, so hat der Spediteur Weisung einzuholen. Der Auftraggeber kann die Herausgabe der Ablieferungsquittung innerhalb eines Jahres nach Ablieferung des Gutes verlangen.

8.4 Als Übernahme- oder Ablieferungsquittung dienen alle die Auftragsdurchführung nachweisenden, unterzeichneten Dokumente, wie Lieferscheine, Spediteurübernahmescheine, Fracht- und Seefrachtbriefe, Ladescheine oder Konnossemente.

8.5 Die Übernahme- oder Ablieferungsquittung kann auch elektronisch oder digital erstellt werden, es sei denn, der Auftraggeber verlangt die Ausstellung eines Frachtoder Seefrachtbriefs, Ladescheins oder Konnossements.

Weisungen

ADSp 9 Der Spediteur ist verpflichtet, jede ihm nach Vertragsschluss erteilte Weisung über das Gut zu beachten, es sei denn, die Ausführung der Weisung droht Nachteile für den Betrieb seines

VI. Transport   **12 ADSp (18)**

Unternehmens oder Schäden für die Auftraggeber oder Empfänger anderer Sendungen mit sich zu bringen. Beabsichtigt der Spediteur, eine ihm erteilte Weisung nicht zu befolgen, so hat er denjenigen, der die Weisung gegeben hat, unverzüglich zu benachrichtigen.

Frachtüberweisung, Nachnahme

ADSp 10 Die Mitteilung des Auftraggebers, der Auftrag sei unfrei abzufertigen oder z. B. nach Maßgabe der Incoterms für Rechnung des Empfängers oder eines Dritten auszuführen, berührt nicht die Verpflichtung des Auftraggebers gegenüber dem Spediteur, die Vergütung sowie die sonstigen Aufwendungen (Frachten, Zölle und sonstige Abgaben) zu tragen. Nachnahmeweisungen z. B. nach § 422 HGB, Art. 21 CMR bleiben unberührt.

Nichteinhaltung von Lade- und Entladezeiten, Standgeld

ADSp 11 11.1 Hat der Auftraggeber das Gut zu verladen oder entladen, ist er verpflichtet, die vereinbarte, ansonsten eine angemessene Lade- oder Entladezeit einzuhalten.

11.2 Wird im Straßengüterverkehr für die Gestellung eines Fahrzeugs ein Zeitpunkt oder ein Zeitfenster vereinbart oder vom Spediteur avisiert, ohne dass der Auftraggeber, Verlader oder Empfänger widerspricht, beträgt die Lade- oder Entladezeit bei Komplettladungen (nicht jedoch bei schüttbaren Massengütern) unabhängig von der Anzahl der Sendungen pro Lade- oder Entladestelle bei Fahrzeugen mit 40 Tonnen zulässigem Gesamtgewicht pauschal jeweils maximal 2 Stunden für die Verladung bzw. die Entladung. Bei Fahrzeugen mit niedrigerem Gesamtgewicht reduzieren sich diese Zeiten einzelfallbezogen in angemessenen Umfang.

11.3 Die Lade- oder Entladezeit beginnt mit der Ankunft des Straßenfahrzeugs an der Lade- oder Entladestelle (z. B. Meldung beim Pförtner) und endet, wenn der Auftraggeber oder Empfänger seinen Verpflichtungen vollständig nachgekommen ist. Ist für die Gestellung des Straßenfahrzeugs an der Lade- oder Entladestelle eine konkrete Leistungszeit vereinbart, so beginnt die Lade- oder Entladezeit nicht vor der für die Gestellung vereinbarten Uhrzeit.

11.4 Wird die Lade- oder Entladezeit aufgrund vertraglicher Vereinbarung oder aus Gründen, die nicht dem Risikobereich des Spediteurs zuzurechnen sind, überschritten, hat der Auftraggeber dem Spediteur das vereinbarte, ansonsten ein angemessenes Standgeld als Vergütung zu zahlen.

11.5 Die vorstehenden Bestimmungen finden entsprechende Anwendung, wenn der Spediteur verpflichtet ist, das Gut zu ver- oder entladen und der Auftraggeber ausschließlich verpflichtet ist, das Gut zur Verladung bereitzustellen oder nach Entladung entgegenzunehmen.

Leistungshindernisse, höhere Gewalt

ADSp 12 12.1 Kann der Spediteur das Gut nicht oder nicht rechtzeitig übernehmen, so hat er dies dem Auftraggeber oder Verlader unverzüglich anzuzeigen und entsprechende Weisungen einzuholen. § 419 HGB findet entsprechende Anwendung. Der Auftraggeber bleibt berechtigt, den Verkehrsvertrag zu kündigen, ohne dass der Spediteur berechtigt ist, Ansprüche nach § 415 Abs. 2 HGB geltend zu machen.

Leistungshindernisse, die nicht dem Risikobereich einer Vertragspartei zuzurechnen sind, befreien die Vertragsparteien für die Dauer der Störung und den Umfang ihrer Wirkung von den Leistungspflichten.

Als solche Leistungshindernisse gelten höhere Gewalt, Unruhen, kriegerische oder terroristische Akte, Streiks und Aussperrungen, Blockade von Beförderungswegen sowie sonstige unvorhersehbare, unabwendbare und schwerwiegende Ereignisse.

Im Falle eines Leistungshindernisses ist jede Vertragspartei verpflichtet, die andere Partei unverzüglich zu unterrichten; der Spediteur ist zudem verpflichtet, Weisungen des Auftraggebers einzuholen.

Ablieferung

ADSp 13 13.1 Wird nach Ankunft an der Entladestelle erkennbar, dass die Entladung nicht innerhalb der Entladezeit durchgeführt werden kann, hat der Spediteur dies dem Auftraggeber unverzüglich anzuzeigen und entsprechende Weisungen einzuholen. § 419 HGB findet Anwendung.

13.2 Kann der Spediteur die vereinbarte Leistungszeit oder – mangels Vereinbarung – eine angemessene Zeit für die Ablieferung des Gutes nicht einhalten, hat er Weisungen bei seinem Auftraggeber oder dem Empfänger einzuholen.

13.3 Wird der Empfänger in seiner Wohnung, in dem Geschäftsraum oder in einer Gemeinschaftseinrichtung, in der der Empfänger wohnt, nicht angetroffen, kann das Gut, soweit nicht offenkundige Zweifel an deren Empfangsberechtigung bestehen, abgeliefert werden

13.3.1 in der Wohnung an einen erwachsenen Familienangehörigen, eine in der Familie beschäftigten Person oder einen erwachsenen ständigen Mitbewohner,

13.3.2 in Geschäftsräumen an eine dort beschäftigte Person,

13.3.3 in Gemeinschaftseinrichtungen dem Leiter der Einrichtung oder einem dazu ermächtigten Vertreter.

13.4 Wenn der Spediteur mit dem Auftraggeber oder Empfänger eine Vereinbarung getroffen hat, wonach die Ablieferung ohne körperliche Übergabe an den Empfänger erfolgen soll (z. B. Nacht-, Garagen- oder Bandanlieferung), erfolgt die Ablieferung mit der tatsächlichen Bereitstellung des Gutes am vereinbarten Ort.

13.5 Die Ablieferung darf nur unter Aufsicht des Auftraggebers, Empfängers oder eines dritten Empfangsberechtigten erfolgen. Die Ziffern 13.3 und 13.4 bleiben unberührt.

Auskunfts- und Herausgabepflicht des Spediteurs

ADSp 14 14.1 Der Spediteur ist verpflichtet, dem Auftraggeber die erforderlichen Nachrichten zu geben, auf Verlangen über den Stand des Geschäftes Auskunft zu geben und nach dessen Ausführung Rechenschaft abzulegen; zur Offenlegung der Kosten ist er jedoch nur verpflichtet, wenn er für Rechnung des Auftraggebers tätig wird.

14.2 Der Spediteur ist verpflichtet, dem Auftraggeber alles, was er zur Ausführung des Geschäfts erhält und was er aus der Geschäftsführung erlangt, herauszugeben.

Lagerung

ADSp 15 15.1 Der Auftraggeber hat das Gut, soweit erforderlich, zu verpacken und zu kennzeichnen und Urkunden zur Verfügung zu stellen sowie alle Auskünfte zu erteilen, die der Spediteur zur sachgerechten Lagerung benötigt.

15.2 Die Lagerung erfolgt nach Wahl des Spediteurs in dessen eigenen oder, soweit dies nicht vertraglich ausgeschlossen ist, in fremden Lagerräumen. Lagert der Spediteur bei einem fremden Lagerhalter ein, so hat er dessen Namen und den Lagerort dem Auftraggeber unverzüglich schriftlich bekanntzugeben oder, falls ein Lagerschein ausgestellt ist, auf diesem zu vermerken.

15.3 Der Spediteur hat für die ordnungsgemäße Instandhaltung und Pflege von Lagerhallen und anderen Lagerflächen, der Zufahrten auf den Betriebsflächen und die Sicherung des Gutes, insbesondere gegen Diebstahl, zu sorgen. Weitergehende Sicherungsmaßnahmen, die z. B. über die gesetzlichen Brandschutzvorschriften hinausgehen, bedürfen der ausdrücklichen Vereinbarung.

15.4 Mangels abweichender Vereinbarung

15.4.1 beginnt die Übernahme des Gutes zur Lagerung mit dem Beginn der Entladung des Fahrzeugs durch den Spediteur und die Auslieferung des Gutes endet mit dem Abschluss der Verladung durch den Spediteur,

15.4.2 erfolgt die Bestandsführung durch das Lagerverwaltungssystem des Spediteurs,

15.4.3 erfolgt eine physische Inventur pro Jahr. Auf Weisung des Auftraggebers führt der Spediteur weitere physische Inventuren gegen Aufwandserstattung durch.

15.5 Der Spediteur verpflichtet sich, bei Übernahme des Gutes, wenn ihm angemessene Mittel zur Überprüfung zur Verfügung stehen, eine Eingangskontrolle nach Art, Menge und Beschaffenheit des Gutes, Zeichen, Nummern, Anzahl der Packstücke sowie äußerlich erkennbare Schäden gemäß § 438 HGB durchzuführen.

15.6 Zur Sicherung des Gutes sind regelmäßig Kontrollen durch geeignetes Personal des Spediteurs durchzuführen.

15.7 Bei Fehlbeständen und zu befürchtenden Veränderungen am Gut hat der Spediteur den Auftraggeber unverzüglich zu informieren und Weisung einzuholen. § 471 Abs. 2 HGB bleibt unberührt.

15.8 Weitergehende Leistungs- und Informationspflichten bedürfen der ausdrücklichen Vereinbarung.

Vergütung

ADSp 16 Mit der vereinbarten Vergütung, die die Kosten der Beförderung und Lagerung einschließt, sind alle nach dem Verkehrsvertrag zu erbringenden Leistungen abgegolten. Nachforderungen für im regelmäßigen Verlauf der Beförderung oder Lagerhaltung anfallende und zum Zeitpunkt der Angebotsabgabe vorhersehbare Kosten können nicht gesondert geltend gemacht werden, es sei denn, es ist etwas anderes vereinbart. Kalkulationsfehler gehen zu Lasten des Kalkulierenden. §§ 412, 418, 419, 491, 492, 588 bis 595 HGB und vergleichbare Regelungen aus internationalen Übereinkommen bleiben unberührt.

Aufwendungs- und Freistellungsansprüche

ADSp 17 17.1 Der Spediteur hat Anspruch auf Ersatz der Aufwendungen, die er den Umständen nach für erforderlich halten durfte und nicht zu vertreten hat, insbesondere Beiträge zu Havereiverfahren, Detention- oder Demurrage-Kosten, Nachverpackungen zum Schutz des Gutes.

17.2 Wenn der Auftraggeber den Spediteur beauftragt, Gut in Empfang zu nehmen und bei der Ablieferung an den Spediteur Frachten, Wertnachnahmen, Zölle, Steuern oder sonstige Abgaben oder Spesen gefordert werden, ist der Spediteur berechtigt, aber nicht verpflichtet, diese – soweit er sie den Umständen nach für erforderlich halten durfte – auszulegen und vom Auftraggeber Erstattung zu verlangen, es sei denn, es ist etwas anderes vereinbart worden.

17.3 Von Aufwendungen wie Frachtforderungen, Beiträgen zu Havarieverfahren, Zöllen, Steuern und sonstigen Abgaben, die an den Spediteur, insbesondere als Verfügungsberechtigten oder als Besitzer fremden Gutes gestellt werden, hat der Auftraggeber den Spediteur auf Aufforderung sofort zu befreien, wenn sie der Spediteur nicht zu vertreten hat.

Rechnungen, fremde Währungen

ADSp 18 18.1 Vergütungsansprüche des Spediteurs erfordern den Zugang einer den gesetzlichen Anforderungen genügenden Rechnung oder Zahlungsaufstellung. Mangels abweichender Vereinbarung erfordert die Fälligkeit bei unstreitiger Ablieferung nicht die Vorlage eines Ablieferungsnachweises.

18.2 Der Spediteur ist berechtigt, von ausländischen Auftraggebern oder Empfängern nach seiner Wahl Zahlung in ihrer Landeswährung oder in Euro zu verlangen.

18.3 Schuldet der Spediteur fremde Währung oder legt er fremde Währung aus, so ist er berechtigt, entweder Zahlung in der fremden oder in Euro zu verlangen. Verlangt er Zahlung in Euro, so erfolgt die Umrechnung zu dem am Tage der Zahlung amtlich festgesetzten Kurs, den der Spediteur nachzuweisen hat.

18.4 Eine Zahlungsabwicklung im Gutschriftenverfahren ist ausdrücklich zu vereinbaren. Im Zweifel hat der Auftraggeber Gutschriften nach Leistungserbringung sofort zu erteilen. Ziff. 18.1 Satz 1 findet auf das Gutschriftenverfahren keine Anwendung.

Aufrechnung, Zurückbehaltung

ADSp 19 Gegenüber Ansprüchen aus dem Verkehrsvertrag und damit zusammenhängenden außervertraglichen Ansprüchen ist eine Aufrechnung oder Zurückbehaltung nur zulässig, wenn der Gegenanspruch fällig, unbestritten, entscheidungsreif oder rechtskräftig festgestellt ist.

Pfand- und Zurückbehaltungsrecht

ADSp 20 20.1 Zur Absicherung seiner Forderungen aus verkehrsvertraglichen Leistungen darf der Spediteur sich auf die ihm zustehenden gesetzlichen Pfand- und Zurückbehaltungsrechte berufen.

VI. Transport

20.2 Die Pfandverwertung erfolgt nach den gesetzlichen Bestimmungen mit der Maßgabe, dass

20.2.1 bei Ausübung des gesetzlichen Pfandrechts des Frachtführers oder Verfrachters die Androhung des Pfandverkaufs und die erforderlichen Benachrichtigungen an den Empfänger zu richten sind,

20.2.2 an die Stelle der in § 1234 BGB bestimmten Frist von einem Monat die von einer Woche tritt.

20.3 Der Auftraggeber ist berechtigt, die Ausübung des Pfandrechts zu untersagen, wenn er dem Spediteur ein hinsichtlich seiner Forderungen gleichwertiges Sicherungsmittel (z. B. selbstschuldnerische Bankbürgschaft) einräumt.

Versicherung des Gutes

ADSp 21 21.1 Der Spediteur besorgt die Versicherung des Gutes (z. B. Transport- oder Lagerversicherung) bei einem Versicherer seiner Wahl, wenn der Auftraggeber ihn damit vor Übergabe der Güter beauftragt..

21.2 Der Spediteur hat die Versicherung des Gutes zu besorgen, wenn dies im Interesse des Auftraggebers liegt. Der Spediteur darf dies insbesondere vermuten, wenn

21.2.1 der Spediteur bei einem früheren Verkehrsvertrag im Rahmen noch laufender Geschäftsbeziehung eine Versicherung besorgt hat,

21.2.2 der Auftraggeber im Auftrag einen „Warenwert für eine Versicherung des Gutes" angegeben hat.

21.3 Die Vermutung des Interesses an der Eindeckung einer Versicherung nach Ziffer 21.2 besteht insbesondere nicht, wenn

21.3.1 der Auftraggeber die Eindeckung untersagt,

21.3.2 der Auftraggeber ein Spediteur, Frachtführer oder Lagerhalter ist.

21.4 Der Spediteur hat bei der Besorgung einer Versicherung Weisungen des Auftraggebers insbesondere hinsichtlich Versicherungssumme und der zu deckenden Gefahren zu befolgen. Erhält er keine Weisung, hat der Spediteur nach pflichtgemäßem Ermessen über Art und Umfang der Versicherung zu entscheiden und sie zu marktüblichen Bedingungen abzuschließen.

21.5 Kann der Spediteur wegen der Art der zu versichernden Güter oder aus einem anderen Grund keinen Versicherungsschutz eindecken, hat der Spediteur dies dem Auftraggeber unverzüglich mitzuteilen.

21.6 Besorgt der Spediteur nach Vertragsabschluss auf Weisung des Auftraggebers eine Versicherung, übernimmt er die Einziehung eines Entschädigungsbetrags oder sonstige Tätigkeiten bei Abwicklung von Versicherungsfällen und Havareien, so steht ihm auch ohne Vereinbarung eine ortsübliche, ansonsten angemessene Vergütung neben dem Ersatz seiner Auslagen zu.

Haftung des Spediteurs, Abtretung von Ersatzansprüchen

ADSp 22 22.1 Der Spediteur haftet für Schäden nach Maßgabe der gesetzlichen Vorschriften. Es gelten jedoch die folgenden Regelungen, soweit zwingende oder AGB-feste Rechtsvorschriften nichts anderes bestimmen.

Merkt

22.2 In allen Fällen, in denen der Spediteur nach den Ziffern 23.3 und 24 verschuldensabhängig für Verlust oder Beschädigung des Gutes (Güterschäden) haftet, hat er statt Schadenersatz Wert- und Kostenersatz entsprechend den §§ 429, 430, 432 HGB zu leisten.

22.3 Bei Inventurdifferenzen kann der Spediteur bei gleichzeitigen Fehl- und Mehrbeständen desselben Auftraggebers zur Ermittlung des Wertersatzes in den von Ziffer 24 erfassten Fällen eine wertmäßige Saldierung des Lagerbestands vornehmen.

22.4 Hat der Spediteur aus einem Schadenfall, für den er nicht haftet, Ansprüche gegen einen Dritten oder hat der Spediteur gegen einen Dritten seine eigene Haftung übersteigende Ersatzansprüche, so hat er diese Ansprüche dem Auftraggeber auf dessen Verlangen abzutreten, es sei denn, dass der Spediteur aufgrund besonderer Abmachung die Verfolgung der Ansprüche für Rechnung und Gefahr des Auftraggebers übernimmt. §§ 437, 509 HGB bleiben unberührt.

Haftungsbegrenzungen

ADSp 23 **23.1** Die Haftung des Spediteurs für Güterschäden in seiner Obhut gemäß § 431 Abs. 1, 2 und 4 HGB ist mit Ausnahme von Schäden aus Seebeförderungen und verfügten Lagerungen der Höhe nach wie folgt begrenzt:

23.1.1 auf 8,33 Sonderziehungsrechte für jedes Kilogramm, wenn der Spediteur

– Frachtführer im Sinne von § 407 HGB,
– Spediteur im Selbsteintritt, Fixkosten- oder Sammelladungsspediteur im Sinne von §§ 458 bis 460 HGB
oder
– Obhutsspediteur im Sinne von § 461 Abs. 1 HGB

ist;

23.1.2 auf 2 statt 8,33 Sonderziehungsrechte für jedes Kilogramm, wenn der Auftraggeber mit dem Spediteur einen Verkehrsvertrag über eine Beförderung mit verschiedenartigen Beförderungsmitteln unter Einschluss einer Seebeförderung geschlossen hat und der Schadenort unbekannt ist.

Bei bekanntem Schadenort bestimmt sich die Haftung nach § 452a HGB unter Berücksichtigung der Haftungsausschlüsse und Haftungsbegrenzungen der ADSp.

Übersteigt die Haftung des Spediteurs aus Ziffer 23.1.1. einen Betrag von 1,25 Millionen Euro je Schadenfall, ist seine Haftung außerdem begrenzt aus jedem Schadenfall höchstens auf einen Betrag von 1,25 Millionen Euro oder 2 Sonderziehungsrechte für jedes Kilogramm, je nachdem, welcher Betrag höher ist.

23.2 Die Haftung des Spediteurs bei Güterschäden in seiner Obhut ist bei einem Verkehrsvertrag über eine Seebeförderung und bei grenzüberschreitenden Beförderungen auf den für diese Beförderung gesetzlich festgelegten Haftungshöchstbetrag begrenzt. Ziffer 25 bleibt unberührt.

23.3 In den von Ziffern 23.1 und 23.2 nicht erfassten Fällen (wie § 461 Abs. 2 HGB, §§ 280 ff BGB) ist die Haftung des Spediteurs für Güterschäden entsprechend § 431 Abs. 1, 2 und 4 HGB der Höhe nach begrenzt

23.3.1 bei einem Verkehrsvertrag über eine Seebeförderung oder eine Beförderung mit verschiedenartigen Beförderungsmitteln unter Einschluss einer Seebeförderung auf 2 Sonderziehungsrechte für jedes Kilogramm,

23.3.2 bei allen anderen Verkehrsverträgen auf 8,33 Sonderziehungsrechte für jedes Kilogramm.

23.3.3 Außerdem ist die Haftung des Spediteurs begrenzt aus jedem Schadenfall höchstens auf einen Betrag von 1,25 Millionen Euro.

23.4 die Haftung des Spediteurs für andere als Güterschäden mit Ausnahme von Schäden bei verfügten Lagerungen, Personenschäden und Sachschäden an Drittgut ist der Höhe nach begrenzt auf das Dreifache des Betrags, der bei Verlust des Gutes nach Ziffer 23.3.1 bzw. 23.3.2 zu zahlen wäre. Außerdem ist die Haftung des Spediteurs begrenzt aus jedem Schadenfall höchstens auf einen Betrag von 125.000 Euro.

23.4.1 Die §§ 413 Abs. 2, 418 Abs. 6, 422 Abs. 3, 431 Abs. 3, 433, 445 Abs. 3, 446 Abs. 2, 487 Abs. 2, 491 Abs. 5, 520 Abs. 2, 521 Abs. 4, 523 HGB sowie entsprechende Haftungsbestimmungen in internationalen Übereinkommen, von denen im Wege vorformulierter Vertragsbedingungen nicht abgewichen werden darf, bleiben unberührt.

23.4.2 Ziffer 23.4 findet keine Anwendung auf gesetzliche Vorschriften wie Art. 25 MÜ, Art. 5 CIM oder Art. 20 CMNI, die die Haftung des Spediteurs erweitern oder zulassen, diese zu erweitern.

23.5 Übersteigt die Haftung des Spediteurs aus den Ziffern 23.1, 23.3 und 23.4 einen Betrag von 2,5 Millionen Euro je Schadenereignis, ist seine Haftung unabhängig davon, wie viele Ansprüche aus einem Schadenereignis erhoben werden, außerdem begrenzt höchstens auf 2,5 Millionen Euro je Schadenereignis oder 2 Sonderziehungsrechte für jedes Kilogramm der verlorenen und beschädigten Güter, je nachdem, welcher Betrag höher ist; bei mehreren Geschädigten haftet der Spediteur anteilig im Verhältnis ihrer Ansprüche.

Haftungsbegrenzungen bei verfügter Lagerung, Inventuren und Wertdeklaration

ADSp 24 24.1 Die Haftung des Spediteurs bei Güterschäden ist bei einer verfügten Lagerung der Höhe nach begrenzt

24.1.1 entsprechend § 431 Abs. 1, 2 und 4 HGB auf 8,33 Sonderziehungsrechte für jedes Kilogramm,

24.1.2 höchstens 35.000 Euro je Schadenfall.

24.1.3 Besteht der Schaden eines Auftraggebers in einer Differenz zwischen Soll- und Ist-Bestand des Lagerbestands, ist die Haftung des Spediteurs abweichend von Ziffer 24.1.2 der Höhe nach auf 70.000 Euro pro Jahr begrenzt, unabhängig von Anzahl und Form der durchgeführten Inventuren und von der Zahl der für die Inventurdifferenz ursächlichen Schadenfälle.

24.2 Der Auftraggeber kann gegen Zahlung eines zu vereinbarenden Zuschlags vor Einlagerung in Textform einen Wert zur Erhöhung der Haftung angeben, der die in Ziffer 24.1 bestimmten Höchstbeträge übersteigt. In diesem Fall tritt der jeweils angegebene Wert an die Stelle des betreffenden Höchstbetrages.

24.3 Die Haftung des Spediteurs für andere als Güterschäden mit Ausnahme von Personenschäden und Sachschäden an Drittgut ist bei einer verfügten Lagerung begrenzt auf 35.000 Euro je Schadenfall.

24.4 Die Haftung des Spediteurs – mit Ausnahme von Personenschäden und Sachschäden an Drittgut – ist in jedem Fall, unabhängig davon, wie viele Ansprüche aus einem Schadenereignis erhoben werden, bei einer verfügten Lagerung auf 2,5 Millionen Euro je Schadenereignis begrenzt; bei mehreren

(18) ADSp 27 2. Teil. Handelsrechtl. Nebenges.

Geschädigten haftet der Spediteur anteilig im Verhältnis ihrer Ansprüche. Ziffer 24.2 bleibt unberührt.

Haftungsausschluss bei See- und Binnenschiffsbeförderungen

ADSp 25 25.1 Gemäß § 512 Abs. 2 Nr. 1 HGB ist vereinbart, dass der Spediteur in seiner Stellung als Verfrachter ein Verschulden seiner Leute und der Schiffsbesatzung nicht zu vertreten hat, wenn der Schaden durch ein Verhalten bei der Führung oder der sonstigen Bedienung des Schiffes, jedoch nicht bei der Durchführung von Maßnahmen, die überwiegend im Interesse der Ladung getroffen wurden, oder durch Feuer oder Explosion an Bord eines Schiffes entstanden ist.

25.2 Gemäß Art. 25 Abs. 2 CMNI ist vereinbart, dass der Spediteur in seiner Stellung als Frachtführer oder ausführender Frachtführer nicht für Schäden haftet, die

25.2.1 durch eine Handlung oder Unterlassung des Schiffsführers, Lotsen oder sonstiger Rechtspersonen im Dienste des Schiffes oder eines Schub- oder Schleppbootes bei der nautischen Führung oder der Zusammenstellung oder Auflösung eines Schub- oder Schleppverbandes verursacht werden, vorausgesetzt, der Spediteur hat seine Pflichten nach Art. 3 Abs. 3 CMNI hinsichtlich der Besatzung erfüllt, es sei denn, die Handlung oder Unterlassung wird in der Absicht, den Schaden herbeizuführen, oder leichtfertig und in dem Bewusstsein begangen, dass ein solcher Schaden mit Wahrscheinlichkeit eintreten werde,

25.2.2 durch Feuer oder Explosion an Bord des Schiffes verursacht worden, ohne dass nachgewiesen wird, dass das Feuer oder die Explosion durch ein Verschulden des Spediteurs, des ausführenden Frachtführers oder ihrer Bediensteten oder Beauftragten oder durch einen Mangel des Schiffes verursacht wurde,

25.2.3 auf vor Beginn der Reise bestehende Mängel seines oder eines gemieteten oder gecharterten Schiffes zurückzuführen sind, wenn er beweist, dass die Mängel trotz Anwendung gehöriger Sorgfalt vor Beginn der Reise nicht zu entdecken waren.

25.3 Ziffer 22.4 bleibt unberührt.

Außervertragliche Ansprüche

ADSp 26 Die vorstehenden Haftungsausschlüsse und -begrenzungen finden nach Maßgabe der §§ 434, 436 HGB auch auf außervertragliche Ansprüche Anwendung. Ziffer 23.4.1 findet entsprechende Anwendung.

Qualifiziertes Verschulden

ADSp 27 27.1 Die in den Ziffern 22.2, 22.3, 23.3 und 23.4 i. V. m. 23.5, 24 sowie 26 genannten Haftungsausschlüsse und -begrenzungen gelten nicht, wenn der Schaden verursacht worden ist

27.1.1 durch Vorsatz oder grobe Fahrlässigkeit des Spediteurs oder seiner Erfüllungsgehilfen oder

27.1.2 durch Verletzung vertragswesentlicher Pflichten, wobei Ersatzansprüche in letzterem Fall begrenzt sind auf den vorhersehbaren, typischen Schaden.

VI. Transport **30 ADSp (18)**

27.2 Abweichend von Ziffer 27.1.2 entfallen die Haftungsbegrenzungen in Ziffer 24.1 und 24.2 nur bei einer grob fahrlässigen oder vorsätzlichen Verletzung vertragswesentlicher Pflichten.

27.3 §§ 435, 507 HGB bleiben in ihrem jeweiligen Anwendungsbereich unberührt.

27.4 Ziffer 27.1 findet keine Anwendung auf gesetzliche Vorschriften wie Art. 25 MÜ, Art. 36 CIM oder Art. 20, 21 CMNI, die die Haftung des Spediteurs erweitern oder zulassen, diese zu erweitern, oder die Zurechnung des Verschuldens von Leuten oder sonstigen Dritten ausdehnen.

Haftungsversicherung des Spediteurs

ADSp 28 28.1 Der Spediteur ist verpflichtet, bei einem Versicherer seiner Wahl eine Haftungsversicherung zu marktüblichen Bedingungen abzuschließen und aufrecht zu erhalten, die mindestens im Umfang der Regelhaftungssummen seine verkehrsvertragliche Haftung nach den ADSp und nach dem Gesetz abdeckt. Die Vereinbarung einer Höchstersatzleistung je Schadenfall, Schadenereignis und Jahr ist zulässig; ebenso die Vereinbarung einer angemessenen Selbstbeteiligung des Spediteurs.

28.2 Der Spediteur hat dem Auftraggeber auf Verlangen das Bestehen eines gültigen Haftungsversicherungsschutzes durch die Vorlage einer Versicherungsbestätigung nachzuweisen. Erbringt er diesen Nachweis nicht innerhalb einer angemessenen Frist, kann der Auftraggeber den Verkehrsvertrag außerordentlich kündigen.

28.3 Der Spediteur darf sich gegenüber dem Auftraggeber auf die Haftungsbestimmungen der ADSp nur berufen, wenn er bei Auftragserteilung einen ausreichenden Versicherungsschutz vorhält.

Auftraggeberhaftung

ADSp 29 29.1 Die Haftung des Auftraggebers aus §§ 414, 455, 468 und 488 HGB ist begrenzt auf 200.000 Euro je Schadenereignis.

29.2 Die vorstehende Haftungsbegrenzung findet keine Anwendung bei Personenschäden, also Verletzung des Lebens, des Körpers oder der Gesundheit, oder wenn der Schaden verursacht worden ist durch Vorsatz oder grobe Fahrlässigkeit des Auftraggebers oder seiner Erfüllungsgehilfen oder durch Verletzung vertragswesentlicher Pflichten, wobei Ersatzansprüche in letzterem Fall begrenzt sind auf den vorhersehbaren, typischen Schaden.

Anzuwendendes Recht, Erfüllungsort, Gerichtsstand

ADSp 30 30.1 Für die Rechtsbeziehung zwischen Spediteur und Auftraggeber gilt deutsches Recht.

30.2 Der Erfüllungsort ist für alle Beteiligten der Ort derjenigen Niederlassung des Spediteurs, an die der Auftrag oder die Anfrage gerichtet ist.

30.3 Der Gerichtsstand für alle Rechtsstreitigkeiten, die aus dem Verkehrsvertrag, seiner Anbahnung oder im Zusammenhang damit entstehen, ist für alle Beteiligten, soweit sie Kaufleute sind, entweder der Ort der Niederlassung des Auftraggebers oder derjenigen Niederlassung des Spediteurs, an die der Auftrag oder die Anfrage gerichtet ist. Die vorstehende Gerichtsstandsvereinbarung gilt im Fall der Art. 31 CMR und 46 § 1 CIM als zusätzliche Gerichtsstandsvereinbarung, im Falle der Art. 39 CMR, 33 MÜ, 28 WA nicht.

Geheimhaltung

ADSp 31 Die Parteien sind verpflichtet, sämtliche ihnen bei der Durchführung des Verkehrsvertrages bekannt werdenden, nicht öffentlich zugänglichen Informationen vertraulich zu behandeln. Die Informationen dürfen ausschließlich zum Zwecke der Leistungserbringung genutzt werden. Die Parteien haben andere Rechtspersonen, deren sie sich bei Erfüllung ihrer verkehrsvertraglichen Pflichten bedienen, diese Geheimhaltungsverpflichtung aufzuerlegen.

Compliance

ADSp 32 32.1 Der Spediteur verpflichtet sich, Mindestlohnvorschriften und Vorschriften über Mindestbedingungen am Arbeitsplatz einzuhalten und bestätigt dies auf Verlangen des Auftraggebers in Textform. Der Spediteur stellt den Auftraggeber von seiner Haftung auf den Mindestlohn frei, wenn der Spediteur oder ein im Rahmen des Verkehrsvertrages mit dem Auftraggeber eingesetzter Nachunternehmer oder Entleiher Arbeitnehmern nicht den gesetzlichen Mindestlohn zahlt und der Auftraggeber in Anspruch genommen wird.

32.2 Der Spediteur hat im Fall von Beförderungen sicherzustellen, dass er oder der die Beförderung ausführende Unternehmer

32.2.1 im Anwendungsbereich des GüKG Inhaber einer Erlaubnis nach § 3 GüKG oder einer Berechtigung nach § 6 GüKG oder einer Gemeinschaftslizenz ist oder eine solche Erlaubnis, Berechtigung oder Lizenz nicht unzulässig verwendet,

32.2.2 im Anwendungsbereich des GüKG bei der Beförderung Fahrpersonal einsetzt, das die Voraussetzungen des § 7b Abs. 1 Satz 1 GüKG erfüllt,

32.2.3 auf Anforderung alle bei der Beförderung gesetzlich mitzuführenden Dokumente vorlegt, soweit der Auftraggeber oder Dritte gesetzlichen Kontrollpflichten genügen müssen.

32.3 Der Spediteur oder der die Beförderung ausführende Unternehmer ist verpflichtet, die Tätigkeit seines Fahrpersonals so zu organisieren, dass die vorgeschriebenen Arbeits-, Lenk- und Ruhezeiten eingehalten werden können. Es besteht ein generelles Alkohol- und Drogenverbot beim Führen des Fahrzeugs.

32.4 Beide Parteien verpflichten sich, die für ihr Unternehmen geltenden gesetzlichen Vorschriften einzuhalten. Sie unterstützen und achten die Grundsätze des „Global Compact" („UNGC"), der allgemeinen Erklärung der Menschenrechte der Vereinten Nationen und die Erklärung der International Labor Organization über grundlegende Prinzipien und Rechte bei der Arbeit von 1998 („Declaration on Fundamental Principles and Rights at Work") in Übereinstimmung mit nationalen Gesetzen und Gepflogenheiten. Insbesondere werden beide Parteien in ihren Unternehmen

32.4.1 keine Kinder beschäftigen oder Zwangsarbeiter einsetzen,

32.4.2 die jeweiligen nationalen Gesetze und Regelungen über Arbeitszeiten, Löhne und Gehälter und sonstige Arbeitgeberverpflichtungen einhalten,

32.4.3 die geltenden Arbeits- und Gesundheitsbestimmungen einhalten und für ein sicheres und gesundheitsförderliches Arbeitsumfeld sorgen, um die Gesundheit der Beschäftigten zu erhalten und Unfälle, Verletzungen sowie arbeitsbedingte Erkrankungen zu vermeiden,

32.4.4 jegliche Diskriminierung aufgrund Rasse, Religion, Behinderung, Alter, sexueller Orientierung oder Geschlecht unterlassen,

32.4.5 die internationalen Antikorruptionsstandards, wie sie im UNGC und lokalen Antikorruptions- und -bestechungsgesetzen festgelegt sind, beachten,

32.4.6 alle geltenden Umweltgesetze und -regelungen einhalten,

32.4.7 ihren Geschäftspartnern und Nachunternehmern antragen, die zuvor genannten Grundsätze auch ihrem Handeln zugrunde zu legen.

die Gesundheit der Beschäftigten zu erhalten und Umfalle, Verletzungen sowie arbeitsbedingte Erkrankungen zu vermeiden.

32.4.4 jegliche Diskriminierung aufgrund Rasse, Religion, Behinderung, Alter, sexueller Orientierung oder Geschlecht unterlassen.

32.4.5 die internationalen Antikorruptionsstandards, wie sie im UNGC und lokalen Antikorruptions- und -Bestechungsgesetzen festgelegt sind, beachten.

32.4.6 alle geltenden Umweltgesetze und -regelungen einhalten.

32.4.7 ihren Beschäftigten die in Rechtsvorschriften enthaltenen, die zuvor genannten Grundsätze auch ihren Handeln zugrunde zu legen.

Sachverzeichnis

Es bezeichnen: Fette Zahlen ohne Klammern und Zusatz die Paragraphen des HGB, fette Zahlen nach dem (mit einer eingeklammerten fetten Nummer bezeichneten) Kurztitel eines Nebengesetzes die Paragraphen dieses Nebengesetzes, magere Zahlen (ausnahmsweise in Verbindung mit Großbuchstaben) die Randnummern der Anmerkungen. Anh = Anhang, Einl = Einleitung, Überbl = Überblick, Vorb = Vorbemerkung. Weitere Abkürzungen siehe im Abkürzungsverzeichnis. Beispiele: Auskunft **347** 8, 23 = Auskunft siehe § 347 HGB Randnummern 8, 23 – Bankvertrag **(7)** BankGesch A6 = siehe **(7)** Bankgeschäfte Randnummer A6 – Unternehmenskauf **Einl** vor **1** 44–47 = Unternehmenskauf siehe Einleitung vor § 1 HGB Randnummern 44–47.

2. AARL Einl vor **238** 23; **(1)** EGHGB **83**
2. DSAnpUG-EU (14) BörsG **Einl** vor **1** 14, **22b**
2. EUProspVOAnpG (14) BörsG **Einl** vor **1** 14; **(15a)** WpPG **Einl** 1

AAB (2b) AAB-WP
„ab Kai" **(6)** Incoterms 2020 **Einl** 16
„ab Lager" **346** 40
„ab Schiff" **346** 40; **(6)** Incoterms 2020 **Einl** 16
„ab Station" **346** 40
„ab Werk" **346** 40; **(6)** Incoterms 2020 **Einl** 16
– Incoterms 2020 **(6)** Incoterms 2020 **Einl** 30–32, 67, **EXW** 1–10
Abbedingung s Abdingbarkeit
Abbuchungsauftragsverfahren (7) BankGesch D8
Abdingbarkeit 55 11, 13; **84** 16; **85** 8; **87** 19, 22, 47 f.; **87b** 18; **87c** 29; **87d** 2; **88a** 2; **89a** 26; **90a** 3, 30; **92b** 9; **92c** 1, 13
Abfindung 105 18–30; **131** 48–57
– Angemessenheit **131** 49
Abfindungsbeschränkungen 131 64–66
Abfindungsbilanz Einl vor **1** 52; **131** 50–51
Abfindungsklauseln 131 58–73
Abfindungsversicherung 162 8
abgestimmtes Verhalten Einl vor **343** 4
Abgrenzung des Handelsvertreterbegriffs und -rechts 84 10 ff.
– ggü Handelsmakler **84** 20
– ggü Kommissionär, Kommissionsagent, Franchisenehmer **84** 18 f.
– ggü Vertragshändler **84** 10–17
Abhören 59 94
Abholklausel 346 40; **(6)** Incoterms 2020 **Einl** 31, 32, 67
Abkoppelungsthese 264 12, 18
Abladegeschäft Einl vor **373** 51
Ablehnung 55 8; **86** 6; **86a** 1, 7, 10, 13; **87** 8; **87c** 23; **89** 25; **89a** 19; **89b** 34, 54; **90a** 15; **91a** 1 f., 6 ff.
Ablieferung 407 13, 18; **439** 3; **(17)** CMR **17** 2; **(18)** ADSp **13**

Ablieferungshindernisse 419; **(17)** CMR **15**
Ablieferungspflicht 445 2
Abmahnung 89a 10, 18
– Arbeitnehmer **59** 49, 95, 127, 130
– HdlVertreter **89a** 1, 10, 18
– OHG **133** 7
– unberechtigte **Einl** vor **1** 89
– Verdachtsabmahnung **59** 130
Abnahme (6) Incoterms 2020 **Einl** 47
Abnahmegarantie 86 9; s auch Garantie
Abnahmegeschäft
– Incoterms **(6)** Incoterms 2020 **Einl** 16
Abonnement
– Sprunghaftung **87a** 35
– Zeitschriftenabonnement **84** 26, 42; **87a** 15; **87b** 13; **89b** 21
Abonnentensammler 59 31a
Abraumbeseitigungsrückstellung 249 4, 26, 28, 30, 32
Abrechnung 87c 3 ff.
– Form **350** 5
– Provision **87** 53; **87c**
– Schweigen auf **346** 32
– Unvollständigkeit **87c** 18, 20
– Verweigerung **87c** 10
Abrufbarkeit, erstmalige 10 2–3; **15** 14, 18; **32** 3
– Registerbekanntmachung **10** 4
– Zeitpunkt **10** 5–6
Absatzgarantie 89b 18; s auch Garantie
Absatzgebiet 86 27; **87** 28
Absatzgeschäft
– Verlust, drohender **249** 24
Absatzmittler 84 1, 35 f., 39
Absatzorganisation 84 13, 42; **86** 18
Absatzrisiko 84 12; **86** 35
Abschichtungsbilanz 131 50–51, 54, 57
Abschlagszahlungen 252 10
Abschluss von Geschäften 84 24–26
Abschlussagent 84 25
Abschlussfreiheit Einl vor **343** 6
Abschlussprovision 86b 10; **87** 1, 3; **89b** 24, 41, 47
Abschlussprüfer 317 6
– Abberufung **318**

3073

Sachverzeichnis

- Annahme 318 2
- Auskunftsrecht 320 2
- Ausschlussgründe 318 9; 319; 319a
- Auswahl 319
- Bagatellverstöße 318 11a
- Befähigung 319
- Befangenheit 318 14; 319 5–13
- Benennung, namentliche **Einl** vor 316 15b
- Berichtspflicht 320 4; 321 1
- Berichtspflichtverletzung 332
- Berufshaftpflichtversicherung 323 11; (2a) WPO **Einl** 12a, 54
- Berufspflichten **Einl** vor 316 15b
- Bestellung 318; (3) FamFG 375
- Buchprüfer, vereidigter 319 1, 4–13, 14–26
- Corporate Governance Kodex **Einl** vor 316 11–12; 317 7; 319 4, 10, 13
- Einzelabschluss 324a 2
- Entscheidungskompetenz 319 21
- Ersetzung 318 9–15; 319 31
- familiäre Verflechtung 319 26
- Fee Cap 319a 1–2
- frühere Tätigkeit 318 9
- Geheimhaltungspflichtverletzung 333
- Gemeinschaftsprüfung 317 6; 318 1a, 6
- Haftung **Einl** vor 316 15a–15e; 323 7–7g; (2a) WPO **Einl** 12a, 54 1
- Haftungsobergrenze 323 9–9f; (2a) WPO **Einl** 12a
- Hilfspersonen 317 6
- Höchstlaufzeit des Mandats **Einl** vor 316 15a; 318 6–7; (2a) WPO **Einl** 12a
- Inhabilität 319 4
- Insolvenz 318 13
- Konzernabschlussprüfer 318 8; 319 29
- Kündigung 318 18–20
- Mitteilungspflichten 323 11a
- Netzwerkabhängigkeit 319b
- Nichtprüfungsleistungsverbot **Einl** vor 238 17; **Einl** vor 316 9; 318 11–11a; 319 5; 319a 2–3; (2a) WPO **Einl** 12a
- public watch dog 318 2
- Qualifikationsmängel 318 9
- Qualitätskontrolle 319 2
- Pensionsfonds 341k 1
- PrüfungsGes 319 27–28
- Rede- und Warnpflicht 321 2–7; 323 6
- Reform 2014 **Einl** vor 316 7–9; 322 1
- Rotation **Einl** vor 238 17; **Einl** vor 316 9, 15b; 318 6–7; 319a 3
- Schweigepflicht 323 2–4, 10
- Selbstaufdeckung 318 9
- Selbstprüfungsverbot 319 19
- Sozietätsklausel 319 16
- Spruchstellenverfahren 319 4
- Steuerberatungsleistungen 319a 2
- Trennung von Prüfung und Beratung 319 5
- Übergangsrecht 319 2
- Unabhängigkeit **Einl** vor 316 2, 15a; 319 4–6, 30, 31; 319a 2; 319b 1; (2a) WPO **Einl** 12a
- Unabhängigkeitsbestätigung 321 11
- Unabhängigkeitserklärung 319 13
- Unterrichtung der Wirtschaftsprüferkammer 318 20
- Vergütung 285 21; 314 12; 318 17
- Verletzung der Berichtspflicht 332
- Verschwiegenheit 323 2–4, 10
- Versicherungsunternehmen 341k 1
- Vorlagepflichten 318 19; 321 12
- vorsätzliche sittenwidrige Schädigung **Einl** vor 316 15c
- Wahl 318 1–4
- Wahlbeeinflussung 318 5–6
- Warnpflicht 321 2–7
- Widerruf der Bestellung 318 4
- Wirtschaftsprüfer 319 4–13, 14–26
- Zeugnisverweigerungspflicht 323 2
- Zeugnisverweigerungsrecht 323 2

Abschlussprüferaufsicht 324 11–11a; (2a) WPO **Einl** 11–12
Abschlussprüferaufsichtsstelle (2a) WPO **Einl** 12
Abschlussprüferfähigkeit 319 1
AbschlussprüferVO 316a 1; 319a 3
Abschlussprüfung s auch APAReG, Jahresabschluss, Konzernabschluss
- Audit Judgment Rule 323 7b
- ausländische 291; 292 1
- Berichtsformat, elektronisches s ESEF
- Bestätigungsvermerk **Einl** vor 316 15c; 316 2; 321 11; 322; 328
- Betrug 317 4
- Beurteilung 322 4–6
- Bußgeld 334; 335c
- comfort letter 316 1
- Digitalisierung **Einl** vor 238 25; **Einl** vor 316 14
- Dritthaftung 323 8–8e
- Eignungsprüfung 317 14
- Einblicksgebot 321 8; 321a 1
- Einsichtnahme 320 1
- Einzelabschluss 324a
- Enron **Einl** vor 316 12
- Erläuterungsrecht 321a 2
- Ermessen 323 7b
- Erwartungslücke 317 3
- EU-Abschlussprüfungsverordnung 2014 317 11
- europäische Vorgaben **Einl** vor 316 4–10
- europäisches Handelsrecht **Einl** vor 1 30
- Fortführungsprognose 252 7–7b; 317 2
- freiwillige 316 5
- Freizeichnung 323 11
- Funktionsprüfung 317 14
- Gegenstand 317
- Gehilfenhaftung 323 7e–7g
- Grundsätze ordnungsmäßiger Abschlussprüfung (GoA) 317 1a
- Haftung **Einl** vor 316 5; 323
- Harmonisierung, internationale **Einl** vor 316 13
- Insiderinformationen 323 5

Sachverzeichnis

- Insolvenz **321a** 1
- Integrationsmodell **Einl** vor 316 13
- internationales Handelsrecht **Einl** vor **1** 35
- interne Revision **318** 3
- joint audit **317** 6; **318** 1a, 6; **322** 18
- Klarheitsgebot **321** 1
- Kollisionsrecht **Einl** vor 238 47
- Konzernabschluss s dort
- künftige Entwicklung **322** 17
- management letter **321** 1
- Meinungsverschiedenheiten **Einl** vor 316 3; **318** 9, 18, 20
- Mitverschulden **323** 7d
- Nachtragsprüfung **316** 4; **318** 1a
- Nichterteilungsvermerk **322** 15
- Offenlegung **319** 12; **321a**
- Ordnungsgeld **335; 335a; 335b; 341y**
- Pflicht **316**
- Plausibilitätsprüfung **317** 7
- Positiverklärung **321** 2
- Prüfungsansatz, risikoorientierter **317** 5a
- Prüfungsausschuss **Einl** vor 316 3, 12; **324**
- Prüfungsbericht **298** 2; **321; 321a; 322** 1
- Prüfungsstandards, internationale **317** 15a–16c
- Qualitätskontrolle **319** 2
- Rechnungslegungsprüfung **317** 5–5a
- Reformen **Einl** vor 316 1–3, 7–10; s auch APAReG, AReG
- Saldenbestätigung **320** 2
- Sarbanes-Oxley-Act **Einl** vor 316 12
- Schadensersatzpflicht **319** 32; **323** 7–8
- Schutzgesetzverletzung **333** 1
- Stichproben **317** 4
- Strafvorschriften **331–333a**
- Systemprüfung **317** 14
- Teilbericht **321** 7
- true and fair view **321** 8; **322** 7
- Übergangsrecht **Einl** vor 238 48–81; **316** 1
- Umfang **317** 1–6, 15
- Unregelmäßigkeiten **317** 4
- unrichtige Darstellung **331**
- unrichtige Versicherung **331a**
- Unternehmen von öffentlichem Interesse **316a**
- Unterschlagungsprüfung **317** 3; **321** 6
- Unterzeichnung **321** 12; **322** 19
- Verantwortlichkeit **323**
- Verhaltenspflichten **323** 1–6
- Verjährung **323** 12
- Verordnungsermächtigung **317** 17
- Versagungsvermerk **322** 10, 11, 15
- Verschmelzungswertgutachten **319** 20
- Verstoß **319** 3, 30, 31
- Vollständigkeitsprüfung **317** 7
- Verwertungsverbot **323** 5
- Vorlagepflicht **320** 1; **321** 12
- Vorwegberichterstattung **321** 1
- Warnpflicht **321** 2–7

- Wesentlichkeitsgrundsatz **317** 3
- Ziele **317** 3–5

Abschlussprüfungs-Richtlinie Einl vor **238** 6; **Einl** vor 316 4, 7

Abschlussprüfungsvertrag 318 2–3; **319** 32; **323** 7, 8
- AGB-Kontrolle **318** 3
- Aufhebung **318** 4, 18
- Kündigung **318** 18
- Nichtigkeit **319** 32

Abschlussvermittlung (7) BankGesch Q1

Abschlussvertreter 55; 84 25; **91**
- Geschäftsunfähige **84** 7
- Makler **55** 4
- Niederlassung **55** 3

Abschlussvollmacht 55; 84 28, 31; **86** 15; **91** 1 ff.; **91a** 1,4
- besondere Ermächtigung **55** 12–14
- Entgegennahme von Erklärungen **55** 8, 10; **91** 2
- Erlöschen **55** 6
- Erteilung **55** 6
- Inkassovollmacht **55** 10, 14
- Mängelanzeige **55** 8
- Missbrauch **55** 15
- Rechtsschein **55** 3, 11
- Verkehrsschutz **55** 6

Abschreibungen s auch Bewertung, Handelsbücher
- Abschreibungsmethode **253** 13
- Abschreibungsplan **253** 12
- Anlagevermögen **253** 10–17; **275** 11, 16
- außerplanmäßige **253** 15; **277** 3
- Börsenpreis **253** 19
- Einzelwertberichtigung **253** 26
- Finanzanlagen **275** 16
- Forderungen **253** 26
- geringwertige Vermögensgegenstände **253** 16
- IFRS **309** 1
- kfm Beurteilung, vernünftige **253** 30
- Marktpreis **253** 19
- Niederstwertprinzip **253** 1, 15, 18, 22
- Nutzungsdauer **253** 12
- Pauschalwertberichtigung **253** 26
- planmäßige **253** 11–12
- sofortige **253** 16
- stille Reserven s Rücklagen
- Umfang **55** 7–16
- Umlaufvermögen **253** 18–32
- Unterschiedsbeträge **301** 8; **309; 312** 4
- Wert, beizulegender **253** 19, 20
- Wertaufholungsgebot **253** 31–32
- Wertberichtigung **253** 10
- Wertschwankungen **253** 21
- Zeitraum **285** 16

Abschreibungsgesellschaft Anh 177a 52, 55

Absender 407 16

Absenderschutz 422 2

Absendevertrag (6) Incoterms 2020 **Einl** 33, 34

3075

Sachverzeichnis

Absichtserklärung Einl vor 343 4
Abspaltungsverbot 109 16–17; **119** 19
– Geschäftsführung **114** 23
abstrakter Vertrag 350 4; s auch Schuldversprechen
Abtretung
– Akkreditivverlöse **(11)** ERA 39
– Darlehensforderungen **(7)** BankGesch A9, G5a
– Einlageforderung **171** 9
– Form **350** 3
– Geldforderung **354a**
– Globalzession, unwirksame **(7)** BankGesch H2–5
– Lohnabtretung **59** 81; **(7)** BankGesch H5
– Mehrfachabtretung **(7)** BankGesch H4
– Prospekthaftungsanspruch **Anh 177a** 65
– Sicherungsabtretung **124** 19
– Vergütungsanspruch **59** 81–82; **87** 49
Abtretungsausschlussklauseln (7) BankGesch H5
Abwälzungsvereinbarung 89b 68
Abwanderungsquote 89b 12, 21, 23
Abweichende Vereinbarungen 89b 95
Abwerbung 86 28; **86a** 17; **89a** 17, 19, 23; **90a** 30
Abwicklung 145 3; s auch Auseinandersetzung, Liquidation
Abzahlungsgeschäft (7) BankGesch G34
– Verfall **348** 10
– Vertragsstrafe **348** 6
„Acht Tage" 359 2
Accounting Judgment Rule Einl vor 238 46d; **323** 7b
actio pro socio 105 103; **Anh 105** BGB-MoPeG **715b** 1; **109** 32; **124** 41; **Anh 177a** 28
additive Methode 301 2
ADHGB Einl vor 1 9
Ad-hoc-Meldung
– Berichtigungspflicht **(16a)** MAR **17** 8
– Finanzbericht, Verschiebung **(16a)** MAR **7** 8
– Prospekthaftung, zivilrechtliche **(15a)** WpPG **16** 4
– Veröffentlichung **(16a)** MAR **17** 7–8
Ad-hoc-Publizität (16a) MAR **17**; **(16b)** WpHG **26**
– Aufschub der Veröffentlichung **(16a)** MAR **Vorb** 7, **17** 8–13
– Betroffenheit, unmittelbare **(16a)** MAR **17** 3a
– Emissionszertifikate **(16a)** MAR **17** 3
– Emittenten **(16a)** MAR **17** 2–4
– Pflichtverletzungen **37b** 4–6; **(16b)** WpHG **97** 4
– Umstände, unternehmensexterne **(16a)** MAR **17** 3a
– Umstände, unternehmensinterne **(16a)** MAR **17** 3a
– Vorstandsmitglieder **(16a)** MAR **17** 4

– Vorstandsmitglieder, Haftung **(16b)** WpHG **97** 8
– Wahrung der Finanzstabilität **(16a)** MAR **17** 13
ADR-Richtlinie (7) BankGesch A56
Adressbuch 84 42; **89b** 12
ADS Güterversicherung 346 15
ADSp (18) ADSp; s auch Spedition
– Abdingbarkeit **(18)** ADSp **Einl** vor 1 3
– Anwendungsbereich **(18)** ADSp **Einl** vor 14
– Auslegung **(18)** ADSp **Einl** vor 1 6
– Entstehung **(18)** ADSp **Einl** vor 1 1
– Geltung **(18)** ADSp **Einl** vor 1 2
– Inhaltskontrolle **(18)** ADSp **Einl** vor 1 5
– Neufassung **(18)** ADSp **Einl** vor 1 1
Änderungen
– HGB **Einl** vor 1 11–20
Änderungskündigung 89 17
Äußerungen, geschäftsschädigende Einl vor 1 86–88
AEUV
– Wettbewerbsbeschränkungen **86** 38–39
AG & Co Anh 177a 11
AGB Einl vor 1 24; **54** 19; **55** 5, 13; **84** 17; **85** 5; **86** 8, 11, 14, 32 f., 47; **86a** 6; **89** 16, 18, 28; **89a** 27 f.; **89b** 68, 96; **90a** 31; **92c** 1; **(5)** BGB **305–310**
– Abschlussvertreter **(5)** BGB **309 Nr. 11**
– Abwicklung von Verträgen **(5)** BGB **308 Nr. 7**
– Änderungsvorbehalt **(5)** BGB **308 Nr. 4**
– Annahmefrist **(5)** BGB **308 Nr. 1**
– Anwendungsbereich **(5)** BGB **310**
– Anzeigen **(5)** BGB **309 Nr. 13**
– Arbeitsrecht **(5)** BGB **310 IV**
– Arbeitsvertrag **59** 43
– Aufrechnung **(5)** BGB **309 Nr. 3**
– Auslegung **(5)** BGB **305c II**
– Banken **(8)** AGB-Banken
– Bauleistungen **(5)** BGB **308 Nr. 5, 309 Nr. 8b bb, ff**
– Begriff **(5)** BGB **305**
– Bereichsausnahmen **(5)** BGB **310**
– Beweislast **(5)** BGB **309 Nr. 12**
– Dauerschuldverhältnisse **(5)** BGB **308 Nr. 3, 309 Nr. 1, 9**
– Einbeziehung in Vertrag **(5)** BGB **305, 305a**
– Einverständnis **(5)** BGB **305, 305a**
– Eisenbahn **(5)** BGB **305a Nr. 1**
– Energiewirtschaft **(5)** BGB **310 II**
– Erbrecht **(5)** BGB **310 IV**
– Erklärungsform **(5)** BGB **309 Nr. 13**
– Familienrecht **(5)** BGB **310 IV**
– fingierte Erklärungen **(5)** BGB **308 Nr. 5**
– Form **(5)** BGB **309 Nr. 13**
– Freizeichnung **347** 38; **(5)** BGB **309 Nr. 7, 8**
– Fristsetzung **(5)** BGB **309 Nr. 4**
– geltungserhaltende Reduktion **(5)** BGB **Einl** 5, **306**

Sachverzeichnis

- Generalklausel **(5)** BGB 307
- Gesellschaftsrecht **(5)** BGB 310 IV
- Gewährleistung **(5)** BGB 309 **Nr. 8**
- Haftungsausschluss **(5)** BGB 309 **Nr. 7, 8**
- HdlVertretervertrag 86 8–11, 33
- Hinweis **(5)** BGB 305 II **Nr. 1**
- Incoterms **(6)** Incoterms 2020 **Einl** 14–15
- Inhaltskontrolle **(5)** BGB **307–309**
- Internetpräsenz **Einl** vor 373 49
- Kenntnisnahme **(5)** BGB 305 II **Nr. 2**
- Klauselverbot **(5)** BGB **308, 309**
- Leistungsfrist **(5)** BGB 308 **Nr. 1**
- Leistungsverweigerungsrecht **(5)** BGB 309 **Nr. 2**
- Leitbildfunktion dispositiven Rechts **(5)** BGB 307 II **Nr. 1**
- Mahnung **(5)** BGB 309 **Nr. 4**
- Mängelanzeige, Ausschlussfrist **(5)** BGB 309 **Nr. 8b ee**
- Mängelgewährleistung **(5)** BGB 309 **Nr. 8b**
- Missbrauchskontrolle **(5)** BGB **Einl** 5
- Nacherfüllung **(5)** BGB 309 **Nr. 8b**
- Nachfrist **(5)** BGB 308 **Nr. 2**
- Nachleistung **(5)** BGB 309 **Nr. 8b**
- Pauschalierung **(5)** BGB 309 **Nr. 5**
- Preiserhöhung **(5)** BGB 309 **Nr. 1**
- Rechtsnatur **(5)** BGB **305**
- Rom I **92c** 1
- Rücktrittsvorbehalt **(5)** BGB 308 **Nr. 3**
- Sachgesamtheit **(5)** BGB 309 **Nr. 9**
- Sachmängelhaftung **(5)** BGB 309 **Nr. 8b**
- Schriftform **Einl** vor 343 9; **(5)** BGB 309 **Nr. 13**
- Teilunwirksamkeit **(5)** BGB **306**
- Treu und Glauben **(5)** BGB **307**
- überraschende Klauseln **(5)** BGB **305c**
- Umgehungsverbot **(5)** BGB **306a**
- Unklarheitenregel **(5)** BGB **305c II**
- Unternehmer **(5)** BGB **310**
- Unterwerfung **(5)** BGB **305, 305a–c**
- Unwirksamkeit **(5)** BGB **306–310**
- Verbraucher **(5)** BGB **310 III**
- Verfallklauseln **(5)** BGB 309 **Nr. 6**
- Verjährung **Einl** vor 343 16
- Verkehr **(5)** BGB **305a Nr. 1, 309 Nr. 7**
- Versicherungsverträge **(5)** BGB 309 **Nr. 9**
- Vertragsstrafe **(5)** BGB 309 **Nr. 6**
- Vollmacht **(5)** BGB 309 **Nr. 11**
- Vollständigkeitsklauseln **Einl** vor 343 9
- Wechsel des Vertragspartners **(5)** BGB 309 **Nr. 10**
- Wirtschaftsprüfer **(2a)** WPO **Einl** 7
- Zugangsfiktion **(5)** BGB 308 **Nr. 6**

AGB-Anderkonten (10) AGB-Anderk
- Notare **(10b)** AGB-Anderk
- Patentanwälte **(10d)** AGB-Anderk
- Rechtsanwälte **(10a)** AGB-Anderk
- Steuerberater **(10c)** AGB-Anderk
- Wirtschaftsprüfer **(10c)** AGB-Anderk

AGB-Banken (8) AGB-Banken
- Änderung **(8)** AGB-Banken **Einl** vor 1 2, 1 7, **11** 1, 2
  - Neufassung **(8)** AGB-Banken **Einl** vor 1 2
  - von Zinsen und Entgelten **(8)** AGB-Banken **12** 1, 3
- Aktien, bankeigene **(8)** AGB-Banken **14** 12
- Aufgebote **(8a)** AGB-WPGeschäfte **17**
- Aufklärungspflichten **(8a)** AGB-WPGeschäfte **Einl** 1
- Aufrechnungsverbot **(8)** AGB-Banken **4** 1–5
- Aufträge **(8)** AGB-Banken **11** 4–8
- Ausführungsanzeige **(8)** AGB-Banken **11** 9
- Auskünfte **(8)** AGB-Banken **2** 3–8
- Auslagen **(8)** AGB-Banken **12** 8
- Auslandsverkehr **(8)** AGB-Banken **1** 5
- Bankauskünfte **(8)** AGB-Banken **2** 3–8
- Bankgeheimnis **(8)** AGB-Banken **2** 1, 2
- Bankleitzahlangabe **(8)** AGB-Banken **11** 5
- Benachrichtigungspflicht des Kunden **(8)** AGB-Banken **11** 10
- Beratungspflichten **(8a)** AGB-WPGeschäfte **Einl** 1
- Berufspflichten **(8)** AGB-Banken **2** 4
- Bestens-Auftrag **(8a)** AGB-WPGeschäfte **3**
- Betriebsstörungen **(8)** AGB-Banken **3** 8
- Bezugsrechte **(8a)** AGB-WPGeschäfte **5** 15
- Börse **(8a)** AGB-WPGeschäfte **2, 4, 6**
- Bogenerneuerung **(8a)** AGB-WPGeschäfte **14**
- Bürgschaft **(8)** AGB-Banken **13** 4
- Depotgeschäft **(8a)** AGB-WPGeschäfte **13**
- Devisenhandel **(8a)** AGB-WPGeschäfte **Einl** 2
- Eigenhändlerklausel **(8a)** AGB-WPGeschäfte **9** 2
- Eigentum **(8a)** AGB-WPGeschäfte **9**
- Eilbedürftigkeit eines Auftrags **(8)** AGB-Banken **11** 7, 8
- Einlagensicherungsfonds **(8)** AGB-Banken **20**
- Einwendungen **(8)** AGB-Banken **7** 2, **8** 4
- Einzugsgeschäft **(8)** AGB-Banken **9**
- Entgelt **(8)** AGB-Banken **12**
- Erben **(8)** AGB-Banken **5**
- Fehlleitung **(8)** AGB-Banken **11** 8
- Freigabeanspruch **(8)** AGB-Banken **16** 2
- Fremdwährungsgeschäfte **(8)** AGB-Banken **10** 4–11
- Fremdwährungskonten **(8)** AGB-Banken **10** 1–3
- fristgebundene Zahlungen **(8)** AGB-Banken **11** 7
- Geltung **(8)** AGB-Banken **1** 1–6
- Genehmigung **(8)** AGB-Banken **7** 3–5, 7

3077

Sachverzeichnis

- Gerichtsstandsvereinbarung (8) AGB-Banken 6 2–3
- Geschäftsverbindung (8) AGB-Banken 18, 19
- Gewinnanteilscheine (8a) AGB-WPGeschäfte 14
- Grundpfandrechte (8) AGB-Banken 14 2
- Gültigkeitsdauer (8a) AGB-WPGeschäfte 4, 5
- gutgläubiger Erwerb (8) AGB-Banken 14 4
- Gutschrift (8) AGB-Banken 9 1–2
  – fehlerhafte (8) AGB-Banken 8 2
- Haftung für Erfüllungsgehilfen (8) AGB-Banken 3 1, 2
- höhere Gewalt (8) AGB-Banken 3 8
- Inhaltskontrolle (8) AGB-Banken 1 1
- Interbankverkehr (8) AGB-Banken 1 1
- Klarheitspflicht (8) AGB-Banken 4, 5
- Konditionenempfehlungen (8) AGB-Banken 1 1
- Kontonummernangabe (8) AGB-Banken 11 5
- Konto (8) AGB-Banken 12 4
- Kreditauskünfte (8) AGB-Banken 2 3–8
- Kündigung (8) AGB-Banken 18, 19
- Kundenschecks (8) AGB-Banken 9 3, 4
- Lastschrift (8) AGB-Banken 7 7, 9
- Legitimation (8) AGB-Banken 5 1
- Mitteilungspflicht (8) AGB-Banken 11 1, 10
- Nachsicherungsklausel (8) AGB-Banken 13 7
- Neufassung 1993 (8) AGB-Banken Einl vor 1 2
- Neufassung 2009 (8) AGB-Banken Einl vor 1 1, 2
- Ombudsmann (8) AGB-Banken Einl vor 1 3, 21
- Pfandrecht (8) AGB-Banken 14
- Postbank-Entscheidung (8) AGB-Banken 1 7
- Preisaushang (8) AGB-Banken 12 1
- Rechnungsabschluss (8) AGB-Banken 7
- Rechtswahl (8) AGB-Banken 6 1
- Scheckauskunft (8) AGB-Banken 2 3
- Scheckinkasso (8) AGB-Banken 9
- Sicherheiten (8) AGB-Banken 13–17
- Sicherheitenfreigabepflicht (8) AGB-Banken 13 5
- Sicherungsabtretung (8) AGB-Banken 15 4
- Sicherungsübereignung (8) AGB-Banken 15 1
- Sonderbedingungen (8) AGB-Banken 1 5–6
- Sortenhandel (8a) AGB-WPGeschäfte Einl 2
- Stornorecht (8) AGB-Banken 8
- Substitution (8) AGB-Banken 3 5
- Tages(konto)auszüge (8) AGB-Banken 7 5
- Testament (8) AGB-Banken 5 2
- Tod des Kunden (8) AGB-Banken 5
- Transparenzgebot (8) AGB-Banken 1 1
- Treuhandkonto (8) AGB-Banken 14 11
- Überprüfungspflicht (8) AGB-Banken 11 9
- Übertragung auf Dritte (8) AGB-Banken 5–7
- Überweisungen (8) AGB-Banken 8 2, 11 4–8
- Überziehungszinsen (8) AGB-Banken 12 4
- Unterweisungsverschulden (8) AGB-Banken 3 5
- Vertrauensverhältnis (8) AGB-Banken 1 3
- Vertretungsbefugnis (8) AGB-Banken 11 1–3
- Verwahrungsgeschäft (8a) AGB-WPGeschäfte Einl 2–3, 11–20
- Verwertung (8) AGB-Banken 17
- Verzögerung (8) AGB-Banken 11 8
- Vorbehaltsgutschriften (8) AGB-Banken 9
- Währungsguthaben (8) AGB-Banken 10
- Wechselinkasso (8) AGB-Banken 9
- Weisungen (8) AGB-Banken 11, (8a) AGB-WPGeschäfte 2–3
- weitergeleiteter Auftrag (8) AGB-Banken 35
- Wertpapieraufstellung (8) AGB-Banken 1–9
- Wertpapierhandel (8a) AGB-WPGeschäfte
- Wertpapierverwahrung (8a) AGB-WPGeschäfte 13–20
- Zahlungsauftrag (8) AGB-Banken 11 4
- Zahlungsdienste (8) AGB-Banken 1 8
- Zinsen (8) AGB-Banken 12
- Zurückbehaltungsrecht (8) AGB-Banken 14 1
- Zustimmungsfiktion (8) AGB-Banken Einl vor 1 2, 1 7

AGB-Sparkassen (8) AGB-Banken Einl vor 1 4; (9) AGB-Spark
- Änderungen (8) AGB-Banken Einl vor 1 2; (9) AGB-Spark Einl 1, 2
- Streichfassung (9) AGB-Spark Einl 1, 2 1

AGB-Wertpapiergeschäfte (8a) AGB-WPGeschäfte; (9) AGB-Spark
AGB-Wirtschaftsprüfer s AAB
AGG s Allgemeines Gleichbehandlungsgesetz (AGG)
Agio (7) BankGesch A57b; s auch Disagio
AIFM-Kapitalverwaltungsgesellschaft Anh 177a 56
AIFM-RL Anh 177a 87; s auch Kapitalanlagegesetzbuch
- Informationspflichten **Anh 177a** 55a

AIFM-UmsetzungsG Einl vor 238 10, 68; **(1)** EGHGB **72**

Sachverzeichnis

Akkreditiv (7) BankGesch K1–28
– Akkreditivauftrag **(7)** BankGesch K3
– Akkreditivbank **(7)** BankGesch K2
– Akkreditivklausel **(7)** BankGesch K25
– Ankaufs- und Schutzzusagen **(7)** Bank-Gesch K2c
– Arrest **(7)** BankGesch K21, 28
– Avisbank **(7)** BankGesch K2, 2b
– back-to-back credit **(7)** BankGesch K24
– Bank Payment Obligations (BPO) **(7)** BankGesch K1a
– Begriff **(11)** ERA 2 9
– Bestätigungsbank **(7)** BankGesch K2
– deferred payment **(7)** BankGesch K2a, 3, 20
– Dokumentenstrenge **(7)** BankGesch K5 ff.
– einstweilige Verfügung **(7)** BankGesch K21, 28
– Einwendungsausschluss **(7)** BankGesch K16 ff.
– ERA **(11)** ERA
– Eröffnungsbank **(7)** BankGesch K2
– eUCP **(11a)** eUCP
– fall back rules **(7)** BankGesch K1
– Forfaitierung **(7)** BankGesch J1
– Internationales Recht **(7)** BankGesch K2d
– Missbrauch **(7)** BankGesch K20
– Nominated bank **(7)** BankGesch K2
– Prüfung der Dokumente **(7)** BankGesch K5 ff.
– Rechtsmissbrauch **(7)** BankGesch K20a
– red clause **(7)** BankGesch K3
– Rembours **(7)** BankGesch K2d
– Standby Letter of Credit **(7)** BankGesch K1a, L1a
– substantial compliance **(7)** BankGesch K5
– Verfalldatum **(7)** BankGesch K13
– Vorlagefrist **(7)** BankGesch K13
– Zahlstelle **(7)** BankGesch K2
– Zweitbank **(7)** BankGesch K2
Akkreditivauftrag (7) BankGesch K2a, 3, 20
Akkreditivbank (7) BankGesch K2, 2b
Akkreditivklausel 346 40; **(7)** BankGesch K1, 25
Aktie
– Angabepflicht **285** 19, 28
– bankeigene **(8)** AGB-Banken **14** 12
– Delisting **(14)** BörsG **39** 3
– goldene **Einl** vor **105** 36
– Namensaktie **(13)** DepotG **1** 1
Aktienfonds
– Innenprovision **Anh 177a** 66d
Aktiengesellschaft
– börsennotierte **317** 13a
– Frühwarnsystem **317** 13a–14
– InvestmentAG **Anh 177a** 86
– Kapitalgesellschaft **Einl** vor **105** 13; **Einl** vor **238** 30; s auch dort

– Online-Gründung **7** 5
– Rechtsfähigkeit **Einl** vor **105** 12
– Wertpapierprospekthaftung **(15a)** WpPG **9** 11
– Zweigniederlassung **13f**
Aktienkursanalyse Einl vor **1** 52
Aktienleasing (7) BankGesch P1
Aktienoption 272 7
Aktionärsforum 8b 4
Aktionärsrechterichtlinie, zweite Einl vor **238** 23
Aktivierbarkeit 246 3–9
– abstrakte **246** 3
– Forderungen **246** 11
– Freistellungsanspruch **249** 14
– Geschäftswert **246** 8–10
– immaterielle Güter **246** 4–7
– konkrete **246** 3
– Vermögensgegenstände **246** 3–3a
Aktivierungsfähigkeit s Aktivierbarkeit
Aktivierungswahlrecht Einl vor **238** 5, 8, 34
Aktivsaldo 357 6
Akzeptkredit (7) BankGesch G25
algorithmische Handelsprogramme (14) BörsG **3** 6, 7, **16** 1
Alleinvertretung 54 2; **86a** 17; **86b** 14; **87** 9, 24, 48; **89a** 23
Alleinvertriebsrecht 84 13, 32; **86a** 17
Allgemeine Auftragsbedingungen für Wirtschaftsprüfer und Wirtschaftsprüfergesellschaften s AAB
Allgemeine Geschäftsbedingungen s AGB
Allgemeine Lagerbedingungen des Deutschen Möbeltransports 467 16
Allgemeines Gleichbehandlungsgesetz (AGG) 59 10, 37
Allgemeines Zoll- und Handelsabkommen Einl vor **1** 26
Alongside-Käufe
– Insiderhandelsverbot **(16a)** MAR **9** 13
Alter des Handelsvertreters 89 20; **89b** 33, 42, 55, 60 f.
Alternativanlage Anh 177a 65
Alternative Investmentfonds Anh 177a 87, 92
– Altgesellschaften **Anh 177a** 94
– Anlage **Anh 177a** 89
– Anlegerkreis **Anh 177a** 92, 94
– geschlossener **Anh 177a** 98
– Manager **Anh 177a** 87
– offener **Anh 177a** 93
– Risikomischung, Grundsatz der **Anh 177a** 89
– Vermögensgegenstände **Anh 177a** 89
Altersdiskriminierung 59 2, 10
Altersteilzeitvereinbarung 246 27
Altersversorgung 87 5; **89b** 39, 93
– betriebliche **59** 12, 87–89; **87** 5; **89b** 39, 93; **Anh 177a** 95
– Verrechnungsverbot **246** 27

3079

Sachverzeichnis

Altschulden 128 29–30
– Firmenfortführung **25** 12
American Foreign Trade Definitions (6) Incoterms 2020 **Einl** 8
amerikanischer (US-) Unternehmer 92c 9
a-metà-Geschäft 93 5; **230** 4
Amtshaftung
– bei Eintragungsfehlern **15** 23
– Skontrenzuteilung **(14)** BörsG **29** 1
Amtstreuhänder Einl vor **48** 3
Anderkonto (10) AGB-Anderk
Anerkenntnis 54 11; **86** 8; **87a** 19; **87c** 3f, 11, 19, 29; **89b** 71, 79, 81; **92** 5; s auch Schuldanerkenntnis
Anerkenntnisfiktion 87c 19, 29
Anerkennung
– Gründungstheorie **Einl** vor **105** 29
– internationale **Einl** vor **1** 123
– Sitztheorie **Einl** vor **105** 29, 36; **105** 10
Anfechtung 54 10; **55** 8, 10, 13; **84** 54; **85** 1; **86a** 4; **87** 7; **89** 5, 24; **89b** 8, 64; **90a** 18, 23; **91a** 7, 10; s auch Arglist
– Arbeitsvertrag **59** 38, 117–120
– Entgegennahme **55** 8, 10, 13; **91** 2
– der Genehmigung **91a** 7, 10
– der Genehmigungsablehnung **91a** 7
– der Ges **129** 9
– des HdlVertretervertrags **85** 1; **89** 5, 24; **89b** 8, 64
– der Kündigung **89** 24
– Provision bei **87** 7
– Täuschung durch den HdlVertreter **84** 54
– des Versicherungsvertrags **92** 10
– des Verzichts **90a** 18, 23
– des Zahlungsauftrags **(7)** BankGesch C40
Angestellter 54 1, 5; **55** 2; **84** 1, 23, 32, 39 f.; **87** 11; **89a** 17; **89b** 14, 68; **90** 9; **92c** 5; s auch Arbeitnehmer
– Haftung **Einl** vor **48** 10
– kfm **59** 31b
– nicht kfm **83**
– technischer **59** 23
Anhang Einl vor **238** 35; **264** 4; **284–286**; s auch Handelsbücher, Jahresabschluss, Offenlegung
– Abschlussprüferhonorar **285** 21
– Aktien **285** 19
– Anlageaktien **285** 28
– Anteile **285** 28
– Anteilsbesitz **285** 12
– Aufwendungen von außerordentlicher Größe/Bedeutung **285** 33
– Aufwendungen, periodenfremde **285** 34
– Ausweis unter der Bilanz **285** 29
– Bewertungseinheiten **285** 25
– Bewertungsmethoden **284** 11, 13, 14
– Bilanzierungsmethoden **284** 11, 13, 14
– Darstellung **284** 10
– Entsprechenserklärung **285** 20
– Ergebnisbeeinflussung durch steuerrechtliche Bewertung **285** 6
– Ergebnisverwendung **285** 36
– Erleichterungen, größenabhängige **288**
– Erträge von außerordentlicher Größe/Bedeutung **285** 33
– Erträge, periodenfremde **285** 34
– Ertragsteuer **285** 7
– Finanzinstrumente **285** 22
– Forschungs- und Entwicklungskosten **285** 24
– freiwillige Angaben **284** 8
– Fremdkapitalzinsen **284** 15
– Fristengliederung **340d**
– Funktion **284** 2
– Genossenschaften **338**
– Gesamtbetrag **285** 30
– Gesamtbezüge der Organmitglieder **285** 10
– Gliederung **284** 9
– Großreparaturen **285** 4
– kleiner KapitalGes **288**
– bei KleinstkapitalGes **264** 8
– Konzernanhang s dort
– Kreditinstitut **340c**; **340d**
– latente Steuern **285** 31, 32
– Materialaufwand **285** 9
– mittelgroßer KapitalGes **288**
– nahe stehende Unternehmen/Personen **285** 23
– Organmitglieder **285** 10, 11
– Pensionsrückstellungen **285** 26
– Personalaufwand **285** 9
– Pflichtangaben **284** 3–7
– Rechtsnatur **284** 1
– Rückstellungen **285** 15
– Schutzklausel **285** 2
– sonstige finanzielle Verpflichtungen **285** 3
– Umsatzerlösaufgliederung **285** 5
– Unterlassen von Angaben **286**
– Unterschiedsbeträge **284** 14
– Verrechnung **285** 27; **340c**
– Wahlpflichtangaben **284** 3–7
– Währungsumrechnung **284** 12
Ankunftsgeschäft
– Incoterms **(6)** Incoterms 2020 **Einl** 16
Ankunftsklausel 346 40; **(6)** Incoterms 2020 **Einl** 23, 31, 35
Ankunftsvertrag (6) Incoterms 2020 **Einl** 35
Anlage
– Alternativanlage **Anh 177a** 65
– Industrieanlagenvertrag **Einl** vor **373** 23; **381** 5
– Mittelverwendungskontrolleur **Anh 177a** 82b; **347** 21
Anlageberatung 347; (7) BankGesch A4, Q1
– Aufklärungspflichten **Anh 177a** 66b–66c
– Banktochter, outgesourcte **347** 30
– Compliance-Beauftragte
– Garantiedividende für Kdtisten **Anh 177a** 66f

Sachverzeichnis

- Gerichtsstand **347** 40
- Haftung **84** 55; **230** 3
- Prospekthaftung s dort
- Protokoll **347** 37
- Publikumsfonds **Anh 177a** 66b
- Vorstrafe **Anh 177a** 61, 66c
- Wertpapier(haupt)dienstleistung **(7)** BankGesch U3

Anlageberatungsvertrag 347 14
Anlagegesellschaft
- Insolvenz **Anh 177a** 82b

Anlagegitter 268 2
- Befreiung **274a**

Anlagenspiegel 268 2; **271** 1; **275** 11; **284** 3, 15
Anlagestimmung (15a) WpPG **9** 13, 12 2; **(16b)** WpHG **97** 6, 8, **98** 2
Anlagevermittlung (7) BankGesch A4, Q1
- Haftung **230** 3
- HdlMakler **93** 6
- unrichtige Angaben **Anh 177a** 58

Anlagevermögen 247 4–8; **248** 3–5; s auch Abschreibungen, Bewertung
- fiktives **247** 7
- Geschäftsbetrieb **247** 8

Anlageverwaltung (7) BankGesch A4
Anleger
- Entschädigung **(7)** BankGesch A57a–57b
- fortwirkendes Vertrauen **347** 28
- Kleinanleger **Anh 177a** 54, 59, 81
- Prognoserisiko **347** 23
- Streitgenossen **Anh 177a** 65
- Vermutung aufklärungsgemäßen Verhaltens **Anh 177a** 66b

anleger- und objektgerechte Beratung Anh 177a 66b; **347** 23
Anlegerschutz
- KAGB **Anh 177a** 86
- Publikumsgesellschaft **Anh 177a** 54

Anleihebedingungen (7) BankGesch Z1–2
Anmeldepflicht 29 2
- von Änderungen **107**
- Anmeldung **8** 6, 12, 29; s auch Eintragung
- der Auflösung **143**
- des Ausscheidens **143**
- des Erlöschens **31** 8
- Ersetzung **16** 3
- Erzwingung **17** 26
- Inhaberwechsel **31** 6
- juristische Person **33–34**
- KG **162, 175**
- der Liquidatoren **148**
- öffentlich-rechtliche **108** 5
- OHG **106–108**
- Prokura **53**
- Rechtsnatur **108** 4
- Vertretung **12** 4–5; **108** 3
- Zurückweisung **14** 1
- Zwangsgeld **14**

Anmeldung 12
Annahme
- frachtgeschäftliche **409** 1; **421** 5a; **437** 1

Annahmeverweigerung (17) CMR **17** 3
Annahmeverzug s auch Schuldnerverzug
- des Arbeitgebers **59** 72–73
- frachtgeschäftlicher **420** 3
- des Käufers **373, 374** 3–7; **375** 13

Anpassung s Vertragsanpassung
Ansammlungsrückstellungen 285 15
Ansatzstetigkeit 246 29
Ansatzverbote 248 4
Ansatzvorschriften 246–251
Ansatzwahlrecht 246 4; **248** 3; **264** 20
Anschaffungsdarlehen (7) BankGesch G50
Anschaffungskosten 253 1, 2, 7, 10, 15, 18, 29; **255** 1–13
Anscheinsbeweis 87 16; **89b** 22, 30
- Aufklärungspflichtverletzung **347** 37
- Zahlungskartenmissbrauch **(7)** BankGesch F12, 49

Anscheinsvollmacht Einl vor **48** 6; **54** 3 f., 17; s auch Vertretung
Anteil
- Prospektpflicht **Anh 177a** 59
- Zugewinnausgleich **89b** 5

Anteil (OHG) s auch Gesellschaftsvermögen
- Bedingungen **139** 11
- Berechnung **120** 9
- Bewertung **120** 9, 17
- eigener **105** 18, 24, 30
- an einzelnen Gegenständen **124** 17
- am GesVermögen **124** 16–22
- Gütergemeinschaft **105** 25
- Insolvenz **124** 46
- Kapitalanteil **120** 12–23
  - Gfter ohne **120** 23
  - negativer **120** 22; **139** 42; **167** 5
  - Verminderungsverbot **122** 14
- Kapitalkonto **120** 19
- mehrere Erben **139** 10, 14, 37
- Nachlassverwalter **139** 32–36
- Nießbrauch **105** 38, 44–46
- Pfändung **105** 74; **124** 21, 135
- Schenkung **105** 56, 68, 71
- Sicherungsabtretung **124** 19
- Testamentsvollstrecker **139** 21–31
- Übernahme/Übertragung **105** 32, 37, 44, 55, 69–74, 94; **109** 18; **124** 18–22
- Umwandlung in KdtAnteile **139** 37
- Vererbung **131** 35; **139**
- Verfügung **124** 18–21
- Verminderung **122** 14
- Verpfändbarkeit **135** 15
- Verpfändung **105** 74; **124** 20
- Wert **Einl** vor **1** 52

anti-suit injunctions Einl vor **1** 108
antizipative Posten 250 1, 4; **268** 4
Anwalt 1 19; **Anh 160** 3
- Anderkonto **(10)** AGB-Anderk

3081

Sachverzeichnis

- Aufklärung ggü 347 37
- Rechtsanwalts- und Steuerberaterexposé 347 21
- Rechtsanwaltsgesellschaft (GmbH) Einl vor 105 6
- stiller Gfter 230 6

Anweisung s auch Akkreditiv
- Bereicherungsausgleich (7) BankGesch C101–103
- kfm 363 2–3
- Übertragung 350 3

Anzahlungen 252 22; 268 5

APAK (2a) WPO Einl 9

APAReG Einl vor 1 18; Einl vor 238 17, 74; 292 8; Einl vor 316 1, 7, 10; 316 1; 319 2; 340l 1; (1) EGHGB 78; (2a) WPO Einl 11–12

Apotheke 1 19; Anh 160 3; 161 1; 230 5

Arbeitgeber
- Annahmeverzug 59 72–73
- Aufklärungspflichten 59 34
- Aufrechnung 59 47
- Begriff 59 13–16
- Beschäftigungspflicht 59 96
- Fragerecht 59 34
- Fürsorgepflicht 59 90; 62
- Haftung 59 105–106; 73/109 GewO 2, 19, 20
- des HdlGehilfen 59 27
- mehrere 59 14
- Mitteilungspflichten 59 34
- Mitverschulden 59 47
- Nebenpflichten 59 90–104
- Sperrabrede 75f
- Wechsel 59 17–21

Arbeitgeberdarlehen 59 80

Arbeitnehmer 84 1, 34, 36, 38 f., 46, 48; 86 34; 86a 15; 90 9; 90a 12; 92a 1; s auch Handlungsgehilfe
- Abgrenzung zum Selbständigen 59 23
- Aufklärungspflichten 59 34
- Auskunftspflicht 59 53, 98, 144; 74c 6
- ausländischer 59 37
- Aussperrung 59 164
- Beförderung 59 96
- familiäre Situation 59 44
- gewerblicher 31b
- Gewissenskonflikt 59 44
- Haftung 59 107–110
- HdlGehilfe 59 23–31b; 84 39
- Herausgabepflicht 59 55
- Kündigung 59 121–163
- Mankohaftung 59 47
- Mitteilungspflichten 59 34
- Nebenpflichten 59 48–55
- Nebentätigkeit 59 52
- nicht kfm 83
- Prokuraerteilung 48 1
- Schweigepflicht 59 50
- Tod 59 165
- Verbraucher 59 43
- Versetzung 59 44

- Wettbewerbsverbot 59 52, 143; **60; 61;** **74–75d**
- Zeugnis s dort

Arbeitnehmerähnliche Handelsvertreter 84 1 f., 34, 46 ff.; 86 5; 89 7; 92a 1 f.

Arbeitnehmerähnlichkeit 84 1, 34, 46 ff.; 86 5; 89 7; 92a 1 f.

Arbeitnehmererfindung 59 12, 54

Arbeitnehmerüberlassung 59 16

Arbeitsentgelt s auch Gehalt
- Abtretung 59 81
- Arten 59 58–70
- Aufrechnung 59 82
- Ausgleichsquittung 59 80
- Ausschlussfristen 59 78–79
- Einwendungen 59 77–86
- Entgeltfortzahlung 59 56, 75
- Fälligkeit 64
- Gewinnbeteiligung 59 60; 64 1
- Gratifikation 59 61–68
- Insolvenz 59 84
- Pfändung 59 83
- Provision 59 59; **65**
- Sachleistungen 59 69
- subjektive Vergütungserwartung 59 58
- Verfallklausel 59 79
- Verjährung 59 85
- vermögenswirksame Leistung 59 70
- Verwirkung 59 86
- Zuschüsse 59 70

Arbeitsentgeltpflicht 59 56–57
- Stiller 230 18

Arbeitsförderung 59 90

Arbeitsgericht 84 46

Arbeitskampf s Aussperrung, Streik

Arbeitskampfrisiko 59 74

Arbeitskräftemangel 87a 26

Arbeitslosenversicherung 59 12

Arbeitspflicht 59 44

Arbeitspflichtverletzung 59 46–47

Arbeitsplatzschutzgesetz 59 12

Arbeitsplatzverlust 59 109

Arbeitsrechtsquellen 59 1–12

Arbeitsschutz **(2)** LkSG 2 2

Arbeitsunfähigkeit 59 48

Arbeitsunfähigkeitsbescheinigung 59 75

Arbeitsunfall 59 105

Arbeitsverhältnis 59 32–43, 111–167
- Aufhebungsvertrag 59 166
- Beendigung 59 111–167
- befristetes 59 111–115
- faktisches 59 38
- internationales 59 168–170
- Kettenarbeitsverhältnis 59 3, 111
- Kündigung (HdlGehilfe) s dort
- Leiharbeitsverhältnis 59 16
- mittelbares 59 15

Arbeitsverhinderung 59 56

Arbeitsvertrag
- AGB-Kontrolle 59 43
- Anbahnung 59 32–36
- Anfechtung 59 38, 117–120

Sachverzeichnis

- befristeter **59** 111–115
- Form **59** 37
- Fragerecht **59** 34
- Inseratkosten **59** 33
- Kündigung (HdlGehilfe) s dort
- Minderjähriger **59** 37
- Nichtigkeit **59** 38, 120
- Teilzeit- und Befristungsgesetz **59** 44, 57, 111
- Zustandekommen **59** 37–38
- Zustimmung des Betriebsrats **59** 37

Arbeitszeit 59 45
Arbeitszeiterfassungssysteme 59 45
Arbeitszeitkonten 246 27
Arbeitszimmer 59 102
Arbitrage s Schiedsgericht
Architekt 1 19
AReG Einl vor **238** 17, 75; **Einl** vor **316** 1, 7, 9; **316** 1; **317** 11; **318** 6, 10; **340l** 1; **(1) EGHGB** 79
Arglist 86a 4; **87** 33; **89b** 54, 64; s auch Anfechtung, Täuschung
ARUG II Einl vor **238** 23, 23a
- Übergangsrecht **Einl** vor **238** 23, 79; **(1) EGHGB** 83

Arzt 1 19; **Anh 160** 3
asset deal Einl vor **1** 61
assoziierte Unternehmen Einl vor **238** 26; s auch Konzernabschluss
Audit Judgment Rule 323 7b
Auditierungsrechte (2) LkSG 3 9
Aufbauversicherung 87 12
Aufbewahrung 257–261
Aufgebot 365 5
Aufhebung
- Arbeitsverhältnis **59** 166

Aufhebungsvertrag 55 13; **85** 1; **86b** 11; **87a** 11, 18; **89** 9; **89a** 35; **89b** 7, 54, 70, 74; **90a** 23 ff.
- Inhalt **89** 9

Aufklärung 86a 2; **89a** 20, 30
Aufklärungspflicht 347 8–22, 23–41; s auch BankGesch
- Berichtigung **347** 28
- Berufshaftung **347** 22
- Beweislast **347** 37
- Freizeichnung **347** 38
- Haftungsgründe **347** 8–22
- Innenprovisionen **347** 30d f.
- Insiderinformationen **347** 31
- Interessenkonflikte **347** 30
- internationaler Verkehr **347** 41
- Nachforschungspflicht **347** 27
- Prospektprüfung **347** 29
- Sachkunde **347** 23
- Sekundärhaftung **347** 30
- Verjährung **347** 39
- Verschulden **347** 35
- Wirtschaftsprüfer **347** 21, 22, 29
- Zeitpunkt **347** 28

Auflösende Bedingung 86b 11; **87** 7; **87a** 1, 6, 13; **87c** 3; **89** 2; **89b** 7, 53

Auflösung (GmbH & Co KG) Anh 177a 45–46
Auflösung (OHG) 124 44; **131;** 133**; 143** 1; s auch Auseinandersetzung, Ausscheiden, Kündigung, Liquidation
- Abfindung s Ausscheiden
- Abmahnung **133** 7
- abweichende Vereinbarung **131** 74–82
- Abwicklung **131** 29
- Anmeldung **Anh 105 HGB-MoPeG 141** 1; **143**
- Arbeitsverhältnis **59** 111
- Auflösungsklausel **131** 74–75
- Begriff **131** 2
- Beschluss **Anh 105 HGB-MoPeG 140** 1; **131** 8, 12, 26
- Einzelgeschäftsführungsbefugnis **150** 2
- Ende **131** 2
- Enteignung **131** 10
- fortgesetzte Ges **134**
- Fortsetzung **Anh 105 HGB-MoPeG 142** 1; **131** 30, 31, 33; **144**
  - mit Erben **139**
  - nach Tod **131** 18; **139**
- Fortsetzungsklausel **131** 78–80
- gerichtliche Entscheidung **Anh 105 HGB-MoPeG 139** 1; **131** 4, 14; **133**
- Ges auf Lebenszeit **134**
- Geschäftsunterlagen **Anh 105 HGB-MoPeG 152** 1
- Gesellschafter-Ges **131** 20
- Gründe **Anh 105 HGB-MoPeG 138** 1; **131** 11–17, 85
- HdlRegister **143**
- Insolvenz **131** 13, 22, 77; **143** 1
- Klage **133** 13
- Kündigung **131** 1, 23
- MoPeG **131** 85; **133** 22; **139** 65; **143** 7
- im Prozess **124** 44
- Rechtsfolgen **131** 29–33
- Scheinerbe **131** 76
- Tod **131** 18, 25,29
- Umwandlung **131** 8, 9, 21
- Unternehmenserhaltung **131** 1
- Vereinbarung **133** 18–21
- Vermögenslosigkeit **131** 10, 16
- wichtiger Grund **133** 5–12
- Wirkung **145** 1; **156**
- Zeitablauf **131** 11
- ZweipersonenGes **131** 19, 81

Auflösung (PublikumsGes) Anh 177a 83
Auflösung (Stille Ges) 234 1
Aufnahme s Eintritt
Aufrechnung 86 17; **87** 32, 50; **87a** 11, 19; **88a** 2; **89b** 76, 79
- durch ArbG **59** 47
- des Ausscheidenden **131** 56
- Gehalt **59** 82
- OHG **129** 11–14
- Prospekthaftungsanspruch **Anh 177a** 65
- Provision **87** 32, 50

3083

Sachverzeichnis

- Übernahmepreis, gestundeter **89b** 76, 79
- Verkehrsvertrag **(18)** ADSp 19
- vertragliches Verbot **88a** 2

Aufrechnungsverbot (8) AGB-Banken 4 1–5

Aufschiebende Bedingung 87 7, 38; **87a** 1–5

Aufsichtsrat s auch Beirat
- KG **163** 12; **Anh 177a** 31
- OHG **114** 27

Auftragsbestätigung 346 16, 34

Auftragsrecht 86 6 f.

Aufwandsrückstellungen Einl vor **238** 64; **249** 6; **253** 13

Aufwandszulagen 246 11a

Aufwendungen 84 46; **86** 2, 6, 14; **86a** 11, 14; **87** 1, 9; **87a** 9; **87b** 11; **87d**; **88a** 5; **89b** 19, 29, 35, 41; **90a** 20; s auch Handelsmakler, Kommission, Offene Handelsgesellschaft
- arbeitnehmerseitige **59** 102
- außerordentliche **275** 20; **277** 4
- betriebliche **275** 12, 33
- Eigenkapitalbeschaffung **248** 1
- für den Geschäftsbetrieb **269** (aF)
- Unternehmensgründung **248** 1
- aus Verlustübernahme **277** 3
- Versicherungsverträge **248** 2

Aufwendungsersatzanspruch
- der Bank **(7)** BankGesch C12 f., 29, 50, 59, F9; **(8a)** AGB-WPGeschäfte 3 3
- des Frachtführers **410** 3; **419** 4; **420** 1
- in der GbR **110** 16
- der Gfter **110**
- des HdlVertreters **87d**
- Insolvenztabelle, Anmeldung zur **110** 6
- Kommissionär **396** 5–7
- Lagerhalter **474**
- MoPeG **110** 22
- Sparkasse **(9)** AGB-Spark 18
- Spediteur **(18)** ADSp 17
- ggü Stillem **230** 18

Auktion Einl vor **1** 61

Auktionshaus
- Haftung **383** 4

Ausbildungskosten 59 70

Auseinandersetzung (OHG) s auch Auflösung, Ausscheiden, Liquidation
- Anwachsung **131** 39
- nach Auflösung **145** 1–2, 8; **158**
- Aufschub **145** 9
- mit Ausgeschiedenem **131** 38
- Begriff **131** 2
- Einbringung **145** 10
- MoPeG **145** 13; **158** 3
- Naturalteilung **145** 10
- Pfändung **124** 21; **135** 7
- Übernahme durch Gfter **145** 10
- Übertragung **109** 15–22; **124** 21
- Umwandlung **145** 1

Auseinandersetzungsbilanz 131 50–51
- PublikumsGes **Anh 177a** 85

Ausfallhaftung s Verbundene Unternehmen

Ausfuhrabfertigung (6) Incoterms 2020 Einl 52

Ausführungsfrist (7) BankGesch C13, 24, 38, 48

Ausführungsverhältnis
- Kartenzahlung **(7)** BankGesch F52–64
- Lastschrift **(7)** BankGesch D46–55
- Überweisungsverkehr **(7)** BankGesch C89–105

Ausgleichsanspruch 84 10, 12, 15, 19, 31; **85** 2; **86** 2, 8, 14, 28; **88a** 5; **89** 5, 18, 26; **89a** 18, 33; **89b**; **90** 7; **90a** 6, 18 ff., 25; **92** 3, 9; **92b** 8; **92c** 6, 7, 10 ff.
- Abtretbarkeit **89b** 5
- Anrechnung **85** 2
- Anspruchsgegner **89b** 4
- ausländisches Recht **92c** 6, 10–12
- Ausschlussfrist **89b** 77 ff.
- Bausparkassenvertreter **89b** 95; **92** 3, 9
- Beweislast **89b** 22
- Billigkeitserwägungen **89b** 23
- Buchauszug **87c** 13
- Delkredereprovision **89b** 25, 50
- Eingriffsnorm **92c** 10a
- bei Eintritt **89b** 68
- Ermessen des Gerichts **89b** 81
- fehlerhafter HdlVertretervertrag **89** 5
- Freistellung **89b** 70
- bei Geheimhaltungspflicht **90** 7
- HdlGehilfe **89b** 4
- „Ingmar"-Rspr **92c** 10–10a
- Inkassoprovision **89b** 28, 50
- bei Konzern **89b** 1, 18, 20
- Kündigung des HdlVertretervertrags **89** 18, 26; **89a** 18, 33
- künftiger **89b** 5
- Mindestausgleichsanspruch **89b** 96
- Nebenberuf **92b** 8
- Neukunden **89b** 14
- Pfändungsschutz **89b** 85
- Prozess **89b** 81–85
- Rechtsnatur **89b** 1–3
- Reichweite **89b** 4
- Revisionsgericht **89b** 84
- bei Schuldübernahme **89b** 68, 75
- Teilklage **89b** 81
- Teilurteil **89b** 83
- unselbständiger Vermittler **89b** 4
- Unternehmensausgliederung **89a** 5
- Untervertreter **84** 31
- Vergleich **89b** 74
- Verjährung **89b** 77
- Verpfändbarkeit **89b** 5
- Versicherungsvertreter **89b** 96; **92** 3, 9
- Vertragshändler **84** 10, 12, 19
- Verwirkung **89b** 80
- Voraussetzungen **89b** 6–44
- Wettbewerbsverbot **90a** 6, 18 ff., 25
- bei Wettbewerbsverstoß **86** 28; **90a** 6, 18–20, 25

Sachverzeichnis

- Zugewinnausgleich **89b** 5
- Zurückbehaltungsrecht **88a** 5
- **Ausgleichsquittung 59** 80
- **Aushilfsarbeitsverhältnis 59** 10
- **Auskunft 54** 5; **84** 11; **86** 6, 32, 40; **86a** 17; **87c** 1, 11, 13, 16, 23 f.; **89a** 34, 40; **89b** 82; s auch Haftung, Handelsvertreter
- Banken **(7)** BankGesch A14, 15, **(8)** AGB-Banken **2** 3–8
- Bank-zu-Bank-Auskunft **347** 19
- Dritthaftung **347** 19
- wegen Firma **17** 42
- HdlGehilfe **59** 53, 98, 144; **74c** 6
- KG **166**
- OHG **118; 145**
- Sachverständiger **347** 21
- stille Ges **233**
- US-Auskunftsersuchen **(7)** BankGesch A10
- Wirtschaftsprüfer **347** 21
- **Auskunftsanspruch**
- Kdtist **Anh 177a** 72
- presserechtlicher **(14)** BörsG 10
- Verjährung **347** 39
- **Auskunftsvertrag 347** 13
- anwendbares Recht **347** 41
- **Ausländer**
- Arbeitsvertrag **59** 37
- **Ausländischer Handelsvertreter 92c** 4 ff.
- **Ausländischer Unternehmer 92c** 8 ff.
- **Auslage**
- Zinspflicht **354** 6
- **Ausland**
- Arbeitsrecht **59** 168–170
- Auslandsgeschäfte **(7)** BankGesch N2
- Firma **17** 48–49
- Garantie **349** 23
- HdlGehilfe **59** 168–170
- HdlRecht **Einl vor 1** 36–46
- HdlVertreter **92c** 4–7
- Internationale Handelskammer s dort
- Kauf **Einl vor 373** 45–51; **377** 61
- Kommission **383** 30–32
- Patronatserklärung **349** 23
- Schiedsgericht **Einl vor 1** 114
- Vertragshändler **92c** 2; **Einl vor 373** 45
- WP-Kauf/-Verwahrung **(13)** DepotG 22
- **Auslauffrist 89a** 4
- **Auslegung Einl vor 343** 12
- Bilanzrecht **Einl vor 238** 46
- europarechtskonforme **Einl vor 1** 30
- GesVertrag **105** 49, 58–60, 63, 68, 93
- **Ausleihungen 264c** 1
- **Auslieferung 475e**
- **Ausscheiden** s auch Auflösung, Auseinandersetzung, Ausschließung, Kündigung
- Abfindung **Anh 105** HGB-MoPeG **135** 1; **131** 48–57
- Abfindungsbeschränkungen **131** 64–66
- Abfindungsklauseln **131** 58–73
- Abschichtungsbilanz **131** 50–51, 54, 57
- abweichende Vereinbarung **131** 82–84
- Anmeldung **143**
- Aufrechnung **131** 56
- Auskunft **131** 47
- Auszahlung **131** 47
- Befreiung von Schulden **131** 42–43
- Begriff **131** 2
- Bereicherung **128** 30
- Debetsaldo **131** 55
- Durchsetzungssperre **131** 48
- Fehlbetragshaftung **Anh 105** HGB-MoPeG **136** 1
- Firma **24**
- Fortsetzung **105** HGB-MoPeG **131** 1; **131** 34
- Fortsetzungsklausel **131** 83; **139** 1
- Gesamtabrechnung **131** 44
- Gesellschafter-Ges **131** 20, 36
- Gründe **131** 18–28
- Haftung **128** 5; **159; 160**
- HdlRegister **143**
- Informationsrecht **118** 2; **131** 52
- Insolvenz **131** 22
- Kündigung **131** 23
- MoPeG **13** 85
- Nachfolgeklausel
  - einfache **139** 2, 10–13
  - qualifizierte **139** 2, 14–18
  - rechtsgeschäftliche **139** 56–58
- Nachhaftung **Anh 105** HGB-MoPeG **137** 1
- Prozess **131** 57
- PublikumsGes **Anh 177a** 84
- Rechenschaft **131** 47
- Rechtsfolgen **131** 34–47
- Schiedsgutachter **131** 53
- schwebende Geschäfte **131** 45–46
- Tod **131** 18; **139** 1
- Umwandlung **131** 21
- Umwandlungsklausel **139** 2
- Verlustausgleich **131** 55
- Zeitpunkt **131** 23
- ZweipersonenGes **131** 19, 35, 84
- **Ausschließlichkeitsbindung 54** 11; **84** 10; **86** 36, 38
- **Ausschließung** s auch Auseinandersetzung, Ausscheiden
- nach Auflösung **131** 20; **140** 18
- Auseinandersetzung **140** 26
- Gründe **140** 5–13
- Kdtist **140** 10
- Kernbereichslehre **140** 31
- KG-phG **140** 6, 8
- Klage **140** 17–23
- MoPeG **140** 34
- Privatsphäre **140** 11
- Sittenwidrigkeit **140** 32
- Treuepflicht **140** 31
- Urteil **140** 22–23
- Vereinbarung **140** 28–33
- Verfahren **140** 17–23
- Vergleichsvorschlag **140** 23

Sachverzeichnis

- ZweipersonenGes **140** 3–4, 14–16
- Ausschließungsklage **Anh 105** HGB-MoPeG **130** 1, **134** 1
- **Ausschlussfrist beim Ausgleichsanspruch 89b** 77 ff.
- **Ausschreibung 59** 37
- **Ausschüttungssperre 253** 33; **268** 9, 10; **274** 7
- **Außendienst 55; 75g; 75h**
- **Außengesellschaft Einl** vor **105** 11
  - Rechtsfähigkeit **Einl** vor **105** 45
- **Außenhaftung, beschränkte Einl** vor **105** 16
- **Außenhandel** s Ausland
- **Außenhandelsfinanzierung (7)** BankGesch G26
- **Außerordentliche Kündigung 54** 19, 21; **84** 11; **86** 14, 23; **87** 32; **89** 6, 8, 10, 16, 23; **89a; 89b** 7, 9, 64; **90a** 8
- **Aussperrung 59** 30–31b
- **ausstehende Einlagen** s Eigenkapital
- **Austritt** (OHG) s Ausscheiden, Kündigung
- **Ausweiskontinuität 243** 8; **252** 25; **265** 1; **284** 3
- **Auszubildender 59** 23
- **automatisierte Zahlungssysteme (7)** BankGesch F19–31
- **Aval 349** 4, 21; **(7)** BankGesch G27

- **back-to-back credit** s BankGesch
- **BaFin (7)** BankGesch A4–5, 11
  - Abwicklungsanordnung **Anh 177a** 85
  - Bilanzkontrolle **Einl** vor **316** 15e
  - Börsenaufsicht **(14)** BörsG **3** 1a
- **Baisse 346** 40
- **„baldmöglichst" 346** 40
- **Bank** s auch Kreditinstitut
  - Begriff **(7)** BankGesch A4
  - Bezeichnungsschutz **(7)** BankGesch A5
  - Insolvenz **(7)** BankGesch A59
  - Zeugnisverweigerungsrecht **(7)** BankGesch A12–13
- **Bank Payment Obligations (BPO) (7)** BankGesch K1a
- **Bankauskunft (7)** BankGesch A14, 30–33, 54, E8, K6; **(8)** AGB-Banken **2** 3–8
  - Bank-zu-Bank-Auskunft **347** 19; **(7)** BankGesch A30–33
  - Entgeltklausel **(7)** BankGesch A14
  - HdlVertreter **86** 21
  - Sparkasse **(9)** AGB-Spark **3**
- **Bankbilanzrichtlinie 340** 2
- **Bankbilanzrichtlinie-Gesetz 340** 1
- **Bankbürgschaft (7)** BankGesch L18
- **Bankenerlass (7)** BankGesch A13
- **Bankenpfandrecht (8)** AGB-Banken **14**
- **Bankenrettung 230** 1
- **Bankenrichtlinie (1)** EGHGB **69**
- **Bankgarantie (7)** BankGesch L1 ff.; s auch Akkreditiv, Garantie
- **Bankgeheimnis (7)** BankGesch A7, 9–16, 51, 56; **(8)** AGB-Banken **2** 1–2

Bankgeschäfte (7) BankGesch; **(8)** AGB-Banken; **(9)** AGB-Spark; **(10)** AGB-Anderk; s auch Börse
- Abschlusspflicht **(7)** BankGesch A6
- Abtretung von Darlehensforderungen **(7)** BankGesch A9, G5a
- AGB **(7)** BankGesch A8; **(8)** AGB-Banken
- Akkreditiv **(7)** BankGesch K1–28
- Akten- und Speicherwissen **(7)** BankGesch A16
- Akzeptantenwechsel **(7)** BankGesch J1, 3
- Akzeptkredit **(7)** BankGesch G1, 25
- Anderkonto **(7)** BankGesch A44; **(10)** AGBAnderk
- Anlageberatung **347** 8–22; **(7)** BankGesch A4, 29
- Anlegerentschädigung **(7)** BankGesch A57a–57b
- Annuitätendarlehen **(7)** BankGesch G7
- Anschaffungsdarlehen **(7)** BankGesch G50
- arglistige Täuschung **(7)** BankGesch G9b–9d, 41
- Aufklärung und Beratung **(7)** BankGesch A16–29, G3, 46–47
- Aufsicht **Anh 177a** 54; **(7)** BankGesch A4–5
- Aufspaltungsrisiko **(7)** BankGesch G46
- Ausfuhrgewährleistungen **(7)** BankGesch N3
- Auslandsgeschäfte **(7)** BankGesch N2
- außerbetrieblicher Bankverkehr **(7)** BankGesch A7
- automatisierte Zahlungssysteme **(7)** BankGesch F19–31
- Avalkredit **(7)** BankGesch G27
- Avisbank **(7)** BankGesch K2
- back-to-back credit **(7)** BankGesch K24
- Basel II **(7)** BankGesch G4
- Basiskontovertrag **(7)** BankGesch A6; **(8)** AGB-Banken **Einl** 2, **19** 8–13
- Bauherrenmodell **(7)** BankGesch G53
- Begriff **(7)** BankGesch A4
- Bestätigungsbank **(7)** BankGesch K2
- cpd-Konto **(7)** BankGesch A42
- Darlehen
  - freies **(7)** BankGesch G54
  - hochverzinsliches **(7)** BankGesch G10
  - Rückgewähr **172a** (aF)
  - sittenwidriges **(7)** BankGesch G10, 10a–10c
  - Vermittler **(7)** BankGesch G38
- Datenschutz **(7)** BankGesch A53–55
- deferred-payment-Akkreditiv **(7)** BankGesch K2a–4, 20
- Depotgeschäft **(7)** BankGesch W1; **(13)** DepotG; s auch Wertpapier
- Devisenhandel **(7)** BankGesch N1–3
- Digitalisierung **(7)** BankGesch A3a
- Disagio **(7)** BankGesch A4
- Diskont **(7)** BankGesch J1–6

Sachverzeichnis

- Dokumentenakkreditiv s Akkreditiv
- Dokumenteninkasso **(7)** BankGesch M1–2
- Dokumentenstrenge **(7)** BankGesch K6–6b, 14, L1, 4, 9
- Drittstaateneinlagenvermittlung **93** 6
- Dritttäuschung **(7)** BankGesch G41
- Effektenemission s dort
- Ehegattenmitverpflichtung **(7)** BankGesch G8
- Einheitliche Richtlinien und Gebräuche für Dokumenten-Akkreditive s dort
- Einheitliche Richtlinien für Inkassi s dort
- Einlagenentschädigung **(7)** BankGesch A57b
- Einlagengeschäft **(7)** BankGesch B1–6
- Einlagensicherung **(7)** BankGesch A57a; **(8)** AGB-Banken **Einl** 2, **20**
- Einwendungsdurchgriff **(7)** BankGesch G42–45
- elektronisches Geld **(7)** BankGesch A4
- Emission **383** 32; **(7)** BankGesch Y1–4
- emotionale Bindung **(7)** BankGesch G10a
- Entgelte **(7)** BankGesch A8, C50, 51
- Erlaubnis zum Betreiben **(7)** BankGesch A5
- Eurocheck **(7)** BankGesch E9
- Factoring **(7)** BankGesch O1–8
- Fernabsatzvertrag **(7)** BankGesch G9e
- Finanzbehörden **(7)** BankGesch A13
- Finanzdienstleistung **(7)** BankGesch A4
- Finanzdienstleistungsinstitut **(7)** BankGesch A4
- Finanzholding **(7)** BankGesch A4
- Finanzierungsdarlehen **(7)** BankGesch A26, G34–54, P12
- Finanzierungshilfen **(7)** BankGesch G34
- Finanzierungsleasing **(7)** BankGesch P1–19
- Finanzierungsrolle **(7)** BankGesch A25
- Finanzinstrumente **(7)** BankGesch A4
- Finanzkonglomerate **(7)** BankGesch A4
- Finanzsicherheiten **(7)** BankGesch A4
- Finanztermingeschäft **(7)** BankGesch S 1
- Finanzunternehmen **(7)** BankGesch A4
- Forfaitierungsgeschäft **(7)** BankGesch J4–4a
- Fremdkonto **(7)** BankGesch A41; **(10)** AGB-Anderk **Einl** 1–4
- Garantie s dort
- Garantiedividende für Kdtisten **Anh 177a** 66f
- Garantiegeschäft **(7)** BankGesch L1–19
- Geheimnis **(7)** BankGesch A9–10
- Geldkarte **(7)** BankGesch F13–18
- Geldmaklergeschäfte **93** 6
- Geldwäsche **(7)** BankGesch A12
- Gemeinschaftskonto **(7)** BankGesch A38
- gemischte Unternehmen **(7)** BankGesch A4
- Geschäftsbetrieb, Einstellung **Anh 177a** 54
- Geschäftsleiter **(7)** BankGesch A4
- Geschäftsverbindung **(7)** BankGesch A6–7; **(8)** AGB-Banken **18, 19**
- gesetzliches Schuldverhältnis **(7)** BankGesch A7, 34
- Giroüberweisung s dort
- Gleichbehandlung **(7)** BankGesch A6
- Globalzession **(7)** BankGesch H1–6, O7–8
- Grundlagen **(7)** BankGesch A1–60
- Haftung **347** 8–22; **(7)** BankGesch A30–35, E1–8, 2–18, G28–32; **(8)** AGB-Banken **3**
- gegenüber Dritten **(7)** BankGesch A30–35
- Hausbank **(7)** BankGesch G28
- Haustürgeschäft **(7)** BankGesch G9a, 9e
- Hypothekenbankkredit **(7)** BankGesch G22
- Immobilien(fonds)geschäfte **(7)** BankGesch A25, G9b, 36, 40, 53
- Inkasso **(7)** BankGesch E6, M1–5; s auch dort
- Insiderinformationen **347** 31; **(7)** BankGesch A10, 20
- Insolvenz **(7)** BankGesch A58–59
- Insolvenzverschleppung **(7)** BankGesch G31–32, H5
- Interessenkonflikt **(7)** BankGesch G47
- Interessenwahrungspflicht **(7)** BankGesch A6, 25
- internationaler Bankverkehr **(7)** BankGesch A60, N2
- Investmentgeschäft **(7)** BankGesch X1
- Issuing Bank **(7)** BankGesch K2
- Kartenzahlung s dort
- Kassageschäft **(7)** BankGesch N1
- Kennwort **(7)** BankGesch B5
- Knebelung **(7)** BankGesch H3, 5
- Konsortialgeschäft **(7)** BankGesch Y1–4
- Kontenwahrheit **(7)** BankGesch A47
- Konto **(7)** BankGesch A36–52
- Konto pro Diverse **(7)** BankGesch A42
- Kontoarten **(7)** BankGesch A36–47
- Kontoeröffnung **(7)** BankGesch A49
- Kontofähigkeit **(7)** BankGesch A48
- Kontoinhaber **(7)** BankGesch A48, 50
- Kontokorrentkredit **(7)** BankGesch G20
- Kontopfändung **357**; **(7)** BankGesch B6
- Kontoüberziehung **(7)** BankGesch G14; **(8)** AGB-Banken **12** 4
- Kontovollmacht **(7)** BankGesch A37, 52
- Kontrahierungszwang **(7)** BankGesch A6
- Kreditauskunft **(7)** BankGesch A15; s auch Bankauskunft
- Krediteröffnungsvertrag s dort
- kreditfinanzierte Immobilien(fonds)geschäfte **(7)** BankGesch G5, 36, 53
- Kreditgeschäft **(7)** BankGesch G1–50
- Kreditkarte **(7)** BankGesch F32–97
- Kreditsicherung **(7)** BankGesch G, H1–6

3087

Sachverzeichnis

- Kündigung **(7)** BankGesch G14–19a; **(8)** AGB-Banken **18, 19**
- Kundenbeschwerden **(7)** BankGesch A56
- KWG **(7)** BankGesch A4
- Lastschrift **(7)** BankGesch D1–60; s auch dort
- Leasing **(7)** BankGesch P1–19
- Lohnabtretung **(7)** BankGesch H5
- Lombardkredit **(7)** BankGesch G21
- Mantelzession **(7)** BankGesch H1
- Metageschäft **(7)** BankGesch Y4
- Mindestanforderungen der BaFin (MaRisk ua) **(7)** BankGesch A4
- Missbrauch der Vertretungsmacht **(7)** BankGesch A22
- Negativklausel **(7)** BankGesch H1
- Negativzinsen **(7)** BankGesch B1
- „neutrale" **(7)** BankGesch A6
- Nummernkonto **(7)** BankGesch A47
- Oder-Konto **(7)** BankGesch A39
- Ombudsmann **(7)** BankGesch A56; **(8)** AGB-Banken **Einl** vor **1** 3, **21**
- Optionsgeschäft **(7)** BankGesch N1
- Passivgeschäft **(7)** BankGesch B1–6
- Pensionsgeschäft **(7)** BankGesch J5
- Personalkredit **(7)** BankGesch G54
- Pfandbriefdarlehen **(7)** BankGesch G23
- Pfandklausel **(8)** AGB-Banken **14**
- postmortale Vollmacht **(7)** BankGesch A51
- prämienbegünstigtes Sparen **(7)** BankGesch A23, B3
- Preisangaben **(7)** BankGesch G5
- Projektfinanzierung **(7)** BankGesch A25, G29, 47
- Rahmenvertrag **(7)** BankGesch G34, 36, P4
- Rechtswahl, freie **(7)** BankGesch A60
- Reisescheck **(7)** BankGesch E9–18
- Rektapapier **(7)** BankGesch E11
- Rembourskredit **(7)** BankGesch G26
- Repo-Geschäft **(7)** BankGesch T1
- revolvierender Kredit **(7)** BankGesch G3, 20, 25
- Rückzahlung an Nichtberechtigte **(7)** BankGesch B4–5
- Safevertrag **(7)** BankGesch V1
- Scheckauskunft **(7)** BankGesch E8
- Scheckeinziehung **(7)** BankGesch E6–7
- Scheckgeschäft **(7)** BankGesch E1–5; **(8)** AGB-Banken **9**
- Scheck-Wechselverfahren **(7)** BankGesch J1
- Schenkung auf Todesfall **(7)** BankGesch A51
- Schlichtung **(7)** BankGesch A56
- Schrankfächer **(7)** BankGesch V1
- Schufa **(7)** BankGesch A55
- Schuldscheindarlehen **(7)** BankGesch G24
- Scoring **(7)** BankGesch A53
- Sicherheiten **(7)** BankGesch H1–6; **(8)** AGB-Banken **13–17**
- Sicherheitenaustausch **(7)** BankGesch G19a
- Sicherheitenpool **(7)** BankGesch H1
- Sicherungsklauseln **(7)** BankGesch H5
- Sonderkonto **(7)** BankGesch A43; **(10)** AGB-Anderk **Einl** 1–3
- Sparbuch **(7)** BankGesch A50, 51, B1, 3, 5
- Spareinlagen **(7)** BankGesch B1, 3–5
- Sparkassen (AGB) **(8)** AGB-Banken **Einl** vor **1** 4; **(9)** AGB-Spark
- Sparkonto **(7)** BankGesch B4–5
- Sperre s GeldKarte, Kreditkarte, Schecksperre
- Sperrkonto **(7)** BankGesch A46, B5
- Steuerbehörden **(7)** BankGesch A13
- Stornierung **(8)** AGB-Banken **8**
- Swapgeschäfte **(7)** BankGesch A29, N1
- Termingeschäft **(7)** BankGesch N1; s auch Börse
- Todesfall **(7)** BankGesch A9, 13, 51; **(8)** AGB-Banken **5**
- Tresor **(7)** BankGesch V1
- Treuhändervollmacht, nichtige **(7)** BankGesch A25, G9b
- Treuhandkonto **(7)** BankGesch A45; **(10)** AGB-Anderk **Einl** 1–4
- Überforderung, finanzielle **(7)** BankGesch G10a–10b
- Überweisung s dort
- Überziehung **(7)** BankGesch G2, 4; **(8)** AGB-Banken **12** 4
- umgekehrter Wechsel **(7)** BankGesch J1
- Und-Konto **(7)** BankGesch A40
- Unterakkreditiv **(7)** BankGesch K24
- Verbraucherdarlehen **(7)** BankGesch A55, G34, 36, P12
- Verbrauchervertrag, internationaler **(7)** BankGesch A60
- verbundenes Geschäft **(7)** BankGesch A25, G9a–9b, 39–40
- Verfahrensrecht **(7)** BankGesch A56–59
- Vermögensverwaltung **(7)** BankGesch A17, 29, U1
- Verrechnungsscheck **(7)** BankGesch E2
- Vollmachten **(7)** BankGesch A52
- Vorausquittung **(7)** BankGesch G44
- Vorbehaltsgutschrift **(7)** BankGesch E6
- Vorfälligkeitsentschädigung **(7)** BankGesch G4, 19a
- Währungsguthaben **(8)** AGB-Banken **10**
- Warnpflicht **(7)** BankGesch A16–29, 58, B1, G3, 46–47
- Wechsel **(7)** BankGesch J1–2
- Wechselrembours **(7)** BankGesch G26
- Wertpapierdarlehen **(7)** BankGesch T1
- Wertpapiergeschäft **(7)** BankGesch Q1–3; **(8)** AGB-WPGeschäfte; **(13)** DepotG; s auch dort
- Wissensvorsprung **(7)** BankGesch A25, G9c
- Wissenszurechnung **(7)** BankGesch A16

Sachverzeichnis

– Wohlverhaltensregeln **(7)** BankGesch V1
– Zahlstellen **(7)** BankGesch K2
– Zahlungsdienste s dort
– Zahlungsverkehr, bargeldloser s dort
– Zentralbankabrechnung **(7)** BankGesch A24
– Zins **(7)** BankGesch G4
– Zinsanpassung **(7)** BankGesch G10c–10d
Bankholdingunternehmen
– Konzernrechnungslegung **340i** 3
Bankier 367 4
– Bezeichnungsschutz **(7)** BankGesch A5
Bankkonsortien (7) BankGesch Y1, 2
Bankkunden-Karte
– Deckungsverhältnis **(7)** BankGesch C33–82
– Giro- bzw. Zahlungsdiensterahmenvertrag **(7)** BankGesch C20–32
– Inkasso- oder Ausführungsverhältnis **(7)** BankGesch C89–105
– Interbankenverhältnis **(7)** BankGesch C83–88
– neues Recht **(7)** BankGesch C–19
– Valutaverhältnis **(7)** BankGesch C106–110
Bankleitzahl (8) AGB-Banken **11** 5
Bankrisiko 340f; 340g
Banktochter
– Anlageberatung **347** 30
Bankvertrag (7) BankGesch A6
Bank-zu-Bank-Auskunft 347 19; **(7)** BankGesch A30–33
Bankzweigniederlassungs-Richtlinie 340 2
„**bar**" **346** 40
Barabhebung (7) BankGesch C7
Bardepot (7) BankGesch L1, N2
Bareinzahlung (7) BankGesch C7, 26
bargeldloser Zahlungsverkehr (7) BankGesch C ff., D1 ff., E1 ff., F1 ff.
Barzahlung (7) BankGesch C6, 20
– Annahmeverweigerung **(7)** BankGesch C106
Barzahlungsklausel (7) BankGesch C106
Basel II (7) BankGesch G4
Basler Übereinkommen (2) LkSG **2, Anl**
Basiskontovertrag (7) BankGesch A6, C50; **(8)** AGB-Banken **Einl** 2
– Kündigung **(8)** AGB-Banken **19** 8–13
Basketzertifikat 347 30c
Bauherrenmodell 350 2–3; **(7)** BankGesch G53
– Prospekthaftung **Anh 177a** 60; **347** 30e
Bausparkassenmakler 104 2; s auch Handelsmakler
Bausparkassenvertreter 84 37; **87a** 15; **89b** 4, 17, 25 ff., 86; **90a** 17; **92; 92a** 5; **92b** 2, 6; s auch Handelsvertreter
– anwendbares Recht **92** 3
– Ausgleichsanspruch **89b** 4, 17, 25 ff., 86
– Definition **92** 2
– Einmalprovisionsregelung **92** 9

– Gleichbehandlung **84** 3
– Mehrfirmenvertreter **92a** 5; **92b** 2
– Nebenberuf **92b** 6
– Provisionsanspruch **92** 7–9
– provisionspflichtige Geschäfte **92** 4–6
– Zuweisung **92** 6
Bausparvertrag, Kündigung (7) BankGesch G17
Bauträgermodell
– Makler- und BauträgerVO **93** 3
– Prospekthaftung **Anh 177a** 60; **347** 30e
Bedienstete s Haftung
Befangenheit
– Abschlussprüfer **318** 14; **319** 5–13
Beförderung
– Arbeitnehmer **59** 96
– gebrochene **452** 4
– gefährliches Gut **410; 414** 2; **451b** 2
– Güterbeförderung **407** 6, 8
– Güterkraftverkehr s dort
– Personenbeförderung **407** 7
– Teilbeförderung **416** 1
– vorzeitiges Ende **420** 2
Beförderungshindernisse 419 1; **(17)** CMR **14**
Beförderungssicherheit 412 1
Befrachter 407 1, 16
Begebungsvertrag 444 1
Begleitpapier 413; 451b; 468 1
– Pfandrecht **440** 1, 6; **475b** 1
Behaltensklausel 347 30f
beherrschender Einfluss Einl vor **238** 41; **290** 7–13
Beherrschungsvertrag 290 12
– Insiderinformationen **(16a)** MAR **7** 16
behindertengerechte Beschäftigung 59 93
Behinderung s Schwerbehinderte
Behörde
– kfm Bestätigungsschreiben **346** 18
Beihilfe (7) BankGesch A4
Beirat s auch Aufsichtsrat
– GmbH & Co **Anh 177a** 31
– PublikumsGes **Anh 177a** 75
Beizulegender Zeitwert 255 25, 26
Bekanntmachung 8 2d; **10; 11; 325–329**;
s auch Offenlegung
– Abrufbarkeit, erstmalige **10** 3
– Insolvenzverfahren **32** 3
– Registerbekanntmachung **10** 4
– Zeitpunkt **10** 5–6
– Zugänglichmachung, öffentliche **8** 2d
Beleidigung 89a 17; **89b** 67
Belgien Einl vor **1** 36
Bemühenspflicht 86 12 f.
BEN-Klauseln (7) BankGesch C41
Benachrichtigungen (6) Incoterms 2020 **Einl** 55
Beratung s auch Anlageberatung
– anleger- und objektgerechte Beratung **Anh 177a** 66b; **347** 23
– uneigennützige **347** 30

3089

Sachverzeichnis

Beratungsvertrag 84 50; **347** 13–15; **377** 49
– Dauerberatungsvertrag **347** 14
Berechnungsgrundlage 86b 10; **87b** 1, 4, 13
Bereicherung
– ausgeschiedener Gesellschafter **128** 30
Bereicherungsausgleich (7) BankGesch C110, D50–55, 60, E5, F59, 67, G58–60
Bereichsöffentlichkeit (16a) MAR 7 8
Bereinigung Einl vor **1** 12
Bergwerkseigentum 246 14
Bericht, gesonderter nichtfinanzieller Einl vor **238** 21–22, 40–41; **289b** 4-4a; **315b** 4
Berichtsformat, einheitliches europäisches elektronisches s ESEF
Berufsausübungsgesellschaften Einl vor **105** 51; **105** 108–109
BerufsbildungsG 59 12
Berufshaftung 347 22
Beschäftigungs- und Qualifizierungsgesellschaft 59 18
Beschlagnahme 17 34, 43
Beschluss 119; s auch Auflösung
Beschlussfassung
– MoPeG **119** 42
– OHG **119**
– Personengesellschaft **Anh 105** HGB-MoPeG **109** 1
Beschlussmängelrecht Einl vor **105** 42–43, 52
– Anfechtungsbefugnis **Anh 105** HGB-MoPeG **111** 1
– Anfechtungsklage **Anh 105** HGB-MoPeG **112** 1, **113** 1
– Anfechtungsklage, Verbindung mit Feststellungsklage **Anh 105** HGB-MoPeG **115** 1
– Klagefrist **Anh 105** HGB-MoPeG **112** 1
– Nichtigkeitsklage **Anh 105** HGB-MoPeG **114** 1
– Personengesellschaft **Anh 105** HGB-MoPeG **110** 1
– Rechtsschutzbedürfnis **Anh 105** HGB-MoPeG **111** 1
Beschlussmängelstreitigkeiten Einl vor **1** 110, 113
Besichtigung 346 40
Besichtigungsklausel Einl vor **373** 3
Besitz
– am Beförderungsgut **440** 1
– der Ges **124** 36
Besitzmittlung (13) DepotG 3 1, 6 2
Besitzpfandrecht 440 7–8; **475b** 3; s auch Pfandrecht
Besserung 346 40
best effort (7) BankGesch Y3
Bestätigung
– Rechtsgeschäft **350** 6
Bestätigungsklauseln Einl vor **343** 9

Bestätigungsschreiben
– Beweisurkunde **346** 17
– kfm bzw. berufliches **346** 16–29
Bestätigungsvermerk 316 2; **321** 11; **322**; **328**
– Haftung **323** 7, 7c
– Kapitalmarktinformationen, öffentliche **Einl** vor **316** 15c
– Nichterteilungsvermerk **322** 15
– Verbandsgeldbuße **334** 2
– vorsätzlich falscher **Einl** vor **316** 15a; **332**
– vorsätzliche sittenwidrige Schädigung **Einl** vor **316** 15c
– Wirksamkeit **322** 19
Bestandsaufnahme s Inventar
Bestandspflegeprovision 92 7
Bestandsveränderungen 277 2
Bestechung 59 142
Bestimmtheitsgrundsatz 161 7; **Anh 177a** 69a
– Minderheitenschutz **119** 37–40
– PublikumsGes **Anh 177a** 53
Bestimmungskauf Einl vor **373** 54; **375**
– AGB-Kontrolle **375** 14
– Gattungsschuld **375** 4
– Rücktritt **375** 10
– Schadensersatz **375** 9
– Selbstbestimmung **375** 7–8
– Selbstspezifikation **375** 6, 7
– Wahlschuld **375** 2–3
Bestimmungspflicht 375 I; **375** 5
– Schuldnerverzug **375** 6
Beteiligungen
– Bankenbeteiligung **340a** 6
– Bilanz **271**
– Konzernabschluss **271** 1–8; **285** 12; **312–314**
Beteiligungsaufbau
– Insiderhandelsverbot **(16a)** MAR **9** 13
Beteiligungsliste 285 12
Betrauung, ständige 84 41 ff.
Betreuung 1 32–35
betriebliche Altersversorgung
– HdlGehilfe **59** 12, 87–89
– HdlVertreter **87** 5; **89b** 39, 93
betriebliche Übung 59 7
Betriebsaufspaltung 1 18; **31** 8; **105** 2, 8, 13, 103–104
Betriebsbuße 59 49
Betriebseinstellung 89 4; **90a** 16
Betriebsgeheimnis 90; **(2)** LkSG **10** 5
Betriebsprüfungskosten
– Rückstellungen **249** 11
Betriebsrat
– Anhörung bei Kündigung **59** 122
– Mitbestimmung **59** 42
– Zustimmung **59** 37
Betriebsrente 59 87–89
Betriebsrisiko 59 74, **105**–110
Betriebsstätte 13 5
Betriebsstilllegung 86a 11 f.; **89b** 20, 57; s auch Geschäftseinstellung

Sachverzeichnis

Betriebsübergang 52 5; **59** 17–21a
– Identität der wirtschaftlichen Einheit **59** 18
– Wettbewerbsvereinbarung **74** 9
Betriebsumstellung 89a 7, 21; **90a** 16
Betriebsvereinbarung 59 5, 41
Betriebsverpachtung s Betriebsaufspaltung
betrügerisches Eigengeschäft s auch Arglist, Täuschung
– HdlVertreter **84** 55
Betrug 317 4
Beugestrafe 87c 12
Beurkundung
– Online-Verfahren **8** 2d
– Videokommunikation **8** 2d
Beurkundungskosten 255 3
Beweislast 54 9; **84** 12, 38; **86** 17, 44, 47; **87** 16; **87a** 15, 30; **87b** 2; **89a** 11, 34; **89b** 22 ff., 30, 44, 51, 55, 65, 71, 81; **92b** 3
Beweissicherung 55 4, 9 f.; **91** 2
– Kommission **388** 2
Beweisverwertungsverbot 59 94
Bewerbungsunterlagen 59 35
Bewertung 89a 27; **89b** 47; s auch Anhang, Handelsbücher
– Abfindung s dort
– absatzmarktorientierte **253** 19
– Abschreibungen s dort
– Anlagevermögen **253** 10–17
– Anschaffungskosten **253** 1, 2, 7; **255** 1–13
– Anzahlungen **252** 22
– beschaffungsmarktorientierte **253** 19
– Bilanzidentität **252** 6
– Bilanzkontinuität **252** 24–25
– Bitcoins **253** 19
– Börsenkurswert **Einl** vor **1** 53–54
– Börsenpreis **Einl** vor **1** 53; **253** 19
– discounted cash flow **Einl** vor **1** 53
– Durchschnittsbewertung **240** 8
– einheitliche **308**
– Einzelbewertung **240** 7; **252** 8–9; **256** 1
– Ergebnisbeeinflussung durch steuerrechtliche Bewertung **285** 6
– Ertragswert **Einl** vor **1** 53–54
– Erzeugnisse **253** 19, 24
– Falschbewertung **252** 12
– Festbewertung **240** 7, 10
– fifo s dort
– Firmenwert **255** 25–26, 30, 48
– Folgebewertung **248** 3; **253; 301** 10
– Forderungen **253** 26
– Forderungen, zweifelhafte **253** 26
– Fortführungsprinzip **252** 7
– Fremdwährungsanschaffungskosten **255** 2
– Fremdwährungsforderungen **253** 27; **256a**
– Fremdwährungsverbindlichkeiten **253** 2
– Gemeinkosten **255** 17–20
– Geschäftskosten **255** 25–26
– Geschäftswert **255** 25–26
– going concern **252** 7–7b
– Gruppenbewertung **240** 8, 10
– Herstellungskosten **255** 14–22
– IFRS **252** 10
– Imparitätsprinzip **252** 11
– im Internet **Einl** vor **1** 85
– Konzernabschluss **308**–**309**
– Kreditinstitut **340e**–**340g**
– lifo s dort
– Liquidationswert **Einl** vor **1** 53, 54
– Marktpreis **253** 19
– Marktpreisklauseln **Einl** vor **373** 33
– Marktwert **Einl** vor **1** 53, 54
– Mittelwert **Einl** vor **1** 53
– Periodenabgrenzung **252** 23
– Privatbilanzen **252** 4
– Realisationsprinzip **252** 18–23
– Rentenverpflichtungen **253** 3, 4, 9
– retrograde **253** 19
– Rückstellungen **253** 3
– Sammelbewertung **240** 8
– Schätzung **253** 26
– Schulden **253** 2
– schwebende Geschäfte **252** 21
– stand alone-Bewertung **Einl** vor **1** 54
– Steuerbilanz **252** 2; **256a** 3
– Stichtag **Einl** vor **1** 54; **252** 8–9, 11
– stille Reserven **252** 15–17
– Stuttgarter Verfahren **Einl** vor **1** 53
– Substanzwert **Einl** vor **1** 53, 54
– Überbewertung **252** 12
– Umlaufvermögen **253** 18–32
– Unterbewertung **252** 12
– Unternehmensbewertung **Einl** vor **1** 53, 54
– Verbindlichkeiten **253** 2–6
– Verbrauchsfolgeverfahren **256** 1
– Verlustantizipationsprinzip **252** 11
– verlustfreie **253** 19
– Vermögen **253** 1
– Verstoß gegen Bewertungsgrundsätze **252** 29
– Vorsicht **243** 9; **252** 10
– wertaufhellende Tatsachen **252** 8
– Wertberichtigung **253** 10
– wertbeeinflussende Tatsachen **252** 11
– Wertuntergrenze **Einl** vor **1** 53, 54
– Zerobonds **253** 2, 29
– Zerschlagungswert **Einl** vor **1** 52, 53
– Zinsen für Fremdkapital **255** 23–24
– Zugangsbewertung **253**
Bewertungseinheiten 252 9; **254** 1–3
– Konzernabschluss **308** 1
Bewertungsmaßstäbe 255
Bewertungsstetigkeit Einl vor **238** 38; **246** 29; **252** 24–25
Bewertungsvereinfachungsverfahren 256
Bewertungsvorbehalt 252 2
Bewertungswahlrecht 252 28; **264** 20, 27
Bezeichnung s Kennzeichnung
Bezirkshändler 84 16
Bezirksprovision 87 2, 24, 27, 30 ff.; **92** 6

Sachverzeichnis

Bezirksrotation 89b 10
Bezirksschutz 84 19; 86 12; **86a** 10, 17; 87 23 ff., 47 f.; **89b** 10, 14, 27; **92** 6
Bezirksstellenleiter 84 32, 36; **89b** 4
Bezirksverkleinerung 89a 18, 22; **89b** 10, 58
Bezirksvertreter 84 32; 86 12, 27, 49; **86a** 18; **86b** 3, 14; 87 25, 28, 30, 35, 36, 44, 48; **87c** 13; **89a** 38; **89b** 14, 23, 29
Bezugsangebot (7) BankGesch Y3; **(15a)** WpPG 9 1
Bezugsrechte 285 19
BGB
- Gesellschaftsrecht **105** 15–16
- Textfassung BGB-MoPeG **Anh 105** BGB-MoPeG
- Verhältnis zum HGB **Einl** vor **1** 2–3, 10

BGB-Gesellschaft s Gesellschaft bürgerlichen Rechts (GbR)
Big Data Analytics Einl vor 316 14
Bilanz 87a 2; **89b** 6; **90** 5; s auch Bewertung, Gewinn- und Verlustrechnung, Handelsbücher
- Abfindungsbilanz **Einl** vor **1** 52
- Abschreibungen s dort
- Aktivierbarkeit **246** 3–9; s auch dort
- Aktivierungswahlrecht **Einl** vor **238** 5, 8, 34
- Anhang **284–288;** s auch dort
- Anhangsangabepflichten **Einl** vor **238** 10, 63; **Einl** vor **316** 2
- Anlagengitter **268** 2
- Anlagenspiegel **268** 2
- Anlagevermögen **247** 4–8; **248** 3–5
- Anleihen **266** 22
- Ansatzstetigkeit **246** 29
- Ansatzverbote **248** 4
- Ansatzwahlrecht **246** 4; **248** 3; **264** 20
- antizipative Posten **250** 1, 4; **268** 4
- Anzahlungen **252** 22; **268** 5
- assoziierte Unternehmen **Einl** vor **238** 26
- Aufgliederung **247**
- Aufstellungsfrist **242** 1
- Aufstellungspflicht **242** 1
- Aufwandsrückstellungen **Einl** vor **238** 64
- Aufwandszulagen **246** 11a
- Ausschüttungssperre **253** 33; **268** 9–10
- Bankbilanzen **242** 7; **340–340o**
- Bankguthaben **266** 9, 11
- Begriff **242** 2
- Berichtspflichten **Einl** vor **238** 11, 13, 18, 21, 22, 63
- Besserungsschein **266** 18
- Beteiligungen **271**
- Betriebsvermögen **246** 24
- Bewertungseinheiten **252** 9; **254**
- Bruttomethode **275** 7; **284** 15
- Buchwertmethode **246** 9; **252** 13–14; **253** 13, 15; **266** 5
- COVID-19-Pandemie, Unterstützungsmaßnahmen **246** 11b
- Damnum **250** 8; **268** 6
- Differenzhaftung **Anh 177a** 16; **242** 1
- Disagio **250** 8; **268** 6
- Eigenkapital **264c** 2; **266** 16; **272**
- Eigentumsvorbehalt **246** 15
- Einheitsbilanz **242** 6
- Einlagen **272** 2–3
- Ergebnisverwendung **268** 1
- Eröffnungsbilanz **242** 1
- Factoring **246** 22
- Fehlbetrag **268** 3
- Feststellung **242** 1
- Finanzanlagen **266** 7
- Firmenwert **Einl** vor **238** 34, 71; **240** 4; **246** 1, 8–10
- Forderungen **266** 9; **268** 4
- Forschungszulage **246** 11a
- Fremdwährungsverbindlichkeiten **256a**
- Genossenschaften **337**
- Genussrechte **266** 16
- Geschäftswert **Einl** vor **238** 34, 71; **240** 4; **246** 1, 8–10
- Gesellschafterdarlehen **266** 21
- gezeichnetes Kapital **272** 1–4
- Gliederung **Einl** vor **238** 36; **264c** 2, 5; **265; 266**
- GmbH **Anh 177a** 51k
- GmbH & Co **Einl** vor **238** 27, 28, 30; **264a–c**
- große KapitalGes **Einl** vor **238** 27, 31, 43; **267** 7–9
- Grundsätze **243** 4–9
- Grundstückskauf **246** 16
- Haftungsverhältnisse **251; 268** 7
- Handelsbilanz **242** 4–6
- Identität **243** 7
- immaterielles Vermögen **248** 3–5; **266** 5
- Ingangsetzungskosten **269** (aF)
- Inhalt **247**
- Insolvenzbilanz **Einl** vor **1** 52
- Investitionszulagen **246** 11a
- Jahresabschluss s dort
- Kassenbestand **266** 11
- Klarheit **243** 4
- kleine KapitalGes **Einl** vor **238** 27, 31, 37; **267** 1–3; **274a**
- KleinstkapitalGes **8b** 5; **9** 12; **Einl** vor **238** 31
- Kommission **246** 18
- Komplementärgesellschaftsanteile **264c** 4
- Kontinuität **243** 8; **252** 24–25; **265** 1
- Kontoform **266** 1
- Konzernabschluss s dort
- Konzernbilanz s dort
- Konzernlagebericht s dort
- Lagebericht s dort
- latente Steuern **Einl** vor **238** 64; **274; 285** 31, 32
- Leasing **246** 23
- Maßgeblichkeitsgrundsatz **242** 4–5
- Methoden **284** 11, 13–14
- mittelgroße KapitalGes **Einl** vor **238** 27, 31, 37, 43; **267** 4–6

Sachverzeichnis

- Nachschüsse **Anh 177a** 51k
- Nichtigkeit **252** 29
- Null-Bilanz **325** 4, 14; **331** 1; **334** 1
- ordnungsmäßige **243** 4–9
- Passivierbarkeit **246** 13
- Patronatserklärung **251**
- Pensionsgeschäft **246** 20
- Privatvermögen **246** 24; **264c** 3
- Realisationsprinzip **246** 14; **252** 18–23
- Rechnungsabgrenzungsposten **246; 250; 266** 23; **268** 4
- Rechnungslegung s dort
- Rechnungspflicht, Befreiung **Einl vor 238** 50, 51; **241a** 1–4
- Rechtsnatur **242** 3
- Reform **Einl vor 238** 1–4
- Restlaufzeit von Forderungen **Einl vor 238** 36; **268** 4
- Rücklagen s dort
- Rückstellungen **266** 17; s auch dort
- Sachanlagen **266** 6
- Schecks **266** 11
- Schulden **242** 2, 8
- schwebende Geschäfte **252** 21; **285** 3
- Schwellenwerte **Einl vor 238** 5, 11, 18, 57; **241a** 2–3
- Sicherungsbilanzierung **254** 4
- Sicherungsübereignung **246** 15
- Steuerabgrenzung **274; 306**
- Steuerbilanz **242** 4–6
- Steuerrecht **242** 4–6; **266** 17; **274; 306**
- Steuerrückstellungen **266** 17
- stille Beteiligung **266** 16, 18
- Summe **267**
- Treuhand **246** 19
- Umlaufvermögen **247** 4; **248** 5
- Umsatzsteuer **250** 4
- Unmöglichkeit **238** 18
- Unterschiedsbetrag aus Vermögensberechnung **266** 13
- Verbindlichkeiten **266** 18–20; **268** 5; **285** 1, 2
- Verbote **248**
- Verbrauchsfolgeverfahren **256** 1
- Verbrauchssteuer **250** 4
- verkürzte **266** 2
- Verlust **268** 1
- Vermerke **268** 8
- Vermerkpflicht **251** 1–3
- Vermögen **242** 8; **246** 2
- Vermögensgegenstände **Einl vor 238** 5, 8, 32, 34, 46, 71; **240** 3; **242** 8; **246** 3–3a
  - Anschaffungskosten **255** 1
  - immaterielle **266** 5
  - sonstige **266** 9
- Vermögenszugehörigkeit **246** 14
- Versendungskauf **246** 17
- Vollständigkeit **243** 6
- Vorräte **266** 8, 20–24
- Vorsichtsgrundsatz **243** 9, **252** 10
- Vorstandsvergütung, Angemessenheit **Einl vor 238** 65

- Währungsumrechnung **Einl vor 238** 26, 39; **244** 2; **253** 2; **256a; 277** 5; **308a; 340h**
- Wahlrechte **248** 3, **264** 20, 27
- Wahrheit **243** 5
- Wechselobligo **251**
- Wertpapiere **266** 10
- Wertpapierleihe **246** 21
- wirtschaftliche Betrachtungsweise **Einl vor 238** 11, 15, 46; **246** 1; **252** 18
- Wirtschaftsgut **Einl vor 238** 32; **240** 3; **246** 3a, 6; **253; 255** 1
- Zeitwertbewertung **246** 1, 27; **252** 18; **340e** 7; **341d**
- Zerobonds **253** 2, 29
- Zölle **250** 4
- Zugangs- und Folgebewertung **253**
- Zulagen **246** 11a
- zweckspezifische **Einl vor 238** 25f

Bilanzarten 242 4–7
Bilanzauffassungen, moderne Einl vor 238 25f
Bilanzeid 264 28; **289** 1; **297** 4; **315e** 4; **325** 4, 6
— Strafnorm **Einl vor 316** 15a
Bilanzgarantie Einl vor 1 65; **349** 18
Bilanzgewinn 268 1
Bilanzgleichung 242 2
Bilanzidentität 243 7; **252** 6; **265** 2
bilanzierungsfähiges Vermögen 242 8; **246** 2
Bilanzierungsfähigkeit s Aktivierungsfähigkeit
Bilanzierungshilfe 274 3
Bilanzierungsmethoden 284 11, 13–14
Bilanzierungsverbote 248
Bilanzierungswahlrechte 248 3; **264** 27
Bilanzkollisionsrecht Einl vor 238 47
Bilanzkontinuität 243 8; **252** 24–25; **265** 1–2
— formelle **243** 8; **252** 25; **265** 1
— materielle **243** 8; **252** 24
Bilanzkontrolle Einl vor 316 15a–15e; **(2a) WPO Einl** 12a
Bilanzkontrollgesetz (BilKoG) Einl vor 238 55; **(1) EGHGB 56; (2a) WPO Einl** 9
— Übergangsvorschriften **Einl vor 238** 55
Bilanzpolitik 264 27
Bilanzrecht
— Accounting Judgment Rule **Einl vor 238** 46d; **323** 7b
— Auslegung **Einl vor 238** 46 ff.
— Auslegungsermessen **Einl vor 238** 46a–46b
— europäisches Handelsrecht **Einl vor 1** 30
— Fehlerbegriff, objektiver **Einl vor 238** 46b–46c
— Fehlerbegriff, subjektiver **Einl vor 238** 46a–46b
— Gläubigerschutz **Einl vor 238** 25g
— Internationales **Einl vor 238** 47

Sachverzeichnis

- Legal Jugdment Rule **Einl** vor **238** 46c–46d; **323** 7b
- Multifunktionalität **Einl** vor **238** 25j
- Rechtsnatur **238** 43
- Zweck Einl vor **238** 25f ff.

Bilanzrechtsmodernisierungsgesetz (BilMoG) Einl vor **1** 13; **Einl** vor **238** 5–8
- Abschreibungsmethode **253** 13
- Aktivierungswahlrecht **Einl** vor **238** 5, 8, 11
- Anhangsangabepflichten **Einl** vor **238** 10, 63
- assoziierte Unternehmen **Einl** vor **238** 26
- Aufwandsrückstellungen **Einl** vor **238** 64; **249** 6
- Berichtspflichten **Einl** vor **238** 5, 8, 63
- Buchführungspflicht, Befreiung von **Einl** vor **238** 5; **241a** 1–4
- Fremdwährungsverbindlichkeiten **256a**
- Geschäfts- oder Firmenwert **Einl** vor **238** 71
- Inkrafttreten **(1)** EGHGB 67
- kapitalmarktorientierte Ges **Einl** vor **238** 5
- Konzernabschluss **Einl** vor **238** 5, 11; **290** 5
- Maßgeblichkeitsprinzip **Einl** vor **238** 5, 8
- Pensionsrückstellungen **249** 15
- Publizitätspflichten **Einl** vor **238** 5, 7
- Rechnungsabgrenzungsposten **250**
- Richtlinienumsetzung **Einl** vor **238** 6
- Schwellenwerte **Einl** vor **238** 5
- stille Reserven **252** 17
- Übergangsvorschrift **(1)** EGHGB 67
- Währungsumrechnung **244** 2
- Zeitwertbewertung **255** 6; **340e** 7
- Ziele **Einl** vor **238** 5
- Zugangs- und Folgebewertung **253**
- ZweckGes **Einl** vor **238** 5

Bilanzrechtsreform Einl vor **1** 13, 19; **Einl** vor **238** 1–4, 5–23

Bilanzrechtsreformgesetz (BilReG) Einl vor **238** 57; **(1)** EGHGB 57, 58; **(2a)** WPO **Einl** 9

Bilanzrichtlinien-Gesetz (BiRiLiG) Einl vor **238** 1–3
- Übergangsrecht **(1)** EGHGB 24–28

Bilanzrichtlinie-Umsetzungsgesetz s BilRUG

Bilanzstichtag
- wesentliche Ereignisse nach Bilanzstichtag **285** 35

Bilanzstrafrecht Einl vor **316** 15a; **331**; **331a**
- Leichtfertigkeit **Einl** vor **316** 15a; **331** 1; **331a** 2

Bilanzsumme 267
- Begriff **267** 11

Bilanztheorien Einl vor **238** 25h, 25i
- dynamische Bilanztheorie **Einl** vor **238** 25h

- Fortführungsstatik **Einl** vor **238** 25h
- kapitaltheoretische Bilanztheorie **Einl** vor **238** 25i
- statische Bilanztheorie **Einl** vor **238** 25h
- Zerschlagungsstatik **Einl** vor **238** 25h
- zukunftsorientierte Bilanztheorie **Einl** vor **238** 25i

Bilanzverknüpfung 252 6
Bilanzverlust 268 1
Bilanzvermerke 268 8
Bilanzvollständigkeit 243 6
Bildungsurlaub 59 100
BilKoG s Bilanzkontrollgesetz (BilKoG)
Billigkeit 87 21, 46; **87b** 3; **89b** 3, 9, 11, 14, 29, 31 ff., 41, 44 ff., 49, 52, 55, 57, 64, 69, 76, 82 ff., 93, 96; **90a** 9
BilMoG s Bilanzrechtsmodernisierungsgesetz (BilMoG)
BilRUG Einl vor **1** 17; **Einl** vor **238** 11, 14–15; **272** 12; **290** 6; **291** 3; **(1)** EGHGB 75
- Übergangsrecht **Einl** vor **238** 71; **291** 3

Bindungsklauseln 59 66
Binnenschifffahrt 408 3; **412** 1, 3, 4; **427**; **450** 1
Binnenschifffahrtsspedition (18) ADSp 25
Binnenschiffstransport (6) Incoterms 2020 **Einl** 63
Bitcoins Einl vor **238** 25; **248** 1; **253** 19; **266** 3, 8; **(7)** BankGesch F28, 31
- Aktivierungsfähigkeit **246** 3a; **248** 1
- Anlagevermögen **247** 5
- Anschaffungskosten **255** 1
- als Bankguthaben **266** 11
- Bewertung **253** 19
- Bilanzierungsfähigkeit **246** 3a
- als Eigenkapital **266** 16
- Erwerbskosten **255** 2
- finanzieller Vermögensgegenstand **266** 7
- Folgebewertung **253** 1
- Herstellungskosten **255** 14, 22
- als immaterieller Vermögensgegenstand **266** 5
- Inventarisierung **240** 8
- als Kassenbestand **266** 11
- als neuer Bilanzposten **265** 5; **266** 3
- als sonstige Zinsen und ähnliche Erträge/Aufwendungen **277** 5
- als sonstiger Vermögensgegenstand **266** 9
- als Vorräte **266** 8
- Währungsumrechnung **256a** 1
- als Wertpapier **264d** 1
- als Zahlungsmittel **264** 6

Blockade Einl vor **1** 91
Blockchain-Technologie Einl vor **238** 25; **Einl** vor **316** 14; **(7)** BankGesch A3a, F31; **(13)** DepotG **Einl** 1
Bodenschätze 246 14
Börse (14) BörsG
- Abfindungsangebot **(14)** BörsG **39** 4

Sachverzeichnis

- ähnliche Einrichtungen **(14)** BörsG **Einl** vor **1** 2
- AGB **(14)** BörsG **16** 4
- algorithmische Handelsprogramme **(14)** BörsG **3** 6, 7, **16** 1
- Auflagen **(14)** BörsG **4** 4
- Auktionskurs **(14)** BörsG **24** 6
- Auskunftsanspruch, presserechtlicher **(14)** BörsG **10**
- Auskunftserteilung **(14)** BörsG **41**
- ausländische Zahlungsmittel **(14)** BörsG **11**, **51**
- Auslagerung **(14)** BörsG **5** 3
- Aussetzung des Handels **(14)** BörsG **25**
- Begriff **(14)** BörsG **Einl** vor **1** 1, **2** 1
- Benutzung **(14)** BörsG **18**
- Beteiligungen, bedeutende **(14)** BörsG **6**
- Bußgeldvorschriften **(14)** BörsG **50**
- Datenverarbeitung **(14)** BörsG **22b**
- Delisting **(14)** BörsG **39** 2, 8, 11, 13
- Derivate **(14)** BörsG **23** 3
- Deutsche Börse AG **(14)** BörsG **2** 3, **6** 1
- Deutsche Terminbörse **(14)** BörsG **Einl** vor **1** 11, **2** 2, 3
- Drittes Finanzmarktförderungsgesetz **(14)** BörsG **Einl** vor **1** 6
- Einführung **(14)** BörsG **38**
- Einheitskurs **(14)** BörsG **24** 5
- Ein-Market-Maker-Systeme **(14)** BörsG **2** 2a
- Einstellung des Handels **(14)** BörsG **25**
- elektronische Handelssysteme **(14)** BörsG **Einl** vor **1** 2
- Emittentenpflichten **(14)** BörsG **40**, **42**
- Entry Standard **(14)** BörsG **48** 6, 12
- Erlaubnis **(14)** BörsG **4**
- Eurex **(14)** BörsG **2** 2–3
- externe Abwicklungssysteme **(14)** BörsG **21**
- Finanzmarktförderungsgesetze **(14)** BörsG **Einl** vor **1** 5–7
- Finanzmarktnovellierungsgesetz **(14)** BörsG **Einl** vor **1** 1
- Finanzmarktrichtlinie-Umsetzungsgesetz **(14)** BörsG **Einl** vor **1** 10–11
- Freiverkehr **(14)** BörsG **48**
- Gebühren **(14)** BörsG **17**
- geregelter Markt **(8)** AGB-WPGeschäfte **1**, **9**; **(14)** BörsG **Einl** vor **1** 10, **48** 1
- Handelsüberwachungsstelle **(14)** BörsG **7**
- Insiderinformationen 347 31; **(7)** BankGesch A10, 20; **(16a)** MAR **7**
- Insolvenzverwalter **(14)** BörsG **43**
- Kammerbörsen **(14)** BörsG **5** 1
- Kartellrecht **(14)** BörsG **9**
- Kassakurs **(14)** BörsG **24** 5, 7
- Kurse **(14)** BörsG **24** 1, 5, 7, 11, 16
- Kurspflege **(7)** BankGesch N1
- Leerverkäufe **(14)** BörsG **15** 4, **25** 5
- Leitung **(14)** BörsG **15**
- Market-Maker **(14)** BörsG **2** 2b, 6b, **24** 3, 9, **26c**, **48** 16, **48b** 2
- Markt **(14)** BörsG **Einl** vor **1** 3
- Neuer **(14)** BörsG **48** 1, 11
- regulierter **(14)** BörsG **32** 1, 33
- Rückzug **(14)** BörsG **39**
- Mindestpreisänderungsgröße **(14)** BörsG **26b**
- Nachhandelstransparenz **(14)** BörsG **24** 10; **31**
- Order-Transaktions-Verhältnis **(14)** BörsG **26a**
- Outsourcing **(14)** BörsG **5** 3
- Preisfeststellung **(14)** BörsG **11**, **16** 3, 24
- von Rechten **(14)** BörsG **23**
- Rechtsnatur **(14)** BörsG **2** 2c f.
- Sanktionsausschuss **(14)** BörsG **22**
- Scale (14) BörsG **48** 13
- Selbstverwaltung **(14)** BörsG **3** 3a
- Sicherheitsleistung **(14)** BörsG **20**
- Skontrenverteilung **(14)** BörsG **29**
- Skontroführer **(14)** BörsG **27**, **28**
- Spekulation **(14)** BörsG **26**
- staatliche Schuldverschreibungen **(14)** BörsG **37**
- Straf-/Bußgeldvorschriften **(14)** BörsG **49–52**
- systematischer Internalisierer **(14)** BörsG **2** 2a, 2b, **48** 5, **48b** 2, 4
- Systemgebundenheit **(14)** BörsG **2** 1
- Telefonhandel **(14)** BörsG **2** 3, **48** 14
- Termingeschäft **(7)** BankGesch N1
- Transparenzrichtlinie-Umsetzungsgesetz **(14)** BörsG **Einl** vor **1** 9
- Übergangsregelungen **(14)** BörsG **52**
- übermäßige Nutzung **(14)** BörsG **17** 1
- Überwachung **(14)** BörsG **3**, **4**
- Uhrzeit **(14)** BörsG **22a**
- unverzügliche Unterrichtung **(14)** BörsG **21** 3, **25** 3
- Usancen **(14)** BörsG **16** 4
- variabler Kurs **(14)** BörsG **24** 4
- Vereinsbörsen **(14)** BörsG **5** 1
- Verschwiegenheitspflicht **(14)** BörsG **10**
- Viertes Finanzmarktförderungsgesetz **(14)** BörsG **Einl** vor **1** 7
- Volatilitätsunterbrechungen **(14)** BörsG **8** 2, **24** 4
- Warenbörsen **(14)** BörsG **2** 4–6a, **7** 2, **12** 1, **19** 2
- Wertpapierbörse **(14)** BörsG **Einl** vor **1** 4, **2** 3–4, 6a
- Wettbewerbsbeschränkung **(14)** BörsG **9**
- Widerruf **(14)** BörsG **39**
- von Wirtschaftsgütern **(14)** BörsG **23**
- Zulassung **(14)** BörsG **19**, **32**
- Zusammenarbeit **(14)** BörsG **8**
- Zusammenarbeit in der Europäischen Union **(14)** BörsG **36**
- Zweites Finanzmarktförderungsgesetz **(14)** BörsG **Einl** vor **1** 5

Börsenaufsicht (14) BörsG **3**
Börsenbetrieb (14) BörsG **1** 2, **5** 1a
Börsendienst 347 14

Sachverzeichnis

Börseneinrichtungen (14) BörsG 18
Börsengeschäftsführung (14) BörsG 15
Börsenhändler (14) BörsG 19 1
Börsenordnung (14) BörsG 16
Börsenpreis 253 19; **(14)** BörsG 24
Börsenprospekthaftung Anh 177a 61; **(15a)** WpPG; s auch Prospekthaftung
- aktienrechtliche Kapitalerhaltung **(15a)** WpPG 9 11
- alte Stücke **(15a)** WpPG 9 12, 13, **12** 2
- Anspruchsberechtigte **(15a)** WpPG 9 12–13
- Auslandsgeschäft **(15a)** WpPG 9 2a, 16
- Ausschluss **(15a)** WpPG 12
- Beschränkung, unwirksame **(15a)** WpPG 16
- „Erster Erwerbspreis" **(15a)** WpPG 14 4
- Erwerbskausalität **(15a)** WpPG 12 2
- fehlender Prospekt **(15a)** WpPG 14
- Gesamtschuldner **(15a)** WpPG 9 10a
- Haltungsfenster **(15a)** WpPG 9 13
- junge Stücke **(15a)** WpPG 9 12
- Pflichtige **(15a)** WpPG 9 9–9c, **14** 2
- Prospekterlasser **(15a)** WpPG 11 3
- Prospektrichtlinie s dort
- Prospektveranlasser **(15a)** WpPG 9 10
- Schaden **(15a)** WpPG 9 14–15
- Verschulden **(15a)** WpPG 9 9a, 10a, 14, **12** 1, 4, **15** 4
- Vollprospekt **(15a)** WpPG 9 1, **12** 6
- Werbung **(15a)** WpPG 9 1
- Wirtschaftsprüfer **(15a)** WpPG 9 9b

Börsenrat (14) BörsG **12, 13**
Börsenspekulation (14) BörsG 26
Börsenteilnehmer, mittelbarer (14) BörsG 2 6c, 3 6, **19a**
Börsenträger (14) BörsG 2 2, 4, 5
Börsenusancen 346 15; **(14)** BörsG 16 4
Börsenzulassungsprospekt (14) BörsG **Einl vor 1** 3, 4
- fehlerhafter **(15a)** WpPG 9
Bösgläubigkeit s gutgläubiger Erwerb
Bondstripping 253 2
Bonität 86 13, 21, 41; **86b** 1
Bonitätsbeurteilung Einl vor 1 87
Bonitätsprüfungspflicht
- HdlVertreter **86** 21
Bonus 87b 8
- billiges Ermessen **59** 60
- bei Zielvorgaben **59** 58
Bonusmeilen
- Herausgabe **59** 55
Bookbuilding (7) BankGesch Y3
Bordkonnossement (6) Incoterms 2020 **Einl** 25
Bote
- Gewerbegehilfe **59** 31a
Boykott Einl vor 1 87
BPO s Bank Payment Obligations (BPO)
BQG s Beschäftigungs- und Qualifizierungsgesellschaft
Brauch s Handelsbrauch

Brexit
- Bankrecht **(7)** BankGesch A60
- Gesellschaftsstatut **13d** 1
- HdlVertreter **84** 3
- limited **Einl vor 105** 29
- Zweigniederlassung der GmbH **13g** 1
Brief s Geschäftsbrief
Briefkastenfirma Einl vor 105 29
Briefkopf s auch Geschäftsbrief
- NichtGfter **105** 98
- ScheinGfter **128** 5
Briefpapier 86a 5
Bringschuld 86a 6
BRIS 8 2b; s auch Business Register Interconnection System, Registervernetzung
Brückenteilzeit 59 44
Brüssel I-VO Einl vor 1 108
Brüssel Ia-VO Einl vor 1 108
brutto (Gewicht) 380
Bruttogehalt 59 58
Bruttoprovision 89b 29, 41, 51, 94; **90a** 19
BschuWG (13) DepotG 1 2
BSL (18) ADSp **Einl vor 1** 1
Buchauszug 86a 10; **87c** 13 ff.
- Abrechnung **87** 53
- Datenschutzgrundverordnung **87c** 13
- Erfüllungsort **87c** 15
- Erfüllungseinwand **87c** 22
- Klage **87c** 21
- Korrekturabrechnung **87c** 18
- Mangel **87c** 20
- Rechtsmissbrauch **87c** 19
- Unvollständigkeit **87c** 20, 22
- Verjährung **87c** 19
- Verwirkung **87c** 19
- Vollstreckung **87c** 12, 22
Bucheinsicht 87c
Buchführung 84 36; **86** 42; **87c** 15, 16, 23, 25; s auch Bilanz, Handelsbücher
- außer Haus **238** 10, **239** 4
- Befreiung für Einzelkaufleute **Einl vor 238** 7; **241a** 1–4
- Beginn **238** 16
- Briefkopien **238** 15
- Buchungen **238** 13
- deduktive Methode **238** 11
- doppelte **238** 12, 27
- EDV **239** 4
- Einbeziehung in die Prüfung **317** 2
- Einsichtsrecht **87c** 25 f.
- Ende **238** 17
- Geschäftsverteilung **238** 8
- Grundsätze ordnungsmäßiger Buchführung (GoB) **Einl vor 238** 25f; **238** 11; **243** 4–9
- Hilfspersonen **238** 10
- Inventar s dort
- Loseblattführung **239** 4
- Negativattest **87c** 13
- Nullmeldung **87c** 13
- Realisationsprinzip **238** 13

Sachverzeichnis

- Sanktionen 238 18–21
- Schutzgesetze 238 19
- Standards staatlicher Doppik (SsD) **Einl vor** 238 24
- Steuerrecht 238 21

Buchführungspflicht
- Befreiung von der **Einl vor** 238 7; **241a** 1–4; **242** 13
- handelsrechtliche 238 4
- sonstige 238 6
- steuerrechtliche 238 5
- Unmöglichkeit 238 18
- Verletzung 238 18–21

Buchhalter 59 30
Buchprüfer 87c 12; s auch Abschlussprüfer
Buchsachverständiger 87c 27
Buchwertklausel 131 45
Buchwertmethode 266 5; **290** 5; **301** 3, 5; **312** 1–6
- Konzernabschluss **301** 5–6; **312** 2–3

bürgerlich-rechtliche Gesellschaft s Gesellschaft bürgerlichen Rechts (GbR)

Bürgschaft 349–350
- Arten **349** 3–10
- Ausfallbürgschaft **349** 7
- Ausgleichsanspruch **349** 7
- Avalkreditvertrag **349** 4, 21; **(7)** BankGesch G27
- Bankbürgschaft **(7)** BankGesch L18
- Begriff **349** 2
- Bilanz **251**
- erstes Anfordern **349** 6
- Form **350**
- internationaler Verkehr **349** 23
- Kdtist **171** 5
- Kreditauftrag **349** 11
- Kreditbürgschaft **349** 4
- Missbrauchseinwand **349** 6
- Mitbürgschaft **349** 10
- Nachbürgschaft **349** 9
- OHG **128** 7
- Rückbürgschaft **349** 8
- Rückforderung **349** 6
- Scheckbürgschaft **349** 21
- selbstschuldnerisch **349** 3
- Vorausklage **349** 1, 3, 12
- Wechselbürgschaft **349** 21
- Zeitbürgschaft **349** 5

Bund s auch Länder
- Eintragung **36**

Bundesanstalt für Finanzdienstleistungsaufsicht s BaFin
Bundesanzeiger, elektronischer 325 4–5; **329**
Bundesschuldenbuch (13) DepotG **5** 1
Business Register Interconnection System 8 2b; **9b** 4; **13d** 1; **13e** 4
Bußgeld 334; **335b**; **335c**; **340n**

CAD 346 40
CAPM Einl vor 1 53
certificate of deposit 266 10
cash against documents 346 40
CESL s europäisches Kaufrecht
CFR 346 40; **(6)** Incoterms 2020 **Einl** 30, 31, 34, 67, **CFR** 1–12
change of control-Klausel (7) BankGesch G19
Chemiker 59 31a
churning 384 1; **(7)** BankGesch Q2
CIF 377 10; **(6)** Incoterms 2020 **Einl** 30, 31, 34, 67, **CIF** 1–14
- Deckungshöhe **(6)** Incoterms 2020 **Einl** 26

CIF-Exportieren (6) Incoterms 2020 **Einl** 34
CIM 451 1; **453** 4
CIP 346 40; **(6)** Incoterms 2020 **Einl** 30, 31, 34, 67, **CIP** 1–11
- Deckungshöhe **(6)** Incoterms 2020 **Einl** 26

Circa 346 40
CISG s UN-Kaufrecht
Clearing-Abkommen (7) BankGesch C20
Cloud Computing 246 23b
CMNI 451 1
CMR (17) CMR; s auch Frachtgeschäft, Güterkraftverkehr
- Anwendungsbereich **(17)** CMR **Einl vor** 1 1–2
- Auslegung **(17)** CMR **Einl vor** 1 2
- Begleitpapiere **(17)** CMR 11
- Einheitsrecht **(17)** CMR **Einl vor** 1 3
- Entstehung **(17)** CMR **Einl vor** 1 1
- Fahrzeugmängel **(17)** CMR 17 4
- Geltung **(17)** CMR **Einl vor** 1 1
- Haftung **(17)** CMR 2, 3, 7, 10
- Internationales Privatrecht **(17)** CMR **Einl vor** 1 3
- Multimodaltransport **(17)** CMR 2 1
- Schadensteilung **(17)** CMR 17 5
- Umzugsvertrag **451** 1
- Vereinbarung **(17)** CMR 1 3

CMS Spread Ladder Swap 347 26, 30; **(7)** BankGesch A29
CNI (6) Incoterms 2020 **Einl** 23
COD 346 40
COFACI Einl vor 1 122
comfort letters 316 5; **349** 19; **(15a)** WpPG **9** 9b
Completed-Contract-Methode 252 10
Compliance
- Personengesellschaft **124** 40
- Spedition **(18)** ADSp 32

Compliance-Klausel
- Zulievertrag **(2)** LkSG **3** 9

Comply or Explain 289c 16
Container 346 40; **(6)** Incoterms 2020 **Einl** 23
Containerschiff (6) Incoterms 2020 **Einl** 63
Control-Konzept 290 5,7; **294** 3; **296** 1

3097

Sachverzeichnis

Cornerstone-Investment-Strukturen (15a) WpPG **9** 12
Corona-Pandemie s COVID-19-Pandemie
Corporate Governance Einl vor **316** 15a, 15d
Corporate Governance Kodex Einl vor **316** 11–12; **317** 7; **319** 4, 10, 13
– Abschlussprüfung **Einl** vor **316** 11–12
corporate opportunity 109 26, 29; **112** 1; **114** 13; **Anh 177a** 23
Corporate Social Responsibility Einl vor **238** 20
Corporate Sustainability Reporting Directive (CSRD) Einl vor **238** 22c; **289b** 8
corporations Einl vor **105** 12
Country-by-Country-Reporting Einl vor **238** 11; **341q** 1; **341r** 1; **341s** 1; **341u** 1; **341v** 1; **341w** 1
Covenants (7) BankGesch H7
COVID-19-Insolvenzaussetzungsgesetz Anh 177a 49s–49t
COVID-19-Pandemiegesetz Einl vor **343** 18, 21
COVID-19-Pandemie Einl vor **343** 18–21; **Einl** vor **373** 52–54
– Abschlussprüfung **Einl** vor **316** 15; **316** 1; **317** 1a
– Abschreibungen **253** 10
– Anhang **284** 4; **285** 3, 4, 22, 29, 35
– Annahmeverzug **Einl** vor **373** 54
– Aufstockungsbeiträge zum Kurzarbeitergeld **246** 11b
– Bankrecht **(7)** BankGesch A3b, G36, H1
– Behinderung, unverschuldete **325** 14; **335** 1
– Beschaffungsrisiko **Einl** vor **373** 53
– Bestätigungsvermerk **322** 1
– Bestimmungskauf **Einl** vor **373** 54
– Bewertung **Einl** vor **1** 53; **252** 10, 27
– Bilanzierung von Corona-Finanzhilfen **246** 3a
– Darlehensrecht **(7)** BankGesch A3b
– Dezemberhilfen **246** 11b
– Fixhandelskauf **Einl** vor **373** 54; **376** 10
– Frachtgeschäft **412** 3; **415** 1; **419** 1; **426** 2; **435** 3
– Gefahrtragung **Einl** vor **373** 52
– Größenklassen **267** 1
– Handelskauf **Einl** vor **373** 53
– Handelsvertreter **89a** 18
– höhere Gewalt **Einl** vor **343** 19; **Einl** vor **373** 52
– Insolvenzantragspflicht, Aussetzung **Einl** vor **1** 76; **Anh 177a** 49s–49t; **(7)** BankGesch A3b
– Interessenausgleich **Einl** vor **373** 53
– Jahresabschluss **252** 7
– Konsolidierung **301** 1
– Kurzarbeitergeld **246** 11b
– Lagebericht **289** 1

– Leistungsverweigerung **Einl** vor **343** 18; **Einl** vor **373** 52
– Lieferkette **Einl** vor **373** 53
– Mehrheitsbeschluss **119** 34
– Moratorium **Einl** vor **343** 18; **(7)** BankGesch A3b
– Nachtragsbericht **285** 35
– Neuverhandlungspflicht **Einl** vor **373** 53
– Niederstwertprinzip **253** 18
– Novemberhilfen **246** 11b
– Parteiabrede, Vorrang **Einl** vor **343** 19
– Rechnungslegung **Einl** vor **238** 25b
– Rüge **Einl** vor **373** 54
– Schadensersatz **Einl** vor **343** 20; **Einl** vor **373** 52
– Steuerabgrenzung, aktive **275** 3
– Störung der Geschäftsgrundlage **Einl** vor **343** 21; **Einl** vor **373** 52, 53
– Unmöglichkeit **Einl** vor **343** 20; **Einl** vor **373** 52, 53
– Unternehmenskauf **Einl** vor **1** 64
– Untersuchung **Einl** vor **373** 53
– Unzumutbarkeit **Einl** vor **373** 53
– Vertragsanpassung **Einl** vor **373** 53
– Verzug **Einl** vor **343** 20; **Einl** vor **373** 52
– Wertaufholungsgebot **253** 31
– Wirtschaftsstabilisierungsfonds **119** 34; **230** 6
CPT 346 40; **(6)** Incoterms 2020 **Einl** 30, 31, 34, 67, **CPT** 1–11
Crowdfunding (7) BankGesch A3a
Crowdinvesting (7) BankGesch Q1
Crowdlending (7) BankGesch A3a
CRR–Kreditinstitute 316a 3
– Prüfungsausschuss **324** 1a
CSR-Angaben im Lagebericht 289a 1
CSR-Berichterstattung Einl vor **238** 21, 25e **289b** 1–1a; **(2)** LkSG **3** 9
CSR-Rahmenwerke 289b 1–1a; **289c** 1; **289d** 1–2
CSR-Richtlinie Einl vor **238** 20–22; **289b** 1
– EU-CSR-Richtlinie 2.0 **Einl** vor **238** 22c
CSR-RUG Einl vor **1** 19; **Einl** vor **238** 21–22; **289a** 1
– Übergangsrecht **Einl** vor **238** 76, 77; **(1)** EGHGB **80**
CT-Dokumente 452 9
culpa in contrahendo
– Abgrenzung Prospekthaftung **Anh 177a** 65
– HdlMakler **93** 27
– HdlVertreter **84** 50; **85** 1; **91** 2
– Überschreiten der HdlVollmacht **54** 20
– Verjährung **347** 39
Customizing 246 23b

D/A 346 40; **(7)** BankGesch M5
D/C 346 40
D/p 346 40; **(7)** BankGesch M5
Dänemark s Skandinavien

Sachverzeichnis

DAF 346 40
Daily Mail Einl vor **105** 29
Damnum 250 8; **268** 6
DAP 346 40; **(6)** Incoterms 2020 **Einl** 11, 30, 31, 35, 63, 67, **DAP** 1–14
Darlehen 54 14, 16; **55** 12
- Arbeitgeberdarlehen **59** 80
- besondere Ermächtigung **54** 14, 16; **55** 12
- Bewertung **255** 7
- change of control-Klausel **(7)** BankGesch G19
- Finanzierungsdarlehen **(7)** BankGesch A26, G34–54, P12
- freies **(7)** BankGesch G54
- hochverzinsliches **(7)** BankGesch G10
- Kündigung **(7)** BankGesch G14–19a
- partiarisches **230** 2
- Rückgewähr **172a (aF)**
- Sittenwidrigkeit **(7)** BankGesch G6–10, 10a–10c, H5
- Sondertilgungsrecht **(7)** BankGesch G19a
- Verbraucherdarlehen s dort
- Zinspflicht **354 II**
Darlehensauszahlungsgebühr (7) BankGesch G4
Darlehensforderung
- Abtretung **(7)** BankGesch A9, G5a
- an Nichtbank **(7)** BankGesch A5
Darlehensvermittlung 93 2, 5; **(7)** BankGesch G1, 38
DAT 346 40
Datenschutz 9a 2; **10a; (4)** HRV **Einl** 1; **(7)** BankGesch A53–55
- Safe-Harbor-Entscheidung **(7)** BankGesch A53
- Datenübermittlung **(14)** BörsG **26g**
- Datenverarbeitung **(14)** BörsG **22b**
Dauer-Globalurkunde (13) DepotG **9a** 2
Dauerlieferungsvertrag Einl vor **373** 30
Dauerschuldverhältnis 84 43; **86** 1; **86b** 11; **87** 38; **89a** 3
- dispositives Recht **87b** 19
- drohender Verlust **249** 25
- Firmenfortführung **25** 11
- Nachhaftung **160** 2
- Rückstellungen **249** 8; **252** 18
- schwebendes Geschäft **252** 21
Dauervertrag 84 10, 44; **87a** 7; **87b** 13 ff.
DB s Deutsche Bahn
DCF-Methode s Discounted Cash Flow
DDP 346 40; **(6)** Incoterms 2020 **Einl** 22, 30, 31, 35, 67, **DDP** 1–11
DDR-Handelsrecht Einl vor **1** 47
DDU 346 40
Debetsaldo 131 55
Debitkarte (7) BankGesch F2–12, 32
Debt to Equity Swap 171 6; **230** 29; **272** 6
Deckungsgeschäft 400 6; **401**
Deckungskauf
- rechtzeitiger **376** 12–14
Deckungsrückstellung 341f

Deckungsverhältnis
- Kartenzahlung **(7)** BankGesch F35–51
- Lastschrift **(7)** BankGesch D36–40
- Überweisungsverkehr **(7)** BankGesch C33–82
deferred payment s Akkreditiv
Delegierte VO (EU) 2017/580 (14) BörsG **26g** 1
Delegierte VO (EU) 2021/2139 Einl vor **238** 22b
Delegierte VO (EU) 2021/2178 Einl vor **238** 22b
Deliktsfähigkeit 124 25
Deliktsrecht 124 24–25; **128** 6; **347** 18
- Frachtgeschäft **414** 5; **428** 5; **433** 3; **434** 1
- Persönlichkeitsrecht **Einl** vor **1** 85
- Recht am Gewerbebetrieb **Einl** vor **1** 86–91
- Schutzgesetz s dort
- Verjährung **347** 39
Delisting (14) BörsG **39** 2, 11, 13
- unechtes **(14)** BörsG **39** 16
Delkrederehaftung 85 4; **86** 2, 21, 51; **86b**; **87** 1; **89b** 25, 50
- ausländische Kunden **86b** 13
- ausländische Niederlassung **86b** 12
- Bestimmtheitsgrundsatz **86b** 3
- Garantievertrag **86b** 6
- Herausgabe **86b** 7
- Kommissionär **86b** 2; **394**
- Rechtsnatur **86b** 6
- Schriftform **86b** 5–6
- Vereinbarung **86b** 1
- Verzicht **86b** 6
- Zulässigkeit **86b** 3–4
Delkredereprovision 86 2; **86b**; **87** 3, 47; **89b** 25, 50
- Abdingbarkeit **87** 47
- Ausgleichsanspruch **89b** 25, 50
- Entstehen **86b** 11
- Höhe **86b** 10
- Kommissionär **394** 6
- bei Rücktritt **86b** 11
Delkredereregister 86b 2
Demonstration Einl vor **1** 91
Depot s Verwahrung von Wertpapieren
Depotabrede 84 10
Depotbank
- Insolvenz **(13)** DepotG **2** 1
Depotgeschäft (13) DepotG **Einl** 4
- Rechtsnatur **(13)** DepotG **1** 4
Depotgesetz (7) BankGesch W1; **(13)** DepotG; s auch Verwahrung von Wertpapieren
- Drittverwahrung **(13)** DepotG **3, 4**
- Einkaufskommission **(13)** DepotG **18–31**
- europäischer Binnenmarkt **(13)** DepotG **Einl** 5
- Internationalisierung **(13)** DepotG **Einl** 5
- Pfandverwahrung **(13)** DepotG **17**
- Sammelverwahrung **(13)** DepotG **5–9a, 24**

Sachverzeichnis

- Sonderverwahrung (13) DepotG 2
- Strafvorschriften (13) DepotG 34–37
- Stückeverzeichnis (13) DepotG 18–23, 25
- Tauschverwahrung (13) DepotG 10, 11
- Verfügungsermächtigung (13) DepotG 13
- Verpfändung (13) DepotG 12, 12a
- Verwahrung (13) DepotG 2–17a
- Verwahrungsbuch (13) DepotG 14
- Vorrang im Insolvenzverfahren (13) DepotG 32, 33
- Wertpapiere (13) DepotG 1 1
- Wertpapiersammelbank (13) DepotG 1 6
- Wertpapierverfügungen (13) DepotG 17a
- Wertrechte (13) DepotG 1 2

Depotprüfung (13) DepotG Einl 2
Depotvollmacht (7) BankGesch A52
DEQ 346 40
Derivate (14) BörsG 23 3
- Warenderivate (14) BörsG 26f; (16a) MAR 7 17–20

Derivatgeschäft (7) BankGesch R1, S 1
derivativer Erwerb Anh 177a 58; 248 4
derivativer Geschäftswert 246 9
DES 346 40
Deutsche Bahn 1 27
Deutsche Börse AG (14) BörsG 2 3, 6 1
Deutsche Post 1 27; s auch Postbeförderung
Deutsche Terminbörse (14) BörsG Einl vor 1 11, 2 2, 3
Deutsches Recht 86b 12; **92c**
Devisengeschäft (7) BankGesch R1
Devisenkassamittelkurs 256a 2
Devisenrecht (7) BankGesch N1
- IWF **Einl vor 1** 26

Diebstahl 89a 20
Dienstleistung
- künftige **272** 7
- als Vermögenseinlage **230** 20

Dienstleistungsvertreter
- Gleichbehandlung **84** 3

Dienstverhinderung 63 (aF) 1
Dienstvertrag 110 19–21
- Bankkreditvertrag **Einl vor 1** 108
- partiarischer **230** 4

Dienstvertragsklausel 93 66
Dienstvertragsrecht 86 4 f.
Dienstwagen 59 69
Differenzhaftung Anh 177a 16; **242** 1
Digitalisierung
- Abschlussprüfung **Einl vor 238** 25; **Einl vor 316** 14
- Bankrecht **(7)** BankGesch A3a
- Prüfung **Einl vor 316** 14
- Rechnungslegung **Einl vor 238** 25

Digitalisierungsrechtsprojekte
- Kaufrecht, europäisches **Einl vor 373** 50

Digitalisierungsrichtlinie 8 2d; **Einl vor 238** 25–25a

- Gesellschaftsrecht **Einl vor 1** 30
- Online-Gründung **7** 5; **8** 2d; **Einl vor 105** 36
- Registervernetzung **9b** 4
- Umsetzung **Einl vor 238** 25a; 82; **Einl vor 316** 14; **(3)** FamFG **Einl** 1

Directors' Dealings (16a) MAR Vorb 7; **(16b) WpHG 26** 1
DiREG 8 2d
Direktbank 347 23; **(7)** BankGesch A29
Direktionsrecht 59 9, 44
Direktvertrieb 86a 17
DiRUG Einl vor 1 20; **8** 2d; **13e** 3; **Einl vor 238** 25a; **Einl vor 316** 14; **339** 1; **(3)** FamFG **Einl** 1, **393** 1
- Informationsübermittlung durch Registergerichte **9b** 5
- Inkrafttreten **8** 2d
- Offenlegung **325** 3, 4; **340l** 1
- Übergangsrecht **Einl vor 238** 83; **(1)** EGHGB **88**

DIS Einl vor 1 111
Disagio 250 8; **268** 6; **(7)** BankGesch G4
Discount-Broker 347 23
Discounted Cash Flow Einl vor 1 53
Diskontgeschäft (7) BankGesch J1, 4a
Diskriminierung 86 37; **(2)** LkSG **2** 2, **Anl**
Dispositionskredit 86a 15
- Pfändbarkeit **357** 10

Dispositives Recht 87b 19
Disqualifikation einer Person 9c
- Auskunft **9c** 5–6
- Bestellungshindernisse **9c** 2, 5
- Datenlöschpflicht **9c** 9
- Informationsaustausch **9c**
- Informationsersuchen **9c** 3–4

Distanzfracht 419 4; **420** 2
distributed ledger Einl vor 238 25; **(7)** BankGesch F31
Distribution
- Lieferkette **(2)** LkSG **2** 9

Diverse s Konto
Diversität 59 37
Diversitätskonzept
- Comply or Explain **289f** 11
- Erklärung zur Unternehmensführung **Einl vor 238** 20–22a; **289f** 8, 11; **315d** 1; **340a** 3; **340i** 6

DOCDEX (11) ERA Einl 1, 3
Dokumente s auch Traditionspapier
- Akkreditiv **(7)** BankGesch K1
- CT-Dokumente **448** 1; **452** 9
- Einreichung **12** 7–8
- Inkasso **(7)** BankGesch M1–5; **(12)** ERI
- „Kasse gegen Dokumente" **346** 40
- beim multimodalen Transport **452** 9
- Scan **12** 8
- Seekonnossement **443** 2
- Warendokumente **363** 5

„Dokumente gegen Akzept" 346 40

Sachverzeichnis

„Dokumente gegen unwiderruflichen Zahlungsauftrag" 346 40
Dokumentenstrenge (7) BankGesch K1–2, 6–6b, 14, L1, 4, 9, M1
Dolmetscher 1 19
Domainname 17 11; 18 6; 19 7
– Second-Level-Domain 18 6
– Top-Level-Domain 18 6
Doppelsitz 15 25; 106 9
Doppik, staatliche Einl vor 238 24, 25e
downgrading (14) BörsG 39 3–4
downlisting (14) BörsG 39 2–3; (16a) MAR 7 16
Downstream Merger 255 11
DPP (6) Incoterms 2020 Einl 23
DPU 346 40; (6) Incoterms 2020 Einl 30, 31, 35, 67, DPU 1–11
Draufgabe 348 8
Dritthaftung 347 19–21, 38a
– Mitverschulden 347 21, 36
Drittorganschaft Einl vor 105 13; 114 11, 28; 125 5
– GmbH & Co KG Anh 177a 3
Drittschadensliquidation
– Auskunft 347 21
– Frachtgeschäft 421 3
– Kommission 383 21
– Spedition 462 1; (17) CMR 17 1
– Treuhand 105 33
Drittwiderspruchsklage 440 5
Drohung 89a 17
Drohverlustrückstellungen 249 3, 19–26
Druckkündigung 89a 20; 89b 67
DTP (6) Incoterms 2020 Einl 23
due diligence Einl vor 1 62
– Anschaffungsnebenkosten 255 3
– Insiderhandelsverbot (16a) MAR 9 13
Duldungsvollmacht Einl vor 1 34; Einl vor 48 5; 54 3 f., 17; s auch Vertretung
Durchgangserwerb 246 14
Durchgriffshaftung Anh 177a 51b, 51d
Durchhandeln Einl vor 373 27; 377 9
durchlaufende Posten 89b 25, 29, 51
Durchsetzungssperre 131 48; 145 6
DVFA Best-Practice-Empfehlungen Einl vor 1 52
Dynamikprovision 92 3

eBay Einl vor 48 4
E-Bilanz 239 4
ECE
– Bedingungen (6) Incoterms 2020 Einl 7
– Schiedsgerichtsordnung Einl vor 1 122
Edelmetallgeschäft (7) BankGesch R1
Effekten 383 8
Effektenemission (7) BankGesch Y1, 3
– best effort (7) BankGesch Y3
– firm commitment (7) BankGesch Y3
Effektenkommission 383 4, 8, 29; (7) BankGesch Q1–2
– Selbsteintritt 400 1–2, 4

Effektenverkehr
– stückeloser (13) DepotG 1 2
eG s eingetragene Genossenschaft
EG s EU
Egalisierung
– durch stille Reserven 252 15, 16
eGbR s Gesellschaft bürgerlichen Rechts, eingetragene (eGbR)
E-Geld (7) BankGesch A3a, C10, 17
E-Geld-Emittenten (7) BankGesch C7
E-Geld-Geschäft (7) BankGesch C7, F27–28
EGHGB Einl vor 1 10; (1) EGHGB
EG-Richtlinie vom 18.12.1986 (Handelsvertreter-RL) 84 3; 89b 32; 92c 6
Ehegatten
– als andere Unternehmer 86 28
– Firma 19 6
– Gfter 105 24–25, 52, 80; 114 24, 52
– Kdtist 161 4
– Pflichtteilsberechnung Einl vor 1 52
– Prospektlektüre Anh 177a 65
– Unternehmen 1 48
Ehegattengesellschaft 105 52
Ehegattenkredit
– Grundsätze (7) BankGesch G10a
– Mithaftungsklausel 86 9
EHUG 8 2a; Einl vor 238 61
eidesstattliche Versicherung 87c 20 f., 28
Eigenbedarf 123 35
Eigengeschäft
– Aufklärungspflicht 347 30
– HdlVertreter 84 55
– Insidergeschäfte 347 31; s auch dort
– des Kommissionärs 383 16; (13) DepotG 31
Eigenhändige Unterzeichnung 85 6; 90a 14
Eigenhändler 84 10, 14, 23, 32; 86 38; 89a 30; 89b 25
Eigenhaftung
– des GmbHGeschäftsführers Einl vor 48 10; Anh 177a 44, 49p, 51j
– des Vertreters Einl vor 48 9–12
Eigenhandelsgeschäft 340c 1
Eigenkapital
– Ausweis 266 16
– Begriff 272
– eingefordertes 272 3
– Einlagen, ausstehende 272 2
– gezeichnetes 272 1–4
– PersonenGes 264c 2
– Wertansatz 272
Eigenkapitalmethode 312 1
Eigenkapitalspiegel 242 10; 264 7; 297 1
Eigenkündigung 89b 9 ff., 64
Eigentum Einl vor 1 78–83; 346 15
– wirtschaftliche Zuordnung 246 3–3a, 14
Eigentumsvorbehalt 246 15
Eigenverantwortung 347 23
Eigenverwaltung Anh177a 49k–49l

Sachverzeichnis

Eignungstest
- psychologischer **59** 34

Einblicksgebot 264 12

Einfirmenvertreter 84 1, 36, 46; **86** 5, 12; **89a** 30; **92a**

Einfuhr- und Vorratsstelle 1 27

Einfuhrabfertigung (6) Incoterms 2020 **Einl** 52

Einführungsgesetz Einl vor **1** 10; **(1)** EGHGB

„Eingang vorbehalten" **(7)** BankGesch C70

eingetragene Genossenschaft Einl vor **238** 30; **290** 1; **336–339**
- Formkaufmann **6** 6
- Genossenschaftsregister **8** 18
- Offenlegung **339** 1
- Rechtsfähigkeit **Einl** vor **105** 1, 12

Eingliederung 84 13, 42

einheitliche Leitung s Konzernabschluss

Einheitliche Richtlinien für Inkassi (12) ERI **(12a)** eURC; s auch Bank-Gesch, Inkasso
- Akzeptierung **(12)** ERI 22
- Auslagen **(12)** ERI 21
- Benachrichtigungen **(12)** ERI 4
- Beteiligte **(12)** ERI 3
- Dokumentenvorlage, elektronische **(12a)** eURC **Einl**
- Entstehung **(12)** ERI **Einl** vor **1** 1
- eURC **(12a)** eURC **Einl**
- Gebühren **(12)** ERI 21
- Geltung **(12)** ERI **Einl** vor **1** 2, 1
- Haftung **(12)** ERI **9–15**
- Inkassoauftrag **(12)** ERI 4
- Neufassung **(12)** ERI **Einl** vor **1** 1
- Protest **(12)** ERI 24
- Vorlegung **(12)** ERI **5–8**
- Zahlung **(12)** ERI **16–19**
- Zinsen **(12)** ERI 20

Einheitliche Richtliche Richtlinien und Gebräuche für Dokumenten-Akkreditive (11) ERA; **(11a)** eUCP; s auch Akkreditiv
- Abtretung **(11)** ERA 39
- Änderungen **(11)** ERA 10, 11
- „An Deck" **(11)** ERA 26
- Auslegungen **(11)** ERA 3
- Avisierung **(11)** ERA 9
- Bindungswirkung **(11)** ERA **1** 3
- Definitionen **(11)** ERA **1–2**
- Dokumentenprüfung **(11)** ERA 14
- Dokumentenvorlage, konforme **(11)** ERA 15
- eUCP **(11a)** eUCP
- Geltungsbereich **(11)** ERA **Einl** 4
- Haftungsausschluss **(11)** ERA **34–37**
- Handelsrechnung **(11)** ERA 18
- Konnossement **(11)** ERA **20, 22**
- Kopien **(11)** ERA 17
- Kurierempfangsbestätigung **(11)** ERA 25
- Mindestangaben **(11)** ERA 6
- Neuerungen ERA 600 **(11)** ERA **Einl** 3
- Nominierung **(11)** ERA 12
- Originale **(11)** ERA 17
- Remboursvereinbarungen **(11)** ERA 13
- „Said by Shipper to Contain" **(11)** ERA 26
- Seefrachtbrief **(11)** ERA 21
- „Shipper's Load and Count" **(11)** ERA 26
- Synopse ERA 500/ERA 600 **(11)** ERA **Einl** 2
- Teilinanspruchnahme **(11)** ERA **31, 32**
- Toleranzen **(11)** ERA 30
- Transportdokumente **(11)** ERA **19–27**
- Übertragbarkeit **(11)** ERA 38
- Unabhängigkeit vom Grundgeschäft **(11)** ERA **4, 5**
- Unstimmigkeiten **(11)** ERA 16
- Verfalldatum **(11)** ERA 6 4, 5, **29**
- Verpflichtung der bestätigenden Bank **(11)** ERA 8
- Verpflichtung der eröffnenden Bank **(11)** ERA 7
- Versicherungsdokument/-deckung **(11)** ERA 28

Einheitlichkeit der Präsentation 84 38

Einheitsbilanz 242 6

Einkommen 87 50; **90a** 9, 20; **92b** 2

Einlage s auch Kommanditgesellschaft, Offene Handelsgesellschaft
- Eigenkapital **272** 2
- gezeichnetes Kapital **272** 2–3
- Kdtist **174; 175**
- Schutz durch Institutssicherung **(9)** AGB-Spark 28

Einlagengeschäft (7) BankGesch B1–7

Einlagensicherung (7) BankGesch A57a f.

Einlagensicherungs- und Anlegerentschädigungs G (7) BankGesch A57b; **(9)** AGB-Spark 28

Einlagensicherungsfonds (8) AGB-Banken **Einl** 2, 20

Einmalprovisionsregelung 92 9

Einrede 86b 8; **87a** 28; **89b** 51
- Gfter **Anh 105** HGB-MoPeG **128** 1; **129** 1

Einsicht 87c 25 ff.

Einspruch
- Ordnungsgeld **335** 3

Einstandspflicht 86b

Einstandsvereinbarung 89b 68

Eintragung 8 6–10; **8a; (4)** HRV **23–38;** s auch Anmeldung
- Auslegung **8** 11
- Bekanntmachung 10
- keine Beschwerde **8** 10
- deklaratorische **15** 5
- Doppeleintragung **13e** 3
- Insolvenzverfahren 32
- juristische Person **33–34**
- konstitutive **15** 5
- Löschung **8** 12–15

Sachverzeichnis

- nachträgliche Unrichtigkeit **8** 13
- neue Tatsachen **8** 13
- Nichteintragungsfolgen **15** 6
- Offenlegung, freiwillige **11**
- OHG **106** 3; **123** 5
- Prüfung der Voraussetzungen **8** 7–9; **106** 4
- Rechtsschein s dort
- durch Übernahme **123** 6
- Übersetzung **11**
- vorbeugender Rechtsschutz **16** 5
- Voreintragung **8** 10; **15** 11
- Wirksamwerden **8a** 1–2
- Wirkung **8** 11; **15** 13
- der Zweigniederlassung **13** 14; **13d** 1, 2; **15** 24

Eintragungsfähigkeit 8 5
Eintragungsfehler 15 23
Eintragungspflicht 8 5; **15** 5
- OHG **106**
- Testamentsvollstreckung **8** 5; **106** 2; **177** 5

Eintritt (OHG, KG) 105 26, 33, 67–68, 79, 92, 95; s auch Anteil, Erbengemeinschaft
- Anmeldung **107** 1
- Erben **131** 4, 18, 22, 34; **139** 1–9
- Gesamtrechtsnachfolge **173** 14
- Haftung **28**; **130**; **173**
- MoPeG **130** 10
- Wirkung **24** 1, 3, 7; **123** 4

Eintrittsklauseln 139 50–55
Einwendungen
- des Gfters **Anh 105** HGB-MoPeG **128** 1; **129**

Einwendungsdurchgriff (7) BankGesch G42–45
Einzelabschluss 324a
- nach IAS/IFRS **325** 6–8
- Pflicht **325** 7
- Wirkung, befreiende **325** 8

Einzelarbeitsvertrag 59 8
Einzelkaufmann s Kaufmann
Einzelzahlungsvertrag (7) BankGesch C29, 34
Einzugsermächtigungsverfahren (7) BankGesch D9
Eisenbahn 407 1, 6; **(6)** Incoterms 2020 **Einl** 63; s auch Frachtgeschäft, Spedition
- AGB **(5)** BGB **305a Nr. 1**
- CIM **453** 4
- Güterbeförderung **407** 8
- Personenbeförderung **407** 7
- Personenbeförderungspflicht **407** 8
- Reisegepäck **407** 8

elektronische Belege (6) Incoterms 2020 **Einl** 43
elektronische Buchführung 239 1, 4
elektronische Ladescheine 443 4
elektronische Leseabschrift 12 8
elektronische Signatur 12 8
- Beglaubigung, öffentliche **8** 2d; **12** 1

elektronischer Bundesanzeiger 325 4, 5; **329**
elektronischer Nachweis (6) Incoterms 2020 **Einl** 46
elektronisches Geld s E-Geld
elektronisches Handelsregister 8 2a–4; **8b** 1
- EHUG s dort
- Übergangsvorschriften **(1)** EGHGB **61**

el.ERA s eUCP
el.ERI s eURC
Eltern
- Vereinbarung von Beruf und Privatleben für Eltern und pflegende Angehörige, RL **59** 2

Elternzeit 59 100
E-Mail
- Kündigung **89** 15
- Werbung **Einl vor 1** 91

Emissionsgeschäft 383 32; **(7)** BankGesch Y1–4; s auch Effektenemission
- Neu-Emissionen **Anh 177a** 59

Emissionsprospekt Anh 177a 60
- Verjährungsklauseln **347** 39

Emissionszertifikate
- Ad-hoc-Publizität **(16a)** MAR **17** 3
- Insiderhandelsverbot **(16a)** MAR **8** 6
- Insiderinformationen **(16a)** MAR **7** 21

Emittent (15a) WpPG **8** 1, 3; **16a)** MAR **17** 2–4
Emittentenbezug (16a) MAR **7** 9
Emittentenrisiko
- Aufklärungspflicht **347** 23, 30

Empfangsbescheinigung (6) Incoterms 2020 **Einl** 51, 57
Empfangsvertreter 55 4, 10; **91** 2
Empfehlung 347 8, 23; s auch Internationale Handelskammer
- ohne Bindungswirkung **Einl vor 105** 35
- DVFA Best-Practice **Einl vor 1** 52

Enforcementverfahren Einl vor 316 15e
England s Großbritannien
Englisch
- Gerichtssprache **Einl vor 1** 105

Enron Einl vor 316 12
Enteignung Einl vor 1 78–83; **131** 10
Entfernungen 361
entgangener Gewinn 86a 11; **87** 8 f., 32; **89a** 40

Entgeltfortzahlung 59 56, 75
Entgeltklausel (7) BankGesch C106, G4
Entgelttransparenzgesetz Einl vor 238 25e
Entgeltumwandlung 59 89
Entherrschungsvertrag 290 10
Entladung 412
Entnahme 122
Entschädigung 89b 3; **90a** 2, 9, 12, 18 ff., 23 ff., 31 f.; **92c** 10
Entschädigungseinrichtung der Wertpapierhandelsunternehmen (EdW)
- Verbindlichkeiten, ungewisse **249** 12

3103

Sachverzeichnis

Entsorgung
– Lieferkette **(2)** LkSG **2** 9
Entsprechenserklärung 289f 3
Entwicklungskosten 285 24
EPSAS Einl vor **238** 24
Equitymethode 311 1; **312** 1
ERA s Einheitliche Richtlinien und Gebräuche für Dokumenten-Akkreditive
Erbbaurecht
– Anschaffungskosten **255** 1
– Sachanlage **266** 6
– schwebendes Geschäft **252** 21
– wirtschaftliches Eigentum **246** 16
Erben s auch Anteil, Auflösung
– Anmeldung **31** 6
– Ausscheiden **139** 40, 43
– Betreiben eines Handelsgeschäfts **1** 36–39
– Firma **17** 25; **22** 2, 8–9, 13–14; **24** 11
– Fortsetzung der Ges **Anh 105** HGB-MoPeG **131** 1
– Ges als Erbe **124** 37
– Haftung **27**
– HdlGeschäft **Einl** vor **1** 73; **1** 36–39
– **KG 177**
– Minderjähriger **139** 12
– Nacherbfolge **139** 19–20
– Nachfolgeklausel **139** 10–18
– OHG **124** 37; **139**
– Pflichtteilsansprüche **139** 13
– Pflichtteilsberechnung **Einl** vor **1** 52
– Scheinerbe **131** 76
– Testamentsvollstreckung s dort
– Unternehmen **Einl** vor **1** 73
– Vorerbfolge **139** 19–20
Erbengemeinschaft 1 37
– Fortführung des HdlGeschäfts **19** 2; **22** 2
– HdlVertreter **84** 9
– als Kdtist **161** 4
– in OHG **105** 7, 26, 29, 54, 55; **131** 75; **139** 14
Erfindung 124 8
Erfolgsvergütung 87a 1 ff.
Erfolgsvergütungsgrundsatz 87a 1–3
Erfüllungsgehilfe 84 31; **87a** 26
– Haftung **347** 3
Erfüllungsort 84 45; **86** 46; **87c** 15; **92c** 3
– Buchauszug **87c** 15
– Frachtgeschäft **407** 18, 23
– HdlVertreter **84** 45; **86** 46
– Incoterms **(6)** Incoterms 2020 **Einl** 45
– Spedition **(18)** ADSp **30.1**
Ergänzungsverträge 92 4
Ergebnis
– Rohergebnis **Einl** vor **238** 37
Ergebnisbeeinflussung
– durch steuerrechtliche Bewertung **285** 6
Ergebnisglättung
– durch stille Reserven **252** 15
Ergebnisverwendung 268 1; **275** 25; **285** 36
ERI s Einheitliche Richtlinien für Inkassi

Erklärung zur Unternehmensführung
Einl vor **238** 21, 79; **289f**
– Arbeitsweise Aufsichtsrat und Vorstand **289f** 5
– Diversitätskonzept **Einl** vor **238** 20–22; **289f** 8, 11; **340a** 3; **340i** 6; **315d** 1
– Entsprechenserklärung **289f** 3
– Frauenanteil **Einl** vor **238** 22a; **289f** 6
– Zielgrößen **Einl** vor **238** 22a; **289f** 6
– Geschlechterquote im Aufsichtsrat **Einl** vor **238** 22a; **289f** 7
– Grundsatzerklärung zur Menschenrechtsstrategie **(2)** LkSG **6** 2
– Inhalt **289f** 3–8
– Übergangsrecht **Einl** vor **238** 79; **289f** 1
– Unternehmen, erklärungspflichtige **289f** 2, 9–10
– Unternehmensführungspraktiken **289f** 4
– Verlinkungslösung **289f** 4
Erklärung, nichtfinanzielle s Nichtfinanzielle Erklärung
Erlass 350 6
Erleichterungen, größenabhängige 274a; 275 32; **276; 288; 293**
Ermächtigung 54 12–17
Ermächtigungsgrundlage 92a 2
Ermessen 87a 32; **87b** 3; **89b** 81
Eröffnungsbilanz 242–256
Eröffnungsinventar 242 13
Erprobung 87 41
Ersatz von Aufwendung 87d
Ersatzherausgabe 87a 11
Ersatzteile 86 37 f.; **89** 26
Erschöpfung 167 5
„Erster Erwerbspreis" (15a) WpPG **14** 4
Erträge 275
– außerordentliche **275** 19; **277** 4
– aus Beteiligungen **275** 13
– betriebliche **275** 8
– des Finanzanlagevermögens **275** 14
– aus Gewinngemeinschaften **277** 3
– aus Verlustübernahme **277** 3
– aus Wertpapieren **275** 14
Ertragslage 264 14
Ertragswertmethode Einl vor **1** 53–54
Erwerbermodell
– Aufklärungspflicht **347** 30e
Erwerbschancen s corporate opportunity
Erwerbsfähigkeit 89b 43
ESEF Einl vor **238** 19; **Einl** vor **316** 15
– Abschlussprüfung **316** 1; **317** 1, 11–13
– Abschnitt, besonderer **322** 9
– Aufsichtsrat **317** 13
– Berichtsformat **Einl** vor **238** 19
– Konzernabschluss **320** 3
– Übergangsrecht **Einl** vor **238** 80; **315** 2; **316** 1, 4; **317** 11; **(1)** EGHGB **84**
ESEF-Verordnung Einl vor **238** 22b; **289b** 6–7
ESMA (16a) MAR **7** 18–20, **11** 5, **17** 1, 7, 9–11
eta 346 40

Sachverzeichnis

EU 84 3, 35; 85 2; 86 22, 34, 38; 86a 1; 87 24, 48; 89 10; 89a 1; 89b 1, 20, 23, 32, 62, 66; 90a 2, 7; 92 3; 92c 1, 6 ff.
EU Green Deal 289b 1
EU-Abänderungs-Richtlinie Einl vor 238 6
EU-Gruppenfreistellungsverordnung 86 38
EU-Lieferketten-Richtlinie (Entwurf) (CSDD-E) (2) LkSG Einl vor 1 2
EU-Prospektverordnung (14) BörsG Einl vor 1 14, 48 7; (15a) WpPG Einl 1
EU-Publizitätsrichtlinie 325 5
EU-Richtlinien
– Anwendung, unmittelbare Einl vor 1 30
– Auslegung Einl vor 1 30
– Nichtumsetzung Einl vor 1 30
EU-Taxonomie-Verordnung Einl vor 238 22b; 289b 6
eUCP (11) ERA Einl 1; (11a) eUCP
– Ablehnungsgründe (11a) eUCP e8
– Anhang zu ERA (11a) eUCP Einl 1, 4
– Anwendbarkeit (11a) eUCP e1
– Definitionen (11a) eUCP e3
– Dokumentvorlage (11a) eUCP e6
– Haftungsausschluss (11a) eUCP e13
EuGVVO Einl vor 1 108
eURC (12a) eURC
– Anhang zu ERI (12a) eURC Einl 1, 4
– Allgemeine Geschäftsbedingungen (12a) eURC Einl 4
Eurex (7) BankGesch R1; (14) BörsG 2 2–3
Europäische Gemeinschaft 84 3, 35; 85 2; 86 22, 34, 38; 86a 1; 87 1, 24, 48; 89 10; 89a 1; 89b 1, 20, 23, 32, 62, 66; 90a 2, 7; 92 3; 92c 1, 6 ff.
– Aktionsplan Einl vor 105 36
– EuGH-Rspr Einl vor 105 29, 36
– Firma 18 12
– High Level Group of Company Law Experts Einl vor 105 36
– Inspire Art Einl vor 105 29
– Rechtsangleichung Einl vor 1 30
– Richtlinien Einl vor 1 30; Einl vor 105 36
– Verbraucherdarlehen (7) BankGesch G34, 36, P12
Europäische Gesellschaft (SE) Einl vor 105 34
Europäische Privatgesellschaft (SPE) Einl vor 105 34
Europäische wirtschaftliche Interessenvereinigung s EWIV
europäisches Börsenrecht (14) BörsG Einl vor 1 10
europäisches Gesellschaftsrecht Einl vor 105 34–36
europäisches Handelsrecht Einl vor 1 30; Einl NebenG 5
Europäisches Justizportal 8 2b; 9b; s auch Registervernetzung
europäisches Kaufrecht Einl vor 373 46, 50
Europäisches System der Registervernetzung s Registervernetzung
Euroscheck (7) BankGesch E9
eWertpapiere (13) DepotG Einl 1
EWIV Einl vor 105 1, 15, 34
eWpG-E (13) DepotG Einl 1
„ex Schiff" s „ab Schiff"
Exclusive agent 87 24
execution-only 347 23; (7) BankGesch A29
existenzvernichtender Eingriff 105 104; Anh 177a 51c–51f
Expertenentwurf zur Modernisierung des Personengesellschaftsrechts s Mauracher Entwurf zur Modernisierung des Personengesellschaftsrechts
EXW 346 40; (6) Incoterms 2020 Einl 30–32, 67, EXW 1–10

Face-to-Face-Geschäfte
– Insiderhandelsverbot (16a) MAR 9 16
Factoring (7) BankGesch O1–8
– Bilanzrecht 246 22; 255 8
– echtes (7) BankGesch J4a, O2, 8
– Eigentum, wirtschaftliches 246 22
– gemischtes (7) BankGesch O8
– Globalzession (7) BankGesch O7–8
– rechtliche Qualifikation (7) BankGesch O1–4
– unechtes (7) BankGesch O3, 8
– Verhältnis Bank/Kunde (7) BankGesch O5–6
Fahrlässigkeit 347 18, 34; s auch Sorgfaltspflicht
– grobe 347 5
fairness opinions Einl vor 1 62, 68; 347 21, 29; (15) Prospekthaftung Einl 8
Fair-Value-Richtlinie Einl vor 238 57
Faktische Gesellschaft s fehlerhafte Gesellschaft
Faktura 346 35
Fakultativklausel (7) BankGesch C41
FamFG (3) FamFG
– Eintragungen, unzulässige (3) FamFG 375
– Firmengebrauch, unbefugter (3) FamFG 392
– Löschung (3) FamFG 393–395
– MoPeG (3) FamFG Einl 1
– Registersachen (3) FamFG 374
– unternehmensrechtliche Verfahren (3) FamFG
– Vermögenslosigkeit (3) FamFG 394
– Zuständigkeit (3) FamFG 376, 377
– Zwangsgeld (3) FamFG 388, 389
Familiengesellschaft 124 1b; Anh 177a 2
Familien-Kommanditgesellschaft 161 11
FAS (6) Incoterms 2020 Einl 30, 31, 33, 67, FAS 1–11

Sachverzeichnis

Fautfracht 415 2
FBL 443 2; **452** 9
FCA 346 40; **(6)** Incoterms 2020 **Einl** 30, 31, 33, 67, **FCA** 1–13
FCL 346 40
FCR
– Orderpapier **363** 2
– Spedition **453** 4, 8
FCT 453 4
Fehlbetrag 268 3
Fehlbetragshaftung Anh 105 HGB-MoPeG **136** 1; **149** 1
Fehler s Kauf
fehlerhafte Gesellschaft 105 11, 50, 52, 59, 75–97
– PublikumsGes **Anh 177a** 58
fehlerhafter Beitritt 105 75, 92
– Haustürgeschäft **Anh 177a** 58
– PublikumsGes **Anh 177a** 58
Feiertag 59 12, 45
– Gehaltsfortzahlung **59** 58
Fernabsatzvertrag (7) BankGesch G9e
Ferngeschäft
– Incoterms **(6)** Incoterms 2020 **Einl** 16
Fertigungsgemeinkosten 255 18
Fertigungskosten 255 16
Festbewertung 240 7, 10
Festpreisgeschäft (8a) AGB-WPGeschäfte 1 5
Feststellungsbeschluss 164 3
FIATA 453 4; **(18)** ADSp **Einl**
FIDIC-Bedingungen (6) Incoterms 2020 **Einl** 6
fifo 252 9; **256** 1–2; s auch lifo
– latente Steuern **274** 2
– Unterschiedsbeträge **284** 14
Filiale
– Empfehlung **87** 12
– Zuweisungsumfang **87** 26–27
Film s Handelsbücher
Finalitätsrichtlinie (7) BankGesch C40; **(13)** DepotG **Einl** 6
Finanzanalysten (16a) MAR **10** 7
Finanzanlagen
– VermAnlGEG 2012 **(14)** BörsG **Einl vor 1** 12
– Verrechnung **340c** 2
Finanzdienstleistungen
– Lieferkette **(2)** LkSG **2** 10
Finanzdienstleistungsinstitut 340–340o; **(7)** BankGesch A4
Finanzierungsbestätigung 349 22
Finanzierungsdarlehen Einl vor 373 26; **(7)** BankGesch A26, G34–54, P12–17
Finanzierungsleasing (7) BankGesch P1–31
– AGB-Kontrolle **(7)** BankGesch P6–9, 22
– Amortisation **(7)** BankGesch P2
– atypischer Mietvertrag **(7)** BankGesch P3
– Aufklärungspflichten des Leasinggeber **(7)** BankGesch P13

– Einheit, wirtschaftliche **(7)** BankGesch P14, 16
– Eintrittsmodell **(7)** BankGesch P11
– Einwendungsdurchgriff **(7)** BankGesch P27
– Finanzdienstleistung **(7)** BankGesch P3
– Finanzierungshilfe, entgeltliche **(7)** BankGesch P23
– Gefahrtragung **(7)** BankGesch P14
– Geschäftsgrundlage **(7)** BankGesch P20
– Immobilienleasing **(7)** BankGesch P5
– Kündigung **(7)** BankGesch P18–21
– Leasingerlasse **(7)** BankGesch P3
– Mängelhaftung **(7)** BankGesch P16–17
– Mietkauf **(7)** BankGesch P1
– Operating-Leasing **(7)** BankGesch P1
– rechtliche Qualifikation **(7)** BankGesch P1–9
– Rückgabe des Leasingobjekts **(7)** BankGesch P18
– Rückkaufverpflichtung **(7)** BankGesch P28
– sale-and-lease-back **(7)** BankGesch P1
– Übernahmebestätigung **(7)** BankGesch P14
– Verhältnis des Leasinggebers zum Leasingnehmer **(7)** BankGesch P6–27
– Verhältnis des Leasingnehmers zum Hersteller/Dritten **(7)** BankGesch P30–31
– Versicherungspflicht **(7)** BankGesch P15
– wirtschaftliche Einheit der Verträge **(7)** BankGesch P25
Finanzinstrumente
– Bewertung **340e** 7–9
Finanzinstrumentenbezug (16a) MAR **7** 9
Finanzkommissionsgeschäft 383 4; **(7)** BankGesch A4, Q1
Finanzkrise 230 1
Finanzlage 264 13
Finanzmarktintegritätsgesetz (FISG) Einl vor 238 25c **Einl vor 316** 15a–15c; **319a** 1–2
– Abschlussprüfer **318** 1; **323**; **(2a)** WPO **Einl** 12a, 54
– Bilanzkontrolle **Einl vor 316** 15a–15e; **(2a)** WPO **Einl** 12a
– Haftungsobergrenze **323** 9–9a
– Mitteilungspflichten **323** 11a
– Prüfungsausschuss **324** 1a, 8–8a
– Übergangsrecht **Einl vor 238** 81; **289** 6; **317** 1; **318** 1, 5, 9; **332** 2–3; **(1)** EGHGB 85
Finanzmarktnovellierungsgesetz, Erstes (1. FiMaNoG) (13) DepotG **43**; **(14)** BörsG **Einl vor 1** 13
Finanzmarktnovellierungsgesetz, Zweites (2. FiMaNoG) (14) BörsG **Einl vor 1** 13
Finanzmarktrichtlinie-Umsetzungsgesetz (14) BörsG **Einl vor 1** 17–18
Finanzplankredit 172a 1; **Anh 177a** 43

Sachverzeichnis

Finanzportfolioverwaltung Anh 177a
52; **(7)** BankGesch A4, Q1, U1
Finanzsicherheitenrichtlinie (13) DepotG **Einl** 6
– Umsetzungsgesetz **(7)** BankGesch H1
Finanztermingeschäft (7) BankGesch S 1
Finanztransfergeschäft (7) BankGesch A4
FinTech (7) BankGesch A3a
FIO 346 40
FIOST 346 40
firm commitment (7) BankGesch Y3
Firma 17–37a; s auch Kennzeichnung, Name
– abgeleitete **17** 6
– Änderung **17** 22; **21; 31** 1–5
  – der Rechtsform **22** 16–19; **24** 12
– alte (vor 1900 eingetragene) **17** 3
– Anmeldung **5; 29–31**
  – Erzwingung **17** 26
– Annahme **17** 16, 19, 32
– ausländische **19** 42
– Begriff **17** 1–8
– Bildung **17** 16, 22, 35; **18; 19**
– Domain **18** 6; **19** 7
– Ehegatten **19** 6
– einfache **17** 6
– Eintragung **2; 5; 29–31**
– EinzelKfm **18; 19** 4–10
– Entstehung **17** 16
– Erlöschen **17** 23; **Anh 105** HGB-MoPeG 150 1
  – Anmeldung **31** 7–9; **157** 1
– Ersatzfirma **17** 22, 47
– europäisches Firmenrecht **17** 48–50; **18** 36; **19** 42
– europarechtlicher Einfluss **18** 12
– frei gewordene **18** 17
– Freiberufler **17** 13
– Gattungsbezeichnung **18** 4, 6–7
– GbR **17** 13
– Gebietskörperschaft **36**
– geographische Herkunftsangaben **17** 10; **18** 6, 23–27
– geschäftliche Bezeichnungen **17** 11–16
– Geschäftsaufgabe **17** 23
– Geschäftsbrief **37a**
– Gewerbetreibende **17** 21–23
– gleichnamige **18** 5; **19** 6–7; **30** 8
– GmbH **19** 31
– GmbH & Co **19** 24–36
– Grundbuch **17** 18
– Handeln für die Firma **17** 20; **Einl vor 48** 8; s auch Vertretung
– HRefG **17** 2, 3
– Hinweise
  – auf Amtsstellung **18** 34
  – auf Berufsqualifikation **18** 35
  – auf geschützte Bezeichnungen **18** 28
  – auf GesForm **18** 22
  – Größe und Bedeutung **18** 30
  – historische **18** 27
– auf Marktstufe **18** 29
– auf Spezialisierung **18** 32–33
– auf Titel **18** 35
– auf Vereinigung **18** 31
– Inhabervermerk **18** 21
– Insolvenz **17** 47; **22** 24; **31** 5; **32**
– internationaler Verkehr **17** 48; **18** 36; **19** 42; **37** 9
– Irreführungsverbot **18** 9–20
– juristische Person **33–35**
– Kaufmann **18**
– Kennzeichnungsfunktion **18** 4
– KG **19** 19–23; **105** 1, 6, 7
– Kleingewerbetreibende **17** 13
– Leerübertragung **23** 1
– Leitsätze DIHT **18** 15, 19, 23, 30
– Liquidation **157** 1
– Lizenzanalogie **17** 40
– Löschung **8** 12–15; **37** 13; **(3)** FamFG 393
– Löschungsverfahren **37** 8
– Mantelkauf **23** 4
– Marke **17** 10, 18, 31, 34
– Markenverunglimpfung **17** 31
– mehrere **1** 29; **17** 8
– Missbrauch **17** 3
– Nachfolgevermerk **18** 21
– nachträgliche (Un-)Zulässigkeit **18** 18
– Name, fiktiver **18** 13
– Name, unbekannter **18** 13
– Namensänderung **21**
– Namensfunktion **18** 4
– Nichtkaufleute **17** 13
– Nießbrauch **17** 24; **22** 25
– offene Betriebsstätte **17** 31
– OHG **19** 11–18; **105** 1, 8
– Ortsbezeichnung **18** 6
– Pacht **17** 23–24; **22** 25
– Personenfirma **17** 6; **19** 6
– Phantasiefirma **17** 2–3, 6, 13, 15, 47; **18** 4, 9; **19** 8, 10
– Prioritätsprinzip **19** 7
– Prozess **18** 15
– Prüfung **17** 27
– Pseudonym **19** 6
– Rechtsformänderung **22** 16–19; **24** 12
– Registerverfahren **17** 26; **18** 19–20
– Sachfirma **17** 6; **19** 8–9
– Sachbezeichnung, reine **18** 6
– Schadensersatz **17** 40; **37** 14
– Schutz **17** 32–34; **37 II**
– Schutzbereich **17** 44
– Statut **17** 48
– Treuhandübertragung **22** 6
– Übertragung **17** 5, 24, 35; **22; 23**
– Umfragen **18** 15
– Umwandlung **19** 37–41
– Unterlassungsklage **37** 9–13
– Unterscheidungskraft **17** 3, 10; **18** 5–7; **30**
– unzulässige **17** 26
– unzulässiger Gebrauch **37**

Sachverzeichnis

- ursprüngliche **17** 6
- UWG **18** 11, 12, 14
- Veräußerung **17** 24; **23**
- Verbotsverfügung **37** 7
- Vererbung **17** 5, 25; **22**
- Verkehrsgeltung **17** 10, 12, 30
- Verletzung **17** 28–31; **37**
- Vervielfältigung **22** 12
- Verwässerung **17** 31
- Verwechslung **17** 29–31; **30**
- Zusätze **17** 7–8; **19** 2, 7, 9–10, 16
- Zeichnung des Prokuristen **51** 1
- Zweigniederlassung **13** 7; **30** 9

Firmenabkürzung 37 4
firmenähnliche Geschäftsbezeichnung 17 14
Firmenausschließlichkeit 17 7
Firmenbeständigkeit 17 7; **18** 9; **22** 1, 15
Firmeneinheit 17 7–8
Firmenfortführung 18 9, 16; **21–24**
- Änderungen im GfterBestand **25** 24
- Altverbindlichkeiten **25** 12
- Anerkenntnis **25** 11
- Dauerschuldverhältnis **25** 11
- bei Eintritt **26**
- Erlöschen des Rechts **22** 21
- Haftung **25–28**
  - des Erben **27**
- Haftungsausschluss des Erwerbers **25** 13–16
- internationaler Verkehr **25** 27
- Nachhaftungsbegrenzung **26** 4–10; **28** 7
- Schuldbeitritt, gesetzlicher **25** 10
- Schuldübernahme **25** 18
- Vermögensübernahme **25** 19
- Weiterhaftung des Veräußerers **25** 12
- Zweigniederlassung **22** 5, 21

Firmenführungskontrolle 17 27
Firmenführungspflicht 17 18
Firmengebrauch 17 17–22; **37**
- unbefugter (11) FamFG **392**
Firmenhomepage 25 8
Firmenkern 18 8
Firmenlizenz
- isolierte **23** 2
Firmenmissbrauchsverfahren 37 5
Firmenöffentlichkeit 17 7
Firmenpapier 84 36
Firmenrechtsgrundsätze 17 7
Firmenstempel Einl vor **343** 8
Firmenverdopplung 23 2
Firmenwagen 59 69
Firmenwahrheit 17 7; **18** 9, 16 ff.
Firmenwert s Geschäftswert
Firmenzusätze 18 8; **37** 4
first in first out s fifo
Fischerei 3 4
FISG s Finanzmarktintegritätsgesetz (FISG)
Fixgeschäft Einl vor **373** 54; **376**
- Branchenüblichkeit **376** 15
- frachtgeschäftliches **417** 1

Fixkostenspedition 459; 466 3
Fixum 84 36; **87** 5; **89b** 47
Flaschen 380 7
FOB 346 40; **377** 10; **(6)** Incoterms 2020 **Einl** 30, 31, 33, 67, **FOB 1–14**
FOB Flughafen (6) Incoterms 2020 **FCA** 1
FOB-Importieren (6) Incoterms 2020 **Einl** 33
FOC 346 40
Förderbanken 316a 4
Folgeaufträge 87 17–20; **92** 3
Fondsstandortgesetz (FoStoG) (14) BörsG **Einl** vor **1** 15
- Übergangsrecht **Einl** vor **238** 80a
FOR 346 40
Force majeure Einl vor **343** 19; **346** 40; **(11)** ERA **36; (11a)** eUCP **e14**
Forderung
- Konnexität **366** 10–11; **440** 1–3
- zweifelhafte **253** 26
Forderungsübergang
- Firmenfortführung **25** 21
Forfaitierungsgeschäft (7) BankGesch J4–4a
Form
- Arbeitsverhältnis
  - Beendigung **59** 121
  - Befristung **59** 112
- Bauherrenmodell **350** 2–3
- BGB **350** 2–6
- Bürgschaft **350**
- Formfreiheit **54** 8, 17; **85** 1 ff.; **87** 25; **90a** 24; **Einl** vor **343** 8
- GfterBeschlüsse **119** 27–28
- GesVertrag **105** 50, 54–57
- GesVertragsänderung **105** 62–63
- der Kündigung **89** 15
- Schriftformklausel **105** 63; **Einl** vor **343** 9; **(5)** BGB **309 Nr. 13**
- Schuldversprechen/-anerkenntnis **350**
- Unternehmenskauf **Einl** vor **1** 61–68
- Wettbewerbsabrede **90a** 14 f.
Formblätter 330; s auch Handelsbücher
Formfreiheit 54 8, 17; **85** 1 ff.; **87** 25; **90a** 24; **Einl** vor **343** 8
Formkaufmann 6
Formularvertrag s AGB
Formwechsel, grenzüberschreitender 13 1
Forschungskosten 255 21; **285** 24
Forschungszulagen 246 11a
Forstwirtschaft 3
Fortbildungskosten 59 70
Fortführungsprinzip 252 7
Fortführungsstatik Einl vor **238** 25h
fortgesetzte Gesellschaft 134 5, 7; s auch Auflösung
- MoPeG **134** 8; **144** 5
forwarders receipt 363 2; s auch Orderpapier
FOT 346 40

Sachverzeichnis

Fracht 87b 10; **92c** 13
Frachtbasis 346 40
Frachtberechnung 420
Frachtbrief 408; (17) CMR 4–9
– Beweiskraft **409**
– elektronischer **408** 6
– Haftung **409** 5–6; **(17) CMR 7**
– Mengenangaben **420** 5
– Teilfrachtbrief **(17) CMR 5** 2
– bei Umzug **451b**
– unrichtiger **409** 5–6; **(17) CMR 7**
– Wertpapiere **409** 1
Frachtbriefsperrvermerk 409 6; **418** 1, 3–4; **421** 7
Frachtfrei 346 40; **421** 6; **(6)** Incoterms 2020 **Einl** 30, 31, 34, 67, **CPT** 1–11
– Pfandrecht **440** 2
„Frachtfrei versichert" 346 40; **(6)** Incoterms 2020 **Einl** 30, 31, 34, 67, **CIP** 1–11
Frachtführer 407 1; **(6)** Incoterms 2020 **Einl** 43, 58
– Ablieferungspflicht **445** 2
– Aufwendungsersatzanspruch **410** 3; **419** 4; **420** 1
– ausführender **437**
– Auskehrungspflicht **441** 1
– Begriff **(6)** Incoterms 2020 **Einl** 58
– Benachrichtigungspflicht **418** 5
– Besitz am Beförderungsgut **440** 1
– Bösgläubigkeit **440** 10
– Darlegungslast, sekundäre **435** 1
– Gelegenheitsfrachtführer **407** 9
– Gesamtfrachtführer **407** 19
– Gesamtschuldner **421** 4
– Haftung **413** 2; **425–438; (17) CMR 12, 17**
  – für Gehilfen **(17) CMR 3**
– Hauptfrachtführer **407** 19; **437**
– Mitverschulden **(17) CMR 17** 3
– Mitverursachung **414** 4
– nachfolgender **441**
– Pfandrecht **440–442**
– Risikobereich **417** 1
– Samtfrachtführer **407** 19
– Spediteur **441** 2
– Teilfrachtführer **407** 19
– Unterfrachtführer **407** 19; **421** 4; **428** 3
– Verschulden, qualifiziertes **435** 1–4
– Zahlungsanspruch **420**
Frachtgeschäft 407–452d; (6) Incoterms 2020 **Einl** 58; s auch Handelsgeschäft
– Abhandenkommen **434** 3
– Ablieferung **407** 13, 18; **439** 3; **(17) CMR 17** 2
– Ablieferungshindernisse **419; (17) CMR 15**
– Ablieferungspflicht **445** 2
– Absender **407** 16
– Absenderschutz **422** 2
– ADSp **407** 26; **(18)** ADSp
– AGB **407** 26; **449** 2
– Annahme **409** 1; **421** 5a; **437** 1

– Annahmeverzug **420** 3
– anwendbares Recht **449** 4
– Aufwendungsersatzanspruch **420** 1
– Ausladung **(17) CMR 16, 17** 2
– außervertragliche Ansprüche **432** 1; **434**
– Beförderung **407** 5–11, 13
  – gebrochene **452** 4
  – Hindernisse **419** 1; **(17) CMR 14**
  – Sicherheit **412** 1
  – vorzeitiges Ende **420** 2
– Befrachter **407** 1, 16
– Begleitpapier **413; 451b; (17) CMR 11**
  – Pfandrecht **440** 1, 6
– Bestimmungsort **407** 18
– Beweislast **427** 3
– Binnenschifffahrt **408** 3; **412** 1, 3, 4; **427** 2; **450** 1
– Bösgläubigkeit **434** 3
– COVID-19-Pandemie **412** 3; **415** 1; **419** 1; **426** 2; **435** 3
– CT-Dokumente **452** 9
– Deliktshaftung **414** 5; **428** 5; **433** 3; **434** 1
– Distanzfracht **419** 4; **420** 2
– Doppellegitimation **421** 2
– Drittschadensliquidation **421** 3
– Empfänger **407** 13, 17
– Empfängerrechte **421** 1–4
– Entladung **412**
– Erfüllungsort **407** 18, 23
– Fautfracht **415** 2
– FBL **443** 2; **452** 9
– FCR **453** 4
– FCT **453** 4
– Fixgeschäft **417** 1
– gefährliches Gut **410; 414** 2; **451b** 2
– Gerichtsstand **407** 27
– Guadalajara-Abkommen **407** 11
– Güterbeförderung **407** 6, 8
– Güterfolgeschaden **429** 1; **432**
– Güterschaden **425** 2; **426; 427**
– Güterkraftverkehr s dort
– Haftung
  – des Absenders **414**
  – des ausführenden Frachtführers **437**
  – für Begleitpapiere **413** 2
  – für Dritte **428** 3
  – für Frachtbriefangaben **409** 5–6
  – des Frachtführers **410** 3; **413** 2; **419** 5; **423** 3; **425–438**
  – für Güterschäden **425** 2; **431; 432**
  – Konkurrenzen **414** 5
  – Leutehaftung **428** 1; **436**
  – für Nebenpflichtverletzung **433**
  – bei Sperrvermerk **418** 3–4
  – für Unterfrachtführer **428** 3
  – des Verbrauchers **414** 6–7
  – verschuldensunabhängige **414** 1; **418** 4
  – für Verzögerungsschäden **425** 2; **431**
– Haftungsausschluss
  – einfacher **426** 1
  – besonderer **427**
  – bei Umzug **451d; 451e**

3109

Sachverzeichnis

- Unabwendbarkeit des Schadens 426 2
- Wegfall 435
- Haftungsbeschränkungen 419 5; 425 1; 431; 433
  - Wegfall 435; 451g
- Haftungshöchstbetrag 431; 433; 451e
- Haftungsobergrenze 414 3
- Haftungsvereinbarungen 449
- Hinterlegung 415 3
- Huckepackverkehr 452 5; (17) CMR 2 1
- internationaler Verkehr 407 1, 11; 452 8
- Kennzeichnung 411 1; 414 2
- kombinierter Transport 407 1; 452–452d
- Kostenerstattung (17) CMR 16
- Kündigungsrecht des Absenders 415; 420 2
- Kunstgegenstände 451d 1
- Ladeschein s dort
- Ladezeit 412 3; 417
- zu Lande 407 6–8
- Leutehaftung 428 1; 436
- Lieferfrist 423
- Lieferfristüberschreitung 423 3; 426; 431 4
  - Erlöschen der Ansprüche 438 2
  - bei Umzug 451d 1
- LuftVG 407 7–8
- Mengenangabe 420 5
- Mengenvertrag 439 1
- Mindestschaden 429 1
- Mitteilungspflichten 410 1; 451b
- Mitverursachung 414 4; 421 5a
- Mitverschulden (17) CMR 17 3
- Montrealer Übereinkommen (MÜ) 407 11; 453 4
- Multimodaltransport 407 1; 452–452d
- Nachnahme 422
- Nebenpflichtverletzung 433 2
- network-Lösung 452a 1
- Notrechte 419 1; (17) CMR 16
- Obhutshaftung 425 1
- Obhutszeitraum 425 3
- ordre public 449 4
- Personenbeförderung 407 7
- Pfandrecht 440–442; 464
- Pfandverkauf 440 9
- Postbeförderung 407 6
- Preisgefahr 420 2
- Rahmenvertrag 439 1; 440 2
- Rechtsscheinhaftung 409 6
- Rechtswahl 452a 1
- Risikobereich
  - des Absenders 420 3, 4
  - des Frachtführers 420 2
- Rom I-VO 449 4; 452a 1
- Rückgriff 437 2; 439 3
- Sammelsendung 440 1
- Schaden 425
  - Entstehungsvermutung 427 3
  - sonstiger 433 3
  - unabwendbarer 426 2

- ungewöhnlich hoher 425 6
- Wertersatz 429
- Schadensanzeige 438; 451f; 452b
- Schadensausgleich, innerbetrieblicher 428 5
- Schadensfeststellungskosten 430
- Schadensort 452a
- Schadensteilung 425 4
- Schuldbeitritt, gesetzlicher 421 5a
- Seefrachtrecht 450
- Sendungsbegriff 431 2
- Spedition s dort
- Sphärengedanke 412 3
- Standgeld 412 3; 417 1; 445 1
- Subunternehmer 428 3
- Teilbeförderung 416 1
- TIR-Übereinkommen 407 11
- Traditionspapier 448
- Übernahme des Guts 425 3
- Umschlagtätigkeit 407 21
- Umzugsvertrag s dort
- unabwendbares Ereignis (17) CMR 17 2
- Unmöglichkeit 420 2
- Unterfrachtführer 407 19; 421 4; 428 3
- Unterfrachtvertrag 437 1
- Verbraucher 414 6–7; 449 3
- Verfrachter 407 1, 16; 442
- Verfügungsrecht (17) CMR 12
  - des Absenders 418 1; 419 2
  - des Empfängers 418 2–4
- Verjährung 437 2a; 439; 452b 2
- Verladefehler 412 1
- Verladung 412; 415 3; 417 1; (17) CMR 17 2
- Verlustvermutung 424
- Vermischungsschäden 425 1
- Verpackung 411 1; 414 2; 427 2; (17) CMR 10
- Verschulden, qualifiziertes 435 1–4; 439 2; (17) CMR 17 4
- Verschuldensmaßstab 435 2
- Verwertung, anderweitige 429 3
- Verzögerungsschaden 425 2; 426; 427
- Vorkosten 432 1
- Warschauer Abkommen 407 11; 453 4
- Weisung
  - Abbedingung des Weisungsrechts 418 1
  - Befolgung 446
  - Berechtigung 419 2
  - Einholungspflicht 419 1
  - fehlende 419 3
  - nachträgliche 418
- Wertdeklaration 425 5
- Wertersatz 429
- Wertunterschied 429 2–3
- Wiederauffinden des Guts 424 2
- Zahlung 408 3
- Zahlungspflichten 420; 421 5a–8; (17) CMR 13
- Zurückbehaltungsrecht 408 1

Sachverzeichnis

– Zurverfügungstellung **417** 1
– Zusatzleistungen **436** 1
Frachtparität 346 40
Frachtstück 408 3; **409** 2–3; **411** 1; **427** 2, 3; **431** 1–3
Frachtvertrag 407 13–25
– einheitlicher **452** 4
– Kündigung **415; 417** 1
– multimodaler **407** 15a; **435** 1; s auch Multimodaltransport
– Teilfrachtvertrag **407** 15a
– Unterfrachtvertrag **407** 15a
– Vertrag zugunsten Dritter **407** 17; **418** 1
– Zwischenfrachtvertrag **407** 15a
Franchisemakler 93 22
Franchisenehmer 84 10, 18 f.
Franchising 84 10, 11; **86a** 15; **Einl vor 373** 43–44
– Konkurrenzschutz **Einl vor 373** 44
– Kundenstamm, Überlassung **84** 19
franko 346 40; **421** 6
– Pfandrecht **440** 2
Frankreich Einl vor 1 36; **Einl vor 105** 46
fraud 317 4
Frauenanteil Einl vor 238 22a; **289f** 6
– Berichtspflicht **289f** 6, 7a
Frauenquote 59 37
free of charge 346 40
frei 346 40; **421** 6
„frei an Bord" 346 40; **(6)** Incoterms 2020 **Einl** 30, 31, 33, 67, **FOB** 1–14
„frei Frachtführer" (6) Incoterms 2020 **Einl** 30, 31, 33, 67, **FCA** 1–13
„frei Haus" 346 40
„frei im Container gestaut" 346 40
„frei Längsseite Schiff" (6) Incoterms 2020 **Einl** 22, 30, 31, 33, 67, **FAS** 1–11
„frei Waggon" (6) Incoterms 2020 **FCA** 1
Freiberufler 1 19; **59** 26; **105** 3; s auch Selbständige
– Berufsausübungsgesellschaften **Einl vor 105** 51; **105** 108–109
– Geschäftsbezeichnung **17** 13
– Gewerbebetrieb **Einl vor 1** 86; **1** 19–20a; **5** 3; **105** 3
– PartG **Anh 160** 1
– Personenhandelsgesellschaftsrecht **1** 20a
Freiberuflergesellschaft 1 20–20a; **Einl vor 105** 51; **Anh 160** 1
– Personenhandelsgesellschaft **105** 110; **Anh 105** HGB-MoPeG **107** 1
freibleibend 346 40
„freight prepaid" 346 40; **421** 7
– Pfandrecht **440** 2
Freistellung 86 38; **89** 10, 16, 25; **89b** 70
– Ausgleichsanspruch bei **89b** 70
– EU-GruppenfreistellungsVO **86** 38
– des HdlVertreters **89** 25
Freistellungsanspruch 59 102, 105–110
– Passivierung **249** 14
Freistellungsklauseln 89 16

Freistellungsvergütung 89 29
Freiverkehr 264d 1; **(14)** BörsG **32** 1, 48, 48a
– Börsenpreise **(14)** BörsG **48** 6
– kein organisierter Markt **(14)** BörsG **48** 2
– Prospektpflicht/-haftung **(14)** BörsG **48** 5
– Rechtsnatur **(14)** BörsG **48** 3
– Untersagung des Handels **(14)** BörsG **48** 7
– Zulassungsverfahren **(14)** BörsG **48** 4
Freiwillige Gerichtsbarkeit Einl vor 1 102–103; **(3)** FamFG
Freiwilligkeitsvorbehalt 59 64
Freizeichnung 347 5–7, 38; **(5)** BGB **309** Nr. 7, 8
Freizeit 86 5; **89** 25
Fremdkonto s BankGesch
Fremdkapitalkonto Anh 105 HGB-MoPeG **122** 1
Fremdsprache 11; Einl vor 343 10
Fremdwährung s auch Währung
– Anschaffungskosten **255** 2
– Forderungen **253** 27; **256a**
– Steuerbilanz **256a** 3
– Verbindlichkeiten **253** 2; **256a**
Frist
– Aufbewahrung **257**
– HdlGehilfe **59** 72–73, 77
– HdlVertreter **89** 11, 28, 77; **89b** 77
Fristenparität 89 29
Fristlose Kündigung 85 10; **86** 9, 28, 32, 47, 49; **87** 10, 24, 31, 37; **87c** 26; **89** 16, 23; **89a; 89b** 53, 57 f., 61 f.; **90** 8; **90a** 19, 26, 29
FRN s BankGesch
front running (16a) MAR **7** 22
FRUG s FinanzmarktrichtlinieUmsetzungsgesetz
Frühwarnsystem 317 13a–14
Führungskräfte
– Handelsverbot **(16a)** MAR **Vorb**; **(16b)** WpHG **26** 1
Führungszeugnis 84 55
FüPoG I Einl vor 1 16
FüPoG II Einl vor 1 20; **Einl vor 238** 22a; **289f** 1, 6; **334** 1a; **(1)** EGHGB **87**
– Übergangsfristen **Einl vor 238** 82
Fürsorgepflicht 59 90; **62**
Fusion s Verschmelzung
Fusionskontrolle s Zusammenschlusskontrolle
Fußstapfentheorie (7) BankGesch D38

GAAP 315e 2, 4
Garantenstellung
– Prospekthaftung **Anh 177a** 63
Garantie 86 9, 13 f., 51; **86b** 6, 8, 11; **89a** 21; **89b** 18; **92c** 10; **349** 15–20; **(7)** BankGesch L1–19
– Abnahmegarantie **86** 9
– Absatzgarantie **89b** 18

Sachverzeichnis

- Bankgarantie (7) BankGesch L1
- Beschaffenheitsgarantie 349 15, 18
- Bilanzgarantie **Einl** vor 1 65
- Delkredere **86b** 6, 8, 11; 349 18
- Dokumentenstrenge (7) BankGesch L1, 4, 9
- erstes Anfordern (7) BankGesch L1, 8
- Haltbarkeitsgarantie 349 15, 18
- internationaler Verkehr 349 23
- Käuferkenntnis von Verletzung **Einl** vor 1 61
- Rechtsmissbrauch (7) BankGesch L13
- Rechtsnatur (7) BankGesch L1
- Richtlinien, einheitliche (7) BankGesch L1
- Rückgarantie (7) BankGesch L3
- Umsatzgarantie 86 13–14, 51
- unselbständige 349 15, 17
- Unwirksamkeit 349 20
- Verkäufergarantie 349 17
- Vertrag 349 15–20; 377 2, 49

Garantieauftrag (7) BankGesch L4
Garantiedividende
- Kdtist **Anh 177a** 66f

Garantiekarte 349 17
Garantiestrenge (7) BankGesch L4, 7
Gaststätte 17 21
GATT Einl vor 1 26
Gattungsschuld 360; 374 19
GbR s Gesellschaft bürgerlichen Rechts (GbR)
Gebietsschutz 84 13
Gebietsverkleinerung 89 18; **89a** 18, 32; **89b** 58 f.
Gebrauchtwagenhandel 383 4
- Eigenhaftung des Vertreters **Einl** vor 48 9

gebrochene Beförderung 452 4
Gefährdungshaftung (17) CMR 17 1
Gefälligkeit Einl vor **343** 5
gefahrgeneigte Arbeit 59 105–110
Gefahrgutrecht 410 1
Gefahrübergang (6) Incoterms 2020 **Einl** 40, 48
Gegenbeweis 87 17
Gehalt s auch Arbeitsentgelt
- Bruttogehalt **59** 58
- Fälligkeit **64**
- HdlGehilfe **59** 58
- Nettogehalt **59** 58
- übertarifliches **59** 58

Geheimhaltung 86 2, 20 ff., 32, 42, 45; **86a** 9, 12; **87b** 7; **87c** 27; **90** 4 ff.
Geheimhaltungsinteresse 86a 9, 12
Geheimhaltungspflicht 86 2, 32
- Schutzgesetzverletzung **333** 1
- Treu und Glauben **90** 7

Geheimnis
- Auskunft an Gfter **118** 4, 7
- Bankgeheimnis (7) BankGesch A9–13; (8) AGB-Banken **2** 1–2
- Betriebs- und Geschäftsgeheimnis **86** 20, 22, 45; **90**

- Geschäftsgeheimnisgesetz **90** 10
- Unternehmensgegenstand **Einl** vor 1 51
- Verrat **59** 141

GEK s europäisches Kaufrecht
Geldautomatenverfügung (7) BankGesch C14, 29, F1, 9, 19
- Zahlungsauftrag (7) BankGesch C38

Geldentwertung Einl vor 1 53
Geldforderung
- Abtretung **354a**
- Pfändung **357** 4
- Überweisung **357** 4

GeldKarte (7) BankGesch F13–18, 28; s auch Kreditkarte, Zahlungsverkehr
Geldwäsche Anh 177a 51; (7) BankGesch A12
Gelegenheitsagent 84 44
Gelegenheitsspediteur 453 2
Gelegenheitsvermittlung 84 44; **92** 1
„geliefert ab Kai" 346 40; (6) Incoterms 2020 **DAP** 1, 4
„geliefert ab Schiff" 346 40; (6) Incoterms 2020 **DAP** 1, 3
„geliefert benannter Ort" (6) Incoterms 2020 **Einl** 11, 30, 31, 35, 67, **DAP** 1–14
„geliefert benannter Ort bezahlt" (6) Incoterms 2020 **Einl** 23
„geliefert benannter Ort entladen" (6) Incoterms 2020 **Einl** 30, 31, 35, 67, **DPU** 1–11
„geliefert Grenze" 346 40; (6) Incoterms 2020 **Einl** 11, **DAP** 1, 2
„geliefert Terminal bezahlt" (6) Incoterms 2020 **Einl** 23
„geliefert unverzollt" 346 40; (6) Incoterms 2020 **Einl** 11, **DDP** 1
„geliefert verzollt" 346 40; (6) Incoterms 2020 **Einl** 22, 30, 31, 35, 67, **DDP** 1–11

Gemeinde
- kfm Bestätigungsschreiben **346** 18

gemeindlicher Eigenbetrieb 263 2
Gemeinkosten 255 17–20
Gemeinsames Registerportal der Länder 10 3
Gemeinschaftsunternehmen 310; s auch Konzernabschluss
gemischte Betriebe 1 28
Generalvollmacht Einl vor **48** 2; **49** 5; s auch Vertretung
- Grundlagengeschäfte **49** 5
- internationaler Verkehr **Einl** vor **48** 13

Genossenschaft s eingetragene Genossenschaft
Genossenschaftsregister 8 18
- EHUG s dort

Gentlemen's Agreement Einl vor **343** 4
Genussrechte 266 16
geregelter Markt (8a) AGB-WPGeschäfte **1, 9; (14)** BörsG **Einl** vor **1** 3, 10, **2** 3, 4 1, **32** 1; s auch Börse
Gericht s auch Gerichtsstand, Handelsregister, Schiedsgericht

Sachverzeichnis

- freiwillige Gerichtsbarkeit **Einl** vor 1 102–103; **(3)** FamFG
- HdlRichter **Einl** vor 1 105
- HdlSachen **Einl** vor 1 104–105; **84** 45
- Prozessgericht **16**
- Rechtspfleger **Einl** vor 1 **82**
- Registergericht **16**

Gerichtsbarkeit 84 45 ff.

Gerichtskosten 87a 33

Gerichtssprache
- Englisch **Einl** vor 1 105

Gerichtsstand Einl vor 1 106–107; **54** 15; **84** 45; **86** 46; **88a** 2; **92c** 3, 7, 12; s auch Frachtgeschäft, Spedition
- AGB-Banken **(8)** AGB-Banken **6** 2, 3
- HdlVertreter **92c** 3,12
- internationale Zuständigkeit **Einl** vor 1 108

Gerichtsstandsklauseln Einl vor 1 107; **Einl** vor 373 49

Gerichtsstandsvereinbarung Einl vor 1 107, 108; **(17)** CMR **31** 2
- Haager Übereinkommen über Gerichtsstandsvereinbarungen **Einl** vor 1 108

Gerüchte (16a) MAR **7** 7

Gesamtabrechnungsgrundsatz 131 44; **145** 6

Gesamtgeschäftsführung 115; 164

Gesamthand Einl vor 105 14; **123** 17; **124** 1–1b, 3

Gesamthandlungsvollmacht 54 2

Gesamtkostenverfahren Einl vor **238** 37; **275** 2, 5–26

Gesamtrechtsnachfolge Einl vor 1 60
- als Eintritt **173** 14

Gesamtzusage 59 7

Geschäfte, physische
- Lieferkette **(2)** LkSG **2** 9

Geschäfte, verbundenee
- Widerruf **Anh 177a** 58

Geschäftsabzeichen 17 11

Geschäftsänderung 89b 20

Geschäftsanschrift
- HdlRegister **106** 8; **107** 1

Geschäftsart 84 86 f.

Geschäftsaufgabe
- Unternehmervorteil **89b** 20

Geschäftsbeginn 123 9–14

Geschäftsbesorgung 84 5; **86** 1, 6; **87d** 1; **362**
- Aufwendungsersatz **87d** 1
- Kommission **383** 6
- Provision **354**
- Schweigen auf Antrag **362** 5
- Spedition **453** 5

Geschäftsbezeichnung 17 10–14; s auch Firma
- Fortführung **25** 8

Geschäftsbrief s auch Briefkopf
- Angaben **37a; 125a; 177a**
- Aufbewahrung **257**
- HdlBrief **257**

- KG **Anh 105** HGB-MoPeG **177a**
- MoPeG **177a** 3
- OHG **Anh 105** HGB-MoPeG **125** 1; **125** 12

Geschäftschancen s corporate opportunity

Geschäftseinstellung 89a 20, 24 f.; **89b** 59; s auch Betriebsstilllegung
- durch Erben **27** 5
- Kündigungsgrund **89a** 20, 24–25
- Stilllegungsprämie **89b** 20
- teilweise **89b** 59

Geschäftsfähigkeit
- Geschäftsbetrieb **1** 33
- HdlGehilfe **59** 32, 37
- HdlRegister **15** 19
- HdlVertreter **84** 7
- Minderjährige **1** 32–35, 39, 46; s auch dort
- OHG **105** 26–27; **114** 4
- Rechtsschein **15** 6
- Rechtsscheinhaftung **5** 9–18
- Schweigen **362** 6
- stiller Gfter **230** 8
- Wettbewerbsverbot **74a** 5

Geschäftsführer
- Bestellungshindernisse **9c** 2, 5
- Disqualifikation, Informationsaustausch über **9c** 1

Geschäftsführung (GmbH & Co) Anh 177a 26–30

Geschäftsführung (KG) 164
- außergewöhnliche Geschäfte **164** 2
- Gesamtgeschäftsführung **164**
- Grundlagengeschäfte **164** 4
- Prokura-Erteilung **164** 5
- Widerspruchsrecht **164** 2

Geschäftsführung (OHG) 114–117
- Abspaltungsverbot **114** 23
- Auskunft **114** 14; **118** 1–14
- außergewöhnliche Geschäfte **116** 2, 5–7
- Beirat **114** 27
- Berechtigung **114** 14–15; **118**
- Beschlüsse **116** 5–7; **119**
- Beschränkung **117** 5
- Bestimmtheitsgrundsatz **119** 37d
- Einsichtsrecht der Gfter **118** 4
- Entziehung **117**
- Gesamtgeschäftsführung **115**
- gewöhnliche Geschäfte **116** 1
- Grundlagengeschäfte **114** 3; **116** 3
- Informationsrecht der Gfter **116** 1–10
- Haftung der Gfter **114** 15
- Kontrollrecht der Gfter **118**
- Kündigung **114** 18, 22
- Mehrerer **115**
- MoPeG **114** 29; **115** 8
- Neuordnung **117** 10
- Niederlegung **114** 19; **117** 2
- Notmaßnahmen **114** 7
- Optionsrecht **114** 21
- Pflichten **114** 9–19; **116**
- Präsentationsrecht **114** 21

3113

Sachverzeichnis

- Prokura-Erteilung **116** 8
- Rechenschaft **114** 14; **118** 12
- Rechte **114** 9–19; **116**
- Selbstorganschaft **114** 24
- Sorgfaltspflicht **109** 4–5; **114** 12; **347** 4
- Stimmrecht **119** 5–24
- Übertragung **114** 21, 23
- Umfang **114** 9–28; **116**
- Unterlassung **116** 4
- Vergütung **109** 19–20
- Vertreterklausel **114** 26
- Weisung der Gfter **114** 9
- wichtiger Grund **117** 4, 11–12, 16
- Widerruf der Prokura **116** 9

Geschäftsführung (PublikumsGes) Anh 177a 74

Geschäftsführungsbefugnis Anh 105 HGB-MoPeG 116 1
- OHG **116** 12; **117** 13

Geschäftsgeheimnis Einl vor **1** 51, 91; **86** 20, 22, 45; **90**; (2) LkSG **10** 5; (14) BörsG **10**
- Geheimhaltungsmaßnahmen **90** 10
- HdlGehilfe **59** 50
- Treu und Glauben **90** 7

Geschäftsgrundlage 87a 28; **89** 2; **89a** 21; **105** 64, 79, 80, 93; **Einl** vor **343** 13

Geschäftsjahr s Handelsbücher

Geschäftskosten 255 25–26

Geschäftssitz 87 26, 35; **87b** 2; **92c** 2 f.

Geschäftsstilllegung s Geschäftseinstellung

Geschäfts- und Betriebsgeheimnis 86 20, 22; **90**

Geschäftsunfähigkeit s Geschäftsfähigkeit

Geschäftsveräußerung 89b 18

Geschäftsverbindung 84 20; **87** 31; **87a** 26; **89b** 11 ff., 22 ff.; **362** 3
- Aufhebung (8) AGB-Banken **18, 19**
- Bankgeschäft (7) BankGesch A6–7; (8) AGB-Banken
- Begriff **Einl** vor **343** 3
- Haftung **347** 16
- als Unternehmervorteil **89b** 11–13, 15, 22

Geschäftsverkehr 15 8
- europäisches Handelsrecht **Einl** vor **1** 30

Geschäftsverpachtung 89b 18

Geschäftswert Einl vor **1** 51d–54; **255** 25, 26; s auch Konzernabschluss
- Aktivierbarkeit **Einl** vor **238** 34; **246** 8–10
- Bewertung **255** 25–26
- derivativer **Einl** vor **238** 34; **246** 9
- negativer **246** 9

Geschichte des Handelsrechts Einl vor **1** 8–20

Geschlechterquote 289f 7–7a

Gesellschaft Anh 105 BGB-MoPeG **705** 1
- Anteil s dort
- ausländische **Einl** vor **105** 29–36
- Außengesellschaft **Einl** vor **105** 11
- Besitzgesellschaft **1** 18
- EhegattenGes **105** 52
- fortgesetzte **134** 5, 7
- GmbH s dort
- GmbH & Co KG s dort
- Handelsgesellschaft s dort
- HoldingGes **1** 18
- InnenGes **Einl** vor **105** 10, 38; **230** 2
- Kapitalgesellschaft s dort
- Kommanditgesellschaft (KG) s dort
- Konzernrecht der PersonenGes **105** 100–107
- auf Lebenszeit **134** 1–4, 6, 8
- nichteheliche Lebensgemeinschaft **105** 53
- Offene Handelsgesellschaft s dort
- Ortsform **Einl** vor **105** 29
- Personengesellschaft s dort
- Schulden s dort
- Sitz **Anh 105** BGB-MoPeG **706** 1
- Statuswechsel **Einl** vor **105** 21
- stille Gesellschaft s dort
- Umwandlung **Einl** vor **105** 19–22
- Vermögen s dort
- Vertragsgestaltung **Einl** vor **105** 7
- Vorgesellschaft **Einl** vor **105** 9; **Anh 177a** 15
- Zweipersonengesellschaft s dort

Gesellschaft bürgerlichen Rechts (GbR) Einl vor **105** 1, 14, 44–50; **Anh 105** BGB-MoPeG **713** 1
- Abgrenzung zur OHG **105**
- Anmeldung zum HdlRegister **106** 6
- anwendbares Recht **Einl** vor **105** 14
- Aufwendungsersatz **110** 16
- AußenGbR **Einl** vor **105** 14, 45
- eingetragene s Gesellschaft bürgerlichen Rechts, eingetragene (eGbR)
- Eintragung **105** 12, 14; **123** 5
- freiberufliche **Einl** vor **105** 44, 48
- Gelegenheitsgesellschaft **Einl** vor **105** 47
- Gesamthand **Einl** vor **105** 14; **123** 17
- Gesellschafterwechsel **Einl** vor **105** 14
- gewerbliche **Einl** vor **105** 48
- Grundbuchfähigkeit **Einl** vor **105** 14
- HdlVertreter **84** 9
- Idealgesellschaften **Einl** vor **105** 49–50
- Insolvenzantragspflicht **Einl** vor **105** 45
- Kontofähigkeit **Einl** vor **105** 14
- Leitbild, gesetzliches **Einl** vor **105** 47
- Markenfähigkeit **Einl** vor **105** 14
- Mauracher Entwurf **119** 34
- Mehrheitsklauseln **119** 34
- MitunternehmerGes **176** 6
- MoPeG **Einl** vor **105** 14, 42–50
- nichtrechtsfähige **Anh 105** BGB-MoPeG **705** 1
- Organhaftung **Einl** vor **105** 14
- PartGG **Anh 160** 1
- PersonenGes **Einl** vor **105** 1, 14, 44
- private Zwecke **Einl** vor **105** 48
- Prozessfähigkeit **Einl** vor **105** 14
- Publizität **8** 2c

Sachverzeichnis

- rechtsfähige **Anh 105** BGB-MoPeG **705** 1
- Rechtsfähigkeit **Einl vor 105** 14, 42, 46
- Registerfähigkeit **Einl vor 105** 14, 42, 44; **Anh 105** HGB-MoPeG **106** 1, **107** 1
- Sitzwahl **Einl vor 105** 42
- Umwandlung in OHG **105** 7
- Unterbeteiligung **105** 38
- unternehmenstragende **Einl vor 105** 44, 48
- Verbraucher-GbR **Einl vor 105** 49–50
- vermögensverwaltende **Einl vor 105** 44, 48
- Zweigniederlassung **13** 10

Gesellschaft bürgerlichen Rechts, eingetragene (eGbR) 1 20a; **8** 2c
- Anmeldung **12** 1
- Bilanzierungspflichten **1** 20a
- Firmenunterscheidbarkeit **30** 1
- Gesellschaftsregister **8** 2c
- Vertragssitz **13** 1

Gesellschafter (KG) 161 3–6
Gesellschafter (OHG) 105 18–30
- Abfindung **131** 48–57
- Abspaltungsverbot **119** 19
- actio pro socio **109** 32; **124** 41
- Anteil (OHG) s dort
- Aufrechnung **129** 11–14; **131** 56
- Aufwendungsersatz **110**; **128** 25
- Auskunftsrecht **114** 14; **118** 1–14
- Ausscheiden **59** 22; **Anh 105** HGB-MoPeG **130** 1
- Ausschließung s dort
- Beitrag **109** 6–14; **120** 17
- corporate opportunity **114** 13
- Darlehen **122** 7
- Dienstvertrag **110** 19–21
- Drittgeschäft **124** 52–55
- Drittgläubiger **145** 6
- Ehegatten s dort
- Einlage **109** 6; **120** 3, 17
- Einreden **Anh 105** HGB-MoPeG **128** 1
- Einsichtsrecht **118** 4, 11
- Einwendungen **Anh 105** HGB-MoPeG **128** 1; **129**
- Entnahme **122**
- Erbengemeinschaft s dort
- Erfindung **109** 7; **124** 8
- Forthaftung **128** 28–36
- Gehalt **110** 19
- Geschäftschancen **114** 13
- Gleichbehandlung **109** 29–31; **119** 35
- Haftung **59** 22; **114** 15; **128**
- Haftung, persönliche **Anh 105** HGB-MoPeG **126** 1
- Haftungsregress **128** 25–28
- Informationsrechte **118** 1–10; **166**
- Insolvenz **128** 45, 47; **131** 22
- Interessenkonflikt **114** 13; **119** 8; s auch Wettbewerbsverbot
- juristische Person s dort
- Kontrollrecht **118**
- Kündigung **131** 1
- Mehrheitsbeschlüsse **119** 33–41
- Mehrstimmrecht **119** 14
- Mitspracherechte **116 II; 164**
- MoPeG **106** 46
- Nachschuss **109** 6, 12
- Nichtunternehmer **1** 10
- Pfändung **124** 21
- Pflichten **109** 4–28
- Rechte **109** 4–28
- ScheinGfter **128** 5
- Schmiergelder **109** 28
- Sorgfaltspflicht **109** 4–5
- Stimmbindungsvertrag **119** 17–18
- Stimmpflicht **119** 6
- Stimmrecht **119** 5, 14
- Stimmrechtsausschluss **119** 8–16
- Stimmrechtsmissbrauch **119** 11
- Stimmrechtsübertragung **119** 19
- Stimmrechtsverbot **119** 8–9
- Stimmrechtsvertretung **119** 21–23
- TochterGes **105** 30
- Tod **108** 8; **131** 18; **139**; **177**
- Treuepflicht **109** 23–28; **112**; **113**
- Treuhänder s dort
- Übertragung der Rechte **109** 15–22
- Überwachung **118**
- Verfügung über Rechte **109** 15–22
- Verhältnis zum MitGfter **109** 4
- Verlustersatz **110** 11–14
- Versammlung **119** 28
- Vertrag mit Ges **109** 11
- Vertreter **119** 41
- Vertretungsmacht **106** 12; **107** 1
- Verzinsungspflicht **111**
- Wettbewerbsverbot **109** 25; **112**; **113**
- Zins **111**
- Zwangsvollstreckung **128** 45

Gesellschafter-Gesellschaft
- Auflösung **131** 20, 36; **140** 7

Gesellschafterbeschluss 119
- außergewöhnliche Geschäfte **116** 5–7; **164** 2
- Bestimmtheitsgrundsatz **119** 37a–40
- Corona-Krise **119** 34
- Form **119** 27–28
- Mehrheitsbeschlüsse **119** 33–41
- Minderheitenschutz **119** 37a, 37d
- Minderheitsbeschluss **119** 36
- Rechtsnatur **119** 25

Gesellschafterdarlehen 122 7; **172a** (aF); **236** 3, 5
Gesellschafterklage Anh 105 BGB-MoPeG **715b** 1
Gesellschafterprozess
- Urteilswirkungen **128** 44; **129** 8

Gesellschafterversammlung 119 1, 29–30

Gesellschafterwechsel 105 67–74; **161** 8
- Arbeitsverhältnisse **59** 18
- GmbH & Co KG **Anh 177a** 47–48

3115

Sachverzeichnis

Gesellschaftsformenwahl Einl vor **105** 4–7
Gesellschaftsprozess 124 41–44; **129** 7
– Urteilswirkung **128** 43
Gesellschaftsregister 8 2c; **8b** 4; **Einl** vor **105** 44, 46; (3) FamFG **Einl** 1
Gesellschaftsregistersachen (3) FamFG **374** 1
Gesellschaftsvermögen 124 3–15; s auch Anteil (OHG)
– Anteil **124** 16–22
– Aufrechnung **124** 12
– Entstehung **124** 3, 7–11
– im Ganzen **105** 24
– Naturalteilung **145** 10
– Notwendigkeit **124** 5
– Nutzung **124** 6
– Surrogation **124** 10
– Übergang von OHG auf GmbH **89a** 18
– Überlassung **124** 6
– Übertragung **350** 2
– Verfügung **124** 12
– Zusammensetzung **124** 4
– Zwangsvollstreckung **Anh 105** HGB-MoPeG **129** 1; **124**
Gesellschaftsvertrag 105 47–66; **109**; **161** 7; **163**
– Abspaltungsverbot **109** 16–17
– Änderung **119** 34; **161** 7; **Anh 177a** 33
– Einreichungsfähigkeit **106** 2
– Gestaltung **Einl** vor **105** 7
– Gestaltungsfreiheit **Einl** vor **105** 45; **Anh 105** HGB-MoPeG **108** 1
– Mauracher Entwurf **Einl** vor **105** 49; **119** 34
– PublikumsGes **Anh 177a** 67–69c
– Stille Ges **230** 9–12
Gesetz für die gleichberechtigte Teilhabe von Frauen und Männern an Führungspositionen in der Privatwirtschaft und am öffentlichen Dienst s FüPoG I
Gesetz zur Ergänzung und Änderung der Regelungen für die gleichberechtigte Teile von Frauen an Führungspositionen in der Privatwirtschaft und im öffentlichen Dienst s FüPOG II
gesetzlicher Vertreter 347 3
Gesetzwidrigkeit
– Betrieb **1** 21
– GesVertrag **105** 75–97
gesonderter nichtfinanzieller Bericht Einl vor **238** 20–22; **289b** 4–4a; **315b** 4
– Prüfungspflicht **289b** 4b–4c
Geständnis 350 6
Gesundheitsschutz 86 4
Getränkeausfahrer 59 31a
„getreue Hände" 346 40
Gewährleistung
– Bilanz **251**
– Mängelrüge s dort

Gewährleistungsrückstellung 249 5, 9, 11, 34–38
Gewerbe (Handels-) 54 1, 6, 10 f.; **55** 1; **84** 27, 41, 44; **91** 1; **92b** 2
– HoldingGes **1** 18
– Kleingewerbe **1** 3; **383** 2
– Nebengewerbe **3** 5, 10–12
Gewerbebetrieb s auch Handelsgeschäft
– Firma **17** 21–23
– Freiberufler **Einl** vor **1** 86; **1** 19–20a; **5** 3
– Recht am **Einl** vor **1** 84–91; **105** 3
Gewerbegehilfe 59 23, 31a
Gewerbesteuer 84 36
– Arbeitnehmer **59** 31b
– Kdtist **164** 1; **171** 3
– Selbständigkeit **84** 36
Gewerbetreibender, selbständiger 84 33 ff.
– HdlVertreter **84** 1, 5; **90a** 9
– Unternehmer **84** 27–44; **91** 1
– Untervertreter **84** 32–33
– Wettbewerbsabrede **90a** 4–7, 12
gewerbliche Niederlassung 86 46; **86a** 6; **86b** 12
gewerbliche Schutzrechte Einl vor **1** 95
– Berührung **Einl** vor **1** 89
gewerbliche Tätigkeit 84 18, 20; **90a** 4, 6, 12
Gewerkschaft DHV 59 31b
Gewerkschaftszugehörigkeit 59 34, 37
Gewicht 361; **380**
Gewinn (OHG, KG) 120; s auch Rücklagen, Rückstellungen
– Anspruch **121** 3–4
– Anteilsberechnung **120** 9
– Auszahlung **Einl** vor **105** 53
– Berechnung **120**; **167**
– Beteiligung **59** 60
– Entnahme **122**; **169**
– Ermittlung **Einl** vor **105** 53; **120** 11
– Kapitalanteile **120** 12–23
– Mehrgewinn **121** 2; **122** 12–13
– MoPeG **120** 24; **121** 11
– Stammrecht **121** 3–4
– Verfügung **121** 3–4
– Verteilung **120**; **121**; **168**
 – eines Verlustes **121** 7, 9
– Verwendung **120** 11
Gewinn- und Verlustrechnung Einl vor **238** 37; **275–277**; s auch Bilanz, Handelsbücher, Jahresabschluss
– Anhang **284–288**; s auch dort
– Aufgliederung **247** 3
– Aufwendungen **275**
– Bestandsveränderungen **277** 2
– Definition **242** 9
– einzelne Posten **275** 5–26; **277**
– Erfolgsquellen **275**
– Ergebnis, außerordentliches **Einl** vor **238** 37; **277** 4
– Ergebnisverwendung **275** 25
– Erträge **275**

Sachverzeichnis

- Gesamtkostenverfahren **Einl** vor **238** 37; **275** 2, 5–26
- Gliederung **Einl** vor **238** 37; **275**
- größenabhängige Erleichterungen **276**
- Pflicht zur Aufstellung **242; 264**
- Rechtsfolgen bei Verstoß **275** 36
- Rohergebnis **Einl** vor **238** 37
- Rücklagenveränderungen **275** 34
- Staffelform **275** 1
- Steuern **275** 23
- Stille Ges **232**
- Umsatzerlöse **277** 1, 4
- Umsatzkostenverfahren **Einl** vor **238** 37; **275** 2, 27–33
- Verfahrenswahlrecht **275** 2
- Verrechnung **340c**
- Zinsen **275** 14–15

Gewinnabführungsvertrag
- Insiderinformationen **(16a)** MAR **7** 16

Gewinnanspruch 121 3
Gewinnanteilsrückvergütungen 87b 5
Gewinnauszahlung **Anh 105** HGB-MoPeG **122** 1; **122** 18
Gewinnbeteiligung 87 5
- HdlGehilfe **59** 59; **64** 1
- HdlVertreter **87** 5

Gewinnerzielung 1 11, 15, 16
Gewinnstammrecht 121 3
Gewinnzusage 349 22
Gewohnheitsrecht Einl vor **1** 22
gezeichnetes Kapital 272 1–4
Girogeschäft (7) BankGesch A4
- Begriff **(7)** BankGesch C20
- Vertragsverhältnis **(7)** BankGesch C21

Girokarte (7) BankGesch F2–12
Girokonto für jedermann (7) BankGesch A6
Giroüberweisung (7) BankGesch C–110; s auch Lastschrift, Zahlungsverkehr
- Auftragsstrenge **(7)** BankGesch C41
- Aufwendungsersatz **(7)** BankGesch C50, 70
- Ausführungsfrist **(7)** BankGesch C13, 24, 38, 48
- Ausführungsverhältnis **(7)** BankGesch C21, 89–105
- Autorisierung **(7)** BankGesch C35
- Bedingungen 2016 **(7)** BankGesch C24
- Bereicherungsausgleich **(7)** BankGesch C93–103, 110
- Deckungsverhältnis **(7)** BankGesch C21, 29–82
- Entgelte **(7)** BankGesch C47–50
- Erfüllung **(7)** BankGesch C107
- Erstattungsansprüche **(7)** BankGesch C24, 70
- Fehlüberweisung **(7)** BankGesch C93, 95
- Gefahrtragung **(7)** BankGesch C109
- Gutschrift **(7)** BankGesch C26, 42, 89–92
- Inkassoverhältnis **(7)** BankGesch C21, 89–105
- institutsinterne **(7)** BankGesch C27, 43
- Interbankenverhältnis **(7)** BankGesch C18, 21, 23, 83, 86
- Kontonummer-Namensabgleich **(7)** BankGesch C41, 43, 46
- Kundenkennung **(7)** BankGesch C13, 43–46, 71, 75, 79, 90, 100
- Mängel **(7)** BankGesch C54–82
- Nachdisposition **(7)** BankGesch C50, 90, 92
- neues Recht **(7)** BankGesch C–19
- Pflichten
  - der Bank **(7)** BankGesch C41–50
  - des Überweisenden **(7)** BankGesch C52
- rechtliche Qualifikation **(7)** BankGesch C20–32
- Rechtsschein **(7)** BankGesch C35, 65
- Rechtzeitigkeit **(7)** BankGesch C108
- Rückfrage **(7)** BankGesch C41–42, 90
- SEPA-Überweisung s dort
- Stornierung **(7)** BankGesch C45, 75, 90, 104
- Teilüberweisung, vereinbarte **(7)** BankGesch C47
- Valutaverhältnis **(7)** BankGesch C21, 106–110
- Verwendungszweck **(7)** BankGesch C42
- Vorschuss **(7)** BankGesch C49
- Wertstellung **(7)** BankGesch C49, 70
- Widerruf **(7)** BankGesch C99
- Zahlungsauftrag **(7)** BankGesch C33, 38–40
- Zurückweisung durch Empfänger **(7)** BankGesch C90
- Zulässigkeit **(7)** BankGesch C106

Girovertrag (7) BankGesch C20–32
- Abschluss **(7)** BankGesch C30
- Änderungen **(7)** BankGesch C31–31a
- Deckungsverhältnis **(7)** BankGesch C18, 33–82
- Einzelzahlungsverkehr **(7)** BankGesch C29
- Gutschrift **(7)** BankGesch C26
- Kündigung **(7)** BankGesch C32
- Postbank-Entscheidung **(7)** BankGesch C31a
- Rechtsnatur **(7)** BankGesch C25
- Referenzzinssätze **(7)** BankGesch C31
- als Zahlungsdiensterahmenvertrag **(7)** BankGesch C25–C28
- Zustimmungsfiktion **(7)** BankGesch C31–31a

Girozentrale (8) AGB-Banken **Einl** vor **1** 4
Gleichbehandlung
- Allgemeines Gleichbehandlungsgesetz (AGG) **59** 10, 34
- HdlGehilfe **59** 10, 57, 63, 91
- HdlVertreter **84** 3; **86** 10, 30; **86a** 15
- OHG **109** 29–31; **119** 35
- Vertriebsmittler **84** 3

Sachverzeichnis

Gleichbehandlungsgrundsatz 86 10, 30; **86a** 15
Gleichordnungskonzern s verbundene Unternehmen
Gliederung 265; 266; s auch Anhang, Gewinn- und Verlustrechnung, Jahresabschluss
- Bilanz **Einl** vor **238** 27, 36
- Gewinn- und Verlustrechnung **Einl** vor **238** 27, 37
- KleinstkapitalGes **264c** 5; **266** 2
Global Reporting Initiative Einl vor 238 20; **289c** 1; **289d** 1–4
Globalurkunde (13) DepotG **9a** 2
Globalzession (7) BankGesch H1–6, J4, O7–8
„glückliche Ankunft vorbehalten" s Ankunftsklausel
GmbH
- Firma **19** 31
- Geschäftsführer **Anh 177a** 27–30, 36–40, 44, 51j, 74
  - Abberufung **15** 11
- GmbHG **Anh 177a** 51k
- Kapitalgesellschaft **Einl** vor **105** 13; **Einl** vor **238** 30; s auch dort
- Online-Gründung **7** 5; **8** 2d
- prozessfinanzierende **230** 6
- Rechtsfähigkeit **Einl** vor **105** 12
- Rechtsschein **5** 10
- Vermögenslosigkeit **131** 20
- Zweigniederlassung **13g**
GmbH, mitbestimmungsfreie kapitalmarktorientierte
- Prüfungsausschuß **324** 3a
GmbH & Co Einl vor **105** 68; **Einl** vor **238** 27, 28, 30, 35
- Angabepflichten **285** 13, 18
- Doppelkomplementär **Anh 177a** 11
- echte **177a** 6
- Einheits-GmbH & Co **Einl** vor **105** 63
- Hybridgesellschaften **Einl** vor **105** 68
- Prüfungsausschuss **324** 3a
- Transparenz **Anh 177a** 51
- unechte **Anh 177a** 11
GmbH & Co KG Einl vor **105** 1, 13, 17; **105** 103; **161** 10; **Anh 177a** 1–51; s auch Kommanditgesellschaft (KG), Publikumsgesellschaft
- actio pro socio **Anh 177a** 28
- Anmeldung **Anh 177a** 13
- Auflösung **Anh 177a** 45–46
- Ausscheiden der GmbH **Anh 177a** 45
- Begriff **Anh 177a** 1
- beherrschender Einfluss **290** 7
- Beirat **Anh 177a** 31
- Beteiligung der GmbH **Anh 177a** 21
- corporate opportunity **Anh 177a** 23
- Differenzhaftung **Anh 177a** 16
- Drittorganschaft **Anh 177a** 3
- doppelstöckige **Anh 177a** 9
- echte **Anh 177a** 6
- Eigenbedarf **123** 35
- Eigenhaftung des GmbH-Geschäftsführers **Anh 177a** 29, 44
- EinheitsGes **Anh 177a** 8
- EinmannGmbH & Co **Anh 177a** 6, 11
- Errichtung **Anh 177a** 12–20
- Erscheinungsformen **Anh 177a** 6–11
- Erwerbschancen **Anh 177a** 23
- FamilienGes **Anh 177a** 2
- Finanzplankredite **Anh 177a** 43
- Firma **19** 24–36
- Freiberufler **Einl** vor **105** 63
- Freistellungspflicht **Anh 177a** 43
- Geschäftsführung **Anh 177a** 26
- GfterVersammlung **Anh 177a** 32
- GfterWechsel **Anh 177a** 47, 48
- GftsVertrag **Anh 177a** 12, 33
- GmbH-Geschäftsführung **Anh 177a** 27, 36, 44
- Gründerhaftung **Anh 177a** 15–19
- Gründung **Anh 177a** 12–14
- Haftung
  - ggü Dritten **Anh 177a** 41
  - des GmbH-Geschäftsführers **Anh 177a** 44, 49p
  - im Gründungsstadium **Anh 177a** 15
  - des Kdtisten **Anh 177a** 19, 42–43
- Haftungsvergütung **Anh 177a** 21
- Handelndenhaftung **Anh 177a** 17
- Immobilienfonds, geschlossene **Anh 177a** 56
- Insichgeschäft **Anh 177a** 7
- Jahresabschluss **Anh 177a** 51; **264a–264c**
- kapitalistische **Anh 177a** 10
- Konzernrecht **Anh 177a** 4
- körperschaftlich strukturierte **Anh 177a** 10
- Körperschaftsteuer **Anh 177a** 2
- als Leitbild **Einl** vor **105** 13
- Liquidation **Anh 177a** 49
- Mehrvertretung **Anh 177a** 7
- Mitbestimmung **Anh 177a** 50
- Pflichten der Gfter **Anh 177a** 21–25
- praktische Bedeutung **Anh 177a** 2–3
- Prospekthaftung **Anh 177a** 59
- Prozess **Anh 177a** 35
- Rechnungslegung **Anh 177a** 51
- Rechte der Gfter **Anh 177a** 21–25
- rechtliche Selbständigkeit **Anh 177a** 34
- Rechtsscheinhaftung **Anh 177a** 43, 78a
- Selbstkontrahieren **Anh 177a** 12, 33, 39
- sternförmige **Anh 177a** 7
- Stimmrecht **Anh 177a** 25
- Transparenz **Anh 177a** 51
- Treuepflicht **Anh 177a** 22
- Typenverbindung **Anh 177a** 11
- Übertragung **Anh 177a** 47–48
- UG & Co **Anh 177a** 11
- Umwandlung **Anh 177a** 14
- Unterbeteiligung, unentgeltliche **Anh 177a** 47
- Unterbilanzhaftung **Anh 177a** 16

Sachverzeichnis

– Unterkapitalisierung **Anh 177a** 51a–51j
– verbundene Unternehmen **Anh 177a** 22–25, 50
– Vergütung der GmbH **Anh 177a** 21
– Verlustdeckungshaftung **Anh 177a** 15
– Vertretung **Anh 177a** 15, 36
– Verzahnung **Anh 177a** 6
– Vorbelastungshaftung **Anh 177a** 16
– Vorbelastungsverbot **Anh 177a** 16
– VorGmbH **Anh 177a** 13, 15
– VorgründungsGes **Anh 177a** 18, 20
– Vorteile **Anh 177a** 3
– wechselseitig beteiligte **Anh 177a** 8
– Wettbewerbsverbot **Anh 177a** 23, 27
– Zulässigkeit **Anh 177a** 4–5
GmbH & Still Anh 177a 11, 230 5
GNT s Güterkraftverkehr
GoB s Buchführung
going concern 252 7–7b; **317** 2
goldene Aktie Einl vor 105 36
Goodwill Einl vor 1 51–54; **89b** 1, 5, 35
– HdlVertreter **89b** 1, 35
– Minderheitengoodwill **246** 8
– Pächter **89b** 4
– Rechtsschutz **Einl vor 1** 81
– Unternehmenspacht **Einl vor 1** 70
– Unternehmensübertragung **Einl vor 1** 59
Gratifikation 59 61–68; **87** 5
Grauer Kapitalmarkt Anh 177a 54, 59; **(15)** Prospekthaftung 4; **(15b)** VermAnlG **Einl** 1
Greenshoe (7) BankGesch Y3
größenabhängige Erleichterungen 274a; **276**; **288**; **293**
große Kapitalgesellschaft Einl vor 238 21, 27, 31, 43
– Pflichtangaben **Einl vor 238** 71; **285** 14
Großbritannien Einl vor 1 37
Großhändler Einl vor 373 36
Großreparaturen
– Anhang **285** 4
Gründungstheorie Einl vor 105 29
Grundbuch 124 36
Grunderwerbssteuer 255 3
Grundlagengeschäfte 114 3; **116** 3; **164** 4; **Anh 177a** 76
– Generalvollmacht **49** 5
– Insolvenzantrag **Anh 177a** 49e
– Mehrheit, qualifizierte **119** 40
Grundsätze ordnungsmäßiger Abschlussprüfung (GoA) 317 1a; s auch Abschlussprüfung
Grundsätze ordnungsmäßiger Buchführung (GoB) Einl vor 238 25f; **238** 11; **243** 4–9
Grundsätze zur Errechnung der Höhe des Ausgleichsanspruchs 89b 86, 96
Grundsatzerklärung zur Menschenrechtsstrategie (2) LkSG 6 2–3
Grundschuld s Hypothek
Grundstück 54 7, 12; **55** 12; **84** 26; **89** 7; **89b** 20

Grundstücksgeschäft
– Bilanz **246** 16
– HdlVertreter **54** 7, 12; **55** 12; **84** 26; **89** 7; **89b** 20
– Jahresabschluss **246** 16
– Prokura **49** 4
– Übereignungsform **105** 55; **350** 2–3
– wirtschaftliches Eigentum **246** 16
Gruppenbewertung 240 8, 10
Gruppenfreistellungsverordnung (EU) 86 38; **89** 10
Gruppenversicherung 89b 27; **92** 4
Gruppenvertreter 163 10
Guadalajara-Abkommen 407 11
Guarantee Letter of Credit (7) BankGesch K1a
Günstigkeitsprinzip
– Betriebsvereinbarung **59** 41
– Tarifnormen **59** 5, 39
Güterbeförderung 407 6, 8; **(17)** CMR 1
Güterfolgeschaden 429 1; **432**
Gütergemeinschaft 105 25; s auch Ehegatten
Güterkraftverkehr 407 4; **(17)** CMR; s auch Frachtgeschäft
– Ablieferungshindernisse **(17)** CMR 15
– Anwendungsbereich **(17)** CMR **1, 2**
– Beförderungsvertrag **(17)** CMR **2, 4, 9, 13**
– Begleitpapiere **(17)** CMR 11
– Frachtbrief **408**; **(17)** CMR 4–11
– gefährliche Güter **(17)** CMR 22
– Haftung **(17)** CMR **3, 7, 10, 11 III, 17–29**
– Haftungshöchstbetrag **(17)** CMR 23–25
– Huckepackverkehr **452** 5; **(17)** CMR **2** 1
– Leichen **(17)** CMR **1 IV**
– Lieferfrist **(17)** CMR **19, 23** 3, **30** 4
– Multimodaltransport s dort
– Nachnahme **(17)** CMR 21
– Postsendungen **(17)** CMR **1 IV**
– Umzugsgut **451–451h**; **(17)** CMR **1 IV**
– VBGL **407** 26
– Verfügungen, nachträgliche **(17)** CMR 12
– Verjährung **(17)** CMR 32
– Verlustvermutung **(17)** CMR **20** 1
– Verpackung **(17)** CMR 10
– Wiederauffinden des Gutes **(17)** CMR **20** 2
Güterschaden 425 2; **426**; **427**
Gutachten s auch Sachverständiger
– graphologisches **59** 34
– Haftung **347** 8–22
– der IHK **86** 3
– Internationale Zentralstelle für technische Gutachten **Einl vor 1** 121
– Verschmelzungswertgutachten **319** 20
guter Glaube s gutgläubiger Erwerb, Vertrauen
Gutgewicht 380 4

3119

Sachverzeichnis

gutgläubiger Erwerb
- von beweglichen Sachen **366**
- von Inhaberpapieren **367**
- Konnexität der Forderungen **366** 10–11; **440** 1–4
- Lieferbarkeit **367** 6
- eines Pfandrechts **366** 8–10; **440** 4
- Wertpapier **367**
- Wertpapierbereinigung **367** 6

Gutschrift (7) BankGesch C23, 38, 67–70, D48; **(8)** AGB-Banken **9** 1–2
- fehlerhafte **(8)** AGB-Banken **8** 2; **(9)** AGB-Spark **8**
- Sparkasse **(9)** AGB-Spark **9**
- Treuhand-WR-Gutschriften **(13)** DepotG **22** 1
- Vorbehaltsgutschrift **(7)** BankGesch E6; **(8)** AGB-Banken **9**
- in Wertpapierrechnung **(13)** DepotG **3** 2, 44

GWB s Kartellrecht

Haager Übereinkommen über Gerichtsstandsvereinbarungen Einl vor **1** 108

Härteklausel (hardship clause) Einl vor **343** 15; **346** 40

Hafenusancen (6) Incoterms 2020 **Einl** 10, 18

Haftpflichtversicherung (17) CMR **17** 1

Haftung s auch Frachtgeschäft, Spedition
- Anfechtung **129** 9–10
- Arbeitgeber **59** 105–106
- Aufklärung **347** 8, 23
- Aufrechnung **129** 11–14
- ausgeschiedener Gfter **59** 22; **128** 28–36; **159; 160**
- Ausgleich **128** 25–27
- Auskunft **347** 8, 23
- Bank **347** 8, 23; **(7)** BankGesch A30–35, G28–32; **(8)** AGB-Banken **3**
- Beratungsvertrag **347** 14
- Berufshaftung **347** 22
- Beweislast **347** 37
- Darlehensrückgewähr s Gesellschafterdarlehen
- Deliktsrecht s dort
- Dritthaftung **347** 19–21, 38a
- Durchgriffshaftung **Anh 177a** 51b, 51d
- Eigenhaftung des GmbHGeschäftsführers **Anh 177a** 44, 49p, 51j
- des Eintretenden **28; 130**
- Einwendungen des Gfter **129** 1–8
- Empfehlung **347** 8, 23
- Erben **27; 139** 44–49
- für Erfüllungsgehilfen **347** 3
- Erstattung **128** 25–27
- existenzvernichtender Eingriff **105** 104; **Anh 177a** 51c–51f
- Fahrlässigkeit **347** 18, 34
- Fortführung des HdlGeschäfts **25**
- Freizeichnung s dort
- Gerichtsstand **347** 40
- gesamtschuldnerische **128**
- aus Geschäftsübernahme **25**
- für gesetzlichen Vertreter **347** 3
- des Gfters **128**
- GmbH-Geschäftsführer **Anh 177a** 44, 49p
- im Güterkraftverkehr s dort
- Haftungsbeschränkung s Freizeichnung
- HdlGehilfe **59** 44 ff., 107–110
- Inhalt **128** 8–18; **129** 1–14
- Insolvenz **128** 46–47
- Kdtist **171–176**
- aus Kreditauftrag **349** 11
- Leutehaftung s dort
- Mankohaftung **59** 110
- ggü MitGftern **128** 22–24
- Mithaftung **349** 13
- Mitverschulden **347** 36
- nach Auflösung **159; 160**
- nach Ausscheiden **59** 22; **128** 28–36; **159; 160**
- OHG **105** 1, 6, 8, 9
- OHG-Gfter **128–130**
- Organisationsmangel **124** 28
- Prospekt **347** 8, 23
- Prospekthaftung s dort
- Prozess **128** 39–44; **129** 7–8
- Rat **347** 8, 23
- Schaden **347** 35
- aus Schein **5** 9–18
- Schuldübernahme s dort
- Sorgfaltspflicht s dort
- Staatshaftung **15** 23
- Testat **347** 8, 23
- Vergleichsverfahren **124** 47; **128** 48
- Verhaltenspflichten **347** 23–34
- Verjährung **128** 4, 20, 28; **159; 160; 347** 39
- Vermögensübernahme **25** 19
- Vertrauenshaftung **347** 22
- des Vertreters **Einl** vor **48** 9–12
- Verzicht **128** 38
- Wirtschaftsprüfer **323; 347** 3, 21, 29–30; **(2a)** WPO **54, 54a**
- Zeugnis **73/109** GewO **2**, 19, 20; **347** 8, 23
- Zwangsvollstreckung **128** 45; **129** 15

Handeln unter fremdem Namen Einl vor **48** 4, 6

Handelsbedingungen 346 39

Handelsbilanz 242 4–6

Handelsbrauch Einl vor **1** 23; **86** 3; **87** 15, 48; **87b** 9; **89b** 96; **92** 5, **346; (6)** Incoterms 2020 **Einl** 10, 18, 59
- Auslegung von Willenserklärungen **346** 1
- Begriff **346** 1
- Bestätigungsschreiben **346** 16–29
- Beweis **346** 13
- Bildung **346** 12
- Feststellung **346** 13
- Geltung **Einl** vor **1** 4–8; **346** 3–11

3120

Sachverzeichnis

- Herausbildung **346** 12
- IHK **346** 13
- kaufmännische Bestätigungsschreiben s dort
- Missbrauch **346** 11
- Revision **346** 14
- Rügeobliegenheit **377** 56
- Schweigen **346** 30–38
- Tegernseer Gebräuche **346** 15; **377** 43
- Trade Terms **346** 15
- Unkenntnis **346** 9
- Untersuchungspflicht **377** 56
- Verhältnis zu Rechtsnormen **346** 10

Handelsbrief 257; s auch Geschäftsbrief

Handelsbücher 238–342a; s auch Abschlussprüfung, Abschreibungen, Rücklagen, Rückstellungen
- Änderung **239** 3
- Ansatzvorschriften **246–251**
- Aufbewahrung **257–261**
- Bedeutung **238** 2
- Begriff **238** 1
- Berichtigung **239** 3
- Beweiswert **238** 3; **257** 4
- Bewertung s dort
- Bilanz s dort
- Bildträger **261**
- Buchführung s dort
- Datenträger **261**
- Einsichtsrecht **259**
- Einzelabschluss **324a** 2
- Eröffnungsbilanz **242–256**
- Finanzdienstleistungsinstitute **340–340o**
- Formblätter **330**
- Führung **239**
- Genossenschaften **336–339**
- Gewinn- und Verlustrechnung s dort
- Inventar s dort
- Jahresabschluss **264–288;** s auch dort
- Jahresinventur **240** 6
- Konzernabschluss **288–315e;** s auch dort
- Konzernlagebericht **Einl** vor **238** 26, 41, 42; **315;** s auch dort
- Kreditinstitute **340–340o**
- Lagebericht **Einl** vor **238** 12, 20, 21, 26, 40, 42, 43; **289; 289a;** s auch dort
- Landesrecht **263**
- Offenlegung **325–329**
- Ordnung **239** 2
- permanente Inventur **241** 2
- Prüfung **316–324a**
- Richtigkeit **239** 2
- Schriftzeichen **239** 1
- Sprache **239** 1
- Stichprobenverfahren **241** 1
- Stichtagsinventur **240** 2
  - verlagerte **241** 3, 4
- Straf- und Bußgeld-Vorschriften **331–335c**
- Übergangsrecht **Einl** vor **238** 48–81
- Urkunden **238** 2
- Vermögensauseinandersetzung **260**
- Vorlegung **258–261**
- Vollständigkeit **239** 2
- Zeitgerechtheit **239** 2

Handelsfirma s Firma

Handelsgeschäft (einzelnes Geschäft)
- anwendbares Recht **343** 1–2
- Auslegung **Einl** vor **343** 12
- Begriff **Einl** vor **343** 1; **343**
- beiderseitiges **345** 2, **377** 3; **379** 3
- BGB vor **343** 2
- einseitiges **345** 1
- Form **Einl** vor **343** 8–9
- Frachtgeschäfts s dort
- GrundHdlGeschäft **1** 1, 3
- HilfsHdlGeschäft **343** 3
- Inhaltsfreiheit **Einl** vor **343** 11
- internationaler Verkehr **Einl** vor **343** 17
- Kommission s dort
- Lagergeschäft s dort
- Leistungszeit **358; 359**
- Nebenabreden **Einl** vor **343** 9
- NebenHdlGeschäft **343** 3
- Neuverhandlung **Einl** vor **343** 14
- Schriftform **Einl** vor **343** 9
- Schuldschein **344** II
- Speditionsgeschäft s dort
- Verjährung **Einl** vor **343** 16
- Vermutung **344**

Handelsgeschäft (Gewerbebetrieb, Unternehmen)
- Abwehransprüche **Einl** vor **1** 77
- Begriff **Einl** vor **1** 48–50
- Beschaffenheit **Einl** vor **1** 65–66
- Bewertung **Einl** vor **1** 51–54
- due-diligence-Untersuchung **Einl** vor **1** 62
- Einbringung **145** 10
- Eigentum **Einl** vor **1** 78–83
- Eintritt **24; 28**
- Enteignung **Einl** vor **1** 78–83
- Entstehung **Einl** vor **1** 55
- Erlöschen **Einl** vor **1** 57
- Erwerb **25** 4
- Fortführung **21–28**
- Geschäftsgeheimnis **Einl** vor **1** 51, 91
- Gewinn **Einl** vor **1** 65
- Goodwill **Einl** vor **1** 51–54, 55
- Insolvenz **12** 3–4, 10, 24
- Kauf **Einl** vor **1** 61–68
- kaufmännisches **25** 2
- Know-how **Einl** vor **1** 51
- mehrere **1** 29; **17** 8
- Nachfolgevermerk **22** 15, 17
- Nießbrauch **Einl** vor **1** 71; **1** 30; **22** 25
- Nutzungen **Einl** vor **1** 74
- Pacht **Einl** vor **1** 70; **22** 25
- Persönlichkeitsrecht des Unternehmers **Einl** vor **1** 85
- Pfändung **Einl** vor **1** 72
- Recht am Gewerbebetrieb **Einl** vor **1** 84, 86–91
- Rückerstattung **Einl** vor **1** 74–75

Sachverzeichnis

- Ruhen **Einl** vor **1** 57
- Schenkung **Einl** vor **1** 61
- Schutz **Einl** vor **1** 78–83
- Sicherungsübereignung **Einl** vor **1** 72
- Übernahme, Übertragung **Einl** vor **1** 59–60; **22; 25; 26; 145** 10
- Umsatz **Einl** vor **1** 65
- Umwandlung **Einl** vor **105** 19–27
- Veräußerung **Einl** vor **1** 61–68
- Vererbung **Einl** vor **1** 73; **27**
- Verlegung **Einl** vor **1** 56
- Vermächtnis **Einl** vor **1** 73; **22** 2, 9; **27**
- Verpachtung **Einl** vor **1** 70
- Verpfändung **Einl** vor **1** 72
- Weitererwerb **25** 6
- Wert **Einl** vor **1** 52–54

Handelsgesellschaft 6 1–5; **105–177a;**
s auch Gesellschaft
- als Außengesellschaft **Einl** vor **105** 11
- Begriff **6** 1; **Einl** vor **105** 8
- Einteilung **Einl** vor **105** 8–13
- Eintragung s dort
- Entwicklung **Einl** vor **105** 8
- Firma **17** 9
- freiberufliche **105** 110
- kraft Geschäftsbeginns **123** 9–14
- juristische Person **Einl** vor **105** 12
- als Kaufleute **6** 1–5
- kleingewerbliche **105** 110
- Kommanditgesellschaft (KG) s dort
- mehrere **17** 9
- Offene Handelsgesellschaft (OHG) s dort
- Personalstatut **Einl** vor **1** 32
- Personengesellschaft s dort
- Sorgfaltspflicht **347** 4
- Vermögensverwaltung **105** 110
- Vertragsfreiheit **Einl** vor **105** 6

Handelsgewerbe s auch Gewerbe
- Angestellte **59** 30
- Begriff **1** 22–29; **2; 3**
- einheitliches **92b** 2
- HdlVertreter **84** 9
- HdlVollmacht **54** 1, 6, 9–10; **55** 1
- OHG **105** 2, 4, 6, 7, 9, 12, 13, 49, 54
- Schein **5**
- Vermutung **1** 25

Handelsgut s Gattungsschuld
Handelskammer s Industrie- und Handelskammer, Internationale Handelskammer, internationale Schiedsgerichtsbarkeit
Handelskauf s auch Kauf
- internationaler **(6)** Incoterms 2020 **Einl** 1, 3
- Praxistypen **Einl** vor **373** 22–29
- von Waren **Einl** vor **373** 8–16
- von WP **Einl** vor **373** 8; **381** 1–4

Handelsklauseln 346 39–40; **(6)** Incoterms 2020 **Einl** 1, 2–4
Handelsmakler (HdlMakler) 84 5, 10, 20; **93–104a**
- a-metà-Vermittlung **93** 35
- Abschlussfreiheit **93** 37, 62, 66
- AGB **93** 60, 64, 65, 66
- Alleinauftrag **93** 59–63, 66
- „Aufgabe vorbehalten" **95**
- Aufklärungspflicht **93** 24, 27, 28
- Aufwendungsersatz **93** 39, 66
- Bausparkassenmakler **93** 7, 104
- Begriff **84** 20; **93** 1–15
- Bestätigungsschreiben **93** 16; **94** 2, 3
- BGB **93** 2
- Bußgeld **104a**
- Darlehensvermittlung **93** 2, 5, 28, 45
- Dienstvertragsklausel **93** 66
- Direktabschluss **93** 62
- Doppeltätigkeit **93** 16, 32, 33, 54, 61, 66
- Dritter **84** 23; **93** 46–50
- Eigenhaftung **95** 3
- Eigenverkaufsklauseln **93** 66
- Einfamilienhäuser **93** 16
- erfolgsunabhängiges/selbständiges Provisionsversprechen **93** 48, 63, 66
- Ersatzgeschäft **93** 41
- Fälligkeit **93** 56, 66
- Festauftrag **93** 59, 60
- Folgegeschäft **93** 41, 66
- Formerfordernis **93** 17
- Franchisemakler **93** 22
- Freizeichnung **93** 66
- Gemeinschaftsgeschäft **93** 21
- Geschäftsgegnerbezeichnung **95**
- Geschäftsverbindung **84** 20
- Gewerbsmäßigkeit **84** 20; **93** 15
- Haftung gg beiden Parteien **98**
- HdlVertreter
  - Abgrenzung **84** 20
  - Auftritt als **93** 11
- HdlVollmacht **54** 1
- Hinzuziehungsklausel **93** 60, 66
- Identität des Geschäfts **93** 41
- Informationspflicht **93** 27, 28, 40
- Inkassovollmacht **97**
- Insolvenz **93** 58
- Interessenkonflikte **93** 30, 32–33
- Interessenwahrungspflicht **84** 20; **93** 24–31
- internationaler Verkehr **93** 67; **94** 7
- Kaufmann **93** 15
- Kleingewerbetreibende **93** 15
- Kongruenz des Geschäfts **93** 41
- Krämermakler **104**
- Kreditvermittlung **93** 45
- Leistungspruch **97**
- Lohnanspruch gegen beide Parteien **99**
- Maklergesetz **93** 3–6
- Maklerlohn **93** 23, 53–58, 66; **99**
- Makler- und BauträgerVO **93** 3
- Mitteilungspflicht **93** 27–28, 39; **94** 6
- Muster **84** 20
- Nachgeschäft **93** 41
- Nachweis **93** 13, 40, 50
- Nachweismakler **93** 50
- Ordnungswidrigkeiten **103**
- Parteiabrede **93** 43

Sachverzeichnis

- Pflichten **93** 23–36, 37–39, 61–62
- Pflichtverletzung **93** 36, 52, 66; **95** 1, 3; **98** 1; **100** 2
- Proben **96**
- Prospekthaftung **93** 27
- Provision **93** 23, 37, 40–58, 66; **99**
- Provisionsabwälzung **93** 66
- Rechtsangelegenheiten **93** 29
- Reservierung **93** 66
- Rückfrageklausel **93** 66
- Schadensersatz **93** 36, 52, 66; **95** 1, 3; **98** 1; **100** 2
- Schlussnote **94**
- Schweigepflicht **93** 25, 39
- Selbsteintritt **93** 46
- Tätigkeitspflicht **84** 41; **93** 24, 61
- Tagebuch **100–103**
- Treueverhältnis **93** 24
- Treuepflichtverletzung, schwerwiegende **93** 45
- Übererlös **93** 33, 55, 66
- Unparteilichkeit **86** 20; **93** 33
- Untermakler **93** 19, 34
- Ursächlichkeit **93** 50–51
- Verbraucherverträge **93** 12; **99** 1
- Vergleich **93** 58
- Verjährung **93** 36, 57
- Vermittlung **93** 13, 40
- Verschulden bei Vertragsverhandlungen **93** 27
- Versicherungsmakler s dort
- Versicherungsvermittlung **93** 7, 45
- vorzeitige Kündigung **93** 45
- Vertrag **93** 12–15, 16–22, 40–52
- Vertragsende **93** 18
- Vertragsschluss **93** 16–17
- Vertragsstrafe **93** 66
- verwandte Verträge **93** 8–11
- Verweisungsklausel **93** 66
- Verwirkung **93** 36, 52
- Vollmachtklausel **93** 66
- vorbehaltene Aufgabe **95**
- Vorkaufsrecht **93** 53
- Vorkenntnis **93** 50, 66
- Weitergabeklausel **93** 66
- Wertersatzpflicht **93** 45
- Widerruf **93** 18, 45, 60, 66
- Wirksamkeit des Geschäfts **93** 42–45
- Wohnungskauf **93** 16
- Wohnungsvermittlung **93** 4
- Zahlung **97**
- Zivilmakler **93** 1–2
- Zubringergeschäft **93** 20
- Zwangsversteigerungserwerb **93** 66
- Zweitmakler **93** 16

Handelsmaklervertrag
- Abschluss **93** 16
- Form **93** 17
- Widerrufsrecht des Verbrauchers **93** 17

Handelsname s Firma

Handelsrechtsreformgesetz 1998 84 4, 28, 45

Handelsregister Einl vor **1** 102–103; **8–16**; (3) FamFG; (4) HRV; s auch Kommanditgesellschaft (KG), Offene Handelsgesellschaft (OHG), Unternehmensregister
- Abrufbarkeit, erstmalige **10** 1; **15** 14, 18; **32** 3
- Abschrift **9** 8
- Abteilungen **8** 4
- Amtslöschung **8** 12–15; **37** 8; **106** 4; (3) FamFG 395
- Amtssprache, andere **11**
- Anmeldung **8** 6; **12; 29; 31; 33**
  - von Änderungen **31** 1–5
  - Online-Beglaubigungsverfahren **12** 2
  - Vertretung bei Anmeldung **12** 4–5
  - Videokommunikation **12** 2
- Auskunft **9** 11
- Beglaubigungen **9** 7
- Bekanntmachung **10; 15** 1; (3) FamFG **393** 1; (4) HRV **27, 28, 32–35**
- Bescheinigung **9** 9
- Beschwerde **8** 10
- Beweiswert **9** 14
- Bezeichnungsschutz **8** 16–18
- Bindung an ordentliches Gericht **16**
- Bund **36**
- deklaratorische Wirkung **8** 11
- EHUG **8** 2a
- Einreichung von Dokumenten **12** 7–8
- Einrichtung **8** 4; (3) FamFG; (4) HRV **Einl** 1, 3, **39–47**
- Einsicht **9** 1–11
- Eintragung **8** 6–10; **8a** 1; (4) HRV **23–38**
  - Bekanntmachung **10**
  - deklaratorische **15** 5
  - konstitutive **15** 5
  - unrichtige **8** 12–15
  - unzulässige (3) FamFG 395
  - Wirksamwerden **8a** 2
- Eintragungsfähigkeit **8** 5
- Eintragungspflicht **8** 5; **15** 5
- Eintragungswirkungen **8** 11; **15** 13
- elektronische Abrufung **9** 4; **9a**
- elektronische Einreichung **12** 7–8
- elektronische Führung **8** 2a–4; **8b** 1; (1) EGHGB **61**; (4) HRV **47–54**
- elektronische Rückerfassung **9** 5, 6
- elektronische Signatur **12** 8
- Ermessen des Gerichts **8** 8
- europäisches Handelsrecht **Einl** vor **1** 30
- EU-weite Registervernetzung **8** 2b
- Firma **29–31**
- Firmengebrauch, unbefugter (3) FamFG **392**
- Form **8a** 1
- Führung **8** 3; (3) FamFG; (4) HRV **12–22**
- Handwerkskammer **8** 3; (4) HRV **23**
- Hauptniederlassung **13–13h**
- HdlRegisterverfügung (4) HRV

3123

Sachverzeichnis

- IHK **8** 2a, 3, 12; **(4)** HRV **23, 37**
- Insolvenz **32; 34** 2
- internationaler Verkehr **8** 19; **12** 9
- juristische Person **33–35**
- konstitutive Wirkung **8** 11
- Konzernregister **8** 5
- Kosten **8** 4
- Land **36**
- Löschung **8** 12–13; **31 II; 157; (3)** FamFG **393–395**
- Nichteintragungsfolgen **15** 6
- Niederlassung **13** 1; **29; 31**
- öffentliche Zustellung **15a**
- öffentlicher Glaube **5; 15**
- Öffentlichkeit **9** 1–3
- Ordnungsstrafen **14; 37 I**
- Prüfung **8** 7–9; **329**
- Publizität **15**
- Rechtsnachfolgenachweis **12** 6
- Rechtsschein s dort
- Reform **8** 2a–2b
- Registerakten **8** 4
- Registerblatt **8** 4
- Registergericht s dort
- Registerordner **8** 4
- Registersachen **(3)** FamFG **374**
- Registerzeugnis **9** 14
- Unternehmensregister **8** 2a; **8b; 9** 12–13; **9a**
- Vermögenslosigkeit **(3)** FamFG **394**
- Veröffentlichung **10–11; (4)** HRV **27–28, 32, 35**
- Verordnungsermächtigung **8a** 3; **9a**
- Vertrauensschutz **15** 15
- vorbeugender Rechtsschutz **16** 5
- Voreintragung **8** 10; **15** 11
- Wirkung **2; 5; 8** 11; **15**
- Zeichnung **12**
- Zeugnis **9** 10
- Zuständigkeit **(3)** FamFG **376–377**
- Zwangsgeld **14**
- Zwangsgeldverfahren **(3)** FamFG **388–389**
- Zweck **8** 1
- Zweigniederlassung **13–13h; 15** 24

Handelsregisterverordnung (4) HRV
- Reform **(4) HRV Einl**
- Verordnungsermächtigung **9b** 7

Handelsrichter s Gericht
Handelssachen s Gericht
Handelsstand Einl vor **1** 1
Handelssysteme
- algorithmische **(14)** BörsG **26d**
- elektronische **(14)** BörsG **Einl** vor **1** 2
- KMU-Wachstumsmarkt **(14)** BörsG **Einl** vor **1** 13, 2 6d
- multilaterale **(14)** BörsG **Einl** vor **1** 11, 2 1, 48 1, 8; **(16a)** MAR **Vorb** 2
- organisierte **(14)** BörsG **Einl** vor **1** 13, 2 1, 2b, 6b; **(16a)** MAR **Vorb** 2

Handelsüberwachungsstelle (14) BörsG **7**

Handelsübung 346 2
Handelsvertreter (HdlVertreter) 84–92c
- Abgrenzung vom
  - HdlMakler **84** 1, 5, 20
  - Kommissionär **84** 5, 18–19
  - Vertragshändler **84** 5, 10–17
- Ablehnung **55** 8; **86** 6, 28; **86a** 10, 13; **87** 8; **89** 25; **89a** 19; **89b** 34, 54
- des Geschäfts **87c** 23
- Abmahnung **89a** 1, 10, 18
- Abnahmegarantie **86** 9
- Absatzgarantie **89b** 18
- Absatzgebiet **86** 27, 43; **87** 28
- Absatzmittler **84** 1, 5, 36, 39
- Absatzorganisation **84** 13, 42; **86** 18
- Absatzrisiko **86** 35
- Abschluss von Geschäften **84** 5, 24–26
- Abschlussagent **84** 25
- Abschlussprovision **86b** 10; **87** 1, 3; **89b** 24, 41, 47
- Abschlussvollmacht **55; 84** 28, 31; **91** 23; **91a** 1, 4
- Abwälzungsvereinbarung **89b** 68
- Abwerbung **86** 28; **86a** 17; **89a** 17, 19; **90a** 30
- Adressbuch **84** 42; **89b** 12
- Änderung der Rechtsform **84** 9a
- Alleinvertretung **86a** 17; **86b** 14; **87** 9, 48; **89a** 23
- Alleinvertriebsrecht **84** 13, 32; **86a** 17
- Alter **89** 20; **89b** 33, 42, 55, 60, 61
- Altersversorgung **87** 5; **89b** 39, 93
- Amerika **92c** 9
- Anerkenntnis s dort
- Anhörung **89a** 10, 20
- Anscheinsbeweis **87** 16; **89b** 22, 30, 44
- Anscheinsvollmacht **54** 3–4, 17
- anwendbares Recht **84** 6
- Arbeitnehmer **84** 39, 46
- arbeitnehmerähnlicher **59** 26; **84** 1, 2, 34, 46–47; **86** 5; **89** 7; **92a** 1–2
- Arbeitsgericht **84** 46
- Arbeitskräftemangel **87a** 26
- Arglist **87** 33
- Art der Geschäfte **84** 26
- Aufhebungsvertrag **55** 13; **85** 1; **86b** 11; **87a** 18; **89** 9; **89a** 35; **89b** 7, 54, 70; **90a** 24, 26
- Aufklärung **86a** 2; **89a** 20, 30
- auflösende Bedingung **86b** 11; **87** 7; **87a** 6, 13; **87c** 3; **89** 2; **89b** 7
- Aufrechnung **87** 32, 50; **87a** 19; **88a** 2
- aufschiebende Bedingung **87** 7, 38; **87a** 1, 5; **87c** 3
- Auftragsrecht **86** 6
- Aufwendung **84** 47, 50; **86** 2, 6, 14; **86a** 14; **87** 1, 9; **87b** 11; **88a** 5; **89b** 19, 29, 35, 41; **90a** 20
- Aufwendungsbegriff **87d** 3
- Aufwendungsersatzanspruch **87d**
  - Abdingbarkeit **87d** 2, 6
- Ausgleichsanspruch s dort

Sachverzeichnis

- Auskunft **54** 5; **86** 6, 32, 40; **86a** 17; **87c** 1, 11, 23–24; **89a** 40; **89b** 82
  - zur Vorbereitung des Schadensersatzanspruchs **89a** 34
- Auskunftsvertrag mit Geschäftsgegner **84** 50
- ausländischer **92c** 4 ff.
- Ausschließlichkeitsbindung **54** 11; **84** 10, 36, 38
- Bankauskunft **86** 21
- Bausparkassenvertreter s dort
- Begriff **84** 5
- Beleidigung **89a** 17; **89b** 67
- Beratungsvertrag **84** 50
- Berechnungsgrundlage **86b** 10; **87b** 1, 4, 13
- Bericht **86** 42
- Beschwer **87c** 28
- Betriebseinstellung **89** 4; **90a** 16
- Betriebsstilllegung **86a** 11–12; **89b** 20, 57
- Betriebsumstellung **89a** 7, 21; **90a** 16
- betrügerische Eigengeschäfte **84** 55
- Beugestrafe **87c** 12
- Beweislast **86** 4, 17, 47; **87** 16; **87a** 15, 30; **87b** 2; **89a** 11, 34; **89b** 22–23, 30, 44, 51; **92b** 3
- Beweissicherung **55** 4, 9–10; **91** 2
- Bewertung **89a** 27; **89b** 47
- Bezeichnungsschutz **84** 6
- Bezirkshändler **84** 169
- Bezirksrotation **89b** 10
- Bezirksschutz **84** 19; **86** 12; **86a** 10, 17, 23, 47, 48; **89b** 14, 27; **92** 6
- Bezirksstellenleiter **84** 32, 36; **89b** 4; **92** 6
- Bezirksverkleinerung **89a** 18, 22; **89b** 10, 58
- Bezirksvertreter **84** 32; **86** 12, 27, 49; **86a** 18; **86b** 3, 14; **87** 25, 28, 30, 35, 36, 44; **89a** 38; **89b** 14, 23, 29
- Bilanz **87a** 2; **90** 5
- Bilanzrückstellung **89b** 5
- Billigkeit **87** 21, 46; **87b** 3; **89b** 23–44, 93; **90a** 9
- Boni **87** 5
- Bonität **86** 13, 21, 41; **86b** 1
- Bonitätsprüfungspflicht **86** 21
- Bonus **87b** 8
- Briefpapier **86a** 5
- Bringschuld **86a** 6
- Buchauszug **86a** 10; **87c** 1, 13
- Bürokostenzuschuss **89** 28
- Büromaterial **86a** 5
- culpa in contrahendo **84** 50; **85** 1; **91** 2
- Darlehen **54** 14, 16; **55** 12
- Dauervertrag **87a** 7; **87b** 1, 13, 16–19, 23
- Delkrederehaftung s dort
- Delkrederehaftungsprovision s dort
- Depotabrede **84** 10
- deutsches Recht **86b** 12; **92c**
- Diebstahl **89a** 20
- Dienstvertragsrecht **86** 4 f.
- Direktvertrieb des Unternehmers **86a** 17

- Diskriminierung **86** 37
- Dispositionskredit **86a** 15
- Doppelprägung **86** 38
- Dritte, einbezogene **89a** 17–18
- Drohung **89a** 17
- Duldungsvollmacht **54** 3, 4, 17
- durchlaufende Posten **89b** 25, 29, 51
- eidesstattliche Versicherung **87c** 20 f., 28
- Eigengeschäfte **87** 7
- Eigenhändler **84** 10, 14, 23, 32; **86** 38; **89a** 20; **89b** 25
- Einfirmenvertreter **84** 1, 35, 36, 47; **86** 5, 12; **89a** 30; **92a**
- Eingliederung **84** 1, 13; **86** 18, 38
- Einrede **86b** 8; **89b** 51
- Einstandsvereinbarung **89b** 68
- Empfangsvertreter **55** 4, 10; **91** 2
- entgangener Gewinn **86a** 11; **87** 8 f.; **89a** 40
- Erbengemeinschaft **84** 9
- Erfüllungsgehilfe **84** 31; **87a** 17, 42
- Erfüllungsort **84** 45; **86** 46
- Ersatzherausgabe **87a** 11
- Erwerbsfähigkeit **89b** 43
- Fixum **84** 36; **87** 5; **89b** 47
- Fracht **87b** 10; **92c** 13
- Franchisenehmer **84** 18 f.
- Franchising **84** 10–11; **86a** 15; **90a** 5
- Freistellung **86** 38; **89** 10, 16, 25; **89b** 70
- Freistellungsvergütung **89** 29
- Führungszeugnis **84** 55
- Funktion **84** 1
- GbR **84** 9
- Gebietsschutz **84** 13
- Gebietsverkleinerung **89** 18; **89a** 18, 31; **89b** 58–59
- Geheimhaltung **86** 2, 32, 42, 45; **86a** 9, 12; **87b** 7
- Gelegenheitsagent **84** 44
- Gelegenheitsvermittlung **84** 44; **92** 1
- Gerichtskostenübernahme **87a** 33
- Gesamtvergütungsabrede **86a** 20
- Geschäfts- und Betriebsgeheimnis **86** 20, 22; **90**
- Geschäftsbesorgung **84** 5; **86** 1, 6
- Geschäftseinstellung **89a** 20, 24–25; **89b** 59
- Geschäftsgrundlage **87a** 28; **89** 2
- Geschäftssitz **87** 26, 35; **87b** 2; **87c** 15; **92c** 2, 3
- Geschäftsunfähige **84** 7
- Geschäftsveräußerung **89b** 18
- Geschäftsverbindung **87** 31; **87a** 26; **89b** 11–13, 15, 22
- Geschäftsverpachtung **89b** 18
- Geschichte **84** 2–4
- Gesundheitsschutz **86** 4
- Gewährübernahme **84** 50
- Gewerbesteuer **84** 36
- gewerbliche Niederlassung **86** 46; **86a** 6

3125

Sachverzeichnis

- gewerbliche Tätigkeit
  - Beschränkung **90a** 4–6, 12
  - selbständige **84** 1, 5; **90a** 9
- Gewinnanteilsrückvergütung **87b** 5
- Gewinnbeteiligung **87** 5
- Gleichbehandlungsgrundsatz **84** 3; **86** 10, 30; **86a** 15
- Goodwill **89b** 1, 4, 35
- Gratifikationen **87** 5
- Grundstück **54** 7, 12; **55** 12; **84** 26; **89** 7; **89b** 20
- Gruppenversicherung **89b** 27
- Gutachten der IHK **86** 3
- Handelsvertreterprivileg **86** 38
- HdlAgent **84** 2, 6
- HdlBrauch **86** 3; **87** 15, 48; **87b** 9; **89b** 96; **92** 5
- HdlGehilfe **84** 2, 39–40; **86** 19
- HdlGewerbe **54** 1, 6, 9–10; **55** 1
- ggü HdlMakler **84** 20
- HdlVollmacht **55** 1; **84** 25; **91** 1
- Herausgabepflicht **86** 6, 17, 23; **86b** 7; **87a** 11; **89** 26
- Hinterbliebenenversorgung **84** 34
- höhere Gewalt **89a** 21, 25
- Hungerprovision **86** 9; **92a** 1
- Industrie **84** 8; **86** 34, 38
- Industriepropagandist **84** 23; **89b** 4
- Informationspflichten **86** 40–42
  - des Unternehmers **86a** 1, 2, 7, 9
- Inkassopauschale **90a** 28
- Inkassoprovision **87** 1, 3, 47, 48
  - AGB **87** 48
  - Ausgleichsanspruch **89b** 28, 50
  - Einbehalt vom Inkasso **87** 50
- Inkassovollmacht **86** 17, 51
- Insolvenz **84** 48
  - des Unternehmers **87** 51; **89** 4; **89b** 85; **90a** 18
- Insolvenzverwalter **54** 6; **87c** 7; **89b** 79
- Interessenkollision **89a** 23; **89b** 58
- Interessenwahrung **84** 41, 42; **86** 15–16, 22; **86a** 1; **90** 1, 3, 4
  - abweichende Vereinbarung **86** 50
  - Verstoß **86** 49
- internationaler Verkehr **84** 56; **87d** 4; **92c**
- Internetvertrieb **84** 22, **86** 38
- Investitionen **86a** 15; **89** 7, 16
- Irrtum **89b** 84
- juristische Person **84** 7, 40
- Kapitalanlage **84** 26
- Kapitaleinsatz **84** 16, 19, 36
- Kapitalflussrechnung **90** 5
- Karenzentschädigung **89b** 3; **90a** 2, 9, 18 ff., 23 ff., 31 f.; **92c** 10
- Kartellrecht **84** 17; **86** 10, 26, 34, 37; **86a** 17; **90a** 7
- Kettenverträge **89** 20; **89b** 54
- KfzSektor **86** 38
- Klage **55** 7; **87a** 15–16, 22, 26, 28–29, 33; **87c** 11, 21, 24, 28; **89a** 17; **89b** 77, 8182; **90a** 22; **92c** 7

- Klageverzichtsklauseln **92** 10
- Kleingewerbe **84** 9
- Kollektion **89a** 18
- Kollisionsvorschrift **92c** 1–2
- Kommission s dort
- ggü Kommissionär, Kommissionsagent, Franchisenehmer **84** 18 f.
- Konkurrenzunternehmen **86** 29–30; **86a** 11; **89a** 19
- Konkurrenzverbot **84** 13
- Konkurrenzvertretung **86** 24, 26, 28, 30, 32, 41; **86a** 17; **89a** 7, 19
- Konsignationslagerabrede **87** 3
- Konzern **84** 27a; **86** 26; **86a** 9; **87** 13, 14; **89a** 17, 21; **89b** 1, 18, 20; **92a** 5
- Konzertkartenverkauf **84** 21, 26
- Kopien **86** 17
- Kosten **84** 8, 36, 50; **86b** 4; **87** 32; **87a** 15, 33; **87b** 10–12; **87c** 15, 17, 23, 27; **89a** 40; **89b** 19, 29, 41, 70; **90a** 20
- Kostenerstattungspauschale **89b** 51
- Krankenversicherung **89b** 86, 91
- Krankheit **86** 41; **89b** 55, 60, 62, 96; **90a** 16
- Kredit **54** 11, 14, 16; **55** 14; **86b** 1, 2, 12, 14; **87a** 28; **89** 10
- Kreditrisiko **86** 35
- Kundenbetreuung **84** 23; **86** 15, 20
- Kundendaten, Verwendung nach Ausscheiden **90** 8
- Kundenkreisschutz **86** 12; **86a** 10, 17; **87** 23–24, 30, 47–48; **89b** 14, 27; **92** 6
- Kundenliste **86** 17, 28; **86a** 2, 5–6; **89b** 22; **90** 2–3, 5, 7
- Kundenstamm **59** 18; **84** 14–15, 19; **89b** 2, 18, 20, 38, 40
- Kündigung (HdlVertreter) s dort
- Lager **54** 1; **55** 10; **86** 13, 35, 51; **87** 3; **87d** 4; **89b** 25, 29, 50–51
- Lebensversicherung **87a** 29
- Lizenz **87** 13
- Lohnsteuer **84** 36
- Mahnung **55** 7, 8, 13; **87a** 27, 34
- Marktanalysen **86** 13; **87d** 4, 5
- Marktmacht **84** 1
- Marktpflege **86** 13; **87** 3; **87d** 4
- Masseschuld **84** 48
- Massengeschäft **86b** 2
- Mehrfirmenvertreter **84** 30, 36; **89b** 40; **92a** 1, 5; **92b** 2
  - Interessenwahrung **86** 24
  - Pfändungsschutz **87** 50
- Mehrjahresvereinbarung **87** 41
- Messe **84** 42; **87** 21; **89b** 14
- Mietvertragsvermittlung **84** 26; **87b** 13; **89b** 51
- Minderjähriger **84** 7; **90a** 9, 13
- Mindestarbeitsbedingungen **84** 9, 34; **86** 2; **92** 3; **92a** 2, 4
- Mindestprovision **84** 36; **92a** 4
- Missbrauch **86** 39

Sachverzeichnis

- Mitteilungen **84** 15; **86** 2, 16, 21, 41, 43; **86a** 1, 9, 10, 12, 14, 16; **87** 9, 25; **87c** 5, 12, 23, 29; **89a** 14, 18; **89b** 20, 67; **90** 4, 7
- Mitursächlichkeit **84** 15, 22; **87** 11–12, 21; **89b** 14
- Mitverschulden **86** 47; **87c** 27; **89a** 33, 34
- Muster **86** 12–13; **86a** 5–6; **87c** 29; **88a** 3–4
- Musterkauf **87** 41
- Nachrichten **86** 6, 17, 21–22, 28, 40–41, 50; **86a** 1, 7–8, 10; **91a** 1,5–6
- Nachschieben von Gründen **89a** 13, 15, 32; **89b** 56, 60, 64
- Nachteil **86** 24, 42; **86a** 16; **87** 9, 48; **87** 34; **89b** 45–47; **90a** 3, 19–20, 27–28
- nachteilige Wettbewerbsabrede **90a** 31–33
- natürliche Person **84** 7
- Nebenberuf **84** 1, 9; **86** 2; **87a** 9; **89** 10; **89a** 1; **89b** 4, 7, 10, 79; **92b**
- Nebenvorteile **86** 23; **87b** 7
- negatives Interesse **86b** 1; **87** 9
- Niederlande **84** 2
- Niederlassung **92c** 2, 8–9
- Niederschrift **85** 10
- Österreich **84** 2; **89b** 1; **90a** 2
- Online-Vertrieb **86a** 17
- Organisationsrisiko des Unternehmers **91a** 8
- Parallelvertrieb des Unternehmers **86a** 17
- Patent **87a** 28
- Pension **89b** 61; **92b** 2
- Pensionszusage **87a** 34
- Pfändungsschutz
  - Aufwendungsersatzanspruch **87d** 2
  - Ausgleichsanspruch **89b** 85
  - Provisionsanspruch **87** 50
- Pflichtverletzung **55** 8; **86a** 4; **86b** 2; **87** 9; **89** 16; **89a** 17, 27, 40
- Prämie **87** 5; **87a** 27, 29, 33; **89a** 20; **89b** 17, 20; **92** 5, 7–8
- Preise **55** 10; **84** 10, 54; **85** 2; **86** 15, 35, 36; **86a** 5, 13, 16–17; **87c** 15, 23; **89b** 18, 76; **90** 5
- Preisliste **86a** 5
- Probezeit **89** 19, 28
- Produktentwicklung **86a** 9
- Produktionseinschränkung **89b** 10, 57–58
- Produktionseinstellung **86a** 11; **89b** 20
- Produktpflege **86** 13; **87d** 4
- Prognosezeitraum **89b** 16
- Prokura s dort
- Provision **87**–**87c**; s auch dort
- Provisionsinteresse **86b** 2
- Provisionspacking **84** 49; **87** 2
- provisionspflichtige Geschäfte **87**
- Qualität **86a** 13; **91a** 6
- Rabatt **87b** 8; **89** 16
- Rahmenvertrag **84** 13; **87** 7, 38, 41; **92** 4
- Recht an Gewerbebetrieb **90** 8
- Rechtsangleichung **84** 3
- Rechtsschein **54** 3, 4; **55** 3, 11; **91a** 7, 9
- Rechtsschutzinteresse **87c** 21, 26
- Reisebüro **84** 26; **86** 38; **86b** 14; **89b** 16
- Reisende **84** 1, 6, 23
- Reisevermittlungsvertrag **84** 50
- Reputationsschaden **87a** 23
- revisibles Recht **89a** 12; **89b** 84
- Revision **87c** 28
- Risiko **86** 9, 35; **86a** 15; **86b** 11, 14; **87a** 28, 33; **87d** 3; **89b** 88; **90a** 9
- Risikotragung **86** 38
- Rohstoffmangel **86a** 11
- Rücksichtnahmepflicht des Unternehmers **86a** 1–3, 15
- Rücktritt
  - bei Nichtausführung der Geschäfte **87a** 22
  - des Unternehmers **86** 47
  - bei Wettbewerbsverstoß **90a** 22
- Rückzahlungsklauseln **89** 28
- Rüge **55** 4, 7, 9, 12; **87** 4; **87c** 29
- Sachversicherung **87a** 29
- Sanierung **86a** 12; **89b** 20
- Schadensersatz **85** 3, 10; **86** 21–23, 32, 47, 49; **86a** 4, 11, 14; **86b** 7; **87** 5, 7–10, 24, 32; **87a** 11, 23, 28; **87c** 16, 27; **88a** 5; **89** 16; **89a** 30; **89b** 72; **90** 8–9; **90a** 18, 21, 25
- bei berechtigter Kündigung **89a** 34
- bei unberechtigter Kündigung **89a** 38, 40
- Schadensminderungspflicht **89a** 34
- Schadensversicherung **89b** 91, 96
- Schätzunterlagen **89b** 22
- Schifffahrtsvertreter s dort
- Schiffsagentur **84** 26
- SchirmGVO **86** 38
- Schmiergeld **86** 17, 23, 41; **87b** 7; **87d** 4; **89b** 38
- Schuldanerkenntnis **54** 11; **87c** 3, 4, 11, 29
- Schuldbeitritt **86b** 6, 8; **89b** 73
- Schuldübernahme **89b** 68, 75
- Schweigen **54** 14; **85** 2–3; **86** 4, 30; **87** 21, 25, 35, 41, 48; **87b** 18; **87c** 4; **89** 6, 9, 17, 24; **89a** 29; **92c** 1, 3, 5
- Schweiz **84** 2; **89b** 1; **90a** 2
- Selbstmord **89b** 9, 34, 54
- selbständiger Gewerbetreibender **84** 1, 5; **90a** 9
- Selbständigkeit **84** 35, 39; **86** 1, 5, 16, 19, 29, 34; **86a** 15; **87** 14, 27, 50; **89** 5–6, 10; **89a** 1, 30; **90a** 5, 12; **92a** 1
- Sogwirkung **84** 15; **89b** 14, 35
- Sorgfaltspflicht **86** 2, 13, 44–46
  - Änderung des Maßstabs **86** 51
  - des Unternehmers **86** 44; **86a** 1
  - Verletzung **86** 47
- Sortiment **87** 18; **89a** 17; **89b** 58
- Sortimentsliste **87** 27
- Sortimentsverkleinerung **89b** 10
- Sozialversicherung **84** 36
- Spediteur **84** 18
- Spesen **84** 36; **87** 50; **87d**; **89b** 51

3127

Sachverzeichnis

- ständige Betrauung s dort
- Stammkunde **84** 15; **86a** 17; **89a** 23; **89b** 12, 86–87
- Stichproben **89b** 22
- stille Ges **84** 9
- Strafbarkeit **84** 51; **86** 23; **90** 9
- Streik **87a** 28
- Stufenklage **87** 53; **87c** 11, 21, 24, 28; **89b** 22, 82
- Stundung **89b** 76
- Sukzessivlieferungsvertrag **87** 7, 38, 41–42
- Tätigkeit für anderen Unternehmer **84** 27–30
- Tätigkeitseinstellung **87** 31; **89a** 38, 40; **89b** 70, 74
- Tätigkeitspflicht **84** 41
- Täuschung **84** 54
- Tankstelle **84** 21, 26, 37; **86** 36; **86a** 5, 15, 16; **86b** 14; **89** 7, 16; **89b** 12–22, 25, 37, 70
- Tankstellenpächter **89b** 4; **92b** 2
- Tantiemen **87** 5
- Teilbezirk **87c** 20; **89** 18
- Teilungsabrede **87** 21, 35
- Tod **85** 6; **86** 6; **89** 3; **89b** 5, 9, 34, 42, 53, 54
  - des Unternehmers **89a** 24
- Topfabrede **87** 2
- Treu und Glauben **86** 36; **87** 33; **87c** 19; **89a** 8, 27; **89b** 57; **90** 7; **90a** 7
- Treuepflicht **86** 25; **86a** 1, 16; **86b** 8; **90** 1
- Treuwidrigkeit **89b** 18, 79
- Überhangprovision **87** 2, 41; **89b** 17, 50
- Überlassenspflicht des Unternehmers **86a** 5–6
- Umdeutung **89a** 4, 5, 32, 36
- Umgehung **87** 14; **87a** 34; **89** 11, 20; **89a** 27
  - des Wettbewerbsverbots **86** 29
- Umsatzbeteiligung **87** 5; **87a** 3; **87c** 2
- Umsatzförderung **87b** 11; **89b** 35
- Umsatzgarantie **86** 13–14, 51
- Umsatzrückgang **86** 42; **89a** 17; **89b** 15, 19
- Umsatzsteigerung **89b** 13, 15, 22
- Umsatzsteuer **84** 36; **87b** 12, 18; **89b** 29, 51
- unechter **86** 38
- Unmöglichkeit **87a** 14, 22, 25; **89a** 16, 20, 24
- unselbständiger **84** 39
- Unterlagenzurfügungstellung **86a** 5–6
- Unterlassungsanspruch **86** 47; **87a** 28; **90** 8
- unternehmerische Freiheit **84** 1, 35–37, 40; **86** 35; **86a** 1, 9, 12–13; **87** 27; **90** 7
- Unternehmerpflichten **86a**
- Unterschrift **85** 6, 9
- Untervertreter s dort
- Urkunde **85**; **87c** 25, 27; **90a** 14–15

- Urlaub **84** 34, 36; **92a** 4
- Ursächlichkeit **87** 16; **87a** 26; **89a** 34; **89b** 14, 56, 60, 66
- UWG **84** 6
- Vergleich **54** 11, 15; **86** 13; **89b** 74; **90a** 19, 29
- Vergleichsverfahren **89** 4; **89a** 20, 24
- Vergütungsformen **87** 5
- Verjährung **85** 7; **86** 2; **87** 52–53; **87c** 1, 19, 26; **88** (aF); **89b** 51, 71, 77, 82; **92** 5
- Verkehrsauffassung **54** 2, 4; **87** 18
- Verkehrsschutz **91** 2; **91a** 1
- Verlängerungsoption **87b** 14; **89** 19; **89b** 54
- Verlagerung im Konzern **89b** 18
- Vermittlung **84** 5, 22, 26; **86** 12–13; **86b** 2–4, 9; **87** 1, 7–22, 41
- Vermittlungsprovision **86b** 10
- Vermittlungsvertreter **55** 4; **84** 22; **86a** 10; **91** 2; **91a** 1
- Verrechnungsabrede **87** 50; **89b** 70
- Verschulden bei Vertragsverhandlungen **84** 50; **85** 1; **91** 2
- Verschuldenszurechnung **84** 51
- Verschwiegenheit **86** 22, 32; **87c** 27; **90** 1, 2, 4, 8; **90a** 6
- Versicherungsagent **55** 5; **92** 1
- Versicherungsschutz **84** 8
- Versicherungsvertrag **84** 26; **87a** 27; **87b** 13; **89b** 86–93, **90a** 17; **92** 1, 4–5, 10
- Versicherungsvertreter **55** 5; **59** 30; **84** 6, 8; **86** 2; **87** 20, 29; **87a** 4, 7, 33; **87b** 1, 2; **89a** 19; **91** 2; **92**
  - Ausgleichsanspruch **89b** 4, 26, 82, 86–96
  - VertikalGVO **86** 38
- Vertragsfreiheit **90a** 9; **92c** 13
- ggü Vertragshändler **84** 10–17
- Vertragsstrafe **86** 7, 32, 47; **89a** 26; **90a** 9, 22, 30
- Vertrags(un)treue **87a** 21; **89a** 35, 39; **89b** 36
- Vertrauensbruch **85** 10; **86** 26; **89a** 17, 20, 28
- Vertrauenstatbestand **91a** 1, 2, 8
- Vertrauensverhältnis **84** 41; **86** 10, 23
- vertrauliche Mitteilung **90** 4, 6
- Vertretungsmachtsmangel **91a**
- Vertriebsumstellung **86a** 11, 13; **87** 46; **89b** 20, 26
- Verwahrungspflicht **86** 17
- Verweigerung **85** 10; **87c** 25; **89a** 17–18, 20; **89b** 67
- Verwirkung **86** 32, 49; **87a** 3; **87c** 19; **89a** 29–32; **89b** 56, 80
- Verzicht **54** 11, 21; **87a** 3, 19, 33; **87c** 29; **88a** 2; **89a** 19, 29; **89b** 70, 91; **90a** 3, 18, 19, 23, 29; **92** 10
- Verzug **84** 47; **86** 4; **86a** 13; **87a** 32–34; **87c** 9, **89a** 37, **89b** 48
- Vollmacht **54**; **55**; **84** 24–25, 28, 31, 52, 56; **86** 2, 17; **86b** 14; **87** 47; **89a** 5; **91**; **92** 3

Sachverzeichnis

- Vollstreckung **87c** 12, 22, 24, 28; **88a** 1; **89b** 85
- Vorschuss **84** 47; **86** 6; **87a** 9, 19, 35; **89b** 70; **92b** 9
- Vorstrafe **89a** 17
- Vorteile des Unternehmers **87** 41; **89b** 2, 9, 11–22, 32, 39, 45, 47, 83–84, 87–90; **90a** 19, 27
- Vorteilsausgleichung **89a** 34, 38, 40
- Wechsel 54 13; **55** 12; **87a** 11
- Weisungen 55 15; **84** 22, 36, 38, 42; **86** 6, 12, 15–16, 24, 35; **87** 23, 25; **87d** 3, **89** 17; **89a** 17; **89b** 14; **92** 6; **92a** 3
  - Nichtbeachtung **91a** 3
- Werbung **84** 23, 26, 44; **86** 13, 15, 36, 51; **87d** 4; **89b** 13–14, 19; 22, 35, 38
- Wettbewerbsabrede **86** 2, 26; **89a** 19, 33; 90 4, 7; **90a; 92a** 3
- Wettbewerbsbeschränkungen
  - durch AGB **86** 33
  - handelsrechtliche **86** 26–32
  - kartellrechtliche **86** 34–39
- Wettbewerbsrichtlinien der Versicherungswirtschaft von 1977 **89b** 96
- Wettbewerbsverbot **85** 4; **86** 22; **89b** 3, 40; **90a**
  - des Unternehmers **86a** 17
- Willkür **86a** 14, 16; **89b** 20
- wirtschaftliche Abhängigkeit **84** 1, 7, 16
- Wirtschaftsprüfer 54 1; **86** 32; **87c** 27
- Wohnsitz **86b** 12; **92c** 2
- Zahlungsdienste **(7)** BankGesch C7
- Zeitschriftenabonnement **84** 26, 42; **87a** 15; **87b** 13; **89b** 21
- Zeugnis **73**/109 GewO 3; **86** 5; **89** 26; **92a** 4
- Zins **86** 6; **87a** 19; **89b** 48
- Zivilagent **84** 29
- Zoll **87b** 10
- Zufall **87** 26; **87d** 3; **90** 6
- Zugewinnausgleich **89b** 5
- Zuliefervertrag **Einl** vor 373 30
- Zumutbarkeit **87a** 15–16, 25 f.; **89a** 6 ff., 16, 19, 28, 39; **89b** 55, 61
- Zurechnung **84** 53–55
- Zurückbehaltungsrecht **86** 2, 48; **87a** 15; **87c** 6, 29; **88a; 89** 26; **89a** 34
- Zurückweisung **87** 26; **87a** 5, 10
- Zuschüsse **87** 5
- Zuweisung s dort

Handelsvertretergesellschaft 84 8 f.; **89a** 17; **89b** 54

Handelsvertreterprivileg 86 38
- Zahlungsvorgänge **84** 25; **(7)** BankGesch C7

Handelsvertreter-Richtlinie 84 3
- Anwendung **92** 3
- Umsetzung, überschießende **92c** 10a

Handelsvertretervertrag
- abdingbares Recht **86** 51; **92c**
- Abgrenzung **84** 5, 10–20
- Abschluss **85** 1

- abweichende Vereinbarungen **86** 7–11, 50–51
- Änderungskündigung **89** 17
- AGB **86** 8–11, 33
- Anfechtung **85** 1; **89** 5; **89b** 8
- anwendbares Recht **84** 4–6
- Auslegung **85** 1
- Bedingung **87** 7
- Beendigung **89** 1–9
- culpa in contrahendo **85** 1
- Dauerschuldverhältnis **84** 43; **86b** 11; **87** 38; **89a** 3
- Form **85**
- Gerichtsbarkeit **84** 45
- Gerichtsstand **86** 46; **92c** 3, 7, 12
- Geschäftsbesorgungsvertrag **84** 5; **86** 1
- Haftung des Unternehmers **84** 55
- Insolvenz
  - des HdlVertreters **84** 48
  - des Unternehmers **87** 51; **89** 4; **89b** 85; **90a** 18
- Kündigung **89** 6 ff.
- Mischvertrag **84** 21
- Unterzeichnung **85** 6; **90a** 14
- Urkunde **85**
- in Vollzug gesetzter **85** 1; **89** 5; **89b** 8
- Zeitvertrag **89** 10, 19–21

Handelszweig
- des ArbG **60** 3

Handlungsagent 84 2, 6

Handlungsgehilfe (HdlGehilfe) 59–75h; 84 2, 39, 56; **86** 19; **89b** 5; **90a** 8 f.; s auch Arbeitnehmer, Handlungsvollmacht
- Abhängigkeit **59** 25–26
- Ablauf **59** 115
- Abmahnung **59** 49, 127, 130
- Altersdiskriminierung **59** 2, 10
- Altersteilzeitkonten **59** 103
- Altersversorgung **59** 12, 87–89
- Anfechtung **59** 117–120
- Angestellter **59** 25
- Annahmeverzug **59** 72–73
- Anstand **62** 1
- Arbeitgeber **59** 27
- Arbeitnehmer **59** 23–31b
- Arbeitnehmererfindungen **59** 12, 54
- Arbeitsbedingungen **59** 2
- Arbeitsbedingungen-Richtlinie **59** 2
- Arbeitsförderung **59** 90
- Arbeitsgericht **59** 12, 151
- Arbeitskampf s Aussperrung, Streik
- Arbeitskampfrisiko **59** 74
- Arbeitslosenversicherung **59** 12
- Arbeitspflicht **59** 44–47
- Arbeitsplatzschutzgesetz **59** 12
- Arbeitsplatzverlust **59** 109
- Arbeitsrechtsquellen **59** 1–12
- Arbeitsunfähigkeit **59** 48
- Arbeitsverhältnis **59** 32–43, 111–167
  - befristetes **59** 111–115
  - faktisches **59** 38

3129

Sachverzeichnis

- Arbeitsvertrag **59** 32–43, 44–55, 111
  - Änderung **59** 37, 38
  - Änderungskündigung **59** 121
  - fehlerhafter **59** 38
- Arbeitszeit **59** 12, 45; **62** I
- Arbeitszeiterfassungssysteme **59** 45
- Aufhebungsvertrag **59** 166
- Aufrechnung **59** 82
- Aufwendungen **59** 102
- ausgeschiedene Gfter **59** 22
- Ausgleichsanspruch **89b** 4
- Ausgleichsquittung **59** 80
- Aushilfsarbeitsverhältnis **59** 10
- Auskunft **59** 53, 98, 144; **74c** 6
- Ausland **59** 168–170
- Auslegung **59** 30–31b
- Ausschlussfristen **59** 78
- Ausschlussklauseln **59** 79
- Aussperrung **59** 164
- Beförderung **59** 96
- Begriff **59** 25–29
- Beispiele **59** 30–31b
- Beratung **59** 53
- BerufsbildungsG **59** 12
- Beschäftigungspflicht **59** 96
- betriebliche Übung **59** 7
- Betriebsbuße **59** 49
- Betriebsgeheimnis **59** 50
- Betriebsrat **59** 42, 122, 160
- Betriebsrente **59** 87–89
- Betriebsrisiko **59** 74, 105–110
- Betriebsübergang **59** 17–21a
- Betriebsvereinbarungen **59** 5, 41
- Betriebsverfassung **59** 12
- Bildungsurlaub **59** 100
- Darlehen **59** 70
- Datenschutz **59** 97
- Dienstverhinderung **63** (aF) 1
- Differenzierungsklauseln **59** 40
- Direktionsrecht **59** 9, 44
- eingebrachte Sachen **59** 101
- Entgeltumwandlung **59** 89
- Erfindung **59** 12, 54
- Erfolgsbeteiligung **59** 59; **65**
- Erholungsurlaub **59** 100
- Feiertag **59** 12, 45, 58
- flexible Arbeitszeit **59** 45
- Fortbildungskosten **59** 70
- Fragen bei Einstellung **59** 34
- freier Beruf **59** 26
- Freistellungsanspruch **59** 102, 105–110
- Freizeit zur Stellungssuche **59** 104
- Fürsorge **59** 90; **62**
  - gefahrgeneigte Arbeit **59** 105–110
- Gehalt **59** 25–29, 56–89; **64; 65**
- Gehaltsfortzahlung **59** 12
- Gesamtzusage **59** 7
- Gesundheit **59** 93, 147–148; **62**
- Gewerkschaft DHV **59** 31b
- Gewinnbeteiligung **59** 60; **64** 1
- Gewinnherausgabe **61** 3
- Gleichbehandlung **59** 10, 57, 63, 91
- graphologische Gutachten **59** 34
- Gratifikation **59** 61–68
- Haftung **Einl** vor 48 10; **59** 44–55, 107–110
- HdlReisender **59** 31a
- des HdlVertreters **86** 19
- Herausgabe **59** 49
- Hinterbliebenenversorgung **59** 87–89
- Insolvenz **59** 84, 126
- Insolvenzforderungen **59** 65, 80, 86; **75** 4
- internationales Arbeitsrecht **59** 168–170
- Job sharing **59** 44
- Jugendarbeitsschutz **59** 12
- juristische Person **59** 25
- KAPOVAZ **59** 44
- Kettenarbeitsverhältnis **59** 3, 111
- kfm Dienste **59** 23, 44
- Konzern **59** 14
- Krankheit **59** 75, 147, 148; **62** 6
- Kritik **59** 50
- Kündigung **59** 12, 44–55, 121–163; **75;** s auch Kündigung (HdlGehilfe)
- Kurzarbeit **59** 45, 58
- Leiharbeitsverhältnis **59** 16, 57
- Lohn **59** 29, 56–89; **64; 65**
- Lohnabtretung **59** 81–82
- LohnfortzahlungsG **59** 12
- Lohnsteuer **59** 103
- mangelhafte Arbeit **59** 47
- Mankohaftung **59** 110
- Mehrarbeit **59** 45, 58
- Minderjährige **59** 25, 37; **74a** 5
- Mindestlohn **59** 12
- Mitarbeiterbeteiligungen **59** 70
- Mitnahmemöglichkeit **59** 89
- Mutterschutz **59** 12, 100, 161
- Nachricht **59** 53
- Nebenpflichten **59** 48–55
- Nebentätigkeit **59** 52, 143
- Nichtigkeit **59** 38, 117–120
- parteipolitische Tätigkeit **59** 50, 141
- partiarisches Dienstverhältnis **230** 4
- Persönlichkeitsschutz **59** 94–99
- Personal des Kaufmanns **59** 23–25
- Personalakten **59** 95
- Pfändung **59** 83
- Pflegezeit **59** 12
- Prämien **59** 58
- Probearbeitsverhältnis **59** 125
- Provision **59** 59; **65**
- Rechenschaft **59** 53
- Reisende **59** 31a
- Religion **62** II
- Richtlinien, europäische **59** 2
- Ruhegeld **59** 12, 83
- Sachleistungen **59** 69
- Schadensersatz **59** 46–47, 48–55, 105–110, 121; **62** 5
- schadensgeneigte Arbeit **59** 105–110
- Schmiergeld **59** 11, 51, 142
- Schwangerschaft **59** 118
- Schweigepflicht **59** 11, 50, 97, 141

Sachverzeichnis

- Schwerbehinderte **59** 10, 12, 96, 162, 166
- Sitte **62** 1
- Sonn-(Feier-)Tag **59** 12, 45
- Sozialleistungen **59** 100, 103
- Sozialversicherung **59** 12, 100, 103
- Sperrabrede unter Arbeitgebern **75f**
- Spesen **59** 70, 144
- Stellensuche **59** 104
- Streik **59** 46, 139
- Tantieme **59** 60; **64** 1
- Tarifvertrag **59** 5, 12, 39, 40, 44–56
- Teilzeitarbeit **59** 44
- Teuerungsanpassung **59** 89
- Tod **59** 165
- Treuepflicht **59** 48–55, 90, 140
- Überstunden **59** 45, 58; **62** 3
- Umzugskosten **59** 70
- Unfall **59** 105–106; **62** 6
- Unmöglichkeit **59** 71
- Urlaub **59** 12, 100
- Verbraucherschutzrecht **59** 10
- Vereinbarkeit von Beruf und Privatleben für Eltern und pflegende Angehörige, RL **59** 2
- Vergütung s Arbeitsentgelt, Gehalt
- Verjährung **59** 85
- Vermittlungsgehilfe **75g**; **75h**
- Vermögensbildungsgesetz **59** 12
- vermögenswirksame Leistung **59** 70
- Verschwiegenheit **59** 11, 50
- Versetzung **59** 44, 58, 96
- Vertragsabschluss **59** 32–43, 44–55
- Vertragsanbahnung **59** 32–36
- Vertragsstrafe **59** 46; **61** 1; **75c**
- Vertretungsmacht **75g**; **75h**
- Verwirkung **59** 86
- Verzicht **59** 77
- Vorstellungskosten **59** 36
- Vorstrafe **59** 34, 118
- Vorverhandlungen **59** 32–36
- Wehrdienst **59** 163
- Weisung **59** 9, 25, 44
- Weiterbeschäftigung **59** 157
- Wettbewerbsabrede **90a** 8
- Wettbewerbsverbot **59** 52, 143; **60**; **74–75d**
  - Schadensersatz **61** 2
  - Verletzung **61**
- Wohnung **62** 4
- Zeugnis **59** 104; **73/109** GewO
- Zulagen **59** 58
- Zurückbehaltungsrecht **59** 56

Handlungsgehilfenverband 59 31b
Handlungslehrling 59 23; **76–82** (aF)
Handlungsreisende 59 31a
Handlungsvollmacht (HdlVollmacht) 54; 84 25
- Abschlussvollmacht s dort
- AGB **54** 19; **55** 13
- Alleinvertretung **54** 2
- Arten **54** 1–5
- Außendienst **55** 2; **75g**; **75h**

- Begriff **54** 1
- Beschränkung **54** 10–20; **55** 12–14
- Eintragungsunfähigkeit **8** 5
- Erlöschen **54** 21
- Ermächtigung **54** 12–17
- Erteilung **54** 2, 6, 8
- Form **54** 8
- Gerichtsstand **54** 15
- GesamtHdlVollmacht **54** 2
- HdlVertreter **55** 1; **84** 25; **91** 1
- Ladenvollmacht **56**
- Makler **54** 1
- Missbrauch **50** 4–7; **54** 20
- Rechtsschein **54** 3–5; **55** 11; **56** 3
- Reisende **55**
- Schadensersatz **54** 19–20
- Tod des Bevollmächtigten **54** 21
- Übertragung **58** 1
- Umfang **54** 10–20; **55** 7–16
- Unterschrift **57**
- Untervollmacht **58** 2
- Vergleich **54** 11, 15
- Vermittlungsgehilfe **75g**; **75h**
- Versicherung **55** 5
- Voraussetzungen **54** 6–8
- Warenlager **56**
- Zeichnung **57**

Handwerk 1 1, 23, 26
Handwerksinnungen Einl vor **1** 87
Handwerkskammer Einl vor **1** 27
- HdlRegister **8** 3; **(4)** HRV **23**

Hauptniederlassung 13 1; s auch Zweigniederlassung
- im Ausland **13d**; **15** 24
- doppelte **13** 1; **15** 25
- Sitzverlegung im Inland **13h**

Hausdrittverwahrung (13) DepotG **3** 1
Haussammelverwahrung (13) DepotG **5** 2
Haustürgeschäft 59 43; **(7)** BankGesch G9a
- fehlerhafter Beitritt **Anh 177a** 58
Hedgegeschäft 347 30
hedging 254 4; **(16a)** MAR **9** 9
Heilpraktiker 1 19
Hemmung der Verjährung 439 4
Herabsinken auf Kleingewerbe 1 2; **2** 6; **3** 7, 8; **5** 1; **31** 10
- Firma **17** 23; **18** 18
- Prokura **48** 1
Herabstufung 140 10, 29
Herausgabe 85 9; **86** 6, 12, 17, 23; **86b** 7; **87a** 11; **89** 26
- Bonusmeilen **59** 55
- Delkrederehaftung **86b** 7
- Ersatzherausgabe **87a** 11
- Firma **17** 41–42
- Geschäftsunterlagen **59** 55
- Handwerkskammer **Einl** vor **1** 27
- HdlGehilfe **59** 55
- HdlGeschäft **Einl** vor **1** 74–76
- HdlVertreterpflicht **86** 6, 17, 23; **89** 26

Sachverzeichnis

- OHG **113 I**
- der Vertragsurkunde **85** 9
- **Herstellergarantie 349** 17
- **Herstellungsaufwendungen**
- Passivierung **248** 3
- **Herstellungskosten 255** 14–22; s auch Konzernabschluss
- Begriff **255** 14–15
- Einzelkosten **255** 16
- Fertigungsgemeinkosten **255** 18
- Fertigungskosten **255** 16
- Gemeinkosten **255** 17–20
- immaterielle Güter **255** 22
- Materialkosten **255** 16
- Vertriebskosten **255** 21
- **High Level Group of Company Law Experts Einl vor 105** 36
- **Hinauskündigung 140** 30–31
- **Hinterbliebenenversorgung 59** 87–89; **84** 34
- **Hinterlegung 373 I; 373, 374** 5, 8–10; **415** 3
- Bilanz der KleinstkapitalGes **8b** 5; **328** 1
- der Rechnungslegungsunterlagen **325a** 1
- **Hinweisgebersystem (2)** LkSG **8** 1
- **Hochfrequenzhandelsgesetz 2013 (14) BörsG Einl vor 1** 19, 3 6, **26d** 1 ff.
- **Hochfrequenzhändler**
- Mindestpreisänderungsgröße **(14) BörsG 26b**
- Order-Transaktions-Verhältnis **(14) BörsG 26a**
- **Hochschuldiplom-Richtlinie (2a) WPO Einl** 9
- **höhere Gewalt 89a** 21, 25 f.; **Einl vor 343** 19; **346** 40
- **Huckepackverkehr 452** 5; **(17) CMR 2** 1
- „**Hungerlöhne**" **59** 56
- **Hungerprovision 86** 9; **92a** 1
- **Hypothek**
- Abtretung **350** 3
- **Hypothekenbankkredit (7)** BankGesch G22–23
- **Hypothekendarlehen**
- Bewertung **340e** 6

- **IAS Einl vor 238** 28, 41, 43, 44, 56; s auch IFRS
- Anwendung, erstmalige **315e** 9
- Einzelabschluss **324a; 325** 6–8
- Gliederung **265** 1–3, 5, 7, 9; **275** 1
- Konzernabschluss **315e** 5, 6
- Rückstellungen **249** 7
- Wirkung, befreiende **325** 8
- **IAS-VO Einl vor 238** 41, 56; **315e**
- **IBAN (7)** BankGesch C24, 43
- **IBAN-only-Ansatz (7)** BankGesch D2
- **ICC** s Internationale Handelskammer
- **ICC-Schiedsgerichtsbarkeit Einl vor 1** 110, 111, 112, 115, 121; **(6)** Incoterms 2020 **Einl** 9
- **ICOs (7)** Bankgeschäfte 3a

- **ICSID Einl vor 1** 122
- **Idealgesellschaften Einl vor 105** 49
- **Identität 243** 7
- **IDW Standard Einl vor 1** 52; **317** 16a–16b
- Corona-Pandemie **267** 1
- IDW PS **317** 1a, 5–5a, 16a
- IDW QS 1 **317** 1a
- IDW S **317** 1a
- **IFAC Einl vor 316** 13
- **IFRS Einl vor 238** 5, 13, 19, 28, 41, 43, 44, 46; **242** 4; **246** 1, 8; **290** 7; **291** 5; **292** 1; **315e;** s auch IAS
- Abschlussprüfung **Einl vor 316** 13
- Abschreibungen **309** 1
- Altersversorgung **253** 4, 9
- Anwendung, erstmalige **315e** 9
- assoziierte Unternehmen **311** 1
- Auslegung **Einl vor 238** 46
- Ausweis, gesonderter **247** 1
- Ausweiskontinuität **265** 1
- Beizulegender Zeitwert **255** 25 f.
- Bestätigungsvermerk **322** 1
- Bewertung **255** 25 f.
- Bewertungseinheiten **254** 1
- Bewertungsstetigkeit **252** 24
- Buchwertansatz **312** 2
- Einzelabschluss **325** 6–8
- Equitymethode **311** 1; **312** 1
- Fremdwährungsverbindlichkeiten **256a** 2
- Gliederung **264** 8; **265** 1–3, 5, 7, 9; **275** 1
- immaterielle Vermögensgegenstände **255** 22
- International Sustainability Standards Board (ISSB) **289d** 4
- Kapitalkonsolidierungsmethoden **301** 1
- Konzernabschluss **Einl vor 238** 19; **292** 1, 3; **297** 1; **315e** 1 ff.
- Konzernlagebericht **291** 5
- Konzernrechnungslegung **290** 1
- Kreditinstitute **340l**
- latente Steuern **274** 1; **306** 1
- Leasing **246** 23
- Mark to Market **255** 25
- Mark to Model **255** 26
- Maßgeblichkeit **242** 4
- Niederstwertprinzip **253** 18
- Offenlegung **325** 6–8
- Quotenkonsolidierung **310** 1
- Realisationsprinzip **252** 18
- Rückstellungen **249** 7
- Rückstellungsbewertung **249** 7; **253** 3
- Stichtagsprinzip **252** 8
- Tilgungszeitraum **246** 10
- Verbindlichkeiten **253** 2
- Verrechnungsverbot **246** 25
- Vorjahreszahlen **265** 2
- Wirkung, befreiende **325** 8
- **IHK** s Industrie- und Handelskammer
- **ILO-Übereinkommen (2)** LkSG **Anl**
- **immaterielles Vermögen**

Sachverzeichnis

- Aktivierbarkeit **246** 4–7
- Anlagevermögen **248** 3–5
- Bewertungsgrundsätze **Einl** vor **1** 52
- Herstellungskosten **255** 22
- Vermögensgegenstände **266** 5

Immobiliar-Verbraucherdarlehensvertrag (7) BankGesch G36

Immobilie s Grundstück

Immobilienfonds Anh 177a 86
- geschlossene **347** 23b
- Innenprovision **Anh 177a** 66d
- kreditfinanzierte **(7)** BankGesch G9a–9d
- PublikumsGes **Anh 177a** 52–53
- Rückvergütung **Anh 177a** 66d

Immobilienleasing (7) BankGesch P3

Imparitätsprinzip 252 11

Incoterms s auch Incoterms 2000, Incoterms 2010, Incoterms 2020, CIF, FOB und andere Einzelklauseln
- Abnahmegeschäft **(6)** Incoterms 2020 **Einl** 16
- Absendeverträge VGM **(6)** Incoterms 2020 **Einl** 34
- AGB-Recht **(6)** Incoterms 2020 **Einl** 14–15
- American Foreign Trade Definitions **(6)** Incoterms 2020 **Einl** 8
- Ankunftsgeschäft **(6)** Incoterms 2020 **Einl** 16, 35
- Ausfuhrabfertigung **(6)** Incoterms 2020 **Einl** 52
- Auslegung **(6)** Incoterms 2020 **Einl** 18
- Benachrichtigungen **(6)** Incoterms 2020 **Einl** 46
- Bordkonnossement VGM **(6)** Incoterms 2020 **Einl** 25
- Container **(6)** Incoterms 2020 **Einl** 63
- ECE-Bedingungen **(6)** Incoterms 2020 **Einl** 7
- Einbeziehung **(6)** Incoterms 2020 **Einl** 14, 18
- Einfuhrabfertigung **(6)** Incoterms 2020 **Einl** 52
- Einpunktklauseln **(6)** Incoterms 2020 **Einl** 22, 33
- Elektronischer Nachweis **(6)** Incoterms 2020 **Einl** 46
- Empfangsbescheinigung **(6)** Incoterms 2020 **Einl** 51, 57
- Entwicklung **(6)** Incoterms 2020 **Einl** 11–13
- Erfüllungsort VGM **(6)** Incoterms 2020 **Einl** 45
- Fassungen **(6)** Incoterms 2020 **Einl** 11–13
- Ferngeschäfte **(6)** Incoterms 2020 **Einl** 16
- FIDIC-Bedingungen **(6)** Incoterms 2020 **Einl** 6
- Frachtführer **(6)** Incoterms 2020 **Einl** 58
- Gefahrübergang **(6)** Incoterms 2020 **Einl** 48
- Hafenusancen **(6)** Incoterms 2020 **Einl** 18
- Handelsbrauch **(6)** Incoterms 2020 **Einl** 59
- Handelsklauseln **(6)** Incoterms 2020 **Einl** 1, 2–4
- Insolvenz **(7)** BankGesch K27
- Internationaler Handelskauf **(6)** Incoterms 2020 **Einl** 1, 3
- Kennzeichnung **(6)** Incoterms 2020 **Einl** 53
- Lieferdokumente **(6)** Incoterms 2020 **Einl** 51
- Lieferung **(6)** Incoterms 2020 **Einl** 47
- ORGALIME-Bedingungen **(6)** Incoterms 2020 **Einl** 7
- Prüfung **(6)** Incoterms 2020 **Einl** 53
- Rechtsnatur **(6)** Incoterms 2020 **Einl** 14
- Revision 1990 **(6)** Incoterms 2020 **Einl** 11
- RoRo-Schiff **(6)** Incoterms 2020 **Einl** 63
- Teilregelung **(6)** Incoterms 2020 **Einl** 10
- Trade Terms **(6)** Incoterms 2020 **Einl** 4
- Transport **(6)** Incoterms 2020 **Einl** 49
- Transportdokumente **(6)** Incoterms 2020 **Einl** 49, 51
- Transportpapier **(6)** Incoterms 2020 **Einl** 49, 51
- Übernahme **(6)** Incoterms 2020 **Einl** 47
- VDMA/VDW-Bedingungen **(6)** Incoterms 2020 **Einl** 7
- Verhältnis zum nationalen Recht **(6)** Incoterms 2020 **Einl** 17
- Verpackung **(6)** Incoterms 2020 **Einl** 53
- Versendungsgeschäfte **(6)** Incoterms 2020 **Einl** 16
- Versicherung **(6)** Incoterms 2020 **Einl** 50
- VGM **(6)** Incoterms 2020 **Einl** 23
- Ware **(6)** Incoterms 2020 **Einl** 61
- Warenkauf **(6)** Incoterms 2020 **Einl** 10
- Warschau-Oxford-Regeln **(6)** Incoterms 2020 **Einl** 5
- Zweipunktklauseln **(6)** Incoterms 2020 **Einl** 34, 41

Incoterms 2000 (6) Incoterms 2020 **Einl** 11

Incoterms 2010 (6) Incoterms 2020 **Einl** 11, 12
- Anwendungshinweise **(6)** Incoterms 2020 **Einl** 18
- Begriffe **(6)** Incoterms 2020 **Einl** 43

Incoterms 2020 (6) Incoterms 2020 **Einl** 9–67, s auch Incoterms, CIF, FOB und andere Einzelklauseln
- Abänderung, vertragliche **(6)** Incoterms 2020 **Einl** 29, 65
- Aufbau **(6)** Incoterms 2020 **Einl** 24, 36
- Bedeutung **(6)** Incoterms 2020 **Einl** 5
- Begriffe **(6)** Incoterms 2020 **Einl** 43–61
- CISG-Terminologie **(6)** Incoterms 2020 **Einl** 43, 59
- Deckungshöhen der Versicherung **(6)** Incoterms 2020 **Einl** 26

Sachverzeichnis

- Definitionen **(6)** Incoterms 2020 **Einl** 43–61
- Einführung **(6)** Incoterms 2020 **Einl** 20, 29
- Einführung in die Incoterms 2020 **(6)** Incoterms 2020 B
- Einteilung **(6)** Incoterms 2020 **Einl** 30
- Inhalt (6) Incoterms 2020 **Einl** 30–66
- Inkrafttreten **(6)** Incoterms 2020 **Einl** 12, 19
- Klauselgruppen **(6)** Incoterms 2020 **Einl** 31–35
- Klauseln **(6)** Incoterms 2020 **Einl** 21–23
- Klauselwahl **(6)** Incoterms 2020 **Einl** 29, 62–65
- Kostenverteilung **(6)** Incoterms 2020 **Einl** 24
- Pflichtenverteilung **(6)** Incoterms 2020 **Einl** 38–42
- sicherheitsbezogene Anforderungen **(6)** Incoterms 2020 **Einl** 28
- Text **(6)** Incoterms 2020 **Einl** 66
- Übersichtstabelle zur Gefahr- und Kostentragung **(6)** Incoterms 2020 **Einl** 67
- Umstellung auf Incoterms 2020 **(6)** Incoterms 2020 **Einl** 12, 19
- Versicherungsschutz **(6)** Incoterms 2020 **Einl** 26, 42

Indexzertifikate 347 30
Indossament 364; 365; 395; s auch Orderpapier
- Wechselindossament **395**

Industrie 84 8; **86** 34, 38
Industrieanlagenvertrag Einl vor **373** 23; **381** 5
Industriepropagandist 84 23; **89b** 5
Industrie- und Handelskammer Einl vor **1** 26a
- Gutachten **86** 3; **346** 13
- Handelsregister **8** 2a, 3, 12
- Interessenwahrnehmung **Einl** vor **1** 26a
- Kompetenzüberschreitung **Einl** vor **1** 26a
- Mitteilung **(4)** HRV **37**
- Stellungnahme **8** 3; **(4)** HRV **23**

Informationsaustausch, grenzüberschreitender 8 2d; **13a** 1
Informationspflichten 86 40, 42; **86a** 1 f., 7, 9; **92** 3
- AIFM-RL **Anh 177a** 55a

Informationsrecht
- stille Ges **233**

Ingangsetzungskosten 269 (aF)
Ingenieur
- Gewerbegehilfe **59** 31a

„Ingmar"-Grundsätze 92c 10–10a
Inhaber (HdlGeschäft)
- Eintragung **29** 1–4
- Namensänderung **21**

Inhaberladeschein 444 3; **475d** 3
Inhaberlagerschein 475b 2; **475c;** s auch Lagerschein
Inhaberpapier 367

Inhabilität 319 4
Inhaltsfreiheit Einl vor **343** 11
Inhaltskontrolle (8) AGB-Banken **1** 1
Initial Coin Offerings 252 10; **266** 16; **(7)** BankGesch A3a; **(15a)** WpPG **9** 2a
Inkasso 54 11, 19; **55** 10, 14; **86** 17, 51; **87** 1, 3, 47, 50; **87c** 5; **89a** 20; **89b** 25, 50, 58; **90a** 28; **(12)** ERI
- Bedeutung, untergeordnete **89b** 28
- Definition **(12)** ERI **2**
- Dokumenteninkasso **(12)** ERI
- Einheitliche Richtlinien für Inkassis dort
- falsche Angaben **87c** 5
- Scheckinkasso **(7)** BankGesch E6–7
- Wechselinkasso **(7)** BankGesch E6–7

Inkassoauftrag (7) BankGesch C33; **(12)** ERI **4**
Inkassogeschäft (7) BankGesch M1–5
Inkassopauschale 90a 28
Inkassoprovision 87 1, 3, 47
- Abbedingung **87** 48
- AGB **87** 48
- Ausgleichsanspruch **89b** 28, 50
- Einbehalt vom Inkasso **87** 50
- Verrechnungsabrede **87** 50

Inkassoverhältnis
- Bedingungen für den Lastschriftverkehr **(7)** BankGesch D13
- Kartenzahlung **(7)** BankGesch F52–64
- Lastschrift **(7)** BankGesch D46–55
- Überweisungsverkehr **(7)** BankGesch C89–103

Inkassovollmacht
- Abschlussvollmacht **55** 10
- besondere Ermächtigung **55** 14
- HdlVertreter **86** 17, 51

Inlandsemittenten
- Prüfung, ESEF-konforme **317** 11–12

Innengesellschaft Einl vor **105** 10, 38
- Stille Ges **Einl** vor **105** 10; **230** 2

Innenprovision
- Abgrenzung von Rückvergütung **Anh 177a** 66d
- Aufklärungspflichten **Anh 177a** 53, 66d; **347** 25, 30 d f.
- Kommissionär **384** 2
- versteckte **347** 30

Innenverhältnis
- Schuldbeitritt **249** 14

Inseratkosten 59 33
Insichgeschäft
- GmbH & Co KG **Anh 177a** 7
- Tauschverwahrung **(13)** DepotG **11** 1

Insider
- Berufsinsider **(16a)** MAR **8** 11
- Primärinsider **(16a)** MAR **8** 10–11
- Sekundärinsider **(16a)** MAR **8** 10, 12

Insiderfalle (16a) MAR **9** 12
Insidergeschäfte (16a) MAR **8**
- Empfehlung **(16a)** MAR **Vorb** 3, 6, **8** 7–9
- Kettenempfehlung **(16a)** MAR **10** 8

Sachverzeichnis

- Kettenverleitung **(16a)** MAR **10** 8
- Marktdelikte **(16a)** MAR **Vorb** 9
- Stornierung **(16a)** MAR **8** 3
- Tätigen **(16a)** MAR **Vorb** 3–4, **8** 1
- Verbot **(16a)**
- Verleitung zu **(16a)** MAR **Vorb** 3, 6, **8** 7–9

Insiderhandelsverbot (16a) MAR **Vorb** 9, 8
- Alongside-Käufe **(16a)** MAR **9** 13
- Anlegerschutz **(16a)** MAR **Vorb** 9
- Ausnahmen **(16a)** MAR **9** 1–16
- Beteiligungsaufbau **(16a)** MAR **9** 13
- Dauerorders **(16a)** MAR **9** 11
- Delegierte Verordnungen **(16a)** MAR **Vorb** 8
- Due-Diligence-Prüfung, Erwerbsgeschäfte nach **(16a)** MAR **9** 13
- Durchführungsverordnungen **(16a)** MAR **Vorb** 8
- Empfehlungsverbot **(16a)** MAR **8** 7
- Erwerbsverbot **(16a)** MAR **8** 2
- Face-to-Face-Geschäfte **(16a)** MAR **9** 16
- Funktionsschutz **(16a)** MAR **Vorb** 9
- Kundenaufträge, Ausführung **(16a)** MAR **9** 10
- Managers' Transactions **(16a)** MAR **Vorb** 9
- Market Maker **(16a)** MAR **9** 7–9
- Marktsondierung **(16a)** MAR **11**
- Masterplan, Ausführung **(16a)** MAR **9** 16
- Mitarbeiterprogramme **(16a)** MAR **9** 11
- Offenlegungsverbot **(16a)** MAR **10, 14**
- Reform **(16b)** WpHG **97** 9–10
- Schutzgesetzcharakter **(16a)** MAR **Vorb** 9
- Sicherheitenverwertung **(16a)** MAR **9** 16
- Übernahmeangebote **(16a)** MAR **11** 3, **17** 4
- Übernahmen **(16a)** MAR **9** 12–14, **10** 7
- Veräußerungsverbot **(16a)** MAR **8** 2
- Verpflichtungen, Erfüllung **(16a)** MAR **9** 11
- Warehousing **(16a)** MAR **9** 14

Insiderinformationen (16a) MAR **Vorb** 3, **7**, **7** 14
- Aufzeichnungspflichten **(16b)** WpHG **27**
- Unverzügliche Bekanntgabe **(16a)** MAR **17** 6
- Bekanntheit, öffentliche **(16a)** MAR **7** 8
- Chinese Walls **(16a)** MAR **9** 5
- Drittbezug **(16a)** MAR **7** 2, **9** 15
- Eignung zur kurserheblichen Beeinflussung **(16a)** MAR **7** 10–15
- Emissionszertifikate **(16a)** MAR **7** 21
- Emittentenbezug **(16a)** MAR **7** 9
- Ereignisse, künftige **(16a)** MAR **7** 5
- Finanzinstrumentenbezug **(16a)** MAR **7** 9
- front running **(16a)** MAR **7** 22
- Gerüchte **(16a)** MAR **7** 7
- Handeln entgegen der **(16a)** MAR **9** 16
- Informationsbarrieren **(16a)** MAR **9** 5
- juristische Personen **(16a)** MAR **9** 2–6, **17** 2
- Kenntnis **(16a)** MAR **8** 4, **9** 1
- Kursdifferenzschaden **(16b)** WpHG **97** 6
- Marktdaten **(16a)** MAR **7** 9
- Nutzung **(16a)** MAR **8** 5, 9, **9** 1
- Offenlegung, unrechtmäßige **(16a)** MAR **Vorb** 3, 5, **10, 14**
- Offenlegungspflicht **(16a)** MAR **17** 14
- präzise Informationen **(16a)** MAR **7** 1–4
- Probability/Magnitude-Test **(16a)** MAR **7** 11
- Schadensersatz **(16b)** WpHG **97, 98**
- selbstgeschaffene Information **(16a)** MAR **7** 2, **9** 15
- Spector-Vermutung **(16a)** MAR **8** 5, **9** 1
- Umstände, künftige **(16a)** MAR **7** 5
- Umstände, öffentlich bekannte **(16a)** MAR **7** 23
- Verfügen über **(16a)** MAR **8** 4, **10** 2
- Vorgänge, gestreckte **(16a)** MAR **7** 6, **17** 5
- Warenderivate **(16a)** MAR **7** 17–20
- Waren-Spot-Kontrakt **(16a)** MAR **7** 17–20
- Weitergabe, unternehmensexterne **(16a)** MAR **10** 7
- Weitergabe, unternehmensinterne **(16a)** MAR **10** 6

Insiderlisten (16a) MAR **Vorb** 7–8, **18**

Insolvenz
- der AnlageGes **Anh 177a** 82b
- Antrag **Einl** vor 1 90; **Anh 177a** 49e, 49j
- des ArbG **59** 84, 126
- Auflösung **131** 2, 4, 10, 13; **143** 1; **145** 1, 11
- Ausscheiden **131** 22
- Bankgeheimnis **(7)** BankGesch A9
- Bekanntmachung **8b** 4; **15** 12; **32** 3
- Betriebsübergang **59** 18
- COVID-19-Insolvenzaussetzungsgesetz **Anh 177a** 49s–49t
- Deliktshaftung **Anh 177a** 49p–49q
- Eintragung **15** 12; **32**
- europäisches Gesellschaftsrecht **Einl** vor **105** 34
- Firma **17** 47; **22** 24
- Fondsinitiator **Anh 177a** 80
- Fortsetzung **144**
- Geschäftsfortführung **1** 47
- geschäftsführender Gfter **Anh 177a** 81
- Geschäftsleiterpflichten **Anh 177a** 49a
- Gfter **128** 45, 47; **131** 22
- Globalzession **(7)** BankGesch H2
- Haftung der Bank **(7)** BankGesch G28–32
- HdlGehilfe **59** 65, 80, 88; **75** 4
- HdlVertreter **84** 48
- Jahresabschlussprüfungspflicht **316** 1
- Kaufmann **32**

3135

Sachverzeichnis

- Kdtist **131** 84
- KG **171** 11; **177a** 3
- Kommissionär **383** 15; **392** 8–9; **(13)** DepotG **32** 1
- Kommittent **383** 14
- Kreditsicherung **(7)** BankGesch H1–6
- Kündigung durch Anleger **Anh 177a** 81
- Liquidation **145** 1, 11
- MoPeG **145** 13
- Nachlass **139** 12; **234** 5
- OHG **124** 46; **128** 47
- Quotenschaden **Anh 177a** 49o
- Simultaninsolvenz **131** 22
- stille Ges **234** 5; **236**
- Treupflicht **Anh 177a** 49r
- Unternehmen **Einl** vor **1** 76
- des Unternehmers **87** 51; **89** 4; **89b** 85; **90a** 18
- Verbraucherinsolvenz **8b** 4
- Verfahren **54** 21; **84** 26, 48; **87** 51; **87a** 10, 14, 26, 28; **87c** 7; **89** 4; **89a** 20, 24; **89b** 7, 67, 85; **90a** 16, 18; **Anh 177a** 49r
- Verkehrsschutz **15** 12
- Verschulden bei Vertragsverhandlungen **Anh 177a** 49p
- WPDepot **(13)** DepotG **32**–33
Insolvenzanfechtung Einl vor **1** 76; **236** 6–7; **246** 3a
Insolvenzbilanz Einl vor **1** 52
Insolvenzplan Anh 177a 49r
Insolvenzreifeprüfung 347 21
Insolvenzverschleppung Anh 177a 49m–49o; **(7)** BankGesch G31–32, H5
Insolvenzverwalter 1 47; **54** 6; **87** 51; **87c** 7; **89b** 79
- Anmeldung **31** 6
Inspire Art s internationales Gesellschaftsrecht
Instandhaltungsrückstellungen 249 17
instruction to proceed Einl vor **343** 4
Integrationsmodell Einl vor **316** 13
Interbankenentgelt (7) BankGesch C50, 84, D2
- Abstimmung **(7)** BankGesch F34
Interbankenverhältnis (7) BankGesch C83–88
- Ausgleichsanspruch **(7)** BankGesch C86–88
- rechtliche Qualifikation **(7)** BankGesch C83
- Lastschrift **(7)** BankGesch D41–45
- Überweisung **(7)** BankGesch C83–88
- Zahlungssystem **(7)** BankGesch C84
Interesse, öffentliches
- Unternehmen von öffentlichem Interesse **316a**
Interessenkollision 89b 58
Interessenkonflikt Anh 177a 75; **347** 30; **384** 1; **(7)** BankGesch G47; s auch Offene Handelsgesellschaft
- Mehrfirmenvertreter **86** 24
- schwerwiegender **347** 30

Interessenwahrung 84 11, 13, 20, 41 f.; **86** 15 f., 20 ff., 36, 49 f.; **86a** 1; **90** 1, 3 f.
International Accounting Standards s IAS
international companies Einl vor **105** 12
International Federation of Accountants s IFAC
International Financial Reporting Standards s IFRS
International Standard Banking Practice (11) ERA **Einl** 1
International Standards on Auditing s ISA
International Sustainablity Standards Board (ISSB) 289d 4
Internationale Handelskammer Einl vor **1** 25
- Eilschiedsrichterverfahrensordnung **Einl** vor **1** 121
- Einheitliche Richtlinien für
  - Inkassi **(12)** ERI
  - kombiniertes Transportdokument **452** 9
  - Vertragsgarantien **(7)** BankGesch L1–3
  - Vertragshilfe (Anpassung von Verträgen) **Einl** vor **343** 13–15
- Incoterms **(6)** Incoterms 2020 **Einl** 9
- Internationale Zentralstelle für technische Gutachten **Einl** vor **1** 121
- Mediationsklauseln **Einl** vor **1** 121
- Musterschiedsklauseln **Einl** vor **1** 121
- Schiedsgerichtshof **Einl** vor **1** 120–122
- Schiedsgerichtsordnung **Einl** vor **1** 121
- Schiedsvereinbarung **Einl** vor **1** 104
- Tätigkeit **Einl** vor **1** 25, 121–122
internationale Handelskäufe (6) Incoterms 2020 **Einl** 1, 3
internationale Kaufverträge Einl vor **373** 45–49
internationale Konzernrechnungslegung 315e
internationale Schiedsgerichtsbarkeit Einl vor **1** 120–123
internationale Vollstreckung Einl vor **1** 108
internationale Zuständigkeit Einl vor **1** 108
Internationaler Pakt über bürgerliche und politische Rechte (2) LkSG Anl
Internationaler Pakt über wirtschaftliche, soziale und kulturelle Rechte (2) LkSG Anl
internationaler Verkehr s Ausland
internationales Arbeitsrecht 59 168–170
internationales Einheitsrecht Einl vor **373** 46–49
internationales Gesellschaftsrecht Einl vor **105** 29
internationales Handelsrecht Einl vor **1** 31–46; **Einl** vor **105** 29; **Einl NebenG** 5
- Handelsgeschäft **Einl** vor **1** 33

Sachverzeichnis

- Kaufmannseigenschaft **Einl** vor **1** 32
- Vollmacht **Einl** vor **1** 34

Internationales Handelsvertreterrecht 92c

Internet
- Anscheinsvollmacht **Einl** vor **48** 6
- Bewertungen **Einl** vor **1** 85
- Offenlegungsverordnung **Einl** vor **238** 22b

intertemporales Recht Einl vor **105** 28
Interzessionsversprechen 349 22
Inventar 240; s auch Buchführung, Handelsbücher
- Einzelbewertung **240** 5
- Festbewertung **240** 7
- Gruppenbewertung **240** 8
- Jahresinventar **240** 6
- permanente Inventur **241** 2
- Stichprobenverfahren **241** 1
- Stichtagsinventur **240** 2
  - verlagerte **241** 3–4

Inventarfrist 240 6
Inventarpflicht 240 1, 4
Inventurliste
- Beweislast **86** 17

Inventurvereinfachungsverfahren 241
Investitionen 86a 15; **89** 7, 16; **89a** 30
Investitionsschutz Einl vor **373** 34
Investitionszulagen 246 11a
Investmentaktiengesellschaft Anh 177a 52, 86
Investmentfonds Anh 177a 86
Investmentgeschäft (7) BankGesch X1
Investmentkommanditgesellschaft Anh 177a 52, 95 ff.
- Altersvorsorge, betriebliche **Anh 177a** 95
- Anlegerkreis **Anh 177a** 95, 99
- Einlagenrückgewähr **Anh 177a** 100
- Gesellschaftsrecht **Anh 177a** 52, 95 ff.
- Gesellschaftsvertrag **Anh 177a** 101
- geschlossene **Anh 177a** 98 ff.
- offene **Anh 177a** 95 ff.

Investmentvermögen Anh 177a 52, 86, 88 ff.
- Anlagebedingungen, Genehmigung **Anh 177a** 90
- Jahresabschluss **Anh 177a** 88
- kleinere **Anh 177a** 52, 86
- Prospekthaftung **Anh 177a** 90
- Registrierungspflicht **Anh 177a** 88
- Verkaufsprospekte **Anh 177a** 88
- Vermögensanlage **Anh 177a** 88
- Verwahrstellen **Anh 177a** 88
- Widerrufsrecht **Anh 177a** 90

Investmentvertrag (7) BankGesch X1
IPO-Kosten 248 1
IPR s internationales Handelsrecht
IPSAS Einl vor **238** 24
IPSAS-Projekt Einl vor **238** 24
Irrtum 54 10; **89b** 84
ISA Einl vor **316** 13; **317** 1a, 15a–16c; **322** 3
- ISA [DE] **317** 1a, 5–5a, 16a
- Less Complex Entities (LSE) **317** 16c

Italien Einl vor **1** 38
IWF Einl vor **1** 26

Jahresabschluss Einl vor **238** 26–27, 35; s auch Abschlussprüfung, Bilanz, Handelsbücher, Lagebericht
- Abkoppelungsthese **264** 12, 18
- Änderung **245** 5
- Anhang s dort
- Anlagenspiegel **268** 2
- Anlagevermögen **247** 4–8; **248** 3–5
- Ansatzvorschriften **246–251**
- Aufstellung **243; 264** 8
- Ausweiskontinuität **265** 1
- Befreiung **264b**
- Befreiung für Einzelkaufleute **243** 13
- Begriff **242** 10; **264** 3
- Berichtigung **245** 4
- Berichtsformat, einheitliches europäisches **Einl** vor **238** 19
- Bewertung **252** 1
- Bilanzeid **264** 28; **289** 1; **297** 4; **315e** 4; **325** 4, 6
- Bilanzpolitik **264** 27
- Darstellungswahlrechte **265** 9
- Eigenkapitalspiegel **242** 10
- Einblicksgebot **264** 12
- Einreichung s Frist
- Erstellung **323** 6
- Ertragslage **Einl** vor **1** 65; **264** 13, 16
- ESEF **Einl** vor **238** 19
- Finanzlage **Einl** vor **1** 65; **264** 13, 15
- Frist **243** 10; **264** 9
- Generalnorm **264** 12
- Genossenschaften **336**
- Gliederung **265; 266**
- Gliederungswahlrechte **265** 9
- GmbH & Co **264a**
- GoB **243** 4–9
- Identifikation der KapitalGes **264** 11
- IFRS **264** 8
- Inhalt **242** 10
- Investmentvermögen **Anh 177a** 88
- der KapitalGes **264–288**
- kapitalmarktorientierte Ges **264d**
- Kaufmann **242** 10–12
- Konzernabschluss s dort
- Korrektur **264** 24–25
- Kreditinstitut **340a**
- Leerposten **265** 8
- mehrere Geschäftszweige **265** 4
- mehrstöckige Gesellschaft **264a** 2
- Mitzugehörigkeitsvermerk **265** 3
- neue Posten **265** 5
- Nichtigkeit **238** 19; **245** 3; **252** 29; **316** 2
- NichtkapitalGes & Co **264a** 1
- Nominalwertprinzip **244** 2
- Offenlegung **Einl** vor **238** 43; **242** 12; **325;** s auch dort
- OHG **Einl** vor **105** 53; **Anh 105** HGB-MoPeG **120** 1, **121** 1; **264a–264c**
- PersonenGes **264b–264c**

3137

Sachverzeichnis

- Pflicht zur Aufstellung **242; 264**
- Prüfung **Einl** vor **238** 42; **242** 11; **Einl** vor **316** 1; **316** 1
- Rechtsnatur der Feststellung **120** 1
- Schätzungen **264** 19
- Sprache **244** 1
- Stetigkeitsgrundsatz **Einl** vor **238** 38
- Steuerberatung **252** 7
- Stichtagsprinzip **243** 11–12
- stille Reserven s Rücklagen
- TochterkapitalGes **264** 30, 31
- true and fair view **264** 12; **321** 8
- Übergangsrecht **Einl** vor **238** 71, 78; **(1)** EGHGB **80, 81**
- Umlaufvermögen s dort
- Umstände, besondere **264** 23–26
- Unterzeichnung **245**
  - fehlende **316** 2
- Verhältnisse, tatsächliche **264** 17–21
- Vermögenslage **Einl** vor **1** 65; **264** 13, 14
- Verrechnungsverbot **246** 25–28
- Vollständigkeit **246** 1
- Vorjahreszahlen **265** 2
- Währungseinheit **244** 2
- wertaufhellende Tatsachen **243** 12

Job sharing 59 44
Joint Audit 317 6; **322** 18
Jugendarbeitsschutz 59 12
juristische Person 84 8, 40; **Einl** vor **105** 1, 12
- Eintragung **33–35**
- als Gfter **105** 28; **114** 4, **131** 10; **161** 3
- HdlGehilfe **59** 25
- HdlGes **Einl** vor **105** 12
- HdlVertreter **84** 7, 40
- des öffentlichen Rechts **1** 27; **Einl** vor **48** 7
- Verein **6**

Juristische Person & Co Anh 177a 11

Kammer für Handelssachen (KfH) Einl vor **1** 105; **84** 45; s auch Gericht
Kammer für internationale Handelssachen (KfiH) Einl vor **1** 105
Kapital s Anteil, Eigenkapital
Kapitaladäquanzrichtlinie (1) EGHGB **69**
Kapitalanlage 84 26
- Transparenzprinzip **347** 30a

Kapitalanlagebetrug Anh 177a 54, 61
Kapitalanlagegesetzbuch (KAGB) Anh 177a 86 ff.; **(7)** BankGesch X1
- Anlegerschutz **Anh 177a** 54
- Inkrafttreten **Anh 177a** 52, 86
- Neu-Emissionen **Anh 177a** 59
- Prospekthaftung **(15c)** KAGB **306**
- Prospektpflicht **Anh 177a** 52, 59
- Übergangsrecht **Anh 177a** 87

Kapitalanleger-Musterverfahrensgesetz (KapMuG) Anh 177a 66f
Kapitalanteil 120 12–23
- Gfter ohne **120** 23

- negativer **120** 22; **139** 42
- Verminderungsverbot **122** 14

Kapitalaufrechnung 301 8; 316 1
Kapitaleinsatz 84 16, 19, 36
Kapitalflussrechnung 90 5; **264** 6; **284** 8; **297** 1

Kapitalgesellschaft
- Abgrenzung von PersonenGes **Einl** vor **105** 13
- Aktiengesellschaft s dort
- ausländische **13e**
- GmbH s dort
- Größenklassen **267**
- große Kapitalgesellschaft s dort
- Jahresabschluss **264–288**; s auch dort
- juristische Person **Einl** vor**105** 12
- kleine Kapitalgesellschaft s dort
- Kleinstkapitalgesellschaft s dort
- Kommanditgesellschaft auf Aktien (KGaA) s dort
- Lagebericht **289; 289a**; s auch dort
- Legaldefinition **Einl** vor **238** 30
- mittelgroße Kapitalgesellschaft s dort
- in öffentlicher Hand **263** 2
- Selbständigkeit **84** 35
- Zweigniederlassung **13e**

Kapitalgesellschaft & Co 285 13; **290** 1, 7
Kapitalisierungszinssatz Einl vor **1** 54
Kapitalkonsolidierung 290 4; **301**
Kapitalkonto 120 19
- negatives **Anh 177a** 55
- **Kapitalkonto I Anh 105** HGB-MoPeG **122** 1
- **Kapitalkonto II Anh 105** HGB-MoPeG **122** 1

Kapitalmarktfähigkeit Anh 177a 53
Kapitalmarktinformation (15a) WpPG 9 17
- Haftung **Anh 177a** 61, 65

kapitalmarktorientierte Gesellschaft Einl vor **238** 44; **264d**
- Offenlegung **325** 11; **327a**

kapitalmarktorientierte Unternehmen 316a 3
- Prüfungsausschuss **324** 1a, 3a

Kapitalmarktrecht
- europarechtlicher Vorrang **Anh 177a** 66
- Kapitalanlagegesetzbuch (KAGB) **Anh 177a** 52, 88
- Veröffentlichungen **8b** 4

Kapitalverwaltungsgesellschaft
- weniger 100 Mio **Anh 177a** 56

Kapitalwertverfahren/DCF Einl vor **1** 52

Karenzentschädigung 90a 2, 9, 18, 31; s auch Wettbewerbsabrede
- HdlGehilfe **74** 20–22; **74b; 74c**
- HdlVertreter **90a** 2, 9, 18–22, 28, 31

Karte (7) BankGesch F1–67
Kartellrecht Einl vor **1** 98–100; **84** 17; **86** 10, 26 f., 34, 37 f.; **86a** 17; **90a** 7

Sachverzeichnis

- abgestimmtes Verhalten **Einl** vor **343** 4
- ausländisches **Einl** vor **1** 100
- Boykott **Einl** vor **1** 87
- deutsches **Einl** vor **1** 98
- europäisches **Einl** vor **1** 99
- HdlVertreter **84** 17; **86** 10, 26, 34, 37; **90a** 7
- Kommissionsagent **383** 3, 31
- PersonenGes **Einl** vor **1** 98–99; **Einl** vor **105** 24; **105** 107
- Unternehmenskauf **Einl** vor **1** 61–68
- Vertragshändler **84** 17; **86** 35; **Einl** vor **373** 35
- Wettbewerbsbeschränkungen **86** 34–39
- Wettbewerbsverbote in der OHG **112** 15–17

Kartellschadensersatzrichtlinie Einl vor **1** 98

Kartendiebstahl (7) BankGesch F7

Karteninhaber
- Haftung **(7)** BankGesch F12
- Sorgfaltspflichten **(7)** BankGesch F7

Kartensperre (7) BankGesch C50, F6

Kartenzahlung (7) BankGesch C6
- automatisierte Systeme **(7)** BankGesch F19–31
- Debitkarte **(7)** BankGesch F2–12
- Deckungsverhältnis **(7)** BankGesch F35–51
- E-Geld-Geschäft **(7)** BankGesch C10, F28–37
- GeldKarte **(7)** BankGesch F13–18
- girocard **(7)** BankGesch F2–12
- Inkassoverhältnis **(7)** BankGesch F52–64
- Kontoinhaberpflichten **(7)** BankGesch F5–11
- Kreditkarte **(7)** BankGesch F32–34
- neues Recht **(7)** BankGesch F1
- Online-Banking **(7)** BankGesch F29–31
- POS **(7)** BankGesch F26
- SEPA-VO **(7)** BankGesch F1
- Sperre **(7)** BankGesch F6, 22
- Valutaverhältnis **(7)** BankGesch F65–67
- Zahlungsdienst **(7)** BankGesch C7

Kassageschäft (7) BankGesch N1

Kassakurs (14) BörsG **24** 5

kassatorisch s Verfallklausel

Kasse 346 40

„Kasse gegen Dokumente" 346 40; **377** 22; **(7)** BankGesch M5

Kassenbestand 266 11

Kassenfehlbetrag
- Beweislast **86** 17

Kauf Einl vor **373** 1–7; **373–381**; s auch Handelskauf
- Abgrenzung zu anderen Verträgen **Einl** vor **373** 17–21
- Abladegeschäft **Einl** vor **373** 50
- Ablieferung **377** 5–11, 55
- Abnahme **Einl** vor **373** 5
- Abnahmeverzug **373; 374**
- Abruf **Einl** vor **373** 28
- Abschluss **Einl** vor **373** 2
- Abzahlung **(7)** BankGesch G34, 36, 42
- aliud **377** 16; **378** (aF)
- Annahmeverzug **373; 374; 375** 13
- Anteilskauf **105** 69–73; **124** 18
- Arten **Einl** vor **373** 8–16
- Aufbewahrung **379** 7–9
- Barkauf **Einl** vor **373** 11
- Beanstandung **379** 6
- Begriff **Einl** vor **373** 1
- auf Besichtigung **Einl** vor **373** 14
- Bestimmungskaufs dort
- Bilanzrecht **246** 16–17
- Bringschuld **377** 11
- Dauerlieferung **Einl** vor **373** 30
- Deckungskauf **373, 374** 25; **376** 12–14; **400** 6; **401**
- Distanzkauf **379** 4
- europäisches Kaufrecht **Einl** vor **373** 46, 50
- Falschlieferung **377** 16; **378** (aF)
- finanzierter **Einl** vor **373** 26
- Fixgeschäft **376**
- freihändiger Verkauf **374** 12
- Garantiefristen **377** 60
- Gefahrübergang **374** 5
- Gegenleistung **374** 5
- Haager Kaufrecht **Einl** vor **373** 46
- Haftungsmilderung **374** 5
- HdlGeschäft **Einl** vor **1** 61
- HdlKlauseln **Einl** vor **373** 7
- Hinterlegung **373** 8–10; **374** 5, 8–10; **379** 2
- Holschuld **377** 7
- Incoterms **(6)** Incoterms 2020 **Einl** 10; s auch dort
- Indexierungsverbot **Einl** vor **373** 4
- internationale Abladegeschäfte **Einl** vor **373** 50
- internationaler Verkehr **Einl** vor **373** 45–50; **377** 61
- Käuferpflichten **Einl** vor **373** 4–6; **(6)** Incoterms 2020 **Einl** 24, 36
- Konditionsgeschäft **Einl** vor **373** 24
- Kreditkauf **Einl** vor **373** 11
- Lebensmittel **377** 26
- Liefervorbehalt **Einl** vor **373** 25
- Mängelrüge **373**–42–43; s auch dort
- Mangel **Einl** vor **1** 64; **Einl** vor **373** 3; **377** 12–19, 49
  - verdeckter **377** 38–39
- Markenware **377** 26
- Maschinen **377** 26
- Mehrlieferung **377** 19
- Mehrwertsteuer **Einl** vor **373** 4
- Minderlieferung **377** 17
- Muster **377** 2, 14, 31
- Nachbesserung **377** 6, 36, 42, 46, 47
- Nacherfüllung, Fristsetzung zur **Einl** vor **373** 3
- Nacherfüllungsverlangen **Einl** vor **373** 3
- Nachlieferung **377** 6

3139

Sachverzeichnis

- Notverkauf 379 10–14
- Preis **Einl vor** 373 4; 385–387; 400 7–9
- Probe **Einl vor** 373 14; 377 2, 14, 31, 36
- Rechtskauf **Einl vor** 373 12
- Rechtsnatur **Einl vor** 373 1
- Refaktie 380 II
- Rückgabe **Einl vor** 373 24
- Sachkauf **Einl vor** 373 12
- Schlechtlieferung s Mängel
- Schuldnerverzug s dort
- Selbsthilfeverkauf s dort
- Selbstspezifikation 375 6, 7
- Stichprobe 377 26–27
- Streckengeschäft s dort
- Sukzessivlieferungsvertrag s dort
- Taragewicht 380
- Teilleistung 377 18, 30
- Umtausch **Einl vor** 373 16
- UN-Kaufrecht **Einl vor** 373 46–49
- Unternehmenskauf **Einl vor** 1 61–68; **Einl vor** 373 22
- Untersuchung **Einl vor** 373 3; 377 20–31
- Verbrauchsgüterkauf **Einl vor** 373 10
- Verkäuferpflichten **Einl vor** 373 3; **(6)** Incoterms 2020 24, 31, 36
- Verpackung 380
- Verschulden bei Vertragsverhandlungen **Einl vor** 373 47
- Versendungskauf 377 8; 379 4; 380 6
- Verspätungseinwand 377 46
- Verwirkung 377 46
- Vieh 382 (aF)
- Vorkauf **Einl vor** 373 13
- Vorleistungspflicht 377 8
- Wertpapierkauf **Einl vor** 373 8; 381 1–4; 383
- Wiederkauf **Einl vor** 373 15

Kauffrau 19 5
kaufmännische Angestellte 59 31b
kaufmännische Anweisung 363 3
kaufmännische Bestätigungsschreiben 346 16–29
kaufmännische Verpflichtungsscheine
- Orderpapier **363** 4

kaufmännische Zurückbehaltungsrechte 369
Kaufmann 1–7
- Anmeldung 29
- Beginn 1 51
- Betreute 1 32–35
- Beweislast 377 55
- Bilanzrecht **Einl vor** 238 2
- Buchführungspflicht, Befreiung **Einl vor** 238 5, 7, 31; **241a** 1–4
- „eingetragen" 19 4
- kraft Eintragung 1 7; 2 3; 3 6; **5**
- Eintragungsoption 1 6
- Einzelkaufmann 17 4, 8, 15–18; **19**
- Ende 1 52
- Erben 1 36–39
- Firma 18, 19 4–10
- Formkaufmann **6**
- Gewerbetreibender 1 3
- Gfter 1 50; 105 19–23
- Inhaber 230 5, 6
- internationaler Verkehr 1 55
- Istkaufmann 1 9
- Kannkaufmann 1 1, 3, 6; 2 4; 3 7
- Kditist 161 4, 5
- KG-phG 161 3, 5
- Kleingewerbetreibender 1 3, 6, 53–54; **2**
- mehrere Firmen 1 29; 17 8
- Minderjährige 1 32–36, 39, 46
- Minderkaufmann 1 2; 84 33
- Musskaufmann 1 9
- öffentliches Recht **7**
- OHG-Gfter 105 19–23
- ordentlicher 347 1
- Personal 59 23
- Rechtsscheinkaufmann 5 9–18
- Scheinkaufmann **5**
- Sollkaufmann 1 1, 3
- stiller Gfter 1 49, 50; 230 6
- zwingender Kaufmannszusatz 19 4

Kaufmannszusatz 19 4
Kaufpreis
- Beweis 347 37
- Kausalität 347 35
- negativer **Einl vor** 1 61

Kellner
- Gewerbegehilfe 59 31a

Kennzeichnung (6) Incoterms 2020 **Einl** 53
- Einlagerungsgut 468 1
- Fracht 411 1; 414 2
- Unternehmen 17 11–13, 18; s auch Firma

Kernbereichslehre
- OHG 119 13, 36; **140** 31
- PublikumsGes **Anh 177a** 53

Kettenverträge 89 20; **89b** 54
- HdlGehilfe 59 3, 111
- HdlVertreter 89 20

Key Audit Matters 322 6
KfzGVO 86 38; **Einl vor** 373 40
Kfz-Papier
- Pfandrecht **440** 1

KG s Kommanditgesellschaft (KG)
KGaA s Kommanditgesellschaft auf Aktien (KGaA)
Kick-backs 347 30–30b
Kinderarbeit (2) LkSG 2 2, Anl
Klage 55 7, 12; **85** 9; **87a** 15 f., 22, 28 f., 33; **87c** 11, 21, 24, 26, 28; **89a** 17; **89b** 77, 81 f.; **90a** 22; **92c** 7, 10
Klageverzichtsklauseln 92 10
Klauseln 346 39–40; **Einl vor** 373 33; **(6)** Incoterms 2020
Kleinanleger Anh 177a 54, 59, 81
Kleinanlegerschutzgesetz Anh 177a 54, 59; **(7)** BankGesch Q1
Kleinbetragsinstrumente (7) BankGesch C17
- GeldKarte **(7)** BankGesch F13, 28

Sachverzeichnis

kleine Kapitalgesellschaft Einl vor 238 31, 37; **267** 1–3
- Anhang **288**
- Befreiungen **274a**; **288**
- Gewinn- und Verlustrechnung **276**
- Lagebericht **264** 8
- latente Steuern **274** 1–1b; **285** 31, 32
- Offenlegung **326** 1
- Publizitätspflicht **325** 2

Kleingewerbe 54 6, 10; **84** 9, 33, 45
- Herabsinken auf Kleingewerbe s dort

Kleingewerbetreibende 1 3, 6, 53–54; **2** 6, 12; **383** 2
- Geschäftsbezeichnung **17** 13
- HdlMakler **93** 15
- HdlVertreter **84** 9

Kleinstkapitalgesellschaft 9 12; **Einl** vor 238 31; **264** 29
- Angabepflicht **264** 29
- Anhang **264** 8, 23, 29
- Bewertungsmethode **253** 5
- Bilanzhinterlegung **8b** 5; **325a** 3; **328** 1
- Definition **Einl** vor 238 66
- Erleichterungen **336** 1
- Gliederung **264c** 5; **266** 2; **267a** 2; **275** 35
- Größenklasse **267** 1
- Größenmerkmale **267a**
- Jahresabschluss **264** 29
- Offenlegung **325** 5; **325a** 3–4; **326** 1–2
- Pflichtangaben **251** 2, 5
- Staffelung, erleichterte **275** 35
- Übergangsvorschriften **Einl** vor 238 114
- Vermögensgegenstände **253** 1
- Verrechnungsverbot **246** 27
- Zweigniederlassung **325a** 3

Kleinstkapitalgesellschaft-Bilanzrechtsänderungsgesetz 2012 Einl vor 238 28; **253** 5; **267a** 1; **326** 2
- Davon-Vermerke **268** 4, 5
- Übergangsrecht **Einl** vor 238 67; **253** 5; **264** 9; **267a** 1; **325** 3; **(1) EGHGB 70**

Kleinstorders (14) BörsG 26b
Klimaberichterstattung 289b 1; **289d** 3
Klimaklagen (2) LkSG 2 2, 4
Klimaschutz Einl vor 238 22b
- Pariser Übereinkommen **(2) LkSG Einl** vor 1 2

Know-how Einl vor 1 51
Know-how-Vertrag Einl vor 373 19
Koalitionsfreiheit (2) LkSG 2 2, Anl
Koch
- Gewerbegehilfe **59** 31a

Kodifikation Einl vor 1 2; **Einl NebenG** 1
Körperschaft s juristische Person
Körperschaftsteuer
- Option **Anh 177a** 2

Kollektion 86 17; **86a** 5 f.; **89a** 18; **89b** 20
Kollisionsvorschrift 92c 1 f.
Kollusion 50 5
kombinierter Transport s Frachtgeschäft, Spedition

Kommanditgesellschaft (KG) Einl vor **105** 1, 12, 16; **Anh 105 HGB-MoPeG 161** 1; **161–177a;** s auch Offene Handelsgesellschaft (OHG)
- Abfindungsversicherung **162** 8
- Angaben auf Geschäftsbriefen **177a**
- Anmeldung **Anh 105 HGB-MoPeG 162** 1; **162; 175**
- Anteilsübertragung **162** 8; **172** 14; **173** 11–13; **176** 11
- anwendbares Recht **161** 14–16
- Auflösung **131** 6
- Aufrechnung **171** 7
- Aufsichtsrat **163** 12; **Anh 177a** 31
- ausgeschiedener Kdtist **171** 14
- Außenhaftung **171** 1
- Begriff **161** 1–2
- Beirat **163** 12; **Anh 177a** 31
- Bestimmtheitsgrundsatz **161** 7
- Bewertung **171** 6
- Bilanz **166** 3
- Eigenbedarf **123** 35
- Einlage **162** 2; **171–175**
- Einheits-KG **170** 5; **Anh 177a** 32
- Eintragung **161** 2
- Eintretender **173, 176** 9
- Entnahme **169** 1–5
- Erscheinungsformen **161** 9–13
- Firma **19** 19–23, 24
- Freiberufler **Einl** vor **105** 63
- Geschäftsbriefe **Anh 105 HGB-MoPeG 177a**
- Geschäftschancen **165** 3
- Geschäftsführung **164**
- Geschäftsführungsbefugnis **Anh 105 HGB-MoPeG 164**
- GesVertrag **161** 7
- Gewerbesteuer **171** 3
- Gewerbetreibender **161** 5
- Gewinn **167, 168**
- Gewinnentnahme **169** 1–5; **172** 8, 8a
- Gewinnrückzahlung **169** 6
- GfterDarlehen **172a** (aF)
- GmbH & Co KG s dort
- Grundlagengeschäfte **164** 4
- Haftsumme **161** 19; **171** 1; **172** 1; **174; 175**
- Haftung **171–176**
  - vor Eintragung **176**
  - als HdlGes **161** 2
- HdlRegister **162; 172** 1–2; **174–176**
- „Herabstufung" **140** 10, 29
- Informationsrecht **166**
- Inhaltskontrolle **Anh 177a** 67, 68
- Insolvenz **Anh 105 HGB-MoPeG 179; 171** 11–14; **177a** 3
- InvestmentKG **Anh 177a** 52, 86, 95 ff.
- Jahresabschluss **164** 3; **166** 3
- Kapitalanteile **167; 168**
- Kapitalaufbringungsprinzip **171** 6
- kapitalistische **161** 11; **163**
- Kontrollrecht **166**

Sachverzeichnis

- konzernverbundene **161** 13
- Liquidation **Anh 105** HGB-MoPeG **178**
- MoPeG **Einl** vor **105** 62; **161** 19; **162** 12; **164** 10; **166** 22; **167** 9; **169** 9; **170** 5; **175** 4; **176** 14; **177a** 3
- Nachfolgevermerk **162** 8
- PersonenGes **Einl** vor **105** 13
- Pflichteinlage **171** 1
- phG **161** 3
- Prokura **164** 5; **170** 3–4
- Prospekthaftung **Anh 177a** 59–66
- PublikumsKG **Anh 177a** 52
- Rechtsscheinhaftung **176** 7
- Rechtsverhältnis zwischen Gftern **163**
- Rechtsverkehr **161** 2
- Rückzahlung **169** 6; **172** 4
- Schiedsgerichte **Einl** vor **1** 113
- stille Ges **Einl** vor **105** 16
- Übertragung
  - des Anteils **172** 14
  - des HdlGeschäfts **22**
- Überwachung **166**
- Umwandlung **22** 1, 18; **Einl** vor **105** 19; **161** 17–18
  - phG/Kdtist **140** 10; **161** 6; **176** 10
- Unternehmereigenschaft **161** 5
- Verlust **167**; **168**
- Vertrag **161** 7; **163**
- Vertragsänderung **161** 7; **Anh 177a** 33
- Vertreterklausel **163** 10
- Vertretung **Anh 105** HGB-MoPeG **170**; **170**
- Verwaltungsrat **163** 12; **Anh 177a** 31, 75
- Wettbewerbsverbot **Anh 105** HGB-MoPeG **165** 1

Kommanditgesellschaft auf Aktien (KGaA) Einl vor **105** 1, 8, 12–13; **161** 12
- als KapitalGes **Einl** vor **238** 30
- Online-Gründung **7** 5

Kommanditist 161 4
- Anteilsübertragung **162** 8
- Austritt **162** 8
- Beitragspflichten **161** 4
- dispositives Recht **164** 6–9
- Einsicht **166**
- Eintragung **Einl** vor **105** 51; **162** 4–6
- Eintritt **162** 7; **173**
- Erbgang **173** 15
- Garantiedividende **Anh 177a** 66f
- Gewerbesteuer **164** 1; **171** 3
- Gewinnauszahlung **Anh 105** HGB-MoPeG **169**
- Haftsumme **Anh 105** HGB-MoPeG **174** 1, **175**
- Haftung **Anh 105** HGB-MoPeG **171**, **172**; **171–176**
- Haftung vor Eintragung **Anh 105** HGB-MoPeG **176**
- Herabsetzung der Einlage **174**
- Informationsrechte **Einl** vor **105** 51; **Anh 105** HGB-MoPeG **166** 1; **Anh 177a** 72
- Kontrollrecht **166**
- Masseverbindlichkeiten **171** 13
- MoPeG **167** 9; **168** 6; **171** 15; **172** 15
- Nachschusspflichten **161** 4
- negatives Kapitalkonto **Anh 177a** 55
- Privatgläubiger **135** 12
- Schuldbeitritt **171** 5
- Tod **177**
- Umsatzsteuerpflicht **164** 1
- Umsatzsteuerverbindlichkeiten **171** 13
- Umwandlung phG/Kdtist **140** 10; **161** 6; **176** 10
- Verlustbeteiligung **Anh 105** HGB-MoPeG **167**; **167** 4–5, 8, 9; **168** 6
- Vertretung **170**
- Wettbewerbsverbot **165**
- Widerspruch **164** 2
- Zweigniederlassung, deutsche **162** 2

Kommission 84 5, 9 f., 18, 23; **86** 38; **86b** 2; **89b** 4; **383–406;** s auch Handelsgeschäft
- abdingbares Recht **402**
- Abgrenzung zum Kauf **383** 7
- Abtretung **392**
- Abwicklungsgeschäft **383** 1
- ähnliche Geschäfte **406**
- AGB-Kontrolle **383** 5
- „an den, den es angeht" **383** 28
- Aufbewahrung **388** 4; **389; 391** 2; **(13) DepotG 2** 9
- Aufrechnung **392** 12
- Ausführungsanzeige **384** 7, 8, 12; **405**
- Ausführungsgeschäft **383** 1, 16–21; **392**
- Auskunft **384** 8
- Auslieferungsprovision **396** 4
- Banken **383** 4, 9; **(8)** AGB-WPGeschäfte
- Beförderung **396** 6
- Behaltensklausel **384** 9
- Besitzkonstitut **383** 26
- Beweissicherung **388** 2
- Bilanzrecht **246** 18
- Deckungsgeschäft **384** 1; **400** 6; **401**
- Deckungszusage **386** 2
- Delkredere **86b** 2; **394**
- Dritter **384** 3, 7, 9, 12–13
- Nennung **384** 12
- Drittschadensliquidation **383** 21
- Durchgangserwerb **383** 27
- Effektenkommission s dort
- Eigentum **383** 22–29; **(13) DepotG 18** 1, 24
- wirtschaftliches **246** 18
- Einkaufskommission **383** 25–29; **384** 11, **391** 1; **406 II; (13) DepotG 18–31**
- Emissionsgeschäft **383** 32
- Empfehlung **384** 2
- Festpreis **383** 7
- Forderungen aus dem Ausführungsgeschäft **392**
- Garantie (Preis) **384** 6
- Gebrauchtwagenhandel **383** 4
- Geschäftsbesorgung **383** 6, 9

Sachverzeichnis

- Gewerbsmäßigkeit **84** 18
- Herausgabe **384** 9–11
- Hinterlegung **389**
- Innenprovision **384** 2
- Insichgeschäft **383** 26
- Insolvenz **383** 14–15; **392** 8–9
- Insolvenzverfahren **(13)** DepotG **32–33**
- Interessenwahrung **384** 1–6; **400** 5
- internationaler Verkehr **383** 30–32
- Kartellrecht **383** 3
- Klauseln **383** 5
- Kleingewerbebetreibende **383** 2
- Konsignationskommission **383** 4
- Konsortialgeschäft **383** 32
- Kosten **396** 5–7; **403** 2
- Kredit **393**
- Kündigung **405** 4
- Lagerung **396** 6
- Limit **386**
- Mängel **388; 391** 1
- Mistrade **384** 1, 12; **394** 4
- Mitwirkungspflicht **383** 21
- Nachricht **384** 7, 8
- Notverkauf **388** 4; **389; 391** 2
- partiarische **383** 7
- Pfändung **392** 9
- Preis **384** 6; **385–387; 400** 7–9
- Provision **384** 9; **394** 6; **396** 1–4; **403** 1; **(13)** DepotG **27**
- Rat **384** 2
- Rechenschaft **384** 8
- Rechtsfähigkeit **Einl** vor **105** 12
- Rückvergütung **384** 2
- Schadensersatz **388** 3
- Selbsthilfeverkauf **389**
- Strafbestimmungen **(13)** DepotG **34–37**
- Stückeverzeichnis **(13)** DepotG **18–26**
- Surrogat der Forderung **392** 7
- Tafelgeschäft **383** 8
- Übereignung an den, den es angeht **383** 28
- Verkaufskommission **383** 22–24; **406 II**
- Versicherung **390** 5
- Verwahrung **(13)** DepotG **29**
- Vorschuss **389; 396** 6
- vorteilhafter Abschluss **387**
- Wechselindossament **395**
- Weisungen **384** 1; **385–387**
- Wertpapiere **383; (13)** DepotG **18–31**
- Widerruf **383** 12; **405** 4
- Willensmängel **383** 19
- Zurückbehaltung **398** 1; **(13)** DepotG **30**

Kommissionär 84 18; **383** 1
- Aufklärungspflicht **384** 2
- Aufwendungsersatzanspruch **396** 5–7
- Befriedigungsrecht **398; 399**
- Delkredere **394**
- Eigengeschäft **383** 16; **(13)** DepotG **31**
- Eigenhaftung **384** 12–14; **394**
- Haftung **384** 12; **390; 394**
- Herausgabepflicht **384** 9–11
- Insolvenz **383** 15
- Pfandrecht **366** 10; **397; 398; 404; (13)** DepotG **30**
- Pflichten **384; 388** 1–3
- Selbsteintritt **384** 7; **400–405; (13)** DepotG **31**
- Tod **383** 13
- Zwischenkommissionär **384** 3

Kommissionsagent 55 4; **84** 19; **89b** 4; **383** 3, 31
- Ausgleichsanspruch **89b** 4, 41
- Kundenstamm, Überlassung **84** 15, 19

Kommissionsagenturvertrag 383 3, 31
Kommissionsgebühr 384 9
Kommissionsgut 86 17; **397** 4; **398** – **388** 2
Kommissionsklauseln 383 5
Kommissionsvertrag 383 1, 6–15; **406**
Kommittent
- Untersuchungs- und Rügepflicht **391** 1

Komplementär
- Geschäftsführung **164** 1
- Wegfall des letzten **131** 36

Komplementärgesellschaftsanteile 264c 4

Konditionsgeschäft **Einl** vor **373** 24
Konfliktmineralien-VO **(2)** LkSG **Einl** 3, 5 3
Konkretisierung **360** 2
Konkurrenzunternehmen **86** 28, 30; **86a** 11; **89** 25; **89a** 19, 40; **90a** 19
- stiller Gfter **86** 29
Konkurrenzverbot **84** 13
Konkurrenzvertretung **86** 24, 26, 28, 30, 32, 41; **86a** 17; **89a** 7, 19, 40; **90a** 28
Konkursvorrecht, ehem **84** 48; **87** 51; **92a** 2
Konnexität **366** 10–11; **440** 1–3
Konnossement **363** 2, 5; **(11)** ERA **20, 22**
- Bordkonnossement **(6)** Incoterms 2020 **Einl** 25
- Durchkonnossement **443** 2
- Seekonnossement **443** 2

Konsignationslagerabrede 87 3; **89** 26; **Einl** vor **373** 41

Konsolidierung 300
- angelsächsische Methode **301** 1
- anteilmäßige **310**
- Aufwandskonsolidierung **305**
- einheitliche Bewertung **308**
- Erstkonsolidierung **301** 2–4; **309** 1
- Ertragskonsolidierung **305**
- Folgekonsolidierung **301** 1, 10; **307** 2
- IFRS **301** 1; **310** 1
- Kapitalkonsolidierung **290** 4; **301**
- Quotenkonsolidierung **310**
- Schuldenkonsolidierung **303**
- Unterschiedsbeträge **301** 8; **309; 312** 3–4

Konsolidierungskreis 290 1; **294–296**
Konsortialgeschäft 383 32; **(7)** BankGesch Y1, 2
- Außenkonsortium **(7)** BankGesch Y4
- Einheitskonsortium **(7)** BankGesch Y3

3143

Sachverzeichnis

- Innenkonsortium **(7)** BankGesch Y4
- Unterkonsortium **(7)** BankGesch Y4
- **Konsortialkredit (7)** BankGesch G1, Y2
- **Kontinuitätsregel (7)** BankGesch D2
- **Konto (7)** BankGesch A36–47
- Anderkonto **(10)** AGB-Anderk
- Arten **(7)** BankGesch A36–47
- Darlehenskonto (PersonenGes) **120** 19, 20
- Kapitalkonto (PersonenGes) **120** 18–19
- Privatkonto **120** 20
- pro Diverse (cpd) **(7)** BankGesch A42, G3
- Treuhandkonto **(10)** AGB-Anderk **Einl** 1–4
- variables **120** 19
- **Kontoauszug**
- Herausgabe **357** 4
- Zweitschrift **(7)** BankGesch C44
- **Kontoführungsgebühr (7)** BankGesch A49, G4
- **Kontoinformationsdienste (7)** BankGesch C2–3, 7, 11, 28
- **Kontoinformationsdienstleister**
- Zugang zu Zahlungskonten **(7)** BankGesch C7
- **Kontokorrent 355–357**
- Abrede **355** 5
- automatische Saldierung **355** 8
- Bankkontokorrent **355** 9
- Bürgschaft **356** 1
- Ende **355** 23–24
- Gesamtschuldnerhaftung **356** 1
- Geschäftsverbindung **355** 4
- Girotagesguthaben **357** 8
- Herausnahme **355** 15
- juristische Konstruktion **355** 7
- Kreditlinien **357** 10
- mehrerer **355** 15
- Periode **355** 6
- Periodenkontokorrent **355** 9
- Pfändung **357**
- Pfand **356** 1
- Provisionen **355** 20
- Rechnungsabschluss **355** 7
- Rückgriff auf Einzelposten **355** 7
- Saldo
  - Anerkenntnis **355** 10
  - Anspruch **355** 11
  - Pfändung **357**
  - Verfügungen **355** 21–22
- Sicherheiten **356**
- Sparkasse **(9)** AGB-Spark 7
- Staffelkontokorrent **355** 8
- Umfang **355** 13–15
- uneigentliches **355** 3
- Verjährung **355** 12
- Voraussetzungen **355** 2–6
- Wirkung **355** 7–12
- Zinsen **355** 16–19
- **Kontokorrentfähigkeit 355** 13
- **Kontokorrentgebundenheit 355** 14

- **Kontokorrentkredit (7)** BankGesch G2
- **Kontonummer**
- Angabe **(8)** AGB-Banken **11** 5
- Namensabgleich **(7)** BankGesch C41, 43, 46
- unrichtige **(7)** BankGesch C42–46
- **Kontoüberziehung (7)** BankGesch G2, 4; **(8)** AGB-Banken **12** 4
- **Kontovollmacht (7)** BankGesch A52
- **Kontrahierungszwang Einl** vor **343** 7; **(7)** BankGesch A6
- **Kontroll- und Risikomanagementsystem, internes 317** 14a–14b
- **Kontrollrechte 87c** 25; **(3)** FamFG **375**
- der Gfter **118**
- des Kdtisten **166**
- **Konzentration 360** 2
- **Konzern 84** 42; **87** 14; **89a** 21; **89b** 1, 18, 20; **92a** 5; s auch verbundene Unternehmen
- Arbeitgeberfähigkeit **59** 14
- Bilanz **297** 1
- Gewinn- und Verlustrechnung **297** 1
- internationaler **Einl** vor **105** 33
- interne Lieferungen/Leistungen **304** 1
- Mehrfirmenversicherungsvertreter **92a** 5
- mehrstufiger **105** 103
- PersonenGes **105** 100–107
- wirtschaftliche Einheit **87** 14
- **Konzernabschluss 288–315e;** s auch Abschlussprüfung, Bilanz, Handelsbücher, Jahresabschluss, Offenlegung
- Anteile anderer Gfter **307**
- anteilmäßige Konsolidierung **310**
- Anteilswertmethode **301** 5
- Anwendungsbereich **290** 1
- anzuwendende Vorschriften **298**
- assoziierte Unternehmen **311; 312**
- Aufstellungspflicht **290** 7, 8
- Aufwandskonsolidierung **305**
- Auskunftspflichten der Tochterunternehmen **294** 3
- befreiender **Einl** vor **238** 44; **264** 30; **271** 9; **291; 292**
- Befreiung vom **Einl** vor **238** 14, 41; **291–293**
  - größenabhängige **Einl** vor **238** 41, 50; **293**
- Begriff **297** 1
- bei beherrschendem Einfluss **Einl** vor **238** 41; **290** 7–13
- Beherrschungsvertrag **290** 12
- Beteiligung **271** 1–8; **285** 12; **312–314**
- Beteiligungsliste **285** 12
- Beteiligungswertansatz, Fortschreibung **312** 6
- Bewertung, einheitliche **308** 1; **309**
- Bewertungswahlrecht **308** 2
- Bilanzierungswahlrechte, Neuausübung **300** 4
- Bilanzklarheit **297** 4
- BilMoG **Einl** vor **238** 5; **290** 5

Sachverzeichnis

- BilRUG **290** 6
- Buchwertmethode **266** 5; **290** 5; **301** 3, 5; **312** 1–6
- Control-Konzept **290** 5, 7; **294** 3; **296** 1
- Eigenkapitalmethode **312** 1
- Eigenkapitalspiegel **297** 1
- Einbeziehungspflicht **294**
- Einbeziehungswahlrecht **296**
- einbezogene Jahresabschlüsse **317** 8–10
- Entherrschungsvertrag **290** 1
- Equitymethode **311** 1; **312** 1
- Erleichterungen **298** 2
- Erstkonsolidierung **301** 2–4; **309** 1
- Ertragskonsolidierung **305**
- Folgekonsolidierung **301** 1, 10; **307** 2
- Funktion **297** 2
- Gemeinschaftsunternehmen **310**
- Geschäftswert **309** 1
- Gewinn- und Verlustrechnung **297** 1
- GmbH & Co KG **290** 1, 7
- Herstellungskosten, konzerninterne **304** 1
- IAS-VO **315e**
- Identifikation des Mutterunternehmens **297** 3
- IFRS **290** 1; **315e** 9
- Inhalt **297**
- internationale Standards **315e**
- Kapitalflussrechnung **297** 1, 5–8
- Kapitalkonsolidierung **290** 4; **301**
- KomplementärGes **264a** 1
- KomplementärkapitalGes **290** 7
- Konsolidierung **300**
- Konsolidierungskreis **294–296**
- Kontrollrechtsstellung **290** 14
- Kreditinstitute **340**; **340i–340j**
- Minderheitenschutz **291** 8–9
- Mutterunternehmen **271** 10; **291**
- Neuaufstellung **300** 2–5
- Neubewertung **301** 5; **308** 4–7; **312** 7
- Offenlegung **264c** 1; **325** 9
- Pflicht zur Aufstellung **290**; **291**
- Pflichtinhalt nach IAS-VO **315e** 5, 6
- Pooling of interests-Methode **301** 1
- Prüfung **Einl** vor **316** 1; **316** 1, 3; **317** 1a; **319** 29; **320** 3; **321a** 4
- Quotenkonsolidierung **310**
- Reform **290** 4–6
- Rückbeteiligungen **301** 9
- Schuldenkonsolidierung **303**
- Segmentberichterstattung **297** 1
- Sitz außerhalb der EU **292** 1
- Sitz innerhalb der EU **291**
- Stetigkeit **Einl** vor **238** 38; **297** 4
- Steuerabgrenzung **306**
- Stichtag **299**
- Stimmrechtsmehrheit **290** 15
- Stufen-/Tannenbaumprinzip **290** 7; **291** 1
- Teilkonzernabschluss **291**
- TochterkapitalGes **264** 30, 31
- TransPuG **290** 4
- true and fair view **297** 3
- Übergangsrecht **Einl** vor **238** 50, 53, 59, 62, 65–67, 76–77, 80; **317** 1; **(1)** EGHGB **80, 81**
- Unterschiedsbetrag **301** 8; **309**; **312** 4
- verbundene Unternehmen **271** 9–10
- Vollkonsolidierung **300** 1
- Vollständigkeitsgebot **300** 3
- Währungsumrechnung **308a**
- Weltabschluss **294** 1
- Zeitwertbewertung **252** 18
- ZweckGes **Einl** vor **238** 5
- Zwischenabschlüsse **299** 2, 3; **340i** 4
- Zwischenaufwendungen **305** 1
- Zwischenergebnisse **304**; **310** 2; **312** 8

Konzernabschlussbefreiungsverordnung 292 1

Konzernabschlussprüfer 318 8; **319** 29; s auch Abschlussprüfer
- Netzwerkabhängigkeit **319b**
- Rechte **320** 3

Konzernanhang 313; 314; s auch Anhang, Handelsbücher
- Bestandteil des Konzernabschlusses **297** 1
- Entsprechenserklärung **314** 11
- Ergebnisverwendung **314** 26
- Finanzinstrumente **314** 13
- Funktion **313** 2
- Gesamtbezüge der Organmitglieder **314** 8
- Pflicht zur Aufstellung **290**
- Pflichtangaben **313** 3–6; **314**
- Rechtsnatur **313** 1
- Schutzklausel **313** 12; **314** 27
- Währungsumrechnung **313** 9
- Wahlpflichtangaben **313** 3–6

Konzernbilanzeid 297 4; **315** 2; **325** 9

Konzernerklärung, nichtfinanzielle 315c 1; **340i** 5

Konzernerklärung zur Unternehmensführung 315d 1

Konzernlagebericht Einl vor **238** 26, 41, 42; **315;** s auch Abschlussprüfung, Handelsbücher, Lagebericht, Offenlegung
- befreiender **291; 292**
- Berichtsgegenstände für Mutterunternehmen, ergänzende **315a** 2
- Geschäftsmodell **315b** 4
- größenabhängige Befreiung **293**
- Inhalt **315** 2 f.
- Leistungsindikatoren, nichtfinanzielle **315** 4
- Minderheitenschutz **291** 8–9
- Pflicht zur Aufstellung **290**
- Pflichtinhalt **315e** 5
- Prüfung **315** 7; **Einl** vor **316** 1; **316** 1, 3; **317** 7
- Übergangsrecht **Einl** vor **238** 62, 71, 76, 77, 79–81; **315** 1, 2; **(1)** EGHGB **80, 81**

Konzernrechnungslegung
- Kollisionsrecht **Einl** vor **238** 47
- Kreditinstitute **340i–340j**

Konzernregister 8 5

Konzertkartenverkauf 84 21, 26

3145

Sachverzeichnis

Konzession (14) BörsG 4 1
Konzessionär s Vertragshändler
Konzessionssystem Einl vor 105 3
Konzessionszwang Einl vor 105 3
Kopien
– HdlVertreter **86** 17
Kosten 8 4; **9** 3; **13h** 3; s auch Handelsvertreter
„Kosten und Fracht" 346 40
„Kosten und Versicherung" (6) Incoterms 2020 **Einl** 23
„Kosten, Versicherung und Fracht"
346 40; 377 10; (6) Incoterms 2020 **Einl** 26, 30, 31, 34, 67, **CIF 1–14**
Kostenübergang (6) Incoterms 2020 **Einl** 33, 41
Kostenverteilung (6) Incoterms 2020 **Einl** 24, 54
Krämermakler 104; s auch Handelsmakler
Kraftverkehrsordnung s Güterkraftverkehr
Krankenversicherung 89b 86, 91
Krankheit 86 41 f.; **89a** 20; **89b** 55, 60, 62, 96; **90a** 16
– EFZG **59** 56
– Fragerecht des ArbG **59** 34
Kredit 54 11, 14, 16; **55** 14; **84** 12; **86** 21, 35; **86b** 1 f., 12, 14; **87a** 11, 28; **89** 10; **89a** 27; **(7)** BankGesch G1–55
– Bearbeitungsgebühren **(7)** BankGesch G4
– Dispositionskredit **86a** 15
– Nichtabnahmeentschädigung **(7)** BankGesch G4
– Sollzins **(7)** BankGesch G4
– Vorfälligkeitsentschädigung **(7)** BankGesch G4, 19a
Kreditanstalt für Wiederaufbau 316a 4
Kreditauftrag 349 11
Kreditauskunft (7) BankGesch A15; s auch Bankauskunft
Krediteröffnungsvertrag
– Bereicherungsausgleich **(7)** BankGesch G11–13
– Kündigung **(7)** BankGesch G14–20
– Zustandekommen **(7)** BankGesch G2–5a
kreditfinanzierte Immobilien(fonds)geschäfte (7) BankGesch G5, 36, 53
Kreditgeschäft (7) BankGesch G1
Kreditinstitut 1 23; **(7)** BankGesch A4–5
– Begriff **(7)** BankGesch A4
– Bewertung **Einl** vor 238 5; **340e–340g**
– Bilanzrecht **340–340o**
– börsennotiertes **340a** 3
– Bußgeld **340n**
– großes **340a** 2
– Prüfung **340k**
– Offenlegung **340l**
– Ordnungsgeld **340o**
– Rechnungslegung **340a**
– Strafvorschriften **340m**
– Tochterkreditinstitut, Stützungsaktion für **340j**

Kreditkarte (7) BankGesch F32–34; s auch Kartenzahlung, Zahlungsverkehr
– Aufwendungsersatz **(7)** BankGesch F41
– Bedingungen **(7)** BankGesch F33
– Bereicherungsausgleich **(7)** BankGesch F59–64, 67
– Betragsobergrenze **(7)** BankGesch F40
– Co-Branding **(7)** BankGesch F33
– Deckungsverhältnis **(7)** BankGesch F35–51
– Distanzgeschäft **(7)** BankGesch F32, 40, 55
– Haftung **(7)** BankGesch F46–51
– Inhaberpflichten **(7)** BankGesch F45
– Inkassoverhältnis **(7)** BankGesch F53–64
– Mängel **(7)** BankGesch F46–50
– Mailorderverfahren **(7)** BankGesch F32, 55, 57
– Missbrauchsrisikoabwälzung **(7)** BankGesch F50
– Präsenzgeschäft **(7)** BankGesch F32, 40
– rechtliche Qualifikation **(7)** BankGesch F32
– Rahmenvertrag **(7)** BankGesch F52
– Rückbelastungsklausel **(7)** BankGesch F56
– Rückfrageklausel **(7)** BankGesch F56, 58
– Valutaverhältnis **(7)** BankGesch F65–67
– Widerruf der Weisung **(7)** BankGesch F38
– Zusatzkreditkarte **(7)** BankGesch F51
Kreditkartensperre (7) BankGesch F40
Kreditkartenunternehmen
– Rechte und Pflichten **(7)** BankGesch F40–44
Kreditrisiko
– Beteiligung des HdlVertreters **86** 35
Kreditsicherung (7) BankGesch H1–6
Kreditversicherung 349 18
Kreditwesengesetz (KWG) (7) BankGesch A4–5
Kreditwürdigkeit (8) AGB-Banken **2** 3
– Erkundigung durch HdlVertreter **86** 21
Kritik unter Gftern 109 25
Krypto-Assets 248 1; **Einl** vor **316** 14; s auch Bitcoins
Kryptowährungen Einl vor 238 25; **266** 3
Kryptowertpapiere (13) DepotG **Einl** 1
Kündigung (HdlGehilfe) 59 121–159
– Abreden über Fristen und Termine **59** 122, 124
– Änderungskündigung **59** 121
– Arbeitsgericht **59** 151 ff.
– Arbeitskampf **59** 164
– Aufhebungsvertrag **59** 165
– außerordentliche **54** 19, 21; **84** 11; **86** 14, 23; **87** 32; **89** 6, 8, 10, 16, 23; **89a; 89b** 7, 9, 64; **90a** 8
– bedingte **59** 111–116, 121
– befristetes Arbeitsverhältnis **59** 111–115
– Begründung **59** 121

Sachverzeichnis

- betriebsbedingte **59** 153
- Betriebsrat **59** 122
- Erklärung **59** 121
- Folgen **59** 136–137
- Form **59** 121
- Frist **59** 111–116, 121
- fristlose **85** 10; **86** 9, 28, 32, 47, 49; **87** 10, 24, 31, 37; **87c** 26; **89** 16, 23; **89a**; **89b** 53, 57 f., 61 f.; **90** 8; **90a** 19, 26, 29
- Gründe **59** 121
- Herabstufung **140** 10, 29
- Insolvenz **59** 148
- Krediteröffnungsvertrag **(7)** BankGesch G15
- Kündigungsschutz **59** 12, 111, 151–153, 154–159, 160–163
- Massenentlassung **59** 159
- Mutterschutzgesetz **59** 161
- ordentliche **59** 115, 121–127, 151–159; **75** 3–4
- personenbedingte **59** 153
- Probearbeitsverhältnis **59** 125
- Schadensersatz **59** 121 ff., 137; **61** 2
- Schriftformerfordernis **59** 121
- Schwerbehinderte **59** 162, 166
- Sozialwidrigkeit **59** 153
- Teilkündigung **59** 121
- Unwirksamkeit **59** 151–166
- Verdachtskündigung **59** 145
- verhaltensbedingte **59** 153
- Wehrdienst **59** 163
- Wettbewerbsverbot **60** 5–6; **75**
- wichtiger Grund **59** 121, 139–149
- Zugang **59** 121

Kündigung (HdlVertreter) 85 10; **89**; **89b** 52–66; **90a**
- Abdingbarkeit **89a** 26
- Abmahnung **89a** 10
- Änderungskündigung **89** 17
- AGB **89** 16
- Anfechtung **89** 24
- Auslauffrist **89a** 4
- außerordentliche **89** 8, 23; **89a**; **89b** 7, 9, 64; **90a** 8
- Druckkündigung **89a** 20; **89b** 67
- Eigenkündigung **89b** 52 ff., 64
- E-Mail **89** 15
- Erklärung **89a** 13–15
- Erschwerung **89** 28
- Freizeit zur Stellensuche **86** 5; **89** 25
- Fristenparität **89** 29
- fristlose **85** 10; **86** 9, 32, 47, 49; **87** 10, 24, 31, 37; **87c** 26; **89** 16, 23; **89a**; **89b** 53, 57–58, 61–62, 66; **90** 8; **90a** 19, 25–29
- Mitteilung der Gründe **89a** 14
- ordentliche **89** 6–7; **92b** 7
- Schadensersatz **89a** 33–35, 40
- bei Schmiergeldnahme **86** 23
- Schriftform **89** 15
- sittenwidriger Ausschluss **89** 16
- vor Tätigkeitsaufnahme **89a** 3
- Teilkündigung **89** 18; **89b** 7, 10; **92b** 5
- Treu und Glauben **89a** 8, 27; **89b** 57
- Umdeutung **89a** 5
- unberechtigte **89a** 40
- bei Untätigkeit **87** 32
- Unwiderruflichkeit **89** 24
- Verdachtskündigung **89b** 67
- Verwirkung **89a** 30–32
- Verzicht **89a** 29
- wichtiger Grund **86** 22; **89** 4; **89a** 6–12, 16–25; **89b** 57–58, 65–67; **90** 8; **90a** 3, 25–26, 29
- Zeitvertrag **89** 10, 19–21
- zwingendes Recht **89a** 26–28

Kündigung (OHG) Einl vor **105** 53; **Anh 105** HGB-MoPeG **132** 1, **133** 1; **131**; **132**; **134** 1; s auch Auflösung, Ausscheiden
- Frist **132** 1, 4, 8, 13
- Ges
  - fortgesetzte **134**
  - auf Lebenszeit **134**
- Hinauskündigen **140** 30
- Missbrauch **132** 6
- Mitgliedschaft **Anh 105** HGB-MoPeG **130** 1, **131** 1, **132** 1; **132** 15
- MoPeG **132** 15
- Privatgläubiger **135**
- Schadensersatz **133** 17
- Termin **132** 1, 4
- Vereinbarung **132** 8–14

Kündigung (Stille Ges) Anh 105 HGB-MoPeG **234**; **234** 8–11
Kündigung (Vertragshändler) 84 11
Kündigung des Vertrages 89 6 ff., 27 f.; **89a**; **92b** 7
Kündigungsfristen 84 3, 11; **86** 4; **87c** 23; **89**; **89a** 4, 6, 21, 34, 40; **89b** 34, 74; **90a** 26; **92b** 7
- angemessene **89a** 30
- Auskunft zu **87c** 23
- Dienstvertragsrecht **86** 4
- HdlVertretervertrag **89**; **89a** 30; **92b** 7
- lange **89b** 34
- Rechtsangleichung **84** 3

Kündigungsschutz 59 12, 111, 151–153, 160–163
- ausländische Arbeitsverhältnisse **59** 152
- außerordentliche Kündigung **59** 158
- Verfahren **59** 154–157

Künstlername 19 6
Kundenauthentifizierung, starke (7) BankGesch C2–3, 7, 35, 52, 60, 63
Kundenbetreuung 84 23; **86** 15, 20
Kundenidentifikator (7) BankGesch C13, 43
Kundenkartei 84 15; **89a** 22
Kundenkreisschutz 86 8, 12; **86a** 10, 17; **87** 19–30, 47–48; **89b** 14, 27; **92** 6
Kundenliste 86 17, 28; **86a** 2, 5–6; **89b** 22; **90** 2–3, 5, 7

3147

Sachverzeichnis

Kundenstamm 84 14–15, 19; **89b** 2, 18, 20, 38, 40
- des aufhörenden HdlVertreters **59** 18
Kunst 1 19–20
Kunstgegenstände 451d 1
Kunsthandel 383 4
Kursbeeinflussung, erhebliche (16a) MAR 7 10–15
Kursmakler s Börse
Kurssicherung s Börse
Kursverlust 253 28
Kurzarbeit 59 45, 56
Kurzarbeitergeld 246 11b
- Aufstockungsbeiträge **246** 11b
Kurzbezeichnung s Kennzeichnung
Kux s BankGesch – WP
KWG (7) BankGesch A4–5

Ladenvollmacht 56
- Verkehrsschutz **56** 2
Ladeschein 419 2; **443–448**
- Begebungsvertrag **444** 1
- Besitzer **440** 9; **445** 1
- Einwendungen **447**
- elektronischer **443** 4
- Form **443** 2
- Haftung **446** 2
- Inhaberladeschein **444** 3
- Inhalt **443** 1
- Legitimation **444** 3; **445** 1
- Liberationswirkung **446** 1
- Mengenangaben **420** 5
- multimodaler **443** 1, 2
- Namenspapier **443** 1; **444** 3
- Orderladeschein **363** 5; **443** 3; **444** 3; **475d** 1
- Pfandrechte **448** 1
- Rektapapier **443** 1
- Rückgabe **445**
- Traditionspapier **448** 1
- Traditionswirkung **448** 2–4
- Vermutungswirkung **444** 1–2
- Wertpapier **409** 1
- Wirksamkeit **443** 1
- Wirkung **444**
- Zweck **443** 1
Lagebericht Einl vor **238** 12, 20, 21, 26, 40, 42, 43; **264** 5; **289**; **289a**; s auch Abschlussprüfung, Handelsbücher, Jahresabschluss, Offenlegung
- AG **289** 4
- befreiender **292** 4–7
- Entwicklungsprognose **289** 2
- Erklärung zur Unternehmensführung **Einl** vor **238** 22a; **289a**
- FüPOG II **Einl** vor **238** 22a
- Genossenschaften **336**
- internes Kontroll-/Risikomanagement **289** 4
- KGaA **289** 4
- kleine Kapitalgesellschaft **264** 8
- Konzernlagebericht s dort
- Nachtragsbericht **285** 35; **289** 2
- nichtfinanzielle Leistungsindikatoren **289** 3
- Pflicht zur Aufstellung **264**
- Plausibilitätsprüfung **317** 7
- Prüfung **Einl** vor **238** 42; **Einl** vor **316** 1; **316** 1; **317** 7
- Übergangsrecht **Einl** vor **238** 62, 69, 71, 76–77, 79–81; **(1) EGHGB 80, 81**
Lager 54 1; **55** 10; **86** 13, 35, 51; **87** 3; **87d** 4; **89b** 25, 29, 50–51
„ab Lager" **346** 40
Lagerbedingungen 467 16
Lagergeld 354 3, 6–8; **467** 13
Lagergeschäft 467–475h; s auch Spedition
- AGB **467** 16; **475h** 2
- ALB **467** 16
- Anzeigepflicht **471** 2
- Aufrechnung **475a** 1
- Aufwendungsersatz **474**
- Auskunftspflichten **468** 1
- Auslieferung **475e**
- Begleitpapiere **468** 1; **475b** 1
- Begriff **467** 4
- Besichtigung **471** 1
- Einlagerung bei Drittem **472** 2; **475** 2
- Einwendungen **475f**
- Gewichtsverlust **469** 6
- Güter **467** 4
  - Beschädigung **475**
  - Erhaltung **471**
  - Schadhaftigkeit bei Empfang **470**
  - Verlust **475**
- Haftung **468** 3–4; **475**
- Haftungsbegrenzung **475h** 2
- internationaler Verkehr **467** 1
- Kennzeichnung **468** 1
- Kündigungsrecht **473** 1–3
- Leistungsstörungen **467** 13a
- Mischlagerung **467** 1
- Mitteilungspflichten **468**
- Notrechte **471** 2
- OLSchVO **467** 7
- Pfandrecht **440** 1; **475b**
- Pflichten des Einlagerers **467** 13; **468**
- Probenahme **471** 1
- Rücknahme des Guts **473** 2
- Sammellagerung **467** 1; **469**
- Selbsthilfeverkauf **471** 2
- Summenlagerung **467** 1, 6
- Verbraucher **468** 2–4; **475h** 1
- Vergütung **467** 13
- Verjährung **439** 1; **475a**
- Verpackung **468** 1
- Versicherung **472** 1
- Weisung **471** 2
- Zurückbehaltungsrecht **475b** 1
Lagerhalter 407 1
- Pfandrecht **440** 1; **475b**
- Pflichten **467** 10–12
Lagerordnung 467 16

Sachverzeichnis

Lagerschein 475c–475h; s auch Orderpapier
- Ausstellung **475c** 1
- Echtheitsprüfung **475e** 1
- Einwendungen **475f**
- elektronische Aufzeichnung **475c** 1
- Form **475c** 1
- gutgläubiger Dritter **475d** 2
- Inhaberlagerschein **475e** 1
- Kettenabtretung **475e** 1
- Legitimation **475d** 3
- Namenslagerschein **475e** 1
- Orderlagerschein **363** 5; **475c** 1
- Rückgabe **475e**
- Teilauslieferung **475e** 1
- Verlust **475e** 1
- Vermutungswirkung **475d** 1–3
- Wertpapier **475c** 1
- Wirkungen **475d**

Lagerung
- Lieferkette **(2)** LkSG **2** 9

Lagervertrag 407 14; **467** 4–9

Lagerzeit 473 2

Lamfalussy-Rechtssetzungsverfahren (14) BörsG **Einl** vor **1** 10

Länder
- Arbeitsrecht **59** 11
- Landesrecht **Einl** vor **1** 21, 22, 26a
- Rechnungslegungsvorschriften **263**

Landwirtschaft 3

Landwirtschaftskammer Einl vor **1** 25

last in first out s lifo

Lastschrift (7) BankGesch C6, D3; s auch SEPA-Lastschrift

Lastschriftverfahren s SEPA-Lastschriftverfahren

latente Steuern Einl vor **238** 64; **274**; **285** 31, 32; **306**
- IFRS **274** 1b; **306** 1
- kleine KapitalGes **274** 1; **285** 31, 32
- mittelgroße KapitalGes **285** 31, 32

laufende Rechnung s Kontokorrent

LCL 346 40

Leasing s auch Finanzierungsleasing
- Abgrenzung zum Kauf **Einl** vor **373** 19
- Aktienleasing **(7)** BankGesch P1
- Bilanzrecht **246** 30–39; **255** 9; **285** 3
- Finanzierungsleasing **(7)** BankGesch P1–31
- Herstellerleasing **(7)** BankGesch P1
- Kündigung **(7)** BankGesch P18–29
- Leistungsstörungen **(7)** BankGesch P15–17
- Operating-Leasing **(7)** BankGesch P1
- Rügeobliegenheit **377** 2, 34; **(7)** Bankgeschäfte P17
- wirtschaftliches Eigentum **246** 23

Lebensgrundlagen aus Land, Wäldern, Wasser (2) LkSG **2** 2

Lebensversicherung 87a 29; **89b** 39; **92a** 7, 9

Leerverkäufe (7) BankGesch T3; **(14)** BörsG **16** 4, **25** 5

Legal Judgment Rule Einl vor **238** 46c–46d; **323** 7b

Lehman Brothers 347 14, 28; **(7)** BankGesch A29
- Piloturteile **347** 30c

Lehrling 59 23

Leibrente 350 3

Leiharbeitsverhältnis 59 16, 57
- mit früherem ArbG **59** 111

Leistungszeit 358; 359

Leistungsindikatoren, nichtfinanzielle 289 3; **289c** 14; **315** 4

Leitlinien
- MAR-Leitlinien **(16a)** MAR **7** 20
- für vertikale Beschränkungen **86** 38

Less Complex Entities 317 16c

letter of intent Einl vor **1** 62; **Einl** vor **343** 4; **349** 22

Leutehaftung 347 3
- Frachtführer **428** 1, **436**
- Spediteur **462**

lex cartae sitae (13) DepotG **4** 4

Lieferbedingungen 346 39

Lieferdokumente (6) Incoterms 2020 **Einl** 51

Lieferfrist 423

Lieferfristüberschreitung 426; 431 4
- Erlöschen der Ansprüche **438** 2
- bei Umzug **451f** 1

Lieferkette 289c 7a, 12; **Einl** vor **373** 53
- Begriff **(2)** LkSG **2** 6–10
- Sorgfaltspflichten **(2)** LkSG **Einl** 1, 3

Lieferkettenpflichten, sektorale (2) Einl vor **1** 3

Lieferkettensorgfaltspflichtengesetz Einl vor **238** 25e; **289c** 7a; **347** 4a; **(2)** LkSG **Einl** vor **1**
- Abhilfemaßnahmen **(2)** LkSG **5** 1, 4, **7**, **9** 4
- Angemessenheitsvorbehalt **(2)** LkSG **3** 1–3
- Anwendungsbereich **(2)** LkSG **Einl** vor **1**, **1**
- Auffangklausel **(2)** LkSG **2** 3
- Aufsicht **(2)** LkSG **Vor 12–24** 1
- Berichtspflicht **(2)** LkSG **10** 2–5, **12, 13**
- Beschwerdeverfahren **(2)** LkSG **8, 9** 1
- Betriebs-/Geschäftsgeheimnisse **(2)** LkSG **10** 5
- Dokumentation **(2)** LkSG **10** 1, 5
- Geschäftsbereich, eigener **(2)** LkSG **2** 11–14, **6** 4
- Geschäftsbeziehung, Abbruch **(2)** LkSG **7** 5
- Haftung, zivilrechtliche **(2)** LkSG **3** 4–10, **11**
- Handreichungen **(2)** LkSG **20**
- Inkrafttreten **(2)** LkSG **Einl** vor **1** 1
- Kenntnis, substantiierte **(2)** LkSG **9** 3–4
- Konsolidierung **(2)** LkSG **1** 3–4

Sachverzeichnis

- Kontrolle, risikobasierte **(2)** LkSG **Vor 12–24** 1, **14, 15, 16, 17, 18**
- Leiharbeitnehmer **(2)** LkSG **1** 2
- Menschenrechtsschutz **(2)** LkSG **2** 1–2
- Obergesellschaften **(2)** LkSG **1** 3–5
- Prozessstandschaft **(2)** LkSG **11** 1
- Schwellenwerte **(2)** LkSG **Einl** vor **1** 1, **1** 1
- Sorgfaltspflichten **(2)** LkSG **Einl** vor **1** 1–2, 3
- Übereinkommen, internationale **(2)** LkSG **Einl** vor **1** 1, **Anl**
- Umgehungsverbot **(2)** LkSG **5** 3
- Umweltschutz **(2)** LkSG **2** 1, 4
- Vergabe öffentlicher Aufträge, Ausschluss **(2)** LkSG **Vor 12–24** 2, 22
- Verordnungsermächtigung **(2)** LkSG **9** 5

Liefermöglichkeit 346 40
Lieferort (6) Incoterms 2020 **Einl** 39
Lieferung (6) Incoterms 2020 **Einl** 43, 47
„Lieferung vorbehalten" 346 40
Lieferzeit 346 40
lifo 252 9; s auch fifo
- Sammelbewertung **240** 7
- Schätzungsverfahren **252** 14
- Unterschiedsbeträge **284** 14
- Verfahren **256** 2
- Zulässigkeit **256** 1

limited 230 5
- Brexit **Einl** vor **105** 29
- private limited company **13d** 1; **13e** 1

Limited & Still Anh 177a 11
limited liability company Einl vor **105** 37, 41

Liquidation Anh 105 HGB-MoPeG **143** 1
- Fehlbetragshaftung **Anh 105** HGB-MoPeG **149** 1

Liquidation (OHG) 145–158; s auch Auflösung
- andere Auseinandersetzungsart **145** 8; **158**
- Anmeldung **157**
- Anwendbarkeit OHG-Recht **156**
- Ausschluss **145** 8; **158**
- Begriff **145** 2
- Bilanz **154**
- Bücher **157**
- Durchsetzungssperre **145** 6
- Einzelgeschäftsführungsbefugnis **150** 2
- Firma **153; 157**
- der Ges **139** 3
- Gesamtabrechnungsgrundsatz **145** 6
- Gesamtvertretung, gemischte **150** 4
- Geschäftsverkauf **149** 4
- GmbH & Co KG **Anh 177a** 49
- HdlRegister **148; 157**
- Jahresabschlussprüfungspflicht **316** 1
- Jahresbilanzen **154** 4
- MoPeG **145** 13; **154** 6; **155** 7; **156** 7; **157** 3
- Nachschüsse **149** 3; **155** 3
- neue Geschäfte **149** 6
- Prokura, Erlöschen **145** 4
- Prozess **149** 8
- PublikumsGes **Anh 177a** 85
- Rechtsverhältnis der Gfter **156**
- Rückgabe **155** 6
- Terminologie **145** 3
- Übergangsrecht **148** 1; **150** 1
- des Unternehmens **145** 3
- unternehmensrechtliches Verfahren **(3)** FamFG **375**
- Vermögenslosigkeit **145** 12
- Vermögensverteilung **155**
- Wirkung **145** 4–5
- Zwischenbilanzen **154** 4

Liquidation (KG) 177a 3
Liquidationseröffnungsbilanz 154 2
- PublikumsGes **Anh 177a** 85

Liquidationsschlussbilanz 154 3
Liquidationsvergleich
- mit Gläubigern **145** 10

Liquidationswert Einl vor **1** 53–54
Liquidator Anh 105 HGB-MoPeG **144** 1, **148** 1
- Abberufung **Anh 105** HGB-MoPeG **145** 1
- Anmeldung **Anh 105** HGB-MoPeG **147** 1
- Berufung **Anh 105** HGB-MoPeG **145** 1
- Geschäftsführungsbefugnis **Anh 105** HGB-MoPeG **146** 1
- Vertretungsbefugnis **Anh 105** HGB-MoPeG **146** 1

Liquidator (OHG) 145–158
- Abberufung **147**
- Anmeldung **148**
- Anspruch gegen **149** 2; **150**
- Aufgaben **149** 2–6
- Auftrag **149** 1
- Bestellung **146**
- Buchführungspflicht **154** 1
- geborener **146** 2
- gekorener **146** 4
- gerichtliche Berufung **146** 5
- gesetzliche Berufung **146** 2
- mehrere **150**
- MoPeG **146** 11; **147** 7; **148** 3; **149** 9; **150** 7
- Niederlegung **147**
- Pflichten **149**
- Rechte **149**
- Tod **147**
- Unterschrift **153**
- Vergütung **149** 1
- vertragliche Berufung **146** 4
- Vertretungsmacht **149** 7; **150** 5; **151**
- Weisungen **146** 7; **152**

Lizenz 86a 2, 13; **87b** 13
Lizenzvertrag Einl vor **373** 19
LLP s limited liability company
Löschung 8 12–15
- Amtslöschung **8** 12–15; **37** 8; **106** 4; **(3)** FamFG **395**

Sachverzeichnis

– im ausländischen HdlRegister **(3)** FamFG **395** 1
– bei Vermögenslosigkeit **145** 12
Logistikvertrag 407 14
Lohn s Arbeitsentgelt, Gehalt
Lohnfuhrvertrag 407 14; **(17)** CMR **1** 1
Lohngleichheit 59 56–57
Lohnsteuer 59 103; **84** 36
Lombard (7) BankGesch G21
Lotto-Bezirksstellenleiter 89b 4
ltd s limited
Luftverkehr 407 11; **452** 5; **(6)** Incoterms 2020 **Einl** 63; s auch **Frachtgeschäft**
LuftVG 407 7–8
Luganer Übereinkommen Einl vor **1** 108
Luxemburg Einl vor **1** 39

MAC-Klausel Einl vor **1** 64; **346** 40
Mängel s Kauf
Mängelrüge 377 32–43; **378** (aF); s auch Rüge
– Beweislast **377** 55
– Entgegennahme **55** 8
– HdlBrauch **377** 56
– Kommittent **391** 1
– Rechtsfolgen **377** 44–54
– Streckengeschäft **377** 9, 34, 37
– Verwirkung **377** 46
– Mangelhaftigkeit **55** 8, 10; **87a** 5, 10, 21; **87c** 20; **89a** 24; **91** 2; **91a**
Mahnung 55 7 f. 13; **87a** 27
Mailorderverfahren (7) BankGesch F55
MaK (7) BankGesch A4
Makler 54 1; **55** 4; **84** 1, 5, 20, 23, 27, 41, 50; **86** 20; **92** 1; s auch Handelsmakler
Managers' Transactions (16a) MAR **Vorb** 7–8
Mandatspause Einl vor **238** 22a
Manko s Gewicht
Mankohaftung 59 47
Mantelkauf 23 4; **Anh 177a** 14
Mantelzession (7) BankGesch H1
Mark to Market 255 25
Mark to Model 255 26
Marke 17 10; **18** 9–10
MarkenG 17 10; **18** 9
Market-Making-Systeme (14) BörsG **26c**
Markets in Financial Instruments Directive s MiFID
Markt
– organisierter Markt **264d** 1
– regulierter Markt **264d** 1
Marktanalysen 86 13; **87d** 4 f.
Marktmacht 84 1
Marktmissbrauchsrichtlinie (16a) MAR
– strafrechtliche **(16a)** MAR
Marktmissbrauchsverordnung (16a) MAR
Marktpflege 86 13; **87** 3; **87d** 4 f.
Marktpreis 253 19; **429** 4

Marktpreisklauseln Einl vor **373** 33
Marktsondierung
– Aufbewahrungspflicht **(16a)** MAR **11** 5
– Dokumentationspflichten **(16a)** MAR **11** 4
– Empfänger, Pflichten **(16a)** MAR **11** 5
– Informationspflichten **(16a)** MAR **11** 4
– Insiderhandelsverbot **(16a)** MAR **11**
– Übernahmeangebote **(16a)** MAR **11** 3
– Unterrichtungspflicht **(16a)** MAR **11** 5
Marktturbulenzen (14) BörsG **24** 9a
Marktüblichkeit 285 23
Marktwert Einl vor **1** 53–54
– einstrukturierter anfänglicher **347** 30
MAR-Leitlinien (16a) MAR **7** 20
Maße 361
Massenentlassung 59 159
Massengeschäft (7) BankGesch A6; **(8)** AGB-Banken **19** 1
Masseschuld 84 48
Maßgeblichkeitsgrundsatz Einl vor **238** 5, 8, 32, 34, 45; **238** 4; **242** 4–5; **252** 2
Masterplan
– Insiderhandelsverbot **(16a)** MAR **9** 16
Mauracher Entwurf zur Modernisierung des Personengesellschaftsrechts **8** 2c13 1,10; **Einl** vor **105** 14, 42–63; **119** 31, 34; **123** 1; **124** 1; **176** 4
– MoPeG s dort
Medienfonds Anh 177a 25
– Innenprovision/Rückvergütung **Anh 177a** 66d
Mehrarbeit 59 45, 58
Mehrfirmenvertreter 84 30, 36; **86** 24, 27, 30, 38; **87** 50; **89b** 40; **92a** 5; **92b** 2
– Interessenwahrung **86** 24
– Nebenberuf **92b** 2
– Pfändungsschutz **87** 50
Mehrgewinn 121 2; **122** 12–13
Mehrheitsbeschluss 119 33–41; **163** 4
– Corona-Krise **119** 34
– PublikumsGes **Anh 177a** 69b–69c
Mehrheitsklauseln 119 40
Mehrparteienschiedsverfahren Einl vor **1** 110
Mehrstimmrecht 119 14; **163** 8
Mehrvertretung
– GmbH & Co KG **Anh 177a** 7
Mehrwertsteuer 87b 12; **Einl** vor **373** 4; s auch Umsatzsteuer (Mehrwertsteuer)
memorandum of understanding Einl vor **343** 4
Mengenangabe 420 5
Mengenvertrag 439 1
Menschenrechtsbeauftragter (2) LkSG **4** 3
Menschenrechtsschutz
– Lieferkettensorgfaltspflichtengesetz **(2)** LkSG **Einl vor 1** 1, 2
– **Menschenrechtsstrategie (2)** LkSG **6** 2

3151

Sachverzeichnis

Messe 84 42; 87 21; **87d** 4; **89b** 14
Metageschäft 93 35; 230 2; **(7)** BankGesch Y4
MicroBilG s Kleinstkapitalgesellschaft-Bilanzrechtsänderungsgesetz 2012
Micro-Richtlinie Einl vor 238 9
Miete 84 26; **87b** 13; **89b** 29, 51; **Einl** vor 373 19; s auch Pacht
– Anlagevermögen, fiktives 247 7
– Eigenbedarf 123 35
– Form 350 2–3
– OHG 123 35
– Provisionsgrundlagen **87b** 13; **89b** 51
– Vermittlung 84 26
Mietgarantie
– Realisationszeitpunkt 252 21
MiFID (14) BörsG Einl vor 1 10
MiFID II (14) BörsG Einl vor 1 10, 48 1, 8; **(16a)** MAR **Vorb** 2
MiFIR (14) BörsG Einl vor 1 13, 3 14, 24 11–11a, **26g**
Minamata-Übereinkommen (2) LkSG 2, **Anl**
Minderfirma 17
Minderheitengoodwill 246 8
Minderheitenschutz 119 37a, 37d
Minderheitsbeschluss 119 36
Minderjährige 1 32–35, 39, 46; **54** 7; 84 7; **90a** 9, 13; s auch Geschäftsfähigkeit
– Arbeitsvertrag 59 37
– Erbenstellung 139 12
– Gesellschaftsbeteiligung 105 26
– Handelsvertreter 84 7; **90a** 9, 13
– stille Beteiligung 230 8
– Unterbeteiligung 105 26
Minderkaufmann s Kaufmann
Mindestarbeitsbedingungen 84 9, 34; 86 2; 92 3; **92a** 2, 4
Mindestlohn 59 56; **(2)** LkSG 2 2
Mindestpreisänderungsgröße (14) BörsG **26b**
Mindestprovision 84 36; **92a** 4
Mischvertrag 84 21
Missbrauch 54 20; 55 15; 86 36, 39; **87c** 13; **89** 16; s auch Handlungsvollmacht, Prokura
– der Abschlussvollmacht 55 15
– AEUV 86 39
– GWB **86** 37
– der HdlVollmacht 54 20
Mistrade 384 1, 12; 394 4; **(14)** BörsG 24 13
Mitarbeiterbeteiligungen 59 70
Mitbestimmung
– Betriebsrat 59 42
– GmbH & Co KG **Anh 177a** 50
Mithaftung 349 13
Mitteilung 84 15, 38; 86 2, 16, 21, 41, 43; **86a** 1, 10 ff., 14, 16; **87** 9, 25; **87a** 27; **87c** 3, 5, 12, 15, 23, 29; **89a** 14, 18; **89b** 20, 67; **90** 4, 7; **92** 10

mittelgroße Kapitalgesellschaft Einl vor 238 31, 37, 43; 267 4–6
– Anhang 288
– latente Steuern 285 31, 32
– Offenlegung 327
– Pflichtangaben **Einl** vor 238 71
Mittelstandsrichtlinie Einl vor 238 7
Mittelverwendungskontrolleur 82b; Anh 177a 64
Mittelverwendungskontrollvertrag 347 14, 21
Mittelverwendungstreuhand 246 19
Mittelwert Einl vor 1 53
Mittelzuflussprinzip (7) BankGesch C12
mittlerer Art und Güte 360 3–4
Mitursächlichkeit 84 15, 22; **87** 11, 12, 21; **89b** 14
Mitverschulden 86 47; **87c** 27; **89a** 33 f.
– des ArbG 59 47
– Deckungskauf, unterlassener 376 14
– Dritter 347 21, 36
Mitverursachung 414 4; 421 5a
Mobbing 59 95
Möbeltransport s Spedition
MoMiG Einl vor 105 29; **172a** 1 (aF); **172c** 4
– Übergangsvorschrift **(1) EGHGB** 64
Monopol s Wettbewerb
Montrealer Übereinkommen (MÜ) 407 11; 453 4
MoPeG 8 2c; **Einl** vor 105 42–65
– FamFG **(3)** FamFG **Einl** 1
– Gesellschaftsvermögen **Einl** vor 105 10
– Inkrafttreten 8 2c; **Einl** vor 105 43
– OHG 105 110
– Textfassung **Anh 105** BGB-MoPeG, **Anh 105** HGB-MoPeG
Moratorium Einl vor 343 18; **(7)** BankGesch A5
Multimodal-Ladeschein 443 1–2
multimodaler Umzugsvertrag 452c
Multimodaltransport 407 1; **452–452d**; **(6)** Incoterms 2020 **Einl** 63; **(17)** CMR 1 1, 2 1
– Schadensanzeige **452b** 1
– Schadensort **452a**
– Verjährung 439 1; **452b** 2; **452d**
Multiple-basiertes Verfahren Einl vor 1 52
Muster 84 20, 41; 86 12 f., 17; **86a** 5 f.; **87c** 29; **88a** 3 f.
Musterkauf 87 41
Mutterschutz 59 12, 100, 161
Mutterunternehmen 271; 285 17; 290
– Bilanzierung 301 9
– Befreiungen, größenabhängige 293
– Identifikation, Angaben zur 297 3
– zugleich Tochterunternehmen 291; 292

Nachbesicherungsklausel (8) AGB-Banken **Einl** 7
Nachbesserung 377 6

Sachverzeichnis

Nachbestellungen 87 17–20; **92** 4
Nacherbfolge 139 19–20
Nachfolgeklausel
– einfache **139** 2, 10–13
– qualifizierte **139** 2, 14–18
– rechtsgeschäftliche **139** 56–58
Nachfolgevermerk
– Firma **18** 21
– HdlGeschäft **22** 15, 17
– Kdtist **162** 8
– Unternehmensschutz **Einl** vor **1** 91
Nachforschungspflicht 347 27
Nachhaftungsbegrenzung 26 4–10; **28** 5, 7; **160** 1–5
– Dauerschuldverhältnis **160** 2
– doppelte **160** 3
– MoPeG **160** 9
Nachhaltigkeitsberichterstattung Einl vor **238** 20, 22, 22b; **289b** 1, 8; **(2)** LkSG **Einl** vor **1** 3
Nachhandelssektor (13) DepotG **Einl** 6; **(14)** BörsG **Einl** vor **1** 19
Nachhandelstransparenz (14) BörsG **24** 10, 31
Nachlass 87b 8 f.
Nachlassverwalter s auch Testamentsvollstreckung
– Kündigung **135** 3
Nachlassverwaltung
– OHG **139** 32
Nachlieferung 377 6
Nachnahme 346 40; **422**; **(18)** ADSp **10**
– Annahmeverzug **374** 3
nachrangige Hafteinlagen 236 1, 3
Nachricht 84 38; **86** 6, 17, 21 ff., 28, 40 f., 50; **86a** 1, 7 f., 10; **91a** 1, 5 f.
– HdlGehilfe **59** 53
– HdlVertreter **86** 17; **86a** 7–12
Nachschieben von Gründen 89a 13, 15, 32; **89b** 56, 60, 64
Nachschussklausel Anh 177a 70; **232** 6
Nachschusspflichten
– des Gfters **109** 12–14
– des Kdtisten **161** 4
– Mehrheitsbeschluss **Anh 177a** 69c
Nachsicherungsklausel (8) AGB-Banken 7; **(9)** AGB-Spark 22
nachsorgende Vertragspflichten Einl vor **343** 13
Nachteil 86 24, 42; **86a** 16; **87** 9, 48; **87a** 34; **89b** 45, 47, 71; **90a** 3, 19, 20, 27 f., 31 f.; **92c** 1
Nachtragsprüfung 316 4
Nahfeldkommunikationsfunktion (7) BankGesch C4, 17, 63
Name
– Änderung **21**
– Ausländer **17** 48–49
– Firma **19**
– Missbrauch **17** 3
– Namensrecht **17** 4–5, 33
– Schutz **17** 32

Namensanleihe (13) DepotG **1** 1
Namensladeschein 443 1; **444** 3; **475d** 1
Namenslagerschein 475b 1, 2; **475c**
Namensschuldverschreibung (7) BankGesch G17; **(13)** DepotG **5** 5
Naturalteilung 145 10
Nebenberuf 84 1, 9; **86** 2; **87a** 9; **89** 10; **89a** 1; **89b** 5, 7, 10, 79; **92a** 3; **92b**
– Entgeltelement **92b** 2
– HdlVertreter **92b**
– Übergewichtstheorie **92b** 2
– Zeitelement **92b** 2
Nebengesetze Einl NebenG 2
Nebengewerbe 3 5, 10–12
Nebenintervenient 124 43
Nebenkosten 87b 10
Nebenrechte (Provision) 87c
– Unpfändbarkeit **87c** 1
– Verjährung **87c** 1
Nebentätigkeit
– HdlGehilfe **59** 52, 143
– HdlVertreter **84** 1, 9; **86** 2; **87a** 9; **89** 10; **89a** 1; **89b** 4, 7, 10, 79; **92b**
Nebenvorteil 86 23; **87b** 7
negative Geschäftswerte 246 9
negative Kapitalkonten Anh 177a 55
negative Kaufpreise Einl vor **1** 62
negative Publizität 15 1–2, 4
negatives Interesse 86b 1; **87** 9
Negativklausel s BankGesch
Negativzinsen (7) BankGesch B1, G4
„**Netto Kasse**" **346** 40
Nettogehalt 59 58
Nettogewicht 380
Nettopolicevermittlung 89b 86
network-Lösung 452a 1
Netzgeld (7) BankGesch F27–28
Netzwerk s auch Internet
– Legaldefinition **319b** 5
– soziales **59** 34
– Unabhängigkeit des Abschlussprüfers **319b**
neue Bundesländer Einl vor **1** 47
Neuer Markt (14) BörsG **48** 1, 11
Neukunde 89b 14
Neuverhandlungspflicht Einl vor **343** 13–14; **Einl** vor **373** 53
new global notes (13) DepotG **9a** 2
Nichteheliche Lebensgemeinschaft 105 53
Nichtfinanzielle Berichterstattung Einl vor **238** 22b–22e; **289** 1–1a
– EU-Ebene **289b** 6–8
– Lieferkette **289c** 7a, 12; **(2)** LkSG **Einl** vor **1** 3
– Rahmenwerke **289b** 1–1a; **289d** 1–4
Nichtfinanzielle Erklärung 289b 1 ff.
– Abschlussprüfung **317** 7
– Achtung der Menschenrechte **289c** 7–7a
– Arbeitnehmerbelange **Einl** vor **238** 20; **289c** 5
– Befreiungstatbestände **289b** 3; **315b** 3

3153

Sachverzeichnis

- Bestechungsbekämpfung **289c** 8
- Comply or Explain **289c** 16
- Ergebnisse der Konzepte **289c** 11
- Fragen, konkrete **289c** 9
- gesonderter nichtfinanzieller Bericht **Einl** vor 238 20–22; **289b** 4; **315b** 4
- Inhalt **289c** 1 ff.
- Konzernebene **Einl** vor 238 41; **315b** 1
- Konzepte, verfolgte **289c** 10
- Korruptionsbekämpfung **289c** 8
- Lieferkettensorgfaltspflichtengesetz
- Menschenrechte **289c** 7–7a
- Prüfungsergebnis **289b** 5
- Prüfungsintensität, gespaltene **289b**4b
- Prüfungspflicht **289b** 4b–4c
- Rahmenwerke **289c** 1; **289d** 1–4
- Reichweite **289c** 3
- Risiken, wesentliche **289c** 12 f.
- Sozialbelange **Einl** vor 238 20; **289c** 6
- Umweltbelange **Einl** vor 238 20; **289c** 4
- Unternehmenswahlrecht **289c** 1 f.
- Veröffentlichungsoptionen **289b** 1a
- Veröffentlichungspflicht **289b** 5

Nichtfinanzielle Leistungsindikatoren 289 3; **289c** 14; 315 4

Nichtfinanzieller Bericht, gesonderter s gesonderter nichtfinanzieller Bericht

Nichtkaufleute 17 13

Niederlande Einl vor **1** 40; **84** 2

Niederlassung 13 1; **29**; 55 3; **86** 46; **86a** 6; **86b** 12; **87** 12, 26, 27, 35; **92c** 1, 2, 4, 6, 8, 9, 10
- Abschlussvertreter 55 3
- Verlegung **Einl** vor **1** 56
- Zweigniederlassung s dort

Niederlassungsprokura 50 2; **51** 1

Niederschrift 85 10

Niederstwertprinzip 253 1, 15, 18, 22

Nießbrauch s auch Anteil, Handelsgeschäft
- Eintragungsfähigkeit **105** 44
- am Gesellschaftsanteil **105** 44

NIF s BankGesch

nomination letter Einl vor 343→ 4; 349 22

Non-Financial Information Einl vor 238 20, 21; **289–289f**

Non-Financial Performance Indicator **289c** 14; **315** 4

Non Profit-Organisationen
- Kaufmannseigenschaft **1** 16

Nonvaleurs (8a) AGB-WPGeschäfte 18 1

Normativbestimmungen Einl vor 105 3

Norwegen s Skandinavien

Notar 1 19; **(10b)** AGB-Anderk

Notarbescheinigung 12 4 f.

Notrechte
- frachtgeschäftliche **419** 1
- Lagerhalter **471** 2

Notverkauf 379 10–14

Null-Bilanz 325 4, 14; **331** 1; **334** 1

Obergrenze des Ausgleichsanspruchs bei Versicherungsvertretern 89b 94

Obhutshaftung 425 1

objektgerechte Beratung Anh 177a 66b; **347** 23

ODR-Verordnung (7) BankGesch A56

öffentliche Hand
- KapitalGes **263** 2
- Rechnungslegung **Einl** vor 238 24

öffentliche Versteigerung 374 5, 11

öffentliche Zustellung 15a

öffentliches Recht
- Gewerbe s dort
- Handelsrecht **Einl** vor **1** 1–28
- juristische Person **1** 24, 27, 28
- Kaufmannseigenschaft **7**
- Verhaltenspflichten **124** 38; **125** 11

Österreich Einl vor **1** 41; **84** 2; **89b** 1; **90a** 2; **Einl** vor 105 46

Offene Handelsgesellschaft (OHG) Einl vor 105 1, 15; **105–160; Anh 105** HGB-MoPeG **105** 1; s auch Handelsgesellschaft, Handelsgewerbe, Personengesellschaft
- Abfindungsklauseln **131** 58–73
- Abspaltungsverbot **119** 19
- actio pro socio **109** 32; **124** 41; **149** 3
- Anfechtung **105** 50, 61, 70, 80, 81, 93; **129** 9–10
- Angaben auf Geschäftsbriefen **125a**
- Anmeldung **Anh 105** HGB-MoPeG **106** 1; **106–108; 143**
- Anteil (OHG) s dort
- Auflösung (OHG) s dort
- Aufrechnung **129** 11–14
- Aufsichtsrat **1** 19
- Aufwendungsersatz **110**
- Auseinandersetzung s dort
- Auslegung **105** 49, 58–60, 63, 68, 93
- Ausschließung **140; 143** 2
- außergewöhnliche Geschäfte **116** 2
- Austritt **105** 74
- Befristung **132** 13; **134**
- Beginn der Wirkung **123**
- Begriff **105** 1–10
- Beherrschungsverträge **105** 105
- Beirat **114** 27
- Beiträge **109** 6–10
- Beitritt **105** 50, 67, 68, 82
- Beschlussfassung **119**
- Beschlussmängel **Einl** vor **105** 51
- Besitz **124** 36
- Bestimmtheitsgrundsatz **119** 37–40; **161** 7
- Betriebsaufspaltung **105** 8
- Betriebseinstellung **105** 8
- Bilanz **120** 1–11
- Bürgschaft **128** 7
- corporate opportunity **114** 13
- Deliktsfähigkeit **124** 25
- Drittorganschaft **114** 11, 28; **125** 5
- Ehegattengesellschaft **105** 52
- Ehrenschutz **124** 34
- Eigenbedarf **123** 35

Sachverzeichnis

- Einlage **109** 6, 111; **120** 17; **121** 1
- EinpersonenGes **105** 18
- kraft Eintragung **105** 12–13; **123** 5
- Eintragungsoption **105** 14
- kein Eintragungswille **105** 7
- Eintritt **105** 26, 33, 67–68, 79, 92, 95
- Einwendungen **129**
- Entstehung **105** 7
- Entzug erworbener Rechte **119** 35
- als Erbe **124** 37
- Erben **139**
- Erbengemeinschaft **105** 7
- Erwerbschancen **114** 13
- fehlerhafte Ges **105** 75–97
- fehlgeschlagene **105** 7
- Firma **19** 11–18; **22** 1–2, 9–10, 16–18, 23, 24
- fortgesetzte Ges **134, 139**
- Freiberuflergesellschaften **Einl** vor **105** 50
- Fusionskontrolle **105** 107
- gemeinsamer Zweck **105** 1
- gemeinschaftliche Firma **105** 5
- gerichtliche Entscheidung **117; 127; 133; 140**
- Gesamthand **124** 1–1b, 3
- Gesamtschuld **128** 19–21, 36
- Geschäftsbeginn **123** 2, 3, 7, 9–13
- Geschäftsbriefe **Anh 105** HGB-MoPeG **125** 1; **125** 12
- Geschäftschancen **114** 13
- Geschäftsführung s dort
- Geschäftsführungsbefugnis **116** 12; **117** 13
- Gesellschafter s dort
- Gesellschafterbeschluss s dort
- Gesellschaftereintritt **Anh 105** HGB-MoPeG **127** 1
- Gesellschaftsvermögen **124** 3–15
- Gesellschaftsvertrag **105** 47–66; **109**
- Gewinn (OHG) s dort
- Gewinnabführungsverträge **105** 105
- Gewinnauszahlung **Anh 105** HGB-MoPeG **122** 1
- Gläubigerschutz **105** 104–105
- Gleichbehandlung **109** 29–31; **119** 35
- Grundbuch **124** 36
- Grundlagengeschäfte **114** 3; **116** 3
- Haftung **105** 1, 6, 8, 9, 51, 104; **124** 24–29; **128–130**
- Haftungsregress **128** 25–28
- Handelsgewerbe **105** 4
- Handlungsfähigkeit **124** 31–38
- HdlRegister **106–108; 123** 5; **143; 144 II; 148**
- herrschende PersonenGes **105** 106
- Hinauskündigung **140** 30–31
- inländische Geschäftsanschrift **106** 8; **107** 1f
- Insolvenz **124** 46, 47; **128** 46, 47; **144**
- Interessenkonflikt **114** 12, 13; **119** 8; s auch Wettbewerbsverbot
- Jahresabschluss **Einl** vor **105** 53; **Anh 105** HGB-MoPeG **120** 1, **121** 1
- Kernbereichslehre **119** 13, 36; **140** 31
- Kontrollrecht **118**
- Kündigung (OHG) s dort
- Löschungsoption **105** 8
- Liquidation s dort
- Mehrheitsbeschlüsse **119** 34–41
- Mehrheitsklausel **119** 37
- Minderheitenschutz **119** 35
- Mobbing **125** 27
- MoPeG **Einl** vor **105** 51–61, 110; **106** 14; **107** 4; **108** 8; **114** 29; **115** 8; **116** 12; **117** 13; **118** 21; **119** 42; **120** 24; **121** 11; **123** 23; **124** 56; **125** 12; **126** 12; **127** 13; **129** 15; **130** 10
- Nachlassverwaltung **139** 32
- Nachschüsse **109** 6, 12
- Naturalteilung **145** 10
- Nebenintervenient **124** 43
- nichteheliche Lebensgemeinschaft **105** 53
- Nießbraucher **105** 44–46
- Ort **106** 8, 9
- PersonenGes **Einl** vor **105** 13, 15
- Prozess **124** 41–44
- Rechtsfähigkeit **124**
- Rechtsnatur **Einl** vor **105** 12; **124** 1
- Rechtsübertragung **124** 48–55
- Rechtsverhältnis zu Dritten **Anh 105** HGB-MoPeG **123** 1; **123**
- Rückgang auf Kleingewerbe **105** 8
- Rücktritt **105** 48, 58, 80
- ScheinGes **105** 11, 98–99
- Schiedsgericht **Einl** vor **1** 110–115; **117** 8
- Schiedsvereinbarungen **124** 43; **128** 40
- Selbstkontrahieren **119** 22; **126** 9
- Selbstorganschaft **114** 24–25; **125** 5
- Sitz **106** 8–10
- Sitzverlegung **105** 10
- Statuswechsel **Anh 105** HGB-MoPeG **106** 1, **107** 1
- Stimmrecht **119** 5
- Stimmrechtsbindung **119** 17–18
- Strafbarkeit **124** 40
- Strafrechtsschutz **124** 39
- Testamentsvollstreckung **139** 21
- Treuepflicht **109** 23–28; **112; 113**
- Treuhänder **105** 31–37
- Typenverfehlung **109** 3
- Übernahme **145** 10
- Übertragung des HdlGeschäfts **22**
- Umwandlung **Einl** vor **105** 19–27; **105** 8; **145** 1
- Unterbeteiligte **105** 38–43
- Verbandssanktion **124** 40
- Verbindlichkeiten **124** 23–30
- Verlustausgleichspflicht **105** 104
- Vermächtnis **124** 37
- Vermögen s dort
- Vermögensübergang auf GmbH **89a** 18
- Verpachtung **105** 8
- Vertrag **105** 47–66; **109**

3155

Sachverzeichnis

- Vertragsabschluss **105** 50–53
- Vertragsänderung **105** 60–63; **119** 34, 37; **126** 3
- Vertragskonzern **105** 105
- Vertretung **Anh 105** HGB-MoPeG **124** 1; **125** 27; s auch Vertretung (OHG, KG)
- Vertretungsmacht **126; 127**
- Verwaltungsrat **114** 27
- Verzinsungspflicht **Anh 105** HGB-MoPeG **119** 1
- Vollmachten **124** 33
- VorGes **105** 9, 28
- Vorvertrag **105** 58
- Wettbewerbsverbot **112; 113**
- Wissenszurechnung **125** 4
- Zahlungsverbot **177a** 2
- Zustimmungspflicht **119** 7
- Zwangsvollstreckung **Anh 105** HGB-MoPeG **129** 1; **124** 45; **128** 45; **129** 15
- Zweipersonengesellschaft s dort

Offenlegung 10; 11; 325–329; 340l; 341l; s auch Abschlussprüfung, Handelsbücher, Jahresabschluss
- Abweichungen von Kontoform **328 IV**
- Anwendungsbereich **325** 1
- Art **325** 3–5; **328**
- Beweislast **325** 14
- Definition **325** 3
- elektronischer Banz **325** 4, 5; **329**
- EU-AuslandsGes mit Verwaltungssitz im Inland **325** 1
- Feststellungslast **325** 14
- Frist **325** 4, 11
- Funktionsschutz **325** 1
- Gegenstand **325** 4
- Genossenschaften **339**
- IAS/IFRS **325** 6–8
- Individualschutz **325** 1
- Inhalt **328**
- kapitalmarktorientierte Ges **325** 11; **327a**
- kleine KapitalGes **326** 1
- KleinstkapitalGes **325** 5; **326** 2
- Konzernabschluss **325** 9
- Kreditinstitute **340l**
- mittelgroße KapitalGes **327**
- Null-Bilanz **325** 4, 14; **331** 1; **334** 1
- Ordnungsgeld **335; 335a; 335b; 340o; 341y**
- Prüfung durch Banz-Betreiber **329**
- teilweise **328**
- unterlassene **325** 14
- verbundene Berichterstattung **325** 10
- Verfassungsmäßigkeit **325** 2
- Veröffentlichung **325** 3–4; **328**
- Versicherungsunternehmen **340l**
- Vertretenmüssen **325** 14
- Vervielfältigung **325** 3–4; **328**

Offenlegungsverordnung Einl vor **238** 22b; **289b** 6
OGAW-Richtlinie Anh 177a 87, 91

Organismen für gemeinsame Anlage in Wertpapieren (OGAW) Anh 177a 52, 87, 91
- Risikostreuung, Grundsatz der **Anh 177a** 91

OHG s Offene Handelsgesellschaft (OHG)
ohne obligo 346 40
Online-Plattformen
- Lieferkette **(2)** LkSG **2** 9

Ombudsmann s BankGesch
one-leg transactions (7) BankGesch C17, 76
Online-Banking (7) BankGesch C7, 25, 66, F29–31
- Anscheinsvollmacht **Einl** vor **48** 6; **(7)** BankGesch C69

Online-Beglaubigungsverfahren
- Handelsregisteranmeldung **12** 2

Online-Gründung 7 5; **8** 2d; **Einl** vor **105** 36
Online-Hotelportal 84 23, 26
Option 346 40; s auch Börse
- Kapitalrücklage **272** 7

Optionsgeschäft (7) BankGesch N1
Optionsprämie 246 13
Optionsrecht 114 21
Order 346 40
Orderklausel 363 1
Orderladeschein 363 5; **443** 3; **444** 3; **475d** 1
- Traditionspapier **448** 1

Orderlagerschein 363 5; **467** 7; **475c**; s auch Lagerschein
- Ausstellung **467** 7
- OLSchVO **467** 7
- Pfandrecht **475b** 2

Orderpapier 363–365
- Abtretung **364** 2
- Anwendung des Wechselrechts **365**
- Aufgebot **365** 5
- Aushändigung **364** 8
- Begriff **363** 1
- Einwendungsausschluss **364** 3–7
- erster Nehmer **475g** 1
- FCR **363** 2
- forwarders receipt **363** 2
- Frachtbrief s dort
- geborenes **363** 1
- gekorenes **363** 1
- gewillkürtes **363** 1
- Indossament **364; 365**
- kfm Anweisung **363** 2–3
- kfm Verpflichtungsschein **363** 2, 4
- Konnossement **363** 2, 5
- Ladeschein s dort
- Lagerschein s dort
- Quittung **364** 8
- Schuldverschreibung **363** 4
- Traditionspapier **363** 6; **448**; **475b** 2; **475g**
- Transportversicherungspolice **363** 5
- Wechsel mit Formfehler **363** 3

Sachverzeichnis

Order-Transaktions-Verhältnis (14) BörsG 26a
Ordnungsgeld 335; 335b; 340o; 341y
– Wiedereinsetzung in den vorigen Stand 335 3
ordre public 449 4; 466 5
ORGALIME-Bedingungen (6) Incoterms 2020 **Einl** 7
Organ
– Drittorganschaft **Einl** vor 105 13; 114 11, 28; 125 5
– Vertretungsmacht, organschaftliche **Einl** vor 1 34
Organ des Handelsstandes **Einl** vor 1 26a; s auch Industrie- und Handelskammer
Organbeschluss 164 3
Organhaftung 124 25
Organisationsmangel 124 28
Organisationsrisiko 91a 8
Ortsform **Einl** vor 105 29
OTC-Derivatgeschäft (7) BankGesch S 1
Outsourcing
– anlageberatende Bank 347 30
P-Konto s Pfändungsschutzkonto
P. O. D. 346 40
Pacht
– Abgrenzung zum Kauf **Einl** vor 373 19
– Anlagevermögen, fiktives 247 7
– Betriebsübergang 59 18
– Firma 17 23–24; 22 25
– Geschäftsverpachtung 89b 18
– HdlGeschäft **Einl** vor 1 70; 1 10, 22
Packstück 431 3; 435 3; 475c I; 475d 1
Paletten 380 7
Palettenvertrag 407 14
Pandemie s COVID-19-Pandemie
Parallelvertrieb 86a 17
Pariser Übereinkommen zum Klimaschutz (2) LkSG **Einl** vor 1 2
Partei kraft Amtes **Einl** vor 48 3
partiarisches Dienstverhältnis 230 4
Partnerschaft mit beschränkter Berufshaftung **Anh** 160 4, 6
Partnerschaftsgesellschaft (PartG) **Einl** vor 105 1, 15, 64, 69; **Anh** 160
– Berufsrecht **Anh** 160 3
– Bezeichnungsschutz **Anh** 160 1
– Eintragung **Anh** 160 1
– Haftung **Anh** 160 2
– mit beschränkter Haftung **Einl** vor 105 69
– natürliche Personen **Anh** 160 1
– Rechtsfähigkeit **Anh** 160 2
– Verbot gemeinschaftlicher Berufsausübung **Anh** 160 3
Partnerschaftsregister **Anh** 160 1
– Doktortitel **Anh** 160 1
– Verordnungsermächtigung 8a 3
Passivgeschäft (7) BankGesch B1–6
Passivierbarkeit 246 13

Passivierung
– Freistellungsanspruch 249 14
– Herstellungsaufwendungen 248 3
– Provision 248 3
– Rückstellungen 249 1, 8, 9, 13, 14, 16–18, 19, 26, 31–32, 36, 38
Passivierungswahlrecht **Einl** vor 238 15
Patent 54 15; 87a 28; s auch gewerbliche Schutzrechte
Patentanwalt 1 19; (10d) AGB-Anderk
Patronatserklärung 349 19, 22; (7) BankGesch L19
– Bilanzrecht 251 1–2
– internationaler Verkehr 349 23
Pauschale 87 48; 89 16; 89b 51; 90a 28
Pauschalierung s Schadensersatz
Pauschalrückstellung 249 11, 13
Pension 89b 61; 92b 2
pension pooling **Anh** 177a 95
Pensionsfonds 341; 341p
– Abschlussprüfer 341k 1
Pensionsgeschäft 246 20; 340b; (7) BankGesch J5
– wirtschaftliches Eigentum 246 20
Pensionsrückstellungen 249 2, 14–18; 285 26
Pensionssicherung 59 89
Pensionsverpflichtungen **Einl** vor 238 15; 249 14
Pensionszusage 87a 34
Periodenabgrenzung 252 23
Persönlichkeitsrecht **Einl** vor 1 85
Persönlichkeitsschutz 59 94–99
Personalakte
– Vermerk 59 49
Personalkredit (7) BankGesch G54
Personenbeförderung 407 7
Personenfirma 17 6; 19 6
Personengemeinschaft 84 40
Personengesellschaft **Einl** vor 105 1; 105–177a; s auch Handelsgesellschaft
– Abgrenzung von KapitalGes **Einl** vor 105 13
– Anteilsübergang **Anh** 105 BGB-MoPeG 711 1
– Anteilsübertragung **Anh** 105 BGB-MoPeG 711 1
– Aufwendungsersatz **Anh** 105 BGB-MoPeG 716 1
– ausländisches Recht **Einl** vor 105 37
– Begriff **Einl** vor 105 13
– beherrschende 105 106; 166 16
– beherrschte 105 102–105; 166 17
– Beiträge **Anh** 105 BGB-MoPeG 709 1
– Beschlussmängel **Einl** vor 105 42–43; **Anh** 105 HGB-MoPeG 110 1
– Compliance-System 124 40
– Einteilung **Einl** vor 105 13–18
– Empfehlungen **Einl** vor 105 35
– Freiberufler 1 20a
– Fusionskontrolle **Einl** vor 1 98–99; 105 107

3157

Sachverzeichnis

- Geschäftsführungsbefugnis **Anh 105** HGB-MoPeG **116** 1
- Gesellschaft bürgerlichen Recht (GbR) s dort
- Gesellschafterausscheiden **Anh 105** BGB-MoPeG **712** 1
- Gesellschafterausscheiden (vorletzter Gfter) **Anh 105** BGB-MoPeG **712a** 1
- Gesellschaftereintritt **Anh 105** BGB-MoPeG **712** 1
- Gesellschafterrechte, eingeschränkte Übertragbarkeit **Anh 105** BGB-MoPeG **711a** 1
- Gesellschaftsvermögen **Anh 105** BGB-MoPeG **713** 1
- Informationsrechte/-pflichten **Anh 105** BGB-MoPeG **717** 1
- IPR **Einl** vor **105** 29–33
- Kommanditgesellschaft (KG) s dort
- Konzernrecht **105** 100–107
- latente Steuern **274** 1–1b
- Mauracher Entwurf **8** 2c, **13** 1, 10; **Einl** vor **105** 14, 42–69; **119** 34; **Einl NebenG** 3
- Mehrbelastungsverbot **Anh 105** BGB-MoPeG **710** 1
- mit beschränkter Haftung **Einl** vor **105** 69
- Notgeschäftsführungsbefugnis **Anh 105** BGB-MoPeG **715a** 1
- ohne natürliche Person **Einl** vor **105** 40
- Offene Handelsgesellschaft (OHG) s dort
- Reform **1** 20a; **8** 2c; **Einl** vor **105** 42; **124** 1a–1b
- Steuerrecht **124** 1b
- Übergang (von vor 1900) **Einl** vor **105** 28
- Umwandlung **Einl** vor **105** 19–27; **105** 8, 10; **131** 8, 9, 21
- unternehmenstragende **Einl** vor **105** 49
- Verluste, Ersatz **Anh 105** BGB-MoPeG **716** 1
- Vermögensverwaltungsgesellschaft **1** 20a
- Vertragssitz **13** 1
- Wesenselemente **Einl** vor **105** 13
- wirtschaftliche Bedeutung **Einl** vor **105** 38–39
- Zweipersonengesellschaft s dort

Personenhandelsgesellschaften s Handelsgesellschaft

Pfändung
- Anteilspfändung **105** 74; **124** 21; **135** 7
- des Auseinandersetzungsguthabens **124** 21; **135** 7
- Dispositionskredit **357** 10
- Gehalt **59** 83
- Gfter **124** 21
- Girotagesguthaben **357** 8–10
- HdlGeschäft **Einl** vor **1** 72
- HdlGehilfe **59** 83
- Kommission **392** 9
- Kontokorrent **357**
- Kreditlinie **357** 10
- Provision **87** 50
- des Saldos **357**

Pfändungsschutz 87 50; **87d** 2; **89b** 85
- Aufwendungsersatzanspruch **87d** 2
- Ausgleichsanspruch **89b** 85

Pfändungsschutzkonto 357 2; **(7)** BankGesch A46a

Pfandrecht
- Auskehrungspflicht **441** 1
- Banken **(8)** AGB-Banken **14**
- an Begleitpapieren **440** 1, 6; **464** 2; **475b** 1
- Besitzpfandrecht **440** 7–8; **464** 1, 2
- Beweislast **440** 10
- Eigentum, wirtschaftliches **246** 15
- Folgerecht **464** 2
- des Frachtführers **440**–**442**
- am Gut eines Dritten **440** 1; **464** 1
- gutgläubiger Erwerb **440** 4
- IPR **440** 1
- Kommissionär **366** 10; **397**
- Konnexität **440** 1–3, 11
- des Lagerhalters **440** 1; **475b**
- Posterioritätsprinzip **442** 1–2
- Rang **442**
- Sparkasse **(9)** AGB-Spark **21**
- des Spediteurs **440** 1; **441** 2; **464–465**; **(18)** ADSp **16**
- treuwidrige Ausübung **440** 5
- Werkunternehmerpfandrecht **440** 3
- Wirkungen **440** 5

Pfandverkauf 368; **440** 9, 11; **464** 2
Pfleger in OHG, KG 105 26, 27
Pflegezeitgesetz 59 12, 100
Pflichtangaben 87a 3–6; **285**
Pflichtteil s Erben
Pflichtrotation Einl vor **238** 17; **Einl** vor **316** 9, 15b; **318** 6–6a
Pflichtverletzung 55 8; **86** 25, 42; **86a** 4; **88a** 5; **89** 16; **89a** 10, 17 f., 22, 27, 40; **89b** 17; **91a** 9
Phantasiefirma 17 2–3, 6, 13, 15, 47; **18** 4, 9; **19** 8, 10
Pharming (7) BankGesch F30
Phishing (7) BankGesch F30
PIN (7) BankGesch C35, 63
- Missbrauch **(7)** BankGesch F31
- Sorgfaltspflicht des Karteninhabers **(7)** BankGesch F7

Plausibilitätskontrolle 317 7; **347** 25, 27, 35
Pool (7) BankGesch H1
Pooling-of-Interests-Methode 301 1
POPs-Übereinkommen (2) LkSG **2, Anl**
Portabilität 59 89
POS (7) BankGesch F26
positive Publizität 15 1–2, 16, 18
Postbank-Entscheidung (7) BankGesch C31a; **(8)** AGB-Banken **1** 7
Postbeförderung 407 6; s auch Deutsche Post
Posterioritätsprinzip 442 1–2

Sachverzeichnis

Präklusion 128 43
Prämie 55 5; **87** 5; **87a** 27, 29, 33; **87c** 15; **89a** 20, 30; **89b** 17, 20; **92** 5 ff.
- HdlGehilfe **59** 58
- HdlVertreter **87** 5; **87a** 27, 29, 33; **89a** 20; **89b** 17, 20; **92** 5, 7–8
Prämiensparvertrag (8) AGB-Banken **19** 1; **(9)** AGB-Spark **26**
Präsentationsrecht 114 21
Praktikanten 59 26
Preis 55 10; **84** 12, 51; **85** 2; **86** 15, 27, 35 ff.; **86a** 5, 13, 16 f.; **87a** 8, 11, 13, 28; **87b** 5 ff.; **87c** 15, 23; **87d** 15; **89b** 14, 18, 20, 70, 76; **90** 5; s auch Bewertung, Börse
„**Preis freibleibend**" 346 40
Preisangaben (7) BankGesch G5
Preisanpassungsklauseln 346 40
Preisgefahr Frachtgeschäft **420** 2
Preisgleitklauseln 87b 5
Preisliste 86a 5
Preisrecht Einl vor **373** 4
Preisvorbehalt 346 40
Preisvorschriften 87b 5
Presse Einl vor **1** 87
Presseartikel
- Prospekthaftung **Anh 177a** 60; **(15a)** WpPG **9** 1
Prinzipal s Arbeitgeber
Prioritätsprinzip 19 7
Privatautonomie s Vertragsfreiheit
private limited company 13d 1; **13e** 1
Privatgläubiger
- Kündigung **135**
Privatisierung 59 18
Privatkonto 120 20
Privatplatzierung (15a) WpPG **9** 12
Privatvermögen 246 24; **264c** 3
pro Diverse s Konto
Probezeit 59 125; **89** 19 f., 28
Produktentwicklung 86a 9
Produktinformation
- Prospekthaftung **Anh 177a** 60
Produktionseinschränkung 89b 10, 57 f.
Produktionseinstellung 86a 11; **89b** 20
Produktpflege 86 13; **87d** 4
Prognose
- Risiko des Anlegers **347** 23
Prognosebericht 289 1
Projektfinanzierung (7) BankGesch A25
Prokura 54 1 f., 6 ff., 21; **86** 28; s auch Handlungsvollmacht
- Änderungen **53** 3
- Anmeldung **53**
- Auslegung Einl vor **48** 2
- Beschränkung **50; 116** 10
- Bestandspflegeprovision **92** 7
- Betriebsübergang **52** 5
- Eintragung **53** 1
- Erlöschen **48** 1; **52** 4–6; **53** 4
- Erteilung **48** 1–4; **116** 8
- Erweiterung **116** 10
- Gesamtprokura **48** 5–7; **52** 6

- Gesamtvertretung, gemischte **48** 6; **49** 3; **150** 4
- Grundstücksgeschäfte **49** 4
- Heilung **48** 1
- internationaler Verkehr **Einl** vor **1** 34; **Einl** vor **48** 13
- KG **164** 5
- Kollusion **50** 5
- bei Liquidation **145** 4; **150** 4
- mehrere Unternehmen **50** 3
- Missbrauch **50** 4–7; **126** 11
- Niederlassungsprokura **50** 2; **51** 1
- Selbstkontrahieren **49** 2
- Titularprokura **170** 4
- Tod des Inhabers **52** 4
- keine Übertragbarkeit **52** 3
- Umfang **49; 50**
- Unterschrift **48** 3; **51**
- Widerruf **52** 1–2, 5; **116** 9
- Zeichnung **48** 3; **51**
Propagandist 84 23; **89b** 5
Prospekt 347 8–40, 23; **(15)** Prospekthaftung 10
- Ad-hoc-Mitteilung **(15a)** WpPG **9** 1, **10** 2
- Aufklärung im **347** 30
- Aufklärungspflichten **Anh 177a** 66b, 66c
- Auslegungsrisiken **347** 25
- Börsenzulassungsprospekt **(15a)** WpPG **9** 1
- Emissionsprospekt **Anh 177a** 60
- Falschangaben **Anh 177a** 60
- fehlender **(15a)** WpPG **14**; **(15b)** VermAnlG **21**
- fehlerhafter **Anh 177a** 59, 60; **(15a)** WpPG **12, 13**; **(15b)** VermAnlG **20**
- freiwilliger **(15a)** WpPG **9** 1
- mangelnde Lektüre **347** 39; **(15)** Prospekthaftung Einl **12**
- Prospektangaben **(15)** Prospekthaftung **13**
- Treuhand **177a** 52
- Unrichtigkeit **(15a)** WpPG **9** 6
- unvollständiger **(15a)** WpPG **9** 3–5, 7
Prospektaktualisierungspflicht 347 28; **(15)** Prospekthaftung Einl 7; WpPG **9** 8
Prospekterlasser (15a) WpPG **11** 3
Prospekthaftung Einl vor **48** 9; **Anh 177a** 53, 59–66; **347** 8, 12, 23–39; **(15)** Prospekthaftung; **(15a)** WpPG; **(15b)** VermAnlG; s auch Publikumsgesellschaft
- Abgrenzung von c. i. c. **Anh 177a** 65
- allgemein-zivilrechtliche s zivilrechtliche
- Anspruchsinhalt **Anh 177a** 65
- Aufrechnung **Anh 177a** 65
- Ausschluss **(15a)** WpPG **12, 13**
- der Bank **Anh 177a** 66a–66f
- Begriff **(15)** Prospekthaftung 1–2
- Berichtigungspflicht **(15)** Prospekthaftung Einl 7
- Beiratsmitglied **Anh 177a** 63
- Börsenprospekthaftung s dort

3159

Sachverzeichnis

- „Erster Erwerbspreis" **(15a)** WpPG **14** 4
- Erwerbskausalität **(15a)** WpPG **12** 2
- Garantenstellung **Anh 177a** 63
- Gesamtschuldner **(15a)** WpPG **9** 10a
- Gewinnmarge **347** 25
- im engeren Sinne **Anh 177a** 60; **(15)** Prospekthaftung 1
- im weiteren Sinne **Anh 177a** 60; **(15)** Prospekthaftung 2
- Informationslücken **(15)** Prospekthaftung 13
- Informationspflichten **Anh 177a** 55a
- Innenprovisionen **347** 25
- Interessenkonflikte **347** 25
- investmentrechtliche **Anh 177a** 61; **(15a)** WpPG **16** 2–3
- Investmentvermögen **Anh 177a** 90
- Kausalität **(15)** Prospekthaftung Einl 10–11 **(15a)** WpPG **9** 12; **(15b)** VermAnlG **21** 4
- Pflichtige **Anh 177a** 63–64; **(15a)** WpPG **9** 9–9c, **14** 2
- Rechtsnatur **Anh 177a** 62; **(15)** Prospekthaftung 3
- Rom II-VO **Anh 177a** 55a
- Rückvergütungen **347** 25
- spezialgesetzliche **Anh 177a** 60, 61; **(15)** Prospekthaftung 1, 6–7
- Verjährung **Anh 177a** 65; **Einl vor 343** 16; **347** 39; **(15)** Prospekthaftung **Einl** 12
- Verkaufsprospekthaftung s dort
- Vermutung aufklärungsrichtigen Verhaltens **(15)** Prospekthaftung Einl 11 **(15a)** WpPG **9** 8
- Verschulden **(15a)** WpPG **9** 9a, 10a, 14, **12** 1, 4, **15** 4
- Vertrauen, typisiertes **(15)** Prospekthaftung 1
- Vertrieb **Anh 177a** 66a–66f
- weiche Kosten **347** 25; **(15)** Prospekthaftung 13
- Wertpapierprospekthaftung s dort
- Wirtschaftsprüfer **(15a)** WpPG **9** 9b
- Zeitpunkt, maßgeblicher **(15)** Prospekthaftung Einl 7
- Zinsswapgeschäft **347** 25
- zivilrechtliche **Anh 177a** 59, 60; **(14)** BörsG **48** 7; **(15)** Prospekthaftung 1, 4–5, 8–9; **(15a)** WpPG **12** 2, **16** 4

Prospektherausgabe 347 32
Prospektmangel (15) Prospekthaftung 11–13
Prospektnachtrag (15) Prospekthaftung Einl 7; **(15a)** WpPG **9** 8; **(15b)** VermAnlG **21** 2
Prospektpflicht Anh 177a 52, 59; **(15b)** VermAnlG **Einl** 1
- Neu-Emissionen **Anh 177a** 59

Prospektprognose (15) Prospekthaftung 11
Prospektprüfung Anh 177a 59; **347** 29; **(15)** Prospekthaftung Einl 8

Prospektrichtlinie (14) BörsG **Einl** vor **1** 15
Prospektrichtlinie-Umsetzungsgesetz (14) BörsG **Einl** vor **1** 15
Prospektveranlasser (15a) WpPG **9** 10
Prospektverantwortliche (15a) WpPG **8**
Protokoll
- Anlageberatung **347** 37
- Verhandlungsprotokoll **346** 21

Provision 87; 87a; 87b; 87c; 92 4 ff.
- Abdingbarkeit **87** 19, 22, 47, 48; **87b** 18; **87c** 29
- Abrechnung **87** 53; **87c**
- Abrechnungsform **87c** 6
- Abschlussprovision **86b** 10; **87** 1, 3; **89b** 24, 41, 47
- Abtretung **87** 49
- Abwälzung **93** 66
- abweichende Vereinbarungen **87** 48; **87a** 35
- bei anderer Leistung **87b** 6
- Anerkenntnis **87a** 19; **87c** 3–4, 11
- Anerkenntnisfiktion **87c** 19, 29
- Anfechtung **87** 7
- als Anschaffungskosten **255** 3
- Aufrechnung **87** 32, 50; **87a** 19
- ausgeführte Geschäfte **87a** 5–12
- Belegvorlage **87c** 15
- Berechnungsgrundlagen **87b** 4–17
- Bezirksprovision **87** 2, 24, 27, 30, 31–32, 35; **92** 6
- Bruttoprovision **89b** 29, 32, 41, 51, 94; **90a** 19
- Buchauszug s dort
- für Dauerverträge **87a** 35; **87b** 13–17
- Delkredereprovision s dort
- Dynamikprovision **92** 3
- Einmalprovisionsregelung **92** 9
- Entfallen **87a** 13–19
- entgehende **89b** 2, 23–33, 45, 47, 50, 91–92
- erfolgsunabhängiges Provisionsversprechen **93** 48, 63, 66
- Erfolgsvergütungsgrundsatz **87a** 1 ff.
- Ermessen **87a** 32; **87b** 3; **89b** 81
- Fälligkeit **87a** 31
- Folgeaufträge **87** 17–20; **92** 3
- Garantie **87** 2
- geringwertiges Konsumgut **87b** 2
- Gesamtvergütungsabrede **86b** 2
- Großauftrag **87b** 2
- HdlGehilfe **59** 59; **65**
- HdlMakler **93** 23, 37, 40–58, 66; **99**
- HdlVertreter **87–87c**
- Herausgabepflicht **347** 30f
- Hilfsansprüche **87c** 1
- Höhe **87b**
- Hungerprovision **86** 9; **92a** 1
- Inkassoprovision s dort
- Innenprovision **347** 30d f.
- Insolvenz des Unternehmers **87** 51
- Konkurrenzverbot **87** 30

Sachverzeichnis

- Kontokorrentbindung **87a** 35
- Konzern **87** 14
- bei Leistung an Erfüllung statt **87b** 6
- bei mangelhafter Ausführung **87a** 5, 10
- Mehrjahresvereinbarung **87** 41
- Mehrwertsteuer **87b** 12
- Mindestprovision **84** 36; **92a** 4
- Nachbestellungen **87** 17–20; **92** 4
- Nebenrechte **87c** 1
- Nichtausführung des Unternehmers **87a** 20–30
- Nichtleistung des Dritten **87a** 13–19
- Pfändung **87** 50
- bei Preisgleitklauseln **87b** 5
- bei Preisnachlass **87b** 7–8
- bei Preisvorschriften **87b** 5
- Provisionspacking **87** 2
- Realisationszeitpunkt **252** 20
- Rückgewähr **87a** 19
- sachverständige Bucheinsicht **87c** 27
- sachverständige Feststellung **87b** 2
- selbständiges Provisionsversprechen **93** 48, 63, 66
- Sittenwidrigkeit **92** 5
- Sprunghaftung **87a** 35
- Stornoreserve **92** 9–10
- Superprovision **89b** 27
- Teamvereinbarung **87** 2
- Teilprovision **87a** 35
- Teilung **87**
- Treu und Glauben **87** 33
- Überhangprovision **87** 2, 41; **89b** 50
- übliche **87b** 2
- bei unentgeltlichem Erwerb **248** 3
- Verjährung **87** 52–53
- Vermittlungsprovision **86b** 10
- Verpfändung **87** 49
- Verwaltungsprovision **89b** 28; **92** 9
- Verwirkung **87** 53
- Verzicht **89b** 91
- Verzichtsklauseln **87** 48; **92** 5
- Vorschuss **92b** 9
- bei vorzeitiger Kündigung **93** 45
- Zahlungspflicht **93** 23, 37, 40–58, 66; 99

Provisionsanwartschaft 87 7
Provisionskonkurrenzen 87 27, 35
Provisionsminderungsabrede 89 17
Provisionspauschale 89 16
Provisionspflicht 87; 354 1
Provisionspflichtiges Geschäft 87 ff.
Provisionsverlust 86 49; **89a** 26; **89b** 2, 22 f., 26, 29, 30, 32, 47, 50, 82, 91 f.; **92** 5, 10
Prozess
- OHG **124** 41–42; **128** 39

Prozessgericht
- Bindung **16** 2

Prozessstandschaft (2) LkSG 11 1
Prozessverkehr 15 8
Prüfung (6) Incoterms 2020 Einl 53
- Abschlussprüfung s dort

Prüfungsausschuss Einl vor **316** 3, 12; 324
- Anforderungen **324** 7–10
- Aufgaben **324** 5
- CRR-Kreditinstitute **324** 1a
- Einrichtungspflicht **324** 1a–4
- Übergangsrecht **324** 1
- Überwachung **324** 11
- Unternehmen von öffentlichem Interesse **324** 1a
- Unternehmen von öffentlichem Interesse, mitbestimmungsfreie **324** 1a
- Unternehmen, kapitalmarktorientierte **324** 1a
- Wahl **324** 6

Prüfungsbericht 298 2; **321; 321a; 322** 1
Prüfungsstandards, internationale s ISA
Pseudonym 19 6
psychologischer Eignungstest 59 34
public Country-by-Country Reporting-Richtlinie Einl vor **238** 22e
Public Interest Entity (PIE) 316a 2
public limited company 13e 1
Publikumsfonds
- Anlageberatung **Anh 177a** 66b
- KABG **Anh 177a** 54

Publikumsgesellschaft Einl vor **105** 1; **Anh 177a** 52–85; s auch GmbH & Co KG
- Abgrenzung von AG **Anh 177a** 52
- AltGes **Anh 177a** 56
- Altverbindlichkeiten **Anh 177a** 79
- arglistige Täuschung **Anh 177a** 58
- Aufklärungspflicht **Anh 177a** 53
- Auflösung **Anh 177a** 83
- Aufnahmeverträge **Anh 177a** 57
- Aufsichtsorgane **Anh 177a** 75
- Auslegung **Anh 177a** 67
- Ausscheiden **Anh 177a** 84
- Ausschüttung, ungerechtfertigte **Anh 177a** 79
- Begriff **Anh 177a** 52
- Beirat **Anh 177a** 75
- Beitritt **Anh 177a** 57
  - unter Bedingung **Anh 177a** 70
  - fehlerhafter **Anh 177a** 53, 58, 81
- Bestimmtheitsgrundsatz **119** 37, 39–40; **Anh 177a** 53, 69a
- Bürgschaft **Anh 177a** 71
- Darlehen **Anh 177a** 71
- Drittgläubigerforderung **128** 24
- derivativer Erwerb **Anh 177a** 58
- Errichtung **Anh 177a** 56
- Finanzportfolioverwaltung **Anh 177a** 52
- Formbedürftigkeit **Anh 177a** 67
- Geschäftsführer **Anh 177a** 74
- GesVertrag **Einl** vor **105** 59; **Anh 177a** 67–69c
- GfterVersammlung **Anh 177a** 76
- GmbH & Co KG s dort
- GmbH-Geschäftsführer **Anh 177a** 74
- Grundlagengeschäft **Anh 177a** 76

Sachverzeichnis

- Haftung **Anh 177a** 74, 75
  - Beschränkung **Anh 177a** 53
  - ggü Dritten **Anh 177a** 82a–82b
- Herabsetzung der Gesamteinlage **Anh 177a** 57
- Immobilienfondsbeteiligung **Anh 177a** 52
- ImmobilienfondsGbR **Anh 177a** 53
- Informationsrechte **Anh 177a** 72
- Inhaltskontrolle **Anh 177a** 68
- Innenprovision **Anh 177a** 53
- Interessenkonflikte **Anh 177a** 75, 79
- IPR **Anh 177a** 55a
- Jahresabschluss **Anh 177a** 72
- Kapitalmarktrecht **Anh 177a** 54
- Kernbereichslehre **Anh 177a** 53
- Kommanditisten **163** 3
- Kündigung **Anh 177a** 58
- Liquidation **Anh 177a** 85
- Massenaustritt **Anh 177a** 83
- Medienfondsbeteiligung **Anh 177a** 52
- Mehrheitsbeschluss **Anh 177a** 69b–69c
- Minderheitenrecht **119** 37, 39–40; **Anh 177a** 72
- Mitteilung der MitGfterNamen **Anh 177a** 72
- Nachschuss **Anh 177a** 69c
- Nachschussklausel **Anh 177a** 70
- negatives Kapitalkonto **Anh 177a** 55
- Pflichten des Kdtisten **Anh 177a** 70
- Prospekthaftung **Anh 177a** 53, 59, 66; s auch dort
- Rechte der Kdtisten **Anh 177a** 70–72
- Rechtsformänderung **Anh 177a** 56
- Rechtsstellung **Anh 177a** 79
- Rechtsverhältnisse **Anh 177a** 70–81
  - zu Dritten **Anh 177a** 82a–82b
- Rückgewähransprüche **Anh 177a** 81
- Rückvergütung **Anh 177a** 53
- Schiedsklauseln **Anh 177a** 67
- Sittenwidrigkeit **Anh 177a** 71
- Sonder(gesellschafts)recht **Anh 177a** 53
- Sonderprüfung **Anh 177a** 72
- Steuerrecht **Anh 177a** 55
- stille Beteiligung **Anh 177a** 71
- Treugeber **Anh 177a** 79
- Treuhänder **105** 31–37, **Anh 177a** 52, 57, 63, 68, 77–81
- Treuhandverhältnis **Anh 177a** 80
- unkundiges Publikum **Anh 177a** 61
- Vertragsänderung **Anh 177a** 69ac
- Vertrauenshaftung **Anh 177a** 55a
- Vertretungsmacht **Anh 177a** 72
  - Entziehung **127** 3
- Vertrieb **Anh 177a** 59; **230** 3
- Verwaltungsrat **Anh 177a** 75
- Vollmachtmissbrauch **Anh 177a** 78a

Publizität Einl vor **1** 6; **15**
- 2. ARRL **289a** 2; **289f** 4; **314** 8; **315a** 2
- Reichweite **15** 8

Publizitätsgesetz
- Übergangsrecht (**1**) EGHGB 54

Publizitätsrichtlinie 325 5
Pull-Zahlung (**7**) BankGesch C34, 72, 74
- Sperrung (**7**) BankGesch C49

Punktwertevereinbarung 92 9
Push-Zahlung (**7**) BankGesch C34, 73

Qualität **86** 27; **86a** 13; **91a** 6
Qualitätssicherungsrechte
- Lieferkette (**2**) LkSG 3 9

Qualitätszertifikat 346 40
Quasi-Gesellschafter Anh 177a 65, 79
Quittung s Orderpapier
Quotenkonsolidierung 310

Rabatt **84** 12, 38; **87b** 8; **89** 16
RAFTD (**6**) Incoterms 2020 **Einl** 8
Rahmenliefervertrag Einl vor **343** 3; **Einl** vor **373** 29
Rahmenvertrag 84 13; **87** 7, 38, 41; **92** 4; **Einl** vor **343** 3; (**7**) BankGesch A6, 8, G2, 34, O1, P4
- HdlVertreter **84** 13; **87** 7, 38, 41; **92** 4

Rahmenwerke
- Berichterstattung, nichtfinanzielle **289b** 1–1a; **289c** 1; **289d** 1–4

Rangrücktritt 246 13
Rat 347 8–41; s auch Haftung
- Banken (**7**) BankGesch A16–29

Ratingagenturen (**16a**) MAR **10** 7
Ratingverordnung 347 16
Ratingvertrag 347 21
Realisationsprinzip 246 14; **252** 18–23
Realisationszeitpunkt 252 19–20
Rechenschaft, HdlGehilfe 59 53
RechKredV 330 3; **340** 5–8
Rechnungsabgrenzungsposten 250; **266** 23; **268** 4
- aktive **250** 1–3
- Disagio/Damnum **250** 8
- passive **250** 5–7
- Umsatzsteuer **250** 4
- Verbrauchssteuern **250** 4
- Zölle **250** 4

Rechnungsabschluss (**8**) AGB-Banken 7
- kameralistischer **263** 2

Rechnungslegung Einl vor **238** 2, 5, 25f; **342**; **342a**; **Einl NebenG** 3
- Digitalisierung **Einl** vor **238** 25
- Gewinnanspruchsermittlungsfunktion **Einl** vor **238** 25j
- IAS s dort
- IAS-VO **315e**
- IFRS s dort
- internationales Handelsrecht **Einl** vor **1** 35
- Kleinkapitalgesellschaft s dort
- Kollisionsrecht **Einl** vor **238** 47
- Multifunktionalität **Einl** vor **238** 25j
- Prüfstelle für Rechnungslegung s dort
- Russland-Ukraine-Krieg **Einl** vor **238** 25d

Sachverzeichnis

- true and fair view **Einl** vor **238** 15, 35, 40, 57
- Verhaltenssteuerung, indirekte **Einl** vor **238** 22a, 25k
- Zweck **Einl** vor **238** 25f

Rechnungslegungsbeirat 342a
Rechnungslegungsempfehlungen 342
Rechnungslegungsgremium, privates 342
Rechnungslegungsprüfung 317 5–5a
Rechnungslegungsunterlagen
- Änderungen **325a** 4
- Einsichtnahme **9** 12
- Offenlegung **8** 2d
- Unternehmensregister **8b** 7

Rechnungswesen s Handelsbücher, Publizitätsgesetz
Recht an Gewerbebetrieb 90 8
Rechtsangleichung Einl vor **1** 29–30; **84** 3; **86** 22; s auch Rechtsvereinheitlichung
Rechtsanwalt s Anwalt
Rechtsanwalts- und Steuerberaterexposé 347 21
Rechtsanwaltsgesellschaft Einl vor **105** 5; **105** 13
Rechtsberatungsgesetz Anh 177 78; **(7)** BankGesch G6, 9
Rechtsbindungswille Einl vor **343** 4
Rechtsfähigkeit Einl vor **105** 12
- BGB-Ges **Einl** vor **105** 14
- InnenGes **Einl** vor **105** 10
- OHG **124**
- Verein **Einl** vor **105** 1

Rechtsformwahl Einl vor **105** 4, 6–7
Rechtsformzwang Einl vor **105** 5
Rechtsgeschichte Einl vor **1** 8–20
Rechtsirrtum 347 37
Rechtskraft 128 43; **129** 7–8
Rechtsnachfolge 2 11
- Gesamtrechtsnachfolge **Einl** vor **1** 60
- Nachweis **12** 6

Rechtspfleger Einl vor **1** 103; **8** 3
Rechtsquellen Einl vor **1** 21–28
Rechtsschein 54 3, 4, 9; **55** 3, 11; **84** 25; **91a** 7, 9; s auch Vertrauen, Vertretung
- Abschlussvollmacht **55** 3, 11
- Frachtbrief **409** 6
- ggü Geschäftsunfähigem **15** 6
- HdlRegister **15** 17
- KG **176** 3, 7
- reines Rechtsscheinprinzip **15** 6
- ScheinGes **105** 11, 98–99
- ScheinGfter **128** 5
- Wirkung **15** 22

Rechtsscheinhaftung Einl vor **1** 6; **5** 9–18; **15** 3, 5, 17
- Beweislast **15** 7, 20
- Kausalität **15** 9, 21
- Kenntnis **15** 7, 20
- Schonfrist **15** 14
- Zeitpunkt, maßgeblicher **15** 10, 22
- Zurechenbarkeit **15** 19

Rechtsscheinhandlungsvollmacht 54 3–5; **55** 3
Rechtsscheinkaufmann 5 9–18
Rechtsscheinprinzip 15 6, 19
Rechtsscheinvollmacht Einl vor **1** 34
Rechtsschutzinteresse 87c 21, 26
Rechtsvereinheitlichung Einl vor **1** 29–30; s auch Europäische Gemeinschaft
Rechtswahl
- Rom I-VO **92c** 11; **452a** 1

RechVersV 330 4; **341** 3
Refaktie 380 II
Reformen
- des HGB **Einl** vor **1** 11–20

Register s Handelsregister, Unternehmensregister
Registerbekanntmachung 10 4
- Zeitpunkt **10** 5

Registerfähigkeit
- GbR **Einl** vor **105** 14, 42, 44; **Anh 105** HGB-MoPeG **106** 1, **107** 1

Registergericht
- Bindung **16** 1
- Ermessen **8** 8
- Prüfung der Eintragungsvoraussetzungen **8** 7–9; **29** 3
- Prüfungskompetenz **7** 3–5
- Registerführung **8** 3
- keine Verwaltung **8** 8

Registerrecht
- europäisches Handelsrecht **Einl** vor **1** 30

Registersachen (3) FamFG **374**
Registervernetzung 8 2b; **9b**; **13e** 4
- Änderungsmitteilung **13e** 5
- Disqualifikation einer Person **9c**
- Verordnungsermächtigung **9b** 7

Registerzeugnis 9 14
Registerzwang 14
Regress
- Gfter **128** 25–28

Reisebüro 84 26; **86** 38; **86b** 14; **89b** 12, 16
Reisende 84 1, 6, 23
- HdlGehilfe **59** 31a
- HdlVertreter **59** 31a; **84** 1, 6, 23

Reisescheck (7) BankGesch E9–17
Reisevermittlungsvertrag 84 50
Rektapapier 443 1; **475g** 1
Religion 59 10; **62** II
Rembours (11) ERA **Einl** 1; **7** 3, 13
Remboursgeschäft (7) BankGesch G26
Rentenverpflichtungen 253 3, 4, 9
Reputationsschaden 87a 23
Restlaufzeit Einl vor **238** 36; **268** 4
Restrukturierung Anh 177a 49i–49l
- Stabilisierungsanordnung **Anh 177a** 49k
- Veränderungssperre **Anh 177a** 49k

Restrukturierungsgericht Anh 177a 49k–49l
Restrukturierungsplan Anh 177a 49k–49l
Restrukturierungsrichtlinie Anh 177a 49k

3163

Sachverzeichnis

Restrukturierungsverfahren Anh 177a 49k–49l
– Anzeige **Anh 177a** 49l
Restschuldversicherung (7) BankGesch G5, 10, 12, 36, 40
Reugeld 348 9
Revisibles Recht 89a 12; **89b** 84
Revision Beschwer **87c** 28
Revisionsgericht 89b 84
revolvierender Kredit s BankGesch
Richterrecht Einl vor **1** 22; **59** 6
Richtlinie über die Verwaltung Alternativer Investmentfonds s AIFM-RL
RICo s Eisenbahn
RID s Eisenbahn
RIEX s Eisenbahn
RIP s Eisenbahn
Risiko 84 12, 35 f; **86** 9, 35; **86a** 15; **86b** 11, 14; **87a** 17, 26, 28, 33; **87d** 3; **89a** 21; **89b** 20, 88, **90a** 9; **91a** 8
Risikoanalyse (2) LkSG 5
– Kenntnis, substantiierte **(2) LkSG 9** 4
– Priorisierung **(2) LkSG 5** 4
Risikobegrenzungsgesetz 354a 4
– Bankgeheimnis **(7)** BankGesch A9
– Übergangsvorschrift **(1)** EGHGB 64
Risikoberichterstattung, interne (2) LkSG **5** 5
Risikomanagement 289 4; **(2) LkSG 4**
– Abhilfemaßnahmen **(2) LkSG 5** 1, 4, 7
– Prävention s Risikoprävention
Risikomischungsgrundsatz Anh 177a 89
Risikostreuungsgrundsatz Anh 177a 91
Risikoprämie Einl vor **1** 54
Risikoprävention (2) LkSG 5 1, 4, 6, **9** 4
Robo Advice (7) BankGesch A3a
Rohergebnis Einl vor **238** 37; **267** 3, 6; **275** 4; **276**
Rohertragsmethode 84 12; **89b** 32
Roh-, Hilfs- und Betriebsstoffe 253 19, 23
Rohstoffmangel 86a 11
Rohstoffsektor 341q–341y
– Zahlungsbericht **341s–341y**
Rollfuhrversicherung 461 1
Rom I-VO 92c 1, 10a; **Einl** vor **343** 17; **449** 4
– Rechtswahl **452a** 1
Rom II-VO
– Prospekthaftung **Anh 177a** 55a
RoRo-Schiff (6) Incoterms 2020 **Einl** 63
Rosinentheorie 15 6
Rotation, externe 318 6–6a; **334** 2
Rotation, interne Einl vor **316** 15b; **318** 7; **319a** 3; **334** 2
Rotationsfristen 318 6–7
Rückerstattung
– HdlGeschäft **Einl** vor **1** 74–75
Rückerwerb eigener Anteile 272 4
Rücklagen s auch Gewinn, Handelsbücher, Rückstellungen
– eigene Anteile **272** 4, 5

– Gewinnrücklagen **270** 2; **272** 10
– Kapitalrücklagen **270** 1; **272** 6–9
– OHG **121** 4
– Sonderposten mit Rücklageanteil **Einl** vor **238** 8; **300** 3
– stille Reserven **105** 106; **120** 6; **243** 2; **252** 15–17; **253** 30
Rücklagenkonto Anh 105 HGB-MoPeG **122** 1
Rücklagenveränderungen 275 34
Rücksichtnahme 86a 1, 3, 13, 15
Rücksichtnahmepflicht
– des HdlGehilfen **59** 48
– des Unternehmers **86a** 1–3, 15
– Vergabeverfahren **Einl** vor **343** 3
Rückstellung 89b 6; s auch Handelsbücher, Rücklagen
– Abraumbeseitigungsrückstellung **249** 4, 26, 28, 30, 32
– Anhang **285** 15; **288; 327** 2
– Ansammlungsrückstellungen **285** 15
– Ansatz **253** 3
– Arten **249** 2–7
– Auflösungsverbot **249** 38
– Aufwandsrückstellungen **Einl** vor **238** 64; **249** 6, 10a
– Betriebsprüfungskosten, zukünftige **249** 11
– Bewertung **Einl** vor **238** 15; **249** 7; **253** 3
– Bilanzrückstellung **89b** 5
– Gewährleistungsrückstellungen **249** 5, 9, 11, 34–38
– IAS **249** 7
– IFRS **249** 7
– Instandhaltungsrückstellung **Einl** vor **238** 64; **249** 4, 27–33
– Interesse, eigenbetriebliches **249** 10a
– OHG **120** 4
– Optionsausübung **246** 13
– Passivierungspflicht **249** 11, 13
– Passivierungswahlrecht **Einl** vor **238** 15; **249** 1, 17–18, 31, 38
– Passivseite **266** 14–24
– Pauschalrückstellung **249** 11, 13
– Pensionsrückstellungen **249** 2, 14–18; **285** 26
– Pensionsverpflichtungen **Einl** vor **238** 15, 64; **243** 4; **246** 25; **249** 14
– sonstige **249** 37
– Steuerabgrenzung **249** 7, 12
– Steuerbilanz **249** 11
– Steuerrückstellungen s dort
– temporary concept **274** 1b; **306** 2
– timing concept **274** 1b; **306** 2
– Übergangsrecht **Einl** vor **238** 87; **249** 17–18, 31, 38
– Verbindlichkeiten, ungewisse **249** 2, 8–13
– Verbot **299** 37, 38
– Verluste, drohende **249** 3, 19–26
– Versicherungsunternehmen **341e–341h**
– Verwaltungskosten **249** 11
– Zweck **249** 1

Sachverzeichnis

Rücktritt 55 8, 10, 13; **86** 47; **86b** 11; **87** 7; **90a** 22; s auch Handelsvertreter, Offene Handelsgesellschaft
– Abschlussvollmachtumfang **55** 8, 10, 13
– Delkredereprovision **86b** 11
– bei Nichtausführen **87a** 22
– Sperrabrede **75f**
– des Unternehmers **86** 47
– Wettbewerbsverbot **75a** 1; **90a** 22
Rückvergütungen
– Abgrenzung von Innenprovision **Anh 177a** 66d
– Aufklärungspflichten **Anh 177a** 53, 66d; **347** 25, 30
– HdlVertreter **87b** 5
– Kommissionär **384** 2
– verdeckte **347** 30
– Vorsatz **347** 18
Rückverkaufsoption 246 13–14
Rückzahlungsklauseln 59 66–69; **89** 16, 28
RUF s BankGesch
Rüge 55 4, 7, 9, 13; **87** 4; **Einl** vor **373** 54; **377** 1 ff.; **(6)** Incoterms 2020 CTP 11, FOB 10, CIF 10; **(7)** BankGesch P17; s auch Mängelrüge

Sachanlagen 266 6
Sachgüter
– Lieferkette **(2)** LkSG **2** 9
Sachleistungen 59 69
Sachversicherung 87a 29
Sachverständige 87b 2; **87c** 27; s auch Gutachten
– Auskunft **347** 21
– Börsenprospekthaftung **(15a)** WpPG **9** 9c
– Schiedsgutachter **131** 53
Sachwalterhaftung Einl vor **48** 9
Saldo s Kontokorrent
sale-and-lease back (7) BankGesch P1
Sammelbank (13) DepotG **1** 6
Sammelbewertung 240 8
Sammelladungsspedition 460; 466 3
Sammellagerung 467 1, 6
Sammelschuldbuchforderung (13) DepotG **1** 2
Sammelsendung 440 1
Sammelurkunde (13) DepotG **1** 2, **9a**
Sammelverwahrung (13) DepotG **2** 1, **5–9a**, 24
– Drittsammelverwahrung **(13)** DepotG **6** 1
– Pfandrecht **(13)** DepotG **9**
– Umwandlung in Alleineigentum **(13)** DepotG **6** 3
– Verlust **(13)** DepotG **7** 2
Sandbagging Einl vor **1** 62
Sanierung 86a 12; **89b** 20
– latente Steuern **274** 1b
Sanierungs- und InsolvenzrechtsfortentwicklungsG (SanInsFoG) Einl vor **1** 20; **177a** 2, 49a, 49f
– Zahlungsverbot s dort
Sanierungskredit (7) BankGesch G32

Sarbanes-Oxley Act Einl vor **316** 12
Satzungssitz Einl vor **105** 29
Scan 12 8
SCA-Verfahren (7) BankGesch C7
Schaden
– abstrakte Berechnung **376** 13
– Deckungskauf, rechtzeitiger **376** 13
– Kausalität **347** 35
– konkrete Berechnung **376** 12
Schadensersatz 54 19; **55** 8; **84** 49; **85** 3, 10; **86** 21, 23, 32, 47, 49; **86a** 4, 11, 14; **86b** 7; **87** 5 ff., 24, 32; **87a** 11, 23, 28; **87c** 11, 16, 27; **88a** 5; **89** 16; **89a** 1, 30, 34f, 38, 40; **89b** 72; **90** 8 f.; **90a** 18, 21, 25; s auch Handelsvertreter
– wegen Firma **17** 40; **37** 14
– Firmengebrauch **37** 14
– HdlGehilfe **59** 44–47; **61** 2
– wegen Vollmacht für **1** 77–91
– Kündigung (OHG) **113 I; 133** 17
– pauschalierter **348** 11; **(5)** BGB 309 Nr. 5
– Vollmachtüberschreitung **54** 19–20
Schadensfeststellungskosten 430
Schadensminderungspflicht 89a 34
Schadensversicherung 89b 91, 96; **(18)** ADSp 28
Schätzunterlagen 89b 22
Scheck 54 11, 13 f.; **87a** 11; s auch BankGesch, Kontokorrent
– Bilanz **251; 266** 11
– Bürgschaft **349** 21
– HdlVollmachtumfang **54** 11, 13–14
– Leistung erfüllungshalber **87a** 11
Scheckabkommen (7) BankGesch E7
Scheckauskunft (7) BankGesch E8
Scheckbestätigung (7) BankGesch E8
Scheckeinlösungsbestätigung (7) BankGesch E8
Scheckeinlösungszusage (7) BankGesch E8
Scheckgeschäft (7) BankGesch E1–8
Scheckinkasso (7) BankGesch E6
Schecksperre (7) BankGesch E4, 16
Scheckvollmacht 54 13
Scheck-Wechselverfahren (7) BankGesch J1
Schein s Rechtsschein
Scheinerbe 131 76
Scheingesellschaft 105 11, 98–99
Scheingesellschafter 128 5
Schenkung
– Anteil **105** 56, 68, 71
– Bewertung **255** 6
– Form **350** 3
– HdlGeschäft **Einl** vor **1** 61
– stille Beteiligung **230** 10, 24
Schiedsabrede Einl vor **1** 110–113
– Unabhängigkeit **Einl** vor **1** 116
Schiedsfähigkeit Einl vor **1** 110
Schiedsgericht Einl vor **1** 114; **54** 15 f.
– besondere Ermächtigung **54** 15

Sachverzeichnis

Schiedsgerichtsbarkeit Einl vor **1** 110–123; s auch Internationale Handelskammer
- Anerkennung **Einl** vor **1** 110–116, 123
- Arbitrage **346** 40
- Beschlussmängelstreitigkeiten **Einl** vor **1** 110
- DIS **Einl** vor **1** 110
- GfterAusschließung **140** 32
- ICC-SchiedsGO **Einl** vor **1** 110, 115
- internationale **Einl** vor **1** 120–123
- Mehrparteienschiedsverfahren **Einl** vor **1** 110; **25** 11
- persönliche Haftung **128** 40

Schiedsgutachter 131 53
Schiedsgutachtervertrag Einl vor **1** 117–119
Schiedsklage Einl vor **1** 115
Schiedsklauseln
- im GesVertrag **Einl** vor **1** 110–113
- Wirkungsdauer **109** 45

Schiedsrichter
- Ablehnung **Einl** vor **1** 114

Schiedsrichtervertrag Einl vor **1** 114
Schiedsspruch Einl vor **1** 115
- Aufhebung, gerichtliche **Einl** vor **1** 116
- Internationale Anerkennung und Vollstreckung **Einl** vor **1** 123
- Zwischenentscheid **Einl** vor **1** 116

Schiedsvereinbarung Einl vor **1** 112; **124** 43; **128** 40
Schiedsvergleich Einl vor **1** 115
- Auslegung **Einl** vor **1** 112
- Form **Einl** vor **1** 112
- Rechtsnachfolger **Einl** vor **1** 112

Schiedsvertrag Einl vor **1** 110–111
Schiff (6) Incoterms 2020 **Einl** 60
Schifffahrtsvertreter 84 56; **86** 2; **89b** 76; **92c** 13
- Vertragsfreiheit **92c** 13

Schiffsagentur 84 26
Schiffsklauseln (6) Incoterms 2020 **Einl** 22
SchirmGVO 86 38
Schleppvertrag 407 14
Schmähkritik Einl vor **1** 84, 87
Schmiergeld 86 17, 23, 41; **87b** 7; **87d** 4; **89b** 38
- Herausgabe **59** 49; **86** 17, 23
- Rechenschaft **86** 41

Schmiergeldverbot 59 51
Schnittstellenkontrolle (18) ADSp **1.12, 7.2**
Schrankfach (7) BankGesch V1; **(13)** DepotG **1** 5; s auch Verwahrung von Wertpapieren
Schriftform 85 5; **86b** 5, 6; **87** 11; **87c** 4, 6; **89a** 14; **90a** 14, 23, 26; s auch Form
- E-Mail **89** 15

Schriftformklausel 105 63; **Einl** vor **343** 9; **(5)** BGB **309 Nr. 13**

„**Schrottimmobilien**" **347** 25; **(7)** BankGesch G9b–9c
Schufa (7) BankGesch A55
Schuldanerkenntnis 54 11; **87c** 3 f., 11, 29; s auch Schuldversprechen
- Ausgleichsanspruch **89b** 71
- Hdl\|Vollmachtumfang **54** 11
- negatives **350** 6
- Provision **87a** 19; **87c** 3–4, 11, 19, 29
- Saldoanerkenntnis **92** 5
- Schriftform **87c** 4

Schuldbeitritt 86b 6, 8; **89b** 73
- gesetzlicher **421** 5a
- Innenverhältnis **249** 14
- Kdtist **171** 5

Schulden s auch Bilanz, Haftung
- Bilanz **246** 1; **247** 1
- Passivierbarkeit **246** 13
- Wertansatz **253** 2

Schuldenwesen (13) DepotG **1** 2
Schuldnerverzug s auch Annahmeverzug
- mit Bestimmungspflicht **375** 6
- des Käufers **374** 1
- Verhältnis zum Annahmeverzug **374** 7

Schuldschein 344 II
Schuldscheindarlehen (7) BankGesch G24
Schuldübernahme 25 18; **89b** 68, 75; **349** 16
- Ausgleichsanspruchswegfall **89b** 68, 75

Schuldverschreibungen (7) BankGesch Z1–2
Schuldverschreibungsgesetz (SchVG) (7) BankGesch Z2
Schuldversprechen s auch Schuldanerkenntnis
- abstrakter Vertrag **350** 4
- Form **350** 4, 7

Schutzgesetz 238 19
- Geheimhaltungspflicht **333** 1
- KWG **(7)** BankGesch A5

Schutzrechtsverwarnung Einl vor **1** 89
- Anwaltshaftung **Einl** vor **1** 89

Schwangerschaft 59 118
- Fragerecht des ArbG **59** 34
- **Schwarmfinanzierung-Begleitgesetz (14)** BörsG **Einl** vor **1** 15, **10, 53**

schwebende Geschäfte s auch Bilanz, Offene Handelsgesellschaft, stille Gesellschaft
- Bewertung **252** 21

Schweden s Skandinavien
Schweigen 54 14; **85** 2 f.; **86** 4, 30, 42; **87** 21, 25, 35, 41, 48; **87a** 33; **87b** 18; **87c** 4, 29; **89** 6, 9, 17, 24; **89a** 29; **91a** 9 f.; **92c** 1,3,5; **346** 30–38; **362**; s auch Bestätigung, Rechtsschein
- auf Abweichung **346** 34
- Anfechtung **346** 28, 33; **362** 6
- Auslegung **346** 30
- auf Bestätigungsschreiben **346** 16–29
- Geschäftsbesorgung **362**
- internationaler Verkehr **346** 29, 38; **362** 8

Sachverzeichnis

- auf Rechnungsabschluss 346 37
- auf Vertragsangebot 346 36; 362
- Widerspruch 346 25, 30, 32, 34
Schweiz Einl vor **1** 42; **84** 2; **89b** 1; **90a** 2; **92c** 4
Schwellenwerte Einl vor **238** 5, 11, 18, 57; **241a** 2–3; **242** 2 f.; **289b** 2; **293** 4; **315b** 2; **318** 13; **319** 15; **321a** 2
- Lieferkettensorgfaltspflichtengesetz (2) LkSG **Einl** vor **1** 1, **1** 1
Schwerbehinderte 59 12, 96, 162, 166
- AGG **59** 10
- Ausgleichsabgabe **59** 93
- Beschäftigungspflicht **59** 96
- Fragerecht des ArbG **59** 34
- Kündigungsschutz **59** 162
Schwesterunternehmen 249 11; **251** 2; **271** 10
SE Einl vor **105** 34
Seefrachtrecht 450
Seehandel 407 1, 7–8; **476–619** 1
- Reformgesetz **Einl** vor **1** 15; **407** 3; **(1)** EGHGB **71**
Seekonnossement 443 2
- Traditionspapier **448** 1
Seetransport (6) Incoterms 2020 **Einl** 63
Sekundärhaftung 347 30
Selbständige s auch Freiberufler
- Abgrenzung zum Arbeitnehmer **59** 23
- Begriff **84** 35–38
- Buchführung **84** 36
- Firmenpapier **84** 38
- HdlVertreter **84** 5, 33–38
Selbständigkeit 55 1; **84** 1, 5, 7, 33 ff., 46 f; **86** 1, 5, 16, 29, 32, 34, 38, 42; **86a** 15; **87** 14, 27, 50; **89** 5 f, 10; **89a** 1, 30; **89b** 1, 5; **90a** 5, 9, 12; **92** 1; **92a** 1; **92b** 2; **92c** 12
Selbstbelieferungsvorbehalt 346 40
Selbsteintritt
- Banken **(8)** AGB-WPGeschäfte **1; 4; 9**
- Effektengeschäft **400** 2; **(8)** AGB-WPGeschäfte **1** 2
- Kommissionär **384** 7; **400–405; (13)** DepotG **31**
- Spediteur **458** 2; **466** 3
Selbsthilfeverkauf 373 II–V; 373, 374 11–30
- AGB-Kontrolle **374** 30
- Androhung **373 II; 373, 374** 13–17
- Benachrichtigung **373 V; 373, 374** 18
- Durchführung **374** 19–22
- Erfüllungswirkung **374** 24, 26
- freihändiger Verkauf **374** 12
- Geschäftsführung ohne Auftrag **374** 28
- Lagerhalter **471** 2
- Ordnungsmäßigkeit **374** 23–29
- Ort **374** 21
- Rechtswirkungen **373 III; 373, 374** 23–29
- Schadensersatz **374** 27
- Spediteur **(18)** ADSp **21**

- Verkäuferverschulden, grobes **373, 374** 20
- Versteigerung, öffentliche **373, 374** 5, 11, 18
- Verwertung **373, 374** 29
Selbstkontrahieren 49 2; **119** 22; **126** 9
„**Selbstlieferung vorbehalten**" **346** 40
Selbstmord 89b 9, 34, 54
Selbstorganschaft Einl vor **105** 67–68; **114** 24–25; **125** 5
Selbstspezifikation 375 6
Selbstverpflichtung, öffentliche (2) LkSG **3** 9
Sendungsbegriff 431 2
SEPA-Basislastschriftverfahren (7) BankGesch D14–27
SEPA-Begleitgesetz (7) BankGesch D1 f.
SEPA-Echtzeitüberweisung (7) BankGesch C18, 33, 107
SEPA-Firmenlastschriftverfahren (7) BankGesch D28–35
SEPA-Lastschrift (7) BankGesch D3–4
SEPA-Lastschriftverfahren (7) BankGesch D1–60; s auch Abbuchungsauftragsverfahren, Einzugsermächtigungsverfahren, SEPA-Basislastschriftverfahren, SEPA-Firmenlastschriftverfahren, SEPA-Überweisung
- AGB-Kontrolle **(7)** BankGesch D17, 32
- Altfälle **(7)** BankGesch D8, 9
- Aufwendungsersatzanspruch **(7)** BankGesch D37
- autorisierte Zahlung **(7)** BankGesch D17
- Autorisierung **(7)** BankGesch D178
- Bedingungen **(7)** BankGesch D13, 14–27, 28–35, 47
- Begriff **(7)** BankGesch D1
- Belastung des Zahlungskontos **(7)** BankGesch D20
- Benachrichtigungspflicht **(7)** BankGesch D39
- Bereicherungsausgleich **(7)** BankGesch D50–55, 60
- Deckungsverhältnis **(7)** BankGesch D36–40
- Doppelmandat **(7)** BankGesch D36
- Drittschutzwirkung **(7)** BankGesch D44
- Einlösung **(7)** BankGesch D20, 36
- Entgelt **(7)** BankGesch D37
- Erfüllung **(7)** BankGesch D57
- Erstattungsanspruch **(7)** BankGesch C70, D31, 38
- Formen **(7)** BankGesch D8
- Gefahrtragung **(7)** BankGesch D58, 59
- Girovertrag **(7)** BankGesch C20–32
- Gutschrift **(7)** BankGesch D20, 48
- Haftung aus § 826 **(7)** BankGesch D45
- Haftung des Zahlungsdienstleisters **(7)** BankGesch D40
- Inkassovereinbarung **(7)** BankGesch D46
- Inkassoverhältnis **(7)** BankGesch D46–55
- bei Insolvenz **(7)** BankGesch D38, 49

3167

Sachverzeichnis

- Interbankenverhältnis **(7)** BankGesch D41–45
- Internetlastschrift **(7)** BankGesch D36
- Kundenkennung **(7)** BankGesch D16
- Kündigung des Zahlungsdiensterahmenvertrags **(7)** BankGesch D23
- Lastschriftabrede **(7)** BankGesch D56
- Lastschriftbedingungen 2014 **(7)** BankGesch D13, 14–17, 28–35
- Legaldefinition **(7)** BankGesch D1
- Mandat des Zahlungspflichtigen **(7)** BankGesch D17
- Mängel **(7)** BankGesch D40, 49, 50–55
- Missbrauch **(7)** BankGesch D38, 45
- neues Recht **(7)** BankGesch C1–19, D1–5
- Nichteinlösung **(7)** BankGesch D21, 39
- Nichtverbraucher-Kunden **(7)** BankGesch D30
- rechtliche Qualifikation **(7)** BankGesch D6–13
- Rechtzeitigkeit der Zahlung **(7)** BankGesch D58
- Rückbelastung **(7)** BankGesch D49
- Schutzpflichten **(7)** BankGesch D44
- SEPA-Begleitgesetz **(7)** BankGesch D1 f.
- SEPA-Lastschriftabkommen **(7)** BankGesch C18–19, 83 f., D42 f.
- SEPA-Rulebooks **(7)** BankGesch D1, 42
- SEPA-Verordnung **(7)** BankGesch D1 f.
- Ungültigwerden des SEPA-Lastschriftmandats **(7)** BankGesch D23
- Valutaverhältnis **(7)** BankGesch D56–60
- Verbraucherbegriff **(7)** BankGesch D30
- Vertragsverhältnisse **(7)** BankGesch D12
- Vorabautorisierung **(7)** BankGesch D17
- Widerruf des Zahlers **(7)** BankGesch D23–25
- Zahlungsauftrag **(7)** BankGesch C17
- Zahlungsbedingungen **(7)** BankGesch D13, 14–17, 28–35
- als Zahlungsdienst **(7)** BankGesch C7
- Zahlungsdiensterahmenvertrag **(7)** BankGesch C20–32

SEPA-Überweisung (7) BankGesch C1, 18–19

SEPA-Verordnung 2012 (Überweisung) **(7)** BankGesch D1 f.; s auch SEPA-Lastschrift

- Geldautomatenverfügung **(7)** BankGesch D2
- Geltung **(7)** BankGesch D1
- IBAN-only-Ansatz **(7)** BankGesch D2
- interne Zahlungsvorgänge **(7)** BankGesch C27, 43
- Kontinuitätsregel **(7)** D2
- Stichtag **(7)** BankGesch C1, 3
- technische Standards **(7)** BankGesch D2
- Vollharmonisierung **(7)** BankGesch C4
- Zahlungskartenzahlung **(7)** BankGesch C1, 5, 7, D2, F1

share deal Einl vor **1** 61

Share-Regel (7) BankGesch C47
Shopgeschäft 84 19
Sicherheiten s Kreditsicherung, Pfandrecht
Sicherheitenverwertung
- Insiderhandelsverbot **(16a)** MAR **9** 16

Sicherheitskräfte (2) LkSG **2** 2
Sicherungsabtretung 124 19
- Sparkasse **(9)** AGB-Spark **21**

Sicherungsbilanzierung 254 4
Sicherungsklauseln (7) BankGesch H5; s auch AGB
Sicherungsübereignung 246 15
Simultaninsolvenz 131 22
Sittenwidrigkeit 54 20; **85** 1; **86** 9; **87a** 23; **87b** 18; **89** 16; **90a** 7, 9, 11, 17; **92** 5; **Einl** vor **343** 11
- Betrieb **1** 21; **74a** 8
- Darlehen **(7)** BankGesch G6–10c, H5
- Gewerbe **7** 2

Sitz 106 8–10
- anwendbares Recht **Einl** vor **105** 29
- Doppelsitz **15** 25; **106** 9
- gesellschaftsrechtlicher **106** 8
- Hauptniederlassung im Ausland **13d**
- Konzernrechnungslegung **290** 7
- Ortsform **Einl** vor **105** 32
- Personengesellschaft **Anh 105** BGB-MoPeG **706** 1
- Satzungssitz **Einl** vor **105** 29
- tatsächlicher **106** 8

Sitztheorie 13d 1; **Einl** vor **105** 29; **106** 8
Sitzverlegung 106 10
- Anmeldung **107** 1; **108** 1
- in das EU-Ausland **Einl** vor **105** 29
- in das Inland **105** 10
- rechtsformwahrende **13** 1

Sitzwahlrecht 13 1
Skandinavien Einl vor **1** 43
Skimming (7) BankGesch F30
Sklaverei (2) LkSG **2** 2
Skonto 346 40
Skontration s BankGesch
SMG 2001 84 4
„so schnell wie möglich" 346 40
Social Trading (7) BankGesch A3a
Software 246 23a–23b
Sogwirkung 84 15; **89b** 14, 19, 35, 40
Sole agent 87 24
Sollkaufmann s Kaufmann
Sonderprivatrecht Einl vor **1** 1; **Einl NebenG** 1
Sonntag s Feiertag
Sorgfaltspflicht 86 2, 13, 44 ff., 47, 51; **91a** 10; **347**; s auch Haftung
- außervertragliche **347** 2
- Bestimmung **347** 1
- Beweislast **347** 37
- Drittlhaftung **347** 19–21, 38a
- grobe Fahrlässigkeit **347** 5
- Haftungsbeschränkung **347** 5–7
- Haftungsgrundlagen **347** 8–22
- HdlVertreter **86** 2, 13, 44, 47, 51

Sachverzeichnis

- Lieferkette (2) LkSG **Einl** vor **1** 1; s auch Lieferkette, Lieferkettensorgfaltspflichtengesetz (LkSG)
- Maßstab **347** 1
- des Unternehmers **86** 44; **86a** 1
- Verhaltenspflichten **347** 23–33
- wie in eigenen Dingen **347** 5

Sortenhandel (8a) AGB-WPGeschäfte **Einl** 2

Sortiment 86 27; **87** 18, 27; **89a** 17; **89b** 10, 58

Sortimentsliste 87 27

Sortimentsverkleinerung 89b 10

Sozialansprüche 109 15

soziales Netzwerk 59 34

Sozialverbindlichkeiten 109 15; **124** 51

Sozialversicherung 84 36
- HdlGehilfe **59** 12, 100, 103
- HdlVertreter **84** 36
- stiller Gfter **230** 6

Spaltung Einl vor **105** 20, 23–24, 27, 36; s auch Umwandlung

Spanien Einl vor **1** 44

Sparbrief (13) DepotG **1** 1

Sparbuch s BankGesch

Sparkassen
- AGB **(9)** AGB-Spark
- Lastschriftbedingungen **(9)** AGB-Spark **Einl** 3

Sparkassenbrief (7) BankGesch G17

Sparkassentochter 347 30

Spector-Vermutung (16a) MAR **8** 5, **9** 1

Spediteur 84 18
- Abgrenzung von HdlVertreter **84** 18
- Angebote **(18)** ADSp **16**
- Ansprüche gegen Dritte **(18)** ADSp **22.4**
- Empfangsspediteur **441** 2
- Fixkostenspediteur **453** 1
- Gelegenheitsspediteur **453** 2
- Geschäftsbesorgungsspediteur **453** 1
- Leutehaftung **462** 1
- nachfolgender **465**
- Pfandrecht **440** 1; **441** 2; **464–465**; **(18)** ADSp **20**
- Pflichten **453** 9–12; **(18)** ADSp **4, 25.1**
- als Vermittler **407** 1
- Zwischenspediteur **453** 11; **456** 1

Spediteur-Bedingungen (18) ADSp

Spediteurhaftung 461

Spedition 453–466; (18) ADSp; s auch Frachtvertrag, Güterkraftverkehr
- Ablieferung **(18)** ADSp **13**
- Ablieferungsquittung **(18)** ADSp **8.3**
- Abtretung **457**, **(18)** ADSp **22.5**
- abweichende Vereinbarungen **466**
- AGB **466** 2
- anwendbares Recht **466** 5; **(18)** ADSp **30.1**
- Aufrechnung **(18)** ADSp **19**
- Auftraggeber **(18)** ADSp **1.2**
  - Adresse **(18)** ADSp **1.8, 3.1**
- Aufwendungsersatz **(18)** ADSp **17**
- Auslegung **(18)** ADSp **Einl** 6
- Begriff **453**
- Beweislast **(18)** ADSp **25**
- Binnenschifffahrtsspedition **(18)** ADSp **25**
- BSL **(18)** ADSp **Einl** vor **1** 1
- Compliance **(18)** ADSp **32**
- Datenfernübertragung **(18)** ADSp **5.4**
- diebstahlsgefährdete Güter **(18)** ADSp **1.3**
- Drittschadensliquidation **462** 1
- Empfangsauftrag **(18)** ADSp **17.2**
- Empfangsberechtigung **(18)** ADSp **13.3**
- Erfüllungsort **(18)** ADSp **30.2**
- Ermessen **(18)** ADSp **21.4**
- Fälligkeit **456**; **(18)** ADSp **18.1, 19**
- FCR **453** 5, 9
- FCT **453** 5
- FIATA **453** 5
- Fixkostenspedition **453** 1; **459**; **466** 3; **(17)** CMR **1** 1
- Frachtberechnung **420**
- gefährliche Güter **(18)** ADSp **3.2**
- Geheimhaltung **(18)** ADSp **31**
- Geltungsbereich der ADSp **453** 18; **466**; **(18)** ADSp **Einl** 2, 4
- Gerichtsstand **(18)** ADSp **30.3**
- Güterschaden **461** 2, **(18)** ADSp **24.1**
- Haftung **461**; **462**; **(18)** ADSp **11.2, 15.4, 15.5, 22, 29**
  - verschuldensunabhängige **455** 2; **461** 3
- Haftungsbegrenzungen **435** 1; **461** 3; **(18)** ADSp **23, 24, 29**
- Haftungsversicherung **(18)** ADSp **28**
- Hindernisse **(18)** ADSp **12**
- hochwertige Güter **(18)** ADSp **1.7, 3.3, 15**
- Inhaltskontrolle **(18)** ADSp **Einl** 5, 3.6
- internationaler Verkehr **453** 4–5; **(18)** ADSp **Einl** 2
- kombinierter Transport **452–452d**
- Lagerung **(18)** ADSp **1.6, 1.12, 1.14, 2.3, 15**
- Leutehaftung **462**
- multimodaler Transport s dort
- Nachnahme **(18)** ADSp **10, 17.2**
- öffentlich-rechtliche Akte **(18)** ADSp **3.1**
- ordre public **466** 5
- Papiere **453** 9
- Pfandrecht **440** 1; **464–465**; **(18)** ADSp **20**
- Pflichten des Auftraggebers (Versenders) **453** 14
- Provision **(18)** ADSp **16**
- für Rechnung eines Dritten **(18)** ADSp **10**
- Rollfuhrversicherung **461** 1
- Sammelladungsspedition **453** 1; **460**; **466** 4
- Schadensereignis **(18)** ADSp **1.11**
- Schadensteilung **461** 5
- Schadensversicherung **(18)** ADSp **28**

3169

Sachverzeichnis

- Schnittstellenkontrolle **(18)** ADSp **7**
- Selbsteintritt **453** 1; **458** 2; **466** 3
- Selbsthilfeverkauf **(18)** ADSp **20.2**
- Sorgfaltspflichten **(18)** ADSp **1**
- Unterspedition **453** 11
- Untersuchung **(18)** ADSp **4.1.2**
- unverschuldetes Ereignis **(18)** ADSp **22.4**
- Verbraucher **466** 4
- Vergütung **(18)** ADSp **16**
- Verjährung **439** 1; **463**
- Verkehrsvertrag **(18)** ADSp **2**
- Verpackung **455** 1; **(18)** ADSp **4.1.1, 6**
- Verschulden, qualifiziertes **(18)** ADSp **27**
- Verschwiegenheitspflicht **(18)** ADSp **31**
- Versender **453** 8
- Versenderschutz **457** 2
- Versicherung **(18)** ADSp **3.4, 21, 28**
- Verwiegung **(18)** ADSp **4.1.2**
- Verzollung **(18)** ADSp **5**
- Vorteilsausgleichung **(18)** ADSp **22**
- Währung **(18)** ADSp **18**
- Weisungen **454** 4; **(18)** ADSp **1.15, 4.1, 8.3, 9, 13, 21**
- Zurückbehaltungsrecht **(18)** ADSp **20.1**
- zusammengehörige Sachen **(18)** ADSp **6.2.1**
- zwingendes Recht **(18)** ADSp **2.2**
- Zwischenspediteur **453** 11

speditioneller Nachlauf 460 1
Speditionsvertrag 407 14; **453** 6–18
Sperrabrede s auch BankGesch
- unter Arbeitgebern **75f**

Sperrung (7) BankGesch C49
Spesen 84 36; **87** 50; **87d; 89b** 51
- HdlGehilfe **59** 70, 144
- HdlVertreter **84** 36; **87d; 89b** 51
- Unpfändbarkeit **87** 50

Sphärengedanke 412 3
Spitzenverbände der deutschen Wirtschaft Einl vor **1** 28
Sprache s Fremdsprache
Spruchstellenverfahren 319 4
Squeeze-out (7) BankGesch T3
- Insiderinformationen **(16a)** MAR **7** 16

Staatsaufsicht Einl vor **105** 3
Staatshaftung s Amtshaftung
Stabilisierungs- und Restrukturierungsrahmen für Unternehmen (StaRUG) Anh 177a 49e, 49k–49l
Stabilisierungsanordnung Anh 177a 49k
ständige Betrauung 84 41 ff.
- Mehrgewerbevertretung **84** 41

ständiger Vertreter 13e 3
Staffelform 275 1
Staffelkontokorrent 355 8
Stahlfach s Verwahrung von Wertpapieren
Stammkunde 84 15; **86a** 17; **89a** 23; **89b** 12, 14, 22 f., 29, 35, 40, 86 f.
stand alone-Bewertung Einl vor **1** 54
Standards s Rechnungslegung

Standardvertrag s AGB
Standby Letter of Credit 349 19; **(7)** BankGesch K1a, L1a; **(11)** ERA **Einl** vor **1** 1, 1 1
- Straight Letter of Credit **(7)** BankGesch K1a

Standgeld 412 3; **417** 1; **445** 1
Stellenausschreibung 59 37
Stetigkeitsgrundsatz Einl vor **238** 38, 64; **252** 24; **(1)** EGHGB **68** 7
- Ansatzstetigkeit **246** 49
- Bewertungsstetigkeit **243** 8; **252** 24–25

Steuer
- Buchführung **238** 21
- Buchführungspflicht **238** 5
- Ergebnisbeeinflussung **285** 6
- Ertragsteuer **285** 7
- Gewerbesteuer s dort
- Gewinn- und Verlustrechnung **275** 23
- latente s Steuern, latente
- Lohnsteuer **59** 103; **84** 36
- negatives Kapitalkonto **Anh 177a** 55
- Personengesellschaft **124** 1b
- PublikumsGes **Anh 177a** 55
- Rückstellungen **266** 17
- Umsatzsteuer s dort
- Verbrauchssteuer **250** 4
- „zoll- und steuerfrei" **346** 40

Steuerabgrenzung 274; 306
- aktive **274** 3–4
- IFRS **306** 1
- passive **274** 1–2
- Rückstellungen **249** 7, 12

Steuerbehörden (7) BankGesch A13
Steuerberater 1 19; **(10c)** AGB-Anderk
- Drittschutz **347** 21
- Rechtsanwalts- und Steuerberaterexposé **347** 21

Steuerberatungs- und Wirtschaftsprüfungs-KG Anh 177a 21
Steuerbilanz 242 4–6; **249** 11; **252** 2
Steuerentnahmerecht 122 17
Steuerklauseln Einl vor **1** 62
Steuern, latente Einl vor **238** 64; **246** 1; **266** 12, 24; **274; 285** 31, 32; **306**
- Auflösung **274** 8
- Bilanzierung **274** 1–1b
- Rückstellung **274** 1b
- Saldierung **274** 1b
- Sonderposten **274** 1, 1b, 6, 8
- temporary concept **274** 1b

Steuerrückstellungen 266 17
Steuerumlageverträge 274 1
Steuervorteile 347 35
- Anrechnung **Anh 177a** 65

Stichproben 89b 22
- Abschlussprüfung **317** 4

Stichtag Einl vor **1** 54; **252** 8–9, 11
- IFRS **252** 8
- Konzernrechnungslegung **290** 8
- wesentliche Ereignisse nach Bilanzstichtag **285** 35

Sachverzeichnis

Stichtagsprinzip 242 9; **243** 12, 13; **252** 8, 11
Stiftung & Co Anh 177a 11
Stille Bestätigung (11) ERA 9 1
Stille Gesellschaft Einl vor 105 1, 18, 65; 230–236
– Abgrenzung 230 4
– a-metà-Geschäft 230 4
– Anlagevermögen 232 1
– atypische 230 3
– Auflösung 234 1
– Auflösungsgründe 234 2
– Aufwendungsersatz 230 18
– Auseinandersetzung 230 3; 235
– Außenhaftung, beschränkte **Einl** vor 105 16
– Auszahlung 232 4
– Begriff 230 1
– Beteiligte s Stille
– Bewertung 230 22
– Buchführungspflicht 232 3
– Einlage 230 20–22, 27
   – Offenlegung **Einl** vor 105 16
– Einsicht 233; 235 3, 5
– Ende 234 1, 2
– Entnahme 232 4–5
– Fehlerhaftigkeit 230 11
– Finanzplanvereinbarung 236 3
– Firma 230 25
– Form 230 10
– Fortsetzung 230 1
– Fremdkapital 230 21
– gemeinsamer Zweck 230 2
– Geschäftsführung 230 14, 26
– Geschäftsvermögen 230 3, 25
– GesVermögensbeteiligung 230 3
– GesVertrag 230 9–12
– Gfter 230 5–8
– GfterDarlehen 236 3, 5–6
– Gewinn- und Verlustrechnung 232
– Gläubiger 230 27–28; 234 10
– Grundstückseinbringung 230 10
– Haftung 230 27; 236 1, 3, 5
– HdlRegister 230 25
– HdlVertreter 84 9
– Hinauskündigung 230 8
– Informationsrecht 233
– Inhaber 230 5
– Inhaberrechte 230 13–18
– Inhaberpflichten 230 13–18
– InnenGes 230 2, 10
– Insolvenz 230 3; 234 5; 236
– Insolvenzanfechtung 236 6–7; 237 1
– Insolvenzantrag, verspäteter 236 3
– Jahresabschluss 233 3
– KfH 230 12
– KG **Einl** vor 105 16
– Kündigung 234 8–11
– Leistung ohne Rechtsgrund 230 24
– mehrgliedrige 230 7
– Minderjährige 230 8
– Mitwirkungsbefugnisse 230 3
– MoPeG 234 11
– Nachschussklausel 232 6
– Nichtigkeit 230 11
– mit OHG **Einl** vor 105 16
– partiarisches Darlehen 230 4
– Rechenschaftspflicht 230 19
– Rechtsverhältnis zu Dritten 230 25–28
– Schenkung 230 10, 24
– Schiedsgericht **Einl** vor 1 110–116
– Schuldverhältnis 230 2
– schwebende Geschäfte 235 4; 236 2
– Sorgfaltspflicht des Inhabers 230 17
– spätere Gewinne 232 7
– Tod des Inhabers 234 4
– Treuepflicht 230 16, 23; 235 5
– typische 230 3
– Überwachung 233; 235 3, 5
– Umwandlung 230 29
– Unterbeteiligung 230 4; 233 13
– Vergleichsverfahren 234 6; 236 1
– Vermögenseinlage 230 20–21
– Vertrag 230 9
– Vertragsänderung 230 9
– Vertretungsmacht 230 26
– Vollmacht 230 26
– Vorkaufsrecht 230 10
– Wettbewerb 230 16
stille Reserven 105 106; **120** 6; **243** 2; **252** 13–17; **253** 30; s auch Rücklagen
– Begriff 252 13
– Beurteilung 252 15–16
– Bildung 252 17
– Zulässigkeit 252 14
Stiller 230 6–8
– Gewinn 231
– Gfter 230 6
– Gläubiger 230 28
– Informationsrecht **Anh** 105 HGB-MoPeG 233
– Kontrollrecht 233; 235 3, 5
– mehrere 230 7
– Rechte 230 20–24
– Pflichten 230 20–24
– Sozialversicherungspflicht 230 6
– Tod **Anh** 105 HGB-MoPeG 234; 234 4
– Treuepflicht 230 23
– Verlust 231; 232 1, 6
– Vermögenseinlage 230 20–21
– Wirtschaftsstabilisierungsfonds 230 6
Stilllegungsprämie 89b 20
Stillschweigen s Schweigen
Stimmbindungsvertrag Einl vor 105 11; 119 17–18; 163 9
Stimmpflicht 119 6
Stimmrecht 119 5, 14
– Ausschluss 119 8–16; 163 5
– Beschränkung 163 5–7
– Mehrstimmrecht 119 14; 163 8
– Missbrauch 119 11
– Übertragung 119 19
– Verbot 119 8–9
– Vertretung 119 21–23

Sachverzeichnis

Störung der Geschäftsgrundlage Einl vor **343** 13; s auch Geschäftsgrundlage
Stornierung s auch BankGesch
– Insidergeschäfte **(16a)** MAR **8** 3
– Provision **84** 46; **92** 9–10
– Versicherungsvermittlung **92** 3, 5
Storno 87a 27; **91a** 9 f.; **92** 3, 5
– Kleinstorno **87a** 27, 30
Stornoabwehr 87a 27
Stornobuchung (7) BankGesch C54; **(8)** AGB-Banken **8**; **(9)** AGB-Spark **8**
Storno(gefahr)mitteilungen 87a 27; **92** 3, 5, 9–10
Stornoreserve 92 9
Strafbarkeit 84 51; **86** 23; **90** 9
– der OHG **124** 40
Strafvorschriften 331–**333a**; **335b**; **340m**
Straßengüterverkehr s CMR, Güterkraftverkehr, Transport
Streckengeschäft Einl vor **373** 27
– Ablieferung **377** 9, 55
– Rüge **377** 9, 34, 37
– Untersuchung **377** 23–24
Streifband s Verwahrung von Wertpapieren
Streik 59 45; **87a** 28
Streitgenossen
– Anleger **Anh 177a** 65
Streitwertfestsetzung
– Schiedsverfahren **Einl** vor **1** 114
Strohmann 1 30, 31
– Abmahnung **89a** 10
– Umgehung des Wettbewerbsverbots **86** 29
Stückeverzeichnis s Kommission
Stufenklage 87 53; **87c** 11, 21, 24, 28; **89b** 22, 82
Stundung 89b 70, 76; **358** 2
Stuttgarter Verfahren Einl vor **1** 53
Substanzwert Einl vor **1** 53, 54
Subunternehmerkette 289c 2
Sukzessivlieferungsvertrag 87 7, 38, 41 f.; **Einl** vor **373** 22; **375** 12
– Rüge **377** 37
– Untersuchung **377** 29
Summenlagerung 467 1, 6
Surcharging-Verbot (7) BankGesch C50, 106
Sustainable Finance Einl vor **238** 22
Sustainable-Finance-Aktionsplan 289b 1
Sustainable-Finance-Beirat 289b 1
Sustainable Reporting Einl vor **238** 25e
Swapgeschäfte 347 30c, 35; **(7)** BankGesch A29, N1
– Dept to Equity Swap **171** 6
– Zinssatzswapgeschäfte **347** 23b f., 26, 30
SWIFT (7) BankGesch K2a; **(11)** ERA **Einl** 1
switch (7) BankGesch N1

Synergieeffekte Einl vor **1** 52, 54
systematischer Internalisierer (14) BörsG **30** 2

Tätigkeitseinstellung 87 31; **89a** 5, 38, 40; **89b** 18, 20, 70, 74
Täuschung s auch Anfechtung, Arglist
– durch HdlVertreter **84** 54
– des Kdtisten **Anh 177a** 58
Tafelgeschäft 383 8
Tagessaldo 357 6
TAN (7) BankGesch C35, 63, F29, 31
Tankstelle 84 10, 21, 26, 37; **86** 36; **86a** 15 f.; **86b** 14; **89** 7, 16, 18, 20–22, 25, 37, 70; **89b** 58; **92b** 2
– Kassensystem **86a** 5
– Mischvertrag **84** 21
Tankstellenagenturkredit 86 9
Tankstellenpächter 89b 4; **92b** 2
Tankstellenvertrieb 86a 5
Tantieme s Gewinnbeteiligung
Taragewicht 308
Tarifgebundenheit 59 39–40
– Feststellungsklage **59** 56
Tarifkonkurrenz 59 39
tariflicher Anspruch
– Verwirkung **59** 86
– Verzicht **59** 77
Tarifvertrag 59 5, 12, 44–56
– Günstigkeitsprinzip **59** 5, 39
– Leiharbeitsverhältnis **59** 16
– Rangprinzip **59** 5
– untertarifliche Bezahlung **59** 37
– Verwirkung **59** 39
Tarifzuständigkeit 59 31b
Tatsachenbehauptung Einl vor **1** 87
Tausch 255 5; **Einl** vor **373** 17; **377** 2
Tax-CAPM Einl vor **1** 53
Taxonomie-Verordnung Einl vor **238** 22b
Tegernseer Gebräuche 346 15; **377** 43
Teilbeförderung 416 1
Teilbezirk 87c 20; **89** 18
Teilfrachtbrief (17) CMR **5** 2
Teilgewinnabführungsvertrag
– fehlerhafter **230** 11
Teilhaber s Gesellschafter
Teilkündigung 89 7, 18; **89a** 36; **89b** 7, 10; **92b** 5
Teilungsabrede 87 21, 35
Teilzahlungsabrede
– Maklervertrag **93** 17
Teilzahlungskreditgeschäft (7) BankGesch G34–51
Teilzeit- und Befristungsgesetz 59 44, 57, 111
Tel quel 346 40
Telefonhandel (14) BörsG **48** 10
Temporary-Konzept 274 1b; **306** 1, 2
Terminbörse (7) BankGesch R1; **(14)** BörsG **Einl** vor **1** 4, 2 2, 3
Termingeschäft s Fixgeschäft

Sachverzeichnis

Test s Warentest
Testamentsvollstreckung
– Eintragungspflicht **8** 5; **106** 2; **177** 5
– HdlGeschäft **1** 40–46
– KG **114** 5; **139** 24–27
– OHG **114** 5; **139** 21–23
Testat s Haftung
Teuerungsanpassung 59 89
Thesaurierung
– durch stille Reserven **252** 15
Timing-Konzept 274 1b; **306** 2
TIR-Übereinkommen 407 11
TLF s BankGesch
Tochterunternehmen 105 30, 103, 106; **271; 290;** s auch Mutterunternehmen
– Auf- und Abstockung **301** 1
– Auskunftspflichten **294** 3
– Einbeziehungswahlrecht **296**
– Jahresabschluss **264** 30, 31
– Patronatserklärung **349** 22
– verbundenes Unternehmen **271** 10
Tod 54 21; **85** 6; **86** 6; **89** 3; **89a** 24; **89b** 6 ff., 34, 42, 53 f., 96; **92a** 16
– Arbeitnehmer **59** 165
– Beauftragter **86** 6
– Gfter (OHG) **108** 8
– HdlBevollmächtigter **54** 21
– HdlVertreter **85** 6; **89** 3; **89b** 5, 9, 34, 42, 53, 54,
– Unternehmer **89a** 24
Token 246 13; **266** 16, 18; **(15a)** WpPG **8** 3, **9** 2a
Tonbandaufnahme
– heimliche **Einl** vor **1** 85
Topfabrede 87 2
Trade Terms 346 15; **(6)** Incoterms 2020 **Einl** 4
Traditionspapier 363 6; s auch Orderpapier
– dingliche Wirkung **448** 2–4
– Ladeschein **448** 1
– Lagerschein **475g**
Transaktionsregister (14) BörsG **3a**
Transparenz- und Publizitätsgesetz (TransPuG) 290 4
Transparenzgebot (8) AGB-Banken **1** 1
– Verstoß **346** 10
Transparenzregister Anh 177a 72
Transparenzrichtlinie-Änderungsrichtlinie-Umsetzungsgesetz Einl vor **238** 18, 19, 22b, 73
Transparenzrichtlinie-Umsetzungsgesetz (TUG) Einl vor **238** 62; **(1)** EGHGB **62; (14)** BörsG **Einl** vor **1** 16
Transport (6) Incoterms 2020 **Einl** 49
– Bedeutung **407** 1
– internationaler **407** 1
– Gerichtsstandsvereinbarung **(17)** CMR **31** 2
– kombinierter **407** 1
– Lieferkette **(2)** LkSG **2** 9
– multimodaler **407** 1

Transportarten (6) Incoterms 2020 **Einl** 30, 62–63
Transportdokument (6) Incoterms 2020 **Einl** 43, 51
Transportkosten (6) Incoterms 2020 **Einl** 28
Transportpapier (6) Incoterms 2020 **Einl** 49
Transportpflichten (6) Incoterms 2020 **Einl** 28
Transportrecht 407 1–4; s auch ADSp, Orderlagerschein
– Begriff **407** 4
– CMR **(17)** CMR
– Entwicklung **407** 2–4
– Frachtgeschäft s dort
– Lagergeschäft s dort
– öffentliches **407** 4
– Speditionsgeschäft s dort
– Übergangsrecht **407** 2
– Vereinheitlichung **407** 4
Transportrechtsreformgesetz (TRG) 1998 407 4
Transportversicherung (6) Incoterms 2020 **Einl** 42; **(17)** CMR **17** 1
Transportversicherungspolice s Orderpapier
Transportvertrag (6) Incoterms 2020 **Einl** 38
– unbenannter **(17)** CMR **1** 2
TransPuG 290 4
Tresor s Verwahrung von Wertpapieren
Treu und Glauben 86 22, 31, 36, 49; **86a** 1; **87** 8, 21, 33; **87b** 18; **87c** 19; **89** 5, 11, 16 f., 23, 25; **89a** 8, 21, 29, 33; **89b** 32, 56 f., 76, 79; **90** 6 f.; **90a** 7, 9, 11, 17; **Einl** vor **343** 13–15
– Ausschließlichkeitsbindung **86** 36
– Geheimhaltungspflicht **90** 7
– Kündigung **89a** 8, 27; **89b** 57
– Provision **87** 33
– Wettbewerbsabrede **90a** 7
Treuepflicht 86 10, 25; **86a** 1, 16; **86b** 8; **90** 1
– Gfter **109** 23–28; **112** 1; **230** 16; **235** 5
– HdlGehilfe **59** 48
– HdlVertreter **86a** 1, 16; **90** 1, 3, 7
– Unternehmer **86b** 8
Treugeber Anh 177a 79
– Insolvenz **(10)** AGB-Anderk **Einl** 8
– Vielzahl **161** 4
Treuhand 1 19, 35, 37, 42; **22** 6; **105** 31–37; s auch BankGesch
– Anderkonto **(10)** AGB-Anderk
– Anlagemodelle **Anh 177a** 77–81
– Aufrechnungsverbot **(10)** AGB-Anderk **Einl** 1
– Außenhaftung **105** 34
– Bilanzrecht **246** 19
– doppelnützige **(10)** AGB-Anderk **Einl** 6
– Drittschadensliquidation **105** 33
– Führung des HdlGeschäfts **22** 6

3173

Sachverzeichnis

- Gläubigerrechte **(13)** DepotG 42
- Haftung **Anh 177a** 77; **347** 22
- Immobiliengeschäfte **Anh 177a** 78a; **(7)** BankGesch G9b
- Mittelverwendungstreuhand **246** 19
- in OHG, KG **105** 31–37; **161** 4
- über Prospekt **Anh 177a** 52
- PublikumsGes **Anh 177a** 52, 63, 68, 77–81
- Rechtsberatungsgesetz **(7)** BankGesch G6, 9
- Rechtsscheinhaftung **Anh 177a** 78a
- Testamentsvollstrecker **1** 40–46; **139** 22, 23
- ungerechtfertigte Ausschüttung **Anh 177a** 79
- verbundenes Geschäft **Anh 177a** 78a
- für Wertpapierbeteiligungen **(13)** DepotG 42
- wirtschaftliches Eigentum **246** 19

Treuhänder 105 31–37; **Anh 177a** 52, 57, 63, 68, 77–81
Treuhandkommanditist
- Außengesellschaft **Einl** vor **105** 11
- Vielzahl von Treugebern **161** 4

Treuhandkonto (10) AGB-Anderk **Einl** 1
- Aufklärung **347** 25

Treuhandlösung 139 23
Treuhandverhältnis Anh 177a 80
Treuhandvermögensanteil
- Prospektpflicht **Anh 177a** 59

Treuhandvertrag
- Nichtigkeit **Anh 177a** 78a

Treuwidrigkeit 89b 18, 79
TRG s Transportrechtsreformgesetz (TRG) 1998
true and fair view Einl vor **238** 15, 35, 40, 57; **264** 12; **321** 8; **322** 7
TUG s Transparenzrichtlinie-Umsetzungsgesetz (TUG)

Überbewertung 252 12
Überbrückungskredit (7) BankGesch G31, H5
Übergangsrecht (1) EGHGB
- HdlGes **Einl** vor **105** 28

Überhangprovision 87 2, 38, 41, 48; **89b** 12–17, 50
Überkreuzkompensation 340f 4
Übernahme (6) Incoterms 2020 **Einl** 47; s auch Ausscheiden, Ausschließung
Übernahmeangebote
- Insiderhandelsverbot **(16a)** MAR **11** 3, **17** 4

Übernahmerichtlinie-Umsetzungsgesetz (1) EGHGB 60
Überschreiten der Vollmacht 54 20; **55** 16; **75h; 91a**
Überschuldung Anh 177a 49c–49d
- Fortbestehensprognose, negative **Anh 177a** 49c

- Insolvenzantragspflicht **Anh 177a** 49j
- rechnerische **Anh 177a** 49c

Überschuldungsprüfung 252 7
Überseering s internationales Gesellschaftsrecht
Überstunden 59 45; **62** 3
- Beweislast **59** 58
- Pauschalabgeltung **59** 58

Übertragung s auch Akkreditiv, Anteil, Auseinandersetzung, Geschäftsführung, Handlungsvollmacht, Orderpapier, Vermögen
- Firma **17** 24; **22; 23**
- HdlGeschäft **Einl** vor **1** 59

Überwachungssystem
- Prüfung **317** 13a–14

Überweisung (7) BankGesch C1–110
- Beschlagwirkung **357** 4
- Fehlüberweisung **(7)** BankGesch C48–60, 93–103; **(8)** AGB-Banken **8** 2
- Giroüberweisung s dort
- SEPA-Überweisung s dort
- Sonderbedingungen **(7)** BankGesch C21
- als Zahlungsdienst **(7)** BankGesch C7
- Zurückweisungsrecht **(7)** BankGesch C46

Überziehungskredit (7) BankGesch G4, 28; **(8)** AGB-Banken **12** 4
Überziehungszinsen (8) AGB-Banken **12** 2, 4; **(9)** AGB-Spark **18** 1
UG & Co Einl vor **105** 13; **Anh 177a** 11
UG haftungsbeschränkt
- Online-Gründung **7** 5; **8 2d**

Umdeutung 89a 4, 5, 32, 36
Umgehung 84 35 ff.; **86** 29; **86b** 6; **87** 14, 48; **87a** 34; **89** 11, 20; **89a** 27; **89b** 70; **92c** 6
- des Wettbewerbsverbots **86** 29

Umlaufvermögen 253 18–32
- Abgrenzung vom Anlagevermögen **247** 4
- immaterielles **248** 5
- Software **248** 5
- Wertpapiere **253** 28

Umsatz s Anhang, Gewinn- und Verlustrechnung
Umsatzbeteiligung 87 5; **87a** 3; **87c** 2
Umsatzerlös 277 1
Umsatzförderung 87b 11; **89b** 19, 35
Umsatzgarantie 86 13 f., 51; s auch Garantie
Umsatzkostenverfahren Einl vor **238** 37; **275** 2, 27–33
Umsatzrückgang 86 42; **89a** 17 f.; **89b** 13, 15, 16, 19
Umsatzsteigerung 89b 13, 15, 22
Umsatzsteuer (Mehrwertsteuer) 84 36; **87b** 12, 18; **89b** 29, 51; **90a** 19; **Einl** vor 373
- Kdtist **164** 1
- Rechnungsabgrenzungsposten **250** 4

Umsatzsteuermandat
- der GmbH **347** 21

Sachverzeichnis

Umschlagtätigkeit 407 21
Umschlagsvertrag 407 14
Umwandlung Einl vor **1** 60; **19** 37–38; **Einl** vor **105** 19–27; **139** 2; **145** 1; s auch Firma, Kommanditgesellschaft, Personengesellschaft
- Eintragung **8** 5
- Firma **19** 37–41
- Formwechsel **19** 40; **Einl** vor **105** 24
- GbR zu OHG **105** 7
- kraft Gesetzes **Einl** vor **105** 19, 23–27
- grenzüberschreitende **Einl** vor **105** 29
- PersonenGes **Einl** vor **105** 25, 26
- kraft Rechtsgeschäft **Einl** vor **105** 20, 23–26
- Spaltung **19** 40; **Einl** vor **105** 24
- Stille Ges **230** 29
- Vermögensübertragung **Einl** vor **105** 24
- Verschmelzung **19** 39; **Einl** vor **105** 24
  - grenzüberschreitende **Einl** vor **105** 23

Umweltbeeinträchtigungen (2) LkSG 2 2

Umweltschutz
- Lieferkettensorgfaltspflichtengesetz **(2) LkSG Einl** vor **1** 1, **1** 2, **2** 4

Umzugsgut 451 1
Umzugskosten 59 70
Umzugsvertrag 451–451h
- CMR **451** 1
- Frachtbrief **451b**
- gefährliches Gut **451b** 2
- Haftungsausschlüsse **435** 1; **451d** 1
- Haftungshöchstbetrag **451e**
- IPR **451** 1
- Lieferfristüberschreitung **451d** 1
- Mitteilungspflichten **451b**
- multimodaler **452c**
- Pflichten des Frachtführers **451a**
- Rom I-VO **451** 1
- Rügefrist **451f** 1
- Schadensanzeige **451f**
- Sonderfrachtvertragstyp **451** 1
- Verbraucher **451g**; **451h**
- Verjährung **439** 1

Unabdingbarkeit s Abdingbarkeit
unbestellte Zusendung 346 36
Unbilligkeit s Billigkeit
UNCITRAL Einl vor **1** 26, 29, 122; **Einl** vor **373** 46
UNCTAD Einl vor **1** 26
unerlaubte Handlung s Deliktsrecht
Unfall 59 105–106; **62** 6
unfrei 346 40
Ungewisse Verbindlichkeiten 249 2, 8–13
Uniform Rules for Bank Payment Obligation (URBPO 750) (11) ERA Einl 1
Universalsukzession Einl vor **1** 60
UN-Kaufrecht Einl vor **373** 46–49; **(6)** Incoterms 2020 **Einl** 1

- Gerichtsstandsklauseln **Einl** vor **373** 49
- Terminologie **(6)** Incoterms 2020 **Einl** 43, 56

UN-Leitprinzipien für Wirtschaft und Menschenrechte (2) LkSG Einl vor **1** 1
Unmöglichkeit 87a 14, 22, 25; **89a** 16, 20, 24
- der Arbeitsleistung **59** 71
- der Beförderung **420** 2
- der Bilanzierung/Buchführung **238** 18

Unselbständigkeit s Selbständigkeit
Unterbeteiligung
- Bündel schuldrechtlicher Ansprüche **246** 3a
- als GbR **105** 38
- GmbH & Co KG **Anh 177a** 47
- Informationsrecht **233** 13
- Minderjährige **105** 26
- OHG **105** 38–43
- Stille Ges **230** 4; **233** 13

Unterbewertung 252 12
Unterfrachtführer 407 19; **421** 4; **428** 3
Unterfrachtvertrag 437 1
Unterkapitalisierung
- GmbH & Co KG **Anh 177a** 51a–51j
- qualifizierte **Anh 177a** 51g–51i

Unterlage 86a 5 f.; **88a** 3 ff.
Unterlassungsanspruch 86 47; **87a** 28; **89a** 34; **90** 8
- des Gfters **116** 4
- Wettbewerbsverstoß des HdlGehilfen **61** 2

Unterlassungsklage
- einstweilige Verfügung **37** 13
- Firma **17** 39; **37** 3, 9–13

Untermakler 93 19, 34
Unternehmen Einl vor **1** 48–91; s auch Handelsgeschäft
- Aufrechnungsverbot **(8)** AGB-Banken **4** 4
- Begriff **Einl** vor **1** 48–50
- Beschaffenheit **Einl** vor **1** 65–66
- Bewertung **Einl** vor **1** 51–54
- Blockade **Einl** vor **1** 70
- Eigentumsschutz **Einl** vor **1** 78–83
- Entstehung **Einl** vor **1** 55
- Erlöschen **Einl** vor **1** 57
- Ertragsprognose **Einl** vor **1** 54
- Ertragswert **Einl** vor **1** 54
- Garantie **Einl** vor **1** 65
- Gegenstand **Einl** vor **1** 51
- Geheimnisverrat **Einl** vor **1** 91
- Gewinn **Einl** vor **1** 52
- kapitalmarktorientiertes **316a** 3; **324** 1a
- Kauf **Einl** vor **1** 61–68
- Kennzeichen **17** 11
- Kritik in Presse **Einl** vor **1** 87
- MAC-Klauseln **Einl** vor **1** 64
- Mängel **Einl** vor **1** 64–68
- mehrere **1** 29
- multinationales **Einl** vor **105** 33

3175

Sachverzeichnis

- Nichtunternehmer **1** 10
- Nießbrauch **Einl** vor **1** 71
- öffentliches Recht **7**
- Pacht **Einl** vor **1** 70
- Recht am Gewerbebetrieb **Einl** vor **1** 84–91
- Rechtsschutz **Einl** vor **1** 77–91
- Rechtsträger **Einl** vor **1** 58
- Rückgewähr **Einl** vor **1** 74
- Schutz **Einl** vor **1** 77–91
- Schutzrechtsverwarnung **Einl** vor **1** 89
- Streik **Einl** vor **1** 91
- Übertragung **Einl** vor **1** 59–60
- Umsatz **Einl** vor **1** 65
- Vererbung **Einl** vor **1** 73
- Verlegung **Einl** vor **1** 56
- Warentest **Einl** vor **1** 87
- Wert **Einl** vor **1** 52–54
- Wettbewerbsverbot **Einl** vor **1** 63
- Zwangsvollstreckung **Einl** vor **1** 75

Unternehmen von öffentlichem Interesse 316a
- Bestätigungsvermerk **332** 2–3

Unternehmensabschluss s Jahresabschluss, Konzernabschluss

Unternehmensbewertung Einl vor **1** 52–54

Unternehmensfortführung 21–28
- Jahresabschluss **252** 7

Unternehmenskauf Einl vor **1** 61–68

Unternehmenskennzeichen 17 11

Unternehmenskredit (7) BankGesch G55

Unternehmensnießbrauch Einl vor **1** 71

Unternehmenspacht Einl vor **1** 70

Unternehmensperpetuierung Anh 177a 3

Unternehmensrecht Einl vor **1** 59–76

unternehmensrechtliche Verfahren (3) FamFG **375**

Unternehmensregister 8 2a f.; **8b; Einl** vor **238** 25a
- Antragsvermittlung **9** 13
- Bezeichnungsschutz **8b** 8
- Bilanzen **8b** 5
- EHUG s dort
- Einsichtnahme **9** 12–13
- Eintragung **8b** 5, 6
- Führung **8b** 1, 7; **9a** 1
- Informationen, zugängliche **8b** 2–4
- Prüfungspflicht **329** 1; **335** 3
- Rechnungsunterlagen, Übermittlung **8** 2d; **8b** 4; **Einl** vor **238** 25a; **325** 5
- Registervernetzung **8** 2b

Unternehmensregisterverordnung 9a 3
- Verordnungsermächtigung **9a** 2

Unternehmensselbstzweckstiftung Anh 177a 11

Unternehmensstabilisierungs- und -restrukturierungsgesetz (StaRUG) Anh 177a 49k–49l

Unternehmensträger Einl vor **1** 58; **1** 10, 30

- Persönlichkeitsrecht **Einl** vor **1** 85

Unternehmensverträge Einl vor **1** 69–72
- Außengesellschaft **Einl** vor **105** 11

Unternehmer 1 4, 10; **84** 27 ff.; **86a** 1 ff.
- amerikanischer (US-) **92c** 9
- anderer **84** 30
- ausländischer **92c** 8 ff.
- Gewerbetreibender **84** 27, 44; **91** 1
- Tod **89a** 24

Unternehmergesellschaft (UG) Anh 177a 11

unternehmerische Freiheit 84 1, 35 ff., 40; **86** 35; **86a** 1, 9, 12, 13 f.; **87** 8, 27; **89b** 20; **90** 7

Unterschiedsbeträge
- Konzernabschluss **301** 8; **309; 312** 4

Unterschlagungsprüfung 317 3; **321** 6

Unterschrift 12; 17 20, 35; **85** 6
- Firmenstempel **Einl** vor **343** 8
- HdlBevollmächtigter **57**
- HdlVertreter **85** 6, 9
- Prokurist **51**

Unterspedition 453 11

Untersuchung Einl vor **373** 3, 54; **377** 20–31; s auch Mängelrüge
- Beweislast **277** 55
- HdlBrauch **377** 56
- Kommittent **377** 1
- Streckengeschäft **377** 23–24

Untervermittler
- Zurechnung **347** 34

Untervertreter 84 22, 31 f., 36; **86** 18 f., 50; **86a** 16 f.; **86b** 4; **87** 27; **87a** 5, 17; **89a** 23; **89b** 4, 17, 28 f., 41, 51, 59, 82
- Abrechnung der Provision **87c** 2
- Absprachen mit Unternehmer **86** 25; **86a** 16–17
- Ausgleichsanspruch **89b** 4, 28–29, 52, 59, 82
- Ausgleichszahlung **89b** 17
- Ausspannen **86** 17; **89a** 23
- Bemühenspflicht **86** 12 f.
- Delkredereprovision **86b** 4
- echter **84** 31
- Einstellung **84** 22
- Pflichtverletzung des HdlVertreters **86** 25
- Provision **87** 21; **87a** 5, 17
- Überlassenspflicht **86a** 5
- unechter **84** 32
- Verschwiegenheitspflicht **90** 1

Untervollmacht 58 2

Unzumutbarkeit s Zumutbarkeit

Upstream Merger 255 11

Urkunden 85; 87c 25, 27; **90a** 14 f.; s auch Handelsbücher
- Einsicht **118; 166; 233**
- HdlVertreterVertrag **85**

Urlaub 84 34, 36; **92a** 4
- HdlGehilfe **59** 12, 100
- HdlVertreter **84** 34, 36; **92a** 4

Ursächlichkeit 84 15, 22; **87** 11, 16, 21; **87a** 26; **89a** 34; **89b** 14, 56, 60, 66

Sachverzeichnis

USA Einl vor **1** 45; **92c** 9
– HdlVertreter **92c** 9
Usance s Handelsbrauch
US-GAAP 315e 2, 4
Utility-Token 246 13; **266** 18; (15a)
  WpPG **9** 2a

Valutaverhältnis
– Kartenzahlung (7) BankGesch F65–67
– Lastschrift (7) BankGesch D56–60
– Überweisungsverkehr (7) BankGesch C81–84, 95
VDMA/VDW-Bedingungen (6) Incoterms 2020 **Einl** 7
Venture Capital (7) BankGesch A3a
Veräußerung s Übertragung
Veranlassungsprinzip 15 19
Verbandssanktion 124 40
– Leitungsperson **124** 40
– Verbandstat **124** 40
Verbindlichkeiten s auch Schulden
– Angabepflicht **285** 1–2
– ungewisse **249** 2, 8–13
Verbraucher 1 4; **59** 10
– AGB (5) BGB **310 III**
– Arbeitnehmer **59** 10, 43; (5) BGB **310 III**
– Frachtgeschäft **414** 6–7; **449** 3
– Lagergeschäft **468** 2–4; **475h** 1
– Schiedsvereinbarung **Einl** vor **1** 112
– Speditionsgeschäft **466** 4
– Vermittlung **93** 12; **99** 1
Verbraucher-GbR Einl vor **105** 49–50
Verbraucherdarlehen (7) BankGesch G34, 36, P12; (8) AGB-Banken **Einl** 2
– Kontoführungsgebühr (7) BankGesch G4
– Nachbesicherunganspruch (8) AGB-Banken **Einl** 7
Verbraucherkredit 171 5
– missbräuchliche AGB-Klauseln (7) BankGesch G6
Verbraucherkreditrichtlinie (7) BankGesch G36
Verbraucherrechterichtlinie (7) BankGesch G9e
– Umsetzungsgesetz **349** 15
Verbraucherschutzrecht
– HdlGehilfe **59** 10
– Streitbeilegung (7) BankGesch A56
– Widerrufsrecht (7) BankGesch G9e
Verbrauchervereinigungen Einl vor **1** 87
Verbrauchsfolgeverfahren 256 1
Verbrauchssteuer 250 4
verbundene Geschäfte (7) BankGesch G39–45
– Widerruf **Anh 177a** 58
verbundene Personengesellschaft 105 100, 103
– Informationsrechte **116** 16; **166** 16–17
verbundene Unternehmen Einl vor **1** 69; **105** 100–107; (2) LkSG **2** 12–13; s auch Konzern, Mutterunternehmen
– Begriff **271** 9

– Größenmerkmale **293**
– Konzernregister **8** 5
verbundene Verträge (7) BankGesch G36
Verdachtskündigung 89a 20; **89b** 67
– HdlGehilfe **59** 145
– HdlVertreter **89b** 67
vereidigter Buchprüfer s Abschlussprüfer
Verein s auch juristische Person
– Formkaufmann **6** 6
– Rechtsfähigkeit **Einl** vor **105** 1
Vereinbarkeit von Beruf und Privatleben für Eltern und pflegende Angehörige, RL 59 2
Vereinigte Staaten s USA
Vererbung s Erben
Verfallklausel 348 10
– einzelvertragliche **59** 79
Verfrachter 407 1, 16
– Pfandrecht **442** 1
Vergabeverfahren
– Rücksichtspflicht **Einl** vor **343** 3
Vergleich
– Ausgleichsanspruch **89b** 74
– Form **350** 5
– HdlVertreter **86** 13
– HdlVollmachtumfang **54** 11, 15
– Liquidationsvergleich **145** 10
– Wettbewerbsverstoß **90a** 19
Vergleichsverfahren 89 4; **89a** 20, 24; **124** 47; **128** 48
Vergütungsbericht, gemeinsamer
– Gesamtvergütung Vorstand/Aufsichtsrat **Einl** vor **238** 23a
Verhaltenskodex (2) LkSG **3** 9
Verhandlungsprotokoll
– kfm Bestätigungsschreiben **346** 21
Verjährung 85 7; **86** 2, 8; **87** 52 f.; **87c** 1, 19, 26; **88; 89b** 51, 71, 77, 82; **92** 5; **Einl** vor **343** 16; **347** 39; s auch Haftung, Handelsmakler, Lagergeschäft, Unternehmenskauf
– nach Auflösung **Anh 105** HGB-MoPeG **151** 1; **159**
– des Ausgleichsanspruchs **89b** 77
– nach Ausscheiden **160**
– frachtvertraglicher Ansprüche **439**
– nach Geschäftsveräußerung **26**
– HdlGehilfe **59** 85; **61 II**
– HdlVertreter **85** 7; **86** 2; **87** 52–53; **87c** 1, 19, 26; **88** (aF); **89b** 51, 71, 77, 82; **92** 5
– Hemmung **439** 4
– lagergeschäftlicher Ansprüche **439** 1; **475a**
– MoPeG **159** 10
– OHG **113 III; 128** 4, 28
– des Provisionsanspruchs **87** 52–53
– speditionsgeschäftlicher Ansprüche **439** 1; **463**
Verjährungsanpassungsgesetz Einl vor **343** 16
Verkaufsbefriedigung 371 2, 3–6

3177

Sachverzeichnis

Verkaufsprospekt
- fehlender (**15b**) VermAnlG 21
- fehlerhafter (**15b**) VermAnlG 20
- Übergabe, rechtzeitige **347** 23b

Verkaufsprospektgesetz (15b) VermAnlG **Einl** vor **20** 1

Verkaufsprospekthaftung (15a) WpPG **16** 3; (**15b**) VermAnlG
- Prospektpflicht **Anh 177a** 59

„verkauft wie besichtigt" **346** 40

Verkehrsauffassung 54 2, 4; **87** 18; **92b** 2

Verkehrsschutz Einl vor **1** 6; **54** 9, 19; **55** 6; **56** 2; **91** 2; **91a** 1; s auch Publizität, Rechtsschein, Vertrauen

Verkehrssitte 346 1, 2, 4; s auch Handelsbrauch

Verkehrsvertrag (18) ADSp **1.14, 2.1.**

Verladung 412; 415 3; **417** 1; **(17)** CMR **17** 2

Verlängerungsoption 87b 14; **89** 19; **89b** 54

Verlust s auch Gewinn (OHG), Gewinn- und Verlustrechnung
- Begriff **249** 20
- drohender **249** 21
- Drohverlustrückstellungen **249** 3, 19–26
- Ersatz **110** 22
- der Gfter **110** 11–14
- MoPeG **110** 22
- aus stiller Beteiligung **252** 11
- Verteilung **121** 7, 9

Verlustantizipationsprinzip 252 11

Verlustausgleichspflicht 105 104
- bei Ausscheiden **131** 55
- Verjährung **160** 3

Verlustdeckungszusage 349 22

Verlustübernahmeerklärung 349 22

Vermächtnis
- Ges **124** 37
- HdlGeschäft **Einl** vor **1** 73; **22** 2, 9
- KdtAnteil **177** 3
- OHG **124** 37

VermAnlG Anh 177a 52, 54; **(7)** BankGesch Q1; **(15b)** VermAnlG **Einl** 1
- Prospekthaftung **(15b)** VermAnlG
- Prospektpflicht **Anh 177a** 59

VermAnlGEG 2012 (14) BörsG **Einl** vor **1** 1; **(15b)** VermAnlG **Einl** 1

Vermerke 268 8

Vermerkpflicht 251 1–3

Vermittler
- Aufklärungspflichten s dort
- Zurechnung **347** 34

Vermittlung 84 5, 22, 26; **86** 12–13; **86b** 2–4, 9; **87** 1, 7–22, 41

Vermittlungsgehilfe 75g; 75h

Vermittlungsprovision 86b 10

Vermittlungsvertreter 55 4; **84** 22; **86a** 10; **91** 2; **91a** 1; **92c** 13

Vermögen s Gesellschaftsvermögen

Vermögensanlagegesetz s VermAnlG

Vermögensanlagen-Informationsblatt (7) BankGesch Q1; **(15b)** VermAnlG 22

Vermögensanlagenrecht s VermAnlG, VermAnlGEG 2012

Vermögensauseinandersetzung
- Unterlagenvorlegung **261**

Vermögensbildungsgesetz 59 12

Vermögenseinlage 230 20–21
- durch Dienst **230** 20

Vermögensgegenstand Einl vor **238** 32, 46; **240** 3; **242** 8; **246** 3–3a
- Aktivierbarkeit **246** 3–12
- Ansatz- und Bewertungsvorschriften **246** 2
- immaterieller **Einl** vor **238** 5, 8, 71; **266** 5
- Passivierbarkeit **246** 13
- persönliche Zuordnung **246** 14–23
- sachliche Zuordnung **246** 24
- sonstiger **266** 9
- Wertansatz **253**

Vermögenslage 264 13, 14

Vermögensübergang
- von OHG auf GmbH **89a** 18

Vermögensübernahme s Haftung

Vermögensverhältnisse
- Fragerecht des ArbG **59** 34

Vermögensverwaltung 1 17; **2** 7, 10; **(7)** BankGesch A4, 29, U1–2

Vermögensverwaltungsgesellschaft 1 7, 13, 20a
- Eintragung **105** 13–14

Vermögenswert
- immaterieller **Einl** vor **1** 52

vermögenswirksame Leistung 59 70

Vermögenszugehörigkeit 246 14

VermVerkProspV Anh 177a 59; **(15b)** VermAnlG **Einl** vor **20** 1; s auch Verkaufsprospektgesetz

Veröffentlichung 325 3–4, 328

Verpackung 380; (6) Incoterms 2020 **Einl** 43, 53
- Einlagerungsgut **468**
- Fracht **411** 1; **414** 2; **427** 2
- Spedition **455** 1; **(18)** ADSp **3.1.1, 4.6.1, 6**

Verpfändbarkeit 87 49; **89b** 6

Verpfändung
- HdlGeschäft **Einl** vor **1** 51
- Provision **87** 49

Verpflichtungsschein s kfm Verpflichtungsschein

Verrechnungsabrede 87 50; **89b** 70
- mit Inkassovertreter **87** 50

Verrechnungsverbot s Jahresabschluss

Verschmelzung Einl vor **105** 20–24, 27, 36; **131** 8, 21; s auch Umwandlung
- grenzüberschreitende **Einl** vor **105** 23, 29

Verschulden s Deliktsrecht, Fahrlässigkeit, Vorsatz

Verschulden bei Vertragsschluss 54 20; **84** 50

Sachverzeichnis

Verschulden bei Vertragsverhandlungen s Culpa in contrahendo
Verschwiegenheit 85 1; **86** 22, 32; **87c** 27; **90** 1 ff., 8 f.; **90a** 6; **323** 2–2 f
Versender 453 8
Versenderschutz 457 2
Versendungsgeschäft 377 8; **(6)** Incoterms 2020 **Einl** 16
– Vermögenszuordnung **246** 17
Versetzung 59 44, 58, 96
Versicherung (6) Incoterms 2020 **Einl** 50
Versicherungsagent 55 5; **84** 6; **92** 1, 3
Versicherungsmakler 84 20, 50; **92** 1; **93** 7, 12; s auch Handelsmakler
– Haftung des Unternehmers **84** 55
– Tagebuch **104**
– Teilzahlungsabrede **93** 17
Versicherungsnehmer 87 12; **87b** 4; **89a** 17; **92** 7 f.
– Prämienzahlung **92** 7–8
– Widerspruch **87** 12
Versicherungsschutz 84 8
Versicherungsunternehmen Einl vor **238** 20, 21
– Abschlussprüfer **341k** 1
– Bilanzrecht **Einl** vor **238** 6; **293** 3; **316** 1; **341–341p**
– Lieferkette **(2)** LkSG **2** 10
– Unternehmen von öffentlichem Interesse **316a** 3
Versicherungsvermittlung 347 30e
– EU-Richtlinie **92** 3
– HdlGehilfe **59** 30
– Provision bei vorzeitiger Kündigung **93** 45
Versicherungsvertrag 84 26; **87a** 27; **87b** 13; **89b** 86 ff., 94; **90a** 17; **92** 1, 4 f., 10; **92b** 2
– Anfechtung **92** 10
Versicherungsvertragsgesetz
– Übergangsvorschrift zum Reformgesetz **(1)** EGHGB **63**
Versicherungsvertreter 55 5; **84** 6, 8, 37; **86** 2; **87** 20, 29; **87a** 4, 7, 33; **87b** 1 f.; **89a** 19; **89b** 4, 10, 26, 86 ff., 95 f.; **90a** 17; **90** 2; **92; 92a** 5; **92b** 2, 6; s auch Handelsvertreter
– anwendbares Recht **84** 6; **92** 3
– Ausgleichsanspruch **89b** 4, 26, 82, 86–96
– Definition **92** 2
– Gleichbehandlung **84** 3
– HdlGehilfe **59** 30
– Mehrfirmenversicherungsvertreter **92a** 5; **92b** 2
– Nebenberuf **92b** 2, 6
– Provisionsanspruch **92** 7–9
– provisionspflichtige Geschäfte **92** 4–6
– Storno **92** 3, 5
– Storno(gefahr)mitteilung **87a** 27; **92** 3, 5, 9–10
– Vollmacht **55** 5
– Wettbewerbsabrede **90a** 5

– Zurechnung **84** 53
– Zuweisung **92** 6
Versicherungsvertretervertrag
– Vermittlung **84** 26
Versorgungsanspruch
– Ausgleichsanspruch, kein **89b** 2
– Hinterbliebenenversorgung **84** 34
Versteigerung s Notverkauf, Selbsthilfeverkauf
VertikalGVO 86 38
Vertrag mit Schutzwirkung für Dritte 347 21; **(7)** BankGesch A32
Vertragsänderung 105 60–66
Vertragsanpassung Einl vor **343** 14–15
Vertragsbeendigung 89; 89a; 89b
Vertragsbeziehung, Nichtbestehen 84 49 ff.
Vertragsform 85 1 ff.
Vertragsfreiheit 59 33; **90a** 9; **92c** 13; **Einl** vor **343** 6
Vertragsgarantie s Garantie
Vertragshändler 1 30; **55** 4; **84** 1, 5, 10 ff., 42; **86** 13, 26, 35, 38; **86a** 13, 17; **87** 29; **89** 10, 16, 26; **89a** 1, 17; **89b** 3 f., 12, 14, 23, 25, 30, 35, 70; **90a** 5; **92c** 2, 4, 11; **Einl** vor **373** 35–42
– Abschluss **Einl** vor **373** 35–36
– AGB-Kontrolle **84** 17
– analoge Anwendbarkeit des Handelsvertreterrechts **84** 11–17
– anwendbares Recht **92c** 2, 11
– Ausgleichsanspruch **84** 12; **89b** 3–4; **92c** 11
– Auskunftsanspruch **84** 11
– Auslagenersatz **84** 11
– Ausschließlichkeitsbindung **84** 10
– Begriff **Einl** vor **373** 35–36
– Bezirks- und Kundenkreisschutz **87** 29
– Dauervertrag **84** 10
– Eigenkündigung **89b** 54
– Fortsetzung als HdlVertreter **89b** 41
– Gleichbehandlung **84** 3
– Großhändler **Einl** vor **373** 36
– HdlVertreterrecht **84** 3, 10–17; **Einl** vor **373** 37
– Interessenwahrungspflicht **84** 11
– internationaler Verkehr **92c** 2; **Einl** vor **373** 35
– Kartellrecht **86** 35; **Einl** vor **373** 38
– Konsignationslagerabrede **Einl** vor **373** 41
– Kundenstamm **84** 14–15
– Kündigung **89** 10, 16; **89a** 1, 17, 30; **89b** 66, 70
– außerordentliche **84** 11
– Fristen **84** 11
– Leitlinien für vertikale Beschränkungen **86** 38
– Pflichten **Einl** vor **373** 38–39
– Provision **89; 89b** 26–33
– Rohertragsmethode **84** 12; **89b** 32
– Schadensersatz **Einl** vor **373** 42

3179

Sachverzeichnis

- Stammkunden **89b** 12
- Treuepflicht **Einl** vor 373 39
- Vollmacht **55** 4
- Wechsel zum HdlVertreter **89b** 35
- Wettbewerbsabrede **90a** 5
- Wettbewerbsverbot **84** 11
- Zwischenhändler **Einl** vor 373 36

Vertragshilfe s Vertragsanpassung
Vertragsklauseln Einl NebenG 4
Vertragskündigung 89; 89a; 89b; 92b 7
Vertragsstrafe 86 8, 22, 32, 47; **89a** 26; **90** 7; **90a** 9, 21 f., 30; **348;** s auch AGB
- ähnliche Rechtsfiguren **348** 9–11
- AGB-Kontrolle **348** 5
- nach BGB **348** 1–4
- Draufgabe **348** 8
- HdlGehilfe **59** 44–47; **61** 1; **75c**
- HdlVertreter **86** 7, 32, 47; **89a** 26; **90a** 9, 22, 30
- Herabsetzung **348** 3, 6–7
- pauschalierter Schadensersatz **348** 11
- Reugeld **348** 9
- Störung der Geschäftsgrundlage **348** 7
- Verfallklausel **348** 10
- Verstoß gegen Wettbewerbsverbot **61** 1

Vertragstreue, -untreue 87a 21; **89a** 35, 39; **89b** 36
Vertragsurkunde 85
- Herausgabe **85** 9

Vertrauen s auch Handelsregister, Prospekthaftung, Rechtsschein, Schweigen
- Eigenhaftung
  - des Kdtisten **171** 4–5
  - des GmbH-Geschäftsführers **Anh 177a** 44
  - des Vertreters **Einl** vor 48 9–12
- Sachwalterhaftung **Einl** vor 48 9
- Vertrauenshaftung **Anh 177a** 55a; **347** 22

Vertrauensbruch 85 10; **86** 26; **89a** 17, 19, 20, 28
Vertrauensschutz Einl vor 1 6
Vertrauenstatbestand 91a 1 f., 8
Vertrauensverhältnis 84 41; **86** 10, 23
Vertrauliche Mitteilung 90 4, 6
Vertraulichkeitsvereinbarung 90 10
Vertreterklausel 109 17; **114** 26; **163** 10 f.; **166** 18

Vertretung 48–58
- Abschlussvertreter **55**
- Amtstreuhänder **Einl** vor 48 3
- bei Anmeldung **12** 4–5
- Anscheinsvollmacht **Einl** vor 48 6; **54** 3 f., 17
- BGB **Einl** vor 48 4
- Doppeleintragung **13e** 3
- Duldungsvollmacht **Einl** vor 48 5
- eBay **Einl** vor 48 4
- Eigenhaftung **Einl** vor 48 9–12
- Generalvollmacht **Einl** vor 48 2
- Gesamtvertretung **48** 6; **49** 3
- gesetzliche **12** 5; **Einl** vor 48 3
- Handeln für die Firma **Einl** vor 48 8
- Handelsvertreter s dort
- Handlungsvollmacht s dort
- internationaler Verkehr **Einl** vor 48 13
- Ladenvollmacht **56**
- Mangel der Vertretungsmacht
  - des HdlVertreters **91a**
  - des Vermittlungsgehilfen **75h**
- Mehrvertretung **Anh 177a** 5, 7
- Missbrauch **50** 4–7; **(7)** BankGesch A22
- organschaftliche **Einl** vor 1 34; **Einl** vor 48 3; **125** 5
- Partei kraft Amtes **Einl** vor 48 3
- Prokura s dort
- Schweigen auf Antrag **362** 6
- ständiger Vertreter **13e** 3
- Vermittlungsgehilfe **75g; 75h**

Vertretung (OHG, KG) 125–127; 170
- Änderungen **107** 1
- Anmeldung **106** 12
- Ausschluss **125** 12
- Entziehung **127**
- Gesamtvertretung **49** 3; **125** 16–25
- ggü Gfter **126** 6–8
- Gruppenvertreter **163** 5
- HdlRegister **125** 26; **127** 10
- insolventer Gfter **125** 2
- KG **163** 10; **170**
- Missbrauch **126** 11
- Niederlegung **127** 10
- passive **125** 18, 24
- Selbstorganschaft **125** 5
- Umfang **126** 1–4
- Vertreterklausel **166** 18
- Zurechnung **125** 3–4
- Zweigniederlassung **126** III

Vertretungsmacht
- MoPeG **126** 12; **127** 13

Vertrieb Anh 177a 66a–66f
- Haftung **230** 3
- Lieferkette **(2)** LkSG **2** 10

Vertriebskosten 255 21
Vertriebsmittler
- Gleichbehandlung **84** 3

Vertriebspolitik 84 38
Vertriebsumstellung 86a 11, 13; **87** 46; **89b** 20, 26
Vertriebsvertrag Einl vor 373 29
Vervielfältigung 325 3–4; **328**
Verwässerung s Firma
Verwahrer (13) DepotG **3** 1
Verwahrkette (13) DepotG **14**
Verwahrung 86 17
Verwahrung von Wertpapieren (13) DepotG; s auch Kommission
- AGB **(8a)** AGB-WPGeschäfte **13–20**
- Aneignung **(13)** DepotG **13**
- Auslandsaufbewahrung **(13)** Depot **22**
- Auslandsverwahrung **(13)** DepotG **3** 2
- Banken **(8a)** AGB-WPGeschäfte **13–20**
- Bezugsrecht **(13)** DepotG **26**

Sachverzeichnis

- Darlehen (13) DepotG 1 1, **15, 16**
- Depot A (13) DepotG **Einl** 3, 4 2, 5, 12 5
- Depot B (13) DepotG **Einl** 3
- Depot C (13) DepotG **Einl** 3
- Depot D (13) Depot G **Einl** 3, 12 4
- Depotaufstellung (8) AGB-Banken **11**
- Depotgebühren (13) DepotG 4 1
- Depotprüfung (13) DepotG **Einl** 2
- „Drei-Punkte-Erklärung" (13) DepotG 3 2
- Drittsammelverwahrung (13) DepotG 6 1
- Drittverwahrung (13) DepotG 3, 4, 5 **III, 9, 35, 36**
- Eigenanzeige (13) DepotG 4 5
- Eigendepot (13) DepotG **Einl** 3, 4 2, 5, 12 5
- Eigentumsübergang (13) DepotG **13, 15, 16**
- Einzelurkunde (13) DepotG 9a 1
- Fremdanzeige (13) DepotG 4 6
- Fremddepot (13) DepotG **Einl** 3
- Fremdvermutung (13) DepotG 4
- Girosammelverwahrung (13) DepotG 6 1
- Globalurkunden (13) DepotG 9a 2
- Großstück (13) DepotG 9a 1
- Hausdrittverwahrung (13) DepotG 3 1
- Haussammelverwahrung (13) DepotG 5 2
- Insolvenz (13) DepotG **32–33**
- internationaler Giroverkehr (13) DepotG 5 5
- Kommissionär (13) DepotG **29**
- lex cartae sitae (13) DepotG 4 4
- Lombard s Pfand
- Miteigentum am Sammelbestand (13) DepotG **6–8, 24**
- Pfand (13) DepotG **4, 9, 12, 12a, 16, 17, 30, 31, 33**
- Pfanddepot (13) DepotG **Einl** 3
- Safe (13) DepotG 1 5
- Sammelbank (13) DepotG 1 6, 24
- Sammelurkunde (13) DepotG 1 2, **9a**
- Sammelverwahrung (13) DepotG **5–9**
- Schrankfach (13) DepotG 1 5
- Sonderpfanddepot (13) DepotG **Einl** 3, 12 4
- Sonderverwahrung (13) DepotG 2, 3 1, 5 1
- Stahlfach (13) DepotG 1 5
- Strafen (13) DepotG **34–37**
- Streifbandverwahrung (13) DepotG 2, 3 2
- stückeloser Effektenverkehr (13) DepotG 1 2
- Tausch (13) DepotG **16, 26**
- Tauschermächtigung (13) DepotG 10 1, 11
- Tresor (13) DepotG 1 5
- Treuhänder (13) DepotG **42**
- Treuhand-WR-Gutschriften (13) DepotG 22 1
- Übertragung (13) DepotG 6 2, **13, 15, 16**
- unregelmäßige Verwahrung (13) DepotG **15**
- Unterschlagung (13) DepotG **34, 36**
- Verpfändung (13) DepotG 6 2
- Verwaltungskosten (13) DepotG 4 1
- Wertpapieraufstellung (8) AGB-Banken 7 5, 11 9
- Wertpapierbegriff (13) DepotG 1 1
- Wertpapierdarlehen (13) DepotG **15**
- Wertpapiersammelbank (13) DepotG 1 6
- Wertrecht (13) DepotG 1 2
- Zurückbehaltung (13) DepotG **4, 9, 30, 31**
- Zwangsvollstreckung (13) DepotG 6 2
- Zwischenverwahrer (13) DepotG 3, 4, 5 **III, 9, 35, 36**

Verwahrungsbuch (13) DepotG **14**
- Sammelbestandsanteilsübertragung (13) DepotG 5 3

Verwaltung des GesAnteils in OHG, KG **105** 31, 46; **109** 15–18, 20; **139** 21, 32
Verwaltungsgemeinkosten 255 19
Verwaltungskosten
- Rückstellungen **249** 11

Verwechslungsgefahr 17 29, 30
Verweigerung 85 10; **87c** 25; **89a** 17, 18, 20; **89b** 67
Verwertungsverbot 90 3 ff.
Verwiegung (18) ADSp **1.14**
Verwirkung 86 32, 49; **87** 48; **87a** 3; **87c** 19; **89a** 30 ff.; **89b** 56, 80; **90a** 32; s auch Firma
- HdlVertreter **86** 32, 49; **87a** 3; **87c** 19; **89a** 29–32; **89b** 56, 80
- Mängelrüge **377** 46
- Provision **87** 53

Verzicht 54 11, 21; **87** 48; **87a** 3, 19, 33; **87c** 29; **88a** 2; **89a** 19, 29; **89b** 70, 74, 91; **90a** 3, 18 f., 23, 29; **92** 10
- Anfechtung **90a** 23
- Delkredere **86b** 6
- HdlVollmachtumfang **54** 11
- Provision **87** 48
- auf Wettbewerbsverbot **75a**

Verzinsungspflicht 111
- MoPeG **110** 22; **111** 3

Verzögerungsschaden 425 2; **426; 427**
Verzollung (18) ADSp **1.14, 3.4, 4.5–7**
Verzug 84 46 f.; **86** 4; **86a** 13; **87a** 31 ff.; **87c** 9; **89a** 37; **89b** 48
Videoüberwachung 59 94
Vieh 382 (aF)
Viertes Finanzmarktförderungsgesetz (14) BörsG **Einl** vor **1** 7
Volatilitätsunterbrechungen (14) BörsG **24** 9a
Vollkonsolidierung 300 1
Vollmacht 54; 55; 84 24 f., 28, 31, 49, 53, 56; **86** 2, 15, 17; **86b** 14; **87** 47; **89a** 5;

3181

Sachverzeichnis

91; 91a; 92 3; s auch Handelsvertreter, Vertretung
- Abschlussvollmacht 55
- Anscheinsvollmacht **Einl** vor 48 6
- Duldungsvollmacht **Einl** vor 48 5
- Generalvollmacht **Einl** vor 48 2
- Handlungsvollmacht s dort
- internationaler Verkehr **Einl** vor 1 34; **Einl** vor 48 13
- OHG **124** 33
- postmortale (7) BankGesch A51
- Prokura s dort
- Überschreitung der **54** 20; **55** 16; **75h**; **91a**

Vollmachtlösung 139 22
Vollständigkeitserklärung 317 4
Vollständigkeitsgebot 347 25
- Konzernabschluss **300** 3

Vollständigkeitsklauseln Einl vor **343** 9
Vollständigkeitsprüfung 317 7
Vollstreckung 85 9; **87c** 12, 21 f., 24, 28; **88a** 1; **89b** 85
- HdlVertreter **87c** 12, 22, 24, 28; **88a** 1; **89b** 85
- internationale **Einl** vor 1 108
- OHG **124** 45; **128** 45
- **Vollstreckungsbefriedigung 371** 2

Volontär 59 23; **82a**
Vorausklage 349; s auch Bürgschaft
Vorbehalt 346 40
Voreintragung 8 10; **15** 11
Vorerbe 139 19–20
Vorfälligkeitsentschädigung (7) BankGesch G4, 19a
Vorgesellschaft 105 9; **Anh 177a** 13, 15
Vorhandentransparenz (14) BörsG 30
Vorkasse 346 40
Vorkaufsrecht
- GmbHAnteil **230** 10

Vorlagepflicht Einl vor 1 30; **320** 1; **321** 12
- HdlBücher **257–261**

Vormundschaft s Geschäftsfähigkeit
Vormundschaftsgericht 84 7
Vorrat 266 8, 20–24; **346** 40
Vorratsgesellschaft 23 4
Vorsatz s auch Deliktsrecht, Fahrlässigkeit
- bedingter **347** 18

Vorschuss 84 46; **86** 6; **87a** 9, 19, 31, 35; **92** 9; **92b** 9; s auch Handelsvertreter
- Rückzahlung **87a** 27
- Zinspflicht **354 II**

Vorsichtsgrundsatz 243 9; **252** 10
Vorsorgevollmacht
- Zustimmung der MitGfter **109** 17

Vorstand
- FüPOG II **Einl** vor **238** 22a

Vorstandsvergütung
- Gesetz über die Offenlegung **Einl** vor **238** 65; **285** 10; **314** 8
- Übergangsrecht (1) EGHGB **59, 68**

Vorstandsmitglieder (Aktiengesellschaft)
- Bestellungshindernisse **9c** 2, 5
- Disqualifikation, Informationsaustausch über **9c** 1

Vorstellungskosten 59 36
Vorstrafe 89a 17
- Anlageberater **Anh 177a** 66c
- Fragerecht des ArbG **59** 34
- HdlGehilfe **59** 34, 118
- HdlVertreter **89a** 17

Vorteile des Unternehmers 86 23; **87** 41; **87b** 7; **89b** 2, 9, 11 ff., 23, 30, 32, 39, 47, 83 f., 87, 90
Vorteilsausgleichung 89a 34, 38, 40
Vorvertrag Einl vor **343** 3
- OHG **105** 58

VVG s Versicherungsvertragsgesetz
VW-Abgasskandal (7) BankGesch A16, P12

Währung 361 3–4; (18) ADSp 18; s auch Fremdwährung
- virtuelle (7) BankGesch F28, 31

Währungseinheit 244 2
Währungsumrechnung Einl vor **238** 39; **256a**; **313** 9; **340h**
- Konzernabschluss **308a**

Wahrheitsbeweis Einl vor 1 66
Warehousing
- Insiderhandelsverbot (16a) MAR 9 14

Waren Einl vor **373** 8; (6) Incoterms 2020 **Einl** 61
Warenbestandsminderung
- Beweislast **86** 17

Warenbörse (14) BörsG **Einl** vor 1 4, 9, 2 5–6a
Warenderivate (14) BörsG 26f
- Insiderinformationen (16a) MAR 7 17–21
- **Warenlager 56**

Waren-Spot-Kontrakt
- Insiderinformationen (16a) MAR 7 17–20

Warentermingeschäfte 347 26
Warentest Einl vor 1 87
Warschauer Abkommen (WA) 407 11; **453** 4
- Umzugsvertrag **451** 1

Warschau-Oxford-Regeln (6) Incoterms 2020 **Einl** 5
Wash-out 346 40
Wechsel 54 13; **55** 12; **87a** 11; s auch BankGesch, Diskontgeschäft, Orderpapier
- Bilanz **251**
- Bürgschaft **349** 21
- Finanzwechsel (7) BankGesch J1
- Handelswechsel (7) BankGesch J1
- umgekehrter (7) BankGesch J1

Wechselindossament 395
Wehrdienst 59 163
Weihnachtsgeld 59 64, 68

Sachverzeichnis

Weinbau 3 10
Weisung 55 19; **84** 22, 36, 38, 42; **86** 6, 12, 15 f., 24, 35; **87d** 3; **89** 17; **89a** 17; **89b** 58; **91a** 3; **92a** 3
– ggü HdlGehilfe **59** 9, 25, 44
– ggü HdlVertreter **84** 38
– Nichtbeachtung **91a** 3
Weiterbeschäftigung 59 157
Weitergabeklausel
– Sorgfaltspflichten **(2)** LkSG **3** 9
Weiterverkauf Einl vor **373** 27
Weltabschluss 294 1
Werbung 84 12, 23, 26, 38, 44; **86** 13, 15, 36, 51; **87d** 4; **89b** 13 f, 19, 22, 35, 38; **(15a)** WpPG **9** 1
Werkvertrag Einl vor **373** 18
– Untersuchungs- und Rügepflicht **377** 2
Werklieferungsvertrag Einl vor **373** 18; **381**
– Ablieferung **377** 6
– Arglist **377** 54
– Dauerwerklieferungsvertrag **Einl** vor **373** 30
– internationales Einheitsrecht **Einl** vor **373** 46–47
– Untersuchungs- und Rügepflicht **377** 2, 6
Werktitel 17 11
Werkunternehmerpfandrecht 440 3; s auch Pfandrecht
Werkverkehr s Güterkraftverkehr
Wert s Bewertung, Firma, Handelsgeschäft, Unternehmen
wertaufhellende Tatsachen 243 12
Wertaufholungsgebot 253 31 f.
Wertberichtigung s Abschreibungen
Wertpapier 38 1; **Einl** vor **373** 8; s auch BankGesch, Börse, Kommission
– Aktivseite **266** 10
– alte Stücke **(15a)** WpPG **9** 12, 13, **12** 2
– Anlagestimmung **(15a)** WpPG **9** 13, **12** 2; **(16b)** WpHG **97** 6, 8, **98** 2
– Ausbuchung **(8a)** AGB-WPGeschäfte **18**
– Ausland **(13)** DepotG 22
– Begriff **(13)** DepotG **1** 1
– Bewertung **253** 28
– gutgläubiger Erwerb **367**
– Herausgabeanspruch des Hinterlegers **(13)** DepotG **2** 1
– junge Stücke **(15a)** WpPG **9** 12
– Kauf **(7)** BankGesch Q
– Kursverlust **253** 28
– Orderpapier s dort
– Pfandrecht **440** 1
– Treuhänder **(13)** DepotG **42**
– Übertragung **(13)** DepotG **2** 1
– Urkundenumtausch **(8a)** WPGeschäfte **18**
– Verkauf **(7)** BankGesch Q
– Vermögensverwaltung **(7)** BankGesch U1–2

– Vertretbarkeit **(13)** DepotG **1** 1
– Verwahrung von Wertpapieren s dort
Wertpapier-Informationsblatt (15a) WpPG **11** 1
– Haftung **(15a)** WpPG **11** 2–5, **15**
– Haftungsausschluss **(15a)** WpPG **13**
Wertpapierangebot
– Prospektpflicht **Anh 177a** 59
Wertpapieraufstellung (8) AGB-Banken **7** 5, **11** 9
Wertpapierbandbreite Einl vor **1** 52
Wertpapierbereinigung 367 6
Wertpapierbörse (14) BörsG **Einl** vor **1** 4, **2** 3–4, 6a
– Hanseatische **(14)** BörsG **16** 3, **18** 1
Wertpapierdarlehen (7) BankGesch T1; **(13)** DepotG **15**
Wertpapierdienstleistung (7) BankGesch U1, 3
Wertpapiergeschäft (7) BankGesch Q1–4; **(8a)** AGB-WPGeschäfte
– Aufwendungsersatz **(8a)** AGB-WPGeschäfte **3** 3
– Banken-AGB **(8a)** AGB-WPGeschäfte
– Vertriebsvergütungen, Verzicht auf Herausgabe **(8a)** AGB-WPGeschäfte **1** 7
Wertpapierhandel
– Aufzeichnungspflichten **(16b)** WpHG **27**
Wertpapierhandelsgesetz (WpHG) (16b) WpHG
– Insiderrecht **(16b)** WpHG **Vorb** 1
Wertpapierhandelsunternehmen
– Entschädigungseinrichtung **249** 12
Wertpapierinstitutsgesetz (7) BankGesch A 4
Wertpapierleihe 246 21; **(7)** BankGesch T3
Wertpapierpensionsgeschäft (7) BankGesch T2–3
Wertpapierprospektgesetz (WpPG) (15a) WpPG
Wertpapierprospekthaftung (15a) WpPG **Einl** 2, **9**, **16** 1–2; s auch Börsenprospekthaftung, Prospekthaftung
Wertpapierrechtsrichtlinie (13) DepotG **Einl** 6
Wertpapiersammelbank (13) DepotG **1** 6
Wertrechte (13) DepotG **1** 2
Wertschwankungen 253 21
Werturteil Einl vor **1** 87
Wesentlichkeitsgrundsatz 317 3
Wettbewerb Einl vor **1** 92–101; **90a**; s auch Gesellschafter, Kommanditgesellschaft, Offene Handelsgesellschaft, Stille Gesellschaft
– Äußerungen, geschäftsschädigende **Einl** vor **1** 86
– Boykott **Einl** vor **1** 87
– Funktion **Einl** vor **1** 92
– HdlGehilfe **60**; **61**; **74–75d**
– Monopol **Einl** vor **1** 93

3183

Sachverzeichnis

- Rahmenregelung **Einl** vor **1** 93–97
- Zustimmungserfordernis **86** 30
- **Wettbewerbsabrede 86** 2, 26; **86a** 3; **89** 25; **89a** 19, 33; **90** 4, 7; **90a; 92a** 3
  - AGB-Kontrolle **90a** 30
  - Aufhebung **90a** 24
  - bedingte **90a** 13
  - Entschädigung **90a** 18–20
  - Form **90a** 14
  - HdlVertreter **86** 2, 26; **89a** 19, 33; **90** 4, 7; **90a; 92a** 3
  - Kündigung **90a** 25–26
  - Nichtigkeit **90a** 31
  - bei niedrigem Einkommen **90a** 9
  - Prozess **90a** 34
  - Schadensersatzpflicht **90a** 32
  - Treu und Glauben **90a** 7
  - Versicherungsvertreter **90a** 5
  - Verzicht **90a** 23
  - Wahlrecht **90a** 33
  - Wegfall der Geschäftsgrundlage **90a** 16
  - Wettbewerbsverstoß **90a** 18–22
- **Wettbewerbsbeschränkungen Einl** vor **1** 93–97; **86** 26 ff.; **112** 14; s auch Kartellrecht
  - des AEUV **Einl** vor **1** 99; **86** 38–39
  - durch AGB **86** 33
  - des GWB **Einl** vor **1** 98; **86** 34–37; **112** 15–17
  - handelsrechtliche **86** 26–32
  - kartellrechtliche **Einl** vor **1** 98–100; **86** 34–39
  - Leitlinien für vertikale Beschränkungen **86** 38
- **Wettbewerbsrecht Einl** vor **1** 92–97, 101
  - Generalklausel **Einl** vor **1** 101
  - Handlungen, aggressive geschäftliche **Einl** vor **1** 101
  - Irreführungsverbot **Einl** vor **1** 101
  - MarkenG **17** 3, 11
  - Rechtsbruchstatbestand **Einl** vor **1** 101
  - schwarze Liste **Einl** vor **1** 101
  - Spürbarkeitsklausel **Einl** vor **1** 101
  - UWG **17** 3, 11
  - Verbrauchergeneralklausel **Einl** vor **1** 101
- **Wettbewerbsrichtlinie der Versicherungswirtschaft vom 1.9.2006 84** 52; **89b** 96
- **Wettbewerbssituation 86** 27
- **Wettbewerbsverbot 84** 11, 36; **85** 4; **86** 22, 26 ff., 37, 50; **86a** 3, 17; **89a** 34; **89b** 3, 40; **90a; Anh 105** HGB-MoPeG **117** 1, **118** 1
  - AGB-Kontrolle **74a** 9; **90a** 2
  - Arbeitnehmer **59** 52
  - Aufhebung von Vereinbarungen **74a** 5
  - bedingtes **74** 6; **75a** 2
  - Befreiung **112** 13
  - Beschränkungen **75c; 75d**
  - nach Dienstende **74–75d**
  - während Dienstzeit **59** 52; **60; 61**
  - Einwilligung **60** 7

- Erweiterung **112** 12
- Form **74** 17–19
- Franchisenehmer **Einl** vor **373** 44
- Freistellungsphase **60** 5; **61** 3
- gesetzliches **60**
- Gfter **112**
- GmbH & Co KG **Anh 177a** 23
- HdlGehilfe **59** 52; **60; 61; 74–75d**
- HdlVertreter **85** 4; **86** 22, 26–39, 50; **89b** 3, 40; **90a**
- HdlZweig des ArbG **60** 3
- Herausgabe **61 I**
- Karenzentschädigung **74** 20–22; **74b; 74c**
- Kdtist **165**
- KG **Anh 105** HGB-MoPeG **165** 1
- nach Kündigung **60** 5–6; **75**
- nachvertragliches **86** 27, 37; **90a** 2; **112** 14, 17
- OHG **112** 18; **113** 13
- Nichtigkeit **74a** 5–7
- Reichweite **86** 27
- Rücktritt **75a; 90a** 22
- Schadensersatz **61 I; 74** 11
- Sittenwidrigkeit **74a** 8
- Sperrabrede **75f**
- Transparenzgebot **90a** 2
- Umfang **60** 2
- Umgehung **86** 29
- Unternehmenskauf **Einl** vor **1** 63
- des Unternehmers **86** 17
- Unverbindlichkeit **74a** 1–4
- Unwirksamwerden **75**
- Verabschiedungsschreiben **60** 2
- Vereinbarung **74** 6–9
- Verjährung **61** 4
- vertragliches **60** 1; **74**
- Vertragshändler **84** 11
- Vertragsstrafe **61** 1; **75c; 75d**
- Vertragszeit **60** 5; **112** 1–8, 15–16
- Verzicht **75a**
- Volontär **82a**
- Zeitpunkt **74** 1–5
- Zulieferer **Einl** vor **373** 32
- **Wettbewerbsverstoß**
  - Anschein **86** 29
  - des Gfters **113**
  - des HdlGehilfen **61; 74** 10; **75c; 75d**
  - des HdlVertreters **86** 28; **90a** 21
  - Gewinnherausgabe **61** 3; **86** 32; **112** 2–3
  - Rechtsfolgen **86** 32
  - Rücktritt **90a** 22
  - Unterlassungsanspruch **61** 2
  - des Unternehmers **90a** 22
  - Schadensersatzanspruch **61** 2; **113** 1
  - Vergleich **90a** 19
- **Whistleblowing (2)** LkSG **8** 1
- **White Knight (16a)** MAR **9** 14, **10** 7
- **WIB** s Wertpapier-Informationsblatt
- **Wichtiger Kündigungsgrund 86** 22; **89** 4; **89a; 89b** 57 f., 65 ff.; **90** 8; **90a** 3, 25, 29

Sachverzeichnis

Widerruf Anh 177a 58
– Verbraucherrecht **93** 17
– Zahlungsauftrag (7) BankGesch C36
Widerrufsvorbehalt
– Gratifikation **59** 64
Wiedereinsetzung in den vorigen Stand
– Ordnungsgeldverfahren **335** 3
Wiederveräußerung eigener Anteile 272 5
Wiederverwertung
– Lieferkette (2) LkSG **2** 9
Willkür 54 11, 16; **86a** 14, 16; **89a** 30; **89b** 20
Wirecard Einl vor **238** 25c; **Einl** vor **316** 15a–15e; **317** 4; **323** 2e, 7; (7) BankGesch A4
Wirksamkeit des Handelsvertretervertrages 85 1 ff.
wirtschaftliche Abhängigkeit 84 1, 7, 16, 36, 38
wirtschaftliche Betrachtungsweise Einl vor **238** 11, 15, 46; **243** 6; **246** 3; **249** 8; **252** 18
wirtschaftliche Zurechnung 246 3, 14
Wirtschaftsauskünfte Einl vor **1** 87
Wirtschaftsgesetzbuch Einl vor **105** 48, 66
Wirtschaftsgut Einl vor **238** 32; **240** 3; **246** 6
Wirtschaftsprüfer 1 19; **54** 1; **86** 32; **87c** 27 f.; (2a) WPO Einl **1** 1; (10) AGB-Anderk **Einl** 5–7; (10a) AGB-Anderk **7** 1 (10c) AGB-Anderk
– Abschlussprüfer **319** 4–13, 14–26
– Allgemeine Auftragsbedingungen (2a) WPO **Einl** 7; (2b) AAB-WP
– Benennung, namentliche **Einl** vor **316** 15b
– Beratungsumfang **347** 14
– Berufsausübung (2a) WPO **Einl** 3
– Berufshaftpflichtversicherung (2a) WPO **54**
– Berufspflichten **Einl** vor **316** 15b (2a) WPO **Einl** 4
– Börsenprospekthaftung (15a) s dort
– Dritthaftung **323** 8–8e; **347** 21
– freiwillige Prüfung (2a) WPO **Einl** 6
– Grundhaltung, kritische **323** 6
– Haftung **Anh 177a** 64; **Einl** vor **316** 15b; **323**; **347** 19, 21, 29, 30; (2b) AAB-WP **Einl** 3–4, 9
– Haftungsbeschränkung (2a) WPO **54a**
– Handakten (2a) WPO **51b**
– Pflichten (2a) WPO **Einl** 4
– Pflichtprüfung (2a) WPO **Einl** 5
– Prospekthaftung (15a) WpPG **9** 9b
– Qualitätssicherungssystem (2a) WPO **Einl** 4, **55b**
– Rechte (2a) WPO **Einl** 4
– Übergangsrecht (1) EGHGB 50
Wirtschaftsprüferkammer
– Unterrichtung **318** 20

Wirtschaftsprüferordnung (2a) WPO **Einl** 8–10
– Änderungen (2a) WPO **Einl** 9
– Inhalt (2a) WPO **Einl** 10
– Inkrafttreten (2a) WPO **Einl** 8
Wirtschaftsprüfertestat (2a) WPO **Einl** 6
– überholter Stichtag **347** 37
Wirtschaftsprüfungsexamens-Reformgesetz
– Übergangsvorschriften **Einl** vor **238** 54; (1) EGHGB **55**
Wirtschaftsprüfungsgesellschaft Einl vor **105** 2; **Einl** vor **316** 15b; (2a) WPO **Einl** 2, 1
Wirtschaftsrecht Einl vor **1** 92–101
Wirtschaftsstabilisierungsfonds 230 6
Wissenschaft 1 19–20
Wissenszurechnung 125 4; (7) BankGesch A16
– HdlVertreter **84** 53
– Unternehmenskauf **Einl** vor **1** 62, 64
Wohnimmobilienkreditrichtlinie
(7) BankGesch G36; (8) AGB-Banken **Einl** 27
Wohnsitz 86b 12; **92c** 2
WpHG s Wertpapierhandelsgesetz
WPO s Wirtschaftsprüferordnung
WpPG s Wertpapierprospektgesetz
WTO Einl vor **1** 26
Wurzeltheorie Einl vor **1** 37

Zahlung, bargeldlose C 6
Zahlung, kontaktlose C4, 63
„Zahlung bar" 346 40
Zahlungsauftrag (7) BankGesch C33–40; (8) AGB-Banken **11** 4
– Ablehnung (7) BankGesch C39
– Geldautomaten (7) BankGesch C38
– Widerruf (7) BankGesch C40
Zahlungsauthentifizierungsinstrumente (7) BankGesch C2–3, 7, 11, 28, 56
Zahlungsdienste (7) BankGesch C7; (8) AGB-Banken **11** 4
– Begriff (7) BankGesch C7
– Geschäftsbesorgungsvertrag (7) BankGesch C7, 9
– HV-Bereichsausnahme (7) BankGesch C7
– Schnittstellenzugang zu technischen Infrastrukturleistungen (7) BankGesch C7
– Unterrichtung (7) BankGesch C14
Zahlungsdiensteaufsichtsgesetz (ZAG) (7) BankGesch A4, C7–8
– Begriffsbestimmungen (7) BankGesch C7, 8
– Bestätigungspflicht (7) BankGesch C7
Zahlungsdiensterahmenvertrag (7) BankGesch C20–32; s auch Girovertrag
– Änderungen (7) BankGesch C31–31a; (9) AGB-Spark **2f**
– Zustimmungsfiktion (7) BankGesch C31–31a

3185

Sachverzeichnis

Zahlungsdiensterichtlinie I 2007 (7) BankGesch C1, D1
- Begriffsbestimmungen **(7)** BankGesch C8
- BGB-Konkordanzen **(7)** BankGesch C5
- Lastschrift **(7)** BankGesch D2
- Umsetzung **(7)** BankGesch D1
- Vollharmonisierung **(7)** BankGesch C2, D1
- Zahlungsdienste **(7)** BankGesch C5
- Zahlungsverkehr **(7)** BankGesch C4

Zahlungsdiensterichtlinie II 2015 (7) BankGesch C2
- Umsetzung **(7)** BankGesch C2–3
- Vollharmonisierung **(7)** BankGesch C3

Zahlungsdienstleister (7) BankGesch C7
- kartenausgebende **(7)** BankGesch C7
- Zugang zu Zahlungskonten **(7)** BankGesch C7

Zahlungsgeschäft (7) BankGesch A4

Zahlungsinstrumente (7) BankGesch C37, 42, 52
- Haftung **(7)** BankGesch C60–67

Zahlungskartengeschäft (7) BankGesch A4; s auch Kartenzahlung
- multifunktionale Karte C4, 63
- SEPA-VO **(7)** BankGesch C1, F1

Zahlungskonto (7) BankGesch C6

Zahlungskontengesetz (ZKG) **(7)** BankGesch A6, 36

Zahlungsunfähigkeit Anh 177a 49a–49b
- drohende **Anh 177a** 49e
- Geschäftsleiterpflichten **Anh 177a** 49a
- Insolvenzantragspflicht **Anh 177a** 49j

Zahlungsverbot 177a 2, 49a, 49g–49i, 49m–49n
- Erstattungsanspruch **Anh 177a** 49m
- Schadensersatz **Anh 177a** 49g

Zahlungsverkehr s auch GeldKarte, Giroüberweisung, Kartenzahlung, Kreditkarte, Lastschrift, Zahlungsdiensterichtlinie I, II
- AGB-Kontrolle **(7)** BankGesch C17
- automatisierte Zahlungssysteme **(7)** BankGesch F19–31
- bargeldloser **(7)** BankGesch C4, 6
- Barzahlung **(7)** BankGesch C4
- Begriff **(7)** BankGesch C4
- Deckungsverhältnis **(7)** BankGesch C29–60
- Digitalisierung **(7)** BankGesch A3a
- Drittstaatenwährung **(7)** BankGesch C17
- E-Geld **(7)** BankGesch A3a, C10, F27
- Entgelte **(7)** BankGesch C50
- Gebühren der Banken **(7)** BankGesch C51
- Girovertrag **(7)** BankGesch C20–32
- Inkassoverhältnis **(7)** BankGesch C67–80
- Interbankenverhältnis **(7)** BankGesch C61–66
- Kontoinformationsdienste **(7)** BankGesch C2–3, 7, 11, 28
- neues Recht **(7)** BankGesch C1–16
- one-leg transactions **(7)** BankGesch C17, 76
- Online-Banking **(7)** BankGesch F29
- POS **(7)** BankGesch F26
- Regelungstechnik **(7)** BankGesch C12–19
- SEPA-Überweisung s dort
- Valutaverhältnis **(7)** BankGesch C81–85
- Vollharmonisierung **(7)** BankGesch C2, D1
- Zahlungsauslösedienste **(7)** BankGesch C2–3, 7, 11, 28, 56
- Zahlungsdiensterahmenvertrag **(7)** BankGesch C17–28

Zeichnung s Unterschrift

Zeitrechnung 361

Zeitschriftenabonnement 84 26, 42; **87a** 15; **87b** 13; **89b** 21

Zeitvertrag 89 10, 19 ff.

Zeitwertbewertung 246 27; 253 1, 4, 5; 255 25–26

Zentraler Kontrahent (14) BörsG 2 2a, 3 7b, 6 7, 21 3, 48b 2

Zerobonds 253 2, 29

Zerschlagungsstatik Einl vor **238** 25h

Zerschlagungswert Einl vor **1** 52, 53

Zertifikate-Emittent 347 30

Zeuge 87c 28

Zeugenaufruf, öffentlicher 87c 28

Zeugnis 73/109 GewO; **86** 5; **89** 26; **92a** 4; **347** 8, 12, 23, 34
- Anspruch **73**/109 GewO 4–8, 15–17
- Auskunftspflicht **73**/109 GewO 18
- einfaches **73**/109 GewO 5, 10
- Form **73**/109 GewO 9
- Haftung **73**/109 GewO 2, 19, 20
- HdlGehilfe **59** 104
- HdlVertreter **86** 5; **89** 26; **92a** 4
- Inhalt **73**/109 GewO 9–14
- qualifiziertes **73**/109 GewO 5, 11
- tabellarisches **73**/109 GewO 13
- Zwischenzeugnis **73**/109 GewO 6, 12

Zeugnisverweigerungsrecht (7) BankGesch A12–13

Zielgrößen
- Frauenanteil **Einl** vor **238** 22a

Zielvereinbarung 59 58
- außergewöhnliche Umstände **59** 60

Zinsänderungsklausel (7) BankGesch G4

Zinsen 86 6; **87a** 19; **89a** 26; **89b** 12, 29, 48; **352; 353; 354 II**; s auch Bewertung, Gewinn- und Verlustrechnung
- Benachteiligungsverbot **(7)** BankGesch C31
- Effektivzinssatz **(7)** BankGesch G10
- Fälligkeitszinsen **353**
- Fremdkapital **255** 23–24
- Kündigungsrecht **352** 4
- Referenzzinssätze **(7)** BankGesch C31
- Schwerpunktzins **(7)** BankGesch G10
- Sparkasse **(7)** AGB-Spark **17**
- Überziehungszinsen **(8)** AGB-Banken **12** 4; **(9)** AGB-Spark **18** 1

Sachverzeichnis

- Vermutung **Anh 177a** 65
- Verzugszinsen **352** 5–6

Zinseszinsen 353 3
Zinssatzswapgeschäfte 347 23, 26, 30
Zivilagent 84 29
Zivilmakler 93 1–2
Zoll 87b 10
- Anschaffungskosten **255** 3
- Rechnungsabgrenzungsposten **250** 4
- Spedition **(18) ADSp 1.14, 3.4, 4.5–7**

„**zoll- und steuerfrei**" **346** 40
Zollformalitäten (6) Incoterms 2020 **Einl** 43, 52

„**zu getreuen Händen**" **346** 40
Zufall 87 26; **87d** 3; **90** 6
Zugänglichmachung, öffentliche **8** 2d

Zugang
- Kündigung **59** 121

Zugangs- und Folgebewertung 253
Zugangsbewertung 340e 9
Zugewinnausgleich 89b 6
- Gesellschaftsanteile **105** 24

Zugewinnberechnung Einl vor 1 52
Zukunftserfolgswert Einl vor 1 53
Zulagen 59 58
Zulieferer
- mittelbarer **(2) LkSG 2** 16, **5** 3, **9** 2
- unmittelbarer **(2) LkSG 2** 15, **5** 3, **6** 5–9, **7** 2–4

Zuliefervertrag Einl vor 373 30–34; s auch Lieferkette; Lieferkettensorgfaltspflichtengesetz
- Compliance-Klausel **(2) LkSG 3** 9
- Qualitätssicherungsvereinbarung **(2) LkSG 3** 9
- Risikoprävention **(2) LkSG 6** 1
- Sorgfaltspflichten, Übertragung **(2) LkSG 3** 9

Zumutbarkeit 87a 15 f., 25 ff; **87c** 15; **89a** 6 ff, 16, 19, 28, 39; **89b** 22, 55, 61, 67

Zurechnung an den Unternehmer 84 53 ff.
- Vermittlerverhalten **347** 34
- Wissenszurechnung s dort

Zurückbehaltungsrecht 86 2, 17, 48; **87a** 15; **87c** 26, 29; **88a; 89** 26; **89a** 34; **369; 372; 369** 1
- Abdingbarkeit **88a** 2
- Abwendung **369** 14
- Arbeitsleistung **59** 56
- Ausschluss **369** 13
- Befriedigung **371; 372**
- BGB **369** 1
- Eigentumsfiktion **372**
- Einrede **369** 1
- für Forderungen **369** 3–6
- Frachtführer **408** 1
- Gegenstände **369** 7–11
- Gerichtsstandabrede **88a** 2
- HdlGehilfe **59** 56

- HdlVertreter **86** 2, 48; **87a** 15; **87c** 6, 29; **88a; 89** 26; **89a** 34
- Lagerhalter **475b** 1
- Rechtskraftwirkung **372**
- vertragliches **369** 1
- Spediteur **(18) ADSp 19–20**
- Wirkung gegen Dritte **369** 12

Zurückweisung 87a 1, 5, 10
Zusätze s Firma
Zusammenschlusskontrolle Einl vor 1 63
Zuschreibungen s Abschreibungen
Zusendung
- unbestellte **346** 36

Zustellung
- öffentliche **15a**

Zustimmungsfiktion
- AGB-Änderung **(7)** BankGesch C31a; **(8)** AGB-Banken **Einl vor 1** 2; **(9)** AGB-Sparkassen **Einl 1, 2** 1

Zuweisung
- Form **87** 25

Zuwendung
- freiwillige **105** 56

Zwangsarbeit (2) LkSG 2 2, **Anl**
Zwangsgeld 14
Zwangsräumung, widerrechtliche (2) LkSG 2 2
Zwangsvollstreckung s Vollstreckung
Zweckgesellschaft Einl vor 238 5; **290** 13
Zweckverband 263
Zweigniederlassung 13–13h
- der AG **13f**
- Anmeldung **13** 10–12; **13a** 1; **13e** 2
- Aufhebung **13** 15
- Auflösung **13** 6
- ausländische **8** 2d; **13a** 1; **13d** 1; **13e**
- Änderungsmitteilung **13e** 5
- Publizitätswirkung, Einschränkung **15** 26
- Begriff **13** 3; **290** 13
- Betriebsstätte **13** 5
- Buchführung **13** 8; **238** 9
- Eintragung **13** 14; **13a** 1; **13d** 1, 2; **15** 24
- Empfangsvertreter **13e** 3
- Errichtung **13** 6, 10
  - tatsächliche **13e** 2
- Firma **13** 7; **13d** 4; **30** 9
- Fortführung **22** 5, 21; **25** 3
- der GmbH **13g**
- Hauptniederlassung s dort
- einer Kapitalgesellschaft **13e**
- als Kdtist **162** 2
- KleinkapitalGes **325a** 3
- mehrere **13d** 2; **13e** 4
- Mindestorganisation **13** 3
- Nachordnung ggü Hauptniederlassung **13** 3
- Niederlassungsprokura **50** 2; **51** 1
- Offenlegung **325a**
- Online-Eintragung **7** 5; **13** 10
- private limited company **13d** 1; **13e** 1

Sachverzeichnis

- Prokura **50 III**
- Prüfung **13** 13
- Rechtsnatur **13** 4
- Selbständigkeit **13** 3
- Sitz im Ausland **13d–13h; 325a**
- Sitz im Inland **13**
- Übertragung **22** 5, 22
- Verlegung **13** 6
- Vertretungsmacht **13** 9; **126 III**
- Zuständigkeit **13d** 2–3

Zweipersonengesellschaft
- Auflösung **131** 19, 81
- Ausscheiden **131** 19, 35, 84
- Ausschließung **140** 3–4, 14–16
- Forthaftung **128** 28
- Fortsetzungsklausel **131** 81

Zweites Führungspositionen-Gesetz
s FüPoG II

Zwischenabschluss 299 2, 3; **340a** 5; **340i** 4

Zwischenergebnis s Konzernabschluss

Zwischenhändler s Vertragshändler

Zwischenlagerung
- Lieferkette **(2)** LkSG 2 9

Zwischensaldo 357 6

„Zwischenverkauf vorbehalten"
346 40

Zwischenzeugnis 73/109 GewO 6, 12